Gersdorf/Paal
Informations- und Medienrecht

Informations- und Medienrecht

GRC · EMRK · GG · RStV · BGB
IFG · VIG · GWB · TKG · TMG

Kommentar

Herausgegeben von

Prof. Dr. Hubertus Gersdorf
Gerd Bucerius-Stiftungsprofessur für
Kommunikationsrecht und Öffentliches
Recht, Universität Rostock

Prof. Dr. Boris P. Paal, M. Jur. (Oxford)
Direktor des Instituts für Medien- und
Informationsrecht (Abt. I: Zivil- und
Wirtschaftsrecht, Medien- und
Informationsrecht), Universität Freiburg

Bearbeitet von

Prof. Roland Bornemann, Johannes Brose, Prof. Dr. Matthias Cornils, Dr. Alfred G. Debus, Erich Erlmeier, Dr. Christoph Fiedler, Prof. Dr. Hubertus Gersdorf, Dr. Nicola Grau, Prof. Dr. Annette Guckelberger, Andreas Gummer, Prof Dr. Jörg Gundel, Anke-Sigrid Hahn, Dr. Moritz Hennemann, M.Jur., Marcus M. Herrmann, Prof. Dr. Gero Himmelsbach, Gabriele Hochschein, Dr. Moritz Karg, Dr. Gerd Kiparski, Sophia Kraus, Prof. Dr. Jürgen Kühling LL. M., Dr. Wolfgang Lent, Dr. Benjamin Leyendecker-Langner LL. M., Niels Lueg, Prof. Dr. Mario Martini, Prof. Dr. Wolfgang Mitsch, Prof. Dr. Ralf Müller-Terpitz, Dr. Stephan Ott, Prof. Dr. Boris P. Paal, M.Jur, Dr. Thorsten Pries, Dr. Susanne Reinemann, Dr. Alexander Rinne, Prof. Dr. Matthias Rossi, Dr. Benjamin Schirmer, Daniela Schmieder, Dr. Christoph Schnabel LL.M., Dr. Corinna Sicko, Dr. Stefan Söder LL.M., Dr. Frederic Ufer, Prof. Dr. Matthias Weller und Prof. Dr. Norbert Wimmer.

2014

C.H.BECK

Zitiervorschlag: Gersdorf/Paal InfoMedienR/Bearbeiter RStV § 1 Rn. 1

www.beck.de

ISBN 978 3 406 66196 9

© 2014 Verlag C. H. Beck oHG
Wilhelmstraße 9, 80801 München
Satz, Druck u. Bindung: Druckerei C. H. Beck Nördlingen
(Adresse wie Verlag)

Gedruckt auf säurefreiem, alterungsbeständigem Papier
(hergestellt aus chlorfrei gebleichtem Zellstoff)

Bearbeiterverzeichnis

Prof. Roland Bornemann	Justiziar der Bayerischen Landeszentrale für neue Medien, München und Honorarprofessor an der Universität Mainz
Johannes Brose	Richter am Landgericht, München
Prof. Dr. Matthias Cornils	Universitätsprofessor, Universität Mainz
Dr. Alfred G. Debus	Referent im Innenministerium des Landes Baden-Württemberg, Stuttgart
Erich Erlmeier	Bayerische Landeszentrale für neue Medien, München
Dr. Christoph Fiedler	Rechtsanwalt, Verband Deutscher Zeitschriftenverleger e. V., Berlin
Prof. Dr. Hubertus Gersdorf	Universitätsprofessor, Universität Rostock
Dr. Nicola Grau	Richterin am Landgericht, München
Prof. Dr. Annette Guckelberger	Universitätsprofessorin, Universität des Saarlandes, Saarbrücken
Andreas Gummer	Beauftragter für den Datenschutz, Stv. Justiziar, Bayerische Landeszentrale für neue Medien, München
Prof. Dr. Jörg Gundel	Universitätsprofessor, Universität Bayreuth
Anke-Sigrid Hahn	Referentin, Bayerische Landeszentrale für neue Medien, München
Dr. Moritz Hennemann M. Jur.	Max-Planck-Institut für ausländisches und internationales Privatrecht, Hamburg
Marcus M. Herrmann	Rechtsanwalt, Kanzlei Professor Schweizer, München
Prof. Dr. Gero Himmelsbach	Rechtsanwalt, Kanzlei Romatka & Collegen, München
Gabriele Hochschein	Rechtsanwältin, Bayerische Landeszentrale für neue Medien, München
Dr. Moritz Karg	Referent beim Hamburgischen Beauftragten für Datenschutz und Informationsfreiheit, Hamburg
Dr. Gerd Kiparski	Rechtsanwalt, Communication Services TELE2 GmbH, Düsseldorf
Sophia Kraus	Rechtsanwältin, Bayerischer Rundfunk, München
Prof. Dr. Jürgen Kühling LL. M.	Universitätsprofessor, Universität Regensburg
Dr. Wolfgang Lent	Rechtsanwalt, München
Dr. Benjamin Leyendecker-Langner LL. M.	Rechtsanwalt, Kanzlei Hengeler Mueller, Düsseldorf
Niels Lueg	Justitiar, Communication Services Tele2 GmbH, Düsseldorf
Prof. Dr. Mario Martini	Universitätsprofessor, Deutsche Universität für Verwaltungswissenschaften Speyer
Prof. Dr. Wolfgang Mitsch	Universitätsprofessor, Universität Potsdam
Prof. Dr. Ralf Müller-Terpitz	Universitätsprofessor, Universität Mannheim
Dr. Stephan Ott	Kommissarischer Leiter Integrationsamt Bayern, ZBFS, München
Prof. Dr. Boris P. Paal M. Jur	Universitätsprofessor, Universität Freiburg
Dr. Thorsten Pries	Referent, Bundesnetzagentur, Bonn
Dr. Susanne Reinemann	Rechtsanwältin, Bayerische Landeszentrale für neue Medien, München

Bearbeiterverzeichnis

Dr. Alexander Rinne	Rechtsanwalt, Kanzlei Milbank, Tweed, Hadley & McCloy LLP, München
Prof. Dr. Matthias Rossi	Universitätsprofessor, Universität Augsburg
Dr. Benjamin Schirmer	Rechtsanwalt, White & Case LL. P., Berlin
Daniela Schmieder	Rechtsanwältin, Bayerische Landeszentrale für neue Medien, München
Dr. Christoph Schnabel LL. M.	Referatsleiter beim Hamburgischen Beauftragten für Datenschutz und Informationsfreiheit, Hamburg
Dr. Corinna Sicko	Forschungsreferentin, Deutsches Forschungsinstitut für öffentliche Verwaltung Speyer
Dr. Stefan Söder LL. M.	Rechtsanwalt, Kanzlei Professor Schweizer, München
Dr. Frederic Ufer	Leiter Recht und Regulierung, Verband der Anbieter von Telekommunikations- und Mehrwertdiensten e. V., Berlin
Prof. Dr. Matthias Weller	Universitätsprofessor, EBS Universität für Wirtschaft und Recht Wiesbaden
Prof. Dr. Norbert Wimmer	Rechtsanwalt und Partner, White & Case LL. P., Berlin und Honorarprofessor an der Universität Osnabrück

Vorwort

Der Kommentar zum Informations- und Medienrecht verfolgt einen die klassischen Säulen des Öffentlichen Rechts und des Zivilrechts übergreifenden Ansatz, mit dem den veränderten rechtstatsächlichen Rahmenbedingungen Rechnung getragen wird. Mit diesem Kommentar werden im Bereich des für die moderne Zivilgesellschaft in seiner Bedeutung zentralen Informations- und Medienrechts zumindest in zweifacher Hinsicht bestehende Lücken geschlossen:

Zum einen fehlt bislang eine umfassende Gesamtdarstellung der jeweiligen Teilgebiete sowohl im Informations- als auch im Medienrecht, welche die erforderliche Zusammenschau von Öffentlichem Recht und Zivilrecht vornimmt. Zwar existieren bereits gesonderte Kommentierungen des Informationsfreiheitsgesetzes (IFG) des Bundes, des Umweltinformationsgesetzes (UIG) und des Verbraucherinformationsgesetzes (VIG). Eine übergreifende Darstellung des gesamten Informationsrechts, welche die Verbindungslinien zwischen den Teilgebieten des Informationsrechts aufzeigt, zugleich allerdings auch Friktionen deutlich macht, fehlt hingegen. Diese Lücke wird im vorgelegten Werk durch eine Gesamtdarstellung der Teilgebiete des Informationsrechts geschlossen. Neben der vorliegenden Bearbeitung des IFG des Bundes sollen zudem künftig schrittweise Kommentierungen der IFG der Länder treten. Ähnlich ist die Situation im Bereich des Medienrechts. Auch hier liegen gesonderte Darstellungen der einzelnen Rechtsgebiete vor, insbesondere im Presse- und Rundfunkrecht. Es mangelt aber an einer – nicht zuletzt durch die voranschreitende Medienkonvergenz gebotenen – übergreifenden Darstellung des gesamten Medienrechts aus der Perspektive des Öffentlichen Rechts sowie des Zivilrechts. Der besonderen Regulierungstiefe und Rolle des Rundfunks entsprechend, liegt der Fokus des vorliegenden Werkes zum einen auf Kommentierungen der jeweiligen Bestimmungen des Landesrundfunkrechts. Breiten Raum nehmen zum anderen auch die Darstellungen der bürgerlich-rechtlichen Vorschriften und des Kartellrechts mit deren informations- und medienrechtlichen Einschlägen ein. Hervorgehoben seien insoweit etwa das weite Feld des Äußerungsrechts im Kontext des Allgemeinen Persönlichkeitsrechts sowie die aktuelle Diskussion über den Pressevertrieb durch das Presse-Grosso, welche in einer Novellierung des GWB mündete. Die Kommentierung der Regelungen zum Internet nimmt angesichts der stetig an Bedeutung gewinnenden Internetkommunikation einen zentralen Stellenwert im Gesamtkommentar ein; exemplarisch zu benennen sind insoweit Fragen der Netzneutralität, der Behandlung von Suchmaschinen und der Haftung im Internet.

Zum anderen: Mit der Zusammenführung des Informations- und Medienrechts in einem Kommentarprojekt wird mit Bedacht in vielerlei Hinsicht Neuland betreten und zugleich eine weitere Lücke geschlossen. Für die klassischen Medien ist die Informationsbeschaffung das „tägliche Brot" journalistischer Arbeit. So wird die Informationsbeschaffung mit guten Gründen durch die entsprechenden Auskunftsansprüche nach den Presse- und Mediengesetzen besonders geschützt. Unter den Bedingungen moderner Internetkommunikation, unter denen der Einzelne ohne wesentliche Zugangshürden an der Massenkommunikation teilnehmen kann und Medienfreiheiten realiter zu Jedermann-Freiheiten geworden sind, gewinnt das Informationsrecht für das Medienrecht zunehmend an Bedeutung. Der Zugang zu Informationen ist der Schlüssel zur Entfaltung kommunikativer Energien und zur Ausschöpfung des dem Internet inhärenten Potenzials für eine aktive Teilhabe aller Bevölkerungsschichten am Prozess individueller und öffentlicher Meinungsbildung. In der Gesamtschau von Informations- und Medienrecht manifestiert sich nach alledem der besondere Anspruch und Mehrwert des vorgelegten Werks sowie dessen Bedeutung für die zutreffende Erfassung einer für die Zivilgesellschaft höchst bedeutsamen Querschnittsmaterie. In Ansehung bereits etablierter Einzelkommentierungen zum Datenschutzrecht (z. B. in der Reihe der Beck'schen Online-Kommentare der BeckOK Datenschutzrecht, hrsg. von Wolff/Brink), zum Lauterkeitsrecht und zum Urheberrecht (z. B. der BeckOK Urheberrecht, hrsg. von Ahlberg/Götting) wurden diese informations- und medienrechtlich ebenfalls einschlägigen Gebiete von einer Aufnahme zunächst bewusst ausgenommen; mittel- und langfristig soll das Werk

Vorwort

diesbezüglich punktuell entsprechend erweitert werden. Die Kommentierung zum TKG wurde zunächst auf die besondere Missbrauchsaufsicht (§§ 41a–43) und den Kundenschutz (§§ 43a–47b) beschränkt; eine Erweiterung ist auch hier vorgesehen. Zum Jugendmedienschutz existiert bereits eine eigenständige Online-Kommentierung (BeckOK JMStV, hrsg. von Liesching), weshalb das Rechtsgebiet vom vorliegenden Werk ausgenommen wurde.

Das Werk basiert auf der Edition 2 des Beck'schen Online-Kommentars Informations- und Medienrecht mit Stand 1. November 2013. Dem Muster der Beck`schen Online-Kommentare folgend haben sich alle Autorinnen und Autoren an den Bedürfnissen der Praxis orientiert und dabei einem hohen wissenschaftlichen Anspruch genügt. Im Interesse einer einfach zu handhabenden Nutzung und raschen Orientierung innerhalb des Gesamtwerkes sind sämtliche Einzelkommentierungen nach demselben Muster aufgebaut: Zu Beginn wird der jeweilige Gesetzestext wiedergegeben. Im Anschluss hieran erfolgt ein Überblick, in dem sich die wesentlichen Inhalte der nachfolgenden Kommentierungen finden. Den Hauptteil bilden sodann die eigentlichen Kommentierungen der jeweiligen Bestimmungen. Diese Kommentierungen werden von einer – auch optisch hervorgehobenen – Detailebene ergänzt, auf der im Bedarfsfall einzelne Aspekte vertieft behandelt oder Beispiele dargestellt werden; der Lesefluss und die Fokussierung auf die die Kommentierung durchziehenden Grundlinien bleiben somit ungestört.

Ein besonderer Vorzug des Werkes liegt darin, dass Autorinnen und Autoren aus unterschiedlichsten Bereichen der Wissenschaft und Praxis gewonnen werden konnten. Die Mitwirkung von Hochschullehrerinnen und Hochschullehrern, Richterinnen und Richtern, Anwältinnen und Anwälten sowie von Mitarbeiterinnen und Mitarbeitern der Medienanstalten, Verbände, (Medien-)Unternehmen sowie der Behörden dient dem unverzichtbaren Brückenschlag zwischen Theorie und Praxis und dem Ziel einer praxisorientierten und wissenschaftlich fundierten Kommentierung der gesetzlichen Bestimmungen aus den einzelnen Rechtsgebieten.

Den Autorinnen und Autoren, deren Beiträge dieses Werk erst möglich gemacht haben, sprechen wir unseren besonderen, tief empfundenen Dank aus. Der gemeinsame Wille, dieses Kommentarprojekt zum Erfolg zu führen, hat es bewirkt, dass das Gesamtwerk pünktlich erschienen ist. Großen Dank schulden wir selbstredend auch dem Verlag, namentlich und zuvörderst Herrn Dr. Lent, sowie allen beteiligten Mitarbeiterinnen und Mitarbeitern unserer Lehrstühle für deren Engagement.

Für allfällige Anregungen, Ergänzungs- und Verbesserungsvorschläge sind die Herausgeber stets dankbar. Bitte schreiben Sie an hubertus.gersdorf@uni-rostock.de oder boris.paal@jura.uni-freiburg.de.

Rostock/Freiburg i. Br., im November 2013   Hubertus Gersdorf/Boris P. Paal

Inhaltsübersicht

Bearbeiterverzeichnis	V
Vorwort	VII
Inhaltsverzeichnis	XI
Abkürzungsverzeichnis	XIX
Verzeichnis der abgekürzt zitierten Literatur	XXV

I. Mediengrundrechte

1. Charta der Grundrechte (GRC) – Auszüge –	1
2. Europäische Menschenrechtskonvention (EMRK) – Auszüge –	26
3. Grundgesetz (GG) – Auszüge –	61

II. Rundfunk und presseähnliche Telemedien

1. Rundfunkstaatsvertrag (RStV) – Auszüge –	197
2. Rundfunkbeitragsstaatsvertrag (RBeitrStV)	620

III. Medienäußerungsrecht

1. Bürgerliches Gesetzbuch (BGB) – Auszüge –	667
2. Kunsturhebergesetz (KUG) – Auszüge –	789

IV. Informationsfreiheitsrecht

1. Informationsfreiheitsgesetz (IFG)	817
2. Umweltinformationsgesetz (UIG)	1096
3. Verbraucherinformationsgesetz (VIG)	1166

V. Medienwirtschaft

1. Vertrag über die Arbeitsweise der Europäischen Union (AEUV) – Auszüge –	1211
2. EG-Fusionskontrollverordnung (FKVO) – Auszüge –	1294
3. Gesetz gegen Wettbewerbsbeschränkungen (GWB) – Auszüge –	1318
4. Telekommunikationsgesetz (TKG) – Auszüge –	1357
5. Telemediengesetz (TMG) – Auszüge –	1479

Sachverzeichnis	1583

Inhaltsverzeichnis

Bearbeiterverzeichnis... V
Vorwort... VII
Inhaltsübersicht.. IX
Abkürzungsverzeichnis... XIX
Verzeichnis der abgekürzt zitierten Literatur................................. XXV

I. Mediengrundrechte

1. Charta der Grundrechte (GRC) – Auszüge – 1

Art. 7   Achtung des Privat- und Familienlebens 1
Art. 8   Schutz personenbezogener Daten 6
Art. 11 Freiheit der Meinungsäußerung und Informationsfreiheit................ 12

2. Europäische Menschenrechtskonvention (EMRK) – Auszüge – 26

Art. 8   Recht auf Achtung des Privat- und Familienlebens 26
Art. 10 Freiheit der Meinungsäußerung.. 38

3. Grundgesetz (GG) – Auszüge –... 61

Art. 1   [Schutz der Menschenwürde, Menschenrechte, Grundrechtsbindung]........ 61
Art. 2   [Freie Entfaltung der Persönlichkeit, Recht auf Leben, körperliche Unversehrtheit, Freiheit der Person] 61
Art. 5   [Recht der freien Meinungsäußerung, Medienfreiheit, Kunst- und Wissenschaftsfreiheit]... 98
Art. 10 [Brief-, Post- und Fernmeldegeheimnis] 165
Art. 70 [Gesetzgebung des Bundes und der Länder]............................ 184
Art. 73 [Gegenstände der ausschließlichen Gesetzgebung] 191
Art. 74 [Gegenstände der konkurrierenden Gesetzgebung] 193

II. Rundfunk und presseähnliche Telemedien

1. Rundfunkstaatsvertrag (RStV) – Auszüge –............................ 197

    Präambel 197

I. Abschnitt. Allgemeine Vorschriften 204

§ 1   Anwendungsbereich 204
§ 2   Begriffsbestimmungen.. 213
§ 3   Allgemeine Grundsätze 231
§ 4   Übertragung von Großereignissen....................................... 239
§ 5   Kurzberichterstattung 247
§ 6   Europäische Produktionen, Eigen-, Auftrags- und Gemeinschaftsproduktionen.. 256
§ 7   Werbegrundsätze, Kennzeichnungspflichten 266
§ 7a   Einfügung von Werbung und Teleshopping............................... 276
§ 8   Sponsoring 282
§ 8a   Gewinnspiele 294
§ 9   Informationspflicht, zuständige Behörden 303
§ 9a   Informationsrechte... 306
§ 9b   Verbraucherschutz 311
§ 10   Berichterstattung, Informationssendungen, Meinungsumfragen 314

Inhaltsverzeichnis

II. Abschnitt. Vorschriften für den öffentlich-rechtlichen Rundfunk		317
§ 11	Auftrag	317
§ 11a	Angebote	324
§ 11b	Fernsehprogramme	326
§ 11c	Hörfunkprogramme	333
§ 11d	Telemedien	338
§ 11e	Satzungen, Richtlinien, Berichtspflichten	352
§ 11f	Telemedienkonzepte sowie neue oder veränderte Telemedien	353
§§ 12–19 *(keine Kommentierung)*		361
III. Abschnitt. Vorschriften für den privaten Rundfunk		361
1. Unterabschnitt. Grundsätze		361
§ 20	Zulassung	361
§ 20a	Erteilung einer Zulassung für Veranstalter von bundesweit verbreitetem Rundfunk	371
§ 20b	Hörfunk im Internet	377
2. Unterabschnitt. Verfassungsrechtliche Vorschriften		379
§ 21	Grundsätze für das Zulassungsverfahren	379
§ 22	Auskunftsrechte und Ermittlungsbefugnisse	384
§ 23	Publizitätspflicht und sonstige Vorlagepflichten	389
§ 24	Vertraulichkeit	391
3. Unterabschnitt. Sicherung der Meinungsvielfalt		395
§ 25	Meinungsvielfalt, regionale Fenster	395
§ 26	Sicherung der Meinungsvielfalt im Fernsehen	405
§ 27	Bestimmung der Zuschaueranteile	418
§ 28	Zurechnung von Programmen	424
§ 29	Veränderung von Beteiligungsverhältnissen	431
§ 30	Vielfaltssichernde Maßnahmen	435
§ 31	Sendezeit für unabhängige Dritte	436
§ 32	Programmbeirat	452
§ 33	Richtlinien	457
§ 34	Übergangsbestimmung	459
§§ 35–40 *(keine Kommentierung)*		462
5. Unterabschnitt. Programmgrundsätze, Sendezeit für Dritte		462
§ 41	Programmgrundsätze	462
§ 42	Sendezeit für Dritte	467
6. Unterabschnitt. Finanzierung, Werbung, Teleshopping		476
§ 43	Finanzierung	476
§ 44	Zulässige Produktplatzierung	479
§ 45	Dauer der Fernsehwerbung	482
§ 45a	Teleshopping-Fenster und Eigenwerbekanäle	486
§ 45b	[aufgehoben]	488
§ 46	Richtlinien	488
§ 46a	Ausnahmen für regionale und lokale Fernsehveranstalter	491
§ 47	*(keine Kommentierung)*	492
IV. Abschnitt. Revision, Ordnungswidrigkeiten		492
§ 48	Revision zum Bundesverwaltungsgericht	492
§ 49	Ordnungswidrigkeiten	493
V. Abschnitt. Plattformen, Übertragungskapazitäten		510
§ 50	Grundsatz	510
§ 51	Zuordnung von drahtlosen Übertragungskapazitäten	511
§ 51a	Zuweisung von drahtlosen Übertragungskapazitäten an private Anbieter durch die zuständige Landesmedienanstalt	514

Inhaltsverzeichnis

§ 51b	Weiterverbreitung	517
§ 52	Plattformen	520
§ 52a	Regelungen für Plattformen	527
§ 52b	Belegung von Plattformen	530
§ 52c	Technische Zugangsfreiheit	539
§ 52d	Entgelte, Tarife	547
§ 52e	Vorlage von Unterlagen, Zusammenarbeit mit der Regulierungsbehörde für Telekommunikation	551
§ 52f	Maßnahmen durch die zuständige Landesmedienanstalt	554
§ 53	Satzungen, Richtlinien	555
§ 53a	Überprüfungsklausel	557
§ 53b	Bestehende Zulassungen, Zuordnungen, Zuweisungen; Anzeige von bestehenden Plattformen	559

VI. Abschnitt. Telemedien ... 561

§ 54	Allgemeine Bestimmungen	561
§ 55	Informationspflichten und Informationsrechte	563
§ 56	Gegendarstellung	564
§ 57	*(keine Kommentierung)*	573
§ 58	Werbung, Sponsoring, fernsehähnliche Telemedien, Gewinnspiele	573
§ 59	Aufsicht	582
§ 60	Telemediengesetz, Öffentliche Stellen	597
§ 61	Notifizierung	598

VII. Abschnitt. Übergangs- und Schlußvorschriften ... 598

§§ 62–64	*(keine Kommentierung)*	598
Anlage	(zu § 11b Abs. 1 Nr. 2 des Rundfunkstaatsvertrages)	598
Anlage	(zu § 11b Abs. 3 Nr. 2 des Rundfunkstaatsvertrages)	604
Anlage	(zu § 11c Abs. 3 Nr. 3 des Rundfunkstaatsvertrages)	614
Anlage	(zu § 11d Abs. 5 Satz 4 des Rundfunkstaatsvertrages)	618

2. Rundfunkbeitragsstaatsvertrag (RBeitrStV) ... 620

§ 1	Zweck des Rundfunkbeitrags	620
§ 2	Rundfunkbeitrag im privaten Bereich	623
§ 3	Wohnung	627
§ 4	Befreiungen von der Beitragspflicht, Ermäßigung	630
§ 5	Rundfunkbeitrag im nicht privaten Bereich	636
§ 6	Betriebsstätte, Beschäftigte	641
§ 7	Beginn und Ende der Beitragspflicht, Zahlungsweise, Verjährung	643
§ 8	Anzeigepflicht	644
§ 9	Auskunftsrecht, Satzungsermächtigung	646
§ 10	Beitragsgläubiger, Schickschuld, Erstattung, Vollstreckung	650
§ 11	Verwendung personenbezogener Daten	651
§ 12	Ordnungswidrigkeiten	657
§ 13	Revision zum Bundesverwaltungsgericht	660
§ 14	Übergangsbestimmungen	661
§ 15	Vertragsdauer, Kündigung	665

III. Medienäußerungsrecht

1. Bürgerliches Gesetzbuch (BGB) – Auszüge – ... 667

§ 12	Namensrecht	667
§ 823	Schadensersatzpflicht	687
§ 1004	Beseitigungs- und Unterlassungsanspruch	762

Inhaltsverzeichnis

2. Kunsturhebergesetz (KUG) – Auszüge – 789

§ 22	[Recht am eigenen Bilde]...	789
§ 23	[Ausnahmen zu § 22]	797
§ 24	[Ausnahmen im öffentlichen Interesse]	816

IV. Informationsfreiheitsrecht

1. Informationsfreiheitsgesetz (IFG) 817

§ 1	Grundsatz	817
§ 2	Begriffsbestimmungen	874
§ 3	Schutz von besonderen öffentlichen Belangen	883
§ 4	Schutz des behördlichen Entscheidungsprozesses	949
§ 5	Schutz personenbezogener Daten...........................	959
§ 6	Schutz des geistigen Eigentums und von Betriebs- oder Geschäftsgeheimnissen	971
§ 7	Antrag und Verfahren	986
§ 8	Verfahren bei Beteiligung Dritter	1010
§ 9	Ablehnung des Antrags; Rechtsweg	1020
§ 10	Gebühren und Auslagen...	1041
§ 11	Veröffentlichungspflichten	1061
§ 12	Bundesbeauftragter für die Informationsfreiheit	1066
§ 13	Änderung anderer Vorschriften..............................	1084
§ 14	Bericht und Evaluierung	1090
§ 15	Inkrafttreten	1092

2. Umweltinformationsgesetz (UIG)... 1096

Abschnitt 1. Allgemeine Vorschriften.. 1096

| § 1 | Zweck des Gesetzes; Anwendungsbereich............... | 1096 |
| § 2 | Begriffsbestimmungen .... | 1101 |

Abschnitt 2. Informationszugang auf Antrag 1121

§ 3	Anspruch auf Zugang zu Umweltinformationen......	1121
§ 4	Antrag und Verfahren	1129
§ 5	Ablehnung des Antrags..	1131
§ 6	Rechtsschutz	1135
§ 7	Unterstützung des Zugangs zu Umweltinformationen	1139

Abschnitt 3. Ablehnungsgründe... 1140

| § 8 | Schutz öffentlicher Belange .... | 1140 |
| § 9 | Schutz sonstiger Belange.. | 1150 |

Abschnitt 4. Verbreitung von Umweltinformationen 1155

| § 10 | Unterrichtung der Öffentlichkeit............................. | 1155 |
| § 11 | Umweltzustandsbericht .... | 1159 |

Abschnitt 5. Schlussvorschriften 1160

§ 12	Gebühren und Auslagen...	1160
§ 13	Überwachung..	1163
§ 14	Ordnungswidrigkeiten...	1164

3. Verbraucherinformationsgesetz (VIG)..................................... 1166

§ 1	Anwendungsbereich...	1166
§ 2	Anspruch auf Zugang zu Informationen..................	1171
§ 3	Ausschluss- und Beschränkungsgründe	1181
§ 4	Antrag	1192

Inhaltsverzeichnis

§ 5	Entscheidung über den Antrag	1198
§ 6	Informationsgewährung	1204
§ 7	Gebühren und Auslagen	1208

V. Medienwirtschaft

1. Vertrag über die Arbeitsweise der Europäischen Union (AEUV) – Auszüge – 1211

Abschnitt 1. Vorschriften für Unternehmen 1211

Artikel 101 [Kartellverbot] 1211
Artikel 102 [Missbrauch einer marktbeherrschenden Stellung] 1241
Artikel 103 [Erlass von Verordnungen und Richtlinien] 1258
Artikel 104 [Übergangsbestimmung] 1259
Artikel 105 [Wettbewerbsaufsicht] 1260
Artikel 106 [Öffentliche Unternehmen; Dienstleistungen von allgemeinem wirtschaftlichem Interesse] 1261

Abschnitt 2. Staatliche Beihilfen 1264

Artikel 107 [Beihilfeverbot; Ausnahmen] 1264
Artikel 108 [Beihilfeaufsicht] 1284
Artikel 109 [Erlass von Durchführungsverordnungen] 1291

2. EG-Fusionskontrollverordnung (FKVO) – Auszüge – 1294

Artikel 1 Anwendungsbereich 1294
Artikel 2 Beurteilung von Zusammenschlüssen 1296
Artikel 3 Definition des Zusammenschlusses 1308
Artikel 4 Vorherige Anmeldung von Zusammenschlüssen und Verweisung vor der Anmeldung auf Antrag der Anmelder 1311
Artikel 5 Berechnung des Umsatzes 1313
Artikel 21 Anwendung dieser Verordnung und Zuständigkeit 1316

3. Gesetz gegen Wettbewerbsbeschränkungen (GWB) – Auszüge – 1318

Erster Abschnitt. Wettbewerbsbeschränkende Vereinbarungen, Beschlüsse u. abgestimmte Verhaltensweisen 1318

§ 1	Verbot wettbewerbsbeschränkender Vereinbarungen	1318
§ 2	Freigestellte Vereinbarungen	1318
§ 3	Mittelstandskartelle	1319

Zweiter Abschnitt. Marktbeherrschung, sonstiges wettbewerbsbeschränkendes Verhalten 1319

§ 18	Marktbeherrschung	1319
§ 19	Verbotenes Verhalten von marktbeherrschenden Unternehmen	1320
§ 20	Verbotenes Verhalten von Unternehmen mit relativer oder überlegener Marktmacht	1321
§ 21	Boykottverbot, Verbot sonstigen wettbewerbsbeschränkenden Verhaltens	1322

Fünfter Abschnitt. Sonderregeln für bestimmte Wirtschaftsbereiche 1323

§ 30	Preisbindung bei Zeitungen und Zeitschriften	1323

Siebenter Abschnitt. Zusammenschlusskontrolle 1338

§ 35	Geltungsbereich der Zusammenschlusskontrolle	1338
§ 36	Grundsätze für die Beurteilung von Zusammenschlüssen	1340
§ 37	Zusammenschluss	1347
§ 38	Berechnung der Umsatzerlöse und der Marktanteile	1349
§ 39	Anmelde- und Anzeigepflicht	1351
§ 40	Verfahren der Zusammenschlusskontrolle	1352

Inhaltsverzeichnis

§ 41	Vollzugsverbot, Entflechtung	1354
§ 42	Ministererlaubnis	1355
§ 43	Bekanntmachungen	1356

4. Telekommunikationsgesetz (TKG) – Auszüge – 1357

Teil 2. Marktregulierung 1357

Abschnitt 4. Sonstige Verpflichtungen 1357

§ 41a	Netzneutralität	1357

Abschnitt 5. Besondere Missbrauchsaufsicht 1374

§ 42	Missbräuchliches Verhalten eines Unternehmens mit beträchtlicher Marktmacht	1374
§ 43	Vorteilsabschöpfung durch die Bundesnetzagentur	1386

Teil 3. Kundenschutz 1391

§ 43a	Verträge	1391
§ 43b	Vertragslaufzeit	1398
§ 44	Anspruch auf Schadensersatz und Unterlassung	1400
§ 44a	Haftung	1404
§ 45	Berücksichtigung der Interessen behinderter Endnutzer	1406
§ 45a	Nutzung von Grundstücken	1409
§ 45b	Entstörungsdienst	1411
§ 45c	Normgerechte technische Dienstleistung	1412
§ 45d	Netzzugang	1413
§ 45e	Anspruch auf Einzelverbindungsnachweis	1417
§ 45f	Vorausbezahlte Leistung	1421
§ 45g	Verbindungspreisberechnung	1423
§ 45h	Rechnungsinhalt, Teilzahlungen	1426
§ 45i	Beanstandungen	1431
§ 45j	Entgeltpflicht bei unrichtiger Ermittlung des Verbindungsaufkommens	1437
§ 45k	Sperre	1439
§ 45l	Dauerschuldverhältnisse bei Kurzwahldiensten	1444
§ 45m	Aufnahme in öffentliche Teilnehmerverzeichnisse	1447
§ 45n	Transparenz, Veröffentlichung von Informationen und zusätzliche Dienstemerkmale zur Kostenkontrolle	1449
§ 45o	Rufnummernmissbrauch	1453
§ 45p	Auskunftsanspruch über zusätzliche Leistungen	1455
§ 46	Anbieterwechsel und Umzug	1458
§ 47	Bereitstellen von Teilnehmerdaten	1467
§ 47a	Schlichtung	1475
§ 47b	Abweichende Vereinbarungen	1477

5. Telemediengesetz (TMG) – Auszüge – 1479

Abschnitt 1. Allgemeine Bestimmungen 1479

§ 1	Anwendungsbereich	1479
§ 2	Begriffsbestimmungen	1487
§ 2a	Europäisches Sitzland	1497
§ 3	Herkunftslandprinzip	1502

Abschnitt 2. Zulassungsfreiheit und Informationspflichten 1513

§ 4	Zulassungsfreiheit	1513
§ 5	Allgemeine Informationspflichten	1514
§ 6	Besondere Informationspflichten bei kommerziellen Kommunikationen	1527

Abschnitt 3. Verantwortlichkeit 1532

§ 7	Allgemeine Grundsätze	1532

Inhaltsverzeichnis

§ 8	Durchleitung von Informationen	1549
§ 9	Zwischenspeicherung zur beschleunigten Übermittlung von Informationen	1558
§ 10	Speicherung von Informationen	1564

Abschnitt 4. Datenschutz ... 1576
§§ 11–15a *(keine Kommentierung)* ... 1576

Abschnitt 5. Bußgeldvorschriften ... 1576
§ 16 Bußgeldvorschriften ... 1576

Sachverzeichnis ... 1583

Abkürzungsverzeichnis

aA	andere(r) Ansicht(Auffassung)
aaO	am angegebenen Ort
Abb.	Abbildung
abgedr.	abgedruckt
Abk.	Abkommen
ABl	Amtsblatt
abl.	ablehnend
Abs.	Absatz
abschl.	abschließend
Abschn.	Abschnitt
Abt.	Abteilung
abw.	abweichend(e)(es)(er)
abzgl.	abzüglich
aE	am Ende
aF	alte Fassung
AfP	Archiv für Presserecht (Zeitschrift)
AG	Amtsgericht (mit Ortsnamen), Ausführungsgesetz, Aktiengesellschaft
AGB	Allgemeine Geschäftsbedingungen
allg.	allgemein
allgM	allgemeine Meinung
Alt.	Alternative
aM	anderer Meinung
amtl.	amtlich
Änd.	Änderung
ÄndG	Änderungsgesetz
ÄndRL	Änderungsrichtlinie
Anh.	Anhang
Anl.	Anlage
Anm.	Anmerkung
AöR	Archiv des öffentlichen Rechts (Zeitschrift)
ArbR	Arbeitsrecht
Arg.	Argumentation
Art.	Artikel
Auff.	Auffassung
aufgeh.	aufgehoben
Aufl.	Auflage
ausdr.	ausdrücklich
ausf.	ausführlich
ausschl.	ausschließlich
Az.	Aktenzeichen
Bay., bay.	Bayern, bayerisch
BayObLG	Bayerisches Oberstes Landesgericht
BayVBl	Bayerische Verwaltungsblätter (Zeitschrift)
BayVerfGH	Bayerischer Verfassungsgerichtshof
BB	Betriebsberater (Zeitschrift)
Bbg	Brandenburg
Bd.	Band
bearb./Bearb.	bearbeitet/Bearbeiter
BeckRS	Beck'sche Rechtsprechungssammlung (beck-online)
Begr.	Begründung
begr.	begründet
Beil.	Beilage
Bek.	Bekanntmachung

Abkürzungsverzeichnis

Bem.	Bemerkung
ber./Ber.	berichtigt/Berichtigung
bes.	besondere, besonderer, besonderes
Beschl.	Beschluss
beschr.	beschränkt
bespr./Bespr.	besprochen/Besprechung
bestr.	bestritten
Betr., betr.	Betreff, betrifft, betreffend
BfDI	Bundesbeauftragter für den Datenschutz
BFH	Bundesfinanzhof
BFHE	Amtliche Sammlung der Entscheidungen des Bundesfinanzhofs
BGBl I, II, III	Bundesgesetzblatt Teil I, Teil II, Teil III
BGH	Bundesgerichtshof
BGHSt	Amtliche Sammlung der Entscheidungen des Bundesgerichtshofs in Strafsachen
BGHZ	Amtliche Sammlung der Entscheidungen des Bundesgerichtshofs in Zivilsachen
Bln., bln.	Berlin, berlinerisch
BR	Bundesrat
BR-Drs.	Bundesrats – Drucksache
Brem., brem.	Bremen, bremisch
BSG	Bundessozialgericht
BSGE	Amtliche Sammlung der Entscheidungen des Bundessozialgerichts
Bsp.	Beispiel
bspw.	beispielsweise
BT	Bundestag
BT-Drs.	Bundestags-Drucksache
Buchst.	Buchstabe
BVerfG	Bundesverfassungsgericht
BVerfGE	Amtliche Sammlung der Entscheidungen des Bundesverfassungsgerichts
BVerwG	Bundesverwaltungsgericht
BVerwGE	Amtliche Sammlung der Entscheidungen des Bundesverwaltungsgerichts
BW	Baden-Württemberg
bzgl.	bezüglich
bzw.	beziehungsweise
ca.	circa
CR	Computer und Recht (Zeitschrift)
d.	der, des, durch
Darst.	Darstellung
ders.	derselbe
dgl.	dergleichen, desgleichen
dh	das heißt
dies.	dieselbe(n)
diesbzgl.	diesbezüglich
div.	diverse
DJT	Deutscher Juristentag
DÖV	Die öffentliche Verwaltung (Zeitschrift)
Drs.	Drucksache
dt.	deutsch
DuD	Datenschutz und Datensicherheit (Zeitschrift)
DVBl	Deutsches Verwaltungsblatt (Zeitschrift)
E	Entwurf
Ed.	Edition
EG	Europäische Gemeinschaft(en), Einführungsgesetz
EGMR	Europäischer Gerichtshof für Menschenrechte
ehem.	ehemalig(e, en, er)
Einf./einf.	Einführung/einführend
eing.	eingehend

Abkürzungsverzeichnis

Einl.	Einleitung
einschl.	einschließlich
EL	Ergänzungslieferung
Empf.	Empfehlung
endg.	endgültig
Entsch.	Entscheidung
Entschl.	Entschluss
entspr.	entsprechend/e(n)
EP	Europäisches Parlament
ER	Europäischer Rat
Erg.	Ergebnis
erg.	ergänzend
Ergbd.	Ergänzungsband
Erkl.	Erklärung
Erl.	Erläuterungen
etc	et cetera
EuR. DSB	Europäischer Datenschutzbeauftragter
europ.	europäisch
EuZW	Europäische Zeitschrift für Wirtschaftsrecht
evtl.	eventuell
f., ff.	folgende Seite bzw. Seiten
FG	Finanzgericht (mit Ortsnamen)
Fn.	Fußnote
FS	Festschrift
G	Gesetz
GBl.	Gesetzblatt
GE	Gesetzesentwurf
geänd.	geändert
gem.	gemäß
GEMSOBG	Gemeinsamer Senat der obersten Gerichtshöfe des Bundes
gewöhnl.	gewöhnlich
ggf.	gegebenenfalls
ggü.	gegenüber
GMBl	Gemeinsames Ministerialblatt
grdl./Grdl.	grundlegend/Grundlage
grds.	grundsätzlich
GrS	Großer Senat
GRUR	Gewerblicher Rechtsschutz und Urheberrecht (Zeitschrift)
GRUR-RR	GRUR-Rechtsprechung-Report
GVBl	Gesetz- und Verordnungsblatt
H	Hessen
hA	herrschende Ansicht
Hdb	Handbuch
hM	herrschende Meinung
Hmb	Hamburg
Hrsg.	Herausgeber
hrsg.	herausgegeben
Hs.	Halbsatz
idF	in der Fassung
idR	in der Regel
idS	in diesem Sinne
iE	im Einzelnen
iErg	im Ergebnis
ieS	im engeren Sinne
iHd (v)	in Höhe des/der (von)
Inf.	Information
insbes.	insbesondere
int.	international

XXI

Abkürzungsverzeichnis

iRd	im Rahmen des; im Rahmen der
iS	im Sinne
iSd	im Sinne (der, des)
iSv	im Sinne von
iÜ	im Übrigen
iVm	in Verbindung mit
iW	im Wesentlichen
iwS	im weiteren Sinne
Jg., Jge.	Jahrgang, Jahrgänge
Jh.	Jahrhundert
JR	Juristische Rundschau (Zeitschrift)
jur.	juristisch, juristische, juristischer
JZ	Juristenzeitung
Kap.	Kapitel
Kfz	Kraftfahrzeug
Kj.	Kalenderjahr
Kom.	Komitee
Komm.	Kommentar
KommJur	Kommunaljurist (Zeitschrift)
K&R	Kommunikation und Recht (Zeitschrift)
krit.	kritisch
Ld.	Land(es)
LfD	Landesbeauftragter für den Datenschutz
lfd.	laufend
Lfg.	Lieferung
LG	Landgericht (mit Ortsnamen)
LKRZ	Zeitschrift für Landes-und Kommunalrecht
LKV	Landes- und Kommunalverwaltung (Zeitschrift)
Lit.	Literatur
lit.	Litera
Ls.	Leitsatz
LSA	Sachsen-Anhalt
LSG	Landessozialgericht (mit Ortsnamen)
LT	Landtag
LT-Drs.	Landtags-Drucksache
lt.	laut
mÄnd	mit Änderungen
mAnm	mit Anmerkung
Mat.	Materialien
max.	maximal
mE	meines Erachtens
mind.	mindestens
Mio.	Million(en)
MMR	Multimedia und Recht (Zeitschrift)
mN	mit Nachweisen
Mrd.	Milliarde(n)
mspätÄnd	mit späteren Änderungen
mtl.	monatlich
M-V	Mecklenburg-Vorpommern
mwH	mit weiteren Hinweisen
mwN	mit weiteren Nachweisen
mWv	mit Wirkung vom
N	Niedersachsen, niedersächsisch
nachf.	nachfolgend
Nachw	Nachweise
nF	neue Fassung

Abkürzungsverzeichnis

NJW	Neue Juristische Wochenschrift (Zeitschrift)
NJW-RR	NJW-Rechtsprechungs-Report
NordÖR	Zeitschrift für öffentliches Recht in Norddeutschland
Nr.	Nummer(n)
nrkr	nicht rechtskräftig
NRW	Nordrhein-Westfalen, nordrhein-westfälisch
NStZ	Neue Zeitschrift für Strafrecht
NStZ-RR	NStZ-Rechtsprechungs-Report
nv	nicht veröffentlicht
NVwZ	Neue Zeitschrift für Verwaltungsrecht
NVwZ-RR	NVwZ-Rechtsprechungs-Report
NWVBl	Nordrhein-Westfälische Verwaltungsblätter (Zeitschrift)
NZS	Neue Zeitschrift für Sozialrecht
o.	oben, oder
oÄ	oder Ähnliche/s
öffentl.	öffentlich
ÖJZ	Österreichische Juristen-Zeitung
og	oben genannte(r, s)
OLG	Oberlandesgericht (mit Ortsnamen)
oV	ohne Verfasser
OVG	Oberverwaltungsgericht (mit Ortsnamen)
PKH	Prozesskostenhilfe
Prot.	Protokoll
rd.	rund
RDV	Recht der Datenverarbeitung (Zeitschrift)
RegE	Regierungsentwurf
RhPf	Rheinland-Pfalz
rkr.	rechtskräftig
RL	Richtlinie
Rn.	Randnummer
Rs.	Rechtssache
Rspr.	Rechtsprechung
RVO	Rechtsverordnung
S	Saarland, saarländisch(e)
S.	Seite(n), Satz
s.	siehe
Sachs	Sachsen, sächsisch
SchlH	Schleswig-Holstein, schleswig-holsteinisch
Schr.	Schrifttum
SG	Sozialgericht (mit Ortsnamen)
Slg.	Sammlung
sog	so genannt
st.	ständig
Stellungn.	Stellungnahme
StGH	Staatsgerichtshof
Stichw.	Stichwort
str.	streitig, strittig
stRspr	ständige Rechtsprechung
teilw.	teilweise
Thür., thür.	Thüringen, thüringisch
Tz.	Textziffer
u.	und
ua	und andere, unter anderem
uÄ	und Ähnliches
UAbs.	Unterabsatz
uam	und anderes mehr

Abkürzungsverzeichnis

überarb.	überarbeitet
Überbl.	Überblick
überw.	überwiegend
uE	unseres Erachtens
Umf.	Umfang
umfangr.	umfangreich
umstr.	umstritten
unstr.	unstreitig
unveröff.	unveröffentlicht
unzutr.	unzutreffend
Urt.	Urteil
usw	und so weiter
uU	unter Umständen
uvam	und viele(s) andere(s) mehr
uvm	und viele(s) mehr
v.	vom, von
VA	Verwaltungsakt
va	vor allem
Var.	Variante
VerfGH	Verfassungsgerichtshof (mit Landesnamen)
Verf.	Verfasser, Verfassung
Verh.	Verhandlung(en)
Veröff.	Veröffentlichung(en)
VerwArch	Verwaltungsarchiv (Zeitschrift)
Vfg.	Verfügung
VG	Verwaltungsgericht (mit Ortsnamen)
VGH	Verwaltungsgerichtshof (mit Ortsnamen)
vgl.	vergleiche
vH	von Hundert
VO	Verordnung
Voraufl.	Vorauflage
Vorb.	Vorbemerkung
vorl.	vorläufig
Vorschr.	Vorschrift
VR	Verwaltungsrundschau (Zeitschrift)
vs.	versus
VV	Verwaltungsvorschriften
VVDStRL	Veröffentlichungen der Vereinigung der Deutschen Staatsrechtslehrer
VzA	Anordnung der sofortigen Vollziehung
Wiss.	Wissenschaft, wissenschaftlich
WP	Working Paper
zahlr.	zahlreich
zB	zum Beispiel
ZD	Zeitschrift für Datenschutz
zit.	zitiert
ZRP	Zeitschrift für Rechtspolitik
zT	zum Teil
ZUM	Zeitschrift für Urheber- und Medienrecht
ZUM-RD	ZUM-Rechtsprechungsdienst
zusf.	zusammenfassend
zust.	zustimmend
zutr.	zutreffend
zw.	zweifelhaft
zzgl.	zuzüglich
zZt	zur Zeit

Verzeichnis der abgekürzt zitierten Literatur

AFS	Arndt/Fetzer/Scherer, Telekommunikationsgesetz, Kommentar, 2008.
AK-GG	Denninger/Hoffmann-Riem/H.-P. Schneider/Stein, Alternativkommentar zum Grundgesetz, Loseblatt.
BBBH	Bechtold/Bosch/Brinker/Hirsbrunner, EG-Kartellrecht, Kommentar, 2. Auflage 2009.
Bechtold	Bechtold, Gesetz gegen Wettbewerbsbeschränkungen, Kommentar, 6. Auflage 2010.
Beck TKG	Geppert/Schütz, Beck'scher TKG-Kommentar, 4. Auflage 2013.
BeckOK BGB	Bamberger/Roth, Beck'scher Online-Kommentar Bürgerliches Gesetzbuch.
BeckOK DatenschutzR	Wolff/Brink, Beck'scher Online-Kommentar zum Datenschutzrecht in Bund und Ländern.
BeckOK GG	Epping/Hillgruber, Beck'scher Online-Kommentar Grundgesetz.
BeckOK JMStV	Liesching, Beck'scher Online-Kommentar Jugendmedienschutz-Staatsvertrag.
BeckOK StGB	v. Heintschel-Heinegg, Beck'scher Online-Kommentar Strafgesetzbuch.
BeckOK UrhR	Ahlberg/Götting, Beck'scher Online-Kommentar zum Urheberrecht.
BeckOK VwGO	Posser/Wolff, Beck'scher Online-Kommentar Verwaltungsgerichtsordnung.
BeckOK VwVfG	Bader/Ronellenfitsch, Beck'scher Online-Kommentar Verwaltungsverfahrensgesetz.
BeckOK ZPO	Vorwerk/Wolf, Beck'scher Online-Kommentar Zivilprozeßordnung.
Beyerlein/Borchert	Beyerlein/Borchert, Verbraucherinformationsgesetz, Kommentar, 2010.
BK	Dolzer/Graßhof/Kahl/Waldhoff, Bonner Kommentar zum Grundgesetz, Loseblatt.
BLAH	Baumbach/Lauterbach/Albers/Hartmann, Zivilprozessordnung, Kommentar, 71. Auflage 2013.
BLR	Beucher/Leyendecker/v. Rosenberg, Mediengesetze, Kommentar, 1999.
Bohnert	Bohnert, Ordnungswidrigkeitengesetz, Kommentar, 3. Auflage 2010.
Bornemann	Bornemann, Ordnungswidrigkeiten in Rundfunk und Telemedien, 3. Auflage 2012.
BRS	Berger/Roth/Scheel, Informationsfreiheitsgesetz, Kommentar 2006.
Calliess/Ruffert	Calliess/Ruffert, EUV/AEUV, Kommentar, 4. Auflage 2011.
Damm/Rehbock	Damm/Rehbock, Widerruf, Unterlassung und Schadensersatz in den Medien, 3. Auflage 2008.
DKC	Dörr/Kreile/Cole, Handbuch Medienrecht, 2. Auflage 2010.
Domeier/Matthes	Domeier/Matthes, Verbraucherinformationsgesetz, Kommentar, 2008.
Dreier	Dreier, Grundgesetz, Kommentar, 2. Auflage 2004 ff.
Emmerich	Emmerich, Kartellrecht, 12. Auflage 2012.
Engelhardt/App	Engelhardt/App, Verwaltungsvollstreckungsgesetz, Verwaltungszustellungsgesetz, Kommentar, 9. Auflage 2011.
Eyermann	Eyermann, Verwaltungsgerichtsordnung, Kommentar, 13. Auflage 2010.
Falck/Schwind	Falck/Schwind, Verbraucherinformationsgesetz, Kommentar, 2011.
Fezer	Fezer, Lauterkeitsrecht, Kommentar zum Gesetz gegen den unlauteren Wettbewerb, 2. Auflage 2010.
Fischer	Fischer, Strafgesetzbuch, Kommentar, 60. Auflage 2013.
Fluck/Theuer	Fluck/Theuer, Informationsfreiheitsrecht mit Umweltinformations- und Verbraucherinformationsrecht, Kommentar, Loseblatt.
Gersdorf	Gersdorf, Grundzüge des Rundfunkrechts, 2003.
GHN	Grabitz/Hilf/Nettesheim, Das Recht der Europäischen Union, Kommentar, Loseblatt.

Literaturverzeichnis

GIW	Grube/Immel/Wallau, Verbraucherinformationsrecht, Kommentar, 2013.
GKK	Geiger/Khan/Kotzur, EUV/AEUV, Kommentar, 5. Auflage 2010.
Göhler	Göhler, Gesetz über Ordnungswidrigkeiten, Kommentar, 16. Auflage 2012.
Grube/Weyland	Grube/Weyland, Verbraucherinformationsgesetz, Kommentar, 2008.
GSS	Götting/Schertz/Seitz, Handbuch des Persönlichkeitsrechts, 2008.
Härting	Härting, Internetrecht, 5. Auflage 2013.
Hahn/Vesting	Hahn/Vesting, Beck'scher Kommentar zum Rundfunkrecht, 3. Auflage 2012.
Harte-Bavendamm/ Henning-Bodewig	Harte-Bavendamm/Henning-Bodewig, Gesetz gegen den unlauteren Wettbewerb, Kommentar, 3. Auflage 2013.
Herrmann/Lausen	Herrmann/Lausen, Rundfunkrecht, 2. Auflage 2004.
Hesse	Hesse, Rundfunkrecht, 3. Auflage 2003.
Heun	Heun, Handbuch Telekommunikationsrecht, 2. Auflage 2007.
HSH	Hoeren/Sieber/Holznagel, Handbuch Multimedia-Recht, Loseblatt.
H-R/S-A/V	Hoffmann-Riem/Schmidt-Aßmann/Voßkuhle, Grundlagen des Verwaltungsrechts, 2. Auflage 2012 f.
HRKDSC	Hartstein/Ring/Kreile/Dörr/Stettner/Cole, Rundfunkstaatsvertrag, Kommentar, Loseblatt.
Immenga/Mestmäcker	Immenga/Mestmäcker, Wettbewerbsrecht, 5. Auflage 2011 f.
Jarass	Jarass, Charta der Grundrechte der Europäischen Union, Kommentar, 2. Auflage 2013.
Jarass/Pieroth	Jarass/Pieroth, Grundgesetz, Kommentar, 12. Auflage 2012.
Jastrow/Schlatmann	Jastrow/Schlatmann, Informationsfreiheitsgesetz, Kommentar, 2006.
JPS	Jaeger/Pohlmann/Schroeder, Frankfurter Kommentar zum Kartellrecht, Loseblatt.
jurisPKInternetR	Heckmann, juris PraxisKommentar Internetrecht, 3. Auflage 2011.
Karpenstein/Mayer	Karpenstein/Mayer, EMRK-Konvention zum Schutz der Menschenrechte und Grundfreiheiten, Kommentar, 2012.
Kilian/Heussen	Kilian/Heussen, Computerrechts-Handbuch, Loseblatt.
Köhler/Bornkamm	Köhler/Bornkamm, Gesetz gegen den unlauteren Wettbewerb, Kommentar, 31. Auflage 2013.
Kopp/Ramsauer	Kopp/Ramsauer, Verwaltungsverfahrensgesetz, Kommentar, 14. Auflage 2013.
Kopp/Schenke	Kopp/Schenke, Verwaltungsgerichtsordnung, Kommentar, 19. Auflage 2013.
Kugelmann	Kugelmann, Informationsfreiheitsgesetz, Kommentar, 2007.
Landmann/Rohmer UmweltR	Landmann/Rohmer, Umweltrecht, Kommentar, Loseblatt (mit Kommentierung zum Umweltinformationsgesetz).
Langen/Bunte	Langen/Bunte, Kommentar zum deutschen und europäischen Kartellrecht, 11. Auflage 2010.
LMR	Loewenheim/Meessen/Riesenkampff, Kartellrecht, 2. Auflage 2009.
Löffler	Löffler, Presserecht, 5. Auflage 2006.
MAH MedienR	Raue/Hegemann, Münchener Anwaltshandbuch Urheber- und Medienrecht, 2011.
Manssen	Manssen, Telekommunikations- und Multimediarecht, Loseblatt.
Matthes	Matthes, Das Informationsfreiheitsgesetz, 2006.
Maunz/Dürig	Maunz/Dürig, Grundgesetz, Kommentar, Loseblatt.
Mecklenburg/Pöppelmann	Mecklenburg/Pöppelmann, Informationsfreiheitsgesetz, 2007.
Mestmäcker/Schweitzer	Mestmäcker/Schweitzer, Europäisches Wettbewerbsrecht, 2. Auflage 2004.
MKS	v. Mangoldt/Klein/Starck, Grundgesetz, Kommentar, 6. Auflage 2010.
MüKo-BGB	Säcker/Rixecker, Münchener Kommentar zum Bürgerlichen Gesetzbuch: BGB, 5. Auflage 2006 ff./6. Auflage 2011 ff.
MüKo-StGB	Joecks/Miebach, Münchener Kommentar zum Strafgesetzbuch: StGB, 2. Auflage 2011 ff.

Literaturverzeichnis

MüKo-WettbR	Hirsch/Montag/Säcker, Münchener Kommentar zum Europäischen und Deutschen Wettbewerbsrecht (Kartellrecht), 2007 ff.
MüKo-ZPO	Rauscher/Wax/Wenzel, Münchener Kommentar zur Zivilprozessordnung: ZPO, 3. Auflage 2007 ff.
Müller/Broich	Müller/Broich, Telemediengesetz, Kommentar, 2012.
Musielak	Musielak, Zivilprozessordnung, Kommentar, 10. Auflage 2013.
NK-BayMG	Bornemann/von Coelln/Hepach/Himmelsbach/Lörz, Bayerisches Mediengesetz, Nomos Kommentar, Loseblatt.
NK-BGB	Dauner-Lieb/Heidel/Ring, Bürgerliches Gesetzbuch, Nomos Kommentar, 2. Auflage 2008 ff./3. Auflage 2010 ff.
NK-EMRK	Meyer-Ladewig, Europäische Menschenrechtskonvention, Nomos Kommentar, 3. Auflage 2011.
NK-EuropaR	Vedder/Heintschel von Heinegg, Europäisches Unionsrecht, Nomos Kommentar, 2011.
NK-GRC	Meyer, Charta der Grundrechte der Europäischen Union, Nomos Kommentar, 3. Auflage 2011.
NK-IFG	Rossi, Informationsfreiheitsgesetz, Nomos Kommentar 2006.
NK-MedienR	Paschke/Berlit/Meyer, Hamburger Kommentar Gesamtes Medienrecht, 2. Auflage 2012.
NK-StGB	Kindhäuser/Neumann/Paeffgen, Strafgesetzbuch (StGB), Nomos Kommentar, 3. Auflage 2010.
NK-StrafR	Dölling/Duttge/Roesner, Gesamtes Strafrecht, Nomos Kommentar, 2. Auflage 2011.
NK-VerwR	Fehling/Kastner/Störmer, Verwaltungsrecht, Nomos Kommentar, 3. Auflage 2013.
NK-VwGO	Sodan/Ziekow, Verwaltungsgerichtsordnung, Nomos Kommentar, 3. Auflage 2010.
NK-ZPO	Saenger, Zivilprozessordnung, Nomos Kommentar, 5. Auflage 2013.
Paal	Paal, Medienvielfalt und Wettbewerbsrecht, 2010.
Palandt	Palandt, Bürgerliches Gesetzbuch, Kommentar, 72. Auflage 2013.
Petersen	Petersen, Medienrecht, 5. Auflage 2010.
POS	Piper/Ohly/Sosnitza, Gesetz gegen den unlauteren Wettbewerb, Kommentar, 5. Auflage 2010.
R. Beck	Rita Beck, Verbraucherinformationsgesetz, Kommentar, 2009.
Redeker/v. Oertzen	Redeker/von Oertzen, Verwaltungsgerichtsordnung, 15. Auflage 2010.
Rehbock	Rehbock, Beck'sches Mandatshandbuch Medien- und Presserecht, 2. Auflage 2011.
Ricker/Weberling	Ricker/Weberling, Handbuch des Presserechts, 6. Auflage 2012 (früher: Löffler/Ricker).
Roßnagel	Roßnagel, Beck'scher Kommentar zum Recht der Telemediendienste 2013
Sachs	Sachs, Grundgesetz, Kommentar, 6. Auflage 2011.
Säcker	Säcker, Berliner Kommentar zum Telekommunikationsgesetz, 3. Auflage 2013.
SBS	Stelkens/Bonk/Sachs, Verwaltungsverfahrensgesetz, Kommentar, 7. Auflage 2008.
Scheurle/Mayen	Scheurle/Mayen, Telekommunikationsgesetz, 2. Auflage 2008.
Schoch	Schoch, Informationsfreiheitsgesetz, Kommentar, 2009.
Schönke/Schröder	Schönke/Schröder, Strafgesetzbuch, Kommentar, 28. Auflage 2010.
Schricker/Loewenheim	Schricker/Loewenheim, Urheberrecht, Kommentar, 4. Auflage 2010.
Seitz/Schmidt	Seitz/Schmidt, Der Gegendarstellungsanspruch, 4. Auflage 2010.
Senge	Senge, Karlsruher Kommentar zum Gesetz über Ordnungswidrigkeiten, 3. Auflage 2006.
SHH	Schmidt-Bleibtreu/Hofmann/Hopfauf, Kommentar zum Grundgesetz, 12. Auflage 2011.
Sitsen	Sitsen, Das Informationsfreiheitsgesetz des Bundes, 2009.
Sodan	Sodan, Grundgesetz, Kommentar, 2. Auflage 2011.

Literaturverzeichnis

Soehring .... Soehring, Presserecht: Recherche, Darstellung und Haftung im Recht der Medien, 4. Auflage 2010.
Spindler/Schuster .... Spindler/Schuster, Recht der elektronischen Medien, Kommentar, 2. Auflage 2011.
SSB .... Schoch/Schneider/Bier, Verwaltungsgerichtsordnung, Kommentar, Loseblatt (früher: Schoch/Schmidt-Aßmann/Pietzner).
SSD .... Schiwy/Schütz/Dörr, Medienrecht, Lexikon, 5. Auflage 2010.
SSW .... Schomerus/Schrader/Wegener, Umweltinformationsgesetz, Kommentar, 2. Auflage 2002.
Staudinger .... Staudinger, Kommentar zum Bürgerlichen Gesetzbuch, 13. Auflage ff. 1993 ff.
Stern I (II, III/1 etc.) ..... Stern, Das Staatsrecht der Bundesrepublik Deutschland, Bd I, 2. Aufl. 1984; Bd II, 1980; Bd III/1, 1988; Bd III/2, 1994; Bd IV/1, 2006; Bd IV/2, 2011; Bd V, 2000.
Streinz .... Streinz, EUV/AEUV, Kommentar, 2. Auflage 2012.
Tettinger/Stern .... Tettinger/Stern, Kölner Kommentar zur Europäischen Grundrechte-Charta 2006.
Thomas/Putzo .... Thomas/Putzo, Zivilprozessordnung, Kommentar, 34. Auflage 2013.
v. Münch/Kunig .... v. Münch/Kunig, Grundgesetz, Kommentar, 6. Auflage 2012.
Wanckel .... Wanckel, Foto- und Bildrecht, 4. Auflage 2012.
Wandtke/Bullinger .... Wandtke/Bullinger, Praxiskommentar zum Urheberrecht, 3. Auflage 2008.
Wenzel .... Wenzel, Das Recht der Wort- und Bildberichterstattung, Handbuch des Äußerungsrechts, 5. Auflage 2003.
Wiedemann .... Wiedemann, Handbuch des Kartellrechts, 2. Auflage 2009.
ZDM .... Ziekow/Debus/Musch, Bewährung und Fortentwicklung des Informationsfreiheitsrechts, 2013.

I. Mediengrundrechte

1. Charta der Grundrechte (GRC) – Auszüge –

Art. 7 Achtung des Privat- und Familienlebens

Jede Person hat das Recht auf Achtung ihres Privat- und Familienlebens, ihrer Wohnung sowie ihrer Kommunikation.

Art. 7 GRC schützt die Privatsphäre umfassend. Ihr kommt eine besondere Bedeutung im Rahmen der Persönlichkeitsentfaltung des Einzelnen zu. Es werden vier wichtige Bereiche der Privatsphäre garantiert: das Privatleben (→ Rn. 20 ff.), das Familienleben (→ Rn. 26 ff.), die Wohnung (→ Rn. 30 ff.) und die Kommunikation (→ Rn. 35 ff.). Eine klare Abgrenzung zwischen diesen vier Gewährleistungen ist nicht zu erzielen; vielmehr kommt es teilweise zu Überschneidungen.

Übersicht

	Rn		Rn
A. Allgemeines	1	B. Eingriff in den Schutzbereich	18
I. Entstehungsgeschichte	1	I. Recht auf Achtung	18
II. Auslegung des Art. 7 GRC	2	II. Privatleben	20
III. Verschiedene Gewährleistungen	8	III. Familienleben	26
IV. Grundrechtsverpflichtete (Art. 51 Abs. 1 GRC)	9	IV. Wohnung	30
V. Grundrechtsberechtigte	12	V. Kommunikation	35
VI. Verhältnis zu anderen Vorschriften	16	C. Rechtfertigung	40

A. Allgemeines

I. Entstehungsgeschichte

Das Präsidium des mit der Erstellung einer Grundrechtecharta beauftragten Konvents legt in seinen Erläuterungen zur Grundrechtecharta dar, dass Art. 8 EMRK als Vorlage für Art. 7 GRC diente. Der Wortlaut des Art. 7 GRC ist mit dem des Art. 8 Abs. 1 EMRK fast identisch. Lediglich der Begriff der Korrespondenz wurde durch den Begriff der Kommunikation ausgetauscht, um der technischen Entwicklung Rechnung zu tragen. Eine weitergehende Änderung des Schutzgehalts wurde damit jedoch nicht bezweckt. Insbes. sollte der Schutz des Art. 7 GRC auch nicht weiter gehen als der des Art. 8 EMRK (Meyer/Bernsdorff GRC Art. 7 Rn. 6). In Art. 8 Abs. 2 EMRK ist, wie für die EMRK üblich, direkt in der Norm des einzelnen Grundrechts eine Schrankenregelung normiert. Diese wurde aufgrund der abweichenden Systematik der GRC, die eine allgemeine Schrankenregelung in Art. 52 GRC enthält, nicht in Art. 7 GRC übernommen, obgleich sie im vorliegenden Fall Anwendung findet. **1**

II. Auslegung des Art. 7 GRC

Zur Auslegung und Anwendung der GRC sollen gem. Art. 6 Abs. 1 UAbs. 3 EUV die Bestimmungen des Kapitels VII der GRC (Art. 51–54 GRC) herangezogen und die Erläuterungen zu der GRC (ABl. EU 2007 C 303, 17) „gebührend berücksichtigt" werden (Art. 52 Abs. 7 GRC). Gebührende Berücksichtigung finden die Erläuterungen, indem sie trotz mangelnder Rechtsverbindlichkeit als Interpretationshilfe herangezogen werden (vgl. Erläuterungen zur Charta der Grundrechte, ABl. EU C 303, 17). **2**

3   Gem. des Erwägungsgrunds 5 der Präambel der Charta sind die Grundrechte ua aus gemeinsamen Verfassungstraditionen, gemeinsamen internationalen Verpflichtungen der Mitgliedstaaten sowie aus der Rechtsprechung des EuGH entwickelt worden, sodass diese bei der Auslegung hilfreich sein können.

4   Darüber hinaus gibt Art. 53 GRC vor, dass die Bestimmungen der GRC nicht als Einschränkung oder Verletzung der Rechte auszulegen sind, die – in dem jeweiligen Anwendungsbereich – durch das Recht der Union, das Völkerrecht und durch die internationalen Übereinkünfte, bei denen die Union oder alle Mitgliedstaaten Vertragsparteien sind (insbes. die EMRK) sowie durch die Verfassungen der Mitgliedstaaten anerkannt werden.

5   Die Achtung der Privatsphäre wird in fast allen Mitgliedstaaten gewährt (Meyer/Bernsdorff GRC Art. 7 Rn. 2). Entsprechende Gewährleistungen im Grundgesetz finden sich in Art. 2 Abs. 1, 6 Abs. 1, 10 Abs. 1, 13 Abs. 1 GG.

6   Relevante Vorschriften aus völkerrechtlichen Verträgen sind Art. 17 des Internationalen Pakts über bürgerliche und politische Rechte (IPbpR) sowie Art. 16 des Übereinkommens über die Rechte des Kindes. Als Vorschrift aus einer internationalen Übereinkunft ist Art. 12 der allgemeinen Erklärung der Menschenrechte (AEMR) zu nennen.

7   Inwieweit Art. 8 EMRK bei der Auslegung des Art. 7 GRC relevant ist, ergibt sich aus Art. 52 GRC. Gem. Art. 52 Abs. 3 GRC haben die Grundrechte der Charta, die den Grundrechten aus der EMRK entsprechen, die gleiche Bedeutung und Tragweite wie diese. Da das Präsidium des Konvents in seinen Erläuterungen darauf verweist, dass die Rechte nach Art. 7 den Rechten des Art. 8 EMRK entsprechen, ist zumindest der sog Minimalstandard gewahrt. Dem steht allerdings nicht entgegen, dass die EU auch einen weiterreichenden Schutz durch die GRC gewähren kann (vgl. Art. 52 Abs. 3 S. 2 GRC). Dies war jedoch bei Art. 7 GRC nicht beabsichtigt (Meyer/Bernsdorff GRC Art. 7 Rn. 6). Da die Rechte der EMRK durch die Rechtsprechung des EGMR konkretisiert werden, ist diese bei der Auslegung zu berücksichtigen.

III. Verschiedene Gewährleistungen

8   Art. 7 GRC enthält folgende vier Gewährleistungen: Privatleben, Familienleben, Wohnung, Kommunikation. Obwohl aufgrund der Aufzählung der Eindruck entstehen könnte, dass es sich um vier verschiedene Grundrechte handelt, wird in Art. 7 GRC insgesamt das Recht der Privatsphäre geschützt (Tettinger/Stern/Tettinger GRC Art. 7 Rn. 8). Die vier genannten Bereiche werden lediglich als Teilbereiche der Privatsphäre verstanden (Calliess/Ruffert/Kingreen GRC Art. 7 Rn. 1). Art. 7 GRC ist kein Auffanggrundrecht iSv Art. 2 Abs. 1 GG, der die allgemeine Handlungsfreiheit schützt (Meyer/Bernsdorff GRC Art. 7 Rn. 15). Da Art. 7 GRC die gleiche Bedeutung und Tragweite wie Art. 8 EMRK hat, wird Art. 7 GRC durch Art. 8 EMRK nicht verdrängt (vgl. Art 52 Abs. 3 GRC).

IV. Grundrechtsverpflichtete (Art. 51 Abs. 1 GRC)

9   Art. 51 Abs. 1 GRC gibt Auskunft darüber, wer die Grundrechtsverpflichteten sind. Dies sind zum einen Organe und Einrichtungen der Union. Zum anderen die Mitgliedstaaten, jedoch „ausschließlich bei der Durchführung des Rechts der Union". Was unter dem Begriff der „Durchführung" zu verstehen ist, ist umstritten. Zumindest bei der Umsetzung von Richtlinienregelungen ohne Gestaltungsspielraum bzw. bei dem administrativen Vollzug von europäischem Recht liegt unzweifelhaft eine Durchführung von Unionsrecht vor, was zu einer Grundrechtsbindung der Mitgliedstaaten führt. Ob dies auch bei der Umsetzung von Richtlinienregelungen mit Gestaltungsspielraum und bei der Einschränkung von Grundfreiheiten gilt, ist strittig. Der EuGH legt den Begriff der Durchführung vergleichsweise weit aus, indem er auf den Anwendungsbereich des Unionsrechts abstellt (EuGH BeckEuRS 2010, 561495).

10   Über eine Bindung Privater an die Grundrechte trifft Art. 51 GRC keine Aussage. Hieraus lässt sich der Umkehrschluss ziehen, dass Private und sonstige Grundrechtsträger grds. nicht unmittelbar an Grundrechte gebunden sind.

11   Allerdings gelten die Grundrechte mittelbar auch im Verhältnis Privater und sonstiger Grundrechtsträger. Im Privatrechtsverkehr gelangen Grundrechte im Wege der gebotenen

grundrechtskonformen Auslegung zivilrechtlicher Vorschriften zur Anwendung (Jarass GRC Art. 7 Rn. 4, 45). Im Übrigen gelten die Grundrechte im Rahmen der dem Staat obliegenden grundrechtlichen Schutzpflichten.

V. Grundrechtsberechtigte

Anders als bei der Grundrechtsverpflichtung gibt es für den Kreis der Grundrechtsberechtigten keine allgemeine Norm. Vielmehr ist auf die einzelne Grundrechtsnorm abzustellen bzw. auf generelle Regeln. 12

So werden zum einen natürliche Personen gleich welcher Staatsangehörigkeit von der Grundrechtecharta geschützt (Jarass GRC Art. 7 Rn. 10). Hinsichtlich der Grundrechtsträgerschaft juristischer Personen ist in Ermangelung einer Art. 19 Abs. 3 GG entsprechenden Vorschrift auf die einzelne Grundrechtsnorm bzw. auf generelle Regeln abzustellen. Da die Charta zwischen dem Schutz von Menschen und Personen unterscheidet, spricht dies im Rahmen der „Personenrechte" grds. für eine Einbeziehung von juristischen Personen in den grundrechtlichen Schutz. 13

Für eine Anwendung des Grundrechts auf juristische Personen ist Voraussetzung, dass eine funktionale Vergleichbarkeit (Meyer/Bernsdorff GRC Art. 7 Rn. 25) vorliegt oder genauer: dass das Grundrecht auf die juristische Person wesensmäßig anwendbar ist (Calliess/Ruffert/Kingreen GRC Art. 7 Rn. 11). Inwieweit eine juristische Person Privatsphäre genießen kann, ist zweifelhaft. Anerkannt ist ein Schutz im Rahmen der Teilbereiche Wohnung und Kommunikation, während der Schutz von Privat- und Familienleben verneint wird (Calliess/Ruffert/Kingreen GRC Art. 7 Rn. 11). 14

Dass juristische Personen des öffentlichen Rechts prinzipiell nicht grundrechtsberechtigt sind, ergibt sich aus dem Wesen der Grundrechte als gegen den Staat gerichtete Abwehrrechte. 15

VI. Verhältnis zu anderen Vorschriften

Die Gewährleistungen des Art. 7 GRC sind nicht abschließend. Die Grundrechtecharta enthält noch weitere Vorschriften, die den umfassenden Schutz der Privatsphäre nach Art. 7 GRC ergänzen. 16

Art. 8 GRC ist lex specialis zu Art. 7 GRC. Er gewährt den Schutz personenbezogener Daten und konkretisiert damit den allgemeinen Persönlichkeitsschutz im Bereich der informationellen Selbstbestimmung. Gleichwohl wendet der EuGH Art. 7 und Art. 8 GRC nebeneinander in der gleichen Sache an (s. EuGH Urt. v. 17.10.2013 – Rs. C-291/12). 17

B. Eingriff in den Schutzbereich

I. Recht auf Achtung

Anders als eine Reihe von Rechten der Charta gewährt Art. 7 GRC lediglich ein „Recht auf Achtung der Privatsphäre" und nicht generell ein Recht auf Privatsphäre oder ein Recht auf Schutz. Mit dieser Formulierung sollte jedoch kein geringerer Schutz als bei den anderen Grundrechten gewährt werden. Vielmehr sollte allein der Sorge Rechnung getragen werden, dass die EU-Kompetenzen erweitert werden könnten (vgl. Heselhaus/Nowak/Marauhn, HdB EU-Grundrechte, 2006, § 19 Rn. 15). Die Beurteilungs- und Ermessensspielräume der Mitgliedstaaten sollten durch diese Formulierung unberührt bleiben. 18

Art. 7 GRC schützt gegen imperative Einwirkungen durch die öffentliche Gewalt. Die Vorschrift begründet aber auch Schutzpflichten, die bei Freiheitsgefährdungen durch Private und andere zum Tragen kommen. Allerdings besteht insoweit ein weiter Beurteilungs- bzw. Ermessensspielraum für die Grundrechtsverpflichteten (Jarass GRC Art. 7 Rn. 25), sodass nicht jedes Unterlassen einen Grundrechtseingriff begründet. 19

II. Privatleben

Auch wenn sich der Begriff des Privatlebens dem „Versuch einer allgemeingültigen Definition entzieht" (Meyer/Bernsdorff GRC Art. 7 Rn. 19), gibt es in der Judikatur des EGMR doch zahlreiche Entscheidungen, die Ausschnitte des Privatlebens aufzeigen. 20

21 In Anlehnung an die nationale Sphären-Theorie kann zunächst festgehalten werden, dass Art. 7 GRC neben der ausdrücklich erwähnten **Privatsphäre** – erst Recht – die **Intimsphäre** schützt (Jarass GRC Art. 7 Rn. 6). Zu der Frage, inwieweit auch der Schutz in der Öffentlichkeit **(Sozialsphäre)** gewährleistet ist, hat der EGMR ausdrücklich Stellung bezogen. Geschützt ist nicht nur der räumliche Bereich örtlicher Abgeschiedenheit. Vielmehr unterwirft der EGMR das Privatleben auch im öffentlichen Raum einem umfassenden Schutz (EGMR NJW 2004, 2647 ff.). Für die Bestimmung der Schutzintensität ist maßgeblich, ob eine Tätigkeit mit ausgeprägtem Öffentlichkeitsbezug vorliegt oder das Verhalten des Betroffenen dem Bereich der Nicht-Öffentlichkeit zuzuordnen ist (Meyer/Bernsdorff GRC Art. 7 Rn. 19).

22 Der Schutz des Privatlebens erfasst auch berufliche Tätigkeiten, wenn eine Abschirmung gegenüber der Öffentlichkeit erfolgt (EuGH ZfBR 2008, 304 (308)).

23 Der Schutz des Privatlebens umfasst das Recht auf Selbstbestimmung (Kenntnis über die eigene Abstammung, Identität einer Person), auf Selbstbewahrung (physische und psychische Integrität des Einzelnen) und auf Selbstdarstellung (Recht am eigenen Bild und am eigenen Namen, Schutz der persönlichen Ehre).

24 Der Schutz des Privatlebens in Form des Rechts auf Selbstbestimmung konkurriert teilweise mit Art. 8 GRC. So unterfallen alle Informationen, die eine bestimmte oder bestimmbare natürliche Person betreffen, nicht nur Art. 8 GRC, sondern auch Art. 7 GRC. Verdrängt wird Art. 7 GRC durch Art. 8 GRC jedoch nicht; sie werden nebeneinander angewendet (vgl. zu Fingerabdrücken im Reisepass: EuGH Urt. v. 17.10.2013 – Rs. C-291/12). Das Recht auf Schutz der physischen und psychischen Integrität unterfällt hingegen nur dann Art. 7 GRC, wenn nicht bereits die Gewährleistungen der Art. 2 ff. GRC Schutz bieten. Insbes. ist Art. 7 GRC von Art. 3 GRC (Recht auf Unversehrtheit) abzugrenzen.

25 Da Art. 7 GRC kein Grundrecht auf allgemeine Handlungsfreiheit gewährleistet, muss ein „qualifizierter Persönlichkeitsbezug" vorliegen, um den Schutz des Art. 7 GRC zu begründen (Calliess/Ruffert/Kingreen GRC Art. 7 Rn. 3). Der EGMR legt den Schutzbereich des Grundrechts jedoch sehr weit aus.

III. Familienleben

26 In Abgrenzung zu Art. 9 GRC, der das Recht auf Gründung einer Familie umfasst, schützt Art. 7 GRC die bereits bestehende Familie. Geschützt wird das „Leben", also das Miteinander der einzelnen Familienmitglieder.

27 Der Begriff der Familie ist weit zu verstehen. Voraussetzung für den Schutz ist die Existenz eines Kindes, weil eine Familie erst mit der Geburt oder Annahme eines Kindes entsteht. Erfasst werden die Beziehungen der Eltern bzw. auch nur eines Elternteils zu ihren Kindern (Meyer/Bernsdorff GRC Art. 7 Rn. 20). Eine Ehe ist jedoch nicht erforderlich (EGMR NJW 2012, 2781 (2783)). Erfasst werden auch die Beziehung zwischen Großeltern und Enkeln (EGMR NJW 1979, 2449 (2452)) und die Beziehung zwischen Geschwistern. Nicht geschützt wird allerdings die Beziehung zwischen den Eltern. Diese unterfällt dem Schutz des Privatlebens bzw. dem Schutz der Ehe.

28 In der Rechtsprechung des EuGH hat die Achtung des Familienlebens bisher nur im Rahmen der Arbeitnehmerfreizügigkeit im Zusammenhang mit dem Aufenthaltsrecht von Familienangehörigen Bedeutung erlangt (Meyer/Bernsdorff GRC Art. 7 Rn. 21).

29 Art. 7 GRC ist abzugrenzen insbes. von Art. 9 GRC (das Recht auf Gründung einer Familie), von Art. 24 Abs. 3 GRC (Beziehung zwischen Kind und Eltern) und von den sozialen Rechten aus Art. 33 Abs. 1 GRC und Art. 34 Abs. 3 GRC.

IV. Wohnung

30 Unter einer Wohnung versteht man eine Räumlichkeit mit gewisser Privatsphäre (Meyer/Bernsdorff GRC Art. 7 Rn. 22). Dafür muss eine räumliche Abschirmung vorliegen, dh der Allgemeinheit muss der Zugang verwehrt sein. Erfasst werden auch wohnungsnahe Gebäude und Gebäudeteile wie Keller, Dachboden, Terrasse und Innenhof (Jarass GRC Art. 7 Rn. 35). Entscheidend dabei ist der personale Bezug der Räumlichkeiten (Calliess/Ruffert/Kingreen GRC Art. 7 Rn. 17).

Betriebs- und Geschäftsräume sollten nach der früheren Rechtsprechung des EuGH 31
nicht dem besonderen grundrechtlichen Schutz unterliegen; das Grundrecht auf Achtung
der Wohnung war auf Privaträume beschränkt (EuGH NJW 1989, 3080 (3081)). Da der
EGMR jedoch grds. auch Geschäftsräume einbezieht (EGMR NJW 1993, 718), scheint der
EuGH nicht mehr an seiner Rechtsprechung festzuhalten (vgl. EuGH EuR 2003, 244 (248)).
Mit Blick auf Art. 52 Abs. 3 GRC und des darin geforderten Mindeststandards ist die
Geltungserstreckung des Grundrechts auf Achtung der Wohnung auf Betriebs- und Geschäftsräume nunmehr geboten. Im Vergleich zu Privaträumen besteht dennoch grds. eine
geringere Schutzbedürftigkeit. Dieses geringere Schutzniveau bei Betriebs- und Geschäftsräumen ist auf der Rechtfertigungsebene im Rahmen der Verhältnismäßigkeit zu berücksichtigen (Jarass GRC Art. 7 Rn. 36).

Das Recht auf Achtung der Wohnung begründet ein **Abwehrrecht,** das sich gegen jede 32
Form des Eindringens bzw. rechtswidrigen Verweilens in der Wohnung richtet (Meyer/
Bernsdorff GRC Art. 7 Rn. 22). Eine **leistungsrechtliche Komponente** – etwa auf
Schaffung von Wohnraum uä – enthält das Grundrecht nicht.

Eingriffe in den Schutzbereich sind zB Durchsuchungen, optische und akustische Überwachung, sofern hierbei die Abschirmung überwunden wird (Jarass GRC Art. 7 Rn. 38). 33

Der EGMR leitet aus Art. 8 EMRK einen Anspruch auf Informationen über Umwelt- 34
risiken und -gefahren ab. Denn dem Schutzbereich des Art. 8 EMRK ist das Recht zuzurechnen, unbeeinflusst von (starken) Emissionen (Staub, Lärm, Geruch etc.) leben zu können, da
dies sowohl das Privat- und das Familienleben sowie die Wohnung beeinträchtigen kann
(EGMR NJW 2005, 3767). Im Unterschied zur EMRK regelt die Charta den Umweltschutz in
Art. 37 GRC ausdrücklich. Allerdings ist dieses Recht nicht als subjektives Recht ausgestaltet,
sodass die Grundlage entsprechender Informationsansprüche in Art. 7 GRC zu erblicken ist.

V. Kommunikation

In Abgrenzung zu Art. 11 GRC (Freiheit der Meinungsäußerung) schützt Art. 7 GRC 35
nur den Übermittlungsvorgang der Kommunikation (Calliess/Ruffert/Kingreen GRC
Art. 7 Rn. 10). Geschützt ist der Kommunikationsvorgang, bei dem notwendig ein Dritter
eingeschaltet wird (Meyer/Bernsdorff GRC Art. 7 Rn. 24), also die Fernkommunikation.
Grundrechtlichen Schutz genießt nur die Individualkommunikation, da Art. 7 GRC den
nicht-öffentlichen Bereich erfasst. Massenkommunikation hingegen ist öffentlich und wird
somit nicht erfasst (Jarass GRC Art. 7 Rn. 47).

Der EuGH hatte bislang keine Gelegenheit, sich näher zu Art. 7 GRC zu äußern. Seine 36
Entscheidungen stammen aus der Zeit vor Inkrafttreten der Charta und betreffen den
klassischen Briefverkehr (EuGH NJW 1981, 513 (514)).

Wie bereits ausgeführt, weicht die Begrifflichkeit des Art. 8 EMRK („Korrespondenz") 37
von der Wortwahl des Art. 7 GRC („Kommunikation") ab, ohne dass dadurch inhaltliche
Unterschiede bestehen.

Geschützt ist jede Erscheinungsform der Fernkommunikation, unabhängig davon, ob sie 38
schriftlich oder nichtschriftlich erfolgt. Der Begriff der Kommunikation ist ein **entwicklungsoffener, dynamischer** Begriff (Calliess/Ruffert/Kingreen GRC Art. 7 Rn. 10), sodass auch neue Formen der Kommunikation wie E-Mail und SMS erfasst sind.

Ein Eingriff ist jede Maßnahme, die den Übermittlungsvorgang betrifft, also Kenntnis 39
von Kommunikationsinhalten oder Kommunikationsdaten ermöglicht. Auch die Verhinderung und Verzögerung der Kommunikation ist an Art. 7 GRC zu messen (Jarass GRC
Art. 7 Rn. 49 f.).

C. Rechtfertigung

Art. 7 GRC enthält keinen (einfachen bzw. qualifizierten) Gesetzesvorbehalt. Der all- 40
gemeine Schrankenvorbehalt des Art. 52 Abs. 1 GRC findet keine Anwendung, weil der
qualifizierte Gesetzesvorbehalt des Art. 8 Abs. 2 EMRK engere Eingriffsvoraussetzungen
enthält als der einfache Gesetzesvorbehalt des Art. 52 Abs. 1 GRC. Während in Art. 52
Abs. 1 GRC die einen Grundrechtseingriff legitimierenden Schutzgüter nicht näher bestimmt sind (einfacher Gesetzesvorbehalt), sind die legitimen Zielsetzungen im Schranken-

GRC Art. 8 I. Mediengrundrechte

vorbehalt des Art. 8 Abs. 2 EMRK geregelt (qualifizierter Gesetzesvorbehalt). Gem. Art. 52 Abs. 3 GRC findet deshalb bei Eingriffen in Art. 7 GRC die – einen im Vergleich zu Art. 52 Abs. 1 GRC weitergehenden Schutz gewährende – **Schranke des Art. 8 Abs. 2 EMRK** Anwendung (vgl. Tettinger/Stern/Tettinger GRC Art. 7 Rn. 44).

41 Allerdings ist darauf hinzuweisen, dass der EuGH vor Inkrafttreten der Charta dazu neigte, anstelle der spezifischen Schranke des Art. 8 Abs. 2 EMRK seine allgemeinen Prüfungsmaßstäbe für Rechtfertigung von Grundrechtseinschränkungen anzuwenden (vgl. EuGH EuZW 1993, 323, Rn. 15; EuGH NJW 1992, 1553 (1554) dort Rn. 23; s. auch Tettinger/Stern/Tettinger GRC Art. 7 Rn. 45). In der Rs. Carpenter wurde indes ausdrücklich auf die Schranke des Art. 8 Abs. 2 EMRK rekurriert (EuGH EuZW 2002, 603, Rn. 42); hingegen wird in der Rs. Schwarz (wieder) auf die Schranke des Art. 52 Abs. 1 GRC verwiesen (EuGH Urt. v. 17.10.2013 – Rs. C-291/12 Rn. 34).

42 Nach Art. 8 Abs. 2 EMRK bedürfen Eingriffe in Art. 7 GRC einer **gesetzlichen Grundlage**, wobei der Gesetzesbegriff geschriebenes und ungeschriebenes Recht umfasst. Als **legitime Zielsetzungen** für Eingriffe in Art. 7 GRC kommen nur die in Art. 8 Abs. 2 genannten Schutzziele in Betracht. Weiterhin muss der Eingriff **in einer demokratischen Gesellschaft notwendig** sein, was eine umfassende Interessen- und Güterabwägung nach Maßgabe des Grundsatzes der Verhältnismäßigkeit erforderlich macht (zum Schrankenvorbehalt des Art. 8 Abs. 2 EMRK → EMRK Art. 8 Rn. 49 ff.).

Art. 8 Schutz personenbezogener Daten

(1) Jede Person hat das Recht auf Schutz der sie betreffenden personenbezogenen Daten.

(2) ¹Diese Daten dürfen nur nach Treu und Glauben für festgelegte Zwecke und mit Einwilligung der betroffenen Person oder auf einer sonstigen gesetzlich geregelten legitimen Grundlage verarbeitet werden. ²Jede Person hat das Recht, Auskunft über die sie betreffenden erhobenen Daten zu erhalten und die Berichtigung der Daten zu erwirken.

(3) Die Einhaltung dieser Vorschriften wird von einer unabhängigen Stelle überwacht.

Art. 8 GRC ist lex specialis zu Art. 7 GRC und schützt den Einzelnen in seiner Privatsphäre bei der Verarbeitung personenbezogener Daten (→ Rn. 13 ff.). Die Schranke des Grundrechts aus Art. 8 GRC findet sich im allgemeinen Vorbehalt des Art. 52 Abs. 1 GRC, wobei die Besonderheiten der Regelung des Art. 8 Abs. 2 GRC zu berücksichtigen sind (→ Rn. 21 ff.). Art. 8 Abs. 2 S. 2 GRC normiert einen Auskunfts- und Berichtigungsanspruch, die ein wesentlicher Bestandteil des Datenschutzrechts sind (→ Rn. 38). Art. 8 Abs. 3 GRC legt fest, dass eine unabhängige Stelle die Einhaltung der Vorschriften zu überwachen hat (→ Rn. 39 ff.).

Übersicht

	Rn		Rn
A. Allgemeines	1	I. Einschlägige Schrankenregelung	21
I. Entstehungsgeschichte	1	II. Mit Einwilligung der betroffenen Person	27
II. Auslegung des Art. 8	2	III. Auf einer sonstigen gesetzlich geregelten legitimen Grundlage	28
III. Verhältnis zu anderen Vorschriften	5	IV. Für festgelegte Zwecke	31
IV. Grundrechtsberechtigte	9	V. Verhältnismäßigkeit (Art. 52 Abs. 1)	32
V. Grundrechtsverpflichtete	10	**D. Auskunftsrecht und Berichtigungsrecht (Abs. 2 S. 2)**	38
B. Eingriff in den Schutzbereich (Abs. 1)	12	**E. Überwachung durch eine unabhängige Stelle (Abs. 3)**	39
I. Recht auf Schutz	12		
II. Personenbezogene Daten	13		
III. Eingriff	18		
C. Rechtfertigung	21		

A. Allgemeines

I. Entstehungsgeschichte

Aus den Erläuterungen des Präsidiums des Konvents zur GRC geht hervor, dass Art. 8 GRC auf Art. 286 EGV (jetzt: Art. 16 Abs. 1 AEUV und Art. 39 EUV), auf der Richtlinie 95/46/EG des Europäischen Parlaments und des Rates zum Schutz natürlicher Personen bei der Verarbeitung personenbezogener Daten und zum freien Datenverkehr, auf Art. 8 EMRK, auf dem Übereinkommen des Europarats v. 28.1.1981 zum Schutz des Menschen bei der Verarbeitung personenbezogener Daten, und auf der Verordnung (EG) Nr. 45/2001 des Europäischen Parlaments und des Rates zum Schutz natürlicher Personen bei der Verarbeitung personenbezogener Daten durch die Organe und Einrichtungen der Gemeinschaft und zum freien Datenverkehr beruht. Zu berücksichtigen ist ferner, dass Art. 17 IPbpR die Pflicht der Vertragsstaaten enthält, dafür Sorge zu tragen, das Sammeln von personenbezogenen Informationen zu regeln. 1

II. Auslegung des Art. 8

Art. 8 EMRK enthält zwar nicht ausdrücklich den Schutz der personenbezogenen Daten. Der EGMR gewährt diesen jedoch als Teil der Achtung des Privatlebens (EGMR Urt. v. 16.2.2000 – 27798/95 – Amann ./. Schweiz). 2

Da jedoch datenschutzspezifische Regelungen im Art. 8 EMRK fehlen, mangelt es an einer Entsprechung iSd Art. 52 Abs. 3 GRC (Calliess/Ruffert/Kingreen GRC Art. 8 Rn. 4). Diese Beurteilung wird gestützt durch die Tatsache, dass Art. 8 GRC nicht aufgeführt wurde auf der Liste des Konvents, die alle Grundrechte benennt, die einer Gewährleistung der EMRK entsprechen. Art. 8 GRC findet damit Anwendung und wird nicht gem. Art. 52 Abs. 3 GRC durch Art. 8 EMRK verdrängt. Dennoch ist die Rechtsprechung des EGMR bedeutend für die Konkretisierung des Art. 8 GRC (Calliess/Ruffert/Kingreen GRC Art. 8 Rn. 4). 3

Eine entsprechende Norm des Grundgesetzes findet sich in Art. 2 Abs. 1 iVm Art. 1 Abs. 1 GG (Recht auf informationelle Selbstbestimmung). 4

III. Verhältnis zu anderen Vorschriften

Art. 8 Abs. 1 GRC ist identisch mit Art. 16 Abs. 1 AEUV (ex-Art. 286 EGV). Art. 8 Abs. 3 GRC entspricht nahezu vollständig Art. 16 Abs. 2 AEUV. Während Art. 8 Abs. 3 GRC von einer „unabhängigen Stelle" spricht, nennt Art. 16 Abs. 2 AEUV „unabhängige Behörden". 5

Art. 8 GRC ist lex specialis zu Art. 7 GRC (Heselhaus/Nowak/Mehde, HdB EU-Grundrechte, 2006, § 21 Rn. 13). Da der Datenschutz als Aspekt der Achtung der Privatsphäre ein besonders wichtiger Teil des Schutzes des Privatlebens ist, wurde dafür ein eigenständiges Grundrecht begründet (Jarass GRC Art. 8 Rn. 2). Verdrängt wird Art. 7 GRC durch Art. 8 GRC jedoch nicht; sie werden nebeneinander angewendet (vgl. zu Fingerabdrücken im Reisepass: EuGH Urt. v. 17.10.2013 – Rs. C-291/12). 6

Art. 15–17 GRC stehen in Idealkonkurrenz zu Art. 8 GRC, wenn es um den Schutz berufsbezogener Daten geht. Fehlt es hingegen an dem personalen Bezug, liegt Spezialität vor (Meyer/Bernsdorff GRC Art. 8 Rn. 13). 7

Ein Spannungsverhältnis besteht insbes. mit Art. 42 GRC (Recht auf Zugang zu Dokumenten). Dieses Recht setzt auf die Verwirklichung des Grundprinzips von Transparenz und zielt somit auf die Herausgabe auch von personenbezogenen Daten ab. 8

IV. Grundrechtsberechtigte

Grundrechtsberechtigt sind natürliche Personen. Inwieweit juristische Personen des Privatrechts vom persönlichen Schutzbereich des Art. 8 GRC erfasst sind, ist fraglich, da das Schutzgut des Art. 8 GRC die Privatsphäre des Einzelnen ist (Heselhaus/Nowak/Mehde, HdB EU-Grundrechte, 2006, § 21 Rn. 22). Die Sekundärrechtsakte zum Datenschutz (RL 95/46/EG und Verordnung (EG) Nr. 45/2001), auf denen Art. 8 GRC basiert, schützen nur 9 natürliche Personen. Gleichwohl deutet der Wortlaut des Art. 8 GRC mit der Erwähnung des Wortes „Personen" (statt Mensch) darauf hin, dass juristische Personen grds. vom persönlichen Schutzbereich erfasst werden können (Jarass GRC Art. 8 Rn. 7). Außerdem ist zu berücksichtigen, dass sich hinter juristischen Personen oftmals natürliche Personen verbergen. Im Interesse eines effektiven Schutzes dieses personalen Substrats erscheint ein grundrechtlicher Schutz juristischer Personen geboten (vgl. in diesem Zusammenhang EuGH MMR 2011, 122 (123)).

V. Grundrechtsverpflichtete

10   Grundrechtsverpflichtet sind gem. Art. 51 Abs. 1 GRC sowohl Organe und Einrichtungen der Union als auch die Mitgliedstaaten. Diese jedoch „ausschließlich bei der Durchführung des Rechts der Union".

11   Hinsichtlich der Grundrechtsverpflichteten kann auf die Ausführungen im Rahmen des Art. 7 GRC verwiesen werden (→ Art. 7 Rn. 9 ff.).

B. Eingriff in den Schutzbereich (Abs. 1)

I. Recht auf Schutz

12   Art. 8 GRC gewährt zum einen ein **klassisches Abwehrrecht** gegen staatliches Handeln. Die Dimension des Grundrechtsschutzes erschöpft sich aber nicht in der Funktion des status negativus. Vielmehr entfaltet Art. 8 GRC auch die Funktion des status positivus. So statuiert er auch staatliche Schutzpflichten (Heselhaus/Nowak/Mehde, HdB EU-Grundrechte, 2006, § 21 Rn. 11). Die Grundrechtsverpflichteten müssen Schutz auch gegenüber privatem Handeln gewährleisten (Jarass GRC Art. 8 Rn. 10). Ein Eingriff kann demzufolge auch durch ein Unterlassen erfolgen. Zu beachten ist dabei allerdings, dass den Grundrechtsverpflichteten ein großer Entscheidungsspielraum bei der Entscheidung über entsprechende Schutzregelungen zusteht (Jarass GRC Art. 8 Rn. 10).

II. Personenbezogene Daten

13   Der Begriff der personenbezogenen Daten ist im Wege eines Rückgriffs auf Art. 2 lit. a) der Datenschutz-RL und der VO (EG) 45/2001 zu gewinnen. Danach sind personenbezogene Daten alle Informationen über eine bestimmte oder bestimmbare natürliche Person (EuGH Urt. v. 17.10.2013 – Rs. C-291/12 Rn. 26).

14   „Bestimmbar" ist eine Person, wenn sie „(...) direkt oder indirekt identifiziert werden kann, insbes. durch Zuordnung zu einer Kennnummer oder zu einem oder mehreren spezifischen Elementen, die Ausdruck ihrer physischen, physiologischen, psychischen, wirtschaftlichen, kulturellen oder sozialen Identität sind" (Art. 2 lit. b) Datenschutz-RL; vgl. auch EuGH Urt. v. 17.10.2013 – Rs. C-291/12 Rn. 27 zu Fingerabdrücken).

15   Erwägungsgrund 26 der Datenschutz-RL kann als zusätzliche Auslegungshilfe des Art. 2 lit. b) Datenschutz-RL herangezogen werden, der bestimmt: „(...). Bei der Entscheidung, ob eine Person bestimmbar ist, sollten alle Mittel berücksichtigt werden, die vernünftigerweise entweder von dem Verantwortlichen für die Verarbeitung oder von einem Dritten eingesetzt werden könnten, um die betreffende Person zu bestimmen. Die Schutzprinzipien finden keine Anwendung auf Daten, die derart anonymisiert sind, dass die betroffene Person nicht mehr identifizierbar ist. (...)".

16   Die Schutzvoraussetzung ist demzufolge das Bestehen eines ausreichenden personalen Bezugs (Calliess/Ruffert/Kingreen GRC Art. 8 Rn. 9). Geschützt wird jede Art von personenbezogenen Daten, sodass der Schutz nicht nur auf sensible Daten beschränkt ist (Meyer/Bernsdorff GRC Art. 8 Rn. 15).

17   Da die Datenschutz-RL, auf der Art. 8 GRC beruht, den Zweck verfolgt, den Binnenmarkt zu verwirklichen, könnte man überlegen, den Schutz des Art. 8 GRC auf binnenmarktrelevante personenbezogene Daten zu beschränken. Dies wird jedoch zu Recht abgelehnt (Tettinger/Stern/Johlen GRC Art. 8 Rn. 32), da das Präsidium sich zum einen auch auf Rechtsakte des Europarates bezieht, die eine solche Voraussetzung nicht enthalten. Zum anderen hat sich die Europäische Union spätestens seit den Maastrichter-Verträgen von einer

reinen Wirtschaftsgemeinschaft zu einer Wertegemeinschaft weiterentwickelt, in dessen Schutzzentrum der Einzelne steht. Die Aufnahme der Charta in das Primärrecht hat diesen Funktionswandel nochmals unterstrichen. Auch hiermit wäre es nicht vereinbar, den Schutz nach Art. 8 GRC auf binnenmarktrelevante Daten zu reduzieren (vgl. Meyer/Bernsdorff GRC Art. 8 Rn. 15a).

III. Eingriff

Ein Eingriff ist jede Verarbeitung von personenbezogenen Daten (EuGH Urt. v. 17.10.2013 – Rs. C-291/12). „Verarbeiten" wird, unter Rückgriff auf Art. 2 lit. b) der Datenschutz-RL und der VO (EG) 45/2001, als Oberbegriff für alle datenbezogenen Vorgänge verwendet, also „das Erheben, das Speichern, die Organisation, die Aufbewahrung, die Anpassung oder Veränderung, das Auslesen, das Abfragen, die Benutzung, die Weitergabe durch Übermittlung, Verbreitung oder jede andere Form der Bereitstellung, die Kombination oder die Verknüpfung sowie das Sperren, Löschen oder Vernichten". 18

Die Art des Verfahrens der Datenverarbeitung ist nicht entscheidend, sodass sowohl die manuelle als auch die automatisierte Datenverarbeitung erfasst wird. 19

Unklar ist die dogmatische Einordnung der Einwilligung. Obgleich die Einwilligungsmöglichkeit in der Schranke des Art. 8 Abs. 2 GRC geregelt ist, wird man bei einer wirksamen Einwilligung bereits einen Grundrechtseingriff verneinen müssen (Calliess/Ruffert/Kingreen GRC Art. 8 Rn. 13), weil die Einwilligung Ausdruck des Grundrechts aus Art. 8 Abs. 1 GRC ist, das das Recht auf freiwillige Offenbarung personenbezogener Daten umfasst. 20

C. Rechtfertigung

I. Einschlägige Schrankenregelung

Nach den Erläuterungen zur Grundrechtecharta enthalten die Richtlinie und die Verordnung, auf der Art. 8 GRC basiert, Bedingungen und Beschränkungen für die Wahrnehmung des Rechts auf den Schutz personenbezogener Daten. 21

Der allgemeine Schrankenvorbehalt des **Art. 52 Abs. 1 GRC** wird gem. Art. 52 Abs. 3 GRC **nicht durch Art. 8 Abs. 2 EMRK** verdrängt, weil Art. 8 Abs. 1 EMRK personenbezogene Daten nicht gesondert, bereichsspezifisch schützt. Insoweit gewährleistet Art. 8 Abs. 1 GRC einen weitergehenden Schutz, so dass es an einer Entsprechung iSd Art. 52 Abs. 3 GRC fehlt. Dieses Ergebnis wird gestützt durch die Tatsache, dass Art. 8 GRC auch nicht auf der Liste des Konvents aufgenommen wurde, die alle Grundrechte benennt, die einer Gewährleistung der EMRK entsprechen. 22

Hinsichtlich der Rechtfertigung bietet Art. 52 GRC mit seinen drei Absätzen drei Möglichkeiten an, welche Schrankenregelungen im Rahmen eines Grundrechts Anwendung finden können. 23

Art. 8 GRC begründet die Besonderheit, dass in Abs. 2 gewisse Vorgaben für einen Grundrechtseingriff genannt sind. Art. 8 Abs. 2 GRC verdrängt aber nicht Art. 52 Abs. 1 GRC, weil die nach Art. 52 Abs. 1 GRC erforderliche Verhältnismäßigkeitsprüfung in Art. 8 Abs. 2 GRC keine Erwähnung findet. Durch Art. 8 Abs. 2 GRC sollte die Gesetzesbindung der verarbeitenden Stelle hervorgehoben werden (Heselhaus/Nowak/Mehde, HdB EU-Grundrechte, 2006, § 21 Rn. 11). Art. 8 Abs. 2 S. 1 GRC konkretisiert Art. 52 Abs. 1 GRC, sodass beide Vorschriften nebeneinander anwendbar sind und im Rahmen der Auslegung aufeinander abzustimmen sind (Jarass GRC Art. 8 Rn. 11). 24

Art. 52 Abs. 1 GRC fordert eine gesetzliche Grundlage, diese muss ausreichend bestimmt sein. Insbes. muss der Zweck der Verarbeitung gesetzlich normiert sein. Weiter nennt Art. 52 Abs. 1 GRC legitime Ziele, zu deren Zweck das Grundrecht eingeschränkt werden kann. Dies sind zum einen die von der Union anerkannten, dem Gemeinwohl dienenden Zielsetzungen und zum anderen der Schutz der Rechte und Freiheiten anderer. Darüber hinaus muss der Eingriff auch verhältnismäßig sein und darf den Wesensgehalt des Grundrechts nicht betreffen. 25

26   Art. 8 Abs. 2 GRC normiert ergänzend, dass die Verarbeitung der Daten nur nach Treu und Glauben, für festgelegte Zwecke und mit Einwilligung der betroffenen Person oder auf einer sonstigen gesetzlich geregelten legitimen Grundlage erfolgen darf.

II. Mit Einwilligung der betroffenen Person

27   Die dogmatische Einordnung der Einwilligung ist umstritten (→ Rn. 20). Ungeachtet dieser Frage bedarf es gewisser Voraussetzungen, damit eine wirksame Einwilligung vorliegt (Tettinger/Stern/Johlen GRC Art. 8 Rn. 44 ff., der zur Bestimmung der Wirksamkeit auf die Vorgaben der Datenschutz-RL zurückgreift mwN). Auf jeden Fall muss der Betroffene vor der Einwilligung ausreichende Informationen erhalten haben, um auf dieser Grundlage autonom entscheiden zu können (vgl. Jarass GRC Art. 8 Rn. 9). Sofern eine gesetzliche Verpflichtung zur Offenbarung personenbezogener Daten gegeben ist, ist nicht von einer entsprechenden Einwilligung auszugehen (vgl. EuGH Urt. v. 17.10.2013 – Rs. C-291/12 Rn. 32).

III. Auf einer sonstigen gesetzlich geregelten legitimen Grundlage

28   Die gesetzlich geregelte Grundlage iSd Art. 8 Abs. 2 S. 1 GRC entspricht dem allgemeinen Gesetzesvorbehalt des Art. 52 Abs. 1 GRC. Erforderlich ist, dass die Rechtsgrundlage hinreichend bestimmt ist.

29   Weiter muss ein legitimer Zweck der Datenverarbeitung vorliegen. Durch die Nennung des legitimen Zwecks sollte jedoch keine Modifikation der Zwecke der allgemeinen Regelung des Art. 52 Abs. 1 GRC vorgenommen werden (Jarass GRC Art. 8 Rn. 13). Ein legitimer Zweck kann insbes. der Transparenzgrundsatz sein, der an mehreren Stellen der GRC zum Ausdruck kommt (vgl. etwa Art. 1, 10 EUV, Art 15 AEUV, Art 42 GRC; s. EuGH MMR 2011, 122 (124)).

30   Zur **Übermittlung von Fluggastdaten an die USA** nahm der EuGH im Mai 2006 Stellung (EuGH NJW 2006, 2029 ff.). Er erklärte die zugrunde liegende Genehmigung des Abkommens zwischen der EU und den USA durch den Rat für nichtig. Dasselbe gelte für die zu demselben Sachverhalt ergangene Entscheidung der Kommission, mit der das US-amerikanische Datenschutzniveau für angemessen iSd Art. 25 Datenschutz-RL 95/46/EG erklärt wurde. Wie sich aus den Begründungserwägungen ergebe, seien Sinn und Zweck der Datenübermittlung in die USA die Terrorismusbekämpfung. Gegenstand beider Rechtsakte sei daher das Strafrecht. Daher sei die **Datenschutz-RL 95/46/EG keine geeignete Rechtsgrundlage.** Mangels Rechtsgrundlage waren der Ratsbeschluss und die Kommissionsentscheidung deshalb für nichtig zu erklären.

IV. Für festgelegte Zwecke

31   Der Zweck der Verarbeitung muss festgelegt werden, bevor die Verarbeitung der Daten erfolgt (Tettinger/Stern/Johlen GRC Art 8 Rn. 46). Ebenso muss der Zweck hinreichend bestimmt sein.

V. Verhältnismäßigkeit (Art. 52 Abs. 1)

32   Darüber hinaus muss bei der Datenverarbeitung der Grundsatz der Verhältnismäßigkeit eingehalten werden. Zunächst muss festgestellt werden, zu welchem Zweck die Datenverarbeitung erfolgt. Dieser Zweck muss einem solchen des Art. 52 Abs. 1 GRC entsprechen. Der Zweck der Verarbeitung muss mit dem Zweck, der in dem Gesetz bzw. in der Einwilligung genannt wird, übereinstimmen. An diesem Zweck ist die Verhältnismäßigkeitsprüfung auszurichten. Die Datenverarbeitung muss geeignet und erforderlich sein, um diesen Zweck zu erreichen. Darüber hinaus darf das beeinträchtigte Rechtsgut gegenüber dem geschützten nicht in einem unangemessenen Verhältnis zueinander stehen. Relevant zur Beurteilung der Verhältnismäßigkeit sind Anlass, Grund und Dauer der Datenverarbeitung (Calliess/Ruffert/Kingreen GRC Art. 8 Rn. 16).

Im Rahmen der Erforderlichkeit sind der Grundsatz des Vorrangs der unmittelbaren vor 33
der mittelbaren Datenerhebung und der Grundsatz des Vorrangs der offenen vor der verdeckten Datenerhebung zu beachten (Calliess/Ruffert/Kingreen Art. 8 GRC Rn. 15).

Im Hinblick auf das **zentrale deutsche Ausländerregister** entschied der EuGH mit 34
Urteil vom 16.12.2008 (EuGH MMR 2009, 171 ff.), dass die Speicherung und Verarbeitung personenbezogener Daten namentlich genannter Personen zu statistischen Zwecken nicht dem **Erforderlichkeitsgebot** iSd Art. 25 Datenschutz-RL 95/46/EG entspreche und die Nutzung der im Register enthaltenen Daten zur Bekämpfung der Kriminalität gegen das Diskriminierungsverbot verstoße. Denn diese Nutzung stelle zwar auf die Verfolgung von Verbrechen und Vergehen unabhängig von der Staatsangehörigkeit ab, lasse aber deutsche Staatsangehörige unberücksichtigt. Ein System zur Verarbeitung personenbezogener Daten, das der Kriminalitätsbekämpfung diene, aber nur EU-Ausländer erfasse, sei mit dem Verbot der Diskriminierung aus Gründen der Staatsangehörigkeit unvereinbar.

Im Rahmen der Angemessenheit ist zu berücksichtigen, ob und inwieweit andere Rechte 35
betroffen sind, zB die Meinungsfreiheit nach Art. 11 GRC (EuGH EuR 2004, 291 (303)).
Zum Spannungsverhältnis von Pressefreiheit und Datenschutz äußerte sich der EuGH in seiner Entscheidung v. 16.12.2008 (EuGH EuZW 2009, 108 ff.). Das Unternehmen Markkinapörrsi veröffentlichte Steuerdaten (Namen und Einkommen), die bei den finnischen Steuerbehörden öffentlich zugänglich waren. Der EuGH sah auch diese Weiterveröffentlichung bereits öffentlich zugänglicher Informationen als Datenverarbeitung iSd Datenschutzrichtlinie an. Um Datenschutz und Meinungsfreiheit in Ausgleich zu bringen, seien die Mitgliedstaaten aufgerufen, Einschränkungen des Datenschutzes vorzusehen. Diese seien jedoch nur zu journalistischen, künstlerischen oder literarischen Zwecken, die unter das Grundrecht der Meinungsfreiheit fallen, zulässig. In Anbetracht der hohen Bedeutung der Meinungsfreiheit müsse der Begriff des Journalismus und damit zusammenhängende Begriffe weit ausgelegt werden. Andererseits müssten sich Einschränkungen des Datenschutzes aus Gründen der Meinungsfreiheit auf das absolut Notwendige beschränken.

Ein Spannungsverhältnis ergibt sich auch mit Art. 42 GRC (Recht auf Zugang zu Doku- 36
menten des Europäischen Parlaments, des Rats und der Kommission). Es ist ein Ausgleich zwischen den einzelnen grundrechtlichen Positionen herbeizuführen. Um den **Widerstreit von Transparenz und Datenschutz** ging es in der Rechtssache Bavarian Lager v. 29.6.2010 (EuGH EuZW 2010, 617 ff.). Die EU-Kommission hatte es abgelehnt, gegenüber der Gesellschaft Bavarian Lager Company die Namen der Teilnehmer eines im Rahmen eines Vertragsverletzungsverfahrens abgehaltenen vertraulichen Treffens offenzulegen. Die Kommission berief sich darauf, dass der Zugang zu Dokumenten nur unter Beachtung des Datenschutzes zulässig sei. Das Europäische Gericht hatte 2007 in erster Instanz entschieden, dass die Herausgabe der Dokumente nur dann verweigert werden könne, wenn der Schutz der Privatsphäre verletzt werde. Das sei bei einer bloßen Namensnennung auf einer Teilnehmerliste im beruflichen Kontext nicht der Fall. Auf der Grundlage der Datenschutzverordnung für die EU-Organe sowie der Verordnung 1049/2001/EG entschied der EuGH im Juni 2010, dass die Kommission rechtmäßig gehandelt habe. Die in dem Sitzungsprotokoll aufgeführten Teilnehmernamen seien personenbezogene Daten. Da Bavarian Lager Argumente für die Notwendigkeit der Übermittlung dieser Daten oder ein berechtigtes Interesse nicht vorgetragen habe, könne die Kommission keine Interessenabwägung vornehmen. Die Verpflichtung zur Transparenz sei daher im konkreten Fall von der Kommission hinreichend gewahrt worden.

Demgegenüber sah das Gericht bei der **Internetveröffentlichung der Namen aller** 37
natürlichen Personen, die EU-Agrarsubventionen empfangen haben, den Grundsatz der Verhältnismäßigkeit verletzt. Denn hierbei wurde nicht nach einschlägigen Kriterien wie Häufigkeit oder Art und Höhe der Beihilfen unterschieden. Das Interesse der Steuerzahler an Informationen über die Verwendung öffentlicher Gelder rechtfertige einen solchen Eingriff in das Recht auf Schutz der personenbezogenen Daten nach Art. 8 GRC nicht (EuGH EuZW 2010, 939 ff.).

D. Auskunftsrecht und Berichtigungsrecht (Abs. 2 S. 2)

Art. 8 Abs. 2 S. 2 GRC normiert ein Auskunfts- und Berichtigungsrecht des Einzelnen. 38
Dies ist ein wesentlicher Bestandteil des Datenschutzrechts. Denn nur derjenige, der weiß,

dass seine personenbezogenen Daten verarbeitet wurden, kann gegen eine rechtswidrige Verarbeitung vorgehen. Diese Ansprüche können direkt aus Art. 8 Abs. 2 GRC abgeleitet werden. Jedoch besteht auch die Möglichkeit, den Anspruch näher auszugestalten (Jarass GRC Art. 8 Rn. 15).

E. Überwachung durch eine unabhängige Stelle (Abs. 3)

39   Art. 8 Abs. 3 GRC normiert, dass die Einhaltung dieser Vorschriften von einer unabhängigen Stelle überwacht wird. Der Wortlaut stellt klar, dass eine Pflicht begründet wird, eine solche Stelle einzurichten und die Unabhängigkeit der Stelle zu gewährleisten.

40   Ungeklärt ist, ob diese Norm eine objektivrechtliche Komponente des Datenschutzes oder sogar eine Institutsgarantie enthält (vgl. Meyer/Bernsdorff GRC Art. 8 Rn. 24). Art. 8 Abs. 3 GRC begründet jedoch kein entsprechendes subjektives Recht (Heselhaus/Nowak/Mehde, HdB EU-Grundrechte, 2006, § 21 Rn. 29).

41   Die unabhängige Stelle ist der Europäische Datenschutzbeauftragte, der die Überwachung der Einhaltung der Normen übernimmt. Art. 16 AEUV enthält im Vergleich zu Art. 8 Abs. 3 GRC einen abweichenden Wortlaut, da er „von unabhängigen Behörden" (Plural) ausgeht. Erfasst werden der Europäische Datenschutzbeauftragte und die nationalen Kontrollstellen (Datenschutzbeauftragte der Mitgliedstaaten). Unerklärlich ist, warum Art. 8 GRC nur im Singular formuliert ist, obgleich auch die Mitgliedstaaten nach Maßgabe des Art. 51 Abs. 1 GRC an die GRC gebunden sind (Calliess/Ruffert/Kingreen GRC Art. 8 Rn. 17).

42   Dem Einzelnen steht ein Beschwerderecht zu (Heselhaus/Nowak/Mehde, HdB EU-Grundrechte, 2006, § 21 Rn. 12). Dies beinhaltet das Recht auf Behandlung von Beschwerden durch die zuständige Stelle. Es begründet kein Recht auf eine bestimmte Entscheidung, sondern lediglich das Recht, dass sich die Stelle mit der Beschwerde auseinandersetzt (einen Vergleich zum Petitionsrecht ziehend Jarass GRC Art. 8 Rn. 16).

43   Die Unabhängigkeit einzelner nationaler Datenschutzbeauftragter wurde vom EuGH bereits gerügt. So genügte es nach Ansicht des EuGH nicht, dass die deutsche Datenschutzaufsicht für den nicht-öffentlichen Bereich einer staatlichen Aufsicht untersteht (EuGH NJW 2010, 1265). Dies verletzt die Pflichten aus Art. 28 Abs. 1 der Datenschutz-RL 95/46/EG, der eine „völlige Unabhängigkeit" der Datenschutzbeauftragten vorschreibt. Zugleich liegt ein Verstoß gegen Art. 8 Abs. 3 GRC vor. Dass insoweit im Gegensatz zu Art. 28 Abs. 1 der Datenschutz-RL 95/46/EG nicht von „völliger" Unabhängigkeit die Rede ist, dürfte lediglich als sprachliche Petitesse einzuordnen sein.

Art. 11 Freiheit der Meinungsäußerung und Informationsfreiheit

(1) ¹Jede Person hat das Recht auf freie Meinungsäußerung. ²Dieses Recht schließt die Meinungsfreiheit und die Freiheit ein, Informationen und Ideen ohne behördliche Eingriffe und ohne Rücksicht auf Staatsgrenzen zu empfangen und weiterzugeben.

(2) Die Freiheit der Medien und ihre Pluralität werden geachtet.

Die Gewährleistung der Kommunikationsfreiheiten ist auch in der Grundrechtsordnung von Europäischer Gemeinschaft und Union seit langem anerkannt – zunächst entwickelt als allgemeiner Rechtsgrundsatz des Gemeinschaftsrechts, seit Inkrafttreten der Grundrechtecharta schriftlich ausformuliert in Art. 11 der Charta. Mit der Erhebung der Charta in die Rechtsverbindlichkeit durch den Lissabonner Vertrag (2009) ist Art. 11 zum normativen Ausgangspunkt für die Bestimmung der Unionsgrundrechte der Meinungs-, Informations- und Medienfreiheit aufgestiegen, ohne dass, wie insb. Art. 6 Abs. 3 EUV und Art. 52 Abs. 3 GRC anzeigen, die den Grundrechten der Union eigentümliche mehrsäulige Verankerung im komplexen Rechts-(erkenntnis-)quellengefüge konventionsrechtlicher, mitgliedstaatlicher und richterrechtlich-unionaler Maßstäbe zugunsten einer exklusiven Alleingeltung der geschriebenen Chartanorm überwunden worden wäre.

Freiheit der Meinungsäußerung und Informationsfreiheit **Art. 11 GRC**

Übersicht

	Rn		Rn
A. Allgemeines: Entwicklung und Stand des unionsgrundrechtlichen Schutzes der Kommunikationsfreiheit	1	**C. Anwendungsbereich und Schutzdimensionen**	19
I. Die Gewährleistung der Meinungs- und Medienfreiheit als allgemeiner Rechtsgrundsatz des Gemeinschafts- und Unionsrechts	1	I. Anwendungsbereich (Art. 51 Abs. 1 GRC)	19
		1. Unionale Hoheitsgewalt	20
II. Art. 11 GRC: Entstehungsgeschichte	3	2. Mitgliedstaaten	21
		II. Dimensionen und Wirkungsmodi des Grundrechtsschutzes	24
III. Bedeutung des Art. 11 in der jüngeren Rspr.	6	III. Abs. 2: „Achtung" der Medienfreiheit und -pluralität	30
B. Systematik und Verhältnis zu Art. 10 EMRK	7	**D. Einzelfragen**	32
I. Verselbständigung der Gewährleistungen der Kunst- und Wissenschaftsfreiheit	10	I. Schutzbereich	32
		II. Eingriffsrechtfertigung	34
		1. Schrankenregime: Art. 52 Abs. 1 iVm Abs. 3	34
II. Verselbständigung der Medienfreiheit und der Garantie der „Pluralität der Medien"	11	2. Legalitätsprinzip	35
		3. Schrankengründe und Verhältnismäßigkeit	38
III. Verhältnis zum Grundrecht der Meinungsfreiheit als Allgemeiner Rechtsgrundsatz (Art. 6 Abs. 3 EUV)	18	III. Medienvielfalt als Legitimationsgrund mitgliedstaatlicher Medienregulierung	42

A. Allgemeines: Entwicklung und Stand des unionsgrundrechtlichen Schutzes der Kommunikationsfreiheit

I. Die Gewährleistung der Meinungs- und Medienfreiheit als allgemeiner Rechtsgrundsatz des Gemeinschafts- und Unionsrechts

Der EuGH hat das – weit verstandene, auch die Medienfreiheiten einschließende – 1 Grundrecht der Meinungsfreiheit als Rechtsgrundsatz des Gemeinschaftsrechts in seiner Rspr. seit Mitte der 80er Jahre anerkannt (Urt. v. 17.1.1984 – 43/82 und 83/82 – VBVB, VBBB, Rn. 34; Urt. v. 11.7.1985 – 60, 61/84 – Cinéthèque, Rn. 26 (allerdings kein unionrechtlicher Grundrechtsschutz aus Art. 10 EMRK, weil es sich um eine mitgliedstaatliche Regelung handelte), Urt. v. 13.12.1989 – C-100/88 – Oyowe und Traore, Rn. 16; Urt. v. 18.6.1991 – 260/89 – ERT, Rn. 41 ff.; Urt. v. 25.7.1991 – C-353/89 – Kommission/Niederlande, Rn. 30 f.; Urt. v. 25.7.1991 – 288/89 Stichting Collectieve Antennevoorziening Gouda, Rn. 23; Urt. v. 4.10.1991 – C-159/90 – Society for the Protection of Unborn Children, Rn. 31; Urt. v. 3.2.1993 – C-148/91, Rn. 9 f.; Urt. v. 5.10.1994 – C-23/93 – TV10, Rn. 18 ff.; Urt. v. 26.6.1997 – 368/95 – Familiapress, Rn. 18, 25 ff.; nur mehr inzident auch Urt. v. 28.10.1999 – C-6/98 – ARD, Rn. 50 f.; Urt. v. 23.10.2003 – 245/01 – RTL, Rn. 67 ff.; Urt. v. 25.3.2004 – C-71/02 – Karner, Rn. 48 ff.; Urt. v. 13.12.2007 – C-250/06 – United Pan, Rn. 41 ff.; Urt. v. 22.12.2008 – C-336/07 – Kabel Deutschland, Rn. 37. Diese fragmentarische, im Stand der dogmatischen Verarbeitung zurückhaltende Rspr. beschränkt sich noch, ohne erkennbaren Ehrgeiz einer eigenständig unionsrechtlichen Konturierung des Grundrechtsschutzes, ganz auf die Verweisung auf das Konventionsrecht aus Art. 10 EMRK als Rechtserkenntnisquelle für den gemeinschaftsrechtlichen Rechtsgrundsatz. Funktional tritt die Grundrechtsgewährleistung – für ein klassisches Freiheitsrecht durchaus ungewöhnlich – überwiegend als Schranke der Grundfreiheiten in Erscheinung, namentlich in ihrer Bedeutung als (objektive-rechtlicher) Gewährleistung der Meinungsvielfalt im Rundfunk und der Presse, nur vereinzelt hingegen als subjektives Freiheitsrecht des Kommunikators (Urt. v. 6.3.2001 – C-274/99 P – Connolly, Rn. 37 ff.), hier teilweise auch wiederum als „Schranken-Schranke" einer Beschränkung von Grundfreiheiten (Urt. v. 25.3.2004 – C-71/02 – Karner, Rn. 48 ff.; dogmatisch interessante Doppelfunktion – Schranke und Schranken-Schranke – in Urt. v. 26.6.1997 – 368/95 – Familiapress, Rn. 18, 25 ff.).

2   In seiner Bedeutung als subjektives Freiheitsrecht – zumal in der Funktion der Eingriffsabwehr – bleibt das Unionsgrundrecht mithin weit hinter Art. 10 EMRK in der Fallpraxis des EGMR zurück, die sich nicht ausschließlich, aber doch überwiegend mit der abwehrrechtlichen Schutzdimension der Kommunikationsgrundrechte befasst. Dieser bemerkenswert geringe Stellenwert für den Individualrechtsschutz der Meinungsfreiheit lässt sich indessen nicht allein dem noch nicht voll ausgereiften Entwicklungsstand der EuGH-Grundrechtsrechtsprechung der ersten Jahrzehnte zuschreiben, sondern wohl vor allem dem Umstand, dass klassische Beschränkungen der Kommunikationsfreiheit angesichts insoweit nur gering ausgeprägter Kompetenzen der Gemeinschaft (Union) weit eher in die Verantwortung der Mitgliedstaaten fallen, damit aber regelmäßig außerhalb des Anwendungsbereichs der Unionsgrundrechte liegen.

II. Art. 11 GRC: Entstehungsgeschichte

3   Art. 11 GRC ist in enger Anlehnung an Art. 10 EMRK konzipiert worden: Der zweite Präsidiumsentwurf trug den Forderungen aus dem Konvent nach einer starken Orientierung am konventionsrechtlichen Vorbild durch wörtliche Übernahme der Bestimmung des Art. 10 Abs. 1 S. 1 und 2 EMRK Rechnung, während sich das Ansinnen, auch die Schrankenregelung des Art. 10 Abs. 2 in den Text des Chartagrundrechts zu übernehmen, nicht durchsetzen konnte. Bei der – immerhin allerdings auch mit Art. 5 Abs. 1 S. 2 der Erklärung des Europäischen Parlaments über Grundrechte und Grundfreiheiten vom 12.4.1989 übereinstimmenden – Abbildung des im Jahr 2000 schon 50 Jahre alten Konventionsrechts ist es trotz der dahin enthaltenen Doppelungen („Meinungsäußerung", „Meinungsfreiheit") und Redundanzen („ohne behördliche Eingriffe", „ohne Rücksicht auf Staatsgrenzen") in Abs. 1 geblieben. Eigenständigkeit bewiesen die Verfasser der Charta in dem Verzicht auf eine dem Art. 10 Abs. 1 S. 3 EMRK (Zulässigkeit mitgliedstaatlicher Genehmigungsvorbehalte für Rundfunk und Film) entsprechende Regelung und insbes. in der Erwähnung einer eigenen Medienfreiheit sowie der daneben gestellten Gewährleistung der „Pluralität der Medien" in Abs. 2.

4   Die eigene Bestimmung über die Medien (Abs. 2) – markanteste Abweichung von Art. 10 EMRK – ist erst nach intensiver Debatte und mehrfacher Modifikation der dazu unterbreiteten Vorschläge im Konvent in die Regelung aufgenommen worden (s. dazu näher NK-GRC/Bernsdorff GRC Art. 11 Rn. 5 ff.). Dahinter stand das Anliegen einer Reihe von Konventsmitgliedern, die Gewährleistung der Medienfreiheiten aus dem Kontext des umfassenden Kommunikationsgrundrechts des Art. 10 EMRK herauszulösen, um so der besonderen Bedeutung der Medien und den sich daraus ergebenden spezifischen Grundsätzen für die Grundrechtsinterpretation textlichen Ausdruck zu verleihen. Die zwischenzeitlich vorgeschlagene gegenständliche Beschränkung der ausgegliederten Gewährleistung auf die Presse wurde ebenso aufgegeben (nunmehr: „Medien") wie ein zunächst vorgeschlagenes Gebot der „Achtung der Transparenz". Aufgrund kompetenzrechtlicher Bedenken wurde schließlich die zunächst stärkere Fassung einer Garantie („werden gewährleistet") auf die verabschiedete Formulierung („werden geachtet") zurückgestuft, eine Änderung, die Kontroversen hinsichtlich ihrer sachlichen Bedeutung ausgelöst hat (→ Rn. 30).

5   Umstritten ist auch die rechtliche Bedeutung der besonderen Erwähnung der Medienfreiheit und Medienpluralität im zweiten Absatz, namentlich unter dem Gesichtspunkt, ob hinsichtlich dieser Gegenstände nun eine völlig neuartige Gewährleistung geschaffen worden sei, die also in Art. 10 EMRK keine Entsprechung hat mit der Folge, dass Art. 52 Abs. 3 GRC insoweit nicht eingreift – oder ob dies ungeachtet der textlichen Hervorhebung doch nicht der Fall ist (→ Rn. 11 ff.).

III. Bedeutung des Art. 11 in der jüngeren Rspr.

6   Die Gewährleistung der Kommunikationsfreiheit im Unionsrecht ist auch nach ihrer Verschriftlichung in Art. 11 und der Verbindlichkeit der Charta bisher von eher randständiger Bedeutung geblieben, insbes. im Vergleich mit den mitgliedstaatlichen Grundrechtsord-

Freiheit der Meinungsäußerung und Informationsfreiheit **Art. 11 GRC**

nungen und auch mit der Judikatur des EGMR, in der Art. 10 EMRK seit jeher einen prominenten Platz einnimmt. Art. 11 ist nur in wenigen Entscheidungen des EuGH bisher herangezogen worden, und auch hier eher beiläufig, so als Abwägungsposten neben anderen betroffenen Rechtspositionen (EuGH Urt. v. 24.11.2011 – C-70/10 – Scarlet Extended, Rn. 50 ff., im Anschluss daran, wesentlich gleichlautend Urt. v. 16.2.2012 – C-360/10 – SABAM, Rn. 48 ff., beide Entsch. zur Informationsfreiheit), s. auch EuGH, Urt. v. 1.12.2011 – C-145/10 – Painer, Rn. 114: Einschlägigkeit des Grundrechts abgelehnt; Urt. v. 6.9.2011 – C-163/10 – Patriciello, Rn. 31 f.: Art. 11 GRC als Auslegungshilfe für den Begriff der „Äußerung" in Art. 8 des Protokolls über Vorrechte und Befreiungen; Urt. v. 22.1.2013 – C-283/11 – Sky Österreich, Rn. 51: Sicherung der Freiheiten des Art. 11 als Legitimation des Kurzberichterstattungsrechts (Art. 15 AVMD-RL).

B. Systematik und Verhältnis zu Art. 10 EMRK

Seitdem die Charta mit dem Rang des Vertragsrechts rechtverbindlich geworden und also 7 unmittelbare Rechtsquelle – und nicht nur auch schon in den Jahren zuvor gelegentlich (freilich soweit erkennbar nicht zu Art. 11 GRC) vom EuGH herangezogene Erkenntnisquelle – der Unionsgrundrechte ist, stellen sich auch für Art. 11 – wie für alle Chartarechte – verschärft Fragen des Verhältnisses dieser Rechte zu den in der Grundrechtsjudikatur des EuGH schon mehr oder weniger deutlich ausgearbeiteten Rechtsgrundsätzen, damit aber auch zu den diese Rechtsgrundsätze wiederum als Erkenntnisquelle wesentlich prägenden Rechten der EMRK und der dazu ergangenen Rspr. des EGMR. Gerade bei den Kommunikationsgrundrechten und ihrer textlichen Fassung in Art. 11 erscheint diese Frage besonders heikel, weil hier einerseits die von Art. 10 EMRK her bestimmte Tradition des Grundrechtsverständnisses so überdeutlich in Art. 11 eingeflossen ist (Textidentität von Art. 11 Abs. 1 und Art. 10 Abs. 1 S. 1 und 2 EMRK), andererseits aber das Gesamtsystem der Chartagrundrechte sowie Art. 11 Abs. 2 auch signifikante Abweichungen vom Konventionsvorbild bezeugen.

Einerseits bleibt also angesichts des Befunds, dass sich der Rspr. des EuGH bis heute kaum 8 eigenständige Normaussagen zur Gewährleistung der Kommunikationsfreiheiten nachweisen lassen, weder zu den Schutzgegenständen und Gewährleistungsgehalten noch zu den Schranken und Rechtfertigungslasten, schlicht nichts anderes übrig, als dass diese Fragen bis auf weiteres fast sämtlich unter Rückgriff auf die in Bezug genommene Judikatur des EGMR zu Art. 10 EMRK beantwortet werden müssen (→ EMRK Art. 10 Rn. 1 ff.). Die gem. Abs. 5 der Präambel sowie Art. 52 Abs. 7 für die Auslegung der Charta „gebührend" zu berücksichtigenden Erläuterungen des Präsidiums (ABl. v. 14.12.2007, Nr. C 303/17) zu Art. 11 bestätigen diese Kontinuität: Danach soll Art. 11 Art. 10 EMRK „entsprechen", insbes. also in seiner Bedeutung und Tragweite so zu verstehen sein wie das Konventionsrecht, auch hinsichtlich der Schranken (Art. 52 Abs. 3, s. dazu → Rn. 12). Abs. 2 soll sich den Erläuterungen zufolge sowohl auf die „Gouda"-Rspr. des EuGH (Urt. v. 25.7.1991 – 288/89 – Stichting Collectieve Antennevoorziening Gouda) zur Bedeutung der Pluralismussicherung als Rechtfertigungsgrund für Beschränkungen der Dienstleistungsfreiheit des Rundfunkveranstalters als auch auf das Amsterdamer Protokoll über den öffentlich-rechtlichen Rundfunk in den Mitgliedstaaten (Prot. Nr. 9 zum Vertrag von Amsterdam, ABl. Nr. C 340 v. 10.11.1997 und schließlich die Fernseh-(heute: AVMD-)Richtlinie „stützen". Damit ist jene EuGH-Rspr. zur rundfunkgrundrechtlichen Gewährleistung der Meinungs- und Medienpluralität in Bezug genommen(→ Rn. 1), die sich ihrerseits ganz und allein aus der Erkenntnisquelle des Konventionsgrundrechts speist; der Anschluss damit auch an die eigene Rechtsprechungstradition, damit zugleich aber eben auch an die EMRK ist unübersehbar.

Andererseits ergibt sich aber jedenfalls aus der vorbildlosen Verselbständigung der Garantien von Kunst und Wissenschaft (Art. 13 GRC), nach verbreiteter Ansicht aber auch aus Art. 11 Abs. 2, dass eine vollständig kongruente Beschreibung der Schutzinhalte eben doch nicht möglich ist. 9

I. Verselbständigung der Gewährleistungen der Kunst- und Wissenschaftsfreiheit

Jedenfalls von der Kunst-, weniger eindeutig, aber doch verbreitet auch von der Wissenschaftsfreiheit ist anerkannt, dass sie von dem „Sammeltatbestand" des Art. 10 Abs. 1 10

EMRK mit erfasst sind (→ EMRK Art. 10 Rn. 29 ff.). Für Art. 11 gilt das angesichts der Zuweisung dieser Rechte in eine eigene Bestimmung (Art. 13 GRC) nicht mehr. Zumindest insoweit ist Art. 11 also enger gefasst als Art. 10 EMRK. Art. 13 GRC könnte indessen Impulse für eine stärkere Entfaltung und eigenständig unionsrechtliche Akzentuierung der bisher in der Konventionspraxis nur undeutlich in das Blickfeld getretenen Kunst- und Wissenschaftsfreiheit setzen (Cornils, Reform des europäischen Tierversuchsrechts, 2011, 43 ff.).

II. Verselbständigung der Medienfreiheit und der Garantie der „Pluralität der Medien"

11   Unklar und umstr. ist demgegenüber die Bedeutung der textlichen Auslagerung der Medienfreiheit und -pluralität in die eigene Bestimmung des Abs. 2. Diese Uneindeutigkeit betrifft in erster Linie die Frage, ob mit der ausdrücklichen Erwähnung der Medien auch in der Sache ein neues Grundrecht geschaffen worden ist, das in Art. 10 EMRK keine Entsprechung hat. Die Antwort auf diese Frage ist von großer Bedeutung, weil sie bestimmend dafür ist, ob oder jedenfalls in welchem Maße die Dogmatik zu Art. 10 EMRK – namentlich in der Gestalt, die sie durch die Rspr. des EGMR gefunden hat – auch die Interpretation der unionsrechtlichen Gewährleistung der Medienfreiheit beeinflusst. Findet Abs. 2 in Art. 10 EMRK eine Entsprechung, zwar nicht in der Formulierung, wohl aber im gleichermaßen erfassten Regelungsbereich, so greift Art. 52 Abs. 3; danach ist die Charta-Gewährleistung in ihrer Bedeutung und Tragweite so zu lesen wie das „entsprechende" EMRK-Recht, hier also Art. 10 EMRK. Begreift man Art. 52 Abs. 3 mit der zwar fragwürdigen, aber wohl herrschenden Ansicht nicht nur als Auslegungsmaxime mit Grundsatzcharakter, sondern weitergehend als „Kollisions-" oder „Transferklausel" (eingehend dazu NK-GRC/Borowsky GRC Art. 52 Rn. 29 ff.; Grabenwarter/Cornils, EnzEuR II, § 5 Europäischer Grundrechteschutz: Schranken, Rn. 27 ff. (im Erscheinen), iE: Calliess/Ruffert/Kingreen GRC Art. 52 Rn. 37 f.; Ziegenhorn, Der Einfluss der EMRK im Recht der EU-Grundrechtecharta, 2009), so bedeutet dies, dass eine Abweichung der Interpretation des Charta-Grundrechts (Art. 11 Abs. 2) von Art. 10 EMRK in der Rspr. des EGMR nur in Betracht kommt, soweit der unionale Schutzstandard im Ergebnis über denjenigen des Konventionsrechts hinausgeht (Art. 52 Abs. 3 S. 2), im Übrigen aber jeder Spielraum einer genuin unionsrechtlichen Ausformung einer Dogmatik der Medienfreiheit und des Medienpluralismus ausgeschlossen ist. Der „Transfer" aus der EMRK, also die inhaltliche Überformung des Chartarechts durch das entsprechende Konventionsrecht, betrifft sowohl die Schutzbereichsbestimmung als auch das Schrankenregime, weil beide die „Bedeutung und Tragweite des Grundrechtsschutzes" bestimmen. Für Art. 11 hätte dies zur Konsequenz, dass die Schrankenregelung des Art. 10 Abs. 2 EMRK anwendbar wäre, nicht jedoch der (nach wohl hM in den Fällen des Art. 52 Abs. 3 S. 1 verdrängte) allgemeine Schrankenvorbehalt des Art. 52 Abs. 1 (krit. zur angeblichen Spezialität der EMRK-Schranken Grabenwarter/Cornils, EnzEuR II, § 5 Europäischer Grundrechteschutz: Schranken, Rn. 27 ff. (im Erscheinen); Calliess/Ruffert/Kingreen GRC Art. 52 Rn. 37 f.).

12   Die Erläuterungen zu Art. 11 und ebenso auch zu Art. 52 (s. dort die Auflistung der „Entsprechungsgrundrechte" iSd Art. 52 Abs. 3) kennzeichnen Art. 11 insgesamt (und nicht etwa nur Abs. 1!) als Art. 10 EMRK entsprechendes Charta-Recht. Das spricht für die Anwendung des Art. 52 Abs. 3 auch auf Art. 11 Abs. 2, auch wenn die systematische Einbeziehung dieses Absatzes in die Entsprechungs-Aussage nicht ganz eindeutig und auch nicht unwidersprochen geblieben ist. Gleichwohl hat die Auffassung, die medienbezogenen Gewährleistungen des Abs. 2 fielen nicht in den Anwendungsbereich des Art. 52 Abs. 3, in der Literatur starke Gefolgschaft gefunden. Danach hätten sich die Chartaverfasser mit der „Verselbständigung" der Medienfreiheit von dem Einheitsschutzbereichsmodell des Art. 10 EMRK gerade absetzen wollen, um so der gewachsenen Bedeutung der Medien und deren mit der allgemeinen Dogmatik der Meinungsfreiheit nur unzureichend zu erfassenden Eigengesetzlichkeit besser Rechnung zu tragen (NK-GRC/Bernsdorff GRC Art. 11 Rn. 15: „Emanzipierung von der Meinungsäußerungsfreiheit"; Calliess/Ruffert/Calliess GRC Art. 11 Rn. 31; Schwarze/Knecht, EU-Kommentar, 3. Aufl. 2012, GRC Art. 11 Rn. 11). Mangels Entsprechung in Art. 10 EMRK wäre danach Raum für eine eigenständig

unionsrechtliche Dogmatikentwicklung der Mediengewährleitung in den Händen des EuGH und kämen nicht die Schranken des Art. 10 Abs. 2 EMRK, sondern die generelle Schrankenregelung der Charta in Art. 52 Abs. 1 zur Anwendung.

Diese Auffassung vermag nicht zu überzeugen (s. näher dazu Grabenwarter/Cornils, **13** EnzEuR II, § 5 Europäischer Grundrechteschutz: Schranken, Rn. 75 ff. (im Erscheinen)). Das Entsprechungsverhältnis auch zwischen der Mediengewährleitung des Abs. 2 und Art. 10 EMRK, für das es nur auf die Übereinstimmung im gegenständlichen Regelungsbereich, nicht in den darauf bezogenen Gewährleistungsgehalten ankommt, lässt sich nicht durchgreifend bestreiten. Ausschlaggebend ist dafür weniger die in der Tat nur bedingt aussagekräftige Ausweisung in den Erläuterungen als „Entsprechungsgrundrecht", sondern vor allem die sachliche Reichweite des Art. 10 EMRK: Seit jeher sind die Medienfreiheiten in Art. 10 EMRK als mit verbürgt angesehen und in der Rspr. des EGMR entfaltet worden. Dass der Regelungsbereich des Art. 10 EMRK auch die Medienfreiheiten erfasst, steht außerhalb jeden vernünftigen Zweifels und wird durch Art. 10 Abs. 1 S. 3 EMRK im Übrigen auch textlich bestätigt. Es scheinen auch die Besorgnisse (Schwarze/Knecht, EU-Kommentar, 3. Aufl. 2012, GRC Art. 11 Rn. 11) unbegründet, dass sich aus dem Schrankensystem des Art. 10 EMRK nicht auch für die (traditionellen und neuen) Medien problemadäquate Maßstäbe entwickeln ließen. Die Bedeutung der textlichen Neuformulierung wird völlig überschätzt, wenn erst und nur für sie die Möglichkeit einer sachangemessenen Dogmatik der Medienfreiheit behauptet wird. Die Rspr. des EGMR liefert vielfache Belege für die Herausbildung medienspezifischer Normaussagen, sowohl zur Presse- als auch zur Rundfunkfreiheit, sowohl zur Schutzfunktion des Individualrechts für die Journalisten und Verleger als auch zur überindividuell-institutionellen Bedeutung entsprechend verfasster Medien für den Meinungsbildungsprozess als Demokratievoraussetzung (s. für den Rundfunk nur EGMR, Urt. v. 17.9.2009, Nr. 13936/02 – Manole), schließlich sowohl zur abwehrrechtlichen als auch zur auf individuellen Schutz (Schutzpflicht) und die Ausgestaltung einer Medienordnung zielenden Auftragsdimension (positive obligations, näher zu allem → EMRK Art. 10 Rn. 1 ff.).

Inhaltliche Unzufriedenheit mit der Ausformung des Grundrechtsschutzes der Medien in **14** der Rspr. des EGMR – etwa unter dem Gesichtspunkt einer für zu „liberal-freiheitsrechtlich" und noch zu wenig „funktional-objektivrechtlich" erachteten Grundrechtsdeutung durch den EGMR (s. in diese Richtung erkennbar NK-GRC/Bernsdorff GRC Art. 11 Rn. 16, 18; NK-GRC/Borowsky GRC Art. 52 Rn. 23b: „Handhabung der Medienfreiheit als supranationales Funktionsgrundrecht") – könnte jedenfalls kein Argument für die Verneinung der Entsprechung mit Art. 10 EMRK sein.

Ist im Ergebnis also von der „Entsprechung" von Art. 11 insgesamt (einschl. Abs. 2) zu **15** Art. 10 EMRK auszugehen (so auch Jarass GRC Art. 11 Rn. 28, 40; Tettinger/Stern/Stern GRC Art. 11 Rn. 49), so erheben die Erläuterungen zu Art. 11 doch immerhin unter einem Gesichtspunkt ausdrücklich den Anspruch einer Abweichungsoption gegenüber Art. 10 EMRK und zwar mit Blick auf den in Art. 11 absichtsvoll nicht übernommenen Art. 10 Abs. 1 S. 3 EMRK: Danach soll die Entsprechung nur „unbeschadet der Beschränkungen" bestehen, die „die Möglichkeit der Mitgliedstaaten, Genehmigungsregelungen nach Artikel 10 Absatz 1 Satz 3 der EMRK einzuführen, durch das Wettbewerbsrecht der Union erfahren kann" (ABl. Nr. C 303 v. 14.12.2007, 22). Das Konventspräsidium ging mit dieser Aussage offenbar davon aus, dass die Anwendung dieser wettbewerbsrechtlichen „Schranken-Schranken" (etwa des nur zugunsten gerechtfertigter service-public-Dienste zurücktretenden Beihilfeverbots, Art. 106 f. AEUV oder eines Verbots der Errichtung ungerechtfertigter Marktzutrittsschranken über Verbote mit Erlaubnisvorbehalt) auch gegenüber einer Auslegung der Art. 10 Abs. 1 S. 3 iVm Abs. 2 EMRK Bestand haben soll, die den Mitgliedstaaten mit dem Wettbewerbsrecht der Union unvereinbare Möglichkeiten einer Regelung des Zugangs zur Rundfunkveranstaltung durch Genehmigungsvorbehalte einräumen sollte. Das Präsidium hat mit dieser Erläuterung also tatsächlich einen partiellen Autonomieanspruch einer genuin unionsrechtlichen – die wirtschaftsrechtlichen Rahmensetzungen der Art. 101 ff. AEUV mit berücksichtigenden – Schrankenrechtfertigungsdogmatik für das Rundfunkzulassungsrecht erhoben. Der Raum für diese begrenzte Autonomie wird indessen nicht durch Bestreiten der Entsprechung beider Grundrechte eröffnet, sondern trotz angenommener Entsprechung behauptet.

16 Auch mit dem wohl herrschenden Verständnis einer materiellen Ersetzung des Chartarechts durch das entsprechende Konventionsrecht in den Fällen des Art. 52 Abs. 3 („Transferklausel") erscheint dieser Autonomieanspruch der Charta indessen vereinbar, weil insoweit Art. 52 Abs. 3 S. 2 eingreifen dürfte: Die individuell-subjektive Schutzwirkung (Veranstaltergrundrecht) der Rundfunkfreiheit wird durch die wettbewerbsrechtliche Flankierung und den dadurch bedingten zusätzlichen Rechtfertigungszwang mitgliedstaatlicher Zulassungsvorbehalte für die audiovisuellen Medien immerhin tendenziell unterstützt und gestärkt. Aus Sicht der individualrechtlichen Rundfunkfreiheit ist durch die Weglassung des Art. 10 Abs. 1 S. 3 WMRK in dem unionsrechtlichen Abbild des Art. 11 also ein höheres Schutzniveau verbürgt, weil die „automatische" Legitimation, die Art. 10 Abs. 1 S. 3 EMRK mitgliedstaatlichen Genehmigungsregelungen, namentlich Präventivverboten, vorbehaltlich freilich ihrer gem. Art. 10 Abs. 2 immer noch erforderlichen Verhältnismäßigkeit (EGMR Urt. v. 28.3.1990, EuGRZ 1990, 255 – Groppera Radio AG ua/Schweiz); Urt. v. 24.11.1993, Nr. 13914/88; 15041/89; 15 717/89; 15 779/89; 17207/90 – Informationsverein Lentia ua/Österreich"; Urt. v. 11.10.2007, Nr. 14134/02 – Glas Nadezhda EOOD und Elenkov/Bulgarien, Rn. 72 f.; näher → EMRK Art. 10 Rn. 72 f.), verschafft, durch Art. 11 nicht gespendet wird.

17 Ohnehin kein Problem mit der in den Erläuterungen verlangten Abweichung vom Konventionsvorbild hinsichtlich des Art. 10 Abs. 1 S. 2 EMRK ergibt sich für die hier zugrunde gelegte Deutung des Art. 52 Abs. 3 GRC als eines nur mehr prinzipiellen (nicht definitiven, absolut zwingenden) Kohärenzgebots, das aus Spezifika des Unionsrechts begründete Abweichungen durchaus zulässt (Grabenwarter/Cornils, EnzEuR II, § 5 Europäischer Grundrechteschutz: Schranken, Rn. 27 ff. (im Erscheinen)).

III. Verhältnis zum Grundrecht der Meinungsfreiheit als allgemeinem Rechtsgrundsatz (Art. 6 Abs. 3 EUV)

18 Art. 6 Abs. 3 EUV bestätigt auch nach dem Aufstieg der Charta zur Rechtsquelle der Unionsgrundrechte (Art. 6 Abs. 1 EUV) die alte Begründung der Unionsgrundrechte als Rechtsgrundsätze, die ihre inhaltliche Gestalt aus den Rechtserkenntnisquellen der EMRK und der gemeinsamen Verfassungsüberlieferungen der Mitgliedstaaten gewinnen. Art. 52 Abs. 4 öffnet darüber hinaus auch die Interpretation der Chartagrundrechte selbst dem Einfluss der zuletzt genannten Rechtserkenntnisquelle (so wie dies Art. 52 Abs. 3 in freilich verbindlicherer Weise – inhaltliche Kohärenz – schon mit den entsprechenden Rechten der EMRK tut). Während die Auslegungsregel des Art. 52 Abs. 4 auch für die Interpretation des Art. 11 eine Berücksichtigung mitgliedstaatlicher Grundrechtsstandards fordert („wertende Rechtsvergleichung"), stößt die in Art. 6 Abs. 1 und Abs. 3 EUV angelegte Doppelung von Rechtsquellen für die Unionsgrundrechte (Charta und Rechtsgrundsatz) mit konkurrierendem Regelungsanspruch auf grundsätzliche Einwände (Calliess/Ruffert/Kingreen EUV Art. 6 Rn. 15 ff.). Ein Nebeneinander jeweils zweier unterschiedlich begründeter Unionsgrundrechte mit jeweils unterschiedlichem Gehalt ist schwer vorstellbar; sie reicherte die ohnehin wegen der Vernetzung der Unionsgrundrechte mit den Verträgen (Art. 52 Abs. 2), der EMRK (Art. 52 Abs. 3) und den Verfassungsordnungen der Mitgliedstaaten (Art. 52 Abs. 4) komplizierte normative Grundlage der Unionsgrundrechtsordnung mit einer weiteren Ebene an, ohne dass dafür irgendein Sinn erkennbar wäre, der sich nicht schon in der Verweisung der Charta-Grundrechte selbst auf jene externen auslegungsleitenden Maßstäbe zur Geltung bringen ließe. Das Anliegen des Art. 6 Abs. 3 EUV, den in der Judikatur des EuGH erreichten Stand der unionalen Grundrechtsordnung auch nach Rechtverbindlichkeit der Charta zu bewahren, lässt sich ohne weiteres durch Integration dieses aquis in die Auslegung der Charta-Grundrechte selbst erreichen; dazu bedarf es keiner Duplizierung der Grundrechtsnormen als solcher. Gerade für Art. 11 ist die Übernahme der bisherigen Grundrechtsjudikatur zur Meinungs- und Medienfreiheit in den Gewährleistungsumfang des neuen Chartarechts in den Erläuterungen deutlich ausgesprochen. Ein Rückgriff auf ein Grundrecht der Kommunikationsfreiheit als ungeschriebener Rechtsgrundsatz des Unionsrechts neben Art. 11 ist mithin ausgeschlossen.

C. Anwendungsbereich und Schutzdimensionen

I. Anwendungsbereich (Art. 51 Abs. 1 GRC)

Die unionsrechtliche Gewährleistung der Kommunikationsfreiheit aus Art. 11 bindet, wie 19 alle Unionsgrundrechte, in erster Linie die „Organe, Einrichtungen und sonstigen Stellen der Union", die Mitgliedstaaten hingegen „ausschließlich bei der Durchführung des Rechts der Union" (Art. 51 Abs. 1 S. 1). Der gleichsam unproblematische Normalfall einer Aktivierung des unionalen Grundrechtsschutzes durch Eingriffe der Unionsgewalt steht indessen gerade bei Art. 11 im Schatten der Anwendung des Grundrechts auf die mitgliedstaatliche Hoheitsgewalt, einer Geltungserstreckung, die indessen heute wegen Art. 51 Abs. 1 sogar wieder stärker als schon seit jeher umstritten ist.

1. Unionale Hoheitsgewalt

Die von den Unionsgerichten entschiedenen Fälle, in denen Eingriffe von Unionsorganen 20 in das Grundrecht der Meinungs- und Medienfreiheit zu beurteilen waren, sind vereinzelt geblieben. Sie betreffen dienstrechtliche Beschränkungen der Kommunikationsfreiheit von EU-Bediensteten (EuGH Urt. v. 13.12.1989 – C-100/88 – Oyowe und Traore, Rn. 16; Urt. v. 6.3.2001 – C-274/99 P – Connolly, Rn. 37 ff.), eine kartellrechtliche Entscheidung der Kommission (EuGH Urt. v. 17.1.1984 – 43/82 und 83/82 – VBVB, VBBB, Rn. 33 f.) und im Zusammenhang des Rundfunkrechts die Vorschrift der Fernsehrichtlinie über die Beschränkung der Unterbrecherwerbung für Fernsehfilme (Art. 11 Abs. 3 RL 89/552, Urt. 23.10.2003 – 245/01 – RTL, Rn. 67 ff.). Maßstabwirkung für Unionsrechtsakte hat die Gewährleistung darüber hinaus noch mit umgekehrter Stoßrichtung, nämlich als Rechtfertigungsgrund für Beschränkungen anderer Rechtspositionen, erlangt, so im Fall EuGH 22.12.2008 – C-336/07 – Kabel Deutschland, Rn. 37, betreffend die das Kabeleigentum der Netzbetreiber belastende Vorschrift des Art. 31 Abs. 1 Universaldienst-RL 2002/22/EG.

2. Mitgliedstaaten

Im Übrigen – in der Mehrzahl der entschiedenen Fälle – ist die Gewährleistung als 21 Maßstab für das Handeln der Mitgliedstaaten herangezogen worden. Überwiegend (Ausnahme: EuGH Urt. v. 24.11.2011 – C-70/10 – Scarlet Extended, Rn. 50 ff.; Urt. 16.2.2012 – C-360/10 – SABAM, Rn. 48 ff.: Grundrechtsbindung mitgliedstaatlicher Gerichte beim Gebrauch einer durch Richtlinienvorschriften des Unionsrecht vorgegebenen Befugnis: „Agency"-Konstellation der Durchführung von Unionsrecht) tritt sie insoweit bei der Prüfung mitgliedstaatlicher Beschränkungen von Grundfreiheiten in Erscheinung, meist als Rechtfertigungsgrund einer Beschränkung der Dienstleistungs- oder Warenverkehrsfreiheit, gelegentlich auch – wiederum umgekehrt – als schutzverstärkende wirkende Schranken-Schranke einer Grundfreiheitsbeschränkung. Das zum griechischen Fernsehmonopol ergangene Urt. des EuGH v. 18.6.1991 – 260/89 – ERT, Rn. 41 ff. wird allgemein als grundlegend und sogar namensprägend für die zuletzt genannte Begründung der Anwendbarkeit der Gemeinschafts- (Unions-)Grundrechte auf mitgliedstaatliche Beschränkungen der Grundfreiheiten angesehen („ERT-Rspr."). Danach müssen die im Vertrag explizit aufgeführten Beschränkungsgründe (Art. 36 AEUV für den Warenverkehr, Art. 62 iVm Art. 52 AEUV für die Dienstleistungsfreiheit) oder die anerkannten sonstigen zwingende Gründe des Allgemeininteresses im Lichte der allgemeinen Grundsätze und insbes. der Grundrechte des Unionsrechts ausgelegt werden. Eine Beschränkung einer Grundfreiheit, beim Rundfunk namentlich der Dienstleistungsfreiheit (Art. 56 AEUV), kann mithin nur dann gerechtfertigt sein, wenn sie zugleich mit den thematisch betroffenen Grundrechten des Unionsrechts (nicht der Verfassungsordnung des jeweiligen Mitgliedstaats!) vereinbar ist, namentlich den Anforderungen des mit dem Grundrecht verknüpften Verhältnismäßigkeitsgrundsatzes genügt. Durch die Wirkung der mitgliedstaatlichen Eingriffsregelung oder -maßnahme als Grundfreiheitsbeeinträchtigung wird dieser Rspr zufolge also zugleich der „Anwendungsbereich des Unionsrechts", damit auch der Unionsgrundrechte eröffnet.

Die schriftliche Fixierung des Anwendungsbereichs der Unionsgrundrechte hinsichtlich 22 der Mitgliedstaaten in Art. 51 Abs. 1 („Durchführung" des Unionsrechts) und die nahe liegende Intention einer Begrenzung der Grundrechtsgeltung im Grundrechtekonvent haben eine intensive Debatte darüber ausgelöst, ob die ERT-Rspr. unter der Geltung der Charta fortgeführt werden kann (s. nur Huber NJW 2011, 2385; Thym JZ 2011, 148). Der EuGH hat sich indessen durch Art. 51 nicht gehindert gesehen, an seinem bisherigen Verständnis der Reichweite der Unionsgrundrechte festzuhalten (EuGH Urt. v. 26.2.2013 – C-617/10 – Akerberg Fransson, Rn. 18 ff.). „Durchführung" des Unionsrechts ist danach nicht anders, insbes. nicht enger zu verstehen als die frühere Formulierung „im Anwendungs- oder Geltungsbereich des Unionsrechts" (Thym NVwZ 2013, 889).

23 Zwar ist diese Position auf Kritik gestoßen und können die Diskussion um die Tragweite des Art. 51 GRC noch nicht als abgeschlossen gelten (s. insb. auch die Reaktion des BVerfG, NJW 2013, 1499, Rn. 91), ebensowenig etwaige Klarstellungen oder Kurskorrekturen schon definitiv ausgeschlossen werden. Jedoch dürfte angesichts der klaren Positionierung des EuGH davon auszugehen sein, dass zumindest die ERT-Grundsätze weiter gelten, also bei einer Berührung der Grundfreiheiten zugleich auch die Unionsgrundrechte im Rahmen der Rechtfertigung der Grundfreiheitsbeschränkung akzessorische Anwendung beanspruchen. Für Art. 11 betonen schließlich auch die Erläuterungen des Konventspräsidiums die Kontinuität zur bisherigen EuGH-Rspr. zur Kommunikationsfreiheit, einer Rspr., die aber dominierend gerade die Grundrechtsgeltung im Rahmen der Anwendung der Grundfreiheiten zum Gegenstand hatte.

II. Dimensionen und Wirkungsmodi des Grundrechtsschutzes

24 Die inhaltliche Verweisung auf den durch Art. 10 EMRK gewährleisteten Schutz (Art. 52 Abs. 3) hat ohne weiteres zur Konsequenz, dass sämtliche in der Rspr. zu den konventionsrechtlichen Kommunikationsfreiheiten entfalteten Dimensionen des Grundrechtsschutzes auch für die Auslegung des Art. 11 zugrunde zu legen sind. Die bisherige Rspr. des EuGH bestätigt diese Bedeutungsvielfalt der Gewährleistungen, ohne bisher schon jeden vom EGMR entwickelten Gewährleistungsgehalt des Art 10 EMRK selbst zur Geltung gebracht zu haben. Danach ist Art. 11 nicht anders als Art. 10 EMRK sowohl individuelles Freiheitsrecht der in den Schutzbereichen personaliter angesprochenen Berechtigten, also der aktiven Kommunikatoren (Medienangehörige, Personen, die eine Meinung äußern, Beteiligte am Prozess der Verbreitung eines Kommunikats), als auch überindividuell-objektive Gewährleistung der (rechtlichen) Rahmenbedingungen für die Vielfalt der Meinungen und Medien (Vielfaltssicherungsgarantie). Dieser vom Verständnis des Art. 5 GG her vertraute Dualismus individualgrundrechtlicher und objektiv-programmatischer Gehalte findet in Abs. 2 sogar textlichen Ausdruck, ist aber seit langem auch in der Rspr. zur Presse- und Rundfunkfreiheit des EGMR und der darauf Beug nehmenden EuGH-Rspr. zum Medienpluralismus als einem grundrechtlichem Argument im Zusammenhang der Rechtfertigung von Beschränkungen der Grundfreiheiten nachweisbar.

25 An die ausdrückliche Erwähnung der „Pluralität" in Abs. 2 geknüpfte Erwartungen einer Akzentverschiebung im Verhältnis beider Gewährleistungsdimensionen, etwa im Sinne einer Aufwertung oder gar eines Vorrangs der objektiv-rechtlichen Normziel-Dimension nach deutschem Vorbild (in diese Richtung möglicherweise – im Anschluss an Stock, EU-Medienfreiheit, 2004 – NK-GRC/Borowsky GRC Art. 52 Rn. 23b), erscheinen nicht plausibel, schon deswegen nicht, weil Art. 52 Abs. 3 grundsätzliche Kohärenz der Interpretation des Art. 11 mit derjenigen des Art. 10 EMRK fordert, aber auch, weil Abs. 2 mit dem Nebeneinander der Medienfreiheit und der Medienpluralität als Gegenständen der Gewährleistung eben nur das beschreibt, was seit Jahrzehnten ohnehin praktizierter Rspr. entspricht.

26 In der EuGH-Rspr. zur Kommunikationsfreiheit kommt dieses offenbar gleichrangige Nebeneinander bis heute am deutlichsten in dem dogmatisch bemerkenswerten Urt. Familiapress zum Ausdruck (Urt. v. 26.7.1997 – C-36/95; weniger deutlich auch schon in Urt. v. 5.10.1994 – C-23/93 – TV10, Rn. 18 ff.): Die Gewährleistung des Art. 10 EMRK tritt hier doppelfunktional und gegenläufig einerseits als objektiv-rechtliche Garantie der Medienvielfalt und damit als Rechtfertigungsgrund der Beschränkung der Warenverkehrsfreiheit des Presseunternehmers hervor (Rn. 18 des Urteils), andererseits als Verbürgung individueller Pressefreiheit – und damit als Verstärker der Schutzwirkung der Warenverkehrsfreiheit iSd

ERT-Rspr (Rn. 24 ff. des Urteils). Die Kollision gegenläufiger normativer – subjektiv-individualschützender und objektiv-vielfaltssichernder – Anforderungen aus der „Bündel"-Garantie des Art. 10 EMRK bzw. Art. 11 GRC führt in die Notwendigkeit einer durch die Grundsätze der Verhältnismäßigkeit strukturierten Kollisionslösung, durchaus ähnlich wie in der neueren Rspr. des BVerfG zu Art. 5 Abs. 1 S. 2 GG (BVerfGE 121, 30, Rn. 113 ff.), aber – anders als in der Rspr. des BVerfG – ohne Dominanz des Vielfaltssicherungsziels gegenüber der individuellen Meinungs-, Presse- oder Rundfunkveranstalterfreiheit.

27 Dafür dass die unionsrechtliche Ausformung der Medienfreiheit jedenfalls nicht weniger, vielleicht sogar umgekehrt noch ein Stück weit stärker freiheitsrechtlich und weniger demokratie-funktionalistisch als das konventionsrechtliche Vorbild zu verstehen sein könnte, sprechen immerhin die Nichtübernahme des Art. 10 Abs. 1 S. 3 EMRK in den Art. 11 und die dazu niedergelegte Erläuterung des Präsidiums (→ Rn. 15), ferner auch schon die EuGH-Rspr. zum Rundfunk-Binnenmarkt, die zwar das Pluralismussicherungsziel, also die objektive Normzieldimension der Mediengewährleistung immer als Schrankengrund der Grundfreiheiten (insbes.: Dienstleistungsfreiheit) anerkannt, gleichwohl aber doch recht strenge Verhältnismäßigkeitsanforderungen an eine gerechtfertigte Grundfreiheitsbeschränkung gerichtet und so keineswegs jede mitgliedstaatlich-rundfunkrechtliche Regelung akzeptiert hat (EuGH Urt. v. 25.7.1991 – C-353/89 – Kommission/Niederlande, Rn. 30 f.; Urt. v. 25.7.1991 – 288/89 – Stichting Collectieve Antennevoorziening Gouda, Rn. 24, 29; Urt. v. 13.12.2007 – C-250/06 – United Pan, Rn. 43 ff.).

28 Nur sehr begrenzt übertragbar für die Interpretation des Art. 11 erscheinen die zu Art. 10 EMRK entwickelten Normaussagen über die an den Grundrechtsadressaten gerichteten grundrechtlichen Leistungspflichten („positive obligations") neben der negatorisch-abwehrrechtlichen Wirkdimension. Leistungspflichten kommen sowohl in Betracht in Gestalt der vor horizontalen Übergriffen Dritter in das grundrechtliche Schutzgut bewahrenden Schutzpflicht sowie in Gestalt grundrechtlicher Organisations- und Ausgestaltungspflichten, wie sie gerade im Zusammenhang der Medienfreiheit vor allem für die Ordnung eines vielfaltssichernden, gegenüber staatlichen und gesellschaftlichen Vermachtungsbestrebungen hinreichend abgeschirmten Rundfunks, besonders weitgehend entfaltet worden sind, nicht nur in der Rundfunkrechtsprechung des BVerfG, sondern mittlerweile auch in der Judikatur des EGMR (EGMR Urt. v. 17.9.2009, Nr. 13936/02 – Manole and Others v. Moldova, Rn. 99 ff.; Urt. v. 7.6.2012, Nr. 38433/09 – Centro Europa 7 S.R.L. and Di Stefano v. Italy, Rn. 129 ff.).

29 Da allerdings die Unionsgrundrechte nicht kompetenzbegründend für die Union wirken (Art. 51 Abs. 2), die Union aber selbst nur in geringem Umfang über Befugnisse zum positiven – straf-, zivil- oder medienordnungsrechtlichen – Schutz der durch Art. 11 thematisch gewährleisteten Güter verfügt, könnte sich diese leistungsrechtliche Dimension im Wesentlichen allenfalls (wie ja auch im Rahmen der EMRK) gegen die Mitgliedstaaten richten (NK-GRC/Bernsdorff GRC Art. 11 Rn. 19), soweit hier das Unionsgrundrecht anwendbar ist, also vor allem im Rahmen von Beeinträchtigungen der Grundfreiheiten. Auch insoweit hat sich der EuGH aber bisher darauf beschränkt, aus der Gewährleistung der Meinungs- und Medienvielfalt mitgliedstaatliches grundfreiheitsbeschränkendes Handeln zu legitimieren (Art. 10 EMRK bzw. Art. 11 GRC als Schrankengrund), nicht aber – weitergehend – eine Handlungspflicht, etwa einen unionsgrundrechtlich begründeten Auftrag zur Ausgestaltung der mitgliedstaatlichen positiven Rundfunkordnung, herzuleiten. Ein solches weitergehendes Verständnis als positive obligation der Mitgliedstaaten geriete auch in eine kaum überbrückbare Spannung zum Sinn und zur Schutzfunktion der Grundfreiheiten. Die Schutzwirkung der Grundfreiheiten würde geradezu umgepolt, würde man den Mitgliedstaaten eine aus den Unionsgrundrechten hergeleitete Pflicht zu ihrer Beschränkung auferlegen. Das Unionsrecht erlaubt den Mitgliedstaaten zur Verfolgung bestimmter Gemeinwohlziele, darunter auch des Schutzes der Grundrechte, und unter Wahrung der Verhältnismäßigkeit die Einschränkung der Grundfreiheiten, aber es zwingt dazu nicht. Von den Unionsgrundrechten kann ein solcher Handlungszwang schon deswegen nicht ausgehen, weil ihr Geltungsanspruch gegenüber der mitgliedstaatlichen Gewalt durch eine grundfreiheitsbeschränkende Maßnahme des Mitgliedstaats überhaupt erst eröffnet wird (→ Rn. 21); er kann einer solchen Maßnahme mithin nicht vorausliegen.

III. Abs. 2: „Achtung" der Medienfreiheit und -pluralität

30 Kontroversen ausgelöst hat die im Zuge der Konventsberatungen am Ende beschlossene textliche Abschwächung der Garantiewirkung der medienbezogenen Gewährleistung des Abs. 2 auf ein Gebot der „Achtung". Die zurückhaltende Wortwahl soll den nur mehr begrenzten Kompetenzen der Union auf dem Gebiet des Medienrechts Rechnung tragen. Eigene wirkungsbegrenzende Bedeutung kommt ihr freilich nicht zu (Calliess/Ruffert/ Calliess GRC Art. 11 Rn. 23 ff.): Art. 52 Abs. 3 gebietet eine Auslegung auch der Mediengewährleistung (so wie der Freiheit der Individualkommunikation), die nicht hinter dem Standard der Konvention zurückbleibt, wobei freilich die sich aus dem Enumerationsprinzip ergebenden Zuständigkeitsgrenzen der Union gewahrt bleiben müssen (Art. 51 Abs. 2). Dies bedeutet, dass auch die Medien qualitativ uneingeschränkten Grundrechtsschutz aus Art. 11 genießen, soweit ihre Freiheit durch (kompetenzgerechte) Regelungen oder Maßnahmen der Unionsgewalt beschränkt wird (abwehrrechtlicher Schutz) oder die Unionsgewalt für die Erfüllung grundrechtlicher Handlungspflichten im thematischen Bereich der Gewährleistung zuständig ist (positive obligation) – was freilich bisher allenfalls ansatzweise der Fall ist (→ Rn. 29).

31 Fehlt es an einer Zuständigkeit der Union, kommen also nur die Mitgliedstaaten als Garanten der Medienfreiheit oder Medienvielfalt in Betracht. Sind sie vom Geltungsanspruch des Art. 11 erfasst, so haben sie dessen Anforderungen ebenso uneingeschränkt zu beachten; insofern gilt für die Teilschutzbereiche der Medienfreiheit nichts anderes als für die individuelle Meinungs- und Informationsfreiheit (Art. 11 Abs. 1). Originäre unionsgrundrechtliche Handlungspflichten der Mitgliedstaaten zur Sicherung der Medienfreiheit und -vielfalt unabhängig von einer grundrechtsgeltungsaktivierenden „Durchführungslage" im Sinne des Art. 51 Abs. 1 bestehen danach allerdings nicht, weil erst eine anderweitig begründete unionsrechtliche Bindung der Mitgliedstaaten (Sekundärrecht, Grundfreiheiten) überhaupt auch zur – akzessorischen – Bindungserstreckung der Unionsgrundrechte auf die Mitgliedstaaten führt (→ Rn. 29). Auch dies ist aber keine medienspezifische Besonderheit, gilt vielmehr genauso auch für Schutzpflichten aus Art. 11 Abs. 1, hat mithin nichts mit der abweichenden Formulierung des Abs. 2 zu tun.

D. Einzelfragen

I. Schutzbereich

32 Für die Bestimmung der (Teil-)Schutzbereiche des Art. 11 kann uneingeschränkt auf die Aussagen des EGMR zu Art. 10 EMRK zurückgegriffen werden (→ EMRK Art. 10 Rn. 1 ff.). Eine eigenständige Definitionsarbeit des EuGH ist insoweit bisher nicht erkennbar (Calliess/Ruffert/Calliess GRC Art. 11 Rn. 5). Danach ist ein weites Tatbestandsverständnis zugrunde zu legen: Art. 11 schützt (wie Art. 10 EMRK) die Meinungs- und die Meinungsäußerungsfreiheit ebenso wie die Informationsfreiheit sowie alle mit der Tätigkeit klassischer ebenso wie neuer Medien spezifisch verbundenen Tätigkeiten von der Informationsbeschaffung bis zur Verbreitung. Prima facie geschützt sind Meinungen ebenso wie Tatsachenbehauptungen ungeachtet ihres Inhalts, ihres „Wertes" und der Art oder Qualität ihres Ausdrucks: Auch verletzende, schockierende und beunruhigende Äußerungen fallen in den Schutzbereich (Urt. v. 6.3.2001 – C-274/99 P – Connolly, Rn. 39), desgleichen kommerziell motivierte Aussagen (Werbung, Urt. v. 23.10.2003 – C-245/01 – RTL, Rn. 68).

33 Auch Beamte und andere in einem Sonderstatusverhältnis stehende Personen sind aus der Garantie der Meinungsfreiheit berechtigt. Besondere Einschränkungen aus dem Grund besonderer Loyalitätspflichten oder sonst mit dem Status verbundener Notwendigkeiten können aber gerechtfertigt sein (Urt. v. 6.3.2001 – C-274/99 P – Connolly, Rn. 43 ff.).

II. Eingriffsrechtfertigung

1. Schrankenregime: Art. 52 Abs. 1 iVm Abs. 3

34 Soweit Eingriffe in die Freiheit der Kommunikation in Rede stehen, es also um die abwehrrechtliche Wirkdimension der Gewährleistung geht, bedürfen solche – rechtlichen oder faktischen – Eingriffe der Rechtfertigung als Schranke des Grundrechts. Für die Teil-

Freiheit der Meinungsäußerung und Informationsfreiheit **Art. 11 GRC**

schutzbereiche der Meinungs- und Informationsfreiheit (Art. 11 Abs. 1) ist unbestritten, dass insoweit Art. 52 Abs. 3 eingreift, für die Eingriffsrechtfertigung also Art. 10 Abs. 2 EMRK heranzuziehen ist. Umstritten ist freilich, ob diese Verweisung auf die Schrankengrundsätze der EMRK exklusiv wirkt, also den Rückgriff auf die allgemeine Schrankenregelung der Charta (Art. 51 Abs. 1) sperrt. Nach hier vertretener Auffassung ist das nicht der Fall, kommt Art. 52 Abs. 1, der ohnehin nur den europaweit anerkannten Stand grundrechtlicher Eingriffsrechtfertigung festschreibt, vielmehr zur Anwendung, sind aber im Rahmen dieser Anwendung die zu Art. 10 Abs. 2 EMRK entwickelten Grundsätze und Kriterien heranzuziehen und fruchtbar zu machen, soweit nicht spezifische Gründe des Unionsrechts eine Abweichung rechtfertigen (Art. 52 Abs. 3 als prinzipielles Kohärenzgebot, nicht als Transferklausel mit Spezialitätsanspruch gegenüber Art. 52 Abs. 1, → Rn. 11 ff.).

2. Legalitätsprinzip

Nach Art. 52 Abs. 1 ebenso wie gem. Art. 10 Abs. 2 EMRK bedarf jeder Eingriff einer **35** gesetzlichen Grundlage. Angesichts unterschiedlicher Vorstellungen in den Mitgliedstaaten zum Gesetzesbegriff und -vorbehalt ist damit nur ein allgemeiner Rechtssatzvorbehalt gemeint (Gesetz im materiellen Sinne, ebenso Ibing, Die Einschränkung der europäischen Grundrechte durch Gemeinschaftsrecht, 2006, S. 348; Bühler, Einschränkung von Grundrechten nach der Europäischen Grundrechtecharta, 2005, S. 248; wohl auch NK-GRC/ Borowsky GRC Art. 52 Rn. 20a). Ausreichend sind daher rechtssatzförmige Schrankenregelungen (Beschränkung durch Gesetz) bzw. Ermächtigungen für Einzelfall-Grundrechtsbeschränkungen (Beschränkung aufgrund Gesetzes).

Grundrechtseingriffe der Unionsgewalt müssen eine Grundlage in Richtlinien und Ver- **36** ordnungen haben. Beschlüsse (Art. 288 Abs. 4 AEUV) sind als Einzelfallregelungen ohne normative Grundlage keine rechtssatzförmige Eingriffsgrundlage (Hilf, in: Merten/Papier (Hrsg.), HGR VI/1, § 164 Rn. 60; Ehlers, in: Ehlers, Europäische Grundrechte und Grundfreiheiten, § 14 Rn. 67, anders Becker, in: Schwarze, EU, Art. 52 GRC Rn. 10). Rechtsakte der Kommission kraft Delegation genügen dem Gesetzesvorbehalt wohl nicht, da Art. 290 AEUV ihren untergeordneten, unselbständigen Charakter deutlich betont („ohne Gesetzescharakter"), Calliess/Ruffert/Kingreen GRC Art. 52 Rn. 62; Röder, Der Gesetzesvorbehalt der Charta der Grundrechte der Union im Lichte einer europäischen Wesentlichkeitstheorie, 2007, 139.

Soweit die Mitgliedstaaten grundrechtsverpflichtet sind, kommen je nach der dort etab- **37** lierten Gewaltenteilungskonzeption und Handlungsformenlehre Parlamentsgesetze, aber auch Exekutiv-Verordnungen und andere Rechtsnormen der Regierung, staatlichen Verwaltung oder sonstiger Hoheitsträger in Betracht. Auch eine gewohnheits- oder richterrechtliche Schrankengrundlage kann ggf. ausreichen (Merten/Papier/Hilf, Handbuch der Grundrechte in Deutschland und Europa Band VI/1: Europäische Grundrechte I, 2010, § 164 Rn. 60); nur diese Offenheit hält Art. 52 Abs. 1 (wie auch Art. 10 Abs. 2 EMRK) anschlussfähig gegenüber den common-law-Systemen einiger Mitgliedstaaten Grabenwarter/Pabel, Europäische Menschenrechtskonvention, 5. Aufl. 2012, § 18 Rn. 8, mit Berufung auf das Urt. des EGMR, 26.5.1979, Nr. 6538/74 – Sunday Times (Nr. 1), EuGRZ 1979, 386, Rn. 47 ff.

3. Schrankengründe und Verhältnismäßigkeit

Beschränkungen der Kommunikationsfreiheit müssen „den von der Union anerkannten **38** dem Gemeinwohl dienenden Zielsetzungen oder den Erfordernissen des Schutzes der Rechte und Freiheiten anderer" dienen (Art. 52 Abs. 1). Legitime Beschränkungsgründe in diesem Sinne sind kraft der Verweisung des Art. 52 Abs. 3 namentlich die in Art. 10 Abs. 2 EMRK aufgeführten Eingriffsziele (ausdrückliche Nennung der EMRK-Schrankengründe z. B. in Urt. v. 6.3.2001 – C-274/99 P – Connolly, Rn. 40), nicht jedoch Art. 10 Abs. 1 S. 3 EMRK, der in Art. 11 gerade nicht übernommen worden ist (→ Rn. 15). Mitgliedstaatliche Zulassungsvorbehalte für den Rundfunk sind damit keineswegs grundrechtlich delegitimiert, sind aber eben nicht schon als solche (gleichsam mit nicht mehr zu hinterfragendem Eigenwert) akzeptiert, sondern bedürfen jeweils der Rechtfertigung aus einem hinter dem Genehmigungsvorbehalt stehenden Sachgrund, namentlich der Sicherung der Meinungs- und Medienvielfalt als Voraussetzung demokratischer Öffentlichkeit und Meinungsbildung. In der Rspr. anerkannte Gründe für Beschränkungen der Wirtschaftswerbung sind namentlich der Verbraucherschutz und die Lauterkeit des Handels (zu § 30 UWG EuGH Urt. v. 25.3.2004 – C-71/02 – Karner, Rn. 52) bzw. der „Schutz der Verbraucher gegen ein Übermaß an kommerzieller Werbung und die Erhaltung einer bestimmten Programmqualität im Rahmen der Kulturpolitik" (zu den Werberegeln der AVMD-RL bzw. der Rundfunkgesetze EuGH Urt. v. 23.10.2003 – 245/01 – RTL, Rn. 71).

39   Beschränkungen der Meinungs-, Informations- oder Medienfreiheit müssen verhältnismäßig sein, also geeignet sein, das angestrebte Gemeinwohlziel zu fördern, sowie dafür erforderlich sein in dem Sinne, dass eine andere weniger belastende Regelung oder Maßnahme nicht erkennbar ist. Schließlich müssen die mit dem Eingriff verbundenen „Freiheitskosten" in einem angemessenen Verhältnis zu dem erreichbaren Nutzen stehen (Verhältnismäßigkeit im engeren Sinne).

40   Wie in der Rspr. zu Art 10 EMRK hängt die Wirkkraft dieser Rechtfertigungsanforderungen wesentlich davon ab, wie streng sie verstanden und geprüft werden oder – von der anderen Seite aus betrachtet – wie weit die „Ermessensspielräume" (margin of appreciation) sind, die den Unionsorganen oder Mitgliedstaaten bei der Wahl und Gestaltung ihrer grundrechtseingreifenden Regelungen oder Maßnahmen zugebilligt werden. Wiederum im Anschluss an die EGMR-Judikatur betont auch der EuGH einerseits die Stringenz des Verhältnismäßigkeitsmaßstabes: Danach ergibt sich aus der Formulierung des Art. 10 Abs. 2 („in einer demokratischen Gesellschaft notwendig"), dass ein „zwingendes gesellschaftliches Bedürfnis" für die Einschränkung gegeben sein muss. Die Einschränkungsmöglichkeiten sind danach „eng auszulegen", der Eingriff muss „im rechten Verhältnis zu dem verfolgten berechtigten Zweck stehen", und „die Gründe, auf die sich die nationalen Behörden für seine Rechtfertigung berufen", müssen „zutreffend und ausreichend" sein. Präventive Beschränkungen der Meinungsfreiheit unterliegen wegen ihrer zensurartigen Wirkung einer besonders strengen Kontrolle (alle Zit. aus EuGH Urt. v. 6.3.2001 – C-274/99 P – Connolly, Rn. 41).

41   Andererseits werden in der Rspr. des EGMR ebenso wie in der auf diese Bezug nehmenden Judikatur des EuGH doch auch teilw. weiterreichende Spielräume der Grundrechtsadressaten anerkannt. Der EuGH folgt dem EGMR auch insoweit, als die Reichweite des Spielraums, also die relative Intensität der Verhältnismäßigkeitsanforderungen, nach der Bedeutung der je in Rede stehenden Kommunikation für die Meinungsbildung auszurichten ist. Die (auch) demokratiefunktionale Deutung des Grundrechts bestimmt mithin zwar nicht über den Grundrechtsschutz schlechthin, wohl aber über die relative Stärke des Grundrechtsschutzes im Rahmen der Verhältnismäßigkeitsprüfung. Dies bedeutet in den Worten des EuGH: „Trägt die Ausübung der Meinungsfreiheit nichts zu einer Debatte von allgemeinem Interesse bei und erfolgt sie darüber hinaus in einem Kontext, in dem die Staaten einen gewissen Entscheidungsspielraum haben, beschränkt sich die Kontrolle auf die Prüfung, ob der Eingriff in einem angemessenen Verhältnis zu den verfolgten Zielen steht" (EuGH Urt. v. 25.3.2004 – C-71/02 – Karner, Rn. 51). Namentlich bei kommerzieller Kommunikation (Werbebeschränkungen) soll daher ein größeres Beschränkungsermessen der Mitgliedstaaten bzw. der Union gegeben sein (EuGH Urt. v. 23.10.2003 – 245/01 – RTL, Rn. 73; Urt. v. 25.3.2004 – C-71/02 – Karner, Rn. 51).

III. Medienvielfalt als Legitimationsgrund mitgliedstaatlicher Medienregulierung

42   Stärker als die Schutzwirkung der Eingriffsabwehr ist in der bisherigen Rechtsprechungspraxis die geradezu gegenläufige Bedeutung des Art. 10 EMRK im Unionsrecht als Garantie pluralistischer Medien und insofern als Grund der Rechtfertigung von Einschränkungen grundfreiheitsrechtlich garantierter Handlungsfreiheit hervorgetreten. So ist die „Kulturpolitik", namentlich die „Aufrechterhaltung eines pluralistischen Rundfunkwesens" ein anerkannter zwingender Grund des Allgemeininteresses, der eine Beschränkung des Dienstleistungsverkehrs rechtfertigt, weil diese Ziele „im Zusammenhang" mit Art. 10 EMRK stehen (EuGH Urt. v. 13.12.2007 – C-250/06 – United Pan, Rn. 41). Dieser etwas unscharf so bezeichnete „Zusammenhang" ist mit dem auf die Pluralität der Medien bezogenen

Achtungsgebot des Art. 11 Abs. 2 deutlicher als Gewährleistungsgehalt der Mediengewährleistung gefasst worden.

Die Rechtfertigungslasten kehren sich im grundfreiheitsrechtlichen Zusammenhang **43** gleichsam um: Die grundrechtliche Pluralismusgewährleistung ist hier legitimer Schrankengrund der Beschränkung der Dienstleistungsfreiheit. Diese muss aber selbstverständlich die Anforderungen der Verhältnismäßigkeit achten. Die gegen pluralismussichernde Regulierungen gerichtete Schranken-Schranke der grundfreiheitsrechtlichen Verhältnismäßigkeit hat in der Vergangenheit durchaus beachtlichen Rechtfertigungsdruck erzeugt: So hat der EuGH zwar anerkannt, dass den Mitgliedstaaten zur „Aufrechterhaltung des Pluralismus im Rahmen einer Kulturpolitik" ein weites Ermessen zusteht". Jedoch dürfen „die Maßnahmen zur Durchführung einer solchen Politik (…) auf keinen Fall außer Verhältnis zu diesem Ziel stehen, und ihre Anwendung darf nicht zur Diskriminierung von Angehörigen anderer Mitgliedstaaten führen. (…) Eine solche Regelung kann vor allem keine Ermessensausübung der nationalen Behörden rechtfertigen, die geeignet ist, den eine Grundfreiheit betreffenden Bestimmungen des Gemeinschaftsrechts ihre praktische Wirksamkeit zu nehmen." (EuGH Urt. v. 13.12.2007 – C-250/06 – United Pan, Rn. 44 f.). Daraus hat der Gerichtshof im zitierten Fall präzise und strikte Anforderungen an die unionsrechtliche Zulässigkeit einer must-carry-Regelung hergeleitet. In anderen Fällen ist die Erforderlichkeit medienrechtlicher Regelungen und damit ihre Vereinbarkeit mit den Grundfreiheiten verneint worden (EuGH Urt. v. 25.7.1991 – C-353/89 – Kommission/Niederlande, Rn. 30 f.; Urt. v. 25.7.1991 – 288/89 – Stichting Collectieve Antennevoorziening Gouda, Rn. 24, 29).

EuGH Urt. v. 22.12.2008 – C-336/07 – Kabel Deutschland, Rn. 49 ff., hat hingegen **44** dem mediengrundrechtlich fundierten Pluralismussicherungsziel ein gegenüber dem Eigentumsgrundrecht der Kabelnetzbetreiber überraschend klar vorrangiges Gewicht zugemessen und so eine das Kabeleigentum ggf. sogar vollständig in Anspruch nehmende (Totalbelegung) medienrechtliche must-carry-Regelung gebilligt. Freilich ging es hier auch nicht um eine mitgliedstaatliche Beschränkung von Grundfreiheiten, sondern um die Auslegung einer Richtlinienbestimmung (Art. 31 Universaldienst-RL).

2. Europäische Menschenrechtskonvention (EMRK) – Auszüge –

Art. 8 Recht auf Achtung des Privat- und Familienlebens

(1) Jede Person hat das Recht auf Achtung ihres Privat- und Familienlebens, ihrer Wohnung und ihrer Korrespondenz.

(2) Eine Behörde darf in die Ausübung dieses Rechts nur eingreifen, soweit der Eingriff gesetzlich vorgesehen und in einer demokratischen Gesellschaft notwendig ist für die nationale oder öffentliche Sicherheit, für das wirtschaftliche Wohl des Landes, zur Aufrechterhaltung der Ordnung, zur Verhütung von Straftaten, zum Schutz der Gesundheit oder der Moral oder zum Schutz der Rechte und Freiheiten anderer.

Art. 8 EMRK schützt die Privatsphäre umfassend, indem vier wichtige Bereiche des Privatlebens in Abs. 1 garantiert werden: das Privatleben (→ Rn. 17 ff.), das Familienleben (→ Rn. 30 ff.), die Wohnung (→ Rn. 34 ff.) und die Korrespondenz (→ Rn. 41 f.). Dabei ist eine klare Abgrenzung zwischen diesen vier Garantiebereichen nicht zu bewerkstelligen; es gibt Überschneidungen. Abs. 2 stellt sodann die Rechtfertigungsgründe für Eingriffe in die in Abs. 1 garantierten Bereiche dar (→ Rn. 49 ff.).

Übersicht

	Rn		Rn
A. Allgemeines	1	**C. Eingriff**	43
I. Entwicklung	1	**D. Rechtfertigung von Eingriffen**	
II. Grundrechtsfunktionen	3	(Abs. 2)	49
1. Status negativus: Abwehrdimension	3	I. Allgemeines	49
2. Status positivus: Gewährleistungspflichten („positive obligations")	5	II. Eingriff durch „Behörde"	50
III. Struktur der Grundrechtsprüfung	8	III. „Gesetzlich vorgesehen"	52
IV. Grundrechtsberechtigte und -verpflichtete	10	IV. Ziele, die zur Rechtfertigung verfolgt werden müssen	55
1. Grundrechtsberechtigte	10	V. Verhältnismäßigkeit	56
2. Grundrechtsverpflichtete	14	1. Privatleben	58
B. Schutzbereich (Abs. 1)	15	2. Familienleben	60
I. „Recht auf Achtung"	15	3. Wohnung	61
II. Privatleben	17	4. Korrespondenz	62
1. Privatsphäre in der Öffentlichkeit	21	**E. Spezifische Gewährleistungspflichten**	
2. Individuelle Kommunikation	23	(„positive obligations")	64
3. Recht am eigenen Bild	26	I. Zugang zu Informationen	64
4. Recht auf einen Namen	27	II. Schutz des Rechts auf Selbstdarstellung	66
5. Guter Ruf und persönliche Ehre	28	III. Schutz vor (Telefon-)Überwachung und Einsicht in sensible Daten	67
6. Recht auf informationelle Selbstbestimmung/Datenschutz	29	IV. Schutz der Kommunikation	68
III. Familienleben	30	**F. Konkurrenzen**	69
IV. Wohnung	34		
V. Korrespondenz	41		

A. Allgemeines

I. Entwicklung

1 Art. 8 EMRK ist eine **Verbürgung privater Entfaltungsfreiheit.** Vorbilder dieser Verbürgung sind Art. 12 AEMR und – für den Bereich des Familienlebens – Art. 119–122

WRV. Die Ähnlichkeit zu Art. 12 AEMR ist unverkennbar. Andere supra- und internationale Verbürgungen gleichen oder ähnlichen Gehalts finden sich in Art. 7 und 8 der EU-Grundrechtecharta, Art. 11 der Amerikanischen Menschenrechtskonvention (AMRK), Art. 17 des Internationalen Pakts über bürgerliche und politische Rechte (IPbpR), Art. 21 der Arabischen Charta der Menschenrechte (ACHR) und Art. 21 der ASEAN-Erklärung der Menschenrechte (AHRD). Letztere ist allerdings rechtlich unverbindlich. Die Afrikanische Charta der Menschenrechte und Rechte der Völker („Banjul-Charta") enthält aus traditionellen Gründen (Leben in Familienverbänden und eine dementsprechend starke Einbindung in die Gesellschaft) und aus Praktikabilitätsgründen keine Gewährleistung der Privatheit.

In den ersten Beratungen zur EMRK sollte die „Unverletzlichkeit" („inviolability") der 2 vier Garantiebereiche gewährleistet werden, was sich im Laufe der Beratungen jedoch zur „Achtung" („respect") änderte; weiterhin sollte auf Art. 12 AEMR unmittelbar Bezug genommen werden. Zudem waren die vier Ausprägungen anders geordnet. Ferner wurden die Ziele, die Eingriffe legitimieren können, während der Beratungen auf das „wirtschaftliche Wohl des Landes" und die „Rechte und Freiheiten anderer" ausgedehnt.

II. Grundrechtsfunktionen
1. Status negativus: Abwehrdimension

Die **klassische Abwehrdimension** von Grundrechten lässt sich häufig schon dem Wort- 3 laut der einzelnen Verbürgung entnehmen (zB: „No one shall be deprived (…)" – Art. 2 EMRK, „No one shall be subjected (…)" – Art. 3 EMRK, „No one shall be held (…)" – Art. 4, 7 EMRK, „Everyone hast the right to (…)" – Art. 5, 8, 9, 10, 11). Nach Ansicht des EGMR stellt sie – zumindest bei Art. 8 EMRK – gleichfalls die **Hauptfunktion** der in der EMRK verbürgten Freiheitsrechte dar (EGMR EuGRZ 1975, 298 – belgischer Sprachenfall: „ihr wesentlicher Zweck besteht darin, den Einzelnen gegen willkürliche Eingriffe der öffentlichen Gewalt in sein Privat- oder Familienleben zu schützen").

Zweck der Abwehrdimension von Grundrechten ist es, den Bürger vor Zugriffen in seine 4 Rechte durch die öffentliche Gewalt zu schützen und dadurch einen ihm zustehenden Raum der freien persönlichen Entfaltung in allen Bereichen seines Lebens zu schaffen. Es besteht damit eine grundsätzliche Unterlassungsverpflichtung der öffentlichen Gewalt. Die Hauptfunktion der Grundrechte liegt darin, jegliche Eingriffe der öffentlichen Gewalt in die Rechte Einzelner an die Notwendigkeit strikter Rechtfertigung zu knüpfen. Die öffentliche Gewalt muss also die Autonomie des Einzelnen respektieren.

2. Status positivus: Gewährleistungspflichten („positive obligations")

Die grundrechtlichen Verbürgungen der EMRK enthalten jedoch nicht nur eine abwehr- 5 rechtliche Funktion. Der EGMR entnahm ihnen auch sog. „positive obligations" unter Zuhilfenahme verschiedener Ansätze (dynamisch-evolutive und teleologische Auslegung). Er statuierte damit verschiedene Handlungsverpflichtungen der öffentlichen Gewalt, die aus dem objektiven Gehalt der Grundrechte abgeleitet wurden. Dazu gehören unter anderem Schutz- und Leistungspflichten, Gewährleistungspflichten bei der Organisation von Eingriffen öffentlicher Gewalt und bei der Ausgestaltung von Verfahren sowie Informationspflichten (vgl. Grote/Marauhn/Krieger EMRK/GG, 2006, Kap. 6 Rn. 24 ff., 87 ff., 103 ff. mit umfangreichen Nachweisen der Rspr.).

Der EGMR vermeidet jedoch, eine Systematik im Hinblick auf „positive obligations" zu 6 entwickeln. Als gesichert sind deshalb nur solche Handlungsverpflichtungen anzusehen, die der EGMR selbst hergeleitet hat. Insbes. für Grundrechte, die nur selten eine Rolle spielen, sind teilweise noch keine „positive obligations" begründet worden. Es ist jedoch davon auszugehen, dass der EGMR seiner bisherigen Linie folgen wird und die Figur der „positive obligations" zum festen Bestandteil der Grundrechte der EMRK deklarieren wird.

Wie schon angedeutet, sind „positive obligations" nicht gleichzusetzen mit den Schutz- 7 pflichten deutschen Rechts. Sie sind umfassender, denn sie enthalten noch andere Handlungsverpflichtungen, die im deutschen Recht gesondert aus den Grundrechten hergeleitet werden, etwa verfahrensrechtliche Garantien. Am ehesten entsprechen die „obligations to secure" den Schutzpflichten deutscher Grundrechtsdogmatik. Umfassend zum Ganzen etwa Grote/ Marauhn/Krieger EMRK/GG, 2006, Kap. 6 Rn. 21 ff.; Grabenwarter/Pabel EMRK, 5. Aufl. 2012, § 19.

III. Struktur der Grundrechtsprüfung

8   Die Prüfung eines Grundrechts in seiner abwehrrechtlichen Dimension verläuft vielfach ähnlich wie in der deutschen Grundrechtsdogmatik, auch wenn der EGMR häufig als erstes untersucht, ob ein Eingriff in ein Grundrecht vorliegt. Da der Eingriff jedoch vom Schutzbereich her gedacht wird, muss auch der EGMR zunächst untersuchen, ob das fragliche Verhalten überhaupt vom Schutzbereich der in Betracht kommenden Grundrechte gedeckt ist. Erst anschließend wird festgestellt, ob durch eine Maßnahme eines Mitgliedstaates eine grundrechtliche Position beeinträchtigt wird und ob diese Beeinträchtigung rechtfertigungsbedürftig ist. Unter dem Punkt der Rechtfertigung des Eingriffs sind dann verschiedene Voraussetzungen zu überprüfen. So setzen viele Abwehrrechte eine gesetzliche Grundlage für Eingriffe voraus. Weiter müssen legitime Ziele, die häufig enumerativ aufgelistet sind, verfolgt sowie die Verhältnismäßigkeit (sie folgt meist aus der Umschreibung, dass ein Eingriff „in einer demokratischen Gesellschaft notwendig" sein müsse) gewahrt werden. Im Rahmen der Rechtfertigung spielt – wie auch im deutschen Recht – die Verhältnismäßigkeit eine herausgehobene Rolle. Der EGMR versucht unter dem Gesichtspunkt der Verhältnismäßigkeit ein ausgewogenes Verhältnis zwischen betroffenem Recht und dem verfolgten legitimen Ziel herzustellen. Dabei wird den Mitgliedstaaten ein je nach betroffenem Recht unterschiedlicher Spielraum eingeräumt, um die unterschiedlichen kulturellen und historischen Hintergründe der Mitgliedstaaten berücksichtigen zu können („margin of appreciation"). Ebenso berücksichtigt der EGMR Verpflichtungen von Mitgliedstaaten, andere inter- und supranationale Rechtsakte in nationales Recht umzusetzen (insbes. bei Umsetzungsakten innerhalb der EU) und nimmt dort – ähnlich wie das BVerfG seit der Solange-II-Entscheidung (BVerfGE 73, 339) – seine Überprüfungskompetenz zurück, sofern ein ähnlicher Grundrechtsstandard wie der der EMRK innerhalb der inter- oder supranationalen Organisation gewährleistet ist.

9   Die Prüfung von Gewährleistungspflichten ist uneinheitlich. Teilweise erfolgt sie ebenfalls in drei Schritten wie die Prüfung eines Abwehrrechts, wobei dann das Nichthandeln des Staates als Eingriff qualifiziert wird, teilweise in zwei Schritten ähnlich wie im deutschen Recht; auf die Prüfung der Gewährleistungspflicht folgt die Untersuchung, ob der Konventionsstaat seiner ihm obliegenden Gewährleistungspflicht nachgekommen ist (weitere Ausführungen zur Grundrechtsprüfung durch den EGMR befinden sich in Grabenwarter/ Pabel EMRK, 5. Aufl. 2012 , § 18).

IV. Grundrechtsberechtigte und -verpflichtete

1. Grundrechtsberechtigte

10   Grundrechtsberechtigt ist nach Art. 1 EMRK jede Person, die der Hoheitsgewalt eines Konventionsstaats untersteht. Das bedeutet zum einen, dass die Person sich zumindest innerhalb des Staatsgebiets einer Hohen Vertragspartei aufhalten muss (Grabenwarter/Pabel EMRK, 5. Aufl. 2012, § 17 Rn. 11), zum anderen, dass die Person fähig sein muss, Träger der verbürgten Grundrechte zu sein (Grote/Marauhn/Krieger EMRK/GG, 2006, Kap. 5 Rn. 10.).

11   Die zweite Voraussetzung erfüllen natürliche Personen auf jeden Fall, da die EMRK eine „klassisch menschenrechtliche Grundkonzeption" verfolgt (Grote/Marauhn/Krieger EMRK/GG, 2006, Kap. 5 Rn. 14). Bei juristischen Personen, Personengesellschaften oder anderen Personenmehrheiten kann die Grundrechtsträgerschaft in Bezug auf bestimmte Grundrechte jedoch zweifelhaft sein. Diese Unsicherheit resultiert aus dem Fehlen einer Art. 19 Abs. 1 GG entsprechenden Vorschrift. In der EMRK gibt es lediglich Art. 34 EMRK, der Individualbeschwerden beim EGMR neben natürlichen Personen durch „nongovernmental organisations and groups of individuals" zulässt, jedoch keine weiteren Voraussetzungen für die Anwendung bestimmter Grundrechte auf juristische Personen, Personengesellschaften oder andere Personenmehrheiten festlegt. Lediglich das Zusatzprotokoll v.

20.3.1952 (ZP) sieht in Art. 1 ZP vor, dass juristische Personen grundrechtsfähig hinsichtlich des Eigentums sind („Every natural or legal person is entitled to the peaceful enjoyment of his possessions."). Die Rspr. nimmt jedoch die Grundrechtsfähigkeit juristischer Personen an, sofern das Grundrecht seinem Wesen nach auf juristische Personen anwendbar ist (s. nur EGMR Entsch. v. 21.10.1998 – 33298/96; EGMR Entsch. v. 20.4.1999 – 32411/96). Bei Grundrechten, die höchstpersönliche Lebensbereiche schützen – wie etwa Art. 2 EMRK (Recht auf Leben), Art. 3 EMRK (Verbot der Folter), Art. 4 EMRK (Verbot der Sklaverei und Zwangsarbeit), Art. 5 EMRK (Recht auf Freiheit und Sicherheit) oder Art. 12 EMRK (Recht auf Eheschließung) –, scheidet eine Anwendung auf juristische Personen jedoch aus (Grote/Marauhn/Röben EMRK/GG, 2006, Kap. 5 Rn. 33; Grabenwarter/Pabel EMRK, 5. Aufl. 2012, § 17 Rn. 5).

Fraglich erscheint die Anwendbarkeit des Art. 8 EMRK auf juristische Personen (abl.: Grote/Marauhn/Röben EMRK/GG, 2006, Kap. 5 Rn. 33; bei den Garantien unterscheidend: Grabenwarter/Pabel EMRK, 5. Aufl. 2012, § 17 Rn. 5, § 22 Rn. 4.). Die Achtung des Privatlebens, der Wohnung und der Korrespondenz auch juristischer Personen, Personengesellschaften und anderer Personenmehrheiten erscheint angemessen (vgl. EGMR NJW 2006, 1495 (1496) mwN). Das Familienleben hingegen ist zu spezifisch auf die Beziehungen natürlicher Personen untereinander zugeschnitten. 12

Ausgenommen vom Schutz durch die EMRK sind juristische Personen oder Personenmehrheiten des öffentlichen Rechts oder auch des privaten Rechts, wenn sie zu 100 % von der öffentlichen Gewalt geführt werden. In gewisser Parallele zum deutschen Recht lassen sich auch Ausnahmen nennen: Sind juristische Personen des öffentlichen Rechts selbstverwaltend organisiert, weisen eine hinreichende Distanz zum Staat auf und üben sie keine Hoheitsbefugnisse aus, sind sie Grundrechtsträger. Dies trifft auf Rundfunkanstalten (EGMR Urt. v. 7.12.2006 – 35841/02), Kirchen und Religionsgemeinschaften (EGMR Urt. v. 7.12.2006 – 35841/02; Urt. v. 27.6.2000 – 27417/95; Urt. v. 16.12.1997 – 25528/94) sowie Universitäten zu. 13

2. Grundrechtsverpflichtete

Grundrechtsverpflichtet sind die Staaten, die die EMRK ratifiziert haben (Mitgliedstaaten/Hohe Vertragsparteien). Völkerrechtlich besteht eine Verpflichtung des Staates, die Konventionsrechte einzuhalten. Wie er die Verpflichtung innerstaatlich umsetzt, bleibt ihm überlassen. Zugerechnet werden ihm vom EGMR allerdings nicht nur Handlungen oder Unterlassungen bestimmter Gewalten oder Organe, sondern jede Handlung oder Unterlassung, die sich auf ein Konventionsrecht auswirkt, unabhängig davon, in welcher Form der Staat handelt (vgl. etwa EGMR EuGRZ 1976, 62; EGMR Urt. v. 6.2.1976 – 5614/72 – Schwedischer Lokomotivführerverband ./. Schweden; Grabenwarter/Pabel EMRK, 5. Aufl. 2012, § 18 Rn. 6). 14

B. Schutzbereich (Abs. 1)

I. „Recht auf Achtung"

Wie bereits erwähnt (→ Rn. 2), sollte zunächst die „Unverletzlichkeit" der vier benannten Garantiebereiche gewährleistet werden, was sich im Laufe der Beratungen zur „Achtung" wandelte. Ob und inwieweit diese Änderung zu einem engeren oder weiterreichenden Schutz geführt hat, kann dahinstehen, da die Entstehungsgeschichte für die Auslegung von Art. 8 EMRK durch den EGMR kaum eine Rolle spielt (vgl. Grote/Marauhn/Marauhn/Meljnik EMRK/GG, 2006, Kap. 16 Rn. 6). Überdies lässt sich den „Preparatory Works"/ "Travaux préparatoires" kein Hinweis auf eine Absicht entnehmen, den Schutzbereich der benannten Garantiebereiche geringer oder intensiver auszugestalten als denjenigen des Art. 12 AEMR. Die vorliegende Fassung des Art. 8 EMRK ist das Ergebnis der Verbindung verschiedener Formulierungsvorschläge und Streichungen. 15

Dass der Begriff „Achtung" ungenau ist und den Schutzbereich nicht hinreichend genau umreißen kann, hat der EGMR explizit betont (EGMR Urt. v. 17.10.1986 – 9532/81 – Rees ./. Vereinigtes Königreich, Z 37: „the notion of ‚respect' is not clear-cut"). Er sieht Art. 8 EMRK als Abwehrrecht an, das durch die Formulierung „Recht auf Achtung" nichts 16 an seiner Schlagkraft gegen Eingriffe durch die öffentliche Gewalt einbüßt (EGMR EuGRZ 1975, 298 – belgischer Sprachenfall: „its object is essentially that of protecting the individual against arbitrary interference by the public authorities in his private family life.").

II. Privatleben

17   Nach Art. 8 Abs. 1 EMRK haben die Hohen Vertragsparteien das Privatleben zu achten. Das „Privatleben" ist einer allgemeinen Definition kaum zugänglich (Frowein/Peukert/Frowein EMRK, 2009, EMRK Art. 8 Rn. 3; NK-EMRK/Meyer-Ladewig EMRK Art. 8 Rn. 7). Es gibt auch keine allgemeinen Definitionsversuche oder Begriffsbestimmungen der Konventionsorgane; sie gehen fallbezogen vor und setzen sich nur selten abstrakt mit dem Begriff auseinander. Auf Grund der bisherigen Entscheidungen ist der Schutzbereich jedoch als umfassend anzusehen (vgl. NK-EMRK/Meyer-Ladewig EMRK Art. 8 Rn. 7).

18   Geschützt ist eine Sphäre des Einzelnen, in der er nach seiner Auffassung lebt und sich entwickelt, in der er die Erfüllung und Entwicklung seiner Persönlichkeit anstreben (EKMR v. 11.7.1980 – 8307/78 – Deklerck ./. Belgien; Grabenwarter/Pabel EMRK, 5. Aufl. 2012, § 22 Rn. 6; NK-EMRK/Meyer-Ladewig EMRK Art. 8 Rn. 7) und sich somit physisch und psychisch entwickeln kann. Zugleich gehört zum Privatleben die Möglichkeit, Beziehungen jedweder (auch sexueller) Art zu anderen Personen anzubahnen und aufzubauen (EGMR NJW 1993, 718 (Niemietz ./. Deutschland); EGMR Urt. v. 16.2.2000 – 27798/95 – Amann ./. Schweiz).

19   Ebenso können geschäftliche und berufliche Aktivitäten unter die Garantie des Art. 8 EMRK fallen (EGMR NJW 1993, 718 (Niemietz ./. Deutschland)). Diese Ausrichtung des Privatlebens auf alle Lebensbereiche ist Ausdruck eines allgemeinen Rechts auf Selbstbestimmung, das auf der Autonomie des Menschen beruht (EGMR NJW 2002, 2851; NK-EMRK/Meyer-Ladewig EMRK Art. 8 Rn. 7).

20   Im Folgenden werden wegen der Ausrichtung des Kommentars auf das Informations- und Medienrecht nur einige für diesen Bereich interessante Ausprägungen des Privatlebens exemplarisch näher erläutert (Ausführungen zu anderen Ausprägungen sind etwa bei NK-EMRK/Meyer-Ladewig EMRK Art. 8 Rn. 10 ff. zu finden).

1. Privatsphäre in der Öffentlichkeit

21   Inwieweit das Privatleben geschützt ist, sofern jemand den öffentlichen Raum betritt, ist eine schwierige Abgrenzungsfrage. Dass das im öffentlichen Raum gelebte Privatleben vom Schutzbereich ebenso umfasst ist, geht implizit aus der Aufnahme der Wohnung in Art. 8 EMRK hervor (Grote/Marauhn/Marauhn/Meljnik EMRK/GG, 2006, Kap. 16, Rn. 27). Dadurch wird klargestellt, dass es beim Privatleben nicht auf einen abgegrenzten physischen Raum ankommt, wie ihn eine Wohnung darstellt. Grds. wird das Privatleben deshalb nicht per se zum „öffentlichen Leben", wenn jemand vor seine Haustür tritt und sich in der Öffentlichkeit bewegt.

22   Maßgebend in dieser Hinsicht ist das Urteil des EGMR bzgl. der Individualbeschwerde von Caroline von Hannover (EGMR NJW 2004, 2647). Die dortige Rspr. wurde jüngst bestätigt (EGMR, NJW 2012, 1053; EGMR, NJW 2012, 1058). Danach genießt jeder den Schutz des Art. 8 EMRK auch in der Öffentlichkeit, sofern er sich nicht bewusst der Öffentlichkeit als solcher bedient (Recht auf Selbstdarstellung).

2. Individuelle Kommunikation

23   Zum Privatleben gehört – wie oben schon angesprochen – der Kontakt zu anderen Personen. Dieser Kontakt kann von Angesicht zu Angesicht als auch über Hilfsmittel erfolgen. Da die Korrespondenz/der Briefverkehr von Art. 8 EMRK geschützt ist, kann anderweitige Kommunikation als Teil des Privatlebens aufgefasst werden (vgl. EGMR EuGRZ 1985, 17 (Malone); Urt. v. 25.6.1997 – 20605/92 – Halford ./. Vereinigtes Königreich). Aber schon mit der Klass-Entscheidung (EGMR NJW 1979, 1755) unterfällt seither etwa auch die unkörperliche – bspw. die telefonische – Kommunikation dem Bereich der Korrespondenz. Gleichwohl kann das Privatleben als Auffangrecht für diejenige individuelle Kommunikation dienen, die nicht dem Schutz der Korrespondenz iSv Art. 8

EMRK unterfällt (vgl. Grote/Marauhn/Marauhn/Meljnik EMRK/GG, 2006, Kap. 16, Rn. 28).

Der Kommunikationsinhalt ist unerheblich, sodass auch geschäftliche Kommunikation geschützt ist (EGMR NJW 1979, 1755 (Klass)). 24

Ebenso wie der Kommunikationsinhalt spielt auch der Kommunikationsort keine Rolle: Gespräche in der Öffentlichkeit unterfallen damit ebenfalls dem Schutz des Art. 8 EMRK (Grote/Marauhn/Marauhn/Meljnik EMRK/GG, 2006, Kap. 16 Rn. 28). 25

3. Recht am eigenen Bild

Zum Recht auf Selbstbestimmung und Selbstdarstellung gehört auch das Recht am eigenen Bild. Wegweisend in dieser Hinsicht bzgl. der einzubeziehenden und gegeneinander abzuwägenden Positionen ist die Entscheidung v. Hannover ./. Deutschland (EGMR NJW 2004, 2647). Die dortige Rspr. wurde kürzlich bestätigt (EGMR NJW 2012, 1053; EGMR NJW 2012, 1058). 26

4. Recht auf einen Namen

Das Recht auf Achtung des eigenen Namens folgt aus dem Recht auf die persönliche Identität, das Teil des Rechts auf Selbstbestimmung ist (vgl. EGMR Urt. v. 22.2.1994 – 16213/92 – Burghartz ./. Schweiz; EGMR NJW 2003, 1921; NJOZ 10, 509; EGMR Urt. 24.10.1996 – 22500/93 – Guillot ./. Frankreich). 27

5. Guter Ruf und persönliche Ehre

Persönliche Identität und geistige Integrität, die Grundlage eines selbstbestimmten Lebens sind, werden durch den guten Ruf und die persönliche Ehre maßgeblich beeinflusst. Beide unterfallen somit auch dem Schutzbereich des Art. 8 EMRK (EGMR MR 2009, 121; NJW-RR 2010, 1483). 28

6. Recht auf informationelle Selbstbestimmung/Datenschutz

Das aus dem Privatleben folgende Recht, sich selbst zu verwirklichen, kann durch die Erhebung, Speicherung und Verwendung von Daten des Einzelnen erheblich gestört werden. Deshalb ist das Recht auf informationelle Selbstbestimmung, das schon die Europäische Kommission anerkannte (EKMR DR 30, 239), Teil des Privatlebens iSv Art. 8 EMRK (EGMR Urt. v. 26.3.1987 – 9248/81 – Leander ./. Schweden; Urt. v. 16.2.2000 – 27798/95 – Amann ./. Schweiz). Dabei ist es unerheblich, ob sich die erhobenen Daten auf das öffentliche oder auf das private Leben des Betroffenen beziehen (EGMR Urt. v. 25.3.1998 – 23224/94 – Kopp; EGMR Urt. v. 4.5.2000 – 28341/95 – Rotaru ./. Rumänien). 29

III. Familienleben

Geachtet wird nach Art. 8 EMRK das Familienleben, also die Organisation einer Familie und der Beziehungen der Familienmitglieder untereinander sowie die Sphäre um eine Familie, in der sie Beziehungen zu anderen Personen oder Familien anbahnt und aufbaut. Dies wird aus der Aufnahme des Familienlebens in Art. 8 EMRK und der Zusammenschau mit dem Privatleben sowie Art. 12 EMRK und Art. 2 ZP ersichtlich. 30

Bei dem Schutz des Familienlebens steht scheinbar der Begriff der Familie im Mittelpunkt. Aus Art. 12 EMRK lässt sich herauslesen, dass auf jeden Fall Mann und Frau dazugehören („Mann und Frau (…) haben das Recht, (…) eine Familie zu gründen.") (EGMR EuGRZ 1995, 113). Ebenso gehören zur Familie auch Kinder (vgl. Frowein/Peukert/Frowein EMRK, 2009, EMRK Art. 8 Rn. 17). Ganz „klassisch" besteht eine Familie deshalb aus Vater, Mutter und Kind; eine Ehe zwischen Vater und Mutter ist nicht notwendig (EKMR Entsch. v. 5.1.1960 – 514/59; Entsch. v. 14.7.1977 – 7289/75 ua). Andere Formen des Zusammenlebens können auch eine Familie darstellen, sofern die (potentiellen) Familienmitglieder ein gewisses Zusammenleben führen und enge persönliche Beziehungen zueinander aufweisen und diese auf sozialen, moralischen und kulturellen 31

Beziehungen beruhen (NK-EMRK/Meyer-Ladewig EMRK Art. 8 Rn. 49). Dies trifft auf unterschiedlichste Konstellationen zu, etwa Beziehungen zwischen Adoptiveltern und adoptierten Kinder, Pflegeeltern und -kindern, Beziehungen zwischen Großeltern und Enkeln, Beziehungen zu anderen Verwandten (hierbei jeweils Einzelfallentscheidung). In jüngerer Zeit stehen insbes. sog. „Regenbogenfamilien" im Mittelpunkt des Interesses: Homosexuelle Paare – egal, ob verheiratet, verpartnert oÄ oder nichts von alledem –, bei denen ein Partner das leibliche Kind des anderen adoptiert („Stiefkindadpotion"), genießen den Schutz des Art. 8 EMRK (EGMR v. 19.2.2013 – 19010/07).

32 Es ist deshalb festzuhalten, dass nicht der Begriff der Familie im Mittelpunkt steht, sondern das **Zusammenleben als Familie** (vgl. EGMR NJW 1979, 2449 (Marckx ./. Belgien); Grote/Marauhn/Marauhn/Meljnik EMRK/GG, 2006, Kap. 16 Rn. 38).

33 Auf weitere Ausführungen, etwa zum Aufenthaltsrecht von Familienmitgliedern, zum Familienleben Gefangener oder zum Erbrecht, kann hier nicht eingegangen werden (vgl. hierzu NK-EMRK/Meyer-Ladewig EMRK Art. 8 Rn. 48 ff.; Frowein/Peukert/Frowein EMRK, 2009, EMRK Art. 8 Rn. 17 ff.).

IV. Wohnung

34 Der Begriff der „Wohnung" in Art. 8 EMRK ist weit zu verstehen. Der EGMR orientiert sich dabei hauptsächlich an der französischen Fassung der EMRK, in der das „domicile" geschützt wird, was ein Mehr gegenüber dem englischen „home" darstellt (EGMR Urt. v. 27.9.2005 – 50882/99 – Sallinen ua ./. Finnland; EGMR NJW 1993, 718 (Niemietz)).

35 „Wohnung" ist demnach ein privater **räumlicher Bereich** des Einzelnen, der ein **Rückzugsgebiet** darstellt, in dem der Einzelne sich so entfalten kann, wie er möchte, und der Sicherheit vor dem Zugriff des Staates bietet (vgl. Grote/Marauhn/Marauhn/Meljnik EMRK/GG, 2006, Kap. 16 Rn. 53). Durch die Aufnahme der Wohnung in Art. 8 EMRK wird das Hausrecht als Teil des Selbstbestimmungsrechts besonders manifestiert.

36 Die Rspr. des EGMR anerkennt auch „wohnungsnahe" Gebäude und Gebäudeteile (Garage, Keller, Garten; vgl. Frowein/Peukert/Frowein EMRK, 2009, EMRK Art. 8 Rn. 42; Grabenwarter/Pabel EMRK, 5. Aufl. 2012, § 22 Rn. 22) sowie eher ungewöhnliche Wohnobjekte als Wohnung, so etwa das Hausboot (EKMR Entsch. v. 2.9.1992 – 19212/91 – Andresz ./. Frankreich) oder den Wohnwagen (ua EGMR Urt. v. 18.1.2001 – 24882/94 – Beard ./. Vereinigtes Königreich; Urt. v. 18.1.2001 – 27238/95 – Chapman ./. Vereinigtes Königreich; Urt. v. 18.1.2001 – 24876/94 – Coster ./. Vereinigtes Königreich; Urt. v. 25.9.1996 – 20348/92 – Buckley ./. Vereinigtes Königreich), auch wenn mit dem Wohnwagen umhergezogen wird, sofern es sich um einen entsprechenden Lebensstil handelt (EGMR Urt. v. 18.1.2001 – 27238/95 – Chapman ./. Vereinigtes Königreich).

37 **Geschäftsräume** sind nach der Rspr. jedenfalls dann von Art. 8 EMRK geschützt, wenn sie gleichzeitig als Wohnung für eine Person dienen. Jedoch werden auch nicht als Wohnung genutzte Geschäftsräume und Betriebsgrundstücke von Personen, die einem freien Beruf nachgehen, vom Schutz des Art. 8 EMRK erfasst, da sich Berufliches und Privates in diesem Bereich nicht eindeutig trennen lassen (EGMR Urt. v. 27.9.2005 – 50882/99 – Sallinen ./. Finnland; EGMR NJW 1993, 718 (Niemietz); NJW 2006, 1495; EuZW 1990, 499). Einige sprechen sich für eine Begrenzung aus, wenn der Räumlichkeit oder dem Grundstück nichts Privates mehr anhaftet (Grote/Marauhn/Marauhn/Meljnik EMRK/GG, 2006, Kap. 16 Rn. 54), sodass der Verkaufsraum eines Geschäfts nicht geschützt ist, während das nur für den Geschäftsführer bestimmte Büro durchaus Schutz genießt.

38 Wie bereits erwähnt (→ Rn. 12), wird der Schutz der Wohnung auch auf Geschäftsräume und Betriebsgrundstücke juristischer Personen, Personengesellschaften oder anderer Personenmehrheiten angewandt (EGMR NJW 2006, 1495).

39 Ausgenommen vom Schutzbereich sind allerdings Räumlichkeiten, die im Rahmen eines Sonderstatusverhältnisses (besonderes Gewaltverhältnis) zur Verfügung gestellt werden, wie es bei Gefängniszellen und Kasernen der Fall ist (EKMR Entsch. v. 17.5.1969 – 3448/67 – K. H. W. ./. Deutschland). Dies lässt sich mit der fehlenden ausschließlichen Verfügungsgewalt der die Räumlichkeiten bewohnenden Gefangenen bzw. Soldaten erklären. Gefange-

ne oder Soldaten sind dadurch jedoch nicht gänzlich schutzlos gestellt, weil das Recht auf Achtung des Privatlebens insoweit einschlägig sein kann.

Im Rahmen des Schutzbereichs kann es zu Konkurrenzen mit dem Recht auf Eigentum nach Art. 1 ZP kommen (→ Rn. 73). 40

V. Korrespondenz

Ebenso wie die anderen Schutzbereiche ist auch der mit „Korrespondenz" umschriebene Schutzbereich weit zu fassen. Eine Definition wird auch hier nicht von den Konventionsorganen gegeben, sodass zunächst der Wortlaut heranzuziehen ist. Korrespondenz umfasst danach grds. nur den Briefverkehr, in erweiterter Auslegung jede Kommunikation über verkörperte Mitteilungen (etwa Telegramm, Fax). Angelehnt an die im Englischen und Französischen mit der Zeit weitere Verwendung der Worte „correspondence" bzw. „correspondance" (dynamisch-evolutive Auslegung) und unter Berücksichtigung des Schutzzweckes (Schutz nicht-öffentlicher Mitteilungen) hat der EGMR den Schutz auf nicht verkörperte Kommunikation, etwa mittels Telefon, Pager oder E-Mail, erweitert (EGMR NJW 1979, 1755 (Klass); EGMR Urt. v. 22.10.2002 – 47114/99; EGMR Urt. v. 3.4.2007 – 62617/00). Mit „Korrespondenz" wird deshalb die Individualkommunikation umfassend geschützt. 41

Der Schutz der Korrespondenz kommt – ebenso wie der Schutz der Wohnung – juristischen Personen, Personengesellschaften oder anderen Personenmehrheiten zu (→ Rn. 12). 42

C. Eingriff

Ein Eingriff in den Schutzbereich liegt vor, wenn die Ausübung des gewährleisteten Rechts teilweise oder ganz unmöglich gemacht wird. Der Eingriff ist dabei vom Schutzbereich her zu bestimmen, sodass dem weiten Schutzbereich ein weiter Eingriffsbegriff gegenüber steht. Der EGMR hat deshalb in seiner Rspr. von Beginn an einen weiten Eingriffsbegriff zugrunde gelegt, sodass mittelbare oder faktische Eingriffe ebenfalls erfasst sind, auch wenn er teilweise Elemente des „klassischen" Eingriffsbegriffs geprüft und anerkannt hat (EGMR EuGRZ 1975, 91 (99, Rn. 43)). Eine durch den EGMR entwickelte Eingriffsdogmatik besteht somit nicht. Sicherheit über das Vorliegen oder Nichtvorliegen eines Eingriffs besteht nur bei Beschränkungen, die klar dem „klassischen" Eingriffsbegriff entsprechen oder die als Bagatellen und bloße Lästigkeiten dem Bagatellvorbehalt unterfallen. 43

Im Rahmen des Art. 8 EMRK wird in der Literatur teilweise die Auffassung vertreten, wegen der Offenheit des Schutzbereichs müsse eine gewisse Eingriffsschwere vorliegen (vgl. Grote/Marauhn/Marauhn/Meljnik EMRK/GG, 2006, Kap. 16 Rn. 69). Es lassen sich zwar Entscheidungen des EGMR finden, die eine solche Einschränkung erkennen lassen, jedoch steht ein weiter Eingriffsbegriff auch bei Art. 8 EMRK im Vordergrund (Grote/Marauhn/ Marauhn/Meljnik EMRK/GG, 2006, Kap. 16 Rn. 70). 44

Eingriffe in das Privatleben liegen beispielsweise vor, wenn 45
- die Identität festgestellt wird oder Überwachungsmaßnahmen (Abhören von Räumen oder Telefonüberwachung) erfolgen (EGMR EuGRZ 1979, 278; EuGRZ 1985, 17; NJW 2001, 2694; EGMR Urt. v. 25.3.1998 – 23224/94 – Kopp ./. Schweiz; EGMR Urt. v. 16.2.2000 – 27798/95 – Amann ./. Schweiz; kein Eingriff bei Beschattung an öffentlichen Orten ohne systematische Datensammlung: EGMR Urt. v. 1.7.2008 – 42250/02 – Calmanovici ./. Rumänien),
- Daten erhoben, gespeichert, verarbeitet oder sonst verwendet werden (EGMR Urt. v. 26.3.1987 – 9248/81 – Leander ./. Schweden; Urt. v. 4.5.2000 – 28341/95 – Rotaru ./. Rumänien; EGMR EuGRZ 2009, 299),
- ärztliche Untersuchungen oder Behandlungen zwangsweise angeordnet und durchgeführt werden (EGMR NVwZ 2009, 1547; EGMR Urt. v. 7.10.2008 – 35228/03 – Bogumil ./. Protugal; EKMR Entsch. v. 10.12.1984 – 10435/83 – Acmanne ./. Belgien; Entsch. v. 13.12.1979 – 8278/78 – X ./. Österreich; Entsch. v. 7.5.1981 – 8334/78 – X ./. Deutschland; EGMR Urt. v. 9.3.2004 – 61827/00 – Glass ./. Vereinigtes Königreich),

- einvernehmliche homosexuelle Handlungen unter Erwachsenen unter Strafe gestellt werden (EGMR NJW 1984, 541 (Dudgeon); EGMR Urt. v. 26.10.1988 – 10581/83 – Norris ./. Irland; EGMR Urt. v. 22.4.1993 – 15070/89 – Modinos ./. Zypern),
- oder weitreichende Beschränkungen bzgl. einer Beschäftigung im privaten Sektor aufgestellt werden (EGMR Urt. v. 27.7.2004 – 55480/00 – Sidabras u. Dziautas ./. Litauen).

46 Eingriffe in das Familienleben sind oftmals unproblematisch als solche zu qualifizieren. Besondere Schwierigkeiten ergeben sich dabei in der Regel jedoch bei ausländerrechtlichen Konstellationen (zum Ganzen Grote/Marauhn/Marauhn/Meljnik EMRK/GG, 2006, Kap. 16 Rn. 74).

47 In die Achtung der Wohnung wird zum Beispiel eingegriffen, wenn
- jemand auf Grund staatlicher Maßnahmen seine Wohnung verliert (EGMR Urt. v. 16.9.1996 – 21893/93; Urt. v. 28.11.1997 – 23186/94; Urt. v. 16.11.2000 – 23819/94; Urt. v. 13.5.2008 – 19009/04; Urt. v. 16.7.2009 – 20082/02),
- die Wohnung durchsucht wird (EGMR NJW 1993, 718 (Niemietz); EGMR Urt. v. 25.2.1993 – 11471/85),
- etwa die Polizei die Wohnung ohne Einwilligung des Wohnungsinhabers betritt (EGMR Urt. v. 23.9.1998 – 24755/94; Urt. v. 28.7.2009 – 47709/99),
- Gespräche innerhalb der Wohnung abgehört werden (EGMR NJW 1979, 1755 (Klass)),
- oder Emissionen wie Lärm oder Gestank die Nutzbarkeit der Wohnung als Raum persönlicher Entfaltung herabsetzen (EGMR NVwZ 2004, 1465 (Hatton); NJW 2005, 3767; EGMR Urt. v. 17.1.2006 – 42756/02; Urt. v. 20.5.2010, 61260/08).

48 Ein Eingriff in die Korrespondenz liegt bspw. vor, wenn
- Briefe kontrolliert (Öffnen, Lesen, Kopieren), zensiert (Löschen von Stellen; Genehmigungsvorbehalte, Beschränkungen von Zahl und Länge von Briefen), angehalten oder verzögert weitergegeben werden (EGMR EuGRZ 1984, 147; NJW 1992, 1873; EGMR Urt. v. 20.6.1988 – 11368/85; Urt. v. 4.6.2002 – 37471/97; Urt. v. 19.4.2001 – 28524/95; Urt. v. 25.3.1992 – 13590/88; Urt. v. 20.6.2000 – 33274/96),
- bei Hausdurchsuchungen als Briefverkehr zu wertende Dokumente in Augenschein genommen werden (EGMR Urt. v. 25.2.1993 – 12661/87; EGMR NJW 1993, 718 (Niemietz); NJW 2008, 3409),
- oder Telefongespräche überwacht werden, auch wenn sich die Maßnahme „nur" auf eine Stimmprobe (EGMR Urt. v. 25.9.2001 – 44787/98) oder auf die Verbindungsdaten bezieht (EGMR EuGRZ 1985, 17 (Malone); EGMR Urt. v. 25.9.2001 – 44787/98).

D. Rechtfertigung von Eingriffen (Abs. 2)

I. Allgemeines

49 Eingriffe in Art. 8 Abs. 1 EMRK können gem. Art. 8 Abs. 2 EMRK gerechtfertigt werden. Als Ausnahme vom Grundsatz der unbeeinträchtigten Ausübung der in Art. 8 Abs. 1 EMRK enthaltenen Rechte sind die Rechtfertigungsgründe eng auszulegen (EGMR NJW 1979, 1755 (Klass); EuGRZ 1984, 147 (Silver)). Andere als die in Art. 8 Abs. 2 EMRK genannten Schranken kommen nicht in Betracht. **Ausgeschlossen sind auch immanente Schranken** (EGMR Urt. v. 18.6.1971 – 2832/66 – De Wilde, Ooms, Versyp ./. Belgien; EGMR EuGRZ 1975, 91 (Golder)).

II. Eingriff durch „Behörde"

50 Der Begriff der „Behörde" ist weit auszulegen: Umfasst sind alle Träger staatlicher Gewalt, s. Art. 1 EMRK („Hoheitsgewalt" der Staaten) (NK-EMRK/Meyer-Ladewig EMRK Art. 1 Rn. 6; Grabenwarter/Pabel EMRK, 5. Aufl. 2012, § 18 Rn. 6).

51 Die deutsche Übersetzung ist insofern etwas ungenau gegenüber den verbindlichen englischen und französischen Sprachfassungen, die die Begriffe „public authority" und „autorité publique" verwenden. Zwar können die Rechtsbegriffe „authority" bzw. „autorité" ins deutsche mit „Behörde" übersetzt werden. Jedoch ergibt sich aus dem Gesamtzusammenhang der EMRK, dass mit diesen Begrifflichkeiten die gesamte Staatsgewalt – also Legislative, Exekutive und insbes. die Judikative – gemeint ist, während der deutsche Rechtsbegriff

"Behörde" im Allgemeinen nur die Verwaltung ieS ohne Legislative und Judikative sowie (teilweise) Gubernative meint.

III. „Gesetzlich vorgesehen"

Damit ein Eingriff gerechtfertigt ist, muss er „gesetzlich vorgesehen" sein. Auch wenn dies nach der englischen Fassung („in accordance with the law") nicht notwendigerweise auf einen Gesetzesvorbehalt hindeutet, ist es ein solcher (näher dazu Grote/Marauhn/Marauhn/Meljnik EMRK/GG, 2006, Kap. 16 Rn. 79). 52

Nach der Rspr. des EGMR liegt ein Gesetzesvorbehalt – mit Rücksicht auf die common-law-Systeme kann auch ungeschriebenes Recht dem Gesetzesvorbehalt entsprechen – vor, wenn die Regeln, nach denen der Eingriff erfolgt, vorhersehbar und hinreichend zugänglich sind. 53

Für Überwachungsmaßnahmen hat der EGMR auch inhaltliche Vorgaben bzgl. der sie erlaubenden Gesetze gemacht. So muss etwa bestimmt sein, in welchen Fällen Überwachungen nur erfolgen dürfen, wie lange diese andauern und wie intensiv sie erfolgen dürfen und dass es eine Möglichkeit der Überprüfung administrativer Entscheidungen geben muss (ua EGMR EuGRZ 1985, 17 (Malone); NJW 2001, 2694; EGMR Urt. v. 25.6.1997 – 20605/92 – Halford ./. Vereinigtes Königreich; Urt. v. 25.3.1998 – 23224/94 – Kopp ./. Schweiz; Urt. v. 30.7.1998 – 27671/95 – Valenzuela Contreras ./. Spanien; Urt. v. 12.5.2000 – 35394/97 – Khan ./. Vereinigtes Königreich; Urt. v. 16.2.2000 – 27798/98 – Amann ./. Schweiz). Ähnliche, inhaltliche Restriktionen gibt es bei der Erhebung und Verwendung von Daten. Dem Bürger muss das die Datenerhebung, -speicherung und -verwendung erlaubende Gesetz aufzeigen, welche Daten in welchen Fällen erhoben und zu welchen Zwecken gespeichert werden. Zudem muss die Verwendung sowie die Dauer der Speicherung geregelt und ein Rechtsschutzverfahren vorgesehen sein (vgl. EGMR Urt. v. 4.5.2000 – 28341/95 – Rotaru ./. Rumänien). 54

IV. Ziele, die zur Rechtfertigung verfolgt werden müssen

Abs. 2 sieht vor, dass der Eingriff in die Rechte des Art. 8 EMRK bestimmte Ziele verfolgen muss, um gerechtfertigt werden zu können („(...) darf (...) nur eingreifen (...)"). Bei den Zielen handelt es sich um die nationale oder öffentliche Sicherheit, das wirtschaftliche Wohl des Landes, die Aufrechterhaltung der Ordnung, die Verhütung von Straftaten, den Schutz der Gesundheit oder der Moral und den Schutz der Rechte und Freiheiten anderer. Diese Ziele müssen nicht kumulativ verfolgt werden, sondern es genügt die Verfolgung mindestens eines Ziels. In der Rspr. wurde bisher nur selten die Zulässigkeit eines Eingriffs wegen des Fehlens eines legitimen Ziels iSv Art. 8 Abs. 2 EMRK verneint (vgl. Grote/Marauhn/Marauhn/Meljnik EMRK/GG, 2006, Kap. 16 Rn. 84). Deshalb kommt der Frage nach der Notwendigkeit des Eingriffs in einer demokratischen Gesellschaft die größere Bedeutung zu, die den Ansatzpunkt für die Prüfung des Grundsatzes der Verhältnismäßigkeit darstellt und nachfolgend näher erläutert wird (→ Rn. 56). 55

V. Verhältnismäßigkeit

Der EGMR hat aus der Voraussetzung, dass „der Eingriff (...) in einer demokratischen Gesellschaft notwendig ist", im Laufe seiner Rspr. den Grundsatz der Verhältnismäßigkeit entwickelt (genauer dazu Frowein/Peukert/Frowein EMRK, 2009, EMRK Vorb. zu Art. 8–11, Rn. 13 ff.). Eine Prüfung, wie sie im deutschen Recht erfolgt, ist damit jedoch (noch) nicht verbunden. Im Rahmen der Prüfung der Verhältnismäßigkeit wägt der EGMR die verfolgten öffentlichen Interessen mit den betroffenen Rechtsgütern ab. Nur selten beschäftigt er sich dann mit den Voraussetzungen, wie sie im deutschen Recht bekannt sind (s. etwa EGMR EuGRZ 1990, 255 (Groppera)). 56

In der Rspr. haben sich bzgl. des Maßstabs der Verhältnismäßigkeit Fallgruppen entsprechend den vier unterschiedlichen Schutzbereichen des Art. 8 Abs. 1 EMRK herausgebildet. 57

EMRK Art. 8   I. Mediengrundrechte

1. Privatleben

58 Im Bereich des Privatlebens räumt der EGMR den Mitgliedstaaten einen weiten Ermessensspielraum ein (margin of appreciation). Dies begründet er teilw. damit, dass zwischen den mitgliedstaatlichen Regelungen große Unterschiede bestehen (etwa im Namensrecht) und er nicht seine Ansicht über bestimmte Sachverhalte an die Stelle der Ansicht der Mitgliedstaaten setzen möchte (EGMR Urt. v. 23.9.1994 – 19823/92 – Hokkanen ./. Finnland; EGMR Urt. v. 25.11.1994 – 18131/91 – Stjerna ./. Finnland). Gleichwohl findet eine Abwägung der betroffenen Belange durchaus statt.

59 Der Schutz persönlicher Daten nimmt einen hohen Stellenwert ein. Der EGMR bezieht in die Abwägung datenschutzrechtlicher Belange deshalb einerseits die Art der Daten und ihre Bedeutung für den Kernbereich der Persönlichkeit und andererseits die mit der Erhebung und Verwendung der erlangten Daten öffentlichen Interessen ein. Sogar die Verwendung von Daten für die Verfolgung von Straftaten kann einen unverhältnismäßigen Eingriff darstellen (EGMR Urt. v. 25.2.1997 – 22009/93 – Z ./. Finnland). Reine Standortdaten, wie sie bei einer bloßen GPS-Überwachung erlangt werden, genießen gegenüber anderen Überwachungsmaßnahmen, bei denen persönliche Ansichten und Emotionen mit übertragen werden (wie bei Telefon- respektive Videoüberwachung, Wanzen etc.), geringeren Schutz (EGMR NJW 2011, 1333).

2. Familienleben

60 Auch bei Eingriffen in das Familienleben gewährt der EGMR den Mitgliedstaaten einen weiten Ermessensspielraum. Er orientiert sich bei seinen Entscheidungen vorrangig am Kindeswohl, sofern Kinder betroffen sind, sodass eine endgültige Trennung von Eltern und Kindern strengeren Maßstäben unterworfen wird als eine nur vorübergehende. Sind ausländerrechtliche Konstellationen betroffen, nimmt sich der EGMR nochmals zurück, um die Mitgliedstaaten in ausländerrechtlichen Fragen nicht zu sehr zu beschneiden (ausf. hierzu Grote/Marauhn/Marauhn/Meljnik EMRK/GG, 2006, Kap. 16 Rn. 93 f.).

3. Wohnung

61 Eingriffe in die Wohnung sind verhältnismäßig, sofern es angemessene und wirksame Sicherungen gegen den Missbrauch eines ermächtigenden Gesetzes gibt. Der EGMR prüft deshalb Eingriffe in die Wohnung besonders aufmerksam, wenn es an einer Absicherung wie etwa einem Richtervorbehalt fehlt (vgl. EGMR Urt. v. 16.12.1997 – 21353/93; Urt. v. 8.8.2006 – 34494/97).

4. Korrespondenz

62 Ähnlich wie bei Eingriffen in die Wohnung müssen auch bei der Überwachung der Korrespondenz Schutzmaßnahmen im Gesetz enthalten sein, damit dieses verhältnismäßig ist. Wichtig sind auch wirksame Kontrollmöglichkeiten des Betroffenen (EGMR NJW 1979, 1755 (Klass); EGMR Urt. v. 25.2.1993 – 12661/87; Urt. v. 24.8.1998 – 23618/94).

63 Bei Gefangenen ist eine Überwachung des Briefverkehrs nicht von vornherein ausgeschlossen (EGMR EuGRZ 1984, 147 (Silver); NJW 1992, 1873; EGMR Urt. v. 25.3.1992 – 13590/88 – Campbell ./. Vereinigtes Königreich). Es ist jedoch ebenfalls sicherzustellen, dass Schutz vor Missbrauch sowie Kontrollmöglichkeiten bestehen. Höheren Einschränkungen unterliegt der Briefverkehr des Gefangenen mit seinem Anwalt (EGMR Urt. v. 25.3.1992 – 13590/88 – Campbell ./. Vereinigtes Königreich) oder einem Arzt (EGMR Urt. v. 2.6.2009 – 36936/05 – Szuluk ./. Vereinigtes Königreich) sowie mit dem EGMR (EGMR v. 25.3.1992 – 13590/88 – Campbell ./. Vereinigtes Königreich; Urt. v. 19.4.2001 – 28524/95 – Peers ./. Griechenland). Telefongespräche von Gefangenen können hingegen stärker reglementiert werden (EGMR Urt. v. 29.1.2002 – 37328/97).

E. Spezifische Gewährleistungspflichten („positive obligations")

I. Zugang zu Informationen

Auf der Seite der „positive obligations" entspricht dem Recht auf informationelle Selbstbestimmung ein Recht des Einzelnen auf Zugang zu Informationen. Dieses Recht bezieht sich auf Informationen über alle persönlichen Daten, was auch die eigene Geburt, die Kindheit und frühe Entwicklung, die Herkunft sowie das Leben der Eltern einschließt. Dabei hat der Mitgliedstaat nicht nur dafür Sorge zu tragen, dass der Einzelne Zugang zu staatlich gesammelten Informationen hat, sondern muss auch Vorkehrungen dafür treffen, dass sich der Einzelne über Daten- und Informationssammlungen informieren kann, die von Privaten erhoben wurden, etwa gesundheitliche Daten. Dabei ist darauf zu achten, dass sich ein Anspruch aus Art. 8 EMRK nur dann ergibt, wenn die Daten und Informationen in unmittelbarem Zusammenhang mit Art. 8 EMRK stehen. Ansonsten könnte ein Anspruch aus Art. 10 EMRK einschlägig sein. 64

Aus Art. 8 EMRK ergibt sich auch ein Anspruch auf Informationen über Umweltrisiken und -gefahren. Denn dem Schutzbereich des Art. 8 EMRK ist das Recht zuzurechnen, unbeeinflusst von (starken) Emissionen (Staub, Lärm, Geruch etc.) leben zu können, da dies sowohl das Privat- (Beeinträchtigung der Gesundheit und psychischen Wohlergehens) und das Familienleben sowie die Wohnung beeinträchtigen kann (EGMR Urt. v. 10.11.2004 – 46117/99; Urt. v. 7.4.2009 – 6586/03; Urt. v. 21.2.1990 – 9310/81; Urt. v. 9.12.1994 – 16798/90; Urt. v. 8.7.2003 – 36022/97 – Hatton ./. Vereinigtes Königreich; Urt. v. 9.6.2005 – 557230/00; Urt. v. 20.5.2010 – 61260/08; Urt. v. 9.11.2010 – 2345/06; EGMR NJW 2005, 3767). 65

II. Schutz des Rechts auf Selbstdarstellung

Der Mitgliedstaat hat nach der Rspr. des EGMR dafür Sorge zu tragen, dass der Einzelne nicht durch Dritte in seinem Recht auf Selbstdarstellung eingeschränkt wird. Dies bedeutet, dass der Staat Maßnahmen treffen muss, die gewährleisten, dass einerseits ein Recht des Einzelnen darauf besteht, ihm unliebsame Bilder, Berichte oÄ aus veröffentlichten Medien entfernen zu lassen, soweit die Bilder, Berichte oÄ nicht der öffentlichen Meinungsbildung dienen (vgl. EGMR NJW 2004, 2647; 2012, 1053; 2012, 1058), und andererseits ein Recht auf Gegendarstellung besteht, sofern ein Eingriff gewisser Schwere das Recht auf Achtung des Privatlebens beeinträchtigt (vgl. EGMR NJW-RR 2008, 1218; EGMR Urt. v. 21.10.2010 – 34147/06). 66

III. Schutz vor (Telefon-)Überwachung und Einsicht in sensible Daten

Das allgemeine Recht auf Selbstbestimmung und das Recht auf unbeeinflusste Entwicklung und Selbstverwirklichung wird gestört, wenn der Einzelne befürchten muss, dass er dabei beobachtet oder überwacht wird. Deshalb folgt aus Art. 8 EMRK ein Recht auf Schutz vor staatlicher Beobachtung, Überwachung und Ausforschung. Dieser Schutzanspruch besteht auch im öffentlichen Raum fort. Der Staat muss deshalb Vorkehrungen treffen, die davor schützen, auch auf etwa videoüberwachten öffentlichen Plätzen, überwacht oder ausgeforscht zu werden. Die dort erhobenen Daten dürfen also nur bestimmten Zwecken (zB Gewährleistung der Sicherheit oder Verbrechensaufklärung) dienen und nicht anderweitig verwendet werden (zB Anlegen eines Bewegungsprofils). Weiter hat der Mitgliedstaat im Falle besonders sensibler Daten dafür zu sorgen, dass unbefugte Dritte keine Einsicht in die und keinen Zugang zu den Daten haben (EGMR Urt. v. 17.7.2008 – 20511/03). Dies betrifft insbes. medizinische Daten (vgl. Grabenwarter/Pabel EMRK, 5. Aufl. 2012, § 22 Rn. 40). 67

IV. Schutz der Kommunikation

Da der Staat kaum noch selbst die Übermittlung von nicht öffentlichen Mitteilungen Privater an andere Private übernimmt, sondern diese Aufgaben in private Hände gegeben hat, muss der Staat dafür sorgen, dass die Kommunikation der Privaten untereinander so 68

EMRK Art. 10   I. Mediengrundrechte

erfolgen kann, dass andere sowohl keine Einsicht in die Inhalte der Kommunikation haben als auch keine Möglichkeit haben zu erfahren, wer wann mit wem kommuniziert oder dies versucht hat. Denn der Einzelne kann sich gegen solche Versuche nicht selbst schützen (vgl. Frowein/Peukert/Frowein EMRK, 2009, EMRK Art. 8 Rn. 49).

F. Konkurrenzen

69   Wie bereits erwähnt, kann es Überschneidungen innerhalb des Art. 8 EMRK geben. Der EGMR hat hier keine einheitliche Linie, wie die verschiedenen Rechte genau zueinander abgegrenzt werden und wie bei der Feststellung mehrerer Verletzungen des Art. 8 EMRK vorgegangen wird. Teils werden diese benannt, teils wird nur tenoriert, dass Art. 8 EMRK verletzt sei (vgl. EGMR NJW 2003, 809).

70   Wird Art. 3 EMRK (Verbot der Folter) verletzt, liegt oftmals auch eine Verletzung des Art. 8 EMRK vor. Die Prüfung und Benennung des Art. 8 EMRK unterlässt der EGMR teilweise (vgl. EGMR Urt. v. 10.5.2001 – 29392/95, Rn. 77; Urt. v. 30.5.2005 – 38885/02, Rn. 173).

71   Wird Art. 8 EMRK verletzt, weil ein Verfahren nicht hinreichend gesetzlich bestimmt ist, liegt häufig auch eine Verletzung des Art. 6 EMRK (Recht auf ein faires Verfahren) vor.

72   Art. 14 EMRK (Diskriminierungsverbot) prüft der EGMR häufig nicht mehr, wenn ein Freiheitsrecht verletzt ist, da die Gleichheitserwägungen regelmäßig in die Prüfung der Verhältnismäßigkeit einfließen (vgl. EGMR NJW 2000, 2089; 2010, 3419 (3421) insbes. Rn. 37).

73   Insbes. im Bereich der Auslegung der Wohnung und der Korrespondenz kann es zu Überschneidungen mit der (ebenfalls weiten) Auslegung des Eigentums in Art. 1 ZP kommen. Hier entscheidet sich der EGMR dann häufig für das sachnähere, sodass bei Betroffenheit etwas Privaten eher Art. 8 EMRK geprüft wird. Ähnlich geht er bei geschäftlichen Aktivitäten vor, die (auf Grund des Fehlens einer Berufsfreiheit in der EMRK oder ihrer Zusatzprotokolle) teilweise sowohl durch Art. 8 EMRK als auch Art. 1 ZP gewährleistet werden (vgl. Grote/Marauhn/Marauhn/Meljnik EMRK/GG, 2006, Kap. 16 Rn. 100).

Art. 10 Freiheit der Meinungsäußerung

(1) ¹Jede Person hat das Recht auf freie Meinungsäußerung. ²Dieses Recht schließt die Meinungsfreiheit und die Freiheit ein, Informationen und Ideen ohne behördliche Eingriffe und ohne Rücksicht auf Staatsgrenzen zu empfangen und weiterzugeben. ³Dieser Artikel hindert die Staaten nicht, für Hörfunk, Fernseh- oder Kinounternehmen eine Genehmigung vorzuschreiben.

(2) Die Ausübung dieser Freiheiten ist mit Pflichten und Verantwortung verbunden; sie kann daher Formvorschriften, Bedingungen, Einschränkungen oder Strafdrohungen unterworfen werden, die gesetzlich vorgesehen und in einer demokratischen Gesellschaft notwendig sind für die nationale Sicherheit, die territoriale Unversehrtheit oder die öffentliche Sicherheit, zur Aufrechterhaltung der Ordnung oder zur Verhütung von Straftaten, zum Schutz der Gesundheit oder der Moral, zum Schutz des guten Rufes oder der Rechte anderer, zur Verhinderung der Verbreitung vertraulicher Informationen oder zur Wahrung der Autorität und der Unparteilichkeit der Rechtsprechung.

Art. 10 Abs. 1 verbürgt umfassend das Grundrecht der – individuellen und medialen – Kommunikation. S. 2 verdeutlicht die gegenständlich umfassende Schutzreichweite durch die ausdrückliche, jedoch nicht etwa abschließend gemeinte Hervorhebung der Meinungs- und Informationsfreiheit (→ Rn. 2). Die ohne weiteres mit erfassten Medienfreiheiten sind nur in S. 3 noch insofern ausdrücklich genannt, als hier die Zulässigkeit einer Lizenzpflicht für Rundfunk- und Kinounternehmen, nicht aber für Presseunternehmen, klargestellt wird (→ Rn. 72). Abs. 2 normiert einen allgemeinen Schrankenvorbehalt, bekräftigt das für Beschränkungen geltende Legalitäts- und das Verhältnismäßigkeitsprinzip und bezeichnet eine Reihe legitimer Beschränkungsgründe (→ Rn. 44 ff.).

Freiheit der Meinungsäußerung   **Art. 10 EMRK**

Übersicht

	Rn		Rn
A. Allgemeines	1	II. Eingriff und Nichterfüllung von Leistungspflichten (positive obligations) ...	37
I. Bedeutung	3		
II. Grundrechtstheoretischer Hintergrund	5	**D. Rechtfertigung**	39
III. Gewährleistungsgehalte: Abwehrrecht und positive obligations	9	I. Eingriffsabwehr und Verletzung positiver Leistungspflichten: Maßstäbe	39
B. Schutzreichweite	12	II. Gesetzesvorbehalt	44
I. Grundrechtsberechtigung	12	III. Legitime Beschränkungsziele	52
II. Gewährleistungsinhalte	13	IV. Verhältnismäßigkeit	54
1. Meinungsfreiheit	14	1. Allgemeines	54
2. Informationsfreiheit	20	2. Beurteilungsspielraum („margin of appreciation")	58
3. Pressefreiheit	22		
4. Rundfunk- und Filmfreiheit	27	3. Allgemeine Meinungs- und Informationsfreiheit: Verhältnismäßigkeitskriterien	62
5. Kunst- und Wissenschaftsfreiheit	29		
C. Eingriffe	34	4. Besonderheiten bei der Einschränkung der Medienfreiheiten	72
I. Eingriffsbegriff	34		

A. Allgemeines

Die Garantie der **Kommunikationsfreiheit** gehört zu den Stützpfeilern einer jeden **1** Grundrechtsordnung; allererst ihr Zustand informiert über den rechtsstaatlichen Qualitätsgrad eines Gemeinwesens. Die Freiheiten der Meinungsbildung, -äußerung und -rezeption sind für die personale Autonomie des Menschen entscheidend; ihnen eignet daher in besonderem Maße ein „Menschenwürdegehalt". Diese **individualrechtliche Bedeutung** („basic condition for each individual's self-fulfilment", EGMR Urt. v. 10.12.2007, Nr. 69698/01 – Stoll v. Switzerland, Rn. 101; Urt. v. 13.7.2012, Nr. 16354/06 – Mouvement raëlien suisse v. Switzerland, Rn. 48) verbindet sich, wie etwa bei Art. 5 GG in der Rspr. des BVerfG („schlechthin konstituierend für die freiheitlich demokratische Grundordnung", BVerfGE 107, 299 (329)), auch im Verständnis der konventionsrechtlichen Verbürgung des Art. 10 EMRK durch den EGMR mit einer **Gewährleistungsfunktion für die demokratische Willensbildung** („freedom of expression constitutes one of the essential foundations of a democratic society", EGMR Urt. v. 13.7.2012, Nr. 16354/06 – Mouvement raëlien suisse v. Switzerland, Rn. 48, Urt. v. 22.4.2013, Nr. 48876/08 – Case of Animal Defenders International v. UK, Rn. 100), welche das relative Gewicht des Grundrechts in Abwägungen mit gegenläufigen Schutzgütern und Schrankengründen und damit seine definitive Wirkmacht wesentlich mitbestimmt.

Im systematischen Zusammenhang der Konventionsgewährleistungen übernimmt Art. 10 **2** die Garantiefunktion zwar nicht für alle (vgl. Art. 11: Versammlungsfreiheit), aber doch für sehr viele **Erscheinungsformen der Kommunikationsfreiheit.** Insbes. erfasst er auch die kommunikativen Teilgehalte der Kunst- und Wissenschaftsfreiheit, die in der Konvention, anders als nunmehr in der Grundrechtecharta (Art. 13 GRCh) und vielen mitgliedstaatlichen Grundrechtsordnungen, nicht selbstständig geregelt ist. Obwohl die sprachliche Fassung des Abs. 1 mit seiner – deklaratorischen – Hervorhebung gerade nur der Teilschutzbereiche der Meinungsfreiheit und der Informationsfreiheit (S. 1), nicht aber etwa der Medienfreiheiten, keineswegs besonders zwingend erscheint, hat sie mit den S. 1 und 2 unverändert Eingang in die Grundrechtecharta gefunden (Art. 11 Abs. 1 GRCh).

I. Bedeutung

Der zentralen Stellung und weitgespannten gegenständlichen Reichweite des Grundrechts **3** entspricht eine rege Rechtsprechungstätigkeit des EGMR. Im Zeitraum von 1959–2012 sind 512 Verletzungen des Art. 10 festgestellt worden.

EMRK Art. 10   I. Mediengrundrechte

3.1   Fünf davon entfallen auf Deutschland (EGMR Urt. v. 25.3.1985, Nr. 8734/79 – Barthold v. Germany; Urt. v. 26.9.1995, Nr. 17851/91 – Vogt v. Germany; Urt. v. 17.10.2002, Nr. 37928/97 – Stambuk v. Germany; 21.7.2011, Nr. 28274/08 – Heinisch v. Germany; Urt. v. 7.2.2012, Nr. 39954/08 – Axel Springer AG v. Germany).

4   Der in jüngerer Zeit gemäß den Görgülü-Grundsätzen des BVerfG (BVerfGE 111, 307 – Görgülü) gewachsene Einfluss der Konvention und der dazu ergangenen Rspr. auf das Verständnis des **innerstaatlichen** (deutschen) **Rechts** ist auch im Anwendungsbereich des Art. 10 EMRK sichtbar geworden (Karpenstein/Mayer/Mensching EMRK Art. 10 Rn. 3 f.). Namentlich in der Folge der ersten Hannover-Entscheidung des EGMR von 2004 (EGMR Urt. v. 24.6.2004, Nr. 59320/00 – Hannover v. Germany Nr. 1) haben die deutschen Gerichte die für die Güterrelation zwischen der Kommunikationsfreiheit (insbes.: Pressefreiheit) und den Persönlichkeitsrechten entwickelten Kriterien behutsam neu justiert, insbes. die vom EGMR geforderte einzelfallbezogene Orientierung der (variablen) Schutzintensität der Kommunikationsgrundrechte am Maßstab der Bedeutung des Kommunikats für die öffentliche (politische) Meinungsbildung implementiert (BGH NJW 2007, 1981; BVerfGE 120, 180 – Caroline IV).

II. Grundrechtstheoretischer Hintergrund

5   Im grundrechtstheoretischen Hintergrund des Art. 10 durch den Gerichtshof verbinden sich Züge eines liberal-rechtsstaatlichen und eines demokratisch-funktionalen Grundrechtsverständnisses: Einerseits entspricht die Handhabung des Grundrechtsschutzes der Konvention insgesamt und des Art. 10 durch den EGMR im Besonderen in mehrfacher Hinsicht den Vorstellungen einer **liberalen Grundrechtstheorie:** Das vom prima-facie-Schutz erfasste Verhalten ist im Ausgangspunkt umfassend und zudem vom Selbstverständnis des Berechtigten her gedacht (weite Tatbestandstheorie). Erfasst sind daher sämtliche Meinungen und Äußerungen, ungeachtet ihres Wertes und ihrer Nützlichkeit, daher auch sogar dann, wenn sie verletzend, schockierend oder verstörend wirken (EGMR Urt. v. 8.11.2012, Nr. 43481/09 = ZUM-RD 2013, 233 (238)).

6   Gegenrechte Dritter sowie sonstige Gründe einer Beschränkung der Kommunikationsfreiheit müssen als Schranken des Grundrechts verarbeitet werden und wirken nicht schon tatbestandsbegrenzend.

7   In der schon angesprochenen Ableitung positiver Regulierungspflichten zur Sicherung der Meinungsvielfalt vor allem im Medienrecht, mehr noch aber bei der flexiblen Bestimmung der Rechtfertigungslasten für Grundrechtseingriffe kommt andererseits der objektiv-überindividuelle Gemeinwohlzweck der Gewährleistung, ihr **demokratisch-funktionales Theoriefundament** zum Tragen: Das in der Verhältnismäßigkeit-Abwägung gegenüber eingriffslegitimierenden Schrankengründen zur Geltung zu bringende relative Gewicht des Grundrechts hängt ganz wesentlich von der Bedeutung der in Rede stehenden Kommunikation für die politische Meinungsbildung (dies freilich im weiten Sinne) ab. Daraus resultiert vor allem für die Medien eine verstärkte Schutzwirkung, soweit sie in ihrer Berichterstattung Gegenstände von öffentlichem Interesse thematisiert, insbes. ihrer Aufgabe der Kritik von Missständen in Politik, Staat und Gesellschaft nachkommt („Wachhund"-Funktion der Presse).

8   Nur eingeschränkt plausibel ist diese Korrelation von Inhalt und Schutzwirkung indessen schon aus Sicht der demokratiefunktionalen Deutung des Grundrechts: Die gegenständliche Abgrenzung öffentlich relevanter Kommunikationsinhalte von solchen von überwiegend oder ausschließlich privatem Interesse bleibt doch häufig einer äußerlichen und oberflächlichen Betrachtungsweise verhaftet, die Gefahr läuft, den weniger offensichtlichen, aber darum für die intellektuelle und kulturelle Informiertheit, den sozialen Zusammenhalt, die Ausbildung moralischer Maßstäbe und die Kritikfähigkeit der Menschen nicht minder wichtigen Stellenwert scheinbar „unpolitischer" Kommunikation, auch schon von „bloßer Unterhaltung", zu unterschätzen. Bedenklicher noch erscheint die starke Betonung des funktionalen Moments aus Sicht des individuellen Grundrechtsschutzes: Dieser gerät damit auf der Schranken- und Rechtfertigungsebene eben doch in eine Abhängigkeit von der gesellschaftlichen Nützlichkeit des Freiheitsgebrauchs, nach Maßgabe gerichtlicher Evaluation des „demokratischen Nutzens" der jeweiligen Äußerung.

III. Gewährleistungsgehalte: Abwehrrecht und positive obligations

Auf dem heute erreichten Stand der Interpretation der Konventionsrechte durch die Rspr. **9** und Wissenschaft gewährleistet Art. 10 **abwehrrechtlichen Grundrechtsschutz** gegen staatliche Eingriffe, darüber hinaus aber, wie auch andere Garantien der EMRK, auch positive Handlungspflichten der Staaten zum Schutz der grundrechtlich verbürgten Güter.

Der abwehrrechtliche Schutz fügt sich in das herkömmliche schrankendogmatische Muster: Verkürzungen der prima facie unbegrenzt gewährleisteten Meinungs-, Informations- und Medienfreiheit durch staatlichen Eingriff sind nur gerechtfertigt, wenn sie den Anforderungen des Abs. 2 genügen, also auf gesetzlicher Grundlage beruhen (formeller Grundrechtsschutz: Legalitätsgrundsatz), eines der in dieser Bestimmung genannten legitimen Ziele verfolgen und mit Blick auf die Erreichung dieser Ziele verhältnismäßig sind (materieller Grundrechtsschutz). **10**

Menschenrechtliche **„positive obligations"** treffen die Staaten einerseits als Schutzpflicht zum Schutz des Berechtigten vor horizontalen Bedrohungen oder Einschränkungen der Meinungsfreiheit durch Dritte, etwa durch Einschüchterung oder Gewaltanwendung gegen Presseangehörige (EGMR Urt. v. 16.3.2000, Nr. 23144/93 – Özgür Gündem v. Türkei, Rn. 42 ff.). Daneben tritt – vor allem in der Rspr. des EGMR zur Rundfunkfreiheit – der Auftrag zur Sicherung des Pluralismus in den Medien („the State must be the ultimate guarantor of pluralism", EGMR Urt. v. 24.11.1993, Nr. 13914/88 ua– Informationsverein Lentia and Others v. Austria, Rn. 38). **11**

Diese Auftragsdimension des Grundrechts, die vor allem den staatlichen Gesetzgeber in die **11.1** Pflicht nimmt, hat in der jüngeren Rspr. zwar noch nicht den Ausdifferenzierungs- und Konkretisierungsgrad erreicht wie in der rundfunkverfassungsrechtlichen Rspr. des Bundesverfassungsgerichts; sie weist aber doch deutliche Parallelen zu dieser Rspr. auf, insbes. in den Anforderungen an eine vielfaltsichernde und staatsfreie Organisation des öffentlich-rechtlichen Rundfunks (EGMR Urt. v. 17.9.2009, Nr. 13936/02 – Manole and Others v. Moldova, Rn. 99 ff.) oder an ein dem Pluralismussicherungsziel adäquates Frequenzmanagement in der Privatrundfunkaufsicht (EGMR Urt. v. 7.6.2012, Nr. 38433/09 – Centro Europa 7 S. R. L. and Di Stefano v. Italy, Rn. 129 ff.).

B. Schutzreichweite

I. Grundrechtsberechtigung

In persönlicher Hinsicht erfasst der Schutz alle **natürlichen und juristischen Personen,** **12** die am Kommunikationsprozess beteiligt sind, letztere freilich nur, soweit es sich um nichtstaatliche Organisationen gemäß Art. 34 handelt. Für den österreichischen öffentlich-rechtlichen Rundfunk (ORF) hat der Gerichtshof dies mit Blick auf die Unabhängigkeit und staatsferne Organisation bejaht (EGMR Urt. v. 7.12.2006, Nr. 35841/02 – Österreichischer Rundfunk v. Austria). Berechtigt sind mithin neben Privatpersonen auch Verlage (EGMR Urt. v. 20.11.1989, Nr. 10572/83 – markt intern Verlag GmbH u Klaus Beermann v. Germany; Urt. v. 15.1.2009, Nr. 20985/05 – Orban and Others v. France) und Privatrundfunkveranstalter (EGMR Urt. v. 28.3.1990, Nr. 10890/84 – Groppera Radio AG v. Switzerland), aber auch der einzelne Journalist in seiner inneren Pressefreiheit gegenüber seinem Verleger oder Herausgeber (Grabenwarter/Pabel, Europäische Menschenrechtskonvention, 5. Aufl. 2012, § 23 Rn. 3).

II. Gewährleistungsinhalte

Im **sachlichen Schutzbereich** erfasst Art. 10 sehr unterschiedliche Aspekte und Formen kommunikativen Verhaltens, von der inhaltsbezogenen Freiheit, eine bestimmte Meinung bilden, haben und äußern zu dürfen, über die medialen Verbreitungsformen, die passive Informationsfreiheit bis hin zum künstlerischen Wirken nach außen und der Vermittlung. Der Freiheitsschutz bezieht sich daher ebenso auf die Inhalte der zu Eigen gemachten oder geäußerten Meinungen (Aussageinhalt) als auch auf das Format und die Art und Weise der Darstellung (EGMR Urt. v. 23.9.1994, Nr. 15890/89 Rn. 31– Jersild v. Denmark), zumal diese häufig selbständige kommunikative Bedeutung (aufmerksamkeitserheischende **13**

Rhetorik, Übertreibung, Ironie, Satire und Karikatur) gewinnen kann (EGMR Urt. v. 26.4.1995, 15974/90 Rn. 38 – Prager and Oberschlick v. Austria; Urt. v. 29.3.2001, Nr. 38432/97 Rn. 45 f. – Thoma v. Luxembourg; Urt. v. 6.5.2003, Nr. 48898/99 – Perna v. Italy, Rn. 39).

1. Meinungsfreiheit

14 Die allgemeine Meinungsfreiheit umfasst sowohl die **innere Freiheit,** eine Meinung zu bilden und zu haben, als auch die **Äußerungsfreiheit.** Aus Ersterer fließt vor allem ein Indoktrinierungsschutz (Frowein/Peukert EMRK, 2009, EMRK Art. 10 Rn. 3; Grabenwarter/Pabel, Europäische Menschenrechtskonvention, 5. Aufl. 2012, § 103 Rn. 4), letztere garantiert umfassend die Freiheit der Rede in allen Vermittlungsformen, ohne dass diese in Art. 10 besonders aufgeführt wären (vgl. als historisches Gegenbeispiel die Vorgängernorm des Art. 5 Abs. 1 GG, Art. 118 WRV: „durch Wort, Schrift, Druck, Bild oder in sonstiger Weise").

15 Geschützt sind ebenso **Meinungsäußerungen** wie **Tatsachenbehauptungen** („Informationen und Ideen", Karpenstein/Mayer/Mensching EMRK Art. 10 Rn. 9), eine Unterscheidung, der in der Konventionsdogmatik ähnliches Gewicht zukommt wie in der Rspr. zu Art. 5 GG, wenngleich nicht auf der Tatbestandsebene (kein Ausschluss unwahrer Tatsachenbehauptungen), wohl aber für die Rechtfertigung (EGMR Urt. v. 23.6.2009, Nr. 17089/883 – Sorguc v. Turkey, Rn. 29).

16 In den Schutzbereich fallen **alle Meinungen** und Meinungsäußerungen ungeachtet des Gegenstandes, Niveaus oder gesellschaftlichen Nutzens, mithin auch triviale, nur unterhaltende, kommerzielle, absurde und auch aggressive und verletzende Aussagen. Auch politische Vorschläge oder Programme, die die geltende staatliche Ordnung in Frage stellen, müssen zur Debatte gestellt werden dürfen, dies freilich unter dem etwas dunkel bleibenden Vorbehalt, dass sie nicht der Demokratie als solcher schaden („provided that they do not harm democracy itself", EGMR Urt. v. 7.6.2012, Nr. 38433/09 – Centro Europa 7 S. R. L. and Di Stefano v. Italy, Rn. 129).

17 Umstritten ist, ob Art. 10 durch **Art. 17** hinsichtlich schlechthin unerträglicher, unter keinem denkbaren Gesichtspunkt gegenüber betroffenen Rechten Anderer zu rechtfertigender Meinungsinhalte oder -äußerungen eine Tatbestandsbegrenzung erfährt oder Art. 17 insofern nur eine besondere Schranke des prima facie auch derartige Inhalte erfassenden Grundrechts errichtet.

17.1 Einige Formulierungen des EGMR, namentlich betreffend historisch eindeutig falsche Tatsachenbehauptungen (etwa: Holocaust-Leugnung, EGMR Beschl. v. 24.6.2003, Nr. 65831/01 – Garaudy v. France: negation of „clearly established historical facts", islamophobe Hassrede: Beschl. v. 16.11.2004, Nr. 23131/03 – Norwood v. UK; Beschl. v. 20.2.2007, Nr. 35222/04 – Pavel Ivanov v. Russia, Rn. 1), deuten in Richtung der Tatbestandslösung (Karpenstein/Mayer/Mensching EMRK Art. 10 Rn. 10; s. etwa EMRK Urt. v. 23.9.1998, Nr. 25662/94 – Lehideux and Isorny v. France, Rn. 47: „would be removed from the protection of Article 10 by Article 17"; gleiche Formel in Urt. v. 29.6.2004, Nr. 64915/01 – Chauvy and Others v. France, Rn. 69; s. auch für eine Grenze ähnlich der deutschen Schmähkritik („wanton denigration", „gratuitous personal attack") Urt. v. 21.5.2012, Nr. 32131/08 – Tuşalp v. Turkey, Rn. 48: „may fall outside the protection of freedom of expression"). Die besseren Gründe sprechen indessen für die Verarbeitung der gegen die Zulässigkeit solcher Meinungsäußerungen oder Tatsachenbehauptungen sprechenden Gründe auf der Rechtfertigungsebene (Grabenwarter/Pabel, Europäische Menschenrechtskonvention, 5. Aufl. 2012, § 23 Rn. 5; Frowein/Peukert EMRK, 2009, EMRK Art. 10 Rn. 6, Art. 17 Rn. 4; Macdonald/Matscher/Petzold/Lester, The European System for the Protection of Human Rights, 1993, 465 (472 f.)). Auch soweit sie die Schwelle des Art. 17 erreichen, wirken sie mithin nicht schon tatbestandsausschließend, sondern verbotsrechtfertigend.

18 Grds. sollte der Schutz des Grundrechts nicht von einer richterlichen Evaluation der in Rede stehenden Aussage abhängen können, ob diese einen konstruktiven Beitrag zur Meinungsbildung und damit zu dem für die Demokratie notwendingen Pluralismus leistet oder nicht. Die Frage, ob Kommunikate in diesem Sinn nützlich, neutral oder gar schädlich für die Gewinnung von Erkenntnissen und Argumenten sowie die Herausbildung von Standpunkten sind, lässt sich sinnvoll gar nicht aus heteronom zensierender Position beantworten,

schon weil die Äußerung auch einer abstrusen Meinung oder klar falschen Tatsachenbehauptung einen orientierenden Wert haben kann – indem sie Argumente für das Gegenteil dessen liefert, was sie selbst meint oder behauptet. Dieser notwendigen Inhaltsoffenheit trägt die Rspr. des EGMR mit der Formel von dem „verletzende, schockierende und beunruhigende" Äußerungen einbeziehenden Schutz im Übrigen auch Rechnung (statt vieler nur EGMR Urt. v. 15.2.2005, Nr. 68416/01 – Steel and Morris v. UK, Rn. 87; zust. auch Frowein/Peukert EMRK, 2009, EMRK Art. 10 Rn. 1). Bereichsausnahmen für bestimmte, von Art. 17 erfasste besonders negativ bewertete Meinungen passen dazu nicht. Können Kommunikationsverbote mithin nicht wegen Unwertigkeit des Inhalts an sich oder der Ausdrucksmittel der Kommunikate legitimiert werden, sondern nur aus überwiegenden Gegengründen, namentlich zum Schutz betroffener Rechtsgüter, spricht alles für eine **Abwägungslösung,** die den Rechtsgüterkonflikt dogmatisch offen abbildet.

Eine absolute Vorzugsrelation zugunsten des kollidierenden Schutzgutes (etwa: Persönlichkeitsrecht), wie sie hinter der Tatbestandsbegrenzung steht, verzichtet demgegenüber auf die Notwendigkeit sorgfältiger Begründung des Kommunikationsverbots und schwächt damit die Wirkkraft des Art. 10 bedenklich. Deutlich wird diese Gefahr etwa in einer Entscheidung des EGMR, in der dem Gerichtshof ein floskelhafter Satz („Such a general, vehement attack against a religious group, linking the group as a whole with a grave act of terrorism, is incompatible with the values proclaimed and guaranteed by the Convention, notably tolerance, social peace and non-discrimination.") ausreicht, um die gegenständliche islamfeindliche Äußerung („Islam out of Britain – Protect the British People") aus dem Schutz des Art. 10 auszuschließen (EGMR Beschl. v. 16.11.2004, Nr. 23131/03 – Norwood v. UK). In anderen Fällen ist hingegen eine begrüßenswerte Zurückhaltung gegenüber der Einordnung von Äußerungen unter Art. 17 festzustellen; der Gerichtshof entgeht so der starren Folge des Tatbestandsausschlusses rationae materiae und kann die konventionsrechtliche Zulässigkeit des Äußerungsverbots differenziert und nach Maßgabe der Verhältnismäßigkeit prüfen (s. zB EGMR Urt. v. 15.1.2009, Nr. 20985/05 – Orban v. France, Rn. 33 ff.). **18.1**

Die Äußerungsfreiheit erstreckt sich auf alle Arten der Vermittlung von Kommunikaten, insbes. auch durch schlüssiges Handeln. Ausreichend, aber auch erforderlich ist, dass die Handlung einen beschreibbaren Aussagegehalt hat und sich nicht in sozialer Interaktion (etwa: Sexualkontakte, EGMR Urt. v. 12.10.1978, Nr. 7215/75 – X. v. UK) erschöpft (Frowein/Peukert EMRK, 2009, EMRK Art. 10 Rn. 2; näher mit weiteren Beispielen Grabenwarter/Pabel, Europäische Menschenrechtskonvention, 5. Aufl. 2012, § 23 Rn. 5). **19**

2. Informationsfreiheit

Art. 10 gewährleistet neben der (mit der Äußerungsfreiheit zusammenfallenden) aktiven auch die **„passive" Informationsfreiheit,** also das Recht ungehinderten Zugang zu allgemein zugänglichen Daten – in der Sphäre der Träger öffentlicher Gewalt oder von Dritten (dazu EGMR Urt. v. 26.3.1987, Nr. 9248/81 – Leander v. Sweden, Rn. 74; Urt. v. 16.12.2008, Nr. 23883/06 – Khurshid Mustafa and Tarzibachi v. Sweden, Rn. 41) zu haben. Die auch vom deutschen Parallelgrundrecht des Art. 5 Abs. 1 S. 1 2. Var. GG her vertraute Beschränkung auf zugängliche Informationen bedeutet nicht, dass nur der Zugang zu solchen Informationen geschützt ist, die ohne jede Bemühung oder Anstrengung erreichbar sind; vielmehr ist auch das Bemühen um den Informationszugang gegen staatliche Behinderungen geschützt (EGMR Urt. v. 31.7.2012, Nr. 45835/05 – Shapovalov v. Ukraine, Rn. 68; zum Bemühen allg. s. auch Frowein/Peukert EMRK, 2009, EMRK Art. 10 Rn. 11). Art. 10 gibt freilich keinen Anspruch auf Datensammlung und die Eröffnung von Informationsquellen durch den Staat oder Dritte (EGMR Urt. v. 19.2.1998, Nr. 14967/89 – Guerra and Others v. Italy, Rn. 53; für weitere Bsp. s. Frowein/Peukert EMRK, 2009, EMRK Art. 10 Rn. 13). Ein derartiger Anspruch kann sich allenfalls aus Art. 8 (s. EGMR Urt. v. 19.2.1998, Nr. 14967/89 – Guerra and Others v. Italy, Rn. 60) und – für gerichtliche Entscheidungen – aus Art. 6 Abs. 1 S. 2 ergeben (Karpenstein/Mayer/Mensching EMRK Art. 10 Rn. 21; ders., AfP 2007, 534). **20**

Die crux eines jeden auf allgemeinzugängliche Informationen beschränkten Grundrechts der Informationsfreiheit liegt in der Antwort auf die Frage, nach welchen Kriterien sich die **Allgemeinzugänglichkeit** einer Information bestimmt, denn diese Antwort entscheidet über den sachlichen Grundrechtsschutz. Insbes. geht es darum, ob hierfür allein objektive, **21**

EMRK Art. 10 I. Mediengrundrechte

nicht vom Staat selbst zu steuernde Kriterien heranzuziehen sind (so Grabenwarter/Pabel, Europäische Menschenrechtskonvention, 5. Aufl. 2012, § 23 Rn. 7) oder auch ein normatives Bestimmungsrecht des Gesetzgebers anzuerkennen ist (Zugänglichkeit und damit sachliche Schutzreichweite nach Maßgabe gesetzlicher Ausgestaltung, so für Art. 5 Abs. 1 GG BVerfGE 103, 44 – ntv, Rn. 57). Der Gerichtshof hat in einer Entscheidung (EGMR Beschl. v. 10.7.2006, Nr. 19101/03 – Sdruzení Jihoceské Matky v. Czech Republic) einen Eingriff in die Informationsfreiheit durch Verweigerung der Einsicht in amtliche Dokumente mit Rücksicht darauf bejaht, dass das einschlägige tschechische Gesetz einen derartigen Einsichtsanspruch, wenn auch geknüpft an einschränkenden Voraussetzungen, vorsah. Diese Argumentation geht doch immerhin in die Richtung eines durch die gesetzliche Grundentscheidung für die Aktenzugänglichkeit vermittelten grundrechtlichen Informationsanspruchs. Das Grundproblem einer solchen **gesetzesabhängigen Schutzbereichsdefinition** – die Konfusion der Rechtsebenen von höherrangigem Verfassungs- bzw. Konventionsrecht und gebundenem Gesetzesrecht – tritt freilich auch hier zutage: Die auf das Gesetz gestützten Gründe der Informationsverweigerung werden nun – da der Schutzbereich ja nun einmal eröffnet und ein Eingriff bejaht worden ist – als grundrechtliche Schrankengründe geprüft, obwohl sich der Zugangsanspruch überhaupt erst dem Gesetz verdankt. Insofern leutet es nicht ein, weshalb sich der Gesetzgeber (und die gesetzesanwendende Behörde) nunmehr grundrechtlich für die im Gesetz doch von vornherein angelegten Beschränkungen rechtfertigen soll.

3. Pressefreiheit

22   Obwohl die Medienfreiheiten in Art. 10 nicht in einzelnen Schutzbereichen separiert benannt sind, vielmehr dem einheitlichen Grundrecht der Meinungsäußerungsfreiheit als Teilausprägungen unterfallen, kommt diesen Teilausprägungen doch in der Rspr. des Gerichtshofs Bedeutung zu, die freilich auch wiederum nicht überschätzt werden darf: Die funktionale Deutung des Grundrechts vermittelt zwar den **Medienfreiheiten** eine **besondere Wirkkraft** auf der Ebene der Schrankenrechtfertigung. Sie überwindet jedoch die Grenzen begrifflicher Abgrenzungen nach Medienarten und ist daher auch offen für Kommunikationsformen, die sich in das Raster herkömmlicher Medienkategorien (Presse, Fernsehen, Hörfunk, Film) nicht einordnen lassen. Dies gilt namentlich auch für die internetbasierten Medien (WWW ua), wenn diese wegen der engen Begriffsverwendung von „Rundfunk" (iSv „Hörfunk") und Fernsehen in Art. 10 Abs. 1 S. 3 konventionsrechtlich (anders etwa als im herrschenden Verständnis des Art. 5 Abs. 1 S. 2 GG) nicht der Rundfunkfreiheit zugeordnet werden (so Grabenwarter/Pabel, Europäische Menschenrechtskonvention, 5. Aufl. 2012, § 23 Rn. 10).

23   Presse in dem engen Begriffsverständnis des EGMR meint gegenständlich nur periodisch erscheinende **Druckwerke** (Grabenwarter/Pabel, Europäische Menschenrechtskonvention, 5. Aufl. 2012, § 23 Rn. 8) und in persönlich-institutioneller Hinsicht die Tätigkeit derjenigen, die in die Herstellung und Verbreitung Presse periodischer Presseerzeugnisse eingebunden sind, also insbes. professioneller Journalisten, Verleger und Herausgeber, aber auch der unmittelbar an der Herstellung und dem Vertrieb der Druckwerke Beteiligten (Karpenstein/Mayer/Mensching EMRK Art. 10 Rn. 14).

24   Nicht periodische Schriften (etwa **Bücher**) genießen aber einen gleichwertigen Grundrechtsschutz, wenn die Gefährdungslage für die Verbreitungsfreiheit vergleichbar ist, namentlich bei aktuellen und auf aktuelle Verbreitung angewiesenen, daher durch staatliche Behinderungen in besondere Weise ihrer Wirkung beraubten Aussagen (EGMR Urt. v. 17.7.2001, Nr. 39288/98 – Ekin v. France, Rn. 56).

25   Nicht-journalistische **Schriftsteller,** an sich keine „Angehörigen der Presse", sind doch gleichermaßen geschützt, insofern sie sich mit ihrer Publikationstätigkeit, zB als Wissenschaftler an einer Universität, in einer gleichen Situation mit gleichem Schutzbedürfnis befinden wie Journalisten (EGMR Urt. v. 17.7.2008, Nr. 42211/07 – Riolo c. Italie, Rn. 63: „doivent être assimilés à ceux d'un journaliste et jouir de la même protection").

25.1   Umgekehrt profitiert auch ein Journalist nicht von der gesteigerten Schutzwirkung der Teilgewährleistung der Pressefreiheit, soweit es um „private" beleidigende Äußerungen geht, die nicht im Zusammenhang seiner professionellen Journalistentätigkeit fallen (EGMR Urt. v. 21.11.1999, Nr. 25716/94 – Janowski v. Poland, Rn. 32).

Der sachliche Schutz erstreckt sich von der **Recherchetätigkeit** und Informations- 26
beschaffung (EGMR Urt. v. 8.10.2009, Nr. 12675/05 – Gsell v. Switzerland, Rn. 39: polizeiliche Verhinderung des Zugangs nach Davos anlässlich des Weltwirtschaftsforums als
Eingriff in Art. 10) einschließlich des **Quellenschutzes** (EGMR Urt. v. 22.11.2007,
Nr. 64752/01 – Voskuil v. The Netherlands, Rn. 49 ff.; Urt. v. 14.9.2010, Nr. 38224/03 –
Sanoma Uitgevers B. V. v. The Netherlands, Rn. 50), über das Schreiben, eine ungestörte
Redaktionsarbeit unter Wahrung des Redaktionsgeheimnisses (EGMR Urt. v. 27.11.2007,
Nr. 20477/05 – Tillack v. Belgium, Rn. 53), die **journalistische Gestaltungsfreiheit**
hinsichtlich der Texte und Bildberichterstattung (EGMR Urt. v. 11.1.2000, Nr. 31457/96 –
News Verlags GmbH & Co.KG v. Austria, Rn. 39 f.) bis hin zur Ausgestaltung der **Vertriebsorganisation**. Auch die Verbreitung illegal, namentlich unter Verletzung einer Geheimhaltungspflicht erlangter Informationen fällt in den Schutzbereich des Art. 10 (EGMR
Urt. v. 7.6.2007, Nr. 1914/02 – Dupuis and Others v. France, Rn. 46; Karpenstein/Mayer/
Mensching EMRK Art. 10 Rn. 15; Grabenwarter/Pabel, Europäische Menschenrechtskonvention, 5. Aufl. 2012, § 23 Rn. 9).

Zum Gegendarstellungsrecht und der Diskussion der Ableitung aus Art. 10 s. Frowein/Peukert 26.1
EMRK, 2009, EMRK Art. 10 Rn. 16.

4. Rundfunk- und Filmfreiheit

Die Rundfunkfreiheit umfasst sowohl den **Hörfunk** als auch den **Fernsehfunk** (Art. 10 27
Abs. 1 S. 3). Mit begrifflichen Einzelfragen der Abgrenzung des Rundfunks von anderen
elektronischen Medien hat sich die Rspr. bisher nicht befasst, obwohl die Abgrenzung
immerhin insofern Bedeutung hat, als der besondere Schrankengrund des Art. 10 Abs. 1 S. 3
nur den klassischen – linearen – Rundfunk sowie die Verbreitungsform der Vorführung
(Kino) gilt, nicht aber für andere audiovisuelle Mediendienste, namentlich Abrufdienste im
Internet. In subjektiver Hinsicht sind öffentlich-rechtliche Rundfunkanstalten ebenso geschützt wie Privatrundfunkunternehmen. Sachlich entspricht die Schutzreichweite im Wesentlichen derjenigen der Pressefreiheit; auch werden dieselben, von der demokratischen
Funktion der Pressefreiheit her entwickelten Grundsätze für die Verhältnismäßigkeitsprüfung
herangezogen.

Immerhin hinsichtlich der Pflicht der Staaten zu einer **vielfalts- und autonomiesi-** 28
chernden Ausgestaltung des Rundfunkrechts lassen sich der Rspr. des EGMR zur Rundfunkfreiheit in jüngerer Zeit doch einige eigenständige, über die Pressefreiheit hinausgehende
Akzentuierungen entnehmen (s. insbes. EGMR Urt. v. 17.9.2009, Nr. 13936/02 – Manole
and Others v. Moldova, Rn. 95 ff., dazu näher Cornils, FS Schröder, 2012, 125 ff.; vgl. auch
Frowein/Peukert EMRK, 2009, EMRK Art. 10 Rn. 22).

5. Kunst- und Wissenschaftsfreiheit

Insoweit auch das Kunstschaffen jedenfalls im **„Wirkbereich"** der Kunst Kommunikati- 29
on ist, gewährleistet Art. 10 auch die Freiheit der Kunst als Facette der Kommunikationsfreiheit (nähere Begründung in EGMR Urt. v. 24.5.1988, Nr. 10737/84 – Müller v. Switzerland, Rn. 27). Der Gerichtshof hat in dem Urteil Müller überzeugend nicht nur die
eigentlich erst kommunikativen Präsentations- und Verbreitungshandlungen einbezogen,
sondern auch die vorgelagerte künstlerische **Produktionstätigkeit** („Werkbereich": „exercised their right to freedom of expression – (...) by painting and then exhibiting", EGMR
ebd. Rn. 27).

Repressionen gegenüber der Kunst als Kommunikationsform können eben nicht nur an 30
den Verbreitungspfaden ansetzen, sondern auch schon an den Bedingungen des Kunstschaffens – und müssen daher auch dann schon grundrechtlich rechtfertigungspflichtig sein.
Geschützt ist auch nicht nur die schöpferische Tätigkeit des Künstlers als solche, sondern
zudem die der **Vermittlung und Verbreitung von Kunst** dienenden Handlungen und
Leistungen Dritter, also von Ausstellern, Galeristen, Kinobetreibern (EGMR Urt. v.
24.5.1988, Nr. 10737/84 – Müller v. Switzerland, Rn. 27; Urt. v. 25.1.2007, Nr. 68354/01
– Vereinigung Bildender Künstler v. Austria, Rn. 26).

31 Der Stellenwert der Kunstfreiheit als einer bloßen Unterausprägung der allgemeinen Äußerungsfreiheit wirkt sich dahin aus, dass kunstspezifische Besonderheiten des Schutzes bisher nicht erkennbar in Erscheinung getreten sind, insbes. nicht eine gesteigerte Schutzintensität im Vergleich mit schlichter, unkünstlerischer Meinungsäußerung. Der konventionsrechtliche Schutz der Kunstfreiheit ist daher möglicherweise schwächer als derjenige des Grundgesetzes in Art. 5 Abs. 3 GG (Grote/Marauhn/Grote/Wenzel, EMRK/GG Konkordanzkommentar, Kap. 18 Rn. 32).

32 Vergleichbares hat jedenfalls bis in die jüngere Vergangenheit auch für die unter Art. 10 gefasste **Wissenschaftsfreiheit** gegolten (Grote/Marauhn/Grote/Wenzel, EMRK/GG Konkordanzkommentar, Kap. 18 Rn. 32). Indessen lässt sich in der Rspr. des EGMR doch nunmehr eine Entwicklung hin zu einer stärkeren Betonung des **Eigenwerts** wissenschaftlicher Kommunikation beobachten: Auch früher schon hat der EGMR Fälle wissenschaftlicher Äußerung (Vorträge, Publikationen) verhandelt und am Maßstab des Art. 10 geprüft, der wissenschaftlichen Eigenart dieser Kommunikation (vergleichbar der künstlerischen Gestalt von Kommunikaten) aber keine Aufmerksamkeit geschenkt, sie nicht einmal angesprochen (EGMR Urt. v. 24.6.1998, Nr. 25181/94 – Hertel v. Switzerland, Rn. 31 ff.; Urt. v. 28.10.1999 , Nr. 28396/95 – Wille v. Liechtenstein, Rn. 36 ff.) Von einem begrifflich herausgehobenen Grundrecht (Teilschutzbereich) der Wissenschaftsfreiheit war in dieser Rspr. daher keine Rede. Jüngere Entscheidungen heben aber nunmehr – unter Bezugnahmen auf die Erklärung der Parlamentarischen Versammlung des Europarates zum Schutz der akademischen Meinungsfreiheit (Empfehlung 1762 (2006)) – die Bedeutung der Wissenschaftsfreiheit hervor (EGMR Urt. v. 23.6.2009, Nr. 17089/03 – Sorguc v. Turkey, Rn. 35: „underlines the importance of academic freedom, which comprises the academics' freedom to express freely their opinion about the institution or system in which they work and freedom to distribute knowledge and truth without restriction"; s. auch Urt. v. 20.0.2009, Nr. 39128/05 – Lombardi Vallauri c. Italie, Rn. 43).

33 Da sich der Gerichtshof für die Interpretation des Art. 10 unter dem Gesichtspunkt der Wissenschaftsfreiheit ausdrücklich an der Empfehlung 1762 (2006) der Versammlung orientiert, darf angenommen werden, dass die Empfehlung auch Rückwirkungen auf die sachliche Reichweite des Schutzes hat, sich demnach (BT-Drs. 16/3400, 73: „Nr. 4.1. die akademische Freiheit in Forschung und Ausbildung sollte die Meinungs- und Handlungsfreiheit garantieren, die Freiheit der Informationsverbreitung sowie die Freiheit der uneingeschränkten Suche beim Streben und bei der Verbreitung von Wissen und Wahrheit; 4.2. die institutionelle Autonomie der Universitäten sollte der Ausdruck einer unabhängigen Verpflichtung gegenüber dem traditionellen und noch immer wesentlichen kulturellen und sozialen Auftrag der Universität im Hinblick auf eine Politik von geistigem Nutzen, verantwortungsbewusstes Handeln und ein effizientes Management sein".) nicht nur auf die wissenschaftliche **Vortrags- und Publikationstätigkeit** bezieht, sondern auch die eigentliche **Forschungsarbeit** (Grabenwarter/Pabel, Europäische Menschenrechtskonvention, 5. Aufl. 2012, § 23 Rn. 12), ferner auch die Autonomie der Universität als institutionelle Dimension mit einbezieht. Für diese weitere Sichtweise spricht, dass die ungehinderte Forschungstätigkeit essentiell notwendige Voraussetzung der freien Publikation ist, eine Beschränkung auf letztere also eine kaum begreifliche Einschränkung der Schutzreichweite bedeuten würde. Auch die Medienfreiheiten umfassen ja alle Tätigkeiten von der Informationsbeschaffung bis zum Vertrieb, nicht nur die Verbreitung als solche.

C. Eingriffe

I. Eingriffsbegriff

34 Rechtfertigungslastbegründender „Eingriff" („interference", „ingérence") ist jede dem Staat zurechenbare Verkürzung konventionsrechtlich gewährleisteter Freiheit sowohl durch rechtsförmige, unmittelbar auf den Adressaten einwirkende Imperative hoheitlicher Akteure („klassischer" Eingriff) als auch durch sonstiges faktisches Verhalten, das – auch mittelbar – zu Beeinträchtigungen in grundrechtlich geschützten Gütern führt (weiter, auch faktisch-mittelbare Eingriffe einschließender Eingriffsbegriff). Dieser, in der beispielhaften, nicht abschließenden Aufzählung in Art. 10 Abs. 2 („Formvorschriften, Bedingungen, Einschränkungen oder Strafdrohungen") nur mehr angedeutete **weite Eingriffsbegriff** gilt auch für die Kommunikationsfreiheit, erfasst mithin alle staatlichen Regelungen und Maßnahmen, die geeignet sind vom Gebrauch der Kommunikationsfreiheiten abzuhalten oder ihn zu erschweren (Karpenstein/Mayer/Mensching EMRK Art. 10 Rn. 17).

Daher sind auch arbeits- oder dienstrechtliche Sanktionen wegen unerwünschter Meinungs- 34.1 äußerungen, z. B. die Entlassung aus dem öffentlichen Dienst (EGMR Urt. v. 26.9.1995, Nr. 17851/91 Rn. 44 – Vogt v. Germany) oder Kündigung (EGMR Urt. v. 21.7.2011, Nr. 28274/08 – Heinisch v. Germany, Rn. 45) Eingriffe, desgleichen Maßnahmen, die den Zutritt zu dem Ort verwehren, an dem eine Meinungskundgabe stattfinden soll (etwa Einreiseverbote, EGMR Urt. v. 3.2.2009, Nr. 31276/05 – Women on Waves et Autres c. Portugal, Rn. 30; Urt. v. 20.5.2010, Nr. 2933/03 – Cox v. Turkey, Rn. 30 f.).

Die Rspr. ordnet die Eingriffe in die Kategorien der **präventiven Beschränkung** („prior 35 restraint"), etwa einer Vorzensur oder eines Publikationsverbots, und der nachfolgenden **Sanktion** („subsequent punishment"), etwa gerichtlichen Verurteilungen aus Äußerungsdelikten (EGMR Urt. v. 5.5.2011, Nr. 33014/05 – Editorial Board of Pravoye Delo and Shtekel v. Ukraine, Rn. 48; Urt. v. 23.10.2012, Nr. 19127/06 – Jucha and Żak v. Poland, Rn. 34; vgl. auch Frowein/Peukert EMRK, 2009, EMRK Art. 10 Rn. 29 mwBsp). Generell-abstrakte Beschränkungen in Gesetzen will der Gerichtshof von – stets einzelfallbezogenen – prior-restraint-Eingriffen unterscheiden, weil generell legitime normative Regelungen auch bei im Einzelfall ihrer Anwendung auftretenden Härten eher zu rechtfertigen seien als gezielt auf den konkreten Fall einer Meinungsäußerung gerichtete Verbotsmaßnahmen (EGMR Urt. v. 22.4.2013, Nr. 48876/08 – Animal Defenders International v. UK, Rn. 106).

Da sich der grundrechtliche Schutz ebenso auf die Inhaltsfreiheit als auch auf die Art und 36 Weise der Kommunikation bezieht, haben Inhaltsverbote ebenso Eingriffsqualität wie Beschränkungen der Darstellungs- oder Verbreitungsmöglichkeiten von Meinungen oder Tatsachenbehauptungen.

II. Eingriff und Nichterfüllung von Leistungspflichten (positive obligations)

Der Gerichtshof weicht in seinem Argumentationsaufbau vom ansonsten streng durch- 37 gehaltenen Eingriffsschema („Whether there was interference") ab, wenn und soweit es um positive konventionsrechtliche **Leistungsverpflichtungen** der Staaten geht. Im Zusammenhang des Art. 10 ist dies insbes. in den Fällen der den Rundfunk betreffenden Gewährleistungspflichten (Sicherung des Pluralismus der Meinungen und Angebote) geschehen (EGMR Urt. v. 30.6.2009, Nr. 32772/02 – Verein gegen Tierfabriken v. Switzerland (Nr. 2), Rn. 78 ff.; Urt. v. 17.9.2009, Nr. 13936/02 – Manole and Others v. Moldova, Rn. 107 ff.), aber auch im Fall der grundrechtlichen Schutzpflicht gegen horizontale Beeinträchtigungen der Meinungsfreiheit (EGMR Urt. v. 16.3.2000, Nr. 23144/93 – Özgür Gündem v. Turkey, Rn. 40 ff.; Urt. v. 6.5.2003, Nr. 44306/98 – Appleby and Others v. UK, Rn. 41).

Die Nichterfüllung der Leistungspflicht wird nicht als „Eingriff durch Unterlassen" 38 formuliert (insoweit anders Karpenstein/Mayer/Mensching EMRK Art. 10 Rn. 30); der Begriff des „Eingriffs" bleibt vielmehr den freiheitsbeschränkten aktiven Handlungen vorbehalten. Allerdings hat der Gerichtshof mehrfach angenommen, dass die **Abgrenzung zwischen positiven und negativen Grundrechtspflichten** schwierig, eine präzise Zuordnung dieser Gehalte zur einen oder anderen Kategorie nicht immer möglich sei (EGMR Urt. v. 30.6.2009, Nr. 32772/02 – Verein gegen Tierfabriken v. Switzerland (Nr. 2), Rn. 82; Urt. v. 13.7.2012, Nr. 16354/06 – Mouvement raëlien suisse v. Switzerland; Rn. 50; krit. dazu diss. op. Bratza, diss op. Pinto de Albuquerque). Tatsächlich finden sich im Schema der Eingriffsabwehr rekonstruierte Fälle, bei denen auch eine leistungsrechtliche Verarbeitung denkbar gewesen wäre (vgl. EGMR Urt. v. 7.6.2012, Nr. 38433/09 – Centro Europa 7 S. r. l. and Di Stefano v. Italy; Rn. 137 f.: unterlassene Zuteilung von Rundfunkfrequenzen an einen lizenzierten Rundfunkveranstalter). Namentlich weil die Beantwortung der Zuordnungsfrage (interference oder positive obligation) danach jedenfalls in einigen Fällen auch von der je gewählten Perspektive und Formulierung der Beeinträchtigung abhängt (etwa: Anknüpfung an eine förmliche Versagungsentscheidung (Eingriff) oder an den dahinter stehenden materiellen Leistungsanspruch (Leistungsverpflichtung)), soll der Zuordnung für den Grundrechtsschutz nur nachrangige Bedeutung zukommen, sie insbes. keinen Einfluss auf die heranzuziehenden Rechtfertigungsmaßstäbe haben (s. EGMR Urt. v. 30.6.2009, Nr. 32772/02 – Verein gegen Tierfabriken v. Switzerland (Nr. 2); Rn. 82).

D. Rechtfertigung

I. Eingriffsabwehr und Verletzung positiver Leistungspflichten: Maßstäbe

39   Ist der Schutzbereich des Art. 10 durch ein dem Staat zurechenbares Verhalten berührt, werden die grundrechtlichen **Rechtfertigungslasten** ausgelöst (Abs. 2). Sie bestehen in der Anforderung einer gesetzlichen Grundlage („gesetzlich vorgesehen"), der Bezogenheit der rechtfertigungsbedürftigen Regelung oder Maßnahme auf eines der in Abs. 2 genannten legitimen Beschränkungsziele, schließlich und vor allem darin, dass die Regelung oder Maßnahme verhältnismäßig (in einer demokratischen Gesellschaft notwendig) im Hinblick auf das verfolgte Ziel sein muss. Das Programm der Rechtfertigungslasten ist auf Einschränkungen der gewährleisteten Freiheiten bezogen, also auf Grundrechtseingriffe zugeschnitten.

40   Daher stellt sich die Frage, welche Maßstäbe für die Beurteilung der Grundrechtskonformität staatlichen Verhaltens im Hinblick auf **positive Leistungspflichten** aus Art. 10 gelten. Der Gesetzesvorbehalt kann insoweit nicht greifen, weil rechtfertigungsbedürftig am Maßstab einer positive obligation schließlich gerade das staatliche Unterlassen ist, für dieses aber selbstverständlich keine gesetzliche Grundlage gefordert werden kann. Dementsprechend taucht der Prüfungspunkt der gesetzlichen Grundlage in den einschlägigen Entscheidungen auch nicht auf. Der durch den Gesetzesvorbehalt verbürgte formelle Grundrechtsschutz bleibt der Eingriffsabwehr vorbehalten.

41   Dies schließt keineswegs aus, dass sich die grundrechtlichen Schutzpflichten, namentlich aber die **Ausgestaltungspflichten** im Kontext der Vielfaltsicherung durch Medienrecht gerade auch an den staatlichen Gesetzgeber richten können. Der EGMR bleibt insoweit zwar zurückhaltender als das den Ausgestaltungsgesetzesvorbehalt in seiner rundfunkverfassungsrechtlichen Rspr. (BVerfGE 57, 295 Rn. 84 ff.; näher Cornils, Ausgestaltungsgesetzesvorbehalt und staatsfreie Normsetzung im Rundfunkrecht, Rechtsgutachten, 2011) betonende BVerfG und überlässt die Mittelwahl zur Umsetzung der positive obligation grds. den Staaten (EGMR Urt. v. 17.9.2009, Nr. 13936/02 – Manole and Others v. Moldova, Rn. 100 f.: „through its law and practice"). Deutlich wird aber doch auch hier, dass die konventionsrechtliche Regelungspflicht ggf. eben nur durch **staatliches Gesetz** erfüllt werden kann, insoweit die grundrechtliche Pflicht inhaltlich nach einer normativen Ordnung des jeweiligen Gegenstandes, etwa institutionellen und organisatorischen Regelungen für einen hinreichend staatsfernen und unabhängigen öffentlich-rechtlichen Rundfunk, verlangt (EGMR Urt. v. 17.9.2009, Nr. 13936/02 – Manole and Others v. Moldova, Rn. 109: „essential to put in place a legal framework which ensured TRM's independence from political interference and control"). Gefordert ist der Gesetzgeber aber hier zur Erfüllung des grundrechtlich prima facie Gebotenen, nicht wie bei der Eingriffsabwehr zur Legitimation des grundrechtlich prima facie Verbotenen (der Schranke). Der Ausgestaltungsgesetzesvorbehalt (soweit er denn auch konventionsrechtlich begründet ist) hat also eine gegenüber dem herkömmlichen Eingriffsgesetzesvorbehalt geradezu gegenläufige Funktion: Er ist nicht Bedingung der Rechtfertigung von Grundrechtsbeeinträchtigungen, sondern der **Grundrechtsrealisierung**.

42   In materieller Hinsicht scheint die Frage, ob die positiven Gewährleistungsgehalte andere Rechtfertigungslasten erzeugen als die mit dem Abwehrrecht verbundene prima-facie-Unterlassungspflicht, auch im Konventionsrecht noch **nicht vollständig geklärt**. Einerseits finden sich in der Rspr. recht deutliche Bekenntnisse zur Symmetrie positiver und negativer Grundrechtsbindung. Die **Symmetriethese** führt (spiegelbildlich zur Eingriffsabwehr) zur Anwendung des Verhältnismäßigkeitsgrundsatzes auch auf das rechtfertigungsbedürftige Zurückbleiben staatlichen Schutzes oder staatlicher Organisationsleistung hinter dem aus Sicht des Grundrechtsgutes idealiter denkbaren Maximum. In der Abwägung mit abwehrrechtlich geschützten Gütern auf der dritten Stufe der Verhältnismäßigkeitsprüfung (Angemessenheit) hat das von positiver Schutzverpflichtung erfasste Gut gleiches Gewicht. (s. EGMR Urt. v.

30.6.2009, Nr. 32772/02 – Verein gegen Tierfabriken v. Switzerland (Nr. 2), Rn. 82: „Moreover, the boundaries between the State's positive and negative obligations under the Convention do not lend themselves to precise definition. The applicable principles are nonetheless similar. Whether the case is analysed in terms of a positive duty on the State or in terms of interference by a public authority which needs to be justified, the criteria to be applied do not differ in substance. In both contexts regard must be had to the fair balance to be struck between the competing interests at stake.").

S. auch schon (zu Art. 11) EGMR Urt. v. 11.6.2006, Nr. 52562/99 und 52620/99 – Sørensen and Rasmussen v. Denmark (GC), Rn. 58; (zu Art. 8) EGMR Urt. v. 8.7.2003, Nr. 36022/97 – Hatton and Others v. UK (GC), Rn. 98 f.; Urt. v. 24.6.2004, Nr. 59320/00 – Hannover v. Germany, Rn. 57; Urt. v. 19.9.2006, Nr. 42435/02 – White v. Sweden, Rn. 20; Urt. v. 7.2.2012, Nr. 40660/08 und 60641/08 – Hannover v. Germany Nr. 2, Rn. 99. **42.1**

Andererseits finden sich in der Rspr. aber auch Hinweise auf eine **intensivere Bindung** **43** der Staaten an **negative Konventionspflichten** und zwar unter dem Gesichtspunkt eines insoweit engeren Beurteilungsspielraums der Staaten im Vergleich mit positiven Leistungspflichten (EGMR Urt. v. 3.2.2009, Nr. 31276/05 – Woman on Waves c. Portugal, Rn. 40: „cette marge d'appréciation est plus étroite s'agissant des obligations négatives découlant de la Convention", so auch diss. op. Pinto de Albuquerque zu Urt. v. 13.7.2012, Nr. 16354/06 – Mouvement raëlien suisse v. Switzerland). Diese Entscheidungspraxis ergibt mithin noch kein in sich geschlossenes Bild (s. auch Grabenwarter/Pabel, Europäische Menschenrechtskonvention, 5. Aufl. 2012, § 19 Rn. 7: „generelle Annahme zugunsten eines größeren Spielraums bei Schutzpflichten nicht zutreffend").

II. Gesetzesvorbehalt

Beschränkungen der Kommunikationsfreiheiten müssen „gesetzlich vorgesehen" sein, **44** bedürfen mithin jedenfalls einer **gesetzlichen Grundlage,** die zudem nach der Rspr. des Gerichtshofs qualitativen Anforderungen genügen, insbes. hinreichend bestimmt sein muss. Das Verständnis des Gesetzesvorbehalts bei Art. 10 Abs. 2 ist keine bereichsspezifischen Wege gegangen, sondern gehört zum Bestand allgemeiner Grundrechtslehren im Konventionsrecht. Mit dem Legalitätsprinzip verbinden sich danach untrennbar Forderungen an das „Wie" der gesetzlichen Eingriffsgrundlage (Bestimmtheit und Normenklarheit), weil nur mit deren Erfüllung die **rechtsstaatlichen Funktionen** des Gesetzesvorbehalts – Bindung der grundrechtsbeschränkenden öffentlichen Gewalt an das Gesetz, Vorhersehbarkeit von Grundrechtseingriffen für den Bürger – eingelöst werden können.

Gesetz iSd Abs. 2 sind nicht nur Parlamentsgesetze, sondern **alle außenrechtsverbindli- 45 chen Rechtssätze** im Verständnis der jeweiligen staatlichen Rechtsordnung (materieller Gesetzesbegriff). Die Konvention lässt also Raum für die **autonome Bestimmung** des Gesetzesbegriffs durch die Staaten: Gesetz sind diejenigen gültigen Regeln, die von den zuständigen nationalen Gerichten als solche anerkannt sind (EGMR Urt. v. 10.11.2005, Nr. 447774/98 – Leyla Sahin v. Turkey, Rn. 88; Urt. v. 14.9.2010, Nr. 38224/03 – Sanoma Uitgevers B. V. v. The Netherlands, Rn. 83). Dazu gehören mithin auch **untergesetzliche geschriebene Rechtsvorschriften,** auch von Selbstverwaltungseinrichtungen (EGMR Urt. v. 25.3.1985, Nr. 8734/79 – Barthold v. Germany, Rn. 46), sowie ungeschriebenes Richterrecht. Der Gerichtshof hat den grundsätzlichen Gleichrang von geschriebenem Gesetz (statutory law) und **Richterrecht** (judge-made „law"), essentiell namentlich für common law-Ordnungen, ausdrücklich bestätigt. Ist der richterlich gebildete Rechtssatz nach dem staatlichen Rechtsverständnis ohne weiteres gültig, verlangt mithin auch die Konvention keineswegs die mittelbare Verankerung des Rechtssatzes in einer parlamentsgesetzlichen Grundlage, anders aber dann, wenn nach dem mitgliedstaatlichen Verfassungsrecht (wie etwa in Deutschland) eine solche Rückkoppelung erforderlich ist („aufgrund Gesetzes"). Die staatliche Autonomie bei der Bestimmung des Gesetzesbegriffs findet ihre Grenzen in den genuin konventionsrechtlichen Qualitätsanforderungen an die **Zugänglichkeit und Steuerungsdichte** der Norm. Zugänglich (accessible) ist die Eingriffsgrundlage, wenn es den Eingriffsbetroffenen möglich ist, von ihr Kenntnis zu nehmen (EGMR Urt. v.

26.4.1979, Nr. 6538/74 – Sunday Times v. UK Nr. 1, Rn. 49). Daran fehlt es bei nach außen nicht veröffentlichten, im Innenbereich des Staates verbleibenden Regelungen.

46 Erheblich größere Bedeutung hat das **Bestimmtheitspostulat** erlangt. Der Gerichtshof stellt dafür – aus der Betroffenenperspektive – auf die Vorhersehbarkeit der Regelung und der durch sie normierten Rechtsfolgen sowie – aus dem Gesichtspunkt der Bindung der Rechtsanwendung – auf die Steuerungs- und Begrenzungskraft der gesetzlichen Formulierung gegenüber der Exekutive ab. Gefordert ist nicht „absolute", sondern nur **hinreichende Bestimmtheit.** Auch die Verwendung unbestimmter, in besonderem Maße interpretationsbedürftiger Rechtsbegriffe bleibt grds. zulässig, um das Recht anpassungsfähig gegenüber dem Wandel der Umstände seiner Anwendung zu halten. Zu hohe Bestimmtheitsanforderungen würden demgegenüber die Gefahr unannehmbar starrer und strenger Festlegungen („rigidité excessive") begründen (EGMR Urt. v. 29.3.2011, Nr. 50084/06 – RTBF c. Belgique, Rn. 103).

47 Die Norm ist **vorhersehbar** (foreseeable), wenn der Betroffene im Stande ist, sein Verhalten danach auszurichten, sei es auch unter Beiziehung angemessener Beratung (EGMR Urt. v. 14.9.2010, Nr. 38224/03 – Sanoma Uitgevers B. V. v. The Netherlands, Rn. 81 f.). Dem (nur) relativen Bestimmtheitsmaßstab entspricht eine situationsbedingte Beurteilung der Vorhersehbarkeit: Die Tragweite der Vorhersehbarkeitsanforderung ist in Abhängigkeit vom Inhalt der Regelung, den Gegebenheiten des Regelungsbereichs sowie von Zahl und Qualifikation der Normadressaten zu bestimmen (EGMR Urt. v. 29.3.2011, Nr. 50084/06 – RTBF c. Belgique, Rn. 104). Unter dem zuletzt genannten personalen Gesichtspunkt soll auch **professionelles** (juristisches) **Sonderwissen** der Normbetroffenen zu berücksichtigen sein (EGMR Urt. v. 20.4.2004, Nr. 60115/00 – Amihalachioaie v. Moldova, Rn. 33; Urt. v. 29.3.2011, Nr. 50084/06 – RTBF v. Belgium), was schon deswegen auf durchgreifende Bedenken stößt, weil damit die Konventionskonformität des Eingriffsgesetzes nicht mehr allgemein beurteilt werden kann, vielmehr in Abhängigkeit von den subjektiven Verständnismöglichkeiten des Betroffenen im Einzelfall gerät (zu Recht abl. Karpenstein/Mayer/Mensching Art. 10 Rn. 41; Grabenwarter/Pabel, Europäische Menschenrechtskonvention, 5. Aufl. 2012, § 23 Rn. 21).

48 Besonders zurückhaltend sind die Bestimmtheitsanforderungen für die gesetzliche **Festlegung von Sanktionsfolgen,** etwa Schadensersatzpflichten, formuliert worden, weil hier in besonderem Maße situationsbedingte Einzelfallflexibilität möglich sein muss (EGMR Urt. v. 13.7.1995, Nr. 18139/91 – Tolstoy Miloslawsky, Rn. 41).

49 Das Vorhersehbarkeitskriterium wird ergänzt durch das – mit ihm nicht vollständig kongruente – Kriterium des Maßes der **Steuerungsleistung des Gesetzes** gegenüber den rechtsanwendenden Instanzen: Das Gesetz muss Schutz vor willkürlichen Eingriffen durch die öffentliche Gewalt gewährleisten und daher mit ausreichender **Klarheit** die Reichweite von Handlungsspielräumen der Verwaltung sowie der Ausübung eines eingeräumten Ermessens bestimmen (EGMR Urt. v. 11.10.2007, Nr. 14134/02 – Glas Nadezhda EOOD and Elenkov v. Bulgaria, Rn. 46).

50 Bemerkenswert ist insofern die (ähnlich wie in der Rspr. des BVerfG) in neueren Entscheidungen herausgearbeitete enge Verbindung zwischen dem **Bestimmtheitsgebot und** dem **Verhältnismäßigkeitsgrundsatz:** Hängt die Grundrechtskonformität einer Kommunikationsbeschränkung davon ab, ob diese mit Blick auf das verfolgte Ziel erforderlich und in der Abwägung mit dem Gewicht dieses Ziels angemessen ist, so muss das Gesetz Vorkehrungen dafür treffen, dass diese Anforderungen von der eingreifenden Stelle auch beachtet werden, insbes. durch Vorgabe präziser und spezifischer Maßstäbe für die Abwägung im Einzelfall. Lassen sich Defizite bei der Verhältnismäßigkeitsprüfung mithin auf eine zu weit oder gar blankettartig gefasste Eingriffsermächtigung zurückführen, scheitert die Eingriffsrechtfertigung nicht erst am materiellen Maßstab der Verhältnismäßigkeit, sondern fehlt es schon an einer hinreichend bestimmten gesetzlichen Grundlage (EGMR Urt. v. 18.12.2012, Nr. 3111/10 – Yildirim v. Turkey, Rn. 59 ff.).

51 Weniger überzeugend ist hingegen die in der Rspr. des EGMR zu beobachtende Aufladung des Gesetzesvorbehalts mit Anforderungen an einen **effektiven Rechtsschutz** durch unabhängige Gerichte: So geht es nicht eigentlich um die Bestimmtheit der gesetzlichen Eingriffsermächtigung, vielmehr um eine Kritik an deren Inhalt, nämlich der durch sie begründeten Zuständigkeitsordnung, wenn der Gerichtshof einen Verstoß gegen den Legali-

Freiheit der Meinungsäußerung   **Art. 10 EMRK**

tätsgrundsatz darin sieht, dass die fragliche Norm die Befugnis zu einer den Quellenschutz des Journalisten aufhebenden Offenlegungsverpflichtung nicht einem unabhängigen Richter, sondern dem Staatsanwalt erteilt (EGMR Urt. v. 14.9.2010, Nr. 38224/03 – Sanoma Uitgevers B. V. v. The Netherlands, Rn. 90 ff.). Hier werden Rechtsschutzanforderungen mit denjenigen der Normenklarheit und Steuerungsdichte vermengt, wird der Gesetzesvorbehalt mit einem Richtervorbehalt befrachtet, damit aber sachlich überdehnt (s. ähnlich auch EGMR Urt. v. 11.10.2007, Nr. 14134/02 – Glas Nadezhda EOOD and Elenkov v. Bulgaria, Rn. 46 ff.).

III. Legitime Beschränkungsziele

Ein Eingriff in die Kommunikationsfreiheit kann nur mit der Verfolgung eines der in Abs. 2 genannten Beschränkungsziele gerechtfertigt oder auf den hinzutretenden Beschränkungsgrund des Abs. 1 S. 3 gestützt werden. Zwar hat die Enumerationstechnik der Konvention hinsichtlich der zulässigen Schrankengründe in der Praxis bisher **keine nennenswerte Begrenzungswirkung** entfaltet: Am Erfordernis eines legitimen Ziels sind bisher kaum je Eingriffe gescheitert (Grabenwarter/Pabel, Europäische Menschenrechtskonvention, 5. Aufl. 2012, § 18 Rn. 13), auch weil der Gerichtshof der definitorischen Erfassung der Schrankengründe keine besondere Aufmerksamkeit geschenkt hat. Dies entbebt gleichwohl nicht davon, das jeweils vom Staat verfolgte Regelungs- oder Maßnahmenziel einem der ausformulierten Schrankengründe zuzuordnen. Allerdings stehen die Rechtfertigungsgründe keineswegs in einem strikt gegeneinander abzugrenzenden Ausschließungsverhältnis; Doppelnennungen sind in der Rspr. des EGMR häufig (s. nur EGMR Urt. v. 24.7.2012, Nr. 40721/08 – Fáber v. Hungary, Rn. 31: Aufrechterhaltung der Ordnung und Rechte Anderer; Urt. v. 24.5.1988, Nr. 10737/84 – Müller and Others v. Switzerland, Rn. 30: „natural link between protection of morals and protection of the rights of others"). Der Katalog des Abs. 2 enthält über die auch in den Auflistungen in Art. 8, 9 und 11 genannten hinaus weitere, spezifisch auf den Gewährleistungsinhalt der Kommunikationsgrundrechte zugeschnittene Beschränkungsziele, namentlich die Ziele des Schutzes des guten Rufes anderer, der Verhinderung der Verbreitung vertraulicher Informationen und der Wahrung der Autorität und der Unparteilichkeit der Rspr. 52

Der **Schutz der nationalen Sicherheit** erfasst vor allem die Fälle des Geheimnisverrats, soweit geheimhaltungsbedürftige Informationen staatlicher Institutionen (etwa der Sicherheitsdienste) in Rede stehen; das Ziel überschneidet sich teilweise mit demjenigen des Schutzes vertraulicher Informationen. Soweit es um die Verfolgung separatistischer Äußerungen geht, kommt ein Rückgriff auf das Schutzgut der territorialen Unversehrtheit in Betracht. Der Begriff der **„Ordnung"** („prevention of disorder") wird in der Rspr. nicht näher erläutert, namentlich hinsichtlich der Frage, ob nur der Schutz von Rechtsnormen oder auch von vorrechtlichen (Moral-)Normen erfasst ist; der EGMR akzeptiert hier regelmäßig ohne nähere Prüfung das Vorbringen des jeweiligen Staates (s. nur EGMR Urt. v. 8.7.2008, Nr. 33629/06 – Vajnai v. Hungary, Rn. 33 f.: strafrechtliche Verfolgung wegen des Tragens totalitärer Symbole). Eine gewisse Spezifizierung findet sich hinsichtlich der Wahrung der Ordnung in besonderen Statusverhältnissen, etwa im Gefängnis („order and security in the prison", EGMR Urt. v. 21.6.2012, Nr. 34124/06 – Schweizerische Radio- und Fernsehgesellschaft SRG v. Switzerland, Rn. 48) oder im (Polizei-)Beamtendienstverhältnis (EGMR Urt. v. 9.10.2012, Nr. 29723/11 – Szima v. Hungary, Rn. 29). Der Schutz der **Moral** umfasst den Jugendschutz, die Sexualmoral (EGMR Urt. v. 24.5.1988, Nr. 10737/84 – Müller and Others v. Switzerland, Rn. 30), aber auch etwa den Schutz vor als mit den herrschenden Wertvorstellungen unvereinbar angesehenen Bekenntnisinhalten einer Sekte (EGMR Urt. v. 13.7.2012, Nr. 16354/06 – Mouvement raëlien suisse v. Switzerland, Rn. 54 f.). Dem **Gesundheitsschutz** dienen Werbeverbote bezüglich gesundheitsgefährdender Produkte (EGMR Urt. v. 5.3.2009, Nr. 26935/05 – Société de Conception de Presse et d'Edition et Ponson c. France, Rn. 56) oder berufsrechtliche Werbebeschränkungen für Ärzte (EGMR Urt. v. 17.10.2002, Nr. 37928/97 – Stambuk v. Germany, Rn. 30). Besonderes Gewicht hat in der Praxis naturgemäß der Beschränkungsgrund des Schutzes des **guten Ruf**es erlangt; er deckt den äußerungsrechtlichen Persönlichkeitsschutz (EGMR Urt. v. 7.2.2012, Nr. 39954/08 – Axel Springer AG v. Germany, Rn. 77) und legitimiert auch 53 staatliches Nichteinschreiten gegen private Sanktionen gegen ehrverletzende Äußerungen (EGMR Urt. v. 12.9.2011, Nr. 28955/06 ua – Palomo Sánchez and Others v. Spain, Rn. 68: keine Schutzpflicht aus Art. 10 gegen eine Kündigung als Reaktion auf eine persönlichkeitsverletzende Karikatur des Arbeitgebers). Die „Rechte Anderer", vom Gerichtshof sehr häufig in Verbindung mit anderen Beschränkungsgründen akzeptiert, sollen auch – fragwürdig – den **Schutz religiöser Gefühle** von Anhängern eines Bekenntnisses gegenüber religionskritischen Aussagen oder Darstellungen umfassen (EGMR Urt. v. 20.9.1994, Nr. 13470/87 – Otto Preminger Institut v. Austria, Rn. 46 ff., zust. wohl Frowein/Peukert EMRK, 2009, EMRK Art. 10 Rn. 41, abl. dazu Rox, Schutz religiöser Gefühle im freiheitlichen Verfassungsstaat, 2012, 261 ff.; Cornils AfP 2013, 199). Das Schutzziel der **Wahrung der Autorität und Unparteilichkeit der Rspr.** übernimmt das im common-law-Rechtskreis anerkannte Institut des „contempt of court" (Grabenwarter/Pabel, Europäische Menschenrechtskonvention, 5. Aufl. 2012, § 23 Rn. 25; Frowein/Peukert EMRK, 2009, EMRK Art. 10 Rn 43) und dient dem Schutz der Rechtsprechungsfunktion (EGMR Urt. v. 28.6.2011, Nr. 28439/08 – Pinto Coelho c. Portugal, Rn. 30) ebenso wie dem Schutz der Verfahrensbeteiligten (EGMR Urt. v. 14.2.2008, Nr. 20893/03 – July and SARL Libération v. France, Rn. 59).

IV. Verhältnismäßigkeit

1. Allgemeines

54 Die zentralen Rechtfertigungsanforderungen für Eingriffe in die Kommunikationsfreiheit ergeben sich aus dem Grundsatz der Verhältnismäßigkeit, der sich in der Formulierung „in einer demokratischen Gesellschaft notwendig" nur ansatzweise zum Ausdruck bringt. Wie bei allen Konventionsrechten umschließt das Verhältnismäßigkeitsprinzip nicht nur den Teilgrundsatz der Erforderlichkeit, sondern alle drei Teilpostulate der Verhältnismäßigkeit: Geeignetheit, Erforderlichkeit und Angemessenheit der Eingriffsregelung oder -maßnahme im Hinblick auf den Schutz oder die Förderung des legitimen Eingriffsziels. Die mit dem Verhältnismäßigkeitsgrundsatz errichtete materielle Rechtfertigungslast wiegt bei Art. 10 wegen dessen sowohl individueller als auch demokratisch-funktionaler Bedeutung im Ausgangspunkt schwer: Notwendig und damit verhältnismäßig ist ein Eingriff nur bei einem „dringenden sozialen Bedürfnis" (**„pressing social need"**). Indessen ist diese Betonung der Schutzintensität des Grundrechts nicht zu verwechseln mit einem apriorischen Vorrang, einer Höherrangigkeit gegenüber anderen, von den Schrankengründen des Art. 10 Abs. 2 erfassten Gütern. Vielmehr muss auch die Kommunikationsfreiheit ggf. zurücktreten und ist ihre Beschränkung daher gerechtfertigt, wenn im Ergebnis der auf der dritten Stufe der Verhältnismäßigkeit (Angemessenheit von Eingriffsmittel und Eingriffsziel) gebotenen **Abwägung** das durch den Schrankengrund geschützte Rechtsgut unter den Bedingungen der Eingriffssituation den Vorzug verdient. Insofern ist die Rede vom Ausnahmecharakter der Schranken (EGMR Urt. v. 10.1.2013, Nr. 36769/08 – Ashby Donald et autres c. France, Rn. 38: „interpretation étroite"; Frowein/Peukert EMRK, 2009, EMRK Art. 10 Rn. 29) zumindest missverständlich und bringt sich die Schutzwirkung des Grundrechts eher in einer zwar nicht einheitlich, aber doch in weiten Teilen der Schutzbereiche des Art. 10 strengen Überprüfung der Validität der angeführten Argumente für eine Kommunikationsbeschränkung zur Geltung.

55 Die Kontrollnorm der Verhältnismäßigkeit und also seine eigene Kontrollfunktion versteht der Gerichtshof als eine Aufgabe des **„review"** der staatlichen Instanzen und Gerichte: Es geht also nicht darum, an die Stelle der staatlichen Autoritäten zu treten und die von diesen in Ausschöpfung der ihnen je zustehenden Spielräume getroffenen Entscheidungen zu ersetzen, sondern nur und allerdings um eine Aufsicht darüber, ob jene Stellen die ihnen obliegenden konventionsrechtlichen **Grenzen ihres Handlungsermessens** beachtet haben („supervisory function", EGMR Urt. v. 16.7.2013, Nr. 73469/10 – Nagla v. Latvia, Rn. 93). Damit ist freilich, wie der Gerichtshof versichert, noch keineswegs automatisch eine Einschränkung der Kontrolldichte verbunden (EGMR Urt. v. 10.12.2007, Nr. 69698/01 – Stoll v. Switzerland, Rn. 101). Das Maß und die Stringenz der Aufsicht ergeben sich vielmehr erst aus der Enge oder Weite der je zugebilligten Spielräume.

Die Rspr. hat mittlerweile ein reichhaltiges Arsenal an Grundsätzen, Kriterien und fall- 56
gruppenspezifischen Entscheidungsleitlinien für die Beurteilung der Verhältnismäßigkeit von
Eingriffen in die Kommunikationsfreiheit entwickelt. Zwischen den verschiedenen Anforderungen der Verhältnismäßigkeit – **Geeignetheit, Erforderlichkeit und Angemessenheit**
– wird indessen **weniger scharf unterschieden** als etwa in der deutschen verfassungsgerichtlichen Grundrechtspraxis. Namentlich Erforderlichkeits- und Angemessenheitsgesichtspunkte verfließen häufig in einer zusammenhängenden Argumentation (s. etwa
EGMR Urt. v. 21.6.2012, Nr. 34124/06 – Schweizerische Radio- und Fernsehgesellschaft
SRG v. Switzerland, Rn. 56 ff.: der Sache nach Nichterforderlichkeit des absoluten Verbots
der Durchführung eines Fernsehinterviews einer verurteilten Straftäterin im Gefängnis zum
Schutz der Persönlichkeitsrechte der Mitgefangenen sowie der äußeren Ordnung im Gefängnis). Das dürfte auch damit zu erklären sein, dass die Verneinung der tatsachenbezogenen
Erforderlichkeit (als Ergebnis der dafür erforderlichen Alternativenprüfung) dem Gerichtshof
häufig nicht mit der nötigen Gewissheit möglich, sie jedenfalls ein besonders scharfer und
daher nicht selten gescheuter Eingriff in die Beurteilungsprärogative der staatlichen Organe
und Gerichte sein wird. Indem die Prüfung und Entscheidung auf die – normative –
Abwägungsstufe (Verhältnismäßigkeit im engeren Sinn, Angemessenheit) verschoben oder
zumindest mit dieser verknüpft wird, kann das klar ausgesprochene harte Verdikt einer
schlicht nicht gegebenen Eignung oder Erforderlichkeit des Eingriffs vermieden werden.

Mit der Vielfalt und Ausdifferenziertheit der Judikatur steigt freilich auch die Unüber- 57
sichtlichkeit der je einschlägigen Maßstäbe. Hinzu kommen inhaltliche Legitimationsprobleme, die sich gerade aus dem Ansatz einer intensiven fall-(gruppen-) spezifisch ausdifferenzierten Abwägungskontrolle ergeben. Dies betrifft namentlich die am Kommunikationsinhalt, mithin seiner Bedeutung für die öffentliche Meinungsbildung (EGMR Urt. v.
22.4.2013, Nr. 48876/08 – Animal Defenders International v. UK, Rn. 102: „there is little
scope under Article 10 § 2 for restrictions on debates on questions of public interest")
orientierte **Abstufung** der relativen Schutzwürdigkeit der **Kommunikationsprozesse,** die
den Gerichtshof (und die staatlichen, auf die EMRK verpflichteten Gerichte) in eine nicht
unproblematische Einzelfallbewertung der jeweiligen relativen Wertigkeit der Freiheitsausübung zwingt: Äußerungen in Angelegenheiten von öffentlichem Interesse (**„matters of
public interest":** EGMR Urt. v. 12.10.2010, Nr. 184/06 – Saaristo and Others v. Finland,
Rn. 67) sind stärker geschützt als Äußerungen, die nur Gegenstände des Privatlebens betreffen oder nur die „Neugier des Publikums" (EGMR Urt. v. 24.6.2004, Nr. 59320/00 – Von
Hannover v. Germany, Rn. 65) befriedigen sollen. Parallele Abstufungen betreffen – subjektiv – die sich äußernden und die betroffenen Personen: Teilnehmer an der im engeren
Sinne politischen Debatte sind mit ihren Debattenbeiträgen in stärkerem Maße einerseits
grundrechtlich immunisiert. Politiker, Staatsbeamte und sonstige **prominente Personen** des
öffentlichen Lebens müssen sich andererseits aber auch in besonderem Maße abträgliche
Äußerungen gefallen lassen (EGMR Urt. v. 14.3.2013, Nr. 26118/10– Eon c. France,
Rn. 59). Objektiviert auf die Institutionen und Teilschutzbereiche des Art. 10 lebt diese
Differenzierung fort in Bereichsdogmatiken für die Medien, mithin in der Herausbildung
von Sondergrundsätzen für die presse- und rundfunkmäßige Kommunikation – Medienprivilegien ebenso wie anderersets gesteigerten Sorgfaltspflichten (EGMR Urt. v. 10.7.2012,
Nr. 43380/10 – Erla Hlynsdóttir v. Iceland, Rn. 59). Schließlich wirkt sich das Differenzierungskonzept in einer kaum berechenbaren Kasuistik zum – eben nicht einheitlichen,
sondern fallgruppenspezifisch unterschiedlich weit gesteckten – Beurteilungsspielraum der
Staaten aus (→ Rn. 59).

2. Beurteilungsspielraum („margin of appreciation")

Schlechthin vorentscheidende Bedeutung für die Rechtfertigungsfrage kommt dem Aus- 58
maß des **staatlichen Beurteilungsspielraums** hinsichtlich der Erforderlichkeit und Angemessenheit der fraglichen Maßnahmen oder Regelung zu. Die Dogmatik des Beurteilungsspielraums ist bis heute in der Rspr. des Gerichtshofs nicht zu vollauf befriedigender
Klarheit und Konsistenz entfaltet worden. Deutlich wird aber doch, dass es dabei nicht nur
um eine Frage des judicial self restraint des EGMR gegenüber den Staaten geht, nicht nur
um eine Abschwächung der gerichtlichen Kontrolldichte, die zu dem materiellen Verhält-

nismäßigkeitsmaßstab hinzuträte, sondern um eine Beschreibung der **materiellen Grundrechtsbindung** selbst. Mit dem Beurteilungsspielraum wird also nicht eine Differenz zwischen den Konventionsrechten als (strengeren) Handlungsnormen einerseits und als (weniger scharfen) Kontrollnormen andererseits ausgedrückt, sondern sind die fallkontextspezifisch unterschiedlichen Kriterien für die Beurteilung der Verhältnismäßigkeit als solcher angesprochen. Diesen Zusammenhang zwischen den materiellen **Verhältnismäßigkeitsmaßstäben und** dem **Beurteilungsspielraum** lässt die Rspr. schon dadurch erkennen, dass sie die bereichsspezifischen Kriterien der Verhältnismäßigkeit, etwa das prinzipielle Presseprivileg, den grds. reduzierten Schutz von public figures usw., im Begründungsgang untrennbar mit dem margin of appreciation verbindet (s. nur EGMR Urt. v. 22.4.2013, Nr. 48876/08 – Animal Defenders International v. UK, Rn. 102 ff.; Urt. 23.7.2013, Nr. 33287/10 – Sampaio e Paiva de Melo c. Portugal, Rn. 28: „La marge d'appréciation de l'´Etat dans la restriction du droit à la liberté d`expression du requérant s'en trouvait par conséquent réduite"). Ist der je anerkannte Beurteilungsspielraum mithin nur ein Ausdruck für die je anzunehmende Bindungs- und Schutzintensität des Konventionsrechts, kann es auch **schwerlich** einen **unterschiedlichen grundrechtlichen Bindungsmaßstab** für den EGMR einerseits und für die staatlichen Adressaten der Konventionsrechte andererseits geben (so aber Karpenstein/Mayer/Mensching Art. 10 Rn. 55).

59 Die **Kriterien** für die fallkontextspezifisch unterschiedliche Bestimmung des Beurteilungsspielraums – Zentralproblem der Interpretation des Art. 10 wie auch anderer Konventionsrechte – sind mithin **weithin identisch** mit den Grundsätzen für die Schärfe-Einstellung der Verhältnismäßigkeitsprüfung, wie sie in der Rspr. für die verschiedenen Teilschutzbereiche und Fallgruppen der Kommunikationsfreiheit entwickelt worden sind (→ Rn. 62 ff.). Entsprechend der alles andere überlagernden dichotomischen Unterscheidung von in der Abwägung mit Schrankengründen gewichtigen „politischen" Äußerungen einerseits und „privaten" Äußerungen andererseits ist so etwa für Beschränkungen kommerziell motivierter Kommunikation ein relativ großer Beurteilungsspielraum anerkannt worden (EGMR Urt. v. 10.1.2013, Nr. 36769/08 – Ashby Donald et autres c. France, Rn. 39 f.), bei Sanktionen gegen staats- oder justizkritische Berichterstattung der Presse hingegen nur ein enger Spielraum („a narrow one", EGMR Urt. v. 14.2.2008, Nr. 20893/03 – July and SARL Libération v. France, Rn. 67).

60 Die Reichweite des Beurteilungsspielraums, damit aber nach dem Vorgesagten zugleich auch die Intensität der materiellen Verhältnismäßigkeitsbindung hängen zudem davon ab, ob zwischen den Staaten erhebliche Unterschiede in der Anerkennung und Gewichtung von Gründen für die Einschränkung der Kommunikationsfreiheit bestehen, so dass die Konventionsdogmatik nicht auf eine vergleichsweise einheitliche und gefestigte Rechtsauffassung aufbauen kann (EGMR Urt. v. 22.1.2013, Nr. 49197/06 ua – Şükran Aydın and Others v. Turkey, Rn. 51). Mit dieser Erwägung ist insbes. hinsichtlich des Schrankengrundes des Schutzes der – stark kultur- und traditionsabhängigen – **Moral** ein **weiter Beurteilungsspielraum** zugunsten der staatlichen Eingriffsmaßnahmen anerkannt worden (EGMR Urt. v. 10.7.2003, Nr. 44179/98 – Murphy v. Ireland, Rn. 67).

61 Ob der Beurteilungsspielraum bei konventionsrechtlichen **Leistungspflichten** (positive obligations) größer ist als beim abwehrrechtlichen Gewährleistungsgehalt, lässt sich der Rspr. nicht eindeutig entnehmen (s. bejahend EGMR Urt. v. 3.2.2009, Nr. 31276/05 – Woman on waves u. a. c. Portugal, Rn. 40, anders aber Urt. v. 7.2.2012, Nr. 39954/08 – Axel Springer AG v. Germany, Rn. 87: „the margin of appreciation should in principle be the same in both cases", → Rn. 40 ff.).

3. Allgemeine Meinungs- und Informationsfreiheit: Verhältnismäßigkeitskriterien

62 Vor allem bei Eingriffen in die Kommunikationsfreiheit zum Schutz von Persönlichkeitsrechten (Schutz des guten Rufes) kommt, nicht anders als im deutschen Äußerungsrecht, auch für die Rechtfertigungsdogmatik im Rahmen des Art. 10 der Unterscheidung zwischen – beweisfähigen – **Tatsachenbehauptungen** (statements of fact) und – dem Beweis entzogenen – **Meinungsäußerungen** (value judgements) eine wesentliche Bedeutung zu (EGMR Urt. v. 15.2.2005, Nr. 68416/01 – Steel and Morris v. UK, Rn. 87). Zwar gibt der Gerichtshof an, den Staaten in dieser Zuordnungsfrage einen Beurteilungsspielraum zuzubil-

Freiheit der Meinungsäußerung **Art. 10 EMRK**

ligen (EGMR Urt. v. 17.12.2004, Nr. 49017/99 – Pedersen and Baadsgaard v. Denmark, Rn. 76), sieht sich aber dadurch keineswegs gehindert, diese Zuordnung doch selbst – ohne erkennbare Zurückhaltung und auch in offener Abweichung von der Ansicht der staatlichen Gerichte – vorzunehmen (EGMR Urt. v. 27.2.2001, Nr. 26958/95 – Jerusalem v. Austria, Rn. 44).

Per se ein Verstoß gegen Art. 10 liegt darin, dass bei Meinungsäußerungen eine (notwendig) unerfüllbare Wahrheits-Nachweispflicht auferlegt wird (EGMR Urt. v. 9.10.2012, Nr. 29723/11 – Szima v. Hungary, Rn. 30). **Wahrheitsgemäße** Tatsachenbehauptungen dürfen regelmäßig nicht untersagt werden, anders dann, wenn sie rein private Sachverhalte betreffen, an deren Offenlegung kein öffentliches Interesse besteht. Bei **objektiv unwahren** oder **nicht erweislich wahren** Tatsachenbehauptungen hängt die Rechtmäßigkeit von Verboten davon ab, ob die Behauptung nicht gleichwohl nach Lage der Dinge durch ein **öffentliches Interesse** gedeckt war und die äußernde Person die ihr zumutbaren Sorgfaltspflichten erfüllt hat. Art. 10 steht nicht entgegen, die Wahrheitsbeweislast dem Äußernden zuzuweisen (EGMR Urt. v. 20.5.1999, Nr. 21980/93 – Bladet Tromsø and Stensaas v. Norway, Rn. 66; Urt. v. 7.5.2002, Nr. 46311/99 – McVicar v. UK, Rn. 84). 63

Dem praktisch häufigen Phänomen und Problem von **Gemengelagen** aus Tatsachenbehauptungen und Wertungen trägt der Gerichtshof dadurch Rechnung, dass einerseits derartige „value-laden statements" nicht voll dem für Tatsachenbehauptungen grds. ausschlaggebenden geltenden **Wahrheitstest** unterworfen werden (EGMR Urt. v. 1.12.2009, Nr. 5380/07 – Karsai v. Hungary, Rn. 33 f.), andererseits aber doch die die Meinung begründende **Tatsachengrundlage** ausreichend valide sein muss („sufficient factual basis) (EGMR Urt. v. 27.2.2001, Nr. 26958/95 – Jerusalem v. Austria, Rn. 43 ff.). Der Gerichtshof hat sich indessen erfreulich klar gegen die zu restriktive Auffassung abgegrenzt, Meinungsäußerungen schlechthin nur unter der Voraussetzung für grundrechtlich schutzfähig zu halten, dass sie einen Bezug auf zutreffende Tatsachen haben (EGMR Urt. v. 12.7.2001, Nr. 29032/95 – Feldek v. Slovakia, Rn. 86). Die Anforderung ausreichender Tatsachenbasierung kann mithin nur für solche Werturteile gelten, die ihrem Inhalt oder Kontext nach aus einer Tatsachenbehauptung hervorgehen, also einen (als solchen beweisfähigen) Tatsachenkern haben (m. Bsp. aus der Rspr. Frowein/Peukert Art. 10 Rn 32). Immerhin kann eine Meinungskundgabe exzessiv, die Grenzen des Zulässigen überschreitend sein, wenn sie jeden Tatsachenhintergrund vermissen lässt (EGMR Urt. v. 8.7.2008, Nr. 24261/05 – Backes c. Luxembourg, Rn. 45). Sind Informationen bereits **öffentlich bekannt,** entlastet dies den Äußernden von der Last, die Richtigkeit der hinter seiner Meinung stehenden Tatsachen zu beweisen (EGMR Urt. v. 15.3.2011, Nr. 2034/07 – Otegi Mondragon v. Spain, Rn. 53). Das je geforderte Maß ausreichender Tatsachengrundlage hängt flexibel vom **Grad der Persönlichkeitsbeeinträchtigung** durch die Äußerung ab (Karpenstein/Mayer/Mensching Art. 10 Rn. 71). 64

Werturteile sind in weitem Umfang gegen staatliche Behinderungen oder Verbote geschützt; Art. 10 garantiert nicht nur prima facie, sondern auch in der Verhältnismäßigkeits-Abwägung die Freiheit zu scharfer, unsachlicher, polemischer Kritik, insbes. auch als Stilmittel, etwa bei satirischer Übertreibung (EGMR Urt. v. 21.5.2012, Nr. 32131/08 – Tuşalp v. Turkey, Rn. 47). Allerdings schlägt hier, für die Bestimmung des relativen Gewichts des Grundrechtsschutzes gegenüber dem im Eingriffsziel erfassten Schutzgut (etwa dem Persönlichkeitsrecht), nun die Differenzierung zwischen für die öffentliche Meinungsbildung bedeutsamen (im weiten Sinn „politischen") und nur mehr private Interessen – auf Seiten des Kommunikators ebenso wie auf Seiten der Rezipienten der Äußerung – verfolgenden Äußerungen durch. Aussagen, die geeignet sind, zu einer **Debatte von öffentlichem Interesse** beizutragen, unterliegen starkem Schutz aus Art. 10. Der Gerichtshof hat der Gefahr, sich auf eine zu weite Verengung des Schutzes nur hinsichtlich funktional wertvoller Kommunikation einzulassen, dadurch entgegenzuwirken versucht, dass er einen **weiten Begriff** des allgemeinen Interesses zugrunde gelegt hat, der nicht nur politische Inhalte oder Straftaten umfasst, sondern beispielsweise auch Informationen aus dem Bereich des Sports oder der Künste. Gerüchte über Eheprobleme des Staatspräsidenten sollen hingegen ebenso wenig von öffentlichem Interesse sein wie die Finanzschwierigkeiten eines bekannten Sängers (s. zusammenfassend m. jeweils Bsp. aus der Rspr. EGMR Urt. v. 7.2.2012, Nr. 39954/08 – Axel Springer AG v. Germany, Rn. 90). Anderseits entfällt sogar der funktional 65 begründete spezifisch stärkere Schutz der **Massenmedien** – erst recht die Schutzwürdigkeit nur mehr individueller Kommunikation ohne mediale Meinungsbildungsfunktion –, wenn sich die Äußerung nur in „billigen, das Privatleben des Betroffenen betreffenden Anschuldigungen" erschöpft, wenn es nur um sensationelle oder gar reißerische **Nachrichten aus dem Privatleben** geht, in der Absicht, ein neugieriges Publikum zu erregen oder zu unterhalten (EGMR Urt. v. 10.5.2011, Nr. 48009/08 – Mosley v. UK, Rn. 114).

66 „Political figures or public figures" müssen weitergehende Kritik ertragen als Privatpersonen ohne besonderen Öffentlichkeitsbezug. Dies kann durchaus auch für Gegenstände gelten, die in den privaten Lebensbereich der Person fallen, sofern sie in einem Sachbezug zu der öffentlichen Rolle der Person stehen, nicht hingegen für ehrenrührige Äußerungen, die ausschließlich ihr Privatleben betreffen (EGMR Urt. v. 7.2.2012, Nr. 39954/08 – Axel Springer AG v. Germany, Rn. 91). Zum **Kreis der „öffentlichen Personen",** die sich auf einen nur schwächeren Schutz ihrer Privatsphäre (Art. 8) gegenüber der Kommunikationsfreiheit berufen können, andererseits aber mit ihren eigenen Äußerungen, sofern sie im Zusammenhang ihrer öffentlichen Funktion fallen, auch selbst besonders stark durch Art. 10 geschützt sind (EGMR Urt. v. 15.3.2011, Nr. 2034/07 – Otegi Mondragon v. Spain, Rn. 51), gehören Regierungsmitglieder (EGMR Urt. v. 14.3.2013, Nr. 26118/10 – Eon c. France, Rn. 59) oder Organwalter von Staatsorganen, sonstige Politiker und hochrangige Beamte, aber auch herausgehobene Funktionäre gesellschaftlicher Einrichtungen (EGMR Urt. v. 23.7.2013, Nr. 33287/10 – Sampaio e Paiva de Melo c. Portugal, Rn. 26: Präsident eines Fußballklubs). Ein privilegierender Beleidigungsschutz für republikanische Regierungs- oder Staatschefs ebenso wie für Monarchen ist demgegenüber mit Art. 10 unvereinbar (EGMR Urt. v. 15.3.2011, Nr. 2034/07 – Otegi Mondragon v. Spain, Rn. 55 ff.). Bei persönlichkeitsrechtsbeeinträchtigenden Äußerungen gegenüber **Angehörigen des öffentlichen Dienstes** – Beamtenschaft oder Justiz reicht die Schutzwirkung des Art. 10 freilich weniger weit (EGMR Urt. v. 15.3.2011, Nr. 2034/07 – Otegi Mondragon v. Spain, Rn. 50), weil insoweit die Funktionsfähigkeit einer effizienten Verwaltung oder unabhängigen und vertrauenswürdigen Rechtspflege in Rechnung gestellt werden muss (EGMR Urt. v. 18.9.2012, Nr. 3084/07 – Falter Zeitschriften GmbH v. Austria Nr. 2, Rn. 39). Nur eingeschränkten Persönlichkeitsschutz gegen Meinungsäußerungen können auch Privatpersonen geltend machen, die **freiwillig** das Licht der Öffentlichkeit gesucht und sich damit unvermeidlich der öffentlichen Betrachtung und Kritik ausgesetzt haben (EGMR Urt. v. 10.7.2012, Nr. 43380/10 – Erla Hlynsdóttir v. Iceland, Rn. 65; Grabenwarter/Pabel, Europäische Menschenrechtskonvention, 5. Aufl. 2012, § 23 Rn. 34). Nicht ausreichend für eine derartige „Verwirkung" des Privatpersonen an sich zustehenden Privatheitsschutzes ist es freilich, dass die Person bei früheren Gelegenheiten mit den Medien zusammengearbeitet hat (EGMR Urt. v. 7.2.2012, Nr. 39954/08 – Axel Springer AG v. Germany, Rn. 92). Nicht zu einer öffentlichen Person wird ein Kind dadurch, dass die Eltern einen Rechtsstreit über das Sorgerecht austragen; die Veröffentlichung identifizierender Pressefotos von den Verbringung des Kindes zum Gericht darf daher ohne Verstoß gegen Art. 10 als Verletzung des Persönlichkeitsrechts des Kindes geahndet werden (EGMR Urt. v. 19.6.2012, Nr. 27306/07 – Krone Verlag GmbH v. Austria, Rn. 54 ff.).

67 Art. 10 kennt textlich, anders als Art. 5 Abs. 1 S. 3 GG, kein **Zensurverbot.** Gleichwohl sind die für die Medien- und Meinungsfreiheit in besonderem Maße gefährlichen Vorabkontrollen und Vorabbeschränkungen (**„prior restraints"**) auch im Konventionsrecht nur unter Wahrung besonders scharfer Rechtfertigungsanforderungen zulässig, allerdings nicht absolut ausgeschlossen. Voraussetzung ist in materieller Hinsicht, dass die Beschränkung nur eine bestimmte Art und Weise der Information erfasst, nicht aber die Berichterstattung generell, in prozeduraler Hinsicht ferner, dass eine effektive gerichtliche Kontrolle der Verbotsvoraussetzungen möglich ist (EGMR Urt. v. 17.7.2001, Nr. 39288/95 – Ekin Association c. France, Rn. 56). Diese strengen Anforderungen gelten für die Presse, in gleicher Weise – ungeachtet der für audiovisuelle Medien durch Abs. 1 S. 3 legitimierten Eröffnungskontrolle – auch für den Rundfunk (EGMR Urt. v. 29.3.2011, Nr. 50084/06 – RTBF c. Belgique, Rn. 115), schließlich allgemein für jede Form der Meinungsäußerung (Grabenwarter/Pabel, Europäische Menschenrechtskonvention, 5. Aufl. 2012, § 23 Rn. 39).

68 Angehörige bestimmter Personengruppen können kraft der Zugehörigkeit zum Staat, einer Einrichtung oder einem Unternehmen besonderen **Loyalitätspflichten** unterliegen,

Freiheit der Meinungsäußerung   **Art. 10 EMRK**

aus denen sich Einschränkungen ihrer Meinungsfreiheit begründen. Freilich führt etwa die Arbeitnehmereigenschaft nicht zum Verlust des Grundrechtsschutzes auch kritischer Meinungsäußerung gegenüber Zuständen im eigenen Unternehmen: Das **„whistle-blowing"**, sogar auch in Form einer Strafanzeige ist grundrechtlich geschützt, unterliegt allerdings der Abwägung mit dem Anspruch des Unternehmers auf Wahrung seines guten Rufes und seiner wirtschaftlichen Interessen. Eine Kündigung verletzt die Meinungsfreiheit und muss daher bei privaten Arbeitgebern gerichtlich korrigiert werden (in diesem Fall: positive obligation!), wenn der aufgedeckte Missstand erheblich ist und der Arbeitnehmer seinen Arbeitgeber vor der Veröffentlichung intern darauf aufmerksam gemacht hat (EGMR Urt. v. 21.7.2011, Nr. 28274/08 – Heinisch v. Germany, Rn. 63 ff.).

> Die staatliche Schutzpflicht gegenüber einer Kündigung durch einen Arbeitgeber wegen einer **68.1**
> **ehrkränkenden Karikatur** des Chefs durch Arbeitnehmer tritt gegenüber dem Persönlichkeitsrecht des Arbeitgebers zurück, wenn es sich um eine sehr verletzende Darstellung handelt, die überdies nicht einer Spontanäußerung entspringt, sondern wohlüberlegt, sorgfältig erstellt und gezielt verbreitet worden ist, EGMR Urt. v. 12.9.2011, Nr. 28955/06 ua – Palomo Sánchez and Others v. Spain, Rn. 72 f.

Staatsbedienstete genießen nur mehr begrenzten Schutz des Kommunikationsgrundrechts **69** (EGMR Urt. v. 9.7.2013, Nr. 51160/06 – Giovanni c. Italie, Rn. 69 ff.); **Verschwiegenheits-, Neutralitäts- und Mäßigungspflichten** des staatlichen Dienstrechts sind konventionsrechtlich grds. zulässig. Begibt sich der Beamte oder Richter hingegen außerhalb seiner eigentlichen Dienstgeschäfte in den Bereich der politischen Debatte, so können drastische disziplinarrechtliche Sanktionen gleichwohl unverhältnismäßig sein (EGMR Urt. v. 26.2.2009, Nr. 29492/05 – Kudeshkina v. Russia, Rn. 94 ff.). Die Anforderung der **Verfassungstreue** von Beamten ist konventionsrechtlich grds. rechtfertigungsfähig, muss aber gleichwohl eine hinreichend flexible Beurteilung des Einzelfalls, namentlich der jeweiligen Funktion und Stellung des Beamten und er sich daraus ergebenden Risiken für die Integrität des Staates zulassen (EGMR Urt. v. 26.9.1995, Nr. 17851/91 – Vogt. v. Germany, Rn. 58 ff.). Auch von **Anwälten** darf eine ihrer Rolle und Funktion für die Rechtspflege angemessene Zurückhaltung eingefordert werden. Dies bedeutet jedoch keinen Freibrief für eine übermäßige Einschränkung ihrer Meinungsfreiheit, etwa durch strafrechtliche Sanktionen auch schon bei nicht beleidigenden Äußerungen (EGMR Urt. v. 20.4.2004, Nr. 60115/00 – Amihalachioaie v. Moldavia, Rn. 35 ff., s. auch Urt. v. 4.4.2013, Nr. 4977/05 – Reznik v. Russia, Rn. 44).

Erhebliche, wenn auch offenbar nicht in der gesamten Rspr. einheitlich gleiche Bedeutung **70** (s. Grabenwarter/Pabel, Europäische Menschenrechtskonvention, 5. Aufl. 2012, § 23 Rn. 41) für die Beurteilung der Verhältnismäßigkeit hat die Intensität des jeweiligen Eingriffs, namentlich der von einer Sanktion ausgehende **Einschüchterungseffekt** („chilling effect", s. zB EGMR Urt. v. 4.4.2013, Nr. 4977/05 – Reznik v. Russia, Rn. 50). Weil eine arbeitsrechtliche Kündigung wegen whistle-blowing die „schwerstmögliche arbeitsrechtliche Sanktion" mit ernsthaftem Einschüchterungseffekt auf andere Arbeitnehmer des Unternehmens ist, unterliegt sie besonders strengen Rechtfertigungsanforderungen (EGMR Urt. v. 21.7.2011, Nr. 28274/08 – Heinisch v. Germany, Rn. 91). Die presserechtliche Verpflichtung, eine **Gegendarstellung** oder eine **Richtigstellung** abzudrucken, ist als solche zwar mit Art. 10 ohne weiteres vereinbar, kann sogar wegen der vielfaltssichernden Wirkungen dieser presserechtlichen Institute aus Art. 10 grds. gefordert sein; jedoch verletzt eine strafrechtliche Verurteilung wegen der Verletzung der Gegendarstellungspflicht die Pressefreiheit wegen des damit einhergehenden Einschüchterungseffekts, zumal wenn sie mit einem Verbot des journalistischen Berufs verbunden ist (EGMR Urt. v. 3.4.2012, Nr. 43206/07 – Kaperzyński v. Poland, Rn. 66 ff.).

Verbote der **„Hassrede"** sind in aller Regel zum Schutze der staatlichen Sicherheit oder **71** der Rechte anderer gerechtfertigt. Auch die Hassrede fällt freilich in den Schutzbereich des Art. 10, ihr Verbot und ihre auch strafrechtliche Ahndung durch die Staaten ist jedoch konventionsrechtlich gerechtfertigt. Diese Deutung wird durch Aussagen des Gerichtshofs gestützt, wonach in derartigen Fällen („where remarks incite to violence against an individual or a public official or a sector of the population") der Staat einen weiteren Beurteilungsspielraum für Eingriffe in die Meinungsfreiheit genieße (EGMR Urt. v. 8.7.1999,

EMRK Art. 10 I. Mediengrundrechte

Nr. 26682/95 – Sürek v. Turkey Nr. 1, Rn. 61). Bestätigt wird dies durch die weitere Prüfung der Verhältnismäßigkeit der auferlegten Strafsanktion (EGMR Urt. v. 8.7.1999, Nr. 26682/95, Rn. 64). Für beides wäre kein Raum, fiele die Hassrede schon tatbestandlich nicht in die Reichweite des Art. 10 (missverständlich insoweit Frowein/Peukert EMRK, 2009, EMRK Art. 10 Rn. 33: „nicht den Schutz (...) genießen"). Hassrede („hate speech", „incitation à la haine") liegt nicht erst bei Aufrufen zur Ausübung von Gewalt oder anderem deliktischen Verhalten vor, sondern – insofern in Einklang mit Art. 20 Abs. 2 IPBPR – schon bei der **Anstachelung zur Diskriminierung** von Bevölkerungsgruppen und, wohl noch – nicht mehr unbedenklich – weitergehend, auch bereits dann, wenn eine Gruppe „lächerlich" gemacht wird (EGMR Urt. v. 16.7.2009, Nr. 15615/07 – Féret c. Belgique, Rn. 73: „atteintes aux personnes commises en injuriant, en ridiculisant ou en diffamant certaines parties de la population"). Für Deutschland hat der EGMR bei Äußerungen mit einem Bezug zum Holocaust die Sonderfallthese akzeptiert: Danach rechtfertige der besondere geschichtliche Hintergrund besondere, sonst nicht akzeptable Kommunikationsverbote (EGMR Urt. v. 8.11.2012, Nr. 43481/09 – PETA Deutschland v. Germany, Rn. 49).

4. Besonderheiten bei der Einschränkung der Medienfreiheiten

72 Für die Medienfreiheit ergeben sich Besonderheiten, die sich am deutlichsten in den Eingriffsschranken auswirken (vgl. Grabenwarter/Pabel, Europäische Menschenrechtskonvention, 5. Aufl. 2012, § 23 Rn. 42): So räumt Abs. 1 S. 3 den Konventionsstaaten die Möglichkeit ein, für Hörfunk-, Fernseh- oder Kinounternehmen eine **Genehmigung (Lizenz)** zu verlangen. Überdies kommt der Presse in einer demokratischen Gesellschaft die Funktion als „Wachhund" zu (ua EGMR Urt. v. 20.5.1999, Nr. 21980/93 = NJW 2000, 1015; Urt. v. 22.11.2007, Nr. 64752/01 = NJW 2008, 2563). Dies ist bei den Einschränkungen der Medienfreiheiten zu berücksichtigen (→ Rn. 74). Abs. 1 S. 3 EMRK ermöglicht es den Konventionsstaaten, für Hörfunk-, Fernseh- oder Kinounternehmen eine Genehmigung vorzuschreiben. Insofern gibt Abs. 1 S. 3 den Konventionsstaaten eine zusätzliche Beschränkungsmöglichkeit. Daraus wurde zeitweise gefolgert, dass es den Konventionsstaaten nicht grds. verwehrt sei, ein **Rundfunkmonopol** vorzusehen (vgl. EGMR, 7.2.1968 X, Nr. 3071/67, Yb 11, 456 (462); 20.3.1972 X, Nr. 4750/71, CD 40, 29 (30)). Heute wird jedoch – auch nachdem der Gerichtshof dies ausdrücklich klargestellt hat – allgemein angenommen, dass diese zusätzliche Beschränkungsmöglichkeit nicht vom Grundsatz der Verhältnismäßigkeit dispensiert (vgl. Grabenwarter/Pabel, Europäische Menschenrechtskonvention § 23 Rn. 52). Eine seitens der Konventionsstaaten vorgesehene Genehmigungspflicht muss sich – wie andere Einschränkungen – an den Anforderungen von Abs. 2 messen lassen, sonst wäre der Zweck von Art. 10 gefährdet (EGMR v. 28.3.1990, EuGRZ 1990, 255 – Groppera Radio AG u. a./Schweiz).

72.1 Dies ist inzwischen ständige Rspr. des EGMR: Urt. v. 24.11.1993, Nr. 13914/88; 15 041/89; 15 717/89; 15 779/89; 17 207/90 – Informationsverein Lentia ua/Österreich", Urt. v. 11.10.2007, Nr. 14134/02 – Glas Nadezhda EOOD und Elenkov/Bulgarien; Urt. v. 5.11.2002, Nr. 38743/97 – Demuth/Schweiz.

73 In seinem Urteil „Informationsverein Lentia" aus dem Jahr 1993 zum Rundfunkmonopol in Österreich hat der EGMR festgestellt, dass ein öffentlich-rechtliches Rundfunkmonopol mit Abs. 2 EMRK in aller Regel **unvereinbar** ist (EGMR Urt. v. 24.11.1993, Nr. 13914/88; 15 041/89; 15 717/89; 15 779/89; 17 207/90). Im Hinblick auf den damit verbundenen weitreichenden Eingriff könne ein öffentliches Rundfunkmonopol nur gerechtfertigt sein, wenn es einem dringenden gesellschaftlichen Bedürfnis iSd Abs. 2 EMRK entspräche. Insbes. vor dem Hintergrund der technischen Möglichkeiten und der Schwere des Eingriffs kann ein öffentlich-rechtliches Rundfunkmonopol mit dem Verweis auf eine begrenzte Anzahl von Kanälen und Frequenzen nicht mehr gerechtfertigt werden. Ein Monopol stellt die größtmögliche Einschränkung der Medienfreiheit dar; eine Fallgestaltung, in der ein solches heute mit Abs. 2 EMRK vereinbar wäre, scheint nicht denkbar.

Genauso wie eine Lizenzierungspflicht sind jegliche regulatorischen, technischen und inhaltlichen Ausgestaltungen des Rundfunksystems durch die Mitgliedsstaaten an Art. 10 Abs. 2 zu messen (vgl. Grabenwarter/Pabel, Europäische Menschenrechtskonvention § 23

Freiheit der Meinungsäußerung   **Art. 10 EMRK**

Rn. 52). Bei der Lizenzvergabe dürfen die Konventionsstaaten insbs. nicht gegen das **Willkürverbot** verstoßen und müssen sie ein transparentes Verfahren einrichten: Art 10 steht einer willkürlichen oder diskriminierenden Verweigerung einer Lizenz entgegen (EGMR Urt. v. 30.9.2010, Nr. 6754/95).

Der EGMR fordert hinsichtlich des von den Konventionsstaaten einzurichtenden Verfahrens zur Lizenzerteilung: „Der Staat muss die Kriterien für die Erteilung bzw. Verweigerung einer Konzession nicht nur ausreichend formulieren und publizieren. Die Meinungsfreiheit gebietet zudem, dass die Konzessionsbehörde die vorgängig definierten Kriterien so auf einzelne Gesuche anwendet, dass genügende Garantien gegen eine willkürliche Auswahl bestehen. Zentral ist dabei, dass die Behörde den Betroffenen ihre Überlegungen in einer nachvollziehbaren Begründung kommuniziert. Nötig ist auch eine wirksame Anfechtungsmöglichkeit des (abschlägigen) Konzessionsentscheides (...)" (EGMR Urt. v. 11.20.2007, Nr. 14134/02 – Glas Nadezhda EOOD und Elenkov/Bulgarien). **73.1**

Der **Presse** schreibt der EGMR in der demokratischen Gesellschaft eine wichtige Rolle als „öffentlicher Wachhund" (public watchdog) zu (statt vieler: EGMR Urt. v. 17.12.2004, Nr. 49017/99 Rn. 71). Diese Sonderstellung der Presse verleiht ihr einerseits besondere Rechte, aber auch Pflichten und Verantwortlichkeiten. Die Funktion der Presse als Wachhund folgt auch aus dem Recht der Medienrezipienten, mit Informationen versorgt zu werden (ua EGMR Urt. v. 7.2.2012, Nr. 39954/08 – Axel Springer AG v. Germany, Rn. 80). Es ist Aufgabe der Presse, alle für die öffentliche Meinungsbildung wichtigen Sachverhalte offenzulegen (EGMR Urt. v. 10.7.2012, Nr. 43380/10 – Erla Hlynsdóttir v. Iceland, Rn. 59; Urt. v. 23.7.2013, Nr. 33287/10 – Sampaio e Paiva de Melo c. Portugal, Rn. 19). **74**

Abs. 2 lässt nach der Rspr. vor allem dann nur wenig Raum für eine Einschränkung der Pressefreiheit, wenn diese über Fragen von öffentlichem Interesse berichtet (vgl. EGMR Urt. v. 8.7.1999, Nr. 23536/94 = NJW 2001, 1995). Diese Sonderrolle üben nicht nur Print-, sondern auch **audiovisuelle Medien** aus (EGMR Urt. v. 23.9.1994, Nr. 15890/89). Der Berichterstattungsauftrag umfasst insbs. auch die Berichterstattung von Gerichtsverhandlungen, hier verbindet sich der Schutz des Art. 10 mit demjenigen des Art 6 Abs. 1 (Gerichtsöffentlichkeit) (EGMR Urt. v. 7.2.2012, Nr. 39954/08 – Axel Springer AG v. Germany, Rn. 80). **75**

Die Presse unterliegt freilich auch Grenzen, die schon im Text des Abs. 2 zum Ausdruck kommen (duties and responsibilities), insbs. dann, wenn es um Angriffe auf namentlich individualisierte Personen geht, die selbst durch Art. 8 geschützt sind (EGMR Urt. v. 7.2.2012, Nr. 39954/08 Rn. 82 f. – Axel Springer AG v. Germany). Insbs. hat die **Presse journalistische Sorgfaltspflichten** zu beachten – auch bei Berichterstattung über Angelegenheiten von hohem öffentlichem Informationsinteresse. Besteht ein solches Interesse und ist eine Tatsachenbehauptung nicht erwiesenermaßen wahr, so kommt es entscheidend auf die Einhaltung der professionellen Sorgfaltsanforderungen und den guten Glauben des Journalisten an (EGMR Urt. v. 2.10.2012, Nr. 5126/05 – Yordanova and Toshev v. Bulgaria, Rn. 48). Wahrt die Presse jedoch diese Sorgfaltspflichten und berichtet sie auf Grundlage zuverlässiger und genauer Informationen, kann auch über das Privatleben einer bekannten Person berichtet werden – insbs. wenn diese zuvor die Öffentlichkeit gesucht hat (vgl. EGMR Urt. v. 7.2.2012, Nr. 39954/08 – Axel Springer AG v. Germany, Rn. 93, 100 f.). **76**

Mehrere Faktoren sind für die **Abmessung der** je anzulegenden **Sorgfaltspflicht** zu beachten: das Gewicht der Äußerung als Beitrag für die öffentliche Meinungsbildung, die Natur der Aktivitäten, die Gegenstand der Berichterstattung sind, die Art und Weise der Erlangung der Information, das Vorverhalten der dargestellten Person gegenüber der Öffentlichkeit, die Art und Weise ihrer Publikation, namentlich der Reichweite des Mediums, die Art, wie die betroffenen Personen dargestellt werden. Hinsichtlich der Frage etwaiger Recherchepflichten betreffend die Verlässlichkeit der Quelle ist namentlich auch der Aktualitätsdruck, unter dem die Medien stehen, zu berücksichtigen: Sorgfaltsstandards, die dazu führen würden, dass nur verzögert oder im Nachhinein über dringende Probleme berichtet werden dürfte, dürfen nicht gefordert werden (zu alledem EGMR Urt. v. 7.2.2012, Nr. 39954/08 – Axel Springer AG v. Germany, Rn. 93; Urt. v. 2.10.2012, Nr. 5126/05 – Yordanova and Toshev v. Bulgaria, Rn. 49). Offizielle Informationsquellen, auch die Bulle- **77** tins von Staatsanwälten im Dienst, darf der Journalist ungeprüft für verlässlich halten (EGMR Urt. v. 2.10.2012, Nr. 5126/05 – Yordanova and Toshev v. Bulgaria, Rn. 51).

78 Da die Presse über die Art der Berichterstattung frei entscheiden darf – das gehört zu ihrer journalistischen Freiheit – sind auch Übertreibungen oder **Provokationen** hinzunehmen; die Grenze wird freilich bei Benutzung einer unnötig beleidigenden Sprache überschritten (EGMR Urt. v. 2.10.2012, Nr. 5126/05 – Yordanova and Toshev v. Bulgaria, Rn. 52; Urt. v. 6.2.2001, Nr. 41205/98 – Tammer v. Estland, Rn. 65, 67).

79 Für den EGMR ist der **Quellenschutz,** also der Schutz von Informanten und des Redaktionsgeheimnisses Grundvoraussetzung der Pressefreiheit (EGMR Urt. v. 27.3.1996, Nr. 17488/90 – Goodwin, Rn. 39; Grabenwarter/Pabel, Europäische Menschenrechtskonvention, 5. Aufl. 2012, § 23 Rn. 50). Dabei ist von einem weiten Begriff der journalistischen Quelle auszugehen (EGMR Urt. v. 16.7.2013, Nr. 73469/10 – Nagla v. Latvia, Rn. 93 ff.).

80 Hinsichtlich der aus Art. 10 folgenden Schutzpflichten (positive obligations) hat der Schutz einen effektiven Schutz von Journalisten zu gewährleisten (Grabenwarter/Pabel, Europäische Menschenrechtskonvention, 5. Aufl. 2012, § 23 Rn. 59). Unter normalen Umständen besteht keine definitive Verpflichtung des Staates, Privaten einen Anspruch auf Aufnahme ihrer **Werbung** in privaten Medien zu verschaffen; zwar ist Werbung durch Art. 10 geschützt, ebenso aber das Recht eines Presseunternehmens, über die von ihm publizierten Inhalte zu entscheiden. Sofern die staatlichen Gerichte diese kollidierenden Interessen sorgfältig in ihre Entscheidung einbeziehen, ist die Verweigerung eines Kontrahierungsanspruchs konventionsrechtlich nicht zu beanstanden, jedenfalls dann nicht, wenn dem Werbewilligen andere Möglichkeiten verbleiben, seine Werbung zu platzieren (EGMR Urt. v. 16.7.2013, Nr. 1562/10 – Remuszko v. Poland, Rn. 78 ff.).

3. Grundgesetz (GG) – Auszüge –

Art. 1 [Schutz der Menschenwürde, Menschenrechte, Grundrechtsbindung]

(1) ¹Die Würde des Menschen ist unantastbar. ²Sie zu achten und zu schützen ist Verpflichtung aller staatlichen Gewalt.

(2) Das Deutsche Volk bekennt sich darum zu unverletzlichen und unveräußerlichen Menschenrechten als Grundlage jeder menschlichen Gemeinschaft, des Friedens und der Gerechtigkeit in der Welt.

(3) Die nachfolgenden Grundrechte binden Gesetzgebung, vollziehende Gewalt und Rechtsprechung als unmittelbar geltendes Recht.

Zur Kommentierung des allgemeinen Persönlichkeitsrechts s. → Art. 2 Rn. 1 ff.

Art. 2 [Freie Entfaltung der Persönlichkeit, Recht auf Leben, körperliche Unversehrtheit, Freiheit der Person]

(1) Jeder hat das Recht auf die freie Entfaltung seiner Persönlichkeit, soweit er nicht die Rechte anderer verletzt und nicht gegen die verfassungsmäßige Ordnung oder das Sittengesetz verstößt.

(2) ¹Jeder hat das Recht auf Leben und körperliche Unversehrtheit. ²Die Freiheit der Person ist unverletzlich. ³In diese Rechte darf nur auf Grund eines Gesetzes eingegriffen werden.

Das allgemeine Persönlichkeitsrecht des Art. 2 Abs. 1 iVm Art. 1 Abs. 1 GG entfaltet drei unterschiedliche Schutzdimensionen: das Recht auf Selbstbewahrung, Selbstdarstellung und Selbstbestimmung. Diesen Schutzdimensionen kommt im Zusammenhang mit der massenmedialen Berichterstattung in Presse und Rundfunk erhebliche Bedeutung zu. Der Schutzbereich des allgemeinen Persönlichkeitsrechts weist in sachlicher und personeller Hinsicht Besonderheiten auf (→ Rn. 3 ff.). Auch für die Rechtfertigungsebenen gelten besondere verfassungsrechtliche Direktiven (→ Rn. 42 ff.). Das Recht auf informationelle Selbstbestimmung (→ Rn. 16 ff.) und das Grundrecht auf Gewährleistung der Vertraulichkeit und Integrität informationstechnischer Systeme (→ Rn. 22 ff.) tragen den Notwendigkeiten eines wirksamen Persönlichkeitsschutzes im Rahmen moderner Datenverarbeitung bzw. der Verbrechensbekämpfung und Verbrechensverfolgung Rechnung. Für Eingriffe in beide Grundrechte gelten – im Vergleich zu Beschränkungen des allgemeinen Persönlichkeitsrechts – strengere Anforderungen (→ Rn. 70 ff., → Rn. 90 ff.).

Übersicht

	Rn		Rn
A. Allgemeines	1	C. Beeinträchtigung des Art. 2 Abs. 1 iVm Art. 1 Abs. 1	38
B. Schutzbereiche des Art. 2 Abs. 1 iVm Art. 1 Abs. 1	3	D. Rechtfertigung	42
I. Sachlicher Schutzbereich	3	I. Vorrangregeln zur Auflösung des Spannungsverhältnisses zwischen dem allgemeinen Persönlichkeitsrecht und den Gewährleistungen des Art. 5 Abs. 1	47
1. Allgemeines Persönlichkeitsrecht	5		
2. Grundrecht auf informationelle Selbstbestimmung	16		
3. Grundrecht auf Gewährleistung der Vertraulichkeit und Integrität informationstechnischer Systeme	22	1. Vorrangregeln bei Wortberichten	49
		2. Vorrangregeln bei Bildberichten	63
II. Persönlicher Schutzbereich	30	II. Rechtfertigungsvoraussetzungen für Eingriffe in das Grundrecht auf informationelle Selbstbestimmung	70
1. Natürliche Personen	30		
2. Juristische Personen	33		
3. Staat und staatliche Funktionsträger	37	1. Ermächtigungsgrundlage	70

	Rn		Rn
2. Gebot der Normenbestimmtheit und Normenklarheit	72	III. Rechtfertigungsvoraussetzungen für Eingriffe in das Grundrecht auf Gewährleistung der Vertraulichkeit und Integrität informationstechnischer Systeme	90
3. Wahrung des Grundsatzes der Verhältnismäßigkeit	75	1. Ermächtigungsgrundlage	90
4. Verfahrensgarantien (Aufklärungs-, Auskunfts- und Löschungspflichten sowie Verwertungsverbote)	81	2. Gebot der Normenbestimmtheit und Normenklarheit	92
5. Gesetzliche Vorkehrungen zum Schutz des Kernbereichs höchstpersönlicher Lebensgestaltung	86	3. Wahrung des Grundsatzes der Verhältnismäßigkeit	95
6. Richtervorbehalt	88	4. Gesetzliche Vorkehrungen zum Schutz des Kernbereichs höchstpersönlicher Lebensgestaltung	103
7. Staatliche Schutzpflicht für den Bereich der Datenverarbeitung durch Private	89	5. Richtervorbehalt	107

A. Allgemeines

1 Der Persönlichkeitsschutz kann durch **massenmediale Berichterstattung** in Presse und Rundfunk in besonderer Weise beeinträchtigt werden. Die in Art. 5 Abs. 1 GG garantierten Kommunikationsgrundrechte stehen in einem spezifischen Spannungsverhältnis zum allgemeinen Persönlichkeitsgrundrecht des Art. 2 Abs. 1 S. 1 iVm Art. 1 Abs. 1 GG. Neben der Meinungsfreiheit können insbes. auch Presse- und Rundfunkfreiheit mit dem allgemeinen Persönlichkeitsrecht kollidieren (Maunz/Dürig/di Fabio GG Art. 2 Abs. 1 Rn. 230 f.). Insbes. die persönliche Ehre als zentraler Bestandteil des allgemeinen Persönlichkeitsrechts kann durch (in Presse und Rundfunk verbreitete) Meinungsäußerungen empfindlich berührt werden (Hager AcP 196 (1996), 168 ff.; Maunz/Dürig/di Fabio GG Art. 2 Abs. 1 Rn. 230 f.). Wer unter Namensnennung oder mit eigenem Bild Gegenstand einer despektierlichen Berichterstattung in den Medien wird, kann unter Umständen für das ganze Leben stigmatisiert sein. Dieses Gefährdungspotential hat unter den Bedingungen der **Internetkommunikation** an Bedeutung gewonnen. Der Einzelne ist nicht mehr wie in der Vergangenheit nur der Berichterstattung einer vergleichsweise kleinen Anzahl von Medien ausgesetzt. Da die Medienfreiheiten unter den Bedingungen moderner Massenkommunikation zu Jedermann-Freiheiten avanciert sind, hat sich der Kreis der potentiellen Täter ehrverletzender Handlungen deutlich erweitert. Umgekehrt ist jedoch zu berücksichtigen, dass Opfer entsprechender ehrverletzender Handlungen unter den Bedingungen moderner Massenkommunikation oftmals selbst die Möglichkeit zum „Gegenschlag" haben. Die geringen Zugangshürden zur Massenkommunikation betreffen den Kreis der Täter und Opfer ehrverletzender Handlungen gleichermaßen.

2 Als ein im Wege **richterrechtlicher Rechtsfortbildung** entwickeltes spezielles Freiheitsrecht hat das allgemeine Persönlichkeitsrecht mittlerweile den Rang eines Grundrechts im Grundrecht erlangt (Maunz/Dürig/di Fabio GG Art. 2 Abs. 1 Rn. 127). Rspr. und Rechtslehre haben im Anschluss an grundlegende Entscheidungen des BGH (BGHZ 13, 334; 24, 72 ff.; 26, 349 ff.; 30, 7 (10); 35, 363 ff.; 39, 124 ff.) unter Hinweis auf Art. 2 Abs. 1 GG einen die allgemeine Handlungsfreiheit ergänzenden Persönlichkeitsschutz zunächst punktuell (vgl. BVerfGE 6, 32 (41)) und später allgemein in Form des allgemeinen Persönlichkeitsrechts entwickelt (vgl. hierzu von Brandner JZ 1983, 689 ff.; Caemmerer, FS v. Hippel, 1967, 27 ff.; Erichsen/Kollhosser/Welp/Jarass, Recht der Persönlichkeit, 1996, 89 ff.; Vogelsang, Grundrecht auf informationelle Selbstbestimmung?, 1987, 39 ff.). Nach der Rspr. des BVerfG findet das allgemeine Persönlichkeitsrecht seine **verfassungsrechtliche Grundlage in Art. 2 Abs. 1 iVm Art. 1 Abs. 1 GG** (BVerfGE 6, 389 (433); 27, 344 (351); 33, 367 (374); 54, 148 (153); 60, 123 (134); 65, 1 (41); 80, 367 (373 f.); 90, 263 (270); 98, 169 (199 f.); 100, 271 (284); 101, 106 (121); 101, 361 (379)). Diese Verklammerung („iVm") lässt eine gewisse Unsicherheit bei der dogmatischen Fundierung des allgemeinen Persönlichkeitsrechts erkennen, die sich teilweise in Brüchen in der dogmatischen Ableitungskette niederschlägt, wie das Beispiel der Grundrechtsfähigkeit juristischer Personen des privaten Rechts zeigt, deren Recht am gesprochenen Wort nicht durch Art. 1 Abs. 1 GG, sondern ausschließlich durch Art. 2 Abs. 1 GG geschützt ist (vgl. BVerfGE 106, 28 (43 f.); 118, 168 (203); → Rn. 33). Dementsprechend verortet die wohl überwiegende Lehrmeinung zu Recht den dogmatischen Sitz des allgemeinen Persönlichkeitsrechts in **Art. 2 Abs. 1 GG.** Art. 1 Abs. 1 GG kommt allein die Funktion einer Leit- und Interpretationsrichtlinie für die Ermittlung des Inhalts und der Schutzreichweite zu (vgl. nur BeckOK GG/Lang GG Art. 2 Abs. 1 Rn. 33; Dreier/Dreier GG Art. 2 Abs. 1 GG Rn. 69; Jarass/Pieroth/Jarass GG Art. 2 Rn. 38; v. M/K/S/Starck GG Art. 2 Abs. 1 Rn. 57; Maunz/Dürig/di Fabio GG Art. 2 Abs. 1 Rn. 128). Obgleich das allgemeine Persönlichkeitsrecht ein unbenanntes Freiheitsrecht darstellt (BVerfGE 54, 148 (153); 72, 155 (170); 79, 256 (268); 95, 220 (241)), ist es dennoch kein gesondertes Grundrecht, das sich gegenüber der allgemeinen Handlungsfreiheit des Art. 2 Abs. 1 GG zur Gänze verselbstständigt hätte (Maunz/Dürig/di Fabio GG Art. 2 Abs. 1 Rn. 128; zur These der Verselbständigung zum eigenständigen Grundrecht Jarass NJW 1989, 857 (858); Vogelsang, Grundrecht auf informationelle Selbstbestimmung?, 1987, 127 f.). Zwar erscheint es zweifelhaft, das vom Persönlichkeitsschutz umfasste Recht auf Abschirmung und Rückzug in die allgemeine Handlungsfreiheit einzubetten, die regelmäßig auf ein aktives Handeln gerichtet ist (so Degenhart JuS 1992, 361; Maunz/Dürig/di Fabio GG Art. 2 Abs. 1 Rn. 128). Die vom allgemeinen Persönlichkeitsrecht erfasste Funktion der nach außen gerichteten Selbstdarstellung trägt jedoch zweifelsfrei Züge der allgemeinen Handlungsfreiheit.

B. Schutzbereiche des Art. 2 Abs. 1 iVm Art. 1 Abs. 1

I. Sachlicher Schutzbereich

Im Gegensatz zur nahezu unbegrenzten Weite der allgemeinen Handlungsfreiheit sind die tatbestandlichen Voraussetzungen des allgemeinen Persönlichkeitsrechts, das vor Beeinträchtigungen der **engeren persönlichen Lebenssphäre,** der **Selbstbestimmung** und der **Grundbedingungen der Persönlichkeitsentfaltung** schützt, enger gezogen (vgl. BVerfGE 54, 148 (153); Dreier/Dreier GG Art. 2 Abs. 1 GG Rn. 69; v. M/K/S/Starck GG Art. 2 Abs. 1 GG Rn. 87). Entsprechend der auf der Vielgestaltigkeit der Formen der Persönlichkeitsentfaltung beruhenden Eigenart des Grundrechts hat es das BVerfG stets abgelehnt, den Inhalt des grundrechtlich geschützten allgemeinen Persönlichkeitsrechts abschließend zu umschreiben. Vielmehr betont das BVerfG die **Entwicklungsoffenheit** des allgemeinen Persönlichkeitsrechts (vgl. BVerfGE 54, 148 (153 f.); 72, 155 (170); 79, 256 (268)). Auf diese Weise kann das Grundrecht auf neuartige Gefährdungslagen für die Persönlichkeitsentwicklung im Zuge gewandelter Sach- und Lebensverhältnisse flexibel reagieren. Das aus dem allgemeinen Persönlichkeitsrecht entwickelte Grundrecht auf informationelle Selbstbestimmung, das den Herausforderungen moderner Datenverarbeitung für die Persönlichkeitsentfaltung des Einzelnen Rechnung trägt (→ Rn. 16 ff.), und das ebenfalls dem allgemeinen Persönlichkeitsrecht entspringende Grundrecht auf Gewährleistung der Vertraulichkeit und Integrität informationstechnischer Systeme (→ Rn. 22 ff.) sind Ausdruck des dynamischen Charakters des Grundrechts aus Art. 2 Abs. 1 iVm Art. 1 Abs. 1 GG.

Ungeachtet fließender Übergänge und weiterer Ausdifferenzierungen lassen sich drei grundlegende Schutzdimensionen des allgemeinen Persönlichkeitsrechts unterscheiden: Das Recht auf **Selbstbewahrung, Selbstdarstellung** und **Selbstbestimmung** (vgl. Martini JA 2009, 839 (840); ähnlich oder weiter differenzierend Dreier/Dreier GG Art. 2 Abs. 1 GG Rn. 70; BeckOK GG/Lang GG Art. 2 Abs. 1 Rn. 148). Die kategoriale Unterteilung in **Intim-, Privat-** und **Sozialsphäre (Sphärentheorie)** begründet **keine eigenständige Schutzdimension,** sondern betrifft die drei Schutzdimensionen der Selbstbewahrung, Selbstdarstellung und Selbstbestimmung. Im Rahmen dieser drei Schutzdimensionen hat die Sphärentheorie auch weiterhin noch ihre Berechtigung, weil sie durch ihre Systematisierung den unterschiedlichen Schutzbedürfnissen für die Persönlichkeitsentfaltung des Einzelnen und dem Verhältnismäßigkeitsprinzip Rechnung trägt (vgl. BeckOK GG/Lang GG Art. 2 Abs. 1 Rn. 36).

1. Allgemeines Persönlichkeitsrecht

5   **a) Recht auf Selbstbewahrung.** Das allgemeine Persönlichkeitsrecht gewährleistet dem Einzelnen im Bereich privater Lebensgestaltung ein **Recht auf Abschirmung und Rückzug** und damit einen Raum, „in dem er unbeobachtet sich selbst überlassen ist oder mit Personen seines besonderen Vertrauens ohne Rücksicht auf gesellschaftliche Verhaltenserwartungen und ohne Furcht vor staatlichen Sanktionen verkehren kann (BVerfGE 90, 255 (260); vgl. bereits BVerfGE 27, 1 (6); 34, 269 (281)). In Konkretisierung der sog. Sphärentheorie ist vom allgemeinen Persönlichkeitsgrundrecht auch ein Schutz der Privat- und Intimsphäre umfasst (vgl. BVerfGE 101, 361 (382); 120, 180 (199)). Die geschützte Privatsphäre hat eine thematische und räumliche Ausprägung. In **thematischer** Hinsicht betrifft der Schutz Angelegenheiten, die wegen ihres Informationsinhalts typischerweise als „privat" eingestuft werden, weil ihre öffentliche Erörterung oder Zurschaustellung als unschicklich gilt, das Bekanntwerden als peinlich empfunden wird oder nachteilige Reaktionen der Umwelt auslöst, wie es etwa bei Auseinandersetzungen mit sich selbst in Tagebüchern (BVerfGE 80, 367), bei vertraulicher Kommunikation unter Eheleuten (BVerfGE 27, 344), im Bereich der Sexualität (BVerfGE 47, 46; 49, 286), bei sozial abweichendem Verhalten (BVerfGE 44, 353) oder bei Krankheiten (BVerfGE 32, 373) der Fall ist. In **räumlicher** Hinsicht gehört zur Privatsphäre ein Rückzugsbereich des Einzelnen, der ihm insbes. im häuslichen, aber auch im außerhäuslichen Bereich die Möglichkeit des Zu-Sich-Selbst-Kommens und der Entspannung sichert (vgl. BVerfGE 101, 361 (382 ff.); 120, 180 (199)) und der das Bedürfnis zu verwirklichen hilft, „in Ruhe gelassen zu werden" (vgl. BVerfGE 27, 1 (6 f.); 120, 180 (199); vgl. ferner zu Art. 13 GG BVerfGE 32, 54 (75); 51, 97 (107)) oder sich gehen lassen zu können (vgl. BVerfGE 27, 1 (6)). Bestünden solche räumlichen Rückzugsbereiche nicht, könnte der Einzelne psychisch überfordert sein, weil er unausgesetzt darauf achten müsste, wie er auf andere wirkt und ob er sich richtig verhält. Ihm fehlten die Phasen des Alleinseins und Ausgleichs, die für die Persönlichkeitsentfaltung notwendig sind und ohne die sie nachhaltig beeinträchtigt würde (BVerfGE 101, 361 (383)). Die Grenzen der geschützten Privatsphäre lassen sich nicht generell und abstrakt festlegen (vgl. BVerfGE 101, 361 (384); 120, 180 (199)).

6   Im allgemeinen Persönlichkeitsrecht wurzelt ein **Recht auf Anonymität**, das insbes. im Zusammenhang mit den Kommunikationsformen im Internet von Bedeutung ist (vgl. hierzu Bäumler/v. Mutius/v. Mutius, Anonymität im Internet, 2003, 12 ff.). Teilweise wird das Recht auf **anonymes Surfen** im Internet aus dem Allgemeinen Persönlichkeitsrecht (so etwa Bäumler/v. Mutius/Denninger, Anonymität im Internet, 2003, 41 ff.), teilweise aus dem Recht auf informationelle Selbstbestimmung abgeleitet (vgl. Bäumler/v. Mutius/Bäumler, Anonymität im Internet, 2003, 1 ff.). Beide Auffassungen verdienen in ihrer Generalität keine Zustimmung. Vielmehr ist für die Frage, welchem Grundrecht die **passive Nutzung** des Internets (anonymes Surfen, Versand bzw. Empfang anonymer bzw. pseudonymer Mails etc.) unterfällt, zwischen Individualkommunikation und Massenkommunikation (aus Sicht des „Senders") zu unterscheiden. Die anonyme bzw. pseudonyme Teilnahme an Individualkommunikation ist Ausdruck des Grundrechts auf informationelle Selbstbestimmung (Art. 2 Abs. 1 iVm Art. 1 Abs. 1 GG). Demgegenüber ist das Recht, sich in anonymer bzw. pseudonymer Form aus allgemein zugänglichen Quellen zu informieren, also an der Massenkommunikation als Rezipient teilzunehmen (Surfen etc.), Ausdruck der grundrechtlich geschützten Informationsfreiheit (Art. 5 Abs. 1 S. 1 Hs. 2 GG), die in ihrer individualrechtlichen Ausprägung die Persönlichkeitsrechte bzw. die Menschenwürde des Einzelnen verkörpert (vgl. nur BVerfGE 27, 71 (81)). Das Recht auf anonymes bzw. pseudonymes Surfen folgt aus dem Persönlichkeitskern der grundrechtlich geschützten Informationsfreiheit. Allenfalls ergänzend kann insoweit auch auf das Grundrecht auf informationelle Selbstbestimmung zurückgegriffen werden. Auch soweit es um die **aktive Nutzung** des Internet in Form anonymer bzw. pseudonymer Kommunikation geht, gerät der Persönlichkeitskern der Kommunikationsgrundrechte ins Blickfeld. Die grundrechtlich geschützte Meinungsfreiheit als „unmittelbarster Ausdruck der menschlichen Persönlichkeit in der Gesellschaft" (BVerfGE 7, 198 (208); stRspr, vgl. etwa BVerfGE 85, 23 (31)) verleiht dem Einzelnen das Recht, autonom darüber zu entscheiden, ob er seine Identität in der Kommunikation zu erkennen gibt. Dieses Recht auf anonyme bzw. pseudonyme Kommunikation hat der Bundesgerichts-

hof in seiner Spickmich-Entscheidung" deutlich hervorgehoben (vgl. BGH NJW 2009, 2888).

Der **Persönlichkeitsschutz eines Kindes** ist nicht nur Bestandteil des elterlichen 7 Erziehungsrechts gem. Art. 6 Abs. 1 GG, das als dienende Freiheit funktional auf den Schutz des Kindes bezogen ist. Das Persönlichkeitsrecht des Kindes ist auch als eigenes Recht in Art. 2 Abs. 1 und Art. 1 Abs. 1 GG verbürgt (vgl. BVerfGE 24, 119 (144); 45, 400 (417); 72, 122 (137); BVerfG NJW 2003, 3262 (3263)). Zum Persönlichkeitsrecht gehört die Möglichkeit, selbst zu entscheiden oder soweit dies noch nicht möglich ist, durch die Erziehungsberechtigten entscheiden zu lassen, wie weit persönliche Angelegenheiten zum Gegenstand öffentlicher Aufmerksamkeit gemacht werden. Der Schutzumfang ist vom Schutzzweck her unter Berücksichtigung der Entwicklungsphasen des Kindes zu bestimmen. Kinder genießen einen auf ihre individuelle Entwicklung abgestimmten Schutz gegenüber den Gefahren, die von den Medien ausgehen (BVerfG NJW 2003, 3262 (3263)). Die Persönlichkeitsentfaltung der Kinder kann durch eine auf sie bezogene Berichterstattung in den Medien empfindlicher gestört werden als diejenige von Erwachsenen. Deshalb sind Kinder in thematischer und räumlicher Hinsicht umfassender als erwachsene Personen in ihrem Recht geschützt, sich frei von öffentlicher Beobachtung fühlen und entfalten zu können (vgl. BVerfGE 101, 361 (385 f.); BVerfG NJW 2000, 1021; NJW 2000, 2191; NJW 2003, 3262 (3263)). Eine Beeinträchtigung des Persönlichkeitsrechts kann nicht nur dann vorliegen, wenn das Kind die persönlichkeitsbeeinträchtigenden Einwirkungen Dritter bemerkt, sondern bereits dann, wenn Dritte persönlichkeitsbezogene Informationen verbreiten; denn auch in diesem Fall besteht zu befürchten, dass dem Kind nicht unbefangen begegnet wird oder dass es sich speziellen Verhaltenserwartungen ausgesetzt sieht (BVerfG NJW 2003, 3262 (3263)).

b) Recht auf Selbstdarstellung. Neben den Schutz der Intim- und Privatsphäre tritt als 8 weitere Gewährleistungsschicht des allgemeinen Persönlichkeitsrechts der **Schutz der Selbstdarstellung.** Das BVerfG umschreibt diese Schutzdimension wie folgt: „Der Einzelne soll selbst darüber befinden dürfen, wie er sich gegenüber Dritten oder der Öffentlichkeit darstellen will, was seinen sozialen Geltungsanspruch ausmachen soll und ob oder inwieweit Dritte über seine Persönlichkeit verfügen können, indem sie diese zum Gegenstand öffentlicher Erörterung machen." (BVerfGE 63, 131 (142); vgl. ferner BVerfGE 35, 202 (220); 54, 148 (155); 54, 208 (217 f.)). Von dieser Gewährleistungsschicht erfasst ist das **Recht am eigenen Bild** (→ Rn. 9 f.) und das **Recht am eigenen Wort** (→ Rn. 11 ff.).

(1) Recht am eigenen Bild. Spezielle Ausprägung des allgemeinen Persönlichkeitsrechts 9 ist das **Recht am eigenen Bild** (vgl. BVerfGE 34, 238 (246); 35, 202 (220); 87, 334 (340); 97, 228 (268 f.); 101, 361 (381); 120, 180 (198)). Das Recht am eigenen Bild ist nicht allein Ausdruck des Rechts auf Selbstdarstellung. Es schützt auch vor unautorisierter Ablichtung des Einzelnen in häuslicher, nichtöffentlicher Sphäre. In der öffentlichen Sphäre ist das Recht am eigenen Bild hingegen Ausfluss des Rechts auf Selbstdarstellung. Es vermittelt einen weiterreichenden Schutz, der zum einen vor fotografischen oder filmischen Aufnahmen des eigenen Abbildes und zum anderen vor der Veröffentlichung solcher Aufnahmen schützt (vgl. Dreier/Dreier GG Art. 2 Abs. 1 Rn. 73). Insoweit weist das Recht am eigenen Bild eine Parallele zum Recht auf informationelle Selbstbestimmung auf, dessen Schutzreichweite sich von der Erhebung, über die Speicherung bis zur Verwendung und Verarbeitung personenbezogener Daten erstreckt (→ Rn. 18). Auch im Übrigen erweist sich das Recht am eigenen Bild als eine Konkretisierung des Rechts auf informationelle Selbstbestimmung (Maunz/Dürig/di Fabio GG Art. 2 Abs. 1 Rn. 193), weil sich das spezifische Schutzbedürfnis vor allem aus der Möglichkeit ergibt, „das Erscheinungsbild eines Menschen in einer bestimmten Situation von diesem abzulösen, datenmäßig zu fixieren und jederzeit vor einem unüberschaubaren Personenkreis zu reproduzieren (BVerfGE 101, 361 (381)). Zu Recht weist das BVerfG darauf hin, dass diese Möglichkeit durch den Fortschritt der Aufnahmetechnik, der Abbildungen auch aus weiter Entfernung, sogar aus Satellitendistanz, und unter schlechten Lichtverhältnissen erlaubt, noch weiter gewachsen ist (BVerfGE 101, 361 (381)).

Nur einzelne Elemente des Rechts am eigenen Bild haben eine einfachgesetzliche 10 Regelung in **§§ 22, 23 KunstUrhG** erfahren. Für den Schutz nach §§ 22, 23 KunstUrhG iVm §§ 1004, 823 BGB kommt es nicht darauf an, ob das persönliche Abbild im privaten oder öffentlichen Zusammenhang steht (Maunz/Dürig/di Fabio GG Art. 2 Abs. 1 Rn. 195).

GG Art. 2 I. Mediengrundrechte

Auch wenn der verfassungsrechtliche Privatsphärenschutz aus Art. 2 Abs. 1 iVm Art. 1 Abs. 1 GG nicht im Interesse einer Kommerzialisierung der eigenen Person gewährleistet ist (BVerfGE 101, 361 (385)), ist dadurch nicht ausgeschlossen, dass die zivilrechtliche Rspr. einen weitergehenden Persönlichkeitsschutz entwickelt hat (zu Schadensersatzansprüchen nach Maßgabe der Grundsätze der Lizenzanalogie vgl. BGH WRP 2000, 746; NJW 1992, 2084 (2085); NJW-RR 1987, 231; NJW 1979, 2205; NJW 1956, 1554; OLG Karlsruhe AfP 1998, 326; OLG München NJW-RR 1996, 539; LG Berlin AfP 1997, 732). Das Recht am eigenen Bild spielt eine weitere Rolle im Zusammenhang mit der Videoüberwachung öffentlicher Plätze (vgl. hierzu Maske NVwZ 2001, 1248 ff.; Roggan NVwZ 2001, 134 ff.) oder mit der Berichterstattung über Sportereignisse (vgl. hierzu BVerfGE 97, 228 (268 ff.)).

11 **(2) Recht am eigenen Wort.** Im Interesse der Integrität der Privatsphäre und in Konkretisierung des Rechts auf Selbstdarstellung genießt die **Vertraulichkeit des nicht öffentlich gesprochenen Wortes** den Schutz der Art. 2 Abs. 1 iVm Art. 1 Abs. 1 GG (vgl. BVerfGE 34, 238 (246 f.); 54, 148 (154); Maunz/Dürig/di Fabio GG Art. 2 Abs. 1 Rn. 196; Dreier/Dreier GG Art. 2 Abs. 1 Rn. 74). Geschützt ist die Selbstbestimmung über die eigene Darstellung der Person in der Kommunikation mit anderen (vgl. BVerfGE 54, 148 (155); 106, 28 (39)). Der Schutz umfasst die Möglichkeit, sich in der Kommunikation nach eigener Einschätzung situationsangemessen zu verhalten und sich auf die jeweiligen Kommunikationspartner einzustellen. Zum Grundrecht gehört die Befugnis selbst zu bestimmen, ob der Kommunikationsinhalt einzig dem Gesprächspartner, einem bestimmten Personenkreis oder der Öffentlichkeit zugänglich sein soll (vgl. BVerfGE 54, 148 (155); 106, 28 (39); s. auch BGHZ 27, 284 (286); BAGE 41, 37 (42); Maunz/Dürig/di Fabio GG Art. 2 Abs. 1 Rn. 196; Dreier/Dreier GG Art. 2 Abs. 1 Rn. 74). Das Selbstbestimmungsrecht erstreckt sich also auf die Auswahl der Personen, die Kenntnis vom Gesprächsinhalt erhalten sollen.

12 Dem grundrechtlichen Schutz des eigenen Wortes kommt eine **Ergänzungsfunktion gegenüber Art. 10 und Art. 13 GG** zu, deren Schutz thematisch und räumlich begrenzt ist (vgl. Maunz/Dürig/di Fabio GG Art. 2 Abs. 1 Rn. 197). So eröffnet Art. 10 GG keinen Schutz im (Binnen-)Verhältnis zwischen den am Kommunikationsvorgang Beteiligten (vgl. BVerfGE 85, 386 (399); 106, 28 (37); 120, 274 (340); 130, 151 (180); → Art. 10 Rn. 13). Ermöglicht etwa ein Gesprächspartner in seinem Einfluss- und Verantwortungsbereich einem privaten Dritten den Zugriff auf die Telekommunikationseinrichtung (Mithörvorrichtung), gelangt Art. 10 Abs. 1 GG nicht zur Anwendung. Insoweit bietet allein die Gewährleistung des Rechts am gesprochenen Wort als Teil des allgemeinen Persönlichkeitsrechts (Art. 2 Abs. 1 GG iVm Art. 1 Abs. 1 GG) grundrechtlichen Schutz (BVerfGE 106, 28 (39 ff.)).

13 Das Recht am eigenen Wort ist **nicht identisch mit dem Schutz der Privatsphäre** (BVerfGE 106, 28 (41)). Im Gegensatz zum Schutz der Privatsphäre ist der Schutz des Rechts am gesprochenen Wort nicht auf bestimmte Inhalte und Örtlichkeiten begrenzt, sondern bezieht sich allein auf die Selbstbestimmung über die unmittelbare Zugänglichkeit der Kommunikation, also etwa über die Herstellung einer Tonaufnahme oder die Kommunikationsteilhabe einer dritten Person. Der Schutz des Rechts am eigenen Wort hängt weder davon ab, ob es sich bei den ausgetauschten Informationen um personale Kommunikationsinhalte oder gar besonders persönlichkeitssensible Daten handelt, noch kommt es auf die Vereinbarung einer besonderen Vertraulichkeit der Gespräche an (BVerfGE 106, 28 (41)).

14 Grundrechtlichen Schutz genießt die **Herstellung heimlicher Aufnahmen mittels Tonträger** und deren **Verwertung zur Sachverhaltsermittlung** im Rahmen eines staatlichen Verfahrens (Maunz/Dürig/di Fabio GG Art. 2 Abs. 1 Rn. 198). Gegen eine Verletzung des Rechts am gesprochenen Wort durch Private bieten **zivilrechtliche Abwehransprüche** und **Verwertungsverbote** Schutz (vgl. BGHZ 27, 284 ff.; 73, 120 ff.). Das Recht am eigenen Wort schützt vor **Falschzitaten** (BVerfGE 54, 208 (219); Maunz/Dürig/di Fabio GG Art. 2 Abs. 1 Rn. 199; Dreier/Dreier GG Art. 2 Abs. 1 Rn. 75) oder vor **erfundenen Interviews** (BVerfGE 34, 269 (282 ff.); Dreier/Dreier GG Art. 2 Abs. 1 Rn. 75). Dem Betroffenen stehen die entsprechenden zivilrechtlichen Schutzpositionen in Form von Gegendarstellungs-, Widerrufs-, Unterlassungs- und Geldentschädigungsansprüchen zu (Dreier/Dreier GG Art. 2 Abs. 1 Rn. 75).

15 **c) Recht auf Selbstbestimmung.** Das Recht auf Selbstbestimmung beinhaltet die Identitätsbildung und Identitätsbehauptung sowie das Recht, seine Identität nicht zu offenbaren. Hierzu zählt das Recht, insbes. des Kindes, auf **Kenntnis der eigenen Abstammung**

als Voraussetzung personaler Identitätsbildung (BVerfGE 79, 256 (267 f.); 90, 263 (270 f.); 96, 56 (63 f.); Maunz/Dürig/di Fabio GG Art. 2 Abs. 1 Rn. 212 ff.; Dreier/Dreier GG Art. 2 Abs. 1 Rn. 78; Martini JA 2009, 839 (841)), das Recht auf **Selbstbestimmung über das eigene genetische Material** (vgl. BVerfGE 103, 21 (32); 117, 202 (228)), das **Recht auf sexuelle Selbstbestimmung,** das auch das Finden und Erkennen der eigenen geschlechtlichen Identität sowie der eigenen sexuellen Orientierung umfasst (vgl. BVerfGE 115, 1 (14); 121, 175 (190); 128, 109 (124)). Als Ausdruck zukunftsorientierter Selbstbestimmung nimmt der Anspruch auf **Resozialisierung von Straftätern** am grundrechtlichen Schutz nach Art. 2 Abs. 1 iVm Art. 1 Abs. 1 GG teil (BVerfGE 35, 202 (235 f.); 45, 187 (238 f.); 64, 261 (276 f.); 72, 105 (115); 103, 44 (68); BVerfG NJW 2000, 1859 (1860)). Aufgrund dieses Resozialisierungsanspruches ist selbst eine den Tatsachen entsprechende (Bild-)Berichterstattung oder Dokumentation, die sich inhaltlich mit der vergangenen Tat befasst und dabei insbes. Bilder des Täters zeigt und seinen Namen nennt, nur in Grenzen zulässig (vgl. BVerfGE 35, 202 (235 ff.); BVerfG NJW 2000, 1859 (1860)). Im Rahmen der gebotenen Gesamtabwägung ist das besondere Informations- und Unterrichtungsinteresse der Öffentlichkeit maßgeblich zu berücksichtigen. Unter dem Gesichtspunkt der Resozialisierung genießt der grundrechtliche Persönlichkeitsschutz nur dann Vorrang vor der Freiheit der Berichterstattung (Art. 5 Abs. 1 S. 2 GG), wenn es tatsächlich (insbes. über Namensnennung und Abbildung des Betroffenen) zur Identifizierbarkeit des Täters in der Öffentlichkeit kommt. Der Resozialisierungsgedanke verliert damit aufgrund mangelnder Stigmatisierungswirkung vor allem dann an Gewicht, wenn eine Spielfilmdokumentation über eine Straftat die Identifizierung durch Verwendung fiktiver Namen und Verzicht auf Lichtbilder des Täters vermeidet (BVerfG NJW 2000, 1859 (1860); Maunz/Dürig/di Fabio GG Art. 2 Abs. 1 Rn. 218).

2. Grundrecht auf informationelle Selbstbestimmung

Sedes materiae des Grundrechts auf informationelle Selbstbestimmung ist nicht die (negative) Meinungsäußerungsfreiheit des Art. 5 Abs. 1 S. 1 GG, weil Tatsachen nur dann am Schutz des Art. 5 Abs. 1 S. 1 GG teilnehmen, wenn sie Voraussetzung für die Bildung von Meinungen sind (vgl. nur BVerfGE 61, 1 (8 f.); 65, 1 (41)). Der Schutz personenbezogener Daten steht aber nicht (stets) im Zusammenhang mit der privaten und öffentlichen Meinungsbildung, so dass eine grundrechtliche Verortung in Art. 5 Abs. 1 S. 1 GG ausscheidet (vgl. BVerfGE 65, 1 (40 f.)). Im Zentrum des Grundrechts auf informationelle Selbstbestimmung stehen nicht (negative) kommunikative Entfaltungsinteressen, sondern der Schutz der Persönlichkeit des Einzelnen. Dementsprechend **wurzelt das Grundrecht auf informationelle Selbstbestimmung in Art. 2 Abs. 1 iVm Art. 1 Abs. 1 GG** (BVerfGE 65, 1 (41 ff.); st. Rspr.). Es trägt Gefährdungen und Verletzungen der Persönlichkeit Rechnung, die sich unter den Bedingungen moderner Datenverarbeitung aus informationsbezogenen Maßnahmen ergeben (vgl. BVerfGE 65, 1 (42); 113, 29 (46); 115, 166 (188); 115, 320 (341 f.); 118, 168 (184); 120, 378 (397); 130, 151 (183)). 16

Das Grundrecht auf informationelle Selbstbestimmung gewährleistet dem Einzelnen die Befugnis, selbst über Preisgabe und Verwendung persönlicher Daten zu bestimmen (BVerfGE 65, 1 (43); 113, 29 (46); 117, 202 (228); 115, 166 (188); 118, 168 (184); 120, 274 (312); 130, 151 (183)). In Parallele zum allgemeinen Persönlichkeitsrecht (→ Rn. 5 ff.) entfaltet das Grundrecht auf informationelle Selbstbestimmung eine **doppelte Schutzfunktion:** Es ist sowohl Ausdruck des **Rechts auf Selbstbewahrung** als auch des **Rechts auf Selbstdarstellung.** Als Konkretisierung des **Rechts auf Selbstbewahrung** gewährleistet das allgemeine Persönlichkeitsrecht bzw. das Recht auf informationelle Selbstbestimmung dem Einzelnen einen räumlich und thematisch bestimmten Bereich, der grds. frei von unerwünschter Einsichtnahme bleiben soll (vgl. BVerfGE 27, 344 (350 ff.); 44, 353 (372 f.); 90, 255 (260); 101, 361 (382 f.); 120, 274 (311)). Das Recht auf informationelle Selbstbestimmung schützt den Einzelnen vor der Kenntnisnahme seiner personenbezogenen Daten durch staatliche Stellen oder durch (private) Dritte. Während im ersten Fall das Grundrecht in seiner klassischen Abwehrfunktion Schutz bietet, gelangt das Grundrecht im horizontalen Verhältnis zwischen einzelnen Grundrechtsträgern im Wege der staatlichen Schutzpflichten zur Anwendung. In seiner Ausprägung als **Recht auf Selbstdarstellung** gewinnt das Recht 17 auf informationelle Selbstbestimmung namentlich im Zusammenhang mit der Nutzung sozialer (besser: kommunikativer) Netzwerke zunehmend an Bedeutung. Die auf Offenheit und Transparenz abzielende Erwartung des Internet erstreckt sich zunächst auf Staat und Gesellschaft, macht aber auch vor dem Einzelnen keinen Halt. Im Internet zeichnet sich ein Paradigmenwechsel im Umgang mit persönlichen Daten ab. In sozialen Netzwerken uä offenbaren (nicht nur dem besonderen Schutz der Verfassung unterliegende minderjährige) Nutzer persönliche Daten, die noch vor wenigen Jahren als gleichsam sakrosankt angesehen wurden und deren Veröffentlichung gemeinhin als „unschicklich" verstanden wurde: Geburtsdatum, politische und religiöse Überzeugung oder gar sexuelle Orientierung uä. Ganz bewusst offenbaren viele „ihre" Daten, weil sie sich hiervon (private und berufliche) Vorteile versprechen und weil sie das „Gen" der auf Offenheit setzenden Rationalität des Internet in sich tragen. Diese Form **autonomer Offenbarung personenbezogener Daten** ist **kein Grundrechtsverzicht**, sondern Ausdruck der grundrechtlich geschützten Befugnis des Einzelnen, selbst über die Preisgabe und Verwendung persönlicher Daten zu bestimmen (vgl. BVerfGE 65, 1 (43); 113, 29 (46); 130, 151 (183)), also Ausübung der Wahrnehmung des Grundrechts auf informationelle Selbstbestimmung (vgl. Fünfter Zwischenbericht der Enquete-Kommission „Internet und digitale Gesellschaft" – Datenschutz und Persönlichkeitsrechte –, BT-Drs. 17/8999, 37).

18   Das Grundrecht auf informationelle Selbstbestimmung schützt den Einzelnen vor (unbegrenzter) **Erhebung, Speicherung, Verwendung** und **Weitergabe** seiner persönlichen Daten (BVerfGE 65, 1 (43); st. Rspr., vgl. etwa BVerfGE 130, 151 (184)). Vorschriften, die zum Umgang mit personenbezogenen Daten durch staatliche Behörden ermächtigen, begründen in der Regel **verschiedene, aufeinander aufbauende Eingriffe.** Insbes. ist insoweit zwischen der Erhebung, Speicherung und Verwendung von Daten zu unterscheiden (vgl. BVerfGE 100, 313 (366 f.); 115, 320 (343 f.); 120, 378 (400 f.); 125, 260 (310); 130, 151 (184)). An der **Eingriffsqualität fehlt** es jedoch, sofern Daten ungezielt und allein technikbedingt zunächst miterfasst, aber unmittelbar nach der Erfassung technisch wieder anonym, spurenlos und ohne Erkenntnisinteresse für die Behörden ausgesondert werden (vgl. BVerfGE 100, 313 (366); 107, 299 (328); 115, 320 (343); 120, 378 (399)). Ebenso wie im Rahmen des Art. 10 Abs. 1 GG (→ Art. 10 Rn. 14) ist für den grundrechtlichen Schutz nach Art. 2 Abs. 1 iVm Art. 1 Abs. 1 GG zumindest die Möglichkeit der Kenntnisnahme persönlicher Daten durch staatliche Stellen oder durch Private erforderlich.

19   Dem Schutz des Grundrechts auf informationelle Selbstbestimmung unterfallen allein **persönliche bzw. personenbezogene Daten** (BVerfGE 65, 1 (43); 113, 29 (46); 115, 166 (190); 118, 168 (184)). Der Schutzumfang des Rechts auf informationelle Selbstbestimmung beschränkt sich nicht auf Informationen, die bereits ihrer Art nach sensibel sind und schon deshalb grundrechtlich geschützt werden (BVerfGE 118, 168 (185); 120, 378 (398 f.); 130, 151 (183)). Es gibt angesichts der Verarbeitungs- und Verknüpfungsmöglichkeiten kein schlechthin, also ungeachtet des Verwendungskontextes, belangloses personenbezogenes Datum (vgl. BVerfGE 65, 1 (45); 118, 168 (185); 120, 378 (398 f.); 130, 151 (183 f.); st. Rspr.; aus dem Schrifttum statt vieler Dreier/Dreier GG Art. 2 Abs. 1 Rn. 81). Auch öffentlich bzw. allgemein zugängliche Daten werden erfasst (BVerfGE 120, 351 (361); 120, 378 (399)). Geschäfts- und Betriebsgeheimnisse sind hingegen grds. nicht geschützt. Sie unterfallen dem Schutz des Art. 12 GG bzw. Art. 14 GG (Jarass/Pieroth/Jarass GG Art. 10 Rn. 43). Etwas anderes gilt jedoch dann, wenn sie einen personalen Bezug aufweisen, wie etwa die Arbeitsgrundlagen eines Anwalts, die sich auf die Person des Anwalts und des Mandanten beziehen (vgl. BVerfGE 113, 29 (46 f.); Jarass/Pieroth/Jarass GG Art. 10 Rn. 43).

20   Der durch das Grundrecht auf informationelle Selbstbestimmung vermittelte Grundrechtsschutz **erschöpft** sich **nicht** in einem **Abwehrrecht** gegen staatliche Datenerhebung und Datenverarbeitung. Das Grundrecht vermittelt **prozedurale Garantien.** Bei Eingriffen in das Recht auf informationelle Selbstbestimmung haben die im Grundrecht wurzelnden Verfahrensgarantien einen hohen Stellenwert. Als verfahrensrechtliche Schutzvorkehrungen sind **Aufklärungs-, Auskunfts-** und **Löschungspflichten** sowie **Verwertungsverbote** anerkannt (hierzu im Einzelnen → Rn. 81 ff.).

21   Das **Telekommunikationsgeheimnis des Art. 10 Abs. 1 GG** ist im Verhältnis zum Grundrecht auf informationelle Selbstbestimmung (Art. 2 Abs. 1 GG iVm Art. 1 Abs. 1 GG) **lex specialis.** In seinem Anwendungsbereich enthält Art. 10 Abs. 1 GG bezogen auf

Allg. Persönlichkeitsrecht und spez. Persönlichkeitsrechte **Art. 2 GG**

den Telekommunikationsverkehr eine spezielle Garantie, welche die allgemeine Gewährleistung des Rechts auf informationelle Selbstbestimmung verdrängt (vgl. BVerfGE 100, 313 (358); 107, 299 (312); 110, 33 (53); 113, 348 (364); 115, 166 (188 f.); 124, 43 (56); 125, 260 (310); → Art. 10 Rn. 19). Die **Abgrenzung** zum ebenfalls in Art. 2 Abs. 1 iVm Art. 1 Abs. 1 GG wurzelnden **Grundrecht auf Gewährleistung der Vertraulichkeit und Integrität informationstechnischer Systeme** erfolgt nach der Rspr. des BVerfG **zum einen** nach **quantitativen Gesichtspunkten.** Während das Grundrecht auf informationelle Selbstbestimmung vor dem Zugriff auf **einzelne persönliche Daten** schützt, bietet das Grundrecht auf Gewährleistung der Vertraulichkeit und Integrität informationstechnischer Systeme Schutz vor dem Zugriff auf ein **informationstechnisches System** und auf einen hierauf gespeicherten **umfassenden Datenbestand.** Das BVerfG umschreibt den sich hieraus ergebenden Schutzbedarf wir folgt: „Ein Dritter, der auf ein solches System zugreift, kann sich einen potentiell äußerst großen und aussagekräftigen Datenbestand verschaffen, ohne noch auf weitere Datenerhebungs- und Datenverarbeitungsmaßnahmen angewiesen zu sein. Ein solcher Zugriff geht in seinem Gewicht für die Persönlichkeit des Betroffenen über einzelne Datenerhebungen, vor denen das Recht auf informationelle Selbstbestimmung schützt, weit hinaus." (BVerfGE 120, 274 (313); vgl. hierzu sogleich → Rn. 25). **Zum anderen** schützt das neue Grundrecht die **Integrität informationstechnischer Systeme** und gewährleistet daher einen über das Grundrecht auf informationelle Selbstbestimmung hinausgehenden Schutz (hierzu sogleich → Rn. 28).

3. Grundrecht auf Gewährleistung der Vertraulichkeit und Integrität informationstechnischer Systeme

Aus Anlass der verfassungsrechtlichen Überprüfung des heimlichen Zugriffs auf informationstechnische Systeme (Online-Durchsuchungen) hat das BVerfG unter Berufung auf den (vermeintlich) nur lückenhaften Schutz des Grundrechts auf informationelle Selbstbestimmung (Art. 2 Abs. 1 iVm Art. 1 Abs. 1 GG), des Telekommunikationsgeheimnisses des Art. 10 Abs. 1 GG und der Unverletzlichkeit der Wohnung (Art. 13 GG) ein **Grundrecht auf Gewährleistung der Integrität und Vertraulichkeit informationstechnischer Systeme** entwickelt (BVerfGE 120, 274 (302 ff.)). **Sedes materiae** des Grundrechts ist – ebenso wie das allgemeine Persönlichkeitsrecht – **Art. 2 Abs. 1 iVm Art. 1 Abs. 1 GG** (BVerfGE 120, 274 (302); BVerfG Urt. v. 24.4.2013 – 1 BvR 1215/07, Rn. 226). Wegen der sperrigen und wenig einprägsamen Formulierung wird das Grundrecht teilweise als **Computer-** (so etwa Roggan/Lepsius, Online-Durchsuchungen, 2008, 21 ff.; Kutscha NJW 2008, 1042 (1044); Uerpmann-Wittzack/Manssen, 2009, 61 ff.; Merten/Papier/Rudolf, Hdb. GR IV, 2011, § 90 Rn. 89) oder **IT-Grundrecht** (so etwa Albers DVBl. 2010, 1061 (1068); Gurlit NJW 2010, 1035 (1036)) bezeichnet. Die Titulierung des Grundrechts als Computer-Grundrecht geht fehl, weil vom Grundrecht nicht nur aktive Computer, sondern auch inaktive informationstechnische Systeme wie Speichermedien erfasst sind. Die Bezeichnung IT-Grundrecht führt ebenfalls eher in die Irre, weil nicht der gesamte IT-Verkehr geschützt ist; allein informationstechnische Systeme bilden das sachliche Substrat des grundrechtlichen Schutzes.

Die vom BVerfG **diagnostizierte Schutzlücke besteht bei Lichte betrachtet jedoch nicht,** so dass die Entwicklung eines neuen und eigenständigen Grundrechts wenig überzeugend ist (ebenso ablehnend bzw. kritisch Britz DÖV 2008, 411 (413 f.); Dreier/Dreier GG Art. 2 Abs. 1 Rn. 84; Eifert NVwZ 2008, 521 f.; Hoeren MMR 2008, 365 f.; Roggan/Lepsius, Online-Durchsuchungen, 2008, 21, 28 ff.; Sachs/Krings JuS 2008, 481 (483); Volkmann DVBl. 2008, 590 (592 f.); vgl. auch Hornung CR 2008, 299 (301 f.); dem BVerfG hingegen zustimmend Böckenförde JZ 2008, 925 (928); Herrmann, Das Grundrecht auf Gewährleistung der Vertraulichkeit und Integrität informationstechnischer Systeme, 2010, 85; Hoffmann-Riem JZ 2008, 1009 (1015 ff.)). Gewiss hinterlässt Art. 13 GG Schutzlücken, weil das Grundrecht nur einen raumbezogenen Schutz (Durchsuchungen oder sonstige Einwirkungen auf die räumliche Sphäre der Wohnung) vermittelt und weil das Grundrecht als Prüfungsmaßstab in jedem Fall dann entfällt, wenn sich der Zugriff auf informationstechnische Systeme (Notebook, Smartphone, Speichersysteme etc.) bezieht, die sich außerhalb einer Wohnung befinden (zutr. BVerfGE 120, 274 (310 f.); vgl. auch Eifert NVwZ 2008,

22

23

521). Auch Art. 10 Abs. 1 GG bietet keinen hinreichenden Schutz, weil der Grundrechtsschutz des Art. 10 Abs. 1 GG endet, wenn der Telekommunikationsvorgang abgeschlossen ist und gespeicherte Kommunikationsinhalte bzw. Umstände des Telekommunikationsvorgangs dem alleinigen Herrschaftsbereich eines Telekommunikationsteilnehmers unterfallen (vgl. BVerfGE 120, 274 (307 f.); vgl. auch Eifert NVwZ 2008 (521)). Darüber hinaus bezieht sich der Schutz des Art. 10 Abs. 1 GG nur auf Kommunikationsinhalte bzw. Umstände des Kommunikationsvorganges, während das Grundrecht auf Gewährleistung der Vertraulichkeit und Integrität informationstechnischer Systeme weiter reicht und auch persönliche Datenbestände schützt, die nicht auf einer Kommunikation mit Dritten beruhen (→ Art. 10 Rn. 12 ff., 19). Entgegen der Auffassung des BVerfG ist der **Schutz des Grundrechts auf informationelle Selbstbestimmung** jedoch **nicht lückenhaft.** Gewiss macht es grundrechtlich einen Unterschied, ob der Staat auf einzelne personenbezogene Daten oder auf einen „großen und aussagekräftigen Datenbestand" (BVerfGE 120, 274 (313)) zugreift. Hiermit folgt jedoch keine Notwendigkeit für die Begründung eines neuen Grundrechts, weil das Grundrecht auf informationelle Selbstbestimmung – erst recht – vor Ausspähung ganzer Datenbestände in Stellung gebracht werden könnte. Der rein **quantitative Gesichtspunkt** des Zugriffs auf einen **Datenbestand** betrifft allein die **Intensität** und damit **Qualität des Grundrechtseingriffs.** Diesem Aspekt könnte ohne weiteres bei der Konkretisierung der Rechtmäßigkeitsvoraussetzungen im Rahmen der Verhältnismäßigkeitsprüfung (Eingriffsschwelle, kernbereichsschützende Vorkehrungen, Richtervorbehalt) Rechnung getragen werden, ohne dass es eines neuen Grundrechts bedürfte (ebenso Britz DÖV 2008, 411 (413); Dreier/Dreier GG Art. 2 Abs. 1 Rn. 84; Gurlit NJW 2010, 1035 (1037); Eifert NVwZ 2008, 521 f.; Hoeren MMR 2008, 365 (366); Hornung CR 2008, 299 (301 f.); Sachs/Krings JuS 2008, 481 (483); Volkmann DVBl. 2008, 590 (591)). Dass bei der gebotenen Güterabwägung die Intensität des Grundrechtseingriffs zu berücksichtigen ist, ist im Allgemeinen sowie im Besonderen, also bei Eingriffen in das Grundrecht auf informationelle Selbstbestimmung (→ Rn. 77 ff.), verfassungsrechtliche Normalität. Im Übrigen ergeben sich nach Maßgabe dieser quantitativen Betrachtungsweise kaum lösbare **Abgrenzungsprobleme,** weil nicht ersichtlich ist, ab welcher Datenmenge die Schutzgrenzen des Grundrechts auf informationelle Selbstbestimmung verlassen sein und der weiterreichende Schutz des Grundrechts auf Gewährleistung der Vertraulichkeit und Integrität informationstechnischer Systeme zum Tragen kommen soll (noch → Rn. 24 f.). Darüber hinaus wird übersehen, dass nicht nur der Zugriff auf einen größeren Datenbestand, sondern im Einzelfall auch der **Zugriff auf bestimmte Daten bzw. bestimmte Lebenssachverhalte** einen **intensiven Grundrechtseingriff darstellt,** etwa bei einer akustischen und optischen Überwachung durch Infiltration einer Ausspähungssoftware in einen Desktop- bzw. mobilen Computer (Quellen-TKÜ), die den Zugriff auf Kamera und Mikrofon des Computers ermöglicht. Eine solche heimliche Ausspähung konkreter Nutzungsvorgänge muss keinesfalls einen Einblick in „wesentliche Teile der Lebensgestaltung einer Person" (vgl. BVerfGE 120, 274 (314)) eröffnen. Gleichwohl erscheint der Einzelne wegen der Vertraulichkeitserwartung bei Nutzung seines Systems nicht minder schutzwürdig. Schließlich lässt sich die Notwendigkeit der Entwicklung eines neuen Grundrechts nicht mit der Erforderlichkeit eines Schutzes der **Integrität** eines informationstechnischen Systems begründen (ebenso Eifert NVwZ 2008, 521 (522); Hornung CR 2008, 299 (302)). Zwar geht es etwa bei einer heimlichen Infiltration eines informationstechnischen Systems mit einer entsprechenden staatlichen Überwachungssoftware („Staats-Trojaner" etc.) noch nicht um die Erhebung personenbezogener Daten, die den Schutz des Grundrechts auf informationelle Selbstbestimmung auslöst. Durch den Schutz der Integrität eines informationstechnischen Systems wird der grundrechtliche Schutz in gewissem Maße „verdinglicht" (vgl. Hornung CR 2008, 299 (302)). Ein solcher Schutz ließe sich jedoch ohne weiteres in den Schutzbereich des Grundrechts auf informationelle Selbstbestimmung einbetten (vgl. Eifert NVwZ 2008, 521 (522)). Denn dem grundrechtlichen Schutz unterfallen allein die vom Einzelnen genutzten informationstechnischen Systeme (→ Rn. 26). Das Vertrauen auf die Integrität der vom Einzelnen genutzten informationstechnischen Systeme ist Ausdruck seiner grundrechtlich geschützten informationellen Selbstbestimmung.

24 Das Grundrecht auf Gewährleistung der Vertraulichkeit und Integrität informationstechnischer Systeme findet nach der Rspr. des BVerfG im Verhältnis zur Telekommunikations-

Allg. Persönlichkeitsrecht und spez. Persönlichkeitsrechte **Art. 2 GG**

freiheit des Art. 10 Abs. 1 GG, zur Unverletzlichkeit der Wohnung des Art. 13 GG und zum Grundrecht auf informationelle Selbstbestimmung nur **subsidiäre Anwendung** (vgl. BVerfGE 120, 274 (302)). Für die Abgrenzung zum grundrechtlich geschützten Telekommunikationsgeheimnis ist **erstens** maßgebend, dass sich der Schutz des Art. 10 Abs. 1 GG nur auf einen **konkreten Kommunikationsvorgang** bezieht (→ Art. 10 Rn. 15). Der Zugriff auf Inhalte und Umstände außerhalb eines laufenden Kommunikationsvorgangs wird von Art. 10 Abs. 1 GG hingegen nicht geschützt. In die insoweit bestehende Schutzlücke tritt das Grundrecht auf Gewährleistung der Vertraulichkeit und Integrität informationstechnischer Systeme (vgl. BVerfGE 120, 274 (308)). Erfolgt der staatliche Zugriff hingegen **während einer laufenden Kommunikation,** sind **beide Grundrechte nebeneinander anwendbar** (vgl. BVerfGE 120, 274 (340)). In diesem Fall gewährleistet Art. 10 Abs. 1 GG die Vertraulichkeit der konkreten Kommunikation bzw. des Kommunikationsvorganges (vgl. BVerfGE 120, 274 (340)), während das Grundrecht aus Art. 2 Abs. 1 GG iVm Art. 1 Abs. 1 GG vor dem staatlichen Zugriff auf die Integrität des informationstechnischen Systems und die hierauf gespeicherten (personenbezogenen) Daten schützt. **Zweitens** erstreckt sich der Schutz des Art. 10 Abs. 1 GG nicht auf die nach Abschluss eines Kommunikationsvorganges im Herrschaftsbereich eines Kommunikationsteilnehmers gespeicherten Inhalte und Umstände der Kommunikation, soweit dieser eigene Schutzvorkehrungen gegen den heimlichen Datenzugriff treffen kann (vgl. BVerfGE 120, 274 (307 f.); → Art. 10 Rn. 17). Sofern es um den Schutz der im eigenen Herrschaftsbereich gespeicherten Kommunikationsdaten (und sonstigen Inhalte) geht, gelangt das Grundrecht auf Gewährleistung der Vertraulichkeit und Integrität informationstechnischer Systeme zur Anwendung. Und **drittens** bezieht sich der Schutz des Art. 10 Abs. 1 GG nur auf Kommunikationsinhalte bzw. Umstände des Kommunikationsvorganges, während das Grundrecht auf Gewährleistung der Vertraulichkeit und Integrität informationstechnischer Systeme darüber hinaus geht und auch persönliche Datenbestände schützt, die nicht auf einer Kommunikation mit Dritten beruhen. Die **Abgrenzung** zum ebenfalls in Art. 2 Abs. 1 iVm Art. 1 Abs. 1 GG wurzelnden **Grundrecht auf informationelle Selbstbestimmung** erfolgt nach der Rspr. des BVerfG **zum einen** nach **quantitativen Gesichtspunkten.** Während das Grundrecht auf informationelle Selbstbestimmung vor dem Zugriff auf **einzelne persönliche Daten** schützt, bietet das Grundrecht auf Gewährleistung der Vertraulichkeit und Integrität informationstechnischer Systeme Schutz vor dem Zugriff auf einen **umfassenden Datenbestand,** der auf einem informationstechnischen System gespeichert ist. **Zum anderen** schützt das neue Grundrecht die **Integrität informationstechnischer Systeme** und gewährleistet daher einen über das Grundrecht auf informationelle Selbstbestimmung hinausgehenden Schutz (vgl. hierzu sogleich → Rn. 28).

Grundrechtlichen Schutz genießen **informationstechnische Systeme.** Die **Bestimmung des Begriffs des informationstechnischen Systems** und damit der Schutzreichweite des Grundrechts bereitet **erhebliche Schwierigkeiten** (vgl. Eifert NVwZ 2008, 521 (522 f.); Hornung CR 2008, 299 (302); Sachs/Krings JuS 2008, 481 (484)). Nach der Rspr. des BVerfG soll nicht jedes System, das personenbezogene Daten erzeugen, verarbeiten oder speichern kann, dem Schutz des besonderen Grundrechts unterfallen. Sofern ein System „nach seiner technischen Konstruktion lediglich Daten mit punktuellem Bezug zu einem bestimmten Lebensbereich des Betroffenen" enthält, soll weiterhin das Grundrecht auf informationelle Selbstbestimmung Schutz bieten (BVerfGE 120, 274 (313 f.)). Um ein informationstechnisches System soll es sich dann handeln, wenn es allein oder aufgrund seiner technischen Vernetzung personenbezogene Daten des Betroffenen in einem Umfang und in einer Vielfalt enthalten kann, so dass der Zugriff auf das System es ermöglicht, „einen Einblick in wesentliche Teile der Lebensgestaltung einer Person zu gewinnen oder gar ein aussagekräftiges Bild der Persönlichkeit zu erhalten" (BVerfGE 120, 274 (314)). Das BVerfG bestimmt den Schutzbereich des Grundrechts auf Gewährleistung der Integrität und Vertraulichkeit informationstechnischer Systeme nach **quantitativen Gesichtspunkten.** Nur Systeme, die einen „äußerst großen und aussagekräftigen Datenbestand" (BVerfGE 120, 274 (313)) enthalten und deren gespeicherte personenbezogene Daten „wesentliche Teile der Lebensgestaltung einer Person" oder gar ein „aussagekräftiges Bild der Persönlichkeit" (BVerfGE 120, 274 (314)) widerspiegeln, sollen als informationstechnische Systeme dem besonderen Schutz des Grundrechts unterfallen. Für ein informationstechnisches System nennt das BVerfG das Negativbeispiel einer nicht vernetzten elektronischen Steuerungsanlage der Haustechnik (BVerfGE 120, 274 (313)) und als Positivbeispiel Desktop- oder mobile Computer, „Mobiltelefone" (gemeint sind wohl Smartphones) oder elektronische Terminkalender (BVerfGE 120, 274 (314)). Bereits das vom BVerfG genannte Negativbeispiel der Steuerungsanlage der Haustechnik zeigt die Fragilität des Ansatzes. Moderne Systeme intelligenter Heimvernetzung ermöglichen einen tiefen Einblick in Nutzungsgewohnheiten des einzelnen Haushaltes und müssten deshalb eher als Beispiel und nicht als Negativbeispiel für informationstechnische Systeme genannt werden. Vor allem bleibt nach Maßgabe einer quantitativen Begriffsbestimmung unklar, ab welcher Daten- bzw. Dateienmenge die Schutzgrenzen des Grundrechts auf informationelle Selbstbestimmung verlassen sein und der weiterreichende Schutz des Grundrechts auf Gewährleistung der Vertraulichkeit und Integrität informationstechnischer Systeme zum Tragen kommen soll. Hinreichend sicher lässt sich noch bestimmen, wann Daten lediglich einen „punktuellen Bezug zu einem bestimmten Lebensbereich" (BVerfGE 120, 274 (313)) aufweisen und deshalb dem Schutz des Grundrechts auf informationelle Selbstbestimmung unterfallen. Aber umgekehrt bereitet es kaum lösbare Schwierigkeiten, ein hinreichend operationales Kriterium dafür zu finden, ab wann sich in einem informationstechnischen System „wesentliche Teile der Lebensgestaltung einer Person" widerspiegeln. Reichen hierfür einige wenige auf einem Speichermedium (USB-Stick etc.) gesicherte Dateien aus? Ein auch nur geringer Datenbestand kann Rückschlüsse auf persönliche Eigenschaften oder Vorlieben ermöglichen. Darüber hinaus wird – wie bereits erwähnt (→ Rn. 23) – übersehen, dass nicht nur der Zugriff auf einen größeren Datenbestand, sondern im Einzelfall auch der **Zugriff auf bestimmte Daten bzw. bestimmte Lebenssachverhalte** einen **intensiven Grundrechtseingriff** darstellt, etwa bei einer akustischen und optischen Überwachung durch Infiltration einer Ausspähungssoftware in einen Desktop- bzw. mobilen Computer (Quellen-TKÜ), die den Zugriff auf Kamera und Mikrofon des Computers ermöglicht. Eine solche heimliche Ausspähung konkreter Nutzungsvorgänge muss keinesfalls einen Einblick in „wesentliche Teile der Lebensgestaltung einer Person" eröffnen. Gleichwohl erscheint der Einzelne wegen der Vertraulichkeitserwartung bei Nutzung seines Systems nicht minder schutzwürdig.

26   **Weitere Voraussetzung** für den grundrechtlichen Schutz ist, dass der Betroffene das informationstechnische System **„als eigenes"** nutzt (BVerfGE 120, 274 (315); Hornung, CR 2008, 299 (303)). Eine grundrechtlich anzuerkennende Vertraulichkeits- und Integritätserwartung besteht nach Ansicht des BVerfG nur, wenn der Betroffene das informationstechnische System als eigenes nutzt und deshalb den Umständen nach davon ausgehen darf, dass er allein oder zusammen mit anderen zur Nutzung berechtigten Personen über das informationstechnische System selbstbestimmt verfügt. Soweit die Nutzung des eigenen informationstechnischen Systems über informationstechnische Systeme stattfindet, die sich in der Verfügungsgewalt anderer befinden, erstreckt sich der Schutz des Nutzers auch hierauf. Im Zuge von Cloud Computing bereitet es zunehmend Schwierigkeiten, die eigene von der fremden Nutzung abzugrenzen (vgl. Hornung CR 2008, 299 (302); zur Parallelproblematik im Rahmen des Art. 10 GG vgl. → Art. 10 Rn. 18). Die Berechtigung Dritter zur **Mitnutzung** lässt den grundrechtlichen Schutz **nicht entfallen** (BVerfGE 120, 274 (315): „zusammen mit anderen"). Nur wenn der Einzelne überhaupt keine Verfügungsgewalt über ein informationstechnisches System mit seinen Daten hat, gelangt das Grundrecht nicht zur Anwendung. Deshalb sind etwa die von Telekommunikationsunternehmen erhobenen, also im Herrschaftsbereich Dritter gespeicherten Verbindungsdaten, vom Grundrecht nicht geschützt. Prüfungsmaßstab für die Vorratsdatenspeicherung ist das Grundrecht des Art. 10 Abs. 1 GG (BVerfGE 125, 260 (309 ff.)).

27   Eine **Vernetzung** des informationstechnischen Systems ist hingegen **keine** Voraussetzung des grundrechtlichen Schutzes (in diesem Sinne aber wohl Hornung CR 2008, 299 (302)). Zwar ist der Einzelne bei einer Vernetzung seines informationstechnischen Systems besonders schutzbedürftig, weil die Vernetzung zum einen den Zugriff als solchen (vgl. BVerfGE 120, 274 (306)) und zum anderen den heimlichen Zugriff auf das System ermöglicht. In einem Rechtsstaat ist Heimlichkeit staatlicher Eingriffsmaßnahmen die Ausnahme, die besonderer Rechtfertigung bedarf (vgl. BVerfGE 118, 168 (197); 120, 274 (325)). Gleichwohl können sich staatliche Stellen auch bei einem Zugriff auf den Datenbestand nicht vernetzter informationstechnischer Systeme einen Einblick in wesentliche Teile der Lebensgestaltung

der betroffenen Person verschaffen. Deshalb drängt der Schutzzweck des Grundrechts auch bei nichtvernetzten Systemen auf Verwirklichung (Beschlagnahme eines Computers etc.), wobei darauf hinzuweisen ist, dass im Zuge des Cloud Computing bereits gegenwärtig und erst recht künftig regelmäßig von einer Vernetzung bzw. Vernetzungsmöglichkeit des Systems auszugehen ist (vgl. auch Hornung, CR 2008, 299 (302)). Auch das BVerfG geht davon aus, dass die Vernetzung das Gefährdungspotenzial lediglich „vertieft" (BVerfGE 120, 274 (305)), ohne hiermit den grundrechtlichen Schutz von einer Vernetzung abhängig zu machen (vgl. auch BVerfGE 120, 274 (303 f., insbes. 304 „Der Leistungsumfang informationstechnischer Systeme und ihre Bedeutung für die Persönlichkeitsentfaltung nehmen noch zu, wenn solche Systeme miteinander vernetzt werden."). Dementsprechend unterliegen nicht nur heimliche, sondern auch **offene Zugriffe** dem besonderen grundrechtlichen Schutz (vgl. Hornung CR 2008, 299 (303)). Der Aspekt der Heimlichkeit betrifft nicht den Schutzbereich des Grundrechts, sondern ist auf der Ebene der Rechtfertigung im Rahmen der Verhältnismäßigkeit zu berücksichtigen (Hornung CR 2008, 299 (303)). Die vom Bundesverfassungsgericht in der Entscheidung zur Onlinedurchsuchung entwickelten Anforderungen für den Grundrechtseingriff (BVerfGE 120, 274 (315 ff.)) gelten nur für heimliche Zugriffe auf informationstechnische Systeme (vgl. Hornung CR 2008, 299 (303)).

Geschützt ist die **Vertraulichkeit** der von einem informationstechnischen System erzeugten, verarbeiteten und gespeicherten Daten (vgl. BVerfGE 120, 274 (314)). Insoweit **konkretisiert** das Grundrecht auf Gewährleistung der Vertraulichkeit und Integrität informationstechnischer Systeme das im allgemeinen Persönlichkeitsrecht wurzelnde **Recht auf Selbstbewahrung.** Das weitere Schutzelement, der Schutz der **Integrität** des informationstechnischen Systems, geht über den Schutz personenbezogener Daten hinaus und vermittelt bereits im Vorfeld eines staatlichen Zugriffs auf personenbezogene Datenbestände grundrechtlichen Schutz. Die grundrechtlich geschützte Integrität ist dann beeinträchtigt, wenn auf das System so zugegriffen wird, dass dessen Leistungen, Funktionen und Speicherinhalte durch Dritte genutzt werden können. Denn „dann ist die entscheidende technische Hürde für eine Ausspähung, Überwachung oder Manipulation des Systems genommen" (BVerfGE 120, 274 (314)). Die Integrität des informationstechnischen Systems als solche genießt besonderen Grundrechtsschutz und zwar auch dann, wenn mit der Beeinträchtigung der Integrität des informationstechnischen Systems noch kein unmittelbarer Zugriff auf personenbezogene Daten vorliegt. Für den grundrechtlichen Schutz reicht es aus, dass durch den Zugriff auf die Integrität des Systems ein (späterer) Zugriff auf die Daten ermöglicht wird. Zwischen der Integrität des Systems einerseits und der Vertraulichkeit der gespeicherten Daten andererseits ist zu unterscheiden. Beide Schutzkomponenten stehen nebeneinander, wenngleich der Integritätsschutz funktional auf den Schutz der Vertraulichkeit der vom informationstechnischen System erhobenen, verarbeiteten oder gespeicherten Daten bezogen ist. Der **Zugriff auf die Integrität** des Systems und der **Zugriff auf die hierauf gespeicherten Daten** stellen zwei voneinander zu trennende, jeweils **eigenständige Grundrechtseingriffe** dar. Dementsprechend lässt sich die zur Überwachung von Internettelefonie (VoIP) eingesetzte **Quellen-Telekommunikationsüberwachung** (Quellen-TKÜ; vgl. hierzu LG Hamburg MMR 2011, 693 (695); Bär MMR 2011, 691 (692); Braun K&R 2011, 681 f.) **nicht auf §§ 100a f.** StPO stützen, weil diese Vorschriften allein die telefonische Überwachung der (Internet-)Telefonie zulassen, nicht aber die der Abhörmaßnahme zeitlich vorgelagerte Infiltration der entsprechenden Software („Trojaner") auf dem informationstechnischen System der Zielperson (ebenso statt vieler Braun K&R 2011, 681 (683) mwN; Hoffmann-Riem JZ 2008, 1009 (1022); aA LG Landshut MMR 2010, 266; weitere Nachweise bei Braun K&R 2011, 681 (683)). Die Infiltration der Software auf dem Zielsystem ist ein von der Telefonüberwachung zu trennender, **eigenständiger Grundrechtseingriff,** der nicht am Maßstab des Art. 10 Abs. 1 GG, sondern am Maßstab des Grundrechts der Gewährleistung der Vertraulichkeit und Integrität informationstechnischer Systeme (Art. 2 Abs. 1 iVm Art. 1 Abs. 1 GG) zu messen ist (→ Art. 10 Rn. 37). 28

Dem Merkmal der **Gewährleistung** der Vertraulichkeit und Integrität informationstechnischer Systeme kommt **keine grundrechtliche Besonderheit** zu. In seiner klassischen Funktion als Abwehrrecht (status negativus) begründet das Grundrecht keine staatlichen Handlungsaufträge. Und in den für rechtmäßige Grundrechtseingriffe geltenden Anforderungen (Richtervorbehalt, kernbereichsschützende Regelungen) manifestieren sich die pro- 29 zeduralen Garantien des Grundrechts. „Gewährleistungsaufträge" ergeben sich allein im horizontalen Verhältnis zwischen einzelnen Grundrechtsträgern. Doch auch insoweit ergeben sich keine grundrechtlichen Besonderheiten. Die Gewährleistungsgarantie ist Ausdruck der grundrechtlichen Schutzpflicht, die den Staat verpflichtet, den Einzelnen vor Zugriffen Dritter auf informationstechnische Systeme wirksam zu schützen.

II. Persönlicher Schutzbereich
1. Natürliche Personen

30 Auf das allgemeine Persönlichkeitsrecht des Art. 2 Abs. 1 GG iVm Art. 1 Abs. 1 GG können sich **natürliche Personen** ungeachtet ihres Alters oder ihrer Staatsangehörigkeit berufen (BeckOK GG/Lang GG Art. 2 Abs. 1 Rn. 47; Dreier/Dreier GG Art. 2 Abs. 1 Rn. 85; Jarass/Pieroth/Jarass GG Art. 2 Rn. 51; Maunz/Dürig/di Fabio GG Art. 2 Abs. 1 Rn. 10, 223). Es steht allen natürlichen Personen kraft ihres Menschseins zu (BeckOK GG/Lang GG Art. 2 Abs. 1 Rn. 47; Maunz/Dürig/di Fabio GG Art. 2 Abs. 1 Rn. 10). Auch Kinder genießen den Schutz des allgemeinen Persönlichkeitsrechts (Dreier/Dreier GG Art. 2 Abs. 1 Rn. 85; Jarass/Pieroth/Jarass GG Art. 2 Rn. 51). Der **Persönlichkeitsschutz eines Kindes** ist nicht nur Bestandteil des elterlichen Erziehungsrechts gem. Art. 6 Abs. 1 GG, das als dienende Freiheit funktional auf den Schutz des Kindes bezogen ist. Das Persönlichkeitsrecht des Kindes ist auch als eigenes Recht in Art. 2 Abs. 1 iVm Art. 1 Abs. 1 GG verbürgt (vgl. BVerfGE 24, 119 (144); 45, 400 (417); 72, 122 (137); BVerfG NJW 2003, 3262 (3263)). Zum Persönlichkeitsrecht gehört die Möglichkeit, selbst zu entscheiden oder – soweit dies noch nicht möglich ist, durch die Erziehungsberechtigten entscheiden zu lassen, wie weit persönliche Angelegenheiten zum Gegenstand öffentlicher Aufmerksamkeit gemacht werden. Der Schutzumfang ist vom Schutzzweck her unter Berücksichtigung der Entwicklungsphasen des Kindes zu bestimmen. Kinder genießen einen auf ihre individuelle Entwicklung abgestimmten Schutz gegenüber den Gefahren, die von den Medien ausgehen (BVerfG NJW 2003, 3262 (3263)). Das allgemeine Persönlichkeitsrecht steht nur den unmittelbar Betroffenen zu. Eine nur mittelbare Betroffenheit – etwa eines Verwandten, der sich im Falle einer Ehrkränkung eines Eltern- oder Geschwisterteils als Hüter der Familienehre selbst betroffen fühlt – reicht nicht aus (BGH NJW 1980, 1790 f.; BGH NJW 1974, 1371; s. auch OLG München NJW 1986, 1260 (1261); Maunz/Dürig/di Fabio GG Art. 2 Abs. 1 Rn. 223).

31 Tote sind nicht von dem Schutz des allgemeinen Persönlichkeitsrechts nach Art. 2 Abs. 1 iVm Art. 1 Abs. 1 GG erfasst. Ein **postmortaler Persönlichkeitsschutz** besteht nur in den engen Grenzen des Art. 1 Abs. 1 GG (BVerfGE 30, 173 (194); BVerfG NJW 1993, 1462; NJW 2001, 594 f.; NJW 2001, 2957 (2958 f.); BVerfG Beschl. v. 5.4.2001 – 1 BvR 932/94, Rn. 18; s. auch BGH MDR 1984, 997; BGH JZ 1990, 37 (38 f.); BeckOK GG/Lang GG Art. 2 Abs. 1 Rn. 48; Dreier/Dreier GG Art. 2 Abs. 1 Rn. 85; Jarass/Pieroth/Jarass GG Art. 2 Rn. 51; Maunz/Dürig/di Fabio GG Art. 2 Abs. 1 Rn. 226). Denn das Grundrecht der freien Entfaltung der Persönlichkeit (Art. 2 Abs. 1 GG) steht nur lebenden Personen zu (vgl. BVerfGE 30, 173 (194); BVerfG NJW 2001, 594; NJW 2001, 2957 (2959); BeckOK GG/Lang GG Art. 2 Abs. 1 Rn. 48; Maunz/Dürig/di Fabio GG Art. 2 Abs. 1 Rn. 226; Jarass NJW 1989, 857 (859 f.); anders noch BGHZ 15, 249 (259); 50, 133 (136)). Demgegenüber endet die mit Art. 1 Abs. 1 GG der staatlichen Gewalt auferlegte Verpflichtung, alle Menschen gegen Angriffe auf die Menschenwürde wie Erniedrigung, Brandmarkung, Verfolgung, Ächtung und dergleichen zu schützen sowie davor zu bewahren, dass sie in einer die Menschenwürde verletzenden Weise ausgegrenzt, verächtlich gemacht, verspottet oder sonst wie herabgewürdigt werden (vgl. nur BVerfGE 1, 97 (104); BVerfG NJW 2001, 591 (593); NJW 2001, 2957 (2958 f.)) nicht mit dem Tod (Vgl. BVerfGE 30, 173, 194; BVerfG NJW 2001, 594 f.). Diese dogmatische Ableitung wirkt sich auf die Schutzintensität des postmortalen Persönlichkeitsrechts aus. Das BVerfG betont, dass der postmortale Persönlichkeitsschutz mit den Schutzwirkungen des allgemeinen Persönlichkeitsrechts nicht identisch sei. Dies zeige sich etwa daran, dass die Menschenwürde im Konflikt mit der Meinungsfreiheit nicht abwägungsfähig ist, während es bei einem Konflikt der Meinungsfreiheit mit dem allgemeinen Persönlichkeitsrecht regelmäßig zu einer Abwägung kommt (vgl. BVerfG

NJW 2001, 594 f.; NJW 2001, 2957 (2959) unter Hinweis auf BVerfGE 93, 266 (293 f.)). Nach der Rspr. des BVerfG bedarf es stets einer sorgfältigen Begründung, wenn angenommen werden soll, dass der Gebrauch eines Grundrechts die unantastbare Menschenwürde verletzt (Vgl. BVerfGE 93, 266 (293); BVerfG NJW 2001, 2957 (2959)). Der in den engen Grenzen der Menschenwürdegarantie gewährte postmortale Persönlichkeitsschutz vermag gleichwohl natürliche Personen in hinreichendem Maße zu schützen (Maunz/Dürig/di Fabio GG Art. 2 Abs. 1 Rn. 226).

Ebenso wenig sind Ungeborene Träger des Grundrechts aus Art. 2 Abs. 1 iVm Art. 1 Abs. 1 GG (Dreier/Dreier GG Art. 2 Abs. 1 Rn. 85; Jarass/Pieroth/Jarass GG Art. 2 Rn. 51; Maunz/Dürig/di Fabio GG Art. 2 Abs. 1 Rn. 227; aA BeckOK GG/Lang GG Art. 2 Abs. 1 Rn. 49). Das Recht auf Selbstdarstellung und Selbstbewahrung kann nur von geborenen Menschen wahrgenommen werden (vgl. Maunz/Dürig/di Fabio GG Art. 2 Abs. 1 Rn. 226). Die potentielle Handlungsfähigkeit reicht für die Begründung eines Grundrechtsschutzes nach Art. 2 Abs. 1 iVm Art. 1 Abs. 1 GG nicht aus (aA BeckOK GG/Lang GG Art. 2 Abs. 1 Rn. 49). Ein **pränataler Persönlichkeitsschutz** zu Gunsten des nasciturus besteht daher nur in den Grenzen des Art. 1 Abs. 1 GG (Maunz/Dürig/di Fabio GG Art. 2 Abs. 1 Rn. 227, der insoweit neben Art. 1 Abs. 1 GG auf Art. 2 Abs. 2 GG rekurriert). 32

2. Juristische Personen

Sofern man den dogmatischen Sitz des allgemeinen Persönlichkeitsrechts in Art. 2 Abs. 1 iVm Art. 1 Abs. 1 GG platziert, erscheint eine Grundrechtsträgerschaft von juristischen Personen prekär. Wegen der besonderen Nähe zur Menschenwürdegarantie des Art. 1 Abs. 1 GG, die allein im Interesse des Einzelnen gewährt ist und auf die sich ausschließlich natürliche Personen berufen können (vgl. BVerfGE 95, 220 (242); 118, 168 (203)), ist fraglich, ob das allgemeine Persönlichkeitsrecht seinem Wesen nach (vgl. Art. 19 Abs. 3 GG) auf juristische Personen anwendbar ist. Nach (nahezu einhelliger) zivilrechtlicher Rspr. erstreckt sich der allgemeine Persönlichkeitsschutz auch auf juristische Personen (vgl. BGHZ 78, 24 (25); 81, 75 (78); 98, 94 (97); BGH NJW 1986, 2951 f.; BGH JZ 1975, 637 ff.; OLG München NJW 1996, 2515 f.; s. auch BVerwGE 82, 76 (78); OVG Lüneburg NJW 1992, 192 (193); OVG Koblenz NVwZ 1986, 575). Demgegenüber ist nach der Rspr. des BVerfG die Geltungserstreckung des allgemeinen Persönlichkeitsrechts **„für die verschiedenen Ausprägungen dieses Grundrechts differenziert zu beurteilen"** (BVerfGE 118, 168 (203)). Die Anwendung des Grundrechts scheidet aus, soweit der Schutz im Interesse der Menschenwürde gewährt wird, die nur natürliche Personen für sich in Anspruch nehmen können (vgl. BVerfGE 95, 220 (242); 118, 168 (203)). Aus diesem Grund hat das BVerfG im Hinblick auf den Schutz vor einem Zwang zur Selbstbezichtigung, der der Menschenwürde dient, eine Grundrechtsträgerschaft juristischer Personen abgelehnt (BVerfGE 95, 220 (242)). Sofern hingegen das allgemeine Persönlichkeitsrecht korporativ betätigt werden kann, kommt ein grundrechtlicher Schutz juristischer Personen in Betracht (vgl. BVerfGE 106, 28 (42 f.); 118, 168 (203)). Demgemäß genießen juristische Personen den Schutz des **Rechts am gesprochenen Wort,** soweit es hierfür auf einen besonderen personalen Kommunikationsinhalt nicht ankommt (vgl. BVerfGE 106, 28 (43 f.); 118, 168 (203)). Das Gleiche gilt für das **Recht am eigenen Bild** (noch offen lassend BVerfG NJW 2005, 883). Ebenso können sich juristische Personen auf das **Grundrecht auf informationelle Selbstbestimmung** (vgl. BVerfGE 118, 168 (203 f.); Maunz/Dürig/di Fabio GG Art. 2 Abs. 1 Rn. 225; Jarass NJW 1989, 857 (860)) und das **Grundrecht auf Gewährleistung der Vertraulichkeit und Integrität informationstechnischer Systeme** berufen. Beide Grundrechte lassen sich nicht nur individuell, sondern auch kooperativ wahrnehmen, so dass sie nach Art. 19 Abs. 3 GG auch juristischen Personen zustehen. Soweit juristische Personen Träger des allgemeinen Persönlichkeitsrechts sind, findet die Grundrechtsträgerschaft ihre Basis allein in Art. 2 Abs. 1 GG und nicht in Art. 1 Abs. 1 GG (BVerfGE 106, 28 (43 f.); 118, 168 (203 Jarass/Pieroth/Jarass GG Art. 2 Rn. 52; Dreier/Dreier GG Art. 2 Abs. 1 GG Rn. 86; Maunz/Dürig/di Fabio GG Art. 2 Abs. 1 Rn. 224). **Juristischen Personen des öffentlichen Rechts** steht hingegen der Schutz des allgemeinen Persönlichkeitsrechts nicht zu (BeckOK GG/Lang GG Art. 2 Abs. 1 Rn. 50; Jarass/Pieroth/Jarass GG Art. 2 Rn. 52). 33

34 Entgegen einer im Schrifttum vertretenen Ansicht ergibt sich für juristische Personen im Vergleich zu natürlichen Personen **kein geringeres grundrechtliches Schutzniveau** (so Maunz/Dürig/di Fabio GG Art. 2 Abs. 1 Rn. 224; ähnlich wohl auch BVerfGE 118, 168 (204), wonach die „Unterschiede, die zwischen den Schutzbedürfnissen natürlicher und juristischer Personen im Hinblick auf das Recht auf informationelle Selbstbestimmung bestehen, (…) bei der Bestimmung der grundrechtlichen Gewährleistung zu beachten" sind). Insbes. lässt sich dies nicht damit begründen, dass sich juristische Personen im Gegensatz zu natürlichen Personen nicht auf den Schutz des Art. 1 Abs. 1 GG berufen können, dessen thematische Nähe eine Schutzverstärkung des allgemeinen Persönlichkeitsrechts im Vergleich zur allgemeinen Handlungsfreiheit fordere (Maunz/Dürig/di Fabio GG Art. 2 Abs. 1 Rn. 224). Art. 1 Abs. 1 GG betrifft lediglich das „Ob", nicht aber das „Wie" des grundrechtlichen Schutzanspruches juristischer Personen. Die mangelnde Verortung des allgemeinen Persönlichkeitsrechts juristischer Personen in Art. 1 Abs. 1 GG wirkt sich nur auf die **Reichweite, nicht** aber auf die **Intensität** des grundrechtlichen Schutzes juristischer Personen aus. Zwar reicht der Schutz juristischer Personen wegen ihrer fehlenden Menschenwürdequalität nicht so weit wie bei der engen Persönlichkeitssphäre (Degenhart JuS 1992, 361 (368)). Dementsprechend steht etwa juristischen Personen bei Verletzung ihres Persönlichkeitsrechts ein Entschädigungsanspruch nicht zu (vgl. BGHZ 78, 24; OLG München AfP 2003, 359 (360)). Sofern juristische Personen – außerhalb des durch Art. 1 Abs. 1 GG gewährleisteten Wirkungskreises – Träger des grundrechtlich geschützten allgemeinen Persönlichkeitsrechts sind, sind sie mit derselben Intensität wie natürliche Personen geschützt.

35 Sofern man die Anwendbarkeit des allgemeinen Persönlichkeitsrechts auf juristische Personen bejaht, stellt sich die Frage nach der Abgrenzung zu anderen grundrechtlich geschützten Freiheitsrechten (siehe hierzu Maunz/Dürig/di Fabio GG Art. 2 Abs. 1 Rn. 225; Kunig Jura 1993, 595 (599)). Insbes. ist das Konkurrenzverhältnis zu Art. 12 Abs. 1 GG zu bestimmen (vgl. dazu BVerfGE 118, 168 (204 f.)). Hierbei ist zu beachten, dass die grundrechtlich geschützte Berufsausübungsfreiheit auch den sozialen Achtungsanspruch von Unternehmen am Markt gewährleistet. Da der Erfolg unternehmerischer Betätigung maßgeblich von der Außendarstellung der Unternehmen abhängig ist, ist auch ihr marktbezogener Achtungsanspruch von Art. 12 Abs. 1 GG geschützt (vgl. BVerfGE 105, 252 (266)). Im Gegensatz zu dieser auf Gewinnerzielung und -sicherung beruhenden Schutzausrichtung wird das allgemeine Persönlichkeitsrecht (auch) von juristischen Personen nicht im Interesse der Kommerzialisierung der eigenen Person gewährt (Vgl. BVerfGE 101, 361 (385)). Das bedeutet indes nicht, dass der Aspekt der wirtschaftlichen Interessen die Grenze zwischen beiden grundrechtlichen Gewährleistungen markiert. Da bei juristischen Personen regelmäßig ökonomische Interessen im Vordergrund stehen, verbliebe bei einem solchen Abgrenzungskriterium nahezu kein Anwendungsfeld für das allgemeine Persönlichkeitsrecht aus Art. 2 Abs. 1 GG. Vielmehr sind – ebenso wie bei natürlichen Personen – im Regelfall beide grundrechtlichen Bestimmungen nebeneinander anwendbar. Tatsachenbehauptungen und Werturteile Dritter können sowohl die Außendarstellung eines Unternehmens am Markt betreffen und damit den Schutz des Art. 12 Abs. 1 GG auslösen als auch den sozialen Achtungsanspruch des Unternehmens innerhalb der Gesellschaft berühren, so dass zusätzlich Art. 2 Abs. 1 GG auf Verwirklichung drängt (aA wohl Maunz/Dürig/di Fabio GG Art. 2 Abs. 1 Rn. 225, der insoweit Art. 12 Abs. 1 GG „als spezielles Grundrecht" ansieht). Allerdings bedarf es in jedem Fall der besonderen Prüfung, ob neben den – durch Art. 12 Abs. 1 GG geschützten – wirtschaftlichen Interessen auch der – dem Schutz des Art. 2 Abs. 1 GG unterfallende – soziale Achtungsanspruch des Unternehmens betroffen ist.

36 Ein sozialer Achtungsanspruch einer politischen Partei kann sich im Einzelfall aus Art. 21 GG (vgl. VGH München BayVBl. 1994, 115 (116); Maunz/Dürig/di Fabio GG Art. 2 Abs. 1 Rn. 225), einer Religionsgemeinschaft aus Art. 4 GG (vgl. BVerfGE 105, 279 (294); s. auch BVerwGE 90, 112 ff.) ergeben; Art. 2 Abs. 1 GG findet dann unter Spezialitätsgesichtspunkten keine Anwendung.

3. Staat und staatliche Funktionsträger

37 Juristische Personen des öffentlichen Rechts können sich auf den Schutz des allgemeinen Persönlichkeitsrechts nicht berufen (BeckOK GG/Lang GG Art. 2 Abs. 1 Rn. 50; Jarass/

Pieroth/Jarass GG Art. 2 Rn. 52). Staat und staatliche Stellen haben weder eine „persönliche Ehre" noch sind sie Träger des allgemeinen Persönlichkeitsrechts aus Art. 2 Abs. 1 iVm Art. 1 Abs. 1 GG (BVerfGE 93, 266 (291)). Das bedeutet indes nicht, dass ihnen im Konflikt mit der Meinungsfreiheit überhaupt kein Schutz zukommt. Bei der Bestimmung einer entsprechenden abwägungsbedürftigen schutzwürdigen Position ist nach Maßgabe der jeweils betroffenen Funktionsschicht des Amtswalters zu unterscheiden (zu dieser Differenzierung vgl. BVerfGE 101, 361 (383); BVerfG Beschl. v. 6.12.2002 – 1 BvR 802/00, Rn. 13). Sofern Amtswalter in Wahrnehmung ihrer amtlichen Funktion Gegenstand einer Tatsachenbehauptung oder eines Werturteils sind, kommt als gegenläufige Position nicht das allgemeine Persönlichkeitsrecht in Betracht. Staat und staatliche Stellen sind insoweit indes nicht schutzlos gestellt. Ohne ein **Mindestmaß an gesellschaftlicher Akzeptanz** vermögen staatliche Einrichtungen ihre Funktion nicht zu erfüllen. Sie dürfen daher grds. auch vor verbalen Angriffen geschützt werden, welche diese Voraussetzungen zu untergraben drohen (vgl. BVerfGE 81, 278 (292 f.); 93, 266 (291); s. auch Maunz/Dürig/di Fabio GG Art. 2 Abs. 1 Rn. 171). Das Grundrecht der Meinungsäußerung findet also nicht erst dann Schranken, wenn der Bestand des Staates oder der Verfassung unmittelbar gefährdet ist. Vielmehr können Staat und staatliche Einrichtungen ein Mindestmaß an Respekt und Achtung reklamieren. Ohne hinreichende gesellschaftliche Akzeptanz könnten staatliche Einrichtungen ihre dem Gemeinwohl verpflichtete Funktionen nicht wirksam wahrnehmen (Vgl. BVerfGE 81, 278 (292 f.)). Dieser notwendige Schutz darf aber nicht dazu führen, staatliche Einrichtungen gegen – eine unter Umständen in scharfer Form geführte – öffentliche Kritik abzuschirmen, die von dem Grundrecht der Meinungsfreiheit in besonderer Weise gewährleistet werden soll (vgl. BVerfGE 28, 191 (202); 93, 266 (291)). Sofern hingegen Amtswalter außerhalb ihrer amtlichen Funktionen tätig werden (vgl. BVerfGE 101, 361 (383); s. auch BVerfG Beschl. v. 6.12.2002 – 1 BvR 802/00, Rn. 13) oder aber in Wahrnehmung ihres Amtes durch Meinungsäußerungen persönlich betroffen sind, steht ihnen der Schutz des allgemeinen Persönlichkeitsrechts nach Art. 2 Abs. 1 iVm Art. 1 Abs. 1 GG zu. Allerdings bedarf es einer besonderen Begründung, wenn Amtswalter im Rahmen ihrer Aufgabenerfüllung eine persönliche Betroffenheit geltend machen. Als Teil des Staates muss sich der einzelne Amtswalter ein hohes Maß an öffentlicher Kritik und Kontrolle gefallen lassen. Je deutlicher Tatsachenmitteilungen und Werturteile die Amtsführung des einzelnen Amtswalters betreffen, desto höhere Anforderungen sind an das Vorliegen einer persönlichen Betroffenheit des einzelnen Amtswalters zu stellen.

C. Beeinträchtigung des Art. 2 Abs. 1 iVm Art. 1 Abs. 1

Das allgemeine Persönlichkeitsgrundrecht sowie seine grundrechtlich geschützten bereichsspezifischen Ausprägungen schützen vor **klassischen Eingriffen,** wie etwa die Regelung des genetischen Fingerabdrucks in § 81g StPO (Dreier/Dreier GG Art. 2 Abs. 1 Rn. 87) oder die Verpflichtung, persönliche Daten zu offenbaren oder persönliche Beziehungen zu unterhalten (BVerfGE 121, 69 (96)). Darüber hinaus entfalten die Grundrechte auch gegen **faktische Einwirkungen** grundrechtlichen Schutz (vgl. nur Dreier/Dreier GG Art. 2 Abs. 1 Rn. 88; Jarass/Pieroth/Jarass GG Art. 2 Rn. 53). Im horizontalen Verhältnis zwischen einzelnen Grundrechtsträgern gelangen sie bei zivilrechtlichen Streitigkeiten im Wege der Drittwirkung (Ausstrahlungskraft) der Grundrechte und im Übrigen über die grundrechtliche Funktion staatlicher Schutzpflichten zur Anwendung. **38**

Im Zusammenhang mit dem **Recht auf informationelle Selbstbestimmung** begründet die staatliche **Erhebung, Speicherung, Verwendung** und **Weitergabe** von personenbezogenen Daten regelmäßig jeweils einen **eigenständigen Grundrechtseingriff** (vgl. BVerfGE 100, 313 (366 f.); 125, 206 (310)). Zwischen der Erhebung, Speicherung und Verwendung von Daten ist also zu unterscheiden (vgl. BVerfGE 100, 313 (366 f.); 115, 320 (343 f.); 120, 378 (400 f.); 125, 260 (310); 130, 151 (184)). An der **Eingriffsqualität fehlt** es jedoch, sofern Daten ungezielt und allein technikbedingt zunächst miterfasst, aber unmittelbar nach der Erfassung technisch wieder anonym, spurenlos und ohne Erkenntnisinteresse für die Behörden ausgesondert werden (vgl. BVerfGE 100, 313 (366); 107, 299 (328); 115, 320 (343); 120, 378 (399)). Ebenso wie im Rahmen des Art. 10 Abs. 1 GG (→ Art. 10 Rn. 14) ist für den grundrechtlichen Schutz nach Art. 2 Abs. 1 iVm Art. 1 Abs. 1 GG **39**

40 In das **Grundrecht auf Gewährleistung der Vertraulichkeit und Integrität informationstechnischer Systeme** wird eingegriffen, wenn staatliche Stellen auf den auf informationstechnischen Systemen gespeicherten Datenbestand zugreifen. Ebenso wie beim Grundrecht auf informationelle Selbstbestimmung liegt in der staatlichen Erhebung, Speicherung, Verwendung und Weitergabe personenbezogener Daten regelmäßig jeweils ein eigenständiger Grundrechtseingriff. Da Heimlichkeit keine Tatbestandsvoraussetzung für das Grundrecht auf Gewährleistung der Vertraulichkeit und Integrität informationstechnischer Systeme ist (vgl. bereits → Rn. 27), liegt etwa auch bei einer **Beschlagnahme** eines informationstechnischen Systems ein **Grundrechtseingriff** vor. Dem Aspekt der fehlenden Heimlichkeit des staatlichen Zugriffs ist auf der Rechtfertigungsebene im Rahmen des Grundsatzes der Verhältnismäßigkeit Rechnung zu tragen (→ Rn. 101). Ein Grundrechtseingriff liegt nicht nur dann vor, wenn staatliche Stellen auf die auf informationstechnischen Systemen gespeicherten Datenbestände zugreifen. Vielmehr ist bereits die **Integrität** des informationstechnischen Systems geschützt. Der grundrechtliche Schutz geht also über den Schutz personenbezogener Daten hinaus und wirkt daher bereits im Vorfeld eines staatlichen Zugriffs auf personenbezogene Datenbestände (bereits → Rn. 28). Die grundrechtlich geschützte Integrität ist dann beeinträchtigt, wenn auf das System so zugegriffen wird, dass dessen Leistungen, Funktionen und Speicherinhalte durch Dritte genutzt werden können. Denn „dann ist die entscheidende technische Hürde für eine Ausspähung, Überwachung oder Manipulation des Systems genommen" (BVerfGE 120, 274 (314)). Der **Zugriff auf die Integrität** des Systems und der **Zugriff auf die hierauf gespeicherten Daten** stellen zwei voneinander zu trennende, jeweils **eigenständige Grundrechtseingriffe** dar (bereits → Rn. 28).

41 Eine wirksame, insbes. freiwillig erfolgte **Einwilligung** des Betroffenen schließt eine Grundrechtsbeeinträchtigung grds. aus (Jarass/Pieroth/Jarass GG Art. 2 Rn. 54; Jarass NJW 1989, 857 (860); Martini JA 2009, 839 (842); vgl. auch Maunz/Dürig/di Fabio GG Art. 2 Abs. 1 Rn. 228). Die Einwilligung ist Ausdruck des im allgemeinen Persönlichkeitsrecht bzw. im Recht auf informationelle Selbstbestimmung wurzelnden Selbstdarstellungsrechts (→ Rn. 8, → Rn. 17). Die Einwilligung ist daher kein Rechtfertigungselement (so aber Hufen, Staatsrecht II, 2011, § 11 Rn. 22; Schoch Jura 2008, 352 (357)), sondern Wahrnehmung der grundrechtlich geschützten Freiheit. Demgemäß scheidet etwa bei Zustimmung zur Aufnahme bzw. Veröffentlichung von Fotos oder zur Erhebung personenbezogener Daten (vgl. §§ 4, 4a BDSG) ein Grundrechtseingriff aus. Auch im Internet, insbes. in sozialen Netzwerken erfolgte autonome Offenbarung personenbezogener Daten ist kein Grundrechtsverzicht, sondern Ausdruck der grundrechtlich geschützten Befugnis des Einzelnen, selbst über die Preisgabe und Verwendung persönlicher Daten zu bestimmen (vgl. BVerfGE 65, 1 (43); 113, 29 (46); 130, 151 (183)), also Ausübung der Wahrnehmung des Grundrechts auf informationelle Selbstbestimmung (bereits → Rn. 17). Die Einwilligung muss ausreichend konkret sein. Sie kann auch stillschweigend erfolgen (BVerfGE 106, 28 (45 f.)). Die Einwilligung ist jedoch unbeachtlich, wenn sie unter Täuschung und Verletzung eines schutzwürdigen Vertrauens erlangt wurde (BVerfGE 120, 274 (345)). Entsprechendes gilt, wenn sich der Betroffene in einer Zwangslage befindet (BVerfG NJW 1982, 375), oder aber im Verhältnis der Vertragspartner ein strukturelles Ungleichgewicht besteht, so dass der eine Vertragspartner den Vertragsinhalt faktisch einseitig bestimmen kann (BVerfGE DVBl. 2007, 112). Ein **genereller Verzicht** auf das Persönlichkeitsrecht scheidet hingegen aus (Jarass NJW 1989, 857 (860); Martini JA 2009, 839 (842); vgl. auch Maunz/Dürig/di Fabio GG Art. 2 Abs. 1 Rn. 229).

D. Rechtfertigung

42 Für die Rechtfertigung von Eingriffen in das allgemeine Persönlichkeitsrecht, das Grundrecht auf informationelle Selbstbestimmung und das Grundrecht auf Gewährleistung der Vertraulichkeit und Integrität informationstechnischer Systeme gilt die Schranke des Art. 2 Abs. 1 GG (BVerfGE 97, 228 (269); 99, 185 (195); 114, 339 (347); 120, 180 (201)). Die

Grundrechte werden also durch die verfassungsmäßige Ordnung und durch Rechte anderer beschränkt. Darin liegt ein **einfacher Gesetzesvorbehalt**, für den das Zitiergebot des Art. 19 Abs. 1 S. 2 GG nicht gilt (Jarass/Pieroth/Jarass GG Art. 2 Rn. 58). Eingriffe in das allgemeine Persönlichkeitsrecht, das Grundrecht auf informationelle Selbstbestimmung und das Grundrecht auf Gewährleistung der Vertraulichkeit und Integrität informationstechnischer Systeme bedürfen einer **gesetzlichen Grundlage**, die dem **Bestimmtheitsgebot** entsprechen muss, was insbes. für Eingriffe in das Grundrecht auf informationelle Selbstbestimmung (→ Rn. 70 ff.) und in das Grundrecht auf Gewährleistung der Vertraulichkeit und Integrität informationstechnischer Systeme (→ Rn. 90 ff.) von Bedeutung ist. Die gesetzliche Eingriffsermächtigung als auch deren Anwendung im Einzelfall müssen den **Grundsatz der Verhältnismäßigkeit** wahren.

Für die Beurteilung der Angemessenheit der Schutzbereichsbeeinträchtigung differenziert **43** das BVerfG nach Sphären der Betroffenheit und der Berührungsintensität (**Sphärentheorie**). Die Sphärentheorie hat auf Tatbestandsebene auch weiterhin ihre Berechtigung, weil sie durch ihre Systematisierung den unterschiedlichen Schutzbedürfnissen für die Persönlichkeitsentfaltung des Einzelnen Rechnung trägt (vgl. BeckOK GG/Lang GG Art. 2 Abs. 1 Rn. 36). Aber auch auf der Rechtfertigungsebene dient sie als Orientierungshilfe für die Bestimmung der Eingriffsintensität und damit für die Gewinnung der Rechtfertigungsanforderungen. Sie stellt damit eine **Konkretisierung der Verhältnismäßigkeit** dar (BeckOK GG/Lang GG Art. 2 Abs. 1 Rn. 37). Auch für den Bereich der automatisierten Datenverarbeitung hat das BVerfG sich nicht vollständig von diesem Ansatz getrennt (vgl. aber Dreier/Dreier GG Art. 2 Abs. 1 Rn. 93). Denn es weist im Volkzählungs-Urteil nur darauf hin, dass es für die Beurteilung der Fragen, ob Informationen sensibel sind, nicht „allein" davon abhänge, ob intime Vorgänge betroffen seien (BVerfGE 65, 1 (45)). Die Sphärentheorie beruht nicht auf einer klaren, konturenscharfen Trennung von einzelnen Bezirken der Persönlichkeitsentfaltung. Vielmehr sind die Sphären der Persönlichkeitsentfaltung eher durch graduelle Stufungen und fließende Übergänge gekennzeichnet. Gleichwohl bietet die kategoriale Unterscheidung der Sphärentheorie eine **gewisse Groborientierung** (Dreier/Dreier GG Art. 2 Abs. 1 Rn. 93). Die drei Sphären dürfen nicht im Sinne eines starren Schemas missverstanden werden. Sie dienen lediglich als **Orientierungspunkt** für die Beurteilung der **Intensität der Grundrechtsbeeinträchtigung** und für die **Gewichtung der diese Beeinträchtigung rechtfertigenden Gründe** (vgl. BVerfGE 119, 1 (30)). Je stärker eine Beeinträchtigung in den Kernbereich der Persönlichkeit hineinwirkt, desto höher sind die Anforderungen an ihre Rechtfertigung. Umgekehrt sinken die Rechtfertigungsanforderungen in dem Maße, in dem der Eingriff die Persönlichkeitsentfaltung in der Öffentlichkeit, also die Sozialsphäre betrifft.

Der Sphärentheorie liegt eine Differenzierung zwischen **Intim-, Privat-** und **Sozial- 44 sphäre** zugrunde. Den weitgehendsten Schutz genießt wegen der besonderen Nähe zur Menschenwürde die **Intimsphäre** des Menschen, die unantastbar und der Einwirkung der öffentlichen Gewalt entzogen ist (vgl. BVerfGE 6, 32 (41); 6, 389 (433); 27, 344 (350 f.); 32, 373 (378 f.); 34, 238 (245); 35, 35 (39); 38, 312 (320); 54, 143 (146); 65, 1 (46); 80, 367 (373 f.); 89, 69 (82 f.); 109, 279 (313); 119, 1 (29); 120, 274 (335); 124, 43 (69)). Selbst überwiegende Interessen der Allgemeinheit können einen Eingriff in diesen absolut geschützten **Kernbereich privater Lebensgestaltung** nicht rechtfertigen; eine Abwägung findet nicht statt (vgl. BVerfGE 34, 238 (245 f.); 80, 367 (373 f.); 109, 279 (313 f.); 120, 274 (335)). Ob ein Sachverhalt dem unantastbaren Kernbereich zuzuordnen ist, hängt davon ab, ob er nach seinem Inhalt höchstpersönlichen Charakters ist (BVerfGE 34, 238 (248); 80, 367 (374)) bzw. in welcher Art und Intensität er aus sich heraus die Sphäre anderer oder Belange der Gemeinschaft berührt (vgl. BVerfGE 80, 367 (374); 109, 279 (314 f.); 113, 348 (391); 124, 43 (69 f.)). Maßgebend sind die Besonderheiten des jeweiligen Einzelfalls (vgl. BVerfGE 80, 367 (374); 109, 279 (314); 124, 43 (70)). Die Intimsphäre umfasst zum einen jene Aspekte der Persönlichkeit, in denen der Einzelne keinem anderen Einblick gewähren möchte und die er in keinem Dritten kommunizieren will (vgl. BVerfGE 80, 367 ff.). Teil dieses innersten Geheimbereiches des Einzelnen können aber auch Kommunikationsvorgänge sein, wenn sie im engsten Familienbereich bzw. unter (Ehe-)Partnern getätigt werden (BVerfG NJW 1995, 1477 (1478)). Zum anderen erstreckt sich die Intimsphäre auf die mit der Sexualität und dem Sexualleben zusammenhängenden Fragen der Lebensgestal-

GG Art. 2 I. Mediengrundrechte

tung, die der Einzelne regelmäßig in ähnlicher Weise vor dem Zugriff unbeteiligter Dritter abschirmen möchte (vgl. BVerfGE 109, 279 (313); 119, 1 (29); BeckOK GG/Lang GG Art. 2 Abs. 1 Rn. 391).

45 Die **Privatsphäre** umfasst den engeren persönlichen Lebensbereich, insbes. innerhalb der Familie. Gewährleistet ist dem Einzelnen eine Rückzugsmöglichkeit, also ein „Raum, in dem der Einzelne unbeobachtet sich selbst überlassen ist oder mit Personen seines besonderen Vertrauens ohne Rücksicht auf gesellschaftliche Verhaltenserwartungen und ohne Furcht vor staatlichen Sanktionen verkehren kann" (BVerfGE 90, 255 (260)). Der Schutz der Privatsphäre hilft, das Bedürfnis des Einzelnen zu verwirklichen, „in Ruhe gelassen zu werden (vgl. BVerfGE 27, 1 (6 f.); 120, 180 (199)). Eingriffe sind in dieser Sphäre nur im überwiegenden Interesse der Allgemeinheit unter strikter Beachtung des Verhältnismäßigkeitsprinzips zulässig (BVerfGE 27, 344 (351); 32, 373 (379); 33, 367 (376 f.); 34, 238 (246); 65, 1 (43 f.)). Die **Sozialsphäre** umfasst die gesamte Teilnahme am öffentlichen Leben, also die Gegebenheiten, in denen der Einzelne in Kontakt mit anderen tritt. Eingriffe in diese Sphäre sind unter erleichterten Voraussetzungen zulässig (vgl. nur BVerfG NJW 2006, 3406 (3408)). Der Persönlichkeitsschutz reicht hier weniger weit als in den Fällen der Intim- und Sozialsphäre.

46 Für die Auflösung des Spannungsverhältnisses zwischen dem allgemeinen Persönlichkeitsrecht und den Gewährleistungen des Art. 5 Abs. 1 GG hat das BVerfG Vorrangregeln entwickelt, die den Verhältnismäßigkeitsgrundsatz konkretisieren (→ Rn. 47 ff.). Für Eingriffe in das **Grundrecht auf informationelle Selbstbestimmung** (→ Rn. 75 ff.) und in das **Grundrecht auf Gewährleistung der Vertraulichkeit und Integrität informationstechnischer Systeme** (→ Rn. 95 ff.) ergeben sich **besondere Anforderungen an den Grundsatz der Verhältnismäßigkeit.** Darüber hinaus unterliegen Eingriffe in das **Grundrecht auf Gewährleistung der Vertraulichkeit und Integrität informationstechnischer Systeme** dem **Richtervorbehalt** (→ Rn. 107 ff.) und der Notwendigkeit **kernbereichsschützender Regelungen** (→ Rn. 103 ff.).

I. Vorrangregeln zur Auflösung des Spannungsverhältnisses zwischen dem allgemeinen Persönlichkeitsrecht und den Gewährleistungen des Art. 5 Abs. 1

47 Das allgemeine Persönlichkeitsrecht des Art. 2 Abs. 1 iVm Art. 1 Abs. 1 GG tritt in der Praxis oftmals in Konflikt mit den Gewährleistungen des Art. 5 Abs. 1 GG, insbes. mit der Meinungs-, Presse- und Rundfunkfreiheit. Soweit es um die **Zulässigkeit einer in einem Presseorgan veröffentlichten Meinung als solche** geht, wendet das BVerfG seit seinem grundlegenden Bayer-Beschluss das Grundrecht des Art. 5 Abs. 1 S. 1 GG an (vgl. BVerfGE 85, 1 (12 f.); stRspr; s. BVerfGE 95, 28 (34); 97, 391 (400); 99, 185 (195); BVerfG v. 24.3.1998 – 1 BvR 131/96, Rn. 34; BVerfG Beschl. v. 23.2.2000 – 1 BvR 456/95, Rn. 19; Beschl. v. 26.8.2003 – 1 BvR 2243/02, Rn. 14; Beschl. v. 30.9.2003 – 1 BvR 865/00, Rn. 9; Beschl. v. 21.3.2007 – 1 BvR 2231/03, Rn. 16; Beschl. v. 19.12.2007 – 1 BvR 967/05, Rn. 25; implizit Beschl. v. 19.10.2006 – 1 BvR 152/01, Rn. 28; Beschl. v. 25.3.2008 – 1 BvR 1753/03, Rn. 30; Beschl. v. 9.7.2008 – 1 BvR 519/08, Rn. 39); dies gilt jedoch nur für die **Wort**berichterstattung. Demgegenüber zieht das BVerfG bei der **Bild**berichterstattung Art. 5 Abs. 1 S. 2 GG als Prüfungsmaßstab auch dann heran, wenn es um die Zulässigkeit der in dem Bild begründeten Meinungsäußerung als solche geht (vgl. BVerfGE 101, 361 (388 ff.); 102, 347 (359); BVerfG Beschl. v. 26.4.2001 – 1 BvR 758/97, 1 BvR 1857/98, 1 BvR 1918/98, 1 BvR 2109/99 ua, Rn. 18; Beschl. vom 11.3.2003 – 1 BvR 426/02, Rn. 16). Dies ist zumindest in den Fällen **widersprüchlich,** in denen die Bilder gleichsam „sprechen" (BVerfGE 102, 347 (359): „sprechende Bilder"). Auch im Wirkungskreis der **Rundfunkfreiheit** ergibt sich kein klares Bild. Soweit es um die Zulässigkeit einer im Rundfunk geäußerten Meinung als solche geht, zieht das BVerfG teilweise das Grundrecht der Rundfunkfreiheit (vgl. BVerfGE 35, 202 (219); BVerfG NJW 2000, 1859 (1860)), teilweise das Grundrecht der Meinungsäußerungsfreiheit (vgl. BVerfGE 54, 129 (136); 54, 208 (217 ff.)) heran. Auch insoweit bedarf die Rspr. einer Anpassung an die im Bayer-Beschluss aufgestellten Maßstäbe.

48 Insbes. die persönliche Ehre als maßgeblich geschützter Bestandteil des allgemeinen Persönlichkeitsrechts kann durch Meinungsäußerungen Dritter verletzt werden (Maunz/Dürig/di Fabio GG Art. 2 Abs. 1 Rn. 230; Hager AcP 196 (1996), 168 ff.). Art. 5 Abs. 2

GG stellt klar, dass das Grundrecht der Meinungsfreiheit im Interesse eines wirksamen Schutzes der persönlichen Ehre beschränkt werden darf (Maunz/Dürig/di Fabio GG Art. 2 Abs. 1 Rn. 230). Umgekehrt gehört zu den Rechten anderer (Art. 2 Abs. 1 GG), zu deren Schutz das allgemeine Persönlichkeitsrecht beschränkt werden kann, auch die Freiheit der Meinungsäußerung des Art. 5 Abs. 1 S. 1 GG. Die kollidierenden Schutzgüter sind im Wege einer umfassenden Güterabwägung im Sinne **praktischer Konkordanz** zu einem möglichst schonenden Ausgleich zu bringen (vgl. nur BVerfGE 34, 269 (282 ff.)). Bei der Gesamtabwägung ist die **schlechthin konstituierende Bedeutung für den demokratischen Meinungsbildungsprozess** (vgl. BVerfGE 7, 198 (205 ff.); 85, 1 (13); st. Rspr.) maßgeblich zu berücksichtigen. Die besondere, prävalente Stellung der Kommunikationsgrundrechte beruht nicht auf dem personalen Substrat des Art. 5 Abs. 1 GG. Zwar ist die freie Meinungsäußerung „unmittelbarster Ausdruck der menschlichen Persönlichkeit in der Gesellschaft" (BVerfGE 7, 198 (208); stRspr, vgl. etwa BVerfGE 85, 23 (31)). Derentwillen vermag das Grundrecht der Meinungsäußerung aber keinen Vorrang gegenüber kollidierenden Persönlichkeitsrechten Dritter zu beanspruchen. Nicht die individuelle Schutzfunktion, sondern der **überindividuelle Normzweck** führt aus der grundrechtlichen Pattsituation heraus und vermittelt dem Träger des Art. 5 Abs. 1 GG im Rahmen der Güterabwägung mit kollidierenden Persönlichkeitsrechten eine besondere, **privilegierende Stellung**. Medien- und Kommunikationsprivilegien beruhen auf der überindividuellen, objektivrechtlichen Funktionsschicht der Gewährleistungen des Art. 5 Abs. 1 GG. Diese Besonderheit verleiht dem Grundrecht der freien Meinungsäußerung jedoch **keinen generellen Vorrang** gegenüber kollidierenden Persönlichkeitsrechten. Erforderlich ist stets eine umfassende Güterwägung, in der die herausragende Bedeutung des Art. 5 Abs. 1 GG für den individuellen und öffentlichen Kommunikationsprozess eine maßstabsbildende Prägekraft entfaltet. Für die notwendige Güterabwägung bestehen Vorrangregeln, wobei im Konflikt mit kollidierendem Persönlichkeitsrecht zwischen Wort- und Bildberichten zu unterscheiden ist.

1. Vorrangregeln bei Wortberichten

Im Rahmen der verfassungsrechtlichen Bewertung der Wortberichterstattung und anderer Meinungsäußerungen in Wortform kommt der **Unterscheidung zwischen Meinungen und Tatsachenbehauptungen weichenstellende Bedeutung** zu. Diese Unterscheidung ist grundrechtlich relevant und prägt deshalb auch den Abwägungsvorgang. Während Meinungen, die durch das Element der Stellungnahme und des Dafürhaltens gekennzeichnet sind (vgl. BVerfGE 85, 1 (14)), stets in den Schutzbereich von Art. 5 Abs. 1 S. 1 GG fallen, ohne dass es dabei darauf ankäme, ob sie begründet oder grundlos, emotional oder rational sind, oder ob sie als wertvoll oder wertlos, gefährlich oder harmlos eingeschätzt werden (vgl. BVerfGE 90, 241 (247); 124, 300 (320)), unterfallen Tatsachen nur dann dem Schutz des Art. 5 Abs. 1 S. 1 GG, soweit sie Voraussetzung für die Bildung von Meinungen sind beziehungsweise sein können (vgl. BVerfGE 94, 1 (7)). Tatsachenbehauptungen werden durch die objektive Beziehung zwischen der Äußerung und der Wirklichkeit charakterisiert (vgl. BVerfGE 94, 1 (8)) und sind der Überprüfung mit Mitteln des Beweises zugänglich. Meinungen sind im Unterschied zu Tatsachenbehauptungen durch das Element der Stellungnahme, des Dafürhaltens oder Meinens geprägt (vgl. BVerfGE 85, 1 (14)), und damit nicht dem Beweis zugänglich. Dieser maßgebliche Unterschied zwischen Meinungsäußerung und Tatsachenbehauptung führt zu einem unterschiedlichen Gefährdungspotenzial für kollidierende Rechtsgüter und damit zur Notwendigkeit einer Differenzierung bei der verfassungsrechtlichen Bewertung. Während der Empfänger Werturteile als persönliche, subjektive Anschauung des sich Äußernden erkennen, hierzu auf Distanz oder hierzu durch eine eigene Bewertung Stellung beziehen kann, wird bei Tatsachenbehauptungen dem Einzelnen die Distanz erschwert, weil mit ihnen der Anspruch auf objektive Wahrheit geltend gemacht wird. Das Gefährdungspotenzial und damit das Schutzbedürfnis sind daher vergleichsweise größer (Grimm NJW 1995, 1697 (1702)).

Bei der Frage, ob eine Äußerung ihrem **Schwerpunkt nach als Meinungsäußerung oder als Tatsachenbehauptung** anzusehen ist, kommt es entscheidend auf den **Gesamtkontext der fraglichen Äußerung** an. Die isolierte Betrachtung eines umstrittenen Äußerungsteils wird den Anforderungen an eine zuverlässige Sinnermittlung regelmäßig nicht gerecht (vgl. BVerfGE 93, 266 (295)). Eine **Trennung der tatsächlichen und der wertenden Bestandteile** ist nur zulässig, wenn dadurch der Sinn der Äußerung nicht verfälscht wird. **Wo dies nicht möglich ist,** muss die Äußerung im Interesse eines wirksamen Grundrechtsschutzes insgesamt als **Meinungsäußerung** angesehen werden, weil andernfalls eine wesentliche Verkürzung des Grundrechtsschutzes drohte (vgl. BVerfGE 90, 241 (248); stRspr). Denn anders als bei Meinungen im engeren Sinne, bei denen eine Vermutung zugunsten der freien Rede gilt, gilt dies für Tatsachenbehauptungen nicht in gleicher Weise (vgl. BVerfGE 54, 208 (219); 61, 1 (8 f.); 90, 241 (248)).

51   Weist eine Äußerung in nicht trennbarer Weise sowohl tatsächliche als auch wertende Bestandteile auf, so wird sie als Werturteil behandelt, wenn sie durch die wertenden Elemente geprägt ist. Die Richtigkeit oder Unwahrheit der tatsächlichen Bestandteile ist dann jedoch im Rahmen der Abwägung zu berücksichtigen (vgl. BVerfGE 85, 1 (17); 90, 241 (248 f.); 94, 1 (8)).

52   Wird eine Äußerung fälschlich als unwahre Tatsachenbehauptung eingestuft, liegt darin eine Verkennung von Bedeutung und Tragweite des Grundrechts aus Art. 5 Abs. 1 S. 1 GG (vgl. BVerfGE 61, 1 (10); 82, 43 (51); 82, 272 (281); 85, 1 (14); 94, 1 (8 f.)).

53   Die Einstufung einer Äußerung als Werturteil oder Tatsachenbehauptung durch die Fachgerichte wird wegen ihrer Bedeutung für den Schutzumfang des Grundrechts sowie für die Abwägung mit kollidierenden Rechtsgütern vom BVerfG nachgeprüft (vgl. BVerfGE 82, 272 (281); 94, 1 (8 f.)). Es hat dabei allerdings nur die Beachtung der verfassungsrechtlichen Anforderungen zu gewährleisten. Dagegen ist es nicht Sache des BVerfG, den jeweiligen Rechtsstreit, der trotz des grundrechtlichen Einflusses seine Eigenart als Zivil- oder Strafverfahren nicht verliert, selbst zu entscheiden (vgl. BVerfGE 94, 1 (9 f.)).

54   **a) Vorrangregeln bei Tatsachenbehauptungen.** Da **bewusst oder erwiesen unwahre Tatsachenbehauptungen** zu der verfassungsrechtlich gewährleisteten Meinungsbildung nichts beitragen können, genießen sie nach der Rspr. des BVerfG **nicht den Schutz des Art. 5 Abs. 1 GG.** Der Äußernde kann sich insoweit nicht auf den Schutz des Art. 5 Abs. 1 GG berufen (vgl. BVerfGE 54, 208 (210 f.); 61, 1 (8); 85, 1 (17); 90, 241 (247)). Ein rechtfertigender Grund, der bei der Gesamtabwägung Berücksichtigung finden müsste, liegt regelmäßig nicht vor. An der Aufrechterhaltung und Weiterverbreitung herabsetzender Tatsachenbehauptungen, die unwahr sind, besteht unter dem Gesichtspunkt der Meinungsfreiheit kein schützenswertes Interesse (vgl. BVerfGE 61, 1 (8); 94, 1 (8); 99, 185 (197); 114, 339 (352)). Unwahre Tatsachenbehauptungen, die den Einzelnen in seiner Ehre kränken oder in sonstiger Weise sein Persönlichkeitsrecht beeinträchtigen, brauchen grds. nicht hingenommen zu werden. Kollidierende Rechtsgüter, namentlich der **Persönlichkeits- und Ehrenschutz,** haben insoweit in aller Regel **Vorrang** (Grimm NJW 1995, 1697 (1702); Maunz/Dürig/di Fabio GG Art. 2 Abs. 1 Rn. 238). Bei Falschberichten kommt es nicht darauf an, ob hierdurch tatsächlich die Ehre des Betroffenen verletzt wird, sein Selbstdarstellungsanspruch ist bei unwahren Äußerungen negativen Inhalts stets verletzt (Maunz/Dürig/di Fabio GG Art. 2 Abs. 1 Rn. 238). Allerdings dürfen die Anforderungen an die Wahrheitspflicht nicht so bemessen werden, dass darunter die Funktion der Meinungsfreiheit leidet. Geringfügige Ungenauigkeiten sind unbeachtlich, wenn die Gesamtaussage zutrifft (BVerfGE 66, 116 (139)). Es macht auch einen Unterschied, ob es retrospektiv um Sanktionierung unwahrer Behauptungen oder prospektiv um ihre Weiterverbreitung geht. Während es an der Weiterverbreitung einer inzwischen als unwahr erwiesenen Behauptung kein legitimes Interesse gibt, so dass Unterlassungsklagen bei Wiederholungsgefahr regelmäßig Erfolg haben werden, kommen Strafen oder vergleichbare Sanktionen bei Beachtung der Sorgfaltspflichten regelmäßig nicht in Betracht (Grimm NJW 1995, 1697 (1702)).

55   Demgegenüber müssen **wahre Aussagen in der Regel hingenommen werden,** auch wenn sie nachteilig für den Betroffenen sind, insbes. sein Persönlichkeitsrecht beeinträchtigen (vgl. BVerfGE 99, 185 (196)). Denn das Persönlichkeitsrecht verleiht seinem Träger keinen Anspruch darauf, nur so in der Öffentlichkeit dargestellt zu werden, wie es ihm genehm ist (vgl. BVerfGE 97, 391 (403)). Zu den hinzunehmenden Folgen der eigenen Entscheidungen und Verhaltensweisen gehören deshalb auch solche Beeinträchtigungen des Einzelnen, die sich aus nachteiligen Reaktionen Dritter auf die Offenlegung solcher wahrer Tatsachen ergeben, solange sie sich im Rahmen der üblichen Grenzen seiner Entfaltungschancen halten (vgl. BVerfGE 97, 391 (404)).

Allg. Persönlichkeitsrecht und spez. Persönlichkeitsrechte

Das gilt auch für Äußerungen, in denen **tatsächliche und wertende Elemente einander durchdringen**. Bei der Abwägung fällt dann die Richtigkeit des tatsächlichen Äußerungsgehalts, der dem Werturteil zugrunde liegt, ins Gewicht (vgl. BVerfGE 90, 241 (248 f.); 94, 1 (8)). 56

Der Vorrang des Art. 5 Abs. 1 GG bei der Verbreitung wahrer Tatsachen gilt jedoch nicht ausnahmslos. Eine **Ausnahme** besteht bei **Verletzungen der Menschenwürde** als oberstes Konstitutionsprinzip. Betreffen wahre Tatsachenbehauptungen die Intimsphäre, müssen sie vom Betroffenen nicht hingenommen werden (Grimm NJW 1995, 1697 (1702)). Das BVerfG hat jedoch hervorgehoben, dass es angesichts des sämtlichen Grundrechten innewohnenden Menschenwürdekerns einer besonders sorgfältigen Begründung bedarf, wenn angenommen werden soll, dass der Gebrauch eines Grundrechts auf die unantastbare Menschenwürde durchschlage und deshalb eine Abwägung ausgeschlossen sei (vgl. BVerfGE 93, 266 (293); 107, 275 (284)); ein Berühren der Menschenwürde genügt hierfür nicht, sondern es ist eine sie treffende Verletzung vorausgesetzt (vgl. BVerfG NJW 2001, 2957 (2959)). Auch im Übrigen ist stets eine Abwägung erforderlich, die **ausnahmsweise** zur Unzulässigkeit der Verbreitung wahrer Tatsachen führen kann. Dies ist dann der Fall, wenn durch die Mitteilung der wahren Tatsachen ein Persönlichkeitsschaden zu erwarten ist, der **außer Verhältnis zu dem Interesse an der Verbreitung der Wahrheit** steht (vgl. BVerfGE 97, 391 (403 ff.); 99, 185 (196 f.)). Im Lebach-Fall hat das BVerfG eine solche Ausnahme mit dem im allgemeinen Persönlichkeitsrecht wurzelnden **Resozialisierungsanspruch** begründet. Die besondere Schwere der Persönlichkeitsbeeinträchtigung ergab sich daraus, dass die Fernsehberichterstattung über eine aufsehenerregende Straftat in Form eines Dokumentarspiels unter Namensnennung und Abbildung des Täters vorgesehen war (vgl. BVerfGE 35, 202 (230)). Unter den damaligen Fernsehbedingungen war gerade für eine solche Sendung mit einer besonders hohen Einschaltquote zu rechnen (vgl. BVerfGE 35, 202 (227 f.)). In engem zeitlichen Zusammenhang mit der Haftentlassung ausgestrahlt, hätte das Dokumentarspiel wegen der Breitenwirkung und Suggestivkraft des Fernsehens die Resozialisierung des Betroffenen erheblich erschwert, wenn nicht gar verhindert (vgl. BVerfGE 35, 202 (238 ff.)). Aber auch ohne zeitliche Nähe zur Haftentlassung können nach der Rspr. des BVerfG die möglichen Folgen eines Berichts über eine schwere Straftat für die freie Entfaltung der Persönlichkeit gravierend sein und zu Stigmatisierung, sozialer Isolierung und einer darauf beruhenden grundlegenden Verunsicherung des Betroffenen führen (vgl. BVerfGE 97, 391 (404)). Demgegenüber scheidet eine schwere Persönlichkeitsgefährdung aus, wenn der Bericht zu keiner Identifizierung des Täters führt (vgl. BVerfG NJW 2000, 1859 (1860)). 57

Die Behauptung einer Tatsache, deren **Wahrheitsgehalt noch ungewiss** ist, bewegt sich noch innerhalb des Schutzbereichs des Art. 5 Abs. 1 GG (BVerfGE 99, 185 (197); Maunz/Dürig/di Fabio GG Art. 2 Abs. 1 Rn. 239). Im Rahmen der erforderlichen Abwägung ist der besondere Gehalt des Art. 5 GG maßgeblich zu beachten. Für die Abwägung kommt es entscheidend darauf an, ob der Äußernde seine **Sorgfaltspflicht erfüllt** hat, ob er also in zumutbarer Weise die Richtigkeit überprüft und gegebenenfalls seinen Kenntnisstand darüber zutreffend mitgeteilt hat. Der Umfang solcher Sorgfaltsanforderungen ist im Einklang mit den grundrechtlichen Anforderungen zu bemessen (vgl. BVerfGE 99, 185 (198); 114, 339 (353 f.)). Die Gerichte dürfen im Interesse der Meinungsfreiheit **keine Anforderungen stellen,** welche die Bereitschaft zum Gebrauch des Grundrechts herabsetzen und so auf die Meinungsfreiheit **insgesamt einschnürend wirken** können (vgl. BVerfGE 54, 208 (219 f.); 85, 1 (17); 99, 185 (198); 114, 339 (353)). Sie haben andererseits zu berücksichtigen, dass die Sorgfaltsanforderungen Ausdruck der Schutzpflicht sind, die aus dem allgemeinen Persönlichkeitsrecht folgt (vgl. BVerfGE 114, 339 (353 f.)). Je stärker die Äußerung die Rechtspositionen der durch sie betroffenen Dritten beeinträchtigt, desto höher sind die Sorgfaltsanforderungen. Diese richten sich nach den jeweils gegebenen Aufklärungsmöglichkeiten, auch nach der Stellung des Äußernden im Prozess der öffentlichen Meinungsbildung. Für **Medien** sind die **Anforderungen** daher **strenger als für Privatleute** (vgl. BGH NJW 1966, 2010 (2011); BGH NJW 1987, 2225 (2226); BGHZ 132, 13 (23 f.); Grimm NJW 1995, 1697 (1702)). Das BVerfG betont ausdrücklich, dass die Presse in weiterem Umfang als Private gehalten ist, Nachrichten und Behauptungen vor ihrer Weitergabe auf ihren Wahrheitsgehalt hin zu überprüfen (vgl. BVerfGE 12, 113 (130); 85, 1 (22); BVerfG NJW 2004, 589 (590)). 58

Gersdorf

Liegt ein schwerwiegender Eingriff in das Persönlichkeitsrecht vor, sind hohe Anforderungen an die Erfüllung der Sorgfaltspflicht zu stellen (vgl. BGHZ 95, 212 (220); 132, 13 (24)). Diese sind verletzt, wenn sich der Äußernde selektiv und ohne dass dies für die Öffentlichkeit erkennbar wäre, allein auf dem Betroffenen nachteilige Anhaltspunkte stützt und hierbei verschweigt, was gegen die Richtigkeit seiner Behauptung spricht (vgl. BVerfGE 12, 113 (130 f.); 114, 339 (354); BGHZ 31, 308 (318)). Bei der Bemessung dieser Anforderungen ist das Interesse der Öffentlichkeit an derartigen Äußerungen abwägend zu berücksichtigen (vgl. BVerfG NJW 2004, 589 (590)). Wird den **Sorgfaltsanforderungen nicht genügt,** genießt das **allgemeine Persönlichkeitsrecht Vorrang**. Ist den **Sorgfaltsanforderungen** hingegen **entsprochen,** ist eine **umfassende Abwägung** der kollidierenden Schutzgüter erforderlich.

59 **b) Vorrangregeln bei Werturteilen.** Auch für die verfassungsrechtliche Würdigung von Werturteilen hat das BVerfG Vorzugsregeln entwickelt, welche im Rahmen der erforderlichen Abwägung zu berücksichtigen sind. **Vorrang** genießt das kollidierende Persönlichkeitsrecht im Fall eines **Verstoßes gegen die Menschenwürde** sowie bei **Schmähkritik** oder **Formalbeleidigung**.

60 Die Meinungsfreiheit muss stets zurücktreten, wenn die Äußerung die **Menschenwürde antastet**. Als oberstes Konstitutionsprinzip ist die Menschenwürde nach Art. 1 Abs. 1 GG „unantastbar" und deshalb nach der Rspr. des BVerfG mit keinem Einzelgrundrecht abwägungsfähig (BVerfGE 93, 266 (293); 107, 275 (284)). Bei einem Verstoß gegen die Menschenwürde hat das kollidierende Persönlichkeitsrecht daher Vorrang (vgl. BVerfGE 75, 369 (380)). Da aber nicht nur einzelne, sondern sämtliche Grundrechte Konkretisierungen der Menschenwürde sind, bedarf es stets einer sorgfältigen Begründung, wenn angenommen werden soll, dass der Gebrauch eines Grundrechts auf die unantastbare Menschenwürde durchschlägt (vgl. BVerfGE 93, 266 (293); 107, 275 (284)). Die Gerichte haben diesen die Belange der Meinungsfreiheit verdrängenden Effekt bei der Normauslegung insbes. von Straftatbeständen zu beachten (vgl. BVerfG NJW 2008, 2907 (2909)).

61 Bei Werturteilen genießt das allgemeine Persönlichkeitsrecht ferner den Vorrang vor der Meinungsfreiheit, wenn sich die Äußerung als **Formalbeleidigung** oder **Schmähung** erweist (vgl. BVerfGE 82, 43 (51); 85, 1 (16); 90, 241 (248); 93, 266 (294); 99, 185 (196); BVerfGK 8, 89 (102)). Wegen seines die Meinungsfreiheit verdrängenden Effekts hat das BVerfG den in der Fachgerichtsbarkeit entwickelten Begriff der Schmähkritik aber eng definiert. Danach macht auch eine überzogene oder gar ausfällige Kritik eine Äußerung für sich genommen noch nicht zur Schmähung. In der öffentlichen Auseinandersetzung, insbes. im politischen Meinungskampf, muss daher auch Kritik hingenommen werden, die in überspitzter und polemischer Form geäußert wird, weil andernfalls die Gefahr einer Lähmung oder Verengung des Meinungsbildungsprozesses drohte (vgl. BVerfGE 54, 129 (137 f.); 60, 234 (241); 66, 116 (139); 82, 272 (281 f.)). Eine Schmähkritik liegt erst dann vor, wenn **nicht** mehr die **Auseinandersetzung in der Sache,** sondern – jenseits auch polemischer und überspitzter Kritik – die **Diffamierung der Person im Vordergrund** steht (vgl. BVerfGE 82, 272 (283 f.); 85, 1 (16); 93, 266 (294); BVerfG NJW 1993, 1462; NJW 2005, 3274; NJW 2009, 749 f.). Bei einer die Öffentlichkeit wesentlich berührenden Frage ist sie nur ausnahmsweise gegeben und ist im Wesentlichen auf die Privatfehde beschränkt (vgl. BVerfGE 93, 266 (294)). **Bedeutung und Tragweite der Meinungsfreiheit sind verkannt,** wenn eine Äußerung **unzutreffend als Formalbeleidigung oder Schmähkritik** eingestuft wird mit der Folge, dass sie dann nicht in demselben Maß am Schutz des Grundrechts teilnimmt wie Äußerungen, die als Werturteil ohne beleidigenden oder schmähenden Charakter anzusehen sind (vgl. BVerfGE 85, 1 (14)).

62 Bei lediglich **schlicht herabsetzenden Werturteilen,** also Meinungsäußerungen, die keinen Menschenwürdeverstoß sowie keine Schmähkritik oder Formalbeleidigung begründen, ist im Rahmen einer **umfassenden Abwägung** zu klären, welchem der kollidierenden Grundrechte Vorrang gebührt. Weichenstellung ist hierbei, ob der Äußernde **bloße Eigeninteressen** oder aber eine für die **Öffentlichkeit wichtige Frage** behandelt. Bei der Verfolgung individueller Interessen fällt der Schutz entsprechend geringer aus. Wenn es hingegen um Beiträge zum geistigen Meinungskampf in einer die Öffentlichkeit wesentlich berührenden Frage geht, spricht wegen der fundamentalen Bedeutung der Meinungsfreiheit für die demokratische Ordnung eine **Vermutung für die freie Rede** (vgl. BVerfGE 7, 198

(212); 68, 226 (232); 82, 43 (51); 85, 1 (16); 90, 241 (249); 93, 266 (294)). Wird von dem Grundrecht nicht zum Zwecke privater Auseinandersetzung Gebrauch gemacht, sondern will der Äußernde in erster Linie zur Bildung der öffentlichen Meinung beitragen, dann sind Auswirkungen seiner Äußerungen auf den Rechtskreis Dritter zwar unvermeidliche Folge, nicht aber eigentliches Ziel der Äußerung. Der Schutz des betroffenen Rechtsguts tritt umso mehr zurück, je weniger es sich um eine unmittelbar gegen dieses Rechtsgut gerichtete Äußerung im privaten Bereich in Verfolgung eigennütziger Ziele handelt, sondern um einen Beitrag zu einer die Öffentlichkeit wesentlich berührenden Frage (vgl. BVerfGE 61, 1 (11)). Sofern der Äußernde nicht nur partikulare Eigeninteressen vertritt, sondern seine Äußerung eine die Öffentlichkeit wesentliche Frage betrifft, geht es nicht allein um einen grundrechtlichen Konflikt zwischen der individuellen kommunikativen Persönlichkeitsentfaltung einerseits und dem Persönlichkeitsschutz des Betroffenen andererseits. Nicht die individuelle Schutzfunktion, sondern der **überindividuelle Normzweck** führt aus der grundrechtlichen Pattsituation und vermittelt dem Träger des Art. 5 Abs. 1 GG im Rahmen der Güterabwägung mit kollidierenden Persönlichkeitsrechten eine besondere, **privilegierende Stellung** (vgl. Grimm NJW 1995, 1697 (1703); s. bereits → Rn. 48).

2. Vorrangregeln bei Bildberichten

Auch zum Erstellen bzw. zur Veröffentlichung von Bildaufnahmen ergeben sich verfassungsrechtliche Direktiven, welche die hierfür geltenden gesetzlichen Regelungen der §§ 22, 23 KunstUrhG prägen (vgl. BVerfGE 101, 361 (386 ff.); 120, 180 (200 ff.)). 63

Sie enthalten mit dem in § 22 S. 1 KunstUrhG geregelten Einwilligungsvorbehalt für die Verbreitung von Personenbildnissen, seiner Durchbrechung insbes. für die in § 23 Abs. 1 Nr. 1 KunstUrhG genannten Bildnisse aus dem Bereich der Zeitgeschichte und der in § 23 Abs. 2 KunstUrhG geregelten Rückausnahme für den Fall einer Verletzung berechtigter Interessen des Abgebildeten ein abgestuftes Schutzkonzept, das sowohl dem Schutzbedürfnis der abgebildeten Person wie den von den Medien wahrgenommenen Informationsinteressen der Allgemeinheit Rechnung trägt (vgl. BVerfGE 35, 202 (224 f.); 101, 361 (387); 120, 180 (202)). 64

Der Schutz des allgemeinen Persönlichkeitsrechts gem. Art. 2 Abs. 1 iVm Art. 1 Abs. 1 GG reicht hinsichtlich der **Veröffentlichung von Bildern** einerseits und der **Berichterstattung durch Wortbeiträge** andererseits **unterschiedlich weit**. Während die Veröffentlichung eines Bildes von einer Person grds. eine rechtfertigungsbedürftige Beschränkung ihres allgemeinen Persönlichkeitsrechts begründet, die unabhängig davon ist, ob die Person in privaten oder öffentlichen Zusammenhängen und in vorteilhafter oder unvorteilhafter Weise abgebildet ist (vgl. BVerfGE 97, 228 (268); 101, 361 (381); 120, 180 (198)), ist dies bei personenbezogenen Wortberichten nicht ohne weiteres der Fall (BVerfG Beschl. v. 8.12.2011 – 1 BvR 927/08, Rn. 19). 65

Das Bundesverfassungsgericht hat deutlich gemacht, dass die im Zusammenhang mit § 23 Abs. 1 Nr. 1 KunstUrhG von Rspr. und Literatur in der Vergangenheit vorgenommene **Differenzierung zwischen relativen und absoluten Personen der Zeitgeschichte keine Kategorie des Verfassungsrechts** dargestellt hat (vgl. BVerfGE 101, 361 (392)). Als Reaktion auf die Entscheidung des EGMR vom 24.6.2004 (NJW 2004, 2647) hat sich die neuere Rspr. der Zivilgerichte von den Figuren der relativen und absoluten Person der Zeitgeschichte gelöst. An die Stelle der personenbezogenen Perspektive ist eine **ereignisbezogene Betrachtung** getreten (vgl. hierzu iErg → KunstUrhG § 23 Rn. 12 ff.). 66

Soweit es um die Bebilderung von **Personen der Zeitgeschichte** in Wahrnehmung ihrer **amtlichen oder öffentlichen Funktionen** geht, ist eine Berichterstattung nach § 23 Abs. 1 und 2 KunstUrhG unzweifelhaft **zulässig** (statt aller vgl. Gersdorf AfP 2005, 221 (222)). Demgegenüber ist die Bebilderung von Personen des öffentlichen Lebens im Rahmen ihrer **häuslichen, privaten Sphäre unzulässig** (vgl. BVerfGE 101, 361 (384); 120, 180 (207)). Über die häusliche Sphäre hinaus ist die Bebilderung von Personen des öffentlichen Lebens auch dann **ausgeschlossen**, wenn sie sich im öffentlichen Raum in **„örtliche Abgeschiedenheit"** begeben (BVerfGE 101, 361 (383 ff.); 120, 180 (207)). Schließlich unterfällt die **Zuwendung von Eltern zu ihren Kindern dem besonderen Schutz** der Verfassung. Fotos, die Personen des öffentlichen Lebens mit ihren Kindern in der Öffentlichkeit zeigen, sind regelmäßig unzulässig (BVerfGE 101, 361 (385 ff.); 119, 1 (24); 120, 180 (199)). 67

GG Art. 2 I. Mediengrundrechte

68 In Bezug auf die Bebilderung von **Personen des öffentlichen Lebens bei privaten Handlungen in der Öffentlichkeit** (und zwar ohne Kinder und nicht in „örtlicher Abgeschiedenheit"), also im alltäglichen Leben (Spazierengehen, Einkaufen, Sport etc.), hat es zwischen EGMR und BVerfG in der Vergangenheit einen Konflikt gegeben. Während das BVerfG in der sog. Caroline-Entscheidung II die Bebilderung des Alltagslebens von Personen des öffentlichen Lebens regelmäßig für zulässig erachtet hatte (BVerfGE 101, 361 (395 ff.)), lehnte der EGMR eine Bildberichterstattung in diesem Bereich prinzipiell ab, es sei denn, es handelt sich bei den Personen des öffentlichen Lebens um Politiker (EGMR NJW 2004, 2647 (2649 f.)). Der EGMR stellte darauf ab, ob eine Bildveröffentlichung bzw. der dazugehörige Wortbericht zu einer Diskussion über eine **Frage von allgemeinem Interesse** führe bzw. hierzu anrege. Bei der Gewichtung des Schutzes der Privatsphäre und der eine Bildveröffentlichung einschließenden Freiheit der Meinungsäußerung müsse – was die deutsche Rspr. nicht ausreichend gewürdigt habe – als bestimmender Faktor der Beitrag gelten, den die veröffentlichten Fotos und ihre Begleitartikel zu einer Debatte von Allgemeininteresse erbringe (vgl. EGMR NJW 2004, 2647 (2649 f.)). In mehreren Entscheidungen hat der **BGH** hierauf reagiert und zu § 23 KunstUrhG ein **abgestuftes Schutzkonzept** entwickelt (vgl. BGH NJW 2007, 1977; NJW 2007, 1981). Danach ist der Informationswert einer Veröffentlichung, soweit das Bildnis nicht schon als solches eine für die öffentliche Meinungsbildung bedeutsame Aussage enthält, im Zusammenhang mit der begleitenden Wortberichterstattung zu ermitteln. Für die Gewichtung der Belange des Persönlichkeitsschutzes sind dabei ergänzend die Umstände heranzuziehen, unter denen die Aufnahme entstanden ist. Auch ist zu berücksichtigen, in welcher Situation der Betroffene erfasst bzw. dargestellt wird. Die Beeinträchtigung des Persönlichkeitsrechts wiegt dabei schwerer, wenn die visuelle Darstellung thematisch die Privatsphäre berührt oder wenn der Betroffene nach den gegebenen Umständen typischerweise die berechtigte Erwartung haben durfte, in der konkreten Situation nicht in den Medien abgebildet zu werden. Soweit schon die begleitende Wortberichterstattung einen Zusammenhang zu einer Debatte von allgemeinem Interesse aufweist, liegt nach diesem abgestuften Schutzkonzept keine Bildrechtsverletzung vor (vgl. BGH NJW 2007, 1977; NJW 2007, 1981; vgl. hierzu iErg → KunstUrhG § 23 Rn. 14 ff.).

69 Das **BVerfG** hat in seiner Caroline-Entscheidung III diese Rspr. **gebilligt** (BVerfGE 120, 180 (196 ff.)). Unter Bezugnahme auf Art. 10 Abs. 1 EMRK weist das BVerfG darauf hin, dass der Äußerungsfreiheit ein besonderes Gewicht dort beizumessen ist, wo die Berichterstattung der Presse einen Beitrag zu Fragen von allgemeinem Interesse leistet (BVerfGE 120, 180 (203)). Zugleich bestätigt es seine Auffassung, dass auch „**bloße Unterhaltung**" einen Bezug zur Meinungsbildung habe und deshalb **grundrechtlichen Schutz** genieße (BVerfGE 120, 180 (203 ff.)). Im Zuge der Gewichtung des Informationsinteresses haben die Gerichte von einer inhaltlichen Bewertung der betroffenen Darstellungen als wertvoll oder wertlos, als seriös und ernsthaft oder unseriös abzusehen und sind auf die Prüfung und Feststellung beschränkt, in welchem Ausmaß der Bericht einen Beitrag für den Prozess der öffentlichen Meinungsbildung zu erbringen vermag (BVerfGE 120, 180 (206)). Soweit das Bild nicht schon als solches eine für die öffentliche Meinungsbildung bedeutsame Aussage enthält, ist sein **Informationswert im Kontext der dazu gehörenden Wortberichterstattung** zu ermitteln (BVerfGE 120, 180 (206)). Nach Ansicht des BVerfG ist für die Gewichtung der Belange des Persönlichkeitsschutzes neben den Umständen der Gewinnung der Abbildung, etwa durch Ausnutzung von Heimlichkeit oder beharrliche Nachstellung, auch bedeutsam, in welcher Situation der Betroffene erfasst und wie er dargestellt wird. Das Gewicht der mit der Abbildung verbundenen Beeinträchtigungen des Persönlichkeitsrechts ist erhöht, wenn die visuelle Darstellung durch Ausbreitung von üblicherweise der öffentlichen Erörterung entzogenen Einzelheiten des privaten Lebens thematisch die Privatsphäre berührt. Gleiches gilt, wenn der Betroffene nach den Umständen, unter denen die Aufnahme gefertigt wurde, typischerweise die berechtigte Erwartung haben durfte, nicht in den Medien abgebildet zu werden, etwa weil er sich in einer durch räumliche Privatheit geprägten Situation, insbes. einem besonders geschützten Raum, aufhält (vgl. BVerfGE 120, 180 (207) unter Bezugnahme auf BVerfGE 101, 361 (384)). Dem Schutzanspruch des Persönlichkeitsrechts kann jedoch auch außerhalb der Voraussetzungen einer örtlichen Abgeschiedenheit ein erhöhtes Gewicht zukommen, so wenn die Medienberichterstattung den Betroffenen in Momenten der Entspannung oder des Sich-Gehen-Lassens außerhalb der Einbindung in die

Pflichten des Berufs und Alltags erfasst (BVerfGE 120, 180 (207)). Das **abgestufte Schutzkonzept,** das den Informationswert einer Bildnisveröffentlichung auch aus dem zu ihm mitgeteilten Wortbeitrag herleitet, wurde auch vom **EGMR** in seiner Entscheidung v. 7.2.2012 ausdrücklich **bestätigt** (EGMR NJW 2012, 1053).

II. Rechtfertigungsvoraussetzungen für Eingriffe in das Grundrecht auf informationelle Selbstbestimmung

1. Ermächtigungsgrundlage

Das Grundrecht auf informationelle Selbstbestimmung ist nicht schrankenlos gewährleistet. Es findet seine Schranke in Art. 2 Abs. 1 GG (BVerfGE 65, 1 (44); st. Rspr.). Das Grundrecht auf informationelle Selbstbestimmung wird also durch die **verfassungsmäßige Ordnung** und **durch Rechte** anderer beschränkt. Die Grundrechtsschranken des Art. 2 Abs. 1 GG sind abschließend normiert. Für die Anwendung verfassungsimmanenter Schranken besteht kein Bedürfnis, weil die Schutzgüter dieser ungeschriebenen Schranke im Rahmen der Schranken des Art. 2 Abs. 1 GG verwirklicht werden können. 70

Eingriffe in das Grundrecht auf informationelle Selbstbestimmung bedürfen einer (verfassungsmäßigen) **gesetzlichen Grundlage** (BVerfGE 65, 1 (44); 115, 320 (345)). Als Ermächtigungsgrundlage kommen neben einem **förmlichen Gesetz** auch **untergesetzliche Rechtssätze (Rechtsverordnung, Satzung)** in Betracht. Allerdings dürften wegen des Vorbehalts des (Parlaments-)Gesetzes nur Verfahrensmodalitäten oder technische Regelungen von untergeordneter Bedeutung der näheren Regelung durch den Verordnungs- oder Satzungsgeber zugänglich sein. Das Erfordernis einer gesetzlichen Grundlage gilt auch für **besondere Gewaltverhältnisse** (vgl. BVerfGE 33, 1 (11 f.)). Als Ermächtigungsgrundlagen können sowohl **Bundes-** als auch **Ländergesetze** herangezogen werden. 71

2. Gebot der Normenbestimmtheit und Normenklarheit

Gesetzliche Regelungen, die zu Eingriffen in das Grundrecht auf informationelle Selbstbestimmung ermächtigen, müssen dem Gebot der **Normenbestimmtheit** und **Normenklarheit** entsprechen (BVerfGE 65, 1 (44 ff., 54); 115, 320 (345); st. Rspr.). Das Erfordernis der Normenbestimmtheit und Normenklarheit folgt direkt aus dem Grundrecht auf informationelle Selbstbestimmung, so dass sich eine Herleitung aus dem allgemeinen Rechtsstaatsprinzip erübrigt. Das Bestimmtheitsgebot soll sicherstellen, dass der demokratisch legitimierte Parlamentsgesetzgeber die wesentlichen Entscheidungen über Grundrechtseingriffe und deren Reichweite selbst trifft, dass Regierung und Verwaltung im Gesetz steuernde und begrenzende Handlungsmaßstäbe vorfinden und dass die Gerichte eine wirksame Rechtskontrolle durchführen können. Ferner erlauben die Bestimmtheit und Klarheit der Norm, dass der betroffene Bürger sich auf mögliche belastende Maßnahmen einstellen kann (vgl. BVerfGE 110, 33 (52 ff.); 113, 348 (375 ff.); 120, 378 (407)). Der Gesetzgeber hat Anlass, Zweck und Grenzen des Eingriffs hinreichend bereichsspezifisch, präzise und normenklar festzulegen (vgl. BVerfGE 100, 313 (359 f., 372); 110, 33 (53); 113, 348 (375); 118, 168 (186 f.); 120, 378 (407 f.)). Das Bestimmtheitsgebot steht in enger Beziehung zum Parlamentsvorbehalt (vgl. BVerfGE 56, 1 (13); 83, 130 (152); 120, 378 (408)). Dieser soll sicherstellen, dass Entscheidungen von solcher Tragweite aus einem Verfahren hervorgehen, das der Öffentlichkeit Gelegenheit bietet, ihre Auffassungen auszubilden und zu vertreten, und die Volksvertretung dazu anhält, Notwendigkeit und Ausmaß von Grundrechtseingriffen in öffentlicher Debatte zu klären (vgl. BVerfGE 85, 386 (403 f.); 108, 282 (312); 120, 378 (408)). Die konkreten Anforderungen an die Bestimmtheit und Klarheit der Ermächtigung richten sich nach der Art und Schwere des Eingriffs (vgl. BVerfGE 110, 33 (55); 120, 378 (408)). Die Eingriffsgrundlage muss darum erkennen lassen, ob auch schwerwiegende Eingriffe zugelassen werden sollen. Wird die Möglichkeit derartiger Eingriffe nicht hinreichend deutlich ausgeschlossen, so muss die Ermächtigung die besonderen Bestimmtheitsanforderungen wahren, die bei solchen Eingriffen zu stellen sind (vgl. BVerfGE 113, 348 (377 f.); 115, 320 (365 f.); 120, 378 (408)). Diesen Aspekten kommt bei staatlichen Überwachungsmaßnahmen, die heimlich durchgeführt werden, zentrale Bedeutung zu. Denn wegen der Heimlichkeit der Maßnahmen müssen Betroffene oder Dritte wissen können, bei welchen 72

Anlässen und unter welchen Voraussetzungen ein Verhalten mit dem Risiko der Überwachung verbunden ist (so für Eingriffe in Art. 10 Abs. 1 GG BVerfGE 110, 33 (54)).

73 Der **Anlass,** der **Zweck** und die **Grenzen** des Eingriffs müssen in der Ermächtigung bereichsspezifisch, präzise und normenklar festgelegt werden. Ermächtigt eine gesetzliche Regelung zu einem Eingriff in das Grundrecht auf informationelle Selbstbestimmung, so hat das Gebot der Bestimmtheit und Klarheit auch die spezifische Funktion, eine Umgrenzung des Anlasses der Maßnahme und auch des möglichen Verwendungszwecks der betroffenen Informationen sicherzustellen (vgl. BVerfGE 65, 1 (46); 110, 33 (70); 113, 29 (51); 115, 320 (365); 120, 378 (408)). Dadurch wird das verfassungsrechtliche Gebot der Zweckbindung der erhobenen Information verstärkt, das sonst ins Leere laufen könnte (vgl. BVerfGE 118, 168 (187); 120, 378 (408)). Ist der Verwendungszweck nicht festgelegt, entsteht das Risiko einer Nutzung der Daten für Zwecke, für die sie nicht erhoben wurden. Fehlt es an einer Zweckbindung, können erhobene Daten nach ihrer Speicherung Anlass für unvorhersehbare Maßnahmen in der Zukunft schaffen, insbes. nach ihrer Verknüpfung mit anderen Daten, etwa nach ihrer Aufnahme auch in Datensammlungen, die sonstigen Zwecken dienen (BVerfGE 120, 378 (408)).

74 Die **konkreten Anforderungen an die Bestimmtheit und Klarheit** der Ermächtigung richten sich nach der **Art** und **Schwere** des Eingriffs (vgl. BVerfGE 110, 33 (55); 120, 378 (408)). Im Bereich der der Länderkompetenz unterfallenden (vgl. BVerfGE 113, 348 (368 f.)) **Verhütung von künftigen Straftaten** (vorbeugende Verbrechensbekämpfung) und der von der Bundeskompetenz (BVerfGE 113, 348 (369 f.); → Art. 73 Rn. 4) erfassten **Vorsorge für die Verfolgung künftiger Straftaten** sind die **entsprechenden Straftaten** und die **Anforderungen an die Verdachtstatsachen** gesetzlich **näher zu umschreiben** (vgl. BVerfGE 110, 33 (55); 113, 348 (377 f.)). Im Gegensatz zu Maßnahmen der Gefahrenabwehr, die eine konkrete Gefahrenlage voraussetzen, und der Strafverfolgung, die an den Verdacht einer bereits verwirklichten Straftat anknüpft, fehlen solche Anknüpfungspunkte bei Maßnahmen, die im Vorfeld der Gefahrenabwehr und der Strafverfolgung Vorsorge im Hinblick auf die in der Zukunft eventuell zu erwartenden Straftaten zu treffen sind (BVerfGE 113, 348 (377)). Die **Bestimmtheitsanforderungen** sind spezifisch an dieser **Vorfeldsituation auszurichten.** Um das Risiko von Fehlprognosen in einem verfassungsrechtlich akzeptablen Rahmen zu halten, müssen solche Eingriffsermächtigungen **handlungsbegrenzende Tatbestandselemente** enthalten, die einen Standard an Vorhersehbarkeit und Kontrollierbarkeit aufweisen, wie er auch bei den traditionellen Normen zur Gefahrenabwehr und der Strafverfolgung geboten ist (BVerfGE 110, 33 (55 f.); 113, 348 (378)). Soll auch zu Überwachungsmaßnahmen gegen Kontakt- und Begleitpersonen ermächtigt werden, so muss die Art des Kontakts zwischen der überwachten Zielperson und anderen Personen konkretisiert werden. Der Gesetzgeber darf dies nicht der Auslegung durch Verwaltung oder Gerichte überlassen (BVerfGE 113, 348 (380 f.); s. auch BVerfGE 110, 33 (54)).

3. Wahrung des Grundsatzes der Verhältnismäßigkeit

75 Die gesetzliche Ermächtigungsgrundlage muss den Anforderungen des Verhältnismäßigkeitsgrundsatzes genügen. Dazu muss die Ermächtigung einem **legitimen Zweck** dienen, zur Erreichung des Gesetzeszweckes **geeignet** und **erforderlich** (BVerfGE 100, 313 (373, 375)) sowie **im engeren Sinne verhältnismäßig** sein (vgl. BVerfGE 65, 1 (44); 109, 279 (335 ff.); 115, 320 (345)). Wie im Allgemeinen scheitern auch im Rahmen des Art. 10 Abs. 1 GG gesetzliche Einschränkungen regelmäßig nicht am Erfordernis eines **legitimen Zwecks.** Die Erfordernisse der Strafverfolgung und der Gefahrenabwehr (BVerfGE 100, 313 (373); 107, 299 (316); 109, 279 (336); 113, 348 (385); 115, 320 (345); 125, 260 (316)) sind unzweifelhaft legitime Zielsetzungen des Gesetzgebers. Auch die Geeignetheit und Erforderlichkeit der gesetzlichen Eingriffsermächtigung wird in der Regel vom BVerfG bestätigt (vgl. etwa BVerfGE 115, 320 (345)).

76 Demgegenüber wurde eine Vielzahl von gesetzlichen Eingriffsermächtigungen vom BVerfG beanstandet, weil sie dem Erfordernis der **Verhältnismäßigkeit im engeren Sinne** nicht genügen. Dieses Erfordernis verlangt, dass die Schwere des Eingriffs bei einer Gesamtabwägung nicht außer Verhältnis zu dem Gewicht der ihn rechtfertigenden Gründe stehen

Allg. Persönlichkeitsrecht und spez. Persönlichkeitsrechte   **Art. 2 GG**

darf (vgl. BVerfGE 90, 145 (173); 92, 277 (327); 109, 279 (349 ff.); 115, 320 (345)). Die Prüfung an diesem Maßstab kann dazu führen, dass ein an sich geeignetes und erforderliches Mittel des Rechtsgüterschutzes nicht angewandt werden darf, weil die davon ausgehenden Grundrechtsbeeinträchtigungen den Zuwachs an Rechtsgüterschutz überwiegen, so dass der Einsatz des Schutzmittels als unangemessen erscheint (vgl. BVerfGE 90, 145 (173); 115, 320 (347)).

Das **Gewicht der Grundrechtsbeeinträchtigung** bestimmt sich nach einer Reihe von Kriterien. Maßgeblich ist, welcher Sphäre die Maßnahme zuzurechnen ist (**Sozial-, Privat-** oder **Intimssphäre**), wie viele Grundrechtsträger betroffen sind, insbes. ob also ein **Eingriff mit erheblicher Streubreite** vorliegt (vgl. BVerfGE 115, 320 (347)), wie intensiv die Beeinträchtigungen sind (vgl. BVerfGE 115, 320 (347)), welche **Inhalte** von dem Eingriff erfasst werden, insbes. welchen Grad an Persönlichkeitsrelevanz die betroffenen Informationen je für sich und in ihrer Verknüpfung mit anderen aufweisen (vgl. BVerfGE 115, 320 (348)), ob besondere Vertraulichkeitserwartungen (**Heimlichkeit** der Maßnahme) verletzt werden (vgl. BVerfGE 115, 320 (348); 120, 378 (402 f.)), auf **welchem Weg** die Inhalte erlangt werden (vgl. BVerfGE 115, 320 (348)), welche **weiteren Folgen** oder **Nachteile** die Datenerhebung nach sich ziehen kann (vgl. BVerfGE 100, 313 (376); 107, 299 (320); 115, 320 (351 ff.)), welcher **Verdachtsgrad** gegeben ist, insbes. ob ein **anlass-** bzw. **verdachtsloser Grundrechtseingriff** vorliegt (vgl. BVerfGE 115, 320 (347); 120, 378 (402)) und über **welchen Zeitraum** die Daten erhoben, verarbeitet und genutzt werden können. Grundrechtseingriffe, die sowohl durch **Verdachtslosigkeit** als auch durch eine **große Streubreite** gekennzeichnet sind – bei denen also zahlreiche Personen in den Wirkungsbereich einer Maßnahme einbezogen werden, die in keiner Beziehung zu einem konkreten Fehlverhalten stehen und den Eingriff durch ihr Verhalten nicht veranlasst haben – weisen grds. eine hohe Eingriffsintensität auf (BVerfGE 115, 320 (347); 120, 378 (402)). Informationserhebungen gegenüber Personen, die den Eingriff durch ihr Verhalten nicht veranlasst haben, sind grds. von höherer Eingriffsintensität als anlassbezogene (vgl. BVerfGE 100, 313 (376, 392); 107, 299 (320 f.); 109, 279 (353); 113, 29 (53); 113, 348 (383); 115, 320 (354); 120 378 (402)). Werden Personen, die keinen Erhebungsanlass gegeben haben, in großer Zahl in den Wirkungsbereich einer Maßnahme einbezogen, können von ihr auch allgemeine Einschüchterungseffekte ausgehen, die zu Beeinträchtigungen bei der Ausübung von Grundrechten führen können. Ein solcher **Einschüchterungseffekt** soll nach der Rspr. des BVerfG eine besondere Eingriffsintensität begründen (vgl. BVerfGE 65, 1 (42); 113, 29 (46); 120, 378 (402); abl. Dreier/Dreier GG Art. 2 Abs. 1 Rn. 87). Die Unbefangenheit des Verhaltens wird nach der Rspr. des BVerfG insbes. gefährdet, wenn die Streubreite von Ermittlungsmaßnahmen dazu beiträgt, dass Risiken des Missbrauchs und ein Gefühl des Überwachtwerdens entstehen (vgl. BVerfGE 107, 299 (328); 115, 320 (354 f.); 120, 378 (402); abl. Dreier/Dreier GG Art. 2 Abs. 1 Rn. 87).

Auf Seiten der den Grundrechtseingriff tragenden **Allgemeininteressen** sind folgende Aspekte maßgeblich: das **Gewicht der Ziele und Belange,** denen die Grundrechtsbeschränkung dient, die **Intensität der Gefahren,** denen durch die Beschränkung begegnet werden soll sowie die **Wahrscheinlichkeit** des Eintritts dieser Gefahren (vgl. nur BVerfGE 115, 320 (357 ff.)).

In Konkretisierung des Erfordernisses umfassender Güterabwägung hat sich in der Rspr. des BVerfG eine „**Je-Desto-Formel**" herausgebildet (vgl. BVerfGE 89, 69 (82 f.); Dreier/Dreier GG Art. 2 Abs. 1 Rn. 92). Je gewichtiger das durch die Eingriffsermächtigung geschützte Rechtsgut ist, desto weiterreichende Eingriffe sind zulässig und desto geringere Anforderungen sind an die Ermittlung der entsprechenden Anhaltspunkte zu stellen. Besondere Bedeutung hat diese Formel im Zusammenhang mit Eingriffen im **Vorfeldbereich** (→ Rn. 74). Lässt der Gesetzgeber Grundrechtseinschränkungen nur bei konkreten Gefährdungen hochrangiger Rechtsgüter zu, liegt die Schwelle des Eingriffs relativ niedrig. Weitet er dagegen den Katalog der Schutzgüter beträchtlich aus und bezieht auch Handlungen in die zu verhütenden Erfolge ein, die einen relativ geringen Gefährdungsgrad aufweisen, muss er umgekehrt die Schwelle für einen Grundrechtseingriff hoch ansetzen. Für **verdachts- und anlasslose Eingriffe** in das Grundrecht auf informationelle Selbstbestimmung hat das BVerfG deshalb das Vorliegen einer **konkreten Gefahr** für ein **überragend wichtiges Schutzgut** verlangt (vgl. BVerfGE 115, 320 (362 ff.)).

80 Der verfassungsrechtliche Grundsatz der Zweckbindung von Daten schließt **Zweckänderungen** durch den Gesetzgeber nicht aus, wenn diese durch Gemeinwohlbelange gerechtfertigt sind, die die grundrechtlich geschützten Interessen überwiegen (vgl. BVerfGE 100, 313 (360); 109, 279 (375 f.); 110, 33 (69); BVerfG Urt. v. 24.4.2013 – 1 BvR 1215/07, Rn. 114). Für die Verfassungsmäßigkeit solcher Zweckänderungen ist deshalb insbes. maßgeblich, wieweit die Bindungen der Datenerhebung seitens der übermittelnden oder der einstellenden Behörde denen entsprechen, unter denen die abfragenden Behörden Daten erheben können. Ausgeschlossen ist eine Zweckänderung danach dann, wenn mit ihr grundrechtsbezogene Beschränkungen des Einsatzes bestimmter Ermittlungsmethoden umgangen werden, also die Informationen für den geänderten Zweck selbst auf entsprechender gesetzlicher Grundlage nicht oder nicht in dieser Art und Weise hätten erhoben werden dürfen (vgl. BVerfGE 109, 279 (377); 120, 351 (369); BVerfG Urt. v. 24.4.2013 – 1 BvR 1215/07, Rn. 114). Dementsprechend hat das BVerfG wiederholt darauf hingewiesen, dass die Weiterverwendung von Daten, die aus Eingriffen in das Fernmeldegeheimnis herrühren, nur für Zwecke verfassungsmäßig ist, die auch als Rechtfertigung für die ursprüngliche Erhebung ausgereicht hätten (vgl. BVerfGE 100, 313 (360, 389); 109, 279 (375 f.); 110, 33 (73); BVerfG Urt. v. 24.4.2013 – 1 BvR 1215/07, Rn. 114), und hat zur Gewährleistung dieser Anforderungen verfahrensrechtliche Sicherungen wie Kennzeichnungs- und Protokollierungspflichten für erforderlich gehalten (vgl. BVerfGE 65, 1 (46); 113, 29 (58); 124, 43 (70); BVerfG Urt. v. 24.4.2013 – 1 BvR 1215/07, Rn. 114). Entsprechendes gilt auch für Zweckänderungen der Datenverarbeitung, wenn Daten durch Eingriff in das Recht auf informationelle Selbstbestimmung erhoben wurden (BVerfG Urt. v. 24.4.2013 – 1 BvR 1215/07, Rn. 114). Verfassungsrechtliche Voraussetzungen für die Erhebung, Speicherung und Verarbeitung von Daten dürfen nicht dadurch unterlaufen werden, dass Behörden, für die aufgrund ihrer Aufgabenstellung weniger strenge Anforderungen gelten, Daten im Wege der Übermittlung an Behörden weiterleiten, die ihrerseits strengeren Anforderungen unterliegen (BVerfG Urt. v. 24.4.2013 – 1 BvR 1215/07, Rn. 114).

4. Verfahrensgarantien (Aufklärungs-, Auskunfts- und Löschungspflichten sowie Verwertungsverbote)

81 Der durch das Grundrecht auf informationelle Selbstbestimmung vermittelte Grundrechtsschutz **erschöpft** sich **nicht** in einem **Abwehrrecht** gegen staatliche Datenerhebung und Datenverarbeitung. Ungeachtet der grundrechtlich geschuldeten Notwendigkeit kernbereichsschützender Regelungen (→ Rn. 86 ff.) vermittelt das Grundrecht auf informationelle Selbstbestimmung **prozedurale Garantien.** Bei Eingriffen in das Recht auf informationelle Selbstbestimmung haben die im Grundrecht wurzelnden Verfahrensgarantien einen hohen Stellenwert. Als verfahrensrechtliche Schutzvorkehrungen sind **Aufklärungs-, Auskunfts-** und **Löschungspflichten** sowie **Verwertungsverbote** anerkannt (vgl. BVerfGE 65, 1 (46); 113, 29 (57 f.), 120, 351 (361); Jarass/Pieroth/Jarass GG Art. 2 Rn. 62a; Maunz/Dürig/di Fabio GG Art. 2 Abs. 1 Rn. 178), wie dies auch Art. 8 Abs. 2 S. 2 GRCh vorsieht (vgl. Jarass/Pieroth/Jarass GG Art. 2 Rn. 62a). Die **einfachgesetzlich geregelten Aufklärungs-, Auskunfts- und Löschungsansprüche** (vgl. §§ 19 ff. BDSG) sind damit Ausdruck einer **Konkretisierung verfassungsrechtlicher Direktiven.**

82 **Aufklärungs- und Auskunftspflichten** sind **notwendige Voraussetzung** für die Verwirklichung des Schutzgedankens des Grundrechts auf informationelle Selbstbestimmung. Wer nicht mit hinreichender Sicherheit überschauen kann, welche ihn betreffenden Informationen in bestimmten Bereichen seiner sozialen Umwelt bekannt sind, und wer das Wissen möglicher Kommunikationspartner nicht abzuschätzen vermag, kann in seiner Freiheit wesentlich gehemmt werden, aus eigener Selbstbestimmung zu planen und zu entscheiden (vgl. BVerfGE 65, 1 (43); 120, 351 (360)). Nur wenn der Einzelne, der möglicherweise von einem Eingriff in das Recht auf informationelle Selbstbestimmung betroffen ist, eine Möglichkeit hat, von diesem Eingriff zu erfahren, kann er die für die freie Entfaltung seiner Persönlichkeit wichtige Orientierung und Erwartungssicherheit erlangen (BVerfGE 120, 351 (360 f.)). Eine Informationsmöglichkeit für den von einem Eingriff in das Grundrecht auf informationelle Selbstbestimmung Betroffenen ist ferner Voraussetzung dafür, dass

Allg. Persönlichkeitsrecht und spez. Persönlichkeitsrechte **Art. 2 GG**

er die Rechtswidrigkeit der Informationsgewinnung oder etwaige Rechte auf Löschung oder Berichtigung geltend machen kann (BVerfGE 120, 351 (361)). Insoweit ist der Anspruch auf die Kenntniserlangung ein Erfordernis effektiven Grundrechtsschutzes im Bereich sowohl des behördlichen als auch des gerichtlichen Verfahrens (vgl. BVerfGE 100, 313 (361); 109, 279 (363 f.); 120, 351 (361)).

Löschungspflichten folgen ebenfalls unmittelbar aus dem Grundrecht auf informationelle Selbstbestimmung. Der Rechtswidrigkeit der Datenverarbeitung korrespondiert ein grundrechtlich fundierter Anspruch des Betroffenen auf Löschung seiner personenbezogenen Daten. Dementsprechend sind etwa die zur Zweckerreichung nicht erforderlichen und damit rechtswidrig erhobenen Daten unverzüglich zu löschen (vgl. BVerfGE 113, 29 (58)). 83

Neben den Aufklärungs-, Auskunfts- und Löschungsansprüchen hat das BVerfG dem Gesetzgeber die **Pflicht** auferlegt, im Hinblick auf das Recht auf informationelle Selbstbestimmung die **Entwicklung** der Datenerhebung, Datenspeicherung und Datenverwertung zu **beobachten** und gegebenenfalls die rechtlichen Rahmenbedingungen den geänderten Verhältnissen anzupassen (vgl. BVerfGE 113, 29 (58)). 84

Um den Verhältnismäßigkeitsgrundsatz und die Verfahrensrechte nicht fruchtlos bleiben zu lassen, gebietet das Grundgesetz in bestimmten Fällen ein **Verwertungsverbot** (vgl. BVerfGE 113, 29 (58, 61)). Eine Verwertung rechtswidrig erhobener Daten kommt nur in Betracht, wenn **zwingende** oder **gewichtige Gründe** dies erfordern (BVerfGE 80, 367 (375)). Dies gilt insbes. für heimlich verschaffte Daten (BVerfGE 117, 202 (240 f.)). Zumindest bei **schwerwiegenden, bewussten oder willkürlichen Verfahrensverstößen,** in denen die Beschränkung auf den Ermittlungszweck der Datenträgerbeschlagnahme planmäßig oder systematisch außer Acht gelassen wird, ist ein Beweisverwertungsverbot geboten (vgl. BVerfGE 11, 29 (61)). Auch bei der **Verletzung des Rechts am gesprochenen Wort** durch Nutzung einer Mithörvorrichtung folgt aus dem allgemeinen Persönlichkeitsrecht grds. ein **Verwertungsverbot.** Allein das allgemeine Interesse an einer **funktionstüchtigen Straf- und Zivilrechtspflege reicht nicht,** um im Rahmen der Abwägung stets von einem gleichen oder gar höheren Gewicht ausgehen zu können, als es dem allgemeinen Persönlichkeitsrecht zukommt. Vielmehr müssen weitere Aspekte hinzutreten, die ergeben, dass das Interesse an der Beweiserhebung trotz der Persönlichkeitsbeeinträchtigung schutzbedürftig ist. Im Strafverfahren kann dies etwa die Aufklärung besonders schwerer Straftaten sein (vgl. BVerfGE 34, 238 (248 ff.); 80, 367 (380); 106, 28 (49 f.)); im **Strafprozessrecht** stellt ein **Beweisverwertungsverbot** für rechtswidrig erhobene oder erlangte Informationen eine **begründungsbedürftige Ausnahme** dar (BVerfGE 130, 1 (28)). Auch im Zivilprozess kann es Situationen geben, in denen dem Interesse an der Beweiserhebung – über das stets bestehende „schlichte" Beweisinteresse hinaus – besondere Bedeutung für die Rechtsverwirklichung einer Partei zukommt (BVerfGE 106, 28 (50)). Dies ist in der zivilrechtlichen Judikatur dann anerkannt, wenn sich der Beweisführer in einer **Notwehrsituation** oder einer **notwehrähnlichen Lage** befindet (vgl. BGHZ 27, 284 (289 f.); BGH NJW 1982, 277; NJW 1994, 2289 (2292 f.); NJW 2003, 1727 (1728); vgl. auch BVerfGE 106, 28 (50)). 85

5. Gesetzliche Vorkehrungen zum Schutz des Kernbereichs höchstpersönlicher Lebensgestaltung

Ermächtigt der Gesetzgeber zu einer Beschränkung des Grundrechts auf informationelle Selbstbestimmung und wird dadurch eine Erfassung von Daten ermöglicht, die dem absolut geschützten Kernbereich höchstpersönlicher Lebensgestaltung zuzuordnen sind, so ist der Gesetzgeber verpflichtet, entsprechende Schutzvorkehrungen zu treffen (zum absolut geschützten Kernbereich BVerfGE 109, 279 (311 ff.)). Die nach Art. 1 Abs. 1 GG garantierte Unantastbarkeit der Menschenwürde fordert auch im Gewährleistungsbereich des Grundrechts auf informationelle Selbstbestimmung Vorkehrungen zum Schutz individueller Entfaltung im Kernbereich privater Lebensgestaltung (vgl. BVerfGE 113, 348 (391); 124, 43 (69)). 86

Ob eine personenbezogene Kommunikation diesem Kernbereich zuzuordnen ist, hängt davon ab, ob sie nach ihrem Inhalt höchstpersönlichen Charakters ist und in welcher Art und Intensität sie aus sich heraus die Sphäre anderer oder Belange der Gemeinschaft berührt (vgl. 87

BVerfGE 80, 367 (374); 109, 279 (314); 113, 348 (391); 124, 43 (69); 130, 1 (22)). Maßgebend sind die **Besonderheiten des jeweiligen Einzelfalls** (vgl. BVerfGE 80, 367 (374); 109, 279 (314); 124, 43 (69); 130, 1 (22)). Zum Kernbereich gehören etwa Äußerungen innerster Gefühle oder Ausdrucksformen der Sexualität (vgl. BVerfGE 109, 279 (313, 314 f.); 119, 1 (29 f.); 130, 1 (22)). Nicht zu diesem Kernbereich gehören personenbezogene Daten, die in unmittelbarem Bezug zu konkreten strafbaren Handlungen stehen, wie etwa Angaben über die Planung bevorstehender oder Berichte über begangene Straftaten (vgl. BVerfGE 80, 367 (375); 109, 279 (319); 113, 348 (391); 124, 43 (69); 130, 1 (22)). Für den Bereich der Telekommunikationsüberwachung hat das BVerfG entschieden, dass ein Eingriff nicht zu rechtfertigen sei und unterbleiben müsse, wenn im konkreten Fall tatsächliche Anhaltspunkte für die Annahme bestehen, dass ein Zugriff auf gespeicherte Telekommunikationsdaten Inhalte erfasst, die zu diesem Kernbereich gehören (vgl. BVerfGE 113, 348 (391 f.); 124, 43 (69)). In diesem Fall muss sichergestellt werden, dass **Daten des höchstpersönlichen Bereichs nicht gespeichert und verwertet** werden, sondern **unverzüglich gelöscht** werden, wenn es ausnahmsweise zu ihrer Erhebung gekommen ist (vgl. BVerfGE 113, 348 (392); 124, 43 (69)). Den Kernbereich betreffende Informationen dürfen nicht verwendet und damit auch nicht in einem Urteil oder in sonstiger Weise verwertet werden (vgl. BVerfGE 109, 279 (324, 331 f.); 120, 274 (337); 130, 1 (22)). Entsprechendes gilt für Eingriffe in das Grundrecht auf informationelle Selbstbestimmung (Art. 2 Abs. 1 iVm Art. 1 Abs. 1 GG) sofern hierdurch der Menschenwürdekern des Grundrechts betroffen ist.

6. Richtervorbehalt

88 Im Gegensatz zu Art. 13 GG, der bei heimlichen Überwachungsmaßnahmen eine vorherige richterliche Anordnung verlangt (Art. 13 Abs. 3 und 4 GG), sieht das Grundrecht auf informationelle Selbstbestimmung (Art. 2 Abs. 1 iVm Art. 1 Abs. 1 GG) keinen ausdrücklichen Richtervorbehalt vor. Gleichwohl kann nach der Rspr. des BVerfG bei staatlichen Maßnahmen, die einen **schwerwiegenden Grundrechtseingriff** bewirken, verfassungsrechtlich eine vorbeugende Kontrolle durch eine unabhängige Instanz geboten sein. Dies gilt insbes., wenn der Grundrechtseingriff **heimlich** erfolgt und für den Betroffenen unmittelbar nicht wahrnehmbar ist (vgl. BVerfGE 120, 274 (331); 125, 260 (337)). Dementsprechend hat das BVerfG auch für die Abfrage und Übermittlung von Telekommunikationsverkehrsdaten grds. eine vorherige Überprüfung durch den Richter verlangt (BVerfGE 125, 260 (337 f.)). Das Gleiche wird man für entsprechende schwerwiegende Eingriffe in das Grundrecht auf informationelle Selbstbestimmung verlangen müssen (vgl. Jarass/Pieroth/Jarass GG Art. 2 Rn. 62).

7. Staatliche Schutzpflicht für den Bereich der Datenverarbeitung durch Private

89 Die Erhebung, Speicherung und Verwendung personenbezogener Daten durch Private ist Ausdruck ihrer grundrechtlich geschützten Freiheit und unterliegt insoweit keinem Gesetzesvorbehalt (vgl. Maunz/Dürig/di Fabio GG Art. 2 Abs. 1 Rn. 189). Gleichwohl kann der Staat in Erfüllung seiner ihm obliegenden **grundrechtlichen Schutzpflichten** gehalten sein, die erforderlichen Schutzmaßnahmen zugunsten der von der Datenverarbeitung Betroffenen zu ergreifen (vgl. Maunz/Dürig/di Fabio GG Art. 2 Abs. 1 Rn. 189). Das BVerfG hat klargestellt, dass für den Bereich der Datenverarbeitung durch Private staatliche Stellen kraft ihrer grundrechtlichen Schutzpflicht verpflichtet sind, die rechtlichen Voraussetzungen eines wirkungsvollen informationellen Selbstschutzes bereitzustellen (BVerfG Beschl. v. 23.10.2006 – 1 BvR 2027/02). Der Gesetzgeber ist dabei an das Untermaßgebot gebunden, muss also einen wirkungsvollen Mindestschutz schaffen, wobei ihm ein Entscheidungs- und Prognosespielraum zukommt (vgl. Gurlit NJW 2010, 1035 (1041)). Dabei hat der Gesetzgeber einen Ausgleich zwischen den Positionen gleichgeordneter Grundrechtsträger zu schaffen (vgl. Gurlit NJW 2010, 1035 (1040)). Hierbei hat er neuartige Machtungleichgewichte zwischen einzelnen Unternehmen (zB Google, Facebook) und den Nutzern ihrer Angebote zu berücksichtigen (vgl. Gurlit NJW 2010, 1035 (1039 f.)).

III. Rechtfertigungsvoraussetzungen für Eingriffe in das Grundrecht auf Gewährleistung der Vertraulichkeit und Integrität informationstechnischer Systeme

1. Ermächtigungsgrundlage

Das Grundrecht auf Gewährleistung der Vertraulichkeit und Integrität informationstechnischer Systeme ist nicht schrankenlos (BVerfGE 120, 274 (315)). Es findet seine Schranke in Art. 2 Abs. 1 GG. Das Grundrecht auf Gewährleistung der Vertraulichkeit und Integrität informationstechnischer Systeme wird also durch die **verfassungsmäßige Ordnung** und **durch Rechte** anderer beschränkt. Die Grundrechtsschranken des Art. 2 Abs. 1 GG sind abschließend normiert. Für die Anwendung verfassungsimmanenter Schranken besteht kein Bedürfnis, weil die Schutzgüter dieser ungeschriebenen Schranke im Rahmen der Schranken des Art. 2 Abs. 1 GG verwirklicht werden können. 90

Eingriffe in das Grundrecht auf Gewährleistung der Vertraulichkeit und Integrität informationstechnischer Systeme bedürfen einer **verfassungsmäßigen gesetzlichen Grundlage** (BVerfGE 120, 274 (315)). Als Ermächtigungsgrundlage kommen neben einem **förmlichen Gesetz** auch **untergesetzliche Rechtssätze (Rechtsverordnung, Satzung)** in Betracht. Allerdings dürften wegen des Vorbehalts des (Parlaments-)Gesetzes nur Verfahrensmodalitäten oder technische Regelungen von untergeordneter Bedeutung der näheren Regelung durch den Verordnungs- oder Satzungsgeber zugänglich sein. Als Ermächtigungsgrundlagen können sowohl **Bundes-** als auch **Ländergesetze** herangezogen werden. Eingriffe können sowohl zur Strafverfolgung als auch zu präventiven Zwecken gerechtfertigt sein (BVerfGE 120, 274 (315)). 91

2. Gebot der Normenbestimmtheit und Normenklarheit

Gesetzliche Regelungen, die zu Eingriffen in das Grundrecht auf Gewährleistung der Vertraulichkeit und Integrität informationstechnischer Systeme ermächtigen, müssen dem Gebot der **Normenbestimmtheit** und **Normenklarheit** entsprechen (BVerfGE 120, 274 (315)). Im Zusammenhang mit dem Grundrecht auf Gewährleistung der Vertraulichkeit und Integrität informationstechnischer Systeme leitet das BVerfG das Erfordernis der Normenbestimmtheit und Normenklarheit aus dem allgemeinen Rechtsstaatsprinzip ab (BVerfGE 120, 274 (315 f.)). Es folgt indes bereits direkt aus dem Grundrecht auf Gewährleistung der Vertraulichkeit und Integrität informationstechnischer Systeme, so dass sich eine Herleitung aus dem allgemeinen Rechtsstaatsprinzip erübrigt. Das Gebot der Normenbestimmtheit und Normenklarheit soll sicherstellen, dass der demokratisch legitimierte Parlamentsgesetzgeber die wesentlichen Entscheidungen über Grundrechtseingriffe und deren Reichweite selbst trifft, dass Regierung und Verwaltung im Gesetz steuernde und begrenzende Handlungsmaßstäbe vorfinden und dass die Gerichte die Rechtskontrolle durchführen können. Ferner sichern Klarheit und Bestimmtheit der Norm, dass der Betroffene die Rechtslage erkennen und sich auf mögliche belastende Maßnahmen einstellen kann (vgl. BVerfGE 110, 33 (52 ff.); 113, 348 (375 ff.); 120, 274 (316)). Der Gesetzgeber hat Anlass, Zweck und Grenzen des Eingriffs hinreichend bereichsspezifisch, präzise und normenklar festzulegen (vgl. BVerfGE 100, 313 (359 f., 372); 110, 33 (53); 113, 348 (375); 118, 168 (186 ff.); 120, 274 (316)). 92

Ermächtigen gesetzliche Regelungen zu Eingriffen in das Grundrecht auf Gewährleistung der Vertraulichkeit und Integrität informationstechnischer Systeme, gelten **besondere Bestimmtheitsanforderungen.** Die konkreten Anforderungen an die Bestimmtheit und Klarheit der Ermächtigung richten sich nach der Art und Schwere des Eingriffs (vgl. BVerfGE 110, 33 (55); 120, 378 (408)). Ein Zugriff auf ein informationstechnisches System öffnet der handelnden staatlichen Stelle den Zugang zu einem Datenbestand, der herkömmliche Informationsquellen an Umfang und Vielfältigkeit bei weitem übertreffen kann (BVerfGE 120, 274 (322)). Bereits deshalb ist jeder Eingriff in das Grundrecht auf Gewährleistung der Vertraulichkeit und Integrität informationstechnischer Systeme für die Persönlichkeitsentfaltung von erheblichem Gewicht. Hinzu kommt, dass staatliche Zugriffe in aller Regel heimlich erfolgen. Wegen der Heimlichkeit der Maßnahmen müssen Betroffene oder Dritte wissen können, bei welchen Anlässen und unter welchen Voraussetzungen ein Verhalten mit dem Risiko der Überwachung verbunden ist (so für Eingriffe in Art. 10 Abs. 1 93

GG BVerfGE 110, 33 (54)). Auch deshalb ergeben sich für das Gebot der Normenbestimmtheit und Normenklarheit erhöhte Anforderungen. Mit Blick auf diese qualifizierten Bestimmtheitsanforderungen hat das BVerfG die salvatorische Regelung nach dem VSG NRW beanstandet, die für den Fall eines Eingriffs in Art. 10 GG strengere Anforderungen vorsah, ohne dabei die Eingriffsvoraussetzungen näher zu konkretisieren (BVerfGE 120, 274 (317 f.)).

94 Der **Anlass,** der **Zweck** und die **Grenzen** des Eingriffs müssen in der Ermächtigung bereichsspezifisch, präzise und normenklar festgelegt werden. Ermächtigt eine gesetzliche Regelung zu einem Eingriff in das Grundrecht auf Gewährleistung der Vertraulichkeit und Integrität informationstechnischer Systeme, so hat das Gebot der Bestimmtheit und Klarheit auch die spezifische Funktion, eine Umgrenzung des Anlasses der Maßnahme und auch des möglichen Verwendungszwecks der betroffenen Informationen sicherzustellen. Diese für das Grundrecht auf informationelle Selbstbestimmung entwickelten Anforderungen (vgl. BVerfGE 65, 1 (46); 110, 33 (70); 113, 29 (51); 115, 320 (365); 120, 378 (408)) gelten für das Grundrecht auf Gewährleistung der Vertraulichkeit und Integrität informationstechnischer Systeme entsprechend. Dies dient dem verfassungsrechtlichen Gebot der Zweckbindung der erhobenen Information, das auch für Eingriffe in das Grundrecht der Gewährleistung der Vertraulichkeit und Integrität informationstechnischer Systeme gilt.

3. Wahrung des Grundsatzes der Verhältnismäßigkeit

95 Die gesetzliche Ermächtigungsgrundlage muss den Anforderungen des Verhältnismäßigkeitsgrundsatzes genügen. Dazu muss die Ermächtigung einem **legitimen Zweck** dienen, zur Erreichung des Gesetzeszweckes **geeignet** und **erforderlich** sowie **im engeren Sinne verhältnismäßig** sein (vgl. BVerfGE 120, 274 (318 f.) unter Bezugnahme auf BVerfGE 109, 279 (335 ff.); 115, 320 (345); 118, 168 (193)).

96 Eingriffe in das Grundrecht auf Gewährleistung der Vertraulichkeit und Integrität informationstechnischer Systeme können nicht durch beliebige Interessen des Gemeinwohls gerechtfertigt werden. Mit Blick auf die Bedeutung des Grundrechts für die Persönlichkeitsentfaltung des Einzelnen gelten für grundrechtsbeschränkende Maßnahmen **„strenge Maßgaben",** wozu insbes. eine **„erhöhte Eingriffsschwelle"** zählt (BVerfG Urt. v. 24.4.2013 – 1 BvR 1215/07, Rn. 226). Diese die legitime Zielsetzung konkretisierenden erhöhten Eingriffsvoraussetzungen betreffen zum einen den **Rang des geschützten Rechtsguts** und zum anderen den **Wahrscheinlichkeitsgrad** der Schutzgutbeeinträchtigung (vgl. Hoffmann-Riem JZ 2008, 1009 (1020); Hornung CR 2008, 299 (304)).

97 Als **überragend wichtige Schutzgüter** (BVerfGE 120, 274 (Leitsatz 1, 328)), die Grundrechtseingriffe nur rechtfertigen können, sind Leib, Leben und Freiheit der Person oder solche Güter der Allgemeinheit zu nennen, deren Bedrohung die Grundlagen oder den Bestand des Staates oder die Grundlagen der Existenz des Menschen berührt (BVerfGE 120, 274 (319, 328); vgl. auch BVerfG Urt. v. 24.4.2013 – 1 BvR 1215/07, Rn. 226). Als Beispiel für Letzteres sind etwa Angriffe auf wichtige Versorgungseinrichtungen wie etwa Telekommunikations-, Energie- oder Eisenbahninfrastrukturen zu nennen (Hoffmann-Riem JZ 2008, 1009 (1020): Staudämme). Für den Bereich der Strafverfolgung dürften die Katalogtaten des § 104a StPO ein tauglicher Orientierungspunkt bei der Gewinnung eines legitimen Schutzgutes sein, dass Eingriffe in das Grundrecht auf Gewährleistung der Vertraulichkeit und Integrität informationstechnischer Systeme rechtfertigt.

98 Weiter gelten besondere Anforderungen an die Art und Intensität der Gefährdung und damit den **Wahrscheinlichkeitsgrad** einer Schutzgutbeeinträchtigung sowie an die Tatsachenbasis der Gefahrenprognose (vgl. Hoffmann-Riem JZ 2008, 1009 (1020)). Das BVerfG verlangt **nicht** das Vorliegen einer im Einzelfall drohenden, **konkreten Gefahr** für ein überragend wichtiges Rechtsgut. Vielmehr sind nach Ansicht des BVerfG grundrechtsbeschränkende Maßnahmen auch dann gerechtfertigt, wenn sich noch nicht mit hinreichender Wahrscheinlichkeit feststellen lässt, dass die Gefahr in näherer Zukunft eintritt. Erforderlich, aber auch hinreichend ist, dass **bestimmte Tatsachen** auf eine im Einzelfall durch bestimmte Personen **drohende Gefahr** für das überragend wichtige Rechtsgut hinweisen (BVerfGE 120, 274 (329)). Das Erfordernis **tatsächlicher Anhaltspunkte** ist nach Ansicht des BVerfG ausreichend (BVerfGE 120, 274 (329)). Die anzustellende Prognose muss auf eine

konkrete Gefahr „bezogen" sein (BVerfGE 120, 274 (328)), die folglich nicht tatsächlich gegeben sein muss (Hornung CR 2008, 299 (304)). Vielmehr soll ausreichen, dass bestimmte Tatsachen auf eine durch bestimmte Personen drohende Gefahr für das überragend wichtige Rechtsgut hinweisen (BVerfGE 120, 274 (329)). Das Gericht verlangt eine Konkretisierung auf den Einzelfall, die zeitliche Nähe des Umschlagens von Gefahr in Schaden und den Bezug auf individuelle Personen als Verursacher (BVerfGE 120, 274 (329)). Durch den Verzicht auf das Vorliegen einer konkreten Gefahr lässt das BVerfG **in gewissem Umfang** eine **Vorverlagerung** in den Bereich der **Gefahrenvorsorge** zu (vgl. Hornung CR 2008, 299 (304); Kutschka NJW 2008, 1042 (1043 f.)). Dies bedeutet eine Eingriffserweiterung gegenüber den Voraussetzungen nach Art. 13 Abs. 4 GG (zutr. Hornung CR 2008, 299 (304 Fn. 30)), was grundsätzlichen Bedenken begegnet, weil das Grundrecht auf Gewährleistung der Vertraulichkeit und Integrität informationstechnischer Systeme im Vergleich zur Unverletzlichkeit der Wohnung keinen geringeren Schutz verträgt. Allerdings ist zu berücksichtigen, dass das BVerfG Grundrechtsbeschränkungen im Vorfeldstadium an enge Voraussetzungen knüpft und damit die Tür zu Vorfeldmaßnahmen nur einen kleinen Spalt öffnet. Denn durch das Erfordernis tatsächlicher Anhaltspunkte ist sichergestellt, dass **Vermutungen** oder **allgemeine Erfahrungssätze** allein **nicht ausreichen,** um den Zugriff zu rechtfertigen. Vielmehr müssen bestimmte Tatsachen festgestellt sein, die eine Gefahrenprognose tragen (vgl. BVerfGE 120, 274 (328) unter Hinweis auf BVerfGE 110, 33 (61); 113, 348 (378)). Das BVerfG betont ausdrücklich, dass angesichts der Schwere des Eingriffs eine Anknüpfung der Einschreitschwelle an das Vorfeldstadium **nicht hinnehmbar** ist, wenn nur ein durch **relativ diffuse Anhaltspunkte** für mögliche Gefahren gekennzeichnetes Geschehen bekannt ist (BVerfGE 120, 274 (329)).

Diese erhöhten Anforderungen an die Regelung des Eingriffsanlasses gelten auch für die Tätigkeit von **Verfassungsschutzbehörden** und **Nachrichtendiensten** (BVerfGE 120, 274 (331); vgl. auch Hornung CR 2008, 299 (304)). Das BVerfG betont ausdrücklich, dass eventuelle Schwierigkeiten, eine für die Tätigkeit der genannten Behörden geeignete Ermächtigungsgrundlage zu regeln, kein verfassungsrechtlich hinnehmbarer Anlass wäre, die tatsächlichen Voraussetzungen für einen Eingriff der hier vorliegenden Art abzumildern (BVerfGE 120, 274 (331)). 99

Das Gebot der **Verhältnismäßigkeit im engeren Sinne** verlangt, dass die Schwere des Eingriffs bei einer Gesamtabwägung nicht außer Verhältnis zu dem Gewicht der ihn rechtfertigenden Gründe stehen darf (vgl. BVerfGE 90, 145 (173); 109, 279 (349 ff.); 113, 348 (382); 120, 274 (321 f.)). Der Gesetzgeber hat das Individualinteresse, das durch einen Grundrechtseingriff beschnitten wird, den Allgemeininteressen, denen der Eingriff dient, angemessen zuzuordnen. Die Prüfung an diesem Maßstab kann dazu führen, dass ein Mittel nicht zur Durchsetzung von Allgemeininteressen angewandt werden darf, weil die davon ausgehenden Grundrechtsbeeinträchtigungen schwerer wiegen als die durchzusetzenden Belange (vgl. BVerfGE 115, 320 (345 f.); 118, 168 (195); 120, 274 (322)). 100

Jeder Eingriff in das Grundrecht auf Gewährleistung der Vertraulichkeit und Integrität informationstechnischer Systeme ist für die Persönlichkeitsentfaltung **von erheblichem Gewicht.** Denn durch einen Zugriff auf ein informationstechnisches System ist der handelnden staatlichen Stelle der Zugang zu einem Datenbestand eröffnet, der herkömmliche Informationsquellen an Umfang und Vielfältigkeit bei weitem übertreffen kann (BVerfGE 120, 274 (322)). Im Gegensatz zum Grundrecht auf informationelle Selbstbestimmung geht es hier nicht nur um den Zugriff auf einzelne personenbezogene Daten, sondern auf einen **Datenbestand** mit personenbezogenen Informationen. Auf diesem **quantitativen Unterschied** beruht letztlich die Existenz des Grundrechts auf Gewährleistung der Vertraulichkeit und Integrität informationstechnischer Systeme (→ Rn. 25). Hinzu kommt die **Heimlichkeit** möglicher Zugriffsmaßnahmen. Das BVerfG hat wiederholt darauf hingewiesen, dass die Verletzung besonderer Vertraulichkeitserwartungen regelmäßig einen besonders intensiven Grundrechtseingriff bewirkt (vgl. BVerfGE 115, 320 (348); 120, 378 (402 f.)). Heimlich erfolgte Zugriffe auf informationstechnische Systeme führen zu einem intensiven Grundrechtseingriff (vgl. BVerfGE 120, 274 (325)). Auch **die Dauer** staatlicher Zugriffsmaßnahmen ist im Rahmen der Gesamtabwägung zu berücksichtigen. 101

Ob sich staatliche Zugriffsmaßnahmen nur gegen **Täter** und **Beteiligte einer strafbaren Handlung** bzw. auf **Störer** im ordnungsrechtlichen Sinne oder auch auf Nichtbeteiligte 102 bzw. Nichtstörer von Verfassungs wegen richten dürfen, hat das BVerfG nicht klar entschieden (vgl. BVerfGE 120, 274 (329): Überwachungsmaßnahmen sind „weitgehend" auf beteiligte Personen zu beschränken. Wegen der besonderen Eingriffsintensität wird man entsprechende Überwachungsmaßnahmen auf Täter und Beteiligte einer strafbaren Handlung bzw. auf Störer im ordnungsrechtlichen Sinne begrenzen müssen.

4. Gesetzliche Vorkehrungen zum Schutz des Kernbereichs höchstpersönlicher Lebensgestaltung

103 Ermächtigt der Gesetzgeber zu einer Beschränkung des Grundrechts auf Gewährleistung der Vertraulichkeit und Integrität informationstechnischer Systeme, muss er hinreichende gesetzliche Vorkehrungen treffen, um **Eingriffe in den absolut geschützten Kernbereich privater Lebensgestaltung zu vermeiden** (BVerfGE 120, 274 (335)). Heimliche Überwachungsmaßnahmen staatlicher Stellen haben einen unantastbaren Kernbereich privater Lebensgestaltung zu wahren, dessen Schutz sich aus Art. 1 Abs. 1 GG ergibt (vgl. BVerfGE 6, 32 (41); 27, 1 (6); 32, 373 (378 f.); 34, 238 (245); 80, 367 (373); 109, 279 (313); 113, 348 (390); 120, 274 (335)). Selbst überwiegende Interessen der Allgemeinheit können nach der Rspr. des BVerfG einen Eingriff in ihn nicht rechtfertigen (vgl. BVerfGE 34, 238 (245); 109, 279 (313); 120, 274 (335)). Zur Entfaltung der Persönlichkeit im Kernbereich privater Lebensgestaltung gehört die Möglichkeit, innere Vorgänge wie Empfindungen und Gefühle sowie Überlegungen, Ansichten und Erlebnisse höchstpersönlicher Art ohne die Angst zum Ausdruck zu bringen, dass staatliche Stellen dies überwachen (vgl. BVerfGE 109, 279 (314); 120, 274 (335)). Im Rahmen eines heimlichen Zugriffs auf ein informationstechnisches System besteht die Gefahr, dass die handelnde staatliche Stelle persönliche Daten erhebt, die dem Kernbereich zuzuordnen sind. So kann der Betroffene das System dazu nutzen, Dateien höchstpersönlichen Inhalts, etwa tagebuchartige Aufzeichnungen oder private Film- oder Tondokumente, anzulegen und zu speichern (BVerfGE 120, 274 (335)). Derartige Dateien können ebenso wie etwa schriftliche Verkörperungen des höchstpersönlichen Erlebens (dazu vgl. BVerfGE 80, 367 (373 ff.); 109, 279 (319); 120, 274 (335)) einen absoluten Schutz genießen. Zum anderen kann das System, soweit es telekommunikativen Zwecken dient, zur Übermittlung von Inhalten genutzt werden, die gleichfalls dem Kernbereich unterfallen können. Dies gilt nicht nur für Sprachtelefonate, sondern auch etwa für die Fernkommunikation mittels E-Mails oder anderer Kommunikationsdienste des Internet (vgl. BVerfGE 113, 348 (390); 120, 274 (336)). Die absolut geschützten Daten können bei unterschiedlichen Arten von Zugriffen erhoben werden, etwa bei der Durchsicht von Speichermedien ebenso wie bei der Überwachung der laufenden Internetkommunikation oder gar einer Vollüberwachung der Nutzung des Zielsystems (BVerfGE 120, 274 (335)).

104 Für das verfassungsrechtliche Gebot des Kernbereichsschutzes gilt ein **zweistufiges Schutzkonzept** (BVerfGE 120, 274 (338)), das auf einer Differenzierung zwischen **Erhebungsebene** (erste Stufe) und **Sichtungs- bzw. Auswertungsebene** (zweite Stufe) beruht (Hornung, CR 2008, 299 (304)). Soweit dies möglich ist, ist ein Zugriff auf Daten, die der Menschenwürde zuzuordnen sind, zu vermeiden. Hierbei sind „verfügbare informationstechnische Sicherungen" – also etwa softwaretechnische Such- und Ausschlusssysteme – einzusetzen (vgl. BVerfGE 120, 274 (337, 338); Hornung CR 2008, 299 (304)). Der Schutz durch **Nichterhebung** genießt von Verfassungs wegen **Vorrang** (Hoffmann-Riem JZ 2008, 1009 (1020)). Lässt sich auch mittels des Einsatzes entsprechender Such- und Filtersysteme ein Zugriff auf kernbereichsrelevante Daten nicht vermeiden, ist nach der Rspr. die Datenerhebung gleichwohl zulässig. In diesem Fall ist ein hinreichender Schutz auf der **Sichtungs- bzw. Auswertungsphase** zu gewährleisten. Insbes. müssen aufgefundene und erhobene **Daten mit Kernbereichsbezug unverzüglich gelöscht** und ihre **Weitergabe bzw. Verwertung ausgeschlossen** werden (vgl. BVerfGE 120, 274 (337, 339) unter Hinweis auf BVerfGE 109, 279 (318); 113, 348 (391 f.)). Das BVerfG trägt damit dem Umstand Rechnung, dass es „praktisch unvermeidbar" ist, „Informationen zur Kenntnis zu nehmen, bevor ihr Kernbereichsbezug bewertet werden kann". Das Gericht würdigt jedoch nicht, dass die Erhebung, genauer: die **Sichtung kernbereichsrelevanter Daten** einen **Eingriff in die Menschenwürde** bewirkt. Die „unvermeidbare" Überprüfung entsprechender Daten auf ihre Kernbereichsrelevanz durch Richter oder durch andere unabhängige Stellen (s. hierzu

Allg. Persönlichkeitsrecht und spez. Persönlichkeitsrechte **Art. 2 GG**

→ Rn. 106 ff.), die wie die gesamte Staatsgewalt nach Art. 1 Abs. 3 GG an Grundrechte gebunden sind, greift in die Menschenwürde ein, sofern die zur Kenntnis genommenen und überprüften Daten einen Kernbereichsbezug aufweisen. Damit **bricht** das BVerfG mit dem **Dogma** einer **absolut geltenden Menschenwürde,** also eines Verständnisses des Grundrechts aus Art. 1 Abs. 1 GG, das einer Abwägung nicht zugänglich sei. Wäre die Menschenwürde nicht abwägungsfähig, wäre die vom BVerfG für zulässig erachtete Sichtung und Auswertung kernbereichsrelevanter Dateien verfassungswidrig. Diese Konsequenz zieht das BVerfG zu Recht nicht, allerdings um den „Preis" einer impliziten Aufgabe des Dogmas eines absoluten Schutzes der Menschenwürde.

Nicht geklärt ist, welche **zeitlichen Vorgaben** für die **Sichtung bzw. Auswertung** 105 der erhobenen Daten gelten (Hornung CR 2008, 299 (304)). Das BVerfG verlangt lediglich eine „unverzügliche" Löschung, wenn die Überprüfung ergibt, dass die erhobenen Daten dem Kernbereich zuzuordnen sind (BVerfGE 120, 274 (337, 339)). Zur Sichtungs- und Auswertungsphase äußert sich das BVerfG hingegen nicht. Eine Verpflichtung zur unverzüglichen bzw. zeitnahen Überprüfung dürfte auf erhebliche Kapazitätsprobleme der hiermit betrauten Stellen (Richter oder andere unabhängige Stellen) stoßen. Gleichwohl muss von Verfassungs wegen eine gesetzliche Ermächtigungsgrundlage zeitliche Vorgaben enthalten, weil anderenfalls potenziell kernbereichsrelevante Daten über eine lange Zeitspanne in staatlichen Systemen gespeichert würden (Hornung CR 2008, 299 (304 f.)). Darüber hinaus bedarf es einer Regelung der informationstechnischen Sicherungen (Hornung CR 2008, 299 (305)). Zwar dürfte ein so weit reichender **technischer Sicherheitsstandard,** wie ihn das BVerfG für den Fall einer Vorratsspeicherung verlangt hat (vgl. BVerfGE 125, 20 (325 ff.)), hier nicht geboten sein. Denn im Gegensatz zur Vorratsspeicherung fehlt es bei einem staatlichen Zugriff auf informationstechnische Systeme an einer Speicherung durch Private, für die besondere Sicherheitsanforderungen gelten, weil sie unter den Bedingungen der Wirtschaftlichkeit und des Kostendrucks handeln (vgl. BVerfGE 125, 260 (325)). Gleichwohl dürfte mit Blick auf die potenzielle Kernbereichsrelevanz der durch staatlichen Zugriff erhobenen Daten ein **technischer Sicherheitsstandard** erforderlich sein, der über den allgemeinen Sicherheitsstandard nach Telekommunikationsrecht (vgl. § 109 TKG) deutlich hinausgeht.

Ebenso wenig ist geklärt, welche **Stelle** mit der **Sichtung bzw. Auswertung** betraut 106 werden darf (Hornung CR 2008, 299 (304)). Das BVerfG nimmt hierzu nicht ausdrücklich Stellung. Der vom BVerfG proklamierte Vorbehalt richterlicher Überprüfung (BVerfGE 120, 274 (331 ff.)) bezieht sich allein auf den staatlichen Zugriff auf informationstechnische Systeme als solchen, nicht aber auf die Sichtung und Überprüfung der erhobenen Daten im Hinblick auf ihre Kernbereichsrelevanz. Sicher festzustehen scheint, dass diese Aufgabe nicht in die Hände der Daten erhebenden Stelle gelegt werden darf, weil anderenfalls die der zweiten Stufe des Schutzes zukommende Kontroll- und Begrenzungsfunktion nur unzureichend erfüllt werden könnte. Mit Blick auf die Bedeutung eines hinreichenden Kernbereichsschutzes wird deshalb teilweise gefordert, die Durchsicht zumindest einer Stelle zu übertragen, die personell und organisatorisch von der Daten erhebenden Stellte getrennt ist (Hornung CR 2008, 299 (304)). Eine solche personelle und organisatorische Trennung erscheint erforderlich, nicht aber hinreichend zu sein, sofern die entsprechende Stelle in den hierarchisch aufgebauten Verwaltungsapparat eingegliedert ist. Vieles spricht dafür, den Schutzgedanken des vom BVerfG für den staatlichen Zugriff auf informationstechnische Systeme entwickelten **Richtervorbehalts** cum grano salis auf die Phase der **Sichtung bzw. Auswertung** der erhobenen Daten zu erstrecken. Gute Gründe lassen sich dafür anführen, nur **Richter** bzw. sonstige **unabhängige Stellen** mit der **Sichtung bzw. Auswertung** der erhoben Daten **zu betrauen.** Es sind keine überzeugenden Gründe ersichtlich, die es rechtfertigen könnten, an die Überprüfung der Kernbereichsrelevanz der erhobenen Daten geringere organisatorische Anforderungen zu stellen als an den Zugriff als solchen. Folgte man dem, dürfte der Gesetzgeber die Aufgabe der Überprüfung der erhobenen Daten nur Richtern oder anderen unabhängigen Stellen übertragen. Das BVerfG stellt an „andere Stellen" erhöhte organisatorische Anforderungen. Sie müssen die gleiche Gewähr für Unabhängigkeit und Neutralität bieten wie ein Richter (vgl. BVerfGE 120, 274 (332)). Die organisatorische und personelle Trennung von der Daten erhebenden Stelle genügt hierfür nicht. Erforderlich ist eine – der richterlichen Unabhängigkeit entsprechende

– umfassende Unabhängigkeit der „anderen Stelle" auch im Verhältnis zu Regierungs- und sonstigen Verwaltungsstellen. Beispielsweise verfügen die Datenschutzbeauftragen des Bundes und der Länder über diese notwendige personelle, organisatorische und sachliche Unabhängigkeit.

5. Richtervorbehalt

107 Der staatliche Zugriff auf informationstechnische Systeme steht unter dem **Vorbehalt richterlicher Anordnung** (BVerfGE 120, 274 (331)). Der Richtervorbehalt gehört zu den vom BVerfG geforderten verfahrensrechtlichen Absicherungen, die für Eingriffe in das Grundrecht auf Gewährleistung der Vertraulichkeit und Integrität informationstechnischer Systeme gilt. Sieht eine Norm heimliche Ermittlungstätigkeiten des Staates vor, die besonders geschützte Zonen der Privatheit berühren oder eine besonders hohe Eingriffsintensität aufweisen, ist dem Gewicht des Grundrechtseingriffs durch geeignete Verfahrensvorkehrungen Rechnung zu tragen (vgl. BVerfGE 118, 168 (202); 120, 274 (331)). Ein solcher Vorbehalt ermöglicht die vorbeugende Kontrolle einer geplanten heimlichen Ermittlungsmaßnahme durch eine unabhängige und neutrale Instanz. Eine derartige Kontrolle kann bedeutsames Element eines effektiven Grundrechtsschutzes sein. Sie ist zwar nicht dazu geeignet, die Mängel einer zu unbestimmt geregelten oder zu niedrig angesetzten Eingriffsschwelle auszugleichen, da auch die unabhängige Prüfungsinstanz nur sicherstellen kann, dass die geregelten Eingriffsvoraussetzungen eingehalten werden (vgl. BVerfGE 110, 33 (67 f.); 120, 274 (331)). Sie kann aber gewährleisten, dass die Entscheidung über eine heimliche Ermittlungsmaßnahme auf die Interessen des Betroffenen hinreichend Rücksicht nimmt, wenn der Betroffene selbst seine Interessen aufgrund der Heimlichkeit der Maßnahme im Vorwege nicht wahrnehmen kann (BVerfGE 120, 274 (331 f.)).

108 **Richter** können aufgrund ihrer **persönlichen und sachlichen Unabhängigkeit** und ihrer ausschließlichen Bindung an das Gesetz die **Rechte des Betroffenen** im Einzelfall **am besten und sichersten wahren** (vgl. BVerfGE 103, 142 (151); 107, 299 (325); 120, 274 (332)). Das BVerfG verlangt neben einer eingehenden Prüfung der vorgesehenen Maßnahme eine **schriftliche Begründung** der Entscheidung (BVerfGE 120, 274 (332)).

109 Neben Richtern darf der Gesetzgeber auch **„anderen Stellen"** die vorherige Überprüfung der Rechtmäßigkeitsvoraussetzungen eines Zugriffs auf informationstechnische Systeme übertragen (BVerfGE 120, 274 (332)). Das BVerfG stellt an „andere Stellen" erhöhte organisatorische Anforderungen. Sie müssen die **gleiche Gewähr für Unabhängigkeit und Neutralität bieten wie ein Richter** (vgl. BVerfGE 120, 274 (332)). „Andere Stellen" müssen nicht nur in organisatorischer, personeller und sachlicher Hinsicht **von der Daten erhebenden Stelle getrennt** sein. Sie müssen – der richterlichen Unabhängigkeit entsprechend – darüber hinaus auch im Verhältnis **zu Regierungs- und sonstigen Verwaltungsstellen unabhängig** sein. Beispielsweise verfügen die Datenschutzbeauftragen des Bundes und der Länder über diese notwendige personelle, organisatorische und sachliche Unabhängigkeit. Das Erfordernis einer **schriftlichen Begründung** der Entscheidung bezieht sich auch auf „andere Stellen" (BVerfGE 120, 274 (332)).

110 Von dem Erfordernis einer vorherigen Kontrolle der Maßnahme durch einen Richter oder durch eine „andere Stelle" darf nur **ausnahmsweise abgesehen** werden, etwa **bei Gefahr im Verzug**. In diesem Fall muss jedoch eine anschließende Überprüfung durch die neutrale Stelle erfolgen (BVerfGE 120, 274 (332 f.)). Ein solcher Eilfall kann jedoch nur unter engen tatsächlichen und rechtlichen Voraussetzungen (vgl. hierzu im Zusammenhang mit Art. 13 GG BVerfGE 103, 142 (153 ff.)) angenommen werden (BVerfGE 120, 274 (333)).

Art. 5 [Recht der freien Meinungsäußerung, Medienfreiheit, Kunst- und Wissenschaftsfreiheit]

(1) ¹Jeder hat das Recht, seine Meinung in Wort, Schrift und Bild frei zu äußern und zu verbreiten und sich aus allgemein zugänglichen Quellen ungehindert zu unterrichten. ²Die Pressefreiheit und die Freiheit der Berichterstattung durch Rundfunk und Film werden gewährleistet. ³Eine Zensur findet nicht statt.

(2) Diese Rechte finden ihre Schranken in den Vorschriften der allgemeinen Gesetze, den gesetzlichen Bestimmungen zum Schutze der Jugend und in dem Recht der persönlichen Ehre.

(3) ¹Kunst und Wissenschaft, Forschung und Lehre sind frei. ²Die Freiheit der Lehre entbindet nicht von der Treue zur Verfassung.

Art. 5 GG fasst in Abs. 1 unter dem Dach der Kommunikationsfreiheit als Teilverbürgungen die Meinungsäußerungsfreiheit als Kerngehalt, die Medienfreiheiten (Rundfunk, Presse, Film) und die Informationsfreiheit zusammen (→ Rn. 10). Ausgehend von der persönlichkeitsrechtlichen, der demokratiebezogenen und der wahrheitsfindungsorientierten Fundierung des Kerngehalts der Meinungsäußerungsfreiheit (→ Rn. 2), die umfassend geschützt wird (→ Rn. 15 ff.), haben sich die Medienfreiheiten angesichts der ursprünglichen Sondersituation des Rundfunks (Frequenzknappheit, hohe Herstellungskosten, → Rn. 4 ff.) in der Dogmatik des BVerfG sehr heterogen entwickelt. Während das BVerfG die Rundfunkfreiheit primär objektivrechtlich interpretiert (→ Rn. 12 ff. → Rn. 58 ff. → Rn. 80 ff.), steht bei der Pressefreiheit die abwehrrechtliche Dimension im Vordergrund (→ Rn. 14 → Rn. 53). In Anbetracht des dramatischen Wandels der Informationsgesellschaft (→ Rn. 3 ff.) wird künftig eine stärkere Konvergenz der Medienfreiheiten erforderlich sein (→ Rn. 94 ff.), welche die grundgesetzlichen Ausgestaltungsvorgaben für den öffentlich-rechtlichen Rundfunk zurücknehmen muss. Vergleichbare Maßstäbe lassen sich iÜ bereits im Bereich klassischer Gefährdungen von Freiheitsrechten der Medienanbieter (wie etwa dem Schutz vor Durchsuchungen; → Rn. 48 und → Rn. 51 ff. → Rn. 78 ff.), aber auch durch die Medien (in Fragen etwaiger persönlichkeitsrechtlicher Verletzungen; → Rn. 117 ff.) und iÜ allgemein für die Schranken aus Art. 5 Abs. 2 GG ableiten. Die revolutionären Änderungen im Realbereich – ausgelöst durch die Digitalisierung und die damit einhergehende Vermehrung der Distributionswege (insbes. über das Internet) – haben schließlich die Auslegung der Informationsfreiheit beeinflusst, die neben teilhaberechtlichen Schutzgehalten stärker auch leistungsrechtliche Elemente einer aktiven Informationsbereitstellung umschließt (→ Rn. 42).

Übersicht

	Rn		Rn
A. Konzeption und Bedeutung der Kommunikationsfreiheit aus Abs. 1	1	2. Einflüsse durch das Unionsrecht	21
		3. Besonderheiten im Verfassungsrecht der Bundesländer	23
I. Rang und Funktion der Kommunikationsfreiheit im Grundrechtsgefüge	1	**B. Die tatbestandliche Reichweite der Freiheitsrechte aus Abs. 1**	25
II. Kommunikationsfreiheit im Wandel der Medien- und Informationsgesellschaft	3	I. Meinungsäußerungsfreiheit nach Abs. 1 S. 1 Hs. 1	25
1. Entwicklung der Rundfunkangebote	4	1. Geschützte Äußerungsinhalte	25
2. Ökonomische Änderungen	6	2. Geschützte Äußerungsform: Äußern und Verbreiten in Wort, Schrift und Bild	33
3. Neue Rezeptionsformen, „Neue Medien"	8	3. Freie Wahl von Ort, Zeitpunkt und Adressatenkreis	34
4. Vervielfältigung der Informationskanäle	9	4. Negative Schutzkomponente	35
III. Begriff der Kommunikationsfreiheit und verbundene Begriffe – Struktur des Abs. 1	10	5. Mittelbare Drittwirkung	36
IV. Schutzdimensionen der Kommunikationsfreiheit	12	II. Informationsfreiheit aus Abs. 1 S. 1 Hs. 2	39
1. Abwehrrechtliche Dimension	12	1. Schutzumfang	39
2. Ausdifferenzierung der Schutzpflichten und objektivrechtliche Gehalte	13	2. Informationsquelle	40
		3. Allgemeinzugänglichkeit	41
V. Art. 5 im Mehrebenensystem	19	4. Ungehinderte Unterrichtung – Wandel der Informationsfreiheit	42
1. Überformung durch die EMRK	20	5. Insbes. negative Informationsfreiheit	44

	Rn		Rn
III. Medienfreiheit I – Pressefreiheit aus Abs. 1 Hs. 2 Var. 1	45	V. Medienfreiheit III – Filmfreiheit gem. Abs. 1 S. 2 Var. 3	100
1. Pressebegriff	45	1. Begriff des Films, Reichweite und dogmatischer Ansatz	100
2. Geschützte Verhaltensweisen	48	2. Entwicklung und Bedeutung der Filmfreiheit	101
3. Tendenzschutz und innere Pressefreiheit	53	3. Geschützte Verhaltensweisen	102
4. Privatrechtliche Organisation und Staatsferne	54	C. Schranken aus Abs. 2 und ihre Grenzen	103
5. Objektivrechtliche Schutzgehalte (Institut „Freie Presse")	55	I. Schrankentrias des Abs. 2	103
		1. Allgemeine Gesetze	104
6. Pluralismussicherung	56	2. Gesetzliche Bestimmungen zum Schutz der Jugend	120
IV. Medienfreiheit II – Rundfunkfreiheit aus Abs. 1 Hs. 2 Var. 2	58	3. Recht der persönlichen Ehre	125
1. Die besondere verfassungsgerichtliche Prägung der Rundfunkfreiheit	58	II. Zensurverbot gem. Abs. 1 S. 3	130
2. Rundfunkbegriff und sachlicher Anwendungsbereich	73	III. Grundsatz der Verhältnismäßigkeit	132
		1. Teilgrundsätze der Geeignetheit und Erforderlichkeit	133
3. „Dienende Freiheit" und subjektive Rundfunkfreiheit	80	2. Besondere Bedeutung der Abwägung im Rahmen der Prüfung der Verhältnismäßigkeit ieS	136
4. Der öffentlich-rechtliche Rundfunk in der dualen Rundfunkordnung	81	3. Vermutungsregel: erhöhter Schutz öffentlichkeitsrelevanter Äußerungen – Abwertung privater, eigennütziger, insbes. kommerzieller Äußerungen?	140
5. Staatsferne	87		
6. Konzentrationskontrolle	88		
7. Zugangsfragen	90		
8. Die Dogmatik der Rundfunkfreiheit im Lichte des veränderten Realbereichs	94	IV. Wesensgehaltsgarantie gem. Art. 19 Abs. 2	145

A. Konzeption und Bedeutung der Kommunikationsfreiheit aus Abs. 1

I. Rang und Funktion der Kommunikationsfreiheit im Grundrechtsgefüge

1   Innerhalb des grundrechtlichen Schutzsystems nimmt die Kommunikationsfreiheit eine **besondere Stellung** ein (s. hierzu und zum Folgenden umfassend Kühling, Kommunikationsfreiheit, 1999, passim sowie Wahl/Kühling, Verfassungsänderung, Verfassungswandel, Verfassungsinterpretation, 2008, 409 ff. sowie Roth/Kühling, Europäisierung des Rechts, 2010, 121 ff.; die vorliegenden Ausführungen basieren zum Teil auf diesen Vorarbeiten). Schon im grundlegenden Lüth-Urteil betonte das BVerfG die außerordentliche Bedeutung des Teilaspekts der Meinungsäußerungsfreiheit. Unter Hinweis auf den Wortlaut des Art. 11 der französischen Menschen- und Bürgerrechtserklärung von 1789 sieht das Gericht die zweifache Funktion der Meinungsfreiheit zum einen „als unmittelbarste(m) Ausdruck der menschlichen Persönlichkeit in der Gesellschaft", als „eine(m) der vornehmsten Menschenrechte überhaupt" (BVerfGE 7, 198 (208) – Lüth) und zum anderen als „für eine freiheitlich-demokratische Staatsordnung (…) schlechthin konstituierend" (BVerfGE 7, 198 (208) – Lüth). Ebenso pathetisch verweist das Gericht darauf, dass erst die Meinungsfreiheit „die ständige geistige Auseinandersetzung (ermöglicht), den Kampf der Meinungen, der ihr Lebenselement ist". Später fügte das BVerfG mit Blick auf die amerikanische Grundrechtsjudikatur hinzu: „Es ist in gewissem Sinn die Grundlage jeder Freiheit überhaupt, ,the matrix, the indispensable condition of nearly every other form of freedom (Cardozo)'" (so auch Grimm NJW 1995, 1698). Schließlich hob das BVerfG hervor, dass am ehesten im freien Diskurs verfälschende Äußerungen zurückgedrängt werden können (so in BVerfGE 90, 1 (20 f.) – Kriegsschuldfrage).

2   Nimmt man diese Anklänge an die Wahrheitsfindungsfunktion der freien Meinungsäußerung hinzu, kombiniert das Gericht die drei wichtigsten Begründungsansätze dieses Grundrechts, nämlich die **persönlichkeitsrechtliche**, die **demokratiebezogene** und die

wahrheitsfindungsorientierte (s. dazu Kühling, Kommunikationsfreiheit, 1999, 86 ff.). Die Literatur unterstreicht dem folgend den Persönlichkeits- und Demokratiebezug der Meinungsäußerungsfreiheit (vgl. statt vieler Isensee/Kirchhof/Schmidt-Jortzig, HdB des Staatsrechts der Bundesrepublik Deutschland, Band VII, 3. Aufl. 2009, § 162 Rn. 8 f.). Auch mit Blick auf die Informationsfreiheit (BVerfGE 27, 71 (81 f.) – Leipziger Volkszeitung; 90, 27 (31 f.) – Parabolantenne), die Presse- (BVerfGE 101, 361 (389) = NJW 2000, 1021 – Caroline von Monaco II) sowie die Rundfunkfreiheit (BVerfGE 119, 181 (214 ff.) – Rundfunkgebühren I) hat das BVerfG in der Folge jene herausgehobene Bedeutung unterstrichen. Damit wird der Kommunikationsfreiheit und ihren Teilelementen zu Recht eine zentrale Stellung im Grundrechtsgefüge eingeräumt.

II. Kommunikationsfreiheit im Wandel der Medien- und Informationsgesellschaft

Dabei ist die Medien- und Informationsgesellschaft einem **dynamischen Wandel** unterworfen, der einerseits durch die Digitalisierung und andererseits durch grundstürzende Änderungen der Medienwelt geprägt ist. Das gilt insbes. für den Rundfunk und die Entstehung der sog „Neuen Medien" und also für die Medienfreiheiten, aber auch für die Möglichkeiten der Informationsverwaltung und damit für die Informationsfreiheit. Wie bei anderen Grundrechten auch, zeigt sich hier das allgemeine Diktum von der Verfassung „as a **living instrument**" (so für die EMRK der EGMR Series A, Vol. 26, 1978, Ziff. 31 = EGMR-E 1, 268 – Tyrer; hierzu auch Frowein/Peukert, EMRK-Kommentar, 3. Aufl. 2009, Einf. Rn. 8; auf die dynamische Auslegung der Grundrechte im Lichte des gesellschaftlichen Wandels hinweisend Neuhoff ZUM 2012, 371 (375)), deren Interpretation den jeweiligen Entwicklungen in der Realwelt anzupassen ist. 3

1. Entwicklung der Rundfunkangebote

Am deutlichsten sind die Veränderungen in der Rundfunklandschaft seit Inkrafttreten des Grundgesetzes. Die Frequenzknappheit und der hohe finanzielle Aufwand für den Betrieb eines Rundfunkprogramms stellten lange Zeit die vom BVerfG explizit in Bezug genommene **Sondersituation** des Rundfunks dar (BVerfGE 12, 205 (261) – Deutschland-Fernsehen; 31, 314, (326) – Mehrwertsteuer; 57, 295 (322) – FRAG). Diese Sondersituation hatte zur Folge, dass anfangs nur öffentlich-rechtliche Rundfunkanstalten mit einem begrenzten Programmangebot existierten. So wurden nach dem Zweiten Weltkrieg zunächst in den drei westlichen Besatzungszonen Rundfunkanstalten des öffentlichen Rechts geschaffen – teils durch Gesetze der Länder, teils durch Verordnungen der Militärregierungen. Daraus entwickelten sich die neun Rundfunkanstalten des öffentlichen Rechts, die zum Zeitpunkt des ersten Fernseh-Urteils des BVerfG v. 28.2.1961 Rundfunkprogramme ausstrahlten (BVerfGE 12, 205 – Deutschland-Fernsehen; s. dort, 210 f., auch einen kurzen Abriss der Geschichte des Rundfunks). Inzwischen existieren als öffentlich-rechtliche Rundfunksender nach verschiedenen Neugründungen und Fusionen weiterhin neun öffentlich-rechtliche Landes- und Mehrländerrundfunkanstalten, die mit der Anstalt des Bundesrechts Deutsche Welle (DW) in der ARD zusammengeschlossen sind und durch die gleichermaßen landesrechtliche Anstalt ZDF, die Körperschaft des Landesrechts Deutschlandradio, arte, Phoenix, 3sat, KiKa und ein digitales Programmangebot ergänzt werden (vgl. hierzu http://de.wikipedia.org/wiki/%C3%96ffentlich-rechtlicher_Rundfunk#Deutschland abgerufen am 9.9.2013). 4

Im Übrigen hat sich die Situation im Realbereich deutlich gewandelt. Einerseits war lange Zeit eine stetig steigende Bedeutung des Fernsehens für die öffentliche Meinungsbildung zu konstatieren, die schließlich in ihre zutreffende Einordnung als **„Leitmedium"** (BVerfGE 97, 228 (257) – Kurzberichterstattung) mündete. Andererseits bröckelten die Voraussetzungen der Sondersituation des Rundfunks im Vergleich zum Pressewesen. Dies betrifft va die Anzahl möglicher Übertragungswege von Rundfunkprogrammen, die ursprünglich auf die klassische terrestrische Ausstrahlung beschränkt war. Seit den 1980er Jahren stieg hingegen die Bedeutung alternativer Verbreitungswege wie die satellitäre und Kabelverbreitung. Eine weitere Relativierung der übertragungsbezogenen **Knappheitssituation** bewirkte die Digitalisierung der terrestrischen Verbreitung (so genannter digitaler „switch-over" auf DVB-T), die mit einer Vervielfältigung der terrestrisch verfügbaren Übertragungskanäle einhergeht (s. 5

zur technischen Entwicklung DKC/Janik, 128 ff.). Hinzu kommen seit einiger Zeit mit dem **Internet** (Stichwort VDSL und IPTV) sowie mit LTE im Mobilfunkbereich zunehmend weitere relevante Übertragungsfazilitäten. Die Vermehrung der Übertragungswege hat die Verbreitung einer Vielzahl von Programmen ermöglicht. Erst dadurch waren technisch die Voraussetzungen für den politischen Schritt geschaffen, privaten Rundfunkveranstaltern den Marktzutritt im Rahmen eines dualen Rundfunksystems aus privatem und öffentlich-rechtlichem Rundfunk zu eröffnen. Inzwischen hat dies zu einer explosionsartigen Vermehrung der Rundfunkprogramme privater und öffentlich-rechtlicher Rundfunkveranstalter geführt (eine Übersicht zur Anzahl der Rundfunkprogramme findet sich unter http://www.die-medienanstalten.de/service/datenbanken/tv-senderdatenbank.html abgerufen am 9.9.2013). Hinzu kam dabei zudem die seit Beginn der 1980er Jahre einsetzende Entwicklung grenzüberschreitender Rundfunkangebote zunächst privater Rundfunkveranstalter.

2. Ökonomische Änderungen

6   Auch die ökonomischen Voraussetzungen für den Sendebetrieb haben sich geändert. So ist der finanzielle Aufwand für die Veranstaltung eines Rundfunkprogramms zwischenzeitlich gesunken. Gleichwohl führen die ökonomischen Besonderheiten der Rundfunkwirtschaft und dabei insbes. die Kontaktkostendegression dazu, dass eine scharfe **Konzentration** zu beobachten ist. So sind die Produktionskosten weit gehend unabhängig von der erreichten Zuschauerzahl, so dass die Programmkosten mit steigender Zuschauerzahl pro Zuschauer sinken und die Produktion von Rundfunksendungen damit erheblich billiger wird. Die Konzentration hat in Deutschland im Bereich des privaten Rundfunks zu einem Duopol zweier Senderfamilien geführt. Demnach sind die erschwerenden Faktoren, die eine Sondersituation begründen, wesentlich relativiert worden, auch wenn sie nicht weggefallen sind.

7   Neue Herausforderungen an die Interpretation der Rundfunkfreiheit bedingt ferner der **Verlust des dienstespezifischen Charakters** des Übertragungsweges: Rundfunk ist nicht mehr zwingend an die Übertragungsform „terrestrische Ausstrahlung" zu erkennen, ebenso wenig wie die Presse zwangsläufig mit der Erstellung drucktechnischer Erzeugnisse verknüpft ist. Verlage bieten Online-Ausgaben ihrer Zeitungen und Zeitschriften im Internet an oder generieren eine eigene Online-Version. Und auch Rundfunksendungen werden inzwischen ganz selbstverständlich im Internet als „Live-Streams" abgerufen. Im Übrigen sind die Änderungen im Pressewesen jenseits der Entwicklung von Online-Angeboten vergleichsweise weniger radikal, auch wenn sich hier durchaus relevante Entwicklungen seit Inkrafttreten des Grundgesetzes ergeben haben. Hierzu zählt zB die nahezu gänzliche Ausschaltung des Wettbewerbs im Zeitungsbereich in regionalen Gebieten, in denen häufig nur noch eine Regionalzeitung existiert (vgl. http://de.wikipedia.org/wiki/Medienkonzentration#Zeitungen; auf die mittlerweile stark gesunkene Anzahl publizistischer Einheiten im Bereich der Tagespresse weist etwa auch Gounalakis ZUM 2006, 716 (718), hin).

3. Neue Rezeptionsformen, „Neue Medien"

8   Hinzu kommen neuere Rezeptionsformen massenkommunikativer Inhalte, die die Medienwelt verändern – wie Abruf- oder Zugriffsdienste im Rundfunkbereich, die für den Rundfunk das Merkmal des zeitgleichen Konsums partiell entfallen lassen. Bei **Abrufdiensten** kann der Empfänger die einzelne Sendung frei auswählen und nach seinen Zeitwünschen abrufen. Bei **Zugriffsdiensten** nimmt der Sender wie beim Verteildienst eine angebotsseitige Programmgestaltung vor. Diese wird allerdings zeitversetzt mehrfach versendet, so dass der Rezipient zwischen verschiedenen Empfangszeitpunkten wählen kann (weitere Hinweise zur Unterscheidung finden sich bei Wegener/Kühling, Enzyklopädie Europarecht, Medienrecht, 1. Aufl. 2013 (im Erscheinen), Rn. 20). Zugleich stellt sich immer mehr die Frage, ob das Fernsehen seine Rolle als Leitmedium aufrechterhalten kann und inwieweit neue Medienangebote über das Internet als Informationsforum eine vergleichbare Bedeutung einnehmen werden. Das gilt nicht zuletzt vor dem Hintergrund, dass das Internet eine Informationsinfrastruktur bereit stellt, bei der die Verteilung der Sender- und Empfängerrolle keinesfalls so klar ist. Dies zeigt der Erfolg von **„YouTube"** besonders deutlich, eine Plattform, auf der auch „Laien" mit Videobeiträgen große Zuschauergruppen erreichen. Die

Rolle der klassischen Intermediäre ändert sich also und **neue „Gatekeeper"** wie die Internet-Suchmaschine **„Google"** entstehen, die den Erst-Zugang zu Inhalten ordnen und vorstrukturieren, wenn auch nach (vermeintlich?) „neutralen" Kriterien (vgl. zum Beispiel des Suchmaschinenbetreibers Google Kühling/Gauß MMR 2007, 751; Dörr/Schwartmann/Sanftenberg/Löw, Medienherausforderungen der Zukunft, 2008, 163 ff.).

4. Vervielfältigung der Informationskanäle

Schließlich sind die Möglichkeiten der **digitalen Informationserfassung** und der anschließenden Informationsverbreitung über das **Internet** revolutioniert worden, mit erheblichen Auswirkungen auch auf die Informationsfreiheit. So werden immer mehr Vorgänge (auch in der Verwaltung) digital erfasst und können ohne große Hürden einer beliebigen Anzahl von Personen zur Verfügung gestellt werden. Vor diesem Hintergrund ist es nicht verwunderlich, dass sich angesichts jener Änderungen in der Realwelt die Informationsfreiheitsrechte im einfachen Gesetzesrecht von einer Arkantradition gelöst und über reaktive Informationszugangsrechte zwischenzeitlich in der Tendenz zu proaktiven Transparenzregelungen geführt haben (→ Rn. 42). 9

III. Begriff der Kommunikationsfreiheit und verbundene Begriffe – Struktur des Abs. 1

Das Verhältnis der einzelnen Freiheitsgarantien des Art. 5 Abs. 1 GG untereinander ist umstritten und folglich ebenso die Struktur des Art. 5 Abs. 1 GG. Ausgangspunkt ist zunächst die Auffassung, dass alle **Teilverbürgungen** der Norm im Hinblick auf den Kommunikationsprozess **miteinander verbunden** sind (Maunz/Dürig/Herzog GG Art. 5 Abs. 1, 2 Rn. 1). Die Meinungsäußerungsfreiheit ist Grundlage der Rundfunk-, Film- und Pressefreiheit und wird ihrerseits gespeist von der Informationsfreiheit (Bleckmann, Staatsrecht II: Die Grundrechte, 4. Aufl. 1997, § 26 Rn. 8). Im Übrigen ist dann jedoch strittig, ob es sich bei der Rundfunk-, Film- und Pressefreiheit letztlich nur um Ausprägungen eines Kommunikationsgrundrechts handelt, in das durch die Einbeziehung nicht nur des Kommunikators, sondern ebenso des Rezipienten auch die Informationsfreiheit integriert ist, oder ob jeweils eigenständige Grundrechte vorliegen. Unter Berücksichtigung einer historischen und rechtsvergleichenden Perspektive wird deutlich, dass sich die Presse- und Rundfunkfreiheit (aber auch die Freiheit von Kunst und Wissenschaft) letztlich von der Meinungsäußerungsfreiheit ableiten lassen, was den Weg zur Zusammenfassung der Teilverbürgungen unter dem einheitlichen **Dach einer Kommunikationsfreiheit** weist. In der Literatur dominiert weiterhin die Verwendung der Bezeichnung „Kommunikationsfreiheiten" (bzw. „Kommunikationsgrundrechte"), teilweise wird jedoch auch von einer „Kommunikationsfreiheit" gesprochen (zu Ersterem exemplarisch Dreier/Schulze-Fielitz GG Art. 5 I, II die Überschriften C. I. 1., 2. und 3. und passim; MKS/Starck GG Art. 5 Abs. 1, 2 Rn. 6; zu Letzterem Isensee/Kirchhof/Schmidt-Jortzig, HdB des Staatsrechts der Bundesrepublik Deutschland, Band VII, 3. Aufl. 2009, § 162 die Überschriften A. I., B. und passim). Bullinger deutet eine Konvergenz der Freiheiten zu einer einheitlichen und übergreifenden Kommunikationsfreiheit an. Er betont aber, dass die Durchsetzung einer solchen Interpretation an der primär objektivrechtlichen Interpretation der Rundfunkfreiheit durch das BVerfG scheitert, die von der subjektivrechtlich ausgeprägten sonstigen Teilverbürgungen deutlich abweicht (AfP 1996, 5). Unabhängig davon verweist aber auch das BVerfG auf die wechselseitigen Beeinflussungen der verschiedenen Teilverbürgungen im Kommunikationsprozess (s. etwa BVerfGE 57, 295 (319) – FRAG). 10

Trotz aller Verbindungslinien sind **drei unterschiedliche Stoßrichtungen** der Grundrechtsverbürgungen zu beachten, nämlich erstens die allgemeine **Meinungsäußerungsfreiheit als Kerngehalt,** sodann zweitens die massenmediale Dimension dieser Freiheit in Form der **Medienfreiheiten** mit ihren unterschiedlichen Ausgestaltungen für den Rundfunk, den Film und die Presse einschließlich der sonstigen Massenmedien und schließlich drittens die **Informationsfreiheit,** bei der es primär um den Zugang zu Informationsquellen geht. Europarechtlich haben sich im Sekundärrecht zudem die Kunstbegriffe der **„linearen und nichtlinearen audiovisuellen Medien"** gebildet (dazu Wegener/Kühling, Enzyklopädie 11

Europarecht, Medienrecht, 2013 Rn. 20). Diese entfalten keine unmittelbare das Verfassungsrecht überformende Prägekraft, sondern steuern Teilaspekte der Detailinterpretation. Sie verweisen aber wie auch Art. 11 der Grundrechtecharta selbst (dazu Wegener/Kühling, Enzyklopädie Europarecht, Medienrecht, 2013 Rn. 30 ff.) sehr wohl auf eine Differenzierung zwischen der Meinungs(äußerungs)freiheit einerseits und der bzw. den Medienfreiheiten andererseits. Insgesamt ist dabei in der weiteren Interpretation der Kommunikationsfreiheit eine stärkere Annäherung des Verständnisses der Presse- und der Rundfunkfreiheit erforderlich (→ Rn. 98).

IV. Schutzdimensionen der Kommunikationsfreiheit

1. Abwehrrechtliche Dimension

12 Zur Frage der Schutzdimensionen der Kommunikationsfreiheit betonte das BVerfG schon im grundlegenden **Lüth-Urteil** die besondere Bedeutung der **abwehrrechtlichen Funktion** der Grundrechte im Staat-Bürger-Verhältnis (BVerfGE 7, 198 (204) – Lüth). Für die Kommunikationsfreiheit ist die abwehrrechtliche Dimension damit primär. „**Klassisch**" ist die Abwehrdimension insoweit, als in ihr die Grundrechte ihre volle Wirkkraft erreichen und sie den zentralen Punkt der gegenwärtigen Grundrechtsentfaltung bildet (Dreier, Dimensionen der Grundrechte: von der Wertordnungsjudikatur zu den objektivrechtlichen Grundrechtsgehalten, 1993, 33, dort auch ein knapper Abriss der historischen Entwicklung hin zu dieser Wirkdimension, 27 ff.; ferner Isensee/Kirchhof/Isensee, HdB des Staatsrechts der Bundesrepublik Deutschland, Bd. IX, 3. Aufl. 2011, § 191 Rn. 17, wobei Isensee jedoch deutlich darauf hinweist, dass die Schutzpflicht „(v)erfassungshistorisch gesehen (…) in einer tieferen Traditionsschicht (wurzelt)"). Das Lüth-Urteil war jedoch zugleich Ausgangspunkt einer Erweiterung der Grundrechtsdimensionen um **objektivrechtliche Grundrechtsgehalte,** eine Entwicklung, deren endgültige Auswirkungen noch heute im deutschen Verfassungsrecht umstritten sind (zur Entwicklung der Verfassungsrechtsprechung und der sie begleitenden und kritisierenden Literatur Dreier, Dimensionen der Grundrechte: von der Wertordnungsjudikatur zu den objektivrechtlichen Grundrechtsgehalten, 1993, 10 ff.; besonders krit. Böckenförde, Staat, Verfassung, Demokratie, 1991, 159 ff.; dagegen Dreier, Dimensionen der Grundrechte: von der Wertordnungsjudikatur zu den objektivrechtlichen Grundrechtsgehalten, 1993, 53 ff.; vgl. auch umfassend zum Problem der grundrechtlichen Schutzpflichten Dietlein, Die Lehre von den grundrechtlichen Schutzpflichten, 2005; Unruh, Zur Dogmatik der grundrechtlichen Schutzpflichten, 1996; zu einem Vergleich des objektivrechtlichen Gehalts der Kommunikationsfreiheit mit dem der Eigentumsfreiheit, dessen Erfüllung der staatlichen Ausgestaltung bedürfe, Hoffmann-Riem, Wandel der Medienordnung, 2009, 98 f.). Im Zentrum der Auseinandersetzung stehen dabei die Fragen nach der Begründbarkeit staatlicher Handlungspflichten zur Gewährleistung der Grundrechte (vgl. Unruh, Zur Dogmatik der grundrechtlichen Schutzpflichten, 1996, 20 ff.) und nach der subjektivrechtlichen Durchsetzbarkeit jener Pflichten vor allem gegenüber dem Gesetzgeber mit Hilfe des BVerfG (vgl. die Darstellung bei Stern, Staatsrecht der Bundesrepublik Deutschland, Bd. III/1, 1988, § 69, 931 ff. zu objektivrechtlichen Grundrechtsgehalten und 978 ff. zum Problem der „Versubjektivierbarkeit"; Unruh, Zur Dogmatik der grundrechtlichen Schutzpflichten, 1996, 58 ff.).

2. Ausdifferenzierung der Schutzpflichten und objektivrechtliche Gehalte

13 Im Hinblick auf die Kommunikationsfreiheit stellt sich diese Frage insbes. für das Problem der **Pluralismussicherung** und für die insoweit bestehenden **staatlichen Handlungspflichten.** Hier zeichnet sich klar das allgemeine Dilemma grundrechtlicher Schutzpflichten insbes. gegenüber der Legislative ab, nämlich der Widerstreit von Demokratie und Grundrechten, der Kompetenzkonflikt zwischen demokratisch-parlamentarischer Willensbildung und nur mittelbar demokratisch legitimierter Grundrechtsdurchsetzung durch das BVerfG (dazu allgemein Alexy, Theorie der Grundrechte, 5. Aufl. 2006, 407 f. und ferner Unruh, Zur Dogmatik der grundrechtlichen Schutzpflichten, 1996, 53 ff.). Für die Kommunikationsfreiheit findet sich in der Literatur ein Grundkonsens nur insoweit, dass der Staat zur Aufrechterhaltung einer funktionierenden Kommunikationsordnung verpflichtet ist (Sachs/

Bethge GG Art. 5 Rn. 58 (für die Informationsfreiheit), Rn. 46 (für die Meinungsfreiheit) und Rn. 73 (mit Blick auf die Pressefreiheit); BK/Degenhart GG Art. 5 Abs. 1 und 2 Rn. 60 ff., 329; AK-GG/Hoffmann-Riem GG Art. 5 Abs. 1, 2 Rn. 38 (für die Kommunikatorfreiheit) und Rn. 112 (für die Rezipientenfreiheit)). Wie weit allerdings diese Verpflichtung in verfassungsgerichtlich durchsetzbarer Weise ummünzbar sein soll, ist umstritten. Das BVerfG hat angesichts der Sondersituation des Rundfunks vor allem für die **Rundfunkfreiheit** die diesbezüglichen objektiven Grundrechtsgehalte ausgreifend entwickelt und daraus nachhaltige Anforderungen an den gesetzlichen Ordnungsrahmen in Bezug auf Staats-, Partei- und Wirtschaftsferne des Rundfunks und das damit primär bezweckte Ziel der Meinungsvielfalt abgeleitet. Dabei hat das Gericht sowohl ein außen- als auch ein binnenpluralistisches Konzept als zulässig angesehen, allerdings stets den Charakter der Rundfunkfreiheit als „dienende Freiheit", aus der sich auch eine Grundversorgungspflicht ergebe, hervorgehoben (zum Aspekt der Rundfunkfreiheit als dienende Freiheit exemplarisch BVerfGE 74, 297 (323) – Baden-Württemberg; zum Grundversorgungsauftrag der öffentlich-rechtlichen Rundfunkanstalten BVerfGE 73, 118 (157 f.) – LRG Niedersachsen; zu diesen und den übrigen erwähnten Aspekten vgl. die abrisshafte Darstellung mit zahlreichen Nachweisen bei Petersen, Rundfunkfreiheit und EG-Vertrag, 1994, 191 ff.; ferner Holznagel, Rundfunkrecht in Europa. Auf dem Weg zu einem Gemeinrecht europäischer Rundfunkordnungen, 1996, 99 ff.; Dreier/Schulze-Fielitz GG Art. 5 I, II, Rn. 107, 122; Beater, Medienrecht, 2007, Rn. 226 mwN aus der Rspr.). Diese Judikatur hat zu einem weit reichenden Zurückdrängen subjektivrechtlicher Grundrechtsgehalte gegenüber objektivrechtlichen Komponenten der Rundfunkfreiheit geführt.

14 In Bezug auf die **Presse** wurden die objektivrechtlichen Gehalte dagegen nicht entsprechend weit gehend entwickelt. Zwar hebt auch hier das BVerfG die ausnahmsweise für den Staat bestehende Pflicht zur Verhinderung von Pressemonopolen und zur diesbezüglichen Vielfaltssicherung hervor. Allerdings leitet das Gericht keine spezifischen Pflichten bspw. zur Gewährleistung öffentlich-rechtlicher Presseanstalten in besonderer Form her (Dreier/Schulze-Fielitz GG Art. 5 I, II, Rn. 226 ff. zur Rspr. des BVerfG mwN). Die subjektivrechtliche Abwehrdimension der Pressefreiheit wird vielmehr verstärkend ergänzt durch eine institutionelle Dimension, die Elemente wie den Tendenzschutz oder das Redaktionsgeheimnis stützt (Sachs/Bethge GG Art. 5 Rn. 72 mwN). Hier zeigt sich deutlicher ein vielfach angemahnter, sich wechselseitig verstärkender Gleichlauf subjektivrechtlicher und objektivrechtlicher Grundrechtskomponenten (exemplarisch Isensee/Kirchhof/Isensee, HdB des Staatsrechts der Bundesrepublik Deutschland, Bd. IX, 3. Aufl. 2011, § 191 Rn. 28), wie er auch für die Interpretation der Schrankenbestimmungen der Kommunikationsfreiheit mittels der „objektivrechtlichen Direktivkraft" (den Begriff führt an v. Münch/Kunig/Wendt GG Art. 5 Rn. 28) der Kommunikationsfreiheit befürwortet wird (Maunz/Dürig/Herzog GG Art. 5 Abs. 1, 2 Rn. 10).

15 Die **Informationsfreiheit** ist va ein subjektives Freiheitsrecht, das als Grundlage der personalen Entfaltung dient. Eine Objektivierung der Informationsfreiheit darüber hinaus ist lediglich soweit erfolgt, wie dies für die Erfüllung der subjektiven Freiheit erforderlich ist. Aufgrund der unbegrenzten Fülle an Informationen liegt das Wesen der Informationsfreiheit vorrangig in der Freiheit der Informationsauswahl, die primär subjektiv-individuell gewährleistet wird (Isensee/Kirchhof/Schmidt-Jortzig, HdB des Staatsrechts der Bundesrepublik Deutschland, Bd. VII, 3. Aufl. 2009, § 162 Rn. 34).

16 Eine objektivrechtliche Direktivkraft der Informationsfreiheit wird allerdings im Kern zu Recht bejaht. Diese kann dazu führen, dass der Staat einen freien Informationsfluss sowie Informationsmöglichkeiten offen halten muss (v. Münch/Kunig/Wendt GG Art. 5 Rn. 28). Sollte also die Zugänglichkeit von Informationen in einer Weise versperrt sein, die mit den Grundelementen der Verfassung nicht in Einklang steht, ist der Staat zur Sicherung des unabdingbaren Mindestmaßes an Zugänglichkeit verpflichtet. Hier ist insbes. der Ausschluss aufgrund des Fehlens technischer Rezeptionsvoraussetzungen relevant (AK-GG/Hoffmann-Riem GG Art. 5 Abs. 1, 2 Rn. 112).

17 Die **Meinungsfreiheit** ist auch ein objektives Prinzip der Gesamtrechtsordnung, das den verfassungsrechtlichen Schutz des Prozesses der Kommunikation erforderlich macht (Isensee/Kirchhof/Schmidt-Jortzig, HdB des Staatsrechts der Bundesrepublik Deutschland, Bd. VII, 3. Aufl. 2009, § 162 Rn. 9; BVerfGE 57, 295 (319 f.) unter Hinweis auf BVerfGE 7, 198

GG Art. 5

(204 f.)). Gleichwohl verstärkt die objektive Funktion der Meinungsfreiheit lediglich die Geltung dieses Grundrechts und hat daher keine selbstständige Funktion (Isensee/Kirchhof/ Schmidt-Jortzig, HdB des Staatsrechts der Bundesrepublik Deutschland, Bd. VII, 3. Aufl. 2009, § 162 Rn. 10).

18 Soweit eine **Schutzpflicht** anerkannt wird, greift auch eine staatliche Gewährleistungsaufgabe, die subjektive Entfaltung der Kommunikatoren und Rezipienten im individuellen und gesellschaftlichen Raum tatsächlich zu ermöglichen (AK-GG/Hoffmann-Riem GG Art. 5 Abs. 1, 2 Rn. 41; zur Auswirkung der objektivrechtlichen Gewährleistungen vgl. Isensee/Kirchhof/Schmidt-Jortzig, HdB des Staatsrechts der Bundesrepublik Deutschland, Bd. VII, 3. Aufl. 2009, § 162 Rn. 11). Hieraus folgt auch der Ansatzpunkt für die **mittelbare Drittwirkung** des Art. 5 Abs. 1. Gesetze sind daher unter Beachtung der Ausstrahlungswirkung der Meinungsfreiheit auszulegen. Allerdings sind hierbei die Grundrechte aller Beteiligter angemessen zu berücksichtigen (AK-GG/Hoffmann-Riem GG Art. 5 Abs. 1, 2 Rn. 43 f.). Im Übrigen handelt es sich bei der Meinungsfreiheit primär um ein subjektives Freiheitsrecht, das vor hoheitlichen Eingriffen schützt (Abwehrrecht) und Teilhabe am Meinungsbildungsprozess sichert (Teilhaberecht) (Isensee/Kirchhof/Schmidt-Jortzig, HdB des Staatsrechts der Bundesrepublik Deutschland, Bd. VII 3. Aufl. 2009, § 162 Rn. 10). Daher schützt die Meinungsfreiheit va vor Eingriffen, die sich bspw. in Form von Verboten, Auflagen oder Anforderungen an die Modalitäten der Meinungsäußerung zeigen. Hierunter fallen auch Maßnahmen, die einen Eingriff in die Meinungsäußerung überhaupt nicht bezwecken, aber dennoch eine solche Auswirkung haben (AK-GG/Hoffmann-Riem GG Art. 5 Abs. 1, 2 Rn. 39).

V. Art. 5 im Mehrebenensystem

19 Die deutsche Kommunikationsfreiheit steht **zunehmend unter dem Einfluss** der EMRK und des Unionsrechts im Mehrebenensystem. Diese Einflüsse müssen umfassend bei der Interpretation der in Art. 5 Abs. 1 GG enthaltenen Grundrechtspositionen berücksichtigt werden, wobei insoweit von der **Konvention** nur eine **Berücksichtigungspflicht** ausgeht (s. dazu Pieroth/Schlink, Grundrechte, 28. Aufl. 2012, Rn. 58 f.), während das **Unionsrecht** mit seiner **Vorrangwirkung** kollidierende nationale Regelungsgehalte verdrängt (dazu unter Verweis auf die Rspr. des BVerfG Pieroth/Schlink, Grundrechte, 28. Aufl. 2012, Rn. 206 f.).

1. Überformung durch die EMRK

20 Dabei geht die EMRK von einem einheitlichen Konzept der Kommunikationsfreiheit aus, das die Äußerung von Meinungen und Informationen ebenso wie deren aktive Suche oder Empfang unabhängig von den verwandten Medien umfasst. In diesem Rahmen werden auch die **Presse-, Rundfunk- und Filmfreiheit** unter die **einheitliche Kommunikationsfreiheit** gefasst (s. etwa EGMR Urt. v. 17.7.2001, App. No. 39288/98, Rn. 42 – Association Ekin, worin die Verlegerfreiheit bzw. Pressefreiheit als Bestandteil einer einheitlichen Kommunikationsfreiheit bezeichnet wird; grundlegend dazu Kühling, Kommunikationsfreiheit, 1999, 143 ff.; vgl. auch Grote/Marauhn/Grote/Wenzel, EMRK/GG Konkordanzkommentar, 2006, Kap. 18 Rn. 39 ff.). Dies gilt auch für deren Ausübung im Internet (EGMR Urt. v. 10.3.2009, App. No. 3002/03, Rn. 27 – Times Newspapers Ltd (Nr. 1 und 2); vgl. zur elektronischen Presse Bronsema, Medienspezifischer Grundrechtsschutz der elektronischen Presse, 2008, 15 ff.; Gets, Meinungsäußerungs- und Informationsfreiheit im Internet aus Sicht des Völkerrechts, 2002, 100 f.). Diese „Einheitskonzeption" hat mittelfristig auch Auswirkungen auf die stark divergierende Ausgestaltung der Rundfunk- und Pressefreiheit in Deutschland und stützt den diesbezüglich erforderlichen Konvergenzprozess (→ Rn. 98). Das aus Art. 10 EMRK ableitbare **Grundrecht der Rundfunkfreiheit** (vgl. grundlegend EGMR Urt. v. 28.3.1990, App. No. 10890/84, Rn. 52 ff. – Groppera = NJW 1991, 615 (616); EGMR Urt. v. 24.11.1993, App. No. 13914/88, 15041/89, 15717/89, 17207/90, Rn. 26 ff. – Lentia = EuGRZ 1994, 549) hat zwar bislang nur sehr bedingt zu einer Angleichung der Rundfunkordnungen der Konventionsstaaten geführt. Die Bedeutung von Art. 10 EMRK, der immerhin in Österreich erwirkt hat, dass das dortige staatliche

Rundfunkmonopol durch den EGMR für konventionsrechtswidrig erklärt wurde (EGMR Urt. v. 24.11.1993, App. No. 13914/88, 15041/89, 15717/89, 17207/90, Rn. 26 ff. – Lentia; vgl. dazu Kleist/Roßnagel/Scheuer, Europäisches und nationales Medienrecht im Dialog, 2010, 65 (68)), sollte für die Öffnung der nationalen Rundfunkmärkte gleichwohl nicht unterschätzt werden (so auch Wandtke, Medienrecht, Bd. 1, 2. Aufl. 2011, 110). Relevant ist dabei, dass der EGMR die Rundfunkfreiheit viel stärker **individualrechtlich** interpretiert als das BVerfG im Rahmen von Art. 5 Abs. 1 GG (DKC/Dörr, 41; SSD/Dörr, 141; Emrich, EU- und nationalrechtliche Liberalisierung des Product Placement im öffentlich-rechtlichen und privaten Fernsehen sowie für Spielfilme, 2011, 214; SSD/Keber, 101; Reinlein, Medienfreiheit und Medienvielfalt, 2011, 131 mwN aus der Rspr.). In der Folge können nationale Regelungen sowohl im Bereich des öffentlich-rechtlichen Rundfunks mit entsprechenden pluralismusschützenden Ausgestaltungen als auch das Rundfunkkonzentrationsrecht für private Rundfunkveranstalter – analog zur Situation mit Blick auf Art. 11 Abs. 2 GRC – einen **Eingriff** in die über Art. 10 Abs. 1 EMRK geschützte subjektive Rundfunkfreiheit der Rundfunkanbieter darstellen, der zwar nach Art. 10 Abs. 1 S. 3 bzw. Abs. 2 EMRK unter dem Aspekt der Pluralismussicherung rechtfertigbar sein kann (Reinlein, Medienfreiheit und Medienvielfalt, 2011, 130 ff.; Grote/Marauhn/Grote/Wenzel, EMRK/GG Konkordanzkommentar, 2006, Kap. 18 Rn. 21), aber auch gerechtfertigt werden muss. Dies kann den notwendigen Konvergenzprozess der dogmatischen Konzeptionen und Ausgestaltungen von Presse- und Rundfunkfreiheit beflügeln (→ Rn. 98). Aber auch in den übrigen Konfliktfällen des Art. 5 Abs. 1 GG nimmt die Bedeutung konventionsrechtlicher Einflüsse zu. Das prominenteste Beispiel sind insoweit die **Impulse,** die von der **Caroline-Rspr.** des EGMR für die Auflösung des Spannungsverhältnisses von Pressefreiheit und Persönlichkeitsrechten ausgegangen sind (EGMR NJW 2004, 2647 – Caroline von Hannover/Deutschland; s. dazu statt vieler Kleist/Roßnagel/Scheuer, Europäisches und nationales Medienrecht im Dialog, 2010, 65, 69 f.; aus der nachfolgenden Rspr. exemplarisch BGH GRUR 2007, 527; s. dazu Teichmann NJW 2007, 1917 und Götting GRUR 2007, 530; in der weiteren Rspr. dann EGMR Urt. v. 7.2.2012 App. No. 40660/08 und 60641/08 – Caroline von Hannover II; vgl. auch Haug, Bildberichterstattung über Prominente, 2011). Auch wenn gerade in komplexen Abwägungsfragen in multipolaren Rechtsverhältnissen eine allzu intensive Vorsteuerung durch Straßburg fraglich ist, kann die zunehmende Bedeutung jener Einflüsse nicht geleugnet werden. Die gestiegene Relevanz wird auch in der Bezugnahme auf die Rspr. des EGMR seitens des BVerfG deutlich (s. insbes. BVerfGE 119, 181 (215) – Rundfunkgebühren II).

2. Einflüsse durch das Unionsrecht

Wesentlich gravierender sind bislang jedoch die Einflüsse aus dem EU-Recht gewesen. **21** Diese sind auch vielfältiger. Sie reichen auf primärrechtlicher Ebene von den Vorgaben aus der seit dem Lissabonner Vertrag verbindlichen Grundrechte-Charta (GRC) über die Grundfreiheiten bis hin zum Kartell- und va Beihilfenrecht. Auch in sekundärrechtlicher Hinsicht erfolgt inzwischen eine umfangreiche europarechtliche Vorsteuerung (zum Ganzen umfassend Wegener/Kühling, Enzyklopädie Europarecht, Medienrecht, 2013). Dabei klingt in den meisten bisherigen Urteilen des **EuGH** zur **Kommunikationsfreiheit** gleichermaßen eine **einheitliche Konzeption** an (etwa im Fall Familiapress EuGH Slg. 1997, I-3689 Rn. 25 f. – Familiapress; dazu Kühling, EuGRZ 1997, 296, 301; vgl. aus der jüngeren Rspr. EuGH Slg. 2008, I-10889 Rn. 37 – KDG/NLM). Der EuGH hat bislang vor allem auf Art. 10 EMRK zurückgegriffen, um eine Rundfunkfreiheit der EU zu entfalten (EuGH Slg. 1991, I-4007 Rn. 23 – Gouda; EuGH Slg. 1991, I-4069 Rn. 30 – Kommission/Niederlande; vgl. auch B. Holznagel, Rundfunkrecht, 15). Ansätze zu einer Pressefreiheit sind dagegen noch rudimentärer ausgestaltet (so auch im Fall EuGH Slg. 1997, I-3689 – Familiapress). Zur Filmfreiheit fehlt es bislang an einer relevanten Rspr. Dasselbe gilt für sonstige Medieninhalte. Mit Inkrafttreten des Lissabonner Vertrags ist in **Art. 11 GRC** eine **Dreiteilung** aus **Meinungsfreiheit, Informationsfreiheit und Medienfreiheiten** angelegt. Auffällig ist iÜ der prominente Schutz der Pluralismussicherung in Art. 11 Abs. 2 GRC.

22 Die zentralen Impulse sind jedoch bislang weniger von den Grundrechten der EU, sondern vielmehr von den **Grundfreiheiten,** dem **Kartellrecht** und vor allem dem **Beihilfenrecht** (→ AEUV Art. 107 Rn. 1 ff.) ausgegangen, das insbes. im Streit um die **Online-Expansion der öffentlich-rechtlichen Rundfunkanstalten** und in der Finanzierung des öffentlich-rechtlichen Rundfunks insgesamt eine zentrale Rolle gespielt hat (→ Rn. 84 f.). Dabei vermögen die unionsrechtlichen Einflüsse noch am ehesten der in Teilen nicht hinreichend wandlungsoffenen Rundfunkrechtsprechung des BVerfG und der teils fragwürdigen Konzeption des öffentlich-rechtlichen Rundfunks Öffnungsimpulse zu verleihen (dazu Roth/Kühling, Europäisierung des Rechts, 2010, 121 ff.). Bislang beeinflusst das Unionsrecht allerdings vor allem die positive Rundfunkordnung, also die praktische Rundfunkfreiheit, und weniger die Interpretation der Rundfunkfreiheit selbst (vgl. dazu umfassend Krausnick, Das deutsche Rundfunksystem unter dem Einfluss des Europarechts, 2005). Die Einflüsse auf die Pressefreiheit sind dagegen gering geblieben. Wichtig waren dagegen wiederum die einfachgesetzlichen Impulse in Bezug auf die Informationsfreiheit, die maßgeblichen Anteil an der begrüßenswerten Entwicklung in Deutschland von einer Arkantradition hin zu mehr **Transparenz** der öffentlichen Verwaltung hatten und damit zugleich positive entsprechende rezeptorische Rückkoppelungseffekte auch auf das Grundrecht auf Informationsfreiheit ausgeübt haben (→ Rn. 42).

3. Besonderheiten im Verfassungsrecht der Bundesländer

23 Von **abklingender Bedeutung** sind dagegen die verfassungsrechtlichen Besonderheiten der Bundesländer, die insbes. in Bezug auf die Rundfunkfreiheit greifen. Dabei sind die Regelungen in den Landesverfassungen sehr **heterogen.** So sehen etwa Art. 15 der Verfassung Bremens und Art. 13 der Hessischen Verfassung keine Gewährleistung der Freiheit des Rundfunks vor, sondern lediglich das Recht, sich aus Rundfunkquellen zu unterrichten. Art. 19 der Brandenburger Verfassung formuliert dagegen einen positiven Gestaltungsauftrag des Gesetzgebers zur Herstellung einer Vielfalt von Meinungen im Rundfunk. Art. 20 der Sächsischen Verfassung gewährleistet weiter gehend und schon in Anlehnung an die Rspr. des BVerfG den Bestand und die Entwicklung des öffentlich-rechtlichen Rundfunks. Ähnlich garantiert Art. 12 der Thüringer Verfassung die Grundversorgung durch den öffentlich-rechtlichen Rundfunk. Gleichzeitig soll aber nach der Formulierung jener Verfassungsnorm für eine Ausgewogenheit zwischen privatem und öffentlich-rechtlichem Rundfunk gesorgt werden. Art. 14 der Berliner Verfassung stellt lediglich auf das Recht ab, sich aus Nachrichtenmitteln zu unterrichten, ohne den Rundfunk explizit zu erwähnen. Daher hat sich die Literatur und Rspr. skeptisch gezeigt, insoweit den Rundfunk einzuschließen (Neuman, Verfassung von Berlin-Kommentar, 2000, Art. 14 Rn. 1 unter Hinweis auf VerfGH Berlin LVerfGE 1, 99 (101); s. ferner VerfGH Berlin, DÖV 2007, 263, ebenfalls unter Bezug auf VerfGH LVerfGE 1, 99 (101)). Stattdessen wird die Rundfunkfreiheit über die Meinungsfreiheit aus Art. 14 Abs. 1 VvB geschützt (so VerfGH Berlin DÖV 2007, 263 f.).

24 Die wohl einflussreichste Besonderheit formuliert dagegen **Art. 111a Abs. 2 der Bayerischen Verfassung,** der 1973 in die Verfassung aufgenommen wurde und eine **öffentlich-rechtliche Rundfunkorganisation** vorschreibt. Dies sollte anfänglich dem Ausschluss eines dualen Systems dienen. Träger dennoch zugelassener privater Rundfunkanstalten war deswegen die Landesmedienanstalt, die allein grundrechtsberechtigt war. Heute wird Art. 111a Abs. 2 der Bayerischen Verfassung allerdings zu Recht dahingehend interpretiert, dass auch privaten Anbietern das Grundrecht auf Rundfunkfreiheit zusteht (vgl. dazu v. Münch/Kunig/Wendt GG Art. 5 Rn. 49; zur älteren Rspr. BayVerfGHE 39, 96; neuere Rspr. BayVerfGHE 56, 1 (5 f.); s. auch BVerfGE 114, 371 (389)) und dies auch gegenüber der Bayerischen Landesmedienanstalt (→ Rn. 69). Darüber hinaus verhält sich Art. 111a Abs. 2 S. 2 und 3 BV explizit zum Problem der Staatsferne und gibt vor, dass im Rahmen des **binnenpluralistischen Modells** des öffentlich-rechtlichen Rundfunks eine Beteiligung auch durch aus der Politik entsandte Vertreter erfolgen soll. Als **Grenze der Vertreter von Staatsregierung und Landtag** (und zuvor auch des inzwischen abgeschafften Senats) wird jedoch eine Beteiligung in Höhe von einem Drittel fixiert.

B. Die tatbestandliche Reichweite der Freiheitsrechte aus Abs. 1

I. Meinungsäußerungsfreiheit nach Abs. 1 S. 1 Hs. 1

1. Geschützte Äußerungsinhalte

a) **Weiter Meinungsbegriff.** Das BVerfG geht von einem **weiten Meinungsbegriff** aus 25 (BVerfGE 61, 1 (9) – NPD Europas). Dabei darf kein Meinungsrichtertum ausgeübt werden (Dreier/Schulze-Fielitz GG Art. 5 I, II Rn. 62). Anders als teilweise noch in der Weimarer Verfassungslehre vertreten, bedarf es nicht einer besonders grundsätzlichen Äußerung (so zu Art. 118n WRV Rothenbücher VVDStRL 4, 1928, 16; anders aber damals wohl schon die hM, vgl. Anschütz/Häntzschel, HdB des Deutschen Staatsrechts, Bd. 2, 1932, 654 ff.). Damit ist jede Äußerung unabhängig von ihrem Inhalt und ihrer Qualität geschützt (Maunz/Dürig/Herzog GG Art. 5 Abs. 1, 2 Rn. 55e; Jarass/Pieroth/Jarass GG Art. 5 Rn. 3). **Eigene wie fremde Meinungen** können Gegenstand der Äußerung sein (Isensee/Kirchhof/Schmidt-Jortzig, HdB des Staatsrechts der Bundesrepublik Deutschland, Bd. VII, 3. Aufl. 2009, § 162 Rn. 23, der zu Recht ein bei der BVerfG-Rspr. teilweise anklingendes Identifikationserfordernis als unzulässige Motivforschung ablehnt; ähnlich AK-GG/Hoffmann-Riem GG Art. 5 Abs. 1, 2 Rn. 29, 32). Andernfalls wäre der Äußernde auch gezwungen, seine Identifikation mit dem Geäußerten zum Ausdruck zu bringen, was einen problematischen Eingriff in die negative Meinungsfreiheit bedeuten würde (Kloepfer, Produkthinweispflichten bei Tabakwaren als Verfassungsfrage, 1991, 30 f.). Die **technische Verbreitung** fremder Inhalte etwa durch Telekommunikationsunternehmen fällt hingegen nicht in den Schutzbereich des Art. 5 Abs. 1 S. 1 Hs. 1 GG. Vielmehr handelt es sich um eine allen Inhaltsäußerungen zugrunde liegende Transportschicht, die, sofern es nicht zu Zugangskonflikten etwa bei Rundfunksendern geht, über die Berufsfreiheit aus Art. 12 GG geschützt wird. Eine Differenzierung danach, ob die Äußerungen wertvoll oder wertlos, rational begründet oder emotional motiviert sind, ist unzulässig (BVerfGE 61, 1 (7) – NPD Europas; MKS/Starck GG Art. 5 Abs. 1, 2 Rn. 22). Auch solche Kundgaben, die in **ironisch-kritische, scharfe, polemische, provokative oder abstoßende Wortwahl** gekleidet sind, fallen in den Schutzbereich des Art. 5 Abs. 1 S. 1 Hs. 1 GG (BVerfGE 61, 1 (9 f.) – NPD Europas; Grimm NJW 1995, 1698; Dreier/Schulze-Fielitz GG Art. 5 I, II Rn. 62 mwN). Diese Aspekte können allenfalls im Hinblick auf die Beschränkungsmöglichkeiten eine Rolle spielen (BVerfGE 61, 1 (8) – NPD Europas; Grimm NJW 1995, 1698). Dasselbe gilt für **pornografische** Inhalte (vgl. exemplarisch zur Sodomiepornographie Beisel ZUM 1996, 859 ff., mwN auch aus der Rspr.). Bereits auf Tatbestandsebene werden jedoch solche Handlungen ausgeschieden, die nicht durch die Vermittlung geistiger Inhalte, sondern **Zwang** geprägt sind, namentlich durch Drohungen, Erpressungen, erst recht aber durch Körperverletzungen und Sachbeschädigungen (Sachs/Bethge GG Art. 5 Rn. 34 ff.; v. Münch/Kunig/Wendt GG Art. 5 Rn. 12, mN aus der Rspr.).

b) **Die Wirtschaftswerbung im Besonderen.** Gerade im Kontext der Rundfunk- 26 und Medienfreiheit ist die Werbung von besonderer Bedeutung. Angesichts des weiten Meinungsbegriffs des BVerfG und des Verbots der inhaltlichen Unterscheidung erscheint es nur naheliegend, dass ebenso wenig eine inhaltliche Differenzierung nach den Motiven des Äußernden vorgenommen werden darf und folglich **kommerziell motivierte Äußerungen gleichermaßen vom Schutzbereich erfasst** werden wie nicht-kommerziell motivierte. Dies hat das BVerfG auch grds. anerkannt (BVerfGE 30, 336 (352) – FKK: „Die Kundgabe einer Meinung bleibt auch dann Meinungsäußerung, wenn sie wirtschaftliche Vorteile bringen soll."). Dieser Aspekt wird in der Literatur vielfach hervorgehoben und als zentrales Argument für eine weit reichende Erfassung der Wirtschaftswerbung in Anschlag gebracht (vgl. exemplarisch Kresse WRP 1985, 538 mwN). Dennoch wollte die lange Zeit vorherrschende Meinung kommerzielle Werbung nicht unter den Schutzbereich der Meinungsäußerungsfreiheit fassen (vgl. die Darstellung bei Hatje, Wirtschaftswerbung und Meinungsfreiheit, 1993, 80 ff., passim und auch die Nachweise bei Friauf/Höfling AfP 1985, 538 mwN). Das Bundesverwaltungsgericht hat zB anfänglich darauf abgestellt, dass Werbung schließlich keine spezifische Auffassung zum Ausdruck bringe, sondern den Käufer lediglich manipulieren wolle (BVerwGE 2, 172 (178 f.)). Auch das **BVerfG** ist bis heute

GG Art. 5 I. Mediengrundrechte

zögerlich und hat keinesfalls den Schutz der Werbung unter der Meinungsäußerungsfreiheit generell anerkannt (dazu ausführlich Hatje, Wirtschaftswerbung und Meinungsfreiheit, 1993, 65 ff.). Auch in neueren Urteilen wird bevorzugt auf die **Wirtschaftsgrundrechte** zurückgegriffen, also va auf die Berufsfreiheit aus Art. 12 GG (vgl. BVerfGE 85, 97 (104 ff.) – Lohnsteuerhilfeverein; 85, 248 (256 ff.) – Hackethal; 95, 173 (181 ff.) – Tabaketikettierung). Im Südkurier-Urteil, in dem es um die presserechtliche Erfassung des Anzeigenteils ging, hat das Gericht primär auf die presserechtliche Freiheit der Informationsverschaffung und -verbreitung abgestellt (BVerfGE 21, 271 (278 ff.) – Südkurier). Im Urteil „Sieg über das Alter" wurden die besonderen Umstände des Einzelfalls hervorgehoben. Ein Mediziner war angesichts seiner Autobiographie, die auch seine Leistungen als Arzt und Sanatoriumsbesitzer herausgestellt hatte, wegen Verstoßes gegen das ärztliche Werbeverbot von einem ärztlichen Berufsgericht zur Unterlassung verurteilt worden. Das BVerfG verwarf diese Entscheidung, da im konkreten Fall der Werbeeffekt nur Nebenwirkung einer primär als Meinungsäußerung zu verstehenden Kommunikation gewesen sei. Immerhin ist das Gericht jedoch in die Richtung der Anerkennung der Schutzbereichserfassung der Wirtschaftswerbung gerückt und hat bekräftigt, dass solche Äußerungen auch kommerzieller Art, die zum Meinungsbildungsprozess beitragen, von Art. 5 Abs. 1 S. 1 Hs. 1 GG zu schützen seien (BVerfGE 71, 162 (175) – Sieg über das Alter). Die Frage der prinzipiellen Erfassung von Werbung hat die erste Kammer des Zweiten Senats in einer späteren Entscheidung jedoch ausdrücklich offen gelassen (BVerfG NJW 1994, 3342), wohingegen die dritte Kammer des Zweiten Senats in einem negativen Vorprüfungsbeschluss durchaus ein Werbeverbot zwanglos an Art. 5 GG prüfte (BVerfG NJW 1986, 1241 f.). In einem folgenden Beschluss hat der Zweite Senat schließlich ausgeführt, dass Art. 5 Abs. 1 GG für „eine Wirtschaftswerbung allenfalls in Anspruch genommen werden (kann), wenn die Werbung einen wertenden, meinungsbildenden Inhalt hat oder Angaben enthält, die der Meinungsbildung dienen" (BVerfGE 95, 173 (182) – Tabaketikettierung). Weiterhin zurückhaltend hat das BVerfG daran anknüpfend in seinen als Bennetton-Urteile bekannten neueren Entscheidungen ebenfalls kommerzielle Meinungsäußerungen sowie Wirtschaftswerbung als unter die Meinungsfreiheit fallend angesehen, soweit diese einen **„wertenden, meinungsbildenden Inhalt"** aufweisen (BVerfGE 102, 347 (359) – Schockwerbung I; 107, 275 (280) – Schockwerbung II). Damit hat das BVerfG seine bisherige „vorsichtige" Rechtsprechungslinie gefestigt.

27 Ob der Ansatz über die Frage des meinungsbildenden Charakters der Werbung zu ihrem umfassenden Schutz führen wird, ist angesichts der Fixierung des BVerfG auf die überragende Bedeutung des Schutzes der Meinungsäußerung für den (politischen) Meinungsbildungsprozess nicht sicher (es scheint plausibel, diese Ausrichtung des BVerfG als Grund für den unwilligen Schutz der Werbung anzuführen, so auch Friauf/Höfling AfP 1985, 249 ff.; Degenhart, FS Lukes, 1989, 288 f.). Das überwiegende **Schrifttum** bejaht inzwischen jedenfalls einen **weit gehenden Schutz** kommerzieller Äußerungen einschließlich der kommerziellen Werbung (Isensee/Kirchhof/Schmidt-Jortzig, HdB des Staatsrechts der Bundesrepublik Deutschland, Bd. VII, 3. Aufl. 2009, § 162 Rn. 23; Zsöks, Wirtschaftswerbung und Meinungsfreiheit, 2004, 42; Skouris/Steiner, Advertising and Constitutional Rights in Europe, 1994, 129 ff.; skeptisch dagegen Eicke WRP 1988, 648 f. unter Hinweis auf den fehlenden Demokratiebezug, den fehlenden Beitrag zur öffentlichen Meinungsbildung, die fehlenden Informationsinhalte und unter Ablehnung eines weiten und offenen Kommunikationsbegriffs; dagegen auch Faßbender GRUR Int 2006, 965 (969 ff.)).

28 **Für eine Erfassung** sprechen dabei beachtliche Argumente. Der wohlbegründete weite, wert- und motivneutrale Meinungsbegriff des BVerfG, der kommerzielle Äußerungen ebenso erfasst wie nicht-kommerzielle, private wie öffentliche, ist dabei der durchschlagende Gesichtspunkt. Zudem ist der grds. meinungsbildende Charakter von Werbung nicht zu bestreiten (dazu ausführlich Hatje, Wirtschaftswerbung und Meinungsfreiheit, 1993, 80 ff.). Überdies greift die freiheitliche Kommunikationsordnung in allen gesellschaftlichen Teilbereichen und also auch im Wirtschaftsbereich (BK/Degenhart GG Art. 5 Abs. 1, 2 Rn. 132). Schließlich rechtfertigt sich dieser Ansatz auch aus der Verbraucherperspektive, denn Konsum- und Investitionsentscheidungen verlangen entsprechende Informations- und Meinungsbildungsquellen (BK/Degenhart GG Art. 5 Abs. 1, 2, Rn. 132; auch Kloepfer betont zu Recht die Bipolarität des Kommunikationsprozesses, der wechselseitig bei der

Auslegung der Äußerungs- und Empfangsfreiheit zu berücksichtigen ist, Produkthinweispflichten bei Tabakwaren als Verfassungsfrage, 1991, 21 (65)).

Einige Werbeformen werden im Schrifttum wegen eines fehlenden Meinungscharakters **29** allerdings vom Schutzbereich ausgenommen, bspw. Trikotwerbung oder „einfache Plakatfälle" (BK/Degenhart GG Art. 5 Abs. 1, 2, Rn. 137; zu weiteren Differenzierungen im Schrifttum vgl. Hatje, Wirtschaftswerbung und Meinungsfreiheit, 1993, 76 ff.). Derartige Begrenzungen lassen sich jedoch nur rechtfertigen, wenn und soweit man den Ausschluss reiner Tatsachenmitteilungen vertritt. Jedenfalls sprechen die besseren Gründe für einen im Ansatz weiten Schutzbereich, der **vergleichende Werbung** (dazu mit beachtlichen Argumenten Kloepfer/Michael GRUR 1991, 170 ff.; für die Erfassung dieses Werbetyps auch der überwiegende Teil der Literatur, vgl. nur AK-GG/Hoffmann-Riem GG Art. 5 Abs. 1, 2 Rn. 87) grds. ebenso erfasst wie (eigennützige) **Kritik an Wirtschaftskonkurrenten** (Friauf/Höfling AfP 1985, 256; AK-GG/Hoffmann-Riem GG Art. 5 Abs. 1, 2 Rn. 87). Dies gilt allerdings nur, sofern eine freie und offene Kommunikation betrieben wird und diese nicht gerade umgangen werden soll, zB unter **Ausnutzung wirtschaftlicher Macht** (bspw. mit wirtschaftlichem Zwang durchgesetzte Boykottaufrufe) oder unter Ausschaltung bewusster Rezeptionsvorgänge (sublimale Werbung). Weitere Differenzierungen sind dann im Schrankenbereich vorzunehmen.

c) **Differenzierungen im Hinblick auf Tatsachenäußerungen.** Der Schutzumfang **30** von Tatsachenäußerungen ist unter der Geltung des Grundgesetzes **umstritten,** da sich der Verfassungstext des Art. 5 Abs. 1 S. 1 Hs. 1 GG nur auf Meinungen bezieht. In der **Literatur** wird überwiegend **zu Recht** von einer **Tatbestandserfassung** ausgegangen. So wird vielfach angeführt, dass jede Tatsachenmitteilung mit einem Werturteil verbunden ist, sei es durch die Gewichtung, Präsentation oder zumindest durch die implizite Meinung, dass der Tatsacheninhalt mitteilenswert ist (Pieroth/Schlink, Grundrechte, 28. Aufl. 2012, Rn. 597; Isensee/Kirchhof/Schmidt-Jortzig, HdB des Staatsrechts der Bundesrepublik Deutschland, Bd. VII, 3. Aufl. 2009, § 162 Rn. 21; implizit für den Rundfunk BVerfGE 12, 205 (260) – Deutschland-Fernsehen). Teilweise wird noch weitergehend die Unmöglichkeit der Unterscheidbarkeit von Meinung und Tatsachenäußerung vorgebracht (Maunz/Dürig/Herzog GG Art. 5 Abs. 1, 2 Rn. 51). Zudem wird im Erst-Recht-Schluss vom Schutz der Meinung auf den Schutz der Tatsachenäußerung gefolgert, die von weniger „Subjektivitäten belastet sein kann" und daher mindestens ebenso zu schützen sei (Maunz/Dürig/Herzog GG Art. 5 Abs. 1, 2 Rn. 53). Auch ein systematisches Argument wird angeführt: Die „Berichterstattung durch Rundfunk und Film" wird gem. Art. 5 Abs. 1 S. 2 GG geschützt und damit auch die Tatsachenäußerung. Dies müsse dann aber gleichfalls für die Meinungsäußerungsfreiheit des Art. 5 Abs. 1 S. 1 Hs. 1 GG gelten. Dieses Argument greift vor allem, wenn man, wie dargelegt (→ Rn. 10 f.), grds. von einer einheitlichen Struktur der Kommunikationsfreiheit ausgeht (ähnlich schon früh unter Hinweis auf das entsprechungsrechtliche Verhältnis der Meinungsäußerungs- und der Informationsfreiheit Kloepfer, Grundrechte als Entstehungssicherung und Bestandsschutz, 1970, 60). Teilweise wird das individuelle Mitteilungsbedürfnis als Mittelpunkt des Kommunikationsprozesses und damit der Meinungsäußerungsfreiheit aufgefasst und daher alle Äußerungen, gleich ob Tatsache oder Meinung, als geschützt angesehen. Zur Unterstützung dieser Argumentation wird mitunter auf die weite Tatbestandsfassung des Art. 10 EMRK verwiesen (Dreier/Schulze-Fielitz GG Art. 5 I, II Rn. 62; v. Münch/Kunig/Wendt GG Art. 5 Rn. 9 beide unter Hinweis auf Art. 10 EMRK). Danach sind Tatsachenmitteilungen unmittelbar geschützt und zwar auch bewiesen oder bewusst unwahre Tatsachenmitteilungen oder rein statistische Angaben (deutlich insoweit Dreier/Schulze-Fielitz GG Art. 5 I, II Rn. 62 und v. Münch/Kunig/Wendt GG Art. 5 Rn. 9 mwN).

Zwar lassen sich einige Urteilspassagen des **BVerfG** auch in Richtung dieser ganz weiten **31** Schutzbereichsfassung deuten, doch **schwankt** die Rspr. insoweit (vgl. die Nachweise bei Schmitt Glaeser AöR 113, 1988, 74 ff.). Jedenfalls versteht das BVerfG den weit angelegten Meinungsbegriff so, dass auch solche Tatsachenäußerungen, die sich **nicht von Meinungsäußerungen trennen lassen** oder der **Meinungsbildung dienen,** unter den Schutzbereich des Art. 5 Abs. 1 S. 1 Hs. 1 GG zu fassen sind, um auf diese Weise einen umfassenden Schutz der Meinungsäußerungsfreiheit zu gewährleisten (BVerfGE 61, 1 (8) – NPD Europas; 90, 1 (15) – Kriegsschuldfrage; 90, 241 (247) – Auschwitz-Lüge; 99, 185 (196 ff.) – Scientology;

114, 339 (352 f.) – Mehrdeutige Meinungsäußerungen). Damit kommt den Tatsachen ein über Meinungsäußerungen vermittelter und iErg weiter Schutz zu. Allerdings fallen **reine Datenmitteilungen** (BVerfGE 65, 1 (40 f.) – Volkszählung; dem folgt Isensee/Kirchhof/Schmidt-Jortzig, HdB des Staatsrechts der Bundesrepublik Deutschland, Bd. VII, 3. Aufl. 2009, § 162 Rn. 21) und **erwiesene und bewusste unwahre Tatsachenbehauptungen** aus dem Schutzbereich der Meinungsäußerungsfreiheit heraus. Denn unwahre Tatsachenbehauptungen könnten nicht zur Meinungsbildung beitragen und seien daher nicht schützenswert (zuletzt BVerfGE 114, 339 (352) – Mehrdeutige Meinungsäußerungen; grundlegend BVerfGE 54, 208 (219) – Böll I). Das BVerfG relativiert die letzte Beschränkung jedoch durch die Feststellung, dass **keine überhöhten Anforderungen an die Wahrheitspflicht** zu stellen seien, um nicht die Meinungsäußerungsfreiheit zu gefährden (BVerfGE 54, 208 (220) – Böll I; bekräftigt in BVerfGE 61, 1 (8) – NPD Europas; 85, 1 (15) – Kritische Bayer-Aktionäre; 114, 339 (352 f.) – Mehrdeutige Meinungsäußerungen). Außerdem gelte die Ausgrenzung nur, sofern sich die Tatsachenbehauptungen von gegebenenfalls im gleichen Kontext geäußerten Meinungen ohne Sinnverfälschung trennen ließen (Grimm NJW 1995, 1699 mN aus der Rspr. des BVerfG; krit. gegen diesen „Vermengungsansatz", der letztlich zu einem Schutz auch unwahrer Tatsachenbehauptungen führe und damit Probleme bspw. im Hinblick auf die Verfassungsmäßigkeit des § 130 Abs. 3 StGB („Verbot der „Auschwitz-Lüge") bringe, Huster NJW 1996, 487 ff.). Im Ergebnis führt damit im Normalfall nur die bewusste Unwahrheit zur Schutzbereichsausgrenzung. Äußerungen unter Verletzung der objektiven Wahrheitspflicht ist dagegen vornehmlich über die Schranken der Meinungsäußerungsfreiheit gegebenenfalls der Schutz zu versagen (ähnlich auch Gornig, Äußerungsfreiheit und Informationsfreiheit als Menschenrechte, 1988, 548, der jedoch generell für diesen Ansatz plädiert). Insofern findet die Differenzierung von Meinungen und Tatsachenbehauptungen maßgeblich auf der Schrankenebene statt. Dies ist auch der richtige Ort. Schon angesichts der weiteren Auffassung auf Konventionsebene spricht vieles dafür, äußerst restriktiv mit derartigen Schutzbereichsausgrenzungen zu verfahren.

32 **d) Kein Schutz amtlicher Mitteilungen und Äußerungen.** Grundrechte allgemein und damit auch die Meinungsäußerungsfreiheit im Speziellen stellen grds. Abwehrrechte des Einzelnen gegen den Staat dar (→ Rn. 12). Konsequenterweise fallen amtliche „Meinungsäußerungen" wie Verlautbarungen, Erklärungen, Stellungnahmen nicht in den Schutzbereich des Art. 5 GG (Bethge NJW 1985, 721). Insoweit sind die Hoheitsträger darauf beschränkt, sich bei derartigen Äußerungen auf ihre Kompetenzzuweisung zu berufen. Etwas anderes gilt allerdings, wenn es sich um einen eigens für eine Grundrechtsausübung der dahinter stehenden Personen geformten Hoheitsträger wie bspw. Universitäten handelt (hierzu auch Isensee/Kirchhof/Schmidt-Jortzig, HdB des Staatsrechts der Bundesrepublik Deutschland, Bd. VII, 3. Aufl. 2009, § 162 Rn. 18 mwN).

2. Geschützte Äußerungsform: Äußern und Verbreiten in Wort, Schrift und Bild

33 Nach Art. 5 Abs. 1 S. 1 Hs. 1 GG sind das „Äußern und Verbreiten in Wort, Schrift und Bild" geschützt. Nach allgemeiner Auffassung werden sowohl die Kundgabevarianten „Äußern" und „Verbreiten" als auch die Ausdrucksformen „Wort", „Schrift" und „Bild" zum einen weit und zum anderen lediglich als Beispiele verstanden, so dass iErg ein umfassender Schutz jeglicher Kundgabeform und auch der „neuen Medien" besteht (Pieroth/Schlink, Grundrechte, 28. Aufl. 2012, Rn. 600; Dreier/Schulze-Fielitz GG Art. 5 I, II Rn. 67). Dazu zählen dann Aktionen, bspw. eine Unterschriftensammlung, ebenso wie das Tragen von Anstecknadeln oder Uniformen, sofern damit eine Meinung zum Ausdruck gebracht werden soll (BVerfGE 44, 197 (201 ff.) – Unterschriftensammlung; 71, 108 (113) – Anstecknadeln; BVerfG, NJW 1982, 1803 – Uniform). Durch diese umfangreiche Einbeziehung verschiedenartiger Äußerungsmedien werden ferner in erheblichem Umfang künstlerische Ausdrucksformen (zB in Form der Arbeit mit Bildern) vom Schutzbereich erfasst. Sofern es sich dabei um Kunstformen iSd Art. 5 Abs. 3 S. 1 GG handelt, genießen sie den besonders privilegierten Schutz dieser Norm. Das gleiche gilt für wissenschaftliche Meinungsäußerungen.

3. Freie Wahl von Ort, Zeitpunkt und Adressatenkreis

Des Weiteren sind nicht nur Inhalt und Form der Meinungsäußerung geschützt, sondern 34 auch die freie Wahl des Orts, Zeitpunkts und Adressatenkreises, wobei damit kein Anspruch auf die Verschaffung von Publikum impliziert ist (Maunz/Dürig/Herzog GG Art. 5 Abs. 1, 2 Rn. 63; v. Münch/Kunig/Wendt GG Art. 5 Rn. 19).

4. Negative Schutzkomponente

Nach zutreffender Auffassung des BVerfG beinhaltet die Meinungsäußerungsfreiheit auch 35 die negative Komponente: die Freiheit, von einer Meinungsäußerung abzusehen (BVerfGE 65, 1 (40 f.) – Volkszählung). Da es sich im Volkszählungs-Urteil in der Sache um Angaben rein statistischer Art handelte, die nach Auffassung des BVerfG nicht vom Schutzbereich der Meinungsfreiheit erfasst werden, war allerdings kein Eingriff anzunehmen. Die Literatur stimmt diesem Ansatz zu (so grds. Jarass/Pieroth/Jarass GG Art. 5, Rn. 4; Pieroth/Schlink, Grundrechte, 28. Aufl. 2012, Rn. 60; Isensee/Kirchhof/Schmidt-Jortzig, HdB des Staatsrechts der Bundesrepublik Deutschland, Bd. VII, 3. Aufl. 2009, § 162 Rn. 21) und differenziert ihn wie folgt: Die negative Meinungsäußerungsfreiheit erfasst sowohl die **Adressatenwahl** (Schutz gegen ungebetene Zuhörer, zB durch heimliches Abhören des Telefons) als auch die **Inhaltswahl**. Diese Freiheit der Inhaltswahl umfasst ihrerseits den Schutz davor, eine bestimmte Meinung äußern zu müssen, sei es als eigene oder als fremde, und schließlich schützt sie die schlichte Freiheit, keine Meinung äußern zu müssen, auch nicht seine eigene (vgl. dazu Kloepfer, Produkthinweispflichten bei Tabakwaren als Verfassungsfrage, 1991, 27 ff.; Merten DÖV 1990, 764 ff.; aA Pieroth/Schlink, Grundrechte, 28. Aufl. 2012, Rn. 604, die bei der Angabe der Fremdurheberschaft nicht die Meinungsäußerungsfreiheit betroffen sehen; so auch BVerfGE 95, 173 (181 ff.) – Tabaketikettierung).

5. Mittelbare Drittwirkung

Schon in der Weimarer Verfassungslehre zu Art. 118 WRV wurde darauf hingewiesen, 36 dass Bedrohungen der Meinungsäußerungsfreiheit nicht mehr ausschließlich von öffentlicher, sondern (möglicherweise sogar überwiegend) von privater Seite (Meinungskartelle, Wirtschaftsverbände etc.) erfolgen (vgl. Böckenförde, Staat, Verfassung und Demokratie, 1991, 264 ff.). Daher stellt sich die Frage, inwiefern auch Privaten gegenüber die Grundrechte effektiv durchgesetzt werden können. Dieses Problem der Bindung Privater an die Grundrechte, einer Wirkung dieser Rechte also über das Staat-Bürger-Verhältnis hinaus im Bürger-Bürger-Verhältnis, wird gemeinhin als Problem der „Drittwirkung" bezeichnet und unter diesem Stichwort diskutiert (Isensee/Kirchhof/Rüfner, HdB des Staatsrechts der Bundesrepublik Deutschland, Bd. IX, 3. Aufl. 2011, § 197 Rn. 83 ff. mwN zu den unterschiedlichen Auffassungen). Dabei ist zunächst sorgfältig zu prüfen, ob überhaupt ein solcher Fall der Drittwirkung vorliegt. Es ist also zu untersuchen, ob nicht vielmehr ein **staatliches Handeln** jedenfalls in Form des **Zulassens oder gar Unterstützens von Eingriffen Dritter** anzunehmen ist, was bspw. bei der zivilgerichtlichen Gewährung eines Publikationsverbots unproblematisch bejaht werden kann. Erst im Fall einer mangelnden derartigen Rückführbarkeit auf staatliches Handeln stellt sich die Frage nach der Drittwirkung. Dies dürfte für den vertraglichen Bereich gelten (vgl. zu diesen Zusammenhängen sehr aufschlussreich Pietzcker, FS Dürig, 1990, 345 ff.).

Hier findet die Figur der mittelbaren Drittwirkung, die das BVerfG im Lüth-Urteil und 37 im Zusammenhang mit der objektivrechtlichen Anreicherung der Kommunikationsfreiheit entwickelt hat (Böckenförde, Staat, Verfassung, Demokratie, 1991, 159 f., spricht insofern von einem „legitimen Kind der Ausstrahlungswirkung" der objektivrechtlichen Gehalte), ihren legitimen Platz (BVerfGE 7, 198 (205 ff.) – Lüth). Pietzcker weist allerdings zu Recht darauf hin, dass der Fall Lüth durchaus plausibel als Eingriffsabwehrkonstellation konstruiert werden kann, so dass ein Rückgriff auf die Rechtskonstruktion der Drittwirkung nicht notwendig ist (Pietzcker, FS Dürig, 1990, 353 ff.). Die Grenzen dieses Konstruktionsansatzes hängen letztlich, auch darauf verweist Pietzcker zu Recht, davon ab, wieweit man davon ausgeht, dass die Freiheit des einen stets mit der Freiheit des anderen kollidiert und es insofern keinen „rechtsfreien" Raum gibt. Nach der Figur der mittelbaren Drittwirkung ist der Private nicht unmittelbar an die Grundrechte gebunden, jedoch prägen die Grundrechte das Privatrecht. Je nach Intensität einer solchen Ausstrahlungswirkung, die insbes. in die Auslegung von Generalklauseln hineinwirkt (Isensee/Kirchhof/Rüfner, HdB des Staatsrechts der Bundesrepublik Deutschland, Bd. IX, 3. Aufl. 2011, § 197 Rn. 86), kommt diese mittelbare Wirkung einer unmittelbaren Bindung sodann recht nahe (diese Nähe betont auch Böckenförde, Staat, Verfassung, Demokratie, 1991, 159 ff.). Dies wurde insbes. in der BVerfG-Entscheidung „Schülerzeitung" deutlich. Der Beschluss behandelt den Fall, dass ein Auszubildender nach Abschluss der Ausbildung wegen „militanter" Äußerungen in einer Schülerzeitung nicht in ein ordentliches Arbeitsverhältnis aufgenommen wurde (BVerfGE 86, 122 (128 ff.) – Schülerzeitung). Hier ist angesichts der hoheitlichen Untersagung jener privaten Handlung der Schritt zu einer unmittelbaren Drittwirkung wohl schon vollzogen. Gleichwohl **lehnt** die **Literatur** nach wie vor ein Verständnis der **unmittelbaren Drittwirkung** im Sinne einer direkten Übertragung der Grundrechte auf das Verhältnis unter Bürgern zu Recht **ab** (exemplarisch Isensee/Kirchhof/Rüfner, HdB des Staatsrechts der Bundesrepublik Deutschland, Bd. IX, 3. Aufl. 2011, § 197 Rn. 103). Begrifflich kann dies va aus einem Umkehrschluss aus Art. 1 Abs. 3 GG gefolgert werden, der die abwehrrechtliche Prägung der Grundrechte aufzeigt (Merten/Papier/Papier, HdB der Grundrechte, Bd. II, 2006, § 55 Rn. 16). Schließlich stellt auch das BVerfG in seiner zweiten Benetton-Entscheidung (BVerfGE 107, 275 – Schockwerbung II) nicht auf eine unmittelbare Drittwirkung ab, sondern verweist weiterhin auf die Auslegung und Anwendung des Privatrechts, in deren Rahmen den Grundrechten zwischen Bürgern Rechnung zu tragen ist. Somit zeigt das BVerfG, dass es an seiner Rspr. zur mittelbaren Drittwirkung festhält (Merten/Papier/Papier, HdB der Grundrechte, Bd. II, 2006, § 55 Rn. 36, 46).

38 Im Übrigen ist die Drittwirkungsproblematik gerade in Bezug auf **Zugangsprobleme** gegenüber Privaten (etwa Rundfunkanbietern gegenüber Kabelnetzbetreibern, Presseverlagen gegenüber Presse-Grossisten oder Zeitungsvertriebssystemen) virulent und es stellt sich die Frage, inwiefern das Individuum diesen gegenüber aus der Kommunikationsfreiheit ein Recht auf Zugang geltend machen kann, das gerichtlich durchsetzbar ist. Insoweit fällt die Analyse mit der Diskussion um das Problem staatlicher Schutzpflichten zusammen, deren „**Versubjektivierbarkeit**" gegenüber dem demokratisch legitimierten Gesetzgeber angesichts des Grundsatzes der Gewaltenteilung zurückhaltend zu beurteilen ist (→ Rn. 13 ff.). Dies gilt jedenfalls, sofern ein Schutz durch staatliche Maßnahmen gegenüber freiheitsbedrohendem Handeln Privater möglich ist. Hier ist also zunächst der Staat gefragt, durch einfachgesetzliche Normen und deren Anwendung die Grundrechtswirkung zu entfalten, wie er es etwa mit Blick auf die Betrauung der Presse-Grossisten und der Zeitungsverlage mit der Aufgabe der Sicherung eines diskriminierungsfreien Presse-Grossos unlängst getan hat (zu diesem Aspekt der 8. GWB-Novelle Kühling ZUM 2013, 18). Bei der Interpretation jener Normen kann zudem auf die Kommunikationsfreiheit zurückgegriffen und so eine mittelbare Drittwirkung erzeugt werden. Nur im Ausnahmefall ist hingegen ein unmittelbarer Rückgriff auf die Kommunikationsfreiheit und eine damit einhergehende unmittelbare Verpflichtung Privater denkbar.

II. Informationsfreiheit aus Abs. 1 S. 1 Hs. 2

1. Schutzumfang

39 Ausgehend von der **Bedeutung** auch der Informationsfreiheit für die Persönlichkeitsentfaltung und Demokratiesicherung genießt diese nach der Rspr. des BVerfG eine der Meinungsäußerungsfreiheit vergleichbare Schutzintensität (grundlegend BVerfGE 27, 71 (81 f.) – Leipziger Volkszeitung; später 90, 27 (31 f.) – Parabolantenne; dem folgend die Literatur Maunz/Dürig/Herzog GG Art. 5 Abs. 1, 2 Rn. 83 f.; Isensee/Kirchhof/Schmidt-Jortzig, HdB des Staatsrechts der Bundesrepublik Deutschland, Bd. VII, 3. Aufl. 2009, § 162 Rn. 33). Angesichts der Bipolarität des Kommunikationsprozesses besteht – in den treffenden Worten Kloepfers (Produkthinweispflichten bei Tabakwaren als Verfassungsfrage, 1991, 21 (65)) – ein „entsprechungsrechtliches" Verhältnis zwischen den beiden Aspekten der Kommunikationsfreiheit, das diese Parallelisierung rechtfertigt.

2. Informationsquelle

Daher ist der Begriff der Informationsquelle **weit** zu verstehen, so dass nach verbreiteter Auffassung zum einen sämtliche Informationsträger, zum anderen aber auch der Informationsgegenstand selbst (bspw. ein Fußballspiel) eine Informationsquelle darstellen (AK-GG/Hoffmann-Riem GG Art. 5 Abs. 1, 2 Rn. 98; Pieroth/Schlink, Grundrechte, 28. Aufl. 2012, Rn. 606 f. mwN; v. Münch/Kunig/Wendt GG Art. 5 Rn. 28). **40**

3. Allgemeinzugänglichkeit

Im Hinblick auf die allgemeine Zugänglichkeit der Informationsquelle kommt es darauf an, ob diese „technisch geeignet und bestimmt ist, der Allgemeinheit, dh einem individuell nicht bestimmbaren Personenkreis, Informationen zu verschaffen" (BVerfGE 27, 71 (83) – Leipziger Volkszeitung, auch in Bezug auf Quellen im Ausland). Das Merkmal der „tatsächlichen" Eignung verbietet eine staatliche Definitionsmacht der „Allgemeinheit". Daher hindert bspw. eine staatliche Beschlagnahme von Zeitungen nicht die Bejahung dieses Merkmals. Allerdings setzt die Informationsfreiheit nach hM den „Äußerungswillen" der Informationsquelle (willing speaker) voraus, so dass insbes. nach Ansicht des BVerfG **grds. keine Informationsansprüche** gegenüber staatlichen Stellen allein aus dieser Freiheit abgeleitet werden können (BVerfG NJW 1986, 1243 – Bundeszentrale für politische Bildung; dem folgt die Literatur Jarass/Pieroth/Jarass GG Art. 5 Rn. 16 f.; v. Münch/Kunig/Wendt GG Art. 5 Rn. 25). Derartige Ansprüche lassen sich jedoch unter **ergänzender Heranziehung anderweitiger Verfassungswerte** begründen, wenn „eine im staatlichen Verantwortungsbereich liegende Informationsquelle auf Grund rechtlicher Vorgaben zur öffentlichen Zugänglichkeit bestimmt ist, der Staat den Zugang aber verweigert" (BVerfGE 103, 44 (60) – Fernsehaufnahmen im Gerichtssaal II). Zu diesen Vorgaben zählen insbes. das Demokratie- und Rechtsstaatsprinzip (BVerfGE 103, 44 (61) – Fernsehaufnahmen im Gerichtssaal II; aus der Literatur Jarass/Pieroth/Jarass GG Art. 5 Rn. 16a; AK-GG/Hoffmann-Riem GG Art. 5 Abs. 1, 2 Rn. 113). **41**

4. Ungehinderte Unterrichtung – Wandel der Informationsfreiheit

Davon ausgehend plädieren verschiedene Autoren wie insbes. Wegener mit überzeugender Argumentation für einen **verfassungsunmittelbaren Zugangsanspruch** zu den sich im Besitz staatlicher Stellen befindenden Informationen. Ein weiteres Festhalten am tradierten Dogma der fehlenden Allgemeinzugänglichkeit der sich in staatlichem Besitz befindenden Information lehnt Wegener entgegen einer weit verbreiteten Auffassung zu Recht ab (Wegener, Der geheime Staat – Arkantradition und Informationsfreiheit, 2006, 480; ähnlich die Stoßrichtung auch bei Rossi, Informationsfreiheit und Verfassungsrecht, 2004, 207 ff., der die Wechselwirkungen und Konsequenzen der einfachgesetzlichen Entwicklung und der Ausformung der Grundrechtsgehalte besonders umfassend analysiert). Das entspricht einer dynamischen Interpretation der Verfassung (Wegener, Der geheime Staat – Arkantradition und Informationsfreiheit, 2006, 481 f.). Dem steht der ursprünglich primär abwehrrechtlich verstandene Gehalt der Informationsfreiheit auch nicht entgegen. Letztlich geht es auch nicht um einen Anspruch auf Schaffung von Informationen, sondern nur um den Zugang zu bereits im Besitz der öffentlichen Stelle befindlichen Informationen (Wegener, Der geheime Staat – Arkantradition und Informationsfreiheit, 2006, 484 f.). Diese Interpretation entspricht der **Entwicklung** in der Verfassungsrealität, die sich mit Blick auf die Informationsfreiheit von einer **Arkantradition** der von der Öffentlichkeit abgeschirmten Verwaltungstätigkeit über eine reaktive Informationsfreiheit im Sinne einer Zugangsöffnung gegenüber **Informationszugangsansprüchen** auch ohne besondere subjektive Betroffenheit allmählich hin zu einer **proaktiven Transparenz** entwickelt, in der die öffentliche Hand von sich aus Informationen der Öffentlichkeit zur Verfügung stellt. Letzteres wird durch die Digitalisierung und die Verbreitungsmöglichkeiten durch das Internet ganz maßgeblich erleichtert (zu diesem Dreischritt „Arkanktradition – reaktive Informationsfreiheit – proaktive Transparenz" mit Blick auf das Hamburgische Transparenzgesetz Caspar, ZD 2012, 445). **42**

Vom Schutzumfang erfasst sind iÜ sowohl aktive Handlungen zur Informationsbeschaffung einschließlich der dafür erforderlichen Voraussetzungen, zB die Installation einer **Pa-** **43** rabolantenne (BVerfGE 90, 27 (32) – Parabolantenne), als auch das passive Empfangen bzw. Entgegennehmen der Informationen (Bleckmann Staatsrecht II: Die Grundrechte, 4. Aufl. 1997, § 26 Rn. 32; Jarass/Pieroth/Jarass GG Art. 5 Rn. 17).

5. Insbes. negative Informationsfreiheit

44 Nach zutreffender Auffassung ist auch die negative Informationsfreiheit von Art. 5 Abs. 1 S. 1 Hs. 2 GG geschützt (Maunz/Dürig/Herzog GG Art. 5 Abs. 1, 2 Rn. 40; v. Münch/Kunig/Wendt GG Art. 5 Rn. 26; so im Ansatz auch BVerfGE 44, 197 (203) – Unterschriftensammlung, das vom Recht „in Ruhe gelassen zu werden" spricht, wenn auch mit Bezug zu Art. 2 Abs. 1 iVm Art. 1 Abs. 1 GG). Nur so kann ein umfassender Schutz des Kommunikationsprozesses erfolgen, der schließlich auch die Wahl der Informationsquelle im negativen Sinne umfasst. Ein freier Meinungsbildungsprozess kann nicht den Zwang zur Informationsaufnahme dulden (zu weiteren Argumenten und zu anderen Auffassungen Kloepfer, Produkthinweispflichten bei Tabakwaren als Verfassungsfrage, 1991, 59 ff.). Eine andere Frage ist jedoch die, wann ein solcher Zwang und damit ein Eingriff zu bejahen ist. Insoweit kann eine gewisse Erheblichkeitsschwelle gefordert werden, so dass nicht jede Konfrontation mit Informationen bereits einen Eingriff in die negative Informationsfreiheit darstellt.

III. Medienfreiheit I – Pressefreiheit aus Abs. 1 Hs. 2 Var. 1

1. Pressebegriff

45 **a) Klassischer Pressebegriff.** Die verfassungsrechtliche Bezeichnung der Presse knüpft an die klassische Definition im analogen Zeitalter an. Etymologisch leitet sich der Terminus aus dem mittellateinischen Begriff „pressa" für „Druck" ab (s. Duden, Das Herkunftswörterbuch, 4. Aufl. 2007, Stichwort „Presse") und verweist damit auf den technischen Aspekt der Herstellung im Druckwege. Darauf hat auch das BVerfG im Ausgangspunkt abgestellt und unter den Begriff der Presse alle in „gedruckter und zur Verbreitung geeigneter und bestimmter" Publikationen gefasst (BVerfGE 95, 28 (35) – Werkszeitungen mwN). Dazu gehören sodann periodische Druckerzeugnisse wie insbes. Zeitungen und Zeitschriften, aber genauso auch Bücher. Werkszeitungen unterfallen gleichermaßen dem Schutzbereich, wenn sie einen Beitrag zum Kommunikationsprozess leisten (BVerfGE 95, 28 (35) – Werkszeitungen), genauso wie Flugblätter und Plakate (BVerfGE 85, 1 (11) – Bayer-Aktionäre; Dreier/Schulze-Fielitz GG Art. 5 I, II Rn. 89 mwN). Entscheidend ist iÜ das allen Medien immanente Ziel, eine **größere Zahl von Rezipienten** zu erreichen – sei es die ganze Öffentlichkeit, also die Allgemeinheit, oder eine Teilöffentlichkeit über bestimmte Abonnementenkreise, Werksangehörige, Mitglieder der Schulgemeinschaft etc. Auf die Größe des Kreises kommt es dabei nicht an, so dass auch ein kleiner und gruppenspezifisch definierter Personenkreis (etwa im Falle einer Klassenzeitung mit Kleinstauflage) genügt (ebenso BK/Degenhart GG Art. 5 Abs. 1 und 2 Rn. 361). Damit ist der verfassungsrechtliche Pressebegriff insofern weiter als der einfachgesetzliche in den Ländergesetzen, der entsprechende „Bagatellpublikationen" nicht erfasst (vgl. etwa Art. 6 Abs. 3 S. 2 BayPrG).

46 **b) Entwicklung im digitalen Zeitalter hin zu einer umfassenden „Auffangmedienfreiheit".** Der Begriff der Presse ist jedoch ausgehend von diesem klassischen engen Verständnis **entwicklungsoffen** angelegt und unterliegt damit einer notwendig **dynamischen Fortgestaltung,** die der Digitalisierung der Informations- und Mediengesellschaft gerecht wird. Dadurch wird zugleich die Abgrenzung zum Rundfunk anspruchsvoller, die zur Zeit der Verabschiedung des Grundgesetzes klar durch unterschiedliche Verbreitungstechniken (Druck hier, elektromagnetische Schwingungen dort) definiert war. Mit der Konvergenz der Verbreitungswege werden dagegen Presseerzeugnisse wie Rundfunkinhalte gleichermaßen digitalisiert und etwa über das Internet veröffentlicht. Dies macht ein **Abrücken vom Erfordernis der drucktechnischen Verkörperung** als zwingendem Definitionselement erforderlich (für eine Abkehr von der technischen Betrachtungsweise Ziem, Die Bedeutung der Pressefreiheit für die Ausgestaltung der wettbewerbsrechtlichen und urheberrechtlichen Haftung von Suchdiensten im Internet, 2003, 62 ff.; dagegen aber eine in der

Literatur verbreitete Ansicht, s. insbes. BK/Degenhart GG Art. 5 Abs. 1 und 2 Rn. 376, der an der technischen Differenzierung einer Verkörperung hier und einer elektromagnetischen Verbreitung dort festhält; ebenso Umbach/Clemens, Grundgesetz-Mitarbeiterkommentar, Band 1, 2002, Art. 5 Rn. 69b). Dabei ist zu berücksichtigen, dass Art. 5 Abs. 1 S. 2 GG von Anfang an auf eine umfassende Schutzbereichserfassung jeglicher Medien angelegt war (die lediglich historisch bedingte Aufteilung in Presse, Rundfunk und Film betonend auch Stern/Becker/Fechner, Grundrechte-Kommentar, 2010, Art. 5 Rn. 58). Denn bei der Schaffung des Grundgesetzes waren alle damals relevanten Medien mit der Presse, dem Rundfunk und dem Film erfasst. Dieser umfassende Ansatz muss vom Schutzzweck her, aber auch vor dem Hintergrund der europäischen Vorgaben umfassender Medienfreiheiten (→ Rn. 20 f.), aufrecht erhalten bleiben. Da die Rundfunkfreiheit angesichts der vom BVerfG identifizierten Besonderheiten einer – zunehmend fragwürdigen – Sonderdogmatik unterworfen wurde und diese wie die Filmfreiheit auf die Verbreitung einer Kombination von Ton und bewegten Bildern spezifisch ausgerichtet ist, spricht einiges dafür, die Pressefreiheit als **„Auffangmedienfreiheit"** im digitalen Zeitalter zu entwickeln, und damit für alle Medieninhalte, die keinen Rundfunk und keinen Film darstellen (so wohl auch v. Münch/Kunig/Wendt GG Art. 5 Rn. 30, allerdings ohne nähere Ausführungen). Vor dem Hintergrund eines hier vertretenen engen Filmbegriffs (→ Rn. 100), der ein Vorführen verlangt, unterfallen alternative Verbreitungsformen von Filmen (Online-Videothek; Offline-Videothek; Filmversand etc.) allenfalls der Pressefreiheit, wenn sie nicht lediglich von den Wirtschaftsgrundrechten erfasst werden. Unberührt bleibt davon die Frage, inwiefern derartige Angebote im Kontext der Verbreitung von Rundfunksendungen zugleich als Annextätigkeit in den Schutzbereich der Rundfunkfreiheit fallen (dazu Ziem, Die Bedeutung der Pressefreiheit für die Ausgestaltung der wettbewerbsrechtlichen und urheberrechtlichen Haftung von Suchdiensten im Internet, 2003, 60 f., 66). Positiv ist entscheidend die Verbreitung einer Information an eine Mehrzahl von Personen (so vergleichbar auch Isensee/Kirchhof/Bullinger, HdB des Staatsrechts der Bundesrepublik Deutschland, Bd. VII, 3. Aufl. 2009, § 163 Rn. 2). Damit werden zwanglos nicht nur die Angebote von Nachrichtenagenturen oder die digitale Transformation klassischer Zeitungsangebote im Internet erfasst („www.faz.net"), sondern auch sämtlichen sonstigen Informationsangebote im Internet, die in dieser Form originär erst durch jenen neuen Publikationsweg ermöglicht wurden. Das gilt insbes. für Blogs als im Internet veröffentlichte Journale bzw. regelmäßige Kommentare, Berichte etc. Erforderlich ist jedoch eine gewisse Strukturierung der Informationsweitergabe, so dass bspw. eine bloße Äußerung in einem Chat-Room weiterhin der Meinungsfreiheit unterfällt, während die Organisation des Chat-Rooms selbst grds. von der Pressefreiheit erfasst wird. Danach unterfallen auch neue „Gatekeeper" im digitalen Zeitalter angesichts ihrer Bedeutung für die Pressefreiheit grds. eben jener. Das gilt bspw. für **Internet-Suchmaschinen,** auch wenn die Suchergebnisse auf der Basis angeblich oder tatsächlich „neutraler" Algorithmen dargestellt werden. Damit ist der verfassungsrechtliche Pressebegriff auch insoweit **weiter** als die **einfachgesetzlichen Pressebegriffe in den Ländergesetzen.**

c) **Keine inhaltliche Eingrenzung.** Den Begriff der Pressefreiheit versteht das BVerfG iÜ – wie die Literatur auch – zu Recht inhaltlich **weit** (grundlegend BVerfGE 34, 269 (283) – Soraya). So kommt es auf die inhaltliche **Qualität** des Druckerzeugnisses für die Schutzbereichserfassung nicht an, ebenso wenig wie die Ausprägung der Gewinnerzielungsabsicht insoweit relevant ist. Die „Unterhaltungs- und Sensationspresse" wird danach genauso erfasst wie die ,'seriöse' Presse" (BVerfGE 34, 269 (283) – Soraya). Entsprechend den Ausführungen zur Meinungsfreiheit (→ Rn. 25) sind vor diesem Hintergrund im Rahmen der Pressefreiheit auch **pornografische** Zeitschriften erfasst (ebenso BK/Degenhart GG Art. 5 Abs. 1 und 2 Rn. 364). Dasselbe gilt für reine **Werbe- und Anzeigenblätter** (vgl. BVerfG NJW 1986, 1743, allerdings für den Fall eines Anzeigenblattes mit nicht ganz unwesentlichem redaktionellen Teil; in der Lit. statt vieler MKS/Starck GG Art. 5 Abs. 1, 2 Rn. 61) und auch für Erzeugnisse mit bloßen Tatsachenmitteilungen, sofern ihnen ein Informationsgehalt zukommt (BK/Degenhart GG Art. 5 Abs. 1 und 2 Rn. 364). Erneut ist damit der verfassungsrechtliche Pressebegriff weiter gefasst als die Definitionen in einigen Pressegesetzen der Länder, die entsprechende gewerbliche Mitteilungen teilweise vom Pressebegriff ausnehmen (s. etwa § 7 Abs. 3 Nr. 2 LPG NRW). Unberührt von der fehlenden tatbestandlichen Differenzierung bleibt jedoch eine Unterscheidung auf der Rechtfertigungsebene: Hier kann

GG Art. 5

I. Mediengrundrechte

sehr wohl danach abgeschichtet werden, welchen Beitrag das Medium etwa zu einer öffentlichen Diskussion leistet oder ob der redaktionelle Teil einer Zeitung betroffen ist oder nur der Anzeigenteil (s. zu letzterem etwa am Beispiel des Zeugnisverweigerungsrechts BVerfGE 64, 108 (118 f.) – Chiffreanzeigen).

2. Geschützte Verhaltensweisen

48 **a) Umfassender Schutzansatz aller pressetypischen Verhaltensweisen.** So wie der Pressebegriff im Sinne eines umfassenden Schutzes der Pressefreiheit weit zu fassen ist, muss auch ein **weites** Verständnis der geschützten Verhaltensweisen zugrunde gelegt werden. Danach sind alle Verhaltensweisen erfasst, die der **Gewinnung, Aufbereitung** und **Verbreitung** entsprechender Meinungen und Tatsachen dienen (vgl. grundlegend BVerfGE 10, 118 (121) – Berufsverbot I; analog für die Rundfunkfreiheit BVerfGE 91, 125 (134) – Fernsehaufnahmen im Gerichtssaal I). Dabei geht es um sämtliche Arbeitsschritte, die für entsprechende Publikationen erforderlich sind, ausgehend von der Beschaffung der Informationen (BVerfGE 20, 162 (176) – Spiegel), die nachfolgenden Aufbereitungsschritte der Informationen in der Redaktion bis hin zu sämtlichen Formen ihres Vertriebs – also die Auslieferung von Zeitschriften, der Schutz gegen Beschlagnahmen etc. (s. dazu etwa v. Münch/Kunig/Wendt GG Art. 5 Rn. 35 mwN). Ergänzend tritt gerade für periodische Presseprodukte die Freiheit hinzu, Presseorgane zu gründen oder einen Presseberuf zu ergreifen (BVerfGE 20, 162 (175 f.) – Spiegel). Zu jedem dieser Schritte stellen sich sodann presse- und medienspezifische Sonderprobleme, die zu einer weiteren Ausdifferenzierung des Schutzbereichs führen.

49 **b) Informationsansprüche auf der Ebene der Informationsbeschaffung.** Zunächst können sich Pressevertreter genauso auf die Informationsfreiheit berufen wie andere Personen auch und auf diese Weise einen diskriminierungsfreien Zugang zu öffentlichen Informationen und entsprechenden Veranstaltungen als öffentlich zugängliche Informationsquellen reklamieren. Insoweit stellt das BVerfG für alle Medien gleichermaßen auf die Informationsfreiheit ab (BVerfGE 103, 44 (59) – Fernsehaufnahmen im Gerichtssaal II). Sofern sodann im Rahmen der Zugangsregelung Beschränkungen erfolgen, greift die Pressefreiheit, was insbes. bei **sitzungspolizeilichen Maßnahmen im Gericht** relevant ist und etwa eine steuernde Nutzung der einschlägigen Befugnisse verbietet (grundlegend BVerfGE 50, 234 (243) – Gerichtspresse; s. aus der Literatur BK/Degenhart GG Art. 5 Abs. 1 und 2 Rn. 385; zur Reichweite der Presseberichterstattung aus dem Gerichtssaal grundlegend Scherer, Gerichtsöffentlichkeit als Medienöffentlichkeit, 1979; zur Anwesenheit von Medienvertretern in Verhandlungen unter Berücksichtigung der Pressevertreter sowohl aus einfachgesetzlicher als auch verfassungsrechtlicher Sicht von Coelln, Zur Medienöffentlichkeit der Dritten Gewalt, 2005, 223 ff.). Bei **Knappheitsentscheidungen** tritt der allgemeine Gleichheitssatz aus Art. 3 GG neben die Pressefreiheit, etwa bei der Vergabe begrenzter Plätze im Gerichtssaal oder bei Pressekonferenzen (zu Letzterem BVerwGE 47, 247 (253 f.)). Die Orientierung am **Prioritätsprinzip** bei der Verteilung der knappen Plätze ist sodann grds. zulässig, sofern durch die Ausgestaltung des Verfahrens die Chancengleichheit gesichert wird (BVerfG NJW 2003, 500). Im Übrigen sind **Differenzierungen auf sachlicher Basis** (etwa besondere Fachkenntnisse) zulässig, die jedoch nicht zu einer verdeckten politischen oder sonstigen Steuerung der Presse führen dürfen (BVerwGE 47, 247 (253); s. ferner BVerfG NJW 2003, 500 (501), auch mit dem Hinweis, dass grds. keine Differenzierung zwischen den verschiedenen **Typen der Medien** indiziert ist; vgl. jetzt auch die Erwägungen des BVerfG im einstweiligen Rechtsschutzverfahren zur Vergabe der Medienplätze im NSU-Verfahren, dass unter Umständen eine Reservierung einer bestimmten Anzahl von Presseplätzen für ausländische Medienvertreter im Sinne einer **Quote** erforderlich sein könne, weil ein ganz besonderes Interesse der ausländischen Medien angesichts der Herkunft der Opfer bestehe, BVerfG, 1 BvR 990/13 v. 12.4.2013, Abs.-Nr. (20), http://www.bverfg.de/entscheidungen/rk20130412_1bvr099013.html). Ohne relevante Knappheitssituationen (etwa bei der Bereitstellung von Gerichtsentscheidungen) sind derartige Differenzierungen hingegen nicht notwendig und daher unzulässig (BVerwGE 104, 105 (113 f.)). Handelt es sich um öffentlich zugängliche Veranstaltungen, die von Privaten durchgeführt werden, liegt ein Fall der Drittwirkung vor. Im Rahmen der Anwendung der einschlägigen zivilrechtlichen

Vorschriften (etwa der §§ 826, 823 und 1004 BGB) muss dann der besonderen Bedeutung der Pressefreiheit hinreichende Beachtung geschenkt werden (MKS/Starck GG Art. 5 Abs. 1, 2 Rn. 65). Dabei ist vergleichbar den vom BVerfG im Rahmen der **Kurzberichterstattung** entwickelten Vorgaben für den Rundfunk (→ Rn. 68) auch zum Schutz der Pressefreiheit eine Monopolisierung im Rahmen von Exklusivverträgen grds. zu verhindern (so schon zu Recht BK/Degenhart GG Art. 5 Abs. 1 und 2 Rn. 389). Unproblematisch und grundgesetzlich geboten ist sodann die verfassungskonforme Interpretation einfachgesetzlicher Auskunftsansprüche mit einer in der Folge großzügigen Gewährung entsprechender Auskünfte gegenüber der Presse. Das gilt bspw. für den Fall der Grundbuchauskunft nach § 12 GBO sowie der Einsichtnahme in die Grundakten eines Grundstücks (s. BVerfG NJW 2001, 503 (504) im konkreten Fall bejahend; BVerfG AfP 2000, 566 (567), im konkreten Fall verneinend). Hier ist die Frage des Vorliegens eines berechtigten Interesses im Lichte der Pressefreiheit zu beurteilen, so dass etwa **investigative Recherchen** über mögliche Unregelmäßigkeiten bei der Finanzierung einer Immobilie durch einen hochrangigen Politiker ein derartiges Interesse unzweifelhaft zu begründen vermögen und die kollidierenden Persönlichkeitsrechte der von der Auskunft betroffenen Personen grds. verdrängen (BGH NJW-RR 2011, 1651; zu presserechtlichen Fragen des investigativen Journalismus vgl. auch Eichhoff, Investigativer Journalismus aus verfassungsrechtlicher Sicht, 2010, 56 ff. und passim). Dabei widerspricht es nicht der Neutralitätspflicht des Staates, insoweit eine Prüfung der Ernsthaftigkeit und Sachlichkeit der Recherche vorzunehmen und dies bei der Gewichtung der kollidierenden Rechtsgüter zu berücksichtigen.

Fraglich ist weiter, ob auch in Abwesenheit entsprechender einfachgesetzlicher Regelungen Auskunftsansprüche **unmittelbar aus der Verfassung** abgeleitet werden können. Dies wird überwiegend mit dem Argument abgelehnt, dass derartige Ansprüche ebenso wie ein bloßer Anspruch auf ermessensfehlerfreie Entscheidung über Informationsbegehren nicht zuletzt angesichts der Weite des Pressebegriffs zu unbestimmt seien (s. etwa v. Münch/Kunig/Wendt GG Art. 5 Rn. 30). Dabei wird auch auf einen nicht näher erläuterten Widerspruch zur Informationsfreiheit verwiesen (Dreier/Schulze-Fielitz GG Art. 5 I, II Rn. 248). Hier kann man inzwischen jedoch umgekehrt argumentieren. Angesichts der zunehmend transparenzorientierten Interpretation der Informationsfreiheit (→ Rn. 42) kann man aus der Bedeutung der Informationsfreiheit in Verbindung mit der wichtigen Funktion der Presse in der Demokratie in engen Grenzen auch einen unmittelbaren Auskunftsanspruch aus der Verfassung ableiten, da und soweit der Zugang zu Informationen für den effektiven Schutz der im Verbund interpretierten Grundrechtspositionen unentbehrlich ist (so iErg auch BK/Degenhart GG Art. 5 Abs. 1 und 2 Rn. 394). Das vermag gegebenenfalls sogar den Anspruch auf eine besondere Form der Bereitstellung zu begründen. Insoweit ist allerdings eine sorgfältige Rechtsgüterabwägung mit kollidierenden (Persönlichkeits-)Rechten erforderlich, etwa mit Blick auf Tonbandaufzeichnungen (entsprechende Ansprüche insoweit prinzipiell ablehnend im Fall der verlangten Tonbandaufzeichnung von Gemeinderatssitzungen BVerwGE 85, 283 (286 ff.); restriktiv in Bezug auf einen presserechtlichen Auskunftsanspruch über das Gehalt des Geschäftsführers einer kommunalen GmbH zuletzt etwa der BayVGH AfP 2012, 495 (496 f.)). Dementsprechend hat das BVerfG in einer Kammerentscheidung jüngeren Datums hervorgehoben, dass das durch Art. 5 Abs. 1 S. 2 GG geschützte Berichterstattungsinteresse es grds. gebietet, die Möglichkeit zu schaffen, am Rande der Hauptverhandlung Lichtbilder für die Presse (und Fernsehaufnahmen für den Rundfunk) vom Geschehen im Gerichtssaal unter Anwesenheit der Verfahrensbeteiligten anzufertigen. Den kollidierenden Persönlichkeitsrechten kann hier durch Anonymisierungspflichten nachgekommen werden. Das gilt insbes., solange noch kein erstinstanzlicher Schuldspruch vorliegt und damit nach wie vor die Unschuldsvermutung greift. Die weiteren Vorgaben ergeben sich aus der Reichweite des berechtigten Informationsinteresses der Öffentlichkeit, etwa wegen einer besonderen Verwerflichkeit der in Rede stehenden Taten (s. BVerfG NJW 2009, 2117 (2119)). Angesichts einfachgesetzlich normierter Auskunftsansprüche in den Pressegesetzen der Länder (zB Art. 4 BayPRG; zu einem Vergleich der einfachgesetzlichen Regelungen zum Auskunftsanspruch vgl. Eichhoff, Investigativer Journalismus aus verfassungsrechtlicher Sicht, 2010, 171 ff.) und der zunehmenden einfachgesetzlichen und faktischen Verwirklichung von Transparenz im Rahmen der Informationsfreiheitsgesetze (→ Rn. 42; vgl. zu dem Verhältnis der Ansprüche zueinander am Beispiel von Informationsansprüchen gegenüber der Bundestagsverwaltung Dietrich K&R 2011, 385 ff.) relativiert sich die Bedeutung dieses Streits jedoch.

51 **c) Schutz der redaktionellen Aufbereitung – Schutz gegen Durchsuchungen/ Redaktionsgeheimnis.** Auf der Stufe der redaktionellen Aufbereitung der Informationen sind vor allem der Schutz der Redaktionsräume gegen **Durchsuchungen** und die Wahrung des **Redaktionsgeheimnisses** einschließlich des Informantenschutzes von Bedeutung und Gegenstand zahlreicher gerichtlicher Auseinandersetzungen. Ausgehend von dem grundlegenden Spiegel-Urteil aus dem Jahre 1966 hat das BVerfG in einer Reihe von Entscheidungen die Bedeutung des effektiven Schutzes des Redaktionsgeheimnisses betont. Danach ist die Durchsuchung von Redaktionsräumen ultima ratio (BVerfGE 20, 162 (198) – Spiegel). Entsprechende Anordnungen müssen sachgegenständlich eng und genau gefasst sein (BVerfGE 20, 162 (199) – Spiegel), so dass eine möglichst geringe Behinderung des Betriebs erfolgt (BVerfGE 20, 162 (200) – Spiegel). Ferner sind die Auswirkungen auf das besondere Vertrauensverhältnis der Informanten zu dem Presseorgan und zu der Presse im Ganzen bei der Anwendung entsprechender strafprozessualer Vorschriften zu beachten (BVerfGE 20, 162 (200 f.) – Spiegel). Diese Ausführungen sind nicht zuletzt vor dem Hintergrund zu sehen, dass bei der damaligen Durchsuchung der Redaktionsräume des Nachrichtenmagazin „Der Spiegel" die Gefahr der Einschüchterung der Presse in Deutschland insgesamt im Raume stand (vgl. auch BVerfG AfP 2005, 169). Dies erklärt auch die grundlegenden Ausführungen zur Bedeutung der Pressefreiheit gerade in jener Entscheidung, auch wenn sie letztlich die Durchsuchungsanordnung bei 4:4 Stimmen nicht als verfassungswidrig ansah (BVerfGE 20, 162 (174 ff.) – Spiegel; vgl. den Zeitzeugenbericht von Dieter Wild, SZ v. 22.9.2012, „50 Jahre Spiegel-Affäre – Der Tag an dem die Republik erwachte", V2, 4–5). Der **Informantenschutz** verbietet insbes. die Durchsuchung von Redaktionsräumen, die letztlich darauf abzielen, die Person des Informanten zu identifizieren. Daher bedarf es für Durchsuchungen eines substantiierten Verdachts relevanter strafrechtlicher Verstöße gegen den Journalisten selbst (BVerfGE 20, 162 (191 f.) (217) – Spiegel; 117, 244 (265) – Cicero). Der Informantenschutz greift grds. auch für rechtswidrig erlangte Informationen (BVerfG ZUM 1999, 633). Entsprechendes gilt sodann für die Beschlagnahme und anschließende Sichtung des Materials. Bedeutung hat in diesem Zusammenhang zudem das Zeugnisverweigerungsrecht von Presseangehörigen, das ausnahmsweise sogar den Anzeigenteil erfassen kann (BVerfGE 64, 108 (118 f.) – Chiffreanzeigen; vgl. ferner BVerfGE 77, 65 (74 ff.), (81 ff.) – Beschlagnahme von Filmmaterial; vgl. zum Ganzen auch BK/Degenhart GG Art. 5 Abs. 1 und 2 Rn. 401 ff.; ferner v. Münch/Kunig/Wendt GG Art. 5 Rn. 35). Der Schutz des Redaktionsgeheimnisses ist iÜ auch drittgerichtet und schützt die Vertraulichkeit der Redaktionsarbeit grds. gegenüber Berichten privater Dritter, die sich durch Täuschung Zugang zu entsprechendem Wissen verschafft haben (BVerfGE 66, 116 (131 ff.) – Springer/Walraff). Zu Recht geht der BGH insoweit davon aus, dass bei der Güterabwägung nach der betroffenen Zeitung differenziert werden darf und durchaus ein gesteigertes öffentliches Interesse an der Redaktionsarbeit einer Boulevard-Zeitung besteht (BGHZ 80, 25 = NJW 1981, 1089; zurückhaltender BVerfGE 66, 116 (139 ff.) – Springer/Wallraff), die wie die „Bild"-Zeitung in besonders scharfer Form in den öffentlichen Meinungskampf eingreift und dabei in ihren Mitteln nicht „zimperlich" ist. Sie muss dann mit vergleichsweise schärferen Gegenreaktionen im Sinne einer öffentlichkeitsrelevanten Gegenmacht leben (krit. gegenüber einer solchen Differenzierung BK/Degenhart GG Art. 5 Abs. 1 und 2 Rn. 407 mwN).

52 **d) Umfassender Schutz der Veröffentlichung einschließlich der Darstellung und des Vertriebs sowie des Pressegrossos.** Auf der Verbreitungsebene steht zunächst die umfassende **Gestaltungsfreiheit** der Darstellung in formaler und inhaltlicher Hinsicht (dazu BVerfGE 97, 125 (144) – Caroline von Monaco I; s. auch Umbach/Clemens, Grundgesetz-Mitarbeiterkommentar, Band 1, 2002, Art. 5 Rn. 80) im Vordergrund. So unterfällt die Entscheidung darüber, wie die Informationen und die daraus hergestellten Inhalte präsentiert werden, welche Themen aufgegriffen werden, ob unterhaltende, wertende oder informierende Inhalte im Vordergrund stehen oder verknüpft werden (zum „Infotainment" etwa BVerfGE 101, 361 (390) – Caroline von Monaco II), welchen Umfang die Werbung einnimmt, inwieweit Texte Dritter abgedruckt werden (BVerfGE 42, 53 (62) für den Fall der Verweigerung des Abdrucks von Wahlwerbung bei regionaler Monopolstellung einer Zeitung) und welche **Tendenz** das Presseorgan aufweist (BVerfGE 52, 283 (296) – Tendenz-

betrieb) der Pressefreiheit. Die Darstellungsfreiheit wird vor allem durch die kollidierenden Rechtsgüter der von der Berichterstattung Betroffenen beschränkt. Das gilt insbes. für das **Gegendarstellungsrecht**. Hier hat das BVerfG zuletzt in einer Kammerentscheidung zu Recht festgestellt, dass bei der Gegendarstellung besonders darauf zu achten ist, ob eine Aussage tatsächlich getroffen wurde. Eine „nicht fernliegende Deutung" einer Aussage genügt insoweit nicht (BVerfGK 13, 97 (102)), da andernfalls für die Pressefreiheit nicht akzeptable Einschüchterungseffekte erzeugt werden, die auch in einem durch die Verpflichtung zum Abdruck der Gegendarstellung erzeugten Imageschaden bestehen kann (BVerfGK 13, 97 (106); krit. dazu Sedelmeier AfP 2012, 451 ff.). Allerdings sind insoweit Differenzierungen zulässig, je nachdem, in welcher Marktsituation sich die betroffene Zeitung befindet. So kann das Gegendarstellungsrecht gegenüber einer monopolistischen Lokalzeitung bspw. weiter gezogen werden. Im Übrigen hebt das BVerfG die besondere Bedeutung des Titelblattes hervor (BVerfGE 97, 125 (144) – Caroline von Monaco I). Im Weiteren lässt das BVerfG im Rahmen der Abwägung zu Recht eine Differenzierung nach der Eigenart des Publikationsorgans und der Ernsthaftigkeit, mit der die Informationsvermittlung erfolgt, zu (BVerfGE 97, 125 (144) – Caroline von Monaco I). Schließlich ist verfassungsrechtlich auch ein wahrheits- und verschuldensunabhängiger Gegendarstellungsanspruch zulässig (BVerfGE 97, 125 (148), (150) – Caroline von Monaco I). Insoweit darf der Persönlichkeitsschutz über einen eng verstandenen Ehrenschutz hinausgehen (BVerfGE 97, 125 (147), (152) – Caroline von Monaco I). Unabhängig davon ist nach sorgfältiger Recherche eine Berichterstattung über Sachverhalte von der Pressefreiheit geschützt, die hinsichtlich ihres Wahrheitsgehalts ungeklärt sind (BVerfGE 97, 125 (149) – Caroline von Monaco I). Auf der Stufe des Vertriebs ist schließlich ein umfassender Wirkbereich geschützt, der auch die Tätigkeit der Presse-Grossisten als pluralismussichernde Instanz (dazu zuletzt Gersdorf AfP 2012, 336) mit erfasst (BVerfGE 77, 346 (354 f.) – Presse-Grosso). Insofern relevante presseexterne Hilfstätigkeiten im Rahmen des Vertriebs fallen dann auch unter die Pressefreiheit, sofern sie funktionsrelevant für die Pressefreiheit sind (so zutreffend BK/Degenhart GG Art. 5 Abs. 1 und 2 Rn. 427). Damit können **arbeitsrechtliche Regeln**, sofern sie etwa für den Sonntagsvertrieb oder die morgendliche Zeitungszustellung relevant sind, einer Rechtfertigung am Maßstab der Pressefreiheit unterfallen (s. etwa BVerfG NZA 1999, 583 (584), für den Fall der gesetzlichen Neuregelung der geringfügigen Beschäftigungsverhältnisse und wiederum BK/Degenhart GG Art. 5 Abs. 1 und 2 Rn. 429 und 430). Schließlich ist der **Gratisvertrieb** von Tageszeitungen von der Pressefreiheit geschützt und sein wettbewerbsrechtliches Verbot nicht zu rechtfertigen (dazu umfassend Lahusen, Inhalt und Schranken der Pressefreiheit – die rechtliche Problematik des Gratisvertriebs von Tageszeitungen, 2004; s. ferner Bringe, Wettbewerbsrechtliche und verfassungsrechtliche Vorgaben für den Gratisvertrieb meinungsbildender Tagespresse, 2002, der eine hoheitliche Handlungsnotwendigkeit angesichts der Gefahr für die Unabhängigkeit von Gratiszeitungen durchaus sieht, aber Verbote auf der Basis bloßer Gefährdungslagen für verfassungswidrig hält).

3. Tendenzschutz und innere Pressefreiheit

Grds. bietet die Pressefreiheit nicht nur Schutz gegen den Staat, sondern auch durch den Staat, sofern es um die Sicherung der Pressefreiheit des einzelnen Journalisten im Pressebetrieb und gegen die Leitungsgremien des Presseorgans geht. Dabei löst dieses unter dem Terminus der „inneren Pressefreiheit" diskutierte Thema komplexe **Abwägungsprobleme in multipolaren Grundrechtsverhältnissen** aus (dazu grundlegend und in der Sache zurückhaltend mit Blick auf die Redakteursrechte Lerche, Verfassungsrechtliche Aspekte der „inneren Pressefreiheit", 1974, passim und 102 ff.). Denn hier kollidiert bei einer entsprechenden staatlichen Intervention das Abwehrrecht der Leitung des Presseorgans mit einer im Rahmen der mittelbaren Drittwirkung zu schützenden Pressefreiheit des einzelnen Journalisten. Die Leitungsrechte werden insoweit durch den sog Tendenzschutz nach § 118 BetrVG bzw. § 1 Abs. 4 MitBestG gesichert. Dabei stehen der Tendenzschutz und die verlegerische Freiheit als abwehrrechtliche Komponenten im Vordergrund. Jener Tendenzschutz umschließt ein Direktionsrecht sowohl in den Grundlinien als auch im Details, insbes. wenn gerade diese strittig sind oder werden können (so zutreffend BK/Degenhart GG Art. 5 Abs. 1 und 2 Rn. 463). Im Wege der mittelbaren Drittwirkung geschützt wird sodann va die negative Pressefreiheit des Journalisten, der nicht gezwungen werden darf, Aussagen gegen seine Überzeugungen zu publizieren. Die positive Entfaltungsfreiheit ist dagegen wesentlich schwächer geschützt, was jedoch weiter gehende vertragliche oder betriebliche Regeln nicht ausschließt (so iErg die überwiegend vertretene Ansicht, s. etwa MKS/Starck GG Art. 5 Abs. 1, 2 Rn. 90 ff.; Dreier/Schulze-Fielitz GG Art. 5 I, II Rn. 308; ebenso letztlich auch BK/Degenhart GG Art. 5 Abs. 1 und 2 Rn. 462 f., der allerdings insoweit keinen Fall der mittelbaren Grundrechtswirkung annehmen möchte).

4. Privatrechtliche Organisation und Staatsferne

54 Für die Presse als privatrechtlich organisierte Institution greift das allgemeine medienrechtliche **Prinzip der Staatsferne in besonderer Schärfe**. So gelten das vom BVerfG im Rahmen der Prüfung von **Pressesubventionen** aufgestellte strenge Gebot der Neutralität und das Verbot jeglicher Einflussnahme (BVerfGE 80, 124 (133 f.) – Postzeitungsdienst) für die unmittelbare unternehmerische und publizistische Tätigkeit der öffentlichen Hand in besonderer Form. Schon früh hat das BVerfG darauf hingewiesen, dass trotz der wichtigen „öffentlichen Aufgabe" der Presse als unentbehrliches Element der Demokratie eine privatwirtschaftliche Organisation indiziert ist (BVerfGE 20, 162 (175) – Spiegel; vgl. auch BVerfGE 52, 283 (296) – Tendenzbetrieb). Insofern greift als wichtige Folge der staatlichen Neutralitätspflicht ein Anspruch auf Gleichbehandlung im publizistischen Wettbewerb (BVerfGE 80, 124 (134) – Postzeitungsdienst). Das bedeutet zudem, dass sich die öffentliche Hand, die publizistisch tätig wird, keinesfalls auf die Pressefreiheit berufen kann (BVerfGE 75, 192 (197) – Sparkassen, zur mangelnden Grundrechtsfähigkeit von Sparkassen), sondern entsprechende Aktivitäten ihrerseits streng an der Pressefreiheit zu prüfen sind. So sind **Beteiligungen der öffentlichen Hand** an Presseunternehmen grds. verboten, da sie der Neutralitätspflicht zuwider laufen. Dies gilt unabhängig davon, ob es um eine Beteiligung an einem privatrechtlich oder einem öffentlich-rechtlich organisierten Presseorgan geht (ebenso schon Sachs/Bethge GG Art. 5 Rn. 80). Selbst eine lediglich randständige, die Pressevielfalt und zugleich die freie, privatwirtschaftlich organisierte Presse nicht tangierende Staatspresse ist abzulehnen (anderes ergibt sich auch nicht aus BVerfGE 12, 205 (260) – Deutschland-Fernsehen; tendenziell anders insoweit Rudolph, Erhalt von Vielfalt im Pressewesen, 2009, 344). Vor diesem Hintergrund birgt selbst eine überbordende hoheitliche **Öffentlichkeitsarbeit** Gefahren für die Neutralität der Kommunikationsprozesse und die öffentliche Hand muss sich daher in Art, Frequenz und Umfang in Zurückhaltung üben (vgl. insoweit zu knapp gehaltenen Informationen im nichtamtlichen Teil des Amtsblattes einer Gemeinde OLG Frankfurt/Main NVwZ 1993, 706 (707)). Wöchentliche Berichtsbeilagen der Leitung der Gemeindeverwaltung in lokalen Zeitungen wären bspw. unzulässig. Differenzierter ist die Sachlage mit Blick auf die **politischen Parteien** zu bewerten, da diese grds. selbst Träger der Pressefreiheit sind und auch auf publizistische Aktivitäten im politischen Meinungskampf zurückgreifen dürfen (grundlegend dazu Reffken, Politische Parteien und ihre Beteiligungen an Medienunternehmen, 2007, 323 ff.). Allerdings weisen sie eine „gewisse Staatsnähe" auf, so dass ein „bestimmender Einfluss" zu vermeiden ist (s. umfassend auch zum Grundrechtsschutz der Parteien, zur Staatsnähe und zu den zulässigen Beschränkungen des Einflusses in Bezug auf den privaten Rundfunk BVerfGE 121, 30 (50 ff.) – Parteibeteiligung an Rundfunkunternehmen, s. dazu auch → Rn. 59 und → Rn. 71 und die dort analysierte Rspr. des BVerfG; ferner Klein, FS Maurer 2001, 193 (195 ff.); zurückhaltend Huber, FS 50 Jahre BVerfG II, 2001, 609 (617 f.)). Im Übrigen können und müssen gegebenenfalls Transparenzpflichten statuiert werden, die auf die Offenlegung entsprechender Beteiligungen abzielen.

5. Objektivrechtliche Schutzgehalte (Institut „Freie Presse")

55 Neben der primär abwehrrechtlichen Schutzdimension der Pressefreiheit hat das BVerfG schon früh im Spiegel-Urteil die objektivrechtliche Seite des Pressegrundrechts betont. Begrifflich hat das Gericht dabei auf den Schutz des „Instituts ‚Freie Presse'" abgestellt (BVerfGE 20, 162 (175 ff.) – Spiegel), wobei unklar bleibt, welche zusätzliche Komponente diese institutionelle Ausflaggung bedingen soll. Im Ergebnis tritt die objektivrechtliche Dimension jedenfalls zur **Stützung der subjektivrechtlichen** hinzu und überspielt sie –

anders als in der Rundfunk-Rspr. des BVerfG (s. dazu insbes. → Rn. 81 ff. und → Rn. 98) – keineswegs. Daher ist mit Blick auf die einzelnen angeführten Schutzelemente hervorzuheben, dass es um flankierende hoheitliche Maßnahmen zur Stärkung der Pressefreiheit geht. Das gilt etwa in Bezug auf die Freiheit der Gründung von Presseorganen, die grds. gerade keiner legislativen Regelung bedarf. Insoweit unterscheidet sich die Pressefreiheit auch von der normgeprägten Eigentumsgarantie aus Art. 14 GG (zur dortigen Normprägung und dem diesbezüglichen Institutscharakter etwa v. Münch/Kunig/Bryde GG Art. 14 Rn. 12 und Rn. 29 ff.; s. auch den Hinweis von Sachs/Bethge GG Art. 5 Rn. 75a). Wichtig wird dieser Zusammenhang, wenn es um ambivalente hoheitliche Interventionen geht, die anders als etwa die Stärkung von Auskunftspflichten der öffentlichen Behörden neben einer pressefördernden Wirkung zugleich einen freiheitsgefährdenden Charakter aufweisen. Das gilt insbes. für Pressesubventionen (BVerfGE 80, 124 – Postzeitungsdienst). Diese bedürfen grds. einer gesetzlichen Grundlage, sofern sie ein relevantes Gefährdungspotenzial aufweisen, da sie insofern grundrechtswesentlich sind. Dies kann man für offensichtlich meinungsneutrale **Subventionsformen** wie den Postzeitungsdienst ausnahmsweise verneinen (BVerfGE 80, 124 (132) – Postzeitungsdienst); ähnliches kann für Steuervorteile wie eine reduzierte Umsatzsteuer angenommen werden (BK/Degenhart GG Art. 5 Abs. 1 und 2 Rn. 482). Zwingend ist iÜ die Wahrung des streng verstandenen Neutralitätsgebots und der Gleichbehandlungspflicht im publizistischen Wettbewerb. Das verbietet keineswegs eine meinungsneutrale Differenzierung etwa nach publizistischen und nichtpublizistischen Herausgeberzwecken (also reiner Geschäftspresse; BVerfGE 80, 124 (134) (136) – Postzeitungsdienst). Wesentlich problematischer sind dagegen selektive Subventionen an einzelne Presseunternehmen, etwa die Vergabe von Krediten oder Bürgschaften zu vergünstigten Konditionen bspw. im Rahmen einer Rettungs- und Umstrukturierungsbeihilfe. Insoweit ist in jedem Fall eine **gesetzliche Regelung** erforderlich, ohne dass dafür zwingend finanzielle Schwierigkeiten konkurrierender Presseorgane vorliegen müssen. Denn durch eine gezielte Fördermaßnahme zugunsten eines einzelnen Unternehmens wird eine neutralitätsgefährdende Abhängigkeitslage geschaffen. Das gilt etwa für den Fall, dass eine Kommune die Vertriebskosten eines von zwei lokal erscheinenden Anzeigenblättern übernimmt (vgl. OLG Frankfurt a. M. NVwZ 1993, 706 (707); Püttner JuS 1995, 1069 (1070); s. ferner VG Berlin NJW 1996, 410 f., für den Fall der verfassungswidrigen staatlichen Übernahme von Reisekosten für Regierungsmitglieder begleitende Journalisten; Kühling/el-Barudi JURA 2006, 672 (675)). Um entsprechende Abhängigkeitsverhältnisse zu vermeiden, wird man derartige Fördermaßnahmen regelmäßig als verfassungsrechtlich unzulässig zurückweisen müssen (BK/Degenhart GG Art. 5 Abs. 1 und 2 Rn. 480); auch die Subventionsvergabe durch unabhängige Kontrollgremien vermag kaum eine hinreichende prozedurale Absicherung zu gewährleisten (optimistischer insoweit Rudolph, Erhalt von Vielfalt im Pressewesen, 2009, 407). Daher sind auch Modelle einer systematischen Förderung von Zweitzeitungen unzulässig (aA Rudolph, Erhalt von Vielfalt im Pressewesen, 2009, 340 f.; aufgeschlossen gegenüber verschiedenen Subventionsmodellen auch Diekel, Pressesubventionen und Pressekonzentration, 1999, 171 ff.). Eine flächendeckende Fördermaßnahme für Lokalzeitungen (etwa in Form der Übernahme der Vertriebskosten) ist dagegen nicht per se verfassungswidrig, sondern kann aus Gründen der Pluralismussicherung ausnahmsweise zulässig sein (MKS/Starck GG Art. 5 Abs. 1, 2 Rn. 85). Ein Subventionsanspruch besteht nach allgemeiner Ansicht in keinem Fall (MKS/Starck GG Art. 5 Abs. 1, 2 Rn. 19).

6. Pluralismussicherung

Die Möglichkeit, gerade auf **Lokalebene,** Maßnahmen der Pluralismusförderung zu ergreifen, ist dem Umstand geschuldet, dass hier die Konzentrationsprozesse besonders weit vorangeschritten sind und fast ausschließlich monopolistische oder zumindest oligopolistische Märkte bestehen (→ Rn. 7). Eine publizistische Vielfalt ist daher – anders als auf überregionaler Ebene – im Sinne eines Außenpluralismus nicht gegeben. Eine gewisse publizistische Ergänzung erfolgt teilweise über die Verbreitung von Gratiszeitungen, die allerdings aufgrund ihrer wöchentlichen Verbreitung keine vergleichbare Rolle für die Meinungsbildung spielen. Die erleichterte Möglichkeit, durch Online-Publikationen im Internet die publizistische Vielfalt zu erhöhen, bewirkt insoweit regelmäßig genauso wenig wie das Hin-

56

zutreten des lokalen Rundfunks. Denn die systematische Online-Berichterstattung über lokale Ereignisse wird oftmals von der Lokalzeitung mit übernommen und der lokale Rundfunk verfügt zumeist über eine nur geringe Rezeptionsfrequenz und erfolgt zudem nicht selten auch unter Beteiligung der Lokalzeitung. Das Leitbild des BVerfG der „Existenz einer relativ großen Zahl selbstständiger, vom Staat unabhängiger und nach ihrer Tendenz, politischen Färbung oder weltanschaulichen Grundhaltung miteinander konkurrierender Presseerzeugnisse" als Voraussetzung einer freien Presse wird daher auf lokaler Ebene faktisch nicht erfüllt.

57 Daher wären an sich proaktive hoheitliche Maßnahmen indiziert, um das Pluralismusdefizit zu beseitigen. Hier zeigt sich jedoch das soeben bei der verfassungsrechtlichen Analyse von Subventionen aufgezeigte Dilemma. Die von der Schutzpflicht an sich gebotenen Maßnahmen stoßen sogleich wegen ihrer Eingriffsqualität auf verfassungsrechtliche Grenzen. So scheiden Maßnahmen zur Schaffung bzw. Absicherung eines **Binnenpluralismus** etwa in Form prozeduraler bzw. institutioneller Lösungen, wie pluralistisch besetzter Beiräte, wegen der massiven Eingriffstiefe in die privatwirtschaftlich organisierte Presse von vornherein als **verfassungswidrig** aus. Der Freiheitsverlust wäre hier deutlich größer als der Freiheitsgewinn. Eine faktisch halbwegs binnenpluralistische Lokalzeitung ist einem hoheitlich organisierten, freiheitsfernen und politischen Einflussnahmen stärker ausgesetzten Binnenpluralismus unter Freiheitsgesichtspunkten allemal vorzugswürdig. Dasselbe gilt für wenig vollzugsfähige **vielfaltssichernde Generalklauseln** (wie hier iErg BK/Degenhart GG Art. 5 Abs. 1 und 2 Rn. 438; MKS/Starck GG Art. 5 Abs. 1, 2 Rn. 89 jeweils mwN.; Rudolph, Erhalt von Vielfalt im Pressewesen, 2009, 345; offener insoweit jedoch AK-GG/Hoffmann-Riem GG Art. 5 Abs. 1, 2 Rn. 229 ff.; ferner Stammler, Die Presse als soziale und verfassungsrechtliche Institution, 1971, 325 ff., der einem Anstaltsmodell durchaus aufgeschlossen ist). Da der Abdruck von Leserbriefen grds. im Rahmen einer redaktionellen Selektion erfolgt, wird man noch am ehesten das Instrument der **Gegendarstellung** als schwaches Instrument zur Herstellung eines – allerdings sehr minimalen – Binnenpluralismus ausweiten können. Es wurde schon auf die insoweit verfassungsrechtlich zulässige Differenzierung für lokale Monopolzeitungen verwiesen (→ Rn. 52; vgl. Rudolph, Erhalt von Vielfalt im Pressewesen, 2009, 366 ff., der für eine diesbezügliche Ausdehnung des Gegendarstellungsrechts auf wertende Äußerungen plädiert; ebenso allgemein Rösler ZRP 1999, 507 (508 f.); Stürner JZ 1994, 865 (875 f.); dagegen Schmid/Seitz NJW 1991, 1009 (1010 f.)). Damit erweisen sich zugleich die Möglichkeiten eines hoheitlich stimulierten publizistischen Wettbewerbs als äußerst begrenzt. Während das Bild sinnvoller und verfassungsrechtlich zulässiger Instrumente für die bereits notleidenden lokalen Zeitungsmärkte folglich düster ist, bestehen auf den noch weit gehend funktionsfähigen überregionalen Pressemärkten mehr Handlungsmöglichkeiten zur Sicherung der Pressevielfalt, da hier noch wirksam auf das Modell des wirtschaftlichen Wettbewerbs gesetzt werden kann (s. zur Unterscheidung zwischen wirtschaftlichem und publizistischem Wettbewerb grundlegend Rudolph, Erhalt von Vielfalt im Pressewesen, 2009, 41 ff. und passim). Weil die Pressekonzentration jedoch auch insoweit zunimmt, ist vor allem eine effektive vielfaltssichernde Wirkung des **Kartellrechts** erforderlich. Im Vordergrund steht die Fusionskontrolle, die auf die Aufrechterhaltung des wirtschaftlichen Wettbewerbs abzielt und dadurch mittelbar zugleich zur Sicherung des publizistischen Wettbewerbs beiträgt. Insofern rechtfertigen sich auch schärfere Regeln der Fusionskontrolle, die sowohl den wettbewerblichen Sonderbedingungen als auch den medienpolitischen Besonderheiten geschuldet sind. Besonders relevant sind hier die abgesenkten Schwellenwerte für das Eingreifen der Fusionskontrolle in Form der sog **„Presserechenklausel"** gem. § 38 Abs. 3 GWB, die im Zuge der 3. GWB-Novelle gerade mit Blick auf die Konzentrationsprozesse auf regionaler und lokaler Ebene eingefügt wurde und auch kleinere Fusionen in den kartellrechtlichen Kontrollstrahl zieht. Die im Rahmen der gegenwärtigen 8. GWB-Novelle angestrebte **Relativierung** des Absenkungsfaktors von 20 auf acht ist daher **nicht unproblematisch.** Allerdings verfügt der Gesetzgeber insoweit über eine Einschätzungsprärogative, die jedoch prozedural durch Beobachtungs- und Revisionspflichten flankiert wird. So müssen verlässliche Datengrundlagen geschaffen werden, um die Auswirkungen der geplanten Modifikation zu prüfen und gegebenenfalls rückgängig zu machen. Aus verfassungsrechtlicher Sicht zu begrüßen ist dagegen die zwischenzeitlich geplante Eröffnung einer sektorspezifischen **Sanierungsfusion** in § 36 Abs. 1 GWB, die letztlich darauf abzielt, die Existenz einer Zeitung in dem Fall zu sichern, in dem nur noch die Alternative einer Einstellung der Zeitung besteht. Denn Letzteres ist unter dem Gesichtspunkt der Sicherung der Pressevielfalt weniger vorzugswürdig. Ergänzend ist hervorzuheben, dass eine Kombination mit einer sinnvoll ausgestalteten Verpflichtung zur Wahrung der Unabhängigkeit der Redaktion der übernommenen Zeitung sehr wohl sinnvoll sein kann, auch wenn die konkrete Ausgestaltung in der seinerzeit angestrebten, aber gescheiterten Änderung im Rahmen der 7. GWB-Novelle nicht gelungen war (dazu näher Rudolph, Erhalt von Vielfalt im Pressewesen, 2009, 308 ff.). Über die Fusionskontrolle hinaus gehende zusätzliche kartellrechtliche Schranken, die etwa das interne Wachstum begrenzen sollen (**Auflagengrenzen; Marktanteilsschranken**), sind mit dem Grundsatz einer privatwirtschaftlichen Pressefreiheit schon im Ansatz unvereinbar (pointiert MKS/Starck GG Art. 5 Abs. 1, 2 Rn. 88). Relevanter ist hingegen eine pressefreiheitsorientierte Interpretation und Ausgestaltung der übrigen kartellrechtlichen und wettbewerbsrechtlichen Normen. Dem wird die Entscheidung des EuGH im österreichischen Fall Bronner nicht gerecht, die in der Verweigerung des **Zugangs zum Zeitungsverteilnetz** des marktbeherrschenden Presseunternehmens keinen Missbrauch der Marktmacht zu erkennen vermochte (EuGH Slg. 1998, I-7791, Rn. 41 – Oscar Bronner/Mediaprint; dazu Wegener/Kühling, Enzyklopädie Europarecht, Medienrecht, 2013 Rn. 47). So ließe sich ein entsprechender Zugangsanspruch iÜ in verfassungsrechtlicher zulässiger Form einfachgesetzlich fixieren, auch wenn er in die Pressefreiheit des zugangsverpflichteten Unternehmens eingreift. Ähnlich ließe sich ein pluralismussicherndes Verbot von hochdotierten Preisrätseln in Fernsehzeitschriften rechtfertigen, wie es der EuGH-Entscheidung im Fall Familiapress zugrunde lag (EuGH Slg. 1997, I-3689 – Familiapress; dazu Kühling EuGRZ 1997, 296 ff.) und das dem Schutz des publizistischen Wettbewerbs gegenüber wirtschaftlicher Machtstellungen dient.

IV. Medienfreiheit II – Rundfunkfreiheit aus Abs. 1 Hs. 2 Var. 2

1. Die besondere verfassungsgerichtliche Prägung der Rundfunkfreiheit

a) Die Bedeutung der 13 Rundfunk-Entscheidungen. Kaum ein Grundrecht ist 58 derartig überformt worden durch die Rspr. des BVerfG wie die Rundfunkfreiheit, was immer wieder Anlass zu scharfer Kritik war (exemplarisch Schmitt Glaeser DÖV 1987, 837 (839): **„Verfassungsrichterstaat"**; vgl. zum Überblick auch Stern/Becker/Fechner Grundrechte-Kommentar, 2010, Art. 5 Rn. 416 ff.). In einer Serie von Entscheidungen hat das Gericht wesentliche Elemente einer Rundfunkordnung herausgearbeitet und diese verfassungsrechtlich aufgeladen. Ein Verständnis der geltenden Rundfunkfreiheit in Deutschland, letztlich aber auch des geltenden Rundfunkrechts und der rundfunkrechtpolitischen Streitigkeiten ist ohne Kenntnis dieser Entscheidungen kaum möglich. Dabei divergiert die Zählung der verschiedenen Entscheidungen leicht, auch wenn sich weit gehend die im Folgenden skizzierte Nummerierung etabliert hat, wobei auch die Beschlüsse oftmals als „Urteile" bezeichnet werden (eine Übersicht mit weiter führenden Hinweisen zu diesen 13 Entscheidungen findet sich auch unter http://de.wikipedia.org/wiki/Rundfunkentscheidung).

b) Deutschland-Fernsehen (1. Rundfunk-Entscheidung). Die 1. Rundfunk-Ent- 59 scheidung v. 28.2.1961 (BVerfGE 12, 205 – Deutschland-Fernsehen) bildet den Grundstein des umfassenden Rechtsprechungs-Gebäudes des BVerfG zur Rundfunkfreiheit. Schon der streitige Sachverhalt markiert die parteipolitische Prägung des „Kampfs" um die Rundfunkordnung in Deutschland. Die Adenauer-Regierung verfolgte das Ziel der Schaffung eines zweiten bundesweiten deutschen Fernsehens neben der offensichtlich als zu regierungskritisch wahrgenommenen ARD. Die Gründung jener Deutschland-Fernsehen GmbH, an der Bund und Länder zu 51 bzw. 49 % beteiligt sein sollten, erfolgte sodann unter umfassender Abstimmung mit den unionsgeführten Bundesländern, ohne die SPD-regierten Länder angemessen einzubinden. In der Klage ging es im Kern um die kompetenzrechtliche Frage einer Zuständigkeit des Bundes. Die umfangreiche Entscheidung, die schon grundlegend mit einer Darstellung der Geschichte des Rundfunks in Deutschland ansetzt, geht in ihren Aussagen jedoch weit über die kompetenzrechtlichen Aspekte hinaus. Insoweit stellte das Gericht überzeugend fest, dass sich die Bundeskompetenz für das Fernmeldewesen nach

Art. 73 Nr. 7 GG aF (jetzt „Telekommunikation" nach Art. 73 Nr. 7 GG nF) nur auf den Übertragungsweg bezieht. Damit steht den Ländern die Kompetenz für die Rundfunkgesetzgebung zu (BVerfGE 12, 205 (249) – Deutschland-Fernsehen). Mit Blick auf die Rundfunkfreiheit war jedoch vor allem entscheidend, dass das Gericht auch vor dem Hintergrund der historischen Erfahrungen den Rundfunk einerseits als **öffentliche Aufgabe** qualifiziert (BVerfGE 12, 205 (246) – Deutschland-Fernsehen), die jedoch andererseits **staatsfern** zu organisieren sei (BVerfGE 12, 205 (260 ff.) – Deutschland-Fernsehen). Dies führt zu der als zielführend, aber keineswegs zwingend angesehenen Organisationsform des **Anstalts-Modells** (BVerfGE 12, 205 (261) – Deutschland-Fernsehen). Obligatorisch ist bei der institutionellen Ausgestaltung sodann einerseits die ausgewogene gesellschaftliche Repräsentation in den Gremien der Anstalten und andererseits die Wahrung des **Binnenpluralismus,** da das Gesamtprogramm ein „Mindestmaß von inhaltlicher Ausgewogenheit, Sachlichkeit und gegenseitiger Achtung gewährleisten" müsse (BVerfGE 12, 205 (263) – Deutschland-Fernsehen). Die geplante unmittelbare Staatsbeteiligung an der Rundfunk-GmbH schied wegen des Gebots der **Staatsferne** aus. Zugleich segnete das BVerfG das öffentlich-rechtliche Rundfunkmonopol ab (BVerfGE 12, 205 (261) – Deutschland-Fernsehen). Jene Zulässigkeit (aber keineswegs Gebotenheit) des Monopols und die institutionellen Notwendigkeiten waren Folge der gegenüber dem Pressewesen bestehenden **Sondersituation.** Diese wird vom Gericht in technischer Hinsicht an der Frequenzknappheit und in ökonomischer Hinsicht an den hohen Kosten eines Rundfunkbetriebs festgemacht (BVerfGE 12, 205 (261) – Deutschland-Fernsehen). Schließlich verlange die Rundfunkfreiheit entsprechende Absicherungen im Gesetz selbst, es greift also ein zwingender Gesetzesvorbehalt (BVerfGE 12, 205 (263) – Deutschland-Fernsehen). Durch dieses Konstrukt der „institutionellen Freiheit" soll die Rundfunkfreiheit als „eminenter ‚Faktor' der öffentlichen Meinungsbildung" (BVerfGE 12, 205 (260) – Deutschland-Fernsehen) doppelt, gegenüber einer staatlichen Steuerung ebenso wie gegenüber einer einseitigen gesellschaftlichen Instrumentalisierung, abgesichert werden (vgl. auch Ladeur AfP 1998, 141). Das Urteil betont damit zugleich die wichtige Rolle der Rundfunkfreiheit für die öffentliche Meinungsbildung und erstreckt diese keineswegs nur auf die politisch relevanten Themen und Formate, sondern auch auf den **Unterhaltungsbereich,** was für die anschließende Expansion des öffentlich-rechtlichen Rundfunks von Bedeutung ist. In der Folge der Entscheidung wurde noch im selben Jahr 1961 das Zweite Deutsche Fernsehen (ZDF) im Wege eines Staatsvertrags als Anstalt des öffentlichen Rechts auf der Linie der Vorgaben des BVerfG eingerichtet.

60   **c) Mehrwertsteuer (2. Rundfunk-Entscheidung).** Weniger grundlegender und eher bestätigender Natur ist die zehn Jahre später ergangene 2. Rundfunk-Entscheidung v. 27.7.1971 (BVerfGE 31, 314 – Mehrwertsteuer). In der Sache ging es um die verfassungsrechtliche Zulässigkeit der Qualifikation der Tätigkeit der Rundfunkanstalten als gewerblicher oder beruflicher Art, um sie anschließend einer Mehrwertsteuer zu unterwerfen. Das BVerfG verneinte dies unter Anknüpfung an die 1. Rundfunk-Entscheidung und den dort hervorgehobenen öffentlichen Aufgabencharakter des Rundfunks (BVerfGE 31, 314 (329) – Mehrwertsteuer). Ergänzend weist das Gericht dem Rundfunk als **„einem der mächtigsten Kommunikationsmittel und Massenmedien"** (BVerfGE 31, 314 (325) – Mehrwertsteuer) in Anlehnung an die Integrationslehre Smends (Smend, Verfassung und Verfassungsrecht, 1928, 67 ff.) eine **integrierende Funktion** für das Staatsganze" zu (BVerfGE 31, 314 (329) – Mehrwertsteuer), die „nicht dem freien Spiel der Kräfte überlassen werden" dürfe (BVerfGE 31, 314 (325) – Mehrwertsteuer). Ergänzend betont das Gericht für die gesellschaftliche Repräsentation in den **Rundfunkgremien** die Bedeutung des Rundfunkrats (BVerfGE 31, 314 (328) – Mehrwertsteuer) und den für den Gesetzgeber bindenden Charakter der organisationsrechtlichen Vorgaben (BVerfGE 31, 314 (330) – Mehrwertsteuer). Folgerichtig zu dem in der 1. Rundfunk-Entscheidung entwickelten Gebot der Staatsferne billigt das Gericht den öffentlich-rechtlichen Rundfunkanstalten die **Grundrechtsberechtigung** zu (BVerfGE 31, 314 (322) – Mehrwertsteuer). Die Frage der möglichen Mehrwertsteuerpflichtigkeit kommerzieller Tätigkeiten der öffentlich-rechtlichen Rundfunkanstalten (wie die entgeltliche Vermarktung von Filmen) ließ das Gericht iÜ offen (BVerfGE 31, 314 (324) – Mehrwertsteuer).

61   **d) FRAG (3. Rundfunk-Entscheidung).** Während die 1. Rundfunk-Entscheidung die Grundlagenentscheidung zum öffentlich-rechtlichen Rundfunk darstellt, übernimmt die

3. Rundfunk-Entscheidung v. 16.6.1981 (BVerfGE 57, 295 – FRAG) zwei Dekaden später jene Funktion für den **privaten Rundfunk**. Damit waren die Fundamente der „Dualen Rundfunkordnung" gelegt. Hintergrund des Streits war der Antrag der „Freien Rundfunk AG in Gründung" (FRAG), eine Sendekonzession als privater Rundfunkbetreiber in Deutschland zu erlangen. Möglich war dies, weil das Saarland bereits 1964 als erstes Bundesland eine entsprechende gesetzliche Regelung geschaffen hatte. Die saarländische Regierung lehnte eine Genehmigung jedoch mit dem Argument ab, den öffentlich-rechtlichen Saarländischen Rundfunk vor einer entsprechenden Konkurrenz schützen zu wollen (eingehend zur damaligen rundfunkpolitischen Situation in Deutschland Oppermann JZ 1981, 721 (722 ff.)). Zu Beginn der 1980er Jahre erfolgte zudem in verschiedenen Mitgliedstaaten der Europäischen Gemeinschaft eine Liberalisierung der Fernsehmärkte und in der Folge das Drängen auf eine grenzüberschreitende Verbreitung. Strittig war sodann die Frage, ob die gesetzlichen Regelungen im Saarland den Anforderungen der Rundfunkfreiheit genügten. Zwar wird die Konzessionierung privater Rundfunkveranstalter als verfassungsrechtlich zulässig angesehen. Die Entscheidung knüpft iÜ jedoch wiederum an die Grundlage der 1. Rundfunk-Entscheidung an, begründet das Konzept der Rundfunkfreiheit als **„dienende Freiheit"** und baut darauf die Notwendigkeit einer **positiven Rundfunkordnung** auf (BVerfGE 57, 295 (320 ff.) – FRAG). Insoweit greift ein **umfassender Parlamentsvorbehalt** auch für den privaten Rundfunk. Das Wesentliche muss also der Landesgesetzgeber selbst regeln. Darauf fußend entwickelte das BVerfG die fragwürdige **Ausgestaltungsdogmatik,** die in den Regelungen für den Rundfunk keinen Eingriff in die Rundfunkfreiheit erblickt. Die Anforderungen an eine pluralistische Rundfunkorganisation löst das Gericht iÜ von der Sondersituation des Rundfunks und begründet dies mit der Skepsis gegenüber der Gewährleistung der Rundfunkfreiheit im Wettbewerb privater Akteure. Das gilt unabhängig von der Sicherung des Pluralismus durch die öffentlich-rechtlichen Rundfunkanstalten (BVerfGE 57, 295 (322 ff.) – FRAG). Frei ist der Gesetzgeber sodann lediglich in den Details der Ausgestaltung eines derartigen **Pluralismus-Modells,** das entweder „binnenpluralistisch" in den privaten Sendern selbst oder „außenpluralistisch" durch mehrere Sender gewährleistet werden kann, wobei auch in diesem Fall programmliche Mindestanforderungen (zu „sachgemäßer, umfassender und wahrheitsgemäßer Information und einem Mindestmaß an gegenseitiger Achtung") greifen (BVerfGE 57, 295 (325 f.) – FRAG). Diese Anforderungen müssen im Wege der **Staatsaufsicht** sichergestellt werden, die durch eine Ex-ante-Prüfung im Rahmen der Konzessionserteilung auf der Basis entsprechender materiell-rechtlicher Eignungsprofile zu flankieren ist und insbes. in Knappheitssituationen auch auf sachgerechten Auswahlkriterien unter den Bewerbern basieren muss (BVerfGE 57, 295 (326 f.) – FRAG). Am Maßstab dieses umfassenden Anforderungskatalogs wurden die saarländischen Regelungen als ungenügend und verfassungswidrig verworfen. In der Folge kam es in den Bundesländern auch für den Privatrundfunk zu gesetzlichen Regelungen, die sich an den Ausgestaltungsvorgaben des BVerfG orientierten. Das interpretatorische Zurückdrängen der subjektivrechtlichen Komponente der Rundfunkfreiheit für private Anbieter und die umfassenden legislativen Steuerungsdirektiven stießen jedoch schon früh auf Kritik (s. etwa Degenhardt DÖV 1981, 960 ff.; Kull AfP 1981, 378 (379 ff.); Pestalozza NJW 1981, 2158 (2160 ff.); Scholz JZ 1981, 561 (564 ff.)).

e) **Niedersachsen (4. Rundfunk-Entscheidung).** In der 4. Rundfunk-Entscheidung **62** v. 4.11.1986 (BVerfGE 73, 118 – LRG Niedersachsen) hat das BVerfG die Anforderungen an den privaten Rundfunk in einer dualen Rundfunkordnung sodann ausdifferenziert, aber auch die Aufgaben der öffentlich-rechtlichen Rundfunkanstalten näher konkretisiert. Streitgegenstand des Verfahrens waren Regelungen des niedersächsischen Landesrundfunkgesetzes zur Ausgestaltung des privaten Rundfunks, die das BVerfG dem Grunde nach akzeptiert, in Einzelbestimmungen jedoch nach umfassender Prüfung verworfen hat. Mit Blick auf den öffentlich-rechtlichen Rundfunk entwickelte das Gericht dessen Aufgabe der **„Grundversorgung",** die letztlich erstens eine **flächendeckende Verbreitung,** zweitens einen **umfassenden inhaltlichen Programmstandard** und drittens einen **Binnenpluralismus** verlangt (deutlicher in BVerfGE 74, 297 (326) – Baden-Württemberg). Das Gericht begründete den Grundversorgungsauftrag mit der geringeren Orientierungsbedürftigkeit der öffentlich-rechtlichen Rundfunkprogramme an Einschaltquoten (BVerfGE 73, 118 (157 f.) – LRG Niedersachsen), so dass dieser unabhängig vom Aufkommen privater Rundfunkveranstalter weiter gelte (zu darin angelegten Ansätzen einer Bestands- und auch Entwicklungsgarantie befürwortend Berg AfP 1987, 457 (461); krit. Kull AfP 1987, 365 (367 f.), der keinerlei Grundlage für eine Programmexpansion sieht; ebenso Schmitt Glaeser DVBl 1987, 14 (19 f.)). Solange der öffentlich-rechtliche Rundfunk diese Grundversorgung gewährleiste, können die Vielfaltsanforderungen an private Rundfunkveranstalter abgesenkt werden (BVerfGE 73, 118 (159) – LRG Niedersachsen; dazu Schmitt Glaeser DVBl 1987, 14 (17 f.); krit. Stock NJW 1987, 217 (221)), was jedoch materielle, organisatorische und Verfahrensregelungen insbes. im Bereich der Konzentrationskontrolle zur Verhinderung der Entstehung vorherrschender Meinungsmacht erfordert (BVerfGE 73, 118 (160) und (172 ff.) – LRG Niedersachsen). Gerade in der Anfangsphase der Einführung des Privatrundfunks ging es nach Ansicht des Gerichts zudem darum, auf lokaler und regionaler Ebene sog **„Doppelmonopole"** in der Form zu verhindern, dass die marktbeherrschenden Zeitungsunternehmen auch den örtlichen Rundfunkmarkt dominieren. Interessant ist, dass das Gericht hier die Rückkoppelungseffekte der Rundfunkentwicklung auf den Pressemarkt angesichts der Werbung als gemeinsamer Finanzierungsquelle in den Blick nimmt (BVerfGE 73, 118 (180 ff.) – LRG Niedersachsen). Das BVerfG billigt dem Gesetzgeber insoweit zunächst eine größere Erprobungsfreiheit zu, allerdings kombiniert mit einer entsprechenden Beobachtungs- und gegebenenfalls Nachbesserungspflicht. Einen privilegierten Zugang von Presseunternehmen zum Rundfunkmarkt leitet das BVerfG aus der Konkurrenzsituation zu Recht nicht ab (BVerfGE 73, 118 (192 f.) – LRG Niedersachsen). Verworfen hat das Gericht am Maßstab des detaillierten Prüfprogramms sodann insbes. die Möglichkeit, dass die **Auswahlentscheidung** bei mehreren konkurrierenden Zulassungsanträgen nicht von einem hinreichend unabhängigen Ausschuss getroffen, sondern auf der Basis einer Fiktion durch den Vorschlag der Erlaubnisbehörde substituiert wird (BVerfGE 73, 118 (184 ff.) – LRG Niedersachsen). Dasselbe gilt für entsprechende Kompetenzen bei der Zuweisung knapper Sendezeiten (BVerfGE 73, 118 (186 ff.) – LRG Niedersachsen). Auch bestimmte Einschränkungen der pluralismusorientierten Programmkontrolle hat das Gericht mangels Eignung verworfen (BVerfGE 73, 118 (167 f.) – LRG Niedersachsen). Ferner hielt das Gericht weitere Maßnahmen zum Schutz vor der Entstehung vorherrschender Meinungsmacht für geboten (BVerfGE 73, 118 (172 ff.) – LRG Niedersachsen). Schließlich sah es die Sicherung von programmlichen Mindeststandards einschließlich der Einräumung eines **Gegendarstellungsrechts** auch bei der Verbreitung ausländischer Programme für verfassungsrechtlich indiziert an (BVerfGE 73, 118 (199 ff.) – LRG Niedersachsen).

63   f) **Baden-Württemberg (5. Rundfunk-Entscheidung).** Die 5. Rundfunk-Entscheidung vom 24. März 1987 (BVerfGE 74, 297 – Baden-Württemberg), in der Sache ein Beschluss, bringt eine weitere Austarierung des Verhältnisses **zwischen privatem und öffentlich-rechtlichem Rundfunk, die in einem publizistischen Wettbewerb** miteinander gesehen werden (BVerfGE 74, 297 (332) – Baden-Württemberg). Die Teilnahme an diesem Wettbewerb ist nach Ansicht des Gerichts auch für die öffentlich-rechtlichen Rundfunkveranstalter rundfunkfreiheitlich geschützt (BVerfGE 74, 297 (332) – Baden-Württemberg), eine strikte Grenzziehung oder Aufgabenteilung in dem Sinne, dass der öffentlich-rechtliche Rundfunk auf die Grundversorgung beschränkt sei („Minimalversorgung"), erfolge nicht (BVerfGE 74, 297 (325) – Baden-Württemberg; dazu ausführlicher Goerlich/Radeck JZ 1989, 53 (55 ff.); Libertus, Grundversorgungsauftrag und Funktionsgarantie, 1991, 52 ff.; krit. Kull AfP 1987, 462; Ory ZUM 1987, 427 (428 ff.); Seemann DÖV 1987, 844 (845 ff.)). Gestritten wurde über Regelungen des baden-württembergischen Landesmediengesetzes, die dem Schutz der Entwicklung privater Rundfunkangebote auf lokaler und regionaler Ebene dienten. Verworfen hat das BVerfG angesichts des rundfunkfreiheitlich geschützten publizistischen Wettbewerbs das zu diesem Zweck vorgesehene Verbot für öffentlich-rechtliche Rundfunkveranstalter, zusätzliche Programme in diesen Märkten anzubieten. Hier dürfe kein „Monopol" für private Programmanbieter geschaffen werden (BVerfGE 74, 297 (331 ff.) – Baden-Württemberg). Akzeptiert hat das Gericht hingegen Werbeverbote für bestehende lokale oder regionale öffentlich-rechtliche Programme (BVerfGE 74, 297 (341 ff.) – Baden-Württemberg), einen besonderen Zulassungsvorbehalt für kostenpflichtige öffentlich-rechtliche Rundfunkangebote (im Abonnement oder auf Einzelzahlungsbasis; BVerfGE 74, 297 (344 ff.) – Baden-Württemberg) und Kooperationseinschränkungen zwischen öffentlich-rechtlichen und privaten Rundfunkveranstaltern, um

eine klare Trennung der Verantwortlichkeiten zu gewährleisten (BVerfGE 74, 297 (348 ff.)) – Baden-Württemberg). Dabei legte das Gericht vor allem den Grundstein für die spätere Expansion der öffentlich-rechtlichen Rundfunkangebote durch die Einräumung einer **Entwicklungsgarantie** (BVerfGE 74, 297 (353 ff.) – Baden-Württemberg; krit. Bullinger JZ 1987, 928 „vom Monopolrundfunk zum Expansionsrundfunk") und das Gebot der finanziellen Absicherung der geschützten Programme (BVerfGE 74, 297 (342) – Baden-Württemberg; krit. dazu Degenhart ZUM 1988, 47 (56 f.)). Die Entwicklungsgarantie ist Folge eines dynamischen Verständnisses des Rundfunkbegriffs, der sich den aktuellen technischen Entwicklungen anzupassen hat. Vor diesem Hintergrund werden auch **„rundfunkähnliche Dienste"** unter die Rundfunkfreiheit gefasst, namentlich **Videotext, Abruf- und Zugriffsdienste.** Der „gleichzeitige Empfang" wird damit nicht als notwendiger Bestandteil der Rundfunkdefinition angesehen. Dieser ist vielmehr geprägt durch den Sendecharakter und die unbestimmte Anzahl an Rezipienten, die eine Auswahlentscheidung treffen (BVerfGE 74, 297 (350 ff.) – Baden-Württemberg). Überraschend ist dagegen die einschränkende Feststellung, dass die Grundversorgungsaufgabe eine regionale oder **lokale Versorgung** über die landes- und bundesweite Verbreitung hinaus nicht verlange. Begründet wird dies mit der Behauptung, insoweit gebe es keine hinreichenden lokalen und regionalen Themen, die nicht schon durch die landesweiten Programme abgedeckt seien. Voraussetzung sei jedoch, dass gesetzliche Regelungen vorhanden sind, die eine angemessene Vielfaltsicherung durch die privaten Anbieter gewährleisten (BVerfGE 74, 297 (327 f.)) – Baden-Württemberg). Dies setze im Fall des Modells eines Binnenpluralismus hinreichende organisatorische und verfahrenstechnische Absicherungen voraus, die eine wirksame Kontrolle der materiellen und institutionellen Anforderungen einschließt (BVerfGE 74, 297 (331) – Baden-Württemberg). Zudem räumt das Gericht den vorhandenen Rundfunkangeboten eine **Bestandsgarantie** ein (BVerfGE 74, 297 (326) – Baden-Württemberg; dazu krit. Schmitt Glaeser DÖV 1987, 837 (838 f.)).

g) WDR (6. Rundfunk-Entscheidung). In der 6. Rundfunk-Entscheidung vom 5. Februar 1991 (BVerfGE 83, 238 – WDR) wurden die in den vorangehenden Entscheidungen aufgezeigten Elemente des öffentlich-rechtlichen Rundfunks und insbes. die **Bestands- und Entwicklungsgarantie** weiter ausbuchstabiert (BVerfGE 83, 238 (299 f.) – WDR; dazu krit. Degenhart DVBl. 1991, 510 (512 ff.), auch zur Grenze der Funktionsbindung; Kull AfP 1991, 716 (718 f.); zu den politischen Hintergründen aufschlussreich Hesse JZ 1991, 357) und um Ausführungen zur Finanzierung ergänzt. So wird insbes. eine **Mischfinanzierung** des öffentlich-rechtlichen Rundfunks durch Gebühren und Werbe- sowie sonstige Einnahmen als zulässig angesehen, solange die Werbefinanzierung nicht überwiegt. Insoweit sind auch Kooperationen mit privaten Dritten zulässig (BVerfGE 83, 238 (303 ff.) – WDR). Dabei verweist das BVerfG darauf, dass kein striktes Trennungsgebot zwischen privaten und öffentlich-rechtlichen Rundfunkveranstaltern gelte und es insoweit keine legislative Verpflichtung zur „Modellkonsistenz" gebe (BVerfGE 83, 238 (305) – WDR). Insgesamt sind Ansätze erkennbar, dem Gesetzgeber einen größeren Gestaltungsspielraum zu belassen (BVerfGE 83, 238 (316) – WDR; dazu Kull AfP 1991, 716 ff.; Ory AfP 1991, 402). Von der Rundfunkfreiheit gedeckt ist dabei auch die Veröffentlichung programmbezogener Druckwerke (BVerfGE 83, 238 (312 ff.) – WDR). Die Entwicklungsgarantie erfasst iÜ gleichermaßen die Übertragungsformen einschließlich neuer nicht-terrestrischer Übertragungstechniken (BVerfGE 83, 238 (299) – WDR). In der Sache ging es gleichsam umgekehrt zum Streit in der 5. Rundfunk-Entscheidung nunmehr um Regelungen des WDR-Gesetzes, die jene Garantien umfassend umsetzten, dabei dem WDR eine starke Stellung im Wettbewerb verschafften und zugleich den privaten Rundfunkveranstaltern strikte Vielfaltsanforderungen auferlegten. Das Gericht bestätigte die Regelungen im Wesentlichen und forderte lediglich nähere gesetzliche Vorgaben für die Verteilung von Übertragungskapazitäten zwischen privaten und öffentlich-rechtlichen Rundfunkveranstaltern (BVerfGE 83, 238 (323 f.) – WDR). Ferner enthält die Entscheidung weiterführende Hinweise zum Gebot der **Staatsferne,** das eine Beteiligung der Gemeinden an lokalen Rundfunkgesellschaften nicht ausschließt, sofern diese keinen bestimmenden Einfluss erlangen (BVerfGE 83, 238 (330 f.) – WDR). Darüber hinaus lässt das Gericht dem Gesetzgeber eine weit gehende Freiheit bei der Ausgestaltung der **Kontrollgremien** der Rundfunkanstalten, solange die Repräsentanten auf die Pluralismussicherung ausgerichtet sind und die

64

GG Art. 5

Rundfunkfreiheit gewahrt wird (BVerfGE 83, 238 (332 ff.) – WDR; zur Zusammensetzung der Veranstaltergemeinschaft BVerfGE 83, 238 (326 f.) – WDR), und ermöglicht umfassende Pflichten zur Sicherung der Vielfalt in einem binnenpluralistischen Modell (zB Sendezeiten für Dritte, BVerfGE 83, 238 (328) – WDR). Dabei werden auch Hinweise zur inneren Rundfunkfreiheit gegeben, die als nachrangiges Kriterium für die Zulassung von Rundfunkveranstaltern als zulässig angesehen wird (BVerfGE 83, 238 (318 ff.) – WDR).

65 **h) Hessen 3 (7. Rundfunk-Entscheidung).** Mit der 7. Rundfunk-Entscheidung vom 6.10.1992 (BVerfGE 87, 181 – Hessen 3), wiederum ein Beschluss, baut das BVerfG die bereits in der WDR-Entscheidung angelegte **Finanzierungsgarantie** des öffentlich-rechtlichen Rundfunks umfassend aus. Sie wird auf das zur Erfüllung des Programmauftrags Erforderliche fixiert, wobei keine Begrenzung auf die Programme der Grundversorgung erfolgt, sondern festgestellt wird, dass auch die weiteren Programme im Rahmen des Auftrags zu finanzieren sind (BVerfGE 87, 181 (203) – Hessen 3). Gestritten wurde in der Sache über die Zulässigkeit des Verbots der Werbung in den Dritten Programmen für öffentlich-rechtliche Rundfunkanstalten. Jenes Verbot wurde vom BVerfG als mit der Rundfunkfreiheit vereinbar angesehen, sofern eine hinreichende, die Programmautonomie wahrende Finanzierung iÜ besteht (BVerfGE 87, 181 (200 f.) – Hessen 3). Die Ausrichtung auf die **Programmautonomie** generiert dabei eine weit reichende Gestaltungsfreiheit der öffentlich-rechtlichen Rundfunkveranstalter, neue Rundfunkangebote zu schaffen und dafür anschließend eine Finanzierung einfordern zu können, die lediglich durch die unklare Grenze der „Erforderlichkeit" für die „Funktionserfüllung" eingeschränkt wird (zu Eingrenzungsversuchen etwa Mahrenholz, Freundesgabe Kübler, 1997, 251 ff.). Es erfolgt insoweit ein schwacher Hinweis auf eine entsprechende verfahrenstechnische Absicherung (BVerfGE 87, 181 (204 f.) – Hessen 3).

66 **i) Rundfunkgebühren I (8. Rundfunk-Entscheidung).** Diesen notwendigen Grundrechtsschutz durch Verfahren hat das BVerfG sodann in der 8. Rundfunk-Entscheidung vom 22. Februar 1994 (BVerfGE 90, 60 – Rundfunkgebühren I) umfassend ausgebaut. Dabei sieht das Gericht die Festsetzung im Staatsvertrag der Länder mit anschließender Transformation in Landesrecht als zulässig an, fordert jedoch umfangreiche prozedurale Absicherungen, damit der Mechanismus programmneutral gehandhabt wird. Dies läuft letztlich auf ein **dreistufiges Verfahren** hinaus (deutlicher insoweit die Folgeentscheidung BVerfGE 119, 181 (222 ff.) – KEF). Ausgangspunkt der Gebührenfestsetzung müssen nach Sicht der Richter die Programmentscheidungen der öffentlich-rechtlichen Rundfunkanstalten und die daraus im Wege der „Programmakzessorietät" folgenden Finanzierungsbedarfe sein. Während die Programmentscheidungen auf einer zweiten Stufe nur einer äußerst zurückgenommen Überprüfung dahingehend unterliegen, ob sie sich im weit gefassten **Rundfunkauftrag** bewegen, handelt es sich bei der Folgeprüfung um eine Kontrolle am Maßstab der **Wirtschaftlichkeit** und Sparsamkeit. Immerhin öffnet das Gericht jedoch auf einer dritten Stufe ein „Hintertürchen" für etwaige Kürzungen, sofern diese an programmneutralen Kriterien ausgerichtet sind. Insbes. die Interessen und die **Finanzkraft** der Rundfunkteilnehmer können berücksichtigt werden. Dafür müssen jedoch nachprüfbare Gründe angeführt werden (BVerfGE 90, 60 (94) (102 ff.) – Rundfunkgebühren I). Streitgegenstand war der Zustimmungsbeschluss des Bayerischen Landtags zur damaligen Fixierung des Rundfunkgebührenstaatsvertrags, Hintergrund des Streits aber letztlich die Einführung des sog „Kabelgroschens", der zur Förderung von Kabelpilotprojekten in der Rundfunkgebühr Eingang fand. Der Zustimmungsbeschluss wird vom BVerfG als verfassungswidrig, aber nicht als nichtig eingestuft. Vielmehr verlangte das Gericht eine künftige Anpassung. Die notwendige **gesetzliche Ausgestaltung des Verfahrens der Fixierung der Rundfunkgebühren** (BVerfGE 90, 60 (96 f.) – Rundfunkgebühren I) erfolgte im Anschluss an die Entscheidung im Rahmen des 3. Rundfunkänderungsstaatsvertrags. Dabei wurde insbes. die Rolle der KEF gestärkt, die als sachverständiges Gremium nach den Vorgaben des Gerichts im Gesetz selbst einschließlich der Gewährleistung der Unabhängigkeit ihrer Mitglieder geregelt werden muss (BVerfGE 90, 60 (103) – Rundfunkgebühren I). Auch diese Entscheidung enthält iÜ über den konkreten Rechtsstreit hinaus weitere interessante Hinweise. So entwickelte das BVerfG seine Formel, dass dem Rundfunk eine **besondere Bedeutung** „wegen seiner **Breitenwirkung, Aktualität und Suggestivkraft**" zukommt (BVerfGE 90, 60 (87) – Rundfunkgebühren I; vgl. insoweit die vorbereitenden Formulierungen wonach „(d)er

Rundfunk (…) zu einem der mächtigsten Kommunikationsmittel und Massenmedien geworden (ist), das wegen seiner weitreichenden Wirkungen und Möglichkeiten (…) nicht dem freien Spiel der Kräfte überlassen werden kann" in BVerfGE 31, 314 (325) – Mehrwertsteuer und in späteren Entscheidungen der Hinweis auf die herausragende „kommunikative Bedeutung" in BVerfGE 83, 238 (296) – WDR; 87, 181 (198) – Hessen 3).

j) EG-Fernsehrichtlinie (9. Rundfunk-Entscheidung). Die 9. Rundfunk-Entscheidung vom 22. März 1995 (BVerfGE 92, 203 – EG-Fernsehrichtlinie) ist weniger für die materiell-rechtliche Rundfunkfreiheit relevant als vielmehr für die Wahrung der **Länderinteressen und -kompetenzen im Mehrebenensystem** in einer zunehmend auch europarechtlich überformten Medienordnung. In der Sache ging es um die Frage, inwiefern die Länder im Rahmen der Verabschiedung der Fernsehrichtlinie 89/552/EWG hätten beteiligt werden müssen. Das BVerfG differenziert hier prozedurale Pflichten zu föderaler Kooperation und Rücksichtnahme aus, die später in den neu gestalteten Art. 23 GG Eingang fanden (vgl. dazu Winkelmann DÖV 1996, 1 ff.).

67

k) Kurzberichterstattung (10. Rundfunk-Entscheidung). Die 10. Rundfunk-Entscheidung vom 17. Februar 1998 (BVerfGE 97, 228 – Kurzberichterstattung) enthält zentrale Aussagen zu dem für den Rundfunk wichtigen Recht der Kurzberichterstattung (zum Folgenden bereits Kühling, FS Steiner, 2009, 474 ff.). Ihm lassen sich jedoch darüber hinaus weit reichende Aussagen über die **Zugangsoffenheit** in der Medien- und Informationsgesellschaft insgesamt entnehmen. In der Entscheidung hat das BVerfG insoweit eine ganze Reihe richtungsweisender und überzeugender Aussagen getroffen (s. aber die scharfe Kritik von Schwabe JZ 1998, 514; zustimmend Holznagel MMR 1998, 211 f.; Mahrenholz NJ 1998, 256; ferner Diesbach ZUM 1998, 554). So hat das Karlsruher Gericht den freien Informationszugang als „ein wesentliches Anliegen des Grundgesetzes" qualifiziert (BVerfGE 97, 228 (256) – Kurzberichterstattung). Gerade mit Blick auf die Bedeutung des „Leitmediums" Fernsehen sei es wichtig, Informationsmonopole zu verhindern und die „Pluralität von Sichtweisen und Darbietungen" zu sichern (BVerfGE 97, 228 (256 f.) – Kurzberichterstattung). Dabei beschränkt sich diese Offenhaltungspflicht in der Konzeption des BVerfG keineswegs auf die Berichterstattung über politische Themen, sondern erfasst sämtliche Lebensbereiche und gerade auch bedeutende Sportveranstaltungen (dazu grundlegend Beck, Sportübertragungen im Rundfunk als Grundversorgung, 2013). Denn der **Sport** biete Identifikationsmöglichkeiten und ihm komme daher eine wichtige gesellschaftliche Funktion zu. Er eröffne zudem gesellschaftlich relevante Anschlusskommunikationen (BVerfGE 97, 228 (257) – Kurzberichterstattung). Deswegen seien auch im Sportbereich entsprechende Informationsmonopole, die durch ausschließliche Verwertungsrechte geschaffen werden, verfassungsrechtlich ebenso zu vermeiden wie eine „durchgängige Kommerzialisierung" derartiger Inhalte von allgemeinem Interesse (BVerfGE 97, 228 (257 f.) – Kurzberichterstattung). Im Übrigen verknüpft das Gericht in zutreffender Weise die zweifache Bedeutung jener Sportsenderechte, nämlich ihre schon per se bestehende Relevanz für die Mediengesellschaft einerseits und andererseits die mit jenen „Premium"-Inhalten verbundene Möglichkeit, die allgemeine Marktsituation als Rundfunksender zu stärken und damit eine vorherrschende Meinungsmacht zu erlangen (BVerfGE 97, 228 (258 f.) – Kurzberichterstattung). Dabei werden die einer verfassungsrechtlichen Zugangsregulierung unterliegenden Inhalte zu Recht weit gefasst. Sie beschränken sich thematisch keinesfalls auf politische Inhalte, sondern umschließen letztlich sämtliche Gegenstände, die von öffentlichem Interesse sind. Zwar stellt das Gericht fest, dass insoweit „objektive Kriterien für Relevanz oder Irrelevanz" fehlen (BVerfGE 97, 228 (257) – Kurzberichterstattung), gleichwohl ist in Ergänzung zu dem Urteil davon auszugehen, dass Inhalte, die für die Öffentlichkeit von besonderem Interesse sind, einer entsprechend erhöhten Offenheitspflege unterliegen. Dogmatisch leitet das BVerfG die Vorgaben in einem ersten Schritt aus einer Gesamtschau der Verfassung, sodann aus der Bedeutung der Rundfunkfreiheit des Art. 5 Abs. 1 S. 2 GG allgemein und schließlich aus ihrer besonderen antimonopolistischen Freiheitsdimension ab. Streitgegenstand waren die Regelung des Kurzberichterstattungsrechts in § 3a WDR-Gesetz, die vom BVerfG dem Grunde nach als verfassungskonform qualifiziert wurde. Verworfen wurde lediglich die Unentgeltlichkeit als unverhältnismäßiger Eingriff in die Berufsfreiheit der Zugangsverpflichteten (BVerfGE 97, 228 (258 ff.) – Kurzberichterstattung). Anknüpfend an die 8. Rundfunk-Entscheidung betont das Gericht iÜ zu Recht den

68

Einsatz von bewegten Bildern als „Spezifikum des Mediums" Rundfunk (BVerfGE 97, 228 (259) – Kurzberichterstattung).

69 **l) Entscheidung zur Aufzeichnungspflicht/Extra-Radio (11. Rundfunk-Entscheidung).** Mit den weiteren Entscheidungen des BVerfG verliert sich der Kanon der „Durchnummerierung". Als weitere wichtige Entscheidung kann etwa der Beschluss vom 20.2.1998 (BVerfGE 97, 298 – Extra-Radio) angeführt werden, der sich mit der Frage befasst, inwiefern auch im bayerischen Sondermodell der öffentlich-rechtlichen Trägerschaft des Rundfunks nach **Art. 111a Abs. 2 BV** den **privaten Rundfunkveranstaltern eine Rundfunkfreiheit** zukommt. Das BVerfG bejaht dies, kann dabei jedoch an die Entscheidung v. 26.2.1997 (BVerfGE 95, 220 – Aufzeichnungspflicht) anknüpfen (BVerfGE 95, 220 (234) – Aufzeichnungspflicht). Die dort streitgegenständliche Herausgabepflicht von Sendezeitmitschnitten wird in jener Entscheidung im Rahmen einer klassischen Eingriffsabwehrprüfung untersucht und als verfassungsrechtlich zulässig angesehen (BVerfGE 95, 220 (234 ff.) – Aufzeichnungspflicht). Wiederum ging das Gericht auf die Unterschiede des Rundfunks im Vergleich zur Presse ein und verweist einerseits auf dessen Breitenwirkung, aber auch auf die Flüchtigkeit, was Besonderheiten der Kontrolle erfordert (BVerfGE 95, 220 (236 f.) – Aufzeichnungspflicht). Schließlich betonte das Gericht die Bedeutung von **Zeugnisverweigerungsrechten** für den Schutz der Rundfunkfreiheit und insbes. der Vertraulichkeit der Redaktionsarbeit, die allerdings nur soweit reicht, wie sie nicht vom Veranstalter selbst aufgehoben wurde (BVerfGE 95, 220 (238 f.) – Aufzeichnungspflicht). Jene Entscheidung hat in der Literatur allerdings weniger Aufmerksamkeit erfahren als der Beschluss vom 20. Februar 1998, der letztlich lediglich ergänzt, dass die Rundfunkfreiheit auch im bayerischen Modell den inhaltlichen Programmverantwortlichen auf privater Seite zukommt, auch wenn die Veranstaltereigenschaft der Bayerischen Landesmedienanstalt (BLM) zugeschrieben wird (BVerfGE 97, 298 (312) – Extra-Radio). Folgerichtig können sich auch die privaten Lizenzbewerber auf die Rundfunkfreiheit nach Art. 5 Abs. 1 S. 2 GG berufen und dies gleichermaßen gegenüber der BLM (BVerfGE 97, 298 (314) – Extra-Radio; zur Interpretation der Entscheidung aus Sicht der BLM Bornemann MMR 1998, 425; anders Westphal MMR 1998, 198 ff.).

70 **m) KEF (12. Rundfunk-Entscheidung).** Die 12. Rundfunk-Entscheidung v. 11.9.2007 (BVerfGE 119, 181 – KEF) behandelt wie schon die 8. Rundfunk-Entscheidung Fragen der Finanzierung des Rundfunks, bietet insoweit aber letztlich keine neuen Aussagen. Lediglich ergänzend wird zu den zu berücksichtigenden Belangen der Rundfunkteilnehmer neben dem Maßstab einer unangemessenen Belastung die wohl tendenziell noch höhere Hürde einer Versperrung des Informationszugangs hinzugefügt (BVerfGE 119, 181 (227) – KEF). Entscheidend war in der Sache – also beim Streit um die Gebührenfestsetzung in den Jahren 2003 und 2004 – jedoch, dass keine hinreichende Begründung auf der dritten Stufe der Festsetzung (und Kürzung) der Gebühren und keine **ausreichende Anbindung an die Belange der Rundfunkteilnehmer** erfolgt ist, obwohl angesichts der Entscheidung durch Landesregierungen und Landtage an diese „keine überzogenen Anforderungen an Detailgenauigkeit und Substantiiertheit der Begründung gestellt werden" dürfen (BVerfGE 119, 181 (229) – KEF. So hätte wohl eine stärkere argumentative Rückankopplung an die Einkommensentwicklung und allgemeine Einsparnotwendigkeiten genügt (BVerfGE 119, 181 (231) – KEF). Hervorstechender sind insoweit eher die einleitenden Ausführungen zu der nach wie vor bestehenden Aktualität der allgemeinen Ausgestaltungsvorgaben zur Rundfunkfreiheit. Insoweit hat sich nach Einschätzung des BVerfG nichts an der **Notwendigkeit der Grundversorgung** durch den öffentlich-rechtlichen Rundfunk geändert, da die ökonomischen Zwänge zu Vielfaltsdefiziten im privaten Rundfunk führen (BVerfGE 119, 181 (215 ff.) – KEF). Allenfalls mahnt das Gericht die Wahrung des klassischen Funktionsauftrags durch den öffentlich-rechtlichen Rundfunk auch im Sinne einer deutlichen **Unterscheidbarkeit** der Programme an und koppelt daran die Berechtigung der partiellen Werbefinanzierung des öffentlich-rechtlich Rundfunks (BVerfGE 119, 181 (220) – KEF). Warum freilich vergleichbare ökonomische Zwänge keine korrelierenden Pflichten im Pressebereich auslösen, erklärt das Gericht nicht näher (so auch Faßbender NVwZ 2007, 1265 (1267)). Letztlich erscheint der Topos der „Vielfaltssicherung" die falsche Kategorie für die angeprangerten Defizite eines rein privatwirtschaftlichen Rundfunkmarktes. In der Sache geht es wohl eher um Qualitätsfragen. Ob eine Konkretisierung des Grundversorgungsauftrags dies zu leisten vermag, darf bezweifelt werden (Faßbender NVwZ 2007, 1265 (1268)).

n) Hessisches PRG (13. Rundfunk-Entscheidung). Die 13. Rundfunk-Entscheidung v. 12.3.2008 (BVerfGE 121, 30 – Hessisches PRG) setzt die Rechtsprechungslinie zur Staatsferne des Rundfunks fort und entwickelt entsprechende Konsequenzen für die Beteiligung von Parteien an Rundfunksendern angesichts der Staatsnähe von Parteien, auch wenn sie selbst nicht im staatlichen Bereich verortet sind. Dabei ist ein **absolutes Verbot der Beteiligung von Parteien unverhältnismäßig,** während Beschränkungen, die lediglich einen bestimmenden Einfluss auf die Ausgestaltung oder die Inhalte der Rundfunkprogramme unterbinden, zulässig sind (BVerfGE 121, 30 (50 ff.) – Hessisches PRG; zustimmend Holznagel MMR 2008, 596). Damit war die streitbefangene absolute Verbotsregelung im Hessischen Privatrundfunkgesetz verfassungswidrig. 71

o) Sonstige Entscheidungen von Bedeutung. Neben den hier Angeführten sind eine Reihe weiterer relevanter Beschlüsse und Urteile zur Rundfunkfreiheit ergangen, die etwa in Einzelfallentscheidungen zur Stärkung des Redaktionsgeheimnisses sowie des Verhältnisses der Rundfunkmitarbeiter und ihrer Informanten insbes. bei Durchsuchungen beigetragen haben (s. zuletzt etwa BVerfG Beschl. v. 10.12.2010 – 1 BvR 1739/04 mwN) oder Teilaspekte der Rspr. in Sonderkonstellationen fortentwickelt haben, wie etwa die Betonung strenger Anforderungen an organisatorische Änderungen des öffentlich-rechtlichen Rundfunks mit der Folge der vorzeitigen Beendigung der Amtszeit des Intendanten (vgl. BVerfG ZUM 1999, 327). Im Beschluss v. 14.7.1994 (BVerfGE 91, 125 – Fernsehaufnahmen im Gerichtssaal I) hat das Gericht schließlich entschieden, dass Einschränkungen der Rundfunkfreiheit in Form der Beschränkung der Berichterstattung aus dem Gerichtssaal grds. zulässig sind. 72

2. Rundfunkbegriff und sachlicher Anwendungsbereich

a) Der Rundfunkbegriff im Wandel der Verfassungsrealität. Die Entwicklungen im Realbereich (→ Rn. 4 ff.) haben den verfassungsrechtlichen Rundfunkbegriff selbst nicht unberührt gelassen (zum einfachgesetzlichen Rundfunkbegriff und zur Abgrenzung zum verfassungsrechtlichen siehe auch → RStV § 2 Rn. 1 ff.). So hat das BVerfG eingeräumt, dass der Rundfunkbegriff nicht statisch sei, sondern **dynamisch** dem veränderten Realbereich angepasst werden müsse (BVerfGE 74, 297 (350) – Baden-Württemberg; 83, 238 (299) – WDR; vgl. zur Interpretation der Rundfunkfreiheit im Wandel der Medienlandschaft und zum Folgenden bereits Wahl/Kühling, Verfassungsänderung, Verfassungswandel, Verfassungsinterpretation, 2008, 409 ff.). Dies gilt einerseits in Anbetracht der Pluralisierung der Rundfunkformate mit neuen Rezeptionsformen wie Abruf- oder Zugriffsdiensten und andererseits mit Blick auf die Auflösung des dienstespezifischen Charakters der Übertragungswege. Letzteres wirft insbes. die Frage auf, ob bestimmte **Online-Informationsangebote** unter die Rundfunkfreiheit fallen. Ausgangspunkt in der Rspr. des BVerfG ist die Erkenntnis, dass eine dem technischen Wandel angepasste Interpretation der Rundfunkfreiheit erforderlich ist (BVerfGE 83, 238 (302) – WDR; ähnlich BVerfGE 74, 297 (350) – Baden-Württemberg; auf diese Rspr. wird in HSH/Holznagel/Nolden Multimediarecht Teil 5, Rn. 47, hingewiesen). Was das für die vorgenannten Fragen im Einzelnen bedeutet, ist in der Rspr. jedoch nur zum Teil herausgearbeitet worden. Die Definition der Rundfunkfreiheit ist schließlich nicht zuletzt deshalb heftig umstritten, weil aus der Rspr. des BVerfG nach wie vor äußerst heterogene Auslegungsmaßstäbe für die unterschiedlichen Medienfreiheiten des Art. 5 Abs. 1 S. 2 GG folgen. Die im Wege der Rundfunkrechtsprechung entfaltete positive Rundfunkordnung greift in dieser Dichte eben nicht für die übrigen Medien (→ Rn. 81 ff. und → Rn. 94 ff.). 73

Bislang hat das BVerfG jedenfalls geklärt, dass der Rundfunkbegriff nicht auf klassische Verteildienste beschränkt ist (BVerfGE 74, 297 (350) – Baden-Württemberg; 83, 238 (302) – WDR), bei denen eine planhafte Aufstellung eines Gesamtprogramms erfolgt und die sodann elektronisch übertragen wird. Dabei betont das Gericht, dass unter dem Blickwinkel der Rundfunkfreiheit der Inhalt der Sendungen und die am Kommunikationsprozess Beteiligten entscheidend sind. Für Letzteres ist maßgeblich, dass eine unbestimmte Vielzahl von Personen auf der Rezipientenseite steht. Dies ist unter das Merkmal der „**Allgemeinheit**" 74

GG Art. 5

I. Mediengrundrechte

zu fassen. Von keiner Medienfreiheit erfasst werden daher „individualisierte" **elektronische Dienste** wie das Online-Banking, da sie nicht an die Allgemeinheit gerichtet sind und daher keine Massen-, sondern eine Individualkommunikation darstellen (BK/Degenhart GG Art. 5 Abs. 1 und 2 Rn. 699; unzutreffend daher Sachs/Bethge GG Art. 5 Rn. 90b, der etwas undifferenziert einen sehr weiten Rundfunkbegriff zugrunde legt, der pauschal das „World Wide Web" oder etwa „Newsletter" als Rundfunk ansieht). Die Inhaltsanforderungen werden hingegen nicht näher konkretisiert, so dass letztlich offen bleibt, inwiefern ein Mindestmaß an planvoller Programmzusammenstellung zu verlangen ist. Aus dem reinen Wortlaut „Freiheit der Berichterstattung durch Rundfunk" folgt insoweit auch wenig für die nähere Begriffsdefinition. In systematischer Perspektive lässt sich Art. 5 Abs. 1 S. 2 GG lediglich im Gegensatz zu Art. 5 Abs. 1 S. 1 GG entnehmen, dass es sich beim Rundfunk um ein Massenkommunikationsmittel bzw. um ein solches zur Herstellung von Punkt-zu-Mehrpunkt-Kommunikation handeln muss. Denn S. 1 stellt auf die Individualkommunikation ab, während S. 2 die Presse, den Rundfunk und den Film anführt, die sich allesamt an ein breiteres Publikum richten. Die Bestimmung für die Allgemeinheit kann daher als Tatbestandsmerkmal des Rundfunkbegriffs herausgearbeitet werden, wie es das BVerfG auch tut.

75 Für die nähere inhaltliche Bestimmung sind zwei weitere Eigenheiten des Rundfunks von Bedeutung, auf die das BVerfG erst in späteren Rundfunk-Entscheidungen abgestellt hat. In der 8. Rundfunk-Entscheidung hat das Gericht hervorgehoben, dass dem Rundfunk unter den Medien „wegen seiner **Breitenwirkung, Aktualität und Suggestivkraft**" eine besondere Bedeutung zukommt (BVerfGE 90, 60 (87) – Rundfunkgebühren I). In der 9. Rundfunk-Entscheidung betonte das Gericht, dass das Fernsehen das „einzige Medium (ist), das zeitgleich in Bild und Ton über ein Ereignis zu berichten vermag." Dadurch werde ein besonderer Anschein „der Authentizität und des Miterlebens" vermittelt (BVerfGE 97, 228 (256) – Kurzberichterstattung). Nimmt man diese beiden Aspekte gemeinsam auf, so folgt daraus, dass ein Mindestmaß an **planhafter Programmaufstellung** sehr wohl erforderlich ist (aA Castendyk/Böttcher MMR 2008, 13 (15), die für einen weiten verfassungsrechtlichen Rundfunkbegriff plädieren; für einen Verzicht auf das Erfordernis einer redaktionellen Gestaltung auch Hahn/Vesting/Schulz § 2 RStV, Rn. 23). Denn eine besondere Breitenwirkung und Suggestivkraft wird einerseits aus der Kombination von Bild und Ton, andererseits aber gerade auch durch die programmliche Aufbereitung erzielt (hierzu Jarass AfP 1998, 133 (134 ff.)). Lediglich auf das Merkmal einer zeitgleichen Rezeption des Programms kann verzichtet werden kann (zu Letzterem bereits BVerfGE 74, (350 ff.) – Baden-Württemberg).

76 **b) Rundfunk, sog neue Medien und weitere Dienste im Rundfunksektor.** Daraus folgt sodann die Einordnung einer ganzen Reihe neuerer Medienangebote. Beispielsweise ist eine reine **„Online-Videothek"**, die keinerlei programmliche Aufbereitung der angebotenen Spielfilme vornimmt, nicht als Rundfunk zu qualifizieren. Sie fällt angesichts des hier vertretenen engen Filmbegriffs (→ Rn. 100) gegebenenfalls unter den Wirkbereich der Pressefreiheit (→ Rn. 46) und iÜ unter die Freiheit des Berufes aus Art. 12 GG. Das gilt etwa für Angebote wie Maxdome. Sofern hingegen eine redaktionelle Aufbereitung erfolgt und Filme nur mehrfach zeitversetzt ausgestrahlt werden wie beim **„Near video on demand"**-Verfahren, ist verfassungsrechtlich bereits die Rundfunkfreiheit berührt. Das reine zeitversetzte Abstrahlen entsprechender Videos ohne **programmliche Aufbereitung** stellt wiederum keinen Rundfunk im verfassungsrechtlichen Sinne dar (ebenso BK/Degenhart GG Art. 5 Abs. 1 und 2 Rn. 695). Dasselbe gilt dann erst recht für die Präsentation von Kurzfilmen Dritter auf einer Plattform, wie sie bislang das Kerngeschäft des Anbieters **„Youtube"** darstellt. Auch insoweit greift die Pressefreiheit als Auffangfreiheit (→ Rn. 46). Die **Bezahlungsform** seitens des Rezipienten ist sodann irrelevant, so dass die Rundfunkqualität eines Angebots nicht davon abhängt, ob dieses beitragsfinanziert, werbefinanziert oder programm- bzw. sendungsbezogen bezahlt wird wie beim Pay-TV (vgl. Michel ZUM 2009, 453, 458 f.; wie hier BK/Degenhart GG Art. 5 Abs. 1 und 2 Rn. 692). Ebenso unerheblich ist die Ausgestaltung der **Übertragungstechnik** der Programme. Dh, es kommt nicht darauf an, ob die Inhalte analog, digital, terrestrisch, über Kabel oder satellitär oder über das Internet (zum Internetfernsehen Klaes ZUM 2009, 135) oder Mobilfunkfrequenzen (s. auch Ricke, IPTV und Mobile TV, Neue Plattformanbieter und ihre rundfunkrechtliche Regulierung, 2011, 203 ff.) verbreitet werden.

Ausgehend von der besonderen Wirkkraft des Rundfunks ist ferner die **Abgrenzung zur** 77
Pressefreiheit vorzunehmen, was schlaglichtartig am Beispiel der Qualifikation von Online-Zeitungen mit dem Wegfall der dienstespezifischen Reservierung des elektronischen Übertragungsweges für den klassischen Rundfunk deutlich wurde. Allerdings fehlt es insoweit bislang an expliziten Aussagen des BVerfG. In der Literatur ist die Orientierung an der Wirkkraft des Rundfunks keinesfalls unbestritten. So wird teilweise an der elektronischen Übertragung als hinreichendes Merkmal für eine Qualifikation eines übertragenen Inhalts als Rundfunk festgehalten, während Pressedienste durch die Verbreitung mittels mechanischer bzw. chemischer Vervielfältigung gekennzeichnet werden (HSH/Holznagel/Nolden Multimediarecht Teil 5, Rn. 58 ff.; Hahn/Vesting/Schulz RStV § 2 Rn. 21). Eine solche Abgrenzung wird jedoch den Besonderheiten des jeweiligen Mediums nicht gerecht (→ Rn. 46), da **nicht** der **Übertragungsweg** die differentia specifica des Rundfunks darstellt, sondern die Art und Weise der Einwirkung auf den Rezipienten. Diese hebt sich von der Presse, die mit Text und statischen Fotos arbeitet, durch die **besondere Wirkmächtigkeit** der bewegten Bilder in Kombination mit Text und Ton ab (so bereits früh Gersdorf, Der verfassungsrechtliche Rundfunkbegriff im Lichte der Digitalisierung der Telekommunikation, 1995, 144 ff.; vergleichbar Bullinger JZ 1996, 385 (387)). Das schafft die vom BVerfG besonders hervorgehobene „Authentizität" und erweckt den Eindruck des „Miterlebens". Die Kombination von statischen Bildern und Text als Online-Zeitung unterfällt damit der Presse- und nicht der Rundfunkfreiheit (→ Rn. 46). Eine solche Näherungsweise berücksichtigt, fußend auf der Rspr. des BVerfG, die Veränderungen in der Realwelt im Rahmen der Analyse und Subsumtion des Rundfunkbegriffs angemessen. Daraus folgt, dass etwa Videotext mangels entsprechender Suggestivkraft an sich kein Rundfunk darstellt. Der Begriff „**rundfunkähnliche Dienste**" (so v. Münch/Kunig/Wendt GG Art. 5 Rn. 58) ist insoweit in verfassungsrechtlicher Hinsicht irreführend, da diese Dienste dem Rundfunk gerade nicht ähnlich sind. Sie werden lediglich wie gedruckte Programmzeitschriften gegebenenfalls als **Annex** von der Rundfunkfreiheit der Rundfunkveranstalter erfasst (BVerfGE 83, 238, (312 f.) – WDR). Dasselbe gilt für elektronische Programmführer, die angesichts ihrer „Lotsenfunktion" durchaus von Bedeutung sind.

c) **Umfassender sachlicher Schutzbereich.** Ähnlich wie bei der Pressefreiheit wird ein 78
umfassender Schutzbereich gewährleistet, der **keine inhaltliche Eingrenzung** zulässt (→ Rn. 47) und umfassend **alle rundfunktypischen Verhaltensweisen** (→ Rn. 48) erfasst, von der Informationsbeschaffung über deren Verarbeitung bis hin zu ihrer Verbreitung (so unter expliziter Parallelisierung zur Pressefreiheit BVerfGE 91, 125 (134) – Fernsehaufnahmen im Gerichtssaal I). Insoweit kann in Bezug auf die Informationsansprüche der Rundfunkveranstalter und den Schutz der redaktionellen Aufbereitung auf die entsprechenden Ausführungen verwiesen werden (→ Rn. 49 ff.). Mit Blick auf die fehlende inhaltliche Eingrenzung ist zu ergänzen, dass damit auch reine Verkaufskanäle unter die Rundfunkfreiheit fallen, sofern insoweit jedenfalls eine entsprechende programmliche Aufbereitung erfolgt (BK/Degenhart GG Art. 5 Abs. 1 und 2 Rn. 695 mwN; aA insbes. BayVerfGH ZUM 1996, 173 (176)). Der Gestaltungsfreiheit im Pressebereich entspricht sodann die **Programmfreiheit** der Rundfunkveranstalter als Herzstück der Rundfunkfreiheit (BVerfGE 97, 298 (313) – Extra-Radio). So kann der Veranstalter darüber entscheiden, welche Ausrichtung das Programm insgesamt nimmt, welche Themen im Einzelnen aufgegriffen werden und wie und in welchem Umfang über diese berichtet wird. Daher findet eine „**innere Rundfunkfreiheit**" ihre Grenzen wie bei der Pressefreiheit im Tendenzschutz und im Direktionsrecht des Veranstalters (→ Rn. 53). Das gilt insbes. für Tendenzbetriebe wie den christlichen Rundfunksender „Bibel TV". In Bezug auf die Verbreitungsfreiheit sind umfassend alle Distributionswege geschützt, so dass sich deren Beschränkungen – etwa durch „Antennenverbote" an Mietshäusern und -wohnungen – auch am Maßstab der Rundfunkfreiheit messen müssen (zur Informationsfreiheit → Rn. 43).

d) **Werbung im Rundfunk.** In Bezug auf die Freiheit der Verknüpfung der Informatio- 79
nen und Unterhaltung mit werbenden Inhalten gilt das zur Pressfreiheit Gesagte gleichermaßen (→ Rn. 47). Allerdings sind wegen der Suggestivkraft des Rundfunks gegebenenfalls strengere Eingriffe zulässig. Dabei ist die **Eingriffstiefe** entsprechender Werbebeschränkungen für den **Privatrundfunk,** der über keine öffentlich-rechtlich fixierten Beiträge verfügt (→ Rn. 84), besonders **groß**. Es stellt sich hier die Frage, inwiefern sich über qualitative

Vorgaben eines Trennungs- und Transparenzgebots und etwaige Einschränkungen zum Schutz von Kindern und Jugendlichen hinaus Werbebeschränkungen quantitativer Art überhaupt verfassungsrechtlich rechtfertigen lassen. Denn die Werbung ist für die Sicherung der Finanzierung der Rundfunkdarbietung von großer Bedeutung und der mündige Fernsehzuschauer kann sich bei Verdruss über zu häufig durch Werbungen unterbrochene Sendungen diesen durch einen Senderwechsel entziehen. Allerdings gehen die gegenwärtigen Werbebeschränkungen ganz überwiegend auf europarechtliche Vorgaben zurück, so dass sich insoweit wegen des Vorrangs des Europarechts eine weitere Prüfung erübrigt (vgl. dazu Wegener/Kühling, Enzyklopädie Europarecht, Medienrecht, 2013 Rn. 74 f.). Die über die Vorgaben des Richtlinienrechts hinausgehenden Beschränkungen sind dagegen weit gehend unproblematisch. Das gilt insbes. für die Regelung in § 7 Abs. 8 RStV, der ein Auftreten von Personen, die regelmäßig Nachrichtensendungen oder Sendungen zum politischen Zeitgeschehen vorstellen, in der Werbung untersagt (→ RStV § 7 Rn. 33). Fundamental anders liegen die Dinge dagegen beim **öffentlich-rechtlichen Rundfunk,** der gegebenenfalls vollständig über öffentlich fixierte Zwangsbeiträge finanziert werden kann und dessen umfassender Grundversorgungsauftrag durch die Werbefinanzierung eher gefährdet wird (zu dieser Unterscheidung auch BK/Degenhart GG Art. 5 Abs. 1 und 2 Rn. 738). Die über die europäischen Vorgaben hinausgehenden quantitativen Restriktionen betreffen folgerichtig vornehmlich den öffentlich-rechtlichen Rundfunk und sind daher unproblematisch. So verschärft der RStV etwa in unproblematischer Art und Weise die in der AVMD-RL in Art. 23 festgelegte Höchstdauer in § 16 Abs. 1 RStV, indem lediglich maximal 20 Minuten Fernsehwerbung werktäglich im Jahresdurchschnitt zugelassen werden und auch eine Ausstrahlung von Werbung nach 20 Uhr und an Sonn- und Feiertagen untersagt wird. Außerdem darf bei den öffentlich-rechtlichen Rundfunkanstalten nach § 16 Abs. 6 RStV ein Sponsoring nach 20 Uhr sowie an Sonn- und Feiertagen nicht stattfinden, solange es sich bei der Übertragung nicht um ein Großereignis nach § 4 Abs. 2 RStV handelt. Eine solche Einschränkung ist für private Rundfunkveranstalter in § 45 RStV nicht enthalten und ist auch nicht von der AVMD-RL vorgegeben. Nach § 15 Nr. 1 RStV ist den öffentlich-rechtlichen Rundfunkanstalten ein Product Placement schließlich nur erlaubt, wenn es sich nicht um Eigenproduktionen handelt. Eine solche Einschränkung fehlt bei den privaten Rundfunkanstalten (§ 44 RStV) und wird wiederum nicht europarechtlich vorgegeben (Art. 11 AVMD-RL).

3. „Dienende Freiheit" und subjektive Rundfunkfreiheit

80   Ausgangspunkt der Rundfunkrechtsprechung des BVerfG ist die Einordnung der Rundfunkfreiheit als **„dienende Freiheit",** die in ihren subjektivrechtlichen und objektivrechtlichen Elementen einen wichtigen Beitrag zur Sicherung der Demokratie zu leisten hat (→ Rn. 59 ff. die Nachweise und Darlegungen zur Rechtsprechungsentwicklung und insbes. → Rn. 59). Das lag in Zeiten der Frequenzknappheit und einer öffentlich-rechtlichen Sendelandschaft auf der Hand. Der **Wandel in der Realwelt** mit dem Marktzutritt privater Rundfunkveranstalter und der Relativierung der Sondersituation erforderte sodann die Klärung der Frage, inwiefern auch private Rundfunkveranstalter Träger der Rundfunkfreiheit sind und ob ein subjektives Recht auf die Durchführung einer Rundfunkveranstaltung anzuerkennen ist. Angesichts der starken Betonung der objektivrechtlichen Elemente der Rundfunkfreiheit und ihrer Konzeption als dienender Freiheit (BVerfGE 57, 295 (320) – FRAG, allerdings zugleich mit Hinweisen zu subjektivrechtlichen Elementen) hat sich das BVerfG schwer getan, einen **individuellen Zulassungsanspruch** zu bejahen. Gerade die ursprüngliche Sondersituation und das bloße Agieren von öffentlich-rechtlichen Rundfunkanstalten hat diesbezüglich keine Entscheidung verlangt und eine objektivrechtliche Auslegung der Rundfunkfreiheit eröffnet, die eher in eine abschlägige Richtung wies. Gleichwohl hat das Gericht durch die früh vorgenommene zeitliche Konditionierung der Sondersituation die Rspr. hinreichend flexibel angelegt, um schließlich auch eine subjektive Rundfunkveranstalterfreiheit, wenn auch nur konditioniert, anzuerkennen (BVerfGE 95, 220 (234 ff.) – Aufzeichnungspflicht und 97, 298 (313) – Extra Radio; s. dazu → Rn. 69; vorsichtig Sachs/Bethge GG Art. 5 Rn. 112; vgl. zur vorhergehenden Situation und den restriktiven Ansätzen in Frankreich und Italien die Darstellung bei Holznagel, Rundfunk-

recht in Europa, 1996, 100 ff.; nach wie vor ablehnend AK-GG/Hoffmann-Riem GG Art. 5 Abs. 1, 2 Rn. 180 f., der dies auch als verfassungsgerichtlich noch offen ansieht, da eine Rundfunkfreiheit in der Konzeption des BVerfG nur greife, wenn privater Rundfunk überhaupt zugelassen werde, was aber nicht zwingend sei). Die Anerkennung einer subjektiven Rundfunkfreiheit ist auch zutreffend, da der Verfassungswortlaut insoweit keinerlei Hinweise für eine Differenzierung zwischen der Rundfunkfreiheit und etwa der Pressefreiheit erkennen lässt und die technischen Besonderheiten des Rundfunks, die angesichts der Frequenzknappheit ein besonderes Rundfunkverständnis erforderlich machten, im Zeitalter der Vervielfältigung der Übertragungswege und der Programmangebote sowie der Internetverbreitung von Rundfunkinhalten ihre Durchschlagskraft verloren haben. Ferner wird die Anerkennung einer subjektiven Veranstalterfreiheit der Gefährdungssituation der Rundfunkfreiheit gerecht. Denn Gefährdungen bestehen nicht nur bei bereits tätigen Rundfunkveranstaltern, sondern erst recht bei der Frage der Zulassung derartiger Unternehmen (vgl. BVerfGE 97, 298 (313) – Extra-Radio). Im Übrigen entspricht ein solches Verständnis der Rundfunkfreiheit des Art. 5 Abs. 1 S. 2 Var. 2 GG der Auslegung der Kommunikationsfreiheit des Art. 10 EMRK in der Rspr. durch den EGMR. Denn der EGMR hat bereits frühzeitig im Urteil Informationsverein Lentia implizit anerkannt, dass Art. 10 EMRK die Rundfunkveranstalterfreiheit schütze (EGMR Urt. v. 24.11.1993, Serie A 276, 13, Rn. 27 – Informationsverein Lentia; s. auch schon EGMR Urt. v. 28.3.1990, Serie A 173, 22, Rn. 55 – Groppera). Eine Rechtslage, nach der ein privater Bewerber nicht die Möglichkeit hat, eine Lizenz für die Veranstaltung von Rundfunksendungen zu erhalten und durch die folglich ein öffentliches Rundfunkmonopol errichtet werde, stelle eine Beeinträchtigung der Rundfunkfreiheit dar. Dies kann so interpretiert werden, dass grds. ein Anspruch auf Zulassung als Rundfunkveranstalter aus Art. 10 EMRK gegeben ist (so Holznagel, Rundfunkrecht, 2004, 155; für die Übertragung und Anwendung eines solchen Verständnisses einer subjektiven Rundfunkfreiheit auch auf deutscher Ebene Bullinger ZUM 2007, 337 (343 f.)). Letztlich sollte sich das BVerfG vom Konzept einer „dienenden" Freiheit mit **Ausgestaltungsdogmatik ohne Eingriffscharakter** und Verhältnismäßigkeitsprüfung lösen, um Anschluss zu finden an die europarechtliche Dogmatik der Medienfreiheit (→ Rn. 20 ff. und → Rn. 94 ff.).

4. Der öffentlich-rechtliche Rundfunk in der dualen Rundfunkordnung

a) Grundlegende Organisationsvarianten für die Rundfunkordnung. Das BVerfG 81 hat in seiner ausdifferenzierten Rundfunkrechtsprechung aus der Rundfunkfreiheit ein umfassendes **Organisationskonzept** abgeleitet (→ Rn. 58 ff., insbes. → Rn. 61) und dieses zugleich einem (Landes-)**Parlamentsvorbehalt** unterworfen (BVerfGE 57, 295 (321) – FRAG). Die wesentlichen Organisationselemente des Rundfunks müssen also im Gesetz selbst geregelt werden. Inhaltlich hat das BVerfG zwar frühzeitig festgestellt, dass der Gesetzgeber nach dem Grundgesetz (anders als etwa nach Art. 111a Abs. 2 Bay Verf mit der Verpflichtung auf eine öffentlich-rechtliche Rundfunkordnung) nicht an ein bestimmtes Rundfunkmodell gebunden ist. So kann er ausschließlich öffentlich-rechtliche Rundfunkanstalten oder nur private oder sowohl private als auch öffentlich-rechtliche zulassen (BVerfGE 83, 238 (296) – WDR), wobei inzwischen ein rein öffentlich-rechtliches Rundfunkmodell ausscheidet (→ Rn. 80). Ein rein privates Rundfunkmodell ist hingegen nach zutreffender Ansicht sehr wohl verfassungsrechtlich zulässig, sofern die Anforderungen an einen hinreichenden Pluralismus erfüllt werden. Denn mittlerweile kann angesichts der Vielfalt privater Anbieter und des Wegfalls der Sondersituation ein insbes. mit Blick auf die Konzentrationskontrolle scharf überwachtes privates Rundfunkmodell sehr wohl verfassungskonform sein, auch wenn das BVerfG dies offensichtlich nach wie vor für kaum möglich hält (→ Rn. 96). Sowohl beim dualen als auch beim privaten Modell kann die Legislative genauso gut auf ein binnenpluralistisches wie auf ein außenpluralistisches Modell setzen (BVerfGE 12, 205 (262) – Deutschland-Fernsehen; 57, 295 (325) – FRAG; 73, 118 (171) – Niedersachsen; 83, 238 (316) – WDR), wobei richtigerweise ein binnenpluralistisches Rundfunkmodell für private Rundfunksender erhebliche verfassungsrechtliche Schwierigkeiten aufwirft. Im dualen Modell hat der Gesetzgeber die Möglichkeit, die **Pluralismuspflichten** darüber hinaus auszudifferenzieren. Er kann die Aufgabe der Grundversorgung den öffentlich-rechtlichen

Rundfunkanstalten (zur Anstaltsform und zu deren Kernelementen im Überblick Sachs/Bethge GG Art. 5 Rn. 100 f.) überantworten und daraufhin die Pflichten der privaten Rundfunkveranstalter absenken (BVerfGE 73, 118 (157 ff.) – LRG Niedersachsen; 83, 238 (297) – WDR. Die Rundfunkanstalt ist sodann Trägerin des Grundrechts der Rundfunkfreiheit und kann eine entsprechende Verletzung geltend machen (s. etwa BVerfGE 31, 314 (322) – Mehrwertsteuer; Dreier/Schulze-Fielitz GG Art. 5 Abs. 1, 2 Rn. 120).

82 **b) Organisation des öffentlich-rechtlichen Rundfunks.** Der Gesetzgeber verfügt im Weiteren über eine gewisse organisatorische Ausgestaltungsfreiheit des öffentlichen Rundfunks. Allerdings hat die umfassende Rundfunk-Rspr. des BVerfG auch hier deutliche **Vorgaben** entwickelt. So ist die Rechtsform der öffentlichen-rechtlichen Anstalt keineswegs verfassungsrechtlich vorgegeben, so dass etwa auch ein Stiftungsmodell denkbar ist (MKS/Starck GG Art. 5 Abs. 1, 2 Rn. 116). Jedoch wird die Organisationsform der **öffentlich-rechtlichen Anstalt** vom BVerfG als relevantes und zweckdienliches Mittel angesehen, um den Spagat zwischen einem öffentlich organisierten aber zugleich staatsfernen Rundfunk zu bewältigen (BVerfGE 12, 205 (261 f.) – Deutschland-Fernsehen und → Rn. 59 und → Rn. 61). Denn die hoheitliche Organisation des Rundfunks ist funktional auf die Sicherung des Pluralismus ausgerichtet und führt keineswegs zur Ausgestaltung des Rundfunks selbst als öffentliche Aufgabe (dazu MKS/Starck GG Art. 5 Abs. 1, 2 Rn. 113 mwN). Wird eine derartige öffentliche Organisationsform gewählt, ist sodann eine **Binnenorganisation** erforderlich, die eine hinreichende Kontrolle der Programmverantwortlichen durch **pluralistisch besetzte Gremien** ermöglicht und zugleich eine Staatsferne gewährleistet (→ Rn. 59). Dies kann grds. über die gegenwärtig etablierten Formen des Rundfunkrates bzw. Fernsehrates erfolgen, deren Zusammensetzung **alle gesellschaftlich relevanten Gruppen** wie die Gewerkschaften, die Kirchen oder die Parteien oder Verbraucherschutzverbände und spezifisch für die Rundfunkfreiheit relevante Gruppen wie Journalistenverbände oder Vertreter von Filmförderanstalten umfassen muss. Eine rechtliche Kontrolle der Zusammensetzung ist nur begrenzt möglich und auf Willkür- oder Diskriminierungsfälle beschränkt (BVerfGE 83, 238 (334 ff.) – WDR; dazu ausführlich BK/Degenhart GG Art. 5 Abs. 1 und 2 Rn. 768 ff.). So ist im Falle der Entsendung kirchlicher Vertreter die fehlende Repräsentanz der in Deutschland relevanten Gruppe der Muslime problematisch, wenn lediglich Repräsentanten der katholischen und evangelischen Kirche sowie des Zentralrats der Juden berücksichtigt werden, obwohl der Islam in Deutschland nach dem Christentum die meisten Glaubensangehörigen aufweist. Hier ist nicht recht ersichtlich, warum eine „offensichtlich repräsentative Gruppe bei der Zusammensetzung der Kontrollgremien des Rundfunks" (so der Maßstab des BVerfG für die Kontrolle der Überschreitung des legislativen Gestaltungsspielraums, s. BVerfGE 83, 238 (337) – WDR) übergangen wird (vgl. auch Kokott, Der Staat 44, 343 (353)). Rechtfertigungsgrund kann hier auch kaum die fehlende vergleichbare Organisation der Muslime mit entsprechendem Vertretungsanspruch sein. Insoweit ist eine Initiative zur Änderung des SWR-Staatsvertrages (§ 14 Abs. 2 Nr. 5) mit dem Ziel der Aufnahme eines muslimischen Vertreters zu begrüßen. Mit Blick auf die Ausgewogenheit ist vor dem Hintergrund des Gebots der Staatsferne aber vor allem die starke Repräsentanz von Parteivertretern in den Anstaltsgremien problematisch (→ Rn. 87).

83 **c) Grundversorgungsauftrag; Bestands- und Entwicklungsgarantie.** Neben den organisatorischen Elementen bildet materiell der **Grundversorgungsauftrag** den Kern des öffentlichen Rundfunks (→ RStV § 11 Rn. 3 ff.). Diesen hat das Gericht in der 4. und 5. Rundfunkentscheidung entwickelt (→ Rn. 62 f.) und umfangreich angelegt. Er erfasst sämtliche Bereiche der Berichterstattung einschließlich des Sports und der Unterhaltung und wird vom Rundfunkveranstalter unter Einflussnahme der gesellschaftsrepräsentativen Gremien letztlich weit gehend frei definiert und über die in der 5. und 6. Rundfunkentscheidung ausdifferenzierte Bestands- und Entwicklungsgarantie des öffentlich-rechtlichen Rundfunks (→ Rn. 63 f.) nicht nur statisch, sondern auch dynamisch abgesichert. Der öffentlich-rechtliche Rundfunk befindet sich damit in einer nachgerade **„paradiesischen" Ausgangssituation:** Inhaltlich kennt der Expansionsdrang des öffentlich-rechtlichen Rundfunks praktisch keine Grenzen, da er thematisch umfassend angelegt und prozedural im Wesentlichen autonom bestimmt wird. Als Entwicklungsrichtung ist letztlich nur eine expansive denkbar. Eine nähere gesetzliche Definition ist verfassungsrechtlich zulässig und theoretisch möglich,

aber praktisch mit erheblichen Schwierigkeiten verbunden. Sie erfolgt in der Verfassungsrealität daher nur in Randbereichen.

d) **Finanzierung des öffentlich-rechtlichen Rundfunks.** Einzig praktisch relevante Grenze könnte daher eine Beschränkung der finanziellen Ressourcen sein. Insoweit wird das Absicherungsnetz für den öffentlich-rechtlichen Rundfunk aber gleichermaßen weit aufgespannt, da es durch eine **Finanzierungsgarantie** ergänzt wird. Die weitere Rspr. und Konstruktion des öffentlich-rechtlichen Rundfunks in Finanzierungsfragen ist dabei pfadabhängig zu sehen. Denn nur sofern die öffentlich-rechtlichen Rundfunkanstalten die Grundversorgung gewährleisten müssen, sind diese nach der Rspr. des BVerfG hinreichend und staatsfrei zu finanzieren (BVerfGE 73, 118 (158) – LRG Niedersachsen; 83, 238 (298) – WDR). Angesichts des engen verfassungsgerichtlichen Korsetts und der hohen Anforderungen seitens des BVerfG hinsichtlich der denkbaren Modifikationen der dualen Rundfunkordnung mit einer starken öffentlich-rechtlichen Säule ist die Pfadabhängigkeit jedoch insoweit besonders stark. Die Finanzierungsgarantie spricht vor allem für eine Rundfunkfinanzierung durch Gebühren bzw. Beiträge. Nur diese gewährleisten in der Konzeption des BVerfG einerseits die notwendige Staatsfreiheit und versprechen anders als Werbeeinnahmen andererseits eine Pluralismussicherung, da nicht der Zwang zu einem massenwirksamen und damit werbeeinnahmeträchtigen Programm besteht (vgl. BVerfGE 73, 118 (158) – LRG Niedersachsen; 83, 238 (310) – WDR; 87, 181 (199) – Hessen 3; 90, 60 (90) – Rundfunkgebühren I). Ergänzende Finanzierungsquellen dürfen aber vorgesehen werden (vgl. BVerfGE 83, 238 (310) – WDR; 90, 60 (90) – Rundfunkgebühren I). Die Finanzierung muss die **Programmautonomie** wahren, was eine **unabhängige Gebührenfestsetzung** verlangt (BVerfGE 90, 60 (92 f.) – Rundfunkgebühren I). Leitmaßstab des Förderumfangs – zwischen unzulässigem Staatseinfluss und inakzeptabler Verwirklichung der Eigeninteressen des Rundfunks – ist die „Erforderlichkeit" (BVerfGE 90, 60 (90 ff.) – Rundfunkgebühren I). Als Untergrenze hat das Gericht die Grundversorgung einschließlich des Regionalrundfunks fixiert, jeweils bezogen auf die einzelne Rundfunkanstalt. Die Obergrenze wird sodann nicht materiell-rechtlich definiert, sondern verfahrenstechnisch gesichert. So hat das BVerfG in der ersten Entscheidung zu den Rundfunkgebühren letztlich das anschließend gesetzlich normierte **dreistufige Verfahren** weit gehend verfassungsrechtlich vorgezeichnet (BVerfGE 90, 60 (96) – Rundfunkgebühren I; → Rn. 66) und in der zweiten Rundfunkgebührenentscheidung weiter konkretisiert (BVerfGE 119, 181 (222 ff.) – KEF; → Rn. 70). In dieser Entscheidung hat das Gericht die Gelegenheit verpasst, sich von einem zwingend stark öffentlich-rechtlich geprägten Rundfunkmodell zu lösen und der Programmexpansion mit „Finanzierungszwang" stärkere Grenzen aufzuzeigen. So bleibt als einzige Schranke letztlich auf der dritten Stufe die substantiierte Darlegung der Anpassungsnotwendigkeit der Rundfunkbeiträge an allgemeine Sparzwänge (→ Rn. 70). Denn auf der ersten Stufe erfolgt ohnehin eine anstaltsautonome Definition und auf der zweiten Stufe lediglich eine Wirtschaftlichkeitskontrolle, die aber die Programmakzessorietät nicht in Frage stellen kann und lediglich prüft, ob die selbst definierten Programmangebote wirtschaftlich sparsam erbracht werden. Um es an einem Beispiel auf den Punkt zu bringen: Dass der Großteil der sportrelevanten Programmausgaben in massenattraktive Inhalte in Konkurrenz zu den privaten Rundfunksendern fließt (wie insbes. Bundesliga- und Champions-League-Fußball), ist die fragliche Konsequenz einer verfassungsrechtlich weit gehend geschützten Programmautonomie mit Finanzierungsgarantie. Nur am Rande erwähnt sei, dass insoweit auch **keine hinreichende Transparenz** besteht. So lassen sich aus den KEF-Berichten insoweit keine präzisen Angaben entnehmen. Die genaue Höhe der Ausgaben für Sportrechte wird also geheim gehalten. Offensichtlich haben die Übertragungsrechte für die Fußball-Bundesliga die ARD aber etwa 100 Millionen EUR und das ZDF weitere 20 Millionen EUR gekostet (vgl. http://www.handelsblatt.com/sport/fussball/nachrichten/zeitungsbericht-sky-und-ard-erhalten-bundesliga-rechte/6516920.html). Die anschließende Wirtschaftlichkeitsprüfung ist lediglich darauf bezogen, zu kontrollieren, ob die vordefinierten Inhalte den wirtschaftlichen Gegebenheiten entsprechende Kosten verursachen. Eine **kritische Prüfung,** welchen Pluralismusbeitrag das Gesamtkonstrukt am Ende liefert und ob der Einsatz großer Teile der Rundfunkbeiträge gerade für massenattraktive Inhalte gemessen am Ziel der Pluralismussicherung sonderlich effektiv und sinnvoll ist, kann in diesem durch abgeschirmte Automatismen geprägten Modell nicht wirksam erfolgen. Verfassungsgerichtliche Erinnerungen der öffentlich-rechtlichen Rundfunkanstalten an ihren Programmauftrag und die Notwendigkeit einer hinreichenden programmlichen Unterscheidbarkeit zu den privaten Rundfunkanbietern (→ Rn. 70) klingen dabei bescheiden und seltsam appellativ angesichts einer Rspr., die iÜ strikte prozedurale und materielle Regeln zur Absicherung der verfassungsrechtlichen Vorgaben verlangt.

85 **e) Das besondere Problem der „Online-Expansion".** Der Streit um die Grenzen der Programmautonomie des öffentlich-rechtlichen Rundfunks ist mit Blick auf die Ausdehnung des „Online-Angebots" der öffentlich-rechtlichen Rundfunkanstalten deutlich zu Tage getreten. Dabei ist der Konflikt hier besonders scharf, da die Rundfunkveranstalter ausgestattet mit einer programmakzessorischen Finanzierungsgarantie in Domänen drängen, die von Verlegern aus dem privatwirtschaftlich und außenpluralistisch geprägten Pressemarkt heraus gleichermaßen bedient werden können. Letztlich **kollidieren** damit **zwei Ordnungsmodelle** auf einem neuen Verbreitungsweg, nämlich die stark öffentlich-rechtlich überformte Rundfunkordnung und die privatwirtschaftlich geprägte Presseordnung. Diese Kollision führt zu einer Entscheidungsnotwendigkeit angesichts der Verdrängungskraft der finanzierungsgarantierten öffentlich-rechtlichen Medienanbieter. Zugespitzt stellt sich die Frage, ob es hier überhaupt öffentlich-rechtlich strukturierter Angebote angesichts der Vielfalt privater Angebote bedarf. Ein etwaiges Pluralismusdefizit ist hier kaum erkennbar, wobei dies im Einzelnen umstritten ist (Haucap/Dewenter, Ökonomische Auswirkungen von öffentlich-rechtlichen Online-Angeboten, 2009, passim und 155, bestreiten ein Pluralismusdefizit; aA Neuberger/Lobigs, Die Bedeutung des Internets im Rahmen der Vielfaltssicherung, 2010, 27 ff.). In grundrechtlicher Perspektive werden angesichts der Verdrängungseffekte zugleich die Freiheitsgefährdungen, die vom öffentlich-rechtlichen Rundfunk ausgehen, offenbar (aA Neuhoff, Rechtsprobleme der Ausgestaltung des Auftrags des öffentlich-rechtlichen Rundfunks im Online-Bereich, 2013, 320). Die oben dargelegten (→ Rn. 54), aus der Pressefreiheit abgeleiteten strengen verfassungsrechtlichen Grenzen für Subventionen im Pressewesen, schlagen hier auf die grundrechtliche Bewertung der Aktivitäten des öffentlich-rechtlichen Rundfunks in besonders scharfer Weise durch. Vor diesem Hintergrund ist aus verfassungsrechtlicher und freiheitlicher Sicht eine **strenge Prüfung** der „Online-Expansion" der öffentlich-rechtlichen Rundfunkanstalten indiziert und eine Beschränkung auf programmakzessorische Angebote angezeigt (so tendenziell auch Gersdorf, Legitimation und Limitierung von Onlineangeboten des öffentlich-rechtlichen Rundfunks. Konzeption der Kommunikationsverfassung des 21. Jahrhunderts, 2009, 43 ff.; ähnlich Fiedler AfP 2011, 15 (18); aA Hain, Die zeitlichen und inhaltlichen Einschränkungen der Telemedienangebote von ARD, ZDF und Deutschlandradio nach dem 12. RÄndStV, 2009, 80 ff.; Papier/Schröder, Verfassungsfragen des Dreistufentests. Inhaltliche und verfahrensrechtliche Herausforderungen, 2011, 93 ff. und passim; zum Streit um die „Tagesschau-App" Lenski Die Verwaltung 2012, 465 ff.). Allerdings haben in der Verfassungsrealität iErg weniger die verfassungsrechtlichen Schranken einer derartigen Expansion, sondern vielmehr die europarechtlichen Grenzen aus dem Beihilfenverbot nach Art. 107 AEUV zu einer entsprechenden Einschränkung im Rahmen des § 11f RStV geführt (dazu umfassend Neuhoff, Rechtsprobleme der Ausgestaltung des Auftrags des öffentlich-rechtlichen Rundfunks im Online-Bereich, 2013, 47 ff.; → RStV § 11f Rn. 14 ff.; s. auch → RStV § 11 Rn. 12; s. auch → AEUV Art. 107 Rn. 72, 75 und passim). So wurde dort in Ergänzung zum grundsätzlichen Gebot des Programmbezugs für Telemedien aus § 11d Abs. 2 RStV letztlich nur auf Druck der Europäischen Kommission ein Drei-Stufen-Test aufgenommen. Danach muss der Rundfunkveranstalter darlegen, dass sein Angebot erstens zum öffentlichen Auftrag gehört (dazu Peters K&R 2009, 26 (28 f.)), zweitens einen publizistischen Mehrwert aufweist (dazu Sokoll NJW 2009, 885 (888)) und drittens der Aufwand verhältnismäßig ist, so dass insbes. kein Verdrängungswettbewerb gegenüber privaten Angeboten erfolgt. Grds. kann der **Drei-Stufen-Test** durchaus eine Chance darstellen, die Internetpräsenz öffentlich-rechtlicher Rundfunkanstalten den verfassungsrechtlichen Vorgaben aus der Pressefreiheit entsprechend zu gestalten. Während in Großbritannien jener „Public-Value-Test" gleich in der Anfangsphase dazu geführt hat, dass tatsächlich einige Online-Angebote gestrichen wurden (vgl. die Pressemitteilung der BBC-Trust v. 21.11.2008, abrufbar unter http://www.bbc.co.uk/bbctrust/news/speeches/2008/ml_statement.shtml), sind die Auswirkungen in Deutschland bislang überschaubar. So konnte die Diskussion um den „publizistischen Mehrwert", der als

Herzstück des Tests das Verhältnis der beiden Ordnungsmodelle austarieren soll, noch nicht hinreichend genutzt werden, um eine Schärfung des Sonderauftrags des öffentlich-rechtlichen Rundfunks herbeizuführen. Auch hier zeigen sich letztlich die Schwächen der verfassungsgerichtlich vorgeprägten institutionellen Ausgestaltung des öffentlich-rechtlichen Rundfunks (zu diesem Zusammenhang bereits Roth/Kühling, Europäisierung des Rechts, 2010, 121). So wäre es sinnvoller, dem britischen Vorbild folgend, eine unabhängige Kommission zur Durchführung des Dreistufentests einzusetzen, statt die Rundfunkräte (bzw. den Fernsehrat beim ZDF und den Hörfunkrat beim Deutschlandradio) damit zu beauftragen (für die Verfassungswidrigkeit der Regelung des Drei-Stufen-Tests daher Ladeur ZUM 2009, 906 (913)). Die Ausarbeitung der Vorgaben durch die ehrenamtlichen Mitglieder der Rund- und Fernsehräte, die sich der Expansion ihrer Rundfunkanstalt kaum mit dem nötigen Nachdruck zu Wehr setzen können, ist dysfunktional (so auch Wimmer ZUM 2009, 601 (608); aA Neuhoff, Rechtsprobleme der Ausgestaltung des Auftrags des öffentlich-rechtlichen Rundfunks im Online-Bereich, 2013, 320). Nur begrenzt hilfreich ist die Substantiierung der eigenen Positionen durch umfangreiche Gutachten, wie es § 11f RStV vorsieht.

Vor diesem Hintergrund lassen sich unproblematisch die bisherigen **Einschränkungen** **85a** **des Programmauftrags im Online-Bereich im RStV** rechtfertigen, da sie dem Ziel dienen, die Kollisionslage der subjektiv-rechtlich geprägten Pressefreiheit und der objektiv-rechtlich ausgestalteten Rundfunkfreiheit aufzulösen (aA etwa Hahn ZRP 2008, 217; verfassungsrechtliche Bedenken artikuliert auch Neuhoff, Rechtsprobleme der Ausgestaltung des Auftrags des öffentlich-rechtlichen Rundfunks im Online-Bereich, 2013, 182 ff.). Aus der Perspektive der aus dem Pressemarkt stammenden Online-Anbieter stellt sich die legislative Legitimation der beitragsfinanzierten Expansion der öffentlich-rechtlichen Rundfunkanstalten nämlich als **Eingriff** in ihre **Pressefreiheit** dar – mit erheblichen Verdrängungsgefahren und daher erhöhter Eingriffsintensität. Dies wird insbesondere im Drei-Stufen-Test nach § 11f RStV entsprechend „abgearbeitet". Weitet man den Blick für diese Kollisionslage, ist auch keineswegs eine großzügige Anwendung des Tests zugunsten der öffentlich-rechtlichen Rundfunkveranstalter oder eine restriktive Auslegung der Grenzen der Online-Aktivitäten der öffentlich-rechtlichen Rundfunkanstalten indiziert (so aber Papier/Schröder, Verfassungsfragen des Dreistufentests. Inhaltliche und verfahrensrechtliche Herausforderungen, 2011, 82 ff., die insbesondere den Begriff der Presseähnlichkeit iSd §§ 2 Abs. 2 Nr. 20 und 11d Abs. 2 Nr. 3 Hs. 3 RStV mit verfassungsrechtlichen Argumenten so restriktiv interpretieren, dass, wie sie selbst einräumen, nach ihren „Maßstäben wohl kaum ein Online-Angebot presseähnlich ist", Papier/Schröder, Verfassungsfragen des Dreistufentests. Inhaltliche und verfahrensrechtliche Herausforderungen, 2011, 93). Angesichts der schwachen Legitimation einer diesbezüglichen Expansion öffentlich-rechtlicher Rundfunkveranstalter und der hohen Eingriffsintensität ist vielmehr eine strenge Prüfung erforderlich.

Die dogmatische Herausarbeitung einer entsprechenden Eingriffswirkung der Programm- **85b** expansion des öffentlich-rechtlichen Rundfunks auch gegenüber den privaten Rundfunkanbietern (dafür Neun, Öffentlich-rechtlicher Rundfunk: Grenzen des Wachstums, 2002, 387 ff.; dagegen Hahn/Vesting/Binder RStV § 11f Rn. 21) würde insgesamt zu einer schärferen allgemeinen Prüfung des öffentlich-rechtlichen Rundfunkangebots an einem pluralismusorientierten **„Mehrwerttest"** führen. Denn ein mit zurzeit ca. 7,5 Mrd. Euro pro Jahr aus Pflichtbeiträgen finanziertes Rundfunkprogramm als „Pay TV für alle" erschwert privaten Anbietern den Zugang zu einem entgeltpflichtigen Programmangebot deutlich und zwingt diese in eine primäre Werbefinanzierung, während entgeltpflichtige Angebote nur in bestimmten Marksegmenten – wie etwa eine umfassende Fußballberichterstattung – für begrenzte Kundenkreise möglich bleiben. Damit wird die Herausbildung eines funktionstüchtigen Außenpluralismus deutlich erschwert. Nur wenn diese Ambivalenzen ausgeblendet werden, stellt allein die Einführung quantitativer und sonstiger **Programmbeschränkungen** ein verfassungsrechtliches Problem dar und nicht umgekehrt deren Fehlen. Verlangt man wie hier aus freiheitsrechtlichen Gründen zum Schutz der privaten Rundfunk- und sonstigen Mediendiensteanbieter, aber auch der Rezipienten, die kein öffentlich organisiertes und pflichtbeitragsfinanziertes Programm „vorgesetzt" bekommen, hingegen eine schärfere Mehrwertorientierung des öffentlich-rechtlichen Rundfunks, reduzieren sich verfassungsrechtliche Probleme entsprechender Beschränkungen. Allerdings bedarf es insoweit einer

Neuakzentuierung der Rechtsprechung des Bundesverfassungsgerichts, gerade mit Blick auf die genannten konfligierenden Rechtspositionen, wobei insbesondere eine Relativierung der Ausgestaltungsdogmatik und eine Stärkung der subjektiven Rechte erforderlich ist (zu diesem Zusammenhang Hahn/Vesting/Eifert RStV § 11f Rn. 34 und RStV § 11a Rn. 13 ff.).

86 **f) Aufsicht. Moderat** ist in diesem Gesamtkonzept des BVerfG sodann die Aufsicht, die modellkonsequent primär anstaltsintern zu erfolgen hat. Orientiert ist die Aufsicht vor allem an den Programmgrundsätzen der Sachlichkeit, Ausgewogenheit und Vielfaltsorientierung (grundlegend BVerfGE 12, 205 (263) – Deutschland-Fernsehen, s. zur Umsetzung § 11 Abs. 2 RStV; → RStV § 11 Rn. 25 ff.), wobei ergänzend auch eine gewisse inhaltliche Qualität iSd Unterscheidbarkeit zum Angebot privater Sender vorgegeben werden darf und muss (s. BVerfGE 119, 181 (220) – KEF und den expliziten Hinweis in Bezug auf unterhaltende Programme in § 11 Abs. 1 S. 6 RStV). Die Steuerungskraft dieser Vorgaben und die institutionelle Absicherung primär anstaltsintern über den Rundfunkrat ist in der Verfassungsrealität allerdings schwach (dazu auch grundlegend mit ebenfalls skeptischer Bewertung Hahn, Die Aufsicht des öffentlich-rechtlichen Rundfunks, 2009 passim und etwa 161 f.). Dies zeigt exemplarisch die wenig vielfaltsorientierte und primär massenwirksame Ausrichtung der Sportsendungen (→ Rn. 84). Die subsidiäre externe Kontrolle kann schon angesichts des Gebots der Staatsferne noch weniger als Korrektiv fungieren. Sie ist im Rahmen einer Rechtsaufsicht insbes. auf die Prüfung formalisierbarer Verstoßkategorien ausgerichtet, wie etwa auf den Fall von Verstößen gegen werberechtliche Regelungen (ebenso BK/Degenhart GG Art. 5 Abs. 1 und 2 Rn. 827; s. zu Fällen in der Anwendungspraxis die Darstellung in Gotzmann, Die Staatsaufsicht über die öffentlich-rechtlichen Rundfunkanstalten, 2003, 3 ff.). Die Überprüfung der Einhaltung der Grenzen der Programmautonomie ist im Fall der externen Kontrolle als Rechtsaufsicht bislang auf den wenig relevanten Fall von Verstößen gegen explizite gesetzliche Vorgaben (wie die Anzahl zulässiger Programme; so das Beispiel von BK/Degenhart GG Art. 5 Abs. 1 und 2 Rn. 827) beschränkt. Sie könnte durch – verfassungsrechtlich zulässige – schärfere gesetzliche Einhegungsvorgaben des **Programmauftrags** wie den Drei-Stufen-Test (→ Rn. 85) jedoch zusätzliche Relevanz erlangen. Zwar ist wegen des Gebots der Staatsferne die Überprüfung wertungsoffener Tatbestandsmerkmale nur begrenzt möglich. Trotz der Anerkennung einer diesbezüglichen Einschätzungsprärogative der Rundfunkanstalt und des Rundfunkrats ist eine Kontrolle ähnlich der gerichtlichen Kontrolle der Grenzen eines Beurteilungsspielraums gleichwohl verfassungsrechtlich zulässig und angesichts der Freiheitsgefährdungen gegenüber privaten Anbietern auch indiziert (s. hierzu Jahn, Drei-Stufen-Test und plurale Rundfunkaufsicht, 2011, 111 f.).

5. Staatsferne

87 Schon im 1. Fernsehurteil hat das BVerfG zu Recht darauf verwiesen, wie wichtig es ist, dass der Rundfunk nicht staatlich gesteuert wird (BVerfGE 12, 205 (260 ff.) – Deutschland-Fernsehen; grundlegend Gersdorf, Staatsfreiheit des Rundfunks in der dualen Rundfunkordnung der Bundesrepublik Deutschland, 1991, passim). Da jedoch schon mit Blick auf die volksrepräsentative Funktion staatlicher Vertreter und der durch sie partiell eröffneten Möglichkeiten der Repräsentation auch kleinerer Minderheiten „kein absolutes Trennungsgebot" (BVerfGE 121, 30 (53) (67) – Hessisches PRG) greift, geht es weniger um eine „Staatsfreiheit" als vielmehr um eine möglichst weit reichende „Staatsferne" (BVerfGE 121, 30 (53) – Hessisches PRG). Dies bedeutet zunächst, dass der Staat selbst nicht die Funktion des Rundfunkbetreibers übernehmen darf (BVerfGE 121, 30 (52) – Hessisches PRG). Er darf aber auch **keinen „bestimmenden Einfluss** auf die Programmgestaltung oder die Programminhalte nehmen können", was sodann angesichts der Staatsnähe auch für die Parteien gilt (BVerfGE 121, 30 (50) (53) – Hessisches PRG). Zudem ist „jede politische Instrumentalisierung des Rundfunks" verboten (BVerfGE 121, 30 (61) – Hessisches PRG). Allerdings kommt dem Gesetzgeber insoweit eine gewisse Ausgestaltungsfreiheit zu, die jedoch bei einem absoluten Verbot der Beteiligung von Parteien an privaten Rundfunkunternehmen überschritten ist (BVerfGE 121, 30 (61) – Hessisches PRG, → Rn. 71). Anders als bei der Presse und beim privaten Rundfunk ist jedoch in Bezug auf den öffentlich-rechtlichen Rundfunk eine öffentlich-rechtliche Organisation erforderlich, die systemimmanent eine Staatsfreiheit viel weniger zu gewährleisten im Stande ist, da die binnenpluralistische Organi-

sation eine Beteiligung des Staates und jedenfalls der Parteien eher indiziert. Die Gewährleistung einer hinreichenden Staatsferne ist daher regelmäßig problematischer. Das wurde zuletzt besonders deutlich bei der Diskussion um die verfassungsrechtliche Zulässigkeit der **Zusammensetzung der ZDF-Gremien** in der Folge des politischen Streits um die Verlängerung des Vertrags des damaligen ZDF-Chefredakteurs Brender (s. insbes. Degenhart NVwZ 2010, 877 und Dörr K&R 2009, 555). Hier zeigen sich die Schwierigkeiten einer eindeutigen Zurechnung von Vertretern insbes. im 77 Mitglieder umfassenden ZDF-Fernsehrat. So gibt es einerseits 19 unmittelbare Vertreter des Staates (nämlich die Vertreter des Bundes und der Länder gem. § 21 Abs. 1 lit. a und b ZDF-Staatsvertrag), aber andererseits auch Vertreter anderer Gruppen, bei denen die Ministerpräsidenten das Berufungsrecht haben, teils unmittelbar (16 Mitglieder), teils abgeschwächt durch das Wahlrecht aus einem Dreier-Vorschlag der jeweiligen Verbände und Organisationen (25 Vertreter; vgl. § 21 Abs. 3 und 4 ZDF-Staatsvertrag). Ferner werden zwölf Vertreter von den Parteien bestimmt (§ 21 Abs. 1 lit. c ZDF-Staatsvertrag), die zwar nicht unmittelbar dem Staat zugerechnet werden, aber jedenfalls den Staatseinfluss erhöhen (zur Staatsnähe BVerfGE 121, 30 (53 ff.) – Hessisches PRG; zur weit gehenden Gleichsetzung mit staatlichen Vertretern BVerfGE 73, 118 (165) – LRG Niedersachsen: „deren Einfluss sich von einem als ‚staatlicher' in Erscheinung tretenden Einfluss der Mehrheitsparteien kaum unterscheiden lässt"). Der ZDF-Fernsehrat bestimmt sodann wiederum die Mehrheit der Mitglieder des ZDF-Verwaltungsrates, die ergänzend zu den ohnehin schon vom Staat entsandten Vertretern hinzukommen (§ 24 Abs. 1 ZDF-Staatsvertrag). Selbst wenn man nur die 19 unmittelbaren Vertreter des Staates mit den zwölf Parteien-Vertretern zusammenrechnet, überschreitet man mit 31 Mitgliedern bereits die problematische Ein-Drittel-Grenze staatlicher und staatsnaher Vertreter. Nimmt man nun lediglich den ergänzenden Staatseinfluss auf die Auswahl der unmittelbar benannten 16 Mitglieder hinzu, wird die 50-%-Grenze deutlich überschritten. Daher sprechen die besseren Gründe dafür, die Grenze des staatlichen Einflusses auf die Besetzung des Fernsehrates (und damit auch des Verwaltungsrates) als überschritten anzusehen (so auch Dörr K&R 2009, 555 (557 ff.); ebenso Hahn, Die Aufsicht des öffentlich-rechtlichen Rundfunks, 2009, 196). Lediglich leicht abschwächend greift der Aspekt der besonderen föderalen Organisation und auch Brechung des staatlichen Einflusses im Fall des ZDF (insoweit weiter gehend BayVerfGH NJW 1990, 311 (313) unter Verweis auf Jarass, Die Freiheit des Rundfunks vom Staat, 1981, 42; ThürVerfGH LKV 1999, 21 (22 ff.); dies hebt insbes. Degenhart NVwZ 2010, 877 (880), hervor). Auch aus der Unterscheidung zwischen Mehrheits- und Minderheitsparteien ebenso wie aus der Repräsentanz sehr unterschiedlicher staatlicher Interessen kann kaum eine relevante Relativierung abgeleitet werden (s. den Hinweis bei Degenhart NVwZ 2010, 877 (880)). Selbstverständlich ist ein „Mehrheitsrundfunk des Staates" unter rundfunkfreiheitlichen Gesichtspunkten noch weniger akzeptabel als ein durch alle staatlichen Stellen auf Bundes-, Landes- und Kommunalebene „vielfältig" staatlich gesteuerter Rundfunk. Gleichwohl geht es auch um die Vermeidung von staatlichem Einfluss per se. Diese Fragen werden jedoch in dem beim BVerfG bereits seit Anfang 2011 anhängigen Normkontrollverfahren 1 BvF 1/11 zur Verfassungsmäßigkeit jener Vorgaben des ZDF-Staatsvertrags bald geklärt werden können. Der Umstand, dass sich das BVerfG in seiner bisherigen umfangreichen Rspr. zum öffentlich-rechtlichen Rundfunk nicht zumindest am Rande krit. zur Zusammensetzung der Gremien wie im Falle des ZDF geäußert hat, dürfte es dem Gericht zwar schwer machen, jenes Organisationsgebilde nun zu verwerfen, steht dem jedoch nicht prinzipiell entgegen (Degenhart NVwZ 2010, 877 (879), hält es für fernliegend anzunehmen, dass das BVerfG jene Rspr. „im Bewusstsein einer verfassungswidrigen Binnenorganisation entwickelt" hat). Damit wird sich für das Gericht jedenfalls erneut die Möglichkeit ergeben, die Rolle des öffentlich-rechtlichen Rundfunks im voll entfalteten digitalen Zeitalter krit. zu reflektieren (so auch Kirchberg, Der Fall Brender und die Aufsicht über den öffentlich-rechtlichen Rundfunk, 2012, V.). Rechtspolitisch ist die Gremienzusammensetzung des ZDF allemal abzulehnen und eine Anpassung an die Ausgestaltung anderer Rundfunkanstalten dringend indiziert. Angesichts der auch in puncto Staatsferne fragilen Organisation des öffentlich-rechtlichen Rundfunks spricht jedenfalls wenig dafür, diesem Modell in Kollisionsbereichen mit der privat organisierten Presselandschaft den Vorzug zu geben (→ Rn. 85).

6. Konzentrationskontrolle

88 Anders als der öffentlich-rechtliche Rundfunk ist der private Rundfunk nicht primär binnenpluralistisch zu organisieren. Binnenplurale Anforderungen unterliegen vielmehr einer strengen verfassungsrechtlichen Rechtfertigung. Die privatwirtschaftliche Organisation des Rundfunks wäre andernfalls „um das Grundelement privatautonomer Gestaltung und damit um ihre eigentliche Substanz gebracht" (BVerfGE 73, 118 (171) – LRG Niedersachsen; s. auch BK/Degenhart GG Art. 5 Abs. 1 und 2 Rn. 840 f.). **Binnenpluralistische Vorgaben** sind daher nur zulässig, sofern sie außenpluralistische Defizite zu beseitigen helfen, die nicht durch anderweitige Maßnahmen insbes. der Konzentrationskontrolle behoben werden können. Das gilt insbes. für den lokalen Rundfunk (BVerfGE 83, 238 (322 ff.) – WDR). Vor diesem Hintergrund ist die Verpflichtung zur Ausstrahlung von Fensterprogrammen für unabhängige Dritte nach § 26 Abs. 5 RStV, die schon ab einem Zuschaueranteil von 10 % greift, verfassungsrechtlich problematisch (zur Kritik Engel ZUM 2000, 345 (347 ff.)). Gerade in einem dualen Rundfunksystem sind die Anforderungen an die privaten Rundfunkveranstalter nicht zu hoch anzusetzen. Die Vergabe der **Fensterprogramme** stellt vor diesem Hintergrund nicht nur einen massiven Eingriff in die Programmfreiheit des verpflichteten Rundfunksenders dar (Storr ThürVBl 2003, 169 (175)), sondern wirft auch deshalb ein erhebliches Freiheitsgefährdungspotenzial auf, weil die Sendeplätze in einem Ausschreibungsverfahren vergeben werden müssen, das anfällig für politische Einflussnahmen ist. Das wurde zuletzt im Streit um die Vergabe der Drittsendezeiten im Programm des Senders Sat 1 deutlich. Die seinerzeit zuständige Landeszentrale für Medien und Kommunikation Rheinland-Pfalz hatte die Sendezeiten für den Zeitraum ab Juni 2013 entgegen den Präferenzen von Sat 1 in fragwürdiger Weise (krit. FAZ v. 6.3.2013, 31) an die Anbieter dctp sowie News und Pictures übertragen, was zu verschiedenen gerichtlichen Auseinandersetzungen geführt hat (vgl. VG Neustadt Urt. v. 5.9.2102 – 5 K 404/12.NW; dazu Ladeur K&R 2012, 841 ff.). Angesichts der beschränkten Auswirkung auf die Pluralismussicherung ist die Verhältnismäßigkeit entsprechender Regelungen jedenfalls fraglich.

89 Auch sonstige Maßnahmen der Konzentrationskontrolle bedürfen als Eingriff in die Rundfunkfreiheit der privaten Anbieter einer entsprechenden Rechtfertigung. Diese ist jedoch angesichts der hohen Bedeutung des Pluralismus möglich. Dabei sind Schranken des externen Wachstums (durch **Fusionen** etc.) eher zu rechtfertigen als solche des internen Wachstums. In der näheren Ausgestaltung verfügt der Gesetzgeber wiederum über einen gewissen Spielraum, so dass er – wie im derzeit geltenden Recht des § 26 RStV – insbes. auf ein **Zuschaueranteilsmodell** setzen, dieses aber auch durch die Berücksichtigung der Marktanteile auf den Werbemärkten und auf benachbarten Medienmärkten ergänzen kann. Vor diesem Hintergrund sind auch strengere Grenzen für die Beteiligung von Presseunternehmen zur Vermeidung der Übertragung von Marktmacht aus dem Presse- in den Rundfunkmarkt und der damit einhergehenden Gefährdung des Pluralismus auf der lokalen Ebene verfassungsrechtlich durchaus zulässig (zu sog „Doppelmonopolen" bereits BVerfGE 73, 118 (177) – LRG Niedersachsen; eher zurückhaltend gegenüber entsprechenden Maßnahmen BK/Degenhart GG Art. 5 Abs. 1 und 2 Rn. 854).

7. Zugangsfragen

90 **a) Zugang zu Inhalten (insbes. Kurzberichterstattung und Free-TV-Liste).** In der 10. Rundfunk-Entscheidung hat das BVerfG wichtige und zutreffende Ausführungen zur Reichweite der Rundfunkfreiheit als informationelles Zugangsrecht in der Informationsgesellschaft am Beispiel der Kurzberichterstattung entwickelt (zum Folgenden bereits Kühling, FS Steiner, 2009, 474 ff.). Diese Argumentation ist aber keineswegs auf die Rechtfertigung eines Zugangsrechts zur zeitversetzten Kurzberichterstattung im Fernsehen beschränkt, sondern kann dem Grunde nach auch zur Rechtfertigung anderer Zugangspflichten herangezogen werden. So lassen sich die Aussagen auf die Hörfunk-Berichterstattung vollumfänglich übertragen. Eine entsprechende Zugangspflicht für die Kurzberichterstattung im Hörfunk könnte demnach gleichermaßen gerechtfertigt werden (dem Ansatz nach ebenso der BGHZ 165, 62 (71 f.)). Besonderheiten gelten dagegen für „Live"- und erst recht für eine „Voll"-Berichterstattung. Insoweit ist zwar davon auszugehen, dass auch diese

Berichtsformen unter dem Schutz der Rundfunkfreiheit stehen (für die „Live"-Berichterstattung im Hörfunkbereich ebenso BGHZ 165, 62 (71 f.)). Die Verfügbarkeit von **Kurzberichterstattungsrechten** schränkt die diesbezügliche Notwendigkeit und Zulässigkeit der Normierung von Zugangspflichten im Sinne einer „Voll"- und „Live"-Berichterstattung aber ein. So ist es im Bereich einer rein privat organisierten Inhalteproduktion schwierig, derartige Zugangspflichten zu rechtfertigen. Denn die **Gefahren von Informationsmonopolen** und einer vollständigen Kommerzialisierung von Informationen von allgemeiner Bedeutung sind angesichts der Existenz der Kurzberichterstattungsrechte deutlich reduziert. Ein wesentlicher Argumentationsbaustein zur Rechtfertigung des Kurzberichterstattungsrechts ist iÜ dessen primäre Ausrichtung am Nachrichten- und nicht am Unterhaltungswert (BVerfGE 97, 228 (260 f.) – Kurzberichterstattung). Bei der **„Voll"- und „Live"-Berichterstattung** von Sportveranstaltungen steht aber der Unterhaltungswert im Vordergrund. Im Übrigen hat das BVerfG jene Verfassungsvorgaben in der 10. Rundfunk-Entscheidung angesichts einer Eingriffs-Abwehrprüfung im Rahmen „vernünftiger Gemeinwohlerwägungen" entwickelt. Die Wirkungsweise der Rundfunkfreiheit bei Zugangsstreitigkeiten erschöpft sich im vorliegenden Zusammenhang aber keineswegs darin, bestimmte einfachgesetzlich eingeräumte Zugangspflichten bzw. Zugangsrechte zu rechtfertigen, also Grundrechtseingriffe zu legitimieren. Die Rundfunkfreiheit ist vielmehr zugleich wichtiger Auslegungsmaßstab für die Interpretation solcher Normen, die Zugangsrechte begründen oder beschränken können. Die immer stärkere Kommerzialisierung der Medieninhalte einschließlich des Aufbaus entsprechender Verwertungskaskaden sowie eine durchgehende Privatisierung bei der Infrastrukturbereitstellung führen letztlich dazu, dass in der Medienordnung immer mehr tri- und multipolare Zugangskonflikte entstehen (vgl. dazu schon die Hinweise bei Tietje JuS 1999, 644 (649)). Die Rundfunkfreiheit wirkt vor diesem Hintergrund immer öfter in solche an sich privatautonom geregelten Bürger-Bürger-Verhältnisse hinein. Dies wurde zuletzt beim parallelen Streit um die (Fußball-) Kurzberichterstattung im Hörfunkbereich deutlich. Hier müssen das aus den §§ 858 ff., 1004 BGB abzuleitende Hausrecht des Stadionbetreibers bzw. -veranstalters sowie die allgemeinen kartellrechtlichen Missbrauchs- und Diskriminierungsverbotsnormen aus den §§ 19, 20 GWB in verfassungskonformer Weise so interpretiert werden, dass ein effektives Zugangsrecht in Form eines Kurzberichterstattungsrechts gewährleistet wird (so auch iErg BGHZ 165, 62 (71 ff.)). Einen Schritt weiter geht iÜ die Ableitung von **Schutzpflichten** aus der Rundfunkfreiheit dahingehend, dass der Staat zum Erlass entsprechender Zugangspflichten oder gar Zugangsrechte verpflichtet ist. Mit Blick auf das Kurzberichterstattungsrecht kann angesichts dessen Bedeutung für die Informationsordnung davon ausgegangen werden, dass eine solche Schutzpflicht greift. Der Staat ist also zur Normierung eines derartigen materiell-rechtlichen Zugangsrechts verpflichtet, das er auch prozedural hinreichend effektiv absichern muss. Entsprechendes kann für den Zugang zur erforderlichen Übertragungsinfrastruktur und Übertragungstechnik gelten. Für eine „Live"- oder „Voll"-Berichterstattung ist der gesetzgeberische Spielraum angesichts der dargelegten abgeschwächten Bedeutung für den freien Informationszugang dagegen weiter zu ziehen. So lässt sich wohl keine auch noch so eng gefasste zwingende **„Free-TV"-Liste** aus der Rundfunkfreiheit ableiten. Entsprechende Vorgaben lassen sich mit Blick auf die Pluralismussicherung und Informationsinteressen der Öffentlichkeit jedoch rechtfertigen.

b) Zugang zu Übertragungsinfrastrukturen (insbes. DVBT) und Plattformen. 91
Der Zugang zur Telekommunikations-Infrastruktur wird von der Rundfunkfreiheit gleichermaßen erfasst, da jene Infrastrukturen eine **unabdingbare Funktion** bei der Verbreitung von Rundfunkinhalten erfüllen. Dies entspricht der Rspr. des BVerfG in vergleichbaren Konstellationen, in denen das Gericht stets darauf abgestellt hat, ob der Hilfstätigkeit eine entsprechende publizistische bzw. funktionsrelevante Bedeutung zukommt (so für die Pressefreiheit BVerfGE 77, 346 (354) – Presse Grosso). Mit dem Abbau von Knappheiten bei den Verbreitungsinfrastrukturen haben sich die diesbezüglichen Zugangskonflikte allerdings abgeschwächt. So stehen nach der Digitalisierung umfassende Kabelübertragungskapazitäten zur Verfügung, die die Notwendigkeit einer verfassungsrechtlichen Vorstrukturierung entfallen lassen. Die Vorschrift des § 52 RStV aF über die Kabelbelegung wurde daher entsprechend aufgehoben bzw. modifiziert (vgl. Dörr ZUM 2013, 81 (95 f.); Ritlewski ZUM 2008, 404 (404)). Für die Satellitenverbreitung gilt das wie für das Fernsehen über das Internet (IPTV)

erst recht. Nur DVBT – als neue terrestrische Verbreitungsinfrastruktur nach dem „Switchover" von der analogen Verbreitung – weist **noch relevante Knappheiten** auf. Mit dem europarechtlich erzwungenen (→ Rn. 21 f.) Wegfall der Finanzierung des „Switch-over" aus Rundfunkgebühren (bzw. jetzt Rundfunkbeiträgen) ist das Interesse privater Rundfunkunternehmen an dieser vergleichsweise teuren Übertragungsinfrastruktur allerdings deutlich zurückgegangen und die RTL-Sendergruppe hat bereits ihren Ausstieg aus DVBT bekannt gegeben. Die Sendergruppe Pro Sieben Sat 1 will dagegen an DVBT vorläufig festhalten und könnte einen Teil der frei werdenden Frequenzen übernehmen (FAZ v. 2.4.2013, 23). Nicht zuletzt angesichts alternativer Verbreitungsinfrastrukturen sind die Vorgaben der §§ 51 und 51a RStV gleichwohl nur noch von geringer Relevanz. So trug der Antennenempfang zum Marktanteil der RTL-Sendergruppe zuletzt etwa nur noch 4,2 % bei (FAZ v. 2.4.2013, 23). Da es sich bei DVBT um eine aus Rundfunkbeiträgen finanzierte Infrastruktur handelt, ist der privilegierte Zugang öffentlich-rechtlicher Rundfunkanstalten nach § 51 Abs. 3 Nr. 1 RStV rechtfertigbar. Die **vielfaltsorientierte Kapazitätszuweisung** im Falle konfligierender Zugangsinteressen öffentlich-rechtlicher Rundfunkanstalten ist sodann verfassungsrechtlich nicht nur zulässig, sondern auch indiziert. Das gilt für die Zuweisung verbliebener Kapazitäten an private Rundfunkunternehmen in Engpassfällen nach § 51a Abs. 4 RStV gleichermaßen.

92 Mit Blick auf die **Kabelverbreitung** war iÜ zuletzt die Vergütungsfrage zwischen den Kabelnetzbetreibern und den öffentlich-rechtlichen Rundfunkanstalten insbes. im Fall von Übertragungspflichten streitig (dazu umfassend Trute/Broemel MMR-Beil 2012, 1 ff., und Fink/Keber MMR-Beil 2013, 1 (26 ff.), die jeweils aus den verfassungsrechtlichen Vorgaben einschließlich der Rundfunkfreiheit tendenziell eine Übertragungspflicht ableiten, die dann jedoch wegen der Grundrechtspositionen der Kabelnetzbetreiber vergütet werden muss).

93 Neben der reinen Übertragungsinfrastruktur werden auch sonstige Plattform(dienste) erfasst wie etwa **Zugangsberechtigungssysteme,** elektronische Programmführer etc. Hier geht es oftmals allerdings weniger um Knappheitsentscheidungen als vielmehr um Fälle der Vermeidung von Diskriminierungen. Auch insoweit greift ergänzend und überformend die Rundfunkfreiheit. Angesichts der „überlappenden" Gesetzgebungskompetenzen in diesem Grenzbereich von Rundfunk- und Telekommunikationsregulierung finden sich hier Regelungen sowohl im RStV (§§ 52 ff. RStV) als auch im TKG (§ 50).

8. Die Dogmatik der Rundfunkfreiheit im Lichte des veränderten Realbereichs

94 Die Analyse der Rundfunkrechtsprechung (→ Rn. 58 ff.) hat bereits gezeigt, dass das BVerfG zum einen seine Rspr. von Anfang an offen für die Veränderungen im Realbereich angelegt und zum anderen in der weiteren Ausformung der Rechtsprechungslinien entsprechende Entwicklungen berücksichtigt hat. Gleichwohl stellt sich die Frage, ob das Gericht das Ausmaß an Änderungen in der Tiefenstruktur tatsächlich hinreichend verarbeitet (zum Folgenden bereits Wahl/Kühling, Verfassungsänderung, Verfassungswandel, Verfassungsinterpretation, 2008, 409 ff.). Eine Gesamtbetrachtung der Auslegung der Medienfreiheiten durch das BVerfG vermittelt hier letztlich vielmehr den Eindruck einer **überbordenden Interpretation der Gewährleistungsdogmatik** als Kern der Rundfunkfreiheit unter **Zurückdrängung der subjektivrechtlichen Komponenten,** die im seltsamen Kontrast zu einer diesbezüglich starken Zurückhaltung bei den übrigen Medienfreiheiten steht.

95 **a) Die drei Ebenen: Ziele, Konzepte, Maßnahmen.** Aufbauend auf der begrifflichen Unterscheidung von Hoffmann-Riem (s. daher zum Folgenden dessen Abhandlung in Ladeur (Hrsg.), Innovationsoffene Regulierung des Internet, 2003, 55 ff. mwN jeweils zur Rspr. des BVerfG) ist eine medienübergreifende, vereinheitlichende Gewährleistungsdogmatik der Massenkommunikationsmittel erforderlich, wenn auch mit einer anderen Stoßrichtung als von Hoffmann-Riem aufgezeigt. Dabei stuft Hoffmann-Riem das Gewährleistungsprogramm in den drei Ebenen des Ziels, des Konzepts und der jeweiligen Maßnahmen ab. Diese Differenzierung dient nicht nur der Abschichtung der verschiedenen Kritikansätze, sondern erleichtert zugleich die Übertragung auf die übrigen Massenmedien. Auf der Zielebene geht es um die Sicherung einer pluralen Kommunikationsordnung. Auf der Konzeptebene stehen sodann die Staatsfreiheit des Rundfunks, die Grundversorgung der Rezipienten und ein hinreichender Pluralismus, der insbes. eine Konzentrationsabwehr verlangt, im Vor-

dergrund. Auf der Maßnahmeebene hat das Verfassungsgericht im Rundfunkbereich den Gesetzgeber in ein enges normatives Korsett geschnürt.

b) Fragwürdige Grundannahmen des BVerfG. In einer Gesamtschau der Urteile fällt 96 jedenfalls auf, dass das Gericht an entscheidenden Stellen von folgenschweren Annahmen ausgeht, die keineswegs zwingend erscheinen. Dies gilt etwa für die pauschale Behauptung, dass die privaten Rundfunkanbieter letztlich nicht für eine hinreichende Absicherung des **Pluralismus** Sorge tragen können. Sie benötigen hohe Werbeeinnahmen, so das BVerfG, die sie nur durch ein massenattraktives Programm erreichen, was wiederum eine Vernachlässigung der Darstellung von Sendungen für kleinere Interessiertenkreise bedinge (BVerfGE 73, 118 (155) – LRG Niedersachsen). Dies mag noch im Zeitalter von zwei oder drei werbefinanzierten Rundfunkprogrammen der Fall gewesen sein. Angesichts der Existenz einer Vielzahl frei verfügbarer Programme privater Veranstalter ist diese These aber keinesfalls mehr evident. So dürften die beiden privaten Senderfamilien gegenwärtig durchaus ein hohes Maß an Pluralität gewährleisten und umgekehrt ist die Organisation des öffentlichrechtlichen Rundfunks keineswegs konsequent auf die Vermeidung einer primären Ausrichtung auf Massenattraktivität der Sendeinhalte ausgerichtet, wie mit Blick auf die Sportinhalte besonders deutlich wird (→ Rn. 84). Letztlich dürfte es nicht allein um ein Vielfalts-, sondern auch um ein **Qualitätsdefizit** gehen. Grds. muss jedenfalls auch das Erreichen eines hinreichenden Pluralismusniveaus durch Private möglich sein, da auch dieses Modell vom BVerfG anerkannt wird. Weniger radikal wird auch näher darzulegen sein, dass nicht jede Rundfunkanstalt eine Existenzgarantie erhält, sondern dass auf eine hinreichende Anzahl sonstiger öffentlich-rechtlicher Rundfunkanstalten abzustellen ist, die die Pluralismussicherung gewährleisten. Dieser interpretatorische Schritt würde bspw. eine Beschränkung der Anzahl öffentlich-rechtlicher Rundfunkveranstalter verfassungsrechtlich ermöglichen, sofern das politisch erwünscht ist. Eine **Existenzgarantie** einzelner öffentlich-rechtlicher Rundfunkveranstalter kann in der Logik der Verfassungsgerichtsrechtsprechung nur bestehen, soweit sie zur Funktionserfüllung notwendig ist. Damit ist im Rahmen der verfassungsgerichtlichen Rechtsprechungslinie zur Rundfunkfreiheit eine weiter gehende und gegebenenfalls sogar radikale Einschränkung der notwendigen staatlichen Maßnahmen zur Pluralismussicherung aufgrund der Änderungen im Realbereich möglich. Dem könnte allenfalls die in ihren verschiedenen Aussagen ohnehin problematische 5. Rundfunk-Entscheidung im Wege stehen. Dort findet sich der missverständliche Satz, dass ein Hinzutreten privater Rundfunkveranstalter nur sinnvoll sei, wenn „die Rundfunkordnung insgesamt verbessert" werde (BVerfGE 74, 297 (331) – Baden-Württemberg). Dies kann aber kaum ein „Schutzminimierungsverbot" (in diese Richtung AK-GG/Hoffmann-Riem GG Art. 5 Abs. 1, 2 Rn. 156) in dem Sinne bedeuten, dass der Staat nur solche Maßnahmen ergreifen dürfe, die zu einer Verbesserung des Schutzniveaus also letztlich zur Steigerung des Pluralismus führt. Dann wäre jedenfalls im Zweifel ein Abbau ausgeschlossen, auch wenn ein hinreichender Außenpluralismus durch eine Vielzahl von privaten Rundfunkveranstaltern gewährleistet wäre. Ein solcher Sperreffekt ist in einer rechtsvergleichenden Perspektive durchaus nicht ungewöhnlich. So hat der Conseil Constitutionnel gerade im Bereich der Medienregulierung einen entsprechenden „effet cliquet" herbeigeführt, indem er nicht auf positive Pflichten des Gesetzgebers gesetzt hat, sondern eine negative Verpflichtung ausgesprochen hat, die eine Verschlechterung der Pluralismussicherung verbietet (Kühling, Die Kommunikationsfreiheit als europäisches Gemeinschaftsgrundrecht, 1999, 285). Verfassungsrechtlich überzeugend ist eine solche Argumentation aber nur, wenn das einfache Modell einer Steigerung der Freiheitsgrade („in dubio pro libertate!") zuträfe. Die Optimierung der objektivrechtlichen Dimension der Rundfunkfreiheit wird jedoch mit einer Beschränkung von Freiheiten an anderer Stelle erkauft. Dies sind vordergründig die Freiheitsrechte der verpflichteten Beitragszahler, die nunmehr unabhängig vom Bereithalten eines Empfangsgerätes pro Haushalt bezahlen müssen, aber sodann auch die Rundfunkunternehmen und mit Blick auf die Online-Expansion auch die privaten Presseunternehmen, die durch den beitragsfinanzierten öffentlich-rechtlichen Rundfunk in ihren Freiheiten gefährdet sind (vgl. auch Gersdorf, Legitimation und Limitierung von Onlineangeboten des öffentlich-rechtlichen Rundfunks. Konzeption der Kommunikationsverfassung des 21. Jahrhunderts, 2009, 82 f. und 92 ff.). Ein derartig simples Freiheitsmodell, das multipolaren Grundrechtskonflikten nicht gerecht wird, liegt der Rspr. des BVerfG aber gerade nicht zugrunde. So hat das Gericht unter anderem in der 8. und 12. Rundfunk-Entscheidung die Interessen der Gebührenzahler als relevanten Faktor angesehen, der den Finanzbedarf der Rundfunkveranstalter zu beschränken vermag (BVerfGE 90, 60 (92) – Rundfunkgebühren I; BVerfGE 119, 181 (227) – KEF; vgl. letztlich schon BVerfGE 87, 181 (201) – Hessen 3).

97 **c) Skepsis gegenüber einer hinreichenden Anpassungsoffenheit.** Jedenfalls wundert es nicht, dass im Bereich der zentralen Aufgabe der Pluralismussicherung trotz einer verbalen Rückkoppelung die hinreichende Verarbeitung der Änderungen in der Verfassungswirklichkeit bezweifelt wird. Besonders massive Kritik hat der Wissenschaftliche Beirat des Wirtschaftsministeriums bereits in einem Gutachten vom November 1999 an der Rundfunkrechtsprechung des BVerfG geübt: Sie gehe von einem verfehlten normativen Ausgangspunkt aus, lege unrealistische Verhaltensannahmen zugrunde, berücksichtige die veränderte Wirklichkeit nicht angemessen und führe letztlich zu einer anachronistischen Überregulierung des Rundfunks (vgl. das Gutachten des Bundesministeriums für Wirtschaft und Technologie, Offene Medienordnung, 2000). Diese Kritik ist nicht von der Hand zu weisen. Der tendenziell strukturkonservativ wirkende Ansatz des BVerfG, dass hoheitliche Maßnahmen umso zwingender seien, als Veränderungen später gar nicht oder nur sehr schwer wieder rückgängig zu machen sind, ist ambivalent zu beurteilen. Jedenfalls würdigt das Gericht nicht hinreichend, dass der Pluralismus nicht nur durch hoheitliches Unterlassen pluralismussichernder Maßnahmen (false negative), sondern ebenso durch gut gemeintes hoheitliches Handeln gefährdet werden kann (false positive). So ist die Argumentation mancher Ökonomen nicht unplausibel, dass die – verfassungsrechtlich forcierte – massive Präsenz der öffentlich-rechtlichen Rundfunkanstalten die Entwicklung eines Außenpluralismus durch Private erheblich behindert und die Konzentration beflügelt hat. Naiv wirkt in diesem Zusammenhang jedenfalls die Behauptung in der 5. Rundfunk-Entscheidung, dass der private Rundfunk durch das Zulassen öffentlich-rechtlicher Rundfunkangebote auf lokaler und regionaler Ebene nicht beeinträchtigt werde (BVerfGE 74, 297 (335) – Baden-Württemberg). Diese Aussage mag zutreffend sein, wenn man dem öffentlich-rechtlichen Wettbewerber nicht einen durchschlagenden Wettbewerbsvorteil einräumt, nämlich den Zugriff auf einen konsumunabhängig zu zahlenden Rundfunkbeitrag zur Finanzierung des Auf- und Ausbaus von Angeboten.

98 **d) Künftige Anpassungsbedürfnisse – medienübergreifende Konvergenzen auf der Konzept- und Maßnahmenebene.** Die mangelnde Erhärtung voraussetzungsreicher Behauptungen über die Zweckmäßigkeit bestimmter Maßnahmen ist in jedem Fall eine der größten Schwachstellen der Rspr. des BVerfG. Gestalterische Vorgaben in Bezug auf die Medienfreiheiten müssen daher künftig besser fundiert sein, wenn die Rückanbindung an die Änderungen im Realbereich tatsächlich gelingen soll. Auch wenn die besondere Wirkmächtigkeit des Rundfunks im Vergleich zu den übrigen Medien strengere Vorgaben zu rechtfertigen vermag, wird die erhebliche Heterogenität einer überspannten Rundfunkrechtsprechung einerseits und einer unterentwickelten Pressejudikatur andererseits zu relativieren sein. Die schwindende Überzeugungskraft der voraussetzungsreichen Rundfunkrechtsprechung in einem Zeitalter der explosionsartigen Zunahme von Fernsehprogrammen und einer erheblichen Erweiterung der Übertragungskapazitäten wird nämlich besonders deutlich, wenn man die äußerst zurückhaltend strukturierenden Vorgaben mit Blick auf die übrigen Medien und insbes. die Pressefreiheit vergleichend betrachtet. So ist fraglich, warum auf lokaler Rundfunkebene öffentlich-rechtliche Rundfunkangebote erforderlich sind, während lokale Zeitungsmonopole akzeptiert werden, ohne dass entsprechende objektivrechtliche Vorgaben erfolgen. Übertrüge man die Rspr. zur Rundfunkfreiheit auf die Pressefreiheit müsste man in Einzeitungskreisen gerade angesichts der verbreiteten politischen Ausrichtung vieler lokaler Zeitungen an einem hinreichenden Binnenpluralismus mit guten Gründen zweifeln. Da Außenpluralismus per definitionem nicht vorliegt, müsste folgerichtig eine binnenpluralistische öffentlich-rechtliche Lokalzeitung eingerichtet werden. Eine solche Forderung scheint auf den ersten Blick angesichts manch einseitiger Berichterstattung in den lokalen Medien gerade über Themen mit ausschließlich lokaler Relevanz sogar durchaus plausibel. Angesichts der inhärent pluralistischen Angebotsvielfalt im Internet relativieren sich allerdings die erheblichen Pluralismusdefizite der lokalen Presse. Eine (letztlich nie ernsthaft erwogene) öffentlich-rechtliche Bereitstellung von Lokalzeitungen ist daher verfassungsrechtlich unzulässig (→ Rn. 57). Solange es bei derart scharfen Abstufungen zwischen den verschiedenen Medien bleibt, wird auch die Frage nach den Besonderheiten des Rundfunks, die eine solche Heterogenität in der vorgegebenen Maßnahmendichte verlangen, virulent bleiben. In Bezug auf die Pluralismussicherung muss bezweifelt werden, dass die besondere Suggestivkraft des Rundfunks tatsächlich die strengen Anforderungen im Vergleich zur Pressefreiheit zu rechtfertigen vermag. Auch hier muss eine so weit reichende Annahme jedenfalls durch eine **Medienwirkungsforschung** gestützt werden. Die sich gegenwärtig abzeichnende Relativierung der Bedeutung des Fernsehens als Leitmedium und die Herausbildung neuer, nicht auf Intermediäre angewiesener Formen der Massenkommunikation bzw. Punkt-zu-Mehrpunkt-Kommunikation im Internet wird die Notwendigkeit dieser Auseinandersetzung verschärfen (s. etwa Inhalte, die über **„YouTube"** verbreitet werden, und Angebote klassischer Rundfunksender zumindest in jüngeren Bevölkerungsgruppen zunehmend verdrängen). Aus verfassungsrechtlicher Sicht ist eine Konvergenz der Interpretation der Medienfreiheiten erforderlich, wobei tendenziell eine Orientierung an der subjektivrechtlich ausgerichteten Pressefreiheit angezeigt ist (so auch Gersdorf, Legitimation und Limitierung von Onlineangeboten des öffentlich-rechtlichen Rundfunks. Konzeption der Kommunikationsverfassung des 21. Jahrhunderts, 2009, 52 ff.). Ausgangspunkt ist dabei die gemeinsame Hervorhebung der Massenkommunikationsmittel in Art. 5 Abs. 1 S. 2 GG, auf die das BVerfG schon in der 1. Rundfunk-Entscheidung verwiesen hat. Hier ordnete das Gericht den Rundfunk als Massenkommunikationsmittel „in die Nachbarschaft von Presse und Film" ein und betonte, dass Art. 5 Abs. 1 S. 2 GG „alle drei Massenmedien in einem Satz" nennt (BVerfGE 12, 205 (228) – Deutschland-Fernsehen, vgl. auch Seite 260: „(...) gehört der Rundfunk ebenso wie die Presse zu den unentbehrlichen modernen Massenkommunikationsmitteln, durch die Einfluss auf die öffentliche Meinung genommen und diese öffentliche Meinung mitgebildet wird."). Auf der Zielebene ginge es folgerichtig bei allen Massenmedien um die Sicherung einer pluralen Kommunikationsordnung. Eine weit gehende Homogenität bestünde – insoweit ist Hoffmann-Riem zu folgen – auch auf der Konzeptebene, nämlich insofern als die Staatsfreiheit der Medien, eine Grundversorgung der Rezipienten und ein hinreichender Pluralismus, der insbes. eine Konzentrationsabwehr verlangt, zu gewährleisten sind. Vieles hängt im Weiteren jedoch davon ab, wie präzise die einzelnen Konzepte ausdifferenziert werden, zB in welcher Höhe etwa das verfassungsfeste Grundversorgungsniveau anzusiedeln ist. Der größte Wandel und die schärfsten Auseinandersetzungen spielen sich allerdings auf der Maßnahmeebene ab. Hier ist eine stärkere Konvergenz der verfassungsrechtlichen Vorgaben für die Medienfreiheiten erforderlich. Dies muss maßgeblich durch ein **Zurückfahren der voraussetzungsreichen Rundfunkrechtsprechung** erfolgen, die als Maßnahmepaket auch ein scharfes Rundfunkkartellrecht mit punktueller Beseitigung von Pluralismusdefiziten als Modell zu akzeptieren hat. Jedenfalls müsste das BVerfG andernfalls darlegen, warum ein solches Modell nicht als ausreichend für die Pluralismussicherung anerkannt werden kann und warum es bei den anderen Medien als genügend angesehen wird. Ob und wie ein solches Modell sodann in der Realität umgesetzt wird, ist eine Entscheidung des Gesetzgebers. Ein Abbau der verfassungsrechtlichen Vorgabendichte bedeutet hier nicht zwingend auch eine solche der Legislative. Gerade die Aufrechterhaltung eines Kinderkanals oder ein parlamentarischer Dokumentationskanal sind sicherlich rechtspolitisch äußerst wünschenswert und verfassungsrechtlich zulässig. Aber auch hier ist daran zu erinnern, dass nicht alles, was rechtspolitisch wünschenswert, verfassungsrechtlich zwingend vorgegeben ist.

Schließlich ist darauf hinzuweisen, dass die verfassungsgerichtlich imprägnierte positive **99** Einschätzung öffentlich-rechtlich organisierter Leistungsbereitstellung mit einer größeren Skepsis zu betrachten ist. Das wurde auf tragische Weise bei den Schleichwerbeskandalen in den Jahren 2002 und 2003 deutlich, die im öffentlich-rechtlichen Rundfunk ein geradezu groteskes Ausmaß an mangelnder Neutralität, entfesseltem Gewinnstreben und korruptiven Strukturen offenbart haben, die vergleichbare Skandale im Privatfernsehen durchaus in den Schatten gestellt haben. Der spätere Schleichwerbungsfall im ZDF im Rahmen der Sendung „Wetten, dass…" hat die Anfälligkeit auch öffentlich-rechtlich bereitgestellter Rundfunkprogramme bestätigt (s. dazu http://www.handelsblatt.com/panorama/kultur-literatur/wetten-dass-gottschalk-kassierte-millionen-fuer-schleichwerbung/7624540.html). Die gegenwärtig teuerste öffentlich-rechtliche Programmlandschaft weltweit, die den Großteil der Investitionen nicht in die Präsentation von Kultur- und Minderheitenprogrammen steckt, sondern in den Erwerb von Fußballrechten oder Spielfilmbouquets, ist jedenfalls nicht verfassungsrechtlich vorgegeben. Hier ist der hoheitliche Korridor möglicher Maßnahmen zu erweitern. Jedenfalls muss eine **stärkere Ausrichtung** des öffentlich-rechtlichen Rundfunks auf die **Kompensation von Vielfaltslücken** verfassungsrechtlich eröffnet werden. Dogmatische Grundlage dafür ist eine stärkere individualrechtliche Interpretation der Rundfunkfreiheit gepaart mit einer kritischeren Bewertung gegenüber hoheitlich organisierter Leistungsbereitstellung sowohl was die Freiheitsgefährdungspotenziale als auch die reale Leistungsfähigkeit anbelangt. Wichtig ist iÜ die hoheitliche Verpflichtung zur Medienwirkungsforschung und zur Beobachtung der Medienentwicklung, um frühzeitig Pluralismusdefizite zu beseitigen. Auf der Instrumentenebene ist iÜ jedenfalls einheitlich eine scharfe Konzentrationskontrolle erforderlich. Daran gemessen wäre bspw. jegliche substantielle Schwächung der Pressefusionskontrolle verfassungsrechtlich kaum als zulässig einzustufen (die Bedeutung der Pressefusionskontrolle als vorbeugende Maßnahme gegen Konzentrationen in der Marktstruktur hervorhebend auch Rudolph, Erhalt von Vielfalt im Pressewesen, 2009, 197 f.; → Rn. 56 f.; zu Problemen der Marktabgrenzung bei medienübergreifenden Transaktionen zuletzt Esser NZKart 2013, 135). Von zunehmender Bedeutung wird eine ebenso **strenge Offenheitspflege** der Zugangsmöglichkeiten sein. Neue Zugangsgefahren bei der Rundfunkfreiheit, die etwa von Zugangsberechtigungssystemen ausgehen können, sind hier ebenso zu bekämpfen wie ein Zugang zur Verteilungsinfrastruktur zu gewährleisten ist (→ Rn. 90 ff.). Dies könnte für den Pressebereich bspw. durchaus einen Zugang eines Wettbewerbers zum Verteilungsnetz einer örtlichen Tageszeitung bedingen (vgl. dazu – allerdings ablehnend – EuGH NJW 1999, 2259 ff. – Bronner). Dabei ist die Offenheitspflege nicht nur für die Intermediäre, sondern auch für die Rezipienten von entscheidender Bedeutung.

V. Medienfreiheit III – Filmfreiheit gem. Abs. 1 S. 2 Var. 3
1. Begriff des Films, Reichweite und dogmatischer Ansatz

100 Unter einem Film ist nach allgemeiner Ansicht ein chemisch-optischer oder digitaler Bild- und Tonträger zu verstehen, der in der Öffentlichkeit vorgeführt wird (s. etwa Sachs/Bethge GG Art. 5 Rn. 118). Insoweit besteht auch eine Entwicklungsoffenheit des Filmbegriffs, wenn er etwa die digitale Form gleichermaßen erfasst. Streit besteht sodann darüber, ob auf das Element der **Vorführung in der Öffentlichkeit** verzichtet werden kann. Das ist jedoch nicht der Fall, da andernfalls das Spezifische der Präsentation des Films mit der gemeinsamen Rezeption durch das Publikum an einem Ort aufgegeben wird (so iErg auch Sachs/Bethge GG Art. 5 Rn. 118; aA etwa Jarass/Pieroth/Jarass GG Art. 5 Rn. 50). Auf diese Weise erfolgt eine nach den besonderen Gefahrenlagen und Schutzbedürfnissen der Massenmedien sinnvolle Ausdifferenzierung des Art. 5 Abs. 1 S. 2 GG: Die Filmfreiheit befasst sich mit den Besonderheiten des in der Öffentlichkeit vorgeführten Massenmediums, die Rundfunkfreiheit mit den Spezifika eines Mediums, das mit der Kombination von bewegtem Bild und Ton und eine programmliche Aufbereitung eine besondere Suggestivkraft und Breitenwirkung erreicht. Die Pressefreiheit fungiert schließlich als Auffangfreiheit für alle sonstigen massenmedialen Erscheinungsformen. In der Folge sind etwaige andere Formen der Verbreitung von Filmen jenseits der öffentlichen Vorführung jeweils der Presse- oder der Rundfunkfreiheit zuzuordnen, je nachdem, ob sie im Rahmen eines Rundfunkprogramms erfolgt (dann Rundfunkfreiheit) oder nicht (dann Pressefreiheit). Angesichts der geringen verfassungsrechtsdogmatischen Differenzen zwischen der Film- und der Pressefreiheit ist allerdings die nähere Einordnung zwischen diesen beiden Grundrechten weniger relevant als die Qualifikation als Presse- oder Rundfunkfreiheit. Denn eine objektivrechtliche und organisationsrechtliche Aufladung der Filmfreiheit ist weder erfolgt noch indiziert. Die Filmfreiheit entspricht insoweit der dogmatischen Konstruktion der Pressefreiheit (BK/Degenhart GG Art. 5 Abs. 1 und 2 Rn. 910; aA AK-GG/Hoffmann-Riem GG Art. 5 Rn. 145 ff.). Wie schon mit Blick auf die Presse- und Rundfunkfreiheit (→ Rn. 47 und → Rn. 78) erfolgt keine inhaltliche Einschränkung; Meinungen und Tatsachendarstellungen sind ebenso geschützt wie unterhaltende und werbende Inhalte.

2. Entwicklung und Bedeutung der Filmfreiheit

Die Filmfreiheit nach Art. 5 Abs. 1 S. 2 Var. 3 GG ist angesichts der **eher geringen Bedeutung des Mediums** Film für die Öffentlichkeit im Vergleich zu den Massenmedien Rundfunk und Presse nur schwach ausgeprägt. Hinzu kommt, dass wesentliche Schutzelemente über die Kunstfreiheit reklamiert werden können (Jarass/Pieroth/Jarass GG Art. 5 Rn. 49) und nach hier vertretener Auffassung wegen des engen Filmbegriffs (→ Rn. 100) unter die Presse- oder Rundfunkfreiheit fallen. Die verfassungsgerichtliche Überformung ist angesichts begrenzter verfassungsrechtlicher Konflikte ebenfalls gering geblieben (s. nur BVerfGE 87, 209 ff. – Tanz der Teufel).

3. Geschützte Verhaltensweisen

Hinsichtlich der geschützten Verhaltensweise kann auf die Ausführungen zur Presse- und Rundfunkfreiheit insoweit verwiesen werden (→ Rn. 48 und → Rn. 78), als dass auch beim Film **sämtliche Schritte der Herstellung** (Drehbuch, Drehaufnahmen etc.) und der anschließenden **Verbreitung** des Mediums (in der Öffentlichkeit) einschließlich entsprechender **Hilfstätigkeiten** (wie die Werbung) erfasst werden. Dabei greift angesichts des hier vertretenen engen Filmbegriffs (→ Rn. 100) die Filmfreiheit jedoch nur, wenn die Herstellung des Films auf eine Vorführung in der Öffentlichkeit angelegt ist und mit Blick auf die Verbreitung (einschließlich der Einfuhr etc.) nur soweit, wie diese die **Vorführung** (Filmverleih etc.) und nicht den Versand oder die Verbreitung via Internet betrifft (wie hier MKS/Starck GG Art. 5 Abs. 1, 2 Rn. 167; aA BK/Degenhart GG Art. 5 Abs. 1 und 2 Rn. 904). Hinsichtlich der Staatsferne gilt grds. das zur Pressefreiheit Gesagte (→ Rn. 54), jedoch mit der Modifikation, dass angesichts regelmäßig nur punktueller **Förderungen** die verfassungsrechtlichen Schranken – etwa mit Blick auf die Filmförderung – nicht vergleichbar scharf sind. Die Meinungsneutralität der Förderung ist selbstverständlich auch insoweit durch institutionelle Sicherungsmechanismen zu gewährleisten, etwa durch eine pluralistische Besetzung entsprechender Bewilligungsgremien (BK/Degenhart GG Art. 5 Abs. 1 und 2 Rn. 912). Ein leistungsrechtlicher Anspruch auf Förderung besteht nicht (BK/Degenhart GG Art. 5 Abs. 1 und 2 Rn. 911).

C. Schranken aus Abs. 2 und ihre Grenzen
I. Schrankentrias des Abs. 2

Gem. Art. 5 Abs. 2 GG finden die Teilverbürgungen der Kommunikationsfreiheit ihre Grenzen in der Schrankentrias der allgemeinen Gesetze, des Jugendschutzes und dem Recht der persönlichen Ehre. Da es sich beim Zensurverbot nach zutreffender Auffassung nicht um ein Grundrecht handelt, wird es von den Schranken nicht erfasst (BVerfGE 33, 52 (72) – Der lachende Mann; v. Münch/Kunig/Wendt GG Art. 5 Rn. 67).

1. Allgemeine Gesetze

Aufgrund der inhaltlichen Weite ist die bedeutendste Schranke die der „allgemeinen Gesetze". Daher wundert es nicht, dass dieser Begriff schon unter der Geltung des insoweit gleichlautenden Art. 118 Abs. 1 S. 1 WRV umstritten war und es noch heute ist. Einigkeit besteht zunächst darüber, dass unter dem Begriff „Gesetze" sowohl formelle als auch materielle und sogar Richterrecht zu fassen sind (Jarass/Pieroth/Jarass GG Art. 5 Rn. 55, der zu Recht auf das Wesentlichkeitsgebot als Grenze hinweist; SHH/Kannengießer GG Art. 5 Rn. 22; Verwaltungsvorschriften genügen wohl nicht, v. Münch/Kunig/Wendt GG Art. 5 Rn. 73).

a) **Streit um die Bestimmung des Begriffs „allgemeine Gesetze".** Der Streit konzentriert sich dabei auf die Auslegung des Begriffs „allgemein". Inzwischen ist anerkannt, dass unter der Geltung des Grundgesetzes damit jedenfalls nicht die abstrakt-generelle Allgemeinheit gemeint sein kann, denn die wird von Art. 19 Abs. 1 S. 1 GG ohnehin für alle grundrechtseinschränkenden Gesetze verlangt. Eine Wiederholung in Art. 5 Abs. 2 GG wäre danach überflüssig. Folglich kann es sich nur um eine sachliche, nicht aber personelle

Allgemeinheit handeln (Maunz/Dürig/Herzog GG Art. 5 Abs. 1, 2 Rn. 252 ff.; Isensee/Kirchhof/Schmidt-Jortzig, HdB des Staatsrechts der Bundesrepublik Deutschland, Bd. VII, 3. Aufl. 2009, § 162 Rn. 50; MKS/Starck GG Art. 5 Abs. 1, 2 Rn. 197). In der weiteren Auseinandersetzung haben sich die zwei Hauptlehren der Weimarer Zeit gehalten, da sich alternative Definitionsvorschläge oder Differenzierungskriterien nicht haben durchsetzen können. Das gilt etwa für den Vorschlag Froweins, an der Clear-and-present-danger-Doktrin des amerikanischen Supreme Court orientiert darauf abzustellen, ob über die bloße Meinungsäußerung hinaus ein Schaden durch sie verursacht wird (Frowein AöR 105, 1980, 180 ff., insbes. S. 180; skeptisch dazu v. Münch/Kunig/Wendt GG Art. 5 Rn. 72). So steht auf der einen Seite die **Sonderrechtslehre,** die vor allem von Häntzschel vertreten wurde. Nach dieser formalen Lehre sind allgemeine Gesetze solche, die nicht „Sonderrecht gegen die Meinungsfreiheit" darstellen. „Das Geistige soll nicht um seiner rein geistigen Wirkung willen unterdrückt werden". Beschränkungen „allein wegen ihrer geistigen Zielrichtungen" sollen nicht erlaubt sein (Anschütz/Häntzschel, HdB des Deutschen Staatsrechts, Bd. 2, 1932, 659 f.). Dem steht die oft als eigene Lehre dargelegte Auffassung Rothenbüchers nahe, der allgemeine Gesetze als solche bezeichnet, „die dem Schutze eines schlechthin, ohne Rücksicht auf eine bestimmte Meinung zu schützenden Rechtsgutes dienen" (Rothenbücher VVDStRL 4, 1928, 20, der im Folgenden auch die Nähe zu Häntzschels Auffassung betont; dies wird besonders deutlich im Leitsatz Nr. 3: Rothenbücher VVDStRL 4, 1928, 42). Auf der anderen Seite steht die maßgeblich von Smend geprägte **Abwägungslehre.** Diese materiale Lehre sieht als allgemeine Gesetze solche an, die deshalb Vorrang vor der Meinungsfreiheit genießen, „weil das von ihnen geschützte gesellschaftliche Gut wichtiger ist als die Meinungsfreiheit" (Smend VVDStRL 4, 1928, 52).

106 Das BVerfG fasst die drei Aussagen von Häntzschel, Rothenbücher und Smend in einer Formel zusammen. Dem Abwägungsgedanken verleiht es durch die **Wechselwirkungslehre** besonderen Ausdruck. Die Wechselwirkung liegt darin begründet, „dass die ‚allgemeinen Gesetze' zwar dem Wortlaut nach dem Grundrecht Schranken setzen, ihrerseits aber aus der Erkenntnis der wertsetzenden Bedeutung dieses Grundrechts im freiheitlichen demokratischen Staat ausgelegt und so in ihrer das Grundrecht begrenzenden Wirkung selbst wieder eingeschränkt werden müssen" (grundlegend BVerfGE 7, 198, (209 f.) – Lüth).

107 Demnach hat eine Abwägung im Einzelfall stattzufinden, die die einschränkenden „allgemeinen Gesetze" ihrerseits wieder im Lichte der Bedeutung des Grundrechts der Meinungsfreiheit auslegt.

108 Die kombinierte Formulierung der Rspr. des BVerfG hat zu Unsicherheiten darüber geführt, ob das Sonderrechtskriterium und das Abwägungskriterium kumulativ oder alternativ erfüllt sein müssen (vgl. Kirchhof/Frick AfP 1991, 679, die davon ausgehen, dass auch gegen eine bestimmte Meinung gerichtetes Recht dann ein „allgemeines Gesetz" darstellt, wenn es den Abwägungstest erfüllt). Das Problem stellt sich vor allem bei Normen wie § 86 Abs. 1 Nr. 4 StGB (Verbot der Verbreitung, Herstellung und Einführung von nationalsozialistischen Propagandamitteln), § 86a StGB (Verbot der Verwendung von Kennzeichen verfassungswidriger Organisation) oder auch § 130 Abs. 3 StGB (Verbot des Billigens, Leugnens und Verharmlosens des nationalsozialistischen Völkermords). Qualifiziert man solche Äußerungen als Meinungsäußerungen, stellt ihr Verbot Sonderrecht dar.

109 Zur (allseits für notwendig erachteten) Aufrechterhaltung (der meisten) dieser Normen werden in der Literatur verschiedene Wege bestritten. Teilweise wird versucht, nur den Tatsachenkern derartiger Aussagen als verboten anzusehen und diesen schon aus dem **Schutzbereich** des Art. 5 Abs. 1 S. 1 GG fallen zu lassen, jedenfalls aber nicht an der Sonderrechtslehre zu prüfen, die nur für Meinungen greifen soll (für den Weg des Tatbestandsausschlusses im Hinblick auf § 130 Abs. 3 StGB Huster NJW 1996, 487 ff., der allerdings zu Recht deutlich macht, dass eine solche Lösung eine restriktivere Qualifikation von vermengten (dh Tatsachen und Meinungen enthaltende) Äußerungen als Meinungsäußerungen verlangt, als dies vom BVerfG betrieben wird). Andererseits werden unterschiedliche Vorschläge zur Einschränkung der Sonderrechtslehre vorgelegt oder noch radikaler gar ihre Aufgabe gefordert (dazu Schwabe, Grundkurs Staatsrecht, 1995, 93f .). Die Einschränkungen laufen im Wesentlichen darauf hinaus, dass im Ausnahmefall neben dem Ehren- und Jugendschutz auch aus anderen Gründen Sonderrecht zulässig ist, sofern **überragende Verfassungsgüter** einen solchen Vorrang erzwingen (so vor allem v. Münch/Kunig/Wendt GG

Art. 5 Rn. 78; Hoffmann-Riem will nur ganz ausnahmsweise inhaltsorientierte Beschränkungen zulassen, wenn eine konkrete und unmittelbare Gefahr zu gewärtigen ist AK-GG/Hoffmann-Riem GG, Art. 5 Abs. 1, 2 Rn. 54; auch Jarass mahnt zu erhöhter Vorsicht, um die besonders qualifizierten Schranken des Art. 5 Abs. 2 GG nicht leerlaufen zu lassen, Jarass/Pieroth/Jarass GG Art. 5 Rn. 65; Degenharts Konstruktion kommt zu demselben Ergebnis, allerdings unter der Annahme, dass zwar an sich Sonderrecht vorliege, aber wegen der verfassungsrechtlichen Wertung doch ein „allgemeines Gesetz" oder hilfsweise schon tatbestandlich keine schützenswerte Kommunikation gegeben sei BK/Degenhart GG Art. 5 Abs. 1 und 2 Rn. 195; ähnlich BVerfGE 39, 334 (367) – Extremisten; diese Begrenzungen relativieren zumindest einen Teil der Kritik dieses Wegs; zu einer solchen Beanstandung Huster NJW 1996, 489 ff.).

Angesichts der durch das BVerfG zu Recht erfolgten weiten Erfassung auch von Tatsachenäußerungen, die mit Werturteilen verbunden sind, als Meinungsäußerungen, erscheint der letztgenannte Weg der Literatur über **verfassungsimmanente Schranken** für das Gericht am gangbarsten. Danach wird einerseits die grundsätzliche Stoßrichtung der Sonderrechtslehre gewahrt, die allein meinungsneutrale Beschränkungen für legitim hält. Denn meinungsorientierte Eingriffe sind nur ganz ausnahmsweise zulässig, sofern sich eine solche Wertung aus dem Grundgesetz ableiten lässt. Andererseits bleiben die für notwendig erachteten Verbote möglich. Der Streit zeigt deutlich die großen Bedenken, denen meinungsorientierte Beschränkungen begegnen. Sie bedürfen ganz besonderer Rechtfertigung. Eine Zulässigkeit ist nur im Ausnahmefall möglich. 110

b) Sonderproblem: Negative Meinungsäußerungsfreiheit. Im Hinblick auf die negative Meinungsäußerungsfreiheit würde die „umgekehrte" Anwendung des Sonderrechtskriteriums die weit reichende Folge haben, dass grds. kein Eingriff in die negative Inhaltswahl erlaubt wäre, dh dass der Kommunikator nicht zu einer bestimmten Äußerung verpflichtet werden könnte. Hier kann jedoch eine Differenzierung von Tatsachen- und Meinungsäußerungen weiterhelfen, denn nur die Verpflichtung zur letzteren ist am Sonderrechtskriterium zu messen. Damit werden in vielen Fällen Probleme verhindert, zB im Hinblick auf Kennzeichnungspflichten der Inhaltsstoffe bei Lebensmitteln, da diese Tatsachenäußerungen darstellen und so keiner Prüfung am Sonderrechtskriterium zu unterwerfen sind. Insbes. für verhaltenslenkende Warnhinweise, die als Meinungsäußerungen zu qualifizieren sind, ist dieser Weg aber nicht offen. Kloepfer weist zwar zu Recht darauf hin, dass insoweit eine sklavische Umkehrung der positiven Schutzgehalte nicht unbedenklich ist, was sich vor allem im Fall der Sonderrechtslehre zeigt (Kloepfer, Produkthinweispflichten bei Tabakwaren als Verfassungsfrage, 1991, 35). Nichtsdestotrotz ist zumindest zu verlangen, dass qualifizierte Äußerungspflichten besonders hohe Rechtfertigungsanforderungen erfüllen. 111

c) Einzelfälle allgemeiner Gesetze, insbes. gesetzliche Bestimmungen zur Bekämpfung neonazistischer und rassistischer Propaganda. Neben den im Folgenden darzulegenden spezifischen Beschränkungen zum Jugend- und Ehrenschutz gibt es eine ganze Reihe von allgemeinen Gesetzen, die dem Schutz anderer Rechtsgüter dienen. Sie sind äußerst heterogen und reichen von strafrechtlichen Sanktionen für die Verunglimpfung des Staats und seiner Symbole und von Verfassungsorganen gem. §§ 80a, 80b StGB (vgl. deren restriktive Auslegung im Hinblick auf die Kunstfreiheit durch das BVerfG in der neueren Rspr. BVerfGE 81, 278 (292 ff.) – Flagge; vgl. auch 81, 298 (306 ff.) – Hymne; diese Entwicklung begrüßend Roggemann JZ 1990, 934 ff.) bis hin zur zivilrechtlichen Schranke der Kreditgefährdung gem. § 824 BGB (einige Nachweise über die Spannweite der vom BVerfG als allgemeine Gesetze anerkannten Bestimmungen gibt Dreier/Schulze-Fielitz GG Art. 5 I, II Rn. 177 ff.). Hier sei Näheres insbes. in Bezug auf die Gesetzesnormen zur Bekämpfung neonazistischer und rassistischer Propaganda angeführt und sodann eine knappe Einordnung der für die Medienordnung besonders wichtigen gesetzlichen Regelungen zur Wahrung des allgemeinen Persönlichkeitsrechts vorgenommen (dazu → Rn. 117). Die darzulegenden Normen ergänzen diejenigen des Ehrenschutzes, die bereits eine individuelle, deutlicher am Menschenwürdeschutz ausgerichtete Abwehr derartiger Äußerungen ermöglichen (vgl. den Hinweis bei Beisel NJW 1995, 1001; insbes. § 185 StGB ist hier zu erwähnen). Der Beleidigungstatbestand erfasst nach der Rspr. des BGH auch den Fall des Leugnens des Holocaust; keine Bedenken im Hinblick auf diese Rspr. BVerfG, NJW 1993, 916 f. – 112

Revisionismus; bestätigt in BVerfGE 90, 241 (251) – „Auschwitz-Lüge"; krit. dagegen mwN Schönke/Schröder/Lenckner/Eisele StGB § 185 Rn. 3).

113 In diesem Zusammenhang ist zunächst § 130 Abs. 2 StGB zu nennen. Nach § 130 Abs. 2 StGB ist nicht nur das Verbreiten, öffentliche Ausstellen etc. von Schriften, die zum **Rassenhass** aufstacheln, verboten, wie es § 131 Abs. 1 StGB aF vorsah, sondern vielmehr wurde die Norm zu einem allgemeinen Anti-Diskriminierungstatbestand ausgeweitet (Schönke/Schröder/Lenckner/Sternberg-Lieben StGB § 130 Rn. 12), der ebenso nationale, religiöse oder durch ihr Volkstum bestimmte Gruppen schützt. Das Verbreiten, öffentliche Ausstellen etc. von Schriften, die Hass gegen solchermaßen bezeichnete Gruppen aufstacheln oder zu Gewalt- oder Willkürmaßnahmen gegen sie auffordern oder die Menschenwürde anderer dadurch angreifen, dass Teile der Bevölkerung oder eine der vorbezeichneten Gruppen beschimpft, böswillig verächtlich gemacht oder verleumdet werden, sind danach umfassend verboten. Unter dem hier besonders relevanten Tatbestandsmerkmal der Aufstachelung zum Rassenhass ist jede Kommunikation zu verstehen, die geeignet und bestimmt ist, nachhaltig eine feindselige Haltung gegenüber anderen Menschen allein wegen ihrer Zugehörigkeit zu einer bestimmten Rasse (vornehmlich iSd verquasten Rassenideologie) zu erzeugen oder zu steigern (näheres bei Schönke/Schröder/Lenckner/Sternberg-Lieben StGB § 130 Rn. 5a). Der Menschenwürdeangriff im Fall der letzten Tatbestandsalternative verlangt, dass das Verhalten den Menschen in seinem Persönlichkeitskern missachtet, als minderwertig darstellt und ihm das Lebensrecht abstreitet (Schönke/Schröder/Lenckner/Sternberg-Lieben StGB § 130 Rn. 6; Fischer StGB § 130 Rn. 12a). Hiernach ist iÜ auch die **„qualifizierte Auschwitz-Lüge"** erfasst, die beim Leugnen des Holocaust unter Identifikation mit der nationalsozialistischen Rassenideologie gegeben ist (vgl. Beisel NJW 1995, 998 mwN, wobei darauf hinzuweisen ist, dass der Terminus der „Auschwitz-Lüge" eine wenig glückliche Verkürzung des relevanten Sachverhalts darstellt, da es schließlich darum geht, dass die Behauptung, dass „Auschwitz" eine Lüge sei, also der Holocaust nicht stattgefunden habe, bestraft wird, zutreffend Beisel NJW 1995, 997, in dessen Fn. 1. Insoweit wäre die Bezeichnung „Propaganda einer angeblichen ‚Auschwitz-Lüge'" sachgerechter). Gem. § 11 Abs. 3 StGB sind den Schriften Ton- und Bildträger gleichgestellt. Um eine Erfassung von Live-Sendungen zu gewährleisten, verweist § 130 Abs. 2 Nr. 2 StGB explizit auf den Rundfunk.

114 Da die Bestrafung des bloßen Leugnens des Holocaust (auch „einfache Auschwitz-Lüge" (Schönke/Schröder/Lenckner/Sternberg-Lieben StGB § 130 Rn. 16) genannt) nach den §§ 130, 131 Abs. 1 StGB aF vom BGH abgelehnt wurde (BGH NJW 1994, 1421 ff. – „Auschwitz-Lüge"), wurde dieser Tatbestand anschließend ebenso wie das Billigen oder Verharmlosen des während der nationalsozialistischen Willkürherrschaft begangenen Genozids nach dem neugefassten § 130 Abs. 3 StGB explizit strafbar. Dazu müssen entsprechende Äußerungen allerdings in einer Art und Weise öffentlich oder in einer Versammlung erfolgen, die den öffentlichen Frieden zu stören geeignet sind. Die danach verlangte potentielle Friedensgefährdung dürfte bei entsprechender Anheizung des psychischen Klimas vor einem aufnahmebereiten Publikum gegeben sein (Fischer StGB § 130 Rn. 13a; differenzierend Schönke/Schröder/Lenckner/Sternberg-Lieben StGB § 130 Rn. 22). Insoweit ist bedeutsam, dass nach § 130 Abs. 5 StGB auch die Herstellung und Verbreitung der in Abs. 2 Nr. 1 genannten Inhalte über Schriften sowie Ton- und Bildträger nach § 11 Abs. 3 StGB iSd Abs. 2 strafbewehrt ist. Dies betrifft allerdings nur die kommentarlose Weitergabe, nicht aber die kritische Darstellung solcher Inhalte, wie sich aus der Sozialadäquanzklausel des § 130 Abs. 6 iVm § 86 Abs. 3 StGB ergibt, der sich iÜ auch auf Abs. 3 und 4 bezieht. Dennoch dürfte danach die Ausstrahlung des Films „Beruf: Neonazi" von Winfried Bonengel (Beisel NJW 1995, 999) ebenso verboten sein wie die hypothetische Kabeleinspeisung einer Sendung wie derjenigen im dänischen EMRK-Fall Jersild (EGMR Urt. v. 23.9.1994 – App. No. 15890/89 – Jersild; so auch Leipziger Kommentar/Krauß StGB 12. Aufl. 2009, § 130 Rn. 132; aA offensichtlich Schönke/Schröder/Lenckner/Sternberg-Lieben StGB § 130 Rn. 25), da jeweils eine kommentarlose Verbreitung entsprechender Inhalte erfolgte.

115 Schließlich ist auf die §§ 86, 86a StGB zu verweisen, die das Verbreiten von Propagandamitteln verfassungswidriger Organisationen sowie das Verwenden von Kennzeichen eben dieser verbieten. Gerade neonazistische Organisationen sind davon in erhöhtem Maße betroffen. Denn es werden vom Verbreitungsverbot gem. § 86 StGB nicht nur nach Abs. 1 Nr. 1 die Propagandamittel der vom BVerfG verbotenen Parteien („SRP") oder unanfechtbar verbotener Vereinigungen (Abs. 1 Nr. 2) erfasst, sondern gem. Abs. 1 Nr. 4 ferner explizit solche, die ihrem Inhalt nach Bestrebungen ehemaliger nationalsozialistischer Organisationen fortzusetzen bestimmt sind. Gem. § 86 Abs. 2 StGB müssen die nach Abs. 1 bestimmten Propagandamittel sich inhaltlich gegen die freiheitlich demokratische Grundordnung oder den Gedanken der Völkerverständigung richten. Hier sieht man deutlich die strafrechtliche Teilnormierung des Prinzips der „streitbaren Demokratie". Diesem Grundsatz liegt der Gedanke zugrunde, dass die freiheitliche Ordnung des Grundgesetzes nicht ihren Feinden ausgeliefert werden darf. Das BVerfG zählt dabei zu den grundlegenden Prinzipien einer solchen Ordnung „die Achtung vor den im Gesetz konkretisierten Menschenrechten, vor allem vor dem Recht der Persönlichkeit auf Leben und freie Entfaltung, die Volkssouveränität, die Gewaltenteilung, die Verantwortlichkeit der Regierung, die Gesetzmäßigkeit der Verwaltung, die Unabhängigkeit der Gerichte, das Mehrparteienprinzip und die Chancengleichheit für alle politischen Parteien mit dem Recht auf verfassungsmäßige Bildung und Ausübung einer Opposition" (BVerfGE 2, 1 (12 f.) – SRP). Im Hinblick auf die Bestimmungen der §§ 86, 86a StGB greift erneut die Sozialadäquanzklausel des § 86 Abs. 3 StGB (näheres zu diesen Normen bei Schönke/Schröder/Sternberg-Lieben StGB §§ 86, 86a).

Damit ergibt sich das Bild eines weit reichenden Zurückdrängens der Kommunikationsfreiheit für solche Äußerungen, die neonazistische oder rassistische Inhalte verbreiten. Dies wird in der Literatur selten als grundrechtswidrig eingestuft. Allerdings wird verschiedentlich rechtspolitische Kritik geäußert, namentlich im Hinblick auf § 130 Abs. 3 StGB (exemplarisch Fischer StGB § 130 Rn. 24 f.; Beisel hält § 130 Abs. 3 StGB angesichts der Verfolgung des Rechtsgüterschutzes „öffentlicher Friede" und nicht „Menschenwürde" sogar für nur schwerlich vereinbar mit Art. 5 GG NJW 1995, 1000 f.). Auch das BVerfG erhebt keine durchgreifenden Bedenken gegen derartige Beschränkungen (vgl. etwa BVerfGE 90, 241 (247) – „Auschwitz-Lüge", in dem das Gericht den Tatbestandsausschluss des Leugnens des Holocaust als bewusste Lüge bestätigt hat). Zurückhaltender war das BVerfG allerdings gegenüber einem Buch, das als **jugendgefährdend** eingestuft wurde, da die Kriegsschuldfrage fälschlich dargestellt wurde (BVerfGE 90, 1 (18 ff.) – Kriegsschuldfrage; strenge Beschränkungen zulassend auch das BVerwG, das die Entlassung eines Bundeswehroffiziers wegen der Äußerung nationalsozialistischen Gedankenguts akzeptierte BVerwG NJW 1991, 997; ähnlich BVerwG NJW 1997, 2338). **116**

d) Allgemeine Gesetze, insbes. zum Schutz von Persönlichkeitsrechten. Ergänzend sei darauf hingewiesen, dass der Katalog der allgemeinen Gesetze insbes. zum Schutz von Persönlichkeitsrechten sehr weit reichend ist und horizontale Regelungen ebenso beinhaltet wie medienspezifische Spezialgesetze (zum Spannungsverhältnis zwischen dem Allgemeinen Persönlichkeitsrecht und den Medienfreiheiten und zur Auflösung dieses Verhältnisses auch umfassend (→ Art. 2 Rn. 47 ff.). Von den **horizontalen Bestimmungen** ist insbes. das Recht der unerlaubten Handlung relevant (§ 823 Abs. 1 BGB bzw. § 823 Abs. 2 BGB iVm §§ 185 ff. StGB), in dessen Rahmen auch das allg. Persönlichkeitsrecht verortet wird, sowie § 1004 BGB, aus dem Unterlassungs- und Widerrufsansprüche abgeleitet werden (vgl. dazu BVerfGE 114, 339 (347 f.) – Mehrdeutige Meinungsäußerung („Stolpe"); BVerfGE 99, 165 (195 f.) – Scientology; BVerfGE 34, 269 – Erfundenes Soraya-Interview; aus der Literatur etwa BK-Degenhart GG Art. 5 Abs. 1 und 2 Rn. 185). Dabei sind insbes. die Regeln zu den Ansprüchen auf **Gegendarstellung** Gegenstand verfassungsgerichtlicher Klärung gewesen (s. BVerfGE 97, 125 hinsichtlich § 11 HbgPresseG (Caroline v. Monaco I); vgl. BVerfG NJW 2002, 356 – Gysi I, BVerfG NJW 2002, 357 – Gysi II (wahrheitsunabhängiger Gegendarstellungsanspruch aus HbgPresseG verstößt nicht gegen Pressefreiheit); s. ferner BVerfG NJW 2004, 1235 sowie BVerfGE 97, 125 (144 f.) – Caroline von Monaco I (jeweils zum Spannungsverhältnis von Gegendarstellungsanspruch und Pressefreiheit) und BVerfG MMR 2008, 327 (Gegendarstellungsanspruch bei mehrdeutigen Meinungsäußerungen); vgl. ferner → Rn. 52 und aus der Literatur v. Münch/Kunig/Wendt GG Art. 5 Rn. 74). Ergänzend treten **Spezialgesetze** mit Sonderregeln wie etwa zum Recht am eigenen Bild nach dem KUG als spezielle Ausprägung des Persönlichkeitsrechts hinzu, die vor allem Schranken für die Presseberichterstattung beinhalten, aber auch als unmittelbare Schranke der Meinungsäußerungsfreiheit wirken, sofern es um Äußerungen geht, die durch Bilder unterlegt oder gestützt werden (s. BK/Degenhart GG Art. 5 Abs. 1 und 2 Rn. 185; **117**

BGHZ 131, 332 (Persönlichkeitsrecht als Schranke der Presseberichterstattung); BGH JZ 1994, 413 (415) – satirisches Plakat (Persönlichkeitsrecht als Schranke der Meinungsäußerungsfreiheit)). Auch das Namensrecht aus § 12 BGB ist schließlich dem Persönlichkeitsrecht zuzuordnen (s. wiederum BK/Degenhart GG Art. 5 Abs. 1 und 2 Rn. 185; vgl. zum Vorstehenden insbes. im Hinblick auf die Pressefreiheit BK/Degenhart GG Art. 5 Abs. 1 und 2 Rn. 534 ff.).

118 Ferner kann **kollidierendes Verfassungsrecht** eine relevante Schranke darstellen (dazu Isensee/Kirchhof/Schmidt-Jortzig, HdB des Staatsrechts der Bundesrepublik Deutschland, Bd. VII, 3. Aufl. 2009, § 162 Rn. 57 ff.; s. ferner BVerfGE 7, 230 (234): Gemeinschaftsfrieden im Haus oder entgegenstehende Interessen des Eigentümers schränken Meinungsfreiheit des Mieters ein; BVerfGE 42, 133 (141) – Wahlwerbung: Meinungskundgaben im Betrieb sind zu unterlassen, wenn dadurch die Ungestörtheit des Arbeitsablaufs und des Betriebsfriedens beeinträchtigt wird).

119 **e) Allgemeine Gesetze und Medienfreiheiten.** Speziell für die Medienfreiheiten kommt noch eine ganze Reihe von relevanten Regelungen hinzu, die wie allgemeine Gesetze wirken. Das gilt etwa für die Bestimmungen im GWB, wie insbes. die Sonderregelungen zu **Pressefusionen** (s. allgemein zum GWB BGHZ 76, 55 (67) und zu den Pressefusionsregeln v. Münch/Kunig/Wendt GG Art. 5 Rn. 40). Zudem treten sodann die Bestimmungen in den spezifischen Mediengesetzen hinzu wie **Aufzeichnungs- und Speicherungspflichten** (vgl. etwa § 8 Abs. 1 LMedienG BW) oder Auskunfts- und **Vorlagerechte** (etwa nach § 31 LMedienG BW; vgl. zu beidem BVerfGE 95, 220 – Aufzeichnungspflicht und in der Literatur v. Münch/Kunig/Wendt GG Art. 5 Rn. 74). Ferner sind die bereits angeführten (→ Rn. 51) Vorschriften zu **Durchsuchungen** und **Beschlagnahme** der StPO für die Presse relevant (dazu MKS/Starck GG Art. 5 Abs. 1, 2 Rn. 232 und zu weiteren Einzelfällen zu den allgemeinen Gesetzen in Zusammenhang mit Presse- und Rundfunkfreiheit vgl. MKS/Starck GG Art. 5 Abs. 1, 2 Rn. 221 ff.).

2. Gesetzliche Bestimmungen zum Schutz der Jugend

120 Die Betonung und Hervorhebung der Schranke der „allgemeinen Gesetze" kann leicht zum Verkennen der besonderen Relevanz der beiden anderen, **eigenständigen Schranken** führen (s. zum Problem der Schranke des Rechts der persönlichen Ehre als „Schranke dritter Ordnung" und zur diesbezüglich schwankenden Rspr. des BVerfG Füglein, Reduktion des Ehrenschutzes durch höchstrichterliche Rechtsprechung?, 2012, 144 ff.; für die Eigenständigkeit bzgl. des Ehrenschutzes in der Literatur v. Münch/Kunig/Wendt GG Art. 5 Rn. 83). Dass es sich hierbei um eigenständige Schranken handelt, ist inzwischen jedoch unbestritten, auch wenn dies in der Rspr. des BVerfG nicht immer so deutlich wird (klar für die Schranke des Jugendschutzes BVerfGE 30, 336 (353) – Jugendgefährdende Schriften; für den Ehrenschutz BVerfGE 93, 290 (299 f.) – Soldaten sind Mörder). Die weiteren Schranken schöpfen ihren Sinn vor allem daraus, dass sie unbestritten Sonderrecht zulassen. Das ist deshalb wichtig, weil sich gerade der Jugend- und Ehrenschutz oftmals gegen bestimmte Meinungen richtet und daher ohne eigenständige Schrankengrundlage angesichts des zu den „allgemeinen Gesetzen" Ausgeführten nur in sehr geringem Umfang möglich wäre. Dies darf jedoch nicht dazu führen, dass unter dem Deckmantel des Jugend- und Ehrenschutzes bestimmte, missliebige Meinungen bekämpft werden. Im Hinblick auf den Jugendschutz ist dies insbes. in denjenigen Fällen von Bedeutung, in denen dieser notwendigerweise zu Beschränkungen auch für Erwachsene führen muss (bspw. aufgrund von Werbeverboten, Vertriebsbeschränkungen etc.). Schließlich hat der Jugendschutz die Meinungsbildungsfreiheit der Jugendlichen zu achten und ist nicht an missionarischen Zwecken, sondern am Zweck der Gefahrenabwehr auszurichten (AK-GG/Hoffmann-Riem GG Art. 5 Abs. 1, 2 Rn. 120; Isensee/Kirchhof/Schmidt-Jortzig, HdB des Staatsrechts der Bundesrepublik Deutschland, Bd. VII, 3. Aufl. 2009, § 162 Rn. 60).

121 Der **Gefahrenbegriff** ist der Ansatzpunkt dafür, die im Grundgesetz fehlende Definition dessen, was konkret Inhalt des Jugendschutzes sein soll, zu kompensieren (iÜ können andere Grundgesetzbestimmungen, die den Jugendschutz erwähnen, wie Art. 6 Abs. 3 und 5, Art. 11 Abs. 2 und Art. 13 Abs. 3 GG, herangezogen werden, vgl. Maunz/Dürig/Herzog GG Art. 5 Abs. 1, 2 Rn. 281; dasselbe gilt für den Schutz der Persönlichkeitsentfaltung (aus

Art. 1 Abs. 1 iVm 2 Abs. 1 GG), vgl. BVerfGE 83, 130 (139 f.) – Mutzenbacher). So gehen nach Auffassung des BVerfG Gefahren von Meinungsäußerungen, vor allem von Medienprodukten, aus, „die Gewalttätigkeiten oder Verbrechen glorifizieren, Rassenhass provozieren, den Krieg verherrlichen oder sexuelle Vorgänge in grob schamverletzender Weise darstellen und deswegen zu erheblichen, schwer oder gar nicht korrigierbaren Fehlentwicklungen führen können" (BVerfGE 30, 336 (347) – Sonnenfreunde; zustimmend die Literatur Jarass/Pieroth/Jarass GG Art. 5 Rn. 60; MKS/Starck GG Art. 5 Abs. 1, 2 Rn. 204).

Hierbei stellen sich den zur Gefahrenabwehr berufenen Instanzen und zuallererst dem **122** Gesetzgeber jedoch zumindest zwei grundlegende Probleme: Zum einen besteht eine wenig gefestigte **empirische Basis,** aufgrund derer das tatsächliche Ausmaß der Gefährdungen zweifelsfrei bestimmt werden könnte (vgl. exemplarisch zum Streit über die Wirkung von Gewaltdarstellung in Massenmedien Mynarik, Jugendschutz in Rundfunk und Telemedien, 2006, 40 ff.; Stumpf, Jugendschutz oder Geschmackszensur? Die Indizierung von Medien nach dem Jugendschutzgesetz, 2009, 168 ff.). Zum anderen – und damit verbunden – unterliegen die normativen Anschauungen darüber, wo die Toleranzgrenze anzusetzen ist und wie das Schutzgut letztlich aufzufassen ist, dem **zeitlichen Wandel** (v. Münch/Kunig/Wendt GG Art. 5 Rn. 80). Dem ist dadurch Rechnung zu tragen, dass dem Gesetzgeber ein Spielraum bei der Bewertung der Toleranzgrenze ebenso wie eine Einschätzungsprärogative im Hinblick auf die Gefährdungsbeurteilung einzuräumen ist (Stumpf, Jugendschutz oder Geschmackszensur? Die Indizierung von Medien nach dem Jugendschutzgesetz, 2009, 175).

Dies ist vom BVerfG inzwischen anerkannt (BVerfGE 83, 130 (140 ff.) – Mutzenbacher, **123** obschon der Beschluss zur Kunstfreiheit erging). Zudem hält das BVerfG den gesetzgeberischen Rückgriff auf **Generalklauseln** für zulässig, zB im Fall des § 18 Abs. 1 des Jugendschutzgesetzes, das 2002 das vormalige Gesetz über die Verbreitung jugendgefährdender Schriften (und Medieninhalte) und die entsprechende Norm des § 1 Abs. 1 GjS in sich aufnahm (zu den Bestimmungen des JuSchG im Hinblick auf ihre Verfassungsmäßigkeit Stumpf, Jugendschutz oder Geschmackszensur? Die Indizierung von Medien nach dem Jugendschutzgesetz, 2009, 200 ff.; dort auch zu den übrigen jugendschützenden Normen des insoweit unveränderten § 131 StGB aF über das Verbot der Gewaltverherrlichung und der §§ 184 f. StGB über das Pornografieverbot Stumpf, Jugendschutz oder Geschmackszensur? Die Indizierung von Medien nach dem Jugendschutzgesetz, 2009, 261 ff., bzw. 268 ff.). Denn, so das Gericht, eine genauere Fassung des Indizierungstatbestands sei nur schwerlich möglich und die Jugendschutznormen enthalten hinreichende Anhaltspunkte für eine Präzisierung anhand der klassischen Auslegungsmittel (BVerfGE 90, 1 (16 f.) – Kriegsschuldfrage). Überdies ist die Einrichtung einer Behörde oder eines pluralistisch zusammengesetzten Entscheidungsgremiums zur Beurteilung der Frage, ob eine Jugendgefährdung vorliegt, nach Auffassung des BVerfG grds. zulässig (BVerfGE 83, 130 (149 ff.) – Mutzenbacher, dort ausführlich zu den Anforderungen an ein solches Entscheidungsgremium). Sowohl die abstrakte Gefährdungsbeurteilung durch den Gesetzgeber als auch die konkreten Einschätzungen der Verwaltung müssen jedoch der besonderen Bedeutung der Meinungsäußerungsfreiheit gerecht werden. Die **Wechselwirkungslehre** findet daher auch bei dieser Schranke Anwendung. Die besondere Bedeutsamkeit schlägt sich des Weiteren im Rahmen der Abwägung als Element der Verhältnismäßigkeitsprüfung nieder (BVerfGE 30, 336 (348) – Sonnenfreunde). Dabei kann durchaus von einem hohen Rang des Jugendschutzes ausgegangen werden. Deswegen muss der Beurteilungsmaßstab nicht notwendigerweise am „durchschnittlichen" Jugendlichen ausgerichtet werden, sondern kann auch den „gefährdungsgeneigten" Jugendlichen zum Maßstab nehmen (so auch v. Münch/Kunig/Wendt GG Art. 5 Rn. 80 mwN). Allerdings ist ein generelles Verbot von Äußerungen dann zu weit gehend, wenn es Veröffentlichungen betrifft, „von denen weder stets noch wenigstens typischerweise Gefahren für die Jugend ausgehen". Im Übrigen ist zu berücksichtigen, dass Jugendliche durchaus mit zweifelhaften Darstellungen der jüngsten Vergangenheit konfrontiert werden können, damit „ihre Kritikfähigkeit in Auseinandersetzung mit unterschiedlichen Meinungen gestärkt wird" und sie so zu „mündigen Staatsbürgern" heranreifen können (so das BVerfG, in einem Beschluss, in dem es um die Indizierung eines Buchs durch die Bundesprüfstelle ging, BVerfGE 90, 1 (20 f.) – Kriegsschuldfrage).

Beeinträchtigungen insbes. der Informationsfreiheit **Erwachsener** sind streng unter dem **124** Blickwinkel zu untersuchen, ob sie tatsächlich zum Schutz der Jugend geeignet, erforderlich und angemessen sind (AK-GG/Hoffmann-Riem GG Art. 5 Abs. 1, 2 Rn. 122). So kommt Beisel unter anderem mangels hinreichender Begründbarkeit mit Zwecken des Jugendschutzes zur Verfassungswidrigkeit des Verbots der Sodomiepornografie gem. § 184a Alt. 2 StGB, da diese Norm folglich gegen Art. 5 Abs. 1 GG verstoße (Beisel ZUM 1996, 862; krit. zu diesem Verbot auch MüKoStGB/Hörnle StGB § 184a Rn. 2 mwN). Im Übrigen werden jedoch selten verfassungsrechtliche Bedenken gegen die absoluten Verbote der harten Pornografie, dh der Gewalt-, Kinder- und Sodomiepornografie nach § 184a und b StGB geäußert, zumal diese Verbote nicht speziell auf den Jugendschutz abstellen. Weit reichend akzeptiert – unter den Grenzen der Rspr. des BVerfG – sind ferner die Verbreitungsverbote der einfachen Pornografie gegenüber Jugendlichen nach § 184 Abs. 1 StGB (zu den Grenzen der strafrechtlichen Beschränkbarkeit aus der Kunstfreiheit Schönke/Schröder/Perron/Eisele § 184 Rn. 5a). Überdies ist auf das strafrechtlich sanktionierte Verbot gewaltverherrlichender Darstellungen gem. § 131 StGB zu verweisen (dazu ausführlich und sehr krit. Meirowitz, Gewaltdarstellungen auf Videokassetten, grundrechtliche Freiheiten und gesetzliche Einschränkungen zum Jugend- und Erwachsenenschutz, 1993, 319 ff. und BVerfGE 87, 209 (227 ff.) – Tanz der Teufel). Schließlich finden sich verschiedene spezifische Bestimmungen zum Jugendmedienschutz auch außerhalb des Jugendschutzgesetzes (so zB im JMStV, hierzu und zur Vereinbarkeit mit den Kommunikationsfreiheiten Mynarik, Jugendschutz in Rundfunk und Telemedien, 2006, 207 ff.). Für alle diese Schranken gelten besonders strenge Maßstäbe, sofern künstlerische Äußerungen vorliegen.

3. Recht der persönlichen Ehre

125 Die **eigenständige** (vgl. dazu die Nachweise unter → Rn. 120) Schranke des Ehrenschutzes erfordert nach Auffassung des BVerfG und der überwiegenden Literatur trotz des weit gefassten Begriffs des „Rechts (der persönlichen Ehre)" eine gesetzliche Regelung (grundlegend BVerfGE 33, 1 (17) – Strafgefangene; v. Münch/Kunig/Wendt GG Art. 5 Rn. 82, auch zur älteren, entgegengesetzten Auffassung). Gewohnheitsrecht genügt folglich nicht als Eingriffsgrundlage. Unter dem Recht der persönlichen Ehre sind demnach die geltenden strafrechtlichen und zivilrechtlichen Bestimmungen des Ehrenschutzes zu verstehen (insbes. die §§ 185 ff. StGB iVm den §§ 374 ff. StPO und die §§ 823 ff. BGB).

126 Im Hinblick auf die Ehre gibt das Grundgesetz ebenso wie schon beim Jugendschutz keine nähere Begriffsbestimmung vor. In der Literatur wird der Begriff teilweise näher umschrieben als innerer Wert und äußere Geltung des Menschen verstanden als sein **Ruf innerhalb der Kommunikationsgemeinschaft** (MKS/Starck GG Art. 5 Abs. 1, 2 Rn. 211; zustimmend Meirowitz, Gewaltdarstellungen auf Videokassetten, grundrechtliche Freiheiten und gesetzliche Einschränkungen zum Jugend- und Erwachsenenschutz, 1993, 149; AK-GG/Hoffmann-Riem GG Art. 5 Abs. 1, 2 Rn. 58 betont, dass aber vor allem die innere Ehre, das subjektive Ehrgefühl, geschützt sei). Jedenfalls kann sich die Definition nicht aus den einschlägigen Zivil- und Strafrechtsbestimmungen ergeben, da diese vielmehr am Verfassungsmaßstab zu messen sind. Ihnen kann zwar Indizwirkung zukommen, iÜ ist der Begriff aber aus der Verfassung selbst zu schöpfen. Dies würde allerdings weit gehend eingeschränkt, wenn man der Auffassung folgte, dass die Schrankenbestimmung des Ehrenschutzes dem Gesetzgeber eine nur begrenzt gerichtlich nachprüfbare „Prägungsermächtigung" verleihe (so nämlich Scholz AfP 1996, 326 f.), wobei sich Ansätze aus dem Schutz der Menschenwürde nach Art. 1 Abs. 1 GG ergeben (Glaser NVwZ 2012, 1432; Bleckmann Staatsrecht II: Die Grundrechte, 4. Aufl. 1997, § 26 Rn. 104; Maunz/Dürig/Herzog GG Art. 5 Abs. 1, 2 Rn. 288, weist darauf hin, dass der Ehrenschutz allerdings weiter gehe als der Menschenwürdeschutz; ebenso MKS/Starck GG Art. 5 Abs. 1, 2 Rn. 211). Im Zentrum der Auseinandersetzung steht die Frage, inwieweit der Ehrenschutz unter ausreichender Berücksichtigung der Bedeutung der Kommunikationsfreiheit reichen kann. Das BVerfG hat sich dazu mehrfach geäußert, unter zwischenzeitlich durchaus sehr kritischer Begleitung der Literatur (zur Kritik auch mit weiteren Nachweisen MKS/Starck GG Art. 5 Abs. 1, 2 Rn. 212). Ausgangspunkt des Gerichts ist die Überlegung, dass es der **hohe Stellenwert der Meinungsäußerungsfreiheit** erfordere, eine intensivierte verfassungsgerichtliche Kontrolle durchzuführen, die bei der Überwachung der (vor allem fachgerichtlichen) Sinnauslegung anfängt und ebenso die Normauslegungs- und Anwendungsebene erfasst (Grimm NJW

1995, 1700 ff.). Im Folgenden unterscheidet das Gericht zwischen Tatsachenbehauptungen und Werturteilen. Angesichts des erhöhten Authentizitätsanspruchs von **Tatsachenbehauptungen** sind an diese **strengere Anforderungen** zu stellen. Dieses Rationale des BVerfG wird deutlich in den besonders hohen Anforderungen an die Richtigkeit von **Zitaten,** da diese eine noch stärkere Authentizität implizieren (BVerfGE 54, 208 (217 f.) – Böll I; vgl. auch Grimm NJW 1995, 1702). Im Ergebnis genießen danach Tatsachenbehauptungen einen geringeren Schutz. Sind sie bewusst oder erwiesen unwahr, fallen sie bereits aus dem Schutzbereich heraus (→ Rn. 31). Bei **unbewusst oder unerwiesen unwahren Äußerungen** kommt es dagegen auf die Beachtung der Sorgfaltspflichten an. Sind diese nicht hinreichend berücksichtigt worden, geht der Ehrenschutz der Kommunikationsfreiheit vor, andernfalls hat eine Abwägung zwischen den beiden Rechten stattzufinden. Greifen wahre Tatsachenbehauptungen in die Intimsphäre ein, hat der Ehrenschutz Vorrang. Berührt die Äußerung nur die Sozialsphäre, ist wiederum eine Abwägung vorzunehmen. Diese findet auch bei Äußerungen von Meinungen statt, sofern sie die Ehre eines anderen berühren. Nur wenn sie gegen dessen Menschenwürde verstoßen oder eine Formalbeleidigung oder **Schmähkritik** darstellen, geht erneut der Ehrenschutz vor (Grimm NJW 1995, 1702 ff., vgl. auch die graphische Darstellung auf S. 1705; vgl. auch mwN die Darstellung von Gosche, Das Spannungsverhältnis zwischen Meinungsfreiheit und Ehrenschutz in der fragmentierten Öffentlichkeit, 2008, 63 ff.). So gewinnt die oft schwierige Einordnung von Äußerungen als Meinungen oder Tatsachenbehauptungen eine große Bedeutung (zu diesem Problem ausführlich Beater, Medienrecht, 2006, § 19 und § 20; Soehring NJW 1997, 362 ff.).

In der Literatur wird teilweise bereits dieses Differenzierungsraster bestritten, vor allem **127** aber die einzelnen abstrakten und konkreten Anreicherungen. So zieht das Gericht wegen der Bedeutung der Meinungsäußerungsfreiheit zunächst den Kreis der Werturteile weit und erfasst auch solche Tatsachenäußerungen, die im Zusammenhang mit Werturteilen stehen und sich von diesen nicht ohne Sinnveränderung trennen lassen. Des Weiteren werden den Anforderungen an die Sorgfaltspflicht enge Grenzen gesetzt (vgl. BVerfGE 85, 1 (20 f.) – Kritische Bayer-Aktionäre). Ferner stellt das Gericht scharfe Bedingungen für die Annahme einer Formalbeleidigung, einer Schmähkritik oder eines Menschenwürdeverstoßes (vgl. die Darstellung und Nachweise bei Grimm NJW 1995, 1703 f.). Danach ist regelmäßig der Weg zu einer **Abwägung** eröffnet. Diese findet unter dem Einfluss des **Wechselwirkungsgedankens** und der Berücksichtigung der besonderen Bedeutung der Meinungsäußerungsfreiheit statt. Besteht ein Bezug zu Fragen, die die Öffentlichkeit beschäftigen, greift eine Vermutungsregel zugunsten der Zulässigkeit der Äußerung. Besonders geschützt werden überdies die Spontaneität der freien Rede und reagierende Äußerungen (Gegenschlaggedanke). Schließlich wird berücksichtigt, dass in den gegenwärtigen Zeiten der Reizüberflutung auch besonders aggressive Äußerungen geschützt sind. Diese Grundlinien führen dann bei der Einzelfallabwägung zu einem erheblichen Zurückdrängen des Ehrenschutzes (vgl. zu den Einzelfällen nochmals Gosche, Das Spannungsverhältnis zwischen Meinungsfreiheit und Ehrenschutz in der fragmentierten Öffentlichkeit, 2008, 63 ff.; Kritik an der Rspr. des BVerfG bezüglich der erwähnten einzelnen Ansätze Stark, Ehrenschutz in Deutschland, 1996, 112 ff.; Soehring NJW 1994, 2926 ff., weist dagegen darauf hin, dass die vielfach vorgebrachte Behauptung einer Abschaffung oder gar extremen Zurückdrängung des Ehrenschutzes nicht der Verfassungsrealität entspreche und wendet sich damit gegen die scharfe Kritik Krieles NJW 1994, 1897 ff. an der verfassungsgerichtlichen Judikatur, und nochmals Soehring NJW 1997, 367; auch Grimm ZRP 1994, 276 (279), betont die zahlreichen Vorrangentscheidungen für den Ehrenschutz; Glaser NVwZ 2012, 1434 f., sieht hingegen einen neuen Ansatz zur Aufwertung des Ehrschutzes durch das BVerfG, wobei er allerdings primär auf Entscheidungen zum Persönlichkeitsrecht verweist). Dazu tragen auch hohe Anforderungen an die **(gerichtliche) Feststellung des Aussageinhalts** bei, die eine umfangreiche Prüfung aller denkmöglichen wohlwollenden Interpretationen des Geäußerten verlangen (vgl. BVerfGE 114, 339 (348 ff.) – Mehrdeutige Meinungsäußerungen, mwN zur stRspr).

Beherrschender Gedanke dieser Judikatur ist die legitime Sorge um die **abschreckende** **128** **Wirkung von Eingriffen** in den sensiblen Kommunikationsprozess (vgl. BVerfGE 86, 1 (10) – geb. Mörder/Krüppel und BVerfGE 85, 23 (34) – Arbeitskreis Umwelt und Frieden;

GG Art. 5 I. Mediengrundrechte

Grimm NJW 1995, 1703). Hier klingt deutlich der US-amerikanische Gedanke einer Gefahr des chilling effect und die Auffassung an, dass die freie Rede eher zu stark geschützt werden müsse, damit sie nicht zu schwach gesichert sei. Auch wenn Einflüsse aus der amerikanischen Free-speech-Judikatur nicht nur hier unverkennbar sind (vgl. schon oben das Zitat unter → Rn. 1), weist der seinerzeitige Verfassungsrichter und Berichterstatter in den damaligen Kommunikationsfreiheitsfällen Grimm darauf hin, dass beim Ausgleich zwischen Kommunikationsfreiheit und Ehrenschutz im Verhältnis zu der US-Supreme-Court-Rspr. in Deutschland stärker zugunsten des Ehrenschutzes judiziert werde (Grimm ZRP 1994, 276 f.; und die Gegenüberstellung des deutschen und amerikanischen Schutzansatzes Grimm NJW 1995, 1701 ff.; s. ferner Nolte AfP 1996, 319 f.). In der Literatur wird dagegen der Einwand erhoben, dass der Persönlichkeitsschutz nicht nur eine die freie Kommunikation beschränkende, sondern auch eine sie konstituierende Komponente in sich berge. Denn ein allzu stark zurückgedrängtes Persönlichkeitsrecht könne gleichfalls eine abschreckende Wirkung auf das Ansinnen der Betroffenen, sich am Meinungsbildungsprozess zu beteiligen, ausüben (Schmitt Glaeser NJW 1996, 879, der iÜ das Toleranzgebot als Steuerungsprinzip vorschlägt S. 873 ff.; ähnlich wohl der Gedanke von Stürner JZ 1994, 874 f., den Aspekt des fair comment stärker zu berücksichtigen und im Hinblick auf Werturteile mit unmittelbar persönlichem Bezug strengere Regeln anzuwenden).

129 Im Übrigen werden verschiedene Vorschläge vorgebracht, den Bereich der Werturteile enger zu fassen, die Sorgfaltsanforderungen bei Tatsachenbehauptungen zu erhöhen oder weniger wohlwollende Maßstäbe an die Qualifikation von Äußerungen als Schmähkritik sowie bei der Auslegung der Äußerung generell anzulegen und vor allem den fachinstanzlichen Begründungsdruck für das Vorliegen einer Schmähkritik etwa nicht zu überdehnen (zu diesen Problemen jeweils mit eigenen Ansätzen und Darstellung der Kritik in der Literatur Stark, Ehrenschutz in Deutschland, 1996, 45 ff., 59 ff., 67 ff., 127 ff.; für das Zurückfahren der Anforderung an die Tatbestandsfeststellung Gounalakis NJW 1996, 486; überzeugend auch der Hinweis in AK-GG/Hoffmann-Riem GG Art. 5 Abs. 1, 2 Rn. 67, dass es unrichtig ist, **mehrdeutige Äußerungen** allein wegen der verbleibenden Ungewissheit als Werturteile zu qualifizieren und folglich auch zu privilegieren; Scholz/Konrad AöR 123, 1998, 63, kritisieren ua die insgesamt zu sehr auf den Kommunikatoren bezogene Rspr. des BVerfG; für die Ausrichtung am Kommunikator dagegen Wolter, Der Staat 36, 1997, 449). Gerade im letzten Punkt setzt das BVerfG im Beschluss Deutsche Gesellschaft für Humanes Sterben möglicherweise vorsichtig an, die Rspr. in diese Richtung auszutarieren (BVerfG NJW 1996, 1529 (1530) – Deutsche Gesellschaft für Humanes Sterben). Seitz (NJW 1996, 1519) macht darauf aufmerksam, dass nunmehr „tragfähige Gründe" (anstelle von „überzeugenden" Gründen) für den fachinstanzlichen Ausschluss wohlwollenderer Interpretationsalternativen genügen (dort auch zu weiteren Indizien für eine ganz vorsichtige, leicht modifizierende Austarierung Seitz NJW 1996, 1519 (1519 f.)). Doch auch in Zukunft dürfte der konkrete Ausgleich von Ehrenschutz und Kommunikationsfreiheit, insbes. in einer Gesellschaft der parzellierten sozialen Geltungsansprüche, schwierig bleiben (zum Zusammenhang der Veränderung der Öffentlichkeit und der dadurch verstärkten Problematik der Konkretisierung des Abwägungsverhältnisses Ladeur AfP 1993, 532 f.; zustimmend Dreier/Schulze-Fielitz GG Art. 5 I, II Rn. 150). Nach der derzeitigen Rspr. genießen jedenfalls Äußerungen vor allem von **Werturteilen** mit Bezug zum öffentlichen Meinungskampf eine **weite Freiheit** und können nur in geringem Umfang beschränkt werden.

II. Zensurverbot gem. Abs. 1 S. 3

130 Nach Ansicht des BVerfG und der ganz überwiegenden und zutreffenden Auffassung in der Literatur handelt es sich beim Zensurverbot aus Art. 5 Abs. 1 S. 3 GG um eine Schranke der Beschränkungsmöglichkeiten des Art. 5 Abs. 2 GG, also eine **Schranken-Schranke** (deutlich BVerfGE 33, 52 (72 f.) – Der lachende Mann; BK/Degenhart GG Art. 5 Abs. 1 und 2 Rn. 85; MKS/Starck GG Art. 5 Abs. 1, 2 Rn. 173). Mithin kann das Zensurverbot nicht durch den Schrankentatbestand des Art. 5 Abs. 2 GG durchbrochen werden (Maunz/Dürig/Herzog GG Art. 5 Abs. 1, 2 Rn. 284, 302). Ebenso wenig kann es durch immanente Schranken unterlaufen werden. Umstritten ist, ob das Zensurverbot nur für die Meinungs- und Medienfreiheit greift oder auch im Hinblick auf die Informationsfreiheit (gegen eine diesbezügliche Erfassung der Informationsfreiheit BVerfGE 27, 88 (102) – Leipziger Volkszeitung; für die entgegengesetzte Auffassung spricht jedoch BVerfG NJW-RR 2007, 1054, wenn die Voraussetzungen von Art. 5 Abs. 1 S. 3 GG geprüft und verneint werden, anstatt auf eine Prüfung in Zusammenhang mit der Informationsfreiheit gänzlich zu verzichten; ebenfalls nur für eine Reflexwirkung für den Rezipienten Maunz/Dürig/Herzog GG Art. 5 Abs. 1, 2 Rn. 297; vgl. auch MKS/Starck GG Art. 5 Abs. 1, 2 Rn. 171; dagegen für die Anwendung des Zensurverbots auch auf die Informationsfreiheit Isensee/Kirchhof/Schmidt-Jortzig, HdB des Staatsrechts der Bundesrepublik Deutschland, Bd. VII, 3. Aufl. 2009, § 162 Rn. 56). Es gilt jedenfalls **für alle Medien.**

Nach Auffassung des BVerfG und der hM im Schrifttum ist das Zensurverbot in zweifacher Hinsicht beschränkt: Zum einen betrifft es nur die **Vorzensur,** dh „einschränkende Maßnahmen vor der Herstellung oder Verbreitung eines Geisteswerkes" (BVerfGE 33, 52 (72) – Der lachende Mann). Die Nachzensur, dh eine Beschränkung nach einer ersten Veröffentlichung, ist dagegen allenfalls an der Schranke des Art. 5 Abs. 2 GG zu messen (Jarass/Pieroth/Jarass GG Art. 5 Rn. 63). Zum anderen handelt es sich um einen **formellen Zensurbegriff,** dh dass nur Maßnahmen im Hinblick auf das Medium in Betracht kommen, die „das Abhängigmachen von behördlicher Vorprüfung und Genehmigung seines Inhalts (Verbot mit Erlaubnisvorbehalt)" bedeuten (BVerfGE 33, 52 (72) – Der lachende Mann, das allerdings dieses nur als Regelfall beschreibt; Maunz/Dürig/Herzog GG Art. 5 Abs. 1, 2 Rn. 78). Ein Teil der Literatur will dagegen zwar am formellen Zensurbegriff festhalten, kritisiert jedoch die Verengung auf die Vorzensur. Stattdessen sei nach dem Zweck des Zensurverbots gleichermaßen die Nachzensur zu erfassen, wenn sie in einer planmäßigen Kommunikationskontrolle besteht (AK-GG/Hoffmann-Riem GG Art. 5 Abs. 1, 2 Rn. 93). Umstritten ist überdies, inwieweit auch solche Maßnahmen als Vorzensur erfasst werden, die zwar nicht rechtlich eine Genehmigung vor Verbreitung verlangen, aber doch faktisch darauf hinauslaufen. Nur ein Teil der Literatur spricht sich für eine solche Erfassung aus. Das BVerfG hat sich teilweise unklar geäußert (für eine weit gehende Erfassung AK-GG/Hoffmann-Riem GG Art. 5 Abs. 1, 2 Rn. 94; und die abweichende Meinung der Verfassungsrichter Rupp-v. Brünneck und Simon in BVerfGE 33, 52 (88 ff.) – Der lachende Mann; unklar BVerfGE 87, 209 (232 f.) – Tanz der Teufel; sehr umstritten sind in diesem Zusammenhang auch systematische, private Selbstkontrollen, insbes. die Freiwillige Selbstkontrolle der Filmwirtschaft (FSK) dazu BK/Degenhart GG Art. 5 Abs. 1 und 2 Rn. 915 f.; MKS/Starck GG Art. 5 Abs. 1, 2 Rn. 174, 206). Gegen eine Erfassung der Nachzensur vom Zensurverbot spricht jedenfalls der Schutzzweck des Art. 5 GG. Das Ziel der freien Kommunikation wird nur durch eine Vorzensur absolut beeinträchtigt. Die Nachzensur kann dagegen nicht einmal geäußerte Kommunikationsinhalte wieder „rückgängig machen". Freilich kann eine systematische Nachzensur je nach Ausgestaltung einer Vorzensur gleichkommen (mit diesem Argument auch AK-GG/Hoffmann-Riem GG Art. 5 Abs. 1, 2 Rn. 93). Jedoch führt in solchen Fällen zensurgleicher Maßnahmen die Anwendung strengerer Maßstäbe im Rahmen der Abwägung zu befriedigenden Ergebnissen. Nicht als Zensur gelten nach einhelliger Auffassung gerichtliche einstweilige Verfügungen, die eine Meinungsäußerung untersagen, ebenso wenig wie die Einziehung von Medien nach der ersten Verbreitung oder Verbreitungsbeschränkungen (Jarass/Pieroth/Jarass GG Art. 5, Rn. 64 mwN).

III. Grundsatz der Verhältnismäßigkeit

Der Grundsatz der Verhältnismäßigkeit hat für die Bestimmung der Grenzen der Einschränkungsmöglichkeiten der Kommunikationsfreiheiten eine wesentliche Bedeutung. Er wird in jüngerer Zeit zunehmend aus den Grundrechten selbst hergeleitet (ausführlich dazu nach begründeter Ablehnung anderer Ausgangspunkte Merten, FS Schambeck, 1994, 352 ff.).

1. Teilgrundsätze der Geeignetheit und Erforderlichkeit

Wie im Rahmen jeder Anwendung des Verhältnismäßigkeitsgrundsatzes bei der Grundrechtsprüfung sind zunächst die Teilgrundsätze der Geeignetheit und Erforderlichkeit zu prüfen. Diese Teilgrundsätze haben jedoch wegen der Besonderheit der **„Wechselwir-**

GG Art. 5 I. Mediengrundrechte

kungslehre" im Vergleich zur Prüfung anderer Grundrechte geringe Bedeutung erlangt, da nach dieser Lehre direkt zur Abwägung zu schreiten ist (BVerfGE 15, 288 (295) – Rundfunk für Strafgefangene; 27, 88 (100) – Leipziger Volkszeitung). Auch für die Kommunikationsfreiheit ist jedoch schon wegen der größeren Klarheit und besseren Rationalitätskontrolle die dreischrittige Prüfung beizubehalten, die das BVerfG allerdings bei der Prüfung von Einzelfallentscheidungen kaum durchführt (überzeugend insoweit dagegen bspw. die Prüfung des § 353d Nr. 3 StGB in BVerfGE 71, 206 (215 ff.) – Verbot der Veröffentlichung gerichtlicher Akten).

134 **a) Geeignetheit.** Unter „Geeignetheit" ist die Fähigkeit eines Mittels zu verstehen, den angestrebten Zweck zu erreichen. Dies erfordert ein Zweifaches: Erstens muss feststehen, dass der Zweck legitim ist. Dh für die Verwaltung, dass das Ziel dem Gesetz entspringt und der Verfassung entspricht, für die Gesetzgebung dagegen nur letzteres. Unzulässig sind missionarische Zwecke. Dies ist nicht nur im Hinblick auf den Jugendschutz von Relevanz. Doch nur ausnahmsweise wird die fehlende Zulässigkeit des Zwecks festgestellt. Bedenken im Hinblick auf die Legitimität des Zwecks können jedoch bei der Abwägung eine Rolle spielen. Zweitens ist die Eignung zur Zweckerreichung zu beurteilen. Hier ist eine Teileignung als genügend anzusehen. Die Beurteilung hat aus einer **Ex-ante-Perspektive** zu erfolgen. Zwar variiert die Kontrolldichte, aber gerade dem Gesetzgeber ist auch hier grds. ein weiter Spielraum im Hinblick auf die Eignungsbeurteilung eingeräumt, zB bei der grundlegenden Einschätzung denkbarer Gefahren für Jugendliche durch die Medien, aber vor allem bei der Bewertung wirtschaftspolitischer Fragen (allgemein zur Kontrolldichte Heusch, Der Grundsatz der Verhältnismäßigkeit im Staatsorganisationsrecht, 2003, 90 ff.; Hirschberg, Der Grundsatz der Verhältnismäßigkeit, 1981, 50 ff.; Kutscher, Der Grundsatz der Verhältnismäßigkeit in europäischen Rechtsordnungen, 1985, 17 ff.). Daher kommt der Geeignetheitsprüfung nur eine geringe Kontrollfunktion zu.

135 **b) Erforderlichkeit.** Ein eingesetztes Mittel ist dann zur Zweckerreichung erforderlich, wenn kein gleich wirksames, aber weniger eingriffsintensives Mittel zur Verfügung steht. In diesem Prüfungsschritt räumt das BVerfG erneut insbes. dem Gesetzgeber einen weiten **Spielraum** bei der Effektivitätsbeurteilung ein, so dass nur eine geringe „Siebwirkung" eintritt (Kutscher, Der Grundsatz der Verhältnismäßigkeit in der deutschen Rechtsordnung, 1985, 19 ff.; vgl. erneut die sehr transparente Prüfung in BVerfGE 71, 206 (215 ff.) – Verbot der Veröffentlichung gerichtlicher Akten). Bei Zweifeln über die Geeignetheit des hoheitlich gewählten Mittels ist für den Geeignetheitsvergleich von der Fähigkeit zur Zweckerreichung auszugehen, um den gesetzgeberischen Prognosespielraum zu wahren.

2. Besondere Bedeutung der Abwägung im Rahmen der Prüfung der Verhältnismäßigkeit ieS

136 Nach alledem kommt der Verhältnismäßigkeit ieS als drittem Prüfungsschritt eine zentrale Bedeutung zu. Hier findet die bereits angesprochene Wechselwirkungslehre Anwendung (→ Rn. 106). Danach hat eine Abwägung im Einzelfall stattzufinden, die die einschränkenden Gesetze ihrerseits wieder im Lichte der Bedeutung des Grundrechts der Kommunikationsfreiheit auslegt und dabei nur schutzwürdigeren Interessen den Vorzug gibt. Darin kommt zum einen eine spezifische Formulierung des Grundgedankens der verfassungskonformen Auslegung zum Ausdruck (Pieroth/Schlink, Grundrechte, 28. Aufl. 2012, Rn. 640). Im Übrigen entspricht die Einzelfallabwägung der Verhältnismäßigkeitsprüfung im engeren Sinne (vgl. Dreier/Schulze-Fielitz GG Art. 5 I, II Rn. 159 zu beiden Aspekten).

137 Das BVerfG geht von einer **Einzelfallabwägung** aus (krit. dagegen wegen der damit einhergehenden Rechtsunsicherheit und für eine abstrakte Abwägung eintretend Maunz/Dürig/Herzog GG Art. 5 Abs. 1, 2 Rn. 260 mwN; v. Münch/Kunig/Wendt GG Art. 5 Rn. 76, weist zu Recht darauf hin, dass keine hinreichenden Maßstäbe für eine abstrakte Abwägung bestehen; wie Herzog wiederum Scholz/Konrad AöR 123, 1998, 96; Kritik gegen eine allzu umfangreiche Anwendung des Grundsatzes der Verhältnismäßigkeit im Hinblick auf den Trend zum Richterstaat Merten, FS Schambeck, 1994, 349 ff. mwN). Die im Rahmen der Einzelfallabwägung bestehenden Unsicherheiten werden teilweise durch eine gewisse Strukturierung des Abwägungsprozesses, eine Vermutungsregel und ähnliche dogmatische Figuren reduziert (so Grimm NJW 1995, 1702, der sodann diese Struktur in

Bezug auf die Abwägung mit dem Ehrenschutz darstellt; Dreier/Schulze-Fielitz GG Art. 5 Abs. 1, 2 Rn. 161 ff.; zur Vermutungsregel sogleich unter → Rn. 140 ff.). Die Struktur der Abwägung der Kommunikationsfreiheit mit dem Ehrenschutz wurde bereits ausführlich dargelegt. Insoweit sei auf die diesbezüglichen Aussagen verwiesen (→ Rn. 125 ff.).

Im Übrigen ist Herzog in seinen Ausführungen zuzustimmen, dass zum einen die Herausarbeitung kollektiver Rechtsgüter, die dann in die Abwägung mit der Kommunikationsfreiheit eingestellt werden sollen (bspw. die öffentliche Sicherheit und Ordnung), wegen deren schwieriger Bewertung, Abstraktheit und Schwammigkeit besondere Probleme bereitet. Daher sollte stattdessen soweit wie möglich auf die dahinter stehenden Individualrechtsgüter durchgegriffen werden. Zum anderen ist die Gefahrenintensität möglicher Beeinträchtigungen für die in Frage stehenden Rechtsgüter in die Abwägung einzubeziehen (Maunz/Dürig/Herzog GG Art. 5 Abs. 1, 2 Rn. 268 ff.; zum letzten Aspekt der Gefahrenintensität bzw. der Eingriffsintensität in die betroffenen Rechtsgüter s. BVerfGE 93, 266 (294) – Soldaten sind (potentielle) Mörder; vgl. erneut überzeugend in Bezug auf die Aufstellung der Merkmale, die den Abwägungsprozess strukturieren, BVerfGE 71, 206 (218) – Verbot der Veröffentlichung gerichtlicher Akten). **138**

Für die **Medienfreiheiten** sollten insoweit keine Besonderheiten greifen. Dh auch in Bezug auf die Rundfunkfreiheit ist eine Verhältnismäßigkeitsprüfung durchzuführen, auch wenn dies – wegen der wenig überzeugenden Ausgestaltungsdogmatik (→ Rn. 61 und → Rn. 80) – in der Rspr. des BVerfG nicht konsequent zum Ausdruck kommt (vgl. BK/Degenhart GG Art. 5 Abs. 1 und 2 Rn. 873, der auf die Ausführungen zu Presse- und Meinungsfreiheit verweist). Dabei ist jeweils auf die Besonderheiten der Wechselwirkungslehre zu rekurrieren (→ Rn. 106), um so die essentielle Bedeutung der Medienfreiheiten für die Meinungsbildung in der offenen Demokratie hinreichend zu gewährleisten. Dadurch erhält insbes. die Presse für die Meinungsbildung besonderes Gewicht (vgl. Isensee/Kirchhoff/Schmidt-Jortzig, HdB des Staatsrechts der Bundesrepublik Deutschland, Band VII, 3. Aufl. 2009, § 163 Rn. 36 auch mwN zur Rspr.; ferner BK/Degenhart GG Art. 5 Abs. 1 und 2 Rn. 493 mit Verweis auf die Rn. 66 ff.; s. dazu exemplarisch BVerfGE 7, 198 (208 f.) – Lüth; BVerfGE 64, 108 (115 f.) – Chiffreanzeigen; BVerfGE 66, 116 (136 ff.) – Springer/Wallraff). **139**

3. Vermutungsregel: erhöhter Schutz öffentlichkeitsrelevanter Äußerungen – Abwertung privater, eigennütziger, insbes. kommerzieller Äußerungen?

Eine bedeutende, seit dem Lüth-Urteil die Rspr. des BVerfG durchziehende Abwägungsdirektive ist die sog Vermutungsregel. Sie bringt zum Ausdruck, dass „die **Vermutung für die Zulässigkeit der freien Rede**" spricht, wenn es sich nicht um eine „Äußerung im privaten, namentlich im wirtschaftlichen Verkehr und in Verfolgung eigennütziger Ziele, sondern um einen Beitrag zum geistigen Meinungskampf in einer die Öffentlichkeit wesentlich berührenden Frage durch einen dazu Legitimierten handelt" (ständige Rspr. seit BVerfGE 7, 198 (212) – Lüth; aus der späteren Rspr. insbes. BVerfGE 93, 266 (294 f.) – Soldaten sind (potentielle) Mörder). **140**

Den letzten Zusatz der spezifischen Legitimation hat das BVerfG inzwischen zu Recht aufgegeben (wohl schon in BVerfGE 12, 113 (125) – Schmid/"Spiegel"). Demnach greift heute für jede Person die Vermutungsregel, sofern sie sich zu Themen äußert, die die Öffentlichkeit wesentlich berühren. Hintergrund dieser Rspr. ist die besondere Hervorhebung der Demokratiesicherungsfunktion der Kommunikationsfreiheit (zu Hintergrund und Problemen dieser Auffassung als Grundrechtstheorie, vgl. Böckenförde, Staat, Verfassung und Demokratie, 1991, 133 ff.; grds. zur Rückkoppelung der Kommunikationsfreiheit an die Sicherung der Demokratie oben → Rn. 1 f.). Nach dieser Auffassung steht die Kommunikationsfreiheit in einem im Vergleich zu anderen Grundrechten sehr viel engeren Verhältnis zur Gewährleistung der Demokratie, da für diese die Wahrung offener Kommunikationskanäle schlechthin unabdingbar ist (daher auch die Formulierung, dass die Meinungsfreiheit für die Demokratie „schlechthin konstituierend" sei, → Rn. 1). Die Beschränkung der Meinungsfreiheit habe folglich unmittelbar negative Auswirkungen auf die Demokratie (Grimm NJW 1995, 1703). Daher sei bei der Abwägung nicht nur das individuelle Interesse an der kommunikativen Grundrechtsbetätigung zur Wertung zu bringen, sondern zusätzlich das **141** gemeinschaftliche Interesse an der Kommunikationssicherung, die wiederum der Demokratiesicherung diene (so wiederum überzeugend Grimm NJW 1995, 1703). Die besondere Verbindung zur demokratischen Funktion wird auch darin deutlich, dass eine weitere Steigerung der Schutzintensität erfolgt, wenn die Äußerung in unmittelbaren Bezug zum demokratischen Willensbildungsprozess im engeren Sinne (namentlich zum Wahlkampf) steht. Hier kann dann von einer „Supervermutungsregel" gesprochen werden (BVerfGE 61, 1 (11 f.) – NPD Europas; der Begriff „Supervermutungsformel" findet sich bei Schmitt Glaeser JZ 1983, 99).

142 Während der Bereich dieser letzten **„Supervermutungsregel"** noch recht unproblematisch eingegrenzt werden kann, ist dies im Hinblick auf die Bestimmung des Anwendungsbereichs der einfachen Vermutungsregel nicht so evident. Denn es könnte eingewandt werden, dass es schwierig zu ermitteln ist, wann eine die **Öffentlichkeit wesentlich berührende Frage** vorliegt und ob nicht auf dem Wege der Beantwortung dieser Frage eine Bewertung der Meinungsäußerung erfolgt, die im Hinblick auf das einhellig abgelehnte Meinungsrichtertum bedenklich ist. Das BVerfG nimmt diesem Problem jedoch die Schärfe, indem es einen Ansatz wählt, der auf die reine Faktizität des öffentlichen Interesses abstellt und eine an die Öffentlichkeit gerichtete Äußerung grds. genügen lässt, anstatt normativ die Prüfung an der Wesentlichkeit oder Relevanz des Themas anzusetzen (Nolte, Beleidigungsschutz in der freiheitlichen Demokratie: eine vergleichende Untersuchung der Rechtslage in der Bundesrepublik Deutschland, in den Vereinigten Staaten von Amerika sowie der Europäischen Menschenrechtskonvention, 1992, 29, auch zu den ähnlich vorgehenden Fachgerichten, 29 f., sowie zu bedenklichen Ausnahmen in der verfassungsgerichtlichen Rspr.).

143 Das Problem der gefährlichen Nähe zur unzulässigen Meinungsbewertung geht zudem über in die grundsätzlichere Frage, ob sich die Differenzierung, die insoweit Elemente einer demokratisch-funktionalistischen Auffassung enthält, überhaupt rechtfertigen lässt. Die Kritik am Vorgehen des Gerichts wendet sich vornehmlich gegen eine einseitige Vereinnahmung der Kommunikationsfreiheit zu demokratischen Zwecken und eine damit einhergehende Umdeutung eines Rechts im negativen Status zu einem Recht im aktiven Status, was wiederum die Entwertung der Abwehrkomponente bedinge (besonders deutlich in diese Richtung Klein, Der Staat 10, 1971, 145 ff., insbes. 160 ff.; dieser Einwand wird auch in der Kommentarliteratur zur Meinungsfreiheit aufgegriffen, aber vor allem gegen eine einseitige Funktionalisierung verwandt, vgl. Maunz/Dürig/Herzog GG Art. 5 Abs. 1, 2 Rn. 5 ff., insbes. 6 und 14; Kritik wegen des unverhältnismäßigen Zurückdrängens kollidierender Verfassungsgüter, insbes. des Ehrenschutzes, ferner bei Scholz/Konrad AöR 123, 1998, 102 ff. und Streinz AfP 1997, 863). Doch das BVerfG reduziert die Meinungsfreiheit keinesfalls auf die Funktion der Demokratiesicherung, sondern hebt schon seit Beginn der Judikatur zur Kommunikationsfreiheit gleichfalls die Bedeutung für die Persönlichkeitsentfaltung hervor (oben → Rn. 1 f.; weitere Nachweise bei Maunz/Dürig/Herzog GG Art. 5 Abs. 1, 2 Rn. 10a; die Linie des BVerfG positiv bewertend Dreier/Schulze-Fielitz GG Art. 5 I, II Rn. 164). Die demokratisch-politische Überlagerung der liberalen Grundrechtsprägung stützt das Gericht explizit auf ein gemeinsames westeuropäisch-atlantisches Verständnis der Meinungsfreiheit, für das seit jeher der Gebrauch im politischen Meinungskampf von besonderer Bedeutung war und noch heute ist (→ Rn. 1 f.; zu dieser Rückführung auf die Ausprägungen im französischen und amerikanischen Verständnis Nolte, Beleidigungsschutz in der freiheitlichen Demokratie: eine vergleichende Untersuchung der Rechtslage in der Bundesrepublik Deutschland, in den Vereinigten Staaten von Amerika sowie der Europäischen Menschenrechtskonvention, 1992, 24 ff.).

144 Zu klären bleibt allerdings die Frage, welche Auswirkungen die Anwendung der Vermutungsregel zeitigt. Zwei Richtungen wären vor dem Hintergrund der bisherigen Ausführungen **abzulehnen,** und zwar einerseits die **automatische Vorrangwirkung** öffentlichkeitsgerichteter Aussagen und andererseits die **Entwertung privater, eigennütziger und vor allem kommerzieller Äußerungen.** Das BVerfG hat in die Vermutungsregel aber nie eine derartige Automatik hineininterpretiert. Im Ergebnis soll die Regel vielmehr lediglich zu erhöhten Rechtfertigungsanforderungen für den Eingriff in die Meinungsfreiheit führen (Grimm NJW 1995, 1704). Sehr wichtig ist jedoch der zweite Aspekt. Insbes. fachgerichtliche Urteile lassen bisweilen den Eindruck entstehen, dass der über die Zulässigkeit einer Äußerung entscheidende Gesichtspunkt derjenige sei, ob die Aussage zum öffentlichen

Meinungsbildungsprozess beiträgt oder ausschließlich wirtschaftliche Interessen verfolgt, wobei letzteres zudem teils ohne weiteres angenommen wird (vgl. exemplarisch das intensiv diskutierte Beispiel der Benetton-Werbung, dazu die Urteile des BGH, abgedruckt in WRP 1995, 679 ff. – Ölverschmutzte Ente; 682 ff. – Kinderarbeit, 686 ff. – „H. I. V.-Positive"; dagegen krit. Hoffmann-Riem ZUM 1996, 1 ff., der eine angemessene Prüfung an den Kommunikationsfreiheiten vermisst. Das Vorgehen des BGH ist in diesen Fällen umso bedenklicher, als dass möglicherweise sogar die Anwendung der Vermutungsregel gerechtfertigt gewesen wäre, so Hoffmann-Riem ZUM 1996, 1 (3)). Diese Differenzierung kann jedoch nur für die Frage der Anwendbarkeit der Vermutungsregel eine Rolle spielen. Kommt jene Regel nicht zur Anwendung, ist nichtsdestotrotz eine volle Überprüfung der Verhältnismäßigkeit in allen drei Teilschritten vorzunehmen, nur mit dem Unterschied, dass keine Vorrangvermutung bzw. Erhöhung der Rechtfertigungsanforderungen erfolgt.

IV. Wesensgehaltsgarantie gem. Art. 19 Abs. 2

Eine weitere Schranken-Schranke bildet Art. 19 Abs. 2 GG, der ein Antasten des Grundrechts in „seinem Wesensgehalt" verbietet. Umstritten ist allerdings, ob die Wesensgehaltsgarantie gegenüber der Verhältnismäßigkeit ieS zu einer weiteren Begrenzung der Einschränkungsmöglichkeiten führt. Dies wird von den Vertretern der Theorie vom **relativen Wesensgehalt** abgelehnt. Diese Auffassung verlangt nicht nur die allgemein anerkannte individuelle Bestimmung des Wesensgehalts für jedes einzelne Grundrecht, sondern darüber hinaus für jeden konkreten Fall. Das dafür erforderliche Gewichten und Abwägen kommt dann aber dem dritten Schritt der Verhältnismäßigkeitsprüfung gleich (vgl. referierend Alexy, Theorie der Grundrechte, 5. Aufl. 2006, 267 ff., der als Vertreter einer Prinzipientheorie der Grundrechte auch zu diesem Ergebnis kommt). 145

Dagegen nehmen die Vertreter einer **absoluten Wesensgehaltstheorie** einen fallübergreifenden, jedem Grundrecht eigenen Wesenskern an, der unantastbar ist. Bei der Bestimmung des absoluten Wesensgehalts ist – gem. der individuellen Variante – grds. auf eine subjektive Position für das Individuum, nicht der Allgemeinheit, abzustellen (Pieroth/Schlink, Grundrechte, 28. Aufl. 2012, Rn. 312 ff. mwN). Doch auch hier bleibt der Anwendungsbereich schmal, so dass die divergierenden Auffassungen in der Praxis – jedenfalls für die Kommunikationsfreiheit – kaum zu Unterschieden gelangen (Jarass/Pieroth/Jarass GG Art. 5 Rn. 9). 146

Das BVerfG hat sich bislang nicht eindeutig für eine dieser beiden Auffassungen entschieden, neigt aber eher zur absoluten Theorie (Stern, Staatsrecht der Bundesrepublik Deutschland, Bd. III/2, 1994, § 85, 850 ff. mit Nachweisen aus der Rspr.; v. Münch/Kunig GG Art. 19 Rn. 21). Das Gericht hat jedoch wenig Anhaltspunkte zur Bestimmung des Wesenskerns gegeben und gerade im Hinblick auf Art. 5 GG sind die Hinweise spärlich (zur Informationsfreiheit hat das Gericht die Existenz eines Wesensgehalts angenommen, ohne jedoch weitere Ausführungen dazu zu liefern, BVerfGE 27, 88 (99) (102 f.) – Leipziger Volkszeitung). In der Literatur liegen dagegen verschiedene Ansätze vor (vgl. die Darstellung bei Stern, Staatsrecht der Bundesrepublik Deutschland, Bd. III/2, 1994, § 85, 871 ff.). Dennoch bleibt die **Bedeutung** der Wesensgehaltsgarantie für die Interpretation der Kommunikationsfreiheit **gering,** da in der bundesrepublikanischen Rechtsordnung nur schwerlich Fallkonstellationen denkbar sind, die nicht schon über den Verhältnismäßigkeitsgrundsatz abgearbeitet werden können. 147

Art. 10 [Brief-, Post- und Fernmeldegeheimnis]

(1) Das Briefgeheimnis sowie das Post- und Fernmeldegeheimnis sind unverletzlich.

(2) ¹Beschränkungen dürfen nur auf Grund eines Gesetzes angeordnet werden. ²Dient die Beschränkung dem Schutze der freiheitlichen demokratischen Grundordnung oder des Bestandes oder der Sicherung des Bundes oder eines Landes, so kann das Gesetz bestimmen, daß sie dem Betroffenen nicht mitgeteilt wird und daß an die Stelle des Rechtsweges die Nachprüfung durch von der Volksvertretung bestellte Organe und Hilfsorgane tritt.

GG Art. 10 — I. Mediengrundrechte

Die Vertraulichkeit der Kommunikation ist ein unverzichtbarer Bestandteil einer auf individueller Selbstbestimmung und gesellschaftlicher Freiheit beruhenden Werteordnung. Die Vertraulichkeit muss auch dann gewahrt sein, wenn sich die an einer Kommunikation Beteiligten zur Überwindung räumlicher Distanz Kommunikationsmittlern bedienen müssen. Der grundrechtliche Schutz zielt darauf, die Beteiligten möglichst so zu stellen, wie sie bei einer Kommunikation unter Anwesenden stünden. Insbes. das Telekommunikationsgeheimnis hat in den vergangenen Jahren durch die rasanten Veränderungen im technologischen Umfeld erheblich an Bedeutung gewonnen. Kehrseite des Zuwachses an individuellen Kommunikationsmöglichkeiten durch neue Informations- und Kommunikationstechnologien ist die Möglichkeit für staatliche Stellen und Dritte, Kenntnis von der Kommunikation und den Kommunikationsumständen zu erlangen. Es ist deshalb kein Wunder, dass das Bundesverfassungsgericht zunehmend Gelegenheit erhält, Schutzbereiche (→ Rn. 4 ff.) und Schranken der Grundrechte (→ Rn. 33 ff.) des Art. 10 Abs. 1 GG näher zu konturieren.

Übersicht

	Rn		Rn
A. Allgemeines	1	**D. Rechtfertigung**	33
B. Schutzbereiche des Abs. 1	4	I. Gesetzesvorbehalt (Abs. 2 S. 1)	34
I. Sachlicher Schutzbereich	4	II. Gebot der Normenbestimmtheit und Normenklarheit	36
1. Briefgeheimnis	5	III. Verhältnismäßigkeit des Gesetzes	38
2. Postgeheimnis	9	IV. Gesetzliche Vorkehrungen zum Schutz des Kernbereichs höchstpersönlicher Lebensgestaltung	43
3. Fernmeldegeheimnis (Telekommunikationsgeheimnis)	11	V. Gewährleistung weiterer Garantien in Entsprechung des Grundrechts auf informationelle Selbstbestimmung	45
II. Persönlicher Schutzbereich	20	VI. Richtervorbehalt	46
III. Territorialer Schutzbereich	22	VII. Zitiergebot	47
IV. Grundrechtsadressaten	23	VIII. Verhältnismäßigkeit der Gesetzesanwendung	48
C. Beeinträchtigung des Abs. 1	25	IX. Staatsschutzklausel (Abs. 2 S. 2)	49
I. Briefgeheimnis	25		
II. Postgeheimnis	26		
III. Telekommunikationsgeheimnis	27		

A. Allgemeines

1 Im Gegensatz zu einer Kommunikation unter Anwesenden, bei der die Teilnehmer selbst darüber entscheiden, ob die Kommunikation für Dritte zugänglich oder vertraulich erfolgt, bedarf es bei einer Kommunikation zwischen Abwesenden zur Gewährleistung der Vertraulichkeit eines besonderen Schutzes. Art. 10 GG erstreckt den grundrechtlichen Schutz auf die zur Überwindung der räumlichen Distanz eingesetzten Kommunikationsmittel („Brief", „Post" und „Fernmelde-"Einrichtung), um den Kommunikationsinhalt bzw. Kommunikationsvorgang vor dem Zugriff durch den Staat bzw. durch Dritte zu schützen.

2 Wegen des Schutzes der Vertraulichkeit der Kommunikation weist Art. 10 GG einen besonderen Bezug zur Privatsphäre und damit zum **allgemeinen Persönlichkeitsrecht** (Art. 2 Abs. 1 iVm Art. 1 Abs. 1 GG) sowie zur Intimsphäre und damit zur **Menschenwürde** (Art. 1 Abs. 1 GG) auf (vgl. BVerfGE 67, 157 (171); 106, 28 (35); 110, 33 (53); 115, 166 (182)). Allerdings darf die Funktion des grundrechtlichen Schutzes hierauf nicht begrenzt werden (Schoch Jura 2011, 194), weil Art. 10 GG etwa auch die **geschäftliche Kommunikation** erfasst. Auf die Inhalte der Kommunikation, seien es geschäftliche oder politische, kommt es nach Art. 10 GG nicht an (vgl. BVerfGE 100, 313 (358)). Art. 10 GG schützt die Kommunikation als solche, dh ohne Rücksicht auf ihren Inhalt oder die beteiligten Kommunikationspartner.

Art. 10 Abs. 1 GG enthält kein einheitliches Grundrecht, sondern **drei verschiedene** 3
Grundrechte (BeckOK GG/Baldus GG Art. 10 Rn. 11; Dreier/Hermes GG Art. 10 Rn. 25; Maunz/Dürig/Durner GG Art. 10 Rn. 45, 48; v. Münch/Kunig/Löwer GG Art. 10 Rn. 11; aA im Sinne eines einheitlichen Grundrechts mit drei Ausprägungen Hufen, Grundrechte, 2011, § 17 Rn. 4; Kloepfer, VerfR II, 2010, § 65 Rn. 2; Jarass/Pieroth/Jarass GG Art. 10 Rn. 1; Schoch Jura 2011, 194 (195)). Weder der Hinweis auf Art. 8 Abs. 1 EMRK (vgl. Michael/Morlok, Grundrechte, 2012, Rd. 321), der im Gegensatz zu Art. 10 Abs. 1 GG nur eine Gewährleistungsgarantie (Recht auf Korrespondenz) umfasst, noch der Hinweis auf die Meinungsäußerung des Art. 5 Abs. 1 S. 1 GG (vgl. Schoch Jura 2011, 194 (195)), die ein einheitliches Grundrecht mit unterschiedlichen Äußerungsformen („Wort, Schrift und Bild") enthält, vermögen zu überzeugen. Vielmehr sprechen sowohl die textliche Trennung zwischen Brief-, Post- und Fernmeldegeheimnis als auch die Parallele zu den gesonderten Massenkommunikationsgrundrechten des Art. 5 Abs. 1 S. 2 GG dafür, in Art. 10 GG drei verschiedene Grundrechte zu erblicken.

B. Schutzbereiche des Abs. 1

I. Sachlicher Schutzbereich

Für den grundrechtlichen Schutz nach Art. 10 Abs. 1 GG ist die **Rechtmäßigkeit des** 4
Kommunikationsvorgangs unerheblich; der Missbrauch des Grundrechts aus Art. 10 GG, etwa durch eine telefonisch begangene Beleidigung oder üble Nachrede oder die mit Hilfe moderner Kommunikationsmedien durchgeführte Verbrechensplanung, kann Anlass und rechtfertigender Grund einer Grundrechtsbeschränkung sein, nicht aber schon zu einer Schutzbereichsbegrenzung führen (vgl. BVerfGE 85, 386 (397); BeckOK GG/Baldus GG Art. 10 Rn. 12).

1. Briefgeheimnis

Das Briefgeheimnis nach Art. 10 GG schützt die körperliche Übermittlung von Briefen 5
vor Kenntnisnahme ihres Inhalts durch die öffentliche Gewalt (BVerfGE 67, 157 (171)), also die Kommunikation in Form eines verkörperten Briefes. Als **Brief** sind alle **verkörperten Kommunikationsinhalte** zu verstehen, die an einen oder mehrere bestimmte Empfänger gerichtet sind (vgl. BeckOK GG/Baldus GG Art. 10 Rn. 2; Jarass/Pieroth/Jarass GG Art. 10 Rn. 3). Ob verkörperte Kommunikationsinhalte durch den Absender durch besondere Vorkehrungen vor Kenntnisnahme durch Dritte geschützt wurden, ist keine Frage des Briefbegriffs (so aber BeckOK GG/Baldus GG Art. 10 Rn. 3; Dreier/Hermes GG Art. 10 Rn. 30), sondern des Briefgeheimnisses. Ob der Geheimnisschutz intendiert ist, ist im Wege einer Gesamtbetrachtung der Sendung zu beurteilen. Die Kommunikation muss nicht verschlossen sein, weshalb auch Postkarten, Drucksachen oder Telegramme vom Briefgeheimnis erfasst sind (BVerwGE 113, 208 (210); BeckOK GG/Baldus GG Art. 10 Rn. 3; Dreier/ Hermes GG Art. 10 Rn. 31; aA Groß JZ 1999, 326 (332)). Nur wenn Anhaltspunkte dafür vorliegen, dass der Absender die Kenntnisnahme Dritter nicht ausschließen wollte, unterfällt die Sendung nicht dem Briefgeheimnis, was etwa bei Warensendungen, Büchersendungen, Katalogen oder Zeitungen der Fall sein kann (BeckOK GG/Baldus GG Art. 10 Rn. 3).

Ob Briefsendungen von staatlichen Institutionen (behördeninterner Botendienst etc.) 6
oder durch Private (Deutsche Post AG und sonstige Private) befördert werden, ist für den Schutzgehalt des Art. 10 GG unbeachtlich (vgl. BeckOK GG/Baldus GG Art. 10 Rn. 4; Dreier/Hermes GG Art. 10 Rn. 34; M/K/S/Gusy GG Art. 10 Rn. 29). Diese Frage betrifft allein den Adressatenkreis des Grundrechts (vgl. hierzu → Rn. 23 f.).

Ob neben dem Inhalt der brieflichen Kommunikation auch deren **Umstände** geschützt 7
sind, ist höchstrichterlich bislang nicht entschieden und auch im Schrifttum ungeklärt (bejahend: BeckOK GG/Baldus GG Art. 10 Rn. 3; Dreier/Hermes GG Art. 10 Rn. 33; verneinend: Friauf/Höfling/Groß GG Art. 10 Rn. 28). Da im Sinnzentrum des Briefgeheimnisses die freie Selbstbestimmung bei privater und geschäftlicher Kommunikation steht, wird man auch die Umstände der brieflichen Kommunikation als vom Schutz des Art. 10 GG erfasst betrachten müssen. Denn zur autonomen Selbstbestimmung gehört nicht nur die Entscheidung über den Inhalt, sondern auch über den Kommunikationsvorgang, also

GG Art. 10

I. Mediengrundrechte

Ort, Zeit und sonstige Umstände wie die Identität des Absenders, Empfängers oder Beförderers (BeckOK GG/Baldus GG Art. 10 Rn. 2). Die systematische Interpretation zum Telekommunikationsgeheimnis erhärtet diesen Befund. Vom Telekommunikationsgeheimnis werden unstreitig neben dem Kommunikationsinhalt auch die Umstände des Telekommunikationsvorganges geschützt. Es ist kein Grund ersichtlich, weshalb für das Briefgeheimnis etwas anderes gelten soll.

8 In **zeitlicher** Hinsicht erstreckt sich der Schutz des Briefgeheimnisses auf den gesamten Vorgang der Übermittlung des Briefes. Er beginnt in dem Moment, in dem der Brief den Herrschaftsbereich des Absenders verlässt, und endet dann, wenn er sich im alleinigen Herrschaftsbereich des Empfängers befindet, also ein Zugriff Dritter ausgeschlossen werden kann (vgl. BeckOK GG/Baldus GG Art. 10 Rn. 4; Dreier/Hermes GG Art. 10 Rn. 35; Jarass/Pieroth/Jarass GG Art. 10 Rn. 3; M/K/S/Gusy GG Art. 10 Rn. 28).

2. Postgeheimnis

9 Das Postgeheimnis gewährleistet die Vertraulichkeit der Erbringung von Postdienstleistungen (vgl. § 4 Nr. 1 PostG), also die körperliche Übermittlung von Kommunikationsinhalten und Kleingütern auf einem zum massenhaften Verkehr bestimmten Transportnetz (vgl. BT-Drs. 12/7269, 4). Geschützt sind etwa Briefe, Päckchen, Pakete und Warensendungen (BeckOK GG/Baldus GG Art. 10 Rn. 5; Jarass/Pieroth/Jarass GG Art. 10 Rn. 4; M/K/S/Gusy GG Art. 10 Rn. 33), wobei deren Verschlossenheit unerheblich ist (vgl. BVerwGE 113, 208 (210); BeckOK GG/Baldus GG Art. 10 Rn. 5; Jarass/Pieroth/Jarass GG Art. 10 Rn. 4). Da das Postgeheimnis nicht nur Briefe, sondern Sendungen jedweder Art schützt, geht dieses Grundrecht über das Briefgeheimnis hinaus (Maunz/Dürig/Durner GG Art. 10 Rn. 72).

10 Der Schutz des Postgeheimnisses beginnt, wenn die Sendung den Herrschaftsbereich des Absenders verlassen hat und endet, wenn der Empfänger die alleinige Verfügungsgewalt an der Sache erhält. Dementsprechend unterliegen etwa auch Sendungen, die im Postfach lagern, noch dem Postgeheimnis, weil sie dann den Herrschaftsbereich der Post noch nicht verlassen haben (vgl. BVerwGE 79, 110 (115); BeckOK GG/Baldus GG Art. 10 Rn. 6; Jarass/Pieroth/Jarass GG Art. 10 Rn. 4).

3. Fernmeldegeheimnis (Telekommunikationsgeheimnis)

11 Art. 10 GG schützt über das Fernmeldegeheimnis die **unkörperliche Übermittlung von Informationen an individuelle Empfänger (Individualkommunikation)** mit Hilfe der Fernmeldetechnik (vgl. BVerfGE 106, 28 (35 f.); 120, 274 (306 f.); 125, 260 (309)), was in neueren Bestimmungen des GG (vgl. Art. 73 Abs. 1 Nr. 7, Art. 87f GG) als Telekommunikation bezeichnet wird. Das Telekommunikationsgeheimnis ist **entwicklungsoffen** und umfasst elektromagnetische und andere Formen der unkörperlichen Informationsübermittlung, sei es durch Kabel, Satellit, durch analogen oder digitalen Signaltransport, durch akustische oder optische Signale (BVerfGE 106, 28 (36); 115, 166 (182); 120, 274 (307); 124, 43 (54); BeckOK GG/Baldus GG Art. 10 Rn. 7; Jarass/Pieroth/Jarass GG Art. 10 Rn. 5; M/K/S/Gusy GG Art. 10 Rn. 40). Unerheblich ist, ob der Staat oder ein privates Unternehmen, die jeweiligen Übertragungs- und Vermittlungseinrichtungen betreibt (BVerfGE 107, 299 (313); BeckOK GG/Baldus GG Art. 10 Rn. 7).

12 Das Telekommunikationsgeheimnis erfasst allein die an **bestimmte Empfänger** gerichteten Kommunikationsinhalte, also die **Individualkommunikation,** nicht aber die Massenkommunikation (Schoch Jura 194, 195). Der grundrechtliche Schutz zielt darauf, die Beteiligten bei einer Kommunikation auf telekommunikationstechnischem Wege möglichst so zu stellen, wie sie bei einer Kommunikation unter Anwesenden stünden (BVerfGE 115, 166 (182); BeckOK GG/Baldus GG Art. 10 Rn. 7).

13 Art. 10 GG eröffnet **keinen Schutz im (Binnen-)Verhältnis** zwischen den am Kommunikationsvorgang Beteiligten (vgl. BVerfGE 85, 386 (399); 106, 28 (37); 120, 274 (340); 130, 151 (180): „Art. 10 Abs. 1 GG schützt nicht das Vertrauen der Kommunikationspartner zueinander"). Ermöglicht etwa ein Gesprächspartner in seinem Einfluss- und Verantwortungsbereich einem privaten Dritten den Zugriff auf die Telekommunikationseinrichtung

(Mithörvorrichtung), gelangt Art. 10 Abs. 1 GG nicht zur Anwendung. Zwar wird auch dann das Übertragungsmedium für den Kommunikationszugriff genutzt. Gleichwohl verwirklicht sich nicht die von Art. 10 Abs. 1 GG vorausgesetzte spezifische Gefahr. Im Vordergrund steht nicht die Verletzung des Vertrauens in die Sicherheit der zur Nachrichtenübermittlung eingesetzten Telekommunikationsanlage, sondern die Enttäuschung des personengebundenen Vertrauens in den Gesprächspartner (BVerfGE 106, 28 (38); vgl. auch BVerfGE 130, 151 (180); BeckOK GG/Baldus GG Art. 10 Rn. 24.5). Insoweit bietet allein die Gewährleistung des Rechts am gesprochenen Wort als Teil des allgemeinen Persönlichkeitsrechts (Art. 2 Abs. 1 GG iVm Art. 1 Abs. 1 GG) grundrechtlichen Schutz (BVerfGE 106, 28 (39 ff.)).

Der Schutz des Fernmeldegeheimnisses erfasst in erster Linie die Vertraulichkeit der 14 ausgetauschten Informationen und schirmt damit den **Kommunikationsinhalt** gegen unbefugte Kenntniserlangung durch Dritte ab (BVerfGE 115, 166 (183); 124, 43 (54); 125, 260 (309)). Ob der Kommunikationsinhalt privater, geschäftlicher, politischer oder sonstiger Natur ist, ist für den grundrechtlichen Schutz des Art. 10 Abs. 1 GG unerheblich (vgl. BVerfGE 100, 313 (358); 106, 28 (36); 124, 43 (54)). Neben den Kommunikationsinhalten ist auch die Vertraulichkeit der näheren **Umstände des Kommunikationsvorgangs** geschützt, zu denen insbes. gehört, ob, wann und wie oft zwischen welchen Personen oder Telekommunikationseinrichtungen Telekommunikationsverkehr stattgefunden hat oder versucht worden ist (vgl. BVerfGE 67, 157 (172); 85, 386 (396); 100, 313 (358); 107, 299 (312 f.); 115, 166 (183); 120, 274 (307); 124, 43 (54); 125, 260 (309)). Indem der grundrechtliche Schutz des Telekommunikationsgeheimnisses auch die einzelnen Kommunikationsvorgänge grds. dem staatlichen Zugriff entzieht, soll vermieden werden, dass der Meinungs- und Informationsaustausch mittels Telekommunikationsanlagen deshalb unterbleibt oder nach Form und Inhalt verändert verläuft, weil die Beteiligten damit rechnen müssen, dass staatliche Stellen sich in die Kommunikation einschalten und Kenntnisse über die Kommunikationsbeziehungen oder Kommunikationsinhalte gewinnen (BVerfGE 100, 313 (359); 107, 299 (313); 130, 151 (179)). Solche die Umstände des Kommunikationsvorgangs betreffenden Daten können einen eigenen Aussagegehalt über das Persönlichkeitsbild der Beteiligten enthalten. So können etwa **Verbindungsdaten** erhebliche Rückschlüsse auf das Kommunikationsverhalten zulassen. Häufigkeit, Dauer und Zeitpunkt von Kommunikationsverbindungen geben Hinweise auf Art und Intensität von Beziehungen und ermöglichen auf den Kommunikationsinhalt bezogene Schlussfolgerungen (BVerfGE 115, 166 (183)). Der grundrechtliche Schutz des Art. 10 GG wäre unvollständig, wenn die den Telekommunikationsvorgang betreffenden Verbindungsdaten nicht dem Schutzbereich unterfielen (BeckOK GG/Baldus GG Art. 10 Rn. 8.1).

Allerdings schützt Art. 10 Abs. 1 GG allein die Vertraulichkeit **konkreter Kommuni-** 15 **kationsvorgänge.** Demgegenüber erstreckt sich sein Schutz nicht allgemein auf alle Informationen, die das Telekommunikationsverhalten oder insgesamt die Beziehung zwischen den Telekommunikationsanbietern und ihren Kunden betreffen (BVerfGE 130, 151 (179)). Dieser den Schutz nach Art. 10 Abs. 1 GG begründende Bezug zu konkreten Kommunikationsvorgängen liegt bei Verbindungsdaten deshalb vor, weil sie aus **Anlass einer** (tatsächlich stattfindenden oder versuchten) **Kommunikation** erhoben werden, um derentwillen letztlich das Telekommunikationsgeheimnis grundrechtlichen Schutz genießt. Hinsichtlich der **Bestandsdaten,** die beim Abschluss eines Telekommunikationsvertrages erhoben werden, kommt es für den Schutz des Art. 10 Abs. 1 GG darauf an, ob mit ihrer Hilfe Kommunikationsteilnehmer oder -umstände im Einzelfall identifiziert werden können; in allen anderen Fällen gelangt das Grundrecht aus Art. 2 Abs. 1 GG iVm Art. 1 Abs. 1 GG zur Anwendung (zum Ganzen M/K/S/Gusy GG Art. 10 Rn. 45 mwN in Fn. 180). Auch die Einordnung des grundrechtlichen Schutzes von **Standortdaten** bestimmt sich nach diesem Maßstab. Nur dann, wenn Standortdaten aus Anlass einer (tatsächlich stattfindenden oder versuchten) Kommunikation erhoben werden, unterfallen sie dem Schutz des Art. 10 Abs. 1 GG. Fehlt es an diesem Bezug zu einem konkreten Kommunikationsvorgang, ist nicht Art. 10 Abs. 1 GG, sondern das Grundrecht aus Art. 2 Abs. 1 GG iVm Art. 1 Abs. 1 GG einschlägig. Die Erhebung von Standortdaten und die Erstellung von Bewegungsprofilen begründen zwar einen schwerwiegenden Grundrechtseingriff, weil sie einen tiefen Einblick in die Persönlichkeitsentfaltung des Einzelnen gewähren. Sedes materiae des grundrechtlichen Schutzes ist aber insoweit nur dann Art. 10 Abs. 1 GG einschlägig, wenn Standortdaten anlässlich einer Kommunikation zwischen Menschen erhoben werden. Auch rechtspolitisch besteht kein Anlass zu einer die Schutzfunktion des Art. 10 Abs. 1 GG erweiternden Interpretation (so aber etwa Sauer RDV 2007, 100 (102 f.)), weil Standortdaten, die unabhängig von einem Kommunikationsvorgang erhoben werden, dem Schutz des Grundrechts auf informationelle Selbstbestimmung unterfallen, das im Vergleich zu Art. 10 Abs. 1 GG einen nicht minder weitreichenden Grundrechtsschutz vermittelt (vgl. M/K/S/Gusy GG Art. 10 Rn. 45). Dementsprechend hat das BVerfG die Ermittlung des Standorts von Kommunikationsteilnehmern oder Endgeräten mittels der Aktivsignale eines empfangsbereiten Mobiltelefons, das eine Ortspeilung des Geräteinhabers im Stand-by-Modus ermöglicht (**IMSI-Catcher**), mit Recht nicht am Maßstabe des Art. 10 Abs. 1 GG geprüft, weil der Zugriff auf die personenbezogenen Daten unabhängig von einer tatsächlich stattfindenden oder versuchten Kommunikation zwischen Menschen erfolgt (BVerfG NJW 2007, 351 (353 f.); vgl. auch BVerfGE 100, 313 (358); BGH NJW 2001, 1587 ff.; VG Darmstadt NJW 2001, 2273 (2274); BeckOK GG/Baldus GG Art. 10 Rn. 24.3; M/K/S/Gusy GG Art. 10 Rn. 45; Roggan KritV 2003, 76 (89 f.); kritisch Huber NJW 2007, 881; Nachbaur NJW 335, 336 f.; Sauer RDV 2007, 100 (103 f.)). Auch die Verpflichtung der Telekommunikationsanbieter zur Auskunftserteilung von **Rufnummern, Anschlusskennungen, Kennungen von elektronischen Postfächern und statischen IP-Adressen** (vgl. §§ 111–113 TKG) ist nicht am Maßstabe des Art. 10 Abs. 1 GG zu messen. Das Grundrecht schützt allein die Vertraulichkeit konkreter Telekommunikationsvorgänge, nicht aber die Vertraulichkeit der jeweiligen Umstände der Bereitstellung von Telekommunikationsdienstleistungen (BVerfGE 130, 151 (179)). Die in den §§ 111 bis 113 TKG angeordnete Speicherung und Auskunftserteilung betrifft lediglich die abstrakte Zuordnung von Telekommunikationsnummern zu bestimmten Anschlussinhabern, die ebenso wie die Zuordnung einer statischen IP-Adresse zu einem Nutzer nicht in den Schutzbereich des Art. 10 Abs. 1 GG fällt. Zwar ermöglicht die Zuordnung einer Telekommunikationsnummer zu einem Anschlussinhaber mittelbar einer Behörde, die Inhalte oder die Umstände konkreter Kommunikationsvorgänge zu rekonstruieren und einer bestimmten Person zuzuordnen. Doch dies löst noch nicht den Schutz des Art. 10 Abs. 1 GG aus. Denn die Informationen über Inhalt und Umstände des betreffenden Telekommunikationsakts werden auch dann nicht durch den Eingriff in vertrauliche Kommunikationsvorgänge selbst gewonnen, sondern ergeben sich erst im Zusammenhang mit Kenntnissen, welche die Behörde anderweitig erlangt hat, sei es durch eigene Ermittlungen, sei es durch Hinweise Dritter, insbes. etwa durch die Anzeige eines Telekommunikationspartners (BVerfGE 130, 151 (180)). Das gilt auch für statische IP-Adressen. Zwar gibt die Zuordnung einer statischen IP-Adresse zu einem bestimmten Anschlussinhaber in der Regel mittelbar auch Auskunft über einen bestimmten Telekommunikationsvorgang des Betreffenden, da solche Adressen, auch wenn sie statisch vergeben werden, praktisch immer nur in Zusammenhang mit konkreten Kommunikationsvorgängen registriert und Gegenstand von individualisierenden Zuordnungen werden. Jedoch beschränkt sich auch hier die Information einer entsprechenden Auskunft als solcher allein auf die abstrakte Zuordnung von Nummer und Anschlussinhaber (BVerfGE 130, 151 (181)). Etwas anderes gilt nach der Rechtsprechung des BVerfG jedoch für die Zuordnung von **dynamischen IP-Adressen,** die einen Eingriff in das Telekommunikationsgeheimnis begründen (BVerfGE 130, 151 (181)). Denn anders als bei statischen, also permanent einem bestimmten Anschlussinhaber zugeordneten IP-Adressen, wird mit der Auskunftserteilung, wem eine dynamische IP-Adresse zu einem bestimmten Zeitpunkt zugewiesen war, stets implizit Auskunft darüber erteilt, dass der betreffende Anschlussinhaber genau in diesem Zeitpunkt entsprechende Verbindungen aufgebaut hat. Die zur Auskunft verpflichteten Telekommunikationsunternehmen müssen also für die Identifizierung einer dynamischen IP-Adresse in einem Zwischenschritt die entsprechenden Verbindungsdaten ihrer Kunden sichten, also auf konkrete Telekommunikationsvorgänge zugreifen, was den Schutz des Art. 10 Abs. 1 GG begründet (BVerfGE 130, 151 (181 und 182 f.)).

16 Das Fernmeldegeheimnis erstreckt sich auch auf den **Informations- und Datenverarbeitungsprozess,** der sich an die Kenntnisnahme von geschützten Kommunikationsvorgängen anschließt; die durch Art. 10 GG gesicherte freie Telekommunikation leidet nämlich auch dann, wenn zu befürchten ist, dass der Staat Kenntnisse von Kommunikationsinhalten

Brief-, Post- und Fernmeldegeheimnis **Art. 10 GG**

oder Telekommunikationsvorgängen in anderen Zusammenhängen zum Nachteil der Kommunikationspartner verwertet (BVerfGE 100, 313 (359); 113, 348 (365); BeckOK GG/ Baldus GG Art. 10 Rn. 9; Jarass/Pieroth/Jarass GG Art. 10 Rn. 9).

Der **Grundrechtsschutz** des Art. 10 Abs. 1 GG **endet,** wenn der Telekommunikations- 17 vorgang **abgeschlossen** ist **und gespeicherte Kommunikationsinhalte bzw. Umstände des Telekommunikationsvorgangs** dem **alleinigen Herrschaftsbereich** eines Telekommunikationsteilnehmers unterfallen (vgl. BVerfGE 120, 274 (307 f.)). Weiter hilft es nicht, wenn man für die Reichweite des grundrechtlichen Schutzes darauf abstellt, ob die Nachricht beim Empfänger angekommen und der Übertragungsvorgang beendet ist (vgl. nur BVerfGE 115, 166 (184); 120, 274 (307 f.); 124, 43 (54); BeckOK GG/Baldus GG Art. 10 Rn. 10; Dreier/Hermes GG Art. 10 Rn. 42; Jarass/Pieroth/Jarass GG Art. 10 Rn. 5; Maunz/Dürig/Durner GG Art. 10 Rn. 97). Das Kriterium der Beendigung des Telekommunikationsvorganges orientiert sich am klassischen Fall eines Telefongesprächs und hat insoweit weiterhin Berechtigung. Es erweist sich jedoch bereits für die Reichweite des grundrechtlichen Schutzes der auf Telefonate bezogenen Verbindungsdaten als unzureichend. Auch ist für den Schutz nach Art. 10 Abs. 1 GG unerheblich, ob der Empfänger eine bestimmte Nachricht erhalten hat. So unterfällt etwa eine Mail auch nach Empfang und Kenntnisnahme durch den Empfänger dem Schutz des Art. 10 GG, wenn die Mail auf dem Server des Hostproviders (weiterhin) gespeichert ist, was unstreitig ist (BVerfGE 124, 43 (54 ff.); aus dem Schrifttum vgl. nur BeckOK GG/Baldus GG Art. 10 Rn. 10.2; Dreier/ Hermes GG Art. 10 Rn. 42; Jarass/Pieroth/Jarass GG Art. 10 Rn. 5; Maunz/Dürig/Durner GG Art. 10 Rn. 97). Für die Reichweite des Schutzes nach Art. 10 Abs. 1 GG kommt es – neben der Beendigung des Telekommunikationsvorganges – darauf an, ob die betreffenden gespeicherten Kommunikationsinhalte bzw. Umstände des Telekommunikationsvorgangs dem **alleinigen Herrschaftsbereich** eines Telekommunikationsteilnehmers zuzuordnen sind. Zu Recht verweist das BVerfG darauf, dass die von Art. 10 Abs. 1 GG erfassten spezifischen Gefahren, die bei einer räumlich separierten Kommunikation durch Inanspruchnahme von Telekommunikationsanlagen Dritter vorliegen, im Herrschaftsbereich des Empfängers, der Schutzvorkehrungen gegen den ungewollten Datenzugriff treffen kann (etwa durch die Benutzung von Passwörtern, Zugangscodes oder Verschlüsselungsprogrammen), nicht bestehen (BVerfGE 115, 166 (184)). Im eigenen Herrschaftsbereich ist der Einzelne regelmäßig nicht mehr den erleichterten Zugriffsmöglichkeiten Dritter – auch des Staates – ausgesetzt, die sich aus der fehlenden Beherrschbarkeit und Überwachungsmöglichkeit des Übertragungsvorgangs durch die Kommunikationsteilnehmer ergeben (BVerfGE 115, 166 (185)). Deshalb nimmt die von einem **Kommunikationsbeteiligten** (ausschließlich, vgl. Rn. 14) **in seinem (privaten) Herrschaftsbereich** vorgenommene Speicherung von Kommunikationsinhalten (heimischer Anrufbeantworter, Mails auf einem PC) bzw. von Verbindungsdaten (etwa auf einem Mobilfunkgerät) nicht am Schutz des Art. 10 Abs. 1 GG, sondern am Schutz des Art. 2 Abs. 1 iVm Art. 1 Abs. 1 GG und ggf. des Grundrechts des Art. 13 GG teil (BVerfGE 115, 166 (181 ff., insbes. 186); Maunz/Dürig/Durner GG Art. 10 Rn. 97; M/K/S/Gusy GG Art. 10 Rn. 45). Gespeicherte Kommunikationsinhalte im **Herrschaftsbereich von Dritten,** insbes. von **Internet Service Providern** (Voicebox, Mailserver) unterfallen hingegen dem Schutz des Art. 10 GG (BVerfGE 124, 43 (54 ff.); BeckOK GG/Baldus GG Art. 10 Rn. 10.2; Dreier/Hermes GG Art. 10 Rn. 42; M/K/ S/Gusy GG Art. 10 Rn. 45; Jarass/Pieroth/Jarass GG Art. 10 Rn. 5; Maunz/Dürig/Durner GG Art. 10 Rn. 97). Das Gleiche gilt für die von Telekommunikationsunternehmen erhobenen, also im Herrschaftsbereich Dritter gespeicherten Verbindungsdaten. Deshalb ist Prüfungsmaßstab für die Vorratsdatenspeicherung das Grundrecht des Art. 10 Abs. 1 GG (BVerfGE 125, 260 (309 ff.)).

Der Schutz nach Art. 10 Abs. 1 GG entfällt indes nur, wenn gespeicherte Kommunikati- 18 onsinhalte und Umstände der Telekommunikation (Verbindungsdaten) dem **alleinigen** Herrschaftsbereich eines Kommunikationsteilnehmers unterfallen. Für das Telekommunikationsgeheimnis gilt insoweit nichts anderes als für die anderen Verbürgungen des Art. 10 Abs. 1 GG. Ebenso wie das Postgeheimnis im Fall der Lagerung von Postsendungen im Postfach zum Tragen kommt, weil die Sendungen den Herrschaftsbereich der Post noch nicht verlassen haben (→ Rn. 9 f.), gelangt das Telekommunikationsgeheimnis zur Anwendung, wenn Kommunikationsinhalte und Verbindungsdaten nicht im ausschließlichen Herrschaftsbereich eines Kommunikationsteilnehmers gespeichert sind, sondern auch der Herrschaftsmacht von Telekommunikationsunternehmen unterliegen. Insbes. für den modernen **Mailverkehr** kommt dem Bedeutung zu. Moderne IT-Infrastrukturen ermöglichen eine Auslagerung von Datenbeständen auf externe Speicherkapazitäten zum Zweck der Datensicherung und der Synchronisierung einer Vielzahl von (verkoppelten) Endgeräten **(Cloud Computing).** Der moderne Mailverkehr ist durch eine **systematische,** automatisch (Push) oder manuell gesteuerte **Synchronisierung der Kommunikation** (Exchange Server etc.) geprägt. Auf diese Weise werden die (Mail-)Kommunikationsdaten, die sich auf dem Mailserver und den einzelnen Endgeräten befinden, (vollumfänglich) synchronisiert. Bei einer die moderne Telekommunikation kennzeichnenden Synchronisierung der Daten zwischen dem Endgerät und dem Mailserver (Cloud) lassen sich die Herrschaftsbereiche von Hostprovider und Nutzer nicht mehr strikt trennen. Der Hostprovider verfügt durch den Synchronisierungsmodus über erhebliche Einwirkungsmöglichkeiten auf das Endgerät. So gingen etwa Kommunikationsinhalte, die auf dem Mailserver gelöscht werden, auch auf dem Endgerät verloren. Und umgekehrt würden Kommunikationsinhalte, die auf dem Mailserver hinterlegt werden, im Wege der Synchronisierung auf das Endgerät kopiert. Damit drängt der Schutzzweck des Art. 10 GG auf Verwirklichung, der die Vertraulichkeit der Kommunikation wegen der spezifischen Abhängigkeit der Kommunikationsbeteiligten von den Telekommunikationsanbietern und wegen der damit eröffneten erleichterten Zugriffsmöglichkeiten durch Dritte unter besonderen grundrechtlichen Schutz stellt (vgl. BVerfGE 115, 166 (185)). Das spricht dafür, den Schutz des Art. 10 Abs. 1 GG nicht nur auf die beim Hostprovider, sondern auch auf die beim Kommunikationsbeteiligten gespeicherten Kommunikationsdaten zu erstrecken. Dies gilt wenigstens dann, wenn **(Mail-)Kommunikationsinhalte** auf dem Endgerät nicht im eigentlichen Sinne gespeichert sind (vgl. hierzu → Rn. 14), sondern lediglich durch **Aufbau einer Verbindung zum Mailserver** sichtbar gemacht werden. Zwar erfolgt insoweit – wie beim Streaming – eine temporäre Zwischenspeicherung der Inhalte im Arbeitsspeicher des Geräts. Dies setzt aber den Zugriff auf die beim Hostprovider gespeicherten Inhalte voraus. Ebenso wie die auf dem Mailserver gespeicherten Kommunikationsinhalte dem Schutz des Art. 10 Abs. 1 GG unterliegen, ist der Zugriff auf diese Inhalte über das Endgerät – trotz der damit verbundenen temporären Zwischenspeicherung – durch das Telekommunikationsgeheimnis geschützt.

19   Im **Verhältnis** zum **Grundrecht auf informationelle Selbstbestimmung** (Art. 2 Abs. 1 GG iVm Art. 1 Abs. 1 GG) ist das Fernmeldegeheimnis des **Art. 10 Abs. 1 GG lex specialis.** In seinem Anwendungsbereich enthält Art. 10 Abs. 1 GG bezogen auf den Telekommunikationsverkehr eine spezielle Garantie, welche die allgemeine Gewährleistung des Rechts auf informationelle Selbstbestimmung verdrängt (vgl. BVerfGE 100, 313 (358); 107, 299 (312); 110, 33 (53); 113, 348 (364); 115, 166 (188 f.); 124, 43 (56); 125, 260 (310)). Soweit der Eingriff in das Fernmeldegeheimnis die Erlangung personenbezogener Daten betrifft, sind aber die Maßgaben, die für Eingriffe in das Grundrecht auf informationelle Selbstbestimmung gelten, grds. auf die speziellere Garantie in Art. 10 Abs. 1 GG zu übertragen (BVerfGE 100, 313 (359 f.); 124, 43 (57, 60); 125, 260 (310); vgl. hierzu noch → Rn. 29). Als **speziellere Garantie verdrängt Art. 10 Abs. 1 GG** ebenfalls das **Recht der freien Meinungsäußerung** (Art. 5 Abs. 1 GG), soweit der Eingriff in der staatlichen Wahrnehmung und gegebenenfalls Verarbeitung der mit Mitteln der Telekommunikation geäußerten Meinung liegt (BVerfGE 113, 348 (364); BeckOK GG/Baldus GG Art. 10 Rn. 65). Demgegenüber findet das **Grundrecht auf Unverletzlichkeit der Wohnung** (Art. 13 GG) **neben Art. 10 Abs. 1 GG Anwendung,** weil beide Grundrechte unterschiedliche Dimensionen der durch Vertraulichkeit gekennzeichneten Privatsphäre schützen (BeckOK GG/Baldus GG Art. 10 Rn. 66; M/K/S/Gusy GG Art. 10 Rn. 101). Während Art. 10 Abs. 1 GG die Vertraulichkeit der Kommunikation zum Gegenstand hat, ist Schutzgut des Art. 13 GG die raumbezogene Vertraulichkeit (BeckOK GG/Baldus GG Art. 10 Rn. 66). Für die Abgrenzung zum **Grundrecht auf Gewährleistung der Vertraulichkeit und Integrität informationstechnischer Systeme** (Art. 2 Abs. 1 GG iVm Art. 1 Abs. 1 GG) ist **erstens** maßgebend, dass sich der Schutz des Art. 10 Abs. 1 GG nur auf einen konkreten Kommunikationsvorgang bezieht (→ Rn. 15). Der Zugriff auf Inhalte und Umstände außerhalb eines laufenden Kommunikationsvorgangs wird von Art. 10 Abs. 1 GG hingegen nicht geschützt. In die insoweit bestehende Schutzlücke tritt das Grundrecht auf

Gewährleistung der Vertraulichkeit und Integrität informationstechnischer Systeme (vgl. BVerfGE 120, 274 (308)). Erfolgt der staatliche Zugriff hingegen **während einer laufenden Kommunikation,** sind **beide Grundrechte nebeneinander anwendbar** (vgl. BVerfGE 120, 274 (340)). In diesem Fall gewährleistet Art. 10 Abs. 1 GG die Vertraulichkeit der konkreten Kommunikation bzw. des Kommunikationsvorganges (vgl. BVerfGE 120, 274 (340)), während das Grundrecht aus Art. 2 Abs. 1 GG iVm Art. 1 Abs. 1 GG vor dem staatlichen Zugriff auf die Integrität des informationstechnischen Systems und die hierauf gespeicherten (personenbezogenen) Daten schützt. **Zweitens** erstreckt sich der Schutz des Art. 10 Abs. 1 GG nicht auf die nach Abschluss eines Kommunikationsvorganges im Herrschaftsbereich eines Kommunikationsteilnehmers gespeicherten Inhalte und Umstände der Kommunikation, soweit dieser eigene Schutzvorkehrungen gegen den heimlichen Datenzugriff treffen kann (vgl. BVerfGE 120, 274 (307 f.); s. → Rn. 17). Sofern es um den Schutz der im eigenen Herrschaftsbereich gespeicherten Kommunikationsdaten (und sonstigen Inhalte) geht, gelangt das Grundrecht auf Gewährleistung der Vertraulichkeit und Integrität informationstechnischer Systeme zur Anwendung. Und **drittens** bezieht sich der Schutz des Art. 10 Abs. 1 GG nur auf Kommunikationsinhalte bzw. Umstände des Kommunikationsvorganges, während das Grundrecht auf Gewährleistung der Vertraulichkeit und Integrität informationstechnischer Systeme darüber hinaus geht und auch persönliche Datenbestände schützt, die nicht auf einer Kommunikation mit Dritten beruhen.

II. Persönlicher Schutzbereich

Träger der Grundrechte des Art. 10 GG sind nicht nur Deutsche, sondern alle **natürlichen Personen,** auch Minderjährige (Jarass/Pieroth/Jarass GG Art. 10 Rn. 10). Ebenso können sich **juristische Personen des Privatrechts** auf den Schutz des Art. 10 GG berufen (BVerfGE 100, 313 (356); 106, 28 (43)). Ausländischen juristischen Personen kommt hingegen der grundrechtliche Schutz des Art. 10 GG prinzipiell nicht zugute (BVerfGE 100, 313 (356); BeckOK GG/Baldus GG Art. 10 Rn. 13; Jarass/Pieroth/Jarass GG Art. 10 Rn. 10; Schoch Jura 2011, 194 (199)). Etwas anderes gilt hingegen – wegen des Vorrangs des Unionsrechts – für **juristische Personen mit Sitz in der Europäischen Union.** Nach Maßgabe der (unionsrechtlich und verfassungsrechtlich) gebotenen Anwendungserweiterung des Art. 19 Abs. 3 GG (hierzu grundlegend BVerfGE 129, 78 (94 ff.)) steht der Schutz des Art. 10 Abs. 1 GG auch juristischen Personen aus den Mitgliedstaaten der Europäischen Union zu. **Juristische Personen des öffentlichen Rechts** können sich auf Art. 10 Abs. 1 GG grds. nicht berufen (aA für die vormalige öffentlich-rechtliche Bundespost, weil auf diese Weise die eigentlichen Grundrechtsträger geschützt werden, BVerfGE 67, 157 (172); 85, 386 (396)). Dagegen sind Träger der Grundrechte des Art. 10 Abs. 1 GG auch die **öffentlich-rechtlichen Rundfunkanstalten,** weil die Vertraulichkeit der Informationsbeschaffung und der Redaktionsarbeit für die Funktionsfähigkeit des Rundfunks unerlässlich sind (BVerfGE 107, 299 (310); BeckOK GG/Baldus GG Art. 10 Rn. 14; Jarass/Pieroth/Jarass GG Art. 10 Rn. 10).

Transportunternehmen und Kommunikationsdienstleister (Intermediäre) sollen sich nach überwiegender Auffassung nicht auf den Schutz des Art. 10 GG berufen können (vgl. nur BeckOK GG/Baldus GG Art. 10 Rn. 15; Dreier/Hermes GG Art. 10 Rn 28; M/K/S/Gusy GG Art. 10 Rn. 49). Ihnen soll allein der Schutz der (wirtschaftsbezogenen) Grundrechte aus Art. 14 Abs. 1, 12 Abs. 1 und 2 Abs. 1 GG zugutekommen (BeckOK GG/Baldus GG Art. 10 Rn. 15; Dreier/Hermes GG Art. 10 Rn. 28; M/K/S/Gusy GG Art. 10 Rn. 49). Richtig hieran ist, dass Art. 10 GG Personen schützt, die miteinander kommunizieren. Dies schließt es jedoch nicht aus, im Interesse eines effektiven Schutzes der an der Kommunikation unmittelbar Beteiligten auch **Intermediären einen fremdnützigen Grundrechteschutz** nach Art. 10 Abs. 1 GG zuzuerkennen (vgl. BVerfGE 67, 157 (172); 85, 386 (396)). Hierfür spricht insbes. die Parallele zum Grundrechtsschutz nach Art. 5 Abs. 1 S. 2 GG. Die (mehr oder minder) inhaltsneutrale Tätigkeit von Intermediären unterfällt dem besonderen Schutz des Art. 5 Abs. 1 S. 2 GG, weil die Wahrnehmung ihrer Funktionen für die Verwirklichung der grundrechtlich geschützten Kommunikationsverfassung von herausragender Bedeutung ist. Ähnlich liegen die Dinge im Wirkungskreis des Art. 10 GG; die Ebenen der Kommunikation und der Kommunikationsübermittlung sind in erheblichem Umfang miteinander verwoben, so dass den Intermediären ein eigenständiger, funktional auf den Schutz der Vertraulichkeit der unmittelbar an der Kommunikation Beteiligten bezogener (fremdnütziger) Grundrechtsschutz nach Art. 10 Abs. 1 GG zuzusprechen ist. Wegen des fremdnützigen Charakters des grundrechtlichen Schutzes sind Kollisionen mit den Grundrechten der Kommunikationsteilnehmer ausgeschlossen. Deshalb erweist sich die Gegenansicht als unbegründet, ein Grundrechtsschutz für Intermediäre könnte zu einer Schmälerung der Selbstbestimmung der unmittelbar an der Kommunikation Beteiligten führen (so Dreier/Hermes GG Art. 10 Rn 28).

III. Territorialer Schutzbereich

22 Der grundrechtliche Schutz des Art. 10 Abs. 1 GG ist nicht auf das Bundesgebiet begrenzt (BeckOK GG/Baldus GG Art. 10 Rn. 17; aA wohl M/K/S/Gusy GG Art. 10 Rn. 23, der von einem „standortgebundenen" Schutz des Fernmeldegeheimnisses spricht). **Kommunikationsvorgänge im Ausland** unterfallen dann dem Schutz des Art. 10 GG, wenn eine Erfassung, Aufzeichnung durch Anlagen erfolgt, die sich auf deutschem Boden befinden, und auch die Auswertung der so erfassten Telekommunikationsvorgänge durch Sicherheitsbehörden auf deutschem Boden stattfindet. In diesem Fall ist der für den grundrechtlichen Schutz erforderliche hinreichende territoriale Bezug gegeben (BVerfGE 100, 313 (363 f.); vgl. dazu auch LG Hamburg CR 2008, 322). Die umfassende Grundrechtsbindung nach Art. 1 Abs. 3 GG spricht dafür, den Schutz des Art. 10 Abs. 1 GG auf jedwedes Handeln deutscher Organe auf dem Gebiet eines fremden Staates (vgl. hierzu BVerfGE 100, 313 (362)) zu erstrecken (vgl. hierzu im Einzelnen BeckOK GG/Baldus GG Art. 10 Rn. 18).

IV. Grundrechtsadressaten

23 An die Grundrechte des Art. 10 Abs. 1 GG sind gem. Art. 1 Abs. 3 GG die **drei Formen der Staatsgewalt** (Gesetzgeber, vollziehende Gewalt und Rechtsprechung) unmittelbar gebunden. Die Grundrechte des Art. 10 Abs. 1 GG schützen in ihrer klassischen Abwehrfunktion die individuelle Kommunikation vor staatlichen Eingriffen (vgl. hierzu BVerfGE 110, 33 (52 f.) mwN). Nach der Privatisierung der Sachbereiche Post und Telekommunikation ergeben sich neue Gefährdungslagen, die nicht den status negativus des Art. 10 GG, sondern die grundrechtlichen Funktionen der staatlichen Schutzpflichten und der mittelbaren Drittwirkung (im Privatrechtsverkehr) betreffen (zum Verhältnis beider grundrechtlichen Funktionen Maunz/Dürig/Durner GG Art. 10 Rn. 114: „Identität"; anders Schoch Jura 2011, 194 (196)).

24 Dass **Private,** dh die Wettbewerber der Deutschen Post AG und der Deutschen Telekom AG, nicht nach Art. 1 Abs. 3 GG an die Grundrechte des Art. 10 Abs. 1 GG gebunden sind, ist (heute) unstreitig (vgl. nur BeckOK GG/Baldus GG Art. 10 Rn. 19; Jarass/Pieroth/Jarass GG Art. 10 Rn. 1a). Doch auch die Deutsche Post AG und die Deutsche Telekom AG sowie die auf den Telekommunikationsmärkten tätigen sog Stadtcarrier, hinter denen sich oftmals ausschließlich oder mehrheitlich kommunale Versorgungsunternehmen verbergen, sind nicht unmittelbar an Art. 10 GG gebunden. Entscheidend für die unmittelbare Grundrechtsbindung ist nicht, ob es sich um Eigengesellschaften (öffentliche Unternehmen), gemischtöffentliche Unternehmen oder gemischtwirtschaftliche Unternehmen handelt, die von der öffentlichen Hand beherrscht werden (so aber statt vieler BeckOK GG/Baldus GG Art. 10 Rn. 20; Jarass/Pieroth/Jarass GG Art. 10 Rn. 1a). Das Beherrschungsmoment mag im Allgemeinen das geeignete Kriterium für die Begründung einer unmittelbaren Grundrechtsbindung sein (so deutlich zu Eigengesellschaften und gemischtwirtschaftlichen Unternehmen BVerfGE 128, 226 (245 ff.)). Es trägt aber den Besonderheiten des Post- und Telekommunikationsverfassungsrechts nicht hinreichend Rechnung. Mit dem in der Art. 87f Abs. 2 S. 2 GG zum Ausdruck kommenden Gleichstellungsgebot (vgl. M/K/S/Gersdorf Art. 87f Abs. 2 Rn. 67) wäre es unvereinbar, die Nachfolgeunternehmen und die Privaten unterschiedlichen Rechtsregimen zu unterwerfen. Die durch Art. 87f Abs. 2 S. 2 GG intendierte Wettbewerbsgleichheit setzt gleiche Rahmenbedingungen für die Teilnahme am Wettbewerb voraus. Deshalb sind die Nachfolgeunternehmen – ebenso wie Private – nicht nur Träger von Grundrechten (so ausdrücklich BVerfGE 115, 205 (227 f.); M/K/S/Gersdorf Art. 87f

Abs. 2 Rn. 70), sondern ebenso wenig wie Private unmittelbar an Grundrechte gebunden. Für die Deutsche Post AG, Deutsche Telekom AG sowie für Private gelten die Grundrechte des Art. 10 GG ausschließlich in ihren Funktionen der **staatlichen Schutzpflichten** und der mittelbaren Drittwirkung (im Privatrechtsverkehr). Das bedeutet, dass nicht die Grundrechte des Art. 10 GG, sondern allein das den staatlichen Schutzauftrag konkretisierende Gesetz den Schutz der Vertraulichkeit der Kommunikation vermittelt. Im Konzept grundrechtlicher Schutzpflichten ist der Schutz stets gesetzesmediatisiert; nicht das Grundrecht, sondern allein das Gesetz gründet den (notwendigen) Schutz. Wird der Gesetzgeber in Wahrnehmung seiner grundrechtlichen Schutzpflichten tätig, kann die Freiheitsbeschränkung des Privaten im Einzelfall so weit gehen wie bei einer unmittelbaren Grundrechtsbindung des Staates (vgl. BVerfGE 128, 226 (249)). Deshalb ist die Befürchtung, dass im Zuge der Privatisierung der Deutschen Post der grundrechtliche Schutz verloren gegangen sei (vgl. Dreier/Hermes GG Art. 10 Rn. 24: „Das Postgeheimnis ist (...) obsolet geworden"; 46; s. auch BeckOK GG/Baldus GG Art. 10 Rn. 20.1), unbegründet. Bei der Auslegung privatrechtlicher Vorschriften durch die Rechtsprechung kommt die sog. Lehre von der **mittelbaren Grundrechtsbindung** (als Konkretisierung des grundrechtlichen Schutzpflichtenauftrags) zur Geltung (zum Verhältnis von grundrechtlichen Schutzpflichten und mittelbarer Grundrechtsbindung Maunz/Dürig/Durner GG Art. 10 Rn. 114: „Identität"; anders Schoch Jura 2011, 194 (196)). Die zivilrechtlichen Regelungen sind im Lichte der Vorrang beanspruchenden Grundrechte des Art. 10 Abs. 1 GG zu interpretieren (Schoch Jura 2011, 194 (196)). Dies kann etwa von Bedeutung sein, wenn Betriebspartner eine Vereinbarung treffen, dass sämtliche Gespräche mit Apparaten der Belegschaftsmitglieder erfasst und auch Uhrzeit, Dauer und Zielnummer registriert werden (vgl. BAG NJW 1987, 674 ff.; BeckOK GG/Baldus GG Art. 10 Rn. 21).

C. Beeinträchtigung des Abs. 1

I. Briefgeheimnis

Ein Eingriff in das Briefgeheimnis liegt vor, wenn von seinem **Inhalt** oder von den **Umständen seines Versands Kenntnis** genommen wird (BVerfGE 67, 157 (171)). Wird ein Brief kontrolliert, den ein Strafgefangener an einen Briefpartner außerhalb der Strafanstalt richtet, wird in das Grundrecht aus Art. 10 GG eingegriffen (BVerfGE 33, 1 (11)). Demgegenüber ist der Schutzbereich des Briefgeheimnisses nicht beeinträchtigt, wenn die Weiterleitung eines Briefes lediglich erheblich erschwert oder verhindert wird. Denn Art. 10 Abs. 1 GG schützt die Vertraulichkeit, nicht aber die Möglichkeit der Kommunikation (vgl. BeckOK GG/Baldus GG Art. 10 Rn. 22.1; Jarass/Pieroth GG Art. 10 Rn. 11). Insoweit gelangten indes die Grundrechte aus Art. 5 Abs. 1 GG bzw. des Art. 2 Abs. 1 GG zur Anwendung (Jarass/Pieroth GG Art. 10 Rn. 11). 25

II. Postgeheimnis

In das Postgeheimnis wird eingegriffen, wenn **Sendungen geöffnet, Inhalte der übermittelten Sendung zur Kenntnis genommen** oder **Absender bzw. Empfänger der Sendung ermittelt bzw. weitergeleitet** werden (vgl. BVerfGE 67, 157 (172); BeckOK GG/Baldus GG Art. 10 Rn. 23). Demgegenüber liegt kein Eingriff vor, wenn die Weiterleitung einer Postsendung lediglich behindert oder vereitelt wird (→ Rn. 25). Auch Ausnahmen vom Briefgeheimnis, die (innerbehördlich bzw. -betrieblich) der störungsfreien und ordnungsgemäßen Abwicklung des Postdienstes dienen, bewirken einen Grundrechtseingriff. Die Möglichkeit einer (rechts-)missbräuchlichen Inanspruchnahme des Postdienstes kann ein rechtfertigender Grund für Grundrechtsbeschränkungen, nicht aber für Schutzbereichsbegrenzungen sein (vgl. BVerfGE 85, 389 (396 f.); BeckOK GG/Baldus GG Art. 10 Rn. 23). 26

III. Telekommunikationsgeheimnis

Da Art. 10 Abs. 1 GG die Vertraulichkeit der Kommunikationsinhalte und die Umstände des Kommunikationsvorganges schützt, stellt jede **Kenntnisnahme, Aufzeichnung** und 27

GG Art. 10 — I. Mediengrundrechte

Verwertung von Kommunikationsdaten sowie jede **Auswertung** ihres Inhalts oder sonstige Verwendung durch die öffentliche Gewalt einen Grundrechtseingriff dar (vgl. BVerfGE 85, 386 (398); 100, 313 (366); 110, 33 (52 f.); 125, 260 (310); Dreier/Hermes GG Art. 10 Rn. 50, 53; Maunz/Dürig/Durner GG Art. 10 Rn. 121; Schoch Jura 2011, 194 (200)). In der **Erfassung** von Telekommunikationsdaten, ihrer **Speicherung**, ihrem **Abgleich** mit anderen Daten, ihrer **Auswertung**, ihrer Selektierung zur weiteren **Verwendung** oder ihrer **Übermittlung** an Dritte liegen damit je eigene Eingriffe in das Telekommunikationsgeheimnis (vgl. BVerfGE 100, 313 (366 f.); 125, 260 (310)). Dementsprechend greift eine (behördliche oder richterliche) Anordnung gegenüber Kommunikationsunternehmen, Telekommunikationsdaten zu erheben, zu speichern und an staatliche Stellen zu übermitteln, jeweils in Art. 10 Abs. 1 GG ein (vgl. BVerfGE 107, 299 (313); 125, 260 (310)).

28   Die **Eingriffsqualität entfällt nicht,** wenn die Erhebung und Speicherung von Kommunikationsdaten durch **private Telekommunikationsunternehmen** erfolgt, sofern diese kraft (gesetzlicher) Anordnung als **Hilfspersonen für die Aufgabenerfüllung durch staatliche Behörden** in Anspruch genommen werden und ihnen **keinerlei Handlungsspielraum** verbleibt. Unter diesen Voraussetzungen ist die Speicherung der Daten rechtlich dem Gesetzgeber als unmittelbarer Eingriff in Art. 10 Abs. 1 GG zuzurechnen (vgl. BVerfGE 107, 299 (313 f.); 125, 260 (311)).

29   Aus dem Schutzzweck des Art. 10 Abs. 1 GG, die Vertraulichkeit der Kommunikationsinhalte und der Umstände des Kommunikationsvorganges zu gewährleisten, folgt, dass **kein Grundrechtseingriff** vorliegt, wenn staatliche Stellen von Kommunikationsinhalten bzw. den Umständen des Kommunikationsvorganges **keine Kenntnis nehmen** können. Im Hinblick auf das Grundrecht auf informationelle Selbstbestimmung hat das BVerfG im Fall der KfZ-Kennzeichenerfassung einen Grundrechtseingriff verneint, wenn die erfassten Daten unmittelbar nach ihrer Erhebung technisch wieder spurenlos, anonym und ohne die Möglichkeit, einen Personenbezug herzustellen, ausgesondert werden (BVerfGE 120, 378 (399); vgl. auch BVerfGE 100, 313 (366); 107, 299 (328); 115, 320 (343)). Entsprechendes gilt für das Telekommunikationsgeheimnis des Art. 10 Abs. 1 GG (zutr. Schoch Jura 2011, 194 (200)). Dementsprechend wird ein Eingriff in Art. 10 Abs. 1 GG vom BVerfG abgelehnt, wenn Telekommunikationsvorgänge von staatlichen Stellen technikbedingt miterfasst werden, aber unmittelbar nach der Signalaufbereitung technisch wieder spurenlos ausgesondert werden (BVerfGE 100, 313 (366)). In diesem Fall liegt **kein** – den Schutzzweck des Art. 10 Abs. 1 GG aktivierender – **Geheimnisbruch** vor (Schoch Jura 2011, 194 (200)).

30   Dementsprechend ist **zweifelhaft** und zumindest näher begründungsbedürftig, dass durch eine gesetzliche Verpflichtung zur **Vorratsdatenspeicherung** iSd (vom BVerfG – in Ermangelung eines hinreichenden Sicherheitskonzepts – für verfassungswidrig erklärten) § 113a TKG aF (vgl. auch Art. 3, 5 RL 2006/24/EG) in den **Schutzbereich des Art. 10 Abs. 1 GG eingegriffen** wird. Im Gegensatz zum Zugriff auf die gespeicherten Verbindungsdaten (vgl. § 113b TKG aF), der staatlichen Stellen Kenntnis von den Umständen der Kommunikationsvorgänge eröffnet und deshalb unzweifelhaft einen Grundrechtseingriff bewirkt (BVerfGE 125, 260 (312 f.)), kann durch die Speicherung als solche von den gespeicherten Verbindungsdaten noch niemand Kenntnis nehmen, so dass das Vorliegen eines Grundrechtseingriffs (so BVerfGE 125, 260 (310 f.); s. bereits BVerfGE 121, 20; vgl. auch die Gesetzesbegründung BT-Drs. 16/5846, 30) problematisch ist. Der Bruch der von Art. 10 Abs. 1 GG geschützten Vertraulichkeit der Umstände der Kommunikationsvorgänge erfolgt erst durch den der Datenspeicherung zeitlich nachgelagerten Zugriff auf die Verbindungsdaten (vgl. § 113b TKG; vgl. auch BVerfGE 125, 260 (321)). **Ohne** (Möglichkeit der) **Datenkenntnisnahme** durch staatliche Stellen erscheint das Vorliegen eines Grundrechtseingriffs indes zweifelhaft. Die Eingriffsqualität der Datenspeicherungspflicht lässt sich nicht damit begründen, dass im Gegensatz zu den in → Rn. 29 genannten Fällen im Fall der Vorratsdatenspeicherung die entsprechenden Daten nach ihrer Speicherung nicht sogleich gelöscht oder anonymisiert werden. Denn eine unmittelbar an eine Speicherung anknüpfende Löschung bzw. Anonymisierung ist nur ein Grund für eine fehlende Möglichkeit der Kenntnisnahme durch staatliche Stellen. Auch die Vorratsdatenspeicherung als solche eröffnet staatlichen Stellen diese Möglichkeit noch nicht. Ebenso wenig lässt sich unter Hinweis darauf, dass Erhebung, Speicherung, Verwendung und Weitergabe von Kommunikationsdaten regelmäßig jeweils einen eigenständigen Grundrechtseingriff bewirken (vgl. BVerfGE 100, 313

(366 f.); 125, 206 (310); vgl. bereits → Rn. 27), in der Verpflichtung zur Speicherung der Verbindungsdaten ein Grundrechtseingriff begründen (so aber BVerfGE 125, 260 (310)). Denn während im Regelfall durch die Erhebung und Speicherung bereits die Möglichkeit des Zugriffs auf die Kommunikationsdaten eröffnet ist, ist dies bei der Vorratsdatenspeicherung gerade nicht der Fall. Vielmehr ist insoweit strikt zwischen der Speicherung als solcher (§ 113a TKG, Art. 3, 5 RL 2006/24/EG) und dem Datenzugriff durch staatliche Stellen (§ 113b TKG) zu unterscheiden. Die Vorratsdatenspeicherung als solche gewährt staatlichen Stellen noch keinen Einblick in gespeicherte Verbindungsdaten. Dementsprechend hat das BVerfG im Verfahren des einstweiligen Rechtsschutzes den Grundrechtseingriff auch nicht mit der Datenspeicherung als solcher, sondern mit dem damit verbundenen „erheblichen Einschüchterungseffekt" begründet (BVerfGE 121, 1 (20)). Indes bedürfte auch diese Einschätzung des Gerichts einer näheren empirischen Abstützung, um hiermit einen Grundrechtseingriff überzeugend darlegen zu können. Doch selbst wenn man – in Übereinstimmung mit dem BVerfG – in der Vorratsdatenspeicherungspflicht für sich genommen bereits einen Grundrechtseingriff erblickte, müsste der Umstand der fehlenden Kenntnisnahme der gespeicherten Verbindungsdaten durch staatliche Stellen im Rahmen der Rechtfertigung des Grundrechtseingriffs Berücksichtigung finden. Die **strengen Zulässigkeitsvoraussetzungen,** die nach der Rechtsprechung des BVerfG im Fall **verdachtsloser Grundrechtseingriffe** mit hoher Streubreite grds. vorliegen müssen (vgl. BVerfGE 115, 320 (362 ff.)), können im Fall der Vorratsdatenspeicherung nicht uneingeschränkt Geltung beanspruchen. Verzichtbar erscheint das Erfordernis einer konkreten Gefahr (vgl. hierzu BVerfGE 115, 320 (363 ff.)), nicht aber die Notwendigkeit des Schutzes eines überragend wichtigen Gemeinschaftsguts (vgl. BVerfGE 115, 320 (360); so zutr. BVerfGE 125, 260, (325 ff., insbes. 327 ff.); vgl. hierzu noch → Rn. 42).

Ein Eingriff in das Telekommunikationsgeheimnis ist nur gegeben, wenn staatliche Stellen **31** ohne Zustimmung der Beteiligten Kenntnis von den Kommunikationsinhalten oder Umständen des Kommunikationsvorganges erhalten (BVerfGE 100, 313 (366); 107, 299 (313)). Erklären die an der Kommunikation Beteiligten ihr **Einverständnis** mit der staatlichen Kenntnisnahme des Kommunikationsinhalts bzw. des Kommunikationsvorgangs, liegt kraft der **tatbestandsauschließenden Wirkung** der vorherigen Zustimmung als Ausdruck kommunikativer Selbstbestimmung (Maunz/Dürig/Durner GG Art. 10 Rn. 126; Schoch Jura 2011, 194 (200 mit Fn. 111); aA Bär CR 1993, 578 (585) und BeckOK GG/Baldus GG Art. 10 Rn. 27: Grundrechtsverzicht; Hufen, Grundrechte, 2011, § 17 Rn. 12: Rechtfertigung des Eingriffs durch Einwilligung) **kein Grundrechtseingriff** vor (BVerfGE 85, 386 (398); Maunz/Dürig/Durner GG Art. 10 Rn. 126; Dreier/Hermes GG Art. 10 Rn. 54; Schoch Jura 2011, 194 (200)). Erforderlich ist, dass sämtliche am Kommunikationsvorgang Beteiligten ihr Einverständnis erklären (BVerfGE 85, 386 (399); BeckOK GG/Baldus GG Art. 10 Rn. 27; Maunz/Dürig/Durner GG Art. 10 Rn. 127; Dreier/Hermes GG Art. 10 Rn. 55; Schoch Jura 2011, 194 (200)), da ein einzelner Kommunikationsteilnehmer nicht berechtigt ist, über die kommunikative Selbstbestimmung anderer Kommunikationsteilnehmer zu verfügen. Diese Grundsätze gelten indes nur für die gegen den Staat gerichtete Schutzrichtung des Art. 10 Abs. 1 GG. Ermöglicht hingegen ein Gesprächspartner in seinem Einfluss- und Verantwortungsbereich einem privaten Dritten den Zugriff auf die Telekommunikationseinrichtung (Mithörvorrichtung), gelangt Art. 10 Abs. 1 GG nicht zur Anwendung, weil das Telekommunikationsgeheimnis keinen Schutz im (Binnen-)Verhältnis zwischen den am Kommunikationsvorgang Beteiligten bietet (→ Rn. 13).

Kein Grundrechtseingriff liegt bei den so genannten **Online-Überwachungen und** **32** **-Durchsuchungen** vor, sofern der staatliche Zugriff auf informationstechnische Systeme entweder außerhalb eines laufenden Kommunikationsvorgangs erfolgt oder sich auf (nach Abschluss eines Kommunikationsvorgangs) im Herrschaftsbereich eines Kommunikationsteilnehmers gespeicherte Inhalte bzw. Umstände der Kommunikation bezieht. Insoweit gelangt allein das Grundrecht auf Gewährleistung der Vertraulichkeit und Integrität informationstechnischer Systeme zur Anwendung (→ Rn. 19). Erfolgt der staatliche Zugriff hingegen **während einer laufenden Kommunikation**, sind **beide Grundrechte nebeneinander anwendbar** (vgl. BVerfGE 120, 274 (340)). In diesem Fall gewährleistet Art. 10 Abs. 1 GG die Vertraulichkeit der konkreten Kommunikation bzw. des Kommunikationsvorganges (vgl. BVerfGE 120, 274 (340)), während das Grundrecht aus Art. 2 Abs. 1 GG

GG Art. 10

iVm Art. 1 Abs. 1 GG vor dem staatlichen Zugriff auf die Integrität des informationstechnischen Systems und die hierauf gespeicherten (personenbezogenen) Daten schützt (→ Rn. 19).

D. Rechtfertigung

33 Nach Art. 10 Abs. 1 GG sind die Grundrechte des Brief-, Post- und Telekommunikationsgeheimnisses zwar „unverletzlich", aber nicht etwa wie die Menschenwürde „unantastbar" (Art. 1 Abs. 1 GG). Dementsprechend genießen die Grundrechte des Art. 10 Abs. 1 GG keinen absoluten Schutz, sondern unterliegen den Schranken des Art. 10 Abs. 2 GG. Einschränkungen der Grundrechte des Art. 10 Abs. 1 GG können daher aufgrund des Gesetzesvorbehalts des Art. 10 Abs. 2 S. 1 GG und ggf. nach Maßgabe der Staatsschutzklausel des Art. 10 Abs. 2 S. 2 GG gerechtfertigt sein (vgl. Maunz/Dürig/Durner GG Art. 10 Rn. 131; Schoch Jura 2011, 194 (201)). Die Grundrechtsschranken des Art. 10 Abs. 2 GG sind abschließend normiert. Für die Anwendung verfassungsimmanenter Schranken besteht kein Bedürfnis, weil die Schutzgüter dieser ungeschriebenen Schranke im Rahmen der Schranken des Art. 10 Abs. 2 GG verwirklicht werden können (iE ebenso Schoch, Jura 2011, 194 (201) allerdings mit unzutreffendem Hinweis auf BVerfGE 85, 386 (397), das sich allein mit immanenten Schutzbereichsbegrenzungen beschäftigt und eine solche Kategorie ablehnt).

I. Gesetzesvorbehalt (Abs. 2 S. 1)

34 Nach Art. 10 Abs. 2 S. 1 GG dürfen Beschränkungen der Grundrechte aus Art. 10 Abs. 1 GG nur **auf Grund eines Gesetzes** angeordnet werden. Entgegen des insoweit eher missverständlichen Gesetzeswortlautes („nur") kann eine Beschränkung erst recht auch **durch (förmliches) Gesetz** erfolgen (vgl. Dreier/Hermes GG Art. 10 Rn. 58; Schoch Jura 2011, 194 (201)). Entsprechend Art. 10 Abs. 2 S. 1 GG scheiden **untergesetzliche Rechtssätze (Rechtsverordnung, Satzung)** als Ermächtigungsgrundlagen nicht von vornherein aus (vgl. Jarass/Pieroth/Jarass GG Art. 10 Rn. 16), allerdings dürften wegen des Vorbehalts des (Parlaments-)Gesetzes nur Verfahrensmodalitäten oder technische Regelungen von untergeordneter Bedeutung der näheren Regelungen durch den Verordnungs- oder Satzungsgeber zugänglich sein (Dreier/Hermes GG Art. 10 Rn. 58; BeckOK GG/Baldus GG Art. 10 Rn. 28). Das Erfordernis einer gesetzlichen Grundlage gilt auch für **besondere Gewaltverhältnisse** (BVerfGE 33, 1 (11 f.); Jarass/Pieroth/Jarass GG Art. 10 Rn. 16).

35 Als Ermächtigungsgrundlagen kommen sowohl **Bundes-** als auch **Ländergesetze** in Betracht (BeckOK GG/Baldus GG Art. 10 Rn. 29; Maunz/Dürig/Durner GG Art. 10 Rn. 134). Zwar ist dem Bund die ausschließliche Gesetzgebungskompetenz für die Bereiche „Postwesen" und „Telekommunikation" zugewiesen (Art. 73 Abs. 1 Nr. 7 GG). Doch diese ausschließliche Kompetenzzuweisung für die Telekommunikation betrifft die technische Seite der Errichtung einer Telekommunikationsinfrastruktur und der Informationsübermittlung, nicht aber Regelungen, die auf die übermittelten Inhalte und die Art der Nutzung der Telekommunikation ausgerichtet sind (BVerfGE 113, 348 (368); 125, 260 (314); 130, 151 (185)). Gleichwohl können sich unter dem Gesichtspunkt der Gesetzgebungskompetenz kraft Sachzusammenhanges weitergehende Kompetenzen des Bundes ergeben (so im Hinblick auf die Vorratsdatenspeicherungsregelungen der §§ 113a, 113b TKG BVerfGE 125, 260 (314) und im Hinblick auf die §§ 111 f. TKG BVerfGE 130, 151, 186 (192 ff.)). Die Kompetenz des Bundes zur Regelung der Erfassung, Verwertung und Weitergabe von TK-Daten durch den BND (Auslandsgeheimdienst) im G-10 folgt aus Art. 73 Abs. 1 Nr. 1 GG (BVerfGE 100, 313 (368 ff.)). Die maßgeblichen Ermächtigungsgrundlagen für die repressive Strafrechtspflege finden sich vor allem in der **StPO** (vgl. §§ 99, 100a und 100b StPO), die für die präventive Gefahrenabwehr sowie Verhütung von Straftaten (vorbeugende Verbrechensbekämpfung) in den **Polizeigesetzen der Länder**. Während die **Verhütung von Straftaten** nicht Art. 74 Abs. 1 Nr. 1 GG, sondern der **Gesetzgebungskompetenz der Länder** für die Gefahrenabwehr unterfällt (BVerfGE 113, 348 (368 f.)), ist die **Vorsorge für die Verfolgung von Straftaten** von **Art. 74 Abs. 1 Nr. 1 GG** erfasst (BVerfGE 113, 348 (369 f.)). Der Bund hat mit den Regelungen der TK-Überwachung (vgl. §§ 100a, 100b,

100g, 100h und 100i StPO) abschließend Gebrauch gemacht (vgl. BVerfGE 113, 348 (372 ff.)). Für die Sicherstellung und Beschlagnahme von **E-Mails,** die auf dem Mailserver eines Providers gespeichert sind und deshalb dem Schutz des Art. 10 Abs. 1 GG unterfallen (→ Rn. 17), bilden die Regelungen der §§ 94 ff. StPO die Ermächtigungsgrundlagen (BVerfGE 124, 43 (58 ff.); BeckOK GG/Baldus GG Art. 10 Rn. 30.1). Demgegenüber ist die Sicherstellungsermächtigung des § 10 Abs. 2 VereinsG keine taugliche Grundlage für eine Postbeschlagnahme (vgl. BVerwG NJW 1988, 2752 (2753); BeckOK GG/Baldus GG Art. 10 Rn. 30.2).

II. Gebot der Normenbestimmtheit und Normenklarheit

Gesetzliche Regelungen, die zu Eingriffen in Art. 10 Abs. 1 GG ermächtigen, müssen dem Gebot der **Normenbestimmtheit** und **Normenklarheit** entsprechen. Diese Maßgabe, die das BVerfG für das Grundrecht auf informationelle Selbstbestimmung entwickelt hat (BVerfGE 65, 1 (44 ff., 54)), gilt auch auf die spezielle Garantie des Art. 10 Abs. 1 GG (vgl. BVerfGE 100, 313 (359); 110, 33 (53); 130, 151 (202)). Das Erfordernis der Normenbestimmtheit und Normenklarheit folgt direkt aus Art. 10 GG (vgl. BVerfGE 110, 33 (52 ff.); 113, 348 (375)), so dass sich eine Herleitung aus dem allgemeinen Rechtsstaatsprinzip erübrigt. Dieses Gebot soll sicherstellen, dass der betroffene Bürger sich auf mögliche belastende Maßnahmen einstellen kann, dass die gesetzesausführende Verwaltung für ihr Verhalten steuernde und begrenzende Handlungsmaßstäbe vorfindet und dass die Gerichte die Rechtskontrolle durchführen können (vgl. BVerfGE 110, 33 (52 ff.); 113, 348 (375 ff.)). Diesen Aspekten kommt bei staatlichen Überwachungsmaßnahmen zentrale Bedeutung zu. Denn wegen der Heimlichkeit der Maßnahmen müssen Betroffene oder Dritte wissen können, bei welchen Anlässen und unter welchen Voraussetzungen ein Verhalten mit dem Risiko der Überwachung verbunden ist (vgl. BVerfGE 110, 33 (54)). Der **Anlass,** der **Zweck** und die **Grenzen** des Eingriffs müssen in der Ermächtigung bereichsspezifisch, präzise und **normenklar** festgelegt werden (vgl. BVerfGE 100, 313 (359 f., 372); 110, 33 (53); 113, 348 (375)). Diese Entscheidungen dürfen nicht in das freie Ermessen der Verwaltung gestellt werden (vgl. BVerfGE 110, 33 (54); 113, 348 (380 f.)). Die **konkreten Anforderungen** an die Normenbestimmtheit und Normenklarheit der Ermächtigungsgrundlage richten sich nach der **Art und der Schwere des Eingriffs** (BVerfGE 110, 33 (55)). Im Bereich der der Länderkompetenz unterfallenden (vgl. BVerfGE 113, 348 (368 f.)) **Verhütung von künftigen Straftaten** (vorbeugende Verbrechensbekämpfung) und der von der Bundeskompetenz (BVerfGE 113, 348 (369 f.); → Rn. 35) erfassten **Vorsorge für die Verfolgung künftiger Straftaten** sind die **entsprechenden Straftaten** und die **Anforderungen an die Verdachtstatsachen** gesetzlich **näher zu umschreiben** (vgl. BVerfGE 110, 33 (55); 113, 348 (377 f.)). Im Gegensatz zu Maßnahmen der Gefahrenabwehr, die eine konkrete Gefahrenlage voraussetzen, und der Strafverfolgung, die an den Verdacht einer bereits verwirklichten Straftat anknüpft, fehlen solche Anknüpfungspunkte bei Maßnahmen, die im Vorfeld der Gefahrenabwehr und der Strafverfolgung Vorsorge im Hinblick auf die in der Zukunft eventuell zu erwartenden Straftaten zu treffen sind (BVerfGE 113, 348 (377)). Die **Bestimmtheitsanforderungen** sind spezifisch an dieser **Vorfeldsituation auszurichten.** Um das Risiko von Fehlprognosen in einem verfassungsrechtlich akzeptablen Rahmen zu halten, müssen solche Eingriffsermächtigungen **handlungsbegrenzende Tatbestandselemente** enthalten, die einen Standard an Vorhersehbarkeit und Kontrollierbarkeit aufweisen, wie er auch bei den traditionellen Normen zur Gefahrenabwehr und der Strafverfolgung geboten ist (BVerfGE 110, 33 (55 f.); 113, 348 (378)). Soll auch zu Überwachungsmaßnahmen gegen Kontakt- und Begleitpersonen ermächtigt werden, so muss die Art des Kontakts zwischen der überwachten Zielperson und anderen Personen konkretisiert werden. Der Gesetzgeber darf dies nicht der Auslegung durch Verwaltung oder Gerichte überlassen (BVerfGE 113, 348 (380 f.); siehe auch BVerfGE 110, 33 (54)).

Diesem Gebot der **Normenbestimmtheit** und **Normenklarheit** wurden die Regelungen zur Kontrolle durch Zollbehörden im AWG (vgl. BVerfGE 110, 3 (57 ff.)) ebenso wenig gerecht wie die Vorschriften nach dem Niedersächsischen Polizeigesetz (BVerfGE 113, 348 (375 ff.)). Die Generalklausel des § 119 Abs. 3 StPO für die Untersuchungshaft bildet in Ermangelung hinreichender Bestimmtheit keine taugliche Ermächtigungsgrundlage

(BVerfGE abw. Meinung 57, 170 (182 ff.); Dreier/Hermes GG Art. 10 Rn. 75; M/K/S/ Gusy GG Art. 10 GG Rn. 89; Jarass/Pieroth/Jarass GG Art. 10 Rn. 17; aA BVerfGE 57, 170 (177)). Nicht hinreichend bestimmt ist auch § 99 StPO für die Postkontrolle im Ermittlungsverfahren (Jarass/Pieroth/Jarass GG Art. 10 Rn. 17). Unter Bestimmtheitsgesichtspunkten lässt sich die zur Überwachung von Internettelefonie (VoIP) eingesetzte **Quellen-Telekommunikationsüberwachung** (Quellen-TKÜ; vgl. hierzu LG Hamburg MMR 2011, 693 (695); Bär MMR 2011, 691 (692); Braun K&R 2011, 681 f.) **nicht auf §§ 100a f. StPO** stützen, weil diese Vorschriften allein die telefonische Überwachung der (Internet-) Telefonie zulassen, nicht aber die der Abhörmaßnahme zeitlich vorgelagerte Infiltration der entsprechenden Software („Trojaner") auf dem informationstechnischen System der Zielperson (ebenso statt vieler Braun K&R 2011, 681 (683) mwN; Hoffmann-Riem JZ 2008, 1009 (1022); aA LG Landshut MMR 2010, 266; weitere Nachw. bei Braun K&R 2011, 681 (683)). Die Infiltration der Software auf dem Zielsystem ist ein von der Telefonüberwachung zu trennender, **eigenständiger Grundrechtseingriff,** der zudem nicht am Maßstab des Art. 10 Abs. 1 GG, sondern am Maßstab des **Grundrechts der Gewährleistung der Vertraulichkeit und Integrität informationstechnischer Systeme** (Art. 2 Abs. 1 iVm Art. 1 Abs. 1 GG) zu messen ist. Hinzu kommt, dass durch eine **bereichsspezifische Regelung sicherzustellen** ist, dass die von den staatlichen Stellen eingesetzte Software **ausschließlich die Überwachung von Telefongesprächen** und keine weitergehenden Eingriffe in die Integrität des informationstechnischen Systems ermöglicht, wie etwa das Fernsteuern des Systems oder gar die optische bzw. akustische Überwachung von Wohnräumen, welche nicht nur an Art. 2 Abs. 1 iVm Art. 1 Abs. 1 GG, sondern auch an Art. 13 GG zu messen wäre (vgl. zur Diskussion um die vom Chaos Computer Club aufgedeckten zusätzlichen Funktionalitäten der vom Bund eingesetzten Software Schulz in http://www.heise.de/tp/artikel/35/35845/1.html). Eine gesetzliche Ermächtigung, welche die staatliche Infiltration von Software auf einem informationstechnischen System der Zielperson zulässt, muss den **Zweck** und die hierfür eingesetzten Überwachungs**maßnahmen** im Einzelnen bestimmen, um dem Gebot der **Normenbestimmtheit** und **Normenklarheit** zu genügen.

III. Verhältnismäßigkeit des Gesetzes

38   Die gesetzliche Ermächtigungsgrundlage muss den Anforderungen des Verhältnismäßigkeitsgrundsatzes genügen. Dazu muss die Ermächtigung einem **legitimen Zweck** dienen, zur Erreichung des Gesetzeszweckes **geeignet** und **erforderlich** (BVerfGE 100, 313 (373, 375)) sowie **im engeren Sinne verhältnismäßig** sein (zu den Anforderungen des Übermaßverbotes umfassend Maunz/Dürig/Durner GG Art. 10 Rn. 143 ff.). Wie im Allgemeinen scheitern auch im Rahmen des Art. 10 Abs. 1 GG gesetzliche Einschränkungen regelmäßig nicht am Erfordernis eines **legitimen Zwecks.** Die Sicherung des Bestandes des Staates als Schutzziel des G-10 (vgl. BVerfGE 67, 157 (172, 178); 100, 313 (373)) sowie Erfordernisse der Strafverfolgung und der Gefahrenabwehr (BVerfGE 100, 313 (373); 107, 299 (316); 109, 279 (336); 113, 348 (385); 115, 320 (345); 125, 260 (316)) sind unzweifelhaft legitime Zielsetzungen des Gesetzgebers. Auch die Geeignetheit und Erforderlichkeit der gesetzlichen Eingriffsermächtigung wird in der Regel vom BVerfG bestätigt (vgl. hierzu Maunz/Dürig/Durner GG Art. 10 Rn. 146 f.).

39   Demgegenüber wurde eine Vielzahl von gesetzlichen Eingriffsermächtigungen vom BVerfG beanstandet, weil sie dem Erfordernis der **Verhältnismäßigkeit im engeren Sinne** nicht genügen. Dieses Erfordernis verlangt einen angemessenen Ausgleich zwischen Allgemein- und Individualinteressen (BVerfGE 100, 313 (375 f.)). Auf der Seite der grundrechtlich geschützten Individualinteressen sind dabei folgende Kriterien zu berücksichtigen: Gestaltung der Eingriffsschwellen, Zahl der Betroffenen und Intensität der Beschränkung, die wiederum davon abhängt, ob die Gesprächsteilnehmer anonym bleiben, welche Gespräche sowie welche Gesprächsinhalte erfasst werden und welche Nachteile den Betroffenen aufgrund der Überwachungsmaßnahmen drohen oder von ihnen nicht ohne Grund befürchtet werden (BVerfGE 100, 313 (376 f.)). Bei Beschränkungen des Art. 10 Abs. 1 GG ist regelmäßig die Eingriffsintensität hoch, weil dieses Grundrecht – ebenso wie die Unverletzlichkeit der Wohnung nach Art. 13 GG – durch besondere Vertraulichkeitserwartungen gekenn-

zeichnet ist (vgl. BVerfGE 115, 320 (348); BeckOK GG/Baldus GG Art. 10 Rn. 42). Auf Seiten des Allgemeininteresses sind folgende Aspekte maßgeblich: das Gewicht der Ziele und Belange, denen die Beschränkung des Grundrechts aus Art. 10 Abs. 1 GG dient, die Größe der Gefahren, denen durch die Beschränkung begegnet werden soll sowie die Wahrscheinlichkeit des Eintritts dieser Gefahren.

In Konkretisierung dieser Kriterien und Maßstäbe hat sich in der Rechtsprechung des 40 BVerfG eine „**Je-Desto-Formel**" herausgebildet (BeckOK GG/Baldus GG Art. 10 Rn. 43; Maunz/Dürig/Durner GG Art. 10 Rn. 149: „Wechselwirkungslehre"). Je gewichtiger das durch die Eingriffsermächtigung geschützte Rechtsgut ist, desto weiterreichende Eingriffe sind zulässig und desto geringere Anforderungen sind an die Ermittlung der entsprechenden Anhaltspunkte zu stellen (Maunz/Dürig/Durner GG Art. 10 Rn. 149). Besondere Bedeutung hat diese Formel im Zusammenhang mit Eingriffen im **Vorfeldbereich** (→ Rn. 36). Lässt der Gesetzgeber Grundrechtseinschränkungen nur bei konkreten Gefährdungen hochrangiger Rechtsgüter zu, liegt die Schwelle des Eingriffs relativ niedrig. Weitet er dagegen den Katalog der Schutzgüter beträchtlich aus und bezieht auch Handlungen in die zu verhütenden Erfolge ein, die einen relativ geringen Gefährdungsgrad aufweisen, muss er umgekehrt die Schwelle für einen Grundrechtseingriff hoch ansetzen (BVerfGE 100, 313 (392 f.); Maunz/Dürig/Durner GG Art. 10 Rn. 149; Möstl DVBl. 1999, 1394 (1401 f.); Müller-Terpitz Jura 2000, 296 (301)).

Dementsprechend ist die von einer erheblichen Streubreite gekennzeichnete Erfassung 41 von Kommunikationsverbindungsdaten dann als angemessen zu bewerten, wenn diese Erfassung nicht nur allgemein der Strafverfolgung, sondern der Verfolgung einer **Straftat von erheblicher Bedeutung** dient, ein konkreter Tatverdacht besteht und eine hinreichend sichere Tatsachenbasis für die Annahme vorausgesetzt wird, dass der durch die Anordnung Betroffene auch als Nachrichtenmittler für die verdächtige Person tätig wird (BVerfGE 107, 299 (321)). Die Anforderungen an die Angemessenheit sind auf jeden Fall verletzt, wenn der Gesetzgeber zu einer globalen oder pauschalen Überwachung ermächtigte oder zu einer rechtlich oder tatsächlich unbegrenzten voraussetzungslosen Erfassung sämtlicher Fernmeldekontakte bestimmter Grundrechtsträger (vgl. BVerfGE 100, 313 (376); BeckOK GG/Baldus GG Art. 10 Rn. 43.2).

Dagegen ist eine sechsmonatige anlasslose Speicherung von Telekommunikationsver- 42 kehrsdaten (**Vorratsdatenspeicherung**) zum Zweck der Strafverfolgung, der Gefahrenabwehr und der Aufgaben der Nachrichtendienste prinzipiell verhältnismäßig und deshalb mit Art. 10 GG vereinbar, sofern sie eine Ausnahme bleibt, nicht direkt durch staatliche Stellen erfolgt, die Kommunikationsinhalte nicht erfasst werden und die Speicherung der von Kunden privater Diensteanbieter aufgerufenen Internetseiten grds. untersagt ist (BVerfGE 125, 260 (316 ff.)). Allerdings ist die Eingriffsschwelle hoch anzusetzen. Die anlasslose Datenspeicherung und der Zugriff hierauf sind nur zum **Schutz hochrangiger Gemeinwohlbelange,** also zur Ahndung von **Straftaten,** die **überragend wichtige Rechtsgüter** bedrohen, oder zur **Abwehr von Gefahren für solche Rechtsgüter** zulässig (BVerfGE 125, 260 (328 ff.)). Diese hohen Eingriffsschwellen sind gesetzlich näher zu bestimmen. Zudem sind gesetzgeberische Vorkehrungen zur Gewährleistung eines effektiven Rechtsschutzes sowie Sanktionsregelungen für den Fall einer rechtswidrigen Speicherung bzw. Verwendung der Verdingungsdaten erforderlich (BVerfGE125, 260 (337 ff.)). Weniger strenge verfassungsrechtliche Maßgaben gelten hingegen für eine nur mittelbare Verwendung vorsorglich gespeicherter Daten, sofern diese bei der Ermittlung dynamischer Internetprotokoll-Adressen durch Diensteanbieter erfolgt, damit diese imstande sind, behördliche Auskunftsansprüche zu erfüllen (BVerfGE 125, 260 (340 ff.)). Auch wenn die Entscheidung des BVerfG im Ergebnis Zustimmung verdient, kann sie in der Begründung nicht vollends überzeugen. Zum einen bleibt unklar, weshalb es sich bei der Vorratsdatenspeicherung als solcher (§ 113a TKG) um einen „besonders schweren Eingriff" (BVerfGE 125, 260 (318)) in das Grundrecht des Art. 10 Abs. 1 GG handeln soll, obgleich staatliche Stellen durch die Speicherung als solche noch keine Kenntnis von den gespeicherten Verbindungsdaten erhalten (vgl. bereits → Rn. 30). Zum anderen vermengt das BVerfG die Anforderungen an Speicherung (§ 113a TKG) und Zugriff auf die gespeicherten Daten (§ 113b TKG), obgleich von Verfassungs wegen zwischen der **anlasslosen** Speicherung und dem **anlass- und verdachtsbezogenen** Zugriff zu unterscheiden ist. Während durch die Speicherung alle

Bürger unabhängig von einem konkreten Anlassfall und ohne Anknüpfung an ein zurechenbar vorwerfbares Verhalten betroffen sind (vgl. BVerfGE 125, 260 (318)), ist beim Datenzugriff sowohl ein konkreter Anlassfall als auch der Bezug auf individuelle Personen als Verursacher gegeben (vgl. BVerfGE 125, 260 (330)). Diese Vermengung ist im Ergebnis nur deshalb unschädlich, weil das BVerfG auch den Zugriff auf die gespeicherten Daten an die Voraussetzungen knüpft, die für anlasslose Grundrechtseingriffe (vgl. BVerfGE 115, 320 (362 ff.)) und damit auch für eine anlasslose Datenspeicherung gelten: der Schutz eines überragend wichtigen Rechtsgutes als Eingriffsschwelle.

IV. Gesetzliche Vorkehrungen zum Schutz des Kernbereichs höchstpersönlicher Lebensgestaltung

43 Ermächtigt der Gesetzgeber zu einer Beschränkung des Grundrechts aus Art. 10 Abs. 1 GG und wird dadurch eine Erfassung von Daten ermöglicht, die dem absolut geschützten Kernbereich höchstpersönlicher Lebensgestaltung zuzuordnen sind, so ist der Gesetzgeber verpflichtet, entsprechende Schutzvorkehrungen zu treffen (zum absolut geschützten Kernbereich BVerfGE 109, 279 (311 ff.)). Die nach Art. 1 Abs. 1 GG garantierte Unantastbarkeit der Menschenwürde fordert auch im Gewährleistungsbereich des Art. 10 GG Vorkehrungen zum Schutz individueller Entfaltung im Kernbereich privater Lebensgestaltung (BVerfGE 113, 348 (391); 124, 43 (69)).

44 Ob eine personenbezogene Kommunikation diesem Kernbereich zuzuordnen ist, hängt davon ab, ob sie nach ihrem Inhalt höchstpersönlichen Charakters ist und in welcher Art und Intensität sie aus sich heraus die Sphäre anderer oder Belange der Gemeinschaft berührt (vgl. BVerfGE 80, 367 (374); 109, 279 (314); 113, 348 (391); 124, 43 (69); 130, 1 (22)). Maßgebend sind die **Besonderheiten des jeweiligen Einzelfalls** (vgl. BVerfGE 80, 367 (374); 109, 279 (314); 124, 43 (69); 130, 1 (22)). Zum Kernbereich gehören etwa Äußerungen innerster Gefühle oder Ausdrucksformen der Sexualität (vgl. BVerfGE 109, 279, 313 (314 f.); 119, 1 (29 f.); 130, 1 (22)). Nicht zu diesem Kernbereich gehören Kommunikationsinhalte, die in unmittelbarem Bezug zu konkreten strafbaren Handlungen stehen, wie etwa Angaben über die Planung bevorstehender oder Berichte über begangene Straftaten (vgl. BVerfGE 80, 367 (375); 109, 279 (319); 113, 348 (391); 124, 43 (69); 130, 1 (22)). Bestehen im konkreten Fall tatsächliche Anhaltspunkte für die Annahme, dass ein Zugriff auf gespeicherte Telekommunikationsdaten Inhalte erfasst, die zu diesem Kernbereich zählen, ist er insoweit nicht zu rechtfertigen und hat insoweit zu unterbleiben (vgl. BVerfGE 113, 348 (391 f.); 124, 43 (69)). Es muss sichergestellt werden, dass **Kommunikationsinhalte des höchstpersönlichen Bereichs nicht gespeichert und verwertet** werden, sondern **unverzüglich gelöscht** werden, wenn es ausnahmsweise zu ihrer Erhebung gekommen ist (vgl. BVerfGE 113, 348 (392); 124, 43 (69)). Den Kernbereich betreffende Informationen dürfen nicht verwendet und damit auch nicht in einem Urteil oder in sonstiger Weise verwertet werden (vgl. BVerfGE 109, 279 (324, 331 f.); 120, 274 (337); 130, 1 (22)).

V. Gewährleistung weiterer Garantien in Entsprechung des Grundrechts auf informationelle Selbstbestimmung

45 Zwar enthält Art. 10 Abs. 1 GG in seinem Anwendungsbereich bezogen auf den Telekommunikationsverkehr eine spezielle Garantie, welche die allgemeine Gewährleistung des Rechts auf informationelle Selbstbestimmung verdrängt (vgl. BVerfGE 100, 313 (358); 107, 299 (312); 110, 33 (53); 113, 348 (364); 115, 166 (188 f.); 124, 43 (56); 125, 260 (310)). Soweit der Eingriff in das Fernmeldegeheimnis die Erlangung personenbezogener Daten betrifft, sind jedoch die Grundsätze, die für Eingriffe in das Grundrecht auf informationelle Selbstbestimmung gelten, grds. auf die speziellere Garantie in Art. 10 Abs. 1 GG zu übertragen (BVerfGE 100, 313 (359 f.); 124, 43 (57, 60); 125, 260 (310)). Das gilt für das **Gebot der Normenbestimmtheit und Normenklarheit** (→ Rn. 36 f.) sowie für den **Grundsatz der Zweckbindung:** Speicherung und Verwendung erlangter Daten sind grds. an den Zweck gebunden, der durch das zur Kenntnisnahme ermächtigende Gesetz festgelegt wurde (BVerfGE 100, 313 (360)). Eine Weitergabe erhobener Daten zu anderen Zwecken ist hingegen prinzipiell zulässig; der Grundsatz der Zweckbindung schließt **Zweckänderungen**

nicht aus. Allerdings bedürfen solche Änderungen einer gesetzlichen Grundlage, die formell und materiell mit dem Grundgesetz vereinbar ist (BVerfGE 100, 313 (360)). Aus dem Grundsatz der Zweckbindung der Datenverarbeitung folgt die **Verpflichtung zur Kennzeichnung** der Daten (vgl. BVerfGE 100, 313 (360 f.)) ebenso wie die **Verpflichtung zur Löschung bzw. Vernichtung** (BVerfGE 100, 313 (362)). Dem korrespondiert ein **Anspruch auf Löschung und Berichtigung** der erhobenen Daten, sofern die Voraussetzungen einer rechtmäßigen Beschränkung der Grundrechte aus Art. 10 Abs. 1 GG nicht (mehr) vorliegen (BeckOK GG/Baldus GG Art. 10 Rn. 54).

VI. Richtervorbehalt

Im Gegensatz zu Art. 13 GG, der bei heimlichen Überwachungsmaßnahmen eine vorherige richterliche Anordnung verlangt (Art. 13 Abs. 3 und 4 GG), sieht Art. 10 GG für Eingriffe in das Telekommunikationsgeheimnis keinen ausdrücklichen Richtervorbehalt vor. Gleichwohl kann nach der Rechtsprechung des BVerfG bei staatlichen Maßnahmen, die einen schwerwiegenden Grundrechtseingriff bewirken, verfassungsrechtlich eine vorbeugende Kontrolle durch eine unabhängige Instanz geboten sein. Dies gilt insbes., wenn der Grundrechtseingriff heimlich erfolgt und für den Betroffenen unmittelbar nicht wahrnehmbar ist (vgl. BVerfGE 120, 274 (331); 125, 260 (337)). Dementsprechend hat das BVerfG auch für die Abfrage und Übermittlung von Telekommunikationsverkehrsdaten grds. eine vorherige Überprüfung durch den Richter verlangt (BVerfGE 125, 260 (337 f.)). 46

VII. Zitiergebot

Für in den Schutzbereich der Grundrechte des Art. 10 Abs. 1 GG eingreifende Gesetze gilt das Zitiergebot des Art. 19 Abs. 1 S. 2 GG (BVerfGE 113, 348 (366); 130, 151 (204)). Die **Warn- und Besinnungsfunktion** des Zitiergebotes betrifft nicht nur eine erstmalige Grundrechtseinschränkung, sondern ist auch bei jeder weiteren Änderung der Eingriffsvoraussetzungen zu beachten, sofern sie zu neuen Grundrechtseinschränkungen führt (BVerfGE 113, 348 (366 f.)). Die Nichtbeachtung des Zitiergebots führt grds. zur Verfassungswidrigkeit und Nichtigkeit des Gesetzes (vgl. zu einer Ausnahmekonstellation BVerfGE 113, 348 (367)). Keine Anwendung findet Art. 19 Abs. 1 S. 2 GG auf vorkonstitutionelle Gesetze (so zu §§ 94 ff. StPO BVerfGE 124, 43 (66 ff.)). 47

VIII. Verhältnismäßigkeit der Gesetzesanwendung

Die Ermächtigungsgrundlagen, welche die (Polizei-)Behörden, Staatsanwaltschaften, Gerichte und Nachrichtendienste zu Eingriffen in die Grundrechte des Art. 10 Abs. 1 GG berechtigen, sind in der Regel als **Ermessensvorschriften** ausgestaltet (Schoch Jura 2011, 194 (202)). Im Rahmen des pflichtgemäßen Ermessens ist das **Übermaßverbot** zu beachten. Das grundrechtseinschränkende Gesetz ist bei seiner Anwendung unter Berücksichtigung der grundlegenden Bedeutung dieser Grundrechte auszulegen und so in seiner grundrechtsbegrenzenden Wirkung selbst wieder im Lichte dieser Grundrechte einzuschränken; dies bedeutet, dass die Anwendung des Gesetzes, etwa durch einen behördlichen Vollzugsakt oder durch eine gerichtliche Anordnung, selbst den Verhältnismäßigkeitsanforderungen entsprechen muss (vgl. BVerfGE 67, 157 (172 f.); 107, 299 (315 f.)). 48

IX. Staatsschutzklausel (Abs. 2 S. 2)

Für Eingriffe in die Grundrechte des Art. 10 Abs. 1 GG durch **Nachrichtendienste** enthält Art. 10 Abs. 2 S. 2 GG eine Sonderregelung, die nach der Rechtsprechung des BVerfG mit Art. 79 Abs. 3 GG vereinbar ist (BVerfGE 30, 1 (26 ff.); 100, 313 (399)). Sofern eine Beschränkung der Grundrechte aus Art. 10 Abs. 1 GG dem Schutz der freiheitlichen demokratischen Grundordnung oder des Bestandes oder der Sicherung des Bundes oder eines Landes dient, kann nach Art. 10 Abs. 2 S. 2 GG gesetzlich bestimmt werden, dass die Eingriffsmaßnahmen dem Betroffenen nicht mitgeteilt werden und dem Betroffenen der Rechtsweg versperrt bleibt (vgl. Art. 19 Abs. 4 S. 3 GG). 49

50 Dies ist durch das Gesetz zur Beschränkung des Brief-, Post- und Fernmeldegeheimnisses erfolgt (§ 13 G-10). Als Ausgleich für die Einbuße gerichtlichen Rechtsschutzes sieht Art. 10 Abs. 2 S. 2 GG vor, dass an die Stelle des Rechtsweges die Nachprüfung durch von der Volksvertretung bestellte Organe und Hilfsorgane tritt. Diese Nachprüfung muss materiell und verfahrensmäßig der gerichtlichen Kontrolle gleichwertig sein, insbes. mindestens ebenso wirkungsvoll (BVerfGE 30, 1). Die Organe müssen über die notwendige Sach- und Rechtskunde verfügen, weisungsfrei und ihre Mitglieder auf eine bestimmte Zeit fest berufen sein; die Kontrolle muss laufend ausgeübt werden können und zu diesem Zweck sind alle erheblichen Unterlagen des Falles zugänglich zu machen (BVerfGE 30, 1 (23)). Die personelle Ausstattung muss ermöglichen, dass die Kontrollaufgabe in effektiver Weise erfüllt wird; außerdem muss im Bereich der Landesverwaltung eine ausreichende Kontrolle existieren (BVerfGE 100, 313 (401 f.)).

Art. 70 [Gesetzgebung des Bundes und der Länder]

(1) Die Länder haben das Recht der Gesetzgebung, soweit dieses Grundgesetz nicht dem Bunde Gesetzgebungsbefugnisse verleiht.

(2) Die Abgrenzung der Zuständigkeit zwischen Bund und Ländern bemißt sich nach den Vorschriften dieses Grundgesetzes über die ausschließliche und die konkurrierende Gesetzgebung.

Art. 70 GG weist den Ländern die grundsätzliche Gesetzgebungskompetenz zu. Er ist lex specialis zu Art. 30 GG, der den Grundsatz enthält, dass die Ausübung der staatlichen Befugnisse und die Erfüllung der staatlichen Aufgaben Sache der Länder ist (→ Rn. 1 f.). Durch die Zuweisung besonderer Gesetzgebungskompetenzen an den Bund im Bereich des Postwesens, der Telekommunikation, des Rechts der Wirtschaft und der Verhütung des Missbrauchs wirtschaftlicher Machtstellung (Art. 73 Abs. 1 Nr. 7 bzw. Art. 74 Abs. 1 Nr. 11 und 16 GG) kommt es zu Konfliktpunkten zwischen den Kompetenzen des Bundes und der Länder (→ Rn. 3 ff.).

A. Allgemeines

1 Der VII. Abschnitt des Grundgesetzes betrifft die Gesetzgebungskompetenz des Bundes. In Konkretisierung der Grundnorm des Art. 30 GG räumt Art. 70 Abs. 1 GG den Ländern die Gesetzgebungskompetenz ein, soweit das GG nicht dem Bund Gesetzgebungsbefugnisse verleiht. Als solche Bundeskompetenzen nennt Art. 70 Abs. 2 GG die ausschließliche (Art. 71, 73 GG) und die konkurrierende Gesetzgebungskompetenz des Bundes (Art. 74, 72 GG). Daneben treten noch die Gesetzgebungskompetenzen kraft Sonderzuweisung (vgl. etwa die Gesetzgebungskompetenzen des Bundes nach Art. 87f GG) sowie die bekannten und anerkannten ungeschriebenen Gesetzgebungskompetenzen des Bundes (Kompetenz kraft Sachzusammenhangs, Annexkompetenz, Kompetenz kraft Natur der Sache). Terminologisch ist zwischen der ausschließlichen Gesetzgebungskompetenz des Bundes (Art. 71, 73 GG) und der Bundeskompetenz kraft Sonderzuweisung zu unterscheiden, weil letztere im Gegensatz zur ausschließlichen Gesetzgebungskompetenz (vgl. Art. 71 GG) keine Gesetzgebungsdelegation auf die Länder zulässt.

2 Der Verteilung der Gesetzgebungskompetenzen zwischen Bund und den Ländern kommt im Medienbereich besondere Bedeutung zu, weil dieser Sach- und Lebensbereich durch den Vorbehalt des Gesetzes gekennzeichnet ist. Die Ausgestaltung des Grundrechts der Rundfunkfreiheit unterliegt nach ständiger Rspr. des Bundesverfassungsgerichts dem Gesetzesvorbehalt (vgl. nur BVerfGE 57, 295 (319); 73, 118 (152 f.); 90, 60 (88); 114, 371 (387 ff.); 119, 181 (214); 121, 30 (50)). Doch auch im Pressebereich gelangt der Vorbehalt des Gesetzes zur Anwendung, auch wenn das Grundrecht im Gegensatz zur grundrechtlich geschützten Rundfunkfreiheit keiner Ausgestaltung durch den Gesetzgeber zugänglich ist (vgl. nur Gersdorf AfP 2012, 336 (340)). So ist bspw. anerkannt, dass Subventionen im Pressebereich nur auf der Grundlage eines Gesetzes zulässig sind, wenn hierdurch keine Gefahr der Einflussnahme auf die publizistische Arbeit der Presse begründet wird (OVG Berlin NJW 1975,

1940; BK/Degenhart GG Art. 5 Rn. 480; Jarass/Pieroth GG Art. 5 Rn. 30; offenlassend BVerfGE 80, 124 (131)).

B. Verteilung der Gesetzgebungskompetenzen

Zur Zuständigkeitsabgrenzung im Bereich des Rundfunks hat sich das Bundesverfassungsgericht bereits in seinem Ersten Rundfunkurteil im Jahr 1961 geäußert. Danach umfassen die dem Bund zugewiesenen Kompetenztitel für das **Post- und Fernmeldewesen** (Art. 73. Nr. 7, Art. 87 Abs. 1 aF GG) nur den **sendetechnischen Bereich des Rundfunks unter Ausschluss der sogenannten Studiotechnik,** nicht aber den Rundfunk als Ganzes (BVerfGE 12, 205 (225)). Der Bund ist daher auf die Regelung und Verwaltung der Übertragungstechnik beschränkt (vgl. BVerfGE 12, 205 (226 und 227); 28, 66 ff.; 46, 120 ff.; 114, 371 (385)). Demgegenüber liegt nach der verfassungsrechtlichen Grundentscheidung (Art. 30, Art. 70 ff., Art. 83 ff. GG) die Kompetenz zur Verwaltung und Regelung der **inhaltlichen und organisatorischen Aspekte des Rundfunks als Teil der Kulturhoheit bei den Ländern** (vgl. BVerfGE 12, 205 (225 ff.); 114, 371 (385); 121, 371 (385), s. auch Art. 23 Abs. 6 S. 1 GG). Der Bund ist daher für die Übertragungstechnik, die Länder für die Organisation des Rundfunks und den Inhalt der Rundfunkdarbietungen zuständig (vgl. Eberle/Gersdorf, Der grenzüberschreitende Rundfunk im deutschen Recht, 1993, 15; Gersdorf Rn. 150; Hesse, Rundfunkrecht, 2003, Rn. 9; Bremer/Esser/Hoffmann, Der Rundfunk in der Verfassungs- und Wirtschaftsordnung in Deutschland, 1992, 24). Auch die Veranstaltung überregionaler, auf bundesweite Versorgung der Bevölkerung abzielender Programme fällt in die Länderzuständigkeit. Eine Bundeskompetenz kraft Natur der Sache lässt sich nicht aus dem Umstand herleiten, dass eine Aufgabe wie die bundesweite Verbreitung eines Rundfunkprogramms nicht von jedem Land gesondert, sondern nur von allen Ländern gemeinsam oder nach näherer Vereinbarung wahrgenommen werden kann. Es ist ein für den Bundesstaat entscheidender Unterschied, ob sich die Länder einigen oder ob der Bund eine Angelegenheit auch gegen den Willen der Länder oder einzelner Länder gesetzgeberisch regeln oder verwalten kann (vgl. BVerfGE 12, 205 (251 f.); s. auch Reinert, Grenzüberschreitender Rundfunk, 1990, 244; Gersdorf Rn. 150). Diese grundsätzliche Zuständigkeitsverteilung zwischen Bund und Ländern ist seit dem Ersten Fernsehurteil des Bundesverfassungsgerichts nicht mehr ernsthaft bestritten worden.

Zur Länderrundfunkkompetenz nach Art. 70 GG zählt auch die Kompetenz zur Regelung der Finanzierung des Rundfunks. Die Verpflichtung des Gesetzgebers zur Schaffung einer vielfaltstiftenden und -erhaltenden Ordnung (vgl. hierzu nur BVerfGE 57, 295 (319); 73, 118 (152 f.); 90, 60 (88); 114, 371 (387 ff.); 119, 181 (214); 121, 30 (50)) umfasst die Finanzierung der publizistischen Tätigkeit der Rundfunkveranstalter. Die Finanzausstattung „gehört zu den Grundvoraussetzungen des Gebrauchs der Rundfunkfreiheit" (BVerfGE 90, 60 (93)). Dementsprechend schließt die Rundfunkkompetenz die Regelungen der finanziellen Aspekte der Veranstaltung und Verbreitung von Rundfunk mit ein (vgl. BVerfGE 90, 60 (105); 114, 371 (385)). Die Rundfunkkompetenz der Länder ist zugleich eine **Rundfunkfinanzierungskompetenz** (vgl. BVerfGE 90, 60 (105): „Die Gesetzgebungskompetenz für den Rundfunk liegt gem. Art. 70 Abs. 1 GG bei den Ländern. Sie schließt die Kompetenz zur Regelung der Rundfunkfinanzierung ein.").

Hinsichtlich der Kompetenzverteilung für die Regelung der **Rundfunkwerbung** bedarf es einer differenzierenden Betrachtung. Unzutreffend und nicht haltbar ist der im Zusammenhang mit dem Streit um das bundesgesetzliche Verbot des Werbefernsehens im öffentlich-rechtlichen Rundfunk (vgl. hierzu Bethge, Landesrundfunkordnung und Kartellrecht, 1991, 22; Bachof/Rudolf, Verbot des Werbefernsehens durch Bundesgesetz?, 1966, 48 ff., Fröhler, Die Gesetzgebungszuständigkeiten des Bundes für ein Verbot des Werbefernsehens durch die öffentlich-rechtlichen Rundfunkanstalten, 1965, 20; Gabriel-Bräutigam, Rundfunkkompetenz und Rundfunkfreiheit, 1990, 128 ff.; Jarass, Gutachten G zum 56. DJT, 1986, Rn. 45) eingenommene Rechtsstandpunkt, wonach der Werbefunk mit der kulturellen Funktion des Rundfunks nichts zu tun habe und daher als wirtschaftsrelevanter Regelungsgegenstand vom Sachbereich „Recht der Wirtschaft" (Art. 74 Abs. 1 Nr. 11 GG) erfasst sei (so der Abgeordnete Blumenfeld, BT-Sitzungsberichte IV, 8720 ff.; dazu ausführlich Gabriel-Bräutigam, Rundfunkkompetenz und Rundfunkfreiheit, 1990, 128 ff.). Denn zum einen stellen die Werbeeinnahmen – neben den Gebühreneinnahmen beim öffentlich-rechtlichen Rundfunk – die wirtschaftliche Grundlage der Rundfunkanbieter dar und ermöglichen erst die Veranstaltung von Rundfunkprogrammen. Zum anderen kann sich aufgrund der Abhängigkeit von Werbeeinnahmen eine Tendenz zu massenattraktiver Programmgestaltung einstellen, weil sich Sendungen mit hohen Einschaltquoten als Umfeld für die Platzierung von Werbespots besonders gut eignen, während Programmteile, die nur eine kleinere Anzahl von Rezipienten ansprechen, wie namentlich kulturelle Darbietungen, sich nicht oder nur unzureichend über Werbung finanzieren lassen (zu diesen vielfaltverengenden Tendenzen des werbefinanzierten privaten Rundfunks vgl. nur BVerfGE 73, 118 (155 f.); 87, 181 (199); 90, 60 (91); 114, 371 (388); 119, 181 (215); s. ferner Heidel, Verfassungsfragen der Finanzierung von Privatfunk durch Werbung, 1988, S. 161 ff.; Kollek, Rechtsfragen der Rundfunkfinanzierung, 1987, S. 111 ff.). Die Werbefinanzierung weist daher in mehrfacher Hinsicht einen Bezug zur publizistischen Funktion des Rundfunks auf. Die Regelung der Strukturen der Werbefinanzierung des Rundfunks ist damit kommunikationsbezogener Provenienz (vgl. statt vieler Bethge, Landesrundfunkordnung und Bundeskartellrecht, 1991, 20 ff.) und wird nicht vom Sachgebiet „Recht der Wirtschaft" erfasst. Demgegenüber unterfallen bestimmte Werbeverbote (Verbot der Tabak- und Arzneimittelwerbung etc.) der Bundeskompetenz nach Art. 74 Abs. 1 Nr. 11 GG, da einzelne Werbeverbote für die Finanzierung des Rundfunks insgesamt unbeachtlich sind und auch nicht die Unabhängigkeit des Rundfunks von Einflüssen der werbetreibenden Wirtschaft gewährleisten sollen (vgl. hierzu → Art. 74 Rn. 1).

6   Auch die Finanzierung des öffentlich-rechtlichen Rundfunks durch die Erhebung spezieller öffentlich-rechtlicher Abgaben ist von der Finanzierungskompetenz der Länder nach Art. 70 Abs. 1 GG gedeckt. Dies gilt wenigstens dann, wenn die betreffende Abgabe (**Rundfunkgebühr, Rundfunkbeitrag**) als Vorzugslast ausgestaltet ist (vgl. BVerfGE 90, 60 (105); BVerfG Entsch. v. 22.8.2012 – 1 BvR 199/11, Rn. 16; ebenso vom vormaligen Teilnehmerentgelt nach Bayerischem Rundfunkrecht, dem „im Unterschied zu einer Steuer eine Gegenleistung" gegenübersteht, BVerfGE 114, 371 (386)). Aufgrund ihres Gegenleistungscharakters kann eine Vorzugslast mit der voraussetzungslos erhobenen Steuer nicht in Konkurrenz treten, so dass eine Kollision mit der grundgesetzlichen Finanzverfassung (Art. 104a ff. GG) von vornherein ausgeschlossen ist. Doch auch eine **voraussetzungslos erhobene Rundfunkabgabe** zur Finanzierung des öffentlich-rechtlichen Rundfunks wäre von der Rundfunkfinanzierungskompetenz der Länder nach Art. 70 Abs. 1 GG gedeckt. Die Rundfunkfinanzierungskompetenz verpflichtet den Gesetzgeber nicht dazu, zum Zwecke der Finanzierung des Funktionsauftrages des öffentlich-rechtlichen Rundfunks allein auf das Instrument der Vorzugslasten zurückzugreifen. Im Sinnzentrum der Rundfunkfinanzierungskompetenz der Länder steht nicht die Abgeltung eines – wie auch immer gearteten – Vorteils des Abgabenpflichtigen, sondern die Erreichung eines überindividuellen Ziels: der Gewährleistung von Demokratie und Kulturstaatlichkeit. Das BVerfG betont, dass das Grundgesetz keinen abschließenden Kanon zulässiger Abgabentypen enthält (vgl. BVerfGE 108, 186 (215)). Für voraussetzungslos erhobene Abgaben, die naturgemäß mit Steuern in Konkurrenz treten können, bedarf es einer besonderen Rechtfertigung. Diese Legitimation kann sich indes bereits aus dem in Rede stehenden Sachkompetenztitel ergeben. Das Bundesverfassungsgericht hat nichtsteuerliche Abgaben für unbedenklich erklärt, die auf der Inanspruchnahme eines Kompetenztitels beruhen, der bereits aus sich heraus auch auf die Regelung der Finanzierung der in ihm bezeichneten Sachaufgabe bezogen ist. In seiner Entscheidung zur Künstlersozialabgabe hat das Gericht aus dem Kompetenztitel des Art. 74 Nr. 12 GG aF, der dem Bund das Recht zur konkurrierenden Gesetzgebungskompetenz auf dem Gebiet der Sozialversicherung einräumt, die Befugnis abgeleitet, auch die Finanzierung der Sozialversicherung einschließlich der Erhebung von Sozialversicherungsabgaben zu regeln (BVerfGE 75, 108 (147 f.)). Diese Sachzuständigkeit sei „bereits aus sich heraus" (so die Formulierung in BVerfGE 75, 108 (148); 93, 319 (344)), das heißt „ihrer Art nach" (BVerfGE 75, 108 (147); 81, 156 (187)) beziehungsweise „ihrem unmittelbaren Sachgehalt nach" (BVerfGE 78, 249 (267)) auch auf die Finanzierung der Sozialversicherung gerichtet (vgl. hierzu bereits Gersdorf/Brosius-Gersdorf, Rechtsfragen des Teilnehmerentgeltsystems nach bayerischem Rundfunkrecht, 1997, 62 ff.). Eine vergleichbare kompetenzielle Verwurzelungstiefe weist auch eine voraussetzungslos erhobene Rundfunkabgabe auf, die auf der Rundfunkfinanzie-

Gesetzgebung des Bundes und der Länder							Art. 70 GG

rungskompetenz der Länder nach Art. 70 Abs. 1 GG beruhte. Der Gesetzgeber muss die Rundfunkabgabe als Finanzierungsinstrument für den öffentlich-rechtlichen Rundfunk nicht als Gegenleistungsabgabe ausgestalten, damit sie vor der Finanzverfassung Bestand hat. Bereits frühzeitig hat das BVerfG betont, dass die für das Bereithalten eines Rundfunkempfangsgeräts zu zahlende Gebühr „nicht Gegenleistung für eine Leistung, sondern das von den Ländern eingeführte Mittel der Finanzierung der Gesamtveranstaltung" Rundfunk ist (BVerfGE 31, 314 (330)). Die Rundfunkgebühr dient – im Gegensatz zu den Gegenleistungsabgaben – nicht der Abgeltung eines individuellen Vorteils, sondern der Finanzierung überindividueller Vorteile: der demokratischen Meinungsbildung und der Kulturstaatlichkeit, auf die das Grundrecht der Rundfunkfreiheit funktional bezogen ist (vgl. hierzu bereits Gersdorf/Brosius-Gersdorf, Rechtsfragen des Teilnehmerentgeltsystems nach bayerischem Rundfunkrecht, 1997, 64 ff., insbes. 68 ff.; s. auch Fiebig, Gerätebezogene Rundfunkgebührenpflicht und Medienkonvergenz, 2008, S. 236 ff.; Jutzi NVwZ 2008, 603 (606)). Deshalb betont das BVerfG, dass die Rundfunkgebühr ohne Rücksicht auf die Nutzungsmöglichkeiten der Empfänger allein an den Teilnehmerstatus anknüpft, der durch das Bereithalten begründet wird (vgl. nur BVerfGE 87, 181 (201); 90, 60 (91)). Die Befugnis hierzu beruht auf der Gesetzgebungskompetenz der Länder für den Rundfunk nach Art. 70 Abs. 1 GG, zu der auch die Regelungen der Rundfunkfinanzierung zählen (BVerfGE 90, 60 (105 f.); 114, 371 (385)). Die Verwirklichung demokratischer und kulturstaatlicher Zielsetzungen, um deren willen die Rundfunkabgabe letztlich erhoben wird, folgt aus dem in Art. 5 Abs. 1 S. 2 GG folgenden Ausgestaltungsauftrag, der nach Art. 70 Abs. 1 GG bei den Ländern liegt. Wegen der sachlich-gegenständlichen Beschränkung der Rundfunkkompetenz ist es ausgeschlossen, dass sich der Gesetzgeber ihrer bedient, um dadurch Mittel zur Finanzierung allgemeiner Staatsaufgaben aufzubringen. Eine Kollision mit der Steuerverfassung nach Art. 104a ff. GG ist ausgeschlossen (vgl. BVerfGE 90, 60 (105); Gersdorf/Brosius-Gersdorf, Rechtsfragen des Teilnehmerentgeltsystems nach bayerischem Rundfunkrecht, 1997, 71 f.; vgl. auch Bornemann K&R 2013, 557 (558)). In diese Richtung geht auch eine neue Entscheidung des BVerfG, in der das Gericht die Rundfunkgebühr nicht nur mit dem Charakter als Vorzugslast, sondern „außerdem" mit der Rundfunkkompetenz der Länder nach Art. 70 Abs. 1 GG begründet (BVerfG Entsch. v. 22.8.2012 – 1 BvR 199/11, Rn. 16: „Die Rundfunkgebühr ist außerdem dem der Gesetzgebungskompetenz der Länder unterliegenden Bereich des Rundfunks (…) zuzuordnen).

Obgleich gem. Art. 70 Abs. 1, Art. 23 Abs. 6 S. 1 GG die Rundfunkkompetenz bei den **7** Ländern liegt, ist es dem **Bund** aufgrund bestimmter Kompetenzvorschriften des Grundgesetzes gestattet, einige **Teilbereiche des Rundfunks** – wie etwa urheberrechtliche Fragen (vgl. Art. 73 Abs. 1 Nr. 9 GG) oder Aspekte der Verteidigung und des Schutzes der Zivilbevölkerung (vgl. Art. 73 Abs. 1 Nr. 1 GG) – zu regeln, wie es das BVerfG im Ersten Fernsehurteil festgestellt hat (BVerfGE 12, 205 (240 f.); vgl. auch Jarass, Gutachten G zum 56. DJT, 1986, Rn. 44; Ricker ZRP 1986, 224 ff.; Gersdorf Rn. 151). Außer den in dieser Entscheidung genannten Kompetenzen kommt vor allem die Kompetenz für das „Recht der Wirtschaft" (→ Art. 74 Rn. 1 ff.) und zur „Verhütung des Missbrauchs wirtschaftlicher Machtstellung" (→ Art. 74 Rn 1 ff.) in Betracht (vgl. Jarass, Gutachten G zum 56. DJT, 1986, Rdnr. 45; Ricker ZRP 1986, 224 (225); Gersdorf Rn. 151). Allerdings kann eine solche Zuerkennung von **Bundeskompetenzen zu Konflikten mit den Länderkompetenzen** im Bereich des Rundfunks führen. Insbesondere im Verhältnis von Bundeskartellrecht und Landesrundfunkrecht ist dieser Konflikt in der Vergangenheit zu Tage getreten (vgl. hierzu → Art. 74 Rn. 2 f.). Bei der Abgrenzung der Kompetenzen zwischen Bund und Ländern müssen zwei Ebenen unterschieden werden: Die Ebene der **Kompetenzqualifikation** und die der **Kompetenzausübung** (grundlegend Jarass, Kartellrecht und Landesrundfunkrecht, 1991, 38 ff.; s. auch Eberle/Gersdorf, Der grenzüberschreitende Rundfunk im deutschen Recht, 1993, S. 15 f.; Gersdorf Rn. 151). Die Stufe der Kompetenzqualifikation betrifft die Frage, welche Kompetenzmaterie einschlägig ist. Hier drängt das „Verbot der Doppelzuständigkeit" (BVerfGE 36, 193 (202 f.); 61, 149 (204); 67, 299 (321); März, Bundesrecht bricht Landesrecht, 1989, 122 f.; aA Brohm DÖV 1983, 525 (528); Lerche JZ 1972, 468 (471); Pestalozza DÖV 1972, 181 (189 ff.); Weides NJW 1987, 224 (231); Wolfrum DÖV 1982, 674 (676)) auf Verwirklichung (Jarass, Kartellrecht und Landesrundfunkrecht, 1991, S. 39). Ein und derselbe Regelungsgegenstand kann nur unter eine Kompetenzmaterie fallen. Die gebotene Abgrenzung erfolgt anhand der Kriterien der herkömmlichen Zuordnung, der Spezialität und des überwiegenden Sachzusammenhangs (vgl. statt vieler Maunz/Dürig/Maunz GG Art. 74 Rn. 10 ff.). Doch auch wenn sich ein bestimmter Regelungsgegenstand nur einem Kompetenzträger zuordnen lässt, kann es vorkommen, dass Normen mit unterschiedlichen Regelungszielen und infolgedessen mit eigenständigen Kompetenzgrundlagen in Konflikt geraten, wie das Beispiel der Beteiligung des Westdeutschen Rundfunks an der privaten Hörfunkveranstaltergemeinschaft Radio NRW GmbH gezeigt hat (vgl. dazu BKartA ZUM 1989, 477; KG Berlin AfP 1991, 745 ff.; Bethge, Landesrundfunkordnung und Bundeskartellrecht, 1991, 9 ff.; Jarass, Kartellrecht und Landesrundfunkrecht, 1991, 2 ff.; Eberle/Gersdorf, Der grenzüberschreitende Rundfunk im deutschen Recht, 1993, 18 f.; Gersdorf Rn. 152). Die Auflösung dieses Kompetenzkonflikts ist auf der Ebene der Kompetenzausübung vorzunehmen (Jarass, Kartellrecht und Landesrundfunkrecht, 1991, 40; Gersdorf Rn. 151). Welche Maßstäbe zur Lösung des Kompetenzkonflikts gelten, ist umstritten (zum Streitstand zuletzt Paal, Medienvielfalt und Wettbewerb, 2010, 303 f. mwN; s. bereits Eberle/Gersdorf, Der grenzüberschreitende Rundfunk im deutschen Recht, 1993, 18 f.; Gersdorf Rn. 152). Zutreffend erscheint, die hinter den jeweiligen Kompetenzgrundlagen stehenden Schutzgüter durch wechselseitige Begrenzung zu einem gerechten Ausgleich zu bringen, so dass beide bestmögliche Wirksamkeit entfalten können. Soweit ein solcher Ausgleich nicht möglich ist, ließe sich mit Blick auf die überragende Bedeutung der Kommunikationsgrundrechte für die demokratische Ordnung ein Primat des Landesmedienrechts begründen. Hierfür spricht auch, dass die – neben den Medienfreiheiten des Art. 5 Abs. 1 S. 2 GG anwendbaren – wirtschaftsrelevanten Grundrechte des Art. 12 Abs. 1 und Art. 14 Abs. 1 GG durch die Medienfreiheiten und deren Ausgestaltungsvorbehalt stark überlagert sind und damit weitreichende Begrenzungen erfahren (vgl. nur Jarass, Gutachten G zum 56. DJT, 1986, Rn. 41 m. w. N.). Nach Maßgabe der gebotenen grundrechtsbezogenen Bestimmung der Kompetenzvorschriften des Grundgesetzes und deren Reichweite (das Bundesverfassungsgericht betont in ständiger Rspr. die „enge sachliche Verbindung zwischen Grundrechten und Kompetenznormen", vgl. nur BVerfGE 55, 274 (302)) muss sich die herausragende Bedeutung der Medienfreiheiten auf der grundrechtlichen Bedeutungsskala auch auf das Verhältnis zwischen den Kompetenzträgern auswirken und zu einer Präponderanz des Medienrechts bei Kollision mit dem Wirtschaftsrecht des Bundes führen (vgl. Eberle/Gersdorf, Der grenzüberschreitende Rundfunk im deutschen Recht, 1993, 19; Gersdorf AfP, 2012, 336 (344)).

8   Unter Zugrundelegung dieser Maßstäbe sind das **Bundeskartellrecht** und das Landesrundfunkrecht aufgrund ihrer unterschiedlichen Regelungsziele grds. nebeneinander anwendbar. Dies ist heute nicht mehr streitig (vgl. zuletzt Paal, Medienvielfalt und Wettbewerb, 2010, 303 ff.; s. auch Müller, Konzentrationskontrolle zur Sicherung der Informationsfreiheit, 2004, 285 ff.; vgl. hierzu noch → Art. 74 Rn. 2). Denn das auf Art. 74 Abs. 1 Nr. 16 GG gestützte Gesetz gegen Wettbewerbsbeschränkungen (GWB) wendet sich insbes. gegen marktbeherrschende Stellungen von Wirtschaftssubjekten, während das Rundfunk- und Medienrecht auf die Verhinderung von „Meinungsmacht" (vgl. BVerfGE 73, 118 (160 und 178)) gerichtet ist. Das GWB begegnet den Gefahren, die sich aus ökonomischen Konzentrationsvorgängen ergeben, das Rundfunkrecht denjenigen, die aus publizistischen Konzentrationen folgen. Angesichts dieser unterschiedlichen Regelungsziele von Kartell- und Rundfunk- sowie Medienrecht sind die auf verschiedenen Kompetenzvorschriften beruhenden Gesetze nebeneinander anwendbar. Demgemäß hält es auch das Bundesverfassungsgericht für „verfassungsrechtlich unbedenklich", wenn landesrechtlich von privaten Bewerbern für die Erteilung einer Rundfunklizenz eine kartellrechtliche Unbedenklichkeitsbescheinigung des Bundeskartellamts verlangt wird (BVerfGE 73, 118 (173 f.)). Entsprechendes gilt für das Telekommunikationsrecht, das als bereichsspezifisches Kartellrecht und als auf die Herstellung eines funktionsmäßigen Wettbewerbs in den Telekommunikationsmärkten gerichtetes Regulierungsrecht neben dem Rundfunkrecht Anwendung findet (vgl. hierzu Gersdorf Rn. 154 ff.).

9   Demgegenüber gibt es im Bereich des **Jugendschutzes** keine vergleichbaren diversifizierenden Regelungsziele, die parallele Regelungszuständigkeiten von Bund und Ländern rechtfertigen könnten. Der Regelungsgegenstand erschöpft sich im Jugendschutz. Die entsprechende Gesetzgebungskompetenz kann daher nur beim Bund (vgl. Art. 74 Abs. 1 Nr. 7

GG) oder bei den Ländern liegen. Die Abgrenzung betrifft mithin die Ebene der Kompetenzqualifikation. Hier spricht der Gesichtspunkt des überwiegenden Sachzusammenhangs wie der Spezialität für eine Zuständigkeit der Länder (Bethge, Landesrundfunkordnung und Bundeskartellrecht, 1991, 27; Eberle/Gersdorf, Der grenzüberschreitende Rundfunk im deutschen Recht, 1993, 19 f.) Auch das Bundesverfassungsgericht verlangt, dass „für den Jugendschutz in den Rundfunkgesetzen Sorge zu tragen" (vgl. BVerfGE 57, 295 (326)) sei. Der Jugendschutz im Rundfunk und in den Medien unterliegt damit der Zuständigkeit der Länder (vgl. allerdings zur Anwendbarkeit des vormaligen GjS auf Fernsehfilme, die auch zu einer Verbreitung **außerhalb** des Fernsehens bestimmt sind, BVerwGE 85, 169 (176): „Die Gesetzgebungskompetenz des Bundes für die Regelung der Indizierung und ihrer Folgen ist jedenfalls in diesem Falle unproblematisch"). Die Beanspruchung von Kompetenzen im Bereich des Jugendmedienschutzes durch den Bund (vgl. JuSchG) begegnet erheblichen verfassungsrechtlichen Bedenken. Ungeachtet der Frage, ob insoweit für den Bereich des Jugendmedienschutzes der Kompetenztitel des Art. 74 Abs. 1 Nr. 7 GG zum Tragen kommt (vgl. hierzu im einzelnen Gersdorf Rn. 171 ff.), haben die Länder im Bereich des Rundfunks und der Telemedien durch den JMStV eine bundeseinheitliche Regelung geschaffen, so dass eine bundesgesetzliche Regelung im Interesse der Rechts- und Wirtschaftseinheit nicht mehr iSd Art. 72 Abs. 2 GG erforderlich ist. Durch die sich in der staatsvertraglichen Regelung manifestierende Selbstkoordination der Länder sind die Schutzziele des Art. 72 Abs. 2 GG verwirklicht; damit ist eine bundesgesetzliche Regelung nicht erforderlich (vgl. hierzu im einzelnen Gersdorf Rn. 171 ff.).

Eine nach Landesrundfunkrecht (vgl. § 58 Abs. 3 MStV BB) eingeräumte Befugnis, die **10** Abführung der durch Werbung im Zusammenhang mit der beanstandeten Sendung erzielten Entgelte eines privaten Rundfunkveranstalters an die zuständige Medienanstalt anzuordnen (**rundfunkrechtliche Entgeltabschöpfungsregelung),** betrifft nicht das Strafrecht iSd Art. 74 Abs. 1 Nr. 1 GG, sondern ist von der Rundfunkkompetenz des Art. 70 Abs. 1 GG gedeckt (vgl. BVerwG Urt. v. 23.5.2012 – Az. 6 C 22.11., Rn. 22 ff.; Gersdorf, Verfassungswidrigkeit des § 58 Abs. 3 (vormals: § 69 Abs. 3) MStV BB, Rechtsgutachten im Auftrag der ProSieben Television GmbH, Januar 2011, 21 ff.). Solche Entgeltabschöpfungsregelungen entfalten keine pönalisierende Funktion, sondern sind als Instrument des (Medien-)Verwaltungsrechts auf die effektive Verwirklichung rundfunkrechtlicher Bindungen privater Rundfunkveranstalter gerichtet. Rundfunkrechtliche Entgeltabschöpfungsbestimmungen einerseits und die Abschöpfungsregelungen der §§ 73 ff. StGB sowie der §§ 17 Abs. 4 und 29a OWiG andererseits dienen verschiedenen Regelungszielen und sind infolgedessen auch unterschiedlichen Kompetenzgrundlagen zuzuordnen. Während die Verfallsregelungen des Straf- und Ordnungswidrigkeitenrechts an die Begehung einer Straftat oder Ordnungswidrigkeit anknüpfen, verfolgt der Landesgesetzgeber einer rundfunkrechtlichen Entgeltabschöpfungsregelung keinerlei pönalisierende Ziele. Der Landesgesetzgeber setzt die Entgeltabschöpfung als Instrument des Landesrundfunkrechts ein, um auf diese Weise die rundfunkrechtlichen Bindungen der zugelassenen privaten Rundfunkveranstalter sicherzustellen. Der Einsatz eines solchen Instruments ist dem deutschen Verwaltungsrecht und dem sonstigen Recht nicht fremd (vgl. hierzu ausf. Alexy, Gewinnabschöpfung bei Verletzung des allgemeinen Persönlichkeitsrechts durch die Medien, 2009, 245 ff.), wie etwa die Regelungen des § 34 GWB, des § 43 TKG oder des § 10 UWG zeigen (vgl. BVerfG Beschl. v. 8.12.2004 – 2 BvL 1/04, Umdruck, 9 ff.). Entsprechende rundfunkrechtliche Entgeltabschöpfungsregelungen dienen sowohl repressiven als auch präventiven Zwecken. Zum einen soll durch solche Regelungen sichergestellt werden, dass die durch den Verstoß gegen die für einen privaten Rundfunkveranstalter geltenden rundfunkrechtlichen Bindungen erlangten wirtschaftlichen Vorteile nicht bei dem gesetzeswidrig handelnden Unternehmen verbleiben. Niemand soll sich aus einem Rechtsbruch Vorteile im Wettbewerb mit anderen Unternehmen verschaffen dürfen (vgl. BVerfG Beschl. v. 8.12.2004 – 2 BvL 1/04, Umdruck, S. 8; OVG Berlin-Brandenburg Urt. v. 2.12.2010 – OVG 11 B 35.08, Umdruck S. 16; vgl. auch die Begründung des Gesetzentwurfs der Bundesregierung zur Änderung des GWB, BR-Drs. 441/04, 95, und des TKG, BT-Drs. 15/2316, 72; hierzu Alexy, Gewinnabschöpfung bei Verletzung des allgemeinen Persönlichkeitsrechts durch die Medien, 2009, 248 f. und 253 f.). Die Kondiktionsregelung des § 58 Abs. 3 MStV BB erfüllt insoweit keine vergeltende, sanktionierende, sondern eine der Wettbewerbsgleichheit und der materiellen

Gerechtigkeit dienende Funktion (zutr. OVG Berlin-Brandenburg Urt. v. 2.12.2010 – OVG 11 B 35.08, Umdruck S. 20: Die Entgeltabschöpfungsregelung des § 58 Abs. 3 MStV BB „dient der Beseitigung wirtschaftlicher Vorteile aus rechtswidrigen Handlungen und hat damit Kondiktions-, nicht aber sanktionierenden Charakter"). Zum anderen soll durch die Androhung der Abschöpfung des wirtschaftlichen Vorteils dem Anreiz für mögliche künftige Rechtsverstöße wirksam vorgebeugt werden (vgl. zur Gewinnabschöpfung nach TKG Riebel, Plenarprotokoll 799 zur Sitzung des Bundesrates am 14.5.2004, 231; Säcker/Gersdorf TKG § 43 Rn. 1; s. auch Alexy, Gewinnabschöpfung bei Verletzung des allgemeinen Persönlichkeitsrechts durch die Medien, 2003, 248 f. und 253 f.). Die Entgeltabschöpfung nach § 58 Abs. 3 MStV BB ist ein spezifisches (medien-)verwaltungsrechtliches Instrument, das von straf- und bußgeldrechtlichen Sanktionen strikt zu trennen ist (so deutlich die Begründung des Gesetzentwurfs der Bundesregierung zur Änderung des GWB, BR-Drs. 441/04, 95; vgl. zur Regelungsfunktion der Gewinnabschöpfung nach GWB und TKG Alexy, Gewinnabschöpfung bei Verletzung des allgemeinen Persönlichkeitsrechts durch die Medien, 2009, S. 249 und 254; zur Regelungsfunktion des § 43 TKG Säcker/Gersdorf TKG § 43 Rn. 1)

11 Ebenso wenig wie die vergleichbaren bundesgesetzlichen Regelungen (vgl. § 10 UWG, § 34 GWB, § 43 TKG) in den Sachbereich des Art. 74 Abs. 1 Nr. 1 GG hineinwirken, berühren entsprechende rundfunkrechtliche Entgeltabschöpfungsregelungen diesen Kompetenztitel. Solche Regelungen dienen der Gewährleistung der Einhaltung der für private Rundfunkveranstalter geltenden rundfunkrechtlichen Vorschriften und sind ein Instrument des (Medien-)Verwaltungsrechts, das nach Art. 70 Abs. 1 GG der Kompetenz der Länder unterfällt (vgl. nochmals BVerwG Urt. v. 23.5.2012 – Az. 6 C 22.11.; Rn. 22 ff.; Gersdorf, Verfassungswidrigkeit des § 58 Abs. 3 (vormals: § 69 Abs. 3) MStV BB, Rechtsgutachten im Auftrag der ProSieben Television GmbH, Januar 2011, 21 ff.).

12 Der reine (zu kompetenzrechtlichen Fragen der grenzüberschreitenden kabel- und Satellitenverbreitung Eberle/Gersdorf, Der grenzüberschreitende Rundfunk im deutschen Recht, 1993, 21 ff.) **Auslandsrundfunk** unterfällt hingegen nicht der Rundfunkkompetenz der Länder, sondern der Bundeskompetenz nach Art. 73 Abs. 1 Nr. 1, 87 GG. Seit der Wiedervereinigung wird der reine Auslandsrundfunk vom Bund nunmehr allein durch die Deutsche Welle betrieben. Gem. § 4 DWG sollen die Angebote der Deutschen Welle Deutschland als europäisch gewachsene Kulturnation und freiheitlich verfassten demokratischen Rechtsstaat verständlich machen. Sie sollen deutschen und anderen Sichtweisen zu wesentlichen Themen vor allem der Politik, Kultur und Wirtschaft sowohl in Europa wie in anderen Kontinenten ein Forum geben mit dem Ziel, das Verständnis und den Austausch der Kulturen und Völker zu fördern. Die Deutsche Welle fördert dabei insbes. die deutsche Sprache. Das BVerfG hat im Ersten Fernsehurteil die Frage offen gelassen, ob die Bundeszuständigkeit für auswärtige Angelegenheiten dem Bund die Errichtung von Rundfunkanstalten gestattet, deren Sendungen ausschließlich oder doch ganz überwiegend für das Ausland oder die Deutschen bestimmt sind, die außerhalb der Bundesrepublik Deutschland in deutschen Gebieten leben (vgl. BVerfGE 12, 205 (241 f. und 250)). Das BVerwG hat in seinem Wahlspot-Urteil (BVerwGE 75, 79 (81 f.)) für den vormaligen Deutschlandfunk eine Bundeszuständigkeit bejaht. Nach nahezu einhelliger Auffassung besitzt der Bund gem. Art. 71 iVm Art. 73 Abs. 1 Nr. 1 GG, Art. 87 GG eine Errichtungs-, Regelungs- und Verwaltungskompetenz für den reinen Auslandsrundfunk, der gezielt Auslandsprogramme veranstaltet und verbreitet (vgl. Dörr, Die verfassungsrechtliche Stellung der Deutschen Welle, 1998, 18 ff.; Gabriel-Bräutigam, Rundfunkkompetenz und Rundfunkfreiheit, 1990, 159 ff.; Jarass, Gutachten G zum 56. DJT, 1986, Rn. 44; Krause-Ablaß JZ 1962, 158; Kreile, Kompetenz und kooperativer Föderalismus im Bereich des Kabel- und Satellitenrundfunks, 1986, 179 ff.; Lerche, Zum Kompetenzbereich des Deutschlandfunks, 1963, 12 ff.; Thieme AöR, 88 (1963), 38 (49); Ossenbühl, Rundfunkfreiheit und die Finanzautonomie des Deutschlandfunks, 1984, 4 f., insbes. 18; Reinert, Grenzüberschreitender Rundfunk, 1990, 243 f.; Eberle/Gersdorf, Der grenzüberschreitende Rundfunk im deutschen Recht, 1993, 95 f.; Gersdorf Rn. 158; aA Mallmann JZ 1963, 350 (352)).

13 Denn bei den auf die Versorgung des Auslands zielenden Rundfunksendungen handelt es sich um die „ursprüngliche Sprache gesamtdeutscher Repräsentanz nach außen" (Lerche, Zum Kompetenzbereich des Deutschlandfunks, 1963, 14 f.), um Sendungen also, die unmittelbar der vorbereitenden Pflege der auswärtigen Beziehungen dienen. Damit zählt der gesetzlich festgelegte Aufgabenbereich der Deutschen Welle zum Kompetenzbereich des Art. 71 iVm Art. 73 Abs. 1 Nr. 1 GG.

Art. 73 [Gegenstände der ausschließlichen Gesetzgebung]

(1) Der Bund hat die ausschließliche Gesetzgebung über:

...

7. das Postwesen und die Telekommunikation;

...

Art. 73 Abs. 1 Nr. 7 GG weist dem Bund die ausschließliche Gesetzgebungszuständigkeit für das Postwesen und die Telekommunikation zu (→ Rn. 4). Gleichwohl ergeben sich in kompetenzieller Hinsicht durchaus Spannungspunkte zwischen Bund und Ländern va mit Blick auf die Gefahrenabwehr und den Rundfunk (→ Rn. 4).

A. Begriff der Telekommunikation

Der Begriff der Telekommunikation ist im Zuge der Verfassungsreform im Jahr 1994 an die Stelle des vormaligen Begriffs des Fernmeldewesens getreten. Dieser Austausch der Begrifflichkeiten erfolgte mit Blick auf die international gebräuchliche Terminologie, ohne dass damit eine sachliche Änderung erfolgt ist (deutlich BT-Drs. 12/7269, 4; BVerfGE 108, 169 (183); vgl. Engels ZUM 1997, 106 (108 Fn. 16); Scherer CR 1994, 418 (422); Weisser ZUM 1997, 877 (885 Fn. 77); MKS/Gersdorf GG Art. 87f Rn. 12 mwN). Der Begriff der Telekommunikation, der im Grundgesetz in Art. 73 Abs. 1 Nr. 7 GG, Art. 80 Abs. 2 GG und Art. 87f GG auftaucht, entspricht demnach dem Begriffsbild des Fernmeldewesens, das namentlich durch die Rspr. des BVerfG eine nähere Konturierung erfahren hat. Danach ist das Fernmeldewesen ein technischer, auf den Vorgang der Übermittlung von Signalen bezogener Begriff. Er betrifft den gesamten Ablauf der Übermittlung und des Empfangs von Sendesignalen (vgl. BVerfGE 113, 348 (368); 125, 260 (314); 130, 151 (185)). Fernmeldewesen und nunmehr Telekommunikation ist die körperlose Nachrichtenübertragung (vgl. BVerfGE 12, 205 (226 und 227); 28, 66 ff.; 46, 120 ff.; 114, 371 (385)). **1**

Auch wenn die ausschließliche Kompetenzzuweisung für die Telekommunikation die technische Seite der Errichtung einer Telekommunikationsinfrastruktur und der Informationsübermittlung betrifft, nicht aber Regelungen, die auf die übermittelten Inhalte und die Art der Nutzung der Telekommunikation ausgerichtet sind (BVerfGE 113, 348 (368); 125, 260 (314); 130, 151 (185)), können sich gleichwohl unter dem Gesichtspunkt der **Gesetzgebungskompetenz kraft Sachzusammenhanges** weitergehende Kompetenzen des Bundes ergeben (so im Hinblick auf die Vorratsdatenspeicherungsregelungen der §§ 113a, 113b TKG BVerfGE 125, 260 (314) und im Hinblick auf die §§ 111 f. TKG BVerfGE 130, 151 (186, 192 ff.)). **2**

Für das Anwendungsfeld des Art. 87f GG wird teilweise der Versuch unternommen, die Telekommunikation aus ihrem der Technik verhafteten Begriffskern herauszulösen und um weitere, inhaltsbezogene Bedeutungsschichten anzureichern: Art. 87f GG soll nicht nur **Dienste der Telekommunikation**, sondern auch **Dienste durch Telekommunikation** erfassen. So unterwirft etwa Bullinger den Bereich der Telemedien allein Art. 87f GG und dessen verfassungsrechtlichen Ordnungsprinzipien. Er sucht, das Bild eines Konkurrenzverhältnisses zwischen der Rundfunkgarantie des Art. 5 Abs. 1 S. 2 GG einerseits und dem Telekommunikationsbereich des Art. 87f GG andererseits zu zeichnen. So soll nach seiner Auffassung Art. 5 Abs. 1 S. 2 GG für den Bereich des Rundfunks Art. 87f Abs. 2 S. 1 GG verdrängen (so Bullinger/Mestmäcker, Multimediadienste, 1997, 80). Und umgekehrt sollen Nicht-Rundfunkdienste, also die Telemedien, der privatwirtschaftlichen Ordnung der Telekommunikation nach Art. 87f Abs. 2 S. 1 GG unterstellt werden (Bullinger/Mestmäcker, Multimediadienste, 1997, S. 81; vgl. bereits Bullinger AfP 1996, 1 (4); Bullinger JZ 1996, 385 (389 f.); ähnlich Degenhart, Online-Angebote öffentlich-rechtlicher Rundfunkanstalten, 1998, S. 35 ff.; Ernst NJW-CoR 1997, 224 (226)). Hierbei wird übersehen, dass Art. 87f GG **3** zweifelsfrei auch auf den Rundfunk anwendbar ist. Diese Vorschrift betrifft indes allein den technischen Vorgang der Signalübermittlung des Rundfunks und erfasst ebenso wenig wie Art. 73 Abs. 1 Nr. 7 GG die Inhalte, die über Telekommunikationswege transportiert werden. Art. 73 Abs. 1 Nr. 7 GG und Art. 87f GG sind strikt von den Sendeinhalten abzugrenzen, wobei gänzlich unerheblich ist, ob es sich insoweit um Rundfunk oder um Nicht-Rundfunkdienste handelt. Die Gegenansicht beruht implizit auf der Annahme, dass die Begriffe der Telekommunikation und des Fernmeldewesens auseinander fallen und dem Bund im Zuge der Verfassungsreform im Jahre 1994 zusätzliche, die Sendeinhalte betreffende Kompetenzen zugewachsen sind; eine Prämisse, die nicht verifizierbar ist, weil der Begriff der Telekommunikation nur mit Blick auf die international übliche Terminologie an die Stelle des vormaligen Fernmeldewesens getreten ist, ohne dass es insoweit zu einer sachlichen Änderung gekommen ist (siehe nochmals deutlich BT-Drs. 12/7269, 4; BVerfGE 108, 169 (183); vgl. Engels ZUM 1997, 106 (108 Fn. 16); Scherer CR 1994, 418 (422); Weisser ZUM 1997, 877 (885 Fn. 77); MKS/Gersdorf GG Art. 87f Rn. 12 mwN). Das bedeutet: Die in Art. 87f GG erfassten Telekommunikationsdienstleistungen sind Dienstleistungen der Telekommunikation, (regelmäßig) aber nicht Dienstleistungen durch Telekommunikation (zutr. Windthorst, Der Universaldienst im Bereich der Telekommunikation, 2000, 90, 267; MKS/Gersdorf GG Art. 87f Rn. 13 mwN).

4 Zwar ist dem Bund die ausschließliche Gesetzgebungskompetenz für die Bereiche „Postwesen" und „Telekommunikation" zugewiesen (Art. 73 Abs. 1 Nr. 7 GG). Doch diese ausschließliche Kompetenzzuweisung für die Telekommunikation betrifft die technische Seite der Errichtung einer Telekommunikationsinfrastruktur und der Informationsübermittlung, nicht aber Regelungen, die auf die übermittelten Inhalte und die Art der Nutzung der Telekommunikation ausgerichtet sind (BVerfGE 113, 348 (368); 125, 260, (314); 130, 151 (185)). Gleichwohl können sich unter dem Gesichtspunkt der Gesetzgebungskompetenz kraft Sachzusammenhanges weitergehende Kompetenzen des Bundes ergeben (so im Hinblick auf die Vorratsdatenspeicherungsregelungen der §§ 113a, 113b TKG BVerfGE 125, 260 (314), und im Hinblick auf die §§ 111f. TKG BVerfGE 130, 151 (186, 192 ff.)). Die Kompetenz des Bundes zur Regelung der Erfassung, Verwertung und Weitergabe von TK-Daten durch den BND (Auslandsgeheimdienst) im G-10 folgt aus Art. 73 Abs. 1 Nr. 1 GG (BVerfGE 100, 313 (368 ff.)). Die maßgeblichen Ermächtigungsgrundlagen für die repressive Strafrechtspflege finden sich vor allem in der **StPO** (vgl. §§ 99, 100a und 100b StPO), die für die präventive Gefahrenabwehr sowie Verhütung von Straftaten (vorbeugende Verbrechensbekämpfung) in den **Polizeigesetzen der Länder**. Während die **Verhütung von Straftaten** nicht Art. 74 Abs. 1 Nr. 1 GG, sondern der **Gesetzgebungskompetenz der Länder** für die Gefahrenabwehr unterfällt (BVerfGE 113, 348 (368 f.)), ist die **Vorsorge für die Verfolgung von Straftaten** von Art. 74 Abs. 1 Nr. 1 GG erfasst (BVerfGE 113, 348 (369 f.)). Der Bund hat mit den Regelungen der TK-Überwachung (vgl. §§ 100a, 100b, 100g, 100h und 100i StPO) abschließend Gebrauch gemacht (vgl. BVerfGE 113, 348 (372 ff.)). Für die Sicherstellung und Beschlagnahme von **E-Mails,** die auf dem Mailserver eines Providers gespeichert sind und deshalb dem Schutz des Art. 10 Abs. 1 GG unterfallen (→ Art. 10 Rn. 17), bilden die Regelungen der §§ 94 ff. StPO die Ermächtigungsgrundlagen (BVerfGE 124, 43 (58 ff.); BeckOK GG/Baldus GG Art. 10 Rn. 30.1). Demgegenüber ist die Sicherstellungsermächtigung des § 10 Abs. 2 VereinsG keine taugliche Grundlage für eine Postbeschlagnahme (vgl. BVerwG NJW 1988, 2752 (2753); BeckOK GG/Baldus GG Art. 10 Rn. 30.2).

5 Aus dem Wesen der Telekommunikation als Vorgang der Nachrichtenübermittlung folgt ihre **dienende Funktion** gegenüber dem Bereich der Inhalte, namentlich gegenüber dem Rundfunk. Bereits im 1. Fernsehurteil hat das Bundesverfassungsgericht den fernmeldetechnischen Einrichtungen im Verhältnis zum Rundfunk nur eine „untergeordnete, dienende Funktion" (BVerfGE 12, 205 (227)) zugewiesen (zur dienenden Funktion der Telekommunikationskompetenz gegenüber der Rundfunkkompetenz (MKS/Gersdorf GG Art. 87f Rn. 14 mwN). Hieraus ergeben sich inhaltliche Bindungen des Bundes im Bereich der Frequenzplanung (MKS/Gersdorf GG Art. 87f Rn. 13). Demgegenüber folgt die dienende Funktion der Träger der Telekommunikationsfreiheiten gegenüber den Anbietern von Inhalten nicht aus dem Wesen der Telekommunikation. Vielmehr fußt die Indienststellung der Anbieter von Telekommunikationsdienstleistungen auf grundrechtlichem Boden: Wegen der gesteigerten sozialen Funktion des Netzeigentums kann der Gesetzgeber weit reichende Bindungen für die Telekommunikationsunternehmer vorsehen, welche ihren Bewegungsspielraum bei der Nutzung der Netzkapazitäten erheblich einengen (siehe hierzu MKS/Gersdorf GG Art. 87f Rn. 14 mwN; ebenso Dörr ZUM 1997, 337 (369); Stettner, Die Rechtspflicht der Landesmedienanstalten zur Kabelbelegung, 1998, 63 f.).

B. Abgrenzung zu Art. 87f Abs. 1 GG

Schwierigkeiten bereitet die Abgrenzung zu Art. 87f Abs. 1 GG. Diese Abgrenzung hat deshalb erhebliche Bedeutung, weil Art. 87f Abs. 1 GG im Gegensatz zu Art. 73 Abs. 1 Nr. 7 GG die Zustimmungspflichtigkeit entsprechender Bundesgesetze vorsieht (MKS/Gersdorf GG Art. 87f Rn. 43). Darüber hinaus unterscheidet sich Art. 87f Abs. 1 GG von Art. 73 Abs. 1 Nr. 7 GG dadurch, dass sie als kompetenzielle Sonderzuweisungsbestimmung im Gegensatz zur ausschließlichen Gesetzgebungskompetenz nach Art. 71 GG keine Gesetzgebungsdelegation auf die Länder zulässt. Wie bereits erwähnt (→ Rn. 1) hat der Verfassungsgesetzgeber mit dem Austausch der Begrifflichkeiten („Telekommunikation" anstelle des ursprünglichen Begriffs „Fernmeldewesen") keine inhaltliche Änderung vorgenommen. Das besagt indes nicht, dass auch Inhalt und Reichweite des vormaligen Kompetenztitels weiterhin Bestand haben. Vielmehr ist durch das Hinzutreten der Gesetzgebungskompetenz nach Art. 87f Abs. 1 GG eine Abgrenzung zwischen beiden Kompetenzbereichen vorzunehmen. Art. 87f Abs. 1 GG verdrängt als spezielle Vorschrift die allgemeine Bestimmung des Art. 73 Abs. 1 Nr. 7 GG (MKS/Gersdorf GG Art. 87f Rn. 14 mwN). Die auf die Gewährleistung der „Grundversorgung" im Telekommunikationsbereich (vgl. zu Gewährleistungsgegenstand des Art. 87f Abs. 1 GG MKS/Gersdorf GG Art. 87f Rn. 12, insbes. Rn. 19 ff. mwN) gerichteten gesetzlichen Regelungen sind daher nicht Art. 73 Abs. 1 Nr. 7 GG, sondern Art. 87f Abs. 1 GG zuzuordnen. Art. 73 Abs. 1 Nr. 7 GG ist insbes. dann einschlägig, wenn es weniger um Aspekte der infrastrukturellen Gewährleistung geht, sondern eher rein technische Fragen betroffen sind, wie etwa die der Standardisierung und Normierung. Gleichwohl ist nicht von der Hand zu weisen, dass sich die erforderliche Abgrenzung im Einzelfall schwierig gestalten kann.

Art. 74 [Gegenstände der konkurrierenden Gesetzgebung]

(1) Die konkurrierende Gesetzgebung erstreckt sich auf folgende Gebiete:
...
11. das Recht der Wirtschaft (Bergbau, Industrie, Energiewirtschaft, Handwerk, Gewerbe, Handel, Bank- und Börsenwesen, privatrechtliches Versicherungswesen) ohne das Recht des Ladenschlusses, der Gaststätten, der Spielhallen, der Schaustellung von Personen, der Messen, der Ausstellungen und der Märkte;
...
16. die Verhütung des Mißbrauchs wirtschaftlicher Machtstellung;
...

Art. 74 Abs. 1 Nr. 11 und 16 GG weisen dem Bund die konkurrierende Gesetzgebungskompetenz im Bereich des Rechts der Wirtschaft und der Verhütung des Missbrauchs wirtschaftlicher Machtstellung zu (→ Rn. 1 ff.).

A. Recht der Wirtschaft (Art. 74 Abs. 1 Nr. 11 GG)

Von der Rundfunkfinanzierungskompetenz der Länder nach Art. 70 Abs. 1 GG ist grds. auch die Regelung der Wirtschaftswerbung erfasst (→ Art. 70 Rn. 5). Demgegenüber unterfallen einzelne Werbeverbote (Verbot der Tabak- und Arzneimittelwerbung etc.) dem Recht der Wirtschaft nach Art. 74 Abs. 1 Nr. 11 GG. Zwar könnte man wie beim Jugendschutz für eine umfassende Länderzuständigkeit plädieren, weil Destinatäre der Werbeverbote allein die Rezipienten sind, für die der Rundfunk letztlich konzipiert ist und deren Schutz staatliche Regelungen erforderlich macht. Zu berücksichtigen ist jedoch, dass einzelne

Werbeverbote für die Finanzierung des Rundfunks insgesamt unbeachtlich sind und auch nicht die Unabhängigkeit des Rundfunks von Einflüssen der werbetreibenden Wirtschaft gewährleisten sollen. Zwischen einzelnen Werbeverboten und der Sicherung freier Programmgestaltung besteht daher weder ein unmittelbarer noch mittelbarer Zusammenhang. Kommt also einzelnen Werbeverboten für die Programmgestaltung keine maßgebliche Bedeutung zu, ist insoweit auch nicht die programmspezifische Regelungskompetenz der Länder als Ausdruck ihrer Kulturhoheit berührt. Somit erstreckt sich die Regelungskompetenz der Länder im Bereich der Werbefinanzierung nur auf die zur Gewährleistung der Unabhängigkeit des Rundfunks gebotenen strukturpolitischen Maßnahmen, nicht aber auf bestimmte Werbeverbote, die dem Sachgebiet Recht der Wirtschaft zuzuordnen sind (Hess AfP 1990, 95 (99 Fn. 46); Eberle/Gersdorf, Der grenzüberschreitende Rundfunk im deutschen Recht, 1993, 21; (wohl) ebenso Bethge, Landesrundfunkordnung und Bundeskartellrecht, 1991, 45 Fn. 114). Darüber hinaus kommt die Bundeskompetenz im Bereich der Wirtschaftswerbung insoweit zum Tragen, als die Rundfunkanbieter bei der Akquisition von Werbung an die wettbewerbsrechtlichen Vorschriften gebunden sind (vgl. dazu statt aller Gabriel-Bräutigam, Rundfunkkompetenz und Rundfunkfreiheit, 1990, 155 ff.; Eberle/Gersdorf, Der grenzüberschreitende Rundfunk im deutschen Recht, 1993, 21). Soweit dabei Kollisionen mit rundfunkrechtlichen Bestimmungen und Geboten auftreten, sind diese Konflikte auf der Ebene der Kompetenzausübung zu lösen (→ Art. 70 Rn. 7).

B. Verhütung des Missbrauchs wirtschaftlicher Machtstellung (Art. 74 Abs. 1 Nr. 16 GG)

2   Dass das **Bundeskartellrecht** und das **Landesmedienrecht** aufgrund ihrer unterschiedlichen Regelungsziele **grundsätzlich nebeneinander anwendbar** sind, ist heute nicht mehr bestritten (hierzu zuletzt Paal, Medienvielfalt und Wettbewerb, 2010, S. 303 ff.; siehe auch Müller, Konzentrationskontrolle zur Sicherung der Informationsfreiheit, 2004, S. 285 ff.). Kompetenzkonflikte können daher nicht auf der Ebene der Kompetenzqualifikation, sondern allein auf der Ebene der Kompetenzausübung auftreten (Hierzu Gersdorf, 67). Entsprechende Konflikte bei der Kompetenzausübung sind durch wechselseitige Begrenzung der hinter den jeweiligen Kompetenzgrundlagen stehenden Schutzgüter zu einem gerechten Ausgleich zu bringen, so dass beide bestmögliche Wirksamkeit entfalten können. Soweit ein solcher Ausgleich nicht möglich ist, ließe sich mit Blick auf die überragende Bedeutung der Kommunikationsgrundrechte für die demokratische Ordnung ein Primat des Landesmedienrechts begründen (→ Art. 70 Rn. 7).

3   Die **Reichweite der Kartellkompetenz** des Bundes (Art. 74 Abs. 1 Nr. 16 GG) ist im Wesentlichen noch ungeklärt. Fest steht in jedem Fall, dass der **Regelungsgegenstand** stets den **wirtschaftlichen Wettbewerb** betreffen muss. Der publizistische Wettbewerb und das Ziel der Sicherung von Pressevielfalt dürfen für sich genommen sub specie der grundgesetzlichen Kompetenzverteilung nicht Gegenstand einer kartellrechtlichen Regelung sein. Eine faktische, mittelbare Förderung publizistischer Ziele durch Bundeskartellrecht ist hingegen nicht ausgeschlossen. Dementsprechend hat das BVerfG die pressespezifischen Fusionskontrollregelungen des GWB für kompetenzrechtlich zulässig gehalten, weil sie „in erster Linie der Bekämpfung wirtschaftlicher Macht" dienen und „keine Sonderkriterien spezifisch publizistischen Wettbewerbs" enthalten (BVerfG NJW 1986, 1743). In seiner später ergangenen Entscheidung zur Subventionierung des Postzeitungsdienstes stellt das BVerfG auf das „Schwergewicht" ab (BVerfGE 80, 124 (132): „Der Bundesgesetzgeber war zum Erlass der Vorschriften nach Art. 73 Nr. 7 GG befugt, denn ihr Schwergewicht liegt nicht bei einer Regelung der Pressetätigkeit, sondern bei der Festsetzung der Benutzungsbedingungen für einen Postdienst."). Dementsprechend begegnen der Vorschrift des **§ 30 GWB** keine kompetenzrechtlichen Bedenken. Zu Recht hegt der BGH keine kompetenzrechtlichen Zweifel, sondern rekurriert auf die Gesetzesbegründung, in der auf die Sicherung der Überallerhältlichkeit einschließlich der dadurch bewirkten positiven Effekte für eine plurale Meinungsbildung verwiesen wird (BGH Entsch. v. 24.11.2011 – KVR 7/10 Ziff. 45). Anlässlich von Reformüberlegungen im Rahmen der **Siebten GWB-Novelle** wurde die Frage erörtert, ob entsprechend gefährdete publizistische Entitäten oder die publizistische Vielfalt erhaltende Zusammenschlüsse durch das Kartellrecht besonders geschützt werden könnten und zwar

u. a. durch Implementierung von – dem Rundfunkrecht entlehnten – „pluralistischen Binnenstrukturen" für publizistische Einheiten. Ein solches an spezifisch publizistischen Zielen ausgerichtetes Kartellrecht wäre von der Kompetenzgrundlage des Art. 74 Abs. 1 Nr. 16 GWB nicht mehr gedeckt (zutr. Bremer/Martini ZUM 2003, 942 (947)). Auch im Zuge der **8. GWB-Novelle** war die Reichweite der Kartellkompetenz von entscheidender Bedeutung. Anlass dieser Reform ist, dass das Presse-Grosso-System derzeit Gegenstand gerichtlicher Auseinandersetzungen (zum Ganzen Gersdorf AfP 2012, 336 ff.) ist, in denen es um die kartellrechtliche Zulässigkeit sowohl des Systems der Alleinauslieferung (vgl. BGH AfP 2011, 569 ff.; s. hierzu Alexander ZWeR 2012, 215 ff.; Bach NJW 2012, 728 ff.; Paal AfP 2012, 1 ff.) als auch des zentralen Verhandlungsmandats des Bundesverbandes Deutscher Buch-, Zeitungs- und Zeitschriften-Grossisten e. V. – BVPG (vgl. LG Köln AfP 2012, 195 – nicht rechtskräftig; der Bundesverband Presse-Grosso hat gegen das Urteil Berufung eingelegt, OLG Düsseldorf, Az. VI U 7/12 (Kart).) geht. Zur Sicherung des zentralen Verhandlungsmandats des BVPG soll in die Regelung des **§ 30 GWB ein Absatz 2a** eingefügt werden (Ausschuss für Wirtschaft und Technologie, Ausschuss-Drs. 17(9)937, S. 2: „§ 1 gilt nicht für Branchenvereinbarungen zwischen Vereinigungen von Unternehmen, die nach Absatz 1 Preise für Zeitungen oder Zeitschriften binden (Presseverlage), einerseits und Vereinigungen von deren Abnehmern, die im Preis gebundene Zeitungen und Zeitschriften mit Remissionsrecht beziehen und mit Remissionsrecht an Letztveräußerer verkaufen (Presse-Grossisten), andererseits für die von diesen Vereinigungen jeweils vertretenen Unternehmen, soweit in diesen Branchenvereinbarungen der flächendeckende und diskriminierungsfreie Vertrieb von Zeitungs- und Zeitschriftensortimenten durch die Presse-Grossisten, insbesondere dessen Voraussetzungen und dessen Vergütungen sowie die dadurch abgegoltenen Leistungen geregelt sind. Insoweit sind die in S. 1 genannten Vereinigungen und die von ihnen jeweils vertretenen Presseverlage und Presse-Grossisten zur Sicherstellung eines flächendeckenden und diskriminierungsfreien Vertriebs von Zeitungen und Zeitschriften im stationären Einzelhandel iSv Art. 106 Abs. 2 des Vertrages über die Arbeitsweise der Europäischen Union mit Dienstleistungen von allgemeinem wirtschaftlichem Interesse betraut. Die §§ 19 und 20 bleiben unberührt."). § 30 Abs. 2a S. 1 GWB enthält keine „Sonderkriterien spezifisch publizistischen Inhalts", sondern begründet eine Freistellung vom Verbot des § 1 GWB. Ebenso wie § 1 GWB unterfällt der hiermit korrespondierende Ausnahmetatbestand des § 30 Abs. 2a S. 1 GWB damit der Kartellkompetenz des Bundes. Die Betrauung nach § 30 Abs. 2a S. 2 GWB wirkt rein deklaratorisch. Sie flankiert nur die Regelung des § 30 Abs. 2a S. 1 GWB, um diese „unionsrechtsfest" zu machen. Deshalb unterfällt § 30 Abs. 2a GWB der Kartellkompetenz nach Art. 74 Abs. 1 Nr. 16 GG (ebenso Kühling, Europarechtliche Zulässigkeit der legislativen Freistellung gemeinsamer Verhandlungen des Presse-Grosso und der Presseverlage als Betrauung iSd Art. 106 Abs. 2 AEUV, Rechtsgutachten im Auftrag des VDZ, 2012, 33 ff.; Kühling ZUM 2013, 18 (28); vgl. auch Gersdorf AfP 2012, 336 (344); aA Paschke AfP 2013, 501 (508 ff.)).

II. Recht des Rundfunks und der presseähnlichen Telemedien

1. Rundfunkstaatsvertrag (RStV) – Auszüge –

Präambel

[1] Dieser Staatsvertrag enthält grundlegende Regelungen für den öffentlich-rechtlichen und den privaten Rundfunk in einem dualen Rundfunksystem der Länder des vereinten Deutschlands. Er trägt der europäischen Entwicklung des Rundfunks Rechnung.

[2] Öffentlich-rechtlicher Rundfunk und privater Rundfunk sind der freien individuellen und öffentlichen Meinungsbildung sowie der Meinungsvielfalt verpflichtet. Beide Rundfunksysteme müssen in der Lage sein, den Anforderungen des nationalen und des internationalen Wettbewerbs zu entsprechen.

[3] Im Zuge der Vermehrung der Rundfunkprogramme in Europa durch die neuen Techniken sollen Informationsvielfalt und kulturelles Angebot im deutschsprachigen Raum verstärkt werden. Durch diesen Staatsvertrag, vor allem aber durch weitere Regelungen und Förderungsvorhaben in der Bundesrepublik Deutschland, soll die Herstellung neuer europäischer Fernsehproduktionen nachhaltig unterstützt werden.

[4] Für den öffentlich-rechtlichen Rundfunk sind Bestand und Entwicklung zu gewährleisten. Dazu gehört seine Teilhabe an allen neuen technischen Möglichkeiten in der Herstellung und zur Verbreitung sowie die Möglichkeit der Veranstaltung neuer Formen von Rundfunk. Seine finanziellen Grundlagen einschließlich des dazugehörigen Finanzausgleichs sind zu erhalten und zu sichern.

[5] Den privaten Veranstaltern werden Ausbau und Fortentwicklung eines privaten Rundfunksystems, vor allem in technischer und programmlicher Hinsicht, ermöglicht. Dazu sollen ihnen ausreichende Sendekapazitäten zur Verfügung gestellt und angemessene Einnahmequellen erschlossen werden. Sie sollen dabei ihre über Satelliten ausgestrahlten Fernsehprogramme unter Berücksichtigung lokaler und regionaler Beiträge nach Maßgabe des jeweiligen Landesrechts zusätzlich über verfügbare terrestrische Fernsehfrequenzen verbreiten können, die bundesweit, auch im Hinblick auf neue Fernsehveranstalter, möglichst gleichgewichtig aufgeteilt werden sollen.

[6] Die Vereinigung Deutschlands und die fortschreitende Entwicklung des dualen Rundfunksystems machen es erforderlich, die bisherige Frequenzaufteilung und -nutzung umfassend zu überprüfen. Alle Länder erklären ihre Absicht, festgestellte Doppel- oder Mehrfachversorgungen abzubauen, um zusätzliche Übertragungsmöglichkeiten für private Veranstalter, auch für den Westschienenveranstalter, zu gewinnen.

[7] Den Landesmedienanstalten obliegt es, unter dem Gesichtspunkt der Gleichbehandlung privater Veranstalter und der besseren Durchsetzbarkeit von Entscheidungen verstärkt zusammenzuarbeiten.

Die Präambel formuliert die programmatischen Leitideen des RStV. Sie gibt ein klares Bekenntnis zum Bestand und zur Entwicklung des öffentlich-rechtlichen Rundfunks (→ Rn. 12 f.) in der digitalen Welt (Abs. 4; → Rn. 15 ff.) sowie zum Ausbau und zur Fortentwicklung des privaten Rundfunks ab (Abs. 5; → Rn. 24). Handlungsräume, Auftrag und Perspektiven der beiden Säulen des dualen Rundfunksystems beschreibt die Präambel als vor die Klammer gezogener normativer Rahmenplan skizzenhaft. Die einzelnen Bestimmungen des RStV formen ihn näher aus.

RStV Präambel

II. Rundfunk und presseähnliche Telemedien

Übersicht

	Rn		Rn
A. Allgemeines	1	IV. Aufteilung der Rundfunkfrequenzen (Abs. 6)	26
I. Entstehungsgeschichte der Präambel	1	V. Kooperation der Landesmedienanstalten (Abs. 7)	27
II. Rechtsqualität und Ziel der Präambel (Abs. 1)	3	**C. Kurzabriss der Entwicklungsgeschichte des Rundfunkstaatsvertrags – zugleich ein Überblick über die Entwicklung des dualen Rundfunksystems**	29
B. Inhalt der Präambel	7		
I. Meinungsbildung und Meinungsvielfalt als Leitidee des RStV (Abs. 2 und 3)	7		
II. Bestands- und Entwicklungsgarantie für den öffentlich-rechtlichen Rundfunk (Abs. 4)	12		
III. Ausbau- und Fortentwicklungsgarantie für den privaten Rundfunk (Abs. 5)	24		

A. Allgemeines

I. Entstehungsgeschichte der Präambel

1 Anders als der Rundfunkstaatsvertrag insgesamt zeichnet sich die Präambel durch normative Kontinuität aus: Sie hat lediglich im Jahre 1991 eine Änderung erfahren, als der „Staatsvertrag über den Rundfunk im vereinten Deutschland" entstand. Dieser nahm sich der neuen Entwicklungen an, die sich durch die Einigung Deutschlands, die stärkere Einwirkung des Unionsrechts auf das nationale Medienrecht und die neuere Verfassungsrechtsprechung, insbes. die Vorgaben der WDR-Entscheidung (BVerfGE 83, 238), ergeben haben. Im Zuge der Umsetzung der EG-Fernsehrichtlinie erweiterte die Präambel das den RStV bis dahin dominierende Bild eines nationalen Fernsehmarktes mit nationaler Konkurrenz um die europapolitische Perspektive (HRKDSC RStV Präambel Rn. 1; vgl. zu den Änderungen im Detail Hahn/Vesting/W. Hahn/Witte RStV Präambel Rn. 7 f.).

2 Die Präambel des RStV knüpft an die Präambel des „Staatsvertrags zur Neuordnung des Rundfunkwesens" an. Dieser legte den Grundstein für das sog **duale Rundfunksystem,** also das Nebeneinander von öffentlichem und privatem Rundfunk (vgl. zu Entstehung und Inhalt im Einzelnen Hahn/Vesting/W. Hahn/Witte RStV Präambel Rn. 2 ff.).

II. Rechtsqualität und Ziel der Präambel (Abs. 1)

3 Die Präambel ist fester normativer Bestandteil des RStV (vgl. Hahn/Vesting/W. Hahn/ Witte RStV Präambel Rn. 9). Sie zeichnet den Rahmen, während die einzelnen Paragrafen des RStV sowie die Anstalts- und Mediengesetze der Länder die konkrete einfachgesetzliche Ausgestaltung vornehmen (Hahn/Vesting/W. Hahn/Witte RStV Präambel Rn. 14).

4 Der Präambel ist eine **Doppelfunktion** eigen: Als Bestandteil des RStV legt sie – im Wege einer **Selbstbindung** – die vertragliche Pflicht der Landesgesetzgeber fest, generell aktuelle Entwicklungen des dualen Rundfunksystems zu beobachten und gegebenenfalls einzugreifen (BVerfGE 5, 85 (127); 36, 1 (17); Hahn/Vesting/W. Hahn/Witte RStV Präambel Rn. 12; HRKDSC RStV Präambel Rn. 2). Bei der Schaffung (eigener) landesrechtlicher Regelungen muss der Landesgesetzgeber ihrem **Regelungsauftrag** Rechnung tragen (Hahn/Vesting/W. Hahn/Witte RStV Präambel Rn. 13; HRKDSC RStV Präambel Rn. 2). Konkrete Handlungspflichten lassen sich aufgrund des Abstraktionsgrades der Präambel regelmäßig aus ihr nicht ableiten (Hahn/Vesting/W. Hahn/Witte RStV Präambel Rn. 12).

5 Daneben kommt der Präambel als **Auslegungshilfe** indirekt Bindungswirkung zu (Spindler/Schuster/Holznagel/Kibele RStV Präambel Rn. 1): Die dort formulierten Grundsätze und Zielrichtungen bilden die Basis für eine teleologischen Auslegung der Normen des RStV (Hahn/Vesting/W. Hahn/Witte RStV Präambel Rn. 12; HRKDSC RStV Präambel Rn. 2). In gleicher Weise sind sie als Auslegungsmaßstab für das Länderrecht im Sinne einer vertragskonformen Auslegung heranzuziehen.

Präambel RStV

Subjektive Rechte von Bürgern, Rundfunkanbietern oder weiteren Unternehmen 6
erwachsen aus der Präambel nicht (Hahn/Vesting/W. Hahn/Witte RStV Präambel Rn. 11;
HRKDSC RStV Präambel Rn. 14). Sie versteht sich als allgemeiner Normierungsrahmen,
der keine zusätzlichen Rechte begründen, sondern einen Verpflichtungskatalog der Länder
etablieren will.

B. Inhalt der Präambel
I. Meinungsbildung und Meinungsvielfalt als Leitidee des RStV (Abs. 2 und 3)

Die Präambel versteht sich als strukturpolitische Weichenstellung in einer sich wandeln- 7
den dualen Medienlandschaft: Der „rundfunkpolitische Urknall" (Hahn/Vesting/W. Hahn/
Witte RStV Präambel Rn. 14), also das Hinzutreten des privaten zum öffentlich-rechtlichen
Rundfunk, löste das Bedürfnis aus, das Verhältnis zwischen beiden Akteuren der Medienlandschaft einer Regelung zuzuführen. Die Präambel konzipiert beide als sich wechselseitig
ergänzende Partner. Im Hinblick auf ihre jeweils unterschiedlichen Stärken und Schwächen
gibt sie ein klares Bekenntnis zu ihrer jeweils eigenständigen Existenzberechtigung ab. Die
Rundfunkanstalten erfüllen gemeinsam als **„Medium und Faktor des Prozesses freier
individueller und öffentlicher Meinungsbildung"** (vgl. § 11 S. 1 RStV; § 4 S. 1 NDR-
StV; BVerfGE 12, 205 (206); 83, 238 (296)) eine integrierende Funktion für das Staatsganze.
Eine Demokratie ist auf informierte und urteilsfähige Bürger angewiesen. Dazu benötigen
sie Informationen, die ihnen Beurteilungshilfen und Wertorientierungen an die Hand geben.
Die Rundfunkanstalten sind insoweit als „bellende Wachhunde der Demokratie" (EGMR,
NJW 2004, 2647 Rn. 63 – Caroline von Monaco – im Anschluss an Ephraim Kishon) auf
den Posten gestellt.

Der Rundfunkfreiheit kommt (jedenfalls in der Lesart des BVerfG) in dem Prozess 8
demokratischer Willensbildung eine **dienende Funktion** zu (BVerfGE 57, 295 (320)). Ihr
Auftrag ist es, die **Vielfalt der bestehenden Meinungen** im Rundfunk in größtmöglicher
Breite und unverkürzt zum Ausdruck zu bringen (BVerfGE 87, 181 (199)). Gleichzeitig ist
sie aber ihrem Wesen nach Gefahren vorherrschender Meinungsmacht sowie allgemeiner
struktureller Marktdefizite ausgesetzt, die diesem Ziel entgegenwirken. Die **Abhängigkeit
von Werbeeinnahmen und die Skalen- und Verbundvorteile der Programmerstellung** setzen Rundfunkanbietern insbes. einen Anreiz, vorrangig nach massenattraktiven
Sendeformen zu suchen. Die Programme adressieren dann vorzugsweise diejenigen Gruppen, die aufgrund ihrer Zahlungs- und Konsumbereitschaft für einen großen Werbemarkt
interessant sind. Darunter leiden die Ausgewogenheit der Meinungsrichtungen und die
publizistische Vielfalt (vgl. BVerfGE 73, 118 (156); 57, 295 (323 f.)). „Quote" statt „Qualität"
bestimmt dann die Programmgestaltung. Diese ökonomischen Rahmenbedingungen beflügeln zudem Konzentrations- und Verflechtungsprozesse im Rundfunkmarkt (vgl. Martini
DVBl. 2008, 1477 (1478)). Der Gesetzgeber darf die Rundfunkfreiheit daher nicht dem
freien Spiel der Kräfte überlassen. (BVerfGE 31, 314 (325); 57, 295 (323); BVerfG, NJW
1991, 899 (905); BVerfGE 97, 228 (266 f.)). Er muss Gefahren einer Indienstnahme des
Rundfunks für außerpublizistische, insbesondere politische oder ökonomische Zwecke durch
die Ausgestaltung einer positiven Rundfunkordnung mit materiellen, organisatorischen und
prozeduralen Sicherungen entgegenwirken (vgl. etwa BVerfGE 57, 295 (323); 73, 118 (160);
90, 60 (89); 95, 163 (172)).

Er muss insbes. einen Sektor schaffen, der nicht von den Gesetzen des Marktes, sondern 9
den Bedürfnissen einer demokratischen Gesellschaft gesteuert wird. Als **Treuhänder und
Garant einer Kommunikationsordnung der Meinungsvielfalt** fungiert insoweit der
öffentlich-rechtliche Rundfunk. In seiner gemeinwirtschaftlichen Finanzierung kann er seine
Programmentscheidungen alleine nach publizistischen Kriterien ausrichten. Auf der Grundlage seiner quotenunabhängigen Einnahmen ist er in der Lage, auch Minderheitsinteressen zu
bedienen (BVerfGE 73, 118 (155); Hahn/Vesting/W. Hahn/Witte RStV Präambel Rn. 17).

In diesem speziellen Auftrag findet gleichzeitig seine Abgabenfinanzierung ihre Recht- 10
fertigung (BVerfGE 90, 60 (90)). Der öffentlich-rechtliche Rundfunk soll als **Verantwortungsgemeinschaft der Qualitätsmedien** eine **publizistische Alternative** generieren,
die Wettbewerb um die beste Qualität induziert. In ihrer maßstabsbildenden Funktion soll

sich die öffentlich-rechtliche Konkurrenz anregend und belebend auf das inländische Gesamtangebot der privaten Rundfunkveranstalter auswirken und die Meinungsvielfalt als Lebensader der Demokratie stärken (vgl. auch Martini DVBl. 2008, 1477 (1479) mwN). Wie in einem System kommunizierender Röhren gleichen privater und öffentlich-rechtlicher Rundfunk ihre jeweiligen Schwächen dann in einem Konzept struktureller Diversifizierung aus (Hoffmann-Riem/Stock, Rundfunk im Wettbewerbsrecht, 1988, 35 (49)).

11   Solange und soweit der öffentlich-rechtliche Rundfunk seine Aufgaben der Vielfaltssicherung wahrnimmt, muss der **private Rundfunk** nicht gleichermaßen hohen Anforderungen an Vielfaltssicherung und Ausgestaltung genügen (BVerfGE 73, 118 (158 f.); 90, 60 (90)). Durch diese verschiedenartigen Strukturen entstehen im Rahmen des dualen Systems **unterschiedliche Programmorientierungen hinsichtlich der Breite und Vielfalt des Programmangebots** (BVerfGE 119, 181 (216 f.); zur Kritik an der Rspr. s. ua Ory AfP 2007, 402 ff.; Jungheim MMR 2008, 493 ff.).

II. Bestands- und Entwicklungsgarantie für den öffentlich-rechtlichen Rundfunk (Abs. 4)

12   In dem dualen System obliegt dem öffentlich-rechtlichen Rundfunk in erster Linie die Grundversorgung der Öffentlichkeit mit Rundfunkprogrammen. Damit ist kein Minimalstandard, sondern ein **Auftrag der Breitenwirkung** gemeint, der die demokratische Öffentlichkeit in ihrer Gesamtheit erreichen soll. Der öffentlich-rechtliche Rundfunk ist insbes. nicht auf ein Nischenprogramm verwiesen, das die für kommerzielle Rundfunkanbieter uninteressanten Angebote bündelt. Vielmehr darf und soll er alle Programmsparten bedienen (vgl. BVerfGE 73, 118 (157 f.)).

13   Mit diesem Auftrag korrespondieren besondere Anforderungen an das Programmangebot. Sie stehen im Dienst der Sicherung einer unbeeinflussten Meinungsbildung und -vielfalt als Katalysator der demokratischen Ordnung (BVerfGE 73, 118 (158 f.)). Insoweit kommt dem öffentlich-rechtlichen Rundfunk im dualen System auch eine – verfassungsrechtlich in Art. 5 Abs. 1 S. 2 GG wurzelnde – **Bestands- und Entwicklungsgarantie** zu (vgl. BVerfGE 74, 297 (350 f.); 83, 238 (298); BVerfG, NVwZ 2007, 1287 (1289); BVerfGE 90, 60 (91); HRKDSC RStV Präambel Rn. 5). Er muss sich frei von staatlicher Einflussnahme entfalten können und über hinreichende Ressourcen verfügen, die ihn gegenüber dem privaten Rundfunk konkurrenzfähig halten sowie gegen die Indienstnahme für außerpublizistische Zwecksetzungen sichern (Abs. 4 S. 3). Über die funktionssichernden gesetzlichen Programmvorgaben und die staatliche Finanzierung hinaus darf die Rundfunkordnung Staatsorganen daher keinen „Einfluss auf Inhalt und Form der Programme der Rundfunkveranstalter" einräumen – **Gebot der Staatsferne** (BVerfGE 73, 118 (182); 83, 238 (323 f.); 90, 60 (89 f.). Ob die Zusammensetzung des ZDF-Fernsehrates und des ZDF-Verwaltungsrats diesen Anforderungen genügt, weckt Zweifel und steht daher gegenwärtig auf dem Prüfstand des BVerfG (1 BvF 1/11; 1 BvF 4/11).

14   Den – vom BVerfG in seinem vierten Rundfunkurteil formulierten – „Grundversorgungsauftrag" (BVerfGE 73, 118 (157)) hat das BVerfG in neueren Urteilen als **„klassischen Funktionsauftrag"** des öffentlichen Rundfunks bezeichnet, ohne damit eine inhaltliche Änderung der bisherigen Rspr. zu verbinden (BVerfGE 119, 181 (218)). Er umfasst ein Programmangebot für die gesamte Bevölkerung **(quantitatives Merkmal)**, das umfassend und in voller Breite des klassischen Programmauftrags informiert und die Meinungsvielfalt in der durch die Verfassung gebotenen Weise sicherstellt **(qualitatives Merkmal;** BVerfGE 73, 118 (157); 74, 297 (325 f.); 83, 238 (297, 299); 87, 181 (199); Hahn/Vesting/W. Hahn/Witte RStV Präambel Rn. 29).

15   So trennscharf dieser Auftrag „auf dem akademischen Reißbrett" erscheinen mag, so sehr verschwimmen seine Grenzen und die Konkretisierung seines Inhalts bei neuen Formen der Verbreitung von Nachrichten und Meinungen. Deutlich wird dies gerade bei **Onlineangeboten.**

16   Die Entwicklungsgarantie muss einerseits auch für neue Verbreitungswege und Gestaltungsformen offen sein, in denen sich der verfassungsrechtliche Auftrag des öffentlich-rechtlichen Rundfunks manifestiert (BVerfGE 74, 297 (350 f.); 83, 238 (299, 302 f.); zuletzt BVerfG, NJW 2008, 1287 (1289)). Der öffentlich-rechtliche Rundfunk muss sich den **dyna-**

mischen **Wandlungen der Nutzergewohnheiten** anpassen können und gerade jungen Nutzern dorthin folgen dürfen, wo sie Informationen suchen. Die öffentlich-rechtlichen Rundfunkanbieter sind daher nicht auf die herkömmlichen rundfunktechnischen Kommunikationsformen beschränkt. Die Bestands- und Entwicklungsgarantie umschließt vielmehr neue multimediale Nutzungsformen ebenso wie technische Verbreitungsformen im Internet, die an die Stelle klassischer Übertragung treten. Dem öffentlich-rechtlichen Rundfunk kommt grds. das Recht auf **Teilhabe an der Entwicklung und Nutzung „neuer Medien"** zu **(Abs. 4 S. 2).** Dass der öffentlich-rechtliche Rundfunk von diesen neuen technischen Entwicklungen nicht abgeschnitten wird, muss der Gesetzgeber durch entsprechende finanzielle, organisatorische und technische Rahmenbedingungen sicherstellen (BVerfGE 119, 181 (218); HRKDSC RStV Präambel Rn. 7 f. mwN; Spindler/Schuster/Holznagel/Kibele RStV Präambel Rn. 4a; Martini DVBl. 2008, 1477 (1479 ff.)).

Andererseits reicht der Funktionsauftrag grds. nur so weit, wie Risiken für die Meinungsvielfalt ein strukturelles Bedürfnis nach einer Ergänzung der Meinungsbildung durch privaten Rundfunk auslösen. Im Internet ist das strukturelle rundfunkspezifische **Gefahrenpotenzial der Breitenwirkung und der Vielfaltsverengung** nicht in gleicher Weise wie bei Offlinemedien ausgeprägt. Dort hat sich ein offenes Informations- und Kommunikationssystem weltweit verfügbarer Inhalte entwickelt, dem in seiner Vielfalt publizistische Gefahren des Rundfunks prima facie fremd zu sein scheinen: Anders als das Fernsehen ist das Medium „Internet" regelmäßig nicht an ein lineares Programmschema und auch nicht, wie die Presse, an periodischen Druck gebunden. Es schreibt Inhalte vielmehr in verlinkten Ebenen zur individuell präferenzgebundenen Auswahl ereignisbezogen fort. Seine sozialen Kommunikationsräume sind inhaltlich, geografisch und personell entgrenzt. Es bildet damit einen globalen Umschlagplatz des Meinungsaustausches, der Information und jederzeit verfügbaren Wissens, eine Universalbibliothek und eine „Speakers Corner" neuen Typs, aus. **17**

Das Internet bringt dadurch als Folge seiner **niedrigen technischen und finanziellen Marktzutrittshürden** mit seiner unübersehbaren Masse privater Angebote grds. aus sich heraus eine breite Meinungsvielfalt und ein bis dahin nie da gewesenes Maß an Interaktion hervor (Martini DVBl. 2008, 1477 (1480); Spindler/Schuster/Holznagel/Kibele RStV Präambel Rn. 4a). Es erweist sich grds. als idealer **Transmissionsriemen eines funktionierenden außenpluralistischen Medienmodells** (vgl. Degenhart, AfP-Sonderheft 2007, 24 (29 f.); Kühling DVBl. 2008, 1098 (1104 f.)). Jeder kann dort prinzipiell kostenfrei Inhalte bereitstellen und sich damit am öffentlichen Meinungskampf beteiligen (Martini, DVBl. 2008, 1477 (1480); Martini, Wie viel Gleichheit braucht das Internet?, 2011, 27 f.). Das erhöht die Wahrscheinlichkeit, dass die unterschiedlichen gesellschaftlichen Meinungen und Themen im Internet in ihrer vollen Breite abgebildet werden, im Vergleich zum Rundfunksektor deutlich (Brenner, Zur Gewährleistung des Funktionsauftrags durch den öffentlich-rechtlichen Rundfunk, 2000, 238 f.). **18**

Gleichwohl wirkt die Funktionslogik des Marktes auch hier auf den **Selektionsprozess der Informationen** ein: Auch im Internet determiniert die Attraktivität des Kunden für den Werbemarkt das zur Verfügung gestellte Angebot. Für kommerzielle Anbieter sind redaktionelle Angebote vorrangig das Mittel zum Zweck der Erzeugung von Publizität. Ökonomische Rationalität, namentlich Click-Raten, Page Views und Datenströme der Nutzer als „Währung des Internets", bestimmt zuvorderst das inhaltliche Angebot, nicht das Interesse an publizistischer Qualität. Die Schnelligkeit und Leichtigkeit, in der Informationen im Internet zur Verfügung gestellt und von den Nutzern erwartet werden, lädt zu nachlassender Qualität journalistischer Arbeit, etwa kritikloser Übernahme von Presseerklärungen und einer Vermengung von redaktionellen Inhalten mit Public-Relations-Angeboten, ein. Die **Authentizität und Suggestivkraft der Darstellung** ist dabei – insbes. aufgrund der Verflechtung von Bild- und Tonelementen – mit derjenigen der klassischen Rundfunkübertragung durchaus vergleichbar. Die **Vertrauenswürdigkeit, Seriosität und das Ausmaß ökonomischer Beeinflussung zur Verfügung gestellter Informationen** bleiben dem Nutzer im Internet – ebenso wie im klassischen Rundfunk – weithin verborgen und lösen ein Bedürfnis nach Orientierungssicherheit und unbeeinflusster Informationsvermittlung aus. **19**

Insofern lässt sich auch im Internet als Annex ein – wenn auch im Verhältnis zum klassischen Rundfunk deutlich abgeschwächter – **Bedarf nach ergänzenden Orientierungs- und Informationsangeboten** nachweisen, den der öffentlich-rechtliche Rundfunk **20** befriedigen kann. Das gilt insbes. für die Zielgruppe der 14- bis 19-Jährigen, die deutlich weniger Zeit vor dem Fernseher (dafür deutlich mehr Zeit mit internetfähigen Geräten) verbringen wie der Durchschnitt der Bundesbürger. Ein solches aus staatlichen Ressourcen finanziertes Angebot gerät allerdings in Konflikt mit dem **unionsrechtlichen Wettbewerbsrecht:** Im Internet begeben sich die abgabefinanzierten öffentlich-rechtlichen Rundfunksender in Konkurrenz zu den Angeboten Privater, die ihre Leistungen am Markt refinanzieren müssen. Die für öffentlich-rechtliche Onlineangebote verwendeten Rundfunkabgaben können unionsrechtliche **Beihilfen** sein, also aus staatlichen Mitteln gewährte Begünstigungen bestimmter Unternehmen, die den Wettbewerb insbes. gegenüber Presseunternehmen beeinträchtigen können (dazu im Einzelnen etwa Martini DVBl. 2008, 1477 (1481) mwN).

21 Der deutsche Gesetzgeber darf daher den öffentlich-rechtlichen Rundfunkveranstaltern unionsrechtlich keine „Carte blanche" erteilen, Internetdienste aller Art nach „gusto" als Dienste von allgemeinem Interesse anzubieten. Die Dienste müssen der spezifischen Aufgabe des Rundfunks, dh den demokratischen, sozialen und kulturellen Bedürfnissen der Gesellschaft entsprechen, um die Beihilfe unionsrechtlich rechtfertigen zu können. Nicht für alle programmbegleitend denkbaren Online-Angebote trifft dies indes selbstredend zu, etwa für E-Commerce-Leistungen; zumindest zweifelhaft ist dies auch für Kontaktbörsen oder Bewertungsportale.

22 Angesichts dieser Spannungen haben die Länder den Auftrag des öffentlich-rechtlichen Rundfunks neu formuliert (§§ 11–11f RStV). Sie unterwerfen öffentlich-rechtliche Telemedien einem **Dreistufentest,** der den publizistischen Mehrwert evaluiert (§ 11f Abs. 4): Bei Einführung eines neuen Angebots oder Änderung eines bestehenden Angebots muss die Rundfunkanstalt darlegen, inwiefern das Angebot den Bedürfnissen der Gesellschaft in demokratischer, sozialer oder kultureller Hinsicht entspricht (§ 11f Abs. 4 S. 2 Nr. 1), in qualitativer Hinsicht zum publizistischen Wettbewerb beiträgt (§ 11f Abs. 4 S. 2 Nr. 2) und welcher Aufwand in finanzieller Hinsicht erforderlich ist (§ 11f Abs. 4 S. 2 Nr. 3).

23 Der Dreistufentest nimmt eine **prozedurale Absicherung der Grenzen öffentlich-rechtlichen Wirkens** vor. Er instrumentalisiert die **Begründungslast und das Verfahren als Steuerungsressource der Auftragswahrnehmung.** Sein Vorbild findet er im Public-Value-Test der BBC. Anders als diesen nehmen den Dreistufentest Organe der Selbstverwaltung vor (§ 11f Abs. 4 S. 1). Das schwächt seine Bändigungskraft gegenüber dem Selbstbehauptungs- und Ausweitungsinteresse der Anstalten (Martini DVBl. 2008, 1477 (1483)).

III. Ausbau- und Fortentwicklungsgarantie für den privaten Rundfunk (Abs. 5)

24 Der Bestands- und Entwicklungsgarantie für den öffentlich-rechtlichen Rundfunk stellt das duale System eine **Ausbau- und Fortentwicklungsgarantie** für den **privaten Rundfunk gegenüber** (Abs. 5 S. 1 der Präambel). Diese Garantie verbürgt in der Sache vor allem die Bereitstellung ausreichender Sendekapazitäten und die abstrakte Möglichkeit, angemessene Einnahmen erzielen zu können. Die Länder sind durch Schaffung angemessener Rahmenbedingungen verpflichtet, dies sicherzustellen. Sie müssen den privaten Rundfunkbietern eine realistische Entwicklungschance eröffnen (HRKDSC RStV Präambel Rn. 9), um im nationalen und internationalen Wettbewerb gegenüber den öffentlich-rechtlichen Rundfunkanbietern und im internationalen Wettbewerb (ebenso wie die öffentlich-rechtlichen Rundfunkanbieter) bestehen zu können (HRKDSC RStV Präambel Rn. 10). Dies bedeutet aber keinen ziellosen Aufbau, sondern vor dem Hintergrund des Abs. 3 S. 1 der Präambel vor allem die Stärkung des kulturellen Angebots und der Informationsvielfalt im deutschsprachigen Raum (so auch HRKDSC RStV Präambel Rn. 10).

25 Aus Art. 5 Abs. 1 S. 2 erwächst ein **Anspruch auf Gleichbehandlung** im publizistischen Wettbewerb (BVerfGE 82, 128 (133)). Er bezieht sich zuvorderst auf die Funktionsbedingungen des Prozesses freier Meinungsbildung, auf die Verhältnisse des ökonomischen Marktes demgegenüber nur insoweit, wie die Möglichkeit zur Erzielung angemessener Einnahmen grundlegend berührt ist. Der Gesetzgeber muss insofern ständig beide Waagschalen des dualen Systems im Blick halten, will er eine Seite durch erleichterte bzw. vergrößerte Finanzierungsmöglichkeiten entlasten (Spindler/Schuster/Holznagel/Kibele,

RStV Präambel Rn. 5 sehen daher auch die Finanzierungsfrage als Kernbereich der Rundfunkregulierung). Dabei darf der Staat die Finanzierung des öffentlich-rechtlichen Rundfunks insb. nicht zu Zwecken der Programmlenkung oder der Medienpolitik einsetzen (BVerfGE 90, 60 (93 f.)).

IV. Aufteilung der Rundfunkfrequenzen (Abs. 6)

Die Präambel betont das **Bedürfnis nach Überprüfung der bisherigen Frequenzverteilung.** Die Zahl der Anbieter und mit ihr die Programmvielfalt im Rundfunkbereich haben sich durch die Schaffung zahlreicher privater wie öffentlich-rechtlicher Sparten- und Zielgruppenangebote stark erhöht. Das hat die Konkurrenz um Sendekapazitäten verschärft (Spindler/Schuster/Holznagel/Kibele RStV Präambel Rn. 6). Zusätzlich hat die Vereinigung Deutschlands die bisherige Frequenzordnung durcheinandergewirbelt. Das veranlasste die Vertragsstaaten seinerzeit, in der Präambel ihre Absicht zu bekräftigen, zusätzliche Übertragungsmöglichkeiten für private Veranstalter zu generieren, um das Gleichgewicht im dualen System zu erhalten und eine optimale Auslastung des Frequenzspektrums zu ermöglichen (Abs. 6 S. 2). Inzwischen sind aber durch die **Digitalisierung zusätzliche Sendekapazitäten** entstanden, die das ursprüngliche **Knappheitsproblem** weitgehend **obsolet** haben werden lassen. 26

V. Kooperation der Landesmedienanstalten (Abs. 7)

Die Gleichbehandlung privater Anbieter ist in einem wettbewerblich strukturierten Medienmarkt eine stete Herausforderung und Funktionsbedingung publizistischer Chancengleichheit und Meinungsvielfalt. Um sie zu gewährleisten, fordert die Präambel eine **verstärkte Zusammenarbeit der Landesmedienanstalten** als Exekutivorgane der Medienaufsicht, insbes. im Hinblick auf die einheitliche Behandlung von privaten Anbietern und die Durchsetzung von rundfunk- und medienrechtlichen Entscheidungen. 27

Die 14 Landesmedienanstalten koordinieren sich durch die Arbeitsgemeinschaft der Landesmedienanstalten. Die maßgeblichen Rechtsgrundlagen schaffen die §§ 35–39 RStV. Ergänzend haben sich die Landesmedienanstalten weitere Richtlinien zur Schaffung eines gemeinsamen Handlungsrahmens gegeben. Hierunter fallen die inhalte- und nutzungsbezogenen Regelwerke wie die Jugendschutzrichtlinie, die Werberichtlinie, die Programmbeiratsrichtlinie und die Drittsendezeitrichtlinie (vgl. Spindler/Schuster/Holznagel/Kibele RStV Präambel Rn. 7). 28

C. Kurzabriss der Entwicklungsgeschichte des Rundfunkstaatsvertrags – zugleich ein Überblick über die Entwicklung des dualen Rundfunksystems

Der Rundfunkstaatsvertrag hat seit seinem Inkrafttreten ein wechselvolles Schicksal erfahren. Während der ersten Jahre seiner Existenz von einer Kontinuität geprägt waren, die im Zeichen der Schaffung des generellen technischen und programmlichen Rahmen für das entstehende duale Rundfunksystem stand, erfährt er unterdessen in immer kürzeren Zeitabständen Änderungen. Sie deuten den Umbruch an, in dem sich das duale Rundfunksystem in einer konvergenten Medienwelt befindet. Der erste einschneidende Wandel vollzog sich mit der Deutschen Einheit. Der **Staatsvertrag über den Rundfunk im vereinten Deutschland** v. 31.8.1991 übertrug das duale System auf die neuen Bundesländer und vereinheitlichte damit das Rundfunkrecht für das vereinte Deutschland. 29

Der **9. RÄndStV** reagierte auf das **Auftreten neuer Multimediaangebote** und systematisierte das Medienrecht mWz 1.3.2007 neu. Er benannte den Rundfunkstaatsvertrag in **„Staatsvertrag für Rundfunk und Telemedien"** um und ergänzte ihn um Regelungen für Anforderungen an rundfunkrechtlich relevante Telemedien, insbes. eine Begriffsdefinition in § 2 Abs. 1 S. 3 RStV und inhaltsbezogene Anforderungen im 6. Abschnitt des RStV (§§ 54 RStV). 30

Der **10. RÄndStV,** in Kraft getreten am 1.9.2008, vereinheitlichte die bislang landesrechtlich normierten **persönlichen Voraussetzungen für Anbieter von bundesweitem privaten** Rundfunk. Die Erteilung der Zulassung vertraut der RStV nunmehr der neu 31 gegründeten Kommission für Zulassung und Aufsicht (ZAK) als gemeinsamem Organ der Landesmedienanstalten an. Dabei handelt die Kommission – wie die ebenfalls neu gegründete Gremienvorsitzendenkonferenz (GVK) sowie die jeweils bereits bestehende Kommission zur Ermittlung der Konzentration im Medienbereich (KEK) und die Kommission für den Jugendmedienschutz (KJM) – intern als Organ der Landesmedienanstalten nach den Vorgaben der §§ 35 ff. RStV. Im Außenverhältnis (insbes. im Falle eines Rechtsstreits) tritt dann wiederum die jeweilige Landesmedienanstalt als zuständige Akteurin auf.

32 Auf das wachsende Bedürfnis, die Wirkungssphären der Rundfunkanstalten und der Presse im digitalen Zeitalter gegeneinander abzuschichten und Programmrundfunk von Multimediadiensten trennscharf zu scheiden, hat der **12. RÄndStV** reagiert. Er unterwirft die Onlineaktivität öffentlich-rechtlicher Rundfunkanstalten mWz 1.6.2009 zahlreichen normativen Schranken: Vor dem Hintergrund des unionsrechtlichen Beihilfenrechts konkretisiert er insbes. die Grenzen ihres Auftrags bei Telemedienangeboten (§ 11d ff. RStV). Zu diesem Zweck sieht er einen **Dreistufentest** (§ 11f Abs. 4; → Rn. 22 f.) vor, der den publizistischen Mehrwert des Angebots auf seine Vereinbarkeit mit dem Programmauftrag der Rundfunkveranstalter prüft. Die Regelungen des 12. Rundfunkstaatsvertrages stehen inzwischen auf dem Prüfstand der Politik. Anfang Oktober haben die Ministerpräsidenten anlässlich ihrer Jahreskonferenz beschlossen, die Einschränkungen des Online-Auftrags der öffentlich-rechtlichen Rundfunkanstalten einer Revision zu unterziehen.

33 Der **13. RÄndStV**, in Kraft seit 1.4.2010, diente in erster Linie der **Umsetzung der Richtlinie über audiovisuelle Mediendienste** (AVMD-RL, ABl. EU Nr. L 332/27, 27 ff.). Er liberalisiert die Werbevorschriften für Rundfunkanbieter, insbes. Produktplatzierung.

34 Der **14. RÄndStV** soll den Jugendmedienschutzstaatsvertrag ändern (JMStV). Insbesondere führt er eine Alterskennzeichnung für Telemedien, speziell für Internetangebote, ein. Der Landtag von NRW lehnte ihn – ein Novum in der Geschichte des Rundfunkstaatsvertrags – im Dezember 2010 ab, sodass er **nicht in Kraft** getreten ist, sondern nach § 4 Abs. 2 14. RÄndStV gegenstandslos wurde.

35 Der **15. RÄndStV,** der am 1.1.2013 in Kraft trat, stellte die Finanzierung des öffentlich-rechtlichen Rundfunks durch Schaffung eines Rundfunkbeitragsstaatsvertrags auf eine neue finanzverfassungsrechtliche Grundlage. Er ersetzt die geräteabhängige Gebührenfinanzierung durch eine **Beitragspflicht für Wohnungsinhaber und Betriebsstätten.** Den Beitrag schulden Wohnungsinhaber und Inhaber von Betriebsstätten für die Möglichkeit, Rundfunkangebote in Anspruch zu nehmen (nicht erst für die tatsächliche Inanspruchnahme). Die Änderung soll auch die Befreiungstatbestände für Gewerbebetriebe vereinheitlichen (vgl. die Begründung zu 15. RÄndStV, LT-Drs. RhPf 16/188, 17), steht aber verfassungsrechtlich in der Kritik (vgl. dazu etwa Degenhart ZUM 2011, 193; ders., ZUM 2013, 621; Schneider NVwZ 2013, 19; zur Zulässigkeit des Meldedatenabgleichs für den Beitragseinzug OVG Lüneburg, MMR-Aktuell 2013, 351387).

I. Abschnitt. Allgemeine Vorschriften

§ 1 Anwendungsbereich

(1) Dieser Staatsvertrag gilt für die Veranstaltung und Verbreitung von Rundfunk in Deutschland in einem dualen Rundfunksystem; für Telemedien gelten nur der IV. bis VI. Abschnitt sowie § 20 Abs. 2.

(2) Soweit dieser Staatsvertrag keine anderweitigen Regelungen für die Veranstaltung und Verbreitung von Rundfunk enthält oder solche Regelungen zuläßt, sind die für die jeweilige Rundfunkanstalt oder den jeweiligen privaten Veranstalter geltenden landesrechtlichen Vorschriften anzuwenden.

(3) ¹Für Fernsehveranstalter, sofern sie nicht bereits auf Grund der Niederlassung deutscher Rechtshoheit unterliegen, gelten dieser Staatsvertrag und die landesrechtlichen Vorschriften auch, wenn eine in Deutschland gelegene Satelliten-Bodenstation für die Aufwärtsstrecke genutzt wird. ²Ohne eine Satelliten-Bodenstation für die Aufwärtsstrecke in einem Staat innerhalb des Geltungsbereichs der Richtlinie 89/552/EWG des Rates vom 3. Oktober 1989 zur Koordinierung bestimmter Rechts- und Verwaltungsvorschriften der Mitgliedstaaten über die Ausübung der Fernsehtätigkeit (ABl. L 298 vom 17. Oktober 1989, S. 23), zuletzt geändert durch Richtlinie 2007/65/EG des Europäischen Parlaments und des Rates vom 11. Dezember 2007 zur Änderung der Richtlinie 89/552/EWG des Rates zur Koordinierung bestimmter Rechts- und Verwaltungsvorschriften der Mitgliedstaaten über die Ausübung der Fernsehtätigkeit (ABl. L 332 vom 18. Dezember 2007, S. 27) – Richtlinie 89/552/EWG – ist deutsches Recht auch anwendbar bei der Nutzung einer Deutschland zugewiesenen Satelliten-Übertragungskapazität. [3]Dies gilt nicht für Angebote, die

1. ausschließlich zum Empfang in Drittländern bestimmt sind und
2. nicht unmittelbar oder mittelbar von der Allgemeinheit mit handelsüblichen Verbraucherendgeräten in einem Staat innerhalb des Geltungsbereichs der Richtlinie 89/552/EWG empfangen werden.

(4) Die Bestimmungen des I. und III. Abschnitts dieses Staatsvertrages gelten für Teleshoppingkanäle nur, sofern dies ausdrücklich bestimmt ist.

§ 1 RStV steckt den Rahmen für die Anwendung des RStV in sachlicher wie in räumlicher Hinsicht ab: Der RStV regelt die Veranstaltung und Verbreitung von **Rundfunk** (Abs. 1 Hs. 1; → Rn. 14 f.) sowie inhaltliche Anforderungen an den Betrieb von **Telemedien**. Auf Telemedien finden allerdings nur der Abschnitt über Revision und Ordnungswidrigkeiten (§§ 48 f.), Plattformen und Übertragungskapazitäten (§§ 50–53b) sowie die speziellen telemedienrechtlichen Vorschriften der §§ 54 ff. Anwendung (Abs. 1 Hs. 2; → Rn. 17). Für **Teleshoppingkanäle** schränkt Abs. 4 (→ Rn. 33) den Anwendungsbereich auf die allgemeinen Vorschriften der §§ 1–10 und die Vorschriften für den privaten Rundfunk der §§ 20–47 ein. Ergänzend tritt jeweils subsidiär das Landesmedienrecht hinzu (Abs. 2; → Rn. 19). Den **räumlichen Anwendungsbereich** gestaltet Abs. 3 durch eine mehrstufige Regelung aus (→ Rn. 22 ff.).

Übersicht

	Rn		Rn
A. Allgemeines	1	III. Verhältnis des RStV zum Landesmedienrecht (Abs. 2)	19
I. Entwicklungsgeschichte des § 1	1		
II. Sinn und Zweck des RStV	2	C. Territorialer Anwendungsbereich des RStV und des Landesmedienrechts (Abs. 3)	22
III. Kompetenz der Länder zum Abschluss des RStV	3		
1. Rundfunkkompetenz als Kulturkompetenz	4	I. Der Rechtsrahmen für grenzüberschreitende Rundfunkdienste	22
2. Abgrenzungsprobleme zwischen Landes- und Bundeskompetenz in einer konvergenten Medienwelt	6	II. Deutsche Rechtshoheit aufgrund Niederlassung (Abs. 3 S. 1 Hs. 1)	27
IV. Staatsvertrag als Handlungsform	10	III. Nutzung einer in Deutschland gelegenen Satelliten-Bodenstation für die Aufwärtsstrecke (Abs. 3 S. 1 Hs. 2)	28
B. Sachlicher Anwendungsbereich	12		
I. Veranstaltung und Verbreitung von Rundfunk (Abs. 1)	13	IV. Rückgriff auf Satellitenübertragungskapazitäten, die Deutschland zugewiesen sind (Abs. 3 S. 2)	29
1. Veranstaltung	14		
2. Verbreitung	15	1. Grundsatz	29
II. Angebot von Telemedien	16	2. Ausnahmen	30
1. Begriff der Telemedien	17	D. Anwendung des RStV auf Teleshoppingkanäle (Abs. 4)	33
2. Eingeschränkte Anwendung des RStV (IV. bis VI. Abschnitt und § 20 Abs. 2 RStV) als Rechtsfolge	18	I. Grundsatz	33
		II. Ausnahme	34

A. Allgemeines
I. Entwicklungsgeschichte des § 1

1 Im Laufe seiner Entwicklungsgeschichte ist § 1 **dreimal geändert** und erweitert worden. Seine Änderungen tragen dem Auftreten neuer Medienformen, namentlich Onlineangeboten (§ 1 Abs. 1 Hs. 2; neu gefasst durch den 9. RÄndStV v. 31.7.2006) und Teleshoppingkanälen (§ 1 Abs. 4; eingefügt durch den 12. RÄndStV v. 18.12.2008) sowie den Schwierigkeiten der Bestimmung des räumlichen Geltungsbereichs des RStV bei Satelliten-Bodenstationen (§ 1 Abs. 3; eingefügt durch den 13. RÄndStV v. 30.10.2009 zur Umsetzung der AVMD-RL Rechnung.

II. Sinn und Zweck des RStV

2 Bis zum Inkrafttreten des RStV hatten die Länder die Weiterverbreitung von Satellitenprogrammen, die aus anderen Ländern ausgestrahlt wurden, jeweils unterschiedlichen rechtlichen Anforderungen unterworfen. Der RStV sollte eine Vereinheitlichung herbeiführen und damit zugleich den Vorgaben des 3. und des 4. Rundfunkurteils des BVerfG (BVerfGE 57, 295 (319 ff.); 73, 118 (171 ff.)) Genüge tun. Das Gericht hatte bereits dort eine gesetzliche Regelung gefordert, die Vorkehrungen zur Gewährleistung der Freiheit des Rundfunks trifft (BVerfGE 57, 295 (324)), und darauf hingewiesen, dass ein funktionierendes System der Verbreitung grenzüberschreitenden Rundfunks von einer Koordination der landesgesetzlichen Regelungen und damit von einer Kooperation der Länder abhängt (BVerfGE 73, 118 (196); vgl. auch Hahn/Vesting/Vesting RStV § 1 Rn. 26 ff.). Der RStV soll dies sicherstellen und den rechtlichen Rahmen für den Satellitenrundfunk schaffen. Er will das Rundfunkrecht der Länder fortentwickeln, um Grundsätze für ein Nebeneinander des öffentlich-rechtlichen und des privaten Rundfunks in einem dualen Rundfunksystem festzulegen (vgl. die Begründung zum „Staatsvertrag zur Neuordnung des Rundfunkwesens der Länder" v. 3.4.1987, 1 ff.).

III. Kompetenz der Länder zum Abschluss des RStV

3 In einer föderalen Ordnung versteht sich die Regelungskompetenz für den RStV nicht von selbst. Sie bedarf der **kompetenziellen Rechtfertigung.** Dem Bund kommen mit der Regelungsbefugnis für das Postwesen und die Telekommunikation (bzw. seinerzeit „Fernmeldewesen", Art. 73 Abs. 1 Nr. 7 GG) und das Recht der Wirtschaft (Art. 74 Abs. 1 Nr. 11 GG) Kompetenzen zu, die auch Fragen des Rundfunks berühren: Rundfunk ist auf die telekommunikative Signalübertragung angewiesen und Rundfunkrecht regelt auch wirtschaftliche Sachverhalte, insbes. die beruflichen und unternehmerischen Entfaltungsmöglichkeiten privater Rundfunkanbieter.

1. Rundfunkkompetenz als Kulturkompetenz

4 Die Gesetzgebungskompetenz des Bundes für die **„Telekommunikation"** (bzw. früher das „Fernmeldewesen") umschließt jedoch lediglich den **sendetechnischen Bereich** – mit Ausnahme der Studiotechnik –, nicht aber die programminhaltliche Gestaltung des Rundfunks (BVerfGE 12, 205 (225 ff.)) – 1. Rundfunkurteil). Für den **Inhalt der Sendungen** kommt den Ländern die Regelungsbefugnis als Teil ihrer **Kulturkompetenz** zu. Eine **Ausnahme** ergibt sich lediglich in bestimmten Teilbereichen, etwa dem **Auslandsfunk.** Dort nutzte der Bund seine Kompetenz aus Art. 73 Abs. 1 Nr. 7 GG zur Schaffung der „Deutschen Welle".

4.1 Bereits in der Weimarer Republik wurde der Rundfunk als kulturelle Angelegenheit der Hoheit der Länder zugeordnet. Auch nach Ende des Zweiten Weltkriegs vollzog sich der Neuaufbau eines Rundfunknetzes dezentral in den jeweiligen Besatzungszonen. Diese starke Rolle der Länder setzte sich bei der Einführung des Privatfernsehens fort; auch dabei waren die Bundesländer die treibende Kraft. Die Länder, nicht der Bund entwickelten sich so faktisch zu Hauptakteuren im Bereich des Rundfunks und schufen eine auf die Kulturkompetenz der Länder gestützte Tradition, die dann das BVerfG auch nach dem 1. Rundfunkurteil (BVerfGE 12, 205) in mehreren Entscheidungen, insbes.

Anwendungsbereich   § 1 RStV

zur Einführung des privaten Rundfunks bestätigte (BVerfGE 73, 118 (158); 74, 297 (324); 90, 60 (90); 92, 203 (238); 119, 181 (214)).

Rundfunk hat auch eine ökonomische Dimension. Rundfunkveranstalter stehen in einem **Wettbewerb um Einnahmen und Gewinne.** Sie kaufen ihre Leistungen von Dritten am Markt ein. Das löst ein Bedürfnis nach kompetenzieller Abgrenzung vom **„Recht der Wirtschaft"** iSd Art. 74 Abs. 1 Nr. 11 GG aus. Soweit bei Kommunikationsinhalten der kulturelle Inhalt im Vordergrund steht, kommt den Ländern die Gesetzgebungskompetenz zu. Dient die Kommunikation, insbes. das (kostenpflichtige) Zurverfügungstellen von Kommunikationsangeboten und -inhalten, hingegen der wirtschaftlichen Betätigung, ist das Recht der Wirtschaft betroffen und damit grds. die **konkurrierende Gesetzgebungskompetenz** des Bundes eröffnet. Das löst Abgrenzungsschwierigkeiten aus. 5

2. Abgrenzungsprobleme zwischen Landes- und Bundeskompetenz in einer konvergenten Medienwelt

In einer globalen, auf mehreren Märkten agierenden Welt Neuer Medien wird die alte **Grenzziehung zwischen Kultur und Wirtschaft** zusehends brüchig. Die Frage nach der Rechtfertigung einer überwiegenden Kulturkompetenz stellt sich daher immer drängender (ausführlich hierzu insbes. Hahn/Vesting/Vesting RStV § 1 Rn. 13 ff.). 6

Dies gilt zuvorderst für den Bereich der **Werberegulierung:** Im klassischen Rundfunk bildet die Erzielung von Werbeeinnahmen einen notwendigen, die wirtschaftliche Handlungsfähigkeit sichernden Annex zur programminhaltlichen Arbeit der Veranstalter (Hoffmann-Riem, Rundfunkrecht neben Wirtschaftsrecht, 1991, 159 ff.; Hahn/Vesting/Ladeur RStV § 7 Rn. 4 ff. mwN; Hahn/Vesting/Vesting RStV § 1 Rn. 13 f.). Bei der zunehmend zu beobachtenden Bewerbung von Produkten, die einen Bezug zu einzelnen Sendungen oder Serien haben, insbes. dem Merchandising, sowie beim Teleshopping löst sich dieser Zusammenhang aber immer stärker auf. In diesen Fällen liegt der Schwerpunkt der Tätigkeit nicht mehr im Bereich der Kultur. 6.1

Am deutlichsten zeigen sich die skizzierten Herausforderungen einer Kompetenzabgrenzung unter netzwerkökonomischen Vorzeichen in der **Wechselbeziehung von Rundfunk- und Telekommunikationsregulierung:** Bislang konnte das Recht hier auf eine stabile Differenzierung von Technologien zurückgreifen. In einer neuen digitalen Welt brechen diese Trennlinien im Gefolge einer Konvergenz der Medien und der besonderen Strukturen der Netzwerkökonomie auf: Neue technologische Entwicklungen, wie zB IP-TV, machen es möglich, über das Telefonnetz Leistungen der Massenkommunikation anzubieten, für welche früher das Kabelnetz genutzt wurde. Über das Kabelnetz können wiederum Multimediaangebote und Internetdienstleistungen verbreitet werden, die eine Chamäleonstruktur zwischen herkömmlicher Massenkommunikation und Individualkommunikation aufweisen oder sogar explizit der Individualkommunikation dienen, wie etwa Internet-Telefonie. Die Multifunktionalität der Übertragungsnetze und ihrer Einsatzmöglichkeiten bringt die überkommenen verfassungsrechtlichen Kompetenzpositionen des Rundfunks und der Telekommunikation in ein neues Spannungsfeld. 6.2

Die enge Verzahnung des Rundfunks mit anderen Netzwerkökonomien erschwert auch die **wettbewerbsrechtliche Kompetenzzuordnung.** Die Länder haben zur Konzentrationskontrolle Parallelstrukturen zum allgemeinen Kartellrecht aufgebaut, insbes. die gemeinsame Kommission zur Ermittlung der Konzentration im Medienbereich (KEK), eingerichtet, vgl. § 35 Abs. 2 S. 1 Nr. 3 RStV. Sie soll die Meinungsvielfalt bei der bundesweiten Veranstaltung von Fernsehprogrammen sichern. Die von ihr ausgeübte, spezifisch rundfunkrechtliche Konzentrationskontrolle im Medienbereich kann mit den Vorkehrungen des Bundes zur Sicherstellung der Marktvielfalt, mithin mit den Normen des GWB, in Konflikt geraten. Spezifisch rundfunkrechtliche und allgemeine wirtschaftsrechtliche Konzentrationskontrolle rücken im Internet zusammen und stehen insoweit zusehends in einem Kooperationsverhältnis zueinander (Hahn/Vesting/Vesting RStV § 1 Rn. 16 f.). 6.3

Das Spannungsfeld zwischen spezifischem Rundfunkrecht und allgemeinem Wirtschaftsrecht bildet sich auch im **Urheberrecht** ab: Hier greift das Rundfunkrecht zusehends in Regelungsbereiche des allgemeinen Urheberrechts über; für das dem Bund nach Art. 73 Abs. 1 Nr. 9 GG die Gesetzgebungszuständigkeit zukommt: In § 81 UrhG normiert der Bund ein Leistungsschutzrecht für Veranstaltungen, das die landesrechtlichen Regeln zur Kurzberichterstattung nach § 5 RStV dann aber wieder modifizieren. Die Länder bzw. Fernsehveranstalter können damit bestimmte Ereignisse der Öffentlichkeit zugänglich machen und so den Schutz des Veranstalters nach § 81 UrhG verwässern 6.4

(kritisch insofern BVerfGE 97, 228 (251 f.) – extra radio; Lauktien ZUM 1998, 253; Ricker/Schiwy, Rundfunkverfassungsrecht, 1997, B. Rn. 216; Hahn/Vesting/Vesting RStV § 1 Rn. 18).

6.5 Besondere Brisanz gewinnt die kompetenzielle Abgrenzungsproblematik im Bereich der Zuteilung der **Kabelkapazitäten,** insbes. in digitalen Kabelnetzen. Die **Frage der Zuteilungshoheit** ist Teilaspekt der Grenzziehung zwischen Rundfunk und Telekommunikation. Infolge der Multifunktionalität der Netze versteht sich eine Länderkompetenz für die Knappheitsregulierung nicht mehr von selbst (vgl. dazu etwa Gersdorf, Regelungskompetenzen bei der Belegung digitaler Kabelnetze, 1996).

7 Der verfassungsrechtliche Boden, auf dem der RStV steht, ist technologischen Verschiebungen ausgesetzt. Die zunehmende Vernetzung in den Bereichen der Technik, Wirtschaft und Kultur stellt überkommene Differenzierungen infrage und verlangt der Rechtsordnung **neue Lösungen** ab.

8 Eine **generelle Ersetzung der Landes- durch die Bundeskompetenz,** wie sie teilweise die Literatur fordert (Bullinger/Mestmäcker, Multimediadienste, 1997, 135 ff.), kann der Sache nur teilweise gerecht werden: Die technischen Umbrüche gehen bislang nicht mit solchen Umwälzungen einher, dass die Wahrnehmung der Aufgabe des Rundfunks sich eher als originäre Wirtschaftsregulierung denn als kulturstaatlicher Regelungsauftrag präsentiert oder aufgrund der Globalisierung des Rundfunkmarktes nur der Bund die Regelungsaufgabe sachgerecht wahrnehmen kann.

9 Eine zumindest zum gegenwärtigen Zeitpunkt mögliche und tragfähigere Lösung ist die Schaffung **eines regulatorischen Kooperations- und Koordinationsverhältnisses,** wie es etwa § 52e RStV und § 57 Abs. 1 TKG im Sinne einer engen Kommunikation zwischen den Landesmedienanstalten und der Bundesnetzagentur normieren. Die Landesgesetzgeber sind gehalten, flexible Kommunikations- und Koordinationsformen zu schaffen, um auf Misch- und Zweifelsformen reagieren zu können und diese sachgerecht zu behandeln. Damit geht auch eine Angleichung unterschiedlich gewachsener Rechtsordnungen, etwa des Kartell- und des Rundfunkrechts, einher. Die Länder wiederum müssen bei Änderungen des RStV damit auch in Zukunft stärker in den Blick nehmen, welche Handlungsgrenze ihnen die verfassungsrechtliche Kompetenzordnung bei der Reaktion auf neue Entwicklungen zieht.

IV. Staatsvertrag als Handlungsform

10 Um ein bundeseinheitliches Rundfunksystem im Rahmen der bestehenden kulturellen Länderkompetenz zu schaffen, sahen die Länder einen Staatsvertrag als Instrument der Wahl an. Dieses Regelungsinstrument eines öffentlich-rechtlichen Vertrages zwischen den Gliedstaaten eines Gesamtstaates ist **grds. anerkannt,** um eine für alle Beteiligten verbindliche Gesetzgebungskoordination herzustellen (vgl. für das Rundfunkrecht BVerwGE 22, 299 (301 ff.); Bauer, Die Bundestreue, 1992, 359 ff.; Vedder, Intraföderale Staatsverträge, 1996, 121 ff.).

11 Anders als die Zulässigkeit des Handelns durch Staatsverträge an sich ist ihre Genese nicht unproblematisch. Die Verträge berühren Inhalte, die das Parlament – als Gravitationszentrum der politischen Willensbildung und als für die Zuordnung der grundrechtlichen Positionen demokratisch verantwortliche Instanz – selbst durch Gesetz regeln muss. Das bedingt grundsätzlich einen offenen politischen Willensbildungsprozess, der nicht auf eine nachträgliche Billigung bzw. Ablehnung der demokratisch legitimierten Entscheidungsträger ohne reale inhaltliche Gestaltungsmöglichkeit beschränkt ist. Die gegenwärtige Praxis informeller Verhandlungen ruft nach einer stärkeren Einbindung der Landtage, etwa durch Berichtspflichten der Staatskanzleien gegenüber den Landesparlamenten während der Verhandlungen (in diesem Sinne Hahn/Vesting/Vesting RStV § 1 Rn. 7 f.).

B. Sachlicher Anwendungsbereich

12 Der RStV regelt die Veranstaltung und Verbreitung von **Rundfunk** sowie (wenn auch mit Einschränkungen) die inhaltlichen Anforderungen an **Telemedien** in Deutschland (→ Rn. 16 ff.). Er findet unabhängig davon Anwendung, ob der Rundfunkveranstalter selbst seinen Sitz in Deutschland hat (Abs. 3; s. dazu iE → Rn. 24 ff.). In sachlicher Hinsicht

Anwendungsbereich § 1 RStV

erstreckt sich der RStV damit auf die **gesamte Bandbreite des Rundfunkprozesses und seiner Erscheinungsformen,** soweit den Ländern für dessen Normierung die Kompetenz zusteht (→ Rn. 3 ff.).

I. Veranstaltung und Verbreitung von Rundfunk (Abs. 1)

Die Veranstaltung und Verbreitung von Rundfunk entsprechen dem überkommenen Regelungsauftrag des RStV. In diesem Sinne beschreibt auch Abs. 1 seinen normativen Geltungsanspruch. Der Wendung **„in einem dualen Rundfunksystem"** des § 1 Abs. 1 kommt – insbes. gegenüber der Präambel – **kein neuer, selbstständiger Regelungsgehalt** zu. Sie nimmt in die Beschreibung des Anwendungsbereichs des RStV deskriptiv das Kooperationsverhältnis von öffentlich-rechtlichen und privaten Rundfunkveranstaltern auf, in dem sich dessen Regulierungsrahmen bewegt (vgl. die Kommentierung zur → Präambel Rn. 11). Der RStV betont damit seine Anwendbarkeit auf den gesamten öffentlich-rechtlichen wie privaten Rundfunk. 13

1. Veranstaltung

Rundfunk veranstaltet, wer die Struktur eines Programms sowie die Abfolge und Inhalte der Sendungen festlegt und die Entscheidung über die Bezeichnung und Ausstrahlung eines solchen Rundfunkprogrammes trifft (BVerfGE 97, 298 (310) – extra radio; Hahn/Vesting/Vesting RStV § 1 Rn. 30; Spindler/Schuster/Holznagel/Kibele RStV § 1 Rn. 15). Das schließt nicht aus, dass der Veranstalter sich ganz oder teilweise Programmteile von Dritten zuliefern lässt (BVerfGE 97, 298 (310) – extra radio; Spindler/Schuster/Holznagel/Kibele RStV § 1 Rn. 15). Er muss auch nicht selbst die technische Verbreitung des Programms übernehmen – es genügt, dass er über das „Ob" der Verbreitung entscheidet (BVerfGE 97, 298 (310) – extra radio). Maßgeblich ist, ob er auf redaktioneller Ebene das Programm in seiner inhaltlichen Gestaltung verantwortet. 14

2. Verbreitung

Die **Verbreitung von Rundfunk** nimmt derjenige vor, der technisch ein Rundfunkprogramm in Form einer Punkt-zu-Mehrpunkt-Verbindung, mithin an die Allgemeinheit, aussendet (Spindler/Schuster/Holznagel/Kibele RStV § 1 Rn. 16 mwN). 15

II. Angebot von Telemedien

Für Telemedien (unten 1.; → Rn. 17) hält § 1 Abs. 1 Hs. 2 RStV eine **Sonderregelung** bereit. Auf sie findet der RStV nur eingeschränkt Anwendung (unten 2., → Rn. 18). Die Regelung geht auf den 9. RÄndStV zurück. Gemeinsam mit dem TMG sollen die telemedienrechtlichen Regelungen des RStV einen einheitlichen Rechtsrahmen schaffen, der die Abgrenzung zwischen Rundfunk und Telemedien als Schauplatz kompetenzieller Probleme einem einheitlichen und operationablen Rechtsrahmen zuführt (vgl. dazu i. E. und krit. im Hinblick darauf, ob dem Landes- bzw. Bundesgesetzgeber dieses Vorhaben gelungen ist, Engels/Jürgens/Kleinschmidt, K&R 2008, 65; Spindler/Schuster/Holznagel/Kibele RStV § 1 Rn. 2 ff. mwN.; Schütz, MMR 2009, 228). 16

1. Begriff der Telemedien

Den Begriff „Telemedien" bestimmt § 2 Abs. 1 S. 3 und 4 RStV – in Übereinstimmung mit § 1 TMG – durch ein positives und drei negative Merkmale: Es muss sich um **Informations- und Kommunikationsdienste** handeln, die elektronisch übertragen werden und weder ausschließlich Telekommunikationsdienste iSd § 3 Nr. 24 TKG noch telekommunikationsgestützte Dienste nach § 3 Nr. 25 TKG noch Rundfunk iSd § 2 Abs. 1 S. 1 und 2 RStV darstellen (→ § 1 Rn. 1 ff.). 17

2. Eingeschränkte Anwendung des RStV (IV. bis VI. Abschnitt und § 20 Abs. 2 RStV) als Rechtsfolge

18   Im Vergleich zur Veranstaltung und Verbreitung von Rundfunk unterliegen Telemedien lediglich **abgesenkten Regulierungsanforderungen;** der Sache nach handelt es sich insoweit um eine presserechtliche Minimalregulierung: Telemedien bedürfen weder einer Zulassung noch Anmeldung (§ 4 TMG). Sie erfahren auch im Hinblick auf die Werberegulierung eine andere Behandlung als klassische Rundfunkangebote. Mit dieser flexiblen Strategie reagiert der Gesetzgeber darauf, dass telemedienrechtliche Internetangebote typischerweise nicht das gleiche rundfunkrechtliche Gefährdungspotenzial aufweisen wie klassischer Rundfunk. Er ordnet neue Angebote nicht pauschal dem Rundfunk zu, sondern schafft **Systeme unterschiedlicher Regulierungsdichte.** Telemedien unterfallen auch nicht dem Bestands- und Entwicklungsauftrag des Abs. 4 der Präambel (→ Präambel Rn. 12 ff.).

III. Verhältnis des RStV zum Landesmedienrecht (Abs. 2)

19   § 1 Abs. 2 RStV grenzt den Geltungsbereich des RStV zum Landesrecht ab. Er folgt dabei einer **allgemeinen Kollisionsregel:** Intraföderale Staatsverträge als solche entfalten zunächst nur Binnenwirkung unter den Vertragspartnern. Erst mit dem vom Parlament erlassenen Zustimmungsgesetz (in Bayern reicht ein Zustimmungsbeschluss, vgl. Art. 72 Abs. 2 BayVerf.; das BVerfG hat das ausdrücklich gebilligt (BVerfGE 37, 191 (198)) erlangen sie mit Außenwirkung verbundene Gesetzeskraft. Sie wirken dann im Range einfachen Landesrechts und verdrängen dieses als lex posterior, soweit der Transformationsakt des Zustimmungsgesetzes reicht (BVerfGE 12, 205 (220); HRKDSC RStV § 1 Rn. 12; Vedder, Intraföderale Staatsverträge, 1996, 325 f. mwN; Hahn/Vesting/Vesting RStV § 1 Rn. 37). Andere Regelungen des Landesrechts, mithin solche, die der Staatsvertrag auch nach Transformation ins Landesrecht nicht verdrängt, behalten hingegen ihre Geltung grds. bei. Den umfassenden Bindungsanspruch und Vorrang des Rundfunkstaatsvertrages (ebenso § 39 S. 3 RStV) gegenüber abweichendem Landesrecht drückt Abs. 2 **deklaratorisch** aus („anderweitige Regelunge(n) enthält oder (...) zulässt").

20   Aus der Anwendung der Lex-posterior-Regel ergibt sich aber auch, dass dem Land grds. die Möglichkeit offen steht, das aus dem RStV stammende Recht durch Erlass eines neueren Gesetzes gleichsam zu „überschreiben". Es handelt sich dann zwar um staatsvertragswidriges Recht, das der im Vertrag ausgesprochenen Bindung widerspricht, aber grds. wirksam ist. Die Länder **dürfen** mit anderen Worten nicht von der im Außenverhältnis vertraglich eingegangenen Bindung abweichen, **können** es aber grds. (so die hM, vgl. etwa HRKDSC RStV § 1 Rn. 10, 12; zweifelnd Hahn/Vesting/Vesting RStV § 1 Rn. 38). Lediglich Hessen spricht in seiner Landesverfassung staatsvertragswidrigen Gesetzen ausdrücklich die Gültigkeit ab (Art. 67 S. 2 HessLV). Weicht ein Land von der internen Bindungswirkung des Staatsvertrags ab, haben die übrigen Länder ein Kündigungsrecht (§ 62) oder die Möglichkeit, vertragskonformes Verhalten klageweise vor dem BVerwG (§ 50 Abs. 1 Nr. 1 VwGO) durchzusetzen (BVerwGE 50, 137 (147); Spindler/Schuster/Holznagel/Kibele RStV § 1 Rn. 25).

21   In der Literatur stößt diese schwache Durchsetzungsmacht im intraföderalen Verhältnis auf Kritik (vgl. Hahn/Vesting/Vesting RStV § 1 Rn. 40), hat doch der RStV die verfassungsrechtlich gebotene Funktion, einen grenzüberschreitenden Rundfunk in Form eines einheitlichen Rechtssystems sicherzustellen (vgl. BVerfGE 73, 118 (196 f.)). Dies unterscheidet ihn wesentlich von anderen Staatsverträgen, die zB der Behördenkooperation oder der Verwaltungsvereinfachung dienen. **Teile der Literatur** schlagen daher einen **generellen Vorrang staatsvertraglicher Regelungen** vor dem einfachem Landesrecht vor (Vedder, Intraföderale Staatsverträge, 1996, 352; zust. Hahn/Vesting/Vesting RStV § 1 Rn. 40). Dann bildet sich „dezentrales Bundesrecht" (Vedder, Intraföderale Staatsverträge, 1996, 334 f.) als neue Zwischenschicht in der Normenhierarchie, mithin ein bundesweit wirkendes einheitliches Landesrecht, das aufgrund einer einheitlich wahrgenommenen Länderkompetenz entstanden ist. Mit der Verfassungsautonomie der Länder ist das jedoch nur dann vereinbar, wenn ein entsprechender ausdrücklicher Bindungswille pro futuro in den Zustimmungs-

Anwendungsbereich § 1 RStV

gesetzen zu den Verträgen zum Ausdruck kommt und dieser durch ausdrückliche höherrangige Norm verfassungsrechtlich abgesichert ist. Sonst entfaltet der allgemein unter den Vorschriften gleichen Rangs geltende Vorrang des späteren Gesetzes seine normative Wirkung.

C. Territorialer Anwendungsbereich des RStV und des Landesmedienrechts (Abs. 3)

I. Der Rechtsrahmen für grenzüberschreitende Rundfunkdienste

Das deutsche Medien- und Kommunikationsrecht ruht mittlerweile größtenteils auf dem Fundament europäischer Regelungen. Maßgebliche Impulse hat die **EG-Fernsehrichtlinie** gesetzt. Sie wurde durch die **AVMD-RL** abgelöst. § 1 Abs. 3 RStV geht im Wesentlichen auf Anpassungen des RStV an Art. 2 Abs. 4 AVMD-RL durch den 13. RÄndStV zurück. Ein ausdrücklicher kompetenzrechtlicher Unterbau für diese Tätigkeit der EU auf dem Gebiet des Rundfunkrechts findet sich auch im Vertrag von Lissabon nicht (Spindler/Schuster/Holznagel/Kibele RStV § 1 Rn. 13). Allerdings betrachtet der EuGH den Rundfunk (auch) als Wirtschaftsgut und damit als Dienstleistung nach Art. 56 AEUV (zB EuGH Sacchi 1974, 409 (428)). Vor diesem Hintergrund ist der europäische Normgeber zum Erlass entsprechender Regelungen befugt (vgl. dazu Spindler/Schuster/Holznagel/Kibele RStV § 2 Rn. 5 ff. mwN). 22

Den Rechtsrahmen **gegenüber Nicht-EU-Mitgliedstaaten** in Europa normiert das **Fernsehübereinkommen** des Europarates (Europäisches Übereinkommen über das grenzüberschreitende Fernsehen vom 5.5.1989, geändert durch das Protokoll des Europarates vom 9.9.1998). 23

Den territorialen Anwendungsbereich des RStV regelt Abs. 3 mehrstufig: Auf ausländische Fernsehveranstalter findet danach der RStV auch Anwendung, wenn der Anbieter 24

- aufgrund seiner Niederlassung deutscher Rechtshoheit unterliegt (**Abs. 3 S. 1 Hs. 1,** → Rn. 27),
- eine in Deutschland gelegene Satelliten-Bodenstation für die Aufwärtsstrecke (**Abs. 3 S. 1 Hs. 2;** → Rn. 28) oder
- eine Deutschland zugewiesene Satelliten-Übertragungskapazität nutzt (**Abs. 3 S. 2;** → Rn. 29).

Aus der Unterwerfung dieser Anbieter unter die deutsche Rechtshoheit aufgrund des Art. 2 Abs. 4 AVMD-RL folgt die unionsrechtliche Verpflichtung Deutschlands, dafür Sorge zu tragen, dass diese Dienste den Vorschriften des Rechtssystems entsprechen, die auf für die Allgemeinheit bestimmte audiovisuelle Mediendienste anwendbar sind (**Art. 2 Abs. 1 AVMD-RL**). Denn Deutschland wird insoweit zum Sendestaat. Dazu gehört insbes. das Erfordernis einer rundfunkrechtlichen Zulassung und die Beachtung rundfunkrechtlicher Bestimmungen (§ 20 Abs. 1 S. 1). 24a

Vom Anwendungsbereich des Abs. 3 ausgenommen sind lediglich Angebote, die ausschließlich zum Empfang in Drittländern bestimmt sind und die die Allgemeinheit nicht unmittelbar oder mittelbar mit handelsüblichen Verbraucherendgeräten in einem Staat innerhalb des Geltungsbereichs der Richtlinie empfangen kann **(S. 3)**. 25

§ 1 Abs. 3 erstreckt seinen Anwendungsbereich nur auf **Fernsehveranstalter,** nicht etwa auf Telemedienanbieter. Für **audiovisuelle Mediendienste auf Abruf** erklärt § 58 Abs. 3 S. 1 die Vorschriften des § 1 Abs. 3 aber für entsprechend anwendbar. 26

II. Deutsche Rechtshoheit aufgrund Niederlassung (Abs. 3 S. 1 Hs. 1)

Ein Fernsehveranstalter, der in Deutschland seine Niederlassung, also seinen organisatorischen Schwerpunkt hat, unterliegt dem Regime des RStV. Das entspricht dem **Herkunftslandprinzip** des Art. 2 Abs. 1 AVMD-RL; vgl. auch die detaillierten Regelungen des Art. 2 Abs. 3 AVMD-RL, Art. 5 Nr. 3 Fernsehübereinkommen. 27

RStV § 1   II. Rundfunk und presseähnliche Telemedien

III. Nutzung einer in Deutschland gelegenen Satelliten-Bodenstation für die Aufwärtsstrecke (Abs. 3 S. 1 Hs. 2)

28   Hat ein Fernsehveranstalter keine Niederlassung in Deutschland, ist auf ihn gleichwohl der RStV anwendbar, wenn er eine in Deutschland befindliche Satelliten-Bodenstation für die Aufwärtsstrecke (den sog. Uplink) nutzt. Der Vertrag knüpft damit am **Kriterium des Standorts der Übertragungstechnologie** an (vgl. auch Art. 3 Fernsehübereinkommen). So sieht es auch Art. 2 Abs. 4 lit. a AVMD-RL vor (vgl. auch Art. 5 Abs. 4 lit. c Fernsehübereinkommen). Welche Zielgruppe die Sendungen adressieren, spielt damit keine Rolle (Hahn/Vesting/Vesting RStV § 1 Rn. 35).

IV. Rückgriff auf Satellitenübertragungskapazitäten, die Deutschland zugewiesen sind (Abs. 3 S. 2)

1. Grundsatz

29   Auch wenn ein Fernsehveranstalter keine in Deutschland befindliche Satelliten-Bodenstation nutzt, ist gleichwohl grds. deutsches Recht dann anwendbar, wenn er auf Satellitenübertragungskapazität zurückgreift, die Deutschland zugewiesen ist. Das entspricht der unionsrechtlichen Vorgabe des Art. 2 Abs. 4 lit. b AVMD-RL. Diese kommt ihrerseits der internationalen Verpflichtung des Art. 5 Abs. 4 Fernsehübereinkommen nach. Für die Anwendbarkeit deutschen Rundfunkrechts ist nicht erforderlich, dass der Fernsehveranstalter zur Ausstrahlung ausschließlich auf deutsche Satelliten-Übertragungskapazitäten zurückgreift. Es genügt nach dem Wortlaut des RStV deren „Nutzung".

2. Ausnahmen

30   Von dem Grundsatz des Abs. 3 S. 2 sieht Abs. 3 S. 3 RStV **zwei Ausnahmen** vor: Der RStV kommt nicht zur Anwendung auf Angebote, die ausschließlich zum Empfang in Drittländern bestimmt sind und die die Allgemeinheit mit handelsüblichen Verbraucherendgeräten im Geltungsbereich der AVMD-RL nicht mittelbar oder unmittelbar empfangen kann. Die Vorschrift trägt dem Grundgedanken Rechnung, dass in diesen Fällen mangels **Einwirkung auf die Meinungsbildung im Inland** das **rundfunkspezifische Regelungsbedürfnis** der Breitenwirkung und Suggestivkraft des Rundfunks nicht berührt ist.

31   Die Vorschrift geht auf Art. 2 Abs. 6 AVMD-RL zurück. Der Wortlaut der Richtlinie legt den Schluss nahe, dass sich die Ausnahme des Abs. 3 S. 3 nicht nur auf S. 2, dh die Fälle der Nutzung einer in Deutschland gelegenen Satelliten-Bodenstation, sondern auch auf S. 1 bezieht. Denn sie spricht allgemein davon, dass „diese Richtlinie (...) nicht für" die in Abs. 3 S. 3 genannten audiovisuellen Mediendienste „gilt".

32   Die Mitgliedstaaten sind jedoch nicht gehindert, davon abzuweichen. Insbes. steht die Richtlinie einer **Erweiterung des Anwendungsbereichs** nationalstaatlicher Vorschriften auf Dienste, die der Richtlinie nicht unterfallen, nicht entgegen. Eine Beschränkung der Ausnahmen des Abs. 3 S. 3 auf die in Abs. 3 S. 2 genannten Dienste entspricht sowohl der systematischen Stellung innerhalb der Vorschrift als auch dem Grundgedanken des Territorialitätsprinzips, der in Abs. 3 S. 1 angelegt ist. In Fällen des S. 1 befindet sich die Niederlassung oder jedenfalls die Übertragungsstation auf deutschem Boden. Dies legitimiert dann die Anwendbarkeit deutschen Rechts. Die Ausnahme des S. 3 bezieht sich insofern lediglich auf die Fälle des S. 2 (so auch Spindler/Schuster/Holznagel/Kibele RStV § 1 Rn. 28).

D. Anwendung des RStV auf Teleshoppingkanäle (Abs. 4)

I. Grundsatz

33   Auf Teleshoppingkanäle (vgl. zu dem Begriff § 2 Abs. 2 Nr. 10) ist der RStV grds. anwendbar. Er stuft diese **als Rundfunk** ein. Das ergibt sich aus der Systematik des RStV. Würde es sich bei Teleshoppingkanälen rundfunkstaatsvertraglich nämlich um Telemedien handeln, hätte es der Vorschrift des § 1 Abs. 4 nicht bedurft. Denn auf Telemedien finden nach § 1 Abs. 1 Hs. 2 die Bestimmungen des ersten und dritten Abschnitts ohnehin keine Anwendung. § 1 Abs. 4 hat erst durch den 12. RÄndStV Eingang in den RStV gefunden.

Bis zu dieser Änderung galten Teleshoppingkanäle als Telemedien und wurden mithin nicht als Rundfunk eingeordnet. Damit galten für sie ausschließlich die Regelungen des sechsten Abschnitts des RStV sowie die Vorschriften des TMG.

II. Ausnahme

Auf Teleshoppingkanäle finden nicht alle Vorschriften des RStV Anwendung. Einen nicht unerheblichen Teil der Regelungen nimmt Abs. 4 vom Anwendungsbereich des RStV aus: Die Allgemeine Vorschriften (§§ 1–10) und die Vorschriften für den privaten Rundfunk (§§ 20–49) sind auf Teleshoppingkanäle grds. nicht anwendbar. Etwas anderes gilt nur dann, wenn der RStV diese Vorschriften ausdrücklich auf Teleshoppingkanäle für anwendbar erklärt – so geschehen in § 7 (Werbegrundsätze), § 8 Abs. 7 (Sponsoring), § 8a Abs. 3 (Gewinnspiele), § 9 Abs. 3 (Informationspflicht, zuständige Behörden), § 9b Abs. 1 (Verbraucherschutz), § 39 (Anwendungsbereich), § 45 Abs. 3 (Dauer der Fernsehwerbung) und § 47 Abs. 4 (Datenschutz).

34

§ 2 Begriffsbestimmungen

(1) ¹Rundfunk ist ein linearer Informations- und Kommunikationsdienst; er ist die für die Allgemeinheit und zum zeitgleichen Empfang bestimmte Veranstaltung und Verbreitung von Angeboten in Bewegtbild oder Ton entlang eines Sendeplans unter Benutzung elektromagnetischer Schwingungen. ²Der Begriff schließt Angebote ein, die verschlüsselt verbreitet werden oder gegen besonderes Entgelt empfangbar sind. ³Telemedien sind alle elektronischen Informations- und Kommunikationsdienste, soweit sie nicht Telekommunikationsdienste nach § 3 Nr. 24 des Telekommunikationsgesetzes sind, die ganz in der Übertragung von Signalen über Telekommunikationsnetze bestehen oder telekommunikationsgestützte Dienste nach § 3 Nr. 25 des Telekommunikationsgesetzes oder Rundfunk nach Satz 1 und 2 sind.

(2) Im Sinne dieses Staatsvertrages ist
1. Rundfunkprogramm eine nach einem Sendeplan zeitlich geordnete Folge von Inhalten,
2. Sendung ein inhaltlich zusammenhängender, geschlossener, zeitlich begrenzter Teil eines Rundfunkprogramms,
3. Vollprogramm ein Rundfunkprogramm mit vielfältigen Inhalten, in welchem Information, Bildung, Beratung und Unterhaltung einen wesentlichen Teil des Gesamtprogramms bilden,
4. Spartenprogramm ein Rundfunkprogramm mit im wesentlichen gleichartigen Inhalten,
5. Satellitenfensterprogramm ein zeitlich begrenztes Rundfunkprogramm mit bundesweiter Verbreitung im Rahmen eines weiterreichenden Programms (Hauptprogramm),
6. Regionalfensterprogramm ein zeitlich und räumlich begrenztes Rundfunkprogramm mit im wesentlichen regionalen Inhalten im Rahmen eines Hauptprogramms,
7. Werbung jede Äußerung bei der Ausübung eines Handels, Gewerbes, Handwerks oder freien Berufs, die im Rundfunk von einem öffentlich-rechtlichen oder einem privaten Veranstalter oder einer natürlichen Person entweder gegen Entgelt oder eine ähnliche Gegenleistung oder als Eigenwerbung gesendet wird, mit dem Ziel, den Absatz von Waren oder die Erbringung von Dienstleistungen, einschließlich unbeweglicher Sachen, Rechte und Verpflichtungen, gegen Entgelt zu fördern. § 7 Absatz 9 bleibt unberührt,
8. Schleichwerbung die Erwähnung oder Darstellung von Waren, Dienstleistungen, Namen, Marken oder Tätigkeiten eines Herstellers von Waren oder eines Erbringers von Dienstleistungen in Sendungen, wenn sie vom Veranstalter absichtlich zu Werbezwecken vorgesehen ist und mangels Kennzeichnung die Allgemeinheit hinsichtlich des eigentlichen Zweckes dieser Erwähnung oder

Darstellung irreführen kann. Eine Erwähnung oder Darstellung gilt insbesondere dann als zu Werbezwecken beabsichtigt, wenn sie gegen Entgelt oder eine ähnliche Gegenleistung erfolgt,

9. Sponsoring jeder Beitrag einer natürlichen oder juristischen Person oder einer Personenvereinigung, die an Rundfunktätigkeiten oder an der Produktion audiovisueller Werke nicht beteiligt ist, zur direkten oder indirekten Finanzierung einer Sendung, um den Namen, die Marke, das Erscheinungsbild der Person oder Personenvereinigung, ihre Tätigkeit oder ihre Leistungen zu fördern,
10. Teleshopping die Sendung direkter Angebote an die Öffentlichkeit für den Absatz von Waren oder die Erbringung von Dienstleistungen, einschließlich unbeweglicher Sachen, Rechte und Verpflichtungen, gegen Entgelt in Form von Teleshoppingkanälen, -fenstern und -spots,
11. Produktplatzierung die gekennzeichnete Erwähnung oder Darstellung von Waren, Dienstleistungen, Namen, Marken, Tätigkeiten eines Herstellers von Waren oder eines Erbringers von Dienstleistungen in Sendungen gegen Entgelt oder eine ähnliche Gegenleistung mit dem Ziel der Absatzförderung. Die kostenlose Bereitstellung von Waren oder Dienstleistungen ist Produktplatzierung, sofern die betreffende Ware oder Dienstleistung von bedeutendem Wert ist,
12. Programmbouquet die Bündelung von Programmen und Diensten, die in digitaler Technik unter einem elektronischen Programmführer verbreitet werden,
13. Anbieter einer Plattform, wer auf digitalen Übertragungskapazitäten oder digitalen Datenströmen Rundfunk und vergleichbare Telemedien (Telemedien, die an die Allgemeinheit gerichtet sind) auch von Dritten mit dem Ziel zusammenfasst, diese Angebote als Gesamtangebot zugänglich zu machen oder wer über die Auswahl für die Zusammenfassung entscheidet; Plattformanbieter ist nicht, wer Rundfunk oder vergleichbare Telemedien ausschließlich vermarktet,
14. Rundfunkveranstalter, wer ein Rundfunkprogramm unter eigener inhaltlicher Verantwortung anbietet,
15. unter Information insbesondere Folgendes zu verstehen: Nachrichten und Zeitgeschehen, politische Information, Wirtschaft, Auslandsberichte, Religiöses, Sport, Regionales, Gesellschaftliches, Service und Zeitgeschichtliches,
16. unter Bildung insbesondere Folgendes zu verstehen: Wissenschaft und Technik, Alltag und Ratgeber, Theologie und Ethik, Tiere und Natur, Gesellschaft, Kinder und Jugend, Erziehung, Geschichte und andere Länder,
17. unter Kultur insbesondere Folgendes zu verstehen: Bühnenstücke, Musik, Fernsehspiele, Fernsehfilme und Hörspiele, bildende Kunst, Architektur, Philosophie und Religion, Literatur und Kino,
18. unter Unterhaltung insbesondere Folgendes zu verstehen: Kabarett und Comedy, Filme, Serien, Shows, Talk-Shows, Spiele, Musik,
19. unter sendungsbezogenen Telemedien zu verstehen: Angebote, die der Aufbereitung von Inhalten aus einer konkreten Sendung einschließlich Hintergrundinformationen dienen soweit auf für die jeweilige Sendung genutzte Materialien und Quellen zurückgegriffen wird und diese Angebote thematisch und inhaltlich die Sendung unterstützend vertiefen und begleiten, ohne jedoch bereits ein eigenständiges neues oder verändertes Angebot nach § 11f Abs. 3 darzustellen,
20. ein presseähnliches Angebot nicht nur elektronische Ausgaben von Printmedien, sondern alle journalistisch-redaktionell gestalteten Angebote, die nach Gestaltung und Inhalt Zeitungen oder Zeitschriften entsprechen.

(3) Kein Rundfunk sind Angebote, die
1. jedenfalls weniger als 500 potenziellen Nutzern zum zeitgleichen Empfang angeboten werden,
2. zur unmittelbaren Wiedergabe aus Speichern von Empfangsgeräten bestimmt sind,

3. ausschließlich persönlichen oder familiären Zwecken dienen,
4. nicht journalistisch-redaktionell gestaltet sind oder
5. aus Sendungen bestehen, die jeweils gegen Einzelentgelt freigeschaltet werden.

Einer bewährten Gesetzgebungstechnik folgend zieht § 2 RStV zentrale Begriffsdefinitionen des RStV vor die Klammer, die den Ordnungsrahmen des RStV und des TMG sowie des Presserechts gegeneinander abschichten und Abgrenzungsschwierigkeiten bei der Auslegung rundfunkstaatsvertraglicher Normen vermeiden sollen. Insbes. enthält er die für das Verständnis des RStV wichtige Bestimmung des einfachgesetzlichen Rundfunkbegriffs (Abs. 1 S. 1, Abs. 2 und 3; → Rn. 1 ff.) sowie rundfunkrechtlicher Programmtypen (Abs. 2 Nr. 1–6; → Rn. 17 ff.), der Werbung und anderer kommerzieller Nutzungen (Abs. 2 Nr. 7–11; → Rn. 28 ff.), der Betriebsformen (Abs. 2 Nr. 12–14; → Rn. 50 ff.) und Programminhalte (Abs. 2 Nr. 15–18; → Rn. 55 ff.). Ferner grenzt er Rundfunk von sendungsbezogenen Telemedien (Abs. 2 Nr. 19; → Rn. 63 f.) und presseähnlichen Angeboten (Abs. 2 Nr. 20; → Rn. 65 ff.) ab.

Übersicht

	Rn
A. Rundfunkbegriff (Abs. 1 S. 1, Abs. 2 u. 3)	1
I. Abgrenzung zum verfassungsrechtlichen Rundfunkbegriff	1
II. Positive Begriffsmerkmale	3
1. Lineare zum zeitgleichen Empfang bestimmte Veranstaltung und Verbreitung von Angeboten in Bewegtbild oder Ton entlang eines Sendeplans	4
2. Allgemeinheit	7
3. Unter Benutzung elektromagnetischer Schwingungen	8
III. Negative Begriffsmerkmale	9
1. Kein Telemedium (Abs. 1 S. 3)	10
2. Nicht weniger als 500 potenzielle Nutzer (Abs. 3 Nr. 1)	12
3. Nicht nur zur Wiedergabe aus Speichern bestimmt (Abs. 3 Nr. 2)	13
4. Nicht nur für ausschließlich familiäre oder persönliche Zwecke (Abs. 3 Nr. 3)	14
5. Journalistisch-redaktionelle Gestaltung (Abs. 3 Nr. 4)	15
6. Nicht nur gegen Entgelt im Einzelfall freigeschaltet (Abs. 3 Nr. 5)	16
B. Programmformen (Abs. 2 Nr. 1–6)	17
I. Rundfunkprogramm (Abs. 2 Nr. 1)	18
II. Sendung (Abs. 2 Nr. 2)	19
III. Programmkategorien	20
1. Vollprogramm (Abs. 2 Nr. 3)	21
2. Spartenprogramm (Abs. 2 Nr. 4)	24
IV. Satellitenfensterprogramm (Abs. 2 Nr. 5)	26
V. Regionalfensterprogramm (Abs. 2 Nr. 6)	27
C. Werbung und andere kommerzielle Nutzungen (Abs. 2 Nr. 7–11)	28
I. Werbung (Abs. 2 Nr. 7)	29
II. Schleichwerbung (Abs. 2 Nr. 8)	32
1. Darstellung oder Erwähnung in der Sendung	33
2. Gefahr der Irreführung	34
3. Vom Veranstalter absichtlich zu Werbezwecken vorgesehen	35
III. Sponsoring (Abs. 2 Nr. 9)	37
IV. Teleshopping (Abs. 2 Nr. 10)	41
V. Produktplatzierung (Abs. 2 Nr. 11)	44
D. Betriebsformen (Abs. 2 Nr. 12–14)	50
I. Programmbouquet (Abs. 2 Nr. 12)	50
II. Anbieter einer Plattform (Abs. 2 Nr. 13)	51
III. Rundfunkveranstalter (Abs. 2 Nr. 14)	54
E. Programminhalte (Abs. 2 Nr. 15–18)	55
I. Information (Abs. 2 Nr. 15)	56
II. Bildung (Abs. 2 Nr. 16)	57
III. Kultur (Abs. 2 Nr. 17)	58
IV. Unterhaltung (Abs. 2 Nr. 18)	60
F. Abgrenzung des Rundfunks zu Telemedien und zur Presse (Abs. 2 Nr. 19, 20)	62
I. Sendungsbezogene Telemedien (Nr. 19)	63
II. Presseähnliches Angebot (Nr. 20)	65

A. Rundfunkbegriff (Abs. 1 S. 1, Abs. 2 u. 3)

I. Abgrenzung zum verfassungsrechtlichen Rundfunkbegriff

1   Der einfachgesetzliche Rundfunkbegriff des § 2 Abs. 1 S. 1 und 2 RStV ist nicht mit dem verfassungsrechtlichen, in Art. 5 Abs. 1 S. 2 Var. 2 GG vorausgesetzten Rundfunkbegriff **deckungsgleich.** Vielmehr geht der verfassungsrechtliche Rundfunkbegriff weiter als der einfachgesetzliche: Während **Telemedien** aus dem Anwendungsbereich des einfachgesetzlichen Rundfunkbegriffs ausgenommen sind, erfasst der verfassungsrechtliche Rundfunkbegriff diese (BVerfGE 74, 297 (350); 83, 238 (302); Badura AöR 134 (2009), 241 f.; v. Mangold/Klein/Starck GG Art. 5 Rn. 97).

2   Zwar hat der verfassungsrechtliche Rundfunkbegriff bislang keine abschließende Begriffsbestimmung erfahren. In der verfassungsgerichtlichen Rspr. haben sich aber drei konsentierte Kennzeichen herausgebildet: die **Öffentlichkeit der Kommunikation,** die **Verbreitung über elektromagnetische Schwingungen** und die **Darbietung** (BeckOK GG/Schemmer GG Art. 5 Rn. 66; Hahn/Vesting/Schulz, RStV § 2 Rn. 14). Sie konstituieren die grundrechtliche Sensibilität des Rundfunks, die Art. 5 Abs. 1 S. 2 Var. 2 GG im Blick hat: Die publizistische Wirkung für die öffentliche Meinungsbildung sowie die Aktualität, Breitenwirkung und Suggestivkraft begründen die Sonderrolle des Rundfunks (BVerfGE 119, 181 (215); Begründung zum 12. RÄndStV, LT-Drs. RhPf 15/3116, 38). Das Merkmal der Darbietung ist dabei das einzige an den Programminhalt anknüpfende Kriterium der Definition. Es setzt eine planvoll-redaktionelle Gestaltung der übermittelten Inhalte voraus, aus der wiederum eine publizistische Relevanz für den öffentlichen Meinungsbildungsprozess folgt. Wie weit diese Meinungsrelevanz gehen muss und ob es dieses Kriteriums tatsächlich bedarf, ist im Einzelnen umstritten (vgl. Jarass AfP 1998, 133; Trute VVDStRL 57, 241 mit Fn. 99; verneinend: Scherer AfP 1996, 213 (218); Held, Online-Angebote öffentlich-rechtlicher Rundfunkanstalten, 2008, 83 ff.).

II. Positive Begriffsmerkmale

3   Mit der Definition des Begriffs „Rundfunk" konkretisieren und modifizieren die Länder den verfassungsrechtlichen Rundfunkbegriff entsprechend den Regelungsbedürfnissen des RStV für das einfache Recht. Zentrale Kennzeichen des Rundfunks iSd RStV sind die Linearität (unten 1.; → Rn. 4 ff.) und die Allgemeinheit (unten 2.; → Rn. 7) einer Verbreitung von Angeboten in Bewegtbild oder Ton unter Benutzung elektromagnetischer Schwingungen (unten 3.; → Rn. 8 ff.). Die Definition trägt dem Bedürfnis Rechnung, Rundfunk von anderen sachverwandten Erscheinungsformen, insbes. Telemedien, abzugrenzen und dem verfassungsrechtlichen Regelungsauftrag zur **Ausformung und Förderung des Rundfunks** nachzukommen. Die heutige Fassung geht auf den 12. RÄndStV zurück, der die Terminologie an die Richtlinie über audiovisuelle Mediendienste angepasst hat (LT-Drs. RhPf 15/3116, 38). Er gibt das bis dahin verwendete Kriterium der „Darbietung" zugunsten des Begriffs „Angebot" auf und führt die Linearität und den „zeitgleichen Empfang" als Begriffsmerkmale ein.

1. Lineare zum zeitgleichen Empfang bestimmte Veranstaltung und Verbreitung von Angeboten in Bewegtbild oder Ton entlang eines Sendeplans

4   Rundfunk iSd RStV ist durch einen **Informations- und Kommunikationsdienst entlang eines Sendeplans** für eine Vielzahl von Rezipienten „zum **zeitgleichen Empfang**" bereit (vgl. die Begründung zum 12. RÄndStV (§ 2 Abs. 1 S. 1 Hs. 1 RStV; LT-Drs. RhPf 15/3116, 38); Spindler/Schuster/Holznagel/Krone RStV § 2 Rn. 40). Rundfunk zielt damit auf eine Massenkommunikation, die dem Empfänger keine technische Einflussmöglichkeit auf den Zeitpunkt belässt, zu dem er das Angebot der Inhalte abrufen kann. Die Begriffsmerkmale „entlang eines Sendeplans" und „zum zeitgleichen Empfang" des § 2 Abs. 1 S. 1 Hs. 2 RStV verstehen sich als nachgelagerte, unselbstständige Konkretisierungen des Rundfunkmerkmals der Linearität (zutreffend Bornemann, ZUM 2013, 845 (848) mwN).

Begriffsbestimmungen § 2 RStV

Der Begriff der **Linearität** entstammt der AVMD-RL. Er markiert dort die Trennlinie 5 zwischen einem „Fernsehprogramm" („linearer audiovisueller Mediendienst"; Art. 1 Abs. 1 lit e) und einem „audiovisuellen Mediendienst auf Abruf" (Art. 1 Abs. 1 lit. g): Fernsehprogramme stellen Sendungen zum zeitgleichen Empfang auf der Grundlage eines Sendeplans bereit; **audiovisuelle Mediendienste auf Abruf** bieten diese demgegenüber für den Empfang zu dem vom Nutzer gewählten Zeitpunkt und auf dessen individuellen Abruf hin aus einem Programmkatalog an. Entsprechend meint „Linearität" die **Einhaltung einer bestimmten Reihenfolge der Ausstrahlung,** die ein Sendeplan entsprechend einem redaktionellen Plan in einem Programm festlegt. Die Rezipienten empfangen diese Ausstrahlung gleichzeitig (Hahn/Vesting/Schulz, RStV § 2 Rn. 42a). Linearität impliziert eine Chronologie des inhaltlichen Ablaufs (vgl. auch Art. 1 Abs. 1 lit. c: „anhand eines chronologischen Sendeplans") und damit regelmäßig mindestens zwei Sendungen. Das machen auch die rundfunkrechtliche Definition des Rundfunkprogramms in Abs. 2 Nr. 1 RStV ebenso wie die Definition des Fernsehprogramms in Art. 1 Abs. 1 lit e AVMD-RL deutlich; beide sprechen im Plural von „Inhalten" bzw. „Sendungen". Ob die Sendungen **unmittelbar aufeinanderfolgen** müssen, sagt der RStV nicht. Diese Deutung entspricht aber der Rationalität der rundfunkrechtlichen Regulierung. Denn gerade eine solche programmlich vorbestimmte, kontinuierlich ablaufende Bewegtbild- oder Toninszenierung aufeinander folgender Inhalte schafft die mit hoher Authentizität ausgestattete künstliche Welt, die die Rundfunkrezipienten einbindet und damit das besondere Regulierungsbedürfnis der **Aktualität, Breitenwirkung und Suggestivkraft** auslöst, das den Rundfunk auszeichnet (vgl. Bullinger JZ 1996, 387). Gerade in der Auswahl und Ordnung einzelner Sendungen zu einem Programm drückt sich die redaktionelle Verantwortung und Gestaltung aus, an die Art. 1 Abs. 1 lit. c AVMD-RL und § 2 Abs. 1 S. 1 RStV anknüpfen (vgl Hahn/Vesting/Schulz, RStV § 2 Rn. 42b).

Mediatheken oder Plattformen mit Beiträgen zum individuellen, zeitlich von der erst- 6a maligen Ausstrahlung entkoppelten Abruf (zB „YouTube") fallen daher – jedenfalls mit ihrem On-demand-Angebot – aus dem Rundfunkbegriff ebenso heraus wie **Podcasts** oder andere Telemedien (HRKDSC RStV § 2 Rn. 21). **Livestreaming und Web-Casting** sind demgegenüber Rundfunk (BT-Drs. 16/3078, 13; vgl. auch Erwägungsgrund Nr. 27 S. 1 AVMD-RL). Denn „zum zeitgleichen Empfang" sind nach dem Willen der Länder auch Übertragungen bestimmt, die allein aus technischen Gründen kurzen zeitlichen Verzögerungen unterliegen (Begründung zum 12. RÄndStV, LT-Drs. RhPf 15/3116, 38). Ob dies auch für das Livestreaming von Veranstaltungen mit mehreren aufeinanderfolgenden, nicht redaktionell begleiteten Programmpunkten, wie etwa die Olympischen Spiele, gilt, wird unterschiedlich beantwortet (siehe dazu im Einzelnen Bornemann ZUM 2013, 845 ff. mwN). Neuralgischer Punkt ist dabei das in § 2 Abs. 1 S. 1 und Abs. 2 Nr. 1 RStV erwähnte Erfordernis eines Sendeplans. Der Anbieter präsentiert die Inhalte zwar in einer zeitlich geordneten Abfolge. Deren Auswahl und zeitliche Ordnung sind aber durch das Veranstaltungsprogramm vorgegeben. Der Livestream-Anbieter hat folglich nur die Entscheidungshoheit über das „Ob" der Übertragung, nicht aber über das „Was". Der Begriff des Sendeplans ist im Lichte der redaktionellen Verantwortung des Rundfunkveranstalters iSd § 2 Abs. 2 Nr. 14 RStV auszulegen (Spindler/Schuster /Holznagel/Kibele, § 2 RStV Rn. 44). Es muss grundsätzlich der Rundfunkveranstalter sein, der die zeitliche Folge der Inhalte plant (Bornemann ZUM 2013, 845 (848)). Die redaktionelle Verantwortung eines Inhalteanbieters ist allerdings immer im Verhältnis zum Rezipienten zu bestimmen. Nur wenn Letzterer frei in den vom Anbieter abrufbar gestellten Inhalten wählen kann, rechtfertigt dies nach der Konzeption des RStV, einen Livestream als Telemedienangebot von den strengen gesetzlichen Anforderungen für die Rundfunkzulassung auszunehmen. Diese Voraussetzungen sind bei einem zeitlich durch das Veranstaltungsprogramm eines Dritten determinierten Livestream nicht gegeben. Zeitlich zusammenhängende Livestreams von Veranstaltungen folgen daher einem Sendeplan und sind Rundfunk, wenn sie auch die weiteren begrifflichen Voraussetzungen des RStV, insb § 1 Abs. 3 Nr. 3, erfüllen.

Einen Grenzfall zwischen Rundfunk und Telemedium bildet auch der im April 2013 6b öffentlich ausgestrahlte **„Google Hangout" der Bundeskanzlerin** – ein auf der Plattform von Google+ aufsetzender, moderierter Video-Chat der Bundeskanzlerin mit einer ausgewählten Gruppe von Bürgern. Handelte es sich um Rundfunk, wäre dieser zulassungspflichtig. Der (bislang erste und einzige) Google Hangout wurde zwar auch als Livestream ausgestrahlt, entbehrte aber der Linearität des Angebots, da ein fester, eine Abfolge von Inhalten und damit regelmäßig mehrere Sendungen voraussetzender **Sendeplan** fehlte. Der Begriff des **Sendeplans** ist durch ein **Zeit- und ein Ordnungselement** gekennzeichnet. Er bezeichnet eine im Anfangs- und Endzeitpunkt bestimmte, zeitlich durch einen redaktionellen Plan geordnete Abfolge der ausgestrahlten Programminhalte, auf die der Nutzer weder zeitlich noch inhaltlich Einfluss nehmen kann. Zwar ist dem RStV nicht zu entnehmen, dass für ein Rundfunkprogramm eine zeitliche Mindestdauer notwendig ist (anders hingegen die Programmdefinition im Rahmen des verfassungsrechtlichen Rundfunkbegriffs, vgl. BVerfGE 97, 298 (310)). Ferner kann ein Sendeplan auch dann vorliegen, wenn jedenfalls weitere Sendungen geplant sind bzw. aus dem Konzept deutlich wird, dass die Ausstrahlung kein Einzelfall bleiben wird. Die gelegentliche, keinem festen Plan folgende Ausstrahlung einzelner Sendungen, die nicht aufeinanderfolgen, begründet aber das rundfunkspezifische Regulierungsbedürfnis nicht. Der Google Hangout ist in seinem gesamten Zuschnitt schwerpunktmäßig nicht primär auf den zeitgleichen Zugriff der Interessenten auf ein in einer festen Reihenfolge ablaufendes Programm, sondern auf das Vorhalten eines Angebots zum individuellen Abruf angelegt. Die besseren Gründe sprechen daher dafür, dass der Google Hangout in seiner gegenwärtigen Ausgestaltung nicht Rundfunk iSd § 1 Abs. 1 S. 1, sondern ein **Telemediendienst § 1 Abs. 1 S. 3 RStV** ist. Wie fließend die Grenzen zwischen Rundfunk und Telemedien in der digitalen Welt geworden sind, wird aber daran deutlich, dass es nur geringer Modifikationen bedarf, um beim Google Hangout von einem Rundfunkangebot zu sprechen (zur datenschutz-, wettbewerbs-, vergabe-und lizenzrechtlichen Problematik, die der Google Hangout und ähnliche Social-Media-Werkzeuge auslösen, siehe Martini/Fritzsche, VerwArch. 104 (2013), 449 ff.). So stuft bspw die Kommission für Zulassung und Aufsicht (ZAK) das sog. **Parlamentsfernsehen des Deutschen Bundestages,** das alle Plenardebatten sowie öffentliche Ausschusssitzungen und Anhörungen live und in voller Länge im Internet überträgt, als Rundfunkangebot ein (ZAK-Pressemitteilung 08/2011; 10. Jahresbericht der KEK, 6.5.1., S. 302; siehe zum Ganzen auch Gersdorf, Parlamentsfernsehen des Deutschen Bundestages, 2008; Goerlich/Laier, ZUM 2008, 475 ff.). Der Bürger hat – zumindest bei der Fernsehübertragung und dem Livestream im Internet – keine Möglichkeit zum individuellen Abruf. Das Programm folgt einem festen Sendeplan. Es bedürfte daher grds einer rundfunkrechtlichen Zulassung, deren Erteilung allerdings der Wortlaut des § 20a Abs. 3 RStV entgegensteht: Als Verfassungsorgan kann der Bundestag grds. keine Rundfunkzulassung erhalten. Art. 42 Abs. 1 S. 1 GG verpflichtet ihn aber zum öffentlichen Verhandeln und eröffnet ihm damit mittelbar auch die Nutzung der verfügbaren Ausstrahlungsmöglichkeiten. Das Parlamentsfernsehen ist daher im Wege der verfassungskonformen, teleologischen Reduktion von dem Zulassungsverbot des § 20 Abs. 3 RStV auszunehmen (→ Rn. 22 f.).

Für einige typische Konstellationen, in denen das rundfunkspezifische Regulierungsbedürfnis nicht besteht, hält **Abs. 3** eine konkretisierende Ausschlussregelung vor, um möglichst hohe Rechtssicherheit herzustellen (→ Rn. 12 ff.).

2. Allgemeinheit

7 Rundfunk umfasst nur solche Angebote, die für die Allgemeinheit zum Empfang bestimmt sind. Entscheidend ist, ob der Kommunikator individuell auf die Persönlichkeit jedes Einzelnen eingehen kann oder nicht (Hahn/Vesting/Schulz/Held RStV § 2 Rn. 17). Bei geschlossenen Gruppen ist das durchaus möglich (BVerfGE 95, 28 (35)). Auf die **tatsächliche Anzahl der Rezipienten** kommt es nicht an, vielmehr auf die **Individualität der Kommunikation** (HRKDSC RStV§ 2 Rn. 13). Die Verschlüsselung des Angebots steht der „Allgemeinheit" ebenso wenig entgegen wie der Umstand, dass ein Angebot nur gegen besonderes Entgelt empfangbar ist. Auch **Pay-TV**, wie zB „Sky", fällt daher unter den Rundfunkbegriff des RStV. Das stellt § 2 Abs. 1 S. 2 ausdrücklich klar. Nicht unter den Rundfunkbegriff fallen allerdings solche Sendungen, die jeweils gegen Einzelentgelt freigeschaltet werden (Abs. 3 Nr. 5).

3. Unter Benutzung elektromagnetischer Schwingungen

Der Rundfunkbegriff setzt die Übertragung von Informationen mittels elektromagnetischer Schwingungen voraus. Er nimmt damit insbes. **Presseerzeugnisse** von seinem Anwendungsbereich aus. 8

III. Negative Begriffsmerkmale

Der RStV schließt einige elektronische, unter Verbreitung elektromagnetischer Schwingungen verbreitete Angebote aus dem Begriff des Rundfunks ausdrücklich aus. Das gilt insbes. für Telemedien (Abs. 1 S. 3, unten 1.) sowie einige Angebote, bei denen die Länder aufgrund der eingeschränkten Breitenwirkung oder Suggestivkraft der Ausstrahlung ein rundfunkspezifisches Regulierungsbedürfnis verneinen (Abs. 3, unten 2.). Regelmäßig fehlt es bei den Tatbeständen des Abs. 3 an der gesetzlich vorausgesetzten Linearität oder Allgemeinheit des Angebots. Insofern ist Abs. 3 zugleich auch Auslegungshilfe für die Begriffsdefinition des Abs. 1 S. 1. 9

1. Kein Telemedium (Abs. 1 S. 3)

Telemedien unterfallen zwar – zumindest eingeschränkt (§ 1 Abs. 1 Hs. 2 RStV) – dem Anwendungsbereich des RStV, sind aber kein Rundfunk iSd RStV. Den Begriff der Telemedien definiert der RStV seit dem 9. RÄndStV – in Übereinstimmung mit § 1 Abs. 1 S. 1 TMG – mittels **eines Positiv- und dreier Negativkriterien** (vgl. auch die Begründung zum 9. RÄndStV LT-Drs. RhPf 15/432, 18 f.): Telemedien sind alle elektronischen Informations- und Kommunikationsdienste, die gerade **kein Rundfunk sind oder ausschließlich Telekommunikationsdienste** nach § 3 Nr. 24 TKG bzw. **telekommunikationsgestützte Dienste** nach § 3 Nr. 25 TKG darstellen (vgl. dazu im Einzelnen die Kommentierung zu § 1 TMG). 10

Unter den Begriff Telemedien fallen insbes. **nicht-lineare Onlineangebote von Waren/Dienstleistungen mit unmittelbarer Bestellmöglichkeit,** bspw. Angebote von Börsen-, Umwelt-, Wetter- und Verkehrsdaten, Newsgroups, Chatrooms, grundsätzlich Video auf Abruf, Instrumente zur Datensuche und die kommerzielle Verbreitung von Informationen über Waren-/Dienstleistungsangebote mit elektronischer Post, **nicht** aber **Livestreaming und Web-Casting** (BT-Drs. 16/3078, 13). Die Verbreitung regulärer Rundfunksendungen über das **Internet** als Verbreitungskanal fällt (unter der Voraussetzung der Linearität des Angebots) unter den Begriff des Rundfunks (BVerfGE 119, 181 (214 f.); HRKDSC RStV § 2 Rn. 14). Einen Grenzfall zwischen Telemedium und Rundfunk bilden Livestreams von Sport- oder Musikereignissen, das sog. Parlamentsfernsehen und der Google Hangout der Bundeskanzlerin (→ Rn 6b). 11

2. Nicht weniger als 500 potenzielle Nutzer (Abs. 3 Nr. 1)

Neben Telemedien fallen nach der Wertentscheidung der Länder auch die in Abs. 3 aufgelisteten Bereiche aus dem Begriff des Rundfunks heraus, selbst wenn sie im Einzelfall die Kriterien des Rundfunkbegriffs nach Abs. 1 S. 1 erfüllen. Für sie gelten nicht die strengen rundfunkrechtlichen Voraussetzungen, sondern nur (soweit es sich bei ihnen um Telemedien handelt) die Vorschriften für Telemedien (§§ 54 ff.). Kein Rundfunk sind danach Angebote, die nicht mehr als 500 potenzielle Nutzer adressieren (Abs. 3 Nr. 1). Entscheidend ist dafür nicht die tatsächliche Zahl der Zuhörerinnen und Zuhörer, sondern die **Zahl der Personen, die ein Angebot gleichzeitig empfangen können.** Unterhalb dieser Zahl potenzieller Empfänger sehen die Länder einen so geringen Einfluss auf die Meinungsbildung, dass die Anwendung der rundfunkrechtlichen Regelungen nicht geboten ist. Abs. 3 Nr. 1 zieht damit im Interesse der Rechtssicherheit eine **De-minimis-Grenze** in den RStV ein. Oberhalb dieser absoluten Untergrenze obliegt die Bewertung der Rundfunkeigenschaft der Kommission für Zulassung und Aufsicht (ZAK). Das will die Wendung „jedenfalls" andeuten (vgl. die Begründung zum 12. RÄndStV, LT-Drs. RhPf 15/3116, 38). Der Grenze von 500 potenziellen Nutzern ist ein Dezisionselement eigen. Die Zahl hat sich aber als praktikable Abgrenzung bewährt. Sie konkretisiert zugleich als gesetzliche Auslegungshilfe 12 das Merkmal der Allgemeinheit des § 2 Abs. 1 S. 1 Hs. 2 (vgl. Begründung zum 12. RÄndStV (LT-Drs. RhPf 15/3116, 38); kritisch dazu der Dreizehnte Zwischenbericht der Enquete-Kommission „Internet und Digitale Gesellschaft", BT-Drs 17/12542, 156 f.).

3. Nicht nur zur Wiedergabe aus Speichern bestimmt (Abs. 3 Nr. 2)

13   Kein Rundfunk sind Angebote, die nur zur unmittelbaren Wiedergabe aus Speichern **von Empfangsgeräten bestimmt** sind. Hierunter fallen Dienste, die **auf Anforderung des Nutzers** zum gewählten Zeitpunkt Informationen zur Verfügung stellen, wie zB der zeitversetzte Abruf von Angeboten bei „Premiere Direkt+" (Christmann, ZUM 2006, 23 (27)) oder „Push-Dienste mit Einzelbeiträgen für eine Nutzung zu dem vom Kunden gewünschten Zeitpunkt, deren technischer Übertragungszeitpunkt jedoch der Diensteanbieter oder Netzbetreiber festlegt" (Begründung zum 12. RÄndSt, LT-Drs. RhPf 15/3116, 38). Sie kommen in ihrer Wirkung Video-on-Demand-Angeboten gleich (Begründung zum 12. RÄndStV, LT-Drs. RhPf 15/3116, 38). In diesen Fällen fehlt es regelmäßig an der im Rundfunkbegriff des Abs. 1 S. 1 vorausgesetzten Linearität. Es handelt sich meist um audiovisuelle Mediendienste auf Abruf (§ 2 S. 1 Nr. 6 TMG), auf die das TMG (insbes. § 1 Abs. 6, § 2 S. 1 Nr. 1 Hs. 2, § 2a Abs. 2-4 TMG) sowie die telemedienrechtlichen Sondernormen des RStV (vgl. insbes. § 58 Abs. 3 S. 1) Anwendung finden.

4. Nicht nur für ausschließlich familiäre oder persönliche Zwecke (Abs. 3 Nr. 3)

14   Bei Angeboten, die rein familiären oder persönlichen Zwecken dienen, fehlt nach Einschätzung der Länder die erforderliche **Meinungsbildungsrelevanz** für die Allgemeinheit (Spindler/Schuster/Holznagel/Krone RStV § 2 Rn. 106). Die Breitenwirkung, die Aktualität und die Suggestivkraft, die die Regulierungsbedürfnisse des Rundfunks begründen, sind hier regelmäßig nicht gegeben.

5. Journalistisch-redaktionelle Gestaltung (Abs. 3 Nr. 4)

15   Rundfunk iSd RStV setzt eine journalistisch-redaktionelle Gestaltung des Angebots voraus. Alle anderen Angebote fallen aus dem Rundfunkbegriff heraus (Abs. 3 Nr. 4) – ebenso aus dem Programmauftrag der öffentlich-rechtlichen Rundfunkanstalten – § 11d Abs. 1 iVm § 11a Abs. 1 S. 1. Denn ihnen mangelt es – ebenso wie in den Fällen des Abs. 3 Nr. 1 und Nr. 3 – an der Relevanz für die Meinungsbildung, insbesondere typischerweise an der Breitenwirkung, Aktualität und Suggestivkraft der Informationen (Begründung zum 12. RÄndStV, LT-Drs. RhPf 15/3116, 38). Zu diesen Angeboten zählen grds. **reine Datendienste,** insbes. Wetterdaten, Börsendaten, Webcamdienste und Mitteilungen in „Facebook" (LG Oldenburg ZUM-RD 2013, 24). **Journalistisch-redaktionelle Gestaltung** setzt eine inhaltliche Aufbereitung und Verdichtung von Informationen mit dem Ziel der Unterrichtung oder Unterhaltung der Öffentlichkeit über das Medium der Sprache voraus. Das geht mit einem Mindestmaß an Anforderungen an die recherchierende, formulierende, redigierende und präsentierende publizistische Tätigkeit des Anbieters einher.

6. Nicht nur gegen Entgelt im Einzelfall freigeschaltet (Abs. 3 Nr. 5)

16   Bei Sendungen, die jeweils gegen Entgelt freigeschaltet werden, unterstellen die Länder eine **fehlende Allgemeinheit des Angebots** iSd Abs. 1 S. 1. Denn diese sind mit nichtlinearen Angeboten, dh zum individuellen Abruf aus einem vom Anbieter festgelegten Programmkatalog vorgehaltenen Informations- und Kommunikationsdiensten, vergleichbar (Begründung zum 12. RÄndStV, LT-Drs. RhPf 15/3116, 38). Regelmäßig handelt es sich bei ihnen um audiovisuelle Mediendienste auf Abruf iSd § 1 S. 1 Nr. 6 TMG. Auf sie finden dann die §§ 4-6, 7a und 45 entsprechende Anwendung (§ 58 Abs. 3 S. 2).

B. Programmformen (Abs. 2 Nr. 1–6)

17   In Abs. 2 Nr. 1 bis 6 bündelt der RStV Begriffsbeschreibungen für verschiedene Programmtypen. Er knüpft daran unterschiedliche Rechtsfolgen.

I. Rundfunkprogramm (Abs. 2 Nr. 1)

Unter einem Rundfunkprogramm versteht der RStV die vom Rezipienten **unabhängige** **zeitlich geordnete Abfolge von Inhalten,** insbes. Sendungen (Abs. 2 Nr. 2; → Rn. 19) entlang eines Sendeplans. Der Sendeplan bildet den Gegenbegriff zur individuellen Abfolge von Sendungen durch die Auswahl aus einem zur Verfügung gestellten Programmkatalog (vgl. von Coelln, Die Entwicklung des Rundfunkbegriffs, BLM-Symposium Medienrecht 2010, 2011, 17 (42 f.)). Rundfunkprogramme können entweder **Hörfunk- oder Fernsehprogramme** sein (§ 11a Abs. 1 S. 1). Ihre Veranstalter können ihr Programm insbes. als Vollprogramm (Abs. 2 Nr. 3; → Rn. 21), als Spartenprogramm (Abs. 2 Nr. 4; → Rn. 24), als Satellitenfensterprogramm (Abs. 2 Nr. 5; → Rn. 26) oder als Regionalfensterprogramm (Abs. 2 Nr. 6; → Rn. 27) ausgestalten. Der Begriff des Rundfunkprogramms taucht im RStV an zahlreichen Stellen auf, zB in § 2 Abs. 2 Nr. 2-6; § 11a Abs. 1 S. 1, Abs. 2; § 14 Abs. 2 Nr. 1 u. 2; § 41 Abs. 1 S. 1, 2, Abs. 2 Hs. 1; § 49 Abs. 1 S. 1 Nr. 17, Abs. 1 S. 2 Nr. 8; § 52a Abs. 3 S. 1; § 52b Abs. 4 S. 2 u. 3.

18

II. Sendung (Abs. 2 Nr. 2)

Unter Sendungen versteht der RStV den Bestandteil eines Rundfunkprogramms, der sich durch inhaltlichen Zusammenhang, Geschlossenheit und zeitliche Begrenztheit auszeichnet. Sendungen sind auf eine begrenzte Zeit angelegt und in sich abgeschlossen. Unterbrechungen und Fortsetzungen schließt das nicht aus. Für den inhaltlichen Zusammenhang bedarf es eines redaktionellen Konzepts (Hahn/Vesting/Schulz/Held RStV § 2 Rn. 73). Als Beispiele für Sendungen benennt die AVMD-RL Spielfilme, Sportberichte, Fernsehkomödien, Dokumentarfilme, Kindersendungen und Originalfernsehspiele (Art. 1 lit b S. 2 AVMD-RL).

19

III. Programmkategorien

Der RStV kennt zwei Formen von Programmkategorien: **Vollprogramme** (unten 1.) und **Spartenprogramme** (unten 2.). Für Veranstalter bundesweit verbreiteter Programme ist die Programmkategorie bereits in der Zulassung festzulegen (§ 20 Abs. 1 S. 3 RStV).

20

1. Vollprogramm (Abs. 2 Nr. 3)

Vollprogramm ist ein Rundfunkprogramm, das durch eine **Vielfalt von Inhalten** gekennzeichnet ist und einen Schwerpunkt nicht erkennen lässt. Darin unterscheidet es sich vom Spartenprogramm (Abs. 2 Nr. 4). Die Vielfalt, die Abs. 2 Nr. 3 meint, erstreckt sich auf die Bereiche **Information** (Nr. 15, → Rn. 56), **Bildung** (Nr. 16, → Rn. 57), **Beratung** und **Unterhaltung** (Nr. 18, → Rn. 60) als Ausdruck des klassischen Rundfunkauftrags (vgl. BVerfGE 83, 238 [298]; 87, 181 [199]). Diese Bereiche müssen einen wesentlichen Teil des Gesamtprogramms ausmachen, es namentlich prägen (Begründung zum RStV 1991, LT-Drs. M-V 1/822, 77). Die Wesentlichkeitsschwelle ist ab einem Gesamtumfang dieser Anteile von insgesamt mehr als 50 % erreicht (VG Bremen AfP 1991, 666; HRKDSC RStV § 2 Rn. 36).

21

„Vollprogramme" unterwirft der RStV **speziellen Vorgaben,** insbes. § 6 Abs. 3 (wesentlicher Anteil von Eigen-, Auftrags- und Gemeinschaftsproduktionen), § 25 Abs. 1 S. 2 (gleichmäßige Berücksichtigung der bedeutsamen Kräfte und Gruppen), § 25 Abs. 4 (Fensterprogramme zur aktuellen und authentischen Darstellung der Ereignisse des politischen, wirtschaftlichen, sozialen und kulturellen Lebens des jeweiligen Landes).

22

Für die **Rundfunkvollprogramme** privater Anbieter konkretisiert § 41 Abs. 2 – unter geringfügiger Modifikation der Vielfaltsgegenstände des Abs. 2 Nr. 3 – die Verpflichtung zur Vielfalt mit einem „angemessenen Anteil an Information, Kultur und Bildung". **Fernsehvollprogramme** verpflichtet der RStV auf einen „wesentlichen Anteil an Eigenproduktionen sowie Auftrags- und Gemeinschaftsproduktionen aus dem deutschsprachigen und europäischen Raum (§ 6 Abs. 2 S. 1). Als **öffentlich-rechtliche Vollprogramme** bestimmt der RStV kraft gesetzlichen Auftrags „Das Erste" (§ 11b Abs. 1 Nr. 1), das „ZDF" (§ 11b Abs. 3 Nr. 1) sowie „3sat" und „arte" (§ 11b Abs. 4 Nr. 1 und 2).

23

2. Spartenprogramm (Abs. 2 Nr. 4)

24 Den Begriff „Spartenprogramm" versteht der RStV als **Antonym zum „Vollprogramm"**. (Begründung zum RStV 1991, LT-Drs. M-V 1/822, 77; vgl. auch VG München ZUM-RD 2013, 150 (154)). Ein Spartenprogramm ist ein Programm mit **gleichartigen Inhalten**. Es kann sich auf spezielle Inhalte eines oder mehrerer Bereiche beschränken und muss daher nicht besonderen Anforderungen an Pluralität, Vielfalt und Ausgewogenheit genügen (VG München ZUM-RD 2013, 150 (154)). Abgrenzungsprobleme können auftreten, wenn ein Rundfunkprogramm alle Bereiche abdeckt, aber trotzdem einen eindeutigen Schwerpunkt setzt. Für die Abgrenzung kommt es dann darauf an, ob das Breite des Programmspektrums im Vordergrund steht oder der Veranstalter im Wesentlichen gleichartige Inhalte anbietet (HRKDSC RStV § 2 Rn. 37; Spindler/Schuster/Holznagel/Kibele RStV § 2 Rn. 67). Entscheidend ist das „Gepräge des Gesamtprogramms" (VG München ZUM-RD 2013, 150 (154 f.)), wie es sich für einen unbefangenen Dritten rein tatsächlich (unabhängig von der Darstellung und dem Selbstverständnis des Anbieters) darstellt. Die Zuordnungsentscheidung ist in vollem Umfang gerichtlich überprüfbar (vgl. VG München ZUM-RD 2013, 150 (154)).

25 Der RStV verwendet den Begriff „Spartenprogramm" insbes. in § 6 Abs. 3 S. 2 (Grundsatz eines wesentlichen Anteils von Eigen-, Auftrags- und Gemeinschaftsproduktionen), § 25 Abs. 1 S. 2 (Spartenprogramme im privaten Rundfunk) und § 41 Abs. 2 Hs. 2 (Befreiung der Spartenprogramme von Vielfaltsanforderungen). Als öffentlich-rechtliche Spartenprogramme konzipiert der RStV „BR-alpha" (§ 11b Abs. 2 Nr. 2), „PHOENIX – Der Ereignis- und Dokumentationskanal" (§ 11b Abs. 4 Nr. 3) und „KI.KA – Der Kinderkanal" (§ 11b Abs. 4 Nr. 4).

IV. Satellitenfensterprogramm (Abs. 2 Nr. 5)

26 „Satellitenfensterprogramme" sind zeitlich befristete, bundesweit verbreitete Rundfunkprogramme, die **Bestandteil eines weiterreichenden Programms** (Hauptprogramm/Rahmenprogramm) sind. Der RStV definiert den Begriff des Satellitenfensterprogramms zwar, verwendet ihn aber nicht. Abs. 2 Nr. 5 ist daher als Legaldefinition grds. funktionslos. Der Sache nach ist aber der Begriff in den Vorschriften des § 26 Abs. 2 S. 3 Hs. 2, § 30 Nr. 1, § 31 und § 36 Nr. 6 angesprochen. Er dient der Abgrenzung zu Regionalfensterprogrammen iSd Abs. 2 Nr. 6 RStV. Vor diesem Hintergrund hat ihn der 3. RÄndStV in den RStV eingefügt (vgl. die Begründung zum 3. RÄndStV, LT-Drs. NRW 12/1336, 3 f.).

V. Regionalfensterprogramm (Abs. 2 Nr. 6)

27 „Regionalfensterprogramme" bilden den Gegenbegriff zu Satellitenfensterprogrammen (→ Rn. 26). Bei jenen handelt es sich um zeitlich und räumlich begrenzte Rundfunkprogramme mit einem quantitativ **hohen Anteil regionaler Inhalte**. Für das Vorliegen eines solchen Programms ist dabei das letztgenannte Merkmal prägend (Begründung zum 3. RÄndStV, LT-Drs. NRW 12/1336, 3 f.). Für die beiden bundesweit verbreiteten reichweitenstärksten privaten Fernsehvollprogramme begründet der RStV in § 25 Abs. 4 S. 1 – ohne den Begriff ausdrücklich zu erwähnen – einen **Schaffens- und Ausgestaltungsauftrag** für Regionalfensterprogramme. Auf Regionalfensterprogramme nimmt der RStV ferner in § 26 Abs. 2 S. 3 (Vermutungsregel zur vorherrschenden Meinungsmacht), § 31 Abs. 2 S. 2 und 3 (Anrechnung auf die wöchentliche Sendezeit), § 36 Abs. 2 Nr. 6, Abs. 5 (Zuständigkeit für die Auswahl und Zulassung), § 44 S. 2 (Aussonderung aus der Sparte leichter Unterhaltung), § 52b Abs. 1 Nr. 1 lit. b (Sicherstellungspflicht von Plattformanbietern) Bezug.

C. Werbung und andere kommerzielle Nutzungen (Abs. 2 Nr. 7–11)

28 Die Bedeutung des Rundfunks für die Meinungsbildung in einer demokratischen Gesellschaft löst ein besonderes Bedürfnis nach Offenlegung und Begrenzung ökonomischer Einflüsse auf die Programmgestaltung aus. Für die im RStV bestehenden Schutzregelungen der §§ 7 ff., 44 ff. RStV zieht Abs. 2 Nr. 7–11 zentrale Begriffsbestimmungen vor die Klammer.

Begriffsbestimmungen § 2 RStV

I. Werbung (Abs. 2 Nr. 7)

Werbung zielt auf die Beeinflussung von Meinungen. Im Interesse des Schutzes der 29
Verbraucherinteressen und der Integrität der rundfunkrechtlichen Auftragswahrnehmung unterwirft der Staatsvertrag sie daher strengen Regeln. Werbung darf insbes. nicht irreführen, diskriminieren oder gesundheitsschädliche Verhaltensweisen fördern (§ 7 Abs. 1); sie darf das übrige Programm **nicht beeinflussen** (§ 7 Abs. 2 S. 1) und muss als solche **erkennbar** sein (§ 7 Abs. 3 S. 1). Werbung unterliegt strengen **zeitlichen Limitierungen** (§ 7a Abs. 2 und 3; § 45); unzulässig ist politische, weltanschauliche oder religiöse Werbung (§ 7 Abs. 9 S. 1) sowie Werbung bei **Kindersendungen** und bei der Übertragung von **Gottesdiensten** (§ 7a Abs. 1). In **Telemedien** öffentlich-rechtlicher Sender sind Werbung und Sponsoring generell unzulässig (§ 11d Abs. 5 S. 1), in Telemedien privater Anbieter unter den einschränkenden Voraussetzungen des § 58. Für Verstöße gegen die werberechtlichen Vorschriften sieht der RStV in § 49 Abs. 1 S. 1 Nr. 2–4, Nr. 6, Nr. 10–12, Nr. 21, Abs. 1 S. 2 Nr. 15–18, Nr. 23–25 **Bußgeldtatbestände** vor.

Für Werbung sieht der RStV – in wörtlicher Übereinstimmung mit der unionsrechtlichen 30
Vorgabe des Art. 1 lit. i AVMD-RL – **drei Merkmale** als kennzeichnend an: einen bestimmten **Gegenstand,** einen bestimmten **Urheber** und eine bestimmte **Zielsetzung.**

- Werbung hat die **Ausstrahlung einer Äußerung** bei der Ausübung einer **gewinnorientierten Tätigkeit,** namentlich des Handels, Gewerbes oder Handwerks, oder eines freien Berufs zum Gegenstand. Sie unterscheidet sich damit von einer rein karitativen Tätigkeit ohne Gewinnerzielungsabsicht, insbes. Spendenaufrufen zu Wohlfahrtszwecken oder anderen „unentgeltlichen Beiträgen im Dienste der Öffentlichkeit" iSd § 7 Abs. 9 S. 3 RStV. Das stellt § 1 Abs. 2 Nr. 7 S. 2 RStV ausdrücklich klar.
- Werbung setzt die Sendung durch einen öffentlich-rechtlichen oder einen privaten **Rundfunkveranstalter oder eine natürliche Person** voraus – und zwar gegen Entgelt, eine ähnliche **Gegenleistung** oder in Gestalt einer **unentgeltlichen Eigenwerbung** (soweit diese alle übrigen Begriffsmerkmale der Werbung erfüllt. Daran fehlt es beispielsweise bei **unentgeltlichen Programmankündigungen;** zur Problematik von „Cross-Promotion" vgl. Hahn/Vesting/Schulz RStV § 2 Rn. 98 mwN).
- Die Äußerung muss das Ziel verfolgen, den Absatz bestimmter Waren oder Dienstleistungen zu **fördern.** Erfasst ist also nur die **Wirtschaftswerbung** – im Unterschied zu ideeller Werbung (vgl. zur Abgrenzung Castendyk ZUM 2005, 857 (858) mwN). Ob die Werbung den Absatz tatsächlich fördert, ist nicht maßgeblich. Entscheidend ist die Zielsetzung. Die objektive Eignung zur Förderung des Absatzes lässt jedoch regelmäßig den Schluss auf eine entsprechende Zielsetzung zu.

Die AVMD-RL sieht Werbung **zwischen den Sendungen** als besonderen Charakter des 31
europäischen Fernsehens an und will insoweit bewusst die Möglichkeiten der Unterbrechung von Fernsehspielfilmen „sowie bestimmter anderer Sendekategorien, die eines speziellen Schutzes bedürfen", beschränken (Erwägungsgrund Nr. 86 der AVMD-RL). Für die **Anrechnung von Sendezeiten** auf die zulässige Werbezeit im Rundfunk sehen § 16 (für den öffentlich-rechtlichen Rundfunk) sowie § 45 Abs. 1 RStV (für den privaten Rundfunk) bzw. Art. 20 Abs. 2 sowie Art. 23 AVMD-RL daher konkrete Zeitvorgaben vor. Hinweise des Rundfunkveranstalters auf eigene Programme und Sendungen sowie auf Begleitmaterialien und unentgeltliche Beiträge im Dienste der Öffentlichkeit nimmt § 45 Abs. 2 RStV von diesem Zeitkorsett bewusst aus. Im Umkehrschluss folgt aus dieser Regelung, dass der RStV diese grds. als Werbung iSd § 2 Nr. 7 einstuft.

II. Schleichwerbung (Abs. 2 Nr. 8)

Noch mehr als von Werbung iSd Abs. 2 Nr. 7 (→ Rn. 29) geht von Werbung, die nur 32
unzureichend oder gar nicht als solche zu erkennen ist (Schleichwerbung), aufgrund ihrer sublimen Wirkung eine besondere Gefährdung der öffentlichen Meinungsbildung aus. Sie durchbricht den **Grundsatz der Trennung von Programm und Werbung.** Daher ist sie grds. unzulässig (§ 7 Abs. 7 S. 1 RStV; Art. 9 Abs. 1 lit. a S. 2 sowie Erwägungsgrund Nr. 90 AVMD-RL) und bußgeldbewehrt (§ 49 Abs. 1 S. 1 Nr. 7, S. 2 Nr. 20 RStV). Auf diese Weise soll der Rundfunk vor sachfremden Einflüssen und der Markt vor ungleichen Wett-

bewerbsbedingungen geschützt werden. Die Begriffsdefinition in Abs. 2 Nr. 8 unterscheidet **zwei objektive Komponenten,** nämlich die „Erwähnung oder Darstellung (…) in Sendungen" (unten 1.) sowie die Gefahr der Irreführung der „Allgemeinheit hinsichtlich des eigentliches Zwecks dieser Erwähnung oder Darstellung" mangels Kennzeichnung (unten 2.) und **eine subjektive (voluntative) Komponente:** Schleichwerbung muss „vom Veranstalter absichtlich zu Werbezwecken vorgesehen" sein (unten 3.). Die Definition entspricht und entspringt in der Sache Art. 1 Abs. 1 lit. j AVMD-RL (vgl. auch die Begründung zum 12. RÄndStV, LT-Drs. RhPf 15/3116, 38).

1. Darstellung oder Erwähnung in der Sendung

33   Schleichwerbung erfasst die Darstellung oder Erwähnung sämtlicher kommerziell vertriebener Güter in Sendungen und kann sich insofern auf einen großen Kreis von Gegenständen beziehen: Waren, Dienstleistungen, Namen, Marken sowie Tätigkeiten eines Herstellers von Waren oder eines Erbringers von Dienstleistungen. Eine werberelevante Handlung iSd Vorschrift ist zB die wiederholte Darstellung eines Firmenlogos auf einem Ladewagen im Hintergrund der eigentlichen Darstellung (VG Düsseldorf BeckRS 2010, 48913). Nicht erfasst sind demgegenüber Darstellungen mit einer solch untergeordneten Bedeutung, dass sie gar nicht als Werbung wahrzunehmen sind (vgl. OVG Koblenz BeckRS 2009, 30467).

2. Gefahr der Irreführung

34   Der unbefangene Zuschauer unterstellt, dass Sendungen werbefrei ausgestrahlt werden, Werbung also Sendungen unterbricht oder umrahmt, nicht aber deren Bestandteil ist. Für den Empfänger muss daher klar erkennbar sein, ob es sich bei den Inhalten um solche des Programms oder um Werbung handelt. Wenn diese Erwartungshaltung enttäuscht wird, dh Werbung ohne entsprechenden Hinweis zum Gegenstand des Programms wird, ist das geeignet, bei einem nicht unwesentlichen Teil der Adressaten eine **Fehlvorstellung** hervorzurufen, liegt damit also eine Irreführung vor (OVG Koblenz ZUM 2009, 512 f.; Hahn/Vesting/Schulz RStV § 2 Rn. 132; Spindler/Schuster/Holznagel/Kibele RStV § 2 Rn. 84). Erfolgt demgegenüber ein Hinweis, handelt es sich statt Schleichwerbung um Produktplatzierung (Nr. 11; → Rn. 44 ff., vgl. auch den Erwägungsgrund Nr. 90 der AVMD-RL).

3. Vom Veranstalter absichtlich zu Werbezwecken vorgesehen

35   Die Darstellung oder Erwähnung in einer Sendung kann nur dann Schleichwerbung sein, wenn der Veranstalter sie **absichtlich** zu Werbezwecken vornimmt. Das Tatbestandsmerkmal der Absicht trägt der Schwierigkeit Rechnung, die Darstellung der Lebenswirklichkeit im Rundfunk, deren Teil auch Marken und Produkte sind und damit nicht vollkommen ausgeklammert werden können und sollen, von unzulässiger Beeinflussung abzugrenzen. Dem Bedürfnis, die Lebenswirklichkeit abzubilden, wird eine Darstellung allerdings nicht mehr gerecht, wenn der werbende Effekt im Vordergrund steht und gewollt ist (vgl. VG Berlin BeckRS 2007, 26877; VG München BeckRS 2009, 24877 – Party Poker; OVG Koblenz BeckRS 2009, 30467 – Osterhase; VG Düsseldorf BeckRS 2010, 48913).

36   Die gerichtliche Ermittlung der Werbeabsicht als innere Tatsache ist intrikat. Erfolgt die Darstellung **gegen Entgelt oder eine ähnliche Gegenleistung** (zB Senkung der Produktionskosten), schließt der RStV (unwiderleglich) auf eine entsprechende Absicht (Nr. 8 S. 2). Fehlt es an der Gegenleistung, bilden intersubjektiv überprüfbare **Indizien** die Entscheidungsgrundlage. Entfaltet eine Erwähnung oder Darstellung aus der Sicht eines objektiven Betrachters eine werbliche Wirkung, indiziert das eine Werbeabsicht (OVG Lüneburg ZUM-RD 1999, 347 (351) – Barbie). Ebenso kann die persönliche oder wirtschaftliche Nähe des Veranstalters zum Dienstleister oder Warenhersteller einen Rückschluss auf eine Werbeabsicht (vgl. die Wendung „insbesondere" in Nr. 8 S. 2) nahelegen (Hahn/Vesting/Schulz RStV § 2 Rn. 122), genügt aber als solche noch nicht. Dass der Rundfunkveranstalter um die Werbewirkung weiß oder sie in Kauf nimmt, ist als solches nicht ausreichend; es muss ihm vielmehr gerade auf diese ankommen (OVG Berlin BeckRS 2007, 24270; VG Düsseldorf BeckRS 2010, 48913). Bei der Beurteilung der Werbeabsicht sind die Programmfreiheit

des Veranstalters und sein redaktioneller Gestaltungsspielraum einzubeziehen (OVG Lüneburg NJW 2000, 96 – ADAC; OVG Berlin BeckRS 2007, 24270 – OBI; VG Düsseldorf BeckRS 2010, 48913; VG Berlin BeckRS 2009, 31207).

III. Sponsoring (Abs. 2 Nr. 9)

Anders als Schleichwerbung lässt der RStV das Sponsoring von **Rundfunksendungen** grds. zu, knüpft es aber an ein **bußgeldbewehrtes** (§ 49 Abs. 1 S. 1 Nr. 13 und 14; S. 2 Nr. 26–27 RStV) **Transparenzgebot** und ein **Beeinflussungsverbot** (§ 8 RStV). Gleiches bestimmt er für das Sponsoring in **Telemedien privater Veranstalter,** namentlich Fernsehtext und audiovisuelle Mediendienste auf Abruf (§ 58 Abs. 2 und 3 RStV). Demgegenüber versagt der RStV den **öffentlich-rechtlichen Rundfunkveranstaltern** Sponsoring in **Telemedien** gänzlich (§ 11d Abs. 5 S. 1 RStV), im **klassischen Fernsehangebot der öffentlich-rechtlichen Rundfunkveranstalter** ist es (außer an Feiertagen) nur vor 20 Uhr gestattet (§ 16 Abs. 6 RStV). Auf die Werbezeit wird zulässiges Sponsoring im öffentlich-rechtlichen Rundfunk nicht angerechnet (§ 16 Abs. 1 S. 2, § 45 Abs. 1 S. 2 RStV). Ziel der Regelungen ist es, eine Beeinträchtigung der redaktionellen Verantwortung und Unabhängigkeit des Mediendiensteanbieters zu verhindern (Erwägungsgrund Nr. 93 der AVMD-RL). 37

Der RStV stuft Sponsoring ebenso wie Werbung als **kommerzielle Tätigkeit** ein (§ 16a Abs. 1 S. 2 RStV). Anders als Werbung ist Sponsoring durch einen Gedanken wechselbezüglicher Förderung charakterisiert: Der Sponsor finanziert und erhält im Gegenzug das Recht, auf diesen Umstand im Wege der Eigenwerbung als Teil seiner Öffentlichkeitsarbeit hinzuweisen. Es erfolgt also (anders als bei Werbung) **keine Aufforderung zum Kauf von Produkten.** Sponsoring zielt vielmehr auf einen **Imagegewinn.** Der Sponsor gehört damit nicht zum Kreise der an der Rundfunktätigkeit oder der Produktion bestimmter audiovisueller Werke Beteiligten. Er leistet lediglich **von außen einen Beitrag zur Finanzierung** einer Sendung und hat so keine unmittelbaren Einflussmöglichkeit auf den Rundfunkveranstalter (HRKDSC RStV § 2 Rn. 41; Fechner, Medienrecht, 13. Aufl. 2012, 309 Rn. 151; Hahn/Vesting/Schulz RStV § 2 Rn. 141). Vereinfacht ausgedrückt versteht der RStV – in Übereinstimmung mit Art. 1 lit k AVMD-RL – unter Sponsoring einen direkten oder indirekten Finanzierungsbeitrag eines Dritten zu einer Sendung mit dem Ziel mittelbarer Selbstförderung. 38

Auch wenn die Definition des Abs. 2 Nr. 9 eine **monetäre Zuwendung** insinuiert, setzt Sponsoring iSd RStV eine solche nicht zwingend voraus. Denkbar sind auch andere Formen der Finanzierung, etwa durch **Sachzuwendungen oder Dienstleistungen.** Nicht umfasst ist demgegenüber das sog „**Ereignissponsoring**", bspw. die Förderung einer im Fernsehen ausgestrahlten Sportveranstaltung. Anders verhält es sich wiederum, wenn der Förderer auch unmittelbar die Übertragung der Veranstaltung sponsert. Dann handelt es sich um ein rundfunkrechtlich relevantes Sponsoring (Spindler/Schuster/Holznagel/Kibele RStV § 2 Rn. 86). 39

Die Begriffsdefinition des Abs. 2 Nr. 9 bezieht sich zwar unmittelbar nur auf „**Sendungen**". Da der RStV aber auch Sponsoring in fernsehähnlichen Telemedien regelt (§ 58 Abs. 2 und 3 RStV), ist bei sachgerechter Auslegung nicht der enge Sendungsbegriff des Abs. 2 Nr. 2, sondern ein **erweiterter Sendungsbegriff** zugrunde zu legen, um den Zielen des RStV gerecht zu werden. Das entspricht auch der unionsrechtlichen Begriffsbestimmung des Art. 1 lit. k AVMD-RL. Diese bezieht sich ausdrücklich auf „audiovisuelle Mediendienste oder Sendungen". 40

IV. Teleshopping (Abs. 2 Nr. 10)

Teleshopping instrumentalisiert den Rundfunk zum Vertrieb von Waren oder Dienstleistungen. Der RStV unterwirft ihn daher mit Blick auf die von ihm ausgehenden Gefahren einer strengen Regulierung. Insbes. § 7 Abs. 1, Abs. 2 S. 2, Abs. 3, Abs. 5 S. 3, Abs. 6 S. 3, Abs. 8, Abs. 9 S. 2, Abs. 10–11, § 7a, § 9 Abs. 3 S. 2, § 18, § 39 S. 1 und § 45 Abs. 1 S. 1 sowie § 45a Abs. 1 RStV setzen den kommerziellen Interessen von Teleshopping-Anbietern Grenzen. Verstöße gegen diese Vorschriften sanktioniert der RStV regelmäßig mit einem 41

Bußgeld (§ 49 Abs. 1 S. 1 Nr. 2, 3, 6, 11, 12 und 22, S. 2 Nr. 15 f., 23 f. RStV). Die Vorschriften tragen den unionsrechtlichen Vorgaben der Art. 19 ff. AVMD-RL Rechnung. Auf Teleshopping-Angebote finden grundsätzlich die allgemeinen Vorschriften des RStV unverändert Anwendung. Für die Vorschriften der §§ 1–10 RStV sowie die Vorschriften für den privaten Rundfunk der §§ 20–47 RStV gilt das aber nur, sofern der RStV das ausdrücklich bestimmt (§ 1 Abs. 4 RStV).

42   Teleshopping grenzt sich von Werbung durch die **unmittelbare Adressierung des Publikums** zum Zwecke des Absatzes von Waren oder der Erbringung von Dienstleistungen im Wege unmittelbarer Kontaktaufnahme mit dem Anbieter ab: **Werbespots** werben abstrakt für ein Produkt; Teleshopping ist demgegenüber durch die **Bewerbung konkreter Angebote an die Öffentlichkeit** zum unmittelbaren Erwerb durch jedermann gekennzeichnet (vgl. auch Spindler/Schuster/Holznagel/Kibele RStV § 2 Rn. 91; Hahn/Vesting/Schulz RStV § 2 Rn. 151).

43   Erfasst sind aber **nur entgeltliche Angebote.** Das setzt – ebenso wie zB in Art. 57 S. 1 AEUV und § 99 Abs. 1 GWB – nicht notwendig eine monetäre Geldleistung voraus. Es genügt die Vereinbarung einer geldwerten Gegenleistung, zB die Einräumung von Nutzungsrechten. Die Definition „Teleshopping" will damit **alle Formen** des wirtschaftlichen Leistungsaustausches erfassen, auch den Erwerb unbeweglicher Sachen sowie von Rechten und Verpflichtungen – ebenso alle Erscheinungsformen von Teleshopping: Teleshoppingkanäle, -fenster und -spots (vgl. Begründung zum 12. RÄndStV, LT-Drs. RhPf 15/3116, 38). Die Definition lehnt sich eng an die Begriffsbestimmung des Art. 1 lit. 1 AVMD-RL an. Zwar erfasst die AVMD-RL ausschließlich audiovisuelle Angebote, nicht aber Hörfunkdienste (Erwägungsgrund Nr. 23 S. 1 Hs. 2). Das schließt aber nicht aus, dass die deutsche Begriffsbestimmung von Teleshopping **sowohl Fernseh- als auch Hörfunkangebote** umfasst. Beide lassen sich unter § 2 Nr. 10 subsumieren. Auf Internetrundfunk findet die Privilegierungsregelung des § 20a RStV allerdings keine Anwendung (§ 39 S. 2 Staatsvertrag e contrario).

V. Produktplatzierung (Abs. 2 Nr. 11)

44   Produktplatzierung weist eine hohe Sachnähe zu Schleichwerbung (Nr. 8, → Rn. 32 ff.) auf. Beide unterscheiden sich aber in ihrer Erkennbarkeit: **Schleichwerbung** kennzeichnet die absichtliche werbende Erwähnung oder Darstellung nicht und führt die Allgemeinheit daher in die Irre. Produktplatzierung ist demgegenüber die **gekennzeichnete Erwähnung** oder Darstellung von Waren, Dienstleistungen, Namen, Marken, Tätigkeiten eines Herstellers von Waren oder eines Erbringers von Dienstleistungen in Sendungen (kritisch zum Erfordernis der „Kennzeichnung" als Begriffsmerkmal Hahn/Vesting/Schulz RStV § 2 Rn. 159; vgl. zum Begriff der „Kennzeichnung" auch Holzgraefe MMR 2011, 221 (224 f.)). Dass ein Durchschnittsverbraucher das Produkt tatsächlich erkennt, ist dabei nicht unbedingt erforderlich (vgl. Hahn/Vesting/Schulz RStV § 2 Rn. 159; Holzgraefe MMR 2011, 221 (224)). Die Begriffsdefinition des Abs. 2 Nr. 11 geht auf **Art. 1 lit m AVMD-RL** zurück. Stärker als die unionsrechtliche Vorgabe betont der RStV dabei das Ziel der Absatzförderung als Charakteristikum der Produktplatzierung.

45   Produktplatzierung und **Sponsoring** sind sachlich eng verwandt. Bei Produktplatzierung ist der Hinweis auf ein Produkt **in die Handlung der Sendung integriert** („in Sendungen") Hinweise auf Sponsoren sind dagegen nicht Teil der Programminszenierung (auch wenn sie während einer Sendung gezeigt werden können; Erwägungsgrund Nr. 91 S. 6 f. AVMD-RL). Produktplatzierung bezieht sich zwar auf Teile eines Rundfunkprogramms und damit nicht auf Telemedien (Nr. 2). Auf das audiovisuelle Angebot **fernsehähnlicher Telemedien** finden die Regelungen zur Produktplatzierung aber entsprechende Anwendung (**§ 58 Abs. 3 RStV**). Gleiches muss nach Sinn und Zweck des Abs. 2 Nr. 11 auch für das Angebot von Mediendiensten im sog. **Hybrid-TV** (also im Falle der technischen Koppelung von Fernseh- und Internetinhalten über eine Internetschnittstelle) gelten. Sie erfüllen zwar nicht die begrifflichen Voraussetzungen audiovisueller Mediendienste auf Abruf, beziehen sich aber auf Produktdarstellungen in Rundfunksendungen. Solche Produktverknüpfungen können das Verbot unmittelbarer Kaufaufforderungen für den Rundfunk umgehen, indem sie Bezugsmöglichkeiten für in Rundfunksendungen dargestellte

Produkte zeigen. Sie unterfallen daher dem Abs. 2 Nr. 11 (vgl. dazu Broemel ZUM 2012, 866 (872)).

Während Schleichwerbung grds. unzulässig (§ 7 Abs. 7 S. 1 RStV) und bußgeldbewehrt **46** (§ 49 Abs. 1 S. 1 Nr. 7, S. 2 Nr. 20 RStV) ist, lässt der RStV – in Übereinstimmung mit der AVMD-RL – für bestimmte Sendungsformen und Fallgestaltungen des öffentlich-rechtlichen (§ 15 RStV) und des privaten (§ 44 RStV) Rundfunks **Ausnahmen vom grundsätzlichen Verbot der Produktplatzierung** (§ 7 Abs. 7 S. 1 RStV) zu. Die allgemeinen Voraussetzungen, denen sie dann unterliegt, regelt § 7 Abs. 7 S. 2 ff. RStV. Das grundsätzliche Verbot und die engen Grenzen der Ausnahmetatbestände sollen die hinreichende Trennung von Werbung und Inhalt sowie das Vertrauen in die **redaktionelle Autonomie und Unbefangenheit** des Rundfunkveranstalters sicherstellen. Die Rezipienten bringen den im Rundfunk verbreiteten Inhalten nämlich ein besonderes Vertrauen in die Freiheit von werblicher Beeinflussung entgegen. Verstöße gegen die Zulässigkeitstatbestände für Produktplatzierung sanktioniert der RStV mit einem **Bußgeld** (§ 49 Abs. 1 S. 1 Nr. 7–9, Abs. 1 S. 2 Nr. 20–22 RStV).

Den öffentlich-rechtlichen Rundfunkanstalten gesteht der RStV die Befugnis zur **Kon-** **47** **kretisierung der Zulässigkeitsdetails in den Senderrichtlinien** zu (§ 16f S. 4 RStV).

Wie im Falle der Schleichwerbung (Nr. 8 S. 2e contrario) setzt auch Produktplatzierung **48** nicht notwendig die entgeltliche oder gegenleistungsabhängige Bereitstellung voraus. **Auch die kostenlose Bereitstellung** von Produkten ist vom Begriff der Produktplatzierung umfasst, sofern die betreffende Ware oder Dienstleistung einen „**bedeutenden Wert**" hat (Nr. 11 S. 2; Erwägungsgrund Nr. 91 S. 4 AVMD-RL). Die Landesmedienanstalten sehen den „bedeutenden Wert" in Ziff. 1 Abs. 2 Nr. 2 WerbeRL bei einem Prozent der Produktionskosten der Sendung oder des Films erreicht. Als Untergrenze legen sie die Schwelle von 1.000 € fest (vgl. zur Abgrenzung von unzulässiger entgeltlicher Produktplatzierung und zulässiger unentgeltlicher Produktionshilfe: Holzgraefe MMR 2011, 221 (222 f.) sowie Castendyk ZUM 2010, 29 (32)).

Eine Spielart der Produktplatzierung ist die sog. **Themenplatzierung.** Hierbei handelt **49** es sich um in Rundfunkprogramme integrierte Themen, deren informative Wirkungskraft dem Anbieter eines Produktes zugutekommen soll. Ein Beispiel hierfür bildet die Thematisierung der Vorteile von Teppichbodenbelag in der Fernsehserie „Marienhof", die die „Arbeitsgemeinschaft textiler Bodenbelag" gefördert hat (Castendyk ZUM 2005, 857). Themenplatzierungen mangelt es an einem Bezug zu einem bestimmten Produkt oder einer bestimmten Dienstleistung. Sie sind daher schwer als solche zu erkennen und nach dem Wortlaut des § 7 Abs. 7 S. 1 RStV **ausnahmslos unzulässig** (vgl. auch Erwägungsgrund Nr. 93 S. 2 der AVMD-RL).

D. Betriebsformen (Abs. 2 Nr. 12–14)

I. Programmbouquet (Abs. 2 Nr. 12)

Ein Programmbouquet **bündelt** Programme und Dienste im digitalen Fernsehen. Der **50** Begriff fand mit dem 4. RÄndStV Eingang in den RStV. Er findet sich inzwischen nicht mehr im RStV. Seine Definition ist für die Zwecke des Vertrages daher obsolet.

II. Anbieter einer Plattform (Abs. 2 Nr. 13)

Eine Plattform ist gekennzeichnet durch die **Zusammenfassung von Rundfunk und** **51** **vergleichbaren Telemedien** in digitalen Übertragungskapazitäten oder digitalen Datenströmen mit dem Ziel, diese Angebote als Gesamtangebot zugänglich zu machen. Anbieter einer Plattform ist, wer solche (nicht nur eigenen) Angebote zusammenfasst oder über die Auswahl für die Zusammenfassung entscheidet (Begründung zum 10. RÄndStV, LT-Drs. RhPf 15/2149, 24). Typische Plattformanbieter sind bspw. Kabelnetzbetreiber und Anbieter von Pay-TV-Paketen (VGH München ZUM-RD 2013, 28 (32)). Plattformen werfen insbes. Fragen der Verantwortlichkeit für die Inhalte, der Belegung und der technischen Zugangsfreiheit sowie der Kontrolle von Zugangsentgelten auf. Für sie halten die §§ 52 ff. RStV daher **besondere Regelungen** vor.

RStV § 2 II. Rundfunk und presseähnliche Telemedien

52 In seiner Verantwortung für den Inhalt steht der Plattformanbieter gleichsam zwischen dem Rundfunkveranstalter (Nr. 14, → Rn. 54) und dem Anbieter von Telekommunikationsdiensten (§ 3 Nr. 6 und 24 TKG): Er verlässt beim Zusammenfassen von Rundfunk- und telemedialen Inhalten zu einem Gesamtangebot die Rolle des reinen Transportanbieters und nimmt – neben dem redaktionell verantwortlichen Rundfunkanbieter – Einfluss auf die inhaltliche Gestaltung des Angebots. Der Anbieter von **Telekommunikationsdiensten** beschränkt sich demgegenüber auf die technische Signalübermittlung durch Bereitstellung einer Sendestation oder von Satellitenübertragungskapazitäten, ohne auf die Zusammenstellung des Angebots Einfluss zu nehmen (Begründung zum 10. RÄndStV, LT-Drs. RhPf 15/2149, 24). Ein Satellitenbetreiber, der lediglich Übertragungskapazitäten vermietet oder vermarktet, ist dementsprechend nicht Plattformbetreiber (Hs. 2). Der Plattformanbieter trägt trotz der fehlenden Zulassung gem. § 20 RStV die **rundfunkrechtliche (Mit-)Verantwortung** für die von ihm angebotenen Programme (VGH München ZUM-RD 2013, 28 (32)).

53 Ebenso wenig wie die ausschließlich technische Vorhaltung sind **reine Telemedienplattformen** Plattformen iSd Abs. 2 Nr. 13. Denn der Begriff „Anbieter einer Plattform" knüpft nur an Rundfunk und ihm vergleichbare Telemedien an, die an die Allgemeinheit gerichtet sind. Vergleichbar sind solche Telemedien, die eine Gestaltungsverantwortung und eine Einflussnahmemöglichkeit auf den Inhalt mit sich bringen, die derjenigen eines Rundfunkveranstalters gleichkommen (Hahn/Vesting/Schulz/Held RStV § 2 Rn. 161; Broemel MMR 2013, 83 (84)).

III. Rundfunkveranstalter (Abs. 2 Nr. 14)

54 Rundfunkveranstaltern weist der RStV besondere Pflichten, aber auch besondere Rechte zu (zB Informationsrechte nach § 9a RStV). Der einfachgesetzliche Veranstalterbegriff hebt – im Gegensatz zum verfassungsrechtlichen Veranstalterbegriff – als Abgrenzungskriterium gegenüber dem Plattformanbieter einerseits und dem Telekommunikationsanbieter als Lieferanten der technischen Infrastruktur andererseits – vor allem auf die **inhaltliche Programmverantwortung** im Sinne einer Letztentscheidungskompetenz ab (Hahn/Vesting/Schulz/Held RStV § 2 Rn. 164): Der Rundfunkveranstalter hat den bestimmenden Einfluss auf die Gestaltung des Rundfunkprogramms (Abs. 2 Nr. 1; → Rn. 18). Der Begriff des Rundfunkveranstalters umfasst als Oberbegriff sowohl Anbieter von Tonprogrammen (**Hörfunk**) als auch Anbieter von Bewegtbildprogrammen (**Fernsehen**) und damit zugleich den ua in § 1 Abs. 3, §§ 4–6 und § 46a RStV verwendeten Begriff des **Fernsehveranstalters**; vgl. § 11a Abs. 1 S. 1 RStV; → Rn. 18). Ein **Telemedienanbieter** ist kein Rundfunkveranstalter. Er bietet Telemedien, aber nicht Rundfunk an (§ 2 Abs. 1 S. 3 RStV).

E. Programminhalte (Abs. 2 Nr. 15–18)

55 An zahlreichen Orten stellt der RStV spezifische Anforderungen an Inhalte von Programmen, etwa „Bildung" oder „Kultur" als Teil des Programmauftrags der öffentlich-rechtlichen Rundfunkanstalten (§ 11 Abs. 1 S. 4 ff. RStV) bzw. erhebt sie zur Voraussetzung eines Vollprogramms privater Rundfunkanbieter (§ 2 Abs. 2 Nr. 3 RStV, → Rn. 21; § 41 Abs. 2 Hs. 1 RStV). Die zugrunde liegenden Definitionen der Programminhalte bündelt er in Nr. 15 bis 18. Da sich diese Begriffe nur schwer erschöpfend definieren lassen, greift der RStV dabei jeweils auf die **Technik einer Aufzählung von Beispielen** zurück.

I. Information (Abs. 2 Nr. 15)

56 Information ist die Voraussetzung für Meinungsbildung. Sie vermittelt Orientierungswissen über die Realität. Informationen nehmen daher im Programmauftrag der Medien eine **zentrale Rolle** ein. Der Begriff „Information" findet sich innerhalb des RStV in Abs. 2 S. 1 Nr. 3 (Begriff des Vollprogramms), § 8 Abs. 6 S. 1 (Sendungen zur politischen Information), § 10 Abs. 1 S. 1 (Informationssendungen), 11 Abs. 1 S. 4 (Programmauftrag des öffentlich-rechtlichen Rundfunks), § 11c Abs. 3 S. 1 (Information als Programmauftrag des Deutschlandradios), § 26 Abs. 5 S. 1 (Spartenprogramm mit dem Schwerpunkt Informa-

tion), § 31 Abs. 1 S. 1 (Information als Bestandteil der Vielfalt in Fensterprogrammen), § 41 Abs. 2 S. 1 (angemessener Anteil von Information im privaten Rundfunk) wieder. Zu dem Programmauftrag „Information" zählen insbes. (aber nicht nur) Nachrichten und Zeitgeschehen, Zeitgeschichtliches, politische Information sowie allgemeine Informationsservices und die Themenbereiche Wirtschaft, Auslandsberichte, Religiöses, Sport, Regionales, Gesellschaftliches. Um breite Bevölkerungskreise zu erreichen, mischen Sendungen bisweilen Information mit Unterhaltung. Die Medienbranche hat hierfür mittlerweile den Ausdruck „Infotainment" geprägt, der sich aus den englischen Begriffen für Information und Unterhaltung (Entertainment) zusammensetzt. An der Wortkombination wird auch deutlich, wie unscharf die Grenzen zwischen Information und Unterhaltung bisweilen in praxi sind.

II. Bildung (Abs. 2 Nr. 16)

Bildung als Teil des Programmauftrages, insbes. eines Vollprogramms iSd Nr. 3, ist durch die **Reflexion über die Lebenswelt und ihr Beziehungsgefüge** gekennzeichnet. Sie beschreibt im allgemeinen Sprachgebrauch einerseits einen Prozess des Sich-Bildens, Entfaltens und Reifens einer selbstständigen Persönlichkeit, aber auch das Ergebnis gereiften Wissenserwerbs und der Erkenntnis. Der RStV nähert sich der Begriffsbestimmung durch eine **beispielhafte Aufzählung von Themenfeldern** der Gelehrsamkeit, auf die sich Bildung insbes. nach dem humboldtschen Bildungsideal erstreckt und aus denen Bildung erwachsen kann: Wissenschaft und Technik, Alltag und Ratgeber, Theologie und Ethik, Tiere und Natur, Gesellschaft, Kinder und Jugend, Erziehung, Geschichte und andere Länder. Der Begriff „Bildung" findet sich im RStV in § 2 Abs. 2 S. 1 Nr. 3 (Begriff des Vollprogramms), § 11 Abs. 1 S. 4 (Programmauftrag des öffentlich-rechtlichen Rundfunks), § 11b Abs. 2 Nr. 2 (Bildung als Auftrag des Spartenprogramms „BR-alpha"), § 11c Abs. 3 S. 1 (Bildung als Programmauftrag des Deutschlandradios), § 31 Abs. 1 S. 1 (Bildung als Bestandteil der Vielfalt in Fensterprogrammen) und § 41 Abs. 2 S. 1 (angemessener Anteil von Bildung im privaten Rundfunk) wieder. 57

III. Kultur (Abs. 2 Nr. 17)

Den Begriff der Kultur erklärt der RStV – anders als Information, Bildung und Unterhaltung – nicht zum Essenziale eines Vollprogramms (Nr. 3, → Rn. 21). Er verleiht ihm aber insbes. in § 6 Abs. 1 (Film- und Fernsehproduktionen als Kulturgut, § 11 Abs. 1 S. 1 und 5 (Kultur als Auftrag der öffentlich-rechtlichen Rundfunkanstalten), § 25 Abs. 3 (Hinwirkenspflicht der Landesmedienanstalten zur Beteiligung von Interessenten mit kulturellen Programmbeiträgen) sowie § 41 Abs. 2 (Programmauftrag der privaten Rundfunkvollprogramme), ferner in § 11f Abs. 4 S. 2 Nr. 1 (3-Stufen-Test), § 31 Abs. 1 S. 1 (Kultur als Verpflichtungsgegenstand für Fensterprogramme) sowie in § 51a Abs. 4 Nr. 2 (Kultur als Auslesekriterium für die Zuweisung von Übertragungskapazität an private Anbieter) normative Relevanz. Einen expliziten Kulturauftrag weist der RStV dem **„ZDFkulturkanal"** (§ 11b Abs. 3 Nr. 2 lit. b) sowie den Vollprogrammen **„3sat"** (§ 11b Abs. 4 Nr. 1) und „arte – Der Europäische Kulturkanal" (§ 11b Abs. 4 Nr. 2) und dem Programm **„Deutschlandradio Kultur"** (§ 11c Abs. 3 Nr. 2) zu. 58

Wie den Begriffen der Information, Bildung und Unterhaltung nähert sich der RStV dem Begriff der Kultur durch eine **werktyporientierte Auflistung von charakteristischen Erscheinungsformen,** die kennzeichnend sind für die schöpferische Gestaltungskraft, die Kultur (als Ableitung von colere (lat.): „pflegen, urbar machen") – im Unterschied zum Vorgefundenen und Ursprünglichen – prägen: Bühnenstücke, Musik, Fernsehspiele, Fernsehfilme und Hörspiele, bildende Kunst, Architektur, Philosophie und Religion, Literatur und Kino. Kultur kann sich ebenso auch in neuen, nicht klassischen Typen zuordenbaren Gestaltungsformen äußern. 59

IV. Unterhaltung (Abs. 2 Nr. 18)

Unterhaltung ist nach dem ausdrücklichen Willen des RStV Teil des Programmauftrages der öffentlich-rechtlichen Rundfunkanstalten (§ 11 Abs. 1 S. 4 u. 6 RStV) sowie eines Rundfunkvollprogramms (Nr. 3, → Rn. 21). Unterhaltung ist begrifflich durch **kurzweili-** 60

gen Zeitvertreib gekennzeichnet; sie ist keinem bestimmten weiteren Zweck verschrieben, kann sich aber, zB beim „Infotainment", mit anderen Zwecken mischen. Als werktypische Erscheinungsformen benennt der RStV Kabarett und Comedy, Filme, Serien, Shows, Talk-Shows, Musik. Auch Spiele fallen unter diese Definition.

61   Neben dem Begriff der Unterhaltung kennt der RStV darüber hinaus den Begriff der **„leichten Unterhaltung"** (§ 15 S. 2, § 44 S. 2). Für Sendungen diesen Zuschnitts lässt er (außer bei Kindersendungen) Produktplatzierung (Nr. 11) mit Einschränkungen zu (§ 15 S. 1 Nr. 1, § 44 S. 1 Nr. 1). Den Begriff der leichten Unterhaltung bestimmt der Staatsvertrag negativ: Verbrauchersendungen und Ratgebersendungen mit Unterhaltungselementen sowie Sendungen, die neben unterhaltenden Elementen im Wesentlichen informierenden Charakter haben, zählen nicht dazu (§ 15 S. 2 RStV) – bei privatem Rundfunk darüber hinaus auch Sendungen in Regionalfensterprogrammen und Fensterprogramme nach § 31 (§ 44 S. 2 RStV). Typisch für die leichte Unterhaltung ist der **ganz überwiegende Anteil an unterhaltenden Elementen**.

F. Abgrenzung des Rundfunks zu Telemedien und zur Presse (Abs. 2 Nr. 19, 20)

62   Der Programmauftrag der öffentlich-rechtlichen Rundfunkanstalten für das Angebot von Telemedien ist begrenzt. Während das Angebot sendungsbezogener Telemedien (Nr. 19) grds. zulässig ist, sind nichtsendungsbezogene Telemedienangebote der öffentlich-rechtlichen Rundfunkanstalten (Nr. 20) seit Inkrafttreten des 12. RÄndStV generell unzulässig.

I. Sendungsbezogene Telemedien (Nr. 19)

63   Sendungsbezogene Telemedien (Abs. 1 S. 3, → Rn. 10) der öffentlich-rechtlichen Rundfunkanstalten lässt der RStV als Teil ihres Programmauftrages **grds. inhaltlich und zeitlich befristet bis zu 7 Tagen nach Sendungsausstrahlung** zu (§ 11d Abs. 2 Nr. 2 RStV). Nach Ablauf dieser Frist sind Telemedienangebote nur nach Maßgabe insbes. des Dreistufentests zulässig (§ 11d Abs. 2 S. 1 Nr. 3, § 11f RStV).

Diese Grenzziehung soll die Onlineaktivitäten öffentlich-rechtlicher Rundfunkanstalten von privaten Rundfunkanstalten, der Presse und sonstigen Anbietern von Telemedienangeboten unionsrechtskonform abgrenzen, um der Kritik an der Quersubventionierung und der damit verbundenen Wettbewerbsverzerrung von Onlineangeboten durch den Rundfunkbeitrag zu begegnen (Spindler/Schuster/Holznagel/Krone RStV § 2 Rn. 101).

64   Sendungsbezogene Telemedien sind durch einen inhaltlichen Bezug zu einer bestimmten Sendung gekennzeichnet. Sie dienen der **Aufbereitung von Inhalten** aus einer **konkreten Sendung**. Sendungsbezogen sind sie aber nur, soweit sie auf die für die jeweilige Sendung genutzten Materialien und Quellen zurückgreifen, gleichsam eine Ernte der Recherchefrüchte der jeweiligen Sendung sind. Darüber hinaus müssen sie die Sendung thematisch und inhaltlich unterstützen und begleiten. Sie dürfen über die rein textliche Wiedergabe des Sendungsinhalts hinausgehen (Begründung zum 12. RÄndStV (LT-Drs. RhPf 15/3116, 38), aber nicht durch die zeitliche und inhaltliche Loslösung von der ursprünglichen Sendung, insbes. durch Veränderung der angestrebten Zielgruppe oder inhaltliche Neuausrichtung des Angebots, ein eigenständiges neues Telemedienangebot schaffen, das abstrakt das Ziel einer Teilhabe aller Bevölkerungsgruppen an der Informationsgesellschaft und einer allgemeinen Orientierungshilfe sowie Vermittlung von Medienkompetenz verfolgt (Nr. 19 iVm § 11f Abs. 3 RStV). Vielmehr muss ein Sendungsbezug durch die Vertiefung von thematischen Inhalten der Sendung und deren Begleitung bestehen (Hahn/Vesting/Schulz RStV, § 2, Rn. 169).

II. Presseähnliches Angebot (Nr. 20)

65   Presseähnliche Angebote weisen die **formalen Merkmale von Zeitungen und Zeitschriften** auf, insbes. eine journalistisch-redaktionelle Gestaltung und Aufbereitung, werden aber elektronisch vertrieben. Sie dienen als **Surrogat für die Lektüre von Presse,** insbes. von Zeitungen oder Zeitschriften. Darunter fallen nicht nur maßstabsgetreue Übersetzungen

elektronischer Angebote von Zeitungen in die Onlinewelt, die zur Lektüre via Tablet-PC aufbereitet sind. Vielmehr zählen dazu auch Angebote, die in ihrem Zuschnitt Zeitungen und Zeitschriften inhaltlich und gestalterisch äquivalent sind und – auch ohne einen vollständigen Ersatz darstellen zu können – an die Informationsdichte eines Presseerzeugnisses erinnern (LG Köln ZUM-RD 2012, 613 (618)). Ein Indiz dafür ist eine **starke Textorientierung** (Hahn/Vesting/Schulz/Held RStV § 2 Rn. 175). Maßgeblich ist das Verhältnis des Textteils zu Bewegtbildern und Audioelementen.

Derartige Angebote „elektronischer Presse" sind den öffentlich-rechtlichen Rundfunkanstalten (seit Inkrafttreten des 12. RÄndStV) untersagt (**§ 11d Abs. 2 S. 1 Nr. 3 Hs. 3 RStV**).

Das Verbot des § 11d Abs. 2 S. 1 Nr. 3 Hs. 3 RStV soll die Onlineaktivitäten der Presse und der öffentlich-rechtlichen Rundfunkanstalten insbes. mit Blick auf das unionsrechtliche Beihilfenrecht wettbewerbsrechtlich sauber abgrenzen. Schon im Vorfeld der Einfügung der neuen Vorschrift im Zuge des 12. RÄndStV zeigte sich jedoch, dass eine **trennscharfe Unterscheidung** zwischen presseähnlichen Angeboten und journalistisch-redaktionell gestalteten Onlineangeboten **kaum möglich** ist. Denn beide bedienen sich ihrem Wesen nach journalistisch-redaktioneller Gestaltungsformen (vgl. auch § 1 Abs. 3 Nr. 4, § 11d Abs. 1 RStV). Im Internet verschmelzen die Medien durch die synergetische Verkoppelung verschiedener Darstellungsformen zu einem neuen Amalgam, dessen wechselseitige publizistische Konkurrenz gewollt ist. Tradierte, vormals leistungsfähige begriffliche Abgrenzungen verlieren in einer konvergierenden Medienwelt, namentlich in dem dynamischen, auf die Verknüpfung unterschiedlicher Darstellungsformen ausgerichteten Medium des Internets, ihre Wirksamkeit (vgl. Martini, DVBl. 2008, 1477 (1485)). 66

Weitgehend offen sind auch die Vergleichspunkte, die für die Äquivalenzbetrachtung heranzuziehen sind, ob es namentlich die Struktur von Einzelbeiträgen, größeren Einheiten oder ganzen Portalen ist (Hahn/Vesting/Schulz/Held RStV § 2 Rn. 171). Gerade angesichts der **Abgrenzungsschwierigkeiten** kommt dem Abs. 2 Nr. 20 vor allem die Rolle einer grundsätzlichen ausfüllungsbedürftigen **gesetzgeberischen Wertungsentscheidung** zu: Im Zweifel sind derartige Angebote öffentlich-rechtlicher Rundfunkanstalten, die sich der Presse in einer kaum unterscheidbaren Form annähern, unzulässig. Der RStV will dem öffentlich-rechtlichen Rundfunk damit eine Demarkationslinie gegen die Tendenz wuchernder Ausbreitung setzen. Der inhaltliche und gestalterische Schwerpunkt von durch Rundfunkanstalten angebotenen Telemedien soll gerade nicht im journalistisch-redaktionellen Bereich liegen, sondern in einer hörfunk- und/oder fernsehähnlichen Gestaltung (vgl. Begründung zum 12. RÄndStV, LT-Drs. RhPf 15/3116, 38). 67

Zum Schwur kam die Notwendigkeit der Abgrenzung zum ersten Mal im Falle der sog. „**Tagesschau-App**". Das LG Köln hat sie als presseähnliches Angebot eingeordnet, da sie – ihrem Textumfang geschuldet – dem Nutzer durchaus als „Zeitungsersatz" dienen kann (LG Köln ZUM-RD 2012, 613 (618)). Da die App ein bereits vorhandenes einheitliches Onlineangebot („tagesschau.de") für die Verwendung mit Smartphones und Tablet-PCs ergänzend inhaltlich aufbereitet, stuft das Gericht die App aber nicht als eigenständiges Angebot nach § 11f Abs. 4 RStV ein, das den Dreistufentest durchlaufen müsste. Vielmehr sieht es diese (aufgrund der weitgehenden Inhaltsgleichheit) von der Genehmigung des Onlineangebots „tagesschau.de" umfasst. Im Ergebnis hält es die App daher für zulässig (LG Köln ZUM-RD 2012, 613 (616 f.); kritisch zur wettbewerbsrechtlichen Entscheidungskompetenz des LG Peifer, GRUR-Prax 2012, 521 ff.; zur „heute-App" des ZDF Schmidtmann, ZUM 2013, 536 ff.). 68

§ 3 Allgemeine Grundsätze

(1) ¹Die in der Arbeitsgemeinschaft der öffentlichrechtlichen Rundfunkanstalten der Bundesrepublik Deutschland (ARD) zusammengeschlossenen Landesrundfunkanstalten, das Zweite Deutsche Fernsehen (ZDF), das Deutschlandradio und alle Veranstalter bundesweit verbreiteter Rundfunkprogramme haben in ihren Angeboten die Würde des Menschen zu achten und zu schützen; die sittlichen und religiösen Überzeugungen der Bevölkerung sind zu achten. ²Die Angebote sollen dazu beitragen, die Achtung vor Leben, Freiheit und körperlicher Unversehrtheit,

vor Glauben und Meinungen anderer zu stärken. ³ Weitergehende landesrechtliche Anforderungen an die Gestaltung der Angebote sowie § 41 dieses Staatsvertrages bleiben unberührt.

(2) **Die Veranstalter nach Absatz 1 Satz 1 sollen über ihr bereits bestehendes Engagement hinaus im Rahmen ihrer technischen und finanziellen Möglichkeiten barrierefreie Angebote vermehrt aufnehmen.**

Die Vorschrift enthält für Angebote bundesweit verbreitender Rundfunkveranstalter – der öffentlich-rechtlichen Anstalten und der privaten Rundfunkunternehmen – einerseits die noch in der Fassung bis zum 12. RÄndStV auch in der Überschrift der Vorschrift so bezeichneten inhaltsbezogenen Programmgrundsätze (Abs. 1), andererseits seither die Zielverpflichtung auf barrierefreie Angebote (Abs. 2). Die Norm errichtet zunächst Schranken der Programmfreiheit, einerseits die Pflicht zur Achtung und zum Schutz der Menschenwürde (→ Rn. 11 ff.), zum anderen die Pflicht zur Achtung sittlicher und religiöser Überzeugungen (→ Rn. 17 f.). Daneben treten Pflichten der Rundfunkveranstalter zur Förderung einzelner Rechtsgüter im Rahmen ihrer Angebotsausgestaltung (→ Rn. 11 und → Rn. 19), die als „Soll-Gebote" jedoch kaum zwangsweise durchsetzbar sind. Schließlich werden die Rundfunkveranstalter zur vermehrten Aufnahme von solchen Angeboten, die auch seh- und hörbeeinträchtigen Menschen zugänglich sind, aufgefordert (→ Rn. 20).

Übersicht

	Rn		Rn
A. Allgemeines	1	C. Achtung sittlicher und religiöser Überzeugungen (Abs. 1 2. HS)	17
I. Bedeutung der Norm	1		
II. Entstehungsgeschichte	4	D. Achtung vor Leben, Freiheit und körperlicher Unversehrtheit und Glauben und Meinungen anderer (Abs. 1 S. 2)	19
III. Rechtsqualität	6		
IV. Abgrenzung zu anderen Vorschriften	10		
B. Achtung und Schutz der Menschenwürde (Abs. 1 1. Hs.)	11	E. Aufnahme barrierefreier Angebote (Abs. 2)	20

A. Allgemeines

I. Bedeutung der Norm

1 Die Vorschrift dient der Achtung und Förderung gemeinsamer **Grundwerte**, die als Mindeststandards im Rahmen der bundesweiten Veranstaltung von Angeboten durch Rundfunkveranstalter allgemein zu beachten sind (Abs. 1 S. 1). Sie drückt überdies auch ein gesetzgeberisch vorgestelltes **Idealbild** im Hinblick auf die Qualität der Angebotsinhalte aus (Abs. 1 S. 2). Insgesamt normiert Abs. 1 Vorgaben an den Inhalt der Angebote (Programmgrundsätze), wohingegen Abs. 2 Anforderungen an deren Präsentationsform im Interesse behinderter Menschen stellt (HRKDSC RStV § 3 Rn. 5).

2 **Normadressaten** sind alle innerhalb des Bundesgebiets sendenden öffentlich-rechtlichen Rundfunkanstalten, also die in der ARD zusammengeschlossenen Landesrundfunkanstalten, das ZDF, das Deutschlandradio, nicht jedoch die Deutsche Welle, ferner alle bundesweit verbreitenden privaten Veranstalter von Rundfunkprogrammen. Die Erweiterung des Geltungsbereichs mit dem 12. RÄndStV 2009 von „Sendungen" auf alle „Angebote" hat im Ergebnis nicht zu einer Einbeziehung der Telemedien geführt. Zwar sind auch Telemedienangebote an sich „Angebote"; § 1 Abs. 1 unterläuft diese – mithin nur scheinbare tatbestandliche Erweiterung – jedoch durch die pauschale Begrenzung des Geltungsanspruchs des RStV für Telemedien auf die dort genannten Vorschriften. Im Ergebnis unterliegen daher nur **Rundfunkangebote** (Fernsehen, Hörfunk) den Grundsätzen des § 3 (aA HRKDSC RStV § 3 Rn. 3): Die tatbestandliche Erweiterung mit dem 12. RÄndStV 2009 bleibt damit fragwürdig, weil ohne jede Auswirkung (so auch Spindler/Schuster/Holznagel/Krone RStV § 3 Rn. 1)

Allgemeine Grundsätze § 3 RStV

Die Vorschrift ist **nicht** unmittelbar **sanktionsbewehrt,** da sie in § 49, der Verstöße 3 gegen die dort genannten Vorschriften des RStV als Ordnungswidrigkeitstatbestände fasst, nicht aufgeführt ist. Allerdings kann ein Verstoß Grund für ein Einschreiten der anstaltsinternen Aufsicht der Rundfunkräte bzw. des Fernsehrats beim öffentlich-rechtlichen Rundfunk sein, beim privaten Rundfunk insbes. im Rahmen von Zulassungsverfahren und der Programmkontrolle (mit den Aufsichtsmitteln des § 38 Abs. 2, vgl. hierzu VG Hannover AfP 1996, 205) geltend gemacht werden (HRKDSC RStV § 3 Rn. 4). Staatliche **rechtsaufsichtliche Maßnahmen** sind hingegen allenfalls in Ausnahmefällen zulässig, auch wenn die gesetzliche Qualität der Programmgrundsätze und damit ihre Eigenschaft als Rechtsmaßstäbe eine Rechtsaufsicht an sich durchaus denkbar erscheinen ließe: Unmittelbar staatliche (Staatskanzleien!) Beanstandungen von Programminhalte würden jedoch das verfassungsrechtlich geforderte, in der anstaltsorganisatorischen Selbstkontrolle umgesetzte Konzept der programmbezogenen Staatsferne unterlaufen. Allenfalls Evidenzkontrollen, etwa hinsichtlich eines Totalversagens der staatsfernen Aufsichtsmechanismen in krassen Fällen von Menschenwürdeverletzungen, liegen daher noch im Bereich des verfassungsrechtlich Hinnehmbaren (Maunz/Dürig/Herzog GG Art. 5 Abs. 1, 2 Rn. 215; Hesse 4. Kap V Rn. 107; Hahn/Vesting/Hahn/Witte RStV RStV § 3 Rn. 6)

II. Entstehungsgeschichte

Die Regelung über die Programmgrundsätze ist mit dem am 1.4.2000 in Kraft getretenen 4 4. RÄndStV, damals noch als § 2a, in den RStV eingeführt worden. Mit dieser Verankerung war indessen keine materielle Änderung der rundfunkrechtlichen Rechtslage, vielmehr nur eine systematische Vervollständigung des Regelungsgefüges des RStV intendiert – die Bindung an die elementaren Programmgrundsätze war auch schon vorher anerkannt und in den Landesrundfunkgesetzen, auf deren Geltung schon § 2a S. 4 RStV idF d. 4. RÄndStV insoweit verwies, verankert. Die Regelung des § 2a aF galt nur für Sendungen im Rahmen bundesweit verbreiteter **Fernseh**programme. Das Deutschlandradio war als Normadressat dementsprechend noch nicht aufgeführt; Hörfunk und Telemedien waren insgesamt ausgenommen. Die geltende, nunmehr auch den Hörfunk einschließende Fassung des § 3 wurde mit dem am 1.6.2009 in Kraft getretenen 12. RÄndStV eingeführt. Die Erweiterung um Abs. 2 (barrierefreie Angebote) dient auch der Umsetzung **unionsrechtlicher Vorgaben.**

Nach Art. 7 der Richtlinie über audiovisuelle Mediendienste (RL 2010/13/EU) bestärken die 4.1 Mitgliedstaaten die ihrer Rechtshoheit unterliegenden Mediendiensteanbieter darin, ihre Dienste schrittweise für Hörgeschädigte und Sehbehinderte zugänglich zu machen.

Die Regelung des § 3 Abs. 1 muss im Zusammenhang des bundesverfassungsgerichtlichen 5 Verständnisses der Rundfunkgewährleistung gelesen werden. Sie trägt zur Erfüllung der Ausgestaltungsvorgaben bei, die sich aus Art. 5 Abs. 1 S. 2 GG im Hinblick darauf ergeben, dass die Rundfunkfreiheit als „**dienende Freiheit**" durch rechtliche Vorgaben auf die Funktion öffentlicher Meinungsbildung ausgerichtet werden muss. Zur positiven – durch Gesetz zu errichtenden – Rundfunkordnung gehören danach hinsichtlich des „Inhalts des Gesamtprogramms (verbindliche) Leitgrundsätze, die ein Mindestmaß von inhaltlicher Ausgewogenheit, Sachlichkeit und gegenseitiger Achtung gewährleisten" (BVerfGE 12, 205 (263)).

III. Rechtsqualität

Mit der Einsicht des allgemeinen Zusammenhangs der Programmgrundsätze mit dem 6 funktionssichernden Rundfunk-Ausgestaltungsrecht ist freilich die Frage, ob es sich bei den Regelungen des § 3 im Einzelnen um Ausgestaltungen der Rundfunkfreiheit oder um Schrankengesetze handelt, noch nicht abschließend beantwortet. Geht man mit der fragwürdigen, aber vom BVerfG bis heute jedenfalls nicht ausdrücklich aufgegebenen wohl noch herrschenden Ansicht davon aus, dass Ausgestaltungen und Schranken (Art. 5 Abs. 2 GG) der Rundfunkfreiheit kategorisch und strikt alternativ voneinander abzugrenzen sind, so stellt sich diese Frage durchaus auch bei § 3 Sie ist auch keineswegs bedeutungslos, weil sich mit den Kategorien des Ausgestaltungs- und des Schrankengesetzes immer noch unterschiedliche, wenn auch wohl zunehmend konvergierende Legitimationskonzepte verbinden. Schrankengesetze, die den Anforderungen des Art. 5 Abs. 2 GG sowie der allgemein abwehrrechtlichen Schrankendogmatik genügen müssen, sind danach solche Regelungen, die (zumindest auch) dem Schutz kollidierender „externer" Rechtsgüter außerhalb der Rundfunkfreiheit dienen (Hahn/Vesting/Hahn/Witte RStV RStV § 3 Rn. 10), während die Ausgestaltung „allein auf die Sicherung der Rundfunkfreiheit" (BVerwG, Beschl. v. 27.5.2013, 7 B 30/12, Rn. 11) selbst, also auf die Erfüllung des in Art. 5 Abs. 1 S. 2 GG angelegten „Normziels" ausgerichtet sein darf. Abs. 1 S. 1 2. Hs. **(Pflicht zur Achtung sittlicher und religiöser Überzeugungen)** wird im Sinne dieser Unterscheidung überwiegend als **Ausgestaltungsregelung** angesehen, da sie bloße Mindestanforderungen an die inhaltliche Qualität zur Herstellung gleichgewichtiger Vielfalt aufstellt, ein entgegenstehendes Rechtsgut hier also gerade nicht vorliegt (HRKDSC RStV § 3 Rn. 8; Hahn/Vesting/Hahn/Witte RStV RStV § 3 Rn. 8).

6.1   Ein entgegenstehendes Verfassungsgut kann – entgegen dem ersten Anschein – auch nicht in der Religionsfreiheit Gläubiger oder der Religionsgemeinschaft als Institution gesehen werden: Ein Recht auf Achtung religiöser Gefühle wird von Art. 4 Abs. 1, 2 GG gerade nicht umfasst; Schutzpflichten aus Art. 4 GG greifen vielmehr erst ein, wenn die Freiheit, einen Glauben zu haben und zu betätigen, beeinträchtigt wird, was bei auch scharfer und verächtlicher Religionskritik in aller Regel nicht der Fall ist (Rox, Schutz religiöser Gefühle im freiheitlichen Verfassungsstaat, 2012; Cornils AfP 2013, 199).

6.2   Lehnt man – vorzugswürdig – die Exklusivität von Schranke und Ausgestaltung ab, eröffnet sich die Möglichkeit einer angemesseneren grundrechtsdogmatischen Verarbeitung der Ambivalenz von grundrechtsverwirklichenden und zugleich doch auch freiheitsbeschränkenden Regelungen. Auch die Achtungspflicht aus § 3 Abs. 1 S. 1 kann dann mit Blick auf die mit ihr einhergehende Beschränkung der Programmfreiheit der Veranstalter zum Schutz ausgewogener kollektiver Meinungsbildung als Ausgestaltung, zugleich aber auch als Schranke angesehen werden (allg. dazu Cornils, Die Ausgestaltung der Grundrechte, 2005, 557 ff.; Ausgestaltungsgesetzesvorbehalt und staatsfreie Normsetzung im Rundfunkrecht, 2011, 92 ff.; Bumke, Ausgestaltung von Grundrechten, 2009, 46 ff. sowie → § 4 Rn. 8.1). Sie muss daher dem qualifizierten Gesetzesvorbehalt des Art. 5 Abs. 2 GG entsprechen, also die Qualität eines allgemeinen Gesetzes aufweisen. Zweifel daran greifen wohl nicht durch: Indem der Grundsatz an Angebote gerade mit religionskritischen oder in Spannung mit Sittlichkeitsvorstellungen stehenden Inhalten anknüpft, ist er zwar nicht schlechthin inhaltsblind, aber doch im Sinne der Rspr des BVerfG (BVerfGE 124, 300, Rn. 55 ff.) noch meinungsneutral im Sinne der Allgemeinheitsforderung des Art. 5 Abs. 2 GG, insofern er sich nicht gerade gegen eine bestimmte religions- oder sittlichkeitsbezügliche Auffassung, sondern abstrakt gegen die Verächtlichmachung unterschiedlicher religiöser oder sittlicher Überzeugungen richtet (s. im Ergebnis auch HRKDSC RStV § 3 Rn. 8).

6.3   Das vom BVerfG geforderte Allgemeinheitskriterium, wonach sich die Beschränkung aus dem Schutz eines (externen?) Rechtsgutes unabhängig vom Inhalt der konkreten Äußerung rechtfertigen lassen können muss (BVerfGE 124, 300, Rn. 58: „konsequent und abstrakt vom Rechtsgut her gedacht"), bleibt allerdings bei der – auch verächtlichen – Religions- oder Moralkritik insoweit problematisch, als ein – jedenfalls ein auch verfassungsrechtlich – anerkanntes externes Schutzgut durch solche Kritik nicht berührt wird (→ Rn. 6.1). Hält man für die Einordnung als Schranke am Erfordernis eines Schutzes externer Rechtsgüter fest, wäre § 3 Abs. 1 daher restriktiv so zu lesen, dass nur Verächtlichmachungen oberhalb der Schwellen der Persönlichkeitsrechtsverletzung (§§ 185 ff. StGB) oder der Gefährdung des öffentlichen Friedens (§§ 130, 166 f. StGB) erfasst sind. Anders ist es, wenn auch die Erfüllung von Gewährleistungsgehalten aus Art. 5 Abs. 1 S. 2 GG selbst als Schrankengrund („Rechtsgut") im Sinne des Art. 5 Abs. 2 GG für die mit der Ausgestaltung einhergehende Beschränkung der individuellen Programmfreiheit anerkannt wird (grundrechtlicher Binnenkonflikt in Art. 5 Abs. 1 S. 2 GG): Soweit danach – freilich nicht ganz zweifelsfrei – auch die Gewährleistung einer maßvollen, sachlichen, ausgewogenen, „temperierten" Berichterstattung zum funktionsgebundenen Normziel des Art. 5 Abs. 1 S. 2 GG gehört (→ Rn. 17), liefert dieser Ausgestaltungsauftrag den von Art. 5 Abs. 2 GG verlangten Schranken-Rechtfertigungsgrund auch für weitergehende Beschränkungen, als sie schon aus den recht kommunikationsfreundlichen Standards des allgemeinen Äußerungsrechts folgen.

7   Anders liegt es mit der eindeutig auf ein externes Rechtsgut bezogenen Programmpflicht des Abs. 1 S. 1 1. Hs. **(Pflicht zur Achtung und zum Schutz der Menschenwürde).**

Allgemeine Grundsätze § 3 RStV

Diese Pflicht setzt der Rundfunkfreiheit, nicht anders als der Pressefreiheit oder der individuellen Meinungsäußerungsfreiheit, „von außen" eine durch die unantastbare Menschenwürde gezogene Grenze; sie ist Eingriff und somit **Schrankengesetz** (Hahn/Vesting/Witte RStV § 3 Rn. 11; aA HRKDSC RStV § 3 Rn. 7). Die Allgemeinheit dieser Schranke (Di Fabio, Der Schutz der Menschenwürde durch allgemeine Programmgrundsätze, 1999, 69 f.) ergibt sich hier, klarer als bei dem Grundsatz des Abs. 1 S. 1 2. Hs., aus der unzweifelhaften Schutzzielrichtung auf ein externes Rechtsgut (Menschenwürde) und der Meinungsneutralität der Schranke, die nicht auf ein spezifisch definiertes Kommunikat abstellt, sondern menschenwürdeverletzende Angebote gleich welchen Inhalts verbietet. Teilweise ist die Menschenwürdeschranke der Programmfreiheit auch verfassungsimmanent unmittelbar aus Art. 1 Abs. 1 GG gerechtfertigt worden (Bosman, Rundfunkfreiheit und Programmgrundsätze, 1985, 54 ff.); auf die Frage nach der Allgemeinheit des Grundsatzes kommt es von diesem Standpunkt aus nicht mehr an. Abs. 1 S. 1 1. Hs. ist mithin unabhängig von der dogmatischen Einordnung jedenfalls ein verfassungsrechtlich **zulässig**er Programmgrundsatz (HRKDSC RStV § 3 Rn. 7). Auch bei **Abs. 1 S. 2** geht es hinsichtlich der Rechtsgüter Leben, Freiheit und körperliche Unversehrtheit offenkundig um – wenn auch mittelbaren und vorgelagerten – Schutz externer Rechtsgüter, also um eine **Schranke** der Rundfunkfreiheit, während sich bei der Toleranzförderung hinsichtlich von Glauben und Meinungen anderer ähnlich wie bei S. 1 2. HS (→ Rn. 6.2) wieder die Frage nach der Rechtsgutqualität dieser Förderziele stellt: Verlangen Art. 4 und 5 GG wirklich die „Achtung" der religiösen Überzeugung oder der Ansichten anderer Menschen oder erlaubt die Verfassung nicht vielmehr auch deren kompromisslose Ablehnung – freilich nicht Unterdrückung mit Mitteln jenseits des geistigen Meinungskampfes?

Die Sollvorschrift des **Abs. 2 ist Ausgestaltungsregelung,** indem sie dem Ziel einer **8** besseren Zugänglichkeit von Rundfunkangeboten für seh- und hörbehinderte Menschen dient, also dazu beitragen soll, die Reichweite des Rundfunkprogramms in diese Bevölkerungsgruppen hinein zu vergrößern. Gleichwohl berührt aber diese Vorgabe zugleich auch die in Art. 5 Abs. 1 S. 2 GG garantierte Programmfreiheit der Veranstalter, insofern diese auch Entscheidungen zur Wahl der Präsentationsform schützt. Sie ist damit vom hier vertretenen Standpunkt aus **zugleich Schranke** der Rundfunkfreiheit und als solche abwehrrechtlich rechtfertigungsbedürftig, namentlich am Maßstab der Verhältnismäßigkeit zu messen (insoweit aA Hahn/Vesting/Hahn/Witte RStV § 3 Rn. 27a).

Abs. 1 S. 1 enthält **zwingendes Recht** in Gestalt einer unmittelbar bindenden Ver- **9** pflichtung der Rundfunkveranstalter. Auch Abs. 1 S. 2 eignet trotz seiner weicheren Formulierung („sollen dazu beitragen") rechtliche Verbindlichkeit; dies zeigt nicht zuletzt ein Blick auf Abs. 1 S. 3 („sonstige Anforderungen"; Hahn/Vesting/Hahn/Witte RStV § 3 Rn. 5). Insbesondere auch aus inhaltlichen Gründen, wegen der verfassungsrechtlich problematischen Tendenz einer positiven Inhaltesteuerung durch Gesetz, kann die Vorschrift jedoch nur eine abgeschwächte Bindungskraft beanspruchen. Auch Abs. 2 ist bloße Sollvorschrift, deren Bindungskraft hier noch zusätzlich durch den Vorbehalt der technischen und finanziellen Möglichkeiten relativiert ist (noch weitergehend Hahn/Vesting/Hahn/Witte RStV § 3 Rn. 27a: „keine konkrete Rechtspflicht").

IV. Abgrenzung zu anderen Vorschriften

§ 41 enthält eine nur für den privaten Rundfunk geltende, in einigen Formulierungen **10** abweichende, im Übrigen mit § 3 gleichlautende Bestimmung (hierzu näher § 41); zudem finden sich in beinahe allen **Landesrundfunk- bzw. -mediengesetzen** ähnliche, teilweise aber auch ausführlichere und in ihrer Programmatik weiterreichende Regelungen, namentlich in den Gesetzen und Staatsverträgen für die Rundfunkanstalten. Diese werden gem. Abs. 1 S. 3 nicht verdrängt oder modifiziert. Einen spezifischen und sanktionsbewehrten Schutz findet die Menschenwürde in § 4 Abs. 1 S. 1 Nr. 8 **JMStV,** der Regelbeispiele enthält (hierzu näher BeckOK JMStV/Liesching JMStV § 4 Rn. 6 f.). Für den öffentlich-rechtlichen Rundfunk ergänzt und vertieft auch der RStV selbst in der Beschreibung des Programmauftrags in § 11 die inhaltliche Bindung und Ausrichtung der Rundfunkprogramme. Telemedien sind vom Anwendungsbereich des § 3 ausgenommen (→ Rn. 2). Daher normiert § 54 entsprechende Inhaltsanforderungen für Telemedienangebote; für online-

Angebote der öffentlich-rechtlichen Rundfunkanstalten werden diese flankiert von § 11d Abs. 3. Ferner ergänzt § 10 die allgemeinen Grundsätze um Bestimmungen über den Prozess der Gewinnung und den Umgang mit Informationen im Programm (dazu näher Spindler/Schuster/Holznagel/Krone RStV § 10 Rn. 2).

10.1   Die allgemeinen Grundsätze werden in den Landesrundfunkgesetzen unterschiedlich stark konkretisiert, typischerweise deutlich weitergehend für die Rundfunkanstalten als für die privaten Rundfunkveranstalter vgl. z. B. § 5 **WDR-G**; § 6 **SWR-StV**, Art. 4 **BR-Gesetz** und § 5 und 6 **ZDF-StV**; s. demgegenüber etwa § 5 **BayMG**, § 16 **LMG Rhld.-Pf**. Insbes. Art. 4 Abs. 2 BR-Gesetz beinhaltet durchaus – nicht unproblematische – kleinteilige Vorgaben und entsprechend umfassende Beschränkungen der Programmgestaltungsfreiheit des BR. Insoweit handelt es sich nicht etwa um anstaltsinterne Selbstbeschränkungen (dazu sogleich), sondern um formell-gesetzliche Eingriffe durch den Staat.

10.2   In **Richtlinien** der Rundfunkräte (bzw. des Fernsehrats) finden die allgemeinen Grundsätze ihre **anstaltsinterne Konkretisierung,** zu deren Aufstellung der Rundfunk- bzw. Fernsehrat gem. § 11e iVm den jew. Landesrundfunkgesetzen (zB § 16 Abs. 2 WDR-Gesetz; § 20 Abs. 1 ZDF-StV) befugt ist. Begreift man den Rundfunkrat als integralen Teil der Anstalt mit – nach überwiegender Auffassung jedoch allenfalls sehr eingeschränkten – Programmgestaltungsbefugnissen, besteht hier kein Eingriff in die Programmautonomie der Rundfunkanstalt, da die Programmbindung gleichsam aus der „eigenen Sphäre" stammt. Versteht man den Rundfunkrat dagegen als zwar staatsfern organisiertes, aber dennoch funktional „externes" – weil dem Intendanten und dem journalistischen Korps der Anstalt und deren Programmverantwortung nur mehr gegenüberliegendes, selbst nicht programmgestaltendes – Kontrollgremium, so gelten hier og Bedenken entsprechend.

B. Achtung und Schutz der Menschenwürde (Abs. 1 1. Hs.)

11   Art. 1 Abs. 1 GG hat weder für die privaten Rundfunkveranstalter noch für die öffentlich-rechtlichen Anstalten unmittelbare Bindungswirkung: Auch die Anstalten sind trotz ihrer öffentlich-rechtlichen Verfasstheit kein Teil staatlicher Gewalt. Art. 1 Abs. 1 GG entfaltet keine unmittelbare Drittwirkung. Die Menschenwürdegarantie fordert jedoch präventive einfachgesetzliche Vorkehrungen auch gegen Beeinträchtigungen der Menschenwürde durch Private (Maunz/Dürig GG Art. 1 Abs. 1 Rn. 78). Abs. 1 S. 1 1. Hs., der eine **einfachgesetzliche Bindung** der Normadressaten an die Menschenwürdegarantie statuiert, ist mithin Ausdruck der Erfüllung der verfassungsrechtlichen Schutzpflicht aus Art. 1 Abs. 1 GG (Hahn/Vesting/Hahn/Witte RStV § 3 Rn. 12; HRKDSC RStV § 3 Rn. 11).

12   Der Begriff der Menschenwürde ist vom zugrundeliegenden Art. 1 Abs. 1 GG her zu bestimmen, eine positive, rechtlich operationalisierbare **Definition** indessen nach wie vor kaum greifbar. Ausgangspunkt für eine Erfassung der Menschenwürde ist in der Rechtspraxis immer noch die auf die Qualität der Verletzungshandlung bezogene „Objektformel", wonach der Mensch nicht zum bloßen Objekt staatlichen Handelns herabgewürdigt werden darf (Maunz/Dürig GG Art. 1 Abs. 1 Rn. 28; stRspr, zB BVerfGE 9, 89 (95); 87, 209 (228)). Der Einsatz dieser Formel in der Schutzpflichtdimension bereitet indessen schon deswegen gewisse Probleme, weil es hier gerade nicht um staatliches Eingriffshandeln geht, sondern um „horizontale Eingriffe", die zwar durchaus auch mit der Missachtung der Personalität des betroffenen Menschen einhergehen können, denen aber doch die besondere Qualität einer Ausgrenzung, Diffamierung oder gar Verfolgung durch die unentrinnbare eigene Hoheitsgewalt fehlt.

12.1   Die Leistungsfähigkeit der Objektformel ist offenkundig begrenzt, da der Mensch in verschiedensten Zusammenhängen gerechtfertigterweise Gegenstand und auch Instrument staatlicher Regelung oder Maßnahmen, erst recht auch ohne eigenes Zutun oder eigene Vermeidungsmöglichkeit Objekt gesellschaftlicher Verhältnisse ist. Das spricht dafür, bei der Bewertung der Verletzungshandlung wesentlich auf das Kriterium der **Erniedrigung** abzustellen (so auch BVerfGE 30, 1 (25 f.)). Die Objektformel ist mithin kaum mehr als eine „leitende Orientierungshilfe" (Maunz/Dürig/Herdegen GG Art. 1 Abs. 1 Rn. 37) für die stets erforderliche einzelfallbezogene Bewertung der konkreten Beeinträchtigung.

13   Hinsichtlich von möglichen Menschenwürdeverletzungen durch massenmediale Kommunikate haben sich bestimmte Fallgruppen herausgebildet. Eine Verletzung der Menschen-

würde der in einer Sendung gezeigten Personen kann sich zum einen durch die **Art der Berichterstattung** ergeben: Wird zB bildlich gezeigt, wie ein Pflegeheimbewohner in erniedrigender Weise misshandelt wird, so wird dieser zum bloßen Objekt der Berichterstattung in (erneut) die Menschenwürde verletzender Weise gemacht (OVG Lüneburg MMR 2009, 203 (207); näher HRKDSC RStV § 3 Rn. 13). Ferner kann die **Kommerzialisierung** des Menschen den Vorwurf einer Menschenwürdeverletzung begründen. Im Zusammenhang der Debatte um das „Big Brother"-Format im Privatfernsehen ist dieser Tatbestand etwa für die Situation angenommen worden, dass ein Teilnehmer von einem überlegenen Akteur aufgrund wirtschaftlichen Erwerbsstrebens in eine für ihn unentrinnbare Situation gebracht wird, mit der eine Erniedrigung durch Anprangerung, Zurschaustellung oder Verächtlichmachung einhergeht (Di Fabio, Der Schutz der Menschenwürde durch allgemeine Programmgrundsätze, 1999, 30 ff.). Mangelnde Selbstbestimmtheit in diesem Sinn droht vor allem bei minderjährigen und unerfahrenen Teilnehmern (Hahn/Vesting/Witte RStV § 3 Rn. 17).

Mediale Zurschaustellungen privater oder gar intimer Umstände sind jedenfalls dann **14** keine Menschenwürdeverletzungen, wenn der Betroffene dazu selbst seine Einwilligung erteilt hat; die Selbstoffenbarung ist Akt freier Selbstbestimmung und damit selbst Entfaltung der eigenen Persönlichkeit. Freilich ist die **Einwilligung** des Betroffenen nur insoweit rechtlich anzuerkennen, wie die Situation von dem Einwilligenden tatsächlich überschaut werden kann. Aufklärung über das Geschehen und die Folgen kann zu hinreichender Überschaubarkeit führen; jedoch sind insoweit die individuellen Erfahrungen und Fähigkeiten des Betroffenen zu berücksichtigen. Ferner kann eine nachträgliche Veränderung des Angebots (der Sendung) zulasten des Teilnehmers dazu führen, dass diese nicht mehr von der Einwilligung gedeckt ist.

Ein anschauliches **Beispiel** nachträglicher Veränderung des Charakters einer Sendung („Frauentausch"), die von der ursprünglichen – hier auf das Recht am eigenen Bild nach § 22 KUG, nicht die Menschenwürde bezogenen – Einwilligung der Teilnehmerin (gerichtet auf Mitwirkung an einer „TV-Dokumentations-Serie") nicht mehr gedeckt war, bietet LG Berlin Urt. v. 26.7.2012 – 27 O 14/12 (nicht rechtskräftig). **14.1**

Auch der **Rezipient** wird durch den Programmgrundsatz in seiner Menschenwürde **15** geschützt. Diese soll – zweifelhaft – verletzt sein bei ungewollter Konfrontation mit in hohem Maß menschenverachtenden Sendungen (Gersdorf, Medienrechtliche Zulässigkeit des TV-Programms „Big Brother", 2000, 25 f.); insbes. Kinder und Jugendlichen seien noch nicht vollends und in jedem Fall in der Lage, „freiwillig" und selbstbestimmt umzuschalten (Hahn/Vesting/Hahn/Witte RStV § 3 Rn. 20).

Unberücksichtigt bleiben Einwilligungen der Teilnehmer an Fernsehproduktionen, der in **16** Fernsehsendungen gezeigten Personen und der Rezipienten, sofern man – zweifelhaft – einen **überindividuellen,** von der subjektiven Grundrechtsstellung abgekoppelten, damit aber auch unverfügbaren **Gehalt** der Menschenwürde als Teil der objektiven Werteordnung annimmt (Hahn/Vesting/Hahn/Witte RStV § 3 Rn. 21; BVerfGE 87, 209 (228); BVerwGE 64, 274) und diesen durch ein bestimmtes Angebot als verletzt ansieht. Teilweise wird hier einschränkend eine „innere" Abwägung gefordert: Nur dann, wenn der Belang der objektiven Wertordnung eindeutig gegenüber dem Belang der individuellen Selbstbestimmung überwiegt, soll letzterer unberücksichtigt bleiben (HRKDSC RStV § 3 Rn. 14).

Die angenommene **Unbeachtlichkeit der Einwilligung** im Falle einer Beeinträchtigung der **16.1** Menschenwürde (insbes. jugendlicher) Rezipienten, im Falle „objektiver" Menschenwürdeverstöße sowie teilweise sogar in Bezug auf die Würde der Teilnehmer (so Spindler/Schuster/Holznagel/ Krone RStV § 3 Rn. 10) vermag insgesamt **nicht zu überzeugen.** Hier wird iErg eine die individuelle Selbstbestimmtheit (Freiwilligkeit) überragende „Gesellschaftswürde" (ähnlich der Menschheits- oder Gattungswürde) konstruiert, die in Art. 1 Abs. 1 GG keinen Halt finden kann (Dreier GG Art. 1 Abs. 1 Rn. 152 ff.). Es steht vielmehr zu befürchten, dass ein solchermaßen überindividuelles Menschenwürdeverständnis dazu dienen kann, die jeweils eigenen (ethischen, moralischen oder sittlichen) Wertungen und Überzeugungen auf – gar mit Absolutheit ausgestattete – Verfassungsebene zu transportieren und damit gegen alle Einwände zu immunisieren (in Bezug auf die Gattungswürde überzeugend Dreier GG Art. 1 Abs. 1 Rn. 120; vgl. auch Hahn/Vesting/Hahn/ Witte RStV § 3 Rn. 23). Insgesamt beinhaltet Art. 1 Abs. 1 GG **kein Recht auf Nichtansehen-**

müssen bestimmter Handlungen (Dreier GG Art. 1 Abs. 1 Rn. 119). Hinreichenden „überindividuellen" und „einwilligungsresistenten" Schutz der Kinder und Jugendlichen vor bestimmten Angeboten bieten im Übrigen bereits die den Jugendschutz betreffenden Bestimmungen des **JMStV,** die indessen gerade nicht dem Schutz der Menschenwürde dienen.

C. Achtung sittlicher und religiöser Überzeugungen (Abs. 1 2. HS)

17   Abs. 1 2. Hs. fordert die Achtung **religiöser Überzeugungen** der Bevölkerung. Die Vorschrift dient der Gewährleistung des verfassungsgerichtlich geforderten Mindestmaßes von gegenseitiger Achtung im Rundfunk (BVerfGE 12, 205 (263)). Eine Verletzung dieses Grundsatzes wird angenommen bei **Diffamierung, Verunglimpfung** und **systematischer Ablehnung** der Überzeugungen. Kritische Auseinandersetzungen in Gestalt ablehnender und polemischer Äußerungen sollen jedoch erlaubt bleiben (Hahn/Vesting/Hahn/Witte RStV § 3 Rn. 24; HRKDSC RStV § 3 Rn. 18). Anders als bei § 166 StGB bedarf es zur Begründung eines Verstoßes keiner Eignung zur Störung des öffentlichen Friedens, Schutzgut der Vorschrift ist vielmehr bereits die Etablierung **gleichgewichtiger Vielfalt.**

17.1   Religionskritischen Äußerungen in Angeboten werden durch Abs. 1 2. Hs. inhaltliche Grenzen gesetzt, die Art. 5 Abs. 2 S. 1 GG geschützte Freiheit der Programmgestaltung damit verkürzt (→ Rn. 6.2). Auch wenn Abs. 1 2. Hs eine Ausgestaltungsregelung darstellt (s. o.), muss sich die insofern beschränkend wirkende Ausgestaltung am **Verhältnismäßigkeitsgrundsatz** messen lassen (BVerfGE 121, 30, Rn. 113 ff.). Die kollidierenden Verfassungsgüter sind schonend in Ausgleich zu bringen (praktische Konkordanz). Soweit es sich um **satirische Darstellungen** handelt (die nicht stets, aber doch häufig zudem in den Schutzbereich der Kunstfreiheit fallen), sollte in verfassungskonformer Auslegung des Programmgrundsatzes davon ausgegangen werden, dass eine in diesem Zusammenhang getätigte Aussage regelmäßig nicht der Pflicht zur Achtung religiöser Überzeugungen iSd Abs 1 2. Hs. entgegensteht, soweit sie vor § 166 StGB Bestand hat. Andernfalls droht eine die Potenziale des öffentlichen Meinungskampfes nicht voll ausschöpfende inhaltliche Vorsicht und „Gedämpftheit" der Berichterstattung in Rundfunk und Telemedien (Cornils, epd medien Nr. 29 v. 19.7.2013, 6 ff.); überdies ist nicht recht einzusehen, weshalb **Kunst im Rundfunk** iErg größeren verfassungsrechtlichen Einschränkungen unterworfen sein soll als Kunst bspw. in Film, Theater oder auch in der Presse, die sich insofern mit Ziff. 10 des **Pressekodex** lediglich der Selbst(!)beschränkung unterworfen hat, darauf zu „verzichten", religiöse Überzeugungen zu „schmähen".

17.2   Nach alledem kann die Grenze des Zulässigen auch nicht pauschal dort gezogen werden, wo die Auseinandersetzung „formal mit den für einen Angriff typischen Mitteln geführt wird" (so aber Spindler/Schuster/Holznagel/Krone RStV § 3 Rn. 16).

18   Eine Verletzung des Grundsatzes der Achtung **sittlicher Überzeugungen** der Bevölkerung unterhalb der Schwelle des Verstoßes gegen die allgemeinen Gesetze wird schwerlich zu begründen sein, da sich gesellschaftsübergreifende Wertvorstellungen regelmäßig in Rechtsnormen niederschlagen (HRKDSC RStV § 3 Rn. 17) und der Sittenbegriff – ähnlich dem der „öffentlichen Ordnung" im Polizeirecht – eine schlicht nicht handhabbare tatbestandliche Weite aufweist (Hahn/Vesting/Hahn/Witte RStV § 3 Rn. 25).

D. Achtung vor Leben, Freiheit und körperlicher Unversehrtheit und Glauben und Meinungen anderer (Abs. 1 S. 2)

19   Ähnlich wie in Bezug auf die Menschenwürde (→ Rn. 11) ist der Staat verpflichtet, zum Schutz des Lebens und der körperlichen Unversehrtheit präventiv tätig zu werden, wenn diese Rechtsgüter durch Eingriffe Dritter gefährdet werden (BVerfGE 39, 1 (41); 46, 160 (164); 53, 30 (57); 56, 54 (73)). Abs. 2 S. 2 dient der **Erfüllung dieses Schutzauftrages,** wobei die Vorschrift bewusst als Sollvorschrift formuliert ist, um verfassungsrechtliche Bedenken aufgrund der Statuierung einer **aktiven Handlungspflicht** abzumildern (Hahn/Vesting/Hahn/Witte RStV § 3 Rn. 26 und 9; HRKDSC RStV § 3 Rn. 19).

E. Aufnahme barrierefreier Angebote (Abs. 2)

20   Abs. 2 ist kein inhaltsbezogener Programmgrundsatz klassischer Prägung, sondern eine die Präsentationsform betreffende Zielvorgabe. Die Veranstalter sollen Angebote aufnehmen, die

Übertragung von Großereignissen § 4 RStV

in ihrer Machart auch Menschen mit **Hör- und Sehbeeinträchtigung** zugänglich sind (Hahn/Vesting/Hahn/Witte RStV § 3 Rn. 27a). Die Vorschrift ist ein in seiner rechtsnormativen Wirkkraft doppelt (einerseits: „sollen", andererseits: Möglichkeitsvorbehalt) relativierter **Appell**, das Ziel der Barrierefreiheit über das schon bestehende Engagement hinaus zu fördern (HRKDSC RStV § 3 Rn. 21). Namentlich der Vorbehalt der finanziellen Möglichkeiten begrenzt die Bindungseffektivität erheblich – entschärft damit aber zugleich auch mögliche Rechtfertigungsprobleme dieser Verpflichtung, namentlich in allen Fällen, in denen Investitionen in barrierefreie Angebote mangels Massenattraktivität wirtschaftlich nicht rentabel sind.

§ 4 Übertragung von Großereignissen

(1) ¹Die Ausstrahlung im Fernsehen von Ereignissen von erheblicher gesellschaftlicher Bedeutung (Großereignisse) in der Bundesrepublik Deutschland verschlüsselt und gegen besonderes Entgelt ist nur zulässig, wenn der Fernsehveranstalter selbst oder ein Dritter zu angemessenen Bedingungen ermöglicht, dass das Ereignis zumindest in einem frei empfangbaren und allgemein zugänglichen Fernsehprogramm in der Bundesrepublik Deutschland zeitgleich oder, sofern wegen parallel laufender Einzelereignisse nicht möglich, geringfügig zeitversetzt ausgestrahlt werden kann. ²Besteht keine Einigkeit über die Angemessenheit der Bedingungen, sollen die Parteien rechtzeitig vor dem Ereignis ein schiedsrichterliches Verfahren nach §§ 1025 ff. der Zivilprozessordnung vereinbaren; kommt die Vereinbarung eines schiedsrichterlichen Verfahrens aus Gründen, die der Fernsehveranstalter oder der Dritte zu vertreten haben, nicht zustande, gilt die Übertragung nach Satz 1 als nicht zu angemessenen Bedingungen ermöglicht. ³Als allgemein zugängliches Fernsehprogramm gilt nur ein Programm, das in mehr als zwei Drittel der Haushalte tatsächlich empfangbar ist.

(2) ¹Großereignisse im Sinne dieser Bestimmung sind:
1. Olympische Sommer- und Winterspiele,
2. bei Fußball-Europa- und -Weltmeisterschaften alle Spiele mit deutscher Beteiligung sowie unabhängig von einer deutschen Beteiligung das Eröffnungsspiel, die Halbfinalspiele und das Endspiel,
3. die Halbfinalspiele und das Endspiel um den Vereinspokal des Deutschen Fußball-Bundes,
4. Heim- und Auswärtsspiele der deutschen Fußballnationalmannschaft,
5. Endspiele der europäischen Vereinsmeisterschaften im Fußball (Champions League, UEFA-Cup) bei deutscher Beteiligung.

²Bei Großereignissen, die aus mehreren Einzelereignissen bestehen, gilt jedes Einzelereignis als Großereignis. ³Die Aufnahme oder Herausnahme von Ereignissen in diese Bestimmung ist nur durch Staatsvertrag aller Länder zulässig.

(3) ¹Teilt ein Mitgliedstaat der Europäischen Union seine Bestimmungen über die Ausstrahlung von Großereignissen nach Artikel 3a der Richtlinie 89/552/EWG des Rates zur Koordinierung bestimmter Rechts- und Verwaltungsvorschriften der Mitgliedstaaten über die Ausübung der Fernsehtätigkeit in der Fassung der Richtlinie 97/36/EG des Europäischen Parlaments und des Rates der Europäischen Kommission mit und erhebt die Kommission nicht binnen drei Monaten seit der Mitteilung Einwände und werden die Bestimmungen des betreffenden Mitgliedstaates im Amtsblatt der Europäischen Gemeinschaften veröffentlicht, ist die Ausstrahlung von Großereignissen verschlüsselt und gegen Entgelt für diesen Mitgliedstaat nur zulässig, wenn der Fernsehveranstalter nach den im Amtsblatt veröffentlichten Bestimmungen des betreffenden Mitgliedstaates eine Übertragung in einem frei zugänglichen Programm ermöglicht. ²Satz 1 gilt nicht für die Übertragung von Großereignissen für andere Mitgliedstaaten, an denen Fernsehveranstalter vor dem 30. Juli 1997 Rechte zur ausschließlichen verschlüsselten Übertragung gegen Entgelt für diesen Mitgliedstaat erworben haben.

(4) ¹Sind Bestimmungen eines Staates, der das Europäische Übereinkommen über das grenzüberschreitende Fernsehen in der Fassung des Änderungsprotokolls

vom 9. September 1998 ratifiziert hat, nach dem Verfahren nach Artikel 9a Abs. 3 des Übereinkommens veröffentlicht, so gilt diese Regelung für Veranstalter in der Bundesrepublik Deutschland nach Maßgabe des Satzes 4, es sei denn, die Ministerpräsidenten der Länder versagen der Regelung innerhalb einer Frist von sechs Monaten durch einstimmigen Beschluss die Anerkennung. ²Die Anerkennung kann nur versagt werden, wenn die Bestimmungen des betreffenden Staates gegen das Grundgesetz oder die Europäische Konvention zum Schutze der Menschenrechte und Grundfreiheiten verstoßen. ³Die für Veranstalter in der Bundesrepublik Deutschland nach dem vorbezeichneten Verfahren geltenden Bestimmungen sind in den amtlichen Veröffentlichungsblättern der Länder bekannt zu machen. ⁴Mit dem Tag der letzten Bekanntmachung in den Veröffentlichungsblättern der Länder ist die Ausstrahlung von Großereignissen verschlüsselt und gegen Entgelt für diesen betreffenden Staat nur zulässig, wenn der Fernsehveranstalter nach den veröffentlichten Bestimmungen des betreffenden Staates eine Übertragung dort in einem frei zugänglichen Programm ermöglicht.

(5) ¹Verstößt ein Veranstalter gegen die Bestimmungen der Absätze 3 und 4, so kann die Zulassung widerrufen werden. ²Statt des Widerrufs kann die Zulassung mit Nebenbestimmungen versehen werden, soweit dies ausreicht, den Verstoß zu beseitigen.

Das Kurzberichterstattungsrecht des § 5 wird vom Gesetzgeber nicht als hinreichend angesehen, die verfassungsrechtlich (Art. 5 Abs. 1 GG) unterfangenen Informationsfunktionen des Fernsehens für den Prozess öffentlicher Meinungsbildung zu sicherzustellen. Es wird daher in § 4 durch eine Gewährleistung ergänzt, die Fernsehübertragung bestimmter, in einer Liste (Abs. 2) erfasster Großereignisse frei zugänglich zu halten. Die in Abs. 2 S. 1 aufgelisteten Großereignisse (→ Rn. 21) dürfen nur dann im (verschlüsselten) Bezahlfernsehen ausgestrahlt werden, wenn sie grds. zeitgleich zu angemessenen Bedingungen (→ Rn. 18) auch von einem frei empfangbaren Anbieter (→ Rn. 17) übertragen werden können. Die Regelung ist eine Reaktion auf die Verbreitung des Bezahlfernsehens (Pay-TV) Mitte der 1990-er Jahre (→ Rn. 2). Mit der Revision der Fernsehrichtlinie 89/552/EWG durch die ÄnderungsRL 97/36/EG wurde die „Listenregelung" in das Sekundärrecht der damaligen Europäischen Gemeinschaft aufgenommen (Art. 3a FernsehRL). Heute setzt die Vorschrift Art. 14 der Richtlinie über audiovisuelle Mediendienste (RL 2010/13/EU) um (→ Rn. 24).

Übersicht

	Rn		Rn
A. Allgemeines	1	I. Adressaten der Regelung	15
I. Bedeutung der Norm	1	II. Zugänglichkeit und freie Empfangbarkeit	16
II. Entstehungsgeschichte	2		
1. Europäische Entwicklung	2	III. Angemessene Bedingungen	18
2. Entwicklung in Deutschland	6	IV. Zeitgleiche Ausstrahlung	20
III. Verfassungsrechtliche Einordnung	7	C. Liste der Großereignisse (Abs. 2)	21
1. Berührte Grundrechte	8	D. Anerkennungsprinzip (Abs. 3)	24
2. Sport als Ereignis gesellschaftlichen Interesses	10	E. Regelung zum Fernseh-Übereinkommen (Abs. 4)	25
IV. Vereinbarkeit der Regelung im europäischen Primärrecht	13	F. Folgen von Verstößen (Abs. 5)	26
B. Ausstrahlung in einem frei empfangbaren und allgemein zugänglichen Programm (Abs. 1)	14		

A. Allgemeines

I. Bedeutung der Norm

1 Zweck der Vorschrift ist es, zu verhindern, dass **Großereignisse,** denen **besondere gesellschaftliche Bedeutung** beigemessen wird, nur gegen zusätzliches Entgelt in Bezahl-

fernsehangeboten empfangen werden können. Grund für diese Sonderstellung der – bisher ausnahmslos sportlichen – Großereignisse ist die ihnen zugeschriebene wichtige gesellschaftliche Funktion, namentlich die durch sie offerierte integrativ wirkende Identifikationsmöglichkeit für den Fernsehzuschauer (→ Rn. 11). Daher sollen Übertragungen von Veranstaltungen, denen eine derart herausgehobene **Integrationswirkung** zugeschrieben wird (vgl. Spindler/Schuster/Holznagel/Krone RStV § 4 Rn. 15), zeitgleich dem allgemein Rundfunkzuschauer zugänglich sein.

II. Entstehungsgeschichte

1. Europäische Entwicklung

1996 erwarben die Rechtevermarkter ISPR und Sporis vom Weltfußballverband FIFA die ausschließlichen Senderechte für die Fußballweltmeisterschaften 2002 und 2006 und kündigten an, das Gros der Spiele nur im digitalen Abonnementsfernsehen zu übertragen. 2

Ausführlich zur Entstehungsgeschichte: Bröcker/Neun ZUM 1998, 766; Zuck NJW 1998, 2190; zum Pay-TV: Hesse ZUM 2000, 183 (190); Spindler/Schuster/Holznagel/Kibele RStV § 2 Rn. 48; Hahn/Vesting/Rossen-Stadtfeld RStV § 4 Rn. 3. 2.1

Das Vereinigte Königreich führte daraufhin im Broadcasting Act 1996 unter dem Titel „Sporting and other events of national interest" eine ausführliche Listenregelung ein mit dem Ziel zu verhindern, dass bestimmte Sportereignisse ausschließlich im Pay-TV übertragen werden. Exklusivübertragungsverträge für die erfassten Ereignisse waren danach unwirksam (zur Vorgängerregelung im englischen Recht Diesbach ZUM 1998, 554 (555); Barendt, Broadcasting Law, 1995, 136 ff.). 3

Im Sommer 1996 regte das Europäische Parlament im Mitentscheidungsverfahren an, die Thematik in das Änderungsverfahren der **Fernsehrichtlinie** aufzunehmen (Bröcker/Neun ZUM 1998, 766 (769); Hahn/Vesting/Rossen-Stadtfeld RStV § 4 Rn. 13). Daraufhin wurde mit der FernsehRLÄndRL 97/37/EG Art. 3a (sog Schutzlistenregelung) in die FernsehRL 89/552/EWG eingefügt. 4

Ziel der Regelung war es, „das Recht auf Informationen zu schützen und der Öffentlichkeit breiten Zugang zur Fernsehberichterstattung über nationale oder nichtnationale Ereignisse von erheblicher gesellschaftlicher Bedeutung zu verschaffen" (Erwägung 18, Richtlinie 97/36/EG); zum Streit über die Gesetzgebungskompetenz der EG: Bröcker/Neun ZUM 1998, 766 (771 f.); HSH/Nolden Teil 5 Rn. 23). 4.1

Art. 3a Abs. 1 S. 1 RL/89/552/EWG idF der ÄndRL 97/36/EG ermöglichte es jedem Mitgliedstaat, Maßnahmen zu ergreifen, mit denen er sicherstellt, dass Fernsehveranstalter nicht bei der Übertragung von bestimmten Ereignissen, denen er erhebliche gesellschaftliche Bedeutung beimisst, einem bedeutenden Teil der Öffentlichkeit den freien Zugang zur Sendung verwehren. 5

Damit war aber für die Mitgliedsstaaten keine Verpflichtung verbunden, eine entsprechende Regelung in ihre Rechtsordnung aufzunehmen. Vielmehr blieb es im Ermessen der Mitgliedsstaaten, ob sie eine solche Liste aufstellen oder nicht („qualifizierte Öffnungsklausel", Zuck NJW 1998, 2190; Bröcker/Neun ZUM 1998, 766 (770); GHN/Ress/Ukrow AEUV Art. 167 Rn. 221). Diesen **Optionscharakter** hat die unionsrechtliche Listenregelung bis heute auch in der Nachfolgevorschrift des **Art. 14** der konsolidierten Richtlinie über audiovisuelle Mediendienste (sog. **AVMD-Richtlinie**, RL 2010/13/EU) beibehalten. 5a

Eine entsprechende Regelung wurde 1998 als Art. 9a in das im Rahmen des Europarats vereinbarte Europäische Übereinkommen über das grenzüberschreitende Fernsehen (FÜ) eingefügt (ausf. zur Entstehung der Regelung im FÜ: Hahn/Vesting/Rossen-Stadtfeld RStV § 4 Rn. 15 ff.). 5.1

2. Entwicklung in Deutschland

In Deutschland konnten sich die Länder zunächst nicht auf eine Listenregelung einigen. Zwei Ereignisse trugen wesentlich dazu bei, dass die Ministerpräsidentenkonferenz schließlich doch – am 18.3.1998 – beschloss, eine Liste mit Großereignissen in den RStV ein- 6 zufügen. 1996 konnte das UEFA-Pokalhalbfinale zwischen Bayern München und dem FC Barcelona nur im Bezahlfernsehen verfolgt werden. Überdies bekannte sich das BVerfG in seinem Urteil zur Kurzberichterstattung zur Bedeutung von sportlichen Großereignissen für die Informationsfunktion des Fernsehens (BVerfGE 97, 228 = NJW 1998, 1627 (1629), dazu (→ Rn. 11). In den RStV aufgenommen wurde die Listenregelung über Großereignisse durch den **4. RÄStV** von 1999 (§ 5a), in Kraft getreten am 1.4.2000 mit Ausnahme des erst am 1.3.2002 in Kraft getretenen Abs. 4 der Vorschrift. Der 9. RÄStV verlagerte den damaligen § 5a inhaltlich unverändert an den heutigen Standort in § 4 (Diesbach ZUM 1998, 554 (555); Spindler/Schuster/Holznagel/Krone RStV § 4 Rn. 6).

III. Verfassungsrechtliche Einordnung

7   Die Listenregelung des § 4 berührt die grundrechtlich geschützten Interessen der Anbieter von Bezahlfernsehangeboten sowie von Ereignisveranstaltern und Rechte-Agenturen. Sie steht indessen mit dem Informations- und Integrationsziel fraglos im Dienst von Regelungszielen, die durch den rundfunkverfassungsrechtlichen **Gewährleistungsauftrag des Art. 5 Abs. 1 S. 2 GG** im Sinne der funktionalen Grundrechtsdeutung der Rspr. des BVerfG abgesichert sind. Die Regelung verfolgt damit eindeutig selbst rundfunkgrundrechtlich legitimierte Normziele, dient nicht dem Schutz externer Rechtsgüter iSd Art. 5 Abs. 2 GG; sie gehört damit zum Korpus der positiven Ordnung des Rundfunks, zu den **Ausgestaltungsgesetzen,** die die Freiheit des Rundfunks auf die Erfüllung der grundrechtlich programmierten Funktionsziele hin ausrichten.

1. Berührte Grundrechte

8   Obgleich mithin selbst rundfunkgrundrechtlich legitimiert, berührt die Regelung doch zugleich auch die subjektive **Rundfunkveranstalterfreiheit** der Anbieter von Bezahlfernsehangeboten, indem sie ein von der Regelung erfasstes Ereignis gegen besonderes Entgelt nur ausstrahlen dürfen, wenn es grds. zeitgleich in einem allgemein zugänglichen Fernsehprogramm gesendet werden kann. Dieses Interesse muss nach der Rspr. des BVerfG (BVerfGE 97, 298 Rn. 66 f. – extra radio; 121, 30 Rn. 104 ff.) bei der im Interesse der objektiven Informationsfunktion des Rundfunks vorgenommenen Ausgestaltung der Pflichtenstellung des Veranstalters angemessen berücksichtigt werden; auf diese Berücksichtigung besteht ein verfassungsbeschwerdefähiger grundrechtlicher Anspruch des Veranstalters **(Grundrechtsbeachtungsanspruch).** Insofern wird die grundrechtliche Position des Rundfunkveranstalters freilich abschließend durch Art. 5 Abs. 1 S. 2 GG bestimmt, unter Verdrängung der Wirtschaftsgrundrechte, namentlich von Art. 12 GG (NK-MedienR/Held RStV § 4 Rn. 2).

8.1   Ist § 4 seiner Zielsetzung nach eindeutig ein Gesetz zur Ausgestaltung der Rundfunkfreiheit (Spindler/Schuster/Holznagel/Krone RStV § 4 Rn. 9; vgl. Hahn/Vesting/Rossen-Stadtfeld RStV § 4 Rn. 26ff), so stellt sich die Frage, ob die mit ihm verbundene Belastung des Bezahlfernsehanbieters nicht zugleich auch als **Eingriff in die Rundfunkfreiheit** begriffen werden kann. Die Frage des Verhältnisses von Ausgestaltungs- und Eingriffsregelungen im Rahmen des Art. 5 GG ist seit langem umstritten. Nach wohl immer noch herrschender Auffassung sollen Ausgestaltungen niemals zugleich Eingriffe sein können und daher nicht an Art 5 Abs. 2 GG zu messen sein (BVerfGE 57, 295 Rn. 91; Ruck AöR 117 (1992), 543; Jarass/Pieroth GG Art 5 Rn. 42, 46a; Beck OK GG/ Schemmer GG Art. 5 Rn. 76 f.). Zwar müssen auch nach dieser Auffassung Ausgestaltungsgesetze verfassungsrechtlichen Anforderungen genügen, namentlich gegenläufige subjektive Freiheitsinteressen der Rundfunkveranstalter hinreichend beachten (s. o. und in Beck OK GG/Schemmer GG Art. 5 Rn. 77.1; Dreier/Schulze-Fielitz GG Art 5 I, II Rn. 215f; NK-MedienR/Held RStV § 4 Rn. 2). Jedoch genießt der Gesetzgeber bei der Ausgestaltung einen typischerweise größeren Beurteilungs- und Einschätzungsspielraum, insbes. in der Frage der Erforderlichkeit der getroffenen Regelung. Nach der Gegenauffassung besteht kein zwingender und überzeugender Grund für die behauptete Exklusivität von Ausgestaltung und Eingriff, sind vielmehr Regelungen, die einerseits objektive Gewährleistungsziele des Art. 5 GG verfolgen und insoweit Ausgestaltungen sind, doch zugleich auch Eingriffe in die subjektive Rundfunkfreiheit, insofern sie die Handlungsfreiheit des Veranstalters beschränken (Cornils, Die Ausgestaltung der Grundrechte, 2005, 557 ff.; Ausgestaltungsgesetzesvorbehalt und staatsfreie Normsetzung im Rundfunkrecht, 2011, 92 ff.; C. Bumke, Ausgestaltung von Grundrechten, 2009, 46 ff.). Von diesem – vorzugswürdigen – Standpunkt aus greift § 4 mithin sehr wohl auch in die Veranstalterfreiheit der Bezahlanbieter ein, kann insoweit aber mit dem aus Art. 5 Abs. 1 S. 2 GG selbst verfassungsrangig legitimierten Schrankengrund der Sicherung der Meinungsvielfalt im Fernsehen gerechtfertigt werden (so iErg auch Bröcker/Neun ZUM 1998, 766 (778)).

Weil die Listenregelung zur Folge hat, dass der wirtschaftliche Wert der Exklusivrechte **9** sinkt, sind die Ereignisveranstalter und Rechte-Agenturen in ihrer **Berufsfreiheit** (Art. 12 Abs. 1 GG) berührt. Die Regelung weist die für die Eingriffsqualität mittelbarer Beeinträchtigungen geforderte objektiv berufsregelnde Tendenz auf, weil sie in engem Zusammenhang mit der Berufsausübung steht (vgl. BVerfGE 13, 186; 47, 21; Spindler/Schuster/Holznagel/Krone RStV § 4 Rn. 10). Der Zweck der Sicherung der Meinungsvielfalt soll jedoch als rechtfertigende vernünftige Erwägung des Gemeinwohls hinreichen (Bröcker/Neun ZUM 1998, 778; Hahn/Vesting/Rossen-Stadtfeld RStV § 4 Rn. 34), zumal die Intensität des Eingriffs in die Berufsausübung der Ereignisveranstalter oder Rechteagenturen als eher gering eingeschätzt wird (Spindler/Schuster/Holznagel/Krone RStV § 4 Rn. 11).

2. Sport als Ereignis gesellschaftlichen Interesses

Der Landesgesetzgeber hat in der Liste nur **Sportereignisse** aufgenommen, eine Aus- **10** wahl, die nicht über jeden Zweifel erhaben ist, da der Sport in einem – allerdings nur kleinen Ausschnitt seiner Erscheinungsformen – zwar ein Gegenstand hohen und verbreiteten gesellschaftlichen Interesses sein mag, seine Bedeutung für die Meinungsbildung und erst recht für die im engeren Sinne politische Debatte aber doch eher mittelbar ist und kaum eine derartige Ausnahmestellung, wie sie in der Listenregelung zum Ausdruck kommt, zu rechtfertigen scheint.

Die Rspr. des BVerfG zum Kurzberichterstattungsrecht deutet freilich in eine andere **11** Richtung, gerade auch in ihrer Wertschätzung der Sportereignisse. Diese Aussagen erscheinen in wesentlicher Hinsicht übertragbar: Wenn die Rundfunkfreiheit vom Gesetzgeber ausreichende Maßnahmen gegen Informationsmonopole (BVerfGE 97, 228 = NJW 1998, 1627 (1629)) verlangt, bestehen in Entstehungsgeschichte und Grundproblematik zwischen dem in § 5 verankerten Kurzberichterstattungsrecht und der Regelung des § 4 erhebliche Parallelen (vgl. Diesbach ZUM 1998, 554 (556 f.), Bröcker/Neun ZUM 1998, 766; Lenz NJW 1999, 757; Spindler/Schuster/Holznagel/Krone RStV § 4 Rn. 2; Hahn/Vesting/Rossen-Stadtfeld RStV § 4 Rn. 106). Das Argument, dass ein Informationsmonopol hinsichtlich eines Ereignisses von allgemeinem Interesse den Leitvorstellungen des Art. 5 Abs. 1 S. 2 GG nicht gerecht werde (BVerfG NJW 1998, 1627 (1629)), kann demnach auch als Rechtfertigung für eine Listenregelung über Großereignisse fruchtbar gemacht werden. Was nun den Sport angeht, so soll sich die Bedeutung sportlicher Großereignisse gerade nicht in ihrem Unterhaltungswert erschöpfen; sie erfüllten vielmehr eine **wichtige gesellschaftliche Funktion** und böten Identifikationsmöglichkeiten im lokalen und nationalen Rahmen (BVerfG NJW 1998, 1627 (1629)).

Sehr kritisch zu diesen Formulierungen des BVerfG – „Leerformeln" – Zuck NJW 1998, 2190 **11.1** (2191), vgl. auch: Schwabe JZ 1998, 514; Papier, FS Lerche, 1993, 675 ff.; Badura ZUM 1989, 317.

Folgt man diesem Argumentationsmuster, können die Regelungen des § 4 und § 5 in ein **12** Stufenverhältnis gesetzt werden: Für sportliche Großereignisse mit hoher Identifikations- und Integrationsfunktion sieht der Gesetzgeber (und wohl auch das BVerfG) wegen deren Integrationswirkung nicht nur eine nachrichtenmäßige Kurzberichterstattung, sondern eine zeitgleiche Berichterstattung als Erfordernis eines pluralen Rundfunks an. Insofern kann die Listenregelung als Versuch, „die Fahne des ‚alten' Integrationsrundfunks zumindest in Teilbereichen hochzuhalten" (Diesbach ZUM 1998, 554 (560)), begriffen werden.

IV. Vereinbarkeit der Regelung im europäischen Primärrecht

Nach Ansicht der Unionsgerichte ist die Regelung in Art. 3a Abs. 1 S. 1 der FernsehRL **13** 89/552/EWG in der revidierten Fassung der Änderungsrichtlinie 97/36/EG mit dem Primärrecht vereinbar: Im Februar 2011 bestätigte zunächst das EuG (Urt. v. 17.2.2011 –

T-385/07 = ZUM-RD 2011, 273; T-55/08; T-68/08) die positive Entscheidung der Kommission im Konsultationsverfahren gem. Art. 3a Abs. 2 FernsehRL (Art. 14 Abs. 2 AVMD-RL) betreffend britische und belgische Listen. Der **EuGH** wies mit **Urteilen v. 18.7.2013** die vom Weltfußballverband **(FIFA)** und dem europäischen Verband UEFA eingelegten Rechtsmittel zurück. Ausschlaggebend für dieses Ergebnis ist wesentlich die Anerkennung eines überaus weiten Beurteilungsspielraums der Mitgliedstaaten bei der Aufstellung der Listen (EuGH, Rs. C-201/11 P, C-204/11 P und C-205/11 P, BeckRS 2013, 81507 Rn. 14 f. und Rn. 24 f.). Zwar behalte die Kommission eine Kontrollbefugnis hinsichtlich der Rechtmäßigkeit der nationalen Maßnahmen, und zwar hinsichtlich des in der Richtlinie vorgesehenen eindeutigen und transparenten Verfahrens, der Frage ob es gerechtfertigt ist, dem Ereignis erhebliche Bedeutung beizumessen und drittens der Vereinbarkeit der Liste mit den allgemeinen Grundsätzen des Unionsrechts (Verhältnismäßigkeit, Diskriminierungsverbot, Grundrechte, Wettbewerbsregeln und Binnenmarktfreiheiten). Jedoch ist diese Kontrollbefugnis begrenzt auf offensichtliche Beurteilungsfehler der Mitgliedstaaten, hinsichtlich der Auswirkungen auf den Binnenmarkt und die Grundrechte überdies auf allein solche Auswirkungen, die über diejenigen hinausgehen, die schon an sich notwendigerweise mit der Aufnahme des Ereignisses in die Liste verbunden sind. Letztere sind aus dieser Sicht bereits normativ, durch die Richtlinienermächtigung zu den Listen, legitimiert und insofern einer Einzelfall-Verhältnismäßigkeitsprüfung entzogen. Zweifelsfrei ist dies nicht, weil auch der Unionsgesetzgeber den primärrechtlichen Maßstäben des Vertrages (Grundfreiheiten!) unterliegt, Beschränkungstatbestände zwar harmonisieren, aber doch nicht damit über jene Maßstäbe disponieren kann. In der Folge führt dieser zurückgenommene Prüfungsmaßstab vorhersehbar dazu, dass eine ernsthafte Verhältnismäßigkeitsprüfung – namentlich der Frage der Angemessenheit (Verhältnismäßigkeit im engeren Sinne) einer Listung sämtlicher Turnierspiele, auch der sog „Normalspiele (etwa der Vorrundenspiele), in Relation zu den betroffenen Grundfreiheiten und Grundrechten (Eigentumsgarantie!) der Fußballveranstalter – nicht mehr stattfindet. Die Beeinträchtigung des Eigentumsrechts der Fußballverbände aus Art. 17 Abs. 1 der Charta der Grundrechte der Europäischen Union ist danach ohne weiteres durch das Ziel gerechtfertigt, das Recht auf Informationen zu schützen und der Öffentlichkeit breiten Zugang zur Fernsehberichterstattung über Ereignisse von erheblicher Bedeutung zu verschaffen (BeckRS 2013, 81507 Rn. 102). Das Eigentumsgrundrecht ist, wie sich zeigt, im Rahmen der Rechtfertigung nur Fassade, es trägt materiell nichts über den (selbst auch leerlaufenden) Schutz der Grundfreiheiten hinaus zum Schutz der Betroffenen bei. Ein spezifischer Schutz der Eigentumsgarantie, der insbesondere in einer Berücksichtigung der wirtschaftlichen Nachteile, der Einschränkung der Vermögenswertigkeit und Privatnützigkeit des Hausrechts, des eingerichteten Gewerbebetriebs, der Vertragsfreiheit hätte liegen können, wird gar nicht erst angesprochen. Insgesamt ist doch bemerkenswert, welch geringen Stellenwert der EuGH den grundfreiheitsrechtlichen und grundrechtlichen Gewährleistungen wirtschaftlicher Handlungsfreiheit – immerhin über Jahrzehnte das Tragwerk der europäischen Integration – im Konflikt mit dem Interesse der informationellen Daseinsvorsorge einräumt.

13.1 Die dem Urteil zugrunde liegenden Listen enthalten mehr Ereignisse als die deutschen Regelungen, in England beispielsweise alle Endrundenspiele der Europameisterschaft. Auch der Generalanwalt hatte in seinen Schlussanträgen vorgeschlagen, das Rechtsmittel der FIFA zurückzuweisen (Schlussanträge v. 12.12.2012 – C-201/11 P, C-204/11 P, C-205/11 P, C-204/11 P, C-205/11 P = BeckRS 2012, 82628). Ausf. zur Vereinbarkeit von § 4 mit primärem und sekundärem Unionsrecht: Hahn/Vesting/Rossen-Stadtfeld RStV § 4 Rn. 43 ff.; krit.: Wildmann/Castendyk MMR 2012, 75.

B. Ausstrahlung in einem frei empfangbaren und allgemein zugänglichen Programm (Abs. 1)

14 Abs. 1 S. 1 der Vorschrift statuiert die Bedingungen, die vorliegen müssen, damit ein Bezahlfernsehanbieter ein Ereignis von erheblicher gesellschaftlicher Bedeutung verschlüsselt und gegen besonderes Entgelt ausstrahlen darf. Dies ist nur möglich, wenn der Fernsehveranstalter selbst oder ein Dritter zu angemessenen Bedingungen ermöglicht, dass das Ereignis mindestens in einem frei empfangbaren und allgemein zugänglichen Fernsehprogramm in Deutschland höchstens geringfügig zeitversetzt ausgestrahlt werden kann. Eine **Pflicht zur Übertragung** eines Großereignisses in einem zuzahlungsfrei empfangbaren Fernsehprogramm existiert, wie die amtliche Begründung zum 4. RÄndStV klarstellt, **nicht**. Vielmehr wird der Bezahlfernsehveranstalter, der die Rechte besitzt, seiner Verpflichtung aus § 4 auch dann ledig, wenn er die Rechte zu angemessenen Bedingungen angeboten, sich jedoch kein Veranstalter zu einer Ausstrahlung oder zu einem Erwerb der Rechte bereit erklärt hat.

I. Adressaten der Regelung

Adressaten der Regelung sind Fernsehveranstalter, die ein bestimmtes Ereignis verschlüsselt senden und (kumulativ) die Berichterstattung nur gegen besonderes Entgelt zugänglich machen. Ermöglicht nicht der Fernsehveranstalter selbst zu angemessenen Bedingungen die frei empfangbare Ausstrahlung in einem allgemein zugänglichen Programm, so muss dies durch einen Dritten erfolgen. Als möglichen Dritten iSd Abs. 1 S. 1 nennt die amtliche Begründung zum 4. RÄStV den Inhaber der Rechte an dem Großereignis. 15

II. Zugänglichkeit und freie Empfangbarkeit

Gem. der gesetzlichen Fiktion in Abs. 1 S. 3 gilt als allgemein zugängliches Programm ein Programm, das in mehr als zwei Drittel der Haushalte tatsächlich empfangbar ist. 16

> Zur Frage, ob dieser Zwei-Drittel-Wert nicht zu niedrig angesetzt ist, da das dem Pay-TV-Rechteinhaber zugemutete Opfer um so eher zu rechtfertigen sei, je größer der Anteil der Bevölkerung ist, der Zugang zu der Übertragung im Free-TV hat: Hesse ZUM 2000, 183 (191); Hahn/Vesting/Rossen-Stadtfeld RStV § 4 Rn. 84. 16.1

Frei empfangbar ist ein Programm, für dessen Empfang neben der Rundfunkgebühr und ggf. der Gebühren für den Kabelanschluss keine weiteren Zahlungen zu leisten sind. 17

III. Angemessene Bedingungen

Die Ausstrahlung muss dadurch ermöglicht werden, dass die Adressaten der Regelung Free-TV-Veranstaltern zu angemessenen Bedingungen anbieten, das Großereignis zeitgleich auszustrahlen (Andienungspflicht, Spindler/Schuster/Holznagel/Krone RStV § 4 Rn. 19). Was unter angemessenen Bedingungen zu verstehen ist, lässt die Regelung offen. Die amtliche Begründung führt hierzu aus, dass der Preis für die Ausstrahlung nicht unverhältnismäßig hoch sein darf. Im Übrigen richte sich die Frage, wann Bedingungen unangemessen sind, nach den Umständen des Einzelfalls. 18

> In die Berechnung des Betrags, den der Bezahlfernsehveranstalter vom Free-TV-Anbieter verlangen darf, sollen die **Selbstkosten** des Pay-TV-Veranstalters für die Produktion in angemessenem Umfang mit einfließen und auch anteilige Aufwendungen für Rechteerwerb und Agenturprovisionen geltend gemacht werden können (vgl. Spindler/Schuster/Holznagel/Krone RStV § 4 Rn. 21; HRKDSC RStV § 5a Rn. 12). In diesem Zusammenhang ist vieles umstritten, bspw. ob die Bezahlfernsehanbieter zum Selbstkostenanteil noch einen **marktüblichen Zuschlag** verlangen dürfen oder ob zur Berechnung der Marktwert auf dem Free-TV-Markt heranzuziehen ist (Spindler/Schuster/Holznagel/Krone RStV § 4 Rn. 21; Hahn/Vesting/Rossen-Stadtfeld RStV § 4 Rn. 75). Da sich bisher die Pay- und Free-TV-Veranstalter stets einigen konnten, sind die Auslegungsprobleme bisher nicht gerichtlich verhandelt worden. Dennoch hätte der Gesetzgeber durchaus präziser werden können (Hahn/Vesting/Rossen-Stadtfeld RStV § 4 Rn. 126). 18.1

Erzielen die Parteien keine Einigkeit über die Frage, zu welchen Bedingungen dem Free-TV-Veranstalter eine Übertragung möglich gemacht werden soll, ordnet Satz 2 an, dass sie rechtzeitig vor dem Großereignis ein **Schiedsverfahren** nach §§ 1025 ff. ZPO zu vereinbaren haben. Kommt die Vereinbarung des Schiedsverfahrens aus Gründen, die der Fernsehveranstalter oder der Dritte vorsätzlich oder fahrlässig zu vertreten haben, nicht zu Stande, gilt die Übertragung als nicht zu angemessenen Bedingungen ermöglicht (Fiktion). In diesem Fall ist eine verschlüsselte Ausstrahlung gegen Entgelt unzulässig. 19

IV. Zeitgleiche Ausstrahlung

20 Die Bezahlfernsehanbieter oder der Dritte müssen es ermöglichen, dass das Großereignis grds. zeitlich im frei zugänglichen Fernsehen ausgestrahlt werden kann. Sofern dies wegen parallel laufender Einzelereignisse nicht möglich ist, reicht eine **geringfügig zeitversetzte** Ausstrahlung aus.

20.1 Der Regelfall ist mithin eine simultane Ausstrahlung (Spindler/Schuster/Holznagel/Krone RStV § 5 Rn 18.)

C. Liste der Großereignisse (Abs. 2)

21 Abs. 2 S. 1 enthält den Katalog der Großereignisse, denen der Gesetzgeber eine erhebliche gesellschaftliche Bedeutung beimisst. Deutschland hat – wie die meisten anderen europäischen Staaten – lediglich Sportveranstaltungen in die Liste aufgenommen.

21.1 In Österreich enthält die aufgrund der §§ 2 und 4 des Fernseh-Exklusivrechtegesetzes erlassene Verordnung über Ereignisse von erheblicher gesellschaftlicher Bedeutung auch das Neujahrskonzert der Wiener Philharmoniker und den Wiener Opernball. Zu Listen von Belgien und England und zur Vereinbarkeit mit unionsrechtlichem Primärrecht: → Rn. 13.1.

22 Die Liste (Nr. 1 bis Nr. 5) der aufgeführten Großereignisse ist abschließend. Nach S. 3 ist – wohl selbstverständlich – die Aufnahme oder Herausnahme von Ereignissen nur durch Staatsvertrag aller Länder zulässig.

22.1 Kontrovers diskutiert wird, inwieweit der Gesetzgeber diese Liste durch entsprechende Änderungen des Abs. 2 noch erweitern könnte (dagegen, da die Verfassungskonformität der Regelung auf ihrem Charakter als eng umrissene Ausnahmevorschrift beruhe: Bröcker/Neun ZUM 1998, 766 (779); Stettner ZUM 2002, 627).

23 Abs. 2 S. 2 stellt klar, dass bei Großereignissen, die aus mehreren Einzelereignissen bestehen, jedes Einzelereignis als Großereignis des § 4 Abs. 1 S. 1 gilt.

D. Anerkennungsprinzip (Abs. 3)

24 Abs. 3 setzt Art. 14 Abs. 2 und 3 der AVMD-Richtlinie (2010/13/EU) um. Er setzt das in Art. 14 Abs. 3 AVMD-RL bekräftigte **Prinzip gegenseitiger Anerkennung** der Listenregelungen der Mitgliedstaaten um, indem er der deutschen Rechtshoheit unterliegende Fernsehveranstalter, die die Ausstrahlung von in anderen Mitgliedstaaten gelisteten Großereignissen für diesen Mitgliedstaat beabsichtigen, dazu verpflichtet, für die Zuschauer in diesem Mitgliedstaat einen den Bedingungen der Listenregelung entsprechende freien Empfang zu ermöglichen. Sinn der Regelung ist der Schutz vor Umgehungen der staatlichen Listenregelungen durch im Ausland (hier: in Deutschland) ansässige Bezahlfernsehsender, die von dort aus in das jeweilige Land einstrahlen. Der **Umgehungsschutz** setzt ein mit Veröffentlichung der Liste des geschützten Mitgliedstaates im Amtsblatt der EU als Schlusspunkt des in Art. 14 Abs. 2 AVMD-RL/§ 4 Abs. 3 RStV vorgesehenen **Notifizierungsverfahren**s. Danach muss der Mitgliedstaat der Kommission die von ihm beabsichtigte Liste der Großereignisse mitgeteilt haben. Die Kommission kann binnen einer Prüffrist von drei Monaten Einwände gegen die Liste erheben. Sie berücksichtigt für ihre Prüfung die Stellungnahme des mit Vertretern der Mitgliedstaaten besetzten Kontaktausschusses gem. Art. 29 AVMD-RL. Die Prüfmaßstäbe sind in der Richtlinie nicht spezifiziert, ergeben sich indessen aus dem Primärrecht, namentlich den Grundfreiheiten (Art. 56 AEUV: Dienstleistungsfreiheit und dem Wettbewerbsrecht (Art. 101 ff. AEUV). Daraus hat die Kommission Entscheidungskriterien entwickelt, die sowohl das für ein Großereignis charakteristische Merkmal der „erheblichen gesellschaftlichen Bedeutung" als auch die Verhältnismäßigkeit der Regelung betreffen: Erhebliche Bedeutung hat ein Ereignis danach dann, wenn mindestens zwei der vier nachfolgenden Kriterien erfüllt sind:

- das Ereignis findet im betreffenden Mitgliedstaat in der breiten Öffentlichkeit besondere Resonanz und ist nicht nur für diejenigen von Bedeutung, die die entsprechenden Sport- oder sonstigen Veranstaltungen ohnehin verfolgen;

- das Ereignis hat eine allgemein anerkannte spezifische kulturelle Bedeutung für die Bevölkerung des betreffenden Mitgliedstaats insbesondere aufgrund seines identitätsstiftenden Charakters;
- die Nationalmannschaft nimmt an dem Ereignis im Rahmen eines Wettkampfs oder Turniers von internationaler Bedeutung teil;
- das Ereignis wurde bisher in einer frei zugänglichen Fernsehsendung übertragen und erreichte eine große Zahl von Zuschauern.

Sofort erkennbar ist, dass dieses Kriterienraster kaum Selektionspotential entfalten kann: **24a** Jedenfalls die schlicht auf die Publikumsattraktivität zielenden Kriterien werden sich bei populären Sportereignissen immer bejahen lassen – eben dies ist in den Fällen UEFA/FIFA von den Unionsgerichten bestätigt worden, sogar auch hinsichtlich der weniger attraktiven „Normalspiele" eines Fußballeuropameisterschaft (→ Rn. 13, krit. insoweit auch Linsenbarth K&R 2013, 574). Erhebt die Kommission keine Einwände, wird die Liste im Amtsblatt veröffentlicht mit der beschriebenen Rechtsfolge des (Umgehungs-)Schutzes dieser Regelung auch durch die anderen Unions-Mitgliedstaaten. Die Entscheidung der Kommission, auch soweit sie darin besteht, keine Einwände zu erheben, ist möglicher Angriffsgegenstand einer Nichtigkeitsklage (EuGH Urt. v. 15.12.2005 – T-33/01 – Infront).

E. Regelung zum Fernseh-Übereinkommen (Abs. 4)

Abs. 4 dehnt unter den in der Vorschrift aufgeführten verfahrensrechtlichen Voraussetzungen den Umgehungsschutz des Abs. 3 auf Nicht-EU-Staaten aus, die das Europäische Übereinkommen über grenzüberschreitendes Fernsehen (FÜ, Fassung des Änderungsprotokolls v. 9.9.1998) unterzeichnet haben. Es trat am 1.3.2003 in Kraft. **25**

F. Folgen von Verstößen (Abs. 5)

Abs. 5 der Vorschrift normiert die möglichen Konsequenzen, wenn ein Rundfunkveranstalter gegen die Abs. 3 und 4 verstößt: Als schärfste Sanktion kann ihm (nach entsprechenden landesrechtlichen Vorschriften) die Zulassung **widerrufen** werden. Als mildere Sanktion sieht S. 2 des Abs. 5 statt eines Widerrufs die Möglichkeit vor, die Zulassung mit **Nebenbestimmungen** zu versehen. Eine weitere Möglichkeit der Durchsetzung enthält § 49 Abs. 1 S. 1: Danach handelt **ordnungswidrig,** wer als Veranstalter von bundesweit verbreitetem privaten Rundfunk vorsätzlich oder fahrlässig Großereignisse entgegen § 4 Abs. 1 oder 3 verschlüsselt und gegen besonderes Entgelt ausstrahlt. **26**

§ 5 Kurzberichterstattung

(1) ¹**Das Recht auf unentgeltliche Kurzberichterstattung über Veranstaltungen und Ereignisse, die öffentlich zugänglich und von allgemeinem Informationsinteresse sind, steht jedem in Europa zugelassenen Fernsehveranstalter zu eigenen Sendezwecken zu.** ²Dieses Recht schließt die Befugnis zum Zugang, zur kurzzeitigen Direktübertragung, zur Aufzeichnung, zu deren Auswertung zu einem einzigen Beitrag und zur Weitergabe unter den Voraussetzungen der Absätze 2 bis 12 ein.

(2) Anderweitige gesetzliche Bestimmungen, insbesondere solche des Urheberrechts und des Persönlichkeitsschutzes, bleiben unberührt.

(3) Auf die Kirchen und auf andere Religionsgemeinschaften sowie deren Einrichtungen mit entsprechender Aufgabenstellung findet Absatz 1 keine Anwendung.

(4) ¹Die unentgeltliche Kurzberichterstattung ist auf eine dem Anlaß entsprechende nachrichtenmäßige Kurzberichterstattung beschränkt. ²Die zulässige Dauer bemißt sich nach der Länge der Zeit, die notwendig ist, um den nachrichtenmäßigen Informationsgehalt der Veranstaltung oder des Ereignisses zu vermitteln. ³Bei kurzfristig und regelmäßig wiederkehrenden Veranstaltungen vergleichbarer Art beträgt die Obergrenze der Dauer in der Regel eineinhalb Minuten. ⁴Werden

Kurzberichte über Veranstaltungen vergleichbarer Art zusammengefaßt, muß auch in dieser Zusammenfassung der nachrichtenmäßige Charakter gewahrt bleiben.

(5) ¹Das Recht auf Kurzberichterstattung muß so ausgeübt werden, daß vermeidbare Störungen der Veranstaltung oder des Ereignisses unterbleiben. ²Der Veranstalter kann die Übertragung oder die Aufzeichnung einschränken oder ausschließen, wenn anzunehmen ist, daß sonst die Durchführung der Veranstaltung in frage gestellt oder das sittliche Empfinden der Veranstaltungsteilnehmer gröblich verletzt würden. ³Das Recht auf Kurzberichterstattung ist ausgeschlossen, wenn Gründe der öffentlichen Sicherheit und Ordnung entgegenstehen und diese das öffentliche Interesse an der Information überwiegen. ⁴Unberührt bleibt im übrigen das Recht des Veranstalters, die Übertragung oder die Aufzeichnung der Veranstaltung insgesamt auszuschließen.

(6) Für die Ausübung des Rechts auf Kurzberichterstattung kann der Veranstalter das allgemein vorgesehene Eintrittsgeld verlangen; im übrigen ist ihm Ersatz seiner notwendigen Aufwendungen zu leisten, die durch die Ausübung des Rechts entstehen.

(7) ¹Für die Ausübung des Rechts auf Kurzberichterstattung über berufsmäßig durchgeführte Veranstaltungen kann der Veranstalter ein dem Charakter der Kurzberichterstattung entsprechendes billiges Entgelt verlangen. ²Wird über die Höhe des Entgelts keine Einigkeit erzielt, soll ein schiedsrichterliches Verfahren nach §§ 1025 ff. der Zivilprozessordnung vereinbart werden. ³Das Fehlen einer Vereinbarung über die Höhe des Entgelts oder über die Durchführung eines schiedsrichterlichen Verfahrens steht der Ausübung des Rechts auf Kurzberichterstattung nicht entgegen; dasselbe gilt für einen bereits anhängigen Rechtsstreit über die Höhe des Entgelts.

(8) ¹Die Ausübung des Rechts auf Kurzberichterstattung setzt eine Anmeldung des Fernsehveranstalters bis spätestens zehn Tage vor Beginn der Veranstaltung beim Veranstalter voraus. ²Dieser hat spätestens fünf Tage vor dem Beginn der Veranstaltung den anmeldenden Fernsehveranstaltern mitzuteilen, ob genügend räumliche und technische Möglichkeiten für eine Übertragung oder Aufzeichnung bestehen. ³Bei kurzfristigen Veranstaltungen und bei Ereignissen haben die Anmeldungen zum frühestmöglichen Zeitpunkt zu erfolgen.

(9) ¹Reichen die räumlichen und technischen Gegebenheiten für eine Berücksichtigung aller Anmeldungen nicht aus, haben zunächst die Fernsehveranstalter Vorrang, die vertragliche Vereinbarungen mit dem Veranstalter oder dem Träger des Ereignisses geschlossen haben. ²Darüber hinaus steht dem Veranstalter oder dem Träger des Ereignisses ein Auswahlrecht zu. ³Dabei sind zunächst solche Fernsehveranstalter zu berücksichtigen, die eine umfassende Versorgung des Landes sicherstellen, in dem die Veranstaltung oder das Ereignis stattfindet.

(10) Fernsehveranstalter, die die Kurzberichterstattung wahrnehmen, sind verpflichtet, das Signal und die Aufzeichnung unmittelbar denjenigen Fernsehveranstaltern gegen Ersatz der angemessenen Aufwendungen zur Verfügung zu stellen, die nicht zugelassen werden konnten.

(11) Trifft der Veranstalter oder der Träger eines Ereignisses eine vertragliche Vereinbarung mit einem Fernsehveranstalter über eine Berichterstattung, hat er dafür Sorge zu tragen, daß mindestens ein anderer Fernsehveranstalter eine Kurzberichterstattung wahrnehmen kann.

(12) ¹Die für die Kurzberichterstattung nicht verwerteten Teile sind spätestens drei Monate nach Beendigung der Veranstaltung oder des Ereignisses zu vernichten; die Vernichtung ist dem betreffenden Veranstalter oder Träger des Ereignisses schriftlich mitzuteilen. ²Die Frist wird durch die Ausübung berechtigter Interessen Dritter unterbrochen.

Das Kurzberichterstattungsrecht gibt Fernsehveranstaltern ein Zutrittsrecht zu allgemein zugänglichen Veranstaltungen. Es steht im Dienst der verfassungsrechtlich gewährleisteten

Kurzberichterstattung § 5 RStV

Informationsfunktion des Rundfunks, indem es Verengungen und der Kommerzialisierung des Informationszugangs entgegenwirkt. Grds. jeder Fernsehveranstalter muss die Möglichkeit erhalten, über allgemein zugängliche Anlässe von gesellschaftlichem Interesse nachrichtenmäßig zu berichten. Für Veranstalter, die Zugang zu gewähren haben, und Personen, die beruflich an der Veranstaltung mitwirken, hat die Regelung Eingriffsqualität; betroffen ist namentlich die Berufsfreiheit (Art. 12 Abs. 1 GG) (→ Rn. 6). In seinem Kurzberichterstattungsurteil hat das BVerfG landesrechtliche Regelungen, die § 5 entsprachen, als „im Kern mit dem Grundgesetz vereinbar" (BVerfGE 97, 228 = BVerfG NJW 1998, 1627) angesehen (→ Rn. 7). Verfassungswidrig sei es jedoch, wenn das Recht auf Kurzberichterstattung unentgeltlich gewährt werden müsse. Daraufhin ist mit dem 5. RÄStV die Vergütungspflicht in § 5 Abs. 7 eingefügt worden (→ Rn. 3). Hingegen bestimmt Art. 15 Abs. 6 der Richtlinie über audiovisuelle Mediendienste (RL 2010/13), dass eine für die Bereitstellung des Zugangs zum Sendesignal vorgesehene Kostenerstattung nicht die unmittelbar mit der Gewährung des Zugangs verbundenen zusätzlichen Kosten übersteigen darf. Vor dem Hintergrund dieser Vorschrift hat der EuGH (Sky-Österreich GmbH/Österreichischer Rundfunk = ZUM 2013, 202) entschieden, dass die Pflicht, ein Kurzberichterstattungsrecht vorzusehen, ohne dafür ein Entgelt verlangen zu können, mit unionsrechtlichem Primärrecht vereinbar ist. Insofern besteht ein Widerspruch zur Rspr. des BVerfG (→ Rn. 9).

Übersicht

	Rn		Rn
A. Allgemeines	1	D. Keine Anwendung auf Kirchen (Abs. 3)	23
I. Bedeutung der Norm	1		
II. Entstehungsgeschichte	2	E. Nachrichtenmäßige Kurzberichterstattung (Abs. 4)	24
III. Europarechtliche Entwicklung	4		
IV. Verfassungsrechtliche Fragen	6	F. Ausschlussrecht des Veranstalters (Abs. 5)	26
V. Sky-Österreich-Urteil des EuGH	9		
B. Anspruchsvoraussetzungen (Abs. 1 S. 1)	10	G. Entgeltansprüche des Veranstalters (Abs. 6 und 7)	27
I. Veranstaltung oder Ereignis	11	H. An- und Rückmeldefristen (Abs. 8)	29
II. Fernsehveranstalter	13	I. Kapazitätsengpässe (Abs. 9)	30
III. Veranstalter und Ereignisträger	14	J. Weitergabe durch Fernsehveranstalter (Abs. 10)	31
IV. Öffentliche Zugänglichkeit	16		
V. Allgemeines Informationsinteresse	17	K. Pflichten des Veranstalters bei Bestehen einer Vereinbarung (Abs. 11)	32
VI. Zutritt nur zu eigenen Sendezwecken	18		
VII. Befugnisse aus dem Kurzberichterstattungsrecht	19	L. Vernichtung nicht genutzten Materials (Abs. 12)	33
C. Urheberrecht (Abs. 2)	22		

A. Allgemeines

I. Bedeutung der Norm

Ziel der Regelung ist es, die Exklusivität von Übertragungsrechten eines Fernsehveranstalters für ein Ereignis, dem gesellschaftliche Bedeutung beigemessen wird, zu durchbrechen. Uneingeschränkte, vertraglich zwischen dem Rechteinhaber und einem Rundfunkveranstalter begründete Exklusivität der Berichterstattung soll nach der Rspr des BVerfG den aus der objektiv-rechtlichen Komponente der Rundfunkfreiheit folgenden Anforderungen an die Rundfunkordnung nicht genügen: Danach wird ein Verwertungsrecht für ein Ereignis von allgemeinem Interesse, das es dem Erwerber gestattet, damit nach Belieben zu verfahren und Dritte auszuschließen, den verfassungsrechtlichen Leitlinien für die Ausgestaltung der Rundfunkordnung nicht gerecht (BVerfG NJW 1998, 1627 (1629)). Art. 5 Abs. 1 S. 2 GG verlangt die **Verhinderung von Informationsmonopolen** und einer durchgängigen Kommerzialisierung von Information allgemeiner Bedeutung (Hahn/Vesting/Michel/Brinkmann RStV § 5 Rn. 3), ein Gestaltungsauftrag, zu dessen Erfüllung das Kurzberichterstattungsrecht beiträgt. Überdies gebietet Art. 5 Abs. 1 S. 2 GG eine **plurale Informationsvermittlung** durch eine Mehrzahl von Bewegtbildberichterstattern, weil „medial vermittelte Information nicht lediglich Abbild der Wirklichkeit, sondern stets Ergebnis eines Auswahl-, Deutungs- und Aufbereitungsprozesses ist, das nur durch konkurrierende Auswahl-, Deutungs- und Aufbereitungsmuster relativiert werden kann" (BVerfG NJW 1998, 1627 (1629)).

1.1 Die unmittelbare praktische Bedeutung der Vorschrift ist bisher gering, da sich die Veranstalter mit den Fernsehveranstaltern stets vertraglich geeinigt haben. Wohl nicht unberechtigt geht das BVerfG aber davon aus, dass die schiere Existenz des Kurzberichterstattungsrechts die Vereinbarung von Zweitverwertungsrechten zu akzeptablen Bedingungen erheblich erleichtert (BVerfG = NJW 1998, 1627, 1629); vgl. Spindler/Schuster/Holznagel/Krone RStV § 5 Rn. 5; Hahn/Vesting/Michel/Brinkmann RStV § 5 Rn. 25 f.).

II. Entstehungsgeschichte

2 Wie die Listenregelung zu Großereignissen in § 4 ist auch das Recht auf Kurzberichterstattung eine Folge tatsächlicher Veränderungen des Fernsehmarktes: Während die Listenregelung auf die Entwicklung des Bezahlfernsehens reagiert, geht das Kurzberichterstattungsrecht auf den sich verschärfenden Wettbewerb zwischen öffentlich-rechtlichen und **privaten Rundfunkveranstaltern** Mitte der 1980er-Jahre, namentlich auf dem Gebiet der Sportrechte, zurück (Ladeur GRUR 1989, 885; Spindler/Schuster/Holznagel/Krone RStV § 5 Rn. 6 ff.; Gröpl ZUM 2004, 865).

2.1 Einzelne Landesmediengesetze (bspw. Hamburg oder Saarland) sahen ähnliche Regelungen bereits bei Erlass vor. Initiativen für eine Regelung im RStV kamen in Gang, als das Vermarkterunternehmen Ufa 1988 die Exklusivrechte an der Fußballbundesliga erwarb (HRKDSC RStV § 5 Rn. 1 f.; zur Diskussion in den 1980er-Jahren über ein unmittelbar aus Art. 5 Abs. 1 GG folgendes Zutrittsrecht: Ladeur GRUR 1989, 885; vgl. auch: Wenzel NJW 1989 2741).

3 Der Rundfunkstaatsvertrag 1991 statuierte in § 4 erstmals das Kurzberichterstattungsrecht auf staatsvertraglicher Ebene. Der 3. RÄStV (1996) verschob die Regelung auf ihren seitherigen Standort in § 5. In Reaktion auf das Kurzberichterstattungsurteil des BVerfG (BVerfGE 97, 228 = BVerfG NJW 1998, 1627) wurde mit dem 5. RÄStV (in Kraft getreten am 1.1.2001) die Vergütungspflicht in Abs. 7 eingefügt.

III. Europarechtliche Entwicklung

4 In das Unionsrecht fand das Kurzberichterstattungsrecht erst durch die AVMD-Richtlinie (2007/65/EG), die am 19.12.2007 in Kraft trat, Eingang. § 3k statuierte nunmehr ein Recht auf Kurzberichterstattung. Nach der Neufassung der Richtlinie (2010/13/EU) findet sich die Regelung in Art. 15.

4.1 Allerdings bleibt diese Regelung hinter § 5 zurück, insofern sie kein physisches Zutrittsrecht verlangt. Nach Art. 15 Abs. 3 AVMD-Richtlinie können die Mitgliedstaaten den Zugang für die übrigen Fernsehveranstalter bereits dadurch sicherstellen, dass sie es den Fernsehveranstaltern erlauben, kurze Ausschnitte aus dem Sendesignal des übertragenden Fernsehveranstalters auszuwählen. Eines physischen Zutritts zur Veranstaltung bedarf es dazu nicht (vgl. DKC/Zorn L Rn. 22). Ausführlicher zur unionsrechtlichen Entwicklung: Spindler/Schuster/Holznagel/Krone RStV § 5 Rn. 19 ff.

5 Das im Rahmen des Europarats vereinbarte Fernsehübereinkommen (FÜ; BGBl. 1994 II, 639 ff. und 3627) sah bereits 1989 eine Regelung zur Kurzberichterstattung vor.

5.1 Zum FÜ: Goerlich/Möwes Jura 1991, 113; Delbrück ZUM 1989, 373; Hahn/Vesting/Michel/Brinkmann RStV § 5 Rn. 57 ff.

IV. Verfassungsrechtliche Fragen

Verfassungsrechtlich wirft die Regelung in § 5 bis heute kontrovers erörterte Fragen auf. **6** Das BVerfG befasste sich mit dem Kurzberichterstattungsrecht in einem von der Bundesregierung gegen die damaligen § 3a WDR-G und § 3a LRG NW initiierten Normenkontrollverfahren (BVerfGE 97, 228 = BVerfG NJW 1998, 1627). Diskussionen ausgelöst hatte bereits die Frage, ob den Ländern für die Regelung eines Kurzberichterstattungsrechts die Gesetzgebungskompetenz zusteht.

Das BVerfG hat das Kurzberichterstattungsrecht dem Rundfunkrecht und damit den Ländern **6.1** und nicht dem Urheberrecht zugeordnet, da der Schwerpunkt des Regelungszusammenhangs auf rundfunkrechtlichen Fragen liege (vgl. BVerfG NJW 1998, 1627; Spindler/Schuster/Holznagel/Krone RStV § 5 Rn. 12 f.; Müsse ZUM 1991, 517; Jarass AfP 1990, 463).

Grundrechtlich beurteilte das BVerfG die unentgeltliche Kurzberichterstattung insbes. am **7** Maßstab der Gewährleistung der Berufsfreiheit der Ereignisveranstalter aus Art. 12 Abs. 1 GG. Die Regelung zur Kurzberichterstattung sei als **Berufsausübungsregelung** durch die vernünftigen Gemeinwohlerwägungen der Verhinderung von Informationsmonopolen und der Sicherung der Pluralität von Sichtweisen im Kern gerechtfertigt (BVerfG NJW 1998, 1627 (1628 f.)). Hinsichtlich der Rundfunkfreiheit der Fernsehveranstalter, die bereits Exklusivrechte erworben hätten, stelle die Regelung ein Ausgestaltungsgesetz dar. Auch das Grundrecht auf Unverletzlichkeit der Wohnung sei nicht verletzt (BVerfG NJW 1998, 1627 (1631)).

Offen ließ das BVerfG, ob und inwiefern das Kurzberichterstattungsrecht in das Eigentumsrecht **7.1** der Exklusivrechteinhaber eingreift. Die amtliche Begründung zu RStV 1991 geht davon aus, dass das Recht auf (damals noch) unentgeltliche Kurzberichterstattung eine **Inhalts- und Schrankenbestimmung des Eigentums** (Art. 14 Abs. 1 S. 2 GG), nicht etwa eine Enteignung, darstellt. Dies entspricht der Eigentumsdogmatik des BVerfG, insofern es sich bei der Kurzberichterstattung um eine generelle, gesetzlich normierte Belastung des Hausrechts des Veranstalters bzw. der Senderechte der Lizenzinhaber handelt (Neudefinition des Eigentums), nicht um eine Durchbrechung der Eigentumsordnung durch Entzug an sich in der Rechtsordnung garantierter Rechte im Einzelfall (s. dazu Ossenbühl/Cornils, Staatshaftungsrecht, 6. Aufl. 2013, 189 ff.; ausf. zum Kurzberichterstattungsurteil: Spindler/Schuster/Holznagel/Krone RStV § 5 Rn. 14 ff.; Hahn/Vesting/Michel/Brinkmann RStV § 5 Rn. 36 ff.; HRKDSC RStV § 5 Rn. 6ff und 53 ff.; Lenz NJW 1999, 757; Lauktien ZUM 1998, 253; Gröpl ZUM 2004, 865; zur Dogmatik der Ausgestaltungsgesetze: BVerfGE 121, 30 = JuS 2009, 69 mAnm Dörr; eingehend Cornils, Die Ausgestaltung der Grundrechte, 2005; Ausgestaltungsgesetzesvorbehalt und staatsfreie Normsetzung im Rundfunkrecht, 2011.

Als **verfassungswidrig** sah es das BVerfG an, dass die Veranstalter der berufsmäßig durch- **8** geführten Veranstaltungen den Zugang **unentgeltlich** zu gewähren hatten. Die wegen der dann möglichen Berichterstattung durch Dritte im Verlust des Wertes der Exklusivübertragungsrechte liegenden wirtschaftlichen Einbußen belasteten die Veranstalter unangemessen. Den von der Regelung begünstigten Fernsehveranstaltern sei die Zahlung eines angemessenen Entgelts zuzumuten (BVerfG NJW 1998, 1627 (1630)). Das BVerfG verlangte innerhalb von fünf Jahren entsprechende Korrekturen. Der Gesetzgeber führte daraufhin mit dem 5. RÄStV die Vergütungspflicht in Abs. 7 ein.

V. Sky-Österreich-Urteil des EuGH

Während die deutsche Kurzberichterstattungsregelung seit dem 5. RÄStV (→ Rn. 7) eine **9** Vergütungspflicht der Fernsehveranstalter für den Zugang zur Veranstaltung vorsieht, schuf der unionsrechtliche Gesetzgeber im Zuge der Umformung der FernsehRL in die AVMD-Richtlinie (heute: RL 2010/13/EU) ein grds. kostenfreies Recht auf Kurzberichterstattung (Soldner/Engelhard K&R 2012, 488 (489)): Nach Art. 15 Abs. 6 S. 1 der AVMD-Richtlinie (RL 2010/13/EU) darf eine Kostenerstattung, sofern sie im mitgliedstaatlichen Recht vorgesehen ist, die unmittelbar mit der Gewährung des Zugangs verbundenen zusätzlichen Kosten nicht übersteigen. In der **Sky-Österreich-Entscheidung** entschied der EuGH, dass diese Regelung mit dem Primärrecht der Union vereinbar ist: Der Unionsgesetzgeber habe den Inhabern exklusiver Fernsehübertragungsrechte die in Art. 15 Abs. 6 der Richtlinie 2010/13 vorgesehenen Beschränkungen auferlegen können, da die Nachteile, die sich aus dieser Bestimmung ergeben, im Hinblick auf die mit ihr verfolgten Ziele nicht unverhältnismäßig seien (EuGH ZUM 2013, 202 (207)).

9.1 Die Entscheidung könnte durchaus zu einer „Kehrtwende" im Recht der Kurzberichterstattung (Soldner/Engelhard K&R 2012, 488) führen. Dem EuGH vorgelegt hatte die Frage der österreichische Bundeskommunikationssenat, der in der Vorlage die Kurzberichterstattungsentscheidung des BVerfG explizit erwähnte (vgl. EuZW 2013, 347 mAnm Ziegenhorn).

B. Anspruchsvoraussetzungen (Abs. 1 S. 1)

10 § 5 Abs. 1 S. 1 statuiert das Recht auf nachrichtenförmige Kurzberichterstattung über öffentlich zugängliche Veranstaltungen und Ereignisse von allgemeinem Interesse.

I. Veranstaltung oder Ereignis

11 Anlass zum Entstehen eines Kurzberichterstattungsrechts ist das Stattfinden einer Veranstaltung oder eines Ereignisses. Die gesetzliche Begründung zum 1. RÄStV geht davon aus, dass **Veranstaltungen** organisierte, vorher bestimmte Zusammenkünfte sind, bspw. Sportveranstaltungen, Theaterpremieren und Ausstellungseröffnungen. Bei **Ereignissen** soll es sich um sonstige, insbes. um unvorhersehbare Geschehnisse, etwa Unfälle oder Naturkatastrophen, handeln.

11.1 Der Veranstaltung wohnt damit ein Element menschlicher Willkür und Entscheidung inne, welches beim Ereignis fehlt (HRKDSC RStV § 5 Rn. 31; vgl. Spindler/Schuster/Holznagel/Krone RStV § 5 Rn. 26).

12 Einige Bestimmungen des § 5 können sich nur auf Veranstaltungen beziehen, sind mithin dann, sofern der Berichterstattungsanlass ein (ungewolltes) Ereignis ist, nicht anzuwenden (Hahn/Vesting/Michel/Brinkmann RStV § 5 Rn. 88). Besteht eine Veranstaltung aus mehreren Teilen, ist jeder Handlungsabschnitt, für den der Veranstalter ein neu zu entrichtendes Eintrittsgeld erhebt, eine eigene Veranstaltung iSd § 5 Abs. 1 S. 1. Das Kurzberichterstattungsrecht entsteht dann jeweils neu.

II. Fernsehveranstalter

13 Anspruchsberechtigt sind **öffentlich-rechtliche und private Fernsehveranstalter.** Der Wortlaut der Vorschrift bezieht sich explizit nur auf Fernsehveranstalter. Der Gesetzgeber entschied sich bewusst **gegen** eine Einbeziehung des **Hörfunk**s (Spindler/Schuster/Holznagel/Krone RStV § 5 Rn. 1 f.; Hahn/Vesting/Michel/Brinkmann RStV § 5 Rn. 7 ff.; zu einer etwaigen Ausdehnung der Regelung auf den Hörfunk: Brinkmann ZUM 2006, 808). Ausschlaggebend dafür war der amtlichen Begründung zu § 4 RStV 1991 zufolge die Erwägung, dass die Modalitäten der Hörfunkberichterstattung erheblich von denjenigen der Berichterstattung im Fernsehen abwichen, namentlich die Hörfunkberichterstattung, vergleichbar mit der Presse, stärker von der persönlichen Leistung des Hörfunkreporters abhängig sei und eine Kurzberichterstattung diesem Umstand nicht gerecht werden könne. Die Tragfähigkeit dieser Argumentation ist freilich umstritten: Nimmt man mit der neueren **zivilgerichtlichen Rechtsprechung** an (OLG Hamburg AfP 2003, 361; BGHZ 165, 62), dass sich das aus dem **Hausrecht** abgeleitete Ausschließungsrecht des Veranstalters auch gegen Hörfunkjournalisten richtet, also wie beim Fernsehen, aber anders als bei der Presse ein vermarktungsfähiges **Hörfunksenderecht** existiert, greifen die für das Kurzberichterstattungsrecht maßgeblichen Gründe (Durchbrechung des Informationsmonopols) an sich auch für den Hörfunk. IdS wird teilweise eine analog auf § 5 gestützte oder wettbewerbsrechtlich begründete Anwendung des Kurzberichterstattungsrechts befürwortet (Nachweise bei Hahn/Vesting/Michel/Brinkmann RStV § 5 Rn. 11, die sich indessen selbst gegen die BGH-Rspr. und also für eine freie Hörfunkberichterstattung ohne Verbotsrecht des Veranstalters aussprechen, ebd., Rn. 14 ff.). Das Recht auf Kurzberichterstattung steht jedem in Europa zugelassenen Fernsehveranstalter zu. Der Gesetzgeber hielt eine Beschränkung auf

Fernsehveranstalter in den EG-Mitgliedstaaten für inadäquat und zog daher schon bei Einführung des Kurzberichterstattungsrechts den Kreis der Berechtigten bewusst weit.

III. Veranstalter und Ereignisträger

Abs. 1 S. 1 bezeichnet nicht ausdrücklich einen oder mehrere Adressaten. Allerdings ergibt sich die Verpflichtetenstellung aus dem Sinn der Regelung, bestätigt durch die Erwähnung des „Veranstalters" in § 5 Abs. 5 S. 3 und § 5 Abs. 6, Abs. 7 S. 1 sowie des „Trägers des Ereignisses" in Abs. 11 und 12. Bei Veranstaltungen richtet sich der Zugangsanspruch mithin gegen den verfügungsberechtigten **Veranstalter;** Veranstalter ist konsequenterweise der Inhaber des Hausrechts. Bei Ereignissen, die naturgemäß keinen Veranstalter haben, richtet sich der Anspruch gegen den Träger des Ereignisses, sofern ein solcher „Träger" überhaupt als Zurechnungssubjekt identifiziert werden kann. **14**

Bei Sportveranstaltungen kann darüber nachgedacht werden, ob Veranstalter der gastgebende Verein oder der ausrichtende Verband der Wettkämpfe ist; mit dem Argument der Konzeption des Rechts als Zutrittsrecht für den Verein als Hausrechtsinhaber und Veranstalter: Hahn/Vesting/Michel/Brinkmann RStV § 5 Rn. 86; Spindler/Schuster/Holznagel/Krone RStV § 5 Rn. 23. **14.1**

Auch der **„Träger" des Ereignisses** wird meist der Inhaber des Hausrechts sein, bei Unglücksfällen also derjenige, dem besitzrechtliche Verbotsrechte an dem Ort des Unglücks zustehen. Nach Sinn und Zweck können jedoch einige Regelungen der nachfolgenden Absätze – Anmeldung, Kapazitätsknappheit und Ausschlussrecht – auf Ereignisse, insbes. Unglücksfälle, keine Anwendung finden (vgl. Spindler/Schuster/Holznagel/Krone RStV § 5 Rn. 26). **15**

IV. Öffentliche Zugänglichkeit

Öffentlich zugänglich sind die Veranstaltung oder das Ereignis, wenn sie für einen individuell nicht bestimmten oder bestimmbaren Personenkreis physisch oder auch nur mittelbar durch Medienöffentlichkeit zugänglich sind (Hahn/Vesting/Michel/Brinkmann RStV § 5 Rn. 89; Spindler/Schuster/Holznagel/Krone RStV § 5 Rn. 28). Maßgeblich ist damit insbes. der **Wille** des Veranstalters, die Veranstaltung einem vorher nicht individuell festgelegten Personenkreis zugänglich zu machen. **16**

V. Allgemeines Informationsinteresse

An der Veranstaltung oder dem Ereignis muss (lediglich) ein allgemeines **Informationsinteresse** der Öffentlichkeit bestehen. Die amtliche Begründung stellt geringe Anforderungen: Dem Anlass muss insbes. kein besonderer Informationswert zukommen. Die Tatsache, dass ein Veranstalter ein Exklusivübertragungsrecht erworben hat, indiziert bereits ein allgemeines Informationsinteresse (vgl. Hahn/Vesting/Michel/Brinkmann RStV § 5 Rn. 90). § 5 setzt mithin kein gesteigertes Interesse des Publikums voraus (Spindler/Schuster/Holznagel/Krone RStV § 5 Rn. 29; HRKDSC RStV § 5 Rn. 34). **17**

VI. Zutritt nur zu eigenen Sendezwecken

§ 5 Abs. 1 S. 1 stellt klar, dass ein Kurzberichterstattungsrecht dem Fernsehveranstalter nur zu eigenen Sendezwecken zusteht. Ein Zutrittsrecht zum Zweck einer Produktion ausschließlich zur Veräußerung an Dritte gibt es nicht. **18**

VII. Befugnisse aus dem Kurzberichterstattungsrecht

§ 5 Abs. 1 S. 2 benennt die Befugnisse der Fernsehveranstalter aus dem Recht auf Kurzberichterstattung. Diese bestehen in dem Zugang zur Veranstaltung bzw. dem Ereignis, der kurzzeitigen Direktübertragung, der Aufzeichnung, der Auswertung der Aufzeichnung zu einem einzigen Beitrag und der Weitergabe des Materials unter den Voraussetzungen der Abs. 2–12. Das Zugangsrecht umfasst den Zugang zu den Bereichen der Veranstaltung (oder des Ereignisses), die üblicherweise für eine angemessene Berichterstattung in Frage kommen. **19**

Überdies soll dazu nach der amtlichen Begründung zu § 4 RStV 1991 auch die Befugnis gehören, Anschlüsse für die Energieversorgung oder Sendeeinspeisepunkte zu benutzen. Grds. soll damit der kurzberichterstattende Sender nicht schlechter stehen als der Fernsehveranstalter, mit dem eine vertragliche Vereinbarung besteht.

20 Hinsichtlich einer kurzzeitigen Direktübertragung müssen die Aussagen des BVerfG im Kurzberichterstattungsurteil Berücksichtigung finden: Danach beeinträchtigt eine Kurzberichterstattung die Ereignisveranstalter und die Erwerber entgeltlicher Verwertungsrechte dann unzumutbar, wenn die Kurzberichterstattungsberechtigten ihren Bericht noch zur Laufzeit oder sogleich nach Ende der Veranstaltung senden dürfen, während Veranstalter und Rechteerwerber im Interesse einer hohen Zuschauerpräsenz eine Karenzzeit zwischen Veranstaltungsschluss und Fernsehübertragung vereinbart haben (BVerfG NJW 1998, 1627 (1630)). Nach Ansicht der EU-Kommission sind Karenzzeiten jedoch dann nicht mehr hinnehmbar, wenn sie mehr als zweieinhalb Stunden ab Veranstaltungsbeginn betragen (vgl. Entscheidung der Kommission über die Übertragungsregeln der UEFA v. 19.4.2001, ABl. EG Nr. L 2001, 171/12; Spindler/Schuster/Holznagel/Krone RStV § 5 Rn. 42).

21 Der Anspruch auf nachrichtenmäßige Kurzberichterstattung ist durch das erstmalige Senden nicht verbraucht. Allerdings ist es nicht zulässig, bei der zweiten Berichterstattung andere Bewegtbilder zu verwenden.

C. Urheberrecht (Abs. 2)

22 Nach Abs. 2 bleiben anderweitige gesetzliche Bestimmungen, insbes. solche des Urheberrechts, aber auch solche des UWG und des GWB unberührt.

22.1 Bei Kurzberichterstattungen über Darbietungen mit Werkcharakter sind aus diesem Grund ggf. zusätzlich die Voraussetzungen des § 50 UrhG zu beachten, ausführlicher dazu: Spindler/Schuster/Holznagel/Krone RStV § 5 Rn. 21. Sportereignissen kommt nicht Werkcharakter zu, weil sie nicht Ausdruck künstlerischer Formgebung im Sinne einer persönlich-geistigen Schöpfung sind (vgl. Bullinger/Jani, ZUM 2008, 897; Bullinger, in: Wandtke/Bullinger, UrhR, 3. Aufl. 2008, § 2 Rn. 78.) Daher ist § 81 UrhG auf Sportübertragungsrechte weder direkt noch analog anwendbar: Dreier/Schulze/Dreier UrhG Vorbem. zu §§ 70ff Rn. 19).

D. Keine Anwendung auf Kirchen (Abs. 3)

23 § 5 Abs. 3 beschränkt den Anwendungsbereich des Kurzberichterstattungsrechts: § 5 Abs. 1 ist demnach nicht anwendbar bei Kirchen und anderen Religionsgemeinschaften sowie deren Einrichtungen mit entsprechender Aufgabenstellung.

E. Nachrichtenmäßige Kurzberichterstattung (Abs. 4)

24 § 5 Abs. 4 legt die zeitlichen und inhaltlichen Vorgaben für eine nachrichtenmäßige Kurzberichterstattung der dieses Recht ausübenden Fernsehveranstalter fest. § 5 Abs. 4 S. 1 beschränkt den Inhalt der Kurzberichterstattung auf eine dem Anlass entsprechende nachrichtenmäßige Berichterstattung. Die Sätze 2 und 3 legen zeitliche Richtwerte fest. Bei den inhaltlichen Anforderungen an eine dem Anlass entsprechende nachrichtenmäßige Berichterstattung hat der Gesetzgeber lediglich eine **generalklauselartige** Bindung vorgesehen (Hahn/Vesting/Michel/Brinkmann RStV § 5 Rn. 103). Dabei ist ein großzügiger Maßstab anzulegen. Die Kurzberichterstattung darf lediglich nicht ganz oder überwiegend auf Spannungs- und Unterhaltungselemente abzielen (Spindler/Schuster/Holznagel/Krone RStV § 5 Rn. 38). Eine pauschale zeitliche Höchstgrenze des Beitrags lässt sich nicht festlegen. Der Gesetzgeber ging davon aus, dass sich aus der bisherigen Berichterstattungspraxis ergeben habe, dass in der Regel jedenfalls 90 Sekunden ausreichten – insbes. bei der Berichterstattung über Sportereignisse. S. 3 legt diese Zeitspanne als Regelzeit für regelmäßig wiederkehrende Veranstaltungen fest (Lenz NJW 1999, 757; MAH VerwR/Lehr, 3. Aufl. 2012, § 22 Rn. 58).

24.1 Ob dies bei ihrem Wesen nach auf kurze Zeitspannen beschränkten, schon in dieser Zeit ihren vollen Ereigniswert entfaltenden Anlässen (zB: 100-Meter-Lauf) dazu führen kann, dass die Kurzberichterstattung den Anlass in seiner vollen Länge erfassen darf, ist umstritten (vgl. Spindler/Schuster/Holznagel/Krone RStV § 5 Rn. 40; Hahn/Vesting/Michel/Brinkmann RStV § 5 Rn. 110).

Nach S. 4 können einzelne Kurzberichte über verschiedene Veranstaltungen zusammengefasst werden, soweit der nachrichtenmäßige Charakter gewahrt bleibt. 25

F. Ausschlussrecht des Veranstalters (Abs. 5)

Der Ereignisveranstalter kann das Recht auf Kurzberichterstattung zu Fall bringen, indem er die Übertragung oder Aufzeichnung der Veranstaltung insgesamt ausschließt (Abs. 5 S. 4): Wird keinem Fernsehveranstalter ein Übertragungsrecht eingeräumt, so entsteht auch das Recht auf Kurzberichterstattung nicht. 26

G. Entgeltansprüche des Veranstalters (Abs. 6 und 7)

Nach der in Abs. 6 und 7 anerkannten, vom BVerfG verfassungsrechtlich unterfangenen Konzeption (zur Rspr. des EuGH siehe oben (→ Rn. 9) muss der Veranstalter dem Sendeunternehmen das Kurzberichterstattungsrecht nicht unentgeltlich gewähren. Nach Abs. 6 S. 1 1. Hs. kann der Veranstalter zunächst das allgemeine Eintrittsgeld verlangen. Überdies sind ihm nach Abs. 6 Satz 1, 2. Hs. die notwendigen Aufwendungen zu ersetzen, die durch die Ausübung des Rechts entstehen. 27

Der Aufwendungsersatz soll weder Lizenzersatz noch gewerbliche Vergütung, sondern Ersatz für die tatsächlich angefallenen Aufwendungen des Veranstalters im Vorfeld der Produktion sein (Hahn/Vesting/Michel/Brinkmann RStV § 5 Rn. 114). 27.1

Als dritte entgeltliche Position soll der Veranstalter nach Abs. 7 S. 1 – verfassungsrechtlich aus Art. 12 GG geboten (BVerfGE 97, 228 (262 f.)) – bei einer berufsmäßig durchgeführten Veranstaltung ein dem Charakter der Kurzberichterstattung entsprechendes **billiges Entgelt** verlangen können. Kann über die Höhe des Entgelts keine Einigung erzielt werden, soll nach Abs. 7 S. 2 ein schiedsrichterliches Verfahren nach den §§ 1025 ff. ZPO vereinbart werden. Das Recht auf Kurzberichterstattung bleibt jedoch von einem etwaigen Streit über das Entgelt stets unberührt. 28

Das billige Entgelt soll an dem Betrag ausgerichtet werden, der einem durchschnittlichen Rechtekostenanteil für übliches Nachrichtenmaterial entspricht (Hahn/Vesting/Michel/Brinkmann RStV § 5 Rn. 116). Die gesetzliche Vergütungspflicht steht wohl – die Diskussion darüber hat freilich gerade erst begonnen und bleibt noch abzuwarten – im Widerspruch zu Art. 15 Abs. 6 AVMD-RL (s. zur Rspr. des EuGH oben → Rn. 9). Ob sich daraus freilich schon ohne weiteres die Unanwendbarkeit der deutschen Regelung des Anspruchs auf billiges Entgelt ergibt, ist wegen des Ausschlusses einer horizontal belastenden unmittelbaren Wirkung von Richtlinienvorschriften im Zivilrechtsverhältnis in der Rspr. des EuGH (Rs. 152/84, Slg. 1986, 723 – Marshall I, Rn. 48; Rs. 80/86, Slg. 1987, 3969 – Kolpinghuis Nijmegen, Rn. 9; Rs. C-91/92, Slg. 1994, I-3325 – Paola Faccini Dori, Rn. 22) zweifelhaft und bedarf noch näherer Prüfung. Immerhin führte eine Berufung auf Art. 15 Abs. 6 AVMD-RL zur Ausschaltung des nach deutschem Recht gegebenen Vergütungsanspruchs und damit zur Belastung des Veranstalters. 28.1

H. An- und Rückmeldefristen (Abs. 8)

Im Organisationsinteresse des Veranstalters oder Ereignisträgers enthält Abs. 8 S. 1 eine Anmeldefrist für Fernsehveranstalter (spätestens zehn Tage im Voraus). Abs. 8 S. 2 normiert wiederum eine Rückmeldefrist für den Veranstalter oder Ereignisträger (fünf Tage im Voraus) Dies soll dem Fernsehveranstalter ggf. eine Reaktionsmöglichkeit (bspw. die Anforderung nach Abs. 10 bei Ablehnung mangels Kapazität) geben. 29

Bei kurzfristigen Veranstaltungen oder Ereignissen hat die Anmeldung zum frühestmöglichen Zeitpunkt zu erfolgen, also ohne schuldhaftes Zögern (Spindler/Schuster/Holznagel/Krone RStV § Rn. 49; Hahn/Vesting/Michel/Brinkmann RStV § 5 Rn. 118). 29.1

I. Kapazitätsengpässe (Abs. 9)

30 Abs. 9 enthält eine Regelung für auftretende **Kapazitätsengpässe,** die eine Auswahl unter mehreren Fernsehveranstaltern erforderlich machen. Bei Kapazitätsengpässen entsteht ein Auswahlrecht des Veranstalters. Vorrang haben die Fernsehveranstalter, die mit dem Veranstalter oder Ereignisträger einen zivilrechtlichen Vertrag geschlossen haben – dies wird bei unvorhergesehenen Ereignissen allerdings kaum der Fall sein können; insofern ist die Regelung auf Ereignisse unanwendbar. Lässt die Kapazität mindestens einen weiteren Fernsehveranstalter zu, sind bei der Auswahlentscheidung zunächst Veranstalter zu berücksichtigen, die eine flächendeckende Versorgung sicherstellen.

J. Weitergabe durch Fernsehveranstalter (Abs. 10)

31 Abs. 10 statuiert Rechtspflichten für den Fernsehveranstalter, der bei bestehenden Kapazitätsengpässen Zugang zur Veranstaltung oder zum Ereignis erhält. Insofern knüpft die Regelung an Abs. 9 an. Bei Engpässen müssen die Fernsehveranstalter, die zum Zuge kommen, Signal und Aufzeichnung auf Anforderung den nicht zugelassenen Fernsehveranstaltern zukommen lassen. Bei den zu ersetzenden angemessenen **Aufwendungen** soll es sich um einen relativen Anteil an den auf die Produktion des Sendematerials aufgewendeten Kosten zuzüglich der Überspielungskosten handeln (Spindler/Schuster/Holznagel/Krone RStV § 5 Rn. 52).

K. Pflichten des Veranstalters bei Bestehen einer Vereinbarung (Abs. 11)

32 Abs. 11 normiert Rechtspflichten für den Träger einer Veranstaltung, der mit einem Fernsehveranstalter eine vertragliche Vereinbarung über Berichterstattungsrechte getroffen hat. Er hat dafür zu sorgen, dass mindestens ein weiterer Fernsehveranstalter ein Kurzberichterstattungsrecht ausüben kann. Der Träger der Veranstaltung ist in einem solchen Fall ua verpflichtet, die erforderlichen Einrichtungen am Veranstaltungsort für einen weiteren Fernsehveranstalter bereitzustellen (Spindler/Schuster/Holznagel/Krone RStV § 5 Rn. 53) und dafür Sorge zu tragen, dass der Fernsehveranstalter, mit dem ein vertragliches Verhältnis besteht, den anderen Fernsehveranstalter nicht behindert (HRKDSC RStV § 5 Rn. 50).

L. Vernichtung nicht genutzten Materials (Abs. 12)

33 Die das Kurzberichterstattungsrecht nutzenden Fernsehveranstalter haben das von ihnen für die Berichterstattung nicht genutzte Material drei Monate nach Ende der Veranstaltung oder des Ereignisses zu vernichten. Die Vernichtung ist schriftlich mitzuteilen. Die Frist wird durch die Ausübung berechtigter Interessen Dritter, bspw. die Rechtsverfolgung, unterbrochen. Der Kurzberichterstattungsbeitrag selbst braucht nicht vernichtet zu werden. Insofern erwirbt der Fernsehveranstalter ein originäres Recht. Von Abs. 12 abweichende Vereinbarungen sind möglich (Spindler/Schuster/Holznagel/Krone RStV § 5 Rn. 56).

§ 6 Europäische Produktionen, Eigen-, Auftrags- und Gemeinschaftsproduktionen

(1) Die Fernsehveranstalter tragen zur Sicherung von deutschen und europäischen Film- und Fernsehproduktionen als Kulturgut sowie als Teil des audiovisuellen Erbes bei.

(2) Zur Darstellung der Vielfalt im deutschsprachigen und europäischen Raum und zur Förderung von europäischen Film- und Fernsehproduktionen sollen die Fernsehveranstalter den Hauptteil ihrer insgesamt für Spielfilme, Fernsehspiele, Serien, Dokumentarsendungen und vergleichbare Produktionen vorgesehenen Sendezeit europäischen Werken entsprechend dem europäischen Recht vorbehalten.

(3) [1]Fernsehvollprogramme sollen einen wesentlichen Anteil an Eigenproduktionen sowie Auftrags- und Gemeinschaftsproduktionen aus dem deutschsprachi-

gen und europäischen Raum enthalten. ²Das gleiche gilt für Fernsehspartenprogramme, soweit dies nach ihren inhaltlichen Schwerpunkten möglich ist.

(4) ¹Im Rahmen seines Programmauftrages und unter Berücksichtigung der Grundsätze von Wirtschaftlichkeit und Sparsamkeit ist der öffentlich-rechtliche Rundfunk zur qualitativen und quantitativen Sicherung seiner Programmbeschaffung berechtigt, sich an Filmförderungen zu beteiligen, ohne dass unmittelbar eine Gegenleistung erfolgen muss. ²Weitere landesrechtliche Regelungen bleiben unberührt.

Die Regelung ergänzt den Kranz der Vielfaltssicherungsinstrumente des RStV um Mechanismen der Kultur- und Filmwirtschaftsförderung, die allerdings mit dem Vielfaltssicherungsziel und also mit dem Gewährleistungsauftrag des Art. 5 Abs. 1 S. 2 GG in eher entfernter und mittelbarer Verbindung stehen und daher in ihrer Legitimität stets umstritten geblieben sind. Die Bestimmung setzt Regelungen des Unionsrechts um, verweist darüber hinaus zum Verständnis ihrer selbst teilweise unmittelbar auf diese Regelungen (Abs. 2) und ist daher vor deren Hintergrund, namentlich Art. 16 AVMD-RL, auszulegen. Abs. 1 formuliert das Förderziel des Regelungsgefüges und legt den Rundfunkveranstaltern eine inhaltliche Programmverpflichtung auf (→ Rn. 9). Im Zentrum der Vorschrift stehen die beiden in der Richtlinie verankerten Quotenregelungen einerseits für die Verbreitung europäischer Werke in Abs. 2 (→ Rn. 10), zum anderen in Abs. 3 hinsichtlich der Herstellung deutscher und europäischer Produktionen (→ Rn. 13). Abs. 4 stellt klar, dass die öffentlich-rechtlichen Rundfunkanstalten zur Beteiligung an der Filmförderung berechtigt sind (→ Rn. 17).

Übersicht

	Rn		Rn
A. Allgemeines	1	D. Eigen-, Auftrags- und Gemeinschaftsproduktionen (Abs. 3)	13
I. Entstehungsgeschichte und Bedeutung	1	E. Filmförderung des öffentlich-rechtlichen Rundfunks (Abs. 4)	17
II. Geltungsbereich	3	I. Regelungsgehalt	17
III. Zusammenhang mit anderen Bestimmungen	4	II. Beteiligung der öffentlich-rechtlichen Rundfunkanstalten an der Filmförderung	20
1. Nationale Regelungen	5		
2. Europäische Regelungen und nationales Verfassungsrecht	6	III. Weitere Fördereinrichtungen und -programme der Produktionswirtschaft auf deutscher und europäischer Ebene	24
B. Sicherung der Film- und Fernsehproduktionen als Kulturgut durch Fernsehveranstalter (Abs. 1)	9		
C. Quotenregelung für europäische Werke (Abs. 2)	10		

A. Allgemeines

I. Entstehungsgeschichte und Bedeutung

Die Regelung hinsichtlich eines „wesentlichen Anteils" von Eigen-, Auftrags- und Gemeinschaftsproduktionen in den Vollprogrammen des Privatrundfunks findet sich schon in Art. 9 Abs. 2 S. 2 RStV 1987, bemerkenswerterweise also zeitlich vor Verabschiedung der Fernsehrichtlinie 89/552/EWG. Der RStV 1991 übernahm die Regelung mit Geltung auch für den öffentlich-rechtlichen Rundfunk und führte zudem die durch die inzwischen erlassene Fernseh-RL (Art. 4 Abs. 1) vorgegebene Quotenregelung hinsichtlich der europäischen Werke („Hauptteil") ein. Mit dem 7. RÄndStV v. 23./26.9.2003 wurden Abs. 1 und 4 eingefügt, die beide die Bedeutung des Films für den Rundfunk widerspiegeln. Mit dem 12. RÄndStV v. 18.12.2008 trat in Abs. 4 S. 1 der letzte Halbsatz hinzu. 1

Kern der Vorschrift sind die **Quotenregelungen** der Abs. 2 und 3, die sowohl die Verbreitung als auch die Herstellung deutscher und europäischer Film- und Fernsehproduktionen unterstützen sollen. Die Regelungen sind Ausdruck der Bedeutung der Film- und 2

Fernsehproduktionen sowohl als **Kulturgut** wie auch als **Wirtschaftsfaktor** zur Stärkung der Produktionswirtschaft. Abs. 2 will die deutsche und europäische **Filmproduktionswirtschaft** durch Ausstrahlung ihrer Produkte im Programm der deutschen Fernsehveranstalter fördern; Abs. 3 setzt einen zweiten Förderimpuls durch die Zielsetzung eines „wesentlichen Anteils" von Eigen-, Auftrags- und Gemeinschaftsproduktionen. Abs. 4 macht – wenn auch hier nur für den öffentlich-rechtlichen – deutlich, dass die Rundfunkveranstalter eine erhebliche, vom Gesetzgeber erwartete und für den in seinem Betätigungsfeld von gesetzlicher Beauftragung abhängigen Rundfunk ausdrücklich bekräftigte Rolle für die **Filmförderung** spielen. Insbes. die Quotenregelungen sind schon auf der unionsrechtlichen Ebene seit jeher dem Vorwurf des **Protektionismus** – mit wirtschaftlicher wie kultureller Schutztendenz – ausgesetzt. Diese Kritik verweist auf ein nicht leicht von der Hand zu weisendes rechtliches Legitimationsproblem: Die Quotenvorgaben greifen in die **Programmfreiheit** der Veranstalter ein. Sie bedürfen daher verfassungs- wie europarechtlich (Art. 10 Abs. 2 EMRK) einer Rechtfertigung durch Schrankengründe, die sich entweder aus den Gewährleistungszielen und damit zusammenhängend dem Ausgestaltungsauftrag des Art. 5 Abs. 1 S. 2 GG selbst oder aus externen, vor Art. 10 Abs. 2 EMRK bzw. Art. 5 Abs. 2 GG legitimen Schutzgütern ergeben und deren Durchsetzung überdies dem Grundsatz der Verhältnismäßigkeit entsprechen muss. Das wirtschaftspolitische Argument einer Stärkung der mittelständisch geprägten europäischen Produktionswirtschaft im Wettbewerb mit einer übermächtigen und finanzstarken U.S.-amerikanischen Film- und Fernsehindustrie gegenübersteht (HRKDSC RStV § 6 Rn. 8) ist grundrechtlich schwerlich haltbar; die Interessen europäischer Wettbewerbsteilnehmer sind als solche kein legitimer Schrankengrund für Eingriffe in die Programmfreiheit der Rundfunkveranstalter (Hahn/Vesting/Kröber RStV § 6 Rn. 40). Immerhin verbreitert die Förderwirkung und damit die Stabilisierung der europäischen Filmindustrie das Volumen und Spektrum der für die Programmgestaltung zur Verfügung stehenden Filme und dient insofern – wenn auch nur mittelbar – auch dem verfassungs- ebenso wie konventions- und unionsrechtlich anerkannten **Pluralismussicherungsziel.** Wohl allenfalls mit dieser Zielsetzung – der Bewahrung und Pflege einer auch inhaltlich („Kulturgut, audiovisuelles Erbe") das Programmangebot in spezifischer Weise bereichernden Ressource, die sich nicht durch Zukäufe aus dem außereuropäischen Ausland ohne weiteres substituieren lässt – lassen sich die Quotenregelungen rechtfertigen.

II. Geltungsbereich

3   Die Norm richtet sich an die **Fernsehveranstalter,** nicht an Hörfunkveranstalter. Die Abs. 1 bis 3 gelten für den öffentlich-rechtlichen und privaten Rundfunk und richten sich sowohl an bundesweit verbreiteten Privatrundfunk wie regionale und lokale Fensterprogrammanbieter (HRKDSC RStV § 6 Rn. 3). Die Abs. 1 und 2 umfassen alle Fernsehveranstalter – unabhängig ob **Vollprogramm** oder **Spartenprogramm** und unabhängig von der Finanzierungsart. Auch Pay-TV-Anbieter unterfallen mithin der Vorschrift (HRKDSC RStV § 6 Rn. 3). Für Spartenprogrammanbieter ergibt sich hinsichtlich der „Hauptteilsregelung" des Abs. 2 betreffend die europäischen Werke allerdings daraus eine Einschränkung des Anwendungsbereichs, dass die Regelung nur die Sendezeit für Spielfilme, Fernsehspiele, Serien, Dokumentarfilme und vergleichbare Produktionen erfasst, damit aber eben keine Programme außerhalb dieser Kategorien wie reine Nachrichten- oder Sport-, aber auch Musikkanäle. Abs. 3 differenziert zwischen Voll- und Spartenprogrammen weiterhin insofern, als die Anforderung eines wesentlichen Anteils an Eigen- sowie Auftrags- und Gemeinschaftsproduktionen für Spartenprogramme nur unter der Bedingung gilt, dass diese Programme von ihrer inhaltlichen Eigenart her eine solche Vorgabe überhaupt zulassen. Das ist der Fall bei Spartenkanälen für Spielfilme ebenso wie für Nachrichten oder Sport, nicht aber etwa bei Musikclipkanälen. Abs. 2 und 3 stehen unabhängig nebeneinander. **Abs. 4** gilt nur für die **öffentlich-rechtlichen Rundfunkanstalten.** Die Bestätigung des Rechts der Anstalten, sich finanziell an der Filmförderung zu beteiligen, ist eingefügt worden, um Zweifel an der Legitimität eines solchen Engagements mit Blick auf den Rundfunkauftrag, wie sie etwa von der KEF angeführt worden sind (näher → Rn. 17; Hahn/Vesting/Kröber RStV § 6 Rn. 146), auszuräumen. Auch unions-beihilfenrechtlich (Art. 107 AEUV) ist die eindeutige – in der Vorschrift unterstrichene – Zugehörigkeit der Filmförderung zum

Europäische Produktionen, Eigen-, Auftrags- und Gemeinschaftsproduktionen   § 6 RStV

public-service-Auftrag (Art. 106 Abs. 2 AEUV) Voraussetzung ihrer Rechtmäßigkeit. Die – freiwillige – Beteiligung privater Rundfunkveranstalter an der Filmförderung ist hingegen rechtlich, in dem Rahmen allgemeiner wettbewerbsrechtlicher Rahmenbedingungen, nicht problematisch.

Es bleibt den Ländern unbelassen, entsprechende Regelungen auch für den Hörfunk festzulegen, so z. B. § 7 MDR-Staatsvertrag oder Art. 3 BayRG, die sich zwar nicht explizit auf den Hörfunk beziehen, aber sowohl für das Fernseh- wie Hörfunkprogramm des MDR bzw. BR gelten. **3.1**

III. Zusammenhang mit anderen Bestimmungen

Die Vorschrift ist im Zusammenhang mit verschiedenen anderen Regelungen zu sehen, die sämtlich auf eine (nachhaltige) **kulturpolitische Förderung** der Filmproduktionswirtschaft in Deutschland und Europa zielen. **4**

1. Nationale Regelungen

So besagt die **Präambel des RStV** in Abs. 3 S. 2, dass neben den Quotenvorgaben die Filmproduktion durch weitere Fördermöglichkeiten unterstützt werden soll. „Weitere Förderungsvorhaben" sind die Fördereinrichtungen des Bundes und der Bundesländer sowie europäische Fördermöglichkeiten. Diese Aussage ist insofern bemerkenswert, allerdings auch ein Stück weit fragwürdig, als sie auf Regelungen der Filmförderung gerade außerhalb des Staatsvertrages, auf den die Präambel doch nur bezogen sein kann, verweist und diesen sogar die wichtigere Rolle zuerkennt („vor allem aber durch weitere Regelungen und Förderungsvorhaben"). Dabei geht es namentlich um die Regelungen des Filmförderungsgesetzes (FFG). Ein Zusammenspiel von Rundfunkstaatsvertrag und FFG ergibt sich immerhin insofern, als § 6 Abs. 4 die Berechtigung der Rundfunkanstalten zur Beteiligung an der Filmförderung klarstellt, aber noch keine Verpflichtung dazu normiert, während § 67 FFG seit 2010 diese Verpflichtung in der Tat ausspricht, und zwar durch Erstreckung der Filmabgabe auch auf die Anstalten (→ Rn. 23 und Hahn/Vesting/Kröber RStV § 6 Rn. 167 ff.). **5**

Abs. 3 S. 2 der Präambel lautet: „Durch diesen Staatsvertrag, vor allem aber durch weitere Regelungen und Förderungsvorhaben in der Bundesrepublik Deutschland, soll die Herstellung neuer europäischer Fernsehproduktionen nachhaltig unterstützt werden." S. auch die Amtl. Begr. zum 12. RÄndStV zu Nr. 5, S. 6: Danach wird mit der Einfügung des Halbsatzes in Abs. 4 S. 1 klargestellt, dass bei der Beteiligung des öffentlich-rechtlichen Rundfunks an der Filmförderung des Bundes und der Länder keine unmittelbare Gegenleistung an die Rundfunkanstalten gewährt werden muss. Sinn und Zweck der Filmförderung ist es, dass Produktionsunternehmen gestärkt werden. Die Anstalten erhalten eine mittelbare Gegenleistung dadurch, dass sie bei der Erfüllung ihres Programmauftrages von kreativen und leistungsfähigen unabhängigen Produzenten profitieren. Ferner ist die Protokollerklärung aller Länder zu § 6 zum 12. RÄndStV zu beachten: „Die Länder bekräftigen ihre Auffassung, dass der öffentlich-rechtliche Rundfunk im Bereich Film- und Fernsehproduktionen Unternehmen sowie Urhebern und Leistungsschutzberechtigten ausgewogene Vertragsbedingungen und eine faire Aufteilung der Verwertungsrechte gewähren soll. Sie fordern die öffentlich-rechtlichen Rundfunkanstalten auf, dazu in ihren Selbstverpflichtungen nähere Aussagen zu treffen." **5.1**

2. Europäische Regelungen und nationales Verfassungsrecht

Die Vorschrift setzt **Art. 16, 17 AVMD-RL** (Richtlinie 2010/13/EU v. 10.3.2010 zur Koordinierung bestimmter Rechts- und Verwaltungsvorschriften der Mitgliedstaaten über die Bereitstellung audiovisueller Mediendienste), früher Art. 4, 5, 6 Fernseh-Richtlinie (Richtlinie 89/552/EWG des Rates zur Koordinierung bestimmter Rechts- und Verwaltungsvorschriften der Mitgliedstaaten über die Ausübung der Fernsehtätigkeit vom 3.10.1989) aufgehoben durch Art. 34 AVMD-RL, um (zur Rechtsgrundlage der Quotenregelungen GHN/Ress/Ukrow EGV Art. 151 Rn. 208). **Art. 16** AVMD-RL beinhaltet die Quotenregelung zum Vorbehalt europäischer Produktionen in der Sendezeit und korrespondiert mit Abs. 2. **Art. 17** AVMD-RL bezieht sich auf die Programmgestaltung von un- **6**

Cornils   259

abhängigen Herstellern und legt insoweit eine quantifizierte Quote (10 %) fest, die allerdings nicht in den entsprechenden Abs. 3 übernommen worden ist, der lediglich eine allgemeine Programmklausel enthält. Zwar sind die Richtlinienvorschriften für die Mitgliedstaaten verbindlich. Da die RL jedoch ihren Umsetzungsanspruch selbst beschränkt, nämlich auf Regelungen „im Rahmen des praktisch Durchführbaren und mit angemessenen Mitteln", sind den Mitgliedstaaten ungewöhnlich weite Umsetzungsspielräume unter Berücksichtigung ihrer Verfassungsrechtslage gelassen. Die Richtlinienfassung sucht mit dieser Relativierung der Verbindlichkeit der seit Einführung in der Fernsehrichtlinie vorgebrachten kompetentiellen und verfassungsrechtlichen **Kritik an den Quotenregelungen** die Spitze zu nehmen. Der deutsche Gesetzgeber hat in Ausschöpfung des Spielraums beide Quoten, die Hauptteilsregelung (Programmquote) ebenso wie die Produktionsquote, nur als „weiche" **Sollvorschriften** gefasst, um die verfassungsrechtliche Problematik eines möglicherweise nicht mehr verhältnismäßigen Eingriffs in die Programmfreiheit der Rundfunkveranstalter durch verpflichtende Quotenregelungen zu vermeiden (krit. dazu Kreile/Bräunig ZUM 2011, 529 (536)). Die EU-Kommission überwacht gem. Art. 16 Abs. 3 AVMD-RL die Einhaltung der Quotenregelungen; den Mitgliedstaaten obliegt insofern eine zweijährige Berichtspflicht für alle Fernsehprogramme der Fernsehveranstalter.

6.1 Wegen der Zustimmung der Bundesregierung zu den Quotenbestimmungen der Fernseh-RL kam es zum Bund-Länder-Streit; das BVerfG entschied 1995 (BVerfGE 92, 203), dass der Bund durch sein Verhalten im Rat insoweit die Mitwirkungsrechte der Länder verletzt habe; dass der RL die Verbindlichkeit allein durch die für die Zustimmung der Bundesregierung entscheidende relativierende Protokollerklärung von Ministerrat und Kommission zu Art. 4 und 5 Fernseh-RL (bleibt es den einzelstaatlichen Stellen überlassen, im Rahmen ihrer jeweiligen verfassungsrechtlichen Vorschriften die Form und die Mittel festzulegen, um diese Ziele zu erreichen") genommen worden sei, sie zumindest zweifelhaft. Bis heute wird die Geeignetheit und auch die Erforderlichkeit von Quotenregelungen für die Erreichung der beabsichtigten Förderziele weithin bezweifelt, ihre Verhältnismäßigkeit mithin bestritten (Hahn/Vesting/Kröber RStV § 6 Rn. 19 ff. mwN); die relativierte Verbindlichkeit („sollen") der Anteilsregelungen ist aus dieser Sicht verfassungsrechtlich zwingend.

7 Abs. 2 und 3 berücksichtigt auch **Art. 10 Fernseh-Übereinkommen** (Europäisches Übereinkommen über das grenzüberschreitende Fernsehen) des Europarats, der ebenfalls eine Quotenregelung zur Sendung europäischer Werke vorsieht. Das Fernseh-Übereinkommen kommt subsidiär nur zur Anwendung, soweit die AVMD-RL keine Regelung enthält. Eine selbständige Bedeutung kommt dem Fernseh-Übereinkommen wegen der Vorrangregel des Art. 27 Abs. 1 FÜ nur im Verhältnis von einem EU-Mitgliedstaat zu einem Nicht-EU-Mitgliedstaat, der aber Europaratsmitglied ist, oder zwischen Europaratsmitgliedstaaten (Hahn/Vesting/Kröber RStV § 6 Rn. 37) zu. Während die AVMD-RL vorwiegend wirtschaftliche Ziele verfolgt, steht beim Fernseh-Übereinkommen die Kulturförderung im Vordergrund.

8 Die **Europäische Konvention zum Schutz des audiovisuellen Erbes** (v. 8.11.2001, von Deutschland noch nicht ratifiziert), steht im thematischen Zusammenhang vor allem mit Abs. 1 und 2, der die Zielsetzung der Konvention übernimmt, europäische Produktionen als Teil der europäischen Kulturidentität zu schützen und zu fördern. Die wichtigste Bestimmung der Konvention zielt darauf ab, eine Verpflichtung einzuführen, Filmmaterial zum Schutz des audiovisuellen Erbes zu hinterlegen und zu konservieren (Art. 5).

B. Sicherung der Film- und Fernsehproduktionen als Kulturgut durch Fernsehveranstalter (Abs. 1)

9 Abs. 1 formuliert das **Ziel** der Sicherung der deutschen und europäischen Film- und Fernsehproduktion und nimmt die Fernsehveranstalter allgemein in Pflicht, zur Erreichung dieses Ziels beizutragen. Die Instrumente, mit denen dieses geschehen soll, werden dann in den weiteren Absätzen aufgeführt, die daher mit der allgemeinen, noch unspezifizierten Beitragspflicht des Abs. 1 in einem Konkretisierungs- und Ergänzungszusammenhang stehen (Hahn/Vesting/Kröber RStV § 6 Rn. 87), allerdings in Gestalt der Quotenregelungen der Abs. 2 und 3 historisch älter sind als die erst mit dem 7. RÄndStV vorgeschaltete allgemeine

Zielnorm des Abs. 1. Die Zielformulierung schließt an Art. 5 Fernseh-RL (Art. 17 AVMD-RL) sowie das Europäische Übereinkommen zum Schutz des audiovisuellen Erbes des Europarats von 2001 (Zusatzprotokoll zum Schutz von Fernsehproduktionen noch nicht in Kraft) an.

Der Film- und Fernsehmarkt erlebte in den 1990er Jahren einen Produktionsboom. Die Medienkrise 2001/2002 führte dann zu einem Einbruch der Neuproduktionen; die Veranstalter wichen stattdessen auf den Zukauf von Programminhalten aus. In den folgenden Jahren erholte sich der Produktionsmarkt, hatte aber 2009 erneut einen Rückgang zu verzeichnen. Insbes. der Rückgang der Werbeeinnahmen hat einen negativen Einfluss. Die Einfügung des Abs. 1 zusammen mit Abs. 4 kann vor diesem Hintergrund als Aufforderung des Gesetzgebers an die Fernsehveranstalter verstanden werden, sich noch stärker als bisher an der Förderaufgabe zu beteiligen, namentlich auch durch Beiträge iSd Abs. 4, die freilich in dieser Vorschrift selbst nicht verpflichtend gemacht sind. Da sich mit den Mitteln des § 6 die negative Entwicklung kaum aufhalten lassen wird, werden teilweise weitergehende Instrumente und Regelungen, so etwa eine Erweiterung des Funktionsauftrags in § 11, gefordert (so HRKDSC RStV,§ 6 Rn. 8); dies erscheint angesichts der grundrechtlich ohnehin fragilen Legitimationsgrundlage eines rundfunkrechtlichen Förderauftrags hinsichtlich der Filmwirtschaft jedoch in der Tat nur gegenüber dem öffentlich-rechtlichen Rundfunk vorstellbar. 9.1

C. Quotenregelung für europäische Werke (Abs. 2)

Die Vorschrift beinhaltet eine **Quotenregelung für die Sendung europäischer Werke** (sog Airtime-Quoten, vgl. Castendyk ZUM 2010, 757 (760)). Mit dem Begriff des „Hauptanteils" ist nur, aber doch immerhin eine Untergrenze fixiert (nicht weniger als 50 %); nach oben bleibt der Anteil offen. Die grundrechtlich fragwürdige quantitative Festlegung durch die Untergrenze wird erst durch die Entschärfung als Sollvorschrift mit der Programmautonomie der Veranstalter verträglich gestellt (näher Hahn/Vesting/Kröber RStV § 6 Rn. 19 ff.; auch Spindler/Schuster/Holznagel/Stenner RStV § 6 Rn. 25 f.; zur Umsetzung der Quotenregelungen Kreile/Bräunig ZUM 2011, 529). Die Regelung dient – darin liegt, zumindest was den Privatrundfunk anbetrifft, allein ihre Eingriffslegitimation – in der Vielfaltssicherung ergänzend zu §§ 30 ff. und den Programmgrundsätzen in § 41 Abs. 2 für den Privatrundfunk (Hahn/Vesting/Kröber RStV § 6 Rn. 15). 10

Diese Formulierung „Hauptteil" findet sich ebenfalls im Fernseh-Übereinkommen wie auch in der früheren Fernseh-RL und nachfolgenden AVMD-RL. Eine punktgenau, nicht nur als Untergrenze definierte Quote war zwar ursprünglich bei der Entstehung der Fernseh-RL geplant gewesen, wurde in die Endfassung jedoch nicht aufgenommen. 10.1

Der **Hauptteil** bezieht sich auf die für Kino- und Fernsehfilme sowie Serien und Dokumentationen zur Verfügung stehende Sendezeit und stellt damit anders als die AVMD-RL und das Fernseh-Übereinkommen eine Positivliste auf. Unter „Hauptteil" wird ein Programmanteil von mindestens 50 % verstanden (Hahn/Vesting/Kröber RStV § 6 Rn. 103 mwN), wobei auch Kaufproduktionen erfasst sind. 11

Europäische Werke sind in der Vorschrift selbst nicht definiert, es wird aber auf das europäische Recht verwiesen, mithin auf die Regelungen im Fernseh-Übereinkommen und in der AVMD-RL. Gem. Art. 2 Buchst. e) Fernseh-Übereinkommen sind europäische audiovisuelle Werke solche, deren Produktion oder Koproduktion von europäischen natürlichen oder juristischen Personen kontrolliert wird. Art. 1 Abs. 1 Buchst. n), Abs. 3 AVMD-RL (früher Art. 6 Fernseh-RL) ist genauer und definiert europäische Werke als solche aus den Mitgliedstaaten, aus den Vertragsstaaten des Fernseh-Übereinkommens des Europarats oder aus bestimmten europäischen Drittländern (bei letzteren beiden nur, wenn dort keine diskriminierenden Maßnahmen gegen Werke aus der EU bestehen) und die in Zusammenarbeit mit einem oder mehreren in diesen Staaten ansässigen Autoren oder Arbeitnehmern geschaffen wurden. Des Weiteren müssen die Werke eine der folgenden Voraussetzungen erfüllen: Der oder die Hersteller müssen in einem oder mehreren dieser Staaten ansässig sein, die Herstellung wird von einem oder mehreren in diesen Staaten ansässigen Herstellern überwacht und tatsächlich kontrolliert oder es beträgt im Falle von Koproduktionen der Beitrag der Koproduzenten aus diesen Staaten an den Gesamtproduktionskosten mehr als die 12

Hälfte und es findet keine Kontrolle eines oder mehreren von außerhalb diesen Staaten ansässigen Herstellern statt. Ferner sind Werke aus dem übrigen europäischen Ausland außerhalb der EU und den Mitgliedstaaten des Fernseh-Übereinkommens als europäische Werke anzusehen (HRKDSC RStV § 6 Rn. 10). Zwar gibt es keine Quote für nationale Werke, in der Praxis handelt es sich aufgrund der kulturellen und sprachlichen Hürden jedoch tatsächlich vor allem um nationale Produktionen (Hahn/Vesting/Kröber RStV § 6 Rn. 23; zur fehlenden nationalen Quote Kreile/Bräunig ZUM 2011, 529 (531)).

D. Eigen-, Auftrags- und Gemeinschaftsproduktionen (Abs. 3)

13 Fernsehvollprogramme und – soweit inhaltlich möglich – Spartenprogramme sollen einen wesentlichen Anteil an Eigen-, Auftrags- und Gemeinschaftsproduktionen aus dem deutschsprachigen und europäischen Raum enthalten. Die Vorschrift zielt auf eine leistungsstarke Produktionswirtschaft, die Voraussetzung ist zur Erreichung der Sicherung und Erfüllung der Verpflichtung des Abs. 1. Die sachliche Verantwortung gerade des Rundfunks als Legitimationsgrund für diese Inpflichtnahme lässt sich auch bei Abs. 3 (nur) aus der Bedeutung der Filmproduktion für die Vielfalt im Rundfunkprogramm herleiten.

14 **Eigenproduktionen** sind Produktionen, die von den Fernsehveranstaltern selbst mit eigenen Sach- und Personalmitteln hergestellt werden. Bei den **Auftragsproduktionen** wird unterschieden zwischen echten und unechten Auftragsproduktionen. Echte Auftragsproduktionen sind solche, die im Auftrag des Fernsehveranstalters, der in der Regel die Finanzierung übernimmt, von einem unabhängigen Produzenten als selbständiger Unternehmer in voller Verantwortung sowohl in organisatorischer als auch wirtschaftlicher Hinsicht hergestellt werden (Grundlage: typengemischter, vom Typus des Werklieferungs- und Werkvertrag her geprägter Vertrag, Hahn/Vesting/Kröber, RStV § 6 Rn. 110). Der Produzent einer unechten Auftragsproduktion agiert hingegen auf dienstvertraglicher Basis als unselbständiger Dienstleister in Abhängigkeit von der beauftragenden Sendeanstalt. Er erwirbt keinerlei eigene Rechte aus der Produktion. **Gemeinschaftsproduktionen** bezeichnen Produktionen, an deren Herstellung und Auswertung mehr als ein Produzent beteiligt ist und bei denen jeweils die Herstellereigenschaft zu bejahen ist. Für die Herstellereigenschaft muss der Produzent an wesentlichen Tätigkeiten bei der Durchführung mitgewirkt oder diese mitbestimmt haben. Das können sowohl Produktionen verschiedener Fernsehveranstalter untereinander sein (Gemeinschaftseigenproduktion) als auch Koproduktionen zwischen Fernsehveranstaltern und unabhängigen Produzenten oder zwischen verschiedenen unabhängigen Produzenten (vgl. zu den Definitionen ausführlich Hahn/Vesting/Kröber RStV § 6 Rn. 66 ff., 106 ff.).

14.1 Vorteilhaft bei Gemeinschaftsproduktionen ist die Verteilung des finanziellen Risikos. Die Auswertungsrechte werden entweder prozentual nach der Beteiligung oder nach Art der Rechte aufgeteilt. Eigenproduktionen sind kostenintensiver, sichern den Rundfunkveranstaltern andererseits aber einen größeren Einfluss. Im Vergleich stellen die öffentlich-rechtlichen Rundfunkanstalten einen größeren Anteil an Eigenproduktionen her als die Privatrundfunkanbieter (Hahn/Vesting/Kröber RStV § 6 Rn 106). Fiktionale Produktionen der Anstalten werden meist beauftragt, Magazinsendungen eigenproduziert. Dagegen lassen die Privatrundfunkveranstalter vor allem Magazin-, Talk- und Spielesendungen in Auftragsproduktion fertigen (HRKDSC RStV § 6 Rn. 8). Insbes. die fiktionalen Produktionen sind für die Filmwirtschaft von Bedeutung.

15 Anders als bei Abs. 2 kommt es für die Herkunft aus dem deutschsprachigen und europäischen Raum nicht auf den Sitz von Herstellern und Autoren an, sondern auf den **Produktionsort** (Hahn/Vesting/Kröber RStV § 6 Rn. 127).

16 Abs. 3 (**wesentlicher Anteil**) ist noch offener gefasst als Abs. 2 mit dessen im Begriff des Hauptteils eingeschlossenen Untergrenze. Die unbezifferte Verpflichtung auf den wesentlichen Anteil übernimmt nicht die Mindestgrenze von 10 % aus Art. 17 AVMD-RL. Daraus könnte argumentiert werden, dass auch insoweit keine zwingende Festlegung erfolgen sollte, ggf. also auch eine Unterschreitung in Betracht komme. Die Rspr. und Lit. nehmen gleichwohl die 10 %-Marke als absolute, jedenfalls nicht zu unterschreitende Mindestverpflichtung an (HRKDSC RStV § 6 Rn. 15; OVG Bremen Beschl. v. 2.10.1991 – 1 B 42/91, DVBl. 1991, 1270, Rn. 18 ff., mit Zulassung einer aus Verhältnismäßigkeitsgründen in der Start-

Europäische Produktionen, Eigen-, Auftrags- und Gemeinschaftsproduktionen   § 6 RStV

phase ggf. niedrigeren „Aufbauquote", die allerdings bei einem auf zwei Jahre erstreckten Bemessungszeitraum 10 % nicht mehr unterschreiten dürfe). Für angemessen wird darüber hinaus ein im Verhältnis zum Gesamtprogramm ins Gewicht fallen der Anteil von **25 % bis 33 %** gehalten (OVG Bremen DVBl. 1991, Rn. 18; Hahn/Vesting/Kröber RStV § 6 Rn. 128 mwN). Zudem wird verbreitet die Auffassung vertreten, dass – obwohl wegen der verfassungsrechtlichen Bedenken bewusst nicht unmittelbar vom deutschen Gesetzgeber übernommen und ungeachtet der Protokollerklärung des Rates und der Kommission zur eingeschränkten Bindungswirkung der (Vorgänger-)Regelung – Art. 17 AVMD-RL bei der Auslegung des Abs. 3 zu beachten ist (HRKDSC RStV § 6 Rn. 14; Hahn/Vesting/Kröber RStV § 6 Rn. 133; Spindler/Schuster/Holznagel/Stenner RStV § 6 Rn. 24). Daraus ergibt sich die umstrittene Frage, ob mindestens 10 % Sendezeit für Programminhalte von unabhängigen Produzenten (also echte Auftragsproduktionen) vorgesehen sein müssen (so HRKDSC RStV § 6 Rn. 14; Spindler/Schuster/Holznagel/Stenner RStV § 6 Rn. 24) oder ob Art. 17 Abs. 1 AVMD-RL nicht vielmehr selbst mit seinem Verweis auf den „Rahmen des praktisch Durchführbaren" bzw. die „angemessenen Mittel" den Mitgliedstaaten insoweit einen Abweichungsspielraum einräumt, so dass die unabhängige Produktionswirtschaft auch anhand anderer geeigneter Maßnahmen, namentlich der in der Präambel des RStV angesprochenen, als vorrangig bewerteten anderweitigen Maßnahmen gefördert werden kann, der Anteil an (echten) Auftragsproduktionen mithin nicht unbedingt und definitiv aus der RL festgelegt ist (so Hahn/Vesting/Kröber RStV § 6 Rn. 134 f., auch zum Begriffsverständnis eines unabhängigen Produzenten). Art. 17 AVMD-RL schließt **strengere mitgliedstaatliche Quotenregelungen** nicht aus, Art. 3 der RL lässt sie vielmehr ausdrücklich zu (EuGH Urt. v. 5.3.2009 – C-222/07 – Uteca, Rn. 17 ff. für die spanische Investitionsverpflichtung iHv 5 % der jährlichen Einnahmen der Fernsehveranstalter, davon 60 % mit Bezug auf die Produktion von Kino- und Fernsehfilmen in der Landessprache).

E. Filmförderung des öffentlich-rechtlichen Rundfunks (Abs. 4)

I. Regelungsgehalt

Mit dem durch den 7. RÄndStV hinzugefügten Abs. 4 stellt der Gesetzgeber klar, dass **17** der öffentlich-rechtliche Rundfunk zur Beteiligung an Filmförderungen **berechtigt** ist. Die Klarstellung reagierte auf die Infragestellung der schon in der Vergangenheit praktizierten Beteiligung des öffentlich-rechtlichen Rundfunks an der Filmförderung durch die Kommission zur Überprüfung und Ermittlung des Finanzbedarfs der Rundfunkanstalten (KEF). Diese hatte in ihren Berichten die Ansicht vertreten, eine Beteiligung an der Filmförderung sei nicht mehr vom Programmauftrag gedeckt. Der in der Tat nur mehr mittelbare Zusammenhang zwischen Filmförderung und Vielfaltssicherung im Rundfunk – die Rundfunkanstalten können mit der Förderung Einfluss nehmen auf die Inhalte für die Programmbeschaffung und so auch die Vielfältigkeit und Attraktivität des Programms steigern – war danach aus Sicht der KEF offenbar nicht hinreichend, die Erstreckung des Rundfunkauftrags auf die Filmförderung zu rechtfertigen. Der Gesetzgeber hat diese Sicht mit der Klarstellung in Abs. 4 zurückgewiesen, indessen nur mit der Absicht der **Sicherung** des durch die KEF in Frage gestellten status quo ante der **bisherigen Förderpraxis** (amtl. Begr. zum 7. RÄndStV: keine Erweiterung des Programmauftrags), mithin ohne sich zu einer – beihilferechtlich an sich wohl notwendigen – eindeutigen Beauftragung zu verstehen; eine Verpflichtung ist durch die Norm eben noch nicht ausgesprochen, auch nicht durch das in der Präambel formulierte Ziel der Unterstützung der Film- und Fernsehproduktion.

Der innere Zusammenhang der Beteiligung der öffentlich-rechtlichen Rundfunkanstalten **18** an der Filmförderung mit dem Programmauftrag ist verfassungsrechtlich und unionsrechtlich Voraussetzung ihrer Rechtmäßigkeit; der **Programmauftrag ist Grund und Grenze einer Filmförderung,** jedenfalls soweit Mittel aus dem Rundfunkbeitrag dafür eingesetzt werden. Die Filmförderung muss daher zumindest mittelbar der Programmbeschaffung dienen. Dieser Zusammenhang ist in der Vergangenheit so verstanden worden, dass Mittel der Rundfunkveranstalter nur für Produktionen vergeben werden dürfen, an denen die Rundfunkveranstalter Rechte erwerben können und die sich für eine Verwertung im Rundfunk eignen (Hahn/Vesting/Kröber RStV § 6 Rn. 153). Zwar sollte nach der Begr. zum 7. RÄndStV kein unmittelbarer Zusammenhang zwischen Beteiligung und Programmbeschaffung bestehen müssen; erforderlich war aber auch danach jedenfalls, dass das Angebot „sendefähiger Programme allgemein gefördert" wird. Produktionen mit Gegenständen, die von vornherein für eine Sendung im Fernsehen nicht in Betracht kommen, dürften damit außerhalb des geforderten Zusammenhangs liegen. Die mit dem 12. RÄndStV eingefügte Bestimmung, dass **keine unmittelbare Gegenleistung** für die Filmförderungsbeteiligung erfolgen muss, steht an sich noch nicht im Widerspruch zur bisher anerkannten Mittelbindung im Sinne eines immerhin mittelbaren Zusammenhangs von Förderung und Programmbeschaffung. Bedenken weckt allerdings die in der amtlichen Begründung zum 12. RÄndStV ausgedrückte, sehr großzügige Sicht auf die mittelbare Gegenleistung: Diese soll danach schon dadurch gegeben sein, dass die Anstalten bei der „Erfüllung ihres Programmauftrages von kreativen und leistungsfähigen unabhängigen Produzenten profitieren". Damit wird der für die Beitragslegitimation notwendige Gegenleistungsbezug wohl zu weitgehend aufgeweicht (Weber ZUM 2008, 736 (738); Hahn/Vesting/Kröber RStV § 6 Rn. 155).

19   S. 2 stellt zudem klar, dass landesrechtliche Regelungen unberührt bleiben, also insbes. solche Landesregelungen, die eine Gegenleistung oder andere Verpflichtungen fordern.

19.1   In einigen Bundesländern bestehen in den Rundfunkgesetzen, gestützt auf § 40 Abs. 2 RStV, sogenannte Vorabkürzungen; danach erhalten die Landesmedienanstalten nicht den vollen Anteil von 2% aus dem Rundfunkbeitrag; der Betrag, um den der Anteil gekürzt wird, ist vielmehr den Rundfunkanstalten für die Filmförderung zugewiesen und von diesen dafür zu verwenden (s. zB § 47 WDR-G, § 57 Abs. 3 HessPrRG, § 47 Abs. 2 LMG B-W). Zudem bestehen zum Teil Regelungen, wonach nicht ausgegebene Mittel von den Landesmedienanstalten an die Rundfunkanstalten zurückzuführen sind zur Verwendung der Filmförderung (Hahn/Vesting/Kröber RStV § 6 Rn. 202 f.).

II. Beteiligung der öffentlich-rechtlichen Rundfunkanstalten an der Filmförderung

20   Die Rundfunkanstalten beteiligen sich auf Bundesebene an der Filmförderung der **Filmförderungsanstalt** (FFA) nach dem FFG und jeweils auf Länderebene an den verschiedenen Förderungseinrichtungen. Die Förderung dieser Förderungseinrichtungen ist unterschiedlich ausgestaltet; zum Teil wird sie als Zuschuss, zum Teil als (bedingt) rückzahlbare Darlehen gewährt. Während die Förderung nach dem FFG auf Kinofilme ausgerichtet ist, sehen die Länderförderungen auch eine Förderung von Fernsehproduktionen vor.

21   Die **Rechtsgrundlage für die Bundesförderung** nach dem FFG ist verfassungsrechtlich umstritten. Im Streit steht die kompetenzrechtliche Frage, ob die Filmförderung nach dem FFG eine Wirtschafts- oder Kulturförderung ist. Das BVerwG hat eine Wirtschaftförderung mit **Bundeskompetenz aus Art. 74 Abs. 1 Nr. 11 GG** angenommen (BVerwG Beschl. v. 25.2.2009 – 6 C 47/07; v. 23.2.2011 – 6 C 22/10) und dürfte damit die Unklarheit über die Verfassungsmäßigkeit des FFG beseitigt haben (so auch v.Hartlieb/Schwarz/v.Have/Schwarz Handbuch des Film-, Fernseh- und Videorechts, 5. Aufl. 2011, Kap. 106 Rn. 14; mit ausf. Streitdarstellung). Die Förderung nach dem FFG erfolgt als Referenz- oder Projektförderung und kann für die Produktion von Lang- oder Kurzfilmen sowie Kinder- oder Dokumentarfilmen, für Drehbücher, den Absatz, das Abspiel oder sonstige Maßnahmen, wie Fortbildungen, in Anspruch genommen werden. Im Jahr 2011 standen der FFA 152,3 Mio. Euro an Fördermitteln zu Verfügung (Geschäftsbericht 2011, 14, abzurufen unter www.ffa.de, Stand: 28.6.2013). Die Mittel werden hauptsächlich aus der Filmabgabe der Kinobetreiber, Videowirtschaft und Rundfunkveranstalter gebildet. Die Mittel aus den Abgaben der Rundfunkveranstalter sind gem. § 67b FFG für die Projektfilmförderung zu verwenden.

22   Bis 2010 leisteten die Rundfunkanstalten die **Filmabgabe** auf der freiwilligen vertraglichen Grundlage eines Abkommens der öffentlich-rechtlichen Anstalten mit der FFA. Darin wurden die jährlichen Beiträge und der Erwerb von Programmen und Rechten festgelegt. Das Verfahren der Kinobetreiber um die Rechtmäßigkeit der Filmabgabe und die zwei Beschlüsse des **BVerwG** (Beschl. v. 25.2.2009 – 6 C 47/07; v. 23.2.2011 – 6 C 22/10) hatten einen Systemwechsel zur Folge. Das BVerwG sah in der unterschiedlichen Heranziehung der Abgabepflichtigen, einerseits der Kinobetreiber und Videowirtschaft aufgrund gesetzlicher Inpflichtnahme, andererseits der Rundfunkveranstalter nach Maßgabe freiwillig ausgehandel-

ter Abkommen, eine Verletzung der Abgabengleichheit. Mit dem 6. Änderungsgesetz 2010 zum FFG wurde mit **§ 67 FFG** eine gesetzliche Grundlage zur verpflichtenden Filmabgabe der Rundfunkveranstalter geschaffen und ein Berechnungsmaßstab festgelegt. In dem derzeit bestehenden 10. Abkommen zwischen den Rundfunkanstalten und der FFA sind die Einzelheiten der Leistungserbringung und die Höhe festgesetzt sowie darüber hinaus gehende freiwillige Verpflichtungen in Form von finanziellen Leistungen oder Sachleistungen (Hahn/Vesting/Kröber RStV § 6 Rn. 164). Die Abgabe kann zu einer Höhe von 50 % als Medialeistungen erbracht werden.

Neben der FFA stehen die Fördereinrichtungen der einzelnen Bundesländer. Den **Län-** **23** **derförderungseinrichtungen** steht zusammen ein jährliches Fördervolumen von rund 140 Mio. EUR zur Verfügung (Hahn/Vesting/Kröber RStV § 6 Rn. 196). In der Regel setzen die Länderfördereinrichtungen voraus, dass mit der Förderung Regional- und Standorteffekte erzielt werden, also die Fördermittel und gegebenenfalls weitere Finanzierungsmittel bis zur anderthalbfachen Summe der Fördermittel in dem jeweiligen Bundesland ausgegeben werden und in die dort ansässige Filmwirtschaft fließen. Die geförderten Bereiche umfassen ebenfalls die Projektentwicklung, Produktion, den Verleih und Vertrieb sowie das Filmabspiel. Die finanzkräftigsten Länderförderungen sind die Filmstiftung NRW GmbH, die Medienboard Berlin-Brandenburg GmbH und die FilmFernsehFonds Bayern GmbH.

Weitere Fördereinrichtungen sind die Medien- und Filmgesellschaft Baden-Württemberg mbH, **23.1** die Wirtschaftsförderungsgesellschaft der Freien Hansestadt Bremen GmbH, die Nord Media GmbH von den Ländern Bremen und Niedersachsen, die FilmFörderung Hamburg/Schleswig-Holstein GmbH, die Hessische Filmförderung HFF, das Filmbüro Mecklenburg-Vorpommern-Film e. V., das Saarländische Filmbüro e. V. und die Mitteldeutsche Medienförderung GmbH von den Ländern Sachsen, Sachsen-Anhalt und Thüringen. Einzig in Rheinland-Pfalz ist keine eigene Filmförderung vorgesehen; s. zu den Bundes- und Länderförderungen s. näher die eingehende Darstellung Hahn/Vesting/Kröber RStV § 6 Rn. 1 ff. sowie die jeweiligen Internetauftritte der Fördereinrichtungen. Eine Zusammenstellung der Gesetze, Richtlinien und Verordnungen für Filmförderung findet sich in der Textsammlung von Ring, Medienrecht, Teil M Filmförderung.

III. Weitere Fördereinrichtungen und -programme der Produktionswirtschaft auf deutscher und europäischer Ebene

Weitere Fördermöglichkeiten auf Bundesebene bieten der Deutsche Filmförderfonds **24** (DFFF) sowie der Beauftragte der Bundesregierung für Kultur und Medien (BKM). Auf übergeordneter Länderebene existiert das Kuratorium Junger Deutscher Film. Auch diese Förderungsvorhaben sind solche iSd Präambel des RStV, die Rundfunkanstalten sind an daran jedoch nicht beteiligt. Sämtliche Förderungen können kumuliert werden (v. Hartlieb/Schwarz/Degener/Schwarz Handbuch des Film-, Fernseh- und Videorechts, 5. Aufl. 2011, Kap. 142 Rn. 1 ff.).

Die Förderung des BKM ist im Wesentlichen eine Förderung durch Verleihung von Auszeich- **24.1** nungen und Vergabe von Prämien. Für verschiedene Bereiche ist aber auch eine Projektförderung vorgesehen, so für die Produktion, Drehbuch, Kopien, Kinos, Verleih. Der DFFF fördert die Herstellungskosten eines Films im Wege der Projektförderung als Zuschuss. Das Kuratorium Junger Deutscher Film fördert junge Filmschaffende in der Projektentwicklung, Produktion und beim Drehbuch von Talent- oder Kinderfilmen; eine Vertriebs- und Absatzförderung findet nur als Annexförderung in geringem Umfang statt.

Auf europäischer Ebene existiert das Media-Programm der EU sowie der Eurimages- **25** Förderfonds des Europarats. Das **Media-Programm** wurde erstmals 1990 befristet auf fünf Jahre eingeführt und unter verschiedenen Namen verlängert. Die jeweiligen Media-Programme haben sich von Anfang an nicht auf die eigentliche Produktionsphase, sondern die vor- und nachgelagerten Herstellungsstufen bezogen so auf die Projektentwicklung und den Verleih und Vertrieb sowie die Aus- und Fortbildung und Promotion. Wesentliches Ziel der Media-Programme war und ist die stärkere Verbreitung europäischer Filme außerhalb ihres Entstehungslands innerhalb und außerhalb der EU. Mit der einzelnen Fortführung der Media-Programme wurde das Budget für Fördermittel stetig erhöht. Angefangen bei umgerechnet 200 Mio. Euro für das erste Media-Programm standen für Media 2007 Fördermittel von 755 Mio. Euro zur Verfügung. Zur Unterstützung sind in den einzelnen EU-Mitgliedstaaten sogenannte Media-Desks bzw. Media-Antennen zur Beratung einer Förderung aus den Media-Programmen eingerichtet. Für 2014–2020 hat die EU-Kommission ein neues Programm namens Kreatives Europa vorgestellt mit einem geplanten Budget von 1,8 Mrd. EUR. Derzeit wird der Vorschlag im Europäischen Parlament und im Rat der Europäischen Union beraten. Die EU-Kommission verbindet in dem neuen Programm die Förderung für den audiovisuellen und kulturellen Sektor, wobei es einen eigenen Zweig für die Filmförderung geben soll, basierend auf den Media-Programmen mit einem Anteil von 900 Mio. EUR.

25.1 Das Media-Programm 1990 wurde zur Förderung von Verleih und Vertrieb sowie Fortbildung eingeführt. Mit dem Nachfolgeprogramm Media 2 von 1996 wurde die Förderung erweitert auf Projektentwicklung neben den bestehenden Zwecken Vertrieb und Fortbildung. Von 2001 bis 2007 folgte das Programm Media Plus, daneben das Programm Media Training und von 2007–2013 das Programm Media 2007. Schwerpunkte des Programms Media 2007 waren Projektentwicklung sowie Vertrieb und Verleih, weitere Förderbereiche Promotion, Aus- und Fortbildung und Pilotprojekte.

26 **Eurimages** ist eine seit 1988 bestehende Förderung für gemeinsame Produktionen der Mitgliedstaaten des Europarats oder für eine Verwertung in mehreren Mitgliedstaaten. An einer Koproduktion müssen mindestens drei Mitgliedstaaten beteiligt sein, um für eine Projektfilmförderung förderfähig zu sein. Eine Verleihförderung betrifft Filme, die in einem Mitgliedstaat hergestellt wurden und in einem anderen Mitgliedstaat verliehen werden, der nicht bereits eine Förderung nach dem Media-Programm erlangen kann, so zB Schweiz, Türkei.

§ 7 Werbegrundsätze, Kennzeichnungspflichten

(1) Werbung und Teleshopping dürfen nicht
1. die Menschenwürde verletzen,
2. Diskriminierungen auf Grund von Geschlecht, Rasse oder ethnischer Herkunft, Staatsangehörigkeit, Religion oder Glauben, Behinderung, Alter oder sexueller Orientierung beinhalten oder fördern,
3. irreführen oder den Interessen der Verbraucher schaden oder
4. Verhaltensweisen fördern, die die Gesundheit oder Sicherheit sowie in hohem Maße den Schutz der Umwelt gefährden.

(2) [1]Werbung oder Werbetreibende dürfen das übrige Programm inhaltlich und redaktionell nicht beeinflussen. [2]Satz 1 gilt für Teleshopping-Spots, Teleshopping-Fenster und deren Anbieter entsprechend.

(3) [1]Werbung und Teleshopping müssen als solche leicht erkennbar und vom redaktionellen Inhalt unterscheidbar sein. [2]In der Werbung und im Teleshopping dürfen keine Techniken der unterschwelligen Beeinflussung eingesetzt werden. [3]Auch bei Einsatz neuer Werbetechniken müssen Werbung und Teleshopping dem Medium angemessen durch optische oder akustische Mittel oder räumlich eindeutig von anderen Sendungsteilen abgesetzt sein.

(4) [1]Eine Teilbelegung des ausgestrahlten Bildes mit Werbung ist zulässig, wenn die Werbung vom übrigen Programm eindeutig optisch getrennt und als solche gekennzeichnet ist. [2]Diese Werbung wird auf die Dauer der Spotwerbung nach §§ 16 und 45 angerechnet. [3]§ 7a Absatz 1 gilt entsprechend.

(5) [1]Dauerwerbesendungen sind zulässig, wenn der Werbecharakter erkennbar im Vordergrund steht und die Werbung einen wesentlichen Bestandteil der Sendung darstellt. [2]Sie müssen zu Beginn als Dauerwerbesendung angekündigt und während ihres gesamten Verlaufs als solche gekennzeichnet werden. [3]Die Sätze 1 und 2 gelten auch für Teleshopping.

(6) [1]Die Einfügung virtueller Werbung in Sendungen ist zulässig, wenn
1. am Anfang und am Ende der betreffenden Sendung darauf hingewiesen wird und

2. durch sie eine am Ort der Übertragung ohnehin bestehende Werbung ersetzt wird.

²Andere Rechte bleiben unberührt. ³Satz 1 gilt auch für Teleshopping.

(7) ¹Schleichwerbung, Produkt- und Themenplatzierung sowie entsprechende Praktiken sind unzulässig. ²Soweit in den §§ 15 und 44 Ausnahmen zugelassen sind, muss Produktplatzierung folgende Voraussetzungen erfüllen:
1. Die redaktionelle Verantwortung und Unabhängigkeit hinsichtlich Inhalt und Sendeplatz müssen unbeeinträchtigt bleiben,
2. die Produktplatzierung darf nicht unmittelbar zu Kauf, Miete oder Pacht von Waren oder Dienstleistungen auffordern, insbesondere nicht durch spezielle verkaufsfördernde Hinweise auf diese Waren oder Dienstleistungen, und
3. das Produkt darf nicht zu stark herausgestellt werden; dies gilt auch für kostenlos zur Verfügung gestellte geringwertige Güter.

³Auf eine Produktplatzierung ist eindeutig hinzuweisen. ⁴Sie ist zu Beginn und zum Ende einer Sendung sowie bei deren Fortsetzung nach einer Werbeunterbrechung oder im Hörfunk durch einen gleichwertigen Hinweis angemessen zu kennzeichnen. ⁵Die Kennzeichnungspflicht entfällt für Sendungen, die nicht vom Veranstalter selbst oder von einem mit dem Veranstalter verbundenen Unternehmen produziert oder in Auftrag gegeben worden sind, wenn nicht mit zumutbarem Aufwand ermittelbar ist, ob Produktplatzierung enthalten ist; hierauf ist hinzuweisen. ⁶Die in der ARD zusammengeschlossenen Landesrundfunkanstalten, das ZDF und die Landesmedienanstalten legen eine einheitliche Kennzeichnung fest.

(8) In der Fernsehwerbung und beim Teleshopping im Fernsehen dürfen keine Personen auftreten, die regelmäßig Nachrichtensendungen oder Sendungen zum politischen Zeitgeschehen vorstellen.

(9) ¹Werbung politischer, weltanschaulicher oder religiöser Art ist unzulässig. ²Satz 1 gilt für Teleshopping entsprechend. ³Unentgeltliche Beiträge im Dienst der Öffentlichkeit einschließlich von Spendenaufrufen zu Wohlfahrtszwecken gelten nicht als Werbung im Sinne von Satz 1. ⁴§ 42 bleibt unberührt.

(10) Werbung und Teleshopping für alkoholische Getränke dürfen den übermäßigen Genuss solcher Getränke nicht fördern.

(11) Die Absätze 1 bis 10 gelten auch für Teleshoppingkanäle.

§ 7 gilt für alle Rundfunkveranstalter in Deutschland (→ Rn. 6). Unter der Überschrift „Werbegrundsätze, Kennzeichnungspflichten" sind außer den Grundsätzen, die für erlaubte Werbung gelten (→ Rn. 8 ff.), und den Kennzeichnungspflichten (→ Rn. 13 ff.) auch die allgemeinen Werbeverbote aufgeführt. Dabei umfasst § 7 nicht nur Werbung iSd § 2 Abs. 2 Nr. 7, sondern auch Produktplatzierungen (→ Rn. 29 ff.) und Teleshopping, nicht jedoch Sponsoring (→ § 8 Rn. 1 ff.).

Übersicht

	Rn		Rn
A. Allgemeines	1	1. Verbot subliminaler Werbung	12
I. Entstehungsgeschichte	3	2. „Trennungs-" und Kennzeichnungsgebot	13
II. Geltungsbereich	6		
B. Inhalt der Norm	8	IV. Teilbelegung des Bildschirms mit Werbung (Abs. 4)	17
I. Anforderungen an Werbeinhalte (Abs. 1)	8	V. Dauerwerbesendungen (Abs. 5)	19
II. Beeinflussungsverbot (Abs. 2)	9	1. Gestaltung und Kennzeichnung	19
III. „Trennungs-" und Kennzeichnungsgrundsatz (Abs. 3)	11	2. Entsprechende Anwendung auf Teleshopping	22
		VI. Virtuelle Werbung	24

	Rn		Rn
VII. Schleichwerbung, Produkt- und Themenplatzierung (Abs. 7)	25	VIII. Fernsehwerbeverbot für Nachrichtensprecher (Abs. 8)	33
1. Schleichwerbung	26	IX. Ideelle Werbung (Abs. 9)	34
2. Themenplatzierung	28		
3. Produktplatzierung	29		

A. Allgemeines

1   Werbung ist eine Finanzierungsquelle für Rundfunkveranstalter (§§ 13, 43). Für private Rundfunkveranstalter stellt sie die wichtigste Einnahmequelle dar (Gersdorf, 113; Hesse, 236; NK-BayMG vor Art. 8–9 Rn. 8). Auch Teleshoppingspots und -fenster (→ § 45a Rn. 1) dienen der Finanzierung des Rundfunkprogramms (→ § 45a Rn. 5). Die Finanzierungsgrundlagen gehören zu den Grundvoraussetzungen der Rundfunkveranstaltung (BVerfGE 90, 60 (93)). Die gesetzliche Regelung der Rundfunkwerbung gehört damit im Kern zur notwendigen Ausgestaltung der Rundfunkfreiheit (Blaue, Werbung wird Programm 2011, 173 ff.; Hahn/Vesting/Ladeur RStV § 7 Rn. 7; NK-BayMG Art. 8 Rn. 28). Grenzziehungen beim Ausgleich konfligierender Verfassungsgüter durch den ausgestaltenden Gesetzgeber ändern den Charakter als Ausgestaltungsregelung nicht. Schranken der Rundfunkfreiheit stellen dagegen Regelungen dar, die vorrangig ordnungsrechtliche Ziele zur Gewährleistung des Drittgüterschutzes verfolgen (Bornemann K&R 2012, 653 (656)).

2   Dem widerspricht nicht, dass Werbespots grds. Drittsendungen im Programm sind (vgl. Art. 4 Abs. 4 S. 1 BayRG). Zwar hat der Werbetreibende keinen Rechtsanspruch auf Sendezeiteinräumung. Gleichwohl ist die Intendantenverantwortung für die Inhalte von Werbesendungen zurückgenommen (aA Hesse, 157). Jedenfalls ist der Werbetreibende strafrechtlich oder wettbewerbsrechtlich für die Inhalte der Werbung selbst verantwortlich. Die rundfunkrechtlichen Werbevorschriften gelten ungeachtet der Tatsache, dass der Rundfunkgesetzgeber Sanktionen nur gegenüber den Rundfunkveranstaltern geregelt hat, nicht nur im Fall des Abs. 2 auch für die Werbetreibenden. Deshalb können Wettbewerber gegen eine Missachtung rundfunkrechtlicher Werbevorschriften durch einen Werbetreibenden ggf. wettbewerbsrechtlich vorgehen (Vorsprung durch Rechtsbruch).

I. Entstehungsgeschichte

3   Bei Inkrafttreten des RStV 1991 war die EGFsRL v. 3.10.1989 in Kraft. Der Freistaat Bayern hatte das BVerfG wegen Verletzung seiner Rechte durch die Zustimmung der Bundesregierung zur EGFsRL – letztlich erfolglos – angerufen (BVerfGE 92, 203). Einen eleganten Ausweg bot in der Zwischenzeit die Umsetzung der inhaltsgleichen Bestimmungen des FsÜ. Die amtl. Begr. verschleierte dies mit den Worten: „Aufgrund europäischer Regelungen ist es erforderlich, (…)" (Bay LT-Drs. 12/3026, 41) Es fehlte eine gesetzliche Definition des Begriffs „Werbung". Die alte Streitfrage, ob nur Wirtschaftswerbung oder auch Ideenwerbung zugelassen sei (vgl. VGH München ZUM 1990, 536 mAnm Doll ZUM 1990, 512; Hahn/Vesting/Ladeur RStV § 7 Rn. 14 mwH), wurde durch das Verbot der Werbung politischer, weltanschaulicher oder religiöser Art (§ 6 Abs. 8 RStV 1991, nunmehr § 7 Abs. 9) durch den Gesetzgeber beantwortet. Die amtl. Begr. führt dazu aus: „Die Vorschrift verdeutlicht damit das Ziel dieses Staatsvertrages, lediglich Wirtschaftswerbung zuzulassen." (Bay LT-Drs. 12/3026, 42).

4   Durch den 4. RÄndStV v. 16.7./31.8.1999 wurde die Vorschrift zu § 7 und an die neu gefasste EGFsRL angepasst. Zugleich wurde in § 2 Abs. 2 Nr. 5 (nunmehr § 2 Abs. 2 Nr. 7) eine Definition des Werbebegriffs eingefügt und Teleshopping in Nr. 8 (nunmehr Nr. 10) eigenständig definiert. Während §§ 17, 27 Abs. 3 Teleshopping (Fernseheinkauf) als besondere Werbeform behandelt hatten (→ § 45a Rn. 2), bezog § 7 das nunmehr definitorisch von der Werbung unterschiedene Teleshopping in die allgemeinen Werbevorschriften ein. Ferner wurde die Bildschirmteilung zwischen Werbung und redaktionellem Programm (Split-Screen-Werbung) geregelt, deren Zulässigkeit zuvor umstritten war. Der 4. RÄndStV fügte der Schleichwerbedefinition das Merkmal der Werbeabsicht des Veranstalters hinzu.

Werbegrundsätze, Kennzeichnungspflichten § 7 RStV

An die geänderten Bestimmungen der AVMD-RL als Nachfolgerin der EGFsRL ange- 5
passt wurde § 7 durch den 13. RÄndStV v. 30.10./20.11.2009. Das praxisrelevante Herzstück der Änderung ist die Einführung der gekennzeichneten Produktplatzierung
(→ Rn. 29 ff.).

II. Geltungsbereich

§ 7 befindet sich im I. Abschnitt des RStV mit den allgemeinen Vorschriften, die 6
vorbehaltlich des § 1 Abs. 4 für alle Rundfunkangebote (Hörfunk und Fernsehen) gelten.
Aufgrund ihres Wortlauts bzw. Regelungsgegenstandes gelten Abs. 4, 6 und 8 nur für
Fernsehen. Gem. Abs. 11 gelten die Abs. 1–10 auch für Teleshoppingkanäle. Landesgesetzliche Ausnahmen für lokale und regionale Fernsehveranstalter gestattet § 46a nur von § 7
Abs. 4 S. 2 (Anrechnung der Split-Screen-Werbung auf die Dauer der Spotwerbung). Die
Vorschriften sind nicht (nur) als Verhaltenspflichten für Rundfunkveranstalter formuliert
(→ Rn. 2).

Außerdem ordnet § 58 Abs. 3 S. 1 die entsprechende Geltung des § 7 für Abrufdienste 7
mit fernsehähnlichen Inhalten und § 58 Abs. 3 S. 2 auf lineare Angebote an, die aus
Sendungen bestehen, die jeweils gegen Einzelentgelt (sog. pay per view) freigeschaltet
werden (§ 2 Abs. 3 Nr. 5). Für lineare Angebote mit weniger als 500 potenziellen gleichzeitigen Nutzern, die nach § 2 Abs. 3 Nr. 1 aus dem Rundfunkbegriff ausgenommen sind
und gem. § 2 Abs. 1 S. 3 dem Telemedienbegriff unterfallen, sind die Bestimmungen des
§ 7 nicht anwendbar. Für sie gilt lediglich das Erkennbarkeits- und Trennungsgebot sowie
das Verbot unterschwelliger Techniken nach § 58 Abs. 1.

B. Inhalt der Norm

I. Anforderungen an Werbeinhalte (Abs. 1)

Abs. 1 entspricht Art. 9 Abs. 1 lit. c AVMD-RL; Fernsehwerbung (Art. 1 lit. i AVMD- 8
RL) und Teleshopping (Art. 1 lit. l AVMD-RL) sind Unterformen der audiovisuellen kommerziellen Kommunikation (Art. 1 lit. h S. 3 AVMD-RL). Obwohl auch Produktplatzierung
und Sponsoring Formen der audiovisuellen kommerziellen Kommunikation sind, für die
Art. 9 AVMD-RL gilt, ist § 7 Abs. 1 seinem Wortlaut nach auf Werbung und Teleshopping
beschränkt. Jedoch entsteht schon deshalb keine Gesetzeslücke, weil die allgemeinen Programmgrundsätze (§§ 3, 41) grds. für alle Programmbestandteile gelten (vgl. Hesse, 157), dh
auch für Werbung, soweit sie nicht mit dem Wesen von Werbung unvereinbar sind, wie etwa
Wahrheitspflichten oder Ausgewogenheitsanforderungen. Werbung ist Bestandteil des Programms (VGH München ZUM 2007, 239 (242); VG Berlin Urt. v. 26.9.2013 – VG 27 K
231.12, S. 13 ff.). Der Gesetzgeber fordert die Unterscheidbarkeit der Werbung vom redaktionellen Programm (§ 7 Abs. 3 S. 1) und die „Absetzung" von anderen Sendungsteilen (§ 7
Abs. 3 S. 3). Gesponserte Sendungen sind redaktionelles Programm; die Geltung der Programmgrundsätze versteht sich von selbst. Art. 9 AVMD-RL mag zur Harmonisierung des
Werberechts iwS europaweit Bedeutung haben. Die deutsche Rechtslage entsprach dem
schon vor Aufnahme des § 7 Abs. 1. Die besondere Akzentuierung der Diskriminierungsverbote wegen Behinderung, Alter oder sexueller Orientierung spiegelt die jüngere allgemeine Rechtsentwicklung im Rundfunkrecht wider. Im Übrigen teilt § 7 Abs. 1 die
Rechtsnatur allgemeiner Programmgrundsätze (s. dazu Hahn/Vesting/Hahn/Witte RStV
§ 3 Rn. 5 f.; Hesse, 168 ff., 236).

II. Beeinflussungsverbot (Abs. 2)

Das Verbot der inhaltlichen und redaktionellen Beeinflussung des übrigen Programms 9
durch Werbung oder Werbetreibende bzw. Teleshoppinganbieter berührt eine fundamentale
Frage des Rundfunkrechts und bleibt in einem werbefinanzierten Rundfunksystem dennoch
ein frommer Wunsch. Es geht im Kern um die Unabhängigkeit des Rundfunkveranstalters,
der im Modell der dienenden Rundfunkfreiheit eine öffentliche Aufgabe erfüllt. Der Rundfunk als Medium und Faktor der öffentlichen Meinungsbildung kann seine für die Demokratie konstituierende publizistische Aufgabe nicht sachgerecht erfüllen, wenn er in den Dienst

partikularer Interessen gestellt wird. Andererseits liegt auf der Hand, dass ein werbefinanzierter Veranstalter von den Werbeaufträgen seiner Großkunden nicht unabhängig ist (vgl. Hesse, 105). Aus § 7 Abs. 2 folgt kein Verbot für Werbetreibende, sich das Programmfeld für ihre Werbung auszusuchen. Diese Wahlfreiheit ist durch die Berufsfreiheit ihrerseits grundrechtlich geschützt. Sie umfasst das Recht, Werbung in einem Programm nicht zu schalten, das kritische Berichterstattung über den Werbetreibenden oder seine Produkte enthält. Eine Verletzung des Beeinflussungsverbots wäre das Angebot eines (größeren) Werbeauftrags verbunden mit der Forderung nach einer für die wirtschaftlichen Interessen des Werbetreibenden förderlichen Berichterstattung (weitere Bsp. bei HRKDSC RStV § 7 Rn. 24). Bekannt geworden sind Problemfälle idR in Kombination mit Schleichwerbevorwürfen. Die unzulässige Programmbeeinflussung als solche ist nicht bußgeldbewehrt (Bornemann, 4. Aufl. 2013, 113).

10 Erstaunlich ist das mangelnde Problembewusstsein bei öffentlichen Aufrufen zum Werbeboykott wegen umstrittener Sendungen. Gerade dann, wenn mangels Rechtsverstoßes juristische Maßnahmen ausscheiden, haben sich Politiker, staatliche und kirchliche Funktionsträger mit Boykottaufrufen an die Öffentlichkeit gewandt. Während der Aufruf zum Zuschauerboykott rechtlich unbedenklich ist, ruft die Forderung eines Werbeboykotts zum Rechtsbruch auf. Es ist nicht bekannt geworden, dass außer den Betroffenenverbänden (VPRT und ZAW) jemand öffentlich dagegen Stellung bezogen hätte.

III. „Trennungs-" und Kennzeichnungsgrundsatz (Abs. 3)

11 Seit dem 13. RÄndStV müssen Werbung und Teleshopping leicht erkennbar und vom redaktionellen Programm unterscheidbar sein (Abs. 3 S. 1). Der Umsetzung dienen das Verbot des Einsatzes von Techniken zur unterschwelligen Beeinflussung (subliminale Werbung) gem. Abs. 3 S. 2 und das Gebot, die Werbung von anderen Sendungsteilen in einer dem Medium angemessenen Weise räumlich oder durch optische oder akustische Mittel „abzusetzen"; bis zum 13. RÄndStV sprach das Gesetz von einer Trennung von anderen Programmteilen. Die neue Formulierung bildet die Gesetzessystematik zutreffend ab; der eingeführte, schlagwortartige „Trennungsgrundsatz" wird dem nicht ganz gerecht und wurde deshalb in der Überschrift in Anführungszeichen gesetzt. Aus der aktuellen Gesetzesfassung ergibt sich, dass Unterbrecherwerbung als akustisch, optisch oder räumlich „abgesetzter" **Teil der Sendung** iSd § 2 Abs. 2 Nr. 2 und nicht als von der Sendung (ab-)getrennter anderer Programmteil („Sendung in der Sendung") verstanden wird. Das passt mit dem in § 7a Abs. 3 niedergelegten sog. Bruttoprinzip zusammen, bei dem die maßgebliche Länge einer Sendung unter Einrechnung der Werbezeit ermittelt wird (zum überholten Brutto-Netto-Streit s. EuGH EuZW 2000, 81 mAnm Dörr).

11.1 Gleichzeitig lässt sich daraus die Unzulässigkeit des Sponsorings für Werbeblöcke ableiten (Ziff. 7 Abs. 2 der WerbeRL Fernsehen der Landesmedienanstalten), da § 8 Abs. 1 nur das Sponsoring von Sendungen vorsieht und Teile von Sendungen nicht sponsorfähig sind (Hahn/Vesting/Brinkmann RStV § 8 Rn. 14 mwN).

1. Verbot subliminaler Werbung

12 Das Verbot des Einsatzes von Techniken zur unterschwelligen Beeinflussung ergibt sich zwangsläufig aus Abs. 3 S. 1. Bei der sog. subliminalen Werbung werden Werbebotschaften für Bruchteile von Sekunden eingeblendet, sodass sie nicht bewusst, aber wohl unterbewusst wahrgenommen werden (HRKDSC RStV § 7 Rn. 31). Es ist evident, dass eine solche Werbung nicht leicht erkennbar und deshalb unzulässig ist. Angeblich wird sie wegen Ungewissheit über ihre Wirksamkeit praktisch nicht genutzt (Hahn/Vesting/Ladeur RStV § 7 Rn. 32). Die Aufsichtsinstanzen werden sich schwertun, das Gegenteil festzustellen.

2. „Trennungs-" und Kennzeichnungsgebot

13 § 7 Abs. 3 S. 3 weicht in der Formulierung von Art. 19 Abs. 1 S. 2 AVMD-RL ab. Nach Europarecht müssen Fernsehwerbung und Teleshopping „durch optische und/oder akus-

tische und/oder räumliche Mittel eindeutig von anderen Sendungsteilen abgesetzt sein." Diese drei „Mittel" der kennzeichnenden „Absetzung" der Werbung von anderen Sendungsteilen (optische, akustische und räumliche) dürfen alternativ, müssen nach RStV jedoch dem jeweiligen Medium angemessen eingesetzt werden. Das gilt ausdrücklich auch „bei Einsatz neuer Werbetechniken" (dazu näher HRKDSC RStV § 7 Rn. 30a ff.).

Im **Hörfunk** erscheinen grds. **akustische Mittel** angemessen. Die schwache Signalwirkung des Schriftzugs „Werbung" auf dem Display eines Digitalradioempfängers wäre dem Medium nicht angemessen. Die Landesmedienanstalten haben zur Durchführung des § 7 Abs. 3 Regeln in ihren WerbeRL formuliert. Demnach muss das akustische Signal im Hörfunk aus einer Ansage oder einem **Werbejingle** bestehen, das nicht als Senderkennung oder sonstiges Programmjingle eingesetzt wird, sondern sich von diesen deutlich unterscheidet. Das Werbejingle muss deutlich wahrnehmbar sein und den Werbespot vom redaktionellen Programm „trennen" (Ziff. 3 Abs. 1 Nr. 1 und 4 WerbeRL Hörfunk). 14

Im **Fernsehen** ist als **optisches Mittel** ein für mehrere Sekunden den **Bildschirm füllendes Werbelogo** mit Fest- oder Bewegtbild vorgeschrieben (Ziff. 3 Abs. 1 Nr. 1 und 5 WerbeRL Fernsehen). Das wird zwar von Art. 19 Abs. 1 S. 2 AVMD-RL nicht zwingend verlangt, dient aber ersichtlich der Durchführung des § 7 Abs. 3 S. 3 und hält sich im Rahmen der gesetzlichen Ermächtigung (→ § 46 Rn. 6); die Vorgaben der WerbeRL sind für die privaten Rundfunkveranstalter verbindlich und gerichtlichen Entscheidungen zugrunde zu legen. Die deutschen Regeln sind europarechtlichen Einwänden schon wegen Art. 4 Abs. 1 AVMD-RL nicht ausgesetzt. 15

Zumindest der deutsche Gesetzgeber denkt bei **räumlichen Mitteln** offensichtlich nicht an Split-Screen-Werbung, die gem. Abs. 4 S. 1 optisch zu trennen ist. Vielmehr erscheinen räumliche Mittel zur Trennung technisch am ehesten bei **Telemedien** gegeben. Allerdings gilt dies nicht für Unterbrecherwerbung in audiovisuellen Mediendiensten auf Abruf mit fernsehähnlichen Inhalten, für die § 58 Abs. 3 entsprechend gilt. Es erscheint aber möglich, dass bei sog. Hybridfernsehen (Smart-TV, Connected TV) zusätzliche Werbemöglichkeiten auf Abruf eröffnet werden. Dabei sind noch viele Fragen des anzuwendenden Rechts ungeklärt (Boos MMR 2012, 364; Broemel ZUM 2012, 866). 16

IV. Teilbelegung des Bildschirms mit Werbung (Abs. 4)

Abs. 4 ist lex specialis für die Teilbelegung des Bildschirms (split screen) mit Werbung und deren Kennzeichnung. Auch seine Begrifflichkeit unterscheidet sich von Abs. 3. Erforderlich ist eine **Werbetrennung,** die **optisch** erfolgen und **eindeutig** sein muss (NK-BayMG Art. 8 Rn. 61 f.). **Zusätzlich** muss die Werbung auf dem geteilten Bildschirm als Werbung **gekennzeichnet** werden. Der Inhalt des für Werbung abgetrennten Bildschirmteils kann aus Standbild, Textlaufbändern (sog. Crawls) oder Bewegtbild bestehen. Jede beliebige Aufteilung des Bildschirms zwischen Werbung und übrigem Programm ist zulässig (NK-BayMG Art. 8 Rn. 62; vgl. auch HRKDSC RStV § 7 Rn. 32c). Die gesamte Dauer der Bildschirmteilung mit Werbung wird vollständig auf die Dauer der Spotwerbung angerechnet; auf die Größe des von der Werbung eingenommenen Bildschirmteils kommt es nicht an (Ziff. 3 Abs. 2 Nr. 3 WerbeRL Fernsehen). Fehlt es an der eindeutigen optischen Trennung vom übrigen Programm oder an der zusätzlich vorgeschriebenen Kennzeichnung, ist die Teilbelegung des Bildschirms mit Werbung unzulässig und mit Geldbuße bis zu 500.000 EUR bedroht (§ 49 Abs. 1 S. 1 Nr. 4). 17

Bei Gottesdienstübertragungen und in Kindersendungen ist Split-Screen-Werbung nach Abs. 4 S. 3 iVm § 7a Abs. 1 **unzulässig.** Das gilt nicht nur für Live-Übertragungen von Gottesdiensten (→ § 7a Rn. 6), wie sich aus der Bußgeldandrohung für die Einfügung von Werbung „in das Bewegtbildangebot eines Gottesdienstes" in audiovisuellen Mediendiensten auf Abruf mit fernsehähnlichen Inhalten ergibt (§ 49 Abs. 1 S. 2 Nr. 24). Allerdings ist verbotswidrige Split-Screen-Werbung in Gottesdienstübertragungen im Rundfunk oder in Abrufdiensten mit Gottesdienstaufzeichnungen aufgrund der Tatbestandsfassung in § 49 Abs. 1 S. 1 Nr. 4 bzw. § 49 Abs. 1 S. 2 Nr. 24 keine Ordnungswidrigkeit. Es verstößt gegen das Analogieverbot des § 3 OWiG, die Bildschirmteilung als „Unterbrechung" einer Gottesdienstübertragung oder Kindersendung iSd § 49 Abs. 1 S. 1 Nr. 11 zu interpretieren. In Abrufdiensten dagegen ist die vorsätzliche verbotswidrige „Integration" von Werbung in das 18

RStV § 7   II. Rundfunk und presseähnliche Telemedien

Bewegtbildangebot eines Gottesdienstes oder einer Kindersendung nach § 49 Abs. 1 S. 2 Nr. 24 bußgeldbewehrt; das erfasst auch Werbung auf einem Teil des Bildschirms. Hinsichtlich **Nachrichtensendungen** enthält der RStV **keine Beschränkungen** für Split-Screen-Werbung (Hahn/Vesting/Ladeur RStV § 7 Rn. 34; NK-BayMG Art. 8 Rn. 63; einschränkend HRKDSC RStV § 7 Rn. 32a).

V. Dauerwerbesendungen (Abs. 5)

1. Gestaltung und Kennzeichnung

19   Begrifflich handelt es sich bei der Dauerwerbesendung um eine **Sendung** iSd § 2 Abs. 2 Nr. 2, dh einen inhaltlich zusammenhängenden und in sich geschlossenen Teil eines Rundfunkprogramms. Hinsichtlich der **Mindestdauer** – zur Abgrenzung vom Werbespot – orientieren sich die WerbeRL der Landesmedienanstalten an der üblich gewordenen Länge von **90 Sekunden** (1:30) für Wortbeiträge in privaten Rundfunk-, vor allem in privaten Hörfunkprogrammen. Dauerwerbung ohne zeitliche Begrenzung wäre ein „reiner Werbekanal" iSd § 45 Abs. 3.

19.1   Bei der Länge von Wahlwerbespots haben die öffentlich-rechtlichen Rundfunkanstalten, die den Parteien früher 2,5 Minuten pro Spot zugestanden haben (vgl. VG Hannover NVwZ-RR 1994, 519 (520); HRKDSC RStV § 42 Rn. 16), zwischenzeitlich auf etwa 1,5 Minuten reduziert (zum Stand 2002 vgl. Müller MP 2002, 623; vgl. auch NK-BayMG Art. 8 Rn. 23).

20   Eine Dauerwerbesendung kann redaktionell gestaltet sein; der **Werbecharakter** muss allerdings einen **wesentlichen Bestandteil der Sendung** darstellen und **erkennbar im Vordergrund** stehen. Daraus erhellt, dass eine vorwiegend redaktionelle Sendung, die Schleichwerbung iSd § 2 Abs. 2 Nr. 8 enthält, nicht durch Kennzeichnung zu einer zulässigen Dauerwerbesendung wird (NK-BayMG Art. 8 Rn. 73). Obwohl der Werbecharakter im Vordergrund steht, erhöht sich aufgrund der Vermischung von Werbung und redaktionellem Programm gegenüber der Spotwerbung die Gefahr, dass sich der Rezipient nicht durchgängig des Werbecharakters bewusst ist (HRKDSC RStV § 7 Rn. 33). Die Dauerwerbesendung muss deshalb zu Beginn als Dauerwerbesendung angekündigt und während ihres gesamten Verlaufs als solche gekennzeichnet werden. Ziff. 3 Abs. 3 Nr. 2 S. 1 WerbeRL Fernsehen der Landesmedienanstalten schreiben die andauernde Einblendung des Schriftzugs „Werbesendung" oder „Dauerwerbesendung" vor. Die unterlassene Dauerkennzeichnung ist eine Ordnungswidrigkeit (§ 49 Abs. 1 S. 1 Nr. 5), die unterlassene Ankündigung nicht (Bornemann, 4. Aufl. 2013, 121).

20.1   Zur unzureichenden Kennzeichnung von Dauerwerbesendungen mit dem Schriftzug „Promotion" vgl. OVG Berlin ZUM-RD 2009, 559; OVG Koblenz ZUM-RD 2009, 176; VGH München BeckRS 2009, 41984.

21   Soweit Hörfunkprogramme mit begleitenden Datendiensten ausgestrahlt werden, die eine Anzeige von Informationen auf Radiodisplays erlauben, ist nach dem Gesetzeswortlaut auch in diesen Hörfunkprogrammen eine akustische Ankündigung und eine schriftliche Dauerkennzeichnung im Display erforderlich, da eine akustische Dauerkennzeichnung aus der Natur der Sache heraus ausscheidet. Ziff. 3 Abs. 3 Nr. 2 WerbeRL Hörfunk der Landesmedienanstalten bleiben mit der Sollforderung eines Hinweises während des Verlaufs der Sendung unzulässig hinter den gesetzlichen Mindestanforderungen zurück.

2. Entsprechende Anwendung auf Teleshopping

22   Abs. 5 S. 3 wurde durch den 12. RÄndStV angefügt, weil Teleshoppingkanäle durch Neufassung des § 2 Abs. 1 in den Rundfunkbegriff einbezogen worden waren (Bay LT-Drs. 16/260, 13). Eine Änderung der Rechtslage war nicht bezweckt. Damit verfolgte Abs. 5 S. 3 denselben Zweck wie der durch den 13. RÄndStV eingefügte Abs. 11. Anders gewendet: Durch Abs. 11 wurde Abs. 5 S. 3, der ursprünglich für Teleshoppingkanäle gedacht war, überholt.

22.1   Seit dem 4. RÄndStV hatte § 9 Abs. 3 (später § 13 Abs. 2) MDStV pauschal die entsprechende Geltung des § 7 RStV für Verteildienste angeordnet; damit sollte Art. 19 EGFsRL umgesetzt werden (Bay LT-Drs. 14/1832, 36), der jedoch keine Bestimmungen über Dauerwerbesendungen enthielt. Diese Regelung wurde bei der Aufhebung des MDStV durch den 9. RÄndStV in § 58 Abs. 2 übernommen.

Im Übrigen darf die Interpretation des Abs. 5 S. 3 den Rahmen nicht sprengen, den die 23 Definitionsnorm für Teleshopping (§ 2 Abs. 2 Nr. 10) gesetzt hat (→ § 45a Rn. 1). Literaturstimmen, die in Rundfunkprogrammen, die keine reinen Teleshoppingkanäle darstellen, neben Teleshoppingfenstern und -spots als gesetzlich nicht geregelte Zwischenform Teleshoppingsendungen anerkennen, sind durch den 12. RÄndStV überholt (→ § 45a Rn. 1). Im Rahmen von reinen Teleshoppingkanälen sind hingegen keine Sendeformen vorgeschrieben. Ein Teleshoppingkanal kann aus aneinandergereihten Teleshoppingspots oder aus einer oder mehreren Teleshoppingsendungen bestehen. Die formale Kategorie des Teleshoppingfensters in einem reinen Teleshoppingkanal gibt es dagegen nicht; § 45a ist gem. § 1 Abs. 4 auf Teleshoppingkanäle nicht anwendbar. Aus Abs. 5 ist abzuleiten, dass auch in „reinen" Teleshopping-Fernsehkanälen, wie Art. 25 AVMD-RL formuliert, redaktionell gestaltete Verkaufssendungen enthalten sein dürfen, solange der Verkaufscharakter im Vordergrund steht und eine ausreichende Kennzeichnung erfolgt.

VI. Virtuelle Werbung

Falls sich in der abgefilmten Lebenswirklichkeit Werbebotschaften befinden (zB Plakat- 24 werbung am Handlungsort, Bandenwerbung in Fußballstadien), sind diese Bestandteil des redaktionellen Programms und nicht nach den rundfunkrechtlichen Werberegeln zu behandeln. Die digitale Technik hat die Ein- und Überblendung von Bildern leicht gemacht. Eingeblendete Werbung, die nicht zur abgefilmten Lebenswirklichkeit gehört, unterliegt der rundfunkrechtlichen Regulierung. Abs. 6 enthält die rundfunkrechtliche Erlaubnis der Ersetzung einer „am Ort der Übertragung ohnehin bestehende(n) Werbung" durch eine eingeblendete andere Werbebotschaft, sofern am Anfang und am Ende der betreffenden Sendung darauf hingewiesen wird. Um etwa erforderliche privatrechtliche Erlaubnisse muss sich der Rundfunkveranstalter selbst kümmern (Abs. 6 S. 2). Für die Erstreckung auf Teleshopping (kanäle) gilt das zur Dauerwerbung Ausgeführte entsprechend (→ Rn. 22 f.)

VII. Schleichwerbung, Produkt- und Themenplatzierung (Abs. 7)

Schleichwerbung und Themenplatzierung sind im Rundfunk ausnahmslos unzulässig. 25 Produktplatzierung ist grds., aber nicht ausnahmslos unzulässig. Da die Werberegelungen zur Ausgestaltung der Rundfunkfreiheit gehören (→ Rn. 1), bedeutet dies, dass Schleichwerbung und Themenplatzierung sowie die nicht zugelassene Produktplatzierung außerhalb der durch das Ausgestaltungsgesetz konturierten Rundfunkfreiheit liegen (vgl. Blaue, Werbung wird Programm 2011, 174; Bornemann K&R 2012, 653 (656 mwN)).

Im Ansatz verfehlt VG Berlin MMR 1999, 177 (180) = ZUM 1999, 742 (749 f.). Die Kollision 25.1 einer Schrankenregelung mit der Kunstfreiheit kann die Schrankenregelung zurückdrängen, sodass die Beschränkung der Rundfunkfreiheit entfällt. Die Kunstfreiheit kann aber keine Ausgestaltungregelung deformieren und keinen Anspruch auf Zugang zum Rundfunk begründen. Zwar hat das VG Berlin das Vorliegen von Schleichwerbung – mit unzutreffenden Gründen (vgl. NK-BayMG Art. 8 Rn. 108) – verneint. Doch liegt die Abwägung weiterer Ausgestaltungsregelungen (hier: Trennungsgebot) mit der Rundfunkfreiheit ebenfalls neben der Sache (Castendyk ZUM 2005, 857 (859); grdl. Bornemann/Hepach K&R 2004, 317 ff.).

1. Schleichwerbung

Für das Verständnis des Schleichwerbetatbestands ist die Struktur des Bußgeldtatbestandes 26 (§ 49 Abs. 1 S. 1 Nr. 7 bzw. S. 2 Nr. 20) hilfreich. Der objektive Tatbestand besteht in der nicht als werblich gekennzeichneten Erwähnung oder Darstellung von Waren, Dienstleistungen, Namen, Marken oder Tätigkeiten eines Herstellers von Waren oder eines Erbringers von Dienstleistungen in Sendungen. Der subjektive Tatbestand muss sich auf die objektiven Tatbestandsmerkmale beziehen. Darüber hinaus enthält § 2 Abs. 2 Nr. 8 ein zusätzliches subjektives Element: die Werbeabsicht des Veranstalters. Nach Ziff. 4 Nr. 1 der WerbeRL der Landesmedienanstalten schließt ein Programmgestaltungswille „aus überwiegend programmlich-dramaturgischen Gründen" die Werbeabsicht aus (krit. Holzgraefe MMR 2011, 221 (224)). Das subjektive Merkmal muss festgestellt werden (Hahn/Vesting/Schulz RStV § 2 Rn. 116–117). Ein Indizienbeweis ist zulässig (OVG Berlin NVwZ-RR 2007, 681 (682); Hahn/Vesting/Ladeur RStV § 7 Rn. 47). „Stärkstes Indiz für Werbeabsicht ist entgeltliches Handeln." (Bornemann, 4. Aufl. 2013, 124 mwN) Trotz ihrer Formulierung wie eine Fiktion ist die Absichtsunterstellung bei Entgeltlichkeit (Art. 1 Abs. 1 lit. d, nunmehr lit. j AVMD-RL) rechtstechnisch eine gesetzliche Vermutung (EuGH ZUM-RD 2011, 393 (395); NK-BayMG Art. 8 Rn. 107). Fast alle Rundfunkveranstalter sind juristische Personen des öffentlichen oder des Privatrechts oder Personenhandelsgesellschaften und als solche denknotwendig absichtslos. Ihnen wird die Werbeabsicht ihrer Vertreter, Erfüllungs- und Verrichtungsgehilfen zugerechnet (NK-BayMG Art. 8 Rn. 104).

26.1   Rspr. und Lit. sind in der Bewertung der Absichtsunterstellung als gesetzliche Vermutung, Indiz oder Fiktion uneinheitlich. Als **Fiktion** werten die Bestimmung zB OVG Berlin, ZUM 2007, 765 (766); VG München Urt. v. 13.6.2013 – M 17 K 11.3271; Blaue, Werbung wird Programm 2011, 202; HRKDSC RStV § 2 Rn. 40. Für **Vermutung** oder Indiz sprechen sich zB aus: OVG Koblenz, ZUM 2009, 507 (510); Spindler/Schuster/Holznagel/Kibele RStV § 2 Rn. 79; Gounalakis, WRP 2005, 1476 (1482 f.); Platho, MMR 2008, 582 (585); Hahn/Vesting/Schulz RStV § 2 Rn. 121.

27   Kein eigenständiges Tatbestandsmerkmal ist die Eignung der konkreten Erwähnung oder Darstellung, die Allgemeinheit über den Werbezweck irrezuführen (aA OVG Berlin NVwZ-RR 2007, 681 (683); Hahn/Vesting/Schulz RStV § 2 Rn. 130 ff.). Deshalb darf dieses Merkmal in Art. 13 Abs. 3 FsÜ fehlen ohne dass das Schleichwerbeverbot der AVMD-RL und des FsÜ auseinanderfallen. Vielmehr ist das Gesetzgebungsmotiv in die Tatbestandsformulierung gerutscht (Bornemann, 4. Aufl. 2013, 124): Redaktionell getarnte Werbung ist grds. geeignet, die Allgemeinheit über die Werbeabsicht irrezuführen (iE ebenso OVG Koblenz ZUM 2009, 507 (512); Hahn/Vesting/Ladeur RStV § 7 Rn. 47; NK-BayMG Art. 8 Rn. 108; Platho MMR 2008, 582 (585)). Nur eine eindeutige Kennzeichnung beseitigt die Eignung zur Irreführung des Publikums über den Werbecharakter.

2. Themenplatzierung

28   Das ausnahmslose Verbot der Themenplatzierung schließt eine Gesetzeslücke, die zwischen dem Beeinflussungsverbot für Werbetreibende (Abs. 2) und dem für Sponsoren (§ 8 Abs. 2) bestand: die Beeinflussung des redaktionellen Programms durch Dritte außerhalb des Bereichs der Wirtschaftswerbung (Castendyk ZUM 2005, 857 (863); vgl. Blaue, Werbung wird Programm 2011, 342 f.; NK-BayMG Art. 8 Rn. 109).

3. Produktplatzierung

29   Abs. 7 folgt der Systematik des Art. 11 AVMD-RL, der in Abs. 2 Produktplatzierung untersagt und in Abs. 3 für die Mitgliedsstaaten dispositive Ausnahmen von diesem Verbot definiert. Begrifflich setzt Produktplatzierung **Entgeltlichkeit** „oder eine ähnliche Gegenleistung" voraus (Art. 1 Abs. 1 lit. m AVMD-RL). Art. 11 Abs. 3 S. 1 lit. b AVMD-RL macht deutlich, dass die **kostenlose Zurverfügungstellung** von Waren, Dienstleistungen, Produktionshilfen und Preisen als **„ähnliche Gegenleistung"** verstanden wird. Die Beschränkung in § 2 Abs. 2 Nr. 11 S. 2 auf die kostenlose Zurverfügungstellung von Waren und Dienstleistungen **von bedeutendem Wert** hält sich im Rahmen der Interpretation und steht in Übereinstimmung mit Erwägungsgrund Nr. 91 zur AVMD-RL (NK-BayMG Art. 8 Rn. 110).

30   Die amtl. Begr. nimmt an, dass die sichtbare Produkterwähnung in Schleichwerbung und Produktplatzierung identisch und deren wesentliches Unterscheidungskriterium die Kennzeichnung sei (Bay LT-Drs. 16/2736, 9 f.). Zur Begriffsdefinition in § 2 Abs. 2 Nr. 11 gehört insoweit folgerichtig eine – nicht näher definierte – **Kennzeichnung** der Produktplatzierung (HRKDSC RStV § 2 Rn. 46a; krit. Hahn/Vesting/Schulz RStV § 2 Rn. 159). Dem steht nicht entgegen, dass neben dem unzulässigen „Betreiben" von Produktplatzierung (§ 49 Abs. 1 S. 1 Nr. 8 bzw. S. 2 Nr. 21) der unzureichende **Hinweis auf Produktplatzie-**

rung ein eigenständiger Bußgeldtatbestand ist (§ 49 Abs. 1 S. 1 Nr. 9 bzw. S. 2 Nr. 22). In den Fällen des Abs. 7 S. 4 tritt der Hinweis auf die erfolglosen Nachforschungen an die Stelle der Kennzeichnung (Bornemann, 4. Aufl. 2013, 128). Die nicht gekennzeichnete Produktpräsentation „in Sendungen" ist anhand der Grundsätze des Schleichwerbeverbots zu prüfen (krit. Castendyk ZUM 2010, 29 (31)).

Die Gleichsetzung der Produktpräsentation bei Schleichwerbung und Produktplatzierung **31** (→ Rn. 30) erscheint nicht nur wegen Abs. 7 S. 1 Nr. 3 fragwürdig, der eine „zu starke Herausstellung" verbietet (Platho MMR 2008, 582 (586)). Die Erstreckung des Verbots auf die Darstellung kostenlos zur Verfügung gestellter geringwertiger Güter durch Abs. 7 S. 1 Nr. 3 Hs. 2 macht die Grenze deutlich: Ungekennzeichnete Präsentationen kostenlos zur Verfügung gestellter geringwertiger Güter, die nicht kennzeichnungs- und hinweispflichtig sind, stellt begrifflich keine Produktplatzierung dar, sondern erfüllt die Tatbestandsmerkmale der Schleichwerbung, wenn eine „zu starke Herausstellung" erfolgt – weil dies die Werbeabsicht des Veranstalters indiziert. An derselben Grenze endet nach dem Gesetzeswortlaut zugleich die zulässige Produktplatzierung, sodass die „zu starke Herausstellung" geringwertiger Güter auch nicht durch Kennzeichnung legalisiert werden kann und sich die Frage nach der Systematik der Regelung stellt. Nach Erwägungsgrund Nr. 91 zur AVMD-RL ist das entscheidende Kriterium zur **Unterscheidung von Sponsoring und Produktplatzierung** der Umstand, dass bei der Produktplatzierung der Hinweis auf ein Produkt in die Handlung der Sendung eingebaut ist, während Hinweise auf Sponsoren während einer Sendung gezeigt werden können, aber nicht Teil der Handlung sind. Entsprechend verwenden zahlreiche – es konnte nicht geprüft werden, ob alle – fremdsprachigen Versionen der AVMD-RL gleichlautende Formulierungen in Art. 10 Abs. 1 lit. b und Art. 11 Abs. 3 lit. b AVMD-RL. Dagegen verwirrt die unterschiedliche Wortwahl in der deutschen Sprachfassung, die sich in Abs. 7 S. 1 Nr. 2 einerseits und § 8 Abs. 3 andererseits niedergeschlagen hat. Die in stichprobenartig überprüften anderen Sprachversionen verwendeten Verben (englisch: encourage, französisch: incitent, griechisch: παρακινώ, italienisch: incoraggiare, niederländisch: aansporen) entsprechen eher dem deutschen Verb anregen (§ 8 Abs. 3) als auffordern (§ 7 Abs. 7 S. 1 Nr. 2). Auf den ersten Blick spricht viel dafür, dass „die auf das dramaturgisch notwendige Maß beschränkte Darstellung von Produkten, die der Abbildung der realen Lebenswirklichkeit dient", weder Schleichwerbung darstellt noch als Produktplatzierung hinweispflichtig ist (HRKDSC RStV § 7 Rn. 52; vgl. Platho MMR 2008, 582 (587)). Am Ende würde sich die Bedeutung der Regelungen zur Produktplatzierung, bildhaft gesprochen, auf die Widerlegung der gesetzlich vermuteten Werbeabsicht bei Entgeltlichkeit (§ 2 Abs. 2 Nr. 10 S. 2) beschränken (abl. Castendyk ZUM 2010, 29 (37 f.)). Produkte dürfen in redaktionellen Sendungen nicht zu stark herausgestellt werden. Sie dürfen nicht durch spezielle Hinweise zu Kauf, Miete oder Pacht von Produkten auffordern, wobei viel dafür spricht, dass entsprechend den anderen Sprachfassungen der AVMD-RL schon die Anregung entsprechend § 8 Abs. 3 unzulässig ist, dh die Produktplatzierung muss stets programmlich-dramaturgisch gerechtfertigt sein (iErg ebenso OVG Koblenz, BeckRS 2013, 55853). Selbst wenn der Rundfunkveranstalter Geld oder eine ähnliche Gegenleistung für die Platzierung erhalten hat, fällt sie dann nicht unter das Schleichwerbeverbot, wenn der Rezipient des Medienangebots auf die Produktplatzierung hingewiesen wurde; falls nur nicht zu Beginn und am Ende sowie nach jeder Werbeunterbrechung angemessen darauf hingewiesen wurde (Abs. 7 S. 3), handelt es sich um unzureichend gekennzeichnete Produktplatzierung. Man könnte auch sagen: Die Kennzeichnung „rechtfertigt" die durch Entgeltlichkeit indizierte Werbeabsicht des Medienanbieters ohne die Präsentationsmöglichkeiten über ein programmlich-dramaturgisch begründbares Maß hinaus zu erweitern. Im Zuschauerinteresse verpflichtet Abs. 7 S. 5 die Landesmedienanstalten und die öffentlich-rechtlichen Rundfunkanstalten systemübergreifend zur Festlegung einer einheitlichen Kennzeichnung. Das ist in der Praxis fast gelungen (vgl. HRKDSC RStV § 7 Rn. 53e). Wesentlich erscheint, dass die Veranstalter in beiden Systemen den Buchstaben P mindestens 3 Sekunden lang einblenden.

Für den öffentlich-rechtlichen Rundfunk erlaubt § 15 Produktplatzierungen einge- **32** schränkt und entgeltlich nur in bestimmten Kaufproduktionen, nicht jedoch in Eigen- oder Auftragsproduktionen. Für private Rundfunkveranstalter ermöglicht § 44 Produktplatzierungen in weitergehendem Umfang (→ § 44 Rn. 5). Die allgemeinen Anforderungen an erlaubte Produktplatzierung (Art. 11 Abs. 3 S. 2 AVMD-RL) sind in § 7 Abs. 7 geregelt, der grds. für Hörfunk und Fernsehen gilt (Hahn/Vesting/Ladeur RStV § 7 Rn. 53a; NK-BayMG Art. 8 Rn. 112).

VIII. Fernsehwerbeverbot für Nachrichtensprecher (Abs. 8)

33 „Die Regelung entspricht Art. 13 Abs. 4 des Europäischen Fernsehübereinkommens" (Hahn/Vesting/Ladeur RStV § 7 Rn. 76). Ob in dem Verbot im FsÜ „weder im Bild noch im Ton (...) (aufzutreten)" tatsächlich Hörfunkwerbung angesprochen wird (so HRKDSC RStV § 7 Rn. 61) erscheint zweifelhaft. Vielmehr liegt die Deutung nahe, dass das Verbot den Einsatz der Stimme bekannter Nachrichtensprecher oder bekannter Moderatoren von Sendungen zum politischen Zeitgeschehen in Fernsehwerbung und Teleshopping auch dann verbietet, wenn der Sprecher nicht im Bild gezeigt wird. Auf den ersten Anschein bleibt Abs. 8 dahinter zurück; unter einem „Auftritt" in der Fernsehwerbung versteht man üblicherweise das Erscheinen der Person auf dem Bildschirm. Gegen eine europarechtskonforme erweiternde Interpretation werden verfassungsrechtliche Bedenken erhoben. Das FsÜ hat den Rang eines einfachen Gesetzes und muss sich an der Verfassung messen lassen (NK-BayMG Art. 8 Rn. 142). In enger Wortlautinterpretation ist Abs. 8 hingegen als Ausgestaltungsregel keinen verfassungsrechtlichen Bedenken ausgesetzt (Hahn/Vesting/Ladeur RStV § 7 Rn. 76; NK-BayMG Art. 8 Rn. 147; aA HRKDSC RStV § 7 Rn. 62).

IX. Ideelle Werbung (Abs. 9)

34 Das BVerfG leitet aus der ausgestaltungsbedürftigen Rundfunkfreiheit eine Zulassungspflicht für Rundfunkveranstalter und die Notwendigkeit der Aufsicht ab (BVerfGE 57, 295). Die Sendezeitüberlassung an Dritte, die kein Zulassungsverfahren durchlaufen haben und keiner Rundfunkaufsicht unterliegen, ist die begründungsbedürftige Ausnahme. Gesetzlich zugelassen ist die Sendezeitüberlassung an Dritte für Wirtschaftswerbung, für Ideenwerbung nur iRd Abs. 9 S. 3 und der Wahlpropaganda iRd § 42 Abs. 2.

35 Die amtl. Begr. bezeichnet die Einführung des Verbots der „Werbung politischer, weltanschaulicher oder religiöser Art" als Verdeutlichung des Ziels, „lediglich Wirtschaftswerbung zuzulassen." (Bay LT-Drs. 12/3026, 42) Die Verwendung des Begriffs der „Werbung" politischer, religiöser oder weltanschaulicher Art ist dabei eher verwirrend. Alle anderen in § 7 genannten Werbeformen einschließlich der Produktplatzierung und das Teleshopping sind Unterfälle der kommerziellen Kommunikation (vgl. Art. 1 Abs. 1 lit. h ff. AVMD-RL), auch die verbotene Schleichwerbung, wenngleich man das der verunglückten deutschen Sprachfassung („Schleichwerbung in der audiovisuellen kommerziellen Kommunikation") nicht sofort ansieht (Bornemann, 4. Aufl. 2013, 113). Ideelle Werbung dagegen gehört nicht zur kommerziellen Kommunikation (Bornemann K&R 2012, 653 (656)). Ungeachtet dessen ist das Verbot, das der Sicherung einer an Vielfaltsgesichtspunkten orientierten ausgewogenen Rundfunkberichterstattung dient, Teil der Ausgestaltung der Rundfunkfreiheit (BayVerfGH NVwZ-RR 2008, 145 (146)). Ausgenommen vom Verbot sind unentgeltliche soziale Appelle (dazu näher NK-BayMG Art. 8 Rn. 162 ff.).

§ 7a Einfügung von Werbung und Teleshopping

(1) Übertragungen von Gottesdiensten sowie Sendungen für Kinder dürfen nicht durch Werbung oder Teleshopping-Spots unterbrochen werden.

(2) ¹Einzeln gesendete Werbe- und Teleshopping-Spots im Fernsehen müssen die Ausnahme bleiben; dies gilt nicht bei der Übertragung von Sportveranstaltungen. ²Die Einfügung von Werbe- oder Teleshopping-Spots im Fernsehen darf den Zusammenhang von Sendungen unter Berücksichtigung der natürlichen Sendeunterbrechungen sowie der Dauer und der Art der Sendung nicht beeinträchtigen noch die Rechte von Rechteinhabern verletzen.

(3) Filme mit Ausnahme von Serien, Reihen und Dokumentarfilmen sowie Kinofilme und Nachrichtensendungen dürfen für jeden programmierten Zeitraum

von mindestens 30 Minuten einmal für Fernsehwerbung oder Teleshopping unterbrochen werden.

(4) ¹Richten sich Werbung oder Teleshopping-Spots in einem Fernsehprogramm eigens und häufig an Zuschauer eines anderen Staates, der das Europäische Übereinkommen über das grenzüberschreitende Fernsehen ratifiziert hat und nicht Mitglied der Europäischen Union ist, so dürfen die für die Fernsehwerbung oder das Teleshopping dort geltenden Vorschriften nicht umgangen werden. ²Satz 1 gilt nicht, wenn die Vorschriften dieses Staatsvertrages über die Werbung oder das Teleshopping strenger sind als jene Vorschriften, die in dem betreffenden Staat gelten, ferner nicht, wenn mit dem betroffenen Staat Übereinkünfte auf diesem Gebiet geschlossen wurden.

Die Bestimmung des § 7a normiert Werbeverbote (→ Rn. 6 ff.), statuiert das Gebot der Blockwerbung einschließlich der Anforderungen für die Einfügung von Werbung und Teleshopping (→ Rn. 14 ff.), enthält Regeln für die Unterbrechung von Sendungen (→ Rn. 24 ff.) und ein Umgehungsverbot (→ Rn. 36 f.).

Übersicht

	Rn		Rn
A. Allgemeines	1	II. Einfügung von Werbung (Abs. 2 S. 2 1. Hs.)	19
I. Bedeutung der Vorschrift	1	III. Keine Verletzung von Rechten (Abs. 2 S. 2 2. Hs.)	22
II. Entstehungsgeschichte	4		
III. Anwendungsbereich	5	**D. Unterbrechung von Filmen und die Ausnahmen (Abs. 3)**	24
B. Werbeverbote (Abs. 1)	6	I. Filme, Kinofilme, Nachrichtensendungen	28
I. Gottesdienste (Definition und Schutzzweck)	6	II. Serien, Reihen, Dokumentarfilme	31
II. Sendungen für Kinder (Definition und Schutzzweck)	8	III. Abgrenzungsschwierigkeiten	34
C. Das Blockwerbegebot (Abs. 2)	14	**E. Umgehungsverbot (Abs. 4)**	36
I. Zusammenfassung von Werbung und Teleshopping (Abs. 2 S. 1)	15		

A. Allgemeines

I. Bedeutung der Vorschrift

§ 7a normiert in Abs. 1 ein **Werbeverbot** für die Übertragung von Gottesdiensten sowie für Sendungen für Kinder. Außerdem enthält § 7a in Abs. 2 **qualitative und quantitative Werbebeschränkungen**. Die Bestimmung ist aber insoweit **liberaler** als frühere Regelungen. § 7a Abs. 2 normiert das Gebot der Blockwerbung, also den Grundsatz, dass einzelne (mindestens zwei) Werbe- und Teleshopping-Spots zusammengefasst werden. Zugleich sieht die Vorschrift eine wichtige Ausnahme für die Übertragung von Sportveranstaltungen vor. Der frühere Grundsatz, dass Werbung zwischen Sendungen auszustrahlen ist, wurde aufgehoben; § 7a Abs. 2 S. 2 stellt nun bei der Einfügung von Werbung auf weichere Kriterien ab. Die **Zeitgrenze** (§ 7a Abs. 3), nach der eine Sendung unterbrochen werden darf, wird für Filme mit Ausnahmen auf 30 Minuten festgeschrieben und wurde damit gegenüber dem ersten Rundfunkstaatsvertrag von 1987 halbiert. 1

Die Bestimmung des § 7a folgt der neuen Systematik des Rundfunkstaatsvertrags, welche die **allgemeinen Vorgaben** für öffentlich-rechtliche und private Rundfunkangebote zusammenfasst (Hahn/Vesting/Ladeur RStV § 7a Rn. 1). Spezielle Vorschriften für den öffentlich-rechtlichen Rundfunk sind §§ 13 Abs. 1 S. 1, 15 und 16. Eigene Vorschriften für den privaten Rundfunk finden sich in §§ 43, 44, 45 und 45a RStV. § 6 JMStV ist eine Spezialregelung zum Jugendschutz, die gem. § 2 Abs. 1 i. V. m. § 3 Abs. 2 Nr. 1 JMStV für Rundfunk und Telemedien gilt (DKC J II 1 Rn. 12 f. (396 f.)). 2

3   Auf der Grundlage des § 16f haben ARD und ZDF gleichlautende Werberichtlinien erlassen (WerbeRiL ARD, WerbeRiL ZDF, die aktuelle Fassung stammt v. 12.3.2010). Die jeweilige Nr. 2 dieser Richtlinien konkretisieren die Bestimmung des § 7a. Für die Landesmedienanstalten enthält § 46 eine eigene Richtlinienkompetenz. Von dieser haben die Landesmedienanstalten durch gemeinsame WerbeRiL Hörfunk (Stand: 23.2.2010) und gemeinsamen WerbeRiL Fernsehen (Stand: 18.9.2012) Gebrauch gemacht. § 7a wird durch deren Ziffer 6 konkretisiert. Diese Richtlinien entfalten jeweils Bindungswirkung (zur Rechtsnatur rundfunkrechtlicher Richtlinien siehe Bornemann ZUM 2012, 89 und Holzgraefe MMR 2011, 221 (222)).

II. Entstehungsgeschichte

4   Die Vorschrift des § 7a RStV wurde mit dem 13. RfÄndStV eingefügt, der mit Wirkung zum 1.4.2010 die Lockerungen der Werberegulierung auf dem Gebiet des Fernsehens durch die **AVMD-RiL** in nationales Recht umgesetzt hat.

III. Anwendungsbereich

5   § 7a gilt für **öffentlich-rechtliche und private Fernsehprogramme**. Abs. 1 findet außerdem auch auf öffentlich-rechtliche und private **Hörfunkprogramme** Anwendung. Außerdem gilt Abs. 1 für Telemedienangebote, die aus Sendungen bestehen, die jeweils gegen Einzelentgelt frei geschaltet wurden unmittelbar; die Abs. 2–4 gelten gem. § 58 Abs. 3 S. 2 RStV in entsprechender Anwendung.

B. Werbeverbote (Abs. 1)
I. Gottesdienste (Definition und Schutzzweck)

6   Gem. § 7a Abs. 1 dürfen Gottesdienste, die im Hörfunk oder Fernsehen übertragen werden, nicht durch Werbung oder Teleshopping-Spots unterbrochen werden. Mit diesem Werbeverbot soll der **religiöse Gehalt** solcher Veranstaltungen geschützt werden. Es gilt daher für alle religiösen Zeremonien und unabhängig davon, ob es sich um eine Live-Übertragung handelt oder um eine zeitversetzte Ausstrahlung. Auch Zusammenschnitte und eine zusammenfassende Berichterstattung, bei der die Vermittlung religiösen Gehalts im Vordergrund steht, sind von dieser Bestimmung umfasst. Demgegenüber dürfen Sendungen, die über religiöse Zeremonien berichten, durch Werbung oder Teleshopping-Spots unterbrochen werden, selbst wenn die Berichterstattung über die religiösen Zeremonien wesentlicher Teil der Sendung sind (s. zum Ganzen Hahn/Vesting/Ladeur RStV § 7a Rn. 5; HRKDSC RStV § 7a Rn. 2 f.; NK-BayMG Art. 8 Rn. 251 f.).

7   In Ermangelung eines religiösen Gehalts darf die Übertragung von musikalischen Ereignissen (wenn und soweit sie nicht nur der Einrahmung eines Gottesdienstes dient), wie etwa die Ausstrahlung eines Kirchenkonzerts, durch Werbung und Teleshopping-Spots unterbrochen werden (HRKDSC RStV § 7a Rn. 3).

II. Sendungen für Kinder (Definition und Schutzzweck)

8   Sendungen für Kinder dürfen nach § 7a Abs. 1 nicht durch Werbung oder Teleshopping-Spots unterbrochen werden, weil Kinder, so die amtliche Begründung des RStV 1991 zu § 13, jetzt § 7a, für die Botschaft der Werbetreibenden besonders empfänglich sind.

9   Im Sinne der gesetzlichen Bestimmungen ist Kind, wer noch nicht 14 Jahre alt ist (§ 1 JuSchG; s. auch § 3 Abs. 1 JMStV). Sendungen für Kinder sind Sendungen, die sich nach Inhalt, Form oder Sendezeit überwiegend an unter 14-jährige wenden (s. Ziff. 2.1 S. 2 WerbeRiL ARD und WerbeRiL ZDF sowie Ziff. 6 der WerbeRiL Hörfunk und der WerbeRiL Fernsehen der Landesmedienanstalten).

10 Kindersendungen sind **Zielgruppenprogramme.** Das heißt, es kommt entscheidend darauf an, an wen sich die jeweilige Sendung richtet. Maßgeblich ist dabei, ob die Sendung durch gestalterische und dramaturgische Mittel auf die kindliche Wahrnehmung zugeschnitten und überwiegend an Erleben, Erfahrungshorizont und Sprachwelt des Kindes orientiert

ist. Dies wird in einer Gesamtschau ermittelt (siehe zum Ganzen HRKDSC RStV § 7a Rn. 5, 8). Kriterien hierfür sind die kindgemäße Ansprache (zB Anrede mit „Du", kindliche Ausdrucksweise), kindbezogene spielerische Elemente und Ausstattung, Kinder als Hauptpersonen, Behandlung von kindbezogenen Themen, wiederkehrende Präsentationsfiguren (HRKDSC RStV § 7a Rn. 8).

Daneben können weitere **Indizien zur Einordnung eines Programms** herangezogen werden. Hierzu zählen die FSK-Freigaben (hat eine Sendung eine FSK-Freigabe ab 12 Jahren ist die Wahrscheinlichkeit gering, dass es sich um eine Kindersendung handelt), der Ausstrahlungszeitpunkt (Sendungen, die zwischen 20:00 und 06:00 Uhr ausgestrahlt werden, gelten in der Regel nicht als Kindersendung, wobei auch zu berücksichtigen ist, dass Sendungen zu unterschiedlichen Zeiten wiederholt gesendet werden), die Platzierung der Sendung (zum Beispiel vor oder nach anderen Kindersendungen), das Werbeangebot im Umfeld der Sendung (etwa wenn es sich überwiegend an Kinder als Konsumenten richtet) sowie die GfK-Zahlen (wobei in Rechnung zu stellen ist, dass gerade kleinere Kinder eher mit ihren Eltern fernsehen, die Zahl der erwachsenen Zuschauer also im Zweifel nicht dafür spricht, dass es sich um ein Programm handelt, das sich auch an Erwachsene wendet). 11

> Beispiele für Kindersendungen sind „Die Legende von Pinoccio", „Die Abenteuer von Elmo im Grummelland" und „Die neuen Abenteuer der Pippi Langstrumpf". Beispiele für Sendungen, die sich nicht überwiegend an Kinder richten und damit keine Kindersendungen sind, sind „Urmel aus dem Eis", „Die Schatzinsel", „Dragon Ball Z", Sandlot Kids 3". 11.1

Das größte Problem in der Praxis ist die Abgrenzung von **Sendungen für ältere Kinder** (12, 13 Jahre) zu Familiensendungen, das sich vor allem an gesetzlichen Feiertagen stellt (zB Ostermontag, Zweiter Weihnachtsfeiertag, Neujahr). Wie eine Sendung qualifiziert wird, ist dabei in jedem Einzelfall gesondert zu prüfen und zu entscheiden. 12

> Beispiele für Sendungen, in denen die Abgrenzung von den Landesmedienanstalten geprüft wurde sind: „Die Flucht zum Hexenberg" (Alternativtitel „Himmlische Geschwister"), in dem sich etwa neunjährige Zwillinge gegen einen Geschäftsmann zur Wehr setzen müssen, der deren magische Kräfte ausnutzen möchte. Die Sendung wurde im Ergebnis nicht als Kindersendung angesehen, weil die Handlung ein Abstrahierungsvermögen und einen Entwicklungsstand voraussetzt, den Kinder in der Regel nicht haben. „Sandlot Kids 2", in dem bei einem gemeinsamen Baseballspiel einer Jungen- und einer Mädchenmannschaft ein Baseball in einem fremden Garten landet. Bei dem Versuch, den Ball wiederzubekommen erleben die Kinder einige Abenteuer. Der Film wurde wegen der Motive (Probleme des Erwachsenwerdens, erste Liebe, erste Streiterfahrungen mit dem anderen Geschlecht etc.) ebenfalls nicht als Kindersendung qualifiziert. 12.1

Nach Ziff. 6 S. 2 der WerbeRiL Hörfunk der Landesmedienanstalten und WerbeRiL Fernsehen der Landesmedienanstalten gelten auch einzelne Sendungen, die durch verbindende Elemente so gestaltet sind, dass sie wie eine einheitliche Kindersendung erscheinen, als Kindersendungen. Damit wird verhindert, dass (die ohnehin schon eher kurzen) Kindersendungen künstlich aufgeteilt werden, um jeweils zwischen den Sendungen Werbung schalten zu können. 13

C. Das Blockwerbegebot (Abs. 2)

§ 7a Abs. 2 regelt das sog. Blockwerbegebot im Fernsehen, nach dem Werbe- und Teleshoppingspots regelmäßig zusammengefasst und nur nach bestimmten Maßgaben in das Programm eingefügt werden dürfen. Damit soll zum Schutz der Zuschauer gewährleistet werden, dass das Programm nicht allzu kleinteilig unterbrochen wird. 14

I. Zusammenfassung von Werbung und Teleshopping (Abs. 2 S. 1)

Nach § 7a Abs. 2 S. 1 1. Hs. müssen einzeln gesendete Werbe- und Teleshopping-Spots die Ausnahme bleiben. Die Regel sind also Werbeinseln, die aus **mindestens zwei** Werbe- oder Teleshopping-Spots bestehen. 15

Zugleich normiert die Bestimmung erstmals eine **wichtige Ausnahme für die Übertragung von Sportveranstaltungen.** Sportereignisse dürfen also regelmäßig durch Einzelspots unterbrochen werden. Dies gilt unabhängig davon, ob es sich um eine Live-Über- 16 tragung oder eine zeitversetzte Ausstrahlung handelt. Der Grund für diese Ausnahme ist, dass sich bei Sportübertragungen kurze Werbeunterbrechungen in den natürlichen Handlungsablauf eingliedern können. Beispiele hierfür sind etwa der Seitenwechsel beim Tennis oder die Pausen nach jeder Runde beim Boxen.

17 Darüber, in welchen Fällen Einzelspots außerhalb von Sportveranstaltungen ausnahmsweise zulässig sind, sagt das Gesetz nichts. Eine solche Ausnahme kann gegeben sein, wenn nur eine Buchung vorliegt, etwa weil es sich um eine unattraktive Sendezeit handelt (HRKDSC RStV § 7a Rn. 12). Dass die Ausstrahlung eines einzelnen Spots finanziell sehr lohnend ist, kann demgegenüber wohl keine Ausnahme begründen (vgl. LG Hamburg AfP 1993, 664 (666)).

18 In der Praxis spielen einzelne Spots außerhalb der Übertragung von Sportveranstaltungen vor allem im Rahmen von Splitscreens eine Rolle (näher → § 7 Rn. 17 f.).

II. Einfügung von Werbung (Abs. 2 S. 2 1. Hs.)

19 § 7a Abs. 2 S. 2 regelt, unter welchen Voraussetzungen Werbe- und Teleshoppingspots in das Programm eingefügt werden dürfen. Hierzu stellt die Bestimmung auf den **Zusammenhang der Sendung** unter Berücksichtigung von deren Dauer und Art ab. Diese Anforderung gilt sowohl für Werbe- und Teleshopping-Blöcke als auch für Einzelspots. Der früher im Gesetz normierte Grundsatz, Werbung zwischen den Sendungen einzufügen, wurde damit aufgegeben.

19.1 Er findet sich für die öffentlich-rechtlichen Rundfunkanstalten noch in Nr. 2.3 der WerbeRiL ARD und WerbeRiL ZDF, wobei auch nach diesen Richtlinien Werbung explizit unter bestimmten Voraussetzungen in Sendungen eingefügt werden darf.

20 Zwar dürfen Werbe und Teleshopping-Spots damit unproblematisch zwischen den Sendungen eingefügt werden, weil sie eben keine Sendung unterbrechen (HRKDSC RStV § 7a Rn. 14). Aber diese Art und Weise der Einfügung ist für die Sender nicht so interessant, weil sie den Zuschauer eher zum Umschalten veranlassen kann als Werbung innerhalb einer Sendung (Hahn/Vesting/Ladeur RStV § 7a Rn. 9).

21 In der Praxis spielt daher die Werbepause innerhalb von Sendungen (Unterbrecherwerbung) die größte Rolle (s. auch NK-BayMG Art. 8 Rn. 263). Insoweit ist die maßgebliche Frage, ob die Unterbrechung einem **natürlichen Einschnitt** folgt bzw. ob die Werbeeinschaltung die **natürliche Sendeunterbrechung** beachtet. Es kommt also auf die dramaturgische Gestaltung der Sendung an (HRKDSC RStV § 7a Rn. 14). Dies kann bei verschiedenen Sendeformaten unterschiedlich beurteilt werden. Bei der Übertragung von Bühnenstücken (zB den Salzburger Festspielen) oder Konzerten ergibt sich ein natürlicher Einschnitt durch die jeweilige Pause. Bei Talkformaten, die verschiedene Themen behandeln oder in dem verschiedene Gäste zu Wort kommen, kann ein natürlicher Einschnitt vorliegen, wenn ein Thema beendet ist oder die Sendung sich dem nächsten Gast widmet. In einem Film kann eine natürliche Sendeunterbrechung zum Beispiel erfolgen, wenn ein Handlungsstrang erzählt ist. Betrachtet man das Fernsehprogramm, wird man konstatieren, dass zumindest an die programmverträgliche Einfügung von Werbepausen in Filmen keine allzu hohen Anforderungen gestellt werden.

III. Keine Verletzung von Rechten (Abs. 2 S. 2 2. Hs.)

22 Als weitere Voraussetzung sieht § 7a Abs. 2 S. 2 2. Hs. vor, dass das Einfügen von Werbe- und Teleshoppingspots nicht die „Rechte von Rechteinhabern" verletzen darf. Die Bestimmung verweist damit auf **urheberrechtliche Regelungen,** vor allem auf die einzuholenden Rechte zur Teilung bzw. zur Bearbeitung der Sendung.

23 Durch diesen Verweis im Rundfunkstaatsvertrag unterliegt die Klärung der erforderlichen Rechte auch der Rundfunkaufsicht. Große praktische Relevanz hat dies zumindest auf dem Gebiet der privaten Rundfunkangebote aber nicht.

D. Unterbrechung von Filmen und die Ausnahmen (Abs. 3)

§ 7a Abs. 3 normiert die zusätzliche Maßgabe, dass Filme, Kinofilme und Nachrichten- 24
sendungen für jeden programmierten Zeitraum von mindestens 30 Minuten nur jeweils
einmal für Fernsehwerbung oder Teleshopping unterbrochen werden dürfen. Zugleich
macht die Vorschrift eine wichtige Ausnahme für Serien, Reihen und Dokumentarfilme, für
die es bei den allgemeinen Voraussetzungen für die Einfügung von Werbung verbleibt und
die damit häufiger unterbrochen werden dürfen.

Mit dieser zusätzlichen Anforderung an die Einfügung von Werbung soll die **Integrität** 25
besonderer Werke geschützt werden (Hahn/Vesting/Ladeur RStV § 7a Rn. 9). Als das
Besondere an (Kino- und Fernseh-)Filmen wird wohl häufig der herausgehobene künstlerische Wert angesehen (krit. Engel ZUM 2003, 85 (91 mwN). Die schützenswerte
Besonderheit von Nachrichtensendungen ist sicherlich in dem hohen Informationsgehalt zu
sehen.

Für die Unterbrechung stellt Abs. 3 auf den **programmierten Zeitraum** von mindes- 26
tens 30 Minuten ab. Dieser Begriff verdeutlicht, dass für die Berechnung des Zeitraums
lediglich die objektiv messbare Zeit maßgeblich ist. Auch die innerhalb der 30 Minuten
ausgestrahlte Werbung wird also auf die Sendezeit angerechnet (sog. Bruttoprinzip, → § 45
Rn. 14, 14.1).

Der (erste) programmierte Zeitraum von 30 Minuten beginnt zeitgleich mit dem Anfang 27
der Sendung. Anders als bei § 45 RStV (näher → § 45 Rn. 13) kann der Beginn des 30
Minuten-Zeitraums also nicht vom Veranstalter bestimmt werden.

I. Filme, Kinofilme, Nachrichtensendungen

Filme, also **Fernsehfilme,** sind vor allem die klassischen 90-Minuten-Filme, die über eine 28
in sich geschlossene Handlung und Dramaturgie verfügen und damit ein abgeschlossenes
Werk bilden (HRKDSC RStV § 7a Rn. 20).

Kinofilme sind Filme, die primär für das Kino produziert wurden. Dies ist zum Beispiel 29
der Fall, wenn sie Mittel aus der Filmförderung erhalten haben. Ob der jeweilige Film
tatsächlich auch im Kino uraufgeführt wurde, ist nicht entscheidend (vgl. HRKDSC RStV
§ 7a Rn. 20).

Nachrichtensendungen informieren in erster Linie über das aktuelle Tagesgeschehen. 30
Gegebenenfalls vertiefen sie die Ereignisse des Tages, liefern Hintergründe und geben
Interpretationen ab (vertiefend Wittwen, Infotainment, 1995).

II. Serien, Reihen, Dokumentarfilme

Eine **Serie** verfügt über eine Gesamthandlung, die sich von Episode zu Episode fortsetzt. 31
Anders ausgedrückt ist eine Serie eine in mehreren Teilen erzählte Geschichte. Ihr Span-
nungsbogen wird also über mehrere Folgen aufgebaut. Auch bei Serien kann es innerhalb
einer Folge zu dem Abschluss von (kleineren) Handlungssträngen kommen. Dies ist insbes.
bei Sitcoms der Fall. Bei anderen Serien endet die einzelne Folge regelmäßig mit einem
Höhepunkt (dem berühmten Cliffhanger) (vgl. HRKDSC RStV § 7a Rn. 21; Engel ZUM
2003, 85 (88) mwN; vertiefend zu den einzelnen Formen siehe Filmlexikon Uni Kiel).
Beispiele für Serien sind Borgen (Gefährliche Seilschaften), Grey's Anatomy, Der Bergdoktor,
Sex and the City und Marienhof.

Reihen bestehen aus in sich geschlossenen (Fernseh- oder Kino-)Filmen oder Sendun- 32
gen, die durch ein erkennbar inhaltliches oder thematisches Konzept miteinander verbunden
sind (vgl. Ziff. 6 Abs. 4 WerbeRiL Fernsehen der Landesmedienanstalten, VG Hannover
ZUM-RD 1988, 186; HRKDSC RStV § 7a Rn. 21). Zu den Reihen zählen viele Krimis
im deutschen Fernsehen, etwa Tatort, Nachtschicht, Wolffs Revier, aber auch andere Formate wie Twilight oder James Bond.

Ein **Dokumentarfilm** ist ein Filmtyp, der auf der Realität beruht und ohne Berufs- 33
schauspieler und Spielhandlung auskommt. Er will relativ ungezwungen, erfreulich und
mühelos informieren (vgl. Silbermann, zitiert nach http://www.aim-mia.de).

III. Abgrenzungsschwierigkeiten

34 Die Abgrenzung zwischen Serie und Reihe kann in Einzelfällen Schwierigkeiten bereiten. Im Hinblick auf die Einfügung von Werbung ist sie aber praktisch wenig relevant, weil weder die Serie noch die Reihe der Vorgabe des § 7a Abs. 3 unterliegen.

35 Demgegenüber hat die **Abgrenzung von Film und Reihe** praktische Relevanz. Denn während ein Film nur einmal in jedem programmierten Zeitraum von mindestens 30 Minuten für Werbung und Teleshopping unterbrochen werden darf, kann eine Reihe in diesem Zeitraum unbeschränkt häufig unterbrochen werden, wenn die übrigen Voraussetzungen, wie etwa die Höchstsendedauer für Werbung beachtet werden. Bei einem Zweiteiler kann es sich um einen zweiteiligen Fernsehfilm handeln, aber auch eine Einordnung als Miniserie ist nicht ausgeschlossen. Ab vier Teilen wird man demgegenüber eher von einer Miniserie als einem vierteiligen Fernsehfilm ausgehen (HRKDSC RStV § 7a Rn. 20).

E. Umgehungsverbot (Abs. 4)

36 Abs. 4 statuiert ein **Umgehungsverbot** von Werbevorschriften, die in Staaten gelten, die das Europäische Übereinkommen über das grenzüberschreitende Fernsehen ratifiziert haben, aber nicht Mitglied der Europäischen Union sind. Damit soll verhindert werden, dass ein Programm in einem Land zugelassen wird, in dem liberalere Werbevorschriften gelten, um sich von dort an Zuschauer eines anderen Landes zu richten, in dem strengere Regeln für die Fernsehwerbung gelten.

37 Für die **öffentlich-rechtlichen Sendeanstalten** hat dieses Umgehungsverbot derzeit keine Bedeutung. Lediglich das Programm 3sat wendet sich auch an Zuschauer eines Staates, der das Europäische Übereinkommen über das grenzüberschreitende Fernsehen ratifiziert hat, aber nicht Mitglied der Europäischen Union ist (Schweiz). Dieses Programm ist aber werbefrei (vgl. HRKDSC RStV § 7a Rn. 26; Hahn/Vesting/Ladeur RStV § 7a Rn. 16).

§ 8 Sponsoring

(1) ¹Bei Sendungen, die ganz oder teilweise gesponsert werden, muss zu Beginn oder am Ende auf die Finanzierung durch den Sponsor in vertretbarer Kürze und in angemessener Weise deutlich hingewiesen werden; der Hinweis ist in diesem Rahmen auch durch Bewegtbild möglich. ²Neben oder anstelle des Namens des Sponsors kann auch dessen Firmenemblem oder eine Marke, ein anderes Symbol des Sponsors, ein Hinweis auf seine Produkte oder Dienstleistungen oder ein entsprechendes unterscheidungskräftiges Zeichen eingeblendet werden.

(2) Inhalt und Programmplatz einer gesponserten Sendung dürfen vom Sponsor nicht in der Weise beeinflusst werden, dass die redaktionelle Verantwortung und Unabhängigkeit des Rundfunkveranstalters beeinträchtigt werden.

(3) Gesponserte Sendungen dürfen nicht zum Verkauf, zum Kauf oder zur Miete oder Pacht von Erzeugnissen oder Dienstleistungen des Sponsors oder eines Dritten, vor allem durch entsprechende besondere Hinweise, anregen.

(4) Sendungen dürfen nicht von Unternehmen gesponsert werden, deren Haupttätigkeit die Herstellung oder der Verkauf von Zigaretten und anderen Tabakerzeugnissen ist.

(5) Beim Sponsoring von Sendungen durch Unternehmen, deren Tätigkeit die Herstellung oder den Verkauf von Arzneimitteln und medizinischen Behandlungen umfasst, darf für den Namen oder das Image des Unternehmens gesponsert werden, nicht jedoch für bestimmte Arzneimittel oder medizinische Behandlungen, die nur auf ärztliche Verordnung erhältlich sind.

(6) ¹Nachrichtensendungen und Sendungen zur politischen Information dürfen nicht gesponsert werden. ²In Kindersendungen und Sendungen religiösen Inhalts ist das Zeigen von Sponsorenlogos untersagt.

(7) Die Absätze 1 bis 6 gelten auch für Teleshoppingkanäle.

(8) § 7 Absatz 1, 3 und Absatz 8 bis 10 gelten entsprechend.

§ 8 RStV

§ 8 RStV ist die zentrale Norm im RStV zum Sponsoring. Erlaubt ist ausschließlich das Sendungs-Sponsoring (→ Rn. 4). Dazu zählen weder Werbespots (→ Rn. 6) noch Teleshopping-Angebote (→ Rn. 8) oder Dauerwerbesendungen (→ Rn. 9). Sponsoring ist aber auch nicht in allen Sendungen gestattet (→ Rn. 52). Außerdem darf der Sponsor keinen übermäßigen Einfluss auf den Inhalt der gesponserten Sendungen ausüben (→ Rn. 47). Der Anbieter muss auf das Sponsoring deutlich hinweisen (→ Rn. 35). Flankierend gibt es in § 11d Abs. 5 RStV und § 16 Abs. 6 RStV Regelungen zum Sponsoring in Angeboten öffentlich-rechtlicher Anbieter (→ Rn. 34). Ziffer 7 der WerbeRLen Fernsehen/Hörfunk enthalten ergänzende Regelungen zur Ausgestaltung des Sponsorings privater Anbieter. Auch die Werberichtlinien von ARD und ZDF konkretisieren die Vorgaben für zulässiges Sponsoring. Verstöße gegen § 8 RStV sanktioniert für private Anbieter § 49 RStV (→ Rn. 56) und allgemein auch §§ 3, 4 11 UWG (→ Rn. 57).

Übersicht

	Rn		Rn
A. Allgemeines	1	II. Themenplatzierung	30
I. Anwendungsbereich	1	III. Blocksponsoring	32
II. Regelungstrias	2	IV. Kanaltitel-Sponsoring	33
B. Definition von „Sponsoring"	3	**I. Sonderregelungen für den öffentlich-rechtlichen Rundfunk**	34
I. Legaldefinition des Sponsorings	3		
II. Teleshopping und Dauerwerbesendungen keine „Sendungen"	8	**J. Sponsorhinweis (Abs. 1)**	35
		I. Gestaltung des Sponsorhinweises	36
III. Grafikeinblendungen	10	II. Platzierung des Sponsorhinweises	42
C. Person des Sponsors	11	**K. Beeinflussungsverbot (Abs. 2)**	47
I. Rechtsform des Sponsors	11	**L. Verbot von Kaufaufforderungen (Abs. 3)**	49
II. Verbot der Produktionsbeteiligung	12		
III. Verbot der Produktplatzierung	14	**M. Sponsoringverbote und -beschränkungen (Abs. 4–6)**	50
D. Sponsoring-Beitrag	15		
E. Zulässige Formen des Sponsorings	19	I. Tabakindustrie (Abs. 4)	50
I. Sendungssponsoring	19	II. Arzneimittelindustrie (Abs. 5)	51
II. Titelsponsoring	20	III. Nachrichten- und politische Sendungen (Abs. 6 S. 1)	52
III. Produktionssponsoring	21		
F. Verlags TV	23	IV. Kinder- und religiöse Sendungen (Abs. 6 S. 2)	54
G. Eventsponsoring	24		
H. Unzulässige Formen des Sponsorings	29	V. Sponsoring politischer, weltanschaulicher oder religiöser Art (Abs. 8)	55
I. Rubrikensponsoring	29	**N. Rechtsfolgen bei Verstößen**	56

A. Allgemeines

I. Anwendungsbereich

§ 8 RStV findet auf Fernsehen und Hörfunk Anwendung. § 8 Abs. 7 RStV erklärt 1 Abs. 1–6 auf Teleshoppingkanäle für anwendbar. Für das Angebot von Fernsehtext sowie für Telemedien mit Inhalten, die nach Form und Inhalt fernsehähnlich sind und die von einem Anbieter zum individuellen Abruf zu einem vom Nutzer gewählten Zeitpunkt und aus einem vom Anbieter festgelegten Inhaltekatalog bereitgestellt werden (audiovisuelle Mediendienste auf Abruf) gilt § 8 RStV gem. § 58 Abs. 2 und 3 S. 1 RStV entsprechend.

II. Regelungstrias

2 Die rundfunkrechtliche Regelung zum Sponsoring verfolgt drei Ziele: Festlegung des Sponsorings als eigenständige Finanzierungsmöglichkeit (→ § 43 Rn. 1, 11), Transparenz sowie Sicherung der redaktionellen Unabhängigkeit. Kern der Sponsoringregelungen ist die Hinweispflicht, um die Finanzierung durch den Sponsor gegenüber dem Rezipienten offen zu legen (Transparenz). Auch wenn es ursprünglich der Wille des Gesetzgebers war (vgl. zB Begr. zu § 7 RStV 1991 Bay. Landtag Drs. 12/3026, 42), durch Sponsoring und den vorgeschriebenen Sponsoringhinweis „zusätzliche Werbeeffekte für den Sponsor zu vermeiden", macht gerade dieser Hinweis das Sponsoring für Unternehmen interessant. Denn durch den Hinweis kann der Sponsor werbliche Botschaften kommunizieren (Volpers/Bernhard/Schnier, Public Relations und werbliche Erscheinungsformen im Fernsehen, 2008, 84) – eine Möglichkeit, die der Gesetzgeber entsprechend den europarechtlichen Vorgaben sukzessive ausgeweitet hat.

2.1 Sponsoring hat bereits mit dem ersten Rundfunkstaatsvertrag im Jahr 1987 Eingang in das Rundfunkrecht gefunden, der den Rundfunkanbietern Sponsoring erlaubte (ausführlich zur Entstehung des Sponsorings HRKDSC, § 8 Rn. 1 ff.; s. auch Hahn/Vesting/Brinkmann RStV § 8 Rn. 1 ff.). Geregelt ist seit jeher ausschließlich das Sendungssponsoring und nicht das Sponsoring von Ereignissen (Eventsponsoring, → Rn. 24). Allerdings durften gesponserte Sendungen zunächst nicht durch Werbung unterbrochen werden. Zudem durfte das Sponsoring nicht „im unmittelbaren Zusammenhang mit den wirtschaftlichen Interessen des Sponsors oder eines anderen" stehen. Wurde zunächst 1994 mit dem 1. RÄndStV die Möglichkeit eingeführt, den Sponsorhinweis als Bewegtbild zu zeigen, genügt es seit dem 4. RÄndStV, den Sponsor am Ende oder am Anfang zu nennen. Dies änderte an der Attraktivität des Sponsorings jedoch deshalb nichts, weil nach wie vor ein Hinweis am Anfang und am Ende der Sendung möglich blieb (→ Rn. 42). Mit dem 13. RÄndStV wurde dem Sponsor schließlich gestattet, auf seine Produkte oder Dienstleistungen bildlich hinzuweisen.

B. Definition von „Sponsoring"

I. Legaldefinition des Sponsorings

3 Sponsoring stellt neben den Werbeeinnahmen eine eigenständige Finanzierungsform des Rundfunks (Fernsehen und Hörfunk), dar und gilt daher aus rundfunkrechtlicher Sicht nicht als Werbung (vgl. Begr. zu § 7 RStV 1991, Bay. Landtag Drs. 12/3026, 42). Dies hat die für die Praxis wichtige Konsequenz, dass die Sponsorhinweise nicht auf die Werbezeiten angerechnet werden (→ § 45 Rn. 15). Sponsoring ist in § 2 Abs. 2 Nr. 9 RStV legaldefiniert (→ § 2 Rn. 37). Diese Definition beruht auf der Definition in Art. 1 Abs. 1 Buchst. k AVMD-RL.

3.1 Gem. § 2 Abs. 2 Nr. 9 RStV ist „Sponsoring jeder Beitrag einer natürlichen oder juristischen Person oder einer Personenvereinigung, die an Rundfunktätigkeiten oder an der Produktion audiovisueller Werke nicht beteiligt ist, zur direkten oder indirekten Finanzierung einer Sendung, um den Namen, die Marke, das Erscheinungsbild der Person oder Personenvereinigung, ihre Tätigkeit oder ihre Leistungen zu fördern".

3.2 Ziffer 7 Abs. 1 der WerbeRL Fernsehen/Hörfunk besagt:
„Sponsoring stellt gem. § 2 Abs. 2 Nr. 9 eine eigenständige Finanzierungsform neben den Werbeeinnahmen dar. Es unterliegt nicht den Werberegelungen der §§ 7 und 45 Abs. 1 RStV."

4 Gestattet ist nur das Sponsoring von Sendungen gem. § 2 Abs. 2 Nr. 2 RStV (→ § 2 Rn. 19) als „inhaltlich zusammenhängender" Teil eines Rundfunkprogramms. „Sendung" meint redaktionelle Inhalte.

4.1 In der Werbe-Fachliteratur wird vielfach von „Programmsponsoring" gesprochen. Ein – nach rundfunkrechtlichem Verständnis – „Rundfunkprogramm" (§ 2 Abs. 2 Nr. 1 RStV) darf aber nicht gesponsert werden, sondern ausschließlich eine Sendung, die Bestandteil des Rundfunkprogramms ist (§ 2 Abs. 2 Nr. 2 RStV).

5 **Programmhinweise** sind zwar auch Sendungen. § 8 RStV verbietet deren Sponsoring daher grds. nicht. Allerdings untersagt Ziffer 7 Abs. 6 Nr. 2 WerbeRL Fernsehen/Hörfunk für private Rundfunkanbieter Sponsoringeinblendungen in Programmhinweise.

Ziffer 7 Abs. 6 Nr. 2 WerbeRL Fernsehen bzw. Hörfunk lauten wortgleich: 5.1
„Programmhinweise dürfen nicht gesponsert werden."
Ziffer 12.4 der ARD-Werberichtlinien/ZDF-Werberichtlinien stellt dagegen nicht auf ein Sponsoring des Trailers, sondern auf einen Hinweis auf den Sendungssponsor im Programmhinweis ab: 5.2
„In Programmtrailern für gesponserte Sendungen darf auf den Sponsor nicht hingewiesen werden."

Werbung ist keine „Sendung". Spotwerbung darf demnach nicht gesponsert werden. Das legen auch ausdrücklich Ziffer 7 Abs. 2 S. 2 der WerbeRLen Fernsehen bzw. Hörfunk für private Rundfunkanbieter fest. 6

Ziffer 7 Abs. 2 S. 2 der WerbeRL Fernsehen bzw. Hörfunk lautet wortgleich: 6.1
„Das Sponsern von Werbung, wie z. B. Spotwerbung, Dauerwerbesendungen oder Teleshopping-Fenstern, ist unzulässig."

Neben dem Exklusiv-Sponsoring, also dem alleinigen Sponsoring durch eine Person oder Personenvereinigung, kann eine Sendung auch von mehreren Sponsoren gleichzeitig unterstützt werden (vgl. Castendyk ZUM 2005, 857 (860); Volpers/Bernhard/Schnier, Public Relations und werbliche Erscheinungsformen im Fernsehen, 2008, 86). Dabei kann es Hauptsponsoren im Verhältnis zu Mitsponsoren geben oder auch ein Co-Sponsorship von gleichrangigen Sponsoren. 7

II. Teleshopping und Dauerwerbesendungen keine „Sendungen"

Teleshopping-Angebote können nicht gesponsert werden: Ein Sponsoring von Teleshopping**kanälen** ist nicht möglich, da § 8 RStV kein Kanaltitel-Sponsoring zulässt (→ Rn. 33). Etwas anderes ergibt sich auch nicht daraus, dass § 8 Abs. 7 RStV die Absätze 1–6 auf Teleshoppingkanäle für anwendbar erklärt. Dies lässt lediglich das Sponsoring redaktioneller Sendungen im Rahmen von Teleshoppingkanälen zu, sollte es diese dort geben. Teleshopping-**Spots** dürfen ebenfalls nicht gesponsert werden. Sie unterscheiden sich von Werbespots ausschließlich darin, dass der Zuseher die Ware sofort per Telefon bestellen kann. Redaktionell gestaltet sind diese Spots nicht. Gleiches gilt für Teleshopping**fenster**, wie dies auch Ziffer 7 Abs. 2 S. 2 WerbeRL Fernsehen vorsieht (→ Rn. 6.1). 8

Ebenso untersagt ist das Sponsoring von **Dauerwerbesendungen**. Dauerwerbesendungen sind zwar redaktionell gestaltete Sendungen. Im Vordergrund stehen jedoch die werblichen Inhalte. Denn eine Dauerwerbesendung ist nur dann gegeben, wenn Werbung den wesentlichen Bestandteil der Dauerwerbesendung ausmacht (→ § 7 Rn. 20). Dauerwerbesendungen sind daher keine „Sendungen" iSv § 8 Abs. 1 S. 1 RStV. Ziffer 7 Abs. 2 S. 2 WerbeRLen Fernsehen/Hörfunk sehen für private Anbieter ausdrücklich vor, dass Dauerwerbesendungen nicht gesponsert werden dürfen (→ Rn. 6.1). 9

III. Grafikeinblendungen

Nicht unter das Sponsoring iSv § 8 RStV fallen die Einblendungen von Firmen- oder Produktnamen **technischer Dienstleister** bei Zeiteinblendungen, Spiel- oder Messständen im Rahmen von Sportberichterstattungen, wenn diese im direkten funktionalen Zusammenhang mit der Einblendung stehen. Nach Ziffer 12 Abs. 2 WerbeRL Fernsehen bzw. Ziffer 15 ARD-WerbeRL/ZDF-WerbeRL ist für diese so genannten Quellenangaben der funktionale Zusammenhang vor allem gegeben im Falle der Überlassung der für die Erstellung der Grafiken oder der für die Ermittlung der Ergebnisse erforderlichen Hard- und Software. 10

Ziffer 12 Abs. 2 WerbeRL Fernsehen lautet: 10.1
„Im Verlauf der Einblendung von Grafiken (Zeiteinblendungen, Spiel- und Messstände etc.) bei Sportberichterstattungen können Firmennamen oder Produktnamen von technischen Dienstleistern abgebildet werden, wenn diese im direkten funktionalen Zusammenhang mit der Einblendung stehen. Dieser liegt insbes. bei der Zurverfügungstellung der für die Erstellung der Grafiken oder der für die Ermittlung der Ergebnisse erforderlichen Hard- und/oder Software vor. Im Übrigen gelten die internationalen Regelungen und Standards für die Einblendung von Zeitberechnungs- und Datenverarbeitungsfirmen bei der Übertragung von Sportveranstaltungen."

10.2 Ziffer 15 ARD-WerbeRL/ZDF-WerbeRL lautet:
„15.1 Im Verlauf der Einblendung von Grafiken (Zeiteinblendungen, Spiel- und Messständen etc.) bei Sportberichterstattungen können Firmennamen oder Produktnamen von technischen Dienstleistern abgebildet werden, wenn diese im direkten funktionalen Zusammenhang (Quellenangabe) mit der Einblendung stehen. Dieser liegt insbes. bei der Bereitstellung (Zurverfügungstellung) der für die Erstellung der Grafiken oder der für die Ermittlung der Ergebnisse erforderlichen Hard- und/oder Software vor. Technische Dienstleistungen können in den Bereichen Daten-, Informations- und Bildbe- bzw. -verarbeitung erbracht werden. Zusätzliche Quellenangaben für Wiederholungen oder Zeitlupeneinspielungen sind unzulässig. Es gelten die Gestaltungsvorgaben (Position, Dauer, Größe) der EBU-Richtlinien in der jeweils gültigen Fassung. Auf fremdproduzierte Signale, auf die der ausstrahlende Rundfunkveranstalter keinen Einfluss hat, finden diese einschränkenden Regelungen keine Anwendung."

C. Person des Sponsors

I. Rechtsform des Sponsors

11 Sponsor kann jede natürliche oder juristische Person oder eine Personenvereinigung sein. Es kann sich sowohl um juristische Personen des Privat- wie des öffentlichen Rechts handeln. Unter Personenvereinigung ist regelmäßig ein Zusammenschluss privater Personen zB in Form einer Gesellschaft bürgerlichen Rechts oder einer offenen Handelsgesellschaft zu verstehen (Castendyk ZUM 2005, 857 (860)).

II. Verbot der Produktionsbeteiligung

12 Der Sponsor darf jedoch nicht gem. § 2 Abs. 2 Nr. 9 RStV an Rundfunktätigkeiten oder an der Produktion audiovisueller Werke beteiligt sein. Die Vorschrift schließt aber nur die Mitwirkung an der konkret geförderten Sendung aus.

12.1 Das ergibt sich bereits aus der Regierungsbegründung zum RStV 1991 (Bay. Landtag Drs. 12/3026, 42), wonach ein Sponsoring gestattet ist, „soweit diese Person oder Personenvereinigung nicht selbst an der Produktion beteiligt ist"; vgl. auch BLR RStV § 8 Rn. 5; Gersdorf, Rn. 278.

13 Mit der gesetzlich vorgegebenen Einschränkung des Sponsorenkreises soll der Eindruck und der Umstand vermieden werden, dass der Sponsor inhaltlichen Einfluss auf die gesponserte Sendung genommen hat. An der Produktion beteiligt iSd Bestimmung sind demnach alle Personen, die inhaltlich Einfluss nehmen können (vgl. Hahn/Vesting/Schulz RStV § 2 Rn. 134; Prasch, Die Werbung im Fernsehen, 2005, 122 f.). Die an der Produktion Beteiligten können im Abspann der Produktion genannt werden, aber nicht als Sendungssponsor mit Widmungshinweis auftreten.

13.1 HRKDSC vertreten hingegen die Auffassung, es könne auch ein Beteiligter an der Produktion Sendungssponsor sein, wenn es sich um keinen „so wesentlichen Beitrag zur Produktion" handele, „dass ohne diesen Beitrag die Produktion nicht zustande gekommen wäre" (HRKDSC RStV § 8 Rn. 21). Abgesehen davon, dass damit unklar bleibt, wo die Grenze zu ziehen ist (zB: absoluter oder relativer Wert der Finanzierung, objektive oder subjektive Kriterien für die „Wesentlichkeit"), widerspricht dies gerade der Transparenzfunktion und dem Schutz der redaktionellen Unabhängigkeit: Der Rezipient erfährt mangels eines Hinweises nichts von der Beteiligung an der Produktion und kann deshalb eine mögliche Einwirkung des Sendungssponsors auf die Inhalte der Sendung als (Co-)Produzent nicht erkennen.

III. Verbot der Produktplatzierung

14 Das Sponsoring einer Sendung, die Produktplatzierung („Product Placement") enthält, ist zwar möglich – aber nur, wenn der Sponsor nicht zugleich Produktplatzierung vorgenommen hat. Das ergibt sich aus dem Transparenzgebot: Der Sponsorhinweis gem. § 8 Abs. 1 S. 1 klärt den Rezipienten über das Sponsoring auf und macht den Sponsor erkennbar. Die Kennzeichnung von Produktplatzierungen nach § 7 Abs. 7 S. 3–5 RStV sieht nur einen allgemeinen Hinweis vor (→ § 7 Rn. 30). Der Rezipient erfährt weder, wann konkret in der Sendung eine Produktplatzierung erfolgt noch, wer diese veranlasst hat. Ließe man für einen

Sendungssponsor zugleich Produktplatzierungen zu, könnte der Sponsor – freilich unter Berücksichtigung der redaktionellen Verantwortung und Unabhängigkeit gem. § 7 Abs. 7 S. 1 Nr. 1 RStV – zwei Formen kommerzieller Kommunikation geschickt vermischen: Das Sponsoring gestattet die Nennung des Sponsors und die Produktplatzierung die Präsentation von Produkten des Sponsors im Rahmen der Sendung. Diese Vermengung von Sponsoring und Produktplatzierung bleibt für den Rezipienten unauflösbar (NK-BayMG BayMG Art. 9 Rn. 29).

Das ist streitig. Die hier dargestellte Auffassung vertritt etwa auch Petersen § 15 Rn. 22 f. **14.1**
Anderer Ansicht sind NK-MedienR/Goldbeck 28. Abschnitt Rn. 301 und HRKDSC RStV § 8 Rn. 41a, letztere allerdings ohne nähere Begründung.

D. Sponsoring-Beitrag

Das Sponsoring einer Sendung kann „direkt oder indirekt" (§ 2 Abs. 2 Nr. 9 RStV) **15** durch jeden Beitrag erfolgen. Auf die Höhe des Beitrags kommt es nicht an. Der Beitrag darf allerdings nicht die redaktionelle Verantwortung und die Unabhängigkeit des Rundfunkanbieters beinträchtigen (→ Rn. 47). Der Sponsor darf eine Sendung auch dann sponsern, wenn diese bereits vollständig refinanziert ist (NK-BayMG BayMG Art. 9 Rn. 33).
Direkte Finanzierung ist die unmittelbare finanzielle Zuwendung. **Indirekte Finan-** **16** **zierung** ist eine geldwerte Unterstützungen iSd Erbringung von Dienstleistungen (etwa die Übernahme administrativer Aufgaben, Bereitstellung von Mitarbeitern, sog. Secondments) oder Sachleistungen (zB Ausrüstung mit Produkten). Werden Waren oder Dienstleistungen des Sponsors im Bild dargestellt, handelt es sich um Produktplatzierung, die allerdings dem Sponsor untersagt ist (→ Rn. 14).
Kein Sponsoring, sondern Produktplatzierung stellen wegen § 44 S. 1 Nr. 2 RStV **Sach-** **17** **spenden für Gewinnspiele** dar, wenn diese in der Sendung gezeigt werden.

Anders sieht dies offenbar NK-MedienR/Goldbeck 28. Abschnitt Rn. 303, der meint, dass der **17.1** Sendungssponsor auch Gewinne bereitstellen darf. Das ist jedoch auch deshalb nicht möglich, da der Sendungssponsor nicht zugleich Produkte platzieren darf (→ Rn. 14, ebenfalls entgegen Goldbeck).

Eine Sonderrolle nehmen sog. **Ausstatterhinweise** ein. Hierbei handelt es ich um Sach- **18** zuwendungen, die keinen Namen, keine Marke oder sonstige Zuordnungsmöglichkeit erkennen lassen. Dies gilt bspw. für die Überlassung von Moderatorenkleidung. Diese Sachzuwendungen werden durch so genannte Ausstatterhinweise am Ende von Sendungen gekennzeichnet. Ausstatterhinweise dürfen wie der Sponsorhinweis neben oder anstelle der Nennung des Sponsors auch die Nennung eines Firmenemblems, Produktnamens oder einer Marke enthalten. Gem. Ziffer 12 Abs. 1 WerbeRL Fernsehen stellt der Ausstatterhinweis in privaten Rundfunkangeboten keine Werbung dar, wenn dieser wie ein Sponsorenhinweis gestaltet ist.

Ziffer 12 Abs. 1 WerbeRL Fernsehen lautet: **18.1**
„Ausstatterhinweise sind am Ende von Sendungen zulässig. Sie werden nicht als Werbung behandelt, sofern sie wie Sponsorhinweise gem. Ziffer 7 Absatz 3 Nr. 2 dieser Richtlinie gestaltet sind.
Darüber hinausgehende Hinweise sind wie Werbung zu behandeln."

E. Zulässige Formen des Sponsorings

I. Sendungssponsoring

Das Sendungssponsoring ist die „klassische" Form des Sponsorings. Gesponsert werden **19** kann jede Ausstrahlung einer Sendung, also eine aufgezeichnete Sendung ebenso wie eine Livesendung, eine Fremdproduktion oder eine Eigen- oder Auftragsproduktion des Anbieters. Gesponsert werden können grds. alle Arten von Sendungen außer Nachrichtensendungen und Sendungen zur politischen Information (→ Rn. 52). Gesponsert werden können daher auch – unter bestimmten Voraussetzungen (→ Rn. 29) – Kurzsendungen wie zB der Wetterbericht.

RStV § 8   II. Rundfunk und presseähnliche Telemedien

19.1   Dementsprechend legt Ziffer 7 Abs. 2 S. 1 der WerbeRL Fernsehen bzw. Hörfunk für private Anbieter fest:
„Abs. 1 gilt auch für Kurzsendungen wie z. B. Wetterberichte."

II. Titelsponsoring

20   Das Titelsponsoring ist eine Unterform des Sendungssponsorings. Der Sponsor tritt dabei bereits im Titel der Sendung auf. Das ist zulässig. Der Titelgeber darf in der Sendung aber nicht werblich erwähnt werden oder Einfluss auf den Inhalt der Sendung nehmen (so auch Petersen § 15 Rn. 21). Zulässig ist hingegen die neutrale, weil nicht kommentierte Einblendung eines Logos des Sponsors im Rahmen der Sendung, wie das beim Logosponsoring geschieht (vgl. Volpers/Bernhard/Schnier, Public Relations und werbliche Erscheinungsformen im Fernsehen, 2008, 94).

III. Produktionssponsoring

21   Das Sponsoring einer Rundfunkproduktion – etwa einer Eigen- oder Auftragsproduktion eines Rundfunkanbieters – ist als Sendungssponsoring zulässig (vgl. NK-BayMG BayMG Art. 9 Rn. 40 ff.; im Ergebnis auch HRKDSC RStV § 8 Rn. 21). Vereinbart der Produzent mit dem Sponsor dagegen die Unterstützung einer Kinofilmproduktion, die erst im Rahmen einer Zweitverwertung im Rundfunk gesendet wird, handelt es sich nicht um ein Sendungssponsoring gem. § 8 RStV.

21.1   Es gibt im Gesetz und in den amtlichen Begründungen keinen Ansatz dafür, dass der Gesetzgeber zwischen Rundfunk-Sendung und Rundfunk-Produktion inhaltlich unterscheiden wollte. Vor dem 4. RÄndStV war noch von der Finanzierung einer „Produktion" die Rede und es gibt keinen Anhaltspunkt in der amtlichen Begründung, dass mit der Verwendung des Wortes „Sendung" eine inhaltliche Änderung einhergehen sollte. Ganz im Gegenteil: Die Liberalisierung des Sponsorings im Rundfunkstaatsvertrag 1991 sollte auch einen Beitrag zur Förderung aufwändiger Produktionen sein (HRKDSC RStV § 8 Rn. 8a).

22   Die Zulieferung von Produktionsteilen durch den Sendungssponsor ist hingegen schon wegen des Gebots der redaktionellen Unabhängigkeit (→ Rn. 47) nicht zulässig. Auch stellt dies einen Verstoß gegen das Transparenzgebot dar, da der Rezipient keine inhaltliche Beteiligung des Sponsors an der Produktion erwartet, die zudem nicht kenntlich gemacht wird.

F. Verlags TV

23   Bei Sendungen wie „stern tv" oder „Spiegel TV" handelt es sich schon wegen der inhaltlichen Gestaltung der Sendung durch den Titelgeber nicht um eine Form des Sponsorings iSd § 8 RStV. Die WerbeRL Fernsehen nennen in Ziffer 13 Abs. 2 für private Anbieter die Voraussetzungen, unter denen Verlagsfernsehsendungen nicht als Werbung zu qualifizieren sind.

23.1   Ziffer 13 Abs. 2 WerbeRL Fernsehen lautet:
„Verlags TV-Sendungen gelten unter den nachfolgenden Voraussetzungen nicht als Werbung:
1. Verlags TV-Sendungen dürfen durch ihren Inhalt und ihre Gestaltung nicht einen direkten Hinweis auf die nächste bzw. aktuelle Ausgabe des Printproduktes enthalten.
2. Bei der Erwähnung des Verlages oder des Printproduktes in der Sendung dürfen keine werblichen Effekte in den Vordergrund rücken.
3. Bei den Printprodukten handelt es sich nicht um Begleitmaterialien iSd § 45 Abs. 2 und der Ziffer 9 dieser Richtlinie, auf die in den Verlags TVSendungen hingewiesen werden darf."

G. Eventsponsoring

24   Beim Event- oder Ereignissponsoring wird ein gesponsertes Ereignis (zumeist eine Sportveranstaltung) im Rundfunk übertragen. Die Sponsorleistung wird dabei gegenüber dem Veranstalter des Ereignisses und nicht gegenüber dem Rundfunkanbieter erbracht. Diese Art des Sponsorings wird ebenfalls nicht von § 8 RStV erfasst. § 8 RStV gilt auch nicht entsprechend (BGH ZUM 1993, 92 = GRUR 1992, 518 – Agfa). Eine Form des Eventsponsorings ist auch das Mitveranstalter-Sponsoring – wenn also der Anbieter als (Mit-)Veranstalter eines Ereignisses auftritt.

Hebt der Rundfunkanbieter Produkte oder Dienstleitungen des Eventsponsors in der Sendung aktiv hervor, kann das entweder (zulässige) Produktplatzierung oder unzulässige Schleichwerbung sein. Unzulässig sind Vereinbarungen zwischen Rundfunkanbieter und Eventsponsor, die letzterem eine gewisse Präsenz in der Sendung zusichern (→ Rn. 48). **25**

Der Eventsponsor kann zugleich Sponsor der Sendung sein, die die von ihm gesponserte Veranstaltung zeigt (vgl. auch Hahn/Vesting/Brinkmann RStV § 8 Rn. 12; Henning-Bodewig AfP 1991, 487 (492)), solange die Sponsoringaktivität am Veranstaltungsort keine Umgehung der Werbebestimmungen darstellt. **26**

So hat etwa das VG Berlin die vielfache werbliche Präsentation von Veranstaltungssponsoren in einer Sendung als unzulässig angesehen (ZUM-RD 2009, 292 zur „WOK-WM"; vgl. auch OVG Rheinland-Pfalz ZUM 2009, 507 zu einer „Promi-Oster-Show"). Einen großzügigen Maßstab legte hingegen das VG München bei der Sendung „PartyPoker Football & Poker Legends Cup" an (ZUM 2009, 690), bestätigt durch BayVGH (BeckRS 2011, 46509). **26.1**

Insbesondere bei Sportveranstaltungen wird es regelmäßig zulässig sein, wenn der Ausrichter der Veranstaltung auch Sponsor der Fernsehübertragung sein möchte, vor allem wenn die Veranstaltung auch ohne Rundfunkberichterstattung stattfinden würde (HRKDSC RStV § 8 Rn. 20). Wenn in der Sportübertragung dann der Name des Sendungssponsors auf Banden, Trikots oder sonstigen Ausstattungsgegenständen zu sehen ist, so ist dies hinzunehmen. Solange der Sponsor vom Rundfunkanbieter nicht noch zusätzlich herausgestellt wird (z. B. durch gezielte Kameraführung) (BLR RStV § 8 Rn. 7) oder sich selbst als Eventsponsor werblich besonders aufdrängt (zB durch allgegenwärtige Firmenembleme bei der lokalen Veranstaltung), liegt kein Verstoß gegen § 8 Abs. 3 RStV (→ Rn. 49) vor (Harte-Bavendamm/Henning-Bodewig UWG § 4 Nr. 3 Rn. 64). **27**

Wird die Veranstaltung „nur zum Zweck der Sendung" durchgeführt, um dem „Ereignis-Sponsor einen Platz in der Fernsehübertragung zu sichern und ihn damit optisch zu präsentieren" (Harte-Bavendamm/Henning-Bodewig UWG § 4 Nr. 3 Rn. 64), liegt jedoch ein Verstoß gegen § 8 Abs. 3 RStV (→ Rn. 49) vor (VG Berlin ZUM-RD 2009, 292 zur „WOK-WM"). Im Übrigen läge darin auch ein Verstoß gegen das Gebot der Trennung von Werbung und Programm nach § 7 Abs. 3 S. 2 RStV (→ § 7 Rn. 11), so auch HRKDSC RStV § 8 Rn. 20. **28**

H. Unzulässige Formen des Sponsorings

I. Rubrikensponsoring

Beim Rubrikensponsoring präsentiert der Sponsor eine regelmäßige Rubrik einer Sendung. Sponsoring ist jedoch nicht – zumal es anders als für Werbung hierfür keine zeitlichen Grenzen gibt – unbeschränkt und kleinstteilig möglich (NK-BayMG BayMG Art. 9 Rn. 36 ff.). Die offenbar von Landesmedienanstalten hingenommene Praxis der Anbieter kann die Zulässigkeit von Rubrikensponsoring nicht begründen. Wenn § 8 Abs. 1 S. 1 RStV gestattet, dass Sendungen auch „teilweise" gesponsert werden, ist dies nur wirtschaftlich und nicht als „Teil einer Sendung" gemeint. Art. 10 AVMD-RL enthält diese – rein sprachliche – Klarstellung wie im RStV nicht und sieht insbes. auch nicht vor, dass einzelne Sendungsinhalte gesponsert werden können. Nach der AVMD-RL können nur audiovisuelle Mediendienste oder Sendungen im Ganzen gesponsert werden. Rubrikensponsoring ist somit nur dann gestattet, wenn die Rubrik eine eigene, abgegrenzte Kurzsendung wie etwa ein von der Nachrichten- oder Magazinsendung abgesetzter Wetterbericht ist (→ Rn. 19). **29**

Anderer Auffassung ist allerdings NK-MedienR/Goldbeck 28. Abschnitt Rn. 313. HRKDSC meinen, das Sponsoring eines Sendeteils sei dann zulässig, wenn „eine äußere Abgrenzung durch An- und Absage oder eine andere Form einer inhaltlich begründeten Trennung" vorliegt. Das Sponsern der täglichen Uhrzeit sei jedoch unzulässig (HRKDSC RStV § 8 Rn. 26). Die Werbe- und Sponso- **29.1** ringrichtlinien der Schweiz schließen ein Rubrikensponsoring sogar ausdrücklich aus und sehen lediglich eine Ausnahme für Radioveranstalter aufgrund deren „speziellen Sendestruktur" vor (Werbe- und Sponsoringrichtlinien für Radio und Fernsehen, Bundesamt für Kommunikation BAKOM, http://www.bakom.admin.ch/themen/radio_tv/00516/02351/03493/index.html?lang=de; abgerufen am 22.8.2013).

II. Themenplatzierung

30   Themenplatzierung ist vom Themensponsoring zu unterscheiden: Beim Themensponsoring ist das Ziel des Sponsors, dass der Rundfunkanbieter ein Thema aufgreift und zu einer insgesamt unterstützten Sendung (zB eine Brauerei unterstützt eine Sendung über Bier) oder sogar Serie (z. B. hat der Heimwerkermarkt OBI auf dem Fernsehsender SAT.1 eine Serie über „Tipps und Trends aus Heim und Handwerk" unterstützt, vgl. Prasch, Die Werbung im Fernsehen, 2005, 105) verarbeitet. Diese Form des Themensponsoring stellt – innerhalb der Grenzen des § 8 Abs. 3 RStV (→ Rn. 49) – eine zulässige Form des Sponsorings dar (Prasch, Die Werbung im Fernsehen, 2005, 109).

31   Themenplatzierung ist hingegen immer unzulässig. Das ist die im Interesse und Auftrag eines Dritten gegen eine Gegenleistung erfolgende, zielgerichtete Implementierung von handlungsbestimmenden Themen in den Verlauf eines Fernsehprogramms (Bülow CR 1999, 105 (106); Prasch, Die Werbung im Fernsehen, 2005, 102) oder auch die zielgerichtete Produktion einer Sendung zu einem gewünschten Thema. Für den Rezipienten stellt sich dies nicht als Werbemaßnahme dar; der „Sponsor" wird für den Rezipienten nicht erkennbar. Wegen Verstoßes gegen das Trennungsverbot ist die Themenplatzierung in jedem Fall unzulässig. Dies ist mit dem 13. RÄndStV auch ausdrücklich in § 7 Abs. 7 S. 1 RStV geregelt (→ § 7 Rn. 28).

III. Blocksponsoring

32   Unzulässig kann auch das Sponsoring kurzer einzelner Sendungen sein, die aufeinander folgen („Blocksponsoring"). So stellt etwa ein im Rahmen einer werktäglichen Fernsehserie ausgestrahlten Rückblick auf die Vortagsfolge von ca. 1 ½ Minuten Dauer keine selbständige Rundfunksendung dar. Das OVG Lüneburg (ZUM-RD 1999, 404) entschied zur Ausstrahlung eines Werbeblocks, dass der Rückblick keine „Sendung" sei. Das lässt sich ohne weiteres auch auf das Sponsoring übertragen. Zulässig ist aber, mehrere aufeinander folgende Sendungen jeweils einzeln zu sponsern.

IV. Kanaltitel-Sponsoring

33   Ein Kanaltitel-Sponsoring, also das Sponsoring eines Rundfunkprogramms gem. § 2 Abs. 2 Nr. 1 RStV, lässt der RStV nicht zu. Selbst wenn man entgegen § 2 Abs. 2 Nr. 9 RStV als Programmsponsoring das Sponsoring jeder einzelnen Sendung ansehen wollte, bleibt die § 8 RStV genügende Umsetzung des Sponsorings völlig unklar. Ein gesponserter Kanal dürfte daher zB wegen § 8 Abs. 6 RStV keine Nachrichtensendungen oder Sendungen zur politischen Information beinhalten (→ Rn. 52). Auf den Sponsor dürfte nur in vertretbarer Kürze hingewiesen werden (→ Rn. 41), er darf nicht dauerhaft in der Kanalbezeichnung auf dem Bildschirm erkennbar sein.

I. Sonderregelungen für den öffentlich-rechtlichen Rundfunk

34   Der 15. RÄndStV schränkt seit 1.1.2013 die Sponsormöglichkeit öffentlich-rechtlicher Sendungen ein: Gem. § 16 Abs. 6 RStV findet dort Sponsoring nach 20.00 Uhr sowie an Sonntagen und im ganzen Bundesgebiet anerkannten Feiertagen im Fernsehen nicht mehr statt. Dies gilt allerdings nicht für das Sponsoring der Übertragung von Großereignissen nach § 4 Abs. 2 RStV.

J. Sponsorhinweis (Abs. 1)

§ 8 Abs. 1 RStV schreibt einen Sponsorhinweis vor. Er hat Transparenz- und Warnfunktion, um das im Rundfunk allgemein und im Sponsoring besonders geltende Beeinflussungsverbot abzusichern (Castendyk ZUM 2005, 857 (864)). 35

I. Gestaltung des Sponsorhinweises

Als Sponsorhinweis darf gem. § 8 Abs. 1 S. 2 RStV neben oder anstelle des Namens des Sponsors auch dessen Firmenemblem oder eine Marke, ein anderes Symbol des Sponsors, ein Hinweis auf seine Produkte oder Dienstleistungen oder ein entsprechendes unterscheidungskräftiges Zeichen eingeblendet werden. Symbol iSv § 8 Abs. 1 S. 2 RStV ist etwa das grüne Schiff der Beck's Brauerei oder die Figur des Meister Propper (HRKDSC RStV § 8 Rn. 34). Auch die Einblendung des Produktes ist zulässig (NK-BayMG BayMG Art. 9 Rn. 65; HRKDSC RStV § 8 Rn. 34). 36

Es gibt keine vorgeschriebene Formulierung für die Kenntlichmachung des Sponsorings. Üblich zur Kennzeichnung des Sponsorings sind Formulierungen wie „(...) wird Ihnen präsentiert von (...)" oder „(...) erfolgt mit Unterstützung von (...)". Allerdings müssen die gewählten Worte für den Verkehr eindeutig und unmissverständlich darauf hinweisen, dass die Sendung unter finanzieller Unterstützung des jeweils genannten Unternehmens gesendet wird (OLG Frankfurt a. M., GRUR 1995, 500 (502); HRKDCS RStV § 8 Rn. 33.). 37

Der Sponsorhinweis im Fernsehen kann in Form eines Standbildes oder eines Bewegtbildes erfolgen. Ein gesprochener Sponsorhinweis genügt lediglich im Hörfunk. Gem. Ziffer 7 Abs. 4 WerbeRLen Fernsehen/Hörfunk muss der Sponsorhinweis privater Anbieter einen eindeutigen Bezug zur gesponserten Sendung herstellen und darf im Fernsehen außer eines imageprägenden Slogans keine zusätzlichen werblichen Aussagen zu Sponsor, Produkt oder Marken enthalten. In der Verwendung von Formulierungen wie „Viel Spaß mit" oder „Guten Appetit mit (...)" liegt noch keine Verstärkung der Selbstdarstellung des Sponsors (Ladeur, Das Werberecht der elektronischen Medien – Internet – Telefon – Rundfunk, 2004, Rn. 354). S. auch → Rn. 49. 38

> Ziffer 7 Abs. 4 WerbeRL Fernsehen lautet: 38.1
> „Der Sponsorhinweis muss einen eindeutigen Bezug zur gesponserten Sendung herstellen und darf außer einem imageprägenden Slogan keine zusätzlichen werblichen Aussagen zu Sponsor, Produkten oder Marken beinhalten."
> Ziffer 7 Abs. 4 WerbeRL Hörfunk lautet:
> „Der Sponsorhinweis muss einen eindeutigen Bezug zur gesponserten Sendung herstellen."
> Ziffer 12.3 ARD-WerbeRL/ZDF-WerbeRL verweisen lediglich in S. 3 auf das Verbot von Schleichwerbung. 38.2

Aus der Präzisierung in Ziffer 7 Abs. 4 WerbeRL Fernsehen lässt sich entnehmen, dass nicht jedes Bewegtbild Bestandteil eines Sponsoringhinweises sein kann. Unzulässig ist es, einen Werbefilm des Sponsors oder dem Publikum bekannte Bestandteile daraus auszustrahlen und dies mit dem Sponsorhinweis zu verknüpfen. Denn Werbung und Sponsoring müssen unterscheidbar bleiben (s. Begr. zum 1. RÄndStV 1994 Bay Landtag Drs. 12/14966, 7; OLG Frankfurt a. M., GRUR 1995, 500 (502); Ladeur, Das Werberecht der elektronischen Medien – Internet – Telefon – Rundfunk, 2004, Rn. 354). 39

Der Hinweis muss in „vertretbarer Kürze" erfolgen. Der Hinweis auf den Sponsor darf demnach nur den Zeitraum beanspruchen, der erforderlich ist, damit der Rezipient den Hinweis auf die Fremdfinanzierung durch den Sponsor deutlich wahrnimmt. 40

> So lautet auch Ziffer 7 Abs. 3 Nr. 1 WerbeRLen Fernsehen/Hörfunk. Die ARD- und ZDF-WerbeRL enthalten keine vergleichbare Regelung, sondern begnügen sich in Ziffer 12.3 S. 1 mit einem Hinweis auf den Gesetzestext. 40.1

Eine genaue Zeitvorgabe für den Sponsorhinweis gibt es weder im Rundfunkstaatsvertrag noch in den Werberichtlinien. Eine Länge von etwa fünf Sekunden kann wohl jedenfalls als vertretbar kurz betrachtet werden. 41

41.1 BLR § 8 Rn. 14 halten auch eine Länge von 7 bis 10 Sekunden stets für vertretbar; Gersdorf Rn. 281, erwähnt, dass der Sponsorhinweis üblicherweise 7,5 Sekunden lang sei. NK-MedienR/ Goldbeck 28. Abschnitt Rn. 292 hält eine Dauer von bis zu sieben Sekunden für noch zulässig.

II. Platzierung des Sponsorhinweises

42 Der Sponsorhinweis muss jedenfalls zu Beginn **oder** am Ende der Sendung erfolgen. Hinweise sind am Anfang **und** am Ende einer Sendung sowie vor oder nach Werbeblöcken zulässig (NK-BayMG BayMG Art. 9 Rn 71 ff.). Das regelt für die privaten Anbieter ausdrücklich Ziffer 7 Abs. 5 Nr. 2 WerbeRL Fernsehen/Hörfunk. Eine vergleichbare Regelung zum Sponsorhinweis vor oder nach Werbeblöcken enthalten die ARD-WerbeRL/ZDF-WerbeRL nicht.

42.1 Ziffer 7 Abs. 5 Nr. 2 WerbeRL Fernsehen/Hörfunk lautet:
„1. Der Sponsorhinweis muss mindestens am Anfang oder am Ende der Sendung erfolgen.
2. Ein Hinweis auf den Sponsor innerhalb einer Sendung vor und nach jeder Werbeschaltung ist zulässig."

43 Bei Sportgroßereignissen wie Olympischen Spielen sind Sponsorhinweise nicht nur bei Unterbrechungen in der Übertragung, die in den Programmzeitschriften ausgewiesen sind, zulässig. Sie sind auch bei Pausen zwischen zB zwei Ski- oder Bobabfahrtsläufen möglich, wenn in der Pause abgegrenzte, eigenständige Beiträge gesendet werden und nicht nur zur Pausenfüllung weiter moderiert wird (vgl. auch HRKDSC RStV § 8 Rn. 26).

43.1 Diese Auslegung steht auch im Einklang mit der Auslegung des EuGH von Art. 17 Abs. 1 Buchst. c Fernseh-RL, welcher § 8 RStV zugrunde liegt. Der EuGH ging ebenfalls davon aus, dass der Wortlaut der Richtlinie nichts für die Annahme hergebe, dass die Nennung des Sponsors auf den Anfang oder das Ende beschränkt sei (ZUM 1997, 198 (201)). Art. 10 Abs. 1 Buchst. c AVMD-RL spricht ohnehin davon, dass der Hinweis „zum Beginn, während und/oder zum Ende der Sendung" erfolgen kann.

44 Die Hinweise müssen nicht identisch sein. Unterschiedliche Hinweise dürfen allerdings nicht irreführen, indem sie etwa den Eindruck erwecken, es habe mehrere unterschiedliche Sponsoren gegeben (NK-BayMG BayMG Art. 9 Rn. 72).

44.1 Nach der Auffassung von Ladeur (Rn. 354) muss der Hinweis schon identisch sein. Hahn/Vesting/Brinkmann RStV § 8 Rn. 18 hat diese Auffassung offenbar aufgegeben, da die bisherige Vorgabe, der Hinweis habe „unverändert" zu erfolgen, in der 3. Auflage entfallen ist.

45 Der Sponsorhinweis im Programm privater Anbieter muss gem. Ziffer 7 Abs. 4 WerbeRL Fernsehen/Hörfunk „einen eindeutigen Bezug zur gesponserten Sendung herstellen". Das geschieht in der Regel im Vor- oder Abspann (Vgl. auch NK-MedienR/Goldbeck 28. Abschnitt Rn. 289). Aber auch innerhalb der Sendung – zB im Rahmen einer An- oder Abmoderation (Harte-Bavendamm/Henning-Bodewig UWG § 4 Nr. 3 Rn. 61) – ist ein Sponsorhinweis zulässig.

46 Wird die Sendung wiederholt, ist auch der Sponsorhinweis erneut auszustrahlen (NK-BayMG BayMG Art. 9 Rn. 77 f.).

K. Beeinflussungsverbot (Abs. 2)

47 Der Sponsor darf gem. § 8 Abs. 2 RStV Inhalt und Programmplatz einer gesponserten Sendung nicht in der Weise beeinflussen, dass die Verantwortung und die redaktionelle Unabhängigkeit des Rundfunkanbieters beeinträchtigt werden. Dem Sponsor ist es daher nicht grds. versagt, auf die Platzierung der Sendung überhaupt Einfluss zu nehmen oder gemeinsam mit dem Anbieter den Ausstrahlungszeitpunkt festzulegen. Vielmehr muss durch die Mitwirkung bei der Auswahl des Programmplatzes kumulativ eine Beeinträchtigung der redaktionellen Verantwortung und Unabhängigkeit vorliegen. Das dürfte idR kaum der Fall sein, da der Programmplatz vielfach schon aus Jugendschutzgründen (§ 5 JMStV) eine Festlegung erfährt.

Die Wahrung der redaktionellen Unabhängigkeit wird allerdings schwierig in den Fällen **48** der „aufgezwungenen Sendungsinhalte", zB wenn der Eventsponsor (→ Rn. 24) oder Veranstalter eine fertige Produktion an den Rundfunkanbieter verkauft. Dann kann die redaktionelle Unabhängigkeit des Rundfunkanbieters – vor allem bei Live-Übertragungen – gefährdet sein. Handelt es sich um eine Veranstaltung, an der ein erhebliches öffentliches Interesse besteht, ist das ggf. hinzunehmen. Derartige Veranstaltungen sind ausschließlich Sportereignisse gem. § 4 Abs. 2 S. 1 RStV: Olympische Sommer- und Winterspiele, bei Fußball-Europa- und Weltmeisterschaften alle Spiele mit deutscher Beteiligung sowie unabhängig von einer deutschen Beteiligung das Eröffnungsspiel, die Halbfinalspiele und das Endspiel, die Halbfinalspiele und das Endspiel um den Vereinspokal des Deutschen Fußball-Bundes, Heim- und Auswärtsspiele der deutschen Fußballnationalmannschaft, Endspiele der europäischen Vereinsmeisterschaften im Fußball (Champions League, UEFA-Cup) bei deutscher Beteiligung (vgl. NK-BayMG BayMG Art. 9 Rn. 85).

L. Verbot von Kaufaufforderungen (Abs. 3)

Gesponserte Sendungen dürfen gem. § 8 Abs. 3 RStV „nicht zum Verkauf, zum Kauf **49** oder zur Miete oder Pacht von Erzeugnissen oder Dienstleistungen des Sponsors oder eines Dritten, vor allem durch entsprechende besondere Hinweise, anregen". Sponsoring soll für den Zuschauer kein Konsumanreiz schaffen. Diese Vorschrift meint dabei nicht die ohnehin anderweitig untersagte Schleichwerbung des Sponsors (→ Rn. 38, → § 7 Rn. 25) oder eine Produktplatzierung iSv § 7 Abs. 7 RStV (→ § 7 Rn. 29). Erfasst werden von § 8 Abs. 3 RStV vielmehr zusätzliche Hinweise auf den Sponsor in verbaler bzw. in non verbaler Form oder auch durch grafische Einblendungen (zur erlaubten Grafikeinblendung s. → Rn. 10) zu einzelnen Produkten des Sponsors innerhalb der gesponserten Sendung.

Ziffer 7 Abs. 7 WerbeRL Fernsehen legt für private Anbieter fest, dass in der Regel dann ein **49.1** Verstoß gegen § 8 Abs. 3 RStV vorliegt, „wenn in der Sendung Erzeugnisse oder Dienstleistungen vorgestellt, allgemein empfohlen oder sonst als vorzugswürdig herausgestellt werden, die der Sponsor anbietet".

M. Sponsoringverbote und -beschränkungen (Abs. 4–6)

I. Tabakindustrie (Abs. 4)

Sponsoring darf nicht von Unternehmen betrieben werden, deren Haupttätigkeit die **50** Herstellung von Zigaretten und anderen Tabakerzeugnissen oder deren Verkauf ist. Ist die Herstellung von Tabakwaren nur eine Nebentätigkeit, kann das Herstellerunternehmen unter seinem Namen Sendungen sponsern. Dabei darf es aber wegen § 21b Abs. 4 Vorl-TabakG – diese Bestimmung richtet sich anders als § 8 Abs. 4 RStV an den Sponsor und nicht an den Rundfunkanbieter – nicht die Marke oder den Produktnamen, der mit Tabakerzeugnissen verknüpft ist, in den Sponsorhinweis aufnehmen.

II. Arzneimittelindustrie (Abs. 5)

Verboten ist das Sponsoring für Arzneimittel oder medizinische Behandlungen, die nur **51** auf ärztliche Verordnung erhältlich sind. Imagesponsoring des Pharmaunternehmens ist hingegen zulässig. Wenn der Wortlaut der Vorschrift das Sponsoring für verschreibungspflichtige Arzneimittel und Behandlungen ausdrücklich verbietet, sind umgekehrt die nicht verschreibungspflichtigen Arzneimittel und Behandlungen von dem Werbeverbot nicht erfasst.

III. Nachrichten- und politische Sendungen (Abs. 6 S. 1)

Das Sponsoring von Nachrichtensendungen und Sendungen zur politischen Information **52** ist gem. § 8 Abs. 6 S. 1 RStV verboten. Bei diesen für die öffentliche Meinungsbildung wichtigen Sendungen soll von vornherein der Eindruck vermieden werden, dass ihre Unabhängigkeit und Objektivität durch einen Sponsor beeinträchtigt sein könnte (vgl. Begr. zu § 7 RStV 1991, Bay. Landtag Drs. 12/3026, 42 aE).

RStV § 8a II. Rundfunk und presseähnliche Telemedien

52.1 Zu den Nachrichtensendungen, die zumeist schon als solche benannt sind, gehören z. B. „Tagesschau", „Tagesthemen", „heute journal", „SAT.1 Nachrichten", „RTL Aktuell", „RTL II News", „n-tv Nachrichten". Sendungen zur politischen Information sind beispielsweise „Brennpunkt", „Panorama", „Bericht aus Berlin" und „Spiegel TV".

53 Überwiegt bei Sendungen der Unterhaltungscharakter gegenüber der politischen Information eindeutig (wie z. B. bei „Akte" oder „Die Reportage") wird man nicht mehr von einer Sendung zur politischen Information sprechen können, so dass Sponsoring grds. zulässig ist.

53.1 Diese Auffassung vertritt auch HRKDSC RStV § 8 Rn. 41). Eine weite Auslegung des Sponsoringverbotes propagiert hingegen Hahn/Vesting/Brinkmann RStV § 8 Rn. 27.

IV. Kinder- und religiöse Sendungen (Abs. 6 S. 2)

54 Nach § 8 Abs. 6 S. 2 RStV ist das Zeigen von Sponsorenlogos in Kindersendungen und Sendungen religiösen Inhalts untersagt. Der Begriff der „Sendung religiösen Inhalts" geht über das in § 7a Abs. 1 RStV geregelte Verbot, Gottesdienste durch Werbung oder Teleshopping-Spots zu unterbrechen, hinaus (→ § 7a Rn. 6 ff.). Mit „Sendungen religiösen Inhalts" sind wegen der zu § 42 Abs. 1 S. 1 RStV abweichenden Formulierung auch eigene Sendungen der Anbieter gemeint – zB die Übertragung einer Feier anlässlich eines hohen muslimischen Feiertages, auch wenn es sich hierbei nicht um einen „Gottesdienst" handelt. Dokumentarfilme dürfen jedoch gesponsert werden. Steht demnach die Information des Zusehers im Vordergrund, ist die Einblendung eines Sponsorhinweises zulässig. Geht es hingegen vorrangig um die authentische und unverfälschte Wiedergabe religiöser Momente, kommt § 8 Abs. 6 S. 2 RStV zum Tragen.

V. Sponsoring politischer, weltanschaulicher oder religiöser Art (Abs. 8)

55 Mit dem 13. RÄndStV wurde das Verbot des Sponsorings politischer, weltanschaulicher oder religiöser Art, das mit dem 4. RÄndStV gestrichen worden war, wieder aufgenommen. Hierzu wird auf die Kommentierung bei § 7 RStV hingewiesen (→ § 7 Rn. 34).

N. Rechtsfolgen bei Verstößen

56 Verstöße privater Rundfunkanbieter gegen die Sponsoringvorschriften stellen nach § 49 Abs. 1 S. 1 Nr. 13 (fehlender Sponsorhinweis) und 14 (Verstöße gegen § 8 Abs. 3–6 RStV) RStV Ordnungswidrigkeiten dar, die bußgeldbewehrt sind (s. hierzu im Einzelnen Bornemann, 183 ff.). Vergleichbare Vorschriften für öffentlich-rechtliche Anbieter gibt es nicht.

57 Verstöße gegen die Grundsätze des Sponsorings begründen regelmäßig auch wettbewerbsrechtliche Ansprüche wegen des Einsatzes unlauterer Wettbewerbshandlungen (Harte-Bavendamm/Henning-Bodewig UWG § 4 Nr. 3 Rn. 60; NK-MedienR/Goldbeck 28. Abschnitt Rn. 317; Schaub GRUR 2008, 955). Ein Verstoß gegen § 8 RStV stellt zugleich einen Verstoß gegen eine Marktverhaltensregelung gem. § 4 Nr. 11 UWG dar (Köhler/Bornkamm/Köhler UWG § 4 Rn. 3.7).Bei Verfahren zwischen Wettbewerbern oder zwischen einem Wettbewerber und einem Rundfunkanbieter oder zwischen Anbietern wegen Förderung fremden Wettbewerbs (BGH ZUM 1993, 92 = GRUR 1992, 518 – Agfa) ist regelmäßig der Zivilrechtsweg gegeben (BLR § 8 Rn. 24 und § 38 Rn. 22 f.).

§ 8a Gewinnspiele

(1) ¹Gewinnspielsendungen und Gewinnspiele sind zulässig. ²Sie unterliegen dem Gebot der Transparenz und des Teilnehmerschutzes. ³Sie dürfen nicht irreführen und den Interessen der Teilnehmer nicht schaden. ⁴Insbesondere ist im Programm über die Kosten der Teilnahme, die Teilnahmeberechtigung, die Spielgestaltung sowie über die Auflösung der gestellten Aufgabe zu informieren. ⁵Die Belange des Jugendschutzes sind zu wahren. ⁶Für die Teilnahme darf nur ein Entgelt bis zu 0,50 Euro verlangt werden; § 13 Satz 3 bleibt unberührt.

(2) Der Veranstalter hat der für die Aufsicht zuständigen Stelle auf Verlangen alle Unterlagen vorzulegen und Auskünfte zu erteilen, die zur Überprüfung der ordnungsgemäßen Durchführung der Gewinnspielsendungen und Gewinnspiele erforderlich sind.

(3) Die Absätze 1 und 2 gelten auch für Teleshoppingkanäle.

Abs. 1 S. 1 stellt klar, dass Gewinnspiele und Gewinnspielsendungen im Rundfunk zulässig sind (→ Rn. 1). Gem. § 58 Abs. 4 findet § 8a für Gewinnspielformate in Telemedien entsprechend Anwendung (→ Rn. 5). Der Glücksspielstaatsvertrag tritt hinter § 8a zurück – § 2 Abs. 6 GlüStV (→ Rn. 8). Nach Abs. 1 S. 2–5 sind die Regeln zur Transparenz (→ Rn. 10), zum Irreführungsverbot (→ Rn. 11), zum Teilnehmerschutz (→ Rn. 12) und zum Jugendschutz (→ Rn. 13–15) zu beachten. Abs. 1 S. 6 Hs. 1 gibt eine Höchstgrenze für das Entgelt zur Teilnahme i. H. v. 0,50 EUR vor (→ Rn. 16–21). Die Landesmedienanstalten müssen gem. § 46 S. 1 zur Konkretisierung insbes. zur Ahndungen von Verstößen und bzgl. der Teilnahme Minderjähriger Satzungen oder Richtlinien erlassen, während die öffentlich-rechtlichen Rundfunkanstalten gem. § 16a S. 1 Richtlinien zu erlassen haben (→ Rn. 5). Abs. 2 regelt die Aufsicht (→ Rn. 22–25) und gem. Abs. 3 erstreckt sich der Geltungsbereich auf Teleshoppingkanäle (→ Rn. 26). Ordnungswidrigkeiten bei Verstößen privater Anbieter werden nach § 49 Abs. 1 S. 2 Nr. 5 geahndet (→ Rn. 27).

Übersicht

	Rn		Rn
A. Allgemeines	1	4. Verbot der Irreführung	11
I. Entstehungsgeschichte	1	5. Teilnehmerinteressen	12
II. Bedeutung	4	6. Jugendschutz	13
III. Geltungsbereich	5	7. Entgelt für die Teilnahme	16
B. Regelungsgehalt	6	II. Aufsicht	22
I. Abs. 1	6	III. Teleshopping	26
1. Gewinnspiel/Gewinnspielsendung	6	IV. Ordnungswidrigkeiten	27
2. Gewinnspiel/Glücksspiel	8	**C. Ausblick**	28
3. Transparenz- und Informationsgebot	10		

A. Allgemeines

I. Entstehungsgeschichte

Mit dem **10. RÄndStV**, der zum 1.9.2008 in Kraft trat, wurde mit § 8a eine Bestimmung 1 über Gewinnspiele eingeführt. Der Auszug aus der **amtl. Begr.** lautet: „S. 1 stellt klar, dass Gewinnspielsendungen und Gewinnspiele im Fernsehen und im Hörfunk zulässig sind, wenn nur ein Entgelt von bis zu 0,50 EUR einschließlich gesetzlicher Mehrwertsteuer verlangt wird. Die Regelungen des Glücksspielstaatsvertrages der Länder bleiben unberührt. Gewinnspiele müssen ferner dem Gebot der Transparenz und des Teilnehmerschutzes entsprechen (S. 2). Die S. 3–6 enthalten die weiteren Anforderungen. Diese beziehen sich für Gewinnspielsendungen und Gewinnspiele auf die Transparenz und den Teilnehmerschutz, insbes. den Jugendschutz. Zu einer Konkretisierung dieser Bestimmungen müssen die Landesmedienanstalten gem. § 46 S. 1 für private Veranstalter Satzungen oder Richtlinien erlassen, die insbes. die Ahndung von Verstößen und die Bedingungen zur Teilnahme Minderjähriger näher bestimmen, d. h. regeln, wie die entgeltliche Teilnahme Minderjähriger bei bestimmten Gewinnspielen ausgeschlossen wird. Dementsprechende Richtlinien haben auch die öffentlich-rechtlichen Rundfunkanstalten zu erlassen (§ 16a S. 1). Allerdings dürfen öffentlich rechtliche Rundfunkanstalten aus Gewinnspielsendungen und Gewinnspielen keine Einnahmen erzielen. Dies stellt der Verweis auf § 13 Abs. 1 S. 3 in S. 6 Hs. 2 klar. Abs. 2 konkretisiert umfassend die Informationsrechte der zuständigen Stelle gegenüber den Veranstaltern von Gewinnspielsendungen und Gewinnspielen. Bei Verstößen privater Anbieter sieht § 49 Abs. 1 S. 2 Nr. 5 eine Bußgeldbewehrung bis zu 500.000 EUR vor. Ferner gilt über die Verweisung in § 58 Abs. 4 (Nr. 23 des 10. RÄndStV) § 8a auch im Bereich der Telemedien."

2   Mit dem **12. RÄndStV,** der zum 1.6.2009 in Kraft trat, wurde die Regelung auf Teleshopping erweitert. Auszug aus der **amtl. Begr.**: „Der neue § 8a Abs. 3 erklärt die Regelungen über Gewinnspiele auf Teleshoppingkanäle für anwendbar. Es erfolgt keine Änderung der materiellen Rechtslage. Die Regelung ist notwendig, da aufgrund der Neudefinition in § 2 Abs. 1 Teleshopping nunmehr dem Begriff „Rundfunk" unterfällt, nach § 1 Abs. 3 die Bestimmungen des 1. Abschn. aber nur gelten, wenn dies ausdrücklich bestimmt ist."

3   Mit der Einführung der Regelung des § 8a durch den 10. RÄndStV wird die Gleichbehandlung der öffentlichen Rundfunkanstalten und der privaten Anbieter durch Anwendung identischer Regeln sichergestellt. Gewinnspielsendungen wurden im öffentlichen Fernsehen und im privaten Fernsehen erstmals im Jahr 2000 auf RTL2 veranstaltet. Ab Mitte 2001 fanden diese auch auf dem damaligen Sender 9Live – der am 5.5.2011 den Sendebetrieb eingestellt hat – statt. Seit 2005 werden Gewinnspielsendungen auch im Hörfunk veranstaltet. Dem Bedürfnis nach einem Ordnungsrahmen kamen die Landesmedienanstalten erstmals mit dem Erlass der „Anwendungs- und Auslegungsregelungen der Landesmedienanstalten für die Aufsicht über Fernseh-Gewinnspiele (GewinnSpielReg)" im Oktober 2005 nach (in HRKDSC RStV § 8a Fn. 1). Diese gewährten jedoch keine ausreichende Rechtsgrundlage für Eingriffe in die gem. Art. 5 Abs. 1 S. 2 GG geschützte Tätigkeit der Rundfunkanbieter (vgl. HRKDSC RStV § 8a Rn. 1). Ziel war es daher eine gesetzliche Regelungsbefugnis und einen Ordnungswidrigkeitentatbestand zu schaffen, was mit dem 10. RÄndStV in Form des § 8a und § 49 Abs. 1 S. 2 Nr. 5 verwirklicht wurde. § 8a hat zum Ziel Teilnehmerschutz, Transparenz, Kostenbegrenzung und Jugendschutz zu regeln. Daneben gibt Abs. 2 den Landesmedienanstalten und der zuständigen Aufsicht des öffentlich-rechtlichen Rundfunks das Recht auf Erteilung von Informationen durch den Sender. Sodann wurde aufgrund der Ermächtigung gem. § 8a iVm § 46 Abs. 1 S. 1 und § 58 Abs. 4 von den Landesmedienanstalten eine Gewinnspielsatzung (GWS) „Satzung über Gewinnspielsendungen und Gewinnspiele" (GWS v. 17.12.2008 StAnz. Nr. 1/2009), die am 23.2.2009 in Kraft trat, erlassen (zur Befugnis der Landesmedienanstalten zum Satzungserlass ausführl., VGH München ZUM-RD 2010, 102; NK-BayMG Art. 9 Rn. 107 ff.). Zu dieser Gewinnspielsatzung wurden am 9.8.2011 die Anwendungs- und Auslegungsregeln zur GWS erlassen (GWS-AAR www.die-medienanstalten.de Rubrik: Service Rechtsgrundlagen).

II. Bedeutung

4   Nachdem der Streit zwischen den privaten Rundfunkanbietern und den Landesmedienanstalten im Jahr 2009 in Verwaltungs- und Ordnungswidrigkeitenverfahren mündete, wurde seitens des Senders 9Live ein Normenkontrollverfahren gegen die GWS angestrengt. Der VGH München (VGH München ZUM-RD 2010, 102) entschied am 28.10.2010, dass die Satzung insgesamt mit höherrangigem Recht vereinbar ist, einzelne Vorschriften (§§ 1 Abs. 1 S. 1 Hs. 2, 2 Nr. 1, 11 Abs. 5 GWS betreffend Telemedien, §§ 5 Abs. 2 S. 2, 12 Abs. 1 Nr. 5 GWS betreffend die Protokollierungspflichten, §§ 8, 9 Abs. 7 GWS betreffend den Verbraucherschutz) jedoch unwirksam seien, iÜ wurde der Normenkontrollantrag abgelehnt. Die gegen die Ablehnung des Antrags von 9Live eingelegte Revision beim BVerwG wurde aufgrund des mit der BLM geschlossenen Vergleichs v. 24.11.2010 zurückgenommen (www.die-medienanstalten.de Rubrik: Presse Archiv 2010 ZAK Mitteilung 17/2010). Damit hatte sich auch die Anschlussrevision der BLM erledigt. Die Entscheidung des VGH München ist jedoch nur in Bayern bindend. Ebenfalls durch öffentlich-rechtlichen Vertrag konnten die anhängigen Verwaltungs- und Ordnungswidrigkeitenverfahren zwischen der BLM und dem Anbieter Sport1 im Juni 2011 erledigt werden (www.die-medienanstalten.de Rubrik: Presse Archiv 2010 ZAK-Mitteilung 15/2011). Nach Abschluss des zweiten Vergleichs wurden am 9.8.2011 die GWS-AAR erlassen. Diese Regelungen entstanden unter Einbeziehung der privaten Rundfunkveranstalter im Anhörungsverfahren und sollen der Rechtsklarheit und -sicherheit für Anbieter von Gewinnspielsendungen dienen. Im Jahr

2012 wurden trotz der gemeinsam ausgearbeiteten Regelungen weitere Verstöße in Gewinnspielsendungen festgestellt (www.die-medienanstalten.de Rubrik: Presse Archiv 2012 ZAK-Mitteilung 21/2012). Die verwaltungsgerichtlichen Verfahren wurden durch Klagerücknahme erledigt, die Ordnungswidrigkeitenverfahren sind allerdings noch nicht abschließend gerichtlich geklärt.

III. Geltungsbereich

§ 8a gilt für den öffentlich-rechtlichen Rundfunk und die privaten Rundfunkveranstalter. 5
Für die privaten Rundfunkveranstalter müssen die **Landesmedienanstalten** gem. § 46 S. 1 Satzungen oder Richtlinien erlassen. Nach § 49 Abs. 1 S. 2 Nr. 5 können Ordnungswidrigkeiten nur verfolgt werden, sofern eine Zuwiderhandlung iS einer **Satzung** nach § 46 S. 1 iVm § 8a vorliegt. Der **öffentlich-rechtliche Rundfunk,** dem keine Satzungsbefugnis zusteht, muss gem. § 16a **Richtlinien** erlassen. Weiterhin gibt es bei Verstößen gegen Gewinnspielregelungen im öffentlich-rechtlichen Rundfunk keinen Bußgeldtatbestand. Gem. § 8a Abs. 1 S. 6 Hs. 2 bleibt § 13 Abs. 1 S. 3 unberührt, dh im **öffentlich-rechtlichen Rundfunk dürfen keine Einnahmen** aus dem Angebot von Telefonmehrwertdiensten **erzielt werden.** Zu diesen gehören auch diejenigen, die für die Durchführung von Gewinnspielen eingesetzt werden (vgl. Hahn/Vesting/Libertus RStV § 13 Rn. 138). Gem. § 58 Abs. 4 iVm § 2 Abs. 2 Nr. 13 gilt § 8a entsprechend, sofern es sich um **Gewinnspiele** in mit Rundfunk **vergleichbaren Telemedien** handelt, die sich an die Allgemeinheit richten. „Dazu zählen ebenfalls Internetportale, die redaktionelle Informations- und Unterhaltungsangebote für die Allgemeinheit bereitstellen" (BGH GRUR 2012, 193 (199); Bolay MMR 2009, 669 (673)).

B. Regelungsgehalt
I. Abs. 1
1. Gewinnspiel/Gewinnspielsendung

§ 8a Abs. 1 erfasst sog. Gewinnspiele und Gewinnspielsendungen. Bei einer **Gewinn-** 6
spielsendung (Call-In-Sendung) beteiligt sich der Fernseh- oder Radiorezipient aktiv an der Lösung von Rätseln, Preisfragen oder Wortspielen. Hierzu ruft er eine Mehrwertdienstrufnummer an, bei der gesprächsdauerunabhängig bis zu 0,50 EUR anfallen. Diese sog. „für den Massenverkehr zu bestimmten Zielen"-Nummer (MABEZ) hat der Gewinnspielanbieter bei einem Telekommunikationsdienstleister angemietet. Hierbei belaufen sich seine Einnahmen pro Anruf zwischen 0,30 EUR und 0,35 EUR (Spindler/Schuster/Holznagel/Jahn RStV § 8a Rn. 8; vgl. HRKDSC RStV § 8a Rn. 4). Die Teilnehmer müssen entweder eine Nachricht auf Anrufbeantworter hinterlassen und werden nach einer Zufallsauswahl zurückgerufen oder sie werden durch das im Fernsehen inzwischen etablierten „Hot-Button"-Verfahren direkt in das Studio durchgestellt, sofern sie den richtigen Einwahlzeitpunkt getroffen haben.

Das Gewinnspiel und die Gewinnspielsendung sind zu unterscheiden, § 2 Nr. 1 und 7
Nr. 2 GWS. Nach Nr. 1 ist ein **Gewinnspiel** ein **Bestandteil eines Rundfunkprogramms oder eines Telemedienangebots,** das den Nutzerinnen und Nutzern im Falle der Teilnahme die Möglichkeit auf den Erhalt eines Vermögenswertes, insbes. in Form von Geld, Waren und Dienstleistungen bietet. Gem. Nr. 2 ist eine **Gewinnspielsendung** ein inhaltlich zusammenhängender, nicht durch andere Programmelemente unterbrochener, zeitlich begrenzter Teil eines Rundfunkprogramms oder eines Telemedienangebots **von mehr als drei Minuten** Länge, einschließlich der Hinweise der §§ 10 und 11 GWS, bei dem die Durchführung eines oder mehrerer Gewinnspiele, insbes. unter Berücksichtigung des zeitlichen Umfangs dieser Spiele, den Schwerpunkt darstellt. Die Gewinnspielsendung zeichnet sich folglich durch die ununterbrochene Durchführung des Programms von mehr als drei Minuten aus. „So sind Gewinnspiele in der Regel „Beiwerk" zu redaktionellem Programm, während Gewinnspielsendungen als Programm sui generis den ausschließlichen Zweck haben, den Rundfunk-Rezipienten über eine längere Dauer Rätsel darzubieten, bei denen die Möglichkeit zur Teilnahme besteht; Gewinnspielsendungen können aus einem

Gewinnspiel oder mehreren hintereinander geschalteten Gewinnspielen bestehen" (Hahn/Vesting/Müller RStV § 8a Rn. 23).

2. Gewinnspiel/Glücksspiel

8   Anfang 2008 trat der Glücksspielstaatsvertrag und im Herbst 2008 der 10. RÄndStV in Kraft. Den Rundfunkreferenten war bewusst, dass es sich je nach Ausgestaltung des § 8a um verbotene Glücksspiele handeln könnte; dabei ging man bei dem Begriff Glücksspiel von dem strafrechtlichen Differenzierungsgesichtspunkten „Einsatz" und „Zufallsabhängigkeit" aus (vgl. Gummer ZUM 2011, 106 (107)). Das Bemühen der Glücksspielreferenten, in der Ministerpräsidentenkonferenz am 19.12.2007 eine Regelung in den GlüStV aufzunehmen, wonach der § 8a unberührt bleibe, führte nur dazu, dass ein Hinweis aufgenommen wurde, nach welchem der Glücksspielstaatsvertrag unberührt bleiben solle (Gummer ZUM 2011, 106 (107)). Unklar blieb deshalb, ob § 8a neben die Regelungen des Glücksspielstaatsvertrages oder an dessen Stelle treten sollte. Im gleichen Zug wurde mit dem 10. RÄndStV auch die Ermächtigungsgrundlage zum Satzungs- und Richtlinienerlass der Landesmedienanstalten nach § 46 zur Durchführung des § 8a geschaffen. Die aufgrund der Ermächtigung erlassene GWS wurde sodann ein einem Normenkontrollverfahren nach § 47 VwGO vom VGH München (→ Rn. 3) überprüft. In dieser Entscheidung traf der VGH München auch für das Verhältnis zwischen rundfunkrechtlichen Gewinnspielen und Glücksspielrecht entscheidende Feststellungen (VGH München ZUM-RD 2010, 102). Danach handelt es sich bei § 8a **nicht** um ein **Eingriffsgesetz** iSv Art. 5 Abs. 2 GG, **sondern** um ein **Ausgestaltungsgesetz der Rundfunkfreiheit** iSd Art. 5 Abs. 1 S. 2 GG (vgl. VGH München ZUM-RD 2010, 102 (106 f.); vgl. Gummer ZUM 2011, 106 (108); Stettner, Die Rspr. der Verfassungs- und Verwaltungsgerichte zum Bayerischen Medienrecht 2000–2010, Blm-e-Books Bd. 1, 2012, S. 66 ff. (70)). Anderer Ansicht ist Müller, der mit der Vorschrift des § 8a primär den Teilnehmer geschützt sieht (vgl. Hahn/Vesting/Müller RStV § 8a Rn. 14–21). Weiterhin stellte der VGH München fest, dass „die im Rundfunk veranstalteten Gewinnspiele, selbst wenn es sich wie bei den Call-In-Formaten um zufallsabhängige entgeltliche Spiele und damit je nach Einsatzhöhe um Glücksspiele handelt (...), keiner behördlichen Erlaubnis bedürfen, so dass die entsprechenden straf- und bußgeldrechtlichen Vorschriften (§ 284 StGB, Art. 9 Abs. 1 Nr. 1 AGGlüStV) keine Anwendung finden können" (VGH München ZUM-RD 2010, 102 (107)). Nach hM ist davon auszugehen, dass die Auslegung des Glücksspielbegriffs im GlüStV der Auslegung des herkömmlichen Glücksspielbegriffs des § 284 StBG entsprechen muss (vgl. Blaue ZUM 2011, 119; Fischer StGB 11. Aufl. § 284 Rn. 4; Bolay MMR 2009, 669 ff.). Jedenfalls ist nach § 284 StGB erforderlich, dass ein Einsatz iS einer „nicht ganz unbeträchtlichen" Vermögensleistung erbracht wird (Fischer StGB § 284 Rn. 5; BGH 34, 176). Sämtliche Ansichten sehen jedenfalls einen Spieleinsatz von 0,50 EUR als noch unterhalb der Erheblichkeitsschwelle an (vgl. Blaue ZUM 2011, 120). Folglich ist bei § 8a nicht nur die Veranstaltung von Geschicklichkeitsspielen, bei welchen der Spielausgang vom Wissen oder dem Können des Teilnehmers abhängt, sondern auch bei solchen Spielen, deren Erfolg überwiegend oder vollständig vom Zufall abhängt, sofern nicht mehr als 0,50 EUR verlangt wird, zulässig (vgl. NK-BayMG Art. 9 Rn. 117, vgl. VGH München ZUM-RD 2010, 102 (107); vgl. Bornemann, 175 f.).

9   In seiner Entscheidung v. 1.6.2011 war das BVerwG der Ansicht, dass Rundfunkgewinnspiele ebenso erlaubnispflichtig seien soweit diese als Rundfunkgewinnspiele nach § 3 Abs. 1 GlüStV aF als Glücksspiele einzuordnen seien (BVerwG MMR 2011, 843 (845)). Der BGH hingegen stellt in seiner Entscheidung vom 28.9.2011 klar, dass bei zufallsabhängigen Gewinnspielen nach § 8a kein Glücksspiel iSd § 3 Abs. 1 GlüStV aF vorliegt (vgl. BGH GRUR 2012, 193 (199); NK-BayMG Art. 9 Rn. 118). Vorgenannte Urteile befassten sich mit Glücksspielen im Internet und der Frage der unionsrechtlichen Inkohärenz des § 4 Abs. 4 GlüStV aF im Hinblick auf § 8a, der gem. § 58 Ab. 4 für Gewinnspiele in vergleichbaren Telemedien gilt. Mit dem Ersten **Glücksspieländerungsstaatsvertrag** v. 15.11.2011, der am 1.7.2012 in Kraft getreten ist, wurde gem. § 2 Abs. 6 GlüStV eingefügt, wonach **für Gewinnspiele im Rundfunk nur § 8a gilt.** Damit ist geklärt, dass für Gewinnspiele im Rundfunk nur § 8a und nicht der Glücksspielstaatsvertrag gilt und infolgedessen auch die Rundfunkaufsicht zuständig ist. Was Gewinnspiele in vergleichbaren Telemedien betrifft,

bleibt es ausweislich des Wortlauts und der Erl. zu § 2 GlüStV (BayLT-Drs. 16/11995, 21; Dietlein/Hecker/Ruttig GlüStV § 2 Rn. 30) bei der umfassenden Anwendbarkeit des GlüStV.

3. Transparenz- und Informationsgebot

Gem. § 8a Abs. 1 S. 2 Alt. 1 unterliegen Gewinnspiele und Gewinnspielsendungen dem Transparenzgebot. Insbes. ist gem. § 8a Abs. 1 S. 4 im Programm über die Kosten der Teilnahme, die Teilnahmeberechtigung, die Spielgestaltung sowie über die Auflösung der gestellten Aufgabe zu informieren (vgl. Hahn/Vesting/Müller RStV § 8a Rn. 25). Eine Regelung zum Transparenzgebot findet sich in § 5 GWS betreffend die Veröffentlichung der allgemein verständlichen Teilnahmebedingungen, die im Vorfeld vom Anbieter aufzustellen sind und ggf. bei Einsatz eines eingesetzten Auswahlverfahrens, die Pflicht zur Protokollierung der Parameter des Auswahlmechanismus. Zudem legt § 9 GWS fest, dass sich Spielgestaltung und Durchführung an den verbindlichen Teilnahmebedingungen orientieren müssen und die Lösung allgemein verständlich sein muss, insbes. mit Hilfe der technischen Ausstattung eines durchschnittlichen Haushalts (zu § 9 GWS Hahn/Vesting/Müller RStV § 8a Rn. 94–96). § 10 Abs. 1 und 2 GWS regelt allgemeine Gegenstände der Informationspflicht für alle Gewinnspielanbieter in Rundfunk und vergleichbaren Telemedien gegenüber den Nutzerinnen und Nutzern und § 11 GWS bestimmt die Modalitäten zur Erfüllung dieser Pflichten im Fernsehen (Abs. 1 für Gewinnspielsendungen, Abs. 2 für Einzelgewinnspiele) und im Hörfunk (Abs. 3 für Gewinnspielsendungen, Abs. 4 für Einzelgewinnspiele); gem. Abs. 6 wird die Informationspflicht für sog. unentgeltliche Gewinnspiele und Gewinnspielsendungen reduziert (Bornemann, 137; zu § 10, 11 GWS Hahn/Vesting/Müller RStV § 8a Rn. 99–107).

4. Verbot der Irreführung

Gem. § 8a Abs. 1 S. 3 Hs. 1 dürfen Gewinnspielsendungen und Gewinnspiele nicht irreführen. Nach dem Grundgedanken des UWG ist eine Angabe irreführend, wenn sie die Wirkung einer unzutreffenden Angabe ausübt, d. h. den von ihr angesprochenen Verkehrskreisen einen unrichtigen Eindruck vermittelt (BGH GRUR 1955, 37 (40)). Dabei reicht es aus, dass die Angabe zur Täuschung des Verkehrs und zur Beeinflussung seiner Entschließung geeignet ist. Nicht erforderlich ist, dass jemand tatsächlich in die Irre geführt wird (BGHG GRUR 1955, 37 (40); Spindler/Schuster/Holznagel/Jahn RStV § 8a Rn. 19; HRKDSC RStV § 8a Rn. 7). Konkretisiert wird das Irreführungsverbot in § 6 Abs. 1 GWS, wonach Aussagen jeglicher Art, die falsch, zur Irreführung geeignet oder widersprüchlich sind, insbes. über die Spieldauer, den Gewinn, die Lösungslogik der Aufgabe, die Anzahl der Nutzerinnen und der Nutzer, den Schwierigkeitsgrad eines Spiels sowie über die allgemeinen Teilnahmebedingungen und das Verfahren zur Auswahl der Nutzerrinnen und Nutzer, einschließlich der Möglichkeit, ausgewählt zu werden, unzulässig sind. Nach § 6 Abs. 1 S. 2 GWS ist die Vorspiegelung eines Zeitdrucks unzulässig. Da die Irreführung der neuralgische Punkt bei Gewinnspielsendungen und Gewinnspielen ist, finden sich hier sehr detaillierte Ausführungen in den GWS-AAR unter Punkt 6.1. (zu § 6 Abs. 1 GWS Hahn/Vesting/Müller RStV § 8a Rn. 83–86).

5. Teilnehmerinteressen

Gem. § 8a Abs. 1 S. 3 Hs. 2 dürfen Gewinnspielsendungen und Gewinnspiele den Interessen der Teilnehmer nicht **schaden.** Teilnehmerschutz ist wohl grds. ein umfassender Begriff, der das Transparenzgebot und das Irreführungsgebot sowie die Maßgabe den Teilnehmerinteressen nicht zu schaden, umfasst (vgl. NK-BayMG Art. 9 Rn. 123). § 8 GWS gibt etwa eine Regelung zum Teilnehmerschutz wieder, nämlich den Schutz der Teilnehmerinnen und Teilnehmer vor wiederholter Teilnahme. Danach darf nicht zur wiederholten Teilnahme aufgefordert werden (§ 8 Abs. 1 GSW) und auch keine besonderer Anreiz zur wiederholten Teilnahme geschaffen werden (§ 8 Abs. 2 GWS). Die Anwendung des § 8 GWS wirft jedoch Probleme auf, da diese Regelung zumindest seit dem Urteil des VGH München v. 28.10.2009 (vgl. VGH München ZUM-RD 2010, 102 (115)) für Bayern keine

Wirksamkeit entfaltet; kritAnm VGH München NK-BayMG Art. 9 Rn. 129–133). Der BGH indes hat in seiner Entscheidung hinsichtlich der Wirksamkeit des § 8 GWS keine Zweifel erhoben (vgl. BGH GRUR 2012, 193 (199)). Müller hält das Schadensverbot für unerheblich (vgl. Hahn/Vesting/Müller RStV § 8a Rn. 28). Dem Teilnehmerschutz dienen auch die Vorschriften der §§ 9 Abs. 7 u. 8 GWS, wonach der Zeitraum, in dem der Nutzer ausgewählt wird sowie die Höchstdauer einer Gewinnspielsendung von drei Stunden festgelegt wird. Diese Vorschriften wurden vom VGH München ebenfalls (vgl. VGH München ZUM-RD 2010, 102 (116)) für unwirksam erklärt.

6. Jugendschutz

13   Gem. § 8a Abs. 1 S. 5 sind die Belange des Jugendschutzes zu wahren. Aus der amtl. Begr. des 10. RÄndStV zu §§ 8a, 16a und 46 ist zu entnehmen, dass die Teilnahme Minderjähriger nicht gänzlich auszuschließen ist, sondern im Einzelfall zu prüfen ist, wie den Anforderungen des Jugendschutzes Rechnung zu tragen ist, d. h. insbes. ist zu prüfen inwieweit sie jugendbeeinträchtigend bzw. jugendgefährdend sind (vgl. HRKDSC RStV § 8a Rn. 9). Die Landesmedienanstalten haben die Bedingungen zur Teilnahme Minderjähriger gem. § 46 durch Satzungen und Richtlinien zu regeln. Die in der ARD zusammengeschlossenen Landesrundfunkanstalten und das ZDF und das Deutschlandradio erlassen gem. § 16f Richtlinien zur Durchführung des § 8a. Mit in Krafttreten des 10. RÄndStV fand sich die Regelung zum Richtlinienerlass für die öffentlich-rechtlichen Rundfunkanstalten in § 16a, seit dem 12. RÄndStV findet sich die Regelung in § 16 f.

14   Der **öffentlich-rechtliche Rundfunk** verweist in **Ziff. 11 Abs. 1 S. 4 ARD/ZDF Richtlinien** auf die allgemeinen Jugendschutzbestimmungen (vgl. Hahn/Vesting/Müller RStV § 8a Rn. 30, 146).

15   Für die **privaten Veranstalter** haben die Landesmedienanstalten die Regelung zum Jugendschutz in **§ 3 GWS** getroffen. Danach ist **Minderjährigen die Teilnahme an Gewinnspielsendungen nicht gestattet** und **unter 14 Jahren** auch **nicht die Teilnahme an (Einzel-) Gewinnspielen.** Insoweit dürfen auch keine Gewinne ausgeschüttet werden. „Die §§ 107 ff. BGB haben auf die Geltung der öffentlich-rechtlichen Jugendschutzbestimmungen einschließlich des Bußgeldtatbestandes keinen Einfluss. Die Berufung auf den sog. Taschengeldparagraphen rechtfertigt die Missachtung des Minderjährigenschutzes durch den Anbieter somit nicht. Im Gegenteil stellt das medienrechtliche Verbot ein Gesetz iSd § 134 BGB dar." (Bornemann, 126). Die Ausführungen in unter Punkt 3.1 GWS-AAR sehen vor, dass bei jedem durchgestellten Anrufer eine Kontrolle durchzuführen ist und der Moderator und/oder Redakteur keine Zweifel an der Volljährigkeit des Anrufers haben dürfen. Auch darf das Telefonat nicht weiter geführt werden, sofern konkrete Anhaltspunkte für die Minderjährigkeit bestehen (vgl. Bornemann, 126). Auf den Ausschluss von Minderjährigen ist nach Maßgabe des §§ 11 Abs. 1 Nr. 1 iVm 10 Abs. 1 S. 2 Nr. 2 und 3 GWS hinzuweisen. Weiter sieht § 3 Abs. 2 GWS vor, dass **besonders kinder- und jugendaffine Gewinnspielsendungen,** insbes. die Auslobung von Waren und Produkten als Gewinn, die vor allem auf Minderjährige einen großen Anreiz zur Teilnahme ausüben, sowie Gewinnfragen, die vor allem Kinder und Jugendliche ansprechen, **unzulässig** sind. Nicht unproblematisch ist, bei welchen Gewinnfragen es sich um solche handelt, die vor allem Kinder- und Jugendliche ansprechen, es muss daher erkennbar aus der Formulierung hervorgehen, dass sie sich die Gewinnspielfrage vorrangig an Kinder und Jugendliche richtet (vgl. HRKDSC RStV § 8a Rn. 9). Nach § 3 Abs. 3 GWS sind **auch Teilnahmeappelle,** die ausschließlich oder ausdrücklich auch an Minderjährige gerichtet sind und deren Unerfahrenheit und Leichtgläubigkeit ausnutzen, bei Gewinnspielen und Gewinnspielsendungen **unzulässig.** Die **Teilnahme ist Minderjährigen** jedoch **gestattet,** sofern die Angebote **unentgeltlich** sind, § 3 Abs. 4 GWS. Unentgeltlich sind nach § 2 Nr. 4 GWS Angebote, bei denen für die Nutzerinnen und Nutzer bei telefonischem Kontakt max. 0,14 EUR, für eine SMS max. 0,20 EUR, bei postalischem Kontakt die Kosten einer Postkarte pro Teilnehmer anfallen (vgl. Bornemann, 126 f.). Bei unentgeltlichen Gewinnspielen dürfen Gewinne an Minderjährige ausgeschüttet werden.

7. Entgelt für die Teilnahme

Gem. § 8a Abs. 1 S. 6 Hs. 1 darf nur ein Entgelt bis zu 0,50 EUR verlangt werden. Der 16
Verweis in § 8a Abs. 1 S. 6 Hs. 2 auf § 13 Abs. 1 S. 3 besagt, dass für den **öffentlich-rechtlichen Rundfunk** keine Einnahmen aus Telefonmehrwertdiensten erzielt werden dürfen. Im Gegenzug heißt das nicht, dass keine Kosten entstehen dürfen. Der öffentlich-rechtliche Rundfunk nutzt Sonderrufnummern, die anders tarifiert sind: Einschlägig ist hier die Rufnummerngasse 01371, die mit 0,14 EUR/Anruf aus dem deutschen Festnetz bespeist ist (Hahn/Vesting/Müller RStV § 8a Rn. 37). Anders ist dies im **privaten Rundfunk**, für welche Gewinnspielformate eine **Finanzierungsquelle** iSd § 43 darstellen.

Der Begriff **„Teilnahme"** ist in § 2 Nr. 3 GWS geregelt. Danach ist Teilnahme bereits 17
der Versuch einer Nutzerin oder eines Nutzers Kontakt zum Anbieter mittels eines geeigneten Kommunikationswegs im Hinblick auf den Erhalt einer Gewinnmöglichkeit aufzunehmen. Gemeint ist, dass ein einzelner Teilnehmer einen **einzelnen Teilnahme-Akt** (ein Anruf) von **nicht mehr als 0,50 EUR** aufwenden muss (vgl. Mitsch, Verfassungskonformität des Bußgeldtatbestandes in § 49 Abs. 1 S. 2 Nr. 5 des Rundfunkstaatsvertrages und Gesetzeskonformität der Bußgeldbestimmungen in § 13 der Gewinnspielsatzung der Landesmedienanstalten, Blm-e-Books Bd. 5, 2012, 71). Es ist damit folglich nicht die Mehrfachteilnahme desselben Anrufers oder die Teilnahme an mehreren Gewinnspielen innerhalb einer Gewinnspielsendung gemeint (vgl. Bornemann, 128). „Nur so ist es im Übrigen zu erklären, warum § 8 Abs. 1 GWS die Aufforderung zur wiederholten Teilnahme untersagt. Dieses Verbot wäre überflüssig, wenn schon die Ermöglichung wiederholter Teilnahme ein Verstoß gegen § 8a Abs. 1 S. 6 RStV wäre" (Mitsch, Verfassungskonformität des Bußgeldtatbestandes in § 49 Abs. 1 S. 2 Nr. 5 des Rundfunkstaatsvertrages und Gesetzeskonformität der Bußgeldbestimmungen in § 13 der Gewinnspielsatzung der Landesmedienanstalten, Blm-e-Books Bd. 5, 2012, 68).

Der Gesetzgeber hat mit dem 10. RÄndStV § 8a eingeführt „und darin „klargestellt", 18
dass Gewinnspielsendungen und Gewinnspiele im Fernsehen und Hörfunk zulässig sind, wenn nur ein Entgelt von bis zu 0,50 EUR einschließlich der gesetzlichen Mehrwertsteuer verlangt wird" (VGH München ZUM 2013, 511; vgl. Bay LT-Drs. 15/9667, 15). Bei der Festsetzung der **Höchstgrenze der Teilnahmegebühren** auf 0,50 EUR hatte der Gesetzgeber in etwa die Portokosten für die Übersendung einer Postkarte bzw. eines Briefes im Sinn, die als Teilnahmemedien im Rundfunk eine lange Historie haben (vgl. Hahn/Vesting/Müller RStV § 8a Rn. 31). Zudem werden diese Kosten der Teilnahme iSd § 284 StGB als nicht erheblich angesehen (vgl. Fischer StGB § 284 Rn. 5). Dieser Betrag entspricht auch dem von der BNetzA damals regulierten Tarif (Endnutzerpreis) bestimmter Sonderrufnummern (Massenverkehrs-Diensten) iHv 0,50 EUR bei Anrufen aus dem deutschen Festnetz.

Die 50 Cent-Regelung umfasst **nicht Anrufe** aus **Mobilfunknetzen.** Anrufe über das 19
Mobilfunknetz unterliegen verschiedenen Preissegmenten, wobei es obliegt der BNetzA obliegt, hier entsprechende Anpassungen vorzunehmen (vgl. Hahn/Vesting/Müller RStV § 8a Rn. 33).

Die von den Gewinnspielanbietern genutzten MABEZ-Nummern können nur innerhalb 20
Deutschlands freigeschaltet werden. Für Teilnehmer aus dem **Ausland** gilt, dass jedenfalls eine spezielle Mitspielmöglichkeit eröffnet sein muss über das dortige Festnetz einen Anruf zu tätigen, der maximal 0,50 EUR kostet (vgl. NK-BayMG Art. 9 Rn. 177). So muss etwa für die Teilnahme aus Österreich dort eine MABEZ-Nummer eingerichtet werden. Dem Gewinnspielanbieter entstehen erst bei der Durchstellung eines österreichischen Teilnehmers ins Studio erhöhte Entgelte, was ihm jedoch zumutbar ist, wenn er andererseits seinen Teilnehmerkreis im Ausland vergrößern möchte (NK-BayMG Art. 9 Rn. 177). Eine richtungsweisende Entscheidung hat der VGH München am 12.12.2012 (VGH München ZUM 2013, 511) getroffen, in der er Anrufe in Höhe von **0,70 EUR** aus **Österreich** für **unzulässig** erachtet. Er führt dabei aus, dass es für die Frage, welches „Entgelt" die Gewinnspielanbieterin für die Teilnahme am Gewinnspiel verlange nicht erheblich sei, welcher Anteil der Telefonkosten iHv 0,70 EUR der Veranstalterin als Gewinn verbleibe. „Denn maßgebend für die Bestimmung des verlangten Entgelts ist die Tatsache, welche Kosten für die Teilnahme am Gewinnspiel aus Sicht des Anrufers anfallen und für ihn allein deshalb, weil sie vom Rundfunkveranstalter verlangt werden, unvermeidlich sind" (VGH München

ZUM 2013, 513). Es kommt weiterhin nicht auf die Frage des „Herkunftslandprinzips" nach der AVMD-Richtlinie an, da in vorliegendem Fall die Veranstalterin eine in Deutschland niedergelassene Rundfunkveranstalterin (§ 2 Abs. 2 Nr. 14) ist und § 8a auf diese Anwendung findet solange sie Rundfunk in Deutschland veranstaltet und verbreitet (§ 1 Abs. 1) (vgl. VGH München ZUM 2013, 514; aA Hahn/Vesting/Müller/Müller RStV § 8a Rn. 35, 36).

21   Sofern es sich um **unentgeltliche** Gewinnspiele bzw. -sendungen iSd § 3 Abs. 4 GWS handelt, dürfen Minderjährige an diesen teilnehmen (→ Rn. 15), zudem fallen einige Transparenz- und Informationspflichten weg (§ 3 Abs. 4 GWS iVm §§ 5 Abs. 2 S. 1, 10 Abs. 1 S. 1 Nr. 2 u. 3, Nr. 5–7, 10 Abs. 2 GWS).

II. Aufsicht

22   § 8a Abs. 2 bestimmt, dass an die für die Aufsicht zuständigen Stellen auf Verlangen Unterlagen vorzulegen und Auskünfte zu erteilen sind, welche zur Überprüfung der ordnungsgemäßen Durchführung der Gewinnspielsendungen und Gewinnspiele erforderlich sind. Diese Regelung hat rein deklaratorischen Charakter, da sie die ohnehin für den öffentlich-rechtlichen Rundfunk, die privaten Rundfunkveranstalter sowie für den Bereich des Internets geltenden Auskunftsregeln bestätigt (vgl. HRKDSC RStV § 8a Rn. 11).

23   Für **private Rundfunkanbieter** ist die **lizensierende Landesmedienanstalt** die zuständige Aufsicht. Für **bundesweite Rundfunkveranstalter** ist gem. § 36 Abs. 2 Nr. 7 die ZAK das interne Willensbildungs- und Beschlussorgan. Für Inhalte von Gewinnspielen, die **jugendschutzrelevant** iSd JMStV sind, ist zudem gem. § 16 JMStV die **KJM** zuständig (vgl. Spindler/Schuster/Holznagel/Jahn RStV § 8a Rn. 25). Die GWS sieht in § 12 GWS umfassende Auskunfts- und Vorlagevorschriften vor, hierbei ist zu erwähnen, dass § 12 Abs. 1 Nr. 5 GWS vom VGH München als unzulässig erachtet wurde (VGH München ZUM-RD 2010, 102 (114)). Ein weiterer Hinweis findet sich in Nr. 12 der GWS-AAR.

24   Für den **öffentlich-rechtlichen Rundfunk** ist die zuständige Aufsicht die **Rechtsaufsicht**. Hierbei gilt die Subsidiarität der Rechtsaufsicht und der eingeschränkte Prüfungsmaßstab bei allen programmrelevanten Fragen (HRKDSC RStV § 8a Rn. 11). Unabhängig davon gilt auch das allgemeine Auskunftsrecht der Gremien – Rundfunkrat und Fernsehrat – gegenüber dem Intendanten und die vorrangige Pflicht der Gremien gegen Rechtsverletzungen im Programm vorzugehen (HRKDSC RStV § 8a Rn. 11).

25   Für das **Internet** sieht § 59 Abs. 2 als zuständige Aufsicht für Telemedien, die jeweils **nach Landesrecht bestimmte Aufsichtsbehörde** vor. Für Angebote, die der öffentliche Rundfunk im Internet veranstaltet, richtet sich die Aufsicht nach dem og procedere (HRKDSC RStV § 8a Rn. 11).

III. Teleshopping

26   Mit dem 12. RÄndStV wurde § 8a Abs. 3 eingefügt, um die Anwendbarkeit der Regelung der Abs. 1 und 2 auf Teleshoppingkanäle klarzustellen. Die Regelung war notwendig geworden, da aufgrund der Neudefinition in § 2 Abs. 1 Teleshopping nunmehr dem Begriff „Rundfunk" unterfällt, nach § 1 Abs. 3 die Bestimmungen des I. Abschn. aber nur gelten, wenn dies ausdrücklich bestimmt ist (amtl. Begr. 12. RÄndStV Nr. 8). Gewinnspielformate finden ihren Schwerpunkt normalerweise iSd § 8a. Bei der Ausgestaltung im Einzelfall kann sich die Ausgestaltung im Rahmen von Werbung oder Teleshopping bewegen. Der **EuGH** hatte sich mit der rundfunkrechtlichen Einordnung eines Gewinnspiels in Österreich befasst und dieses als Teleshopping eingestuft (vgl. EuGH MMR 2008, 32 mAnm Scheuer). Die Frage der rundfunkrechtlichen Einordnung hat etwas an praktischer Relevanz verloren, da mit dem 13. RÄndStV, der am 1.4.2010 in Kraft getreten ist, die zeitlichen Beschränkungen für Teleshopping im Programm aufgehoben worden sind (vgl. Hahn/Vesting/Müller RStV § 8a Rn. 41). Sofern ein Gewinnspielformat als Werbung einzuordnen ist, haben die **privaten Rundfunkveranstalter** darauf zu achten, dass dieses **als Werbung gekennzeichnet und nur getrennt vom Programm ausgestrahlt** wird (vgl. HRKDSC RStV § 8a Rn. 15). Für den **öffentlich-rechtlichen Rundfunk** ist ein Gewinnspielformat im Rah-

men von **Werbung** nur **innerhalb der zulässigen Werbezeiten und auch Sendezeiten** (nicht nach 20 Uhr) erlaubt (vgl. HRKDSC RStV § 8a Rn. 15).

IV. Ordnungswidrigkeiten

Gem. § 49 Abs. 1 S. 2 Nr. 5 ist die **Verhängung von Bußgeldern für private Rund-** 27 **funkanbieter** bei vorsätzlicher Begehung vorgesehen. Ordnungswidrig handelt danach, wer einer Satzung nach § 46 S. 1 iVm § 8a zuwiderhandelt, soweit die Satzung für einen bestimmten Tatbestand auf diese Bußgeldvorschrift verweist. Die einzelnen Ordnungswidrigkeitentatbestände sind in § 13 GWS aufgelistet (ausf. Bornemann, 125–140; Mitsch, Verfassungskonformität des Bußgeldtatbestandes in § 49 Abs. 1 S. 2 Nr. 5 des Rundfunkstaatsvertrages und Gesetzeskonformität der Bußgeldbestimmungen in § 13 der Gewinnspielsatzung der Landesmedienanstalten, Blm-e-Books Bd. 5, 2012, 50–145; Hahn/Vesting/Müller RStV § 8a Rn. 23-29).

C. Ausblick

Nachdem durch die Entscheidung des VGH München im Jahr 2009 (VGH München 28 ZUM-RD 2010, 102) einige Regelungen der Gewinnspielsatzung in Bayern für unanwendbar erklärt wurden, ist die Situation für eine einheitliche Aufsichtspraxis der Landesmedienanstalten nicht befriedigend. Zu begrüßen ist die jüngst ergangene Entscheidung des VGH München vom 12.12.2012 (VGH München ZUM 2013, 511), die Rechtssicherheit hinsichtlich der Entgeltgrenze von 0,50 EUR auch für die Teilnahme an Gewinnspielformaten aus dem Ausland schafft.

§ 9 Informationspflicht, zuständige Behörden

(1) ¹Die Rundfunkanstalten des Landesrechts sind verpflichtet, der nach Landesrecht zuständigen Behörde gemäß Artikel 6 Abs. 2 des Europäischen Übereinkommens über das grenzüberschreitende Fernsehen die dort aufgeführten Informationen auf Verlangen zur Verfügung zu stellen. ²Gleiches gilt für private Fernsehveranstalter, die auf Verlangen die Informationen der Landesmedienanstalt des Landes zur Verfügung zu stellen haben, in dem die Zulassung erteilt wurde. ³Diese leitet die Informationen an ihre rechtsaufsichtsführende Behörde weiter.

(2) ¹Die Ministerpräsidenten der Länder bestimmen durch Beschluß eine oder mehrere der in Absatz 1 genannten Behörden, welche die Aufgaben nach Artikel 19 Abs. 2 und 3 des Europäischen Übereinkommens über das grenzüberschreitende Fernsehen wahrnehmen. ²Diesen Behörden sind zur Durchführung ihrer Aufgaben alle erforderlichen Informationen durch die zuständigen Behörden der einzelnen Länder zu übermitteln.

(3) ¹Absätze 1 und 2 gelten entsprechend, soweit rechtsverbindliche Berichtspflichten der Länder zum Rundfunk gegenüber zwischenstaatlichen Einrichtungen oder internationalen Organisationen bestehen. ²Satz 1 gilt auch für Teleshoppingkanäle.

Mit § 9 RStV, eingeführt mit dem 2. RÄndStV als § 8 (seit dem 3. RÄndStV unter § 9), setzte der deutsche Gesetzgeber die Vorgaben aus dem Europäischen Übereinkommen über das grenzüberschreitende Fernsehen v. 5.5.1989 (FsÜ) um, bestimmte Informationen zu den öffentlich-rechtlichen Rundfunkanstalten sowie privaten Fernsehveranstaltern zur Abfrage bereitzuhalten sowie für die grenzüberschreitende Zusammenarbeit eine koordinierende Behörde zu bestimmen. Die Informationspflicht einschließlich ihres Umfangs gem. Art. 6 Abs. 2 FsÜ wurde in Abs. 1 geregelt (→ Rn. 4 ff.). Daneben enthält Abs. 2 das Verfahren zur Bestimmung der koordinierenden Behörde iSd Art. 19 FsÜ (→ Rn. 11 f.). Über die Vorgaben der FsÜ hinaus schreibt Abs. 3 S. 1 das in den Abs. 1 und 2 festgesetzte Verfahren auch für weitere Informationspflichten der Länder in Bezug auf den Rundfunk gegenüber zwischenstaatlichen Einrichtungen oder internationalen Organisationen vor (→ Rn. 13), dies seit dem 12. RÄndStV auch in Bezug auf Teleshoppingkanäle, vgl. Abs. 3 S. 2 (→ Rn. 14).

A. Allgemeines

1 § 9 RStV setzt die Vorgaben von Art. 6 Abs. 2 sowie Art. 19 Abs. 2 u. 3 FsÜ um. Dieses Übereinkommen dient der Erleichterung der grenzüberschreitenden Verbreitung und Weiterverbreitung von Fernsehprogrammen und verpflichtet seine Vertragsparteien, eine oder mehrere Behörden zu benennen, die ua bestimmte Mindestinformationen über die ihrer Rechtshoheit unterliegenden Fernsehveranstalter zur Verfügung stellen sollen. Dabei soll durch die Einrichtung vorzugsweise einer Behörde je Vertragspartei als Ansprechpartner im grenzüberschreitenden Dialog die Zusammenarbeit zwischen den Vertragsparteien gefördert und eine bessere gegenseitige Unterstützung der Vertragsparteien bei der Durchführung des FsÜ gewährleistet werden, vgl. Art. 19 FsÜ.

2 Gem. Art. 27 FsÜ ist zwischen Vertragsparteien, die Mitglieder der EU sind, das Unionsrecht ggü. dem FsÜ vorrangig, soweit dieses eine vergleichbare Regelung enthält.

3 Soweit ein privater Fernsehveranstalter vorsätzlich oder fahrlässig seiner Informationspflicht nicht nachkommt, ist der Bußgeldtatbestand nach § 49 Abs. 1 Nr. 15 RStV erfüllt. Die früher in einzelnen Landesmediengesetzen zusätzlich enthaltenen Bußgeldtatbestände sind aufgehoben worden.

B. Informationspflicht der Rundfunkanstalten (Abs. 1)

4 Gem. § 9 Abs. 1 S. 1 RStV sind die Rundfunkanstalten des Landesrechts verpflichtet, der nach Landesrecht zuständigen Behörde die in Art. 6 Abs. 2 FsÜ aufgeführten Informationen auf Verlangen zur Verfügung zu stellen. Gleiches gilt gem. S. 2 für die privaten Fernsehveranstalter, die auf Verlangen die betreffenden Informationen der Landesmedienanstalt zur Verfügung zu stellen haben, von der sie zugelassen wurden. Die Landesmedienanstalt leitet diese Informationen dann gem. S. 3 an ihre rechtsaufsichtsführende Behörde weiter.

I. Verpflichtete

5 Von der Informationspflicht betroffen sind die **öffentlich-rechtlichen Rundfunkanstalten** (alle Landesrundfunkanstalten unter dem Zusammenschluss der ARD, das ZDF und das Deutschlandradio) sowie **private Fernsehveranstalter.** Fraglich ist, ob auch reine **Hörfunk**veranstalter betroffen sind. Wortlaut und Zielsetzung des FsÜ sprechen dagegen, da stets ausdrücklich auf die Verbreitung von Fernsehprogrammen abgestellt wird (vgl. die Zielsetzung in Art. 1 FsÜ sowie die Begriffsbestimmungen in Art. 2 FsÜ). In der Literatur wird dagegen teilweise vertreten, dass sich der Anwendungsbereich aufgrund des in § 1 Abs. 2 RStV definierten Rundfunkbegriffs, der unstreitig auch den Hörfunk umfasse, auch hier auf den Hörfunk erstrecken solle (vgl. Hahn/Vesting/Flechsig RStV § 9 Rn. 5). Allerdings wird in § 9 RStV der Begriff des Rundfunks oder des Rundfunkveranstalters vermieden und werden stattdessen konkret die Rundfunkanstalten des Landesrechts sowie die privaten Fernsehveranstalter aufgeführt. Der Wortlaut des § 9 RStV lässt deshalb wohl nicht auf eine überschießende Umsetzung der Vorgaben des FsÜ schließen.

6 In der Literatur umstritten ist, ob sich die Informationspflicht lediglich auf bundesweite oder auch auf **landesweite, regionale oder lokale Programme** bezieht. Teilweise wird vertreten, dass aufgrund des in Art. 3 FsÜ umrissenen Geltungsbereichs Programme mit derartig begrenzter Reichweite ausgenommen seien. Denn gem. Art. 3 FsÜ gilt das Übereinkommen für alle Programme, welche im Hoheitsbereich einer Vertragspartei verbreitet oder weiterverbreitet werden und direkt oder indirekt in einer oder mehreren anderen Vertragsparteien empfangen werden können. Dies sei aber bei landesweiten, regionalen oder lokalen Programmen in der Regel nicht der Fall. Auch aus der Zielsetzung des Art. 1 FsÜ der Erleichterung der grenzüberschreitenden Verbreitung und Weiterverbreitung von Fernsehprogrammen ergebe sich, dass das Übereinkommen sich nicht auf Programme ohne grenzüberschreitende Wirkung beziehe (vgl. HRKDSC RStV § 9 Rn. 5). Für eine Informationspflicht auch für Fernsehveranstalter von grds. nicht grenzüberschreitenden Programmen wird dagegen angeführt, dass insbes. bei grenznah empfangbaren Programmen nicht ausgeschlossen werden könne, dass diese Programme auch über die Landesgrenzen hinaus empfangen werden könnten. Desweiteren zeige ein systematischer Vergleich der Normen inner-

halb des RStV, dass immer, wenn Bestimmungen ausnahmsweise nur für bundesweite Programme gelten sollten, dies ausdrücklich im Wortlaut festgehalten werde, so zB in § 39 Abs. 1, § 49 Abs. 1 und § 46a (vgl. Spindler/Schuster/Holznagel/Stenner RStV § 9 Rn. 3; BLR RStV § 9 Rn. 3).

II. Verfahren

Das Verfahren trägt der dualen Rundfunkordnung sowie der föderalen Struktur in Deutschland Rechnung. So gilt für die öffentlich-rechtlichen Anstalten ein anderer Behördenweg als für die privaten Fernsehveranstalter und wird nicht direkt an die für die Vertragspartei BRD bestimmte gemeinsame Behörde iSd Art. 19 Abs. 2 FsÜ berichtet, sondern zunächst an die nach Landesrecht zuständige Behörde. Die privaten Fernsehveranstalter berichten dabei gem. der ausführlichen Gesetzesregelung an die für sie zuständige Landesmedienanstalt, welche wiederum an ihre Rechtsaufsicht berichtet (vgl. S. 2, 3). Die öffentlich-rechtlichen Rundfunkanstalten haben dagegen an die für die nach Landesrecht zuständigen Behörden zu berichten (vgl. S. 1). Hinsichtlich des ZDF sowie des Deutschlandradios ist die Aufgabe, die Informationen von den Fernsehveranstaltern einzufordern, ausdrücklich deren Rechtsaufsichtsbehörden zugeordnet worden, vgl. § 31 Abs. 1 S. 3 ZDF-StV und § 31 Abs. 1 S. 2 DLR-StV. Für den Bayerischen Rundfunk liegt die Zuständigkeit für § 9 Abs. 1 S. 1 RStV bei dessen Rechtsaufsichtsbehörde (Staatsministerium für Wissenschaft, Forschung und Kunst), für § 9 Abs. 2 S. 2 RStV bei der Staatskanzlei, vgl. Art. 25 BR-G. Liegt eine ausdrückliche Regelung nicht vor, ist eine Zuständigkeit der Rechtsaufsichtsbehörde anzunehmen, da dieser auch im Übrigen die Überwachung der Einhaltung der gesetzlichen Vorschriften durch die Rundfunkveranstalter obliegt (vgl. amtl. Begr. zu § 8 RStV, LT-Drs. NW/2409, 165). Da die Rechtsaufsichtsbehörde über die jeweilige Landesmedienanstalt idR gleichzeitig auch die Rechtsaufsicht über die öffentlich-rechtliche Rundfunkanstalt des Landes innehat (in Bayern ist dies zwar nicht der Fall, wird aber durch die Spezialzuständigkeit der Staatskanzlei auch für den BR in Art. 25 Abs. 2 BR-G überwunden), bündeln sich bei diesen Behörden die Informationen sowohl über den öffentlich-rechtlichen, als auch den privaten Rundfunk (vgl. amtl. Begr. zu § 8 RStV, LT-Drs. NW/2409, 166).

Die Informationen sind nur auf Verlangen an die zuständigen Behörden zu übermitteln. Eine automatische Informationspflicht besteht nicht.

III. Umfang der Informationspflicht

§ 9 RStV verweist hinsichtlich des Umfangs auf die in Art. 6 Abs. 2 FsÜ aufgeführten Informationen. Umfasst sind deshalb mindestens der Name oder die Bezeichnung des Veranstalters, sein Sitz und seine Rechtsstellung, der Name des gesetzlichen Vertreters, die Zusammensetzung des Kapitals sowie Art, Zweck und Modalität der Finanzierung des Programms.

Dass Art. 6 Abs. FsÜ nur die **Mindestinformationen** bestimmt, aber eine Begrenzung des Umfangs der Informationspflicht nach oben fehlt, wird in der Literatur zT. als **verfassungsrechtlich problematisch** angesehen. Denn das Informationsrecht der Behörden muss als Teil der staatlichen Aufsicht die Grenzen der Rundfunkfreiheit der Programmveranstalter wahren. Dies sei jedoch nicht mehr der Fall, wenn Informationen abgefragt werden sollten, die über allgemein gehaltenen Mindestinformationen hinaus näheren Bezug zum Programm beinhalten können. In diesem Zusammenhang bestehe die Gefahr, dass durch den frühzeitigen und detaillierten Informationsabruf von Seiten der Behörden möglicherweise auf die Programmentscheidungen der Veranstalter Einfluss genommen werden könnte oder ggf. Vorfeldmaßnahmen ergriffen werden könnten. Auch hinsichtlich der von Art. 6 Abs. 2 FsÜ ausdrücklich aufgeführten Informationen zu den Finanzierungsmodalitäten müsste die Vorschrift zum Schutze der Unabhängigkeit der Rundfunkveranstalter einschränkend ausgelegt werden. Die Informationspflicht dürfe sich nur auf die Art der Finanzierung beziehen, nicht aber auf interne Finanzierungsfragen. Auch hier wäre andernfalls die Gefahr einer Steuerung durch staatliche Behörden zu fürchten (vgl. HRKDSC RStV § 9 Rn. 10). Andere Stimmen in der Literatur halten dem entgegen, dass sich die Umsetzung der Vorgaben durch den Gesetzgeber aufgrund des Verweises auf die in Art. 6 Abs. 2 FsÜ „aufgeführten" Angaben im verfassungsrechtlichen Rahmen halte, da diese weder Programmentscheidungen noch Programminhalte berührten und die Auskunftpflicht sich auch auf diese Angaben allein beschränke (vgl. Hahn/Vesting/Flechsig RStV § 9 Rn. 9; BLR RStV § 9 Rn. 4). Allerdings wird jedoch bzgl. der Auskunftspflicht über finanzielle Fragen die Einhaltung der allgemeinen Regeln über die Informationserteilung, insbes. hinsichtlich Datenschutz sowie des Berufs- und Geschäftsgeheimnisses, gefordert (vgl. Hahn/Vesting/ Flechsig RStV § 9 Rn. 3).

IV. Zuständige Behörden gem. Art. 19 Abs. 1 und 2 FsÜ (Abs. 2)

11   Gem. § 9 Abs. 2 lit. a RStV bestimmen die Ministerpräsidenten der Länder durch Beschluss eine oder mehrere Behörden, welche die Aufgaben nach Art. 19 Abs. 2 und 3 FsÜ wahrnehmen; ihre Namen und Anschriften sind dem Generalsekretär des Europarats mitzuteilen. Werden mehr als eine Behörde bestimmt, muss die Zuständigkeit jeder Behörde genau angegeben werden, vgl. § 9 Abs. 2 lit. b RStV. Dieser Behörde/diesen Behörden sind alle erforderlichen Informationen durch die zuständigen Behörden der einzelnen Länder zu übermitteln. Für die BRD wurde die **Staatskanzlei des Landes Rheinland-Pfalz** bestimmt.

12   Ihr obliegt in dieser Funktion neben der Zurverfügungstellung der Informationen gem. Art. 6 Abs. 2 FsÜ auch auf Ersuchen einer anderen Vertragspartei die Erläuterung von innerstaatlichem Recht und innerstaatlichen Gepflogenheiten; sie arbeitet mit den anderen Vertragsparteien zusammen, soweit dies nützlich ist und den Zielen des FsÜ dient, und prüft jede Schwierigkeit, die sich aus der Anwendung des FsÜ ergibt, soweit sie von einer anderen Vertragspartei darauf hingewiesen wird, vgl. Art. 19 Abs. 1 und 3 FsÜ. Ihr fallen dabei lediglich koordinierende Aufgaben zu. Eigene Durchsetzungsmöglichkeiten, etwa ein direkter Anspruch gegenüber den Rundfunkanstalten und privaten Fernsehveranstaltern auf Weitergabe der Informationen, kommen nicht in Betracht, da solche Rechte lediglich den rechtsaufsichtsführenden Behörden zustehen. Die lediglich aufgrund Beschlusses der Ministerpräsidenten der Länder eingesetzte Behörde ist hierzu nicht legitimiert (vgl. BLR RStV § 9 Rn. 7).

C. Weitergehende Berichtspflichten, Erweiterung auf Teleshoppingkanäle (Abs. 3)

13   Gem. § 9 Abs. 3 S. 1 RStV gelten die Abs. 1 und 2 entsprechend, soweit rechtsverbindliche Berichtspflichten der Länder zum Rundfunk auch gegenüber zwischenstaatlichen Einrichtungen oder internationalen Organisationen bestehen. Darunter fällt zB die Berichtspflicht nach Art. 4 Abs. 3 AVMD-RL.

14   Gem. § 9 Abs. 3 S. 2 RStV gelten die Berichtspflichten nach S. 1 auch für Teleshoppingkanäle. Diese Ergänzung wurde im Zuge des 12. RÄndStV vorgenommen, um dem neu definierten staatsrechtlichen Rundfunkbegriff gerecht zu werden, der nun auch Teleshopping umfasst, vgl. § 2 Abs. 2 Nr. 10 RStV. Der ausdrückliche Hinweis war erforderlich geworden, da gem. § 1 Abs. 3 RStV die Bestimmungen des I. und III. Abschnitts RStV für Teleshoppingkanäle nur gelten, sofern dies ausdrücklich bestimmt ist.

§ 9a Informationsrechte

(1) [1]Rundfunkveranstalter haben gegenüber Behörden ein Recht auf Auskunft. [2]Auskünfte können verweigert werden, soweit

1. hierdurch die sachgemäße Durchführung eines schwebenden Verfahrens vereitelt, erschwert, verzögert oder gefährdet werden könnte oder
2. Vorschriften über die Geheimhaltung entgegenstehen oder
3. ein überwiegendes öffentliches oder schutzwürdiges privates Interesse verletzt würde oder
4. ihr Umfang das zumutbare Maß überschreitet.

(2) Allgemeine Anordnungen, die einer Behörde Auskünfte an Rundfunkveranstalter verbieten, sind unzulässig.

Informationsrechte § 9a RStV

(3) Rundfunkveranstalter können von Behörden verlangen, dass sie bei der Weitergabe von amtlichen Bekanntmachungen im Verhältnis zu anderen Bewerbern gleichbehandelt werden.

§ 9a dient der Vereinheitlichung der bislang uneinheitlich und nur teilweise geregelten Informationsrechte des Rundfunks (→ Rn. 1 und → Rn. 2). Er gewährt sowohl dem öffentlich-rechtlichen als auch dem privaten Rundfunkveranstalter (→ Rn. 4) in Abs. 1 S. 1 einen gerichtlich durchsetzbaren (→ Rn. 21 ff.) **Auskunftsanspruch** gegenüber Behörden (→ Rn. 8), der nur aus den in Abs. 1 S. 2 abschließend aufgeführten Gründen verweigert werden kann. Diese Verweigerungsgründe sind als Ausnahmeregelungen restriktiv auszulegen. Der Auskunftsanspruch nach Abs. 1 S. 1 unterliegt den Schranken der allgemeinen Gesetze, den verfassungsunmittelbaren Grenzen und den gesondert aufgeführten Schranken nach Abs. 1 S. 2 Nr. 1–4 (→ Rn. 14 ff.). Abs. 2 erklärt generelle Auskunftsverbote als unzulässig und sichert somit den Auskunftsanspruch zusätzlich ab (→ Rn. 18). Abs. 3 normiert den Gleichbehandlungsanspruch der Rundfunkveranstalter, der ausschließlich für solche Informationen gilt, die eine Behörde zum Zweck der allgemeinen Informationen eigeninitiativ verlautbart (→ Rn. 19 f.).

Übersicht

	Rn		Rn
A. Allgemeines	1	IV. Verweigerungsgründe (S. 2)	14
B. Auskunftsanspruch der Rundfunkveranstalter (Abs. 1)	4	C. Unzulässigkeit genereller Auskunftsverbote (Abs. 2)	18
I. Anspruchsberechtigte	4	D. Gleichbehandlungsanspruch (Abs. 3)	19
II. Auskunftsverpflichtete	8	E. Rechtsschutz	21
III. Anspruchsgegenstand	11		

A. Allgemeines

Voraussetzung für die verantwortliche Teilnahme des **einzelnen Staatsbürgers** am 1 demokratischen, politischen und gesellschaftlichen Leben ist die Anerkennung seines Rechts auf informationelle Teilhabe, welche in Art. 5 Abs. 1 Satz 1 GG gewährleistet ist (BVerfGE 27, 71). Diese Freiheit, sich ungehindert aus allgemein zugänglichen Quellen zu unterrichten, wird auch in verschiedenen Anspruchsgrundlagen gewährleistet. Hierzu zählt ua das 2006 in Kraft getretene Gesetz zur Regelung des Zugangs zu Informationen des Bundes (Informationsfreiheitsgesetz, IFG; BGBl. I 2005, 2722). Auf Landesebene existieren in zahlreichen Bundesländern entsprechende Gesetze (z. B. Informationsfreiheitsgesetz Nordrhein-Westfalen (IFG NRW), Informationsfreiheitsgesetz für das Land Schleswig-Holstein (IFG-SH)). Außerdem findet der Bürger in vielen Spezialgesetzen bereichsspezifische Regelungen zu Einsichts-, Auskunfts-, Zutritts- und vergleichbaren Informationsrechten (vgl. Schröder-Schallenberg, Informationsansprüche der Presse gegenüber Behörden, 1987, 157 ff.), ua die Öffentlichkeit der Gerichtsverhandlungen (§ 169 GVG), der Sitzungen des Bundestages (Art. 42 Abs. 1 GG) und des Bundesrates (Art. 52 Abs. 3 GG), Güterrechtsregister (§ 1563 BGB), Gerichtsakten (§ 34 FGG), Nachlassgerichts-Ermittlungsakten (§ 78 FGG), Grundbuch (12 GBO), Genossenschaftsregister (§ 156 GenG), Geschmacksmusterregister (§ 11 GeschmG), Handelsregister (§ 9 HGB), Schuldnerverzeichnis (§ 26 Abs. 2 InsO), Melderegister (§ 21 Abs. 2 MRRG), Personenstandsbücher (§ 61 PStG), Kurzberichterstattung des Fernsehveranstalters (§ 5 RStV), Stasi-Unterlagen (§§ 32, 34 StUG), Fahrzeug- und Halterdaten (§ 39 StVG), Umweltinformationen (§ 3 UIG), öffentliche Versammlungen (§ 6 Abs. 2 VersG), Schuldnerverzeichnis (§ 915 Abs. 3 ZPO), Prozessakten (§ 299 Abs. 2 ZPO). Aus dem Demokratiegebot des Art. 20 Abs. 1 GG folgt eine Informationspflicht der Bürger über staatliche Belange (BVerfGE 44, 125 (147)).

Das verfassungsrechtliche Informationsrecht der Bürger wird durch das Informations- 2 zugangsrecht des Rundfunks aus § 9a aktiviert und bundeseinheitlich normiert. Diese Vorschrift begünstigt Rundfunkveranstalter, dh alle öffentlich-rechtlichen und privaten **Fern-**

seh- und Hörfunkveranstalter sowie, über die Verweisungsbestimmung des § 55 Abs. 3, Veranstalter von **Telemediendiensten** mit journalistisch-redaktionell gestalteten Angeboten, in denen insbes. vollständig oder teilweise Inhalte periodischer Druckerzeugnisse in Text oder Bild wiedergegeben werden. Vor allem wird hier die „elektronische Presse" erfasst. Vorbild für § 9a waren die der Presse in § 4 der verschiedenen LPresseG gewährten Informationsansprüche. Da Vorbild der Norm § 4 der jeweiligen LPresseG war, kann auch bei dessen Auslegung großteils auf die im Presserecht entwickelten Grundsätze zurückgegriffen werden. In Hamburg und Sachsen behandelten unselbstständige Regelungen die Informationsrechte des Rundfunks gemeinsam und inhaltlich identisch mit denen der Presse. Der in den LPresseG verwendete Pressebegriff knüpft an die Herstellung eines Druckwerks an und erfasste somit nicht die Rundfunkveranstalter. In Folge des 9. RÄStV mWz 1.3.2007 haben die Länder mit Einführung des § 9a teilweise ihre Landesmediengesetze entsprechend geändert (vgl. § 6 LMG Baden-Württemberg, § 27 MedienGLSA). Bereits zuvor hatte der **private Rundfunk** in einigen Bundesländern vergleichbare Informationsrechte. § 51 MedienG regelte diese Rechte jedoch lediglich in Baden-Württemberg. Mit § 9a wurde erstmals eine explizite Rechtsgrundlage für die Geltendmachung von Informationsrechten gegenüber öffentlichen Stellen geschaffen in den Bundesländern Bayern, Hessen, Mecklenburg-Vorpommern, Saarland und Thüringen. § 9a brachte eine Vereinheitlichung der Auskunftsansprüche für die duale Rundfunkordnung, dh den privaten und **öffentlich-rechtlichen Rundfunk,** da die jeweiligen Anstaltsgesetze für diesen keine besonderen Informationsrechte vorsehen.

3 § 15 MDStV aF gewährte früher den Anbietern bestimmter **Mediendienste** ein Auskunftsrecht. Soweit es um Telemedien geht, gewährt § 9a Abs. 1 iVm § 55 Abs. 3 nunmehr die Ansprüche. Es ist nicht von Belang, dass die amtliche Überschrift zu § 9a „Informationsrechte" lautet und sich § 9a in Abs. 1 und Abs. 2 auf „Auskünfte" bezieht.

B. Auskunftsanspruch der Rundfunkveranstalter (Abs. 1)

I. Anspruchsberechtigte

4 Anspruchsberechtigt nach Abs. 1 S. 1 sind alle **Rundfunkveranstalter** des öffentlichen Rechts und des Privatrechts, wozu Hörfunk- und Fernsehveranstalter gehören (§ 1 Abs. 1 und § 2 Abs. 1). Rundfunkveranstalter ist laut BVerfG „wer seine (Anm. der Verf.: Programm-) Struktur festlegt, die Abfolge plant, die Sendungen zusammenstellt und unter einer einheitlichen Bezeichnung dem Publikum anbietet. Durch diese auf das gesamte Programm bezogenen Tätigkeiten unterscheidet er sich vom bloßen Zulieferer einzelner Sendungen oder Programmteile. Nicht notwendig ist dagegen, dass der Veranstalter das Programm selbst ausstrahlt oder die einzelnen Sendungen selbst produziert." (BVerfGE 97, 310). Das Bundesverfassungsgericht hat vor Geltung des § 2 Abs. 2 Nr. 14 RStV eigene Definitionsbemühungen unternommen (auch Art. 1 Abs. 1 lit. f iVm lit. d AVMD-RiL).

5 Erfasst werden über die Verweisung in § 55 Abs. 3 auch die **Anbieter von Telemedien mit journalistisch-redaktionell gestalteten Angeboten.**

6 Nicht anspruchsberechtigt sind die Anbieter bloßer technischer Hilfsdienste (zB Multiplexing beim digitalen Rundfunk), da sie selbst keinen Rundfunk veranstalten. Ebenfalls nicht anspruchsberechtigt sind Telemedien-Diensteanbieter von elektronischen Informations- und Kommunikationsdiensten, soweit (nur) der Anwendungsbereich des Telemediengesetzes des Bundes eröffnet ist (§ 1 Abs. 1 TMG, Art. 1 des Gesetzes zur Vereinheitlichung von Vorschriften über bestimmte elektronische Informations- und Kommunikationsdienste, Elektronischer-Geschäftsverkehr-Vereinheitlichungsgesetz (ElGVG) v. 26.2.2007, BGBl. I 179, in Kraft getreten am 1.3.2007, BGBl. I 251).

7 Die Geltendmachung des Anspruchs kann erfolgen durch jeden, der durch einen Rundfunkveranstalter **legitimiert** wird, zB Reporter, Redakteur, Rechtsanwälte, freie Mitarbeiter (VGH München NJW 2004, 3358 (3359)). Die bloße Absicht, für den Rundfunk tätig zu sein, reicht nicht aus. Auf Verlangen muss diese Person einen ausreichenden Legitimationsnachweis erbringen, z. B. durch Vorlage eines Presseausweises, einer Vollmacht, eines Bestätigungsschreibens, oä (vgl. dazu VG Hannover AfP 1984, 60 ff.). Bei Vorlage solch eines Dokuments dürfte es der Behörde zumutbar sein, verbleibende Zweifel hinsichtlich der

Legitimation durch eigene Rückfrage beim Rundfunkveranstalter zu klären. Da die Rundfunkfreiheit aus Art. 5 Abs. 1 S. 2 GG kein Deutschengrundrecht iSv Art. 116 Abs. 1 GG ist, können sich auch im **Ausland** sitzende Rundfunkveranstalter auf § 9a berufen.

II. Auskunftsverpflichtete

Im RStV wird der **Behördenbegriff** nicht definiert. Er ist definiert in § 1 Abs. 4 VwVfG **8** als „ jede Stelle, die Aufgaben der öffentlichen Verwaltung wahrnimmt." Es ist von einem eigenständigen, rundfunk-medien-rechtlichen Behördenbegriff auszugehen, der alle klassischen Verwaltungsträger einbezieht. Die Behörden aller Hoheitsträger – auf kommunaler, Landes- und Bundesebene – sind zur Auskunft verpflichtet. Sämtliche Staatsgewalt wird vom Behördenbegriff umschlossen, die Exekutive, Legislative und Judikative (ebenso im presserechtlichen Kontext Schröder-Schallenberg, Informationsansprüche der Presse gegenüber Behörden, 1987, 67).

Private zählen nur dann zu den Auskunftsverpflichteten, wenn der Staat sich ihrer **9** bedient und durch sie gezielt seine öffentlichen Aufgaben erfüllt (enger für das presserechtliche Informationsrecht, Löffler/Burkhardt LPG § 4 Rn. 57, der dies nur bei monopolartigen Betrieben annimmt, deren Anteile ganz oder überwiegend von der öffentlichen Hand gehalten werden. Ähnlich wie hier: Schröder-Schallenberg, Informationsansprüche der Presse gegenüber Behörden, 1987, 68 ff.).

Kirchen unterliegen – infolge ihres staatsfreien Sonderstatus aus Art. 140 GG iVm **10** Art. 136 ff., 141 WRV – dem § 9a nur, soweit ihnen als in öffentlich-rechtlicher Form verfasste Organisationen bei ihrer Tätigkeit hoheitliche Gewalt verliehen ist, wie zB bei der Kirchensteuer (vgl. dazu VG Berlin JR 72, 306).

III. Anspruchsgegenstand

Ein Anspruch besteht auf Auskunft, auf die Beantwortung von Fragen als Realakt, auf die **11** Mitteilung von **Tatsachen.** Es besteht kein Anspruch auf Bewertung oder Kommentierung von Sachverhalten durch die Behörde (OVG Münster AfP 1996, 299; Löffler/Burkhardt LPG § 4 Rn. 85; Ricker/Weberling, 151; Soehring Rn. 4.40) oder darauf, von Behördenleitern oder Politikern Interviews zu verlangen (Soehring Rn. 4.40). Nur ausnahmsweise besteht ein Anspruch auf Akteneinsicht, wenn es z. B. um bildliche Darstellungen oder handschriftliche Anmerkungen an einem Dokument geht (VG Hannover AfP 1984, 60).

Das Auskunftsverlangen ist an keine Form gebunden. Die Behörde kann jedoch die **12** Einhaltung der Schrift- oder anderweitigen Form verlangen, sofern dies für eine sachgemäße Bearbeitung erforderlich ist (OVG Bremen NJW 1989, 926; LG Frankfurt a. M. AfP 1989, 572; Schröder-Schallenberg, Informationsansprüche der Presse gegenüber Behörden, 1987, 97). Der Anspruch ist durch **wahre und vollständige Auskunft** zu erfüllen (Vollständigkeitspflicht als Bestandteil des Wahrheitsgebots vgl. VG Berlin AfP 1994, 178; zum Wahrheitsgebot vgl. VG Hannover AfP 1983, 61).

Im pflichtgemäß auszuübenden Ermessen der Behörde steht die Form der Auskunfts- **13** erteilung (so für § 4 LPresseG vgl. BVerwG DVBl 1966, 575; OVG Bremen NJW 1989, 926), zB mündlich, schriftlich oder elektronisch per E-Mail, Presseerklärungen (OVG Koblenz AfP 1992, 93), Pressekonferenz (VGH Stuttgart AfP 1989, 587), jedoch nicht durch Kundgabe im Gemeindeblatt (vgl. VGH München NJW 2004, 3358).

IV. Verweigerungsgründe (S. 2)

Abs. 1 S. 2 stellt den Ausschluss des Informationsanspruchs in das pflichtgemäße **Ermes-** **14** **sen** der Behörde. Bei **schwebenden Verfahren (Nr. 1)** kann infolge ihrer Aktualität ein erhöhtes Informationsinteresse bestehen. Zudem kommt dem Rundfunk eine Wächterfunktion zu – dies gebietet tendenziell eine restriktive Auslegung. Erfasst werden ausweislich der amtlichen Begründung zu 9. RÄndStV 2005 nicht nur förmliche, sondern auch formlose Verwaltungsverfahren. Sobald das Verfahren durch eine erste Maßnahme eingeleitet wurde, ist es schwebend bis zu seinem Abschluss. Die Instanzen in einem Gerichtsverfahren bilden je für sich ein eigenes Verfahren. Bei der Abgabe von der Polizei an die Staatsanwaltschaft im

Ermittlungsverfahren handelt es sich um Fortführung desselben Verfahrens (Schröder-Schallenberg, Informationsansprüche der Presse gegenüber Behörden, 1987, 115 f.).

15   Beim **Geheimnisschutz (Nr. 2)** ist die Anerkennung einer durch Binnenrecht der Verwaltung begründeten Verschlusssachenanordnung (Schröder-Schallenberg, Informationsansprüche der Presse gegenüber Behörden, 1987, 119 ff.) problematisch und im Einzelfall mittels einer Güterabwägung zwischen staatlichem Geheimhaltungsinteresse und öffentlichem Informationsinteresse genau zu prüfen.

16   Bei der Auskunftsverweigerung aufgrund Verletzung **überwiegend öffentlicher oder schutzwürdiger privater Interessen (Nr. 3)** ist zu prüfen, ob wenigstens eine Teilerfüllung des Informationsanspruchs möglich ist. Der Ausschlussgrund des **öffentlichen Interesses** greift nur, wenn ein Bekanntwerden der Informationen mit erheblichen Nachteilen verbunden wäre. Bei Gleichrangigkeit der Interessen muss die Auskunft erteilt werden. Es werden strenge Anforderungen an die Begründung der Ablehnungsentscheidung gestellt. Ein privates Interesse muss nur auf seine Schutzwürdigkeit hin geprüft werden. **Privatinteresse** sind die strafrechtlichen Schutztatbestände der §§ 201 ff. StGB, das Allgemeine Persönlichkeitsrecht, der Datenschutz, § 12 BGB der Namensschutz, §§ 22 ff. KUG der Bildnisschutz. Behördliche Auskünfte über eine natürliche Person stellen stets einen Eingriff in das allgemeine Persönlichkeitsrecht bzw. das informationelle Selbstbestimmungsrecht des Betroffenen dar (vgl. OVG Berlin ZUM 1996, 254; OVG Lüneburg DVBl. 2001, 822 f.).

17   **Die Unzumutbarkeitsregelung (Nr. 4)** soll allein der Vorbeugung von Missbräuchen dienen und ist restriktiv auszulegen. Dies ergibt sich aus der in der amtlichen Begründung zum 9. RÄndStV 2005 erfolgten Klarstellung. Geschützt werden soll der funktionierende Betrieb der Dienstbehörde. Jedoch sind die Anforderungen an die Anstrengungen der Behörde umso höher, je höher das öffentliche Informationsinteresse ist (vgl. VG Karlsruhe RuF 1980, 244).

C. Unzulässigkeit genereller Auskunftsverbote (Abs. 2)

18   Die amtliche Begründung zum 9. RÄndStV 2005 sieht in der erklärten Unzulässigkeit allgemeiner Verbotsanordnungen eine wesentliche Grundlage der uneingeschränkten Wahrnehmung der dem Rundfunk zufallenden öffentlichen Aufgabe. Unzulässig sind allgemeine Anordnungen alle Rundfunkveranstalter betreffend und auch Anweisungen, bestimmten Rundfunkveranstaltern keine Auskünfte zu erteilen. Unzulässig sind auch Weisungen, die zur Verzögerung oder Verhinderung ausgesprochen werden oder sich als vorläufige Vorenthaltung auswirken. Ausnahmsweise ist eine Nachrichtensperre gerechtfertigt bei Vorliegen schwerwiegender und überwiegender Gründe zB in Entführungsfällen, um das Leben des Opfers zu schützen (Art. 2 Abs. 2 S. 1 GG) (Löffler/Burkhardt AfP 1978, 202; Löffler/Burkhardt LPG § 4 Rn. 122 ff.). Eine solche zulässige Nachrichtensperre ist zeitlich und inhaltlich zu begrenzen und zu dokumentieren.

D. Gleichbehandlungsanspruch (Abs. 3)

19   Nach der amtlichen Begründung zum 9. RÄndStV 2005 erfasst dies nur die amtlichen Bekanntmachungen im engeren Sinn und nicht jegliche amtliche Verlautbarung. Die amtliche Bekanntmachung kann umschrieben werden als eine an die Öffentlichkeit gerichtete behördliche Kundgabe mit amtlich bestimmtem Inhalt. Sie muss im Namen der Behörde veröffentlicht und als von ihr stammend gekennzeichnet sein (vgl. zu § 4 LPresseG Löffler/Burkhardt LPG § 4 Rn. 130). § 9a Abs. 3 geht über Art. 3 Abs. 1 GG hinaus, da er ein absolutes Differenzierungsverbot begründet.

20   Die **Weitergabe** der amtlichen Bekanntmachungen muss in zeitlicher Hinsicht, inhaltlich und vom Umfang her gleich sein. Das heißt der Zeitpunkt der Zulieferung, die Form und Qualität muss übereinstimmen. Die Textfassungen dürfen nicht bei anderen Bewerbern gekürzt werden und es müssen dieselben, und nicht langsamere Übermittlungs-, bzw. Kommunikationswege verwendet werden. Die Gleichbehandlung von Rundfunkveranstaltern bei der Heraus- und Weitergabe von amtlichen Bekanntmachungen muss im Verhältnis zu anderen Bewerbern in jeder Beziehung erfolgen.

E. Rechtsschutz

Der Anspruch ist grds. im **Verwaltungsrechtsweg** nach § 40 Abs. 1 S. 1 iVm § 173 VwGO, § 17a Abs. 2 GVG durchsetzbar. Die ordentlichen Gerichte sind zuständig gem. § 40 Abs. 1 S. 1, 2. Hs. VwGO iVm § 23 EGGVG, wenn es sich um Auskünfte durch Staatsanwaltschaften oder Strafgerichte handelt (OLG Hamm AfP 1983, 285). 21

Klageart ist die **allgemeine Leistungsklage** (mit Verpflichtungsanspruch BVerwGE 31, 301 (307)), da die Auskunftserteilung nicht als Verwaltungsakt iSv § 35 S. 1 VwVfG zu qualifizieren ist. Sie ist nicht auf die Herbeiführung einer unmittelbaren Rechtswirkung im Außenverhältnis der Verwaltung gerichtet, sondern stellt eine reine Wissenserklärung dar. Dies auch dann, wenn es im Ermessen der Behörde liegt, ob sie Auskunft erteilt (VG Hannover AfP 1984, 61; VGH Stuttgart AfP 1992, 95). Im Falle negativer Entscheidung erfolgt aus o. g. Gründen kein Widerspruchsverfahren. 22

Nach § 123 Abs. 1 S. 2 VwGO kommt auch **einstweiliger Rechtsschutz** in Frage. Die große Eilbedürftigkeit ergibt sich aus dem Aktualitätsbezug der Berichterstattung. 23

Die einstweilige Anordnung darf die im Hauptsacheverfahren begehrte Rechtsfolge nicht vorwegnehmen, jedoch stellt der presserechtliche Auskunftsanspruch (VGH Stuttgart AfP 1989, 588; Löffler/Burkhardt LPG § 4 Rn. 174) und der Auskunftsanspruch nach Art. 1 Abs. 1 eine Ausnahme von diesem Grundsatz dar, soweit dem Antragsteller durch Verweisung auf das Hauptsacheverfahren unzumutbare, nicht mehr auszugleichende Nachteile entstünden und eine summarische Prüfung der Erfolgsaussichten des Hauptsacheverfahrens ergibt, dass der Antragsteller dort mit hoher Wahrscheinlichkeit obsiegen wird.

§ 9b Verbraucherschutz

(1) ¹Mit Ausnahme der §§ 2, 9 und 12 gelten die Regelungen des EG-Verbraucherschutzdurchsetzungsgesetzes hinsichtlich der Bestimmungen dieses Staatsvertrages zur Umsetzung der Artikel 10 bis 21 der Richtlinie 89/552/EWG des Rates vom 3. Oktober 1989 zur Koordinierung bestimmter Rechts- und Verwaltungsvorschriften der Mitgliedstaaten über die Ausübung der Fernsehtätigkeit (ABl. L 298 vom 17. Oktober 1989, S. 23), in der Fassung der Richtlinie 97/36/EG des Europäischen Parlaments und des Rates (ABl. L 202 vom 30. Juli 1997, S. 60), bei innergemeinschaftlichen Verstößen entsprechend. ²Satz 1 gilt auch für Teleshoppingkanäle.

(2) Rundfunkveranstalter haben folgende Informationen im Rahmen ihres Gesamtangebots leicht, unmittelbar und ständig zugänglich zu machen:
1. Name und geografische Anschrift,
2. Angaben, die eine schnelle und unmittelbare Kontaktaufnahme und eine effiziente Kommunikation ermöglichen und
3. zuständige Aufsicht.

§ 9b RStV widmet sich dem Verbraucherschutz. Während Abs. 2 klare Informationspflichten formuliert, erschließt sich Abs. 1 durch seine Bezugnahmen auf das EG-Verbraucherschutzdurchsetzungsgesetz (EG-VSchDG) (→ Rn. 7 ff.) sowie die EG-Fernsehrichtlinie (nunmehr: AVMD-RL) (→ Rn. 4) nicht auf den ersten Blick (→ Rn. 19). Die Norm ist somit zum einen ein Lehrstück für Regelungskompetenzen auf europäischer und nationaler Ebene, da der Regelungsgehalt der Norm sich aus verschiedenen Rechtsakten ergibt. Zum anderen legt § 9b RStV organisatorisch Folgendes fest: bei einem innergemeinschaftlichen Verstoß gegen die Werbe-, Sponsoring- und Teleshopping-Bestimmungen der (nunmehr) AVMD-RL finden die Befugnisse des EG-VSchDG Anwendung. Die national zuständige Behörde kann Maßnahmen zur Feststellung, Beseitigung oder zum Verbot eines innergemeinschaftlichen Verstoßes treffen, der kollektive Verbraucherinteressen im Binnenmarkt gefährdet. Der Durchsetzbarkeit des Verbraucherschutzes wird hiermit Geltung verschafft.

A. Allgemeines

1 § 9b RStV wurde durch den 10. RÄndStV zum 1.9.2008 in den RStV aufgenommen und ist in Zusammenhang mit der **EU-Verbraucherschutzverordnung** zu sehen (VO (EG) Nr. 2006/2004 des Europäischen Parlaments und des Rates v. 27.10.2004 über die Zusammenarbeit zwischen den für die Durchsetzung der Verbraucherschutzgesetze zuständigen nationalen Behörden („Verordnung über die Zusammenarbeit im Verbraucherschutz" (ABl. EG L 364, 1)).

B. Rechtlicher Zusammenhang

I. Verordnung über die Zusammenarbeit im Verbraucherschutz

2 Ziel der Verordnung ist es, **Gesetze zum Schutz der Verbraucherinteressen** im Fall rechtswidriger grenzüberschreitender Geschäftspraktiken von Unternehmen im Wege der Amtshilfe besser **durchzusetzen.** Es geht hierbei um den **Schutz der kollektiven Interessen** der Verbraucher, Einzelbeschwerden werden nicht erfasst (Art. 1 VO (EG) Nr. 2006/2004). Die Regelungen der Verordnung greifen, wenn die Interessen mehrerer Verbraucher in einem Mitgliedstaat geschädigt werden oder geschädigt werden können und diese Schädigung von einem Unternehmen mit Sitz in einem anderen Mitgliedstaat ausgeht (sog. **innergemeinschaftlicher Verstoß,** Art. 3a VO (EG) Nr. 2006/2004). Auf rein nationale Sachverhalte ist die Verordnung nicht anwendbar.

3 Um ein **einheitliches Verbraucherschutzniveau** in Europa zu gewährleisten, harmonisiert die Verordnung die Ermittlungs- und Durchsetzungsbefugnisse der nationalen Behörden, die für den Verbraucherschutz zuständig sind und sieht Verfahren für den Austausch einschlägiger Informationen (Art. 6 und 7 VO (EG) Nr. 2006/2004) sowie zur Einleitung von Durchsetzungsmaßnahmen (Art. 8 VO (EG) Nr. 2006/2004) vor. Die VO (EG) Nr. 2006/2004 legt somit **organisatorisch** für den Bereich des Verbraucherschutzes die **Rahmenbedingungen für eine europäische Amtshilfe** fest; diese Bestimmungen sind Ende 2006 in Kraft getreten.

4 Art. 3 lit. a VO (EG) Nr. 2006/2004 iVm Nr. 4 Anhang definiert Art. 10–21 der Richtlinie 89/552/EWG des Rates zur Koordinierung bestimmter Rechts- und Verwaltungsvorschriften der Mitgliedstaaten über die Ausübung der Fernsehtätigkeit (EG-FernsehRL) als ein **Gesetz zum Schutz der Verbraucherinteressen.** Die in Bezug genommenen Vorschriften betreffend Werbung, Sponsoring und Teleshopping in den audiovisuellen Medien finden sich nunmehr in Art. 9, 10, 11, 19–26 der **AVMD-RL** (Richtlinie 2010/13/EU des Europäischen Parlaments und des Rates v. 10.3.2012 zur Koordinierung bestimmter Rechts- und Verwaltungsvorschriften der Mitgliedstaaten über die Bereitstellung audiovisueller Mediendienste (Richtlinie über audiovisuelle Mediendienste (ABl. EU 2010 L 95, 1)).

5 Als **zuständige Stellen** für dieses „Verbraucherschutzgesetz" im Bereich der audiovisuellen Medien sind 9 (der insgesamt 14) Landesmedienanstalten, (mehrheitlich) die Staats-, bzw. Senatskanzleien der Länder sowie der Bayerische Rundfunk benannt (Mitteilung der Kommission gem. Art. 5 Abs. 2 VO (EG) Nr. 2006/2004 (ABl. EU 2012 C 185,1). Jede dieser für die AVMD-RL als zuständig bestimmte Institution verfügt über die zur Durchführung der VO (EG) Nr. 2006/2004 erforderlichen Ermittlungs- und Durchsetzungsbefugnisse und übt diese Befugnisse im Einklang mit den nationalen Rechtsvorschriften aus.

6 Die Verordnung bildet auch die Grundlage für die Einrichtung eines europäischen Behördennetzes für die Zusammenarbeit im Verbraucherschutz (**Consumer Protection Cooperation Network,** „CPC-Net"). Zentraler Bestandteil dieses Netzes ist das System zur Zusammenarbeit im Verbraucherschutz. Es handelt sich hierbei um ein gemeinsames IT-Tool für den gegenseitigen Informationsaustausch der Behörden (Consumer Protection Cooperation System, „CPCS").

II. EG-Verbraucherschutzdurchsetzungsgesetz

7 Zur Durchführung der zuvor genannten VO wurde das EG-Verbraucherschutzdurchsetzungsgesetz (VSchDG) erlassen.

Verbraucherschutz § 9b RStV

Da Rundfunk jedoch in die Gesetzgebungskompetenz der Länder fällt, konnte durch das 8
Bundesgesetz eine Umsetzung betreffend die Regelungen der EG-FsRL nicht erfolgen.
Diese Lücke haben die Länder dadurch geschlossen, dass § 9b Abs. 1 RStV die Regelungen
des VSchDG hinsichtlich der Bestimmungen des RStV zu Werbung und Sponsoring im
Rahmen einer **dynamischen Verweisung** für anwendbar erklärt (HRKDSC RStV § 9b
Rn. 1).

Die Zuständigkeit der Länder für Rundfunkangelegenheiten erklärt auch, dass § 9b 9
Abs. 1 in seiner Verweisung **§§ 2, 9 und 12 VSchDG ausnimmt:** Nachdem § 2 VSchDG
institutionelle Zuständigkeiten auf Bundesebene regelt, erübrigt sich insoweit eine Bezugnahme für den der Länderhoheit unterliegenden Rundfunkbereich. Da der RStV in § 49
Abs. 1 Nr. 2–10 werbespezifische Ordnungswidrigkeiten definiert, besteht zudem für den
Verweis auf § 9 VSchDG (Bußgeldvorschriften) kein Rechtsbedürfnis. § 12 VSchDG dient
als Ermächtigungsgrundlage für das Bundesministerium für Ernährung, Landwirtschaft und
Verbraucherschutz: Dieses Ministerium richtet die bundesweite deutsche Verbraucherpolitik
aus und ist insoweit zur Anpassung innerdeutscher Rechtsakte an geändertes Gemeinschaftsrecht berechtigt. Die Rundfunkgesetzgebung fällt nicht in das Ressort des Bundesministeriums, dies begründet die Herausnahme von § 12 VSchDG aus der Verweisungskette.

Das **Bundesamt für Verbraucherschutz und Lebensmittelsicherheit** (BVL) ist nach 10
§ 3 Abs. 1 VSchDG zentrale Verbindungsstelle für die europäische Zusammenarbeit im
Verbraucherschutz in Deutschland. In dieser Eigenschaft leitet das BVL eigehende Amtshilfeersuchen aus anderen Mitgliedstaaten im Behördennetzwerk an die in Deutschland
zuständigen Behörden weiter. Gleichzeitig ist das BVL selbst zuständige Stelle für die grenzüberschreibende Durchsetzung von Verbraucherinteressen in diversen Bereichen (zB unlautere Geschäftspraktiken, Haustürgeschäfte, Pauschalreisen etc.).

Gegenüber Maßnahmen nach dem VSchDG ist der **Rechtsweg** gegeben: Die Beschwer- 11
de ist zu dem Landgericht zulässig, in dessen Bezirk die die Maßnahme erlassende Behörde
ihren Sitz hat (§ 13 Abs. 4 VSchDG).

C. Praktische Relevanz

Der Anwendungsbereich von § 9 Abs. 1 ist eng **limitiert** (HRKDSC RStV § 9b Rn. 3). 12
Denn die Amtshilfemechanismen des VDSchG greifen nur dann, sofern ein **innergemeinschaftlicher Verstoß** gegen **unionsrechtliche Vorgaben** vorliegt.

Konkret muss ein **Verstoß gegen die Zielvorgaben der AVMD-RL** gegeben sein. Es 13
liegt in der Natur der Richtlinie, dass sie Grundkriterien für den Binnenmarkt und die
grenzüberschreitende Verbreitung von audiovisuellen Mediendiensten aufstellt. Dem einzelnen Mitgliedstaat bleibt das Recht vorbehalten, für Mediendiensteanbieter, die seiner
Rechtshoheit unterworfen sind, strengere nationale Vorgaben zu formulieren. Ein **Verstoß
gegen ggf. strengere nationale Bestimmungen** fällt jedoch gerade **nicht** unter den
Anwendungsbereich des § 9b RStV, bzw. der VO (Hahn/Vesting/Flechsig RStV § 9b Rn. 2
und 12).

Ein **Beispiel** mag dies verdeutlichen: Ein in Europa genehmigtes privates Rundfunk- 14
programm strahlt Werbung für ein alkoholisches Getränk aus. Nach der Rechtshoheit des
Mitgliedstaates, welches das Fernsehprogramm genehmigt hat, ist die Ausstrahlung derartiger
Werbung nach Art. 22 AVMD-RL, bzw. der nationalen Gesetzgebung, zulässig. Im Mitgliedstaat Schweden ist das Programm ebenfalls empfangbar, hier besteht im Fernsehen
jedoch ein Werbeverbot für Alkohol. Diese Verletzung der strengeren nationalen Werbevorschrift, die über das Maß der AVMD-Richtlinie hinausgehen, kann nicht mit den in den
VO festgelegten Mechanismen durch die zuständige Behörde angegangen werden. Derartige
Konstellationen, die ebenfalls kollektive Verbraucherinteressen verletzen können, werden in
der Praxis zwischen den jeweils betroffenen nationalen Aufsichtsbehörden für den Rundfunk
kommuniziert. Die britische OFCOM und die schwedische SBC haben beispielsweise ein
Memorandum of Understanding betreffend den Umgang mit Beschwerden gegen ein durch
den Nachbarstaat genehmigtes Programm geschlossen.

Die **Europäische Kommission** hat für den Zeitraum 2007/2008 und 2009/2010 **Be-** 15
richte veröffentlicht über die Durchführung der „Verordnung über die Zusammenarbeit im
Verbraucherschutz" (KOM (2009) 336 v. 2.7.2009 sowie KOM (2012) 100 v. 12.3.2012).

Die Mehrzahl der Fälle, in denen eine bilaterale Zusammenarbeit der Mitgliedsstaaten angefragt wurde, betraf Verstöße gegen die Richtlinie 2005/29/ EG über unlautere Geschäftspraktiken v. 11.6.2005, ABl. L 149, 22 sowie die Richtlinie 2000/31/EG über den elektronischen Geschäftsverkehr v. 8.6.2000, ABl. 2000 L 178, 1.

16 Betreffend die Verbraucherschutzinteressen entsprechend der AVMD-RL wurden in den Jahren 2007 und 2008 zwei Fälle gemeldet, in denen die national zuständige Behörde festgestellt hat, dass ein innergemeinschaftlicher Verstoß vorliegt oder der begründete Verdacht besteht, dass ein derartiger Verstoß erfolgen könnte. Dies wurde den zuständigen Behörden des anderen Mitgliedsstaates mitgeteilt.

17 Im Jahr 2012 wurde ua an die Landesmedienanstalt in Bayern über das Behördennetz folgender der Fall kommuniziert: Die Verbraucherbehörde eines europäischen Nachbarstaats wies auf die Bewerbung und den Vertrieb eines bestimmten Produkts hin, dessen angeblich gesundheitsfördernde Wirkung fraglich sei und rügte dies als möglichen innergemeinschaftlichen Verstoß. Da die Werbung für das konkrete Produkt jedoch nicht im Rahmen eines durch Deutschland genehmigten Fernsehprogramms und darüber hinaus über den Online-Versandhandel erfolgte, war eine Verletzung der AVMD-RL nicht gegeben.

18 Man mag angesichts dieser Gegebenheiten zweifeln, ob § 9b RStV, bzw. die Einbeziehung der AVMD-RL in den Geltungsbereich der VO angebracht erscheint. Der Fernsehzuschauer ist jedoch immer auch als Verbraucher zu sehen ist und kommerzielle Praktiken (z. B. in Teleshoppingprogrammen) erreichen grenzüberschreitend ein breites Publikum. Dass Rechte zum **Schutz der Verbraucher** bestehen, ist fundamental – ebenso **unverzichtbar** sind effektive **Mechanismen** im Binnenmarkt, die mittels einer institutionalisierten Zusammenarbeit von Behörden eine **wirksame Durchsetzung dieser Rechte** und den Zugang zu effizientem Rechtsschutz ermöglichen. Hierfür liefert die VO, bzw. § 9b RStV die Voraussetzung.

D. Ausblick

19 Hinsichtlich eines dankenswerten Vorschlags zur besseren Verständlichkeit der Norm und ihres Regelungsgehalts wird auf Hahn/Vesting/Flechsig RStV § 9b Rn. 17 verwiesen.

§ 10 Berichterstattung, Informationssendungen, Meinungsumfragen

(1) ¹**Berichterstattung und Informationssendungen haben den anerkannten journalistischen Grundsätzen, auch beim Einsatz virtueller Elemente, zu entsprechen.** ²**Sie müssen unabhängig und sachlich sein.** ³**Nachrichten sind vor ihrer Verbreitung mit der nach den Umständen gebotenen Sorgfalt auf Wahrheit und Herkunft zu prüfen.** ⁴**Kommentare sind von der Berichterstattung deutlich zu trennen und unter Nennung des Verfassers als solche zu kennzeichnen.**

(2) **Bei der Wiedergabe von Meinungsumfragen, die von Rundfunkveranstaltern durchgeführt werden, ist ausdrücklich anzugeben, ob sie repräsentativ sind.**

§ 10 RStV stellt inhaltliche Anforderungen an öffentlich-rechtliche und private Rundfunkprogramme. Die Verpflichtungen auf journalistische Grundsätze aus § 10 Abs. 1 S. 1 und 3 RStV gehen in keiner praktisch relevanten Weise über das hinaus, was die zivil- und strafrechtlichen Schranken der Wort- und Bildberichterstattung verlangen (→ Rn. 1 ff.). Das Gebot unabhängiger und sachlicher Berichterstattung in § 10 Abs. 1 S. 2 RStV könnte weiter gehende Beschränkungen enthalten, die dann allerdings auf spezifische Rechtfertigungsprobleme treffen (→ Rn. 5 ff.). Die Trennung von Kommentar und Berichterstattung nach § 10 Abs. 1 S. 4 RStV ist als gesetzlicher Zwang im öffentlich-rechtlichen Rundfunk legitimierbar und auf zugangsbegrenzten Rundfunkplattformen für private Rundfunkanbieter vertretbar, im Übrigen aber nicht nur mit der Meinungs- und Pressefreiheit, sondern auch mit der Rundfunkfreiheit unvereinbar (→ Rn. 9 ff.).

A. Journalistische Wahrheitspflicht (Abs. 1 S. 1 und 3)

1 Tatsachenbehauptungen in Berichterstattung, Informationssendungen und Nachrichten müssen nach § 10 Abs. 1 S. 1 und 3 RStV mit der nach den Umständen gebotenen journalistischen Sorgfalt auf Wahrheit und Herkunft überprüft werden. Dass diese Pflicht nur Tatsachenbehauptungen erfasst, folgt daraus, dass Meinungen und Werturteile nicht wahr oder unwahr sein können.

Die genaue Reichweite dieser Pflicht ergibt sich für die praktisch relevante Fallgruppe der Tatsachenbehauptungen, die Persönlichkeitsrechte berühren, aus dem zivil- und strafrechtlich weitgehend parallel normierten Recht der Wort- und Bildberichterstattung, wie es insbes. die Zivilgerichte unter den Generalklauseln der §§ 823 ff. BGB, §§ 185 ff. StGB herausgebildet haben und fortschreiben (dazu → BGB § 823 Rn. 1 ff., → KunstUrhG § 23 Rn. 1 ff.). Dem hat § 10 Abs. 1 S. 1 u. 3 RStV nichts hinzuzufügen. Im Verein mit der weitgehenden Undurchsetzbarkeit (→ Rn. 14 ff.) handelt es sich insofern um eine eher symbolische Norm. 2

§ 10 Abs. 1 S. 1 und 3 RStV könnten eigenständige Bedeutung erlangen, insoweit sie Anforderungen an die Wahrheit nicht personenbezogener und auch ansonsten nicht spezialgesetzlich auf die Wahrheit verpflichteter Tatsachenbehauptungen aufstellen. So könnte etwa eine zu positive und mit einzelnen Tatsachenbehauptungen unwahre Darstellung bestimmter Energiesparmöglichkeiten für Hausbesitzer dennoch keine Persönlichkeitsrechte berühren (vgl. VG Köln BeckRS 2012, 50839). Die Relevanz einer Geltung von § 10 RStV würde aber auch in solchen Fällen durch die geringe Durchsetzbarkeit relativiert (→ Rn. 14 ff.). 3

Die journalistische Sorgfaltspflicht gilt unabhängig von § 10 Abs. 1 S. 1 RStV auch für virtuelle Rundfunkinhalte. Wenn in einem Bild zu einer Meldung über Gewalttätigkeiten Wasserlachen rot eingefärbt werden, so dass der Eindruck von Blutlachen entsteht, und diese Bildbearbeitung für den Durchschnittszuschauer nicht ohne weiteres klar zu Tage tritt, ist die Wahrheitspflicht jedenfalls dann verletzt, wenn es bei dem Ereignis derartige Blutlachen nicht gab. § 10 RStV wird allerdings auch in diesen Fällen kaum durchsetzbar sein (→ Rn. 14 ff.). Äußerungsrechtlich sind solche falschen Bilder wiederum erst dann relevant, wenn sie Persönlichkeitsrechte oder sonstige mit spezifischem Wahrheitsschutz versehene Rechtsgüter beeinträchtigen. 4

B. Unabhängige und sachliche Berichterstattung (Abs. 1 S. 2)

I. Unabhängigkeit von Geldzahlungen Dritter

Unabhängigkeit idS, dass redaktionelle Rundfunkinhalte nicht an Dritte verkauft werden dürfen, verlangt im Grundsatz das Schleichwerbeverbot des § 7 Abs. 7 RStV. Die Ausnahme der Platzierung von Produkten gegen Entgelt im redaktionellen Programm dürfte nach § 15 RStV nur für Sendungen gelten, in denen keine Berichterstattung iSd § 10 Abs. 1 S. 2 RStV stattfindet. 5

II. Unabhängigkeit von gesellschaftlichen Gruppierungen

Unabhängigkeit in dem Sinne, dass Sendungen nicht einseitig einer **gesellschaftlichen Gruppierung** wie etwa einer Partei, einem Berufsstand etc. dienen dürfen bzw. nicht deren Werkzeug sein dürfen (Spindler/Schuster/Holznagel/Krone RStV § 10 Rn. 7), erscheint als Vorgabe für den öffentlich-rechtlichen Rundfunk einleuchtend. Für den privaten Rundfunk ist es auf solchen Plattformen nachvollziehbar, wo nicht jede dieser gesellschaftlichen Gruppierungen ihr eigenes Programm anbieten kann. Allerdings könnte § 10 RStV mit einem solchen Inhalt im zugangsoffenen Internet schwerlich Geltung beanspruchen. Dort kann jede Partei, jede Religionsgemeinschaft oder sonstige Gruppierung ihr lineares TV- oder Radioprogramm anbieten. Es ist nicht ersichtlich, mit welcher Begründung dem Internet-TV-Programm einer Gewerkschaft oder sonstigen gesellschaftlichen Gruppierung verboten werden könnte, im Rahmen der äußerungsrechtlichen Schranken den Interessen der jeweiligen Organisation zu dienen. 6

III. Unabhängigkeit iS konkret überparteilicher, neutraler und sachlicher Berichterstattung

Unabhängigkeit und Sachlichkeit in dem noch weitergehenden Sinn einer **themenbezogenen überparteilichen, objektiven und sachlichen Berichterstattung** würde 7 bedeuten, dass sich Sendungen in der Themenauswahl, ihrer Benennung und ihrer Darstellung weitestgehend neutral verhalten und keiner Meinung, Haltung oder möglichen Position Vorrang oder Nachrang einräumen (vgl. Spindler/Schuster/Holznagel/Krone RStV § 10 Rn. 7 f.).

8   Ein solches Gebot ist kein allgemein anerkannter journalistischer Grundsatz. Es wäre als allgemeine Schranke des Art. 5 Abs. 1 GG auch nicht zu rechtfertigen. Jedenfalls die Meinungsäußerungs-, Presse- und Filmfreiheit schützen in ihrem Kern gerade und insbes. die parteiergreifende und einseitige wertende Berichterstattung für wie gegen Klimaschutz, Christentum, Islam, Vermögenssteuer, Hartz IV etc. Allein die journalistische Sorgfaltspflicht bei der Ermittlung der Wahrheit der gewählten Tatsachenbehauptungen und die Grenze der Schmähkritik sind zu beachten. Wiederum gilt, dass die binnenplurale Schwächung der vollen Inhaltsfreiheit im öffentlich-rechtlichen Rundfunk legitim und unverzichtbar ist. Im privaten Rundfunk ist eine derart verkürzte Medienfreiheit schwieriger zu begründen. Es mag auf wirkmächtigen Verbreitungsplattformen mit letztendlich immer noch begrenzten Sendeplätzen (Terrestrik, Satellit, Kabel) gelingen. Der für jedermann auch auf Anbieterseite zugangsoffene Rundfunk im Internet muss hingegen von Verfassungs wegen frei von solchen Bindungen bleiben, soll die Rundfunkfreiheit aus Art. 5 Abs. 1 S. 2 GG nicht verletzt werden.

C. Trennung von Kommentar und Bericht und Pflicht zur Nennung des Verfassers des Kommentars

9   Die Trennung von Kommentar und Berichterstattung kann eine wichtige journalistische Maxime sein. Es muss allerdings bewusst bleiben, dass noch die redlichste Nachrichtenauswahl und die redlichste Auswahl der dazu veröffentlichten Tatsachen und Meinungen eine starke Meinung darüber transportiert, welche Themen und welche Meinungen das Publikum zu interessieren haben und welche nicht.

10 Ein **gesetzliches** Trennungsgebot ist ebenso wie die Pflicht zur Nennung des Verfassers des Kommentars eine Beschränkung der Meinungsäußerungsfreiheit, die im Kontext eines Rundfunkprogramms und der binnenplural wertenden Tradition der Rundfunkreglementierung legitim erscheint und gerechtfertigt werden kann. Beide Pflichten sind im Umfeld des Ansatzes zu sehen, nach dem Rundfunkveranstalter auch nach Wegfall der Frequenzengpässe keine volle Meinungsäußerungsfreiheit auf dem Markt der Meinungen genießen, sondern in dienender Funktion selbst in gewisser Weise als Marktplatz über Meinungen anderer berichten sollen. Kommt dann doch einmal eine Meinung vor, ist das zu kennzeichnen, damit die Meinung nicht mit dem Marktplatz verwechselt wird. Tatsächlich dürfte insbes. das Gebot zur Nennung des Verfassers des Kommentars dadurch motiviert sein, dass von entgegengesetzten politischen Lagern geprägte Landesrundfunkanstalten die im Gemeinschaftsprogramm der ARD versendeten Fernsehkommentare des jeweils anderen Lagers in ihrem Sendegebiet deutlich als Meinungen auswärtiger Sendeanstalten gekennzeichnet wissen wollten.

11 Was dem Grundversorgungsauftrag öffentlich-rechtlicher Rundfunkanstalten entspricht und auf zugangsbeschränkten Rundfunkplattformen auch für privaten Rundfunk gelten mag, ist zunächst jedenfalls mit der Presse- und Meinungsfreiheit nicht vereinbar. Beide Äußerungsgrundrechte garantieren nicht nur jedem Bürger das Recht zur Veröffentlichung dezidierter und einseitiger Meinungen. Solange die Tatsachen zutreffen und der journalistischen Sorgfaltspflicht genügt wird, ist es gerade auch Teil der Presse- und Meinungsfreiheit nach Belieben darüber zu entscheiden, wie welche bewertenden (kommentierenden) und berichtenden Kommunikationsinhalte in welchem Beitrag zusammengestellt werden. Ebenso ist es selbstverständlich zulässig, Kommentare auch ohne Namensnennung oder Namenskürzel, ja selbst unter Pseudonym zu veröffentlichen. Die unter den Phantasienamen Panther, Tiger und Co. in der Weimarer Republik veröffentlichten Presseartikel sind noch heute bekannte Beispiele für Vermengungen von Bericht und Kommentar ohne Nennung des Verfassers. Leitartikel, die als Meinung der Redaktion bewusst von keinem einzelnen Redakteur unterzeichnet werden, sind selbstverständlicher Ausdruck der Pressefreiheit. Dennoch wollten die Länder mit § 54 Abs. 2 S. 3 RStV eines Entwurfs zum 9. RfÄndStV v. 18.4.2005 der digitalen Presse die Trennung von Bericht und Kommentar ebenso wie die Pflicht zur Nennung des Verfassers vorschreiben und ließen sich nur mit Mühe von der

Unangemessenheit dieser Rundfunkregulierung für die technologieneutrale Presse überzeugen.

Für den Rundfunk im Sinne linearer Fernseh- und Radioprogramme gilt, dass das 12
binnenplural motivierte restriktive Sonderrecht der Rundfunkregulierung im zugangsoffenen Internet nicht zu rechtfertigen ist und jedenfalls dort den außenpluralen Grundsätzen der Presse- und Meinungsfreiheit weichen muss. Das Verbot des Verlesens von Kommentaren nicht genannter Verfasser ist ebenso wie das Verbot der Zusammenstellung berichtender und wertender Inhalte in einem Nachrichtenbeitrag gegenüber Rundfunkangeboten im zugangsoffenen Internet unverhältnismäßig und damit grundrechtswidrig. Selbst wenn trotz der Möglichkeit des Rundfunks für jedermann auch im Internet an einer Ausgestaltungsbefugnis des Gesetzgebers festgehalten werden sollte, gilt für diese doch der Verhältnismäßigkeitsgrundsatz einschließlich der Angemessenheitsprüfung, die beide Verbote nicht bestehen. Dabei muss im Falle der Pflicht zur Nennung des Kommentarverfassers noch nicht einmal das Interesse an Kommentaren nicht genannter Autoren berücksichtigt werden, das in Zeiten besteht, in denen der Abdruck legaler Karikaturen oder das Eintreten gegen bestimmte Kategorien politisch motivierter Gewalttaten zu Morddrohungen führen.

D. Meinungsumfragen

Geben Rundfunkveranstalter Meinungsumfragen in ihrem Programm wieder, die sie 13
selbst durchgeführt haben, müssen sie mitteilen, ob die Umfrage repräsentativ ist. Die Verpflichtung gilt also dann nicht, wenn von Dritten durchgeführte Umfrageergebnisse im Programm verwendet werden.

E. Durchsetzung

Verstöße gegen § 10 RStV durch öffentlich-rechtliche Rundfunkveranstalter unterliegen 14
keiner externen Kontrolle. Möglich sind alleine Programmbeschwerden, über die die Rundfunkanstalten durch ihre eigenen Organe abschließend entscheiden (vgl. die Darstellung bei Hahn/Vesting/Flechsig RStV § 10 Rn. 78 ff., 74 ff.). Die Verwaltungsgerichte verweisen bei der Abweisung entsprechender Klagen ausdrücklich darauf, dass die zivil- und strafrechtlichen Normen ausreichenden Rechtsschutz verschaffen (OVG Münster ZUM-RD 1997, 259). Damit ist jede spezifisch binnenplurale Verpflichtung aus § 10 RStV, die über die (außenpluralen) Anforderungen des zivil- und strafrechtlichen Äußerungsrechts hinausgeht, nicht durchsetzbar.

Verstöße gegen § 10 RStV durch private Rundfunkveranstalter können von den Landes- 15
medienanstalten im Wege der Beanstandung geahndet werden und im Falle der Wiederholung theoretisch sogar zum Lizenzentzug führen.

Die ungleiche Aufsicht bei gleichzeitig gegenläufig gestufter Legitimität der durchzuset- 16
zenden Schranken erscheint befremdlich. Die über das allgemeine Äußerungsrecht hinausgehenden Kommunikationsinhaltsbeschränkungen des § 10 RStV sind gegenüber dem binnenplural gezähmten öffentlich-rechtlichen Rundfunk sachlich zu rechtfertigen, aber nicht extern kontrollierbar. Gegenüber privaten Veranstaltern sind derartige binnenplural motivierte Inhaltsverbote schwerer – oder im zugangsoffenen Internet – gar nicht zu legitimieren, aber durch behördliche Inhaltskontrolle durchsetzbar. Richtigerweise sollten die binnenpluralen Inhaltsschranken gegenüber dem privaten Rundfunk jedenfalls in zugangsoffenen Netzen gestrichen werden.

II. Abschnitt. Vorschriften für den öffentlich-rechtlichen Rundfunk

§ 11 Auftrag

(1) ¹Auftrag der öffentlich-rechtlichen Rundfunkanstalten ist, durch die Herstellung und Verbreitung ihrer Angebote als Medium und Faktor des Prozesses freier individueller und öffentlicher Meinungsbildung zu wirken und dadurch die demokratischen, sozialen und kulturellen Bedürfnisse der Gesellschaft zu erfüllen. ²Die

öffentlich-rechtlichen Rundfunkanstalten haben in ihren Angeboten einen umfassenden Überblick über das internationale, europäische, nationale und regionale Geschehen in allen wesentlichen Lebensbereichen zu geben. ³ Sie sollen hierdurch die internationale Verständigung, die europäische Integration und den gesellschaftlichen Zusammenhalt in Bund und Ländern fördern. ⁴ Ihre Angebote haben der Bildung, Information, Beratung und Unterhaltung zu dienen. ⁵ Sie haben Beiträge insbesondere zur Kultur anzubieten. ⁶ Auch Unterhaltung soll einem öffentlich-rechtlichen Angebotsprofil entsprechen.

(2) Die öffentlich-rechtlichen Rundfunkanstalten haben bei der Erfüllung ihres Auftrags die Grundsätze der Objektivität und Unparteilichkeit der Berichterstattung, die Meinungsvielfalt sowie die Ausgewogenheit ihrer Angebote zu berücksichtigen.

§ 11 RStV enthält die gesetzliche Ausgestaltung des Auftrags des öffentlich-rechtlichen Rundfunks. Als Grundnorm enthält § 11 RStV abstrakt gehaltene Bestimmungen für alle Angebote, während konkrete Bestimmungen für einzelne Angebote in §§ 11a–11f RStV enthalten sind.

Übersicht

	Rn		Rn
A. Allgemeines	1	B. Besonderes	14
I. Entstehungsgeschichte der Norm	1	I. Abs. 1	14
II. Bedeutung des Umfangs des Auftrags	2	1. Abs. 1 S. 1	14
III. Verfassungsrechtliche Vorgaben	3	2. Umfassender Überblick (Abs. 1 S. 2)	17
IV. Europarechtliche Vorgaben	6	3. Internationale Verständigung, europäische Integration und gesellschaftlicher Zusammenhalt in Bund und Ländern (Abs. 1 S. 3)	19
V. Ungelöste Strukturfrage: Wer steuert den öffentlich-rechtlichen Rundfunk?	9		
VI. Erfordernis eines Drei-Stufen-Tests auch für das lineare Rundfunkprogrammangebot des öffentlich-rechtlichen Rundfunks	11	4. Bildung, Information, Beratung, Unterhaltung (Abs. 1 S. 4)	20
		5. Kultur (Abs. 1 S. 5)	22
		6. Unterhaltung (Abs. 1 S. 6)	24
VII. Erfordernis eines quantitativen und qualitativen Mehrwerts	12	II. Abs. 2	25
		1. Objektivität der Berichterstattung	26
VIII. Erfordernis einer vom Staat und von den Sendeanstalten unabhängigen Aufsicht über die öffentlich-rechtlichen Rundfunkanstalten	13	2. Unparteilichkeit der Berichterstattung	28
		3. Meinungsvielfalt	29
		4. Ausgewogenheit der Angebote	30
		III. Justiziabilität	31

A. Allgemeines

I. Entstehungsgeschichte der Norm

1 Der aktuelle § 11 RStV wurde mit dem 7. RÄndStV v. 23.–26.9.2003 mWv 1.4.2004 neu eingeführt, indem der Auftrag des öffentlich-rechtlichen Rundfunks geregelt wurde. Neu gefasst wurde § 11 RStV mWv 1.6.2009 durch den 12. RÄndStV v. 18.12.2008.

II. Bedeutung des Umfangs des Auftrags

2 Die Bestimmung des Auftrags der öffentlich-rechtlichen Rundfunkanstalten hat eine **wesentliche Bedeutung,** da die finanzielle Ausstattung der öffentlich-rechtlichen Rundfunkanstalten abhängig von dem Umfang des Auftrags ist (BVerfGE 90, 60 (93 ff.); § 1 Abs. 1, § 3 Abs. 1 RFinStV). Ein Interesse an der Beschränkung des Umfangs des Auftrags haben die privatrechtlichen Rundfunkveranstalter sowie die Presseverleger, da der öffentlich-

III. Verfassungsrechtliche Vorgaben

Art. 5 Abs. 1 S. 2 GG dient der Gewährleistung einer freien individuellen und öffentlichen Meinungsbildung. Voraussetzung dafür ist eine Vielfalt an umfassenden und vollständigen Informationen, die durch die Medien vermittelt werden sollen (BVerfGE 57, 295 (320)). **3**

Der Gesetzgeber ist verpflichtet, den Auftrag des öffentlich-rechtlichen Rundfunks zu konkretisieren. Allerdings besteht aufgrund des Grundsatzes der Staatsferne auch eine Beschränkung dahingehend, dass der Programmauftrag lediglich abstrakt beschrieben werden darf. Konkrete inhaltliche Regelungen sind hingegen unzulässig. Dies ist aufgrund der Programmautonomie Aufgabe der Rundfunkanstalt selbst. Durch das Verbot der konkreten Ausgestaltung des Auftrags ist es auch nicht möglich, eine exakte finanzielle Ausstattung entsprechend des Auftrags zuzuweisen. Im Rahmen des 12. RÄndStV wurden die Vorgaben aus dem Beihilfekompromiss umgesetzt. In diesem Zusammenhang wurde in den §§ 11–11f RStV der Auftrag konkretisiert. **4**

Das BVerfG hat bereits konkrete Vorgaben hinsichtlich der Rundfunkfreiheit getroffen. Danach hat der öffentlich-rechtliche Rundfunk in der dualen Rundfunkordnung neben dem privaten Rundfunk, der wirtschaftlich handeln muss, die Aufgabe der Grundversorgung zu erfüllen. Zu gewährleisten ist die Sicherstellung von umfassender und qualitativ hochwertiger Informationsbereitstellung. Damit kommt dem öffentlich rechtlichen Rundfunk eine besondere Bedeutung für die demokratische Ordnung und für das kulturelle Leben zu (BVerfGE 73, 118 (157 f.)). Die Grundversorgung ist nicht als Mindestversorgung zu verstehen, auf die der öffentlich-rechtliche Rundfunk beschränkt bleibt (BVerfGE 74, 297 (325 f.)) Des Weiteren ist durch die Zuweisung der Grundversorgung der Auftragsumfang auch nicht statisch zu verstehen. Vielmehr handelt es sich bei dem Begriff der Grundversorgung um einen dynamischen Begriff (BVerfGE 83, 238 (299 f.)). Grund dafür ist, dass der Inhalt der Grundversorgung zum einen abhängig vom Angebot der privaten Rundfunkveranstalter ist und zum anderen die Bestands- und Entwicklungsgarantie (BVerfGE 119, 181 (218)) zu berücksichtigen ist, sodass auch neue technische Entwicklungen zu berücksichtigen sind. **5**

IV. Europarechtliche Vorgaben

§ 11 RStV ist europarechtlich geprägt. Grund dafür ist der Streit um die rechtliche Einordnung der Rundfunkfinanzierung. Der Verband Privater Rundfunk und Telemedien e. V. (VPRT), der die Rundfunkfinanzierung für europarechtswidrig hielt, hatte eine Beschwerde bei der Europäischen Kommission erhoben. Diese hatte daraufhin ein Verfahren nach Art. 17 VO 659/1999 eingeleitet. Diese Untersuchung mündete in einem sog Beihilfekompromiss, aufgrund dessen das Verfahren zwar eingestellt wurde, aber Deutschland schließlich aufgrund der rechtlich verbindlichen Zusagen (Art. 19 Abs. 1 S. 2 VVO) verpflichtet ist, den Auftrag zu konkretisieren. Diese Konkretisierung erfolgte durch den 12. RÄndStV v. 18.12.2008. **6**

Zwischen der Kommission und Deutschland war zum einen streitig, ob die Rundfunkgebühr als Beihilfe iSd Art. 107 AEUV einzustufen ist. Bei der Annahme einer Beihilfe iSd Art. 107 AEUV könnte die Bereichsausnahme des Art. 106 Abs. 2 AEUV eingreifen, da die öffentlich-rechtlichen Rundfunkanstalten unstreitig mit Dienstleistungen von allgemeinem wirtschaftlichem Interesse betraut sind. Dafür ist jedoch unter anderem notwendig, dass eine gesetzliche Beauftragung des öffentlich-rechtlichen Rundfunks erfolgt und dieser Auftrag auch hinreichend präzise bestimmt ist, damit die konkrete Höhe der Kompensation bestimmt werden kann und es nicht zu einer Überkompensation kommt. Hinsichtlich der Zusatzangebote und der Online-Angebote mangelte es nach Ansicht der Kommission an hinreichender Präzision. Die Auftragsdefinition hinsichtlich allgemeiner Programmtätigkeit wurde jedoch als hinreichend präzise bewertet. **7**

Das Protokoll über den öffentlich-rechtlichen Rundfunk in den Mitgliedstaaten v. 17.6.1997 (ABl EG 1997 Nr. C 340/1, S. 109) ist ein Bestandteil des Amsterdamer Vertrages. **8**

Darin ist festgelegt, dass die Bestimmung des Funktionsbereichs Aufgabe der Mitgliedstaaten ist. Da der Grundsatz der Staatsferne des Rundfunks europarechtlich ebenfalls ein anerkannter Grundsatz ist (Holznagel, Rundfunkrecht in Europa, 1996, 93 f. (119 f.)), ist von einer weiten Definition des Auftrags, die sich an den Zielvorgaben des Amsterdamer Protokolls orientiert, auszugehen.

V. Ungelöste Strukturfrage: Wer steuert den öffentlich-rechtlichen Rundfunk?

9   Gewiss ist, dass der öffentlich-rechtliche Rundfunk nicht auf den status quo seines bisherigen Programm- und Onlineangebots eingefroren werden darf. Kraft seiner ihm nach der Rspr. des BVerfG zukommenden **Bestands- und Entwicklungsgarantie** (vgl. BVerfGE 74, 297 (324 f. und 342); 90, 60 (91); 119, 181 (218)) müssen Veränderungen bzw. Erweiterungen im Bereich linearer sowie nichtlinearer Angebote des öffentlich-rechtlichen Systems prinzipiell möglich sein (vgl. nur BVerfGE 119, 181 (218)). Gewiss ist aber auch, dass hierbei die **kollidierenden** ebenfalls grundrechtlich geschützten **Interessen Dritter** zu beachten sind: nämlich die der **Beitragszahler** und die der konkurrierenden **privaten Anbieter**.

10   Dieser verfassungsrechtlichen Kollisionslage kann sich der **Gesetzgeber** aus **Gründen der gebotenen Staatsfreiheit** des öffentlich-rechtlichen Rundfunks nur auf **hohem Abstraktionsniveau** zuwenden, sie im konkreten Einzelfall jedoch nicht lösen. Die Entscheidung darüber, welche konkreten (linearen) Programme bzw. konkreten (nichtlinearen) Onlinedienste der öffentlich-rechtliche Rundfunk anbietet, darf nicht in die Abhängigkeit von staatlichen Stellen geraten, sondern ist strikt staatsfrei auszugestalten. Der Gesetzgeber ist aber von Verfassungs wegen verpflichtet, durch materielle, prozedurale und organisatorische Regelungen dafür Sorge zu tragen, dass der verfassungsrechtlich geschuldete Ausgleich zwischen den legitimen Interessen des öffentlich-rechtlichen Rundfunks einerseits und den ebenfalls grundrechtlich geschützten Interessen der Gebührenzahler und der privaten (kommerziellen und nichtkommerziellen) Anbieter andererseits auch im konkreten Einzelfall sichergestellt ist. Dieser verfassungsrechtlichen Verpflichtung ist der Gesetzgeber bislang nur unzureichend nachgekommen.

VI. Erfordernis eines Drei-Stufen-Tests auch für das lineare Rundfunkprogrammangebot des öffentlich-rechtlichen Rundfunks

11   Prinzipiell nur für den Bereich der Telemedien hat der Gesetzgeber den Fall neuer oder veränderter Onlineangebote durch den öffentlich-rechtlichen Rundfunk geregelt. Sofern der öffentlich-rechtliche Rundfunk neue bzw. veränderte Telemedien anbieten möchte, muss er sich einem gesetzlich im Einzelnen geregelten Verfahren, dem sog. Drei-Stufen-Test, unterziehen (vgl. § 11f RStV). Ein entsprechendes Verfahren fehlt hingegen grds. für den Bereich des linearen Rundfunks. Eine Ausnahme gilt allein für ausschließlich im Internet verbreitete Hörfunkprogramme, für die das Verfahren nach § 11f RStV verbindlich vorgeschrieben ist (vgl. § 11c Abs. 1 S. 2, Abs. 3 Nr. 4 RStV). Das Verfahren des Drei-Stufen-Tests ist konzeptionell fortzuentwickeln und neben den Telemedien generell auch auf den linearen Programmrundfunk des öffentlich-rechtlichen Rundfunks zu erstrecken (vgl. die entsprechende Prüfempfehlung im Dreizehnten Zwischenbericht der Enquete-Kommission „Internet und digitale Gesellschaft" – Kultur, Medien und Öffentlichkeit, BT-Drs 17/12542, 85).

VII. Erfordernis eines quantitativen und qualitativen Mehrwerts

12   Der Drei-Stufen-Test bedarf auch in materieller Hinsicht einer Konkretisierung. Die nicht zuletzt im Interesse der Beitragszahler unverzichtbare Begrenzungsfunktion erfüllt der Drei-Stufen-Test derzeit nur unzureichend. Es ist klarer als bislang zu regeln, dass beitragsfinanzierte lineare bzw. nichtlineare Angebote des öffentlich-rechtlichen Rundfunks nur dann zulässig sind, wenn sie im Vergleich zu den Angeboten Privater einen **quantitativen oder qualitativen Mehrwert** begründen. Dieses Erfordernis erscheint gerade im Onlinebereich unverzichtbar zu sein, weil hier die Zutrittshürden vergleichsweise geringer sind und das Potenzial gesellschaftlicher Selbstorganisation entsprechend höher ist. Nur ein **qualitativer Mehrwert, nicht** aber ein „**more of the same**" rechtfertigt das Beitragsprivileg des öffentlich-

rechtlichen Rundfunks (vgl. 13. Zwischenbericht der Enquete-Kommission „Internet und digitale Gesellschaft" – Kultur, Medien und Öffentlichkeit, BT-Drs. 17/12542, 86).

VIII. Erfordernis einer vom Staat und von den Sendeanstalten unabhängigen Aufsicht über die öffentlich-rechtlichen Rundfunkanstalten

Auch in organisatorischer Hinsicht bestehen im derzeitigen System Schutzlücken zulasten nicht nur privater Anbieter, sondern auch zulasten der Beitragszahler. Es bedarf der **Schaffung einer sowohl vom Staat, aber auch vom öffentlich-rechtlichen Rundfunk unabhängigen Regulierungsinstanz,** die gegenüber dem öffentlich-rechtlichen Rundfunk die notwendigen Kontroll- und Steuerungsfunktionen übernimmt und die im konkreten Einzelfall den erforderlichen Ausgleich zwischen den Interessen des öffentlich-rechtlichen Rundfunks einerseits und der privaten Anbieter bzw. der Beitragszahler andererseits vornimmt. Diese auf lineare Programme bzw. nichtlineare Telemedien bezogenen Steuerungs- und Kontrollfunktionen darf der Staat aus Gründen der Staatsfreiheit des Rundfunks nicht selbst wahrnehmen. Ebenso wenig wie staatliche Stellen mit der Zulassung und Beaufsichtigung privater Rundfunkanbieter betraut werden dürfen (vgl. nur BVerfGE 73, 118 (182 f.)), ist es gestattet, dem Staat programm- bzw. angebotsbezogene Handlungs-, Beurteilungs- und Ermessensspielräume im Verhältnis zum öffentlich-rechtlichen Rundfunk einzuräumen. Doch auch die binnenpluralistischen Aufsichtsgremien des öffentlich-rechtlichen Rundfunks vermögen den schutzwürdigen Interessen sowohl der Gebührenzahler als auch der privaten Anbieter nicht hinreichend Rechnung zu tragen. Das BVerfG hat im Zusammenhang mit der Gebührenfestsetzung entschieden, dass im Interesse der mit der Gebühr belasteten Teilnehmer eine **externe Kontrolle** der Bedarfsanmeldungen der öffentlich-rechtlichen Rundfunkanstalten erforderlich ist. Denn die Anstalten bieten aufgrund ihres jeder Institution eigenen **„Selbstbehauptungs- und Ausweitungsinteresses"** keine hinreichende Gewähr dafür, dass sie sich bei der Anforderung der finanziellen Mittel im Rahmen des Funktionsnotwendigen halten (vgl. BVerfGE 87, 181 (200 ff.); 119, 181 (223)). Entsprechendes gilt für die Entscheidung über neue Angebote des öffentlich-rechtlichen Rundfunks. Auch insoweit ist eine externe Kontrolle erforderlich, um dem „Selbstbehauptungs- und Ausweitungsinteresse" des öffentlich-rechtlichen Rundfunks Grenzen setzen zu können. Die (im Rahmen des Drei-Stufen-Tests) wahrzunehmenden, sich auf bestimmte lineare Programme bzw. nichtlineare Telemedienangebote beziehenden Steuerungs- und Kontrollaufgaben sind in die Hände eines externen und staatsfrei zu organisierenden Regulierers zu legen. 13

B. Besonderes

I. Abs. 1

1. Abs. 1 S. 1

§ 11 Abs. 1 S. 1 Hs. 1 RStV konkretisiert die verfassungsrechtlich verankerte Funktion des öffentlich-rechtlichen Rundfunks, indem er bestimmt, dass der Rundfunk als Medium und Faktor des Prozesses freier individueller und öffentlicher Meinungsbildung wirkt (BVerfGE 73, 118 (152)). § 11 Abs. 1 S. 1 Hs. 2 RStV greift den Wortlaut des Amsterdamer Protokolls (ABl EG 1997 Nr. C 340/1, 109) auf, das dem öffentlich-rechtlichen Rundfunk die Aufgabe zuschreibt, „demokratischen, sozialen und kulturellen Bedürfnissen der Gesellschaft" zu genügen. Dabei werden die demokratischen Bedürfnisse der Gesellschaft erfüllt, indem der freie Meinungsbildungsprozess durch die Vielzahl an Informationen gefördert wird. Die kulturellen Bedürfnisse werden durch eine Bereicherung an kulturellem Programmangebot befriedigt. Soziale Bedürfnisse erfüllt der öffentlich-rechtliche Rundfunk insbes. dadurch, dass bestimmte soziale Themen in das Programm eingebunden werden, um auch eine Diskussion solcher Themen anzuregen und mithin den Meinungsbildungsprozess hinsichtlich solcher Themen zu fördern. 14

Adressat dieses Auftrags ist nicht bloß der öffentlich-rechtliche Rundfunk als Ganzes, sondern jede öffentlich-rechtliche Rundfunkanstalt wie die Verwendung des Plurals „Rundfunkanstalten" verdeutlicht. Der Begriff der Rundfunkanstalt ist **nicht streng organisato-** 15

RStV § 11 II. Rundfunk und presseähnliche Telemedien

risch zu verstehen, so dass auch das Deutschlandradio als Körperschaft des öffentlichen Rechts von dem Begriff der Rundfunkanstalten erfasst wird (BayLT-Drs. 16/260, 14).

16 § 11 Abs. 1 S. 1 RStV enthält eine allgemeine umfassende Regelung hinsichtlich des Auftrags. In § 11 Abs. 1 S. 2–6 RStV wird dieser Auftrag durch weitere Vorgaben konkretisiert, sodass § 11 Abs. 1 S. 2–6 RStV keine zusätzlichen Erwägungen zu § 11 Abs. 1 S. 1 RStV, sondern lediglich normierte Ausprägungen des in Satz 1 formulierten Auftrags enthält. Hinsichtlich der Auftrags des öffentlich-rechtlichen Rundfunks ist zwischen der Beauftragung durch den Gesetzgeber (**gesetzliche Beauftragung,** vgl. §§ 11b, 11c, § 11d Abs. 2 Nr. 1, 2, 16a ff. RStV) und der **Beauftragung im Wege des Drei-Stufen-Tests** (§§ 11d Abs. 2 Nr. 3, 4, 11f RStV) zu unterscheiden.

2. Umfassender Überblick (Abs. 1 S. 2)

17 Das umfassende Angebot bezieht sich zum einen auf den räumlichen Umfang und zum anderen auf den sachlichen Umfang. Räumlich gesehen sollen die öffentlich-rechtlichen Rundfunkanstalten einen Überblick über das internationale, das europäische, das nationale und auch das regionale Geschehen geben. Sachlich betrachtet soll der Überblick in diesen räumlichen Bereichen in allen wesentlichen Lebensbereichen erfolgen.

18 Der Begriff des „wesentlichen" beschränkt den Auftrag in der Fülle der Informationen auf das Mögliche. Das Fehlen des räumlichen Bezugs auf das „lokale" stellt kein Verbot dar, sondern setzt den Schwerpunkt der Angebote auf umfassendere Zusammenhänge (Hahn/Vesting/Eifert RStV § 11 Rn. 48). Flächendeckende lokale Berichterstattung in Telemedien ist jedoch gem. § 11d Abs. 5 RStV unzulässig. Der umfassende Auftrag bezieht sich auf jegliche Angebote, sodass dies nicht bloß auf den Informationsauftrag zu beschränken ist (Hahn/Vesting/Eifert RStV § 11 Rn. 49).

3. Internationale Verständigung, europäische Integration und gesellschaftlicher Zusammenhalt in Bund und Ländern (Abs. 1 S. 3)

19 Durch diesen umfassenden Überblick soll die internationale Verständigung, europäische Integration und der gesellschaftliche Zusammenhalt in Bund und Ländern gefördert werden. Damit wird der Integrationsauftrag des öffentlich-rechtlichen Rundfunks normiert. Ziel ist es, auf eine gesellschaftliche Integration hinzuwirken, indem durch das umfassende Angebot eine Grundlage für eine Kommunikation geschaffen wird, die sodann integrierend wirkt. Damit gleichzusetzen ist jedoch nicht, dass jegliche Kritik verboten ist. Denn auch Kritik kann den Meinungsbildungsprozess fördern.

4. Bildung, Information, Beratung, Unterhaltung (Abs. 1 S. 4)

20 Die Angebote des öffentlich-rechtlichen Rundfunks haben der Bildung, Information, Beratung und der Unterhaltung zu dienen (vgl. zu diesem Begriffsquartett Gersdorf, ZUM 2002, 106 (109 ff.)). Die Reihenfolge der Begriffe soll keine Rangfolge ausdrücken, stattdessen stehen diese vier Formen gleichberechtigt nebeneinander (Hahn/Vesting/Eifert RStV § 11 Rn. 52). Auch ist eine trennscharfe Abgrenzung zwischen den einzelnen Angebotsarten nicht notwendig, vielmehr sind auch Mischformen zulässig. So hat sich zum Beispiel mit dem sog. Infotainment eine Kombination aus Information und Entertainment (Unterhaltung) etabliert (Hahn/Vesting/Eifert RStV § 11 Rn. 53).

21 Begriffsbestimmungen zu Bildung, Information, Unterhaltung finden sich in § 2 Abs. 2 Nr. 15 (Information), Nr. 16 (Bildung), Nr. 18 (Unterhaltung) RStV. Diese sind jedoch nicht abschließend gefasst, da sie nur bestimmen, was „insbesondere" unter dem jeweiligen Begriff zu verstehen ist. Begrifflich handelt es sich deshalb nicht um eine Legaldefinition sondern vielmehr um Beispiele.

5. Kultur (Abs. 1 S. 5)

22 § 11 Abs. 1 S. 5 RStV bestimmt, dass die öffentlich-rechtlichen Rundfunkanstalten insbes. Beiträge zur Kultur anzubieten haben. Eine Erklärung des Begriffes der Kultur findet

sich in § 2 Abs. 2 Nr. 17 RStV. Auch hier handelt es sich jedoch nicht um eine Legaldefinition, sondern lediglich um Beispiele.

Die Veranstaltung von kulturellen Ereignissen oder das Halten von eigenen Rundfunk- 23
orchestern ist als vorgelagerte programmbezogene Tätigkeit vom Programmauftrag erfasst (Hahn/Vesting/Eifert RStV § 11 Rn. 60; HRKDSC RStV § 11 Rn. 15).

6. Unterhaltung (Abs. 1 S. 6)

§ 11 Abs. 1 S. 6 RStV normiert, dass Unterhaltung einem öffentlich-rechtlichen Ange- 24
botsprofil entsprechen soll. Obwohl die Unterhaltung bereits in § 11 Abs. 1 S. 4 RStV als Angebotsteil genannt wird, findet sie dennoch in § 11 Abs. 1 S. 6 RStV eine gesonderte Erwähnung. Auch wenn dem öffentlich-rechtlichen Rundfunk grundsätzlich eher eine Kompensationsfunktion zukommt, so bleibt er in Bezug auf die Informationsvermittlung nicht auf diese beschränkt. Denn auch Unterhaltung soll ein Bestandteil des Auftrags sein, da gerade die Kombination aus Unterhaltung und Information publikumsanziehend wirkt.

II. Abs. 2

§ 11 Abs. 2 RStV betrifft die Art und Weise der Erfüllung des Auftrags. Die Vorgaben der 25
Objektivität, der Unparteilichkeit, der Meinungsvielfalt und der Ausgewogenheit überschneiden sich, so dass eine klare Abgrenzung der einzelnen Begriffe nicht möglich ist.

1. Objektivität der Berichterstattung

Die Vorgabe der objektiven Berichterstattung knüpft an die Vorgaben des BVerfG über 26
die Ausgewogenheit und Sachlichkeit des Rundfunks an (BVerfGE 57, 295 (325)). In Kombination mit dem umfassenden Überblick wird damit der freie, nicht verzerrte Meinungsbildungsprozess sichergestellt.

Das Ziel der Objektivität umschreibt eher einen Idealzustand, den es anzustreben gilt 27
(HRKDSC RStV § 11 Rn. 18). In Bezug auf die unterschiedlichen Formate ist dieser Zustand auf verschiedene Art und Weise herzustellen. Dementsprechend sind subjektiv geprägte Kommentare durchaus zulässig. Dabei ist jedoch zu beachten, dass die Objektivität dann wiederum über eine Gesamtschau der Inhalte herzustellen ist, indem auch gegenteilige Positionen Berücksichtigung finden. Generell gilt jedoch, dass eine klare Trennung zwischen Tatsachen und der Meinung des Autors zu erfolgen hat (HRKDSC RStV § 11 Rn. 19).

2. Unparteilichkeit der Berichterstattung

Der Begriff der Unparteilichkeit hat neben dem Begriff der Objektivität keine eigen- 28
ständige Bedeutung, da er in dem Begriff der Objektivität bereits enthalten ist. Vielmehr wird durch die eigene Erwähnung die Bedeutung nochmals hervorgehoben. Der öffentlich-rechtliche Rundfunk hat sich weder an den Interessen einer gesellschaftlichen noch an denen einer politischen Gruppierung zu orientieren.

3. Meinungsvielfalt

Die Vorgabe der Meinungsvielfalt umfasst zum einen die Vielfalt an Themen und inner- 29
halb dieser Themen die Vielfalt aller Meinungen, die zu diesem Thema vertreten werden (HRKDSC RStV § 11 Rn. 24). Nicht jede Sendung muss dem Erfordernis der Meinungsvielfalt gerecht werden. Vielmehr kann diese Vielfalt auch über eine Gesamtbetrachtung an Sendungen hergestellt werden (HRKDSC RStV § 11 Rn. 23).

4. Ausgewogenheit der Angebote

Der Begriff der Ausgewogenheit der Angebote zielt nicht nur auf die meinungsbezogene, 30
sondern auch auf die thematische, also gegenständliche Dimension des Vielfaltsbegriffs. Ihm kommt insoweit gegenüber der Vorgabe der Meinungsvielfalt eine eigenständige Bedeutung zu.

III. Justiziabilität

31 Die genannten Programmgrundsätze sind justiziabel. Allerdings obliegt es in erster Linie den internen Kontrollgremien des öffentlich-rechtlichen Rundfunks, über die Wahrung der Programmgrundsätze zu wachen.

§ 11a Angebote

(1) ¹Angebote des öffentlich-rechtlichen Rundfunks sind Rundfunkprogramme (Hörfunk- und Fernsehprogramme) und Telemedien nach Maßgabe dieses Staatsvertrages und der jeweiligen landesrechtlichen Regelungen. ²Der öffentlich-rechtliche Rundfunk kann programmbegleitend Druckwerke mit programmbezogenem Inhalt anbieten.

(2) Rundfunkprogramme, die über unterschiedliche Übertragungswege zeitgleich verbreitet werden, gelten zahlenmäßig als ein Angebot.

§ 11a RStV knüpft an § 11 RStV an, der den Auftrag der öffentlich-rechtlichen Rundfunkanstalten festlegt und dafür auf den Begriff der Angebote abstellt. § 11a RStV bestimmt, was ein Angebot iSd § 11 RStV ist.

A. Allgemeines

1 § 11a RStV wurde durch den 12. RÄndStV neu eingefügt. Inhaltlich ist er jedoch nicht vollständig neu. So enthielt bereits der 7. RÄndStV die Regelung, dass der öffentlich-rechtliche Rundfunk programmbegleitend Druckwerke und Mediendienste (heute Telemedien) mit programmbezogenem Inhalt anbieten darf. Die Regelung des § 11a Abs. 2 RStV wurde durch den 12. RÄndStV jedoch neu eingefügt. Grund dafür sind die Programmzahlbeschränkungen des § 11b RStV und § 11c RStV, die aufgrund des Beihilfekompromisses eingefügt wurden. Diese machen es erforderlich, dass gesetzlich hinreichend bestimmt sein muss, was zahlenmäßig unter dem Programmauftrag des öffentlich-rechtlichen Rundfunks zu verstehen ist.

B. Einzelkommentierung
I. Angebot (Abs. 1 S. 1)

2 § 11a RStV konkretisiert die Bestimmung des § 11 RStV, indem er vorgibt, was unter einem Angebot zu verstehen ist. Dennoch handelt es sich nicht um eine Legaldefinition, da der Begriff des Angebots innerhalb des RStV nicht einheitlich verwendet wird; vielmehr bezieht sich der § 11a RStV nur auf § 11 RStV (Hahn/Vesting/Eifert RStV § 11 Rn. 20).

3 Nach § 11a Abs. 1 S. 1 RStV sind Angebote Rundfunkprogramme und Telemedien. Der Begriff des **Angebots** ist mithin der **Oberbegriff** für beide Angebotsarten. Daraus ergibt sich, dass die Telemedien gegenüber den Rundfunkprogrammen als eigenständiges Angebot angesehen werden (Hahn/Vesting/Eifert RStV § 11 Rn. 1).

4 Der Begriff des Angebots ist dem Rundfunkrecht nicht fremd. Bereits der JMStV verwendet diesen Begriff und führt in § 3 Abs. 2 Nr. 1 JMStV eine Legaldefinition an. Da ein Angebot im Sinne des JMStV nur „Rundfunksendungen oder Inhalte von Telemedien" sind, sind die Angebotsbegriffe des JMStV und des RStV nicht identisch. Vielmehr ist der Begriff des Angebots im Sinne des RStV umfassender (HRKDSC RStV § 11 Rn. 3). Während die näheren Regelungen zu den Rundfunkprogrammen in §§ 11b, 11c RStV zu finden sind, sind nähere Regelungen zu den Telemedien in §§ 11d, 11f RStV enthalten.

II. Rundfunkprogramme (Abs. 1 S. 1)

5 Der Begriff des Rundfunkprogramms ist in § 2 Abs. 2 Nr. 1 RStV legaldefiniert. Danach ist ein „Rundfunkprogramm eine nach einem Sendeplan zeitlich geordnete Folge von Inhalten". Abzugrenzen ist das Rundfunkprogramm insbesondere von der Sendung, die in § 2 Abs. 2 Nr. 2 RStV legaldefiniert ist. Unter einer Sendung versteht man einen inhaltlich

zusammenhängenden, geschlossenen, zeitlich begrenzten Teil eines Rundfunkprogramms. Unter Rundfunkprogramme sind sowohl Hörfunk- als auch Fernsehprogramme zu verstehen.

III. Telemedien (Abs. 1 S. 1)

Anknüpfungspunkt ist zwar eine einfachgesetzliche Betrachtungsweise, indem an die Regelungen des RStV und die landesrechtlichen Regelungen angeknüpft wird. Dennoch ist eine verfassungsrechtliche Einordnung der Telemedien erforderlich und relevant, da der öffentlich-rechtliche Rundfunk verfassungsrechtlich nur berechtigt ist, Rundfunk zu veranstalten. Auf das Grundrecht der Pressefreiheit können sich öffentlich-rechtliche Rundfunkanstalten nicht stützen (BVerfGE 83, 238 (312)). Hinsichtlich der Telemedien ist umstritten, wie diese verfassungsrechtlich einzuordnen sind. Eine Ansicht stellt allein auf den Verbreitungsweg ab und ordnet Inhalte, die elektronisch verbreitet werden, stets als Rundfunk ein (BVerfGE 83, 238 (313)). Es ist jedoch überzeugender im Rahmen der Abgrenzung auf das Erscheinungsbild des Telemediums abzustellen. Wenn das Angebot überwiegend Text und stehende Bilder enthält, sollte aufgrund der Presseähnlichkeit auch eine Zuordnung zum verfassungsrechtlichen Pressebegriff erfolgen. Wenn hingegen das Telemedium überwiegend aus Bewegtbildern mit bzw. ohne Ton oder auch nur aus Ton besteht, dann drängt sich in Anlehnung an die klassische Abgrenzung auch eine Einordnung zu dem verfassungsrechtlichen Rundfunkbegriff auf. Das Verbreitungsmedium ist somit nicht ausschlaggebend (zur Abgrenzung von Presse iSd Art. 5 Abs. 1 S. 2 GG vgl. iE Gersdorf AfP 2010, 421 (422 ff.)). Gem. § 2 Abs. 1 S. 3 RStV sind Telemedien iSd RStV alle elektronischen Informations- und Kommunikationsdienste, soweit sie nicht Telekommunikationsdienste nach § 3 Nr. 24 TKG sind, die ganz in der Übertragung von Signalen über Telekommunikationsnetze bestehen oder telekommunikationsgestützte Dienste nach § 3 Nr. 25 TKG oder Rundfunk nach S. 1 und 2 sind. Nach dieser Definition sind somit auch solche Angebote erfasst, die das typische Erscheinungsbild der klassischen Presse aufweisen. Dies ergibt sich auch aus der Begründung zum 9. RÄndStV, in der eine Aufzählung von Beispielen für Angebote, die als Telemedien einzuordnen sind, enthalten ist.

Welche Telemedien der öffentlich-rechtliche Rundfunk anbieten darf, ergibt sich nicht aus § 11a RStV. Vielmehr bestimmt sich dies „nach Maßgabe" des RStV und der jeweiligen landesrechtlichen Regelungen (§ 11a Abs. 1 RStV). Aus § 11d Abs. 1 RStV folgt, dass der öffentlich-rechtliche Rundfunk nur solche **Telemedien** anbieten darf, die **journalistisch-redaktionell veranlasst** und **journalistisch-redaktionell gestaltet** sind.

IV. Druckwerke (Abs. 1 S. 2)

§ 11a Abs. 1 S. 2 RStV gibt vor, dass der öffentlich-rechtliche Rundfunk programmbegleitend auch Druckwerke mit programmbezogenem Inhalt anbieten darf. Grundsätzlich ist der öffentlich-rechtliche Rundfunk nur berechtigt, Rundfunk im Sinne des Art. 5 Abs. 1 S. 2 GG anzubieten. Da es sich bei Druckwerken jedoch um ein Presseprodukt handelt, ist dies den Rundfunkanstalten grundsätzlich nicht gestattet, da der öffentlich-rechtliche Rundfunk sich nicht auf die Pressefreiheit stützen kann (BVerfGE 83, 238 (312)). Dennoch ist § 11a Abs. 1 S. 2 RStV nicht verfassungswidrig. Zu dieser Problematik hat das BVerfG bereits 1991 in seiner 6. Rundfunkentscheidung Stellung bezogen. Es stellte fest, dass sich aus der Rundfunkfreiheit gem. Art. 5 Abs. 1 S. 2 GG eine Berechtigung der Rundfunkanstalten ergibt, auch Druckwerke mit Programmbezug zu veröffentlichen, soweit diese eine unterstützende Randbetätigung der Anstalten darstellen, da diese Randbetätigung ebenso der Erfüllung des Programmauftrags dient (BVerfGE 83, 238 (313)). Da es sich lediglich um eine Randbetätigung handelt, ist diese Befugnis restriktiv auszulegen. Die Restriktion wird einfachgesetzlich in der Gestalt umgesetzt, dass das Druckwerk zum einen programmbezogenen Inhalt aufweisen muss und zudem auch nur programmbegleitend sein darf. Der Begriff des Programmbezugs ist eng auszulegen. Die öffentlich-rechtlichen Rundfunkanstalten dürfen nicht jedes Thema, über das berichtet wird, zum Anlass nehmen, um ein entsprechendes Druckwerk anzubieten. Zulässig sind Programmvorschauen, Informationen zu Programminhalten, zur Programmtätigkeit, zur Programmplanung, zur Struktur, zum Betrieb oder zu Personalien der Anstalt (Hahn/Vesting/Eifert RStV § 11 Rn. 22).

9   Der Begriff der Druckwerke ist in Anlehnung an die oben genannte verfassungsrechtliche Abgrenzung zwischen Rundfunk und Presse nicht nur auf gedruckte Werke zu beziehen, entscheidend ist auch hier wieder das typische Erscheinungsbild; auf das Verbreitungsmedium kommt es somit nicht an. Dementsprechend darf der öffentlich-rechtliche Rundfunk programmbegleitend auch solche Telemedien anbieten, die der klassischen Presse vom Erscheinungsbild entsprechen, soweit der Programmbezug gegeben ist.

10 Die Herausgabe von Druckwerken ist nicht erst dann zulässig, wenn die Presseverlage unzureichend über das Programmangebot der öffentlich-rechtlichen Rundfunkanstalten informieren. Bereits vor dem Eintritt entsprechender Mangellagen kann es erforderlich sein, den Rezipienten Informationen zu vermitteln, um ihnen hinreichende Kenntnis von der Tätigkeit und dem Programmangebot der Anstalten zu verschaffen (BVerfGE 83, 238 (313)).

11 Da die Druckwerke Begleitmaterialien sind, unterliegen sie nicht § 13 S. 2 RStV. Allerdings ist zu beachten, dass keine Gewinne mit dem Verkauf der Druckwerke erwirtschaftet werden dürfen (BVerfGE 83, 238 (314)).

V. Zahlenmäßige Bestimmung der Rundfunkprogramme (Abs. 2)

12 § 11a Abs. 2 RStV legt fest, dass das zeitgleiche Verbreiten von Rundfunkprogrammen, auch wenn die Verbreitung über unterschiedliche Verbreitungswege erfolgt, dennoch als ein Angebot anzusehen ist. Er steht im Zusammenhang mit § 11b RStV und § 11c RStV, die eine Programmzahlbeschränkung vornehmen. Im Umkehrschluss bedeutet dies, dass das gleiche Rundfunkprogramm bei nicht zeitgleicher, sondern zeitversetzter Verbreitung, ein neues Angebot darstellt.

13 Inwieweit ein Telemedium zahlenmäßig ein Angebot darstellt, ist in § 11a RStV nicht geregelt.

§ 11b Fernsehprogramme

(1) Die in der ARD zusammengeschlossenen Landesrundfunkanstalten veranstalten gemeinsam folgende Fernsehprogramme:
1. das Vollprogramm „Erstes Deutsches Fernsehen (Das Erste)",
2. drei Programme als Zusatzangebote nach Maßgabe der als Anlage beigefügten Konzepte, und zwar die Programme
   a) „EinsExtra"
   b) „EinsPlus" und
   c) „EinsFestival".

(2) Folgende Fernsehprogramme von einzelnen oder mehreren in der ARD zusammengeschlossenen Landesrundfunkanstalten werden nach Maßgabe ihres jeweiligen Landesrechts veranstaltet:
1. die Dritten Fernsehprogramme einschließlich regionaler Auseinanderschaltungen, und zwar jeweils
   a) des Bayerischen Rundfunks (BR),
   b) des Hessischen Rundfunks (HR),
   c) des Mitteldeutschen Rundfunks (MDR),
   d) des Norddeutschen Rundfunks (NDR),
   e) von Radio Bremen (RB),
   f) vom Rundfunk Berlin-Brandenburg (RBB),
   g) des Südwestrundfunks (SWR),
   h) des Saarländischen Rundfunks (SR) und
   i) des Westdeutschen Rundfunks (WDR).
2. das Spartenprogramm „BR-alpha" mit dem Schwerpunkt Bildung.

(3) Das ZDF veranstaltet folgende Fernsehprogramme:
1. das Vollprogramm „Zweites Deutsches Fernsehen (ZDF)",
2. drei Programme als Zusatzangebote nach Maßgabe der als Anlage beigefügten Konzepte, und zwar die Programme
   a) „ZDFinfokanal",

Fernsehprogramme   § 11b RStV

b) „ZDFkulturkanal" und
c) „ZDF-Familienkanal".

(4) Die in der ARD zusammengeschlossenen Landesrundfunkanstalten und das ZDF veranstalten gemeinsam folgende Fernsehprogramme:
1. das Vollprogramm „3sat" mit kulturellem Schwerpunkt unter Beteiligung öffentlich-rechtlicher europäischer Veranstalter,
2. das Vollprogramm „arte – Der Europäische Kulturkanal" unter Beteiligung öffentlich-rechtlicher europäischer Veranstalter,
3. das Spartenprogramm „PHOENIX – Der Ereignis- und Dokumentationskanal" und
4. das Spartenprogramm „KI.KA – Der Kinderkanal".

(5) Die analoge Verbreitung eines bislang ausschließlich digital verbreiteten Programms ist unzulässig.

§ 11b RStV konkretisiert den Auftrag aus § 11 RStV und § 11a RStV, indem er festlegt, welche Fernsehprogramme die öffentlich-rechtlichen Rundfunkanstalten anbieten. Dadurch kommt der deutsche Gesetzgeber der Verpflichtung zur Konkretisierung des Auftrags nach, die ihm im Rahmen des Beihilfekompromisses auferlegt wurde. § 11b Abs. 1 RStV bestimmt die Fernsehprogramme, die die in der ARD zusammengeschlossenen Rundfunkanstalten gemeinsam veranstalten (→ Rn. 9 ff.). Während § 11b Abs. 1 Nr. 1 RStV das Erste als ein Vollprogramm festlegt (→ Rn. 9 ff.), bestimmt § 11b Abs. 1 Nr. 2 RStV, dass drei Programme als Zusatzangebote veranstaltet werden (→ Rn. 14 ff.). Zu beachten ist die Anlage „Programmkonzept Digitale Fernsehprogramme der ARD" zu § 11b Abs. 1 Nr. 2 RStV. § 11b Abs. 2 RStV normiert die Fernsehprogramme, die die einzelnen in der ARD zusammengeschlossenen Rundfunkanstalten veranstalten (→ Rn. 19 ff.). § 11b Abs. 3 RStV bestimmt die Programme, die das ZDF veranstaltet (→ Rn. 26 ff.). Während § 11b Abs. 3 Nr. 1 RStV ein Vollprogramm vorgibt, bestimmt § 11b Abs. 3 Nr. 2 RStV, dass drei Programme als Zusatzangebote veranstaltet werden. Zu beachten ist die Anlage „Konzepte für die Zusatzangebote des ZDF" zu § 11b Abs. 3 Nr. 2 RStV. § 11b Abs. 4 RStV bestimmt, welche Programme die in der ARD zusammengeschlossenen Rundfunkanstalten und das ZDF gemeinsam anbieten (→ Rn. 29 ff.). § 11b Abs. 4 Nr. 1 und 2 RStV nennen insgesamt zwei Vollprogramme. § 11b Abs. 4 Nr. 3 und 4 RStV nennen insgesamt zwei Spartenprogramme. § 11b Abs. 5 RStV regelt das Verbot der analogen Verbreitung von Programmen, die bisher ausschließlich digital verbreitet wurden (→ Rn. 46).

Übersicht

	Rn		Rn
A. Allgemeines	1	III. Das ZDF (Abs. 3)	26
I. Entstehungsgeschichte der Norm	1	IV. ARD und ZDF (Abs. 4)	29
II. Verfassungsrechtliche Aspekte	7	1. Vollprogramme mit Beteiligung öffentlich-rechtlicher europäischer Veranstalter	31
B. Einzelkommentierung	9		
I. ARD (Abs. 1)	9	2. Spartenprogramme	40
1. Erstes Deutsches Fernsehen (Abs. 1 Nr. 1)	9	V. Verbot analoger Verbreitung (Abs. 5)	46
2. Zusatzangebote (Abs. 1 Nr. 2)	14	VI. Fernsehtext	47
II. Dritte Fernsehprogramme (Abs. 2)	19		

A. Allgemeines

I. Entstehungsgeschichte der Norm

Bereits Art. 2 Abs. 1 RStV 1987 enthielt eine Verpflichtung der in der ARD zusammengeschlossenen Rundfunkanstalten und des ZDF zur Veranstaltung eines Zusatzprogramms, das über Satellit verbreitet werden sollte und einen kulturellen Schwerpunkt aufweisen sollte. Art. 2 Abs. 4 RStV 1987 sah unter gewissen Voraussetzungen eine Beteiligungsmöglichkeit

RStV § 11b II. Rundfunk und presseähnliche Telemedien

von den in der ARD zusammengeschlossenen Rundfunkanstalten und dem ZDF gemeinsam an einem europäischen Fernsehprogramm vor, wovon jedoch kein Gebrauch gemacht wurde. Art. 2 Abs. 5 RStV 1987 sah die Möglichkeit der Veranstaltung weiterer gemeinsamer Fernsehprogramme von ARD und ZDF vor, allerdings unter der Voraussetzung, dass dies zunächst zwischen den Ländern durch Staatsvertrag geregelt würde. Regelungen über die Dritten Fernsehprogramme waren nicht im RStV enthalten, mitunter fanden sich solche Regelungen in den Landesrundfunkgesetzen.

2   In dem 2. RÄndStV von 1992 wurde in § 18 RStV eine Regelung zur Begrenzung der Fernsehprogramme von den in der ARD zusammengeschlossenen Rundfunkanstalten und dem ZDF aufgenommen. Es wurde gesetzlich festgelegt, dass die ARD und das ZDF sich jeweils gegenseitig am Kulturprogramm des jeweils anderen beteiligen dürfen. Ebenso wurde bereits die Möglichkeit der Beteiligung von ausländischen, insbes. europäischen, Veranstaltern normiert. Des Weiteren enthielt § 18 RStV eine Regelung zur Beteiligung am europäischen Kulturprogramm Arte.

3   Nach einer Diskussion über die Zulässigkeit von öffentlich-rechtlichen Spartenprogrammen wurden die in der ARD zusammengeschlossenen Rundfunkanstalten und das ZDF durch den 3. RÄndStV von 1996 ermächtigt, zwei gemeinsame Spartenfernsehprogramme zu veranstalten. Daraufhin kam es zu der Veranstaltung von den Programmen Phoenix und Ki.Ka.

4   Nach einem Streit darüber, inwieweit der öffentlich-rechtliche Rundfunk an der technischen Weiterentwicklung teilhaben sollte, führte der 4. RÄndStV von 2000 mit § 19 RStV eine Regelung für digitale Angebote ein. Seit 1997 hatten die in der ARD zusammengeschlossenen Rundfunkanstalten bereits drei digitale Angebote (ARD Eins Extra, ARD Eins MuX, ARD Eins Festival). Das ZDF veranstaltete mit dem Programm ZDF Infobox ebenfalls ein digitales Programm. Diese Programme wurden jedoch ohne gesetzliche Grundlage veranstaltet. Zur Streitbeilegung wurde nun ein Kompromiss geschlossen, der darin bestand, die bestehenden Programme zu gestatten, weitere Programme jedoch unter den Vorbehalt einer vorherigen staatsvertraglichen Regelung zu stellen.

5   Durch den 8. RÄndStV von 2005 wurde eine zahlenmäßige Obergrenze für Fernsehprogramme für die einzelnen Landesrundfunkanstalten und für die gemeinsamen Veranstaltungen von ARD und ZDF festgesetzt. Ebenso wurde die Beteiligung am europäischen Kulturkanal geregelt.

6   Durch den 12. RÄndStV von 2009 wurde die Regelung des bisherigen § 19 RStV durch den § 11b RStV ersetzt. Durch Einführung der §§ 11 ff. RStV kommt der Gesetzgeber der Verpflichtung nach, die Deutschland im Beihilfekompromiss auferlegt wurde, den Auftrag der öffentlich-rechtlichen Rundfunkanstalten zu konkretisieren. Neben der Beschreibung des Auftrags wurde ua eine Auflistung der Fernsehprogramme vorgenommen, die von dem ZDF, den einzelnen Landesrundfunkanstalten und den in der ARD zusammengeschlossenen Rundfunkanstalten gemeinsam veranstaltet wird. Dadurch soll der Finanzbedarf konkretisiert werden und dementsprechend soll eine Überkompensation vermieden werden, so dass die Wettbewerber vor einer unzulässigen Beihilfe geschützt werden. Durch den 12. RÄndStV wurde lediglich der status quo der Programmzahl festgeschrieben. Damit wurde zugleich eine **Programmzahlbeschränkung oder -erhöhung** geregelt.

II. Verfassungsrechtliche Aspekte

7   Eine gesetzliche Programmzahlbegrenzung ist verfassungsrechtlich problematisch, da Art. 5 Abs. 1 S. 2 GG den Rundfunkanstalten Programmautonomie gewährt. Diese umfasst die Befugnis der Rundfunkanstalten über Inhalt, Form, Anzahl und Umfang der Programme selbst zu entscheiden (BVerfGE 87, 181 (201)). Zwar besteht zugleich ein Ausgestaltungsauftrag der Länder hinsichtlich der Rundfunkordnung. Die Konkretisierung des gesetzlichen Programmauftrags obliegt allerdings den Rundfunkanstalten selbst. Da die Länder nur verpflichtet sind, die Programmtätigkeiten zu finanzieren, die zur Wahrnehmung des Funktionsauftrags erforderlich sind, besteht ein **Spannungsverhältnis zwischen der Autonomie der Rundfunkanstalten und der Finanzierungspflicht der Länder** (Hahn/Vesting/Binder RStV § 11b Rn. 15 f.). Weiter gilt es, die **schutzwürdigen Belange sowohl der Beitragszahler als auch der privaten Veranstalter** zu berücksichtigen. Der Notwendig-

keit eines sachgerechten Ausgleichs der einander kollidierenden Interessen hat der Gesetzgeber bislang nicht entsprochen. Anstelle der gesetzlichen Begrenzung der Programmanzahl des öffentlich-rechtlichen Rundfunks ist die Entscheidung über neue bzw. bestehende Programme nach Maßgabe eines konzeptionell fortzuentwickelnden **Drei-Stufen-Tests** zu treffen (→ § 11 Rn. 11 ff.)

Die Grundversorgung besteht auch in technischer Hinsicht. Die Rundfunkanstalten müssen sich sämtlicher Übertragungswege bedienen dürfen, um die Bevölkerung mit dem Programmangebot des öffentlich-rechtlichen Rundfunks versorgen zu können (vgl. Hahn/Vesting/Binder RStV § 11b Rn. 83 f.). 8

B. Einzelkommentierung

I. ARD (Abs. 1)

1. Erstes Deutsches Fernsehen (Abs. 1 Nr. 1)

Die in der ARD zusammengeschlossenen Rundfunkanstalten veranstalten gemeinsam das Vollprogramm „Erstes Deutsches Fernsehen". Die Ergänzung in Klammern „Das Erste" dient der Verdeutlichung. Dieser Begriff wird von der ARD benutzt; demzufolge greift der Gesetzgeber diesen Begriff ergänzend auf. 9

Näheres zur Veranstaltung des Programms regelt der ARD-Staatsvertrag. Der Begriff des Vollprogramms ist in § 2 Abs. 2 Nr. 3 RStV legaldefiniert. Danach ist ein Vollprogramm ein Rundfunkprogramm mit vielfältigen Inhalten, in welchem Information, Bildung, Beratung und Unterhaltung einen wesentlichen Teil des Gesamtprogramms bilden. 10

Der Inhalt des Programms besteht aus Zulieferungen von den einzelnen Rundfunkanstalten und aus eigenen Produktionen von den ARD-Gemeinschaftseinrichtungen bzw. von diesen finanzierten Sendungen (Hahn/Vesting/Binder RStV § 11b Rn. 65). 11

Rundfunkveranstalter – und somit Verantwortlicher für das Programm – ist aufgrund der fehlenden Rechtspersönlichkeit der ARD nicht die Arbeitsgemeinschaft. Vielmehr ist jede in der ARD zusammengeschlossene Rundfunkanstalt für jeden Programmbeitrag verantwortlich (Hahn/Vesting/Binder RStV § 11b Rn. 63). 12

Die Organisation des Ersten Deutschen Fernsehens haben die einzelnen Rundfunkanstalten durch Verwaltungsvereinbarungen geregelt (Hahn/Vesting/Binder RStV § 11b Rn. 66). 13

2. Zusatzangebote (Abs. 1 Nr. 2)

Aufgrund der Befürchtung der privaten Rundfunkveranstalter und der Zeitungs- und Zeitschriftenverleger vor einer gebührenfinanzierten Programmausweitung der Rundfunkanstalten herrschte Streit, inwieweit der öffentlich-rechtliche Rundfunk an technischen Neuerungen teilhaben darf und somit auch digitale Programme anbieten kann. Das BVerfG hat jedoch festgestellt, dass der öffentlich-rechtliche Rundfunk aufgrund seiner Bestands- und Entwicklungsgarantie das Recht hat, an technischen Neuerungen teilzuhaben (BVerfGE 119, 181 (218)). 14

§ 11b Abs. 1 Nr. 2 RStV beauftragt die in der ARD zusammengeschlossenen Rundfunkanstalten, gemeinsam drei Programme als Zusatzangebote nach Maßgabe der als Anlage beigefügten Konzepte zu veranstalten. Eine Legaldefinition hinsichtlich des Begriffs der Zusatzangebote enthält der RStV nicht. Allerdings findet sich in der Gesetzesbegründung ein Verweis auf § 19 RStV aF, wonach die Rundfunkanstalten, die in der ARD zusammengeschlossen sind, dazu berechtigt waren, ausschließlich in digitaler Technik jeweils bis zu drei weitere Fernsehprogramme mit den Schwerpunkten Kultur, Bildung und Information zu veranstalten. An Stelle dieser Vorschrift soll nun die Regelung des § 11b Abs. 1 Nr. 2 RStV treten, der die Rundfunkanstalten nicht nur berechtigt, sondern ihnen verbindlich aufgibt, folgende drei Programme gemeinsam zu veranstalten: Eins Extra, EinsPlus, EinsFestival. Mithin handelt es sich bei diesen drei Programmen um digitale Gemeinschaftsprogramme (Hahn/Vesting/Binder RStV § 11b Rn. 69), wobei die Bezeichnung der Programme aufgrund der Programmautonomie der Rundfunkanstalten nicht bindend ist (Hahn/Vesting/Binder RStV § 11b Rn. 72). 15

Die Rundfunkanstalten haben in Programmkonzepten den inhaltlichen Schwerpunkt der Zusatzprogramme festgehalten. Diese Programmkonzepte sind Selbstverpflichtungserklärun- 16

RStV § 11b II. Rundfunk und presseähnliche Telemedien

gen der Rundfunkanstalten. Sie sind als Anlage zum Staatsvertrag beigefügt. Diese waren erforderlich, da die Kommission verlangte, dass der Auftrag hinsichtlich der digitalen Zusatzangebote hinreichend präzise formuliert sein muss. Die in der ARD zusammengeschlossenen Rundfunkanstalten stellten daraufhin selbst ein Programmkonzept für ihre digitalen Zusatzprogramme auf und präzisieren damit ihren Auftrag selbst. Dieses Vorgehen entspricht auch nach der Auffassung der Kommission dem europäischen Recht.

17   Die Bindungswirkung der Konzepte ist unklar (HRKDSC RStV § 11b Rn. 5). Es herrscht ein Spannungsverhältnis zwischen dem Erfordernis einer staatsvertraglichen Grundlage und der Programmautonomie der Rundfunkanstalten. Im Detail sind die Regelungen der Konzepte von daher nicht bindend, die grundsätzliche Zielrichtung des Programms allerdings schon (HRKDSC RStV § 11b Rn. 12).

18   Zu den Programmkonzepten haben die Länder Anhörungen durchgeführt. Dabei hatten Vertreter des privaten Rundfunks und Vertreter der Verbände von Zeitungs- und Zeitschriftenverlegern die Gelegenheit zu den Programmkonzepten Stellung zu nehmen. Die Länder sind im Rahmen einer Abwägung unter Berücksichtigung aller vorgebrachten Argumente zu dem Ergebnis gelangt, dass das Angebot der digitalen Programme den demokratischen, sozialen und kulturellen Bedürfnissen der Gesellschaft entspricht (BayLT-Drs. 16/260, 15).

II. Dritte Fernsehprogramme (Abs. 2)

19   Die unter § 11b Abs. 2 Nr. 1 RStV aufgelisteten Programme werden von einzelnen oder mehreren Rundfunkanstalten, die in der ARD zusammengeschlossen sind, veranstaltet. Bei diesen Programmen handelt es sich um die sog. Dritten Fernsehprogramme.

20   § 11b Abs. 2 Nr. 1 RStV listet die derzeit bestehenden neun Landesrundfunkanstalten auf. Nähere Regelungen sind in den Landesrundfunkgesetzen bzw. in den Staatsverträgen zwischen den einzelnen Ländern enthalten.

21   Die in der ARD zusammengeschlossenen Rundfunkanstalten praktizieren untereinander einen Programmaustausch. Dafür wurde ein Programmpool aller in der ARD zusammengeschlossenen Rundfunkanstalten eingerichtet, so dass die Rundfunkanstalten Sendungen voneinander übernehmen können. Die gesetzliche Grundlage für diesen Programmaustausch bildet eine Verwaltungsvereinbarung zwischen den Landesrundfunkanstalten (Hahn/Vesting/Binder RStV § 11b Rn. 80).

22   Da es den kleineren Rundfunkanstalten, wie Radio Bremen und dem Saarländischen Rundfunk, zur Veranstaltung ihres Programms aus eigenen Beiträgen an ausreichenden finanziellen Mitteln fehlt, werden Kooperationen mit größeren Anstalten geschlossen. Dies gestaltet sich dergestalt, dass die kooperierenden Rundfunkanstalten größtenteils gleiche Sendepläne haben. Lediglich einzelne eigene Beiträge werden durch die finanzschwache Rundfunkanstalt aufgestockt. Ungeachtet dieser Übernahme einzelner Inhalte trägt nach außen jede Rundfunkanstalt die vollständige Verantwortung für das veranstaltete Programm (Hahn/Vesting/Binder RStV § 11b Rn. 79). Aufgrund des regionalen Bezugs erfolgt die Kooperation von Radio Bremen hauptsächlich mit dem NDR und die des SR hauptsächlich mit dem SWR (HRKDSC RStV § 11b Rn. 10).

23   Die Landesrundfunkanstalten bieten zwar Vollprogramme gem. § 2 Abs. 2 Nr. 3 RStV an, die jedoch eine regionale Prägung aufweisen (Hahn/Vesting/Binder RStV § 11b Rn. 81). Der thematische Schwerpunkt betrifft die jeweilige Region der einzelnen Rundfunkanstalt.

24   § 11b Abs. 2 Nr. 1 RStV nennt ausdrücklich die regionalen Auseinanderschaltungen der Programme. Indem für einzelne Regionen innerhalb des Wirkungskreises der Rundfunkanstalt spezifische regionale Beiträge gesendet werden, soll den regionalen Bedürfnissen Rechnung getragen werden (zB NDR Nordmagazin für M-V, Hamburg Journal, Hallo Niedersachsen, Schleswig-Holstein Magazin). Nähere Regelungen zu solchen regionalen Auseinanderschaltungen finden sich zum Teil in landesrechtlichen Regelungen. So enthält zB § 3 Abs. 1 NDR-StV die Verpflichtungen des NDR, Landesprogramme zu veranstalten. Wenngleich in einigen Bundesländern entsprechende gesetzliche Regelungen fehlen, veranstalten die jeweiligen Rundfunkanstalten gleichwohl ein Landesprogramm (zB rbb), wozu sie kraft ihrer Programmautonomie legitimiert sind (vgl. Hahn/Vesting/Binder RStV § 11b Rn. 85 f.).

Fernsehprogramme § 11b RStV

§ 11b Abs. 2 Nr. 2 RStV nennt das Spartenprogramm BR-alpha. Der Bayerische 25
Rundfunk veranstaltet als einzige Rundfunkanstalt zusätzlich zu seinem dritten Programm
auch noch ein Spartenprogramm mit dem Schwerpunkt Bildung, was den besonderen Kulturauftrag des öffentlich-rechtlichen Rundfunks unterstreicht.

III. Das ZDF (Abs. 3)

§ 11b Abs. 3 Nr. 1 RStV beauftragt das ZDF mit der Veranstaltung des Zweiten 26
Deutschen Fernsehens. Dabei handelt es sich um ein Vollprogramm iSd § 2 Abs. 2 Nr. 3
RStV. Näheres regelt der ZDF-Staatsvertrag.

§ 11b Abs. 3 Nr. 2 RStV beauftragt das ZDF mit der Veranstaltung von drei Pro- 27
grammen als Zusatzangebote. Maßgebend soll auch hier wie bei der ARD das als Anlage
beigefügte Programmkonzept sein. In § 11b Abs. 3 Nr. 2 RStV findet sich eine Aufzählung
der drei Zusatzangebote, zu deren Ausstrahlung das ZDF verpflichtet ist: ZDFinfokanal,
ZDFkulturkanal, ZDF-Familienkanal. Bei den drei Programmen handelt es sich um digitale
Programmangebote.

Die Frage der Bindungswirkung der Programmkonzepte stellt sich wie für die ARD 28
(→ Rn. 17).

IV. ARD und ZDF (Abs. 4)

§ 11b Abs. 4 RStV legt fest, welche Programme die Rundfunkanstalten, die in der ARD 29
zusammengeschlossen sind, und das ZDF gemeinsam veranstalten (Hahn/Vesting/Binder
RStV § 11b Rn. 97).

Rundfunkveranstalter – und somit für das Programm verantwortlich – sind die einzelnen 30
Landesrundfunkanstalten und das ZDF.

1. Vollprogramme mit Beteiligung öffentlich-rechtlicher europäischer Veranstalter

a) § 11b Abs. 4 Nr. 1 RStV: 3sat. Bei dem Programm „3sat" handelt es sich um ein 31
Vollprogramm mit kulturellem Schwerpunkt. Es erfolgt eine Beteiligung öffentlich-rechtlicher europäischer Veranstalter.

Das Programm 3sat findet seine Grundlage in der Vereinbarung über das Satellitenfernse- 32
hen des deutschen Sprachraums 3sat vom 8.7.1993 zwischen ZDF, der SRG, dem ORF und
seit 1.12.1993 den in der ARD zusammengeschlossenen Rundfunkanstalten. § 19 RStV aF,
die Vorgängernorm des § 11b Abs. 4 Nr. 1 RStV, sah vor, dass ausländische Veranstalter vor allem aus den europäischen Ländern an der Veranstaltung teilnehmen dürfen.
Durch den 12. RÄndStV wurde die Regelung in zweierlei Hinsicht eingeschränkt. Zum
einen ist nun nur noch eine Beteiligung öffentlich-rechtlicher Veranstalter zulässig, zum
anderen müssen diese europäische Veranstalter sein (Hahn/Vesting/Binder RStV § 11b
Rn. 104). Beteiligt an dem Programm sind die in der ARD zusammengeschlossenen Rundfunkanstalten, das ZDF, und als europäische Veranstalter der ORF (österreichischer Rundfunk) und der SRG (schweizerische Radio- und Fernsehgesellschaft). Trotz der Beteiligung
des ORF und des SRG sind Rundfunkveranstalter im Sinne des RStV nur die Rundfunkanstalten, die in der ARD zusammengeschlossen sind, und das ZDF (Hahn/Vesting/Binder
RStV § 11b Rn. 100).

Das Programm von 3sat setzt sich aus Beiträgen aller vier Parteien zusammen. Nähere 33
Regelungen über den Sendeplatz enthält die Verwaltungsvereinbarung 3sat.

Welche inhaltlichen Vorgaben sich aus dem Begriff des kulturellen Schwerpunktes er- 34
geben, lässt sich zumindest indiziell dem § 2 Abs. 2 Nr. 17 RStV entnehmen. Danach ist
unter Kultur im Sinne des RStV insbes. zu verstehen: Bühnenstücke, Musik, Fernsehspiele,
Fernsehfilme und Hörspiele, bildende Kunst, Architektur, Philosophie und Religion, Literatur und Kino. Diese Aufzählung ist allerdings nicht abschließend („insbesondere") und
gewährt somit nur eine grobe Orientierungshilfe. Bei der Auslegung des Kulturbegriffs ist
die wertevermittelnde Funktion des Rundfunks zu berücksichtigen (HRKDSC RStV § 11b
Rn. 16).

35 Da die Kultur den Schwerpunkt des Programmes bildet, ist die Frage nach dem Umfang der kulturellen Beiträge naheliegend. Da es sich um ein Vollprogramm handelt, in dem Information, Bildung, Beratung und Unterhaltung einen wesentlichen Teil des Gesamtprogramms bilden, kann es sich nicht um ein absolutes Übergewicht von kulturellen Beiträgen handeln. Es genügt ein relatives Übergewicht im Verhältnis zu den anderen Beitragsarten (vgl. Hahn/Vesting/Binder RStV § 11b Rn. 111).

36 **b) § 11b Abs. 4 Nr. 2 RStV: arte.** Bei dem Programm „arte – der europäische Kulturkanal" handelt es sich ebenfalls um ein Vollprogramm. Es erfolgt eine Beteiligung öffentlich-rechtlicher europäischer Veranstalter.

37 Die Grundlage des Programms arte (Association Relative à la Télévision Européenne) ist der völkerrechtliche Vertrag v. 2.10.1990 zwischen der Französischen Republik und den damals noch 11 deutschen Bundesländern. Die neuen Bundesländer sind diesem Vertrag 1995 beigetreten. Die in der ARD zusammengeschlossenen Rundfunkanstalten, das ZDF und ARTE France haben eine Gesellschaft nach europäischem Recht gegründet, die ARTE G. E. I. E. (Groupement Européen d´Intérêt Économique) (HRKDSC RStV § 11b Rn. 17). Diese ist auch der Rundfunkveranstalter iSd RStV (Hahn/Vesting/Binder RStV § 11b Rn. 115).

38 Die gleichberechtigten Gesellschafter von Arte G. E. I. E. sind Arte France und die ARTE Deutschland TV GmbH. Der Gründungsvertrag wurde offen angelegt, so dass auch andere europäische Sender beitreten könnten, was bislang jedoch nicht der Fall war. Lediglich die frankophone belgische Rundfunkanstalt RTBF ist seit 1993 assoziiertes Mitglied von ARTE G. E. I. E. Kooperationen gab es mit Rundfunkveranstaltern aus der Schweiz (SRG), Spanien (TVE) und Polen (TV Polonia).

39 Das Programm setzt sich zusammen aus Eigenproduktionen und Zulieferungen von den beiden Gesellschaftern und den Kooperationspartnern (Hahn/Vesting/Binder RStV § 11b Rn. 119). Der deutsche Programmbeitrag wird von der ARTE Deutschland TV GmbH, die jeweils zur Hälfte aus den in der ARD zusammengeschlossenen Rundfunkanstalten und dem ZDF besteht, geleistet.

2. Spartenprogramme

40 **a) § 11b Abs. 4 Nr. 3 RStV: PHOENIX.** § 11b Abs. 4 Nr. 3 RStV bestimmt, dass die in der ARD zusammengeschlossenen Rundfunkanstalten und das ZDF gemeinsam das Programm PHOENIX veranstalten. Bei dem Programm „PHOENIX – Der Ereignis- und Dokumentationskanal" handelt es sich um ein Spartenprogramm. Ein Spartenprogramm ist gem. § 2 Abs. 2 Nr. 4 RStV ein Rundfunkprogramm mit iW gleichartigen Inhalten. Diese sind bei PHOENIX Parlamentsübertragungen, Dokumentationen und Berichte über Politik und Zeitgeschehen (Hahn/Vesting/Binder RStV § 11b Rn. 128).

41 Grundlage für die Veranstaltung des Programms ist die Verwaltungsvereinbarung für den Ereignis- und Dokumentationskanal vom 4.2.1997. Die in der ARD zusammengeschlossenen Rundfunkanstalten und das ZDF sind gleichberechtigte Träger des Programms und jeder der Träger ist auch Rundfunkveranstalter iSd RStV (HRKDSC RStV § 11b Rn. 21).

42 Die Programm-Geschäftsführung liegt in den Händen der Landesrundfunkanstalten und des ZDF, wobei jeweils ein Geschäftsführer von der ARD und einer vom ZDF entsandt wird. Beide Geschäftsführer haben die Entscheidungskompetenz für das laufende Programmgeschäft. Die Federführung bei den in der ARD zusammengeschlossenen Rundfunkanstalten liegt beim WDR.

43 Die Inhalte werden teilweise von den Landesrundfunkanstalten und dem ZDF zugeliefert und teilweise von PHOENIX selbst produziert (Hahn/Vesting/Binder RStV § 11b Rn. 128).

44 **b) § 11b Abs. 4 Nr. 4 RStV: KI.KA.** Grundlage für die Veranstaltung des Ki.Ka ist in der Vereinbarung über die Veranstaltung eines ARD- und ZDF-Kinderkanals vom 4.12.1996. Der Programmstart des Kinderkanals war am 1.1.1997. Die Zielgruppe des Senders sind Kinder und Jugendliche bis 15 Jahren. Bei dem Programm „KI.KA – Der Kinderkanal" handelt es sich um ein Spartenprogramm. Ein Spartenprogramm ist gem. § 2 Abs. 2 Nr. 4 RStV ein Rundfunkprogramm mit iW gleichartigen Inhalten. Der Ki.Ka bietet zwar umfassende Beiträge, wie Bildung, Information, Unterhaltung, was einem Vollprogramm gleicht. Dennoch handelt es sich aufgrund der begrenzten Zielgruppe des Senders

um Inhalte, die aufgrund der kindgerechten Aufbereitung im Wesentlichen gleichartig sind. Die Sendezeit ist der Zielgruppe entsprechend auf die Zeit zwischen 6.00 und 21.00 Uhr beschränkt.

Die Inhalte setzen sich zusammen aus Zulieferungen der Landesrundfunkanstalten und 45 des ZDF sowie aus Auftragsproduktionen des KI. KA. (Hahn/Vesting/Binder RStV § 11b Rn. 130). Die Programmverantwortung tragen die Landesrundfunkanstalten und das ZDF gleichberechtigt. Die Federführung innerhalb der ARD liegt in den Händen des MDR.

V. Verbot analoger Verbreitung (Abs. 5)

Abs. 5 bestimmt, dass Programme, die digital verbreitet wurden, nicht in analoger Form 46 ausgestrahlt werden dürfen. Dieses Verbot betrifft die Programme gem. § 11b Abs. 1 Nr. 2 RStV und § 11b Abs. 3 Nr. 2 RStV, die ausschließlich digital verbreitet werden. Diese Programme dürfen weder zusätzlich noch alternativ analog ausgestrahlt werden. Da § 19 S. 3 RStV ein entsprechendes Verbot enthält, wäre die Regelung nicht notwendig gewesen (Hahn/Vesting/Binder RStV § 11b Rn. 136 ff.). Der Sinn der Vorschrift liegt unter anderem darin, die knappen analogen Kapazitäten in den Kabelnetzen zu schützen und sie nicht für Programme zu nutzen, die bereits digital zu empfangen sind (HRKDSC RStV § 11b Rn. 25).

VI. Fernsehtext

Ausweislich der Gesetzesbegründung umfasst der Auftrag für die in § 11b RStV genann- 47 ten Programme auch die Verbreitung entsprechender Fernsehtextdienste (BayLT-Drs. 16/ 260, 15).

§ 11c Hörfunkprogramme

(1) ¹Die in der ARD zusammengeschlossenen Landesrundfunkanstalten veranstalten Hörfunkprogramme einzeln oder zu mehreren für ihr jeweiliges Versorgungsgebiet auf Grundlage des jeweiligen Landesrechts; bundesweit ausgerichtete Hörfunkprogramme finden nicht statt. ²Ausschließlich im Internet verbreitete Hörfunkprogramme sind nur nach Maßgabe eines nach § 11f durchgeführten Verfahrens zulässig.

(2) ¹Die Gesamtzahl der terrestrisch verbreiteten Hörfunkprogramme der in der ARD zusammengeschlossenen Rundfunkanstalten darf die Zahl der zum 1. April 2004 terrestrisch verbreiteten Hörfunkprogramme nicht übersteigen. ²Das Landesrecht kann vorsehen, dass die jeweilige Landesrundfunkanstalt zusätzlich so viele digitale terrestrische Hörfunkprogramme veranstaltet wie sie Länder versorgt. ³Das jeweilige Landesrecht kann vorsehen, dass terrestrisch verbreitete Hörfunkprogramme gegen andere terrestrisch verbreitete Hörfunkprogramme, auch gegen ein Kooperationsprogramm, ausgetauscht werden, wenn dadurch insgesamt keine Mehrkosten entstehen und sich die Gesamtzahl der Programme nicht erhöht. ⁴Kooperationsprogramme werden jeweils als ein Programm der beteiligten Anstalten gerechnet. ⁵Regionale Auseinanderschaltungen von Programmen bleiben unberührt. ⁶Der Austausch eines in digitaler Technik verbreiteten Programms gegen ein in analoger Technik verbreitetes Programm ist nicht zulässig.

(3) Das Deutschlandradio veranstaltet folgende Hörfunkprogramme mit den Schwerpunkten in den Bereichen Information, Bildung und Kultur:
1. das Programm „Deutschlandfunk",
2. das Programm „Deutschlandradio Kultur",
3. das in digitaler Technik verbreitete Programm „DRadio Wissen" nach Maßgabe des als Anlage beigefügten Konzepts, insbesondere unter Rückgriff auf die Möglichkeiten nach § 5 Abs. 2 des Deutschlandradio-Staatsvertrages; die in der ARD zusammengeschlossenen Landesrundfunkanstalten kooperieren hierzu mit dem Deutschlandradio,

4. ausschließlich im Internet verbreitete Hörfunkprogramme mit Inhalten aus den in Nummer 1 bis 3 aufgeführten Programmen nach Maßgabe eines nach § 11f durchgeführten Verfahrens.

(4) Die in der ARD zusammengeschlossenen Landesrundfunkanstalten und das Deutschlandradio veröffentlichen in den amtlichen Verkündungsblättern der Länder jährlich, erstmals zum 1. Januar 2010, eine Auflistung der von allen Anstalten insgesamt veranstalteten Hörfunkprogramme.

§ 11c RStV konkretisiert den Auftrag nach § 11 und § 11a RStV für den Hörfunk, indem ua aufgezählt wird, welche Hörfunkprogramme die in der ARD zusammengeschlossenen Landesrundfunkanstalten und das Deutschlandradio veranstalten. § 11c Abs. 1 und Abs. 2 RStV enthalten Regelungen zur Beschränkung der Hörfunkprogramme der in der ARD zusammengeschlossenen Landesrundfunkanstalten (→ Rn. 3 ff.). Insbesondere wird darauf verwiesen, dass eine bundesweite Verbreitung unzulässig ist. Vielmehr sollen die einzelnen Rundfunkanstalten nur ihr jeweiliges regionales Sendegebiet versorgen. § 11c Abs. 3 RStV listet die Hörfunkprogramme des Deutschlandradio auf (→ Rn. 12 ff.). Dieser allein hat für eine bundesweite Versorgung mit Hörfunkprogrammen zu sorgen. Allerdings gibt es hiervon eine Ausnahme für ausschließlich im Internet verbreitete Hörfunkprogramme (→ Rn. 22). Diese dürfen nach erfolgreich durchlaufenem Drei-Stufen-Test auch von den in der ARD zusammengeschlossenen Landesrundfunkanstalten veranstaltet werden, so dass dies dann doch zu einer bundesweiten (und sogar weltweiten) Verbreitung führen kann.

Übersicht

	Rn		Rn
A. Allgemeines	1	5. Regionale Auseinanderschaltungen (Abs. 2 S. 5)	10
I. Entstehungsgeschichte	1	6. Verbot eines Austauschs von digital zu analog (Abs. 2 S. 6)	11
II. Verfassungsrechtliche Aspekte	2	III. Deutschlandradio (Abs. 3)	12
B. Einzelkommentierung	3	1. Deutschlandfunk (Abs. 3 Nr. 1)	16
I. Abs. 1	3	2. Deutschlandradio Kultur (Abs. 3 Nr. 2)	17
II. Abs. 2	6	3. DRadio Wissen (Abs. 3 Nr. 3)	18
1. Anzahl der terrestrisch verbreiteten Hörfunkprogramme (Abs. 2 S. 1)	6	4. Ausschließlich im Internet verbreitete Hörfunkprogramme (Abs. 3 Nr. 4)	22
2. Anzahl digitaler terrestrischer Hörfunkprogramme (Abs. 2 S. 2)	7	IV. Auflistung aller Hörfunkprogramme (Abs. 4)	23
3. Austausch von Programmen (Abs. 2 S. 3)	8	V. Radiotext	24
4. Kooperationsprogramme (Abs. 2 S. 4)	9		

A. Allgemeines

I. Entstehungsgeschichte

1   Die Beschränkung der Hörfunkprogramme ist noch nicht so lange in dem RStV verankert wie die der Fernsehprogramme. Erst im 8. RÄndStV 2005 wurde durch § 19 RStV eine Obergrenze für Hörfunkprogramme aufgenommen. Das **Ziel** der Begrenzung der Hörfunkprogramme liegt darin, den finanziellen Aufwand und somit auch die Höhe der Rundfunkgebühr zu begrenzen (HRKDSC RStV § 11c Rn. 3). § 11c RStV wurde neu eingefügt durch den 12. RÄndStV v. 18.12.2008 mWv 1.6.2009. Die Regelung wurde jedoch inhaltlich dem § 19 RStV teilweise entnommen. Durch die Neueinführung der §§ 11 ff. RStV kam der Gesetzgeber seiner Verpflichtung aus dem Beihilfekompromiss nach, den Auftrag zu konkretisieren. Der § 11c Abs. 2 S. 2 RStV wurde durch den 13. RÄndStV v. 30.10.2009 mWv 1.4.2010 neu eingefügt.

Hörfunkprogramme § 11c RStV

II. Verfassungsrechtliche Aspekte

Eine gesetzliche Programmzahlbegrenzung ist verfassungsrechtlich problematisch, da 2 Art. 5 Abs. 1 S. 2 GG den Rundfunkanstalten Programmautonomie gewährt. Diese umfasst die Befugnis der Rundfunkanstalten, über Inhalt, Form, Anzahl und Umfang der Programme selbst zu entscheiden (BVerfGE 87, 181 (201)). Zwar besteht zugleich ein Ausgestaltungsauftrag der Länder hinsichtlich der Rundfunkordnung. Die Konkretisierung des gesetzlichen Programmauftrags obliegt allerdings den Rundfunkanstalten selbst. Da die Länder nur verpflichtet sind, die Programmtätigkeiten zu finanzieren, die zur Wahrnehmung des Funktionsauftrags erforderlich sind, besteht ein **Spannungsverhältnis zwischen der Autonomie der Rundfunkanstalten und der Finanzierungspflicht der Länder** (Hahn/Vesting/Binder RStV § 11c Rn. 4). Weiter gilt es, die **schutzwürdigen Belange sowohl der Beitragszahler als auch der privaten Veranstalter** zu berücksichtigen. Der Notwendigkeit eines sachgerechten Ausgleichs der einander kollidierenden Interessen hat der Gesetzgeber bislang nicht entsprochen. Anstelle der gesetzlichen Begrenzung der Programmanzahl des öffentlich-rechtlichen Rundfunks ist die Entscheidung über neue bzw. bestehende Programme nach Maßgabe eines konzeptionell fortzuentwickelnden **Drei-Stufen-Tests** zu treffen (→ § 11 Rn. 11 ff.).

B. Einzelkommentierung

I. Abs. 1

Die Landesrundfunkanstalten veranstalten Hörfunkprogramme für ihr jeweiliges Versor- 3 gungsgebiet auf Grundlage des jeweiligen Landesrechts. Die Länder haben unterschiedliche Regelungen getroffen, so dass die Regelungsintensität hinsichtlich weiterer Vorgaben zu den Hörfunkprogrammen stark variiert. Enthalten die Gesetze keine näheren Regelungen, obliegt die inhaltliche Ausgestaltung der Hörfunkprogramme den Landesrundfunkanstalten (HRKDSC RStV § 11c Rn. 12).

Sofern sich im Landesrecht keine entsprechenden Regelungen finden, ist das Versorgungs- 4 gebiet auf das jeweilige Land begrenzt (vgl. HRKDSC RStV § 11c Rn. 13). Eine bundesweite Verbreitung des Hörfunkprogramms der Landesrundfunkanstalten ist gem. § 11c Abs. 1 S. 1 Hs. 2 RStV unzulässig (HRKDSC RStV § 11c Rn. 13 f.). Allerdings ist gem. § 11c Abs. 1 S. 2 RStV für ausschließlich im Internet verbreitete Hörfunkprogramme nach der Durchführung eines Drei-Stufen-Tests (vgl. § 11f RStV) auch eine nicht nur bundes-, sondern sogar weltweite Verbreitung des Programmes möglich.

Der Austausch von Programmbeiträgen zwischen den einzelnen Rundfunkanstalten ist – 5 nicht zuletzt im Interesse einer effizienten Verwendung des Rundfunkbeitrags – zulässig (vgl. Hahn/Vesting/Binder RStV § 11c Rn. 34 ff.).

II. Abs. 2

1. Anzahl der terrestrisch verbreiteten Hörfunkprogramme (Abs. 2 S. 1)

§ 11c Abs. 2 S. 1 RStV legt eine maximale Gesamtzahl der terrestrisch verbreiteten 6 Rundfunkprogramme fest. Ob die Verbreitung der Programme analog oder digital erfolgt, ist dabei unerheblich. Die Anzahl der am 1.4.2004 bestehenden Hörfunkprogramme, die in analoger und digitaler Technik verbreitet werden, bildet die Obergrenze. Die Hörfunkprogramme, die ausschließlich im Internet verbreitet werden, bleiben bei der zahlenmäßigen Erfassung außen vor (§ 11c Abs. 1 S. 2 RStV). Ihre Zulässigkeit bestimmt sich allein nach Maßgabe des Drei-Stufen-Tests gem. § 11f RStV.

2. Anzahl digitaler terrestrischer Hörfunkprogramme (Abs. 2 S. 2)

Eine Ausnahme findet sich in § 11c Abs. 2 S. 2 RStV. Nach dieser Vorschrift kann 7 landesrechtlich geregelt werden, dass die jeweilige Landesrundfunkanstalt zusätzlich so viele digitale terrestrische Hörfunkprogramme veranstaltet, wie sie Länder versorgt. Diese Möglichkeit bezieht sich jedoch nur auf die digitale, nicht aber auch die analoge Ausstrahlung.

3. Austausch von Programmen (Abs. 2 S. 3)

8 § 11c Abs. 2 S. 3 RStV ermöglicht es den Ländern, Regelungen zum Austausch von Programmen vorzusehen. Entscheidend ist allein, dass die Gesamtanzahl der Hörfunkprogramme nicht überschritten wird. Auf die zum Zeitpunkt des 1.4.2004 bestehenden Programme kommt es nicht an. Somit ist auch die programmliche Ausrichtung unerheblich. Vielmehr kann ein Austausch von einzelnen Programmen vorgenommen werden, soweit die Höchstzahl eingehalten wird und keine Mehrkosten entstehen. Der Austausch kann erfolgen zwischen terrestrisch verbreiteten Programmen untereinander oder aber auch zwischen terrestrisch verbreiteten Programmen und Kooperationsprogrammen. Mit Blick auf die Programmautonomie der Sendeanstalten ist der Umstand, dass der Austausch der Programme von einer landesgesetzlichen Regelung abhängig gemacht wird, verfassungsrechtlich problematisch (vgl. Hahn/Vesting/Binder RStV § 11c Rn. 49).

4. Kooperationsprogramme (Abs. 2 S. 4)

9 § 11c Abs. 2 S. 4 RStV legt fest, dass Kooperationsprogramme jeweils als ein Programm der beteiligten Anstalten gelten. Kooperationsprogramme sind Programme, die von mehreren Anstalten gemeinsam veranstaltet werden (BayLT-Drs. 16/260, 16).

5. Regionale Auseinanderschaltungen (Abs. 2 S. 5)

10 Regionale Auseinanderschaltungen sind zeitlich begrenzte Einspeisungen von Inhalten (BayLT-Drs. 16/260, 16). § 11c Abs. 2 S. 5 RStV bestimmt, dass regionale Auseinanderschaltungen bei der Bestimmung der Anzahl der Programme unberührt bleiben, also nicht als eigenständiges Programm gezählt werden. Diese Regelung trägt dem Umstand Rechnung, dass viele Rundfunkanstalten ein regional erheblich aufgefächertes Programm anbieten (HRKDSC RStV § 11c Rn. 15). Wenn bei den regionalen Auseinanderschaltungen allerdings zu viele Programmteile zu den Hauptsendezeiten voneinander abweichen, kann nicht mehr von einer zeitlich beschränkten Einspeisung gesprochen werden, so dass dieses Programm dann als eigenständiges Programm gezählt wird (BayLT-Drs. 16/260, 16).

6. Verbot eines Austauschs von digital zu analog (Abs. 2 S. 6)

11 Nach § 11c Abs. 2 S. 6 RStV ist untersagt, ein in digitaler Technik verbreitetes Programm durch ein analog verbreitetes Programm auszutauschen. Möglich wäre dies nur, wenn dafür auf ein anderes analoges Programm verzichtet wird, so dass die Anzahl der analog verbreiteten Programme unberührt bleibt. **Ziel** dieser Regelung ist, die Digitalisierung der Übertragungswege voranzutreiben (BayLT-Drs. 16/260, 16).

III. Deutschlandradio (Abs. 3)

12 Deutschlandradio ist eine Gemeinschaftseinrichtung der in der ARD zusammengeschlossenen Rundfunkanstalten sowie des ZDF und damit im Gegensatz zu diesen nicht als Anstalt, sondern als **Körperschaft des öffentlichen Rechts** organisiert (§ 1 Abs. 1 DLR-StV).

13 § 11c Abs. 3 RStV beauftragt das Deutschlandradio mit der Veranstaltung von drei Hörfunkprogrammen. Der Schwerpunkt soll auf den Bereichen Information, Bildung und Kultur liegen. Nähere Regelungen zur Sendekörperschaft Deutschlandradio finden sich im Deutschlandradio-Staatsvertrag (DLR-StV). Eine inhaltliche Konkretisierung, was unter den Begriffen Information, Bildung und Kultur zu verstehen ist, ist in § 2 Abs. 2 Nr. 15–17 RStV geregelt. Bei diesen Vorgaben handelt es sich jedoch nicht um Legaldefinitionen, sondern lediglich um beispielhafte Aufzählungen.

14 Im Gegensatz zu den Rundfunkanstalten, die in der ARD zusammengeschlossen sind, verbreitet das Deutschlandradio sein Programm bundesweit.

15 Der programmliche Funktionsbereich des Deutschlandradios wird durch den 12. RÄndStV dadurch erweitert, dass das digitale Programm DRadio Wissen zusätzlich aufgeführt wird und die Internettätigkeiten gestattet werden (vgl. § 11c Abs. 3 Nr. 3 und 4 RStV).

Hörfunkprogramme § 11c RStV

1. Deutschlandfunk (Abs. 3 Nr. 1)

Das Programm Deutschlandfunk hatte seinen Sendestart im Jahr 1962. Das Programm ist durch einen sehr hohen Wortanteil (80 %) aus den Bereichen Politik, Gesellschaft, Wirtschaft und Kultur gekennzeichnet (vgl. Hahn/Vesting/Binder RStV § 11c Rn. 62). 16

2. Deutschlandradio Kultur (Abs. 3 Nr. 2)

Deutschlandradio Kultur weist einen hohen Wortanteil auf. Entsprechend der Namensgebung liegt der Schwerpunkt des Programms in der Verbreitung von Kultur. Hierzu gehören Hörspiele und Konzerte. Aber auch die Berichterstattung über das aktuelle politische Geschehen ist vom Sendeauftrag erfasst. 17

3. DRadio Wissen (Abs. 3 Nr. 3)

Beim DRadio Wissen handelt es sich um ein ausschließlich digital verbreitetes Programm. Zu beachten ist das dem RStV als Anlage beigefügte Programmkonzept zu DRadio Wissen. Dieses bezieht sich allerdings nur auf das linear verbreitete Programm. 18

Nachdem das Deutschlandradio das Programmkonzept erarbeitet hat, wurde von den Ländern eine Anhörung durchgeführt, in der Vertreter des privaten Rundfunks und der Verbände von Zeitungs- und Zeitschriftenverleger die Möglichkeit zur Stellungnahme hatten. Unter Berücksichtigung aller vorgebrachten Argumente sind die Länder im Rahmen der Abwägung zu dem Ergebnis gekommen, dass das Programm den demokratischen, sozialen und kulturellen Bedürfnissen der Gesellschaft entspricht und das Deutschlandradio somit mit der Verbreitung dieses Programmes beauftragt wird (BayLT-Drs. 16/260, 16). 19

§ 11c Abs. 3 Nr. 3 RStV normiert eine Kooperation mit den in der ARD zusammengeschlossenen Rundfunkanstalten und verweist auf die Möglichkeiten der Zusammenarbeit nach § 5 Abs. 2 DLR-StV. Dass § 11c Abs. 3 Nr. 3 RStV nur auf eine Kooperation mit den in der ARD zusammengeschlossenen Rundfunkanstalten abstellt, liegt daran, dass das ZDF keine Hörfunkprogramme veranstaltet (Hahn/Vesting/Binder RStV § 11c Rn. 57). 20

Das **Ziel** dieser Regelung liegt darin, den Programmaufwand und damit die Kosten des Deutschlandradios zu reduzieren (HRKDSC RStV § 11c Rn. 20). 21

4. Ausschließlich im Internet verbreitete Hörfunkprogramme (Abs. 3 Nr. 4)

§ 11c Abs. 3 Nr. 4 RStV gestattet es dem Deutschlandradio, weitere Hörfunkprogramme im Internet zu veranstalten. Erforderlich ist hierfür zum einen, dass die Inhalte aus den Programmen der Nr. 1–3 stammen. Zum anderen muss diese Internet-Hörfunkprogramme den Anforderungen des Drei-Stufen-Tests des § 11f RStV genügen. Im Gegensatz zu den Landesrundfunkanstalten (vgl. § 11c Abs. 1 RStV) ist das Deutschlandradio bei den Programmen, die ausschließlich über das Internet verbreitet werden, auf die Inhalte aus den anderen Programmen beschränkt. 22

IV. Auflistung aller Hörfunkprogramme (Abs. 4)

§ 11c Abs. 4 RStV verpflichtet die in der ARD zusammengeschlossenen Rundfunkanstalten und das Deutschlandradio, alle von ihnen veranstalteten Hörfunkprogramme jährlich zu veröffentlichen. Die Auflistung ist jeweils zum Jahresanfang zu veröffentlichen. Erstmalig erfolgte die Veröffentlichung zum 1.1.2010. Diese Verpflichtung dient dem Nachweis, dass die Rundfunkanstalten ihren Auftrag erfüllen und dass die für den öffentlich-rechtlichen Rundfunk geltende Programmanzahlbeschränkung gewahrt ist (vgl. BayLT-Drs. 16/260, 16). 23

V. Radiotext

Ausweislich der Gesetzesbegründung umfasst der Auftrag für die in § 11c RStV genannten Programme auch die Verbreitung entsprechender Radiotextdienste (BayLT-Drs. 16/260, 16). 24

§ 11d Telemedien

(1) Die in der ARD zusammengeschlossenen Landesrundfunkanstalten, das ZDF und das Deutschlandradio bieten Telemedien an, die journalistisch-redaktionell veranlasst und journalistisch-redaktionell gestaltet sind.

(2) ¹Der Auftrag nach Absatz 1 umfasst das Angebot von

1. Sendungen ihrer Programme auf Abruf bis zu sieben Tage nach deren Ausstrahlung, Sendungen auf Abruf von Großereignissen gemäß § 4 Abs. 2 sowie von Spielen der 1. und 2. Fußball-Bundesliga bis zu 24 Stunden danach,
2. inhaltlich und zeitlich bis zu sieben Tage danach auf eine konkrete Sendung bezogenen Telemedien soweit auf für die jeweilige Sendung genutzte Materialien und Quellen zurückgegriffen wird und diese Telemedien thematisch und inhaltlich die Sendung unterstützend vertiefen und begleiten, ohne jedoch bereits ein eigenständiges Telemedienangebot nach § 11f Abs. 3 darzustellen; diese sendungsbezogenen Telemedien sind in Telemedienkonzepten entsprechend § 11f Abs. 1 zu beschreiben; Vorankündigungen sind zulässig,
3. Sendungen und sendungsbezogenen Telemedien nach Ablauf der Fristen nach Nummer 1 1. Halbsatz und Nummer 2 sowie von nichtsendungsbezogenen Telemedien nach Maßgabe eines nach § 11f durchgeführten Verfahrens; in den Telemedienkonzepten ist angebotsabhängig eine Befristung für die Verweildauer vorzunehmen; nichtsendungsbezogene presseähnliche Angebote sind nicht zulässig und
4. zeitlich unbefristeten Archiven mit zeit- und kulturgeschichtlichen Inhalten nach Maßgabe der gemäß § 11f zu erstellenden Telemedienkonzepte.

²Im Übrigen bleiben Angebote nach Maßgabe der §§ 16a bis e unberührt.

(3) ¹Durch die Telemedienangebote soll allen Bevölkerungsgruppen die Teilhabe an der Informationsgesellschaft ermöglicht, Orientierungshilfe geboten sowie die technische und inhaltliche Medienkompetenz aller Generationen und von Minderheiten gefördert werden. ²Bei sendungsbezogenen Telemedien muss der zeitliche und inhaltliche Bezug zu einer bestimmten Sendung im jeweiligen Telemedienangebot ausgewiesen werden.

(4) Die in der ARD zusammengeschlossenen Landesrundfunkanstalten, das ZDF und das Deutschlandradio bieten ihre Angebote in elektronischen Portalen an und fassen ihre Programme unter elektronischen Programmführern zusammen.

(5) ¹Werbung und Sponsoring sind in Telemedien nicht zulässig. ²Das Angebot auf Abruf von angekauften Spielfilmen und angekauften Folgen von Fernsehserien, die keine Auftragsproduktionen sind, ist nicht zulässig. ³Eine flächendeckende lokale Berichterstattung in Telemedien ist nicht zulässig. ⁴Die in der Anlage zu diesem Staatsvertrag aufgeführten Angebotsformen sind in Telemedien nicht zulässig.

§ 11d RStV enthält Regelungen zu den Anforderungen und zur Ausgestaltung der Telemedienangebote der öffentlich-rechtlichen Rundfunkanstalten. Die vom Beihilfekompromiss geprägte Vorschrift legt zunächst fest, dass der öffentlich-rechtliche Rundfunk Telemedien anbietet (Abs. 1) (→ Rn. 4). Abs. 2 widmet sich den verschiedenen Angebotsarten und stellt jeweils unterschiedliche Anforderungen an diese (→ Rn. 9). Die inhaltliche Ausrichtung der Telemedien wird in Abs. 3 näher bestimmt (→ Rn. 42). Das Anbieten verschiedener Services (EPG, Portale) wird in Abs. 4 gestattet (→ Rn. 47). Schließlich werden in Abs. 5 Verbote aufgestellt, was der öffentlich-rechtliche Rundfunk nicht als Telemedium anbieten darf (→ Rn. 50 ff.).

Telemedien § 11d RStV

Übersicht

	Rn		Rn
A. Allgemeines	1	V. Angebote nach Maßgabe der §§ 16a bis 16e (Abs. 2 S. 2)	24
B. Journalistisch-redaktionell veranlasste und gestaltete Telemedien (Abs. 1)	4	VI. Unzulässigkeit nichtsendungsbezogener presseähnlicher Angebote (Abs. 2 S. 2 Nr. 3 Hs. 3)	25
I. „Journalistisch-redaktionell"	6	1. Vergleichsgegenstand („Angebot")	28
II. Journalistisch-redaktionelle Veranlassung	7	2. Vergleichsbezugsgegenstand („Zeitungen und Zeitschriften")	30
III. Journalistisch-redaktionelle Gestaltung	8	3. Vergleichsmaßstab („presseähnlich")	31
C. Umfasstes Angebot (Abs. 2)	9	D. Auftrag der Telemedien (Abs. 3)	42
I. Sendungen (Abs. 2 S. 1 Nr. 1)	10	E. Portale und Programmführer (Abs. 4)	47
II. Sendungsbezogene Telemedien (Abs. 2 S. 1 Nr. 2)	12	F. Nicht zulässige Telemedienangebote	50
III. Testpflichtige Sendungen und sendungsbezogene Telemedien (Abs. 2 S. 1 Nr. 3)	16	I. Werbung und Sponsoring (Abs. 5 S. 1)	50
		II. Angekaufte Spielfilme und Folgen von Fernsehserien (Abs. 5 S. 2)	51
IV. Testpflichtige Archive mit zeit- und kulturgeschichtlichen Inhalten (Abs. 2 S. 1 Nr. 4)	20	III. Flächendeckende lokale Berichterstattung (Abs. 5 S. 3)	53
		IV. Negativliste (Abs. 5 S. 4)	57

A. Allgemeines

Die Regelung des § 11d RStV ist durchgehend geprägt vom Beihilfekompromiss zwi- 1
schen der Kommission und Deutschland (Kommission v. 24.4.2007 K(2007) 1761 endg.).
Viele Formulierungen gehen nahezu wörtlich darauf zurück (zur Entstehungsgeschichte s.
Hahn/Vesting/Held RStV § 11d Rn. 4 ff.; HRKDSC RSTV § 11d Rn. 1 ff.). In einigen
Punkten geht § 11d RStV jedoch auch über die Zusagen aus dem Beihilfekompromiss
hinaus.

§ 11d RStV beruht auf einem Ausgleich der verfassungsrechtlichen und unionsrecht- 2
lichen Vorgaben. Auch wenn die unionsrechtlichen Vorgaben den Spielraum des Gesetzgebers einschränken, verbleibt ihm ein hinreichender Spielraum, der es ihm ermöglicht, die
Vorgaben für Telemedienangebote des öffentlich-rechtlichen Rundfunks verfassungskonform
auszugestalten (s. dazu HRKDSC RSTV § 11d Rn. 4; Hahn/Vesting/Held RStV § 11d
Rn. 18 ff.).

Die Vorschrift wurde durch Art. 7 Abs. 1 zwölfter RÄndStV auf alle Telemedienangebote 3
der öffentlich-rechtlichen Rundfunkanstalten erstreckt, die über das Inkrafttreten des zwölften RÄndStV hinaus angeboten werden. Sie mussten den Vorgaben der §§ 11d, 11f RStV
genügen. Zudem musste der gesamte Bestand in Telemedienkonzepten dargelegt werden.

B. Journalistisch-redaktionell veranlasste und gestaltete Telemedien (Abs. 1)

§ 11d Abs. 1 RStV bekräftigt § 11a Abs. 1 S. 1 RStV, wonach zu den Angeboten des 4
öffentlich-rechtlichen Rundfunks neben den Rundfunkprogrammen auch die Telemedien
zählen. Zugleich gibt § 11d Abs. 1 RStV vor, dass die angebotenen Telemedien (→ § 2
Rn. 10 f.) journalistisch-redaktionell veranlasst und journalistisch-redaktionell gestaltet sein
müssen.

Die Einschränkung „journalistisch-redaktionell" ist auf den Beihilfekompromiss zurück- 5
zuführen. Deutschland machte die Zusage, den Auftrag der öffentlich-rechtlichen Landesrundfunkanstalten auf journalistisch-redaktionelle Angebote zu begrenzen und verwies zur
Bestimmung dieses Begriffs auf die Rspr. zu bereits bestehenden Gesetzen, die diesen Begriff
enthalten, sowie auf die erfolgende Gesetzesbegründung, in der der Begriff näher eingegrenzt
werden sollte (K(2007) 1761, Rn. 338). Die Kommission sah diese Beschränkung als geeignet an (K(2007) 1761, Rn. 362). Mit dem 12. RÄndStV wurden die Angebote des

öffentlich-rechtlichen Rundfunks dann aber nicht nur auf journalistisch-redaktionelle Angebote begrenzt. Sie müssen sowohl journalistisch-redaktionell veranlasst als auch journalistisch-redaktionell gestaltet sein, was über den Beihilfekompromiss hinausgeht (HRKDSC RStV § 11d Rn. 7).

I. „Journalistisch-redaktionell"

6   Die Begriffe „journalistisch-redaktionell" und „journalistisch-redaktionell gestaltet" werden auch in anderen Vorschriften verwendet. Da sie jedoch nur teilweise deckungsgleich sind (s. dazu Hahn/Vesting/Held RStV § 11d Rn. 43), können die dortigen Definitionen nur begrenzt übertragen werden. Es ist deshalb vorrangig die Gesetzesbegründung zum 12. RÄndStV (abgedruckt etwa in BayLT-Drs. 16/260, 11 ff.) heranzuziehen, wie es auch der Beihilfekompromiss vorsieht. Eine journalistisch-redaktionelle Tätigkeit liegt danach dann vor, wenn planvoll ein Angebot hergestellt wird, das zeitnah wiedergegeben werden soll. Dabei kommt insbes. der Recherche, Gewichtung, Auswahl, Systematisierung, Strukturierung sowie der sprachlichen oder sonstigen Aufbereitung gesammelter Quellen gewichtige Bedeutung zu, die die journalistisch-redaktionelle Tätigkeit schwerpunktartig charakterisieren (vgl. BayLT-Drs. 16/260, 16).

II. Journalistisch-redaktionelle Veranlassung

7   Diese journalistisch-redaktionelle Tätigkeit muss veranlasst sein. Eine Veranlassung liegt vor, wenn der journalistisch-redaktionell bearbeitete Gegenstand zur öffentlichen Meinungsbildung beitragen kann und damit öffentliche Relevanz aufweist (BayLT-Drs. 16/260, 16).

III. Journalistisch-redaktionelle Gestaltung

8   Zudem muss das Angebot journalistisch-redaktionell gestaltet sein. Diese „ist gegeben, wenn das für das in Bearbeitung befindliche Angebot ausgewähltes Material in eigenständiger Weise in Text, Bild oder Ton geformt wird. Somit sind zufällige Ansammlungen (unredigierte Chats, Messergebnisse), nicht bearbeitete Wiedergaben (Web-Kamera, Foto-Galerie) oder nicht gewichtete Inhalte (aufgelistete Agenturmeldungen) Beispiele für Angebote, die das Merkmal journalistisch-redaktionell nicht erfüllen" (BayLT-Drs. 16/260, 16). Es muss also ein gewisses Maß organisatorischer Verfestigung vorliegen, wobei die Anforderungen nicht überspannt werden dürfen; es muss eine „publizistisch sinnvolle Gesamtordnung" vorliegen (HRKDSC RStV § 11d Rn. 9).

C. Umfasstes Angebot (Abs. 2)

9   § 11d Abs. 2 RStV kategorisiert die anzubietenden Telemedien und zeigt unterschiedliche Voraussetzungen für die Kategorien auf. Es wird deutlich, dass sich der Gesetzgeber für ein gemischtes System für die Zulässigkeit von Telemedien entschieden hat: Elemente eines geschlossenes System sind darin zu erkennen, dass dem öffentlich-rechtlichen Rundfunk in den Nr. 1 und 2 durch den RStV selbst Aufgaben zugewiesen werden, er also mit bestimmten Aufgaben beauftragt ist. Elemente eines offenen Systems sind in den Nr. 3 und 4 niedergelegt, wonach Telemedien angeboten werden dürfen, wenn sie den sog. Drei-Stufen-Test durchlaufen haben (vgl. zu den Systemen HRKDSC RStV § 11d Rn. 2 f.).
Welche Telemedien der öffentlich-rechtliche Rundfunk nicht anbieten darf, ist in erster Linie in § 11d Abs. 2 Nr. 3 Hs. 3 RStV und § 11d Abs. 5 RStV niedergelegt.

I. Sendungen (Abs. 2 S. 1 Nr. 1)

10   Nach § 11d Abs. 2 S. 1 Nr. 1 RStV dürfen die öffentlich-rechtlichen Rundfunkanstalten Sendungen ihrer Programme auf Abruf bis zu sieben Tage nach deren Ausstrahlung, Sendungen auf Abruf von Großereignissen sowie von Spielen der 1. und 2. Fußball-Bundesliga bis zu 24 Stunden danach anbieten.

11   Es ist zu beachten, dass Großereignisse iSv § 4 Abs. 2 RStV (Olympische Sommer- und Winterspiele, Fußball-Europa- und Weltmeisterschaften mit deutscher Beteiligung etc.) und

Spiele der 1. oder 2. Fußball-Bundesliga lediglich bis zu 24 Stunden nach dem Ereignis zum Abruf bereitstehen dürfen. Dies betrifft jedoch nur Übertragungen ganzer Spiele oder Spielberichte. Ausschnitte zur Illustration unterfallen hingegen den Regelungen der die Ausschnitte einbindenden Sendung. Begründet wird die kurze Abrufzeit solcher Ereignisse mit höheren Kosten für zusätzlichen Rechteerwerb, was im Interesse des Rundfunkbeitragszahlers vermieden werden soll (BayLT-Drs. 16/260, 17). Zudem müssen Sendungen der öffentlich-rechtlichen Rundfunkanstalten keine sieben Tage zur Verfügung stehen; die Zeit kann auch kürzer bemessen werden („bis zu"). Dies ist bspw. momentan (April 2013) bei der Talkshow „Günther Jauch" der Fall, die nur 6 Tage nach der ersten Ausstrahlung in der ARD-Mediathek zum Abruf bereit steht. Darüber hinaus unterliegt die Vorschrift im Lichte des § 11d Abs. 5 S. 2 RStV weiteren Beschränkungen: Es dürfen nur Sendungen angeboten werden, die nicht angekauft wurden. Dies schließt allerdings nicht Sendungen aus, die auf Veranlassung des öffentlich-rechtlichen Rundfunks fremdproduziert wurden (Auftragsproduktionen), was § 11d Abs. 5 S. 1 RStV ausdrücklich klarstellt.

II. Sendungsbezogene Telemedien (Abs. 2 S. 1 Nr. 2)

Neben den Sendungen aus Nr. 1 dürfen sendungsbezogene Telemedien ebenfalls bis zu sieben Tage nach der Sendung angeboten werden. 12

Der Begriff der sendungsbezogenen Telemedien wird in § 11d Abs. 2 S. 1 Nr. 2 RStV zwar nicht verwendet. Jedoch wird dort nahezu identisch die Definition wiedergegeben, die § 2 Abs. 2 Nr. 19 RStV für den Begriff der sendungsbezogenen Telemedien aufstellt. Bzgl. der Einzelheiten s. deshalb → § 2 Rn. 63 f. Die textliche Abweichung in Hinblick auf § 2 Abs. 2 Nr. 19 RStV hat keine größere Bedeutung: „inhaltlich" ist iSd Definition des § 2 Abs. 2 Nr. 19 RStV zu sehen und „zeitlich" grenzt das Angebot auf sieben Tage ein (Hahn/Vesting/Held RStV § 11d Rn. 63). Diese gesetzliche Betrauung des öffentlich-rechtlichen Rundfunks hat kaum eine praktische Bedeutung, weil erstens die Anforderungen an den Sendebezug recht hoch sind – ein allgemeiner Sendebezug reicht gerade nicht („konkret"). Zweitens muss das sendungsbezogene Telemedium die in Bezug genommene Sendung „inhaltlich (...) unterstützend vertiefen und begleiten". Drittens muss das sendungsbezogene Telemedium den Sendebezug gem. § 11d Abs. 3 S. 2 RStV ausweisen, was einen nicht unerheblichen Verwaltungsaufwand darstellt (HRKDSC RStV § 11d Rn. 22 ff.). 13

Es gilt zu beachten, dass sendungsbezogene Telemedien entsprechend § 11f Abs. 1 RStV zu beschreiben sind. Näheres zur Beschreibung nach § 11f Abs. 1 RStV s. → § 11f Rn. 3 ff. 14

Vorankündigungen von Sendungen dürfen auch als Telemedien dargeboten werden (vgl. § 11d Abs. 2 S. 1 Nr. 2 aE RStV). Sie gehören somit zum gesetzlichen Auftrag des öffentlich-rechtlichen Rundfunks. Eine zeitliche Befristung gilt für Vorankündigungen nicht (BayLT-Drs. 16/260, 17). 15

III. Testpflichtige Sendungen und sendungsbezogene Telemedien (Abs. 2 S. 1 Nr. 3)

§ 11d Abs. 2 S. 1 Nr. 3 RStV lässt Telemedien zu, wenn sie den sog. Drei-Stufen-Test nach § 11f RStV durchlaufen haben. Dabei kann es sich sowohl um Sendungen und sendungsbezogene Telemedien nach den Nr. 1 bzw. 2 sowie um nichtsendungsbezogene Telemedien handeln. Der Begriff der „sendungsbezogenen Telemedien" ist in § 2 Abs. 2 Nr. 19 RStV definiert (Einzelheiten zur Definition → § 2 Rn. 63 f.). 16

Sendungen und sendungsbezogene Telemedien nach den Nr. 1 bzw. 2 dürfen nach diesen Vorschriften jeweils höchstens sieben Tage nach Ausstrahlung der Sendung angeboten werden. Ein längeres Anbieten ist nur möglich, wenn die Sendung oder das sendungsbezogene Telemedienangebot den Drei-Stufen-Test nach § 11f RStV durchlaufen hat. Dabei darf die Sendung oder das sendungsbezogene Telemedium nicht unbegrenzt angeboten werden. Das Angebot muss zeitlich befristet werden (zur Frage nach dem Verhältnis der gesetzlichen Verweildauer von sieben Tagen (Nr. 1 und 2) zur Möglichkeit der Verlängerung des Angebots nach Nr. 3 s. HRKDSC RStV § 11d Rn. 28 ff.; Hahn/Vesting/Held RStV § 11d Rn. 54). 17

Die Möglichkeit der Verlängerung der Angebotszeit gilt nicht für Großereignisse und Spiele der 1. und 2. Fußball-Bundesliga. Dies ergibt sich aus der Bezugnahme „der Fristen 18

RStV § 11d   II. Rundfunk und presseähnliche Telemedien

nach Nummer 1 1. Halbsatz und Nummer 2". Eine Verlängerung ist auch bei erfolgreichem Drei-Stufen-Test nicht möglich.

19   Das Verbot nichtsendungsbezogener presseähnlicher Angebote wird unten näher erläutert (→ Rn. 25).

IV. Testpflichtige Archive mit zeit- und kulturgeschichtlichen Inhalten
(Abs. 2 S. 1 Nr. 4)

20   § 11d Abs. 2 S. 1 Nr. 4 RStV erlaubt das Anbieten von Archiven mit zeit- und kulturgeschichtlichen Inhalten für unbefristete Zeit. Hintergrund dieser Vorschrift ist der Nutzen für eine demokratische, soziale und kulturelle Gesellschaft, die die durch den öffentlich-rechtlichen Rundfunk angelegten Ton- und Bildarchivalien haben (BayLT-Drs. 16/260, 17).

21   Unter dem Begriff des „Archivs" ist eine Sammlung von Inhalten zu verstehen. Um die Nr. 1 bis 3 nicht zu unterlaufen, ist weitere Voraussetzung, dass die Archive nur zeit- und kulturgeschichtliche Inhalte enthalten. Die Begründung verweist zur Eingrenzung dieser Begriffe auf Brockhaus und Duden. Danach ist Zeitgeschichte „der geschichtliche Zeitraum, der der Gegenwart unmittelbar vorausgeht". Kulturgeschichte ist „die Entwicklungen und Wandlungen im Bereich des geistig-kulturellen Lebens sowie deren Erforschung und Darstellung" (BayLT-Drs. 16/260, 17). Im Hinblick auf die Kulturgeschichte ist auch § 2 Abs. 2 Nr. 17 RStV einzubeziehen. Danach fällt unter Kultur nicht nur „Hochkultur" wie Philosophie und bildende Kunst, sondern auch „leichte Kost" wie sie häufig bei Fernseh- und Hörspielen sowie im Kino anzutreffen ist; dies ergibt sich auch aus der Begriffsbestimmung des § 2 Abs. 2 Nr. 17 RStV, der keinerlei themen- oder niveaubezogene Einschränkung des Kulturbegriffs aufweist (Hahn/Vesting/Held RStV § 11d Rn. 74).

22   Da mit diesen Definitionen immer noch Archive geschaffen werden könnten, die die Vorgaben der Nr. 1 bis 3 unterlaufen, kommt als weitere Voraussetzung hinzu, dass die zeit- und kulturgeschichtlichen Inhalte solche sein müssen, die „gesellschaftlich relevante Entwicklungen dokumentieren und Hintergrundwissen für gesellschaftliche Debatten liefern" (Hahn/Vesting/Held RStV § 11d Rn. 73), die die Gesellschaft prägende Ereignisse und Geschehnisse darstellen oder die Grundbegriffe des politischen und gesellschaftlichen Lebens erläutern (Kops/Sokoll/Bensinger, Rahmenbedingungen für die Durchführung des Drei-Stufen-Tests, 2009, 128).

23   Im Gegensatz zu § 11d Abs. 2 S. 1 Nr. 3 RStV schreibt der Wortlaut des § 11d Abs. 2 S. 1 Nr. 4 RStV die Durchführung eines Verfahrens nach § 11f nicht ausdrücklich vor. Stattdessen wird in § 11d Abs. 2 S. 1 Nr. 4 RStV lediglich auf das nach § 11f RStV zu erstellende Telemedienkonzept verwiesen. Da indes in der Vorschrift des § 11f Abs. 4 RStV auf die die Erstellung von Telemedienkonzepte betreffende Vorschrift des § 11f Abs. 1 RStV Bezug genommen wird, gilt auch im Rahmen des § 11d Abs. 2 S. 1 Nr. 4 RStV das Erfordernis des Drei-Stufen-Tests nach § 11f RStV. Dementsprechend müssen auch **Archive nach § 11d Abs. 2 S. 1 Nr. 4 RStV den Drei-Stufen-Test nach § 11f Abs. 4 RStV durchlaufen** (vgl. auch Hahn/Vesting/Held RStV § 11d Rn. 71; HRKDSC RStV § 11d Rn. 32 mwN). Ein Zeitraum für die Verweildauer gem. § 11f Abs. 4 S. 4 RStV muss bei der Durchführung des Drei-Stufen-Tests allerdings nicht angegeben werden, da die Archive nach § 11d Abs. 2 S. 1 Nr. 4 RStV „zeitlich unbefristet" sind.

V. Angebote nach Maßgabe der §§ 16a bis 16e (Abs. 2 S. 2)

24   Angebote nach Maßgabe der §§ 16a bis 16e RStV bleiben gem. § 11d Abs. 2 S. 2 RStV unberührt. §§ 16a–16e RStV betreffen die kommerzielle Betätigung des öffentlich-rechtlichen Rundfunks. Unter den dort geregelten Voraussetzungen und Direktiven darf sich der öffentlich-rechtliche Rundfunk kommerziell betätigen (näheres dazu §§ 16a bis 16e). Kommerzielle Betätigungen des öffentlich-rechtlichen Rundfunks sind nur in Grenzen zulässig. Im Zentrum steht die Wahrnehmung des Funktionsauftrages des öffentlich-rechtlichen Rundfunks. Diese Gewichtsverteilung kommt in den Worten „im Übrigen" zum Ausdruck. Zudem ist erforderlich, dass der öffentlich-rechtliche Rundfunk seine kommerzielle Tätigkeiten von den beitragsfinanzierten Tätigkeiten strikt, dh insbes. haushalterisch, trennt. Eine Quersubventionierung darf also nicht erfolgen. Für den Nutzer muss des Weiteren erkennbar sein, ob er ein beitragsfinanziertes oder ein kommerzielles Angebot des öffentlich-rechtlichen Rundfunks wahrnimmt (vgl. BVerfG NVwZ 2007, 1287 (1290)).

VI. Unzulässigkeit nichtsendungsbezogener presseähnlicher Angebote (Abs. 2 S. 2 Nr. 3 Hs. 3)

Sendungsbezogene Angebote sind dem öffentlich-rechtlichen Rundfunk gestattet, auch wenn sie (schwerpunktmäßig) aus Texten bestehen. Legitimation und Limitierung solcher sendungsbezogenen Angebote folgen aus ihrer Annexfunktion zur Veranstaltung linearer Rundfunkprogramme bzw. zu entsprechenden Telemedienangeboten (vgl. Gersdorf, Legitimation und Limitierung von Onlineangeboten des öffentlich-rechtlichen Rundfunks, 2009, S. 109 ff.; Gersdorf AfP 2010, 421 (430)). Demgegenüber sind dem öffentlich-rechtlichen Rundfunk nach § 11d Abs. 2 S. 2 Nr. 3 Hs. 3 RStV **nichtsendungsbezogene presseähnliche Angebote strikt untersagt.** Sie lassen sich auch nicht im Wege des Drei-Stufen-Tests legitimieren. 25

Den Verboten aus § 11d Abs. 5 RStV kommt subjektiver Gehalt zu, weil sie (auch) im Interesse Dritter erlassen wurden (s. BayLT-Drs. 16/260, 17: „weil die öffentlich-rechtlichen Angebote nicht in Konkurrenz treten sollen zu kommerziellen Video-on-Demand-Angeboten oder Videotheken"; vgl. auch Hahn/Vesting/Held RStV § 11d Rn. 147). Das Gleiche gilt für das Verbot nichtsendungsbezogener presseähnlicher Angebote, das ein **subjektives Recht der Anbieter presseähnlicher Angebote** begründet (vgl. LG Köln K&R 2012, 769 (771), wonach § 11d Abs. 2 S. 2 Nr. 3 Hs. 3 RStV eine Marktverhaltensregel im Sinne des § 4 Nr. 11 UWG darstellt; aA Hahn/Vesting/Held RStV § 11d Rn. 148). Es ist kein sachlicher Grund ersichtlich, der es rechtfertigen könnte, die Anbieter presseähnlicher Angebote schlechter zu stellen als Anbieter kommerzieller VOD-Angebote, denen nach § 11d Abs. 5 RStV subjektiv-rechtlicher Schutz zukommt. 26

Der Begriff des presseähnlichen Angebots wird in § 2 Abs. 2 Nr. 20 RStV definiert. Nach dieser Legaldefinition sind presseähnliche Angebote nicht nur sämtliche elektronischen Ausgaben von Printmedien, sondern alle journalistisch-redaktionell gestalteten Angebote, die nach Gestaltung und Inhalt Zeitungen oder Zeitschriften entsprechen. Die Prüfung, ob ein Angebot presseähnlich ist, setzt eine vergleichende Betrachtung voraus, bei der der **Vergleichsgegenstand** („Angebot") dem **Vergleichsbezugsgegenstand** (gedruckte „Printmedien", „Zeitungen oder Zeitschriften") gegenübergestellt und eine etwaige Ähnlichkeit (**Vergleichsmaßstab:** „nach Gestaltung und Inhalt (…) entsprechen") der beiden Gegenstände ermittelt wird. 27

1. Vergleichsgegenstand („Angebot")

Für die Ermittlung der Reichweite des § 11d Abs. 2 S. 2 Nr. 3 Hs. 3 RStV ist von erheblicher Bedeutung, ob sich der Vergleichsgegenstand („Angebot") auf das Gesamtangebot eines Telemediendienstes (LG Köln K&R 2012, 769 (771); Papier/Schröder, Verfassungsfragen des Dreistufentests, 2011, 94 f.; Hain, Die zeitlichen und inhaltlichen Einschränkungen der Telemedienangebote von ARD, ZDF und Deutschlandradio nach dem 12. RÄndStV, 2009, S. 106; Hain/Brings WRP 2012, 1495 (1499); Schmidtmann ZUM 2013, 536 (539)) oder auf den einzelnen Beitrag (Fiedler K&R 2012, 795 (797); Gerhardt AfP 2010, 16 (19); Gersdorf AfP 2010, 421 (433)) bezieht. Teilweise wird aus § 11a Abs. 1 RStV, wonach der Begriff „Angebote" als Obergriff für „Rundfunkprogramme" und „Telemedien" fungiert, abgeleitet, dass mit dem Begriff des presseähnlichen „Angebots" iSd § 11d Abs. 2 S. 1 Nr. 3 Hs. 3 RStV nur der Telemediendienst als Ganzer und nicht der einzelne Beitrag gemeint sei (so die Argumentation der öffentlich-rechtlichen Rundfunkanstalten, vgl. nur den Beschluss des WDR-Rundfunkrates über die Genehmigung des Telemedienangebotes „wdr.de" v. 19.5.2010, 37 f.). Dem ist entgegenzuhalten, dass dem RStV keinesfalls eine einheitliche Definition des „Angebots" zugrunde liegt, wie sich bereits aus § 2 Abs. 2 Nr. 19 und § 11d Abs. 3 S. 2 RStV ergibt. Aus diesen Vorschriften folgt, dass „Angebote" sehr wohl einzelne Beiträge sein können. Für sendungsbezogene „Angebote" ist zwingend, dass der einzelne Beitrag die erforderliche funktionale Verklammerung mit der jeweiligen Sendung aufweist; das Gesamtangebot reicht hierfür – selbstredend – nicht aus. 28

29 Aus **Sinn und Zweck** ergibt sich, dass als Vergleichsgegenstand („Angebot") nur der konkrete Beitrag, nicht aber das Gesamtangebot des Telemediendienstes in Betracht kommt. Ausweislich der Gesetzesbegründung wollte der Gesetzgeber der „Tendenz" begegnen, „dass von Rundfunkanstalten angebotene nichtsendungsbezogene Telemedien den inhaltlichen und gestalterischen Schwerpunkt in Texten setzen" (LT-Drs. NRW 14/8630, 64). Stellte man für das „Angebot" (Vergleichsgegenstand) auf das Gesamtangebot des Telemediendienstes ab, wären die öffentlich-rechtlichen Rundfunkanstalten in der Lage, die – nach § 11d Abs. 2 S. 1 Nr. 3 Hs. 3 RStV unzulässigen – eigenständigen Textdienste bereitzuhalten, solange und soweit nur ein einziger Videobeitrag auf einer anderen Seite im Rahmen des Gesamtangebots zur Verfügung gestellt würde. Selbst wenn man verlangen würde, dass die Audio- und Videobeiträge im Vergleich zu den Textangeboten den „Schwerpunkt" bilden, wäre den Sendeanstalten Tür und Tor geöffnet, eine vollumfängliche Onlinezeitung bzw. Onlinezeitschrift herauszugeben, die mit der in der Gesetzesbegründung deutlich zum Ausdruck kommenden Begrenzungsfunktion des § 11d Abs. 2 S. 1 Nr. 3 Hs. 3 RStV unvereinbar wäre. Die Vorschrift des § 11d Abs. 2 S. 1 Nr. 3 Hs. 3 RStV drohte gegenstandslos zu werden, also „leerzulaufen" (Gerhardt AfP 2010, 16 (19); Gersdorf AfP 2010, 421 (433); vgl. auch Fiedler K&R 2012, 795 (797); das wird auch von Papier/Schröder, Verfassungsfragen des Dreistufentests, 2011, S. 33, erkannt, die dieses Ergebnis gleichwohl mit Blick auf den – tatsächlich hier jedoch nicht gegebenen – Grundversorgungsauftrag des öffentlich-rechtlichen Rundfunks fordern) und könnte somit die vom Gesetzgeber intendierte Begrenzungskraft nicht entfalten.

2. Vergleichsbezugsgegenstand („Zeitungen und Zeitschriften")

30 Der Wortlaut der Legaldefinition des § 2 Abs. 2 Nr. 20 RStV macht deutlich, dass der Bezugsgegenstand des anzustellenden Vergleichs Druckausgaben von **Zeitungen und Zeitschriften** und nicht etwa Onlineauftritte der Verlagshäuser sind (LG Köln K&R 2012, 769 (771); Hain, Die zeitlichen und inhaltlichen Einschränkungen der Telemedienangebote von ARD, ZDF und Deutschlandradio nach dem 12. RÄndStV, 2009, 106; Gersdorf AfP 2010, 421 (431)).

3. Vergleichsmaßstab („presseähnlich")

31 a) **Einfachgesetzliche Auslegung.** Ebenso folgt bereits aus der Legaldefinition des § 2 Abs. 2 Nr. 20 RStV, dass die Verbotsvorschrift des § 11d Abs. 2 S. 1 Nr. 3 Hs. 3 RStV nicht auf elektronische Ausgaben von Printmedien (Faksimile-Zeitung/-Zeitschrift) beschränkt ist. Sie erstreckt sich vielmehr gem. § 2 Abs. 2 Nr. 20 RStV auf alle journalistisch-redaktionell gestalteten Angebote, die nach Gestaltung und Inhalt Zeitungen oder Zeitschriften entsprechen (LG Köln K&R 2012, 769 (771); Gersdorf AfP 2010, 421 (431)). Dies ergibt sich im Übrigen auch aus der Genese des § 11d Abs. 2 S. 1 Nr. 3 Hs. 3 RStV (Gersdorf AfP 2010, 421 (431)). Der in den (Arbeits-)Entwürfen zunächst verwendete Begriff der „elektronischen Presse" wurde fallengelassen und durch den Begriff der (nichtsendungsbezogenen) presseähnlichen Angebote ersetzt, weil der Begriff „elektronische Presse" zu dem Trugschluss hätte verleiten können, dass von der Verbotsvorschrift nur Onlineausgaben der Zeitungen und Zeitschriften (Faksimile-Zeitung/-Zeitschrift) erfasst sind (vgl. Müller-Terpitz AfP 2008, 335 (337 f.), der die einzelnen Entwurfsfassungen kurz wiedergibt).

32 Was unter dem Begriff der Presseähnlichkeit zu verstehen ist, ergibt sich aus der **Gesetzesbegründung** sowie aus dem hieraus zum Ausdruck kommenden **Normziel**. Wörtlich heißt es in der Gesetzesbegründung: „Mit dieser Vorschrift trägt der Gesetzgeber dem Umstand Rechnung, dass für die Nutzung im Internet gestaltete Angebote regelmäßig aus einer von den Nutzern erwarteten Kombination verschiedener Elemente bestehen, die Text, Ton und Bild verbinden. Vor diesem Hintergrund soll der Tendenz begegnet werden, dass von Rundfunkanstalten angebotene nichtsendungsbezogene Telemedien den inhaltlichen und gestalterischen Schwerpunkt in Texten setzen. Im Umkehrschluss kann ein solcher Schwerpunkt vermieden werden, wenn öffentlich-rechtliche nichtsendungsbezogene Telemedienangebote ihren Schwerpunkt in einer hörfunk- und/oder fernsehähnlichen Gestaltung haben" (LT-Drs. NRW 14/8630, 64). Aus der Gesetzesbegründung und der

hieraus folgenden ratio legis folgt, dass Telemedien dann **presseähnlich** sind, wenn sie den inhaltlichen und gestalterischen **Schwerpunkt in Texten** setzen (LG Köln K&R 2012, 769 (771): „textlastige Beiträge"; Gersdorf AfP 2010, 421 (432); Fiedler K&R 2012, 795 (796 f.: im Ausgangspunkt ebenso Schmidtmann ZUM 2013, 536 (540 f.), später (541) allerdings relativierend mit dem Argument, dass sich Nachrichtenangebote und Unterhaltungsformen nicht ausschließen; dies ist zwar richtig, aber im gegebenen Zusammenhang irrelevant, weil es insoweit nur auf die Gestaltungsform (Text oder Bewegtbild) ungeachtet vom gewählten Genre (Information oder Unterhaltung) ankommt), dh überwiegend Texte, Grafiken oder (stehende) Bilder enthalten und deshalb – ebenso wie die klassische Presse – die Züge eines **Lesemediums** tragen (Gersdorf AfP 2010, 421 (432)). Verlinkungen und die Aufnahme von interaktiven Elementen lassen die Presseähnlichkeit nicht entfallen (LG Köln K&R 2012, 769 (771); Gersdorf AfP 2010, 421 (431 f.); Fiedler K&R 2012, 795 (797 f.)). Entscheidend für die Presseähnlichkeit ist allein, dass der Schwerpunkt in Texten liegt.

Fraglich ist, ob für die Begründung der Presseähnlichkeit über das Erfordernis der **33** Qualifizierung des Onlineangebots als (schwerpunktmäßiges) Text- und Lesemedium hinaus noch weitere Voraussetzungen bestehen. Der Wortlaut des § 2 Abs. 2 Nr. 20 RStV legt dies nahe; nach dessen Legaldefinition sind (Online-)Angebote nur dann presseähnlich, wenn sie „nach Gestaltung und Inhalt Zeitungen und Zeitschriften entsprechen". Demzufolge könnten die typischen „Gestaltungs-"Merkmale der Zeitungen und Zeitschriften als Orientierung dienen. Charakteristisch hierfür sind – neben den Kombinationen von Text, Grafiken und stehenden Bildern – Spaltensetzung, unterschiedlich gestaltete Überschriften und unterschiedliche Satzgrößen. Zusätzlich könnte man auch auf weitere inhaltsbezogene Merkmale („Inhalt") der Zeitungen und Zeitschriften abstellen und verlangen, dass das Onlinemedium dem Inhalt (Umfang uä) nach Zeitungen und Zeitschriften entspricht. Der Wortlaut des § 2 Abs. 2 Nr. 20 RStV könnte daher zu der Schlussfolgerung Anlass geben, dass Angebote dann presseähnlich sind, wenn sich der Nutzer (Leser) dem Onlineangebot wie einer Zeitung/ Zeitschrift zuwendet, also Onlineangebot und Zeitung/Zeitschrift funktional austauschbar sind (vgl. zu diesen Auslegungsmöglichkeiten Gersdorf AfP 2010, 421 (432)).

In einem solchen, einschränkenden Sinne interpretiert das **LG Köln** den Begriff der **34** Presseähnlichkeit. Das LG Köln hat sich am Beispiel der „Tagesschau-App" in der konkreten Fassung des Angebots v. 15.6.2011 grundlegend zur Vorschrift des § 11d Abs. 2 S. 1 Nr. 3 Hs. 3 RStV und dem dort geregelten Begriff der Presseähnlichkeit geäußert (vgl. Fiedler K&R 2012, 795: „medienpolitischer Meilenstein"; Starck JZ 2013, 103: „allgemeine Bedeutung"). Nach Ansicht des LG Köln kommt es für den Begriff der Presseähnlichkeit gem. § 11d Abs. 2 S. 1 Nr. 3 Hs. 3 RStV darauf an, ob das Angebot aus Sicht des Nutzers geeignet ist, „‚als Ersatz' für die Lektüre von Presse iSv Zeitungen oder Zeitschriften zu dienen" (LG Köln K&R 2012, 769 (772)), kurzum: ob es sich aus der Perspektive des Nutzers funktional als **„Presseersatz"** darstellt (LG Köln K&R 2012, 769 (772)). Hierfür ist erstens entscheidend, dass der Schwerpunkt des Angebotes in Texten liegt (LG Köln K&R 2012, 769 (772): „textlastige Beiträge"). Und zweitens müssen nach Auffassung des Gerichts noch weitere (insbes. quantitative) Voraussetzungen erfüllt sein, damit ein Textangebot als presseähnlich iSd § 11d Abs. 2 S. 1 Nr. 3 Hs. 3 RStV zu qualifizieren ist. Zwar verlangt das Gericht keinen „vollständigen Ersatz", „aber doch immerhin eine Informationsdichte und -breite, die an Presseerzeugnisse heranreicht, insbes. was die Ausführlichkeit im Sinne von Umfang anbelangt" (LG Köln K&R 2012, 769 (772)). Irrelevant für den Begriff der Presseähnlichkeit sind nach Auffassung des Gerichts hingegen internettypische Techniken wie Verlinkungen oder Scrolling (LG Köln K&R 2012, 769 (772)).

Gleichwohl begegnen einer entsprechenden **einschränkenden Interpretation des Be-** **35** **griffs der presseähnlichen Angebote durchgreifende, insbes. verfassungsrechtliche Bedenken** (zum Folgenden vgl. bereits Gersdorf AfP 2010, 421 (432 f.)). Zunächst erscheint es bereits fragwürdig, ob sich die unterschiedlichen Gestaltungsmerkmale der Zeitungen/ Zeitschriften auf einen (kleinsten) „gemeinsamen Nenner" bringen ließen, um als Referenzgröße in Betracht zu kommen. Dank des publizistischen Wettbewerbs prägt Vielfalt und nicht Einfalt das gestalterische Erscheinungsbild der Zeitungen und Zeitschriften. Die Wahl der Gestaltungsformen von Zeitungen und Zeitschriften ist das Ergebnis eines dynamischen Prozesses, der durch Variabilität und Flexibilität der ihn kennzeichnenden Faktoren bestimmt ist. Auch bestehen erhebliche Probleme, einen typusprägenden „Inhalt" von Zeitungen und Zeitschriften zu ermitteln. Schon die Abgrenzung von Zeitungen und Zeitschriften ist alles andere als geklärt. Grenzt man Zeitungen und Zeitschriften durch das Kriterium des „tagebuchartigen Charakters" ab, der bei Zeitungen vorliegen, bei Zeitschriften hingegen fehlen soll (vgl. hierzu und zu Recht dieses Abgrenzungskriterium abl. Leisner, Die Pressegleichheit. Das Differenzierungsverbot im Pressebereich bei Eingriff und Förderung durch den Staat, 1976, 111), wären zeitschriftenähnliche Angebote iSd § 2 Abs. 2 Nr. 20 RStV kaum vorstellbar, weil Onlineangebote (regelmäßig) in kurzen zeitlichen Abständen aktualisiert werden und in ihnen fortlaufend „tagebuchartig" über aktuelle Vorgänge und Entwicklungen berichtet wird.

36 Ungeachtet der Schwierigkeiten, einen hinreichend bestimmten Standard für „Gestaltung und Inhalt" von Zeitungen und Zeitschriften zu ermitteln, zeigt der Blick auf die **Gesetzesbegründung,** dass es hierauf für den Begriff der presseähnlichen Angebote nicht ankommt. Nach der Gesetzesbegründung soll der Tendenz begegnet werden, dass von Rundfunkanstalten angebotene nichtsendungsbezogene Telemedien den „inhaltlichen und gestalterischen Schwerpunkt in Texten" setzen. Im Gegensatz zum Wortlaut des § 2 Abs. 2 Nr. 20 RStV sind in der Gesetzesbegründung die Elemente „Gestaltung und Inhalt" nicht auf Zeitungen und Zeitschriften, sondern schlechthin auf „Texte" bezogen. Nach der Gesetzesbegründung kommt es also für den Begriff der presseähnlichen Dienste nicht darauf an, dass das Angebot nach Gestaltung und Inhalt Zeitungen und Zeitschriften vollumfänglich entspricht und damit funktional austauschbar ist. Entscheidend ist allein, dass es (schwerpunktmäßig) „Texte" enthält, also das entscheidende, typusprägende Merkmal von Zeitungen und Zeitschriften aufweist: die Text- und Leseeigenschaft.

37 Dieses unter Heranziehung der Gesetzesbegründung gewonnene Auslegungskriterium wird durch verfassungsrechtliche Direktiven bekräftigt. Der Begriff des presseähnlichen Angebots ist das Ergebnis eines zähen Ringens um die Formulierung im Rahmen des Gesetzgebungsprozesses zum 12. RÄStV (Gerhardt AfP 2010, 16 (19)). Die konkrete Formulierung ist maßgeblich auf den politischen Druck der traditionellen Verleger(-verbände) zurückzuführen. Hieraus erklärt sich, dass in § 2 Abs. 2 Nr. 20 RStV auf die (praktisch kaum bedeutsame) Faksimile-Zeitung und auf (praktisch relevante) sonstige Onlineangebote abgestellt wird, die „Zeitungen und Zeitschriften" entsprechen. Sub specie des dem Staat obliegenden Neutralitätsgebots (Gersdorf, Legitimation und Limitierung von Onlineangeboten des öffentlich-rechtlichen Rundfunks, 2009, 72 ff.) ist es dem Gesetzgeber indes verwehrt, dem öffentlich-rechtlichen Rundfunk lediglich solche Textangebote zu untersagen, die funktional klassischen Zeitungen und Zeitschriften entsprechen. In diesem Fall wären beitragsfinanzierte Textangebote des öffentlich-rechtlichen Rundfunks, die nach Gestaltung und Inhalt Zeitungen und Zeitschriften nicht entsprechen, zulässig. Eine solche Differenzierung wäre sub specie des Art. 5 Abs. 1 S. 2 GG jedoch unzulässig. Die grundrechtlich garantierten Medienfreiheiten schützen nicht nur davor, dass der Staat einzelne Träger der Medienfreiheit aufgrund bestimmter Inhalte oder Tendenzen der Inhalte privilegiert bzw. diskriminiert. Vielmehr ist die staatliche Neutralitätspflicht in einem umfassenderen Sinne zu verstehen. Sie wendet sich gegen staatliche Verzerrungen des publizistischen Wettbewerbs insgesamt, sei es in der Gestalt inhaltslenkender Maßnahmen, sei es in sonstiger Form. Nach der Rspr. des Bundesverfassungsgerichts müssen „Verzerrungen des publizistischen Wettbewerbs insgesamt vermieden werden" (BVerfGE 80, 124 (133 f.)); es ist der öffentlichen Gewalt grds. verwehrt, in den Wettbewerb zwischen den „miteinander in geistiger und wirtschaftlicher Konkurrenz" stehenden Trägern der Medienfreiheiten einzugreifen (BVerfGE 20, 162 (174); 66, 116 (133)). Die Geschichte der Medien zeigt, dass sich der publizistische Wettbewerb zwischen einzelnen Trägern der Medienfreiheiten seit jeher nicht allein auf Inhalte, sondern auch (oder sogar zuvörderst) auf Formate und mediale Präsentationsformen bezieht. Dem Staat ist es grds. untersagt, in diesen publizistischen Wettstreit einzugreifen, indem er Onlinemedien, die traditionellen Zeitungen und Zeitschriften entsprechen, besonderen Schutz zuerkennt und neuen Formen des Onlinejournalismus diesen Schutz verwehrt. Dem Staat ist es nicht gestattet, zugunsten tradierter medialer Präsentationsformen Partei zu ergreifen und den Such- und Findungsprozess nach der dem Internet angemessenen Form des Onlinejournalismus zu beeinflussen. Das Internet ist in jedweder Hinsicht offen zu halten.

Das gilt auch deswegen, weil hinter den Onlineangeboten, die nach Gestaltung und Inhalt   38
mit traditionellen Zeitungen und Zeitschriften nicht vergleichbar sind, regelmäßig kleinere,
wenig kapitalkräftige Anbieter stehen, die verglichen mit den traditionellen Verlagshäusern
(wenigstens) nicht minder schutzwürdig sind. Es hätte vor Art. 5 Abs. 1 S. 2 GG keinen
Bestand, allein den (großen) traditionellen Verlagshäusern den (von Verfassungs wegen
gebotenen) Schutzraum zu gewähren, kleinere Anbieter aber einer publizistischen und wirtschaftlichen Konkurrenz durch den mit dem Rundfunkbeitragsprivileg ausgestatteten öffentlich-rechtlichen Rundfunk auszusetzen. Ein Rundfunkbeitragsprivileg des öffentlich-rechtlichen Rundfunks im Bereich digitaler Textangebote ist weder im Verhältnis zu den klassischen Verlagshäusern noch im Verhältnis zu den übrigen Anbietern des Onlinejournalismus gerechtfertigt. Entscheidet sich der Gesetzgeber in Konkretisierung verfassungsrechtlicher Vorgaben dafür, dem öffentlich-rechtlichen Rundfunk die Verbreitung von Textangeboten zu untersagen, die nach Gestaltung und Inhalt Zeitungen und Zeitschriften entsprechen, muss sich dieses Verbot nach Art. 5 Abs. 1 S. 2 GG gleichermaßen auf alle sonstigen Formen journalistisch-redaktionell gestalteter Textangebote beziehen. Die Vorschrift des § 11d Abs. 2 S. 1 Nr. 3 Hs. 3 RStV ist also – in Übereinstimmung mit der Gesetzesbegründung – verfassungskonform dahin auszulegen, dass sie neben digitalen Textangeboten, die mit Zeitungen und Zeitschriften funktional vergleichbar und austauschbar sind, alle journalistisch-redaktionell gestalteten Angebote erfasst, die (schwerpunktmäßig) aus Texten, Grafiken und (stehenden) Bildern bestehen und damit – ebenso wie die klassische Presse – Züge eines Lesemediums tragen (Gersdorf AfP 2010, 421 (432 f.)).

**b) Verfassungsrechtliche Direktiven bei der Auslegung des § 11d Abs. 2 S. 1   39
Nr. 3 Hs. 3 RStV: Entwicklungsgarantie des öffentlich-rechtlichen Rundfunks für
nichtsendungsbezogene digitale Textangebote?** Ergibt sich im Wege der einfachgesetzlichen Auslegung, dass der Begriff der Presseähnlichkeit (§ 11d Abs. 2 S. 1 Nr. 3 Hs. 3 RStV) iSv textlastigen Angeboten zu interpretieren ist, wird gleichwohl von Teilen des Schrifttums unter Berufung auf die **Entwicklungsgarantie** (Papier/Schröder, Verfassungsfragen des Dreistufentests, 2011, S. 93 f.; Hahn/Vesting/Held RStV § 2 Rn. 175; Hahn ZRP 2008, 217 (220)) bzw. die **Programmautonomie** (Hain, Die zeitlichen und inhaltlichen Einschränkungen der Telemedienangebote von ARD, ZDF und Deutschlandradio nach dem 12. RÄndStV, 2009, 106 ff.; Hahn/Vesting/Held RStV § 11d Rn. 70) des öffentlich-rechtlichen Rundfunks eine **Notwendigkeit einer verfassungskonformen Deutung** der Vorschrift gesehen. Obgleich ausdrücklich eingeräumt wird, dass die Gesetzesbegründung auf ein textbezogenes Verständnis der Presseähnlichkeit hindeutet (Hahn/Vesting/Held RStV § 2 Rn. 175) und dass es „naheliegend" (Papier/Schröder, Verfassungsfragen des Dreistufentests, 2011, 93) erscheint, die klassische Kombination von (stehendem) Bild und Text als „presseähnlich" zu erachten, wird diese „naheliegende" Auslegung wegen der „Entwicklungsgarantie des öffentlich-rechtlichen Rundfunks" im Ergebnis verworfen. Verfassungsrechtlich geboten sei eine „restriktive Auslegung"; abzustellen sei auf das „Erscheinungsbild der Presse im klassischen Sinne, dh als redaktionell bearbeitetes Printmedium mit Text und Standbildern im klassischen Aussehen" (Papier/Schröder, Verfassungsfragen des Dreistufentests, 2011, 93). Dabei wird ausdrücklich „das Risiko des ‚Leerlaufens' des Kriteriums des Presseähnlichkeit" (Papier/Schröder, Verfassungsfragen des Dreistufentests, 2011, S. 94) in Kauf genommen.

Ungeachtet der Frage, ob nicht die Grenzen zulässiger „verfassungskonformer Auslegung"   40
sub specie des Rechtsstaatsprinzips dann überschritten sind, wenn das Auslegungsergebnis die (Verbots-)Vorschrift des § 11d Abs. 2 S. 1 Nr. 3 Hs. 3 RStV praktisch leerlaufen und damit gegenstandslos werden lässt, scheidet eine „verfassungskonforme Auslegung" aus, weil die Verfassung den Gesetzgeber (wenigstens) nicht dazu verpflichtet, den öffentlich-rechtlichen Rundfunk zur Verbreitung (nichtsendungsbezogener) Textangebote zu ermächtigen (Gersdorf AfP 2010, 421 (431)). Es kann hier dahingestellt bleiben, ob nichtsendungsbezogene digitale Textangebote überhaupt der Rundfunkgarantie des Art. 5 Abs. 1 S. 2 GG unterfallen (zur verfassungsrechtlichen Einordnung digitaler Textangebote ausf. Gersdorf AfP 2010, 421 (422 ff.)), auf die sich die Entwicklungsgarantie des öffentlich-rechtlichen Rundfunks allein bezieht. In jedem Fall fordern die Entwicklungsgarantie und der Grundversorgungsauftrag des öffentlich-rechtlichen Rundfunks keine Textangebote des öffentlich-rechtlichen Rundfunks. Geboten ist vielmehr **eine differenzierende Betrachtung und Bewertung der**

einzelnen digitalen Dienste. Selbst wenn sich der Grundversorgungsauftrag des öffentlich-rechtlichen Rundfunks (neben dem Bereich des linearen Rundfunks) auch auf (nichtlineare) audiovisuelle Telemedien erstreckte, wären davon nicht a priori die hier allein in Rede stehenden Textdienste erfasst. Was für den audiovisuellen Bereich (Ton- und Bewegtbildsendungen) womöglich gilt, muss nicht gleichermaßen für textlastige Telemedien zutreffen. Der pauschale Hinweis auf eine Entwicklungsgarantie des öffentlich-rechtlichen Rundfunks im Bereich der Telemedien geht deshalb am Kern des Problems vorbei. § 11d Abs. 2 S. 1 Nr. 3 Hs. 3 RStV wendet sich nicht generell gegen (nichtsendungsbezogene) Telemedien des öffentlich-rechtlichen Rundfunks, sondern allein gegen presseähnliche Angebote, die unzweifelhaft nicht den Bereich der audiovisuellen Telemedien betreffen. Eine differenzierende Beurteilung der Reichweite der verfassungsrechtlichen Entwicklungsgarantie des öffentlich-rechtlichen Rundfunks ist deshalb geboten, weil sich die vom BVerfG entwickelte Bestands- und Entwicklungsgarantie (vgl. BVerfGE 74, 297 (324 f., 342); 90, 60 (91); 119, 181 (218)) traditionell auf den klassischen, linear verbreiteten Programmrundfunk bezieht (Gersdorf AfP 2010, 421 (426 f.)). Das BVerfG hat sich speziell zu den Funktionsbedingungen der modernen Massenkommunikation im Rahmen des Internet und zum Gegenstand sowie zu den Grenzen eines möglichen Funktionsauftrages des öffentlich-rechtlichen Rundfunks im Internet bislang nicht geäußert (Gersdorf AfP 2010, 421 (426 f.)). Insbes. hat sich das BVerfG mit der – hier allein interessierenden – Situation von Textangeboten im Internet noch nicht näher beschäftigt. Eine Geltungserstreckung der Entwicklungsgarantie des öffentlich-rechtlichen Rundfunks auch auf Textangebote hat das Bundesverfassungsgericht mitnichten jemals gefordert. Ganz im Gegenteil: Für die Frage, ob neue Inhalte, Formate und Genres sowie neue Verbreitungsformen zum Gegenstand eines von Verfassungs wegen zu garantierenden Funktions- bzw. Grundversorgungsauftrages des öffentlich-rechtlichen Rundfunks avancieren können, stellt das BVerfG maßgeblich darauf ab, ob diese „künftig Funktionen des herkömmlichen Rundfunks übernehmen" (BVerfGE 83, 238 (302 f.)). bzw. „in erheblichem Umfang an die Stelle des herkömmlichen Rundfunks treten" (BVerfGE 74, 297 (353)). Da audiovisuelle Ton- und Bewegtbildsendungen, nicht hingegen Textangebote, die Substanz des klassischen Rundfunks bilden, kann sich die Entwicklungsgarantie des öffentlich-rechtlichen Rundfunks auch nur auf Audio- und Videobeiträge beziehen, nicht jedoch auf Textangebote. Dementsprechend hat das Bundesverfassungsgericht bereits in seinem Baden-Württemberg-Beschluss im Jahr 1987 am Beispiel des Videotextes klargestellt, dass reine Textdienste in keinem Zusammenhang mit der Grundversorgung durch den öffentlich-rechtlichen Rundfunk stehen. Wörtlich heißt es in dem Beschluss: „Dieser (,reine Textdienst'; Verf.) hat mit der unerlässlichen Grundversorgung durch die öffentlich-rechtlichen Rundfunkanstalten weder unmittelbar noch mittelbar etwas zu tun" (BVerfGE 74, 297 (352)). Deutlicher kann nicht zum Ausdruck gebracht werden, dass sich die Entwicklungsgarantie des öffentlich-rechtlichen Rundfunks allein auf Audio- und Videobeiträge, nicht aber auf Textangebote bezieht (Gersdorf AfP 2010, 421 (427)).

41 Der Gesetzgeber verstößt nicht gegen Verfassungsrecht, wenn er sich in Wahrnehmung der ihm zustehenden Einschätzungsprärogative (vgl. BVerfGE 57, 295 (321); 83, 238 (321); 97, 228 (267)) und nach sorgfältiger Analyse des „Realbefundes" des Art. 5 Abs. 1 S. 2 GG dafür entscheidet, den Bereich digitaler Textangebote im Internet in Entsprechung der Funktions- und Ordnungsprinzipien des klassischen Pressewesens auszugestalten, weil bei **textbasierten Angeboten im Internet keine** im Vergleich zur Situation gedruckter Zeitungen und Zeitschriften (nicht hinnehmbaren) **Vielfaltdefizite** festzustellen und zu erwarten sind (hierzu ausf. Gersdorf AfP 2010, 421 (429 f.)). Der demokratisch unmittelbar legitimierte Gesetzgeber ist von Verfassungs wegen in jedem Fall berechtigt, den Funktionsauftrag des öffentlich-rechtlichen Rundfunks auf die Kompensation entsprechender Vielfaltdefizite im privaten Medienbereich zu begrenzen. Jede andere Auffassung beruht implizit auf der Annahme, dass sich der öffentlich-rechtliche Rundfunk wie ein geborener Grundrechtsträger gleichsam naturwüchsig im gesamten durch Art. 5 Abs. 1 S. 2 GG umgrenzten Wirkungsfeld ausweiten darf. Diese Auffassung ist sowohl mit der Kommunikationsverfassung als auch mit dem demokratischen Prinzip des Grundgesetzes unvereinbar. Die öffentlich-rechtlichen Rundfunkanstalten sind gekorene Grundrechtsträger und sektorale Aufgabenträger, deren Funktionskreis (in erster Linie) durch den Gesetzgeber festgelegt und umgrenzt wird. Die **„Programmautonomie"** (genauer: Rundfunk- oder Telemedienautonomie) der öffentlich-rechtlichen Rundfunkanstalten legitimiert für sich genommen noch keine digitalen Textdienstangebote des öffentlich-rechtlichen Rundfunks (vgl. aber Hain, Die zeitlichen und inhaltlichen Einschränkungen der Telemedienangebote von ARD, ZDF und Deutschlandradio nach dem 12. RÄndStV, 2009, 106 ff.; Hahn/Vesting/Held RStV § 11d Rn. 70; hiergegen bereits Gersdorf AfP 2010, 421 (429 Fn. 93)), sondern **gilt nach Maßgabe einer (zulässigen) Ausgestaltung der Rundfunkfreiheit.** Deshalb können unter Berufung auf die „Programmautonomie" auch keine – über das einfache Recht hinausgehenden – Rechte des öffentlich-rechtlichen Rundfunks abgeleitet werden, wenn der Gesetzgeber in Wahrnehmung seines Gestaltungsspielraumes und damit in verfassungsrechtlich zulässiger Weise die Entscheidung trifft, den Bereich digitaler Textangebote im Internet nach Maßgabe der für das klassische Pressewesen geltenden Funktions- und Ordnungsprinzipien auszugestalten und dem öffentlich-rechtlichen Rundfunk nichtsendungsbezogene (presseähnliche) Textdienste zu untersagen. Der weite Gestaltungsspielraum, den der Gesetzgeber bei der Ausgestaltung des Art. 5 Abs. 1 S. 2 GG besitzt (vgl. nur BVerfGE 12, 205 (262 f.); 57, 295 (321 f., 325 f.); 83, 238 (296, 315 f.); 90, 60 (94); 114, 371 (387); 119, 181 (214)), bezieht sich nicht nur (einseitig) auf Private, sondern auch auf den öffentlich-rechtlichen Rundfunk.

D. Auftrag der Telemedien (Abs. 3)

Gem. § 11d Abs. 3 S. 1 RStV sollen die Telemedienangebote des öffentlich-rechtlichen Rundfunks „allen Bevölkerungsgruppen die Teilhabe an der Informationsgesellschaft ermöglich(en), Orientierungshilfe (bieten) sowie die technische und inhaltliche Medienkompetenz aller Generationen und von Minderheiten (fördern)". Diese Bestimmung geht auf den Beihilfekompromiss zurück, in dem Deutschland zugesagt hat, Kriterien für öffentlich-rechtliche Telemedienangebote aufzustellen (Kommission v. 24.4.2007 K(2007) 1761 endg., Rn. 340). Telemedienangebote des öffentlich-rechtlichen Rundfunks müssen sich an alle Bevölkerungsgruppen wenden; hierin kommt die Integrationsfunktion des öffentlich-rechtlichen Rundfunks zum Ausdruck. 42

In Verbindung mit § 11 RStV, der ebenfalls für die Inhalte der Telemedienangebote gilt (BayLT-Drs. 16/260, 17), hat der öffentlich-rechtliche Rundfunk in seinen Telemedien ein vielfältiges und breites Angebotsspektrum bereitzuhalten (vgl. HRKDSC RStV § 11d Rn. 17). In den nach § 11f Abs. 1 RStV zu erstellenden Telemedienkonzepten ist dieser Auftrag näher zu konkretisieren (BayLT-Drs. 16/260, 17). Wird ein Drei-Stufen-Test gem. § 11f Abs. 4 RStV durchgeführt, ist die Wahrung der Anforderungen des § 11d Abs. 3 S. 1 RStV unter dem Gesichtspunkt zu prüfen, „inwieweit das Angebot den demokratischen, sozialen und kulturellen Bedürfnissen der Gesellschaft entspricht" (§ 11f Abs. 4 S. 2 Nr. 1 RStV). 43

Nach § 11d Abs. 3 S. 2 RStV muss bei sendungsbezogenen Telemedien der zeitliche und inhaltliche Bezug zu einer bestimmten Sendung im jeweiligen Telemedienangebot ausgewiesen werden. In dieser Vorschrift manifestiert sich die **Annexfunktion** sendungsbezogener Telemedien, welche entsprechende Telemedienangebote im öffentlich-rechtlichen Rundfunk legitimiert, aber zugleich auch limitiert. Ausdrücklich bezieht sich § 11f Abs. 3 S. 2 RStV nur auf bestimmte Sendungen eines linearen (Fernseh- oder Hörfunk-) Programms (sendungsbezogene Telemedien). Darüber hinaus sind aber auch Annexdienste zulässig, die sich auf ein bestimmtes audiovisuelles Telemedienangebot beziehen (telemedienbezogene Telemediendienste; am Beispiel entsprechender Textdienste vgl. Gersdorf, Legitimation und Limitierung von Onlineangeboten des öffentlich-rechtlichen Rundfunks, 2009, 109 f.). 44

Das Erfordernis des Sendungsbezugs bzw. (Video-, Audio-)Telemedienbezugs zielt darauf ab, dass sich digitale Textdienste inhaltlich und zeitlich auf eine bestimmte Sendung oder auf einen bestimmten (Video-, Audio-)Telemedienbeitrag beziehen. Durch die inhaltliche Bezugnahme wird sichergestellt, das sendungsbezogene bzw. telemedienbezogene Telemedien nur der Erläuterung, Vertiefung und Ergänzung einer bestimmten Rundfunksendung oder eines bestimmten Telemedienangebots dienen darf. Auch das Erfordernis des zeitlichen Zusammenhanges soll diese Annexfunktion gewährleisten. Aus der Annexfunktion folgt, dass entsprechende sendungsbezogene bzw. telemedienbezogene Telemedien keine „dritte Säule" des öffentlich-rechtlichen Rundfunks bilden. Sie sind funktional auf eine bestimmte Sen- 45 dung eines Fernseh- bzw. Hörfunkprogrammes oder auf einen bestimmten (Video-, Audio-) Telemedienbeitrag der öffentlich-rechtlichen Sendeanstalten bezogen und dürfen sich von diesem sie legitimierenden Kern nicht lösen.

46 Aus der Annexfunktion folgt schließlich eine **quantitative Begrenzung** der Annexdienste des öffentlich-rechtlichen Rundfunks. Der inhaltliche und zeitliche Bezug reicht als Limitierung der sendungs- oder telemedienbezogenen Telemedien der öffentlich-rechtlichen Anstalten nicht aus. Eine quantitativ unbegrenzte Berichterstattung zu Sendungen bzw. (Video-, Audio-)Telemedienbeiträgen des öffentlich-rechtlichen Rundfunks wäre mit der diese Telemedien legitimierenden Annexfunktion nicht vereinbar. Dem Wesen der Annexfunktion entsprechend müssen sendungs- oder telemedienbezogene Telemedien den Charakter eines untergeordneten, die Haupttätigkeit lediglich unterstützenden (Hilfs-)Dienstes haben. Sendungs- oder telemedienbezogene Telemedien dürfen nicht über das hinausgehen, was zur Erläuterung von Sendungen bzw. von (Video-, Audio-)Telemedienbeiträgen des öffentlich-rechtlichen Rundfunks erforderlich ist. Sie müssen stets Akzidenz der Sendung oder des betreffenden Telemedienangebots sein. Anderenfalls büßte der Dienst seine ihn legitimierende Annexfunktion ein.

E. Portale und Programmführer (Abs. 4)

47 § 11d Abs. 4 RStV gibt vor, dass „(d)ie in der ARD zusammengeschlossenen Landesrundfunkanstalten, das ZDF und das Deutschlandradio (…) ihre Angebote in elektronischen Portalen (anbietet) und (…) ihre Programme unter elektronischen Programmführern (zusammenfassen)". Entgegen der Gesetzesbegründung, in der lediglich von einer Möglichkeit des öffentlich-rechtlichen Rundfunks die Rede ist (BayLT-Drs. 16/260, 17; vgl. Hahn/Vesting/Held RStV § 11d Rn. 88), deutet der Wortlaut eher auf einen verpflichtenden Charakter der Vorschrift hin (so HRKDSC RStV § 11d Rn. 36). Diese Frage hat indes keine praktische Bedeutung, solange die öffentlich-rechtlichen Rundfunkanstalten solche Dienste anbieten.

48 Die Telemedien des öffentlich-rechtlichen Rundfunks sollen in Portalen bereitgehalten werden. Dabei hat jede Rundfunkanstalt ihr eigenes Portal (ZDF: www.zdf.de; Deutschlandradio: www.dradio.de; NDR: www.ndr.de; etc). Die gemeinsamen Angebote der Landesrundfunkanstalten werden im Portal der ARD (www.ard.de) gebündelt und als eigenständige Portale verbreitet (Tagesschau: www.tagesschau.de; Sportschau: www.sportschau.de). Zusätzlich werden die Inhalte der Landesrundfunkanstalten unter dem Portal der ARD verbreitet.

49 Elektronische Programmführer (EPG) sind selbst Telemedien, wie sich aus § 52c Abs. 1 S. 2 RStV ergibt („Telemedien einschließlich elektronischer Programmführer"; Hahn/Vesting/Held RStV § 11d Rn. 90). Dabei werden Informationen über das Hör- und Rundfunkprogramm an das Empfangsgerät übertragen.

F. Nicht zulässige Telemedienangebote
I. Werbung und Sponsoring (Abs. 5 S. 1)

50 Werbung und Sponsoring sind bei vom öffentlich-rechtlichen Rundfunk angebotenen Telemedien verboten. Hingegen sind sie im Bereich des Fernseh- und Hörfunks in gewissen Grenzen erlaubt (s. § 16 RStV; skeptisch dazu BVerfGE 119, 181 (219 f.)). Das Verbot von Werbung und Sponsoring im Bereich des Telemedien-Angebots geht auf den Beilhilfekompromiss zurück (Kommission v. 24.4.2007 K(2007) 1761 endg., Rn. 341; zur Frage, was Werbung ist und ob die Definition des § 2 Abs. 2 Nr. 7 RStV auch für Werbung in Telemedien gilt, s. Hahn/Vesting/Held RStV § 11d Rn. 96 ff.).

II. Angekaufte Spielfilme und Folgen von Fernsehserien (Abs. 5 S. 2)

51 Das Verbot, angekaufte Spielfilme und Folgen von Fernsehserien anzubieten, beruht auf zwei Begründungen: Zum einen soll der öffentlich-rechtliche Rundfunk nicht in Konkurrenz zu kommerziellen Diensten treten und zum anderen „soll vermieden werden, dass bei den Rundfunkanstalten hohe Rechtekosten für den Erwerb von Abrufrechten entstehen" (BayLT-Drs. 16/260, 17). Auch der Rundfunkbeitragszahler soll durch das Verbot geschützt werden.

Es ist zu beachten, dass Auftragsproduktionen vom Wortlaut her ausgenommen sind. 52
Durch die Einschränkung „angekauft" wird sichergestellt, dass Eigen- und Ko-Produktionen
ebenfalls nicht vom Verbot umfasst sind (zur Frage, welche Film- und Serienformate im
Besonderen vom Verbot umfasst sind, s. Hahn/Vesting/Held RStV § 11d Rn. 104 ff.).

III. Flächendeckende lokale Berichterstattung (Abs. 5 S. 3)

Die Unzulässigkeit flächendeckender lokaler Berichterstattung in (audiovisuellen) Tele- 53
medien des öffentlich-rechtlichen Rundfunks geht auf den Beihilfekompromiss zurück
(Kommission v. 24.4.2007, K(2007) 1761 endg., Rn. 341). Das Verbot versteht sich vor allem
vor dem Hintergrund der berechtigten Interessen der Zeitungsverlage (zur Frage der Verfassungsmäßigkeit dieser Vorschrift s. Hahn/Vesting/Held RStV § 11d Rn. 113 f.).

Der Begriff „lokal" ist von dem Begriff „regional" zu unterscheiden. Die regionale 54
Berichterstattung in Telemedien gehört gem. § 11 Abs. 1 S. 2 RStV zum gesetzlichen
Auftrag des öffentlich-rechtlichen Rundfunks. „Lokale" Berichterstattung betrifft die Sach-
und Lebensverhältnisse der räumlichen Untergliederungen wie Kreise oder Gemeinden (vgl.
Hahn/Vesting/Held RStV § 11d Rn. 111).

Weiter darf die Berichterstattung nicht „flächendeckend" sein. Dies ist sowohl inhaltlich 55
als auch räumlich zu verstehen (HRKDSC RStV § 11d Rn. 13). Folglich ist dem öffentlich-
rechtlichen Rundfunk durchaus gestattet, über einzelne, herausragende Ereignisse auf lokaler
Ebene in audiovisuellen Telemedien zu berichten (inhaltliche Komponente) sowie sich
einzelne Gebiete herauszusuchen, die Gegenstand einer Berichterstattung in audiovisuellen
Telemedien des öffentlich-rechtlichen Rundfunk sind (räumliche Komponente – vgl.
HRKDSC RStV § 11d Rn. 13; Hahn/Vesting/Held RStV § 11d Rn. 115). Letzteres dürfte
insbes. dann in Betracht zu ziehen sein, wenn es in dem betreffenden Gebiet keine (hinreichende) lokale Berichterstattung in Telemedien gibt oder die lokale Berichterstattung in den
Telemedien – etwa infolge einer hohen (Presse-)Konzentration – nicht hinreichend vielfältig
ist.

In jedem Fall sind bei der Entscheidung über eine lokale Berichterstattung des öffentlich- 56
rechtlichen Rundfunks die berechtigten Interessen der lokalen Presse und entsprechender
Telemedien maßgeblich zu berücksichtigen (vgl. auch HRKDSC RStV § 11d Rn. 13).

IV. Negativliste (Abs. 5 S. 4)

Auch die Aufnahme einer Negativliste geht auf den Beihilfekompromiss zurück (Kom- 57
mission v. 24.4.2007, K(2007) 1761 endg., Rn. 339). Die Anlage nach § 11d Abs. 5 S. 4
RStV enthält 17 Punkte. Es handelt sich insbes. um solche Punkte, die „für Erwerbszwecke
kommerzieller Anbieter relevant sind" (BayLT-Drs. 16/260, 17).

Folgende Inhalte befinden sich in der Anlage (zu einzelnen Punkten der Liste s. Hahn/ 58
Vesting/Held RStV § 11d Rn. 123 ff.):
- Anzeigenportale, Anzeigen oder Kleinanzeigen,
- Branchenregister und -Verzeichnisse,
- Preisvergleichsportale sowie Berechnungsprogramme (zB Preisrechner, Versicherungs-
rechner),
- Bewertungsportale für Dienstleistungen, Einrichtungen und Produkte,
- Partner-, Kontakt-, Stellen-, Tauschbörsen,
- Ratgeberportale ohne Sendungsbezug,
- Business-Networks,
- Telekommunikationsdienstleistungen iSv § 3 Nr. 24 TKG,
- Wetten iSv § 762 BGB,
- Softwareangebote, soweit nicht zur Wahrnehmung des eigenen Angebots erforderlich,
- Routenplaner,
- Verlinkung ohne redaktionelle Prüfung; Verlinkungen sollen ausschließlich der unmittel-
baren Ergänzung, Vertiefung oder Erläuterung eines Eigeninhalts (auch von Beteiligungs-
unternehmen) dienen und nicht unmittelbar zu Kaufaufforderungen führen,
- Musikdownload von kommerziellen Fremdproduktionen,
- Spieleangebote ohne Sendungsbezug,

- Fotodownload ohne Sendungsbezug,
- Veranstaltungskalender (sendungsbezogene Hinweise auf Veranstaltungen sind zulässig),
- Foren, Chats ohne Sendungsbezug und redaktionelle Begleitung; Foren, Chats unter Programm- oder Sendermarken sind zulässig. Foren und Chats dürfen nicht inhaltlich auf Angebote ausgerichtet sein, die nach den Nr. 1–16 unzulässig sind.

§ 11e Satzungen, Richtlinien, Berichtspflichten

(1) [1]Die in der ARD zusammengeschlossenen Landesrundfunkanstalten, das ZDF und das Deutschlandradio erlassen jeweils Satzungen oder Richtlinien zur näheren Durchführung ihres jeweiligen Auftrags sowie für das Verfahren zur Erstellung von Angebotskonzepten und das Verfahren für neue oder veränderte Telemedien. [2]Die Satzungen oder Richtlinien enthalten auch Regelungen zur Sicherstellung der Unabhängigkeit der Gremienentscheidungen. [3]Die Satzungen oder Richtlinien sind in den amtlichen Verkündungsblättern der Länder zu veröffentlichen.

(2) Die in der ARD zusammengeschlossenen Landesrundfunkanstalten, das ZDF und das Deutschlandradio veröffentlichen alle zwei Jahre, erstmals am 1. Oktober 2004, einen Bericht über die Erfüllung ihres jeweiligen Auftrages, über die Qualität und Quantität der bestehenden Angebote sowie die Schwerpunkte der jeweils geplanten Angebote.

§ 11e RStV enthält Vorgaben zur Ausgestaltung des jeweiligen Auftrags der öffentlich-rechtlichen Rundfunkanstalten, der Angebotskonzepte und des Drei-Stufen-Tests durch Satzungen oder Richtlinien (Abs. 1, s. → Rn. 2 ff.) sowie eine Verpflichtung zur Dokumentation der jeweiligen Auftragserfüllung (Abs. 2, s. → Rn. 7 f.).

A. Allgemeines

1   Die Vorschrift des § 11e RStV wurde mit dem 12. RÄndStV in den RStV eingefügt. Er war vorher Teil des § 11 RStV aF. Die dort in Abs. 4 niedergelegte Pflicht, die jeweiligen Aufträge in Satzungen oder Richtlinien näher zu konkretisieren, wurde übernommen und erweitert, so dass die öffentlich-rechtlichen Rundfunkanstalten auch Satzungen oder Richtlinien bzgl. der Angebotskonzepte und der Verfahren für neue oder veränderte Telemedien erlassen müssen (zur mehrdeutigen Entstehungsgeschichte und daraus folgenden Unklarheiten s. Hahn/Vesting/Eicher RStV § 11e Rn. 7 ff.).

B. Satzungen oder Richtlinien (Abs. 1)

2   § 11e Abs. 1 RStV begründet nicht nur eine Berechtigung, sondern eine Verpflichtung der öffentlich-rechtlichen Rundfunkanstalten, die im RStV umrissenen Vorgaben für ihren Auftrags der Rundfunkanstalten, der Angebotskonzepte und der Telemedien näher auszuformen und zu präzisieren. Systematisch gesehen ist der Ort für diese Verpflichtung unglücklich gewählt, da sich die Rechtsgrundlagen für Telemedienkonzepte und den Drei-Stufen-Test, für die Satzungen oder Richtlinien erlassen werden sollen, in § 11f RStV finden.

3   Das Gesetz stellt Satzungen und Richtlinien gleich, obwohl nach allgemeinen Rechtsgrundsätzen Satzungen materielle Gesetze sind, denen Außenwirkung zukommt, während Richtlinien nur „Binnenrecht" darstellen, die – wenn überhaupt – nur mittelbar im Wege des Art. 3 Abs. 1 GG Außenwirkung entfalten. Auch benötigt eine juristische Person des öffentlichen Rechts für den Erlass von Satzungen regelmäßig eine Ermächtigungsgrundlage, während das Recht zum Erlass von Binnenrecht, namentlich Richtlinien, aus der Selbstverwaltungsbefugnis folgt. Die Aufführung der „Richtlinien" in § 11e Abs. 1 S. 1 RStV ist daher eher deklaratorischer Natur, wenn man „Richtlinien" im Rahmen des § 11e RStV (und § 53 RStV, → § 53 Rn. 5 ff.) nicht als materielle Gesetze mit Außenwirkung qualifiziert. Für diese Auffassung spricht auch § 11e Abs. 1 S. 3 RStV, wonach auch Richtlinien veröffentlicht werden müssen (vgl. zum Ganzen HRKDSC RStV § 11e Rn. 3 ff.).

Adressat der Verpflichtung sind die in der ARD zusammengeschlossenen Landesrundfunkanstalten, das ZDF und das Deutschlandradio. 4

Die Satzungen oder Richtlinien der öffentlich-rechtlichen Rundfunkanstalten sollen vier Bereiche näher ausformieren: 5
- das jeweilige Angebot der öffentlich-rechtlichen Rundfunkanstalt,
- das Verfahren zur Erstellung von Angebotskonzepten nach § 11f Abs. 1 RStV,
- das Verfahren für neue oder veränderte Telemedien nach § 11f Abs. 3, 4 RStV und
- die Sicherstellung der Unabhängigkeit der Gremienentscheidungen nach § 11f Abs. 5, 6 RStV.

Inhaltliche und formale Vorgaben zur Ausgestaltung der Satzungen oder Richtlinien sind in § 11e RStV nur in geringem Maße festgelegt. Zum einen sollen die Satzungen oder Richtlinien Regelungen zur Sicherstellung der Unabhängigkeit der Gremienentscheidungen enthalten. Zum anderen müssen die Satzungen oder Richtlinien in den amtlichen Verkündungsblättern der Länder veröffentlicht werden. Demgegenüber enthält § 11f Abs. 3 RStV Vorgaben zur inhaltlichen Ausgestaltung: Gem. S. 1 müssen die Kriterien zur Feststellung, wann ein verändertes oder neues Telemedium vorliegt, bei allen öffentlich-rechtlichen Rundfunkanstalten übereinstimmen. Dies erfordert keine wörtliche, sondern nur eine inhaltliche Übereinstimmung. Die Kriterien müssen einheitlich sein (vgl. BayLT-Drs. 16/260, 18). Zudem legt der Gesetzgeber in § 11f Abs. 3 S. 2 RStV fest, wann insbes. ein verändertes Angebot vorliegt, nämlich dann, „wenn die inhaltliche Gesamtausrichtung des Angebots oder die angestrebte Zielgruppe verändert wird". An dieser Norm können sich die öffentlich-rechtlichen Rundfunkanstalten bei der Erstellung der Kriterien zur Abgrenzung zwischen einem bestehenden und geänderten oder neuen Angebot zumindest orientieren. 6

C. Dokumentationspflicht (Abs. 2)

Gem. § 11e Abs. 2 RStV müssen die öffentlich-rechtlichen Rundfunkanstalten alle zwei Jahre einen Bericht veröffentlichen, der „über die Erfüllung ihres jeweiligen Auftrages, über die Qualität und Quantität der bestehenden Angebote sowie die Schwerpunkte der jeweils geplanten Angebote" Auskunft gibt. Insbesondere soll in den Berichten auch festgehalten werden, wie die bestehenden satzungs- und richtlinienmäßigen Verpflichtungen erfüllt wurden (HRKDSC RStV § 11e Rn. 11). 7

Diese Berichts- und Dokumentationspflicht dient vor allem der Kontrolle der öffentlich-rechtlichen Rundfunkanstalten. Mit ihrer Hilfe können Gesetzgeber und Öffentlichkeit einen genaueren Einblick in den Tätigkeitskreis der öffentlich-rechtlichen Rundfunkanstalten erhalten. Dies trägt zur Versachlichung der Debatte über die Notwendigkeit, Ausrichtung und Ausgestaltung der öffentlich-rechtlichen Rundfunkanstalten maßgeblich bei. 8

§ 11f Telemedienkonzepte sowie neue oder veränderte Telemedien

(1) Die in der ARD zusammengeschlossenen Landesrundfunkanstalten, das ZDF und das Deutschlandradio konkretisieren die inhaltliche Ausrichtung ihrer Telemedien nach § 11d Abs. 2 Satz 1 Nr. 3 und 4 jeweils in Telemedienkonzepten, die Zielgruppe, Inhalt, Ausrichtung und Verweildauer der geplanten Angebote näher beschreiben.

(2) Die Beschreibung aller Telemedien muss einer Nachprüfung des Finanzbedarfs durch die KEF ermöglichen.

(3) [1]Die in der ARD zusammengeschlossenen Landesrundfunkanstalten, das ZDF und das Deutschlandradio legen in den Satzungen oder Richtlinien übereinstimmende Kriterien fest, die sie in jedem Einzelfall bei der Entscheidung der Frage anzuwenden haben, in welchen Fällen ein neues oder verändertes Telemedienangebot vorliegt, das nach dem nachstehenden Verfahren zu prüfen ist. [2]Ein verändertes Angebot liegt insbesondere vor, wenn die inhaltliche Gesamtausrichtung des Angebots oder die angestrebte Zielgruppe verändert wird.

(4) [1]Ist ein neues Angebot oder die Veränderung eines bestehenden Angebots nach Absatz 1 geplant, hat die Rundfunkanstalt gegenüber ihrem zuständigen

Gremium darzulegen, dass das geplante, neue oder veränderte, Angebot vom Auftrag umfasst ist. ²Es sind Aussagen darüber zu treffen,
1. inwieweit das Angebot den demokratischen, sozialen und kulturellen Bedürfnissen der Gesellschaft entspricht,
2. in welchem Umfang durch das Angebot in qualitativer Hinsicht zum publizistischen Wettbewerb beigetragen wird und
3. welcher finanzielle Aufwand für das Angebot erforderlich ist.

³Dabei sind Quantität und Qualität der vorhandenen frei zugänglichen Angebote, die marktlichen Auswirkungen des geplanten Angebots sowie dessen meinungsbildende Funktion angesichts bereits vorhandener vergleichbarer Angebote, auch des öffentlich-rechtlichen Rundfunks, zu berücksichtigen. ⁵Darzulegen ist der voraussichtliche Zeitraum, innerhalb dessen das Angebot stattfinden soll.

(5) ¹Zu den Anforderungen des Absatzes 4 ist vor Aufnahme eines neuen oder veränderten Angebots durch das zuständige Gremium Dritten in geeigneter Weise, insbesondere im Internet, Gelegenheit zur Stellungnahme zu geben. ²Die Gelegenheit zur Stellungnahme besteht innerhalb einer Frist von mindestens sechs Wochen nach Veröffentlichung des Vorhabens. ³Das zuständige Gremium der Rundfunkanstalt hat die eingegangenen Stellungnahmen zu prüfen. ⁴Das zuständige Gremium kann zur Entscheidungsbildung gutachterliche Beratung durch unabhängige Sachverständige auf Kosten der jeweiligen Rundfunkanstalt in Auftrag geben; zu den marktlichen Auswirkungen ist gutachterliche Beratung hinzuzuziehen. ⁵Der Name des Gutachters ist bekanntzugeben. ⁶Der Gutachter kann weitere Auskünfte und Stellungnahmen einholen; ihm können Stellungnahmen unmittelbar übersandt werden.

(6) ¹Die Entscheidung, ob die Aufnahme eines neuen oder veränderten Angebots den Voraussetzungen des Absatzes 4 entspricht, bedarf der Mehrheit von zwei Dritteln der anwesenden Mitglieder, mindestens der Mehrheit der gesetzlichen Mitglieder des zuständigen Gremiums. ²Die Entscheidung ist zu begründen. ³In den Entscheidungsgründen muss unter Berücksichtigung der eingegangenen Stellungnahmen und eingeholten Gutachten dargelegt werden, ob das neue oder veränderte Angebot vom Auftrag umfasst ist. ⁴Die jeweilige Rundfunkanstalt hat das Ergebnis ihrer Prüfung einschließlich der eingeholten Gutachten unter Wahrung von Geschäftsgeheimnissen in gleicher Weise wie die Veröffentlichung des Vorhabens bekannt zu machen.

(7) ¹Der für die Rechtsaufsicht zuständigen Behörde sind vor der Veröffentlichung alle für eine rechtsaufsichtliche Prüfung notwendigen Auskünfte zu erteilen und Unterlagen zu übermitteln. ²Nach Abschluss des Verfahrens nach Absatz 5 und 6 und nach Prüfung durch die für die Rechtsaufsicht zuständige Behörde ist die Beschreibung des neuen oder veränderten Angebots in den amtlichen Verkündungsblättern der betroffenen Länder zu veröffentlichen.

§ 11f RStV dient der Konkretisierung des Auftrags des öffentlich-rechtlichen Rundfunks (§ 11, § 11d RStV) im Hinblick auf die Telemedien, mit denen die Rundfunkanstalten nicht bereits vom Gesetzgeber beauftragt wurden. Die Erstellung von Telemedienkonzepten für Telemedien (§ 11f Abs. 1 RStV) ist eine Form der Selbstverpflichtung, die im Gegensatz zur gesetzgeberischen Beauftragung steht. Aus § 11f Abs. 1 und Abs. 2 RStV ergeben sich die erforderlichen Mindestinhalte des Konzepts (→ Rn. 3 ff.). § 11f Abs. 3 RStV gibt unter beispielhafter Nennung vor, dass die Rundfunkanstalten einheitlich regeln sollen, unter welchen Voraussetzungen ein neues oder verändertes Telemedium vorliegt, da der Drei-Stufen-Test, der in § 11f Abs. 4–6 RStV normiert ist, nur Anwendung findet, wenn ein neues oder verändertes Telemedienangebot Bestandteil des Rundfunkauftrages werden soll (→ Rn. 9). Während § 11f Abs. 4 RStV materielle Vorgaben macht, die das Angebot erfüllen muss, um vom Auftrag erfasst zu sein, und mithin genehmigungspflichtig ist (→ Rn. 10 ff.), enthalten § 11f Abs. 5, 6 RStV formelle Aspekte des Verfahrens (→ Rn. 18 ff.). § 11f Abs. 7 RStV regelt die Beteiligung der Rechtsaufsicht und entsprechende Auskunftsrechte (→ Rn. 26 f.).

Übersicht

	Rn		Rn
A. Allgemeines	1	4. Drei-Stufen-Test als prozedurale Regelung der Konkretisierung des Funktionsauftrages des öffentlich-rechtlichen Rundfunks	14
B. Einzelkommentierung	3		
I. Telemedienkonzept (Abs. 1)	3		
II. Nachprüfung durch die KEF (Abs. 2)	8	5. Einleitung des Verfahrens	15
III. Kriterien hinsichtlich eines neuen oder veränderten Telemedienangebots in Satzungen und Richtlinien (Abs. 3)	9	6. Voraussetzungen für die Einleitung eines Verfahrens/Vorprüfung	16
		V. Stellungnahmen Dritter, Gutachter (Abs. 5)	18
IV. Darlegung der Fakten durch die Rundfunkanstalt gegenüber dem internen Gremium (Abs. 4)	10	VI. Entscheidungsprozess durch das interne Gremium (Abs. 6)	23
1. Demokratische, soziale und kulturelle Bedürfnisse der Gesellschaft	11	VII. Beteiligung der Rechtsaufsicht (Abs. 7)	27
2. Qualitativer Beitrag zum publizistischen Wettbewerb	12	VIII. Rechtsschutz	30
3. Finanzieller Aufwand	13		

A. Allgemeines

§ 11f RStV wurde durch den 12. RÄndStV v. 18.12.2008 mWv 1.6.2009 in den RStV **1** eingefügt. Mit dieser Vorschrift werden die Vorgaben aus dem Beihilfekompromiss zwischen Deutschland und der Kommission umgesetzt. Hierbei galt es, das Spannungsverhältnis zwischen der Telemedienautonomie der Rundfunkanstalten (Art. 5 Abs. 1 S. 2 GG) und dem beihilferechtlichen Erfordernis einer möglichst konkreten Beauftragung der Sendeanstalten aufzulösen. Die Einführung des Drei-Stufen-Tests diente der Auflösung des Spannungsverhältnisses. Allerdings ist § 11f RStV konzeptionell wenig ausgefeilt und lückenhaft. In **materieller Hinsicht** ist § 11f Abs. 4 RStV **lückenhaft,** weil die Vorschrift keine hinreichenden materiellen (Begrenzungs-)Kriterien zum Schutz der Beitragszahler und der konkurrierenden privaten Anbieter enthält. Auch ist das gewählte **Organisationsmodell anfechtbar,** weil eine interne Kontrolle des öffentlich-rechtlichen Rundfunks keine hinreichende Gewähr für einen sachgerechten Ausgleich der einander widerstreitenden grundrechtlichen Positionen bietet. In Entsprechung zur KEF, die das Finanzgebaren des öffentlich-rechtlichen Rundfunks kontrolliert, ist eine externe, staatsfrei organisierte Kontrolle der öffentlich-rechtlichen Rundfunkanstalten bei der Konkretisierung ihres Funktionsauftrages unerlässlich (→ § 11 Rn. 9 ff.).

Der Drei-Stufen-Test ist dem britischen Public-Value-Test nachgebildet (HRKDSC RStV **2** § 11f Rn. 16). Anhand dieses Tests wird in Großbritannien die Zulässigkeit der Online-Angebote des öffentlich-rechtlichen Rundfunks überprüft. Ein wesentlicher Unterschied besteht darin, dass in Deutschland die Prüfung nicht durch ein externes Gremium erfolgt, sondern durch ein internes Gremium der Rundfunkanstalten, nämlich durch den Fernseh- bzw. den Rundfunkrat (HRKDSC RStV § 11f Rn. 16). Auch vermag der Drei-Stufen-Test in Ermangelung hinreichender materieller Begrenzungskriterien nur eine begrenzte Effektivität zu entfalten. Dementsprechend ist der Drei-Stufen-Test Gegenstand heftiger Kritik (vgl. HRKDSC RStV § 11f Rn. 2 mwN).

B. Einzelkommentierung

I. Telemedienkonzept (Abs. 1)

§ 11f Abs. 1 RStV enthält die Verpflichtung von den in der ARD zusammengeschlosse- **3** nen Landesrundfunkanstalten, dem ZDF und dem Deutschlandradio, die inhaltliche Ausrichtung ihrer Telemedien in Telemedienkonzepten zu konkretisieren. Es gibt zwei Anwendungsbereiche für Telemedienkonzepte. Zum einen handelt es sich um eine Voraussetzung innerhalb des Drei-Stufen-Tests, dessen Verfahren in § 11f Abs. 4–6 RStV geregelt ist. Zum anderen schreibt § 11d Abs. 2 S. 1 Nr. 2 RStV die Beschreibung eines Angebots in einem Telemedienkonzept nach § 11f Abs. 1 RStV entsprechend vor; es handelt sich insoweit um einen Fall der gesetzlichen Beauftragung, für den der Drei-Stufen-Test nicht gilt.

4   Die Verpflichtung aus § 11f Abs. 1 RStV bezieht sich ausdrücklich nur auf die Telemedien nach § 11d Abs. 2 S. 1 Nr. 3 und 4 RStV, für die die Durchführung des Drei-Stufen-Tests eine Zulässigkeitsvoraussetzung ist. Daneben ist das Verfahren nach § 11f RStV auch für ausschließlich im Internet verbreitete Hörfunkprogramme verbindlich vorgeschrieben (vgl. § 11c Abs. 1 S. 2, Abs. 3 Nr. 4 RStV). Die entsprechende Beauftragung der öffentlich-rechtlichen Rundfunkanstalten setzt eine ordnungsgemäße Durchführung des Drei-Stufen-Tests voraus.

5   § 11f Abs. 1 RStV gilt mithin nur für die Telemedien, die einen Drei-Stufen-Test als Zulässigkeitsvoraussetzung absolvieren müssen. Dies sind nur neue oder veränderte Telemedienangebote. Eine Ausnahme davon war in der Übergangsvorschrift des Art. 7 Abs. 1 des 12. RÄndStV geregelt. Danach mussten bereits vor dem 31.5.2009 bestehende Telemedienangebote auch das Verfahren entsprechend § 11f RStV durchlaufen, wenn sie über den 31.8.2010 hinaus fortgeführt werden sollten.

6   Die Telemedienkonzepte sollen für diese Telemedien folgende Aspekte enthalten und näher beschreiben: die Zielgruppe, den Inhalt, die Ausrichtung und die Verweildauer der Angebote. Bei diesen genannten Mindestanforderungen handelt es sich um verbindliche Inhalte (BayLT-Drs. 16/260, 18). Das Angebot ist genau zu bestimmen, da die Beschreibung die Grundlage für die Entscheidungsfindung im Rahmen des Drei-Stufen-Tests bildet (Hahn/Vesting/Eifert RStV § 11f Rn. 41). Die Zielgruppe, also die Gruppe der Personen, die durch das Angebot angesprochen werden soll, muss benannt werden. Erwähnung muss finden, welcher Inhalt vorrangig angeboten werden soll und wie das Angebot ausgerichtet ist, ob es sich also vorrangig um Informationen, Unterhaltung, Bildung oder Kultur handelt. Die Vorgaben hinsichtlich des Inhalts und der Ausrichtung sind nicht klar voneinander abzugrenzen, da der Inhalt die Ausrichtung bestimmt (HRKDSC RStV § 11f Rn. 9). Zudem muss eine Obergrenze für die zeitliche Verfügbarkeit des Angebots im Internet genannt werden. Eine Ausnahme hinsichtlich der Obergrenze der Verweildauer gilt für Archive. Diese sind zeitlich unbegrenzt zulässig (§ 11d Abs. 2 S. 1 Nr. 4 RStV). Sollte es sich um ein Archivangebot handeln, muss dies auch als solches benannt werden (BayLT-Drs. 16/260, 18).

7   Was unter einem Angebot im Sinne des § 11f RStV zu verstehen ist, ist dem RStV nicht zu entnehmen. Zum einen findet sich keine Legaldefinition, zum anderen wird durch die uneinheitliche Verwendung des Begriffs innerhalb des RStV eine Auslegung durch den Rückgriff auf andere Normen erschwert (Hahn/Vesting/Eifert RStV § 11f Rn. 38 f.). Ob unter dem Begriff des Angebots ein ganzes Portal oder lediglich ein einzelnes Angebot innerhalb dieses Portals zu verstehen ist, ist nicht hinreichend klar geregelt. Ausweislich der Gesetzesbegründung kann ein Telemedienkonzept sowohl nur ein einziges Angebot als auch eine Vielzahl von Angeboten umfassen (BayLT-Drs. 16/260, 18), sodass nicht zwingend für jedes einzelne Angebot ein separates Konzept erstellt werden muss.

II. Nachprüfung durch die KEF (Abs. 2)

8   Der Inhalt des Telemedienkonzepts muss der KEF ermöglichen, die anfallenden Nettokosten zu berechnen. Dementsprechend muss der finanzielle Aufwand, der mit dem Angebot des Telemediums verbunden ist, aufgeführt werden. Sowohl die Rundfunkanstalten als auch die KEF gehen davon aus, dass die Telemedien dem Bestand zugeordnet werden können und nicht beitragssteigernd wirken sollen (vgl. BayLT-Drs. 16/260, 18).

III. Kriterien hinsichtlich eines neuen oder veränderten Telemedienangebots in Satzungen und Richtlinien (Abs. 3)

9   § 11f Abs. 3 RStV normiert als Voraussetzung für die Aufnahme eines Drei-Stufen-Tests, dass ein neues oder verändertes Telemedienangebot vorliegen muss. § 11f Abs. 3 RStV bestimmt weiterhin, dass die in der ARD zusammengeschlossenen Landesrundfunkanstalten, das ZDF und das Deutschlandradio in ihren Satzungen und Richtlinien gem.

§ 11e RStV Kriterien festlegen, in welchen Fällen ein neues oder verändertes Telemedienangebot vorliegt, sodass eine klare Abgrenzung zwischen einem bestehenden, einem neuen und einem geänderten Angebot möglich ist (BayLT-Drs. 16/260, 18). Dabei müssen die in der ARD zusammengeschlossenen Landesrundfunkanstalten, das ZDF und das Deutschlandradio übereinstimmende, dh einheitliche Kriterien festlegen. § 11f Abs. 3 RStV bestimmt jedoch, dass ein verändertes Angebot insbes. vorliegt, wenn sich die inhaltliche Gesamtausrichtung des Angebots oder die angestrebte Zielgruppe verändert. Bei dieser Nennung handelt es sich jedoch um ein Beispiel („insbesondere") und nicht um eine abschließende Definition.

IV. Darlegung der Fakten durch die Rundfunkanstalt gegenüber dem internen Gremium (Abs. 4)

Wenn ein geplantes Telemedienangebot weder von der allgemeinen Ermächtigung noch von einem bestehenden Telemedienkonzept umfasst ist, muss von der anbietenden Rundfunkanstalt ein Telemedienkonzept nach § 11f Abs. 1 RStV dem zuständigen Gremium vorgelegt werden. Zuständig für die Vorlegung des Konzepts ist der Intendant der Rundfunkanstalt. Bei den Gemeinschaftsangeboten der ARD liegt diese Aufgabe bei der federführenden Rundfunkanstalt (BayLT-Drs. 16/260, 18). Die Rundfunkanstalt muss darlegen, dass das Angebot vom Auftrag gem. § 11 RStV umfasst ist. Dafür sind zu folgenden drei Aspekten Aussagen zu treffen, welche die Substanz des Drei-Stufen-Tests bilden: 10

1. Demokratische, soziale und kulturelle Bedürfnisse der Gesellschaft

Es ist darzulegen, inwiefern das Angebot einen demokratischen, sozialen oder kulturellen Beitrag leistet, also der Sicherstellung des Auftrags gem. § 11 Abs. 1 S. 1 RStV dient. 11

2. Qualitativer Beitrag zum publizistischen Wettbewerb

Es ist darzulegen, inwieweit das Angebot einen Beitrag zum publizistischen Wettbewerb leistet. Dabei sind zu berücksichtigen: der Umfang und die Qualität der vorhandenen frei zugänglichen Angebote, die marktlichen Auswirkungen des geplanten Angebots, die meinungsbildende Funktion des Angebots unter Berücksichtigung der vorhandenen vergleichbaren Angebote. Ebenso ist der Zeitraum darzulegen, in dem der Telemediendienst angeboten werden soll. 12

3. Finanzieller Aufwand

Es ist darzulegen, welcher finanzielle Aufwand für das Angebot erforderlich ist. Der finanzielle Aufwand ist im Verhältnis zum publizistischen Mehrwert zu beurteilen. 13

4. Drei-Stufen-Test als prozedurale Regelung der Konkretisierung des Funktionsauftrages des öffentlich-rechtlichen Rundfunks

Im Kern umschreibt der Drei-Stufen-Test des § 11f Abs. 4 RStV allein das **Prozedere**, das bei der Konkretisierung des Funktionsauftrages des öffentlich-rechtlichen Rundfunks im Bereich der Telemedien anzuwenden ist (vgl. Schulz, Der Programmauftrag als Prozess seiner Begründung, 2008). Der Drei-Stufen-Test dient in erster Linie der Gewinnung von Transparenz über Zielsetzungen und Inhalte der Telemedienangebote des öffentlich-rechtlichen Rundfunks. Die zum Schutz der berechtigten Interessen der Beitragszahler und der konkurrierenden privaten Anbieter, denen kein Beitragsprivileg zugutekommt, erforderlichen materiellen Begrenzungskriterien enthält § 11f Abs. 4 RStV nicht. Angebote des öffentlich-rechtlichen Rundfunks, die demokratischen, sozialen und kulturellen Bedürfnissen der Gesellschaft nicht entsprechen (vgl. § 11f Abs. 4 S. 2 Nr. 1 RStV), sind kaum vorstellbar. Auch das Qualitätskriterium im Sinne des § 11f Abs. 4 S. 2 Nr. 2 RStV, das im Zentrum der öffentlichen Diskussion steht (vgl. Gersdorf, Legitimation und Limitierung von Onlineangeboten des öffentlich-rechtlichen Rundfunks, 2009, 100 ff.) und konzeptionell eigentlich das funktionale Rückgrat des Drei-Stufen-Tests bilden sollte, vermag keine materielle Be- 14 grenzungskraft zu entfalten. Denn § 11f Abs. 4 S. 2 Nr. 2 RStV **verlangt nicht,** dass Telemedienangebote einen (quantitativen oder) **qualitativen Mehrwert** im Vergleich zu den Angeboten nichtbeitragsfinanzierter Privater begründen müssen (→ § 11 Rn. 12). Stattdessen stellt § 11f Abs. 4 S. 2 Nr. 2 RStV allein darauf ab, in welchem Umfang durch das Angebot in qualitativer Hinsicht zum publizistischen Wettbewerb beigetragen wird. Jedes (neue) Angebot trägt zum publizistischen Wettbewerb bei, sodass auch von § 11f Abs. 4 S. 2 Nr. 2 RStV keine nennenswerte begrenzende Wirkung ausgeht; dass der öffentlich-rechtliche Rundfunk qualitativ minderwertigere Dienste anbietet, ist wiederum kaum vorstellbar. Allein § 11f Abs. 4 S. 3 RStV richtet die Perspektive auf die Angebote der privaten Anbieter. Allerdings sind auch insoweit Quantität und Qualität der vorhandenen frei zugänglichen Angebote sowie marktliche Auswirkungen des geplanten Angebots allein „zu berücksichtigen". Das qualitative und quantitative Angebotsspektrum der Privaten ist nur ein Abwägungs-, nicht aber ein Ausschlusskriterium im Rahmen der Entscheidung über entsprechende Angebote des öffentlich-rechtlichen Rundfunks. Nach der Konzeption des § 11f Abs. 4 S. 2 Nr. 4 und S. 3 RStV ist auch ein beitragsfinanziertes „more of the same" des öffentlich-rechtlichen Rundfunks zulässig. Damit wird zum einen die spezifische Funktion eines beitragsfinanzierten öffentlich-rechtlichen Rundfunks verkannt. Zum anderen werden die berechtigten grundrechtlich geschützten Interessen der Beitragszahler und der konkurrierenden privaten Anbieter nicht hinreichend geschützt.

5. Einleitung des Verfahrens

15   Das Verfahren kann zum einen durch eine Antragsstellung des Intendanten (als gesetzlichen Vertreter der Rundfunkanstalt) eingeleitet werden. Zum anderen kann gem. der Satzungen der Rundfunkanstalten auch der Fernseh- bzw. Rundfunkrat verlangen, dass das Verfahren durchgeführt wird.

6. Voraussetzungen für die Einleitung eines Verfahrens/Vorprüfung

16   Zunächst muss überhaupt ein genehmigungsbedürftiges Angebot vorliegen. Zum einen muss es sich also um ein Telemedium im Sinne des § 11d Abs. 1 RStV handeln, also um Telemedien, die journalistisch-redaktionell veranlasst und journalistisch-redaktionell gestaltet sind. Zum anderen muss ein neues oder ein verändertes Telemedienangebot geplant sein (vgl. § 11f Abs. 3, 4 RStV), da nur für diese Angebote ein Drei-Stufen-Test vorgesehen und erforderlich ist.

17   Schließlich dürfen keine Verbotstatbestände erfüllt sein (§ 11d Abs. 2 S. 1 Nr. 3 RStV: Verbot von nicht-sendungsbezogenen presseähnlichen Angeboten; § 11d Abs. 5 RStV: insbes. Beachtung der Negativliste, die als Anlage dem 12. RÄndStV beigefügt ist). Ebenso darf die Rundfunkanstalt nicht bereits kraft Gesetzes zur Veranstaltung des Telemedienangebots beauftragt sein. Denn dann entfällt die Notwendigkeit der Durchführung des Drei-Stufen-Tests.

V. Stellungnahmen Dritter, Gutachter (Abs. 5)

18   § 11f Abs. 5 S. 1–3 RStV regelt die Möglichkeit der Stellungnahme durch Dritte. § 11f Abs. 5 RStV bestimmt, dass vor der Aufnahme eines neuen oder veränderten Angebots Dritten die Möglichkeit gegeben werden muss, Stellung zu nehmen. Diese Möglichkeit der Stellungnahme hat in geeigneter Weise zu erfolgen, wozu nach § 11f Abs. 5 S. 1 RStV das Internet zählt. Dafür muss zunächst das Vorhaben, also die Angebotsbeschreibung, veröffentlicht werden. Der Personenkreis, der Stellung nehmen kann, ist nicht auf Konkurrenten beschränkt. Vielmehr kann jedermann zu einem Vorhaben Stellung beziehen. Der Grund hierfür liegt darin, dass die Möglichkeit der Stellungnahme nicht im Interesse des Schutzes der Konkurrenten eingeräumt wird. Im Vordergrund steht die umfassende Beurteilung des Vorhabens durch die Gremiumsmitglieder. Dementsprechend sollen ausweislich der Gesetzesbegründung auch keine subjektiven Rechte von Dritten begründet werden (BayLT-Drs. 16/260, 19). Der Gegenstand, auf den sich die Stellungnahme bezieht, sind gem. § 11f Abs. 5 S. 1 RStV die Angaben gem. § 11f Abs. 4 RStV.

§ 11f Abs. 5 S. 2 RStV räumt für die Möglichkeit der Stellungnahme eine Mindestfrist von sechs Wochen ab Veröffentlichung des Vorhabens ein. Da die Frist mindestens sechs Wochen betragen muss, haben die Rundfunkanstalten die Möglichkeit, die Frist auch zu verlängern.

§ 11f Abs. 5 S. 4–6 RStV eröffnet die Möglichkeit des Gremiums, zur Entscheidungsbildung einen Gutachter, dh eines unabhängigen Sachverständigen, zur Beratung heranzuziehen. Das Gremium hat insoweit einen Ermessensspielraum. In Bezug auf die marktlichen Auswirkungen (Marktanalyse und Bewertung der Marktauswirkungen, s. BayLT-Drs. 16/260, 19) ist eine gutachterliche Beratung heranzuziehen. In diesem Bereich handelt es sich also bei der Gutachterbeteiligung um eine zwingende Verfahrensvoraussetzung. Die Kosten der Gutachten trägt die Rundfunkanstalt (§ 11f Abs. 5 S. 4 Hs. 1 RStV).

Um die Transparenz des Verfahrens sicherzustellen, ist der Name des Gutachters bekannt zu geben. Dem Gutachter wird im Rahmen des Erforderlichen zur Erstellung des Gutachtens die Befugnis eingeräumt, weitere Stellungnahmen und Auskünfte einzuholen. Ebenso können ihm bereits erfolgte Stellungnahmen übersandt werden.

Problematisch erscheint, dass die Auswahl des Gutachters im Ermessen der einzelnen Rundfunkanstalten liegt. Dadurch kommt es regelmäßig zur Beauftragung verschiedener Gutachter, die teilw. auf der Grundlage unterschiedlicher Parameter die marktlichen Auswirkungen beurteilen. Die Einsetzung eines ständigen Gremiums zur Wahrnehmung dieser Aufgabe würde dem entgegenwirken und zu einer einheitlichen Beurteilung führen (HRKDSC RStV § 11f Rn. 30 f.) Außerdem entstehen durch die Beauftragung externer Gutachter sehr hohe Kosten. Des Weiteren wird bestritten, dass die Unabhängigkeit des Gutachters sichergestellt ist, wenn die Auswahl des Gutachters durch die Rundfunkanstalt selbst stattfindet (HRKDSC RStV § 11f Rn. 32).

VI. Entscheidungsprozess durch das interne Gremium (Abs. 6)

Das Gremium hat unter Beachtung der in § 11f Abs. 4 RStV genannten Kriterien sowie unter Berücksichtigung der eingegangenen Stellungnahmen und der Gutachten eine Entscheidung zu treffen. § 11f Abs. 6 S. 1 RStV regelt, dass die Entscheidung einer 2/3-Mehrheit der anwesenden Mitglieder bedarf. Allerdings ist mindestens die Mehrheit der gesetzlichen Mitglieder des Gremiums erforderlich, also mehr als die Hälfte. Hierdurch wird eine hinreichende breite Legitimationsbasis geschaffen (BayLT-Drs. 16/260, 19).

Das Gremium trifft eine Begründungspflicht für seine Entscheidung. Zwingender Inhalt der Begründung ist die Darlegung, ob das neue bzw. geänderte Angebot vom Auftrag umfasst ist. Insbesondere muss dabei auf die Stellungnahmen und die Gutachten Bezug genommen werden. Um dem Erfordernis eines transparenten Verfahrens gerecht zu werden, muss ein Abwägungsprozess in der Begründung erkennbar und nachvollziehbar sein (BayLT-Drs. 16/260, 19).

§ 11f Abs. 6 S. 4 RStV bestimmt, dass die Rundfunkanstalt die Pflicht trifft, das Ergebnis der Prüfung einschließlich der Gutachten zu veröffentlichen. Die Bekanntgabe hat unter Wahrung von Geschäftsgeheimnissen stattzufinden. Die Art der Bekanntgabe erfolgt in gleicher Weise wie die Veröffentlichung des Vorhabens.

Die Entscheidung des zuständigen Gremiums der Rundfunkanstalt (Rundfunkrat) nach § 11f Abs. 3–6 RStV ist **kein Verwaltungsakt,** weil die „Regelung" nur anstaltsintern wirkt und nicht „nach außen gerichtet" ist, also keine Außenwirkung iSd § 35 VwVfG entfaltet.

VII. Beteiligung der Rechtsaufsicht (Abs. 7)

Vor der Veröffentlichung der Entscheidung sind der für die Rechtsaufsicht zuständigen Behörde die Unterlagen zu übermitteln und die Auskünfte zu erteilen, die notwendig sind, um eine rechtsaufsichtliche Prüfung durchzuführen. Die Rechtsaufsicht untersucht, ob die gesetzlichen Vorgaben hinsichtlich des Verfahrens eingehalten wurden. In materieller Hinsicht ist die Rechtsaufsicht bereits sub specie der gebotenen Staatsferne der Sendeanstalten begrenzt. Im Übrigen steht dem Rundfunkrat bzw. Fernsehrat als pluralistisch zusammengesetztem Gremium ein Beurteilungsspielraum zu (HRKDSC RStV § 11f Rn. 50). Die Rechtsaufsicht überprüft lediglich, ob der Beurteilungsspielraum, der gesetzlich vorgegeben ist, eingehalten wurde und keine Beurteilungsfehler erkennbar sind (HRKDSC RStV § 11f Rn. 51).

28 Nach Abschluss des Verfahrens ist die Beschreibung des Angebots zu veröffentlichen. Die Veröffentlichung hat in den amtlichen Verkündungsblättern der Länder zu erfolgen. Kein Bestandteil der Veröffentlichung sind die Entscheidungsbegründung, die Stellungnahmen und die Gutachten. Erst im Zeitpunkt der Veröffentlichung kann das Angebot verbreitet werden (BayLT-Drs. 16/260, 19), weil die europäische Kommission erst in der Bestätigung durch die Rechtsaufsicht eine Betrauung im Sinne des Art. 106 Abs. 2 AEUV sieht (vgl. Entscheidung der Kommission v. 24.4.2007, K(2007) 1761, Rn. 370, abgedruckt in epd medien 39/2007, 3 (31).

29 Die Entscheidung der für die Rechtsaufsicht zuständigen Behörde (§ 11f Abs. 7 S. 1 und 2 RStV) ist ein **Verwaltungsakt,** dessen **Regelungsinhalt** aber mit Blick auf die von Verfassungs wegen gebotene Begrenzung der Rechtsaufsicht äußert **begrenzt** ist (vgl. Dörr ZUM 2009, 897 (904), der zwar zu Recht von einer Verwaltungsaktqualität ausgeht, aber den begrenzten Regelungsinhalt der Entscheidung unberücksichtigt lässt). Der Verwaltungsakt entfaltet nur nach Maßgabe der der Rechtsaufsicht zustehenden Prüfungskompetenz Regelungswirkung. Nur soweit die Rechtsaufsicht iRd § 11f Abs. 7 S. 1 RStV eine eigene Prüfung vornimmt, trifft sie eine eigene „Regelung" iSd § 35 VwVfG. Die Rechtsaufsicht hat zwar nach § 11f Abs. 7 S. 1 und 2 RStV eine entsprechende Prüfung vorzunehmen. Wegen des Grundsatzes der Staatsfreiheit des Rundfunks (Art. 5 Abs. 1 S. 2 GG) ist diese Prüfungskompetenz aber erheblich eingeschränkt. Von Verfassungs wegen dürfen staatlichen Stellen keine auf publizistische Inhalte bezogene Handlungs-, Wertungs- oder Ermessensspielräume eingeräumt werden. Ebenso wenig wie die Zulassung privater Rundfunkveranstalter in die Hände des Staates gelegt werden darf (vgl. nur BVerfGE 73, 118 (182 f.); 90, 60 (89); siehe auch BVerfGE 97, 298 (313); 121, 30 (55 f.), ist die Entscheidung der Rechtsaufsicht nach § 11f Abs. 7 S. 1 und 2 RStV eine klassische „Genehmigung", die von den Staatsvertragsländern erkennbar auch nicht gewollt war (zutreffend Knothe epd medien 60/2009, 5 (8)). Die Prüfung ist auf die Einhaltung der Verfahrens- und Formvorschriften und in materieller Hinsicht auf eine Evidenzkontrolle beschränkt (zutreffend Knothe epd medien 60/2009, 5 (8)). Eine Prüfung, ob ein Telemedienangebot ein nach § 11d Abs. 2 S. 1 Nr. 3, Hs. 2 RStV unzulässiges nichtsendungsbezogenes presseähnliches Angebot ist und ob die materiellen Voraussetzungen des Drei-Stufen-Tests nach § 11f Abs. 4 und 5 RStV vorliegen, eröffnet inhaltsbezogene Bewertungsspielräume, die staatlichen Stellen nicht zugestanden werden dürfen. Die Rechtsaufsicht trifft insoweit keine eigene „Regelung". Die materielle Entscheidung nach § 11f Abs. 4 und 5 RStV obliegt allein dem zuständigen Gremium der Rundfunkanstalt (Rundfunkrat). Auch die mögliche Rezeption der Entscheidung des Rundfunkrats wäre keine eigene „Regelung" der Rechtsaufsicht, wie etwa die Parallele eines behördlichen Hinweises auf die Gesetzeslage zeigt, der ebenfalls keine „Regelung" begründet. Ebenso wenig macht die unionsrechtlich notwendige und von der Kommission im Beihilfeverfahren eingeforderte Betrauung der öffentlich-rechtlichen Rundfunkanstalten (vgl. Entscheidung der Kommission v. 24.4.2007, K(2007) 1761, Rn. 370, abgedruckt in epd medien 39/2007, 3 (31)) die Entscheidung der Rechtsaufsicht zu einem Verwaltungsakt (so aber Dörr ZUM 2009, 897 (904); hiergegen Knothe epd medien 60/2009, 5 (8)), weil die Betrauung keine bestimmte Handlungsform (etwa in Gestalt eines Verwaltungsaktes) erfordert. Die Regelungswirkung der Entscheidung der Rechtsaufsicht nach § 11f Abs. 7 S. 1 und 2 RStV beschränkt sich darauf, dass die öffentlich-rechtliche Rundfunkanstalt das entsprechende Telemedienangebot verbreiten darf. Eine materielle Regelung darüber, dass das Angebot den materiellen Voraussetzungen des Drei-Stufen-Tests entspricht, enthält die Entscheidung nach § 11f Abs. 7 S. 1 und 2 RStV hingegen nicht.

VIII. Rechtsschutz

30 Unabhängig von der Qualifizierung der Entscheidung nach § 11f Abs. 7 S. 1 und 2 RStV erfordert eine verwaltungsgerichtliche Klage in jedem Fall die Geltendmachung der

Verletzung subjektiver Rechte. Das Vorliegen dieser Voraussetzung erscheint zweifelhaft, weil § 11f Abs. 5 RStV ausweislich der Gesetzesbegründung keine subjektiven Rechte Dritter begründen soll; die Möglichkeit der Stellungnahme werde allein im Interesse der Information der Gremienmitglieder eingeräumt (BayLT-Drs. 16/260, 19). Im Schrifttum wird die Klagebefugnis der Konkurrenten teilweise aus Art. 12 GG bzw. Art. 2 Abs. 1 GG und der Dienstleistungsfreiheit gem. Art. 56 AEUV hergeleitet (vgl. HRKDSC RStV § 11f Rn. 59 f.; hiergegen Hahn/Vesting/Eifert RStV § 11f Rn. 201 ff.). Richtigerweise dürfte eher auf Art. 5 Abs. 1 S. 2 GG zu rekurrieren sein. Zwar begründet Art. 5 Abs. 1 S. 2 GG keinen Schutz vor publizistischer Konkurrenz (vgl. BVerfGE 74, 297 (335)). Der publizistische Wettbewerb ist Lebenselement der Meinungsfreiheit (vgl. BVerfGE 74, 297 (332)). Gleichwohl schützt die Verfassung vor einer selektiven Förderung durch den Staat und der damit einhergehenden staatlichen Beeinträchtigung des publizistischen Wettbewerbs (vgl. BVerfGE 80, 124 (135 f.)). Beitragsfinanzierte Telemedienangebote des öffentlich-rechtlichen Rundfunks sind eine solche selektive Förderung, die der Rechtfertigung bedürfen, um vor Art. 5 Abs. 1 S. 2 GG Bestand zu haben. Hierzu ist von Verfassungs wegen erforderlich, dass das entsprechende Telemedienangebot der Sendeanstalt einen (quantitativen oder) **qualitativen Mehrwert** im Vergleich zu den Angeboten nichtbeitragsfinanzierter Privater begründet (→ § 11 Rn. 12). Kraft Art. 5 Abs. 1 S. 2 GG können private Anbieter eine gerichtliche Überprüfung darüber herbeiführen, ob das entsprechende Telemedienangebot des öffentlich-rechtlichen Rundfunks diese Voraussetzung erfüllt.

In jedem Fall hat die Rundfunkanstalt im Verhältnis zur Rechtsaufsicht Rechtsschutzmöglichkeiten. Da die Rechtsaufsicht in einem (feststellenden) Verwaltungsakt die Entscheidung des Rundfunkrates bestätigt oder ablehnt, kann die Rundfunkanstalt als Adressat der Entscheidung Verpflichtungs- bzw. Anfechtungsklage erheben (Hahn/Vesting/Eifert RStV § 11f Rn. 196). Sub specie des Grundsatzes der Staatsferne und des dem Rundfunkrat bzw. Fernsehrat zustehenden Beurteilungsspielraums (HRKDSC RStV § 11f Rn. 50) ist die Entscheidung der Sendeanstalt nur begrenzt justitiabel und nur auf das Vorliegen von Beurteilungsfehlern überprüfbar. 31

§§ 12–19 *(keine Kommentierung)*

III. Abschnitt. Vorschriften für den privaten Rundfunk

1. Unterabschnitt. Grundsätze

§ 20 Zulassung

(1) ¹**Private Veranstalter bedürfen zur Veranstaltung von Rundfunk einer Zulassung.** ²**Unbeschadet der Bestimmungen der §§ 21 bis 39a richtet sich die Zulassung eines Veranstalters von bundesweit verbreitetem Rundfunk nach § 20a; im Übrigen richtet sich die Zulassung nach Landesrecht.** ³**In der Zulassung für Veranstalter bundesweit verbreiteter Programme ist die Programmkategorie (Voll- oder Spartenprogramm) festzulegen.**

(2) ¹**Wenn und soweit ein elektronischer Informations- und Kommunikationsdienst dem Rundfunk zuzuordnen ist, bedarf der Anbieter eines solchen Dienstes einer Zulassung.** ²**Stellt die zuständige Landesmedienanstalt fest, dass diese Voraussetzung vorliegt, muss der Anbieter, nachdem die Feststellung ihm bekannt gegeben ist, nach seiner Wahl unverzüglich einen Zulassungsantrag stellen oder innerhalb von drei Monaten den elektronischen Informations- und Kommunikationsdienst so anbieten, dass der Dienst nicht dem Rundfunk zuzuordnen ist.** ³**Anbieter von elektronischen Informations- und Kommunikationsdiensten sind berechtigt, bei der zuständigen Landesmedienanstalt einen Antrag auf rundfunkrechtliche Unbedenklichkeit zu stellen.**

(3) ¹Das Landesrecht kann ein vereinfachtes Zulassungsverfahren vorsehen, wenn Sendungen

1. im örtlichen Bereich einer öffentlichen Veranstaltung und im zeitlichen Zusammenhang damit veranstaltet und verbreitet werden oder
2. für Einrichtungen angeboten werden, wenn diese für gleiche Zwecke genutzt und die Sendungen nur dort empfangen werden können und im funktionellen Zusammenhang mit den in diesen Einrichtungen zu erfüllenden Aufgaben stehen.

²Unberührt bleiben landesrechtliche Bestimmungen, nach denen Sendungen für eine beschränkte Anzahl von Wohneinheiten oder Sendungen in Einrichtungen, die sich auf ein Gebäude oder einen zusammengehörenden Gebäudekomplex beschränken, keiner Zulassung bedürfen.

(4) ¹Die Zulassung eines Fernsehveranstalters kann versagt oder widerrufen werden, wenn

1. sich das Programm des Veranstalters ganz oder in wesentlichen Teilen an die Bevölkerung eines anderen Staates richtet, der das Europäische Übereinkommen über das grenzüberschreitende Fernsehen ratifiziert hat und
2. der Veranstalter sich zu dem Zweck in der Bundesrepublik Deutschland niedergelassen hat, die Bestimmungen des anderen Staates zu umgehen und
3. die Bestimmungen des anderen Staates, die der Veranstalter zu umgehen bezweckt, Gegenstand des Europäischen Übereinkommens über das grenzüberschreitende Fernsehen sind.

²Statt der Versagung oder des Widerrufs der Zulassung kann diese auch mit Nebenbestimmungen versehen werden, soweit dies ausreicht, die Umgehung nach Satz 1 auszuschließen.

Um das von privatem Rundfunk ausgehende rundfunkspezifische Gefährdungspotenzial präventiv kontrollieren zu können, stellt § 20 **Abs. 1 S. 1** und **Abs. 2 S. 1** RStV die Tätigkeit privater Rundfunkveranstalter unter Erlaubnisvorbehalt. Die Zulassungspflicht erstreckt sich auch auf Teleshoppingkanäle (§ 39 S. 2 RStV). Nur für Hörfunk im Internet lässt § 20b S. 1 RStV eine Ausnahme zu. Für das **Zulassungsverfahren** legt § 20 RStV allgemeine Grundsätze fest, von denen die Länder nicht einseitig abweichen dürfen. Sie dürfen diese nur ergänzen (§ 39 S. 3 iVm § 1 Abs. 2 RStV). Bei **bundesweit** verbreiteten Programmen richten sich die inhaltlichen Zulassungsvoraussetzungen nach den §§ 20a, 21–39a RStV, im Übrigen nach den Landesmedien- bzw. Landesrundfunkgesetzen (**Abs. 1 S. 2**; → Rn. 4 ff.). Die Zulassung hängt von persönlichen und sachlichen Voraussetzungen ab, über deren Vorliegen die jeweilige Landesmedienanstalt entscheidet. Eine Auswahlentscheidung zwischen verschiedenen Veranstaltern findet nur bei beschränkten Übertragungskapazitäten statt. Der Inhalt der Zulassung bezieht sich jeweils auf ein bestimmtes Programm und bei bundesweit verbreiteten Programmen auf eine Programmkategorie sowie ggf. einen bestimmten Übertragungsweg, nicht jedoch auf bestimmte Kapazitäten. Für elektronische Informations- und Kommunikationsdienste, die dem Rundfunk zuzuordnen sind, etabliert **Abs. 2** ein spezielles Zulassungserfordernis und Zuordnungsverfahren, um das rundfunkrechtliche Kontrollbedürfnis für derartige hybride Formen neuer Medien befriedigen zu können (→ Rn. 14 ff.). Das Zulassungsverfahren des § 20 RStV umfasst grds. eine vollständige Prüfung aller Zulässigkeitsvoraussetzungen. Für Veranstaltungsrundfunk (Nr. 1) und Einrichtungsrundfunk (Nr. 2) können die Länder aber ein **vereinfachtes Zulassungsverfahren** vorsehen (**Abs. 3 S. 1**; → Rn. 19 ff.). So genannten Bagatellrundfunk können sie von der Zulassung gänzlich befreien (**Abs. 3 S. 2**; → Rn. 26 ff.). **Abs. 4** gibt den Landesmedienanstalten die Instrumente an die Hand, durch Versagung der Zulassung, Widerruf oder Beifügung von Nebenbestimmungen zu verhindern, dass ausländische Fernsehanbieter die rundfunkrechtlichen Bestimmungen ihres Heimatlandes umgehen, indem sie ihr Angebot in Deutschland verbreiten (→ Rn. 29 ff.). Die Regelung setzt die Europaratskonvention über das grenzüberschreitende Fernsehen in Deutschland um.

Übersicht

	Rn		Rn
A. Allgemeines	1	D. Das vereinfachte Zulassungsverfahren (Abs. 3)	19
B. Das allgemeine Zulassungsverfahren (Abs. 1)	4	I. Veranstaltungsrundfunk (S. 1 Nr. 1)	20
I. Inhalt der Zulassung	5	II. Einrichtungsrundfunk (S. 1 Nr. 2)	23
II. Zuständigkeit	7	III. Bagatellrundfunk (S. 2)	26
III. Zulassungsvoraussetzungen	8	IV. Landesrechtliche Ausgestaltung	28
C. Zulassung von rundfunkähnlichen Informations- und Kommunikationsdiensten (Abs. 2)	14	E. Grenzüberschreitendes Fernsehen (Abs. 4)	29
		I. Ausrichtung auf Bevölkerung eines Konventionsstaats (Nr. 1)	31
I. Begriff der dem Rundfunk zuzuordnenden elektronischen Informations- und Kommunikationsdienste (S. 1)	15	II. Niederlassung zu diesem Zweck (Nr. 2)	34
II. Entscheidung über die Rundfunkähnlichkeit (S. 2)	17	III. Von der Konvention umfasster Umgehungszweck (Nr. 3)	37
III. Negativattest (S. 3)	18	IV. Verfahren (Art. 24a der Konvention)	38
		V. Bewertung	39
		F. Rechtsschutz	40

A. Allgemeines

Die Tätigkeit privater Rundfunkveranstalter steht – anders als etwa grds. Telemedien (§ 4 TMG) – unter einem **präventiven Verbot mit Erlaubnisvorbehalt.** Die Kontrollerlaubnis soll das Gefährdungspotenzial begrenzen, das mit einer Verbreitung von Rundfunk für die unbeeinflusste öffentliche Meinungsbildung in einer lebendigen Demokratie einhergehen kann. Die Vorabkontrolle soll dazu beitragen, die **Vielfalt der bestehenden Meinungen** im Rundfunk in größtmöglicher und unverzerrter Breite sowie Vollständigkeit zum Ausdruck zu bringen (BVerfGE 114, 371 (387)). Um die beabsichtigte Vorabkontrolle wirksam durchsetzen zu können, belegt der RStV den Betrieb von Rundfunk ohne Zulassung mit einem **Bußgeld** (§ 49 Abs. 1 S. 1 Nr. 17 RStV). 1

Der Erlaubnisvorbehalt für die Veranstaltung privaten Rundfunks ist mit der grundgesetzlich zugesicherten **Rundfunkfreiheit** des Art. 5 Abs. 1 S. 2 GG vereinbar. Das BVerfG (E 57, 295 (326)) hält sogar „bei jeder Form der gesetzlichen Ordnung des Rundfunks eine vorherige Überprüfung" (für) „unverzichtbar, ob bei der Aufnahme privater Rundfunkveranstaltungen oder einem Hinzutreten weiterer Veranstalter den dargelegten Anforderungen Genüge getan ist". Sofern sich der Gesetzgeber für eine Rundfunkorganisation entscheidet, die privaten Rundfunk umfasst, ist dieser dann einem präventiven rechtsstaatlichen Überprüfungsverfahren zu unterwerfen. Das Verfahren muss sich aber in seinem Prüfungsrahmen auf die Überprüfung solcher Voraussetzungen beschränken, die unmittelbar oder mittelbar, etwa in Gestalt allgemeiner Voraussetzungen, wie etwa Geschäftsfähigkeit oder Zuverlässigkeit des Antragstellers, „**nur der Gewährleistung der Rundfunkfreiheit dienen,** um derentwillen es verfassungsrechtlich geboten ist" (BVerfGE 57, 295 (326)) – nicht aber anderen Zwecken. 2

Der 10. RÄndStV (2007) hat das Zulassungsverfahren von einem individualisiert landesrechtlichen zu einem **differenzierten, stärker koordinierenden Zulassungssystem** umgestaltet: Es lässt Veranstalter von **bundesweit verbreitetem Rundfunk** – auch von rundfunkähnlichen Informations- und Kommunikationsdiensten – nach einheitlichen Zulassungsvoraussetzungen zu (Abs. 1, §§ 20a, 21–39a RStV); die Zulassung **landesweiter, regionaler oder lokaler privater Rundfunkangebote** bestimmt sich demgegenüber nach dem jeweiligen Landesmedienrecht. Die Länder können vereinfachte Zulassungsverfahren (Abs. 3 S. 1) vorsehen sowie Bagatellrundfunk (→ Rn. 26 ff.) von der Zulassungspflicht befreien (Abs. 3 S. 2). 3

B. Das allgemeine Zulassungsverfahren (Abs. 1)

4   Die Zulassung für den Betrieb von privatem Rundfunk ist ein begünstigender, gestaltender **Verwaltungsakt** mit Tatbestandswirkung iSd § 35 S. 1 VwVfG. Ihre Erteilung steht wegen der grundsätzlichen Rundfunkfreiheit nicht im Ermessen der Behörde. Vielmehr besteht dann, wenn alle tatbestandlichen Voraussetzungen vorliegen, ein **Anspruch auf Zulassung.** Um die Erfüllung der Zulassungsvoraussetzungen sicherzustellen, kann die Zulassung aber mit Nebenbestimmungen versehen werden (§ 36 Abs. 1 Var. 2 LVwVfG; VGH Mannheim, ZUM 1992, 562 (575)). Das Zulassungsverfahren ist grds. gerichtlich uneingeschränkt überprüfbar; ein Beurteilungsspielraum der Medienanstalten besteht nur hinsichtlich der Sicherung der Meinungsvielfalt (vgl. StGH Baden-Württemberg GewArch. 2005, 260 (263)).

I. Inhalt der Zulassung

5   Der **Inhalt** der Zulassung bezieht sich jeweils auf ein bestimmtes Programm und ggf. auf einen bestimmten Übertragungsweg (Spindler/Schuster/Holznagel/Kibele RStV § 20 Rn. 3). Die Zulassung ist nicht übertragbar, jedoch lässt eine Veränderung in der Gesellschaftsstruktur des Rundfunkanbieters die Zulassung nicht automatisch erlöschen. Vielmehr prüfen dann die Landesmedienanstalten die Unbedenklichkeit der Veränderung (§ 21 Abs. 6, § 29 RStV). Die Zulassung ist **befristet.** Die Zeitspanne differiert in praxi je nach zuständiger Landesmedienanstalt. Baden-Württemberg und Bayern befristen Hörfunkzulassungen auf in der Regel acht Jahre (§ 12 Abs. 2 S. 2 LMedienG BW; Art. 26 Abs. 1 S. 2 BayMG;), Schleswig-Holstein und Hamburg auf maximal zehn Jahre (§ 17 Abs. 1 S. 3 MStV HSH), Nordrhein-Westfalen auf mindestens vier und höchstens zehn Jahre (§ 8 Abs. 1 S. 1 LMG NRW).

6   Die Zulassung beinhaltet **nicht die Zuweisung einer Übertragungskapazität,** also einer Sendefrequenz, eines Kabel- oder Satellitentransponderplatzes. Diese Zuweisungen erfolgen nach den §§ 50 ff. RStV. Diese Aufspaltung firmiert auch unter der Bezeichnung „Führerscheinprinzip" (vgl. auch Hahn/Vesting/Schuler-Harms RStV § 51a Rn. 25; Hahn/Vesting/Bumke RStV § 20a Rn. 6).

II. Zuständigkeit

7   Die Zuständigkeit für die Erteilung der Zulassung liegt bei den Landesmedienanstalten. Sie bestimmt sich grds. nach dem jeweiligen Landesrecht. Die örtliche Zuständigkeit variiert landesrechtlich je nach Übertragungsweg und Verbreitung. (vgl. Spindler/Schuster/Holznagel/Kibele RStV § 20 Rn. 3). Die Zulassung **bundesweiter** Veranstalter erfolgt nach § 36 Abs. 1, Abs. 2 S. 1 Nr. 1 RStV intern durch die „Kommission für Zulassung und Aufsicht" **(ZAK)** als Organ der zuständigen Landesmedienanstalt (§ 35 Abs. 2 S. 2 RStV), während nach außen die **Landesmedienanstalt,** bei der der entsprechende Antrag eingegangen ist, auftritt (§ 36 Abs. 1 S. 1 RStV).

III. Zulassungsvoraussetzungen

8   Die **persönlichen Zulassungsvoraussetzungen,** welche die Landesmediengesetze an die Zulassung knüpfen, entsprechen idR im Wesentlichen dem Katalog des § 20a Abs. 1–3 (der für bundesweit verbreiteten Rundfunk gilt). Eine Erlaubnis erhalten nach den meisten Landesmediengesetzen nur natürliche und juristische Personen des Privatrechts, nicht aber beispielsweise die BGB-Gesellschaft oder eine OHG sowie eine KG (HRKDSC, § 20 Rn. 4). Zulassungsberechtigt sind auch nur Veranstalter, welche die Gewähr dafür bieten, das Programm entsprechend der Zulassung und den gesetzlichen Vorschriften zu veranstalten und zu verbreiten. Manche Länder verlangen auch ausdrücklich, dass die Veranstalter ihre wirtschaftliche und organisatorische Leistungsfähigkeit nachweisen müssen (vgl. etwa § 25 Abs. 2 LMG RhPf). Denn nur so ist eine hinreichende Kontinuität im Programm und organisatorische Verfestigung des Veranstalters gewährleistet, die einen handlungsfähigen Ansprechpartner sicherstellt (vgl. Hahn/Vesting/Bumke RStV § 20 Rn. 38).

Um die **Staatsfreiheit** des Rundfunks zu sichern und um zu vermeiden, dass einzelne 9
Personen eine dominierende Wirkungsmacht auf die Öffentlichkeit ausüben, schließen die
Landesmediengesetze (ebenso wie § 20a Abs. 3 RStV für bundesweit verbreiteten Rundfunk) einige Personengruppen als Veranstalter aus, etwa Veranstalter, die eine enge Verknüpfung zur Politik oder Verwaltung aufweisen, ausgenommen Kirchen und Hochschulen
(vgl. § 6 LMG NRW). Jedoch gebietet die Staatsfreiheit nicht, jeglichen Veranstalter auszuschließen, an dem eine politische Partei als Gesellschafter beteiligt ist. Vielmehr kommt es
darauf an, dass die Parteien **keinen bestimmenden Einfluss** auf die Programmgestaltung
oder die Programminhalte nehmen können (BVerfGE 121, 30).

Als **sachliche Zulassungsvoraussetzung** müssen die Veranstalter insbes. schlüssige 10
Gesamtkonzepte vorlegen, welche die Programmart, -kategorie und Sendezeit angeben. Für
bundesweit verbreitete Programme schreibt Abs. 1 S. 3 eine Festlegung auf die Programmkategorie verbindlich vor, also darauf, ob es sich um ein Voll- (§ 2 Abs. 2 Nr. 3 RStV) oder
Spartenprogramm (§ 2 Abs. 2 Nr. 4 RStV) handelt.

Eine **Auswahlentscheidung** zwischen verschiedenen Veranstaltern ist nur bei beschränk- 11
ten Übertragungskapazitäten notwendig und gerechtfertigt. Sie betrifft dann systematisch nur
die Zuweisung der Übertragungskapazitäten, nicht die Zulassung eines Programms. Da über
Zuweisung und Zulassung jedoch einheitlich entschieden wird, sind die Kapazitäten mittelbar auch für die Zulassung relevant. Im Falle des Antragsüberhangs lassen sich im lokalen
Hörfunkbereich Frequenzen splitten, in anderen Bereichen scheidet das regelmäßig aus. Nur
einem Bewerber kann dann die Zulassung erteilt werden (Hahn/Vesting/Bumke RStV § 20
Rn. 44 mwN). Sie muss dann – vor dem Hintergrund des verfassungsrechtlich durch Art. 5
Abs. 1 S. 2 Var. 2 iVm Art. 3 Abs. 1 GG verbürgten derivativen Teilhaberechts – auf der
Grundlage objektiv sachgerechter und individuell zumutbarer Kriterien erfolgen (vgl. dazu
allgemein Martini, der Markt als Instrument hoheitlicher Verteilungslenkung, 2006,
S. 82 ff.).

Den zuständigen Gremien (namentlich den Landesmedienanstalten, der Kommission für 12
Zulassung und Aufsicht (§ 36 Abs. 2 Nr. 3 RStV) bzw. der Gremienvorsitzendenkonferenz
(§ 36 Abs. 3 RStV) kommt bei dieser Auswahlentscheidung ein (grundrechtlich gebundener)
Bewertungsspielraum zu. Zu berücksichtigen haben sie dabei insbes.

- Meinungsvielfalt und Angebotsvielfalt (§ 51a Abs. 4 Nr. 1),
  insbesondere die Auswirkungen auf die Vielfalt des Gesamtangebotes (§ 25 Abs. 1 S. 1
  RStV) und die Einbindung kultureller Programmbeiträge (§ 25 Abs. 3 S. 1 RStV),
- inwieweit das Programm das öffentliche Geschehen, die politischen Ereignisse sowie das
  kulturelle Leben darstellt (§ 51a Abs. 4 Nr. 2)
- die wirtschaftliche Tragfähigkeit des Angebots sowie das Nutzerinteresse (§ 51a Abs. 4
  S. 2),
- die Programmkategorie (Abs. 1 S. 3),
- die Erfüllung der europäischen Eigen- und Auftrags-Programmquote (§ 6 Abs. 2 RStV),
- die Meinungsmacht (§ 25 Abs. 2 RStV),
- die Wettbewerbssituation im In- und Ausland sowie im dualen Rundfunksystem,
- den lokalen oder regionalen Bezug des Programms,
- die redaktionelle Mitbestimmung.

Die finanzielle Leistungsfähigkeit des Veranstalters darf im Rahmen der Auswahlent- 12a
scheidung aus Rücksicht auf neue Mitbewerber nur als Hilfskriterium herangezogen
werden. Anderenfalls wäre die Chancengleichheit der Bewerberinnen und Bewerber gefährdet.

Die Zulassung ist für den Veranstalter mit **Gebühren** verbunden, die je nach Umfang der 13
Zulassung einen fünfstelligen Betrag erreichen (vgl. etwa § 2 Abs. 1, Nr. 1.1 Gebührensatzung LfM NRW).

C. Zulassung von rundfunkähnlichen Informations- und Kommunikationsdiensten (Abs. 2)

Rundfunkähnliche elektronischer Informations- und Kommunikationsdienste (IuK- 14
Dienste) unterwirft Abs. 2 S. 1 seit dem 3. RÄndStV vom 19.12.1996 einer Zulassungs-

pflicht, wenn und soweit sie dem Rundfunk zuzuordnen sind. Das Überprüfungsverfahren des Abs. 2 soll angesichts der zunehmenden Konvergenz der Medien insbesondere für hybride Dienstformen Rechtssicherheit herstellen.

I. Begriff der dem Rundfunk zuzuordnenden elektronischen Informations- und Kommunikationsdienste (S. 1)

15 **Elektronische Informations- und Kommunikationsdienste** bilden den Oberbegriff für Telekommunikationsdienste, Rundfunk und Telemediendienste (BT-Drs. 16/3078, S. 13).

15a Welche Dienste **dem Rundfunk zuzuordnen** sind, konkretisiert Abs. 2 S. 1 nicht näher, wohl aber § 2 Abs. 1 S. 1 RStV (dazu im Einzelnen die Kommentierung zu § 1 Rn. 1 ff.). Diese Norm hat die Aufgabe, Rundfunk von Telemedien trennscharf zu scheiden. Zur Unterscheidung hebt sie auf die Relevanz für die Meinungsbildung, nicht auf die technische Art der Übermittlung ab. Ein besonderes Regulierungsbedürfnis leitet sich für den Rundfunk danach aus seiner **Breitenwirkung, Aktualität und Suggestivkraft** ab (vgl. auch etwa BVerfG NJW 1994, 1942 (1943)). Die Medienanstalten haben diese Kriterien dahin gehend konkretisiert (Die Medienanstalten, Drittes Strukturpapier über die Unterscheidung von Rundfunk und Mediendiensten, 2003, 9), dass nach ihrer Auffassung ein Dienst – unabhängig von seinen technischen Gegebenheiten – umso rundfunktypischer ist,
- je höher die Wirkungsintensität der verbreiteten Inhalte als solche ist,
- je stärker die redaktionelle Gestaltung der Inhalte ist,
- je realitätsnäher die Inhalte präsentiert werden,
- je größer seine Reichweite und seine gleichzeitige Rezeptionsmöglichkeit/tatsächliche Nutzung sind und
- je weniger Interaktivität des Nutzers den Rezeptionsvorgang bestimmt (Passivität des Nutzungsverhaltens und einfache Bedienbarkeit des Empfangsgeräts).

16 Web-TV oder Web-Radioprogramme, die nur von **weniger als 500 potenziellen Nutzern** zur gleichen Zeit empfangen werden können, sind entsprechend der Wertung des § 2 Abs. 3 Nr. 1 RStV als Telemedien, nicht als Rundfunk zu behandeln. Sie sind nicht nach § 20 Abs. 2 S. 1 zulassungspflichtig. Ebenso sind **Video-on-Demand-Angebote** nicht Rundfunk, sondern Mediendienste auf Abruf iSd § 2 S. 1 Nr. 6 TMG (vgl. dazu die Kommentierung zu § 2 TMG Rn. 30). Anders verhält es sich aber im Hinblick auf den zeitversetzten Videoabruf von Fernsehsendungen (sog **„Near-Video-on-Demand"**), **Livestreaming** von Fernsehsendungen, also die zusätzliche zeitgleiche Übertragung herkömmlicher Rundfunkprogramme über das Internet, sowie **Webcasting**, also die ausschließliche Übertragung von Rundfunkprogrammen über das Internet sowie **IPTV-Angebote** (vgl. BT-Drs. 16/3078, 13).

II. Entscheidung über die Rundfunkähnlichkeit (S. 2)

17 Die **Entscheidung über die Rundfunkähnlichkeit** trifft – als Organ der Landesmedienanstalten (§ 35 Abs. 1 S. 2 RStV) – die „Kommission für Zulassung und Aufsicht" (ZAK) – § 36 Abs. 2 S. 1 Nr. 8 Hs. 1 RStV. Die Entscheidung erfolgt einvernehmlich (§ 36 Abs. 2 S. 1 Nr. 8 Hs. 2 RStV). Jeder Anstalt kommt daher eine Vetoposition zu. Erzielen die Landesmedienanstalten kein Einvernehmen, ist das Angebot als Telemedium zu behandeln. Das soll unterschiedliche Deutungen des Rundfunkbegriffs in den Ländern und entsprechend dem Grundgedanken „in dubio pro libertate" größtmöglichen Freiheitsschutz der Anbieter gewährleisten. Ist die Rundfunkähnlichkeit festgestellt, hat der Anbieter nach Bekanntgabe unverzüglich, also ohne schuldhaftes Zögern, einen Zulassungsantrag zu stellen oder seinen Dienst innerhalb von drei Monaten nach Bekanntgabe der Entscheidung so anzupassen, dass keine Rundfunkähnlichkeit mehr vorliegt **(Abs. 2 S. 2)**. Die kurze Frist soll schnell Rechtsklarheit über die Einordnung des Dienstes verschaffen und Umgehungen rundfunkrechtlicher Vorschriften nach Möglichkeit ausschließen (Begründung zum 9. RÄndStV, LT-Drs. RhPf 15/432, 19 f.).

III. Negativattest (S. 3)

Um Rechts- und Planungssicherheit zu erhalten und sich insbes. nicht dem Risiko einer Verfolgung wegen einer Ordnungswidrigkeit nach § 49 Abs. 1 S. 1 Nr. 17 Var. 2 RStV auszusetzen, besteht für Anbieter – ähnlich wie beispielsweise im Falle des baurechtlichen Negativattests nach § 28 Abs. 1 S. 3 BauGB – die Möglichkeit, von der zuständigen Landesmedienanstalt eine **Unbedenklichkeitsbestätigung** zu erhalten (**Abs. 2 S. 3**). Diese Bestätigung ist – ebenso wie die Entscheidung über die Rundfunkähnlichkeit – ein Verwaltungsakt. Eine einmal getroffene Entscheidung kann daher grds. nur nach Maßgabe der §§ 48, 49 VwVfG verändert werden. 18

D. Das vereinfachte Zulassungsverfahren (Abs. 3)

Abs. 3 S. 1 gestattet es den Ländern, für bestimmte Konstellationen, namentlich sog Veranstaltungsrundfunk (Nr. 1, unten I., → Rn. 20 ff.) und Einrichtungsrundfunk (Nr. 2, unten II., → Rn. 23 ff.), vereinfachte Zulassungsverfahren einzuführen. Für sog Bagatellrundfunk (unten III., → Rn. 26 ff.) können die Länder auf ein Zulassungsverfahren ganz verzichten (Abs. 3 S. 2). Diese Formen der Rundfunkveranstaltung lösen aus der Sicht der Länder im Hinblick auf ihre geringere Ausstrahlungswirkung nur ein eingeschränktes rundfunkrechtliches Kontrollbedürfnis aus. 19

I. Veranstaltungsrundfunk (S. 1 Nr. 1)

Veranstaltungsfunk zeichnet sich durch eine **zeitlich** (→ Rn. 22) **und örtlich** (→ Rn. 21) **beschränktes Programm** aus, das einen Annex zu einer öffentlichen Veranstaltung bildet. Typische Anwendungsfelder sind begleitende Sendungen im Hörfunk oder Fernsehen während Messen, Sportveranstaltungen, Ausstellungen, Kulturwochen, Schützenfesten und Tagungen. Einen **sachlichen** Zusammenhang zur Veranstaltung verlangt die Vorschrift nicht ausdrücklich. Ein solcher ist der Ratio der Vorschrift jedoch immanent, soll sie nicht Umgehungstatbeständen Tür und Tor öffnen und ihrem Grundgedanken gerecht werden, (nur) eine angemessene Verbreitung der Inhalte lokaler Veranstaltungen zu ermöglichen (aA Hahn/Vesting/Bumke, § 20 Rn. 105). Auf Mediendienste auf Abruf und andere Telemediendienste erstreckt sich Abs. 3 Nr. 1 nicht. Denn er setzt **Sendungen** im Sinne des § 2 Abs. 2 Nr. 2 RStV und damit ein Rundfunkprogramm im Sinne des § 2 Abs. 2 Nr. 1 RStV voraus. 20

Örtlich muss die Sendung auf den jeweiligen Veranstaltungsort beschränkt sein. Anders als der Wortlaut insinuiert, bezieht sich die Beschränkung dabei nicht auf den örtlichen Radius der Aufnahme, sondern auf die Verbreitung der Sendung. Deren räumliches Verbreitungsgebiet muss lokal begrenzt sein. 21

Die Sendung muss sich auf den jeweiligen **Veranstaltungszeitraum** beschränken („im zeitlichen Zusammenhang"). Während einige Bundesländer eine Maximaldauer der Vorhaltung zur Ausstrahlung vorsehen, etwa 14 Tage nach § 86 Abs. 2 LMG NRW, ist in anderen Bundesländern auch monatelanges Veranstaltungsradio nicht unüblich. Dem Grundgedanken der Vorschrift läuft das jedoch zuwider, da „Veranstaltung" ein zeitlich begrenztes definiertes Ereignis meint. 22

II. Einrichtungsrundfunk (S. 1 Nr. 2)

Außer für den örtlichen und zeitlichen Bereich öffentlicher Veranstaltungen können die Länder vereinfachte Verfahren grds. auch für Rundfunk in **Einrichtungen** zulassen, die einen bestimmten wirtschaftlichen Zweck, wie zB Kaufhäuser, Hotels, Ladenlokale, oder einen überwiegend sozialen Zweck, wie zB Krankenhäuser, Schulen, Pflegeheime, Tagesstätten, erfüllen sollen (S. 1 Nr. 2). 23

Voraussetzung ist dafür, dass die Sendungen **nur in den Einrichtungen empfangbar** sind. Das heißt nicht, dass der Empfang notwendig nur auf das Gebäude der Einrichtung beschränkt sein muss. Das ergibt sich im Umkehrschluss aus Abs. 3 S. 2 („zusammengehörender Gebäudekomplex"). Diese Vorschrift deutet an, dass ein zusammengehöriger Gebäudekomplex in den Fällen des S. 1 Nr. 2 möglich (wenn auch nicht zwingende Voraus- 24 setzung für die Zulassung eines vereinfachten Verfahrens) ist. Sonst hätte es der Differenzierung zwischen S. 1 und S. 2 nicht bedurft. Maßgeblich ist, dass die Einrichtungen **dem gleichen Zweck verschrieben** sind (Hahn/Vesting/Bumke RStV § 20 Rn. 106). Gleichartige Einrichtungen, wie etwa Filialen einer Warenhauskette, können eine gemeinsame Rundfunksendung nutzen.

25   Alleine die eingeschränkte Empfangbarkeit und die gleiche Zweckrichtung der Einrichtungen genügt für eine Privilegierung nicht. Die Sendungen müssen darüber hinaus in **funktionellem Zusammenhang** mit der Einrichtung stehen. Gemeint sind damit vor allem Hinweis- und Informationsfunktionen, etwa in Hotels oder Pflegeeinrichtungen. Denkbar kann prinzipiell – je nach Zweck der Einrichtung – auch eine Unterstützung des wirtschaftlichen Ertrags durch musikalische Untermalung sein. Die Ausstrahlung von Musik schließt insoweit einen funktionellen Zusammenhang keineswegs aus (vgl. OVG Münster ZUM-RD 2005, 48). Allerdings darf dann die Sendung, um keine Umgehungstatbestände zu schaffen, nicht inhaltlich üblichen Rundfunksendungen entsprechen und etwa regelmäßige Nachrichten und Wetterberichte enthalten (HRKDSC RStV § 20 Rn. 18).

III. Bagatellrundfunk (S. 2)

26   Die Länder dürfen einige Veranstaltungstypen nicht nur einem vereinfachten Zulassungsverfahren unterwerfen, sondern nach eigener Entscheidung **zulassungsfrei** stellen. Dies gilt für Rundfunk, der eine derart geringe Verbreitung hat, dass er weder tatsächlich noch potenziell auf den Rundfunkmarkt einwirken kann. Er firmiert unter der Bezeichnung „Bagatellrundfunk". In vielen Ländern muss er lediglich der zuständigen Aufsichtsbehörde, regelmäßig der Landesmedienanstalt, angezeigt werden, vgl. etwa § 3 Abs. 3 S. 3 BremLG.

27   Voraussetzung für die Zulassungsfreiheit ist eine **beschränkte Anzahl an Empfängern**, sei es in Wohneinheiten oder Einrichtungen. Einige Landesmediengesetze konkretisieren die beschränkte Anzahl von Wohneinheiten auf bis zu 250 (§ 12 Abs. 6 LMG BW), andere auf bis zu 100 (§ 1 S. 2 NdsMedienG). Auch eine Zahl von 700 Wohneinheiten von der Rundfunkzulassung zu befreien, wie es § 1 Abs. 2 SächsPRG 1996 tat, wäre jedoch mit dem staatlichen Überwachungsauftrag, der aus der Gewährleistungsfunktion für die Rundfunkfreiheit erwächst (→ Rn. 1 f.) , nicht mehr vereinbar. Denn 700 Rezipienten bilden bereits einen unregulierten Rundfunkmarkt, der im Interesse einer Sicherung der Meinungsvielfalt einer Vorabkontrolle bedarf (VerfGH Sachsen NVwZ-RR 1998, 345 (348 ff.)). Der Begriff der **Einrichtung** unterscheidet sich von demjenigen des S. 1 Nr. 2 (→ Rn. 23 ff.) dadurch, dass es hier entscheidend auf den engen räumlichen Zusammenhang ankommt (Hahn/Vesting/Bumke RStV § 20 Rn. 108): Die Einrichtungen müssen sich auf ein Gebäude oder einen zusammengehörenden Gebäudekomplex beschränken, der funktionelle Zusammenhang ist nicht entscheidend.

IV. Landesrechtliche Ausgestaltung

28   Etwa die Hälfte der Bundesländer hat ein vereinfachtes Verfahren iSd Abs. 3 S. 1 vorgesehen. Bagatellrundfunk iSd S. 2 ist in fast allen Bundesländern zulassungsfrei.

	Vereinfachtes Verfahren	Bagatellrundfunk
Baden-Württemberg		§ 12 Abs. 6 LMG
Bayern	Art. 26 Abs. 6 BayMG	Art. 1 Abs. 2 SBayMG
Berlin-Brandenburg		§ 38 MStVBB
Bremen	§ 9 Abs. 1 BremLG	§ 3 Abs. 3 BremLG
Hessen		§ 1 Abs. 2 HRPG
Mecklenburg-Vorpommern		§ 1 Abs. 4 RGMV

	Vereinfachtes Verfahren	Bagatellrundfunk
Niedersachsen		§ 1 S. 2 NdsMedienG
NRW	§§ 83–86 LMG	§ 85 Abs. 1 LMG
Rheinland-Pfalz	§ 26 LMG	§ 24 Abs. 4 LMG
Saarland		§ 49 Abs. 5 LMG
Sachsen		§ 1 Abs. 2 SächsPRG
Sachsen-Anhalt	§ 23 Abs. 1 MG	
Schleswig-Holstein/Hamburg	§ 54 Abs. 1 MStVHSH	§ 54 Abs. 2 MStVHSH
Thüringen		§ 1 Abs. 3 TRG

E. Grenzüberschreitendes Fernsehen (Abs. 4)

Abs. 4 setzt die **Europaratskonvention** über das grenzüberschreitende Fernsehen (Änderungsprotokoll v. 9. September 1998, SEV-Nr.: 132) um. Deren Ziel ist es, zu verhindern, dass ausländische Fernsehanbieter die rundfunkrechtlichen Bestimmungen in ihrem Heimatland dadurch umgehen, dass sie ihr Programm von Deutschland aus verbreiten. 29

Dies will Abs. 4 durch die Instrumente der **Versagung** und des **Widerrufs** der Zulassung (S. 1) sowie, falls das im Einzelfall ausreicht, durch den Erlass von **Nebenbestimmungen** (S. 2, § 36 Abs. 1 VwVfG) sicherstellen. Abs. 4 stellt dafür drei (kumulative) Voraussetzungen auf (unten I.-III.; → Rn. 31 ff.), die jedoch um das Verfahren nach Art. 24a der Europaratskonvention ergänzt werden (unten IV.; → Rn. 38). Die Instrumente des S. 1 und S. 2 stehen in einem **Stufenverhältnis** zueinander: Von den (einschneidenden) Instrumenten des Widerrufs bzw. der Versagung dürfen die Landesmedienanstalten erst dann Gebrauch machen, wenn sich das Ziel, die Beseitigung des Verstoßes gegen die Europaratskonvention, nicht bereits durch Erlass einer Nebenbestimmung (als milderes Mittel) erreichen lässt. Das ergibt sich zwar nicht mit eindeutiger Klarheit aus dem Wortlaut des Abs. 4 („kann"), sehr wohl aber aus dem **Gebot der Verhältnismäßigkeit,** dem jegliches staatliches Handeln unterworfen ist. 30

I. Ausrichtung auf Bevölkerung eines Konventionsstaats (Nr. 1)

Von den Instrumenten des Abs. 4 darf die Landesmedienanstalt nur Gebrauch machen, wenn das Programm ganz oder in wesentlichen Teilen **auf die Bevölkerung eines anderen derjenigen 26 Staaten ausgerichtet** ist, die (ebenfalls) das Europäische Übereinkommen über das grenzüberschreitende Fernsehen ratifiziert haben. 31

Das Programm muss im adressierten Europaratsstaat zumindest **technisch** empfangbar sein. Indizien für die Ausrichtung sind der beantragte Ort der Einspeisung in Kabelanlagen, der Übertragungsweg (Satellit) und die tatsächliche Empfangsqualität (HRKDSC RStV § 20 Rn. 23). 32

Inhaltlich kann sich die Ausrichtung unmittelbar aus der ausdrücklichen Adressierung des Programms oder mittelbar, insbes. aus der verwendeten Sprache, der anvisierten Werbekundschaft und der Berichterstattung, ergeben. 33

II. Niederlassung zu diesem Zweck (Nr. 2)

Während die Voraussetzungen der Nr. 1 leicht erfüllbar sind, liegen die Hürden für die Nr. 2 sehr hoch: Es muss eine Niederlassung in der Bundesrepublik (→ Rn. 35) mit Umgehungsabsicht vorliegen (→ Rn. 36). 34

Niederlassung ist der Sitz des Anbieters, nicht etwa der Ort, an dem die Sendung produziert wird. 35

36 Eine Niederlassung **bezweckt eine Umgehung,** wenn es für den Anbieter keinen anderen vernünftigen Grund gibt, sich nicht im anderen Staat niederzulassen und dort eine Zulassung zu beantragen. Als Kriterium kann hierbei auf die wirtschaftliche Tätigkeit des Anbieters abgestellt werden: Wenn er überwiegend im anderen Staat wirtschaftlich tätig ist, ist das ein deutliches, aber widerlegbares Indiz für einen Umgehungszweck.

III. Von der Konvention umfasster Umgehungszweck (Nr. 3)

37 Nicht jedes nationale Verbot eines Unterzeichnerstaates, das ein Anbieter umgehen will, erfüllt die Voraussetzungen des Abs. 4. Vielmehr muss die Konvention dieses als Grundbestand europäischer Überzeugungen umfassen. Umgehungsrelevante **Regelungsgegenstände** der Konvention sind (vgl. Zusammenfassung des Vertragsbüros, http://conventions. coe.int/treaty/ger/Treaties/Html/132.htm (4.11.2013))
- das Verbot von Pornografie, Gewalt, Anstachelung zum Rassenhass sowie der Schutz der Jugend (Art. 7),
- das Recht auf Gegendarstellung (Art. 8),
- die Verbreitung europäischer Produktionen und Ausstrahlung von Kinofilmen (Art 10),
- Werbeverbote für Tabak, Medikamente und medizinische Produkte sowie Einschränkung der Werbung für Alkohol (Art. 15 f.),
- die Dauer und Häufigkeit der Werbung (Art. 11 ff.),
- Zulässigkeitsgrenzen des Sponsorings (Art. 17 f.).

37a Nicht umfasst sind insbes. steuerrechtliche und arbeitsrechtliche Aspekte, die ein Unternehmen bewogen haben, eine ausländische Niederlassung zu wählen, um Belastungen im Inland zu entgehen.

IV. Verfahren (Art. 24a der Konvention)

38 Liegen die Voraussetzungen des Abs. 4 Nrn. 1–3 vor, ist das Verfahren nach Art. 24a der Konvention einzuhalten, bevor die Landesmedienanstalt die vorgesehenen Maßnahmen ergreift. Dies ergibt sich aus Art. 24a der Konvention, auf den die amtliche Begründung zu § 20 des 4. RÄndStV (LT-Drs. Thür 3/222, 55f) ausdrücklich hinweist. Die Verfahrensschritte sind:
- Die Bundesrepublik Deutschland unternimmt den **Versuch einer gütlichen Einigung** mit dem anderen Staat (Art. 24a Nr. 2 lit a).
- Wenn das innerhalb von drei Monaten nicht zu einem Erfolg führt, wird der **Ständige Ausschuss** nach dem Europäischen Übereinkommen über das grenzüberschreitende Fernsehen mit der Angelegenheit befasst. Er nimmt innerhalb von sechs Monaten Stellung zum Vorliegen eines Missbrauchs iSd § 20 Abs. 4 Nr. 3 RStV bzw. Art. 24a Nr. 1 der Konvention (Art. 24a Nr. 2 lit. b und c).
- Stellt der Ständige Ausschuss einen Missbrauch fest, ergreift die Bundesrepublik Deutschland die geeigneten Maßnahmen zu ihrer Beseitigung. Bleibt sie untätig, kommt es zu einem **Schiedsverfahren** (Art. 24a Nr. 3 und 4).

V. Bewertung

39 Die Hürden für Maßnahmen nach Abs. 4 liegen so hoch, dass sie **kaum praktisch relevant** werden dürften (HRKDSC RStV § 20 Rn. 28). Bisher ist in keinem Staat der Konvention ein Missbrauchsfall zutage getreten, der zu einer Versagung oder einem Widerruf auf der Grundlage des Abs. 4 geführt hat.

F. Rechtsschutz

40 **Rundfunkanbietern** kommt ein grundrechtlich geschützter **Anspruch auf Zulassung** (Hahn/Vesting/Bumke RStV § 20 Rn. 48–51) zu, den sie verwaltungsgerichtlich mithilfe einer Verpflichtungsklage durchsetzen können. Das subjektive Recht ergibt sich aus Art. 5 Abs. 1 S. 2 Var. 2 GG. Es darf grds. nur insoweit und nur so lange eingeschränkt werden, wie technische Kapazitätsgrenzen bestehen.

Erteilung einer Zulassung § 20a RStV

Landesmedienanstalten können gegen Zulassungen klagen, die andere Medienanstalten 41
für in ihrem Sendegebiet ausgestrahlte Rundfunkprogramme erteilt haben (BVerwG ZUM
1998, 170). Denn ihre Letztverantwortung für die Rechtmäßigkeit der in ihrem Zuständigkeitsbereich ausgestrahlten Programme begründet eine verteidigungsfähige Rechtsposition.
Die Überlappung gemeinsamer Verantwortungsbereiche war zugleich die Triebfeder für die
Schaffung gemeinsamer Gremien und Kommissionen (vgl. dazu insbes. § 35 Abs. 2 RStV),
die konfliktträchtige Zulassungen einer einvernehmlichen Entscheidung und inneren Koordination zuführen sollen.

§ 20a Erteilung einer Zulassung für Veranstalter von bundesweit verbreitetem Rundfunk

(1) Eine Zulassung darf nur an eine natürliche oder juristische Person erteilt werden, die
1. unbeschränkt geschäftsfähig ist,
2. die Fähigkeit, öffentliche Ämter zu bekleiden, nicht durch Richterspruch verloren hat,
3. das Grundrecht der freien Meinungsäußerung nicht nach Artikel 18 des Grundgesetzes verwirkt hat,
4. als Vereinigung nicht verboten ist,
5. ihren Wohnsitz oder Sitz in der Bundesrepublik Deutschland, einem sonstigen Mitgliedstaat der Europäischen Union oder einem anderen Vertragsstaat des Abkommens über den Europäischen Wirtschaftsraum hat und gerichtlich verfolgt werden kann,
6. die Gewähr dafür bietet, dass sie unter Beachtung der gesetzlichen Vorschriften und der auf dieser Grundlage erlassenen Verwaltungsakte Rundfunk veranstaltet.

(2) ¹Die Voraussetzungen nach Absatz 1 Nr. 1 bis 3 und 6 müssen bei juristischen Personen von den gesetzlichen oder satzungsmäßigen Vertretern erfüllt sein.
²Einem Veranstalter in der Rechtsform einer Aktiengesellschaft darf nur dann eine Zulassung erteilt werden, wenn in der Satzung der Aktiengesellschaft bestimmt ist, dass die Aktien nur als Namensaktien oder als Namensaktien und stimmrechtslose Vorzugsaktien ausgegeben werden dürfen.

(3) ¹Eine Zulassung darf nicht erteilt werden an juristische Personen des öffentlichen Rechts mit Ausnahme von Kirchen und Hochschulen, an deren gesetzliche Vertreter und leitende Bedienstete sowie an politische Parteien und Wählervereinigungen. ²Gleiches gilt für Unternehmen, die im Verhältnis eines verbundenen Unternehmens im Sinne des § 15 des Aktiengesetzes zu den in Satz 1 Genannten stehen. ³Die Sätze 1 und 2 gelten für ausländische öffentliche oder staatliche Stellen entsprechend.

Für bundesweit verbreiteten privaten Rundfunk sieht § 20a RStV einheitliche persönliche
Zulassungsvoraussetzungen vor. Sie versuchen rundfunkspezifischem Gefährdungspotenzial
präventiv zu begegnen, insbes. die Zuverlässigkeit der Erfüllung rundfunkrechtlicher Pflichten sicherzustellen (**Abs. 1;** → Rn. 1 ff.). Diese Voraussetzungen sind abschließend, die
Landesmedienanstalten dürfen keine weiteren persönlichen Anforderungen stellen oder von
den bestehenden abweichen (§ 39 S. 3 RStV). Die Voraussetzungen der Nrn. 1–6 gelten für
juristische und natürliche Personen grds. gleichermaßen. Auf wen insoweit bei juristischen
Personen abzustellen ist und welchen Schranken Aktiengesellschaften bei der Zulassung
unterworfen sind, regelt **Abs. 2** (→ Rn. 14 f.). Für juristische Personen des öffentlichen
Rechts, politische Parteien und Wählervereinigungen sowie mit ihnen verbundene Unternehmen spricht **Abs. 3** im Interesse der Staatsfreiheit des Rundfunks grds. ein Zulassungsverbot aus (→ Rn. 16 ff.). Die **sachlichen Voraussetzungen** für die Rundfunkzulassung
normieren die §§ 25 ff. RStV.

Übersicht

	Rn		Rn
A. Persönliche Voraussetzungen für die Zulassung bundesweit verbreiteten Rundfunks (Abs. 1)	1	VI. Wohnsitz bzw. Sitz im Europäischen Wirtschaftsraum (Nr. 5)	11
I. Natürliche oder juristische Person	2	VII. Zuverlässigkeit (Nr. 6)	12
II. Unbeschränkt geschäftsfähig (Nr. 1) ..	4	**B. Besonderheiten für juristische Personen (Abs. 2)**	14
III. Fähigkeit, öffentliches Amt zu bekleiden (Nr. 2)	5	**C. Inkompatibilitätsregelung für juristische Personen des öffentlichen Rechts, Parteien und Wählervereinigungen sowie verbundene Unternehmen (Abs. 3)**	16
IV. Keine Verwirkung des Grundrechts der freien Meinungsäußerung Art. 18 GG (Nr. 3)	9		
V. Kein Verbot der Vereinigung (Nr. 4) ..	10	**D. Ausblick**	24

A. Persönliche Voraussetzungen für die Zulassung bundesweit verbreiteten Rundfunks (Abs. 1)

1 § 20a RStV benennt seit dem 1.9.2008 als Folge des 10. RÄndStV bundeseinheitlich die persönlichen Voraussetzungen (aA Hahn/Vesting/Bumke RStV § 20a Rn. 11: „die persönlichen und sachlichen Zulassungsvoraussetzungen"), die ein Rundfunkveranstalter erfüllen muss, um eine Zulassung zu erhalten. In ihrem Anwendungsbereich ist die Vorschrift auf bundesweit verbreiteten Rundfunk beschränkt. **Bundesweit verbreitet** ist Rundfunk, wenn er technisch – ohne Rücksicht auf den Verbreitungswillen des Anbieters (Sieber ZUM 1998, 30) – in allen Bundesländern empfangen werden kann (zur regional differenzierten Werbung eines einheitlichen Programms: Dörr/Wagner ZUM 2013, 525 ff.). Dabei kommt es nicht auf den Zulassungszeitpunkt an, sondern auf die Verbreitungstechnik. Ein Satellitenprogramm ist damit immer bundesweit verbreiteter Rundfunk. Der Anwendungsbereich des § 20a erstreckt sich auch auf **Hörfunk im Internet** (§ 20b S. 3 RStV) sowie **Teleshoppingkanäle** (§ 39 S. 2 iVm § 2 Abs. 2 Nr. 10 RStV). Auch **Plattformanbieter** müssen die Anforderungen des § 20a Abs. 1 und 2 RStV für bundesweit verbreiteten Rundfunk erfüllen (§ 52 Abs. 2 RStV).

I. Natürliche oder juristische Person

2 Als Veranstalter von bundesweit verbreitetem Rundfunk dürfen nur natürliche und juristische Personen zugelassen werden. Gesellschaften bürgerlichen Rechts, OHGs oder KGs können demzufolge – ebenso wie nicht eingetragene Vereine – keine Zulassung erhalten, sehr wohl aber eingetragene Vereine. Damit schränkt § 20a RStV die Rechtsform des Veranstalters weiter ein als viele Landesmediengesetze. Diese lassen teilweise auch nicht rechtsfähige Personenvereinigungen des Privatrechts, die auf Dauer angelegt sind, als Veranstalter zu (etwa § 4 Abs. 1 Nr. 3 BremLMG, § 13 Abs. 2 LMedienG BW). Die Beschränkung des § 20a auf juristische Personen soll die **uneingeschränkte rechtliche Verantwortung und rechtliche Kontinuität des Veranstalters garantieren** (Hahn/Vesting/Bumke RStV § 20a Rn. 11, HRKDSC RStV § 20a Rn. 3).

3 Ändert eine juristische Person ihre Gesellschaftsform oder gründet eine natürliche Person als Rundfunkveranstalter eine Personengesellschaft, knüpft sich daran die Frage nach dem **Schicksal der bisherigen Zulassung.** Mit der Veränderung des Zurechnungssubjektes geht die für den Rechtsvorgänger ausgestellte Zulassung nicht ohne Weiteres auf das neu entstandene Rechtssubjekt über. Denn die Zulassung knüpft an die Person an, die den Antrag gestellt hat (BVerwG, NVwZ-RR 2012, 808 (810)). Spätere Änderungen lösen daher ein neues Kontrollbedürfnis aus. Dieses kann prinzipiell durch eine Widerrufsmöglichkeit oder durch das Erfordernis eines neuen Antrags befriedigt werden. Die alte Erlaubnis erlischt und ein neuer Antrag ist erforderlich, wenn der Veranstalter nicht im Kern mit der Person identisch ist, die den Antrag gestellt hat. Das ist etwa der Fall, wenn eine Zulassung auf eine natürliche Person ausgestellt ist, die diese in eine GmbH oder eine OHG einbringt (OVG

Magdeburg JMBl LSA 2001, 52). Die neue Gesellschaft kann sich nicht auf die bisher bestehende Erlaubnis stützen. Wurde eine Gesellschaft mit der Absicht gegründet, zunächst eine Zulassung zu erhalten, um sie später in eine andere Gesellschaft umzuwandeln, die dann auf Basis der ursprünglichen Lizenz den Rundfunk veranstaltet (sog. „Vehikelgesellschaft"), besteht entsprechend grds. von vornherein Anspruch auf die Erteilung einer Zulassung als Rundfunkveranstalter (VG Neustadt LKRZ 2011, 119). Sonst würde Umgehungstatbeständen ein großer Spielraum eröffnet.

II. Unbeschränkt geschäftsfähig (Nr. 1)

Eine Zulassung erhalten nur unbeschränkt geschäftsfähige Veranstalter. Die Geschäftsfähigkeit bestimmt sich nach den **§§ 104 ff. BGB.** Juristische Personen sind nicht als solche geschäftsfähig. Sie handeln durch ihre gesetzlichen bzw. satzungsmäßigen Vertreter. Diese müssen die Voraussetzungen der §§ 104 ff. BGB erfüllen (Abs. 2 S. 1). 4

III. Fähigkeit, öffentliches Amt zu bekleiden (Nr. 2)

Wer die Fähigkeit zur Bekleidung öffentlicher Ämter durch Richterspruch verloren hat, erfüllt nicht die persönlichen Voraussetzungen für eine Rundfunkzulassung. Unter welchen Voraussetzungen die Fähigkeit verloren geht, bestimmt **§ 45 Abs. 1, 2 StGB.** Der Verlust tritt automatisch mit der rechtskräftigen Verurteilung zu einer Freiheitsstrafe von mindestens einem Jahr wegen eines Verbrechens für die Dauer von 5 Jahren ein. In weiteren ausdrücklich gesetzlich bezeichneten Fällen (zB nach §§ 92a, 101, 102, 108c, 109i, 129a § 264 Abs. 6, § 358 StGB) **kann** das Gericht die Fähigkeit für die Dauer von zwei bis fünf Jahren aberkennen. 5

Nr. 2 nimmt zwar mit der Wendung „verloren hat" unmittelbar nur auf § 45 Abs. 1 StGB („verliert") Bezug, nicht auch auf die Aberkennung nach § 45 Abs. 2 („kann… aberkennen"). Entscheidend ist aber nach der Ratio der Vorschrift nicht der Weg, auf dem, sondern die Tatsache, dass der Antragsteller über die Fähigkeit, öffentliche Ämter zu bekleiden, aufgrund richterlicher Entscheidung nicht (mehr) verfügt. Der Wortlaut der Nr. 2 ist daher teleologisch zu erweitern. 6

Verliert ein Veranstalter seine Amtsfähigkeit **nach Erteilung einer Zulassung,** verliert er damit auch die auf ihn ausgestellten Zulassungen sowie – für die Dauer des Amtsverlustes – das Recht, neue Zulassungen zu beantragen. 7

Bei **juristischen Personen** kommt es nach Abs. 2 S. 1 für die Beurteilung auf den satzungsgemäßen bzw. gesetzlichen Vertreter an. Hat er die Fähigkeit, ein öffentliches Amt zu bekleiden, verloren, führt dies nicht zwingend zu einem mehrjährigen Zulassungsverbot für die juristische Person als solche. Vielmehr kann die Zulassung (wieder) beantragt werden, sobald ein neuer Vertreter ernannt ist. 8

IV. Keine Verwirkung des Grundrechts der freien Meinungsäußerung Art. 18 GG (Nr. 3)

Eine Verwirkung des Grundrechts der freien Meinungsäußerung nach Art. 18 GG kann nur das BVerfG aussprechen (Art. 18 S. 2 GG). Bislang ist das jedoch nicht vorgekommen. Die Vorschrift hat als Ausdruck des Konzepts der wehrhaften Demokratie weitgehend symbolischen Charakter. 9

V. Kein Verbot der Vereinigung (Nr. 4)

Vereinigungen, die auf der Grundlage der **§§ 3 ff. VereinsG iVm Art. 9 Abs. 2 GG** verboten wurden, dürfen keinen Rundfunk veranstalten. 10

Wird eine Vereinigung verboten, so führt das gem. § 7 Abs. 2 VereinsG nach Unanfechtbarkeit zur Auslösung und zum Erlöschen des Vereins, was zugleich den Status als juristische Person (→ Rn. 2) aufhebt. Viele Landesmediengesetze verzichten daher (für nicht bundesweit verbreiteten Rundfunk) auf einen der Nr. 4 entsprechenden Tatbestand (etwa § 4 Abs. 2 BremLMG, § 5 Abs. 2 LMG NRW, § 27 MStV Bbg). 10a

VI. Wohnsitz bzw. Sitz im Europäischen Wirtschaftsraum (Nr. 5)

11   Eine rundfunkrechtliche Zulassung für bundesweit verbreiteten Rundfunk erhält nur, wer seinen Wohnsitz oder (in der Satzung festgeschriebenen Niederlassungs-) Sitz in Deutschland, einem sonstigen Mitgliedstaat der EU oder einem anderen Vertragsstaat des Abkommens über den Europäischen Wirtschaftsraum (EWR) hat und dort gerichtlich verfolgt werden kann. Neben einem Sitz in einem anderen Mitgliedstaat der EU ist danach auch ein Sitz in Island, Liechtenstein und Norwegen zulässig. Ein Sitz in der Schweiz reicht nicht aus.

VII. Zuverlässigkeit (Nr. 6)

12   Wie andere Erlaubnisse des Wirtschafts- und Medienrechts setzt auch die rundfunkrechtliche Erlaubnis die Zuverlässigkeit des Rundfunkveranstalters voraus. Die Erlaubnisbehörde trifft bei der Prüfung eine Prognoseentscheidung darüber, ob der Antragsteller seine Pflichten als Rundfunkveranstalter künftig ordnungsgemäß erfüllen wird. Sie erfolgt **auf der Grundlage überprüfbarer Geschehnisse der Vergangenheit,** etwa begangener Straftaten oder Ordnungswidrigkeiten sowie Verletzungen steuer- bzw. sozialversicherungsrechtlicher Pflichten. Die Entscheidung ist, da durch die Berufsfreiheit des Art. 12 Abs. 1 GG und die Rundfunkfreiheit des Art. 5 Abs. 1 S. 2 Var. 2 GG grundrechtlich gebunden, gerichtlich voll überprüfbar. Um die Zuverlässigkeit des Veranstalters im Hinblick auf die Durchführbarkeit des geplanten Programms überprüfen zu können, kann die zulassende Landesmedienanstalt Auskunft und Vorlage für alle erforderlichen Unterlagen verlangen (§ 21 Abs. 1).

13   Zuverlässigkeit ist ein **personenbezogenes Merkmal,** das nicht als solches auf juristische Personen übertragbar ist. Bei diesen ist entsprechend auf die Zuverlässigkeit des **gesetzlichen oder satzungsgemäßen Vertreters** abzustellen (Abs. 2 S. 1). Auch die Zuverlässigkeit der Personen, welche einen maßgeblichen Einfluss auf die juristische Person haben, darf aber bei dieser Feststellung mittelbar herangezogen werden, wenn die Gestaltungsmacht des Vertreters unzureichend ist oder nicht ausreichend wahrgenommen wird (VGH Mannheim GewArch 2005, 260 ff.; Hahn/Vesting/Bumke RStV § 20a Rn. 16). Denn der maßgebliche Einfluss unzuverlässiger Gesellschaftsmitglieder kann eine **Organisationsunzuverlässigkeit** des Vertreters begründen (HRKDSC RStV § 20a Rn. 4).

B. Besonderheiten für juristische Personen (Abs. 2)

14   Bei juristischen Personen ist hinsichtlich der einzuhaltenden Voraussetzungen des Abs. 1 Nrn. 1–3 und 6 allgemein auf die gesetzlichen oder satzungsmäßigen Vertreter abzustellen. Das stellt Abs. 2 S. 1 klar. Abs. 2 begründet darüber hinaus auch besondere Anforderungen, die an **juristische Personen als Rundfunkveranstalter** zu stellen sind: Damit nachvollziehbar ist, welche Personen gesellschaftsrechtlich maßgeblichen Einfluss auf einen Rundfunkveranstalter nehmen dürfen, dürfen juristische Personen, die als Rundfunkveranstalter auftreten, Aktien nur als Namensaktien oder als **Namensaktien und stimmrechtslose Vorzugsaktien** ausgeben (S. 2; vgl. auch S. 26 der Begründung zum 10. RÄndStV, LT-Drs. RhPf 15/2149). Die so geschaffene Transparenz trägt dazu bei, Einflüsse auf die Entscheidungsfindung des Rundfunkveranstalters einschätzen, seine Zuverlässigkeit beurteilen und Medienkonzentrationen erkennen zu können. Die Vorschrift versteht sich als eine **Vorsorgeregelung;** ihre praktische Relevanz bleibt gering, da Rundfunkveranstalter in der Regel nicht als Aktiengesellschaften verfasst sind. Abs. 2 findet aber auch auf Plattformanbieter Anwendung (§ 52 Abs. 2 RStV).

15   Bei den in der Praxis vorfindlichen gesellschaftsrechtlichen Gestaltungsmöglichkeiten stehen den Beteiligten viele Möglichkeiten offen, die Identität der maßgeblich Einfluss nehmenden Personen zu verschleiern. Um dem entgegenzuwirken, hat die KEK über die Regelungen des Abs. 2 hinausgehende Regelungen angeregt, die rechtspolitisch begrüßenswert sind, jedoch bislang nicht umgesetzt wurden (KEK, 11. Jahresbericht, 334).

C. Inkompatibilitätsregelung für juristische Personen des öffentlichen Rechts, Parteien und Wählervereinigungen sowie verbundene Unternehmen (Abs. 3)

Eine **unmittelbare oder mittelbare staatliche Beherrschung** eines Unternehmens, das Rundfunksendungen veranstaltet, wäre mit dem verfassungsrechtlichen Gebot der Staatsfreiheit des Rundfunks nicht vereinbar (BVerfG NVwZ 2008, 658 (660 f.)). Diese muss das Rundfunkrecht **zuverlässig ausschließen** und damit verhindern, dass der Rundfunk dem Staat oder einer gesellschaftlichen Gruppe durch politische Instrumentalisierung ausgeliefert wird (BVerfGE 90, 60 (88)).

16

Um die zur Sicherung der Meinungsfreiheit nach Art. 5 Abs. 1 S. 2 GG notwendige Staatsfreiheit des Rundfunks zu gewährleisten, trifft Abs. 3 besondere **Inkompatibilitätsregelungen:** Mit Ausnahme von Kirchen und Hochschulen dürfen deutsche (S. 1) ebenso wie ausländische (S. 3) juristische Personen des öffentlichen Rechts, deren gesetzliche Vertreter und leitende Bedienstete sowie politische Parteien und Wählervereinigungen keinen Rundfunk betreiben. Dieses Verbot erstreckt der Staatsvertrag auch auf mit ihnen verbundene Unternehmen, um sicherzustellen, dass die Rechtsträger nicht durch geschickte gesellschaftsrechtliche Gestaltungen doch indirekt und subtil Einfluss nehmen und damit das Verbot des S. 1 unterwandern (vgl. auch S. 26 der Begründung zum 10. RÄndStV, LT-Drs. RhPf 15/2149).

17

Praktische Relevanz hat Abs. 3 S. 2 insbes. für die Frage, ob die **Deutsche Telekom AG** als Rundfunkveranstalter zugelassen werden kann. Der Staat hält an ihr über die bundeseigene KfW und über den Bund eine Minderheitsbeteiligung, die ihm angesichts des hohen Streubesitzanteils und der realen Stimmrechtswahrnehmungen einen Hauptversammlungsmehrheit und damit einen beherrschenden Einfluss im Sinne des § 17 AktG sichern dürfte. Das steht dann einer Rundfunkzulassung entgegen (zutreffend Hahn/Vesting/Bumke RStV § 20a Rn. 33; anders für den ähnlichen, im Hinblick auf die Hauptversammlungspräsenz aber nicht gleich gelagerten Fall der Broschüre „Einkauf aktuell" der Deutschen Post AG BGH NZG 2012, 1033 (1034)).

18

Da **Hochschulen und Kirchen** wegen der Wissenschaftsfreiheit des Art. 5 Abs. 3 GG bzw. der Religionsfreiheit des Art. 4 Abs. 2 GG staatsfern konstituiert sind und Grundrechte in einem Bereich wahrnehmen, in dem sie nicht unmittelbar dem Staat zugeordnet und deshalb auch nach Art. 19 Abs. 3 GG grundrechtsberechtigt sind, nimmt S. 1 diese öffentlich-rechtlichen Körperschaften von dem Verbot des Abs. 3 aus. Von diesem Privileg machen sie auch durchaus Gebrauch.

19

Parteien sind zwar nicht Teil organisierter Staatlichkeit und können sich ebenso wie Kirchen und Hochschulen auf die Grundrechte, insbes. die Meinungsfreiheit und die Rundfunkfreiheit berufen (vgl. etwa BVerfGE 90, 241 (246 f.); NdsStGH, DVBl. 2005, 1515 (1517)). Sie sind aber gleichwohl von dem Verbot des S. 1 erfasst. Denn sie bilden einen Transmissionsriemen zwischen Staat und Gesellschaft und nehmen damit eine verfassungsrechtliche **Mittlerfunktion** wahr, die sie in den Staat hineinwirken lässt: Sie üben nachhaltigen Einfluss auf die Besetzung oberster Staatsämter aus, beeinflussen die Bildung des Staatswillens und sind mit Staatsorganen personell eng verflochten. Sie bündeln Meinungen sowie Werthaltungen und versuchen diese in staatliche Willensbildung umzusetzen (BVerfGE 20, 56 (101)). Die besondere Funktion der Parteien rechtfertigt es, ihnen **bestimmenden Einfluss auf die Programmgestaltung und Programminhalte** zu versagen. Das Verbot des S. 1 ist daher als gesetzgeberische Abwehr staatlicher Einflussnahme auf die inhaltliche Programmgestaltung mit den Grundrechten der Parteien vereinbar (BVerfGE 121, 30 ff.). Keine verfassungsrechtlich zulässige Ausgestaltung der Rundfunkfreiheit wäre demgegenüber eine Regelung, die den Parteien jegliche unmittelbare oder mittelbare Beteiligung an Rundfunkunternehmen versagt. Denn sie zwänge Parteien bei auch nur marginaler Beteiligung an einem Unternehmen Anteile zu veräußern, auch wenn sie keinerlei Einfluss auf das jeweilige Rundfunkunternehmen ausüben können (BVerfGE 121, 30 (64)).

20

So weit geht **Abs. 3 S. 2,** auch wenn er mit Parteien und Wählervereinigungen sowie juristischen Personen des öffentlichen Rechts verbundene Unternehmen von einer Zulassung ausschließt, allerdings nicht. Vielmehr knüpft die Vorschrift an aktienrechtliche Ver-

21

RStV § 20a II. Rundfunk und presseähnliche Telemedien

bundkonstruktionen im Sinne des § 15 AktG an. Diese setzen einen nachhaltigen Einfluss der Partei bzw. der Wählervereinigung oder juristischen Person voraus, um beide als eine Einheit erscheinen zu lassen: Mehrheitsbeteiligungen (§ 16 AktG), Beherrschungsverhältnisse zwischen abhängigen und herrschenden Unternehmen trotz Minderheitsbeteiligung (§ 17 AktG), Konzernkonstruktionen (§ 18 AktG), wechselseitige Beteiligungen von Unternehmen in Höhe von mehr als einem Viertel der Anteile des jeweils anderen Unternehmens (§ 19 AktG) und Verbindungen durch Unternehmensvertrag (§§ 291, 292 AktG). Die für eine derartige Prüfung **zuständige KEK** hält die gesetzliche Ausgestaltung der Staatsferne in Abs. 3 für unzureichend. Sie will staatliche Beteiligungen an einem Veranstalter von bundesweit verbreitetem Rundfunk über den in Abs. 3 geregelten Verbundtatbestand hinaus auch im Hinblick auf unmittelbare und mittelbare Einflussmöglichkeiten nach den Tatbestandsmerkmalen des **§ 28 Abs. 1 und 2** RStV prüfen (KEK, 12. Jahresbericht, 345).

22 Das **Parlamentsfernsehen des Deutschen Bundestages,** das alle Plenardebatten sowie öffentliche Ausschusssitzungen und Anhörungen live und in voller Länge im Internet überträgt, ist nach dem Wortlaut des Abs. 3 S. 1 nicht zulassungsfähig. Denn der Bundestag ist ein Verfassungsorgan und die Ausstrahlung des Parlamentsfernsehens nicht nur ein Mediendienst auf Abruf, sondern als linearer Informations- und Kommunikationsdienst Rundfunk iSd RStV (→ § 2 Rn. 6b). So sieht es auch die Kommission für Zulassung und Aufsicht (ZAK-Pressemitteilung 08/2011). Der Bundestag als das pulsierende Herz der Demokratie ist zur Öffentlichkeit verpflichtet **(Art. 42 Abs. 1 S. 1 GG).** Jeder Bürger soll sich – auch wenn er nicht die Möglichkeit hat, an den Sitzungen des Parlaments teilzunehmen – einen Eindruck von der im Parlament stattfindenden politischen Willensbildung machen können. Seine Verhandlungen finden – anders als diejenigen der Gerichte – nicht nur **in** der Öffentlichkeit, sondern auch **für** die Öffentlichkeit statt. Dem verfassungsrechtlichen Auftrag des Art. 42 Absatz 1 S. 1 GG entspricht ein Recht zur Selbstdarstellung und Information, die alle verfügbaren technischen Ausstrahlungsmöglichkeiten einschließt. Das Parlamentsfernsehen stellt eine „erweiterte Öffentlichkeit" (KEK, 10. Jahresbericht, S. 302) durch einen neuen Übertragungskanal her. Zwar lässt sich das berechtige Anliegen der Selbstdarstellung des Parlaments grds. im Wege der Kooperation mit den Rundfunkveranstaltern verwirklichen (Hahn/Vesting/Bumke RStV § 20a Rn. 27; Goerlich/Laier, ZUM 2008, 19 (26 ff.)). Das schließt eine Eigeninformation durch den Bundestag aber keineswegs aus – insbesondere dann, wenn bestimmte Sachbereiche der Parlamentsarbeit für das Programmangebot der Rundfunkanstalten nicht von hinreichendem Interesse sind. § 20a Abs. 3 ist daher im Wege der verfassungskonformen Auslegung dahin teleologisch zu reduzieren, dass die **unmittelbare, neutrale Information der Öffentlichkeit über das eigene Tun** auch beim Parlamentsfernsehen eine rundfunkrechtliche Zulassung nicht ausschließt, insbesondere nicht mit dem rundfunkrechtlichen Gebot der Staatsferne kollidiert.

23 Das Recht, über die eigene Arbeit im Wege eines Rundfunkangebots informieren zu dürfen, reicht aber nur so weit wie der Öffentlichkeitsauftrag des Art. 42 Abs. 1 S. 1 GG. Die Rundfunktätigkeit des Parlamentsfernsehens muss sich auf das **Erforderliche** beschränken. Sein prägendes Gesicht muss die unmittelbare Berichterstattung über die Arbeit des Parlaments sein. Anderenfalls verlässt sie ihre Legitimationsgrundlage und schlägt in unzulässiges Staatsfernsehen um. Angesichts des universalen politischen Gestaltungsauftrags des Parlaments lassen sich Grenzlinien nicht ganz trennscharf ziehen. Nicht zuletzt besteht auch die Gefahr schleichender Ausweitung des eigenen Öffentlichkeitsarbeitsauftrags. Der Übertragungsinhalt des Parlamentsfernsehens hat sich seit dem Programmstart fühlbar verändert. Die ursprünglich einfache Übertragung der Geschehnisse im Parlament ist einem – zumindest im Internet – redaktionell aufgearbeiteten Programm gewichen (ZAK-Pressemitteilung 08/ 2011). Grundsätzlich erschöpft sich die Selbstdarstellung des Parlaments entsprechend dem Auftrag des Art. 42 Abs. 1 S. 1 GG in der Abbildung der Parlamentswirklichkeit des Plenums und seiner Ausschüsse. **Unzulässig** ist jedenfalls die Ausstrahlung eines Vollprogramms, zumindest besonders legitimationsbedürftig sind Hintergrundberichte, die über die unmittelbare Arbeit des Parlaments hinausgehen (noch kritischer: KEK, 10. Jahresbericht, S. 302; in der Tendenz ähnlich wie hier Gersdorf, Parlamentsfernsehen des Deutschen Bundestages, 2008, 66; ein Parlamentsfernsehen demgegenüber ablehnend Goerlich/Laier, ZUM 2008, 475 ff.).

D. Ausblick

Es sind vor allem die **gesellschaftsrechtlichen Gestaltungsmöglichkeiten,** die eine 24
wirksame Festsetzung persönlicher Voraussetzungen erschweren. Die Landesmedienanstalten stehen jeweils vor der schwierigen Frage, welche juristische Person letztlich Inhaber der Zulassung wird, wer Einfluss auf sie nimmt und ob ihre Staatsferne gewährleistet ist. Dafür sachgerechte rechtliche Rahmenbedingungen zu entwickeln, ist eine der Zukunftsherausforderungen des Rundfunkrechts im Allgemeinen und des § 20a RStV im Besonderen.

§ 20b Hörfunk im Internet

Wer Hörfunkprogramme ausschließlich im Internet verbreitet, bedarf keiner Zulassung. Er hat das Angebot der zuständigen Landesmedienanstalt anzuzeigen. Im Übrigen gilt § 20a entsprechend.

Hörfunk im Internet erfüllt grds. alle begrifflichen Voraussetzungen von Rundfunk iSd § 2 Abs. 1 S. 1. Von klassischem Rundfunk unterscheidet er sich nur durch die besondere technische Art der Verbreitung. § 20b RStV (eingefügt durch den 12. RÄndStV (LT-Drs. RhPf 15/3116, 49) gesteht Hörfunk im Internet eine Ausnahme von der allgemeinen Zulassungspflicht des § 20 Abs. 1 S. 1 und Abs. 2 S. 1 RStV zu. Er unterwirft ihn einem abgestuften Regulierungsregime: Hörfunkprogramme, die ausschließlich im Internet verbreitet werden, unterliegen (anders als etwa Internetfernsehen) keiner Zulassungs-, sondern lediglich einer Anzeigepflicht (S. 2; → Rn. 9 ff.). Wie alle Anbieter bundesweit verbreiteter Programme (§ 39 S. 1 RStV) müssen auch die Anbieter von Internethörfunk im Internet die persönlichen Zulassungsvoraussetzungen des § 20a RStV erfüllen (S. 3; → Rn. 13).

A. Hörfunk im Internet: Begriff und Erscheinungsformen (S. 1)

Internet-Radio erlebt seit geraumer Zeit einen Boom. 14, 4 Millionen Erwachsene hören 1
in Deutschland zumindest gelegentlich Internetradio. Mitte 2012 boten etwa 2500 Internet-only-Sender ihre Dienste an (Goldmedia-BML-Webradiomonitor 2012, www.webradiomonitor.de/webradiomonitor-studie/studie-2012 (5.8.2013)). Hörfunkprogramme im Internet werden bisher typischerweise via Desktopcomputer und Laptops empfangen. In wachsendem Umfang (schon bei jedem sechsten Zugriff) fungieren jedoch auch Smartphones und W-LAN-fähige Radioempfänger als Endgeräte. Auf welchem Endgerät der Hörfunk empfangen wird, ist für die rechtliche Einordnung jedoch grds. irrelevant. Entscheidend ist die Art der Verbreitung.

I. Live-Streaming

Technisches Kennzeichen für Hörfunk im Internet ist das sog. **Streaming**-Verfahren. 2
Streaming ermöglicht den Empfang von Audiodateien vom Medienserver des Senders unter gleichzeitiger Wiedergabe in Echtzeit ohne vorherigen (eventuell zeitraubenden) Download. Die Datenpakete werden zwar nur auf Abruf und grds. an jeden Empfänger einzeln versendet. Das ändert aber nichts daran, dass das Angebot **für die Allgemeinheit zum zeitgleichen Empfang entlang eines Sendeplans bestimmt** ist und damit die Voraussetzungen des § 2 Abs. 1 S. 1 RStV erfüllt. Für die Einordnung eines Dienstes als Rundfunk kommt es nämlich nicht auf den Übertragungsweg an, sondern auf die für den Rundfunk typische Breitenwirkung, Aktualität und Suggestivkraft, die sein Regulierungsbedürfnis auslösen (BVerfGE 90, 60 (87)). Entsprechend stuft der RStV Livestreaming-Angebote grundsätzlich als Rundfunk ein (→ § 2 RStV Rn. 6a)

Nicht zum Hörfunk im Internet gehören damit **Podcasts** und andere **zeitlich versetzt** 3
zur Verfügung gestellte Audioangebote (aA HRKDSC RStV § 20b Rn. 6). Einordnungsschwierigkeiten bestehen bei **personalisierten Internetradios,** die für jeden Nutzer eine individuelle Musikauswahl zusammenstellen. Beispiele hierfür sind „last.fm" oder das in Deutschland nicht verfügbare „pandora" (vgl. Malcher, Personalisierte Webradios – Sendung oder Abruf, 2011, 24 (28)). Bei diesen Angeboten fehlt es regelmäßig an einem Sendeplan

RStV § 20b   II. Rundfunk und presseähnliche Telemedien

für ein zum zeitgleichen Empfang bestimmtes Angebot und damit an der rundfunktypischen Breitenwirkung eines universell ausgestrahlten, linearen Programms (→ § 2 RStV Rn. 4 ff.).

II. Rundfunk iSd § 2 Abs. 1 S. 1 RStV; Ausnahmen des § 2 Abs. 3, insbes. Mindestverbreitung

4   Hörfunk ist eine besondere Erscheinungsform des Rundfunks. Er erfüllt grds. die begrifflichen Voraussetzungen von Rundfunk iSd RStV, soweit nicht die besonderen **Ausnahmetatbestände des § 2 Abs. 3** RStV einschlägig sind.

5   Keiner Anzeigepflicht unterliegen damit insbes. rein familiäre (§ 2 Abs. 3 Nr. 3 RStV) oder jeweils **nur gegen Entgelt freigeschaltete Angebote** (§ 2 Abs. 3 Nr. 4 RStV).

5a   Gleiches gilt für Angebote, die **weniger als 500 potenziellen Nutzern** zum gleichzeitigen Empfang angeboten werden (§ 2 Abs. 3 Nr. 1 RStV). Eine solche Limitierung kann beim Webradio nur bei zentraler Verteilung des Audio-Streams erfolgen. Bei einer dezentralen Verteilung per Peer-to-Peer-(P2P)Technologie, dem sogenannten **Peercasting**, kann die Nutzerzahl demgegenüber nicht begrenzt werden. Denn den Stream verbreitet hier nicht alleine der Server des Anbieters, sondern jeder Nutzer (was für den Anbieter Kosten spart, da keine Server bereitgestellt werden müssen). Da es nach § 2 Abs. 3 Nr. 1 RStV nicht auf die Zahl der tatsächlichen, sondern der potenziellen Nutzer ankommt, handelt es sich dann um Rundfunk, so dass das Angebot der Anzeigepflicht aus § 20b S. 2 RStV unterfällt.

III. Ausschließliche Verbreitung im Internet

6   § 20b RStV erfasst nicht alle Formen von Internethörfunk, sondern nur diejenigen Fälle, in denen das Programm **ausschließlich im Internet** verbreitet wird. Will ein nach § 20 Abs. 1 RStV zugelassener Rundfunkveranstalter sein Programm **zusätzlich** auch im Internet verbreiten, so bedarf er dafür keiner weiteren Zulassung oder Anzeige. Denn diese Vertriebsform ist von der Zulassung zur Veranstaltung von Rundfunk bereits als solche umfasst (HRKDSC RStV § 20b Rn. 7). Ob die Zulassung für einen bundesweit oder für einen landesweit verbreiteten Rundfunk erteilt wurde, ist dabei unerheblich. Seinem Wesen nach wird Hörfunk im Internet grds. bundesweit verbreitet und erfüllt damit auch die Anwendungsvoraussetzungen des § 39 S. 1 RStV.

7   Hörfunksender bieten in vielen Fällen kostenlose Software (Apps) an, mit deren Hilfe die Nutzer neben dem linearen Audiosignal **weitergehende Informationen zur Sendung** erhalten (Kahl/Mende/Neuwöhner, Media Perspektiven 7–8/2012, 400). Solch ein flankierendes Angebot umfasst etwa Wettervorhersagen, Verkehrsmitteilungen und eine Übersicht der zuletzt gespielten Lieder des Programms. Diese Angebote sind typischerweise nicht Rundfunkangebote, sondern Telemedien und damit nicht nach § 20b S. 2 RStV anzeigepflichtig.

IV. Keine Anwendung auf Teleshoppingkanäle

8   Internethörfunk kann auch den begrifflichen Anforderungen von Teleshopping (§ 2 Abs. 2 Nr. 10 RStV; → § 2 RStV Rn. 41 ff.) entsprechen. Denn Teleshopping setzt nicht notwendig eine Verbreitung via Fernsehen voraus. Auf Teleshoppingangebote, die per Hörfunk verbreitet werden, finden die Privilegierungsregeln des § 20b RStV jedoch keine Anwendung. Das ergibt sich im Umkehrschluss aus § 39 S. 2 RStV. Er erwähnt den § 20b RStV in seiner Verweisungskette (bewusst) nicht.

B. Anzeigepflicht (S. 2)

9   Grds. muss Rundfunk wegen des ihm (sub specie einer unbeeinflussten und pluralen Meinungsbildung) eigenen Gefährdungspotenzials einem präventiven staatlichen Zulassungsverfahren unterworfen sein (BVerfGE 57, 295 (326)). Von diesem Grundsatz lässt § 20b S. 2 RStV eine begrenzte Ausnahme zu: Ebenso wie Telemedien stellt der RStV Hörfunkprogramme im Internet zulassungsfrei (§ 4 TMG), unterwirft sie aber einer **Anzeigepflicht**. Das genügt dem verfassungsrechtlichen Kontrollbedürfnis. Denn die Anzeigepflicht gewähr-

leistet, dass die jeweils zuständige Landesmedienanstalt die allgemeinen rundfunkrechtlichen Zulassungsvoraussetzungen, insbes. die rundfunkrechtliche Zuverlässigkeit überprüfen und bei Verstößen Maßnahmen gegen den Veranstalter einleiten kann (§ 20a iVm § 20 S. 3 RStV).

Der Anzeigepflicht muss der Veranstalter **vor Ausstrahlung des Programms** nachkommen. Tut er das nicht oder nicht vollständig, handelt er **ordnungswidrig** (§ 49 Abs. 1 S. 1 Nr. 18 RStV). 10

I. Internationale Zuständigkeit

Bei einer Verbreitung allein über das Internet besteht, anders als bei anderen Rundfunkverbreitungswegen, **keine klare örtliche Zuordnung.** Insbes. besteht grds. kein Sendegebiet, auf das abgestellt werden könnte. Entscheidend ist vielmehr, in welchem Land der betreffende Programmveranstalter seinen Verwaltungssitz hat. Dies ergibt sich mangels einschlägiger Regelungen im Bereich des Hörfunks aus einer analogen Anwendung des Art. 2 der Richtlinie über audiovisuelle Mediendienste (2010/13/EU), die das Sendestaatsprinzip zur Grundlage der Zuständigkeitszuweisung macht. Seine direkte Anwendung ist nicht möglich, da Erwägungsgrund 23 S. 1 dieser Richtlinie Hörfunkdienste vom Anwendungsbereich der Richtlinie ausschließt. Der Rechtsgedanke der Richtlinie ist aber wegen der wertungsmäßigen Gleichheit der Konstellationen auf diese übertragbar (vgl. HRKDSC RStV § 20b Rn. 5). 11

II. (National) „zuständige Landesmedienanstalt"

Die Anzeige kann **bei jeder Medienanstalt** erfolgen (§ 36 Abs. 1 S. 1 RStV). Zeigt der Veranstalter seine Tätigkeit bei mehreren Landesmedienanstalten an, entscheidet diejenige, bei der die Anzeige als erste einging (§ 36 Abs. 1 S. 2 RStV). Innerhalb der Medienanstalten ist die ZAK als Organ der Landesmedienanstalten zuständig (§ 36 Abs. 2 Nr. 1 RStV). 12

C. Zulassungsvoraussetzungen: entsprechende Anwendung von § 20a (S. 3)

Die Veranstalter von zulassungsfreiem Hörfunk im Internet müssen die Zulassungsvoraussetzungen des § 20a RStV erfüllen. Das bestimmt § 20a Abs. 3. Soweit sie etwa ihren Sitz nicht im EWR-Raum haben oder nicht die Gewähr für die rundfunkrechtliche Zuverlässigkeit bieten, genügen sie diesen Anforderungen nicht (§ 20a Abs. 1 Nr. 5 RStV; → § 20a Rn. 11 ff.). 13

2. Unterabschnitt. Verfassungsrechtliche Vorschriften

§ 21 Grundsätze für das Zulassungsverfahren

(1) Der Antragsteller hat alle Angaben zu machen, alle Auskünfte zu erteilen und alle Unterlagen vorzulegen, die zur Prüfung des Zulassungsantrags erforderlich sind.

(2) Die Auskunftspflicht und die Verpflichtung zur Vorlage von Unterlagen erstrecken sich insbesondere auf
1. eine Darstellung der unmittelbaren und mittelbaren Beteiligungen im Sinne des § 28 an dem Antragsteller sowie der Kapital- und Stimmrechtsverhältnisse bei dem Antragsteller und den mit ihm im Sinne des Aktiengesetzes verbundenen Unternehmen,
2. die Angabe über Angehörige im Sinne des § 15 Abgabenordnung unter den Beteiligten nach Nummer 1, gleiches gilt für Vertreter der Person oder Personengesellschaft oder des Mitglieds eines Organs einer juristischen Person,
3. den Gesellschaftsvertrag und die satzungsrechtlichen Bestimmungen des Antragstellers,
4. Vereinbarungen, die zwischen an dem Antragsteller unmittelbar oder mittelbar im Sinn von § 28 Beteiligten bestehen und sich auf die gemeinsame Veranstal-

tung von Rundfunk sowie auf Treuhandverhältnisse und nach den §§ 26 und 28 erhebliche Beziehungen beziehen,

5. eine schriftliche Erklärung des Antragstellers, daß die nach den Nummern 1 bis 4 vorgelegten Unterlagen und Angaben vollständig sind.

(3) ¹Ist für die Prüfung im Rahmen des Zulassungsverfahrens ein Sachverhalt bedeutsam, der sich auf Vorgänge außerhalb des Geltungsbereichs dieses Staatsvertrages bezieht, so hat der Antragsteller diesen Sachverhalt aufzuklären und die erforderlichen Beweismittel zu beschaffen. ²Er hat dabei alle für ihn bestehenden rechtlichen und tatsächlichen Möglichkeiten auszuschöpfen. ³Der Antragsteller kann sich nicht darauf berufen, daß er Sachverhalte nicht aufklären oder Beweismittel nicht beschaffen kann, wenn er sich nach Lage des Falles bei der Gestaltung seiner Verhältnisse die Möglichkeit dazu hätte beschaffen oder einräumen lassen können.

(4) Die Verpflichtungen nach den Absätzen 1 bis 3 gelten für natürliche und juristische Personen oder Personengesellschaften, die an dem Antragsteller unmittelbar oder mittelbar im Sinne von § 28 beteiligt sind oder zu ihm im Verhältnis eines verbundenen Unternehmens stehen oder sonstige Einflüsse im Sinne der §§ 26 und 28 auf ihn ausüben können, entsprechend.

(5) Kommt ein Auskunfts- oder Vorlagepflichtiger seinen Mitwirkungspflichten nach den Absätzen 1 bis 4 innerhalb einer von der zuständigen Landesmedienanstalt bestimmten Frist nicht nach, kann der Zulassungsantrag abgelehnt werden.

(6) ¹Die im Rahmen des Zulassungsverfahrens Auskunfts- und Vorlagepflichtigen sind verpflichtet, jede Änderung der maßgeblichen Umstände nach Antragstellung oder nach Erteilung der Zulassung unverzüglich der zuständigen Landesmedienanstalt mitzuteilen. ²Die Absätze 1 bis 5 finden entsprechende Anwendung. ³§ 29 bleibt unberührt.

(7) Unbeschadet anderweitiger Anzeigepflichten sind der Veranstalter und die an ihm unmittelbar oder mittelbar im Sinne von § 28 Beteiligten jeweils nach Ablauf eines Kalenderjahres verpflichtet, unverzüglich der zuständigen Landesmedienanstalt gegenüber eine Erklärung darüber abzugeben, ob und inwieweit innerhalb des abgelaufenen Kalenderjahres bei den nach § 28 maßgeblichen Beteiligungs- und Zurechnungstatbeständen eine Veränderung eingetreten ist.

§ 21 RStV normiert allgemeine Grundsätze für das Zulassungsverfahren bundesweiter privater Rundfunkangebote. Die Norm legt namentlich dem Antragsteller (Abs. 1–3; → Rn. 2) sowie den an ihm iSd § 28 RStV unmittelbar oder mittelbar Beteiligten oder mit ihm verbundenen Unternehmen (Abs. 4; → Rn. 11) umfangreiche und weitgehende Auskunfts- und Vorlagelasten auf. Kommt der Antragsteller oder auskunftsverpflichtete Dritte diesen nicht oder nicht rechtzeitig nach, kann die Landesmedienanstalt den Zulassungsantrag ablehnen (Abs. 5; → Rn. 12). Änderungen der maßgeblichen Umstände, die nach der Antragstellung eintreten, müssen die Auskunfts- und Vorlageverantwortlichen unverzüglich und unaufgefordert mitteilen (Abs. 6; → Rn. 14). Unabhängig davon müssen sie jeweils nach Ablauf eines Kalenderjahres nach Zulassung eine Erklärung darüber abgeben, ob und inwieweit bei den nach § 28 RStV maßgeblichen Beteiligungs- und Zurechnungstatbeständen eine Veränderung eingetreten ist (Abs. 7; → Rn. 15).

A. Allgemeines

1   § 21 hat mit dem 3. RÄndStV 1996 Eingang in den RStV gefunden. Gemeinsam mit der flankierenden Vorschrift des § 22 RStV etabliert er ein umfassendes und weitgehendes **Mitwirkungssystem** (vgl. zur Entstehungsgeschichte HRKDSC RStV § 21 Rn. 1, 2). Die Länder wollten damit für bundesweite Angebote (§ 39 S. 1 RStV) eine bundeseinheitliche Regelung schaffen, welche die **effektive und zügige Durchführung des Zulassungsverfahrens** ermöglicht. Abs. 1 findet auch auf **Teleshoppingkanäle** Anwendung, nicht aber die anderen Absätze des § 21 RStV. Das ergibt sich aus § 39 S. 2 RStV.

B. Mitwirkungspflichten des Antragstellers im Zulassungsverfahren (Abs. 1 bis 3)

I. Allgemeine Auskunfts- und Vorlagepflicht (Abs. 1)

Abs. 1 begründet eine **allgemeine Beibringungslast** des Antragstellers. Er hat gegenüber der zuständigen Landesmedienanstalt alle zur Prüfung seines Antrags erforderlichen Angaben zu machen, Auskünfte zu erteilen und die hierfür notwendigen Unterlagen vorzulegen. Die Norm trägt dem Umstand Rechnung, dass regelmäßig allein der Antragsteller über die erforderlichen Kenntnisse und Unterlagen verfügt, welche die Landesmedienanstalt zur Beurteilung seines Antrags benötigt. Aus diesem Grund sieht der Vertrag es als gerechtfertigt an, ihm die Beibringungslast für die entscheidungserheblichen Tatsachen aufzuerlegen (Amtl. Begr. z. 3. RÄndStV, LT-Drs. NRW 12/1336, 10).

Der Gesetzgeber tituliert die Mitwirkungslasten zwar – ähnlich wie im Steuerrecht (§ 90 AO) – als Verpflichtung („Auskunftspflicht" und „Auskunftsverpflichtung"). Auch die Gesetzesbegründung (Amtl. Begr. z. 3. RÄndStV, LT-Drs. NRW 12/1336, 10) geht von einer echten Verbindlichkeit aus („Verpflichtung der zuständigen Landesmedienanstalt gegenüber", „Beibringungsverpflichtung", „aus Abs. 1 ergebende allgemeine Verpflichtung"), wiewohl sie vereinzelt von einer Beibringungslast spricht. Der Sache nach handelt es sich aber grds. um eine **Obliegenheit,** also eine unvollkommene, nicht durchsetzbare Verbindlichkeit (vgl. zu der begrifflichen Unterscheidung Palandt/Grüneberg BGB Vor § 241 Rn. 13). Denn Abs. 2 soll der Landesmedienanstalt bei Verletzung der gesetzlich auferlegten Last keinen (durch Zwangsgeld) vollstreckbaren Erfüllungs- oder Schadensersatzanspruch zugestehen (ebenso Spindler/Schuster/Holznagel/Krone RStV § 21 Rn. 7 ff. mwN). Vielmehr erschöpft sich die Rechtsfolge eines Verstoßes gegen die Mitwirkungslasten der Abs. 1-3 (bis zur Zulassungserteilung) in einer alleine den Antragsteller treffenden **(möglichen) Ablehnung des Antrags** (Abs. 5). Zwar sieht der § 22 RStV weitergehende grds. vollstreckbare Ermittlungsbefugnisse vor, insbes. Betretungsrechte (Abs. 4) und Durchsuchungsrechte (Abs. 7). Von ihnen vor Erteilung der Zulassung Gebrauch zu machen, verstieße jedoch gegen das **Verhältnismäßigkeitsprinzip.** Denn das Regelungsziel lässt sich in diesem Fall durch das schonendere Mittel der Ablehnung des Zulassungsantrags erreichen; eine Vollstreckungsbefugnis schießt über das Ziel hinaus. **Nach Zulassungserteilung** stellt sich die Situation anders dar, sind doch durch eine Verletzung der Auskunftspflicht unmittelbare öffentliche Interessen berührt. Um über die Aufrechterhaltung der Zulassung entscheiden zu können, ist die Medienanstalt auf zuverlässige Informationen angewiesen. Das setzt eine durchsetzbare Möglichkeit voraus, Auskünfte einzuholen. Die Verhängung eines Zwangsgeldes zur Auskunftserteilung ist dann gegenüber einer Aufhebung der Erlaubnis das mildere Mittel.

II. Gegenstand der vorzulegenden Unterlagen und Angaben (Abs. 2)

Abs. 2 konkretisiert die sich aus Abs. 1 ergebende umfassende Mitwirkungslast. Er benennt die **Gegenstände, auf die sich die Auskunfts- und Vorlagelasten** erstrecken. Der Katalog der Nrn. 1-5 ist – wie sich aus der Wendung „insbesondere" ergibt – nicht abschließend. Soweit die Landesmedienanstalt die Vorlage anderer als der dort genannten Unterlagen verlangt, müssen diese aber zulassungsrelevant sein, die geforderten Informationen also in nachvollziehbarem sachlichen Zusammenhang mit den Zulassungsvoraussetzungen stehen (Hahn/Vesting/Bumke RStV § 21 Rn. 8-9). Denn der Zweck der Vorschrift liegt darin, eine sachgerechte Prüfung der für die Sicherung der Meinungsvielfalt bedeutsamen Umstände zu ermöglichen (Amtl. Begr. z. 3. RÄndStV, LT-Drs. NRW 12/1336, 11)

Die Verpflichtung erstreckt sich auf die Darstellung sämtlicher **unmittelbarer und mittelbarer Beteiligungsverhältnisse** iSd § 28 RStV sowie der Kapital- und Stimmrechtsverhältnisse bei dem Antragsteller und den mit ihm iSd Aktiengesetzes verbundenen Unternehmen **(Nr. 1).** Das soll mögliche Einflussnahmen Dritter und deren wirtschaftliche Interessen auf die Programmgestaltung transparent machen.

Auch **personelle Verflechtungen,** namentlich verwandtschaftliche Beziehungen, Vertretungsverhältnisse und mitgliedschaftliche Verhältnisse, muss der Antragsteller offenlegen: Über Familienangehörige iSd § 15 AO (also Verlobte, Ehegatten, Verwandte und Verschwägerte gerader Linie, Geschwister, Kinder der Geschwister, Ehegatten der Geschwister und Geschwister der Ehegatten, Geschwister der Eltern sowie Pflegeeltern und Pflegekinder) unter den Beteiligten iSd Nr. 1 muss der Antragsteller Angaben machen. Gleiches gilt für gesetzliche oder rechtsgeschäftliche Vertreter der natürlichen Person oder einer Personengesellschaft und Mitglieder von Organen einer juristischen Person **(Nr. 2)**.

7 Da auch die **konkrete gesellschaftsrechtliche Verfasstheit** des Unternehmens für die Zulassungsentscheidung von besonderer Relevanz ist, verlangt der RStV dem Antragsteller insoweit entsprechende Informationen ab: Er muss den Gesellschaftsvertrag und entsprechende „satzungsrechtliche Bestimmungen", etwa die Geschäftsordnung, einen unternehmenseigenen Corporate Governance Codex und Beschlussregelungen, vorlegen **(Nr. 3)**.

8 **Vereinbarungen,** die zwischen ihm und an ihm unmittelbar oder mittelbar im Sinne von § 28 RStV Beteiligten bestehen, hat der Antragsteller zu offenbaren **(Nr. 4)**. Die Verpflichtung ist auf Vereinbarungen beschränkt, die sich auf die gemeinsame Veranstaltung von Rundfunk beziehen sowie auf Treuhandverhältnisse und nach den §§ 26 und 28 RStV erhebliche Beziehungen (vgl. auch Amtl. Begr. z. 3. RÄndStV, LT-Drs. NRW 12/1336, 11). Das soll Schutz gegen eine allgemeine Ausforschung gewährleisten.

9 Um dem Antragsteller die Bedeutung wahrheitsgemäßer Angaben vor Augen zu führen, verpflichtet der RStV den Antragsteller dazu, durch **schriftliche Erklärung** zu versichern, dass die nach den Nrn. 1 bis 4 gemachten **Angaben und vorgelegten Unterlagen vollständig** sind **(Nr. 5)**. Die Vollständigkeit der Unterlagen und Angaben ist aus der Sicht des RStV Voraussetzung für die ordnungsgemäße Prüfung der medienkonzentrationsrechtlichen Unbedenklichkeit der Zulassung (Amtl. Begr. z. 3. RÄndStV, LT-Drs. NRW 12/ 1336, 11 f.).

III. Mitwirkungspflichten bei Sachverhalten mit Auslandsbezug (Abs. 3)

10 Abs. 3 ist dem § 90 Abs. 2 AO nachgebildet; er ergänzt Abs. 2 im Hinblick auf Sachverhalte mit Auslandsbezug (vgl. die Amtl. Begr. z. 3. RÄndStV, LT-Drs. NRW 12/1336, 12). Da den Landesmedienanstalten dort keine Ermittlungsbefugnisse zukommen, sind sie in erhöhtem Maß auf die Mitwirkung des Antragstellers angewiesen (Amtl. Begr. z. 3. RÄndStV, LT-Drs. NRW 12/1336, 12). Abs. 3 legt dem Antragsteller daher die **Obliegenheit** auf, **den Sachverhalt aufzuklären** und die erforderlichen **Beweismittel** zu beschaffen. Er ist – soweit es in seinem Machtbereich steht – in den Grenzen der allgemeinen Grundsätze der **Verhältnismäßigkeit** zur Ausschöpfung sämtlicher Aufklärungsmöglichkeiten gehalten. Kommt er dem nicht nach, legt er etwa mögliche Rechtsmittel nicht ein, die Beweise beschafft hätten, fällt ihm das zur Last. Der Antragsteller kann sich namentlich nicht auf die tatsächliche oder rechtliche Unmöglichkeit der Beschaffung berufen, wenn er durch entsprechende vertragliche Vereinbarungen hierfür hätte Sorge treffen können (Amtl. Begr. z. 3. RÄndStV, LT-Drs. NRW 12/1336, 12).

C. Erweiterung des Kreises der Mitwirkungsverpflichteten (Abs. 4)

11 Abs. 4 erstreckt die Lasten iSd Abs. 1–3 auch auf natürliche oder juristische Personen, die an dem Antragsteller unmittelbar oder mittelbar iSv § 28 Abs. 1 RStV beteiligt sind oder zu ihm im Verhältnis eines verbundenen Unternehmens stehen oder sonstigen Einfluss iSd §§ 26 und 28 Abs. 2 RStV auf ihn ausüben können. Die Einbeziehung unmittelbarer oder mittelbarer Beteiligter sowie verbundener Unternehmen soll sicherstellen, dass eine **umfassende Aufklärung** der für eine Zulassungsentscheidung relevanten Fragen möglich ist. Für die Adressaten des Abs. 3 handelt es sich – anders als grds. bei den Antragstellern selbst (→ Rn. 3) – um eine **echte Mitwirkungsverpflichtung,** die mit Verwaltungszwang **durchsetzbar** ist, nicht nur um eine Obliegenheit. Anderenfalls könnte sie ihr Ziel nicht erreichen. Die Sanktion einer Ablehnung des Zulassungsantrags (Abs. 5) träfe dann nämlich nur den Antragsteller, nicht aber den Dritten, der in seinem subjektiven öffentlichen Recht auf Zulassung durch private Dritte beeinträchtigt werden könnte.

D. Rechtsfolgen einer unterbleibenden oder unzureichenden Mitwirkung (Abs. 5)

Verletzt der Antragsteller seine Mitwirkungspflichten und kommt einer entsprechenden 12 Aufforderung trotz einer gesetzten Frist nicht oder nur unzureichend nach, berechtigt das die zuständige Landesmedienanstalt, den Antrag abzulehnen. Ihr steht insoweit ein **Versagungsermessen** zu (§ 40 LVwVfG; § 114 VwGO). Der RStV sieht die Ablehnung in Fällen der fehlenden Mitwirkung deshalb als gerechtfertigt, weil die Sachaufklärung maßgeblich von der Mitwirkung der mit den entscheidungserheblichen Umständen vertrauten Personen abhängt (Amtl. Begr. z. 3. RÄndStV, LT-Drs. NRW 12/1336, 13).

Dabei bleibt Abs. 5 aber nicht stehen: Auch die Pflichtverletzung eines **mitwirkungs-** 13 **verpflichteten Dritten** berechtigt die Landesmedienanstalt zur Ablehnung des Antrags. Diese Belastung des Antragstellers, dem grds. ein grundrechtlich verbürgter Zulassungsanspruch zukommt, ist rechtfertigungsbedürftig. Sie ist nur dann legitimierbar, wenn die Landesmedienanstalt vorher von den Möglichkeiten des Verwaltungszwangs erfolglos Gebrauch gemacht hat. Sonst verstieße sie gegen das **Verhältnismäßigkeitsprinzip** (vgl. auch Rn. 11). Eine erneute Antragstellung ist dem Antragsteller in den Fällen des Abs. 5 möglich; sie ist nicht durch die Ablehnung präkludiert (Amtl. Begr. z. 3. RÄndStV, LT-Drs. NRW 12/1336, 13).

E. Mitteilungsverpflichtungen nach Abschluss des Zulassungsverfahrens (Abs. 6, 7)

I. Änderung der maßgeblichen Umstände (Abs. 6)

Abs. 6 legt den Auskunfts- und Vorlagepflichtigen die Verpflichtung auf, **jede Änderung** 14 der maßgeblichen **Umstände** ohne schuldhaftes Zögern zu offenbaren. „**Maßgeblich**" sind alle Aspekte, die abstrakt eine medienkonzentrationsrechtliche Prüfung auslösen, also für die Zulassung und die darauf gerichtete Mitwirkungspflicht relevant sein können. Darauf, ob die Landesmedienanstalt daran im Ergebnis aufsichtsrechtliche Konsequenzen knüpft, kommt es nicht an. Vielmehr soll die Mitwirkungspflicht der Behörde gerade die Tatsachenbasis für die die Entscheidung über repressive Kontrollmaßnahmen verschaffen (ebenso Hahn/Vesting/Bumke RStV § 21 Rn. 29; missverständlich insoweit Spindler/Schuster/Holznagel/Krone RStV § 21 Rn. 28). Die Mitteilungsverpflichtung erstreckt sich nicht nur auf Änderungen in der Zeit zwischen Antragstellung und Zulassungsentscheidung, sondern auch auf Änderungen, die in dem **Zeitraum nach Erteilung der Zulassung** eingetreten sind. Die Vorschrift will damit nicht nur sicherstellen, dass die Zulassungsentscheidung die zum Zeitpunkt ihres Ergehens bestehenden tatsächlichen Verhältnisse zugrunde legt, sondern auch, dass ihre Voraussetzungen auch während ihrer gesamten Gültigkeitsdauer vorliegen (Amtl. Begr. z. 3. RÄndStV, LT-Drs. NRW 12/1336, 13). Die Mitteilungspflicht des Abs. 6 schließt die vor dem Vollzug einer Veränderung von Beteiligungsverhältnissen zu erfüllende **Anmeldepflicht des § 29** nicht aus. Das stellt S. 3 klar. Verstöße gegen die Mitteilungspflicht sind nach § 49 Abs. 1 S. 2 Nr. 1 **bußgeldbewehrt.**

II. Jährliche Erklärungspflicht (Abs. 7)

Zusätzlich zur Änderungsanzeigepflicht des Abs. 6 begründet Abs. 7 eine **eigenständi-** 15 **ge, nicht anlassbezogene Verpflichtung** des Veranstalters sowie der an ihm unmittelbar oder mittelbar iSd § 28 RStV Beteiligten, der zuständigen Landesmedienanstalt jeweils nach Ablauf eines Kalenderjahrs unaufgefordert eine Erklärung darüber abzugeben, ob und inwieweit innerhalb des abgelaufenen Kalenderjahres bei den nach § 28 RStV maßgeblichen Beteiligungs- und Zurechnungstatbeständen eine Veränderung eingetreten ist. Verstöße begründen nach § 49 Abs. 1 S. 2 Nr. 2 eine Ordnungswidrigkeit, die mit einem Bußgeld bis zu 500.000 EUR belegt werden kann (§ 49 Abs. 2). Wie die Verpflichtung des Abs. 6 steht die Pflicht des Abs. 7 selbstständig neben derjenigen des § 29 („unbeschadet anderweitiger Anzeigepflichten"; Amtl. Begr. z. 3. RÄndStV, LT-Drs. NRW 12/1336, 13).

§ 22 Auskunftsrechte und Ermittlungsbefugnisse

(1) ¹Die zuständige Landesmedienanstalt kann alle Ermittlungen durchführen und alle Beweise erheben, die zur Erfüllung ihrer sich aus den §§ 26 bis 34 ergebenden Aufgaben erforderlich sind. ²Sie bedient sich der Beweismittel, die sie nach pflichtgemäßem Ermessen zur Ermittlung des Sachverhalts für erforderlich hält. ³Sie kann insbesondere

1. Auskünfte einholen,
2. Beteiligte im Sinne des § 13 Verwaltungsverfahrensgesetz anhören, Zeugen und Sachverständige vernehmen oder die schriftliche Äußerung von Beteiligten, Sachverständigen und Zeugen einholen,
3. Urkunden und Akten beiziehen,
4. den Augenschein einnehmen.

⁴Andere Personen als die Beteiligten sollen erst dann zur Auskunft herangezogen werden, wenn die Sachverhaltsaufklärung durch diese nicht zum Ziel führt oder keinen Erfolg verspricht.

(2) ¹Für Zeugen und Sachverständige besteht eine Pflicht zur Aussage oder zur Erstattung von Gutachten. ²Die Vorschriften der Zivilprozeßordnung über die Pflicht, als Zeuge auszusagen oder als Sachverständiger ein Gutachten zu erstatten, über die Ablehnung von Sachverständigen sowie über die Vernehmung von Angehörigen des öffentlichen Dienstes als Zeugen oder Sachverständige gelten entsprechend. ³Die Entschädigung der Zeugen und Sachverständigen erfolgt in entsprechender Anwendung des Justizvergütungs- und -entschädigungsgesetzes.

(3) ¹Zur Glaubhaftmachung der Vollständigkeit und Richtigkeit der Angaben darf die zuständige Landesmedienanstalt die Vorlage einer eidesstattlichen Versicherung von denjenigen verlangen, die nach § 21 Abs. 1 und 4 auskunfts- und vorlagepflichtig sind. ²Eine Versicherung an Eides Statt soll nur gefordert werden, wenn andere Mittel zur Erforschung der Wahrheit nicht vorhanden sind, zu keinem Ergebnis geführt haben oder einen unverhältnismäßigen Aufwand erfordern.

(4) ¹Die von der zuständigen Landesmedienanstalt mit der Durchführung der sich aus den §§ 26 bis 34 ergebenden Aufgaben betrauten Personen dürfen während der üblichen Geschäfts- und Arbeitszeiten die Geschäftsräume und -grundstücke der in § 21 Abs. 1, 3 und 4 genannten Personen und Personengesellschaften betreten und die nachfolgend in Absatz 5 genannten Unterlagen einsehen und prüfen. ²Das Grundrecht des Artikels 13 Grundgesetz wird insoweit eingeschränkt.

(5) ¹Die in § 21 Abs. 1, 3 und 4 genannten Personen oder Personengesellschaften haben auf Verlangen Aufzeichnungen, Bücher, Geschäftspapiere und andere Urkunden, die für die Anwendung der §§ 26 bis 34 erheblich sein können, vorzulegen, Auskünfte zu erteilen und die sonst zur Durchführung der Maßnahmen nach Absatz 4 erforderlichen Hilfsdienste zu leisten. ²Vorkehrungen, die die Maßnahmen hindern oder erschweren, sind unzulässig.

(6) Der zur Erteilung einer Auskunft Verpflichtete kann die Auskunft auf solche Fragen verweigern, deren Beantwortung ihn selbst oder einen der in § 383 Abs. 1 Nrn. 1 bis 3 Zivilprozeßordnung bezeichneten Angehörigen der Gefahr strafrechtlicher Verfolgung oder eines Verfahrens nach dem Gesetz über Ordnungswidrigkeiten aussetzen würde.

(7) ¹Durchsuchungen dürfen nur aufgrund einer Anordnung des Amtsrichters, in dessen Bezirk die Durchsuchung erfolgen soll, vorgenommen werden. ²Bei Gefahr im Verzug können die in Absatz 4 bezeichneten Personen während der Geschäftszeit die erforderlichen Durchsuchungen ohne richterliche Anordnung vornehmen. ³An Ort und Stelle ist eine Niederschrift über Grund, Zeit und Ort der Durchsuchung und ihr wesentliches Ergebnis aufzunehmen, aus der sich, falls keine richterliche Anordnung ergangen ist, auch die Tatsachen ergeben, die zur Annahme einer Gefahr im Verzug geführt haben.

(8) ¹Der Inhaber der tatsächlichen Gewalt über die zu durchsuchenden Räume darf der Durchsuchung beiwohnen. ²Ist er abwesend, soll sein Vertreter oder ein anderer Zeuge hinzugezogen werden. ³Dem Inhaber der tatsächlichen Gewalt über die durchsuchten Räume oder seinem Vertreter ist auf Verlangen eine Durchschrift der in Absatz 7 Satz 3 genannten Niederschrift zu erteilen.

§ 22 RStV fasst das zum Zweck der Sachverhaltsermittlung zur Verfügung stehende Instrumentarium zusammen. Er räumt den Landesmedienanstalten Ermittlungsbefugnisse sowohl gegenüber dem Auskunfts- und Vorlagepflichtigen des § 21 Abs. 1 und 4 als auch gegenüber Dritten ein. Abs. 1 S. 1 und 2 formulieren eine generalklauselartige Eingriffsermächtigung zur Beweiserhebung und Durchführung von Ermittlungen, deren Inhalt S. 3 beispielhaft durch untersuchungstypische Standardmaßnahmen konkretisiert (→ Rn. 3 ff.). **Zeugen und Sachverständige** nimmt Abs. 2 (→ Rn. 6 f.) durch eine Pflicht zur Aussage und Erstattung von Gutachten in die Verantwortung. **Gegenüber Auskunfts- und Vorlagepflichtigen** erweitern die Abs. 3–8 den Befugniskatalog um das Recht, eine eidesstattliche Versicherung zu verlangen (Abs. 3; → Rn. 8), Geschäftsräume und -grundstücke zu betreten sowie in Unterlagen Einsicht zu nehmen (Abs. 4–6; → Rn. 9 ff.) sowie die Durchsuchung (Abs. 7 und 8; → Rn. 12 ff.).

A. Allgemeines

§ 22 RStV geht auf den 3. RÄndStV 1996 (LT-Drs. NRW 12/1336, 14) zurück. Bis dahin beklagten die Landesmedienanstalten fehlende einheitliche und umfassende Regelungen ihrer Ermittlungs- und Beweiserhebungsbefugnisse (vgl. Spindler/Schuster/Holznagel/Krone RStV § 22 Rn. 5 mwN). Die Vorschrift spricht den Landesmedienanstalten weitreichende Eingriffsbefugnisse zu, um ihnen die effektive Wahrnehmung ihrer Aufsichtsaufgabe entsprechend dem Amtsermittlungsprinzip verfahrensrechtlich gewährleisten zu können. § 22 RStV **lehnt sich an allgemeine verwaltungsrechtliche Ermittlungsbefugnisse** der VwVfGe der Länder und des Bundes, namentlich § 26, an. Soweit die Vorschrift darüber hinausgehende Ermittlungsmöglichkeiten einräumt, nimmt sie Anleihen an Regelungen des GWB und der AO (LT-Drs. NRW 12/1336, 14). 1

§ 22 findet lediglich auf **bundesweit verbreitete Rundfunkangebote** Anwendung (§ 39 S. 1), allerdings nicht auf Teleshoppingkanäle (§ 39 S. 2e contrario). Das **Verhältnis zwischen § 21 und § 22** lässt der RStV offen. Beide Vorschriften regeln Auskunftsrechte der Landesmedienanstalten, überlappen sich daher in ihrem Anwendungsbereich. Sie stehen in einem Verhältnis wechselseitiger Ergänzung zueinander (ebenso Hahn/Vesting/Bumke RStV § 22 Rn. 4). § 22 beschränkt seinen Anwendungsbereich entgegen teilweise vertretener Auffassung (Spindler/Schuster/Holznagel/Krone RStV § 22 Rn. 2) nicht auf den Zeitraum nach Erteilung der Zulassung. Vielmehr sind seine Ermächtigungen auch im Verfahren der Zulassungserteilung anwendbar. Denn er versteht seinen Anwendungsbereich nicht zeitlich, sondern aufgabenbezogen („Erfüllung ihrer, sich aus den §§ 26 bis 34 ergebenden Aufgaben erforderlich"; vgl. auch Rn. 3). Allerdings dürfen die Landesmedienanstalten von den Befugnissen des § 22 – insbes. im Antragsverfahren – nur **im Rahmen des Verhältnismäßigen** Gebrauch machen. Regelmäßig genügt hier nämlich die Ablehnung des Antrags, um das staatliche Regulierungsziel zu erreichen. Eine Vollstreckungsbefugnis ist dann nicht erforderlich. 2

B. Allgemeine Beweisermittlungs- und Beweiserhebungsbefugnis (Abs. 1)

Die **Generalklausel** des Abs. 1 ist dem § 26 Abs. 1 (L)VwVfG nachgebildet. Er räumt den zuständigen Landesmedienanstalten umfangreiche Beweiserhebungs- und Ermittlungsbefugnisse zur Aufklärung des entscheidungserheblichen Sachverhalts ein. Die Vorschrift bereitet damit nicht den Boden für ein allgemeines Auskunftsrecht der Landesmedienanstalten. Vielmehr beschränken sich die Befugnisse – ausweislich des S. 1 – funktional auf die **Erfüllung der Aufgaben der medienrechtlichen Konzentrationskontrolle** (§§ 26–34). Diese sind nicht nur Gegenstand der repressiven Veranstalterkontrolle nach Zulassung, 3 sondern bereits des Zulassungsverfahrens. Daraus ergeben sich auch Überschneidungen im Anwendungsbereich der §§ 21 und 22 (→ Rn. 2).

4   Den **Inhalt der Ermittlungsbefugnisse** präzisieren die S. 1–3. Sie stimmen wörtlich mit der Vorschrift des **§ 26 (L)VwVfG** überein (s. dazu iEn SBS/Kallerhoff VwVfG § 26 Rn. 1 ff.).

5   Ob die Landesmedienanstalten die Maßnahmen ergreifen und inwieweit und in welcher Form sie von ihnen Gebrauch machen, steht in ihrem **Ermessen**. Den dadurch eröffneten Handlungsspielraum begrenzt allerdings das **Verhältnismäßigkeitsprinzip**. Regelmäßig ist die Ablehnung eines Antrages im Verhältnis zu einer Vollstreckung von Ermittlungsmaßnahmen gegenüber dem Antragsteller das mildere Mittel. Als Ausfluss des Prinzips der Verantwortungsnähe und des Gedankens der Zielgenauigkeit staatlicher Maßnahmen schränkt S. 4 das Auswahlermessen ausdrücklich ein: Regelmäßig sind die Beteiligten iSd § 13 (L)VwVfG, insbes. der Antragsteller, als erste zur Auskunft heranzuziehen, andere erst dann, wenn die Sachverhaltsaufklärung bei ihnen nicht zum Ziel führt oder keinen Erfolg verspricht (vgl. auch LT-Drs. NRW 12/1336, 4). Verstößt die Behörde gegen diese Pflichten, liegt ein Ermessensfehler vor (§ 40 VwVfG, § 114 VwGO; zur allgemeinen Ermessensfehlerdogmatik siehe etwa Martini, Verwaltungsprozessrecht, 5. Aufl. 2011, S. 116 ff.)

C. Besondere Befugnisse gegenüber Zeugen und Sachverständigen (Abs. 2)

6   Abs. 2 bindet Dritte in die Verantwortung für die Sicherstellung der Zwecke medienrechtlicher Konzentrationskontrolle (§§ 26–34) ein. Sie begründet – als Ausnahme im Sinne des 26 Abs. 2 S. 3 (L)VwVfG – für Zeugen eine **Pflicht zur Aussage** und für Sachverständige eine **Gutachtenerstattungspflicht (S. 1)**. Ergänzend erklärt sie Vorschriften der ZPO für entsprechend anwendbar **(S. 2)**, namentlich: die Aussagepflicht von Zeugen, insbes. die Vernehmung bei Amtsverschwiegenheit (§ 376 ZPO) und die Zeugnisverweigerung (§§ 383 ff. ZPO), ferner die Vorschriften über die Gutachtenerstattungspflicht und das Gutachtenverweigerungsrecht (§§ 407 ff. ZPO) sowie die Ablehnung von Sachverständigen (§ 406 ZPO). Die Entschädigung der Zeugen und Sachverständigen bestimmt sich nach dem Justizvergütungs- und Entschädigungsgesetz (JVEG) – **S. 3**.

D. Besondere Befugnisse gegenüber Auskunfts- und Vorlagepflichtigen (Abs. 3–8)

7   Die allgemeinen Ermittlungsbefugnisse des Abs. 1 ergänzen die Abs. 3–8 um besondere Befugnisse erhöhter Eingriffsintensität gegenüber Auskunfts- und Vorlagepflichtigen. Die Befugnisse des **Abs. 3** bestehen nur gegenüber den nach § 21 Abs. 1 und 4 Verpflichteten, die Befugnisse der **Abs. 4–8** zusätzlich auch gegenüber den nach § 21 Abs. 3 Verpflichteten.

I. Verlangen einer eidesstattlichen Versicherung (Abs. 3)

8   Abs. 3 nimmt den Antragsteller und natürliche sowie juristische Personen bzw. Personengesellschaften in die Pflicht, die an dem Antragsteller unmittelbar oder mittelbar im Sinne beteiligt sind, zu ihm im Verhältnis eines verbundenen Unternehmens stehen oder sonstigen Einfluss iSd §§ 26 und 28 auf ihn ausüben können. Diese Personen müssen zur Aufklärung aller Sachfragen beitragen, die für die konzentrationsrechtliche Beurteilung der §§ 26–34 erforderlich sind (§ 21 Abs. 1 und 3, § 22 Abs. 1). Insbesondere müssen sie die Richtigkeit und Vollständigkeit der prüfungsrelevanten Angaben **glaubhaft** machen. Zu diesem Zweck darf die Landesmedienanstalt von ihnen eine eidesstattliche Versicherung verlangen (Abs. 3 S. 1 iVm § 27 Abs. 1 S. 1). Die **strafrechtliche Sanktionsdrohung** einer Freiheitsstrafe oder Geldstrafe für eine falsche eidesstattliche Versicherung (§ 156 StGB) soll die Verpflichteten in besonderer Weise zur wahrheitsgemäßen Angabe anhalten. Aus Gründen der **Verhältnismäßigkeit** kommt die Versicherung an Eides statt aber regelmäßig nur als **ultima ratio** in Betracht, nämlich wenn andere Instrumente der Wahrheitsermittlung fehlen, nicht zu dem gewünschten Erfolg geführt haben oder mit einem Aufwand verbunden sind, dessen voraussichtlicher Ertrag nicht mehr in einem angemessenen Verhältnis

zu den dafür erforderlichen Kosten steht (Abs. 3 S. 2, § 27 Abs. 1 S. 2 (L)VwVfG). Denn die Landesmedienanstalten dürfen die Verpflichteten nicht ohne Not dem Risiko einer strafrechtlichen Verfolgung aussetzen. Auf die strafrechtlichen Folgen einer falschen Versicherung an Eides statt müssen die Landesmedienanstalten hinweisen. Im Hinblick auf den Inhalt und das Verfahren der Abnahme einer Versicherung an Eides statt finden die Bestimmungen des § 27 Abs. 2 ff. ergänzend Anwendung (vgl. dazu insbes. Hahn/Vesting/Bumke RStV § 22 Rn. 16ff).

II. Betretungs-, Einsichtnahme- und Prüfrechte (Abs. 4–6)

1. Duldungspflicht (Abs. 4)

Abs. 4 räumt den Landesmedienanstalten – ähnlich wie § 59 Abs. 2 und 3 GWB – ein **9** **Betretungsrecht** ein, das sich auf **Geschäftsräume und gewerblich genutzte Grundstücke** bezieht. Diese Befugnis dient der **Sichtung** der in Abs. 5 genannten **Unterlagen** zum Zwecke der Inaugenscheinnahme. Sie beschränkt sich auf den **Zeitraum üblicher Geschäfts- und Arbeitszeiten** – ebenso auf eine einfache Nachschau und das Recht zur Einsichtnahme und Prüfung. Eine Durchsuchung, also die ziel- und zweckgerichtete Suche nach Gegenständen, die der Berechtigte nach der Vermutung der Behörde zu verbergen trachtet, gestattet sie nicht. Diese ist nur unter den eingeschränkten Voraussetzungen des Abs. 7 (→ Rn. 12) zulässig. Das Betretungsrecht des Abs. 4 erstreckt sich auch nicht auf Räume, die ausschließlich Wohnzwecken dienen.

Die Vorschrift adressiert nicht nur den Antragsteller, sondern auch diejenigen Personen und Personengesellschaften iSd § 21 Abs. 4, die an dem Antragsteller beteiligt sind oder mit ihm verbunden iSd § 28 sind. Der Verweis auf § 21 Abs. 3 („in § 21 Abs. [...] 3 [...] genannten Personen und Personengesellschaften") spricht den zuständigen Landesmedienanstalten zwar keine Ermittlungsbefugnisse außerhalb des Geltungsbereichs des RStV zu, stellt aber klar, dass das Recht zur Inaugenscheinnahme sich auch auf **Unterlagen** beziehen kann, die **Vorgänge außerhalb des räumlichen Geltungsbereichs des Rundfunkstaatsvertrags**, mithin im Ausland, betreffen (NK-MedienR/Paschke/Tacke 2. Teil 1. Kap. 7. Abschn. Rn. 87 mwN; ausf. auch Hahn/Vesting/Bumke RStV § 22 Rn. 28).

2. Mitwirkungspflichten (Abs. 5)

Abs. 5 präzisiert und ergänzt die (passive) Duldungspflicht des Abs. 4 um (aktive) **Mit- 10 wirkungspflichten** des Personenkreises der durch § 21 Abs. 1, 3 und 4 Verpflichteten. Auf Verlangen müssen diese Betroffenen Urkunden vorlegen, die zur Sicherung der Meinungsvielfalt im Sinne der §§ 26–34 von Bedeutung sein können, Auskünfte erteilen sowie entsprechende **Unterstützungshandlungen** bei der Einsichtnahme und Prüfung (Abs. 4) vornehmen. Die Vorschrift knüpft inhaltlich an verwaltungsvollstreckungsrechtliche Regelungen der Länder an und entspricht weitgehend den Mitwirkungspflichten, die **§ 200 AO** einem Steuerpflichtigen im Rahmen einer steuerlichen Außenprüfung auferlegt (Amtl. Begr. z. 3. RÄndStV, LT-Drs. NRW 12/1336, 15). Das Behinderungsverbot in S. 2 hat als lex imperfecta nur appellativen Charakter (NK-MedienR/Paschke/Tacke 2. Teil 1. Kap. 7. Abschn. Rn. 88).

3. Auskunftsverweigerungsrecht (Abs. 6)

Abs. 6 gesteht den Verpflichteten – ebenso wie etwa § 384 Nr. 2 ZPO, § 136 Abs. 1 S. 2 **11** StPO, § 393 Abs. 1 S. 2 AO, § 59 Abs. 5 GWB, § 56 Abs. 1 S. 2 BRAO sowie entsprechende Regelungen der Landesmediengesetze (zB § 31 S. 3 LMedG BW) – entsprechend dem verfassungsrechtlich verbürgten Grundsatz „**nemo tenetur** se ipse accusare" ein Auskunftsverweigerungsrecht zu. Dem Auskunftsverpflichteten wäre es nämlich unzumutbar, durch einen Auskunftszwang die Voraussetzung für eine eigene oder einen Angehörigen im Sinne des § 383 Nr. 1–3 ZPO treffende strafrechtliche oder ordnungswidrigkeitenrechtliche Verurteilung zu schaffen. Der Zweck des Auskunftsverweigerungsrechts liegt nicht allein im Schutz des Betroffenen, sondern auch im **Schutz der Vertraulichkeit der Informationsbeschaffung und der Redaktionsarbeit**. Es findet damit in der verfassungsrechtlichen

Verbürgung der Rundfunkfreiheit des Art. 5 Abs. 1 S. 2 GG eine ergänzende Grundlage (BVerfGE 95, 220 (239)). Eine **Pflicht zur Belehrung** des Auskunftsverpflichteten über sein Auskunftsverweigerungsrecht normiert Abs. 6 (anders als etwa § 136 Abs. 1 S. 2 StPO) zwar nicht ausdrücklich. Sie ergibt sich aber aus dem verfahrensrechtlichen Fairnessprinzip (Hahn/Vesting/Bumke RStV § 22 Rn. 23). Unterbleibt die Belehrung, ist eine Verwertung der so erlangten Informationen in einem aufsichtsrechtlichen Verfahren grds. unzulässig. Insoweit erwächst aus dem Mitwirkungsverweigerungsrecht des Abs. 6 auch ein **Beweisverwertungsverbot** (vgl. dazu Hahn/Vesting/Bumke RStV § 22 Rn. 23 mwN). Andernfalls liefe die Sicherungsfunktion der Belehrungspflicht leer. Eine Ausnahme von dem Verwertungsverbot besteht nur, wenn der Auskunftspflichtige sein Recht zu schweigen gekannt hat oder einer Verwertung zustimmt.

III. Durchsuchungen (Abs. 7, 8)

12   Abs. 7 gibt den zuständigen Landesmedienanstalten für Zwecke der medienrechtlichen Vielfaltssicherung die Befugnis zur Durchsuchung an die Hand. Die Vorschrift orientiert sich insbes. an dem Vorbild der Regelungen des § 105 f. StPO und des § 59 Abs. 4 GWB. Eine Durchsuchung ist die **ziel- und zweckgerichtete Suche** staatlicher Organe nach Personen oder Sachen zur Ermittlung eines Sachverhalts, um etwas aufzuspüren, was der Inhaber der tatsächlichen Gewalt von sich aus nicht offenlegen oder herausgeben will (vgl. etwa BVerfGE 75, 318 (327) mwN). Die Durchsuchung gestattet die **Suche nach Unterlagen,** nicht aber deren Beschlagnahme. Sie ist auch nur insoweit zulässig, wie sie zur Wahrnehmung der Aufgaben der §§ 26–34 erforderlich ist. Im Hinblick auf die institutionelle Gewährleistung der Rundfunkfreiheit sind von Abs. 6 solche Durchsuchungen nicht gedeckt, die ausschließlich oder vorwiegend dem Zweck dienen, die Person eines Rundfunkinformanten zu ermitteln (BVerfG NJW 2007, 1117 ff.). Abs. 7 baut auf Abs. 4 auf. Dieser räumt Befugnisse nur im Hinblick auf Geschäftsräume und -grundstücke ein. Aus dieser systematischen Wechselbeziehung sowie aus der Wendung „Geschäftszeiten" in S. 2 ergibt sich, dass sich Durchsuchungen **nur in Geschäftsräumen,** nicht aber in privaten Wohnungen gestattet sind.

13   Durchsuchungen bedürfen grds. der vorherigen Anordnung des Amtsrichters, in dessen Bezirk die Durchsuchung erfolgen soll. Dieser **Richtervorbehalt** trägt den verfassungsrechtlichen Rechtfertigungsschranken des Art. 13 Abs. 2 GG Rechnung. Entbehrlich ist die Anordnung nur ausnahmsweise, nämlich bei **Gefahr in Verzug** (Abs. 7 S. 2), wenn also anderenfalls der Zweck der Durchsuchung vereitelt würde, oder wenn der Betroffene in die Durchsuchung **einwilligt.** Eine bloße Duldung der Durchsuchung genügt dabei nicht (Hahn/Vesting/Bumke RStV § 22 Rn. 33). Die **Durchsuchungsanordnung** muss durch ihre hinreichende inhaltliche Begrenzung sicherstellen, dass ihre tatsächliche Durchführung den rechtsstaatlichen Mindestanforderungen der Messbarkeit und Kontrollierbarkeit genügt (BVerfGE 42, 212 (220)). Sie muss in der Regel neben dem **Gegenstand und Zweck** auch das **Ausmaß** der Durchsuchung sowie (ggf. beispielhaft) die **Beweismittel,** auf die die Durchsuchung gerichtet ist, so präzise beschreiben, dass die diese auf ihre Rechtmäßigkeit überprüft werden kann (vgl. BVerfGE 42, 212 (220 f.)). Die Anordnung muss auch substantiiert darlegen, dass und warum weniger stark eingreifende Ermittlungsmethoden das Ziel nicht in gleichem Maße zu erreichen versprechen. Dies gebietet das **Verhältnismäßigkeitsprinzip.**

14   Über die Durchsuchung ist eine **Niederschrift** anzufertigen, welche die näheren Umstände, insbes. hinsichtlich Grund, Zeit und Ort der Durchsuchung, und das wesentliche Ergebnis enthält; im Falle von Gefahr im Verzug sind außerdem die tatsächlichen Umstände, die die Eilbedürftigkeit begründen, darzulegen (Abs. 7 S. 3).

15   **Abs. 8** verleiht dem Inhaber der tatsächlichen Gewalt über die zu durchsuchenden Räume besondere Schutzrechte. Er darf zum einen der Durchsuchung **beiwohnen** (S. 1) und ihm ist zum anderen eine **Durchschrift** der Niederschrift auszuhändigen (S. 3). Eine Pflicht, das Erscheinen des Inhabers abzuwarten, besteht grds. nicht. Allerdings ist für den Fall seiner Abwesenheit regelmäßig sein Vertreter oder ein anderer Zeuge hinzuzuziehen. Nur in besonderen Ausnahmefällen, insbes. besonderer Eilbedürftigkeit, ist eine Durchsuchung ohne Anwesenheitsvertreter zulässig.

E. Rechtsschutz

Die **Ermittlungsbefugnisse des § 22 Abs. 1** stellen in der Regel **unselbstständige** 16
Verfahrenshandlungen dar (Hess, AfP 1997, 777 (782)). Den isolierten Rechtsschutz gegen solche Maßnahmen schränkt § 44a VwGO ein. Die Vorschrift lässt Rechtsschutz gegen behördliche Verfahrenshandlungen grds. nur zusammen mit der das Verfahren abschließenden Sachentscheidung zu. Ihr liegt die Intention zugrunde, den Rechtsbehelfsführern keine Anreize zu setzen, Verfahrenshandlungen allein deshalb anzufechten, um ein noch anhängiges Verwaltungsverfahren zu verzögern (vgl. Martini, Verwaltungsprozessrecht, 5. Aufl. 2011, 96 f.). **Zulässig** ist die isolierte Anfechtung ausnahmsweise dann, wenn Verfahrenshandlungen vollstreckt, dh zwangsweise durchgesetzt werden können, etwa mit der Androhung eines Zwangsgeldes verbunden werden (§ 44a S. 2 Var. 1 VwGO). In diesen Fällen geht mit der Verfahrenshandlung nämlich eine selbstständige, rechtlich erhebliche Beschwer und damit ggf. ein womöglich irreparabler Schaden einher. Selbstständig angreifbar sind auch Verfahrenshandlungen, die sich gegen Personen richten, welche **nicht Beteiligte** des Verwaltungsverfahrens sind, insbes. Zeugen und Sachverständige (vgl. Abs. 1 S. 3 Nr. 2, S. 4) – ferner solche Verfahrenshandlungen, bei denen ein Rechtsbehelf gegen die Sachentscheidung zu spät käme und dadurch ein subjektives öffentliches Recht des Betroffenen vereitelt oder erschwert würde (vgl. Martini, Verwaltungsprozessrecht, 5. Aufl. 2011, 96 f.).

Gegen die **Duldungsanordnung nach § 22 Abs. 4** sind der **Widerspruch** nach § 68 17
Abs. 1 S. 1 VwGO (soweit landesrechtlich vorgesehen) und die **Anfechtungsklage** nach § 42 Abs. 1 Var. 1 VwGO statthaft. Ist der vollzugsfähige Inhalt gegenstandslos geworden und damit Erledigung eingetreten, ist eine **Fortsetzungsfeststellungsklage** nach § 113 Abs. 1 S. 4 VwGO (analog) statthaft. Das besondere Feststellungsinteresse kann sich aus der diskriminierenden oder belastenden Nachwirkung oder einer Wiederholungsgefahr ergeben – nicht aber aus der Präjudizwirkung einer zivilgerichtlichen **Amtshaftungs- oder Entschädigungsklage**. Denn diese kann der Kläger nach Erledigung sofort erheben (vgl. Martini, Verwaltungsprozessrecht, 5. Aufl. 2011, 85).

Gegen die **richterliche Anordnung der Durchsuchung nach § 22 Abs. 7** ist Rechts- 18
schutz im Wege der **Beschwerde** nach §§ 304, 306 StPO statthaft. Im Falle **nachträglichen Rechtsschutzes** gegen eine durchgeführte Durchsuchung ist demgegenüber gem. § 40 Abs. 1 S. 1 VwGO der Verwaltungsrechtsweg eröffnet. § 20 Abs. 7 regelt das zwar nicht ausdrücklich. Die Zuständigkeit des Amtsgerichts für die Anordnung der Durchsuchung scheint darüber hinaus eher er eine Zuweisung der Streitigkeit an die ordentlichen Gerichte nahe zulegen (in diesem Sinne BLR RStV § 22 Rn. 5). Allerdings ginge damit zum einen insoweit eine Rechtswegaufspaltung einher, als in Eilfällen kein Richtervorbehalt besteht und die Streitigkeit damit dann gerade nicht den Amtsgerichten zugewiesen ist. Vor allem ist die Durchsuchung zum anderen nicht der repressiven strafprozessualen, sondern der präventiven Funktion der Aufsicht (und damit dem öffentlichen Recht) zugeordnet, die dem materiellen Medienkonzentrationsrecht zur Geltung verhelfen soll. Statthaft ist daher eine **Fortsetzungsfeststellungsklage** analog § 113 Abs. 1 S. 4 VwGO (Schenke, Polizei- und Ordnungsrecht, 6. Aufl. 2009, Rn. 157; Hahn/Vesting/Bumke RStV § 22 Rn. 47 f.).

§ 23 Publizitätspflicht und sonstige Vorlagepflichten

(1) ¹Jeder Veranstalter hat unabhängig von seiner Rechtsform jährlich nach Maßgabe der Vorschriften des Handelsgesetzbuches, die für große Kapitalgesellschaften gelten, einen Jahresabschluß samt Anhang und einen Lagebericht spätestens bis zum Ende des neunten auf das Ende des Geschäftsjahres folgenden Monats zu erstellen und bekanntzumachen. ²Satz 1 findet auf an dem Veranstalter unmittelbar Beteiligte, denen das Programm des Veranstalters nach § 28 Abs. 1 Satz 1, und mittelbar Beteiligte, denen das Programm nach § 28 Abs. 1 Satz 2 zuzurechnen ist, entsprechende Anwendung.

(2) Innerhalb derselben Frist hat der Veranstalter eine Aufstellung der Programmbezugsquellen für den Berichtszeitraum der zuständigen Landesmedienanstalt vorzulegen.

§ 23 regelt die Publizitäts- und Vorlagepflichten der Veranstalter. Sie knüpft an die für großen Kapitalgesellschaften geltenden Vorschriften des HGB an: Alle privaten Rundfunkveranstalter müssen unabhängig von ihrer Rechtsform jährlich einen Jahresabschluss sowie einen Lagebericht (Abs. 1 S. 1; → Rn. 6) und eine Aufstellung der Programmbezugsquellen (Abs. 2; → Rn. 10) vorlegen. Die Vorschrift findet auch auf unmittelbar und mittelbar Beteiligte entsprechende Anwendung, denen das Programm des Veranstalters zuzurechnen ist.

A. Allgemeines
I. Zielsetzung und Genese der Vorschrift

1   Die Pflichten des § 23 zielen auf die **Herstellung von Transparenz,** um der **Gefahr einer Medienkonzentration** auf dem Rundfunkmarkt wirksam begegnen zu können. Sie sollen den Landesmedienanstalten die Zusammenstellung von entscheidungserheblichen Tatsachen als Basis für die Aufsicht erleichtern und eine wirksame Kontrolle der wirtschaftlichen Träger durch die Öffentlichkeit fördern (Amtl. Begr. z. 3. RÄndStV, LT-Drs. NRW 12/ 1336, 16; ausf. Hahn/Vesting/Bumke RStV § 23 Rn. 1 ff.; HRKDSC RStV § 23 Rn. 1; NK-MedienR/Paschke/Tacke 2. Teil 1. Kap. 7. Abschn. Rn. 95).

2   Die Norm hat mit dem 3. RÄndStV im Jahre 1996 Eingang in den RStV gefunden. Die ursprüngliche **Befristung** der Regelung bis zum 31.12.1998 ist inzwischen **aufgehoben** (Hahn/Vesting/Bumke RStV § 23 Rn. 4).

II. Anwendungsbereich, systematische Einordnung und Verfassungsmäßigkeit

3   § 39 RStV schränkt den weit formulierten Anwendungsbereich der Vorschrift erheblich ein: Die Publizitätspflichten des § 23 erstrecken sich – ungeachtet der offenen Formulierung „jeder Veranstalter" – **ausschließlich auf bundesweit tätige Rundfunkanbieter.** Sie finden damit weder auf landesweite noch auf regionale oder lokale Veranstalter oder auf Teleshoppingkanäle Anwendung. Ersteres ergibt sich aus § 39 S. 1, Letzteres im Umkehrschluss aus § 39 S. 2. Für den Fall eines Verstoßes gegen das Gebot zur fristgerechten Vorlage eines Jahresabschlusses samt Anhang und Lagebericht (§ 23 Abs. 1 iVm § 49 Abs. 1 S. 2 Nr. 3) bzw. einer Aufstellung der Programmbezugsquellen (§ 23 Abs. 2 iVm § 49 Abs. 1 S. 1 Nr. 19) droht betroffenen Veranstaltern ein **Bußgeld.**

4   Vereinzelte Stimmen in der Literatur haben an der **Vereinbarkeit des § 23 mit der Kompetenzordnung der Art. 70 ff. GG und Art. 12 Abs. 1 GG** Bedenken angemeldet: § 23 ändere zum einen die Offenlegungspflichten des HGB, insbes. § 264 HGB, so dass die Vorschrift in den Bereich der konkurrierenden Gesetzgebung des Bundes, genauer Art. 72, 74 Abs. 1 Nr. 11 GG, falle (BLR RStV § 23 Rn. 2 f.). Das greift jedoch zu kurz, da nicht alleine die wirtschaftsrechtliche Kompetenz des Bundes, sondern auch die rundfunkrechtliche Kompetenz der Länder berührt ist. Sind mehrere Kompetenzbereiche berührt, ist auf den **Schwerpunkt der Regelung** abzustellen. § 23 zielt auf eine Kontrolle der **Medienkonzentration.** Sie fällt schwerpunktmäßig in den Bereich der Kulturkompetenz der Länder und ihres Auftrags der Vielfaltssicherung im Rundfunk. Die Vorschrift ist daher mit den Art. 70 ff. GG vereinbar (ebenfalls etwa Hahn/Vesting/Bumke RStV § 23 Rn. 6 f.).

5   Ebenso wie die Zweifel an der Gesetzgebungskompetenz der Länder überzeugen auch Zweifel an der **Verhältnismäßigkeit der Vorschrift** nicht: Rosenberg (BLR RStV § 23 Rn. 4–6) sieht – hinsichtlich des Eingriffs in Art. 12 Abs. 1 GG – die durch § 23 beabsichtigte Transparenz bereits durch andere Vorschriften hinreichend sichergestellt. Die zusätzliche Publizität, die die Vorschrift sicherstellt, schieße daher über das Ziel hinaus und sei damit unverhältnismäßig. Das lässt jedoch die weitreichende Einschätzungsprärogative außer Acht, die dem Gesetzgeber zur Herstellung von Transparenz und Medienvielfalt als Sauerstoff einer lebendigen Demokratie zukommt. Diesen Spielraum überschreitet § 23 nicht (VG Berlin Urt. v. 22.5.2012 – VG 27 K 339.10; Spindler/Schuster/Holznagel/Krone RStV § 23 Rn. 5).

B. Erstellung eines Jahresabschlusses und Lageberichts (Abs. 1)

I. Verpflichtungen der Rundfunkveranstalter (Abs. 1 S. 1)

Die für große Kapitalgesellschaften (§ 267 Abs. 3 HGB) geltenden **Publizitätspflichten** 6 insbes. des § 264 HGB überträgt Abs. 1 S. 1 auf alle privaten Rundfunkveranstalter – unabhängig von ihrer Rechtsform und damit auch unabhängig von ihrer Größe. Er begründet für jeden Rundfunkveranstalter die Pflicht, jährlich seinen Jahresabschluss (§ 242 Abs. 1 HGB) mit Anhang (§ 264 Abs. 1 HGB), namentlich die Bilanz und die Gewinn- und Verlustrechnung (§ 242 Abs. 3 HGB iVm §§ 265 ff. HGB) nebst Erläuterung (§ 284 HGB) und sonstigen Pflichtangaben (§ 285 HGB) sowie einen Lagebericht nach Maßgabe derjenigen Vorschriften des HGB, die für sog. große Kapitalgesellschaften gelten, zu veröffentlichen (eingehend Hahn/Vesting/Bumke RStV § 23 Rn. 11–14; HRKDSC RStV § 23 Rn. 3a–3c).

Die handelsrechtlich mögliche **Erleichterung für große Kapitalgesellschaften inner-** 7 **halb eines Konzernverbundes** nach § 264 Abs. 3 HGB findet auf die Publizitätspflicht der Rundfunkveranstalter **keine Anwendung.** Die Länder wollten vielmehr mit § 23 „größtmögliche Veranstalterpublizität" schaffen. Eine Befreiung von der Pflicht zur Erstellung eines Jahresabschlusses würde dieses Ziel konterkarieren (VG Berlin Urt. v. 22.5.2012 –, VG 27 K 339.10).

Die **Frist,** innerhalb welcher die Veröffentlichung erfolgen muss, beträgt **neun Monate.** 8 Abs. 1 S. 1 modifiziert damit § 264 Abs. 1 S. 3, 4 HGB, der – abhängig von der Größe der Kapitalgesellschaften – eine Frist von drei bzw. sechs Monaten setzt.

II. Verpflichtungen unmittelbar oder mittelbar Beteiligter (Abs. 1 S. 2)

Ähnlich wie die Mitwirkungspflichten trifft die Offenlegungspflicht auch unmittelbar und 9 mittelbar Beteiligte, denen das Programm des Veranstalters nach § 28 Abs. 1 S. 1 bzw. Abs. 1 S. 2 zuzurechnen ist.

C. Aufstellung der Programmbezugsquellen (Abs. 2)

Abs. 2 weitet den **Inhalt** der Offenlegungspflicht auf die Programmbezugsquellen aus. 10 Dazu zählen etwa Agenturen, ständige Programmzulieferer und dauerhafte Vertragspartner, von denen der Rundfunkanbieter Rechte erworben hat (vgl. HRKDSC RStV § 23 Rn. 5). Die Angabepflicht bezieht sich auf die für den Beitrag **verantwortliche Person** und nicht etwa auf den einzelnen Beitrag (Hahn/Vesting/Bumke RStV § 23 Rn. 16). Die Aufstellung unterliegt dem Geheimnisschutz des § 24 RStV (Amtl. Begr. z. 3. RÄndStV, LT-Drs. NRW 12/1336, 16f).

Den genauen Detaillierungsgrad der vorzulegenden Informationen regelt Abs. 2 nicht 11 explizit. Gegen ein erweitertes (dafür NK-MedienR/Paschke/Tacke 2. Teil 1. Kap. 7. Abschn. Rn. 100) und damit für **ein engeres Verständnis der Bestimmung** streitet vor allem der sachliche Zusammenhang des Abs. 2 mit der medienkonzentrationsrechtlichen Vorschrift des § 26 Abs. 2 S 1, den auch die amtliche Begründung besonders betont (LT-Drs. NRW 12/1336, 16 f.) Die Verpflichtung des Abs. 2 soll der Landesmedienanstalt keine allgemeine Ausforschungsmöglichkeit eröffnen, sondern die Prüfung der rundfunkrechtlichen Zulassungsvoraussetzungen ermöglichen. Das entspricht auch dem Prinzip der Verhältnismäßigkeit. Aufgenommen werden müssen in die Aufstellung insofern nur solche Quellen, deren Programmbeiträge (zumindest entfernt) von **Relevanz für die Meinungsvielfalt** sein können (HRKDSC RStV § 23 Rn. 5; Spindler/Schuster/Holznagel/Krone RStV § 23 Rn. 12 f.). Wenn der erforderliche Detaillierungsgrad aus der Sicht der Landesmedienanstalt fehlt, kann diese im Rahmen ihrer aufsichtsrechtlichen Ermittlungsbefugnisse nach § 22 Unterlagen nachfordern (Hahn/Vesting/Bumke RStV § 23 Rn. 15).

§ 24 Vertraulichkeit

[1] **Angaben über persönliche und sachliche Verhältnisse einer natürlichen oder juristischen Person oder einer Personengesellschaft sowie Betriebs- oder Geschäfts-**

geheimnisse, die den Landesmedienanstalten, ihren Organen, ihren Bediensteten oder von ihnen beauftragten Dritten im Rahmen der Durchführung ihrer Aufgabenerfüllung anvertraut oder sonst bekannt geworden sind, dürfen nicht unbefugt offenbart werden. ²Soweit personenbezogene Daten verarbeitet werden, finden die Datenschutzbestimmungen nach Landesrecht Anwendung.

§ 24 schützt Private vor der Offenbarung (→ Rn. 15) vertraulicher Informationen (→ Rn. 5 ff.), die den Landesmedienanstalten im Rahmen ihrer Aufgabenerfüllung bekannt werden. Die Vorschrift modifiziert damit den allgemeinen Geheimhaltungsgrundsatz des § 30 (L)VwVfG für den Sonderbereich rundfunkrechtlicher Zulassungsverfahren. Für personenbezogene Daten verweist die Vorschrift auf die datenschutzrechtlichen Vorschriften des Landesrechts (→ Rn. 18).

A. Schutzzweck und Einordnung in die Systematik des RStV sowie der Vorschriften zum Geheimhaltungsschutz

1 § 24 bildet ein **Schutzkorrelat zu** den in **§§ 21–23 RStV** normierten umfassenden Auskunfts- und Bekanntgabepflichten der privaten Rundfunkanbieter sowie den damit korrespondierenden Ermittlungsbefugnissen der Landesmedienanstalten. Die mögliche Befürchtung Betroffener, die Offenlegung der in diesen Verfahren zutage tretenden sensiblen Informationen könne zu einer missbräuchlichen Weitergabe führen, soll § 24 durch die Gewährleistung eines **umfassenden Vertraulichkeitsschutzes persönlicher und geschäftlicher Daten** entkräften. Sie soll verbürgen, dass die im Rahmen von Maßnahmen zur Sicherung der Meinungsvielfalt gewonnenen schutzwürdigen Daten nur für diese Zwecke Verwendung finden (Amtl. Begr. z. 3. RÄndStV, LT-Drs. NRW 12/1336, 17). Mittelbar soll sie dadurch auch das Vertrauen des Bürgers in die Geheimniswahrung durch die Verwaltung sichern (zu § 30 VwVfG: SBS/Bonk/Kallerhoff VwVfG § 30 Rn. 1; Knemeyer NJW 1984, 2241 f.).

2 Die Vertraulichkeit sichert § 24 durch ein **Offenbarungsverbot,** das seine besondere Schärfe durch seine **strafrechtliche Flankierung** als Geheimnis iSd § 203 Abs. 2 Nr. 1 StGB und des § 353b Abs. 1 S. 1 Nr. 1 StGB erlangt (eingehend HRKDSC RStV § 24 Rn. 9).

3 Da § 24 ausreichenden Geheimnisschutz gewährleistet, können sich private Rundfunkanbieter der ihnen in den §§ 21–23 auferlegten Offenbarungspflichten nicht mit dem Hinweis auf das (unzumutbare) Risiko einer Informationsoffenbarung an Dritte entledigen (vgl. BLR RStV § 24 Rn. 1; Hahn/Vesting/Bumke RStV § 24 Rn. 2).

4 Die Norm hat mit dem 3. RÄndStV 1996 Eingang in den RStV gefunden. Dem § 24 **vergleichbare Vorschriften** finden sich in § 30 Abs. 1 AO, § 395 AktG, § 67 Abs. 1 BBG, § 5 BDSG, § 37 Abs. 1 BeamtStG, § 10 Abs. 2 S. 1, Abs. 3 S. 2 BImSchG, §§ 69a, 81a BNotO, § 59m BRAO, § 7 FinStabG, § 139b Abs. 1 S. 3 GewO, § 6 S. 2 IFG, § 9 Abs. 1 S. 1 KWG, § 21 PatAnwAPO, § 35 Abs. 1 SGB I, § 9 Abs. 1 UIG, § 3 S. 1 Nr. 2 VIG, § 30 (L)VwVfG sowie § 8 Abs. 1 S. 1 WpHG. Die genannten Normen unterscheiden sich ungeachtet ihrer grundsätzlich gleichen Zielrichtung aufgrund ihres normspezifischen Kontexts teils erheblich in ihrer Ausgestaltung: So sollen § 6 S. 2 IFG, § 9 Abs. 1 UIG, § 3 S. 1 Nr. 2 VIG einen Anspruch auf (Umwelt-)Informationszugang ausschließen; sie etablieren also eine (passive) Pflicht der Behörde, die erst wirksam wird, wenn der Bürger einen Antrag gestellt hat. Hingegen verpflichten § 30 Abs. 1 AO, § 7 FinStabG und § 35 Abs. 1 SGB I anlassunabhängig zur allgemeinen Verschwiegenheit beim behördlichen Handeln. Schließlich reicht die Spannweite der genannten Normen bis zu einem ausdrücklichen subjektiv-öffentlichen Anspruch des Bürgers nach § 30 (L)VwVfG gegenüber der Behörde auf Geheimniswahrung vor unbefugter Offenbarung. § 24 lässt sich in diesem breiten Spektrum als Nebenpflicht zum behördlichen Pflichten- und Aufgabenkatalog verstehen und entspricht insoweit funktional Bestimmungen wie § 7 FinStabG oder § 8 Abs. 1 S. 1 WpHG.

B. Geheimhaltungspflicht (S. 1)

I. Geschützte Informationen

§ 24 S. 1 erstreckt seinen Schutz auf alle im Rahmen der Auskunftspflichten nach §§ 21– 23 RStV anvertrauten oder bekannt gewordenen (unten 3., → Rn. 9) **Angaben, welche die sachlichen oder persönlichen Verhältnisse oder Betriebs- oder Geschäftsgeheimnisse** (unten 1. und 2.; → Rn. 7) betreffen. Auf deren wettbewerbsrechtliche Sensibilität im Übrigen kommt es grds. nicht an (vgl. zu den Angaben im Einzelnen Hahn/Vesting/Bumke RStV § 24 Rn. 9f).

Ein Schutz von Informationen ist nur dort denkbar, wo diese **nicht allgemein bekannt**, also nicht bereits öffentlich zugänglich sind (Hahn/Vesting/Bumke RStV § 24 Rn. 9). Daran fehlt es bei Tatsachen, die der Rundfunkanbieter aufgrund der Publizitätsverpflichtung des § 23 Abs. 1 der Öffentlichkeit kundtun muss (Engel ZUM 1993, 557 (576)). Anders verhält es sich bei den Angaben der Aufstellung nach § 23 Abs. 2. Diese ist lediglich der Landesmedienanstalt vorzulegen.

1. Angaben über persönliche oder sachliche Verhältnisse

Die Wendung „Angaben über persönliche oder sachliche Verhältnisse" ist der Legaldefinition **personenbezogener Daten des § 3 Abs. 1 BDSG** entlehnt. Sie erfasst Informationen zur Identifizierung und Charakterisierung einer Person, etwa Geschlecht, Geburtsdatum, Konfession, Gesundheitszustand, sowie Angaben über einen auf die betroffene natürliche oder juristische Person oder Personengesellschaft beziehbaren Sachverhalt, etwa vermögensrechtliche Verhältnisse oder wirtschaftliche Beziehungen.

2. Betriebs- oder Geschäftsgeheimnisse

Betriebs- und Geschäftsgeheimnisse (§ 203 StGB, § 17 UWG) sind **geschäftsbezogene Informationen,** welche lediglich einem **beschränkten Personenkreis** bekannt sind (Hahn/Vesting/Bumke RStV § 24 Rn. 10) und an deren Geheimhaltung ein schutzwürdiges Interesse des Unternehmers besteht (BeckOK StGB/Weidemann StGB § 203 Rn. 4; Spindler/Schuster/Holznagel/Krone RStV § 24 Rn. 14; anders: HRKDSC RStV § 24 Rn. 5, der den erkennbaren Geheimhaltungswillen genügen lässt). Als Geheimnis sind ua Geschäftsverbindungen, Preisberechnungen, die Kreditwürdigkeit sowie Forschungs- und Entwicklungsprojekte geschützt (vgl. auch die Aufzählung bei Köhler/Bornkamm, 31. Aufl. 2013, UWG § 17 Rn. 12).

3. Im Rahmen der Aufgabendurchführung anvertraut oder sonst bekannt geworden

Dem Schutz des § 24 unterstellt der RStV solche Informationen, die der verpflichteten Instanz anvertraut worden (Var. 1; → Rn. 10 f.) oder sonst bekannt geworden sind (Var. 2; → Rn. 12). Beide tatbestandlichen Alternativen verlangen eine Kenntnisnahme anlässlich der Aufgabenerfüllung. Ihre Formulierung lehnt sich an § 203 Abs. 1 und Abs. 2 S. 1 StGB an.

Der **Anvertrauenstatbestand** verlangt einen **inneren Zusammenhang** zwischen der Information und deren Mitteilung im Rahmen der Aufgabendurchführung (Spindler/Schuster/Holznagel/Krone RStV § 24 Rn. 18). Manche (HRKDSC RStV § 24 Rn. 6; Spindler/Schuster/Holznagel/Krone RStV § 24 Rn. 18) fordern für ein Anvertrauen iSd § 24 – wie bei § 203 StGB – darüber hinaus eine Verschwiegenheitspflicht. Dies widerspräche jedoch dem Sinn und Zweck von § 24 und missversteht das Verhältnis von § 24 und § 203 StGB. § 203 StGB setzt eine Geheimhaltungspflicht voraus, deren Verletzung die Norm strafrechtlich sanktioniert. § 24 RStV will eine solche Pflicht als Rechtsfolge demgegenüber gerade erst begründen, an die § 203 StGB anknüpfen kann. Dann kann die auf der Rechtsfolgenseite des § 24 stehende Geheimhaltungspflicht nicht zusätzlich als Tatbestandsmerkmal des Anvertrauenstatbestandes ausgestaltet werden. Sonst würde die Tatbestandsprüfung der Verschwiegenheitspflicht inzident die Rechtsfolgenprüfung voraussetzen und damit der Tatbestand logisch an die Rechtsfolge anknüpfen.

11 Die **Kenntnisnahme auf sonstige Weise** bildet einen Auffangtatbestand, der insbes. eingreift, wenn die Person durch Indiskretion an die geheime Information gelangt ist.

II. Verpflichtungsadressaten der Norm

12 Als Adressaten seiner Vertraulichkeitspflichten benennt § 24 S. 1 die Landesmedienanstalten, ihre Organe, ihre Bediensteten sowie die von ihnen beauftragten Dritten, also all diejenigen, die im Kontext des Zulassungsverfahrens mit sensiblen Informationen in Kontakt kommen. Damit ist **jede mit den Landesmedienanstalten verbundene Person,** die Zugang und Kenntnis von den geheimen, der Öffentlichkeit nicht zugänglichen Informationen hat, erfasst (Hahn/Vesting/Bumke RStV § 24 Rn. 5). Darunter fallen etwa die **ZAK, GVK, KEK** und **KJM,** die als Organe der Landesmedienanstalten nach § 35 Abs. 2 der Geheimhaltungspflicht unterliegen (vertiefend Hahn/Vesting/Bumke RStV § 24 Rn. 7; HRKDSC RStV § 24 Rn. 2; NK-MedienR/Paschke/Tacke 2. Teil 1. Kap. 7. Abschn. Rn. 104). Der Adressatenkreis ist im Hinblick auf das Ziel eines möglichst weitgehenden Geheimnisschutzes weit auszulegen (HRKDSC RStV § 24 Rn. 2; NK-MedienR/Paschke/Tacke 2. Teil 1. Kap. 7. Abschn. Rn. 104).

13 **Dritte** sind nur verpflichtet, wenn mit einer Landesmedienanstalt ein Beauftragungsverhältnis besteht. Ob freie Mitarbeiter bzw. auf Werkvertragsbasis Beschäftigte zur Gruppe der Bediensteten (dafür: HRKDSC RStV § 24 Rn. 2) oder der Dritten zählen (dafür: Spindler/Schuster/Holznagel/Krone RStV § 24 Rn. 9), kann letztlich dahinstehen, da in diesen Fällen jedenfalls eine Beauftragung vorliegt.

III. Offenbarungsverbot

14 § 24 verbietet nicht jede Offenbarung, sondern lediglich die **unbefugte** Offenlegung der in S. 1 genannten Informationen (zur Begrifflichkeit: Spindler/Schuster/Holznagel/Krone RStV § 24 Rn. 4).

1. Offenbaren

15 Offenbarung ist jegliche Form des – auch mittelbaren – Mitteilens einer bis zu diesem Zeitpunkt noch geheim gehaltenen Information. Das umschließt die **explizite wie auch die konkludente Preisgabe,** aber auch die Offenlegung durch Unterlassen, wenn etwa ein Normverpflichteter die Akte offen liegen lässt (BeckOK StGB/Weidemann StGB § 203 Rn. 31; näher zum Unterlassen: Schönke/Schröder StGB § 203 Rn. 20). Die Informationsweitergabe innerhalb des Kreises der Entscheidungsträger ist keine Offenbarung. Sie tritt erst ein, wenn eine Information diesen Zirkel verlässt (BeckOK StGB/Weidemann StGB § 203 Rn. 32).

2. Befugnis zur Offenbarung

16 Gesetzliche Erlaubnistatbestände können ausnahmsweise eine Kundgabe von Informationen gegenüber Dritten gestatten. Gleiches gilt, wenn der Veranstalter in die Weitergabe seiner Daten eingewilligt hat. Eine Erlaubnis zur Bekanntgabe ergibt sich etwa aus **§ 26 Abs. 6:** Die Landesmedienanstalten veröffentlichen im Dreijahresrhythmus oder auf Anforderung eines Landes einen **Bericht der KEK** über die Entwicklung der Medienkonzentration. Dieser muss allerdings seinerseits dem Geheimnisschutz Rechnung tragen, darf insbes. bei der Abwägung zwischen dem Informationsinteresse der Öffentlichkeit und dem Geheimhaltungsinteresse der Betroffenen nicht über das Ziel hinausschießen. Das bedingt eine **Schwärzung oder Anonymisierung** von Betriebs- und Geschäftsgeheimnissen (vgl. auch Hahn/Vesting/Bumke RStV § 24 Rn. 13; ebenso Spindler/Schuster/Holznagel/Krone RStV § 24 Rn. 22).

17 Eine weitere gesetzliche Ausnahme vom Verschwiegenheitsgebot bilden **§ 39a Abs. 1 S. 2** und **Abs. 2:** Sie verpflichten die Landesmedienanstalten auf Anfrage zur Übermittlung solcher Erkenntnisse an die Bundesnetzagentur und die Kartellämter des Bundes und der Länder, die für deren Aufgabenerfüllung erforderlich sind.

C. Verhältnis zu den Landesdatenschutzgesetzen (S. 2)

§ 24 versteht sich **nicht als abschließende Regelung** aller Bearbeitungsbefugnisse für die vertraulichen Informationen, die den Landesmedienanstalten im Rahmen ihrer Aufgaben zufließen. Zusätzlich sind die datenschutzrechtlichen Vorschriften der Landesdatenschutzgesetze zu beachten, sofern personenbezogene Daten verarbeitet werden. Das stellt S. 2 klar. Er begründet insbes. **kein bereichsspezifisches Sonderrecht,** da die nach § 24 verpflichteten Landesmedienanstalten ohnehin dem Datenschutzrecht der Länder unterliegen (HRKDSC RStV § 24 Rn. 10). 18

3. Unterabschnitt. Sicherung der Meinungsvielfalt

§ 25 Meinungsvielfalt, regionale Fenster

(1) ¹Im privaten Rundfunk ist inhaltlich die Vielfalt der Meinungen im wesentlichen zum Ausdruck zu bringen. ²Die bedeutsamen politischen, weltanschaulichen und gesellschaftlichen Kräfte und Gruppen müssen in den Vollprogrammen angemessen zu Wort kommen; Auffassungen von Minderheiten sind zu berücksichtigen. ³Die Möglichkeit, Spartenprogramme anzubieten, bleibt hiervon unberührt.

(2) Ein einzelnes Programm darf die Bildung der öffentlichen Meinung nicht in hohem Maße ungleichgewichtig beeinflussen.

(3) ¹Im Rahmen des Zulassungsverfahrens soll die Landesmedienanstalt darauf hinwirken, daß an dem Veranstalter auch Interessenten mit kulturellen Programmbeiträgen beteiligt werden. ²Ein Rechtsanspruch auf Beteiligung besteht nicht.

(4) ¹In den beiden bundesweit verbreiteten reichweitenstärksten Fernsehvollprogrammen sind mindestens im zeitlichen und regional differenzierten Umfang der Programmaktivitäten zum 1. Juli 2002 nach Maßgabe des jeweiligen Landesrechts Fensterprogramme zur aktuellen und authentischen Darstellung der Ereignisse des politischen, wirtschaftlichen, sozialen und kulturellen Lebens in dem jeweiligen Land aufzunehmen. ²Der Hauptprogrammveranstalter hat organisatorisch sicherzustellen, dass die redaktionelle Unabhängigkeit des Fensterprogrammveranstalters gewährleistet ist. ³Dem Fensterprogrammveranstalter ist eine gesonderte Zulassung zu erteilen. ⁴Fensterprogrammveranstalter und Hauptprogrammveranstalter sollen zueinander nicht im Verhältnis eines verbundenen Unternehmens nach § 28 stehen, es sei denn, zum 31. Dezember 2009 bestehende landesrechtliche Regelungen stellen die Unabhängigkeit in anderer Weise sicher. ⁵Zum 31. Dezember 2009 bestehende Zulassungen bleiben unberührt. ⁶Eine Verlängerung ist zulässig. ⁷Mit der Organisation der Fensterprogramme ist zugleich deren Finanzierung durch den Hauptprogrammveranstalter sicherzustellen. ⁸Die Landesmedienanstalten stimmen die Organisation der Fensterprogramme in zeitlicher und technischer Hinsicht unter Berücksichtigung der Interessen der betroffenen Veranstalter ab.

§ 25 RStV statuiert auf Grundlage der ständigen Rspr. des BVerfG die Anforderungen an die Meinungsvielfalt privater Rundfunkprogramme als solcher unter Einfluss der vielfaltsfördernden Maßnahmen „regionaler Fenster" (→ Rn. 1–4).

Während die jeweiligen öffentlich-rechtlichen Rundfunkanstalten und ihre Angebote einen „umfassenden Überblick" über das internationale, europäische, nationale und regionale Geschehen in allen Lebensbereichen zu geben haben, hat der private Rundfunk als solcher (außenplurales Konzept) – unter Einbeziehung der in § 25 Abs. 1 S. 3 RStV erwähnten Spartenprogramme – die Meinungsvielfalt nur „im Wesentlichen" zum Ausdruck zu bringen sowie die gesellschaftlichen Kräfte und Gruppen lediglich „angemessen" zu Wort kommen zu lassen (→ Rn. 5–8).

§ 25 Abs. 2 RStV soll ein einzelnes Programm daran hindern, die Bildung der öffentlichen Meinung im hohen Maße ungleichgewichtig zu beeinflussen (→ Rn. 9–10).

§ 25 Abs. 3 RStV normiert im Rahmen des Zulassungsverfahrens die Hinwirkungspflicht der Landesmedienanstalt auf eine Beteiligung von Interessenten mit kulturellen Programmbeiträgen am Veranstalterangebot (→ Rn. 11–13).

§ 25 Abs. 4 RStV verpflichtet die beiden bundesweit verbreiteten reichweitenstärksten Fernsehvollprogramme zur Aufnahme von Regionalfensterprogrammen, deren Inhalt und Umfang von der Fernsehfensterrichtlinie (FFR) konkretisiert werden (→ Rn. 14–16 → Rn. 21–24). Primäres Ziel ist eine positive vielfaltssichernde Maßnahme (→ Rn. 17), für die den Ländern eine Gesetzgebungskompetenz nach Art. 70 Abs. 1 GG zusteht (→ Rn. 20). Ferner ist nach § 25 Abs. 4 S. 2 RStV die redaktionelle Unabhängigkeit des Fensterprogrammveranstalters sicherzustellen (→ Rn. 25–27). Der der zuständigen Landesmedienanstalt obliegende Auswahl- und Zulassungsprozess des Fensterprogrammveranstalters bedarf einer Benehmensherstellung mit der KEK (→ Rn. 28–30). Neben der redaktionellen Unabhängigkeit fordert § 25 Abs. 4 S. 4 RStV, dass Fensterprogramm- und Hauptprogrammveranstalter zueinander nicht im Verhältnis eines verbundenen Unternehmens nach § 28 RStV stehen sollen, sofern keine bis zum 31.12.2009 bestehende landesrechtliche Regelungen die Unabhängigkeit anderweitig sicherzustellen vermag oder bestehende Zulassungen iSd § 25 Abs. 4 S. 4 RStV betroffen sind (→ Rn. 31–32). Während § 25 Abs. 4 S. 8 RStV die Organisation des Fensterprogramms regelt (→ Rn. 35), konkretisiert § 25 Abs. 4 S. 7 RStV dessen Finanzierungsgrundlage (→ Rn. 33–34).

Übersicht

	Rn		Rn
A. Allgemeines	1	III. Verfassungsrechtliche Bedenken	19
B. Meinungsvielfalt im privaten Rundfunk	5	IV. Gesetzliche Vorgaben im Einzelnen	21
		1. Adressat der Regelung	21
I. Allgemeine Vorgaben für die inhaltliche Vielfalt	5	2. Umfang und Inhalt der Verpflichtung	22
II. Vorgaben für einzelne Programme	9	3. Redaktionelle Unabhängigkeit des Fensterprogrammveranstalters	25
III. Beteiligung von Interessenten mit kulturellen Programmbeiträgen	11	4. Auswahl und Zulassung des Fensterprogrammveranstalters	28
C. Regionale Fenster	14	5. Rechtliche Unabhängigkeit des Fensterprogrammveranstalters	31
I. Allgemeines	14	6. Finanzierung des Fensterprogramms	33
II. Normziel und Normgenese	17	7. Organisatorische Abstimmung der Fensterprogramme	35
1. Normziel des § 25 Abs. 4	17		
2. Normgenese des § 25 Abs. 4	18		

A. Allgemeines

1 § 25 RStV eröffnet als erste Bestimmung den dritten Unterabschnitt der „Vorschriften für den privaten Rundfunk" (= III. Abschnitt des RStV), welcher der „Sicherung der Meinungsvielfalt" gewidmet ist. Die Bestimmung regelt die Meinungsvielfalt privater Rundfunkprogramme als solcher unter Einschluss der vielfaltsfördernden Maßnahme „regionale Fenster". Dabei bezieht sie sich überwiegend auf den Rundfunk in toto (anders, aber wohl versehentlich HRKDSC RStV § 25 Rn. 11), dh auf Fernsehen und Hörfunk (vgl. § 2 Abs. 1 RStV), enthält in ihrem Abs. 4 aber auch eine Regelung ausschließlich für die Veranstaltung von Fernsehen. Gemeint ist wegen § 39 RStV nur der **bundesweit verbreitete Rundfunk.**

2 Der gesamte dritte Unterabschnitt „Sicherung der Meinungsvielfalt" gliedert sich in zwei Regelungskomplexe: Zum einen in Vorgaben für materielle (positive) bzw. **inhaltliche Aspekte,** denen der private Rundfunk im Allgemeinen und das Fernsehen sowie einzelne Fernsehprogramme im Besonderen unter dem Gesichtspunkt der Meinungsvielfalt zu genügen haben. Diese Thematik ist in § 25 RStV, aber auch in § 31 RStV (Drittsendezeiten) und § 32 RStV (pluralistisch besetzter Programmbeirat) geregelt. Demgegenüber setzen die §§ 26 ff. RStV nicht auf eine Sicherung der Meinungsvielfalt durch binnenplurale, inhalt-

liche, sondern durch außenplurale, strukturelle Aspekte (zur begrifflichen Unterscheidung binnenpluraler und außenpluraler Vielfaltsmodelle vgl. Gounalakis/Zagouras, Medienkonzentrationsrecht, 2008, 31 ff.; HRKDSC RStV § 25 Rn. 7 f.; Spindler/Schuster/Holznagel/Grünwald RStV § 25 Rn. 5 f., jeweils mwN). Letzteres soll – analog zum Bereich der Print- und Onlinemedien – durch eine **Vielfalt von Programmanbietern** gewährleistet werden, wobei dieses System wegen § 26 Abs. 1 RStV einen fernsehzentrierten Charakter aufweist. In diesem Kontext ist auch häufig von der „negativen" Vielfaltssicherung die Rede (Hahn/Vesting/Rossen-Stadtfeld RStV § 25 Rn. 5 spricht insoweit von einer „mittelbaren" Vielfaltssicherung). Über die Regelungen in § 25 Abs. 4 RStV(regionale Fensterprogramme), § 26 Abs. 2 S. 3 RStV (Vergabe sog „Bonuspunkte"), § 26 Abs. 4 RStV (Maßnahmen zur „Brechung" vorherrschender Meinungsmacht) und §§ 30–32 RStV (Drittsendezeiten, Programmbeirat) wird diese „negative" Vielfaltssicherung sodann mit Aspekten einer „positiven", inhaltebezogenen Vielfaltssicherung verzahnt. Wegen der Schwierigkeit, materielle Anforderungen an die Vielfalt von Programmen zu formulieren und durchzusetzen, nimmt das in § 26 RStV kodifizierte System einer Gewährleistung von Anbietervielfalt im Rahmen der publizistischen Vielfaltssicherung indes eine herausgehobene Rolle ein (Hahn/Vesting/Rossen-Stadtfeld RStV § 25 Rn. 5 beklagt von daher, dass § 25 RStV „schleichend immer weiter an Bedeutung" verliere).

§ 25 RStV geht zurück auf § 20 RStV 1991, der seinerseits seine Vorgängerregelung in 3 Art. 8 RStV 1987 fand. Die Bestimmung, die Ausdruck einer ständigen **Rspr. des BVerfG** ist, wurde 1996 in den RStV eingefügt. So geht das Gericht davon aus, dass die Rundfunkfreiheit – wie alle Garantien des Art. 5 Abs. 1 GG – der Gewährleistung freier individueller und öffentlicher Meinungsbildung zu dienen bestimmt ist (BVerfGE 119, 214; 73, 152; 57, 319 f.). Unter anderem erfordere dies eine positive Ordnung, welche sicherstelle, dass die Vielfalt der bestehenden Meinungen im Rundfunk in möglichster Breite und Vollständigkeit zum Ausdruck komme (BVerfGE 119, 214; 73, 152 f.; 57, 320 f.). Der Gesetzgeber habe deshalb Sorge zu tragen, dass das Gesamtangebot inländischer Programme der bestehenden Meinungsvielfalt im Wesentlichen entspräche, dass der Rundfunk nicht einer oder einzelnen gesellschaftlichen Gruppen ausgeliefert werde und dass die in Betracht kommenden gesellschaftlichen Kräfte im Gesamtangebot angemessen zu Wort kommen könnten (BVerfGE 73, 153), weshalb grds. eine gleichgewichtige Vielfalt der Meinungen im Gesamtangebot des Sendegebiets zu gewährleisten ist (BVerfGE 121, 51). Die Sicherung der Meinungsvielfalt umfasst von daher auch die Vermeidung einseitigen Einflusses auf die öffentliche Meinungsbildung als Folge einer Zusammenballung publizistischer Macht (vgl. BVerfGE 121, 52; 73, 160; 57, 323).

> Diese Ermöglichung und Bewahrung von Meinungspluralität im Rundfunk entspricht einem 3.1
> gesamteuropäischen Anliegen. So gewährleistet Art. 11 Abs. 2 EU-GRC nicht nur die Freiheit,
> sondern auch die Pluralität der Medien. Eine positive staatliche Verpflichtung zur Sicherung von
> Pluralismus im Medienbereich leitet auch der EGMR aus Art. 10 Abs. 1 EMRK her (EGMR v.
> 24.11.1993, EuGRZ 1994, 549).

Allerdings hat das BVerfG stets anerkannt, dass Programme privater Veranstalter der 4 Aufgabe umfassender Information nicht im vollen Ausmaß gerecht zu werden vermögen. Das Gericht führt dies insbes. auf die wirtschaftliche Notwendigkeit zurück, massenattraktive erfolgreiche Programme zu möglichst niedrigen Kosten zu produzieren und zu verbreiten (BVerfGE 73, 155 f. Ausführlich dazu Hahn/Vesting/Rossen-Stadtfeld RStV § 25 Rn. 13 f. mwN). In einem dualen System, so das BVerfG weiter, in welchem durch den öffentlich-rechtlichen Rundfunk die Aufgabe der Gewährleistung der Grundversorgung für alle wirksam sichergestellt sei, erscheine es gerechtfertigt, an die Breite des Programmangebots und die Sicherung gleichgewichtiger Vielfalt im privaten Rundfunk nicht gleich hohe Anforderungen zu stellen wie an den binnenplural organisierten und beitragsfinanzierten öffentlich-rechtlichen Rundfunk. In einer dualen, aus öffentlich-rechtlichen und privatwirtschaftlichen Veranstaltern bestehenden Rundfunkordnung müsse der Gesetzgeber deshalb sicherstellen, dass die verfassungsrechtlichen Anforderungen an die Vielfalt im Ergebnis durch das **Gesamtangebot aller Veranstalter** erfüllt würden (BVerfGE 121, 52). Bei dieser Sachlage könne es nur darauf ankommen, dass die gesetzgeberischen Vorkehrungen dazu bestimmt und geeignet seien, ein möglichst hohes Maß gleichgewichtiger Vielfalt im privaten Rundfunk zu erreichen und zu sichern (BVerfGE 73, 157 f.). Hieraus folgerte das Gericht die Möglichkeit für alle Meinungsrichtungen – auch diejenigen von Minderheiten –, im privaten Rundfunk zum Ausdruck zu kommen, und den Ausschluss einseitigen, im hohen Maße ungleichgewichtigen Einflusses einzelner Veranstalter und Programme auf die Bildung der öffentlichen Meinung, namentlich der Verhinderung des Entstehens vorherrschender Meinungsmacht. Aufgabe des Gesetzgebers sei es, die strikten Anforderungen dieses Grundstandards durch materielle, organisatorische und verfahrensrechtliche Regelungen sicherzustellen. Insbes. obliege es ihm, Tendenzen zur Konzentration rechtzeitig und so wirksam wie möglich entgegenzutreten, zumal insoweit Fehlentwicklungen schwer rückgängig zu machen seien (BVerfGE 121, 52; 119, 217; 73, 160 und 172 ff.?; 57, 323). Das duale Nebeneinander von öffentlich-rechtlichem und privatwirtschaftlichem Rundfunk nutzt folglich die durch die verschiedenartigen Strukturen der Veranstalter ermöglichten unterschiedlichen Programmorientierungen als Beitrag zur Sicherung der Breite und Vielfalt des Programmangebots und vertraut dabei für den privatwirtschaftlichen Rundfunk primär auf Marktprozesse (vgl. BVerfGE 121, 52; 119, 217; vgl. hierzu auch Paal, Medienvielfalt und Wettbewerbsrecht, 2010, 135 f.; Trafkowski, Medienkartellrecht, 2001, 175).

B. Meinungsvielfalt im privaten Rundfunk

I. Allgemeine Vorgaben für die inhaltliche Vielfalt

5   § 25 Abs. 1 RStV verarbeitet die vorstehend skizzierte Rspr. (→ Rn. 3 f.). Eine erste, nahezu wortidentische Regelung fand sich bereits in **Art. 8 Abs. 1 RStV 1987** sowie in **§ 20 Abs. 1 RStV 1991** (ausf. zur Normgenese des § 25 RStV Hahn/Vesting/Rossen-Stadtfeld RStV § 25 Rn. 18 ff.). Das einfachgesetzliche Gebot inhaltlicher Vielfalt verfügt damit seit Mitte der 80er Jahren, dh seit Beginn des dualen Rundfunksystems in Deutschland über normative Kontinuität. Sekundiert wird § 25 Abs. 1 RStV durch die inhaltlichen Anforderungen aus § 6 RStV und § 41 Abs. 1 S. 3 RStV. Da die Norm die aus Art. 5 Abs. 1 S. 2 GG deduzierten Minimalanforderungen statuiert, kann sie trotz § 39 RStV der Sache nach auch auf den Regional- und Lokalrundfunk übertragen werden (Clausen-Muradian, Konzentrationstendenzen und Wettbewerb im Bereich des privaten kommerziellen Rundfunks und die Rechtsprobleme staatlicher Rundfunkaufsicht, 1998, 95 f.).

6   Der Aussagegehalt dieser Bestimmung wird deutlich, wenn man sie mit dem Auftrag des öffentlich-rechtlichen Rundfunks nach § 11 RStV kontrastiert: Dieser weist dem öffentlich-rechtlichen Rundfunk, der einen weit zu verstehenden Grundversorgungsauftrag zu erfüllen hat, die Aufgabe zu, durch die Herstellung und Verbreitung seiner Angebote als Medium und Faktor des Prozesses freier individueller und öffentlicher Meinungsbildung zu wirken und dadurch die demokratischen, sozialen und kulturellen Bedürfnisse der Gesellschaft zu erfüllen. Hierzu haben die öffentlich-rechtlichen Rundfunkanstalten durch Beitragsformen aller Art (Bildung, Information, Beratung, Kultur und Unterhaltung) einen **„umfassenden Überblick"** über das internationale, europäische, nationale und regionale Geschehen in allen wesentlichen Lebensbereichen zu geben. Demgegenüber reduziert § 25 Abs. 1 RStV für den überwiegend werbefinanzierten privaten Rundfunk – den Vorgaben des BVerfG entsprechend – dessen Vielfaltsanforderungen, ohne ihn jedoch aus inhaltlichen Vielfaltsverpflichtungen ganz zu entlassen. So ist gem. § 25 Abs. 1 S. 1 RStV im privaten Rundfunk die Vielfalt der Meinungen nur **„im Wesentlichen"** zum Ausdruck zu bringen (näher dazu Hahn/Vesting/Rossen-Stadtfeld RStV § 25 Rn. 47; allg. zum Begriff der Meinungsvielfalt Müller, Konzentrationskontrolle zur Sicherung der Informationsfreiheit, 2004, 137 ff.; Trafkowski, Medienkartellrecht, 2001, 171); auch müssen die von § 25 Abs. 1 S. 2 RStV angesprochenen Kräfte und Gruppen nur „angemessen" zu Wort kommen, und dies auch nur in den Vollprogrammen (vgl. § 2 Abs. 2 Nr. 3 RStV) des privaten Rundfunks.

7   Noch ein weiterer Unterschied zum öffentlich-rechtlichen Rundfunk kommt in der Bestimmung zum Ausdruck: Während der Vielfaltsauftrag des öffentlich-rechtlichen Rundfunks an die jeweiligen Rundfunkanstalten und ihre Angebote gerichtet ist, adressiert das Pluralismusgebot des § 25 Abs. 1 RStV den „privaten Rundfunk" als solchen. Die Bestimmung basiert mithin auf einem **außenpluralen Konzept** der Vielfaltssicherung: Die Summe der vom privaten Rundfunk unterbreiteten Programmangebote unter Einbezug der in

§ 25 Abs. 1 S. 3 RStV erwähnten **Spartenprogramme** (vgl. § 2 Abs. 2 Nr. 4 RStV) haben die vom Gesetzgeber geforderte Vielfalt sicherzustellen (wie hier Hahn/Vesting/Rossen-Stadtfeld RStV § 25 Rn. 31; Spindler/Schuster/Holznagel/Grünwald RStV § 25 Rn. 15). Gerade solche Spartenkanäle – insbes. wenn sie die Sparten Information und Kultur bedienen – vermögen insoweit einen gewichtigen Beitrag zu leisten, weshalb § 25 Abs. 1 RStV die Möglichkeit ihres Angebots explizit unberührt lässt. Das Zusammenspiel des § 25 Abs. 1 S. 2 und 3 RStV verdeutlicht dabei zugleich, dass nach der Einschätzung des Gesetzgebers nur ein Verbund aus Voll- und Spartenprogrammen dem Vielfaltsgebot der Bestimmung zu entsprechen vermag (zurückhaltender demgegenüber Hahn/Vesting/Rossen-Stadtfeld RStV § 25 Rn. 54, der die Spartenprogramme im Gesamtangebot des kommerziellen Rundfunks „stets nur (als) Zusätze" begreift). Aufgrund ihrer gesamtsystemischen Adressierung folgt aus der Norm allerdings keine Verpflichtung, Vielfaltsdefizite des einen privaten Programmveranstalters durch ein Mehr an Vielfalt in anderen privaten Programmen zu kompensieren.

Mit ihrem außenpluralen Konzept und ihren wenig bestimmten Rechtsbegriffen („Vielfalt", „im Wesentlichen", „angemessen" etc.) bleibt die Bestimmung allerdings ohne große **normative Steuerungskraft.** Weder beinhaltet sie greifbare tatbestandliche Voraussetzungen für die Zulassung eines Rundfunkprogramms, noch können an sie konkrete aufsichtsrechtliche Maßnahmen (vgl. § 38 RStV) geknüpft werden (in die gleiche Richtung Hahn/Vesting/Rossen-Stadtfeld RStV § 25 Rn. 33). Letzteres resultiert aus dem Umstand, dass die Norm das private Rundfunksystem als Ganzes, nicht aber den einzelnen Veranstalter in die Pflicht nimmt. Insofern wird man die Bestimmung primär als Ausdruck eines vom Gesetzgeber aufgestellten und durch verfassungsgerichtliche Vorgaben induzierten **Leitbilds** zu begreifen haben, welches erst in den folgenden Absätzen und Bestimmungen eine normative Konkretisierung erfährt. Der Gesetzgeber scheint im Übrigen davon auszugehen, dass das gegenwärtige private Rundfunksystem diesem Leitbild im Großen und Ganzen entspricht, hat er doch die ursprünglich in Art. 8 Abs. 2 RStV 1987 und § 20 Abs. 2 RStV 1991 statuierten binnenpluralen Sicherungselemente für den privaten Rundfunk zurückgebaut (kritisch insoweit Hahn/Vesting/Rossen-Stadtfeld RStV § 25 Rn. 49, der davon ausgeht, dass diese Vielfaltsannahme professionell-wissenschaftlicher Programmbeobachtung nicht entspreche). 8

So sah Art. 8 Abs. 2 RStV 1987 für den Fall, dass „nicht mindestens drei im Geltungsbereich des Grundgesetzes veranstaltete private Vollprogramme von verschiedenen Veranstaltern bundesweit verbreitet werden, (...) jedes der Rundfunkprogramme zur Meinungsvielfalt nach Absatz 1 verpflichtet (ist). Wenn mindestens drei derartige Rundfunkprogramme bundesweit verbreitet werden, wird davon ausgegangen, dass das Gesamtangebot dieser Rundfunkprogramme den Anforderungen an die Meinungsvielfalt entspricht. Dies gilt nicht, wenn und solange die für diese Rundfunkprogramme nach Landesrecht zuständigen Stellen übereinstimmend feststellen, dass die Aufforderungen an die Meinungsvielfalt durch das Gesamtangebot dieser Rundfunkprogramme nicht erfüllt sind; in diesem Fall ist jedes der Rundfunkprogramme zur Meinungsvielfalt nach Absatz 1 verpflichtet." Ergänzt wurde diese Regelung durch Art. 8 Abs. 6 RStV 1987, wonach für den Fall, dass „die Voraussetzungen des Absatzes 2 Satz 1 vorliegen, (...) der Veranstalter durch geeignete Vorkehrungen – wie einen Programmbeirat mit wirksamem Einfluss auf das Rundfunkprogramm – zu gewährleisten (hat), dass eine vorherrschende Einwirkung auf die Meinungsbildung durch bundesweiten privaten Rundfunk ausgeschlossen ist." Eine ähnliche Regelung enthielt § 20 Abs. 2 RStV 1991. 8.1

II. Vorgaben für einzelne Programme

§ 25 Abs. 2 RStV, der wortidentisch aus Art. 8 Abs. 3 RStV 1987 und § 20 Abs. 4 RStV 1991 hervorgegangen ist, normiert eine Ergänzung zum allgemeinen Vielfaltsgebot nach § 25 Abs. 1 RStV. Hiernach darf ein einzelnes Programm die Bildung der öffentlichen Meinung nicht in hohem Maße ungleichgewichtig beeinflussen (allgemein zum Begriff der „ungleichgewichtigen Beeinflussung" Hahn/Vesting/Rossen-Stadtfeld RStV § 25 Rn. 58). Erneut kommt in dieser Bestimmung die Befürchtung des BVerfG – dessen Rspr. die Formulierung entlehnt ist – zum Ausdruck, dass der Rundfunk dazu missbraucht werden könnte, die öffentliche Meinung einseitig zu manipulieren (vgl. auch Trafkowski, Medienkartellrecht, 2001, 175). Umgekehrt folgt hieraus, dass bis an die Grenze des § 25 Abs. 2 9

RStV ein Tendenzrundfunk betrieben werden kann (Stock ZUM 1994, 208; Clausen-Muradian, Konzentrationstendenzen und Wettbewerb im Bereich des privaten kommerziellen Rundfunks und die Rechtsprobleme staatlicher Rundfunkaufsicht, 1998, 95). Der Bestimmung kommt auch dann Bedeutung zu, wenn das gesamte Programmspektrum des privaten Rundfunks den Vielfaltsvorgaben des § 25 Abs. 1 RStV genügt (Spindler/Schuster/Holznagel/Grünwald RStV § 25 Rn. 16). Ob die Bestimmung daneben zugleich als Schutznorm zugunsten anderer Programmveranstalter vor einer Pflicht zur Aufrechterhaltung oder Kompensation vielfaltsdefizitärer oder einseitiger Angebote interpretiert werden kann (so Hahn/Vesting/Rossen-Stadtfeld RStV § 25 Rn. 58; HRKDSC RStV § 25 Rn. 13; Spindler/Schuster/Holznagel/Grünwald RStV § 25 Rn. 16 mwN), erscheint demgegenüber fraglich; denn das Nichtbestehen einer solchen Pflicht resultiert bereits aus der „subjektlosen" Vielfaltsverpflichtung des privaten Rundfunks in Gänze.

10   Im Übrigen bleibt auch diese Bestimmung **praktisch folgenlos,** da in einer pluralen Medienlandschaft materiell kaum bestimmbar ist, wann eine ungleichgewichtige Beeinflussung der öffentlichen Meinung vorliegt. Auch das BVerfG hat insofern angemerkt, dass „(g)leichgewichtige Meinungsvielfalt (…) sich (…) nicht als messbare, exakt zu bestimmende Größe verstehen" lässt; es handle sich bloß um einen Zielwert, der sich stets nur im annäherungsweise erreichen lasse (BVerfGE 73, 156 und 159?). Vielmehr ist diese Frage im Rahmen des Zuschaueranteilsmodells nach § 26 RStV durch Festsetzung einer Zuschaueranteilsgröße im Wege von Vermutungstatbeständen vom Gesetzgeber mit dem ihm zustehenden, demokratisch legitimierten Gestaltungs- und Beurteilungsspielraum entschieden worden. Daneben dürfte § 25 Abs. 2 RStV keine eigenständige normative Bedeutung zukommen (aA Hahn/Vesting/Rossen-Stadtfeld RStV § 25 Rn. 59; HRKDSC RStV § 25 Rn. 13, denen zufolge ungleichgewichtige Beeinflussung auch ohne Erreichen der 30 %-Grenze des § 26 Abs. 2 S. 1 RStV denkbar erscheint).

III. Beteiligung von Interessenten mit kulturellen Programmbeiträgen

11   Gem. **§ 25 Abs. 3 RStV** soll im Rahmen des Zulassungsverfahrens die Landesmedienanstalt darauf hinwirken, dass an dem Veranstalter auch Interessenten mit kulturellen Programmbeiträgen beteiligt werden (näher zum Kulturbegriff dieser Bestimmung Hahn/Vesting/Rossen-Stadtfeld RStV § 25 Rn. 60). Ein Rechtsanspruch auf Beteiligung besteht dabei nicht. Die Bestimmung geht zurück auf den wortgleichen § 20 Abs. 5 RStV 1991, der seinerseits sein Vorbild in Art. 8 Abs. 4 RStV 1987 fand. Was mit Veranstalter gemeint ist und wie eine Beteiligung aussehen soll, erläutert die Bestimmung nicht; möglich dürften auch Programmzulieferungen sein (vgl. HRKDSC RStV § 25 Rn. 14).

12   Mit dieser Bestimmung sieht der Gesetzgeber im Rahmen des § 25 RStV erstmalig vor, dass bereits im Zulassungsverfahren themenbezogene (Kultur) vielfaltssichernde Maßnahmen ergriffen werden können. Die Bestimmung ist allerdings in doppelter Hinsicht schwach ausgestaltet: Zum einen handelt es sich lediglich um eine Hinwirkungspflicht, die zudem nur als **Soll-Verpflichtung** ausgestaltet ist; zum anderen besteht **kein Rechtsanspruch** von Interessenten mit kulturellen Programmbeiträgen auf Beteiligung im Programm. Entsprechend schwach sind die Möglichkeiten der Landesmedienanstalten, eine solche Beteiligung im Zulassungsverfahren durchzusetzen; insbes. steht ihnen das Druckmittel einer Zulassungsversagung nicht zu (Hahn/Vesting/Rossen-Stadtfeld RStV § 25 Rn. 62).

13   Der normative Gehalt der Bestimmung wird weiter dadurch geschwächt, dass nach einer im rechtswissenschaftlichen Schrifttum vertretenen Auffassung § 25 Abs. 3 RStV nur auf Veranstalter von **Vollprogrammen,** nicht aber von Spartenprogrammen bezogen sein soll. Begründet wird dies mit einem systematischen Argument – nur in § 25 Abs. 1 S. 3 RStV fänden andere Programmformate explizite Erwähnung – sowie mit dem Sinn und Zweck dieser Norm (vgl. HRKDSC RStV § 25 Rn. 14; Spindler/Schuster/Holznagel/Grünwald RStV § 25 Rn. 17; BLR RStV § 25 Rn. 14 mwN). Zwingend erscheint diese Annahme im Hinblick auf den vielfaltssichernden Telos des § 25 RStV freilich nicht (so mit Recht schon Hahn/Vesting/Rossen-Stadtfeld RStV § 25 Rn. 61), zumal wenn man einen weiten Kulturbegriff zugrunde legt. Aufgrund der bereits aufgezeigten normstrukturellen Schwächen des § 25 Abs. 3 RStV (→ Rn. 12) sowie der daraus resultierenden praktischen Bedeutungslosigkeit dieser Bestimmung, kann diese Frage letztlich dahingestellt bleiben.

C. Regionale Fenster
I. Allgemeines

§ 25 Abs. 4 RStV schließlich verpflichtet die beiden bundesweit verbreiteten reichweitenstärksten Fernsehvollprogramme zur Ausstrahlung von „Fensterprogramme(n) zur aktuellen und authentischen Darstellung der Ereignisse des politischen, wirtschaftlichen, sozialen und kulturellen Lebens in dem jeweiligen Land". § 2 Abs. 2 Nr. 6 RStV definiert diese Formate als **Regionalfensterprogramme,** dh als zeitlich und räumlich begrenzte Rundfunkprogramme mit im Wesentlichen regionalen Inhalten im Rahmen eines Hauptprogramms. 14

Wie bereits erwähnt (→ Rn. 2), kommen bei der Berechnung des für die konzentrationsrechtliche Betrachtung nach § 26 RStV maßgeblichen Zuschaueranteils vom tatsächlichen Zuschaueranteil zwei **Prozentpunkte in Abzug,** wenn in dem dem Unternehmen zurechenbaren Vollprogramm mit dem höchsten Zuschaueranteil Fensterprogramme gem. § 25 Abs. 4 aufgenommen sind (§ 26 Abs. 2 S. 3 RStV). Zudem sind diese Programmformate auf den Minutenumfang einer eventuellen **Drittsendezeitverpflichtung** (vgl. §§ 26 Abs. 5, 31 Abs. 2 RStV) anrechenbar. 15

Einzelheiten zu § 25 Abs. 4 RStV sind in der auf der Grundlage des § 33 RStV erlassenen „Gemeinsamen Richtlinie der Landesmedienanstalten zur Sicherung der Meinungsvielfalt durch regionale Fenster in Fernsehvollprogrammen nach § 25 RStV (**Fernsehfensterrichtlinie, FFR)**" v. 20.3.2012 niedergelegt. 16

II. Normziel und Normgenese
1. Normziel des § 25 Abs. 4

§ 25 Abs. 4 RStV statuiert eine **positive vielfaltssichernde Maßnahme** in Gestalt sog regionaler Fensterprogramme. Die Bestimmung, in welcher auch der föderale Charakter des Rundfunkrechts zum Ausdruck kommt, zielt darauf ab, durch die Integration unabhängig produzierter Programminhalte das Vielfaltsspektrum privater Rundfunkangebote im regionalen Bereich zu erhöhen (vgl. Hahn/Vesting/Rossen-Stadtfeld RStV § 25 Rn. 64). Regionalfenster sind neben den bundesweit auszustrahlenden Drittsendezeiten (§ 26 Abs. 5 iVm § 31 RStV) momentan das wichtigste Instrument für eine positive inhaltliche Vielfaltssicherung im privaten Fernsehprogramm. 17

2. Normgenese des § 25 Abs. 4

Die Bestimmung hat eine bewegte **Gesetzgebungsgeschichte** hinter sich. Sie geht zurück auf § 20 Abs. 6 RStV 1991, dem zufolge „(i)n bundesweit verbreiteten Fernsehvollprogrammen (…) bei terrestrischer Verbreitung nach Maßgabe des jeweiligen Landesrechts Fensterprogramme aufgenommen werden (sollten)." Der 6. und 7. RÄStV von 2002 bzw. 2004 führten zu deutlichen Verschärfungen der Regeln über Regionalfenster: So wurde infolge übertragungstechnischer Veränderungen die Beschränkung auf eine terrestrische Verbreitung aufgehoben und aus der Soll- eine Muss-Vorschrift. Auch wurde als Bezugsgröße des programmlichen Umfangs der **Stichtag 1.7.2002** festgeschrieben und die Verpflichtung zur Aufnahme von Regionalfenstern auf die beiden reichweitenstärksten Fernsehvollprogramme beschränkt. Durch den 8. RÄStV (2005) erhielt § 25 Abs. 4 RStV sodann seine heutige Gestalt. Durch diese umfassende Neuregelung sollte der Regionalfensterbestand weiter abgesichert werden, weshalb insbes. die **inhaltlichen Anforderungen** an Regionalfenster konkretisiert wurden und die Regelung festlegte, dass Haupt- und Fensterprogrammveranstalter nicht im Verhältnis eines verbundenen Unternehmens stehen durften (amtl. Begr.). Bezogen auf letztere Vorgabe gaben die Freie und Hansestadt Hamburg sowie das Land Nordrhein-Westfalen jedoch eine kritische Protokollerklärung ab, da sie der Auffassung waren, dass „eine hochwertige und unabhängige Regionalberichterstattung auch von mit dem Hauptveranstalter verbundenen Unternehmen gewährleistet werden" könne. Durch den 13. RÄStV (2010) wurden die Regelungen zur Unabhängigkeit des Fenster- vom 18

Hauptprogrammveranstalter weiter präzisiert, um den Vorbehalten dieser beiden Bundesländer Rechnung zu tragen.

III. Verfassungsrechtliche Bedenken

19   Gegen die Regionalfensterverpflichtung aus § 25 Abs. 4 RStV werden verfassungsrechtliche Bedenken erhoben. Schon ihr Zweck sei fragwürdig, da die Verpflichtung offenkundig Aspekte einer **regionalen Wirtschaftsförderung** umfasse, für welche die Länder allerdings keine Gesetzgebungsbefugnis besäßen. Außerdem bestünden Bedenken im Hinblick auf das **Übermaßverbot.** Immerhin stelle die Verpflichtung einen empfindlichen Eingriff in die Rundfunk- und allgemeine Wirtschaftsfreiheit der betroffenen Hauptprogrammveranstalter dar, da sie über die betroffene Sendezeit nicht mehr verfügen könnten und die Tätigkeit des Fensterprogrammveranstalters (meist verlustbringend) zu finanzieren hätten (Spindler/Schuster/Holznagel/Grünwald RStV § 25 Rn. 24).

20   Das System einer Vielfaltssicherung durch Regionalfensterprogramme ist sicherlich in mehrerlei Hinsicht reformbedürftig (auf Einzelheiten hierzu wird nachfolgend und in den weiteren Bestimmungen der §§ 26 ff. RStV noch Bezug genommen – eine scharfe, bisweilen aber auch überzeichnet wirkende medienpolitische Kritik an diesem System formuliert Schawinski, Die TV-Falle: Vom Sendungsbewusstsein zum Fernsehgeschäft, 2007, 177 ff.). „Harte" verfassungsrechtliche Bedenken ergeben sich hieraus freilich nicht: Primäres Ziel des § 25 Abs. 4 RStV ist die Vielfaltssicherung im Fernsehbereich, wofür unzweifelhaft den Ländern eine **Gesetzgebungskompetenz nach Art. 70 Abs. 1 GG** zusteht; regional wirtschaftsfördernde Effekte sind dabei nicht primäres Ziel des gesetzgeberischen Handelns; sie ergeben sich lediglich mittelbar. Hinzu kommt, dass dem Gesetzgeber für die **Ausgestaltung der Rundfunkfreiheit** ein weiter Beurteilungs- und Gestaltungsspielraum zusteht. Auch wenn eigenständige regionale Privatsender eine zunehmende Verbreitung finden sollten (so der Einwand von Spindler/Schuster/Holznagel/Grünwald RStV § 25 Rn. 24), hindert das den Gesetzgeber nicht grds. daran, für besonders reichweitenstarke Programmformate neben dem außenpluralen Ansatz (→ Rn. 2) auch binnenplurale Vielfaltselemente vorzusehen, solange hierdurch die wirtschaftlich tragfähige Veranstaltung solcher Formate nicht unmöglich gemacht wird. Zudem bleiben die privaten Regionalsender zumeist auf Ballungszentren beschränkt und stellen aufgrund ihrer geringeren Zuschauerquote ohnehin eine weniger effiziente Vielfaltsoption dar.

IV. Gesetzliche Vorgaben im Einzelnen

1. Adressat der Regelung

21   Die Pflicht zur Aufnahme von Regionalfenstern besteht für die Veranstalter der „**beiden bundesweit verbreiteten reichweitenstärksten Fernsehvollprogramme** (…)". Seit Bestehen dieser Regelung sind dies die Programme RTL Television der RTL Group S. A. sowie SAT.1 der ProSiebenSat.1 Media AG. Im Unterschied zu den Drittfensterprogrammen nach § 26 Abs. 5 iVm § 31 RStV müssen diese Programme bestimmte Zuschaueranteilsschwellen nicht erreichen.

21.1   Der Begriff Vollprogramm ist in § 2 Abs. 2 Nr. 3 RStV definiert.

2. Umfang und Inhalt der Verpflichtung

22   Gem. **§ 25 Abs. 4 S. 1 RStV** sind die Fensterprogramme „mindestens im zeitlichen und regional differenzierten Umfang der Programmaktivitäten zum 1.7.2002 nach Maßgabe des Landesrechts (…) zur aktuellen und authentischen Darstellung der Ereignisse des politischen, wirtschaftlichen, sozialen und kulturellen Lebens in dem jeweiligen Land" zu veranstalten.

23   Ziffer 1 Abs. 1 FFR konkretisiert dabei den vom Gesetzgeber durch die Stichtagsregelung in Bezug genommenen **Umfang der gesetzlichen Verpflichtung.** Hiernach sind folgende Regionalprogramme mit einer Dauer von werktäglich 30 Minuten brutto außer an Samstagen aufzunehmen: Bei RTL: Bayern, Hamburg und Schleswig-Holstein, Hessen, Niedersachsen und Bremen, Nordrhein-Westfalen, Rhein-Neckar. Bei SAT.1: Bayern, Hamburg

und Schleswig-Holstein, Rheinland-Pfalz und Hessen, Niedersachsen und Bremen, Nordrhein-Westfalen. Zusätzlich werden in Bayern Regionalprogramme mit einer Dauer von jeweils 60 Minuten am Samstag bei SAT.1 und am Sonntag bei RTL aufgenommen (eine ausführliche Übersicht über die Sendeplätze und die jeweiligen Regionalprogrammveranstalter bietet KEK, 15. Jahresbericht, 2012, 53 ff.). Die Festschreibung der Regionalfenster auf den Stichtag 1.7.2002 hat im Ergebnis dazu geführt, dass im Saarland und in den neuen Bundesländern Regionalfensterprogramme nicht veranstaltet werden (vgl. HRKDSC RStV § 25 Rn. 17).

Inhaltlich muss gem. Ziffer 1 Abs. 2 FFR die Nettosendezeit mindestens 20 Minuten 24 redaktionell gestaltete Inhalte zur authentischen Darstellung der Ereignisse des politischen, wirtschaftlichen, sozialen und kulturellen Lebens aus der Region, für die das Regionalprogramm bestimmt ist, enthalten. Davon müssen im Durchschnitt einer Woche mindestens 10 Minuten aktuelle und ereignisbezogene Inhalte sein. Ob die Regionalfensterprogramme diesen **inhaltlichen Anforderungen** genügen, stellen die Landesmedienanstalten durch die ZAK gem. § 36 Abs. 2 Ziff. 6 RStV zum 1. Oktober eines jeden Jahres fest (vgl. Ziffer 1 Abs. 3 FFR).

Die ZAK stützt sich dabei auf die Programmanalyse des Instituts für Medienforschung Göttingen 24.1 & Köln („Inhaltsanalyse landesweit ausgestrahlter Regionalfenster auf den Frequenzen von RTL und SAT.1". Kontinuierliche Programmforschung für die Arbeitsgemeinschaft der Landesmedienanstalten – sog. „Volpers-Studie"; näher hierzu KEK 733, I 3.1).

3. Redaktionelle Unabhängigkeit des Fensterprogrammveranstalters

Gem. § 25 Abs. 4 S. 2 RStV hat der Hauptprogrammveranstalter „organisatorisch sicher- 25 zustellen, dass die redaktionelle Unabhängigkeit des Fensterprogrammveranstalters gewährleistet ist." Diese **redaktionelle Unabhängigkeit** wird zunächst vermutet, wenn dem Veranstalter des Regionalprogramms eine eigenständige Zulassung erteilt ist und er zum Hauptprogrammveranstalter nicht im Verhältnis eines verbundenen Unternehmens nach § 28 RStV steht (Ziffer 3 Abs. 1 FFR).

Ist Letzteres nicht der Fall (vgl. dazu noch unten Rn. 31 f.), kann die redaktionelle 26 Unabhängigkeit auch **auf anderem Wege sichergestellt** werden. Ziffer 3 Abs. 2 FFR benennt hierfür exemplarisch Kriterien: wenn die Programmverantwortlichen des Regionalfensterprogramms im Rahmen einer für die Dauer der Lizenz vorgegebenen finanziellen Ausstattung ihre Entscheidungen ohne Mitwirkungs- oder Zustimmungsbefugnisse des Hauptveranstalters treffen können. Das müsse das Recht einschließen, eigenverantwortlich das redaktionelle Personal einzustellen und die technischen und studiotechnischen Dienstleister zu bestimmen. Die Programmverantwortlichen für die Regionalfensterprogramme seien für die Dauer der Zulassung zu berufen und gegenüber der zuständigen Landesmedienanstalt zu benennen. Der Dienst- oder Arbeitsvertrag des Geschäftsführers des Regionalfensterprogrammveranstalters und des Programmverantwortlichen für das Regionalfensterprogramm dürfe nur aus wichtigem Grund gekündigt werden; der programmverantwortliche Geschäftsführer dürfe abweichend von § 38 Abs. 1 GmbHG nur aus wichtigem Grund abberufen werden (vgl. zudem KEK 491, II 3.2, 607, II 2.2).

Für die redaktionelle Unabhängigkeit soll zusätzlich sprechen, wenn ein vom Hauptpro- 27 grammveranstalter unabhängiger **Programmbeirat** entsprechend § 32 RStV für das Regionalprogramm besteht oder wenn die redaktionelle Unabhängigkeit durch ein Redaktionsstatut abgesichert ist (Ziffer 3 Abs. 3 FFR).

4. Auswahl und Zulassung des Fensterprogrammveranstalters

Gem. § 25 Abs. 4 S. 3 RStV ist dem Fensterprogrammveranstalter eine gesonderte Zu- 28 lassung zu erteilen. Auswahl und Zulassung des Veranstalters obliegen dabei der für das jeweilige Verbreitungsgebiet des Regionalprogramms zuständigen **Landesmedienanstalt** nach Maßgabe des Landesrechts; diese führt auch die Aufsicht über das Programm (vgl. § 36 Abs. 5 S. 1 RStV, Ziffer 2 S. 1 FFR). Vorgaben für die Dauer der Zulassung enthält – im Gegensatz zur Zulassung von Drittfensterveranstaltern (vgl. § 31 Abs. 6 S. 4 Hs. 1 RStV) –

weder der RStV noch die FFR; insoweit sind landesrechtliche Regelungen zu beachten. Ein Auswahl- und Zulassungsverfahren in Gestalt einer Ausschreibung, welches § 31 RStV für die Einräumung von Drittsendezeit statuiert, ist dabei ebenfalls nicht im RStV geregelt; Vorgaben hierfür ergeben sich erneut aus dem jeweiligen Landesrecht.

29 Allerdings ist in diesem Auswahl- und Zulassungsprozess das **Benehmen mit der KEK** als dem für die Sicherung der Meinungsvielfalt zuständigen Organ der Landesmedienanstalten herzustellen (vgl. § 36 Abs. 5 S. 2 RStV, Ziffer 2 S. 2 FFR). Hierdurch soll ein möglichst hohes Maß an Standortunabhängigkeit bei der Entscheidungsfindung erreicht werden (vgl. amtl. Begr. zu § 36 RStV zum 3. RÄStV). Die Herstellung des „Benehmens" vor der Auswahlentscheidung geht über eine bloße „Anhörung" hinaus. Während die „Anhörung" lediglich auf eine gutachterliche oder interessenwahrende Einflussnahme des Anzuhörenden auf die Entscheidung zielt, sieht der RStV mit dem Erfordernis des „Benehmens" eine begrenzte inhaltliche Einbindung der KEK in die Entscheidungsverantwortung der Landesmedienanstalt vor. Das Verfahren der Benehmensherstellung ist deshalb als „dritter Weg" zwischen der bloßen Anhörung und der Herstellung eines Einvernehmens zu qualifizieren (allgemein zum verwaltungsrechtlichen Begriff des „Benehmens" Wolff/Bachof/Stober/Kluth Verwaltungsrecht Band 1, 12. Aufl. 2007 § 45 Rn. 62). Sie erfordert deshalb von Seiten der Landesmedienanstalt, der KEK das für deren Entscheidungsbeitrag notwendige Tatsachenmaterial vorzulegen und bei ihrer Entscheidung der Auffassung der KEK nach Möglichkeit Rechnung zu tragen. Die zuständige Landesmedienanstalt hat deshalb die tatsächlichen und rechtlichen Erwägungen der KEK nicht bloß zur Kenntnis zu nehmen, sondern diese sorgfältig zu prüfen und nach Möglichkeit inhaltliche Differenzen auszugleichen, bevor sie eine abweichende Sachentscheidung trifft (st. Spruchpraxis der KEK – s. nur KEK 136-3, KEK 662, KEK 733, jeweils sub II 1.2). Die im Interesse der Meinungsvielfalt von der KEK zu überprüfenden Anforderungen umfassen dabei die Voraussetzungen der Zulassungsfähigkeit des Bewerbers für die Regionalfensterzulassung gem. § 25 Abs. 4 RStV.

30 Im Gegensatz zu § 31 Abs. 6 S. 4 RStV schweigt § 25 Abs. 4 RStV zu der Frage, wie zu verfahren ist, wenn die Zulassung des Hauptprogrammveranstalters erlischt, etwa weil sie widerrufen wird oder der Hauptprogrammveranstalter auf sie verzichtet. Aufgrund der **Akzessorietät des Regionalprogramms** zum Hauptprogramm wird man in derartigen Fällen gem. § 43 Abs. 2 VwVfG von einer Erledigung der Fensterprogrammzulassung „auf andere Weise" auszugehen haben.

5. Rechtliche Unabhängigkeit des Fensterprogrammveranstalters

31 § 25 Abs. 4 S. 4 RStV fordert neben der redaktionellen Unabhängigkeit (→ Rn. 25 ff.) zudem, dass „Fensterprogrammveranstalter und Hauptprogrammveranstalter (...) zueinander nicht im Verhältnis eines verbundenen Unternehmens nach § 28 RStV stehen (sollen), es sei denn, zum 31. Dezember 2009 bestehende landesrechtliche Regelungen stellen die Unabhängigkeit in anderer Weise sicher." Diese die redaktionelle Unabhängigkeit absichernde Vorgabe steht damit unter einer **doppelten Einschränkung:** Zum einen handelt es sich um eine Soll-Vorschrift, zum anderen kann das Landesrecht die (redaktionelle) Unabhängigkeit des Fenster- vom Hauptprogrammveranstalter auch auf andere Weise sicherstellen. Wie oben (→ Rn. 18) bereits ausgeführt, ist letzterer Vorbehalt auf Drängen der Bundesländer Hamburg und Nordrhein-Westfalen in den RStV eingefügt worden, da die für diesen Landesbereich tätigen Fensterprogrammveranstalter RTL West GmbH, RTL Nord GmbH sowie SAT.1 Norddeutschland GmbH mit den Hauptprogrammveranstaltern RTL und ProSiebenSat.1 iSd § 28 RStV verbunden sind (vgl. hierzu KEK, 15. Jahresbericht, 2012, 54 ff.; zur Rechtslage vor dem 31.12.2009 s. HRKDSC RStV § 25 Rn. 19; Spindler/Schuster/Holznagel/Grünwald RStV § 25 Rn. 22).

31.1 Eine entsprechende Regelung findet sich in § 31a Abs. 3 LMG NRW v. 8.12.2009 (GV NRW 2009, 728). Die Entscheidung, was in diesem Zusammenhang als geeignete Maßnahme für redaktionelle Unabhängigkeit angesehen werden kann, wird von dieser Regelung der LfM überlassen. Zudem soll in einem solchen Fall zur Sicherstellung der redaktionellen Unabhängigkeit an dem Regionalfensterprogrammveranstalter neben dem Hauptprogrammveranstalter mindestens ein weiterer Gesellschafter mit 25 % der Kapital- oder Stimmrechtsanteile beteiligt sein.

§ 25 Abs. 4 S. 5 RStV stellt im Übrigen klar, dass zum 31.12.2009 bestehende Zulassungen durch die Neuregelung unberührt bleiben (zur Übergangsregelung in § 53b Abs. 1 S. 2 RStV vgl. HRKDSC RStV § 25 Rn. 19). Zudem ist eine Verlängerung dieser Zulassungen gem. § 25 Abs. 4 S. 6 RStV zulässig. Letztere Regelung zielt ausweislich der amtlichen Begründung auf einen Schutz derjenigen landesbezogenen Rahmenbedingungen von Regionalfensterzulassungen ab, die vor der Änderung des RStV bestanden. Hieraus folgt, dass ihre Verlängerung auf der am 31.12.2009 bestehenden landesrechtlichen Grundlage möglich ist. Für bislang bereits gesellschaftsrechtlich unabhängige Regionalfenster sowie neue Regionalfenster bleibt es hingegen beim Grundsatz nach § 25 Abs. 4 S. 4 Hs. 1 RStV (HRKDSC RStV § 25 Rn. 19).

6. Finanzierung des Fensterprogramms

Gem. **§ 25 Abs. 4 S. 7 RStV** ist mit der Organisation der Fensterprogramme zugleich deren Finanzierung durch den Hauptprogrammveranstalter sicherzustellen. Ziffer 4 Abs. 1 FFR konkretisiert diese gesetzliche Vorgabe dahingehend, dass die finanzielle Ausstattung den Regionalprogrammveranstalter oder seinen Zulieferer in die Lage versetzen muss, die programmlichen Anforderungen an das Regionalprogramm in eigener Verantwortung zu erfüllen; sie muss mit anderen Worten angemessen sein. Die Prüfung der **Angemessenheit der finanziellen Ausstattung** soll dabei im Rahmen einer Gesamtbetrachtung und unter Berücksichtigung der sonstigen Vertragsverhältnisse zwischen dem zugelassenen Regionalprogrammveranstalter oder dem Zulieferer und dem Hauptprogrammveranstalter und ihm zurechenbaren Unternehmen erfolgen. Als **Finanzierungsmodelle** kommen dabei sowohl Produktionskostenzuschüsse als auch eine Beteiligung an der Werbezeitenvermarktung in Betracht (Spindler/Schuster/Holznagel/Grünwald RStV § 25 Rn. 23; s. ferner Hahn/Vesting/Rossen-Stadtfeld RStV § 25 Rn. 66).

Laut Ziffer 4 Abs. 2 FFR wird die Erfüllung dieser Voraussetzungen vermutet, wenn die finanzielle Ausstattung bis zum 31.12.2012 im Volumen mindestens dem Finanzbudget zum Zeitpunkt 1.7.2002 entspricht. Bei Unterschreiten dieses Volumens ist der zuständigen Landesmedienanstalt die ausreichende finanzielle Mindestausstattung nach Ziffer 4 Abs. 1 FFR nachzuweisen.

Bei der Feststellung, ob die angemessene Finanzierung der Regionalfenster durch den Hauptprogrammveranstalter iSd § 25 Abs. 4 S. 7 RStV sichergestellt ist, beschränkt sich die **KEK** – wie auch bei den Drittsendezeiten (§ 31 RStV) – im Rahmen der Benehmensherstellung auf eine **Plausibilitätskontrolle** der Beurteilung seitens der Landesmedienanstalt (KEK 722, II 5).

7. Organisatorische Abstimmung der Fensterprogramme

§ 25 Abs. 4 S. 8 RStV schließlich sieht vor, dass die Landesmedienanstalten die Organisation der Fensterprogramme in zeitlicher und technischer Hinsicht unter Berücksichtigung der Interessen der betroffenen Veranstalter abstimmen. Mit dem Begriff „Veranstalter" werden dabei sowohl die Haupt- als auch die Regionalfensterprogrammveranstalter in Bezug genommen (HRKDSC RStV § 25 Rn. 21). Ziffer 5 FFR trifft zu dieser Abstimmung detaillierte Vorgaben.

§ 26 Sicherung der Meinungsvielfalt im Fernsehen

(1) Ein Unternehmen (natürliche oder juristische Person oder Personenvereinigung) darf in der Bundesrepublik Deutschland selbst oder durch ihm zurechenbare Unternehmen bundesweit im Fernsehen eine unbegrenzte Anzahl von Programmen veranstalten, es sei denn, es erlangt dadurch vorherrschende Meinungsmacht nach Maßgabe der nachfolgenden Bestimmungen.

(2) [1]Erreichen die einem Unternehmen zurechenbaren Programme im Durchschnitt eines Jahres einen Zuschaueranteil von 30 vom Hundert, so wird vermutet, daß vorherrschende Meinungsmacht gegeben ist. [2]Gleiches gilt bei Erreichen eines Zuschaueranteils von 25 vom Hundert, sofern das Unternehmen auf einem medienrelevanten verwandten Markt eine marktbeherrschende Stellung hat oder eine Gesamtbeurteilung seiner Aktivitäten im Fernsehen und auf medienrelevanten verwandten Märkten ergibt, daß der dadurch erzielte Meinungseinfluß dem eines Unternehmens mit einem Zuschaueranteil von 30 vom Hundert im Fernsehen entspricht. ³Bei der Berechnung des nach Satz 2 maßgeblichen Zuschaueranteils kommen vom tatsächlichen Zuschaueranteil zwei Prozentpunkte in Abzug, wenn in dem dem Unternehmen zurechenbaren Vollprogramm mit dem höchsten Zuschaueranteil Fensterprogramme gemäß § 25 Abs. 4 aufgenommen sind; bei gleichzeitiger Aufnahme von Sendezeit für Dritte nach Maßgabe des Absatzes 5 kommen vom tatsächlichen Zuschaueranteil weitere drei Prozentpunkte in Abzug.

(3) Hat ein Unternehmen mit den ihm zurechenbaren Programmen vorherrschende Meinungsmacht erlangt, so darf für weitere diesem Unternehmen zurechenbare Programme keine Zulassung erteilt oder der Erwerb weiterer zurechenbarer Beteiligungen an Veranstaltern nicht als unbedenklich bestätigt werden.

(4) ¹Hat ein Unternehmen mit den ihm zurechenbaren Programmen vorherrschende Meinungsmacht erlangt, schlägt die zuständige Landesmedienanstalt durch die Kommission zur Ermittlung der Konzentration im Medienbereich (KEK, § 35 Abs. 2 Satz 1 Nr. 3) dem Unternehmen folgende Maßnahmen vor:

1. Das Unternehmen kann ihm zurechenbare Beteiligungen an Veranstaltern aufgeben, bis der zurechenbare Zuschaueranteil des Unternehmens hierdurch unter die Grenze nach Absatz 2 Satz 1 fällt, oder
2. es kann im Falle des Absatzes 2 Satz 2 seine Marktstellung auf medienrelevanten verwandten Märkten vermindern oder ihm zurechenbare Beteiligungen an Veranstaltern aufgeben, bis keine vorherrschende Meinungsmacht nach Absatz 2 Satz 2 mehr gegeben ist, oder
3. es kann bei ihm zurechenbaren Veranstaltern vielfaltssichernde Maßnahmen im Sinne der §§ 30 bis 32 ergreifen.

²Die KEK erörtert mit dem Unternehmen die in Betracht kommenden Maßnahmen mit dem Ziel, eine einvernehmliche Regelung herbeizuführen. ³Kommt keine Einigung zustande oder werden die einvernehmlich zwischen dem Unternehmen und der KEK vereinbarten Maßnahmen nicht in angemessener Frist durchgeführt, so sind von der zuständigen Landesmedienanstalt nach Feststellung durch die KEK die Zulassungen von so vielen dem Unternehmen zurechenbaren Programmen zu widerrufen, bis keine vorherrschende Meinungsmacht durch das Unternehmen mehr gegeben ist. ⁴Die Auswahl trifft die KEK unter Berücksichtigung der Besonderheiten des Einzelfalles. ⁵Eine Entschädigung für Vermögensnachteile durch den Widerruf der Zulassung wird nicht gewährt.

(5) ¹Erreicht ein Veranstalter mit einem Vollprogramm oder einem Spartenprogramm mit Schwerpunkt Information im Durchschnitt eines Jahres einen Zuschaueranteil von 10 vom Hundert, hat er binnen sechs Monaten nach Feststellung und Mitteilung durch die zuständige Landesmedienanstalt Sendezeit für unabhängige Dritte nach Maßgabe von § 31 einzuräumen. ²Erreicht ein Unternehmen mit ihm zurechenbaren Programmen im Durchschnitt eines Jahres einen Zuschaueranteil von 20 vom Hundert, ohne dass eines der Vollprogramme oder Spartenprogramme mit Schwerpunkt Information einen Zuschaueranteil von zehn vom Hundert erreicht, trifft die Verpflichtung nach Satz 1 den Veranstalter des dem Unternehmen zurechenbaren Programms mit dem höchsten Zuschaueranteil. ³Trifft der Veranstalter die danach erforderlichen Maßnahmen nicht, ist von der zuständigen Landesmedienanstalt nach Feststellung durch die KEK die Zulassung zu widerrufen. ⁴Absatz 4 Satz 5 gilt entsprechend.

(6) ¹Die Landesmedienanstalten veröffentlichen gemeinsam alle drei Jahre oder auf Anforderung der Länder einen Bericht der KEK über die Entwicklung der Konzentration und über Maßnahmen zur Sicherung der Meinungsvielfalt im privaten Rundfunk unter Berücksichtigung von

Sicherung der Meinungsvielfalt im Fernsehen § 26 RStV

1. **Verflechtungen zwischen Fernsehen und medienrelevanten verwandten Märkten,**
2. **horizontalen Verflechtungen zwischen Rundfunkveranstaltern in verschiedenen Verbreitungsgebieten und**
3. **internationalen Verflechtungen im Medienbereich.**

²Der Bericht soll auch zur Anwendung der §§ 26 bis 32 und zu erforderlichen Änderungen dieser Bestimmungen Stellung nehmen.

(7) ¹Die Landesmedienanstalten veröffentlichen jährlich eine von der KEK zu erstellende Programmliste. ²In die Programmliste sind alle Programme, ihre Veranstalter und deren Beteiligte aufzunehmen.

§ 26 RStV verwirklicht ein „negatives", außenplurales Konzept der Vielfaltssicherung in Gestalt des fernsehzentrierten Zuschaueranteilsmodells (→ Rn. 1–4). Zuständig für den Vollzug dieser Regelung ist die KEK (→ Rn. 5). Als Medienkonzentrationsrecht steht sie neben einer rein wettbewerbsrechtlichen Kontrolle der Medienmärkte (→ Rn. 6–8).

§ 26 Abs. 1 RStV beinhaltet einen Grundtatbestand zur Verhinderung vorherrschender Meinungsmacht. Dieser kommt neben der nicht abschließenden Konkretisierung in § 26 Abs. 2 RStV zur Anwendung (→ Rn. 9–12). Hinsichtlich der Beurteilung des Vorliegens vorherrschender Meinungsmacht steht der KEK ein Beurteilungsspielraum zu (→ Rn. 13).

§ 26 Abs. 2 RStV konkretisiert durch widerlegliche Vermutungstatbestände den Begriff der vorherrschenden Meinungsmacht. Die Regelung stellt einerseits auf einen 30%-tigen Zuschaueranteil, andererseits auf einen 25%-tigen Zuschaueranteil in Verbindung mit einer hervorgehobenen Stellung auf einem medienrelevanten verwandten Markt ab (→ Rn. 14–27). Zugleich beinhalten diese Vermutungstatbestände materiell-rechtliche Regelbeispiele, welche die Interpretation des unbestimmten Rechtsbegriffs „vorherrschende Meinungsmacht" nach § 26 Abs. 1 RStV zu leiten haben (→ Rn. 28–29). Daneben privilegiert § 26 Abs. 2 S. 3 RStV meinungsmächtige Fernsehunternehmen durch eine in ihrer Anwendung umstrittene Bonifizierungsregelung (→ Rn. 30–31).

Verfügt ein Fernsehunternehmen über vorherrschende Meinungsmacht iSd § 26 Abs. 1 bzw. 2 RStV, dann greifen die Rechtsfolgen des § 26 Abs. 3 oder 4 RStV. Hiernach ist dem betroffenen Unternehmen entweder eine weitere Programmzulassung oder eine Beteiligungsveränderung zu versagen. Bei internem Wachstum des Unternehmens kommen zudem vielfaltsbrechende Maßnahmen wie die Aufgabe von Zulassungen, die Aufgabe von Beteiligungen an Programmveranstaltern oder weitere vielfaltssichernde Maßnahmen (Drittsendezeit, Programmbeirat) in Betracht (→ Rn. 32–39).

Daneben statuiert die Regelung in § 26 Abs. 5 RStV allerdings auch Voraussetzungen, unter denen ein Fernsehunternehmen „positive" vielfaltssichernde Maßnahmen in Gestalt der Einräumung von Sendezeit für unabhängige Dritte (§ 31 RStV) zu ergreifen hat. Kommt das Unternehmen dieser Verpflichtung nicht nach, ist ihm die Sendelizenz zu widerrufen (→ Rn. 40–52).

Verpflichtungen der KEK zur Herstellung von Transparenz auf dem Fernsehmarkt und im Hinblick auf die hinter den Programmveranstaltern stehenden Unternehmen (§ 26 Abs. 6 und 7 RStV) runden die Kernbestimmung zur Sicherung der Meinungsvielfalt ab (→ Rn. 53–54).

Übersicht

	Rn		Rn
A. Allgemeines	1	IV. Verhältnis des Medienkonzentrations- zum Wettbewerbsrecht	6
I. Konzeption der Regelung	1	**B. Grundtatbestand (Abs. 1)**	9
1. Vielfaltssicherung durch Außenpluralität	1	I. Begriff der vorherrschenden Meinungsmacht	9
2. Fernsehzentriertes Zuschaueranteilsmodell	2	II. Charakter der Regelung	10
II. Entstehungsgeschichte der Regelung	4	1. § 26 Abs. 1 RStV als eigenständiger Tatbestand?	10
III. KEK als zuständiges Vollzugsorgan	5		

RStV § 26

	Rn
2. Standpunkt der KEK	11
3. Standpunkt der Rspr.	12
III. Beurteilungsspielraum	13
C. Vermutungstatbestände (Abs. 2)	14
I. Struktur der Regelung	14
II. Vermutungsbasis	16
1. 30 % Zuschaueranteil	16
2. 25 % Zuschaueranteil	18
III. Vermutungsfolge	27
IV. Vermutungstatbestände als Regelbeispiele	28
V. Bonifizierung	30
D. Rechtsfolgen vorherrschender Meinungsmacht (Abs. 3 und 4)	32
I. Keine Zulassungserteilung oder Unbedenklichkeitsbestätigung	33
II. Sonstige Maßnahmen bei Erlangung vorherrschender Meinungsmacht	35

	Rn
1. Allgemeine Bedeutung der Regelung	35
2. Mögliche Maßnahmen	36
3. Verfahren	37
E. Sendezeit für unabhängige Dritte (Abs. 5)	40
I. Allgemeine Bedeutung der Regelung	40
II. Voraussetzungen für die Einräumung von Drittsendezeiten	42
1. Materielle Anforderungen	42
2. Verfahrensrechtliche Anforderungen	44
3. Rechtsnatur der Feststellung und Mitteilung	45
III. Entfallen der Voraussetzungen für die Einräumung von Drittsendezeiten	48
IV. Widerruf der Zulassung	52
F. Transparenzverpflichtungen	53

A. Allgemeines

I. Konzeption der Regelung

1. Vielfaltssicherung durch Außenpluralität

1 § 26 RStV beinhaltet die **Kernbestimmung** des dritten Unterabschnitts über die Sicherung der Meinungsvielfalt im privaten Rundfunk. Sie bezweckt die Verwirklichung von Meinungsvielfalt durch eine Begrenzung des Meinungseinflusses der jeweiligen Programmanbieter. Dies setzt die Existenz eigenständiger, dh voneinander unabhängiger Programmanbieter voraus. Im Unterschied zu § 25 Abs. 2–4 sowie § 31 RStV liegt der Regelung deshalb das Konzept einer sog (negativen) **außenpluralen** und nicht einer (positiven) binnenpluralen **Vielfaltssicherung** zugrunde. Der Gesetzgeber entspricht mit dieser Regelung seiner aus der Rundfunkfreiheit (Art. 5 Abs. 1 S. 2 GG) fließenden Verpflichtung, eine positive Ordnung zu schaffen, welche sicherstellt, dass die Vielfalt der bestehenden Meinungen im Rundfunk in größtmöglicher Breite und Vollständigkeit zum Ausdruck kommt. Wegen der mit den Konzentrationsentwicklungen im Rundfunk verbundenen Risiken einer einseitigen Einflussnahme auf die öffentliche Meinungsbildung sieht das BVerG in ständiger Rspr. Vorkehrungen zum Schutz der publizistischen Vielfalt als verfassungsrechtlich geboten an, zumal einmal eingetretene Fehlentwicklungen sich – wenn überhaupt – nur bedingt und nur unter erheblichen Schwierigkeiten rückgängig machen ließen (vgl. BVerfGE 57, 322 f.; 73, 160; 114, 389; 119, 181).

2. Fernsehzentriertes Zuschaueranteilsmodell

2 Der Anwendungsbereich der Norm ist allerdings in zweifacher Hinsicht stark limitiert: So bezieht sie sich im Ausgangspunkt zum einen nur auf das private Fernsehen (sog „fernsehzentrierter Ansatz"), welches zum anderen bundesweit veranstaltet werden muss (vgl. insoweit auch § 39 S. 1 RStV). Diese **Fernsehzentrierung** beruht auf der Annahme, dass das Fernsehen aufgrund seiner Aktualität, Breitenwirkung und Suggestivkraft zu den wirkmächtigsten Medien gehört und deshalb einer besonderen vielfaltssichernden Regulierung zu unterstellen ist. Hinzu kommt, dass das Fernsehen nach wie vor zur meistgenutzten Mediengattung gehört und es deshalb eine leitmediale Stellung einnimmt. Private Veranstalter regionaler und lokaler Fernseh- oder Hörfunkprogramme unterliegen zum Teil Sonderregelungen in den Mediengesetzen der Länder, welche insbes. crossmediale Verbindungen zwischen Rundfunk und Presse in sich überschneidenden regionalen oder lokalen Verbrei-

tungsgebieten zu beschränken versuchen (Spindler/Schuster/Holznagel/Grünwald RStV § 26 Rn. 2. Ausf. zu Letzterem Hohlfeld/Müller-Terpitz/Holznagel, Medienkonzentrationskontrolle – Quo vadis?, 2012, 65 ff.; Schwartmann ZUM 2009, 842 ff.).

Zur Erreichung seines Ziels baut § 26 RStV auf das **Zuschaueranteilsmodell** (allg. hierzu Reinlein, Medienfreiheit und Medienvielfalt, 2011, 232 ff.). Das interne oder externe Wachstum eines Programmveranstalters wird hiernach begrenzt bzw. reguliert, wenn dieser mit den ihm zurechenbaren Programmen (vgl. § 28 RStV) einen bestimmten Zuschaueranteil erreicht. Wie viele zurechenbare Programme dieses Unternehmen veranstaltet, ist dabei ohne Belang. **3**

II. Entstehungsgeschichte der Regelung

Die Bestimmung, die auf dem sog „Kompromiss von Bad Neuenahr" beruht, wurde durch den **3. RÄStV** mit Wirkung zum 1.1.1997 in den RStV eingefügt. Ihre heutige Fassung hat sie durch den **6. RÄStV** (2002) erhalten. Sie stellt eine bewusste Abkehr von der numerischen Begrenzung der Beteiligungsmöglichkeiten an Hörfunk- und Fernsehveranstaltern durch § 21 RStV 1991 dar, welcher seinerseits auf Art. 8 Abs. 5 RStV 1987 zurückging (zur alten Rechtslage vgl. Engel ZUM 1993, 557 ff.; Lehr ZUM 1995, 669 ff.; Stock ZUM 1994, 207 ff.). Letztere Bestimmungen zur Sicherung der Meinungsvielfalt hatten sich in der Praxis nicht bewährt. **4**

III. KEK als zuständiges Vollzugsorgan

Zuständig für die Sicherung der Meinungsvielfalt nach Maßgabe des § 26 RStV ist die **Kommission zur Ermittlung der Konzentration im Medienbereich (KEK)**. Neben speziellen Zuständigkeitszuweisungen in den §§ 26–34 RStV ergibt sich dies aus § 35 Abs. 1 und 2 iVm § 36 Abs. 4 und 5 RStV. Ihre Organisation ist in § 35 Abs. 5 RStV geregelt. **5**

IV. Verhältnis des Medienkonzentrations- zum Wettbewerbsrecht

Gegenüber der im Gesetz gegen Wettbewerbsbeschränkungen (GWB) geregelten **kartellrechtlichen Kontrolle** der Medienmärkte verfolgt § 26 RStV eigenständige Zielsetzungen: Das GWB ist darauf gerichtet, externes Wachstum (zB durch Unternehmensfusionen) zu verhindern, wenn hierdurch marktbeherrschende Stellungen entstehen oder verfestigt werden (vgl. §§ 35 ff. GWB). Bei einem durch unternehmerischen Erfolg am Markt bedingten internen Wachstum zielt es auf die Verhinderung des Missbrauchs einer hieraus möglicherweise entstehenden marktbeherrschenden Stellung (vgl. §§ 18 ff. GWB). In beiden Fällen steht der Schutz des ökonomischen Wettbewerbs im Vordergrund. **6**

§ 26 RStV hingegen sichert als sog **Medienkonzentrationsrecht** (zum Begriff Gounalakis/Zagouras, Medienkonzentrationsrecht, 2008, 1) den publizistischen Wettbewerb, indem er verhindert, dass ein Programmveranstalter vorherrschende Meinungsmacht auf dem „Markt der Meinungen" erlangt. Während das Wettbewerbsrecht grds. dem Offenhalten ökonomischer Märkte zu dienen bestimmt ist, soll § 26 RStV die demokratische Öffentlichkeit sowohl vor einem externen als auch vor einem internen Wachstum auf dem „Zuschaueranteilsmarkt" schützen, dem mit einem bloß kartellrechtlichen Instrumentarium, dh mit einem an ökonomischen Parametern orientierten Fusionsverbot oder einer Missbrauchsaufsicht nicht gleichermaßen beizukommen wäre. Vielmehr hält § 26 RStV in seinen Absätzen 3 und 4 hierfür ein spezielles Rechtsfolgerepertoire bereit, um im Entstehen begriffener oder bereits entstandener publizistischer Meinungsmacht effektiv zu begegnen (wie hier Hahn/Vesting/Trute RStV § 26 Rn. 8. S. ferner Paal, Medienvielfalt und Wettbewerbsrecht, 2010, 303 ff.). **7**

Nach gefestigter Rspr. des BVerfG (BVerfGE 12, 205 ff.) steht den Ländern für diese publizistische Vielfaltssicherung die **Gesetzgebungskompetenz** zu. Ob publizistische Belange auch bei einer kartellrechtlichen Regelung stärker berücksichtigt werden könnten (so unlängst Spindler AfP 2012, 334 ff.), erscheint aus kompetenzieller Sicht deshalb fraglich (vgl. Hahn/Vesting/Trute RStV § 26 Rn. 9). **8**

B. Grundtatbestand (Abs. 1)

I. Begriff der vorherrschenden Meinungsmacht

9 § 26 Abs. 1 RStV beinhaltet den Grundtatbestand der Medienkonzentrationskontrolle: Hiernach darf ein Unternehmen, welches vom Gesetz als eine natürliche oder juristische Person oder Personenvereinigung definiert wird, in der Bundesrepublik Deutschland selbst oder durch ihm zurechenbare Unternehmen bundesweit im Fernsehen eine unbegrenzte Anzahl von Programmen veranstalten, es sei denn, es erlangt dadurch vorherrschende Meinungsmacht nach Maßgabe der nachfolgenden Bestimmungen. Der unbestimmte Rechtsbegriff **„vorherrschende Meinungsmacht"** wird vom Gesetz allerdings nicht definiert, sondern seine Konkretisierung den nachfolgenden Vermutungstatbeständen des § 26 Abs. 2 RStV überantwortet. In Anlehnung an die Niedersachsen-Entscheidung des BVerfG wird man unter diesem Topos einen einseitigen, in hohem Maße ungleichgewichtigen Einfluss eines einzelnen Veranstalters oder Programms auf die Bildung der öffentlichen Meinung verstehen können (vgl. BVerfGE 73, 159 f. sowie § 25 Abs. 2 RStV. AA Trafkowski, Medienkartellrecht, 2001, 178, dem zufolge das BVerfG den Begriff „vorherrschende Meinungsmacht" nicht definiert habe). Vorherrschende Meinungsmacht bedeutet somit, dass der Rundfunk einer oder einzelnen gesellschaftlichen Gruppen ausgeliefert wird, die sodann in hohem Maße einseitig auf die öffentliche Meinung Einfluss nehmen können, während andere Gruppen möglicherweise vom Meinungsbildungsprozess ausgeschlossen werden (KEK 293-1 III 2 unter Berufung auf BVerfGE 57, 322 f.).

II. Charakter der Regelung

1. § 26 Abs. 1 RStV als eigenständiger Tatbestand?

10 Die fehlende gesetzliche Definition des Begriffs „vorherrschende Meinungsmacht" sowie der Hinweis auf seine Konkretisierung durch die „nachfolgenden Bestimmungen" hat zu der Frage geführt, ob jenem Begriff eine **eigenständige Bedeutung** zukommt oder ob seine Konkretisierung durch § 26 Abs. 2 RStV als abschließend zu begreifen ist.

2. Standpunkt der KEK

11 Zwar scheint prima facie der Wortlaut des § 26 Abs. 1 RStV („nach Maßgabe der nachfolgenden Bestimmungen") für letztere Annahme zu streiten. Einer solchen Sichtweise steht andererseits jedoch der Charakter des § 26 Abs. 2 RStV als Vermutungsregelung und damit als eine (formelle) Bestimmung des Beweisrechts entgegen. Als solche trifft sie in erster Linie eine Aussage zu der Frage, wie zu verfahren ist, wenn das materiell-rechtliche Vorliegen vorherrschender Meinungsmacht durch Subsumtion unter diesen unbestimmten Rechtsbegriff nicht zu klären ist. Die KEK hat denn auch zu Recht von Beginn an § 26 Abs. 1 RStV als einen **materiellen Grundtatbestand** qualifiziert, auf den auch dann zurückgegriffen werden kann, wenn die Vermutungstatbestände des § 26 Abs. 2 RStV nicht erfüllt sind (ausführlich hierzu KEK 293-1 III 3 mwN zur Lit.; zuletzt etwa KEK 737 III 3.2.1). Zur Begründung dieser Sichtweise hat man ergänzend auf die Entstehungsgeschichte des § 26 RStV sowie auf den aus der Rundfunkfreiheit fließenden Verfassungsauftrag zur effektiven Sicherung von Meinungspluralität rekurriert. Nach dieser Sichtweise handelt es sich bei § 26 Abs. 2 RStV folglich nicht um eine abschließende Regelung, wohl aber um eine solche, der nach der Auffassung der KEK für die Interpretation des unbestimmten Rechtsbegriffs „vorherrschende Meinungsmacht" in § 26 Abs. 1 RStV eine „gesetzliche Leitbildfunktion" zukommt (KEK 293-1 III 5).

3. Standpunkt der Rspr.

12 Dieser Sichtweise ist von Teilen des rechtswissenschaftlichen Schrifttums insbes. unter Berufung auf den Wortlaut des § 26 Abs. 1 RStV vehement widersprochen worden (vgl. insoweit die zahlreichen Nachw. bei KEK 293-1 3.1). Das **Bundesverwaltungsgericht** hat sich in seiner Leitentscheidung zu § 26 RStV aus dem Jahre 2010 allerdings der KEK-Auffassung grds. angeschlossen und interpretiert § 26 Abs. 2 RStV ebenfalls nicht als abschließende Regelung (BVerwG ZUM-RD 2011, 326 Rn. 31 ff. Zuvor schon VG Mün-

chen ZUM 2008, 347 ff.). In Anlehnung an die Interpretation der KEK sieht er in den Vermutungstatbeständen des § 26 Abs. 2 RStV allerdings „Regelbeispiele" bzw. „Regelbeispiele mit Leitbildcharakter", welche die Interpretation des unbestimmten Rechtsbegriffs „vorherrschende Meinungsmacht" zu leiten haben (BVerwG ZUM-RD 2011, 326 Rn. 31. Dazu noch unten → Rn. 28 f.).

III. Beurteilungsspielraum

Bei der Konkretisierung des unbestimmten Gesetzesbegriffs „vorherrschende Meinungsmacht" kommt der KEK als Sachverständigengremium (vgl. § 35 Abs. 5 RStV) im Übrigen ein **Beurteilungsspielraum** zu. Die Verwaltungsgerichte haben deshalb lediglich zu überprüfen, ob die KEK die gültigen Verfahrensbestimmungen eingehalten hat, von einem richtigen Verständnis des anzuwendenden Gesetzesbegriffs ausgegangen ist, den erheblichen Sachverhalt vollständig und zutreffend ermittelt und sich bei der eigentlichen Beurteilung an allgemein gültige Wertungsmaßstäbe wie insbes. das Willkürverbot gehalten hat (VG München ZUM 2008, 349; BVerwG MMR 2012, 328 Rn. 42 ff.). 13

C. Vermutungstatbestände (Abs. 2)

I. Struktur der Regelung

Die Frage, wann von vorherrschender Meinungsmacht auszugehen ist, wird durch die gesetzlichen Vermutungstatbestände in § 26 Abs. 2 RStV konkretisiert. Die Regelung statuiert **drei Alternativen:** So stellt § 26 Abs. 2 S. 1 RStV zunächst fest, dass die Vermutung für vorherrschende Meinungsmacht besteht, wenn ein Unternehmen mit den ihm zurechenbaren Programmen im Durchschnitt eines Jahres einen Zuschaueranteil von 30% erreicht. § 26 Abs. 2 S. 2 RStV ergänzt diesen Grundtatbestand um zwei weitere Alternativen, welche jeweils zur Voraussetzung haben, dass das Unternehmen einen Zuschaueranteil von 25% erreicht: In seiner ersten Variante (= zweite Alternative) wird vorherrschende Meinungsmacht hiernach vermutet, wenn dieses Unternehmen kumulativ auf einem medienrelevanten verwandten Markt über eine marktbeherrschende Stellung verfügt. In seiner zweiten Variante (= dritte Alternative) greift diese Vermutung ein, wenn eine Gesamtbeurteilung seiner Aktivitäten im Fernsehen und auf medienrelevanten verwandten Märkten ergibt, dass der dadurch erzielte Meinungseinfluss dem eines Unternehmens mit einem Zuschaueranteil von 30% entspricht. Die zweite und dritte Variante ermöglichen mithin die Herstellung **crossmedialer Bezüge** bei der Ermittlung vorherrschender Meinungsmacht. 14

§ 26 Abs. 2 S. 3 RStV schließlich statuiert eine **Bonifizierungsregelung** zugunsten der Unternehmen. Nach dieser sind bei der Berechnung des nach § 25 Abs. 2 S. 2 RStV maßgeblichen Zuschaueranteils zwei bzw. drei Prozentpunkte in Abzug zu bringen, wenn das Unternehmen Regionalfensterprogramme (§ 25 Abs. 4 RStV) bzw. Sendezeiten für unabhängige Dritte (§ 31 RStV) in sein Hauptprogramm aufgenommen hat. Eine Bonifizierung kommt folglich nur für die 25%-Zuschaueranteilsvarianten, nicht hingegen für den Grundtatbestand in § 26 Abs. 2 S. 1 RStV in Betracht. 15

II. Vermutungsbasis

1. 30 % Zuschaueranteil

Bei der Vermutung vorherrschender Meinungsmacht am Maßstab eines Zuschaueranteils von 30% handelt es sich um eine klare und leicht zu handhabende Regelung. Die **Berechnung des Zuschaueranteils** erfolgt nach Maßgabe des § 27 RStV. 16

Die 30%-Grenze liegt allerdings sehr hoch. Dementsprechend wurde sie seit Bestehen der gesetzlichen Regelung auch **noch nie** von einer privaten Sendergruppe **erreicht.** Immerhin ermöglicht diese Grenzziehung einerseits das Entstehen einer ökonomisch tragfähigen Sendergruppe und lässt andererseits für die Entstehung weiterer Unternehmensgruppen ökonomischen wie publizistischen Raum. Von daher ist es kein Zufall, dass sich in Deutschland zwei große Sendergruppen – die RTL- und die ProSiebenSat.1-Gruppe – neben den beiden großen öffentlich-rechtlichen Sendergruppen ARD und ZDF herausgebildet haben. Die 17

30 %-Marke hat sich letztlich an dieser unternehmerischen Konstellation orientiert. Im Verbund ermöglichen diese vier Sendergruppen ein gewisses Maß an Außenpluralität und Meinungsvielfalt im bundesweiten Fernsehen.

2. 25 % Zuschaueranteil

18   Wie bereits dargelegt (→ Rn. 14), erweitert § 26 Abs. 2 S. 2 RStV den Vermutungstatbestand um die Alternativen, dass das Unternehmen einen Zuschaueranteil von lediglich 25 % erreicht und zugleich eine besondere Stellung auf einem **medienrelevanten verwandten Markt** einnimmt. Letztere Begrifflichkeit wird durch den RStV allerdings nicht definiert.

19   a) **Medienrelevanter verwandter Markt.** Die gesetzliche Formulierung „medienrelevanter verwandter Markt" verlangt nach einer **doppelten Konkretisierung:** Einerseits muss es sich um einen medienrelevanten Markt handeln. Andererseits muss dieser einen zum TV-Bereich verwandten Markt darstellen. Die amtliche Begründung zu § 26 RStV zählt insoweit exemplarisch die Märkte Fernsehwerbung, Hörfunk, Presse (Tageszeitungen, Programmzeitschriften, Publikumszeitschriften), Rechtehandel (Sport und Fiktion) sowie Produktion auf (vgl. amtl. Begr. zum 3. RÄStV). Als weitere Märkte hat die KEK das Ballungsraumfernsehen, den Markt für Übertragungswege in Deutschland, die Online-Medien sowie zugangsrelevante Dienste für digitales Fernsehen und Pay-TV identifiziert. Diese medienrelevanten verwandten Märkte sind nach ständiger Spruchpraxis der KEK auch bei der Prüfung des Grundtatbestands in § 26 Abs. 1 RStV zu berücksichtigen.

20   Die medienkonzentrationsrechtliche Beurteilung erstreckt sich demnach auch auf solche Konstellationen, in denen nicht nur Fernsehveranstalter mit Unternehmen, die auf vor- oder nachgelagerten Produktionsstufen tätig sind, vertikal integriert ist **(vertikale Verflechtungen).** Darüber hinaus ermöglicht es das Konzept der medienrelevanten verwandten Märkte, auch Formen der **diagonalen oder crossmedialen Konzentration** zu berücksichtigen. Letztere verstärken den publizistischen Einfluss durch eine Kombination verschiedener Teilmedien. Der KEK steht dabei hinsichtlich des Zuschnitts der medienrelevanten verwandten Märkte ein Beurteilungsspielraum zu.

21   b) **Marktbeherrschende Stellung auf einem medienrelevanten verwandten Markt.** Hat ein Unternehmen einen Zuschaueranteil von 25 % im bundesweiten Fernsehbereich erlangt und zugleich auf einem medienrelevanten verwandten Markt im vorbeschriebenen Sinne eine marktbeherrschende Stellung inne, wird gem. § 25 Abs. 2 S. 2 Alt. 1 RStV das Vorliegen vorherrschender Meinungsmacht vermutet. Die Begrifflichkeit „marktbeherrschende Stellung" stammt aus dem **Kartellrecht** (vgl. § 18 GWB). Ihr Vorliegen ist deshalb grds. anhand der Maßstäbe dieses Rechtsgebiets zu beurteilen (insoweit zurückhaltender KEK 711 III 3.2.1.2.1).

22   Das Vorliegen der Voraussetzungen des § 26 Abs. 2 S. 2 Alt. 1 RStV bejahte die KEK vor kurzem erstmalig in Bezug auf die **Sendergruppe RTL,** die nach rechtskräftig bestätigter Feststellung des Bundeskartellamts auf dem vorgelagerten Fernsehanzeigenmarkt eine marktbeherrschende Stellung innehat und zeitweilig einen Zuschaueranteil jenseits der 25 %-Grenze erreichte (vgl. KEK 711 III 3.2.1.2). Auch wenn die Annahme vorherrschender Meinungsmacht in diesem konkreten Fall letztlich an der Bonifizierung nach § 26 Abs. 2 S. 3 RStV scheiterte, verdeutlicht dieses Beispiel, dass die erste Variante des § 26 Abs. 2 S. 2 RStV für einen medienkonzentrationsrechtlichen Vermutungstatbestand zu holzschnittartig gefasst ist und bei einer Reform des Medienkonzentrationsrechts gestrichen oder zumindest präzisiert werden sollte.

23   c) **Gesamtbeurteilung der unternehmerischen Aktivitäten.** Darüber hinaus begründet § 26 Abs. 2 S. 2 Alt. 2 RStV die **generalklauselartige Vermutung** vorherrschender Meinungsmacht, wenn ein Unternehmen einen Zuschaueranteil von 25 % besitzt und eine Gesamtbeurteilung seiner Aktivitäten im Fernsehen und auf medienrelevanten verwandten Märkten ergibt, dass der dadurch erzielte Meinungseinfluss dem eines Unternehmens mit einem Zuschaueranteil von 30 % im Fernsehen entspricht. Folge dieser Regelung ist, dass die KEK in einer komplexen Gesamtbetrachtung die Nutzer anderer Medien in Fernsehzuschaueranteile umrechnen muss. Dieses Vorgehen hat der KEK massive Kritik eingetragen (exemplarisch Bornemann MMR 2006, 275 ff.). Es wird vom Gesetz allerdings nahe gelegt.

Die Umrechnung der KEK beruht dabei auf der Annahme, dass ein Fernsehzuschauer mit 24
dem Faktor 1 zu gewichten ist. Sie stuft sodann die **Gewichtung** für Nutzer anderer Medien
entsprechend ab. Nach ihrer jüngsten Bewertung gewichtet sie – grob skizziert – die Nutzer
publizistischer Onlinemedien dabei mit einem Faktor von 3/4, die Leser einer Tageszeitung
mit 2/3 und die Radiohörer mit 1/2. Die Gewichtung orientiert sich an den Parametern
Aktualität, Breitenwirkung und Suggestivkraft, die ausgehend vom Fernsehen (Faktor
1) für die übrigen Medien abgestuft werden. Für den Online-Bereich wird aufgrund der
(noch) unsicheren Datenbasis im Hinblick auf den Gesamtumfang des publizistisch relevanten
Onlineangebots und dessen Nutzungszahlen zudem ein „Sicherheitsabschlag" von 40 – 50 %
bei den umgerechneten Zuschaueranteilen vorgenommen (ausführlich zu diesen komplexen
Berechnungen erst unlängst KEK 711).

Für die Gewichtung der anderen Nutzergruppen im Verhältnis zur Fernsehzuschauer- 25
gruppe steht der KEK im Übrigen ein **Beurteilungsspielraum** zu.

Für die **vor- und nachgelagerten Märkte,** also etwa für den Fernsehanzeigenmarkt 26
oder den Markt des Rechtehandels, ist mangels unmittelbarer Mediennutzung eine solche
Umrechnung freilich nicht möglich. Hier bedarf es einer wertenden Betrachtung und
Gewichtung der durch Aktivitäten auf diesen Märkten möglicherweise verstärkenden Effekte
auf die Meinungsmacht des betroffenen Unternehmens.

III. Vermutungsfolge

Besteht eine Vermutungsbasis iSd § 26 Abs. 2 S. 1 oder 2 RStV, so wird das Vorliegen 27
vorherrschender Meinungsmacht vermutet. Mangels entgegenstehender gesetzlicher Anordnung handelt es sich dabei um eine **widerlegliche Vermutung.** Die in der Vermutungsregelung enthaltene formelle Beweislastregel führt allerdings dazu, dass die Vermutungsfolge
„vorherrschende Meinungsmacht" vom betroffenen Unternehmen zu widerlegen ist; mithin
trägt dieses insofern die Darlegungs- und Beweislast. Eine Widerlegung kann etwa aus
besonderen Umständen, insbes. aus der fehlenden Meinungsbildungsrelevanz des relevanten
Programmangebots folgen. Dessen ungeachtet berücksichtigt die KEK derart entlastende
Umstände bereits in ihrer medienkonzentrationsrechtlichen Betrachtung.

IV. Vermutungstatbestände als Regelbeispiele

Freilich resultiert aus dem Umstand, dass § 26 Abs. 1 RStV als eigenständiger Grund- 28
tatbestand zu qualifizieren ist, der neben der nicht abschließenden Regelung in § 26 Abs. 2
RStV zur Anwendung kommen kann (→ Rn. 10 ff.), ein **Bestimmtheitsproblem.** Außerhalb des § 26 Abs. 2 RStV fehlt es dem Begriff „vorherrschende Meinungsmacht" – auch in
seiner verfassungsrechtlichen Umschreibung (→ Rn. 9) – an subsumierbarer Schärfe. Das
BVerwG hat deshalb – in Anknüpfung an einen Gedanken der KEK im Springer/Pro
SiebenSat.1-Verfahren – den Vermutungstatbeständen in § 26 Abs. 2 RStV den Charakter
von **Regelbeispielen** zugeschrieben und hieraus geschlussfolgert, dass bei Vorliegen gewichtiger Gründe eine vorherrschende Meinungsmacht iSd § 26 Abs. 1 RStV auch dann anzunehmen ist, wenn die Schwellenwerte des § 26 Abs. 2 RStV nicht ganz erreicht werden
(BVerwG ZUM-RD 2011, 326). Diese indizielle Wirkung könne im Rahmen einer
Gesamtabwägung nur kompensiert werden, wenn sich der Einzelfall aufgrund individueller
Besonderheiten vom Normalfall so deutlich abhebe, dass ein Festhalten an der regelmäßig
vorgesehenen Rechtsfolge unangemessen erscheine. Dabei habe die KEK zum einen den
Sinn des Regelbeispiels und die dabei vom Gesetzgeber getroffenen Wertungen zu beachten
und zum anderen sicherzustellen, dass die besonderen Umstände, auf die sie sich stütze, ihrem
Gewicht nach den Regelbeispielen entsprächen. Bestehe eine Ähnlichkeit mit einem Regelbeispiel, sei es dem Rechtsanwender nicht erlaubt, eigene Wertungen an die Stelle der
Wertungen des Gesetzgebers zu setzen. Die KEK sei zu einer freien Gesamtabwägung erst
dann aufgerufen, wenn der Einzelfall Besonderheiten aufweise, die sich durch kodifizierte
Regelbeispiele nicht angemessen erfassen ließen. Die KEK habe danach die vom Gesetzgeber
getroffene Wertung, dass ein Zuschaueranteil von weniger als 25 % in der Regel als unbedenklich einzustufen ist, zu beachten. Nur wenn die vom Gesetzgeber vorgegebene Eingriffsschwelle im Lichte der Ziele des Gesetzes offensichtlich unangemessen sei, könne § 26

Abs. 1 RStV im Rahmen einer Gesamtabwägung auch bei Unterschreitung der Schwellenwerte Anwendung finden (BVerwG ZUM-RD 2011, 328 f. unter Berufung auf Holznagel/Krone MMR 2005, 673).

29   Der **Bayerische Verwaltungsgerichtshof** hat hieraus geschlussfolgert, dass ein Rückgriff auf die Generalklausel des § 26 Abs. 1 RStV nur in eng begrenzten Ausnahmefällen zulässig sei, namentlich dann, wenn der Zuschaueranteil im maßgeblichen Zeitraum zwar knapp unterhalb von 25 % bleibe, es sich dabei aber erkennbar um einen Ausreißer nach unten handle oder wenn absehbar sei, dass der Schwellenwert auf Grund einer kontinuierlichen Aufwärtsentwicklung in naher Zukunft überschritten werde (BayVGH MMR 2012, 492 – nicht rechtskräftig). Hierbei handelt es sich allerdings um eine unangemessen enge Interpretation der Rspr. des BVerwG, welche deren starke Akzentuierung des Verfassungsauftrags einer effektiven Vielfaltssicherung nicht hinreichend berücksichtigt. Von daher bleibt abzuwarten, ob das BVerwG diese Sichtweise in dem noch anhängigen Revisionsverfahren bestätigen wird.

V. Bonifizierung

30   Gem. **§ 26 Abs. 2 S. 3 RStV** schließlich kommen bei der Berechnung des nach § 26 Abs. 2 S. 2 RStV maßgeblichen Zuschaueranteils vom tatsächlichen Zuschaueranteil zwei Prozentpunkte in Abzug, wenn in dem dem Unternehmen zurechenbaren Vollprogramm mit dem höchsten Zuschaueranteil Fensterprogramme gem. § 25 Abs. 4 RStV aufgenommen sind; bei gleichzeitiger Aufnahme von Sendezeit für Dritte nach Maßgabe des § 26 Abs. 5 RStV kommen vom tatsächlichen Zuschaueranteil weitere drei Prozentpunkte in Abzug. Bei Unternehmen, die unter den Anwendungsbereich des § 26 Abs. 2 S. 2 RStV fallen oder sich zumindest in der Nähe der 25 %-Grenze bewegen, liegen diese Voraussetzungen regelmäßig vor. Von daher können sich diese Unternehmen stets auf eine Bonifizierung von insgesamt fünf Prozentpunkten berufen.

31   Allerdings ist die **Regelung** im hohen Maße **unklar.** So wird nicht deutlich, was der Gesetzgeber mit den Formulierungen „maßgeblichen" und „tatsächlichen Zuschaueranteil" gemeint hat. Laut Bayerischem Verwaltungsgerichtshof sollen diese Prozentpunkte vor und nicht erst – wie von der KEK praktiziert – nachträglich bzw. im Rahmen einer Gesamtabwägung abgezogen werden (BayVGH MMR 2012, 493). Zwar spricht für diese Sichtweise prima facie der Wortlaut der Bestimmung, wonach vom „tatsächlichen Zuschaueranteil" des Unternehmens die Prozentpunkte in Abzug zu bringen sind. Bei einer solchen Sichtweise liefe § 26 Abs. 2 S. 2 RStV indes leer, weil die betroffenen Unternehmen dann über 30 % Zuschaueranteil verfügen müssten, um die von Satz 2 geforderte 25 %-Schwelle zu erreichen. In diesem Fall griffe aber bereits die stärkere, nicht unter die Bonifizierung fallende Regelung in § 26 Abs. 2 S. 1 RStV ein, was den Rückgriff auf § 26 Abs. 2 S. 2 RStV entbehrlich machte. Eigenständige Bedeutung erlangt die Bestimmung deshalb nur, wenn die Prozentpunkte nach Feststellung der Vermutungsvoraussetzungen abgezogen werden bzw. die Abzugsmöglichkeit im Rahmen einer Gesamtabwägung nach § 26 Abs. 1 RStV Berücksichtigung findet.

D. Rechtsfolgen vorherrschender Meinungsmacht (Abs. 3 und 4)

32   Die Rechtsfolgen, welche bei diagnostizierter vorherrschender Meinungsmacht eingreifen, sind in § 26 Abs. 3 und 4 RStV geregelt. Hiernach sind **zwei Konstellationen** zu unterscheiden:

I. Keine Zulassungserteilung oder Unbedenklichkeitsbestätigung

33   Hat ein Unternehmen mit den ihm zurechenbaren Programmen vorherrschende Meinungsmacht erlangt, so darf gem. **§ 26 Abs. 3 RStV** für weitere diesem Unternehmen zurechenbare Programme keine Zulassung erteilt oder der Erwerb weiterer zurechenbarer Beteiligungen an Veranstaltern nicht als unbedenklich bestätigt werden.

34   Die Bestimmung regelt folglich den Fall, dass der KEK im Rahmen eines **Zulassungsverfahrens** nach § 20 Abs. 1 RStV oder im Rahmen einer **Beteiligungsveränderungen**

nach § 29 RStV von der jeweils zuständigen Landesmedienanstalt auf der Grundlage des § 36 Abs. 1 und 2 Nr. 1, Abs. 4 S. 2 sowie § 37 Abs. 1 und 3 RStV die Frage zur Prüfung vorgelegt wird, ob das betroffene Unternehmen über vorherrschende Meinungsmacht iSd § 26 Abs. 1 RStV verfügt. Die bei Bejahung dieser Frage von § 26 Abs. 3 RStV angeordnete Rechtsfolge – Verweigerung der Zulassung bzw. Unbedenklichkeitsbestätigung – kann mithin nur eingreifen, wenn das betroffene Unternehmen selbst unternehmerisch tätig wird, sei es in Gestalt der geplanten Veranstaltung eines weiteren Programms oder der geplanten Veränderung von Beteiligungsverhältnissen.

II. Sonstige Maßnahmen bei Erlangung vorherrschender Meinungsmacht

1. Allgemeine Bedeutung der Regelung

§ 26 Abs. 4 RStV hingegen regelt die rechtlichen Möglichkeiten, welcher der KEK zur Verfügung stehen, um auf das **„interne Wachstum"** eines Unternehmens zu reagieren. Das von dieser Bestimmung geregelte Verfahren und die dort vorgesehenen Rechtsfolgen greifen deshalb losgelöst von einem Zulassungsantrag oder angezeigten Beteiligungsveränderung nach §§ 20 Abs. 1, 29 RStV ein. Die Bestimmung lässt damit zugleich erkennen, dass die KEK fortlaufend **ex officio** zu beobachten und zu prüfen hat, ob ein Unternehmen vorherrschende Meinungsmacht iSd § 26 Abs. 1 RStV erlangt. 35

2. Mögliche Maßnahmen

Erlangt ein Unternehmen mit den ihm zurechenbaren Programmen durch internes Wachstum vorherrschende Meinungsmacht, so eröffnet § 26 Abs. 4 Nr. 1–3 RStV der KEK die Möglichkeit, dem betroffenen Unternehmen die dort vorgesehenen **drei alternativen Maßnahmen** vorzuschlagen: die Aufgabe zurechenbarer Beteiligungen an Veranstaltern, bis der Zuschaueranteil des Unternehmens unter die 30%-Grenze nach § 26 Abs. 2 S. 1 RStV fällt (Nr. 1); im Falle des § 26 Abs. 2 S. 2 RStV eine Verminderung der Marktstellung auf relevanten verwandten Märkten oder die Aufgabe dem Unternehmen zurechenbarer Beteiligungen an Veranstaltern, bis keine vorherrschende Meinungsmacht iS dieser Bestimmung mehr gegeben ist (Nr. 2); oder das Ergreifen vielfaltssichernder Maßnahmen iSd §§ 30–32 (Drittsendezeiten, Programmbeirat) bei zurechenbaren Programmveranstaltern (Nr. 3). 36

3. Verfahren

Die KEK erörtert mit dem Unternehmen die vorstehend skizzierten Maßnahmen mit dem Ziel, eine **einvernehmliche Regelung** herbeizuführen (§ 26 Abs. 4 S. 3). Zur Wahrung der Programmautonomie des betroffenen Unternehmens sowie zur Verwirklichung des Verhältnismäßigkeitsprinzips (mildestes Mittel) strebt das Gesetz mithin eine konsensuale Lösung an (vgl. insoweit auch § 31 Abs. 4 RStV). 37

Kommt eine Einigung nicht zustande oder werden die einvernehmlich zwischen dem Unternehmen und der KEK vereinbarten Maßnahmen nicht in angemessener Frist durchgeführt, so sind gem. § 26 Abs. 4 S. 4 RStV von der zuständigen Landesmedienanstalt nach Feststellung durch die KEK die Zulassungen von so vielen dem Unternehmen zurechenbaren Programmen zu **widerrufen,** bis keine vorherrschende Meinungsmacht mehr gegeben ist. Der Landesmedienanstalt steht insoweit kein Entschließungsermessen zu. Die Auswahl trifft dabei die KEK unter Berücksichtigung der Besonderheiten des Einzelfalls (§ 26 Abs. 4 S. 5 RStV). 38

Eine **Entschädigung für Vermögensnachteile** durch den Widerruf der Zulassung wird nicht gewährt (§ 26 Abs. 4 S. 6 RStV). Da in derartigen Fällen eines gesetzlich zugelassenen Widerrufs (vgl. § 49 Abs. 2 Nr. 1 VwVfG) eine Entschädigung des Begünstigten mangels Vertrauensschutzes ohnehin nicht zu leisten ist (vgl. § 49 Abs. 6 VwVfG), handelt es sich hierbei um eine rein deklaratorische Regelung. 39

E. Sendezeit für unabhängige Dritte (Abs. 5)
I. Allgemeine Bedeutung der Regelung

40 § 26 Abs. 5 RStV normiert ein von § 26 Abs. 1 bis 4 RStV abweichendes Vielfaltssicherungskonzept: Während letztere Bestimmungen (negativ) verhindern wollen, dass ein Veranstalter durch die ihm zurechenbaren Programme eine vorherrschende Meinungsmacht beim Zuschauer erlangt, setzt erstere Bestimmung auf eine (positive) **Vielfaltssicherung durch binnenplurale Elemente** in Gestalt von Sendezeit für unabhängige Dritte.

41 Die Regelung, welche insoweit Parallelen zu § 25 Abs. 4 RStV (Regionalfenster) aufweist, stellt damit neben § 26 Abs. 4 Nr. 3 iVm §§ 30 Nr. 1, 31 RStV eine weitere Möglichkeit dar, sog **Drittsendezeiten** in das Programm eines bundesweit agierenden Fernsehveranstalters zu integrieren. In der Praxis hat sich § 26 Abs. 5 RStV neben den § 25 Abs. 4 und § 26 Abs. 2 RStV zu einer der bedeutsamsten vielfaltssichernden Regelungen entwickelt.

II. Voraussetzungen für die Einräumung von Drittsendezeiten
1. Materielle Anforderungen

42 § 26 Abs. 5 S. 1 und 2 RStV regelt die materiellen Voraussetzungen, unter denen ein bundesweit tätiger Fernsehprogrammveranstalter aus Gründen der Vielfaltssicherung verpflichtet ist, unabhängigen Dritten nach Maßgabe des § 31 RStV Sendezeit einzuräumen. Insoweit normiert die Bestimmung **zwei Zuschaueranteilsschwellen** von Relevanz: Entweder der Veranstalter eines Vollprogramms oder eines Spartenprogramms mit dem Schwerpunkt Information erreicht im Durchschnitt eines Jahres einen Zuschaueranteil von 10 % (§ 26 Abs. 5 S. 1 RStV) oder ein Unternehmen (Sendergruppe) erreicht mit ihm zurechenbaren Programmen im gleichen Zeitraum einen Zuschaueranteil von 20 % (§ 26 Abs. 5 S. 2 RStV).

43 Der **Referenzzeitraum von einem Jahr** bietet statistische Sicherheit, um die üblichen kurzzeitigen und mitunter gravierenden Schwankungen bei den Zuschauermarktanteilen, die etwa durch sportliche Großereignisse (Fußballweltmeisterschaften, Olympische Spiele etc.) hervorgerufen werden, auszugleichen (vgl. Hahn/Vesting/Trute RStV § 27 Rn. 17).

2. Verfahrensrechtliche Anforderungen

44 § 26 Abs. 5 RStV gibt dabei nicht nur die materiellen Voraussetzungen (Art der zuschaueranteilsrelevanten Programme, Höhe der Zuschaueranteile) für die Verpflichtung zur Einräumung von Drittsendezeit vor. Zugleich statuiert die Bestimmung verfahrensrechtliche Anforderungen, die insoweit zu beachten sind: So normiert sie nicht nur temporale Aspekte (6- bzw. 12-Monatszeitraum), sondern ordnet des Weiteren an, dass die zuständige Landesmedienanstalt das Vorliegen der Voraussetzungen und die daraus resultierende Verpflichtung zur Einräumung von Drittsendezeit **festzustellen** und dies dem betroffenen Hauptprogrammveranstalter **mitzuteilen** hat. Diese gesonderte Feststellung und Mitteilung zielt auf die Herstellung von Rechtssicherheit und Transparenz; beide Maßnahmen bilden zugleich den Ausgangspunkt für die Einleitung des aufwändigen und komplexen Auswahlverfahrens nach § 31 RStV.

3. Rechtsnatur der Feststellung und Mitteilung

45 Die Feststellung und Mitteilung ist dabei als Handeln durch **Verwaltungsakt** iSd § 35 S. 1 VwVfG zu qualifizieren: Mit Außenwirkung (Mitteilung) trifft es gegenüber einem bestimmten Programmveranstalter oder Unternehmen in rechtsklarstellender Art und Weise die verbindliche Feststellung, dass die gesetzlichen Voraussetzungen für die Einräumung von Drittsendezeit gegeben sind und der betroffene Veranstalter binnen sechs Monaten nach Maßgabe eines Auswahlverfahrens Fensterprogramme in sein Hauptprogramm zu integrieren oder andernfalls mit einem Widerruf seiner Zulassung (vgl. § 26 Abs. 5 S. 3 RStV) zu rechnen hat. Zugleich eröffnet dies dem Betroffenen die Möglichkeit, die Feststellung isoliert gerichtlich anzugreifen (etwa weil das Erreichen der Zuschaueranteilsschwellen bestritten wird), noch bevor das aufwändige Auswahlverfahren nach § 31 RStV eingeleitet wird.

§ 44a S. 1 VwGO, wonach Rechtsbehelfe gegen behördliche Verfahrenshandlungen 46 immer nur gleichzeitig mit den gegen die Sachentscheidung zulässigen Rechtsbehelfen geltend gemacht werden können, steht dieser Sichtweise nicht entgegen. Denn bei der Feststellung und Mitteilung iSd § 26 Abs. 5 RStV handelt es sich nicht um eine Verfahrenshandlung iSd Bestimmung, sondern um eine materielle Entscheidung des Inhalts, dass die Voraussetzungen des § 26 Abs. 5 RStV erfüllt sind und deshalb eine Verpflichtung zur Einräumung von Drittsendezeit besteht.

Der Gesetzgeber hat hier folglich ein **zweistufiges Verwaltungsverfahren** – Feststellung 47 und Mitteilung nach § 26 Abs. 5 RStV einerseits, Durchführung des Auswahlverfahrens und die sich hieran anschließenden Auswahl- und Zulassungsentscheidungen nach § 31 RStV andererseits – etabliert. Im Hinblick auf die Aspekte der Rechtssicherheit und Verfahrensökonomie ist eine solche Stufung komplexer Vergabeverfahren nicht ungewöhnlich (vgl. insoweit etwa BVerwG NVwZ 2009, 1558 ff. in Bezug auf das gestufte telekommunikationsrechtliche Vergabeverfahren bei Zuteilung knapper Frequenzen).

III. Entfallen der Voraussetzungen für die Einräumung von Drittsendezeiten

Die Verpflichtung zur Einräumung von Sendezeit für unabhängige Dritte besteht al- 48 lerdings nur, wenn die in § 26 Abs. 5 S. 1 und 2 RStV gesetzlich determinierten Zuschaueranteilsschwellen während des maßgeblichen Jahreszeitraums auch **tatsächlich erreicht** werden. Nicht ausreichend hingegen ist es, dass die Schwellen zu einem beliebigen Zeitpunkt in der Vergangenheit einmal erreicht oder überschritten wurden. Werden die Zuschaueranteilsschwellen in dem von § 26 Abs. 5 RStV zeitlich wie quantitativ beschriebenen Umfang nicht (mehr) erreicht, so besteht die Verpflichtung nicht oder entfällt wieder. Diese Frage war kürzlich in Bezug auf die Sendergruppe ProSiebenSat.1 von Relevanz, welche momentan weder mit ihrem Vollprogramm SAT.1 noch mit den anderen ihr zurechenbaren Programmen die relevanten Schwellen von 10% bzw. 20% erreicht (vgl. insoweit KEK 660-5).

Für eine solche Sichtweise spricht zunächst der Wortlaut des § 26 Abs. 5 RStV: So nimmt 49 er – anders als etwa § 25 Abs. 4 RStV – nicht auf einen bestimmten Stichtag oder ein bestimmtes Ereignis Bezug, zu dem die Voraussetzungen für die Einräumung von Drittsendezeit einmalig erfüllt gewesen sein mussten. Auch ermöglicht § 26 Abs. 5 RStV den Landesmedienanstalten im Zusammenwirken mit der KEK die jederzeitige Feststellung der dort normierten Voraussetzungen und geht damit von einer **ständigen Beobachtung** der relevanten Zuschaueranteilsschwellen aus. Wenn die Medienaufsicht im Interesse der Vielfaltssicherung kraft Gesetzes verpflichtet ist, das Vorliegen der Voraussetzungen des § 26 Abs. 5 RStV kontinuierlich zu prüfen und gegebenenfalls die dort normierte Verpflichtung festzustellen, dann entspricht es einem Gebot rechtlicher Logik, auch für den actus contrarius, dass die Zuschaueranteilsschwellen unterschritten werden und mithin eine Gefährdung der Meinungsvielfalt im Fernsehen aus Sicht des Gesetzgebers nicht mehr besteht, eine entsprechend neue Feststellung zu treffen.

Eine solche Interpretation wird auch durch die in Art. 5 Abs. 1 S. 2 Alt. 2 GG geschützte 50 **Rundfunkfreiheit** gestützt: Zwar kommt dem Gesetzgeber in Bezug auf die Verwirklichung dieser Freiheit ein weiter Ausgestaltungsspielraum zu, insbes. um dem verfassungsrechtlichen Gebot eines meinungsvielfältigen Fernsehprogramms Rechnung zu tragen. Allerdings hat er dabei auch der Grundrechtsposition der Träger der Rundfunkfreiheit, sprich der Fernsehveranstalter, angemessen Rechnung zu tragen (vgl. BVerfGE 121, 59). Dies erfordert eine verfassungskonforme Interpretation des § 26 Abs. 5 RStV im Lichte der auch zugunsten des Hauptprogrammveranstalters streitenden Rundfunk- und unternehmerischen Betätigungsfreiheit (Art. 12 Abs. 1 S. 1 GG). Insoweit bleibt festzustellen, dass gesetzliche Verpflichtungen zur Aufnahme von Fensterprogrammen, wie sie sich aus den §§ 25 Abs. 4, 26 Abs. 4 Nr. 3 und Abs. 5 RStV ergeben, den Hauptprogrammveranstalter erheblich in seiner durch Art. 5 Abs. 1 S. 2 GG geschützten Programmautonomie und wegen der mit ihnen verbundenen Finanzierungspflichten (vgl. § 31 Abs. 5 RStV) zudem in seiner durch Art. 12 Abs. 1 S. 1 GG geschützten unternehmerischen Betätigungsfreiheit tangieren. Dies gebietet eine Interpretation des § 26 Abs. 5 RStV, welche zur Wahrung seiner Verhältnismäßigkeit die dort statuierte Verpflichtung zur Einräumung vielfaltssichernder Drittsende-

51 Unterschreitet ein Fernsehprogrammveranstalter oder eine Sendergruppe für den maßgeblichen Zeitraum von einem Jahr die in § 26 Abs. 5 S. 1 und 2 RStV genannten Zuschaueranteilsschwellen, so erwächst ihm hieraus ein Anspruch auf **Wiederaufgreifen des Verwaltungsverfahrens** nach § 26 Abs. 5 VwVfG. Gem. § 51 Abs. 1 Nr. 1 VwVfG hat die Behörde auf Antrag des Betroffenen über die Aufhebung eines unanfechtbaren Verwaltungsakts zu entscheiden, wenn sich die dem Verwaltungsakt zugrunde liegende Sachlage nachträglich zugunsten des Betroffenen ändert. Das betroffene Unternehmen könnte so die Aufhebung der bestandskräftigen Feststellung iSd § 26 Abs. 5 RStV und der sich hieraus ergebenden Drittsendezeitverpflichtung erwirken. Die tatbestandlichen Voraussetzungen des § 51 Abs. 1 Nr. 1 VwVfG lägen allerdings nicht vor, wenn in Kürze – etwa noch vor Abschluss des Verfahrens nach § 51 Abs. 1 Nr. 1 VwVfG – mit einem erneuten und längerfristigen? (mindestens 12 Monate) Überschreiten der relevanten Zuschaueranteilsschwellen zu rechnen wäre.

IV. Widerruf der Zulassung

52 Trifft der Veranstalter die gem. § 26 Abs. 5 RStV erforderlichen Maßnahmen nicht, ist von der zuständigen Landesmedienanstalt nach Feststellung durch die KEK die Zulassung zu widerrufen (§ 26 Abs. 5 S. 3 RStV). § 26 Abs. 4 S. 5 RStV gilt für diesen Fall entsprechend (§ 26 Abs. 5 S. 4 RStV). Mangels Vertrauensschutzes wird mithin **keine Entschädigung** für solche Vermögensnachteile gewährt, die aus dem Widerruf der Zulassung resultieren.

F. Transparenzverpflichtungen

53 § 26 Abs. 6 und 7 RStV schließlich regelt Transparenzpflichten zur Sicherung der Meinungsvielfalt im privaten Rundfunk. So haben gem. § 26 Abs. 6 S. 1 RStV die Landesmedienanstalten alle drei Jahre oder auf Anforderung der Länder einen **Konzentrationsbericht** der KEK zu veröffentlichen. In diesem Bericht ist insbes. auf inter- und intramediäre sowie auf internationale mediale Verflechtungen einzugehen (vgl. amtl. Begr. zum 3. RÄStV zu § 26). In ihm soll auch auf die Anwendung der §§ 26–32 RStV und möglichen Bedarf für Gesetzesänderungen Bezug genommen werden (§ 26 Abs. 6 S. 2 RStV).

54 Zudem haben die Landesmedienanstalten gem. § 26 Abs. 7 RStV jährlich eine von der KEK zu erstellende **Programmliste** zu veröffentlichen. In diese Liste sind alle Programme, ihre Veranstalter und deren Beteiligten iSd § 28 RStV aufzunehmen, um auch insoweit Transparenz hinsichtlich der hinter einem Fernsehveranstalter stehenden Akteure zu vermitteln. Die KEK kommt diesem gesetzlichen Auftrag zum einen durch ihre Jahresberichte, zum anderen durch die Veröffentlichungen auf ihrer Internethomepage (www.kek-online.de) nach.

§ 27 Bestimmung der Zuschaueranteile

(1) ¹Die Landesmedienanstalten ermitteln durch die KEK den Zuschaueranteil der jeweiligen Programme unter Einbeziehung aller deutschsprachigen Programme des öffentlich-rechtlichen Rundfunks und des bundesweit empfangbaren privaten Rundfunks. ²Für Entscheidungen maßgeblich ist der bei Einleitung des Verfahrens im Durchschnitt der letzten zwölf Monate erreichte Zuschaueranteil der einzubeziehenden Programme.

(2) ¹Die Landesmedienanstalten beauftragen nach Maßgabe einer Entscheidung der KEK ein Unternehmen zur Ermittlung der Zuschaueranteile; die Vergabe des Auftrags erfolgt nach den Grundsätzen von Wirtschaftlichkeit und Sparsamkeit. ²Die Ermittlung muß aufgrund repräsentativer Erhebungen bei Zuschauern ab Vollendung des dritten Lebensjahres nach allgemein anerkannten wissenschaftlichen Methoden durchgeführt werden. ³Die Landesmedienanstalten sollen mit dem Unternehmen vereinbaren, daß die anläßlich der Ermittlung der Zuschaueranteile

nach Absatz 1 Satz 1 erhobenen Daten vertraglich auch von Dritten genutzt werden können. ⁴In diesem Fall sind die auf die Landesmedienanstalten entfallenden Kosten entsprechend zu mindern.

(3) ¹Die Veranstalter sind bei der Ermittlung der Zuschaueranteile zur Mitwirkung verpflichtet. ²Kommt ein Veranstalter seiner Mitwirkungspflicht nicht nach, kann die Zulassung widerrufen werden.

§ 27 RStV regelt die Bestimmung der Zuschaueranteile durch die KEK. Diese bestimmen sich nach der Sehdauer, die ein Zuschauer auf das jeweils relevante Fernsehprogramm verwendet. Die Regelung statuiert einen wichtigen Baustein im Rahmen des durch den 3. RÄStV (1996) etablierten Zuschaueranteilsmodells (→ Rn. 1–3).

§ 27 Abs. 1 RStV regelt dabei sowohl die Bezugsgröße der zuschaueranteilsrelevanten Programme (deutschsprachige öffentlich-rechtliche wie private Programme) als auch organisations- und verfahrensrechtliche Aspekte (Zuständigkeit der KEK; 12-Monatszeitraum) (→ Rn. 4–16). § 27 Abs. 2 RStV hingegen konkretisiert die Art und Weise der Ermittlung des Zuschaueranteils unter Einbezug methodischer Fragen. Die Regelung ist im Zusammenhang mit § 34 RStV zu sehen, der eine „Übergangsbestimmung" zu § 27 Abs. 2 RStV beinhaltet (→ Rn. 16–21). § 27 Abs. 3 RStV schließlich statuiert eine Mitwirkungspflicht der Veranstalter im Rahmen der Zuschaueranteilsermittlung (→ Rn. 22–24).

Übersicht

	Rn		Rn
A. Allgemeines	1	2. Privater Rundfunk	12
B. Ermittlung der Zuschaueranteile (Abs. 1)	4	3. Deutschsprachige Programme	13
I. Zuständigkeitsregelung	4	IV. Beurteilungszeitraum	15
II. Zuschaueranteil der jeweiligen Programme	5	**C. Beauftragung und Methodik der Ermittlung (Abs. 2)**	17
III. Zuschaueranteilsrelevante Bezugsgrößen	8	I. Beauftragung eines Unternehmens	17
1. Öffentlich-rechtlicher Rundfunk	9	II. Methodik	21
		D. Mitwirkungspflicht der Veranstalter (Abs. 3)	22

A. Allgemeines

§ 27 RStV regelt die Bestimmung von **Zuschaueranteilen.** Mit dem vom RStV nicht 1 definierten **Begriff** „Zuschaueranteil" ist die Sehdauer gemeint, die ein Zuschauer auf das jeweils relevante Fernsehprogramm verwendet. Insoweit bringt er den relativen Anteil der Sehdauer eines Programms an der Gesamtsehdauer aller erfassten Programme in einem bestimmten Zeitraum zum Ausdruck und ist vom wettbewerbsrechtlichen Begriff des Marktanteils zu unterscheiden (Spindler/Schuster/Holznagel/Grünwald RStV § 27 Rn. 3).

Die Regelung statuiert einen wichtigen Baustein im Rahmen des durch den 3. RÄStV 2 von 1996 etablierten **Zuschaueranteilsmodells** (→ § 26 Rn. 4), durch den sie in den RStV eingefügt wurde und teilt mit diesem denselben entstehungsgeschichtlichen Hintergrund (vgl. HRKDSC RStV § 27 Rn. 1 mwN). Insofern bildet § 27 RStV die empirische, methodische und verfahrensrechtliche Grundlage nicht nur für die konzentrationsrechtlichen Entscheidungen nach § 26 Abs. 1 iVm Abs. 2, sondern auch für die Regelungen zu den Regional- und Drittsendezeiten in § 25 Abs. 4 bzw. § 26 Abs. 5 iVm § 31 RStV.

§ 27 Abs. 1 RStV regelt dabei sowohl die Bezugsgröße der zuschaueranteilsrelevanten 3 Programme als auch organisations- und verfahrensrechtliche Aspekte (so auch Hahn/Vesting/Trute RStV § 27 Rn. 1). **§ 27 Abs. 2 RStV** konkretisiert demgegenüber die Art und Weise der Ermittlung des Zuschaueranteils unter Einbezug methodischer Fragen. **§ 27 Abs. 3 RStV** schließlich statuiert eine Mitwirkungspflicht der Veranstalter im Rahmen der Zuschaueranteilsermittlung. Die Bestimmung steht zudem im Zusammenhang mit **§ 34 RStV,** der eine „Übergangsbestimmung" im Hinblick auf § 27 RStV statuiert.

B. Ermittlung der Zuschaueranteile (Abs. 1)

I. Zuständigkeitsregelung

4   Gem. § 27 Abs. 1 S. 1 RStV ermitteln die Landesmedienanstalten durch die **KEK** den für die §§ 25 f. RStV relevanten Zuschaueranteil. Die Bestimmung fungiert deshalb zunächst als interne Zuständigkeitsregelung, die in Ergänzung des § 36 Abs. 4 S. 3 RStV der KEK die Kompetenz zur Ermittlung der Zuschaueranteile zuweist (näher hierzu Hahn/Vesting/Trute RStV § 27 Rn. 20 ff.). Gem. § 35 Abs. 2 S. 2 RStV dient sie insoweit der jeweils zuständigen Landesmedienanstalt als Organ bei der Erfüllung ihrer Aufgaben nach § 35 Abs. 1 iVm § 36 RStV. Die Landesmedienanstalt ist dabei nach § 35 Abs. 9 S. 5 und 6 RStV an die Beschlüsse der KEK gebunden und hat diese innerhalb der von ihr gesetzten Fristen zu vollziehen.

II. Zuschaueranteil der jeweiligen Programme

5   Mit der **Formulierung „jeweiligen Programme"**, deren Zuschaueranteil durch die KEK zu ermitteln ist, bezieht sich § 27 Abs. 1 S. 1 RStV zum einen auf solche bundesweit veranstalteten privaten Fernsehprogramme, für die eine Zulassung nach § 20 Abs. 1 S. 1 RStV beantragt wird, und zum anderen auf solche Fernsehprogramme, die einem Unternehmen, das eine Zulassung begehrt oder eine Veränderung von Beteiligungsverhältnissen (§ 29 RStV) angezeigt hat, nach § 28 RStV zuzurechnen sind. Da als Bezugsgröße nur **deutschsprachige Programme** heranzuziehen sind (→ Rn. 13 f.), liegt es nahe, auch nur deutschsprachige Programme in die jeweilige Zuschaueranteilsberechnung einzubeziehen. Dessen ungeachtet stellt die KEK auch für nicht-deutschsprachige Programme Zuschaueranteilsermittlungen und darauf fußende konzentrationsrechtliche Erwägungen an (vgl. etwa KEK 609, III 3 und 614), was mit dem Wortlaut und der Systematik der Bestimmung jedoch nur schwer in Einklang zu bringen ist. Ohne Relevanz hingegen ist, ob der Veranstalter seinen Unternehmenssitz im In- oder Ausland hat und über eine inländische oder ausländische Zulassung verfügt, solange sein Programm für den deutschen Rechtsraum bestimmt ist (so mit Recht schon Hahn/Vesting/Trute RStV § 27 Rn. 10. Eine Zusammenstellung solcher Veranstalter findet sich bei KEK, 14. Jahresbericht, 2011, 122 ff.).

6   Durch § 27 Abs. 1 S. 1 RStV in Bezug genommen werden zudem die beiden reichweitenstärksten Fernsehvollprogramme iSd § 25 Abs. 4 RStV sowie die Programme iSd § 26 Abs. 5 RStV (vgl. zudem § 36 Abs. 4 RStV). Der von § 27 Abs. 1 RStV verwendete Programmbegriff ist dabei – wie gerade § 26 Abs. 5 RStV verdeutlicht – weit zu verstehen und bezieht sich auf Voll- wie auf Spartenprogramme. Übertragungswege (Kabel, Satellit, Terrestrik, Internet etc.), technische Übertragungsmodalitäten (analog oder digital) sowie Finanzierungsformen („Pay-" oder „Free-TV") sind ohne Belang. Insofern liegt § 27 RStV ein einheitlicher Programmbegriff zugrunde (Hahn/Vesting/Trute RStV § 27 Rn. 5 ff.).

7   § 27 RStV bezieht sich lediglich auf **bundesweit veranstaltete Fernsehprogramme**, nicht hingegen auf Hörfunkprogramme. Dies folgt neben den §§ 36 Abs. 4 und 39 RStV aus der Bestimmung selbst („bundesweit empfangbaren privaten Rundfunks"). Nur Fernsehprogramme verfügen im Übrigen über Zuschauer(anteile).

III. Zuschaueranteilsrelevante Bezugsgrößen

8   Die Ermittlung des Zuschaueranteils der in Rede stehenden Programme (→ Rn. 5 ff.) erfolgt in Relation zu einem durch § 27 Abs. 1 S. 1 RStV definierten **Gesamtfernsehangebot**. Von daher ist der Zuschaueranteil der entscheidungserheblichen Programme zunächst – wie das Gesetz es formuliert – „unter Einbeziehung aller deutschsprachigen Programme des öffentlichen Rundfunks und des bundesweit empfangbaren privaten Rundfunks" zu ermitteln. Die Bestimmung differenziert auch insoweit nicht nach dem Programmformat (Sparten- oder Vollprogramm) oder nach der eingesetzten Übertragungstechnik (vgl. HRKDS § 27 Rn. 4; Spindler/Schuster/Holznagel/Grünwald RStV § 27 Rn. 5).

1. Öffentlich-rechtlicher Rundfunk

Um als zuschaueranteilsrelevante Bezugsgröße für die entscheidungserheblichen Programme fungieren zu können, muss es sich auch bei den Programmen des öffentlichen Rundfunks um **Fernsehprogramme** handeln. Dies sind insbes. die sich aus § 11b Abs. 1, Abs. 3 und Abs. 4 RStV ergebenden **bundesweiten Programme**. 9

Aus der Gegenüberstellung des öffentlichen und privaten Rundfunks sowie aus der amtlichen Begründung zum 3. RÄStV wird zudem deutlich, dass für den öffentlich-rechtlichen Rundfunk auch die nicht-bundesweit veranstalteten sog. **„dritten" Fernsehprogramme** der in der ARD zusammengeschlossenen Landesrundfunkanstalten in die Zuschaueranteilsberechnung einzubeziehen sind; diese werden in § 11b Abs. 2 RStV enumeriert. 10

Die Einbeziehung des solchermaßen definierten öffentlichen Rundfunks in die Zuschaueranteilsberechnung ist zwar als verfehlt kritisiert worden, da hierdurch die potenzielle Erreichbarkeit der festgesetzten Obergrenze des Zuschaueranteils zu stark hinausgeschoben werde (Clausen-Muradian ZUM 1996, 944 f.). Sie entspricht aber der Dogmatik des BVerfG, das im öffentlich-rechtlichen Rundfunk ein Meinungsvielfalt und inhaltliche Ausgewogenheit sicherndes Gegengewicht zum privaten Rundfunk erblickt (→ § 25 Rn. 3 f.). Dementsprechend ist der öffentlich-rechtliche und privatrechtliche Rundfunk als ein gemeinsamer Zuschauermarkt zu begreifen, was auch tatsächlich durch das Nutzerverhalten bestätigt wird (idS schon HRKDSC RStV § 27 Rn. 4; Spindler/Schuster/Holznagel/Grünwald RStV § 27 Rn. 6; Hahn/Vesting/Trute RStV § 27 Rn. 15, je mwN). 11

2. Privater Rundfunk

Wie bereits erwähnt, ist gem. § 27 Abs. 1 S. 1 RStV zur Ermittlung des Zuschaueranteils auch der deutschsprachige **bundesweit empfangbare private Rundfunk** einzubeziehen. Anders als beim öffentlichen bleibt beim privaten Rundfunk das regionale und lokale Fernsehangebot folglich außen vor. Die Materialien zum 3. RÄStV begründen dies mit dem Umstand, dass Letzterem nur geringe Meinungsbildungsrelevanz zukommt. Allerdings kann der Regional- und Lokalfunk im Rahmen der konzentrationsrechtlichen Betrachtung nach § 26 Abs. 2 S. 2 RStV von Bedeutung sein (so auch Hahn/Vesting/Trute RStV § 27 Rn. 16). 12

3. Deutschsprachige Programme

In die Zuschaueranteilsberechnung einbezogen werden nur deutschsprachige öffentliche und private Programme. Für den **öffentlich-rechtlichen Rundfunk** ist dies aufgrund seines auf Vielfaltssicherung und Ausgewogenheit gerichteten Grundversorgungsauftrags für das inländische deutschsprachige Publikum nicht weiter begründungsbedürftig. Wie eine Gesamtschau der §§ 11 ff. RStV nahelegt, dürften dabei mit dem Begriff „öffentlicher Rundfunk" nur die von den Landesrundfunkanstalten veranstalteten Programme gemeint sein, nicht aber das deutschsprachige Programmangebot des österreichischen und schweizerischen öffentlich-rechtlichen Rundfunks bzw. des Auslandsrundfunksenders Deutsche Welle. Das Ausstrahlen von Programmen im Mehrkanalton hingegen nimmt dem Programmangebot nicht seinen deutschsprachigen Charakter; gleiches gilt für gemischtsprachliche Angebote, soweit der deutschsprachige Anteil im Vordergrund steht (ähnlich Hahn/Vesting/Trute RStV § 27 Rn. 11). Auch ist es in Bezug auf den **privaten Rundfunk** (im Unterschied zum öffentlichen Rundfunk) ohne Belang, wo (In- oder Ausland) der Veranstalter seinen Sitz hat. Entscheidend ist vielmehr, dass die Programmangebote in deutscher Sprache für das bundesweite inländische Publikum veranstaltet werden (vgl. amtl. Begr. zum 3. RÄStV zu § 27 RStV). 13

Die Begrenzung auf deutschsprachige Programme rechtfertigt sich laut amtlicher Begründung durch den Umstand, dass nur solche für die öffentliche Meinungsbildung in der Bundesrepublik Deutschland von Relevanz seien. Dieser Einschätzung begegnet **Kritik,** da aufgrund einer steten Europäisierung und Internationalisierung der Lebenswelten bei gleichzeitig zunehmenden Sprachfertigkeiten der Zuschauer auch anderssprachige Programme auf die inländische Meinungsbildung Einfluss zu nehmen vermögen. Ferner können nichtdeutsche Programme die individuelle und öffentliche Meinungsbildung von im Inland lebenden Migranten nachhaltig beeinflussen (kritisch wie hier KEK, Konzentrationsbericht 14

2010, 395 f., die deshalb für eine Streichung des Adjektivs „deutschsprachig" in § 27 Abs. 1 S. 1 RStV plädiert; Spindler/Schuster/Holznagel/Grünwald RStV § 27 Rn. 7, die insoweit auf die Programme BBC World und CNN verweisen; HRKDSC RStV § 27 Rn. 4; Hahn/Vesting/Trute RStV § 27 Rn. 12 ff.). Für die Zulassung fremdsprachiger Programme im Inland bzw. die Veränderung von Beteiligungsverhältnissen an entsprechenden Veranstaltern (→ Rn. 5) gilt das vorstehend Ausgeführte entsprechend. Zu berücksichtigen ist, dass die aus der Rundfunkfreiheit fließenden Anforderungen an die Sicherung der Meinungsvielfalt nicht explizit auf deutschsprachige Sendungen beschränkt sind. Die Praxis der KEK reagiert deshalb bereits heute auf diese Kritik, indem sie in ihren Verfahren auch bundesweit empfangbare fremdsprachige Programme berücksichtigt (vgl. KEK 205, 242, 259, 273, 609, jeweils sub III 3), was freilich mit dem Wortlaut des § 27 Abs. 1 S. 1 RStV nur schwer in Einklang zu bringen ist. Der Gesetzgeber sollte deshalb auf das Kriterium der Deutschsprachigkeit verzichten.

IV. Beurteilungszeitraum

15   Gem. § 27 Abs. 1 S. 2 RStV ist für „Entscheidungen maßgeblich (…) der bei Einleitung des Verfahrens im Durchschnitt der letzten **zwölf Monate** erreichte Zuschaueranteil der einzubeziehenden Programme." Die Regelung statuiert mithin eine verfahrensrechtliche Anforderung. Aufgrund des Zusammenhangs mit § 27 Abs. 1 S. 1 RStV ist mit dem Begriff „Entscheidungen" die Ermittlung der Zuschaueranteile für das jeweilige Programm gemeint. Der gesetzlich vorgegebene Beurteilungszeitraum von 12 Monaten soll dabei statistische Sicherheit über die Höhe des Zuschaueranteils und die an ihn zu knüpfenden Rechtsfolgen (vgl. §§ 25 Abs. 4, 26 Abs. 4 und 5 RStV) vermitteln. Hierdurch können kurzzeitige, saisonale und mitunter erhebliche Schwankungen bei den Zuschaueranteilen, wie sie insbes. durch Sportereignisse (Olympische Spiele, WM, EM etc.) auftreten, ausgeglichen werden (Hahn/Vesting/Trute RStV § 27 Rn. 17; so auch Spindler/Schuster/Holznagel/Grünwald RStV § 27 Rn. 8).

16   Gem. § 27 Abs. 1 S. 2 RStV ist der 12-Monatszeitraum vom Zeitpunkt der **Einleitung des Verfahrens** zurückzurechnen. Auch wenn die meisten medienkonzentrationsrechtlichen Verfahren in einem überschaubaren Zeitraum von wenigen Monaten durchgeführt werden, erweist sich diese Festlegung des Referenzzeitraums im Einzelfall als problematisch. Dies namentlich dann, wenn – wie bei langwierigen medienkonzentrationsrechtlichen Verfahren nach § 26 Abs. 2 RStV oder den Drittsendezeitverfahren (§§ 26 Abs. 5, 31 RStV) – zwischen der Verfahrenseinleitung und der abschließenden Entscheidung mehrere Monate, bei gerichtlicher Auseinandersetzung sogar Jahre, liegen können (exemplarisch hierfür das ProSieben-Sat.1/Springer-Verfahren KEK 293-1 bis -5 sowie das Verfahren zur Vergabe von Drittsendezeiten bei SAT.1 KEK 660-1 bis -3; für Letzteres vgl. zudem VG Neustadt BeckRS 2012, 59427 – kritisch zum gewählten Referenzzeitraum wie hier HRKDSC RStV § 27 Rn. 5). Aus diesem Grunde berücksichtigt die KEK, ob es im Laufe des Verfahrens zu **Veränderungen des Zuschaueranteils** gekommen ist, insbes. ob der Zuschaueranteil in rechtserheblicher Weise abgenommen hat, sowie absehbare Tendenzen und zu erwartende Entwicklungen (vgl. KEK 026, II 3.2.2, 040 II 4.2, 063 III 3.2.4.1. Dem beipflichtend Hahn/Vesting/Trute RStV § 27 Rn. 19). Dies entspricht nicht nur der Ratio medienkonzentrationsrechtlicher Verfahren, für die Zukunft die Entstehung vorherrschender Meinungsmacht zu verhindern (vgl. BVerfGE 73, 172 f. → § 25 Rn. 3) bzw. existente Meinungsmacht zu brechen. Zugleich wird hierdurch dem Gebot einer verfassungskonformen Handhabung des Gesetzes Rechnung getragen, da im Hinblick auf die durch Art. 5 Abs. 1 S. 2 GG geschützte Programmautonomie einem Fernsehveranstalter keine vielfaltsbezogenen Maßnahmen (etwa nach §§ 26 Abs. 4, 26 Abs. 5 und 31 RStV) auferlegt werden dürfen, wenn dessen Zuschaueranteil im laufenden Verfahren über einen Zeitraum von mindestens 12 Monaten hinweg so weit zurückgegangen ist, dass eine Entstehung bzw. Verfestigung vorherrschender Meinungsmacht nicht mehr zu besorgen ist (vgl. KEK, Konzentrationsbericht 2000, S. 371 ff.; so schon HRKDSC RStV § 27 Rn. 5; Spindler/Schuster/Holznagel/Grünwald RStV § 27 Rn. 10). Die Formulierung „Einleitung des Verfahrens" ist deshalb – was mit dem Wortlaut noch zu vereinbaren sein dürfte – in verfassungskonformer Weise weit zu interpretieren und deshalb auch auf den Zeitraum bis zum Erlass der das Verfahren abschließenden Entscheidung zu

beziehen (aA wohl die amtl. Begr. zum 3. RÄStV, wonach der Zwölfmonatszeitraum jeweils bis zu dem Zeitpunkt, zu dem das konkrete Verfahren eingeleitet wurde, zu berechnen sein soll). Der Gesetzgeber bleibt aufgerufen, diese verfassungsrechtlich prekäre Rechtslage zu korrigieren und – wie auch sonst in Verwaltungsverfahren – den Zeitpunkt der abschließenden Verwaltungsentscheidung zum maßgeblichen Ausgangspunkt für die Zuschaueranteilsberechnung zu erklären (so auch HRKDSC RStV § 27 Rn. 5).

C. Beauftragung und Methodik der Ermittlung (Abs. 2)
I. Beauftragung eines Unternehmens

Gem. **§ 27 Abs. 2 S. 1 RStV** beauftragen die Landesmedienanstalten gemeinsam nach 17 Maßgabe einer Entscheidung der KEK ein Unternehmen zur Ermittlung der Zuschaueranteile. Durch den **6. RÄStV** wurde in § 27 Abs. 2 S. 1 RStV das Ausschreibungserfordernis gestrichen, da die KEK bis dahin auf eine Ausschreibung verzichtet und iSd Übergangsregelung des § 34 RStV die Zahlen der AGF/GfK verwendet hatte. Durch die Streichung der Worte **„aufgrund einer Ausschreibung"** sollte deshalb eine entsprechende Flexibilität bei der Ermittlung der Zuschaueranteile nicht mehr nur als Übergangsregelung, sondern dauerhaft ermöglicht werden (amtl. Begr. zum 6. RÄStV).

Dessen ungeachtet geht die Regelung davon aus, dass ein **Unternehmen** mit der Ermitt- 18 lung der Zuschaueranteile zu beauftragen ist. Mithin soll diese Aufgabe nicht durch die KEK selbst erfolgen, der hierfür im Übrigen der personelle Unterbau fehlt. Zugleich trägt dies dem Gebot der Wirtschaftlichkeit und Sparsamkeit Rechnung (vgl. HRKDSC RStV § 27 Rn. 3).

Bislang haben die Landesmedienanstalten eine (nach wie vor mögliche) **Beauftragung** 19 iSd § 27 Abs. 2 S. 1 RStV nicht vorgenommen (zum Zusammenwirken der Landesmedienanstalten und der KEK bei diesem Vorgang HRKDSC RStV § 27 Rn. 3, die insoweit von einem konsensualen Vorgehen ausgehen; Spindler/Schuster/Holznagel/Grünwald RStV § 27 Rn. 11; Hahn/Vesting/Trute RStV § 27 Rn. 26 ff.). Stattdessen ermittelt die KEK die Zuschaueranteile nach wie vor auf der Grundlage des **§ 34 RStV,** welcher allerdings lediglich als Übergangsbestimmung in den RStV eingefügt wurde und vom Gesetz auch als solche bezeichnet wird. Durch die Streichung der Formulierung „aufgrund einer Ausschreibung" (→ Rn. 17) hat der Gesetzgeber allerdings klargestellt, dass eine Beauftragung nach Maßgabe des § 27 Abs. 2 S. 1 RStV nicht mehr zwingend erforderlich ist. Vielmehr kann die KEK gestützt auf § 34 RStV die Zuschaueranteile auch anderweitig ermitteln (vgl. Hahn/Vesting/ Trute RStV § 27 Rn. 25). Dies geschieht momentan durch einen Rückgriff auf die AGF/ GfK-Zuschaueranteilsdaten (weitere Einzelheiten hierzu bei HRKDSC RStV § 27 Rn. 11). Da diese allerdings den Fernsehveranstaltern und der Werbewirtschaft zur Ermittlung von Einschaltquoten dienen, weisen sie im Hinblick auf die Genauigkeit der Messung der tatsächlichen Zuschaueranteile Defizite auf (vgl. HRKDSC RStV § 27 Rn. 7; Spindler/ Schuster/Holznagel/Grünwald RStV § 27 Rn. 15; Hahn/Vesting/Trute RStV § 27 Rn. 33 ff. sowie → § 34 Rn. 1 ff.). Dessen ungeachtet haben sie sich jedoch im Großen und Ganzen als funktionelle Datenbasis bewährt (wie hier Spindler/Schuster/Holznagel/Grünwald RStV § 27 Rn. 15).

Sollten sich die Landesmedienanstalten für eine Beauftragung entscheiden, so hat diese 20 Auftragsvergabe – wie auch sonst im öffentlichen Bereich – nach den Grundsätzen der **Wirtschaftlichkeit und Sparsamkeit** zu erfolgen (§ 27 Abs. 2 S. 1 Hs. 2 RStV). Laut amtlicher Begründung zum 3. RÄStV folgt hieraus, dass unter gleich geeigneten Bewerbern im Grundsatz das preisgünstigste Unternehmen auszuwählen ist. In die Auswahlentscheidung einzubeziehen ist der Umstand, inwieweit das Unternehmen gem. § 27 Abs. 2 S. 3 RStV zu einer Vereinbarung bereit ist, die anlässlich der Ermittlung von Zuschaueranteilen nach § 27 Abs. 1 S. 1 RStV erhobenen Daten vertraglich auch von Dritten nutzen zu lassen. Der Gesetzgeber denkt hierbei bspw. an eine Bestimmung von Zuschaueranteilen für die Ermittlung von Werbepreisen. Neben der sich dadurch vermindernden Kostenlast für die Landesmedienanstalten (vgl. § 27 Abs. 2 S. 4 RStV) ist es das Ziel einer solchen Vereinbarung, sowohl für die Zuschaueranteilsermittlung nach § 27 Abs. 1 RStV als auch für die Zuschaueranteilsermittlung als Grundlage der Werbepreisberechnungen dieselben Zahlenwerte zu verwenden (amtl. Begr. zum 3 RÄStV). Bei einer Beauftragung wären ferner die Bestimmungen über die Vergabe öffentlicher Aufträge zu beachten (vgl. Hahn/Vesting/Trute RStV § 27 Rn. 29).

II. Methodik

21   Gem. § 27 Abs. 2 S. 2 RStV muss die Ermittlung aufgrund **repräsentativer Erhebungen** bei **Zuschauern ab Vollendung des dritten Lebensjahres** nach allgemein anerkannten wissenschaftlichen Methoden durchgeführt werden. Wegen ihrer weitreichenden Bedeutung (vgl. § 26 Abs. 4 und 5 RStV) müssen die Zuschaueranteile folglich mit wissenschaftlich belastbarer Präzision festgestellt werden (vgl. HRKDSC RStV § 27 Rn. 2). Für die Ermittlung der Zuschaueranteile entscheidend ist damit nicht die sog „werberelevante Zuschauergruppe" (14–49 Jahre); erfasst werden vielmehr auch jüngere und ältere Zuschauergruppen. Die Daten der AGF/GfK genügen diesen Anforderungen (s. hierzu die Kommentierung zu → § 34 Rn. 1 ff.). Weitere Anforderungen sind in einer ggf. auszusprechenden Beauftragung iSd § 27 Abs. 2 S. 1 RStV festzulegen.

D. Mitwirkungspflicht der Veranstalter (Abs. 3)

22   Gem. **§ 27 Abs. 3 S. 1 RStV** sind die Veranstalter bei der Ermittlung der Zuschaueranteile zur Mitwirkung verpflichtet. Diese Verpflichtung bezieht sich insbes. auf den Fall, dass die Landesmedienanstalten ein Unternehmen mit der Ermittlung der Zuschaueranteile beauftragen. Für solche Fälle können die Veranstalter verpflichtet sein, durch geeignete Maßnahmen – etwa das Hinzufügen von Steuersignalen – die Ermittlung von Zuschaueranteilen zu unterstützen. Auch kann die Pflicht bestehen, dem ermittelnden Unternehmen Informationen über die Änderung von Kanalbelegungen auf Satelliten oder in Kabelanlagen bzw. über die terrestrische Verbreitung mitzuteilen (vgl. amtl. Begr. zum 3. RÄStV). Außerhalb dieser Konstellation ist eine Mitwirkung aber schon heute von Relevanz, wo die Zuschaueranteile nicht über das Panel der AGF/GfK erfasst werden, der Fernsehveranstalter aufgrund eigener Messungen jedoch über entsprechende Daten verfügt; diese müssen dann freilich den methodischen Mindestvoraussetzungen des § 27 Abs. 2 S. 2 RStV genügen.

23   Die Mitwirkungspflicht soll nach einer in der Literatur vertretenen Auffassung nicht zwingend **unentgeltlich** sein (vgl. Hess AfP 1997, 683; ebenso HRKDSC RStV § 27 Rn. 9; Spindler/Schuster/Holznagel/Grünwald RStV § 27 Rn. 18). Dies erscheint indes zweifelhaft, da die Regelung keinen Erstattungsanspruch normiert. Bis zur Grenze der Unverhältnismäßigkeit sind die Mitwirkungshandlungen deshalb unentgeltlich zu erbringen. Für darüber hinausgehende Verpflichtungen bedarf es einer gesetzlichen Kompensationsregelung.

24   Kommt ein Veranstalter seiner Mitwirkungspflicht nicht nach, kann gem. **§ 27 Abs. 3 S. 2 RStV** sogar seine Zulassung widerrufen werden. Da insoweit der Grundsatz der Verhältnismäßigkeit zu beachten ist (vgl. amtl. Begr. zum 3. RÄStV), kommt eine solche Maßnahme freilich nur als – wohl eher theoretische – ultima ratio in Betracht (wie hier Spindler/Schuster/Holznagel/Grünwald RStV § 27 Rn. 17; Hahn/Vesting/Trute RStV § 27 Rn. 1, 41 spricht deshalb zu Recht von einer „wenig praktikable(n) Regelung").

§ 28 Zurechnung von Programmen

(1) ¹Einem Unternehmen sind sämtliche Programme zuzurechnen, die es selbst veranstaltet oder die von einem anderen Unternehmen veranstaltet werden, an dem es unmittelbar mit 25 vom Hundert oder mehr an dem Kapital oder an den Stimmrechten beteiligt ist. ²Ihm sind ferner alle Programme von Unternehmen zuzurechnen, an denen es mittelbar beteiligt ist, sofern diese Unternehmen zu ihm im Verhältnis eines verbundenen Unternehmens im Sinne von § 15 Aktiengesetz stehen und diese Unternehmen am Kapital oder an den Stimmrechten eines Veranstalters mit 25 vom Hundert oder mehr beteiligt sind. ³Die im Sinne der Sätze 1 und 2 verbundenen Unternehmen sind als einheitliche Unternehmen anzusehen,

und deren Anteile am Kapital oder an den Stimmrechten sind zusammenzufassen. ⁴Wirken mehrere Unternehmen aufgrund einer Vereinbarung oder in sonstiger Weise zusammen, daß sie gemeinsam einen beherrschenden Einfluß auf ein beteiligtes Unternehmen ausüben können, so gilt jedes von ihnen als herrschendes Unternehmen.

(2) ¹Einer Beteiligung nach Absatz 1 steht gleich, wenn ein Unternehmen allein oder gemeinsam mit anderen auf einen Veranstalter einen vergleichbaren Einfluß ausüben kann. ²Als vergleichbarer Einfluß gilt auch, wenn ein Unternehmen oder ein ihm bereits aus anderen Gründen nach Absatz 1 oder Absatz 2 Satz 1 zurechenbares Unternehmen

1. regelmäßig einen wesentlichen Teil der Sendezeit eines Veranstalters mit von ihm zugelieferten Programmteilen gestaltet oder
2. aufgrund vertraglicher Vereinbarungen, satzungsrechtlicher Bestimmungen oder in sonstiger Weise eine Stellung innehat, die wesentliche Entscheidungen eines Veranstalters über die Programmgestaltung, den Programmeinkauf oder die Programmproduktion von seiner Zustimmung abhängig macht.

(3) Bei der Zurechnung nach den Absätzen 1 und 2 sind auch Unternehmen einzubeziehen, die ihren Sitz außerhalb des Geltungsbereichs dieses Staatsvertrages haben.

(4) ¹Bei der Prüfung und Bewertung vergleichbarer Einflüsse auf einen Veranstalter sind auch bestehende Angehörigenverhältnisse einzubeziehen. ²Hierbei finden die Grundsätze des Wirtschafts- und Steuerrechts Anwendung.

§ 28 RStV stellt eine Hilfsnorm zur Berechnung des Zuschaueranteils im Falle von mittelbaren wie unmittelbaren Beteiligungen dar. Hierfür greift sie auf kartell- und gesellschaftsrechtliche Schwellenwerte sowie auf programmbezogene Zurechnungskriterien zurück (→ Rn. 1–4).

Nach § 28 Abs. 1 S. 1 Alt. 1 RStV wird zunächst jedem Programmveranstalter sein eigenes Programm zugerechnet (→ Rn. 5–6). Eine Zurechnung findet gem. § 28 Abs. 1 S. 1 Alt. 2 RStV des Weiteren statt, wenn ein Unternehmen unmittelbar zu mindestens 25 % an einem Veranstalter beteiligt ist (→ Rn. 7–11).

Eine Zurechnung von Zuschaueranteilen von Unternehmen, an denen das gem. §§ 26 ff. RStV zu bewertende Unternehmen nicht selbst, sondern nur über eine vermittelnde Gesellschaft – etwa eine Beteiligungsgesellschaft – beteiligt ist, ist nach § 28 Abs. 1 S. 2 RStV möglich, wenn der vorgenannte Schwellenwert überschritten ist und iSd AktG verbundene Unternehmen vorliegen (→ Rn. 12–14).

§ 28 Abs. 2 RStV lässt darüber hinaus eine Zurechnung von Zuschaueranteilen eines Veranstalters zu einem anderen Unternehmen auch dann zu, wenn zwar die formalen Kriterien des Abs. 1 nicht erfüllt sind, aber ein diesen Konstellationen „vergleichbarer Einfluss" besteht – sei es in Form einer Rechtsstellung, die eine Sperrminorität begründet (S. 1), sei es durch Einwirkungsmöglichkeiten auf wesentliche Teile der Sendezeit (S. 2 Nr. 1) oder in wesentlichen Programmfragen (S. 2 Nr. 2; → Rn. 15–20).

§ 28 Abs. 3 RStV schließlich trifft eine Regelung für Unternehmen mit Sitz im Ausland (→ Rn. 21), während die Angehörigenklausel in § 28 Abs. 4 RStV die Anerkennung von Verträgen unter Angehörigen regelt (→ Rn. 22).

Übersicht

	Rn		Rn
A. Allgemeines	1	III. Mittelbare Beteiligung an einem Veranstalter	12
I. Normziel	1		
II. Normstruktur	2	C. Vergleichbarer Einfluss auf einen Veranstalter	15
B. Zurechnung von Programmen	4		
I. Eigene Veranstaltung von Programmen	5	I. Allgemeines	15
II. Unmittelbare Beteiligung an einem Veranstalter	7	II. Rechtliche und faktische Einwirkungsmöglichkeiten auf den Veranstalter	16

	Rn		Rn
III. Einwirkungsmöglichkeiten auf das Programm	18	D. Sitz im Ausland	21
1. Zulieferung von Programmteilen	19	E. Angehörigenklausel	22
2. Wesentliche Entscheidungen über die Programmgestaltung	20		

A. Allgemeines

I. Normziel

1 § 28 RStV statuiert eine **Berechnungs- und Hilfsnorm** für die medienkonzentrationsrechtliche Kernregelung in § 26 RStV. Die Bestimmung legt fest, wie sich gesellschaftsrechtliche, vertragliche und sonstige Bindungen, Verflechtungen, Beteiligungen und Einflussnahmemöglichkeiten auf den Zuschaueranteil eines bestimmten Fernsehveranstalters auswirken. Eine solche Regelung ist erforderlich, da die Eingriffsschwellen des § 26 RStV neben dem Grundtatbestand in Abs. 1 durch die Zuschaueranteile der Vermutungstatbestände in Abs. 2 konkretisiert werden. Insofern gestaltet § 28 RStV die von der medienkonzentrationsrechtlichen Kernnorm verwendeten Tatbestandsmerkmale „zurechenbare Unternehmen" und „zurechenbare Programme" näher aus. Die Regelung trägt dabei dem Umstand Rechnung, dass gesellschafts- und steuerrechtliche Gründe häufig zu bestimmten unternehmerischen Konstruktionen und Unterbeteiligungen führen. Insbes. ist in den letzten Jahren eine zunehmende Beteiligung sog Private-Equity-Investoren an Fernsehveranstaltern zu beobachten (Hahn/Vesting/Trute RStV § 28 Rn. 3). Eigene Rundfunkveranstaltung tritt damit neben unmittelbare und mittelbare Beteiligungen an programmveranstaltenden Medienunternehmen, was nach einer rechtssicheren Bestimmung des für die medienkonzentrationsrechtliche Bewertung maßgeblichen Zuschaueranteils verlangt.

II. Normstruktur

2 Zur rechtstechnischen Bewältigung dieser Aufgabe wurde hierfür auf ähnliche Instrumente zurückgegriffen wie bei der Bestimmung der „vorherrschenden Meinungsmacht" im Rahmen des § 26 RStV: So, wie dort in Abs. 1 zunächst ein Grundtatbestand abstrakt vorgegeben wird, um sodann durch die Vermutungstatbestände mit bezifferten Schwellenwerten in Abs. 2 regelbeispielhaft konkretisiert zu werden, wird auch im Rahmen der Zurechnung von Zuschaueranteilen nach § 28 RStV auf ein Nebeneinander von mathematisch ermittelbaren **Schwellenwerten** und „weichen" **programmbezogenen Kriterien** abgestellt. Anders als bei § 26 RStV stellt allerdings der bezifferte Schwellenwert in § 28 Abs. 1 RStV gleichsam den Grundtatbestand dar, während die inhaltlichen Einflussmöglichkeiten des § 28 Abs. 2 RStV eher als Auffangtatbestand konzipiert sind, um Umgehungskonstruktionen mit gleicher Wirkung für die Meinungsmacht zu vermeiden (vgl. HRKDSC RStV § 28 Rn. 6; Neft ZUM 1998, 458 (460)).

3 Die Tatbestandsmerkmale des § 28 RStV sowie die inhaltlichen Kriterien für relevante gesellschaftsrechtliche Verflechtungen und Beteiligungen sind dabei sowohl dem Kartellrecht als auch dem Gesellschaftsrecht entlehnt. Dies trägt zum einen der Tatsache Rechnung, dass es sich bei den §§ 25 ff. RStV um ein kartellrechtsverwandtes Anti-Konzentrationsrecht handelt; zum anderen bestimmt sich die Beantwortung der Frage, ob ein Unternehmen in rechtlicher Hinsicht bestimmenden Einfluss auf die Geschäftspolitik eines anderen Unternehmens nehmen kann, zuvörderst nach diesen Kriterien. Auch der zusätzliche Bezug auf die „Grundsätze des Wirtschafts- und Steuerrechts" in § 28 Abs. 4 S. 2 RStV bewirkt, dass das Medienkonzentrationsrecht die **Kohärenz zu anderen Rechtsgebieten** wahrt, statt eigenständige, rein medienspezifische Regelungen zu statuieren (HRKDSC RStV § 28 Rn. 1). Damit wurde von einem veranstalter- auf einen unternehmensbezogenen Blickwinkel gewechselt (Begr. zum 3. RÄndStV, § 28).

B. Zurechnung von Programmen

Der **unternehmensbezogene Zurechnungstatbestand** des § 28 Abs. 1 RStV bezieht **4**
die unmittelbare Veranstaltung von Programmen ebenso in die medienkonzentrationsrechtliche Betrachtung ein wie die Beteiligung an programmveranstaltenden Unternehmen – seien diese Beteiligungen unmittelbar oder mittelbar.

I. Eigene Veranstaltung von Programmen

Dabei versteht es sich von selbst, dass gem. § 28 Abs. 1 S. 1 Alt. 1 RStV die Zuschauer- **5**
anteile desjenigen Programms einem Unternehmen zuzurechnen sind, das von diesem selbst veranstaltet wird. Insoweit entscheidend ist die **formale Stellung als Programmveranstalter**, welche sich allein nach der Inhaberschaft einer Sendeerlaubnis gem. § 20 RStV bemisst (HRKDSC RStV § 28 Rn. 2; Spindler/Schuster/Holznagel/Grünwald RStV § 28 Rn. 3). Vereinzelt wird demgegenüber gefordert, von dieser formalen Sichtweise abzurücken, wenn das betroffene Unternehmen keinen „hinreichenden materiellen Einfluss auf die Programmgestaltung", sprich keine redaktionelle Letztverantwortung über das Programm habe, so dass die Voraussetzungen des verfassungsrechtlichen Rundfunkveranstalterbegriffs nicht erfüllt seien (so Hahn/Vesting/Trute RStV § 28 Rn. 4). Allerdings bedarf es einer solchen Einschränkung nicht: Da § 26 Abs. 2 RStV als Vermutungstatbestand ausgestaltet ist, lässt er auch bei Überschreiten der dort genannten Zuschaueranteile den Gegenbeweis fehlender vorherrschender Meinungsmacht zu. Im Rahmen dieses Gegenbeweises könnten diejenigen Programme außer Betracht bleiben, für die der Veranstalter im formellen (und damit einfachrechtlichen) Sinne keine materielle Einflussnahmemöglichkeiten besitzt. Zudem stellt sich in derartigen Konstellationen die grundsätzliche Frage, ob das in Rede stehende Programm überhaupt auf der Basis einer wirksamen Rundfunkzulassung oder nicht vielmehr ohne die erforderliche Genehmigung mit den sich daraus ergebenden verwaltungsrechtlichen Konsequenzen veranstaltet wird. In letzterem Falle könnte schon keine Zurechnung zum formellen Lizenzinhaber erfolgen, da diesem die für die Veranstaltereigenschaft erforderliche redaktionelle Letztverantwortung fehlte.

Jenseits dieser Kontroverse sind mit der Eigenveranstaltung von Fernsehprogrammen in **6**
der Regel **keine strittigen Rechtsfragen** verbunden. Allein im Falle des Fernsehspartenprogramms LIGAtotal! war umstritten, ob die Constantin Sport Medien GmbH oder die Deutsche Telekom AG als Veranstalter zu gelten hatte, da diese als Lizenzgeberin für die Verwertung und Verbreitung von Fußballspielen sowie als Plattformbetreiberin auftrat (vgl. dazu KEK 563, III 2.3.2.).

II. Unmittelbare Beteiligung an einem Veranstalter

Ähnlich unproblematisch sind die Fälle der unmittelbaren Beteiligung iSd § 28 Abs. 1 **7**
S. 1 Alt. 2 RStV. Hiernach werden die Zuschaueranteile eines Programms einem Unternehmen auch dann zugerechnet, wenn es an dem Veranstalter zu mindestens 25 % unmittelbar beteiligt ist. Mit dieser Prozentzahl greift das Gesetz einen **Schwellenwert des Kartell- und Gesellschaftsrechts** auf. Dieser erlaubt es dem Beteiligungsinhaber, auf die Geschäftspolitik der Gesellschaft in erheblicher Weise Einfluss zu nehmen. So kann ein mit mindestens 25 % an einer Aktiengesellschaft Beteiligter Satzungsänderungen ebenso verhindern wie die Auflösung der Gesellschaft, Kapitalbeschaffungsmaßnahmen, die Abberufung von Aufsichtsratsmitgliedern und konzernrechtliche Strukturentscheidungen (vgl. nur die §§ 179, 182, 193, 202 und 262 AktG; für Satzungsänderungen bei der GmbH: § 53 Abs. 2 GmbHG. Zum Ganzen auch Spindler/Schuster/Holznagel/Grünwald RStV § 28 Rn. 5 und KEK, 1. Medienkonzentrationsbericht, 2000, 62 ff., 375 ff.). Ähnliche Sperrminoritäten sind oft in den Verträgen von Gesellschaften mit beschränkter Haftung enthalten.

Abgestellt wird bei der unmittelbaren Beteiligung allein auf die **Höhe des Gesellschafts- 8
anteils;** diese muss nicht notwendig auch mit einem entsprechenden Stimmrecht korrelieren. Liegt eine solche Beteiligung vor, wird dem Unternehmen der gesamte Zuschaueranteil des veranstaltenden Unternehmens zugerechnet. Unterhalb dieser Schwelle ist die Beteiligung im Rahmen des § 28 Abs. 1 S. 1 Alt. 2 RStV irrelevant, dh eine Zurechnung findet

nach dieser Vorschrift nicht statt (vgl. Spindler/Schuster/Holznagel/Grünwald RStV § 28 Rn. 5). Freilich kann in derartigen Konstellationen die Annahme eines vergleichbaren Einflusses nach § 28 Abs. 2 S. 1 RStV in Betracht zu ziehen sein.

9   Nach wie vor **rechtspolitisch umstritten** ist die Frage, ob die 25 %-Schwelle zu hoch oder zu niedrig angesetzt ist. Ersteres wird bisweilen mit dem Argument bejaht, die 25 %-Schwelle befördere Verflechtungstaktiken (so Dörr MP 1998, 54). Für Letzteres wird vorgetragen (BLR § 28 Rn. 3), dass im Recht der Personengesellschaften ein solcher Schwellenwert – außer bei vertraglicher Vereinbarung – nicht existiere und auch bei Kapitalgesellschaften nicht für jede Entscheidung eine 25 %-ige Beteiligung zu einer Sperrminorität führe. Zudem würde bei Erreichen der kartellrechtlichen Schwelle lediglich ein Fusionskontrollverfahren initiiert, während das Medienkonzentrationsrecht eine volle Zurechnung bewirke.

10 **Durchgreifende Zweifel** an der 25 %-Schwelle vermag letztgenannte Auffassung indes **nicht zu begründen:** Um die vom BVerfG angemahnte wirksame Prävention gegen vorherrschende Meinungsmacht zu gewährleisten, darf der Gesetzgeber in typisierender Weise auf eine gesellschaftsrechtliche Schwelle abstellen, welche bei den in der Medienbranche bedeutsamsten Gesellschaftsformen einen hinreichend gewichtigen Einfluss sichert. Zudem zieht die vollständige Zurechnung der Zuschaueranteile nicht automatisch medienkonzentrationsrechtliche Maßnahmen nach sich. Denn diese setzen grds. erst bei einem Zuschaueranteil von 25 % oder vergleichbarer Meinungsmacht an (§ 26 Abs. 1 und 2 RStV), der selbst bei vollständiger Zurechnung der Anteile des Unternehmens, an dem die Beteiligung besteht, nicht erreicht sein muss. Zudem kann – hierauf wurde bereits mehrfach hingewiesen – die Vermutungswirkung des § 26 Abs. 2 RStV entkräftet werden.

11 Umgekehrt dürfte die **Schwelle auch nicht zu hoch gegriffen** sein. Denn ihr Überschreiten führt immerhin zur Zurechnung sämtlicher Zuschaueranteile des betroffenen Unternehmens. Diese Rechtsfolge bereits bei einer geringeren Beteiligung zu statuieren, erschiene unangemessen. Umgekehrt erscheint es aus rechtspolitischer Sicht auch nicht geboten, eine teilweise Zurechnung der Zuschaueranteile vorzunehmen, wenn eine Beteiligung von unter 25 %, aber zB von über 10 % besteht. Dies würde das aktuelle Regelungskonzept des § 28 RStV, das in Abs. 2 eine Reservevorschrift für vergleichbare Einflussmöglichkeiten vorhält, aus dem Gleichgewicht bringen.

III. Mittelbare Beteiligung an einem Veranstalter

12 Auch mittelbare Beteiligungen an Programmveranstaltern können zu einer Zurechnung von Zuschaueranteilen führen. § 28 Abs. 1 S. 2 RStV setzt hierfür voraus, dass zum einen das „vermittelnde" Unternehmen am Kapital oder an den Stimmrechten des Programmveranstalters mit **25 % oder mehr** beteiligt ist; zum anderen müssen das vermittelnde Unternehmen – etwa eine Zwischengesellschaft – und das mittelbar beteiligte Unternehmen, dem die Anteile zugerechnet werden sollen, **verbundene Unternehmen** iSd § 15 AktG darstellen. Hieraus folgt, dass das mittelbar beteiligte Unternehmen an dem vermittelnden Unternehmen die Mehrheit halten (§ 16 AktG), auf es beherrschenden Einfluss haben (§ 17 AktG), mit ihm unter dem Dach eines Konzerns vereint (§ 18 AktG), wechselseitig beteiligt (§ 19 AktG) oder durch Unternehmensverträge iSd §§ 291, 292 AktG (insbes. Beherrschungs- oder Gewinnabführungsverträge) verbunden sein muss. Geprüft werden muss demnach, ob ein gesellschaftsrechtlich relevanter Einfluss des medienkonzentrationsrechtlich zu bewertenden Unternehmens auf das vermittelnde Unternehmen besteht. Insoweit reicht allerdings eine bloße Sperrminorität nicht aus. Entscheidend ist die grundsätzliche Möglichkeit, das vermittelnde Unternehmen zu einem bestimmten Handeln zu veranlassen (vgl. KEK, 4. Medienkonzentrationsbericht, 2010, 398 mwN).

13 Liegen diese Voraussetzungen vor, werden dem nur mittelbar beteiligten Unternehmen auch die **Zuschaueranteile** des vermittelnden Unternehmens **zugerechnet,** das seinerseits iSd § 28 Abs. 1 S. 1 Alt. 2 RStV unmittelbar am Fernsehprogrammveranstalter beteiligt sein muss. § 28 Abs. 1 S. 3 RStV bewirkt sodann – so man dieser Norm einen Regelungsgehalt attestieren möchte (aA zB BLR RStV § 28 Rn. 9; dagegen aber HRKDSC RStV § 28 Rn. 5) – nach Lesart der KEK, dass nicht nur dem mittelbar beteiligten Unternehmen die Zuschaueranteile des vermittelnden Unternehmens zugerechnet werden, sondern eine Zu-

rechnung auch in umgekehrter Richtung erfolgt (vgl. KEK, 4. Medienkonzentrationsbericht, 2010, 399).

§ 28 Abs. 1 S. 4 RStV schließlich trifft eine Regelung, die mit der kartellrechtlichen „**Mehrmütterklausel**" (§ 36 Abs. 2 S. 2 GWB) identisch ist. Sie wird deshalb überwiegend für überflüssig gehalten, da diese Konstellation schon durch § 28 Abs. 1 S. 2 RStV iVm § 17 AktG erfasst ist (so Hahn/Vesting/Trute RStV § 28 Rn. 7 und Spindler/Schuster/Holznagel/Grünwald RStV § 28 Rn. 9, jeweils mit Verweis auf KEK, 1. Konzentrationsbericht, 2000, 63). 14

C. Vergleichbarer Einfluss auf einen Veranstalter

I. Allgemeines

In Gestalt des § 28 Abs. 2 RStV wurde eine Regelung geschaffen, die abseits starrer Beteiligungsquoten und formal-gesellschaftsrechtlicher Betrachtungsweisen eine Zurechnung von Zuschaueranteilen erlaubt, wenn ein mit den Fallgruppen des Abs. 1 „**vergleichbarer Einfluss**" auf die Programmgestaltung vorliegt. Damit soll der Anreiz genommen werden, Beteiligungen und gesellschaftsrechtliche Konstruktionen so zu gestalten, dass eine Zurechnung nach § 28 Abs. 1 RStV ausgeschlossen werden kann. Auch soll so eine ungerechtfertigte Ungleichbehandlung zwischen den in Abs. 1 und 2 geregelten Fallgruppen vermieden werden. 15

II. Rechtliche und faktische Einwirkungsmöglichkeiten auf den Veranstalter

§ 28 Abs. 2 S. 1 RStV verlangt hierfür, dass **ein der Sperrminorität von 25 % vergleichbarer Einfluss** besteht. Das ist insbes. dann der Fall, wenn durch vertragliche Vereinbarungen Einwirkungsrechte eingeräumt werden, die jenen entsprechen, die nach dem Gesellschaftsrecht bei einer 25 %-igen Beteiligung gegeben sind (vgl. KEK, 4. Medienkonzentrationsbericht, 2010, 400). Die bloße Wahrnehmung der Geschäftsführerfunktion reicht hierfür jedoch nicht aus (KEK 310-2, III 2.1.2., 2.1.3. – GIGA Digital). Treten zu dieser aber weitere Umstände hinzu – wie etwa die Tatsache, dass die Mehrheitsgesellschafter die Programmgestaltung weitestgehend der Geschäftsführung überlassen, oder die zusätzliche Beteiligung des Geschäftsführers an einer Obergesellschaft, die Anteile an dem Programmveranstalter hält –, dann kann der Tatbestand des § 28 Abs. 2 S. 1 RStV erfüllt sein (s. zB KEK 514/569, III.2.4. – Deluxe und KEK 543, III.2.1. – Junior). 16

Eine solche Feststellung erfordert detaillierte **Prüfungen komplexer Unternehmens- und Beteiligungsstrukturen** seitens der KEK, die das Ineinandergreifen verschiedener rechtlicher Gestaltungen und zusätzlich faktische (dh dauernde und nicht bloß zufällige, vgl. Spindler/Schuster/Holznagel/Grünwald RStV § 28 Rn. 12) Einwirkungsmöglichkeiten in ihrer Kumulation zu bewerten hat. So führte beispielsweise im Prüfverfahren LIGAtotal! das „Ineinandergreifen von Lizenzvertrag und Einspeisevertrag" zu einem über den bei 25 %-iger Beteiligung üblichen Einfluss durch die bestehende wirtschaftliche Abhängigkeit, der im konkreten Fall jedoch aufgrund eines ausdrücklich erklärten Verzichts auf die Beeinflussung der Programmentscheidungen im Ergebnis nicht nach § 28 Abs. 2 S. 1 RStV zugerechnet wurde (KEK 563, III.2.3.4 f. – LIGAtotal!; KEK, 4. Medienkonzentrationsbericht, 2010, 400 f.). 17

III. Einwirkungsmöglichkeiten auf das Programm

Dem vergleichbaren Einfluss nach S. 1 werden durch **§ 28 Abs. 2 S. 2 RStV** zwei weitere Fälle gleichgestellt, bei denen es nicht auf gesellschaftsrechtliche oder faktische Einflussnahmemöglichkeiten auf das Unternehmen, sondern auf dessen Programmgestaltung ankommt: 18

1. Zulieferung von Programmteilen

So liegt ein vergleichbarer Einfluss gem. § 28 Abs. 2 S. 2 Nr. 1 RStV auch dann vor, wenn ein Unternehmen oder ein ihm zurechenbares Unternehmen regelmäßig einen **we-** 19 sentlichen Teil der Sendezeit eines Veranstalters mit von ihm zugelieferten Programmteilen gestaltet. Wann genau die Schwelle zur Wesentlichkeit in diesem Sinne überschritten wird, ist umstritten und stets eine – qualitativ wie quantitativ zu bewertende (Hahn/Vesting/Trute RStV § 28 Rn. 13) – **Einzelfallentscheidung.** Jedenfalls bei einem Anteil von mehr als 50 % nimmt die KEK eine Zurechnung vor, während eine Zulieferung „einer bestimmten Anzahl von Programmstunden im Jahr" nicht zu einer Zurechnung führen soll (vgl. KEK, 4. Medienkonzentrationsbericht, 2010, 401). In der Literatur wird zum Teil eine zeitliche Untergrenze von 25 % innerhalb eines 12-Monats-Zeitraumes vorgeschlagen (so zB BLR RStV § 28 Rn. 14; HRKDSC RStV § 28 Rn. 8).

2. Wesentliche Entscheidungen über die Programmgestaltung

20 § 28 Abs. 2 S. 2 Nr. 2 RStV stellt dagegen nicht auf die faktische Programmgestaltung ab, sondern auf die (vertrags-)rechtliche oder sonstige Beeinflussung von programmgestalterischen Entscheidungen. Wenn vertragliche oder satzungsrechtliche Regelungen dazu führen, dass eine **Vetoposition für Programminhalte** besteht oder eine finanzielle Abhängigkeit hergestellt wird, die einen entsprechenden Einfluss bewirkt, werden die Zuschaueranteile des Veranstalters dem medienkonzentrationsrechtlich zu bewertenden Unternehmen zugerechnet (vgl. auch Hahn/Vesting/Trute RStV § 28 Rn. 15). Mit den „wesentlichen Entscheidungen eines Veranstalters über die Programmgestaltung" sind dabei die für die Unternehmensplanung in programmatischer Hinsicht maßgebenden Entscheidungen von nicht nur untergeordneter Bedeutung gemeint (Spindler/Schuster/Holznagel/Grünwald RStV § 28 Rn. 14). In der Spruchpraxis der KEK ist diese Norm insbes. in Bezug auf **Programmplattformen** wie Kabelnetzbetreiber relevant geworden (vgl. die Nachweise im 4. Medienkonzentrationsbericht, 2010, 401 f. sowie bei Hahn/Vesting/Trute RStV § 28 Rn. 15 und Spindler/Schuster/Holznagel/Grünwald RStV § 28 Rn. 15). Die KEK rechnet dabei die Veranstaltung von Programmen einem Plattformbetreiber zu, wenn der jeweilige Plattformvertrag dem Veranstalter wesentliche Abweichungen des Programms von einem vertraglich vereinbarten Sendekonzept ohne Zustimmung des Plattformbetreibers untersagt. Sofern dagegen der Plattformvertrag keinen solchen Zustimmungsvorbehalt vorsieht und keine Vorgaben für die Programmveranstaltung enthält, die über eine allgemein gehaltene Bezeichnung des Genres, ggf. die Pflicht des Veranstalters zur Qualitätssicherung und gewisse quantitative Mindestanforderungen hinausgehen, beziehungsweise weder ein vertraglich vereinbartes Sendeschema, das den zeitlichen Ablauf des Programms vorgibt, noch sonstige konkrete Regelungen zu Inhalt und Ablauf des Programms enthält, wird das Programm dem Plattformbetreiber nicht zugerechnet (s. zuletzt KEK 711, III.2.3.2 ff. – RTL Television).

D. Sitz im Ausland

21 **§ 28 Abs. 3 RStV** – der im Zusammenhang mit § 27 Abs. 1 RStV steht – stellt klar, dass es für die Zurechnung ohne Relevanz ist, ob das in Rede stehende Unternehmen seinen Sitz im In- oder Ausland hat. Richtigerweise wird man – da § 27 Abs. 1 RStV auf deutschsprachige Programme abstellt – jedoch nur solche Programme „ausländischer" Unternehmen zurechnen dürfen (so auch BLR RStV § 28 Rn. 18; HRKDSC RStV § 28 Rn. 10; aA Hahn/Vesting/Trute RStV § 28 Rn. 16). In der Entscheidungspraxis der KEK hat die Norm bislang keine Rolle gespielt.

E. Angehörigenklausel

22 Nach der durch den 3. RÄStV eingeführten und als **„Lex Kirch"** bezeichneten Angehörigenklausel (Spindler/Schuster/Holznagel/Grünwald RStV § 28 Rn. 18) sind gem. § 28 Abs. 4 RStV bei der Prüfung und Bewertung vergleichbarer Einflüsse auf einen Veranstalter auch bestehende Angehörigenverhältnisse einzubeziehen. Nach den in S. 2 in Bezug genommenen Wertungen des Wirtschafts- und Steuerrechts, stellt indes die bloße Verwandtschaftsbeziehung noch kein hinreichendes Indiz gegen die Anerkennung einer Rechtsbeziehung bzw. – auf den vorliegenden Kontext gemünzt – für die Zurechnung von Zuschaueranteilen

dar. Hinzukommen muss, dass die tatsächliche Durchführung und insbes. ein **„Fremdvergleich"** zu der Wertung führen, dass der für das Wirtschaftsleben sonst übliche Interessensgegensatz der Vertragsparteien nicht besteht. Da nach § 28 Abs. 2 RStV ohnehin eine umfassende Abwägung vorzunehmen ist, ist § 28 Abs. 4 RStV letztlich überflüssig (so schon Kuch ZUM 1997, 12 (15); ausf. zur Beurteilung von Angehörigenverhältnissen im Wirtschafts- und Steuerrecht und der Wirkung im Rahmen des § 28 RStV Schweitzer ZUM 1998, 597).

§ 29 Veränderung von Beteiligungsverhältnissen

[1] Jede geplante Veränderung von Beteiligungsverhältnissen oder sonstigen Einflüssen ist bei der zuständigen Landesmedienanstalt vor ihrem Vollzug schriftlich anzumelden. [2] Anmeldepflichtig sind der Veranstalter und die an dem Veranstalter unmittelbar oder mittelbar im Sinne von § 28 Beteiligten. [3] Die Veränderungen dürfen nur dann von der zuständigen Landesmedienanstalt als unbedenklich bestätigt werden, wenn unter den veränderten Voraussetzungen eine Zulassung erteilt werden könnte. [4] Wird eine geplante Veränderung vollzogen, die nicht nach Satz 3 als unbedenklich bestätigt werden kann, ist die Zulassung zu widerrufen; das Nähere des Widerrufs richtet sich nach Landesrecht. [5] Für geringfügige Beteiligungen an Aktiengesellschaften kann die KEK durch Richtlinien Ausnahmen für die Anmeldepflicht vorsehen.

§ 29 RStV sichert die Konzentrationskontrolle der jeweils zuständigen Landesmedienanstalten und der für sie organschaftlich handelnden KEK verfahrensrechtlich ab, indem eine frühzeitige Kenntnisnahme der Veränderung von Beteiligungsverhältnissen oder sonstigen Einflüssen ermöglicht wird (→ Rn. 1).

§ 29 S. 1 RStV statuiert eine – von der Art und Weise der Veränderung unabhängige – Rechtspflicht zur Anmeldung jeder „geplanten Veränderung von Beteiligungsverhältnissen oder sonstigen Einflüssen" (→ Rn. 3–5). Die Anmeldung ist vor Vollzug der Beteiligungsveränderung an die jeweilige Landesmedienanstalt zu richten, welche die Anmeldung iSd § 37 Abs. 3 RStV der KEK zuleitet (→ Rn. 8–10).

Der Kreis der Anmeldepflichtigen umfasst nach § 29 S. 2 RStV den Veranstalter und die unmittelbar oder mittelbar beteiligten Unternehmen iSd § 28 RStV, bei denen eine Veränderung der Beteiligungsverhältnisse eintritt (→ Rn. 11–13).

Die Prüfung im Zuge der Unbedenklichkeitsbestätigung iSd § 29 S. 3 RStV umfasst die Voraussetzungen einer Neuzulassung und erstreckt sich auf das materielle Konzentrationsrecht (→ Rn. 14). Das Unterlassen der Anmeldung stellt einen Ordnungswidrigkeitstatbestand dar (→ Rn. 17–19), während der Vollzug einer nicht geplanten Veränderung zum Widerruf der Zulassung ohne Ermessen führt (→ Rn. 20). § 29 S. 5 RStV lässt bei Aktiengesellschaften Ausnahmen von der Anmeldepflicht zu (→ Rn. 22–24).

Übersicht

	Rn		Rn
A. Allgemeines	1	**C. Kreis der Anmeldepflichtigen**	11
B. Anmeldepflichtige Veränderung von Beteiligungsverhältnissen	3	**D. Unbedenklichkeitsbestätigung**	14
I. Anmeldepflichtiger Sachverhalt	3	**E. Unterlassene Anmeldung**	17
II. Zuständige Stelle für die Anmeldung	8	**F. Widerruf der Zulassung**	20
III. Zeitpunkt und Form der Anmeldung	10	**G. Sonderbestimmungen für Aktiengesellschaften (Satz 5)**	22

A. Allgemeines

§ 29 RStV gehört zu einem Kreis von Vorschriften des RStV, welche die **Transparenz** 1 der gesellschaftsrechtlichen Beteiligungs- und sonstigen Einflussverhältnisse eines Fernseheranstalters und der an ihm unmittelbar oder mittelbar Beteiligten gewährleisten sollen. Die Norm ermöglicht hierzu eine frühzeitige Kenntnisnahme derartiger Veränderungen durch die jeweils zuständigen Landesmedienanstalten und die für sie organschaftlich handelnde KEK und erlaubt so eine effektive Durchsetzung der Konzentrationskontrolle.

2   Der Anwendungsbereich der Vorschrift erstreckt sich nur auf **bundesweit verbreitete Fernsehangebote** (§ 39 S. 1 RStV). Ein Abweichen durch Landesrecht ist dabei nicht möglich, weder durch eine weitergehendere noch durch eine erleichternde Regelung (§ 39 S. 3 RStV).

B. Anmeldepflichtige Veränderung von Beteiligungsverhältnissen
I. Anmeldepflichtiger Sachverhalt

3   § 29 S. 1 RStV schreibt die Anmeldung jeder „geplanten Veränderung von Beteiligungsverhältnissen oder sonstigen Einflüssen" vor. Die Norm begründet damit eine umfassende, von der konzentrationsrechtlichen Bedeutung der Veränderung und deren Ausgestaltung unabhängige **Rechtspflicht**. Die Anmeldepflicht besteht deshalb auch dann, wenn die Veränderung konzentrationsrechtlich ohne Relevanz ist. Zwar wird auch eine Ausnahme für den Fall offensichtlicher Unerheblichkeit der Veränderung befürwortet (Engel ZUM-Sonderheft 1993, 557 (580)). Gegen diese Ansicht spricht indes zum einen der eindeutige Wortlaut der Bestimmung. Zum anderen liegt die Bewertung der konzentrationsrechtlichen Relevanz im Zuständigkeitsbereich der KEK und kann deshalb nicht von den Veranstaltern selbst übernommen werden (Spindler/Schuster/Holznagel/Grünwald RStV § 29 Rn. 2). Schließlich spricht auch das Ziel der Regelung – Beteiligungsverhältnisse für die Öffentlichkeit transparent zu machen – gegen eine solche Einschränkung (KEK, 4. Konzentrationsbericht, 2010, 402; Hahn/Vesting/Trute RStV § 29 Rn. 5).

4   Die **Art und Weise der Veränderung** ist ohne Belang. Sie kann gesellschaftsrechtlicher Natur sein, muss jedoch nicht zu Stimmrechts- oder Kapitalverschiebungen oder zu einer Veränderung der Kontrollverhältnisse führen. Die Anmeldepflicht wird ferner durch rein konzerninterne Umstrukturierungen, mithin durch eine Veränderung der Beteiligungsstruktur – etwa durch die Zwischenschaltung einer Holding (dazu KEK 247-1 bis -5) – oder durch die Verschmelzung zweier Anteilseigner auf eine neue Gesellschaft ohne Veränderung der Rechtsperson des Veranstalters (dazu KEK 675-1 bis -6) ausgelöst. Für diese Fälle rein **konzerninterner Umstrukturierungen** führt die KEK allerdings ein vereinfachtes Verfahren durch (KEK, 4. Konzentrationsbericht, 2010, 402) und stellt insoweit lediglich fest, dass es keiner Unbedenklichkeitsbestätigung bedarf (KEK, 15. Jahresbericht, 2012, 28).

5   Aber auch außerhalb gesellschaftsrechtlicher Veränderungen von Beteiligungsverhältnissen besteht für die Änderung **sonstiger Einflüsse** auf den Veranstalter oder an ihm Beteiligter eine Anmeldepflicht. Für den Begriff der „sonstigen Einflüsse" kann auf das Verständnis des „vergleichbaren Einflusses" in § 28 Abs. 2 RStV zurückgegriffen werden (zB in Gestalt des Abschlusses von Plattform- und Vermarktungsverträgen – vgl. dazu KEK 576).

6   Die Abgrenzung zwischen den medienkonzentrationsrechtlich unerheblichen internen Strukturveränderungen und der Veränderung sonstiger konzentrationsrechtlich relevanter Einflüsse erfolgt aufgrund einer **Gesamtbetrachtung** der jeweiligen Umstände. Der medienkonzentrationsrechtlichen Unbedenklichkeitsbestätigung bedarf es nur dann, wenn sich durch die Veränderung materiell die Beteiligungsverhältnisse oder die sonstigen Einflussmöglichkeiten der Beteiligten verändern (st. Spruchpraxis der KEK, vgl. KEK 404-1 bis -7). Dies wird angenommen, wenn die Umstrukturierungen die Rechtsperson des Veranstalters ändern, etwa indem der Veranstalter zur Vereinfachung der Konzernstruktur auf ein Mutter- oder Schwesterunternehmen verschmolzen wird (KEK 528; KEK 576).

7   Die Veranstalter sowie die an ihnen iSd § 28 RStV Beteiligten müssen dabei jede **geplante Veränderung** anmelden. Die KEK nimmt dies an, wenn der Beteiligungserwerb als solcher und seine konkreten Modalitäten bereits feststehen. Eine Bestätigung von Veränderungen, deren Durchführung noch ungewiss ist oder die noch nicht näher konkretisierbar sind, dh eine „Vorratsbestätigung", wird indessen nicht erteilt (KEK, 3. Konzentrationsbericht, 2006, 398 mwN). Werden von dem angemeldeten Sachverhalt im Nachhinein mehr als nur ganz geringfügige Abweichungen vorgenommen, müssen diese gesondert angezeigt

werden (KEK, 3. Konzentrationsbericht, 2006, 398 mwN). In der rechtswissenschaftlichen Literatur wird zudem eine Orientierung an der Anmeldepflicht für Unternehmenszusammenschlüsse gem. § 39 GWB befürwortet (Spindler/Schuster/Holznagel/Grünwald RStV § 29 Rn. 4). Im Ergebnis dürfte dies mit dem Vorgehen der KEK übereinstimmen.

II. Zuständige Stelle für die Anmeldung

Adressat der Anmeldung ist die jeweils zuständige **Landesmedienanstalt.** Geht dort eine 8 Anmeldung ein, muss sie unverzüglich der KEK zugeleitet werden (§ 37 Abs. 3 RStV). Eine unmittelbare Adressierung der KEK hingegen ist unzulässig. Zwar entscheidet die KEK über die Erteilung der Unbedenklichkeitsbestätigung (§§ 36 Abs. 4 S. 2, 37 Abs. 1, 3 RStV). Sie wird in diesem Fall jedoch nur als Organ der jeweiligen Landesmedienanstalt tätig (§ 35 Abs. 2 S. 2 RStV). Nur für den Fall, dass die KEK Nachfragen an den Antragsteller hat, kann sie sich gem. § 37 Abs. 4 RStV unmittelbar an diesen wenden.

Betreffen die Beteiligungsveränderungen **Senderfamilien,** die über eine Zulassung meh- 9 rerer Landesmedienanstalten verfügen, so muss die Anmeldung bei jeder lizenzierenden Landesmedienanstalt eingereicht werden.

III. Zeitpunkt und Form der Anmeldung

Eine geplante Beteiligungsveränderung ist **vor** ihrem **Vollzug** anzumelden. Die geplanten 10 Änderungen dürfen daher weder rechtlich (dingliche Wirkung) noch tatsächlich wirksam geworden sein (HRKDSC RStV § 29 Rn. 4; Spindler/Schuster/Holznagel/Grünwald RStV § 29 Rn. 5). Im Sinne der Verfahrensklarheit und Rechtssicherheit hat die Anmeldung schriftlich zu erfolgen (s. dazu auch das Formular der KEK zur Erklärung der Vollständigkeit der Anmeldung). Gem. § 24 RStV ist mit den Angaben der Anmeldepflichtigen vertraulich umzugehen.

C. Kreis der Anmeldepflichtigen

Anmeldepflichtig sind der **Veranstalter** (§ 2 Abs. 2 Nr. 14 RStV) und die an dem 11 Veranstalter **unmittelbar oder mittelbar** iSv § 28 RStV **Beteiligten.** Der so statuierte weite Kreis von Anmeldepflichtigen kann dann zu rechtlichen Schwierigkeiten führen, wenn aufgrund der Größe und Struktur eines Veranstalters, insbes. bei Unternehmensgruppen, nicht jede Beteiligungsveränderung zu jedem auch nur mittelbar Beteiligten durchdringt.

Sowohl das rechtswissenschaftliche Schrifttum (Hahn/Vesting/Trute RStV § 29 Rn. 8; 12 Engel ZUM-Sonderheft 2003, 557 (580); BLR § 29 Rn. 5) als auch die KEK (1. Konzentrationsbericht, 2000, 70) befürworten eine **Reduzierung der Anmeldepflichtigen** auf den Veranstalter und die Unternehmen, bei denen eine Veränderung der Beteiligungsverhältnisse eintritt. Andere erstrecken die Anmeldepflicht bei ansonsten restriktiver Sichtweise darüber hinaus auf die oberste Konzerngesellschaft (Spindler/Schuster/Holznagel/Grünwald RStV § 29 Rn. 9).

Eine solche **Begrenzung ist zu befürworten.** Dem Zweck des § 29 RStV, Transparenz 13 der Beteiligungsverhältnisse zu schaffen und eine vorbeugende Konzentrationskontrolle zu ermöglichen, steht sie solange nicht entgegen, wie zumindest eine Anmeldung erfolgt (Spindler/Schuster/Holznagel/Grünwald RStV § 29 Rn. 9). Demgegenüber dient es nicht der effektiven Medienkonzentrationskontrolle, eine unter Umständen große Anzahl von zumindest auf dem Papier existenten Parallelverfahren zu generieren.

D. Unbedenklichkeitsbestätigung

Die KEK prüft und bestätigt gegenüber der zuständigen Landesmedienanstalt die Unbe- 14 denklichkeit der geplanten Veränderung, wenn unter den veränderten Voraussetzungen eine Zulassung erteilt werden könnte. Mithin hat die KEK die Voraussetzungen einer Neuzulassung zu prüfen. Wenngleich der Wortlaut des § 29 S. 3 RStV keine Begrenzung der Prüfung auf das **materielle Konzentrationsrecht** (§§ 26–28 RStV) vorsieht, ergibt sich dies jedoch aus dem Kontext der Norm. Sie dient der Sicherung der Meinungsvielfalt, weswegen Gegenstand der Prüfung nur die Erlangung vorherrschender Meinungsmacht sein kann (Hahn/Vesting/Trute RStV § 29 Rn. 10; KEK, 1. Konzentrationsbericht, 2000, 70; aA HRKDSC RStV § 29 Rn. 8).

15   Der **Beschluss der KEK** ist für die Landesmedienanstalt(en) gem. § 35 Abs. 9 S. 5 RStV **bindend,** entfaltet jedoch noch keine Außenwirkung. Eine solche tritt erst durch die Unbedenklichkeitsbestätigung der Landesmedienanstalt gegenüber der anmeldenden Institution ein (zur Wirkungsweise der Bestätigung auf der Landesebene s. Spindler/Schuster/Holznagel/Grünwald RStV § 29 Rn. 10 f.).

16   Wiederholt hat die KEK für die Einführung einer **Fiktion der Unbedenklichkeit** plädiert. Nach Ablauf einer Frist von vier Monaten nach Eingang der vollständigen Anmeldung soll, soweit keine Entscheidung der KEK getroffen worden ist, die Veränderung der Beteiligungsverhältnisse oder sonstiger Einflüsse als unbedenklich gelten (KEK, 3. Konzentrationsbericht, 2006, 402; 4. Konzentrationsbericht, 2010, 405). Die Einführung einer solchen Regelung würde für die Anmeldepflichtigen einen überschaubaren Verfahrenszeitraum begründen und ihnen bei der Umstrukturierung der Beteiligungsverhältnisse eine gewisse Sicherheit bieten (Hahn/Vesting/Trute RStV § 29 Rn. 11). Auf Seiten der KEK und der Landesmedienanstalten könnte zudem eine Reduzierung des Verwaltungsaufwands erreicht werden, sodass eine solche Regelung zu begrüßen wäre.

E. Unterlassene Anmeldung

17   Gem. § 49 Abs. 1 S. 2 Nr. 4 RStV stellt die unterlassene Anmeldung der Veränderung von Beteiligungsverhältnissen eine Ordnungswidrigkeit dar und kann von der zuständigen Landesmedienanstalt nach § 49 Abs. 2 RStV mit einem Bußgeld geahndet werden.

18   Darüber hinausgehende Auswirkungen auf die zugrunde liegenden Rechtsgeschäfte hat die fehlende Anmeldung – anders als im Kartellrecht – nicht. Im Gegensatz zu § 41 Abs. 1 S. 2 GWB statuiert der RStV **kein Vollzugsverbot.** Der Rundfunkveranstalter könnte deshalb bspw. einen Anteilsverkauf wirksam vollziehen, auch wenn die Unbedenklichkeitsbestätigung durch die Landesmedienanstalt noch nicht vorliegt. Einzig das Risiko des Verlusts der Rundfunklizenz (§ 29 S. 4 RStV) hätte der Rundfunkveranstalter zu tragen, sollte sich im Nachhinein herausstellen, dass die Veränderung konzentrationsrechtlich nicht unbedenklich ist.

19   Der Vollzug der Veränderungen wird daher von einigen Unternehmen unter die **aufschiebende Bedingung einer medienrechtlichen Freigabe** gestellt (KEK, 4. Konzentrationsbericht, 2010, 404). In 2009 hatten jedoch mehr als die Hälfte der Anmeldepflichtigen Veränderungen von Beteiligungsverhältnissen erst nach dem Vollzug angezeigt (KEK, 4. Konzentrationsbericht 2010, 404 Fn. 1391). Da die Veranstalter sich offensichtlich nicht in der Pflicht sehen, die Vorschrift des § 29 RStV zu respektieren, sollte über eine Angleichung an die Rechtslage der kartellrechtlichen Fusionskontrolle nachgedacht werden (so auch Hahn/Vesting/Trute RStV § 29 Rn. 14). Zu Recht weist die KEK insoweit darauf hin, dass im Zeitraum zwischen dem Vollzug der Beteiligungsveränderung und einer möglichen negativen Entscheidung der KEK über die Unbedenklichkeit vorherrschende Meinungsmacht erlangt werden könnte, die auch durch einen Widerruf der Lizenz für die Vergangenheit nicht rückgängig gemacht werden kann (KEK, 4. Konzentrationsbericht, 2010, 404). Eine nachträgliche Anmeldung der Veränderung entspricht daher nicht Sinn und Zweck der Regelung.

F. Widerruf der Zulassung

20   Wird eine geplante Veränderung vollzogen, die nicht nach § 29 S. 3 RStV als unbedenklich bestätigt werden kann, ist die Zulassung zu widerrufen. Der Landesmedienanstalt kommt in diesem Fall **kein Ermessensspielraum** zu; die Rechtsfolge für sie ist zwingend (aA BLR RStV § 29 Rn. 15, die eine Verhältnismäßigkeitsprüfung befürworten). Die Einzelheiten des Widerrufs richten sich gem. § 29 S. 4 letzter Hs. RStV nach Landesrecht.

21   Dieser Rechtsfolge kann – wenn überhaupt – nur durch eine vom Veranstalter angebotene **Rückabwicklung der Veränderung** begegnet werden. Ein solches Vorgehen würde jedenfalls nicht dem Zweck des § 29 RStV, vorherrschende Meinungsmacht zu verhindern, zuwiderlaufen (Hahn/Vesting/Trute RStV § 29 Rn. 13; BLR RStV § 29 Rn. 15; erwägd KEK, 1. Konzentrationsbericht, 2000, 382).

G. Sonderbestimmungen für Aktiengesellschaften (Satz 5)

Zunehmend treten börsennotierte Aktiengesellschaften wie zB die Sky Deutschland AG 22
oder die ProSiebenSat1 Media AG als Rundfunkveranstalter auf. Planen diese Gesellschaften
Beteiligungsveränderungen, auch soweit diese nur den Börsenhandel betreffen, sind sie grds.
nach § 29 S. 1 RStV anmeldepflichtig. § 29 S. 5 RStV lässt hiervon eine **Ausnahme**
(„kann") bei geringen Beteiligungsveränderungen zu, wenn hierdurch eine Beeinträchtigung
der Meinungsvielfalt nicht zu erwarten ist; eine starre Anwendung des § 29 S. 1 RStV
hingegen würde die Börsenverkehrsfähigkeit von Aktien privater Anbieter und an ihnen
beteiligter Unternehmen unverhältnismäßig behindern.

Auf der Grundlage von § 29 S. 5 RStV hat die KEK bereits 1997 eine **Richtlinie** nach § 29 23
S. 5 RStV zur Ausnahme von der Anmeldepflicht bei Veränderung von Beteiligungsverhältnissen erlassen (die Richtlinie ist abrufbar unter: http://www.kek-online.de/kek/information/publikation/richtlinie.pdf), die eine Ausnahme von der Anmeldepflicht für geringfügige
Beteiligungsveränderungen statuiert. Von der Anmeldung kann hiernach abgesehen werden,
wenn die Veränderungen durch Erwerb, Veräußerung oder auf sonstige Weise von weniger als
5 % des Kapitals oder der Stimmrechte einer im In- oder Ausland börsennotierten Aktiengesellschaft bewirkt und dadurch nicht Beteiligungen von 25 %, 50 % oder 75 % erreicht,
überschritten oder unterschritten werden (KEK-RiL, Ziffern 1.2 und 2.1). Zudem darf die
Beteiligungsveränderung nicht dazu führen, dass bei zwei- oder mehrfacher Aufeinanderfolge
während eines ununterbrochenen Zeitraums von zwölf Monaten eine Erhöhung der Beteiligung um mindestens 5 % bewirkt wird (KEK-RiL, Ziffer 2.2; s. dazu KEK 702; KEK 703).

Von der Anmeldepflicht bei geringfügigen Veränderungen wird auch – wenngleich nicht 24
ausdrücklich erwähnt – für andere börsennotierte Gesellschaften abgesehen, etwa für börsennotierte Kommanditgesellschaften (Private-Equity-Fondsgesellschaften) oder vergleichbare
ausländische Rechtsformen (KEK, 3. Konzentrationsbericht, 2006, 400). Eine **Ausdehnung
des Ausnahmetatbestands** auf nicht börsennotierte Gesellschaftsformen hingegen ist tendenziell abzulehnen (KEK, 4. Konzentrationsbericht, 2010, 403 f.; Hahn/Vesting/Trute
RStV § 29 Rn. 16; Spindler/Schuster/Holznagel/Grünwald RStV § 29 Rn. 13; aA BLR
RStV § 29 Rn. 6, 17). Die Regelung hat zum Ziel, den Börsenhandel an zur Rundfunkveranstaltung zugelassenen Aktiengesellschaften nicht zu behindern, nicht jedoch eine Abkehr
von der Anmeldepflicht für geringfügige Beteiligungsveränderungen aller Gesellschaftsformen zu postulieren (KEK, 4. Konzentrationsbericht, 2010, 403 f.). Dies würde der Transparenzfunktion der KEK zuwider laufen.

§ 30 Vielfaltssichernde Maßnahmen

**Stellen die vorgenannten Vorschriften auf vielfaltssichernde Maßnahmen bei
einem Veranstalter oder Unternehmen ab, so gelten als solche Maßnahmen:
1. Die Einräumung von Sendezeit für unabhängige Dritte (§ 31),
2. die Einrichtung eines Programmbeirats (§ 32).**

§ 30 RStV zählt abschließend (Spindler/Schuster/Holznagel/Grünwald RStV § 30 1
Rn. 1; HRKDSC RStV § 30 Rn. 3) die vielfaltssichernden Maßnahmen iSd §§ 26 ff. RStV
auf. Diese abschließende Feststellung würde sich indes auch aus einer verständigen Analyse
der einschlägigen medienkonzentrationsrechtlichen Normen ergeben. Denn diese – insbes.
§ 26 Abs. 4 S. 1 Nr. 3 RStV – verweisen ohnehin an den entscheidenden Stellen auf die
entsprechenden Maßnahmen, so dass man § 30 RStV mit guten Gründen für überflüssig
halten kann (so schon Hahn/Vesting/Trute RStV § 30 Rn. 3). Der Bestimmung kommt
deshalb eher **klarstellende Bedeutung** zu.

Gem. § 39 S. 1 und 2 RStV kann von § 30 RStV durch **Landesrecht** nicht abgewichen 2
werden. Das Landesrecht kann die Programmbeiräte und die Drittsendezeiten deshalb nicht,
anders als in den §§ 31 und 32 RStV ausgestaltet, regeln (HRKDSC RStV § 30 Rn. 2).

Die **näheren Voraussetzungen** für die genannten Maßnahmen ergeben sich aus den 3
§§ 31 und 32 RStV sowie den sie konkretisierenden Richtlinien (§ 33 RStV). Insofern sei
auf die Kommentierungen zu diesen Bestimmungen verwiesen.

§ 31 Sendezeit für unabhängige Dritte

(1) ¹Ein Fensterprogramm, das aufgrund der Verpflichtung zur Einräumung von Sendezeit nach den vorstehenden Bestimmungen ausgestrahlt wird, muß unter Wahrung der Programmautonomie des Hauptveranstalters einen zusätzlichen Beitrag zur Vielfalt in dessen Programm, insbesondere in den Bereichen Kultur, Bildung und Information, leisten. ²Die Gestaltung des Fensterprogramms hat in redaktioneller Unabhängigkeit vom Hauptprogramm zu erfolgen.

(2) ¹Die Dauer des Fensterprogramms muß wöchentlich mindestens 260 Minuten, davon mindestens 75 Minuten in der Sendezeit von 19.00 Uhr bis 23.30 Uhr betragen. ²Auf die wöchentliche Sendezeit werden Regionalfensterprogramme bis höchstens 150 Minuten pro Woche mit höchstens 80 Minuten pro Woche auf die Drittsendezeit außerhalb der in Satz 1 genannten Sendezeit angerechnet; bei einer geringeren wöchentlichen Sendezeit für das Regionalfenster vermindert sich die anrechenbare Sendezeit von 80 Minuten entsprechend. ³Die Anrechnung ist nur zulässig, wenn die Regionalfensterprogramme in redaktioneller Unabhängigkeit veranstaltet werden und insgesamt bundesweit mindestens 50 vom Hundert der Fernsehhaushalte erreichen. ⁴Eine Unterschreitung dieser Reichweite ist im Zuge der Digitalisierung der Übertragungswege zulässig.

(3) ¹Der Fensterprogrammanbieter nach Absatz 1 darf nicht in einem rechtlichen Abhängigkeitsverhältnis zum Hauptprogrammveranstalter stehen. ²Rechtliche Abhängigkeit im Sinne von Satz 1 liegt vor, wenn das Hauptprogramm und das Fensterprogramm nach § 28 demselben Unternehmen zugerechnet werden können.

(4) ¹Ist ein Hauptprogrammveranstalter zur Einräumung von Sendezeit für unabhängige Dritte verpflichtet, so schreibt die zuständige Landesmedienanstalt nach Erörterung mit dem Hauptprogrammveranstalter das Fensterprogramm zur Erteilung einer Zulassung aus. ²Die zuständige Landesmedienanstalt überprüft die eingehenden Anträge auf ihre Vereinbarkeit mit den Bestimmungen dieses Staatsvertrages sowie der sonstigen landesrechtlichen Bestimmungen und teilt dem Hauptprogrammveranstalter die zulassungsfähigen Anträge mit. ³Sie erörtert mit dem Hauptprogrammveranstalter die Anträge mit dem Ziel, eine einvernehmliche Auswahl zu treffen. ⁴Kommt eine Einigung nicht zustande und liegen der zuständigen Landesmedienanstalt mehr als drei zulassungsfähige Anträge vor, unterbreitet der Hauptprogrammveranstalter der zuständigen Landesmedienanstalt einen Dreiervorschlag. ⁵Die zuständige Landesmedienanstalt kann unter Vielfaltsgesichtspunkten bis zu zwei weitere Vorschläge hinzufügen, die sie erneut mit dem Hauptprogrammveranstalter mit dem Ziel, eine einvernehmliche Auswahl zu treffen, erörtert. ⁶Kommt eine Einigung nicht zustande, wählt sie aus den Vorschlägen denjenigen Bewerber aus, dessen Programm den größtmöglichen Beitrag zur Vielfalt im Programm des Hauptprogrammveranstalters erwarten lässt und erteilt ihm die Zulassung. ⁷Bei drei oder weniger Anträgen trifft die zuständige Landesmedienanstalt die Entscheidung unmittelbar.

(5) ¹Ist ein Bewerber für das Fensterprogramm nach Absatz 4 ausgewählt, schließen der Hauptprogrammveranstalter und der Bewerber eine Vereinbarung über die Ausstrahlung des Fensterprogramms im Rahmen des Hauptprogramms. ²In diese Vereinbarung ist insbesondere die Verpflichtung des Hauptprogrammveranstalters aufzunehmen, dem Fensterprogrammveranstalter eine ausreichende Finanzierung seines Programms zu ermöglichen. ³Die Vereinbarung muß ferner vorsehen, daß eine Kündigung während der Dauer der Zulassung nach Absatz 6 nur wegen schwerwiegender Vertragsverletzungen oder aus einem wichtigen Grund mit einer Frist von sechs Monaten zulässig ist.

(6) ¹Auf der Grundlage einer Vereinbarung zu angemessenen Bedingungen nach Absatz 5 ist dem Fensterprogrammveranstalter durch die zuständige Landesmedienanstalt die Zulassung zur Veranstaltung des Fensterprogramms zu erteilen.

²In die Zulassung des Haupt- und des Fensterprogrammveranstalters sind die wesentlichen Verpflichtungen aus der Vereinbarung nach Absatz 5 als Bestandteil der Zulassungen aufzunehmen. ³Eine Entschädigung für Vermögensnachteile durch den teilweisen Widerruf der Zulassung des Hauptprogrammveranstalters wird nicht gewährt. ⁴Die Zulassung für den Fensterprogrammveranstalter ist auf die Dauer von fünf Jahren zu erteilen; sie erlischt, wenn die Zulassung des Hauptprogrammveranstalters endet, nicht verlängert oder nicht neu erteilt wird.

Mit seiner Verpflichtung zur Einräumung von Drittsendezeit stellt § 31 RStV eine weitere positiv-inhaltliche Maßnahme der Vielfaltssicherung neben den in § 25 Abs. 4 RStV geregelten Regionalfenstern dar (→ Rn. 1–4). Die Regelung ist verfassungs- und europarechtskonform (→ Rn. 5–7). Sie geht auf den „Kompromiss von Bad Neuenahr" zurück (→ Rn. 7). Das vierstufige Auswahlverfahren des Fensterprogrammveranstalters erfolgt in einer auf konsensuales Vorgehen angelegten Interaktion zwischen der Landesmedienanstalt, dem Hauptprogrammveranstalter, den Bewerbern sowie der KEK (→ Rn. 8–11). Der redaktionell und rechtlich unabhängige Fensterprogrammveranstalter muss einen zusätzlichen Vielfaltsbeitrag zum Hauptprogramm leisten (→ Rn. 13–19). Das Fensterprogramm muss wöchentlich mindestens 260 Minuten, davon mindestens 75 Minuten in der sog Primetime betragen. Auf diesen Umfang können unter strengen Voraussetzungen Regionalfensterprogramme mit einem Umfang von bis zu 80 Minuten/Woche angerechnet werden (→ Rn. 20–25). Nach Erörterung mit dem Hauptprogrammveranstalter schreibt die zuständige Landesmedienanstalt die Sendezeit für unabhängige Dritte aus (→ Rn. 26–29). Sie ermittelt die zulassungsfähigen Anträge (→ Rn. 30–32) und erörtert diese mit dem Hauptprogrammveranstalter mit dem Ziel, eine einvernehmliche Auswahl zu treffen (→ Rn. 33–35). Scheitert die einvernehmliche Auswahl, hat die Landesmedienanstalt denjenigen Bewerber auszuwählen, dessen Programm den größtmöglichen Vielfaltsbeitrag verspricht. Insoweit steht ihr ein Beurteilungsspielraum zu (→ Rn. 36–40). Mit dem ausgewählten Fensterveranstalter handelt der Hauptveranstalter sodann den Inhalt des Vertrags aus (→ Rn. 41–44). Kommt eine Einigung zwischen den Parteien nicht zustande, finden sich in der DSZR bindende Regelungen hinsichtlich der Rechtsfolgen (→ Rn. 45–48). Die Vereinbarung wird, wenn sie angemessen ist, Inhalt der eigenen Zulassung des Fensterveranstalters und der Zulassung des Hauptveranstalters. Die insoweit eröffnete Prüfungspflicht der zuständigen Landesmedienanstalt vermittelt aber nicht die Befugnis, andere als die vereinbarten Inhalte an deren Stelle zu setzen, um eine Zulassung zu erteilen (→ Rn. 49–53). Die befristete Zulassung des Fensterveranstalters ist im Übrigen zur Zulassung des Hauptveranstalters akzessorisch (→ Rn. 54–57). Bei der Auswahl und Zulassung des Drittfensterveranstalters ist schließlich das Benehmen mit der KEK herzustellen (→ Rn. 58–63). Gegen die Zulassung eines Fensterveranstalters stehen den Verfahrensbeteiligten diverse Rechtsschutzmöglichkeiten offen (→ Rn. 64–72).

Übersicht

	Rn		Rn
A. Allgemeines	1	**C. Umfang des Fensterprogramms (Abs. 2)**	20
I. Zielsetzung und Anwendungsbereich der Regelung	1	I. Dauer und Platzierung des Fensterprogramms	20
II. Vereinbarkeit mit höherrangigem Recht	5	II. Anrechnung von Regionalfensterprogrammen	22
III. Entstehungsgeschichtliche Aspekte	7	1. Umfang der Anrechnung	22
IV. Ablauf des Verfahrens	8	2. Voraussetzungen der Anrechnung	23
B. Allgemeine Anforderungen an das Fensterprogramm (Abs. 1 und 3)	12	**D. Ausschreibung des Fensterprogramms (Abs. 4)**	26
I. Zusätzlicher Vielfaltsbeitrag	13	I. Charakter und Ziel des Verfahrens	26
II. Redaktionelle und rechtliche Unabhängigkeit	16	II. Ermittlung der zulassungsfähigen Anträge	30
1. Redaktionelle Unabhängigkeit	16		
2. Rechtliche Unabhängigkeit	18		

	Rn		Rn
III. Erörterung und einvernehmliche Auswahl	33	II. Inhalt der Zulassung	52
IV. Scheitern der einvernehmlichen Auswahl	36	III. Erlöschen der Zulassung	54
		1. Befristete Geltung der Zulassung	54
		2. Akzessorietät der Zulassung	56
E. Vereinbarung zwischen Hauptprogrammveranstalter und Bewerber (Abs. 5)	41	**G. Benehmensherstellung mit der KEK**	58
		I. Gegenstand der Benehmensherstellung	58
I. Inhalt der Vereinbarung	41	II. Ziel und Umfang der Benehmensherstellung	59
1. Privatautonome Gestaltung des Vertragsinhalts	41	1. Ziel der Benehmensherstellung	59
2. Ausreichende Finanzierung des Fensterprogramms	42	2. Prüfungsumfang der KEK	60
3. Kündigungsschutz	44	III. Zeitpunkt der Benehmensherstellung	62
II. Scheitern der Vereinbarung	45	**H. Rechtsschutz**	64
F. Zulassung zur Veranstaltung des Fensterprogramms (Abs. 6)	49	I. Gegenstand des Rechtsschutzes	64
		II. Verfahrensarten	66
I. Eigene Zulassung des Fensterprogrammveranstalters	49	III. Subjektive Rechte	69
		1. Hauptprogrammveranstalter	69
		2. Bewerber	70

A. Allgemeines

I. Zielsetzung und Anwendungsbereich der Regelung

1 Neben den in § 25 Abs. 4 RStV geregelten Regionalfenstern enthält § 31 RStV eine Bestimmung zur Sendezeit für unabhängige Dritte. Gemeinsam mit jener Regelung statuiert sie die zentrale Norm für eine **positiv-inhaltliche Vielfaltssicherung** des bundesweit verbreiteten privaten Fernsehens. Im Unterschied zur Regionalfenster-Bestimmung zielt die Drittfenster-Regelung in § 31 RStV jedoch darauf ab, inhaltliche Vielfalt im bundesweit veranstalteten Programm, dh ohne Regionalbezug sicherzustellen. Über die Bonusregelung in § 26 Abs. 2 S. 3 RStV ist diese positive vielfaltssichernde Maßnahme zudem mit der negativ-unternehmerischen Vielfaltssicherung verzahnt, da die Einräumung von Sendezeit für unabhängige Dritte als Möglichkeit zur Brechung vorherrschender Meinungsmacht eines bundesweit ausgestrahlten Fernsehprogramms angesehen wird.

2 Zu diesem Zweck kann ein Programmveranstalter verpflichtet sein, unabhängige Fensterprogrammveranstalter in sein Programm zu integrieren, wenn er **vorherrschende Meinungsmacht** iSd § 26 Abs. 1 iVm Abs. 2 RStV erlangt und deshalb zum Adressaten vielfaltssichernder Maßnahmen wird. Gem. § 26 Abs. 4 S. 1 Nr. 3 RStV iVm § 30 Nr. 1 RStV bestehen solche Maßnahmen ua in der Verpflichtung zur Einräumung von Sendezeit für unabhängige Dritte; das programmveranstaltende Unternehmen, das die Grenze zu vorherrschender Meinungsmacht erreicht bzw. überschritten hat, kann so den Widerruf von Zulassungen abwenden (amtl. Begr. zu § 31 RStV zum 3. RÄStV). Eine solche Verpflichtung wurde bislang allerdings noch nicht ausgesprochen.

3 Für die Praxis bedeutsamer ist deshalb die weitere Alternative, dass eine Verpflichtung zur Einräumung von Sendezeit für unabhängige Dritte aus **§ 26 Abs. 5 RStV** resultiert. Dies ist dann der Fall, wenn ein Veranstalter mit einem Vollprogramm oder einem Spartenprogramm mit Schwerpunkt Information im Jahresdurchschnitt einen Zuschaueranteil von 10 % oder eine Sendegruppe im Jahresdurchschnitt einen Zuschaueranteil von 20 % erreicht.

4 Für beide Konstellationen (§§ 26 Abs. 4 S. 1 Nr. 3 iVm § 30 Nr. 1 RStV und § 26 Abs. 5 RStV) konkretisiert § 31 RStV die **gesetzlichen Anforderungen** an die Fensterveranstalter, deren Auswahl, Finanzierung und rundfunkrechtliche Zulassung sowie an das insoweit durchzuführende Verfahren. Ergänzt werden diese gesetzlichen Anforderungen durch die auf der Basis des § 33 RStV ergangene **Drittsendezeitrichtlinie** (DSZR) v. 16.12.1997.

II. Vereinbarkeit mit höherrangigem Recht

Die Landesgesetzgeber kommen durch diese Regelung ihrer verfassungsrechtlichen Verpflichtung nach, bereits im Vorfeld vorherrschender Meinungsmacht deren Entstehung durch vielfaltssichernde Maßnahmen zu verhindern und dort, wo vorherrschende Meinungsmacht eingetreten ist, diese durch adäquate vielfaltssichernde Maßnahmen zu brechen (vgl. amtl. Begr. zu § 31 RStV zum 3. RÄStV sowie → § 25 Rn. 5 ff.). Aus beiden Zielsetzungen – Verhinderung der Entstehung bzw. Brechung vorherrschender Meinungsmacht – bezieht die Regelung mithin ihre **verfassungsrechtliche Legitimation.** Zwar führt die Verpflichtung zur Einräumung von Drittsendezeiten zu einer nicht unerheblichen Beschränkung der Programmautonomie (Art. 5 Abs. 1 S. 2 GG) und aufgrund der mit ihr verbundenen Finanzierungsverantwortung (vgl. § 31 Abs. 5 RStV) der unternehmerischen Betätigungsfreiheit (Art. 12 Abs. 1 S. 1 GG) des jeweils betroffenen Fernsehveranstalters. Allerdings beschränkt § 31 RStV diese grundrechtlichen Positionen in verhältnismäßiger Art und Weise und ist deshalb vom pluralitätsbezogenen Ausgestaltungsauftrag des Gesetzgebers gedeckt.

Auch das **Unionsrecht** steht einer solchen Vielfaltsmaßnahme nicht entgegen. Sie gehört nicht zu dem durch die Richtlinie über audiovisuelle Mediendienste (RL 2010/13/EU des Europäischen Parlaments und des Rates v. 10.3.2010, Abl.EU L 95/1) koordinierten Bereich. Allerdings müssen die Mitgliedstaaten die sonstigen Vorgaben des Unionsrechts beachten. Für den Bereich des grenzüberschreitenden Fernsehens folgen diese insbes. aus der Dienstleistungsfreiheit (Art. 56 AEUV). Unabhängig von der Frage, ob eine Regelung wie § 31 RStV überhaupt als eine (unterschiedslose) Beschränkung dieser Freiheit zu qualifizieren ist – hieran bestehen wegen ihres rein „vertriebsbezogenen" Charakters bereits erhebliche Zweifel –, lässt sie sich jedenfalls als rechtfertigender „zwingender Grund des Allgemeininteresses" qualifizieren (vgl. EuGH Urt. v. 3.10.2000 – C-58/98 – Slg. I-7942 – Corsten). Der EuGH hat dies für kulturpolitische Belange unter Einschluss kultureller Vielfalt ausdrücklich anerkannt (vgl. EuGH Urt. v. 25.7.1991 – C-288/89 – Slg. 1991 I-4035 – Stichting Collectieve Antennevoorziening Gouda; Urt. v. 29.5.1997 – C-14/96 – Slg. 1997 I-2785 – Paul Denuit. S. ferner Erwägungsgrund Nr. 19 AVMD-RL). Die Mitgliedstaaten sind durch die Dienstleistungsfreiheit deshalb nicht daran gehindert, Maßnahmen zum Schutz der Vielfalt in den Medien zu ergreifen, wenn sich diese – wie § 31 RStV – als verhältnismäßig und nicht diskriminierend erweisen. Dies folgt letztlich auch aus der normativen Vorgabe in Art. 11 Abs. 2 EU-GRC, welcher die Pluralität der Medien als zu achtendes Rechtsgut ausdrücklich anerkennt (iErg wie hier Hahn/Vesting/Flechsig RStV § 31 Rn. 7).

III. Entstehungsgeschichtliche Aspekte

§ 31 RStV wurde mit Wirkung zum 1.1.1997 durch den 3. RÄStV (1996) als Ergebnis des **„Kompromisses von Bad Neuenahr"** gemeinsam mit dem auf das Zuschaueranteilsmodell umgestellten § 26 RStV in den RStV eingefügt. Seiner Einführung gingen heftige Kontroversen voraus (Einzelheiten hierzu bei HRKDSC RStV § 31 Rn. 1; Spindler/Schuster/Holznagel/Grünwald RStV § 31 Rn. 4). Durch den 9. RÄStV (2007) wurden die verfahrensrechtlichen Regelungen in § 31 Abs. 4 und 6 modifiziert bzw. erweitert und haben hierdurch ihre heutige Gestalt gefunden (näher dazu HRKDSC RStV § 31 Rn. 1).

IV. Ablauf des Verfahrens

Die Auswahl des Fensterprogrammveranstalters erfolgt in einer komplexen und bisweilen auf konsensuales Vorgehen angelegten Interaktion zwischen der jeweils zuständigen Landesmedienanstalt, dem betroffenen Hauptprogrammveranstalter, den sich bewerbenden und schließlich ausgewählten Fensterprogrammveranstaltern sowie der KEK. Das Verfahren läuft in **vier Stufen** ab (so schon KEK 660-3 II 2.3.1):

Auf der **ersten Stufe** bittet die zuständige Landesmedienanstalt die KEK um die Feststellung, dass gem. § 26 Abs. 5 RStV eine Verpflichtung des Hauptprogrammveranstalters zur Aufnahme von Sendezeit für unabhängige Dritte besteht; denkbar – wenn auch praktisch bislang nicht von Relevanz – wäre auf dieser Stufe auch, dass die KEK das Bestehen vorherrschender Meinungsmacht iSd § 26 Abs. 1 iVm Abs. 2 feststellt und dies gem. § 26 Abs. 4

RStV iVm § 30 Nr. 1 RStV eine Drittsendezeitverpflichtung nach sich zieht. Gestützt auf § 31 Abs. 2 RStV entscheidet auf dieser Stufe die Landesmedienanstalt erneut im Zusammenwirken mit der KEK über den quantitativen Umfang der Drittsendezeitverpflichtung. Das Ergebnis dieser Verfahrensstufe wird dem betroffenen Fernsehveranstalter in Form eines **Feststellungsbescheids** bekannt gegeben (vgl. § 26 Abs. 5 S. 1 RStV).

10   Sodann erfolgt auf der **zweiten Stufe** die Ausschreibung von Sendezeiten in der Form sog Sendezeitschienen und die Auswahl geeigneter Bewerber durch das Hauptorgan der zuständigen Landesmedienanstalt. § 31 Abs. 4 RStV sieht dabei vor, dass die Ausschreibung der Sendezeitschienen erst nach Erörterung sowie die Auswahl des Fensterprogrammveranstalters nach Möglichkeit im Einvernehmen mit dem Hauptprogrammveranstalter zu erfolgen hat. Mit der KEK ist diesbezüglich das Benehmen herzustellen (vgl. § 36 Abs. 5 S. 2 RStV).

11   Auf der **vierten Stufe** erfolgt die eigentliche rundfunkrechtliche Zulassung des Fensterprogrammveranstalters, der folglich eine eigene Sendelizenz erhält (vgl. § 36 Abs. 6 RStV). Diesem Akt zwingend vorgeschaltet ist auf einer **dritten Stufe** eine privatrechtliche Vereinbarung zwischen dem ausgewählten Bewerber und dem Hauptprogrammveranstalter. Der wesentliche Inhalt dieser Vereinbarung wird zugleich Bestandteil der Zulassungen des Haupt- und Fensterprogrammveranstalters (vgl. § 36 Abs. 5 iVm Abs. 6 RStV). Auch insoweit ist das Benehmen mit der KEK herzustellen (vgl. § 36 Abs. 5 S. 2 RStV).

B. Allgemeine Anforderungen an das Fensterprogramm (Abs. 1 und 3)

12   § 31 Abs. 1 RStV statuiert die allgemeinen Anforderungen an ein Fensterprogramm. Die Bestimmung weist **Parallelen zu den Regionalfenstern** nach § 25 Abs. 4 RStV auf, geht aber in ihren Anforderungen über diese hinaus.

I. Zusätzlicher Vielfaltsbeitrag

13   Nach dieser Bestimmung muss das Fensterprogramm unter Wahrung der Programmautonomie des Hauptveranstalters einen zusätzlichen Beitrag zur Vielfalt in dessen Programm, insbes. in den Bereichen **Kultur, Bildung und Information,** leisten. Die Bereiche Unterhaltung oder Sport werden folglich nicht explizit angesprochen, sind als Vielfaltsbeiträge wegen des nicht abschließenden Charakters der Aufzählung („insbesondere") allerdings prinzipiell zulässig. Sollte dort indes der Schwerpunkt des sich bewerbenden Fensterveranstalters liegen, dürfte dies im Regelfall kaum zu einem zusätzlichen Vielfaltsbeitrag iSd Bestimmung führen, da derartige Inhalte ohnehin im Mittelpunkt des betroffenen Hauptprogramms stehen.

13.1   Entsprechend statuiert Ziff. 2.2 S. 1 DSZR: „In Vollprogrammen nach § 2 Abs. 2 Nr. 1 RStV (nunmehr Nr. 3 – d. Verf.) ist der Bereich Unterhaltung in der Regel so stark abgedeckt, dass der zusätzliche Beitrag zur Vielfalt nur in den Bereichen Kultur, Bildung und Information erbracht werden kann" (vgl. ferner amtl. Begr. zu § 31 RStV zum 3. RÄStV).

14   In Bezug auf seine thematische Breite muss das Fensterprogramm dem Umstand Rechnung tragen, dass es bundesweit (und nicht bloß regional) verbreitet wird (vgl. Ziff. 2.2 S. 2 DSZR). Auch hat sich das Fensterprogramm zwecks Wahrung der grundrechtlich geschützten **Programmautonomie des Hauptveranstalters** in dessen Programm einzufügen, mithin im Interesse der Zuschauerakzeptanz seine Programmstruktur (Programmausrichtung und Erscheinungsbild) zu wahren. Interessenunterschiede zwischen Haupt- und Fensterprogrammveranstalter sind unter Berücksichtigung der beiderseits bestehenden redaktionellen Unabhängigkeit im Interesse einer größtmöglichen Vielfalt im Gesamtprogramm durch die zuständige Landesmedienanstalt auszugleichen (Ziff. 2.1 S. 3 u. 4 DSZR; Hahn/Vesting/Flechsig RStV § 31 Rn. 10 f.). Einzelheiten hierzu sind aus Gründen der Rechtssicherheit und Zweckmäßigkeit in der Vereinbarung nach § 31 Abs. 5 RStV niederzulegen (HRKDSC RStV § 31 Rn. 4).

15   Da das Fensterprogramm einen zusätzlichen Beitrag zur Vielfalt im **Programm des Hauptveranstalters** („in dessen Programm") leisten muss, kommt es im Übrigen nicht

darauf an, ob eine Angebotsvielfalt für alle privaten Fernsehprogrammanbieter hergestellt wird (VG Hannover ZUM 2009-RD, 239).

II. Redaktionelle und rechtliche Unabhängigkeit
1. Redaktionelle Unabhängigkeit

Zur Gewährleistung eines vorherrschende Meinungsmacht verhindernden oder brechenden Vielfaltsbeitrags hat die Gestaltung des Fensterprogramms in redaktioneller Unabhängigkeit vom Hauptprogramm zu erfolgen (§ 31 Abs. 1 S. 2 RStV). Mithin genießt nicht nur der Haupt- (vgl. § 31 Abs. 1 S. 1 sowie → Rn. 14), sondern auch der Fensterveranstalter **Programmautonomie** (Spindler/Schuster/Holznagel/Grünwald RStV § 31 Rn. 8). Die redaktionelle Verantwortung umfasst dabei nicht nur die inhaltliche Gestaltung des Fensterprogramms, sondern auch die Bereiche Programmeinkauf, -produktion und Nutzung der Studiotechnik (vgl. HRKDSC RStV § 31 Rn. 5). Damit steht zugleich fest, dass der Fensterprogrammveranstalter für die Programminhalte **verantwortlich** ist (Hahn/Vesting/Flechsig RStV § 31 Rn. 9). 16

Zur Gewährleistung dieser redaktionellen Unabhängigkeit des Fensterprogramms vom Hauptprogramm ist es erforderlich, dass die Programmverantwortlichen des Fensterprogramms ihre redaktionellen Entscheidungen **ohne Mitwirkungs- oder Zustimmungsbefugnisse** des Hauptveranstalters treffen können. Die Vereinbarung zwischen Haupt- und Fensterveranstalter (vgl. § 31 Abs. 5 RStV) darf deshalb keine programmliche Mitsprache des Hauptveranstalters vorsehen. Absprachen zur organisatorischen Einpassung des Fensterprogramms in das Hauptprogramm hingegen sind aus den vorstehend genannten Gründen zulässig (Ziff. 2.3 DSZR). 17

2. Rechtliche Unabhängigkeit

Des Weiteren wird die redaktionelle Unabhängigkeit durch § 31 Abs. 3 S. 1 RStV dergestalt abgesichert, dass der Fensteranbieter nicht in einem **rechtlichen Abhängigkeitsverhältnis** zum Hauptprogrammveranstalter stehen darf. Gem. § 31 Abs. 3 S. 2 RStV liegt eine solche rechtliche Abhängigkeit vor, wenn das Haupt- und Fensterprogramm nach § 28 RStV demselben Unternehmen zugerechnet werden können. Bedient sich der Fensterveranstalter eines Programmzulieferers, sind deshalb die besonderen Voraussetzungen des § 28 Abs. 2 RStV zu beachten (Ziff. 4.1 S. 2 DSZR). Die durch § 25 Abs. 4 S. 4 RStV unter bestimmten Voraussetzungen zugelassene Möglichkeit, das regionale Fensterprogramm auch von einem iSd § 28 RStV abhängigen Unternehmen veranstalten zu lassen, besteht für den Bereich der bundesweiten Drittfensterprogramme nicht. 18

In der **Praxis** sind die Fensterprogrammveranstalter (wie zB die AZ Media TV GmbH oder die News and Pictures Fernsehen GmbH Co. KG) zumeist gesellschaftsrechtlich völlig unabhängig vom Hauptprogrammveranstalter (vgl. hierzu etwa die in KEK 660-2 II 2.1 und 700-2 II 2.1 genannten Unternehmen sowie die Übersichten in KEK, 15. Jahresbericht, 2012, 49 ff.). Dort, wo gesellschaftsrechtliche Verschränkungen bestehen, erfüllen diese nicht die von § 28 RStV geforderten Voraussetzungen (so insbes. im Fall der DCTP Entwicklungsgesellschaft für TV-Programm mbH, an der die Bertelsmann SE & Co. KGaA sowohl über Gruner + Jahr AG & Co. KG an dem DCTP-Gesellschafter Spiegel-Verlag als auch über die RTL Group S. A. an der RTL Televisions GmbH mittelbar beteiligt ist – vgl. hierzu erneut KEK 700-2 II 2.1.3.6). 19

C. Umfang des Fensterprogramms (Abs. 2)
I. Dauer und Platzierung des Fensterprogramms

Die qualitativen Vorgaben des § 31 Abs. 1 und 3 RStV ergänzen § 31 Abs. 2 S. 1 RStV um ein quantitatives Element. Hiernach muss die **Dauer des Fensterprogramms** wöchentlich mindestens 260 Minuten, davon mindestens 75 Minuten in der Sendezeit von 19 Uhr bis 23:30 Uhr betragen. Letztere Vorgabe soll zu einer vielfaltsichernden Bemerkbarkeit des Fensterprogramms in einer Sendezeit mit hoher Sehbeteiligung („Primetime") sowie zu 20 einer gesicherten finanziellen Grundlage durch Werbefinanzierung führen (amtl. Begr. zu § 31 RStV zum 3. RÄStV; Hahn/Vesting/Flechsig RStV § 31 Rn. 12).

20.1 Weitere Einzelheiten zum Umfang und zur Platzierung der Fensterprogramme sind in den Ziff. 3.1–3.4 DSZR niedergelegt. Dort finden sich Regelungen zur Einbeziehung der Werbezeit („Bruttoprinzip"), zu fest wiederkehrenden Sendeplätzen, zur Dauer eines einzelnen Fensterprogramms (mindestens 30 Minuten) sowie zu Sendezeiten in Ausnahmefällen (zB Feiertage oder Live-Übertragungen – näher hierzu HRKDSC RStV § 31 Rn. 7; Spindler/Schuster/Holznagel/Grünwald RStV § 31 Rn. 9, 11).

21 Zu betonen ist, dass § 31 Abs. 2 S. 1 RStV lediglich **Mindestanforderungen** statuiert, die von den Veranstaltern selbstverständlich überschritten werden dürfen (vgl. amtl. Begr. zu § 31 RStV zum 3. RÄStV). Auch auf die Platzierungen der Fensterprogramme könnten die Landesmedienanstalten im Rahmen des Auswahlverfahrens Einfluss nehmen. In der Praxis werden jedoch stets nur die Mindestvorgaben erfüllt und im Übrigen die Drittfensterprogramme auf wenig attraktive Sendeplätze (früh morgens und spät abends) gelegt. Diese Praxis, welche den Vielfaltsbeitrag der Fensterprogramme mindert, wird seit jeher von der KEK kritisiert (vgl. zuletzt KEK 660-1 II 3 und 770-1 II 3).

II. Anrechnung von Regionalfensterprogrammen

1. Umfang der Anrechnung

22 Allerdings werden gem. § 31 Abs. 2 S. 2 RStV auf die wöchentliche Sendezeit die Regionalfensterprogramme (vgl. § 2 Abs. 2 Nr. 6 RStV) bis höchstens 150 Minuten/Woche mit **höchstens 80 Minuten/Woche** auf die Drittsendezeit außerhalb der in Satz 1 genannten Primetime angerechnet. Bei einer geringeren wöchentlichen Sendezeit für das Regionalfenster vermindert sich die anrechenbare Sendezeit von 80 Minuten entsprechend, dh um den Faktor 8/15 (vgl. Ziff. 3.5.1 DSZR). Durch diese Anrechnungsmöglichkeit soll für die Hauptprogrammveranstalter ein Anreiz für das Programmformat „Regionalfenster" geschaffen werden (amtl. Begr. zu § 31 RStV zum 3. RÄStV; Hahn/Vesting/Flechsig RStV § 31 Rn. 13). Da die gegenwärtig von der Regelung in § 26 Abs. 5 RStV betroffenen Veranstalter (RTL Television GmbH, Sat.1 Satelliten Fernsehen GmbH) zugleich auch unter den Anwendungsbereich des § 25 Abs. 4 RStV fallen, treffen diese Voraussetzungen in der Praxis stets auf die von ihnen veranstalteten Programme (RTL und SAT.1) zu. Von daher kam es bislang immer zu der gesetzlich zugelassenen Anrechnung, weshalb sich die Dauer der Sendezeit für unabhängige Dritte regelmäßig auf 180 Minuten reduziert.

2. Voraussetzungen der Anrechnung

23 Die Anrechnung ist allerdings nur zulässig, wenn die Regionalfensterprogramme in **redaktioneller Unabhängigkeit** veranstaltet werden und insgesamt mindestens 50 v. H. der Fernsehhaushalte erreichen (§ 31 Abs. 2 S. 3 RStV). Dies schließt nicht aus, dass der Hauptprogrammveranstalter selbst Veranstalter des Regionalfensterprogramms ist oder sich an diesem beteiligt (Ziff. 3.5.2 DSZR); eine rechtliche Unabhängigkeit iSd § 28 RStV wird gerade nicht gefordert. Da dies gem. § 25 Abs. 4 RStV nur unter eingeschränkten Voraussetzungen zulässig ist, muss es sich bei einem Regionalfenster iSd § 31 Abs. 2 RStV nicht zwingend um ein solches nach § 25 Abs. 4 RStV handeln. Da die redaktionelle Unabhängigkeit dort ebenfalls Voraussetzung für die Veranstaltung eines Regionalfensterprogramms ist, liegt in der Praxis dessen ungeachtet im Regelfall ein Fenster nach letztgenannter Bestimmung vor.

23.1 Weitere Details zur redaktionellen Unabhängigkeit ergeben sich zudem aus Ziff. 3.5.2 DSZR: Hiernach hat der Hauptprogrammveranstalter ua die finanzielle Mindestausstattung des Regionalfensterprogramms nach § 25 Abs. 4 S. 2 RStV sicher zu stellen und zu gewährleisten, dass die Programmverantwortlichen des Regionalfensterprogramms im Rahmen einer vorgegebenen finanziellen Ausstattung ihre redaktionellen Entscheidungen ohne Mitwirkungs- oder Zustimmungsbefugnisse des Hauptprogrammveranstalters treffen können. Dies umfasst das Recht, eigenverantwortlich das redaktionelle Personal einzustellen sowie die technischen und studiotechnischen Dienstleister zu bestimmen. Die Programmverantwortlichen für die Regionalfensterprogramme sind für die Dauer der Zulassung zu berufen und gegenüber der zuständigen Landesmedienanstalt zu benennen. Der Dienst- oder Arbeitsvertrag des Geschäftsführers des Regionalfensterprogrammveranstalters und des Programmverantwortlichen für das Regionalfensterprogramm darf nur aus wichtigem Grund gekündigt, der programmverantwortliche Geschäftsführer abweichend von § 38 Abs. 1 GmbHG nur aus wichtigem Grund abberufen werden.

Zudem müssen die Regionalfensterprogramme insgesamt bundesweit mindestens **50 %** **24** **der Fernsehhaushalte** erreichen. Für diese Referenzgröße sind dabei alle Haushalte zugrunde zu legen, die öffentlich-rechtliche oder private Fernsehprogramme über terrestrische Sender, Breitbandkabelnetze oder Satelliten empfangen (sog Grundreichweite – Ziff. 3.5.3 DSZR). Ein solcher Fernsehhaushalt wird von einem Regionalfensterprogramm „erreicht", wenn dort das Regionalfenster empfangen wird, dh wenn ein im Haushalt befindliches Fernsehgerät auf den Empfang von Programmen mit Regionalfenstern im Verbreitungsgebiet tatsächlich ausgerichtet ist. Die bloße Möglichkeit des Empfangs reicht folglich nicht. Diese restriktive Interpretation folgt zunächst aus dem Wortlaut der Norm, die auf „Fernsehhaushalte" und deren „Erreichbarkeit" abstellt. Zudem entspricht sie dem Sinn und Zweck des § 31 Abs. 2 RStV, welcher in Bezug auf die Vielfaltssicherung eine funktionale Äquivalenz von Regional- und Drittfenstern unterstellt, diese Unterstellung indes an bestimmte Mindestanforderungen (tatsächliche Erreichbarkeit der Fernsehhaushalte) koppelt. Das normative Ziel der Vielfaltsicherung im bundesweiten privaten Fernsehen lässt sich nämlich nur verwirklichen, wenn die Regionalfensterprogramme in ihrem jeweiligen Verbreitungsgebiet den Zuschauer auch tatsächlich erreichen. Während dies bei den Drittfensterprogrammen schon durch ihre bundesweite Verbreitung im Rahmen des Hauptprogramms sichergestellt ist, bedarf es bei Regionalfenstern insoweit einer gesonderten Feststellung (vgl. KEK 660-1 II 2.3.2; s. ferner HRKDSC RStV § 31 Rn. 10b). Weitere Einzelheiten zur Berechnung dieser Mindestreichweite ergeben sich aus Ziff. 3.5.3 DSZR.

Nach § 36 Abs. 2 S. 4 RStV ist eine **Unterschreitung dieser Reichweite** im Zuge der **25** Digitalisierung der Übertragungswege allerdings zulässig. Über diese Frage entscheidet gem. § 36 Abs. 2 Nr. 6 Alt. 2 RStV die ZAK. Mit dieser durch den 7. RÄStV (2003) eingefügten Regelung wollte der Gesetzgeber dem Umstand Rechnung tragen, dass den Veranstaltern aus der „gewollten technischen Umstellung" von einer analogen auf eine digitale Übertragungstechnik und der damit möglicherweise einhergehenden vorübergehenden Unterschreitung der Empfangsreichweite „keinerlei Nachteile erwachsen" (amtl. Begr. zu § 31 RStV zum 7. RÄStV).

D. Ausschreibung des Fensterprogramms (Abs. 4)

I. Charakter und Ziel des Verfahrens

§ 31 Abs. 4 RStV regelt das weitere Verfahren: Ist ein Hauptprogrammveranstalter zur **26** Einräumung von Sendezeit für unabhängige Dritte verpflichtet, so schreibt die zuständige Landesmedienanstalt nach Erörterung mit diesem das Fensterprogramm zur Erteilung einer Zulassung aus (§ 31 Abs. 4 S. 1 RStV). Der Gesetzgeber ordnet hier folglich ein klassisches Auswahlverfahren – die **Ausschreibung** – an, um eine möglichst breite Grundlage für die Auswahl des unabhängigen Drittfensterveranstalters zu erhalten (vgl. amtl. Begr. zu § 31 RStV zum 3. RÄStV). Ein Ermessensspielraum hinsichtlich des „Ob" dieses Verfahrens besteht dabei nicht.

Durch die Ausschreibung setzt die Landesmedienanstalt ein aufwändiges **mehrstufiges** **27** **Verfahren** in Gang, das mit einer Erörterung der beabsichtigten Ausschreibung zwischen Zulassungsbehörde und Hauptprogrammveranstalter beginnt und mit der Bekanntgabe der Zulassungsentscheidung (vgl. § 31 Abs. 6 RStV) an die ausgewählten Drittfensterveranstalter und die abgelehnten Bewerber endet (vgl. VG Hannover ZUM-RD 2009, 235; OVG Lüneburg ZUM-RD 2010, 514; VG Neustadt ZUM-RD 2013, 165). Die einzelnen Verfahrensschritte im Rahmen des § 31 Abs. 4 RStV beinhalten dabei keine selbstständigen Verwaltungsakte, sondern sind auf die Erteilung der Zulassung (vgl. § 31 Abs. 4 S. 1 iVm Abs. 6 RStV) gerichtet (vgl. VG Hannover ZUM-RD 2009, 235).

Vor der Ausschreibung hat die zuständige Landesmedienanstalt eine **Erörterung** mit dem **28** Hauptveranstalter durchzuführen, bei der insbes. festzulegen ist, ob das Fensterprogramm insgesamt oder getrennt für mehrere einzelne Sendeplätze ausgeschrieben werden und zu welchen Sendezeiten es voraussichtlich stattfinden soll (Ziff. 5.1 DSZR). Diese Erörterung ist mehr als eine bloße Anhörung iSd § 28 Abs. 1 VwVfG. Sie dient der Information über die gegenseitigen Vorstellungen und dem Austausch von Argumenten, bevor das zuständige Organ der Landesmedienanstalt die Entscheidung über die Ausschreibungsmodalitäten trifft. Letztere stehen in ihrem (Gestaltungs-)Ermessen; ein Einvernehmen mit dem Hauptprogrammveranstalter – wie es § 31 Abs. 4 S. 3 RStV im Grundsatz für die Auswahl der Bewerber vorsieht – ist in diesem Verfahrensstadium nicht erforderlich (VG Neustadt ZUM-RD 2013, 165).

29 Unterbleibt die Erörterung, führt dies zur **Rechtswidrigkeit der Ausschreibung,** wobei dieser Fehler nicht gem. § 46 VwVfG unbeachtlich ist (vgl. HRKDSC RStV § 31 Rn. 12; Spindler/Schuster/Holznagel/Grünwald RStV § 31 Rn. 18). Die Ausschreibung und ihre Durchführung erfolgt sodann nach landesrechtlichen Vorgaben; die zuständige Landesmedienanstalt hat die anderen Medienanstalten hierüber zu unterrichten (Ziff. 5.2 DSZR).

II. Ermittlung der zulassungsfähigen Anträge

30 Im Weiteren prüft die zuständige Landesmedienanstalt die aufgrund der Ausschreibung eingehenden Anträge auf ihre Vereinbarkeit mit den Bestimmungen des RStV sowie sonstiger landesrechtlicher Bestimmungen und teilt dem Hauptprogrammveranstalter die **zulassungsfähigen Anträge** mit (§ 31 Abs. 4 S. 2 RStV). Im Rahmen dieser Vorprüfung hat die Landesmedienanstalt ihr Augenmerk insbes. auf die redaktionelle und rechtliche Unabhängigkeit der Bewerber zu legen (vgl. § 31 Abs. 1 und 3 RStV). Aber auch die Zuverlässigkeit des Bewerbers (vgl. exemplarisch § 20a Abs. 1 Nr. 6 RStV) kann hier von Bedeutung sein (s. etwa VG Hannover ZUM-RD 2009, 237).

30.1 Die zuständige Landesmedienanstalt hat im Übrigen die KEK und die anderen Medienanstalten über die eingegangenen Anträge zu unterrichten. § 38 RStV bleibt davon unberührt (Ziff. 5.3 DSZR).

31 Die Frage, ob das vom Bewerber vorgeschlagene Fensterprogrammkonzept einen zusätzlichen **Beitrag zur Vielfalt** des Hauptprogramms zu leisten vermag, bleibt dem weiteren Gang des Auswahlverfahrens und insbes. der Erörterung mit dem Hauptprogrammveranstalter vorbehalten. Allenfalls in Fällen, in denen die gesetzlichen Vielfaltsanforderungen evident, dh zweifelsfrei, verfehlt werden – etwa weil das Fensterprogramm entgegen § 31 Abs. 1 RStV nur dem Thema Unterhaltung oder Sport gewidmet ist –, kann die Bewerbung bereits an dieser Stelle unberücksichtigt bleiben.

32 Diese Voraussetzung ist allerdings nicht schon dann erfüllt, wenn der Bewerber auch sonst in erheblichem Umfang Sendungen für den Hauptprogrammveranstalter produziert, ohne von diesem jedoch redaktionell oder rechtlich abhängig zu sein. Eine **„verminderte redaktionelle Unabhängigkeit"** als eigenständiger rechtlicher Topos lässt sich aus diesem Umstand nicht herleiten. Entweder ein Bewerber ist redaktionell unabhängig und erfüllt damit die an einen zulassungsfähigen Antrag zu stellenden Voraussetzungen, oder er ist es nicht (KEK 660-2 II 2.3.1; bestätigt durch VG Neustadt BeckRS 2012, 59427). Wird ein Antrag für zulassungsfähig erklärt, so hat die Auswahl unter den Bewerbern deshalb allein anhand des inhaltlichen Maßstabs zu erfolgen, welches der in Rede stehenden Angebote den vom Gesetz geforderten Vielfaltsbeitrag im Programm des Hauptveranstalters erwarten lässt. Eine bereits anderweitig erfolgende programmliche Zuarbeit kann an dieser Stelle allerdings für die Frage relevant sein, inwiefern das Fensterkonzept des Bewerbers daneben noch einen neuen, eigenständigen Vielfaltsbeitrag zu leisten vermag (vgl. KEK 660-2 II 2.3.1; s. ferner VG Neustadt BeckRS 2012 59427; ZUM-RD 2013, 170).

III. Erörterung und einvernehmliche Auswahl

33 Nach dieser Vorprüfung erörtern Landesmedienanstalt und Hauptprogrammveranstalter die Anträge mit dem Ziel, eine **einvernehmliche Auswahl** zu treffen (§ 31 Abs. 4 S. 3 RStV). Das Verfahren nach § 31 RStV setzt folglich primär auf eine konsensuale Auswahl-

entscheidung zwischen Medienaufsicht und Veranstalter (so auch VG Neustadt ZUM-RD 2013, 167: „möglichst einvernehmlich"). Durch diesen Interessenausgleich soll sichergestellt werden, dass das mit der Sendezeit für unabhängige Dritte verfolgte Regelungsziel programmlicher Vielfalt erreicht werden kann, ohne dabei die berechtigten Interessen des Hauptprogrammveranstalters am Erhalt seines Programmschemas und seiner „Programmfarbe" zu vernachlässigen (vgl. amtl. Begr. zu § 31 RStV zum 3. RÄStV; VG Hannover ZUM-RD 2009, 235; OVG Lüneburg ZUM-RD 2010, 517; VG Neustadt ZUM-RD 2013, 167f.; Hahn/Vesting/Flechsig RStV § 31 Rn. 16). Hinzu tritt der Schutz ökonomischer Aspekte, da der Hauptprogrammveranstalter verpflichtet ist, das Fensterprogramm ausreichend zu finanzieren (vgl. § 31 Abs. 5 RStV). Die Produktionskosten pro Minute für Drittfensterprogramme variieren jedoch von Veranstalter zu Veranstalter nicht unerheblich, auch wegen der unterschiedlichen Programmformate.

Die Landesmedienanstalt kann das Einvernehmen allerdings nur unter der materiellen **34** Voraussetzung herstellen, dass das Fensterprogramm gem. § 31 Abs. 1 RStV einen **zusätzlichen Beitrag zur Vielfalt** im Hauptprogramm erwarten lässt (wie hier schon VG Hannover ZUM 2009-RD 2009, 239; VG Neustadt ZUM-RD 2013, 167). Aufgrund ihrer besonderen Sachkunde und ihrer organschaftlichen Struktur – intern wird die Entscheidung durch das plural besetzte Hauptorgan (Versammlung/Medienrat) getroffen – genießt sie insoweit einen gerichtlich nur beschränkt überprüfbaren **Beurteilungsspielraum** (so iErg auch VG Hannover ZUM 2009-RD 2009, 236; OVG Lüneburg ZUM-RD 2010, 517f. mN). Im gerichtlichen Verfahren kann deshalb nur geprüft werden, ob die Auswahlentscheidung auf der Grundlage eines zutreffend und vollständig ermittelten Sachverhalts beruht, die gesetzlichen Beurteilungsmaßstäbe richtig angewendet wurden und sich die Entscheidung nicht von sachfremden Erwägungen leiten ließ (vgl. BVerwG MMR 2011, 268). Ob ein anderer, nicht berücksichtigter Bewerber in vergleichbarer Weise einen zusätzlichen Beitrag zur Vielfalt im Hauptprogramm leisten könnte, ist bei einer einvernehmlichen Auswahl ohne Belang und stellt folglich keinen Beurteilungsfehler dar (vgl. VG Hannover ZUM 2009-RD 2009, 236; OVG Lüneburg ZUM-RD 2010, 518).

Die **einvernehmliche Auswahl** ist schließlich mehr als eine bloße Anhörung iSd § 28 **35** Abs. 1 VwVfG des betroffenen Hauptprogrammveranstalters (VG Neustadt ZUM-RD 2013, 168). Vielmehr dient sie dem Ziel, die grundrechtlich gebotenen Vielfaltsinteressen der Zulassungsbehörde mit der ebenfalls grundrechtlich geschützten Programmautonomie des Hauptprogrammveranstalters in Einklang zu bringen (VG Hannover ZUM-RD 2009, 235). Für die insoweit notwendigen Erörterungen setzt der RStV weder eine vom Hauptveranstalter einzuhaltende Frist noch lässt er ohne Weiteres Ausnahmen von der Erörterung zu. Derartige Einschränkungen kommen allenfalls dann in Betracht, wenn das Verfahren in einer den Verfahrenszweck unterlaufenden Art und Weise blockiert zu werden droht (VG Neustadt ZUM-RD 2013, 168). Unterbleibt der Versuch einer gebotenen einvernehmlichen Auswahl, ist das Auswahlverfahren und die darauf fußende Zulassung des Fensterveranstalters rechtswidrig; dieser Fehler kann auch nicht über § 45 Abs. 1 Nr. 3 VwVfG geheilt oder nach § 46 VwVfG als unbeachtlich angesehen werden (vgl. VG Neustadt ZUM-RD 2013, 168).

IV. Scheitern der einvernehmlichen Auswahl

Für den Fall, dass die vom Gesetz favorisierte einvernehmliche Auswahl scheitert, hält **36** § 31 Abs. 4 S. 4–7 RStV **„Kollisionsregelungen"** (VG Hannover ZUM 2009-RD 2009, 236) parat, deren aktuelle Fassung auf den 9. RÄStV (2007) zurückgeht. Kommt eine Einigung zwischen Landesmedienanstalt und Hauptprogrammveranstalter – wie zuletzt im Verfahren Sat.1 Satelliten Fernsehen GmbH (vgl. hierzu die ausführliche Sachverhaltsdarstellung bei VG Neustadt ZUM-RD 2013, 156 ff. sowie KEK 660-1-7) – nicht zustande und liegen der Landesmedienanstalt mehr als drei zulassungsfähige Anträge vor, unterbreitet der Hauptprogrammveranstalter der zuständigen Landesmedienanstalt einen Dreiervorschlag (§ 31 Abs. 4 S. 4 RStV; dazu ferner Ziff. 5.4 DSZR). Diese kann unter Vielfaltsgesichtspunkten bis zu zwei weitere Vorschläge hinzufügen, die sie erneut mit dem Hauptprogrammveranstalter zwecks Erzielung eines Einvernehmens zu erörtern hat (§ 31 Abs. 4 S. 5 RStV). Kommt eine Einigung nicht zustande, wählt sie aus den Vorschlägen denjenigen Bewerber aus, dessen Programm den größtmöglichen Beitrag zur Vielfalt im Hauptprogramm erwarten lässt, und erteilt ihm die Zulassung (§ 31 Abs. 4 S. 6 RStV). Bei drei oder weniger Anträgen trifft die Landesmedienanstalt die Entscheidung unmittelbar (§ 31 Abs. 4 S. 7 RStV).

36.1 Sind mehrere Sendezeitschienen in einem Verfahren ausgeschrieben (vgl. Ziff. 5.1 DSZR), müssen die vorstehend skizzierten Voraussetzungen jeweils getrennt für diese Sendeplätze untersucht werden (vgl. VG Neustadt ZUM-RD 2013, 169, welches insofern von Teilverfahren einer zusammengefassten Ausschreibung spricht).

37 Diese detaillierten Regelungen kommen nach ihrem klaren Wortlaut nur dann zur Anwendung, wenn eine Einigung zwischen dem Hauptprogrammveranstalter und der Landesmedienanstalt scheitert. Gelingt sie indes, ist die Landesmedienanstalt zur Durchführung dieses Verfahrens nicht berechtigt, und zwar selbst dann, wenn das Landesrecht eine Einigungspflicht zwischen den Verfahrensbeteiligten vorschreiben sollte. Die Regelungen in den Sätzen 4 bis 7 erweisen sich insofern als abschließende **leges speciales** (vgl. VG Hannover ZUM-RD 2009, 237; OVG Lüneburg ZUM-RD 2010, 517; VG Neustadt ZUM-RD 2013, 167).

38 Die **Hinzufügung von** zwei weiteren **Vorschlägen** ist nach der klaren Systematik des § 31 Abs. 4 RStV des Weiteren nur statthaft, wenn drei zulassungsfähige Anträge vorliegen. Diese Befugnis der Landesmedienanstalt, welche durch den 9. RÄStV eingeräumt wurde, rechtfertigt sich aus der Bedeutung der Drittsendezeiten als vielfaltssichernde Maßnahme (§ 30 Nr. 1 RStV) sowie aus der konzentrationsrechtlichen Bonifizierung des Hauptveranstalters (§ 26 Abs. 2 S. 3 Hs. 2 RStV – amtl. Begr. zu § 31 RStV zum 9. RÄStV). Durch die Ergänzungsbefugnis der Landesmedienanstalt soll ausgeschlossen werden, dass der Hauptprogrammveranstalter besonders geeignete Drittsendezeitformate von einer Lizenzierung ausschließt (HRKDSC RStV § 31 Rn. 13).

39 Kommt eine Einigung hiernach abermals nicht zustande, wählt die Landesmedienanstalt aus den Vorschlägen denjenigen Bewerber aus, dessen Programm den **größtmöglichen Vielfaltsbeitrag** erwarten lässt. Bemerkenswert an dieser Regelung ist, dass sie den Auswahlmaßstab von einer „einfachen" zu einer „größtmöglichen" Vielfalt verschärft (vgl. VG Hannover ZUM-RD 2009, 239). Durch diese Verschärfung soll offensichtlich Druck zugunsten des konsensualen Vorgehens (§ 31 Abs. 4 S. 3 u. 5 RStV) aufgebaut werden, da hier bereits das Vorliegen eines zusätzlichen Vielfaltsbeitrags (§ 31 Abs. 1 RStV) den gesetzlichen Vorgaben genügt (→ Rn. 34). Hinsichtlich der auch in dieser Konstellation vorgesehenen Erörterung gilt das vorstehend Referierte (→ Rn. 35). Der verschärfte Auswahlmaßstab eröffnet erneut einen gerichtlich nur beschränkt überprüfbaren **Beurteilungsspielraum** (VG Neustadt ZUM-RD 2013, 170 sowie → Rn. 34). Allerdings bleibt die Landesmedienanstalt verpflichtet, an alle Bewerbungen die gleichen objektiven Auswahlkriterien anzulegen, die zuvor definiert werden müssen, um dem plural besetzten Auswahlgremium Orientierung zu geben (vgl. VG Neustadt ZUM-RD 2013, 170).

39.1 Gem. Ziff. 5.5 DSZR sind bei der Bewertung des größtmöglichen Beitrags zur Vielfalt im Programm des Hauptveranstalters insbes. die inhaltliche Ausrichtung des Fensterprogramms und dessen ergänzender Beitrag zum Hauptprogramm (§ 31 Abs. 1 RStV), die Leistungsfähigkeit des Bewerbers sowie die mehrfache Zulassung eines Fensterveranstalters zu berücksichtigen, wobei sich die für die Hauptprogramme zuständigen Landesmedienanstalten insoweit abzustimmen haben (zu Letzterem s. KEK 660-2 II 2.3.2.2).

40 Bei **drei oder weniger Anträgen** trifft die zuständige Landesmedienanstalt die Entscheidung unmittelbar, dh ohne nochmalige Erörterung mit dem Hauptprogrammveranstalter. Eine solche wurde vom Gesetzgeber für diese Konstellation nicht vorgeschrieben, was im Hinblick auf die sonst ausdrückliche Anordnung dieses Verfahrensschritts als „beredtes Schweigen" zu interpretieren ist (iErg wie hier Spindler/Schuster/Holznagel/Grünwald RStV § 31 Rn. 20. Für eine abermalige Anhörung des Hauptprogrammveranstalters hingegen Hahn/Vesting/Flechsig RStV § 31 Rn. 18). Wie die Gesetzessystematik nahe legt, hat sich die Landesmedienanstalt dabei ebenfalls vom Maßstab größtmöglicher Vielfalt leiten zu lassen.

40.1 Die Auswahlentscheidungen im Rahmen des § 31 Abs. 4 RStV trifft das für die Zulassung nach Landesrecht zuständige Organ der zuständigen Landesmedienanstalt (vgl. § 36 Abs. 5 S. 1 RStV). Dies ist gemeinhin die Versammlung bzw. der Medienrat (näher hierzu Hahn/Vesting/Flechsig RStV § 31 Rn. 17). Von der Auswahlentscheidung ist die endgültige Zulassungsentscheidung nach

§ 31 Abs. 6 RStV zu trennen, die erst nach deren Abschluss und nach Vorlage der Vereinbarung zwischen Haupt- und Fensterveranstalter (vgl. § 31 Abs. 5 RStV) erfolgt (Ziff. 5.6 DSZR).

E. Vereinbarung zwischen Hauptprogrammveranstalter und Bewerber (Abs. 5)

I. Inhalt der Vereinbarung

1. Privatautonome Gestaltung des Vertragsinhalts

Ist ein Bewerber für das Fensterprogramm ausgewählt, hat der Hauptprogrammveranstalter mit diesem eine Vereinbarung über die Ausstrahlung des Fensterprogramms im Rahmen des Hauptprogramms zu schließen (§ 31 Abs. 5 S. 1 RStV). Die hierfür erforderlichen **vertraglichen Verhandlungen** ermöglichen den Parteien, die Vertragsbedingungen für eine Ausstrahlung privatautonom zu gestalten, was zugleich die Programmautonomie beider Veranstalter sichert. Inhaltlich soll die Vereinbarung vor allem Regelungen über die reguläre Sendezeit und die Sendezeit in Ausnahmefällen (zB Live-Übertragungen), über die organisatorische Einpassung des Fensterprogramms in das Hauptprogramm (Schnittstellen, Programmlogo uä) und über die technische Abwicklung enthalten (Ziff. 6.1 DSZR). **41**

2. Ausreichende Finanzierung des Fensterprogramms

Zur Gewährleistung des vielfaltssichernden Ziels der §§ 26 Abs. 4 und 5, 30 und 31 RStV sowie zum Schutz des strukturell unterlegenen Fensterveranstalters macht der Gesetzgeber für den Inhalt dieser vertraglichen Vereinbarung allerdings Vorgaben, so insbes. die Verpflichtung des Hauptveranstalters, dem Fensterveranstalter eine **ausreichende Finanzierung** seines Programms zu ermöglichen (§ 31 Abs. 5 S. 2 RStV). Eine ausreichende Finanzierung soll in der Regel anzunehmen sein, wenn sich diese an den durchschnittlichen Programmkosten des Hauptveranstalters für vergleichbare Sendeplätze orientiert. Die Finanzierung des Fensterprogramms kann dabei durch die Eigenvermarktung des Fensterveranstalters, die Fremdvermarktung durch den Hauptveranstalter oder – wie in der Praxis üblich – durch unmittelbare Programmkostenzuschüsse gegen Abtretung der Vermarktungsrechte sichergestellt werden (Ziff. 6.2 DSZR). Auf eine nähere Ausgestaltung dieser Verpflichtung im RStV selbst wurde bewusst verzichtet, da es insoweit vielfältige Gestaltungs- und Regelungsmöglichkeiten gibt (vgl. amtl. Begr. zu § 31 zum 3. RÄStV). **42**

Insgesamt verlangt das Gesetz von den Vertragsparteien – wie nicht zuletzt aus § 31 Abs. 6 S. 1 RStV deutlich wird – den Abschluss einer **„Vereinbarung zu angemessenen Bedingungen"**, wobei sich das Kriterium der Angemessenheit auf beide Vertragsparteien – Haupt- wie Fensterprogrammveranstalter – bezieht. Aufgrund der gesetzlichen Systematik kann dabei von einer Vermutung der Angemessenheit der Vereinbarung und insbes. der Finanzierung ausgegangen werden, wenn sich beide Parteien einvernehmlich über den Vertragsinhalt verständigt haben (KEK 660-3 II 2.3.1). **43**

3. Kündigungsschutz

Die Vereinbarung muss ferner vorsehen, dass eine **Kündigung** während der Dauer der Zulassung nach § 31 Abs. 6 RStV nur wegen schwerwiegender Vertragsverletzungen oder aus wichtigem Grund mit einer Frist von sechs Monaten zulässig ist (§ 31 Abs. 5 S. 3 RStV). Diese Kündigungsregelung dient einerseits dem Interessenausgleich zwischen Haupt- und Fensterprogrammveranstalter, andererseits dem Schutz des in der Regel wirtschaftlich abhängigen Fensterveranstalters und seiner programmlichen Autonomie (amtl. Begr. zu § 31 zum 3. RÄStV; Hahn/Vesting/Flechsig RStV § 31 Rn. 21). **44**

II. Scheitern der Vereinbarung

Zwar fußt § 31 Abs. 5 RStV auf dem Prinzip des **Kontrahierungszwangs** (so auch Spindler/Schuster/Holznagel/Grünwald RStV § 31 Rn. 21). Dessen ungeachtet stellt sich die Frage, wie zu verfahren ist, wenn – wie unlängst im Verfahren Sat.1 Satelliten Fernsehen **45**

GmbH (→ Rn. 36) – die Vereinbarung zwischen Hauptprogrammveranstalter und Bewerber nicht zustande kommt, etwa weil zwischen den Parteien keine Einigung über die finanzielle Ausstattung des Fensterprogramms erzielt werden kann.

46 Der RStV selbst enthält keine expliziten Regelungen zu dieser Frage. Eine Antwort lässt sich jedoch der gesetzlichen Regelungssystematik entnehmen, die in Ziff. 6.3 DSZR in Gestalt einer **norminterpretierenden und -konkretisierenden Verwaltungsvorschrift** eine gesetzeskonforme Ausgestaltung erfahren hat; die Landesmedienanstalten sind an diese Regelung gebunden (so zutreffend bereits KEK 660-3 II 2.3.5, bestätigt durch VG Neustadt ZUM-RD 2013, 170).

47 Ziff. 6.3 DSZR unterscheidet **zwei Konstellationen:** Zum einen den Fall, dass der Fensterveranstalter ein angemessenes Angebot des Hauptveranstalters nicht annimmt, woraufhin eine erneute Auswahlentscheidung und gegebenenfalls Ausschreibung auf der Grundlage des § 31 Abs. 4 RStV zu erfolgen hat; zum anderen den Fall, dass der Hauptveranstalter kein angemessenes Angebot unterbreitet, insbes. keine ausreichende Finanzierung angeboten hat. Für diesen Fall ist laut Ziff. 6.3 S. 3 und 4 DSZR durch die zuständige Landesmedienanstalt festzustellen, dass die Umsetzung der Einräumung von Sendezeit für unabhängige Dritte als vielfaltssichernder Maßnahme nach § 31 Abs. 1 RStV gescheitert ist; dies ist der KEK mitzuteilen.

48 Das weitere Verfahren bestimmt sich sodann nach § 26 Abs. 4 oder 5 RStV. Unter den dort normierten Voraussetzungen kann dies zum **Widerruf** von Rundfunkzulassungen des Hauptprogrammveranstalters führen. Durch diese gesetzlich angeordnete Rechtsfolge, die im Übrigen erst „nach Feststellung durch die KEK" von der zuständigen Landesmedienanstalt ausgesprochen werden darf, baut das Gesetz hinreichenden Verhandlungsdruck auf, um den Hauptprogrammveranstalter zur Vorlage eines angemessenen Angebots iSd § 31 Abs. 5 RStV zu bewegen (näher zum Vorstehenden auch KEK 660-3 II 2.3).

F. Zulassung zur Veranstaltung des Fensterprogramms (Abs. 6)
I. Eigene Zulassung des Fensterprogrammveranstalters

49 Aufgrund der Vereinbarung zu angemessenen Bedingungen nach § 31 Abs. 5 RStV wird dem Fensterprogrammveranstalter durch die zuständige Landesmedienanstalt auf der vierten und letzten Stufe eine eigene Zulassung zur Veranstaltung seines Programms erteilt (§ 31 Abs. 6 S. 1 RStV). Als **eigenständige Rechtsposition** mit Drittwirkung sichert diese seine rechtliche und damit programmliche Unabhängigkeit vom Hauptveranstalter zusätzlich ab (vgl. Ziff. 2.1 S. 2 DRSZ).

50 Die Gesetzesformulierung („auf der Grundlage einer Vereinbarung zu angemessenen Bedingungen") verdeutlicht, dass der Landesmedienanstalt hinsichtlich der Angemessenheit der Vereinbarung eine **Prüfungspflicht** obliegt und sie die Zulassung deshalb nur bei Bejahung ihrer Angemessenheit erteilen darf (amtl. Begr. zu § 31 zum 3. RÄStV; s. zudem 7.2 DSZR). Auf diese Weise soll ausgeschlossen werden, dass der Hauptprogrammveranstalter seine Verhandlungsmacht zulasten des Fensterveranstalters nutzt und damit das Ziel der Vielfaltssicherung gefährdet. Bei Streit über die Frage der Angemessenheit, insbes. wenn sich dieser auf die Finanzausstattung des Fensterprogramms bezieht, ist ein Sachverständigengutachten einzuholen (so mit Recht VG Neustadt ZUM-RD 2013, 170).

51 Nicht statthaft ist es indessen, bei Scheitern der Vereinbarung nach § 31 Abs. 5 RStV den Inhalt einer früheren, nun aber auslaufenden Vereinbarung mit einem Fensterprogrammveranstalter einfach per **vorläufigem Verwaltungsakt** im Rahmen des neuen Zulassungsverfahrens fortzuschreiben. Hierbei handelte es sich um einen privatrechtsgestaltenden Verwaltungsakt, für den weder § 31 Abs. 5 noch Abs. 6 RStV eine rechtliche Grundlage bereithält. § 31 Abs. 5 RStV verdeutlicht vielmehr, dass sich die betroffenen Parteien (Haupt- und Fensterveranstalter) einvernehmlich und privatrechtlich über den Inhalt der Vereinbarung verständigen müssen. Dieser kann nicht einseitig durch die Landesmedienanstalt zugunsten eines Beteiligten (naturgemäß ist dies der Fensterprogrammveranstalter) vorgeschrieben werden. Mangels Ermächtigungsgrundlage für einen solchen Eingriff in die Rechte der Parteien handelte es sich hierbei um einen offensichtlich rechtswidrigen und damit nichtigen Verwaltungsakt. Kommt die Vereinbarung nicht zustande, greifen die oben

(→ Rn. 45 ff.) beschriebenen Mechanismen (ausführlich hierzu KEK 660-3 II 2.3, bestätigt durch VG Neustadt ZUM-RD 2013, 170 ff.).

II. Inhalt der Zulassung

In die Zulassung des Fenster-, aber auch des Hauptprogrammveranstalters sind die **wesentlichen Verpflichtungen aus der Vereinbarung** nach § 31 Abs. 5 RStV aufzunehmen (§ 31 Abs. 6 S. 2 RStV). In der Zulassung des Fensterveranstalters sind dabei insbes. die vielfaltsichernden Programmteile und eine Sendeverpflichtung für das Fensterprogramm festzuschreiben (Ziff. 7.3 DSZR). In die Zulassung des Hauptveranstalters sind die wesentlichen Verpflichtungen aus der Vereinbarung nach § 31 Abs. 5 RStV aufzunehmen, insbes. die Regelungen über die regelmäßige Sendezeit für das Fensterprogramm und die Sendezeit in Ausnahmefällen sowie die Finanzierungsregelungen für das Fensterprogramm (Ziff. 7.4 DSZR). 52

Für den Hauptprogrammveranstalter liegt in diesem Vorgang ein **teilweiser**, nach § 49 Abs. 2 Nr. 1 VwVfG zulässiger **Widerruf** seiner Zulassung. Bestätigt wird diese Sichtweise durch den lediglich deklaratorischen § 31 Abs. 6 S. 3 RStV (so mit Recht die amtl. Begr. zu § 31 zum 3. RÄStV), wonach in Übereinstimmung mit § 49 Abs. 6 VwVfG eine Entschädigung der Vermögensnachteile durch den teilweisen Widerruf der Zulassung des Hauptprogrammveranstalters nicht gewährt wird. Die Beschränkungen, welche der Hauptveranstalter hinnehmen muss, stellen dabei eine verhältnismäßige Ausgestaltung der auf Vielfaltsicherung ausgerichteten Rundfunkordnung dar, welche zudem die aus der Zulassung fließende Eigentumsposition a limine in verhältnismäßiger Art und Weise mit dem Risiko einer solchen Beschränkung belastet (idS auch amtl. Begr. zu § 31 zum 3. RÄStV; Hahn/Vesting/Flechsig RStV § 31 Rn. 24). 53

III. Erlöschen der Zulassung

1. Befristete Geltung der Zulassung

Die Zulassung für den Fensterprogrammveranstalter ist befristet und seit dem 9. RÄStV für die **Dauer von fünf Jahren** zu erteilen (§ 31 Abs. 6 S. 4 Hs. 1 RStV; veraltet deshalb Ziff. 7.5 DSZR). Folglich erlischt sie mit Ablauf dieser Frist. Dennoch ist sie lang genug bemessen, um dem Fensterveranstalter wirtschaftliche Planungssicherheit zu geben und so seine Programmautonomie zu sichern. 54

Ein Anspruch auf abermalige Erteilung der Zulassung besteht nicht. Der Fensterveranstalter muss sich vielmehr einem **erneuten Ausschreibungsverfahren** stellen. Dieses ist rechtzeitig vor Ablauf der Fenster-Zulassung einzuleiten (Ziff. 7.6 DSZR). 55

Dabei steht Ziff. 5.5 S. 2 DSZR einer sog „Mehrfachlizenzierung" von Fensterveranstaltern sub specie Vielfaltsicherung kritisch gegenüber. Die Zulassungspraxis verfährt indessen anders und hat in den letzten Jahren stets die gleichen Fensterveranstalter wiederholt lizenziert, was auch zu gerichtlichen Auseinandersetzungen führte (näher hierzu KEK 660-2 II 2.3.2.2, 700-2 II 2.3.2.2). 55.1

2. Akzessorietät der Zulassung

Ferner erlischt die Zulassung des Fensterveranstalters, wenn die Zulassung des Hauptprogrammveranstalters **endet, nicht verlängert oder nicht neu erteilt** wird (§ 31 Abs. 6 S. 4 Hs. 2 RStV). Laut amtlicher Begründung (zu § 31 zum 9. RÄStV) soll die Fenster-Zulassung allerdings nicht dadurch obsolet werden, dass ein Hauptprogrammveranstalter vor Ablauf der regulären Lizenzdauer seine Zulassung aufgibt, um andernorts eine neue Lizenzierung anzustreben. Die Regelung dient dem Vertrauensschutz bereits lizenzierter Fensterveranstalter in den Fortbestand ihrer Programmlizenzen. Diese sollen durch einen vom Hauptveranstalter herbeigeführten Lizenzwechsel nicht beeinträchtigt werden, was andernfalls zu einem „forum shopping" einladen könnte. 56

Ob der Gesetzgeber mit dieser Regelung allerdings auch Konstellationen erfassen wollte, in denen der Hauptprogrammveranstalter zum **Ende einer Fensterprogrammzulassung** und noch vor deren Neuerteilung, mithin zu einem Zeitpunkt, zu dem der Vertrauensschutz 57 des bislang lizenzierten Fensterveranstalters in den Fortbestand seiner Fenster-Lizenz entfallen ist, „andernorts" eine neue Zulassung beantragt, erscheint demgegenüber fraglich (KEK 726-1 1.1.4).

G. Benehmensherstellung mit der KEK

I. Gegenstand der Benehmensherstellung

58   Gem. § 36 Abs. 5 S. 2 RStV ist bei der **Auswahl und Zulassung des Drittfensterveranstalters** zuvor das Benehmen mit der KEK herzustellen. Explizit angesprochen sind damit die zweite und vierte Stufe (§ 31 Abs. 4, 6 RStV) des Auswahl- und Zulassungsverfahrens. Da es sich bei der Festlegung und zeitlichen Ausgestaltung der Sendezeitschienen auf der ersten Stufe (§ 31 Abs. 2 RStV) um eine wichtige Vorentscheidung handelt, welche auf die Auswahl der Bewerber und damit auf die Vielfaltsicherung präjudizierende Wirkung entfaltet, ist – entgegen der momentanen Praxis – auch diese Verfahrensstufe unter dem Gesichtspunkt der „Auswahl" von der Benehmensherstellung umfasst (KEK 700-2 II 3).

II. Ziel und Umfang der Benehmensherstellung

1. Ziel der Benehmensherstellung

59   Die Herstellung des Benehmens geht über eine bloße Anhörung hinaus. Während Letztere auf eine gutachtliche oder interessenwahrende Einflussnahme auf die Entscheidung zielt und sich darin erschöpft, Gelegenheit zur Stellungnahme binnen angemessener Frist zu geben, sieht der RStV mit ersterem Erfordernis eine **begrenzte inhaltliche Einbindung** der KEK in die Entscheidungsverantwortung der nach außen handelnden Landesmedienanstalt vor. Das Verfahren der Benehmensherstellung ist deshalb als „dritter Weg" zwischen einer bloßen Anhörung und der Herstellung eines Einvernehmens zu qualifizieren. Das folgt nicht nur aus dem feststehenden verwaltungsrechtlichen Begriff des Benehmens, sondern wird auch durch die amtliche Begründung zu § 36 RStV (idF des 3. RÄStV) bestätigt, wonach die Herstellung des Benehmens „im Interesse eines möglichst hohen Maßes an Standortunabhängigkeit bei der Entscheidungsfindung" vorgesehen ist. Sie erfordert demnach von Seiten der zuständigen Landesmedienanstalt, der KEK das für ihren Entscheidungsbeitrag notwendige Tatsachenmaterial vorzulegen und bei ihrer Entscheidung der Auffassung der KEK nach Möglichkeit Rechnung zu tragen. Die zuständige Landesmedienanstalt hat deshalb die sachlichen und rechtlichen Erwägungen der KEK nicht nur zur Kenntnis zu nehmen, sondern diese sorgfältig zu prüfen und nach Möglichkeit inhaltliche Differenzen auszugleichen, bevor sie eine abweichende Sachentscheidung trifft (KEK 660-2 II 1.2, 700-2 II 1.2, 739 II 1.2 – st. Spruchpraxis).

2. Prüfungsumfang der KEK

60   Zwecks Wahrung einer standortunabhängigen Vielfaltsicherung prüft die KEK deshalb insbes. die **Zulassungsfähigkeit der Bewerber** im Hinblick auf deren rechtliche und redaktionelle Unabhängigkeit vom Hauptprogrammveranstalter sowie sonstige Kriterien, die einem zusätzlichen Vielfaltsbeitrag zum Programm entgegenstehen könnten (etwa die wiederholte Auswahl von Bewerbern oder weitere Aktivitäten der Bewerber im Fernsehbereich).

61   Bezogen auf Fragen der **programmlichen Vielfalt** beschränkt sich die KEK allerdings auf die Untersuchung, ob die Landesmedienanstalt ihren Beurteilungsspielraum im Hinblick auf die Auswahl und Zulassung von Fensterprogrammveranstaltern gewahrt hat. Unter Rückgriff auf die von den Verwaltungsgerichten insoweit entwickelten Maßstäbe (→ Rn. 34) überprüft sie deshalb, ob die Landesmedienanstalt den erheblichen Sachverhalt vollständig und zutreffend ermittelt hat, bei der Auswahl der Bewerber die in § 31 Abs. 4 RStV niedergelegten Verfahrensbestimmungen eingehalten wurden, die zuständige Landesmedienanstalt von einem richtigen Verständnis der anzuwendenden Gesetzesbegriffe ausgegangen ist und sich bei der eigentlichen Beurteilung an allgemein gültige, dh insbes. dem Gebot der Sachlichkeit folgende Wertungsmaßstäbe gehalten hat. Eine inhaltliche Prüfung der Fens-

terprogrammangebote findet – bis zur Grenze offensichtlicher Unsachlichkeit der Auswahlentscheidung – demgegenüber nicht statt (KEK 660-2 II 1.2, 700-2 II 1.2). Hinsichtlich der Finanzausstattung beschränkt sich die KEK auf eine Plausibilitätsprüfung (KEK 700-3 II 1.3).

III. Zeitpunkt der Benehmensherstellung

§ 36 Abs. 5 S. 2 RStV ordnet an, dass das Benehmen mit der KEK **„zuvor"**, dh vor Erlass der Auswahl- und Zulassungsentscheidung, herzustellen ist. Entsprechend schreibt Ziff. 4.2 DSZR vor, dass die zuständige Landesmedienanstalt über den nach § 31 Abs. 4 S. 3 oder 4 RStV „in Aussicht genommenen Bewerber" das Benehmen mit der KEK herzustellen hat. Für das Zulassungsverfahren ergänzt Ziff. 7.1 DSZR, dass die Erteilung der Zulassung „erst nach Herstellung des Benehmens" mit der KEK erfolgen darf. 62

In der Praxis der Landesmedienanstalten hat es sich insoweit eingebürgert, die Auswahl- und Zulassungsentscheidung unter einen **Vorbehalt der Benehmensherstellung** mit der KEK zu stellen. Diese Verwaltungspraxis begegnet im Hinblick auf den Gesetzeswortlaut („zuvor") und die Ratio der Benehmensherstellung Bedenken (kritisch auch VG Neustadt ZUM-RD 2013, 169 f.). Man wird diese dem Sitzungsrhythmus der Kollegialorgane und dem Zeitdruck geschuldete Praxis deshalb nur dann für unbedenklich erachten können, wenn die Möglichkeit erhalten bleibt, Bedenken der KEK in einer abschließenden Entscheidung der Landesmedienanstalt Rechnung zu tragen. Dies ist dann nicht mehr der Fall, wenn das hierfür zuständige Organ vor dem Wirksamwerden der Entscheidungen nicht noch einmal zur Beratung über die sachlichen und rechtlichen Erwägungen der KEK zusammentreten kann oder will (vgl. KEK 739 II 1.3.). 63

H. Rechtsschutz

I. Gegenstand des Rechtsschutzes

Auf der Ebene gerichtlichen Rechtsschutzes sind **zwei Konstellationen** denkbar: Entweder der Hauptprogrammveranstalter oder ein unterlegener Bewerber (Konkurrentenklage) wendet sich gegen die das Verfahren abschließende Zulassungsentscheidung. 64

In beiden Konstellationen kann Rechtsschutz erst nach **Abschluss des Verfahrens,** dh nach Erlass der Zulassungs- bzw. Ablehnungsbescheide erlangt werden. Das Auswahlverfahren nach § 31 Abs. 4 RStV stellt einen unselbstständigen Verfahrensschritt dar, der gem. § 44a S. 1 VwGO nicht eigenständig angegriffen werden kann (so auch VG Neustadt BeckRS 2012, 48386; BeckRS 2012, 49170. Ferner s. → Rn. 27). 65

II. Verfahrensarten

Die Art des Rechtsschutzes richtet sich nach dem Rechtsschutzbegehren: Für den Hauptprogrammveranstalter kommt insofern stets die **Anfechtungsklage** in Betracht, da er Adressat einer belastenden Maßnahme – der Zulassung des Fensterprogramms in seinem Hauptprogramm – ist (vgl. VG Neustadt ZUM-RD 2013, 165). 66

Für den unterlegenen Konkurrenten hängt die Wahl der Klageart vom Vorgehen der Landesmedienanstalt ab: Wenn diese – wie in der Praxis üblich – die Zulassungsentscheidung der erfolgreichen Bewerber mit einer Ablehnungsentscheidung gegenüber den unterlegenen Konkurrenten zu einem einheitlichen Verwaltungsakt bündelt, reicht die Erhebung einer **Verpflichtungsklage** auf Zulassung oder Neubescheidung (§ 113 Abs. 5 VwGO). Ergehen indes eigenständige Verwaltungsakte, kommt eine Anfechtungsklage gegen die Zulassungsentscheidung verbunden mit einer Verpflichtungsklage gegen den Ablehnungsbescheid in Betracht (anders wohl VG Neustadt BeckRS 2012, 59427, das für beide Konstellationen von einer Kombination der Anfechtungs- mit der Verpflichtungsklage auszugehen scheint). 67

In beiden Konstellationen sind die übrigen Verfahrensbeteiligten (erfolgreiche wie erfolglose Bewerber) gem. § 65 Abs. 2 VwGO **notwendig beizuladen.** Die Art des **vorläufigen Rechtsschutzes** richtet sich nach dem Verfahren in der Hauptsache (§§ 80, 80a bzw. 123 VwGO – vgl. insoweit auch VG Neustadt BeckRS 2012, 48386; BeckRS 2012, 49170). 68

III. Subjektive Rechte

1. Hauptprogrammveranstalter

69 Der Hauptprogrammveranstalter als **Adressat eines belastenden Verwaltungsakts** hat stets einen Anspruch auf rechtsfehlerfreie Durchführung des Verfahrens. Dieses subjektive Recht fließt entweder unmittelbar aus dem Gesetz, insbes. aus § 31 Abs. 4 und 5 RStV, oder jedenfalls aus den Grundrechten (Art. 5 Abs. 1 S. 2, 12 und 14 GG).

2. Bewerber

70 Die Bewerber hingegen haben kein grundsätzliches subjektives Recht auf eine objektiv rechtmäßige Zulassungspraxis. Die gerichtliche Überprüfung der Zulassungsentscheidung ist insoweit auf die Frage beschränkt, ob durch die Entscheidung Vorschriften verletzt wurden, die (auch) ihren Interessen zu dienen bestimmt sind. Konkurrenten können hiernach die Verletzung des aus Art. 3 Abs. 1 GG folgenden **Gebots der Chancengleichheit bei der Auswahlentscheidung** (§ 31 Abs. 4 RStV) geltend machen und von daher eine Überschreitung des Beurteilungsspielraums rügen. Die Entscheidung selbst darf deshalb nicht von einem unvollständigen oder unzutreffenden Sachverhalt ausgehen, muss die gesetzlich vorgegebenen Maßstäbe zugrunde legen und darf sich nicht von sachfremden Erwägungen leiten lassen (VG Neustadt BeckRS 2012, 59427).

71 Zudem können sie die **Einhaltung solcher Verfahrensvorschriften** fordern, die zumindest auch ihren Interessen zu dienen bestimmt sind. So soll der Dreiervorschlag des Hauptprogrammveranstalters (§ 31 Abs. 4 S. 4 RStV) unmittelbar den Rechtskreis der Bewerber berühren, weil damit im Zusammenhang stehende Entscheidungen sich auf deren Erfolgschancen im Auswahlverfahren auswirken können. Auch das in Ziff. 6.3 DRSZ vorgesehene Verfahren soll den Interessen der nicht ausgewählten Bewerber dienen. Diese blieben formal bis zum Ende des Zulassungsverfahrens Verfahrensbeteiligte, weil auch über ihre Ablehnung förmlich erst in der das Verfahren abschließenden Zulassungsentscheidung entschieden werde (VG Neustadt BeckRS 2012, 59427).

72 Andere Verfahrensbestimmungen hingegen vermitteln **keine subjektiven Rechte** zugunsten der Bewerber: So können sich auf eine Verletzung der Beteiligungsrechte in Bezug auf die zeitliche Aufteilung der Sendezeitschienen und die Frage, ob die Drittsendezeiten gebündelt oder einzeln ausgeschrieben werden sollen (vgl. § 31 Abs. 2 RStV), zwar die Hauptveranstalter, nicht aber die (potenziellen) Bewerber berufen. Gleiches gilt für die Frage der Berechnung der Sendezeit für unabhängige Dritte nach § 31 Abs. 2 S. 3 RStV. Auch eine Verletzung der Mitwirkungsrechte des Hauptveranstalters nach § 31 Abs. 4 S. 3 RStV kommt den Bewerbern nicht zugute (vgl. OVG Lüneburg ZUM-RD 2010, 516 f.; VG Neustadt BeckRS 2012, 59427).

§ 32 Programmbeirat

(1) ¹Der Programmbeirat hat die Programmverantwortlichen, die Geschäftsführung des Programmveranstalters und die Gesellschafter bei der Gestaltung des Programms zu beraten. ²Der Programmbeirat soll durch Vorschläge und Anregungen zur Sicherung der Meinungsvielfalt und Pluralität des Programms (§ 25) beitragen. ³Mit der Einrichtung eines Programmbeirats durch den Veranstalter ist dessen wirksamer Einfluß auf das Fernsehprogramm durch Vertrag oder Satzung zu gewährleisten.

(2) ¹Die Mitglieder des Programmbeirats werden vom Veranstalter berufen. ²Sie müssen aufgrund ihrer Zugehörigkeit zu gesellschaftlichen Gruppen in ihrer Gesamtheit die Gewähr dafür bieten, daß die wesentlichen Meinungen in der Gesellschaft vertreten sind.

(3) ¹Der Programmbeirat ist über alle Fragen, die das veranstaltete Programm betreffen, durch die Geschäftsführung zu unterrichten. ²Er ist bei wesentlichen Änderungen der Programmstruktur, der Programminhalte, des Programmschemas sowie bei programmbezogenen Anhörungen durch die zuständige Landesmedienanstalt und bei Programmbeschwerden zu hören.

(4) ¹Der Programmbeirat kann zur Erfüllung seiner Aufgaben Auskünfte von der Geschäftsführung verlangen und hinsichtlich des Programms oder einzelner Beiträge Beanstandungen gegenüber der Geschäftsführung aussprechen. ²Zu Anfragen und Beanstandungen hat die Geschäftsführung innerhalb angemessener Frist Stellung zu nehmen. ³Trägt sie den Anfragen und Beanstandungen zum Programm nach Auffassung des Programmbeirats nicht ausreichend Rechnung, kann er in dieser Angelegenheit einen Beschluß des Kontrollorgans über die Geschäftsführung, sofern ein solches nicht vorhanden ist, der Gesellschafterversammlung, verlangen. ⁴Eine Ablehnung der Vorlage des Programmbeirats durch die Gesellschafterversammlung oder durch das Kontrollorgan über die Geschäftsführung bedarf einer Mehrheit von 75 vom Hundert der abgegebenen Stimmen.

(5) ¹Bei Änderungen der Programmstruktur, der Programminhalte oder des Programmschemas oder bei der Entscheidung über Programmbeschwerden ist vor der Entscheidung der Geschäftsführung die Zustimmung des Programmbeirats einzuholen. ²Wird diese verweigert oder kommt eine Stellungnahme binnen angemessener Frist nicht zustande, kann die Geschäftsführung die betreffende Maßnahme nur mit Zustimmung des Kontrollorgans über die Geschäftsführung, sofern ein solches nicht vorhanden ist, der Gesellschafterversammlung, für die eine Mehrheit von 75 vom Hundert der abgegebenen Stimmen erforderlich ist, treffen. ³Der Veranstalter hat das Ergebnis der Befassung des Programmbeirats oder der Entscheidung nach Satz 2 der zuständigen Landesmedienanstalt mitzuteilen.

(6) Handelt es sich bei dem Veranstalter, bei dem ein Programmbeirat eingerichtet werden soll, um ein einzelkaufmännisch betriebenes Unternehmen, so gelten die Absätze 4 und 5 mit der Maßgabe, daß der Programmbeirat statt der Gesellschafterversammlung oder des Kontrollorgans über die Geschäftsführung die zuständige Landesmedienanstalt anrufen kann, die über die Maßnahme entscheidet.

§ 32 RStV regelt Zusammensetzung und Befugnisse des Programmbeirats, der durch seine beratende Funktion einen auf Pluralität abzielenden Programmeinfluss gewährleisten soll (→ Rn. 1–4). Nach § 32 Abs. 2 RStV soll sich der Programmbeirat, dessen Tätigkeitsperiode auf höchstens fünf Jahre begrenzt ist und der durch die Gesellschafterversammlung besetzt wird, aus den die wesentlichen Meinungen der Gesellschaft vertretenden Gruppen zusammensetzen, um Meinungsvielfalt herzustellen (→ Rn. 5–7). Die Beteiligungsrechte des Programmbeirats umfassen eine restriktiv auszulegende und am Zweck des Programmbeirats zu orientierende Unterrichtungspflicht nach § 32 Abs. 3 S. 1 RStV (→ Rn. 9), eine Anhörungspflicht nach § 32 Abs. 3 S. 2 RStV (→ Rn. 10), einen Auskunftsanspruch nach § 32 Abs. 4 RStV (→ Rn. 11), sowie ein zum Teil einschränkend ausgelegtes inhaltliches Zustimmungsrecht nach § 32 Abs. 5 RStV (→ Rn. 12). § 32 Abs. 6 RStV statuiert eine Sonderregelung für Veranstalter, die als einzelkaufmännisches Unternehmen betrieben werden (→ Rn. 14).

A. Allgemeines

Die Einrichtung eines Programmbeirats stellt eine der beiden **vielfaltssichernden Maßnahmen iSd § 30 RStV** dar, welche gem. § 26 Abs. 4 Nr. 3 RStV gegenüber privaten Rundfunkveranstaltern vorgeschlagen werden können. Durch diese formalisierte binnenplurale Maßnahme können die Veranstalter vermeiden, dass ihre Zulassung (§ 20 Abs. 1 RStV) widerrufen oder geplante Beteiligungsveränderungen (§ 29 RStV) als medienkonzentrationsrechtlich bedenklich eingestuft werden. Dementsprechend wird der Programmbeirat im Einvernehmen mit der KEK auf Vorschlag der zuständigen Landesmedienanstalt, welche organschaftlich durch die KEK handelt, errichtet. 1

§ 32 RStV regelt die **Zusammensetzung und Befugnisse des Programmbeirats**. Einzelheiten sind in der auf § 33 RStV basierenden Programmbeiratsrichtlinie (PBR) der Landesmedienanstalten statuiert, welche als normkonkretisierende Verwaltungsvorschrift den Inhalt des § 32 RStV präzisiert und insoweit Aspekte der Vielfaltssicherung ausgestaltet (s. 2

dazu die Kommentierung zu § 33 RStV; die Richtlinie ist abrufbar unter: www.die-medienanstalten.de/service/rechtsgrundlagen/richtlinien.html). Die Gesamtheit der Aufgaben und Befugnisse soll einen wirksamen, auf Pluralität abzielenden Programmeinfluss gewährleisten. Von § 32 RStV in seiner durch die PBR konkretisierten Form darf aufgrund des abschließenden Charakters der normierten Maßnahmen (→ § 30 Rn. 1 ff.) und wegen § 39 S. 1 RStV weder im Anwendungsbereich des RStV noch durch Landesrecht abgewichen werden (HRKDSC RStV § 30 Rn. 2).

3   **Praktische Relevanz** im Sinne eines „Eingreifens" der Landesmedienanstalten und der KEK hat die Vorschrift bislang freilich noch nicht entfaltet. Allerdings kam die RTL Television GmbH durch die Einrichtung eines Programmbeirates im Jahre 1988 (allerdings unter dem Namen „Programmausschuss") einem Vorgehen nach § 26 Abs. 4 Nr. 3 RStV zuvor (s. dazu Spindler/Schuster/Holznagel/Grünwald RStV § 32 Rn. 12).

B. Aufgaben und Befugnisse des Programmbeirats

I. Aufgabe des Programmbeirats

4   § 32 Abs. 1 RStV weist dem Programmbeirat die Aufgabe zu, die Programmverantwortlichen, die Geschäftsführung des Programmveranstalters und dessen Gesellschafter bei der Gestaltung des Programms zu **beraten**. Diese beratende Funktion soll sich dabei nach S. 2 der Bestimmung in Vorschlägen und Anregungen zum Programm äußern, um hierdurch zur Sicherung der Meinungsvielfalt und Pluralität des Programms iSd § 25 RStV beizutragen. Diese Rechte sind gem. § 32 Abs. 1 S. 3 RStV vertraglich oder in der Satzung auszugestalten; eine rein praktische Einbindung des Beirats in die Programmentscheidungen des Veranstalters ohne organisationsrechtliche Verankerung reicht demnach nicht aus (Spindler/Schuster/Holznagel/Grünwald RStV § 32 Rn. 5). Darüber hinaus stehen dem Programmbeirat allerdings keine inhaltlichen Befugnisse oder durchsetzbaren Programmentscheidungen zu.

II. Zusammensetzung des Programmbeirats

5   § 32 Abs. 2 RStV regelt die Zusammensetzung des Programmbeirats. Die auf Binnenpluralität durch Abdeckung der „wesentlichen Meinungen in der Gesellschaft" aufgrund **„Zugehörigkeit zu gesellschaftlichen Gruppen in ihrer Gesamtheit"** abstellende Norm muss dabei im Zusammenhang mit der PBR gelesen werden, die zu den abstrakten Topoi des § 32 Abs. 2 RStV zum Teil recht konkrete Vorgaben statuiert, welche sich an der Zusammensetzung der Rundfunk- bzw. Fernsehräte öffentlich-rechtlicher Prägung orientieren: So bestimmt Ziffer 2.1 PBR, dass der Programmbeirat aus mindestens 7, höchstens aber 13 Mitgliedern bestehen soll. Nach Ziffer 2.2 S. 1 PBR ist dabei je ein Vertreter aus den Bereichen Kirchen, Gewerkschaften, Arbeitgeber, Kunst und Kultur, Erziehungs- und Bildungswesen zu berufen. Die weiteren (2–8) Vertreter können nach Ziffer 2.2 Satz 2 PBR aus den Bereichen Kinderschutz und Jugendarbeit, Naturschutz, Sport, freie Wohlfahrtsverbände oder Verbraucherschutz berufen werden. Die Mitglieder sollen sich nach Ziffer 2.6 PBR angemessen auf Frauen und Männer verteilen und über „Sachkunde im Medienbereich" verfügen. Einen persönlichen Ausschlussgrund sieht Ziffer 2.7 PBR vor. Die Tätigkeitsperiode wird durch Ziffer 2.10 auf mindestens drei, höchstens aber fünf Jahre begrenzt.

6   Zur Kontrolle, ob die relevanten Gruppen abgedeckt werden, fordert Ziffer 2.3 PBR des Weiteren, dass in den Vertrags- oder Satzungsregelungen nach § 32 Abs. 1 S. 3 RStV die Gruppen konkret nach ihrer Organisationsbezeichnung genannt werden müssen. Die **Besetzung** selbst erfolgt durch die Gesellschafterversammlung bzw. die Kontrollorgane über die Geschäftsführung des Veranstalters – dem hinsichtlich der zu berücksichtigen Gruppen ein Auswahlermessen zusteht (vgl. Spindler/Schuster/Holznagel/Grünwald RStV § 32 Rn. 7) – mit einer Mehrheit von 2/3. Das konkrete Mitglied wird sodann von der jeweils betroffenen Gruppe benannt (Ziffer 2.5 PBR). Ob diese letztgenannte Beschränkung des Auswahlermessens mit den Wertungen des § 32 Abs. 1 S. 1 RStV und dem dort normierten Beratungsauftrag des Programmbeirats vereinbar ist, wird zwar vereinzelt in Zweifel gezogen (vgl. Spindler/Schuster/Holznagel/Grünwald RStV § 32 Rn. 7). Im Ergebnis dürfte es sich aber um ein mit den verfassungsrechtlichen Vielfaltsanforderungen und dem gesetzlichen Zweck vereinbares Verfahren handeln. Denn mit dem Recht zur Auswahl der Gruppen verbleibt

dem Veranstalter ein hinreichender Spielraum; umgekehrt trägt es zur gesetzlich gebotenen Vielfaltssicherung bei, dass die relevanten Gruppen ihre „Vertreter" selbst bestimmen können. Auf diese Weise wird vermieden, dass der Veranstalter nur solche Personen auswählt, die inhaltlich mit seinen Vorstellungen und seinem Programm übereinstimmen. Das Ziel, durch Repräsentanten unterschiedlicher Gruppen für Meinungspluralität zu sorgen, könnte andernfalls gefährdet sein und zu einer rein „formellen Vielfalt" verkommen.

Die genannten gesellschaftlichen Gruppen sollen nach der Vorstellung der Landesmedienanstalten in besonderer Weise zur Herstellung von Meinungsvielfalt geeignet sein (HRKDSC RStV § 32 Rn. 6). Da der Gesetzgeber mit Schaffung des § 33 RStV darauf verzichtet hat, seinen Spielraum zur Ausgestaltung der Rundfunkfreiheit zu nutzen bzw. diesen mit Blick auf das Gebot der Staatsferne den Landesmedienanstalten überantwortet hat, stellen die **Konkretisierungen in Richtlinienform** ebenfalls Normen dar, für welche der Ausgestaltungsspielraum normgeprägter Freiheiten gilt. Die Regelungen zum Besetzungsverfahren unter Einschluss der Eingrenzung der Gruppen sind deshalb, da sie sich nicht als offensichtlich ungeeignet zur Erreichung des grundrechtlichen Gebots der Meinungspluralität erweisen, als zulässige Ausgestaltungen zu akzeptieren. Die Herausnahme einer gegenwärtig zu berücksichtigenden Gruppe oder umgekehrt die Hinzufügung einer neuen, bislang nicht berücksichtigten gesellschaftlichen Gruppe bleibt allerdings möglich, ohne dass hiergegen grundsätzliche verfassungsrechtliche Bedenken bestünden.

III. Befugnisse des Programmbeirats

§ 32 Abs. 3 bis 5 RStV regelt die **Beteiligungsrechte des eingerichteten Programmbeirats.** Diese sind jedoch eher formeller Natur und verleihen dem Beirat keine durchsetzbare, inhaltliche Gestaltungsbefugnis.

So gewährt § 32 Abs. 3 RStV dem Programmbeirat **Unterrichtungs- und Anhörungsrechte** gegenüber der Geschäftsführung des Programmveranstalters.

1. Unterrichtungspflicht

Gem. § 32 Abs. 3 S. 1 RStV bezieht sich die **Unterrichtung** auf „alle Fragen, die das veranstaltete Programm betreffen". Was im Detail hierunter zu verstehen ist, wird – im Gegensatz zu anderen Fragen wie etwa der Binnenstruktur des Programmbeirats – weder im RStV noch in der PBR konkretisiert. Im rechtswissenschaftlichen Schrifttum wird der weit formulierte Gesetzestext überwiegend restriktiv ausgelegt. So folge aus § 32 Abs. 3 S. 2 und Abs. 5 RStV, dass von ihm nur „grundlegende Programmfragen (…) wie die dort genannten Änderungen der Programmstruktur, der Programminhalte oder des Programmschemas" erfasst würden (Spindler/Schuster/Holznagel/Grünwald RStV § 32 Rn. 10; so auch BLR RStV § 32 Rn. 4; etwas enger HRKDSC RStV § 32 Rn. 8). Aus dem Gesetz ergibt sich eine solche Restriktion freilich nicht. In methodischer Hinsicht könnte sogar argumentiert werden, dass für die Unterrichtung (Abs. 3 S. 1) im Unterschied zur Anhörung (Abs. 3 S. 2) gerade nicht auf „wesentliche" Fragen abgestellt wird (arg. e contrario). Allerdings muss sich der Umfang der Unterrichtungspflicht am Zweck des Programmbeirats orientieren: Dieser ist ein Mittel der Vielfaltssicherung, so dass seine Unterrichtung ebenfalls diesem Ziel zu dienen hat. Informationen, die in keinem Fall zu einer vielfaltsrelevanten Änderung des Programms führen können, dürfen daher nicht über § 32 Abs. 3 S. 1 RStV verlangt werden, weil der Programmbeirat sonst „ultra vires" handelte. Ob damit allerdings alle Maßnahmen des Tagesgeschäfts aus der Anspruchsnorm ausscheiden (so jedenfalls Spindler/Schuster/ Holznagel/Grünwald RStV § 32 Rn. 10), erscheint fraglich. Tagesaktuelle Fragen ohne Relevanz für die Vielfaltssicherung werden jedoch zu Recht nicht unter die Unterrichtungspflicht subsumiert. Denn ein Zugriff auf innerbetriebliche Informationen des Veranstalters kann nur aus Gründen von Verfassungsrang legitimiert werden, zu welchen etwa der Jugendschutz oder die Vielfaltssicherung zählen.

2. Anhörungspflicht

Neben dem Anspruch auf Unterrichtung regelt § 32 Abs. 3 S. 2 auch eine **Anhörungspflicht** für alle „wesentlichen Änderungen der Programmstruktur, der Programminhalte, des

Programmschemas sowie bei programmbezogenen Anhörungen durch die Landesmedienanstalt und bei Programmbeschwerden". In diesen Fällen – die explizit auf wesentliche Fragen beschränkt sind – muss der Veranstalter die Meinung des Programmbeirats einholen, bevor er seine Entscheidungen in den genannten Bereichen trifft. Es ist der Geschäftsführung des Veranstalters danach zwar möglich, sich über diese Meinung hinwegzusetzen (Spindler/Schuster/Holznagel/Grünwald RStV § 32 Rn. 11; HRKDSC RStV § 32 Rn. 9). Ihre vorherige Einholung verbunden mit einer inhaltlichen Auseinandersetzung (so zu Recht Spindler/Schuster/Holznagel/Grünwald RStV § 32 Rn. 11) sind jedoch obligatorisch; eine Heilung der fehlenden Anhörung (analog zur Regelung des § 45 Abs. 1 Nr. 3 VwVfG) sieht die Bestimmung nicht vor.

3. Auskunfts- und Beanstandungsrechte

12   Flankierend gewährt § 32 Abs. 4 RStV zu den vom Veranstalter aktiv zu erfüllenden Unterrichtungs- und Anhörungspflichten einen innerhalb angemessener Frist zu erfüllenden **Auskunftsanspruch** des Programmbeirats gegenüber der Geschäftsführung und ein **Recht zur Beanstandung einzelner Beiträge**. Werden diese Ansprüche nicht erfüllt, kann der Programmbeirat gem. § 32 Abs. 4 S. 3 RStV einen Beschluss des Kontrollorgans bzw. der Gesellschafterversammlung herbeiführen. Inhaltlich reicht der Auskunftsanspruch nicht weiter als die Unterrichtungspflicht des Veranstalters. In formeller Hinsicht gewährt sie dem Programmbeirat aber ein durchsetzbares Recht auf Informationen, die er aktiv einklagen und die das Aufsichtsorgan bzw. die Gesellschafterversammlung des Veranstalters nur mit einer Mehrheit von 3/4 zurückweisen kann. Das Recht zur Beanstandung, das in formeller Hinsicht gleich abgesichert ist wie das Auskunftsverlangen, kann der Programmbeirat dagegen auch gegenüber einzelnen Beiträgen ausüben.

4. Zustimmungsrecht

13   § 32 Abs. 5 RStV macht Änderungen der Programmstruktur, der Programminhalte oder des Programmschemas sowie Entscheidungen über Programmbeschwerden von der **Zustimmung des Programmbeirats** abhängig. Verweigert dieser die Zustimmung, kann er vom Kontrollorgan bzw. der Gesellschafterversammlung mit einer Mehrheit von 3/4 überstimmt werden (§ 32 Abs. 5 S. 2 RStV). Weil es widersprüchlich sei, den Programmbeirat nur bei wesentlichen Programmentscheidungen anzuhören, gleichzeitig aber jegliche Änderung der Programmstruktur von seiner Zustimmung abhängig zu machen, wird die Regelungen zum Teil einschränkend ausgelegt: A maiore ad minus greife auch das Zustimmungsrecht nur bei wesentlichen Entscheidungen ein (vgl. BLR RStV § 32 Rn. 7; Spindler/Schuster/Holznagel/Grünwald RStV § 32 Rn. 15; HRKDSC RStV § 32 Rn. 15). Eine andere Lesart verliehe dem Programmbeirat die Fähigkeit, den Betrieb des Veranstalters erheblich zu beeinträchtigen, auch wenn Vielfaltsgesichtspunkte ein Eingreifen nicht erforderlich machten. Ein solcher Zugriff wäre mit der Programmfreiheit des Veranstalters nur schwer zu vereinbaren. Wer indes wie hier schon eine restriktive Interpretation des § 32 Abs. 3 S. 1 RStV ablehnt, kann sich dieser im Gesetzeswortlaut nicht zum Ausdruck kommenden und auch verfassungsrechtlich nicht gebotenen Interpretation des § 32 Abs. 5 RStV nicht anschließen.

14   Das Erfordernis einer 3/4-Mehrheit zur Überstimmung einer verweigerten Zustimmung veranlasst den Veranstalter auf formalem Wege dazu, sein Programm vielfältiger zu gestalten. Zudem sorgt die **Mitteilungspflicht** an die Landesmedienanstalt (§ 32 Abs. 5 S. 3 RStV) dafür, dass diese Kenntnis von den Beanstandungen des Programmbeirats erlangt und somit ihre Kontrollpflichten wirksam ausüben kann (Hahn/Vesting/Flechsig RStV § 32 Rn. 13). Beide formalen Absicherungen tragen mithin zur vielfaltssichernden Disziplinierung der Veranstalter bei.

C. Einzelkaufmännisch betriebenes Unternehmen

15   § 32 Abs. 6 RStV schließlich statuiert eine Sonderregelung für Veranstalter, die als einzelkaufmännisches Unternehmen betrieben werden. Diese verfügen nicht über Kontrollorgane oder Gesellschafterversammlungen, so dass die Verfahrensvorschriften der Absätze 4 und 5

nicht passen und Mehrheitserfordernisse unterlaufen werden könnten, sollte der Inhaber allein entscheiden. Daher wird in diesen Fällen die Landesmedienanstalt mit den Maßnahmen betraut, welche indes mit einfacher Mehrheit entscheidet (Hahn/Vesting/Flechsig RStV § 32 Rn. 15; Spindler/Schuster/Holznagel/Grünwald RStV § 32 Rn. 17 mit Verweis auf die amtl. Begr.).

§ 33 Richtlinien

¹ **Die Landesmedienanstalten erlassen gemeinsame Richtlinien zur näheren Ausgestaltung der §§ 25, 31 und 32.** ² **In den Richtlinien zu § 32 sind insbesondere Vorgaben über Berufung und Zusammensetzung des Programmbeirats zu machen.**

§ 33 ermächtigt die Landesmedienanstalten zwecks Sicherstellung einer einheitlichen Verwaltungspraxis zum Erlass gemeinsamer Richtlinien zur Ausgestaltung der §§ 25, 31 und 32 (→ Rn. 1–2). Diese haben hiervon umfassend Gebrauch gemacht (→ Rn. 4). Dabei sind die Richtlinien als norminterpretierende und normkonkretisierende Verwaltungsvorschriften einzuordnen, was sich aus dem ausdrücklichen Ermächtigungserlass sowie dem Gebot der Staatsferne ergibt (→ Rn. 5–6). Als Innenrecht gelten die Richtlinien bundesweit für jede Landesmedienanstalt (→ Rn. 7). Darüber hinaus kommt ihnen neben einer mittelbar rechtlichen Außenwirkung (→ Rn. 8) auch, was umstritten ist, eine unmittelbar rechtliche Außenwirkung (→ Rn. 9–11) zu.

A. Allgemeines

§ 33 S. 1 RStV ermächtigt die Landesmedienanstalten zum Erlass gemeinsamer Richt- 1
linien zwecks **Ausgestaltung** der Regelungen über die Einrichtung regionaler Fensterprogramme (§ 25 RStV), die Einräumung von Sendezeiten für unabhängige Dritte (§ 31 RStV) sowie die Einrichtung eines Programmbeirats (§ 32 RStV). Für Letzteren sind in den Richtlinien insbes. Vorgaben über die Berufung und Zusammensetzung des Beirats zu machen (§ 33 S. 2 RStV).

Die Richtlinien sind als gemeinsame Richtlinien der Landesmedienanstalten von jeder 2
Landesmedienanstalt zu erlassen (amtl. Begr. zum 3. RÄStV) und sollen so eine **einheitliche Verwaltungspraxis** im Normbereich der §§ 25, 31 und 32 RStV sicherstellen.

§ 33 RStV wurde durch den **3. RÄStV** eingeführt. Zunächst erstreckte sich die Ermäch- 3
tigung der Landesmedienanstalten zum Erlass von Richtlinien auf eine Ausgestaltung der §§ 31 und 32 RStV. Erst seit dem 8. RÄStV erfasst sie aufgrund der Bedeutung der Regionalfenster für die Angebots- und Meinungsvielfalt auch § 25 RStV (amtl. Begr. zum 8. RÄStV).

Von der Ermächtigung des § 33 RStV haben die Landesmedienanstalten umfassend 4
Gebrauch gemacht und folgende Richtlinien erlassen: Gemeinsame Richtlinie der Landesmedienanstalten über die Berufung, Zusammensetzung und Verfahrensweise von Programmbeiräten nach § 32 RStV (**Programmbeiratsrichtlinie** – PBR) v. 16.12.1997. Gemeinsame Richtlinien der Landesmedienanstalten über die Sendezeit für unabhängige Dritte nach § 31 RStV (**Drittsendezeitrichtlinie** – DSZR), v. 14./15.9.2004. Gemeinsame Richtlinie der Landesmedienanstalten zur Sicherung der Meinungsvielfalt durch regionale Fenster in Fernsehvollprogrammen nach § 25 RStV (**Fernsehfensterrichtlinie** – FFR) v. 20.3.2012.

Die Richtlinien (Stand: 8.9.2013) sind abrufbar unter: http://www.die-medienanstalten.de/ 4.1
service/rechtsgrundlagen/richtlinien.html

B. Rechtsnatur der Richtlinien

Die auf der Grundlage des § 33 RStV ergangenen Richtlinien haben zum Ziel, die sich 5
aus der Gesetzessystematik des RStV ergebenden Verfahrensabläufe und Rechtsfolgen zu konkretisieren. Sie sind daher nicht nur als norminterpretierende, sondern auch als normkonkretisierende Verwaltungsvorschriften einzuordnen (KEK 660-3 – Sat1 Satellitenfernse-

hen; VG Neustadt BeckRS 2012, 49170 „konkretisierenden Vorgaben"; Oberländer ZUM 2001, 487 (495); anders Bornemann ZUM 2012, 89 (92), der von genuin rundfunkrechtlichen Steuerungsinstrumenten mit Rechtssatzcharakter spricht). Sie füllen jedenfalls bestehende Interpretationsspielräume der Regelungen des RStV aus (HRKDSC RStV § 33 Rn. 1).

6 Für die Annahme eines **normkonkretisierenden Charakters der Richtlinien** spricht zunächst die ausdrückliche Ermächtigung zum Erlass dieser Richtlinien. Für rein norminterpretierende Verwaltungsvorschriften wäre dies nicht notwendig, da sich insoweit eine entsprechende Ermächtigung bereits aus der Organisationskompetenz der Landesmedienanstalten ergäbe (Oberländer ZUM 2001, 487 (494); HRKDSC RStV § 33 Rn. 3; Bornemann ZUM 2012, 89 (90)). Zudem streitet das rundfunkrechtliche Gebot der Staatsferne für eine derartige normkonkretisierende Kompetenz der Landesmedienanstalten. Hiernach ist es dem Staat verwehrt, selbst detaillierte rundfunkrechtliche Vorgaben zu treffen, insbes. wenn sich diese auf die Programmgestaltung auswirken könnten. Diese Ausgestaltung wird deshalb den staatsfern organisierten Landesmedienanstalten überantwortet (so auch Oberländer ZUM 2001, 487 (495, 497); HRKDSC RStV § 33 Rn. 4). Die Reichweite der Bindungswirkung orientiert sich dabei an der Ermächtigungsgrundlage in § 33 RStV. Die Landesmedienanstalten sind dementsprechend befugt, die genannten Regelungen des RStV auszugestalten. Eine Normergänzung hingegen ist ihnen nicht gestattet (HRKDSC RStV § 33 Rn. 3; Bornemann ZUM 2012, 89 (92)).

C. Rechtswirkungen der Richtlinien

I. Bindungswirkung für die Landesmedienanstalten

7 Unbestritten ist die Bindungswirkung der Richtlinien für die Landesmedienanstalten. Als Anwendungs- und Auslegungsgrundsätze gelten die Richtlinien als sog **Innenrecht** bundesweit für jede Landesmedienanstalt, sodass ein einheitlicher Vollzug der in § 33 RStV genannten rundfunkrechtlichen Bestimmungen sichergestellt ist. Folglich können die Landesmedienanstalten nicht einfach von den Richtlinienvorgaben abweichen – auch dann nicht, wenn sie eine Richtlinienregelung für unzweckmäßig oder rechtswidrig erachten. In diesem Fall können sie nur eine Änderung der gemeinsamen Richtlinien durch alle Landesmedienanstalten herbeiführen. Ein Abweichen von den Richtlinienvorgaben könnte nur dann ausnahmsweise in Betracht zu ziehen sein, wenn diese offensichtlich gegen höherrangiges Recht verstoßen, insbes. gegen den RStV oder gegen Verfassungsrecht (KEK 660-3 II 2.3.5). Im Hinblick auf die nach § 33 RStV ergangenen Richtlinien bestehen insoweit jedoch keine begründeten Anhaltspunkte.

II. Außenwirkung der Richtlinien

8 Grundsätzlich entfalten die Richtlinien Bindungswirkung nur für den Innenbereich der Landesmedienanstalten. Dennoch können sie infolge ihrer Anwendung auch für den Außenbereich – mithin für das Anstalts-Bürger-Verhältnis – Bedeutung erlangen. Diese Außenwirkung der Richtlinien wird nach gefestigter Verwaltungsdoktrin über die Figur der sog Selbstbindung der Verwaltung begründet (Maurer, Allgemeines Verwaltungsrecht, 18. Aufl. 2011, § 24 Rn. 21; HRKDSC RStV § 33 Rn. 1). Hiernach entsteht durch die Anwendung der Richtlinien eine Verwaltungspraxis, mit der sich die Landesmedienanstalten selbst binden. Wird von dieser Praxis in gleichgelagerten Fällen ohne sachlichen Grund abgewichen, kann das betroffene Unternehmen einen Verstoß gegen Art. 3 Abs. 1 GG rügen. Die Richtlinien entfalten deshalb zumindest **mittelbare rechtliche Außenwirkung** (vgl. Maurer, Allgemeines Verwaltungsrecht, 18. Aufl. 2011, § 24 Rn. 21 f.). Im Unterschied zu gesetzlichen Regelungen steht es den Landesmedienanstalten allerdings frei, in atypisch gelagerten Fällen von der Verwaltungspraxis abzuweichen, sofern hierfür ein sachlicher Grund besteht und die Richtlinien für ein Abweichen Handlungsspielräume belassen. Die Bindungswirkung von Richtlinien kommt deshalb nur im Hinblick auf die Intensität, nicht hingegen im Hinblick auf den Umfang einer Gesetzesbindung gleich (vgl. Maurer, Allgemeines Verwaltungsrecht, 18. Aufl. 2011, § 24 Rn. 23).

Umstritten ist allerdings, ob die Richtlinien darüber hinaus auch **unmittelbar recht-** 9
liche Außenwirkung entfalten. Vor allem im Umweltrecht wird eine unmittelbare Außenwirkung normkonkretisierender Verwaltungsvorschriften bejaht, mit der Folge, dass sie unter bestimmten Voraussetzungen auch für Gerichte verbindlich und wie Normen auszulegen sind (BVerwGE 107, 338 (340)). Denn eine beschränkte „Außenwirkung" folgt daraus, dass durch die Verwaltungsvorschriften in abstrakt-genereller, normkonkretisierender Weise der Beurteilungsspielraum für die Verwaltung mit Wirkung für die Einzelentscheidung verengt wird. Insoweit wirken die Verwaltungsvorschriften wie Gesetze und sind entsprechend justiziabel – ohne dass sie dadurch generell zu außenwirksamen Rechtsnormen würden (vgl. zum Ganzen Maurer, Allgemeines Verwaltungsrecht, 18. Aufl. 2011, § 24 Rn. 25a). Man mag gegen die Außenwirkung der hier interessierenden Richtlinien einwenden, dass den Landesmedienanstalten nach der Rundfunkordnung eine andere Stellung zukommt als Verwaltungsbehörden (HRKDSC RStV § 33 Rn. 3) oder dass der Richtlinienerlass nicht dem einem Behördenleiter vergleichbaren Direktor der Landesmedienanstalt, sondern dessen plural zusammengesetzten Aufsichtsgremium – dem Medienrat – obliegt (Bornemann ZUM 2012, 89 (90)) und aus diesem Grunde eine Übertragung der Rspr. auf das Rundfunkrecht abzulehnen ist (generell gegen eine unmittelbare Außenwirkung Hahn/Vesting/Flechsing RStV § 33 Rn. 1; Spindler/Schuster/Holznagel/Grünwald RStV § 33 Rn. 2).

Auf der anderen Seite spricht für eine solche Außenwirkung, mag sie nun über die Figur 10 der normkonkretisierenden Verwaltungsvorschrift (Oberländer ZUM 2001, 487 (499)) oder über die Rechtswirkung eines genuin rundfunkrechtlichen Steuerungsinstruments hergeleitet werden (Bornemann ZUM 2012, 89 (92); wohl auch HRKDSC RStV § 33 Rn. 3 f.), neben den bereits genannten Aspekten der Staatsferne des Rundfunks und der explizit normierten Ermächtigungsgrundlage der **Sinn und Zweck des § 33 RStV.** So enthalten etwa die Regelungen der FFR Vorgaben zur redaktionellen Unabhängigkeit von Fensterprogrammveranstaltern (Ziffer 3 der Richtlinie). Hat nach § 25 Abs. 4 S. 2 RStV der Hauptprogrammveranstalter sicherzustellen, dass diese Unabhängigkeit entsprechend der Richtlinie zu wahren ist, kann der Regelungszweck der Richtlinie nicht erreicht werden, wenn ihr keine unmittelbare Außenwirkung zukommt (so auch Bornemann ZUM 2012, 89 (91) für die PBR sowie HRKDSC RStV § 33 Rn. 3 für die DSZR).

Schließlich kommt auch dem **Verfahren zum Richtlinienerlass** besondere Bedeutung 11 zu. Die Richtlinien sind als „geronnener Sachverstand" der Landesmedienanstalten zu begreifen und werden dort durch ein gesellschaftsplural besetztes Organ, den Medienrat, erlassen. Würde man den Landesmedienanstalten in Bezug auf die in § 33 RStV genannten Sachbereiche die Letztentscheidungsbefugnis absprechen und zugleich die Außenwirkung der Richtlinien verneinen, könnten die Gerichte diese Entscheidungen durch eigene Wertungen konterkarieren (Oberländer ZUM 2001, 487 (495); HRKDSC RStV § 33 Rn. 4; Bornemann ZUM 2012, 89 (92)). Hieraus resultierte erneut ein Konflikt mit dem Gebot der Staatsferne des Rundfunks, da auch die staatlichen Gerichte zu den Adressaten dieses Gebots zu zählen sind und ihnen daher ein Einfluss auf die Programmgestaltung zu versagen ist (HRKDSC RStV § 33 Rn. 4; Oberländer ZUM 2001, 487 (495)). Den Richtlinien kommt daher nicht nur Innenwirkung, sondern auch unmittelbare Außenwirkung zu.

§ 34 Übergangsbestimmung

¹**Bis zur ersten Bestimmung der Zuschaueranteile nach § 27 sind für die Beurteilung von Fragestellungen der Sicherung der Meinungsvielfalt im Zusammenhang mit der bundesweiten Veranstaltung von Fernsehprogrammen die vorhandenen Daten über Zuschaueranteile zugrunde zu legen.** ²**Die Veranstalter sind verpflichtet, bei ihnen vorhandene Daten über Zuschaueranteile auf Anforderung der KEK zur Verfügung zu stellen.** ³**Die Landesmedienanstalten haben durch Anwendung verwaltungsverfahrensrechtlicher Regelungen unter Beachtung der Interessen der Beteiligten sicherzustellen, daß Maßnahmen nach diesem Staatsvertrag, die aufgrund von Daten nach Satz 1 ergehen, unverzüglich an die sich aufgrund der ersten Bestimmung der Zuschaueranteile nach § 27 ergebende Sach- und Rechtslage angepaßt werden können.**

§ 34 RStV dient der Sicherung der Meinungsvielfalt und ist als Übergangsregelung bis zur Etablierung eines Verfahrens zur Bestimmung der Zuschaueranteile nach § 27 RStV konzipiert (→ Rn. 1–3). § 34 S. 1 RStV ermöglicht der KEK, zur Beurteilung von Fragestellungen der Sicherung der Meinungsvielfalt im Fernsehen auf vorhandenes Datenmaterial über Zuschaueranteile zurückzugreifen. Dabei handelt es sich im Wesentlichen um Daten der Gesellschaft für Konsumforschung (GfK) im Auftrag der Arbeitsgemeinschaft Fernsehforschung (AGF) (→ Rn. 4–7). § 34 S. 2 RStV räumt der KEK einen unmittelbaren Anspruch auf Datenübermittlung gegen Fernsehveranstalter ein. Relevant ist dies für eigene Messdaten der Veranstalter (→ Rn. 8). § 34 S. 3 RStV trägt dem Gedanken des Provisoriums Rechnung. Medienkonzentrationsrechtliche Maßnahmen der Landesmedienanstalten auf Basis der bisherigen Daten nach § 34 S. 1 RStV müssen nach Durchführung des Verfahrens gem. § 27 RStV an die neue Sach- und Rechtslage angepasst werden. Verwaltungsverfahrensrechtlich kann dies durch Widerrufsvorbehalte oder auflösende Bedingungen sichergestellt werden. Faktisch hat sich das Provisorium allerdings zur Dauerlösung entwickelt. Die Landesmedienanstalten verzichten in der Praxis daher auf Nebenbestimmungen (→ Rn. 9–10).

A. Allgemeines

1   Die **Übergangsbestimmung** des § 34 RStV ist im Zusammenhang mit § 27 RStV zu lesen. Nach letzterer Bestimmung ermitteln die Landesmedienanstalten durch die KEK den Zuschaueranteil der jeweiligen Programme unter Einbeziehung aller deutschsprachigen Programme des öffentlichen Rundfunks und des bundesweit empfangbaren privaten Rundfunks (§ 27 Abs. 1 S. 1 RStV). Hierfür beauftragen die Landesmedienanstalten nach Maßgabe einer Entscheidung der KEK ein Unternehmen zur Ermittlung der Zuschaueranteile. Die Ermittlung muss aufgrund repräsentativer Erhebungen bei Zuschauern ab Vollendung des dritten Lebensjahres nach allgemein anerkannten wissenschaftlichen Methoden durchgeführt werden (§ 27 Abs. 2 RStV).

2   Bis zu dieser Beauftragung und die sich hieran anschließende Bestimmung der Zuschaueranteile nach Maßgabe des § 27 Abs. 2 RStV für einen Zeitraum von mindestens zwölf Monaten (vgl. § 27 Abs. 1 S. 2 RStV) bildet die Übergangsbestimmung in § 34 RStV die **gesetzliche Grundlage** für die Heranziehung der insoweit erforderlichen Daten. Dementsprechend sind bis zur ersten Bestimmung der Zuschaueranteile nach § 27 RStV für die Beurteilung von Fragestellungen der Sicherung der Meinungsvielfalt im Zusammenhang mit der bundesweiten Veranstaltung von Fernsehprogrammen die vorhandenen Daten über Zuschaueranteile zugrunde zu legen (§ 34 S. 1 RStV). Die Veranstalter sind dabei verpflichtet, bei ihnen vorhandene Daten über Zuschaueranteile auf Anforderung der KEK zur Verfügung zu stellen (§ 34 S. 2 RStV); eine solche Pflicht ergibt sich zudem aus § 27 Abs. 3 RStV. Des Weiteren haben die Landesmedienanstalten durch Anwendung verwaltungsverfahrensrechtlicher Regelungen unter Beachtung der Interessen der Beteiligten sicherzustellen, dass Maßnahmen nach diesem Staatsvertrag, die aufgrund von Daten nach § 34 S. 1 RStV ergehen, unverzüglich an die sich aufgrund der ersten Bestimmung der Zuschaueranteile nach § 27 RStV ergebende Sach- und Rechtslage angepasst werden können (§ 34 S. 3 RStV).

3   Beide Bestimmungen – § 27 und § 34 RStV – sind 1997 im Zusammenhang mit der Umstellung auf das Zuschaueranteilsmodell (§ 26 RStV) durch den **3. RÄStV** in den RStV eingefügt worden. Da seinerzeit noch kein Verfahren zur Ermittlung von Zuschaueranteilen existierte, bedurfte es einer Übergangsbestimmung (Hahn/Vesting/Trute RStV § 25 Rn. 1). Als solche verliert sie ihre Bedeutung, wenn das Verfahren nach § 27 RStV etabliert worden ist. Da dies auf absehbare Zeit nicht der Fall sein dürfte, verwendet die für die Zuschaueranteilsberechnung zuständige KEK (vgl. § 27 Abs. 1 S. 1 RStV) momentan (noch) die „vorhandenen Daten über Zuschaueranteile" iSd § 34 S. 1 RStV.

B. Vorhandene Zuschaueranteilsdaten (S. 1)

4   Bei den „vorhandenen Daten", auf die § 34 S. 1 RStV Bezug nimmt, handelt es sich primär um die von der **Gesellschaft für Konsumforschung (GfK)** im Auftrag der

Arbeitsgemeinschaft Fernsehforschung (AGF) erhobenen monatlichen Daten zu den Anteilen der Fernsehsender an der täglichen durchschnittlichen Sehdauer (Zuschauer ab drei Jahren, Montag bis Sonntag – vgl. KEK, 15. Jahresbericht, 2012, 84. Näher zur AGF und GfK Hahn/Vesting/Trute RStV § 34 Rn. 5 f.; Spindler/Schuster/Holznagel/Grünwald RStV § 27 Rn. 13 ff.). Für ihre Erhebung greift die GfK auf das Fernsehpanel D + EU von 5.000 repräsentativ ausgewählten und täglich berichtenden Haushalten zurück, in denen insgesamt ca. 10.500 Personen (Deutsche und EU-Ausländer) leben. Damit ist das Panel repräsentativ für 71,94 Mio. Personen ab drei Jahren in 36,04 Mio. deutschen Fernsehhaushalten. Erfasst werden ebenfalls die in privaten Haushalten mitsehenden (bis zu 16) Gäste (KEK, 15. Jahresbericht, 2012, 85). Die so erhobenen Daten bringen die Anteile an der täglichen durchschnittlichen Sehdauer zum Ausdruck. Wiedergegeben wird dabei die Fernsehnutzung der Zuschauer als Sehdauer-Relationen zwischen den Sendern (Hahn/Vesting/ Trute RStV § 34 Rn. 8, dort in Rn. 9 ff. auch mit weiteren Details zum Erhebungsverfahren).

Zwar erfasst die AGF/GfK-Fernsehforschung sämtliche in der Bundesrepublik Deutschland empfangbaren Fernsehprogramme. Sie veröffentlicht allerdings ausschließlich die Marktanteile (Monatsdaten zu den Zuschauern ab drei Jahren) ihrer Mitgliedssender und zum Teil der Veranstalter, die über eine Lizenz zum Bezug der Daten verfügen. Die KEK selbst ist kein Mitglied der AGF und verfügt dementsprechend auch nicht über eine Lizenz zum Bezug der Daten (Hahn/Vesting/Trute RStV § 34 Rn. 7). Als Organ der **Bayerischen Landeszentrale für neue Medien** (BLM) hat die KEK allerdings Zugriff auf die dort im Rahmen einer AGF-Lizenz vorhandenen Daten, bei denen es sich allerdings überwiegend um ohnehin öffentlich zugängliche Daten handelt. 5

Diese **Datenbasis** der KEK bleibt allerdings **unvollständig** (KEK, 15. Jahresbericht, 2012, 84). Insbesondere nicht gemessen wird die – über das Jahr betrachtet signifikante – Außer-Haus-Fernsehnutzung in öffentlichen Einrichtungen (wie zB Krankenhäusern oder Vorsorge- und Rehabilitationseinrichtungen) sowie die Fernsehnutzung der in Deutschland lebenden Nicht-EU-Ausländer, welche ebenfalls eine große Nutzergruppe darstellen (vgl. KEK, 15. Jahresbericht, 2012, 85). Weiterhin unberücksichtigt bleibt die Fernsehnutzung über das „offene" Internet (Streaming), mobile Endgeräte (Smartphones, Tablets) und TV-Empfangskarten für den PC bzw. Laptop. 6

Seit August 2012 werden allerdings **IPTV-Angebote** von der AGF/GfK erfasst. Zudem misst die AGF/GfK-Fernsehforschung mittlerweile auch Online-Angebote der Fernsehsender, insbes. in Gestalt von **Mediatheken** und deren Nutzung (KEK, 15. Jahresbericht, 2012, 84 f.). Diese Messung ist derzeit allerdings auf Nutzungen am (stationären) Computer unter Ausschluss von Smartphones, Tablets und HbbTV beschränkt. Mittel- bis langfristig verfolgt die AGF jedoch das Ziel, die Fernsehnutzung unabhängig vom Endgerät und Verbreitungsweg zu erfassen. 7

C. Mitwirkungspflicht der Veranstalter (S. 2)

Des Weiteren sind gem. § 34 S. 2 RStV die Fernsehveranstalter verpflichtet, bei ihnen vorhandene Daten über Zuschaueranteile auf Anforderung der KEK zur Verfügung zu stellen. Mithin räumt die Bestimmung der KEK einen unmittelbaren **Anspruch auf Übermittlung vorhandener Zuschaueranteilsdaten** gegen die Veranstalter ein. Bis zu einer Beauftragung nach Maßgabe des § 27 Abs. 2 RStV sichert § 34 S. 2 RStV folglich die Beschaffung der erforderlichen Zuschaueranteilsdaten – neben § 34 S. 1 RStV – zusätzlich ab (vgl. hierzu auch Hahn/Vesting/Trute RStV § 34 Rn. 12). Für die KEK von Interesse ist diese veranstalterbezogene Mitwirkungspflicht dabei weniger im Hinblick auf die von der AGF/GfK-Konsumforschung ermittelten Daten – diese stehen der KEK ohnehin über die BLM zur Verfügung (→ Rn. 5) oder sind sonst öffentlich zugänglich – als im Hinblick auf solche Daten, die ein Veranstalter, der nicht AGF-Mitglied bzw. -Lizenznehmer ist, über ein eigenes Messsystem erhebt; eine Pflicht zur Etablierung eines solchen Messsystems folgt aus § 34 S. 2 RStV freilich nicht. Auch kann die KEK so andere (vorhandene) Nutzungsdaten vom Veranstalter einfordern, etwa personenbezogene Reichweitenangaben oder Abonnentenzahlen (vgl. KEK, 15. Jahresbericht, 2012, 84). 8

D. Anpassungsmaßnahmen (S. 3)

9 Schließlich haben gem. § 34 S. 3 RStV die Landesmedienanstalten verwaltungsverfahrensrechtlich sicherzustellen, dass medienkonzentrationsrechtliche Maßnahmen, die auf der Grundlage der (übergangsweisen) Datenbasis des § 34 S. 1 RStV getroffen wurden, unverzüglich an die nach erstmaliger Bestimmung der Zuschaueranteile gem. § 27 RStV möglicherweise neue Sach- und Rechtslage angepasst werden können. Die Regelung dient mithin der **rechtlichen Bewältigung des Übergangs einer Zuschaueranteilsberechnung** auf der Grundlage des § 34 S. 1 RStV auf das nach § 27 Abs. 2 RStV zu etablierende Verfahren. Insofern hält sie die Landesmedienanstalten dazu an, geeignete verwaltungsverfahrensrechtliche Vorkehrungen für diesen Fall zu treffen. Verwaltungsverfahrensrechtlich kann dem durch Nebenbestimmungen in Gestalt von Widerrufsvorbehalten (vgl. § 36 Abs. 2 Nr. 3 VwVfG) oder – je nach Umständen – auflösenden Bedingungen (vgl. § 36 Abs. 2 Nr. 2 VwVfG), mit welchen die Zulassungs- bzw. Unbedenklichkeitsentscheidungen (vgl. §§ 20 Abs. 1 S. 1, 29 S. 3 RStV) versehen werden, Rechnung getragen werden. § 34 S. 3 RStV stellt hierfür die gem. § 36 Abs. 1 VwVfG erforderliche Rechtsgrundlage bereit und verhindert zugleich das Entstehen von Vertrauensschutz (vgl. § 49 Abs. 2 Nr. 1 iVm Abs. 6 VwVfG – vgl. insoweit amtl. Begr. zu § 34 RStV zum 3. RÄStV; Spindler/Schuster/Holznagel/Grünwald RStV § 34 Rn. 3).

10 Seit einigen Jahren **verzichtet** die KEK indes **auf einen ausdrücklichen Vorbehalt** zur Zuschaueranteilsermittlung iSd § 34 S. 3 RStV (wie bspw. noch in KEK 072 III 5). Entsprechend versehen die Landesmedienanstalten ihre nach außen wirkenden Verwaltungsakte (vgl. § 35 Abs. 9 RStV) auch nicht mehr mit einer entsprechenden Nebenbestimmung. Hintergrund hierfür ist der Umstand, dass sich das „Provisorium" des § 34 RStV – nicht zuletzt infolge einer Änderung des § 27 RStV (→ § 27 Rn. 16) – als langfristige Lösung etabliert hat (vgl. Spindler/Schuster/Holznagel/Grünwald RStV § 34 Rn. 4; HRKDSC RStV § 27 Rn. 11 sowie → Rn. 3). Sollte es in absehbarer Zukunft dennoch zu einer Beauftragung iSd § 27 Abs. 2 RStV kommen, käme für bis dahin nebenbestimmungsfrei ergangene Rechtsakte ggf. nur eine Rücknahme oder ein Widerruf (§§ 48, 49 VwVfG) in Betracht, bei denen Vertrauensschutzgesichtspunkte der Betroffenen zu berücksichtigen wären (vgl. Hahn/Vesting/Trute RStV § 34 Rn. 13; Spindler/Schuster/Holznagel/Grünwald RStV § 34 Rn. 3).

§§ 35–40 *(keine Kommentierung)*

5. Unterabschnitt. Programmgrundsätze, Sendezeit für Dritte

§ 41 Programmgrundsätze

(1) ¹**Für die Rundfunkprogramme gilt die verfassungsmäßige Ordnung.** ²**Die Rundfunkprogramme haben die Würde des Menschen sowie die sittlichen, religiösen und weltanschaulichen Überzeugungen anderer zu achten.** ³**Sie sollen die Zusammengehörigkeit im vereinten Deutschland sowie die internationale Verständigung fördern und auf ein diskriminierungsfreies Miteinander hinwirken.** ⁴**Die Vorschriften der allgemeinen Gesetze und die gesetzlichen Bestimmungen zum Schutz der persönlichen Ehre sind einzuhalten.**

(2) **Die Rundfunkvollprogramme sollen zur Darstellung der Vielfalt im deutschsprachigen und europäischen Raum mit einem angemessenen Anteil an Information, Kultur und Bildung beitragen; die Möglichkeit, Spartenprogramme anzubieten, bleibt hiervon unberührt.**

(3) **Die Absätze 1 und 2 gelten nur für bundesweit verbreiteten Rundfunk.**

Die Vorschrift normiert teilweise in Wiederholung, teilweise in Ergänzung der schon in § 3 Abs. 1 aufgeführten Grundsätze Programmgrundsätze spezifisch für den privaten Rund-

Programmgrundsätze

§ 41 RStV

funk, auch insofern jedoch nur für die bundesweit verbreiteten Rundfunkprogramme (→ Rn. 2). Wie schon die allgemeinere Bestimmung des § 3 verbindet die Regelung negative Schranken der Programmfreiheit (namentlich: Achtung der Menschenwürde) (→ Rn. 5 ff.) mit positiven Förderungs- oder Beitragspflichten (→ Rn. 10 ff.), die als „Soll-Gebote" aber nur von eingeschränkter Wirkkraft sind. Die Bindung der Programme an die verfassungsmäßige Ordnung (Abs. 1 S. 1) und die allgemeinen sowie die Ehrenschutzgesetze (Abs. 1 S. 4) hat nur deklaratorischen Charakter (→ Rn. 6 f.), weil sie unmittelbar bereits aus jenen in Bezug genommenen Normen folgt.

A. Allgemeines

I. Bedeutung der Norm

Die in der Vorschrift beschriebenen Programmgrundsätze errichten inhaltliche Vorgaben an die Qualität der Rundfunkprogramme. Wie bei § 3 geschieht dies einerseits durch die – nur im Fall der religiösen, weltanschaulichen und sittlichen Überzeugungen konstitutive, im Übrigen deklaratorisch-bekräftigende – Unterwerfung unter bestimmte Schranken der Programmfreiheit des Veranstalters (Abs. 1 S. 1, 2 und 4), zum anderen in Gestalt einer programmatischen, indes eher weichen Zielverpflichtung auf ein anzustrebendes **Idealbild** (Abs. 1 S. 3 und Abs. 2). § 41 geht verfassungsrechtlich nicht anders als die allgemeine, auch den öffentlich-rechtlichen Rundfunk einschließende Vorschrift des § 3 Abs. 1 (→ § 3 Rn. 1) auf die an den Gesetzgeber adressierte Gewährleistungspflicht des Art. 5 Abs. 1 S. 2 GG zurück, verbindliche Leitgrundsätze für den Rundfunk zu statuieren, die ein „**Mindestmaß** von inhaltlicher Ausgewogenheit, Sachlichkeit und gegenseitiger Achtung gewährleisten" (BVerfGE 12, 205 (263)). 1

Die Vorschrift befindet sich im Abschnitt über den privaten Rundfunk und bezieht sich damit allein auf diesen. Abs. 3 spezifiziert und begrenzt die Anwendbarkeit der Vorschrift auf **Rundfunkprogramme bundesweit verbreiteten Privatrundfunks.** Schon tatbestandlich nicht vom Anwendungsbereich umfasst sind Telemedien privater Rundfunkveranstalter. Ausweislich des § 3 Abs. 1 S. 3 gelten die allgemeinen Bestimmungen des § 3 neben denjenigen des § 41; daraus ergibt sich eine wechselseitige Ergänzungswirkung hinsichtlich derjenigen Programmgrundsatzinhalte, die in der jeweils anderen Vorschrift nicht ausdrücklich genannt sind. Dies betrifft namentlich die auf andere zu fördernde Güter bezogenen Förderverpflichtungen des § 3 Abs. 1 S. 2 einerseits, des § 41 Abs. 1 3 und Abs. 2 andererseits. Die negativen Schranken des § 41 Abs. 1 S. 2 hingegen wiederholen nur – mit Ausnahme der hinzutretenden Pflicht zur Achtung auch der weltanschaulichen Überzeugungen – die schon in § 3 Abs. 1 S. 1 getroffene Aussage. 2

Die Vorschrift ist ebensowenig wie § 3 unmittelbar **sanktionsbewehrt:** In § 49, der die Ordnungswidrigkeit von Verstößen gegen bestimmte Regelungen des RStV abschließend anordnet, ist sie nicht aufgeführt. Zur möglichen **Aufsicht** über die Einhaltung durch die Landesmedienanstalten gilt das zu § 3 Gesagte (→ § 3 Rn. 3); bei Verstößen kann insbes. zu den Aufsichtsmitteln des § 38 Abs. 2 gegriffen werden (vgl. hierzu VG Hannover AfP 1996, 205). 3

II. Entstehungsgeschichte

Die Bestimmung des § 41 ist inhaltlich älter als die allgemeine, erst mit dem 4. RÄndStV eingefügte Vorschrift des § 3. Sie geht auf § 23 RStV 1991 zurück, der seinerseits weitgehend Art. 9 Abs. 1 und 2 RStV 1987 entsprach. Auslöser für die Bereitschaft zur erstmaligen Normierung bundeseinheitlicher Grundsätze mit Art. 9 RStV 1987 war wohl der sog „Südschienen"-Staatsvertrag aus dem Jahr 1986, in dem die drei vertragschließenden Länder erstmalig einheitliche, länderübergreifende Grundsätze statuierten (näher HRKDSC RStV § 41 Rn. 1). 4

B. Die Grundsätze im Einzelnen

I. Verfassungsmäßige Ordnung

Gem. Abs. 1 S. 1 gilt für Rundfunkprogramme die verfassungsmäßige Ordnung. Dieser Begriff meint nicht etwa, wie bei Art. 20 Abs. 3 GG oder Abs. 9 Abs. 2 GG, die Gesamtheit 5

Cornils 463

der Verfassungsnormen oder die „freiheitliche demokratische Grundordnung", sondern vielmehr die – auch unterverfassungsrangige – Rechtsordnung schlechthin, nicht anders als im Begriffsverständnis der Schrankenbestimmung in Art. 2 Abs. 1 GG (Hahn/Vesting/Hahn/Witte RStV § 41 Rn. 8; HRKDSC RStV § 41 Rn. 3). Gegen das enge Verständnis (Verfassungsrecht) spricht insbesondere, dass Abs. 1 dann eine einfachgesetzliche Bindung der von § 41 umfassten Rundfunkveranstalter an sämtliche Verfassungsnormen anordnen würde, damit aber auch eine Drittwirkung der Grundrechte, die diese selbst gar nicht beanspruchen, insofern sie nur den Staat – negatorisch und in der Weise positiver Gewährleistungspflichten – verpflichten. Schon der freiheitsrechtliche (individualschützende) Grundrechtsschutz der privaten Rundfunkveranstalter steht einer solchen staats-analogen Verpflichtung auf die Grundrechte entgegen (vgl. Hahn/Vesting/Hahn/Witte RStV, § 41 Rn 8).

5.1   Dieses Verständnis ist indessen nicht allgemein: Teilweise wird durchaus ein engerer Begriff im Sinne der „freiheitlich-demokratischen Grundordnung" entsprechend Art. 9 Abs. 2 GG (hierzu BeckOK GG/Cornils GG Art. 9 Rn. 26) favorisiert, hierfür spreche insbes. Art. 18 S. 1 GG (Spindler/Schuster/Holznagel/Krone RStV § 41 Rn. 5).

6   Abs. 1 S. 1 hat damit rein **deklaratorische Wirkung.** Wie jedes andere Rechtssubjekt sind Rundfunkveranstalter an alle formellen und materiellen Gesetze gebunden, sofern deren Anwendungsbereich eröffnet ist.

7   **Abs. 1 S. 4** greift die allgemeinen Gesetze sowie Gesetze zum Schutz der persönlichen Ehre als im Rundfunk besonders relevante gesetzliche Vorgaben iSd Art. 1 S. 1 (HRKDSC RStV § 41 Rn. 4) erneut auf, ohne dass hieraus eine über die Symbolik hinausgehende eigenständige Bedeutung erwachsen würde („doppelt deklaratorisch").

II. Achtung der Würde des Menschen

8   Abs. 1 S. 2 1. Hs. verpflichtet die Rundfunkprogramme zur Achtung der Menschenwürde; dies entspricht der Verpflichtung des § 3; insofern kann auf die Kommentierung zu § 3 verwiesen werden (→ § 3 Rn. 9).

III. Achtung der sittlichen, religiösen und weltanschaulichen Überzeugungen anderer

9   Auch die Verpflichtung des Abs. 1 S. 2 2. Hs. zur Achtung sittlicher, religiöser und weltanschaulicher Überzeugungen ist nahezu deckungsgleich mit der entsprechenden Verpflichtung in § 3 Abs. 1 S. 1. Ein Unterschied besteht allein darin, dass in § 41 auch **weltanschauliche Überzeugungen** in die Achtungspflicht einbezogen sind. Sachlich begründbar ist die – wohl unbedachte und unbeabsichtigte (Spindler/Schuster/Holznagel/Krone RStV § 41 Rn. 8) – Differenz nicht (so auch Hahn/Vesting/Hahn/Witte RStV § 41 Rn. 11).

9.1   Abs. 1 S. 2 2. Hs. trifft auf dieselben Bedenken, wie sie auch für § 3 gelten; s. dazu die Kommentierung zu § 3 (→ § 3 Rn. 17.1). Soweit aus dem Grundsatz ferner mittels großzügiger Auslegung des Begriffs der sittlichen und weltanschaulichen Überzeugungen eine spezifische Achtungspflicht auch in Bezug auf **„Ehe und Familie"** entnommen wird (HRKDSC RStV § 41 Rn. 10), vermag dies nicht zu überzeugen; angesichts der beschränkenden Wirkung in Bezug auf die Programmfreiheit des privaten Rundfunks ist eine restriktive Auslegung der Norm geboten, die eine derartige Ausweitung auf weitere Rechtsgüter gerade nicht zulässt.

IV. Förderung der Zusammengehörigkeit im vereinten Deutschland und der internationalen Verständigung

10   Abs. 1 S. 3 errichtet eine **positive Förderpflicht** im Hinblick auf die Zusammengehörigkeit im vereinten Deutschland sowie die internationale Verständigung in Gestalt einer **Sollvorschrift.** Damit zielt sie kaum auf die Förderung ausgewogener, gleichgewichtiger Vielfalt, die dem verfassungsrechtlichen Ausgestaltungsgebot nachkäme (→ Rn. 1). Vielmehr wird der private Rundfunk hier für inhaltlich positiv definierte gesellschaftspolitische Ziele in Anspruch genommen. Diese positive Instrumentalisierung des Rundfunks für politische

Wertsetzungen ist fragwürdiger **Eingriff in die Veranstalterfreiheit**, nicht Ausgestaltung der Rundfunkfreiheit (so auch Hahn/Vesting/Hahn/Witte RStV § 41 Rn. 12). Sie bewegt sich außerhalb der Logik und Legitimation des Normziels der Vielfaltssicherung, drängt gerade nicht auf gleichgewichtige Vielfalt, die schließlich auch gegenläufigen Auffassungen Raum gegen müsste. Jedenfalls grundrechtsberechtigte Privatpersonen, damit aber an sich auch die privaten Rundfunkunternehmen müssen sich die vom Gesetzgeber vorgegebene Wertsetzung nicht zu Eigen machen. Die Förderpflicht ist daher problematisch; ob die allenfalls losen Berührungspunkte mit der – freilich auch selbst in ihrer verfassungsrechtlichen Dignität umstrittenen – Integrationsfunktion des Rundfunks hinreichendes Rechtfertigungspotential haben, erscheint eher zweifelhaft.

Als Schrankengesetz muss die Förderpflicht vor dem qualifizierten Schrankenvorbehalt des Art. 5 Abs. 2 GG bestehen, also **allgemeines Gesetz** sein. Dies ist jedoch überaus fraglich, da die Vorschrift zur Berichterstattung über spezifische Meinungsinhalte (zwecks Förderung der Wiedervereinigung bzw. internationaler Verständigung) auffordert. Der Befund fehlender, für Schranken gem. Art. 5 Abs. 2 aber vorausgesetzter Meinungsneutralität bestätigt die skizzierten Bedenken. Auch die Tatsache, dass es sich um eine kaum justiziable Sollvorschrift handelt, entschärft das Problem vielleicht praktisch, vermag aber nicht grundsätzlich darüber hinweg zu helfen (so auch Hahn/Vesting/Hahn/Witte RStV § 41 Rn. 12; Kontrollmöglichkeit dagegen bejahend HRKDSC RStV § 41 Rn. 11). Das Rundfunkrecht sollte, jedenfalls für den privaten Rundfunk, von derartigen, dem Freiheitsbegriff des Grundgesetzes fremden Inpflichtnahmen für die Förderung von Standards guten Zusammenlebens, die über die Achtung der allgemeinen Gesetze hinausgehen, Abstand nehmen. **10.1**

V. Hinwirkung auf diskriminierungsfreies Miteinander

Abs. 1 S. 2 2. Hs. dient dem **Minderheitenschutz;** auch Rundfunkprogramme sollen darauf hinwirken, dass ein friedliches, diskriminierungsfreies Zusammenleben unterschiedlicher Minderheiten in der Bundesrepublik möglich ist (Hahn/Vesting/Hahn/Witte RStV § 41 Rn. 14). Insbes. der Entstehung und Verfestigung von „Ausländerhass" soll entgegengewirkt werden (HRKDSC RStV § 41 Rn. 11). Auch dieses **Gebot** geht über ein negatives Diskriminierungsverbot hinaus, zielt vielmehr auf eine aktive Antidiskriminierungsagenda in den Programmen des privaten Rundfunks („hinwirken") – stößt damit aber auf ähnliche Bedenken, wie sie vorstehend für die übrigen Ziele des § 41 Abs. 1 S. 3 skizziert worden sind. Jedenfalls Handlungspflichten hinsichtlich der Gestaltung der Programme können der Norm nicht entnommen werden (Hahn/Vesting/Hahn/Witte RStV § 3 Rn. 14). **11**

Inhaltlich ist der Verpflichtungsgehalt des Gebots ohne weiteres gerechtfertigt, soweit die in Rede stehende Diskriminierung eine so fundamentale Infragestellung personaler Gleichheit bedeutet, dass sie zugleich die Menschenwürde berührt. Insoweit ergänzt S. 3 die schon in S. 2 ausgedrückte Verpflichtung auf die Achtung der Menschenwürde durch die (weitergehende) positive Förderpflicht. Rechnet man mit der Formel des BVerfG aus dem ersten Rundfunkurteil auch ein „Mindestmaß **gegenseitiger Achtung**" (BVerfGE 12, 205 (263)) zu den vom Ausgestaltungsauftrag des Art. 5 Abs. 1 S. 2 GG umfassten Inhalten der Programmgrundsätze, so lässt sich die Verpflichtung den Ausgestaltungsregelungen zuordnen, obwohl sie nicht eigentlich auf die Vielfalt und Meinungsbildung, sondern eher auf den Schutz externer Rechtsgüter (Menschenwürde, Persönlichkeitsschutz im Übrigen, Rechte anderer) gerichtet ist. **12**

VI. Darstellung der Vielfalt in Deutschland und im europäischen Raum

Die privaten Rundfunkvollprogramme sollen gem. Abs 2 1. Hs. zur **Darstellung der Vielfalt** im deutschen und europäischen Raum einen angemessenen **Anteil an Information, Kultur und Bildung** beitragen. Diese Verpflichtung zielt offenkundig auf die Verwirklichung des Vielfaltsziels der verfassungsrechtlichen Rundfunkgewährleistung; sie ist verständlich allein vor dem Hintergrund der auch in der Rspr. des BVerfG gepflegten Annahme einer gleichsam natürlichen, aus den durch die Finanzierung des Privatrundfunks bedingten Zwängen sich ergebenden Tendenz zur Darstellung massenattraktiver Programme mit dem Schwerpunkt auf der Unterhaltung und eben unter Vernachlässigung der in der Vorschrift genannten, dem verfassungsrechtlich vorgezeichneten Programmauftrag auch des privaten **13**

Rundfunks indessen notwendigerweise zugehörigen Inhalte. Die Regelung erfasst wie die verwandte Normaussage des § 25 Abs. 1 S. 2 nur Voll-, keine Spartenprogramme (Abs. 2 2. Hs.) und trägt damit deren „wesensmäßiger Einseitigkeit" in den je programmierten Inhalten oder Formaten Rechnung. Wie bei § 25 Abs. 1 S. 2 und Abs. 2 zeigt auch § 41 Abs. 2, dass der Rundfunkgesetzgeber auch für den Privatrundfunk keinem reintönig außenpluralistischen Vielfaltskonzept folgt, sondern jedenfalls die Vollprogramme ähnlich wie im öffentlich-rechtlichen Sektor einer wenn auch abgeschwächten Verpflichtung auf ein **in sich vielfältiges Programm** unterwirft.

13.1 Die Unterkategorien des Programmauftrags, von denen § 41 Abs. 2 die vermuteterweise im Privatrundfunk aus kommerziellen Gründen tendenziell eher vernachlässigten Bereiche aufgreift, sind naturgemäß nicht trennscharf gegeneinander abzugrenzen, verfließen vielmehr ineinander („infotainment", weiter Kulturbegriff in seiner ganzen Unschärfe usw). In den Bereich der **Information** sollen Nachrichten, Kommentare, Dokumentationen, Features, Magazine, Interviews und Reportagen fallen (HRKDSC RStV § 41 Rn. 36); **Bildung** ziele auf die bewusste, planmäßige Entwicklung der natürlich vorhandenen geistigen und körperlichen Anlagen; **Kultur** umfasse die Gesamtheit aller Lebensäußerungen der menschlichen Gesellschaft in Sprache, Religion, Wissenschaft, Kunst etc. (Spindler/Schuster/Holznagel/Krone RStV § 41 Rn. 15).

14 Innerhalb der Programme des Privatrundfunks soll damit ein **Grundstandard gleichgewichtiger Vielfalt** gewährleistet werden, hierzu ist der Gesetzgeber auch in Bezug auf Privatrundfunk verfassungsrechtlich verpflichtet, ungeachtet der eingeräumten Möglichkeit, im Vergleich zum öffentlich-rechtlichen Rundfunk geringere Anforderungen an die Programme des Privatrundfunks zu stellen (BVerfGE 73, 118 (159)).

15 Erhebliche Schwierigkeiten bereitet die Bestimmung des **angemessenen Anteils** an Information, Kultur und Bildung. Der Vorschlag einer **relativen Beurteilung** des angemessenen Anteils, relativ mit Rücksicht auf die programmliche Ausrichtung sowie des Entwicklungsstands der Zielgruppe des Programms (HRKDSC RStV § 41 Rn. 36), mag Verhältnismäßigkeitsüberlegungen mit Blick auf je unterschiedliche Zumutbarkeiten je Veranstalter oder Programm entsprechen, erscheint aber unter Gleichheitsgesichtspunkten nicht ganz zweifelsfrei. Macht man mit der heteronom-rundfunkrechtlichen Binnenvielfaltsanforderung an das einzelne Vollprogramm Ernst, kann der geforderte Anteil schwerlich von Gestaltungsentscheidungen oder individuell unterschiedlichen Zumutbarkeitslagen bei den einzelnen Programmen abhängen. Das Gebot ist geradezu idealtypische Ausgestaltungsregelung (Vielfaltssicherung!) und greift doch nach hier vertretener Ansicht (→ § 3 Rn. 6) zugleich erheblich in die Programmfreiheit der Veranstalter ein. Die Anforderung muss daher so zurückhaltend gelesen werden, dass jedenfalls die publizistischen und ökonomischen Funktionsbedingungen der Veranstaltung privaten Rundfunks gewahrt bleiben. Dies muss nicht zwingend zu einer derart minimalistischen Lesart führen, dass die Einhaltung dieser Vorgaben erst dann durchsetzbar sei, wenn ein Bereich der Information, Kultur oder Bildung im Vollprogramm **offensichtlich vollständig ausgeklammert** werde (so indessen BLR RStV § 41 Rn. 23). „Abstrahiert" qualitative, also nicht die Inhalte der einzelnen Sendung steuernde Anforderungen oder gar nur mehr quantitative Vorgaben, etwa dahingehend, mehr Nachrichtenminuten oder wenigstens ein gewisses Mindestmaß an der Kultur zuzuordnenden Inhalten in das Programm aufzunehmen, müssen die grundrechtlich geschützte inhaltliche Gestaltungsfreiheit nicht unverhältnismäßig einschränken. Der vom BVerfG gegen alle Kritik bis heute angenommene strukturelle Vorrang der objektiven Gewährleistungsziele des Art. 5 Abs. 1 S. 2 GG, insbes. des Vielfaltssicherungsziels gegenüber dem subjektiven Grundrechtsinteresse des Rundfunkveranstalters (Anspruch auf „Beachtung" der gesetzlich verliehenen Veranstalterfreiheit), lässt es als naheliegend erscheinen, dass auch quantitative oder sogar abstrakt-qualitative Programmvorgaben der beschriebenen Art verfassungsrechtlich gerechtfertigt werden könnten (vgl. Hahn/Vesting/Hahn/Witte RStV § 41 Rn. 20). Auch der Gesetzgeber ist, so die amtliche Begründung zu Art. 9 RStV 1987, davon ausgegangen, dass die Verpflichtung hinreichend konkretisiert und einer aufsichtlichen Kontrolle zugänglich sei; auch eine stufenweise Entwicklung der Programmanteile sei möglich und zulässig. Allerdings legt die Ausgestaltung der Norm als Sollvorschrift im Ergebnis doch eine zurückhaltende Deutung im Sinne einer nur mehr eingeschränkten „Evidenzkontrolle" nahe. Einem Verständnis des Abs. 2 dahingehend, dass die privaten Rundfunkveranstalter in ihren

Sendezeit für Dritte   § 42 RStV

Vollprogrammen zur Einhaltung bestimmter **Quoten** an Information, Kultur und Bildung verpflichtet seien (idS auch amtliche Begründung zu Art. 9, 1. RStV 1987), fehlt es zudem an einem festen, quantifizierbaren Beurteilungsmaßstab. Auf der Grundlage der lex lata lassen sich daher aufsichtlich in der Tat nur offensichtliche Nichtbeachtungen des Abs. 2 feststellen.

Unter Hinweis auf mangelnde Bestimmtheit wird mitunter weitergehend die Verfassungsmäßigkeit der Vorgabe in Zweifel gezogen (Spindler/Schuster/Holznagel/Krone RStV § 41 Rn. 14). **15.1**

§ 42 Sendezeit für Dritte

(1) Den Evangelischen Kirchen, der Katholischen Kirche und den Jüdischen Gemeinden sind auf Wunsch angemessene Sendezeiten zur Übertragung religiöser Sendungen einzuräumen; die Veranstalter können die Erstattung ihrer Selbstkosten verlangen.

(2) ¹Parteien ist während ihrer Beteiligung an den Wahlen zum Deutschen Bundestag gegen Erstattung der Selbstkosten angemessene Sendezeit einzuräumen, wenn mindestens eine Landesliste für sie zugelassen wurde. ²Ferner haben Parteien und sonstige politische Vereinigungen während ihrer Beteiligung an den Wahlen der Abgeordneten aus der Bundesrepublik Deutschland für das Europäische Parlament gegen Erstattung der Selbstkosten Anspruch auf angemessene Sendezeit, wenn mindestens ein Wahlvorschlag für sie zugelassen wurde.

(3) Die Absätze 1 und 2 gelten nur für bundesweit verbreiteten privaten Rundfunk.

Die Vorschrift regelt mit dem Senderecht für bestimmte Dritte ein klassisches Institut des deutschen Rundfunkrechts (→ Rn. 1 ff.). Privilegiert sind die Kirchen und jüdischen Gemeinden sowie die politischen Parteien. Diese erhalten mit dem Drittsenderecht ein Recht auf Übertragung von Sendezeiten im Programm der privaten Rundfunkveranstalter, deren Programmautonomie damit, wie bei den Fensterprogrammregelungen zur Vielfaltssicherung (§ 25 Abs. 4, § 26 Abs. 5, § 31), erheblich beschränkt wird und daher verfassungsrechtlicher Rechtfertigung bedarf (→ Rn. 3). Für den öffentlich-rechtlichen Rundfunk enthalten die Anstaltsgesetze überwiegend vergleichbare, wenn auch nicht durchweg deckungsgleiche Regelungen. Die Drittsendeberechtigten sind selbst Rundfunkveranstalter. Abs. 1 sieht das Drittsenderecht für die evangelische und katholische Kirche sowie die jüdischen Gemeinden vor (→ Rn. 5); Abs. 2 gibt den politischen Parteien – im Fall der Europawahlen auch sonstigen politischen Vereinigungen – ein Drittsenderecht für Wahlwerbung (→ Rn. 10). Abs. 3 beschränkt den Geltungsbereich der Norm auf bundesweit verbreiteten Privatrundfunk.

Übersicht

	Rn		Rn
A. Allgemeines	1	III. Angemessene Sendezeit	17
I. Entstehungsgeschichte	1	IV. Verfahren	19
II. Bedeutung der Vorschrift und verfassungsrechtlicher Hintergrund	2	V. Erstattung der Selbstkosten	21
III. Unionsrecht	4	**D. Geltungsbereich (Abs. 3)**	22
B. Religiöse Sendungen (Abs. 1)	5	**E. Verantwortlichkeit für Drittsendungen**	24
I. Anspruchsberechtigte	5	I. Inhaltliche Verantwortlichkeit des Anspruchsberechtigten	24
II. Angemessene Sendezeit	7	II. Verantwortlichkeit und Prüfpflichten des privaten Rundfunkveranstalters	26
III. Erstattung der Selbstkosten	9	III. Aufsichtskompetenzen der Landesmedienanstalten	30
C. Parteiensendungsrecht (Abs. 2)	10		
I. Anspruchsberechtigte	10	**F. Prozessuales**	31
II. Bemessung und Zuteilung der Sendezeit	12		

A. Allgemeines
I. Entstehungsgeschichte

1   Bereits der Rundfunkstaatsvertrag 1987 enthielt eine Vorschrift über Drittsenderechte. In ihrer heutigen Fassung entspricht die Bestimmung § 24 RStV 1991. Mit dem am 1.7.1997 in Kraft getretenen 3. RÄndStV ist die Regelung in den § 42 verschoben worden.

1.1   In den davor bestehenden Satellitenverträgen der Länder für den öffentlich-rechtlichen Rundfunk gab es keine Vorschriften zu Drittsenderechten. Lediglich im Südschienenstaatsvertrag von 1986 der Länder Bayern, Baden-Württemberg und Rheinland-Pfalz war ein Verlautbarungsrecht zugunsten der Bundes- und an dem Vertrag beteiligten Landesregierungen für Sendungen von amtlichen Verlautbarungen im Fall von Gefahren für die öffentliche Sicherheit vorgesehen.

II. Bedeutung der Vorschrift und verfassungsrechtlicher Hintergrund

2   Ein Anspruch auf Einräumung von Sendezeit zugunsten der Parteien und Kirchen ergibt sich nach der Rspr. des BVerfG aus Art. 5 Abs. 1 GG ebensowenig wie aus Art. 21 GG, und zwar weder als Verpflichtung des Gesetzgebers zur Gewährung eines solchen Anspruchs noch gar als verfassungsunmittelbare Berechtigung (BVerfGE 47, 198 = NJW 1978, 1043 (1046); Hahn/Vesting/Flechsig RStV § 42 Rn. 6). Die Einräumung eines Anspruchs auf Sendezeiten zugunsten bestimmter Dritter ist ein verfassungsrechtlich als solches nicht gefordertes **einfachrechtliches Privileg,** das – wenn es gewährt wird – allerdings recht strenge Gleichbehandlungspflichten (Grundsatz der Chancengleichheit, Art. 21 iVm Art. 3 GG) auslöst. Das Verbot weltanschaulicher und politischer Werbung in § 7 Abs. 9 wird durch dieses Privileg durchbrochen (Spezialität, BayVGH ZUM-RD 2007, 217, Rn. 29). **Drittsendungen der Kirchen** befassen sich typischerweise mit der Übertragung von Gottesdiensten oder dem „Wort zum Sonntag"; sie haben insofern durchaus eine nicht zu unterschätzende publizistische Bedeutung. Auch das **Wahlwerbungsrecht der Parteien** im Wahlkampf hat angesichts der nach wie vor herausragenden Rolle des Rundfunks für die Meinungsbildung einen hohen Stellenwert: Das BVerfG hat die „Wahlpropaganda im Hörfunk und Fernsehen" gar zu den „wichtigsten Mitteln im Wahlkampf" gerechnet und als dem „Kernbereich der Parteitätigkeit" zugehörig erachtet (BVerfGE 47, 198 (234)). Das Senderecht politischer Parteien zur Wahlwerbung dient damit der funktionsgerechten Gewährleistung demokratischer Wahlen (HRKDSC RStV § 42 Rn. 5). Der besondere Eigenwert der Wahlwerbespots liegt darin, dass den Parteien damit die Möglichkeit zur Selbstdarstellung, unabhängig von der redaktionell-distanzierten Berichterstattung im Rundfunk eröffnet wird. Die Wahlwerbung im Rundfunk ist damit als ganz wesentlicher Faktor für die Information der Wahlbürger über die Programme und das zur Wahl stehende Personal der Parteien anerkannt worden – ohne daraus freilich, was immerhin nicht fernliegend wäre, den Schluss auf eine verfassungsrechtliche Verankerung des Drittsenderechts zu ziehen.

3   Ist die Position der Drittsendeberechtigten verfassungsrechtlich nicht garantiert, so stehen ihr andererseits Positionen von Verfassungsrang gegenüber, deren Berührung gerechtfertigt werden muss. Der Rundfunkveranstalter, dem durch diese Regelung aufgegeben wird, einen Programminhalt von Dritten zu senden, ohne diesen selbst zu gestalten oder über ihn mitbestimmen zu dürfen, wird durch die Verpflichtung in seiner **Rundfunkfreiheit** (Art. 5 Abs. 1 S. 2 GG) **beschränkt.** Kern der Rundfunkfreiheit ist die **Programmautonomie.** Dazu gehört selbstverständlich die Zusammenstellung von Programminhalten, namentlich die Entscheidung, eine Sendung in das Programm aufzunehmen oder nicht. Obwohl auch nicht (ebensowenig wie aus Art. 4 oder 21 GG) aus der Pluralismusgarantie und dem mit ihr verbundenen Ausgestaltungsauftrag des Art. 5 Abs. 1 S. 2 GG geboten, lässt sich der Eingriff in die Programmautonomie doch gleichwohl aus den Gründen der **Informationsfunktion** des Rundfunks für die (politische und religiös-weltanschauliche) Meinungsbildung sowie seiner **Integrationsfunktion,** wenn diese anerkannt wird, (Hahn/Vesting/Flechsig RStV § 42 Rn. 8) rechtfertigen. Insofern handelt es sich um eine rundfunkverfassungsrechtlich legitimierte, wenn auch, anders als die essentialia der Vielfaltssicherung (Konzentrationskontrolle usw.), nicht obligatorische Facette der Ausgestaltung der Rundfunkfreiheit. Nach hier

vertretener Auffassung (keine Exklusivität der Abgrenzung von Ausgestaltung und Eingriff, Nw → § 3 Rn. 6.2) muss diese Ausgestaltung wegen ihrer unbezweifelbaren Beschränkungswirkung indessen doch zugleich den Rechtfertigungsanforderungen der Eingriffsabwehr genügen. § 42 erfüllt wohl die Allgemeinheitsanforderung des Art. 5 Abs. 2 GG, indem die Vorschrift nicht zur Übernahme gerade ganz bestimmter Inhalte (etwa nur einer politischen Auffassung) zwingt und insofern noch meinungsneutral ist (BVerfGE 123, 300 (321 ff.)). Das Drittsenderecht der politischen Parteien steht schließlich auch in einem gewissen Spannungsverhältnis zum rundfunkverfassungsrechtlichen **Grundsatz der Staatsferne** (Hahn/Vesting/Flechsig RStV § 42 Rn. 7), den das BVerfG immerhin auch auf die Parteien projiziert (BVerfGE 121, 30). Indessen sind die Anforderungen dieses Grundsatzes, der nur eine „Instrumentalisierung des Rundfunks", mithin bestimmenden Einfluss des Staates und der Parteien auf den Rundfunk verbietet, bei nur mehr kurzen, zudem nicht einseitig nur einzelne Parteien begünstigenden Wahlwerbesendungen gewahrt. Vor allem die grundrechtliche Gewährleistung der Programmfreiheit zieht der Verpflichtung zur Einräumung von Sendezeiten für Dritte Grenzen unter dem Gesichtspunkt der **Verhältnismäßigkeit** (HRKDSC RStV § 42 Rn. 6), die einfachrechtlich im Begriff der „angemessenen" Sendezeit zur Geltung zu bringen sind.

III. Unionsrecht

Weder die AVMD-RL (Richtlinie 2010/13/EU v. 10.3.2010 zur Koordinierung bestimmter Rechts- und Verwaltungsvorschriften der Mitgliedstaaten über die Bereitstellung audiovisueller Mediendienste) noch das Fernseh-Übereinkommen (Europäisches Übereinkommen über das grenzüberschreitende Fernsehen) enthalten eine der Norm vergleichbare Regelung. Angesichts der Blindheit des Unionsrechts für die religionsrechtlichen Eigenheiten und Unterschiede der Mitgliedstaaten ergeben sich mithin keine Vorgaben, die bei der Beurteilung der nationalen Drittsenderechte zu berücksichtigen wären. 4

B. Religiöse Sendungen (Abs. 1)

I. Anspruchsberechtigte

Die Evangelische Kirche Deutschlands **(EKD)** ist der Zusammenschluss der lutherischen, reformierten und unierten Kirchen Deutschlands in ihrer Gesamtheit. Die **Katholische Kirche** im Sinne der Vorschrift meint die vom Papst aus Rom zentral geleitete Volkskirche römisch-katholischer Glaubensrichtung, die in Deutschland in sieben Kirchenprovinzen und 28 Bistümer unterteilt ist. Anspruchsberechtigt ist die katholische Kirche, in der Gestalt einer oder mehrerer der deutschen Kirchenprovinzen. Die **Jüdischen Gemeinden** sind 20 selbständige Gemeinden in Deutschland, die als Anstalten des öffentlichen Rechts organisiert sind. Sie sind gleichfalls in ihrer Gesamtheit anspruchsberechtigt (Hahn/Vesting/Flechsig RStV § 42 Rn. 24 ff.). 5

Die **Privilegierung** gerade nur der christlichen Kirchen und jüdischen Gemeinden entspricht der Tradition. Das Traditionsargument befreit jedoch nicht davon, ihre Sonderstellung im Lichte gewandelter gesellschaftlicher Verhältnisse und namentlich auch der verfassungsrechtlich geforderten religiösen Neutralität des Staates kritisch zu hinterfragen. Die für die Begrenzung auf die Kirchen und jüdischen Gemeinde bei der Mitgliedschaft in den Aufsichtsgremien des Rundfunks, teilweise auch im Zusammenhang des öffentlich-rechtlichen Körperschaftsstatus (Art. 137 Abs. 45 WRV) angeführten Gründe (hinreichende institutionelle Verfestigung, Geschlossenheit und Repräsentativität) greifen für die Drittsenderechte jedenfalls nicht mit gleicher Plausibilität. Dies spricht dafür, auch anderen Religionsgemeinschaften von gesellschaftlicher Bedeutung, sofern diese als „Ansprechpartner" identifizierbar sind, einen Anspruch einzuräumen – solange das Rundfunkrecht diesen Anspruch überhaupt vorsieht (zur analogen Anwendung der Anspruchsnorm immerhin bei körperschaftsfähigen Gemeinschaften auch Hahn/Vesting/Flechsig RStV § 42 Rn. 23). Das Argument eines Schutzes der verpflichteten Veranstalter vor einer übermäßigen Inanspruchnahme rechtfertigt jedenfalls nicht den als solchen sachlich nicht gerechtfertigten Ausschluss anderer Religionsgemeinschaften vom Drittsenderecht, sowenig wie bei den Parteien, wo eine so begründete Selektion klar gegen Art. 21 iVm Art. 3 GG (und einfachrechtlich § 5 6

PartG) verstieße. Dem Übermaßverbot muss vielmehr ggf. durch Absenkung der jeweils angemessenen Sendezeiten Rechnung getragen werden. Dem Rundfunkveranstalter steht es überdies frei, Sendungen sonstiger Religionsgemeinschaften zuzulassen (amtl. Begr. zum RStV 1991, § 24).

6.1 In einigen Landesmediengesetzen werden die Drittsenderechte auch für andere Religions- oder Weltanschauungsgemeinschaften über die in § 42 genannten hinaus gewährt, vgl. Art. 4 Abs. 2 Nr. 3 BayRG, dazu BayVGH ZUM-RD, 2007, 217.

II. Angemessene Sendezeit

7 Die Vorschrift räumt das Recht zur Ausstrahlung von religiösen Sendungen ein. Darunter sind Übertragungen zu verstehen, die in **unmittelbarem Zusammenhang** mit der Ausübung des jeweiligen Bekenntnisses bzw. mit dem Verkündungsauftrag stehen (amtl. Begr. zum RStV 1991, § 24). Das sind Gottesdienste und andere Verkündigungsfeiern, nicht aber inoffizielle Gedenkfeiern oder Hochzeiten. Unter das Sendungsrecht fallen ferner Ausstrahlungen, die unmittelbar mit der Glaubensrichtung der Privilegierten zu tun haben, z. B. von Inhalten im Rahmen der Öffentlichkeitsfunktion (Hahn/Vesting/Flechsig RStV § 42 Rn. 32).

8 Angemessene Sendezeit meint zweckentsprechende Sendezeiten, die sich an den entsprechenden Gegebenheiten der jeweiligen **religiösen Abläufe** zu orientieren haben. Der relativen – unterschiedlichen – Bedeutung der Religionsgemeinschaften muss durch abgestufte Sendezeitenanteile Rechnung getragen werden, wobei nach Ansicht des BayVGH insoweit ein weniger strenger Maßstab als der für die Parteien-Wahlwerbung geltende, hier demokratisch und aus Art. 21 GG geforderte Maßstab strikter abgestufter Chancengleichheit (→ Rn. 12) genügen soll (BayVGH Urt. v. 29.1.2007 – 7 BV 06.764, ZUM-RD 2007, Rn. 30 ff.) Da indessen nur formale, inhaltsblinde Bemessungskriterien für die relative Bedeutung in Frage kommen, ist die **Mitgliederzahl der Gemeinschaft** ein zulässiges Differenzierungsmerkmal (BayVGH, ebd.).

III. Erstattung der Selbstkosten

9 Die Rundfunkveranstalter können – anders als die öffentlich-rechtlichen Anstalten nach den für diese geltenden Regelungen – die Erstattung der Selbstkosten verlangen. Unter dem Begriff „Selbstkosten" sind die **unmittelbaren Kosten** der Ausstrahlung der Sendung zu verstehen (Personalkosten, anteilige Sender- und Energiekosten). Umstritten ist, ob der Begriff auch einen angemessenen Anteil an den **Gemeinkosten** umfasst, also anteilige allgemeine Verwaltungs-, Raum-, Material-, Betriebskosten, und zwar deshalb, weil diese Kosten nicht für die einzelne Drittsendung entstehen, sondern für den Betrieb der Rundfunkveranstaltung als solche. Für die Erstattung spricht, dass die Veranstalter zwar zur Ausstrahlung verpflichtet sind, aber nicht unverhältnismäßig belastet und in ihrem Betrieb gestört werden sollen. Eine Beteiligung an den Kosten ist daher nicht unbillig, zumal den Unternehmen für die Drittsendezeiten mögliche Werbeeinahmen entgehen (Hahn/Vesting/Flechsig RStV § 42 Rn. 33; Herrmann/Lausen Rundfunkrecht, § 20 Rn. 22). Das gegen die Erstattung gewendete Argument, Drittsendungen trügen zur Programmvielfalt bei, zu der der Privatrundfunkveranstalter nach der Rundfunkordnung verpflichtet ist, und lägen daher auch in seinem Interesse (HRKDSC RStV § 42 Rn. 9; Spindler/Schuster/Holznagel/Krone RStV § 42 Rn. 30), überzeugt nicht: Da die Drittsenderechte als besonderes Vielfaltssicherungsinstrument verfassungsrechtlich nur mehr zulässig, nicht aber geboten sind, geht die Ausstrahlung der Drittinhalte über die dem Veranstalter aus Art. 5 Abs. 1 S. 2 GG obliegende Pflicht zur Gewährleistung von Vielfalt im Programm hinaus; sie ist nicht einfach nur das, was der Veranstalter ohnehin qua verfassungsrechtlicher Verantwortung als Rundfunkveranstalter selbst schuldet. Dass die Drittsenderechte für die Berechtigten durch die Kostentragungspflicht in ihrer Attraktivität gemindert werden könnten, verschlägt demgegenüber nichts: Das ohnehin nur einfachrechtlich gewährte Drittsendungsrecht muss nicht möglichst komfortabel ausgestaltet sein. Ein Anspruch auf kostenlose oder kostengünstige Bereitstellung eines Zugangs zu Sendekapazitäten privater Rundfunkunternehmen besteht nicht.

C. Parteiensendungsrecht (Abs. 2)

I. Anspruchsberechtigte

Anspruchsberechtigt sind **politische Parteien,** die mit mindestens einer Landesliste zur 10 Beteiligung an Bundestagswahlen zugelassen sind (Abs. 2 S. 1). Der Parteibegriff bestimmt sich gem. § 2 PartG. Danach sind Parteien auf Dauer angelegte Vereinigungen von Bürgern mit inneren Organisationsstrukturen zur Einflussnahme auf die politische Willensbildung und Teilnahme an Wahlen zum deutschen Bundestag oder einem Landtag. Eine Partei verliert ihre Parteieneignung, wenn sie sechs Jahre lang nicht zu Wahlen angetreten ist. Im Fall der Zulassung in einem Bundesland besteht der Anspruch der Partei auf Sendezeit und Ausstrahlung bei einem bundesweit verbreiteten Rundfunkprogramm im gesamten Verbreitungsgebiet und nicht nur beschränkt auf das eine Bundesland (HRKDSC RStV § 42 Rn. 10). Der Anspruch auf Sendezeit ist beschränkt auf **Bundestagswahlen.** Hinsichtlich Landtagswahlen treffen die Landesmediengesetze überwiegend vergleichbare Regelungen (→ Rn. 22.1).

S. 2 räumt Parteien und hier darüber hinaus auch sonstigen politischen Vereinigungen bei 11 den Wahlen der aus Deutschland zu wählenden Abgeordneten zum **Europäischen Parlament** ein Sendungsrecht ein. Sonstige politische Vereinigungen sind Wählervereinigungen, die sich nur für einen vorübergehenden Zweck zusammengeschlossen haben und an der Wahl zum Europäischen Parlament teilnehmen (Hahn/Vesting/Flechsig RStV § 42 Rn. 48). Voraussetzung ist mindestens ein zugelassener Wahlvorschlag.

II. Bemessung und Zuteilung der Sendezeit

Bei der Aufteilung der Sendezeit und Anzahl der zur Verfügung zu stellenden Wahl- 12 spotsendezeiten ist die Chancengleichheit der Parteien Art. 21 Abs. 1 iVm Art. 3 Abs. 1 GG zu berücksichtigen (BVerfGE 47, 198 = NJW 1987, 1043). Wegen der Bedeutung der Parteien für die demokratische Willensbildung gilt insoweit ein strenger Maßstab **formaler und strikter Chancengleichheit,** der überdies durch das Verbotsmonopol des BVerfG (sog. Parteienprivileg, Art. 21 Abs. 2 S. 2 GG) abgesichert wird (→ Rn. 24). Hinsichtlich der Wahlwerbung im Rundfunk ergibt sich daraus ein strikter Gleichbehandlungsanspruch jeder politischen Partei im verfassungs- und parteiengesetzlichen Sinne.

Mit diesem Verständnis der Chancengleichheit ist jedoch eine differenzierende Abstufung 13 nach der Bedeutung der Parteien vereinbar (Konzept der **abgestuften Chancengleichheit**). §#5 PartG greift dieses Konzept einfachrechtlich auf; es ist auch für die Bemessung der Sendezeit heranzuziehen (amtl. Begr. zum RStV 1991, § 24). Die Abstufung muss sich indessen nicht strikt proportional an der Stärke der Parteien, namentlich ihren Erfolgen bei den letzten Wahlen orientieren; eine ausschließliche Orientierung am Wahlerfolg wäre sogar unzulässig, weil sie z.B. Parteien, die an der letzten Wahl nicht teilgenommen haben, keine Möglichkeit der Darstellung im Rundfunk einräumen würde. **§ 5 Abs. 1 S. 4 PartG** führt selbst mit der Regel, dass Parteien in Fraktionsstärke mindestens die Hälfte der Gewährung wie jede andere, dh aber eben auch wie die stärkste Partei, beanspruchen können, eine vom Modell strikter Proportionalität deutlich abweichende Gewichtungsvorgabe ein. Auf der Linie dieser gesetzlichen Wertung, wenn auch nicht in § 5 PartG explizit angeordnet, liegt es, kleinen Parteien unabhängig von ihrem Fraktionsstatus einen überproportionalen Anteil einzuräumen; davon profitieren insbes. auch solche, die nicht im Parlament vertreten sind. Die Rspr. hat die Wertung des § 5 Abs. 1 S. 4 PartG dahingehend „weitergedacht", dass kleinere Parteien, die keinen Fraktionsstatus erreichen, wiederum mindestens die Hälfte des Sendezeitanteils der Parteien erhalten müssen, also etwa ein Viertel des Anteils der Parteien mit der größten Mandatezahl (VG Hannover Beschl. v. 25.2.1994, NVwZ-RR 1994, 519 (520): Verhältnis der Zahl der Wahlwerbespots in drei Bedeutungsstufen: 8:4:2). Daraus ergibt sich also ein **Mindestanteil** für die Parteien mit der relativ geringsten Bedeutung. Dieser Schluss vom gesetzlichen Leitbild des § 5 Abs. 1 PartG her erscheint freilich keineswegs zwingend. Immerhin darf die Abweichung von der Proportionalität bei der Bestimmung des Umfang der Sendezeit nicht so weit gehen, dass über die tatsächliche Bedeutung bzw. Unbedeutendheit einer Partei getäuscht wird (OVG Hamburg Beschl. v. 6.5.1987 – Bs IV 311/87).

RStV § 42 II. Rundfunk und presseähnliche Telemedien

13.1   Die Anzahl der Wahlspots einer großen Partei darf danach das Vier- bis Fünffache der einer kleinen Partei zugeteilten Spots nicht überschreiten (OVG Koblenz Beschl. v. 13.9.2005 – 2 B 11292/05). Eine nicht im Parlament vertretene Partei darf nicht mehr Sendezeit erhalten als eine mit Fraktionsstärke im Parlament vertretene Partei (OVG Brandenburg Beschl. v. 14.9.2004 – 1 B 271/04). Die Landesmedienanstalten haben „Rechtliche Hinweise zu den Wahlsendezeiten" formuliert (s. zuletzt Hinweise v. 19.3.2013, abrufbar auf http://www.die-medienanstalten.de), in denen die insbes. von der Rspr. entwickelten Maßstäbe und Kriterien zusammengefasst werden. Danach gilt neben der Anforderung des § 5 Abs. 1 S. 4 zweitens eine „unterste Beteiligungsgrenze für kleine Parteien von 1/4 bis 1/5 der für die größte Partei gewählten Sendezeit; drittens muss Sendezeit für mindestens zwei Spots zur Verfügung gestellt werden; bei Einzelbewerbern ist ein Spot anzusetzen; viertens liegt die Grundeinheit je Spot bei 90 Sekunden, sofern nicht mit Rücksicht auf Besonderheiten einer Programmart (namentlich: Regionalfensterprogramme von nur 30 Minuten Länge) eine Verkürzung auf allerdings nicht weniger als 30 Sekunden geboten ist.

14   Die **letzten Wahlergebnisse** vergleichbarer Wahlen, also der zum Bundestag oder Europäischen Parlament, und damit die Sitzverteilung im Parlament liefern gem. § 5 Abs. 1 PartG im Ausgangspunkt die Daten für eine erste **Grobabstufung** der Bedeutung der Parteien.

15   Dabei darf die Beurteilung aber nicht stehen bleiben; vielmehr sind in einem zweiten Schritt weitere Kriterien für eine **Feinabstufung** heranzuziehen, insbes. die Mitgliederzahl der Partei, ihre Existenzdauer und ihre Kontinuität, der Umfang des Organisationsnetzes und ihre Beteiligung an Bund- und Länderregierungen (BVerfGE 14, 121= NJW 1962, 1493 (1495)). Umstritten ist die Einbeziehung von **Wahlprognosen** zur Bewertung der Bedeutung der Partei (dafür OVG Hamburg Beschl. v. 9.9.1993 – Bs III 335/93; OVG Lüneburg Beschl. v. 8.3.1994 – 10 M 1470/94; VG Weimar Beschl. v. 9.9.1999 – 2 E 2871/99; OVG Münster Beschl. v. 30.4.2012 – 13 B 528/12; dagegen OLG Köln Urt. v. 27.8.1993 – 2 U 122/93; VG Frankfurt a. M. Beschl. v. 28.1.1999 – 15 G 161/99 (V); HRKDSC RStV § 42 Rn. 14; Spindler/Schuster/Holznagel/Krone RStV § 42 Rn. 23). Einerseits kann eine Wahlprognose eine Veränderung gegenüber von dem Ergebnis der letzten Wahl aufzeigen, andererseits unterliegen Wahlprognosen Ungenauigkeiten und Schwankungen.

16   Die Rundfunkveranstalter können über die Mindestsendezeiten hinaus mehr Zeit einräumen unter der Bedingung, dass die abgestufte Chancengleichheit dabei beachtet wird (dies wird teilweise abgelehnt unter Hinweis auf eine Verzerrung der chancengleichen Sendezeiteneinräumung, vgl. HRKDSC RStV § 42 Rn. 15 mwN; krit. auch das Positionspapier der DLM, s. vorstehend → Rn. 13.1). Weiterhin steht es den Rundfunkveranstaltern frei, zusätzlich nicht von der Norm begünstigten Dritten Sendezeiten einzuräumen.

16.1   Nicht in den Anwendungsbereich dieser Norm gehören die Fälle von journalistisch-redaktionellen Sendungen mit wahlwerbender Wirkung, zB Duell- oder Talkrunden, über und mit den Parteien und ihren Kandidaten, bei denen von den Rundfunkveranstaltern jedoch ebenso die abgestufte Chancengleichheit zu beachten ist. In den genannten Fällen handelt es sich um eigene Sendungen der Rundfunkveranstalter, nicht um Wahlwerbespots.

III. Angemessene Sendezeit

17   Bei der Platzierung und Dauer der Wahlspots darf der Rundfunkveranstalter sich nicht an kommerzieller Werbung orientieren, da die politische Wahlwerbung eine andere Zielrichtung der Information über die Partei und das Wahlprogramm verfolgt. Dem Veranstalter steht bei der Festlegung der Sendezeit ein **Entscheidungsspielraum** zu. Hier können die jeweiligen Programmstrukturen und Programmformen sowie die Besonderheiten von Fernseh- und Hörfunk berücksichtigt werden. Allerdings darf das Parteiensenderecht nicht unterlaufen werden, indem die Wahlspots in Randzeiten verlegt werden. Der in Betracht kommende Zeitraum ist nicht randscharf vorgegeben. Die Hinweise der DLM (→ Rn. 13.1) empfehlen eine Platzierung im Zeitraum zwischen 6 Uhr und 19 Uhr im Hörfunk und zwischen 17 Uhr und 23 Uhr im Fernsehen; die BLM-Wahlwerbesatzung sieht jeweils um eine Stunde längere Zeitfenster vor (§ 2 Abs. 1). Für die Wertigkeit der Programmzeit ist auf die Stundenreichweite und die Preiskategorie für Wirtschaftswerbespots aber auch auf den zeitlichen Abstand zur Wahl abzustellen (HRKDSC RStV § 42 Rn. 17; Spindler/Schuster/

Holznagel/Krone RStV § 42 Rn. 23). Die Verteilung der Sendezeiten hat nach einem vorher festgelegten Dispositionsplan zu erfolgen.

Der Ermessensspielraum des Veranstalters umfasst auch die **Dauer und Anzahl** der Wahlspots, die pro Partei zugeteilt werden. In der Praxis eingebürgert hat sich entsprechend journalistischen Gepflogenheiten eine grundsätzliche Dauer von Wahlspots von 90 Sekunden, mindestens aber 30 Sekunden (s. Hinweise der DLM → Rn. 13.1). Wenn eine größere Anzahl entsprechend der Abstufung an die Parteien vergeben wird, kann die Länge des einzelnen Spots durchaus kürzer bemessen sein (HRKDSC RStV § 42 Rn. 16), wobei allerdings der Funktion der Spots (Kommunikation der Wahlpropaganda-Aussagen) Rechnung zu tragen ist. Eine kürzere Dauer ist zudem zulässig, wenn bei Berücksichtigung aller Parteien entsprechend der Chancengleichheit die Wahlwerbung 10 % bis 20 % ausmachen und die eigene Sendezeit des Privatrundfunkveranstalters unzumutbar reduziert würde (OLG Köln Urt. v. 27.8.1993 – 2 U 122/93). 18

IV. Verfahren

Dem Rundfunkveranstalter obliegt zur Gewährleistung der Chancengleichheit eine **Pflicht zur Bekanntgabe** der Verteilung der Sendezeiten und der Selbstkosten sowie eine Auskunftspflicht zu den Verteilungskriterien von Anzahl, Dauer, Platzierung und genauen Terminen. 19

Der Anspruch muss **rechtzeitig** geltend gemacht werden, um einerseits eine Programmeinpassung und Prüfung der Spots im Hinblick auf ihre Vereinbarkeit mit der Rechtsordnung durch den Rundfunkveranstalter zu ermöglichen und um andererseits im Hinblick auf die Chancengleichheit dem Rundfunkveranstalter konkurrierende Parteien zu informieren und ihnen die Möglichkeit zu geben, ggf. selbst Sendezeit zu beanspruchen. Nach OLG Köln Beschl. v. 30.9.1992 – 2 W 141/92, NJW 1992, 3306 ist die Rechtzeitigkeit daher nur gewahrt bei Geltendmachung des Anspruchs mindestens zwei Wochen vor der Ausstrahlung (ebenso Hahn/Vesting/Flechsig RStV § 42 Rn. 52). Lässt eine Partei die ihr zugeteilten Sendungstermine ungenutzt verstreichen und könnten neue Termine nur auf Kosten der Sendezeiten anderer Parteien, also unter Eingriff in die Zuteilungsplanung, zugeteilt werden, so steht dem der Grundsatz der Chancengleichheit entgegen (VGH Mannheim Beschl. v. 22.3.2001 – 1 S 692/01, NVwZ-RR 2001, 622). Ein Verzicht auf Nutzung der Sendezeiten, auch etwa auf Basis einer Vereinbarung einiger Parteien, führt indessen nicht dazu, dass der Anspruch auf Sendezeit für die anderen Parteien entfällt (HRKDSC RStV § 42 Rn. 12). 20

V. Erstattung der Selbstkosten

Nach Maßgabe des Umfangs der eingeräumten Sendezeiten sind die Parteien zur Kostenerstattung verpflichtet. Erstattungsfähig sind nur die Selbstkosten, das sind vor allem die technischen Grundkosten, nicht hingegen Aufwendungen für die Programmgestaltung, die ja in den Händen der Drittsendeberechtigten liegt. Selbstkosten sind, wie beim Kirchensendungsrecht (→ Rn. 9), jedenfalls die **unmittelbaren Kosten,** richtigerweise aber auch ein proportionaler Anteil an den Gemeinkosten, etwa für Verwaltung. Der marktliche Preis für Wirtschaftswerbung kann nicht verlangt werden, bildet aber in der Praxis die Ausgangsgröße für die Bemessung der Kostenerstattung. Danach wird ein Richtwert eines Betrags von **35 %** (DLM, Hinweise zu den Wahlsendezeiten) bzw. 55 % der Bruttowerbespotpreise des Veranstalters (HRKDSC RStV § 42 Rn. 20) zugrunde gelegt. Die in § 42 und einigen (zB § 36 Abs. 5 LMG NRW; § 13 Abs. 4 MStV HSH, § 30 Abs. 3 HPRG), jedoch – für die Wahlwerbung, anders als für die Kirchsendungen – nicht allen Landesmediengesetzen (differenzierend etwa § 5 Abs. 4 S. 2 LMedienG B-W; § 19 Abs. 3 S. 2 SMG; § 22 Abs. 2 S. 2 SächsPRG; § 29 Abs. 2. S. 3 MedienG LSA) vorgesehene Selbstkostenerstattung unterscheidet das Drittsenderecht im Privatrundfunk von der Drittsendung im öffentlich-rechtlichen Rundfunk, deren Kosten nach den Regelungen in den Anstaltsgesetzen von den Anstalten zu tragen sind. Der Unterschied lässt sich aus der unterschiedlichen Finanzierung (bei den Anstalten aus öffentlichen Beitragsmitteln, nicht aus privatwirtschaftlich erwirtschafteten Erträgen) und dem in stärkerem Maß öffentlichen Auftrag der Rundfunkanstalten recht- 21 fertigen, begründet aber Risiken einer selektiven Inanspruchnahme von Drittsenderechten mit nachteiligen Folgen für die Breite und Ausgewogenheit der Wahlwerbung namentlich im privaten Rundfunk (krit. Hahn/Vesting/Flechsig RStV § 42 Rn. 8: zB einseitige Prominenz rechtsextremer Parteien im Privatrundfunk). Diese Sorge erscheint indes übertrieben: Wahlwerbung kostet schließlich auch im Übrigen Geld. Die Kostenerstattungspflicht im Privatrundfunk trifft alle Parteien chancengleich und es muss den Parteien überlassen bleiben, welche Strategie der Wahlwerbung sie für erfolgversprechend halten.

D. Geltungsbereich (Abs. 3)

22 Die Drittsenderechte der Abs. 1 und 2 gelten nur für **bundesweit verbreiteten Privatrundfunk.** Soweit privater Rundfunk betroffen ist, der nicht bundesweit, sondern landesweit, regional oder lokal verbreitet wird, ist die Norm nicht einschlägig. Drittsenderechte im nicht bundesweiten Privatrundfunk richten sich nach den jeweiligen Landesmediengesetzen, die insoweit unterschiedliche Ausgestaltungen vornehmen.

22.1 Die meisten Landesmediengesetze sehen Drittsenderechte sowohl für die Kirchen als auch für die Parteien vor (§ 13 Abs. 1, 2 MStV-HSH, § 22 Abs. 1, 2 NMedienG, § 30 Abs. 1, 2 HPRG, § 19 Abs. 1, 2 LMG-RP, § 36 Abs. 2-4 LMG-NRW, § 22 Abs. 1, 2 SächsPRG, § 29 Abs. 1, 2 MedienG-LSA, § 26 Abs. 1, 2 ThürLMG); das RGMV (§ 32) gibt ein Recht nur für die religiösen Drittsendungen, das BayMG (Art. 5 Abs. 5) und § 53 Abs. 2 MStV B-B nur für Wahlwerbung, auch insoweit aber nur als Gleichbehandlungsgebot entsprechend § 5 Abs.- 1 PartG, nicht als originärer Anspruch, ebenso über den Verweis auf § 5 Abs. 1 PartG auch § 14 Abs. 6 BremLMG. Diese Gestaltung (nur Gleichbehandlungsrecht, wenn ein Veranstalter – freiwillig – Wahlwerbung zulässt) findet sich für die Wahlwerbung auch in § 5 Abs. 3 B-W LMedienG und § 19 Abs. 2 SMG, während für die Kirchen und jüdischen Gemeinschaften ein Anspruch vorgesehen ist. Die Landesmediengesetze sehen teilweise Drittsenderechte auch zugunsten der Parteien für Landtagswahlen oder Kommunalwahlen vor, so zB in § 19 Abs. 2 S. 3 RP-LMG für landesweit verbreitete Vollprogramme, in § 36 Abs. 3 LMG NRW (fakultativ). Teilweise wird den Veranstaltern das Recht eingeräumt, auch anderen Religionsgemeinschaften über die Großkirchen und jüdischen Gemeinden hinaus Senderechte einzuräumen, § 19 Abs. 1 S. 2, Abs. 2 S. 4 RP-LMG. Hinsichtlich des öffentlich-rechtlichen Rundfunks existieren Regelungen zu Drittsenderechten in den Landesrundfunkgesetzen und Staatsverträgen der ARD-Länderanstalten sowie dem ZDF-Staatsvertrag.

23 In den Landesrundfunkgesetzen und Staatsverträgen wie auch den Landesmediengesetzen finden sich zudem weitere Bestimmungen zu **Verlautbarungsrechten** der Bundesregierung und den jeweiligen Länderregierungen oder obersten Landesbehörden, zum Teil auch zugunsten kommunaler Gebietskörperschaften, für amtliche Verlautbarungen zumeist im Falle einer Gefahr für die Bevölkerung. Der RStV enthält in seiner heutigen Fassung keine Verlautbarungsrechte.

E. Verantwortlichkeit für Drittsendungen

I. Inhaltliche Verantwortlichkeit des Anspruchsberechtigten

24 Da die Drittsendungen Sendungen der Dritten sind, diese mithin selbst die Veranstaltereigenschaft haben, sind sie auch primär für die Inhalte ihrer Sendungen verantwortlich; die Programmverantwortung der aufnahmepflichtigen Veranstalter ist entsprechend beschränkt. Die Landesmediengesetze sehen daher durchweg eine Verlagerung der Verantwortlichkeit auf den Dritten vor. Zwar fehlt eine solche ausdrückliche Bestimmung in § 42, in der Sache gilt aber hier nichts anderes. Für die Äußerungsrechte in den Drittsendungen gelten die Schranken des Art. 5 Abs. 2 GG. Inhaltliche Grenzen setzen vor allem die Strafgesetze und das allgemeine Persönlichkeitsrecht als allgemeine Gesetze. Bei den Strafgesetzen sind vor allem die Äußerungsdelikte (§§ 185 ff. StGB), ferner der Straftatbestand der Volksverhetzung § 130 StGB und die Verunglimpfung des Staates und seiner Symbole § 90a StGB relevant, wobei die Verwirklichung eine Prüfung im Einzelfall erfordert und es insbes. auf den **Gesamtzusammenhang** des Wahlwerbespots ankommt und nicht auf einzelne Sequenzen (OVG Berlin-Brandenburg BeckRS 2011, 53789). In den Landesmediengesetzen finden sich teilweise die gleichen Schrankenrechte direkt beim Sendungsrecht geregelt.

Der verfassungsrechtliche Sonderstatus der politischen Parteien und namentlich das **Par-** 25
teienprivileg des Art. 21 Abs. 2 S. 2 GG bedingt einen starken Schutz auch ihrer Meinungsäußerungsfreiheit; der Rahmen des im Wahlkampf inhaltlich Erlaubten ist weit gespannt. Der Meinungsbildungsprozess kann von kontroversen Äußerungen sogar profitieren. Hinsichtlich verfassungsfeindlicher Inhalte von Spots nicht verbotener Parteien hat der Rundfunkveranstalter wegen Art. 21 Abs. 2 S. 2 GG keine Prüfungsbefugnis und dementsprechend kein Recht zur Verweigerung der Ausstrahlung (BVerfGE 47, 198 = NJW 1978, 1043 (1044); VGH Kassel NVwZ-RR 2008, 363).

Zum Beispiel stellt ein Wahlspot, der die Aufforderung enthält „Ausweisung aller kulturfremder 25.1
Ausländer" keine evidente Volksverhetzung dar (VGH Kassel Urt. v. 4.1.2008 – 8 B 17/08). Dagegen erfüllt eine Wahlwerbung den Tatbestand der Volksverhetzung, wenn Ausländer pauschal mit Straftätern gleichgesetzt werden, und muss nicht ausgestrahlt werden (OVG Berlin-Brandenburg BeckRS 2011, 53789).

II. Verantwortlichkeit und Prüfpflichten des privaten Rundfunkveranstalters

Die Inhaltsverantwortung des Drittsendeberechtigten stellt den Rundfunkveranstalter 26
nicht von jeder Mitverantwortung frei. Zunächst trifft ihn auch hinsichtlich der Drittsendungen der Verpflichtungsgehalt des allgemeinen Grundsatzes der Trennung von Eigenprogramm und Fremdsendungen (sonst vor allem Wirtschaftswerbung, vgl. § 7 Abs. 3). Er muss also für die Erkennbarkeit der Drittsendungen als solcher und ihre Abgrenzung von den selbst gestalteten Programmteilen hinreichend Sorge tragen. Eine Verletzung des **Trennungsgebots** stellt einen Verstoß gegen anerkannte journalistische Grundsätze dar (Hahn/Vesting/Flechsig RStV § 42 Rn. 58 f.). Ebenso wie bei Wirtschaftswerbung besteht hier die Gefahr, dass die kirchliche Sendung oder die Wahlwerbung von dem Zuschauer oder Hörer als Aussage des Rundfunkveranstalters wahrgenommen mit der Folge, dass ihnen weniger kritisch begegnet wird als bei Kenntnis des Vorliegens einer Drittsendung.

Schon die allgemeinen Grundsätze der **Verbreiterhaftung** bedingen darüber hinaus eine 27
– allerdings begrenzte – Mitverantwortung auch für die Inhalte und die Gestaltung der Drittsendungen. Daraus ergibt sich eine Prüfpflicht und ein Zurückweisungsrecht des Veranstalters hinsichtlich rechtswidriger Drittsendeinhalte, die jedoch auf **evidente und zugleich schwere Verstöße** gegen allgemeine Gesetze, insbes. Strafnormen, beschränkt ist. „Einfache" Verletzungen des allgemeinen Persönlichkeitsrechts werden die Verweigerung der Ausstrahlung regelmäßig nicht rechtfertigen können (näher Hahn/Vesting/Flechsig RStV § 42 Rn. 62 ff.).

Anders liegt es mit einem Wahlspot, der gegen die Menschenwürde verstößt; dieser muss und 27.1
darf nicht ausgestrahlt werden (VG Mainz Beschl. v. 1.9.2005 – 4 L 515/05MZ; bestätigt OVG Koblenz Beschl. v. 7.9.2005 – 2 B 11269/05 zu einem Wahlspot der Anarchistischen Pogo-Partei). In Zweifelsfällen sind Parteienspots mit Rücksicht auf die Bedeutung der Wahlwerbung, die Chancengleichheit der Parteien und das mit der Prüfbefugnis einhergehende Diskriminierungsrisiko zu senden (BVerfGE 47, 198 = NJW 1978, 1043 (1046); VGH Kassel NVwZ-RR 2008, 363; HRKDSC RStV § 42 Rn. 22).

Der Anspruch auf die Einräumung von Sendezeit ist **zweckgerichtet** auf die Werbung 28
zu Wahlen. Ein unbeschränktes Zugangsrecht der Parteien zu den Rundfunkveranstaltern sieht das Gesetz nicht vor. Auch insoweit steht daher den Rundfunkveranstaltern, nicht anders als den öffentlichen Rundfunkanstalten, ein Prüfrecht zu daraufhin, ob es sich bei der eingereichten Sendung überhaupt um Wahlwerbung handelt (BVerfGE 47, 198 = NJW 1978, 1043 (1045 f.)). Der Bereich der Wahlwerbung darf allerdings nicht zu eng gefasst werden; er umfasst alle Maßnahmen, die einen inhaltlichen Bezug zu einer bevorstehenden Wahl haben und auf die Erzielung eines Wahlerfolgs gerichtet sind und auf die Überzeugung der Wähler abzielen, ihre Stimme der bestimmten Partei oder ihrem Kandidaten zu geben (BVerfGE 47, 198 = 1978, 1043 (1044)).

Hinsichtlich der religiösen Sendungen bestehen in der Praxis **Rahmenverträge** der 29
evangelischen und katholischen Kirche mit den privaten Rundfunkanbietern, die dazu führen, dass sich diese Sendungen erheblich von dem gesetzlichen Leitbild der Drittsendung

abheben, auch in Hinsicht auf die Haftung für die Inhalte. Die Verträge bestimmen eine Übernahme der Sendungen in das Eigenprogramm des Veranstalters bei teilweiser Übernahme der Produktionskosten und Aufwendungen durch den Veranstalter, sichern zugleich aber ein redaktionelles Mitspracherecht der Religionsgemeinschaft, so dass deren Drittsendungsanspruch mit erfüllt wird. Sie konstituieren also eine Art Zwischenform von Programmankauf und Verkündungssendung (Hahn/Vesting/Flechsig RStV § 42 Rn. 35). Unter dem Gesichtspunkt der Haftung handelt es sich aber um redaktionelle Eigensendungen der Rundfunkveranstalter mit der Folge uneingeschränkter Programmverantwortung.

III. Aufsichtskompetenzen der Landesmedienanstalten

30   Die Landesmedienanstalten überwachen aufsichtlich die Einhaltung der durch die Vorschrift etablierten Pflichten. Die Landesmedienanstalt kann den Veranstalter im Zuge repressiver Rechtmäßigkeitskontrolle (etwa einer Verweigerungs- oder Zurückweisungsentscheidung des Veranstalters) anhalten, die beantragte Sendezeit zu gewähren (Hahn/Vesting/Flechsig RStV § 42 Rn. 66). Das Gesetz gewährt keine darüber hinaus gehenden Einwirkungsmöglichkeit im Vorfeld, etwa faktischer Einflussnahme mit dem Ziel vermehrter Aufnahme von Wahlwerbungsspots (s. auch OVG Hamburg Beschl. v. 9.9.1993 – Bs III 334/93). Das von der DLM auch in Anspruch genommene (→ Rn. 13.1) Recht der Landesmedienanstalten, vorab Hinweise an Rundfunkveranstalter zum Umgang mit Drittsendungen zu geben, bleibt unbenommen.

F. Prozessuales

31   Streitigkeiten zwischen dem Privatrundfunkveranstalter und den anspruchsberechtigten Kirchen bzw. Jüdischen Gemeinden und den Parteien über die Durchführung der Drittsendung sind nach hM **privatrechtlicher Natur** (so auch die DLM in den Hinweisen zu Wahlsendezeiten unter 8.; anders in Bayern, da die BLM Trägerin des Privatrundfunks ist). Rechtsstreitigkeiten um die Einräumung und Durchführung des Drittsendungsrechts sind folglich vor den ordentlichen Gerichten auszutragen (aA, jedoch tautologisch (§ 42 als „öffentlich-rechtlicher Anspruch") Hahn/Vesting/Flechsig RStV § 42 Rn. 70: allgemeine verwaltungsgerichtliche Leistungsklage).

6. Unterabschnitt. Finanzierung, Werbung, Teleshopping

§ 43 Finanzierung

¹Private Veranstalter können ihre Rundfunkprogramme durch Einnahmen aus Werbung und Teleshopping, durch sonstige Einnahmen, insbesondere durch Entgelte der Teilnehmer (Abonnements oder Einzelentgelte), sowie aus eigenen Mitteln finanzieren. ²Eine Finanzierung privater Veranstalter aus dem Rundfunkbeitrag ist unzulässig. ³§ 40 bleibt unberührt.

Gem. § 43 besteht die Finanzierung der privaten Rundfunkveranstalter, aus Werbung und Teleshopping (→ Rn. 6, 7), aus sonstigen Einnahmen (→ Rn. 8) sowie aus eigenen Mitteln (→ Rn. 9). Nach § 43 S. 2 ist die Finanzierung privater Rundfunkanbieter aus der Rundfunkgebühr unzulässig, allerdings bleibt nach § 43 S. 3 die Regelung gem. § 40 bestehen, dh bestimmte Formen der Förderung aus der Rundfunkgebühr sind zulässig.

Übersicht

	Rn		Rn
A. Allgemeines	1	B. Finanzierungsquellen	6
I. Entstehung	1	I. Werbung/Teleshopping	6
II. Geltungsbereich/Bedeutung	5	II. Sonstige Einnahmen	8
		III. Eigene Mittel	21

A. Allgemeines

I. Entstehung

Der heutige § 43 fand seine Entstehung in § 25 im RStV vom 31.8.1991. Der damalige **1** § 25 ging aus Art. 6 Abs. 3 und Art. 7 Abs. 2 RStV 1987 hervor. Die **amtl. Begr. zu § 25 RStV 1991** (Bay LT-Drs. 12/3026, 8) lautet: „§ 25 nennt die Finanzierungsquellen des privaten Rundfunks. Danach finanziert er sich durch Einnahmen aus Werbung und aus sonstigen Einnahmen, zu denen insbes. Abonnements und Einzelentgelte gehören. Weitere Finanzierungsquellen sind Eigenmittel und Mittel Dritter, z. B. Spenden und Sponsoring. S. 2 schreibt in Übereinstimmung mit der bisherigen Rechtslage fest, dass private Veranstalter nicht aus der Rundfunkgebühr finanziert werden dürfen. Unberührt hiervon bleibt jedoch die Möglichkeit, aus dem nach § 29 (nunmehr § 40) den Landesmedienanstalten zugewiesenen Anteil Fördermaßnahmen zugunsten der landesrechtlich gebotenen Infrastruktur zur terrestrischen Versorgung des gesamten Landes mit privatem Rundfunk zu finanzieren."

In der 3. Novelle des RÄndStV wurde der Wortlaut des bisherigen § 25 in § 43 über- **2** nommen. Grund war die Neufassung des III. Abschn. der Vorschriften für den privaten Rundfunk und der Untergliederung in Unterabschn.

Die **amtl. Begr. z. 4. RÄndStV 1999** (Bay LT Drs. 14/1832, 27) lautet: „Die **3** Bestimmungen in § 43 über die Finanzierung privater Veranstalter entsprechen der bisherigen Rechtslage. Es wird nunmehr lediglich das Teleshopping ausdrücklich als Einnahmequelle für private Veranstalter aufgeführt, da es in den vergangenen Jahren zunehmend an Bedeutung gewonnen hat."

Mit dem **13. RÄndStV** wurde die Europäische Richtlinie über audiovisuelle Medien- **4** dienste (AVDM-Richtlinie – RL 2007/65/EG des Europäischen Parlaments und des Rates v. 11.12.2007 zur Änderung der RL 89/552/EWG des Rates zur Koordinierung bestimmter Rechts- und Verwaltungsvorschriften der Mitgliedstaaten über die Ausübung der Fernsehtätigkeit) umgesetzt. In der neuen Vorschrift des § 7 werden für private Rundfunkanbieter Ausnahmen vom Verbot des Produkt Placements gemacht.

II. Geltungsbereich/Bedeutung

Die Vorschrift regelt die Finanzierung privater Rundfunkveranstalter. Gemeint sind damit **5** Hörfunk- und Fernsehanbieter sowohl für bundesweit als auch für regional und lokal verbreitete Programme (vgl. HRKDSC RStV § 43 Rn. 2). § 43 beschreibt drei Säulen der Finanzierungsquellen für private Anbieter: Werbung/Teleshopping, sonstige Einnahmen und eigene Mittel (vgl. NK-BayMG Vor Art. 8–9 Rn. 7). Nach § 43 S. 2 ist die Finanzierung aus der Rundfunkgebühr unzulässig. Dies ist im Zusammenhang mit § 43 S. 3 zusehen, wonach § 40 unberührt bleibt. Im Rahmen des § 40 ist eine Finanzierung aus der Rundfunkgebühr zulässig. Mittel aus dem Anteil können bis zum 31.12.2020, wenn aufgrund besonderer Ermächtigung durch den Landesgesetzgeber auch für die Förderung von landesrechtlich gebotener technischer Infrastruktur zur Versorgung des Landes und zur Förderung von Projekten für neuartige Rundfunkübertragungstechniken verwendet werden. Ebenfalls besteht die Möglichkeit, aus dem 2 %-Anteil der Landesmedienanstalten an der Rundfunkgebühr, diese auch für offene Kanäle sowie Aus- und Fortbildungskanäle gem. den landesgesetzlichen Bestimmungen zu finanzieren (vgl. HRKDSC RStV § 43 Rn. 9). Zugleich begrenzt aber § 40 die Zulässigkeit von Mischformen zwischen öffentlich-rechtlichem und privatem Rundfunk im Hinblick auf die Finanzierung (vgl. Hahn/Vesting/Ladeur RStV § 43 Rn. 3). Unabhängig davon gilt § 64 S. 1, wonach der Freistaat Bayern berechtigt ist, eine Verwendung der Rundfunkgebühr nach § 40 zur Finanzierung der landesgesetzlich bestimmten Aufgaben der BLM im Rahmen der öffentlich rechtlichen Trägerschaft vorzusehen. Für den öffentlich-rechtlichen Rundfunk findet sich die Regelung über dessen Finanzierung in § 13, der als vorrangige Finanzierungsquelle (§ 13 Abs. 1 S. 1 Hs. 2) die Rundfunkgebühr nennt.

B. Finanzierungsquellen

I. Werbung/Teleshopping

6 Der Begriff der **Werbung** iSd § 43 meint sämtliche Werbeformen (dazu §§ 7, 7a, 44, 45). Der Begriff der Werbung gem. RStV entspricht nicht anderen verwandten Werbebegriffen des § 6 Abs. 1 S. 1 JMStV oder des VorlTabakG und des GlüStV (vgl. NK-BayMG Vor Art. 8–9 Rn. 8). Die Werbung iSd RStV ist ausschließlich Wirtschaftswerbung und für die privaten Rundfunkanbieter faktisch die wesentliche Finanzierungsquelle (NK-BayMG Vor Art. 8–9 Rn. 8). Für die Preisgestaltung gibt der RStV keine Vorgaben, jedoch hat sich im Markt eine Messgröße der sog. Tausender-Kontakt-Preis (TKP) entwickelt. Man versteht darunter das Verhältnis von Spotpreis zu erreichten Zuschauerzahlen auf der Basis von je 1000 Zuschauern, die das Gerät auf das entsprechende Programm eingeschaltet haben (vgl. HRKDSC RStV § 43 Rn. 3).

7 Der in § 43 eigens genannte Begriff **Teleshopping** ist eine weitere Finanzierungsquelle. Der Begriff wurde aufgrund des 4. RÄndStV, der am 1.4.2000 in Kraft trat, explizit aufgeführt. Bei Teleshopping handelt es sich um Direktabsatz (vgl. NK-BayMG Vor Art. 8–9 Rn. 37). Weitere Regelungen finden sich in den §§ 7, 7a, 44, 45a, 45b. Die Einnahmen aus **Eigenwerbekanälen** iSd § 2 Abs. 2 Nr. 7 gehören ebenfalls zu den Finanzierungsquellen (vgl. NK-BayMG Vor Art. 8–9 Rn. 36).

II. Sonstige Einnahmen

8 Die **Generalklausel „sonstige Einnahmen"** lässt Spielraum für ganz unterschiedliche Geschäftsmodelle zur Erzielung von Einnahmen zur Finanzierung des privaten Rundfunks. In § 43 werden beispielhaft als sonstige Einnahmen Entgelte der Teilnehmer – Abonnements oder Einzelentgelte aufgeführt. Wichtige sonstige Finanzierungsquellen sind auch Sponsoring, Produktplazierung – soweit diese erlaubt ist -, Batering und Cross Promotion, Mitgliedsbeiträge und Spenden, Merchandising, Licensing, Preisauslobung, Gewinnspiele, Televoting sowie Stellen- und Partnervermittlung auf welche im Folgenden kurz eingegangen wird.

9 Unter **Einzelentgelte** fiel etwa in Bayern bis zum 31.12.2007, das in Art. 33 BayMG aF enthaltene Teilnehmerentgelt (Hahn/Vesting/Ladeur RStV § 43 Rn. 5).

10 Mit Einnahmen aus **Abonnements** ist etwa die gängigste Form des Bezahlfernsehens, die kostenpflichtige Freischaltung eines oder mehrerer Kanäle eines PayTV-Anbieters sowie das sog. Pay-per-Channel gemeint. Zudem gibt es das sog. Pay-per-View, bei dem der Zuschauer eine einzelne Sendung aus dem Programmangebot des PayTV-Anbieters aussuchen kann und nur hierfür zu bezahlen hat. Beim sog. Hotelfernsehen wird für die Zurverfügungstellung von Spielfilmen bezahlt, hier wird es sich auch regelmäßig um Pay-per-View handeln (vgl. HRKDSC RStV § 43 Rn. 4). Bei der Freischaltung von einzelnen Sendungen gegen Einzelentgelt ist davon auszugehen, dass diese nicht die erforderliche breite Masse und damit die erforderliche Allgemeinheit erreichen, dies fällt gem. § 2 Abs. 3 Nr. 5 nicht unter den Rundfunkbegriff (Spindler/Schuster/Holznagel/Kibele RStV § 2 Rn. 108). Die Form des Video-on-Demand stellt eine Form des Einzelabrufs von Programmen aus einem Programmstock dar der zwar auf Entgeltbasis erfolgt, es ist jedoch davon auszugehen, dass diese Art der Nutzung von Programmen nicht mehr unter den Rundfunkbegriff fällt (vgl. HRKDSC RStV § 43 Rn. 4).

11 **Sponsoring** gem. § 8: Gesponsert werden darf eine Sendung, § 2 Abs. 2 Nr. 1. Aus der Verweisung in § 45a auf § 8 lässt sich entnehmen, dass auch Sponsoring von Eigenwerbekanälen ausdrücklich erlaubt ist. Zudem sind Dauerwerbesendungen des Anbieters oder auch solche in Form von Auftragsproduktionen nicht anders zu beurteilen (vgl. NK-BayMG Vor Art. 8–9 Rn. 40).

12 **Produktplazierung**, § 2 Abs. 2 Nr. 11: Ladeur stellt dahin, ob es sich um Werbung iwS oder um „sonstige Einnahmen" handelt (vgl. Hahn/Vesting/Ladeur RStV § 43 Rn. 4). Mit dem 13. RÄndStV wurde die AMVD-Richtlinie umgesetzt, danach sind gem. § 7 Abs. 7 S. 1 (nF) Schleichwerbung, Produkt- und Themenplatzierung sowie entsprechende Praktiken unzulässig. In § 44 sind die in der AVMD-Richtlinie aufgeführten Ausnahmen zum

grundsätzlichen Verbot enthalten. „Für den privaten Rundfunk sollen die Produktplatzierungen sowohl bei Eigen- als auch bei Fremdproduktionen zulässig sein; im öffentlich-rechtlichen Rundfunk hingegen nur bei Fremdproduktionen" (Glockzin MMR 2010, 161 (164)).

Batering und Cross Promotion: Beim Batering werden Dienstleistungen oder Waren gegenseitig getauscht, wobei es sich häufig um den Tausch von Werbeleistungen handelt. Beim Austausch von Werbezeiten, d. h. Sender bewerben sich gegenseitig, lässt sich das unter Cross-Promotion fassen (vgl. NK-BayMG Vor Art. 8–9 Rn. 48). 13

Mitgliedsbeiträge und Spenden: Kleine regionale Spartensender sind oftmals auf Spenden und Mitgliedsbeiträge angewiesen, da sie kaum Werbeeinahmen generieren. Diese Art von Förderung durch Mitglieder – die nicht Eigentümer des Programms sind – und Spender darf jedoch nicht dazu führen, dass Einfluss auf das Programm genommen wird. Die Ausgewogenheit und Vielfaltssicherung iSd §§ 25 ff. sowie insbes. die Einhaltung der Programmgrundsätze gem. § 41 ist zu wahren. Bei Mitgliedsbeiträgen und Spenden wird daher § 7 Abs. 2 analog zu beachten sein; danach dürfen Werbende und Werbetreibende das Programm inhaltlich und redaktionell nicht beeinflussen (ausf. HRKDSC RStV § 43 Rn. 5). Sofern Kirchen Rundfunkanbieter sein können, gehört die Kirchensteuer nicht zu den sonstigen Einnahmen, sondern stellt vielmehr ein Eigenmittel der Kirche dar (NK-BayMG Vor Art. 8–9 Rn. 44). 14

Merchandising: Hier werden Produkte mit dem Sendungstitel versehen sind, wie etwa Bücher, T-Shirts, Stofftiere (vgl. NK-BayMG Vor Art. 8–9 Rn. 45). Auch sonstige aus der wirtschaftlichen Betätigung des Anbieters erzielte Einnahmen, die teilweise unter den Begriff Randnutzung umschrieben werden, fallen unter § 43 (vgl. HRKDSC RStV § 43 Rn. 7). 15

Das **Licensing** ist ein wichtiges privatwirtschaftliches (und -rechtliches) Finanzierungsmittel. Hier geht es um die Vergabe von Lizenzen für Namen, Logos oder von Film-Figuren zur Vermarktung von Produkten (Engels/Giebel ZUM 2000, 265 (281)). 16

Bei der **Preisauslobung** werden konkrete Preise ausgelobt, die von einem Unternehmen kostenfrei zur Verfügung gestellt werden, in der Erwartung, dass die Nennung des Produkts in einer Sendung einen Werbeeffekt hat (NK-BayMG Vor Art. 8–9 Rn. 52). 17

Einnahmen durch **Gewinnspiele** zu erzielen, ist durch § 8a legalisiert worden. Der Zuschauer oder Zuhörer beteiligt sich über kostenpflichtige Mehrwertdienste an einem Gewinnspiel, wobei der Rundfunkanbieter sich aufgrund der erzielten Erlöse aus den Anrufen refinanziert. Für die Teilnahme an einem Gewinnspiel darf nur ein Entgelt in Höhe von 0,50 EUR verlangt werden. Für öffentlich-rechtliche Rundfunkanstalten sind Einnahmen aus Telefonmehrwertdiensten gem. § 13 Abs. 1 S. 3 untersagt. 18

Beim **Televoting** werden Einnahmen durch Abstimmung der Zuschauer bzw. Zuhörer mittels kostenpflichtiger Mehrwertdienste generiert. Solange ein solches Angebot mit einem Hinweis auf die Kosten versehen wird, ist dies unproblematisch (NK-BayMG Vor Art. 8–9 Rn. 60). Hierbei können bis zu 100.000 Anrufer pro Minute ausgewertet werden (Goldhammer/Lessing, Call Media, 33). 19

Als Einnahmequelle dient auch die entgeltliche **Stellen- und Partnervermittlung** (mwH HRKDSC RStV § 43 Rn. 8). 20

III. Eigene Mittel

Alle finanziellen Mittel, die vom Anbieter selbst zur Finanzierung des Programms eingebracht werden, gehören zu den eigenen Mitteln; hierunter fallen auch Erträge aus Unternehmensbeteiligungen (NK-BayMG Vor Art. 8–9 Rn. 63). Bei Merchandising oder Lizenzen handelt es sich um eigene Mittel, wenn der Rundfunkanbieter die Vermarktung über ein Drittunternehmen abwickelt und dann darüber entscheidet, dass er den Erlös zur Finanzierung seines Programms einsetzt wird (NK-BayMG Vor Art. 8–9 Rn. 62). 21

§ 44 Zulässige Produktplatzierung

¹Abweichend von § 7 Absatz 7 Satz 1 ist Produktplatzierung im Rundfunk zulässig

1. in Kinofilmen, Filmen und Serien, Sportsendungen und Sendungen der leichten Unterhaltung, sofern es sich nicht um Sendungen für Kinder handelt, oder

2. **wenn kein Entgelt geleistet wird**, sondern lediglich bestimmte Waren oder Dienstleistungen, wie Produktionshilfen und Preise, im Hinblick auf ihre Einbeziehung in eine Sendung kostenlos bereitgestellt werden, sofern es sich nicht um Nachrichten, Sendungen zum politischen Zeitgeschehen, Ratgeber- und Verbrauchersendungen, Sendungen für Kinder oder Übertragungen von Gottesdiensten handelt.

²Keine Sendungen der leichten Unterhaltung sind insbesondere Sendungen, die neben unterhaltenden Elementen im Wesentlichen informierenden Charakter haben, Verbrauchersendungen und Ratgebersendungen mit Unterhaltungselementen sowie Sendungen in Regionalfensterprogrammen und Fensterprogrammen nach § 31.

§ 44 enthält die Ausnahmen vom grundsätzlichen Produktplatzierungsverbot für private Rundfunkveranstalter.

A. Allgemeines

I. Entstehungsgeschichte

1   Produktplatzierung wurde vor dem 13. RÄndStV idR mit Schleichwerbung gleichgesetzt (Hesse, 108). Nunmehr unterscheidet die AVMD-RL zwischen der nicht gegenleistungsfreien ungekennzeichneten und gekennzeichneten Aufnahme von Produkten ins redaktionelle Programm. Beide, Schleichwerbung und Produktplatzierung, sind grds., Produktplatzierung aber nicht ausnahmslos verboten. Die dispositiven Ausnahmen vom Verbot enthält Art. 11 Abs. 3 S. 1 AVMD-RL. Der 13. RÄndStV v. 30.10./20.11.2009 schöpft diese Ausnahmemöglichkeiten nicht aus.

II. Geltungsbereich

2   § 44 gehört zum III. Abschnitt des RStV mit den Vorschriften über den privaten Rundfunk. Die Bestimmung gilt für Sendungen, die nach dem 19.12.2009 produziert worden sind (§ 63). Dies betrifft lt. amtl. Begr. sowohl die Zulässigkeit von Produktplatzierungen als auch die Verpflichtung zur Kennzeichnung (Bay LT-Drs. 16/2736, 15). § 44 ist nicht auf die Veranstalter bundesweit verbreiteter Programme beschränkt, jedoch schließt S. 2 Produktplatzierung in Regionalfensterprogrammen iSd § 2 Abs. 2 Nr. 6 und in den vielfaltssichernden Drittfenstern iSd § 31 aus. § 44 gilt ausdrücklich für Rundfunk und nicht nur für Fernsehen, ist allerdings nicht auf reine Teleshoppingkanäle anwendbar (§ 1 Abs. 4).

3   Ferner gilt § 44 entsprechend für Telemedien (HRKDSC RStV § 44 Rn. 3). Zwar nimmt § 58 Abs. 3 nur auf § 7 Bezug, der ein Verbot vorbehaltlich der für Rundfunk geltenden §§ 15 und 44 statuiert. Aber aus der Bußgeldbestimmung in § 49 Abs. 1 S. 2 Nr. 21 ergibt sich zweifelsfrei, dass der Gesetzgeber von der Geltung der §§ 15 und 44 auch für Telemedienanbieter ausgeht.

B. Inhalt der Norm

4   Produktplatzierung ist ausnahmslos **unzulässig in Kindersendungen.** Nach Art. 11 Abs. 3 AVMD-RL ist das nur zwingend für die in § 44 S. 1 Nr. 1 geregelten Fälle. Insoweit ist der deutsche Gesetzgeber hinter den Liberalisierungsmöglichkeiten zurückgeblieben. **Nicht** vom Verbot der Produktplatzierung in Kindersendungen **erfasst** wird **die programmlich-dramaturgisch veranlasste** nicht kennzeichnungspflichtige **Darstellung kostenlos zur Verfügung gestellter geringwertiger Güter** (aA Hahn/Vesting/Ladeur § 15 RStV Rn. 14), die begrifflich keine Produktplatzierung ist (→ § 7 Rn. 30 f.). Bei kostenlos zur Verfügung gestellten geringwertigen Preisen in Kindersendungen sind die Grundsätze des § 6 JMStV zu beachten; für Gewinnspiele gilt § 8a iVm § 3 GewSpStzg. Zum Begriff der „Kindersendung" → § 7a Rn. 10 ff. (vgl. auch HRKDSC RStV § 7a Rn. 5; NK-BayMG Art. 8 Rn. 256). Davon abgesehen ist Produktplatzierung gem. der **Positivliste in S. 1 Nr. 1** zulässig in Kinofilmen, Filmen und Serien, Sportsendungen und Sendungen der leichten Unterhaltung. **Unentgeltliche Produktplatzierung** (§ 2 Abs. 2 Nr. 11) ist in allen Sendungen zulässig, die nicht in der

Negativliste in S. 1 Nr. 2 genannt werden, dh unzulässig in Nachrichten, Sendungen zum politischen Zeitgeschehen, Ratgeber- und Verbrauchersendungen sowie in Gottesdienstübertragungen (→ Rn. 11).

I. Kinofilm, Film und Serien

Anders als beim öffentlich-rechtlichen Rundfunk ist Produktplatzierung auch **in Eigen- und Auftragsproduktionen zulässig.** Vom Kinofilm, der für die Erstaufführung im Kino produziert wird, unterscheidet sich der „Film" wesentlich nur dadurch, dass er nicht für die Erstaufführung im Kino produziert wurde (vgl. HRKDSC RStV § 44 Rn. 7). Fernsehfilme sind durch eine in sich abgeschlossene Handlung gekennzeichnet und typischer-, aber nicht notwendigerweise von einer gewissen Länge. Anders als bei Serien, die Geschichten in mehreren Teilen erzählen, haben Filme idR eine Dramaturgie, die ein in sich abgeschlossenes Werk bildet (HRKDSC RStV § 44 Rn. 20 f.). Ungeachtet dessen sind Serien, Reihen und Dokumentarfilme nach § 7a Abs. 2 Unterfälle des Films, was der Gesetzgebungstechnik in Art. 20 Abs. 2 AVMD-RL entspricht. Daraus erhellt, dass die unterlassene Nennung von Reihen in § 44 S. 1 Nr. 1 unschädlich ist: (Fernseh-)Filme werden durch gemeinsame inhaltliche Merkmale zu einer Reihe verbunden (vgl. Hahn/Vesting/Ladeur RStV § 15 Rn. 6; HRKDSC § 44 RStV Rn. 21). Jeder einzelne Film einer Reihe (zB Tatort, Der Alte) kann ohne weiteres für sich stehen und als Film iSd § 44 S. 1 Nr. 1 eingeordnet werden.

II. Sportsendungen

Der Begriff der „Sportsendung" ist weiter als die „Übertragung von Sportveranstaltungen" in § 7a Abs. 2 und erfasst alle Sendungen iSd § 2 Abs. 2 Nr. 2, die sich mit dem Thema Sport befassen (HRKDSC RStV § 44 Rn. 8). Ungeklärt ist die Zulässigkeit der virtuellen Produktplatzierung, wenn zB in einer im Ausland eingekauften Sport-Talkrunde platzierte fremdländische Markenartikel durch im Inland bekannte Produkte ersetzt werden sollen. Es dürfte entscheidend darauf ankommen, ob der Austausch der Produkte in Werbeabsicht oder überwiegend aus programmlich-dramaturgischen Gründen erfolgt (Blaue, Werbung wird Programm, 2011, 290 f.).

III. Sendungen der leichten Unterhaltung

Der Begriff der „Sendungen der leichten Unterhaltung" ist in hohem Maße unbestimmt. Er gewinnt durch die Negativabgrenzung in § 44 S. 2 etwas an Kontur. Danach sind „insbesondere" im Wesentlichen informierende Sendungen mit (auch) unterhaltendem Charakter (Infotainment), Verbrauchersendungen und Ratgebersendungen mit Unterhaltungselementen keine Sendungen der leichten Unterhaltung. Deplatziert wirken die Regionalfensterprogramme und die Drittsendezeiten iSd § 31 in dieser Aufzählung. Erstere haben einen Programmauftrag „zur aktuellen und authentischen Darstellung der Ereignisse des politischen, wirtschaftlichen, sozialen und kulturellen Lebens in dem jeweiligen Land" (§ 25 Abs. 4 S. 1), der sicher nicht durch „Sendungen der leichten Unterhaltung" umgesetzt werden kann. Letztere dienen zwar in erster Linie der Brechung von Meinungsmacht bzw. steuern dem Entstehen vorherrschender Meinungsmacht entgegen, müssen ihren Vielfaltsbeitrag aber „insbesondere in den Bereichen Kultur, Bildung und Information leisten" (§ 31 Abs. 1 S. 1). Die Nennung der vielfaltssichernden Drittfenster und der Regionalfenster in der Negativabgrenzung leichter Unterhaltungssendungen kann als gesetzgebungstechnisch missglückte und im Übrigen überflüssige Klarstellung verstanden werden, dass Produktplatzierung in diesen Fensterprogrammen vom grundsätzlichen Verbot des § 7 Abs. 7 S. 1 nicht befreit worden ist.

IV. Unentgeltliche Produktplatzierung

Unentgeltliche Präsentationen von hochpreisigen Produkten, die „im Hinblick auf ihre Einbeziehung in eine Sendung kostenlos bereitgestellt werden", dh mit Werbeabsicht des Wirtschaftsunternehmers gegen eine dem Entgelt „ähnliche Gegenleistung" (vgl. auch § 2

Abs. 2 Nr. 8 S. 2), sind in allen Sendungen zugelassen, die in der Negativliste der Nr. 2 nicht genannt werden. Die amtl. Begr. führt dazu aus: „Zulässig ist die Aufnahme eines Produktes, wenn sie redaktionell begründet ist oder der Abbildung der Lebenswirklichkeit dient und sich nur als ersparte Aufwendung auswirkt. Diese Art der Produktionsunterstützung ist vor allem in fiktionalen Formaten und in Form von Preisen schon bisher für zulässig gehalten worden. Die EU sieht darin aber einen Unterfall der Produktplatzierung und damit der audiovisuellen kommerziellen Kommunikation." (Bay LT-Drs. 16/2736, 13) Fraglich ist, ob die diskutierten Wertgrenzen von 1 % der Produktionskosten, mindestens jedoch 1000 Eur für Waren oder Dienstleistungen „von bedeutendem Wert" iSd § 2 Abs. 2 Nr. 11 (HRKDSC RStV § 44 Rn. 12; Hahn/Vesting/Ladeur RStV § 15 Rn. 10; NK-BayMG Art. 8 Rn. 116) für die in S. 1 Nr. 2 genannten Preise passen.

9 Unzulässig ist jede Form der Produktplatzierung (§ 2 Abs. 2 Nr. 11) in Nachrichten, Sendungen zum politischen Zeitgeschehen, Ratgeber- und Verbrauchersendungen, Kindersendungen sowie Gottesdienstübertragungen. Gekennzeichnete Produktplatzierung in diesen Sendungen stellt unzulässiges Betreiben von Produktplatzierung iSd Bußgeldtatbestandes in § 49 Abs. 1 S. 1 Nr. 8 bzw. S. 2 Nr. 21 dar.

10 Keine Bedeutung hat die Negativliste für die aus dem Begriff der „Produktplatzierung" ausgenommene programmlich-dramaturgisch begründete Darstellung von geringwertigen Gütern, die dem Medienanbieter kostenlos für die Platzierung in der Sendung zur Verfügung gestellt wurden; sie ist immer zulässig, soweit sie sich nicht durch „zu starke Herausstellung" entgegen dem klarstellenden Verbot in § 7 Abs. 7 S. 1 Nr. 3 Hs. 2 als Schleichwerbung darstellt (→ § 7 Rn. 31). Eine vorsorgliche Kennzeichnung als Produktplatzierung legalisiert die zu starke Herausstellung nicht, sondern ändert den Vorwurf von Schleichwerbung in unzulässige Produktplatzierung (§ 7 Abs. 7 S. 1 Nr. 3 Hs. 1).

11 **Nachrichten** sind zB Pro7 Newstime, RTL Nachtjournal, SAT.1 Nachrichten. Unter **Sendungen zum politischen Zeitgeschehen** sind Sendungen zu aktuellen politischen Themen zu verstehen (HRKDSC RStV § 44 Rn. 16). Dokumentationen zur Zeitgeschichte fallen nicht darunter (vgl. Hahn/Vesting/Ladeur RStV § 15 Rn. 8). **Ratgeber- und Verbrauchersendungen** (dazu HRKDSC RStV § 44 Rn. 17 ff.; NK-BayMG Art. 8 Rn. 137) sollen ohne Rücksicht auf unterhaltende Elemente von Produktplatzierungen frei bleiben. Der Begriff der **„Gottesdienstübertragung"** ist weit zu interpretieren und nicht auf Livesendungen beschränkt, wie sich aus der Bußgeldbewehrung von Produktplatzierung in Abrufdiensten zweifelsfrei ergibt (§ 49 Abs. 1 S. 2 Nr. 21).

§ 45 Dauer der Fernsehwerbung

(1) ¹**Der Anteil an Sendezeit für Fernsehwerbespots und Teleshopping-Spots innerhalb einer Stunde darf 20 vom Hundert nicht überschreiten.** ²**Satz 1 gilt nicht für Produktplatzierungen und Sponsorhinweise.**

(2) Hinweise des Rundfunkveranstalters auf eigene Programme und Sendungen und auf Begleitmaterialien, die direkt von diesen Programmen und Sendungen abgeleitet sind, unentgeltliche Beiträge im Dienst der Öffentlichkeit einschließlich von Spendenaufrufen zu Wohlfahrtszwecken sowie gesetzliche Pflichthinweise gelten nicht als Werbung.

(3) Die Absätze 1 und 2 sowie § 7a gelten nicht für reine Werbekanäle.

§ 45 enthält eine Beschränkung der Sendezeiten für Werbe- und Teleshopping-Spots im privaten Fernsehen (→ Rn. 7 ff.). Die Vorschrift erläutert zugleich, für welche Werbeformen diese Werbezeitbeschränkung nicht gilt (→ Rn. 15f). Außerdem werden bestimmte Hinweise, Beiträge und Aufrufe nicht auf die Höchstsendezeit für Werbe- und Teleshopping-Spots angerechnet (→ Rn. 16 ff.). Schließlich finden die Sendezeitbeschränkungen für Werbung des Abs. 1 und 2 sowie des § 7a keine Anwendung auf Werbekanäle (→ Rn. 26).

Übersicht

	Rn		Rn
A. Allgemeines	1	**C. Hinweise, die nicht als Werbung gelten (Abs. 2)**	16
I. Bedeutung der Vorschrift	1	I. Hinweise auf eigene Programme und Sendungen und Begleitmaterialien, die direkt von diesen Programmen und Sendungen abgeleitet sind	17
II. Entstehung der Vorschrift	3		
III. Anwendungsbereich	4		
B. Anteil an Sendezeit für Fernsehwerbe- und Teleshopping-Spots (Abs. 1 S. 1)	7	II. Unentgeltliche Beiträge im Dienst der Öffentlichkeit, einschließlich Spendenaufrufen zu Wohlfahrtszwecken	21
I. Fernsehwerbespots und Teleshopping-Spots	8	III. Gesetzliche Pflichthinweise	25
II. Berechnung des Sendezeitanteils	12	IV. Ausnahme für reine Werbekanäle (Abs. 3)	26
III. Ausnahmen für Produktplatzierungen und Sponsorhinweise (Abs. 1 S. 2)	15		

A. Allgemeines

I. Bedeutung der Vorschrift

§ 45 enthält eine Begrenzung der Werbezeiten im privaten Fernsehen. Entsprechend der Intention des Rundfunkstaatsvertrags bevorzugt oder benachteiligt die Vorschrift dabei keine bestimmten Formen der Werbung. Gegenüber früheren Regelungen ist die Bestimmung liberaler. **1**

§ 45 wird durch Ziff. 9 WerbeRiL Fernsehen der Landesmedienanstalten (Aktuelle Fassung v. 18.9.2012) konkretisiert. Zu deren Rechtsnatur s. Bornemann, ZUM 2012, 89. **2**

II. Entstehung der Vorschrift

§ 45 wurde durch den 13. RfÄndStV in Umsetzung der AVMD-RiL mit Wirkung zum 1.4.2010 geändert. Unter anderem wurde der Anwendungsbereich der Vorschrift auf Fernsehen beschränkt; zuvor galt sie auch für den Hörfunk. Auch wurde die Begrenzung für Werbung in Höhe von 20 % der gesamten täglichen Sendezeit aufgehoben und dadurch die Programmierung der Sendezeit für Dauerwerbesendungen und Teleshopping erleichtert (siehe HRKDSC RStV § 45 Rn. 31). **3**

III. Anwendungsbereich

§ 45 ist eine spezielle Bestimmung für das **private Fernsehen.** Sie gilt für bundesweite, landesweite sowie regionale und lokale Fernsehprogramme. Allerdings können für regionale und lokale Fernsehprogramme abweichende Regelungen nach Landesrecht getroffen werden (§ 46a RStV). **4**

Durch liberalere Regelungen nach Landesrecht kann den regionalen und lokalen Fernsehprogrammen die Finanzierung erleichtert werden, die im Vergleich zu Fernsehprogrammen mit einem größeren Verbreitungsgebiet schwieriger ist (siehe vertiefend die Studie im Auftrag der Bayerischen Staatskanzlei und der Bayerischen Landeszentrale für neue Medien (BLM), Wirtschaftliche Situation des lokalen und regionalen Fernsehens in Bayern, 2006). **4.1**

Die maximale Dauer der Werbung bei **privaten Hörfunkprogrammen** regeln die Landesmediengesetze. Die höchste Dauer der Werbezeit für den **öffentlich-rechtlichen Rundfunk** bestimmt (§ 16 RStV). **5**

Die Vorschrift gilt weder für reine Werbekanäle (s. Abs. 3), noch für Eigenwerbekanäle (§ 45a Abs. 2). Aus § 1 Abs. 4 ergibt sich, dass sie auch nicht auf Teleshoppingkanäle anwendbar ist. **6**

B. Anteil an Sendezeit für Fernsehwerbe- und Teleshopping-Spots (Abs. 1 S. 1)

7 § 45 normiert als Höchstsendezeit für Fernsehwerbe- und Teleshopping-Spots 20 % innerhalb einer Stunde, also 12 Minuten. Splitscreenwerbung wird gem. § 7 Abs. 4 S. 2 auf diese Höchstwerbedauer angerechnet.

I. Fernsehwerbespots und Teleshopping-Spots

8 Ein **Fernsehwerbespot** ist ein werblicher Inhalt, der klassischerweise darauf zielt, ein Produkt- oder Markenimage aufzubauen, und so eine Markenbindung zu erzeugen. Diese soll dazu führen, dass ein Produkt bzw. Produkte einer Marke wiederholt gekauft werden (vgl. HRKDSC RStV § 45 Rn. 15). Im Durchschnitt dauern Fernsehwerbespots 30 Sekunden (vgl. die Pressemeldung des ZAW für das Jahr 2011).

8.1 In der Praxis spielt vor allem die Frage der Abgrenzung von Werbespots zu – auf die Werbezeit nach Absatz 1 nicht anrechenbaren – **Eigenwerbespots** eine Rolle, etwa bei Produkten mit Logo des Senders oder einer Sendung (→ Rn. 19).

9 **Teleshopping-Spots** sind Spots, die Wirtschaftswerbung mit einem Angebot zum sofortigen Vertragsabschluss verknüpfen. Der Charakter eines Teleshopping-Angebots wird also nicht vom Inhalt, sondern durch die unmittelbare Einkaufsmöglichkeit bestimmt (vgl. die Legaldefinition von Teleshopping in § 2 Abs. 2 Nr. 10; Hahn/Vesting/Ladeur RStV § 45 Rn. 8).

10 Anders als Fernsehwerbe- und Teleshoppingspots sind **Dauerwerbesendungen** und **Teleshoppingfenster** nicht auf die in § 45 Abs. 1 S. 1 genannte Höchstsendezeit von 20 % pro Stunde anzurechnen.

10.1 Dauerwerbesendungen werden in Ziff. 3 Abs. 3 der WerbeRiL Fernsehen der Landesmedienanstalten definiert; ihre Zulässigkeit ist in § 7 Abs. 5 geregelt. Teleshoppingfenster sind in § 45a legaldefiniert.

11 Bei **Splitscreenwerbung** handelt es sich um die Teilbelegung des ausgestrahlten Bildes mit Werbung (§ 7 Abs. 4 S. 1).

II. Berechnung des Sendezeitanteils

12 Anders als beim öffentlich-rechtlichen Rundfunk wird die zulässige Sendezeit für Werbe- und Teleshoppingspots nicht werktäglich im Jahresdurchschnitt (absolut), sondern lediglich durch einen **Höchstanteil pro Stunde** (relativ) begrenzt. Nicht vollständig genutzte Werbezeit kann daher auch nicht nachgeholt werden.

13 Der für die Berechnung maßgebliche **Ein-Stunden-Zeitraum** kann vom Veranstalter selbst bestimmt werden. Dies kann für einzelne Tage gesondert erfolgen, um die gesetzlich zulässige Werbezeit bestmöglich zu nutzen (vgl. auch Hahn/Vesting/Ladeur RStV § 45 Rn. 10; NK-BayMG Art. 8 Rn. 285).

14 Für die Berechnung der Sendezeit gilt das sog. **Bruttoprinzip.** Danach wird die Werbung auf die Sendezeit angerechnet (im Gegensatz zum sog. Nettoprinzip, bei dem die Werbung herausgerechnet wird). Dass das Bruttoprinzip Anwendung findet, verdeutlicht auch der Begriff der „programmierten Sendezeit", der etwa in § 7a Abs. 3 verwendet wird (HRKDSC RStV § 7a Rn. 25; NK-BayMG Art. 8 Rn. 271). Auch Ziff. 6 Abs. 4 Nr. 3 WerbeRiL Fernsehen der Landesmedienanstalten erklärt diese Art der Sendezeitberechnung ausdrücklich für anwendbar.

14.1 Zur früheren Diskussion um die Anwendung des Brutto- oder Nettoprinzips siehe etwa EuGH ZUM 2000, 58; Charissé K&R 2000, 85 mwN.

III. Ausnahmen für Produktplatzierungen und Sponsorhinweise (Abs. 1 S. 2)

15 Gem. Abs. 1 S. 2 werden Produktplatzierungen und Sponsorhinweise nicht auf die zulässigen Sendezeiten für Werbe- und Teleshopping-Spots angerechnet.

Die **Produktplatzierung** ist in § 2 Abs. 2 Nr. 11 legaldefiniert. Der **Sponsorhinweis** ist der Hinweis darauf, dass eine Sendung ganz oder teilweise gesponsert (legal definiert in § 2 Abs. 2 Nr. 9) wurde. **15.1**

C. Hinweise, die nicht als Werbung gelten (Abs. 2)

Gem. Abs. 2 gelten bestimmte Hinweise, Beiträge und Aufrufe nicht als Werbung mit der Folge, dass diese nicht auf das Werbezeitenkontingent des Abs. 1 S. 1 angerechnet werden. **16**

I. Hinweise auf eigene Programme und Sendungen und Begleitmaterialien, die direkt von diesen Programmen und Sendungen abgeleitet sind

Hinweise auf eigene Programme und Sendungen sowie direkt von ihnen abgeleitete Begleitmaterialien werden nicht auf die Werbezeit des Abs. 1 S. 1 angerechnet, weil sie vor allem der **Zuschauerbindung** dienen (vgl. HRKDSC RStV § 45 Rn. 25). **17**

Zu den Hinweisen auf eigene Programme und Sendungen zählen (Werbe- und Promotion-)Trailer sowie übrige (Werbe-)Hinweise. Ob Hinweise auf Programme in Senderfamilien (sog Cross-Promotion) die Privilegierung des Abs. 2 genießen ist umstritten; in den Landesmedienanstalten hat sich inzwischen die Auffassung durchgesetzt, dass Cross-Promotion als Eigenwerbung nicht auf die Werbezeit des Abs. 1 S. 1 angerechnet wird. Dies gilt auch für den Hinweis auf Angebote in den Mediatheken der Sender im Internet. **18**

In der Praxis spielt vor allem die Abgrenzung von Werbe- und Eigenwerbespots eine Rolle. Denn bei unzutreffender Einordnung eines Werbespots als Eigenwerbespot durch den Sender kann es zu einer Überschreitung der Höchstsendezeit für Werbung kommen. Für die Einordnung ist vor allem die Darstellung des Produkts maßgeblich. Je mehr es im Vordergrund steht, desto eher wird es sich um einen, auf die Werbezeit nach Abs. 1 S. 1 anrechenbaren, Werbespot handeln. **19**

Beispiele für Werbung sind Kaffeetassen oder Lunchboxen mit Senderlogo, T-Shirts mit Sendungslogo, Figuren aus Serien. **19.1**

Begleitmaterialien, die direkt von eigenen Programmen und Sendungen abgeleitet sind, sind klassischerweise DVDs, Bücher, CDs mit Filmmusik. Hinweise darauf müssen nach Ziff. 9 Abs. 2 Nr. 3 WerbeRiL Fernsehen der Landesmedienanstalten im Zusammenhang mit der Sendung oder mit Programmankündigungen von Sendungen bzw. Sendereihen am jeweiligen Sendetag erscheinen. **20**

II. Unentgeltliche Beiträge im Dienst der Öffentlichkeit, einschließlich Spendenaufrufen zu Wohlfahrtszwecken

Unentgeltliche Beiträge im Dienst der Öffentlichkeit werden nicht auf die Höchstwerbezeiten des Abs. 1 angerechnet, weil sie **keine Wirtschaftswerbung** sind. **21**

Unentgeltliche Beiträge im Dienst der Öffentlichkeit sind **soziale Aufrufe bzw. soziale Appelle,** die nicht vom Veranstalter stammen und von ihm ohne Bezahlung oder finanzielle Gegenleistung ausgestrahlt werden. Hierzu zählen alle Aufrufe, die im Interesse der Allgemeinheit erfolgen, etwa zum Schutz der Gesundheit, zur Sicherheit der Verbraucher oder zum Schutz der Umwelt (vgl. NK-BayMG Art. 8 Rn. 165). **22**

Beispiele sind Fernsehwerbespots der Kampagnen „Keine Macht den Drogen", „Gib Aids keine Chance". **22.1**

Zu den unentgeltlichen Beiträgen im Dienst der Öffentlichkeit zählen auch **Spendenaufrufe zu Wohlfahrtszwecken.** Das sind Aufrufe zur Unterstützung Not leidender oder sozial gefährdeter Menschen mit finanziellen Mitteln oder durch sonstige Spenden. **23**

Beispiele sind Fernsehwerbespots für „Brot für die Welt" oder Spendenaufrufe für die Opfer von Naturkatastrophen, wie Erdbeben, Tsunamis oder Hochwasser. **23.1**

24 Die Aufsichtspraxis der Landesmedienanstalten akzeptiert die Ausstrahlung unentgeltlicher Beiträge im Dienst der Öffentlichkeit einschließlich Spendenaufrufen zu Wohlfahrtszwecken am Ende eines Werbeblocks.

III. Gesetzliche Pflichthinweise

25 Gesetzliche Pflichthinweise werden nicht auf die Höchstwerbezeiten des Abs. 1 S. 1 angerechnet, weil der Veranstalter mit ihrer Ausstrahlung einer gesetzlichen Verpflichtung nachkommt (NK-BayMG Art. 8 Rn. 296). Sie sind derzeit nur im Heilmittelwerbegesetz festgeschrieben („Zu Risiken und Nebenwirkungen (…)"; s. § 4 Heilmittelwerbegesetz; HRKDSC RStV § 45 Rn. 30).

IV. Ausnahme für reine Werbekanäle (Abs. 3)

26 Die Anforderungen an die Einfügung von Werbung nach § 7a und die Vorgaben der Abs. 1 und 2 gelten nicht für reine Werbekanäle. Reine Werbekanäle sind solche, die **ausschließlich werbliche Botschaften** verbreiten (HRKDSC RStV § 45 Rn. 32).

§ 45a Teleshopping-Fenster und Eigenwerbekanäle

(1) ¹Teleshopping-Fenster, die in einem Programm gesendet werden, das nicht ausschließlich für Teleshopping bestimmt ist, müssen eine Mindestdauer von 15 Minuten ohne Unterbrechung haben. ²Sie müssen optisch und akustisch klar als Teleshopping-Fenster gekennzeichnet sein.

(2) ¹Für Eigenwerbekanäle gelten die §§ 7 und 8 entsprechend. ²Die §§ 7a und 45 gelten nicht für Eigenwerbekanäle.

Für Teleshopping-Fenster legt Abs. 1 eine Mindestdauer fest (→ Rn. 6) und schreibt eine klare optische und akustische Kennzeichnung vor (→ Rn. 7). Abs. 2 ordnet die entsprechende Geltung der allgemeinen Werbe- und Sponsoringbestimmungen auf Eigenwerbekanäle (→ Rn. 8) an und befreit sie von den Vorgaben für die Einfügung von Werbung ins Programm (§ 7a) und von der Werbemengenbegrenzung in § 45.

A. Allgemeines

1 Teleshopping ist begrifflich Fernabsatz von Waren und Dienstleistungen. Es unterscheidet sich von Fernsehwerbung (§ 2 Abs. 2 Nr. 7), die in der Anpreisung zum Zweck der Absatzförderung besteht (s. auch Hahn/Vesting/Schulz RStV § 2 Rn. 150 ff.). Nach der Definition in § 2 Abs. 2 Nr. 10 kann Teleshopping vorkommen in Form von Teleshoppingkanälen, die keine anderen Programminhalte enthalten; sie fallen seit dem 12. RÄndStV v. 18.12.2008 unter den Rundfunkbegriff, unterliegen aber nur einer eingeschränkten Regulierung (§ 1 Abs. 4). Außerdem kann Teleshopping in Form von Teleshopping-Fenstern oder von Teleshopping-Spots in Rundfunkprogrammen mit redaktionellen Inhalten vorkommen. Das zähe Leben der eigenständigen Teleshopping-Sendung als Zwischenform zwischen Teleshopping-Spot und Teleshopping-Fenster (Hahn/Vesting/Ladeur RStV § 45a Rn. 7; HRKDSC RStV § 45 Rn. 19) ist spätestens seit dem 12. RÄndStV nicht mehr zu rechtfertigen (Bornemann, 4. Aufl. 2013, 134 f.; vgl. auch NK-BayMG Art. 8 Rn. 22). Laut amtl. Begr. erfasst § 2 Abs. 2 Nr. 10 mit Teleshoppingkanälen, -fenstern und -spots „alle Angebotsformen" (Bay LT-Drs. 16/260, 12).

I. Entstehungsgeschichte

2 Übereinstimmend mit Art. 18 EGFsRL sahen §§ 17, 27 Abs. 3 RStV 1991 Teleshopping als Sonderform von „Werbung" an. Teleshopping hieß in § 17 RStV 1991 Fernseheinkauf, war im traditionellen öffentlich-rechtlichen Rundfunk untersagt und erhöhte die zulässige tägliche Werbezeit im privaten Rundfunk von 15% auf 20% (§ 27 Abs. 1 RStV 1991); zugelassen war eine Stunde Fernseheinkauf am Tag (§ 27 Abs. 3 S. 1 RStV 1991). Anders als das europäische Recht verbot § 27 Abs. 3 S. 2 RStV 1991 den Rundfunkveranstaltern, als

Vertragspartner oder Vertreter für die Bestellung von Waren und Dienstleistungen tätig zu sein. § 45a wurde durch den 4. RÄndStV eingefügt, der die Liberalisierung der Werbebestimmungen durch die Novellierung der EGFsRL von 1997 umsetzte. Höchstens acht optisch und akustisch zu kennzeichnende Teleshopping-Fenster (entgegen HRKDSC RStV § 45a Rn. 1 nicht erst seit dem 13. RÄndStV kennzeichnungspflichtig) mit einer Mindestdauer von jeweils 15 Minuten und einer Gesamtdauer von maximal drei Stunden durften pro Tag ausgestrahlt werden. Die Einführung des Eigenwerbekanals im damaligen § 45b, der die Vorschriften über das Teleshopping für entsprechend anwendbar erklärte (s. amtl. Begr. Bay LT-Drs. 14/1832, 27), kassierte das Verbot für Rundfunkveranstalter, als Vertragspartner oder Vertreter für die Bestellung von Waren und Dienstleistungen tätig zu werden (überholt Hahn/Vesting/Ladeur RStV § 45a Rn. 6).

Durch den 13. RÄndStV erhielt § 45a seine aktuelle Fassung. Eine Höchstgrenze für **3** Teleshopping-Fenster ist entfallen (NK-BayMG Art. 8 Rn. 15). § 45b über Eigenwerbekanäle ist in § 45a Abs. 2 aufgegangen (Bay LT-Drs. 16/2736, 13).

II. Geltungsbereich

Die Vorschrift im III. Abschnitt des RStV gilt für privaten Rundfunk und gem. § 64 S. 2 **4** entsprechend für private Rundfunkangebote in öffentlich-rechtlicher Trägerschaft im bayerischen Sondermodell (Art. 111a Abs. 2 S. 1 BV, Art. 2 Abs. 1 BayMG). Für den herkömmlichen öffentlich-rechtlichen Rundfunk schließt § 18 Teleshopping-Fenster aus.

B. Inhalt der Norm

I. Teleshopping-Fenster

Im Unterschied zu den selbstzweckhaften Teleshoppingkanälen (→ Rn. 1) dienen Tele- **5** shopping-Fenster der Finanzierung des Rundfunkprogramms, in das sie eingebettet sind (§ 43 S. 1). Der Rundfunkveranstalter erhebt ein Entgelt idR für die Sendezeitüberlassung an (elektronische) Versandhäuser; es spielt keine Rolle, ob der Teleshopping-Anbieter eigene oder fremde Produkte vertreibt (NK-BayMG Art. 8 Rn. 18). Die Entgeltvereinbarung (Festbeträge, Umsatzbeteiligung) zwischen Rundfunkveranstalter und Versandhaus unterliegt der Privatautonomie. Eine Umwegfinanzierung des Rundfunkprogramms aus **Verkaufserlösen für eigene Produkte** oder Dienstleistungen **des Rundfunkveranstalters** ist rechtlich zulässig, wie sich aus der systematischen Stellung der Vorschrift über Eigenwerbekanäle in § 45a Abs. 2 ergibt, scheitert aber in der Praxis am logistischen Aufwand des Direktvertriebs.

Teleshopping-Angebote müssen alle essentialia negotii unter Angabe der Versand- und **6** Lieferkosten nennen sowie eine direkte Bestellmöglichkeit angeben (NK-BayMG Art. 8 Rn. 16 f.). Teleshopping-Fenster müssen mindestens eine Dauer von 15 Minuten aufweisen. Sie können auch aus aneinandergereihten Teleshopping-Spots oder -Sendungen bestehen (Hahn/Vesting/Ladeur RStV § 45a Rn. 7). Wenn nur auf Bezugsmöglichkeiten im stationären Handel hingewiesen wird, handelt es sich nicht mehr um Fernabsatz, sondern um Wirtschaftswerbung iSd § 2 Abs. 2 Nr. 7.

Abs. 1 S. 2 verlangt eine optische **und** akustische Kennzeichnung, die Teleshopping- **7** Fenster klar als solche ausweist. Die zur Durchführung dieser Bestimmung nach § 46 S. 1 erlassenen WerbeRL Fernsehen der Landesmedienanstalten legen hierzu in Ziff 10 Nr. 1 verbindlich fest (vgl. Bornemann ZUM 2012, 89 (92)), dass Teleshopping-Fenster zu Beginn optisch und akustisch und während ihrer gesamten Dauer als „Teleshopping" oder „Verkaufssendung" gekennzeichnet werden müssen.

Zur unzureichenden Kennzeichnung von Dauerwerbesendungen mit dem Schriftzug „Promoti- **7.1** on" vgl. OVG Berlin ZUM-RD 2009, 559; OVG Koblenz ZUM-RD 2009, 176; VGH München BeckRS 2009, 41984.

II. Eigenwerbekanäle

Eigenwerbekanäle umfassen auch Teleshopping-Kanäle (→ Rn. 5). Sie erfüllen einen **8** Selbstzweck, dienen in erster Linie der Unternehmenskommunikation (NK-BayMG Art. 8

Rn. 303) und bedürfen gleichwohl einer rundfunkrechtlichen Zulassung (NK-BayMG Art. 8 Rn. 304). Für eine Beschränkung der Absatzförderung qua Eigenwerbung iSd § 2 Abs. 2 Nr. 7 in Eigenwerbekanälen fehlt Ziff. 11 Abs. 1 S. 2 WerbeRL der Landesmedienanstalten die Rechtsgrundlage. Reine Werbe- (§ 45 Abs. 3), Eigenwerbe- (§ 45a Abs. 2) oder Teleshoppingkanäle (§ 1 Abs. 4) sind von allen Werbemengenbegrenzungen und den Vorgaben für Unterbrecherwerbung befreit. Sie sind als solche kennzeichnungspflichtig (vgl. § 7 Abs. 3 S. 1). Drittwerbung ist nach den allgemeinen rundfunkrechtlichen Spielregeln zulässig.

§ 45b [aufgehoben]

§ 46 Richtlinien

¹Die Landesmedienanstalten erlassen gemeinsame Satzungen oder Richtlinien zur Durchführung der §§ 7, 7a, 8, 8a, 44, 45 und 45a; in der Satzung oder Richtlinie zu § 8a sind insbesondere die Ahndung von Verstößen und die Bedingungen zur Teilnahme Minderjähriger näher zu bestimmen. ²Sie stellen hierbei das Benehmen mit den in der ARD zusammengeschlossenen Landesrundfunkanstalten und dem ZDF her und führen einen gemeinsamen Erfahrungsaustausch in der Anwendung dieser Richtlinien durch.

Bereits der Rundfunkstaatsvertrag von 1987 ermächtigte die Landesmedienanstalten zum Erlass gemeinsamer Richtlinien zur Durchführung der Werbe- und Sponsoringbestimmungen für private Rundfunkveranstalter (→ Rn. 3). Durch den 10. RÄndStV wurde diese Richtlinienbefugnis in gegenständlicher Hinsicht auf Gewinnspiele im Rundfunk erweitert (§ 8a) und um die Ermächtigung zum Erlass „gemeinsamer" Satzungen (→ Rn. 8) ergänzt. Der Auseinanderentwicklung der Rechtspraxis in den beiden Säulen des dualen Rundfunksystems sollen im Stadium der Richtlinienaufstellung die Benehmensherstellung (→ Rn. 9) mit den öffentlich-rechtlichen Rundfunkanstalten und in der Durchführungsphase die Verpflichtung zum Erfahrungsaustausch (→ Rn. 10) über die Anwendung der Richtlinien entgegenwirken.

A. Allgemeines

I. Bedeutung der Norm

1   § 46 S. 1 ermächtigt und verpflichtet die Landesmedienanstalten, zur Durchführung der Sponsoring- und Werbebestimmungen (Werberecht iwS) und der Gewinnspielvorschrift (§ 8a) gemeinsame Satzungen oder RL zu erlassen. Hinsichtlich der Gewinnspiele gibt S. 1 Hs. 2 als Mindestinhalt Regelungen über die Teilnahme Minderjähriger sowie die Ausfüllung des Bußgeldblanketttatbestandes in § 49 Abs. 1 S. 2 Nr. 5 vor. Zur Erreichung möglichst einheitlicher Standards im Gewinnspiel- und Werberecht iwS ist bei Satzungserlass und Richtlinienaufstellung das Benehmen mit den ARD-Anstalten und dem ZDF verpflichtend vorgeschrieben (→ Rn. 9); das Pendant für die öffentlich-rechtlichen Rundfunkanstalten enthält § 16f S. 3, der zum Erfahrungsaustausch über die Anwendung der Richtlinien verpflichtet (→ Rn. 10).

II. Entstehungsgeschichte

2   RL für die Programmgestaltung haben im Rundfunk Tradition. Schon zu Zeiten des Reichsrundfunks gaben die Aufsichtsbehörden RL vor (Gersdorf, 6; Stuiber, Medien in Deutschland, Bd. 2 Rundfunk, 1998, 154 (160)). Auch im Rundfunksystem der Bundesrepublik sind RL das Steuerungsinstrument für die Programmgestaltung im Rahmen des gesetzlichen Programmauftrags geblieben. Allerdings werden sie nicht mehr von externen staatlichen Stellen, sondern von internen pluralen Gremien vorgegeben (vgl. Art. 2 Abs. 3 S. 5 BayRG; § 20 Abs. 1 ZDF-StV).

Schließlich folgte die Einräumung von Richtlinienbefugnissen für Landesmedienanstalten. Art. 7 Abs. 8 RStV 1987 sah gemeinsame RL der Landesmedienanstalten zur Durchführung der Sponsoring- und Werbebestimmungen vor. § 31 RStV v. 31.8.1991 übernahm die Regelung. 1996 wurde sie in § 46 mit der Richtlinienbefugnis zur Durchführung der Jugendschutzbestimmungen in § 3 RStV 1991 zusammengeführt. Seit der Auslagerung des Jugendschutzes in den JMStV v. 10./27.9.2002 beschränkte sich die Richtlinienkompetenz des § 46 wieder auf die Durchführung der Werbe- und Sponsoringbestimmungen. Mit der Zulassung von Gewinnspielen in § 8a durch den 10. RÄndStV v. 19.12.2007 wurde die Richtlinienkompetenz in § 46 auf die Durchführung des § 8a erstreckt und – mit Blick auf den neuen Bußgeldtatbestand in § 49 Abs. 1 S. 2 Nr. 5, jedoch nicht hierauf beschränkt – um eine Satzungskompetenz erweitert (vgl. NK-BayMG Art. 12 Rn. 38); die Überschrift des § 46 und die Pflicht zum „gemeinsamen Erfahrungsaustausch" (→ Rn. 9) wurden an die Erweiterung um eine Satzungsermächtigung nicht angepasst.   3

III. Geltungsbereich

§ 46 befindet sich im III. Abschnitt des RStV mit den Vorschriften für den privaten Rundfunk. Fraglich ist deshalb, ob die Durchführungsbestimmungen der Satzungen und RL für die gesetzlichen Bestimmungen, die für Telemedien entsprechend gelten (§ 58 Abs. 2 bis 4), auf Telemedienanbieter erstreckt werden können (abl. VGH München ZUM-RD 2010, 102). Außer systematischen Bedenken ist der Umstand zu würdigen, dass in fünf von 16 Bundesländern die Telemedienaufsicht nach § 59 Abs. 2 nicht den Landesmedienanstalten, sondern staatlichen Behörden obliegt (s. Hahn/Vesting/Schulz RStV § 59 Rn. 41, mit der Korrektur, dass in Baden-Württemberg gem. § 30 Abs. 2 letzter Hs. LMedienG die Landesmedienanstalt zuständig ist). Die organisationsrechtliche Anomalie des Vollzugs staatsfreier Normsetzung durch staatliche Behörden spricht auf den ersten Blick gegen die teleologische Erweiterung der Richtlinien- und Satzungsbefugnis auf Telemedien (vgl. VGH München ZUM-RD 2010, 102 (112)). Andererseits erscheint „diese Kreuzung aus staatsfreier Normierung (im Rahmen der gesetzlichen Vorgaben (…) und staatlicher Normdurchsetzung" mit der Subsumtion massenkommunikativer Telemedien unter den verfassungsrechtlichen Rundfunkbegriff gut vereinbar (Cornils, Ausgestaltungsgesetzesvorbehalt und staatsfreie Normsetzung im Rundfunkrecht 2011, 190 f.) und geeignet verfassungsrechtliche Bedenken gegen die Staatsaufsicht über solche Telemedien (Kunisch MMR 2011, 796) zu reduzieren. Die Landesmedienanstalten haben den Geltungsbereich ihrer Gewinnspielsatzungen auf Telemedien erstreckt (§ 1 Abs. 1 GewSpStzg); in Bayern sind die Bestimmungen der Gewinnspielsatzung für Telemedien ungültig (VGH München ZUM-RD 2010, 102 rkr.).   4

Im Normenkontrollverfahren wurde der Antrag die übrigen Landesmedienanstalten beizuladen mit der Begründung abgelehnt, das Normenkontrollurteil bleibe ohne Auswirkung auf die Geltung der Satzungen in den übrigen Ländern (VGH München Beschl. v. 4.8.2009 – 7 N 09.1377 und 7 NE 09.1378; aA Vesting/Kremer AfP 2010, 9 (15)).   4.1

B. Inhalt der Norm

I. Die Rechtsnatur von Programmrichtlinien

Anders als die Organe der öffentlich-rechtlichen Rundfunkanstalten müssen Landesmedienanstalten als externe Aufsichtsinstanzen Vorgaben für die Programmgestaltung rechtfertigen, da sie grundrechtlich geschützten privaten Rundfunkveranstaltern hoheitlich gegenübertreten. Die amtl. Begr. zum RStV 1987 thematisiert diesen Unterschied nicht, sondern hebt im Gegenteil Gemeinsamkeiten mit den RL der öffentlich-rechtlichen Rundfunkanstalten hervor (abgedruckt bei Hartstein/Ring/Kreile RStV, 1989, zu Art. 7). Die Literatur indes leitete aus den Unterschieden in der Organisationsstruktur (interne – externe Kontrolle) fundamentale Unterschiede in der Wirkung der RL ab, und sah im öffentlich-rechtlichen System bindende Verhaltensanweisungen für die Programmmitarbeiter, im privaten System jedoch nur eine Selbstbindung der Landesmedienanstalten an die Richtlinien, die für die Rundfunkveranstalter keine Bindungswirkung erzeugten (Harstein/Ring/Kreile   5

RStV § 46 II. Rundfunk und presseähnliche Telemedien

RStV, 1989, Art. 7 Rn. 116). Soweit ersichtlich, hat Herkströter als erster deutliche Kritik an diesem Ergebnis geübt und sich mit überzeugenden Gründen für den verbindlichen Charakter der WerbeRL der Landesmedienanstalten eingesetzt (ZUM 1992, 395 (396 f.)). Soweit die Literatur ihm folgte, versuchte sie das Problem im Rahmen des überkommenen Richtlinienbegriffs des Verwaltungsrechts zu lösen und qualifizierte die RL als normkonkretisierende Verwaltungsrichtlinien (Ladeur DÖV 2000, 217; Oberländer ZUM 2001, 487; Hahn/Vesting/Ladeur RStV § 46 Rn. 10; nunmehr auch HRKDSC RStV § 46 Rn. 4), fand jedoch bei der Rspr. kaum Gehör.

5.1 Die überw. Rspr. misst den WerbeRL der Landesmedienanstalten keine Bindungswirkung zu: OVG Lüneburg ZUM 1999, 347 (350); OVG Berlin NVwZ-RR 2007, 681 (682); VGH München BeckRS 2009, 41984; offen gelassen von OVG Koblenz ZUM-RD 2009, 176 und BeckRS 2013, 55853; aA wohl OVG Berlin ZUM-RD 2009, 559 (561).

5.2 Ein nachdrückliches obiter dictum gegen die Bindungswirkung der JuSchRL: VGH München MMR 2011, 557 (560).

6 Dabei weisen Formulierungen in amtl. Begr. zu RÄndStV die Richtung. Die amtl. Begr. zum 3. RÄndStV v. 26.08./11.9.1996 führt aus: „§ 46 fasst spiegelbildlich zu § 16 für den öffentlich-rechtlichen Rundfunk die bisherigen Ermächtigungsnormen für Richtlinien der Landesmedienanstalten zusammen. Auf die Ausführungen in der Begründung zu § 16 wird verwiesen." (Bay LT-Drs. 13/5683, 35). Norminterpretierende Verwaltungsrichtlinien bedürfen keiner gesetzlichen Ermächtigungsgrundlage (HRKDSC RStV § 46 Rn. 4). Offensichtlich sollten durch programmsteuernde RL vergleichbare Ergebnisse in beiden Säulen des dualen Rundfunksystems erzielt werden. Dem dient die **gesetzliche Ermächtigungsgrundlage** für die staatsfreie Normsetzung durch die Landesmedienanstalten (Bornemann ZUM 2012, 89 (90)). Damit ist die Vorstellung von verbindlichen RL im öffentlich-rechtlichen Rundfunksystem und auf der anderen Seite norminterpretierenden Verwaltungsrichtlinien, die private Rundfunkveranstalter nicht binden, unvereinbar. Die amtl. Begr. zum 13. RÄndStV v. 30.10./20.11.2009 sieht die Landesmedienanstalten in der Pflicht, „in (...) Richtlinien (...) bspw. die in § 7 Abs. 7 S. 6 geregelte einheitliche Kennzeichnung von Produktplatzierung festzulegen." (Bay LT-Drs. 16/2736, 14) Die Festlegung einer einheitlichen Kennzeichnung zur Selbstbindung der festlegenden Landesmedienanstalten, aber ohne Bindungswirkung für die nach Gesetz kennzeichnungspflichtigen Rundfunkveranstalter wäre sinnlos (→ § 33 Rn. 10). Deshalb muss man die rundfunkrechtlichen RL verstehen „als genuin rundfunkrechtliche Steuerungsinstrumente mit Rechtssatzcharakter. Sie beruhen auf demokratisch legitimierten gesetzlichen Ermächtigungsgrundlagen und haben Außen- und Bindungswirkung." (Bornemann ZUM 2012, 89 (92)) Zur Herstellung von einheitlichen Verhältnissen in allen Ländern müssen sie als „gemeinsame" RL inhaltlich übereinstimmen (vgl. Hahn/Vesting/Flechsig RStV § 33 Rn. 5).

II. Die Satzungsermächtigung

7 Durch den 10. RÄndStV wurde § 46 neu gefasst. Die amtl. Begr. spricht von der **Ermächtigungsgrundlage für den Erlass von Satzungen** oder Richtlinien (Bay LT-Drs. 15/9667, 19 f.). Durch Zustimmungsbeschluss oder -gesetz der Landesparlamente wurde die Staatsvertragsbestimmung unmittelbar geltendes Recht. Die Ermächtigung, Satzungsbestimmungen zur Durchführung des Werberechts iwS und des Gewinnspielrechts mit Bindungswirkung für die privaten Rundfunkveranstalter zu erlassen, bedarf darüber hinaus keiner zusätzlichen demokratischen Legitimation (Stettner, Die Rspr. der Verfassungs- und Verwaltungsgerichte zum Bayerischen Medienrecht 2000–2010, 66). Gegen die Wahl der Satzung als Rechtsform bestehen keine durchgreifenden Bedenken (Cornils, Ausgestaltungsgesetzesvorbehalt und staatsfreie Normsetzung im Rundfunkrecht 2011, 27 ff.), obwohl die geringe Regelungsautonomie bei der engmaschigen gesetzlichen Werberegulierung eher für – nach hier vertretener Ansicht verbindliche (vgl. auch Hesse, 220 f.) – Richtlinien spricht (Cornils, Ausgestaltungsgesetzesvorbehalt und staatsfreie Normsetzung im Rundfunkrecht 2011, 179 f.). Rundfunkwerberecht dient vor allem der Ausgestaltung der Finanzierungsbedingungen des (privaten) Rundfunks und gehört insoweit zur Ausgestaltungsgesetzgebung (Bornemann K&R 2012, 653 (656); Hahn/Vesting/Ladeur RStV § 7 Rn. 7). Zur Ausgestaltung zählt auch § 8a (VGH München ZUM-RD 2010, 102 (106); zust. Stettner, Die Rspr. der Verfassungs- und Verwaltungsgerichte zum Bayerischen Medienrecht 2000–2010, 70). Der Gesetzgeber ist berechtigt, Detailregelungen der Ausgestaltung auf staatsferne Landesmedienanstalten zu delegieren (vgl. Gounalakis, Wirtschaftliche Kooperation bayerischer Hörfunkanbieter 2005, 23 ff.). Die zutreffende Feststellung des VGH München, dass die Landesmedienanstalten nicht als partizipatorische Selbstverwaltung der Rundfunkveranstalter ausgestaltet wurden und die Gremien der Landesmedienanstalten, die gesellschaftliche Vielfalt abbilden, in diesem Sinn keine Betroffenen-Selbstverwaltungsgremien sind, schmälert die Legitimationsgrundlage der Satzungsermächtigung durch den demokratischen Gesetzgeber nicht. Die Satzungsermächtigung wurde zwar nicht auf die Durchführung des § 8a beschränkt, aber auch nicht zufällig zusammen mit § 49 Abs. 1 S. 2 Nr. 5 eingeführt. Weil Satzungen Gesetze iSd § 3 OWiG sind (BeckOK OWiG/Bock OWiG § 3 Rn. 16), erscheint mit Blick auf die unsichere Qualifikation der RL die Ausfüllung des Blanketttatbestandes in § 49 Abs. 1 S. 2 Nr. 5 durch Satzungsbestimmungen als sicherer Weg (vgl. BeckOK OWiG/Bock OWiG § 3 Rn. 19).

Die „Gemeinsamkeit" der Satzungen besteht in ihrer inhaltlichen Übereinstimmung, **8** nicht in einem – unzulässigen – interföderativen Rechtssetzungsakt (VGH München ZUM 2010, 102 (110); Vesting/Kremer AfP 2010, 9 (10 f.)). Nach außen erlässt jede Landesmedienanstalt ihre eigene Satzung.

III. Verfahren beim Satzungs- und Richtlinienerlass

Mit Ausnahme der RL der KEK nach § 29 S. 5 werden die Entwürfe der gemein- **9** samen oder übereinstimmenden Satzungen und RL nach dem RStV von der ZAK erarbeitet und mit der GVK abgestimmt (§ 36 Abs. 3 S. 3), bevor sie zur Beschlussfassung in die dafür zuständigen Gremien der einzelnen Landesmedienanstalten eingebracht werden. Vor der endgültigen Beschlussfassung in den Gremien muss **beim Richtlinienerlass** das Benehmen mit den öffentlich-rechtlichen Rundfunkanstalten hergestellt werden. Nicht ganz eindeutig ist der Wortlaut des S. 2 in Bezug auf den Satzungserlass. Die Landesmedienanstalten haben das Benehmen mit ARD und ZDF beim Erlass ihrer „gemeinsamen" Gewinnspielsatzung hergestellt. **Benehmen** bedeutet Information und **Gelegenheit zur Stellungnahme** (VGH München ZUM-RD 2010, 102 (111)). Spiegelbildlich verpflichtet § 16f S. 3 die öffentlich-rechtlichen Rundfunkanstalten zur Benehmensherstellung mit den Landesmedienanstalten beim Erlass ihrer Werbe-, Sponsoring- und Gewinnspielrichtlinien.

IV. Erfahrungsaustausch

Nicht nur im Rechtssetzungsverfahren, sondern auch im Normvollzug sollen Landes- **10** medienanstalten und öffentlich-rechtliche Rundfunkanstalten Kontakt halten, damit möglichst eine Auseinanderentwicklung der Werbepraxis im dualen Rundfunksystem verhindert wird. Ein institutionalisiertes Verfahren zum Erfahrungsaustausch wurde bisher nicht installiert.

§ 46a Ausnahmen für regionale und lokale Fernsehveranstalter

Für regionale und lokale Fernsehprogramme können von § 7 Absatz 4 Satz 2, § 7a Absatz 3 und § 45 Absatz 1 nach Landesrecht abweichende Regelungen getroffen werden.

§ 46a macht von einer Möglichkeit Gebrauch, die Art. 26 AVMD-RL vorsieht (→ Rn. 1), und erlaubt die landesgesetzliche Befreiung privater (→ Rn. 2) regionaler und lokaler Fernsehprogramme (→ Rn. 3 f.) von bestimmten Werbevorschriften (→ Rn. 5).

A. Allgemeines

§ 46a wurde durch den 5. RÄndStV vom 06.06./7.8.2000 eingefügt. Laut amtl. Begr. **1** sollte der in Art. 20 EGFsRL (nunmehr Art. 26 AVMD-RL) eingeräumte Handlungsspielraum genutzt werden (Bay LT-Drs. 14/4192, 9) „ausschließlich einzelstaatliche Fernsehprogramme", wie Art. 26 AVMD-RL überschrieben ist, von den europarechtlichen Vorgaben für Unterbrecherwerbung und der Stundenbegrenzung auf 20 % für Spotwerbung (→ Rn. 5) zu befreien. Im Zweifel ist § 46a europarechtskonform auszulegen (vgl. BVerfG NJW 2012, 669). Eine auf § 46a beruhende landesrechtliche Ausnahme ist ihrerseits staatsvertragskonform zu interpretieren (vgl. § 1 Abs. 2).

B. Geltungsbereich

2 § 46a ist aufgrund seiner Stellung im III. Abschnitt des RStV auf private regionale und lokale Fernsehprogramme beschränkt (HRKDSC RStV § 46a Rn. 4).

3 Die Begriffe des „Lokalen" und des „Regionalen" werden im RStV nicht definiert. „Regionalfensterprogramme" iSd § 2 Abs. 2 Nr. 6 können auch landesweite Programme sein (vgl. HRKDSC RStV § 2 Rn. 38). Deshalb kommen Ausnahmen aufgrund des § 46a sowohl für eigenständige lokale Fernsehprogramme wie sog. Ballungsraumfernsehen als auch für lokale Fernsehfenster von Drittanbietern (aA wohl Hahn/Vesting/Ladeur RStV § 46a Rn. 5) sowie für regionale Fernsehprogramme einschließlich der Regionalfensterprogramme von Drittanbietern, nicht jedoch für bundesweit verbreitete Fernsehprogramme in Betracht. Ein Ausschluss von landesweiten Fernsehprogrammen in Flächenländern aus dem Anwendungsbereich des § 46a (HRKDSC RStV § 46a Rn. 6) findet im RStV keine Stütze.

3.1 Anders ist die Rechtslage zu beurteilen, wenn ein Landesgesetz, das drei Landesebenen kennt (lokal, regional und landesweit – vgl. Art. 3 Abs. 1 und 2, Art. 11 Abs. 1 S. 2 Nr. 6 BayMG), Werbeerleichterungen nur für lokale und regionale Fernsehprogramme vorsieht, wie zB Art. 8 Abs. 2 S. 1 BayMG. In diesem Fall gelten die Werbeerleichterungen nicht für landesweite Fernseh(fenster)programme (NK-BayMG Art. 8 Rn. 308).

4 Europarechtlich darf die Werbeerleichterung im nationalen Recht nur für Programme gewährt werden, die „weder unmittelbar noch mittelbar in einem oder mehreren anderen Mitgliedsstaaten öffentlich empfangen werden können". Ein sog. terrestrischer Overspill ist unschädlich (Hahn/Vesting/Ladeur RStV § 46a Rn. 3; NK-BayMG Art. 8 Rn. 308). Wenn lokale Fernsehprogramme jedoch unverschlüsselt über Satellit verbreitet werden, ist eine Abweichung von den europarechtlichen Werbebestimmungen unzulässig (vgl. HRKDSC RStV § 46a Rn. 6).

C. Regelungsgehalt

5 Der Landesgesetzgeber kann von der Anrechnung der Split screen-Werbung auf die Dauer der Spotwerbung (§ 7 Abs. 4 S. 2), von den Mindestabständen von 30 Minuten bei der Unterbrecherwerbung (§ 7a Abs. 3) und von dem maximalen Umfang der Spotwerbung iHv 20 % je Stunde (§ 45 Abs. 1) befreien. Zur Spotwerbung rechnet das Gesetz Fernwehwerbespots und Teleshopping-Spots.

§ 47 *(keine Kommentierung)*

IV. Abschnitt. Revision, Ordnungswidrigkeiten

§ 48 Revision zum Bundesverwaltungsgericht

In einem gerichtlichen Verfahren kann die Revision zum Bundesverwaltungsgericht auch darauf gestützt werden, dass das angefochtene Urteil auf der Verletzung der Bestimmungen dieses Staatsvertrages beruhe.

Ordnungswidrigkeiten § 49 RStV

§ 48 RStV wurde auf Grundlage von Art. 99 GG durch Art. 1 3. RÄndStV v. 26.8.1996 **1**
(GV. NRW. 1996, 484) eingefügt. Normzweck ist die Sicherstellung einer bundesweit einheitlichen Rspr. (LT-Drs. NRW 12/1336, 46). Alle Bestimmungen des RStV sind revisibel (BVerwG NJW 1998, 2690; Hahn/Vesting/Bumke RStV § 48 Rn. 4 ff.).

§ 49 Ordnungswidrigkeiten

(1) ¹Ordnungswidrig handelt, wer als Veranstalter von bundesweit verbreitetem privatem Rundfunk vorsätzlich oder fahrlässig

1. Großereignisse entgegen § 4 Absatz 1 oder 3 verschlüsselt und gegen besonderes Entgelt ausstrahlt,
2. entgegen § 7 Absatz 3 Satz 2 in der Werbung oder im Teleshopping Techniken zur unterschwelligen Beeinflussung einsetzt,
3. entgegen § 7 Absatz 3 Satz 3 Werbung oder Teleshopping nicht dem Medium angemessen durch optische oder akustische Mittel oder räumlich eindeutig von anderen Sendungsteilen absetzt,
4. entgegen § 7 Absatz 4 eine Teilbelegung des ausgestrahlten Bildes mit Werbung vornimmt, ohne die Werbung vom übrigen Programm eindeutig optisch zu trennen und als solche zu kennzeichnen,
5. entgegen § 7 Absatz 5 Satz 2 eine Dauerwerbesendung nicht kennzeichnet,
6. entgegen § 7 Absatz 6 Satz 1 virtuelle Werbung in Sendungen oder beim Teleshopping einfügt,
7. entgegen § 7 Absatz 7 Satz 1 Schleichwerbung, Themenplatzierung oder entsprechende Praktiken betreibt,
8. entgegen § 7 Absatz 7 Satz 1 Produktplatzierung betreibt, soweit diese nicht nach § 44 zulässig ist,
9. entgegen § 7 Absatz 7 Satz 3 oder 4 auf eine Produktplatzierung nicht eindeutig hinweist,
10. entgegen § 7 Absatz 9 Werbung oder Teleshopping politischer, weltanschaulicher oder religiöser Art verbreitet,
11. entgegen § 7a Absatz 1 Übertragungen von Gottesdiensten oder Sendungen für Kinder durch Werbung oder Teleshopping-Spots unterbricht,
12. entgegen den in § 7a Absatz 3 genannten Voraussetzungen Sendungen durch Werbung oder Teleshopping unterbricht,
13. entgegen § 8 Absatz 1 Satz 1 nicht zu Beginn oder am Ende der gesponserten Sendung auf den Sponsor hinweist,
14. gemäß § 8 Absatz 3 bis 6 unzulässig gesponserte Sendungen verbreitet,
15. entgegen § 9 Absatz 1 Satz 2 der Informationspflicht nicht nachkommt,
16. entgegen § 9b Absatz 2 die dort genannten Informationen im Rahmen des Gesamtangebots nicht leicht, unmittelbar und ständig zugänglich macht,
17. entgegen § 20 Absatz 1 Satz 1 oder Absatz 2 Satz 1 ohne Zulassung Rundfunkprogramme veranstaltet,
18. entgegen § 20b Satz 1 und 2 Hörfunkprogramme ausschließlich im Internet verbreitet und dies der zuständigen Landesmedienanstalt nicht oder nicht vollständig anzeigt,
19. entgegen § 23 Absatz 2 nicht fristgemäß die Aufstellung der Programmbezugsquellen der zuständigen Landesmedienanstalt vorlegt,
20. entgegen § 34 Satz 2 die bei ihm vorhandenen Daten über Zuschaueranteile auf Anforderung der KEK nicht zur Verfügung stellt,
21. entgegen § 45 Absatz 1 die zulässige Dauer der Werbung überschreitet,
22. entgegen § 45a Absatz 1 Satz 1 Teleshopping-Fenster verbreitet, die keine Mindestdauer von 15 Minuten ohne Unterbrechung haben oder entgegen § 45a Absatz 1 Satz 2 Teleshopping-Fenster verbreitet, die nicht optisch und akustisch klar als solche gekennzeichnet sind,
23. entgegen § 47 Absatz 1 in Verbindung mit § 12 Absatz 3 des Telemediengesetzes die Nutzung von Rundfunk von einer Einwilligung des Nutzers in eine Verarbeitung seiner Daten für andere Zwecke abhängig macht,

24. entgegen § 47 Absatz 1 in Verbindung mit § 13 Absatz 1 Satz 1 oder 2 des Telemediengesetzes den Nutzer nicht, nicht richtig, nicht vollständig oder nicht rechtzeitig unterrichtet,
25. entgegen § 47 Absatz 1 in Verbindung mit § 13 Absatz 2 oder 4 Satz 1 Nummer 1 bis 5 des Telemediengesetzes einer dort genannten Pflicht zur Sicherstellung nicht oder nicht richtig nachkommt,
26. entgegen § 47 Absatz 1 in Verbindung mit § 14 Absatz 1 oder § 15 Absatz 1 oder 8 Satz 1 oder 2 des Telemediengesetzes personenbezogene Daten verarbeitet,
27. entgegen § 47 Absatz 1 in Verbindung mit § 15 Absatz 3 Satz 3 des Telemediengesetzes ein Nutzungsprofil mit Daten über den Träger des Pseudonyms zusammenführt,
28. entgegen § 47 Absatz 3 Satz 4 Angebote gegen den Abruf oder Zugriff durch die zuständige Aufsichtsbehörde sperrt.

²Ordnungswidrig handelt auch, wer
1. entgegen § 21 Abs. 6 eine Änderung der maßgeblichen Umstände nach Antragstellung oder nach Erteilung der Zulassung nicht unverzüglich der zuständigen Landesmedienanstalt mitteilt,
2. entgegen § 21 Abs. 7 nicht unverzüglich nach Ablauf eines Kalenderjahres der zuständigen Landesmedienanstalt gegenüber eine Erklärung darüber abgibt, ob und inwieweit innerhalb des abgelaufenen Kalenderjahres bei den nach § 28 maßgeblichen Beteiligungs- und Zurechnungstatbeständen eine Veränderung eingetreten ist,
3. entgegen § 23 Abs. 1 seinen Jahresabschluss samt Anhang und Lagebericht nicht fristgemäß erstellt und bekannt macht,
4. entgegen § 29 Satz 1 es unterlässt, geplante Veränderungen anzumelden,
5. einer Satzung nach § 46 Satz 1 in Verbindung mit § 8a zuwiderhandelt, soweit die Satzung für einen bestimmten Tatbestand auf diese Bußgeldvorschrift verweist,
6. entgegen § 51b Abs. 2 Satz 1 oder 3 die Weiterverbreitung von Fernsehprogrammen nicht, nicht rechtzeitig oder nicht vollständig anzeigt und die Anzeige nicht durch den Plattformanbieter vorgenommen wurde,
7. entgegen § 52 Abs. 3 Satz 1 oder 2 den Betrieb einer Plattform mit Rundfunk und vergleichbaren Telemedien nicht, nicht rechtzeitig oder nicht vollständig anzeigt,
8. entgegen § 52a Abs. 3 Satz 1 und 2 ohne Zustimmung des jeweiligen Rundfunkveranstalters dessen Programm oder vergleichbare Telemedien inhaltlich und technisch verändert oder einzelne Rundfunkprogramme oder Inhalte in Programmpakete aufnimmt oder in anderer Weise entgeltlich oder unentgeltlich vermarktet,
9. entgegen § 52b Abs. 1 oder § 52b Abs. 2 Satz 2, 3 oder 4 die erforderlichen Übertragungskapazitäten für die zu verbreitenden Programme nicht oder in nicht ausreichendem Umfang oder nicht zu den vorgesehenen Bedingungen zur Verfügung stellt oder
    entgegen § 52b Abs. 4 Satz 3 oder Satz 6 die Belegung oder die Änderung der Belegung von Plattformen nicht, nicht rechtzeitig oder nicht vollständig anzeigt,
10. entgegen § 52c Abs. 1 Satz 2 durch die Verwendung eines Zugangsberechtigungssystems oder eines Systems nach § 52c Abs. 1 Satz 2 Nr. 3 oder durch Schnittstellen für Anwendungsprogramme oder durch sonstige technische Vorgaben zu § 52c Abs. 1 Satz 2 Nr. 1 bis 3 gegenüber Herstellern digitaler Rundfunkempfangsgeräte Anbieter von Rundfunk oder vergleichbarer Telemedien einschließlich elektronischer Programmführer bei der Verbreitung ihrer Angebote unbillig behindert oder gegenüber gleichartigen Anbietern ohne sachlich gerechtfertigten Grund unterschiedlich behandelt,
    entgegen § 52c Abs. 2 Satz 1 oder 2 die Verwendung oder Änderung eines Zugangsberechtigungssystems oder eines Systems nach § 52c Abs. 1 Satz 2

Nr. 3 oder einer Schnittstelle für Anwendungsprogramme oder die Entgelte hierfür nicht unverzüglich anzeigt oder

entgegen § 52c Abs. 2 Satz 3 der zuständigen Landesmedienanstalt auf Verlangen die erforderlichen Auskünfte nicht erteilt,

11. entgegen § 52d Satz 1 Anbieter von Programmen oder vergleichbaren Telemedien durch die Ausgestaltung der Entgelte oder Tarife unbillig behindert oder gegenüber gleichartigen Anbietern ohne sachlich gerechtfertigten Grund unterschiedlich behandelt
oder

entgegen § 52d Satz 3 Entgelte oder Tarife für Angebote nach § 52b Abs. 1 Satz 1 oder Abs. 2 Satz 2 nicht oder nicht vollständig offenlegt,

12. entgegen § 52e Abs. 1 Satz 1 der zuständigen Landesmedienanstalt auf Verlangen die erforderlichen Unterlagen nicht vorlegt,
13. entgegen § 55 Abs. 1 bei Telemedien den Namen oder die Anschrift oder bei juristischen Personen den Namen oder die Anschrift des Vertretungsberechtigten nicht oder nicht richtig verfügbar hält,
14. entgegen § 55 Abs. 2 bei Telemedien mit journalistisch-redaktionell gestalteten Angeboten einen Verantwortlichen nicht oder nicht richtig angibt,
15. entgegen § 58 Absatz 3 in Verbindung mit § 7 Absatz 3 Satz 2 in der Werbung oder im Teleshopping Techniken zur unterschwelligen Beeinflussung einsetzt,
16. entgegen § 58 Absatz 3 in Verbindung mit § 7 Absatz 3 Satz 3 Werbung oder Teleshopping nicht dem Medium angemessen durch optische oder akustische Mittel oder räumlich eindeutig von anderen Angebotsteilen absetzt,
17. entgegen § 58 Absatz 3 in Verbindung mit § 7 Absatz 6 Satz 1 virtuelle Werbung in seine Angebote einfügt,
18. entgegen § 58 Absatz 3 in Verbindung mit § 7 Absatz 4 das verbreitete Bewegtbildangebot durch die Einblendung von Werbung ergänzt, ohne die Werbung eindeutig optisch zu trennen und als solche zu kennzeichnen,
19. entgegen § 58 Absatz 3 in Verbindung mit § 7 Absatz 5 Satz 2 ein Bewegtbildangebot nicht als Dauerwerbung kennzeichnet,
20. entgegen § 58 Absatz 3 in Verbindung mit § 7 Absatz 7 Satz 1 Schleichwerbung, Themenplatzierung oder entsprechende Praktiken betreibt,
21. entgegen § 58 Absatz 3 in Verbindung mit § 7 Absatz 7 Satz 1 Produktplatzierung betreibt, soweit diese nicht nach den §§ 15 oder 44 zulässig ist,
22. entgegen § 58 Absatz 3 in Verbindung mit § 7 Absatz 7 Satz 3 oder 4 auf eine Produktplatzierung nicht eindeutig hinweist,
23. entgegen § 58 Absatz 3 in Verbindung mit § 7 Absatz 9 Werbung oder Teleshopping politischer, weltanschaulicher oder religiöser Art verbreitet,
24. entgegen § 58 Absatz 3 in Verbindung mit § 7a Absatz 1 in das Bewegtbildangebot eines Gottesdienstes oder in die Bewegtbildangebote für Kinder Werbung oder Teleshopping-Spots integriert,
25. entgegen den in § 58 Absatz 3 in Verbindung mit § 7a Absatz 3 genannten Voraussetzungen in Bewegtbildangebote Werbung oder Teleshopping integriert,
26. entgegen § 58 Absatz 3 in Verbindung mit § 8 Absatz 1 Satz 1 bei einem gesponserten Bewegtbildangebot nicht auf den Sponsor hinweist,
27. gemäß § 58 Absatz 3 in Verbindung mit § 8 Absatz 3 bis 6 unzulässig gesponserte Bewegtbildangebote verbreitet,
28. entgegen einer vollziehbaren Anordnung durch die zuständige Aufsichtsbehörde nach § 59 Abs. 3 Satz 2, auch in Verbindung mit Absatz 4 Satz 1 ein Angebot nicht sperrt, oder
29. entgegen § 59 Abs. 7 Satz 3 Angebote gegen den Abruf durch die zuständige Aufsichtsbehörde sperrt.

³Weitere landesrechtliche Bestimmungen über Ordnungswidrigkeiten bleiben unberührt.

(2) Die Ordnungswidrigkeit kann mit einer Geldbuße von bis zu 500 000 Euro im Falle des Absatz 1 Satz 2 Nr. 13 und 14 mit einer Geldbuße bis zu 50 000 Euro

und im Falle des Absatz 1 Satz 2 Nr. 15 und 16 mit einer Geldbuße bis zu 250 000 Euro geahndet werden.

(3) ¹Zuständige Verwaltungsbehörde im Sinne des § 36 Abs. 1 Nr. 1 des Gesetzes über Ordnungswidrigkeiten ist die Landesmedienanstalt des Landes, in dem die Zulassung erteilt oder beantragt wurde, soweit nicht nach Landesrecht für die Ahndung von Ordnungswidrigkeiten nach Absatz 1 Satz 1 Nr. 23 bis 28 und Satz 2 Nr. 13 bis 29 eine andere Behörde als zuständige Verwaltungsbehörde bestimmt ist. ²Über die Einleitung eines Verfahrens hat die zuständige Verwaltungsbehörde die übrigen Landesmedienanstalten unverzüglich zu unterrichten. ³Soweit ein Verfahren nach dieser Vorschrift in mehreren Ländern eingeleitet wurde, stimmen sich die beteiligten Behörden über die Frage ab, welche Behörde das Verfahren fortführt.

(4) ¹Die Landesmedienanstalt des Landes, die einem Veranstalter eines bundesweit verbreiteten Rundfunkprogramms die Zulassung erteilt hat, kann bestimmen, dass Beanstandungen nach einem Rechtsverstoß gegen Regelungen dieses Staatsvertrages sowie rechtskräftige Entscheidungen in einem Ordnungswidrigkeitsverfahren nach Absatz 1 von dem betroffenen Veranstalter in seinem Rundfunkprogramm verbreitet werden. ²Inhalt und Zeitpunkt der Bekanntgabe sind durch diese Landesmedienanstalt nach pflichtgemäßem Ermessen festzulegen. ³Absatz 3 Satz 2 und 3 gilt entsprechend.

(5) Die Verfolgung der in Absatz 1 genannten Ordnungswidrigkeiten verjährt in sechs Monaten.

Die Kommentierung erläutert nach einem kurzen Abriss der Historie (→ Rn. 1) und Zweckbestimmung (→ Rn. 2) sowie Struktur der Norm (→ Rn. 3) schwerpunktmäßig die Ahndbarkeitsvoraussetzungen der Ordnungswidrigkeiten (→ Rn. 4 ff.). Dabei wird zunächst die Gesetzestechnik (→ Rn. 4), anschließend die Systematik der Deliktsmerkmale (→ Rn. 6) einschließlich besonderer Deliktserscheinungsformen (→ Rn. 7 ff.) dargestellt. Daraufhin werden die Strukturelemente der objektiven Tatbestände skizziert (→ Rn. 11 ff.). Danach wird auf den subjektiven Tatbestand eingegangen (→ Rn. 66 ff.). Es folgt die Erörterung der Rechtsfolgen Geldbuße (→ Rn. 71 ff.), Verfall (→ Rn. 74), Einziehung (→ Rn. 75), Verbandsgeldbuße (→ Rn. 76) sowie Verbreitung rechtskräftiger Bußgeldentscheidungen im Rundfunkprogramm (→ Rn. 77). Den Abschluss der Kommentierung bilden Erläuterungen zum Verfahren (→ Rn. 78 ff.), namentlich zur Zuständigkeit (→ Rn. 79) und zur Verjährung (→ Rn. 81).

Übersicht

	Rn		Rn
A. Allgemeines	1	**C. Rechtsfolgen**	70
I. Entstehungsgeschichte	1	I. Geldbuße	71
II. Zweck der Norm	2	1. Bußgeldrahmen	72
III. Struktur der Norm	3	2. Bemessung	73
B. Ahndbarkeitsvoraussetzungen der Ordnungswidrigkeit	4	II. Verfall, Einziehung, Verbandsgeldbuße	74
I. Allgemeines	4	1. Verfall	74
1. Verweisungstechnik, Bestimmtheit	4	2. Einziehung	75
2. Bestandteile der Ordnungswidrigkeit	6	3. Verbandsgeldbuße	76
3. Besondere Erscheinungsformen	7	III. Verbreitung rechtskräftiger Bußgeldentscheidungen im Rundfunkprogramm	77
II. Objektiver Tatbestand	11	**D. Verfahren**	78
1. Täter	12	I. Allgemeines	78
2. Taten nach S. 1	20	II. Zuständigkeit	79
3. Taten nach S. 2	49	1. Sachliche Zuständigkeit	79
III. Subjektiver Tatbestand	66	2. Örtliche Zuständigkeit	80
1. Allgemeines	66	III. Verjährung	81
2. Vorsatz	67	1. Verfolgungsverjährung	81
3. Fahrlässigkeit	68	2. Vollstreckungsverjährung	82
4. Irrtümer	69		

A. Allgemeines

I. Entstehungsgeschichte

Der Rundfunkstaatsvertrag im vereinten Deutschland brachte 1991 mit § 32 ein bundeseinheitliches Reglement von Bußgeldtatbeständen im Bereich des privaten Rundfunks. Durch die folgenden Rundfunkänderungsstaatsverträge wurde der Katalog der Bußgeldtatbestände wiederholt ergänzt. Mit dem Dritten Rundfunkänderungsstaatsvertrag wurden die Bußgeldtatbestände in § 49 eingestellt. Infolge des Inkrafttretens des Jugendmedienschutz-Staatsvertrags am 1.4.2003 wurden die den Jugendschutz und den Schutz vor strafbaren Angeboten bezweckenden Tatbestände aus § 49 in § 24 JMStV versetzt. Der vorerst letzte den Text des § 49 erheblich beeinflussende – Dreizehnte – Rundfunkänderungsstaatsvertrag brachte mannigfache sprachliche und inhaltliche Anpassungen sowie vor allem in Abs. 1 S. 2 zahlreiche neue Bußgeldtatbestände. Der Vierzehnte Rundfunkänderungsstaatsvertrag v. 1.1.2011 sollte die im Dreizehnten Rundfunkänderungsstaatsvertrag übersehene Anpassung des Abs. 2 am Ende (Nr. 28 und 29 statt Nr. 15 und 16) nachholen (HRKDSC RStV § 49 Rn. 129). Da der Vertrag nicht von allen Länderparlamenten ratifiziert wurde, trat er nicht in Kraft (Bornemann, 230). Der Fünfzehnte Rundfunkänderungsstaatsvertrag betrifft § 49 nicht.

II. Zweck der Norm

§ 49 ergänzt das verwaltungsrechtliche Instrumentarium der Medienaufsicht über den privaten Rundfunk durch die Möglichkeit der repressiven Ahndung von Verstößen. Damit soll ein Abschreckungseffekt erzielt und zugleich die Wirkung der Aufsicht verstärkt werden (HRKDSC RStV § 49 Rn. 9). § 49 ist insoweit ein Musterbeispiel für die von Ulrich Weber 1980 eindrucksvoll beschriebene und erklärte „Überspannung der staatlichen Bußgeldgewalt" (ZStW 92 (1980), 313 ff.). Ordnungswidrigkeitenrecht ist Strafrecht und der Einsatz von Strafrecht zur Effektuierung von Aufsicht über gesellschaftliche Teilsysteme ist eine Zweckentfremdung. Andererseits stoßen Verwaltungszwang und Verwaltungsvollstreckung als präventive Mittel zur Verhinderung von Programmverstößen auf praktische Durchsetzungsprobleme. Auf die repressive Ahndung kann daher wohl nicht verzichtet werden. Da die Anwendung des Ordnungswidrigkeitenrechts dem Opportunitätsprinzip unterliegt (§ 47 OWiG), kann und sollte dieses Instrument im Einzelfall flexibel, sparsam und unter strikter Wahrung des Verhältnismäßigkeitsgebots eingesetzt werden.

III. Struktur der Norm

Normtechnisch ist § 49 ein unübersichtliches Monstrum, januskööpfig eingeklemmt zwischen §§ 1–48 und §§ 50–64. Die Binnenverweisungen zielen dementsprechend in der Paragraphenzählung des RStV sowohl rückwärts als auch vorwärts. Üblicherweise haben Straf- und Bußgeldbestimmungen ihren Platz am Ende eines Gesetzes (krit. auch HRKDSC RStV § 49 Rn. 10). Wie überall im Nebenstrafrecht werden auch in § 49 alle materiell- und prozessrechtlichen Regelungen, mit denen die allgemeine Rechtslage – also vor allem das OWiG – ergänzt oder modifiziert wird, zusammengefasst. Der voluminöse erste Abs. verteilt auf zwei Sätzen gegenwärtig 57 Ziffern, was keineswegs der wesentlich höheren Zahl von Tatbestandsalternativen entspricht. Allein die Verweisung auf die Gewinnspielsatzung (S. 2 Nr. 5) bewirkt eine deutliche Vermehrung der Tatbestände. Der dritte Satz des Abs. 1 ist eine Bekräftigung des schon in § 1 Abs. 2 enthaltenen Vorbehalts zugunsten landesrechtlicher Normierungen außerhalb des Staatsvertrages. Abs. 2 enthält die dreistufige Bußgeldrahmenregelung, Abs. 3 Festlegungen zur verwaltungsbehördlichen Zuständigkeit und zu Modalitäten der Verfahrenseinleitung. In Abs. 4 ist eine weitere Sanktionsmöglichkeit normiert und Abs. 5 beziffert die Frist der Verfolgungsverjährung.

B. Ahndbarkeitsvoraussetzungen der Ordnungswidrigkeit

I. Allgemeines

1. Verweisungstechnik, Bestimmtheit

4 § 49 normiert eine Vielzahl von Bußgeldtatbeständen, beschreibt die Ahndbarkeitsvoraussetzungen der Ordnungswidrigkeiten jedoch nur fragmentarisch. Die einzelnen Merkmale des objektiven Tatbestandes werden in der für das Recht der Ordnungswidrigkeiten typischen Blankett- bzw. Verweisungstechnik aus anderen Normen importiert (Göhler/Gürtler OWiG vor § 1 Rn. 17). Dabei handelt es sich mehrheitlich um Binnenverweisungen, weil die in Bezug genommenen Ausfüllungsvorschriften solche des RStV sind. Daher ist eine Rückverweisung auf die Sanktionsvorschrift des § 49 in der Ausfüllungsvorschrift – wie sie zB § 49 StVO in Beziehung auf § 24 StVG enthält – nicht erforderlich.

4.1 Eine mehrstufige und dynamische (Bornemann S. 125) Verweisung, die auf Vorschriften außerhalb des RStV Bezug nimmt, enthält Abs. 1 S. 2 Nr. 5. Dort sind die Tatbestandsmerkmale der Ordnungswidrigkeiten der Gewinnspielsatzung der Landesmedienanstalten zu entnehmen, die auf der Grundlage des § 46 Abs. 1 iVm § 8a erlassen worden ist. Diese Satzung enthält eine Rückverweisung auf § 49.

5 Die Blanketttechnik ist im Lichte des Art. 103 II GG unbedenklich, sofern die Gesamtheit der aus Ausfüllungsvorschrift und Verweisungsvorschrift zusammengesetzten Tatbeschreibung dem Bestimmtheitsgebot entspricht. Unabhängig von der Verweisungstechnik ist dies im Rahmen des § 49 Abs. 1 allerdings stellenweise zweifelhaft. Wertausfüllungsbedürftige normative Tatbestandsmerkmale wie „angemessen" (S. 1 Nr. 3) und „unbillig" (S. 2 Nr. 10, 11) eröffnen dem Rechtsanwender einen Beurteilungsspielraum, der sich vom Ideal eines hinreichend bestimmt gezeichneten Tatbildes entfernt. Auch was „eindeutig" (S. 1 Nr. 3, 4, 9, S. 2 Nr. 16, 18, 22) oder „klar" (S. 1 Nr. 22) ist und was nicht, dürfte sich oftmals nur mit Mühe eindeutig und klar bestimmen lassen. Indessen ist ein völliger Verzicht auf derart elastische Tatbestandsmerkmale nicht möglich, da der Gesetzgeber sonst nicht in der Lage wäre, der „Vielgestaltigkeit des Lebens" gerecht zu werden (Göhler/Gürtler OWiG § 3 Rn. 5). Zudem ist im Ordnungswidrigkeitenrecht mit seinen weniger einschneidenden Sanktionsfolgen tatbestandliche Unschärfe in größerem Maße hinnehmbar als im Kriminalstrafrecht.

2. Bestandteile der Ordnungswidrigkeit

6 Indem § 49 Abs. 1 die in den folgenden Katalogen aufgelisteten Verhaltensweisen mit den Worten „ordnungswidrig handelt" charakterisiert, ist die Deliktsnatur der Zuwiderhandlungen als Ordnungswidrigkeiten klargestellt. Durch die Sanktionsbestimmung in Absatz 2 wird dies bestätigt. Damit sind die rundfunkrechtlichen Verfehlungen dem Reglement des OWiG unterstellt. Dies korrespondiert dem § 2 OWiG, wonach dieses allgemeine bundesrechtliche Reglement – entsprechend der in Art. 74 Abs. 1 Nr. 1 GG verankerten Legislativkompetenz (Mitsch, Recht der Ordnungswidrigkeiten, 2. Aufl. 2005, § 1 Rn. 6) – auch für Bußgeldtatbestände des Landesrechts gilt. Somit gilt für die Ordnungswidrigkeiten des § 49 Abs. 1 vor allem § 1 Abs. 1 OWiG : Die Ordnungswidrigkeit ist eine tatbestandsmäßige, rechtswidrige und vorwerfbare Tat (Mitsch, Recht der Ordnungswidrigkeiten, 2. Aufl. 2005, § 6 Rn. 2).

6.1 Wie im Kriminalstrafrecht wird die Tatbestandsmäßigkeit in einen objektiven und einen subjektiven Tatbestand untergliedert (Mitsch, Recht der Ordnungswidrigkeiten, 2. Aufl. 2005, § 6 Rn. 6).

6.2 Die „Vorwerfbarkeit" ist ein Synonym für den kriminalstrafrechtlichen Terminus „Schuld" (Mitsch, Recht der Ordnungswidrigkeiten, 2. Aufl. 2005, § 6 Rn. 8).

6.3 § 49 und die im Wege der Verweisung in Bezug genommenen Ausfüllungsvorschriften beinhalten nur objektive und subjektive Tatbestandsmerkmale. Rechtswidrigkeit und Vorwerfbarkeit sind kein Regelungsgegenstand des RStV, insofern gelten die allgemeinen Regelungen des OWiG.

3. Besondere Erscheinungsformen

Die abstrakte gesetzliche Beschreibung straf- und ordnungswidrigkeitenrechtlich relevanter Delikte knüpft üblicherweise an eine aktive Handlung eines einzelnen Täters an, die den Tatbestand vollständig verwirklicht. Tatbestandsverwirklichung durch Unterlassen, durch Zusammenwirken mehrerer Beteiligter und in den Tatbestand unvollständig verwirklichender Weise gilt als besondere Erscheinungsform des Delikts.

Unterlassen ist in der Form des echten und des unechten Unterlassungsdelikts ahndbar (Mitsch, Recht der Ordnungswidrigkeiten, 2. Aufl. 2005, § 11 Rn. 6). Echte Unterlassungsdelikte sind in § 49 Abs. 1 zahlreich, was an Formulierungen wie „Informationspflicht nicht nachkommt" (S. 1 Nr. 15), „nicht oder nicht vollständig anzeigt" (S. 1 Nr. 18; S. 2 Nr. 7; S. 2 Nr. 9), „nicht fristgemäß (...) vorlegt" (S. 1 Nr. 19), „unterläßt (...) anzumelden" (S. 2 Nr. 4), „nicht oder nicht vollständig offenlegt" (S. 2 Nr. 11) erkennbar ist. Dagegen handelt es sich bei Taten, deren deliktischer Charakter darauf beruht, dass bei der Vornahme bestimmter Handlungen vorgeschriebene Maßnahmen nicht getroffen werden, um Handlungsdelikte (z. B. S. 1 Nr. 4 : „ ohne (...) zu (...)").

Ein echtes Unterlassungsdelikt, das auch im Bereich des § 49 bedeutsam ist, ist die in § 130 OWiG geregelte Aufsichtspflichtverletzung (HRKDSC RStV § 49 Rn. 16; Spindler/Schuster/Holznagel/Krone RStV § 49 Rn. 19).

Unechte Unterlassungsdelikte verwirklichen einen Tatbestand, dessen Verhaltensmerkmal aktives Tun beschreibt. Sie setzen eine Garantenstellung voraus, § 8 OWiG (Mitsch, Recht der Ordnungswidrigkeiten, 2. Aufl. 2005, § 11 Rn. 9). Im Bereich des § 49 haben sie keine Relevanz.

Wirkt jemand an der Tat eines anderen mit, ohne selbst alle Tatbestandsmerkmale zu erfüllen, kann sein Verhalten gem. § 14 OWiG als **Beteiligung** den Charakter einer ahndbaren Ordnungswidrigkeit haben. Nach h. M. kommt dies nur bei vorsätzlicher Mitwirkung an vorsätzlich begangenen Taten in Betracht. Fahrlässige Beteiligung ist nach h. M. keine Ordnungswidrigkeit (Göhler/Gürtler OWiG § 14 Rn. 4; aA Mitsch, Recht der Ordnungswidrigkeiten, 2. Aufl. 2005, § 13 Rn. 52 ff.). Da § 49 Abs. 1 S. 1 vorsätzliche und fahrlässige Ordnungswidrigkeiten normiert, muss bei fahrlässig begangenen Mehrpersonen-Taten geklärt werden, wer Täter und wer nur Beteiligter ist.

Versuchte Ordnungswidrigkeiten sind im geltenden Recht selten (Mitsch, Recht der Ordnungswidrigkeiten, 2. Aufl. 2005, § 12 Rn. 2). Gem. § 13 Abs. 2 OWiG muss die Ahndbarkeit des Versuchs gesetzlich ausdrücklich angeordnet sein. Bei § 49 Abs. 1 ist das nicht der Fall. Ahndbare Ordnungswidrigkeiten sind also nur vollendete Taten. Das sind Taten, die sämtliche Tatbestandsmerkmale erfüllen. Gem. § 14 Abs. 2 Alt. 2 OWiG gilt das auch für die Beteiligung.

II. Objektiver Tatbestand

Der objektive Tatbestand umfasst die äußeren Merkmale der Ordnungswidrigkeit. Abgebildet sind diese hier im Gesetzestext des § 49 Abs. 1 sowie in der durch Verweisung in Bezug genommenen Ausfüllungsnorm. Durch „Gesamtschau" von Verweisungsnorm und Ausfüllungsnorm ergibt sich der komplette objektive Tatbestand der Ordnungswidrigkeit. Mindestbestandteile eines jeden objektiven Tatbestandes sind ein Tätermerkmal und ein Verhaltensmerkmal.

1. Täter

Täter von Ordnungswidrigkeiten können nach der aktuellen Rechtslage in Deutschland allein natürliche Personen sein. Juristische Personen und sonstige Personenvereinigungen sind nach deutschem Strafrechtsverständnis – das auch für das Ordnungswidrigkeit als Strafrecht im weiteren Sinne maßgeblich ist – nicht handlungsfähig (Mitsch, Recht der Ordnungswidrigkeiten, 2. Aufl. 2005, § 7 Rn. 18; Roxin, Strafrecht Allgemeiner Teil I, 4. Aufl. 2006, § 8 Rn. 59), jedenfalls nicht schuldfähig (Baumann/Weber/Mitsch, Strafrecht Allgemeiner Teil, 11. Aufl. 2003, § 13 Rn. 15, § 18 Rn. 27). § 30 OWiG steht dem nicht entgegen, sondern bestätigt es. Könnten juristische Personen selbst Ordnungswidrigkeiten begehen, käme § 17 OWiG unmittelbar zur Anwendung (Mitsch, Recht der Ordnungswidrigkeiten, 2. Aufl. 2005, § 16 Rn. 1 ff.).

13 Je nach den Anforderungen, die das Gesetz an die Person des Täters stellt, unterscheidet man Allgemeindelikte (oder: Jedermanndelikte) und Sonderdelikte (Mitsch, Recht der Ordnungswidrigkeiten, 2. Aufl. 2005, § 7 Rn. 18ff). Allgemeindelikte können von jedem Menschen täterschaftlich begangen werden. Bei Sonderdelikten grenzt das Gesetz den Täterkreis durch bestimmte personenbezogene Merkmale ein. Täter kann nur sein, wer selbst diese Merkmale aufweist.

14 § 49 Abs. 1 normiert sowohl Sonderdelikte als auch Allgemeindelikte. Täter einer Ordnungswidrigkeit nach § 49 Abs. 1 S. 1 kann nur sein, wer „als Veranstalter von bundesweit verbreitetem privatem Rundfunk" einen der in Nr. 1 bis Nr. 28 aufgeführten Tatbestände verwirklicht. Es handelt sich daher um Sonderdelikte. Dagegen schränkt § 49 Abs. 1 S. 2 den Täterkreis nicht unmittelbar ein. Insoweit enthält der Katalog Jedermanndelikte. Begrenzungen des Kreises tätertauglicher Personen können sich aber aus der in Bezug genommenen Ausfüllungsnorm ergeben, auf die § 49 Abs. 1 S. 2 verweist (Bornemann, 28; Spindler/Schuster/Holznagel/Krone RStV § 49 Rn. 11).

14.1 Indem beispielsweise § 49 Abs. 1 S. 2 Nr. 4 als Ordnungswidrigkeit die gegen § 29 Abs. 1 verstoßende Unterlassung einer Anmeldung qualifiziert, werden zugleich als mögliche Täter dieser Ordnungswidrigkeit die gem. § 29 Abs. 1 S. 2 Anmeldepflichtigen (Veranstalter und die an dem Veranstalter unmittelbar oder mittelbar Beteiligten) angesprochen. Personen, die die Sonderdeliktseigenschaften nicht haben, sind nicht anmeldepflichtig und können – von § 9 OWiG abgesehen – nicht Täter sein. Sie können jedoch als Beteiligte eine Ordnungswidrigkeit begehen, sofern ein Täter existiert, der die spezielle Tätervoraussetzung erfüllt und zumindest tatbestandsmäßig und rechtswidrig – insbes. nach hM auch vorsätzlich – handelt, § 14 Abs. 1 S. 2 OWiG (Mitsch, Recht der Ordnungswidrigkeiten, 2. Aufl. 2005, § 13 Rn. 43 ff.).

15 Sämtliche Ordnungswidrigkeiten des § 49 Abs. 1 S. 1 sind Sonderdelikte, weil Täter nur sein kann, wer „Veranstalter von bundesweit verbreitetem privatem Rundfunk" ist. Der öffentlich-rechtliche Rundfunk ist also ausgegrenzt (Spindler/Schuster/Holznagel/Krone RStV § 49 Rn. 1; krit. Bornemann, S. 27; ausführlich Jourdan, Ordnungswidrigkeiten in Presse und Rundfunk in Zeiten der Konvergenz, 2012, 199 ff., Lesch ZUM 2003, 44 (46), die im Ergebnis einen Verstoß gegen Art. 3 GG bejahen). Die gegen das Gleichbehandlungsgebot verstoßende Privilegierung des öffentlich-rechtlichen Rundfunks begründet allerdings keinen auf Art. 3 GG gestützten Anspruch der privaten Rundfunkveranstalter, ebenfalls von der ordnungswidrigkeitenrechtlichen Ahndbarkeit verschont zu bleiben. Es gibt kein Recht auf „Gleichheit im Unrecht".

15.1 Die Nichterfassung öffentlich-rechtlicher Rundfunkveranstalter ergibt sich zum Teil auch aus den konkreten Tatbestandsfassungen, so etwa bei S. 1 Nr. 15, wo nur auf die private Rundfunkveranstalter adressierende Vorschrift des § 9 Abs. 1 S. 2 verwiesen wird (HRKDSC RStV § 49 Rn. 52).

16 Rundfunkveranstalter ist gem. § 2 Abs. 2 Nr. 14, „wer ein Rundfunkprogramm unter eigener inhaltlicher Verantwortung anbietet". Veranstalter ist nicht der Produzent einer einzelnen Sendung (Jourdan, Ordnungswidrigkeiten in Presse und Rundfunk in Zeiten der Konvergenz, 2012, 147; Lesch ZUM 2003, 44 (46);aA OLG Celle, ZUM 2003, 54). Verbreitungsgebiet des Rundfunkprogramms muss das gesamte Bundesgebiet sein. Veranstalter regional oder lokal verbreiteter Rundfunkprogramme fallen nicht unter § 49 Abs. 1 (Bornemann, 26). Ebenfalls keine tauglichen Tatsubjekte des § 49 Abs. 1 S. 1 sind im Ausland zugelassene Veranstalter von Rundfunkprogrammen, die in deutschen Kabelanlagen lediglich weiterverbreitet werden (HRKDSC RStV § 49 Rn. 8).

17 Veranstalter bundesweit verbreiteter privater Rundfunkprogramme sind in Deutschland ausschließlich juristische Personen des Privatrechts, sowie Personenhandelsgesellschaften, nicht natürliche Personen (HRKDSC RStV § 49 Rn. 13). Die Bußgeldnorm des § 49 Abs. 1 S. 1 richtet sich daher unmittelbar an Subjekte, die nicht Täter von Ordnungswidrigkeiten sein können. Dies hat aber nicht zur Folge, dass § 49 Abs. 1 S. 1 leer läuft. Denn die Eigenschaft als Veranstalter ist ein besonderes persönliches Merkmal iSd § 9 OWiG (Göhler/Gürtler OWiG § 9 Rn. 6). Daher kann die Veranstaltereigenschaft den Organen, Vertretern

und Leitungspersonen zugerechnet werden, die für den Veranstalter handeln (Bornemann, S. 29). Anwendbar ist § 9 OWiG auch auf die Sonderdeliktstatbestände des § 49 Abs. 1 S. 2 (HRKDSC RStV § 49 Rn. 73).

Ist der Rundfunkveranstalter z. B. eine GmbH, kann die Ordnungswidrigkeit des § 49 Abs. 1 S. 1 durch ihren Geschäftsführer (§ 35 Abs. 1 S. 1 GmbHG) begangen werden, § 9 Abs. 1 Nr. 1 OWiG (Mitsch, Recht der Ordnungswidrigkeiten, 2. Aufl. 2005, § 7 Rn. 28). **17.1**

Zu dem in § 9 OWiG umrissenen Personenkreis gehört nicht der Auftragsproduzent (Lesch ZUM 2003, 44 (48); aA OLG Celle, ZUM 2003, 54 [55]). Denn anderenfalls wäre für die Auftragsproduktion eine Zulassung gem. § 20 Abs. 1 S. 1 erforderlich, die Auftragsproduktion ohne Zulassung wäre Ordnungswidrigkeit gem. § 49 Abs. 1 S. 1 Nr. 17 (HRKDSC RStV § 49 Rn. 15). Nicht ausgeschlossen ist jedoch, dass im konkreten Fall die Voraussetzungen des § 9 Abs. 2 S. 1 Nr. 2 OWiG erfüllt sind (Spindler/Schuster/Holznagel/Krone RStV § 49 Rn. 10; vgl. auch Jourdan, Ordnungswidrigkeiten in Presse und Rundfunk in Zeiten der Konvergenz, 2012, 148). **17.2**

Ein Organ oder Vertreter, das/der selbst nicht den Tatbestand einer Ordnungswidrigkeit gem. § 49 Abs. 1 S. 1 verwirklicht hat, durch mangelhafte Beaufsichtigung aber mit dazu beigetragen hat, dass ein anderer von § 9 OWiG erfasster Funktionsträger gegen § 49 Abs. 1 S. 1 verstoßen hat, kann damit eine Ordnungswidrigkeit gem. § 130 OWiG begangen haben (Spindler/Schuster/Holznagel/Krone RStV § 49 Rn. 19). Denn auch die Eigenschaft als Inhaber eines Betriebes oder Unternehmens ist ein besonderes persönliches Merkmal iSd § 9 OWiG (Göhler/Gürtler OWiG § 130 Rn. 4). **18**

Liegt eine von einem die Voraussetzungen des § 9 OWiG erfüllenden Täter begangene Ordnungswidrigkeit vor, können sonstige Personen als Beteiligte iSd § 14 OWiG ebenfalls eine Geldbuße aus § 49 Abs. 1 S. 1 verwirken. Das Fehlen der Veranstalter- und der Organeigenschaft ist in Anlehnung an § 28 Abs. 1 StGB bei der Bemessung der Geldbuße gem. § 17 Abs. 1 OWiG zu berücksichtigen (Göhler/Gürtler OWiG § 17 Rn. 18). **19**

2. Taten nach S. 1

Die Ordnungswidrigkeit nach Nr. 1 wird durch unzulässige verschlüsselte und entgeltpflichtige Ausstrahlung von **Großereignissen** iSd § 4 Abs. 2 begangen. Zulässig ist die verschlüsselte und entgeltpflichtige Ausstrahlung im Pay-TV, wenn zuvor der unentgeltliche Empfang des Großereignisses im Free-TV dadurch ermöglicht wurde, dass einem Free-TV-Veranstalter ein Angebot zu angemessenen Bedingungen gemacht wurde, § 4 Abs. 1 S. 1. Die Pay-TV-Ausstrahlung ist dann gerechtfertigt, selbst wenn das Angebot von dem Free-TV-Veranstalter nicht angenommen wurde (Bornemann, 195). **20**

Bußgeldtatbestände, die sich auf **Werbung** und **Teleshopping** beziehen, enthalten die Nrn. 2 bis 12, sowie 21 und 22. Die Ausfüllungsnormen, auf die verwiesen wird, befinden sich einerseits im Ersten Abschnitt : Allgemeine Vorschriften (§§ 7, 7a), andererseits im Dritten Abschnitt : Vorschriften für den privaten Rundfunk (§§ 45, 45a). Legaldefinitionen der zentralen Begriffe „Werbung" und „Teleshopping" enthalten § 2 Abs. 2 Nr. 7 und Nr. 10. **21**

§ 7 Abs. 3 S. 2 verbietet sog. **subliminale** Werbung, also den Einsatz von Techniken zur unterschwelligen Beeinflussung in Werbung und Teleshopping. Der Verstoß gegen das Verbot ist Ordnungswidrigkeit gem. Nr. 2. Da der Tatbestand nur von Rundfunkveranstaltern verwirklicht werden kann, existiert eine Ahndungslücke hinsichtlich Teleshopping, das von den Rundfunkveranstaltern nicht selbst gestaltet wird (Bornemann, 145). **22**

§ 7 Abs. 3 S. 3, Abs. 4, Abs. 5, Abs. 6 statuieren **Trennungs-** und **Kennzeichnungsgebote**, die Verbrauchern ermöglichen sollen, Werbung und Teleshopping als solches leicht zu erkennen und vom redaktionellen Inhalt des Programms zu unterscheiden, § 7 Abs. 3 S. 1 (Bornemann, 147). **23**

Ordnungswidrig gem. Nr. 3 handelt demgemäß, wer Werbetechniken einsetzt und dabei die Trennung nicht ausreichend durch optische oder akustische Signale bzw. räumliche Separierung kenntlich macht. Die Ordnungswidrigkeit ist entgegen dem insoweit leicht mißzuverstehenden Wortlaut kein Unterlassungsdelikt, sondern Begehungsdelikt. **24**

Ordnungswidrig gem. Nr. 4 handelt, wer Fernsehwerbung bei geteiltem Bildschirm **(split screen)** nicht eindeutig optisch vom übrigen Programm trennt und/oder nicht als **25**

Werbung kennzeichnet. Voraussetzung der Tatbestandsmäßigkeit ist, dass überhaupt eine optische Bildschirmaufteilung existiert, da es sich anderenfalls um Schleichwerbung handelt (Bornemann, 149). Der Kern des Unrechts bei Nr. 4 ist also nicht das Fehlen der optischen Trennung, sondern deren fehlende Eindeutigkeit.

26 **Dauerwerbesendungen** müssen als solche angekündigt und ununterbrochen gekennzeichnet sein, § 7 Abs. 5 S. 2. Ordnungswidrig gem. Nr. 5 ist es, wenn die Dauerwerbesendung ohne Kennzeichnung durchgeführt wird. Die Unterlassung der Ankündigung ist hingegen keine Ordnungswidrigkeit (HRKDSC RStV § 49 Rn. 29). Allerdings muss zwischen Fernseh- und Hörfunkwerbung differenziert werden: Ununterbrochene akustische Kennzeichnung von Hörfunkdauerwerbesendungen ist nicht möglich. Daher ist bei Hörfunkwerbung eine Ankündigung zu Beginn und mehrfache Wiederholung des Hinweises im Verlauf der Sendung erforderlich. Der Verstoß dagegen ist ordnungswidriges Verhalten (Bornemann, 152).

26.1 Zwar besteht die Ankündigungs- und Kennzeichnungspflicht auch bei Teleshopping, § 7 Abs. 5 S. 3. Da aber Nr. 5 weder auf § 7 Abs. 5 S. 3 verweist noch das „Teleshopping" erwähnt, ist die Missachtung des Kennzeichnungsgebots beim Teleshopping keine Ordnungswidrigkeit.

27 Keinem Trennungsgebot unterliegt die **virtuelle Werbung** mittels digitaler Bildbearbeitung, durch die nur eine am Ort der Übertragung ohnehin vorhandene reale Werbung ersetzt wird. Ihre Einfügung in eine Sendung ist zulässig, sofern darauf am Anfang und am Ende der Sendung hingewiesen wird, § 7 Abs. 6 S. 1. Eine Ordnungswidrigkeit wird gem. Nr. 6 durch virtuelle Werbung begangen, mit der die Schranken des § 7 Abs. 6 S. 1 durchbrochen werden.

28 In § 7 Abs. 7 S. 1 ist ein grds.es Verbot von **Schleichwerbung, Produkt-** und **Themenplatzierung** sowie **entsprechenden Praktiken** statuiert. Schleichwerbung ist in § 2 Abs. 2 Nr. 8, Produktplatzierung ist in § 2 Abs. 2 Nr. 11 definiert. Da die Definition des Begriffs „Schleichwerbung" das Wort „absichtlich" enthält, ist fraglich, ob insoweit eine fahrlässige Ordnungswidrigkeit möglich ist (Lesch ZUM 2003, 44). Ausnahmen vom Verbot des § 7 Abs. 7 S. 1 bestehen nur für Produktplatzierung, § 44. Ordnungswidrigkeit gem. Nr. 7 ist somit das Betreiben von Schleichwerbung, Themenplatzierung und entsprechenden Praktiken.

28.1 Produktplatzierung ist gem. Nr. 8 ordnungswidrig, sofern sie nicht nach § 44 zulässig ist. Die Ausnahme vom Produktplatzierungsverbot in § 15 hat als ausschließlich öffentlich-rechtlichen Rundfunk betreffende Norm bei § 49 Abs. 1 S. 1 keine Relevanz.

28.2 Durch Produktplatzierung, die gem. § 44 zulässig ist, kann gem. Nr. 9 eine Ordnungswidrigkeit begangen werden, wenn dabei die in § 7 Abs. 7 S. 3 und S. 4 aufgestellten Hinweisanforderungen missachtet werden. Zu beachten ist, dass Produktplatzierung ohne jede Kennzeichnung den Charakter von Schleichwerbung hat (Bornemann, S. 158). Dann ist schon Nr. 7 einschlägig.

29 Ausnahmslos unzulässig ist die Verwendung **politischer, weltanschaulicher** oder **religiöser** Aussagen bei Werbung und Teleshopping (§ 7 Abs. 9 S. 1). Diese sog. ideelle Werbung ist gem. Nr. 10 eine Ordnungswidrigkeit.

30 Gem. § 7a Abs. 1 dürfen Übertragungen von **Gottesdiensten** und **Sendungen für Kinder** nicht durch Werbung oder Teleshopping-Spots unterbrochen werden. Der Verstoß dagegen ist eine Ordnungswidrigkeit gem. Nr. 11. Recht schwierig ist die Eingrenzung der Kindersendungen (Bornemann, 163). Denn es gibt viele Sendungen, die Kinder mit ihren Eltern und/oder älteren Geschwistern verfolgen und die daher als „Sendung für Familien" bezeichnet werden könnten. Entscheidendes Kriterium dürfte sein, dass die gesamte Prägung einer Sendung so stark auf kindlichen Medienkonsum zugeschnitten ist, dass sie von Jugendlichen oder gar Erwachsenen allein normalerweise nicht angeschaut würden.

31 Nr. 12 bewertet als Ordnungswidrigkeit die Missachtung von Beschränkungen für grds. zulässige **Werbe- und Teleshopping-Unterbrechungen** bei Filmen, Kinofilmen und Nachrichtensendungen. Innerhalb eines Zeitraums von mindestens 30 Minuten dürfen derartige Sendungen gem. § 7a Abs. 3 einmal unterbrochen werden. Ist der Zeitraum zu kurz bemessen oder erfolgt die Unterbrechung mehr als einmal, liegt eine Ordnungswidrigkeit vor. Die Beschränkung gilt nicht für Serien, Reihen und Dokumentarfilme.

Ordnungswidrigkeiten § 49 RStV

32 Die in Nr. 21 normierte Ordnungswidrigkeit besteht in einer Überschreitung der in § 45 Abs. 1 festgelegten **Werbezeitbegrenzung**. Der Anteil an Werbezeit für Fernsehwerbespots und Teleshopping-Spots innerhalb einer Stunde darf 20 Prozent – also 12 Minuten – nicht überschreiten. Den Beginn einer 60-Minuten-Einheit können die Rundfunkveranstalter selbst bestimmen, müssen es aber der Landesmedienanstalt vorher mitteilen, wenn sie von der 24-Stunden-Einteilung abweichen wollen (Bornemann, 164).

33 Nr. 22 qualifiziert als Ordnungswidrigkeit bestimmte Verstöße gegen das Gebot der **Transparenz bei Teleshopping-Fenstern**. Gem. § 45a Abs. 1 S. 1 müssen Teleshopping-Fenster mindestens 15 Minuten Dauer ohne Unterbrechung haben, es sei denn, sie sind in einem Programm platziert, das ausschließlich für Teleshopping bestimmt ist. Ordnungswidrig ist es darüber hinaus, wenn das Teleshopping-Fenster nicht optisch und akustisch klar gekennzeichnet ist, § 45a Abs. 1 S. 2. Bei Hörfunksendungen besteht naturgemäß nur eine akustische Kennzeichnungspflicht.

34 Bußgeldtatbestände zum Gegenstandsbereich „**Sponsoring**" enthalten die Ziffern 13 und 14. In Bezug genommen ist damit § 8. Die Ordnungswidrigkeiten stehen in Zusammenhang mit zulässigem Sponsoring (Nr. 13) und mit unzulässigem Sponsoring (Nr. 14). Bei **zulässigerweise** gesponserten Sendungen wird die Ordnungswidrigkeit durch Unterlassung des gem. § 8 Abs. 1 S. 1 vorgeschriebenen Hinweises begangen (Bornemann, 184).

34.1 Da nur noch ein Hinweis entweder zu Beginn oder am Ende der Sendung obligatorisch ist, kann die Ordnungswidrigkeit nur durch Unterlassung des Hinweises am Ende der Sendung begangen werden. Ein gegebener Hinweis schließt die Ordnungswidrigkeit dann nicht aus, wenn er den Anforderungen des § 8 Abs. 1 S. 1 nicht entspricht, also entweder unvertretbar kurz oder sonst unangemessen undeutlich gestaltet ist. Dagegen begründet eine Abweichung von § 8 Abs. 1 S. 2 keine Ordnungswidrigkeit (Bornemann, 184).

35 Soweit Sponsoring gem. § 8 Abs. 3, 4, 5 oder 6 **unzulässig** ist, besteht die Ordnungswidrigkeit darin, dass durch Verbreitung von Sendungen gegen diese Verbote verstoßen wird, Nr. 14. Im Einzelnen handelt es sich um folgende Zuwiderhandlungen:

35.1 Unzulässig sind gesponserte Sendungen, in denen Werbung für Produkte oder Dienstleistungen des Sponsors oder eines Dritten gemacht wird (§ 8 Abs. 3).

35.2 Durch das Verbot des Sponsoring durch die Tabakindustrie soll die Umgehung des Tabakwerbeverbots verhindert werden (§ 8 Abs. 4).

35.3 Beim Sponsoring durch Unternehmen, die Arzneimittel oder medizinische Behandlungen herstellen oder verkaufen, darf nicht für verschreibungspflichtige Arzneimittel und medizinische Behandlungen gesponsert werden (§ 8 Abs. 5).

35.4 Generell vom Sponsoring ausgenommen sind Nachrichtensendungen und Sendungen zur politischen Information (§ 8 Abs. 6 S. 1).

35.5 Kindersendungen und Sendungen religiösen Inhalts dürfen zwar gesponsert werden. Indessen ist in solchen Sendungen das Zeigen von Sponsorenlogos verboten (§ 8 Abs. 6 S. 2).

36 Die Ordnungswidrigkeit der Nr. 15 besteht in der Verletzung der **Informationspflicht** gem. § 9 Abs. 1 S. 2. Mit der Erfüllung dieser Pflicht wird gewährleistet, dass die Bundesrepublik Deutschland ihren zwischenstaatlichen Verpflichtungen aus dem Europäischen Übereinkommen über das grenzüberschreitende Fernsehen (FÜ) nachkommen kann. Der Inhalt der die Rundfunkveranstalter treffenden Informationspflicht ergibt sich dementsprechend aus Art. 6 Abs. 2 dieses Übereinkommens. Täter der Ordnungswidrigkeit können daher nur Fernsehveranstalter sein, da sich das Übereinkommen auf Hörfunk nicht bezieht. Nur soweit diese Informationen nicht pflichtgemäß zur Verfügung gestellt worden sind, liegt ordnungswidriges Verhalten vor. Die Nichterteilung sonstiger Informationen ist bußgeldrechtlich irrelevant (Bornemann, 202; Spindler/Schuster/Holznagel/Stenner RStV § 9 Rn. 4). Außerdem besteht die Informationspflicht nur auf Verlangen der Landesmedienanstalt.

37 An die Verletzung der **verbraucherschutzrechtlichen Impressumspflicht** des § 9b Abs. 2 knüpft die Ordnungswidrigkeit der Nr. 16 an. Die Tat ist ein echtes Unterlassungsdelikt. Die Pflicht zur leichten, unmittelbaren und ständigen Zugänglichmachung der Informationen können Hörfunk- und Fernsehveranstalter im Rahmen ihres Gesamtangebots in Form eines den Anforderungen entsprechenden Internetauftritts erfüllen (Bornemann, 203).

RStV § 49 II. Rundfunk und presseähnliche Telemedien

38 Eine Ordnungswidrigkeit gem. Nr. 17 ist es, ohne die gem. 20 Abs. 1 S. 1 oder Abs. 2 S. 1 erforderliche **Zulassung** Rundfunkprogramme zu veranstalten. Maßgeblich ist die Definition des Begriffs „Rundfunkprogramm" in § 2 Abs. 2 Nr. 1 einschliesslich der Ausgrenzungskriterien des § 2 Abs. 3. Die Zulassung ist eine behördliche Genehmigung und damit ein Verwaltungsakt iSd § 35 VwVfG, dessen Erlass die objektive Tatbestandsmäßigkeit ausschließt, sofern die Zulassung wirksam und vollziehbar ist. Unerheblich ist die Rechtmäßigkeit der Zulassung. Auch eine rechtswidrige Zulassung steht der Ordnungswidrigkeit entgegen, sofern die Rechtsfehlerhaftigkeit nicht so evident ist und so schwer wiegt, dass daraus die Nichtigkeit (§ 44 VwVfG) folgen würde. Solange die Zulassung nicht zurückgenommen worden ist, schließt sie die Begehung einer Ordnungswidrigkeit aus.

38.1 Die bloße Zulassungsfähigkeit des Rundfunkprogramms beseitigt die Tatbestandsmäßigkeit nicht, wenn keine wirksame Zulassung erwirkt wurde (Bornemann, S. 196; Spindler/Schuster/Holznagel/Krone RStV § 49 Rn. 29). Auch die Duldung der Programmveranstaltung durch die zuständige Landesmedienanstalt hat auf die Ordnungswidrigkeit keinen Einfluss.

39 Der Verstoß gegen eine bloße **Anzeigepflicht** ist gem. Nr. 18 eine Ordnungswidrigkeit im Bereich des Internethörfunks. Die in § 20b verankerte Anzeigepflicht für Internetradio beruht auf dem Zwölften Rundfunkänderungsstaatsvertrag, durch den die Zulassungspflichtigkeit der Internethörfunkangebote aufgehoben wurde (Bornemann, 199). Die Anzeigepflicht besteht bei Internetradios mit mehr als 500 zeitgleichen Zugriffsmöglichkeiten, § 2 Abs. 3 iVm § 54 Abs. 1. Internetradios mit weniger Zugriffsmöglichkeiten sind vom Rundfunkbegriff nicht erfasst und deshalb zulassungs- und anzeigefreie Telemedien, § 54 Abs. 1.

40 Nichtvorlage oder nicht fristgemäße Vorlage der **Programmbezugsquellen** ist eine Ordnungswidrigkeit gem. Nr. 19. Gem. § 23 Abs. 2 hat der Veranstalter innerhalb der für den Jahresabschluss geltenden Frist eine Aufstellung der Programmbezugsquellen vorzulegen. Einer unterlassenen oder verspäteten Vorlegung gleichgestellt ist die Vorlage einer unvollständigen oder unrichtigen Aufstellung innerhalb der Frist (Spindler/Schuster/Holznagel/Krone RStV § 49 Rn. 33; zweifelnd HRKDSC RStV § 49 Rn. 53). Auch in diesem Fall handelt es sich um ein Unterlassungsdelikt, da der Schwerpunkt des Unrechts in der Nichterfüllung der Pflicht zur frist- und ordnungsgemäßen Information liegt.

41 Ebenfalls ein Unterlassungsdelikt ist die Ordnungswidrigkeit gem. Nr. 20. Die Nichtzurverfügungstellung vorhandener **Daten über Zuschaueranteile** gem. § 34 S. 2 ist ordnungswidriges Verhalten nur, wenn zuvor eine Anforderung der Daten durch die KEK ergangen ist. Sobald Daten über Zuschaueranteile vorliegen, die in einem Verfahren nach § 27 gewonnen worden sind, ist § 34 und die daran anknüpfende Bußgeldbestimmung der Nr. 20 obsolet (Bornemann, 204).

42 Das Thema **„Datenschutz"** betreffen die Ordnungswidrigkeiten in Nr. 23 bis 28. Mit Ausnahme der Nr. 28 ist Grundlage der Tatbestände jeweils eine doppelte Verweisung, deren erste Stufe § 47 Abs. 1 ist, von wo auf die Datenschutzvorschriften des Telemediengesetzes weiterverwiesen wird.

43 Problematisch ist die Verweisung in Nr. 23 auf § 12 Abs. 3 TMG. Diese Vorschrift über das **Koppelungsverbot** wurde aufgehoben, weil inzwischen eine auch für Telemediendiensteanbieter geltende allgemeine Regelung in § 4a iVm § 28 Abs. 3 S. 1 und Abs. 3b BDSG in Kraft getreten ist. Da aber § 49 Abs. 1 S. 1 Nr. 23 nicht auf die BDSG-Vorschrift verweist, ist eine Bußgeldanordnung auf RStV-Grundlage nicht möglich (Bornemann, 188). Daher ist bei Verstößen gegen das Koppelungsverbot auf die ansonsten subsidiär zurücktretende Bußgeldvorschrift des § 43 Abs. 2 Nr. 5a iVm § 28 Abs. 3b BDSG zurückzugreifen. Allerdings ist danach nur eine Ahndung mit Geldbuße bis zu 300.000 Euro möglich, § 43 Abs. 3 BDSG.

43.1 Unter den Voraussetzungen des § 44 Abs. 1 BDSG – Handeln gegen Entgelt oder mit Bereicherungsabsicht oder mit Schädigungsabsicht – ist der Verstoß gegen das Koppelungsverbot eine **Straftat**, die mit Freiheitsstrafe bis zu zwei Jahren oder Geldstrafe bestraft werden kann (Mitsch, Medienstrafrecht, 2012, § 10 Rn. 22 ff.).

44 Nr. 24 bedroht mit Geldbuße die Unterlassung einer vollständigen und rechtzeitigen **Unterrichtung des Nutzers** nach Maßgabe des § 13 Abs. 1 S. 1 oder S. 2 TMG. Ordnungswidrig ist es, den Nutzer überhaupt nicht oder nur unvollständig oder verspätet zu

unterrichten. Nicht rechtzeitig ist die Unterrichtung, wenn sie entgegen § 13 Abs. 1 S. 1 TMG nicht zu Beginn des Nutzungsvorgangs erfolgt. Nicht vollständig ist die Unterrichtung, wenn Angaben zu Art, Umfang und Zweck der Erhebung und Verwendung personenbezogener Daten (§ 13 Abs. 1 S. 1 TMG) oder zum Einsatz eines automatisierten Verfahrens, das eine spätere Identifizierung des Nutzers ermöglicht und eine Erhebung oder Verwendung personenbezogener Daten vorbereitet (§ 13 Abs. 1 S. 2 TMG) fehlen. Ebenfalls zur Vollständigkeit der Unterrichtung gehört die Information über die Verarbeitung der Daten in Staaten außerhalb des Anwendungsbereichs der Richtlinie 95/46/EG des europäischen Parlaments und des Rates vom 24. Oktober 1995 zum Schutz natürlicher Personen bei der Verarbeitung personenbezogener Daten und zum freien Datenverkehr, § 13 Abs. 1 S. 1 TMG. Da Nr. 24 nicht auf § 13 Abs. 1 S. 3 TMG verweist, ist es keine Ordnungswidrigkeit, wenn der Veranstalter den Inhalt der Unterrichtung nicht jederzeit abrufbar stellt (Bornemann, S. 189).

Verstöße gegen die **Sicherstellungsvorschriften** des § 13 Abs. 2, Abs. 4 S. 1 Nr. 1 bis 5 TMG für den Fall einer elektronischen Einwilligung des Nutzers in die Erhebung und Verwendung seiner personenbezogenen Daten sind Ordnungswidrigkeiten nach Nr. 25. Ordnungswidrig ist es, die Sicherstellungspflichten nicht oder nicht richtig zu erfüllen. 45

Unzulässige Erhebung oder Verwendung von **Bestandsdaten** oder **Nutzungsdaten** des Nutzers ist eine Ordnungswidrigkeit gem. Nr. 26. Bestandsdaten dürfen gem. § 14 Abs. 1 TMG nur zum Zwecke der Begründung, inhaltlichen Ausgestaltung oder Änderung eines Vertragsverhältnisses zwischen Diensteanbieter und Nutzer über die Nutzung von Telemedien erhoben und verwendet werden. Nutzungsdaten dürfen gem. § 15 Abs. 1 TMG erhoben und verwendet werden, soweit es erforderlich ist, die Inanspruchnahme von Telemedien durch den Nutzer zu ermöglichen und abzurechnen. Nr. 26 bezeichnet das tatbestandsmäßige Verhalten als „**Verarbeiten**" der Daten, während in § 14 Abs. 1, 15 Abs. 1, Abs. 8 TMG auf die Ausdrücke „Erheben" und „Verwenden" abgestellt wird. Für den Tatbestand der Ordnungswidrigkeit ist maßgeblich der Bedeutungsgehalt des Merkmals „Verarbeiten". Dessen Definition in § 3 Abs. 4 BDSG erfasst Erhebung und Verwendung von Daten nicht. Daher ist unzulässige Erhebung und Verwendung der Daten keine Ordnungswidrigkeit (Bornemann, 191). Ordnungswidrig ist gem. der Definition des § 4 Abs. 4 BDSG die unzulässige Speicherung, Veränderung und unberechtigte Übermittlung der Daten. Des Weiteren erfasst der Bußgeldtatbestand die nicht rechtzeitige Löschung gespeicherter Nutzungsdaten gem. § 15 Abs. 8 S. 1, 2 TMG (Bornemann, 192). 46

Die Ordnungswidrigkeit der Nr. 27 rekurriert auf den Bereich der zulässigen Erstellung von **Nutzerprofilen** gem. § 15 Abs. 3 TMG. Zulässig ist diese Verwendung der Nutzungsdaten zu den in § 15 Abs. 3 S. 1 TMG genannten Zwecken unter der Bedingung der Pseudonymisierung. Die Erstellung unzulässiger Nutzerprofile ist bereits ein Verstoß gegen §§ 14, Abs. 1, 15 Abs. 1 TMG und deshalb Ordnungswidrigkeit gem. Nr. 26 (Bornemann, 192). Grundlage der Ordnungswidrigkeit der Nr. 27 ist ein zulässig erstelltes Nutzerprofil. Das bußgeldbewehrte Verhalten ist die Aufhebung der Pseudonymisierung durch Zusammenführung des Nutzerprofils mit den Daten über den Träger des Pseudonyms. 47

Die Ordnungswidrigkeit nach Nr. 28 besteht in der **Sperrung** der Angebote des Veranstalters gegen den unentgeltlichen Abruf oder Zugriff durch die zuständige Aufsichtsbehörde. Den Veranstalter trifft gem. § 47 Abs. 3 S. 3 eine Mitwirkungspflicht. Ordnungswidrig ist die aktive Verhinderung der Aufsicht durch Maßnahmen, die es der Behörde unmöglich machen, Angebote abzurufen oder Zugriff auf sie zu nehmen, § 47 Abs. 3 S. 4. 48

3. Taten nach S. 2

Die Ordnungswidrigkeit der Nr. 1 ist die Unterlassung unverzüglicher Mitteilung gem. § 21 Abs. 6 S. 1. 49

Die Ordnungswidrigkeit der Nr. 2 ist die Unterlassung unverzüglicher Erklärungsabgabe gem. § 21 Abs. 7. 50

Die Ordnungswidrigkeit der Nr. 3 ist die Unterlassung fristgemäßer Erstellung und Bekanntmachung des Jahresabschlusses gem. § 23 Abs. 1. 51

Die Ordnungswidrigkeit der Nr. 4 ist die Unterlassung der Veränderungsanmeldung gem. § 29 S. 1. 52

53   Die Ordnungswidrigkeiten der Nr. 5 sind Zuwiderhandlungen gegen die auf § 46 Abs. 1 iVm § 8a beruhenden Bestimmungen der Gewinnspielsatzung.

54   Die Ordnungswidrigkeit der Nr. 6 ist die Unterlassung rechtzeitiger Anzeige gem. § 51b Abs. 2 S. 1 oder 3. Die Unterlassung ist keine Ordnungswidrigkeit, wenn anstelle des Veranstalters der Plattformbetreiber die Anzeige vorgenommen hat, § 51b Abs. 2 S. 2.

55   Die Ordnungswidrigkeit der Nr. 7 ist die Unterlassung rechtzeitiger Anzeige gem. § 52 Abs. 3 S. 1 oder 2.

56   Die Ordnungswidrigkeiten der Nr. 8 sind mehrere Varianten der Zuwiderhandlung gegen § 52a Abs. 3: Vornahme inhaltlicher oder technischer Veränderungen von Rundfunkprogrammen oder vergleichbaren Telemedien, Aufnahme einzelner Rundfunkprogramme oder Inhalte in Programmpakete sowie andersartige entgeltliche oder unentgeltliche Vermarktung, jeweils ohne Zustimmung des jeweiligen Rundfunkveranstalters.

57   Die Ordnungswidrigkeiten der Nr. 9 sind Verstöße gegen die Bestimmungen über die Belegung von Plattformen gem. § 52b: Die Unterlassung von Übertragungskapazitäten in ausreichendem Umfang sowie zu den vorgesehenen Bedingungen (§ 52b Abs. 1, Abs. 2 S. 2, 3, 4); die Unterlassung rechtzeitiger und vollständiger Anzeige der Belegung von Plattformen oder der Änderung der Belegung von Plattformen (§ 52b Abs. 4 S. 3, 6).

58   Die Ordnungswidrigkeiten der Nr. 10 sind verschiedene Verstöße gegen die Bestimmungen über die technische Zugangsfreiheit gem. § 52c: Unbillige Behinderung oder sachlich nicht gerechtfertigte Ungleichbehandlung der Rundfunkanbieter und Anbieter vergleichbarer Telemedien einschließlich elektronischer Programmführer bei der Verbreitung ihrer Angebote, § 52c Abs. 1 S. 2; Unterlassung unverzüglicher Anzeige der Verwendung oder Änderung eines Zugangsberechtigungssystems oder einer Benutzeroberfläche, die den ersten Zugriff auf die Angebote herstellt, oder einer Schnittstelle für Anwendungsprogramme sowie der Entgelte hierfür, § 52c Abs. 2 S. 1, 2; Nichterteilung erforderlicher Auskünfte trotz eines entsprechenden Auskunftsverlangens der zuständigen Landesmedienanstalt (§ 52c Abs. 2 S. 3).

59   Die Ordnungswidrigkeiten der Nr. 11 sind Verstöße gegen die Vorschrift über die Ausgestaltung der Entgelte und Tarife : Unbillige Behinderung und sachlich nicht gerechtfertigte Ungleichbehandlung der Anbieter von Programmen und vergleichbaren Telemedien durch die Ausgestaltung der Entgelte und Tarife, § 52d S. 1; Unterlassung vollständiger Offenlegung der Entgelte und Tarife für Angebote privater Plattformanbieter (§ 52b Abs. 1 S. 1, Abs. 2 S. 2, § 52d S. 3).

60   Die Ordnungswidrigkeit der Nr. 12 ist die Nichtvorlage der erforderlichen Unterlagen entgegen eines diesbezüglichen Verlangens der zuständigen Landesmedienanstalt gem. § 52e Abs. 1 S. 1.

61   Die Ordnungswidrigkeit der Nr. 13 ist die Verletzung der Impressumspflicht bei Telemedien (Bornemann, 224). Das tatbestandsmäßige Verhalten ist die Unterlassung der Maßnahmen, die erforderlich sind, damit die in § 55 Abs. 1 bezeichneten Informationen leicht erkennbar, unmittelbar erreichbar und ständig verfügbar sind.

62   Die Ordnungswidrigkeit der Nr. 14 ist eine Verletzung der qualifizierten Impressumspflicht bei Telemedien (Bornemann, 226). Das tatbestandsmäßige Verhalten ist die Unterlassung der Nennung eines Verantwortlichen gem. § 55 Abs. 2 S. 1.

63   Die Ordnungswidrigkeiten der Ziffern 15 bis 27 resultieren aus Erweiterung des Anwendungsbereichs der auf Rundfunkveranstalter beschränkten Bußgeldbestimmungen des § 49 Abs. 1 S. 1 Nr. 2 bis 5, 7 bis 14 auf Telemedienanbieter, die nicht private Rundfunkveranstalter sind, § 58 Abs. 3 (Bornemann, 228). Ob damit auch die öffentlich-rechtlichen Rundfunkanstalten mit ihren Telemedienangeboten erfasst sind, ist unklar (HRKDSC RStV § 49 Rn. 126b).

64   Die Ordnungswidrigkeit der Nr. 28 ist die Nichtbefolgung einer von der zuständigen Aufsichtsbehörde erlassenen vollziehbaren Anordnung, welche den Anbieter zur Sperrung beanstandeter Angebote verpflichtet, § 59 Abs. 3 S. 2. Die Verfügung der Aufsichtsbehörde muss wirksam und vollziehbar sein, auf ihre Rechtmäßigkeit kommt es nicht an. Auch eine rechtswidrige Anordnung der Behörde ist umzusetzen, es sei denn der rechtliche Mangel ist so gravierend, dass er die Nichtigkeit zur Folge hat (Bornemann, 229; Klesczewski, Ordnungswidrigkeitenrecht, 2010, Rn. 125).

65   Die Ordnungswidrigkeit der Nr. 29 ist die Sperrung eines Angebots gegen Abruf durch die Aufsichtsbehörde, die im Rahmen der Aufsicht zum unentgeltlichen Abruf von Angebo-

ten berechtigt ist, § 59 Abs. 7. Sperrung gegen Zugriff ist anders als bei der Ordnungswidrigkeit des § 49 Abs. 1 S. 1 Nr. 28 nicht tatbestandsmäßig (Bornemann, 229).

III. Subjektiver Tatbestand

1. Allgemeines

Die Systematisierung der Strafbarkeitsvoraussetzungen, um die sich die deutsche Strafrechtswissenschaft des 20. Jahrhunderts große Verdienste erworben hat, erfreut sich allmählich auch der Beachtung durch Theorie und Praxis des Ordnungswidrigkeitenrechts. Dass Ordnungswidrigkeiten einen subjektiven Tatbestand haben und dass Vorsatz und Fahrlässigkeit keine „Schuldformen" mehr sind, dürfte nun auch in die Dogmatik des Ordnungswidrigkeitenrechts Eingang gefunden haben (Bornemann, 33; Kleszczewski, Ordnungswidrigkeitenrecht, Rn. 173). Es sind strafrechtsferne Autoren, die sich undogmatischer Kategorisierungen bedienen und Vorsatz und Fahrlässigkeit neben Versuch, Beteiligung und Unterlassen unter „Mögliche Begehungsweisen" zusammenfassen (so Spindler/Schuster/Holznagel/Krone RStV § 49 Rn. 15 ff.). Der subjektive Tatbestand der Ordnungswidrigkeit besteht aus dem Vorsatz, § 10 OWiG. Fahrlässigkeit reicht als Ahndbarkeitsvoraussetzung aus, sofern das Gesetz dies ausdrücklich anordnet. Das ist im Ordnungswidrigkeitenrecht häufig der Fall, so auch in § 49 Abs. 1 S. 1. Bei den Ordnungswidrigkeiten des § 49 Abs. 1 S. 2 ist hingegen Vorsatz erforderlich, Fahrlässigkeit reicht nicht.

66

2. Vorsatz

Vorsatz bedeutet Wissen und Wollen in Bezug auf die zum objektiven Tatbestand gehörenden Umstände. Das Ordnungswidrigkeitenrecht legt denselben Vorsatzbegriff zugrunde wie das Kriminalstrafrecht und kennt dieselben Vorsatzformen wie das Kriminalstrafrecht (HRKDSC RStV § 49 Rn. 19). Daher ist Vorsatz auch der dolus eventualis (Mitsch, Recht der Ordnungswidrigkeiten, 2. Aufl. 2005, § 8 Rn. 8). Folge der großräumigen Blankett- und Verweisungstechnik in § 49 Abs. 1 ist, dass der Vorsatzinhalt in weitem Umfang durch die Merkmale in den Ausfüllungsvorschriften definiert wird. Der Vorsatz des Täters – oder des Beteiligten iSd § 14 OWiG – muss also die Tatsachen umfassen, durch die die zum objektiven Tatbestand der Ordnungswidrigkeit gehörenden Merkmale in den Ausfüllungsvorschriften erfüllt werden (Göhler/Gürtler OWiG § 11 Rn. 3). Es macht dogmatisch keinen Unterschied, ob das objektive Tatbestandsmerkmal in der Sanktionsnorm – also in § 49 Abs. 1 – oder in der per Verweisung angebundenen Ausfüllungsnorm enthalten ist. Dagegen ist die Existenz der Ausfüllungsnorm selbst kein Vorsatzgegenstand. Insbesondere kommt es nicht darauf an, dass der Täter das Bewusstsein hat „entgegen § 7 Abs. 5 S. 2" usw. zu handeln (§ 49 Abs. 1 S. 1 Nr. 5). Vielmehr muss das Bewusstsein des Täters die Tatsachen umfassen, aus denen sich ergibt, dass „entgegen § 7 Abs. 5 S. 2" gehandelt wird, also im Beispielsfall das Fehlen der erforderlichen Kennzeichnung als Dauerwerbesendung. Ist Ahndungssubjekt ein Beteiligter iSd § 14 OWiG, muss dessen Vorsatz die Tat des „Haupttäters" und das eigene Verhalten – soweit es zur Erfüllung des objektiven Tatbestandes beiträgt – umfassen.

67

3. Fahrlässigkeit

Bei den Ordnungswidrigkeiten des § 49 Abs. 1 S. 1 begründet auch Fahrlässigkeit die Ahndbarkeit. Der im Gesetz nicht definierte Fahrlässigkeitsbegriff ist derselbe wie der des Kriminalstrafrechts (Mitsch, Recht der Ordnungswidrigkeiten, 2. Aufl. 2005, § 8 Rn. 23ff). Im Zentrum des Begriffs steht die Sorgfaltspflichtverletzung. Fahrlässigkeitsformen sind die einfache und die grobe Fahrlässigkeit (Leichtfertigkeit), die unbewusste und die bewusste Fahrlässigkeit. Diese Differenzierungen sind im Kontext des § 49 Abs. 1 S. 1 unerheblich, da der Begriff „fahrlässig" alle Varianten umfasst.

68

4. Irrtümer

Wie das Strafrecht kennt auch das Ordnungswidrigkeitenrecht zwei Grundtypen von Irrtümern: Tatbestandsbezogene und rechtswidrigkeitsbezogene Irrtümer. Der Tatbestands-

69

irrtum ist die Unkenntnis in Bezug auf die objektive Tatbestandsmäßigkeit des Verhaltens. Dieser Irrtum schließt den Vorsatz aus, § 11 Abs. 1 OWiG. Der Verbotsirrtum ist die Unkenntnis in Bezug auf die Rechtswidrigkeit des tatbestandsmäßigen Verhaltens. Dieser Irrtum schließt die Vorwerfbarkeit aus, wenn er unvermeidbar war, § 11 Abs. 2 OWiG. Beruht ein Tatbestandsirrtum auf Sorgfaltswidrigkeit – zB infolge pflichtwidrig unterlassener Informationsverschaffung – liegt eine fahrlässige Tat vor, die in den Fällen des § 49 Abs. 1 S. 1 ahndbar ist.

69.1 Bei der Ordnungswidrigkeit gem. Abs. 1 S. 1 Nr. 17 ist die Unkenntnis vom Fehlen der erforderlichen Zulassung bzw. die Unkenntnis bezüglich der Nichtigkeit einer erteilten Zulassung vorsatzausschließender Tatbestandsirrtum iSd § 11 Abs. 1 S. 1 OWiG. Weiß der Veranstalter aber nicht, dass seine Tätigkeit überhaupt zulassungspflichtig ist, irrt er sich über die rechtlichen Grundlagen seiner Tätigkeit. Dieser Irrtum ist deshalb ein Verbotsirrtum iSd § 11 Abs. 2 OWiG, der nicht den Vorsatz, sondern die Vorwerfbarkeit ausschließt, sofern er unvermeidbar war (Bornemann, 36 f.; aA Spindler/Schuster/Holznagel/Krone RStV § 49 Rn. 29: Tatbestandsirrtum).

C. Rechtsfolgen

70 Die Ordnungswidrigkeiten nach § 49 Abs. 1 können die Hauptrechtsfolge „Geldbuße" sowie weitere Nebenfolgen auslösen.

I. Geldbuße

71 Die Ordnungswidrigkeiten des § 49 Abs. 1 können mit Geldbuße geahndet werden.

1. Bußgeldrahmen

72 Abweichend von § 17 Abs. 1 OWiG sieht § 49 Abs. 2 vor, dass die meisten Ordnungswidrigkeiten des § 49 Abs. 1 mit Geldbuße bis zu 500.000 Euro geahndet werden können. Für einige Bußgeldtatbestände des § 49 Abs. 1 S. 2 liegt die Obergrenze bei 50.000 Euro bzw. 250 000 Euro. Da sämtliche Verfehlungen nach § 49 Abs. 1 S. 1 auch im Falle fahrlässiger Begehung ahndbare Ordnungswidrigkeiten sind, ist § 17 Abs. 2 OWiG zu beachten: Der maximale Geldbußbetrag bei fahrlässigen Ordnungswidrigkeiten ist 250.000 Euro (Bornemann, 53). Dies betrifft allerdings nur den Ahndungsteil der Geldbuße. Zur Abschöpfung wirtschaftlicher Vorteile, die der Täter auf Grund der Ordnungswidrigkeit erlangt hat, kann ein Bußgeldbetrag oberhalb der gesetzlichen Höchstgrenze festgesetzt werden, § 17 Abs. 4 OWiG (Bornemann, 57).

2. Bemessung

73 Die Bemessung der Geldbuße im konkreten Einzelfall richtet sich nach § 17 Abs. 3 S. 1 OWiG. Wichtigste Bemessungskriterien sind also Intensität und Umfang der Beeinträchtigung des geschützten Interesses und der Grad des persönlichen Versagens vor den Anforderungen des Rechts. Da die Ordnungswidrigkeiten des § 49 Abs. 1 in der Regel keine geringfügigen sein werden, sind auch die wirtschaftlichen Verhältnisse des Täters zu berücksichtigen, § 17 Abs. 3 S. 2 OWiG. Die Praxis der Bußgeldbemessung wird erleichtert durch einen Bußgeldkatalog, den die Landesmedienanstalten erstellt haben (HRKDSC RStV § 49 Rn. 173).

II. Verfall, Einziehung, Verbandsgeldbuße

1. Verfall

74 Sofern die Ordnungswidrigkeit dem Täter, einem Beteiligten (§ 14 OWiG) oder einem Dritten Vermögensvorteile verschafft hat, die nicht durch eine entsprechende Bemessung der Geldbuße (§ 17 Abs. 3 S. 2 OWiG) abgeschöpft werden können, kann gem. § 29a OWiG der Verfall dieser Vorteile angeordnet werden (Spindler/Schuster/Holznagel/Krone RStV § 49 Rn. 55).

2. Einziehung

Eine Einziehung von Gegenständen, die in einem Zusammenhang mit einer Ordnungswidrigkeit gem. § 49 Abs. 1 stehen, ist nicht möglich. Denn es gibt keine Vorschrift, die bei diesen Ordnungswidrigkeiten – wie § 22 Abs. 1 OWiG es voraussetzt – die Einziehung ausdrücklich zulässt (Bornemann, 62).

3. Verbandsgeldbuße

Unter den Voraussetzungen des § 30 Abs. 1 OWiG können Geldbußen auch gegen juristische Personen und sonstige Personenvereinigungen festgesetzt werden. Dies ist gem. § 30 Abs. 4 OWiG auch möglich, wenn die Ahndung des Individualdelikts aus den dort genannten Gründen unterbleibt.

III. Verbreitung rechtskräftiger Bußgeldentscheidungen im Rundfunkprogramm

Eine besondere zusätzliche Reaktion auf Ordnungswidrigkeiten nach § 49 Abs. 1 sieht § 49 Abs. 4 vor. Dieser „elektronische Pranger" (Bornemann, 65) ähnelt der im Strafrecht vereinzelt normierten öffentlichen Bekanntgabe einer Verurteilung, vgl. z. B. § 165 StGB, scheint also eine bußgeldrechtliche Nebenfolge der Ordnungswidrigkeit zu sein. Voraussetzung ist eine „rechtskräftige Entscheidung in einem Ordnungswidrigkeitsverfahren". Diesen Ausdruck gibt es im Ordnungswidrigkeitenrecht hingegen nicht. Das Verfahren des Ordnungswidrigkeitenrechts heißt „Bußgeldverfahren", vgl. OWiG, Zweiter Teil. Zudem können Entscheidungen über Ordnungswidrigkeiten auch in einem Strafverfahren ergehen. Ungewöhnlich wäre zudem, wenn die Landesmedienanstalt auch in dem Fall über die Pflicht zur Bekanntgabe bestimmen könnte, dass die rechtskräftige Entscheidung im gerichtlichen Bußgeldverfahren nach Einspruchseinlegung (§§ 67ff OWiG) ergangen ist. Rechtsfolgen von Ordnungswidrigkeiten werden dann vom Gericht und nicht von der allein für den Bußgeldbescheid zuständigen Verwaltungsbehörde festgesetzt. Der Wortlaut des § 49 Abs. 4 gibt aber nichts für die Annahme her, dass die Landesmedienanstalt in diesem Fall einer rechtskräftigen Gerichtsentscheidung nicht zuständig sein soll. Daraus kann nur gefolgert werden, dass es sich bei der Bekanntgabe überhaupt nicht um eine ordnungswidrigkeitenrechtliche Sanktion, sondern um eine reine verwaltungsrechtliche Maßnahme handelt.

D. Verfahren

I. Allgemeines

Das Bußgeldverfahren, in dem die Begehung einer Ordnungswidrigkeit festgestellt und diese durch Erlass eines Bußgeldbescheides geahndet wird, richtet sich nach den Bestimmungen der §§ 35ff OWiG sowie – gem. § 46 Abs. 1 OWiG – nach der Strafprozessordnung. Einleitung und Durchführung des Bußgeldverfahrens erfolgen nach pflichtgemäßem Ermessen der Behörde, § 47 Abs. 1 OWiG (HRKDSC RStV § 49 Rn. 161).

II. Zuständigkeit

1. Sachliche Zuständigkeit

Sachlich zuständige Verfolgungsbehörde im Sinne des § 36 Abs. 1 Nr. 1 OWiG ist grds. die Landesmedienanstalt. Für die Ordnungswidrigkeiten nach S. 1 Nr. 23–28 und S. 2 Nr. 13 bis 29 kann sich aus Landesrecht eine anderweitige Zuständigkeit ergeben (Bornemann, S. 234; HRKDSC RStV § 49 Rn. 158). Die Verknüpfung der Verfolgungszuständigkeit mit der Zulassungszuständigkeit geht ins Leere bei allen Ordnungswidrigkeiten, die im Zusammenhang mit Angeboten begangen werden, die keiner Zulassung bedürfen. Daher existiert in Abs. 3 keine explizite Zuständigkeitsbestimmung in Bezug auf Ordnungswidrigkeiten von Plattformbetreibern gem. S. 2 Nr. 6–12, weil Plattformbetreiber keiner Zulassung bedürfen. Vernünftigerweise kann aber keine andere Behörde als die Landesmedienanstalt sachlich zuständig sein (Bornemann, 234).

2. Örtliche Zuständigkeit

80 Die örtliche Zuständigkeit richtet sich nach § 37 Abs. 1 OWiG. Soweit mehrere Landesmedienanstalten örtlich zuständig sind und demzufolge in mehreren Bundesländern Verfahren eingeleitet sind, muss der Konflikt einvernehmlich aufgelöst werden, § 49 Abs. 3 S. 3 (Bornemann, 239).

III. Verjährung

1. Verfolgungsverjährung

81 Auf Grund des sehr hohen Bußgeldbemessungsniveaus gem. § 49 Abs. 2 müsste die Frist für die Verfolgungsverjährung gem. § 31 Abs. 2 Nr. 1 OWiG drei Jahre betragen. § 49 Abs. 5 verkürzt die Verjährungsfrist davon abweichend auf sechs Monate. Für den Beginn der Verjährung gilt die allgemeine Regelung des § 31 Abs. 3 OWiG (Bornemann, 240). Auch Ruhen und Unterbrechung der Verjährung richten sich nach den allgemeinen Bestimmungen in §§ 32, 33 OWiG (Bornemann, 241).

2. Vollstreckungsverjährung

82 Für die Vollstreckungsverjährung enthält der RStV keine Sonderregelung. Maßgeblich ist also § 34 OWiG. Die Dauer der Verjährungsfrist ist abhängig von der Höhe der rechtskräftig festgesetzten Geldbuße. Bei den Ordnungswidrigkeiten des § 49 Abs. 1 wird somit in der Regel die 5-jährige Verjährungsfrist zur Anwendung kommen, § 34 Abs. 2 Nr. 1 OWiG.

V. Abschnitt. Plattformen, Übertragungskapazitäten

§ 50 Grundsatz

Die Entscheidung über die Zuordnung, Zuweisung und Nutzung der Übertragungskapazitäten, die zur Verbreitung von Rundfunk und vergleichbaren Telemedien (Telemedien, die an die Allgemeinheit gerichtet sind) dienen, erfolgt nach Maßgabe dieses Staatsvertrages und des jeweiligen Landesrechts.

§ 50 ist eine Kompetenzregelung im Verhältnis des Bundes zu den Ländern. Mit dieser Regelung wird in erster Linie klargestellt, dass die Zuordnung (→ Rn. 5), die Zuweisung (→ Rn. 6) und die Nutzung von Rundfunkübertragungskapazitäten nach dem RStV und den jeweiligen Landesgesetzen erfolgt.

A. Allgemeines

I. Entstehungsgeschichte

1 Zunächst befand sich eine entsprechende Klarstellung in der Präambel des RStV 1987. 1991 erfolgte eine Aufnahme in § 33. Mit dem 9. RÄStV wurde der Anwendungsbereich auch auf dem Rundfunk vergleichbare Telemedien erweitert. Weiterhin wurde der V. Abschnitt durch den 10. RÄStV neu geregelt und um die Plattformregulierung erweitert.

II. Verfassungsrechtlicher Hintergrund

2 Der Regelung liegt die verfassungsrechtliche Aufteilung der Gesetzgebungszuständigkeit zwischen Bund und Ländern zugrunde. Die ausschließliche Gesetzgebungszuständigkeit der Telekommunikation liegt nach Art. 73 Nr. 7 GG beim Bund. Unter Telekommunikation wird die Errichtung und der Betrieb von Telekommunikationsanlagen sowie die Regelung derjenigen technischen Fragen verstanden, die für den geordneten Betrieb und damit für eine störungsfreie Nachrichtenübermittlung unerlässlich sind (vgl. BVerfGE 12, 205). Die Verwaltungskompetenz des Bundes erstreckt sich auf die für die Abwehr von Störungen des Funkverkehrs erforderlichen bzw. unerlässlichen Maßnahmen einschließlich der Frequenz-

verwaltung. Gesetzliche Grundlage für den Telekommunikationsbereich ist das TKG. Demgegenüber ist nach Art. 30, 83ff die Ausgestaltung der Rundfunkordnung den Ländern übertragen. Die telekommunikationsrechtlichen Entscheidungen und Einrichtungen erfüllen dabei im Verhältnis zum Rundfunk eine dienende Funktion (BVerfGE 12, 205 (227)). Im Verhältnis von Bund zu den Ländern gilt das Gebot der Bundestreue, Hahn/Vesting/Binder RStV § 50 Rn. 20. Zwischen Bund und Ländern besteht die Verpflichtung zur gegenseitigen Abstimmung, Rücksichtnahme und Zusammenarbeit. Dementsprechend hat der Bund bei der telekommunikationsrechtlichen Frequenzplanung die rundfunkrechtlichen Vorgaben des Landesrechts, insbes. in Bezug auf die Verbreitungsgebiete, zu beachten.

B. Anwendungsbereich

I. Infrastrukturen

Unter § 50 fallen sämtliche Infrastrukturen, mit denen Hörfunk oder Fernsehen, sowie vergleichbare Telemedien übertragen werden können. Dies sind insbes. terrestrische Frequenzen, Telekommunikationsnetze, IP-TV-Netze, Satellitenkapazitäten und Kabelanlagen. 3

II. Inhalte

Die Kompetenzregelung in § 50 umfasst auf der Inhaltsseite alle Rundfunkdienste iSd Art. 5 Abs. 1 S. 1 GG, die dem verfassungsrechtlichen weiten Rundfunkbegriff unterfallen. Neben dem klassischem Rundfunk gilt § 50 nach dem Wortlaut auch für vergleichbare Telemedien, die an die Allgemeinheit gerichtet sind. Bei den vergleichbaren Telemedien ist auf die Meinungsbildungsrelevanz abzustellen (Spindler/Schuster/Holznagel/Hahne RStV § 50 Rn. 3–7). 4

C. Aufteilung der Kapazitäten

I. Zuordnung

Zuordnung ist die Aufteilung der verfügbaren Übertragungskapazitäten auf die einzelnen Bedarfsträger. Bedarfsträger sind die jeweilige Landesrundfunkanstalt, Deutschlandradio, das ZDF sowie die Landesmedienanstalten für die privaten Angebote. Sie verkörpern die beiden Säulen der dualen Rundfunkordnung. Die Entscheidung über die Zuordnung richtet sich für nicht leitungsgebundene (drahtlose) Übertragungskapazitäten bei bundesweitem Bedarf nach § 51 RStV, im Übrigen nach Landesrecht. Nach den landesrechtlichen Vorschriften entscheidet – ggf. nach einem Verständigungsverfahren – entweder die Landesregierung, die Staatskanzlei, die zuständige Landesmedienanstalt oder eine von Rundfunk- und Landesmedienanstalt paritätisch besetzte Schiedsstelle (näheres s. HRKDSC RStV § 50 Rn. 16). 5

II. Zuweisung

Nach Zuordnung der Übertragungskapazitäten auf die Landesmedienanstalten werden diese durch die Landesmedienanstalten den privaten Rundfunkveranstaltern bzw. Telemedienanbietern nach Landesrecht zugewiesen. Die bundesweite Zuweisung von drahtlosen Übertragungskapazitäten durch die Landesmedienanstalten erfolgt nach § 51a RStV. 6

§ 51 Zuordnung von drahtlosen Übertragungskapazitäten

(1) ¹Über die Anmeldung bei der für Telekommunikation zuständigen Regulierungsbehörde für bundesweite Versorgungsbedarfe an nicht leitungsgebundenen (drahtlosen) Übertragungskapazitäten entscheiden die Länder einstimmig. ²Für länderübergreifende Bedarfsanmeldungen gilt Satz 1 hinsichtlich der betroffenen Länder entsprechend.

(2) Über die Zuordnung von Übertragungskapazitäten für bundesweite Versorgungsbedarfe an die in der ARD zusammengeschlossenen Landesrundfunkanstalten, das ZDF, das Deutschlandradio oder die Landesmedienanstalten entscheiden die Ministerpräsidenten der Länder durch einstimmigen Beschluss.

(3) ¹Für die Zuordnung gelten insbesondere die folgenden Grundsätze:
1. Zur Verfügung stehende freie Übertragungskapazitäten sind den in der ARD zusammengeschlossenen Landesrundfunkanstalten, dem ZDF oder dem Deutschlandradio und den Landesmedienanstalten bekannt zu machen;
2. reichen die Übertragungskapazitäten für den geltend gemachten Bedarf aus, sind diese entsprechend zuzuordnen;
3. reichen die Übertragungskapazitäten für den geltend gemachten Bedarf nicht aus, wirken die Ministerpräsidenten auf eine Verständigung zwischen den Beteiligten hin; Beteiligte sind für private Anbieter die Landesmedienanstalten;
4. kommt eine Verständigung zwischen den Beteiligten nicht zu Stande, entscheiden die Ministerpräsidenten, welche Zuordnung unter Berücksichtigung der Besonderheiten der Übertragungskapazität sowie unter Berücksichtigung des Gesamtangebots die größtmögliche Vielfalt des Angebotes sichert; dabei sind insbesondere folgende Kriterien zu berücksichtigen:
   a) Sicherung der Grundversorgung mit Rundfunk und Teilhabe des öffentlich-rechtlichen Rundfunks an neuen Techniken und Programmformen,
   b) Belange des privaten Rundfunks und der Anbieter von Telemedien.

²Die Zuordnung der Übertragungskapazität erfolgt für die Dauer von längstens 20 Jahren.

(4) Der Vorsitzende der Ministerpräsidentenkonferenz ordnet die Übertragungskapazität gemäß der Entscheidung der Ministerpräsidenten nach Absatz 2 zu.

(5) ¹Wird eine zugeordnete Übertragungskapazität nach Ablauf von 18 Monaten nach Zugang der Zuordnungsentscheidung nicht für die Realisierung des Versorgungsbedarfs genutzt, kann die Zuordnungsentscheidung durch Beschluss der Ministerpräsidenten widerrufen werden; eine Entschädigung wird nicht gewährt. ²Auf Antrag des Zuordnungsempfängers kann die Frist durch Entscheidung der Ministerpräsidenten verlängert werden.

(6) Die Ministerpräsidenten vereinbaren zur Durchführung der Absätze 2 bis 5 Verfahrensregelungen.

§ 51 befasst sich mit der Zuordnung von nichtleitungsgebundenen (drahtlosen) Übertragungskapazitäten für bundesweite Versorgungsbedarfe. Er enthält Regelungen für die Zuordnungsentscheidung (→ Rn. 4) und das Zuordnungsverfahren (→ Rn. 2, → Rn. 3). Nachdem kein relevanter Satellitenanbieter seinen Sitz im Zuständigkeitsbereich der Länder bzw. des Bundes hat, hat die Vorschrift vor allem Bedeutung für die bundesweite Organisation der digitalen terrestrischen Hörfunkverbreitung (DAB). Mögliche weitere Anwendungsbereiche sind vor allem das digitale terrestrische Fernsehen (DVB-T) und der digitale mobile Empfang über Mobilfunknetze (DVB-H/Handy-TV).

A. Allgemeines

1   Im RStV 1991 wurde die Vorschrift des § 34 um verfahrens- und materiellrechtliche Vorgaben zur Vergabe von Satellitenübertragungskapazitäten ergänzt. Durch den 3. RÄStV erfolgte eine Verschiebung der Vorschrift nach § 51. Anstelle der Anwendung auf die Vergabe von Satellitenkapazitäten erfolgte mit dem 10. RÄStV eine Erweiterung auf alle drahtlosen Übertragungskapazitäten.

B. Bedarfsanmeldung

2   Abs. 1 regelt die Anmeldung der nichtleitungsgebundenen (drahtlosen) Übertragungskapazitäten, die die Länder für den bundesweiten Versorgungsbedarf benötigen. Die Anmeldung durch die Länder erfolgt bei der Bundesnetzagentur als zuständige Regulierungsbehörde. Für die Bedarfsanmeldung der Länder ist Grundlage eine Abstimmung der Ministerpräsidenten, die die Entscheidung über die Bedarfsanmeldung einstimmig zu treffen haben. Die Einstimmigkeit ist deshalb vorgesehen, damit jedes Land die Entscheidung hat, wie die eigene Versorgung gestaltet werden soll. Mit der bundesweiten Versorgung kann aufgrund

beschränkter Übertragungskapazitäten auch eine Beschränkung der landesweiten Übertragungsmöglichkeit einhergehen. Kommt eine einstimmige Entscheidung aller 16 Länder nicht zustande, kann jedes einzelne Land nur den eigenen relevanten Bedarf anmelden. S. 2 des Abs. 1 stellt klar, dass für länderübergreifende Bedarfsanmeldungen S. 1 hinsichtlich der betroffenen Länder entsprechend gilt. Bedeutung hat diese Regelung für solche Länder, die eine gemeinsame Landesrundfunkanstalt (zB SWR) oder eine gemeinsame Landesmedienanstalt (mabb, MAHSH) gegründet haben.

C. Zuordnung

I. Bekanntmachung

Nachdem die Bundesnetzagentur den Ländern auf der Grundlage ihrer Anmeldung nach Abs. 1 Übertragungskapazitäten zur Verfügung gestellt hat, erfolgt die Zuordnung der Übertragungskapazitäten für bundesweiten Versorgungsbedarf in Form einer Verteilung der Übertragungskapazitäten auf die einzelnen Bedarfsträger. Die Grundsätze für die Zuordnung sind in Abs. 3 geregelt. In Abs. 2 ist festgeschrieben, dass als mögliche Bedarfsträger die in der ARD zusammengeschlossenen Landesrundfunkanstalten, das Deutschlandradio und die Landesmedienanstalten in Frage kommen. Die konkrete Zuordnungsentscheidung erfolgt durch die Ministerpräsidenten der Länder durch einstimmigen Beschluss. Das Zuordnungsverfahren wird durch die Bekanntmachung der verfügbaren freien Übertragungskapazitäten gegenüber den Bedarfsträgern eingeleitet. Diese erfolgt im Regelfall dadurch, dass, soweit nicht eine öffentliche Bekanntmachung in den Amtsblättern der Länder erfolgt, der Vorsitzende der Ministerpräsidentenkonferenz sämtliche in Frage kommende Bedarfsträger informiert. Nicht in Frage kommen das Deutschlandradio für Fernsehübertragungskapazitäten sowie das ZDF für Hörfunkfrequenzen. Im Falle der ARD bzw. der Arbeitsgemeinschaft der Landesmedienanstalten genügt es, wenn die Bekanntmachung der jeweils geschäftsführenden Landesrundfunkanstalt bzw. Landesmedienanstalt zugeht, Hahn/Vesting/Binder RStV § 51 Rn. 26. Die Bekanntmachung kann mit einer Frist verbunden werden. Diese kann als Ausschlussfrist gestaltet werden. Im Normalfall hat die Bekanntmachung an alle Bedarfsträger zeitgleich zu erfolgen. 3

II. Entscheidung

Nachdem die Bedarfsträger für die bundesweiten bzw. länderübergreifenden Kapazitätsbedarfe ihren Bedarf geltend gemacht haben, sieht Abs. 3 vor, dass diese entsprechend zuzuordnen sind, soweit die Übertragungskapazitäten für den geltend gemachten Bedarf ausreichen. Hierbei besteht kein Ermessens- oder Beurteilungsspielraum für die Ministerpräsidenten. Reichen die zur Verfügung stehenden Kapazitäten nicht für den geltend gemachten Bedarf aus, wirken die Ministerpräsidenten auf eine Verständigung zwischen den Bedarfsträgern hin. Dabei folgt aus dem Gebot der Staatsferne, dass die Ministerpräsidenten an dem Verfahren selbst nicht beteiligt sind. Vielmehr fordern die Ministerpräsidenten die Bedarfsträger auf, innerhalb einer angemessenen Frist einheitliche Erklärungen über die Verteilung der Übertragungskapazitäten abzugeben. Erfolgt eine Verständigung unter den Bedarfsträgern, ist diese für die Ministerpräsidenten bindend. Eine Begründungspflicht der Bedarfsträger besteht nicht. Soweit keine Verständigung zwischen den Bedarfsträgern möglich ist, entscheiden die Ministerpräsidenten nach Maßgabe der Vorschriften nach Abs. 3 S. 1. Möglich ist dabei einem oder mehreren Bedarfsträgern die gesamten Kapazitäten zuzuordnen. Ebenso ist eine Aufteilung der Kapazitäten unter den Bedarfsträgern möglich. Für die zu treffende Auswahlentscheidung gibt Abs. 3 S. 1 mehrere Kriterien vor. Diese sind gleichwertig zu gewichten. Bei der Zuordnung sind zu berücksichtigen: 4
- Die Besonderheiten der Übertragungskapazität iS technischer Rahmenbedingungen
- Erreichung einer größtmöglichen Vielfalt des Angebots iS der Zusammenschau derjenigen Angebote, auf die sich der geltend gemachte Bedarf bezieht. Dies ist das gesamte Angebot an bundesweiten Hörfunk- oder Fernsehangeboten.
- Sicherung der Grundversorgung mit Rundfunk und Teilhabe des öffentlich-rechtlichen Rundfunks an neuen Techniken und Programmformen. Dies geht zurück auf die Rspr. des BVerfG (BVerfGE119, 181 (217)), in dem dem öffentlichen Rundfunk eine Be-

stands- und Entwicklungsgarantie gewährleistet wurde. Der öffentliche Rundfunk muss die Möglichkeit erhalten, sich an neuen technischen und programmlichen Entwicklungen auch tatsächlich beteiligen zu können. Dies ist nur dann gewährleistet, wenn ihm bei Bedarf auch die dafür erforderlichen Übertragungskapazitäten zugeordnet werden.

- Wirtschaftliche Belange des privaten Rundfunks und der Anbieter von Telemedien.

4a Die Ministerpräsidenten haben bei der Zuordnungsentscheidung eine Interessenabwägung unter Berücksichtigung der Auswahlkriterien vorzunehmen und eine ausgewogene Auswahl zu treffen. Wegen des Grundsatzes der Staatsferne dürfen die Ministerpräsidenten keine Programmbewertung im Einzelnen vornehmen, Spindler/Schuster/Holznagel/Hahne RStV § 51 Rn. 7. Die abschließende Entscheidung der Ministerpräsidenten über die Zuordnung erfolgt durch einstimmigen Beschluss. Der einstimmige Beschluss hat noch keine Außenwirkung sondern bedarf des Vollzugs nach Abs. 4. Auf der Grundlage des einstimmigen Beschlusses ordnet der Vorsitzende der Ministerpräsidentenkonferenz die Übertragungskapazität den Bedarfsträgern zu. Dies ist ein Verwaltungsakt nach § 35 VwVfG. Dabei ist Schriftform zu fordern. Die Zuordnung muss auch mit einer Begründung versehen sein, § 39 VwVfG. Insoweit müssen die wesentlichen Gesichtspunkte dargelegt werden, die die Ministerpräsidenten zu ihrer Entscheidung bewogen haben. Nach Abs. 3 S. 2 erfolgt die Zuordnung längstens auf 20 Jahre. Eine Verkürzung des Zuordnungszeitraums ist möglich, wenn auf zukünftige Veränderungen in der Versorgungssituation reagiert werden soll.

D. Widerruf der Zuordnung

5 In Abs. 5 werden die Ministerpräsidenten ermächtigt, die Zuordnungsentscheidung zu widerrufen, wenn der Zuordnungsempfänger die ihm zugeordnete Übertragungskapazität nach Ablauf von 18 Monaten nach Zugang nicht für die Realisierung des Versorgungsbedarfs nutzt. Hierdurch soll die tatsächliche Nutzung der Übertragungskapazität gesichert werden. Die Landesmedienanstalten sind daher gehalten, innerhalb des 18-Monate-Zeitraums die Zuweisungsverfahren abzuschließen. Der Widerruf steht im Ermessen der Ministerpräsidenten. Die 18-monatige Frist kann nach Abs. 5 S. 2 auf Antrag des Zuordnungsempfängers durch Entscheidung der Ministerpräsidenten verlängert werden.

§ 51a Zuweisung von drahtlosen Übertragungskapazitäten an private Anbieter durch die zuständige Landesmedienanstalt

(1) Übertragungskapazitäten für drahtlose bundesweite Versorgungsbedarfe privater Anbieter können Rundfunkveranstaltern, Anbietern von vergleichbaren Telemedien oder Plattformanbietern durch die zuständige Landesmedienanstalt zugewiesen werden.

(2) ¹Werden den Landesmedienanstalten Übertragungskapazitäten zugeordnet, bestimmen sie unverzüglich Beginn und Ende einer Ausschlussfrist, innerhalb der schriftliche Anträge auf Zuweisung von Übertragungskapazitäten gestellt werden können. ²Beginn und Ende der Antragsfrist, das Verfahren und die wesentlichen Anforderungen an die Antragstellung, insbesondere wie den Anforderungen dieses Staatsvertrages zur Sicherung der Meinungsvielfalt und Angebotsvielfalt genügt werden kann, sind von den Landesmedienanstalten zu bestimmen und in geeigneter Weise zu veröffentlichen (Ausschreibung).

(3) ¹Kann nicht allen Anträgen auf Zuweisung von Übertragungskapazitäten entsprochen werden, wirkt die zuständige Landesmedienanstalt auf eine Verständigung zwischen den Antragstellern hin. ²Kommt eine Verständigung zustande, legt sie diese ihrer Entscheidung über die Aufteilung der Übertragungskapazitäten zu Grunde, wenn nach den vorgelegten Unterlagen erwartet werden kann, dass in der Gesamtheit der Angebote die Vielfalt der Meinungen und Angebotsvielfalt zum Ausdruck kommt.

(4) ¹Lässt sich innerhalb der von der zuständigen Landesmedienanstalt zu bestimmenden angemessenen Frist keine Einigung erzielen oder entspricht die vor-

gesehene Aufteilung voraussichtlich nicht dem Gebot der Meinungsvielfalt und Angebotsvielfalt, weist die zuständige Landesmedienanstalt dem Antragsteller die Übertragungskapazität zu, der am ehesten erwarten lässt, dass sein Angebot
1. die Meinungsvielfalt und Angebotsvielfalt fördert,
2. auch das öffentliche Geschehen, die politischen Ereignisse sowie das kulturelle Leben darstellt und
3. bedeutsame politische, weltanschauliche und gesellschaftliche Gruppen zu Wort kommen lässt.

²In die Auswahlentscheidung ist ferner einzubeziehen, ob das Angebot wirtschaftlich tragfähig erscheint sowie Nutzerinteressen und -akzeptanz hinreichend berücksichtigt. ³Für den Fall, dass die Übertragungskapazität einem Anbieter einer Plattform zugewiesen werden soll, ist des Weiteren zu berücksichtigen, ob das betreffende Angebot den Zugang von Fernseh- und Hörfunkveranstaltern sowie Anbietern von vergleichbaren Telemedien einschließlich elektronischer Programmführer zu angemessenen Bedingungen ermöglicht und den Zugang chancengleich und diskriminierungsfrei gewährt.

(5) ¹Die Zuweisung von Übertragungskapazitäten erfolgt für die Dauer von zehn Jahren. ²Eine einmalige Verlängerung um zehn Jahre ist zulässig. ³Die Zuweisung ist sofort vollziehbar. ⁴Wird eine zugewiesene Übertragungskapazität nach Ablauf von zwölf Monaten nach Zugang der Zuweisungsentscheidung nicht genutzt, kann die zuständige Landesmedienanstalt die Zuweisungsentscheidung nach § 38 Abs. 4 Nr. 2b widerrufen. ⁵Auf Antrag des Zuweisungsempfängers kann die Frist verlängert werden.

§ 51a RStV befasst sich mit der Zuweisung von Übertragungskapazitäten für drahtlose bundesweite Versorgungsbedarfe an private Anbieter. Zuweisungsempfänger können Rundfunkveranstalter, Anbieter von Telemedien oder Plattformanbieter sein.

A. Allgemeines

§ 51a RStV wurde mit dem 10. RÄStV aufgenommen. Erstmals wurde ein bundesweit koordiniertes Zuweisungsverfahren für bundesweite Versorgungsbedarfe festgelegt. 1

B. Ausschreibung

Nachdem den Landesmedienanstalten nach § 51 Übertragungskapazitäten zugeordnet 2 wurden, leiten diese die Zuweisung an die privaten Anbieter ein. Das Zuweisungsverfahren beginnt nach Abs. 2 mit der Ausschreibung der verfügbaren Übertragungskapazitäten. Die Verfahrensvorschrift in Abs. 2 wird ergänzt durch die Regelungen in § 12 und § 13 der auf der Grundlage von § 53 RStV erlassenen Satzung über die Zugangsfreiheit zu digitalen Diensten und zur Plattformregulierung gemäß Rundfunkstaatsvertrag v. 11.12.2008. § 12 Abs. 2 S. 2 sieht hierbei vor, dass das Verfahren durch eine gemeinsame Ausschreibung aller Landesmedienanstalten, die in den jeweiligen Verkündungsblättern und auf der Internetseite der Arbeitsgemeinschaft der Landesmedienanstalten veröffentlicht wird, eingeleitet wird. In der Ausschreibung wird auch die zuständige Landesmedienanstalt bestimmt, bei der die Bewerbungen einzureichen sind. Hiermit ist eine erhebliche Verfahrenserleichterung verbunden. Vormals musste ein Koordinierungsverfahren unter allen Landesmedienanstalten durchgeführt werden, (Spindler/Schuster/Holznagel/Hahne RStV § 51a Rn. 1). Nunmehr kann aus dem Kreis der Landesmedienanstalten eine Landesmedienanstalt als federführend für die Verfahrensdurchführung bestimmt werden. In der Ausschreibung wird Beginn und Ende der Antragsfrist, das Verfahren und die wesentlichen Anforderungen an die Antragstellung festgelegt. § 12 Abs. 2 S. 4 der Satzung über die Zugangsfreiheit zu digitalen Diensten und zur Plattformregulierung gem. § 53 RStV bestimmt, dass die Ausschreibung spätestens 3 Monate nach der Zuordnung zu veröffentlichen ist. Die Ausschreibungsfrist beträgt mindestens einen Monat.

C. Zuweisungsverfahren

I. Verständigung

3   Abs. 3 S. 1 sieht vor, dass, soweit nicht allen Anträgen auf Zuweisung von Übertragungskapazitäten entsprochen werden kann, die als zuständig bestimmte Landesmedienanstalt auf eine Verständigung zwischen den Antragsstellern hinwirkt. Reichen die ausgeschriebenen Übertragungskapazitäten für die Befriedigung aller Antragsteller aus, ist kein Verständigungsverfahren durchzuführen und unmittelbar eine Entscheidung über die Verteilung der Übertragungskapazitäten gemäß der Antragstellung möglich. Soweit dies nicht der Fall ist, dient das aufzunehmende Verständigungsverfahren dazu, die größtmögliche Meinungs- und Angebotsvielfalt zu erreichen. Kommt eine Verständigung zustande, legt die Entscheidung über die Aufteilung der Übertragungskapazitäten diese Verständigung zugrunde, wenn erwartet werden kann, dass in der Gesamtheit der Angebote die verfügbare Angebots- und Meinungsvielfalt widergespiegelt wird.

II. Auswahlverfahren

4   Kommt keine Verständigung unter den Bewerbern zustande oder widerspricht die von den Bewerbern vorgeschlagene Aufteilung dem Gebot der größtmöglichen Angebots- oder Meinungsvielfalt, findet eine Auswahlentscheidung statt. Die Auswahlgrundsätze für diese Entscheidung sind in Abs. 4 festgelegt. Dazu zählt zunächst die Förderung der Meinungs- und Angebotsvielfalt. Weiterhin wird erwartet, dass der Antragsteller auch das öffentliche Geschehen, die politischen Ereignisse sowie das kulturelle Leben darstellt. Zudem ist zu bewerten, inwieweit bedeutsame politische, weltanschauliche und gesellschaftliche Gruppen zu Wort kommen. Als ergänzende Auswahlkriterien sind nach S. 2 einzubeziehen, ob das Angebot wirtschaftlich tragfähig erscheint sowie Nutzerinteressen und -akzeptanz hinreichend berücksichtigt. S. 3 gibt Spezialauswahlkriterien für den Fall der Zuweisung an Plattformanbieter vor. Bei allen Auswahlkriterien ist eine Prognoseentscheidung im Hinblick auf die Erfüllung der Auswahlkriterien durchzuführen. Während die Auswahlkriterien des Abs. 4 S. 1 ein optimiertes Gesamtergebnis einfordern, sind die in Abs. 4 S. 2 und 3 genannten Auswahlkriterien notwendige Voraussetzungen der Auswahl. Ein Gesamtangebot erscheint bereits dann nicht zuweisungsfähig, wenn es in der Prognose wirtschaftlich nicht tragfähig erscheint oder die Nutzerinteressen und -akzeptanz nicht hinreichend berücksichtigt. Die ergänzenden Auswahlkriterien sind daher zwingende Bedingungen für die Zuweisung.

III. Zuständigkeit

5   Nach § 36 Abs. 2 S. 1 Nr. 3 RStV ist die ZAK für die Durchführung des Zuweisungsverfahrens zuständig. Dies wird in § 12 Abs. 2 S. 1 der Satzung über die Zugangsfreiheit zu digitalen Diensten und Plattformregulierung gem. § 53 Rundfunkstaatsvertrag klargestellt. Da in der Ausschreibung, die von der ZAK beschlossen wird, auch die zuständige Landesmedienanstalt bestimmt wird, führt diese die Sichtung der eingegangenen Bewerbungen durch. Nach § 12 Abs. 3 der Satzung über die Zugangsfreiheit zu digitalen Diensten und Plattformregulierung gem. § 53 RStV prüft abschließend der Vorsitzende der ZAK die eingegangenen Anträge auf Vollständigkeit. Er prüft, ob die formellen und materiellen Zuweisungsvoraussetzungen der Anträge gegeben sind. Die ZAK selbst stellt das Vorliegen der Zuweisungsvoraussetzungen durch Beschluss fest. Reichen die Übertragungskapazitäten für die Berücksichtigung aller Bewerber aus oder wird eine Verständigung unter allen Bewerbern erreicht, beschließt die ZAK nach § 36 Abs. 2 S. 1 Nr. 3 RStV die Zuweisung an die Bewerber. Ist eine Auswahlentscheidung erforderlich, trifft diese die GVK nach § 36 Abs. 3 S. 1 Hs. 1 RStV auf Empfehlung der ZAK.

D. Zuweisung

6   Nachdem die ZAK bzw. die GVK die Zuweisungsentscheidung durch Beschluss getroffen haben, werden die Übertragungskapazitäten durch die zuständige Landesmedienanstalt gemäß

Abs. 5 den ausgewählten Bewerbern für die Dauer von zehn Jahren zugewiesen. Die Zuweisung kann einmalig auf weitere zehn Jahre verlängert werden. Die Zuweisung ist sofort vollziehbar. Damit kann die Zuweisungsentscheidung nicht durch einfache Klage der nicht berücksichtigten Bewerber verzögert werden. Eine zugewiesene Übertragungskapazität, die in den nächsten zwölf Monaten nach Zugang der Zuweisungsentscheidung nicht genutzt wird, kann nach Abs. 5 S. 4 widerrufen werden. Die Frist ist sechs Monate kürzer als die Frist des Widerrufs der Zuordnungsentscheidung nach § 51 RStV. Dies wurde deshalb so gewählt, damit nach dem Widerruf der Zuweisungsentscheidung anschließend noch Zeit bleibt die Zuordnungsentscheidung zu widerrufen. Auf Antrag des Zuweisungsempfängers kann die Frist für die Nutzung der Übertragungskapazität nach pflichtgemäßem Ermessen durch die ZAK verlängert werden. Dies kann dann eintreten, wenn nachvollziehbare Schwierigkeiten technischer oder organisatorischer Art, die Verzögerung rechtfertigen. Die Zuweisungsentscheidung nach § 51a RStV ersetzt nicht die Notwendigkeit der bundesweiten Zulassung nach § 20 Abs. 1 RStV für die bundesweite Verbreitung des Angebots. Diese ist neben der Zuweisungsentscheidung in einem gesonderten Verfahren durch die ZAK zu treffen.

§ 51b Weiterverbreitung

(1) ¹Die zeitgleiche und unveränderte Weiterverbreitung von bundesweit empfangbaren Fernsehprogrammen, die in Europa in rechtlich zulässiger Weise und entsprechend den Bestimmungen des Europäischen Übereinkommens über das grenzüberschreitende Fernsehen veranstaltet werden, ist zulässig. ²Die Weiterverbreitung von Fernsehprogrammen kann unter Beachtung europäischer rundfunkrechtlicher Regelungen ausgesetzt werden.

(2) ¹Veranstalter anderer als der in Absatz 1 genannten Fernsehprogramme haben die Weiterverbreitung mindestens einen Monat vor Beginn bei der Landesmedienanstalt anzuzeigen, in deren Geltungsbereich die Programme verbreitet werden sollen. ²Die Anzeige kann auch der Plattformbetreiber vornehmen. ³Die Anzeige muss die Nennung eines Programmverantwortlichen, eine Beschreibung des Programms und die Vorlage einer Zulassung oder eines vergleichbaren Dokuments beinhalten. ⁴Die Weiterverbreitung ist dem Betreiber der Plattform zu untersagen, wenn das Rundfunkprogramm nicht den Anforderungen des § 3 oder des Jugendmedienschutz-Staatsvertrages entspricht oder wenn der Veranstalter nach dem geltenden Recht des Ursprungslandes zur Veranstaltung von Rundfunk nicht befugt ist oder wenn das Programm nicht inhaltlich unverändert verbreitet wird.

(3) ¹Landesrechtliche Regelungen zur analogen Kanalbelegung für Rundfunk sind zulässig, soweit sie zur Erreichung klar umrissener Ziele von allgemeinem Interesse erforderlich sind. ²Sie können insbesondere zur Sicherung einer pluralistischen, am Angebot der Meinungsvielfalt und Angebotsvielfalt orientierten Medienordnung getroffen werden. ³Einzelheiten, insbesondere die Rangfolge bei der Belegung der Kabelkanäle, regelt das Landesrecht.

„Weiterverbreitung" ist ein normativer Zweckbegriff (→ Rn. 8). § 51b erfasst bundesweit verbreitete inländische Fernsehprogramme (→ Rn. 9) sowie Fernsehprogramme, die auf der Grundlage eines ausländischen Rechtsregimes veranstaltet und verbreitet werden und bundesweit empfangbar sind (→ Rn. 7). Für Fernsehprogramme, die in einem Mitgliedstaat der EU oder in einem Signatarstaat des FsÜ rechtmäßig veranstaltet werden, gilt das Sendestaatsprinzip (→ Rn. 10 f.). Bei den anzeigepflichtigen Fernsehprogrammen aus Drittstaaten findet eine eingeschränkte inhaltliche Prüfung statt, die zur Untersagung der Weiterverbreitung führen kann (→ Rn. 12).

A. Allgemeines

I. Bedeutung der Norm

Abs. 1 setzt eine europarechtliche Verpflichtung Deutschlands um und befreit in Europa **1** rechtmäßig veranstaltete Fernsehprogramme, die aufgrund der Erstverbreitung idR über

Satellit bereits im gesamten Bundesgebiet empfangbar sind, von der Notwendigkeit eines Zulassungsverfahrens nach Maßgabe der §§ 20 ff.; die Weiterverbreitung in Deutschland ist rundfunkrechtlich ohne Weiteres zulässig. Mit umfasst ist die rundfunkrechtliche Erlaubnis zur Weiterverbreitung nationaler inländischer Programme in allen Bundesländern.

2   Abs. 2 statuiert eine Anzeigepflicht für die Veranstalter von bundesweit empfangbaren Fernsehprogrammen aus Drittstaaten und erlaubt die Weiterverbreitung unter Widerrufsvorbehalt der zuständigen Landesmedienanstalt. Die Bestimmung ist sehr stark auf Plattformen zugeschnitten, die definitionsgemäß die digitale Verbreitung von Rundfunkprogrammen und Telemedien betreffen (§ 2 Abs. 2 Nr. 13).

3   Abs. 3 verweist für das Kabelbelegungsregime für analog (weiter-)verbreitete Hörfunk- und Fernsehprogramme auf die Landesmediengesetze.

II. Entstehungsgeschichte

4   Bei Inkrafttreten des RStV war § 35 (nunmehr: § 51b) als Verpflichtung der Staatsvertragsparteien formuliert, die Weiterverbreitung bestimmter Rundfunkprogramme durch Landesrecht im Rahmen der technischen Möglichkeiten zu gestatten (vgl. auch Hahn/Vesting/Wille/Schulz/Buch RStV § 51b Rn. 1). Nach deutschem Verständnis war das Weiterverbreitungsregime auf die Weiterverbreitung in Breitbandkabelanlagen beschränkt. Das Kabelbelegungsregime richtete sich nach den Landesmediengesetzen (§ 35 Abs. 2 RStV 1991). Die Rundfunkreferenten sahen in der Weiterverbreitung nicht lediglich einen telekommunikationsrechtlichen Vorgang. Denn der Kabelanlagenbetreiber, der in der digitalen Welt zum Plattformbetreiber mutierte (→ § 2 Rn. 51) trifft seinerseits vielfaltsrelevante Entscheidungen, wenn er ein Angebot konfiguriert, das er dem Publikum als Gesamtangebot zur Verfügung stellt.

4.1   Die amtliche Begründung zu Art. 11 RStV 1987, der teilweise mit einer abweichenden Begrifflichkeit arbeitete, rechtfertigt rundfunkrechtliche Regelungen für die Weiterverbreitung wie folgt: „Herangeführte Programme (…) Ihre Weiterverbreitung in Kabelanlagen stellt rundfunkrechtlich keine neue Rundfunkveranstaltung dar, wenn eine zeitgleiche und unveränderte Weiterverbreitung erfolgt. Es handelt sich jedoch nicht nur um einen fernmeldetechnischen, sondern auch um einen rundfunkrechtlich relevanten Vorgang, der rundfunkrechtliche Regeln erfordert (…)" (Hartstein/Ring/Kreile RStV 1989 zu Art. 11).

5   Die aktuelle Fassung von Abs. 1 u. 2 geht auf den 10. RÄndStV zurück. Sie trägt den geänderten Bedingungen in der Welt der digitalen Rundfunkübertragung Rechnung. Einzelne Satellitenkanäle übertragen nicht mehr einzelne Rundfunkprogramme, sondern ganze Datencontainer mit mehreren Programmen, sog. Multiplexe, die ohne technischen Aufwand vor der Weiterverbreitung in Kabelanlagen nicht wieder auseinandergenommen werden können. Dadurch haben sich Fragen der Weiterverbreitung und des Kanalbelegungsregimes länderübergreifend vereinheitlicht. § 51b regelt die Zulässigkeit der Weiterverbreitung bundesweit empfangbarer Programme nunmehr selbst. Der Wortlaut des Abs. 3 geht auf den 12. RÄndStV zurück, durch den Teleshopping wieder in den Rundfunkbegriff integriert wurde.

III. Geltungsbereich

6   Abs. 1 und 2 regeln die Weiterverbreitung von Fernsehprogrammen im Inland und stellen keine Rechtsgrundlage für rundfunktechnische Sendevorgänge (→ Rn. 8) dar, die zur grenzüberschreitenden Empfangbarkeit führen. Zwar ist begrifflich die Weiterverbreitung über eine Satellitenplattform nicht ausgeschlossen (vgl. Spindler/Schuster/Holznagel/Hahne RStV § 51b Rn. 1). Im Rahmen des Weiterverbreitungsregimes kann Deutschland jedoch seine europarechtlichen Verpflichtungen als Sendestaat (Art. 2 Abs. 1 AVMD-RL) nicht erfüllen. Deshalb dürfen nur in Europa in rechtlich zulässiger Weise veranstaltete Fernsehprogramme iSd Abs. 1 über Plattformen mit grenzüberschreitender Verbreitung weiterverbreitet werden. Unterfallen Fernsehprogramme aus Drittstaaten nach § 1 Abs. 3 deutscher Rechtshoheit, setzt eine grenzüberschreitende Verbreitung zwingend eine Zulassung nach § 20a voraus.

Weiterverbreitung § 51b RStV

Deshalb durfte der iranische Sender Press TV, der nach dem Entzug der britischen Zulassung 6.1
wegen des Satelliten-uplinks in Unterföhring bei München nach § 1 Abs. 3 deutscher Rechtshoheit
unterfiel (vgl. auch Art. 2 Abs. 4 lit. a AVMD-RL), entgegen der Ansicht des VG München Beschl.
v. 11.6.2012 – M 17 S 12.2113 nicht auf Grund einer Weiterverbreitungsanzeige nach Abs. 2 über
einen ASTRA-Satelliten europaweit ausgestrahlt werden. Hierfür hätte es – ungeachtet der Tatsache,
dass das Programm in Iran nach dortigem Recht zulässig veranstaltet und über Satellit verbreitet wird
– einer Zulassung nach § 20a bedurft (iErg ebenso, wenn auch mit abw. Begr. VGH München
ZUM-RD 2013, 28).

Abs. 1 und 2 gestatten nur die zeitgleiche und unveränderte Weiterverbreitung bundes- 7
weit empfangbarer Fernsehprogramme (→ Rn. 8). Zwar wird das Merkmal der bundesweiten Empfangbarkeit in Abs. 2 nicht wiederholt. Andere als die in Abs. 1 genannten
Fernsehprogramme könnten bei reiner Wortlautinterpretation sowohl solche sein, die kein
Merkmal der Fernsehprogramme nach Abs. 1 erfüllen, als auch solche, auf die lediglich der
Relativsatz „die in Europa in rechtlich zulässiger Weise und entsprechend den Bestimmungen
des Europäischen Übereinkommens über das grenzüberschreitende Fernsehen veranstaltet
werden" nicht zutrifft. Wenn schon die genehmigungsfreie Weiterverbreitung für die privile-
gierten europäischen Fernsehprogramme in Abs. 1 auf den Fall bundesweiter Empfangbar-
keit beschränkt ist, muss dies für Fernsehprogramme aus Drittstaaten erst recht gelten.
„Andere" Fernsehprogramme iSd Abs. 2 sind somit bundesweit empfangbare Fernsehprogramme aus Drittstaaten (Spindler/Schuster/Holznagel/Hahne RStV § 51b Rn. 5). Die
Weiterbverbreitung von Hörfunk richtet sich nach den Landesmediengesetzen (HRKDSC
RStV § 51b Rn. 8). Da sich die Gestattung der Weiterverbreitung iErg als Befreiung vom
Zulassungserfordernis (§ 20 Abs. 1 S. 1) darstellt, bedurfte es einer Aufnahme der zulassungs-
freien Telemedien (§ 54 Abs. 1 S. 1) in die Vorschrift nicht (vgl. Spindler/Schuster/Holz-
nagel/Hahne RStV § 51b Rn. 2).

B. Regelungsgehalt der Norm
I. Der Begriff der „Weiterverbreitung"

Sendetechnisch unterscheidet sich die Weiterverbreitung grds. nicht von der Erstausstrah- 8
lung (vgl. Art. 1 lit. a FsÜ) eines Programms. Gleichwohl stellt das Rundfunkrecht an die
Verbreitung (Erstausstrahlung) und die Weiterverbreitung (vgl. Art. 2 lit. b FsÜ) unterschiedliche Anforderungen. Letztlich muss man den Weiterverbreitungsbegriff von seinem Zweck
her verstehen, die erneute Aussendung eines andern Orts rundfunkrechtlich geprüften
Rundfunkprogramms unter bestimmten Voraussetzungen ohne zusätzliche rundfunkrechtliche Anforderungen zu ermöglichen. Das gilt selbstverständlich nur für unveränderte Programme; schon die zeitversetzte oder unvollständige Ausstrahlung führt zum Verlust der
Genehmigungsfreiheit (vgl. Art. 35 Abs. 4 BayMG). Technisch bedingte Verzögerungen
schaden nicht (Hahn/Vesting/Wille/Schulz/Buch RStV § 51b Rn. 31). Bezogen auf die
digitale Welt knüpft § 51b nicht mehr an den Übertragungsweg (vgl. Hahn/Vesting/Wille/
Schulz/Buch RStV § 51b Rn. 28), sondern an den Plattformbegriff an (VGH München
ZUM-RD 2013, 28, 31 f.).

Die in der Präambel zum RStV angesprochene zusätzliche terrestrische Verbreitung von Satelli- 8.1
tenprogrammen „nach Maßgabe des Landesrechts" wurde für die analoge Rundfunkverbreitung
zumindest früher nicht als Weiterverbreitungsfall, sondern als originärer Rundfunkzulassungsfall
angesehen (vgl. Jarass ZUM 1994, 319). Art. 1 Abs. 1 BayMG spricht nach wie vor von der
„Weiterverbreitung von Rundfunkprogrammen und Telemedien in Kabelanlagen in Bayern";
Art. 26 Abs. 2 BayMG enthält einen eigenen Genehmigungstatbestand „für die terrestrische Verbreitung bundesweit empfangbarer Rundfunkprogramme", die sich nicht nach dem Weiterverbreitungsregime der Art. 35 und 36 BayMG richtet (NK-BayMG Art. 2 Rn. 40; Art. 26 Rn. 64).

Um kein unverändertes Programm handelt es sich mehr, wenn im Breitbandkabel zum Zweck 8.2
der genaueren Zielgruppenansprache Werbeinseln „ausgetauscht" werden; die „Regionalisierung
der Werbung" durch Veranstalter bundesweit über Satellit verbreiteter Fernsehprogramme ist im
Rahmen des Weiterverbreitungsrechts nicht möglich (VG Berlin Urt. v. 26.9.2013 – VG 27 K
231.12, nrkr).

II. Europäische Rundfunkprogramme (Abs. 1)

9 Zu den in Europa in rechtlich zulässiger Weise veranstalteten gehören die inländischen Fernsehprogramme, die **mit einer entsprechenden Zulassung** bundesweit verbreitet werden (vgl. HRKDSC § 51b RStV Rn. 11).

9.1 Der Freistaat Bayern unterstützt die Satellitenverbreitung von Lokalfernsehen zur Erreichung aller Fernsehempfangshaushalte in ihrem Versorgungsgebiet, wie Art. 11 Abs. 1 S. 2 Nr. 6 BayMG das normative Sendegebiet nennt, mit staatlichen Fördermitteln (s. Pressemitteilung der BLM v. 29.11.2012); deutschlandweit haben fast die Hälfte aller Fernsehhaushalte Satellitendirektempfang. Die Satellitenverbreitung von Lokalfernsehprogrammen, die über keine Zulassung nach § 20a verfügen, führt nicht zu einem Weiterverbreitungsanspruch außerhalb ihres Versorgungsgebiets. Auch frei empfangbare Pilotprojekte mit Satellitenausstrahlung auf Basis landesrechtlicher Vorschriften, die § 1 Abs. 2 zulässt, haben außerhalb des Zulassungslandes keinen Weiterverbreitungsanspruch (NK-BayMG Art. 30 Rn. 3). Keinen Weiterverbreitungsanspruch im Inland hat ferner die Deutsche Welle als Bundesrundfunkanstalt mit Auslandsauftrag (vgl. § 15 Abs. 3 S. 1 DWG).

10 Ebenso gehören alle Fernsehprogramme dazu, die nach dem Rechtsregime eines anderen Mitgliedsstaates der EU zulässig veranstaltet werden (vgl. Art. 3 Abs. 1 AVMD-RL). Ferner alle Fernsehprogramme unter dem Rechtsregime eines Signatarstaats des FsÜ (vgl. Art. 4 FsÜ). Die Mitgliedsstaaten (s. Art. 2 Abs. 1 AVMD-RL) bzw. die Vertragspartner (s. Art. 5 Abs. 1 FsÜ) sind verpflichtet für die Einhaltung der harmonisierten Bestimmungen zu sorgen.

11 Nur im Fall besonders schwerwiegender Verstöße gegen bestimmte wichtige Bestimmungen lassen Art. 3 Abs. 2 AVMD-RL und Art. 24 Abs. 2 u. 3 FsÜ die vorläufige Aussetzung der Weiterverbreitung bis zur endgültigen Klärung durch den Sendestaat zu (näher dazu Hahn/Vesting/Wille/Schulz/Buch RStV § 51b Rn. 34 ff.; HRKDSC RStV § 51b Rn. 14 ff.).

III. Fernsehprogramme aus Drittstaaten (Abs. 2)

12 Auch für Fernsehprogramme aus Drittstaaten verzichtet Abs. 2 auf ein Genehmigungserfordernis. Die Weiterverbreitung ist bei der territorial zuständigen Landesmedienanstalt mindestens einen Monat vor Beginn der Weiterverbreitung wahlweise durch den Rundfunkveranstalter oder den Plattformbetreiber anzuzeigen. Mit Ablauf der Monatsfrist tritt keine Genehmigungsfiktion ein. Die Weiterverbreitung ist dem Plattformbetreiber zu untersagen, wenn

- die Rundfunkveranstaltung schon im Ursprungsland unzulässig ist oder
- wegen Veränderung des Programms in Wahrheit keine Weiterverbreitung vorliegt,
- die Bestimmungen des JMStV nicht eingehalten werden oder
- das Fernsehprogramm den Anforderungen des § 3 nicht entspricht.

12a Das verfassungsrechtliche Erfordernis sachgemäßer, umfassender und wahrheitsgemäßer Information (vgl. Hahn/Vesting/Wille/Schulz/Buch RStV § 51b Rn. 14 mwN) enthält weder § 51b Abs. 2 S. 4 noch § 3. Ob § 3 Abs. 1 S. 3 eine Lückenfüllung durch landesrechtliche Bestimmungen wie den verfassungskonformen Art. 35 Abs. 1 Nr. 5 BayMG für die Weiterverbreitung in analoger Technik (→ Rn. 13) möglich macht, erscheint zweifelhaft.

IV. Kanalbelegung (Abs. 3)

13 Landesrecht ist nur mehr für die Kanalbelegung mit Fernsehprogrammen in analoger Rundfunktechnik zuständig (Abs. 3). Bundeseinheitliche Vorgaben für die Kanalbelegung mit digital verbreiteten Fernsehprogrammen enthält § 52b.

§ 52 Plattformen

(1) ¹**Die nachstehenden Regelungen gelten für Plattformen auf allen technischen Übertragungskapazitäten.** ²Mit Ausnahme der §§ 52a und f gelten sie nicht für Anbieter von

1. Plattformen in offenen Netzen (Internet, UMTS oder vergleichbare Netze), soweit sie dort über keine marktbeherrschende Stellung verfügen,
2. Plattformen, die sich auf die unveränderte Weiterleitung eines Gesamtangebotes beschränken, das den Vorgaben dieses Abschnitts entspricht,
3. drahtgebundenen Plattformen mit in der Regel weniger als 10 000 angeschlossenen Wohneinheiten oder
4. drahtlosen Plattformen mit in der Regel weniger als 20 000 Nutzern.

³Die Landesmedienanstalten legen in den Satzungen und Richtlinien nach § 53 fest, welche Anbieter unter Berücksichtigung der regionalen und lokalen Verhältnisse den Regelungen nach Satz 2 unterfallen.

(2) Eine Plattform darf nur betreiben, wer den Anforderungen des § 20a Abs. 1 und 2 genügt.

(3) ¹Private Anbieter, die eine Plattform mit Rundfunk und vergleichbaren Telemedien anbieten wollen, müssen dies mindestens einen Monat vor Inbetriebnahme der zuständigen Landesmedienanstalt anzeigen. ²Die Anzeige hat zu enthalten

1. Angaben entsprechend § 20a Abs. 1 und 2 und
2. die Darlegung, wie den Anforderungen der §§ 52a bis 52d entsprochen werden soll.

Plattformregelungen bauen auf dem Plattformbegriff des § 2 Abs. 2 Nr. 13 RStV auf (→ Rn. 3 ff.). Abs. 1 gibt ein abgestuftes Schutzkonzept vor (→ Rn. 24 ff.), das die in Abs. 1 S. 2 Nr. 1–4 genannten Plattformen privilegiert (→ Rn. 30 ff.). Die Landesmedienanstalten können in den Satzungen und Richtlinien Konkretisierungen vorgeben (→ Rn. 39). Abs. 2 verweist hinsichtlich der persönlichen Voraussetzungen für Plattformanbieter auf § 20a Abs. 1 und 2 RStV, spart aber § 20a Abs. 3 RStV bewusst aus (→ Rn. 40 ff.). Der Plattformanbieter bedarf zwar keiner Zulassung, hat aber eine Anzeigepflicht (→ Rn. 43 ff.).

Übersicht

	Rn		Rn
A. Allgemeines	1	**C. Regelungsinhalte**	23
B. Der Plattformbegriff	3	I. Abgestuftes Schutzkonzept nach Abs. 1	24
I. Zusammenfassung von Rundfunk und vergleichbaren Telemedien	5	1. Stufung nach Abs. 1 S. 1 und 2	26
II. Angebote auch von Dritten	7	2. Fallgruppen privilegierter Plattformen (S. 2)	30
III. Ziel der Zusammenfassung	8	II. Anforderungen an Plattformanbieter nach Abs. 2	40
IV. Bedeutung des Plattformbegriffs	9	III. Anzeigepflicht nach Abs. 3	43
V. Ausnahme der ausschließlichen Vermarktung	10		

A. Allgemeines

Die Einführung der Plattformregulierung bildete einen Kernbestandteil des 10. RÄndStV. **1** Dieser schuf mit den §§ 52 ff. RStV einen Ordnungsrahmen für Anbieter von Plattformen, die zumeist die Verfügungsmacht über digitale Verbreitungskapazitäten mit einer Inhaltezusammenstellung verbinden, und über diese Einflussmöglichkeiten eine für die Vielfaltssicherung zentrale Funktion übernommen haben, die regulierungsbedürftig erschien (vgl. Hahn/Vesting/Wagner RStV § 52 Rn. 1). Hatten die Vorgängervorschriften zumeist Kabelanlagenbetreiber bzw. TK-Dienstleister oder Anbieter von technischen Zusatzleistungen (vgl. § 53 RStV aF) im Blick, versucht die Plattformregulierung mit dem Plattformanbieter einen übergeordneten Ansatzpunkt für eine übertragungsweg-neutrale Regulierung der digitalen Rundfunkwelt zu finden. Die Verbreitung von Angeboten in analoger Technik ist von der Plattformregulierung nicht betroffen.

2   Gemeinsam ist den Plattformen, dass sie auf die Verbreitung der verfügbaren Programmangebote Einfluss nehmen, indem sie Übertragungs- bzw. Vermarktungsmöglichkeiten oder Zugangsdienste anbieten und auf diese Weise eine „Torwächterfunktion" einnehmen, über welche sie auf die Vielfalt der Angebote einwirken und diese auch gefährden können (vgl. Hahn/Vesting/Wagner RStV § 52 Rn. 3; Spindler/Schuster/Holznagel/Jahn RStV § 52 Rn. 2). Im Hinblick auf diese Einwirkungsmöglichkeiten wurde die Plattformregulierung geschaffen.

B. Der Plattformbegriff

3   Im Zentrum der Plattformregulierung steht der Plattformbegriff. Dieser ist nicht eigenständig definiert, sondern ergibt sich mittelbar aus der Definition des § 2 Abs. 2 Nr. 13 RStV. Danach ist Anbieter einer Plattform, wer auf digitalen Übertragungskapazitäten oder digitalen Datenströmen Rundfunk und vergleichbare Telemedien (Telemedien, die an die Allgemeinheit gerichtet sind) auch von Dritten mit dem Ziel zusammenfasst, diese Angebote als Gesamtangebot zugänglich zu machen oder wer über die Auswahl für die Zusammenfassung entscheidet; Plattformanbieter ist nicht, wer Rundfunk oder vergleichbare Telemedien ausschließlich vermarktet.

4   Die Plattformregulierung spricht daher nur die Übertragung von Rundfunk und vergleichbaren Telemedien in **digitaler** Technik an. Zugleich werden **vergleichbare** Telemedien legal als solche definiert, die an die Allgemeinheit gerichtet sind. In mancher Hinsicht erscheinen die Aussagen dieser Definition aber klärungsbedürftig.

I. Zusammenfassung von Rundfunk und vergleichbaren Telemedien

5   Nach der Legaldefinition des § 2 Abs. 2 Nr. 13 RStV muss eine Plattform Rundfunk **und** vergleichbare Telemedien zusammenfassen. Allerdings erscheint wenig nachvollziehbar, weshalb ein lediglich aus Rundfunkprogrammen bestehendes Gesamtangebot weniger oder gar nicht schützenswert sein sollte im Verhältnis zu einem solchen, das auch Telemedien enthält. Da die Regulierungsbedürftigkeit einer ausschließlich aus Rundfunkprogrammen bestehenden Plattform jedenfalls nicht niedriger im Hinblick auf Vielfaltsanforderungen sein kann, dürfte es sich bei der Wahl des Wortes „und" um ein Redaktionsversehen handeln; das Wort „oder" dürfte Sinn und Zweck der Plattformregulierung eher entsprechen (vgl. Hahn/Vesting/Wagner RStV § 52 Rn. 12; HRKDSC RStV § 2 Rn. 50).

6   Fraglich erscheint aber, ob es auch möglich ist Plattformen ausschließlich aus vergleichbaren Telemedien zu bilden, da das Schutz- und Regulierungsbedürfnis bei Telemedien aufgrund ihres idR weniger ausgeprägten Beitrags zur Meinungsvielfalt zumeist niedriger ausfallen wird. Hat man sich aus systematischen Gründen einmal entschieden, das Wort „und" als „oder" zu lesen, erscheint es jedoch konsequent, bei dieser Lesart zu bleiben.

II. Angebote auch von Dritten

7   Zudem müssen in der Plattform enthaltene Angebote „**auch** von Dritten" stammen. Bei wörtlicher Auslegung würde man darauf schließen, dass eigene Inhalte des Plattformanbieters stets in dem Gesamtangebot enthalten sein müssen (Hahn/Vesting/Wagner RStV § 52 Rn. 13). Zwar mag die Versuchung bei eigenen und fremden Inhalten besonders groß sein, beide nicht nach den gleichen Maßstäben zu behandeln. Gleichwohl besteht diese Gefahr auch, wenn der Plattformanbieter sein Gesamtangebot nur aus fremden Angeboten zusammenstellt. Denkbar sind hier die unterschiedlichsten Beweggründe, die z. B. im Image der jeweiligen Angebote, ihrer Popularität oder ihrem Zuschauermarktanteil, den finanziellen Möglichkeiten des Anbieters oder aber auch dessen Gruppenzugehörigkeit liegen können. Die Liste der möglichen Gründe ist sicherlich beliebig erweiterbar. Das Regulierungsbedürfnis besteht daher gleichermaßen auch bei Plattformen die keine eigenen Angebote enthalten. Die Bestimmung, dass auch Inhalte von Dritten in der Plattform enthalten sein müssen, ist daher dahingehend zu verstehen, dass Angebote von Dritten enthalten sein müssen, der Plattformbetreiber aber auch eigene Inhalte in die Zusammenstellung aufnehmen kann (vgl. amtl. Begr. d. 10. RÄndStV zu § 2 Abs. 2 Nr. 10 (heute Nr. 13) RStV).

III. Ziel der Zusammenfassung

Die Angebote müssen mit dem Ziel zusammengefasst werden, sie als Gesamtangebot 8
zugänglich zu machen; alternativ genügt aber auch, wenn der Plattformanbieter über die
Auswahl für die Zusammenfassung entscheidet.

IV. Bedeutung des Plattformbegriffs

Dieser so definierte Anbieter einer Plattform ist Adressat der Plattformregulierung, weil 9
der Gesetzgeber davon ausgeht, dass ein diesen Anforderungen entsprechender Plattformanbieter einen Einfluss auf das Programmangebot haben wird, der eine Regulierung in dem
vorgeschriebenen Sinne erforderlich macht (Hahn/Vesting/Wagner RStV § 52 Rn. 3;
Spindler/Schuster/Holznagel/Jahn RStV § 52 Rn. 2). Voraussetzung ist daher, dass dem
Plattformanbieter eine Vielfaltsrelevanz in dem eben genannten Sinne zukommt, die es
gerechtfertigt erscheinen lässt, ihn den Anforderungen der Plattformregulierung zu unterwerfen. Für den Regelfall des Anbieters einer Plattform, der über die Zusammenstellung
eines Gesamtangebotes von fremden und ggf. auch eigenen Rundfunkangeboten oder vergleichbaren Telemedien entscheidet, hat der Gesetzgeber eine Regulierung als notwendig
und verhältnismäßig erachtet.

V. Ausnahme der ausschließlichen Vermarktung

Allerdings hat der Gesetzgeber in dieser Definition auch entschieden, dass nicht als Platt- 10
formanbieter idS angesehen werden soll, wer Rundfunk und vergleichbare Telemedien
ausschließlich vermarktet. Diese Ausnahmebestimmung erlangt ihre Bedeutung dadurch, dass
sie im Gegensatz zu den Privilegierungen des § 52 Abs. 1 S. 2 RStV nicht nur weniger
bedeutsame Plattformen bzw. für den Bezug von Rundfunkprogrammen bisher weniger
übliche Übertragungsnetze betrifft, sondern auch bedeutende Plattformen bis hin zum Weg-
bereiter und Marktführer des deutschen Bezahlfernsehens von der Plattformregulierung
ausnehmen könnte. Daher bedarf die Frage, was „ausschließlich vermarktet" idS bedeutet,
einer genaueren Untersuchung.

Zutreffend ist sicherlich, dass derjenige Vermarkter, der keinerlei Einfluss auf die inhalt- 11
liche Gestaltung einzelner Angebote bzw. der in der og Definition als Gesamtangebot
bezeichneten Programmzusammenstellungen nimmt, nicht nur dem Wortlaut der Ausnahmebestimmung entspricht, sondern auch keinen hinreichenden Anlass für eine Regulierung
bietet, weil ihm die maßgebliche Vielfaltsrelevanz fehlt (Hahn/Vesting/Wagner RStV § 52
Rn. 9; HRKDSC RStV § 2 Rn. 53).

Dem entspricht, dass die Vermarktung selbst im Gegensatz zu den Vorgängerregelungen 12
nicht mehr Gegenstand der Plattformregulierung ist. Insofern erscheint es sinnvoll und
naheliegend, den Begriff der „ausschließlichen Vermarktung" dahingehend zu verstehen, dass
die Ausnahmebestimmung im Hinblick auf die vormals geltende Regelung klarstellt, dass der
Anbieter von Vermarktungsdienstleistungen, weil diese nicht Gegenstand der Plattformregulierung sind, in dieser Eigenschaft nicht Adressat der Plattformregulierung sein soll.

Im Gegensatz zur Dienstleistung der Vermarktung sind aber Dienstleistungen wie die 13
Verbreitung von Angeboten, das Anbieten von Zugangsdiensten (vgl. § 2 Abs. 3 Zugangs-
und Plattformsatzung (Satzung über die Zugangsfreiheit zu digitalen Diensten und zur Plattformregulierung gem. § 53 Rundfunkstaatsvertrag v. 11.12.2008 – BayStAnz Nr. 51 – ZPS))
aber auch die Einflussnahme auf die technische Ausgestaltung von Settopboxen, Fernsehern
und anderen Empfangsgeräten (vgl. § 52c Abs. 1 Nr. 4 RStV) Gegenstand der Plattformregulierung und führen daher auch für Vermarkter nicht zum Ausschluss der Plattformanbietereigenschaft, da der Anbieter dieser Tätigkeiten gerade **nicht ausschließlich** vermarktet.
Daher können nur diejenigen als ausschließliche Vermarkter verstanden werden, die keinerlei
Einfluss auf die Belegung von Übertragungskapazitäten, das Angebot und die Ausgestaltung
von Zugangsdiensten, und Tarife und Entgelte iSd § 52d RStV nehmen.

Eine beachtliche Meinung in der Literatur steht auf dem Standpunkt, dass dennoch als 14
Plattformanbieter wohl nur in Betracht käme, wer Einfluss auf die inhaltliche Zusammen-
stellung des Gesamtangebots auf einem kompletten Übertragungsweg nehmen könne
(Hahn/Vesting/Wagner RStV § 52 Rn. 9; Christmann ZUM 2009, 7 (10 f.); wohl auch

Gersdorf, Digitalisierungsbericht 2010, 29 (34); abgeschwächt Weisser/Glas ZUM 2009, 914 (916)).

15   Zutreffend ist sicherlich, dass Telekommunikationsdienstleister, die lediglich die Übertragung jedweden Signals übernehmen und daher auf den Inhalt des Gesamtangebotes nicht einwirken, die Plattformanbietereigenschaft fehlt (vgl. Spindler/Schuster/Holznagel/Jahn RStV § 52 Rn. 2), zumal für sie auch kein hinreichendes Regulierungsbedürfnis besteht. Unbestreitbar ist auch, dass Unternehmer, die eine Infrastruktur kontrollieren, die für die Übertragung von Rundfunkprogrammen und vergleichbaren Telemedien benötigt wird, einen sog „Flaschenhals" kontrollieren und daher auf dem Weg zum Endkunden eine sog Torwächterfunktion haben können, die es zu regulieren gilt (Spindler/Schuster/Holznagel/ Jahn RStV § 52 Rn. 2; Gersdorf, Digitalisierungsbericht 2010, 29 (34)).

16   Fraglich ist jedoch, ob nur die Betreiber von Telekommunikationsnetzen, über welche Rundfunkangebote und vergleichbare Telemedien zu den Endkunden gelangen, Plattformanbieter iSd og Definition sein können. Der Wortlaut der Definition in § 2 Abs. 2 Nr. 13 RStV erwähnt die Infrastrukturbetreiber in keiner Weise.

17   Dieser Auffassung wäre entgegenzuhalten, dass die die og Regulierungsbedürftigkeit auslösende Flaschenhalsfunktion beim Zugang zum Endkunden nicht nur Infrastrukturbetreiber ausüben, weshalb sich die Plattformregulierung auch nicht nur auf die Belegungsregeln des § 52b RStV beschränkt. Die Regulierungsbedürftigkeit iSd Plattformregulierung kann sich daher auch aus anderen Möglichkeiten der Einflussnahme ergeben. Ausschließlich vermarktet bedeutet daher nicht, keinen Einfluss auf die Verbreitungsstruktur besitzt.

18   Hierfür sprechen auch die Entwicklung der maßgeblichen gesetzlichen Vorgaben und der Wortlaut der Regelungen zur Plattformregulierung. Belegungsvorgaben richteten sich in aller Regel an Kabelnetzbetreiber; im Hinblick auf Zugangsfreiheiten, die den zweiten Schwerpunkt der Plattformregulierung bilden, wurde erst mit dem 8. RÄndStV der Anbieter von TK-Dienstleistungen, der Rundfunk und vergleichbare Telemedien verbreitet, als zentraler Ansprechpartner und Verpflichteter bestimmt.

19   Dieser Ansatz wurde durch den 10. RÄndStV aber gerade wieder aufgegeben. An die Stelle der bisher Verpflichteten trat der Plattformanbieter. Dass der Gesetzgeber mit dem so geschaffenen neuen Begriff gerade inhaltlich eine Bedeutung gemeint hätte, die dem mit der maßgeblichen Rechtsänderung gerade gestrichen Begriff entspricht, erscheint wenig überzeugend, zumal hierfür jeder Ansatzpunkt im Wortlaut fehlt.

20   Wenn der Gesetzgeber nur Netzbetreiber und damit Anbieter von TK-Dienstleistungen, die Rundfunk oder vergleichbare Telemedien verbreiten, gemeint hätte, hätte er diesen Begriff aus der Vorgängervorschrift übernommen oder zumindest diese Intention irgendwie in den Wortlaut der neuen Bestimmungen aufgenommen. Dies hat er aber gerade nicht getan. Stattdessen wurden nur diejenigen Anbieter vom Plattformanbieterbegriff ausgenommen, die ausschließlich Rundfunk oder vergleichbare Telemedien vermarkten. Dies dürfte er dann aber auch gemeint haben.

21   Gegen die Annahme eines ungeschriebenen Plattformmerkmals des Infrastrukturbetreibers spricht zudem, dass dies in bestimmten Konstellationen dazu führen würde, dass letztlich überhaupt kein Plattformanbieter iSd §§ 52 ff. RStV verbliebe, obwohl durchaus Plattformanbieter vorhanden wären, die Einfluss auf die über den Verbreitungsweg angebotene Vielfalt nehmen. Dass dies der Gesetzgeber wirklich gewollt habe, kann ihm kaum unterstellt werden.

22   Bei diesem Verständnis verbleibt einzige das Problem, dass derjenige, der nicht den Zugriff auf das gesamte Netz besitzt, keine Verantwortung für die sich in diesem Netz insgesamt ergebende Vielfaltsgestaltung tragen kann. Diese Problematik lässt sich jedoch über § 52b Abs. 3 RStV lösen, wonach der Plattformanbieter von den Belegungsvorgaben befreit wird, wenn die aus Vielfaltsgründen erforderlichen Angebote auf dem Endgerät unmittelbar und ohne zusätzlichen Aufwand verfügbar sind (→ § 52b Rn. 46).

C. Regelungsinhalte

23   § 52 RStV regelt, welche der so definierten Plattformen in welchem Umfang durch die Regulierungsvorgaben der §§ 52 ff. RStV betroffen sein sollen, und welche Grundanforderungen diese Plattformen zu erfüllen haben (HRKDSC RStV § 52 Rn. 1).

I. Abgestuftes Schutzkonzept nach Abs. 1

Abs. 1 S. 1 stellt zunächst klar, dass die nachstehenden Regelungen für Plattformen auf 24 allen technischen Übertragungskapazitäten gelten sollen. Sodann werden in S. 2 die Anbieter von bestimmten dort näher definierten Plattformen von der Anwendung eines Großteils der Plattformregeln ausgenommen. Schließlich wird in S. 3 den Landesmedienanstalten aufgegeben, in den Satzungen und Richtlinien nach § 53 RStV den Kreis der so privilegierten Anbieter unter Berücksichtigung der regionalen und lokalen Verhältnisse näher zu konkretisieren.

Der Plattformregulierung der §§ 52 ff. RStV liegt daher ein abgestuftes Schutzkonzept 25 zugrunde (vgl. Hahn/Vesting/Wagner RStV § 52 Rn. 17), das zwischen drei Gruppen von Plattformen unterscheidet, dem Normalfall, der alle Vorgaben der § 52 ff. RStV erfüllen muss, den nach § 52 Abs. 1 S. 2 Nr. 1–4 RStV privilegierten Plattformen, für welche nach der Wertung des Gesetzgebers kein hinreichendes Regulierungsbedürfnis für eine Vollregulierung besteht (Spindler/Schuster/Holznagel/Jahn RStV § 52 Rn. 3), und den schon von der Definition des § 2 Abs. 2 Nr. 13 RStV nicht erfassten Plattformen.

1. Stufung nach Abs. 1 S. 1 und 2

Während § 52 Abs. 1 S. 1 RStV noch die Breite der Regulierung dadurch betont, dass 26 die nachstehenden Regelungen für Plattformen auf allen technischen Übertragungskapazitäten gelten sollen, sollen diese nachstehenden Regelungen mit Ausnahme der §§ 52a und f RStV nicht für die in S. 2 genannten privilegierten Plattformen gelten. Unstreitig finden daher die Bestimmungen der §§ 52b–e RStV auf privilegierte Plattformen keine Anwendung. Fraglich ist aber, ob auch § 52 RStV selbst von dieser Vorgabe betroffen ist, und daher die Bestimmungen ab Abs. 1 S. 3 auch als **„nachstehende"** Regelungen einzustufen sind. Wortlaut und amtl. Begr. lassen dies offen.

Gegen eine Anwendung auf § 52 RStV spricht, dass der unmittelbar folgende S. 3, der 27 zweifellos den Regelungen des S. 1 und 2 nachsteht, die Konkretisierungsmöglichkeiten hinsichtlich der Vorgaben des S. 2 enthält. Diese Konkretisierungsmöglichkeiten von der Anwendung auf die in S. 2 genannten weniger regulierungsbedürftigen Plattformen auszuschließen, würde den offensichtlichen Zweck des S. 3 in sein Gegenteil verkehren. Daher dürfte eine wörtliche Auslegung des Begriffes „nachstehend" schon deshalb ausscheiden.

Zudem ist die Anzeigepflicht nach Abs. 3 zur Zielerreichung der Vorgaben der Plattform- 28 regulierung dringend erforderlich, da hierfür die Landesmedienanstalten in die Lage versetzt werden müssen, beurteilen zu können, ob eine Plattform die Voraussetzungen der Privilegierung erfüllt. Zudem ist die Anzeige auch der privilegierten Plattformen erforderlich, weil die Landesmedienanstalten auch bei diesen zumindest auf die Einhaltung der Vorgaben des § 52a RStV zu achten haben, was schwerfallen dürfte, wenn ihnen die Existenz dieser Plattformen nicht durch eine Anzeige zur Kenntnis gebracht wurde. Gerade dies ist aber die Zielsetzung der Anzeigepflicht.

Allenfalls könnte man die in § 52 Abs. 2 RStV vorgesehene Anwendung des § 20a Abs. 1 29 und 2 RStV auf Anbieter von kleinen und neuen Plattformen als zur Vielfaltssicherung nicht erforderlich und daher unverhältnismäßig ansehen. Insgesamt dürfte aus den og Gründen aber feststehen, dass die Vorgaben des § 52 RStV auch auf möglicherweise privilegierte Plattformen jedenfalls im Grundsatz Anwendung finden müssen.

2. Fallgruppen privilegierter Plattformen (S. 2)

Das im § 52 Abs. 1 RStV vorgesehene, abgestufte Schutzkonzept sieht in S. 2 privilegier- 30 te Plattformen nach vier Fallgruppen vor.

Zu den privilegierten Plattformanbietern zählen nach **Nr. 1** die Anbieter von Platt- 31 formen **in offenen Netzen.** Allerdings gilt die Privilegierung nur solange, als keine marktbeherrschende Stellung erreicht wird. Als offene Netze benennt das Gesetz selbst das Internet, UMTS und vergleichbare Netze. Nach der amtl. Begr. gehören diese zu den privilegierten Netzen, weil in solchen Netzen Anbieter von Rundfunk und Telemedien ihre Angebote unmittelbar und ohne die Zusammenfassung durch einen Plattformanbieter bereitstellen können. Bei solchen Plattformen bestehe ein Regulierungsbedürfnis nur dann, wenn

Plattformanbieter in diesen offenen Netzen über eine marktbeherrschende Stellung verfügen würden.

32   Ob das Internet tatsächlich ein Netz darstellt oder doch eher eine Übertragungsform unter Verwendung des Internetprotokolls mag an dieser Stelle dahinstehen; die Netzstrukturen sind in diesen Fällen in der Regel tatsächlich offen.

33   UMTS (Universal Mobil Telecommunications System) ist sicherlich nur ein Mobilfunkübertragungsstandard, der in einzelnen Mobilfunknetzen angewendet wird. Hinter diesen Netzen stehen mehr oder minder unabhängige Netzstrukturen verschiedener Mobilfunkbetreiber. Dort finden sich neben offenen Strukturen auch solche, die diese Betreiber für die Übertragung zumeist eigener Angebote priorisiert und damit in gewisser Weise vorbelegt haben. Andererseits sei es auch durchaus denkbar und in der Vergangenheit bereits vorgekommen, dass Mobilfunknetzbetreiber bestimmte Anbieter oder Nachfrager von der Nutzung ihrer Netze ausschließen (Hahn/Vesting/Wagner RStV § 52 Rn. 18). Die von dieser Priorisierung betroffenen Strukturen entsprechen in ihrer Nutzung eher Verteilnetzstrukturen und sind daher keine offenen Netze.

34   Um auch diesen Gegebenheiten gerecht zu werden, definiert § 1 Abs. 2 Nr. 1 ZPS offene Netze als diejenigen Übertragungskapazitäten innerhalb dieser Netze, die dadurch gekennzeichnet sind, dass in diesen keine Vorauswahl durch einen Plattformanbieter erfolgt, so dass Anbieter von Rundfunk und vergleichbaren Telemedien ihre Angebote unmittelbar bereitstellen können. Liegt nach dieser Definition kein offenes Netz vor, ist die Privilegierung des § 52 Abs. 1 S. 2 Nr. 1 RStV nicht anwendbar.

35   Nutzt ein Plattformanbieter ein offenes Netz, liegt in der Regel eine privilegierte Plattform vor, es sei denn, ihr käme eine **marktbeherrschende** Stellung in diesem Netz zu. Für die Ausfüllung dieses Begriffes verweist § 1 Abs. 2 Nr. 1 ZPS auf § 19 GWB. Da in diesem Fall hinter dem Begriff der marktbeherrschenden Stellung wohl keine eigene rundfunkrechtliche Bewertung steckt, die auf vom GWB abweichenden Maßstäben bzw. einem anderen Blickwinkel auf die Materie beruht, erscheint dieser Verweis auch zutreffend.

36   Nach **Nr. 2** RStV sind Plattformen privilegiert, die sich auf die **unveränderte Weiterleitung** eines Gesamtangebots beschränken, das den Vorgaben dieses Abschnitts entspricht. Der Gesetzgeber dachte hierbei vor allem an solche Plattformanbieter, die von höheren Netzebenen Gesamtangebote unverändert übernehmen und an die Endkunden lediglich weiterleiten. In einem solchen Falle bestehe kein Regelungsbedürfnis, da dann der andere (höherrangige) Anbieter, der das Angebot zusammengefasst habe, den Regelungen bereits genügen musste. Insoweit entspricht diese Vorschrift dem Subsidiaritätsprinzip und setzt hinsichtlich der Regulierung bei den größeren und übergeordneten Plattformbetreibern an. Dieser Ansatz erscheint zutreffend.

37   Die **Nr. 3 und 4** enthalten Privilegierungen für sog Kleinstnetze, die nach der amtl. Begr. keiner bundesweiten Aufsicht bedürfen. Diese Vorschrift dient der Umsetzung von Art. 31 Abs. 1 Universaldienstrichtlinie (→ § 53a Rn. 1), die die Auferlegung von Übertragungspflichten nur für Netze zulässt, die von einer erheblichen Zahl von Endnutzern genutzt werden (Hahn/Vesting/Wagner RStV § 52 Rn. 22). Insofern enthalten diese beiden Nr. die gesetzgeberische Festlegung, ab wann die idS verstandene Erheblichkeit einer Endnutzerzahl gegeben ist.

38   In der amtl. Begr. wird zudem darauf verwiesen, dass sowohl die für drahtgebundene Plattformen vorgesehene Anzahl von 10.000 WE als auch die bei drahtlosen in Höhe von 20.000 Nutzern an der gleichen Größenordnung anknüpfe, da in einem Haushalt bzw. einer angeschlossenen Wohneinheit im Durchschnitt mehr als eine Person leben würden. Das Gesetz verwendet in beiden Nr. die Formulierung „in der Regel", was Differenzierungsmöglichkeiten insbes. für die Satzungen und Richtlinien nach § 53 RStV und die in § 52 Abs. 1 S. 3 RStV angesprochenen regionalen und lokalen Verhältnisse eröffnet.

39   Die Landesmedienanstalten haben in § 1 Abs. 2 Nr. 3 ZPS die im Gesetz genannten Schwellenwerte als Regelfall einer geringen Bedeutung für die öffentliche Meinungsbildung für den Empfängerkreis eingestuft. Dabei werden aber alle einem Betreiber zurechenbaren Netze zusammengefasst betrachtet. § 52 Abs. 1 S. 3 RStV räumt den Landesmedienanstalten im Hinblick auf die Satzungen und Richtlinien nach § 53 RStV einen gewissen Gestaltungsspielraum (→ § 53 Rn. 10) ein, der auch Ausnahmen vom Regelfall erlaubt (Spindler/Schuster/Holznagel/Jahn RStV § 52 Rn. 11).

II. Anforderungen an Plattformanbieter nach Abs. 2

Nach § 52 Abs. 2 RStV darf eine Plattform nur betreiben, wer den Anforderungen des 40
§ 20a Abs. 1 und 2 RStV genügt. Die Vorschrift verweist somit hinsichtlich der persönlichen Voraussetzungen für Plattformanbieter auf die unmittelbar nur für Rundfunkveranstalter geltenden Bedingungen des § 20a RStV. Der Gesetzgeber rechtfertigte diese Gleichstellung damit, dass dem Plattformanbieter mit der Auswahlentscheidung über die Zusammenstellung des Inhalts der Plattform eine dem Rundfunkveranstalter vergleichbare Stellung zukomme.

Umso überraschender erscheint, dass dennoch auf die Anwendung der Staatsferneregeln 41
des § 20a Abs. 3 RStV für Plattformanbieter bewusst verzichtet wurde. Wenn aber Plattformanbietern mit der Auswahlentscheidung über die Zusammenstellung des Inhalts der Plattform eine Rundfunkveranstaltern vergleichbare Stellung zukommt, wie es die amtl. Begr. ausführt, ist damit auch die Wertung verbunden, dass der Einfluss der Plattformanbieter auf die öffentliche Meinungsbildung ebenfalls eine vergleichbare ist.

In dieser Hinsicht entspricht es jedoch der stRspr des BVerfG, dass der Staat oder von ihm 42
abhängige Stellen keinen Spielräume bei der Auswahl von Programmangeboten oder der Belegung von Übertragungskapazitäten haben dürfen (BVerfGE 73, 118 (182 f.); Hahn/Vesting/Wagner RStV § 52 Rn. 25; grundlegend Gersdorf, Staatsfreiheit des Rundfunks, 30 ff.). Insofern erscheint es durchaus problematisch, dass die besondere Ausprägung des Staatsferngebotes in § 20a Abs. 3 RStV für Plattformanbieter nicht gelten soll, wenn sich auch eine gewisse Relativierung des Problems über die Zurechnung von Programmen an Plattformanbieter nach § 28 RStV ergibt.

III. Anzeigepflicht nach Abs. 3

Im Gegensatz zu einem Rundfunkveranstalter bedarf der Plattformanbieter keiner Zu- 43
lassung, muss aber das neue Plattformangebot nach § 52 Abs. 3 S. 1 RStV mindestens einen Monat vor der Inbetriebnahme der zuständigen Landesmedienanstalt anzeigen. Der notwendige Inhalt der Anzeige ergibt sich aus § 52 Abs. 3 S. 2 RStV sowie § 5 ZPS.

Die rechtzeitige Anzeige seitens des Plattformanbieters in vollständiger Form genügt, um 44
dessen Verpflichtungen nachzukommen. Einer förmlichen **Entscheidung** der zuständigen Landesmedienanstalt über diese Anzeige bedarf es nicht. Eine solche kann der jeweilige Anbieter jedoch nach § 7 Abs. 4 ZPS beantragen, in welcher dann über die Plattformanbietereigenschaft wie auch die inhaltliche Erfüllung der Vorgaben des V. Abschnitts des RStV entschieden wird.

Intern zuständiges Organ der zuständigen Landesmedienanstalt ist nach § 36 Abs. 1 S. 1 45
iVm Abs. 2 Nr. 4 RStV die ZAK, die entsprechende Anzeigen würdigt und gegebenenfalls auch Detailfeststellungen trifft. Die Umsetzung nach außen erfolgt sodann durch das mit Außenvertretungsmacht ausgestattete Organ der zuständigen Landesmedienanstalt, also den dortigen Präsidenten bzw. Direktor.

Unterbleibt eine rechtzeitige und vollständige Anzeige, kann dies als Ordnungswidrigkeit 46
nach § 49 Abs. 1 S. 2 Nr. 7 RStV geahndet werden.

§ 52a Regelungen für Plattformen

(1) ¹Für die Angebote in Plattformen gilt die verfassungsmäßige Ordnung. ²Die Vorschriften der allgemeinen Gesetze und die gesetzlichen Bestimmungen zum Schutz der persönlichen Ehre sind einzuhalten.

(2) ¹Plattformanbieter sind für eigene Programme und Dienste verantwortlich. ²Bei Verfügungen der Aufsichtsbehörden gegen Programme und Dienste Dritter, die über die Plattform verbreitet werden, sind diese zur Umsetzung dieser Verfügung verpflichtet. ³Sind Maßnahmen gegenüber dem Verantwortlichen von Programmen und Diensten nach Satz 2 nicht durchführbar oder nicht Erfolg versprechend, können Maßnahmen zur Verhinderung des Zugangs von Programmen und Diensten auch gegen den Plattformanbieter gerichtet werden, sofern eine Verhinderung technisch möglich und zumutbar ist.

(3) ¹Der Anbieter einer Plattform darf ohne Zustimmung des jeweiligen Rundfunkveranstalters dessen Programme und vergleichbare Telemedien inhaltlich und technisch nicht verändern sowie einzelne Rundfunkprogramme oder Inhalte nicht in Programmpakete aufnehmen oder in anderer Weise entgeltlich oder unentgeltlich vermarkten. ²Technische Veränderungen, die ausschließlich einer effizienten Kapazitätsnutzung dienen und die Einhaltung des vereinbarten Qualitätsstandards nicht beeinträchtigen, sind zulässig.

Abs. 1 enthält einen deklaratorischen Verweis (→ Rn. 4 ff.) und vermittelt der Medienaufsicht die Befugnis zur inhaltlichen Kontrolle auch gegenüber dem Plattformbetreiber (→ Rn. 7 f.). Abs. 2 gibt eine gestufte Verantwortlichkeit für Inhalte auf der Plattform vor (→ Rn. 9 ff.). Abs. 3 enthält zugunsten der Inhalteanbieter ein allgemeines Veränderungs-, Entbündelungs- und Vermarktungsverbot (→ Rn. 13 ff.). Eine Ausnahme besteht bei rein technischen Veränderungen (→ Rn. 16 f.).

A. Allgemeines

1 § 52a RStV wurde mit dem 10. RÄndStV als Teil der Plattformregulierung völlig neu ausgerichtet und enthält nunmehr die für alle und damit auch die nach § 52 Abs. 1 S. 2 RStV privilegierten Plattformanbieter geltenden Grundregeln, die gewissermaßen die Mindestanforderungen bilden (HRKDSC RStV § 52a Rn. 1 f.).

2 Abs. 1 erinnert nach der amtl. Begr. deklaratorisch an die Geltung der verfassungsmäßigen Ordnung, die allgemeinen Gesetze und diejenigen zum Schutz der Ehre. Die medienrechtliche Bedeutung soll darin liegen, dass damit der Medienaufsicht die Befugnis eingeräumt wird, die Einhaltung dieser Bestimmungen zu prüfen und ggf. hierfür auch die erforderlichen Maßnahmen zu ergreifen.

3 Abs. 2 gibt eine gestufte Verantwortlichkeit in Bezug auf die in der Plattform zusammengefassten Angebote vor, während Abs. 3 eine Begrenzung des Rechts der Plattformanbieter gegenüber Inhalteanbietern enthält, die diesen einen neben das Urheberrecht tretenden Schutz gewährt (HRKDSC RStV § 52a Rn. 8; Spindler/Schuster/Holznagel/Jahn RStV § 52a Rn. 9).

B. Inhaltliche Vorgaben

I. Abs. 1

4 Abs. 1 unterstreicht ähnlich der Vorgehensweise des § 41 RStV in den dort niedergelegten Programmgrundsätzen, dass Angebote in Plattformen an die verfassungsmäßige Ordnung gebunden sind, wie auch an die allgemeinen Gesetze und die gesetzlichen Bestimmungen zum Schutz der Ehre. Dieser Hinweis ist hinsichtlich des Geltungsanspruches dieser Normen rein deklaratorisch.

5 Der Begriff der **"verfassungsmäßigen Ordnung"** bezieht sich in der Auslegung des BVerfG iRd Art. 2 Abs. 1 GG (BVerfGE 6, 37 f.) auf die Gesamtheit aller Rechtsnormen, die formell und materiell mit der Verfassung im Einklang stehen (Spindler/Schuster/Holznagel/Jahn RStV § 52a Rn. 3 mwN).

6 Der Begriff der **"allgemeinen Gesetze"** umfasst alle förmlichen Gesetze oder andere Rechtsvorschriften, die sich nicht gegen die Äußerung einer Meinung als solche richten, sondern dem Schutz eines schlechthin, ohne Rücksicht auf eine bestimmte Meinung zu schützenden Rechtsguts dienen (BVerfGE 7, 209 f.; 62, 244; 71, 175). Zu den Bestimmungen zum **Schutz der persönlichen Ehre** sind ua die §§ 12, 823 Abs. 1 BGB, §§ 185, 187, 201a StGB und §§ 22, 23 KUG zu zählen (Hahn/Vesting/Wagner RStV § 52a Rn. 5; Spindler/Schuster/Holznagel/Jahn RStV § 52a Rn. 5).

7 Da diese Bestimmungen wie bereits erwähnt auch ohne diese Verweisung Gültigkeit beanspruchen könnten, liegt der eigentliche Zweck des Abs. 1 nach der amtl. Begr. darin, der Medienaufsicht die Befugnis zur Kontrolle der Programme in dieser Hinsicht und die Befugnis, für die Einhaltung dieser Bestimmungen zu sorgen, gegenüber dem Inhalteanbieter wie auch dem Plattformbetreiber zu geben.

8 Anders als bei in Deutschland zugelassenen Programmen erlangt diese Möglichkeit bei außereuropäischen Programmen auch eine inhaltliche Bedeutung. Im Hinblick auf ausländische und in erster Linie nichteuropäische Programme dürften Plattformanbieter daher gut beraten sein, die Einhaltung der maßgeblichen deutschen Gesetze zur Geschäftsgrundlage der Plattformverträge zu machen bzw. die Anbieter auf diese Voraussetzungen zu verpflichten, um auch zivilrechtlich zur Umsetzung derjenigen Maßnahmen auf der Grundlage der Plattformverträge in der Lage zu sein, die Plattformanbieter idS erreichen könnten (Hahn/Vesting/Wagner RStV § 52a Rn. 9; HRKDSC RStV § 52a Rn. 5).

II. Abs. 2

9 Abs. 2 regelt letztlich im Kern die Möglichkeit der Durchsetzung von Maßnahmen gegenüber Plattformanbietern wegen problematischer Inhalte der Angebote auf der Plattform (Hahn/Vesting/Wagner RStV § 52a Rn. 10). Die S. 1 und 2 des 2. Abs. enthalten insoweit zunächst nur Selbstverständlichkeiten, nämlich dass der Anbieter der Programme in erster Linie für die Rechtskonformität der Inhalte seiner Angebote verantwortlich ist. Ist der Plattformanbieter auch Rundfunkanbieter, hat er als Rundfunkanbieter für einen entsprechenden Inhalt seiner Angebote zu sorgen. Gleiches gilt für Dritte im Hinblick auf ihre Angebote.

10 Nach S. 3 kann darüber hinaus jedoch auch der Plattformanbieter unmittelbar als Verantwortlicher für die inhaltliche Gestaltung fremder Angebote in Anspruch genommen werden, sofern Maßnahmen gegen den Anbieter des Programms oder Dienstes entweder nicht durchführbar oder nicht erfolgversprechend sind. Diese Voraussetzung hat die zuständige Landesmedienanstalt (§ 36 Abs. 1 S. 3 RStV), in entsprechender Weise festzustellen. Dabei ist intern die ZAK nach § 36 Abs. 2 Nr. 5 RStV das zuständige Organ dieser Landesmedienanstalt.

11 Zudem darf sich die Maßnahme nur auf die Verhinderung des Zugangs des problematischen Programms bzw. Dienstes richten. Und schließlich ist zu bedenken, dass diese Verhinderung des Zugangs für den Plattformanbieter technisch möglich und inhaltlich zumutbar sein muss. Hinsichtlich der Zumutbarkeit ist nach der amtl. Begr. insbes. die Verhältnismäßigkeit der Maßnahme in Bezug auf den Verstoß zu prüfen. In diesem Zusammenhang werden auch die wirtschaftlichen Folgen dieser Sperrverfügung zu berücksichtigen sein (HRKDSC RStV § 52a Rn. 7), sowie die Schwere und die Bedeutung des der Maßnahme zugrunde liegenden Verstoßes.

12 Schließlich sei auch zu berücksichtigen, dass in diesen Fällen der Plattformanbieter nicht der Handlungsstörer sei, sondern nur subsidiär hafte (Spindler/Schuster/Holznagel/Jahn RStV § 52a Rn. 8; Hahn/Vesting/Wagner RStV § 52a Rn. 11). Im Gegenzug dürfte aber auch zu berücksichtigen sein, dass der Plattformanbieter den primären Störer idR ausgewählt hat.

12a Wie bereits oben angedeutet, dürfte S. 3 vor allem bei außereuropäischen Programmangeboten Bedeutung erlangen und dann idR die einzige Einwirkungsmöglichkeit der Medienaufsicht auf die Empfangbarkeit des störenden Programms über diese Plattform und mittelbar auch auf die programminhaltliche Gestaltung darstellen (vgl. Hahn/Vesting/Wagner RStV § 52a Rn. 9). Für Angebote mit einer Zulassung eines anderen Mitgliedstaates der europäische Union ist hierbei zudem Art. 2a AVMD-Richtlinie zu berücksichtigen (vgl. HRKDSC RStV § 52a Rn. 7).

III. Abs. 3

13 Abs. 3 enthält in S. 1 zugunsten der Inhalteanbieter ein allgemeines Veränderungs-, Entbündelungs- und Vermarktungsverbot. Die Entscheidung über die inhaltliche Gestaltung, die Qualität der Verbreitung und die Vermarktung soll dem Anbieter des betroffenen Rundfunk- bzw. Telemedienangebots überlassen bleiben. § 52a Abs. 3 RStV stellt insofern eine Ergänzung zu den Vorgaben der §§ 20, 20b und 87 UrhG dar (Spindler/Schuster/Holznagel/Jahn RStV § 52a Rn. 9; HRKDSC RStV § 52a Rn. 8). Andererseits ist sich der Gesetzgeber durchaus des Umstandes bewusst, dass die Zusammenarbeit mit einem Plattformanbieter notwendigerweise von einer gewissen Gegenseitigkeit geprägt sein muss, was dadurch zum Ausdruck kommt, dass Veränderungen durchaus wenn auch nur mit Zustimmung des Inhalteanbieters möglich sind, und im Übrigen als Qualitätsuntergrenze in S. 2 ausdrücklich auf den vereinbarten Qualitätsstandard verwiesen wird.

14   Das **Veränderungsverbot** bezieht sich auf inhaltliche wie auch technische Veränderungen und meint damit wohl jedwede Veränderung des angelieferten Signals. Das **Vermarktungsverbot** schützt in erster Linie die Vermarktungsstrategien des Programmanbieters, indem jegliche Vermarktung sogar die unentgeltliche, die ohne seine Zustimmung erfolgt, dem Plattformanbieter untersagt wird. Dabei wird auch das Aufschnüren angelieferter Programmpakete untersagt (HRKDSC RStV § 52a Rn. 8; Hahn/Vesting/Wagner RStV § 52a Rn. 16; Spindler/Schuster/Holznagel/Jahn RStV § 52a Rn. 9).

15   Etwas überraschend erscheint die Wortwahl des Gesetzes, das derartige Veränderungen an die Zustimmung des jeweiligen Rundfunkveranstalters knüpft. Da letztlich für eine inhaltliche Differenzierung zwischen den Anbietern von Rundfunkprogrammen und vergleichbaren Telemedien auch eine medienrechtlich motivierte oder gar zwingende Unterscheidung nicht zu erkennen ist, ist davon auszugehen, dass letztlich nach Sinn und Schutzzweck der Norm sowohl die Anbieter von Rundfunkprogrammen als auch der Anbieter von vergleichbaren Telemedien gleichermaßen geschützt werden sollen (HRKDSC RStV § 52a Rn. 8; Hahn/Vesting/Wagner RStV § 52a Rn. 14; Spindler/Schuster/Holznagel/Jahn RStV § 52a Rn. 9).

16   S. 2 sieht Ausnahmemöglichkeiten von diesen Verboten vor, die im Hinblick auf die Wahrung der Verhältnismäßigkeit der Verpflichtung des Plattformanbieters insbes. der Vorgaben des § 52b RStV wie auch von Art. 31 Abs. 1 Universaldienstrichtlinie (RL 2002/22/EG des Europäischen Parlaments und des Rates vom 7.3.2002 über den Universaldienst und Nutzerrechte bei elektronischen Kommunikationsnetzen- und -diensten – Universaldienstrichtlinie zuletzt geändert durch RL 2009/136/EG v. 25.11.2009) erforderlich erscheinen. Danach sind technische Veränderungen auch ohne Zustimmung des Inhalteanbieters zulässig, sofern diese ausschließlich der effizienten Kapazitätsausnutzung der Plattform dienen und dabei die vereinbarten Qualitätsstandards eingehalten werden.

17   Die effiziente Kapazitätsauslastung kann hierbei auch zu Änderungen im Codierstandard führen, die daher von der Ausnahme des Verbots in S. 2 ebenfalls erfasst werden (vgl. Spindler/Schuster/Holznagel/Jahn RStV § 52a Rn. 11; HRKDSC RStV § 52a Rn. 10; Hahn/Vesting/Wagner RStV § 52a Rn. 18).

18   Der Verstoß gegen § 52a Abs. 3 S. 1 und 2 RStV kann nach § 49 Abs. 1 S. 2 Nr. 8 RStV eine Ordnungswidrigkeit darstellen.

§ 52b Belegung von Plattformen

(1) ¹Für Plattformen privater Anbieter mit Fernsehprogrammen gelten die nachfolgenden Bestimmungen:
1. Der Plattformanbieter hat innerhalb einer technischen Kapazität im Umfang von höchstens einem Drittel der für die digitale Verbreitung von Rundfunk zur Verfügung stehenden Gesamtkapazität sicherzustellen, dass
    a) die erforderlichen Kapazitäten für die für die bundesweite Verbreitung gesetzlich bestimmten gebührenfinanzierten Programme sowie für die Dritten Programme des öffentlich-rechtlichen Rundfunks einschließlich programmbegleitender Dienste, zur Verfügung stehen; die im Rahmen der Dritten Programme verbreiteten Landesfenster sind nur innerhalb der Länder zu verbreiten, für die sie gesetzlich bestimmt sind,
    b) die Kapazitäten für die privaten Fernsehprogramme, die Regionalfenster gemäß § 25 enthalten, zur Verfügung stehen,
    c) die Kapazitäten für die im jeweiligen Land zugelassenen regionalen und lokalen Fernsehprogramme sowie die Offenen Kanäle zur Verfügung stehen; die landesrechtlichen Sondervorschriften für Offene Kanäle und vergleichbare Angebote bleiben unberührt,
    d) die technischen Kapazitäten nach Buchstabe a bis c im Verhältnis zu anderen digitalen Kapazitäten technisch gleichwertig sind,
2. innerhalb einer weiteren technischen Kapazität im Umfang der Kapazität nach Nummer 1 trifft der Plattformanbieter die Entscheidung über die Belegung mit

in digitaler Technik verbreiteten Fernsehprogrammen und Telemedien, soweit er dann unter Einbeziehung der Interessen der angeschlossenen Teilnehmer eine Vielzahl von Programmveranstaltern sowie ein vielfältiges Programmangebot an Vollprogrammen, nicht entgeltfinanzierten Programmen, Spartenprogrammen und Fremdsprachenprogrammen einbezieht sowie vergleichbare Telemedien und Teleshoppingkanäle angemessen berücksichtigt,
3. innerhalb der darüber hinausgehenden technischen Kapazitäten trifft er die Entscheidung über die Belegung allein nach Maßgabe der allgemeinen Gesetze.

²Reicht die Kapazität zur Belegung nach Satz 1 nicht aus, sind die Grundsätze des Satzes 1 entsprechend der zur Verfügung stehenden Gesamtkapazität anzuwenden; dabei haben die für das jeweilige Verbreitungsgebiet gesetzlich bestimmten beitragsfinanzierten Programme und programmbegleitende Dienste des öffentlich-rechtlichen Rundfunks Vorrang unbeschadet der angemessenen Berücksichtigung der Angebote nach Satz 1 Nr. 1 Buchst. b und c.

(2) ¹Für Plattformen privater Anbieter mit Hörfunkprogrammen gelten die nachfolgenden Bestimmungen. ²Der Plattformanbieter hat sicherzustellen, dass
1. innerhalb einer technischen Kapazität im Umfang von höchstens einem Drittel der für die digitale Verbreitung von Hörfunk zur Verfügung stehenden Gesamtkapazität die technischen Kapazitäten für die in dem jeweiligen Verbreitungsgebiet gesetzlich bestimmten beitragsfinanzierten Programme und programmbegleitenden Dienste des öffentlich-rechtlichen Rundfunks zur Verfügung stehen,
2. innerhalb einer weiteren technischen Übertragungskapazität im Umfang nach Nummer 1 trifft der Plattformanbieter die Entscheidung über die Belegung mit in digitaler Technik verbreiteten Hörfunkprogrammen und Telemedien, soweit er darin unter Einbeziehung der Interessen der angeschlossenen Teilnehmer ein vielfältiges Angebot und eine Vielfalt der Anbieter im jeweiligen Verbreitungsgebiet angemessen berücksichtigt,
3. innerhalb der darüber hinausgehenden technischen Kapazität trifft er die Entscheidung über die Belegung allein nach Maßgabe der allgemeinen Gesetze.
³Absatz 1 Satz 2 gilt entsprechend. ⁴Werden Hörfunk- und Fernsehprogramme auf einer Plattform verbreitet, sind die Programme nach Satz 2 Nr. 1 im Rahmen der Kapazität nach Absatz 1 Satz 1 Nr. 1 Buchst. a zu berücksichtigen.

(3) Der Plattformanbieter ist von den Anforderungen nach Absatz 1 und 2 befreit, soweit
1. der Anbieter der zuständigen Landesmedienanstalt nachweist, dass er selbst oder ein Dritter den Empfang der entsprechenden Angebote auf einem gleichartigen Übertragungsweg und demselben Endgerät unmittelbar und ohne zusätzlichen Aufwand ermöglicht, oder
2. das Gebot der Meinungsvielfalt und Angebotsvielfalt bereits im Rahmen der Zuordnungs- oder Zuweisungsentscheidung nach den §§ 51 oder 51a berücksichtigt wurde.

(4) ¹Die Entscheidung über die Belegung von Plattformen trifft der Anbieter der Plattform. ²Programme, die dem Plattformanbieter gemäß § 28 zugerechnet werden können oder von ihm exklusiv vermarktet werden, bleiben bei der Erfüllung der Anforderungen nach Absatz 1 Nr. 1 und 2 außer Betracht. ³Der Anbieter einer Plattform hat die Belegung von Rundfunkprogrammen oder Telemedien der zuständigen Landesmedienanstalt spätestens einen Monat vor ihrem Beginn anzuzeigen. ⁴Werden die Voraussetzungen der Absätze 1 bis 3 nicht erfüllt, erfolgt die Auswahl der zu verbreitenden Rundfunkprogramme nach Maßgabe dieses Staatsvertrages und des Landesrechts durch die zuständige Landesmedienanstalt. ⁵Zuvor ist dem Anbieter einer Plattform eine angemessene Frist zur Erfüllung der gesetzlichen Voraussetzungen zu setzen. ⁶Bei Änderung der Belegungen gelten die Sätze 1 bis 5 entsprechend.

RStV § 52b II. Rundfunk und presseähnliche Telemedien

§ 52b enthält ein abgestuftes System von Belegungsvorgaben für Fernsehprogramme (→ Rn. 11 ff.), das zwischen einem Must-Carry- (→ Rn. 16), einem Can-Carry- (→ Rn. 25 ff.) und einem freien Bereich (→ Rn. 31 ff.) unterscheidet. Zudem werden Regeln für Kapazitätsengpässe vorgegeben (→ Rn. 34 ff.). Das Regelwerk für Hörfunkprogramme ist diesem System weitgehend nachempfunden (→ Rn. 38 ff.). Ist die Vielfalt anderweitig gesichert, befreit Abs. 3 Plattformanbieter von diesen Belegungsregeln (→ Rn. 43 ff.). Die Verfahrensvorgaben nach Abs. 4 belassen die Entscheidung über die Belegung so weit als möglich beim Plattformanbieter (→ Rn. 48 ff.).

Übersicht

	Rn		Rn
A. Allgemeines	1	4. Regelung für Kapazitätsengpässe nach S. 2	34
I. Entstehungsgeschichte	1	III. Regeln für die lineare Übertragung von Hörfunkprogrammen nach Abs. 2	38
II. Zielsetzung der Norm	4	1. Allgemeines	38
III. Europarechtliche Bezüge	8	2. Inhaltliche Vorgaben	39
B. Inhaltliche Vorgaben für die Belegung	11	3. Regeln für Kapazitätsengpässe	42
I. Adressat und Bezugsrahmen der Belegungsvorgaben von Abs. 1 und 2	12	**C. Befreiung nach Abs. 3**	43
II. Regeln für die lineare Übertragung von Fernsehprogrammen nach Abs. 1	15	I. Befreiung nach Nr. 1	45
1. Bereich der verpflichtend zu berücksichtigenden Programme	16	II. Befreiung nach Nr. 2	47
2. Bereich der Vielfaltsvorgaben	25	**D. Verfahrensvorgaben nach Abs. 4**	48
3. Bereich zur „freien" Belegung	31		

A. Allgemeines

I. Entstehungsgeschichte

1 § 52b RStV wurde mit dem 10. RÄndStV geschaffen und enthält die im Rahmen der Plattformregulierung zu beachtenden Belegungsvorgaben. Belegungsregeln bestanden zunächst nur für die Verbreitung von Programmen in Kabelanlagen in analoger Technik als Teil der jeweiligen Landesmediengesetze und sind bis heute dort mit zum Teil sehr unterschiedlicher Ausprägung zu finden. Für die Verbreitung in digitaler Technik wurden erstmals Belegungsvorgaben mit dem **4. RÄndStV** geschaffen und sind seither Teil der einheitlich für alle Länder geltenden Regeln des RStV. Diese Zweiteilung hat bis heute Bestand.

2 Da bei der Übertragung in digitaler Technik mehrere Programme auf einem Kanal übertragen werden können und daher eine effizientere Kapazitätsnutzung möglich ist, wählte der Gesetzgeber bereits im 4. RÄndStV ein Konzept, das zwischen zwei mit unterschiedlichen Belegungsvorgaben versehenen und einem durch den Kabelanlagenbetreiber weitgehend frei zu belegenden Kapazitätsbereich unterschied. Damit sollte einerseits dem Verhältnismäßigkeitsgrundsatz in Anbetracht der zu erwartenden geringeren Knappheitssituation entsprochen werden, andererseits aber auch Anreize für den Ausbau der für die Übertragung in digitaler Technik zur Verfügung stehenden Kapazitäten geschaffen werden.

3 Mit dem **8. RÄndStV** wurden die Bestimmungen des § 52 RStV modifiziert und den Vorgaben des Art. 31 Universaldienstrichtlinie (Richtlinie 2002/22/EG des Europäischen Parlaments und des Rates vom 7.3.2002 über den Universaldienst und Nutzerrechte bei elektronischen Kommunikationsnetzen- und -diensten – Universaldienstrichtlinie) angepasst. Zudem erhielten die privaten bundesweiten Programme mit regionalen Fensterprogrammen nach § 25 RStV einen Must-Carry-Status. Mit dem **10. RÄndStV** wurde der Geltungsanspruch der Belegungsvorgaben auf Plattformen und inhaltlich auch auf Hörfunkprogramme erstreckt. Zudem wurde eine Befreiungsmöglichkeit für den Fall geschaffen, dass die notwendige Vielfalt des Angebotes bereits anderweitig gesichert wurde.

II. Zielsetzung der Norm

§ 52b RStV verpflichtet den Plattformanbieter sicherzustellen, dass bestimmte Kapazitä- 4
ten für bestimmte Programme zur Verfügung stehen und dient so va den durch Art. 5 Abs. 1
S. 2 GG verfassungsrechtlich vorgegebenen Vielfaltserfordernissen. So gewährleistet § 52b
RStV einerseits die erforderlichen Verbreitungsmöglichkeiten für die gebührenfinanzierten
öffentlich-rechtlichen Angebote und andererseits einen Grundstandards gleichgewichtiger
Vielfalt im Bereich des privaten Rundfunks (vgl. HRKDSC RStV § 52b Rn. 5; Hahn/
Vesting/Wagner RStV § 52b Rn. 14). § 52b RStV ist dabei als Ausfluss der **Sozialpflichtigkeit** des Eigentums konzipiert (vgl. Spindler/Schuster/Holznagel/Jahn RStV § 52b
Rn. 2).

Der Gesetzgeber erfüllt mit dieser Vorschrift den ihm verfassungsrechtlich erteilten **Aus-** 5
gestaltungsauftrag, bei welchem ihm ein breiter Gestaltungsspielraum zur Verfügung
steht, der auch die Auferlegung von Übertragungsverpflichtungen und damit Belegungsregeln umfasst (BVerfGE 73, 118 (157 ff.); Spindler/Schuster/Holznagel/Jahn RStV § 52b
Rn. 5; Hahn/Vesting/Wagner RStV § 52b Rn. 3). § 52b RStV führt das bereits vorher
entwickelte Stufenmodell fort, begrenzt die Übertragungsvorgaben auf je maximal ein
Drittel der für die Übertragung in digitaler Technik eingesetzten Gesamtkapazitäten und
überlässt dem Plattformanbieter mindestens ein Drittel der Gesamtkapazitäten zur freien
Verfügung. Damit sollen auch die Interessen der betroffenen Plattformanbieter eine angemessene Berücksichtigung finden und unternehmerische Gestaltungsspielräume erhalten
bleiben (Spindler/Schuster/Holznagel/Jahn RStV § 52b Rn. 2; Hahn/Vesting/Wagner
RStV § 52b Rn. 11).

Zudem erstreckt § 52b RStV die Geltung dieser Vorgaben über die vormals lediglich 6
betroffenen Kabelanlagen auch auf alle anderen (digitalen) Übertragungswege für Rundfunkinhalte (vgl. Hahn/Vesting/Wagner RStV § 52b Rn. 1, 8). Aus diesem Grunde beziehen sich die Vorgaben auch nicht mehr auf Kanäle, sondern Übertragungskapazitäten.
Schließlich werden auch erstmals in digitaler Technik übertragene Hörfunkprogramme in
den Geltungsbereich einbezogen.

Verantwortlich für die Belegung ist der Plattformanbieter, der insoweit von der zuständi- 7
gen Landesmedienanstalt beaufsichtigt wird. Missachtet der Plattformanbieter die bestehenden Regelungen wandelt sich diese Aufsichtskompetenz in eine Belegungskompetenz. § 52b
RStV stellt so eine Balance zwischen freier wirtschaftlicher Entfaltung und Vielfaltssicherung
her (HRKDSC RStV § 52b Rn. 6).

III. Europarechtliche Bezüge

Belegungsregeln müssen europarechtlich den Vorgaben von Art. 31 Abs. 1 Universal- 8
dienstrichtlinie genügen. Danach können Unternehmen, die für die öffentliche Verbreitung
von Hör- und Fernsehdiensten genutzte elektronische Kommunikationsnetze betreiben,
zumutbare Übertragungspflichten auferlegt werden, wenn eine erhebliche Zahl von Endnutzern diese Netze als Hauptmittel zum Empfang von Hörfunk- und Fernsehsendungen nutzt,
und die Verpflichtungen zur Erreichung klar umrissener Ziele von allgemeinem Interesse
erforderlich (→ RStV § 53a Rn. 6), verhältnismäßig und transparent sind.

Nach der Rspr. des EuGH (EuGH ZUM 2009, 547 ff.; bestätigend EuGH ZUM 2011, 9
488 ff.) bilden die verfassungsrechtlichen Vielfaltsvorgaben nach Art. 5 Abs. 1 S. 2 GG eine
idS hinreichende Vorgabe, die Übertragungspflichten auch bis zur Vollbelegung zulässig
machen kann. Voraussetzung ist lediglich, dass die Grundsätze der Erforderlichkeit, Verhältnismäßigkeit und Transparenz in der Umsetzung eingehalten werden, was § 52b RStV
dadurch erfüllt, dass Plattformanbieter bewusst nur verpflichtet werden sicherzustellen, dass
bestimmte Kapazitäten für bestimmte Programme zur Verfügung stehen. Eine Entscheidung
über die mit der Nutzung verbundenen wirtschaftlichen Folgefragen (→ § 52d Rn. 17) wird
erkennbar nicht getroffen (vgl. Hahn/Vesting/Wagner RStV § 52b Rn. 28). Die in anderen
Gesetzen vorgesehene Belegungsverpflichtung, bestimmte Programme einzuspeisen, wird
bewusst vermieden. (Zur Frage der betroffenen Netze → § 53a Rn. 7)

Nach alledem ist davon auszugehen, dass die in § 52b RStV enthaltenen Belegungsregeln 10
in Anbetracht der europarechtlichen wie aber auch verfassungsrechtlichen Vorgaben einen

angemessenen Ausgleich zwischen den unterschiedlichen rechtlichen und wirtschaftlichen Gegebenheiten herstellen.

B. Inhaltliche Vorgaben für die Belegung

11 § 52b RStV enthält in den Abs. 1 und 2 inhaltliche Vorgaben für die Belegung mit Rundfunkprogrammen, von denen Abs. 3 unter bestimmten Voraussetzungen befreit (→ Rn. 43), während Abs. 4 das einzuhaltende Verfahren regelt (→ Rn. 48).

I. Adressat und Bezugsrahmen der Belegungsvorgaben von Abs. 1 und 2

12 Abs. 1 und 2 richten sich an private Anbieter von **Plattformen,** die Fernseh- bzw. Hörfunkprogramme enthalten. Angesprochen werden von § 52b RStV in aller Regel nur Plattformen die Verteilstrukturen nutzen, bei welchen der Plattformanbieter eine bestimmte Übertragungskapazität einem von ihm ausgewählten Programmangebot zuordnet und die Kapazität so idS belegt. Internetplattformen fallen, auch wenn sie lineare Angebote enthalten, in aller Regel nicht unter den Anwendungsbereich des § 52b RStV, da diese Vorschrift nach § 52 Abs. 1 S. 2 Nr. 1 RStV auf Plattformen in offenen Netzen nur Anwendung findet, sofern diese dort eine marktbeherrschende Stellung innehaben.

13 Angesprochen werden zudem nur **private Anbieter** von Plattformen. Diesen Anbietern wird in Abs. 1 und 2 die Pflicht auferlegt sicherzustellen, dass die erforderlichen Kapazitäten für die in den Abs. 1 und 2 genannten Pflichtprogramme zur Verfügung stehen und iÜ die weiteren Belegungsvorgaben eingehalten werden.

14 **Bezugspunkt dieser Verpflichtung** sind die technischen Kapazitäten innerhalb der Plattform, die für die digitale Verbreitung von Rundfunk zur Verfügung stehen, nicht die gesamte Übertragungsbandbreite des angesprochenen Netzes oder auch nur der Plattform (vgl. amtl. Begr. d. 10. RÄndStV). Die Entscheidung, welche Kapazitäten dies sind, liegt beim Plattformanbieter. Eine Verpflichtung dies in einer bestimmten Größenordnung zu tun, sieht das Gesetz nicht vor. Vielmehr beziehen sich die Belegungsvorgaben nur auf Kapazitäten im Umfang von höchstens je einem Drittel der vom Plattformanbieter für diese Zwecke gewidmeten Gesamtkapazität.

II. Regeln für die lineare Übertragung von Fernsehprogrammen nach Abs. 1

15 § 52b Abs. 1 RStV differenziert für die Belegung mit Fernsehprogrammen ebenso wie Abs. 2 für Hörfunkprogramme nach drei Kapazitätsbereichen, für welche jeweils unterschiedliche aber in den beiden Absätzen weitgehend parallel ausgestaltete Regeln gelten.

1. Bereich der verpflichtend zu berücksichtigenden Programme

16 Nr. 1 beschreibt den sog. Must-Carry-Bereich, in welchem bestimmte im Gesetz genannte Programme übertragen werden sollen, für welche ein besonderes öffentliches Interesse an der Übertragung besteht und die daher vom Gesetzgeber für besonders förderungs- oder schützenswert gehalten werden (vgl. Hahn/Vesting/Wagner RStV § 52b Rn. 35). Diese Programme sind generell bei der Kapazitätsplanung zu berücksichtigen.

17 Zu diesen Programmen zählen nach Buchst. a die für die bundesweite Verbreitung gesetzlich bestimmten gebührenfinanzierten Programme sowie die Dritten Programme des öffentlich-rechtlichen Rundfunks einschließlich programmbegleitender Dienste. **Gebührenfinanziert** sind alle diejenigen Programme, die zumindest überwiegend aus Rundfunkgebühren (heute wohl Rundfunkbeiträgen) finanziert werden (vgl. Hahn/Vesting/Wagner RStV § 52b Rn. 37 f.).

18 Die **Dritten** Programme werden in § 11b Abs. 2 Nr. 1 RStV einzeln aufgeführt und werden bei den Belegungsregeln wohl deswegen ausdrücklich genannt, weil für diese Programme eine gesetzlich bestimmte bundesweite Verbreitung jedenfalls keinesfalls eindeutig vorliegen dürfte (vgl. Hahn/Vesting/Wagner RStV § 52b Rn. 41), diese Programme aber zum verpflichtenden Must-Carry-Bestand in allen Ländern zählen sollen. Ausgenommen hiervon sind die im Rahmen dieser Dritten Programme verbreiteten Landesfenster, für

welche eine verpflichtende Berücksichtigung nur für die Gebiete derjenigen Länder vorgesehen ist, für welche diese Landesfenster gesetzlich bestimmt sind.

Schließlich umfasst die Verpflichtung der Plattformanbieter auch die **programmbegleitenden Dienste,** die direkt auf diese Programme bezogen sind und diese auch technisch begleiten (Hahn/Vesting/Wagner RStV § 52b Rn. 44). Angesprochen werden in erster Linie Dienste wie der Teletext, elektronische Programmführer und andere spezifische Ergänzungsdienste, die mit den Programmen mitgesendet werden (vgl. Spindler/Schuster/Holznagel/Jahn RStV § 52b Rn. 14; HRKDSC RStV § 52b Rn. 14). Jedoch umfasst die gesetzliche Verpflichtung nicht solche Dienste, die lediglich auf Abruf bereitgehalten werden, wie die amtl. Begr. d. 10. RÄndStV unmissverständlich klarstellt. 19

Ebenfalls im Must-Carry-Bereich enthalten sind diejenigen **privaten Fernsehprogramme, die nach § 25 RStV Regionalfenster enthalten.** Gemeint sind an dieser Stelle sowohl das Hauptprogramm als auch das in dieses nach § 25 Abs. 4 RStV eingefügte Regionalfensterprogramm (§ 2 Abs. 2 Nr. 6 RStV). Hintergrund hierfür ist der Umstand, dass diese Programme durch die Einbindung der Fensterprogramme einen besonderen Beitrag zur Vielfalt leisten, der diese Verpflichtung rechtfertigt (Hahn/Vesting/Wagner RStV § 52b Rn. 45; Spindler/Schuster/Holznagel/Jahn RStV § 52b Rn. 16). 20

Nach der amtl. Begr. soll die regionale Anbindung der Fenster beachtet werden. Bei der Einspeisung dieser Programme ist daher die jeweils zutreffende regionale Version der verschiedenen Regionalfensterprogramme zu berücksichtigen, da diese bestimmungsgemäß eine besondere inhaltliche Ausrichtung auf das Zielpublikum der jeweiligen Region aufweist und daher nur gebietsrichtig diesem Auftrag sinnvoll Rechnung tragen kann. 21

Schließlich genießen nach Buchst. c auch die **regionalen und lokalen Fernsehprogramme** sowie **Offenen Kanäle** im jeweiligen Land, in dem sie zugelassen sind, einen Must-Carry-Status, der sich auf das jeweilige Land begrenzt (vgl. Spindler/Schuster/Holznagel/Jahn RStV § 52b Rn. 16), da diese Programme nur für das jeweilige Land zugelassen und daher nicht für die bundesweite Verbreitung bestimmt sind. 22

Mit dem Begriff der Offenen Kanäle werden alle diejenigen Äußerungsmedien angesprochen, die Einzelpersonen und gesellschaftlichen Gruppen, Organisationen und Institutionen, die nicht Rundfunkveranstalter sind, Gelegenheit zur Verbreitung eigener selbst gestalteter Beiträge und Sendungen geben, auch wenn diese in den einzelnen Landesgesetzen ggf. anders z. B. als Bürgermedien oder Bürgerrundfunk bezeichnet werden (vgl. Hahn/Vesting/Wagner RStV § 52b Rn. 48). 23

Nach Buchst. d müssen die für Must-Carry-Programme eingesetzten Kapazitäten im Verhältnis zu anderen digitalen Kapazitäten **technisch gleichwertig** sein. Die technische Gleichwertigkeit dürfte sich an den einschlägigen Parametern messen lassen, welche nach der Verkehrsanschauung bzw. dem Stand der Technik jeweils für maßgeblich gehalten werden (vgl. Hahn/Vesting/Wagner RStV § 52b Rn. 53). Die Vorschrift dient der technischen Absicherung der vorrangigen Einspeiseverpflichtung in qualitativer Hinsicht (Spindler/Schuster/Holznagel/Jahn RStV § 52b Rn. 17) und soll eine Umgehung der vielfaltssichernden Verpflichtungen über die Zuweisung unattraktiver und minderwertiger Kapazitäten verhindern (vgl. Hahn/Vesting/Wagner RStV § 52b Rn. 52; so wohl auch HRKDSC RStV § 52b Rn. 17). 24

2. Bereich der Vielfaltsvorgaben

Für einen weiteren Kapazitätsbereich werden nach Abs. 1 S. 1 Nr. 2 vom Plattformanbieter bei der Belegung zu berücksichtigende Vielfaltsgesichtspunkte vorgegeben (vgl. insbes. zu den verfassungsrechtlichen Direktiven Gersdorf, Chancengleicher Zugang, 115 ff.). Diese Vorgaben enthalten anstelle konkret zu berücksichtigender Programmangebote nur ein Kriterienbündel (Spindler/Schuster/Holznagel/Jahn RStV § 52b Rn. 18), das einen Rahmen vorgibt, der die Auswahl vorbestimmt (HRKDSC RStV § 52b Rn. 18). Der Plattformanbieter hat so für ein vielfältiges Gesamtangebot zu sorgen, wobei unter Vielfalt die objektiv rechtlich erforderliche Meinungsvielfalt und nicht eine ökonomisch begründete Massenattraktivität für möglichst breite Zuschauerkreise gemeint ist (Spindler/Schuster/Holznagel/Jahn RStV § 52b Rn. 20), auch wenn die Interessen der angeschlossenen Teilnehmer in die Entscheidungsfindung einzubeziehen sind. 25

26 Auf diese Weise wird die verfassungsrechtliche Verpflichtung zur Sicherung des unverzichtbaren Grundstandards gleichgewichtiger Vielfalt und von Meinungspluralismus verwirklicht (Spindler/Schuster/Holznagel/Jahn RStV § 52b Rn. 21). Andererseits wird dem Plattformanbieter ein Gestaltungsspielraum eingeräumt, der dem Grundsatz der Verhältnismäßigkeit wie auch den die Interessen des Plattformanbieters schützenden Grundrechtspositionen Rechnung tragen soll (vgl. Hahn/Vesting/Wagner RStV § 52b Rn. 56).

27 In Ermangelung konkret zu berücksichtigender Programmangebote wird sich für diesen Bereich die Überprüfung durch die zuständige Landesmedienanstalt auf die Einhaltung der vom Gesetz vorgegebenen Vielfaltsgesichtspunkte, und hierbei insb. auf die dabei genannten einzelnen Kategorien beschränken müssen (Hahn/Vesting/Wagner RStV § 52b Rn. 56; HRKDSC RStV § 52b Rn. 30).

28 Der Begriff der **Voll- bzw. Spartenprogramme** wird in § 2 Abs. 2 Nr. 3 und 4 RStV legal definiert. Unter **Fremdsprachenprogrammen** sind solche zu verstehen, die überwiegend nicht in deutscher Sprache ausgestaltet sind (Hahn/Vesting/Wagner RStV § 52b Rn. 61). Von diesen Programmen muss ein maßgeblicher Anteil zur Gruppe der **Free-TV**-Programme zu rechnen sein, für deren Bezug nicht ein weiteres zusätzliches Entgelt für den Endkunden anfällt (vgl. amtl. Begr. d. 10. RÄndStV). Pay-TV-Programme können gleichwohl aber auch Berücksichtigung finden, müssen es aber nicht (Spindler/Schuster/Holznagel/Jahn RStV § 52b Rn. 21).

29 Im Gegensatz dazu sind Telemedienangebote und Teleshoppingkanäle nur angemessen zu berücksichtigen, also zumindest in die Belegungsüberlegungen einzubeziehen. Ob sich hieraus auch eine Pflicht zur tatsächlichen Aufnahme dieser Angebote ergibt, ist strittig (dagegen Hahn/Vesting/Wagner RStV § 52b Rn. 64; dafür Spindler/Schuster/Holznagel/Jahn RStV § 52b Rn. 25). Da eine Belegung mit Abrufangeboten nicht möglich ist, kommen unter den Telemedien wohl im Wesentlichen nur elektronische Programmführer in Betracht (vgl. Spindler/Schuster/Holznagel/Jahn RStV § 52b Rn. 22).

30 Insgesamt ist davon auszugehen, dass die gesetzlichen Vielfaltsvorgaben, da idR bereits die beiden reichweitenstärksten privaten Vollprogramme, die den beiden großen privaten Sendergruppen entstammen, im ersten Drittel berücksichtigt sind, an dieser Stelle wohl eher auf kleinere und eigenständige Programmveranstalter als auf Senderfamilien zugeschnitten sind. Und sie beziehen sich nach der klaren gesetzlichen Anordnung lediglich auf einen weiteren Kapazitätsbereich, der in seinem **Umfang** demjenigen entspricht, der für die tatsächliche Abbildung der in Nr. 1 genannten Must-Carry-Programme in der konkreten Kabelanlage benötigt wird. Dieser darf maximal ein Drittel der für die digitale Verbreitung von Rundfunk zur Verfügung stehenden Gesamtkapazität umfassen, kann bei einer entsprechend großen Gesamtkapazität aber auch kleiner ausfallen.

3. Bereich zur „freien" Belegung

31 Hinsichtlich der nach den ersten beiden Bereichen verbleibenden Restkapazität ist der Plattformanbieter in seiner Auswahlentscheidung frei von jeglichen rundfunkrechtlichen Verpflichtungen und Rahmenvorgaben. In diesem Bereich ist seine wirtschaftliche Autonomie vollständig gewahrt (HRKDSC RStV § 52b Rn. 20). Nach Abs. 1 S. 1 Nr. 3 trifft er die Belegungsentscheidung allein nach Maßgabe der allgemeinen Gesetze.

32 Der Begriff der **allgemeinen Gesetze** ist eng mit Art. 5 GG und dessen Systematik verbunden und beschreibt dort eine Schrankenregelung nach Art. 5 Abs. 2 GG. Danach dürften bei der Ausübung des Belegungsrechts durch Plattformanbieter all diejenigen Gesetze zu beachten sein, die nicht eines schlechthin, ohne Rücksicht auf das autonome Belegungsrecht zu schützenden Rechtsguts dienen (HRKDSC RStV § 52b Rn. 21 mit Verweis auf BVerfGE 7, 198 (209 f.); 28, 282 (292); 50, 234, (241)). Dazu zählen sicherlich die Regeln des Jugendmedienschutzes wie aber auch die telekommunikationsrechtlichen Zugangsverpflichtungen und Missbrauchstatbestände (§§ 21 f., 42 TKG) sowie die kartellrechtlichen Behinderungs- und Diskriminierungsverbote der §§ 19, 20 GWB (Spindler/Schuster/Holznagel/Jahn RStV § 52b Rn. 27).

33 Dieser Bereich umfasst mindestens ein Drittel der maßgeblichen Gesamtkapazität, kann aber bei entsprechender Größe der Plattform auch deutlich über ein Drittel hinausgehen.

4. Regelung für Kapazitätsengpässe nach S. 2

Reicht das vom Gesetz vorgesehene Drittel der für die digitale Verbreitung von Rundfunk zur Verfügung stehenden Gesamtkapazitäten nicht zur Übertragung aller Programme mit Must-Carry-Status sowie der programmbegleitenden Dienste aus, ordnet das Gesetz eine verhältnismäßige Kürzung der verpflichtend zu verbreitenden Programmvielfalt an. Dass das Gesetz auch in diesem Fall bei der Grundkonzeption bleiben möchte, verpflichtende Übertragungsvorgaben nur für maximal ein Drittel der zur Verfügung stehenden Gesamtkapazitäten vorzusehen, ergibt sich in unmissverständlicher Klarheit aus der amtl. Begr. d. 10. RÄndStV, die ausführt, dass das genannte Drittel eine Obergrenze des Must-Carry-Bereiches unabhängig vom technischen Übertragungsbedarf der erfassten Programme darstelle. 34

Im Falle eines Engpasses genießen die für das jeweilige Verbreitungsgebiet gesetzlich bestimmten gebührenfinanzierten Programme und programmbegleitende Dienste des öffentlich-rechtlichen Rundfunks einen Vorrang. Gemeint sind die Programme nach § 11b Abs. 1, 3 und 4 RStV sowie das für das jeweilige Gebiet einschlägige Dritte Programm (vgl. Hahn/Vesting/Wagner RStV § 52b Rn. 71). Trotz dieses Vorrangs sind daneben stets die mit einem Must-Carry-Anspruch ausgestatteten privaten Programme nach S. 1 Nr. 1 Buchst. b und c angemessen zu berücksichtigen. Eine völlige Verdrängung dieser Programme widerspricht sowohl dem Willen des Gesetzgebers als auch den verfassungsrechtlichen Vorgaben der Vielfaltssicherung und der Verhältnismäßigkeit. 35

Tritt ein Engpass ein, so ist im Hinblick auf die Abbildung einer möglichst großen programminhaltlichen Vielfalt zunächst die für alle Programme eingesetzte Datenrate auf das für alle Programme geltende Normalmaß zurückzuführen. Da eine solche Maßnahme einer effizienten Kapazitätsausnutzung dient, wäre der Plattformanbieter hierzu nach § 52a Abs. 3 S. 2 RStV auch berechtigt (vgl. Hahn/Vesting/Wagner RStV § 52b Rn. 75). Danach müsste auf die Übertragung der nicht mit einem Vorrang ausgestatteten für das jeweilige Gebiet landesfernen Dritten Programme verzichtet werden. Schließlich wären weitere Auswahlmaßnahmen vorzunehmen, wobei stets auch auf eine angemessene Berücksichtigung der privaten Programme nach S. 1 Nr. 1 Buchst. b und c zu achten wäre. 36

Angesichts der technischen Möglichkeiten der digitalen Verbreitung wie auch der Ausnahmen nach § 52 Abs. 1 S. 2 Nr. 3 und 4 RStV und der Befreiung nach § 52b Abs. 3 Nr. 2 RStV dürfte der Anwendungsbereich des S. 2 in der Praxis allerdings nur ein sehr beschränkter sein. 37

III. Regeln für die lineare Übertragung von Hörfunkprogrammen nach Abs. 2
1. Allgemeines

Der mit dem 10. RÄndStV als Teil der Plattformregulierung geschaffene Abs. 2 sieht erstmals im Rundfunkstaatsvertrag Belegungsvorgaben für Hörfunkprogramme vor. Diese folgen im Grundsatz dem System im Fernsehbereich, was insbes. für die Dreiteilung der gesetzlichen Vorgaben hinsichtlich der zur Verfügung stehenden Übertragungskapazitäten gilt. Aber auch im Übrigen ist die Regelung dem Abs. 1 nachgebildet und folgt weitgehend dessen Systematik (vgl. HRKDSC RStV § 52b Rn. 23). Die Vorgaben der S. 1–3 gelten nur für reine Hörfunkplattformen, während S. 4 Regelungen für Kapazitätsengpässe in gemischten Plattformen mit Fernseh- und Hörfunkangeboten enthält. 38

2. Inhaltliche Vorgaben

Im Unterschied zu den Fernsehregeln in Abs. 1 sind **im ersten Drittel** der Übertragungskapazität nur gebührenfinanzierte (→ Rn. 17) Hörfunkprogramme und programmbegleitende Dienste des öffentlich-rechtlichen Rundfunks zu berücksichtigen, die gesetzlich für das jeweilige Gebiet vorgesehen sind. Wie beim Fernsehen wird die dafür einzusetzende Übertragungskapazität auf maximal ein Drittel der für die digitale Verbreitung von Hörfunkprogrammen zur Verfügung stehenden Gesamtkapazität begrenzt. 39

In einer **weiteren Kapazität,** deren Umfang derjenigen nach Nr. 1 im konkreten Einzelfall entspricht, ist nach Vorgaben, die denen für Fernsehprogramme sehr ähnlich sind, ein vielfältiges Programmangebote abzubilden. Nach der amtl. Begr. d. 10. RÄndStV sollen 40 vorrangig Anbieter berücksichtigt werden, die für das Verbreitungsgebiet durch Landesrecht zugelassen oder mit besonderen Auflagen (Fensterprogramme) versehen sind. Inhaltlich dürfte diese Auslegung wegen des in diesen Programmen zu erwartenden höheren Regional- bzw. Lokalbezugs den Nutzerinteressen wie auch den zu berücksichtigenden Vielfaltsanforderungen entsprechen und daher auch mit höherrangigem Recht vereinbar sein (vgl. Hahn/Vesting/Wagner RStV § 52b Rn. 78).

41 Die **verbleibenden Übertragungskapazitäten** stehen wie auch im Fernsehen dem Plattformanbieter zur eigenständigen Belegungsentscheidung zur Verfügung, wobei als Maßgabe nur die allgemeinen Gesetze (→ Rn. 32) zu beachten sind.

3. Regeln für Kapazitätsengpässe

42 Nach **S. 3** gelten die für den Fernsehbereich dargestellten Engpassregeln auch für Hörfunkplattformen entsprechend. Im Falle eines Kapazitätsengpasses ist eine Auswahlentscheidung nach Vielfaltskriterien zu treffen. Zusätzliche Vorrangregeln wie beim Fernsehen bestehen beim Hörfunk jedoch nicht. Bei **gemischten Plattformen** sind nach S. 4 beide Angebotsformen gemeinsam zu betrachten. Reicht das für Must-Carry-Programme zur Verfügung stehende Kapazitätsdrittel nicht für sämtliche zu berücksichtigende Programme aus, wird nach den oben zu Abs. 1 dargestellten Regeln verfahren (→ Rn. 36).

C. Befreiung nach Abs. 3

43 Die Belegungsvorgaben der Abs. 1 und 2 gelten nicht ausnahmslos. Wenn die Vielfalt des Angebots anderweitig gesichert ist, wird gem. Abs. 3 auf deren Geltung verzichtet. Diese Befreiung ist dem Verhältnismäßigkeitsgrundsatz geschuldet, der Vorgaben verbietet, wenn diese nicht erforderlich sind (vgl. Spindler/Schuster/Holznagel/Jahn RStV § 52b Rn. 35; Hahn/Vesting/Wagner RStV § 52b Rn. 82).

44 Das Gesetz nennt zwei Fallgestaltungen, in denen diese Befreiung eintreten soll. Im Fall der Nr. 1 stehen den Nutzer die aus Vielfaltsgründen erforderlichen Programme bereits außerhalb der Plattform zur Verfügung; im Fall der Nr. 2 wurden die Vielfaltskriterien schon im Rahmen einer anderen Regulierung berücksichtigt.

I. Befreiung nach Nr. 1

45 Im Fall der Nr. 1 weißt der Plattformanbieter der zuständigen Landesmedienanstalt nach, dass die fraglichen Programme oder Dienste den Beziehern der Plattform auf einem **gleichartigen Übertragungsweg** und demselben Endgerät unmittelbar und ohne zusätzlichen Aufwand zur Verfügung stehen. Der Bezug dieser Programme kann über den gleichen Übertragungsweg oder über einen anderen erfolgen, dieser muss nur gleichartig sein. Entscheidend ist, dass auf demselben Endgerät des Endnutzers die Plattform wie auch die fraglichen Programme verfügbar sind (vgl. Hahn/Vesting/Wagner RStV § 52b Rn. 90). Wer dies ermöglicht, ist gleichgültig. Das Ergebnis muss jedoch ohne zusätzlichen technischen bzw. finanziellen Aufwand von Seiten des Endnutzers entstehen (vgl. amtl. Begr. d. 10. RÄndStV).

46 Bedeutsam ist diese Befreiungsvorschrift für diejenigen Plattformanbieter, die nicht über die gesamte Bandbereite des jeweiligen Übertragungsweges verfügen können und daher sinnvollerweise nicht Adressat von Vielfaltsvorgaben für den ganzen Übertragungsweg sein können. In diesem Fall genügt es, dass die zur Erreichung der hinreichenden Vielfalt erforderliche Programme auch ohne Zutun des Plattformanbieters über diesen Übertragungsweg verbreitet werden und daher den Endkunden zur Verfügung stehen.

II. Befreiung nach Nr. 2

47 Eine Befreiung von den Anforderungen nach Abs. 1 und Abs. 2 wird aber auch dann gewährt, wenn das Gebot der Meinungsvielfalt und Angebotsvielfalt bereits im Rahmen der Zuordnungs- oder Zuweisungsentscheidungen nach den §§ 51 und 51a RStV berücksichtigt wurde. Diese Vorschriften enthalten die spezielleren Vorgaben die daher auch vorrangig anzuwenden sind (vgl. amtl. Begr. d. 10. RÄndStV).

D. Verfahrensvorgaben nach Abs. 4

Die Kernaussage der Verfahrensregeln des Abs. 4 ist, dass der Plattformanbieter die Entscheidung über die Belegung trifft. Spätestens einen Monat vor der Umsetzung hat er seine Belegungsentscheidung der zuständigen Landesmedienanstalt **anzuzeigen**. Dies gilt sowohl nach S. 3 für erstmalige Belegungen wie auch nach S. 6 für alle späteren Änderungen (vgl. auch amtl. Begr. d. 10. RÄndStV). Die vorgegebene Monatsfrist dient dazu, der zuständigen Landesmedienanstalt eine rechtzeitige Prüfung der Belegungsentscheidungen zu ermöglichen. Die Anzeige muss die hierfür erforderlichen Angaben enthalten, die in § 5 Abs. 2 Zugangs- und Plattformsatzung (Satzung über die Zugangsfreiheit zu digitalen Diensten und zur Plattformregulierung gem. § 53 Rundfunkstaatsvertrag v. 11.12.2008 – BayStAnz Nr. 51 – ZPS) näher konkretisiert werden. **48**

Stellt die zuständige Landesmedienanstalt bei der Prüfung fest, dass maßgebliche Vorgaben nicht eingehalten werden, setzt sie dem Plattformanbieter eine **angemessene Frist** zur Nacherfüllung (vgl. S. 5) unter Angabe der bestehenden Bedenken (vgl. amtl. Begr. d. 10. RÄndStV). Dies dient dazu, dem Plattformanbieter die Chance einer eigenen Auswahlentscheidung zu belassen (vgl. Hahn/Vesting/Wagner RStV § 52b Rn. 104). **49**

Dies gilt jedoch nur für die zweiten, den sog. Can-Carry-Bereich, da es im ersten Bereich keine Auswahlentscheidung und für den dritten keine Belegungsvorgaben gibt. Bei der Erfüllung der Vielfaltsvorgaben haben nach Abs. 4 S. 2 Programme, die der Plattformanbieter nach § 28 RStV zugerechnet oder von ihm exklusiv vermarktet werden, außer Betracht zu bleiben. **50**

Bei fruchtlosem Verstreichen der Frist erfolgt die Auswahl der zu verbreitenden Rundfunkprogramme durch die zuständige Landesmedienanstalt. Dieser kommt dabei ein weiter Beurteilungsspielraum zu, da es sich bei der zu treffenden Entscheidung um eine für programminhaltliche Fragen bedeutsamen Vielfaltsentscheidung handelt, die aus verfassungsrechtlichen Gründen nur staatsfern getroffen werden darf (vgl. HRKDSC RStV § 52b Rn. 30; BVerfGE 57, 295 (326); Gersdorf, Chancengleicher Zugang, 119; → § 53 Rn. 4). Auch der Judikative ist als dritter Staatsgewalt eine Einflussnahme auf diese programminhaltliche Entscheidung aus Verfassungsgründen untersagt. Im Rahmen einer gleichwohl möglichen Anfechtungsklage ist lediglich eine Überprüfung der zu beachtenden Verfahrensvorgaben und allgemeinen Regeln möglich. **51**

§ 52c Technische Zugangsfreiheit

(1) ¹**Anbieter von Plattformen, die Rundfunk und vergleichbare Telemedien verbreiten, haben zu gewährleisten, dass die eingesetzte Technik ein vielfältiges Angebot ermöglicht.** ²**Zur Sicherung der Meinungsvielfalt und Angebotsvielfalt dürfen Anbieter von Rundfunk und vergleichbaren Telemedien einschließlich elektronischer Programmführer weder unmittelbar noch mittelbar**

1. **durch Zugangsberechtigungssysteme,**
2. **durch Schnittstellen für Anwendungsprogramme,**
3. **durch Benutzeroberflächen, die den ersten Zugriff auf die Angebote herstellen, oder**
4. **durch sonstige technische Vorgaben zu den Nummern 1 bis 3 auch gegenüber Herstellern digitaler Rundfunkempfangsgeräte**

bei der Verbreitung ihrer Angebote unbillig behindert oder gegenüber gleichartigen Anbietern ohne sachlich gerechtfertigten Grund unterschiedlich behandelt werden.

(2) ¹**Die Verwendung eines Zugangsberechtigungssystems oder eines Systems nach Absatz 1 Satz 2 Nr. 3 oder einer Schnittstelle für Anwendungsprogramme und die Entgelte hierfür sind der zuständigen Landesmedienanstalt unverzüglich anzuzeigen.** ²**Satz 1 gilt für Änderungen entsprechend.** ³**Der zuständigen Landesmedienanstalt sind auf Verlangen die erforderlichen Auskünfte zu erteilen.**

§ 52c ist eine Reaktion auf die durch den Digitalisierungsprozess gestiegene Bedeutung der Technik (→ Rn. 7). Maßgeblich für das Verständnis der Norm ist das Verhältnis der S. 1 und 2 (→ Rn. 16 ff.). Der Inhalt der Norm wird durch eine (positive) Gewährleistungspflicht

(→ Rn. 31 f.) und ein (negatives) Behinderungs- und Diskriminierungsverbot (→ Rn. 33 ff.) geprägt. Dieses Verbot gilt für drei Zugangsdienste, Zugangsberechtigungssysteme (→ Rn. 41 f.), Schnittstellen für Anwendungsprogramme (→ Rn. 43 f.) und Benutzeroberflächen (→ Rn. 45 ff.). Verboten ist auch eine indirekte Einflussnahme (→ Rn. 55). In Abs. 2 werden für Zugangsdienste eine Anzeigepflicht (→ Rn. 57) und eine Auskunftspflicht (→ Rn. 58) vorgegeben.

Übersicht

	Rn		Rn
A. Allgemeines	1	I. Gewährleistungsverpflichtung aus S. 1 .	31
I. Entstehungsgeschichte	2	II. Behinderungs- und Diskriminierungsverbot nach S. 2	33
II. Regelungszweck	7	III. Betroffene Zugangsdienste nach S. 2 .	40
III. Verfassungsrechtlichen Fragestellungen	10	1. Zugangsberechtigungssysteme	41
B. Systematik und Struktur der Norm .	15	2. Schnittstellen für Anwendungsprogramme	43
I. Verhältnis zwischen S. 1 und 2	16	3. Benutzeroberflächen	45
II. Verpflichtete	25	4. Indirekte Einflussnahme nach Nr. 4	55
III. Begünstigte	28	**D. Konsequenzen**	56
C. Inhaltliche Anforderungen an Plattformanbieter aus § 52c Abs. 1 RStV	30	**E. Anzeigepflicht nach Abs. 2**	57

A. Allgemeines

1   Die mit der Einführung des digitalen Fernsehens verbundenen technischen Dienstleistungen vermitteln ihren Anbietern einen Einfluss auf die Chance von Angeboten, von Endnutzern wahrgenommen zu werden, der es erforderlich macht, eine Missbrauchsregulierung zu schaffen, die dem Ziel dient, die Übertragungswege offen zu halten (Hahn/Vesting/Schulz RStV § 52c Rn. 1; HRKDSC RStV § 52c Rn. 6).

I. Entstehungsgeschichte

2   Bereits die europäische RL 95/47/EG aus dem Jahre 1995 enthielt Vorgaben für Verschlüsselungsdienste, diese allen Rundfunkveranstaltern zu chancengleichen, angemessenen und nicht diskriminierenden Bedingungen anzubieten. Rundfunkrechtlich erfolgte die Umsetzung durch den im 3. RÄndStV eingeführten § 53 RStV aF, der einen chancengleichen, angemessenen und nicht diskriminierenden Zugang zu technischen Zugangsdiensten sowie eine Regulierung für die Auswahl von Fernsehprogramme steuernde Navigatoren vorsah.

3   Mit dem 4. RÄndStV wurde der Anwendungsbereich auf Zusatz und Hilfsdienste ausgeweitet und die Ausgestaltung der Navigatorenregulierung weiter ausdifferenziert.

4   Mit dem 8. RÄndStV wurde § 53 RStV neu gefasste. Dabei wurden die Anbieter von Telekommunikationsdienstleistungen, die Rundfunk oder vergleichbare Telemedien verbreiten, als neue Verpflichtete ausgewählt.

5   Mit dem 9. RÄndStV wurde der Kreis der Verpflichteten enger gezogen und auf diejenigen Unternehmen beschränkt, die kumulativ Rundfunk- **und** vergleichbare Telemedien verbreiten (Spindler/Schuster/Holznagel/Jahn RStV § 52c Rn. 6).

6   Mit dem 10. RÄndStV schließlich wurde § 53 RStV weitgehend in § 52c RStV überführt; der Inhalt der Vorschrift blieb iW der gleiche; geändert hat sich jedoch wiederum der Ansprechpartner der Norm, denn an Stelle der og Anbieter von Telekommunikationsdienstleistungen richtet sich § 52c RStV an Plattformanbieter (→ § 52 Rn. 3).

II. Regelungszweck

7   Hintergrund der Vorschrift wie auch ihrer Vorläufer war die seit der Einführung des digitalen Fernsehens den Empfangsgeräten und der auf diesen eingesetzten Technik zukom-

mende Steuerungsfunktion und die sich daraus ergebenden Einflussmöglichkeiten. Der Gesetzgeber möchte ausweislich der amtl. Begr. d. 10. RÄndStV mit dieser Vorschrift jede unmittelbare und mittelbare sachwidrige Behinderung bzw. Beeinträchtigung von Anbietern von Rundfunk oder vergleichbaren Telemedien ausschließen, um eine öffentliche Meinungsbildung auf der Basis vielfältiger Informationen zu sichern. Gleichzeitig sollen die Übertragungswege offen gehalten werden (HRKDSC RStV § 52d Rn. 6).

Mit dem 12. RÄndStV wurde dieser Sicherungszweck um das Moment der Angebotsvielfalt erweitert, weil durch den gleichzeitig geänderten Rundfunkbegriff nunmehr auch Teleshoppingsender als Rundfunk qualifiziert wurden, denen aber zumeist ein Rundfunkprogrammen vergleichbarer Meinungsbeitrag fehlt. 8

Die Regulierung nach § 52c RStV knüpft an der im Rahmen der Plattform eingesetzten Technik an und konkretisiert die zu regulierende Technik durch die in Abs. 1 S. 2 Nr. 1–3 genannten Funktionsgruppen (zu den technischen Begrifflichkeiten vgl. HRKDSC RStV § 52c Rn. 5 mwN). 9

III. Verfassungsrechtlichen Fragestellungen

Aus dieser technischen Anknüpfung ergeben sich im Hinblick auf Art. 5 Abs. 1 S. 2 GG wie auch im Hinblick auf die Gesetzgebungszuständigkeit verfassungsrechtliche Fragestellungen, weil in Zeiten der Konvergenz die Abgrenzung zwischen Technik- und Inhalteregulierung immer schwieriger wird und sich die Regelungsansätze immer weiter aufeinander zu bewegen. 10

Navigatoren, und zu diesen zählen auch die in § 52c Abs. 1 S. 2 Nr. 3 RStV angesprochenen Benutzeroberflächen, stellen nach zumindest ganz überwiegender Meinung Rundfunk im verfassungsrechtlichen Sinne dar, da Kommunikationsinhalte auf telekommunikativen Wegen an die Öffentlichkeit verbreitet werden (Gersdorf, Chancengleicher Zugang zum digitalen Fernsehen, DLM-Schriftenreihe Bd. 10, 1997, 74 f.; Hahn/Vesting/Schulz RStV § 52c Rn. 15; Spindler/Schuster/Holznagel/Jahn RStV § 52c Rn. 15). 11

Technische Dienste ohne publizistischen Gehalt werden regelmäßig keinen Rundfunk im verfassungsrechtlichen Sinne darstellen, können aber gleichwohl zum Schutzbereich der Rundfunkfreiheit gehören, wenn diese Tätigkeiten einen ausreichenden Inhaltebezug aufweisen (vgl. BVerfGE 77, 346 (354); 78, 101 (103)). 12

Für die in die Regulierung nach § 52c RStV einbezogenen Dienstleistungen wird diese Relevanz für die Medienbetätigung wohl allgemein angenommen, und die Regulierung als Ausgestaltung der Rundfunkfreiheit eingeordnet. (Gersdorf, Chancengleicher Zugang zum digitalen Fernsehen, DLM-Schriftenreihe Bd. 10, 1997, 73, Weisser ZUM 1997, 877 (884); Hahn/Vesting/Schulz RStV § 52c Rn. 12 und 16, Spindler/Schuster/Holznagel/Jahn RStV § 52c Rn. 13 und 18). 13

Hierbei handelt es sich auch nicht um einen Übergriff in die **Gesetzgebungszuständigkeit** des Bundes oder eine unzulässige **Doppelregulierung** (Spindler/Schuster/Holznagel/Jahn RStV § 52c Rn. 38). Vielmehr knüpfen RStV und TKG an unterschiedlichen Aspekten eines Sachverhalts mit unterschiedlicher Zielrichtung an (HRKDSC RStV § 52c Rn. 6). § 52c RStV regelt nicht die technische Seite des Übermittlungsvorgangs und sieht keine spezielle technische Ausgestaltung vor. Zudem werden auch keine ökonomischen Wettbewerbszielsetzungen verfolgt. Es geht nur um eine rundfunkverträgliche Anwendung der von anderer Seite vorgegebenen technischen Standards im Dienste der Vielfaltssicherung. Rundfunk ist von telekommunikativen Voraussetzungen abhängig. Dies ist im Rundfunkrecht zu berücksichtigen (Hahn/Vesting/Schulz RStV § 52c Rn. 19 f.). 14

B. Systematik und Struktur der Norm

§ 52c Abs. 1 RStV steht in der Tradition seiner Vorgängervorschriften (amtl. Begr. d. 10. RÄndStV) und hat den Wortlaut weitgehend von § 53 Abs. 1 RStV aF übernommen. Wie die Vorgängervorschrift enthält der Wortlaut von S. 1 eine (positive) Gewährleistungspflicht, ein vielfältiges Angebot zu ermöglichen, und S. 2 ein (negatives) Behinderungs- und Diskriminierungsverbot bzgl. ausgewählter Dienstleistungen (Spindler/Schuster/Holznagel/Jahn RStV § 52c Rn. 25). Auch diese Struktur wurde aus dem 8. RÄndStV übernommen. 15

I. Verhältnis zwischen S. 1 und 2

16 Bedauerlicherweise geht aus dem Wortlaut der Vorschrift nicht hervor, in welchem systematischen Verhältnis die S. 1 und 2 zueinander stehen. Dies hat sich auch in der Neufassung des 10. RÄndStV nicht geändert. In der Literatur wird dieses Verhältnis daher als unklar bezeichnet bzw. als offen dargestellt. (Hahn/Vesting/Schulz RStV § 52c Rn. 34, Spindler/Schuster/Holznagel/Jahn RStV § 52c Rn. 25, HRKDSC RStV § 52c Rn. 15).

17 Bedauerlicherweise enthalten auch die amtl. Begründungen seit der Einführung dieser Vorgaben im 8. RÄndStV so gut wie keine Hinweise auf das systematische Verhältnisse von S. 1 u. 2. Es wird auch nicht erläutert, was der Begriff „zu gewährleisten" bedeuten, bzw. wann eine Behinderung „unbillig" oder eine unterschiedliche Behandlung „sachlich gerechtfertigt" sein soll. Es wird lediglich ausgeführt, dass die Adressaten nach S. 1 Verpflichtungen auch bei der Vertragsgestaltung mit Dritten zu beachten hätten und in Satz 2 der Grundsatz der Chancengleichheit und Diskriminierungsfreiheit aus S. 1 präzisiert werde (vgl. amtl. Begr. d. 8. RÄndStV).

18 Klar ist daher nur, dass beide Sätze dem verfassungsrechtlichen Ziel dienen, ein möglichst hohes Maß an Meinungsvielfalt zu sichern, und daher als Ausprägungen eines übergeordneten Grundsatzes der (Zugangs-)Chancengleichheit zu verstehen sind (Spindler/Schuster/Holznagel/Jahn RStV § 52c Rn. 26; wohl auch HRKDSC RStV § 52c Rn. 15 f.).

19 Da der Gesetzgeber die Bestimmungen insoweit seit ihrer Neufassung im 8. RÄndStV unverändert beibehalten hat, obwohl er im Wortlaut der Bestimmung im 9., 10. und 12. RÄndStV Veränderungen vorgenommen hat, ist davon auszugehen, dass die Bestimmung jedenfalls in diesen unveränderten Inhaltsbestandteilen vom Gesetzgeber auch so gemeint ist, wie sie formuliert sind. Dies gilt auch für die Formulierungsunterschiede in beiden Sätzen.

20 Daher enthält S. 1 eine **Gewährleistungspflicht,** durch die eingesetzte Technik ein vielfältiges Angebot zu ermöglichen, aber nur für die Plattformanbieter, die Angebote auch verbreiten. Der Umfang der Gewährleistungspflicht ist wegen der generalklauselartigen Formulierung, dass die eingesetzte Technik ein vielfältiges Angebot ermöglichen solle, schmäler als der Inhalt der Verpflichtung in S. 2, wo es um die Sicherung der Meinungs- und Angebotsvielfalt insgesamt geht (vgl. Hahn/Vesting/Schulz RStV § 52c Rn. 37). Andererseits beschränkt sich diese Gewährleistungspflicht nicht auf die in S. 2 genannten technischen Phänomene, so dass auch andere für Plattformanbieter typische technische Dienstleistungen wie das Multiplexing von dieser Pflicht erfasst sind (Hahn/Vesting/Schulz RStV § 52c Rn. 38).

21 Im Gegensatz dazu gilt S. 2 in Ermangelung einer einschränkenden Formulierung für alle Plattformanbieter (Hahn/Vesting/Schulz RStV § 52c Rn. 34, hält sogar einen weiteren Anwendungsbereich für verfassungsrechtlich geboten), mit Ausnahme der nach § 52 Abs. 1 S. 2 RStV privilegierten, und dient allgemein der Sicherung der Meinungsvielfalt und Angebotsvielfalt durch Verbote unbilliger Behinderung bzw. einer sachlich nicht gerechtfertigten unterschiedlichen Behandlung, allerdings nur im Hinblick auf die in den Nr. 1–3 genannten technischen Zusammenhänge.

22 Hierfür spricht einerseits der Wortlaut der Bestimmungen, dem nur so hinreichend Rechnung getragen werden kann, wie auch die Entstehungsgeschichte und die Historie der Vorgängernormen. Zudem berücksichtigt dieses Verständnis neben den rundfunkrechtlichen Anforderungen nach einem möglichst umfassenden Vielfaltsschutz auch in angemessener Weise die Rechte der Plattformanbieter wie auch den Verhältnismäßigkeitsgrundsatz (vgl. auch § 4 Abs. 2 S. 1 Zugangs- und Plattformsatzung (Satzung über die Zugangsfreiheit zu digitalen Diensten und zur Plattformregulierung gem. § 53 Rundfunkstaatsvertrag v. 11.12.2008 – BayStAnz Nr. 51 – ZPS)).

23 In S. 1 werden nur diejenigen Plattformanbieter angesprochen, die Rundfunk und vergleichbare Telemedien verbreiten. Nur wer über die Verbreitung entscheidet, ist auch in der Lage, nötigenfalls auch auf Dritte gewährleistend einzuwirken. Im Gegensatz dazu bezieht sich S. 2 zwar auf alle Plattformen aber nur auf konkret dort eingesetzte Dienstleistungen, auf welche alle Plattformanbieter Einfluss besitzen.

24 Daher erscheint es sinnvoll und angemessen, beide Sätze als Ausprägung eines einheitlichen Zieles zu begreifen, die hierbei aber teilweise unterschiedliche Ansatzpunkte verfolgen und daher unterschiedliche Verpflichtungen für die divergierenden Gruppen von Verpflichteten bereithalten.

II. Verpflichtete

§ 52c RStV ist Teil der Plattformregulierung, die nach § 52 Abs. 1 RStV für Plattformen 25 auf allen technischen Übertragungskapazitäten gelten. Die Verpflichtungen nach § 52c Abs. 1 RStV richten sich nur an Plattformanbieter, nicht an Dritte, da sonst die Privilegierungen des § 52 Abs. 1 S. 2 RStV wirkungslos wären.

In S. 1 wird die dort genannte Gewährleistungspflicht allerdings beschränkt auf Anbieter 26 von Plattformen, die Rundfunk **und** vergleichbare Telemedien verbreiten. Da iRd 9. RÄndStV das Wort „oder" durch das Wort „und" ersetzt wurde (→ § 52 Rn. 5), wird vertreten, dass der Gesetzgeber auch in § 52c Abs. 1 S. 1 RStV das Wort „und" bewusst gewählt habe (HRKDSC RStV § 52c, Rn. 12; Spindler/Schuster/Holznagel/Jahn RStV § 52c Rn. 20 f.).

Dies mag sein. Da seit dem 12. RÄndStV Rundfunk als linearer Dienste definiert wird, 27 würde dies für Verteilnetzstrukturen wie die Kabelnetze bedeuten, dass dort § 52c RStV keine Anwendung fände, weil Telemedien als Abrufdienste dort nicht möglich sind. Dies dürfte vom Gesetzgeber kaum gewollt sein, zumal dies verfassungsrechtlich erhebliche Bedenken verursacht. Das Wort „und" ist daher jedenfalls seit dem 12. RÄndStV als „oder" zu lesen.

III. Begünstigte

Begünstigt von den Vorgaben des § 52c Abs. 1 RStV sind prinzipiell die Anbieter von 28 Rundfunk und vergleichbaren Telemedien, zu welchen nach S. 2 auch elektronische Programmführer zählen. § 3 Abs. 2 ZPS rechnet hierzu alle Anbieter, die Zugangsdienste nachfragen, um Rundfunk oder vergleichbare Telemedien anzubieten oder zu vermarkten, bzw. die von der Darstellung in Benutzeroberflächen betroffen sind oder eine digitale Verbreitung nachfragen.

Inhaltlich muss es sich um vergleichbare Telemedien iSd Legaldefinition der §§ 2 Abs. 2 29 Nr. 13, 50 RStV handeln, also um Telemedien, die an die Allgemeinheit gerichtet sind. Da S. 2 neben der Meinungs- ausdrücklich auch die Angebotsvielfalt schützt, sind jedenfalls für S. 2 keine zusätzlichen Anforderungen an deren Meinungsrelevanz zu stellen (aA wohl HRKDSC RStV § 52c Rn. 14).

C. Inhaltliche Anforderungen an Plattformanbieter aus § 52c Abs. 1 RStV

Die Regelungen des Abs. 1 dienen dazu, die für den Meinungswettbewerb erforderlichen 30 Vorbedingungen zu sichern, die auch durch den konkreten Einsatz technischer Hilfsmittel nicht gestört oder eingeschränkt werden sollen. Die Norm ermöglicht so die von Verfassungs wegen gebotene Berücksichtigung kommunikativer Aspekte bei der Zugangsregulierung (Hahn/Vesting/Schulz RStV § 52c Rn. 42).

I. Gewährleistungsverpflichtung aus S. 1

Nach S. 1 haben die dort genannten Anbieter von Plattformen zu gewährleisten, dass die 31 eingesetzte Technik ein vielfältiges Angebot ermöglicht. Die Anbieter haben sich daher aktiv für dieses Ziel einzusetzen. Allerdings tragen sie keine Verantwortung dafür, dass dieses Ziel auch tatsächlich eintritt; sie haben lediglich dafür zu sorgen, dass die eingesetzte Technik ein vielfältiges Angebot möglich macht. Diese Verpflichtung bezieht sich auf jedwede eingesetzte Technik, und ist daher nicht auf die in S. 2 Nr. 1–3 angesprochenen Gesichtspunkte beschränkt. Ziel dieser Bemühungen muss es sein, kommunikative Chancengleichheit bzgl. der für die Plattformen in Betracht kommenden Rundfunkprogramme und vergleichbaren Telemedien zu schaffen.

Da S. 2 die Verpflichtung aus S. 1 konkretisiert, werden auch diese nach § 4 Abs. 2 S. 1 32 ZPS auf das für die Verpflichteten technische Mögliche und wirtschaftlich Zumutbare beschränkt. Soweit sich aus der Gewährleistungspflicht auch Übertragungspflichten ergeben sollten, würden so auch die Voraussetzungen von Art. 31 Abs. 1 Universaldienstrichtlinie (Richtlinie 2002/22/EG des Europäischen Parlaments und des Rates vom 7.3.2002 über den Universaldienst und Nutzerrechte bei elektronischen Kommunikationsnetzen- und -diensten – Universaldienstrichtlinie) eingehalten (→ § 53a Rn. 5).

II. Behinderungs- und Diskriminierungsverbot nach S. 2

33 Ziel des in S. 2 genannten Behinderungs- und Diskriminierungsverbotes ist die Sicherung der Meinungs- aber ausdrücklich auch der **Angebotsvielfalt,** die mit dem 12. RÄndStV Eingang in die gesetzlichen Bestimmungen gefunden hat. Durch die Einbeziehung der Angebotsvielfalt in den Sicherungszweck wird deutlich, dass das Gesetz auch jenseits der Folgen für die Meinungsvielfalt bereits eine Verkürzung der Vielfalt der Anbieter verhindern und damit Risiken auf der Kommunikatorseite begegnen will (Hahn/Vesting/Schulz RStV § 52c Rn. 41).

34 Das Verbot der **unbilligen Behinderung** ist eine Ausprägung des Grundsatzes der **Chancengleichheit** (amtl. Begr. d. 8. RÄndStV). Chancengleichheit bedeutet, dass die Bedingungen im Grundsatz allen Berechtigten eine realistische Chance auf Zugang einräumen muss. Es bedeutet nicht, dass alle auch tatsächlichen Zugang erhalten müssen, aber es muss eine soweit vergleichbare Ausgangslage hergestellt werden (HRKDSC RStV § 52c Rn. 18), dass eine hinreichende Basis für die Erreichung des verfassungsrechtlichen Ziels der Meinungsvielfalt entsteht. Dabei ist zu bedenken, dass Meinungsvielfalt wegen der stets bestehenden Konzentrationsprozesse dauerhaft nur erhalten werden kann, wenn Marktzutrittsschranken so niedrig gehalten werden, dass neue Meinungen zum Markt hinzutreten können.

35 Begrenzt werden auch diese Verpflichtungen in § 4 Abs. 2 ZPS auf das für die Verpflichteten technisch Mögliche und wirtschaftlich Zumutbare, was eine zutreffende Konkretisierung darstellt (HRKDSC RStV § 52c Rn. 18).

36 Das **Diskriminierungsverbot** verlangt die gleiche Behandlung zweier gleichartiger „Bewerber" um den Zugang, sofern sich keine hinreichende Rechtfertigung für eine Ungleichbehandlung findet (vgl. HRKDSC RStV § 52c Rn. 19). Gleichartige Anbieter sind daher bei der Ausgestaltung von Verträgen gleich zu behandeln. Der mögliche Grund für eine Ungleichbehandlung muss im Lichte der Sicherung der Meinungsvielfalt bestehen können (amtl. Begr. d. 8. RÄndStV). Gerade dies ist die typische rundfunkrechtliche Ergänzung der aus dem Wettbewerbsrecht bekannten Gesichtspunkte, die die Plattformregulierung prägen.

37 Eine unterschiedliche Behandlung ist zudem zu begründen; die maßgeblichen Gründe müssen überprüfbar sein (HRKDSC RStV § 52c Rn. 19), können aber in der Besonderheit des Angebots liegen oder sich auf technische Erfordernisse stützen (amtl. Begr. d. 10. RÄndStV).

38 Um eine Umgehung zu verhindern gelten die Verbote nicht nur für unmittelbare, sondern auch für **mittelbare** Vorgehensweisen, was obendrein in S. 2 Nr. 4 beispielhaft dargestellt wird (vgl. HRKDSC RStV § 52c Rn. 20).

39 In § 4 Abs. 4 ZPS wird zudem der Gesichtspunkt der **Angemessenheit** näher ausdifferenziert, der bereits in § 4 Abs. 1 S. 1 ZPS allgemein angesprochen wurde. Das Kriterium der Angemessenheit findet Erwähnung im Gesetzestext des § 52d RStV und wird daher in dieser Hinsicht zulässigerweise in der Satzung konkretisiert. Soweit der Grundsatz der Angemessenheit darüber hinaus auch Geltung für die Vorgaben des § 52c findet, ist er als Ausdruck einer allgemeinen Verpflichtung zur Herstellung einer Ausgangssituation zu bewerten, bei deren Beachtung ein Verstoß gegen die Prinzipien des § 52c Abs. 1 S. 2 RStV durch die Satzung nicht vermutet werden. Diese durchaus weitgehende Normkonkretisierung ist von der Satzungsermächtigung in § 53 RStV gedeckt (HRKDSC RStV § 52c Rn. 16).

III. Betroffene Zugangsdienste nach S. 2

40 Die Vorgaben des S. 2 beziehen sich auf drei unterschiedliche, in den Nr. 1–3 benannte technische Systeme, die als Zugangsdienste bezeichnet werden (§ 2 Abs. 3 ZPS). Nr. 4 betrifft den besonderen Fall einer mittelbaren Beeinträchtigung der Vorgaben, bei welcher der Plattformanbieter seinen Einfluss auf Gerätehersteller oder Anbieter von Systemen der Nr. 1–3 dazu nutzt, eine iSd obigen Ausführung unzulässige Gestaltung bei diesen herbeizuführen.

1. Zugangsberechtigungssysteme

41 In der **Nr. 1** werden unter dem Begriff der Zugangsberechtigungssysteme alle technischen Vorkehrungen erfasst, die auf der Plattform des zu verpflichtenden Anbieters die Berechtigung verwalten, ein Rundfunk- oder Telemedienangebot zu nutzen.

Eine Beeinträchtigung der Vorgaben von S. 2 liegt nach der amtl. Begr. vor, wenn die 42
betreffenden Zugangsberechtigungssysteme nicht funktionieren. Darüber hinaus dürfte eine
unzulässige Gestaltung vor allem hinsichtlich der für den Einsatz der Systeme geforderten
Entgelte in Betracht kommen, welche seit dem 10. RÄndStV in § 52d RStV geregelt sind.

2. Schnittstellen für Anwendungsprogramme

Nr. 2 richtet sich an Schnittstellen für Anwendungsprogramme, die so konfiguriert oder 43
offengelegt sein müssen, dass alle Programme eines Anbieters vom Endnutzer mit den dafür
vorgesehenen Empfangseinrichtungen genutzt werden können (vgl. amtl. Begr. d 10.
RÄndStV). Der Meinungswettbewerb soll nicht durch technische Vorgaben hinsichtlich
dieser Schnittstellen eingeschränkt oder vorbestimmt werden.

Zu diesem Zwecke sieht § 14 Abs. 2 ZPS vor, dass auch Dritten mit berechtigtem 44
Interesse alle Informationen zur Verfügung zu stellen sind, die erforderlich sind, um voll
funktionsfähige Dienste über diese Schnittstellen anzubieten.

3. Benutzeroberflächen

Schließlich werden in Nr. 3 Benutzeroberflächen angesprochen, die den ersten Zugriff 45
auf Angebote herstellen. Gemeint sind diejenigen Systeme, die dem Nutzer beim Aufrufen
der Plattform angeboten werden, und ihm eine Orientierung über das zur Verfügung
stehende Angebot und seine Vielfalt eröffnen.

Angesichts der durch die Digitalisierung ermöglichten Vielzahl von Angeboten ist die 46
Sicherstellung einer sachgerechten Auswahl wie auch einer chancengleichen Auffindbarkeit
der zur Verfügung stehenden Angebote durch den Zuschauer bzw. Nutzer eine entscheidende Grundlage für die Sicherung der Meinungsvielfalt, weil voreingestellte Systeme und
Dienste, die dem Nutzer eine übergreifende Orientierung tatsächlich oder vermeintlich
vermitteln, seine Auswahlentscheidungen maßgeblich prägen oder zumindest beeinflussen
können (vgl. HRKDSC RStV § 52c Rn. 23) und daher ein spezifisches Risiko für die
kommunikative Chancengleichheit darstellen (Hahn/Vesting/Schulz RStV § 52c Rn. 47 f.).

Eine Bevormundung des Nutzers ist jedoch nicht gewollt. § 2 Abs. 2 S. 1 ZPS beschränkt 47
die Regulierung daher auf voreingestellte Systeme, die den ersten Zugriff auf Angebote
herstellen, was § 2 Abs. 2 S. 2 und 3 ZPS dahingehend präzisieren, dass unter einem ersten
Zugriff alle Schritte des Nutzers bis zu der jeweils direkten Programmauswahl gesehen
werden. Ein daran anschließendes Aufrufen von Zusatzinformationen und –funktionen (was
wohl der in der amtl. Begr. d. 10. RÄndStV angesprochenen zweiten Stufe entspricht) wie
auch die bewusste Nutzung anderer Systeme durch den Rezipienten wird von der Regulierung nicht erfasst. Die ersten sich automatisch öffnenden Zugangsseiten müssen aber gewährleisten, dass ein Überblick über das gesamte Programmangebot unter dem Gesichtspunkt der
Gleichbehandlung aller Anbieter stattfindet (HRKDSC RStV § 52c Rn. 23).

Die Führung durch das Angebot soll nicht durch Reihungen oder andere Besonderheiten 48
die freie Entscheidung des Nutzers beeinflussen (amtl. Begr. d. 10. RÄndStV). Diese Vorgaben werden in § 15 ZPS weiter konkretisiert.

Nach § 15 Abs. 1 S. 2 ZPS erfordert dies eine prinzipielle Gleichbehandlung aller ver- 49
fügbaren Angebote wie auch, dass die in solchen Benutzeroberflächen unumgänglichen
Programmlisten eine chancengleiche Reihung aufweisen, die sich an rundfunkrechtlich
akzeptablen Ordnungskriterien orientiert (§ 15 Abs. 1 S. 3 ZPS). Angesichts der Fülle der in
der digitalen Welt zur Verfügung stehenden Angebote kommt diesen Listen und der dem
jeweiligen Angebot zugeordneten Position für die Auffindbarkeit der Programme eine maßgebliche Steuerungsfunktion zu. Hinsichtlich der Listen ist daher besonders auf eine chancengleiche Ausgestaltung zu achten.

Die Gestaltung der Benutzeroberfläche obliegt dessen Anbieter, der insbes. entscheiden 50
kann, wie viele und welche Listen er anbieten will. Prinzipiell ist aber festzustellen, dass einer
differenzierteren Darstellung wie zB der Aufteilung des Programmangebotes nach Genres
unter Vielfaltsgesichtspunkten der Vorzug zu geben ist, da die Vielfalt der Angebote dem
Nutzer durch ihre Einteilung in Gruppen besser erschlossen und übersichtlicher dargestellt
wird, was das Auf- wie auch das Wiederfinden von Angeboten erheblich erleichtert. Zudem

wird so eine deutlich höhere Anzahl von Angeboten in gleich komfortabler Weise erreichbar, was für die tatsächliche Chancengleichheit von maßgeblicher Bedeutung ist. Je weniger unterschiedliche Listen eine Benutzeroberfläche enthält und je mehr sich diese auf einige wenige Gestaltungen beschränkt, umso intensiver wird das Beeinflussungspotential wie auch die Prüfungsintensität ausfallen müssen.

51 Da eine Reihung stets die Zuweisung eines entsprechenden Listenplatzes für jedes Angebot erfordert, und wie oben dargestellt diesem Listenplatz eine maßgebliche Rolle für die Auffindbarkeit und die Nutzungshäufigkeit des jeweiligen Angebots zukommt, spielt das die Reihung prägende Auswahl- bzw. Sortierkriterium eine maßgebliche Rolle.

52 Entscheidend ist einerseits die **Systemkonsistenz,** also die Einhaltung des ausgewählten Sortierkriteriums, die eine Diskriminierung verhindert (vgl. HRKDSC RStV § 52c Rn. 23). Um eine willkürliche Zuweisung von Listenplätzen auszuschließen, ist daher entscheidend darauf zu achten, dass die für die Reihung maßgeblichen Kriterien nicht willkürlich gewechselt werden, sondern eine klare Entscheidungsvorgabe existiert, die der Gestalter der Benutzeroberfläche zunächst selbst auswählen darf, die er sodann aber bei der Anwendung auf die verfügbaren Angebote durchzuhalten hat.

53 Zudem ist andererseits zu überprüfen, ob die vom Anbieter gewählten Kriterien mit Blick auf die Grundsätze der Sicherung der Meinungs- und Angebotsvielfalt chancengleich erscheinen (vgl. § 15 Abs. 1 S. 2 iVm § 4 Abs. 1 ZPS). Die für die Reihung maßgeblichen Kriterien müssen nachprüfbar dokumentiert sein und können nach Besonderheiten der Angebote bzw. der technischen Erfordernisse differenzieren (vgl. amtl. Begr. d. 10. RÄndStV). Gleichwohl bleibt es dabei, dass diese Kriterien letztlich auch einer rundfunkrechtlichen Überprüfung im Interesse der Sicherung der Meinungs- und Angebotsvielfalt standhalten müssen. Der Maßstab muss prinzipiell chancengleich ausgestaltet sein. Eine Bevorzugung einzelner Angebote oder Angebotsgruppen ist prinzipiell rundfunkrechtlich problematisch und stets an den verfassungsrechtlichen Vielfaltsvorgaben zu messen.

54 Systeme, die nur mit einer Liste operieren, sind daher einer besonders kritischen Überprüfung zu unterziehen; dies gilt insbes. für das die Zuweisung der Listenplätze prägende Differenzierungskriterium. Höchst problematisch bis indiskutabel erscheint unter dem Gesichtspunkt der Chancengleichheit idR das Wechseln dieses Auswahlkriteriums innerhalb der Liste, da dies den Verdacht einer interessensgeleiteten Bevorzugung bestimmter Angebote nahelegt, insbes. wenn bestimmt Programme oder gar Programmgruppen von diesem Wechsel der Kriterien erkennbar profitieren. Zudem sind die weiteren Vorgaben des § 15 ZPS zu beachten.

4. Indirekte Einflussnahme nach Nr. 4

55 In Nr. 4 behandelt das Gesetz den Fall, dass der Plattformanbieter dem Hersteller relevanter Hard- oder Software im Rahmen einer Zusammenarbeit oder auf andere Weise Vorgaben zu den og drei technischen Systemen macht (HRKDSC RStV § 52c Rn. 24), und sichert die Regelungen in Nr. 1–3 ab, indem es auch solche indirekte Handlungen für unzulässig erklärt (Hahn/Vesting/Schulz RStV § 52c Rn. 50).

D. Konsequenzen

56 Bei einem Verstoß gegen die geschilderten Vorgaben besitzt die zuständige Landesmedienanstalt die Berechtigung nach § 52f RStV die erforderlichen Maßnahmen zu treffen. Neben einer Beanstandung kann dies auch bis zur Untersagung des Plattformbetriebes gehen (Hahn/Vesting/Schulz RStV § 52c Rn. 50).

E. Anzeigepflicht nach Abs. 2

57 Die Verpflichtungen aus Abs. 1 werden in Abs. 2 dahingehend ergänzt, dass die Verwendung der in Abs. 1 Nr. 1–3 genannten Systeme sowie die Entgelte hierfür der zuständigen Landesmedienanstalt unverzüglich anzuzeigen sind. Unverzüglich bedeutet in diesem Zusammenhang ohne schuldhaftes Zögern in Anlehnung an § 121 Abs. 1 S. 1 BGB, jedoch

Entgelte, Tarife   § 52d RStV

spätestens bei der Aufnahme der Nutzung des Systems (Hahn/Vesting/Schulz RStV § 52c Rn. 53 f.; HRKDSC RStV § 52c Rn. 26).

Diese Verpflichtung dient dazu die zuständige Landesmedienanstalt über den Einsatz, die Eigenschaften sowie die maßgeblichen Details (vgl. § 5 Abs. 3 und § 6 ZPS) zu unterrichten. Dabei handelt es sich um eine kontinuierliche Verpflichtung, denn spätere Veränderungen gegenüber der Anmeldung sind gem. S. 2 ebenfalls anzuzeigen. Zudem sind der zuständigen Landesmedienanstalt auf deren Verlangen die erforderlichen Auskünfte zu erteilen. Die Anzeigeverpflichtung hinsichtlich der Entgelte ergänzt die prinzipielle Verpflichtung nach § 52d RStV im Hinblick auf die in § 52c Abs. 1 S. 2 Nr. 1–3 RStV genannten Systeme. 58

§ 52d Entgelte, Tarife

¹ Anbieter von Programmen und vergleichbaren Telemedien dürfen durch die Ausgestaltung der Entgelte und Tarife nicht unbillig behindert oder gegenüber gleichartigen Anbietern ohne sachlich gerechtfertigten Grund unterschiedlich behandelt werden. ² Die Verbreitung von Angeboten nach § 52b Abs. 1 Nr. 1 und 2 oder § 52b Abs. 2 in Verbindung mit Abs. 1 Satz 1 hat zu angemessenen Bedingungen zu erfolgen. ³ Entgelte und Tarife für Angebote nach § 52b Abs. 1 Satz 1 oder Abs. 2 Satz 2 sind offenzulegen. ⁴ Entgelte und Tarife sind im Rahmen des Telekommunikationsgesetzes so zu gestalten, dass auch regionale und lokale Angebote zu angemessenen und chancengleichen Bedingungen verbreitet werden können. ⁵ Die landesrechtlichen Sondervorschriften für Offene Kanäle und vergleichbare Angebote bleiben unberührt.

S. 1 enthält das Gebot der chancengleichen Behandlung und ein Diskriminierungsverbot von gleichartigen Anbietern (→ Rn. 12 f.) für die Ausgestaltung von Entgelten und Tarifen (→ Rn. 14). Zudem besteht nach S. 2 eine spezifische Angemessenheitsverpflichtung (→ Rn. 16), aus der sich Folgerungen für die Möglichkeit Einspeiseentgelte zu erheben ergeben (→ Rn. 17 ff.). S. 3 enthält eine qualifizierte Auskunftspflicht (→ Rn. 21) und S. 4 zusätzliche Vorgaben für lokale und regionale Angebote (→ Rn. 22).

Übersicht

	Rn		Rn
A. Allgemeines	1	V. Angemessene Bedingungen	16
B. Zielsetzung der Norm	4	1. Verpflichtung	16
		2. Entgeltlichkeit der verpflichtenden Einspeisung	17
C. Inhalt der Norm	9		
I. Adressat	9	VI. Offenlegung von Entgelten und Tarifen	21
II. Begünstigte	11		
III. Inhaltliche Ge- und Verbote nach S. 1	12	VII. Angemessene, chancengleiche Bedingungen für lokale und regionale Angebote	22
IV. Entgelte und Tarife	14		

A. Allgemeines

Erstmalig im 4. RÄndStV war mit der Vorschrift des § 52 Abs. 3 Nr. 4 RStV aF eine Regelung für Entgelte und Tarife für Must-Carry-Programme aufgenommen worden, die jedoch nur für Kabelnetzbetreiber galt und in den heutigen Bestimmungen der S. 3 bis 5 des § 52d RStV aufgegangen sind. 1

Mit dem 8. RÄndStV kam in § 53 Abs. 1 S. 2 Nr. 4 RStV für Anbieter von Telekommunikationsdienstleistungen eine Vorgabe hinzu, die heute weitgehend der Anordnung des § 52d S. 1 RStV entspricht. 2

Im 10. RÄndStV wurde mit § 52d RStV erstmals eine eigenständige rundfunkrechtliche Vorschrift zur Regelung der Gestaltung von Entgelten und Tarifen für alle Plattformen mit Ausnahme der nach § 52 Abs. 1 S. 2 RStV privilegierten geschaffen. Fortgeführt wurde der aus dem 4. RÄndStV stammende Ansatz, rundfunkrechtliche Vorgaben für Entgelte und 3

Tarife nicht in einer eigenständigen rundfunkrechtlichen Entgeltregulierung, sondern nur im Rahmen der telekommunikationsrechtlichen Regulierung umzusetzen.

B. Zielsetzung der Norm

4 Die Vorschrift des § 52d RStV befasst sich mit Entgelten und Tarifen in verschiedener Hinsicht. § 52d RStV dient im Kern der Vielfaltsicherung (Spindler/Schuster/Holznagel/ Jahn RStV § 52d Rn. 3; Hahn/Vesting/Wagner RStV § 52d Rn. 2); mit den Vorgaben des § 52d RStV soll gewährleistet werden, dass die Herstellung einer die Meinungsvielfalt sichernden Angebotsvielfalt nicht durch überhöhte Entgelte und Tarife oder ihre Gestaltung im Einzelfall begrenzt oder behindert wird (Spindler/ Schuster/Holznagel/Jahn RStV § 52d Rn. 3; HRKDSC RStV § 52d Rn. 4). S. 1 enthält das Gebot der chancengleichen Behandlung und das Verbot der Diskriminierung. Darüber hinaus werden weitere auf bestimmte Programme und spezielle Verbreitungssituationen zugeschnittene Vorgaben aufgestellt. Ziel ist stets die Sicherung der Meinungsvielfalt, auch wenn sie nicht ausdrücklich genannt wird (vgl. HRKDSC RStV § 52d Rn. 6).

5 Die Landesmedienanstalten haben zwar keine Befugnis zur eigenständigen Entgeltregulierung (HRKDSC RStV § 52d Rn. 9). Gleichwohl ist eine eigenständige Prüfung an rundfunkrechtlichen Maßstäben vorzunehmen. Diese ist auch neben der telekommunikations- und ggf. auch der wettbewerbsrechtlichen unproblematisch, weil dabei jeweils unterschiedliche Maßstäbe, im Falle des § 52d RStV speziell medienrechtliche Maßstäbe zu Grunde gelegt werden (vgl. Spindler/Schuster/Holznagel/Jahn RStV § 52d Rn. 4). Die Landesmedienanstalten prüfen den Sachverhalt an eigenen medienrechtlichen Kriterien, die am Ziel der Herstellung einer die Meinungsvielfalt sichernden Angebotsvielfalt auszurichten sind. Die Entgeltbewertung erfolgt aus rundfunkrechtlicher Sicht und dabei auch mit dem Ziel, kleineren und neuen Anbietern eine Chance auf Weiterverbreitung zu sichern (Hahn/Vesting/Wagner RStV § 52d Rn. 2) und damit auch deren Marktzutritt zu erleichtern, um auch als Gegenbewegung zu Konzentrationsprozessen dauerhaft ein vielfältiges Meinungsangebot zu erhalten.

6 § 52d RStV will eine Steuerung des Inhalteangebots über Entgelte und Tarife ausschließen. Insofern richtet sich diese Vorgabe einerseits an Plattformanbieter, die auch gleichzeitig Anbieter eigener Rundfunk- oder Telemedienangebote bzw. von Vermarktungspaketen sind, und dadurch ein Interesse an einer unterschiedlichen Ausgestaltung und ggf. einer Bevorzugung eigener oder nahestehender Angebote haben können.

7 Andererseits soll aber auch Chancengleichheit unter allen Anbietern hergestellt werden, die eine Durchsetzung am Markt und den Zugang zum Rezipienten dem publizistischen Wettbewerb überlässt und gleichzeitig eine Besserstellung großer und potenziell verhandlungsstärkerer Anbieter und Anbietergruppen ausschließt. § 52d RStV weist insoweit eine ähnlichen Ausrichtung wie § 52c RStV auf, so dass ergänzend auch auf die dort entwickelten Kriterien zurückgegriffen werden kann (vgl. HRKDSC RStV § 52d Rn. 6; Spindler/ Schuster/Holznagel/Jahn RStV § 52d Rn. 6).

8 Auch die Offenlegungsvorschriften dienen der Vielfaltssicherung, wie auch das Beschwerderecht bei den Landesmedienanstalten (vgl. HRKDSC RStV § 52d Rn. 4). Wie bereits ihre Vorgängervorschriften dienen diese der Transparenz bei der Tarifgestaltung auch für Angebotspakete und bei anderen Formen von Absprachen (vgl. HRKDSC RStV § 52d Rn. 2). § 52d RStV ergänzt insoweit auch die spezifischen Mitteilungspflichten des § 52c Abs. 2 RStV (vgl. HRKDSC RStV § 52d Rn. 4).

C. Inhalt der Norm

I. Adressat

9 Anders als bei der auf technische Zugangssysteme bezogenen Parallelvorschrift des § 52c RStV wird in § 52d RStV kein spezifischer Adressat genannt. Damit richten sich die Verpflichtungen an alle Anbieter von Plattformen iSd Definition des § 2 Abs. 2 Nr. 13 RStV (→ § 52 Rn 3 ff.), es sei denn, die Plattform wäre nach § 52 Abs. 1 S. 2 RStV privilegiert (vgl. HRKDSC RStV § 52d Rn. 5).

Im Hinblick auf Einspeiseentgelte ist jedoch festzustellen, dass nach gegenwärtiger Lage 10
nur Plattformanbieter, die große Kabelnetze betreiben, in der Lage sind, Einspeiseentgelte in
ihrer ursprünglichen Form zu erheben (zur Entstehungsgeschichte dieser Einspeiseentgelte s.
RegTP MMR 1999, 299). Soweit ersichtlich sind das heute nur die Kabel Deutschland bzw.
die Kabelnetzbetreiber der Unity Media-Gruppe. Wenn auch idR keine bewusste Angebotssteuerung zu beobachten ist, spielt die Herstellung von Chancengleichheit unter den verschieden großen und dementsprechend unterschiedlich verhandlungsstarken Inhalteanbietern
in der Praxis eine maßgebliche Rolle.

II. Begünstigte

Als Begünstigte nennt das Gesetz Anbieter von Programmen und vergleichbaren Teleme- 11
dien. Dementsprechend kommen sämtliche Anbieter von Fernseh- oder Hörfunkprogrammen wie auch von vergleichbaren Telemedien einschränkungslos in den Genuss des Schutzes
aus § 52d RStV (vgl. Spindler/Schuster/Holznagel/Jahn RStV § 52d Rn. 5). Dass mit dem
Begriff „Anbieter von Programmen" etwas anderes als „Anbieter von Rundfunk" gemeint
sein könnte, ist nicht ersichtlich (vgl. HRKDSC RStV § 52d Rn. 5).

III. Inhaltliche Ge- und Verbote nach S. 1

§ 52d S. 1 RStV enthält mit dem Verbot einer unbilligen Behinderung das Gebot einer 12
chancengleichen Behandlung und zudem ein **Diskriminierungsverbot** von gleichartigen
Anbietern, wenn kein sachlich gerechtfertigter Grund für eine Ungleichbehandlung vorliegt
(vgl. HRKDSC RStV § 52d Rn. 6; Hahn/Vesting/Wagner RStV § 52d Rn. 9; Spindler/
Schuster/Holznagel/Jahn RStV § 52d Rn. 6). § 17 Abs. 1 Zugangs- und Plattformsatzung
(Satzung über die Zugangsfreiheit zu digitalen Diensten und zur Plattformregulierung gem.
§ 53 RStV v. 11.12.2008 – BayStAnz Nr. 51 – ZPS) spricht insoweit in einer gewissen
Abweichung von einem sachlich rechtfertigenden Grund, meint aber inhaltlich das Gleiche.
Nach § 17 Abs. 1 S. 2 ZPS muss dieser die Ungleichbehandlung **sachlich rechtfertigende
Grund** vor dem Leitziel der Sicherung der Meinungsvielfalt bestand haben. Insoweit wird
klargestellt, dass die Vorgaben des § 52d RStV auch dann zumindest in erster Linie in einem
medienrechtlichen Zusammenhang auszulegen und auf das Ziel, Meinungsvielfalt zu schaffen, ausgerichtet sind, wenn das Gesetz aus dem Kartellrecht bekannte Begrifflichkeiten
verwendet.

Im Gegensatz dazu ist der Begriff der **Chancengleichheit** ein speziell rundfunkrecht- 13
licher Terminus, der dahingehend zu verstehen ist, dass alle betroffenen Anbieter eine
möglichst identische Chance auf Zugang zum Endkunden besitzen sollen, die durch die
Ausgestaltung der Entgelte und Tarife nicht in einer meinungsvielfaltsfeindlichen Weise
vorgeprägt sein darf. Alle Anbieter sollen idS eine realistische Chance haben, die Entgelte zu
leisten (vgl. HRKDSC RStV § 52 Rn. 6; Hahn/Vesting/Wagner RStV § 52d Rn. 9;
Spindler/Schuster/Holznagel/Jahn RStV § 52d Rn. 6).

IV. Entgelte und Tarife

Diese Vorgaben gelten für die Gestaltung von Entgelten und Tarifen. Unter **Entgelten** ist 14
dabei eine individuelle vertragliche Festlegung einer Gegenleistung für den Dienst des Plattformanbieters zu verstehen, während **Tarife** eine vorher festgelegte allgemein angewandte
Preisliste für diese Leistungen bezeichnet (vgl. HRKDSC RStV § 52d Rn. 6; Hahn/Vesting/Wagner RStV § 52d Rn. 8; Spindler/Schuster/Holznagel/Jahn RStV § 52d Rn. 5).

Die og Kriterien gelten nach § 17 Abs. 1 ZPS unmittelbar für Entgelte und Tarife im 15
Zusammenhang mit der Verbreitung von Rundfunk bzw. vergleichbaren Telemedien, während sie nach § 17 Abs. 2 ZPS im Hinblick auf die für Zugangsdienste geforderte Gegenleistung nur entsprechend anzuwenden sind. Damit ist aber auch klargestellt, dass die Vorgaben des § 52d RStV keineswegs nur für Einspeiseentgelte und Vergleichbares gelten,
sondern für das gesamte im Rahmen der Plattformregulierung angesprochene Regelungsspektrum.

V. Angemessene Bedingungen

1. Verpflichtung

16 Zusätzlich ergibt sich aus § 52d S. 2 RStV, dass die Verbreitung der nach § 52b Abs. 1 Nr. 1 und 2 RStV mit einem Must-Carry- oder Can-Carry-Status ausgestatteten Fernsehprogrammen zu **angemessenen Bedingungen** erfolgen muss. Im Bereich des Hörfunks gilt dies wegen der Verweisung auf § 52b Abs. 2 RStV unterschiedslos für alle Programme (Spindler/Schuster/Holznagel/Jahn RStV § 52d Rn. 7). S. 2 ergänzt die allgemeinen Vorgaben nach S. 1 für die in S. 2 angesprochenen Angebote somit um eine spezifische Angemessenheitsverpflichtung.

2. Entgeltlichkeit der verpflichtenden Einspeisung

17 Da diese Verpflichtung ausdrücklich auch für Must-Carry-Programme gelten soll, lässt sich S. 2 aber auch entnehmen, dass die in § 52b RStV vorgesehene Verpflichtung, Kapazitäten für diese Programme zur Verfügung zu stellen, nach dem Willen des Gesetzgebers nicht bedeutet, dass die Einspeisung dieser Programme kostenlos erfolgen muss, ansonsten wäre die Verpflichtung, diese Programme zu angemessenen Bedingungen zu verbreiten, sinnlos. Dieses Ergebnis stützt einerseits das Telekommunikationsrecht, das Verbreitungsentgelte prinzipiell erlaubt (vgl. HRKDSC RStV § 52d Rn. 7). Hierauf verweist zudem auch die amtl. Begr. d. 10. RÄndStV zu § 52d S. 2 RStV, die ausführt, dass auch medienrechtlich für die dort genannten Programme und Angebote Verbreitungsentgelte im Rahmen des nach dem Telekommunikationsgesetz Zulässigen von den Programmanbietern erhoben werden dürfen. Zudem wird dort auch ausgeführt, dass angemessen iSd S. 2 diejenigen Verbreitungskosten seien, die nicht höher ausfallen als die Kosten einer effektiven Leistungserbringung, oder die marktüblich erhoben würden.

18 Damit sollte feststehen, dass der Plattformbetreiber auch für die Zurverfügungstellung von Kapazitäten für Programme mit Must-Carry-Status Einspeiseentgelte verlangen darf (vgl. Gersdorf, Einspeisung öffentlich-rechtlicher Rundfunkprogramme in die Kabelnetze, K&R Beihelfter 1/2009, 9 ff.), die allerdings angemessen im og Sinne sein müssen.

19 Verweigert der betreffende Anbieter den Abschluss einer entsprechenden marktüblichen Vereinbarung oder die Zahlung der angemessenen Einspeiseentgelte, hat der Plattformbetreiber seine medienrechtliche Verpflichtung, sicherzustellen, dass die für Programme mit Must-Carry-Status erforderlichen Kapazitäten zu den üblichen Bedingungen zur Verfügung stehen, erfüllt, auch wenn es letztlich wegen der Weigerung des Programmanbieters zu keiner Verbreitung der Programme mit Must-Carry-Status kommt (wohl strikter in der Verpflichtung Gersdorf, Einspeisung öffentlich-rechtlicher Rundfunkprogramme in die Kabelnetze, K&R Beihelfter 1/2009, 13).

20 Entschließt sich der Plattformanbieter trotz dieser Verweigerung zur Einspeisung des Must-Carry-Programms, richtet sich die Frage, ob der Plattformanbieter einen Anspruch auf Abschluss eines solchen Vertrages oder zumindest auf Zahlung des angemessenen Entgeltes hat, nach zivilrechtlichen Maßstäben. Dabei sind die verfassungsrechtlich vorgeprägten medienrechtlichen Maßgaben, die aus Vielfaltsgründen die Aufnahme der mit einem Must-Carry-Anspruch ausgestatteten Programme vorsehen, zu berücksichtigen. Das Medienrecht enthält selbst aber keine abschließenden Antworten auf die Frage einer Entgeltverpflichtung.

VI. Offenlegung von Entgelten und Tarifen

21 Nach S. 3 sind die Entgelte und Tarife von Plattformanbietern für Fernseh- und Hörfunkangebote offen zu legen. Nach der amtl. Begr. d. 10. RÄndStV wird dieser Pflicht auch genügt, wenn auf Nachfrage der Landesmedienanstalt eine entsprechende Information erfolgt. Dem Gesetzgeber ging es danach vor allem um die Kontrolle der maßgeblichen Entgelte und Tarife im Hinblick auf die Vorgaben der Plattformregulierung. Berücksichtigt man zudem die mit einer Veröffentlichung denkbaren Folgen für schutzwerte Interessen des Plattformanbieters, dürfte S. 3 wohl iS einer qualifizierten Auskunftspflicht zu verstehen sein, die die Informationspflichten nach § 52e Abs. 1 RStV im Hinblick auf Entgelte und Tarife ergänzt.

VII. Angemessene, chancengleiche Bedienungen für lokale und regionale Angebote

Für die Anwendung der og Maßgaben auf Fälle lokaler und regionaler Angebote enthält 22
S. 4 die zusätzliche Vorgabe, dass die Entgelte und Tarife so zu bemessen sind, dass auch für
diese Angebote unter deren speziellen Umständen angemessene und chancengleiche Bedingungen entstehen. Nach der amtl. Begr. d. 10. RÄndStV ist die in aller Regel geringere Reichweite der Angebote und die zumeist geringere Leistungsfähigkeit ihrer Anbieter zu berücksichtigen. Insofern ist auch eine Besserstellung von regionalen und lokalen Angeboten zulässig und möglicherweise sogar geboten, sofern diese nötig ist, um ihnen eine chancengleiche Verbreitung im Rahmen der jeweiligen Plattform zu sichern (vgl. Hahn/Vesting/Wagner RStV § 52d Rn. 13; Spindler/Schuster/Holznagel/Jahn RStV § 52d Rn. 9).

Diese Gestaltung der Entgelte und Tarife soll im Rahmen der bestehenden Differenzierungsmöglichkeiten des TKG erfolgen. Die Landesmedienanstalten sollen auf eine entsprechende Umsetzung der Vorgabe des § 52d RStV bei der BNetzA hinwirken, die diese dann im Rahmen ihrer Entgeltregulierung zu berücksichtigen hat und insoweit auch Normadressat des § 52d RStV ist (vgl. amtl. Begr. d. 10. RÄndStV). Für diese Zusammenarbeit zwischen der zuständigen Landesmedienanstalt und der BNetzA enthält § 52e Abs. 2 RStV die maßgeblichen rechtlichen Vorgaben. 23

§ 52e Vorlage von Unterlagen, Zusammenarbeit mit der Regulierungsbehörde für Telekommunikation

(1) ¹Anbieter von Plattformen sind verpflichtet, die erforderlichen Unterlagen der zuständigen Landesmedienanstalt auf Verlangen vorzulegen. ²§§ 21 bis 24 gelten entsprechend.

(2) Ob ein Verstoß gegen § 52c Abs. 1 Nr. 1 oder 2 oder § 52d vorliegt, entscheidet bei Plattformanbietern, die zugleich Anbieter der Telekommunikationsdienstleistung sind, die zuständige Landesmedienanstalt im Benehmen mit der Regulierungsbehörde für Telekommunikation.

Abs. 1 ordnet eine umfassende Mitwirkung der Plattformanbieter an plattformrechtlichen Regulierungsverfahren an (→ Rn. 4). Auf Verlangen sind Unterlagen vorzulegen (→ Rn. 5 ff.). §§ 21–24 RStV sind entsprechend anzuwenden (→ Rn. 8 ff.). Abs. 2 regelt die Zusammenarbeit mit der BNetzA in Plattformfragen (→ Rn. 14 ff.).

A. Allgemeines

§ 52e RStV wurde mit dem 10. RÄndStV eingeführt und behandelt erstmals verfahrensrechtliche Aspekte im Hinblick auf die medienrechtliche Regulierung von Plattformen in einer eigenständigen Vorschrift. 1

Abs. 1 enthält eine allgemeine verfahrensrechtliche Verpflichtung von Plattformanbietern zur Mitwirkung an Regulierungsverfahren gegenüber Landesmedienanstalten und statuiert dazu eine eigene Vorlagepflicht für Unterlagen. 2

Abs. 2 befasst sich in Anlehnung an die mit dem 8. RÄndStV geschaffene Vorgängervorschrift des § 53 Abs. 4 RStV aF mit Fragen, in denen Überschneidungen mit dem Kompetenzbereich der BNetzA bestehen, präzisiert die Formulierung der Vorgängervorschrift (vgl. Hahn/Vesting/Wagner RStV § 52e Rn. 2) und bringt daneben auch zum Ausdruck, dass die ehemals „dienende" Funktion des Telekommunikationsrechts auch bei den für Rundfunk benötigten Übertragungswegen nicht mehr absolut gilt (HRKDSC RStV § 52e Rn. 3, Fn. 2 mwN). 3

B. Regelungsgehalt

I. Mitwirkungspflichten der Plattformanbieter nach Abs. 1

Abs. 1 regelt die Auskunftsrechte und Ermittlungsbefugnisse der Landesmedienanstalten gegenüber Plattformanbietern und ordnet eine umfassende Mitwirkung der Plattformanbie- 4 ter an plattformrechtlichen Regulierungsverfahren an (HRKDSC RStV § 52 Rn. 5), um der zuständigen Landesmedienanstalt die erforderliche Informationsbasis für eine zweckmäßige, schnelle und kostengünstige Bewertung der Gegebenheiten zu liefern (vgl. Hahn/Vesting/Wagner RStV § 52e Rn. 3). Diese Verpflichtung umfasst einerseits ausdrücklich die Vorlage der erforderlichen Unterlagen auf Verlangen der zuständigen Landesmedienanstalt und wird andererseits durch die entsprechende Anwendung der §§ 21–24 RStV konkretisiert (vgl. Spindler/Schuster/Holznagel/Jahn RStV § 52e Rn. 4).

1. Pflicht zur Vorlage von Unterlagen

5 Die Vorlagepflicht aus S. 1 setzt ein **Verlangen** der zuständigen Landesmedienanstalt voraus; die Verpflichtung besteht damit nicht generell, was wohl dem Umstand Rechnung trägt, dass Plattformen nur anzuzeigen sind, daher keiner Zulassung bedürfen, die Vorschriften der §§ 21–24 RStV sich aber auf das Zulassungsverfahren von Rundfunkanbietern beziehen und daher zumindest partiell auf einem anderen Grundverständnis beruhen (vgl. Hahn/Vesting/Wagner RStV § 52e Rn. 8 f.).

6 Das Auskunftsverlangen muss sich auf **erforderliche** Unterlagen beziehen. Nach der Konkretisierung des § 6 Abs. 1 der Zugangs- und Plattformsatzung (Satzung über die Zugangsfreiheit zu digitalen Diensten und zur Plattformregulierung gem. § 53 RStV v. 11.12.2008 – BayStAnz Nr. 51 – ZPS) sind darunter alle Unterlagen zu verstehen, die für die Prüfung nach §§ 51b, 52 bzw. 52a–d RStV erforderlich sind, also zur Überwachung der genannten Vorschriften benötigt werden. Statistische Interessen oder Forschungszwecke rechtfertigen ein entsprechendes Verlangen daher nicht (vgl. Hahn/Vesting/Wagner RStV § 52e Rn. 4).

7 Ob der zuständigen Landesmedienanstalt bereits ein sehr **konkreter Anlass** zur Prüfung eines gegebenen Verstoßes vorliegen muss, erscheint zweifelhaft. Die in der Vorgängervorschrift noch enthaltene diesbezügliche Beschränkung wurde bewusst nicht übernommen. Zudem würde sich die Annahme, die Zuständige Aufsicht dürfte erst tätig werden, wenn sich der Missstand aufdrängt oder gar auch Dritten, die sich beschweren, aufgefallen wäre, nur schwer mit der Orientierung an verfassungsrechtlich vorgegebenen Vielfaltszielen in Einklang bringen lassen.

2. Entsprechende Anwendung von §§ 21–24 RStV

8 Nach S. 2 sind zudem die §§ 21–24 RStV in entsprechender Weise anzuwenden. Diese Vorschriften gelten unmittelbar für private Rundfunkveranstalter, die im Unterschied zu Plattformanbietern einer Zulassung bedürfen. Plattformen sind lediglich anzuzeigen. Insofern ordnet das Gesetz konsequenterweise die entsprechende Anwendung dieser Vorschriften an.

9 So sind die zur Prüfung des konkreten Falles erforderlichen **Angaben** der zuständigen Landesmedienanstalt zu machen (vgl. § 21 RStV). Eine Konkretisierung, welche dies sind, enthält § 6 Abs. 1 und 2 ZPS.

10 Im Übrigen entscheidet die zuständige Landesmedienanstalt nach pflichtgemäßem Ermessen, welche **Beweismittel** sie für erforderlich hält. Hierzu gehören neben den og Unterlagen und den Auskünften auch die Einvernahme von Zeugen und Sachverständigen, der Augenschein wie auch das Betreten von Geschäftsräumen. Insoweit wird das Grundrecht aus Art. 13 GG eingeschränkt (vgl. HRKDSC RStV § 52e Rn. 5).

11 Auch die in § 23 RStV genannten **Unterlagen** zählen nach der ausdrücklichen Anordnung des Gesetzes zu diesem Pflichtenkreis. Zwar ordnet das Gesetz keine Anwendung der Publizitätspflichten auf Plattformanbieter an. Soweit die in § 23 RStV genannten Unterlagen vorliegen, unterliegen diese nach dem klaren Gesetzeswortlaut der Vorlagepflicht. Die verfassungsrechtlich vorgegebene vielfaltsschützende Zielsetzung erlaubt iÜ auch keine Zurückhaltung bei der Aufsichtsausübung oder einen besonderen Verhältnismäßigkeitsmaßstab gegenüber Plattformanbietern (aA Hahn/Vesting/Wagner RStV § 51e Rn. 8 f.).

12 Andererseits ist aber auch die in § 24 RStV angeordnete **Vertraulichkeit** zu gewährleisten. Diese bezieht sich auf alle Angabe über persönliche und sachliche Verhältnisse einer natürlichen oder juristischen Person oder einer Personengesellschaft sowie auf Betriebs- und

Geschäftsgeheimnisse. Verpflichtet sind sowohl die Landesmedienanstalten insgesamt als auch ihre Organe, ihre Bediensteten oder von ihnen beauftragte Dritte. Die og Angaben dürfen nicht unbefugt offenbart werden.

Insofern stellt sich die Frage, welche über die konkreten Verfahren hinausgehende weitere Verwendung der in diesem Verfahren gewonnenen Informationen zulässig ist. Gegen die Verwendung in weiteren Plattformverfahren bestehen keine Bedenken, zumal in diesen Verfahren die gleichen Informationsquellen wieder zur Verfügung stünden. Fraglich erscheint jedoch, ob die og Angaben und die in den Verfahren gewonnenen Erkenntnisse veröffentlicht werden dürfen. Da § 24 RStV einerseits eine unbefugte Offenbarung untersagt und zudem für personenbezogene Daten auf die nach Landesrecht geltenden Datenschutzbestimmungen ausdrücklich hinweist, kann eine Veröffentlichung jedenfalls von personenbezogenen Daten nur in Betracht kommen, wenn dies durch eine datenschutzrechtliche Befugnis oder aber die Einwilligung der Betroffenen gedeckt ist. 13

II. Zusammenarbeit mit der BNetzA nach Abs. 2

In Abs. 2 werden die in der Vorgängervorschrift (§ 53 Abs. 4 RStV aF) mehr angedeutet als geregelte Kooperation mit der für Telekommunikationsfragen zuständigen Bundesbehörde, unterdessen ist dies die BNetzA, näher konturiert und so die allgemeinen Regeln aus § 39a RStV und § 123 Abs. 2 TKG ergänzt. Die Neuregelung beschränkt die Verpflichtung, über einen Verstoß gegen Plattformregelungen im Benehmen mit der BNetzA zu entscheiden, auf die Fälle des § 52c Abs. 1 Nr. 1 und 2 RStV bzw. § 52d RStV. Die in der Vorgängervorschrift noch angesprochenen Regeln für Benutzeroberflächen bzw. Navigatoren wurden vom Gesetzgeber bewusst ausgenommen, da es sich hierbei um eine ausschließlich rundfunkrechtliche Materie handelt (vgl. HRKDSC RStV § 52e Rn. 6; Spindler/Schuster/Holznagel/Jahn RStV § 52e Rn. 5, Fn. 3 mwN). 14

Da es sich um eine Kollisionsnorm im Bereich der Kompetenzüberschneidung handelt (vgl. amtl. Begr. d. 10. RÄndStV), ist Voraussetzung, dass der betroffene Plattformanbieter gleichzeitig auch Anbieter von Telekommunikationsdienstleistungen ist; er muss die Programme daher auch im TK-rechtlichen Sinne verbreiten (vgl. HRKDSC RStV § 52e Rn. 6). 15

Die Abgrenzung von Länder- und Bundeskompetenz wird mit fortschreitender Konvergenz der Übertragungswege und Endgeräte zusehends schwieriger. Die landesrechtliche Kompetenz auch zur Regelung technischer und entgeltspezifischer Zugangsfragen ist gleichwohl jedenfalls anzuerkennen, soweit Regelungen untrennbar mit genuin rundfunkrechtlichen Fragen verbunden sind (vgl. Hahn/Vesting/Wagner RStV § 52e Rn. 11, Gersdorf, Regelungskompetenzen, S. 34 ff.; Wagner, Rechtsfragen digitalen Kabelfernsehens, 46). 16

Die Vorgaben des § 52e Abs. 2 RStV sollen die allgemein geltenden Zusammenarbeitsregeln des § 39a Abs. 1 RStV wie auch des § 123 Abs. 3 TKG konkretisieren und dabei ein Gegeneinander der Verfahren wie auch ihrer Ergebnisse vermeiden, um auch die der „dienenden" Funktion des TK-Rechts zugedachten Grenzen nicht zu überschreiten (vgl. Hahn/Vesting/Wagner RStV § 52e Rn. 12 mwN). Daher ordnet § 52e Abs. 2 RStV an, dass in den og Fällen die zuständige Landesmedienanstalt über die rundfunkrechtlichen Fragestellungen abschließend entscheidet, hierbei aber das Benehmen mit der zuständigen Regulierungsbehörde für Telekommunikation, heute der BNetzA herstellt. Für die in § 52e Abs. 2 RStV auch angesprochenen Fragen der Entgelte und Tarife nach § 52d RStV ergibt sich im Hinblick auf § 52d S. 4 RStV ggf. sogar eine noch engere Anbindung an die telekommunikationsrechtlichen Verfahren. 17

Der Begriff des **Benehmens** ist nach den allgemeinen Verwaltungsgrundsätzen, welche auch hier Anwendung finden in dem Sinne zu verstehen, dass die zuständige Landesmedienanstalt die Argumente der BNetzA aufgreifen und sich ernsthaft mit diesen auseinandersetzen und in ihre Erwägungen einbeziehen muss (vgl. Hahn/Vesting/Wagner RStV § 52e Rn. 14, HRKDSC RStV § 52e Rn. 7, Spindler/Schuster/Holznagel/Jahn RStV § 52 Rn. 5, Fn. 4 mwN). Mängel in dieser Hinsicht führen zur Rechtswidrigkeit nicht zur Nichtigkeit der getroffenen Entscheidungen, die nach § 45 Abs. 1 Nr. 5 VwVfG aber geheilt werden können (vgl. Hahn/Vesting/Wagner RStV § 52e Rn. 14). 18

19 Die Landesmedienanstalten haben die Frage, wie dieses Verfahren näher ausgestaltet sein soll, einerseits in der ZPS wie auch in einem Eckpunktepapier geregelt. In § 9 Abs. 1 ZPS wird die Vorgabe des § 52e Abs. 2 RStV zutreffend wiederholt. Im Widerspruch dazu wird in § 5 Abs. 3 S. 2 ZPS sowie Nr. 3 des Eckpunktepapiers, auf das in § 9 Abs. 2 ZPS verwiesen wird, vorgesehen, dass die BNetzA das Verfahren führt (HRKDSC RStV § 52 Rn. 8). Zwar soll es auch nach dem Eckpunktepapier bei einer eigenständigen Entscheidung der zuständigen Landesmedienanstalt bleiben, sofern deren Auffassungen von der der BNetzA abweichen. Dies mag ggf. eine pragmatische Verfahrensgestaltung sein; dem Wortlaut des Gesetzes entspricht sie jedoch nicht (Hahn/Vesting/Wagner RStV § 52e Rn. 17).

§ 52f Maßnahmen durch die zuständige Landesmedienanstalt

Verstößt ein Plattformanbieter gegen die Bestimmungen dieses Staatsvertrages oder des Jugendmedienschutz-Staatsvertrages, gilt § 38 Abs. 2 entsprechend.

Für Aufsichtsmaßnahmen gegenüber Plattformanbietern wird auf die Befugnisnorm des § 38 Abs. 2 RStV verwiesen (→ Rn. 6 ff.). Intern ist das Organ zuständig, dem vom Gesetzgeber die dem Verstoß zugrundeliegende Materie zugewiesen wurde (→ Rn. 3 ff.).

A. Allgemeines

1 § 52f RStV wurde als Teil der mit dem 10. RÄndStV geschaffenen Plattformregulierung in den RStV aufgenommen und enthält die maßgeblichen Vorgaben für Aufsichtsmaßnahmen gegenüber Plattformanbietern, auch wenn die Plattform eine privilegierte ist, vgl. § 52 Abs. 1 RStV. Bei Verstößen gegen Bestimmungen des RStV bzw. des JMStV soll § 38 Abs. 2 RStV entsprechend gelten.

2 Verstößt der Anbieter einer Plattform gegen Vorgaben des RStV bzw. des JMStV sieht § 52f RStV keine eigene Befugnisnorm für die zuständige Landesmedienanstalt vor, sondern verweist auf § 38 Abs. 2 RStV, der eigentlich für Rundfunkanbieter geschaffen wurde und auf eine Rundfunkzulassung zugeschnitten ist. Da Plattformanbieter eine solche Zulassung nicht benötigen, und auch bei Fragen der Programmaufsicht idR nicht unmittelbar Handelnde bzw. Gestaltende sind, soll § 38 Abs. 2 RStV nur entsprechende Anwendung finden (vgl. Hahn/Vesting/Wagner RStV § 52f Rn. 1, 5).

B. Zuständigkeiten

3 Nach § 36 Abs. 1 S. 3 RStV ist für Plattformanbieter diejenige Landesmedienanstalt örtlich zuständig, die die Anzeige des Plattformbetriebs entgegengenommen hat. Das intern zuständige Entscheidungsorgan der jeweiligen Landesmedienanstalt ist nach § 36 Abs. 2 S. 1 Nr. 5 RStV die ZAK, sofern nicht ausnahmsweise die GVK zuständig ist. Die Zuständigkeit der ZAK wird zudem auch in den §§ 7 Abs. 1 und 11 Abs. 1 der Zugangs- und Plattformsatzung (Satzung über die Zugangsfreiheit zu digitalen Diensten und zur Plattformregulierung gem. § 53 RStV v. 11.12.2008 – BayStAnz Nr. 51 – ZPS) angesprochen.

4 Die GVK ist nach § 36 Abs. 3 RStV das intern zuständige Entscheidungsgremium bei an Meinungsvielfaltsfragen orientierten Auswahlentscheidungen; hierzu zählen die Zuweisung von Übertragungskapazitäten nach § 51a Abs. 4 RStV wie auch Belegungsentscheidungen nach § 52b Abs. 4 S. 4 und 6 RStV. Auch wenn die amtl. Begr. diesen Sonderfall übergeht, erscheint es ebenso naheliegend wie sinnvoll, demjenigen internen Entscheidungsorgan, das nach Auffassung des Gesetzgebers für die zugrundeliegende Entscheidung am besten geeignet ist, auch die Entscheidung über das für den Vollzug zu wählende Mittel zu überlassen (vgl. auch HRKDSC RStV § 52f Rn. 3; Hahn/Vesting/Wagner RStV § 52f Rn. 4). Das gilt sowohl für die GVK wie auch die KJM, die im Falle eines möglichen Verstoßes gegen den JMStV das intern zuständige Organ darstellen.

5 Hat das für die Entscheidung nach § 52f RStV intern zuständige Organ über das Vorliegen eines Rechtsverstoßes und die Auswahl der erforderlichen Maßnahme entschieden, bindet diese Entscheidung die übrigen Organe der zuständigen Landesmedienanstalt, § 35 Abs. 9 S. 5 RStV. Das mit der Außenvertretungskompetenz ausgestattete Organ setzt an-

Satzungen, Richtlinien § 53 RStV

schließend die getroffene Entscheidung im Außenverhältnis gegenüber dem Plattformanbieter um. Alle diese Organe handeln für die zuständige Landesmedienanstalt.

C. Erforderliche Maßnahmen

Kommt das zur Entscheidung berufene Organ zu der Auffassung, dass ein Verstoß vorliegt, besteht eine Pflicht dieses Organs die erforderlichen Maßnahmen zu ergreifen. Insoweit liegt eine gebundene Entscheidung vor. Ein Auswahlermessen steht diesem Organ allerdings hinsichtlich der Frage zu, welche Maßnahme es für die erforderliche hält (vgl. HRKDSC RStV § 52f Rn. 3; Hahn/Vesting/Wagner RStV § 38 Rn. 23; Spindler/Schuster/Holznagel/Jahn RStV § 52f Rn. 3).   6

§ 38 Abs. 2 S. 2 RStV nennt beispielhaft die Beanstandung, die Untersagung, die Rücknahme und den Widerruf. Welche Maßnahme letztlich erforderlich ist, wird sich vor allem an der Schwere des Verstoßes, seiner Bedeutung für die zu schützende Meinungsvielfalt, ggf. auch an der Bedeutung der jeweiligen Plattform für die Meinungsvielfalt und iÜ am Verhältnismäßigkeitsgrundsatz messen lassen müssen. Da Plattformanbieter keiner Zulassung bedürfen, kommt eine Rücknahme bzw. ein Widerruf wohl nur im Hinblick auf die Zuweisung von drahtlosen Übertragungskapazitäten nach § 51a Abs. 1 RStV an einen Plattformanbieter in Betracht (HRKDSC RStV § 52f Rn. 3; Hahn/Vesting/Wagner RStV § 52f Rn. 6; Spindler/Schuster/Holznagel/Jahn RStV § 52f Rn. 3).   7

Neben den genannten Standardmaßnahmen ermächtigt die Generalklausel des § 38 Abs. 2 S. 1 RStV das zuständige Organ auch zu anderen Maßnahmen gegenüber Plattformanbietern. Bei Zuweisungen nach § 51a RStV erscheint die ergänzende Anwendung der § 38 Abs. 3 und Abs. 4 RStV sachgemäß. Der Verweis auf diese dürfte durch ein Redaktionsversehen unterblieben sein (Hahn/Vesting/Wagner RStV § 52f Rn. 6).   8

Da nach § 38 Abs. 2 S. 3 RStV die Bestimmungen des JMStV unberührt bleiben, dürfte bei Verstößen gegen den JMStV das Regelungsinstrumentarium des JMStV auch gegenüber Plattformanbietern das des RStV verdrängen. § 52a Abs. 2 S. 3 RStV wird jedoch zu berücksichtigen bleiben.   9

§ 53 Satzungen, Richtlinien

¹Die Landesmedienanstalten regeln durch Satzungen und Richtlinien Einzelheiten zur Konkretisierung der sie betreffenden Bestimmungen dieses Abschnitts mit Ausnahme des § 51. ²Dabei ist die Bedeutung für die öffentliche Meinungsbildung für den Empfängerkreis in Bezug auf den jeweiligen Übertragungsweg zu berücksichtigen.

S. 1 ermächtigt die Landesmedienanstalten durch Satzungen oder Richtlinien (→ Rn. 5 ff.) Plattformregeln umfassend zu konkretisieren (→ Rn. 9). Nach S. 2 soll oberster Maßstab hierbei die Bedeutung der Plattform für die öffentliche Meinungsbildung des Empfängerkreises sein (→ Rn. 11 ff.).

A. Allgemeines

Durch den 4. RÄndStV war den Landesmedienanstalten erstmals iRd § 53 Abs. 7 RStV aF eingeräumt worden, durch übereinstimmende Satzungen Einzelheiten zur inhaltlichen und verfahrensmäßigen Konkretisierung der in den vorstehenden Bestimmungen niedergelegten Zugangsfreiheiten zu regeln. Diese Satzungsermächtigung wurde im 8. RÄndStV weitgehend übernommen. Mit dem 10. RÄndStV wurde diese in eine Satzungs- bzw. Richtlinienbefugnis überführt, die nunmehr eine umfassende Möglichkeit (vgl. amtl. Begr. d. 10. RÄndStV) zur Konkretisierung der Vorgaben des V. Abschn. des RStV und hierbei insbes. der Vorgaben der Plattformregulierung enthält, die es ermöglicht in dem sich dynamisch entwickelnden Plattformmarkt schnell und flexibel reagieren zu können.   1

Von diesen Ermächtigungen haben die Landesmedienanstalten seit dem 4. RÄndStV Gebrauch gemacht und auf der Grundlage des 10. RÄndStV die heute noch geltende Zugangs- und Plattformsatzung (Satzung über die Zugangsfreiheit zu digitalen Diensten und   2 zur Plattformregulierung gem. § 53 Rundfunkstaatsvertrag v. 11.12.2008 – BayStAnz Nr. 51 – ZPS) geschaffen.

3 Während der 4. und 8. RÄndStV noch von übereinstimmenden Satzungen sprach, ist seit dem 10. RÄndStV nur noch von Satzungen und Richtlinien die Rede. Aus dem Gesamtzusammenhang wie auch der in der amtl. Begr. angesprochenen Zuständigkeit von ZAK und GVK ergibt sich jedoch, dass auch nach dem 10. RÄndStV idR nur die Möglichkeit zu einheitlichen und daher gleichlautenden Satzungen und Richtlinien eröffnet werden sollte.

4 Insgesamt soll mit diesem zweistufigen System aus gesetzlichen Vorgaben und Konkretisierungen durch die Landesmedienanstalten neben der Dynamik der wirtschaftlichen und technischen Entwicklung auch dem verfassungsrechtlich vorgegebenen Kriterium der Staatsferne des Rundfunks hinreichend Rechnung getragen werden, das in programminhaltlicher Hinsicht auch gesetzgeberischen Vorgaben Grenzen setzt (vgl. Cornils, Ausgestaltungsgesetzesvorbehalt und staatsfreie Normsetzung im Rundfunkrecht, BLM-Schriftenreihe Band 100, 2011, 107 ff.; BVerfGE 73, 118, Rn. 155; 83, 238, Rn. 474; 90, 60, Rn. 146; 119, 181 (220 ff.)). Dieser Problematik kann der Gesetzgeber elegant dadurch begegnen, dass er sich auf die Festlegung abstrakter Eckwerte beschränkt und die nähere Ausfüllung des so gegebenen Auslegungsspielraums den staatsfern organisierten und mit plural zusammengesetzten Gremien ausgestatteten Landesmedienanstalten überlässt.

B. Rechtsnatur der Richtlinien und Satzungen

5 Der Gesetzgeber überlässt es den Landesmedienanstalten für die ihnen aufgetragene Konkretisierungstätigkeit die geeignete Rechtsform auszuwählen. Aus dem Wortlaut von § 53 S. 1 RStV und insbes. dem Wort „regeln" wird zwar allgemein geschlossen, dass eine Verpflichtung der Landesmedienanstalten zum Handeln bestehe (HRKDSC RStV § 53 Rn. 6; Hahn/Vesting/Schulz RStV § 53 Rn. 12; Spindler/Schuster/Holznagel/Jahn RStV § 53 Rn. 4). Daneben ist man sich aber auch einig, dass den Landesmedienanstalten ein Auswahlermessen zusteht zu entscheiden, welche Normen der gesetzlichen Vorgaben konkretisierungsbedürftig sind und durch welches Instrument die gewünschte Zielsetzung am besten zu erreichen ist. Auch eine Kombination aus Satzung und Richtlinie ist denkbar und zulässig, sodass auf diese Weise auch die Frage einer ggf. gewünschten Außenwirkung gesteuert werden kann.

6 Während das Instrument der **Satzung** eine unmittelbar bindende Außenwirkung schafft, fehlt eine solche Bindungswirkung einer **Richtlinie** im Allgemeinen. Umstritten ist, ob es sich bei einer Richtlinie nach § 53 RStV eher um eine **verwaltungsinterne** Vorschrift handelt, der als norminterpretierende Regelung keine Außenwirkung zukommt, oder diese als **normkonkretisierend** einzustufen ist, und auch Gerichte binden würde (Spindler/Schuster/Holznagel/Jahn RStV § 53 Rn. 3; Hahn/Vesting/Schulz RStV § 53 Rn. 10). Für Letzteres sprechen vor allem die das oben angeführte zweistufige Modell des § 53 RStV motivierenden Vorgaben des Verfassungsgrundsatzes der Staatsferne des Rundfunks, welche für die dritte Staatsgewalt prinzipiell ebenso gelten wie für Legislative und Exekutive.

7 Mit Verweis auf die Besonderheiten der rundfunkrechtlichen Richtlinien wird auch die Auffassung vertreten, dass die staatsvertraglich vorgesehenen Richtlinien der Landesmedienanstalten genuin rundfunkrechtliche Steuerungselemente mit Rechtsetzungscharakter seien. Sie beruhten auf demokratisch legitimierten gesetzlichen Ermächtigungsgrundlagen und hätten Außen- und Binnenwirkung. In ihnen sei ein hohes Maß an sachverständiger Erfahrung zusammengefasst, über das weder der Gesetzgeber noch das überprüfende Gericht verfüge, so dass die ansonsten gängigen allgemeinen Kategorien für diese Richtlinien keine Anwendung finden könnten (Bornemann ZUM 2012, 89 ff.).

8 Für Satzungen wie Richtlinien enthält § 53 RStV eine hinreichende Rechtsetzungsbefugnis, in welcher die grundsätzlichen Entscheidungen und Vorgaben des Regelungszusammenhangs, wenn auch unter Wahrung des Grundsatzes der Staatsferne des Rundfunks durch den Gesetzgeber selbst vorgegeben werden. Der Gesetzgeber bewegt sich nicht nur im Rahmen des verfassungsrechtlich Zulässigen, sondern hat angesichts des raschen technologischen und ökonomischen Wandels und des damit verbundenen Wissensproblems in diesem

Bereich einen zweckmäßigen Weg gewählt, die verfassungsrechtlichen Vorgaben effektiv durchsetzen (Hahn/Vesting/Schulz RStV § 53 Rn. 6; wohl auch HRKDSC RStV § 53 Rn. 2, 4).

C. Gesetzliche Vorgaben für die zu schaffende Satzung bzw. Richtlinie

Nach § 53 S. 1 RStV dient die zu erlassende Satzung bzw. Richtlinie der Konkretisierung der Einzelheiten der Bestimmungen des V. Abschn. des RStV mit Ausnahme des § 51 RStV. Nach der amtl. Begr. d. 10. RÄndStV enthält diese Ermächtigung eine umfassende Möglichkeit zu diesen Konkretisierungen, was einen weiten Ermessensspielraum mit sich bringt, Bestimmungen als konkretisierungsbedürftig einzustufen (Spindler/Schuster/Holznagel/Jahn RStV § 53 Rn. 4; HRKDSC RStV § 53 Rn. 6). 9

Allerdings bringt die amtl. Begr. auch zum Ausdruck, dass bei der Ausgestaltung der Regelungen für Plattformen der jeweilige Zuschnitt der Plattform, ihre Größe sowie der Übertragungsweg zu berücksichtigen sei. Dies korrespondiert mit der Vorgabe des § 52 Abs. 1 S. 3 RStV, wonach die Landesmedienanstalten in der Satzung oder Richtlinie nach § 53 RStV festlegen, welche Anbieter unter Berücksichtigung der regionalen und lokalen Verhältnisse den Regelungen von § 52 Abs. 1 S. 2 unterfallen. 10

Dieser Verpflichtung sind die Landesmedienanstalten durch die Schaffung des § 1 Abs. 2 ZPS nachgekommen. Dabei wurden auch die Vorgaben des § 53 S. 2 RStV aufgenommen, die Bedeutung für die öffentliche Meinungsbildung für den Empfängerkreis in Bezug auf den jeweiligen Übertragungsweg zu berücksichtigen. Nach der amtl. Begr. zu dieser Bestimmung des 10. RÄndStV soll die Frage, inwieweit die Plattform Bedeutung für die öffentliche Meinungsbildung des Empfängerkreises erlangt, oberster Maßstab für die Konkretisierungen iRd genannten Satzungen und Richtlinien sein. Zutreffend wird insoweit nicht auf die Größe oder Reichweite der jeweiligen Plattform abgestellt, die sicherlich auch bei der Ausgestaltung der Regulierungsinhalte Berücksichtigung finden muss, sondern die Bedeutung der Plattform im Hinblick auf die öffentliche Meinungsbildung des Empfängerkreises in besonderer Weise akzentuiert. 11

Liegt eine Plattform vor, die ggf. die einzige Bezugsquelle von Rundfunkinhalten der angeschlossenen Endkunden darstellt, so erlangt diese Plattform für diesen Empfängerkreis eine überragend wichtige Bedeutung im Hinblick auf die Möglichkeiten der öffentlichen Meinungsbildung, so dass es zum Schutz der Informationsinteressen dieses Empfängerkreises einer nachhaltigen Sicherung der Angebots- und Meinungsvielfalt auf dieser Plattform bedarf. Dieser Ansatz ist auch dadurch gerechtfertigt, dass über § 52 Abs. 1 S. 2 Nr. 3 und 4 RStV größenabhängige Privilegierungen gesetzlich vorgegeben sind, die in § 1 Abs. 2 Nr. 3 S. 2 ZPS als Regelfall für Netze mit geringer Bedeutung für die öffentliche Meinungsbildung des Empfängerkreises eingestuft werden. 12

Bei privilegierten Plattformen finden die Vorgaben der §§ 52b–e RStV keine Anwendung, so dass auch die durch die Satzung bzw. Richtlinie vorgegebenen Konkretisierungen keine Bedeutung für diese Plattformen erlangen. Zu diesen zählen auch Plattformen in offenen Netzen, soweit sie dort über keine marktbeherrschende Stellung verfügen, was Grund und Berechtigung darin findet, dass in offenen Netzen in aller Regel die ganze Vielfalt der über das Internet ansteuerbaren Inhalte zur Verfügung steht, so dass unterhalb der Schwelle der Marktbeherrschung mit keiner herausgehobenen Bedeutung einzelner Plattformen zu rechnen ist. 13

Insgesamt wird durch die Vorschrift des § 53 RStV für die Plattformregulierung ein sachangemessenes Zwei-Ebenen-System geschaffen, das durch Konkretisierungsspielräume den Landesmedienanstalten die Möglichkeit gibt, auch dort Chancengerechtigkeit zu sichern, wo die gesetzlichen Regelungen selbst noch defizitär erscheinen (Spindler/Schuster/Holznagel/Jahn RStV § 53 Rn. 15). 14

§ 53a Überprüfungsklausel

Dieser Abschnitt sowie die ergänzenden landesrechtlichen Regelungen werden regelmäßig alle drei Jahre, erstmals zum 31. August 2011 entsprechend Artikel 31 Abs. 1 der Richtlinie 2002/22/EG des Europäischen Parlaments und des Rates

vom 7. März 2002 über den Universaldienst und Nutzerrechte bei elektronischen Kommunikationsnetzen und -diensten (Universaldienstrichtlinie) überprüft.

Der Überprüfungsauftrag umfasst den gesamten Abschn. V und damit auch die Satzungen und Richtlinien nach § 53 RStV (→ Rn. 2). Den Maßstab für die Überprüfung bilden nur die Vorgaben des Art. 31 Universaldienstrichtlinie (→ Rn. 5), betroffen ist insoweit § 52b RStV (→ Rn. 6 ff.). Inhaltlich ist zwischen Plattformen in offenen Netzen (→ Rn. 10) und solchen mit Verteilnetzstrukturen (→ Rn. 11 f.) zu unterscheiden.

A. Allgemeines

1   § 53a RStV greift die mit dem 7. RÄndStV als § 53a RStV aF aufgenommene Überprüfungsklausel auf, die sich auf die seinerzeitigen §§ 52 und 53 RStV bezog, erstreckt sie nunmehr auf den gesamten V. Abschn. des RStV einschließlich der ergänzenden landesrechtlichen Regelungen und verweist hinsichtlich des Überprüfungsmaßstabs weiterhin auf Art. 31 Abs. 1 der Universaldienstrichtlinie (RL 2002/22/EG des Europäischen Parlaments und des Rates vom 7.3.2002 über den Universaldienst und Nutzerrechte bei elektronischen Kommunikationsnetzen- und -diensten – Universaldienstrichtlinie zuletzt geändert durch RL 2009/136/EG v. 25.11.2009). Insoweit dient diese Vorschrift im Hinblick auf die Belegungsvorgaben des § 52b RStV der Umsetzung der Vorgaben des Art. 31 Abs. 1 Universaldienstrichtlinie.

B. Überprüfungsauftrag

2   Die vorgeschriebene Überprüfung soll den gesamten V. Abschn. und zudem die ergänzenden landerechtlichen Regelungen und damit insbes. die Satzungen und Richtlinien nach § 53 RStV umfassen (HRKDSC RStV § 53a Rn. 4; Spindler/Schuster/Holznagel/Jahn RStV § 53a Rn. 1). Sie beschränkt sich ausdrücklich nicht auf die in § 52b RStV enthaltenen Übertragungspflichten, die von Art. 31 Abs. 1 Universaldienstrichtlinie betroffen sind. § 53a RStV ist daher als Instrument der Gesetzesevaluation zu verstehen, was im Bereich der Ausgestaltung schon auf der Grundlage nationalen Rechts als gesetzgeberische Pflichtaufgabe anzusehen ist (vgl. Hahn/Vesting/Schulz RStV § 53a Rn. 4; Hoffmann-Riem, Regulierung der dualen Rundfunkordnung, 84 ff.).

3   Derartige Überprüfungsklauseln sind insbes. dann sinnvoll, wenn sich die betroffenen Regelungen auf neuartige Materien beziehen oder solche, die starken z. B. technischen oder wirtschaftlichen Veränderungen unterworfen sind. In solchen Fällen, zu denen wohl auch die hier interessierende Plattformregulierung gehören dürfte, ist eine gesetzgeberische Selbstverpflichtung zu einer regelmäßigen Überprüfung der seinerzeit geschaffenen gesetzlichen Vorgaben prinzipiell zu begrüßen.

4   Darüber hinaus bringt eine solche Überprüfungsklausel häufig auch die gesetzgeberische Einschätzung zum Ausdruck, dass es sich bei dem gegenwärtigen Stand der Normierung ggf. um ein Durchgangsstadium handeln könnte. Ob dies auch für den V. Abschn. des RStV noch gilt, ist strittig, da die Vorgängervorschriften des 7. RÄndStV mit dem 10. RÄndStV bereits grundlegend überarbeitet wurden (vgl. HRKDSC RStV § 53a Rn. 4, der den Erprobungscharakter betont, während Hahn/Vesting/Schulz RStV § 53a Rn. 4 dies eher für fraglich erachtet). Nach gegenwärtigem Kenntnisstand dürfte in absehbarer Zeit durchaus mit gewissen Anpassungen zu rechnen sein. Eine grundlegende Überarbeitung bzw. völlige Neuausrichtung ist jedoch weder erforderlich, noch scheint sie geplant zu sein.

C. Überprüfungsmaßstab

5   Den gesetzlich vorgegebenen Prüfungsmaßstab bilden nur die Vorgaben des Art. 31 Abs. 1 Universaldienstrichtlinie, der die nationalen Gestaltungsspielräume im Hinblick auf Übertragungspflichten für Kommunikationsnetze beschränkt (kritisch Hahn/Vesting/Schulz RStV § 53a Rn. 4). Betroffen ist insoweit § 52b RStV.

6   Kernvoraussetzung ist, dass die Übertragungsplichten zur Erreichung klar umrissener **Ziele von allgemeinem Interesse** erforderlich sind. Da die Belegungsvorgaben des § 52b

RStV vor allem der Sicherung verfassungsrechtlich vorgegebener Vielfaltsziele und damit zumindest mittelbar auch der Sicherung des Demokratieprinzips dienen, bestehen keine Zweifel, dass diese Vorgaben erfüllt werden (Hahn/Vesting/Schulz RStV § 53a Rn. 9; Spindler/Schuster/Holznagel/Jahn RStV § 53a Rn. 5).

Die **betroffenen Netze** müssen zudem für eine erhebliche Zahl von Endnutzern als Hauptmittel für den Empfang von Hörfunk- und Fernsehprogrammen genutzt werden. Zudem müssen die Verpflichtungen für die Netzbetreiber verhältnismäßig, zumutbar und transparent sein. **7**

Der EuGH hat jedoch die Auferlegung von Übertragungspflichten für Kabelnetzbetreiber auch im Falle einer doppelten Versorgungsmöglichkeit grds. für zulässig erachtet (EuGH ZUM 2009, 547 (549 ff.)). An das Kriterium des Hauptmittels sind daher keine allzu hohen Anforderungen zu stellen. Ausscheiden dürften aber Kommunikationsnetze, die lediglich als untergeordnete Ergänzungsquelle für den Rundfunkempfang dienen, bei denen ein Ausweichen der Nutzer auf andere Netze problemlos möglich ist, zumal die Erforderlichkeit der Verpflichtungen der Netzbetreiber hier zweifelhaft erscheint. **8**

Im Hinblick auf diese Anforderungen differenziert die gegenwärtige Rechtslage einerseits zwischen Plattformen in offenen Netzen und solchen mit Verteilnetzstrukturen und sieht zudem für letztere Befreiungen, Ausnahmen und Mindestgrößen vor. **9**

Für **Plattformen in offenen Netzen** gelten nach § 52 Abs. 1 S. 2 Nr. 1 RStV Übertragungspflichten nur, wenn die Plattform dort über eine marktbeherrschende Stellung verfügt, was gegenwärtig für europäische Plattformen ausscheidet, so dass für diese jedenfalls gegenwärtig keine Übertragungspflichten gelten. **10**

Bei Netzen mit **Verteilnetzstrukturen** ordnet der Betreiber Übertragungskapazitäten bestimmten Angeboten zu und nimmt dabei eine Auswahl unter den zur Verfügung stehenden Programmangeboten vor. Dadurch werden die Auswahlmöglichkeiten der Endnutzer auf die vom Netzbetreiber ausgewählten Angebote beschränkt, was die Vorgabe von Vielfaltsanforderungen erforderlich macht. **11**

Von den Verpflichtungen nach § 52b RStV werden einerseits die in § 52b Abs. 3 RStV genannten Plattformanbieter befreit; andererseits werden Plattformen, die sich auf die Weiterleitung eines unveränderten Gesamtangebotes beschränken, idR nach § 52 Abs. 1 S. 2 Nr. 2 RStV und drahtgebundene mit weniger als 10000 angeschlossenen WE bzw. drahtlose mit weniger als 20000 Nutzern nach § 52 Abs. 1 S. 2 Nr. 3, 4 RStV von der Geltung ausgenommen. **12**

Zudem sind nach § 1 Abs. 2 Nr. 3 S. 1 der Zugangs- und Plattformsatzung (Satzung über die Zugangsfreiheit zu digitalen Diensten und zur Plattformregulierung gem. § 53 RStV v. 11.12.2008 – BayStAnz Nr. 51 – ZPS) Netze ausgenommen, deren Bedeutung für die öffentliche Meinungsbildung für den Empfängerkreis als gering einzustufen ist. Dies dürfte insbes. bei neuen Angeboten oder Übertragungstechnologien der Fall sein. **13**

Insgesamt dürften die Vorgaben des Art. 31 Abs. 1 Universaldienstrichtlinie hinsichtlich der tatsächlich betroffenen Netze eingehalten und die Verpflichtungen zumutbar, verhältnismäßig und transparent sein. **14**

§ 53b Bestehende Zulassungen, Zuordnungen, Zuweisungen; Anzeige von bestehenden Plattformen

(1) ¹Bestehende Zulassungen, Zuordnungen und Zuweisungen für bundesweite Anbieter gelten bis zu deren Ablauf fort. ²Bestehende Zulassungen und Zuweisungen für Fensterprogrammveranstalter sollen bis zum 31. Dezember 2009 unbeschadet von Vorgaben des § 25 Abs. 4 Satz 4 verlängert werden.

(2) Anbieter von Plattformen, die bei Inkrafttreten dieses Staatsvertrages bereits in Betrieb sind, müssen die Anzeige nach § 52 Abs. 3 spätestens sechs Monate nach Inkrafttreten dieses Staatsvertrages stellen.

Gem. Abs. 1 genießen bestehende Zulassungen, Zuordnungen oder Zuweisungen bundesweiter Anbieter Bestandsschutz (→ Rn. 5). Für Regionalfensterprogramme galt nach Abs. 1 S. 2 eine Übergangsfrist (→ Rn. 8) wie auch für die Anzeigefrist für bei Inkrafttreten des RStV bestehende Plattformen (→ Rn. 9).

A. Allgemeines

1 § 53b RStV wurde mit dem 10. RÄndStV als Übergangsregelung im Hinblick auf bestehende Zulassungen, Zuordnungen und Zuweisungen sowie für im Betrieb befindliche Plattformen in den RStV aufgenommen.

2 Abs. 1 ordnet für diese Entscheidungen, soweit sie bundesweite Anbieter betreffen, an, dass die bestehenden vormals nach altem Recht und ohne Beteiligung der neu geschaffenen Organe getroffenen Entscheidungen bis zu deren vorgesehener Gültigkeitsgrenze ungeachtet der neuen Rechtslage fortbestehen sollen.

3 Mit Abs. 1 S. 2 wurde eine Sonderregelung für bestehende Zulassungen und Zuweisungen für Fensterprogrammveranstalter geschaffen.

4 In Abs. 2 wurde für bereits im Betrieb befindliche Plattformen mit Blick auf § 52 Abs. 3 S. 1 RStV eine Übergangsfrist von sechs Monaten für die Anzeige eingeräumt, um auch für diese Plattformen eine entsprechende Aufsicht sicherzustellen.

B. Weitergeltung von Zulassungen, Zuordnungen und Zuweisungen

5 Nach Abs. 1 S. 1 sollen bestehende Zulassungen, Zuordnungen oder Zuweisungen für bundesweite Anbieter bis zu der in diesen Entscheidungen vorgesehenen Gültigkeitsgrenze fortbestehen und daher **ausdrücklich Bestandsschutz** genießen, auch wenn sich zu einem späteren Zeitpunkt die Voraussetzungen, unter denen derartige Entscheidungen getroffen werden können, verändert haben. Hintergrund dieser Regelung ist der Umstand, dass mit dem 10. RÄndStV die meisten dieser Entscheidungen im Sinne eines gestrafften Föderalismus bundesweit harmonisiert wurden (Hahn/Vesting/Schulz RStV § 53b Rn. 5).

6 Voraussetzung ist jedoch, dass es sich um eine Entscheidung für **bundesweite** Anbieter handelt, sich also das normativ festgelegte Versorgungsgebiet auf das gesamte Bundesgebiet erstreckt. Hintergrund dieser Übergangsregelung sind die mit dem 10. RÄndStV veränderten materiellen wie auch formellen Voraussetzungen für die Zulassung von Rundfunkveranstaltern, die keinen Einfluss auf den Bestand früher erteilter Zulassungen haben sollten.

7 Gleiches gilt für Zuordnungs- und Zuweisungsentscheidungen, die ebenfalls seit dem 10. RÄndStV in den §§ 51 und 51a RStV neu geregelt wurden.

C. Verlängerung von Regionalfensterprogrammen

8 S. 2 reflektiert die Uneinigkeit der Länder im Hinblick auf die Anwendung der Regelungen des § 25 Abs. 4 S. 4 RStV auf Anbieter von Regionalfensterprogrammen. Im Ergebnis hat der Rundfunkstaatsvertrag am Erfordernis der gesellschaftsrechtlichen Unabhängigkeit des Fensterprogrammanbieters gegenüber dem Hauptprogrammanbieter festgehalten, aber eine Übergangsfrist für Verlängerungen, die damals anstanden, bis Ende 2009 gewährt.

D. Anzeigepflicht bestehender Plattformanbieter

9 Mit Abs. 2 wurde den Anbietern von bestehenden Plattformen eine Übergangsfrist von sechs Monaten nach dem In-Kraft-Treten des 10. RÄndStV am 1.9.2008 für die Anzeige des Plattformbetriebs eingeräumt, die bei neuen Anbietern nach § 52 Abs. 3 S. 1 RStV mindestens einen Monat vor Inbetriebnahme bei der zuständigen Landesmedienanstalt eingehen muss.

10 Da den Plattformanbietern ebenso wie Rundfunkveranstaltern nach dem RStV die Möglichkeit eingeräumt wird, die zuständige Landesmedienanstalt selbst auszusuchen, ist die Anzeige des Plattformanbieters konstitutiv notwendig, um eine zuständige Landesmedienanstalt festzulegen, die dann die Aufsicht über diesen Plattformanbieter führt (vgl. § 36 Abs. 1 S. 3 RStV).

11 Da § 52 Abs. 3 S. 1 RStV für bestehende Plattformangebote nicht einschlägig war, musste eine Übergangsvorschrift geschaffen werden, die in § 53b Abs. 2 RStV enthalten ist. Die Anzeigepflicht für diese Plattformanbieter lief sechs Monate nach dem In-Kraft-Treten des 10. RÄndStV und somit Ende Februar 2009 ab.

VI. Abschnitt. Telemedien

§ 54 Allgemeine Bestimmungen

(1) ¹Telemedien sind im Rahmen der Gesetze zulassungs- und anmeldefrei. ²Für die Angebote gilt die verfassungsmäßige Ordnung. ³Die Vorschriften der allgemeinen Gesetze und die gesetzlichen Bestimmungen zum Schutz der persönlichen Ehre sind einzuhalten.

(2) ¹Telemedien mit journalistisch-redaktionell gestalteten Angeboten, in denen insbesondere vollständig oder teilweise Inhalte periodischer Druckerzeugnisse in Text oder Bild wiedergegeben werden, haben den anerkannten journalistischen Grundsätzen zu entsprechen. ²Nachrichten sind vom Anbieter vor ihrer Verbreitung mit der nach den Umständen gebotenen Sorgfalt auf Inhalt, Herkunft und Wahrheit zu prüfen.

(3) Bei der Wiedergabe von Meinungsumfragen, die von Anbietern von Telemedien durchgeführt werden, ist ausdrücklich anzugeben, ob sie repräsentativ sind.

Die §§ 54–61 RStV enthalten inhaltsbezogene Regelungen für Telemedien, insbes. für die elektronische Presse. Sie stehen selbstständig neben den wirtschaftsbezogenen Regelungen des TMG. Telemedien sind anmelde- und zulassungsfrei (→ Rn. 2). Für journalistisch-redaktionell gestaltete Angebote (→ Rn. 3 ff.) und die Wiedergabe von Meinungsumfragen (→ Rn. 6) gelten Sorgfaltspflichten. Zu Aufsichtsmaßnahmen → § 59 Rn. 14 ff..

A. Allgemeines

§ 54 RStV wurde durch Art. 1 9. RÄndStV v. 31.7.2006 (GV. NRW. 2007, 107) eingefügt. Er enthält modifizierte Nachfolgeregelungen zu §§ 4, 11 Abs. 2 S. 1, 2, Abs. 3 MDStV (LT-Drs. NRW 14/3130, 28). Näher zur Entstehungsgeschichte → TMG § 5 Rn. 1 ff. Zu den verfassungsrechtlichen Vorgaben → GG Art. 5 Rn. 46.   1

B. Zulassungs- und Anmeldefreiheit von Telemedien (Abs. 1)

Telemedien sind nach S. 1 medienrechtlich zulassungs- und anmeldefrei, weil sie – anders als Rundfunk (→ § 20 Rn. 1 ff.) – einer staatlichen **Offenheitspflege** unterliegen (näher Spindler/Schuster/Smid RStV § 54 Rn. 1). S. 2 und S. 3 stellen klar, dass die allgemeinen rechtlichen Bestimmungen gelten, zB die straf- und zivilrechtlichen Vorschriften zum Persönlichkeitsschutz (§§ 185 ff. StGB; → BGB § 823 Rn. 1 ff.). Näher zum Telemedienbegriff → § 2 Rn. 10 f., → TMG § 1 Rn. 4 ff.   2

C. Sorgfaltspflichten der elektronischen Presse (Abs. 2)

Abs. 2 regelt – ähnlich den journalistischen Sorgfaltspflichten von Rundfunk und Printpresse – besondere **Sorgfaltspflichten** für Telemedien mit journalistisch-redaktionell gestalteten Angeboten, die als **elektronische Presse** in Erscheinung treten (LT-Drs. NRW 14/3130, 28). Zu diesen Sorgfaltspflichten gehört insbes. die Wahrheitspflicht (S. 2). Sie gilt in ähnlicher Form für Rundfunk (→ § 10 Rn. 1 ff.) und Printpresse (zB § 6 LPresseG NRW). Anders als für den Rundfunk (§ 10 Abs. 1 S. 4) besteht für die außenpluralistisch konstituierte elektronische Presse keine Rechtspflicht zur Trennung von Kommentar und Berichterstattung (LT-Drs. NRW 14/130, 28). Näher zu den Sorgfaltspflichten → BGB § 823 Rn. 6 ff., Rn. 13 ff., Rn. 67 ff.   3

Das **Angebot** muss bei wertender Gesamtschau in sich abgeschlossen sein, dh es ist nicht nur Teil eines umfassenderen Angebots (näher Spindler/Schuster/Mann/Smid PresseR Rn. 14 ff. mwN), wie etwa die Autorenkolumne einer Digitalzeitschrift.   4

Journalistisch-redaktionell ist ein unbestimmter Rechtsbegriff. Er ist in den §§ 54 ff. RStV einheitlich auszulegen (Hahn/Vesting/Held RStV § 54 Rn. 48). **Journalistisch ge-**   5

staltete Angebote müssen auf eine gewisse Kontinuität und Dauerhaftigkeit angelegt sein (Hahn/Vesting/Held RStV § 54 Rn. 55). Neben professionellen Angeboten zählen auch Laienangebote zur elektronischen Presse. Für die Auslegung können klassische Publizistikkriterien der Universalität, Aktualität, Periodizität und Publizität (dazu zB Lorenz, Journalismus, 2. Aufl. 2009, 20, 25; Neuberger/Nuernbergk/Rischke MP 2009, 174 (175 ff.)) in abgewandelter Form mit herangezogen werden. Universalität bedeutet nicht inhaltliche Vielfalt für jedermann; neben themenübergreifenden Angeboten gehören auch auf enge Zielgruppen fokussierte Publikationen zum Kernbereich des Onlinejournalismus. Wichtig sind die publizistische Ausrichtung des Angebots (Weiner/Schmelz K&R 2006, 453 (457)) und seine Faktenorientierung. Aktualität bedeutet, dass die Beiträge des Angebots einen gewissen Neuigkeitscharakter haben. Ein Gegenwartsbezug ist nicht notwendig; auch Publikationen zu „zeitlosen" Themen werden erfasst. Die onlinespezifische Periodizität setzt eine regelmäßige oder kontinuierliche Aktualisierung voraus (→ RStV § 56 Rn. 4 ff.). Publizität ist eine notwendige Voraussetzung journalistischer Angebote. Sie wird typischerweise vorliegen (vgl. auch Zoebisch ZUM 2011, 390 (393)), da sowohl im offenen Web, als auch in registrierungspflichtigen Bereichen wie App-Stores Angebote idR allgemein zugänglich sind. Eine **redaktionelle Gestaltung** liegt vor, wenn regelmäßig oder kontinuierlich eine Inhaltsauswahl und -bearbeitung sowie formale Vereinheitlichungen der Einzelbeiträge des Angebots durch natürliche Personen erfolgen (vgl. OVG Greifswald BeckRS 2013, 49418; VG Stuttgart BeckRS 2010, 50336). Nicht ausreichend sind automatische Auflistungen (vgl. BGH NJW 2009, 2888 (2890)) und Zusammenstellungen. Ausf. zum Begriff des journalistisch-redaktionell gestalteten Angebots Lent ZUM 2013, 914 ff.

5.1 **Beispiele** (s. auch → § 56 Rn. 4 ff.):
Journalistisch-redaktionell gestaltete Angebote:
- Online-Ableger und Digitalausgaben von Printzeitungen und -zeitschriften sind idealtypische Angebote des Onlinejournalismus (vgl. Neuberger MP 2012, 40, 47). Gleiches gilt für originäre Online-Zeitungen (E-Zines).
- Portale, Blogs und Mikroblogs (Twitter) zählen zur elektronischen Presse, soweit sie die Kriterien in → Rn. 5 erfüllen.

Keine journalistisch-redaktionell gestalteten Angebote:
- Bei privaten Nutzerseiten in sozialen Netzwerken sind idR Eigenpräsentation und persönliche Meinungsäußerungen angebotsprägend (s. auch LG Oldenburg ZUM 2013, 24 (25)). Soweit die Nutzerseiten aber die Kriterien in → Rn. 5 erfüllen, gelten neben allgemeinen Rechtspflichten (→ Rn. 2) auch die publizistischen Rechte und Pflichten der elektronischen Presse.
- Bei unternehmerischen bzw. freiberuflichen Nutzerseiten in sozialen Netzwerken und Websites mit Pressemitteilungen und News-Kolumnen sind typischerweise Werbung und Eigenpräsentation angebotsprägend. Sie sind häufig redaktionell, aber nicht unbedingt auch journalistisch gestaltet. Dafür ist eine publizistische Ausrichtung und inhaltliche Autonomie notwendig, um die journalistischen Privilegien – etwa den Auskunftsanspruch, § 55 Abs. 3 – zu rechtfertigen (zu weitgehend daher wohl OLG Bremen NJW 2011, 1611 (1612); Ernst MDR 2011, 1332 f.; HSH/Seitz Teil 8 Rn. 85).
- In Foren haben die Forenbeiträge typischerweise den Charakter privater Meinungsäußerungen. Sie werden ungesteuert eingestellt und es erfolgt keine stetige, beitragsübergreifende inhaltliche und formale Bearbeitung (so iErg auch Spindler/Schuster/Smid RStV § 54 Rn. 7; Hahn/Vesting/Held RStV § 54 Rn. 55, aA LG Hamburg MMR 2007, 450 (451) m. krit. Anm. Meckbach/Weber MMR 2007, 451). Eine Forenmoderation ist idR keine Redaktion.
- Wiki-Enzyklopädien (Wikipedia, Regional-Wikis, Special Interest-Wikis ua) enthalten lexikalische, bei Bedarf aktualisierte Informationen. Es fehlt der regelmäßige bzw. kontinuierliche Berichterstattungscharakter. Schwieriger ist die Beurteilung von Nachrichten-Wikis (Wikinews ua). Gegen eine journalistisch-redaktionelle Gestaltung spricht, dass es – wie häufig in kollaborativen Wiki-Schreibprojekten – an einer verbindlichen, inhaltlichen und redaktionellen Gesamtverantwortung für das Nachrichtenangebot fehlt (so im Erg. wohl auch Hahn/Vesting/Held RStV § 54 Rn. 39).
- Bei Nutzerkommentaren in sozialen Netzwerken, Portalen, Blogs, Foren und Wikis handelt es sich nicht um selbstständige Angebote, sondern um punktuelle, idR private Meinungsäußerungen.
- E-Books und Buch-Apps werden typischerweise nicht regelmäßig oder kontinuierlich aktualisiert.
- E-Serials (digitale Fortsetzungsromane) fehlt die Faktizität; sie enthalten ausschließlich fiktive Inhalte.

Informationspflichten und Informationsrechte § 55 RStV

- Bei Suchmaschinen und Nachrichten-Aggregatoren handelt es sich um mittels Algorithmus generierte Suchergebnislisten bzw. automatisiert zusammengeführte fremde journalistische Beiträge ohne eigenständige publizistische Intention (aA für Nachrichten-Aggregatoren wohl Hahn/Vesting/Held RStV § 54 Rn. 58 aE).

D. Wiedergabe von Meinungsumfragen (Abs. 3)

Die Hinweispflicht bei der Wiedergabe von Meinungsumfragen (Abs. 3) dient dem 6 Nutzerinteresse an wahrheitsgetreuen Angaben. Sie gilt nicht nur für die elektronische Presse, sondern für **alle Telemedienanbieter**. Näher Spindler/Schuster/Smid RStV § 54 Rn. 15 ff.

§ 55 Informationspflichten und Informationsrechte

(1) Anbieter von Telemedien, die nicht ausschließlich persönlichen oder familiären Zwecken dienen, haben folgende Informationen leicht erkennbar, unmittelbar erreichbar und ständig verfügbar zu halten:
1. Namen und Anschrift sowie
2. bei juristischen Personen auch Namen und Anschrift des Vertretungsberechtigten.

(2) [1] Anbieter von Telemedien mit journalistisch-redaktionell gestalteten Angeboten, in denen insbesondere vollständig oder teilweise Inhalte periodischer Druckerzeugnisse in Text oder Bild wiedergegeben werden, haben zusätzlich zu den Angaben nach den §§ 5 und 6 des Telemediengesetzes einen Verantwortlichen mit Angabe des Namens und der Anschrift zu benennen. [2] Werden mehrere Verantwortliche benannt, so ist kenntlich zu machen, für welchen Teil des Dienstes der jeweils Benannte verantwortlich ist. [3] Als Verantwortlicher darf nur benannt werden, wer
1. seinen ständigen Aufenthalt im Inland hat,
2. nicht infolge Richterspruchs die Fähigkeit zur Bekleidung öffentlicher Ämter verloren hat,
3. voll geschäftsfähig ist und
4. unbeschränkt strafrechtlich verfolgt werden kann.

(3) Für Anbieter von Telemedien nach Absatz 2 Satz 1 gilt § 9a entsprechend.

§ 55 RStV regelt Informationspflichten (→ Rn. 2 ff.) und Auskunftsrechte für Anbieter von Telemedien (→ Rn. 8). Zu Bußgeldsanktionen → § 49 Rn. 61 f. und zu Aufsichtsmaßnahmen → § 59 Rn. 13 ff..

A. Allgemeines

§ 55 RStV wurde durch Art. 1 9. RÄndStV v. 31.7.2006 (GV. NRW. 2007, 107) einge- 1 fügt. Er ist die modifizierte Nachfolgeregelung zu §§ 10, 15 MDStV. In Abs. 2 und 3 sind Pflichten und Privilegien der elektronischen Presse geregelt (LT-Drs. NRW 14/3130, 29).

B. Kennzeichnungspflichten und Kennzeichnungsfreistellung von Telemedien (Abs. 1)

Abs. 1 regelt Informationspflichten (**Kennzeichnungspflichten**) für Anbieter von Tele- 2 medien, die nicht ausschließlich persönlichen oder familiären Zwecken dienen. Auf Geschäftsmäßigkeit und Entgeltlichkeit oder kommerzielle Kommunikation kommt es (anders als bei den Kennzeichnungspflichten nach §§ 5, 6 TMG) nicht an.

Zu **Telemedien** und **Anbietern** näher → § 2 Rn. 10 f., → TMG § 1 Rn. 4 ff. und 3 → TMG § 2 Rn. 4 ff.

Persönliche (private) Zwecke beinhalten auch **familiäre** (verwandtschaftliche) Zwecke; 4 letztere Fallgruppe ist daher wohl redundant. Die **Freistellungsregelung** soll private Kommunikation ohne Namens- und Anschriftennennung ermöglichen. Damit wird der Privatsphärenschutz des Anbieters nach Art. 2 Abs. 1 iVm Art. 1 Abs. 1 GG gewährleistet. Nutzer können ihre Rechte ggf. gegen den Plattformbetreiber geltend machen (LT-Drs. NRW 14/3130, 29). Anonyme Äußerungen sind dem Internet immanent und durch die Meinungsäußerungsfreiheit, Art. 5 Abs. 1 S. 1 GG, geschützt (BGH NJW 2009, 2888 (2892)); gleiches gilt für pseudonyme Äußerungen. Um pseudonyme Kommunikationsformen nicht übermäßig einzuschränken, dürfte ein persönlicher **Zweck** trotz des engen Wortlauts („ausschließlich") nach dem Sinn der Regelung wohl schon dann zu bejahen sein, wenn eine im Schwerpunkt private Meinungsäußerung vorliegt (vgl. auch LG Köln Urt. v. 28.12.2010 – 28 O 402/10, Rn. 54 ff.; Kitz ZUM 2007, 368 (372); Spindler/Schuster/Micklitz/Schirmbacher RStV § 55 Rn. 13; aA Hahn/Vesting/Held RStV § 55 Rn. 27 f.; HRKDSC RStV § 55 Rn. 2; Ott MMR 2007, 354 (356)). Die Kennzeichnungsfreistellung gilt zB für Nutzerseiten in sozialen Netzwerken, deren persönlicher Zweck angebotsprägend ist. Eine eigenständige Bedeutung hat die Kennzeichnungspflicht des Abs. 1 nur selten, etwa bei Websites von Idealvereinen (vgl. Roßnagel/Brönneke TMG § 5 Rn. 29). Soweit zusätzlich auch eine **Kennzeichnungspflicht nach §§ 5, 6 TMG** besteht, hat Abs. 1 keinen darüber hinausgehenden eigenen Regelungsgehalt. Näher zur Kennzeichnungsfreistellung s. Lent ZUM 2013, 914 (916 f.).

4.1 Es ist fraglich, ob § 55 Abs. 1 RStV in seiner geltenden Fassung aus dem Jahr 2006 das Spannungsverhältnis zwischen den Rechten Dritter, insbes. bei Persönlichkeitsrechtverletzungen, und dem Recht auf Pseudonymität bei privater Internetkommunikation im heutigen Web 2.0 angemessen lösen kann. Zu Reformvorschlägen s. zB Dix in: Verhandlungen des 69. DJT 2012, Bd. II/1 Sitzungsberichte, 2013, O 23.

5 Zu den notwendigen Angaben nach Abs. 1 Hahn/Vesting/Held RStV § 55 Rn. 31 ff.

C. Impressumspflichten der elektronischen Presse (Abs. 2)

6 Abs. 2 regelt – ähnlich der Printpresse (zB § 8 LPresseG NRW) – **Impressumspflichten** (Kennzeichnungspflichten) der elektronische Presse. Sie dienen ua dem Schutz öffentlicher Ordnungsinteressen, der Durchsetzung der Rechtsverfolgung und der Offenlegung, wer am öffentlichen Meinungsbildungsprozess teilnimmt (Spindler/Schuster/Micklitz/Schirmbacher RStV § 55 Rn. 7). Der Anwendungsbereich von Abs. 2 entspricht § 54 Abs. 2 (LT-Drs. NRW 14/3130, 29). Zum Begriff des journalistisch-redaktionell gestalteten Angebots → § 54 Rn. 4 f. Zu einem Angebot im Aufbau LG Aschaffenburg BeckRS 2012, 09845.

7 Der **Verantwortliche** iSd Abs. 2 hat – ähnlich dem verantwortlichen Redakteur periodischer Druckwerke (zB § 8 Abs. 2, 3 LPresseG NRW) – die inhaltliche Entscheidungshoheit über das Angebot und nimmt sie auch tatsächlich wahr. Der Verweis auf §§ 5, 6 TMG ist ein Rechtsfolgenverweis (Hahn/Vesting/Held RStV § 55 Rn. 41). Näher zu den notwendigen Angaben → TMG § 5 Rn. 13 ff. und → TMG § 6 Rn. 3 ff.

D. Auskunftsanspruch der elektronischen Presse (Abs. 3)

8 Der **Auskunftsanspruch** (Abs. 3 iVm § 9a RStV) dient der journalistischen Investigation. Der Auskunftsberechtigte muss hinreichend konkret und substantiiert darlegen, dass sein Angebot journalistisch-redaktionell gestaltet ist (OVG Greifswald BeckRS 2013, 49418). Ausf. zu dem Anspruch → § 9a Rn. 2 ff. Zu einem verfassungsunmittelbaren Auskunftsanspruch gegen Bundesbehörden BVerwG ZUM 2013, 694 (698); Alexander ZUM 2013, 614 (620); Zielinski AfP 2013, 284 (288). Zu einem Anspruch auf Informationszugang nach dem → IFG Rn. 112; Rn. 204 f.

8.1 Bsp.: Auskunftsanspruch eines Portalanbieters (VG Stuttgart BeckRS 2010, 50336).

§ 56 Gegendarstellung

(1) ¹**Anbieter von Telemedien mit journalistisch-redaktionell gestalteten Angeboten, in denen insbesondere vollständig oder teilweise Inhalte periodischer**

Druckerzeugnisse in Text oder Bild wiedergegeben werden, sind verpflichtet, unverzüglich eine Gegendarstellung der Person oder Stelle, die durch eine in ihrem Angebot aufgestellte Tatsachenbehauptung betroffen ist, ohne Kosten für den Betroffenen in ihr Angebot ohne zusätzliches Abrufentgelt aufzunehmen. ²Die Gegendarstellung ist ohne Einschaltungen und Weglassungen in gleicher Aufmachung wie die Tatsachenbehauptung anzubieten. ³Die Gegendarstellung ist so lange wie die Tatsachenbehauptung in unmittelbarer Verknüpfung mit ihr anzubieten. ⁴Wird die Tatsachenbehauptung nicht mehr angeboten oder endet das Angebot vor Aufnahme der Gegendarstellung, so ist die Gegendarstellung an vergleichbarer Stelle so lange anzubieten, wie die ursprünglich angebotene Tatsachenbehauptung. ⁵Eine Erwiderung auf die Gegendarstellung muss sich auf tatsächliche Angaben beschränken und darf nicht unmittelbar mit der Gegendarstellung verknüpft werden.

(2) Eine Verpflichtung zur Aufnahme der Gegendarstellung gemäß Absatz 1 besteht nicht, wenn
1. der Betroffene kein berechtigtes Interesse an der Gegendarstellung hat,
2. der Umfang der Gegendarstellung unangemessen über den der beanstandeten Tatsachenbehauptung hinausgeht,
3. die Gegendarstellung sich nicht auf tatsächliche Angaben beschränkt oder einen strafbaren Inhalt hat oder
4. die Gegendarstellung nicht unverzüglich, spätestens sechs Wochen nach dem letzten Tage des Angebots des beanstandeten Textes, jedenfalls jedoch drei Monate nach der erstmaligen Einstellung des Angebots, dem in Anspruch genommenen Anbieter schriftlich und von dem Betroffenen oder seinem gesetzlichen Vertreter unterzeichnet, zugeht.

(3) ¹Für die Durchsetzung des vergeblich geltend gemachten Gegendarstellungsanspruchs ist der ordentliche Rechtsweg gegeben. ²Auf dieses Verfahren sind die Vorschriften der Zivilprozessordnung über das Verfahren auf Erlass einer einstweiligen Verfügung entsprechend anzuwenden. ³Eine Gefährdung des Anspruchs braucht nicht glaubhaft gemacht zu werden. ⁴Ein Verfahren zur Hauptsache findet nicht statt.

(4) Eine Verpflichtung zur Gegendarstellung besteht nicht für wahrheitsgetreue Berichte über öffentliche Sitzungen der übernationalen parlamentarischen Organe, der gesetzgebenden Organe des Bundes und der Länder sowie derjenigen Organe und Stellen, bei denen das jeweilige Landespressegesetz eine presserechtliche Gegendarstellung ausschließt.

Presse- und Rundfunkgesetze sehen Gegendarstellungsansprüche gegenüber periodischer gedruckter Presse und Rundfunk vor (§ 1004 BGB). § 56 RStV erstreckt in Nachfolge zu § 14 MDStV das Gegenäußerungsrecht Betroffener auf bestimmte journalistisch-redaktionelle Telemedien (→ Rn. 4 ff.). Die Verpflichtung zur Veröffentlichung einer Gegendarstellung ist – anders als Unterlassungs-, Widerrufs- und Zahlungsverpflichtung – keine Reaktion auf rechtswidriges Verhalten der Medien, sondern besteht auch bei rechtmäßiger und wahrer Erstmitteilung und schließt den Zwang zur Veröffentlichung unwahrer Gegendarstellungen ein. Das Gegendarstellungsrecht Betroffener wird mit der nachhaltigen Massenwirkung der verpflichteten Medien begründet. Es ist ein Eingriff in die jeweilige Medienfreiheit, der einer gesetzlichen Ermächtigung bedarf und durch formale Anforderungen eingegrenzt wird (→ Rn. 29 ff.). Der Anspruch setzt die Betroffenheit durch eine Tatsachenbehauptung voraus und gestattet auch nur eine tatsächliche Erwiderung (→ Rn. 17 ff.), die nach dem Grundsatz der Waffengleichheit zu veröffentlichen ist (→ Rn. 34 ff.).

Übersicht

	Rn		Rn
A. Materielle Voraussetzungen	1	1. Periodische digitale Presse	4
I. Presseäquivalente journalistisch-redaktionelle Telemedien (Abs. 1 S. 1)	4	2. Journalistisch-redaktionelle Videos auf Abruf	15
		3. Anspruchsverpflichteter	16

RStV § 56   II. Rundfunk und presseähnliche Telemedien

	Rn		Rn
II. Betroffenheit einer Person oder Stelle (Abs. 1 S. 1)	18	B. Formelle Voraussetzungen	29
III. Tatsachenbehauptung als Erstmitteilung (Abs. 1 S. 1)	19	I. Schriftform der Gegendarstellung und Unterschrift (Abs. 2 Nr. 4)	30
IV. Tatsachenbehauptung als Gegendarstellung (Abs. 2 Nr. 3)	20	II. Formloses Aufnahmeverlangen	31
V. Ausschluss bei fehlendem berechtigten Interesse (Abs. 2 Nr. 1) oder strafbarem Inhalt der Gegendarstellung (Abs. 2 Nr. 3)	21	III. Unverzüglicher Zugang der Gegendarstellung (Abs. 2 Nr. 4)	32
		IV. Außergerichtliches „Alles-oder-nichts-Prinzip"	33
		C. Erfüllung des Anspruchs	34
VI. Ausschluss bei unangemessenem Umfang der Gegendarstellung (Abs. 2 Nr. 2)	22	I. Unverzüglich (Abs. 1 S. 1)	35
		II. Waffengleichheit (Abs. 1 S. 2–4)	36
VII. Werbeanzeigen als gegendarstellungsfähige Erstmitteilung?	24	III. Redaktionelle Erwiderung auf Gegendarstellung (Glossierungsverbot) (Abs. 1 S. 5)	41
VIII. Ausschluss bei wahrheitsgetreuen Berichten über öffentliche Sitzungen parlamentarischer und gesetzgeberischer Organe (Abs. 4)	26	1. Glossierungsverbot (Abs. 1 S. 5)	41
		2. Keine unmittelbare Verknüpfung von Erwiderung und Gegendarstellung	44
IX. Kostenlosigkeit für Betroffenen und Rezipienten (Abs. 1 S. 1)	27	D. Gerichtliche Geltendmachung (Abs. 3)	48

A. Materielle Voraussetzungen

1 Diejenigen materiellen Voraussetzungen des Gegendarstellungsanspruchs, die von den Inhalten der Erstmitteilung und der Gegendarstellung abhängen, sind weitgehend medien- und technologieneutral (→ Rn. 17 ff. und → Rn. 26). Aus Eigenarten einiger Telemedien oder des § 56 RStV ergeben sich besondere Fragen zu den gegendarstellungsfähigen Medien (→ Rn. 4 ff., und → Rn. 24 f.), zum Umfang der Gegendarstellung (→ Rn. 22 f.) und zur Kostenfrage (→ Rn. 27).

2 Die Gegendarstellungsverpflichtung von Presse und Rundfunk hat den Zweck, auch denjenigen in der Medienöffentlichkeit zu Wort kommen zu lassen, der über keine eigene mediale Plattform verfügt. Im Internet kann ein jeder zu geringen Kosten beliebige Inhalte veröffentlichen. Die eigene Erwiderung des Betroffenen auf einen Artikel in der digitalen Presse ist technisch vielfach ebenso einfach erreichbar wie der Ausgangsartikel. Der technisch ähnlichen Äußerungsmöglichkeit entspricht allerdings kein entsprechender tatsächlicher Zugang zum Publikum. Deshalb bleibt die Legitimation des Rechts zur Gegendarstellung in dem Medium der Erstmitteilung erhalten.

3 Allerdings sind erstmals Alternativen zu einer Gegendarstellung im Medium der Erstmitteilung tatsächlich denkbar. So könnte der Betroffene in manchen Fällen eine eigene Darstellung der Angelegenheit vorziehen, auf die der Medienanbieter lediglich verlinkt. Der Anbieter der Erstmitteilung kann zwar zu einem solchen Link auf eine Äußerung des Betroffenen nicht gezwungen werden, mag damit aber je nach Sachverhalt anstelle einer Gegendarstellung einverstanden sein. Eine solche konsensuale Lösung ist allerdings auch mit dem geltenden Gegendarstellungsrecht möglich.

I. Presseäquivalente journalistisch-redaktionelle Telemedien (Abs. 1 S. 1)

1. Periodische digitale Presse

4 Gegendarstellungspflichtig sind journalistisch-redaktionell gestaltete Angebote, „in denen insbes. vollständig oder teilweise Inhalte periodischer Druckerzeugnisse in Text oder Bild wiedergegeben werden". Das ist mit der periodischen digitalen Presse jede digitale Artikelsammlung, die ständig, wenn auch nicht zwingend regelmäßig, in Zwischenräumen von höchstens sechs Monaten unter einem Titel erscheint.

Gegendarstellung §56 RStV

a) Periodisch veröffentlichte Ausgaben oder fortlaufend ergänzte Artikelsamm- 5
lungen. Erfasst wird zunächst die **periodische Veröffentlichung jeweils zu einer Einheit zusammengestellter Artikelsammlungen in digitalen Zeitschriften- oder Zeitungsausgaben.** Dem steht es gleich, wenn eine digitale Artikelsammlung **fortlaufend um aktuelle Artikel ergänzt** wird. Es macht keinen Unterschied, ob die Artikel einer Tageszeitung als Sammlung in digitalen Ausgaben versendet oder fortlaufend im Tagesverlauf auf die Website der Zeitung gestellt werden. Die Vorgängernorm des § 10 Abs. 3 MDStV nannte ausdrücklich auch Angebote, die „in periodischer Folge Texte verbreite(n)". Daran wollte die Neufassung in § 56 Abs. 1 S. 1 RStV nichts ändern. Vielmehr schließt die Öffnung der Definition durch die Einfügung von „insbesondere" unter anderem auch diesen Fall digitaler Presse ein.

b) Hybride und nur digitale Presse. Erfasst werden sodann sowohl **hybride Publika-** 6
tionen, die gedruckt wie digital erscheinen, als auch die **rein digitale periodische Presse.** Diese Öffnung der Definition wird ebenfalls über das „insbesondere" des § 56 Abs. 1 S. 1 RStV gesichert.

Es fällt auf, dass die in digitalen Ausgaben verbreitete digitale Zeitschrift oder Zeitung die 7
eindeutigste Form der digitalen Presse ist und dennoch dem Gesetzgeber wohl unbekannt war. Denn einige Vorgaben des § 56 RStV passen nur auf Angebote mit kontinuierlich neu eingestellten Artikeln. So sind dem Leser jeweils komplett täglich oder wöchentlich digital überlassene digitale Zeitschriften oder Zeitungen keine „Angebote", in die sich im nach hinein Gegendarstellungen „aufnehmen" lassen. Vielmehr geht es hier wie in der gedruckten Presse darum, die nächste erreichbare Ausgabe mit der Gegendarstellung zu erreichen. Auch weitere Vorgaben für die Gegendarstellung wie etwa die unmittelbare Verknüpfung mit der Erstmitteilung sind bei den in klassischer Nummernfolge an die Leser verbreiteten digitalen Publikationen weder möglich noch sinnvoll.

c) Abgrenzung zu nicht periodischer digitaler Veröffentlichung. So wie die peri- 8
odische gedruckte Presse, nicht aber das Buch, der Essay oder das Flugblatt gegendarstellungspflichtig sind, wird auch **die digitale selbständige Veröffentlichung nicht erfasst.** Selbst das Bestsellersachbuch bekannter Journalisten, dessen tatsächliche Behauptungen Betroffene stärker berühren mögen als jeder Zeitungsartikel, kann nur im Falle rechtswidriger Inhalte angegriffen werden. Es gibt kein natürliches Recht, denjenigen, der über andere spricht, zu einer Verbreitung einer Gegenäußerung des anderen zu zwingen. Das ändert sich auch nicht durch niedrigere Veröffentlichungshürden im zugangsoffenen Internet. Denn damit wird in gleicher Weise auch die natürliche Waffengleichheit des Betroffenen verbessert und verliert die Rechtfertigung der Gegendarstellungspflicht an Gewicht.

Die Periode der gedruckten Presse wird in den Pressegesetzen vielfach auf 6 Monate 9
begrenzt. Diese Regelung kann für die digitale Presse als Richtwert dienen. Damit sind selbst regelmäßig erscheinende Jahrbücher zu Recht nicht mehr gegendarstellungspflichtig. Auch bei kürzeren als halbjährlichen Abständen zwischen Veröffentlichungen muss gefragt werden, ob sich neue Texte aus Sicht des verständigen Lesers als Elemente einer einheitlichen Publikation oder eben als unabhängige und damit nicht periodische digitale Schriften darstellen.

d) Organisatorische und inhaltliche Abgrenzung zu nicht journalistisch-redak- 10
tionellen Telemedien. Hauptberuflichkeit, Gewinnerzielungsabsicht oder sonstige Motive und Absichten der Autoren und Verantwortlichen spielt für das Vorliegen digitaler – wie gedruckter – periodischer Presse keine Rolle. So ist der unter Rubriken wie „TopNews für Anleger", „Aktuelles" etc. fortlaufend über Kapitalmarktfragen bzw. die Tätigkeit des Verantwortlichen berichtende Bereich der Website eines Freiberuflers digitale Presse iSd § 56 Abs. 1 S. 1 RStV (OLG Bremen NJW 2011, 1611 (1612)). Eine Unternehmenshomepage kann mit einem fortlaufend berichtenden Teil – nicht anders als eine Unternehmenszeitschrift – digitale Presse und gegendarstellungspflichtig sein. Gleiches gilt für fortlaufende Veröffentlichungen nicht kommerziell motivierter Gruppen und Organisationen. Die Laienpresse ist als periodische gegendarstellungspflichtig, und kann dies selbst dort sein, wo ihr äußerungsrechtlich im Streit um die Rechtmäßigkeit einer Tatsachenbehauptung noch das Laienprivileg zugebilligt werden mag.

Die **Themen der digitalen Presse** sind ebenso beliebig wie die inhaltliche Seite der 11
Pressefreiheit und nur durch die Schranken der allgemeinen Gesetze begrenzt. Es gibt tausende gedruckte Zeitschriften und ihre digitalen Ausgaben oder Angebote zu fast allen

Themen, die Menschen interessieren. Hinzu kommen ungezählte rein digitale Zeitschriften im Sinne thematisch fokussierter digitaler Presse. Es kann also keinerlei inhaltlich wertende Grenze eingezogen werden, die bspw. Veröffentlichungen über Miniatureisenbahnen ausgrenzen oder gar eine inhaltlich-politisch-gesellschaftliche „Aktualität" verlangen würde. Die ausschließlich mit historischem Porzellan befasste periodische oder fortlaufende digitale Publikation ist selbstverständlich digitale periodische Presse.

12 Allein **Telemedien mit den Inhalten der „harmlosen Druckwerke" iSd Pressegesetze**, die ausschließlich dem häuslichen, geselligen und gewerblichen Leben dienen, können an dieser Stelle im Falle periodischer bzw. fortlaufender Veröffentlichung ausgegrenzt werden.

13 **e) Beispiele.** Gegendarstellungspflichtig sind demnach
- digitale Ausgaben von Zeitungen und Zeitschriften sowie sonstigen Schriften, soweit sie wenigstens halbjährlich erscheinen (hybride Presse). Gleiches gilt für rein digitale Zeitungen und Zeitschriften sowie wenigstens halbjährlich erscheinende Schriften.
- nicht in einzelnen Ausgaben veröffentlichte Artikelsammlungen, sondern kontinuierlich durch neue Artikel ergänzte Angebote unabhängig davon, ob diese Artikel auch in einer gedruckten Zeitung oder Zeitschrift erscheinen.
- kontinuierlich durch neue Artikel ergänzte Angebote auch unterhalb der quantitativ-qualitativen Organisation und Verdichtung typischer Presseunternehmen wie viele Blogs, thematische Berichtsbereiche auf Homepages von Unternehmen oder Angehörigen der freien Berufe

14 Nicht erfasst
- Veröffentlichungen ohne periodischen Charakter wie E-Book, Essays, digitales Jahrbuch, Aktions-Homepage ohne kontinuierliche Berichte etc.

2. Journalistisch-redaktionelle Videos auf Abruf

15 Das „insbesondere" in § 56 Abs. 1 S. 1 RStV ermöglicht die Einbeziehung rein digitaler Presse sowie fortlaufend ergänzter Artikelsammlungen (→ Rn. 5 f.). Mit dem Wortlaut vereinbar wäre auch eine Gegendarstellungspflicht journalistisch-redaktioneller Abrufvideos. Eine solche Pflicht käme in Betracht, wo derartige Videos in einem fortlaufend ergänzten Medienangebot Teil einer Folge sind, die bspw. täglich Nachrichten bereit hält oder wöchentlich Rezepte vorstellt. Allerdings sind Einzelheiten der Gegendarstellungspflicht in § 56 RStV insbes. im Vergleich zu den Vorgaben für die Gegendarstellung im Fernsehen vielfach so formuliert, dass sie offenbar nicht auf die Einbeziehung audiovisueller Gegendarstellungen abzielen. § 56 Abs. 2 Nr. 4 RStV spricht sogar explizit nur von dem beanstandeten „Text". Wenn dennoch eine Einbeziehung journalistisch-redaktioneller, periodischer Videos in Betracht gezogen werden sollte, käme es jedenfalls nicht darauf an, ob diese Videos den Hauptzweck des Angebots ausmachen oder nicht (→ § 58 Rn. 17 ff.). Nicht erfasst wären jedenfalls – wie der Dokumentarfilm im Kino oder in der Online-Videothek – Videos, die sich als eigenständige Veröffentlichung und nicht als Teil eines periodischen Mediums darstellen.

3. Anspruchsverpflichteter

16 Verpflichtet ist der Anbieter des Mediums, in dem die Tatsachenbehauptung aufgestellt wurde. Das ist in den Fällen der digitalen Presse der Verleger bzw. derjenige, der eine entsprechende Position inne hat. Eine Verpflichtung auch des verantwortlichen Redakteurs, wie sie die Landespressegesetze vielfach vorsehen, ist offenbar nicht vorgesehen (im Ergebnis ebenso Spindler/Schuster/Mann RStV § 56 Rn. 10).

17 Ein bloßer Host-Provider hat weder die Pflicht noch nur das Recht, Gegendarstellungen in Angebote Dritter einzustellen oder mit Bezug auf diese abzugeben. Noch fernliegender sind Überlegungen, die sogenannten Access-Provider könnten zu Gegendarstellungen in Bezug auf Angebote verpflichtet werden, deren Daten sie durch leiten.

II. Betroffenheit einer Person oder Stelle (Abs. 1 S. 1)

18 Anspruchsberechtigt ist jede Person oder Stelle, die durch eine Tatsachenbehauptung „betroffen ist". Damit sind natürliche Personen, Personenvereinigungen und sonstige Per-

sonengruppe sowie Behörden und sonstige Einheiten wie etwa ein Betriebsrat anspruchsberechtigt. Betroffen ist der Anspruchsberechtigte, wenn ihn die fragliche Tatsachenbehauptung in seiner Rechtssphäre in einer konkret-individuellen Weise berührt (näher → BGB § 1004 Rn. 29 ff.).

III. Tatsachenbehauptung als Erstmitteilung (Abs. 1 S. 1)

Allein Tatsachenbehauptungen sind gegendarstellungsfähig (zur Abgrenzung von Meinungsäußerungen und weiteren Fragen → BGB § 1004 Rn. 5 ff.). 19

IV. Tatsachenbehauptung als Gegendarstellung (Abs. 2 Nr. 3)

Die Gegendarstellung muss sich auf Tatsachenbehauptungen beschränken. Meinungsäußerungen in der Gegendarstellung führen dazu, dass der Anbieter die Darstellung insgesamt zurückweisen kann. Inhaltlich müssen die Tatsachenbehauptungen der Entgegnung auf die Erstmitteilung dienen. Darüber hinausgehende neue Behauptungen erlauben ebenfalls die Zurückweisung der gesamten Gegendarstellung (→ BGB § 1004 Rn. 41 ff.). 20

V. Ausschluss bei fehlendem berechtigten Interesse (Abs. 2 Nr. 1) oder strafbarem Inhalt der Gegendarstellung (Abs. 2 Nr. 3)

Ein berechtigtes Interesse an der Gegendarstellung wird insbes. in folgenden Fällen verneint: 21
- Die Gegendarstellung ist offen- oder gerichtskundig unwahr. Es gibt also für den Anspruchsteller kein Recht zu offenkundiger Lüge. Gleiches gilt für offenkundig irreführende Gegendarstellungen.
- Die Redaktion hat bereits eine Richtigstellung oder einen Widerruf veröffentlicht.
- Die Gegendarstellung enthält strafbare Inhalte wie etwa Beleidigungen.

Zum berechtigten Interesse näher → BGB § 1004 Rn. 33 ff.

VI. Ausschluss bei unangemessenem Umfang der Gegendarstellung (Abs. 2 Nr. 2)

Der Umfang der Gegendarstellung darf nicht unangemessen über den der Erstmitteilung hinausgehen. Maßgeblich ist dafür die konkrete Tatsachenbehauptung, nicht der Artikel, in dem die Behauptung aufgestellt wurde. Der in der Gegendarstellung für die Wiedergabe der Erstmitteilung benötigte Raum wird nicht berücksichtigt. § 56 Abs. 2 Nr. 2 RStV hält Gegendarstellungen mit der Länge der Erstmitteilung in der Regel für angemessen, schließt aber auch längere Erwiderungen nicht aus. Die Angemessenheit ist anhand aller Umstände des Einzelfalles unter Berücksichtigung des Zweckes des Erwiderungsrechts zu bestimmen. Bei der Beurteilung der Unangemessenheit ist in § 56 Abs. 2 RStV der gleiche Maßstab anzulegen wie für die Unangemessenheitsklauseln der Pressegesetze (LG Aschaffenburg BeckRS 2011, 14165: weitschweifige Gegendarstellung mit überflüssigen Ausführungen und 300 Wörtern gegenüber Tatsachenpassage von höchstens 140 Wörtern ist gleichermaßen unangemessen für die gedruckte Zeitung wie für deren Internetseite). 22

Dass der Umfang möglicher Veröffentlichungen in einigen digitalen Medien wie etwa auf Internetseiten technisch flexibler gehandhabt werden kann als in der gedruckten Presse, macht die Begrenzung der Gegendarstellung auf einen angemessenen Umfang nicht obsolet. Der Zwang zur Veröffentlichungen von Erwiderungen Dritter auf eigene redaktionelle Inhalte muss als Eingriff in die jeweilige Medienfreiheit begrenzt bleiben und kann nicht dem Dritten eine Freiheit zu beliebig langen Ausführungen einräumen (so im Ergebnis auch Hahn/Vesting/Schulz RStV § 56 Rn. 28). Zudem gelten für digitale Zeitschriften und Zeitungen, die in Ausgaben veröffentlicht und verbreitet werden, die gleichen inhaltlichen Sachzwänge wie für ihre gedruckten Varianten. Auch für ein digitales Nachrichtenmagazin wäre es unzumutbar, ohne Rücksicht auf die sachliche Angemessenheit seitenlange Gegendarstellungen abdrucken zu müssen. Kern der Presse- und Medienfreiheit ist die Freiheit, den Inhalt des jeweiligen Mediums selbst zu gestalten und seinen Lesern anzubieten. 23

VII. Werbeanzeigen als gegendarstellungsfähige Erstmitteilung?

24 Tatsachenbehauptungen in Anzeigen, die allein dem Geschäftsverkehr dienen, sind nach einigen Landespressegesetzen nicht gegendarstellungsfähig (bspw. § 11 Abs. 2 S. 1 PrGNW, § 10 Abs. 2 Nr. 3 SächsPrG, § 10 Abs. 2 S. 1 PrGBln). Findet sich wie in § 56 RStV kein expliziter Ausschluss, spricht dennoch auch hier mehr gegen eine Gegendarstellungspflicht (aA Spindler/Schuster/Mann RStV § 56 Rn. 37). Es ist nicht Aufgabe des Gegendarstellungsrechts, Wettbewerbern die vergleichende Werbung mit Tatsachenbehauptungen auf Kosten der Medien zu finanzieren (Löffler/Sedelmeier LPG § 11 Rn. 69). Es fehlt im Verhältnis zu Werbungtreibenden auch das publizistische Ungleichgewicht, das zwischen Redaktion und Betroffenen in der Regel besteht. Der Wettbewerber, der auf Tatsachenbehauptungen in der Werbung von Konkurrenten erwidern will, kann wie dieser Werbung schalten und hat so gleiche Wirkungschancen.

25 Für § 56 RStV ergibt sich aus dem Schweigen des Staatsvertrages nichts anderes. Das Unterlassen einer Regelung legt keinen Umkehrschluss im Sinne einer Gegendarstellungspflichtigkeit werblicher Anzeigen nahe (so aber Spindler/Schuster/Mann RStV § 56 Rn. 37). Denn das Schweigen ist darauf zurückzuführen, dass sich die Länder einer Auseinandersetzung über ihre unterschiedlichen Regelungen nicht stellen wollten.

VIII. Ausschluss bei wahrheitsgetreuen Berichten über öffentliche Sitzungen parlamentarischer und gesetzgeberischer Organe (Abs. 4)

26 Wahrheitsgetreue Berichte über öffentliche Sitzungen der genannten Organe und Stellen sind nicht gegendarstellungsfähig. Bedingung ist, dass der Bericht ein zutreffendes Bild vermittelt. Die Wahrheit oder Unwahrheit der in der Sitzung vorgetragenen Aussagen ist irrelevant. Hinzu kommen solche Berichte über öffentliche Sitzungen, die aufgrund des jeweiligen Landespressegesetzes nicht gegendarstellungsfähig sind. Damit sind in den meisten Ländern auch Berichte über Gerichtsverhandlungen erfasst.

IX. Kostenlosigkeit für Betroffenen und Rezipienten (Abs. 1 S. 1)

27 Die Gegendarstellung im redaktionellen Teil gegen redaktionelle Behauptungen ist **für den Betroffenen** kostenlos. **Von den Lesern** darf für die Gegendarstellung kein „zusätzliches Abrufentgelt" verlangt werden. Wenn also die Erstmitteilung in einem entgeltlichen Angebot wie etwa einer digitalen Zeitschriftenausgabe oder im kostenpflichtigen Teil eines Internetauftritts verbreitet wurde, kann und muss auch die Gegendarstellung in der nächsten erreichbaren digitalen Ausgabe bzw. im kostenpflichtigen Teil des Angebots enthalten sein. Beide dürfen nur für die Gegendarstellung kein „zusätzliches", gesondertes Entgelt verlangen.

28 Wenn Tatsachenbehauptungen in Werbeanzeigen nach § 56 RStV gegendarstellungsfähig sein sollten (aA → Rn. 24 f.), ist jedenfalls die Kostenlosigkeit für den Wettbewerber des mit der Erstmitteilung Werbenden nicht gerechtfertigt (aA Spindler/Schuster/Mann RStV § 56 Rn. 37). Die Gründe, die ein Gegendarstellungsrecht gegen Anzeigen ausschließen (→ Rn. 24 f.), stehen auch einem Recht einer Kostenlosigkeit entgegen. Der Gegendarstellungsanspruch soll nicht Wettbewerbern den Streit um tatsächliche Werbeaussagen auf Kosten der Medienanbieter finanzieren; die Ratio der publizistischen Übermacht der Medien greift nicht im Verhältnis zum Werbungtreibenden, der selbst eine Anzeige schalten kann. Gegendarstellungen gegen Anzeigen sind demnach im Wege einer teleologischen Reduktion des § 56 Abs. 1 S. 1 RStV nicht kostenlos.

B. Formelle Voraussetzungen

29 Eine Gegendarstellung kann ohne jede weitere sachliche Beschränkung zu jeder personenbezogenen Tatsachenbehauptung verlangt werden. Die Gegendarstellung ist auch dann zu veröffentlichen, wenn die Erstbehauptung wahr und rechtmäßig ist und selbst dann, wenn die Gegendarstellung selbst unwahr ist. Als Ausgleich für diese sachliche Weite ist der Gegendarstellungsanspruch an strenge und unverzichtbare Formalien gebunden. Eine Verletzung der Formerfordernisse berechtigt den Anbieter zur Ablehnung der Gegendarstellung.

I. Schriftform der Gegendarstellung und Unterschrift (Abs. 2 Nr. 4)

Die Gegendarstellung muss schriftlich übermittelt werden und von dem Betroffenen oder seinem gesetzlichen Vertreter unterschrieben sein. Eine gewillkürte Stellvertretung ist nicht möglich. 30

II. Formloses Aufnahmeverlangen

Das Verlangen auf Aufnahme der Gegendarstellung kann formlos und auch durch einen gewillkürten Vertreter gestellt werden. Mit Blick auf § 174 S. 1 BGB sollte ein Vertreter seine Bevollmächtigung nachweisen können. 31

III. Unverzüglicher Zugang der Gegendarstellung (Abs. 2 Nr. 4)

Die Gegendarstellung muss dem Anbieter unverzüglich und damit ohne schuldhaftes Zögern zugeleitet werden. Diese variable Frist wird um zwei absolute Fristen ergänzt. Der Zugang ist innerhalb von sechs Wochen nach dem letzten Tag des Angebots und innerhalb von drei Monaten nach dem erstmaligen Angebot des beanstandeten Textes zu bewerkstelligen. Das Verlangen auf Veröffentlichung und die Einleitung des gerichtlichen Verfahrens sind nicht an diese Fristen gebunden, deshalb aber auch nicht unbefristet möglich (→ BGB § 1004 Rn. 50 ff.). 32

IV. Außergerichtliches „Alles-oder-nichts-Prinzip"

In einzelnen Punkten unzulässige und deshalb nicht wörtlich und ungekürzt abzudruckende Gegendarstellungen müssen insgesamt nicht abgedruckt werden. Der Verleger oder sonstige Anbieter ist weder verpflichtet noch berechtigt, die Gegendarstellung abzuändern. 33

C. Erfüllung des Anspruchs

Mediale Besonderheiten ergeben sich für die Aufnahme von Gegendarstellungen in Telemedienangebote (→ Rn. 36 ff.) und aus dem Verbot der unmittelbaren Verknüpfung von redaktioneller Erwiderung und Gegendarstellung (→ Rn. 44 ff.). 34

I. Unverzüglich (Abs. 1 S. 1)

Erfüllt die Gegendarstellung alle inhaltlichen und formalen Anforderungen, hat sie der Anbieter unverzüglich und damit ohne schuldhaftes Zögern in sein Angebot aufzunehmen. Die dem Anbieter einzuräumende Frist muss die rechtliche und tatsächliche Prüfung der Gegendarstellung unter Hinzuziehung eines Rechtsberaters ermöglichen. In den Fällen digitaler Zeitungen oder Zeitschriften, die täglich oder wöchentlich erscheinen und verbreitet werden, wird die unverzügliche „Aufnahme" in das „Angebot" in der Regel als Veröffentlichung in der nächsten erreichbaren Nummer zu verstehen sein. 35

II. Waffengleichheit (Abs. 1 S. 2–4)

Die Gegendarstellung ist ohne Einschaltungen und Weglassungen in das Angebot aufzunehmen (§ 56 Abs. 1 S. 2 RStV). Sie soll möglichst den Leserkreis der Erstmitteilung erreichen und ist deshalb im gleichen Teil des Angebots und mit derselben Schriftgröße zu veröffentlichen. Die Verpflichtung, sie auch „in gleicher Aufmachung" veröffentlichen zu müssen, fand sich zuvor nur im Saarländischen Pressegesetz und wurde aufgrund verfassungsrechtlicher Bedenken wieder gestrichen. Eine solche Verpflichtung zu einer Identität der Gestaltung wird durch das Gebot der Waffengleichheit nicht gefordert und erscheint unverhältnismäßig (vgl. Spindler/Schuster/Mann RStV § 56 Rn. 21). 36

Die Gegendarstellung ist unmittelbar mit der Erstmitteilung zu verknüpfen, solange diese noch angeboten wird (§ 56 Abs. 1 S. 3 RStV). Das ist jedenfalls dann erfüllt, wenn Erstmitteilung und Gegendarstellung gemeinsam auf dem Bildschirm erscheinen. Es genügt aber auch, wenn der Erstäußerung ein deutlicher Hinweis auf die Gegendarstellung beigefügt wird, der direkt zur Gegendarstellung führt (LG Potsdam AfP 2009, 37

165 (166)). Ist die Erstmitteilung nur noch über die Suchfunktion erreichbar, genügt es, wenn bei jeder Suche die Ankündigung der Gegendarstellung und der Erstmitteilung gemeinsam erscheinen (LG Potsdam AfP 2009, 165 (166)).

38   Bei dem Gebot der unmittelbaren Verknüpfung dachte der Gesetzgeber offenbar nur an Web-Angebote mit fortlaufend ergänzten Artikeln und nicht an digitale Zeitschriften- oder Zeitungsausgaben, die den Lesern übergeben werden und bei denen eine nachträgliche Verknüpfung weder möglich noch sinnvoll ist.

39   Die Gegendarstellung ist in Verknüpfung mit der Erstmitteilung solange anzubieten wie diese.

40   **Wird die Erstmitteilung vor Aufnahme der Gegendarstellung nicht mehr angeboten**, ist die Gegendarstellung an vergleichbarer Stellung in das Angebot aufzunehmen. Es ist also bspw. dieselbe Rubrik zu wählen und die Gegendarstellung so zu platzieren, dass sie ebenso schnell aufgefunden werden kann wie die Erstmitteilung. Die Gegendarstellung ist solange anzubieten wie die Erstmitteilung angeboten wurde.

III. Redaktionelle Erwiderung auf Gegendarstellung (Glossierungsverbot) (Abs. 1 S. 5)

1. Glossierungsverbot (Abs. 1 S. 5)

41   Nach § 56 Abs. 1 S. 5 RStV sind redaktionelle Erwiderungen auf die Gegendarstellung auf tatsächliche Angaben zu beschränken. Damit sind wertende Aussagen zu der Gegendarstellung (Glossierungen) unzulässig.

42   Obwohl das Glossierungsverbot – anders als in den Pressegesetzen – nicht auf „dieselbe Nummer" beschränkt ist, bleibt die wertende Berichterstattung zu dem strittigen Thema zulässig. Denn solange die weitere Berichterstattung nicht auf die Gegendarstellung Bezug nimmt, ist sie auch keine „Erwiderung" auf diese. Wenn digitale Presse in Ausgaben erscheint, ist die Begrenzung des Glossierungsverbotes auf die Ausgabe der Gegendarstellung dem Sinn und Zweck der Regelung zu entnehmen.

43   Immer zulässig ist der Hinweis, die Gegendarstellung müsse nach § 56 RStV unabhängig von ihrer Wahrheit oder Unwahrheit veröffentlicht werden. Anderenfalls dürfte der Durchschnittsleser vielfach dem Irrtum erliegen, eine Gegendarstellung bedeute eine in irgendeiner Hinsicht fehlerhafte Erstmitteilung.

2. Keine unmittelbare Verknüpfung von Erwiderung und Gegendarstellung

44   Nach § 56 Abs. 1 S. 5 RStV darf die Erwiderung nicht unmittelbar mit der Gegendarstellung verknüpft werden.

45   **Keine Erwiderung** und deshalb **unmittelbar unter der Gegenäußerung zulässig** ist der Hinweis auf die Rechtslage, nach der die Gegendarstellung unabhängig von der Wahrheit oder Unwahrheit abgedruckt werden muss.

46   Das KG hält das **Verbot der unmittelbaren Verknüpfung von Erwiderung und Gegendarstellung** für einen selbständigen und gewichtigen, dennoch aber gerechtfertigten Eingriff in Art. 5 Abs. 1 S. 2 GG (KG ZUM-RD 2012, 388). Richtigerweise wird das Grundrecht der Pressefreiheit durch ein solches Verbot nicht nur beeinträchtigt, sondern auch verletzt. Das Gegenäußerungsrecht der Medien stellt ein unverzichtbares Korrelat dazu dar, dass der Betroffene weder die Unwahrheit der Erstmitteilung noch die Wahrheit der Gegendarstellung beweisen muss und auch unwahre Gegendarstellungen abgedruckt werden müssen. Wenn dann nicht einmal der Hinweis erfolgen darf, dass die Redaktion bei ihrer Darstellung bleibe, wird die Waffengleichheit zulasten notwendiger Kommunikationsfreiheit verletzt. Die Auffassung des KG, dass die damit verbundene „Unterbrechung des Wahrheitsfindungsprozesses" (Korte, Das Recht der Gegendarstellung im Wandel der Medien, 2002, 206) im Interesse des Betroffenen hinzunehmen sei (KG ZUM-RD 2012, 388 (391)), kann nicht überzeugen.

47   Es bleibt die Möglichkeit einer verfassungskonformen Auslegung des Verknüpfungsverbotes dahingehend, dass die Redaktion ihre Erwiderung und die Gegendarstellung nicht derart „mit einander verzahnen darf, dass dadurch die Aussage der Gegendarstellung verfälscht wird" (Soehring, 671).

D. Gerichtliche Geltendmachung (Abs. 3)

Der Gegendarstellungsanspruch ist auf dem Zivilrechtsweg in entsprechender Anwendung der Vorschriften über den Erlass einer einstweiligen Verfügung zu verfolgen (§ 935 ff. ZPO). Die Dringlichkeit muss nicht dargelegt werden; ein Hauptsacheverfahren findet nicht statt. Entgegen dem Wortlaut des § 56 Abs. 3 S. 1 RStV („vergeblich") ist eine vorgerichtliche Geltendmachung nicht erforderlich. Sie schließt jedoch das Risiko aus, dass der Verpflichtete durch sofortiges Anerkenntnis die Kosten des gerichtlichen Verfahrens auf den Betroffenen überwälzt. 48

Praktisch relevant ist die Frage, **ob und inwieweit eine Gegendarstellung durch Abänderung im Prozess an die Rechtsauffassung des Gerichts angepasst werden kann** oder aber wegen der Unzulässigkeit in einem oder mehreren Punkten insgesamt zurückzuweisen ist. So kann das Gericht einzelne Aussagen der Erstmitteilung als Meinungsäußerung und damit als nicht gegendarstellungsfähig erachten oder der Auffassung sein, die Gegendarstellung enthalte in einer Formulierung eine Meinungsäußerung und müsse entsprechend geändert werden. Dabei können die unterschiedlichen Auffassungen der Oberlandesgerichte wegen der mit dem Hauptsacheverfahren fehlenden Revisionsmöglichkeit zum Bundesgerichtshof nicht bundesweit vereinheitlicht werden. 49

Bei der Gegendarstellung handelt es sich um eine höchstpersönliche Erklärung des Anspruchstellers, die im Prozeß ein einheitlicher Streitgegenstand ist. Demnach muss grds. jede geänderte Gegendarstellung von dem Betroffenen eigenhändig unterschrieben und dem Anbieter erneut zugeleitet werden. Dieses **Alles-oder-nichts-Prinzip** vertritt insbs. das OLG Hamburg (AfP 1981, 408 (409); NJW-RR 1995, 1053 (1054)). Danach können nur offenbare Unrichtigkeiten wie orthografische oder offensichtliche Fehler vom Gericht selbst korrigiert werden. Jede Unzulässigkeit einzelner Punkte führt dazu, dass die entsprechend korrigierte Gegendarstellung erneut außergerichtlich zugeleitet werden muss. Allerdings lassen sich bei Zweifeln Hilfsfassungen der Gegendarstellung erstellen, zuleiten und können dann hilfsweise in den Prozeß eingeführt werden. 50

Insbs. das OLG München vertritt die Auffassung, dass einzelne selbständige Punkte der Gegendarstellung, die den Aussagegehalt der übrigen Punkte nicht verändern, jedenfalls dann durch das Gericht geändert werden können, wenn der Betroffene dies beantragt oder das Gericht dazu ermächtigt (OLG München AfP 2001, 132; AfP 2003, 70). 51

Schließlich hält es insbs. das Kammergericht für zulässig, dass das Gericht die Gegendarstellung inhaltlich verändert, solange ihre Substanz im Übrigen erhalten bleibt (KG NJW 1970, 2029). 52

§ 57 *(keine Kommentierung)*

§ 58 Werbung, Sponsoring, fernsehähnliche Telemedien, Gewinnspiele

(1) ¹Werbung muss als solche klar erkennbar und vom übrigen Inhalt der Angebote eindeutig getrennt sein. ²In der Werbung dürfen keine unterschwelligen Techniken eingesetzt werden.

(2) Für Sponsoring bei Fernsehtext gilt § 8 entsprechend.

(3) ¹Für Telemedien mit Inhalten, die nach Form und Inhalt fernsehähnlich sind und die von einem Anbieter zum individuellen Abruf zu einem vom Nutzer gewählten Zeitpunkt und aus einem vom Anbieter festgelegten Inhaltekatalog bereitgestellt werden (audiovisuelle Mediendienste auf Abruf), gelten § 1 Absatz 3 sowie die §§ 7 und 8 entsprechend. ²Für Angebote nach § 2 Absatz 3 Nummer 5 gelten zusätzlich die §§ 4 bis 6, 7a und 45 entsprechend.

(4) Für Gewinnspiele in vergleichbaren Telemedien (Telemedien, die an die Allgemeinheit gerichtet sind) gilt § 8a entsprechend.

§ 58 Abs. 1 normiert ein Erkennbarkeits- und Trennungsgebot für Werbung in allen Telemedien (→ Rn. 1 ff.). Abs. 3 führt – in Umsetzung der AMD-RiLi – mit den audiovisuellen Mediendiensten eine Sonderkategorie der Telemedien ein, die durch den Hauptzweck fernsehähnlicher Abrufsendungen gekennzeichnet ist (→ Rn. 16 ff.), und unterwirft diese Bewegtbilder einigen rundfunkrechtlichen Restriktionen (→ Rn. 34 ff.) Abs. 2 regelt das Sponsoring im Fernsehtext (→ Rn. 46); Abs. 4 erstreckt die Regelung des § 8 RStV über Gewinnspiele im Rundfunk auf Telemedien (→ Rn. 47 f.).

Übersicht

	Rn		Rn
A. Werbeerkennbarkeit und Trennungsgebot (Abs. 1)	1	4. Redaktionelle Zusammenstellung des Katalogs	26
I. „Klare" Erkennbarkeit und „eindeutige" Trennung	7	5. Hauptzweck ist ein Katalog fernsehähnlicher Sendungen	27
II. Werbecharakter im Falle objektiv werbewirksamer redaktioneller Inhalte?	13	6. Abgrenzung des Mediendienstes (Gesamt- oder Unterangebot?)	30
B. Audiovisuelle Mediendienste auf Abruf (Abs. 3)	16	II. Geltung rundfunkrechtlicher Regelungen für audiovisuelle Mediendienste auf Abruf	34
I. Anwendungsbereich: Redaktionelle Abrufangebote mit fernsehähnlichen Videos als Hauptzweck	21	1. Zusätzliche Regelungen für alle audiovisuellen Mediendienste auf Abruf	34
1. Nach Form und Inhalt fernsehähnliche Telemedien (mit Fernsehprogrammen vergleichbare Sendungen)	23	2. Zusätzliche Regelungen für Pay per View (Abs. 3 S. 2)	45
2. Auf Abruf	24	**C. Sponsoring im Fernsehtext (Abs. 2)**	46
3. Inhaltekatalog mit Vielzahl von Sendungen (Programmkatalog)	25	**D. Gewinnspiele in Telemedien (Abs. 4)**	47

A. Werbeerkennbarkeit und Trennungsgebot (Abs. 1)

1 § 58 Abs. 1 S. 1 Hs. 1 RStV verbietet in allen Telemedien Werbung, die nicht klar als solche erkennbar ist. § 6 Abs. 1 Nr. 1 TMG enthält ein identisches Erkennbarkeitsgebot für „kommerzielle Kommunikationen, die Telemedien oder Bestandteile von Telemedien sind". Europarechtlich wird das Erkennbarkeitsgebot in Art. 6a ECRL vorgegeben, für telemediale audiovisuelle Mediendiensten auf Abruf in Art. 9 Abs. 1 lit. a AMD-RL 2010/13/EU. Auch für Telemedien gilt zudem § 4 Nr. 3 UWG, der in Umsetzung des Art. 7 Abs. 2 UGPRL 2005/29/EG generell die Verschleierung des Werbecharakters geschäftlicher Handlungen untersagt und so ebenfalls Erkennbarkeit verlangt. Schließlich verbietet Anhang Nr. 11 zu § 3 Abs. 3 UWG nicht „eindeutig" als solche gekennzeichnete Werbung in redaktionellen Inhalten (wie Anh. I Nr. 11 zu Art. 5 Abs. 5 UGPRL 2005/29/EG).

2 Das **Erkennbarkeitsgebot** soll eine **Irreführung der Empfänger** über Motivation, Zweck und Zustandekommen der Kommunikation verhindern. Denn Rezipienten messen Äußerungen eines am Wettbewerb nicht unmittelbar beteiligten Dritten regelmäßig eine andere Bedeutung und Beachtung zu als entsprechenden Angaben des Werbenden selbst (BGH NJW 1995, 3177 (3179). Dem Wahrhaftigkeitsgebot entspricht die wettbewerbsrechtliche Ratio eines fairen Wettbewerbs der Werbungtreibenden. Angesichts der Bedeutung der Werbung für eine staatsunabhängige Finanzierung des medialen Diskurses ist zudem die Chancengleichheit der Medien im Wettbewerb um Werbebudgets zu beachten.

3 Das Erkennbarkeitsgebot greift auch dort, wo ein Angebot keinen „übrigen Inhalt" hat, von dem die Werbung getrennt werden könnte. Wenn ein Kurzfilm auf einer Videoplattform aus der Sicht des durchschnittlichen Rezipienten als unentgeltlich generierter Inhalt eines anderen Nutzers erscheint, tatsächlich aber zu Werbezwecken von einer Agentur erstellt und hochgeladen wurde, ist das Erkennbarkeitsgebot verletzt.

4 Das Gebot der **Trennung von Werbung und sonstigen Inhalten** (§ 58 Abs. 1 S. 1 Hs. 2) setzt die Existenz anderer als werbender Inhalte voraus. Das können journalistisch-redaktionelle Inhalte sein, aber auch automatisch erstellte Suchergebnisse oder ein Onlinespiel etc.

Das Trennungsgebot dient zunächst ebenfalls dem – wettbewerbsrechtlich oder verbrau- 5
cherschutzrechtlich motivierten – Schutz vor Irreführung der Rezipienten. Es ist darüber
hinaus eine (technologieneutrale) **Vorgabe für jedes Medienrecht freiheitlicher Demokratien.** Werbung ist eine unverzichtbare Quelle staatsunabhängiger Finanzierung freier
privater Medien, die sich im publizistischen und wirtschaftlichen Wettbewerb entfalten
können müssen. Das Trennungsgebot dient der Bewahrung der publizistischen Unabhängigkeit der Presse und anderer Medien, indem es den Durchgriff der Werbegelder auf die
Redaktionen für rechtswidrig erklärt (vgl. BGH NJW 1990, 3199 (3202) – Werbung im
Programm). Umso bedenklicher ist es deshalb, dass die AMDRL und ihr ohne Not folgend
der Landesgesetzgeber mit der Legalisierung der entgeltlichen Produktplatzierung den Einfluss der Werbegelder auf die privaten Rundfunkprogramme deutlich erhöht haben (vgl. von
Danwitz AfP 2005, 470 ff.). Das ist eine partielle Beseitigung und generelle Schwächung des
Trennungsgebotes, die zudem die Presse im Wettbewerb mit den Rundfunkanbietern um
Werbegelder ohne sachlichen Grund diskriminiert und Gefahr läuft, weitere Werbebudgets
von der außenpluralen Presse auf den im Bereich der Werbevermarktung im Wesentlichen
duopolistisch strukturierten Rundfunk umzulenken.

Eine **hinreichende Trennung** von Werbung und sonstigen Inhalten impliziert die 6
Unterscheidbarkeit und damit auch Erkennbarkeit der Werbung. Umgekehrt ist jedoch als
solche erkennbare Werbung möglich, die dennoch so eng mit redaktionellen Inhalten verbunden ist, dass das Trennungsgebot nicht mehr gewahrt wird. So könnten in Fernsehsendungen eingebaute werbliche Produkterwähnungen bzw. Produktverwendungen mit optischen und akustischen Mitteln deutlich als Werbung gekennzeichnet werden. Dennoch ist
auch dann das Trennungsgebot ebenso wenig gewahrt wie in dem illegalen Beispiel einer
eindeutig gekennzeichneten werblichen Produkterwähnung in einem Presseartikel.

I. „Klare" Erkennbarkeit und „eindeutige" Trennung

In einer ersten Fallgruppe ist der Werbecharakter der jeweiligen Kommunikation bei 7
näherem Hinsehen erkennbar und letztlich unstreitig. Fraglich ist allein, ob die Werbung
„klar" erkennbar und „eindeutig" von den sonstigen Inhalten getrennt ist. Maßstab ist der
durchschnittlich informierte, situationsadäquat aufmerksame und verständige Durchschnittsempfänger des jeweiligen konkreten Angebots. Er muss ohne weiteres und zweifelsfrei
erkennen können, dass es sich um der Verkaufsförderung dienende Werbung und nicht um
einen redaktionellen Beitrag handelt.

Der Werbecharakter kann sich schon aus Inhalt und Gestaltung des Angebotes ergeben, 8
ohne dass es einer ausdrücklichen Kennzeichnung bspw. als „Anzeige" bedarf. Das gilt in der
Regel für Werbebanner im Umfeld der redaktionellen Inhalte.
- **Bannerwerbung auf Internetseite mit Browserspielen für Kinder** (KG MMR 2012,
  316): Bannerwerbung in Form des vom eigentlichen Angebot abgesetzten horizontalen
  oder vertikalen Streifens ist auch für das Durchschnittskind hinreichend abgetrennt. Das
  könnte anders zu beurteilen sein, wenn das Werbebanner als Rechteck mitten in den
  eigentlichen Inhalt hineingestellt wird (unzulässig nach LG Berlin GRUR-RR 2011, 332).

Werden im redaktionell gestalteten Bereich neben redaktionellen Überschriften, Anlesern 9
und Verlinkungen auf redaktionelle Artikel in vergleichbarer Aufmachung auch werbliche
Überschriften, Anleser und Verlinkungen auf werbliche Texte angeboten, erweckt dies häufig
den Eindruck redaktioneller Inhalte und verletzt dann das Trennungsgebot. Immer muss der
Werbecharakter schon des Links so deutlich sein, dass der Durchschnittsnutzer erkennt, er werde
mit dem Betätigen das redaktionelle Angebot verlassen und auf Werbung treffen. Beispielsfälle:
- **Internetportal zu Wellness- und Schönheitsprodukten** verweist in gleicher Aufmachung auf redaktionelle Artikel und werbliche Texte (unzulässig nach LG Düsseldorf BeckRS 2011, 27078).
- **Internetportal mit breitem Themenangebot** verweist innerhalb des redaktionell
  anmutenden Angebotsbereiches in gleicher Aufmachung auf Artikel und Werbetexte
  (unzulässig nach LG München I BeckRS 2009, 22042).
- **Redaktionell anmutender Link im Navigationsbereich der Internetseite einer
  Zeitung verweist auf eine Werbeseite im Zeitungsangebot** (unzulässig nach LG
  Berlin MMR 2005, 778).

- **Ein werbender Link im redaktionell gestalteten Teil** einer Online-Zeitung verdeutlicht durch eine Kombination von Merkmalen aus auffälliger Unterlegung des Links, Einkaufswagensymbol, dem Hinweis „Shopping" und deutlich anpreisendem Werbeslogan, dass der Leser bei Betätigen des Links das redaktionelle Angebot verlässt (zulässig nach KG BeckRS 2008, 02537).

10 Wenn Inhalt und Gestaltung des Angebotes für sich genommen dem Trennungsgebot nicht genügen, ist eine **Kennzeichnung werblicher Verlinkungen** und entsprechender Anreißer bspw. als „Anzeige" oder „Werbung" notwendig. Je ähnlicher der werbliche Inhalt nach graphischer und sonstiger Gestaltung den verwendeten redaktionellen Inhalten ist, desto deutlicher muss der textliche Hinweis sein.
- Nicht ausreichend ist es, wenn **werbende Anreißer für einen werbenden Link** im redaktionellen Teil einer Online-Zeitung **nur teilweise** durch das Wort „Anzeige" **gekennzeichnet** sind (KG GRUR 2007, 254).

11 Das **Trennungsgebot** gilt auch für die von **Suchmaschinen** zu bestimmten Suchwörtern erzeugten Antworten und die zu denselben Suchwörtern verkauften Anzeigen.
- Dabei sollen **Adwords-Anzeigen,** die auf der Google-Ergebnisseite unmittelbar über den eigentlichen Suchergebnissen erscheinen, ausreichend von diesen getrennt sein, wenn die Anzeigen in einem hellblauen Kasten erscheinen, der rechts oben mit der grauen Schrift „Anzeige" gekennzeichnet ist (LG Hamburg MMR 2005, 629).

12 Die Frage, ob im **Internet geringere Anforderungen an das Trennungsgebot** zu stellen sind, darf nicht mit der Tatsache verwechselt werden, dass das Internet eine große Vielfalt redaktioneller und werblicher Gestaltung erlaubt, die dem durchschnittlichen Internetnutzer bekannt und vertraut ist. Dieses größere Wissen fließt in den Maßstab des durchschnittlichen Rezipienten des konkreten Angebotes ein und führt so mit dem rechtlich unveränderten Maßstab zu einer größeren Flexibilität.

II. Werbecharakter im Falle objektiv werbewirksamer redaktioneller Inhalte?

13 Presse- und sonstige Medienfreiheiten bedingen die Freiheit zu kritischer Berichterstattung über wirtschaftliche Vorgänge und Akteure, schließen ebenso aber das Recht zu neutralen und positiven Informationen und Werturteilen über Unternehmen, Waren und Dienstleistungen ein. Ratgeber- und Service-Journalismus ist zulässig. Das gilt auch dann, wenn solche redaktionellen Inhalte objektiv erhebliche Werbewirkung haben. Andererseits ist verschleierte Werbung unzulässig.

14 Die notwendige Grenzziehung verlangt eine Beurteilung „der ganz konkreten Gestaltung eines Beitrags" (OLG Hamburg ZUM-RD 1999, 284). Zu berücksichtigen sind dabei alle Umstände des Einzelfalles wie Inhalt, Anlass und Aufmachung des Beitrags sowie Gestaltung und Ziel der Publikation. Dabei ist von unzulässiger Werbung dann auszugehen, wenn der Beitrag keine journalistische Auseinandersetzung mehr erkennen lässt, sondern das Unternehmen oder Produkt übermäßig werbend hervorhebt (vgl. BGH GRUR 1993, 565 – Faltenglätter; OLG Hamburg ZUM 1997, 393; OLG Hamburg ZUM-RD 1999, 284; BVerfG NJW 2005, 3201).

15 Das gilt auch für die Frage, ob ein **Link auf eine Unternehmensadresse im Rahmen redaktioneller Angebote** als unzulässige Werbung zu beurteilen ist.
- Handelt es sich um Artikel, die im Übrigen ohne werblichen Überschuss redaktionell bspw. über ein Unternehmen und seine Produkte berichten, führt auch ein ergänzender Link auf das Unternehmen in aller Regel nicht zur Annahme getarnter Werbung (so iErg BGH MMR 2004, 529 – Schöner Wetten; KG MMR 2002, 119, Rn. 53 ff.; vgl. auch BGH NJW 2011, 2436 – AnyDVD).

B. Audiovisuelle Mediendienste auf Abruf (Abs. 3)

16 § 58 Abs. 3 RStV wurde durch den 13. Rundfunkänderungsstaatsvertrag zur Umsetzung der Richtlinie über audiovisuelle Mediendienste eingeführt (AMD-RL RiLi 2007/65/EG, zitiert in der konsolidierten Fassung der RiLi 2010/13/EU).

Die AMD-RL hat sich nicht darauf beschränkt, Fernsehen unabhängig von seinem Ver- 17
breitungsweg (Satellit, Kabel, Internet, terrestrisch etc.) als lineares Angebot audiovisueller
Inhalte zu definieren. Sie dehnt vielmehr als Nachfolgerin der Fernsehrichtlinie 89/552/
EWG Elemente der Rundfunkregulierung über das Fernsehen hinaus auf einen Teil der
Nichtrundfunkmedien aus. Für Mediendienste, deren Hauptzweck das Angebot fernsehähnlicher Videos auf Abruf aus einem Katalog heraus ist (nicht lineare Mediendienste auf Abruf),
werden neue Beschränkungen eingeführt. Insbesondere mit kommunikativen, werbebezogenen Diskriminierungsverboten (→ Rn. 36 ff.) und mit der Schwächung des Schutzes gegen
staatliche Lizenzerfordernisse (→ Rn. 44) hat die AMDRL rundfunktypische Restriktionen
auf Abrufmedien im zugangsoffenen Internet erstreckt, die bis dahin auch mit audiovisuellen
Inhalten den Grundsätzen der Pressefreiheit folgten.

Obwohl die **AMDRL** einige rundfunktypische Restriktionen auf Internet-Abrufmedien 18
ausdehnt, ist sie ein **Kompromiss in dem Streit zwischen Rundfunkregulierung und
Pressefreiheit** als Regelungsprinzipien für Medien im Internet. Denn audiovisuelle Mediendienste auf Abruf sind **nur solche Medienangebote, deren Hauptzweck in fernseh-
formatähnlichen Abrufvideos** besteht (vgl. auch Schulz, EuZW 2008, 107 (109)). Damit
bleiben alle Medien im zugangsoffenen Internet, bei denen Bewegtbilder nicht überwiegen,
von der rundfunktypischen Regulierung verschont und können weiter insgesamt nach den
Grundsätzen der Pressefreiheit agieren. Insbesondere die typische digitale Presse, die mehr
Artikel mit Text und Bild als Videos verbreitet, ist unter Einschluss ihrer Abrufvideos nicht
erfasst. Die stattdessen geforderte Ausdehnung der AMD-RiLi auf jedes Bewegtbild und
selbst die digitale Presse ieS („Content-Richtlinie") wäre ein unangemessene Beschnei-
dung technologieneutraler Presse- und Medienfreiheit und zugleich die finale Okkupation der
Mediengesetzgebungskompetenz durch die EU. Auch Art. 11 EU-GRCharta sollte in einem
Sinne zu verstehen sein, der einer Ausdehnung rundfunktypischer Regulierungselemente auf
Abrufvideos in zugangsoffenen Netzen skeptisch bis ablehnend gegenübersteht.

Die Umsetzung der AMDRL durch § 58 Abs. 3 RStV erfasst ebenfalls nur solche 19
Internetangebote, deren Hauptzweck in fernsehähnlichen Videos besteht (→ Rn. 20). Allerdings erstreckt die deutsche Umsetzung auch europarechtlich nicht geforderte Kommunikationsverbote auf diese Abrufvideos und dürfte insoweit als unverhältnismäßige Beschränkung des Art. 5 Abs. 1 GG anzusehen sein (→ Rn. 39 f.).

Die Definitionen audiovisueller Mediendienste auf Abruf in **§ 58 Abs. 3 RStV** und dem 20
insoweit identischen **§ 2 Nr. 6 TMG** erfassen nur solche audiovisuellen Telemedien, deren
Hauptzweck in fernsehähnlichen Abrufvideos besteht. Zwar wird dieses begrenzende
Element der europäischen Definition in der deutschen Umsetzung nicht ausdrücklich wie-
derholt. Doch handelt es sich nach der Begründung zum TMG um eine 1:1-Umsetzung
(BT-Drs. 17/718, 8) und gilt nichts anderes für den Rundfunkänderungsstaatsvertrag („Be-
griffsbestimmungen in Art. 1a und 1g" AMDRL „systemkonform umgesetzt", Begr. zum
13. RfÄndStV, 18, bspw. HessLTDrs. 18/1614). Zudem ist im Zweifel eine Umsetzung der
Richtlinie gewollt und müsste der Gesetzgeber eine über die Richtlinie hinausgehende
Erstreckung von Kommunikationsbeschränkungen eindeutiger anordnen. Schließlich ist die
Expansion der Beschneidung von Medienfreiheiten durch die Erstreckung rundfunktypischer, „ausgestaltender" Kommunikationsverbote auf Abrufvideos im zugangsoffenen Internet nur bei äußerster Zurückhaltung mit Art. 5 GG vereinbar. Deshalb verbietet letztlich der
Grundsatz verfassungskonformer Auslegung die Ausdehnung über die Richtlinienvorgabe
hinaus.

I. Anwendungsbereich: Redaktionelle Abrufangebote mit fernsehähnlichen Videos als Hauptzweck

Die Definition der „audiovisuellen Mediendienste auf Abruf" in § 58 Abs. 3 RStV ist 21
gesetzestechnisch missglückt, indem sie ohne Not und Absicht hinter der Konkretisierungs-
leistung der Definition der AMD-RiLi zurückbleibt. Es ist jedoch eine 1:1-Umsetzung
gewollt (BT-Drs. 17/718, 8), hilfsweise in verfassungskonformer Auslegung anzunehmen
(→ Rn. 20), so dass die Richtlinie ergänzend herangezogen werden kann und muss.

Ein „audiovisueller Mediendienst auf Abruf" iSd § 58 Abs. 3 RStV bzw. Art. 1 Abs. 1g, 22
a, i, b, c und d AMD-RiLi liegt vor, wenn Hauptzweck (5.) eines Telemedienangebots ein

redaktionell zusammengestellter (4.) Katalog (3.) von Filmen auf Abruf (2.) ist, die nach Form und Inhalt Fernsehsendungen vergleichbar sind (1.).

1. Nach Form und Inhalt fernsehähnliche Telemedien (mit Fernsehprogrammen vergleichbare Sendungen)

23   Die einzelnen filmischen Beiträge des nichtlinearen audiovisuellen Mediendienstes heißen nach Art. 1 Abs. 1b) AMDRL „Sendungen" und müssen nach „Form und Inhalt" mit „Fernsehprogrammen vergleichbar" sein. Nichts anderes meint § 58 Abs. 3 mit „Telemedien mit Inhalten, die nach Form und Inhalt fernsehähnlich sind". Als Beispiele nennt Art. 1 Abs. 1b) S. 2 AMDRL „Spielfilme, Sportberichte, Fernsehkomödien, Dokumentarfilme, Kindersendungen und Originalfernsehfilme". Ausgegrenzt werden hier z. B. die als Fernsehsendung untypischen Internet-Kurzvideos, die sich in wenigen Minuten mit einzelnen Themen befassen und im Fernsehen höchstens als unselbständige Teile einer Sendung vorkommen mögen. Ebenfalls nicht erfasst sind selbstverständlich alle nicht-audiovisuellen Medien, insbes. Texte und Bilder der digitalen Presse (→ § 59 Rn. 30 ff. und → Rn. 26 ff.).

2. Auf Abruf

24   Die einzelnen Beiträge des Mediendienstes müssen „zum individuellen Abruf zu einem vom Nutzer gewählten Zeitpunkt" angeboten werden (§ 58 Abs. 3 S. 1, Art. Abs. 1g AMDRL). Das gilt für alle Online-Videos, die nicht entlang eines Sendeplans iSd § 2 Abs. 1 RStV (Art. 1 Abs. 1e AMDRL) als Rundfunk gesendet bzw. „gestreamt" werden.

3. Inhaltekatalog mit Vielzahl von Sendungen (Programmkatalog)

25   Einzelne Sendungen auf Abruf, selbst wenn sie fernsehähnlich sind (1.), machen noch keinen audiovisuellen Mediendienst. Es muss vielmehr ein Inhaltekatalog bzw. Programmkatalog (Art. 1 Abs. 1g und b AMDRL) mit derartigen fernsehähnlichen Videos angeboten werden.

4. Redaktionelle Zusammenstellung des Katalogs

26   Der Katalog fernsehähnlicher Abrufvideos muss sodann **vom Anbieter redaktionell bestückt und gestaltet** werden. Eine Online-Videothek mag tausende Filme aus einem Katalog anbieten, ist aber nicht redaktionell gestaltet und schon deshalb kein audiovisueller Mediendienst. Bloße Upload-Plattform wie etwa youtube sind ebenfalls kein nichtlinearer audiovisueller Mediendienst des Plattformbetreibers. Wenn es jedoch auf einer solchen Plattforme Bereiche gibt, in denen Dritte über eine Zusammenstellung von Videos redaktionell entscheiden, kann ein solcher „Kanal" durchaus ein Abrufmediendienst des Dritten sein.

5. Hauptzweck ist ein Katalog fernsehähnlicher Sendungen

27   Unabhängig von der Frage der Fernsehähnlichkeit werden mediale Abrufvideos immer dann nicht erfasst, wenn solche Videos nicht den Hauptzweck des Angebots ausmachen (Art. 1 Abs. 1a i AMDRL). Das gilt auch für audiovisuelle Abrufmediendienste nach § 58 Abs. 3 (ausf. → Rn. 20). „Hauptzweck" bedeutet wenigstens, dass der überwiegende Zweck in der Information, Unterhaltung etc. durch einen Katalog fernsehähnlicher Abrufvideos liegt. Entgegen mancher Befürchtung sind auch hier keine außergewöhnlichen Auslegungsschwierigkeiten zu erwarten.

28   Audiovisuelle Mediendienste auf Abruf:
- Erfasst werden Mediatheken, dh Telemedien, die in Fernsehprogrammen (linear) verbreitete Sendungen auf Abruf (nichtlinear) bereit halten.
- Erfasst werden sodann Angebote, die fast ausschließlich bis überwiegend fernsehähnliche Videos in redaktioneller Gestaltung anbieten.

29   Keine audiovisuellen Mediendienste auf Abruf:
- Nicht erfasst werden Internet-Medien, deren Abrufvideos (ungeachtet etwaiger Fernsehähnlichkeit und ungeachtet der Katalogisierung) nicht den Hauptzweck des Mediums

ausmachen. Das ist dann der Fall, wenn die Zahl der nicht-audiovisuellen Inhalte, insbes. der Artikel mit Text und Bild, die Zahl der Videos überwiegt. Die Medien werden dann insgesamt, dh, unter Einschluss der Videos nicht erfasst.
- Insgesamt nicht erfasst werden insbes. die typischen Angebote der digitalen Presse, die mehr Artikel mit Text und Bild als Videos anbieten.

6. Abgrenzung des Mediendienstes (Gesamt- oder Unterangebot?)

Die Frage, welche Inhalte einen Mediendienst ausmachen, ist aus der Sicht eines verständigen Durchschnittsempfängers des jeweiligen Angebots zu beurteilen. 30

Die Antwort ist zweifelsfrei, wenn **alle etwaigen Unterkategorien und Bereiche unter einer Domain** (www.medienmarke.de) **Kataloge mit fernsehähnlichen Abrufvideos enthalten** oder alle etwaigen Unterkategorien keine derartigen Kataloge anbieten. 31

Findet sich **in einem Teilbereich unterhalb einer Domain** (www.medienmarke.de) **ein Katalog fernsehähnlicher Abrufvideos,** kommt es für die Einordnung als selbständiger Mediendienst mit dem Hauptzweck des Audiovisuellen oder aber als ergänzender Teilbereich, der neben den anderen Medieninhalten nicht den Hauptzweck ausmacht, auf das Verständnis eines verständigen Durchschnittsempfängers an. Relevant sind alle konkreten Umstände des Einzelfalls wie Inhalte, Gestaltung etc. 32

- **Unterbereich ist kein audiovisueller Mediendienst auf Abruf:** Wenn bspw. allein eine von fünf Unterkategorien mit dem Navigationstitel „Videos" einen derartigen Katalog enthält, der als Ergänzung zu den nichtaudiovisuellen, deutlich überwiegenden Unterkategorien erscheint, handelt es sich um einen unselbständigen Teil, der nicht isoliert zu betrachten ist und in dem anderweitigen Hauptzweck aufgeht.
- **Unterbereich ist audiovisueller Mediendienst auf Abruf:** Wenn hingegen bspw. eine Unterkategorie mit einem Katalog fernsehähnlicher Videos in anderer Gestaltung als die übrigen nicht-audiovisuellen Unterkategorien andere Themen behandelt und insgesamt nicht als Ergänzung, sondern als selbständiges Medienangebot erscheint, kann es sich um ein als eigenständig zu bewertendes und dann auch audiovisuelles Medienangebot auf Abruf handeln.

Die für audiovisuelle Mediendienste auf Abruf geltenden Restriktionen erfassen immer nur die in dem Dienst angebotenen Sendungen bzw. fernsehähnlichen Telemedien, nicht hingegen mit dem Gesamtangebot verbreitete nichtaudiovisuelle Medien wie insbes. selbständige Artikel mit Text und Bild. Höchstens für völlig unselbständige, die Videos lediglich ankündigende oder sonst unterstützende Inhalte könnte das restriktivere Sonderrecht der audiovisuellen Mediendienste auf Abruf gelten. 33

II. Geltung rundfunkrechtlicher Regelungen für audiovisuelle Mediendienste auf Abruf

1. Zusätzliche Regelungen für alle audiovisuellen Mediendienste auf Abruf

a) **Rechtshoheit.** Gemäß § 58 Abs. 3 S. 1 RStV gilt die Regelung des **§ 1 Abs. 3 RStV über die Rechtshoheit** entsprechend für audiovisuelle Mediendienste auf Abruf. Danach findet der Rundfunkstaatsvertrag unter bestimmten Voraussetzungen auch auf Rundfunkveranstalter ohne Niederlassung in Deutschland Anwendung. 34

b) **Rundfunkspezifisches Trennungsgebot.** Entsprechend gelten sodann die **Werberegelungen des § 7 RStV.** Es handelt sich zunächst um **rundfunkspezifische Ausprägungen des Erkennbarkeits- und Trennungsgebotes** (Verbot der Programmbeeinflussung, Trennungsgebot, Splitscreen, Dauerwerbesendung, virtuelle Werbung, Schleichwerbung, Produkt- und Themenplatzierung in § 7 Abs. 3–7). Dabei setzen die Regelungen zur Gestaltung der Produktplatzierung in § 7 Abs. 7 S. 2 ff. RStV eine Zulassung dieser Werbeform in § 15 RStV oder § 44 RStV voraus. Diese Bestimmungen, die Produktplatzierungen als Durchbrechungen des Trennungsgebotes gestatten, werden jedoch in § 58 Abs. 3 RStV – anders als noch in Entwürfen zum 13. RfÄndStV erwogen – nicht aufgeführt, so dass Produktplatzierungen in nichtlinearen audiovisuellen Mediendiensten nach § 7 Abs. 7 S. 1 RStV unzulässig bleiben. 35

RStV § 58   II. Rundfunk und presseähnliche Telemedien

36   **c) Inhaltliche Werbebeschränkungen aus § 7 Abs. 1 RStV.** Mit der Anwendbarkeit von § 7 Abs. 1, 8, 9 und 10 RStV werden bislang allein für den Rundfunk geltende, binnenplural und medienpolitisch motivierte Werbeverbote auf einen Teil des zugangsoffenen Internet ausgedehnt. § 7 Abs. 1 setzt Vorgaben aus Art. 9 Abs. 1c AMDRL um, insbes. **Diskriminierungsverbote** und **Verbote der Gefährdung allgemeiner Güter** wie Gesundheit, Sicherheit und Umwelt.

37   Die **Ausdehnung** derartiger **politischer Inhaltsverbote über den Bereich des Rundfunks hinaus** birgt erhebliche Gefahren für eine freiheitliche Medienverfassung. Immer geht es um Äußerungen, die in allen anderen Medien bislang zulässig sind und vielfach zum Standard dessen zählen, was Meinungs- und Pressefreiheit schützen soll. Das lässt sich an der **Umwertung des staatsgerichteten Gleichheitssatzes in bürgeradressierte Verbote provozierender (kommerzieller) Meinungsäußerung** veranschaulichen. Die kommunikative Diskriminierung nach Geschlecht, Nationalität oder Rasse war gem. Art. 12b) Fernsehrichtlinie 89/552/EWG (idF d. Änderung durch RiLi 97/36/EG) bis zum Jahr 2007 allein der Fernsehwerbung verboten. Es handelt sich um eine Beschränkung, die als Element freiwilliger Selbstkontrolle das Ergebnis geschützter Grundrechtsausübung sein kann, die aber als staatliches Kommunikationsverbot – jedenfalls außerhalb binnenpluraler staatlicher Mediengestaltung – der Prüfung durch freiheitliche Äußerungsgrundrechte nicht Stand hält. Diskriminierungsverbote gelten für staatliche, grundrechtsgebundene Stellen. Sie mögen zudem per Gesetz auch auf private Vertragsbeziehungen etwa in der Arbeitswelt erstreckt werden. Hingegen ist „Diskriminierung" im Sinne der kommunikativen Freiheit, ganz entschieden und in drastischer Weise bestimmte Religionen, Weltanschauungen oder andere Phänomene und Verhaltensweisen abzulehnen oder zu befürworten, essentieller Teil der Grund- und Bürgerrechte. Gesellschaftliche Phänomene wie „das" Bild der Frau, des Mannes oder wessen auch immer werden in freien Gesellschaften durch die freie Kommunikation immer wieder neu bestimmt. Unerwünschte Äußerungen zu diesen Bildern dürfen nicht durch hoheitliche Kommunikationsverbote beschränkt werden. Staatliche Vorgaben für die Medien, nur noch bestimmte „politisch korrekte" Sichtweisen zu veröffentlichen, sind untragbar.

38   Das ist außerhalb der binnenpluralen Steuerung des Rundfunks auch dem acquis communautaire bekannt. So nahm die EU-Kommission im Jahr 2003 ausdrücklich davon Abstand, den Vorschlag für eine Gleichbehandlungsrichtlinie des Rates auf Werbe- und Medieninhalte auszudehnen. Denn man hatte eingesehen, dass derartige Inhaltsbeschränkungen mit den Kommunikationsgrundrechten unvereinbar sind. Die Erläuterungen zum Entwurf der Gleichbehandlungsrichtlinie stellen dazu fest: „Um einen Konflikt mit anderen Grundfreiheiten wie der Pressefreiheit (…) zu vermeiden, stellt Art. 1 klar, dass die Richtlinie (…) nicht anwendbar ist, wenn es um Medieninhalte und Werbeinhalte geht" (KOM (2003) 657 endg. 5.11.2003, 16). Und Erwägungsgrund (11) des Richtlinienentwurfs erklärt: „Durch das Diskriminierungsverbot dürfen andere Grundrechte (…) einschließlich der Medienfreiheit und des Medienpluralismus" „nicht beeinträchtigt werden", weswegen es nicht „für Medien- und Werbeinhalte" gelten soll (KOM (2003) 657 endg. 5.11.2003, 24). Dementsprechend bestimmt Art. 1 Abs. 4 des Richtlinienentwurfs, dass die Richtlinie nicht „für den Inhalt von Medien und Werbung" gilt (KOM (2003) 657 endg. 5.11.2003, 26), was die endgültige Fassung der 2004 vom Rat verabschiedeten Richtlinie in Art. 3 Abs. 3 wörtlich übernimmt (RiLi 2004/113/EG des Rates v. 13.12.2004 (ABlEG Nr. L 373 v. 21.12.2004, 37). Presse-, Medien- und Meinungsfreiheit als die Ratio und der primärrechtliche Befehl hinter der Unanwendbarkeit von Medien- und Werbeinhalte werden hingegen vom Rat nicht mehr genannt. Die Halbwertzeit dieser Einsichten muss gering gewesen sein. Anders ist es nicht zu erklären, dass die AMDRL den werbebezogenen Teil dieses Kommunikationsverbotes nicht nur wieder für gut befindet, sondern auch noch ausgedehnt hat.

39   **d) Verbot politischer Werbung. § 7 Abs. 8 und 9 RStV** sind mit dem Verbot des Auftritts von Nachrichtensprechern in der Werbung und mit dem **Verbot politischer, weltanschaulicher oder religiöser Werbung** nationalstaatlich und grundrechtsgebunden.

40   Mit § 7 Abs. 9 RStV werden bspw. Werbespots von Amnesty International im deutschen Fernsehen verboten, die im Kino, auf DVD oder im zugangsoffenen Internet uneingeschränkt zulässig sind bzw. waren. Es mag sein, dass dieses Verbot politischer Meinungsäußerung auf zugangsknappen Übertragungswegen des linearen Rundfunks nach wie vor

gerechtfertigt werden kann. Jedenfalls aber für Abrufvideos im zugangsoffenen Internet ist eine Rechtfertigung nicht ersichtlich. Das gilt auch dann, wenn das Video, in dem die Werbung enthalten ist, fernsehähnlich erscheint und Videos solcher Art Hauptzweck des Medienangebotes sind. Die Anordnung einer entsprechenden Anwendung des § 7 Abs. 9 RStV durch § 58 Abs. 3 S. 1 wäre damit als unverhältnismäßige Einschränkung des Art. 5 Abs. 1 GG verfassungswidrig und ist also im Wege einer verfassungsrechtlich gebotenen teleologischen Reduktion aus der Norm zu streichen. Es ist gegenüber zugangsoffenen Abrufmedien kein Rechtsgut ersichtlich, das durch ein solches Verbot derart gefördert wird, dass es bei Beachtung der Meinungs- und Medienfreiheit Vorrang vor dieser genießen kann.

e) **Alkoholwerbung.** Die Anwendbarkeit von **§ 7 Abs. 10 RStV** wird durch Art. 9 Abs. 1e AMDRL vorgegeben. Verboten werden Werbung und Teleshopping für **alkoholische Getränke,** die deren übermäßigen Genuss fördern. 41

f) **Sponsoring.** Die Regelungen des Art. 10 AMDRL über das **Sponsoring** erfassen auch nichtlineare audiovisuelle Mediendienste, was mit der Anwendbarkeit des **§ 8 RStV** umgesetzt wird. 42

g) **EU-Vorgabe zur Ausdehnung behördlicher Medieninhaltsaufsicht auf audiovisuelle Medien-Websites?** Die weitgehende Ersetzung aufsichtsbehördlicher Inhaltskontrolle durch die Verantwortung vor Gesetz und Richter ist ein wesentliches Element effektiver Presse- und Meinungsfreiheit. Dennoch spricht Art. 30 AMDRL von „zuständigen unabhängigen Regulierungsstellen" der Mitgliedsstaaten, die offenbar nicht nur den Sonderfall Fernsehen, sondern alle (jeweils) von der Richtlinie erfassten Medien überwachen sollen. Wenn diese Aussage als imperative Anordnung der Ausdehnung behördlicher Medienkontrolle auf weitere Medien zu verstehen sein sollte, wäre das ein problematischer Rückschritt in Richtung staatlichen Medienzugriffs. Die aufsichtsbehördliche inhaltsbezogene Regulierung des Fernsehens ist ein restriktiver Sonderfall, der keinesfalls als Vorbild für weitere Medien oder gar als Regel dienen sollte. Eine europarechtliche Verpflichtung der Mitgliedsstaaten, mit der Ausdehnung derartiger Medienkontrolle ein wesentliches Element robuster Meinungs-, Presse- und sonstiger Medienfreiheit abzuschaffen oder nicht einzuführen, muss abgelehnt werden. Das gilt auch schon für die nichtlinearen audiovisuellen Medienangebote und nicht erst für die ausgeklammerten Angebote anderweitiger Videos sowie der klassischen elektronischen Presse. Unschwer kann dieses Freiheitselement auch Art. 11 EU-GRCharta entnommen werden. 43

h) **Schwächung der Lizenzfreiheit von Medien im zugangsoffenen Internet.** Die Gründung und der Betrieb auch solcher Abrufmedien, die die AMDRL erfasst, waren bis 2007 durch Art. 4 Abs. 1 ECRL gegen jegliches staatliche Lizenzerfordernis oder Maßnahmen gleicher Wirkung geschützt. Im Zuge der Einbeziehung in die AMDRL wurde trotz entsprechender Vorschläge versäumt, dieses elementare Freiheitselement zweifelsfrei festzuschreiben. Art. 4 Abs. 8 AMDRL erlaubt lediglich die Anwendung der ECRL, soweit die AMDRL nichts anderes vorsieht, und legt im Übrigen den Vorrang der AMDRL vor der ECRL fest. Da die AMDRL „die Mitgliedstaaten weder verpflichtet noch ermuntert", „neue Lizenz- oder Genehmigungsverfahren im Bereich audiovisueller Mediendienste einzuführen" (Erwgg. 20), geht sie offenbar von der europarechtlichen Zulässigkeit der Ausdehnung nationalstaatlicher Lizenzerfordernisse auf nichtlineare audiovisuelle Mediendienste aus. Genau diese Beschränkungen sind aber mit Art. 4 Abs. 1 ECRL unvereinbar. Nur wenn man in der impliziten Billigung staatlicher Genehmigungserfordernisse keine Aussage der AMDRL erblickt, bleibt Raum für Art. 4 Abs. 1 ECRL. Letzter Ausweg zur Sicherung einer entsprechenden europarechtlichen Medienfreiheit ist die überzeugende Annahme, dass das Mediengrundrecht der Grundrechtscharta zwischen der Zulässigkeit von Lizenzerfordernissen im zugangsknappen Rundfunk und der grundrechtlichen Unzulässigkeit solcher Lizenzvorbehalte für die technologieneutralen Presse wie für sonstige Abrufmedien unterscheiden kann. 44

2. Zusätzliche Regelungen für Pay per View (Abs. 3 S. 2)

§ 58 Abs. 3 S. 2 RStV enthält zusätzliche Anforderungen an audiovisuelle Mediendienste, deren Sendungen jeweils gegen Einzelentgelt bereitgestellt werden (Pay per View) und die nach § 2 Abs. 3 Nr. 5 RStV kein Rundfunk sind. Es gelten jeweils die Vorgaben für Berichte 45 über Großereignisse (§ 4 RStV), für die Kurzberichterstattung (§ 5 RStV) und für europäische sowie Eigen-, Auftrags- und Gemeinschaftsproduktionen (§ 6 RStV).

C. Sponsoring im Fernsehtext (Abs. 2)

46   Gem. § 58 Abs. 2 RStV gelten die Vorschriften des § 8 RStV für Sponsoring im Rundfunk entsprechend auch für Sponsoring im Fernsehtext.

D. Gewinnspiele in Telemedien (Abs. 4)

47   Die §§ 8a, 58 Abs. 4 RStV erklären „Gewinnspiele" in „Rundfunk" und „an die Öffentlichkeit gerichteten Telemedien" für zulässig, sofern das Entgelt für die Teilnahme 0,50 EUR nicht übersteigt. Diese Normen sollten als Sonderregelung das generelle Verbot von Glücksspielen im GlückStV verdrängen, laufen in der Rechtspraxis für sich genommen aber leer. Denn auch Gewinnspiele iSv §§ 8a, 58 Abs. 4 RfTmStV – wie bspw. 50ct-Onlinesportwetten – werden von den Verwaltungsgerichten als Glücksspiele iSd GlückStV bewertet, die ohne glücksspielrechtliche Einzelfallerlaubnis rechtswidrig seien (VGH München BeckRS 2011, 54815; VG München, BeckRS 2010, 52658). Das wird damit begründet, dass §§ 8a, 58 Abs. 4 RfTmStV den GlückStV unberührt ließen, dieser also unabhängig von der Frage der Zulässigkeit nach Rundfunk- und Telemedienrecht eingreife (VGH München BeckRS 2011, 54815).

48   Als Reaktion auf diese Rspr. hat der Landesgesetzgeber mit § 2 Abs. 6 GlückStV 2012 (bspw. BayGVBl 2012, 318) bestimmt, dass für Gewinnspiele im Rundfunk „nur § 8a des Rundfunkstaatsvertrags" gelten. Wieso 50ct-Gewinnspiele allein im Rundfunk, nicht aber in der digitalen Presse legalisiert werden sollen, bleibt ohne Begründung. Eine ausreichende Legitimation dafür, dass der Rundfunk, nicht aber die digitale Presse und sonstige Telemedien diese Refinanzierungsquelle nutzen dürfen, ist auch nicht erkennbar.

§ 59 Aufsicht

(1) ¹**Die nach den allgemeinen Datenschutzgesetzen des Bundes und der Länder zuständigen Kontrollbehörden überwachen für ihren Bereich die Einhaltung der Datenschutzbestimmungen des Telemediengesetzes sowie des § 57.** ²**Die für den Datenschutz im journalistisch-redaktionellen Bereich beim öffentlich-rechtlichen Rundfunk zuständigen Stellen überwachen für ihren Bereich auch die Einhaltung der Datenschutzbestimmungen für journalistisch-redaktionelle Angebote bei Telemedien.** ³**Satz 1 gilt nicht, soweit Unternehmen und Hilfsunternehmen der Presse der Selbstregulierung durch den Pressekodex und der Beschwerdeordnung des Deutschen Presserates unterliegen.**

(2) Die Einhaltung der Bestimmungen für Telemedien einschließlich der allgemeinen Gesetze und der gesetzlichen Bestimmungen zum Schutz der persönlichen Ehre mit Ausnahme des Datenschutzes wird durch nach Landesrecht bestimmte Aufsichtsbehörden überwacht.

(3) ¹Stellt die jeweils zuständige Aufsichtsbehörde einen Verstoß gegen die Bestimmungen mit Ausnahme der § 54, § 55 Abs. 2 und 3, § 56, § 57 Abs. 2 oder der Datenschutzbestimmungen des Telemediengesetzes fest, trifft sie die zur Beseitigung des Verstoßes erforderlichen Maßnahmen gegenüber dem Anbieter. ²Sie kann insbesondere Angebote untersagen und deren Sperrung anordnen. ³Die Untersagung darf nicht erfolgen, wenn die Maßnahme außer Verhältnis zur Bedeutung des Angebots für den Anbieter und die Allgemeinheit steht. ⁴Eine Untersagung darf nur erfolgen, wenn ihr Zweck nicht in anderer Weise erreicht werden kann. ⁵Die Untersagung ist, soweit ihr Zweck dadurch erreicht werden kann, auf bestimmte Arten und Teile von Angeboten oder zeitlich zu beschränken. ⁶Bei journalistisch-redaktionell gestalteten Angeboten, in denen ausschließlich vollständig oder teilweise Inhalte periodischer Druckerzeugnisse in Text oder Bild wiedergegeben werden, ist eine Sperrung nur unter den Voraussetzungen des § 97 Abs. 5 Satz 2 und des § 98 der Strafprozessordnung zulässig. ⁷Die Befugnisse der

Aufsichtsbehörden zur Durchsetzung der Vorschriften der allgemeinen Gesetze und der gesetzlichen Bestimmungen zum Schutz der persönlichen Ehre bleiben unberührt.

(4) ¹Erweisen sich Maßnahmen gegenüber dem Verantwortlichen nach § 7 des Telemediengesetzes als nicht durchführbar oder nicht Erfolg versprechend, können Maßnahmen zur Sperrung von Angeboten nach Absatz 3 auch gegen den Diensteanbieter von fremden Inhalten nach den §§ 8 bis 10 des Telemediengesetzes gerichtet werden, sofern eine Sperrung technisch möglich und zumutbar ist. ²§ 7 Abs. 2 des Telemediengesetzes bleibt unberührt.

(5) Wird durch ein Angebot in Rechte Dritter eingegriffen und ist für den Dritten hiergegen der Rechtsweg eröffnet, sollen Anordnungen der Aufsichtsbehörde im Sinne von Absatz 3 nur erfolgen, wenn dies aus Gründen des Gemeinwohls geboten ist.

(6) ¹Für den Vollzug dieses Abschnitts ist die Aufsichtsbehörde des Landes zuständig, in dem der betroffene Anbieter seinen Sitz, Wohnsitz oder in Ermangelung dessen seinen ständigen Aufenthalt hat. ²Ergibt sich danach keine Zuständigkeit, so ist diejenige Aufsichtsbehörde zuständig, in deren Bezirk der Anlass für die Amtshandlung hervortritt.

(7) ¹Der Abruf von Angeboten im Rahmen der Aufsicht ist unentgeltlich. ²Diensteanbieter haben dies sicherzustellen. ³Der Anbieter darf seine Angebote nicht gegen den Abruf durch die zuständige Aufsichtsbehörde sperren.

§ 59 RStV ist Aufgaben- und Befugnisnorm für die gefahrenabwehrrechtliche Aufsicht über journalistische und nicht-journalistische Telemedien. Abs. 1 regelt die sachliche Zuständigkeit der Aufsicht über datenschutzrechtliche Anforderungen an Telemedien (→ Rn. 1 ff.), Abs. 2 diejenige über die sonstigen normativen Anforderungen (→ Rn. 5 ff.). Abs. 6 verhält sich zur örtlichen Zuständigkeit der Aufsicht (→ Rn. 8 ff.). Abs. 3–5 ermächtigen die jeweils zuständige Behörde zu Eingriffen gegenüber dem Anbieter (→ Rn. 9 ff.) und subsidiär gegenüber weiteren Vermittlern (→ Rn. 41 ff.). § 59 Abs. 7 sichert der Aufsicht einen kostenlosen Zugang zu kostenpflichtigen Angeboten (→ Rn. 58).

Übersicht

	Rn		Rn
A. Zuständigkeiten (Abs. 1, 2 und 6) ...	1	weise Inhalte periodischer Druckerzeugnisse")	26
I. Aufsicht über datenschutzrechtliche Bestimmungen (Abs. 1)	1	4. Grundrechtliche Gehalte technologieneutraler Pressefreiheit	30
II. Aufsicht über andere als datenschutzrechtliche Bestimmungen (Abs. 2)	5	5. Bedeutung des Abs. 3 S. 7	32
III. Örtliche Zuständigkeit (Abs. 6)	8	6. Videos außerhalb und innerhalb nicht-linearer audiovisueller Mediendienste	36
B. Eingriffsbefugnisse (Abs. 3–5)	9	7. Vorrang des Drittrechtsschutzes (Abs. 5)	40
I. „Verstoß gegen die Bestimmungen" (Abs. 3 S. 1)	9	III. Maßnahmen gegen den „Diensteanbieter von fremden Inhalten" (Abs. 4, §§ 8–10 TMG)	41
1. Prävention nach dem ersten Normverstoß	10	1. Sperrungsverfügungen wegen Inlandsveröffentlichungen	42
2. Geschützter Normenkreis	11	2. Sperrungsverfügungen wegen Auslandsäußerungen	47
II. „Maßnahmen gegenüber dem Anbieter" eigener Inhalte (Abs. III, V)	17	IV. Abschließender Charakter der Abs. 3 und 4	57
1. Generelle Verhältnismäßigkeitsanforderungen an Telemedienverbote (Abs. 3 S. 3–5)	19	**C. Kostenloser Zugang der Aufsicht zu Angeboten (Abs. 7)**	58
2. Polizeifestigkeit digitaler Presse (Abs. 3 S. 6 f.)	23		
3. Anwendbarkeit des Abs. 3 S. 6 auf hybride und rein digitale Presse („ausschließlich vollständig oder teil-			

A. Zuständigkeiten (Abs. 1, 2 und 6)
I. Aufsicht über datenschutzrechtliche Bestimmungen (Abs. 1)

1 § 59 Abs. 1 S. 1 überträgt die Aufsicht über die datenschutzrechtlichen Sonderregelungen für Telemedien aus § 57 RStV und §§ 11 ff. TMG den nach den allgemeinen Datenschutzgesetzen zuständigen Behörden für ihren jeweiligen Bereich. Damit ist der Bundesdatenschutzbeauftragte auch für die Telemedien der öffentlichen Stellen des Bundes zuständig (vgl. § 24 f. BDSG). Telemedien der öffentlichen Stellen der Länder und private Telemedien werden von den Landesdatenschutzbeauftragten überwacht. Alleine in Bayern obliegt die Aufsicht über den Datenschutz der privaten Telemedien einer gesonderten Datenschutzaufsicht.

2 Im Einzelnen sind für die datenschutzrechtliche Aufsicht über Telemedien die folgenden Behörden zuständig:

Bundesland	zuständig für nicht-öffentlichen Bereich	zuständig für öffentlichen Bereich
Baden-Württemberg	Der Landesbeauftragte für den Datenschutz Baden-Württemberg, § 28 Abs. 1 und § 31 Abs. 1 BWDSG (zuletzt geänd. d. G. v. 7.2.2011, GBl. 43)	
Bayern	Bayerisches Landesamt für Datenschutzaufsicht bei der Regierung von Mittelfranken, § 1 Abs. 1 BayDSchV (zuletzt geänd. am 20.7.2011, GVBl. 307)	Der Bayerische Landesbeauftragte für den Datenschutz, Art. 30 Abs. 1 BayDSchG (zuletzt geänd. am 20.7.2011, GVBl. 307)
Berlin	Berliner Beauftragter für Datenschutz und Informationsfreiheit, § 24 Abs. 1 und § 33 Abs. 1 S. 1 BlnDSchG (zuletzt geänd. d. G. v. 16.5.2012, GVBl. 137)	
Brandenburg	Der Landesbeauftragte für den Datenschutz und das Recht auf Akteneinsicht Brandenburg, § 23 Abs. 1 und § 23 Abs. 1a BbgDSG (geänd. d. G. v. 25.5.2010, GVBl. I/10, (Nr. 21))	
Bremen	Die Landesbeauftragte für Datenschutz und Informationsfreiheit Bremen, § 61 Abs. 1 BremLMG (zuletzt geänd. d. Brem.GBl. Nr. 27 v. 28.8.2012, 377); § 27 Abs. 1 BremDSchG (zuletzt geänd. d. G. v. 16.11.2010, GBl. 573)	
Hamburg	Der hamburgische Beauftragte für Datenschutz und Informationsfreiheit, § 24 Abs. 1 und § 23 Abs. 1 HmbDSG (zuletzt geänd. am 14.6.2011, GVBl. 255)	
Hessen	Der Hessische Datenschutzbeauftragte, § 24 IV Nr. 1 und I HessDSG (zuletzt geänd. d. G. v. 20.5.2011, GVBL. I 208)	
Mecklenburg-Vorpommern	Der Landesbeauftragte für Datenschutz und Informationsfreiheit Mecklenburg-Vorpommern, § 33a und § 30 I DSG M-V (zuletzt geänd. d. G. v. 20.5.2011, GVOBl. 277 (278))	
Niedersachsen	Der Landesbeauftragte für Datenschutz Niedersachsen, § 22 VI und I NDSG (zuletzt geänd. d. G. v. 12.12.2012, GVBl. 589)	
Nordrhein-Westfalen	Landesbeauftragter für Datenschutz und Informationsfreiheit Nordrhein-Westfalen, § 22 V 2 und I DSG NRW (zuletzt geänd. d. G. v. 5.7.2011, GV. NRW. 338)	

Bundesland	zuständig für nicht-öffentlichen Bereich	zuständig für öffentlichen Bereich
Rheinland-Pfalz	Der Landesbeauftragte für den Datenschutz und die Informationsfreiheit Rheinland-Pfalz, § 24 I 2 und 1 RPDSG, zuletzt geänd. d. G. v. 20.12.2011, GVBl. 427)	
Saarland	Unabhängiges Datenschutzzentrum Saarland, § 28a I und § 26 I SDSG (zuletzt geänd. d. G. v. 18.5.2011, Amtsbl. I 184)	
Sachsen	Der Sächsische Datenschutzbeauftragte, § 30a und § 27 SächsDSchG (zuletzt geänd. d. G. v. 14.7.2011, GVBl. 270)	
Sachsen-Anhalt	Landesbeauftragter für den Datenschutz Sachsen-Anhalt, § 22 II und I DSG LSA (zuletzt geänd. d. G. v. 27.9.2011, GVBl. 548)	
Schleswig-Holstein	Unabhängiges Landeszentrum für Datenschutz Schleswig-Holstein, § 39 III und II DSG SH (zuletzt geänd. d. G. v. 11.1.2012, GVOBl. 78)	
Thüringen	Der Thüringer Landesbeauftragte für den Datenschutz, § 42 Abs. 1 und § 37 ThürDSG (idF d. Bekanntmachung v. 13.1.2012, GVBl. 27)	

§ 59 Abs. 1 S. 2 RStV enthält eine Sonderzuständigkeit für journalistisch-redaktionelle 3 Telemedien öffentlich-rechtlicher Rundfunkanbieter. Diejenigen, die bei den Anstalten generell für die Überwachung des Datenschutzes „im journalistisch-redaktionellen Bereich" zuständig sind, sollen dies auch bei öffentlich-rechtlichen „journalistisch-redaktionellen" Telemedien übernehmen. Das sind die anstaltsinternen Rundfunkdatenschutzbeauftragten, die die jeweilige Rundfunkanstalt für die Kontrolle der Verarbeitung personenbezogener Daten zu bestellen hat (bspw. §§ 37, 38 BWDSG für den SWR; § 53 WDRG zuletzt geänd. d. G. v. 5.7.2011, GV 348; §§ 16 ff. ZDF-Staatsvertrag).

§ 59 Abs. 1 S. 3 RStV enthält eine Sonderregelung für Unternehmen und Hilfsunternehmen der Presse. Soweit diese in datenschutzrechtlicher Hinsicht der Kontrolle anhand des Pressekodex und der Beschwerdeordnung des Deutschen Presserates unterliegen, tritt diese Selbstregulierung an die Stelle der Kontrolle nach § 59 Abs. 1 S. 1 RStV. Der Redaktionsdatenschutz des Presserates erfasst „Telemedien mit journalistisch-redaktionellen Inhalten"; im nicht-redaktionellen Bereich verbleibt es bei der Aufsicht nach Abs. 1 S. 1. Der Vorrang der Selbstkontrolle im redaktionellen Bereich „ist gerechtfertigt, da mit dem Deutschen Presserat eine anerkannte Institution zur Verfügung steht, die auch bisher die Einhaltung der gesetzlichen Bestimmungen sichergestellt hat und es sich oft um die gleichen Inhalte wie bei gedruckter Presse handelt" (Begr. 9. RfÄndStV, zB Bay. LT Drs. 1576821, 15). Ohne diesen Schutz würde § 59 Abs. 1 S. 1 RStV infolge der zunehmenden Digitalisierung von Zeitungen und Zeitschriften in einem wichtigen Bereich auf die Wiedereinführung ordnungsbehördlicher Kontrolle der Presseredaktionen hinauslaufen.

II. Aufsicht über andere als datenschutzrechtliche Bestimmungen (Abs. 2)

§ 59 Abs. 2 RStV überlässt dem Landesrecht die Bestimmung der Behörden, die für die 5 Aufsicht über die Einhaltung anderer als datenschutzrechtlicher Bestimmungen für Telemedien zuständig sind. Das sind neben den nicht-datenschutzrechtlichen Vorschriften des RStV und des Telemediengesetzes die übrigen allgemeinen Gesetze und die Bestimmungen zum Schutz der Ehre. Eine Mehrheit der Länder bestimmt ihre Landesmedienanstalt zur zuständigen „Aufsichtsbehörde" gem. § 59 Abs. 2 RStV. Der Plural „Aufsichtsbehörden" stellt jedoch klar, dass es keine einheitliche Aufsicht sein muss. So macht Bremen bei Verstößen gegen die allgemeinen Gesetze und die Ehrschutzbestimmungen die für die Überwachung des jeweils betroffenen Gesetzes zuständige Behörde zur Aufsicht iSd § 59 Abs. 2 RStV; nur im Übrigen ist die Bremische Landesmedienanstalt zuständig (§ 61 Abs. 2 BremLMG, zuletzt geänd. d. BremGBl. v. 28.8.2012, 377).

6   Im Einzelnen treffen die Länder folgende Regelungen zu § 59 Abs. 2:

Bundesland	Aufsicht über Telemedien
Baden-Württemberg	Landesanstalt für Kommunikation Baden-Württemberg, § 30 Abs. 2 HS 2 LMG (zuletzt geänd. d. G. v. 20.11.2012, GBl. 631)
Bayern	Regierung von Mittelfranken, Art. 1 Abs. 1 AG RStV JmSchStV (zuletzt geänd. d. G. v. 25.10.2011, GVBl. 530)
Berlin	Medienanstalt Berlin Brandenburg, § 2 G. v. 25.1.2007, GVBl. 10
Brandenburg	Medienanstalt Berlin Brandenburg, § 2 Abs. 1 S. 1 Medienaufsichtsgesetz (zuletzt geänd. d. G. v. 8.1.2007, GVBl. 26)
Bremen	Bei Verstößen gegen § 54 Abs. 1 S. 3 RStV die für die Überwachung des jeweils betroffenen Gesetzes zuständige Behörde, im Übrigen die Bremische Landesmedienanstalt, § 61 Abs. 2 BremLMG (zuletzt geänd. d. BremGBl. v. 28.8.2012, 377)
Hamburg	Medienanstalt Hamburg Schleswig-Holstein, § 38 VI Medienstaatsvertrag HSH (idF d. 4. ÄndStV v. 2.2.2011, HmbGVBl. 251)
Hessen	Hessische Landesanstalt für privaten Rundfunk und neue Medien
Mecklenburg-Vorpommern	Medienanstalt Mecklenburg-Vorpommern, § 2 Abs. 2 RundfG MV (zuletzt geänd. d. G. v. 11.3.2010, GVOBl. 150).
Niedersachsen	Landesamt für Verbraucherschutz und Lebensmittelsicherheit, II. 1.2. d. Beschlusses d. Landesregierung v. 7.9.2004 (MBl. 2004, 686) iVm Abs. 3 des Erlasses der Staatskanzlei v. 28.3.2008 (MBl. 2008, 481)
Nordrhein-Westfalen	Bezirksregierung Düsseldorf, § 1 Abs. 1 S. 2 TMZ-Gesetz (g. d. G. v. 30.10.2007, GV 445)
Rheinland-Pfalz	Aufsichts- und Dienstleistungsdirektion (Trier)
Saarland	Landesmedienanstalt Saarland, (Art. 1 § 3 des Gesetzes Nr. 1614 über die Zustimmung zum Neunten Rundfunkänderungsstaatsvertrag (Amtsbl. 2007, 450))
Sachsen	Landesdirektion Sachsen, Art. 1 Abs. 2 d. G. v. 24.1.2007 (zuletzt geänd. d. Teil 2 d. G. v. 22.2.2012, GVBl. 2012, 130)
Sachsen-Anhalt	Medienanstalt Sachsen-Anhalt, § 43 Abs. 1 Nr. 1 LMG (idF d. Neubekanntmachung v. 26.4.2010, GVBl. 304)
Schleswig-Holstein	Medienanstalt Hamburg Schleswig-Holstein, § 38 VI Medienstaatsvertrag HSH (idF d. 4. ÄndStV v. 2.2.2011, GVOBl. 116)

Aufsicht § 59 RStV

Bundesland	Aufsicht über Telemedien
Thüringen	Thüringer Landesmedienanstalt, § 3 Abs. 2 G. v. 18.12.1991 (GVBl. 635, zuletzt geänd. d. G. v. 26.2.2010, GVBl. 29)

In der Regel ist die für die gefahrenabwehrrechtliche Aufsicht zuständige Behörde auch mit der Ahndung der entsprechenden Ordnungswidrigkeiten betraut, hier insbes. der Bußgeldbewehrungen aus § 49 Abs. 1 S. 2 Nr. 13–29 RStV, § 16 Abs. 2 Nr. 1 TMG (etwa: Regierung von Mittelfranken, § 4 Abs. 3 ZuVOWiG BW, zuletzt geänd. d. G. v. 11.12.2012, GVBl. 666; Landesanstalt für Kommunikation Baden-Württemberg, § 51 Abs. 4 LMG BW, zuletzt geänd. d. G. v. 20.12.2012, GBl. 631; Landesmedienanstalt Berlin-Brandenburg für Brandenburg gem. § 2 Abs. 1 S. 2 Medienaufsichtsgesetz, zuletzt geänd. d. G. v. 8.1.2007, GVBl. 26; Bremische Landesmedienanstalt, § 62 Nr. 2 – 4 BremLM, zuletzt geänd. d. BremGBl. v. 28.8.2012, 377; Medienanstalt Hamburg Schleswig-Holstein, § 51 Abs. 1 Nr. 2, Abs. 3 S. 1 Medienstaatsvertrag HSH idF d. 4. ÄndStV v. 2.2.2011, HmbGVBl. 251; vgl. näher → § 49 Rn. 79. Zwingend ist das allerdings nicht (§ 36 Abs. 1 OWiG). 7

III. Örtliche Zuständigkeit (Abs. 6)

Örtlich zuständig ist gem. § 59 Abs. 6 S. 1 die Aufsichtsbehörde des Bundeslandes, in dem der Telemedienanbieter seinen Sitz, Wohnsitz oder hilfsweise ständigen Aufenthalt hat. Liegt keine dieser örtlichen Bindungen zu einem Land vor, fällt die Aufsicht gem. § 59 Abs. 6 S. 2 derjenigen Behörde zu, in deren Bezirk „der Anlass für die Amtshandlung hervortritt". Das kann bspw. eine Anzeige oder auch der Abruf eines Angebots aus gegebenem Anlass sein. Jede Aufsichtsbehörde kann damit für die Aufsicht über alle in Deutschland abrufbaren Telemedien örtlich zuständig werden. 8

B. Eingriffsbefugnisse (Abs. 3–5)
I. „Verstoß gegen die Bestimmungen" (Abs. 3 S. 1)

§ 59 Abs. 3 S. 1 RStV ist die ordnungsbehördliche Spezialermächtigung für Maßnahmen der nach Abs. 2 zuständigen Aufsicht gegen Anbieter von Telemedien. Die Eingriffsvoraussetzungen unterscheiden sich gleich in zweierlei Hinsicht von den üblichen ordnungsrechtlichen Generalklauseln. 9

1. Prävention nach dem ersten Normverstoß

Die Aufsichtsbehörde muss einen „Verstoß gegen die Bestimmungen" „fest(stellen)" und kann also nur nach einem ersten Verstoß dessen Fortsetzung bzw. weitere Verstöße für die Zukunft untersagen oder auf andere Weise zu unterbinden suchen. Auch das ist – im Unterschied zur Ahndung des festgestellten Verstoßes als Ordnungswidrigkeit oder Straftat – zukunftsgerichtete und präventive Gefahrenabwehr (materielles Polizeirecht). Verschlossen ist der Aufsicht jedoch ein präventives Einschreiten schon im Falle der Prognose eines bevorstehenden ersten Normverstoßes, der zweiten Variante einer „Gefahr für die öffentliche Sicherheit" iSd ordnungsbehördlichen Generalermächtigungen. 10

2. Geschützter Normenkreis

Die Eingriffsermächtigung des 59 Abs. 3 S. 1 RStV schützt nicht alle für Telemedien geltenden Bestimmungen und ist in dieser Hinsicht ebenfalls enger als das allgemeine Polizei- und Ordnungsrecht, dessen Generalklausel mit der „öffentlichen Sicherheit" prinzipiell alle Rechtsnormen durchzusetzen erlaubt. 11

Explizit ausgenommen von der Anwendbarkeit des § 59 Abs. 3 S. 1 sind 12
- die Datenschutzbestimmungen des Telemediengesetzes (§§ 11–15a TMG)

- § 57 Abs. 2 RStV (datenschutzrechtliche Ansprüche Betroffener gegen Redaktionsarchive)
- § 55 Abs. 2 (erweiterte Impressumspflicht bei presseäquivalenten journalistisch-redaktionellen Telemedien)
- § 55 Abs. 3 (Auskunftsrecht presseäquivalenter journalistisch-redaktioneller Telemedien)
- § 56 (Gegendarstellungspflicht presseäquivalenter journalistisch-redaktioneller Telemedien).
- § 54 Abs. 2 (Journalistische Sorgfaltspflicht presseäquivalenter journalistisch-redaktioneller Telemedien)
- § 54 Abs. 3 (Pflicht zur Angabe des repräsentativen Charakters von Meinungsumfragen in Telemedien)

13 Folgende Bestimmungen des Rundfunkstaatsvertrags und des Telemediengesetzes werden hingegen nach § 59 Abs. 3 RStV durchgesetzt:
- Informationspflichten über den Anbieter nach § 55 Abs. 1 RStV und § 5 TMG
- Gebot der Trennung von Werbung und sonstigen Inhalten nach § 58 Abs. 1 RStV sowie Informationspflichten bei kommerzieller Kommunikation nach § 6 TMG
- § 58 Abs. 1 S. 2, Abs. 2–4 RStV (Verbot unterschwelliger Werbetechnik, Sponsoring im Fernsehtext, Anforderungen an audiovisuelle Mediendienste auf Abruf und Glücksspiele).

14 Auch die „allgemeinen Gesetze" und die „gesetzlichen Bestimmungen zum Schutz der persönlichen Ehre" (§ 54 Abs. 1 S. 3, § 59 Abs. 2) zählen zu den „Bestimmungen", die § 59 Abs. 3 durchsetzen soll. Zwar scheint § 59 Abs. 3 S. 1 seinem Wortlaut nach § 54 RStV in Gänze auszunehmen („mit Ausnahme der § 54, §§ 55 Abs. 2 und 3 (…)"). Dann wäre auch § 54 Abs. 1 S. 3 RStV mit den dort in Bezug genommenen allgemeinen Gesetze und Ehrschutzbestimmungen von der Eingriffsbefugnis nicht erfasst. Die Herausnahme auch des § 54 Abs. 1 aus dem Kreis der durch die Ermächtigung geschützten Vorschriften bleibt jedoch als Redaktionsversehen (VG Gelsenkirchen ZUM-RD 2008, 377 (381)) oder im Wege einschränkender Auslegung unberücksichtigt (VG Aachen BeckRS 2008, 33559, Rn. 72 ff.). Tatsächlich beabsichtigte der Gesetzgeber bei der Überführung der Eingriffsbefugnis aus dem Mediendienstestaatsvertrag in § 59 Abs. 3 RStV durch den 9. RfÄndStV keine derartige Begrenzung der Ermächtigungsgrundlage, die mit § 22 Abs. 1 S. 2 MDStV bis dahin die allgemeinen Gesetze einschloss. Das kann die Erstreckung der Ausnahme durch § 59 Abs. 3 RStV als Redaktionsversehen erscheinen lassen. Dafür spricht zudem die Begründung zum 10. RfÄndStV, die recht zweifelsfrei davon ausgeht, dass die allgemeinen Gesetze unter § 59 Abs. 3 RStV fallen (bspw. BayLT Drs. 15/9667, 26 zu Nr. 24).

15 Als allgemeine Gesetze bzw. Ehrschutzbestimmungen, die die Telemedienaufsicht nach § 59 Abs. 3 RStV grds. durchzusetzen hat, werden insbes. genannt:
- Strafgesetze,
- Zivilgesetzliche Anforderungen aus bürgerlichem Recht, Wettbewerbs-, Urheber- und Markenrecht,
- das zivil- und strafrechtlich weitgehend parallel normierte Äußerungsrecht der §§ 823 ff. BGB, §§ 185 ff. StGB als Recht der persönlichen Ehre.

16 Eine spezielle Zuständigkeit und Ermächtigungsgrundlage greift bei Verstößen gegen den Jugendmedienschutzstaatsvertrag. Die zuständige Landesmedienanstalt trifft gem. § 20 Abs. 1 JMStV „die erforderlichen Maßnahmen", und zwar im Falle von Telemedienanbietern nach § 20 Abs. 4 JMStV „durch die KJM entsprechend § 59 Abs. 2 bis 4 RStV". § 59 Abs. 3 und 4 sind damit auch bei Maßnahmen aufgrund des JMStV zu berücksichtigen. Allerdings soll die Zuständigkeitszuweisung des JMStV die Regelung des Rundfunkstaatsvertrages überlagern und verdrängen, womit die Aufsicht iSd § 59 Abs. 2 RStV für die in § 4 Abs. 1 JMStV genannten allgemeinen Gesetze nicht mehr zuständig ist und auch in diesen Fällen immer die KJM entscheidet (vgl. Billmeier/Manssen, Telekommunikations- und Multimediarecht, 17. Erl. 10/06, D § 22 MDStV Rn. 35; VG Köln MMR 2005, 399 (404)).

II. „Maßnahmen gegenüber dem Anbieter" eigener Inhalte (Abs. III, V)

17 Stellt die Behörde einen Verstoß gegen eine der durch § 59 Abs. 3 RStV geschützten Rechtsvorschriften fest, „trifft sie die zur Beseitigung des Verstoßes erforderlichen Maß-

Aufsicht   § 59 RStV

nahmen gegenüber dem Anbieter". Somit besteht – anders als im Rahmen der polizei- und ordnungsrechtlichen Generalklausel – kein Entschließungs-, sondern nur ein Auswahlermessen. Die Behörde „kann insbes. Angebote untersagen oder deren Sperrung anordnen". Allerdings werden Untersagungs- und Sperrungsverfügungen in den folgenden Sätzen 3–6 des § 59 Abs. 3 RStV für verschiedene Konstellationen ausgeschlossen bzw. begrenzt (→ Rn. 19 ff.). Die prinzipielle Eingriffspflicht ist zudem durch § 59 Abs. V RStV in Fällen des Eingriffs in rechtsschutzfähige Rechte Dritter in ihr Gegenteil verkehrt, da „Anordnungen im Sinne von Absatz 3" dann nur ausnahmsweise erfolgen sollen (→ Rn. 40).

Ungeachtet dieser Beschränkungen auf der Rechtsfolgenseite könnte die Eingriffsbefugnis 18 im Verein mit einer planmäßigen behördlichen Inhaltskontrolle telemedialer Veröffentlichungen zu einer seit langem unbekannten Dimension staatlicher Medienüberwachung führen, die aus Sicht der Grundrechte des Art. 5 Abs. 1 GG bedenklich erscheint. Laut Gesetzesbegründung ist die Aufsicht jedoch zu einer „generelle(n) und lückenlose(n) Überwachung" jedenfalls nicht „verpflichtet", sondern soll in der Regel erst im Falle von Beschwerden oder bei sonstigen Anhaltspunkten für einen Verstoß tätig werden.

1. Generelle Verhältnismäßigkeitsanforderungen an Telemedienverbote (Abs. 3 S. 3–5)

§ 59 Abs. 3 S. 3–5 RStV begrenzen Untersagungsverfügungen unabhängig davon, ob das 19 betroffene Angebot journalistisch-redaktionellen Charakter hat und ob es sich um Texte, Bilder, Bewegtbilder oder Ton handelt.

S. 3 schreibt einfachgesetzlich fest, dass die Untersagung nicht außer Verhältnis zur 20 Bedeutung des Angebots für die individuellen Interessen des Anbieters und für die Interessen der Allgemeinheit stehen darf. Die gesetzliche Wiederholung des Verhältnismäßigkeitsgrundsatzes hätte dann eigenständige Bedeutung, wenn die Eingriffsbefugnis des § 59 Abs. 3 RStV generell oder bspw. gegenüber Videos nicht als Grundrechtseingriff, sondern als Ausgestaltung des Rundfunkgrundrechts gewertet würde und für diese das Übermaßverbot nicht oder nur abgeschwächt gelten sollte.

S. 4 konkretisiert einen Aspekt der Erforderlichkeit und damit der zweiten Stufe der 21 Verhältnismäßigkeitsprüfung. Nur wenn der Zweck der Untersagung nicht auf andere Weise erreicht werden kann, darf die Untersagung überhaupt erfolgen. Diese Betonung alternativer Zweckerreichung lässt sich dahingehend deuten, dass in die Suche nach milderen Maßnahmen nicht nur die „voraussichtlich gleich wirksamen", sondern auch andere „voraussichtlich zwecktaugliche" Mittel selbst dann einbezogen werden müssen, wenn sie nicht ebenso effektiv wie eine Untersagung sind. Bei einem solchen Verständnis würde der Verhältnismäßigkeitsgrundsatz hier dazu führen, dass die Untersagung erst als ultima ratio nach milderen Mitteln zum Zuge kommen kann. Demgegenüber misst die Rspr. dem Satz keine Bedeutung bei, indem nur „gleichermaßen" wirksame mildere Mittel berücksichtigt werden (VG Lüneburg, ZUM-RD 2008, 51 (55)).

S. 5 konkretisiert die Erforderlichkeit der Untersagung in gegenständlicher und zeitlicher 22 Hinsicht. Das Verbot ist dem Zweck der Beseitigung des jeweiligen Verstoßes entsprechend auf bestimmte Arten und Teile von Angeboten zu beschränken. Die Rechtswidrigkeit der Verbreitung kommunikativer Inhalte ergibt sich im Regelfall nur aus einzelnen Elementen des geistigen Inhaltes wie etwa bestimmten Sätzen, Satzteilen, Szenen etc. Untersagungsverfügungen sind auf diese „Teile" von Angeboten zu beschränken. Gleichzeitig zwingt diese Vorgabe die Aufsicht dazu, die zur Rechtswidrigkeit führenden Teilinhalte konkret zu benennen. Untersagungsverfügungen ohne Konkretisierung der rechtswidrigen Inhaltselemente sind danach rechtswidrig. Zeitliche Begrenzungen kommen bspw. im Rahmen des Jugendschutzes in Betracht.

2. Polizeifestigkeit digitaler Presse (Abs. 3 S. 6 f.)

§ 59 Abs. 3 S. 6 wurde durch den 9. RfÄndStV zum Schutz der periodischen elektro- 23 nischen Presse eingeführt. Inhaltsbezogene Verbreitungsverbote durch Gefahrenabwehrbehörden gegen die gedruckte periodische Presse sind durch die Landespressegesetze ausgeschlossen; letztlich kann allein der Strafrichter nach § 111n StPO bzw. §§ 13 ff. LPG jeweils iVm § 74d StGB unter engen Voraussetzungen und in Akzessorietät zu einem Strafverfahren die einziehungssichernde Beschlagnahme anordnen (sog. Polizeifestigkeit der Presse). § 59 Abs. 3 S. 6 RStV erkennt die Notwendigkeit einer technologieneutralen Pressefreiheit in dieser Frage an, indem er den Schutz der gedruckten Presse gegen behördliche Verbreitungsverbote wenigstens auf Teile der digitalen Presse überträgt. Soweit Zeitschriften und Zeitungen („periodische Druckerzeugnisse") ihre Inhalte „in Text oder Bild" vollständig oder teilweise auch in digitaler Form verbreiten, „ist eine Sperrung nur unter den Voraussetzungen des § 97 Abs. 5 S. 2 und des § 98 der Strafprozessordnung zulässig." Danach soll, so die amtliche Begründung (bspw. BayLT Drs. 15/6821, 16), „eine Sperrungsverfügung durch die Aufsichtsbehörde bei Telemedien ebenfalls nur unter der Voraussetzung zulässig sein, dass eine Beschlagnahme nach der Strafprozessordnung möglich ist. Dies bedeutet, dass eine Sperrung nur dann in Betracht kommt, wenn sie unter Berücksichtigung der Grundrechte aus Artikel 5 Abs. 1 S. 2 des Grundgesetzes nicht außer Verhältnis zur Bedeutung der Sache steht, und für eine entsprechende Sperrverfügung eine richterliche Anordnung vorliegt (§ 98 Abs. 1 S. 2 der Strafprozessordnung)."

24 Die Begrenzung des § 59 Abs. 3 S. 6 ist auch auf Untersagungsverfügungen gegenüber dem Anbieter der fraglichen Inhalte anzuwenden (Hahn/Vesting/Schulz RStV § 59 Rn. 60). Denn gegenüber dem Anbieter kommt die Untersagung der Verbreitung über digitale Netze durch Vervielfältigungen vom Quelldatenträger der Sperrung dieses Angebotes im Quellrechner gleich.

25 Anzumerken ist, dass der Richtervorbehalt für die einziehungssichernde präventive Pressebeschlagnahme nach § 111n StPO mit der „Beschlagnahme eines periodischen Druckwerks oder eines ihm gleichstehenden Gegenstands im Sinne des § 74d des Strafgesetzbuches" die gedruckte wie die digitale periodische Presse erfasst. Denn die digitale Veröffentlichung ist jedenfalls als öffentliches Zugänglichmachen eines Datenspeichers iSv § 74d Abs. 4 StGB iVm § 11 Abs. 3 StGB anzusehen. Und die Periodizität ist im Falle digitaler Ausgaben unverändert, im Falle der fortlaufenden Veröffentlichung von Artikeln auf einer Website zwanglos vom Wortlaut der Norm erfasst.

3. Anwendbarkeit des Abs. 3 S. 6 auf hybride und rein digitale Presse („ausschließlich vollständig oder teilweise Inhalte periodischer Druckerzeugnisse")

26 Die digitale Erstreckung der Polizeifestigkeit ist ein wichtiger Schritt in Richtung einfachgesetzlicher Sicherung der technologieneutralen Pressefreiheit: Die zunehmend digital verbreitete Presse darf online nicht stärker als offline beschränkt werden. Indem jedoch nur solche digitalen Angebote erfasst werden, die „ausschließlich" auch gedruckt verbreitete Artikel enthalten, könnte der Schutz in zweierlei Hinsicht zu kurz greifen.

27 **Hybride Presse:** § 59 Abs. 3 S. 6 erfasst die über ein Tablet gekaufte und dort gelesene digitale Ausgabe eines Wochenmagazins, die in jeder Hinsicht mit der gedruckten Ausgabe identisch ist („ausschließlich vollständig"). Der Schutz gilt auch der Website einer Zeitung, die einen Teil ihrer gedruckt verbreiteten Inhalte online stellt („ausschließlich teilweise"). Sobald jedoch das digitale Magazin oder die Zeitungswebsite einen zusätzlichen, nicht gedruckten Artikel enthält, scheinen behördliche Untersagungen wieder möglich. Das entspricht nicht dem Sinn der Norm, der jedenfalls alle auch auf Papier gedruckten Artikel einschließt, selbst wenn das Angebot darüber hinaus reine Onlineartikel enthält. Eine entsprechende teleologische Reduktion der Vorschrift ist angezeigt und unschwer auch ohne Rückgriff auf Grundrechtsgehalte möglich (→ Rn. 30 f.).

28 **Rein digitale Presse:** Im Falle der gedruckt wie digital mit identischem Inhalt vertriebenen Zeitschrift gibt es keinen Grund, den Pressefreiheitsschutz der digitalen Ausgabe wieder zurückzunehmen, wenn die gedruckte Verbreitung komplett eingestellt wird. Aber nicht nur der historisch hybriden und durch Verzicht auf die gedruckte Variante rein digital gewordenen Presse ist ein ungeschmälerter Freiheitsschutz zuzuerkennen. Auch wenn das gedruckte Wochenmagazin im Internet eine rein digitale Zeitung anbietet, die keinen einzigen Artikel des Wochenmagazins enthält, muss die technologieneutrale Pressefreiheit greifen. Entscheidend ist die mediale Technik der Vervielfältigung von Texten und Bildern zwecks öffentlicher Verbreitung, die der Web-Server als Drucker der digitalen Presse noch einfacher zur Verfügung stellt als die klassische Druckerpresse. **Presse ist heute jedenfalls**

Aufsicht § 59 RStV

das auf Papier oder elektronisch fixierte und vervielfältigte, öffentliche verbreitete **Wort und Bild.** Periodisch ist diese Presse nicht nur, wenn die digitale Ausgabe täglich oder wöchentlich auf das Endgerät des Lesers geladen wird, sondern auch dann, wenn das Angebot digital fortlaufend durch neue Artikel aktualisiert wird. Die rein digitale Presse wird vom Wortlaut des § 59 Abs. 3 S. 6 RStV nicht erfasst. Andererseits führt schon die Begründung zu § 59 Abs. 3 S. 6 RStV aus, es handele sich „hierbei um Angebote, für die auch §§ 54 Abs. 2, 55 Abs. 2 und 3 sowie § 56 besondere Regelungen enthalten". Da diese Regelungen unstreitig auch die rein digitale Presse erfassen, scheint die engere Fassung jedenfalls kein Hauptanliegen des Gesetzgebers gewesen zu sein. Jedenfalls mit grundrechtlicher Unterstützung ist im Wege verfassungskonformer Auslegung die Polizeifestigkeit der elektronischen Presse auch auf rein digitale Angebote zu erstrecken (weitergehend unter Einbeziehung aller journalistisch-redaktionellen Angebote, Hahn/Vesting/Schulz RStV § 59 Rn. 15 und 60).

Keine Rolle kann es für den Schutz auch oder rein digitaler Presseartikel spielen, wenn **29** das Angebot zusätzlich Videos zum Abruf bereithält. Das dem Artikel benachbarte Video mag an einem erweiterten Pressefreiheitsschutz teilhaben oder nicht (→ Rn. 36 ff.). In jedem Fall bleibt die Schutzwürdigkeit der Presseartikel gegen die Untersagungsverfügung unberührt.

4. Grundrechtliche Gehalte technologieneutraler Pressefreiheit

Ein technologieneutraler Grundrechtsschutz auf dem Niveau der Pressefreiheit für das auf **30** Papier oder elektronisch fixierte und vervielfältige, öffentlich verbreitete Wort und Bild kann Art. 5 GG und den europäischen Grundrechtsgarantien einfach entnommen werden. Das menschen- und bürgerrechtliche Freiheitsinteresse, die demokratische Funktion und die kommunikativen Ausdrucks- und Vervielfältigungsformen sind wie die grundrechtstypische Gesamtbewertung mit derjenigen der gedruckten Presse identisch. Es spricht auch alles dafür, diesen technologieneutralen Grundrechtsschutz dem Grundrecht der Pressefreiheit des Art. 5 Abs. 1 S. 2 GG zuzuordnen (Gersdorf AfP 2010, 421 (423); Spindler/Mann/Smid RStV § 59 Rn. 5 f.; → GG Art. 5 Rn. 46). Insbes. die Zivilgerichte wenden immer wieder auch auf die digitale Presse das Grundrecht der Pressefreiheit an (OLG Hamburg AfP 2005, 474 (476) – Ladenhüter; BGH NJW 2011, 2436 (2438) – AnyDVD Rz. 21 (25): „Die Links (…) werden vom Gewährleistungsgehalt der Pressefreiheit (…) erfasst") oder ordnen ihren Schutz der „Meinungs- und Pressefreiheit (Art. 5 Abs. 1 GG)" zu (BGH NJW 2004, 2158 (2160 f.) – Schöner Wetten). Aber selbst wenn man in der lebensfremden Einordnung digitaler Zeitschriften oder Presseartikel als Rundfunk verharrt, ist es möglich, auch innerhalb des dann zum Zerreißen expandierten Rundfunkgrundrechts die elektronische Presse pressegleich zu schützen (vgl. Fiedler AfP 2011, 15 ff.; Degenhart HbGR IV § 105 Rn. 30). Die Anerkennung einer technologieneutralen Pressefreiheit ist zudem dringend erforderlich. Anderenfalls wird die Pressefreiheit im Zuge der fortschreitenden Digitalisierung der Presse abgeschafft.

Dem Grundsatz der Polizeifestigkeit der Presse ist grundrechtlicher Gehalt beizumessen. **31** Das gilt auch für die elektronische Presse (Hahn/Vesting/Schulz RStV § 59 Rn. 15; vgl. Engel MMR 2003, 1 ff.; unentschieden OVG Münster NJW 2003, 2183 (2185) Rn. 33 f.). Der so bezeichnete Schutz der Presse läuft darauf hinaus, dass im Grundsatz nur der Richter im Rahmen eines Strafverfahrens bzw. selbständigen Einziehungsverfahrens die Verbreitung von Presse untersagen darf. Er schließt gefahrenabwehrrechtliche behördliche Untersagungsverfügungen wegen inhaltlichen Verstößen gegen allgemeine Gesetze unabhängig davon aus, ob sie auf die Generalermächtigungen des Polizei- und Ordnungsrechts oder auf medienspezifische Generealklauseln wie diejenige des § 59 Abs. 3 RStV gestützt werden (aA OVG NW NJW 2003, 2183 (2185) Rn. 33 f.). Er gilt in Deutschland im Wesentlichen seit 1874 und hat von seiner Bedeutung als rechtliche Freiheitssicherung nichts dadurch verloren, dass er derzeit auch ohne höchstrichterliche Entscheidungen gewahrt wird.

5. Bedeutung des Abs. 3 S. 7

Der mit dem 9. RfÄndStV angehängte S. 6 des § 59 Abs. 3 RStV erstreckt die Polizei- **32** festigkeit der Presse und also den Ausschluss inhaltsbezogener Untersagungsverfügungen ohne richterliche Anordnung nach Maßgabe der StPO jedenfalls auf diejenigen Inhalte der digitalen Presse, die auch gedruckt verbreitet werden (→ Rn. 27 f.). Mit dem 10. RfÄndStV fügte der Gesetzgeber einen S. 7 an, der erklärt, die Befugnisse der Aufsichtsbehörden zur Durchsetzung der allgemeinen Gesetze und der gesetzlichen Bestimmungen zum Schutz der persönlichen Ehre blieben unberührt. Die Bestimmung ist nur schwer verständlich und dürfte rechtspolitisch wie historisch den Besonderheiten des Zustandekommens von Rundfunkstaatsverträgen der Bundesländer geschuldet sein.

33 Eine Auslegung dahingehend, dass S. 7 die Untersagungsbegrenzung des vorausgehenden S. 6 indirekt wieder aufhebe, überzeugt schon deshalb nicht, weil dann S. 6 wieder zu streichen gewesen wäre. Sie verbietet sich zudem nach den Grundsätzen verfassungskonformer Auslegung.

34 Versteht man S. 7 dahingehend, dass Eingriffsbefugnisse aufgrund anderweitiger gefahrenabwehrrechtlicher Ermächtigungen unberührt bleiben, stellt sich die Frage, welche landesrechtlichen Normen gemeint sein könnten. Sollen die polizei- und ordnungsrechtlichen Generalklauseln neben § 59 Abs. 3 RStV zur Durchsetzung der allgemeinen Gesetze gegenüber allen Telemedien anwendbar sein (so wohl Spindler/Volkmann RStV § 59 Rn. 46 aE), wären die detaillierten Begrenzungen der Eingriffsbefugnis des § 59 Abs. 3 RStV von vornherein insgesamt weitgehend überflüssig.

35 Es bleibt die Möglichkeit, dass S. 7 behördliche Maßnahmen gegen Telemedien aufgrund des JMSchStV ohne Rücksicht auf S. 6 auch gegenüber der digitalen Presse gestatten will. Das kann zunächst für die Untersagung der Verbreitung digitaler Presse, die gedruckt verbreitet werden darf, nicht überzeugen. Sofern im JMSchStV generelle, auch gegenüber Erwachsenen wirkende Verbreitungsverbote enthalten sind, die auch als Strafnormen im Wege der Strafprozessordnung durchgesetzt werden können, ist die Sperrung im Rahmen des Satzes 6 möglich. Soweit der JMSchStV absolute, nicht jugendspezifische Verbreitungsverbote enthalten sollte, die nicht strafbewehrt sind und nicht für gedruckte Presseartikel gelten, ist auch grundrechtlich nicht begründbar, wieso die Artikel bei digitaler Verbreitung verboten werden sollen. Es gilt im Gegenteil, dass für Kommunikationsverbote, die unterhalb der Bewertung als Straftat bleiben, keine geringeren Hürden gelten dürfen als für die schwerer wiegenden strafbewehrten Verbote. Dieser grundrechtlichen Bewertung könnte dort, wo Verbreitungsverbote dem europäischen Sekundärrecht entnommen werden, der Vorrang des Europarechts auch vor Art. 5 GG entgegengehalten werden. Allerdings kennt auch das Europarecht einen Grundrechtsschutz der Medien- und damit der Pressefreiheit, dem insoweit Vorrang einzuräumen wäre.

6. Videos außerhalb und innerhalb nicht-linearer audiovisueller Mediendienste

36 Die Einbeziehung digitaler Texte und Bilder in den Schutz der Pressefreiheit ist nichts weiter als die Sicherung eines technologieneutralen status quo, ohne den im Zuge der Digitalisierung die für freiheitliche Demokratien nach wie vor unverzichtbare Pressefreiheit schleichend abgeschafft würde. Eine positive Schutzerweiterung wäre hingegen die Einbeziehung journalistisch-redaktioneller Abrufvideos in zugangsoffenen Verteilnetzen wie dem Internet.

37 Auch bei solchen Inhalten handelt es sich in der Terminologie des RStV in aller Regel lediglich um Telemedien. Denn „audiovisuelle Mediendienste auf Abruf" iSd AMD-RL und der diese umsetzenden § 58 Abs. 3 S. 1 RStV und § 2 Nr. 6 TMG liegen nur dann vor, wenn Videos den Hauptzweck eines redaktionellen Angebots ausmachen (→ § 58 Rn. 16 ff.). Die dafür nötige Dominanz des audiovisuellen Angebots ist bspw. bei redaktionell verantworteten Mediatheken oder Videoportalen zu erkennen, liegt aber bei den Videos der digitalen Presseangebote nach Nutzung wie Angebot fern. Eine Einbeziehung journalistisch-redaktioneller Videos in § 59 Abs. 3 S. 6 RStV drängt sich – anders als bei §§ 54 Abs. 2, 55 Abs. 2, 56 RStV – nicht auf. Videos geben keine Inhalte von Druckschriften „in Text oder Bild" wieder. Dessen ungeachtet ist eine entsprechende Anwendung nicht ausgeschlossen.

38 In der Sache spricht vieles dafür, dass der grundrechtliche Schutz journalistisch-redaktioneller Abrufvideos gegen staatliche Inhaltskontrolle in zugangsoffenen Verteilnetzen nicht hinter demjenigen der Presse zurückstehen sollte, und zwar auch dann, wenn er der phäno-

typisch besser passenden Filmfreiheit zugeordnet wird. Das würde zu einer stimmigen Abgrenzung dahingehend führen, dass die journalistisch-redaktionellen Abrufmedien einschließlich audiovisueller Angebote grundrechtlich entweder durch die Pressefreiheit oder wie durch die Pressefreiheit geschützt sind. Es bleibt dann in zugangsoffenen Computernetzen als Bereich für intensivere staatliche Regulierungsexperimente der Rundfunk im formalen Sinne der linearen Fernseh- und Radioprogramme. Dass auch insoweit in Netzen, die auf Anbieterseite zugangsoffen sind, die Rechtfertigung für jegliche Ausgestaltungsbefugnis kaum noch zu erbringen ist, steht auf einem anderen Blatt. Jedenfalls aber muss bereits im Rahmen der Sätze 3 – 5 ein strenger Maßstab an etwaige behördliche Untersagungen audiovisueller Angebote angelegt werden.

Auch soweit Videos Teil eines audiovisuellen Mediendienstes auf Abruf iSd § 58 Abs. 3 S. 1 RStV sind, ergeben sich unter dem Gesichtspunkt der Schutzwürdigkeit gegen exekutive Inhaltskontrolle keine Besonderheiten. **39**

7. Vorrang des Drittrechtsschutzes (Abs. 5)

Können Dritte den Rechtsweg beschreiten, um einen Verstoß gegen Bestimmungen i. S. d. § 59 Abs. 3 S. 1 als Eingriff in ihre Rechte geltend zu machen, sind Aufsichtsmaßnahmen unzulässig, wenn sie nicht „aus Gründen des Gemeinwohls geboten sind". Damit sind das bürgerliche Deliktsrecht ebenso wie das Wettbewerbs-, Urheber- und Markenrecht etc. der behördlichen Aufsicht in der Regel entzogen. Das Gemeinwohl lässt ein Eingreifen der Aufsicht auch dann nicht geboten erscheinen, wenn die entsprechenden Zivilgesetze über die zivilgesetzlichen Sanktionen (strafbewehrtes Unterlassungsgebot, Schadensersatz) hinaus zugleich straf- oder bußgeldbewehrt sind (tendenziell aA wohl Hahn/Vesting/Schulz RStV § 59 Rn. 75). Das gilt insbes. für das Recht der persönlichen Ehre, dessen strafrechtlicher Schutz gegen herabsetzende Tatsachenbehauptungen oder Werturteile sowohl über § 823 Abs. 1 BGB als auch über § 823 Abs. 2 iVm § 185 ff. StGB vollständig im bürgerlichen Deliktsrecht gespiegelt wird. Insbes. in diesem Bereich ist zu berücksichtigen, dass selbst das Strafrecht den Dritten in aller Regel auf den Privatklageweg verweist. Soweit eine Aufsichtsbehörde dennoch im Interesse des Gemeinwohls bspw. Bestimmungen zum Schutz der Ehre eines Amtsträgers oder Religionsführers durchsetzen wollte, wären Untersagungsmaßnahmen jedenfalls gegenüber der digitalen elektronischen Presse durch § 59 Abs. 3 S. 6 RStV unterbunden (→ Rn. 23 ff.). **40**

III. Maßnahmen gegen den „Diensteanbieter von fremden Inhalten" (Abs. 4, §§ 8–10 TMG)

Die rollenbedingte Abstufung der Inhaltshaftung in der Verbreiterkette aus Autor, Verleger, Drucker, Transporteur, Händler usf. wird im Presserecht seit langem praktiziert. In Umsetzung der Art. 12–15 ff. ECRL schaffen die §§ 7–10 TMG ein System eingeschränkter Inhaltshaftung für ausgewählte Typen der Vermittlung digitaler Inhalte. § 59 Abs. 4 RStV beschränkt in Anknüpfung an diese Differenzierung verwaltungsrechtliche Eingriffe gegen sog. Hostprovider (§ 10 TMG), die Inhalte Dritter für diese speichern, und Accessprovider (§ 8 TMG), die Daten Dritter lediglich durchleiten, sowie Cache-Provider (§ 9 TMG). Erst wenn sich Maßnahmen gegenüber dem Anbieter i. S. d. § 59 Abs. 3 S. 1 RStV, der die Inhalte als „eigene Informationen" i. S. d. § 7 Abs. 1 TMG verantwortet, als nicht durchführbar oder nicht erfolgversprechend erweisen, eröffnet sich ein Ermessen für Sperrungsverfügungen gegenüber diesen Vermittlern. Solche Maßnahmen müssen insbes. „technisch möglich" und „zumutbar", aber auch im Übrigen verhältnismäßig sein. **41**

1. Sperrungsverfügungen wegen Inlandsveröffentlichungen

a) Subsidiarität. Maßnahmen gegen Access-Provider scheitern im Falle von Inlandsangeboten in aller Regel schon an der vorrangigen Verpflichtung der Aufsicht, gegen den Inhalteanbieter vorzugehen. Denn Maßnahmen gegen diesen sind tatsächlich wie rechtlich durchführbar und erfolgversprechend. Vorrang vor der Inanspruchnahme des Access-Providers hat auch der Zugriff auf den Host-Provider, wenn zwar der Anbieter nicht, sein Host- **42**

Provider aber verfügbar ist (so inzident VG Düsseldorf BeckRS 2005, 27522, insoweit nicht abgedruckt in MMR 2005, 794 (797); Spindler/Volkmann RStV § 59 Rn. 51).

43 **b) Generelle Unverhältnismäßigkeit.** Selbst wenn die Schwelle der Subsidiarität nicht sehr streng gehandhabt würde und auch bei Inlandstelemedien etwa im Falle unbekannter Anbieter überschritten werden könnte, muss die Inanspruchnahme der Access-Provider im Übrigen verhältnismäßig sein. Das ist jedenfalls in allen Fällen einer Sperrung inländischer digitaler Presse zu verneinen. Denn eine Sperrungsanordnung an deutsche Provider, im Inland veröffentlichte digitale Pressepublikationen in ihrem Netz nicht mehr zu transportieren, greift in unverhältnismäßiger Weise in das Mediengrundrecht des Presseverlegers aus Art. 5 Abs. 1 S. 2 GG ein. Dafür ist es unerheblich, ob sich der Access-Provider selbst auf dieses Grundrecht berufen kann. Der Schutzbereich der Pressefreiheit, aber auch derjenige der Rundfunkfreiheit, reicht von der Beschaffung der Information bis zu der Verbreitung der fertigen Publikation und deren Übergabe an den Empfänger. Wird die Verbreitung des Pressproduktes aus inhaltlichen Gründen durch einen staatlichen Befehl gegenüber dem Transporteur unterbunden, ist das ein Eingriff in das Verlegergrundrecht ohne Rücksicht darauf, ob der Befehl auch an den Verleger adressiert ist. Der an Access-Provider adressierte Befehl, eine bestimmte Äußerung zu sperren, ist maW ein mittelbarer Eingriff in das Grundrecht des Äußernden. Es macht für den Grundrechtseingriff in die Pressefreiheit wie für die anderen Äußerungsfreiheiten keinen relevanten Unterschied, ob die Polizei dem Verlag oder den Betreibern der digitalen Straßennetze die Versendung der digitalen Abo-Exemplare verbietet. Die Sperrungsanordnung ist ein belastender Verwaltungsakt mit wenigstens faktischer belastender Drittwirkung. Die Grundrechtsbindung der Sperrungsermächtigung wie der Sperrungsanordnung an die Äußerungsgrundrechte der nicht adressierten Medienanbieter und die aus dem Grundrechtsverstoß resultierende Rechtswidrigkeit der Verfügung ist auch unabhängig davon, ob der adressierte Access-Provider diese Grundrechte Dritter in der Anfechtungsklage geltend machen kann.

44 Ein solcher Eingriff in die inhaltsneutrale Struktur des öffentlichen Internet ist für Inlandsäußerungen nicht zu rechtfertigen. Solange Äußerungen auf inländischen Internet-Hosts liegen, sind sie dort durch Löschung oder Sperrung zu unterbinden. Das gilt auch dann, wenn die Ermittlung des Quellhosts im Einzelfall aufwändig ist und Anbieter sowie Hoster schwer oder nicht greifbar sein sollten.

45 **c) Digitale Presse.** Inhaltsbezogene Sperrungsanordnungen gegenüber Access-Providern sind im Falle digitaler Presse auch schon durch die Polizeifestigkeit aus § 59 Abs. 3 S. 6 RStV eng begrenzt (→ Rn. 23 ff.). Diese freiheitssichernde Begrenzung der Eingriffsermächtigung gegenüber dem Anbieter gilt auch und erst Recht für subsidiäre Maßnahmen gegenüber dem Access-Provider.

46 **d) Host-Provider. Host-Provider** sind Anbieter iSd § 10 TMG, die für einen Nutzer dessen Telemedien speichern. Sie sind vorrangig vor dem Access-Provider, aber nachrangig zu dem Inhalteanbieter in Anspruch zu nehmen. Im Falle digitaler Presse ist wiederum zu beachten, dass Maßnahmen selbst gegen den Anbieter wegen § 59 Abs. 3 S. 6 zu unterbleiben haben und erst Recht nicht gegen Host-Provider ergehen können. Das Strafgericht kann aber die präventive Beschlagnahme der durch den Host-Provider für den Anbieter gespeicherten Quelldatei nach §§ 111n StPO anordnen (→ Rn. 25).

2. Sperrungsverfügungen wegen Auslandsäußerungen

47 Im Jahre 2002 wurde ca. 80 Internet-Access-Providern in Nordrhein-Westfalen durch Ordnungsverfügungen aufgegeben, bestimmte in den USA veröffentlichte Websites wegen Verstößen gegen Strafgesetze in ihrem Netz zu sperren. Ermächtigungsgrundlage war zunächst mit § 22 Abs. 2 und 3 MDStV die Vorgängernorm zu § 59 Abs. 3 und 4 RStV; nach Inkrafttreten des JMSchStV im Prozessverlauf § 20 JMSchStV iVm § 59 Abs. 3 und 4 RStV. Die Verwaltungsgerichte bestätigten die Rechtmäßigkeit der Maßnahmen (VG Köln MMR 2005, 399 (Urt. v. 3.3.2005 – 6 K 7151/02 rk); VG Düsseldorf MMR 2005, 794 (Urt. v. 10.5.2005 – 27 K 5968/02 rk); VG Gelsenkirchen BeckRS 2007, 21504 (Urt. v. 28.7.2006 – 15 K 2170/03 rk); OVG Münster NJW 2003, 2183), wobei das OVG Münster die Verhältnismäßigkeit der eingriffsintensiveren Sperrungsvarianten ausdrücklich offen ließ (→ Rn. 52 ff.). Zu einer höchstrichterlichen oder verfassungsgerichtlichen Entscheidung

kam es nicht. Rechtswidrig, da nicht erforderlich, waren allein Sperrungsanordnungen gegenüber Wiederverkäufern von Internet-Anschlüssen, deren Provider die Sperrungsanordnungen bereits umgesetzt hatten (VG Gelsenkirchen BeckRS 2007, 21505 (Urt. v. 28.7.2006 – 15 K 4205/02)). Erst nach den Entscheidungen wurde § 59 Abs. 3 RStV um S. 6 ergänzt (→ Rn. 23).

a) Subsidiarität. Auch bei Verstößen durch Telemedien auf Servern im Ausland muss zunächst versucht werden, den Anbieter und ggf. seinen Host-Provider in die Pflicht zu nehmen. Allein wenn diese nicht reagieren oder aus anderweitigen Gründen mit keinem Erfolg zu rechnen ist, stehen Sperrungsverfügungen gegen inländische Access-Provider im Ermessen der Behörde. **48**

b) Telemedienanbieter mit Sitz in anderen EU-Mitgliedsstaaten: Handelt es sich um Telemedien eines Anbieters mit Sitz in einem EU-Mitgliedsstaat iSd § 2a Abs. 1 TMG, ist neben dem Vorrang der Inanspruchnahme des Anbieters und eines etwaigen Host-Providers aus § 59 Abs. 4 RStV der Vorrang des Eingreifens des Sitzstaates zu beachten. Zwar gestatten § 3 Abs. 5 Nr. 1 TMG, Art. 3 Abs. 4a i 1. Spiegelstrich ECRL die Anwendung des § 59 RStV als Norm zum Schutz der öffentlichen Sicherheit und Ordnung. Doch setzen konkrete Maßnahmen als Ausnahmen vom Herkunftslandprinzip gem. § 3 Abs. 5 S. 2 TMG, Art. 3 Abs. 4b und Abs. 5 ECRL voraus, dass der Aufsichtsstaat zunächst den Sitz-Mitgliedstaat erfolglos um Abhilfe ersucht und die Kommission informiert (Art. 3 Abs. 4b ECRL) bzw. in dringlichen Fällen Kommission und Sitz-Mitgliedstaat so bald als möglich über die getroffenen Maßnahmen informiert und dabei die Dringlichkeit begründet (Art. 3 Abs. 5 ECRL). Bei audiovisuellen Mediendiensten auf Abruf (→ § 58 Rn. 16 ff.) gelten für den Vorrang der Aufsicht im Sitzstaat gem. § 3 Abs. 5 TMG, Art. 3 Abs. 4 und 5 AMDRL die gleichen Grundsätze; alleine das Sitzland wird gem. § 2a Abs. 2–4 TMG, Art. 2 Abs. 3 f. AMDRL nach etwas anderen Kriterien bestimmt. **49**

c) Sperrungsvarianten. Access-Provider können Telemedienangebote Dritter nicht löschen, sondern nur die Durchleitung des Datenaustausches zwischen dem Angebotsserver und ihren Kunden unterbinden. Derartige Sperrungen werden für Angebote im WorldWideWeb im Wesentlichen auf drei Ebenen praktiziert und sind auch im Sinne des § 59 Abs. 4 RStV technisch möglich: **50**

- **DNS-Sperre:** Access-Provider betreiben in aller Regel DNS-Server, die die Anfragen ihrer Kundenrechner bspw. nach der Website www.illegal.org in die numerische Internetadresse (IP-Adresse) des entsprechenden Internetrechners übersetzen. Ändert der Provider den Eintrag dahingehend, dass der DNS-Server nicht die richtige Ziel-IP-Adresse zurückgibt, sondern diejenige einer leeren oder Hinweisseite, bleibt der gesamte Inhalt unter dem jeweiligen Domain-Namen für denjenigen unzugänglich, der zu träge ist oder zu wenig weiß, um diese Sperrung zu umgehen.
- **IP-Adresssperre:** Eine zweite Möglichkeit besteht darin, die IP-Adresse des Anbieterrechners im Netz des Access-Providers zu sperren. Wieder wird das komplette Angebot der Netzwerkadresse gesperrt, das sehr viel mehr als die rechtswidrigen Angebote enthalten kann. Der Nutzer kann diese Sperre nur durch Wechsel des Providers umgehen. Der Anbieter kann hingegen die IP-Adresse ändern.
- **Inhaltsfilter auf Anwendungsebene (Proxy):** Schließlich kann der Access-Provider Anfragen seiner Kunden nach einer Verbindung zu der fraglichen Domain bzw. dem Anbieter-Internetrechner auf einen sog. Proxy-Server (Stellvertreter) umleiten, der sich zwischen Anfragenden und Anbieterrechner stellt, um die Anfrage als eigene weiterzuleiten und dann die jeweiligen Inhalte sehr viel genauer überprüfen und filtern, d. h. entweder weiterleiten oder verweigern kann. So lassen sich auch einzelne Unterseiten etwa der Site www.illegal.org sperren, während andere Seiten verfügbar bleiben. Dabei werden in einem zielgenauen System nicht alle Anfragen aller angeschlossenen Endnutzer über den Proxy-Server geleitet, sondern nur diejenigen, die wegen der Ziel-IP-Adresse als möglicherweise verdächtig gelten.

d) Eignung und Notwendigkeit. Alle drei skizzierten Sperrungsmethoden tragen mehr oder weniger dazu bei, die rechtswidrige Verbreitung der fraglichen Veröffentlichungen zu reduzieren, und sind damit im Sinne des Ordnungsrechts geeignet. Sie sind auch erforderlich, da jeweils gleich effektive und mildere Mittel nicht ersichtlich sind. **51**

52 **e) Angemessenheit.** Sehr viel fraglicher ist, unter welchen Bedingungen die jeweiligen Vorteile für die geschützten Normen noch in einem angemessenen Verhältnis zu den Nachteilen für die Provider und die Grundrechte aus Art. 5 Abs. 1 GG stehen. In den Sperrungsverfügungen des Jahres 2002 ließen die Behörden den Providern die Wahl, welche der drei skizzierten Sperrungsmethoden sie verwenden wollten, erzwangen also weder IP-Adresssperren noch Proxy-Server-Kontrolle. Realisiert wurde die Domain-Sperrung, die den geringsten Aufwand, aber auch den geringsten Eingriff in die Freiheit des Internet verursacht. Allein für diese Domain-Sperrung stellte das OVG Münster die Angemessenheit fest und ließ sie für die beiden anderen Methoden offen (NJW 2003, 2183, 2187).

53 Angesichts der leichten Umgehbarkeit der DNS-Sperre, bspw. durch Auswahl eines anderen DNS-Servers, könnte schon eine größere Zahl zu sperrender Domain-Namen zu einem Aufwand führen, der in Relation zu dem überschaubaren Vorteil für den Rechtsgüterschutz nicht mehr zumutbar ist (VG Köln MMR 2005, 399 (403)).

54 **f) Eingriff in die Informationsfreiheit.** Die Unterbindung der Übersendung von Veröffentlichungen aus dem Ausland an Internetnutzer im Inland ist ein Eingriff zumindest in das Empfängergrundrecht der Informationsfreiheit aus Art. 5 Abs. 1 S. 1 Var. 2 GG. Es gilt nichts anderes als im Falle der Beschlagnahme aus dem Ausland importierter Zeitschriften (BVerfGE 27, 88). Jedenfalls die Einführung inhaltlich filternder Proxy-Server wäre ein staatlich erzwungener Umbau des inhaltsneutralen Datentransportnetzes Internet hin zu einem Inhaltskontrollnetz. Die dafür mit Blick auf Art. 5 Abs. 1 GG aus dem grundrechtlichen Parlamentsvorbehalt zu stellenden Anforderungen erfüllt § 59 Abs. 4 RStV nicht.

55 **g) Polizeifestigkeit importierter digitaler Presse?** § 59 Abs. 3 S. 6 gestattet die Sperrung auch ausländischer digitaler Presse nur unter den dort genannten Voraussetzungen. Grundrechtlich ist von Relevanz, dass der im Ausland agierende Verleger der importierten Presseprodukte nur eingeschränkt der nachträglichen Inhaltsverantwortung im Inland unterliegt, die sich als Kehrseite der intensiven Freiheit von präventiver Kontrolle darstellt. So kann beispielsweise die per Post importierte gedruckte Zeitschrift wie die Inlandszeitschrift nur durch den Richter nach Strafverfahrensrecht präventiv beschlagnahmt werden. Aber es ist nicht ausgeschlossen, die mit dem Import befassten Inlandsstellen zu verpflichten, verdächtige Produkte an die zuständigen Strafverfolgungsorgane weiterzuleiten.

56 **h) Unzulässigkeit bei Inlandsäußerungen.** Wichtigste Bedingung der Zulässigkeit jeglicher Sperrungsanordnung gegenüber Access-Providern ist die Begrenzung auf Auslandssachverhalte. Eine verwaltungsrechtliche Verpflichtung der Access-Provider und damit der Betreiber des Datenstraßennetzes zu einer inhaltsbezogenen Kontrolle und Sperrung des innerstaatlichen Datenverkehrs wäre eine Verletzung der durch Art. 5 GG garantierten freiheitlichen Kommunikationsgrundrechte und insbes. der Freiheit der digitalen Presse. Der Eingriff in diese Grundrechte ist ebenso zweifelsfrei wie es seine Unverhältnismäßigkeit sein sollte. Dass das europarechtliche Verbot der Diskriminierung von EU-Inländern den so geschützten Kommunikationsraum auf die EU erweitern dürfte, muss nicht unbedingt bedauert werden.

IV. Abschließender Charakter der Abs. 3 und 4

57 Die diversen Eingriffsbegrenzungen der § 59 Abs. 3 und 4 RStV dienen dem Ausgleich mit spezifischen Freiheitsinteressen etwa der digitalen Presse, anderen journalistisch-redaktionellen Telemedien oder der ausdifferenzierten Funktionen verschiedener Vermittler. All diese Begrenzungen der materiell polizeirechtlichen (gefahrenabwehrrechtlichen) Telemedienaufsichtsbefugnisse würden komplett leerlaufen, ließen sie sich durch einen Rückgriff auf die gefahrenabwehrrechtliche Generalklausel des jeweiligen Landesrechts ausschalten. Die Befugnisse aus § 59 Abs. 3 und 4 sind deshalb abschließend. Auch § 59 Abs. 3 S. 7 ändert daran nichts (genauer → Rn. 32 ff.; aA wohl Spindler/Volkmann RStV § 59 Rn. 46).

C. Kostenloser Zugang der Aufsicht zu Angeboten (Abs. 7)

58 § 59 Abs. 7 verpflichtet Telemedienanbieter, der Aufsichtsbehörde „im Rahmen der Aufsicht" kostenlosen Zugang zu kostenpflichtigen Angeboten zu ermöglichen. Das leuchtet ein, soweit Verstöße festgestellt werden, so dass sich der Anbieter als Störer erweist. Hingegen

wäre es nur schwer verständlich und kaum verhältnismäßig, sollten Aufsichtsbehörden einen Anspruch auf kostenlose Kontrollexemplare aller digitalen Zeitschriften und Zeitungen haben. Es muss also wenigstens ein belastbarer Gefahrenverdacht im konkreten Einzelfall bestehen, der sich auch bestätigt.

§ 60 Telemediengesetz, Öffentliche Stellen

(1) ¹Für Telemedien, die den Bestimmungen dieses Staatsvertrages oder den Bestimmungen der übrigen rundfunkrechtlichen Staatsverträge der Länder unterfallen, gelten im Übrigen die Bestimmungen des Telemediengesetzes des Bundes in seiner jeweils geltenden Fassung. ²Absatz 2 bleibt unberührt.

(2) Für die öffentlichen Stellen der Länder gelten neben den vorstehenden Bestimmungen die Bestimmungen des Telemediengesetzes des Bundes in seiner jeweils geltenden Fassung entsprechend.

§ 60 Abs. 1 RStV weist deklaratorisch auf weitere gesetzliche Bestimmungen für Telemedien im Telemediengesetz des Bundes hin (→ Rn. 1 ff.). § 60 Abs. 2 RStV verschafft dem Telemediengesetz Geltung für Telemedien der öffentlichen Stellen der Länder (→ Rn. 5).

A. Nebeneinander von TMG und RStV (Abs. 1)

Für Telemedien gelten neben den §§ 54 ff. RStV die Bestimmungen des Telemediengesetzes des Bundes. Das Telemediengesetz setzt insbes. Vorgaben der sog. E-Commerce-RiLi 2000/31/EG wie Herkunftslandprinzip, Zulassungsfreiheit, Informationspflichten und Verantwortlichkeit um und regelt den nicht-journalistischen Datenschutz im Rahmen der RiLi 2002/58/EG und der RiLi 95/46/EG. Dem Bund steht die Gesetzgebungskompetenz für die im Telemediengesetz geregelten Materien zu (Hahn/Vesting/Held RStV § 60 Rn. 4). Damit gelten die einschlägigen Bestimmungen unmittelbar und ohne Rücksicht auf den Verweis in § 60 Abs. 1 RStV. Allein insoweit doch Zweifel an der Gesetzgebungskompetenz des Bundes für den Erlass des TMG verbleiben sollten, könnte § 60 Abs. 1 S. 1 („gelten") ein landesrechtlicher, dynamischer Anwendungsbefehl entnommen werden. § 1 Abs. 4 TMG weist seinerseits darauf hin, dass sich die besonderen Anforderungen an Inhalte von Telemedien aus dem Rundfunkstaatsvertrag „ergeben". 1

Die Regelungen des Telemediengesetzes erfassen gleichermaßen nicht-journalistische und journalistische Telemedien. 2

Für **nicht-journalistische Telemedien** hält der Rundfunkstaatsvertrag nur wenige über das TMG hinausgehende Anforderungen bereit, stellt aber mit § 59 RStV eine (sonder)ordnungsbehördlichen Aufsicht mit Eingriffsbefugnissen bereit. 3

Für **journalistische (wie nicht-journalistische) Telemedien** kodifiziert das Telemediengesetz mit Prinzipien wie dem Herkunftslandprinzip, der Zulassungsfreiheit und der abgestuften Verbreiterhaftung einige Freiheitselemente, die insbes. für die digitale Presse unverzichtbar sind. §§ 54 ff. RStV stellen, gestützt auf die Ländergesetzgebungskompetenz zum Medienrecht, zusätzliche Anforderungen an journalistische Telemedien unter Einschluss insbes. der elektronischen Presse (Impressumspflicht, Gegendarstellungspflicht, Trennungsgebot etc.) und führen eine ordnungsbehördliche Aufsicht auch über redaktionelle Inhalte ein. Andererseits gewähren die Landesbestimmungen in mancher Hinsicht einen Schutz der digitalen Presse (Zulassungsfreiheit, redaktioneller Datenschutz), dessen Intensität und Klarheit jedoch insbes. in der Frage ordnungsbehördlicher Aufsicht über redaktionelle Inhalte verbesserungswürdig erscheint (→ § 59 Rn. 23 ff.). 4

B. Geltung von TMG und RStV für öffentliche Stellen der Länder

§ 60 Abs. 2 RStV stellt zum einen die Geltung der §§ 54–59 RStV („vorstehenden Bestimmungen") für Telemedien der öffentlichen Stellen der Länder klar. Zum anderen ordnet er die Geltung des Telemediengesetzes für diese Telemedien konstitutiv an. Denn „die Organisationshoheit des Bundes und der Länder für ihren jeweiligen Verwaltungsbereich (führt) dazu, dass die für öffentliche Stellen geltenden Bestimmungen von dem jeweiligen 5

RStV Anlage   II. Rundfunk und presseähnliche Telemedien

Hoheitsträger selbst unmittelbar zur Anwendung gebracht werden müssen" (Begr. zu § 60, bspw. BayLT Drs. 15/6821, 15).

6   Umgekehrt verweist § 1 Abs. 4 TMG iVm § 1 Abs. 1 S. 2 TMG auch für die öffentlichen Stellen des Bundes auf die besonderen Anforderungen des Rundfunkstaatsvertrags.

§ 61 Notifizierung

Änderungen dieses Abschnittes unterliegen der Notifizierungspflicht gemäß der Richtlinie 98/48/EG des Europäischen Parlaments und des Rates vom 20. Juli 1998 zur Änderung der Richtlinie 98/34/EG über ein Informationsverfahren auf dem Gebiet der Normen und technischen Vorschriften.

§ 61 erfüllt eine Hinweispflicht aus der RiLi 98/34/EG „über ein Informationsverfahren auf dem Gebiet der Normen und technischen Vorschriften und der Vorschriften für die Dienste der Informationsgesellschaft".

1   Gem. Art. 8 iVm Art. 1 Nr. 2 und 11 RiLi 98/34/EG (idF d. Änderung durch RiLi 98/48/EG und weiterer Änderungen) sind unter anderem auch Entwürfe für Vorschriften über Dienste der Informationsgesellschaft unverzüglich der EU-Kommission vorzulegen und dürfen frühestens drei Monate später angenommen werden. Die Frist verlängert sich in Abhängigkeit von der Reaktion der EU-Kommission bzw. anderer Mitgliedstaaten, denen die Entwürfe von der EU-Kommission übermittelt werden. Art. 12 RiLi 98/34/EG bestimmt, dass in solchen Vorschriften oder bei ihrer amtlichen Veröffentlichung auf „diese Richtlinie" Bezug genommen werden muss. § 61 erfüllt diese Hinweispflicht.

VII. Abschnitt. Übergangs- und Schlußvorschriften

§§ 62–64 *(keine Kommentierung)*

Anlage (zu § 11b Abs. 1 Nr. 2 des Rundfunkstaatsvertrages)

Programmkonzept Digitale Fernsehprogramme der ARD

I. Einleitung

§ 11b Rundfunkstaatsvertrag (Fernsehprogramme) legt in Abs. 1 Nr. 2 fest, dass die in der ARD zusammengeschlossenen Landesrundfunkanstalten drei Spartenfernsehprogramme veranstalten, und zwar die Programme „EinsExtra", „EinsPlus" und „EinsFestival". Auf diese Programme bezieht sich das nachfolgend dargestellte Programmkonzept. Die Notwendigkeit hierzu ergibt sich aus der Entscheidung der Europäischen Kommission vom 24. April 2007 in dem Beihilfeverfahren über die Finanzierung des öffentlich-rechtlichen Rundfunks in Deutschland. In dieser Entscheidung vertritt die Kommission die Auffassung, dass die den öffentlich-rechtlichen Rundfunkanstalten eingeräumte Möglichkeit, digitale Zusatzkanäle im Fernsehen anzubieten, nach dem zum Zeitpunkt der Entscheidung geltenden Recht nicht hinreichend präzise abgegrenzt sei (Rdnr. 228). Deswegen verlangt die Kommission, dass durch die Vorgabe allgemeiner rechtlicher Anforderungen und die Entwicklung hinreichend konkreter Programmkonzepte gewährleistet wird, dass der Umfang des öffentlich-rechtlichen Auftrags der Rundfunkanstalten in Bezug auf die digitalen Zusatzkanäle klar bestimmt ist (Rdnr. 309). Schließlich sieht die Kommission die Entwicklung von Programmkonzepten durch die öffentlich-rechtlichen Rundfunkanstalten auf staatsvertraglicher Grundlage als geeignet für eine hinreichend konkrete Auftragsbestimmung im Sinne des europäischen Rechts an (Rdnr. 360). Vor diesem Hintergrund präzisiert die ARD das Konzept für ihre digitalen Zusatzkanäle wie nachstehend ausgeführt.

II. Gemeinsame Grundsätze für die digitalen Fernsehkanäle der ARD

Mit EinsExtra, EinsPlus und EinsFestival verfügt die ARD über drei digitale Kanäle, die eine größere Vielfalt und höhere themenorientierte Qualität des öffentlich-rechtlichen Programmangebots gewährleisten. Dem Zuschauer wird durch die verstärkte Diversifizierung, ergänzt durch verschiedene interaktive Dienste und Zusatzangebote, ein deutlicher komplementärer programmlicher Mehrwert geboten.

Die hochwertigen Angebote der Digitalkanäle richten sich grundsätzlich an alle Alters- und Zielgruppen. Durch die Digitalisierung der Verbreitungstechniken im dualen Rundfunksystem verändert sich die Fernsehnutzung. Dem tragen die ARD-Digitalkanäle durch klar profilierte Angebote Rechnung, die im Rahmen eines Vollprogramms nicht möglich sind. EinsExtra, EinsFestival und EinsPlus erreichen mit einem entsprechend profilierten Programm und begleitet durch ein relevantes Angebot im Bereich der Telemedien auch jüngere Zuschauer.

So bietet EinsExtra ein 24-stündiges Informationsangebot mit einem hohen tagesaktuellen Anteil. EinsPlus nutzt die Dialog- und Partizipationsmöglichkeiten des Internets, nach der TV-Ausstrahlung sind Service- und Wissensangebote für die Nutzer crossmedial auch auf anderen Plattformen zeit- und ortsunabhängig verfügbar. EinsFestival ist ein innovatives, kulturell orientiertes öffentlich-rechtliches Angebot, das einen wichtigen Beitrag dazu leistet, jüngere Zielgruppen anzusprechen. Das Erreichen jüngerer Zuschauerinnen und Zuschauer ist also eine wesentliche Zielsetzung bei der Erfüllung des öffentlich-rechtlichen Auftrags in der digitalen Welt. Vor allem jüngere Menschen fragen öffentlich-rechtliche Qualitätsangebote zunehmend im Internet ab. Um sie in relevantem Maße zu erreichen, muss eine multimediale Vernetzung gewährleistet sein. Die dynamische technische Entwicklung, vor allem die Nutzung des Internetprotokolls für die Verbreitung von Rundfunk- und Fernsehprogrammen, erfordert ein entsprechendes Angebot. Eine wichtige Voraussetzung im Rahmen seines Funktionsauftrages und für die Akzeptanz des öffentlich-rechtlichen Rundfunks in der Informations- und Wissensgesellschaft ist auch eine entsprechende zeitunabhängige Bereitstellung der Angebote, da er nur so seiner gesellschaftlichen Verantwortung, insbesondere gegenüber einer jüngeren Zielgruppe, gerecht werden kann. Dazu gehören die Verbindung von Text, Bild und Ton, aber auch sendungsbezogene beziehungsweise an Programm- oder Sendermarken ausgerichtete interaktive Angebote wie z. B. redaktionell begleitete Chats, Foren, Rankings, Bewertungen und sendungsbezogene spielerische Elemente. So bieten EinsFestival und EinsPlus mit jeweils vollwertigen Teletextangeboten bzw. mit der Info-Leiste bei EinsExtra, vertiefende fernsehbasierte Begleitdienste, die durch interaktiv nutzbare programm- und sendungsbezogene Vorschau-Angebote ergänzt werden. Hinzu kommt, dass die Nutzer im Internet neue Formen der Partizipation erwarten, z. B. Communities, Weblogs und Plattformen für den Austausch von Inhalten.

Orientiert an den staatsvertraglichen Vorgaben bieten die Digitalkanäle im Internet einen Kommunikationsraum für die Vertiefung von Themen, die im Programm gesetzt worden sind. Dies ist ein frei zugängliches Angebot für jedermann, während viele kommerziell betriebene Bereiche des Internets sich nur nach Zahlung von Entgelten nutzen lassen. Die Online-Angebote der ARD-Digitalkanäle sind an dem jeweiligen Programmangebot ausgerichtet, wobei sich die Inhalte am Erwartungshorizont der Zielgruppe orientieren. Das Verweildauerkonzept richtet sich nach den zukünftigen staatsvertraglichen Vorgaben und dem auf deren Grundlage zu erstellenden Telemedienkonzept. Als Testfläche und Probebühne innovativer Formate erfüllen die Digitalkanäle zugleich eine weitere wichtige Aufgabe:

Nur der öffentlich-rechtliche Rundfunk kann jenseits kommerzieller Interessen das Fernsehen dramaturgisch und ästhetisch unabhängig sowie im Interesse der Zuschauer weiterentwickeln. Der Austausch mit den Hörfunkwellen der Landesrundfunkanstalten führt darüber hinaus zu Synergien, z. B. in der Themenfindung, in der Formatentwicklung und durch Zusammenarbeit von Programmmitarbeiterinnen und -mitarbeitern.

III. Die Konzepte der einzelnen digitalen Fernsehprogramme

1. EinsFestival

a) Grundkonzeption

EinsFestival ist – wie in den ARD-Programmleitlinien 07/08 beschrieben – ein innovatives, kulturell orientiertes Angebot mit jüngerer Ausrichtung. Das Programmangebot ist zwar grundsätzlich an einen breiten Zuschauerkreis gerichtet, es orientiert sich strukturell und inhaltlich aber an der Alltagskultur eines jüngeren Publikums und hat insofern nicht den Anspruch eines Vollprogramms. EinsFestival leistet damit einen wichtigen Beitrag dazu, bei jüngeren Menschen mehr Aufmerksamkeit für öffentlich-rechtliche Programmangebote zu erreichen.

In einem Fernsehangebot, das an die Lebenswelt junger Menschen anknüpft, wird deren große Bandbreite abwechslungsreich dargestellt und präsentiert. Der Programmgestaltung von EinsFestival liegt daher ein breiter Kulturbegriff zugrunde. Sie wird besonders durch Film, Musik, Sport, Wissen, Medien und Kommunikation geprägt. Tagesaktuelle vertiefende Informationsangebote, z. B. aus den Bereichen Innen- und Außenpolitik, Wirtschafts- und Finanzpolitik, klassische Service- und Ratgeberangebote, Kinderprogramme und regelmäßige Berichterstattung von Sportveranstaltungen sind nicht Bestandteil der regulären Programmgestaltung von EinsFestival.

Bei EinsFestival steht vor allem der Wunsch nach Orientierung und einem eigenen Lebensstil jüngerer Menschen im Mittelpunkt. Deshalb muss ein Angebot für diese Zielgruppe alle adäquaten Gestaltungsformen des Mediums nutzen und durch eine attraktive Online-Präsenz ergänzen und vertiefen. Der Einsatz jüngerer Moderatorinnen und Moderatoren ist ein weiterer Teil des Programmkonzepts.

b) Programminhalte

(1) Film und Serie

Fiktionale Angebote sind wesentlicher Bestandteil des Programmprofils von EinsFestival. Für die jüngere Kulturgeschichte ist die Entwicklung in den Bereichen Film und Fernsehen zentral. Fernsehfilmen, Spielfilmen, nationalen und internationalen Serien sowie innovativen, unterhaltenden Formaten kommt in der Alltagskultur jüngerer Menschen eine besondere Bedeutung zu.

(2) Dokumentation und Reportage

Darüber hinaus haben hochwertige Dokumentationen und Reportagen sowie Magazinformate einen wichtigen Stellenwert. In allen Fällen kommt es darauf an, relevante und teilweise schwer zu vermittelnde Themen durch eine entsprechende und junge Erzählweise auch jüngeren Menschen zu erschließen. Kein Medium eignet sich dafür besser als das Fernsehen. EinsFestival gibt insoweit Orientierung durch die Auswahl der Themen und erleichtert den Zugang durch eine große Bandbreite klassischer und innovativer Vermittlungsformen.

(3) Musik und Unterhaltung

Unterhaltung bei EinsFestival ist innovativ und zielgruppenspezifisch. Sie findet ihre Anknüpfungspunkte in der Alltagskultur jüngerer Menschen und grenzt sich dadurch von Unterhaltungsangeboten der Vollprogramme ab, die den Anspruch haben, ein breites Mainstream-Publikum anzusprechen.

EinsFestival nutzt auch Schätze aus den Archiven. Zum Spektrum des Programms gehören auch Kabarett- und Comedysendungen, Unterhaltungsshows und Unterhaltungsgalas aus allen Jahrzehnten, die Fernsehgeschichte geschrieben haben und somit fest zum Repertoire moderner Fernsehkultur und damit auch zum Kulturverständnis einer jüngeren Zielgruppe gehören. Das gilt auch für den Bereich Musik, insbesondere für die verschiedenen Richtungen moderner Pop- und Rock-Musik.

(4) Sport

Viele Sportarten kommen gar nicht auf den Bildschirm, obwohl Rechte und Bilder vorliegen. EinsFestival sendet auch im Fernsehen ansonsten weniger populäre

Sportereignisse, in der Vergangenheit zum Beispiel den America's Cup. Bei sportlichen Großereignissen dient EinsFestival als „Überlaufbecken" für die Übertragung des ERSTEN, in der Vergangenheit zum Beispiel anlässlich der Fußball EM 2008 oder der Olympischen Spiele in Turin und in Peking.

(5) Wissen

EinsFestival bietet Orientierung in der modernen Wissensgesellschaft. Der Kanal greift wichtige Themen aus der Lebenswirklichkeit junger Menschen auf, ordnet ein und bietet damit eine wertvolle Grundlage für eine kritische und freie Meinungsbildung. Dieser Teil des öffentlich-rechtlichen Programmauftrags wird gerade von jüngeren Menschen besonders genutzt und eingefordert.

c) Organisation und Entscheidungsstrukturen

EinsFestival wird vom Westdeutschen Rundfunk Köln federführend für die ARD betrieben.

2. EinsPlus

a) Grundkonzeption

EinsPlus ist ein Fernsehprogramm mit Service-Charakter, das grundsätzliches Wissen über wissenschaftliche, gesellschaftliche und ökonomische Zusammenhänge vermittelt.

In jüngerer Zeit wurde es zu einem öffentlich-rechtlichen Service-, Ratgeber- und Wissensangebot weiterentwickelt, das schnell Akzeptanz bei den Fernsehzuschauern gefunden hat. EinsPlus positioniert sich als modernes, generationsübergreifendes Familienprogramm, das während des ganzen Jahres „Public Value" und praktischen Mehrwert bietet.

Ziel von EinsPlus ist, im Sinne des öffentlich-rechtlichen Auftrages, Orientierung und Lebenshilfe zu geben, Wissen zu vermitteln, das den Alltag meistern hilft und die Zuschauer zu mündigen Bürgern und Verbrauchern macht.

In einer unübersichtlicher werdenden Programmwelt stellt EinsPlus damit für den Zuschauer einen wichtigen und verlässlichen Qualitätsanker dar. EinsPlus bündelt die gesamte Kompetenz der ARD auf dem Programmfeld Service-, Ratgeber- und Wissensformate und entwickelt originäre Formate als zusätzlichen programmlichen Mehrwert.

b) Programminhalte

(1) Service und Ratgeber

Information und Orientierung, unabhängig von kommerziellen Interessen, sind von zentraler Bedeutung für Zusammenhalt und demokratische Entwicklung unserer Gesellschaft.

EinsPlus dient den Zuschauern als unabhängige Plattform zum Austausch über das ihr Leben mitbestimmende Geschehen auf Märkten, steht für eine kritische und freie Meinungsbildung auch in der Welt der Waren und Dienstleistungen.

Als Begleiter des Zuschauers durch den Alltag greift EinsPlus Themen aus der Lebenswirklichkeit der Menschen auf: Gesundheit, Reise, Technik, Ernährung/Kochen, Natur, Leben, Wissen – und verbindet grundsätzliches Wissen mit konkreten Problemlösungsstrategien. Das Angebot hebt sich deutlich von dem der kommerziellen Konkurrenz ab. Sendungen wie „Servicezeit: Familie" (WDR), „ARDRatgeber: Technik" (NDR), „Hauptsache gesund" (MDR), „Schätze der Welt" (SWR), „Plusminus" (BR, HR, MDR, NDR, SR, SWR, WDR), „frauTV" (WDR) und „Service: Familie" (HR) sind Beispiele für unabhängigen, professionellen Journalismus mit praktischem Mehrwert.

(2) Wissen

Als Service-, Ratgeber- und Wissenskanal leistet EinsPlus einen Beitrag zur Entwicklung einer modernen Wissensgesellschaft. Mit Sendungen wie „Odysso" (SWR), „Faszination Wissen" (BR), „Planet Wissen" (SWR, WDR, BR), „W wie Wissen" (BR, HR, NDR, SWR, WDR) und „Ozon" (RBB) erweitert EinsPlus

Wissenshorizonte, trägt zum Verständnis der modernen Welt bei und unterstützt die Menschen auf ihrem Weg in die moderne Wissensgesellschaft. EinsPlus-Sendungen vermitteln zudem Kenntnisse der neuen digitalen Kommunikationstechnologien, hinterfragen kritisch auch deren Risiken – wie den leichtfertigen Exhibitionismus Jugendlicher im Internet – und tragen zur Medienkompetenz der Zuschauer bei. EinsPlus stellt auf diese Weise ein Wissensportal für die ganze Familie dar. Gezielt kooperiert EinsPlus mit Institutionen aus dem Bildungs- und Wissenschaftssektor.

c) Programmstruktur

(1) Grundstruktur

Die Grundstruktur des Programms setzt sich aus unterschiedlichen thematischen Bausteinen zusammen: Gesundheit, Natur, Reise, Ernährung/Kochen, Leben, Wissen und Technik. In diesen Themenfeldern bietet EinsPlus jeweils eine Auswahl hochwertiger Produktionen des Ersten und der Dritten Programme der ARD. Um auf die speziellen Publikumserwartungen und Sehgewohnheiten am Wochenende einzugehen, präsentiert EinsPlus sonntags lineares Programm mit 3- bis 4-stündigen thematischen Schwerpunkten und Reihen wie z. B.: „Deutschland-Tour", „EuropaTour" oder „Geschichte der Olympischen Spiele", „Faszination Berge", „Museen der Welt", „Inseln", „Straßen der Welt" oder „Die Donau".

Thementage und Themenwochen profilieren das Angebot zusätzlich und schaffen mehr Aufmerksamkeit für das Programm. Die EinsPlus-Schwerpunkte zu Themen, zum Teil von hoher gesellschaftlicher Relevanz sind vielfältig, lebensnah und prägnant gestaltet: Reportagen, vertiefende Diskussionen, Doku-Serien, Dokumentarspiele, unterhaltende Sendungen mit eindeutigem Wissensbezug und hochwertige fiktionale Produktionen, die politisches und geschichtliches Wissen transportieren, gehören zum Formatspektrum.

(2) Originäre EinsPlus-Produktionen

EinsPlus verfolgt eine klare Mehrwertstrategie im digitalen Markt und stellt dabei den unmittelbaren Nutzen für den Fernsehzuschauer in den Mittelpunkt. Originäre, profilbildende Programm-Marken („Leuchttürme") sind in diesem Zusammenhang zum Beispiel:

– ein Servicemagazin mit wertvollen Hintergrundinformationen, kreativen Anregungen und praktischen Tipps für Zuschauer aller Altersschichten,
– ein Programmformat für Werte-, Glaubens- und Lebensberatungsthemen,
– ein Wissensformat, das Wissensthemen aus verschiedenen, teils ungewöhnlichen Blickwinkeln beleuchtet und Wissenschaft unkompliziert und spannend vermittelt.

Dazu kommen eigene Produktionen zu Themen wie Erziehung, Tiere und Natur, Umwelt und Energie, Kochen. So ist EinsPlus in seiner Programmierung aktuell und exklusiv.

d) Organisation

Die Federführung für das ARD-Gemeinschaftsprogramm EinsPlus liegt beim Südwestrundfunk, der dafür in Baden-Baden eine Redaktion unterhält.

3. EinsExtra

a) Grundkonzeption

„EinsExtra" ist der digitale Informationskanal der ARD. Ziel ist es, „EinsExtra" unter dem organisatorischen Dach von ARD-aktuell und unter der Qualitäts-Marke „Tagesschau" zu einem umfassenden Informationsprogramm mit einem verlässlichen Nachrichtenservice für alle Nutzungsformen und Verbreitungswege weiterzuentwickeln. Kein anderer Programmanbieter verfügt über ein vergleichbares Netz von Reportern und Korrespondenten wie die ARD. Ihre aktuellen Berichte werden unter Nutzung von Synergien in einer integrierten Nachrichtenredaktion multimedial und plattformgerecht aufbereitet und verfügbar gemacht. Die ARD nimmt damit im öffentlich-rechtlichen Kernbereich „Information" ihre

Aufgabe und Verantwortung wahr, jederzeit frei verfügbare, zeitgemäße, dem hohen Anspruch von ARD-aktuell entsprechende Nachrichtenangebote für alle bereitzustellen.

b) Tragende Programmelemente

Kernangebot des Kanals „EinsExtra" ist das Nachrichtenangebot „EinsExtra aktuell", das seine Nachrichten zurzeit im Viertelstundentakt anbietet, weil nach Erkenntnissen der Medienforschung informationsinteressierte Zuschauer entsprechende Programme nur kurz, dafür aber häufiger am Tag einschalten.

Mit Hilfe digitaler Technik bereitet ARD-aktuell Reporter-Beiträge aus „Tagesschau", „Tagesthemen" und „Nachtmagazin" auf. Eigenproduzierte Berichte und Interviews ergänzen die Berichterstattung über das Tagesgeschehen. Zudem werden für „EinsExtra aktuell" auch die Medien vernetzt und die Ressourcen des Hörfunks genutzt. Beiträge der Nachrichtenwellen wie NDRInfo, mdrInfo oder B5aktuell werden bebildert und dann gesendet.

Jede Viertelstunde in „EinsExtra Aktuell" beginnt zurzeit mit einem Nachrichtenüberblick in 100 Sekunden – und wird abgerundet von den Ressorts. Sie bieten Hintergründe und vertiefende Informationen zu Themenbereichen wie Kultur, Wirtschaft, Sport oder Europa. Dabei greift EinsExtra auf bereits gesendete Berichte aus Sendungen der Landesrundfunkanstalten zurück.

Die Digitalisierung der Programme ermöglicht aber auch Angebote, die über das herkömmliche Programmangebot hinausgehen, also einen Mehrwert für den Zuschauer bilden. EinsExtra bietet deshalb – in Zusammenarbeit mit der Internetredaktion der Tagesschau – ständig aktualisierte Informationen auch außerhalb des speziellen Nachrichtenformats an. Sie werden in einer sogenannten „Infoleiste" zusätzlich zum Programm eingeblendet und ebenfalls ständig von tagesschau.de aktualisiert.

c) Einzelne Sendungen/Formate

In der Primetime und am Wochenende wird dieses Informationsangebot zurzeit durch die Übernahme aller Tagesschauausgaben, von Tagesthemen, Nachtmagazin und Wochenspiegel ergänzt. Am Morgen wird das ARD Morgenmagazin gesendet. Durch die Übernahme von Brennpunkten und aktuellen politischen Sondersendungen im „Ersten" oder in den Dritten Programmen, in der Regel live, wird das Informationsprofil von EinsExtra weiter geschärft.

Über die aktuelle Berichterstattung in den Nachrichten hinaus nutzt EinsExtra die für „Das Erste" und die Dritten Programme produzierten Politik- und Wirtschafts-Magazine sowie Gesprächssendungen, um aktuelle politische Hintergrund-Informationen aufzuarbeiten.

Das „EinsExtra-Thema" am Samstag und Sonntag in der Zeit von 18 bis 20 Uhr wendet sich zurzeit an Zuschauer, die an weiterführenden und einordnenden Informationen zu aktuellen Ereignissen, Jahrestagen etc. interessiert sind. Hierzu werden die hochwertigen für „Das Erste" oder die Dritten Programme produzierten Reportagen genutzt und durch Gesprächssendungen ergänzt. Auch die Feiertagsprogramme beschäftigen sich inhaltlich-thematisch mit politischen Ereignissen.

Die regionale Berichterstattung bildet eine wichtige Säule im EinsExtra-Programm. Regionalmagazine der Landesrundfunkanstalten werden am Wochenende und auf der Nachtschiene gesendet.

Formate wie „EinsExtra Info" oder „EinsExtra unkommentiert" dienen der Aktualisierung des Programms und erlauben gleichzeitig Lücken zu schließen, die sich aus der Struktur des Programms ergeben.

Die Ausstrahlung der „Tagesschau vor 20 Jahren" bietet dem Zuschauer darüber hinaus einen historischen Nachrichtenrückblick.

So ergänzt und umschließt das Rahmenprogramm den Nachrichtenkern von EinsExtra und macht das Programm zu einem vollwertigen politischen Informationsangebot.

RStV Anlage

d) Organisation

EinsExtra wird vom Norddeutschen Rundfunk federführend für die ARD betrieben und von der Hauptabteilung ARD-Aktuell redaktionell betreut.

IV. Produktion

Die Digitalkanäle sind insgesamt auch ein wichtiges Versuchsfeld für technische Innovationen innerhalb der ARD. Beispielsweise gibt es bereits heute auf EinsFestival HDTV-Testausstrahlungen im Rahmen von Showcases. Entsprechend werden verstärkt Rechte an HD-Produktionen erworben und Archiv-Schätze in HD-Qualität aufbereitet. Die Digitalkanäle nutzen Synergien durch effiziente trimediale Zusammenarbeit. Gerade in der digitalen Medienwelt lässt sich Mehrwert durch intelligente Vernetzung von Inhalten sowie Fernseh- und Netzstandards schaffen. Entsprechende Produktionsmodelle führen zu einer erhöhten Wirtschaftlichkeit der Arbeitsprozesse. Durch die Prüfung und Implementierung von Low-Cost-Produktionssystemen verstehen sich die Digitalkanäle als wichtiger Innovationsfaktor innerhalb der ARD.

V. Verbreitung

Die Digitalkanäle „EinsExtra", „EinsPlus" und „EinsFestival" sind über Satellit (DVB-S), Kabel (DVB-C), in einigen Regionen Deutschlands auch terrestrisch (DVBT), über IP-TV sowie als Web-TV (z. B. Zattoo.com) empfangbar. Die Sendevorbereitung und -abwicklung erfolgen für die drei Programme ebenso wie die Bereitstellung von programmbegleitenden Diensten durch das ARD Play-Out-Center in Potsdam.

Erläuterungen zur Anlage finden sich bei den §§ 11–11f RStV.

Anlage (zu § 11b Abs. 3 Nr. 2 des Rundfunkstaatsvertrages)

Konzepte für die Zusatzangebote des ZDF

I. Vorbemerkung

Das ZDF ist gemäß § 11d Abs. 3 Ziffer 2 12. Rundfunkänderungsstaatsvertrag beauftragt, drei Digitalprogramme als Zusatzangebote zu veranstalten. Dazu legt das ZDF die folgenden Programmkonzepte vor. Die Bezeichnung der Programme im Staatsvertrag schließt ihre Präsentation unter einem noch zu findenden Namen nicht aus. Das ZDF legt sich daher auf die nachstehend beschriebene programmliche Ausrichtung der Zusatzangebote fest, unbeschadet deren konkreter Benennung.

II. ZDFinfokanal

1. Ausgangslage/Zielsetzung

Die digitale Welt ist geprägt durch die technologische Konvergenz von Fernsehen und Internet, die Verschmelzung von linearen und nicht-linearen Diensten, die Ergänzung von Echtzeitfernsehen durch zeitsouveränes Abruffernsehen. An die Stelle einzelner TV-Programme treten digitale Angebotsbouquets, die aus mehreren miteinander vernetzten TV-Programmen, Abruffernsehen und Onlinediensten bestehen. Diese werden über viele Verbreitungswege und Plattformen auf unterschiedliche Endgeräte distribuiert und ermöglichen somit eine weitgehend orts- und zeitsouveräne Nutzung.

Mit den neuen Möglichkeiten der digitalen Welt verändern sich gerade auch im Bereich der Informationsbeschaffung Verhalten und Ansprüche der Nutzer. Für immer mehr Menschen wird es zur Selbstverständlichkeit, sich zu jeder Zeit und an jedem Ort souverän mit den neuesten Nachrichten und wichtigsten Informationen versorgen zu können.

Diesen gewandelten Ansprüchen nach orts- und zeitsouveräner Nutzung muss die Weiterentwicklung der linearen und nicht-linearen Informationsangebote des ZDF Rechnung tragen, wenn das ZDF auch künftig seinem Auftrag gerecht werden will, die Bürger zu informieren und damit zur politischen Meinungs- und Willensbildung beizutragen.

Das ZDF-Hauptprogramm alleine kann diesen Anspruch nicht mehr erfüllen. Das Informationsbedürfnis der Menschen ist nicht mehr auf vorgegebene Tageszeiten festgelegt. Die Tagesabläufe sind individualisiert, Sendezeiten von Nachrichtensendungen oder Magazinen sind keine Fixpunkte mehr in der Zeitplanung unserer Zuschauer.

Aus diesem Grund ist es mehr denn je notwendig, das Hauptprogramm des ZDF um einen Kanal zu ergänzen, der unter der Dachmarke des ZDF das neue Informationsbedürfnis der Zuschauer befriedigen kann.

2. Gegenstand des Angebots

Der ZDFinfokanal ist ein digitaler Sparten-Kanal, der unter der Dachmarke des ZDF Angebote aus den Bereichen aktuelle Information, Hintergrund und Service bündelt und gezielt durch eigene Angebote ergänzt und vertieft.

Seit 1997 gehört dieser digital verbreitete Kanal zum Angebot des ZDF. Sein Programm war zunächst geprägt durch unmoderierte vierstündige Wiederholungsschleifen, deren Programminhalte zum größten Teil aus Einzelbeiträgen des Hauptprogramms und von 3sat bestanden.

Vor dem Hintergrund steigender technischer Reichweiten und veränderter Zuschauerbedürfnisse hat das ZDF bereits im Sommer 2007 mit Zustimmung des Fernsehrates das Programmkonzept weiterentwickelt. Neben der zeitversetzten Wiederholung von Sendungen wurde das Angebot an aktuellen Kurznachrichten erweitert. Dieser Weg soll in den kommenden Jahren fortgesetzt werden.

3. Beitrag zur Aufgabenerfüllung

Es zählt zu den Kernaufgaben des öffentlich-rechtlichen Rundfunks, aktuell und hintergründig zu informieren sowie Orientierung zu geben. Mit den neuen Möglichkeiten der digitalen Welt verändern sich jedoch die klassischen Wege der Informationsbeschaffung grundlegend: Für immer mehr Menschen wird es zur Selbstverständlichkeit, sich zu jeder Zeit und an jedem Ort souverän mit den neuesten Nachrichten und wichtigsten Informationen versorgen zu können. Diesen gewandelten Ansprüchen nach orts- und zeitsouveräner Nutzung muss sich das Fernsehen in seiner Informationsvermittlung stellen – in Formatierung, Sprache und in den Verbreitungswegen seiner Angebote.

Der ZDFinfokanal leistet dazu in Verbindung mit dem Online-Angebot und dem ZDF-Hauptprogramm einen adäquaten Beitrag. Durch das spezifische Angebot von gebündelter Information im Infokanal kann das ZDF dem veränderten Nutzungsverhalten in seinem linearen Programmangebot gerecht werden und die vom Gesetzgeber verlangte Grundversorgung der Gesellschaft mit Informationen sicherstellen.

4. Programmkonzept

Sachverhalte zu erklären, Hintergründe auszuleuchten und Orientierung zu geben, gehört zu den Stärken des ZDF-Informationsprogramms. Auf diesen Stärken ist das Profil des ZDFinfokanals aufgebaut. Dabei wird der ZDFinfokanal mit begrenztem Aufwand unter Nutzung des Programmstocks des ZDF als Ergänzungsangebot betrieben und weiterentwickelt.

Folgende Elemente kennzeichnen das Schema des ZDFinfokanals:

- Regelmäßige Nachrichten auch an Wochenenden und Feiertagen
- Mehrfache Wiederholungen von wochenaktuellen Magazinen
- Kompaktversionen eines Teils der wochenaktuellen Magazine als regelmäßige Wiederholungen
- Unmoderierte Kurzmagazine, die Material des Programmstocks thematisch als kompakte Service- und Informationsangebote neu bündeln. Hierin werden die bisherigen Angebote des ZDFinfokanals in aktueller Form fortgeführt
- Kurzreportagen und -dokumentationen, die politische, wirtschaftliche, wissenschaftliche und gesellschaftliche Themen aufgreifen und vertiefen
- Flächen für Programminnovationen und neue Produktionsformen, wie etwa für die Arbeit der Videojournalisten im ZDF.

RStV Anlage
II. Rundfunk und presseähnliche Telemedien

Der ZDFinfokanal bündelt in der derzeitigen Ausbaustufe alle informationsorientierten Inhalte des Hauptprogramms und der Partnerkanäle – Magazine, Reportagen, Dokumentationen und Gesprächssendungen –, stellt sie neu zusammen und bietet sie als thematische Schwerpunkte an.

Das Gerüst des Programmschemas bilden die Nachrichtensendungen, die auch an Wochenenden und Feiertagen ausgestrahlt werden: Aus dem Hauptprogramm werden die „heute"-Sendungen um 15.00 Uhr und 19.00 Uhr parallel übernommen, das „heute-journal" wird zeitversetzt um 23.00 Uhr wiederholt. Darüber hinaus werden in den „100 Sekunden" Kurznachrichten stündlich von 8.00 Uhr bis 20.00 Uhr aktualisiert. Bei unvorhersehbaren Ereignissen von besonderem Nachrichtenwert können die „100 Sekunden" auch kurzfristig, abweichend vom stündlichen Rhythmus, ins Programm eingesetzt werden.

Die Kurznachrichten des ZDFinfokanals stärken die Nachrichtenkompetenz des ZDF insgesamt: Sie schließen die Nachrichtenlücke, die an Wochenenden und Feiertagen sowie in den ARD-Sendewochen am Vormittag im ZDF-Hauptprogramm besteht. Mit der redaktionellen und produktionellen Infrastruktur des Infokanals ist es möglich, auch zu diesen Zeiten bei besonderen Vorkommnissen schnell zu agieren und bei Bedarf ins Hauptprogramm aufschalten zu können.

Die kurzen und fortlaufend aktualisierten Nachrichtenformate entsprechen in besonderer Weise auch dem Bedürfnis von Online-Nutzern nach Orts- und Zeitsouveränität. Die „100 Sekunden" stehen deshalb auch in den Online-Diensten des ZDF zum Abruf bereit. Sie sind darüber hinaus für mobile Nutzungen auf Mobiltelefonen und iPods verfügbar. Damit wird der Informationsauftritt des ZDF im Internet bedarfsgerecht gestärkt und eine seiner Kernkompetenzen in die multimediale Welt verlängert.

Neben den Nachrichtenleisten stellen Wiederholungen von Magazinen des ZDF-Hauptprogramms (sowie von 3sat) ein besonderes Serviceangebot an die Zuschauer des ZDFinfokanals dar. Wer eine wichtige Informationssendung im ZDF-Programm verpasst hat, weil er zurzeit der Erstausstrahlung nicht sehbereit war, der kann dies eine Woche lang zu wechselnden Terminen im ZDFinfokanal nachholen.

Neben der Wiederholung kompletter Magazine gibt es kürzere Versionen der jeweiligen Sendungen. Diese Zusammenfassungen beinhalten die wichtigsten, für diese Form geeigneten Beiträge des jeweiligen Magazins. Zusammen mit unmoderierten Kurzmagazinen, die vor allem Schwerpunkte mit Service-Charakter haben, bilden sie die kurz getakteten Leisten des Schemas. In der 15-minütigen Rubrik „Das Thema" werden zudem relevante Themen des Tages aktuell und hintergründig beleuchtet. Hierfür werden bereits vorhandene Berichte aus den Nachrichten- und Magazinsendungen des ZDF neu zusammengestellt.

Kurzreportagen und -dokumentationen, die politische, wirtschaftliche, wissenschaftliche und gesellschaftliche Themen aufgreifen, ergänzen die kompakte Programmleiste. Sie können auch zur Stützung von Programmschwerpunkten des Hauptprogramms oder zur Akzentuierung des eigenen Angebots genutzt werden. Das Programm für Wochenenden und Feiertage im ZDFinfokanal setzt – vor dem Hintergrund der spezifischen Sehgewohnheiten an diesen Tagen – stärker auf Repertoire-Angebote wie Reportagen, Features und Dokumentationen. Gleichwohl finden auch hier kurz getaktete Angebote und aktuelle Informationen ihren Platz.

Im Gegensatz zu PHÖNIX wird die Ereignisberichterstattung keine zentrale Rolle im Programm des ZDFinfokanals spielen. Lediglich fallweise und zeitlich begrenzt wird der ZDFinfokanal auch live über wichtige Ereignisse aus Politik, Gesellschaft, Sport und Wissenschaft berichten. Der ZDFinfokanal ist zudem kein special-interest-Angebot für Börsen- und Wirtschaftsberichterstattung. Eine Entwicklung in diese Richtung ist auch in Zukunft nicht vorgesehen.

Der ZDFinfokanal bietet für das ZDF zudem eine Plattform, um neue Angebotsformen und journalistische Formate testen zu können. Perspektivisch ist vorgesehen, spezifische Informationsformate zu entwickeln, die insbesondere auf jüngere Zuschauergruppen zugeschnitten sind. Erste Schritte wurden mit der Pilotsendung „Wirtschaftswunder" unternommen: Das 15-minütige moderierte Servicemagazin, das Ende Juni 2008 erstmals ausgestrahlt wurde, wendet sich an junge Konsumenten und informiert über Themen rund ums Geld. Auch die Rubrik „Mojo" bietet Raum für formale Innovationen: In 15-minütigen Reportagen greifen Videojournalisten lebensnahe Themen des Alltags auf und entwickeln neue Handschriften.

Besonderes Augenmerk wird auf die Entwicklung plattformübergreifender Formate gerichtet, die innovativ die Möglichkeiten des Fernsehens mit denen des Online-Angebots verbinden und durch Interaktivität das Publikum einbinden. Damit ist die Erwartung verbunden, Altersgruppen, die die klassische TV-Plattform nicht mehr nutzen, leichteren Zugang zu ZDF-Angeboten zu bieten.

Das ZDF hat sich verpflichtet, die vielfältigen Veränderungen des Fernsehens, die sich durch die Digitalisierung ergeben, aktiv zu gestalten. Auf dem Weg dorthin kann und wird der ZDFinfokanal durch seine synergetischen Arbeitsabläufe und plattformübergreifenden Ansätze eine wichtige Rolle spielen.

5. Verbreitung

Der ZDFinfokanal wird digital verbreitet und ist über Kabel, Satellit und Antenne (DVB-T) empfangbar. Die Nutzung und Begleitung von Sendungen im Internetangebot des ZDF erfolgt im Rahmen der medienrechtlichen Vorgaben.

III. ZDFkulturkanal

1. Ausgangslage/Zielsetzung

Entsprechend der Ermächtigung durch die Ministerpräsidenten der Länder und der Genehmigung durch den Fernsehrat strahlt das ZDF seit dem 9. Dezember 1999 den digitalen Theaterkanal via Kabel und Satellit aus.

Im Zuge der Anpassung an die Herausforderungen des digitalen Markts soll das bisherige Schleifenprogramm mit Mehrfachwiederholungen Zug um Zug durch ein strukturiertes Ganztagsprogramm ersetzt und damit der ZDFtheaterkanal zu einem Kulturkanal fortentwickelt werden.

2. Gegenstand des Angebots

Der digitale ZDFkulturkanal wird ein Genre-Spartenkanal sein, der sich in besonderer Weise der Darstellung der kulturellen Vielfalt widmet. Er bündelt unter der Dachmarke des ZDF das breite Spektrum der produktionellen Anstrengungen des Gesamtunternehmens ZDF und seiner Partnerprogramme im kulturellen Bereich und verstärkt diese durch gezielte Eigenangebote. Das Feld „Performing Arts", also insbesondere die Übertragung und Berichterstattung über Theater- und Opernaufführungen, Konzerte und Kleinkunst, soll als zentrales Merkmal erhalten bleiben.

Ziel ist es, dem gestiegenen Bedürfnis nach kultureller Orientierung in einer vielfältig aufgestellten Gesellschaft Rechnung zu tragen und damit einen Beitrag zur Integration zu leisten, indem der digitale ZDFkulturkanal intelligent informiert und unterhält.

3. Beitrag zur Aufgabenerfüllung

Die Darstellung und Vermittlung von Kultur gehört unstritig zu den Kernaufgaben des öffentlich-rechtlichen Rundfunks. Der digitale ZDFkulturkanal richtet sich an Zuschauer aller Altersgruppen, die sich im weitesten Sinn für Kultur interessieren. Er wird auch Spezialangebote für ein jüngeres Publikum auf regelmäßigen Sendeleisten vorhalten, um diese für die Kultur und einen geistvollen Mediengebrauch im weiteren Sinne zu gewinnen. Der digitale ZDFkulturkanal stellt das kulturelle Leben in großer Breite und Ausführlichkeit dar. Er legt dabei auf die Qualität der fernsehmäßigen Umsetzung höchsten Wert.

RStV Anlage
II. Rundfunk und presseähnliche Telemedien

Der digitale ZDFkulturkanal sollte auch als Veranstaltungspartner bei Festivals und als Wegweiser für Qualitätsangebote auftreten und kulturelle Projekte würdigen und fördern, die der Bewahrung und Entwicklung des kulturellen Erbes dienen. Dies gilt auch für den Denkmalschutz und den öffentlich finanzierten Kulturbetrieb allgemein.

4. Programmkonzept

Im Mittelpunkt des ZDFkulturkanals steht die Pflege der deutschen Sprache und Literatur, des Theaters, der Bildenden Künste und der Musik sowie die Darstellung von Formen der Alltagskultur und die Themenbereiche Bildung und Erziehung, Lebensqualität, urbane Lebenswelten, Pop, Avantgarde und Philosophie. Aber auch die aus dem Medium selbst erwachsene Film- und Fernsehkultur wird in ausgewählten Premium-Produktionen aus den Bereichen Dokumentar- und Spielfilm bis hin zum anspruchsvollen Fernsehspiel Gegenstand des Angebots des digitalen ZDFkulturkanals sein.

Das Angebot beinhaltet insgesamt Übertragungen von Bühnenereignissen aus den Bereichen Theater, Ballett, Musiktheater, Konzert, Performance-Kultur, die umfassende Darstellung bedeutender regionaler Kulturfestivals, die Berichterstattung über und Darstellung von herausragenden kulturellen Wettbewerben. Außerdem wird der digitale ZDFkulturkanal Kulturmagazine und genrespezifische Dokumentationen und Gesprächssendungen der ZDF-Programmfamilie gebündelt und zu bester Sendezeit und zum Teil neu aufbereitet präsentieren.

Ein Angebot im Bereich Jugendkultur mit einem Schwerpunkt Jugend, Musik und Jugend-Lebensart wird zu den unverwechselbaren Kennzeichen des digitalen ZDFkulturkanals gehören. Er unterstreicht den Anspruch des Kanals, auch ein jüngeres Publikum an öffentlich-rechtliches Qualitätsprogramm heranzuführen. Spielerische Präsentationsformen und Publikumsansprache, Edutainment und ein frischer Umgang mit Form, Farben und Sounds sind dabei wesentliche Mittel. Der digitale ZDFkulturkanal wird außerdem dem gewachsenen Interesse an Bildung Rechnung tragen und auch die Diskussion um die Fortentwicklung der Bildungsinstitutionen widerspiegeln. Er wird sich aktiv an Motivationsaktionen für Schülerinnen und Schüler beteiligen und mit Aktionen wie dem Schülertheaterfestival und einem neuen Format, in dem Jugendliche mit Leistungsträgern unserer Gesellschaft zusammentreffen und Fragen zu deren beruflichen Werdegang, aber auch zum Thema Moral und Verantwortung stellen.

Da das ZDF mit seinem Hauptprogramm, Phoenix und dem Infokanal bereits über Flächen für die aktuelle politische Berichterstattung verfügt, wird der ZDFkulturkanal keine eigene Nachrichtenberichterstattung (mit der Ausnahme der Übernahme einer Hauptnachrichtensendung), keine politischen Magazine, und keine Übertragung von politischen Ereignissen einplanen. Außerdem wird der ZDFkulturkanal keinen Sport und keine Wirtschafts- und Ratgebersendungen vorsehen.

Das Verhältnis zum ZDF-Hauptprogramm und zu den Partnerkanälen baut auf den gewachsenen und gelebten Erfahrungen des ZDFtheaterkanals im Programmverbund auf. Dabei sind programmübergreifende Kulturschwerpunkte denkbar, die zu Spitzenereignissen auch im Hauptprogramm bzw. in den Partnerkanälen aufscheinen, etwa bei der Berlinale, beim Berliner Theatertreffen, den Bayreuther und Salzburger Festspielen oder großen Pop- und Rockfestivals sowie in bewusst mehrkanalig operierenden Programmen wie unlängst beim Cirque du Soleil mit einer Übertragung vor und hinter der Bühne auf zwei Kanälen.

Der digitale ZDFkulturkanal baut auf Erfahrungen des ZDFtheaterkanals auf und verinnerlicht dessen besondere und in der Medienlandschaft einzigartige Aufmerksamkeit für die Darstellenden Künste in ihrer Vielfalt als weltweit beispielloses konstituierendes Element deutscher Kultur. Dabei spielen auch Repertoireangebote eine Rolle, die vor allem im Tagesprogramm, aber auch im Zusammenwirken mit der ZDF-Mediathek weiterhin vorgehalten werden sollten. Dabei sind auch programmbegleitende und sendungsergänzende Angebote im Internet nötig, insbesondere im Hinblick auf das besondere Augenmerk des digitalen ZDFkulturkanals für das jüngere Publikum.

5. Verbreitung

Der ZDFkulturkanal wird digital verbreitet und ist derzeit über Kabel und Satellit empfangbar. Die Nutzung und Begleitung von Sendungen im Internetangebot des ZDF erfolgt im Rahmen der medienrechtlichen Vorgaben. Der digitale ZDFkulturkanal sollte diskriminierungsfrei verbreitet werden, d. h., auf allen digitalen Plattformen gut auffindbar sein.

IV. ZDF-Familienkanal

1. Ausgangslage/Zielsetzung

Das ZDF kann nur von bleibendem Wert für die Gesellschaft sein, wenn es alle relevanten Teile der Gesellschaft erreicht. Angesichts des sich immer stärker diversifizierenden Fernsehmarktes und der sich verändernden Nutzungsgewohnheiten der jüngeren Zielgruppen wird dies zusehends schwieriger. Das ZDF-Hauptprogramm erreicht vor allem Zuschauer, die älter als 60 Jahre sind. In den jüngeren Altersgruppen ist das ZDF unterdurchschnittlich vertreten. Besorgniserregend ist in diesem Zusammenhang, dass sich auch und gerade die jungen Familien immer mehr den Privatsendern zuwenden. Die Erfahrung zeigt zudem, dass die Zuschauer mit steigendem Alter nicht im gewünschten Maße zum ZDF zurückkehren werden.

Bei allem gesellschaftlichen Wandel bleibt die Familie die kleinste und zugleich bedeutendste Einheit eines verbindlichen Miteinanders unterschiedlicher Generationen. Sie ermöglicht das Erlernen, Leben und Weitergeben grundlegender Regeln der Gesellschaft. Umso mehr hat das ZDF als nationaler öffentlich-rechtlicher Sender hier in besonderem Maße Verantwortung.

Es muss das Ziel des ZDF sein, diese Zuschauergruppen wieder zurückzugewinnen und dauerhaft zu binden. Dies kann nur gelingen, wenn das ZDF ein Programm anbietet, das sich an der Lebenssituation, den Bedürfnissen und der medialen Sozialisation junger Familien orientiert. Die Entwicklung des Fernsehmarktes sowie die veränderten Sehgewohnheiten zeigen, dass dies nur mit einem eigenen, passgenauen Angebot möglich ist.

Der ZDFdokukanal soll deshalb konsequent zu einem Programm weiterentwickelt werden, das sich insbesondere an junge Familien richtet. Der ZDF-Familienkanal soll Zuschauer zwischen 25 und 50 Jahren sowie deren Kinder ansprechen. Er soll die öffentlich-rechtliche Alternative zu den in dieser Altersgruppe vorherrschend genutzten Programmangeboten werden.

2. Gegenstand des Angebots

Der ZDF-Familienkanal bietet ein Programm mit vielfältigen Inhalten aus den Bereichen Bildung, Kultur, Wissenschaft, Beratung, Information und Unterhaltung. Er bedient sich aller wichtigen Genres wie Dokumentation, Reportage, Fernsehfilm, Serie, Spielfilm, Magazin sowie Show/Talk und beschäftigt sich insbesondere mit Inhalten aus den Bereichen Gesellschaft und Erziehung, Ratgeber und Service, Wissenschaft und Natur, Geschichte und Zeitgeschehen sowie Kultur.

Im Mittelpunkt der Zuschaueransprache des ZDF-Familienkanals steht eine realitätsnahe Orientierungs- und Ratgeberfunktion. Auch das Bedürfnis, angesichts der zunehmenden Fragmentierung des Alltags auf anspruchsvolle Weise Entspannung und intelligente Unterhaltung zu finden, wird angemessen berücksichtigt. Hier sind die Kernkompetenzen des öffentlich-rechtlichen Rundfunks gefordert, die mit Hilfe eines familienorientierten Angebots der adressierten Altersgruppe vermittelt werden können.

3. Beitrag zur Aufgabenerfüllung

Der deutsche Fernsehmarkt hat sich zu einem der wettbewerbsstärksten auf der Welt entwickelt. Ein Haushalt hat im Schnitt 63 Programme auf der Fernbedienung programmiert. In keinem anderen europäischen Land können so viele Zuschauer so viele Programme sehen. Die großen Sender konkurrieren zunehmend auch mit den kleinen Anbietern. In Zukunft werden noch mehr Programme um Marktanteile konkurrieren. Gleichzeitig weist die Marktanteilsentwicklung des ZDF-Hauptprogramms der letzten 15 Jahre überproportionale Verluste bei den jüngeren Zuschauern auf. Es werden aktuell nur noch 38 % des Marktanteils von 1992 erreicht, während es bei über 50-Jährigen noch 70 % des damaligen Niveaus sind.

Deshalb hat der ZDF-Familienkanal die Aufgabe, die Zuschauer, die sich aufgrund ihres Alters, ihrer Lebensgewohnheiten und ihrer medialen Sozialisation im Rahmen des ZDF-Hauptprogramms nur teilweise mit ihren spezifischen Bedürfnissen wiederfinden, an ein wertehaltiges öffentlich-rechtliches Programmangebot heranzuführen und sie dauerhaft zu binden. Schema-, Programm- und Formatgestaltung sollen passgenau den Tagesablauf sowie die Sehbedürfnisse junger Familien berücksichtigen.

Der ZDF-Familienkanal ist komplementär zum Hauptprogramm. Er bündelt und ergänzt dessen Angebote unter inhaltlichen, demografischen und soziologischen Gesichtspunkten und erweitert sie um Programminnovationen, die sich den zentralen Fragen des Alltags junger Familien zuwenden. Der ZDF-Familienkanal soll inhaltlich, aber auch in Bezug auf die Formatentwicklung zum Innovationsmotor für die ZDF-Familie werden.

Gleichzeitig nutzt der Familienkanal die Programmvorräte der ZDF-Familie neu und gewinnbringend und leistet durch wirtschaftliche und inhaltliche Synergien einen wichtigen Beitrag zur Amortisation kostbarer Ressourcen im Gesamtunternehmen. Qualität und Modernität zahlreicher ZDF-Programme, die von vielen Jüngeren im Hauptprogramm nicht mehr vermutet werden, kommen zu neuer Geltung. Das ZDF-Hauptprogramm profitiert selbst wiederum von den neuen Erfahrungen bei der Ansprache jüngerer Zuschauer. Der Digitalkanal kann die Programmvielfalt, die vorliegenden Lizenzen und die Stärke des Hauptprogramms nutzen.

Dabei unterscheidet sich der ZDF-Familienkanal erkennbar von den Zielgruppenangeboten der kommerziellen Anbieter. Sein Ziel ist die Vermittlung von Wissen und Werten, die zu einer positiven Gestaltung der eigenen wie der gesellschaftlichen Lebenswirklichkeit befähigen. Der ZDF-Familienkanal möchte mit seinem Programmangebot dazu beitragen, das Vertrauen speziell der Familien in ihre eigene Zukunft zu festigen und die Wertschätzung der jungen Familie in der Gesellschaft zu verstärken.

4. Programmkonzept

Im Mittelpunkt des ZDF-Familienkanals stehen eine realitätsnahe Orientierungs- und Ratgeberfunktion sowie die Möglichkeit, angesichts der zunehmenden Fragmentierung des Alltags auf anspruchsvolle Weise Entspannung und intelligente Unterhaltung zu finden. Der ZDF-Familienkanal ist somit eine konsequente Weiterentwicklung des ZDF.dokukanals. Die Stärke des ZDF.dokukanals, mit Dokumentationen und Reportagen Orientierung zu bieten und Hintergrund zu vermitteln, soll weiter ausgebaut werden. Im Vordergrund stehen dabei folgende Funktionen, die für die Erfüllung des Programmauftrages zentral sind: Wissensvermittlung, Lebens- und Alltagsbewältigung, politische und (zeit-)geschichtliche Bildung sowie anspruchsvolle Unterhaltung.

Der ZDF-Familienkanal wird sich weiterhin an der Bedeutung, die Wissenschaft und kontinuierlicher Wissenserwerb gerade für jüngere Zuschauer haben, ausrichten. Wissen(schaft)s- und Natursendungen werden einen wichtigen inhaltlichen Akzent setzen ebenso wie die generationenverbindenden Programm-Marken „Terra X" und „Abenteuer Wissen". Dokumentationen und Reportagen entsprechen ohnedies einem Grundbedürfnis vieler Menschen, in einer immer unübersichtlicheren Welt Orientierung zu erfahren, Überblick zu gewinnen, die notwendigen

Hintergrundinformationen zu erhalten. Fortgesetzt werden soll auch die erfolgreiche „Tagesdoku". Dokumentationen und Reportagen beleuchten von Montag bis Freitag ein Thema der Woche in unterschiedlichsten Facetten und vermitteln auf diese Weise abwechslungsreiches und differenziertes Hintergrundwissen. Als Programminnovation geplant ist eine Wissenssendung für junge Familien.

Der ZDF-Familienkanal soll Orientierungshilfe für die alltägliche Lebensbewältigung sein. Zentral sind hier die Themen „Schule", „Bildung" sowie „Fragen nach der Vereinbarkeit von Familie und Beruf". Sendereihen wie beispielsweise „37°", „Babystation", „S. O. S. Schule", „Zeit der Wunder" oder „Mädchengeschichten" haben in diesem Kontext einen festen Platz. Darüber hinaus soll praxisnahen Fragen aus dem Alltag junger Familien wie z. B. zu den Themen „Hausbau", „Finanzen", „Versicherungen" nachgegangen werden. Als Programminnovationen sind Ratgebersendungen, Ombudsmagazine und neue dokumentarische Erzählformen angedacht.

Der ZDF-Familienkanal setzt darauf, seinen Zuschauern Anregungen für die aktuelle politische Diskussion und zur zeitgeschichtlichen Meinungsbildung zu liefern. Ein besonderes Augenmerk gilt deshalb vor allem den historischen und zeitgeschichtlichen Dokumentationen, bei denen das ZDF über eine breite internationale Reputation verfügt. In diesem Zusammenhang seien die großen zeitgeschichtlichen Fernsehereignisse wie „Dresden" oder „Die Gustloff" erwähnt, die der ZDF-Familienkanal ins Zentrum seiner Programmschwerpunkte setzen wird. Eine Programminnovation im Bereich der politischen Bildung soll die Entwicklung einer neuen Wahlsendung für junge Familien darstellen. Auch bei der Nachrichtenberichterstattung will der ZDF-Familienkanal neue Wege gehen, indem er sich auf eine erfolgreiche Programmentwicklung des Hauptprogramms stützt: eine Adaption der „Logo"-Nachrichten für junge Familien.

Gleichzeitig soll der Familienkanal auf anspruchsvolle Weise Entspannung und intelligente Unterhaltung bieten. Vor dem Hintergrund der Pluralisierung von Lebensformen findet sich ein Alltag, der in erster Linie von der Fragmentierung familiärer und gesellschaftlicher Zusammenhänge und damit einem Gefühl ständiger Überbelastung durch die Anforderungen des täglichen Lebens gekennzeichnet ist. Umso mehr tritt neben die Suche nach Sinn und Orientierung auch der Wunsch nach Entspannung und Entlastung. Einen eigenen Stellenwert im Programm des ZDF-Familienkanals haben deshalb fiktionale Sendungen vom Fernsehfilm über die Serie bis hin zum Spielfilm. Aufgrund ihres hohen Identifikationspotenzials eignen sie sich ganz besonders für die Vermittlung komplexer Zusammenhänge oder vorbildhafter Wertesysteme, besonders dann, wenn sie sich erkennbar am Alltag und der Lebenswirklichkeit ihrer Zuschauer orientieren.

Für die Hauptsendezeit des neuen ZDF-Digitalkanals ist so eine Mischung aus hochwertiger Fiktion und erstklassigen Dokumentationen geplant. Sie wird von erfolgreichen Reportagen und Dokumentationen, thematisch ausgerichteten Programmschwerpunkten sowie preisgekrönter nationaler und internationaler Fiktion geprägt sein. Aufgabe der Programmschwerpunkte und Themenabende wird es sein, die Vorteile der Verschränkung von dokumentarischem Informationsprogramm und emotional-involvierender Fiktion so zu verbinden, dass den Zuschauern ein attraktiver, breiter und nachhaltiger Zugang zu wichtigen Themenstellungen auch bei komplexen Sachverhalten möglich wird. Auf diese Weise sollen fiktionale Programme nicht nur unterhalten, sondern auch Anregung zur Reflexion individueller wie gesellschaftlicher Verhaltensweisen, Themen und Prozesse bieten.

Der ZDF-Familienkanal kann sich hierbei auf ein breites Fundament erstklassiger Fernsehfilme und Spielfilme stützen, die für seine Zuschauer zum Teil allein deshalb „Premieren" sind, weil sie im ZDF-Hauptprogramm zu Sendezeiten laufen, die mit dem Lebensrhythmus dieser Altersgruppe nicht kompatibel sind oder auch, weil sie von ihnen gar nicht im ZDF-Hauptprogramm vermutet werden. Einen ganz eigenen Akzent will der ZDF-Familienkanal auch bei der Entwicklung und Pflege des filmischen Nachwuchses setzen und dabei an die gelebte Tradition des „Kleinen Fernsehspiels", der Filmredaktion 3sat sowie der Innovationswerkstatt „Quantum" anknüpfen. Gefragt sind Sendungen, die den Dingen des täglichen Lebens auf den Grund gehen und ihren Wert in einer ganz praktischen Alltags- und Lebenshilfe haben. Auch die fiktionalen Serien können modellhafte Lebensbewältigung und Persönlichkeitsentwicklung mit vielfältigen Facetten über einen langen Zeitraum begleiten und damit realitätsnahe Problembewältigungsstrategien vermitteln. Im Rahmen des Vorabendprogramms sollen deshalb beispielsweise „Familienserien" zum Einsatz kommen, die den Alltag junger Menschen mit all seinen Brüchen, Widersprüchen und Reibungsflächen zum Thema haben.

Mit eigenen Formatentwicklungen soll der ZDF-Familienkanal zur Entwicklungsplattform und zum Innovationsmotor für die ZDF-Programmfamilie werden. Systematisch sollen von Beginn an Formate, Genres und Protagonisten getestet werden, die bei Erfolg auch im Hauptprogramm Verwendung finden können. Auf diese Weise profitiert nicht nur der ZDF-Familienkanal von den Erfahrungen und Programmvorräten des Hauptprogramms, sondern auch das Hauptprogramm und die ZDF-Partnerkanäle von den Entwicklungen des digitalen Kanals.

Das Programmschema orientiert sich am Tagesablauf der 25- bis 50-Jährigen, vor allem der jungen Familien. Eine besondere Herausforderung für die Programmierung ist der unregelmäßige, zum Teil nicht planbare Tagesablauf sowie die Parallelität mehrerer individueller Tagesverläufe gerade in jungen Familien, die das Programmschema durch zeitversetzte Wiederholung zentraler Sendungsangebote über den ganzen Tag berücksichtigen wird.

In der Hauptsendezeit wird die Zuscheueransprache und Schemagestaltung des ZDF-Familienkanals von folgenden Leitgedanken geprägt:

– Die Vorabend-Zeit zwischen 17.00 Uhr und 21.00 Uhr ist dezidierte Familienzeit: In knapp 26 % der Familien-Haushalte wird zwischen 17.00 Uhr und 20.15 Uhr gemeinsam ferngesehen – und dies, obwohl 44 % der Kinder einen eigenen Fernseher besitzen. 82 % der Eltern hätten die gemeinsame Fernsehzeit gerne häufiger; es fehlen entsprechende Programmangebote zur richtigen Zeit. Und es fehlen – gerade mit Blick auf die Kinder – werbefreie Fernsehangebote.

– Im Zentrum des Programmschemas steht der Primetime-Beginn um 21.00 Uhr. Er trägt der Tatsache Rechnung, dass für die meisten Eltern erst jetzt eine eigene „Freizeit" beginnt, aber auch die 25- bis 50- Jährigen ohne Kinder können um diese Uhrzeit fernsehen (der Höhepunkt in der Fernsehnutzung von Eltern liegt um 21.30 Uhr, bei Erwachsenen ohne Kinder um 21.00 Uhr).

Bei dem ZDF-Familienkanal handelt es sich nicht um ein klassisches Vollprogramm. Das Programmschema des ZDF-Familienkanals verdeutlicht vielmehr, dass mit dem ZDF-Familienkanal ein Spartenprogramm geplant ist, das sich auf eine bestimmte Zielgruppe im Fernsehmarkt fokussiert, ähnlich wie auch der Kinderkanal sich unter Anwendung zahlreicher Genres an eine bestimmte Zielgruppe wendet. Im neuen ZDF-Familienkanal werden im Unterschied zu klassischen Vollprogrammen keine regelmäßigen Nachrichtensendungen, keine festen Programmplätze für Sport und keine Boulevard-Showsendungen im Schema Eingang finden.

Das ZDF wird in allen Genres die öffentlich-rechtlichen Qualitätsansprüche einlösen. Die Unterhaltung ist Teil des Konzeptes, weil das ZDF beabsichtigt, auch im Genre Unterhaltung neuartige Formate zu erproben und im Familienkanal zu pilotieren.

Der ZDF-Familienkanal soll gerade jüngere Zuschauer, d. h. die Altersgruppe der etwa 25- bis 50-Jährigen, ansprechen. Dazu soll insbesondere im Ratgeberbereich das Publikum mit neuen Ausdrucks- und Programmformen und einer gegenüber dem Hauptprogramm selbständigen Art der Ansprache durch informierende und orientierende Programme gewonnen werden.

Die Unterhaltungsangebote sollen dabei ein spezifisch öffentlich-rechtliches Profil aufweisen. Dazu werden sie einerseits berücksichtigen, dass Entspannung und Anregung Zuschauerbedürfnisse sind. Zugleich können aber auch Unterhaltungsangebote Information und Orientierung vermitteln. Der ZDF-Familienkanal wird in seinen Unterhaltungsangeboten insbesondere auch die jüngeren Zuschauer ansprechen und ihnen die Auseinandersetzung mit Themen aus dem Alltag, dem Wissensfundus der Gesellschaft und der Kultur ebenso ermöglichen wie die Reflexion von Themen unserer Zeit. Er soll also die Zuschauer für Qualität, Information und Orientierung gewinnen.

Der Sender wird sich bereits dadurch von anderen Programmen, vor allem kommerziellen Sendern, abheben, weil er zu rund 80 % mit Wiederholungen aus dem ZDF-Hauptprogramm (darunter insbesondere Sendungen, die beim jüngeren Publikum erfolgreich sind) bestückt wird. Von den meisten kommerziellen Digital-Spartenkanälen unterscheidet er sich außerdem dadurch, dass er nicht monothematisch angelegt ist. Anders als diese verfolgt der ZDF-Familienkanal nämlich einen dem öffentlich-rechtlichen Rundfunk gemäßen Ansatz. Er leistet mit einer großen Bandbreite an Themen, Genres und Handschriften, mit Mehrheiten- und Minderheitenprogrammen einen Beitrag zum Zusammenhalt der Gesellschaft. Im Gegensatz zu monothematischen Kanälen ermöglicht er dem Zuschauer, sich durch Vielfalt und Unterschiedlichkeit ein differenziertes Weltbild zu verschaffen. Von den bestehenden öffentlich-rechtlichen Programmen unterscheidet sich der Familienkanal aufgrund seiner spezifischen Programmmischung und Zielgruppenausrichtung deutlich.

Strukturell wird sich der ZDF-Familienkanal von den bestehenden kommerziellen Digitalfernsehangeboten durch das Fehlen von Werbung und Sponsoring abheben. Er wird sich darüber hinaus dadurch unterscheiden, dass keine Konzentration auf Inhalte stattfindet, die sich gewinnbringend vermarkten lassen. Das Programm steht – wie alle Angebote des ZDF – nicht im Dienst des kommerziellen Erfolgs und verzichtet daher auf Sendungen, die vor allem dem Zweck dienen, Begleitdienste und -produkte (etwa Downloads, CDs, DVDs) abzusetzen oder durch die Beteiligung der Zuschauer an Abstimmungen o. Ä. Erlöse zu erzielen.

Der ZDF-Familienkanal ist damit ein durch und durch öffentlich-rechtliches Programmangebot, das als klar unterscheidbare Alternative zu den privaten Programmen positioniert werden soll.

Der Auf- und Ausbau des ZDF-Digitalkanals erfolgt – parallel zur wachsenden technischen Verbreitung – in zeitlich gestaffelten Ausbaustufen. In der ersten Stufe ab 2009 profitiert das Programmschema vom Rückgriff auf den breiten Fundus des Programmarchivs sowie von aktuellen Übernahmen aus dem ZDF-Hauptprogramm. Erste Programminnovationen dienen der Positionierung auf dem Fernsehmarkt und der Etablierung des neuen Kanalprofils. Das besondere Augenmerk wird dabei auf der Erzeugung einer großen Zuverlässigkeit im Angebot von hochwertigen Dokumentationen und Reportagen, thematisch relevanten Wissens- und Ratgeberformaten, entspannenden, anregenden und dem realen Alltag junger Familien affinen unterhaltenden Sendungen sowie einem breiten, inhaltlich diskursiven Spektrum in Form von Programmschwerpunkten liegen. Beginnend mit 2010 werden einige Wiederholungsleisten durch weitere Programm-Innovationen ersetzt, die auch die Aufgabe haben, das Profil des Senders zu schärfen. In der dritten Ausbaustufe ab 2012 soll der ZDF-Familienkanal in einer synergetischen Mischung aus Verwertung des ZDF-Programmvorrats und vermehrt eigenproduzierter bzw. erworbener Programmware sein eigenständiges Programmprofil festigen und verstärken.

RStV Anlage   II. Rundfunk und presseähnliche Telemedien

5. Empfangbarkeit

Der ZDF-Familienkanal wird ausschließlich digital verbreitet und ist über Kabel, Satellit und Antenne empfangbar. Angestrebt wird dabei eine 24 Stunden-Verbreitung über DVB-T, die bisher aus Kapazitätsgründen noch auf eine Sendezeit zwischen 21.00 Uhr und 6.00 Uhr beschränkt ist. Eine sendungsbezogene Programmbegleitung im Rahmen des Online-Angebotes des ZDF sowie das Bereitstellen von Sendungen in der ZDF-Mediathek sind ebenfalls vorgesehen. Gerade für jüngere Zuschauer ist das Zusammenspiel der Medien von entscheidender Bedeutung. Vertiefende Informationen und Hintergründe zu den im Familienkanal angebotenen Themen im Online-Bereich sind deshalb essentiell für die angestrebte Publikumsbindung. Insbesondere bei Programmschwerpunkten und Themenabenden soll diese Verknüpfung von Fernsehen und Internet zum Tragen kommen. Bei der Entwicklung von Programminnovationen sollen zudem die Möglichkeiten der crossmedialen Verbindung berücksichtigt werden.

V. Finanzierung

Die Zusatzangebote werden in der Gebührenperiode ab 2009 aus dem Bestand finanziert. Auch für die Gebührenperiode ab 2013 hat sich das ZDF verpflichtet, keine gesonderten Mittel anzumelden, sondern die Zusatzangebote aus dem Bestand zu finanzieren.

Erläuterungen zur Anlage finden sich bei den §§ 11–11f RStV.

Anlage (zu § 11c Abs. 3 Nr. 3 des Rundfunkstaatsvertrages)

Programmkonzept DRadio Wissen

1. Ausgangslage

Der Eintritt ins digitale Zeitalter geht einher mit Unsicherheiten künftiger Mediennutzung, von denen auch die Qualitätsangebote im Hörfunk betroffen sind. Wer eine junge anspruchsvolle Zielgruppe erreichen will, muss ein an den inhaltlichen und formalen Ansprüchen sowie den Rezeptionsgewohnheiten dieser Zielgruppe orientiertes Radioformat entwickeln.

Gerade die Zielgruppe der jungen Erwachsenen, die mit DRadio Wissen vorrangig angesprochen werden soll und die durch andere anspruchsvolle Angebote nicht angemessen erreicht wird, zeichnet sich durch ein großes Informationsbedürfnis aus und ist durch das Internet an hohe Aktualitätsstandards gewöhnt. Ausgehend von der Zielgruppe junger Erwachsener wird das Programmangebot von DRadio Wissen seinen Inhalten entsprechend generationsübergreifend und integrativ angelegt.

Ein erfolgreiches Radioprogramm muss ein breites Interessenspektrum seiner Zielgruppe befriedigen, um Hördauer und langfristige Hörerbindung und damit Akzeptanz am Markt zu erreichen.

Erfolgreiches Radio muss sich durch ein einprägsames, leicht „erlernbares" Sendeschema und kreative Programmformen auszeichnen.

Der Hörfunkrat des Deutschlandradios hat am 11. September 2008 den „Bericht über programmliche Leistungen und Perspektiven des Nationalen Hörfunks 2008 bis 2010", (HR 5/2008) verabschiedet. Er verpflichtet das Deutschlandradio darin auf Qualitätsstandards, die für den öffentlich-rechtlichen Rundfunk verbindlich sein sollten. Dies betrifft u. a.

- einen hohen Anteil an Eigenproduktionen,
- ein verlässliches Nachrichtenraster,
- Innovationsfähigkeit und
- die Eigenentwicklung von Formaten für die spezifischen Bedürfnisse der jeweiligen Hörerschaft.

Repräsentative Hörerumfragen belegen, dass die Deutschlandradio-Programme sich wegen dieser Merkmale einer hohen Akzeptanz bei der Hörerschaft erfreuen.

Ein Drittel der insgesamt 4,8 Millionen Hörer der 22 gehobenen Programme in Deutschland werden allein durch die beiden Angebote des Nationalen Hörfunks Deutschlandfunk und Deutschlandradio Kultur generiert – und dies trotz unzureichender bundesweiter Frequenzausstattung.

Der hohe Anteil der Hörerschaften legt nahe, dass ein erfolgreiches, sich an den vorgegebenen Qualitätsmerkmalen orientierendes DRadio Wissen die Zahl der Hörer dieses anspruchsvollen Programmsegments insgesamt erhöhen und damit weiter zur Anerkennung öffentlich-rechtlicher Qualitätsleistungen beitragen kann. Insoweit ist das Angebot von strategischer Bedeutung für den öffentlich-rechtlichen Rundfunk insgesamt.

Deutschlandradio Kultur ist es gelungen, mit seinen innovativen Angeboten sowohl das jüngste Durchschnittsalter der Hörer der sogenannten gehobenen Programme (Deutschlandradio Kultur MA 2008 II 50 Jahre, generell 55 Jahre) als auch ein ausgeglichenes Verhältnis von weiblichen und männlichen Hörern zu erzielen. Diese Erfahrungen bilden eine tragfähige Grundlage für die Entwicklung eines neuen Qualitätsangebots, das sich dem Thema Wissen widmet.

Ein solches Wissensprogramm wird weder öffentlich-rechtlich noch kommerziell angeboten. Es entspricht von seinen Inhalten dem Kern des öffentlich-rechtlichen Auftrags. Es tritt nicht in Konkurrenz zu bestehenden Angeboten. Der Nationale Hörfunk ist der angemessene Veranstalter, weil er wegen seiner überregionalen Struktur und seiner Präsenz in allen Ländern über enge Kontakte zu den Bildungs- und Wissenschaftseinrichtungen verfügt, zum Teil schon jetzt mit ihnen zusammenarbeitet und ihnen eine bundesweite publizistische Aufmerksamkeit verschaffen kann. Dies ist nicht nur von medienpolitischer, sondern auch von wissenschafts- wie gesellschaftspolitischer Bedeutung. DRadio Wissen ist ein publizistischer Integrator in der föderalen Wissenschafts- und Bildungslandschaft.

Inhaltlich und formal wird sich DRadio Wissen als ein wortorientiertes Programm an den vorgegebenen Qualitätsstandards ausrichten.

2. Zielgruppe und inhaltliches Angebot

Deutschlandradio wird mit DRadio Wissen ein digitales, werbefreies Vollprogramm veranstalten. Es verknüpft die Verlässlichkeit der Marke Deutschlandradio mit Kürze und Fasslichkeit der Darbietung sowie einem eindeutigen Nützlichkeitsversprechen. Es soll neben Deutschlandfunk und Deutschlandradio Kultur treten, prinzipiell alle Altersgruppen ansprechen, sich aber vor allem an die Zielgruppe „junge Erwachsene" richten. Das Profil „Wissen" ist jugendaffin. Jungen Leuten ist bewusst, dass Bildung, Ausbildung und Wissenserwerb Voraussetzungen für soziale Sicherheit, gesellschaftliche Anerkennung und beruflichen Aufstieg sind.

Der Wissensbegriff ist weit gefächert. Er umfasst Forschungsergebnisse aus den Natur- und Geisteswissenschaften, Bildung und Beruf, Geschichte und Literatur, Gesundheit und Ernährung, Umwelt und Verbraucherschutz, Religion und Web-Wissen. Ein Programmangebot „Wissen" steht im Einklang mit der von Politik, Wirtschaft, Gewerkschaften und allen kulturellen Institutionen getragenen Überzeugung, dass die Zukunftssicherung unseres Landes davon abhängt, in welchem Maße es gelingt, die Gesellschaft zu einer „Wissensgesellschaft" zu formen. Ein digitales Wissens-Angebot, bei dem das Internet als Plattform gleichberechtigt neben das lineare Programm tritt, kommt den medialen Nutzungsgewohnheiten des jüngeren Publikums entgegen. Es fördert außerdem die dringend benötigte Akzeptanz digitaler Verbreitungswege für das Radio.

Das neue Programm basiert nicht auf der Parallel-Ausstrahlung von auf anderen Kanälen zeitgleich gesendeten Formaten. DRadio Wissen ist ein innovatives Vollprogramm. Es kann auf eine Fülle von Inhalten aus Deutschlandfunk und Deutschlandradio Kultur zurückgreifen. Die beiden Programme zeichnen sich durch einen unvergleichlich hohen Anteil an Eigenproduktionen/Erstsendungen aus (über 60 Prozent). Wissensangebote unterschiedlicher Genres sind in hohem Maße vorhanden. Viele können unverändert übernommen, andere müssen umformatiert werden. Als Beispiele für Sendungen, deren Inhalte für DRadio Wissen aufbereitet werden könnten, dienen etwa: Forschung aktuell, Campus & Karriere, PISAplus und Elektronische Welten.

Der bereits generierte Stoff muss durch einzelne, speziell für DRadio Wissen produzierte Beiträge ergänzt werden. Geeignete Inhalte aus den Programmen der Landesrundfunkanstalten der ARD sind über den vertraglich vereinbarten Programmaustausch *(Kooperationsvereinbarung zwischen ARD und Deutschlandradio vom 6. Dezember 1994 auf der Grundlage von § 5 Deutschlandradio-Staatsvertrag)* verfügbar und werden das Angebot bereichern. Deutschlandradio hat darüber hinaus interessierte Landesrundfunkanstalten eingeladen, innovative Formate zu entwickeln, die sie in den eigenen Programmen ausstrahlen und für das nationale Wissensprogramm bereitstellen können. Diese Sendungen können in DRadio Wissen integriert werden. Das Volumen der durch den Programmaustausch zur Verfügung gestellten Inhalte und die daraus zu gewinnenden Synergien beeinflussen das von Deutschlandradio für DRadio Wissen zu planende Budget.

3. Programmstruktur

Eine besondere Herausforderung ist die Strukturierung des Programms. Es muss ebenso aktuelle Informationen aus allen Wissensbereichen wie vertiefende Berichterstattung anbieten. Es wird aus den von Deutschlandfunk und Deutschlandradio Kultur übernommenen, von anderen zugelieferten oder aus neu produzierten Beiträgen in Modulen gebündelt. Dieses Strukturprinzip gilt vornehmlich für die Hauptsendezeiten von 7.00 Uhr bis 20.00 Uhr.

Ein wissensaffines Publikum erwartet eine klare und verlässliche Nachrichtenstruktur mit hoher Frequenz. Deutschlandradio kann sich dabei auf eine von ihm in Auftrag gegebene Nutzerstudie stützen *(Ergebnisse einer Elitenbefragung unter Politikern, Journalisten, Wirtschaftsmanagern und Führungskräften aus dem Bereich Kultur in Deutschland. Juni 2008, tns emnid)*. In dieser repräsentativen Studie setzen achtzig Prozent der Befragten ausführliche Nachrichtensendungen an die erste Stelle des von ihnen erwarteten idealtypischen Inhaltsprofils eines bundesweiten Informations- und Kulturprogramms. So wird DRadio Wissen zwischen 7.00 Uhr und 20.00 Uhr ein durch Nachrichtenblöcke strukturiertes Programm nach der Stundenuhr anbieten. In einem 15- bis 20-minütigen Rhythmus werden aktuelle politische Nachrichten, Wissens- und Kulturnachrichten die Stunde gliedern. Für die Flächen zwischen den Nachrichtenblöcken werden themenbezogene Beitragsmodule erstellt. Thematisch folgt dies den Beschreibungen unter Punkt 2. Bildungspolitische und bildungspraktische Themen zum Primär-, Sekundär- und Tertiär-Bereich werden wegen des hohen Nutzwerts für die Zielgruppe eine herausragende Rolle spielen.

Wissen bedeutet auch, fit zu sein für den Tag. Insoweit wird DRadio Wissen im Rahmen dieser Beitragsmodule auch auf wichtige, politische, wirtschaftliche oder kulturelle Tagesereignisse einstimmen, zentrale Themen und Begriffe der Agenda erläutern und auf geeignete Sendungen von ARD, ZDF, arte und 3sat hinweisen und damit auch zum Programmführer für Wissenssendungen im öffentlich-rechtlichen Fernsehen werden. Für den aktuellen Bereich werden Eigenproduktionen nötig sein. Dabei kann auch die Form des Interviews gewählt werden, zumal dramaturgische Abwechslung innerhalb der Stundenuhr geboten ist. Die inhaltlichen Blöcke werden über den Tag rotieren, um den individuellen Nutzungsgewohnheiten und -möglichkeiten der beruflich gebundenen Hörerschaft entgegenzukommen. Die aktuellen Nachrichtensendungen sowie die Formatierung der Module setzen den Einsatz sachkundigen Personals voraus.

Nach der schon zitierten Studie liegen kulturelle und politische Features (neben Interviews) mit sechzig Prozent an zweiter Stelle des von den Nutzern gewünschten Inhaltsprofils. Die Zeit nach 20 Uhr kann und wird unter Zurückstellung des engen Nachrichtentaktes Raum für Features und Dokumentationen sowie für längere Gesprächsformen bieten. Bis auf ein (eingeschränktes) aktuelles Nachrichtenangebot wird die Nachtstrecke vornehmlich für Wiederholungen genutzt. Die Programmgestaltung des Wochenendes wird durch entsprechende längere Formen dominiert.

Im Bereich von Features und Dokumentationen kann Deutschlandradio auf einen Fundus eigener Beiträge und im Rahmen des Programmaustausches auch auf Sendungen der Landesrundfunkanstalten zurückgreifen. Gerade im Wissensbereich muss eine genaue Prüfung erfolgen, ob die in den Sendungen gemachten Aussagen noch dem aktuellen Kenntnisstand entsprechen. Dies kann die Nutzung dieses Repertoires einschränken und es setzt einen entsprechenden Personalaufwand für Auswahl, Bearbeitung und Kommentierung voraus.

DRadio Wissen bildet das lineare digitale Audio-Programmangebot. DRadio Wissen gelangt ausschließlich auf digitalem Weg zu den Hörerinnen und Hörern. Die Verbreitungswege werden der Satellit, das Kabel, die digitale Terrestrik und der über das Internet verbreitete Livestream sein. Neben der Rotation inhaltlich bestimmter Module lässt sich mit der gezielten und zeitunabhängigen Nutzung des Internets eine Verstärkung der Nachhaltigkeit erreichen. Das Internet soll eindeutig sendungsbezogen auch als Plattform für Interaktion und Partizipation genutzt werden. Dafür sollen neue Formate erprobt werden. So bieten sich Chats mit Redakteuren und Experten aus den verschiedenen Wissensgebieten an. Mit seinem „Blogspiel mit Radioanschluss" hat Deutschlandradio Kultur bereits wertvolle Erfahrungen mit interaktiven Programmformaten gesammelt.

4. Kooperationen und Crossmedialität

DRadio Wissen arbeitet crossmedial. Die Inhalte des linearen Programms werden als audio, zum Teil verschriftet im Internet angeboten. DRadio Wissen verweist mit Programmtipps, Interviews mit Autoren und Redakteuren von ARD, ZDF, arte und 3sat im Rahmen seiner Themenmodule auf anspruchsvolle Fernsehsendungen. Es erweitert damit sein eigenes inhaltliches Angebot und gibt den Hörern Hinweise auf ergänzende und vertiefende Informationen im öffentlich-rechtlichen Fernsehen und unterstreicht damit dessen Rolle als Qualitätsproduzent.

Deutschlandradio arbeitet schon heute im Rahmen seines Informations- und Kulturauftrages mit einer Reihe von Stiftungen, Wissenschafts- und Bildungsinstitutionen zusammen, z. B. mit der Bundeszentrale für politische Bildung (Veranstaltungen zum Prager Frühling), mit dem Goethe-Institut, der Berlin-Brandenburgischen Akademie der Wissenschaften (ZEIT-Forum der Wissenschaft) oder mit dem Deutschen Museumsbund (Regionalmuseen-Sendereihe über $1^{1}/_{2}$ Jahre). Diese Kooperationen beziehen sich auf einzelne Sendungen, auf Reihen und öffentliche Veranstaltungen. DRadio Wissen wird diese Kooperationen ausbauen und kann unter Nutzung von Veranstaltungen dieser Institutionen neue auf dem Wissensmarkt vorhandene Informationen generieren und für sein Programm nutzen. Das Interesse dieser Institutionen an einer Zusammenarbeit mit dem Nationalen Hörfunk ist erkennbar groß. Bislang konnte nur ein überschaubares Angebot von Kooperationswünschen berücksichtigt werden. Bei DRadio Wissen ergeben sich für beide Seiten und zum Nutzen der Hörerzielgruppen neue erweiterte Möglichkeiten der Zusammenarbeit.

Deutschlandradio arbeitet schon zurzeit intensiv mit Printmedien zusammen. Aufgrund der bisherigen Konzentration der Programme auf Information (Politik, Wirtschaft) und Kultur beschränkte sich die Zusammenarbeit weitgehend auf die Politik-Ressorts und das Feuilleton. Fachkundige Redakteure der Printmedien kommen im Deutschlandfunk und Deutschlandradio Kultur zu Wort. Beiträge aus den Programmen des Nationalen Hörfunks werden in den Printmedien abgedruckt. DRadio Wissen bietet die Möglichkeit, diese Kooperation auf die Ressorts Natur und Technik, Wissenschaft, Wissens-Seiten und auf entsprechende Periodika auszudehnen. Dabei können die bereits jetzt genutzten Kooperationsmodelle auf die Themengebiete von DRadio Wissen übertragen werden.

RStV Anlage II. Rundfunk und presseähnliche Telemedien

5. Wettbewerbssituation

DRadio Wissen ist als sinnhafte Ergänzung der medialen Angebots-Palette projektiert. Neben den Periodika bieten eine Reihe von Zeitungen Wissenssupplements oder zumeist wöchentlich erscheinende Wissens-Seiten an. In den meisten Fällen wird Wissen mit Forschung übersetzt. Auch im öffentlich-rechtlichen Rundfunk finden sich Sendungen und Rubriken mit Wissenscharakter. Hingegen existiert ein tägliches umfassendes Wissensangebot weder im Printbereich noch in den elektronischen Medien (Vollprogramm). DRadio Wissen tritt also zu keinem vergleichbaren Angebot in Konkurrenz und ist ein Unikat. Es kann durch Kooperationen dazu beitragen, die Themen der Wissensgesellschaft stärker in der Öffentlichkeit zu verankern und den Bildungsinstitutionen und ihren Nutzern ein kontinuierliches Angebot zur Orientierung und zur Wissenserweiterung zu bieten. Dies ist auch von hohem Nutzwert für Bildungsinstitutionen (Schulen, Volkshochschulen, Universitäten, Weiterbildungseinrichtungen). Deutschlandradio schafft public value und nimmt öffentlich-rechtliche Verantwortung wahr.

6. Finanzierung und Verbreitung

Das neue, digitale Programm soll im Kölner Funkhaus des Nationalen Hörfunks produziert und von dort aus gesendet werden. Die Entscheidung für den Standort Köln wurde deshalb getroffen, weil hier aufgrund der baulichen Gegebenheiten nur geringe Aufwendungen für die Schaffung von Büro- und Studioraum anfallen werden und weil hier die größten Synergiegewinne zu erzielen sind. In Köln sitzt die Zentrale Nachrichtenredaktion von Deutschlandradio. Auch der Web-Auftritt von Deutschlandradio wird in Köln produziert. Deutschlandradio Kultur, das Berliner Programm, wird wichtige Stoffelemente zuliefern.

Als finanzieller Rahmen wird für DRadio Wissen die Summe von rund 6 Mio. € p. a. kalkuliert. Als Starttermin ist der 1. Januar 2010 vorgesehen. Ab diesem Zeitpunkt werden die Kosten in voller Höhe anfallen. Das Programm soll über das bestehende DAB-Netz, über digitales Kabel und digitalen Satellit sowie als Internet-Livestream verbreitet werden.

Erläuterungen zur Anlage finden sich bei den §§ 11–11f RStV.

Anlage (zu § 11d Abs. 5 Satz 4 des Rundfunkstaatsvertrages)

Negativliste öffentlich-rechtlicher Telemedien

1. Anzeigenportale, Anzeigen oder Kleinanzeigen,
2. Branchenregister und -verzeichnisse,
3. Preisvergleichsportale sowie Berechnungsprogramme (z. B. Preisrechner, Versicherungsrechner),
4. Bewertungsportale für Dienstleistungen, Einrichtungen und Produkte,
5. Partner-, Kontakt-, Stellen-, Tauschbörsen,
6. Ratgeberportale ohne Sendungsbezug,
7. Business-Networks,
8. Telekommunikationsdienstleistungen im Sinne von § 3 Nr. 24 des Telekommunikationsgesetzes,
9. Wetten im Sinne von § 762 des Bürgerlichen Gesetzbuches,
10. Softwareangebote, soweit nicht zur Wahrnehmung des eigenen Angebots erforderlich,
11. Routenplaner,
12. Verlinkung ohne redaktionelle Prüfung; Verlinkungen sollen ausschließlich der unmittelbaren Ergänzung, Vertiefung oder Erläuterung eines Eigeninhalts (auch von Beteiligungsunternehmen) dienen und nicht unmittelbar zu Kaufaufforderungen führen,
13. Musikdownload von kommerziellen Fremdproduktionen,
14. Spieleangebote ohne Sendungsbezug,
15. Fotodownload ohne Sendungsbezug,

16. Veranstaltungskalender (sendungsbezogene Hinweise auf Veranstaltungen sind zulässig),
17. Foren, Chats ohne Sendungsbezug und redaktionelle Begleitung; Foren, Chats unter Programm- oder Sendermarken sind zulässig. Foren und Chats dürfen nicht inhaltlich auf Angebote ausgerichtet sein, die nach den Nummern 1 bis 16 unzulässig sind.

Erläuterungen zur Anlage finden sich bei den §§ 11–11f RStV.

2. Rundfunkbeitragsstaatsvertrag *(RBeitrStV)*

§ 1 Zweck des Rundfunkbeitrags

Der Rundfunkbeitrag dient der funktionsgerechten Finanzausstattung des öffentlich-rechtlichen Rundfunks im Sinne von § 12 Abs. 1 des Rundfunkstaatsvertrages sowie der Finanzierung der Aufgaben nach § 40 des Rundfunkstaatsvertrages.

§ 1 RBeitrStV beschreibt den Zweck des Rundfunkbeitrags und legt damit die zulässige Verwendung der Beitragseinnahmen fest.

A. Allgemeines

I. Systemwechsel: Von der Rundfunkgebühr zum Rundfunkbeitrag

1   Mit dem zum 1.1.2013 in Kraft getretenen Rundfunkbeitragsstaatsvertrag ist an die Stelle der bisherigen Rundfunkgebühr ein Rundfunkbeitrag getreten, der nicht mehr wie bislang an das Bereithalten eines Rundfunkempfangsgerätes, sondern an das Innehaben von „Raumeinheiten", dh von Wohnungen oder Betriebsstätten anknüpft. Der Novellierung ging eine längere Reformdiskussion voraus, die ihren Ausgangspunkt im Beschluss der Ministerpräsidentenkonferenz v. 19./20.10.2006 in Bad Pyrmont hatte, mit dem die Rundfunkkommission der Länder beauftragt wurde, alternative Lösungen zur Finanzierung des öffentlich-rechtlichen Rundfunks zu erarbeiten. Unter Hinweis auf die Konvergenz der Empfangsgeräte und ein drohendes strukturelles Erhebungs- und Vollzugsdefizit sollte ein neues Modell erarbeitet werden, das folgenden Anforderungen genügen sollte: Aufkommensneutralität, Beteiligung des privaten und nicht privaten Bereichs an der Rundfunkfinanzierung, Abkehr von dem Bereithalten eines Gerätes als Anknüpfungspunkt für die Zahlungspflicht, soziale Gerechtigkeit, Staatsferne, geringer Verwaltungsaufwand, Beachtung der rundfunkverfassungsrechtlichen, finanzverfassungsrechtlichen, datenschutzrechtlichen und europarechtlichen Vorgaben mit dem Ziel, die gesamtgesellschaftliche Akzeptanz zu verbessern (Gesetzesbegründung, BayLT-Drs. 16/7001, 11). Vor diesem Hintergrund hatte die Rundfunkkommission der Länder auf ihren Sitzungen unterschiedliche Modellüberlegungen sondiert. Dabei wurden insbes. auch Steuermodelle geprüft (zu einem entsprechenden Steuerfinanzierungsmodell vgl. etwa Waldhoff AfP 2011, 1 (8 f.), der im Interesse der gebotenen Staatsferne für eine „Vorabreservierung" des Rundfunkaufkommens im Staatshaushalt plädiert; hiergegen unter Berufung auf das parlamentarische Budgetrecht Schneider NVwZ 2013, 19 (20)) und im Ergebnis abgelehnt. Das nunmehrige Beitragsmodell beruht in seinen Kernelementen (vgl. Degenhart ZUM 2011, 193, 194; Degenhart K&R Beihefter 1/2013, 1 (3); Korioth/Koemm DStR 2013, 833 Fn. 19) auf einem im Auftrag von ARD, ZDF und Deutschland-Radio erstellten Rechtsgutachten von P. Kirchhof (Gutachten über die Finanzierung des öffentlich-rechtlichen Rundfunks, 2010). Im Gegensatz zur vormaligen gerätebezogenen Rundfunkgebühr sieht das neue (Beitrags-)Modell eine Beitragspflicht für Wohnungsinhaber im privaten Bereich und für Betriebsstätteninhaber im nicht privaten Bereich vor.

II. Verfassungsmäßigkeit des Beitragsmodells?

2   Die Verfassungsmäßigkeit des seit 1.1.2013 geltenden neuen Beitragsmodells ist umstritten. Sowohl in finanzverfassungsrechtlicher (vgl. Art. 104a ff. GG) als auch in materiellrechtlicher Hinsicht, insbes. unter dem Gesichtspunkt des allgemeinen Gleichheitssatzes des Art. 3 Abs. 1 GG ergeben sich verfassungsrechtliche Probleme (vgl. Degenhart K&R Beihefter 1/2013, 1 ff.; Geuer VR 2012, 378 (379 f.); Korioth/Koemm DStR 2013, 833 ff.; zur Frage der Vereinbarkeit mit Beihilferecht vgl. Geuer CR 2013, 156 ff.). Vor dem BayVerfGH wurde durch einen Einzelkläger Popularklage gegen das Zustimmungsgesetz zum RBeitrStV erhoben (vgl. hierzu Degenhart K&R Beihefter 1/2013, 1 (8)).

Im Schrifttum wird teilweise die Auffassung vertreten, dass das **Rundfunkbeitrags- 3 modell** nicht mehr von der Rundfunkkompetenz der Länder nach Art. 70 Abs. 1 GG gedeckt und **kompetenzwidrig** sei. Der Rundfunkbeitrag sei nicht als Gegenleistungsabgabe (Beitrag), sondern als Steuer zu qualifizieren, für die die Länder keine Gesetzgebungskompetenz besitzen (vgl. Degenhart K&R Beihefter 1/2013, 1 (8 ff.); Geuer VR 2012, 378 (380); Korioth/Koemm DStR 2013, 833 (834 ff.); hiergegen Schneider NVwZ 2013, 19 (21); s. auch Bornemann K&R 2013, 557 (558)). In der Tat ist aufgrund des raumbezogenen Anknüpfungspunktes zweifelhaft, ob der Rundfunkbeitrag einen individualisierbaren Vorteil vermittelt (abl. Degenhart K&R Beihefter 1/2013, 1 (10); Korioth/Koemm DStR 2013, 833 (835)). Die Zweifel beruhen indes nicht darauf, dass der Beitrag faktisch jedermann erfasst; dies war beim bisherigen vormaligen gerätebezogenen Anknüpfungspunkt letztlich auch der Fall. Entscheidend ist vielmehr, dass eine Reihe von Betriebsstätten (insbes. im Einzelhandel) nicht dazu bestimmt ist, den Empfang von Rundfunk zu ermöglichen. Auch nach Maßgabe einer gebotenen typisierenden Betrachtung ist zweifelhaft, ob das Innehaben einer Betriebsstätte bereits den (möglichen) Vorteil des Rundfunkempfangs begründet, der im Wege eines Beitrags abgeschöpft werden könnte.

Sofern man den Rundfunkbeitrag nicht als Gegenleistungsabgabe qualifizierte, hieße 4 dies indes nicht, dass es sich beim Rundfunkbeitrag um eine Steuer handelt, für welche die Länder keine Gesetzgebungskompetenz besitzen, weil die Voraussetzungen des Art. 105 Abs. 2a GG nicht vorliegen (so aber Degenhart, K&R Beihefter 1/2013, 1 (10; siehe aber auch 13); Korioth/Koemm DStR 2013, 833 (834 ff.)). Eine solche Schlussfolgerung geht finanzverfassungsrechtlich jedoch fehl (vgl. Bornemann K&R 2013, 557 (558). Auch Gegenleistungsabgaben (Gebühren, Beiträge) finden ihre kompetenzrechtliche Legitimation im jeweiligen Sachkompetenztitel. Zu der Kompetenz des Gesetzgebers, ein bestimmtes, seiner Kompetenz unterliegendes Leistungsangebot im Einzelnen auszugestalten, gehört ohne weiteres als Annex auch die Befugnis darüber zu entscheiden, ob und inwieweit die Leistung entgeltlich oder unentgeltlich zur Verfügung gestellt werden soll. Vorzugslasten können als Annex aus der Gesetzgebungskompetenz für die jeweilige Sachmaterie erhoben werden (vgl. nur F. Kirchhof, Die Höhe der Gebühr, 1981, 132; Gersdorf/Brosius-Gersdorf, Rechtsfragen des Teilnehmerentgeltsystems nach bayerischem Rundfunkrecht, 1997, 55 mwN). Die erforderliche Distanz zur Steuerverfassung ist bei den Vorzugslasten – wenn auch für Gebühr und Beitrag in unterschiedlichem Maße – durch die notwendige Wahrung der ihnen begrifflich inhärenten Gegenleistungsfunktion hinreichend gewährleistet (Selmer, Sonderabfallabgaben und Verfassungsrecht, 1996, 29; Gersdorf/Brosius-Gersdorf, Rechtsfragen des Teilnehmerentgeltsystems nach bayerischem Rundfunkrecht, 1997, 55 mwN). Für voraussetzungslos erhobene Abgaben, die naturgemäß mit Steuern in Konkurrenz treten können, bedarf es einer besonderen Rechtfertigung. Diese Legitimation kann sich indes – ebenso wie im Fall der Erhebung von Gegenleistungsabgaben (Gebühren, Beiträgen) – bereits aus dem in Rede stehenden Sachkompetenztitel ergeben. Das BVerfG hat nichtsteuerliche Abgaben für unbedenklich erklärt, die auf der Inanspruchnahme eines Kompetenztitels beruhen, der bereits aus sich heraus auch auf die Regelung der Finanzierung der in ihm bezeichneten Sachaufgabe bezogen ist. In seiner Entscheidung zur Künstlersozialabgabe hat das Gericht aus dem Kompetenztitel des Art. 74 Nr. 12 GG aF, der dem Bund das Recht zur konkurrierenden Gesetzgebungskompetenz auf dem Gebiet der Sozialversicherung einräumt, die Befugnis abgeleitet, auch die Finanzierung der Sozialversicherung einschließlich der Erhebung von Sozialversicherungsabgaben zu regeln (BVerfGE 75, 108 (147 f.)). Diese Sachzuständigkeit sei „bereits aus sich heraus" (so die Formulierung in BVerfGE 75, 108 (148); 93, 319 (344)), das heißt „ihrer Art nach" (BVerfGE 75, 108 (147); 81, 156 (187)) beziehungsweise „ihrem unmittelbaren Sachgehalt nach" (BVerfGE 78, 249 (267)) auch auf die Finanzierung der Sozialversicherung gerichtet (vgl. hierzu bereits Gersdorf/Brosius-Gersdorf, Rechtsfragen des Teilnehmerentgeltsystems nach bayerischem Rundfunkrecht, 1997, 62 ff.). Eine vergleichbare kompetenzielle Verwurzelungstiefe weist auch eine voraussetzungslos erhobene Rundfunkabgabe auf (vgl. auch Jarass, Verfassungsrechtliche Fragen einer Reform der Rundfunkgebühr, 2007, 29 und 44; aA Degenhart K&R Beihefter 1/2013, 1 (13)), die auf der Rundfunkfinanzierungskompetenz der Länder nach Art. 70 Abs. 1 GG beruht **(sachkompetenzimplizite Abgabe)**. Der Gesetzgeber muss die Rundfunkabgabe als Finanzierungsinstrument für den öffentlich-rechtlichen Rundfunk nicht als Gegenleistungsabgabe ausgestalten, damit sie vor der Finanzverfassung Bestand hat. Von der Rundfunkfinanzierungskompetenz der Länder sind nicht nur Gegenleistungsabgaben, sondern auch gegenleistungsfreie Abgaben erfasst. Die **Wahl des Abgabentypus betrifft nur die Technik,** derer sich der Gesetzgeber im Rahmen seiner Rundfunkfinanzierungskompetenz zur Verwirklichung des Normziels des Art. 70 Abs. 1 GG bedienen darf. Sowohl Gegenleistungsabgaben als auch gegenleistungsfreie Abgaben weisen die erforderliche Verwurzelungstiefe im (formellen) Kompetenzgebiet des Art. 70 Abs. 1 GG auf, wenn sie zu dem Zweck der Erfüllung des dem Gesetzgeber nach Art. 70 Abs. 1 GG obliegenden (materiellen) Gewährleistungsauftrages erhoben werden. Bereits frühzeitig hat das BVerfG betont, dass die für das Bereithalten eines Rundfunkempfangsgeräts zu zahlende Gebühr „nicht Gegenleistung für eine Leistung, sondern das von den Ländern eingeführte Mittel der Finanzierung der Gesamtveranstaltung" Rundfunk ist (BVerfGE 31, 314 (330)). Die Rundfunkgebühr dient – im Gegensatz zu den Gegenleistungsabgaben – nicht der Abgeltung eines individuellen Vorteils, sondern der Finanzierung überindividueller Vorteile: der demokratischen Meinungsbildung und der Kulturstaatlichkeit, auf die das Grundrecht der Rundfunkfreiheit funktional bezogen ist (vgl. hierzu bereits Gersdorf/Brosius-Gersdorf, Rechtsfragen des Teilnehmerentgeltsystems nach bayerischem Rundfunkrecht, 1997, 64 ff., insbes. 68 ff.; siehe auch Fiebig, Gerätebezogene Rundfunkgebührenpflicht und Medienkonvergenz, 2008, 236 ff.; Jutzi NVwZ 2008, 603 (606)). Deshalb betont das BVerfG, dass die Rundfunkgebühr ohne Rücksicht auf die Nutzungsmöglichkeiten der Empfänger allein an den Teilnehmerstatus anknüpft, der durch das Bereithalten begründet wird (vgl. nur BVerfGE 87, 181 (201); 90, 60 (91)). Die Befugnis hierzu beruht auf der Gesetzgebungskompetenz der Länder für den Rundfunk nach Art. 70 Abs. 1 GG, zu der auch die Regelungen der Rundfunkfinanzierung zählen (BVerfGE 90, 60 (105 f.); 114, 371 (385)). Die Verwirklichung demokratischer und kulturstaatlicher Zielsetzungen, um deren willen die Rundfunkabgabe letztlich erhoben wird, folgt aus dem aus Art. 5 Abs. 1 S. 2 GG folgenden Ausgestaltungsauftrag, der nach Art. 70 Abs. 1 GG bei den Ländern liegt. Wegen der **sachlich-gegenständlichen Beschränkung der Rundfunkkompetenz** ist es ausgeschlossen, dass sich der Gesetzgeber ihrer bedient, um dadurch Mittel zur Finanzierung allgemeiner Staatsaufgaben aufzubringen. Eine Kollision mit der Steuerverfassung nach Art. 104a ff. GG ist ausgeschlossen (vgl. BVerfGE 90, 60 (105); Gersdorf/Brosius-Gersdorf, Rechtsfragen des Teilnehmerentgeltsystems nach bayerischem Rundfunkrecht, 1997, 71 f.; vgl. auch Bornemann K&R 2013, 557 (558)). In diese Richtung geht auch eine neue Entscheidung des BVerfG, in der das Gericht die Rundfunkgebühr nicht nur mit dem Charakter als Vorzugslast, sondern „außerdem" mit der Rundfunkkompetenz der Länder nach Art. 70 Abs. 1 GG begründet (BVerfG Entsch. v. 22.8.2012 – 1 BvR 199/11, Rn. 16: „Die Rundfunkgebühr ist außerdem dem der Gesetzgebungskompetenz der Länder unterliegenden Bereich des Rundfunks (…) zuzuordnen.").

5   In **materiellrechtlicher Hinsicht** begegnen dem RBeitrStV **schwerwiegende Bedenken,** insbes. im Hinblick auf die Wahrung des allgemeinen Gleichheitssatzes (Art. 3 Abs. 1 GG). Die Bedenken beruhen auf (sachlich zweifelhaften) Pauschalierungen (vgl. Geuer VR 2012, 378 (379)). Insbes. führt im nicht-privaten Bereich die Anknüpfung des Rundfunkbeitrags an die jeweilige Betriebsstätte und die nach der Anzahl der Beschäftigten degressiv gestaffelten Beiträge dazu, dass **Unternehmen mit einer Vielzahl von Betriebsstätten** im Vergleich zu Unternehmen mit weniger Betriebsstätten, aber einer gleichen Anzahl von Beschäftigung **stärker belastet werden** (vgl. Degenhart K&R Beihefter 1/2013, 1 (5)). So schuldet etwa ein Unternehmer mit 9000 Beschäftigten an einer Betriebsstätte gem. § 5 Abs. 1 S. 2 Nr. 8 RBeitrStV 80 Rundfunkbeiträge zu € 17,98 = € 1438,40. Ein Unternehmer, der diese 9000 Beschäftigten gleichmäßig auf 180 Betriebsstätten mit jeweils 50 Beschäftigten verteilte, müsste gem. § 5 Abs. 1 S. 2 Nr. 4 RBeitrStV für jede dieser Betriebsstätten 5 Rundfunkbeiträge, also insgesamt 900 Rundfunkbeiträge = € 16.182 entrichten (zum Rechenbeispiel vgl. Geuer MMR-Aktuell 2012, 335995). Ein sachlich rechtfertigender Grund für diese Ungleichbehandlung ist nicht ersichtlich. Denn ausweislich der Gesetzesbegründung wurde die Messgröße „Beschäftigte" gewählt, „da es für die Höhe und Anzahl der Beiträge auf den möglichen kommunikativen Nutzen ankommt, weshalb die Anzahl der Personen und nicht Kapitaleinsatz oder Umsatz herangezogen werden" (Ge-

setzesbegründung, BayLT-Drs. 16/7001, 17). Da mithin als Anknüpfungspunkt für den abzuschöpfenden „kommunikativen Nutzen" nur Beschäftigte, nicht aber Raumeinheiten in Betracht kommen, ist für die Bestimmung der Abgabenhöhe auf die Anzahl der Beschäftigten und nicht auf die Anzahl der Betriebsstätten abzustellen. Dementsprechend ist es mit dem allgemeinen Gleichheitssatz unvereinbar, wenn die Abgabenbelastung bei einer gleichen Anzahl von Beschäftigten nach Maßgabe der Anzahl der Betriebsstätten variiert. Auch ist die pauschale Begründung der Beitragspflicht für **Zweitwohnungen** (§ 2 Abs. 1 RBeitrStV), für die es keinen entsprechenden Ausnahmetatbestand (vgl. § 3 Abs. 2 RBeitrStV) gibt, mit Blick auf die Garantie des **Art. 6 Abs. 1 GG** in hohem Maße problematisch (zur Verfassungswidrigkeit gelangen Korioth/Koemm DStR 2013, 833 (836 f.)). Im Zusammenhang mit der Zweitwohnungssteuer hat das BVerfG entschieden, dass sie hinsichtlich „einer aus beruflichen Gründen gehaltenen Wohnung eines nicht dauernd getrennt lebenden Verheirateten, dessen eheliche Wohnung sich in einer anderen Gemeinde befindet", die Ehe diskriminiert und deshalb gegen Art. 6 Abs. 1 GG verstößt (BVerfGE 114, 316 (333)). Ob sich die erforderliche Abhilfe durch Heranziehung der Härtefallregelungen des § 4 Abs. 6 RBeitrStV erreichen lässt, erscheint zweifelhaft, weil die Härtefallregelungen eher auf atypische, nicht aber auf typische Fallkonstellationen zugeschnitten sind (vgl. § 3 Abs. 2 RBeitrStV).

B. Funktionsgerechte Finanzausstattung des öffentlich-rechtlichen Rundfunks

Die Vorschrift des § 1 RBeitrStV regelt die Zwecksetzung des Rundfunkbeitrags und legt damit die zulässige Verwendung der Beitragseinnahmen fest. In der Vorschrift wird die funktionsgerechte Finanzierung des öffentlich-rechtlichen Rundfunks iSd § 12 RStV genannt. Auch wenn nach dem Grundgesetz keine bestimmte Finanzierungsart garantiert ist, hat das BVerfG stets deutlich gemacht, dass die dem öffentlich-rechtlichen Rundfunk gemäße Art der Finanzierung die Rundfunkgebühr ist (vgl. nur BVerfGE 73, 118 (158); 87, 181 (199); 90, 60 (90)). Denn die Rundfunkgebühr ermöglicht es, dass der öffentlich-rechtliche Rundfunk „unabhängig von Einschaltquoten und Werbeaufträgen ein Programm anbieten kann, das den verfassungsrechtlichen Anforderungen gegenständlicher und meinungsmäßiger Vielfalt entspricht" (BVerfGE 90, 60 (90)). Der öffentlich-rechtliche Rundfunk muss in die Lage versetzt werden, Programme anbieten zu können, mit denen er „neben seiner Rolle für die Meinungs- und Willensbildung, neben Unterhaltung und Information seine(r) kulturelle(n) Verantwortung" nachkommt und im Wettbewerb mit den privaten Veranstaltern besteht (BVerfGE 90, 60 (90)). Dieser verfassungsrechtlichen Direktive trägt der Gesetzgeber mit § 13 Abs. 1 S. 1 Hs. 2 RStV Rechnung. Dementsprechend ist der Rundfunkbeitrag seit dem 1.1.2013 die vorrangige Finanzierungsquelle des öffentlich-rechtlichen Rundfunks (Gesetzesbegründung, BayLT-Drs. 16/7001, 12).

C. Finanzierung der Aufgaben nach § 40 RStV

§ 1 RBeitrStV bestimmt, dass der Rundfunkbeitrag auch der Finanzierung der besonderen Aufgaben nach § 40 RStV dient. Zu den besonderen Aufgaben iSd § 40 RStV zählen die Zulassungs- und Aufsichtsfunktionen der Landesmedienanstalten, die Förderung offener Kanäle, technische Förderungen oder die Förderung der nichtkommerziellen Veranstaltung lokalen und regionalen Rundfunks sowie Förderung von Medienkompetenzprojekten. Die Wahrnehmung der Zulassungs- und Aufsichtsfunktionen der Landesmedienanstalten ist von herausragender Bedeutung. Ihre Finanzierung aus dem Rundfunkbeitragsaufkommen dient der Verwirklichung der Staatsfreiheit bei der Aufsicht über den privaten Rundfunk und damit einem zentralen Ziel des Art. 5 Abs. 1 S. 2 GG.

§ 2 Rundfunkbeitrag im privaten Bereich

(1) Im privaten Bereich ist für jede Wohnung von deren Inhaber (Beitragsschuldner) ein Rundfunkbeitrag zu entrichten.

(2) ¹Inhaber einer Wohnung ist jede volljährige Person, die die Wohnung selbst bewohnt. ²Als Inhaber wird jede Person vermutet, die
1. dort nach dem Melderecht gemeldet ist oder
2. im Mietvertrag für die Wohnung als Mieter genannt ist.

(3) ¹Mehrere Beitragsschuldner haften als Gesamtschuldner entsprechend § 44 der Abgabenordnung. ²Die Landesrundfunkanstalt kann von einem anderen als dem bisher in Anspruch genommenen Beitragsschuldner für eine Wohnung für zurückliegende Zeiträume keinen oder nur einen ermäßigten Beitrag erheben, wenn dieser das Vorliegen der Voraussetzungen für eine Befreiung oder Ermäßigung gemäß § 4 Abs. 7 Satz 2 im Zeitpunkt der Inanspruchnahme nachweist.

(4) Ein Rundfunkbeitrag ist nicht zu entrichten von Beitragsschuldnern, die aufgrund Artikel 2 des Gesetzes vom 6. August 1964 zu dem Wiener Übereinkommen vom 18. April 1961 über diplomatische Beziehungen (BGBl. 1964 II S. 957) oder entsprechender Rechtsvorschriften Vorrechte genießen.

§ 2 RBeitrStV regelt die Rundfunkbeitragspflicht von Privatpersonen. Beitragspflichtig sind Inhaber von Wohnungen (→ Rn. 4, → § 3 Rn. 2 ff.). Als Inhaber wird widerleglich vermutet, wer in der Wohnung gemeldet oder im Wohnungsmietvertrag als Mieter genannt ist (→ Rn. 5). Mehrere Wohnungsinhaber haften als Gesamtschuldner (→ Rn. 6 ff.). Wohnungsinhaber mit diplomatischen Vorrechten sind nicht beitragspflichtig (→ Rn. 11). Zu Verfahren und Rechtsschutz → Rn. 12 ff.

Übersicht

	Rn		Rn
A. Allgemeines	1	D. Gesamtschuldnerische Haftung mehrerer Wohnungsinhaber (Abs. 3)	6
B. Beitragspflicht für jede Wohnung (Abs. 1)	2	E. Beitragsfreiheit bei diplomatischen Vorrechten (Abs. 4)	11
C. Wohnungsinhaber (Abs. 2)	4	F. Verfahren, Rechtsschutz	12

A. Allgemeines

1   Zur Finanzierung des öffentlich-rechtlichen Rundfunks hat jedermann beizutragen, der allgemein zugängliche Rundfunkangebote empfangen kann (→ GG Art. 5 Rn. 84). Typisiert wurde die Möglichkeit des Rundfunkempfangs nach altem Recht durch eine technische Anknüpfung – das Bereithalten eines Rundfunkempfangsgerätes – erfasst. Angesichts der zunehmenden Medienkonvergenz war dieser Gerätebezug in den 2000er Jahren in die Kritik geraten, was zu der jetzt erfolgten Reform führte (→ § 1 Rn. 1 ff.). Nach neuem Recht tritt im privaten Bereich an die Stelle der technischen Anknüpfung eine haushaltsbezogene Anknüpfung. **Typisiert** wird der mögliche Rundfunkempfang dadurch erfasst, dass die Beitragspflicht das **Bewohnen** (→ Rn. 4) einer **Wohnung** (→ § 3 Rn. 2) voraussetzt. Das neue Recht beruht im Wesentlichen auf einem Rechtsgutachten von Paul Kirchhof, auf das die Gesetzesbegründung Bezug nimmt (LT-Drs. NRW 15/1303, 33, s. auch Eicher MP 2012, 614). Nach dem **Kirchhof-Modell** gleichen sich in der sozialen Gruppe des Privathaushalts unterschiedliche Formen und Intensitäten der Rundfunknutzung durch die Rezipienten aus. Der Privathaushalt umfasst zB Ehepaare, nichteheliche Lebensgemeinschaften, Wohngemeinschaften, Eltern mit Kindern sowie Einzelpersonen. Die Haushaltsmitglieder üben ihre Informationsfreiheit (Art 5 Abs. 1 S. 1 GG), zu der auch die Möglichkeit des Rundfunkempfangs gehört, typischerweise in ihrer gemeinsamen Wohnung aus (Kirchhof, Die Finanzierung des öffentlich-rechtlichen Rundfunks, 2010, 63 f., abrufbar unter www.ard.de (Rubrik Intern/Standpunkte); LT-Drs. NRW 15/1303, 34, 37). Die Wohnungsinhaberschaft selbst ist widerlegbar (→ Rn. 5), nicht aber die Möglichkeit des Rundfunkempfangs in einer Wohnung (krit. dazu Degenhart K&R Beihefter 1/2013, 1 (27 ff.); s. auch Kube, Der Rundfunkbeitrag – Rundfunk- und finanzverfassungsrechtliche Einordnung, 2013,

50 ff., abrufbar unter www.ard.de (Rubrik Intern/Standpunkte)). Zu einer evtl. Härtefallbefreiung bei der Nichtnutzung von Rundfunk → § 4 Rn. 12.1.

B. Beitragspflicht für jede Wohnung (Abs. 1)

§ 2 Abs. 1 RBeitrStV ist die Anspruchsgrundlage für Beitragsforderungen der Rundfunkanstalten. Die Formulierung „Im privaten Bereich" verdeutlicht die Abgrenzung zum Betriebsstättenbeitrag „im nicht privaten Bereich" (→ § 5 Rn. 1). Ein Rundfunkbeitrag beträgt 17, 98 EUR (§ 8 RFinStV). **2**

Die frühere Staffelung von Grundgebühr (5,76 EUR) und Fernsehgebühr (17,98 EUR) wurde aufgehoben. Das ist im Hinblick auf den Gleichheitssatz und die Verhältnismäßigkeit der Schuldnerbelastung fragwürdig (vgl. Degenhart K&R Beihefter 1/2013, 1 (29, 33); ZUM 2011, 193 (198); aA Eicher MP 2012, 614 (617)). S. zu einer evtl. Härtefallermäßigung bei ausschließlicher Hörfunknutzung StGH BW BeckRS 2013, 55270 → § 4 Rn. 12.1. **2.1**

Die Beitragspflicht besteht für „jede" Wohnung. Das bedeutet, dass ein Inhaber mehrerer Privatwohnungen mehrfach beitragspflichtig ist, zB für selbst genutzte **Ferienwohnungen, Zweitwohnungen** sowie Haupt- und Nebenwohnungen (LT-Drs. NRW 15/1303, 34 f.). Zum Wohnungsbegriff → § 3 Rn. 2 f. **3**

Die mehrfache Zahlungspflicht widerspricht dem vom Gesetzgeber zugrundegelegten Kirchhof-Modell, wonach bereits der einmalige Beitrag jede Nutzungsmöglichkeit des Rundfunkangebots durch den Wohnungsinhaber abgilt. Zu den Nutzungsmöglichkeiten des privaten Rundfunkrezipienten gehört neben seiner privaten Kfz-Nutzung auch die Nutzung in mehreren Wohnungen (Kirchhof, Die Finanzierung des öffentlich-rechtlichen Rundfunks, 2010, 60; aA Schneider NVwZ 2013, 19 (21 f.), wonach der Gesetzgeber – anders als Kirchhof – nicht auf Rezipienten, sondern Raumeinheiten abstellt, in denen typischerweise Rundfunkempfangsgeräte stehen bzw. genutzt werden). Näher zur Systemkonsequenz und Verfassungskonformität des Zweitwohnungsbeitrags → § 1 Rn. 5; Korioth/Koemm DStR 2013, 833 (837). **3.1**

C. Wohnungsinhaber (Abs. 2)

S. 1 enthält die **Legaldefinition des Inhabers.** Inhaber kann jede natürliche, volljährige Person sein. Minderjährige sind nicht anmelde- und beitragspflichtig. Die Wohnung wird „selbst" bewohnt, wenn sie nicht ausschließlich von einer anderen natürlichen oder juristischen Person, etwa einem Untermieter, genutzt wird. „Bewohnt" bedeutet, dass die Wohnung **tatsächlich zum Wohnen genutzt** wird (aA Hahn/Vesting/Göhmann/Schneider/Siekmann RBeitrStV § 2 Rn. 9 ff.). Die bloße Wohneignung genügt nicht. Das ergibt sich aus dem Wortlaut („bewohnt" bedeutet semantisch Wohnnutzung), dem Willen des Gesetzgebers zur Differenzierung zwischen weitem Wohnungsbegriff und tatsächlicher Wohnnutzung (LT-Drs. NRW 15/1303, 37) sowie dem Normzweck: Nach dem Kirchhof-Modell gründet sich die Beitragspflicht nicht auf leere Raumeinheiten, sondern den möglichen Rundfunkempfang in Privathaushalten, also von Menschen. In typisierter Form wird dies durch einen weiten Wohnungsbegriff (Sachkomponente, § 3) und das Erfordernis der tatsächlichen Wohnnutzung durch den Rundfunkrezipienten (Personenkomponente, § 2) erfasst. Notwendig ist für die Wohnnutzung ein zeitliches Element: Die Wohnung muss ständig bewohnt oder in gewisser Regelmäßigkeit aufgesucht werden (ähnlich zB VGH Mannheim BeckRS 2006, 23997 mwN zum Wohnbegriff im Kommunalwahlrecht). Die materielle **Beweislast** für die Inhaberschaft nach S. 1 trägt die Rundfunkanstalt. **4**

Beispiel: Kein Bewohner ist der Eigentümer einer leerstehenden Wohnung. **4.1**

S. 2 enthält zwei **beweislastrechtliche Sonderregelungen:** Nach S. 2 Nr. 1 RBeitrStV wird als Wohnungsinhaber vermutet, wer „dort nach dem Melderecht gemeldet ist". Das bestimmt sich bis zum 30.4.2015 nach dem MRRG und den Landesmeldegesetzen und ab 1.5.2015 nach dem BMG. Nach S. 2 Nr. 2 wird jede Person als Inhaber vermutet, die als Mieter im schriftlichen Wohnungsmietvertrag genannt ist. Insoweit wird auf das zivilrechtliche Rechtsinstitut der Wohnraummiete verwiesen (§§ 549 ff. BGB). Sowohl die melde- **5** rechtliche Erklärung des Wohnungsinhabers, als auch seine Nennung im Mietvertrag haben eine starke Indizwirkung. Eine **Widerlegung** ist möglich. Sie kann zB durch Vorlage einer melderechtlichen Korrekturbestätigung, § 9 MRRG, oder einer Mietvertragskündigung, § 568 Abs. 1 BGB, erfolgen. Näheres ist in den Beitragssatzungen geregelt, zB § 6 BtrStzg WDR. Ausf. zur Wohnungsinhaberschaft und den widerlegbaren Vermutungen Lent LKV 2012, 493 (494 ff.).

5.1 Nach dem **Grundsatz der Erforderlichkeit der Datenerhebung** (dazu BeckOK DatenschutzR/Wolff Syst. A Rn. 23 ff.). darf die Rundfunkanstalt nur dann Mieterdaten heranziehen, wenn die Meldedaten keinen Rückschluss auf den Wohnungsinhaber zulassen (LT-Drs. NRW 15/1303, 35). Krit. zur Vorlagepflicht von Mietverträgen die Stellungnahme der Konferenz der Datenschutzbeauftragten des Bundes und der Länder zum Entwurf des 15. RÄndStV v. 7.10.2010, 7 f.; dagegen Bull, Datenschutzrechtliche Fragen im Zusammenhang mit der Einführung des Rundfunkbeitrags, 2010, 17 ff., abrufbar unter www.ard.de (Rubrik Intern/Standpunkte). Näher zur Erhebung von Melde- und Mieterdaten → § 11 Rn. 1 ff., → § 9 Rn. 11 f.

D. Gesamtschuldnerische Haftung mehrerer Wohnungsinhaber (Abs. 3)

6 S. 1 regelt die **gesamtschuldnerische Haftung entspr. § 44 AO.** Die Bewohner einer Wohnung schulden nebeneinander (aber insgesamt nur einmal) den Rundfunkbeitrag. „Mehrere Beitragsschuldner" sind zwei oder mehr Wohnungsinhaber, deren jeweilige Inhaberschaft entweder nach Abs. 2 S. 1 besteht oder nach Abs. 2 S. 2 vermutet wird.

7 Jeder Wohnungsinhaber schuldet jeweils die gesamte Leistung, dh den gesamten Rundfunkbeitrag (§ 44 Abs. 1 S. 2 AO). Dabei wirken (Teil-) Erfüllung, Aufrechnung und Sicherheitsleistung eines Inhabers zugunsten der anderen Inhaber (§ 44 Abs. 2 S. 1, 2 AO). Andere Tatsachen wirken grds. nur für oder gegen den Inhaber, in dessen Person sie eintreten (§ 44 Abs. 2 S. 3 AO). Eine Ausnahme gilt für die Privilegierung eines Wohnungsinhabers nach § 4: In den in § 4 Abs. 3 geregelten Fällen wirkt die Privilegierung auch zu Gunsten von Mitbewohnern (LT-Drs. NRW 15/1303, 35 f., → § 4 Rn. 6).

8 Die Rundfunkanstalt trifft eine **Ermessensentscheidung,** welcher Gesamtschuldner in Anspruch genommen wird. Die Wohnungsinhaber legen durch die Anmeldung nach § 8 Abs. 1 S. 1 fest, wer gegenüber der Rundfunkanstalt vorrangig in Erscheinung treten und in Anspruch genommen werden soll. Das bewirkt eine Vorprägung des Ermessens. Erst nach erfolgloser Inanspruchnahme des angemeldeten Beitragsschuldners darf die Rundfunkanstalt die Daten anderer Wohnungsinhaber erheben und diese dann als Beitragsschuldner heranziehen (Grundsatz der Erforderlichkeit der Datenerhebung, LT-Drs. NRW 15/1303, 35 f.). Zur Datenerhebung über den Auskunftsanspruch der Rundfunkanstalt → § 9 Rn. 3 ff.

9 S. 2 enthält eine **Sonderregelung für Privilegierungen nach § 4.** Es genügt – in Abweichung vom Rückwirkungsverbot des § 4 Abs. 4 S. 2 (→ § 4 Rn. 7) – dass zum Zeitpunkt der eigenen Inanspruchnahme (also nachträglich und nicht schon vorher bei Inanspruchnahme des bisherigen Beitragsschuldners) eine Privilegierung für einen früheren Zeitraum nachgewiesen wird (LT-Drs. NRW 15/1303, 36; aA Hahn/Vesting/Göhmann/Schneider/Siekmann RBeitrStV § 2 Rn. 21).

10 Für die **Haftung der Wohnungsinhaber im Innenverhältnis** gelten – wenn es keine Haftungsvereinbarungen oder andere vorrangige Regelungen gibt – die zivilrechtlichen Regelungen der Gesamtschuld, §§ 421 ff. BGB (Klein/Ratschow AO, 11. Aufl. 2012, § 44 Rn. 2).

E. Beitragsfreiheit bei diplomatischen Vorrechten (Abs. 4)

11 Aufgrund internationaler Abkommen sind zB Mitglieder diplomatischer Vertretungen und ihre Angehörigen beitragsbefreit (näher Hahn/Vesting/Göhmann/Schneider/Siekmann RBeitrStV § 2 Rn. 22 f.). Bedienstete des Europäischen Patentamts sind nicht befreit (VG Berlin BeckRS 2013, 54556).

F. Verfahren, Rechtsschutz

Das Rundfunkbeitragsverfahren gehört zur öffentlich-rechtlichen Verwaltungstätigkeit iSd **12** Landes-VwVfG (OVG Münster BeckRS 2008, 36464, OVG Lüneburg NVwZ-RR 2010, 215). Die **Landes-VwVfG** sind **anwendbar** (str., → Rn. 12.1 f.). Aus Gründen der Verwaltungspraktikabilität im Massenverfahren gelten allerdings Einschränkungen, zB bei Sachverhaltsermittlungspflichten (§ 24 VwVfG, dazu VGH Mannheim ZUM-RD 2005, 45 (47 f.)) und Hinweispflichten (§ 25 VwVfG) der Rundfunkanstalt.

Bei der **Anwendbarkeit der Landes-VwVfG** ist zu differenzieren: Soweit das jeweilige **12.1** Landes-VwVfG **keine Ausnahmeklausel** enthält, ist es direkt anwendbar (OVG Lüneburg NVwZ-RR 2010, 215; VG Göttingen BeckRS 2008, 41140). Landes-VwVfG ohne Ausnahmeklauseln sind: VwVfGBbg, VwVfG M-V, LVwVfG SchlH und NVwVfG. § 1 I Nr. 2 LVwVfG RhPf enthält nur eine Ausnahmeklausel für das ZDF, nicht für den SWF.

Soweit ein Landes-VwVfG eine **Ausnahmeklausel** enthält, ist die Anwendbarkeit auf die **12.2** Tätigkeit der handelnden Rundfunkanstalt str.. Nach hier vertretener Auffassung bezwecken die Ausnahmeklauseln nur den Schutz der Programmautonomie der Rundfunkanstalten vor staatlichem Einfluss (Art. 5 Abs 1 S 2 GG). Das Rundfunkbeitragsrecht wird von diesem Schutzweck nicht umfasst. Die Beitragserhebung ist zwar verfassungsrechtlich durch die Finanzierungsgarantie des öffentlich-rechtlichen Rundfunks legitimiert, in ihrer praktischen Durchführung aber eine reine Verwaltungstätigkeit. Im Interesse der Gleichbehandlung der Beitragsschuldner ist das Verfahren bundesweit weitgehend einheitlich nach Maßgabe der Landes-VwVfG durchzuführen. Soweit Ausnahmeklauseln vorliegen, sind sie teleologisch zu reduzieren. Ebenso iErg. OVG Münster BeckRS 2008, 36464; VGH München ZUM 2003, 873; VGH Mannheim BeckRS 2008, 36225; VG Saarlouis BeckRS 2011, 45790: direkte oder entsprechende Anwendung der Landes-VwVfG. Offen OVG Bautzen, Urt. v. 9.10.1997 – 2 S 265/95. AA OVG Bremen BeckRS 2013, 56424; OVG Münster BeckRS 2013, 50955; VGH München ZUM-RD 2009, 414 (416 f.); VGH Mannheim NVwZ-RR 2008, 750. Das BVerwG, Urt. v. 30.4.1986 – 7 B 70.86, hat in einem obiter dictum die entsprechende Anwendung von Bestimmungen eines Landes-VwVfG als rechtsstaatlich bedenkenfrei angesehen. Ausnahmeklauseln in Landes-VwVfG sind: § 2 I LVwVfG BW, Art. 2 I 2 BayVwVfG, § 2 IV BlnVwVfG, § 2 I Nr. 2 BremVwVfG, § 2 I 2 Hmb VwVfG, § 2 I HVwVfG, § 2 I VwVfG NRW, § 2 I SVwVfG, § 2 III SächsVwVfZG, § 2 I VwVfG LSA, § 2 I ThürVwVfG.

Der **Beitragsbescheid** (nicht: die bloße Beitragsrechnung) der Rundfunkanstalt, für die **13** idR der ARD ZDF Deutschlandradio Beitragsservice handelt (→ § 10 Rn. 9), ist ein **Verwaltungsakt**. Für den Zugang ist die Rundfunkanstalt beweispflichtig, wobei Beweiserleichterungen gelten (VGH München NVwZ-RR 2008, 220; OVG Saarlouis NVwZ-RR 2012, 131). Nach Landesrecht kann ggf. **Widerspruch** eingelegt werden.

Gegen den Beitragsbescheid kann **Anfechtungsklage** erhoben werden. In Ausnahme- **14** fällen ist eine Feststellungsklage zulässig (str., vgl. VG Hamburg BeckRS 2011, 46311; BVerfG ZUM 2008, 592 (593) mwN). Die Amtsermittlungspflicht des Gerichts bzgl. forderungsbegründender Tatsachen ist eingeschränkt (VG Stuttgart BeckRS 2005, 22777). Zur Beweiswürdigung einer Anzeige des Beitragspflichtigen → § 8 Rn. 10. Zum maßgeblichen Zeitpunkt für die Beurteilung der Sach- und Rechtslage BVerwG NVwZ-RR 2011, 110 (111).

Beitragsbescheide sind **vorläufig vollstreckbar**. Rundfunkbeiträge gehören zu den **15** öffentlichen Abgaben iSd § 80 Abs. 2 Nr. 1 VwGO, nicht dagegen Säumniszuschläge (OVG Magdeburg NVwZ-RR 2011, 846). Zur Anordnung der aufschiebenden Wirkung VG Frankfurt a. M. ZUM-RD 2008, 515.

Zum **Streitwert** vgl. zB VGH München BeckRS 2012, 49576; OVG Bautzen BeckRS **16** 2009, 35285.

§ 3 Wohnung

(1) ¹**Wohnung ist unabhängig von der Zahl der darin enthaltenen Räume jede ortsfeste, baulich abgeschlossene Raumeinheit, die**
1. zum Wohnen oder Schlafen geeignet ist oder genutzt wird und

2. durch einen eigenen Eingang unmittelbar von einem Treppenhaus, einem Vorraum oder von außen, nicht ausschließlich über eine andere Wohnung, betreten werden kann.

²Nicht ortsfeste Raumeinheiten gelten als Wohnung, wenn sie Wohnungen im Sinne des Melderechts sind. ³Nicht als Wohnung gelten Bauten nach § 3 des Bundeskleingartengesetzes.

(2) Nicht als Wohnung gelten Raumeinheiten in folgenden Betriebsstätten:

1. Raumeinheiten in Gemeinschaftsunterkünften, insbesondere Kasernen, Unterkünfte für Asylbewerber, Internate,
2. Raumeinheiten, die der nicht dauerhaften heim- oder anstaltsmäßigen Unterbringung dienen, insbesondere in Behinderten- und Pflegeheimen,
3. Patientenzimmer in Krankenhäusern,
4. Hafträume in Justizvollzugsanstalten und
5. Raumeinheiten, die der vorübergehenden Unterbringung in Beherbergungsstätten dienen, insbesondere Hotel- und Gästezimmer, Ferienwohnungen, Unterkünfte in Seminar- und Schulungszentren.

§ 3 RBeitrStV enthält eine Legaldefinition der Wohnung (→ Rn. 2). Nicht ortsfeste Wohnungen iSd Melderechts (→ Rn. 3) gelten als Wohnung. Bauten nach § 3 BKleingG (→ Rn. 4) und bestimmte Raumeinheiten in Betriebsstätten nach § 6 (→ Rn. 5) gelten nicht als Wohnung.

A. Allgemeines

1   Die Möglichkeit des Rundfunkempfangs im Privathaushalt wird typisiert durch das Bewohnen (→ § 2 Rn. 4) einer Wohnung erfasst. Die Wohnungsdefinition in § 3 ist eigenständig (LT-Drs. NRW 15/1303, 36 f.). Ihre Auslegung orientiert sich am **Kirchhof-Modell** (Kirchhof, Die Finanzierung des öffentlich-rechtlichen Rundfunks, 2010, 63 f.), auf dem das neue Beitragsrecht beruht.

B. Wohnungsbegriff (Abs. 1 S. 1)

2   Eine **Raumeinheit** ist ein in sich geschlossenes, dreidimensionales Hohlgebilde. Sie ist **ortsfest,** wenn sie unverrückbar mit dem Erdboden verbunden ist und **baulich abgeschlossen,** wenn sie einen seitlichen Abschluss und eine Überdachung mit festen Bauprodukten aufweist (Ferreau/Poth NVwZ 2011, 714 (715)). Die Raumeinheit muss entweder zum Wohnen oder zumindest zum Schlafen geeignet sein bzw. genutzt werden. Zum **Schlafen** ist eine Raumeinheit **geeignet,** wenn eine Übernachtungsmöglichkeit besteht, ohne dass – darüber hinausgehend – eine vollwertige Eignung zum **Wohnen,** dh zur selbstständigen Haushaltsführung besteht (wofür ua auch Küchen- und Sanitäreinrichtungen vorhanden sein müssen). Eine Nutzung erfolgt, wenn die Raumeinheit – unabhängig von ihrer objektiven Eignung – tatsächlich dauerhaft zum Wohnen oder Schlafen genutzt wird. Der **eigene Eingang** dient dem bestimmungsmäßigen Zugang und der Abgrenzung der Privatwohnung von größeren Raumeinheiten, etwa Mehrfamilienhäusern, und kleineren Raumeinheiten, insb. Zimmern (LT-Drs. NRW 15/1303, 37). Der Eingang muss **unmittelbar,** dh direkt, über eine **neutrale, nicht haushaltsgenutzte Zugangsfläche** erfolgen. Neutrale Flächen in Gebäuden sind der vertikale Zugang über ein Treppenhaus und der horizontale Zugang über einen Vorraum, zB einen Hausflur. Der Zugang kann auch vertikal oder horizontal über eine neutrale Fläche von außen, dh außerhalb des Gebäudes, erfolgen. Die materielle **Beweislast** für das Vorliegen der Tatbestandsmerkmale trägt die Rundfunkanstalt. Zur widerlegbaren Vermutung der Wohnnutzung → § 2 Rn. 5. Ausf. zum Wohnungsbegriff Lent LKV 2012, 493 (496 ff.)).

2.1   **Beispiele:**
Wohnung:
- Schwarzbau: Auf die baurechtliche Zulässigkeit kommt es nicht an (Hahn/Vesting/Göhmann/Schneider/Siekmann RBeitrStV § 3 Rn. 6).

Wohnung § 3 RBeitrStV

- Wohneinheit in Seniorenresidenz und Altenheim. Zu Zimmern in Pflegeeinrichtungen → Rn. 5.1.
- Unverbundene Wohnräume: Nach dem Kirchhof-Modell ist es unerheblich, ob der einheitliche Privathaushalt in objektiv oder nur funktional zusammenhängenden Räumen geführt wird (aA Hahn/Vesting/Göhmann/Schneider/Siekmann RBeitrStV § 2 Rn. 13).

Keine Wohnung:
- Einliegerwohnung ohne Außentür. Die Wohnung ist nur „ausschließlich über eine andere Wohnung" zu betreten (§ 3 Abs. 1 S. 1 Nr. 2 aE).
- Wohncontainer und andere mobile Behelfsbauten: Keine ortsfesten Raumeinheiten, da die Bodenverbindung nur auf Schwerkraft beruht (aA Ferreau/Poth NVwZ 2011, 714; Hahn/Vesting/Göhmann/Schneider/Siekmann RBeitrStV § 3 Rn. 8). Die Behelfsbauten sind atypische Wohnungen. Sie werden nach dem Normzweck des S. 1 (Erfassung typischer Wohnungen unter Wahrung des Privatsphärenschutzes) nicht über S. 1, sondern nur über S. 2 erfasst (→ Rn. 3).
- Wohnzelt, Wohnung mit mobiler Stellwand: Kein baulicher Abschluss der Raumeinheit (Hahn/Vesting/Göhmann/Schneider/Siekmann RBeitrStV § 3 Rn. 8).
- WG-Zimmer mit Innentür: Kein Eingang über eine neutrale Zugangsfläche im Gebäude („Vorraum",), sondern über einen Privatflur.
- WG-Zimmer mit Terrassentür: Kein Eingang „von außen", da hierunter nur ein für die Allgemeinheit bestimmter Zugang fällt (Ferreau/Poth NVwZ 2011, 714 (715)).

C. Wohnungen iSd Melderechts und Bauten nach § 3 BKleingG (Abs. 1 S. 2, 3)

S. 2 enthält eine gesetzliche Fiktion zugunsten der Rundfunkanstalten. Der Anwendungsbereich der Rundfunkbeitragspflicht wird auf „nicht ortsfeste Raumeinheiten", also atypische Wohnungen, ausgedehnt. **Wohnungen im Sinne des Melderechts** verweist dynamisch auf die gesetzlichen Melderegelungen. Nach dem Normzweck des S. 2 (Vermeidung einer Erfassungslücke bei gleichzeitigem Privatsphärenschutz) genügt keine Meldepflichtigkeit, sondern es muss ein Wohnungsinhaber gemeldet sein. Zur Widerlegbarkeit der Meldevermutung → § 2 Rn. 5. 3

Beispiele: 3.1
Wohnung:
- Gemeldete Wohnwagen und Wohnschiffe, wenn sie nicht oder nur gelegentlich fortbewegt werden (LT-Drs. NRW 15/1303, 38).
- Gemeldete Wohncontainer und andere mobile Behelfsbauten.

Keine Wohnung:
- Unterkünfte auf Marineschiffen, da ansonsten ein Wertungswiderspruch zu beitragsfreien Kasernenunterkünften (§ 3 Abs. 2 Nr. 1) besteht (Hahn/Vesting/Göhmann/Schneider/Siekmann RBeitrStV § 3 Rn. 15).

S. 3 enthält eine tatsächliche Vermutung zugunsten der Betroffenen. **Bauten nach § 3 BKleingG,** in denen typischerweise kein eigener Haushalt geführt wird, werden aus dem Anwendungsbereich des RBeitrStV ausgenommen. Dies dient dem Schutz der Privatsphäre der Kleingärtner und vermeidet aufwendige Sachverhaltsermittlungen. Die Vermutung ist nicht widerlegbar (aA Hahn/Vesting/Göhmann/Schneider/Siekmann RBeitrStV § 3 Rn. 18; LT-Drs. NRW 15/1303, 38). Eine kleingartenrechtliche Unzulässigkeit der Bauten begründet nur eine Rückbau- bzw. Beseitigungspflicht, aber keine Rundfunkbeitragspflicht. 4

Beispiele für Bauten nach § 3 BKleingG: Gartenlauben und Datschen, die nach §§ 18, 20a Nr. 7, 8 BKleingG gleichgestellt sind (differenzierend Hahn/Vesting/Göhmann/Schneider/Siekmann RBeitrStV § 3 Rn. 16; aA LT-Drs. NRW 15/1303, 38); Gartenlauben in Eigentümergärten (§§ 3 Abs. 3, 1 Abs. 2 Nr. 1 BKleingG). 4.1

D. Raumeinheiten in Betriebsstätten (Abs. 2)

Abs. 2 dient der Abgrenzung zwischen der Rundfunkbeitragspflicht im privaten und nicht privaten Bereich. Wenn Raumeinheiten zu den genannten Betriebsstätten gehören, besteht die unwiderlegliche tatsächliche Vermutung, dass der Betreffende dort **keinen eigenen Haushalt führt.** Er ist daher nach dem Kirchhof-Modell nicht beitragspflichtig, 5 selbst wenn er dort gemeldet ist. Unberührt bleibt eine mögliche Beitragspflicht des Betriebsstätteninhabers. Über den Wortlaut hinaus („in" Betriebsstätten) sind auch Raumeinheiten ausgenommen, die selbst Betriebsstätten sind (LT-Drs. NRW 15/1303, 38).

5.1 **Beispiele:**
- Raumeinheiten in Gemeinschaftsunterkünften (Nr. 1). Die Definition einer „Gemeinschaftsunterkunft" kann in Anlehnung an § 53 Abs. 2 AsylVfG und § 18 SG erfolgen. Abzustellen ist auf die Möglichkeit der eigenständigen, selbstbestimmten Haushaltsführung (s. auch den Kriterienkatalog bei Hahn/Vesting/Göhmann/Schneider/Siekmann RBeitrStV § 3 Rn. 25). Regelbsp. sind Soldatenstuben in Kasernen (vgl. auch BGH NJW 1998, 3284 (3285)), Zimmer in Asylbewerberunterkünften und Schülerzimmer in Internaten. Frauenhäuser und Obdachlosenunterkünfte dürften ebenfalls unter Nr. 1 fallen. Dagegen sind Studenten- und Schwesternwohnheime idR keine Gemeinschaftsunterkünfte (Hahn/Vesting/Göhmann/Schneider/Siekmann RBeitrStV § 3 Rn. 25; LT-Drs. NRW 15/1303, 38).
- Zimmer in Pflegeeinrichtungen: Es erfolgt keine selbstständige Haushaltsführung. Die Zimmer werden im Gesetzesvollzug als Gemeinschaftsunterkünfte (Nr. 1) behandelt (Presseinformation der Rundfunkanstalten v. 19.12.2012, abrufbar unter www.rundfunkbeitrag.de). De lege ferenda ist eine Gesetzesänderung notwendig, da bisher nur Zimmer in Behindertenheimen und Pflegeheimen, die der befristeten heimmäßigen Unterbringung dienen (Nr. 2) von der Beitragspflicht ausgenommen sind.
- Raumeinheiten, die der nicht dauerhaften heim- oder anstaltsmäßigen Unterbringung Volljähriger dienen, fallen unter Nr. 2. Für Heimbegriff und Befristungszeitraum kann auf das Heimrecht zurückgegriffen werden. Nicht dauerhaft, dh vorübergehend, ist danach ein Zeitraum bis zu drei Monaten, vgl. § 1 Abs. 3 S. 1, Abs. 4 HeimG.
- Patientenzimmer im Krankenhaus (Nr. 3). Vom Normzweck dürften auch Angehörigenzimmer umfasst sein.
- Hafträume in der JVA (Nr. 4). Die Ausnahmeregelung ist verfassungsrechtlich geboten, vgl. BVerfG NJW 1996, 2643.
- Raumeinheiten, die der vorübergehenden Unterbringung in Beherbergungsstätten dienen (Nr. 5). Die Definition einer „Beherbergungsstätte" kann in Anlehnung an das Beherbergungsrecht erfolgen (aA Hahn/Vesting/Göhmann/Schneider/Siekmann RBeitrStV Rn. 30). Eine „vorübergehende Unterbringung" liegt vor, wenn die Räume für befristete, entgeltliche Übernachtungen von Gästen bestimmt sind. Vorübergehend ist idR ein Zeitraum von bis zu drei Monaten (wie bei Nr. 2). Nach dem Wortlaut („dienen") kommt es dabei nur auf die objektive Eignung und Nutzungswidmung an, nicht auf die tatsächliche Nutzung. Sachverhaltsermittlungen erfolgen aus Gründen des Privatsphärenschutzes nicht. Unter Nr. 5 fallen etwa Zimmer in Hotels, Motels, Gasthöfen, Pensionen, Jugendherbergen, Kurheimen und Gastzimmer in Privatunterkünften, zB einem Bauernhof. Näher zu den verschiedenen gewerblichen Beherbergungsformen www.dehoga-bundesverband.de (Rubrik Daten, Fakten, Trends/Betriebsarten).
- Fremdgenutzte Ferienwohnungen (Regelbsp. Nr. 5). Zu eigengenutzten Ferienwohnungen → § 2 Rn. 3.
- Unterkünfte in Seminar- und Schulungszentren (Regelbsp. Nr. 5). Dem Regelbsp. vergleichbar sind Unterkünfte in universitären Einrichtungen, die von ihrer Zweckbestimmung her nur der vorübergehenden Unterbringung dienen (zB von Erasmus-Studenten, Gastprofessoren oder Tagungsteilnehmern).

§ 4 Befreiungen von der Beitragspflicht, Ermäßigung

(1) Von der Beitragspflicht nach § 2 Abs. 1 werden auf Antrag folgende natürliche Personen befreit:

1. Empfänger von Hilfe zum Lebensunterhalt nach dem Dritten Kapitel des Zwölften Buches des Sozialgesetzbuches (Sozialhilfe) oder nach den §§ 27a oder 27d des Bundesversorgungsgesetzes,
2. Empfänger von Grundsicherung im Alter und bei Erwerbsminderung (Viertes Kapitel des Zwölften Buches des Sozialgesetzbuches),
3. Empfänger von Sozialgeld oder Arbeitslosengeld II einschließlich von Leistungen nach § 22 des Zweiten Buches des Sozialgesetzbuches, soweit nicht Zuschläge nach dessen § 24 gewährt werden, die die Höhe des Rundfunkbeitrages übersteigen,

4. Empfänger von Leistungen nach dem Asylbewerberleistungsgesetz,
5. nicht bei den Eltern wohnende Empfänger von
   a) Ausbildungsförderung nach dem Bundesausbildungsförderungsgesetz,
   b) Berufsausbildungsbeihilfe nach den §§ 99, 100 Nr. 3 des Dritten Buches des Sozialgesetzbuches oder nach dem Vierten Kapitel, Fünfter Abschnitt des Dritten Buches des Sozialgesetzbuches oder
   c) Ausbildungsgeld nach den §§ 104 ff. des Dritten Buches des Sozialgesetzbuches,
6. Sonderfürsorgeberechtigte im Sinne des § 27e des Bundesversorgungsgesetzes,
7. Empfänger von Hilfe zur Pflege nach dem Siebten Kapitel des Zwölften Buches des Sozialgesetzbuches oder von Hilfe zur Pflege als Leistung der Kriegsopferfürsorge nach dem Bundesversorgungsgesetz oder von Pflegegeld nach landesgesetzlichen Vorschriften,
8. Empfänger von Pflegezulagen nach § 267 Abs. 1 des Lastenausgleichsgesetzes oder Personen, denen wegen Pflegebedürftigkeit nach § 267 Abs. 2 Satz 1 Nr. 2 Buchstabe c des Lastenausgleichsgesetzes ein Freibetrag zuerkannt wird,
9. Volljährige, die im Rahmen einer Leistungsgewährung nach dem Achten Buch des Sozialgesetzbuches in einer stationären Einrichtung nach § 45 des Achten Buches des Sozialgesetzbuches leben, und
10. taubblinde Menschen und Empfänger von Blindenhilfe nach § 72 des Zwölften Buches des Sozialgesetzbuches.

(2) ¹Der Rundfunkbeitrag nach § 2 Abs. 1 wird auf Antrag für folgende natürliche Personen auf ein Drittel ermäßigt:
1. blinde oder nicht nur vorübergehend wesentlich sehbehinderte Menschen mit einem Grad der Behinderung von wenigstens 60 vom Hundert allein wegen der Sehbehinderung,
2. hörgeschädigte Menschen, die gehörlos sind oder denen eine ausreichende Verständigung über das Gehör auch mit Hörhilfen nicht möglich ist, und
3. behinderte Menschen, deren Grad der Behinderung nicht nur vorübergehend wenigstens 80 vom Hundert beträgt und die wegen ihres Leidens an öffentlichen Veranstaltungen ständig nicht teilnehmen können.
²Absatz 1 bleibt unberührt.

(3) Die dem Antragsteller gewährte Befreiung oder Ermäßigung erstreckt sich innerhalb der Wohnung
1. auf dessen Ehegatten,
2. auf den eingetragenen Lebenspartner und
3. auf die Wohnungsinhaber, die bei der Gewährung einer Sozialleistung nach Absatz 1 als Teil einer Einsatzgemeinschaft im Sinne des § 19 des Zwölften Buches des Sozialgesetzbuches berücksichtigt worden sind.

(4) ¹Die Befreiung oder Ermäßigung beginnt mit dem Ersten des Monats, zu dem der Gültigkeitszeitraum des Bescheids beginnt, wenn der Antrag innerhalb von zwei Monaten nach dem Erstellungsdatum des Bescheids nach Absatz 7 Satz 2 gestellt wird. ²Wird der Antrag erst zu einem späteren Zeitpunkt gestellt, so beginnt die Befreiung oder Ermäßigung mit dem Ersten des Monats, der der Antragstellung folgt. ³Die Befreiung oder Ermäßigung wird für die Gültigkeitsdauer des Bescheids befristet. ⁴Ist der Bescheid nach Absatz 7 Satz 2 unbefristet, so kann die Befreiung oder Ermäßigung auf drei Jahre befristet werden, wenn eine Änderung der Umstände möglich ist, die dem Tatbestand zugrunde liegen.

(5) ¹Wird der Bescheid nach Absatz 7 Satz 2 unwirksam, zurückgenommen oder widerrufen, so endet die Befreiung oder Ermäßigung zum selben Zeitpunkt. ²Derartige Umstände sind vom Beitragsschuldner unverzüglich der zuständigen Landesrundfunkanstalt mitzuteilen.

(6) ¹Unbeschadet der Beitragsbefreiung nach Absatz 1 hat die Landesrundfunkanstalt in besonderen Härtefällen auf gesonderten Antrag von der Beitragspflicht zu befreien. ²Ein Härtefall liegt insbesondere vor, wenn eine Sozialleistung nach

Absatz 1 Nr. 1 bis 10 in einem durch die zuständige Behörde erlassenen Bescheid mit der Begründung versagt wurde, dass die Einkünfte die jeweilige Bedarfsgrenze um weniger als die Höhe des Rundfunkbeitrags überschreiten. ³Absatz 4 gilt entsprechend.

(7) ¹Der Antrag auf Befreiung oder Ermäßigung ist vom Beitragsschuldner schriftlich bei der zuständigen Landesrundfunkanstalt zu stellen. ²Die Voraussetzungen für die Befreiung oder Ermäßigung sind durch die entsprechende Bestätigung der Behörde oder des Leistungsträgers im Original oder durch den entsprechenden Bescheid im Original oder in beglaubigter Kopie nachzuweisen; im Falle des Absatzes 1 Nr. 10 1. Alternative genügt eine ärztliche Bescheinigung. ³Dabei sind auch die Namen der weiteren volljährigen Bewohner der Wohnung mitzuteilen.

§ 4 RBeitrStV regelt Privilegierungen von Wohnungsinhabern. Die Beitragspflicht nach § 2 Abs. 1 entfällt im Privilegierungszeitraum. Das Privilegierungsverfahren ist antragsgebunden (Dispositionsmaxime, → Rn. 10, → Rn. 13). Es bestehen Nachweispflichten (→ Rn. 14). Empfänger bestimmter Sozialleistungen sowie Taubblinde können eine Befreiung beantragen (→ Rn. 2 f.). Behinderte Menschen, die nicht taubblind sind, können in bestimmten Fällen eine Beitragsermäßigung auf ein Drittel beantragen (→ Rn. 4 f.). Auf gesonderten Antrag erfolgt in besonderen Härtefällen eine Beitragsbefreiung (→ Rn. 10 ff.). Die Wirkung des Gewährungsbescheids kann sich auf Dritte erstrecken (→ Rn. 6). Er kann eine zeitlich begrenzte Rückwirkung entfalten (→ Rn. 7) und befristet werden (→ Rn. 8). Ist der zugrunde liegende Sozialbescheid unwirksam, endet die Beitragsbefreiung vorzeitig (→ Rn. 9).

Übersicht

	Rn		Rn
A. Allgemeines	1	F. Unwirksamkeit des Sozialbescheids, Anzeigeobliegenheit (Abs. 5)	9
B. Befreiung (Abs. 1)	2	G. Besonderer Härtefall (Abs. 6)	10
C. Ermäßigung (Abs. 2)	4	H. Antrag, Nachweispflicht, Anzeigeobliegenheit (Abs. 7)	13
D. Erstreckung auf Ehegatten und eingetragenen Lebenspartner (Abs. 3)	6	I. Verfahren, Rechtsschutz	16
E. Rückwirkung, Befristung (Abs. 4)	7		

A. Allgemeines

1 Grds hat jedermann zur Finanzierung des öffentlich-rechtlichen Rundfunks beizutragen, der allgemein zugängliche Rundfunkangebote empfangen kann. Nach dem **Sozialstaatsprinzip** (Art. 20 Abs. 1 GG) sind sozial Bedürftige zu privilegieren (näher Kirchhof, Die Finanzierung des öffentlich-rechtlichen Rundfunks, 2010, 67 ff.). Realitätsgerechte Typisierungen von Privilegierungstatbeständen sind aus Gründen der Verwaltungspraktikabilität zulässig. **Gleichheitssatz** (Art. 3 Abs. 1 GG) und **Verhältnismäßigkeitsprinzip** gebieten, dass zusätzlich zu den typisierten Tatbeständen eine Härtefallregelung besteht (BVerfG ZUM 2012, 244; ZUM 2012, 246; Sachs/Osterloh GG Art. 3 Rn. 108 ff.). Die Härtefallregelung des Abs. 6 ist dabei nach dem Willen des Gesetzgebers nicht auf soziale Härtefälle beschränkt (BVerfG NVwZ 2013, 423; StGH BW BeckRS 2013, 55270).

1.1 Krit. zur Privilegierung der sozialen Härtefälle im Rundfunkbeitragsrecht anstelle des Sozialrechts zB Kube, Der Rundfunkbeitrag – Rundfunk- und finanzverfassungsrechtliche Einordnung, 2013, 54 f.; Waldhoff AfP 2011, 1 (2), Degenhart ZUM 2009, 374 (383).

B. Befreiung (Abs. 1)

2 Die typisierten Katalogtatbestände des Abs. 1 knüpfen in zT modifizierter Form an den früheren § 6 Abs. 1 S. 1 Nr. 1–6, 9–11 RGebStV an (LT-Drs. NRW 15/1303, 39). Nach dem Normzweck – beitragsrechtliche Privilegierung bei sozialrechtlicher Privilegierung – sind die Verweisungen auf das Sozialrecht dynamisch, dh es wird jeweils auf die aktuellen Gesetzesfassungen verwiesen. Die Rundfunkanstalt ist an die verbindliche Feststellung der Sozialbehörde (sog. **bescheidgebundene Befreiungsmöglichkeit**) bzw. des Arztes gebunden. Näher zu den Tatbeständen Hahn/Vesting/Gall/Siekmann RBeitrStV § 4 Rn. 13 ff. Als Ausnahmevorschriften sind sie nicht analogiefähig und eng auszulegen. Wenn kein Katalogtatbestand nach Abs. 1 vorliegt, kommt evtl. ein finanziell bedingter besonderer Härtefall in Betracht (→ Rn. 12.1).

Eine Befreiung erfolgt nur auf Antrag (→ Rn. 13). Zu Nachweispflichten → Rn. 14. Anders als nach altem Recht hat die Rundfunkanstalt kein Ermessen (gebundener Bescheid). 3

C. Ermäßigung (Abs. 2)

Die typisierten Katalogtatbestände entsprechen den früheren § 6 Abs. 1 S. 1 Nr. 7, 8 RGebStV (LT-Drs. NRW 15/1303, 39). Das Vorliegen der Tatbestandsvoraussetzungen bestimmt sich ausschließlich nach dem Sozialrecht. Die Rundfunkanstalt ist an die verbindliche Feststellung der Sozialbehörde (Erteilung des **Merkzeichens RF**) bzw. des Arztes gebunden. Näher zu den Katalogtatbeständen Hahn/Vesting/Gall/Siekmann RBeitrStV § 4 Rn. 28 ff. Es handelt sich um Ausnahmevorschriften, die eng auszulegen und nicht analogiefähig sind. Liegen die Tatbestandsvoraussetzungen nach Abs. 2 nicht vor, kommt evtl. ein gesundheitlich bedingter besonderer Härtefall in Betracht (str. → Rn. 12.1). 4

Die Rechtsfolgenänderung – **Beitragsermäßigung statt der früheren Gebührenbefreiung** – wirft mehrere Probleme auf. So ist es im Hinblick auf Art. 3 Abs. 1 GG und das Verhältnismäßigkeitsprinzip sehr fragwürdig, dass Demenzkranke, Blinde und Taube (anders als Taubblinde) keine Befreiung erhalten, obwohl ihnen aus gesundheitlichen Gründen eine Informationsteilhabe in einem Kernbereich des Rundfunkempfangs – der Wahrnehmung von Rundfunksendungen in Bewegtbildern und/oder Tönen – verwehrt ist. Der Gesetzgeber hat die Änderung mit der Umsetzung einer älteren BSG-Entscheidung begründet (LT-Drs. NRW 15/1303, 39 f. unter Verweis auf BSG NJW 2001, 1966). Diese Begründung ist aber nach einem **neueren Urteil des BSG** (BeckRS 2012, 67437 Rn. 25) in Zweifel zu ziehen. Näher dazu Lent Sozialrecht aktuell 2013, 6 (7 ff.); s. auch Kube, Der Rundfunkbeitrag – Rundfunk- und finanzverfassungsrechtliche Einordnung, 2013, 52; aA VG Ansbach BeckRS 2013, 54461: keine verfassungsrechtlichen Bedenken. 4.1

Beim kumulativen Vorliegen von Tatbeständen nach Abs. 1 und Abs. 2 erfolgt eine Befreiung (§ 4 Abs. 2 S. 2 RBeitrStV). Gleiches gilt beim kumulativen Vorliegen der Tatbestände nach Abs. 2 und Abs. 6 (aA Hahn/Vesting/Gall/Siekmann RBeitrStV § 4 Rn. 52). Es bestehen ein Antragserfordernis und Nachweispflichten (→ Rn. 13 f.). Bei der Verbescheidung des Antrags hat die Rundfunkanstalt kein Ermessen. 5

D. Erstreckung auf Ehegatten und eingetragenen Lebenspartner (Abs. 3)

Abs. 3 ist die modifizierte Nachfolgeregelung zu § 6 Abs. 1 S. 1, 2 RGebStV. Die Befreiung oder Ermäßigung erstreckt sich in einer Haushaltsgemeinschaft auf den Ehegatten (Nr. 1) oder den eingetragenen Lebenspartner (Nr. 2). Die Regelung in Nr. 3 ist dagegen wohl ein nudum ius. Nach dem **Normzweck** – Privilegierung der durch Art. 6 GG geschützten Ehe und Familie sowie der durch Art. 3 Abs. 1 GG gleichgestellten Lebenspartnerschaft – gilt die Erstreckungswirkung bei allen Privilegierungen nach Abs. 1, 2 und 6 (aA wohl LT-Drs. NRW 15/1303, 40: nur Abs. 1 und Abs. 2). Auf eine nichteheliche Lebensgemeinschaft und die Haushaltsgemeinschaft von Eltern mit ihren volljährigen Kindern findet Abs. 3 nach dem Willen des Gesetzgebers keine Anwendung (Hahn/Vesting/Gall/Siekmann RBeitrStV § 4 Rn. 33 ff.). Im Hinblick auf den Familienschutz des Art. 6 Abs. 1 GG, der auch die Beziehung von Eltern zu ihren volljährigen Kindern umfasst (BVerfG NVwZ-RR 2005, 825 (826)), ist der Ausschluss der Eltern – Kind – Gemeinschaft bedenklich. 6

E. Rückwirkung, Befristung (Abs. 4)

7 Abs. 4 regelt den **Beginn des Privilegierungszeitraums.** Er knüpft an den früheren § 6 Abs. 5 RGebStV an und gilt für alle Privilegierung nach Abs 1, 2 und 6 (LT-Dr NRW 15/1303, 40). Abweichend vom früheren Recht ist nach S. 1 eine **Rückwirkung** des Gewährungsbescheids bei rechtzeitiger Antragstellung möglich, dh innerhalb von zwei Monaten nach dem Erstellungsdatum des Sozialbescheids oder der ärztlichen Bescheinigung. Bei verspäteter Antragstellung ist grds. keine Rückwirkung möglich, S. 2 (Ausnahme: → § 2 Rn. 9).

8 Grds. richtet sich eine **Befristung der Privilegierung** nach der Behördenentscheidung im Sozialrecht bzw. der Entscheidung des Arztes, S. 3. Wenn Sozialbescheid bzw. ärztliche Bescheinigung unbefristet sind, kann die Rundfunkanstalt ihren Gewährungsbescheid nur dann auf drei Jahre befristen, wenn eine Änderung der zugrunde liegenden Umstände möglich ist, S. 4. Dies gilt auch in besonderen Härtefällen nach Abs. 6 (aA Hahn/Vesting/Gall/Siekmann RBeitrStV § 4 Rn. 64: Befristung auf ein halbes Jahr). Die Befristung (§ 36 VwVfG) ist eine Ermessensentscheidung.

F. Unwirksamkeit des Sozialbescheids, Anzeigeobliegenheit (Abs. 5)

9 Abs. 5 regelt das vorzeitige **Ende des Privilegierungszeitraums.** Er entspricht dem früheren § 6 Abs. 6 S. 3, 4 RGebStV und gilt für alle Privilegierungen nach Abs. 1, 2 und 6 (LT-Dr. NRW 15/1303, 41). Wird der zu Grunde liegende Sozialbescheid unwirksam, endet nach S. 1 die Beitragsbefreiung kraft Gesetzes zum selben Zeitpunkt. Der Beitragsschuldner erhält von der Rundfunkanstalt eine entsprechende Mitteilung. S. 2 enthält eine Anzeigeobliegenheit des Beitragsschuldners.

G. Besonderer Härtefall (Abs. 6)

10 Abs. 6 knüpft in modifizierter Form an den früheren § 6 Abs. 3 RGebStV an. Die Befreiung erfolgt nur auf „**gesonderten**" Antrag. Bei der Auslegung entspr. §§ 133, 157 BGB muss erkennbar sein, dass ein zusätzliches Antragsziel – über eine Privilegierung nach Abs. 1, 2 hinaus – verfolgt wird. Zu den Antragsvoraussetzungen → Rn. 13.

11 Der besondere Härtefall ist ein unbestimmter Rechtsbegriff. Er erfasst Fälle, die in Abs. 1, 2 nicht katalogisiert sind. Dabei ist die Härtefallregelung nach neuem Recht nicht auf soziale Härtefälle beschränkt (BVerfG NVwZ 2013, 423; StGH BW BeckRS 2013, 55270). Sie dient der Erzielung sachgerechter Ergebnisse bei der Rechtsanwendung (vgl. auch BSG BeckRS 2012, 67437, Rn. 23), dh sie ist ein Typisierungsregulativ. Eine zu restriktive Auslegung wird den Zulässigkeitsvoraussetzungen einer verfassungskonformen Typisierung nicht gerecht. Das **BVerfG** nennt in seinen Entscheidungen vom 9. und 30.11.2011 **drei kumulative Kriterien für die Prüfung des besonderen Härtefalls** (BVerfG ZUM 2012, 244 (245 f.); BVerfG ZUM 2012, 246 (247 f.); s. auch StGH BW BeckRS 2013, 55270; krit. Hahn/Vesting/Gall/Siekmann RBeitrStV § 4 Rn. 54 f., die die Rspr. des BVerfG enger interpretieren). Die Ablehnung des Härtefallantrags durch die Rundfunkanstalt setzt danach voraus, dass

- die mit der Typisierung verbundene Härte nur unter Schwierigkeiten vermeidbar ist. Der Gesichtspunkt der **Verwaltungspraktikabilität** kann eine typisierungsbedingte Ungleichbehandlung nur rechtfertigen, wenn sonst **erhebliche** verwaltungstechnische Schwierigkeiten entstehen würden.
- von der Typisierungshärte lediglich eine verhältnismäßig kleine Personenzahl betroffen ist.
- der Verstoß gegen den Gleichheitssatz nicht sehr intensiv ist. Der Rundfunkbetrag ist zwar absolut nicht sehr hoch, aber eine wiederkehrende und – bei sehr geringen Einkünften – auch intensive Belastung des Rundfunknutzers, der seine Informationsfreiheit wahrnimmt (Art. 5 Abs. 1 S. 1 GG).

12 Die Rundfunkanstalt muss eine **Einzelfallprüfung** vornehmen, ob ein besonderer Härtefall vorliegt (wobei die Besonderheiten des **Massenverfahrens** nach Maßgabe der BVerfG-Entscheidungen zu berücksichtigen sind). Sie hat – anders als nach altem Recht – bei ihrer Entscheidung kein Ermessen. **Rechtsfolge** kann neben einer vollständigen Befreiung evtl.

auch eine Ermäßigung als „Teil-Befreiung" sein (vgl. StGH BW BeckRS 2013, 55270). Ausf. zum besonderen Härtefall Lent Sozialrecht aktuell 2013, 6 (8 ff.).

Fallgruppen: 12.1
Besonderer Härtefall:
- Ein finanziell bedingter Härtefall liegt vor, wenn die Einkünfte abzgl. des Rundfunkbeitrags unterhalb der Bedarfsgrenze liegen (BVerfG ZUM 2012, 246 (247 f.)). Zum strittigen Einkommensbegriff zB VGH Mannheim BeckRS 2011, 49513. In S. 2 („insbesondere") ist ein Härtefallbeispiel geregelt (aA Hahn/Vesting/Gall/Siekmann RBeitrStV § 4 Rn. 47: Falsch platzierter Katalogtatbestand des Abs. 1). Die Rspr. zum neuen Recht ist bisher noch nicht gefestigt; siehe zB einen Härtefall bejahend VG Berlin BeckRS 2013, 55882 (Berufsausbildung), verneinend VG Gelsenkirchen BeckRS 2013, 57020 (Studium). Zu Härtefällen nach altem Recht zB OVG Lüneburg BeckRS 2013, 45707 (Pflege) und OVG Münster BeckRS 2013, 50603 (Gemischte Bedarfsgemeinschaft). Tendenziell könnte infolge der BVerfG-Entscheidungen wohl mit einer gewissen Lockerung der früheren restriktiven Rspr. zum Härtefall auf Grund einer Einkommensschwäche zu rechnen sein (s. auch VGH München BeckRS 2012, 56562). Offen ist, wie das bisher hoch gewichtete Argument der Verwaltungspraktikabilität im Massenverfahren zukünftig von den Gerichten berücksichtigt werden wird.
- Kombination aus gesundheitlicher und weiterer sozialen Härte, zB Taubheit oder Demenz in Verbindung mit sehr geringen Einkünften. Hier ist je nach Lage des Einzelfalls eine Befreiung möglich (aA Hahn/Vesting/Gall/Siekmann RBeitrStV Rn. 52 mwN).
- Ausschließlich gesundheitlich bedingter Härtefall: Zur Vermeidung eines Wertungswiderspruchs zwischen Abs. 2 und Abs. 6 dürfte wohl nur eine „Teil-Befreiung" möglich sein, dh eine Ermäßigung (aA wohl Dau, jurisPraxisreport Sozialrecht 22/2012, Anm. 1; offen Hlava, Rundfunkgebührenbefreiung in Härtefällen, Beitrag C-7/2012, 6, www.reha-recht.de).
- Objektive Unmöglichkeit des Rundfunkempfangs (LT-Drs. NRW 15/1303, 41), zB bei einem „Funkloch".
- Nichtnutzung von Rundfunk, zB keine Nutzung aus religiösen Gründen oder bloße Teilnutzung (Hörfunknutzung): Eine Härtefallbefreiung bzw. -ermäßigung ist nicht von vorneherein ausgeschlossen (BVerfG NVwZ 2013, 423 mAnm Muckel JA 2013, 556; StGH BW BeckRS 2013, 55270). Darlegung und Nachweis dürften aber schwierig sein. S. zur Nichtnutzung auch einerseits Degenhart ZUM 2011, 193 (196), andererseits Schneider NVwZ 2013, 19 (22).

Kein besonderer Härtefall:
- Nichtinanspruchnahme einer Sozialleistung nach Abs. 1 trotz Vorliegens der Voraussetzungen (VGH München BeckRS 2012, 56562; OVG Münster BeckRS 2013, 53690).
- Nichtbeantragung des Merkzeichens RF trotz Vorliegens der Voraussetzungen.

H. Antrag, Nachweispflicht, Anzeigeobliegenheit (Abs. 7)

Der schriftliche **Antrag** muss der zuständigen Rundfunkanstalt (→ § 10 Rn. 9) zugehen, 13
S. 1. Der Antragsinhalt wird durch Auslegung entspr. § 133, 157 BGB ermittelt (näher zB VG Düsseldorf BeckRS 2013, 48474). Für die Schriftform gilt § 126 BGB entspr. (dazu allg. Kopp/Ramsauer VwVfG § 22 Rn. 36, 52). Das Antragsformular der Rundfunkanstalten muss nicht verwendet werden. Der Zugang des Antrags ist grds. vom Antragsteller zu beweisen. Zur Möglichkeit einer Beweislastumkehr VGH München ZUM 2011, 603; VG Ansbach BeckRS 2012, 47913.

Die Privilegierungsvoraussetzungen sind **nachzuweisen**, S. 2. Amtliche Bestätigungen 14
sind im Original vorzulegen. Bei Bescheiden genügen amtlich beglaubigte Kopien (näher OVG Münster BeckRS 2012, 60598). Im Fall des Abs. 1 Nr 10 ist eine ärztliche Bescheinigung vorzulegen.

Nach dem **Grundsatz der Erforderlichkeit der Datenerhebung** genügt die Vorlage einer 14.1
sog. Drittbescheinigung der Sozialbehörde, die keine „überschießenden" Sozialdaten enthält. Zur str. Zulässigkeit von Schwärzungen sensibler Daten in amtlich beglaubigten Kopien und ärztlichen Bescheinigungen s. einerseits den Datenschutzbericht 2010/11 des Landesbeauftragten für den Datenschutz und die Informationsfreiheit Rheinland-Pfalz v. 14.2.2012, 53 f., abrufbar unter www.datenschutz.rlp.de; andererseits Hahn/Vesting/Gall/Siekmann RBeitrStV § 4 Rn. 79.

15 S. 3 enthält eine **Anzeigeobliegenheit,** deren Verletzung mangels Erforderlichkeit der Datenerhebung für die Privilegierung keinen Einfluss auf die Wirksamkeit der Antragstellung hat (aA wohl Hahn/Vesting/Gall/Siekmann RBeitrStV § 4 Rn. 69).

I. Verfahren, Rechtsschutz

16 Die **Landes-VwVfG** sind im Privilegierungsverfahren anwendbar (str. → § 2 Rn. 12.1). Der Gewährungs- bzw. Versagungsbescheid der Rundfunkanstalt ist ein **Verwaltungsakt.** Ggf. kann nach Landesrecht **Widerspruch** eingelegt werden. **Anfechtungsklage** iVm einer **Verpflichtungsklage** kann beim VG (nicht: beim SG) erhoben werden.

17 Der Rechtsstreit ist nach § 188 S. 2 VwGO **gerichtskostenfrei** (BVerwG NVwZ-RR 2011, 622). Zum **Gegenstandswert** OVG Lüneburg, BeckRS 2009, 41528; NVwZ-RR 2007, 252. Zum **PKH-Antrag** zB VGH München BeckRS 2012, 59038.

§ 5 Rundfunkbeitrag im nicht privaten Bereich

(1) ¹Im nicht privaten Bereich ist für jede Betriebsstätte von deren Inhaber (Beitragsschuldner) ein Rundfunkbeitrag nach Maßgabe der folgenden Staffelung zu entrichten. ²Die Höhe des zu leistenden Rundfunkbeitrags bemisst sich nach der Zahl der neben dem Inhaber Beschäftigten und beträgt für eine Betriebsstätte

1. mit keinem oder bis acht Beschäftigten ein Drittel des Rundfunkbeitrags,
2. mit neun bis 19 Beschäftigten einen Rundfunkbeitrag,
3. mit 20 bis 49 Beschäftigten zwei Rundfunkbeiträge,
4. mit 50 bis 249 Beschäftigten fünf Rundfunkbeiträge,
5. mit 250 bis 499 Beschäftigten zehn Rundfunkbeiträge,
6. mit 500 bis 999 Beschäftigten 20 Rundfunkbeiträge,
7. mit 1.000 bis 4.999 Beschäftigten 40 Rundfunkbeiträge,
8. mit 5.000 bis 9.999 Beschäftigten 80 Rundfunkbeiträge,
9. mit 10.000 bis 19.999 Beschäftigten 120 Rundfunkbeiträge und
10. mit 20.000 oder mehr Beschäftigten 180 Rundfunkbeiträge.

(2) ¹Unbeschadet der Beitragspflicht für Betriebsstätten nach Absatz 1 ist jeweils ein Drittel des Rundfunkbeitrags zu entrichten vom

1. Inhaber einer Betriebsstätte für jedes darin befindliche Hotel- und Gästezimmer und für jede Ferienwohnung zur vorübergehenden entgeltlichen Beherbergung Dritter ab der zweiten Raumeinheit und
2. Inhaber eines Kraftfahrzeugs (Beitragsschuldner) für jedes zugelassene Kraftfahrzeug, das zu gewerblichen Zwecken oder einer anderen selbständigen Erwerbstätigkeit oder zu gemeinnützigen oder öffentlichen Zwecken des Inhabers genutzt wird; auf den Umfang der Nutzung zu diesen Zwecken kommt es nicht an; Kraftfahrzeuge sind Personenkraftwagen, Lastkraftwagen und Omnibusse; ausgenommen sind Omnibusse, die für den öffentlichen Personennahverkehr nach § 2 des Gesetzes zur Regionalisierung des öffentlichen Personennahverkehrs eingesetzt werden.

²Ein Rundfunkbeitrag nach Satz 1 Nr. 2 ist nicht zu entrichten für jeweils ein Kraftfahrzeug für jede beitragspflichtige Betriebsstätte des Inhabers.

(3) ¹Für jede Betriebsstätte folgender Einrichtungen gilt Absatz 1 mit der Maßgabe, dass höchstens ein Rundfunkbeitrag zu entrichten ist:

1. gemeinnützige Einrichtungen für behinderte Menschen, insbesondere Heime, Ausbildungsstätten oder Werkstätten für behinderte Menschen,
2. gemeinnützige Einrichtungen der Jugendhilfe im Sinne des Kinder- und Jugendhilfegesetzes (Achtes Buch des Sozialgesetzbuches),
3. gemeinnützige Einrichtungen für Suchtkranke, der Altenhilfe, für Nichtsesshafte und Durchwandererheime,
4. eingetragene gemeinnützige Vereine und Stiftungen,
5. öffentliche allgemeinbildende oder berufsbildende Schulen, staatlich genehmigte oder anerkannte Ersatzschulen oder Ergänzungsschulen, soweit sie auf ge-

meinnütziger Grundlage arbeiten, sowie Hochschulen nach dem Hochschulrahmengesetz und
6. Feuerwehr, Polizei, Bundeswehr, Zivil- und Katastrophenschutz.
²Damit ist auch die Beitragspflicht für auf die Einrichtung zugelassene Kraftfahrzeuge abgegolten. ³Die Gemeinnützigkeit im Sinne der Abgabenordnung ist der zuständigen Landesrundfunkanstalt auf Verlangen nachzuweisen.

(4) ¹Auf Antrag ist ein Rundfunkbeitrag nach Absatz 1 und 2 insoweit nicht zu entrichten, als der Inhaber glaubhaft macht und auf Verlangen nachweist, dass die Betriebsstätte länger als drei zusammenhängende volle Kalendermonate vorübergehend stillgelegt ist. ²Das Nähere regelt die Satzung nach § 9 Abs. 2.

(5) Ein Rundfunkbeitrag nach Absatz 1 ist nicht zu entrichten für Betriebsstätten,
1. die gottesdienstlichen Zwecken gewidmet sind,
2. in denen kein Arbeitsplatz eingerichtet ist oder
3. die sich innerhalb einer beitragspflichtigen Wohnung befinden, für die bereits ein Rundfunkbeitrag entrichtet wird.

(6) Ein Rundfunkbeitrag nach Absatz 1 und 2 ist nicht zu entrichten von
1. den öffentlich-rechtlichen Rundfunkanstalten, den Landesmedienanstalten oder den nach Landesrecht zugelassenen privaten Rundfunkveranstaltern oder -anbietern oder
2. diplomatischen Vertretungen (Botschaft, Konsulat) eines ausländischen Staates.

§ 5 RBeitrStV enthält Regelungen für die Ausgestaltung des Rundfunkbeitrags im nicht privaten Bereich. Abs. 1 regelt die Höhe des Rundfunkbeitrags für Betriebsstätten unterschiedlicher Größe (→ Rn. 1 ff.). In den Abs. 2 und 3 erfolgen Modifizierungen für etwa Hotels, gemeinnützige Einrichtungen und betriebseigene Kraftfahrzeuge (→ Rn. 7 ff.). Eine Aussetzung der Rundfunkbeitragspflicht wird durch Abs. 4 zugelassen (→ Rn. 23). Abs. 5 und 6 enthalten Befreiungen von der Rundfunkbeitragspflicht (→ Rn. 24 ff.).

Übersicht

	Rn		Rn
A. Abs. 1	1	I. Hotel- und Gästezimmer, Ferienwohnungen (Nr. 1)	8
I. Nicht privater Bereich	1		
II. Jede Betriebsstätte	2	II. Kraftfahrzeug (Nr. 2)	9
III. Beitragsschuldner	3	**C. Abs. 3**	14
IV. Anzahl der Beschäftigten als Messgröße für die Anzahl der Rundfunkbeiträge	4	**D. Abs. 4**	23
		E. Abs. 5	24
B. Abs. 2	7	**F. Abs. 6**	28

A. Abs. 1

I. Nicht privater Bereich

Der RBeitrStV gestaltet die Beitragserhebung im privaten Bereich und im nicht privaten 1 Bereich unterschiedlich aus. § 5 RBeitrStV begründet die Rundfunkbeitragspflicht für den nicht privaten Bereich. Die Rundfunkbeitragspflicht für den privaten Bereich findet sich dagegen in § 2 RBeitrStV.

II. Jede Betriebsstätte

Während im privaten Bereich die Wohnung den Anknüpfungspunkt für die Beitrags- 2 pflicht bildet, ist dies im nicht privaten Bereich die Betriebsstätte. Was unter einer Betriebsstätte iSd RBeitrStV zu verstehen ist, ist § 6 Abs. 1 und Abs. 3 RBeitrStV zu entnehmen. Der Rundfunkbeitrag ist für jede Betriebsstätte zu entrichten. Der Gesetzgeber hat sich bewusst gegen eine Anknüpfung an den von der Wirtschaft geforderten Unternehmensbegriff entschieden, da es zum einen im deutschen Rechtsraum bereits verschiedene Definitionen des Unternehmensbegriffs gibt. Und zum anderen sollten auch Unternehmen erfasst werden, die zwar in Deutschland Geschäftsräume, aber keinen Sitz haben (Gesetzesbegründung, BayLT-Drs. 16/7001, 17).

III. Beitragsschuldner

3   Beitragsschuldner ist der Inhaber der Betriebsstätte. Eine Definition findet sich in § 6 Abs. 2 RBeitrStV.

IV. Anzahl der Beschäftigten als Messgröße für die Anzahl der Rundfunkbeiträge

4   Die Höhe des zu entrichtenden Rundfunkbeitrags ist gestaffelt. Entscheidend für die Höhe des zu entrichtenden Beitrags ist die Anzahl der in der Betriebsstätte Beschäftigten. Die Staffelung ist eingeteilt in 10 Stufen und reicht von mindestens 1/3 des Rundfunkbeitrages bei bis zu 8 Beschäftigten (sog „Kleinbetriebsstättenklausel") bis zu maximal 180 Rundfunkbeiträgen ab 20.000 Beschäftigten.

5   Aus der Gesetzesbegründung geht hervor, dass die Messgröße der „Beschäftigten" gewählt wurde, weil der mögliche kommunikative Nutzen maßgeblich für die Höhe des zu entrichtenden Beitrags ist (Gesetzesbegründung, BayLT-Drs. 16/7001, 17). Je höher die Anzahl der Beschäftigten, desto höher ist auch der mögliche kommunikative Nutzen.

6   Der Begriff der Beschäftigten ist in § 6 Abs. 4 RBeitrStV legaldefiniert. Erfasst werden danach alle im Jahresdurchschnitt sozialversicherungspflichtig Beschäftigten sowie Bediensteten in einem öffentlich-rechtlichen Dienstverhältnis mit Ausnahme der Auszubildenden. Eine Differenzierung nach Voll- und Teilzeitbeschäftigung findet nicht statt (Gesetzesbegründung, BayLT-Drs. 16/7001, 17).

B. Abs. 2

7   Unbeschadet der Beitragspflicht nach Abs. 1 sieht § 5 Abs. 2 RBeitrStV eine weitere Beitragspflicht iHv 1/3 des Rundfunkbeitrags vor, die neben die Beitragspflicht aus Abs. 1 tritt. Für einen bestimmten, in § 5 Abs. 2 RBeitrStV genannten Kreis von Beitragsschuldnern wird also eine **kumulative Beitragspflicht** begründet, die allein durch § 5 Abs. 2 S. 2 RBeitrStV eine gewisse Abmilderung erfährt.

I. Hotel- und Gästezimmer, Ferienwohnungen (Nr. 1)

8   Beitragsschuldner sind nach § 5 Abs. 2 S. 1 Nr. 1 RBeitrStV Inhaber einer Betriebsstätte, die Hotel- und Gästezimmer enthalten sowie Inhaber von Ferienwohnungen zur vorübergehenden entgeltlichen Beherbergung Dritter. Kleinstvermieter werden jedoch dadurch entlastet, dass die Beitragsplicht erst ab der zweiten Raumeinheit entsteht. Nach der Gesetzesbegründung gründet die gesonderte Beitragspflicht zum einen auf der überdurchschnittlich intensiven Rundfunknutzung durch wechselnde Gäste. Zum anderen wird in der Empfangsmöglichkeit im Fremdenverkehr ein echter Mehrwert erblickt. Sie sei keine bloße Begleiterscheinung, sondern gehöre – als Standardausstattung – in aller Regel zum Geschäftsmodell (Gesetzesbegründung, BayLT-Drs. 16/7001, 17). Werden Unterkunftsräume in Bildungseinrichtungen an Teilnehmer vermietet, die dort Bildungsveranstaltungen abhalten, handelt es sich bei den Teilnehmern nicht um Dritte, sodass keine Raumeinheiten iSd § 5 Abs. 2 S. 1 Nr. 1 RBeitrStV vorliegen (Gesetzesbegründung, BayLT-Drs. 16/7001, 17).

II. Kraftfahrzeug (Nr. 2)

9   Beitragsschuldner sind nach § 5 Abs. 2 S. 1 Nr. 2 RBeitrStV Inhaber eines Kraftfahrzeugs, das zu besonderen Zwecken genutzt wird. Als Nutzungszwecke werden vom Gesetz genannt: gewerbliche Zwecke, eine andere selbständige Erwerbstätigkeit, gemeinnützige oder öffentliche Zwecke des Inhabers. Auf den Umfang der Nutzung zur Zweckbestimmung kommt es ausweislich des Wortlautes der Vorschrift nicht an. Erfasst sind damit insbes. die

Kraftfahrzeuge, die dem unmittelbaren Erwerbszweck dienen oder auch steuerlich als Betriebsvermögen angesetzt werden. Als Beispiele hierfür nennt die Gesetzesbegründung den Außendienstmitarbeiter auf dem Weg zum Kunden oder die Anwältin bei der Fahrt zum Mandanten (Gesetzesbegründung, BayLT-Drs. 16/7001, 17). Es muss sich aber um eigene, nicht private Zwecke des Inhabers handeln. Fremdnützige Fahrten sind hingegen unerheblich, und zwar auch solche, für die ein Fahrtkostenersatz von dritter Stelle gewährt wird. Nach der Gesetzesbegründung soll die Beitragspflicht etwa entfallen, wenn ein Geistlicher mit dem Privatwagen zum Gottesdienst fährt, der Abgeordnete zur Sitzung des Landtages reist, die Lehrerin Kopiervorlagen abholt oder der Übungsleiter auf dem Weg zum Sportplatz ist (Gesetzesbegründung, BayLT-Drs. 16/7001, 17).

Ausweislich der Gesetzesbegründung beinhaltet die Beitragserhebung für Kraftfahrzeuge **keine Abkehr von dem System des geräteunabhängigen Rundfunkbeitrags.** Anknüpfungspunkt für die Beitragspflicht sei nämlich nicht das Bereithalten eines Empfangsgerätes, sondern – wie bei der Wohnung und der Betriebsstätte – das Vorhandensein einer Raumeinheit, in der nach Maßgabe einer typisierenden Betrachtung üblicherweise eine Rundfunknutzung erfolge (Gesetzesbegründung, BayLT-Drs. 16/7001, 17). Auf eine tatsächliche Rundfunknutzung oder auf das Bereithalten eines Rundfunkempfangsgerätes soll es demnach nicht ankommen. **10**

In § 5 Abs. 2 S. 1 Nr. 2 RBeitrStV findet sich eine Definition des Begriffs des Kraftfahrzeugs. Erfasst sind Personenkraftwagen, Lastkraftwagen und Omnibusse. Eine Ausnahme soll jedoch für solche Omnibusse gelten, die für den öffentlichen Personennahverkehr eingesetzt werden, wobei zur Bestimmung des öffentlichen Personennahverkehrs auf die Begriffsbestimmung des § 2 des Gesetzes zur Regionalisierung des öffentlichen Personennahverkehrs verwiesen wird. Voraussetzung für die Entstehung der Beitragspflicht ist, dass das Kraftfahrzeug zugelassen ist. Fehlt es an einer Zulassung, entsteht keine zusätzliche Beitragspflicht nach § 5 Abs. 2 S. 1 Nr. 2 RBeitrStV. Das gilt auch für Kraftfahrzeuge, die nach der Verordnung über die Zulassung von Fahrzeugen zum Straßenverkehr (FZV) keiner Zulassung bedürfen (vgl. Gesetzesbegründung, BayLT-Drs. 16/7001, 17). **11**

Nach § 6 Abs. 2 S. 3 RBeitrStV ist Inhaber eines Kraftfahrzeugs derjenige, auf den das Kraftfahrzeug zugelassen ist. **12**

Eine Ausnahme zu § 5 Abs. 2 S. 1 Nr. 2 RBeitrStV regelt **§ 5 Abs. 2 S. 2 RBeitrStV.** Danach ist pro beitragspflichtige Betriebsstätte ein Kraftfahrzeug beitragsfrei. Durch diese Ausnahmeregel soll auf die **Sondersituation kleiner Unternehmer und Unternehmer mit Filialstruktur** Rücksicht genommen werden. Da jede Filiale eine eigene Betriebsstätte ist, ist pro Filiale auch jeweils ein Kraftfahrzeug beitragsfrei. Eine Zuordnung des jeweiligen Kraftfahrzeugs zu einer bestimmten Filiale ist jedoch nicht erforderlich. Entscheidend ist lediglich die Anzahl der gewerblichen Kraftfahrzeuge im Verhältnis zu der Anzahl der Filialen (Gesetzesbegründung, Bay LT-Drs. 16/7001, 18). **13**

C. Abs. 3

Abs. 3 enthält eine Ausnahme zu der Staffelregelung des Abs. 1 dergestalt, dass die Beitragspflicht für bestimmte gemeinnützige Einrichtungen auf höchstens einen Rundfunkbeitrag gedeckelt wird. Die Regelung des § 5 Abs. 3 RBeitrStV ist die Nachfolgeregelung des § 5 Abs. 7, 8, 10 des Rundfunkgebührenstaatsvertrags. **14**

§ 5 Abs. 3 S. 1 Nr. 1 RBeitrStV erwähnt gemeinnützige Einrichtungen für behinderte Menschen, insbes. Heime, Ausbildungsstätten oder Werkstätten für behinderte Menschen. Die Aufzählung ist nicht abschließend, sondern lediglich beispielhaft („insbesondere"). Entscheidend ist, dass die Einrichtung, also der Träger der Betriebsstätte, als gemeinnützig anerkannt ist. Die Rechtsform ist irrelevant (Gesetzesbegründung, Bay LT-Drs. 16/7001, 18). **15**

§ 5 Abs. 3 S. 1 Nr. 2 RBeitrStV erwähnt gemeinnützige Einrichtungen der Jugendhilfe iSd Kinder-und Jugendhilfegesetzes (Achtes Buch des Sozialgesetzbuches). Im Achten Buch des SGB sind die Voraussetzungen für die Anerkennung einer Einrichtung der Jugendhilfe geregelt. Der Begriff der Einrichtung ist weit zu verstehen, sodass es nicht entscheidend ist, ob eine stationäre Behandlung erfolgt oder lediglich Tagesgruppen abgehalten werden. **16**

17 § 5 Abs. 3 S. 1 Nr. 3 RBeitrStV erwähnt gemeinnützige Einrichtungen für Suchtkranke, der Altenhilfe, für Nichtsesshafte und Durchwandererheime.

18 § 5 Abs. 3 S. 1 Nr. 4 RBeitrStV erwähnt eingetragene gemeinnützige Vereine und Stiftungen. Im Gegensatz zu den anderen Einrichtungen des Abs. 3 kommt es auf die Rechtsform an. Unabhängig von dem Tätigkeitsbereich des Vereins oder der Stiftung ist das Vorliegen eines gemeinnützigen Zwecks maßgeblich.

19 § 5 Abs. 3 S. 1 Nr. 5 RBeitrStV erwähnt öffentliche allgemeinbildende oder berufsbildende Schulen, staatlich genehmigte oder anerkannte Ersatzschulen oder Ergänzungsschulen, soweit sie auf gemeinnütziger Grundlage arbeiten, sowie Hochschulen nach dem Hochschulrahmengesetz. Erfasst wird der staatliche Bildungsbereich, während kommerzielle Bildungseinrichtungen von Abs. 1 erfasst werden (Gesetzesbegründung, BayLT-Drs. 16/7001, 18).

20 § 5 Abs. 3 S. 1 Nr. 6 RBeitrStV erwähnt Feuerwehr, Polizei, Bundeswehr, Zivil- und Katastrophenschutz. Erfasst werden Einrichtungen, die der öffentlichen Abwehr von Gefahren und Hilfe in Notlagen dienen. Maßgeblich zur Bestimmung der Einrichtung sind die entsprechenden Landesgesetze über den Brandschutz, Rettungsdienst und technischen Hilfsdienst, die Polizei sowie den Zivil- und Katastrophenschutz.

21 § 5 Abs. 3 S. 2 RBeitrStV bestimmt, dass mit der Zahlung des Betriebsstättenbeitrags die Beitragspflicht für Kraftfahrzeuge, die auf die gemeinnützige Einrichtung zugelassen sind, abgegolten ist.

22 § 5 Abs. 3 S. 3 RBeitrStV regelt, dass die Gemeinnützigkeit iSd Abgabenordnung der zuständigen Landesrundfunkanstalt auf Verlangen nachzuweisen ist. Dadurch erhält die zuständige Rundfunkanstalt die Befugnis, die Angabe zu überprüfen und einen Nachweis der anerkannten Gemeinnützigkeit (zB Nachweis der Steuervergünstigung) oder der Zugehörigkeit zu einer der genannten Einrichtungen zu verlangen (Gesetzesbegründung, BayLT-Drs. 16/7001, 19).

D. Abs. 4

23 Abs. 4 begründet Ausnahmetatbestände zu Abs. 1 und Abs. 2. Ist eine Betriebsstätte länger als drei zusammenhängende volle Kalendermonate vorübergehend stillgelegt, kann ein Antrag auf Befreiung von der Beitragspflicht gestellt werden. Allerdings hat der Inhaber der Betriebsstätte die Umstände glaubhaft zu machen und auf Verlangen sogar nachzuweisen. Einzelheiten zur Art und Weise der Glaubhaftmachung und des Nachweises der Stilllegung sollen in einer auf § 9 Abs. 2 RBeitrStV beruhenden Satzung geregelt werden.

E. Abs. 5

24 § 5 Abs. 5 RBeitrStV normiert eine Ausnahme zu Abs. 1 für bestimmte Betriebsstätten. Danach ist ein Rundfunkbeitrag nicht zu entrichten für Betriebsstätten,
- die gottesdienstlichen Zwecken gewidmet sind (Nr. 1),
- in denen kein Arbeitsplatz eingerichtet ist (Nr. 2),
- die sich innerhalb einer beitragspflichtigen Wohnung befinden, für die bereits ein Rundfunkbeitrag entrichtet wird (Nr. 3).

25 Nr. 1 benennt Betriebsstätten, die gottesdienstlichen Zwecken gewidmet sind. Dies sind Kirchen oder vergleichbare Räume. Sub specie des Art. 4 Abs. 1 und 2 GG gilt diese Regelung nicht nur für christliche Kirchen (vgl. Gesetzesbegründung, BayLT-Drs. 16/7001, 19, unter Hinweis auf „Artikel 3 des Grundgesetzes"). Befreiungsvoraussetzung ist ein religionstypischer Widmungsakt der Betriebsstätte. Gelegentlich stattfindende Gottesdienste reichen nicht aus, um die Befreiung zu begründen. Die Befreiung gilt lediglich für den Raum, in dem die Gottesdienste abgehalten werden. Angrenzende Räumlichkeiten sind als beitragspflichtige Betriebsstätten zu behandeln.

26 Nr. 2 benennt Räumlichkeiten, in denen kein Arbeitsplatz eingerichtet ist. Dies sind nach der Gesetzesbegründung abgrenzbare Grundstücke oder Bauten, wo nur gelegentlich eine Tätigkeit ausgeführt wird, wie Trafohäuschen, Heuschober, Kaimauer (Gesetzesbegründung, BayLT-Drs. 16/7001, 19).

Nr. 3 benennt Räumlichkeiten, die sich innerhalb einer beitragspflichtigen Wohnung 27 befinden, für die bereits ein Rundfunkbeitrag entrichtet wird. Nr. 3 konkretisiert den Grundsatz, dass für eine Wohnung nur ein Beitrag anfällt.

F. Abs. 6

§ 5 Abs. 6 RBeitrStV sieht eine Ausnahme zu Abs. 1 und Abs. 2 vor. Danach ist ein 28 Rundfunkbeitrag nicht zu entrichten von
- den öffentlich-rechtlichen Rundfunkanstalten, den Landesmedienanstalten oder den nach Landesrecht zugelassenen privaten Rundfunkveranstaltern oder -anbietern (Nr. 1),
- diplomatischen Vertretungen (Botschaft, Konsulat) eines ausländischen Staates (Nr. 2).

Freigestellt werden bestimmte Rechtsträger und Unternehmer von der Beitragspflicht für 29 ihre Betriebsstätten, für ihre zugehörigen Kraftfahrzeuge sowie für gegebenenfalls bestehende Gästezimmer.

§ 6 Betriebsstätte, Beschäftigte

(1) ¹Betriebsstätte ist jede zu einem eigenständigen, nicht ausschließlich privaten Zweck bestimmte oder genutzte ortsfeste Raumeinheit oder Fläche innerhalb einer Raumeinheit. ²Dabei gelten mehrere Raumeinheiten auf einem Grundstück oder auf zusammenhängenden Grundstücken, die demselben Inhaber zuzurechnen sind, als eine Betriebsstätte. ³Auf den Umfang der Nutzung zu den jeweiligen nicht privaten Zwecken sowie auf eine Gewinnerzielungsabsicht oder eine steuerliche Veranlagung des Beitragsschuldners kommt es nicht an.

(2) ¹Inhaber der Betriebsstätte ist die natürliche oder juristische Person, die die Betriebsstätte im eigenen Namen nutzt oder in deren Namen die Betriebsstätte genutzt wird. ²Als Inhaber wird vermutet, wer für diese Betriebsstätte in einem Register, insbesondere Handels-, Gewerbe-, Vereins- oder Partnerschaftsregister eingetragen ist. ³Inhaber eines Kraftfahrzeugs ist derjenige, auf den das Kraftfahrzeug zugelassen ist.

(3) Als Betriebsstätte gilt auch jedes zu gewerblichen Zwecken genutzte Motorschiff.

(4) Beschäftigte sind alle im Jahresdurchschnitt sozialversicherungspflichtig Beschäftigten sowie Bediensteten in einem öffentlich-rechtlichen Dienstverhältnis mit Ausnahme der Auszubildenden.

§ 6 RBeitrStV enthält Legaldefinitionen zu den Begriffen der Betriebsstätte, des Inhabers der Betriebsstätte, des Inhabers eines Kraftfahrzeuges und des Beschäftigten.

A. Betriebsstätte (Abs. 1)

S. 1 definiert den rundfunkrechtlichen Begriff der Betriebsstätte als jede zu einem eigen- 1 ständigen, nicht ausschließlich privaten Zweck bestimmte oder genutzte ortsfeste Raumeinheit oder Fläche innerhalb einer Raumeinheit. Im Gegensatz zum abgabenrechtlichen Betriebsstättenbegriff bezieht sich der rundfunkrechtliche Betriebsstättenbegriff nicht nur auf privatrechtliche Einrichtungen mit Erwerbszweck, sondern auch auf öffentliche und gemeinnützige Betriebe unabhängig von dem Erwerbsziel (Gesetzesbegründung, BayLT-Drs. 16/7001, 19). Neben der Bestimmung zu einem **nicht ausschließlich privaten Zweck** sind die **abgegrenzte Raumeinheit** und die **Festlegung auf einen bestimmten Ort** Begriffsmerkmale. Die betreffende Raumeinheit muss nicht ausschließlich vom Inhaber genutzt werden. Die Nutzung muss nicht bereits für eine gewisse Dauer bestanden haben oder auf unbestimmte Zeit angelegt sein; das Zeitmoment spielt lediglich im Falle des § 5 Abs. 4 S. 1 RBeitrStV für die temporäre Stilllegung eine Rolle (Gesetzesbegründung, BayLT-Drs. 16/7001, 19).

Betriebsstätten im rundfunkrechtlichen Sinne sind dreidimensional umbaute Räume und 2 Betriebsflächen innerhalb einer Raumeinheit. Baustellen und Baucontainer lösen für den

Bauunternehmer keine Beitragspflicht aus (Gesetzesbegründung, BayLT-Drs. 16/7001, 19). Das Gleiche gilt für Funktionsräume von Reinigungsfirmen an deren Einsatzort. Der Beitrag zur Rundfunkfinanzierung der auf Baustellen tätigen Gewerke wird über die Beitragspflicht der Betriebsstätte erbracht, also zB für das Geschäftslokal, das Bürogebäude mit Verwaltungssitz, die Werkstatt oder den sog Betriebshof (Gesetzesbegründung, BayLT-Drs. 16/7001, 19).

3 S. 2 begründet eine unwiderlegliche gesetzliche Vermutung in dem Sinne, dass mehrere Raumeinheiten auf einem Grundstück oder auf zusammenhängenden Grundstücken, die demselben Inhaber zuzurechnen sind, als eine Betriebsstätte „gelten".

4 S. 3 bestimmt, dass es auf den Umfang der Nutzung zu den jeweiligen nicht-privaten Zwecken sowie auf eine Gewinnerzielungsabsicht oder eine steuerliche Veranlagung des Beitragsschuldners nicht ankommt.

B. Inhaber der Betriebsstätte/des Kraftfahrzeugs (Abs. 2)

5 § 6 Abs. 2 S. 1 RBeitrStV definiert den Begriff des Inhabers der Betriebsstätte als die natürliche oder juristische Person, die die Betriebsstätte im eigenen Namen nutzt oder in deren Namen die Betriebsstätte genutzt wird. Nicht erfasst werden Personen, die die Betriebsstätte im Auftrag, auf Weisung, im Rahmen eines Arbeitsvertrages oder einem ähnlichen Rechtsverhältnis nutzen (vgl. Gesetzesbegründung, BayLT-Drs. 16/7001, 19).

6 § 6 Abs. 2 S. 2 RBeitrStV begründet eine Vermutung, dass derjenige, der für eine Betriebsstätte in einem Register, insbesondere Handels-, Gewerbe-, Vereins- oder Partnerschaftsregister eingetragen ist, Inhaber der Betriebsstätte ist. Diese Regelung trägt dem Umstand Rechnung, dass es im nicht privaten Bereich keine Entsprechung für die im privaten Bereich vorgenommenen regelmäßigen Datenübermittlungen aus Melderegistern (nach den jeweiligen Landesmeldegesetzen und den entsprechenden Verordnungen) gibt (Gesetzesbegründung, BayLT-Drs. 16/7001, 19).

7 § 6 Abs. 2 S. 3 RBeitrStV bestimmt, dass Inhaber eines Kraftfahrzeugs derjenige ist, auf den das Kraftfahrzeug zugelassen ist. Der Begriff des Kraftfahrzeugs wird in § 5 Abs. 2 S. 1 Nr. 2 RBeitrStV legaldefiniert.

C. Motorschiff (Abs. 3)

8 § 6 Abs. 3 RBeitrStV erweitert den Begriff der Betriebsstätte auf gewerblich genutzte Motorboote. § 6 Abs. 3 RBeitrStV enthält eine unwiderlegliche gesetzliche Vermutung des Inhalts, dass jedes zu gewerblichen Zwecken genutzte Motorschiff als Betriebsstätte „gilt". Einer solchen Regelung bedurfte es, weil Schiffe keine ortsfeste Raumeinheit iSd § 6 Abs. 1 S. 1 RBeitrStV darstellen und somit nicht unter den Begriff der Betriebsstätte fielen (vgl. Gesetzesbegründung, BayLT-Drs. 16/7001, 20). Erfasst werden jedoch nur Motorschiffe, die zu gewerblichen Zwecken genutzt werden. Demgegenüber unterfallen die zu gemeinnützigen oder öffentlichen Zwecken genutzten Motorschiffe nicht dem Tatbestand des § 6 Abs. 3 RBeitrStV. So sind etwa Schiffe, die von Polizei, Feuerwehr oder gemeinnützigen Organisationen zur Erfüllung ihrer Aufgaben eingesetzt werden, keine Betriebsstätten iSd § 6 Abs. 1 RBeitrStV und unterliegen auch nicht der Beitragspflicht nach § 6 Abs. 3 RBeitrStV (vgl. Gesetzesbegründung, BayLT-Drs. 16/7001, 20).

D. Beschäftigte (Abs. 4)

9 Gem. § 6 Abs. 4 RBeitrStV sind Beschäftigte iSd RBeitrStV alle im Jahresdurchschnitt sozialversicherungspflichtig Beschäftigten sowie Bediensteten in einem öffentlich-rechtlichen Dienstverhältnis mit Ausnahme der Auszubildenden.

10 Da nur sozialversicherungspflichtige Beschäftigte erfasst werden, unterfallen geringfügig Beschäftigte iSv § 8 Abs. 1 SGB IV (auch sog Minijobber auf 450 Euro-Basis) nicht der Regelung (Gesetzesbegründung, BayLT-Drs. 16/7001, 20). Ebenso sind Auszubildende vom Beschäftigungsbegriff ausgenommen (Gesetzesbegründung, BayLT-Drs. 16/7001, 20). Die Regelung zielt auf die **Reduzierung des Verwaltungsaufwands** und die **Entlas-**

tung kleiner und mittlerer Unternehmen (Gesetzesbegründung, BayLT-Drs. 16/7001, 20).

Um den Verwaltungsaufwand möglichst gering zu halten, wird zwischen Teilzeit- und Vollzeitbeschäftigung nicht unterschieden. Leiharbeiter werden an der Betriebsstätte des Arbeitgebers und nicht an der des Entleihers erfasst. Wenn ein Arbeitnehmer bei demselben Arbeitgeber an mehreren oder wechselnden Einsatzorten tätig ist, wird er nur einer Betriebsstätte zugeordnet (Gesetzesbegründung, BayLT-Drs. 16/7001, 20). **11**

§ 7 Beginn und Ende der Beitragspflicht, Zahlungsweise, Verjährung

(1) ¹**Die Pflicht zur Entrichtung des Rundfunkbeitrags beginnt mit dem Ersten des Monats, in dem der Beitragsschuldner erstmals die Wohnung, die Betriebsstätte oder das Kraftfahrzeug innehat.** ²**Das Innehaben eines Kraftfahrzeugs beginnt mit dem Ersten des Monats, in dem es auf den Beitragsschuldner zugelassen wird.**

(2) ¹**Die Beitragspflicht endet mit dem Ablauf des Monats, in dem das Innehaben der Wohnung, der Betriebsstätte oder des Kraftfahrzeugs durch den Beitragsschuldner endet, jedoch nicht vor dem Ablauf des Monats, in dem dies der zuständigen Landesrundfunkanstalt angezeigt worden ist.** ²**Das Innehaben eines Kraftfahrzeugs endet mit dem Ablauf des Monats, in dem die Zulassung auf den Beitragsschuldner endet.**

(3) ¹**Der Rundfunkbeitrag ist monatlich geschuldet.** ²**Er ist in der Mitte eines Dreimonatszeitraums für jeweils drei Monate zu leisten.**

(4) **Die Verjährung der Beitragsforderung richtet sich nach den Vorschriften des Bürgerlichen Gesetzbuches über die regelmäßige Verjährung.**

§ 7 RBeitrStV regelt Beginn (→ Rn. 2 ff.) und Ende (→ Rn. 5 f.) der Beitragspflicht. Der Rundfunkbeitrag ist ein Monatsbeitrag (→ Rn. 7 f.). Regelmäßig verjährt die Beitragsforderung der Rundfunkanstalt nach drei Jahren, § 195 BGB (→ Rn. 9).

A. Allgemeines

§ 7 RBeitrStV ist die Nachfolgevorschrift zu § 4 Abs. 1–4 RGebStV. Die Zahlungspauschalierungen sind durch den Normzweck (Verwaltungspraktikabilität und Rechtsklarheit) gerechtfertigt. Sie sind mit Gleichheitssatz und Verhältnismäßigkeitsprinzip vereinbar (Hahn/Vesting/Gall RBeitrStV § 7 Rn. 1 mwN). **1**

B. Zahlungsbeginn (Abs. 1)

Abs. 1 regelt den Beginn der Beitragspflicht. Der Beginn ist – anders als das Ende – **2** **unabhängig von der Anmeldung nach § 8 Abs. 1 RBeitrStV.**

Das Innehaben einer Wohnung wird idR ab dem Zeitpunkt der melderechtlichen **3** Anmeldung des Beitragsschuldners widerleglich vermutet (→ § 2 Rn. 5).

Das Innehaben einer Betriebsstätte wird idR ab dem Zeitpunkt widerleglich vermutet, zu **4** dem der Beitragsschuldner als Inhaber in ein Register eingetragen ist (→ § 6 Rn. 6). Die Inhaberschaft eines betrieblichen Kraftfahrzeugs beginnt mit der Zulassung (→ § 6 Rn. 7). Nicht zugelassene Kraftfahrzeuge sind nicht beitragspflichtig (LT-Drs. NRW 15/1303, 48).

C. Zahlungsende (Abs. 2)

Abs. 2 regelt das Ende der Beitragspflicht. Neben der Beendigung des Beitragstatbestands **5** ist **zusätzlich eine Abmeldung nach § 8 Abs. 2 erforderlich.** Zur Beweislast für den Zugang VGH München ZUM 2011, 603.

Das Innehaben einer Wohnung endet idR mit der melderechtlichen Abmeldung und das **6** Innehaben einer Betriebsstätte mit dem Zeitpunkt, zu dem der Beitragsschuldner nicht mehr als Inhaber in ein Register eingetragen ist (→ § 6 Rn. 6 f.). Die Inhaberschaft eines betrieblichen Kraftfahrzeugs endet mit seiner Abmeldung.

D. Zahlungsweise (Abs. 3)

7 Abs. 3 regelt eine Zahlungsmodalität. Sie lässt den Grds. unberührt, dass die materiellen Voraussetzungen der Beitragspflicht in jedem Monat der Zahlung vorliegen müssen (BVerwG NVwZ-RR 2011, 110).

8 Der Rundfunkbeitrag ist ein Monatsbeitrag, S. 1. Seine **Fälligkeit** ist auf die Mitte eines Dreimonatszeitraums festgelegt, S. 2. Der Dreimonatszeitraum beginnt idR mit dem Monat, in dem die Beitragspflicht nach Abs. 1 beginnt (Hahn/Vesting/Gall RBeitrStV § 7 Rn. 26).

E. Verjährung (Abs. 4)

9 Abs. 4 gilt nur für **Rundfunkbeitragsforderungen seit 1.1.2013.** Die Regelverjährungsfrist beträgt drei Jahre (§ 195 BGB).

9.1 Zur str. Verjährung nach altem Recht Gall ZUM 2008, 484 ff.; Schlöpke-Beckmann/Neubert ZUM 2007, 128 ff.

§ 8 Anzeigepflicht

(1) ¹Das Innehaben einer Wohnung, einer Betriebsstätte oder eines beitragspflichtigen Kraftfahrzeugs ist unverzüglich schriftlich der zuständigen Landesrundfunkanstalt anzuzeigen (Anmeldung); Entsprechendes gilt für jede Änderung der Daten nach Absatz 4 (Änderungsmeldung). ²Eine Änderung der Anzahl der im Jahresdurchschnitt des vorangegangenen Kalenderjahres sozialversicherungspflichtig Beschäftigten nach Absatz 4 Nr. 7 ist jeweils bis zum 31. März eines Jahres anzuzeigen; diese Änderung wirkt ab dem 1. April des jeweiligen Jahres.

(2) Das Ende des Innehabens einer Wohnung, einer Betriebsstätte oder eines beitragspflichtigen Kraftfahrzeugs ist der zuständigen Landesrundfunkanstalt unverzüglich schriftlich anzuzeigen (Abmeldung).

(3) Die Anzeige eines Beitragsschuldners für eine Wohnung, eine Betriebsstätte oder ein Kraftfahrzeug wirkt auch für weitere anzeigepflichtige Beitragsschuldner, sofern sich für die Wohnung, die Betriebsstätte oder das Kraftfahrzeug keine Änderung der Beitragspflicht ergibt.

(4) Bei der Anzeige hat der Beitragsschuldner der zuständigen Landesrundfunkanstalt folgende, im Einzelfall erforderliche Daten mitzuteilen und auf Verlangen nachzuweisen:
1. Vor- und Familienname sowie frühere Namen, unter denen eine Anmeldung bestand,
2. Tag der Geburt,
3. Vor- und Familienname oder Firma und Anschrift des Beitragsschuldners und seines gesetzlichen Vertreters,
4. gegenwärtige Anschrift jeder Betriebsstätte und jeder Wohnung, einschließlich aller vorhandenen Angaben zur Lage der Wohnung,
5. letzte der Landesrundfunkanstalt gemeldete Anschrift des Beitragsschuldners,
6. vollständige Bezeichnung des Inhabers der Betriebsstätte,
7. Anzahl der Beschäftigten der Betriebsstätte,
8. Beitragsnummer,
9. Datum des Beginns des Innehabens der Wohnung, der Betriebsstätte oder des beitragspflichtigen Kraftfahrzeugs,
10. Zugehörigkeit zu den Branchen und Einrichtungen nach § 5 Abs. 2 Satz 1 Nr. 1 und Abs. 3 Satz 1,
11. Anzahl der beitragspflichtigen Hotel- und Gästezimmer und Ferienwohnungen und
12. Anzahl und Zulassungsort der beitragspflichtigen Kraftfahrzeuge.

(5) Bei der Abmeldung sind zusätzlich folgende Daten mitzuteilen und auf Verlangen nachzuweisen:

Anzeigepflicht § 8 RBeitrStV

1. Datum des Endes des Innehabens der Wohnung, der Betriebsstätte oder des beitragspflichtigen Kraftfahrzeugs,
2. der die Abmeldung begründende Lebenssachverhalt und
3. die Beitragsnummer des für die neue Wohnung in Anspruch genommenen Beitragsschuldners.

§ 8 RBeitrStV regelt Anzeigepflichten des Beitragsschuldners. Anzeige ist dabei der Oberbegriff für Anmeldung (→ Rn. 2 ff.), Änderungsmeldung (→ Rn. 6) und Abmeldung (→ Rn. 7 ff.). Die Rechtswirkung der Anzeige kann sich auf Dritte erstrecken (→ Rn. 9).

A. Allgemeines

§ 8 ist die modifizierte Nachfolgenorm zu § 3 RGebStV. Als Ausprägung des **Deklarationsprinzips** gehört die Anzeigepflicht zu den Mitwirkungspflichten des Beitragsschuldners bei der Beitragserhebung. Da es sich um einen Eingriff in das Recht auf informationelle Selbstbestimmung (Art. 2 Abs. 1 iVm Art. 1 Abs. 1 GG) handelt, sind datenschutzrechtliche Vorgaben zu beachten; näher Herb MMR 2011, 232 (233). Ein Verstoß gegen die Pflicht zur An- und Änderungsmeldung ist eine Ordnungswidrigkeit (→ § 12 Rn. 3 ff.). Der Verstoß gegen die Abmeldepflicht ist keine Ordnungswidrigkeit, führt aber zum Fortbestand der Beitragspflicht (→ § 7 Rn. 5). 1

B. Anmeldung (Abs. 1 S. 1 Hs. 1, Abs. 4)

Anmeldepflichtig sind nach Abs. 1 S. 1 Hs. 1 die Inhaber einer Wohnung, einer Betriebsstätte oder eines beitragspflichtigen Kfz. 2

Vergleichbar der Gewerbeanzeige ist die Anmeldung eine einseitige, empfangsbedürftige **Willenserklärung** (aA Hahn/Vesting/Gall RBeitrStV § 8 Rn. 10, 13 f., RGebStV § 3 Rn. 13 ff. mwN: Wissenserklärung). Zur Beweiskraft → Rn. 10. Zur Zuständigkeit für die Entgegennahme der Anmeldung → § 10 Rn. 9.

Der **Inhalt der Anmeldepflicht** bestimmt sich nach Abs. 4. Es gilt der Grundsatz der Erforderlichkeit der Datenerhebung (dazu BeckOK DatenschutzR/Wolff Syst. A Rn. 23 ff.). Näher zu den einzelnen Daten Lent LKRZ 2013, 57 (58); Hahn/Vesting/Gall RBeitrStV § 8 Rn. 31 ff.; krit. zur Erforderlichkeit Séché NVwZ 2013, 683 (686). 3

Der Beitragsschuldner hat die Daten nach Abs. 4 nur **auf Verlangen nachzuweisen**. Die Rundfunkanstalt darf bei Zweifeln einen Nachweis verlangen (LT-Drs. NRW 15/1303, 50; krit. Séché NVwZ 2013, 683 (686)). Die Zweifel müssen aus Gründen der Nachprüfbarkeit begründet werden (aA Hahn/Vesting/Gall RBeitrStV § 8 Rn. 55). 4

Nachweis-Beispiele: 4.1
Mietvertrag, Meldebescheinigung, Gewerbeanmeldung, Kfz-Zulassungsbescheinigung (Hahn/Vesting/Gall RBeitrStV § 8 Rn. 56).

C. Änderungsmeldung (Abs 1 S. 1 Hs. 2 und S. 2, Abs. 4)

Änderungsmeldepflichtig sind nach Abs. 1 S. 1 Hs. 2 die Inhaber einer Wohnung, einer Betriebsstätte oder eines beitragspflichtigen Kfz. Der Inhalt der Änderungsmeldung bestimmt sich nach Abs. 1 S. 2 und Abs. 4 (→ Rn. 2 ff.). 5

D. Abmeldung (Abs. 2, 4, 5)

Abmeldeldepflichtig sind nach Abs. 2 die Inhaber einer Wohnung, einer Betriebsstätte oder eines beitragspflichtigen Kfz. Die Abmeldung ist als actus contrarius zur An- und Änderungsmeldung ebenfalls eine einseitige, empfangsbedürftige **Willenserklärung**. 6

Der **Inhalt der Abmeldepflicht** bestimmt sich nach Abs. 4 (→ Rn. 3 f.) und Abs. 5. Der Grundsatz der Erforderlichkeit der Datenerhebung gilt neben Abs. 4 auch (als ungeschriebenes datenschutzrechtliches Prinzip) für Abs. 5. Bei Abs. 5 Nr. 2 müssen keine Details zum individuellen Lebenssachverhalt mitgeteilt werden (Bosman K&R 2012, 5 (10)). Abs. 5 Nr. 3 7 enthält eine neue Obliegenheit. Wird die Beitragsnummer nicht mitgeteilt, hat das auf die Wirksamkeit der Abmeldung keinen Einfluss (aA Hahn/Vesting/Gall RBeitrStV § 8 Rn. 54), weil die Datenerhebung für die Beendigung des Beitragsverhältnisses nicht erforderlich ist. Zur Vermeidung von Erfassungslücken genügen Anmeldepflicht (§ 8 Abs. 1 RBeitrStV) und Auskunftspflicht (§ 9 Abs. 1 RBeitrStV).

8   Die Daten nach Abs. 5 sind nur bei begründeten Zweifeln auf Verlangen nachzuweisen.

E. Wirkung für weitere Beitragsschuldner (Abs. 3)

9   Kommt einer von mehreren Beitragsschuldnern seiner Anzeigepflicht nach, besteht keine zusätzliche Anzeigepflicht der weiteren Beitragsschuldner (Grundsatz der Erforderlichkeit der Datenerhebung, LT-Drs. NRW 15/1303, 49).

F. Rechtsschutz

10 Im Beitragsprozess (→ § 2 Rn. 14) erstreckt sich die **Beweiskraft** der Anzeige nicht auf die inhaltliche Richtigkeit der Erklärung (OVG Münster NJW 2004, 3505 (3506)). Insoweit trägt die Rundfunkanstalt die materielle **Beweislast**. Es besteht eine **Indizwirkung** für die Richtigkeit der Erklärung, die **widerlegbar** ist (VGH München BeckRS 2012, 59038). Das Gericht ist bei seiner freien Beweiswürdigung nicht an starre Beweisregeln gebunden (VGH München, BeckRS 2010, 49189, Rn. 15 ff.). Näher zu den Beweisfragen Lent LKRZ 2013, 57 (60 f.).

§ 9 Auskunftsrecht, Satzungsermächtigung

(1) ¹Die zuständige Landesrundfunkanstalt kann von jedem Beitragsschuldner oder von Personen oder Rechtsträgern, bei denen tatsächliche Anhaltspunkte vorliegen, dass sie Beitragsschuldner sind und dies nicht oder nicht umfassend angezeigt haben, Auskunft über die in § 8 Abs. 4 genannten Daten verlangen. ²Kann die zuständige Landesrundfunkanstalt den Inhaber einer Wohnung oder einer Betriebsstätte nicht feststellen, ist der Eigentümer oder der vergleichbar dinglich Berechtigte der Wohnung oder des Grundstücks, auf dem sich die Betriebsstätte befindet, verpflichtet, der Landesrundfunkanstalt Auskunft über den tatsächlichen Inhaber der Wohnung oder der Betriebsstätte zu erteilen. ³Bei Wohnungseigentumsgemeinschaften kann die Auskunft auch vom Verwalter verlangt werden. ⁴Die Landesrundfunkanstalt kann mit ihrem Auskunftsverlangen neben den in § 8 Abs. 4 und 5 genannten Daten im Einzelfall weitere Daten erheben, soweit dies nach Satz 1 erforderlich ist; § 11 Abs. 5 gilt entsprechend. ⁵Die Landesrundfunkanstalt kann für die Tatsachen nach Satz 1 und die Daten nach Satz 4 Nachweise fordern. ⁶Der Anspruch auf Auskunft und Nachweise kann im Verwaltungszwangsverfahren durchgesetzt werden.

(2) ¹Die zuständige Landesrundfunkanstalt wird ermächtigt, Einzelheiten des Verfahrens

1. der Anzeigepflicht,
2. zur Leistung des Rundfunkbeitrags, zur Befreiung von der Rundfunkbeitragspflicht oder zu deren Ermäßigung,
3. der Erfüllung von Auskunfts- und Nachweispflichten,
4. der Kontrolle der Beitragspflicht,
5. der Erhebung von Zinsen, Kosten und Säumniszuschlägen und
6. in den übrigen in diesem Staatsvertrag genannten Fällen

durch Satzung zu regeln. ²Die Satzung bedarf der Genehmigung der für die Rechtsaufsicht zuständigen Behörde und ist in den amtlichen Verkündungsblättern der die Landesrundfunkanstalt tragenden Länder zu veröffentlichen. ³Die Satzungen der Landesrundfunkanstalten sollen übereinstimmen.

§ 9 Abs. 1 S. 1–5 RBeitrStV enthält Beweismittelregelungen. Die Rundfunkanstalt kann zur Sachverhaltsermittlung Auskunftsansprüche geltend machen (→ Rn. 1) und entsprechende Nachweise verlangen (→ Rn. 5). Anspruchsverpflichtet sind Beitragsschuldner (→ Rn. 7), potentielle Beitragsschuldner (→ Rn. 8 ff.) und Dritte (→ Rn. 11 f.). Anspruchsinhalt sind die anzeigepflichtigen Daten des Beitragsschuldners nach § 8 Abs. 4 (→ Rn. 13 f.) sowie weitere Daten inkl. der Daten nach § 8 Abs. 5 (→ Rn. 15 ff.). Die Ansprüche können zwangsvollstreckt werden, § 9 Abs. 1 S. 6 (→ Rn. 19). § 9 Abs. 2 ist die Ermächtigungsgrundlage für die Beitragssatzungen der Rundfunkanstalten (→ Rn. 20).

Übersicht

	Rn		Rn
A. Allgemeines	1	1. Daten nach § 8 Abs 4 (Abs. 1 S. 1–3)	13
B. Auskunftsansprüche (Abs. 1 S. 1–5)	3	2. Weitere Daten inkl. Daten nach § 8 Abs. 5 (Abs. 1 S. 4)	15
I. Auskunftspflichtige	7		
1. Beitragsschuldner (Abs. 1 S. 1 Hs. 1)	7	**C. Verwaltungszwangsverfahren (Abs. 1 S. 6)**	19
2. Potentielle Beitragsschuldner (Abs. 1 S. 1 Hs. 2)	8	**D. Satzungsermächtigung (Abs. 2)**	20
3. Dritte (Abs. 1 S. 2 und 3)	11	**E. Verfahren, Rechtsschutz**	21
II. Auskunftsinhalt	13		

A. Allgemeines

§ 9 RBeitrStV ist die modifizierte Nachfolgenorm zu § 4 Abs. 5, 7 RGebStV. Die **Aus-** 1 **kunftsansprüche** (Abs. 1) ergänzen als Ausprägung des **Verifikationsprinzips** die Anzeigepflicht der Beitragsschuldner nach § 8 RBeitrStV. Normzweck ist die Gewährleistung der funktionsgerechten Finanzierung des öffentlich-rechtlichen Rundfunks (Art. 5 Abs. 1 S. 2 GG) und die Sicherstellung der Gleichheit des Belastungserfolgs (Art. 3 Abs. 1 GG) der Beitragsschuldner; vgl. Hahn/Vesting/Gall RBeitrStV § 9 Rn. 2; s. auch Kube, Der Rundfunkbeitrag – Rundfunk- und finanzverfassungsrechtliche Einordnung, 2013, 58. Als Eingriffe in das Recht auf informationelle Selbstbestimmung (Art. 2 Abs. 1 iVm Art. 1 Abs. 1 GG) müssen sie datenschutzrechtlichen Anforderungen genügen. Näher Herb MMR 2011, 232 (233); krit. zur Datenschutzkonformität Geuer VR 2012, 378 (380 f.).

Die **Beitragssatzungen** (Abs. 2) dienen der Verfahrenskonkretisierung. Sie müssen mit 2 höherrangigem Recht vereinbar sein, insbes. RBeitrStV und Landesdatenschutzgesetzen.

B. Auskunftsansprüche (Abs. 1 S. 1–5)

Auskunftsberechtigt ist die für den Beitragsschuldner zuständige Rundfunkanstalt (→ § 10 3 Rn. 9).

Drei Gruppen von **Auskunftspflichtigen** (→ Rn. 7 ff.) sind zu unterscheiden: Beitrags- 4 schuldner, potentielle Beitragsschuldner und Dritte. Beim **Auskunftsinhalt** (→ Rn. 13 ff.) ist zwischen Daten nach § 8 Abs. 4 RBeitrStV und weiteren Daten – inkl. Daten nach § 8 Abs. 5 – zu differenzieren.

Die **Nachweispflicht** ist in S. 5 geregelt. Sie bezieht sich auf „Tatsachen nach Satz 1", dh 5 Sachverhalte (inkl. Daten nach § 8 Abs. 4 RBeitrStV), aus denen sich die Beitragsschuldnerschaft oder tatsächliche Anhaltspunkte für die Beitragsschuldnerschaft ergeben, sowie auf „Daten nach Satz 4" (→ Rn. 15 ff.; krit. zur Nachweispflicht Séché NVwZ 2013, 683 (686)). Nachweise dürfen aus Gründen der Nachprüfbarkeit nur bei begründeten Zweifeln an der Richtigkeit der Auskunft verlangt werden (aA Hahn/Vesting/Gall RBeitrStV § 9 Rn. 23).

Die Einholung der Auskünfte sowie entsprechender Nachweise steht im **Ermessen** der 6 Rundfunkanstalt. Auch die Auswahl zwischen mehreren Beitragsschuldnern bzw. mehreren Dritten hat nach pflichtgemäßem Ermessen zu erfolgen.

I. Auskunftspflichtige

1. Beitragsschuldner (Abs. 1 S. 1 Hs. 1)

Beitragsschuldner sind im privaten Bereich Wohnungsinhaber (§§ 2, 3 RBeitrStV) und 7 im nicht privaten Bereich Inhaber von Betriebsstätten und betrieblichen Kfz (§§ 5, 6

RBeitrStV), die dies angezeigt haben (§ 8 Abs. 1, 2 RBeitrStV). Für die Geltendmachung des Auskunftsanspruchs nach Hs. 1 reicht es nicht aus, dass der Betroffene materiell-rechtlich Beitragsschuldner ist. Wenn er überhaupt keine Anzeige bzw. eine Anzeige für einen anderen Beitragstatbestand abgegeben hat, greift nach dem systematischen Zusammenhang und Normzweck nicht Hs. 1 sondern Hs. 2. Die Anzeige ist zwar nach § 7 Abs. 1 RBeitrStV nicht konstitutiv für das Entstehen der Beitragspflicht. Als Tatbestandsmerkmal des § 9 Abs. 1 S. 1 RBeitrStV dient sie aber der Abstufung unterschiedlicher Eingriffsintensitäten in das Recht auf informationelle Selbstbestimmung des Anspruchspflichtigen (Lent LKRZ 2013, 57 (59); aA Hahn/Vesting/Gall RBeitrStV § 9 Rn. 9 f.; offen Kube, Der Rundfunkbeitrag – Rundfunk- und finanzverfassungsrechtliche Einordnung, 2013, 59).

7.1 **Beispiel:** Nicht nach Hs. 1, sondern nach Hs. 2 richtet sich die Zulässigkeit der Befragung eines privaten Beitragsschuldners über eine private Zweitwohnung oder eines Betriebsstätteninhabers über weitere Betriebsstätten (aA Hahn/Vesting/Gall RBeitrStV § 9 Rn. 10 f.).

2. Potentielle Beitragsschuldner (Abs. 1 S. 1 Hs. 2)

8 Auskunftsverpflichtet nach Abs. 1 S. 1 Hs. 2 sind Personen und Rechtsträger (zB Körperschaften, Anstalten). Für Beitragsforderungen im privaten Bereich kommen nur natürliche, volljährige Personen als Auskunftsverpflichtete (und Beitragsschuldner) in Betracht.

9 Die Auskunftspflicht setzt tatsächliche Anhaltspunkte dafür voraus, dass die Betroffenen (1) materiell-rechtlich Beitragsschuldner sind und (2) dies nicht oder nicht umfassend angezeigt haben. **Tatsächliche Anhaltspunkte** sind mittelbar bedeutsame Tatsachen, die den Rückschluss auf die Beitragsschuldnerschaft zulassen, ohne sie vollumfänglich zu beweisen. Statistische Sachverhalte genügen nicht. Notwendig ist ein konkreter Einzelfallbezug (VGH Mannheim NVwZ 1996, 492 (492 f.)). Näher zu den tatsächlichen Anhaltspunkten Lent LKRZ 2013, 57 (59).

10 Die Anhaltspunkte müssen der Rundfunkanstalt **vorliegen,** dh das Auskunftsersuchen darf nicht erst auf ihre Ermittlung abzielen.

3. Dritte (Abs. 1 S. 2 und 3)

11 Die Zulässigkeit der Datenerhebung bei Dritten, zB Vermietern, richtet sich nach den Regelungen der Landesdatenschutzgesetze, die § 4 Abs. 2 S. 2 BDSG entsprechen (Herb MMR 2011, 232 (234)). Bei den Anspruchspflichteten wird auf zivilrechtliche Rechtsinstitute verwiesen. Die Eigentümerstellung bestimmt sich nach §§ 903 ff. BGB. Vergleichbar dinglich Berechtigte sind zB Erbbauberechtigte und Nießbrauchberechtigte (Bosman K&R 2012, 5 (10)). Hausmeister sind keine WEG-Verwalter (MüKoBGB/Engelhardt WEG § 20 Rn. 4), dh sie sind nicht auskunftspflichtig.

11.1 Zur datenschutzrechtlichen Kritik an der Auskunftspflicht Dritter Hiltpaß NZM 2012, 401 (408); Spies MMR-Aktuell 2011, 322759; die Datenschutzkonformität bejahend dagegen Bull, Datenschutzrechtliche Fragen im Zusammenhang mit der Einführung des Rundfunkbeitrags, 2010, 44.

12 Anspruchsvoraussetzung ist stets, dass die Rundfunkanstalt **den Inhaber einer Wohnung oder einer Betriebsstätte nicht feststellen kann.** Daran sind hohe Anforderungen zu stellen, wie bereits der Wortlaut („nicht … kann") zeigt. Die Rundfunkanstalt muss darlegen, dass sie sich zumutbar bemüht hat, den Inhaber zu ermitteln. Pauschalbefragungen ohne konkreten Tatsachenhintergrund sind ausgeschlossen (Bosman K&R 2012, 5 (11)). Die Feststellung muss versucht worden, letztlich aber nicht gelungen sein. Bzgl. der Inhaberschaft eines betrieblichen Kfz kann kein Auskunftsanspruch gegen Dritte geltend gemacht werden, wie sich aus dem Wortlaut von S. 2 ergibt.

II. Auskunftsinhalt

1. Daten nach § 8 Abs. 4 (Abs. 1 S. 1–3)

13 **Beitragsschuldner** und potentielle Beitragsschuldner müssen über „die in § 8 Absatz 4 genannten Daten" Auskunft erteilen. Nach dem Grundsatz der Erforderlichkeit der Daten-

erhebung ist der Wortlaut restriktiv auszulegen. Auskunftspflichtig sind nur Daten, die für den vom Auskunftsverlangen erfassten Beitragstatbestand relevant sind. Es besteht auch eine Pflicht zur Negativauskunft, dass erforderliche Daten nicht vorliegen (vgl. VGH Mannheim NVwZ 1996, 492 (493)).

Die Auskunftspflicht **Dritter** bezieht sich nur auf den Namen des Inhabers. Weitere 14 Auskünfte sind nach dem datenschutzrechtlichen Grundsatz der Direkterhebung in einem zweiten Schritt direkt vom Beitragsschuldner einzuholen.

2. Weitere Daten inkl. Daten nach § 8 Abs. 5 (Abs. 1 S. 4)

Die Rundfunkanstalt kann nach S. 4 „neben den in § 8 Absatz 4 und 5 genannten 15 Daten" auch „weitere Daten" erheben. Der Wortlaut ist unklar, weil nach S. 1 nur Auskunft über die „in § 8 Abs 4 genannten Daten" verlangt werden kann, nicht aber über Daten nach Abs. 5. Die Regelung dürfte so auszulegen sein, dass die in § 8 Abs. 5 RBeitrStV genannten Daten der erweiterten Auskunftspflicht nach S. 4 und nicht der regulären Auskunftspflicht nach S. 1 unterfallen (aA wohl LT-Drs. NRW 15/1303, 51).

Zu den Auskunftsverpflichteten gehören nur **Beitragsschuldner** und potentielle Bei- 16 tragsschuldner, nicht aber Dritte. Dies ergibt sich bereits aus dem Wortlaut, da nicht auf S. 2 und 3 verwiesen wird. Die Erhebung erfolgt **im Einzelfall,** dh es sind nur Einzelauskünfte, keine Sammelauskünfte zulässig.

Die Datenerhebung darf nur erfolgen, „soweit dies nach Satz 1 **erforderlich** ist". Die 17 Erforderlichkeit ist ein Tatbestandsmerkmal (Hahn/Vesting/Gall RBeitrStV § 9 Rn. 21), für das die Rundfunkanstalt die materielle Beweislast trägt. Wegen der Unbestimmtheit des Tatbestandsmerkmals der „weiteren" Daten gilt ein strenger Prüfungsmaßstab, insbes. bei Daten, die über die in § 8 Abs. 5 RBeitrStV genannten Daten hinausgehen.

Zur datenschutzrechtlichen Kritik an der Unbestimmtheit der Regelung s. die Stellungnahme 17.1 der Konferenz der Datenschutzbeauftragten des Bundes und der Länder zum Entwurf des 15. RÄndStV v. 7.10.2010, 10; dagegen Bull, Datenschutzrechtliche Fragen im Zusammenhang mit der Einführung des Rundfunkbeitrags, 2010, 43 f.

In S. 4 aE wird klargestellt, dass für die Datenerhebung das **Zweckbindungsgebot** gilt 18 (→ § 11 Rn. 23 f.).

C. Verwaltungszwangsverfahren (Abs. 1 S. 6)

Auskunfts- und Nachweisansprüche können nach dem Verwaltungsvollstreckungsgesetz 19 des jeweiligen Landes durchgesetzt werden. In Betracht kommt insbes. die Verhängung eines Zwangsgeldes.

D. Satzungsermächtigung (Abs. 2)

Die Rundfunkanstalten regeln Verfahrensfragen durch Beitragssatzungen (zB BtrStzg 20 WDR). Die Satzungen aller Anstalten sollen übereinstimmen. Damit wird ein bundesweit weitgehend einheitlicher Verwaltungsvollzug sichergestellt (LT-Drs. NRW 15/1303, 51; s. auch Eicher MP 2012, 614 (620)), um Ungleichbehandlungen der Beitragsschuldner zu vermeiden.

E. Verfahren, Rechtsschutz

Im **Auskunftsverfahren** sind die **Landes-VwVfG** anwendbar (str., → § 2 Rn. 12.1). 21 Ein Auskunftsverweigerungsrecht des Beitragsschuldners entspr. § 103 AO besteht nicht (Hahn/Vesting/Gall RBeitrStV § 9 Rn. 18 mwN). Bzgl. der **Kosten** für Auskunftserteilung und Nachweisbeschaffung durch Dritte dürfte ein Entschädigungsanspruch entspr. § 26 Abs. 3 S. 2 VwVfG zu bejahen sein (str., allg. dazu Kopp/Ramsauer VwVfG § 26 Rn. 49). Der Auskunftsbescheid der Rundfunkanstalt ist ein verpflichtender **Verwaltungsakt,** gegen den Widerspruch (nach Landesrecht) und **Anfechtungsklage** möglich sind. Da die Auskunft Voraussetzung der Anspruchsverfolgung ist, orientiert sich der **Streitwert** am Streitwert im Beitragsprozess (→ § 2 Rn. 16).

22 Zum Rechtsschutz im **Verwaltungszwangsverfahren** näher Engelhardt/App VwVG § 18 Rn. 2, 8 ff. Die Regelungen der **Beitragssatzung** können inzident im Auskunfts- oder Beitragsprozess (→ § 2 Rn. 14) sowie ggf. durch Normenkontrollantrag (§ 47 Abs. 1 Nr. 2 VwGO iVm Landes-AGVwGO) gerichtlich überprüft werden.

§ 10 Beitragsgläubiger, Schickschuld, Erstattung, Vollstreckung

(1) Das Aufkommen aus dem Rundfunkbeitrag steht der Landesrundfunkanstalt und in dem im Rundfunkfinanzierungsstaatsvertrag bestimmten Umfang dem Zweiten Deutschen Fernsehen (ZDF), dem Deutschlandradio sowie der Landesmedienanstalt zu, in deren Bereich sich die Wohnung oder die Betriebsstätte des Beitragsschuldners befindet oder das Kraftfahrzeug zugelassen ist.

(2) ¹Der Rundfunkbeitrag ist an die zuständige Landesrundfunkanstalt als Schickschuld zu entrichten. ²Die Landesrundfunkanstalt führt die Anteile, die dem ZDF, dem Deutschlandradio und der Landesmedienanstalt zustehen, an diese ab.

(3) ¹Soweit ein Rundfunkbeitrag ohne rechtlichen Grund entrichtet wurde, kann derjenige, auf dessen Rechnung die Zahlung bewirkt worden ist, von der durch die Zahlung bereicherten Landesrundfunkanstalt die Erstattung des entrichteten Betrages fordern. ²Er trägt insoweit die Darlegungs- und Beweislast. ³Der Erstattungsanspruch verjährt nach den Vorschriften des Bürgerlichen Gesetzbuches über die regelmäßige Verjährung.

(4) Das ZDF, das Deutschlandradio und die Landesmedienanstalten tragen die auf sie entfallenden Anteile der Kosten des Beitragseinzugs und der nach Absatz 3 erstatteten Beträge.

(5) ¹Rückständige Rundfunkbeiträge werden durch die zuständige Landesrundfunkanstalt festgesetzt. ²Festsetzungsbescheide können stattdessen auch von der Landesrundfunkanstalt im eigenen Namen erlassen werden, in deren Anstaltsbereich sich zur Zeit des Erlasses des Bescheides die Wohnung, die Betriebsstätte oder der Sitz (§ 17 der Zivilprozessordnung) des Beitragsschuldners befindet.

(6) ¹Festsetzungsbescheide werden im Verwaltungsvollstreckungsverfahren vollstreckt. ²Ersuchen um Vollstreckungshilfe gegen Beitragsschuldner, deren Wohnsitz oder Sitz in anderen Ländern liegt, können von der zuständigen Landesrundfunkanstalt unmittelbar an die für den Wohnsitz oder den Sitz des Beitragsschuldners zuständige Vollstreckungsbehörde gerichtet werden.

(7) ¹Jede Landesrundfunkanstalt nimmt die ihr nach diesem Staatsvertrag zugewiesenen Aufgaben und die damit verbundenen Rechte und Pflichten ganz oder teilweise durch die im Rahmen einer nichtrechtsfähigen öffentlich-rechtlichen Verwaltungsgemeinschaft betriebene Stelle der öffentlich-rechtlichen Landesrundfunkanstalten selbst wahr. ²Die Landesrundfunkanstalt ist ermächtigt, einzelne Tätigkeiten bei der Durchführung des Beitragseinzugs und der Ermittlung von Beitragsschuldnern auf Dritte zu übertragen und das Nähere durch die Satzung nach § 9 Abs. 2 zu regeln. ³Die Landesrundfunkanstalt kann eine Übertragung von Tätigkeiten auf Dritte nach Satz 2 ausschließen, die durch Erfolgshonorare oder auf Provisionsbasis vergütet werden.

§ 10 RBeitrStV enthält Regelungen zum Beitragsaufkommen (→ Rn. 2, → Rn. 4, → Rn. 6), zur Festsetzung und Vollstreckung rückständiger Rundfunkbeiträge (→ Rn. 7 f.) sowie zur Aufgabenwahrnehmung durch den ARD ZDF Deutschlandradio-Beitragsservice und Beauftragte (→ Rn. 9). Außerdem werden Rechte und Pflichten der Beitragsschuldner geregelt, nämlich die Beitragsentrichtung als Schickschuld (→ Rn. 3) und der Erstattungsanspruch bei rechtsgrundloser Beitragszahlung (→ Rn. 5).

A. Allgemeines

1 § 10 RBeitrStV ist die modifizierte Nachfolgenorm zu § 7 RGebStV. Sie enthält Regelungen zu Beitragsaufkommen und Beitragserhebung.

B. Einzelkommentierung

Abs. 1 regelt die anstaltsinterne Beitragsverteilung. 2

Abs. 2 S. 1 legt fest, dass der Rundfunkbeitrag vom Beitragsschuldner als **Schickschuld** 3
(§ 270 BGB) zu übermitteln ist.

Abs. 2 S. 2 regelt die anstaltinterne Beitragsabführung. 4

Abs. 3 enthält eine spezialgesetzliche Regelung des öffentlich-rechtlichen **Erstattungs-** 5
anspruchs. Aktivlegitimiert ist, wer gezahlt hat, dh der vermeintliche Beitragsschuldner. Passivlegitimiert ist die Rundfunkanstalt, an die gezahlt wurde. Anspruchsvoraussetzungen sind (1), dass ein oder mehrere Rundfunkbeiträge gezahlt wurden und (2), dass diese Zahlungen ohne Rechtsgrund erfolgten. Zu Beispielen s. VG München BeckRS 2013, 46961; VG Ansbach, Beschl. v. 30.6.2011 – AN 14 K 10.02649 (Doppelabbuchung) und Hahn/Vesting/Tucholke RBeitrStV § 10 Rn. 17. Die **Verjährung** richtet sich nach §§ 194 ff. BGB (näher Hahn/Vesting/Tucholke RBeitrStV § 10 Rn. 20 ff.). Eine **Aufrechnung** des Erstattungsanspruchs mit Beitragsforderungen der Rundfunkanstalt setzt voraus, dass er im Zeitpunkt der Geltendmachung nicht verjährt ist (vgl. MüKoBGB/Grothe BGB § 215 Rn. 3). Bei Verschulden der Rundfunkanstalt kommt auch ein **Amtshaftungsanspruch** in Betracht.

Abs. 4 regelt die anstaltsinterne Kostenverteilung. 6

Abs. 5 regelt die verfahrensrechtliche Zuständigkeit für die Festsetzung rückständiger 7
Rundfunkbeiträge. Die materiellrechtliche Berechtigung folgt aus §§ 2, 5 RBeitrStV (näher Hahn/Vesting/Tucholke RBeitrStV § 10 Rn. 32 ff.).

Abs. 6 regelt die Vollstreckung der Festsetzungsbescheide nach den Verwaltungsvollstre- 8
ckungsgesetzen der Länder.

Abs. 7 enthält Regelungen zum ARD ZDF Deutschlandradio-Beitragsservice (früher: 9
GEZ) und zu Beauftragten (früher: GEZ-Beauftragte). Der **Beitragsservice** ist eine gemeinsame (Inkasso-)"Stelle" der Rundfunkanstalten, die aus Praktikabilitätsgründen aus dem Anstaltsbetrieb örtlich ausgelagert ist. Die Rundfunkanstalt wird im Beitragsverfahren immer im eigenen Namen tätig (entweder durch ihre Beitragsabteilung oder den Beitragsservice, der im Namen der Rundfunkanstalt handelt). Der Beitragsservice ist **nicht partei- und prozessfähig** (Hahn/Vesting/Tucholke RBeitrStV § 10 Rn. 59 ff.). Einzelne Tätigkeiten des Beitragsverfahrens können auf „Dritte", sog **Beauftragte,** übertragen werden. Anders als der Beitragsservice haben sie eine **eigene Rechtspersönlichkeit.** Befugnisse der Beauftragten sind in den Beitragssatzungen geregelt, zB § 16 BtrStzg NRW.

C. Rechtsschutz

Die Geltendmachung des **Erstattungsanspruchs** (Abs. 3) erfolgt bei ablehnendem Be- 10
scheid durch Verpflichtungsklage, ansonsten durch Leistungsklage (Hahn/Vesting/Tucholke RBeitrStV § 10 Rn. 51 f.).

Gegen die **Festsetzung** rückständiger Rundfunkbeiträge (Abs. 5) sind Widerspruch 11
(nach Landesrecht) und Anfechtungsklage möglich.

§ 11 Verwendung personenbezogener Daten

(1) Beauftragt die Landesrundfunkanstalt Dritte mit Tätigkeiten bei der Durchführung des Beitragseinzugs oder der Ermittlung von Beitragsschuldnern, die der Anzeigepflicht nach § 8 Abs. 1 nicht oder nicht vollständig nachgekommen sind, so gelten für die Erhebung, Verarbeitung und Nutzung der dafür erforderlichen Daten die für die Datenverarbeitung im Auftrag anwendbaren Bestimmungen.

(2) ¹Beauftragen die Landesrundfunkanstalten eine Stelle nach § 10 Abs. 7 Satz 1 mit Tätigkeiten bei der Durchführung des Beitragseinzugs und der Ermittlung von Beitragsschuldnern, ist dort unbeschadet der Zuständigkeit des nach Landesrecht für die Landesrundfunkanstalt zuständigen Datenschutzbeauftragten ein behördlicher Datenschutzbeauftragter zu bestellen. ²Er arbeitet zur Gewährleistung des Datenschutzes mit dem nach Landesrecht für die Landesrundfunkanstalt zuständigen Datenschutzbeauftragten zusammen und unterrichtet diesen über Verstöße

gegen Datenschutzvorschriften sowie die dagegen getroffenen Maßnahmen. ³Im Übrigen gelten die für den behördlichen Datenschutzbeauftragten anwendbaren Bestimmungen des Bundesdatenschutzgesetzes entsprechend.

(3) ¹Die zuständige Landesrundfunkanstalt darf von ihr gespeicherte personenbezogene Daten der Beitragsschuldner an andere Landesrundfunkanstalten auch im Rahmen eines automatisierten Abrufverfahrens übermitteln, soweit dies zur rechtmäßigen Erfüllung der Aufgaben der übermittelnden oder der empfangenden Landesrundfunkanstalt beim Beitragseinzug erforderlich ist. ²Es ist aufzuzeichnen, an welche Stellen, wann und aus welchem Grund welche personenbezogenen Daten übermittelt worden sind.

(4) ¹Die zuständige Landesrundfunkanstalt kann im Wege des Ersuchens für Zwecke der Beitragserhebung sowie zur Feststellung, ob eine Beitragspflicht nach diesem Staatsvertrag besteht, personenbezogene Daten bei öffentlichen und nicht-öffentlichen Stellen ohne Kenntnis des Betroffenen erheben, verarbeiten oder nutzen. ²Voraussetzung dafür ist, dass

1. die Datenbestände dazu geeignet sind, Rückschlüsse auf die Beitragspflicht zuzulassen, insbesondere durch Abgleich mit dem Bestand der bei den Landesrundfunkanstalten gemeldeten Beitragsschuldner, und
2. sich die Daten auf Angaben beschränken, die der Anzeigepflicht nach § 8 unterliegen und kein erkennbarer Grund zu der Annahme besteht, dass der Betroffene ein schutzwürdiges Interesse an dem Ausschluss der Erhebung, Verarbeitung oder Nutzung hat.

³Die Erhebung, Verarbeitung oder Nutzung bei den Meldebehörden beschränkt sich auf die in § 14 Abs. 9 Nr. 1 bis 8 genannten Daten. ⁴Daten, die Rückschlüsse auf tatsächliche oder persönliche Verhältnisse liefern könnten, dürfen nicht an die übermittelnde Stelle rückübermittelt werden. ⁵Das Verfahren der regelmäßigen Datenübermittlung durch die Meldebehörden nach den Meldegesetzen oder Meldedatenübermittlungsverordnungen der Länder bleibt unberührt. ⁶Die Daten Betroffener, für die eine Auskunftssperre gespeichert ist, dürfen nicht übermittelt werden.

(5) ¹Die Landesrundfunkanstalt darf die in Absatz 4 und in § 4 Abs. 7, § 8 Abs. 4 und 5 und § 9 Abs. 1 genannten Daten und sonstige freiwillig übermittelte Daten nur für die Erfüllung der ihr nach diesem Staatsvertrag obliegenden Aufgaben erheben, verarbeiten oder nutzen. ²Die erhobenen Daten sind unverzüglich zu löschen, wenn feststeht, dass sie nicht mehr benötigt werden oder eine Beitragspflicht dem Grunde nach nicht besteht. ³Nicht überprüfte Daten sind spätestens nach zwölf Monaten zu löschen. ⁴Jeder Beitragsschuldner erhält eine Anmeldebestätigung mit den für die Beitragserhebung erforderlichen Daten.

§ 11 RBeitrStV bildet die verfassungsrechtlich notwendige, bereichsspezifische Grundlage für den Umgang der Landesrundfunkanstalten mit personenbezogenen Daten. Abs. 1 betrifft die Auftragsdatenverarbeitung (→ Rn. 3 f.). Abs. 2 regelt die Datenverarbeitung der gemeinsamen Stelle nach § 10 Abs. 7 RBeitrStV (→ Rn. 5 ff.). Abs. 3 normiert die Übermittlung von Daten zwischen den Landesrundfunkanstalten (→ Rn. 8 ff.). Abs. 4 widmet sich der Erhebung personenbezogener Daten und deren weitere Nutzung (→ Rn. 17 ff.). Abs. 5 enthält eine strikte Zweckbindung, Löschpflichten und das Erfordernis einer Anmeldebestätigung für Betroffene (→ Rn. 23 ff.).

Übersicht

	Rn		Rn
A. Allgemeines	1	D. Zusammenarbeit der Landesrundfunkanstalten (Abs. 3)	8
B. Auftragsdatenverarbeitung (Abs. 1)	3	I. Personenbezogene Daten	9
C. Datenverarbeitung bei Beauftragung (Abs. 2)	5	II. Speicherung	11
		III. Übermittlung	12

Verwendung personenbezogener Daten **§ 11 RBeitrStV**

	Rn		Rn
IV. Automatisiertes Abrufverfahren	13	F. Zweckbindung, Löschung, Anmeldebestätigung (Abs. 5)	23
V. Erforderlichkeit	14		
VI. Einzelverfahren	15	I. Zweckbindung (S. 1)	23
VII. Aufzeichnung	16	II. Löschung von Daten (S. 2, 3)	25
E. Datenerhebung bei öffentlichen und nichtöffentlichen Stellen (Abs. 4)	17	III. Anmeldebestätigung (S. 4)	28

A. Allgemeines

§ 11 RBeitrStV bildet die verfassungsrechtlich notwendige Grundlage für den Umgang **1** der Landesrundfunkanstalten mit personenbezogenen Daten (Gesetzesbegründung, BayLT-Drs. 16/7001, 22). Danach dürfen personenbezogene Daten nur erhoben, verarbeitet und genutzt werden, wenn dies durch Gesetz zugelassen ist oder der Betroffene eingewilligt hat.

Der RBeitrStV regelt nicht, in welchem Sinne die datenschutzrechtlich relevanten Begriffe zu verstehen sind. Deshalb ist auf die entsprechenden Landesdatenschutzgesetze zurückzugreifen. Dies gilt nicht nur für Definitionen, sondern auch für in den Landesdatenschutzgesetzen geregelte Rechte der Betroffenen, wie die Rechte auf Auskunft, Berichtigung oder Schadensersatz, die im RBeitrStV nicht gesondert geregelt sind. Eine Ausnahme hiervon bildet die Anmeldebestätigung nach § 11 Abs. 5 S. 4 RBeitrStV. **2**

B. Auftragsdatenverarbeitung (Abs. 1)

§ 11 Abs. 1 RBeitrStV regelt die Auftragsdatenverarbeitung: Die Landesrundfunkanstal- **3** ten dürfen Dritte beauftragen, Beitragsschuldner zu ermitteln und Tätigkeiten bei der Durchführung des Beitragseinzugs zu übernehmen (Gesetzesbegründung, BayLT-Drs. 16/7001, 22). Der RBeitrStV regelt nicht, unter welchen Umständen welche Person beauftragt werden darf, die erforderlichen Daten für den Beitragseinzug zu erheben, zu verarbeiten und zu nutzen. Vielmehr verweist § 11 Abs. 1 RBeitrStV auf die jeweiligen anwendbaren Bestimmungen. Somit sind die jeweiligen landesrechtlichen Datenschutzbestimmungen anzuwenden (zB § 4 DSG M-V). Bevor Dritte beauftragt werden, müssen jedoch die Landesrundfunkanstalten ihre eigenen Mittel ausschöpfen (vgl. Gesetzesbegründung, BayLT-Drs. 16/7001, 22; Hahn/Vesting/Herb RBeitrStV § 11 Rn. 9).

§ 11 Abs. 1 RBeitrStV regelt nicht, in welchem Umfang Tätigkeiten bei der Durch- **4** führung des Beitragseinzugs oder der Ermittlung von Beitragsschuldnern auf Dritte übertragen werden dürfen. Sofern im Schrifttum die Auffassung vertreten wird, dass nur einzelne Funktionen, nicht jedoch die „Gesamtheit aller Aufgaben oder Tätigkeiten des Beitragseinzugs abgegeben" werden dürfen (Hahn/Vesting/Herb RBeitrStV § 11 Rn. 8), folgt diese Einschränkung wenigstens nicht aus § 11 Abs. 1 RBeitrStV.

C. Datenverarbeitung bei Beauftragung (Abs. 2)

§ 11 Abs. 2 RBeitrStV schreibt vor, dass bei der Stelle nach § 10 Abs. 7 RBeitrStV **5** (ARD-ZDF-Deutschlandradio-**Beitragsservice**) ein **eigener behördlicher Datenschutzbeauftragter** (DSB) zu bestellen ist, wenn diese Stelle Aufgaben bei der Ermittlung von Beitragsschuldnern und bei der Durchführung des Beitragseinzugs wahrnimmt. Obwohl der Beitragsservice – im Gegensatz zur Gebühreneinzugszentrale nach dem RGebStV – als Teil der jeweiligen Landesrundfunkanstalt anzusehen und deshalb auch kein Dritter im Sinne des § 11 Abs. 1 RBeitrStV ist (vgl. Gesetzesbegründung, BayLT-Drs. 16/7001, 23), ist neben dem DSB der jeweiligen Landesrundfunkanstalt noch ein gesonderter DSB für den Beitragsservice zu bestellen (§ 11 Abs. 2 S. 1 Hs. 2 RBeitrStV). Begründet wird dies mit der „Gewährleistung eines hohen Datenschutzniveaus bei der gemeinsamen Stelle" (Gesetzesbegründung, BayLT-Drs. 16/7001, 23).

Der DSB des Beitragsservices arbeitet gem. § 11 Abs. 2 S. 2 RBeitrStV mit dem DSB der **6** Landesrundfunkanstalt zusammen und „unterrichtet (ihn) über Verstöße gegen Datenschutzvorschriften sowie die dagegen getroffenen Maßnahmen".

7   Gem. § 11 Abs. 2 S. 3 RBeitrStV sollen „die für den behördlichen DSB anwendbaren Bestimmungen des BDSG entsprechend" angewendet werden. Dies ist eine dynamische Verweisung auf alle auf den DSB anwendbaren Vorschriften des BDSG, insbes. die Vorschriften der §§ 4f, 4g, 4d Abs. 5 und 6 BDSG.

D. Zusammenarbeit der Landesrundfunkanstalten (Abs. 3)

8   Nach § 11 Abs. 3 RBeitrStV dürfen Daten, die zur rechtmäßigen Erfüllung der Aufgaben beim Beitragseinzug erforderlich sind, zwischen den Landesrundfunkanstalten ausgetauscht werden. Diese Übermittlungsbefugnis ist notwendig, da jede Landesrundfunkanstalt die Daten „ihrer" Beitragsschuldner selbständig verwaltet, auch wenn sie sich einer Stelle nach § 10 Abs. 7 RBeitrStV bedienen. Denn diese hat die Daten der Beitragsschuldner der jeweiligen Landesrundfunkanstalten getrennt zu verwalten (Gesetzesbegründung, BayLT-Drs. 16/7001, 23). Eine physische Trennung ist praktisch nur schwer zu bewerkstelligen (vgl. Hahn/Vesting/Naujock RGebStV § 8 Rn. 23).

I. Personenbezogene Daten

9   Wie bereits (→ Rn. 2) ausgeführt, sind die im RBeitrStV verwendeten Begriffe durch das jeweilige Landesdatenschutzrecht auszufüllen. Danach sind personenbezogene Daten länderübergreifend definiert als „Einzelangaben über persönliche oder sachliche Verhältnisse einer bestimmten oder bestimmbaren natürlichen Person" (vgl. § 3 Abs. 1 BDSG; § 4 Abs. 1 BlnDSG; Art. 4 Abs. 1 BayDSG; § 3 Abs. 1 BbgDSG; § 2 Abs. 1 BrDSG; § 4 Abs. 1 HmbDSG; § 2 Abs. 1 HDSG; § 3 Abs. 1 DSG M-V; § 3 Abs. 1 SDSG; § 3 Abs. 1 SächsDSG; § 3 Abs. 1 DSG NW; § 3 Abs. 1 LDSG BW).

10 Da nach dem RBeitrStV auch **juristische Personen** als Beitragsschuldner in Betracht kommen, erhebt sich die Frage, ob nach § 11 Abs. 3 RBeitrStV auch Daten übermittelt werden dürfen, die von juristischen Personen, Personenvereinigungen etc. erhoben werden. Da § 11 Abs. 3 RBeitrStV nur personenbezogene, also natürliche Personen betreffende Daten erfasst sind, ist die Regelung direkt nicht anwendbar. Juristische Personen können sich zwar auch auf das Grundrecht auf informationelle Selbstbestimmung berufen; wenigstens was die Schutzreichweite anbelangt, kommt ihnen jedoch nur ein – im Vergleich zu natürlichen Personen – geringerer Schutz zugute (→ GG Art. 2 Rn. 33 f.). Im Sinne eines Erst-Recht-Schlusses dürfte die Übermittlung der Daten von juristischen Personen, Personenvereinigungen etc. von der Vorschrift des § 11 Abs. 3 RBeitrStV analog gedeckt sein.

II. Speicherung

11 Die Daten müssen bei der sie zur Verfügung stellenden Landesrundfunkanstalt gespeichert sein. Speichern ist das Erfassen, Aufnehmen oder Aufbewahren von Daten auf einem Datenträger (vgl. § 4 Abs. 2 Nr. 2 BlnDSG; § 3 Abs. 2 Nr. 2 LDSG BW; Art. 4 Abs. 6 S. 2 Nr. 1 Bay DSG; § 3 Abs. 2 Nr. 2 BbgDSG; § 2 Abs. 2 Nr. 2 BrDSG; § 4 Abs. 2 Nr. 2 HmbDSG; § 2 Abs. 2 Nr. 2 HDSG; § 3 Abs. 4 S. 2 Nr. 2 DSG M-V; § 3 Abs. 2 Nr. 2 SDSG; § 3 Abs. 2 Nr. 2 SächsDSG; § 3 Abs. 2 Nr. 2 DSG NW).

III. Übermittlung

12 Eine Datenübermittlung liegt vor beim Bekanntgeben erhobener, gespeicherter oder durch sonstige Verarbeitung gewonnener Daten an Dritte in der Weise, dass die Daten durch die Daten verarbeitende Stelle weitergegeben werden oder dass Dritte von der Daten verarbeitenden Stelle zur Einsicht oder zum Abruf bereit gehaltene Daten einsehen oder abrufen (vgl. § 4 Abs. 2 S. 2 Nr. 4 DSG M-V; § 4 Abs. 2 Nr. 4 BlnDSG; § 3 Abs. 2 Nr. 4 DSG NW, § 3 Abs. 2 Nr. 4 SDSG; § 3 Abs. 2 Nr. 5 SächsDSG; § 3 Abs. 2 Nr. 4 LDSG BW; Art. 4 Abs. 6 Nr. 3 BayDSG; § 3 Abs. 2 Nr. 4 BbG DSG; § 3 Abs. 2 Nr. 4 BrDSG; § 4 Abs. 2 Nr. 4 HmbDSG, § 2 Abs. 2 Nr. 3 HDSG).

IV. Automatisiertes Abrufverfahren

Die Übermittlung der Daten darf auch in einem automatisierten Abrufverfahren erfolgen. 13
Dies bedeutet, dass der die Daten empfangenden Stelle ein direkter Zugriff „auf bestimmte, festgelegte Datenarten im Online-Betrieb" eingeräumt wird (Hahn/Vesting/Naujock RGebStV § 8 Rn. 22). Hierfür gibt es teilw. Vorschriften in den jeweiligen Landesdatenschutzgesetzen (zB § 8 LDSG BW, § 15 BlnDSG, Art. 8 BayDSG, § 9 Bbg DSG, § 9 BrDSG, § 11 HmbDSG, § 15 HDSG, § 9 DSG NW, § 10 SDSG, § 8 SächsDSG).

V. Erforderlichkeit

Die Übermittlung der Daten muss zur rechtmäßigen Erfüllung der Aufgaben der über- 14
mittelnden oder der empfangenden Landesrundfunkanstalt beim Beitragseinzug erforderlich sein. Dies ist etwa der Fall, wenn Beitragsschuldner umziehen und eine neue Wohnung innehaben, in der es keinen anderen Beitragsschuldner gibt, ein Beitragsschuldner Erst- und Zweitwohnsitz hat oder wenn es Betriebsstätten in verschiedenen Sendegebieten gibt (vgl. Gesetzesbegründung, BayLT-Drs. 16/7001, 23)

VI. Einzelverfahren

In § 8 Abs. 3 S. 1 RGebStV war eine Datenübermittlung nur „im Einzelfall" zulässig. 15
Das bedeutete, dass keine ganzen Datenbestände oder Teile davon übermittelt werden durften (Hahn/Vesting/Naujock RGebStV § 8 Rn. 24). Um eine Straffung des Gesetzestextes im Vergleich mit § 8 Abs. 3 RGebStV zu erreichen, wurde ua dieses Erfordernis herausgenommen, da die Übermittlung ganzer Datenbestände oder Teile davon schon auf Grund allgemeiner Grundsätze ausgeschlossen ist (vgl. Gesetzesbegründung, BayLT-Drs. 16/7001, 23).

VII. Aufzeichnung

Im Gegensatz zu § 8 Abs. 3 S. 2 RGebStV erlegt der RBeitrStV die Aufzeichnungspflicht 16
nicht einseitig der die Daten übermittelnden Landesrundfunkanstalt auf. Er schreibt in § 11 Abs. 3 S. 2 RBeitrStV lediglich vor, dass aufgezeichnet werden muss, an welche Stellen, wann und aus welchem Grund welche personenbezogenen Daten übermittelt worden sind. Aufzeichnende Stellen können deshalb die übermittelnde als auch die empfangende Landesrundfunkanstalt sein sowie die Stelle nach § 10 Abs. 7 RBeitrStV (Hahn/Vesting/Herb RBeitrStV § 11 Rn. 15).

E. Datenerhebung bei öffentlichen und nichtöffentlichen Stellen (Abs. 4)

§ 11 Abs. 4 RBeitrStV ermöglicht es den Landesrundfunkanstalten, personenbezogene 17
Daten ohne Kenntnis der Betroffenen bei anderen öffentlichen und nicht öffentlichen Stellen zu erheben, zu verarbeiten und zu nutzen. Diese Vorschrift stellt damit eine Rechtsgrundlage für die Datenerhebung, -verarbeitung und -nutzung durch Nichtbetroffene dar, die aus datenschutzrechtlicher Sicht notwendig ist. Zudem muss die Datenübermittlung auf Seiten der öffentlichen und nicht öffentlichen Stellen zulässig sein. Für die öffentlichen Stellen kommt die in den jeweiligen Landesdatenschutzgesetzen vorhandene Generalklausel in Betracht, nach der Daten übermittelt werden dürfen, sofern dies zur Aufgabenerfüllung der die Daten verarbeitenden Stelle dient (vgl. zB § 14 DSG M-V). Nicht öffentliche Stellen dürfen Daten gem. § 28 Abs. 2 Nr. 2 lit. a BDSG an die jeweilige Landesrundfunkanstalt übermitteln.

Unter dem RGebStV war nur der Adresskauf von nichtöffentlichen Stellen zulässig. Die 18
detailliertere Neuregelung des § 11 Abs. 4 RBeitrStV stellt klar, dass auch Datenerhebungen „aus öffentlichen Registern oder auf Grund von melderechtlichen Normen" möglich sind (Gesetzesbegründung, BayLT-Drs. 16/7001, 23).

Ebenso wie § 11 Abs. 3 RBeitrStV bezieht sich auch § 11 Abs. 4 RBeitrStV ausdrücklich 19
nur auf personenbezogene Daten. Gleichwohl findet die Vorschrift analoge Anwendung

(→ Rn. 10) auch auf Daten von juristischen Personen, Personenvereinigungen etc. (vgl. auch Hahn/Vesting/Herb RBeitrStV § 11 Rn. 23).

20 Es dürfen gem. § 11 Abs. 4 S. 2 RBeitrStV nur Daten übermittelt werden, die „geeignet sind, Rückschlüsse auf die Beitragspflicht zuzulassen"; zudem dürfen nur solche Daten von der Übermittlung umfasst sein, die der Anzeigepflicht nach § 8 RBeitrStV unterliegen. Gleichzeitig darf der Übermittlung kein schutzwürdiges Interesse des Betroffenen an der Erhebung, Verarbeitung und Nutzung entgegenstehen. Der Verweis auf § 8 RBeitrStV dient der Rechtseinheitlichkeit und Normenklarheit (Gesetzesbegründung, BayLT-Drs. 16/7001, 23).

21 § 11 Abs. 4 S. 3, 5 und 6 RBeitrStV betrifft die Datenübermittlung von Meldebehörden. Gem. S. 3 wird die Datenübermittlung von Meldebehörden auf die in § 14 Abs. 9 S. 1 Nr. 1–8 RBeitrStV genannten Daten beschränkt. Dadurch wird sichergestellt, dass die Meldebehörden nur bereits vorhandene Daten übermitteln und keine eigenen Ermittlungen anstellen müssen. S. 5 sieht vor, dass es bei den in den Ländern geregelten regelmäßigen Datenübermittlungen der Meldebehörden verbleibt. Eine Einschränkung durch § 11 Abs. 4 RBeitrStV ist somit nicht gewünscht. Dabei handelt es sich insbes. um An- und Abmeldungs-, aber auch um Todesdaten, sodass die Landesrundfunkanstalten von neuen Beitragsschuldnern, die bisher weder Rundfunkgeräte angemeldet noch sich gem. § 14 Abs. 1 RBeitrStV bei den Landesrundfunkanstalten gemeldet hatten, bzw. vom evtl. Erlöschen einer Beitragspflicht Kenntnis erlangen. Hat jemand bei der Meldebehörde eine Auskunftssperre eintragen lassen, dürfen seine Daten gem. § 11 Abs. 4 S. 6 RBeitrStV nicht übermittelt werden. Dies gilt nur für Einzelfallanfragen, jedoch nicht für die regelmäßigen Datenübermittlungen gem. § 11 Abs. 4 S. 5 RBeitrStV, da hierfür in sich geschlossene landesrechtliche Regelungen bestehen (Hahn/Vesting/Herb RBeitrStV § 11 Rn. 29). Die Anwendung der Auskunftssperre bzgl. des einmaligen Datenabgleichs nach § 14 Abs. 9 RBeitrStV ist zweifelhaft. Nach der Gesetzesbegründung gilt auch insoweit die Auskunftssperre (Gesetzesbegründung, BayLT-Drs. 16/7001, 23; aA Hahn/Vesting/Herb RBeitrStV § 11 Rn. 29).

22 Schließlich schreibt § 11 Abs. 4 S. 4 RBeitrStV vor, dass Daten nicht rückübermittelt werden dürfen, wenn sie Rückschlüsse auf tatsächliche oder persönliche Verhältnisse der Betroffenen zulassen. Die Stellung dieser Vorschrift zwischen den Vorschriften zu der Datenübermittlung von Meldebehörden ist etwas verunglückt, da sie für alle von öffentlichen und nicht öffentlichen Stellen übermittelten Daten gilt.

F. Zweckbindung, Löschung, Anmeldebestätigung (Abs. 5)

I. Zweckbindung (S. 1)

23 § 11 Abs. 5 S. 1 RBeitrStV enthält eine strikte Zweckbindung für erhobene Daten. Im Gegensatz zur vormaligen Regelung des § 3 Abs. 3 S. 1 RGebStV sind hiervon alle Daten betroffen, welche die Landesrundfunkanstalt im Rahmen der ihr nach dem RBeitrStV obliegenden Aufgaben erhebt, verarbeitet und nutzt.

24 Durch die strikte Zweckbindung ist jede Form der Weitergabe von Daten ausgeschlossen, worunter zum einen der Adressverkauf (Gesetzesbegründung, BayLT-Drs. 16/7001, 23) und zum anderen die Auskunft an andere Behörden – auch Steuerbehörden – fällt. Des Weiteren dürfen die Landesrundfunkanstalten die Daten auch nicht für Programm- oder Sendezwecke verwenden (Hahn/Vesting/Herb RBeitrStV § 11 Rn. 31).

II. Löschung von Daten (S. 2, 3)

25 § 11 Abs. 5 S. 2 und 3 RBeitrStV sieht zwei Arten von Löschungsverpflichtungen vor: Die eine Löschungsverpflichtung betrifft nicht mehr notwendige Daten (S. 2) und die andere noch nicht überprüfte Daten. Sie tragen damit dem Grundsatz Rechnung, dass Daten „nur so lange gespeichert werden, wie sie zur Erfüllung der jeweiligen Aufgabe (…) erforderlich sind" (Gesetzesbegründung, BayLT-Drs. 16/7001, 23 f.).

26 § 11 Abs. 5 S. 2 RBeitrStV verpflichtet die Landesrundfunkanstalt, Daten unverzüglich zu löschen, wenn (erstens) diese nicht mehr benötigt werden oder (zweitens) dem Grunde nach eine Beitragspflicht nicht besteht. Daten werden nicht mehr benötigt, wenn sie sich bereits im Bestand der vorhandenen Daten befinden. Dies wird vielfach bei den von den Meldebehörden nach §§ 11 Abs. 4, 14 Abs. 9 RBeitrStV übermittelten Daten der Fall sein.

Aber auch Daten von Personen, die in einer Wohnung leben, für die bereits ein anderer Bewohner den Rundfunkbeitrag entrichtet, werden nicht mehr benötigt (Gesetzesbegründung, BayLT-Drs. 16/7001, 24). Eine Beitragspflicht besteht dem Grunde nach nicht bspw. für Personen, die noch nicht volljährig sind, aber eine Wohnung innehaben – wie etwa minderjährige Auszubildende mit eigener Wohnung (vgl. § 2 Abs. 2 S. 1 RBeitrStV) – oder für solche Personen, die nicht in einer Wohnung gem. § 3 RBeitrStV leben. Liegt ein Befreiungsgrund nach § 4 RBeitrStV vor, ist eine Beitragspflicht dem Grunde nach hingegen gegeben, sodass die Daten von vom Rundfunkbeitrag befreiten Personen nicht unverzüglich gelöscht werden müssen.

§ 11 Abs. 5 S. 3 RBeitrStV stellt eine Höchstfrist für die Speicherung erhobener Daten auf. Danach dürfen nicht überprüfte Daten nur höchstens zwölf Monate gespeichert werden. Ausweislich der Gesetzesbegründung sollen sondergesetzliche Aufbewahrungspflichten etwa aus dem Handels- oder Steuerrecht hiervon jedoch unberührt bleiben (Gesetzesbegründung, BayLT-Drs. 16/7001, 24). Die Daten seien dann entsprechend den jeweils geltenden Landesdatenschutzgesetzen zu sperren. **27**

III. Anmeldebestätigung (S. 4)

Gem. § 11 Abs. 5 S. 4 RBeitrStV erhält jeder Beitragsschuldner eine Anmeldebestätigung mit den für die Beitragserhebung erforderlichen Daten. Dies dient der Information des Beitragsschuldners über die von ihm gespeicherten Daten (vgl. Gesetzesbegründung, BayLT-Drs. 16/7001, 24). **28**

§ 12 Ordnungswidrigkeiten

(1) Ordnungswidrig handelt, wer vorsätzlich oder fahrlässig
1. den Beginn der Beitragspflicht entgegen § 8 Abs. 1 und 3 nicht innerhalb eines Monats anzeigt,
2. der Anzeigepflicht nach § 14 Abs. 2 nicht nachgekommen ist oder
3. den fälligen Rundfunkbeitrag länger als sechs Monate ganz oder teilweise nicht leistet.

(2) Die Ordnungswidrigkeit kann mit einer Geldbuße geahndet werden.

(3) Die Ordnungswidrigkeit wird nur auf Antrag der Landesrundfunkanstalt verfolgt; sie ist vom Ausgang des Verfahrens zu benachrichtigen.

(4) Daten über Ordnungswidrigkeiten sind von der Landesrundfunkanstalt unverzüglich nach Abschluss des jeweiligen Verfahrens zu löschen.

§ 12 Abs. 1 RBeitrStV enthält einige Ordnungswidrigkeitentatbestände, die Verpflichtungen nach dem RBeitrStV sanktionieren. Die Ordnungswidrigkeit kann gem. § 12 Abs. 2 RBeitrStV nur mit einer Geldbuße geahndet werden. Die Verfolgung setzt einen Antrag der zuständigen Landesrundfunkanstalt voraus (§ 12 Abs. 3 RBeitrStV). Nach Abschluss des Verfahrens sind Daten über die Ordnungswidrigkeit von der Landesrundfunkanstalt zu löschen (§ 12 Abs. 4 RBeitrStV).

Übersicht

	Rn		Rn
A. Allgemeines	1	V. Vorsatz und Fahrlässigkeit	13
B. Ordnungswidrigkeitentatbestände (Abs. 1)	3	C. Ahndung mit Geldbuße (Abs. 2)	16
I. Verstoß gegen die Anzeigepflicht des § 8 Abs. 1, 3 RBeitrStV	3	D. Antragserfordernis (Abs. 3)	21
II. Verstoß gegen die Anzeigepflicht des § 14 Abs. 2	8	E. Löschung der Daten (Abs. 4)	25
III. Nichtleistung des Rundfunkbeitrages	9	F. Verjährung	27
IV. Beteiligung	12	I. Verfolgungsverjährung	27
		II. Vollstreckungsverjährung	29

A. Allgemeines

1 Die Bestimmung des § 12 RBeitrStV lehnt sich an § 9 RGebStV an. Wie bisher soll mit dem Tatbestand in Abs. 1 Nr. 1 das ordnungsgemäße Meldeverhalten und mit dem Tatbestand in Abs. 1 Nr. 3 das ordnungsgemäße Zahlungsverhalten sichergestellt werden. Neu ist der Tatbestand in Absatz 1 Nr. 2, der speziell in der Übergangszeit des Jahres 2012 dafür sorgen soll, dass die nicht privaten Beitragspflichtigen ihren Anzeigepflichten nach § 14 Abs. 2 RBeitrStV nachkommen. Die Vorschrift soll die finanzielle **Funktionsfähigkeit des öffentlich-rechtlichen Rundfunks** durch die Androhung ordnungsrechtlicher Konsequenzen sicherstellen. Sämtliche Tatbestände können auch **fahrlässig verwirklicht** werden (Gesetzesbegründung, BayLT-Drs. 16/7001, 24).

2 Die Gesetzgebungszuständigkeit liegt insoweit bei den Ländern (Art. 70 Abs. 1 GG). Zwar hat der Bund prinzipiell die konkurrierende Gesetzgebungszuständigkeit für das Ordnungswidrigkeitenrecht (Art. 74 Abs. 1 Nr. 1 GG („Strafrecht"); Maunz/Dürig/Maunz GG Art. 74 Rn. 65). Das gilt aber nicht für das rundfunkspezifische Ordnungswidrigkeitenrecht.

B. Ordnungswidrigkeitentatbestände (Abs. 1)

I. Verstoß gegen die Anzeigepflicht des § 8 Abs. 1, 3 RBeitrStV

3 In Übereinstimmung mit der bisherigen Rechtslage ist das Unterlassen der rechtzeitigen Anzeige des Beginns der Beitragspflicht weiterhin bußgeldbewehrt. Nach § 8 Abs. 1 RBeitrStV ist das Innehaben einer Wohnung, einer Betriebsstätte oder eines beitragspflichtigen Kraftfahrzeugs schriftlich der zuständigen Landesrundfunkanstalt anzuzeigen. Wird dieser Verpflichtung nicht innerhalb eines Monats nachgekommen, begründet diese unterlassene Anzeige eine Ordnungswidrigkeit (§ 12 Abs. 1 Nr. 1 RBeitrStV). Demgegenüber ist eine unterlassene Änderungsmeldung iSd § 8 Abs. 1 S. 1 Hs. 2 RBeitrStV keine Ordnungswidrigkeit, da die entsprechende Änderung der Daten nach § 8 Abs. 4 RBeitrStV keine Beitragspflicht auslöst. Anders liegen die Dinge im Fall des § 8 Abs. 1 S. 1 Hs. 2, S. 2 RBeitrStV. Denn eine Erhöhung der Anzahl der sozialversicherungspflichtigen Beschäftigten in einer Betriebsstätte kann eine Erhöhung des Rundfunkbeitrags zur Folge haben (vgl. die Staffelung der Rundfunkbeiträge in § 5 Abs. 1 S. 2 RBeitrStV) und damit eine erhöhte Beitragspflicht begründen.

4 Durch die Aufnahme des § 8 Abs. 3 RBeitrStV in die Vorschrift handelt auch derjenige ordnungswidrig, der sich zuvor nicht bei der Landesrundfunkanstalt angemeldet hat, obgleich Änderungen iSd § 8 Abs. 3 RBeitrStV eingetreten sind.

5 § 9 OWiG findet Anwendung, so dass der Vertreter oder Beauftragte selbst ordnungswidrig handelt, wenn er die notwendige Anzeige nach § 8 Abs. 1 RBeitrStV unterlässt.

6 § 8 Abs. 1 RBeitrStV verlangt, dass eine Anmeldung „unverzüglich" zu erfolgen hat. Diese Meldefrist wird in § 12 Abs. 1 Nr. 1 RBeitrStV insofern modifiziert, als dass eine unterlassene An- oder Änderungsmeldung erst einen Monat nach Beginn der Beitragspflicht eine Ordnungswidrigkeit begründet.

7 Für den Beginn der Beitragspflicht s. § 7 Abs. 1 RBeitrStV und die zugehörige Kommentierung (→ § 7 Rn. 2 ff.).

II. Verstoß gegen die Anzeigepflicht des § 14 Abs. 2

8 § 12 Abs. 1 Nr. 2 RBeitrStV ahndet das Nichtnachkommen der Anzeigepflicht nach § 14 Abs. 2 RBeitrStV. **Diese Vorschrift verstößt gegen das Rückwirkungsverbot des Art. 103 Abs. 2 GG.** Die Vorschrift des § 14 Abs. 2 RBeitrStV ist bereits am 1.1.2012 – also vor Inkrafttreten des RBeitrStV zum 1.1.2013 – in Kraft getreten (vgl. Art. 7 Abs. 2 S. 2 15. RÄndStV). Durch die Anzeigepflicht des § 14 Abs. 2 RBeitrStV sollten der zuständigen Landesrundfunkanstalt bereits vor Inkrafttreten des RBeitrStV die erforderlichen Daten vorliegen, um den Beitragseinzug ab dem 1.1.2013 zügig durchführen zu können (vgl. Gesetzesbegründung, BayLT-Drs. 16/7001, 25). § 14 Abs. 2 RBeitrStV kam eine rein interimistische Bedeutung zu. Die Vorschrift ist mit dem Inkrafttreten des RBeitrStV gegenstandslos geworden, weil ihre Funktionen nunmehr §§ 8, 9 RBeitrStV erfüllen (vgl. auch Hahn/Vesting/Gall RBStV § 12 Rn. 6). Im Gegensatz zu § 14 Abs. 2 RBeitrStV ist der Ordnungswidrigkeitstatbestand des § 12 RBeiStV jedoch erst am 1.1.2013 in Kraft getreten (vgl. Art. 7 Abs. 2 S. 1 15. RÄndStV). Art. 103 Abs. 2 GG verlangt, dass die Ordnungswidrigkeit im Zeitpunkt der Begehung der Tat bereits gesetzlich bestimmt ist. Dies ist nicht der Fall, weil sich die aus § 14 Abs. 2 RBeiStV ergebende Verpflichtung allein auf das Jahr 2012 bezog, also auf einen Zeitpunkt, in dem der Ordnungswidrigkeitentatbestand des § 12 RBeitStV noch nicht in Kraft getreten war. Eine solche rückwirkende Pönalisierung ist mit Art. 103 Abs. 2 GG unvereinbar.

III. Nichtleistung des Rundfunkbeitrages

Mit § 12 Abs. 1 Nr. 3 RBeitrStV wird das Nichtleisten des fälligen Rundfunkbeitrages bußgeldbewehrt. Die Fälligkeit muss länger als sechs Monate bestehen. Die Zahlungsweise bestimmt sich nach § 7 Abs. 3 RBeitrStV. Danach wird der Rundfunkbeitrag zwar monatlich geschuldet (§ 7 Abs. 3 S. 1 RBeitrStV). Der Rundfunkbeitrag ist jedoch erst in der Mitte eines Dreimonatszeitraums zu leisten (§ 7 Abs. 3 S. 1 RBeitrStV). Erst dann ist der Beitrag fällig. 9

§ 12 Abs. 1 Nr. 3 RBeitrStV knüpft an die Säumnis und nicht die Höhe des geschuldeten Rundfunkbeitrages an. Der Beitragsschuldner muss also dauerhaft und nachhaltig seiner Beitragspflicht nicht nachkommen (vgl Gesetzesbegründung, BayLT-Drs. 16/7001, 24). 10

Zu beachten ist, dass „jede einzelne länger als sechs Monate andauernde Nichtzahlung fälliger Rundfunk(beiträge) (...) den Charakter einer Dauerordnungswidrigkeit" hat (BayObLG NJW 1995, 2862). Das Nichtleisten mehrerer fälliger Rundfunkbeiträge jeweils länger als sechs Monate stellt deshalb mehrere Ordnungswidrigkeiten dar, die in Tatmehrheit zueinander stehen (BayObLG NJW 1995, 2862). 11

IV. Beteiligung

Anders als das (Kriminal-)Strafrecht verfolgt das Ordnungswidrigkeitenrecht das Einheitstäterprinzip. Das bedeutet, dass Anstifter oder Gehilfen so behandelt werden, als hätten sie selbst gehandelt (vgl. § 14 OWiG). Sie unterfallen ebenso wie der Täter der Vorschrift des § 12 RBeitrStV. 12

V. Vorsatz und Fahrlässigkeit

Die Ordnungswidrigkeitentatbestände des § 12 Abs. 1 RBeitrStV können sowohl vorsätzlich als auch fahrlässig begangen werden (Gesetzesbegründung, BayLT-Drs. 16/7001, 24). Beide Begriffe bestimmen sich nach den im Strafrecht geltenden Grundsätzen, → § RStV 49 Rn. 66 ff. 13

Vorsatz umfasst demnach das Wissen und Wollen der objektiven Tatbestandsmerkmale. Alle Vorsatzarten (dolus directus, dolus eventualis) sind umfasst. 14

Fahrlässig handelt, wer eine Sorgfaltspflicht verletzt. Alle Arten der Fahrlässigkeit (bewusst/unbewusst; einfache/grobe (= leichtfertig)) sind umfasst. 15

C. Ahndung mit Geldbuße (Abs. 2)

Gem. § 12 Abs. 2 RBeitrStV kann die Ordnungswidrigkeit nach § 12 Abs. 1 RBeitrStV mit einer Geldbuße geahndet werden. Da hierzu keine weiteren Regelungen im RBeitrStV zu finden sind, ist das OWiG zur Ausfüllung dieser Vorschrift heranzuziehen. 16

Die Höhe der Geldbuße ergibt sich aus § 17 OWiG. Sie beträgt mindestens fünf und höchstens 1000 Euro (§ 17 Abs. 1 OWiG). Dies gilt allerdings nur für die vorsätzliche Begehung der Ordnungswidrigkeit. Die fahrlässige Begehung wird mit einer Geldbuße in maximaler Höhe von 500 Euro geahndet (§ 17 Abs. 2 OWiG). 17

Die Geldbuße soll den wirtschaftlichen Vorteil, den der Täter erlangt hat, abschöpfen. Sollte das Höchstmaß der Geldbuße dafür nicht ausreichen, darf dieses nach § 17 Abs. 4 OWiG überschritten werden. 18

Statt der Geldbuße kann gem. § 29a OWiG auch der Verfall gezogener Vorteile angeordnet werden. 19

20 § 30 OWiG findet ebenfalls Anwendung, sodass gegen eine juristische Person oder eine Personenmehrheit auch eine Geldbuße festgesetzt werden kann, wenn der Vertreter oder das vertretungsberechtigte Organ den in § 12 Abs. 1 RBeitrStV bußgeldbewehrten Pflichten der juristischen Person oder Personenmehrheit nicht nachkommt.

D. Antragserfordernis (Abs. 3)

21 Die Ordnungswidrigkeiten werden nur auf Antrag der zuständigen Landesrundfunkanstalt verfolgt. Hierbei handelt der Intendant als gesetzlicher Vertreter. Er hat jedoch eine Delegationsbefugnis und kann das Antragsrecht intern auf eine dazu bevollmächtigte Peron übertragen (Gesetzesbegründung, BayLT-Drs. 16/7001, 24).
22 Fehlt der Antrag, kann die Ordnungswidrigkeit nicht verfolgt werden.
23 Der Antrag ist innerhalb von drei Monaten zu stellen, nachdem die Landesrundfunkanstalt von der Tat und der Person des Täters Kenntnis genommen hat (§ 46 Abs. 1 OWiG iVm § 77b StGB).
24 Bei mehreren Ordnungswidrigkeiten nach Abs. 1 Nr. 3 laufen für jede eigene Verjährungsfristen (vgl. BayObLG NJW 1995, 2862).

E. Löschung der Daten (Abs. 4)

25 Die über das Ordnungswidrigkeitenverfahren bei der Landesrundfunkanstalt gespeicherten Daten sind gem. § 12 Abs. 4 RBeitrStV unverzüglich nach Abschluss des jeweiligen Verfahrens zu löschen. Dies ist eine Verschärfung gegenüber der vormaligen Löschungsvorschrift des § 9 Abs. 4 RGebStV, die eine Ein-Jahres-Frist nach Abschluss des Verfahrens vorsah. Durch die Regelung soll der besonderen Bedeutung des Persönlichkeitsrechts des Rundfunkteilnehmers Rechnung getragen werden (vgl. Gesetzesbegründung, BayLT-Drs. 16/7001, 24).
26 Voraussetzung für die Löschung ist, dass die Landesrundfunkanstalt Kenntnis vom Ausgang des Verfahrens gem. § 12 Abs. 3 Hs. 2 RBeitrStV erhalten hat (Hahn/Vesting/Gall RBStV § 12 Rn. 19).

F. Verjährung

I. Verfolgungsverjährung

27 Die Verfolgung von Ordnungswidrigkeiten nach § 12 OWiG verjährt gem. § 31 Abs. 2 Nr. 4 OWiG nach sechs Monaten. Da es sich bei den Tatbestandsvarianten des § 12 Abs. 1 RBeitrStV um echte Unterlassungsdelikte in der Form von Dauerdelikten handelt, beginnt die Verjährungsfrist mit dem Wegfall der Handlungspflicht und der Beseitigung des rechtswidrigen Zustandes (Bohnert OWiG § 31 Rn. 14, 16), im Falle des § 12 Abs. 1 Nr. 1 RBeitrStV also mit der Anzeige der Beitragspflicht und im Falle des § 12 Abs. 1 Nr. 3 RBeitrStV mit der Leistung der fälligen Rundfunkbeiträge.
28 Bei mehreren Ordnungswidrigkeiten nach § 12 Abs. 1 Nr. 3 RBeitrStV laufen für jede eigene Verjährungsfristen (vgl. BayObLG NJW 1995, 2862).

II. Vollstreckungsverjährung

29 Für die Vollstreckungsverjährung gilt § 34 OWiG. Die Verjährungsfrist beträgt drei Jahre (§ 34 Abs. 2 Nr. 2 OWiG).

§ 13 Revision zum Bundesverwaltungsgericht

In einem gerichtlichen Verfahren kann die Revision zum Bundesverwaltungsgericht auch darauf gestützt werden, dass das angefochtene Urteil auf der Verletzung der Bestimmungen dieses Staatsvertrages beruht.

Die Vorschrift des § 13 RBeitrStV dient einer bundeseinheitlichen Rechtsprechung im Rundfunkbeitragsrecht.

§ 13 RBeitrStV ergänzt die Revisionsgründe des § 137 Abs. 1 VwGO dahingehend, dass eine Verletzung der Bestimmungen des RBeitrStV einen Revisionsgrund darstellen kann. Durch diese Vorschrift soll eine bundeseinheitliche Rspr. im Rundfunkbeitragsrecht gewährleistet werden (vgl. Gesetzesbegründung, BayLT-Drs. 16/7001, 24; Hahn/Vesting/Gall RBeitrStV § 13 Rn. 1, RGebStV § 10 Rn. 1). Damit soll der Gefahr der Entstehung von Rechtsunsicherheit und Rechtsungleichheit begegnet werden, die durch unterschiedliche Auslegung des RBeitrStV durch die verschiedenen OVGen/VGHen der Länder entstehen könnten.

§ 14 Übergangsbestimmungen

(1) Jeder nach den Bestimmungen des Rundfunkgebührenstaatsvertrages als privater Rundfunkteilnehmer gemeldeten natürlichen Person obliegt es, ab dem 1. Januar 2012 der zuständigen Landesrundfunkanstalt schriftlich alle Tatsachen anzuzeigen, die Grund und Höhe der Beitragspflicht nach diesem Staatsvertrag ab dem 1. Januar 2013 betreffen, soweit die Tatsachen zur Begründung oder zum Wegfall der Beitragspflicht oder zu einer Erhöhung oder Verringerung der Beitragsschuld führen.

(2) Jede nach den Bestimmungen des Rundfunkgebührenstaatsvertrags als nicht-privater Rundfunkteilnehmer gemeldete natürliche oder juristische Person ist ab dem 1. Januar 2012 auf Verlangen der zuständigen Landesrundfunkanstalt verpflichtet, ihr schriftlich alle Tatsachen anzuzeigen, die Grund und Höhe der Beitragspflicht nach diesem Staatsvertrag ab dem 1. Januar 2013 betreffen.

(3) [1] Soweit der Beitragsschuldner den Anforderungen von Absatz 1 oder 2 nicht nachgekommen ist, wird vermutet, dass jede nach den Bestimmungen des bis zum 31. Dezember 2012 geltenden Rundfunkgebührenstaatsvertrags als

1. privater Rundfunkteilnehmer gemeldete Person nach Maßgabe von § 2 dieses Staatsvertrages oder
2. nicht-privater Rundfunkteilnehmer gemeldete natürliche oder juristische Person nach Maßgabe von § 6 dieses Staatsvertrages,

unter der bei der zuständigen Landesrundfunkanstalt geführten Anschrift ab Inkrafttreten dieses Staatsvertrages Beitragsschuldner nach den Bestimmungen dieses Staatsvertrages ist. [2] Eine Abmeldung mit Wirkung für die Zukunft bleibt hiervon unberührt.

(4) [1] Soweit der Beitragsschuldner den Anforderungen von Absatz 1 oder 2 nicht nachgekommen ist, wird vermutet, dass sich die Höhe des ab 1. Januar 2013 zu entrichtenden Rundfunkbeitrags nach der Höhe der bis zum 31. Dezember 2012 zu entrichtenden Rundfunkgebühr bemisst; mindestens ist ein Beitrag in Höhe eines Rundfunkbeitrages zu entrichten. [2] Soweit der Beitragsschuldner bisher aufgrund der Regelung des § 6 Abs. 1 Satz 1 Nr. 7 und 8 des Rundfunkgebührenstaatsvertrages von der Rundfunkgebührenpflicht befreit war, wird vermutet, dass er mit Inkrafttreten dieses Staatsvertrages gemäß § 4 Abs. 2 ein Drittel des Rundfunkbeitrags zu zahlen hat.

(5) [1] Die Vermutungen nach Absatz 3 oder 4 können widerlegt werden. [2] Auf Verlangen der Landesrundfunkanstalt sind die behaupteten Tatsachen nachzuweisen. [3] Eine Erstattung bereits geleisteter Rundfunkbeiträge kann vom Beitragsschuldner nur bis zum 31. Dezember 2014 geltend gemacht werden.

(6) [1] Die bei der zuständigen Landesrundfunkanstalt für den Rundfunkgebühreneinzug gespeicherten Daten und Daten nach Absatz 1 und 2 dürfen von den Landesrundfunkanstalten in dem nach diesem Staatsvertrag erforderlichen und zulässigen Umfang verarbeitet und genutzt werden. [2] Die erteilten Lastschrift- oder Einzugsermächtigungen sowie Mandate bleiben für den Einzug der Rundfunkbeiträge bestehen.

(7) Bestandskräftige Rundfunkgebührenbefreiungsbescheide nach § 6 Abs. 1 Satz 1 Nr. 1 bis 6 und 9 bis 11 des Rundfunkgebührenstaatsvertrages gelten bis zum Ablauf ihrer Gültigkeit als Rundfunkbeitragsbefreiungen nach § 4 Abs. 1.

(8) ¹Eine Befreiung von der Rundfunkgebührenpflicht nach § 5 Abs. 7 des Rundfunkgebührenstaatsvertrages endet zum 31. Dezember 2012. ²Soweit Einrichtungen nach § 5 Abs. 3 bei Inkrafttreten dieses Staatsvertrages nach Art. 7 Abs. 2 Satz 1 des 15. Rundfunkänderungsstaatsvertrages von der Rundfunkgebührenpflicht nach § 5 Abs. 7 des Rundfunkgebührenstaatsvertrages befreit waren, gilt für deren Betriebsstätten der Nachweis nach § 5 Abs. 3 Satz 3 als erbracht.

(9) ¹Um einen einmaligen Abgleich zum Zwecke der Bestands- und Ersterfassung zu ermöglichen, übermittelt jede Meldebehörde für einen bundesweit einheitlichen Stichtag automatisiert innerhalb von längstens zwei Jahren ab dem Inkrafttreten dieses Staatsvertrages gegen Kostenerstattung einmalig in standardisierter Form die nachfolgenden Daten aller volljährigen Personen an die jeweils zuständige Landesrundfunkanstalt:
1. Familienname,
2. Vornamen unter Bezeichnung des Rufnamens,
3. frühere Namen,
4. Doktorgrad,
5. Familienstand,
6. Tag der Geburt,
7. gegenwärtige und letzte Anschrift von Haupt- und Nebenwohnungen, einschließlich aller vorhandenen Angaben zur Lage der Wohnung, und
8. Tag des Einzugs in die Wohnung.

²Hat die zuständige Landesrundfunkanstalt nach dem Abgleich für eine Wohnung einen Beitragsschuldner festgestellt, hat sie die Daten der übrigen dort wohnenden Personen unverzüglich zu löschen, sobald das Beitragskonto ausgeglichen ist. ³Im Übrigen darf sie die Daten zur Feststellung eines Beitragsschuldners für eine Wohnung nutzen, für die bislang kein Beitragsschuldner festgestellt wurde; Satz 2 gilt entsprechend. ⁴Die Landesrundfunkanstalt darf die Daten auch zur Aktualisierung oder Ergänzung von bereits vorhandenen Teilnehmerdaten nutzen. ⁵§ 11 Abs. 5 Satz 2 und 3 gilt entsprechend.

(10) Die Landesrundfunkanstalten dürfen bis zum 31. Dezember 2014 keine Adressdaten privater Personen ankaufen.

(11) Die Vorschriften des Rundfunkgebührenstaatsvertrages bleiben auf Sachverhalte anwendbar, nach denen bis zum 31. Dezember 2012 noch keine Rundfunkgebühren entrichtet oder erstattet wurden.

§ 14 RBeitrStV enthält einige Vorschriften, die den Übergang von der Rundfunkgebühr zum Rundfunkbeitrag vereinfachen und dafür Sorge tragen, dass die Finanzierung des öffentlich-rechtlichen Rundfunks nicht durch Verzögerungen beim Einzug des Rundfunkbeitrags auf Grund fehlender Daten gefährdet wird.

Übersicht

	Rn		Rn
A. Anzeige von beitragserheblichen Tatsachen (Abs. 1, 2)	1	E. Überleitung gemeinnütziger Einrichtungen ua (Abs. 8)	15
B. Vermutungen für Übergang von der Gebühr zum Beitrag (Abs. 3–5)	6	F. Datenabgleich mit Meldebehörden (Abs. 9)	17
C. Weiternutzung vorhandener Daten (Abs. 6)	11	G. Ankauf von Adressdaten (Abs. 10)	21
D. Weitergeltung bestandskräftiger Bescheide (Abs. 7)	14	H. Anwendbarkeit des RGebStV (Abs. 11)	22

A. Anzeige von beitragserheblichen Tatsachen (Abs. 1, 2)

Ziel des § 14 Abs. 1 und 2 RBeitrStV ist, eine Datenbasis für die Berechnung des Rundfunkbeitrages zu schaffen, damit der Beitragseingang beim Übergang von der Rundfunkgebühr zum Rundfunkbeitrag zügig durchgeführt werden kann. Anderenfalls könnte die verfassungsrechtlich notwendige funktionsgemäße Finanzierung des öffentlich-rechtlichen Rundfunks erheblich gefährdet sein (Gesetzesbegründung, BayLT-Drs. 16/7001, 25). 1

§ 14 Abs. 1 RBeitrStV begründet eine entsprechende Obliegenheit für alle als private Rundfunkteilnehmer gemeldeten natürlichen Personen (vgl. Gesetzesbegründung, BayLT-Drs. 16/7001, 25). Im Gegensatz hierzu sind alle als nicht-private Rundfunkteilnehmer gemeldeten natürlichen und juristischen Personen verpflichtet, auf Verlangen der Landesrundfunkanstalt Auskunft über Tatsachen zu erteilen, die Grund und Höhe der Beitragspflicht betreffen. 2

Der RBeitrStV trat grds. erst am 1.1.2013 in Kraft (Art. 7 Abs. 2 S. 1 15. RÄndStV). Damit der Zweck dieser beiden Absätze des § 14 RBeitrStV erfüllt werden kann, traten beide Absätze (und Abs. 6) schon am 1.1.2012 in Kraft (Art. 7 Abs. 2 S. 2 15. RÄndStV). 3

§ 14 Abs. 2 RBeitrStV wurde in § 12 Abs. 1 Nr. 2 RBeitrStV bußgeldbewehrt, was gegen das Rückwirkungsverbot des Art. 103 Abs. 2 GG verstößt (genaueres dazu → § 12 Rn. 8). 4

Seit dem 1.1.2013 haben § 14 Abs. 1 und 2 RBeitrStV ihren Sinn verloren. Ihre Funktion wird nunmehr von §§ 8, 9 RBeitrStV übernommen; die Auskunftspflicht nach § 8 Abs. 1, 3 RBeitrStV ist bußgeldbewehrt (vgl. § 12 Abs. 1 Nr. 1 RBeitrStV). §§ 14 Abs. 1 und 2 RBeitrStV sind deshalb gegenstandslos. 5

B. Vermutungen für Übergang von der Gebühr zum Beitrag (Abs. 3–5)

§ 14 Abs. 3 und 4 RBeitrStV stellen Vermutungen für den Fall auf, dass die Rundfunkteilnehmer nicht gem. § 14 Abs. 1 und 2 RBeitrStV ihrer Obliegenheit bzw. ihrer Verpflichtung zur Anzeige beitragserheblicher Tatsachen nachkommen. 6

§ 14 Abs. 3 RBeitrStV bewirkt, dass der alte Gebührenschuldner als neuer Beitragsschuldner gilt. § 14 Abs. 4 RBeitrStV betrifft die Höhe des Rundfunkbeitrages. Er vermutet, dass die Höhe der Rundfunkgebühr dieselbe ist wie die Höhe der vorherigen Rundfunkgebühr. Es ist jedoch mindestens ein Rundfunkbeitrag zu entrichten (§ 14 Abs. 4 S. 1 Hs. 2 RBeitrStV). Zudem bleibt die Befreiung von der Rundfunkgebühr in den Fällen des § 6 Abs. 1 S. 1 Nr. 7 und 8 RGebStV nicht bestehen; die Betroffenen müssen ab dem 1.1.2013 einen Betrag in Höhe des Drittels eines Rundfunkbeitrags leisten (§ 14 Abs. 4 S. 2 RBeitrStV). Dies betrifft 7

- blinde oder nicht nur vorübergehend wesentlich sehbehinderte Menschen mit einem Grad der Behinderung von 60 vom Hundert allein wegen der Sehbehinderung,
- hörgeschädigte Menschen, die gehörlos sind oder denen eine ausreichende Verständigung über das Gehör auch mit Hörhilfen nicht möglich ist, und
- behinderte Menschen, deren Grad der Behinderung nicht nur vorübergehend wenigstens 80 vom Hundert beträgt und die wegen ihres Leidens an öffentlichen Veranstaltungen ständig nicht teilnehmen können.

Die Ausnahme für die genannten Personengruppen beruht darauf, dass diese Personengruppen nach dem RBeitrStV ein Drittel des Rundfunkbeitrags zu leisten haben (§ 4 Abs. 2 RBeitrStV). Durch diese Vermutung, dass diese Personengruppen nur ein Drittel des Rundfunkbeitrags zu leisten haben, soll ein zusätzlicher Verwaltungsaufwand für diese Personengruppen vermieden werden (Gesetzesbegründung, BayLT-Drs. 16/7001, 25); denn die Ermäßigung des Rundfunkbeitrags nach § 4 Abs. 2 RBeitrStV erfolgt nur auf Antrag. Sollte bei diesen Personengruppen eine Befreiung vom Rundfunkbeitrag in Betracht kommen, bleibt es jedoch beim Antragserfordernis gem. § 4 Abs. 1 RBeitrStV (Gesetzesbegründung, BayLT-Drs. 16/7001, 25). Dies betrifft hpts. taubblinde Menschen und Empfänger von Blindenhilfe nach § 72 SGB XII (vgl. § 4 Abs. 1 Nr. 10 RBeitrStV). 8

Die Vermutungen nach § 14 Abs. 3 und 4 RBeitrStV sind widerlegbar (§ 14 Abs. 5 RBeitrStV). Die behaupteten Tatsachen sind auf Verlangen der Landesrundfunkanstalt nachzuweisen. 9

10 Sollte eine Person auf Grund der Vermutungen nach § 14 Abs. 3 oder 4 RBeitrStV zu hohe Beträge geleistet haben, kann er diese bereits geleisteten Rundfunkbeiträge nur bis zum 31.12.2014 geltend machen (§ 14 Abs. 5 RBeitrStV; vgl. auch Gesetzesbegründung, BayLT-Drs. 16/7001, 25).

C. Weiternutzung vorhandener Daten (Abs. 6)

11 § 14 Abs. 6 RBeitrStV ermöglicht die Weiternutzung der bei den Landesrundfunkanstalten schon vorhandenen Daten. Sie dürfen aber nur in dem Umfang verarbeitet und genutzt werden, wie es der RBeitrStV als erforderlich und zulässig ansieht.

12 § 14 Abs. 6 RBeitrStV trat schon am 1.1.2012 in Kraft. Dies sollte den Landesrundfunkanstalten den Aufbau einer Datenbank für die Abwicklung des Rundfunkbeitrags ermöglichen, damit der Übergang von der Rundfunkgebühr zum Rundfunkbeitrag reibungslos und ohne Gefährdung der Finanzierung des öffentlich-rechtlichen Rundfunks erfolgt (Gesetzesbegründung, BayLT-Drs. 16/7001, 25).

13 Gem. § 14 Abs. 6 S. 2 RBeitrStV bleiben erteilte Lastschrift- oder Einzugsermächtigungen sowie die vom Jahr 2010 an eingeholten (Zahlungs-)Mandate als Voraussetzung für die Abwicklung von Lastschriften im einheitlichen europäischen Zahlungsverkehrsraum bestehen.

D. Weitergeltung bestandskräftiger Bescheide (Abs. 7)

14 Gem. § 14 Abs. 7 RBeitrStV bleiben bestandskräftige Befreiungen von der Rundfunkgebühr auch beim Rundfunkbeitrag für die Zeit der Gültigkeit der Befreiung bestehen, soweit es um Befreiungen nach § 6 Abs. 1 S. 1 Nr. 1–6 sowie Nr. 9–11 RGebStV handelt (ua Sozialhilfe, Altersgrundsicherung, ALG II, Asylbewerberleistungen, Ausbildungs(bei)hilfen etc). Sie gelten als Befreiungen nach § 4 Abs. 1 RBeitrStV, obwohl die beiden Kataloge nicht vollständig übereinstimmen.

E. Überleitung gemeinnütziger Einrichtungen ua (Abs. 8)

15 Nach dem RGebStV waren gemeinnützige Einrichtungen und bspw. Krankenhäuser von der Gebührenpflicht befreit, auch wenn sie Rundfunkempfangsgeräte bereithielten (vgl. § 5 Abs. 7 RGebStV). Eine solche pauschale Befreiung ist im RBeitrStV nicht mehr vorgesehen. Dies stellt § 14 Abs. 8 RBeitrStV klar; die Befreiungen enden zum 31.12.2012. Diese Einrichtungen müssen seit dem 1.1.2013 höchstens einen Rundfunkbeitrag leisten (§ 5 Abs. 3 S. 1 RBeitrStV).

16 Wenn eine Einrichtung bei Inkrafttreten des RBeitrStV gem. § 5 Abs. 7 RGebStV befreit war, muss sie ihre Gemeinnützigkeit (§ 5 Abs. 3 S. 3 RBeitrStV) nicht nachweisen. Diese wird auf Grund der Befreiung nach § 5 Abs. 7 RGebStV vermutet.

F. Datenabgleich mit Meldebehörden (Abs. 9)

17 § 14 Abs. 9 RBeitrStV dient der Vervollständigung und Konsolidierung der bereits bei den Landesrundfunkanstalten vorhandenen Daten unter der neuen Prämisse des Beitragsmodells (Gesetzesbegründung, BayLT-Drs. 16/7001, 27). Der Datenabgleich zum Zwecke der Bestands- und Ersterfassung ist erforderlich, um Beitragsschuldner zu ermitteln, die bisher Empfangsgeräte nicht angezeigt haben oder bereithielten und ihrer Anzeigepflicht nach § 8 RBeitrStV nicht nachkommen. Dadurch soll eine größere Beitragsgerechtigkeit hergestellt und ein Vollzugsdefizit vermieden werden (Gesetzesbegründung, BayLT-Drs. 16/7001, 26).

18 Übermittelt werden dürfen nur Daten von volljährigen Personen für längstens zwei Jahre nach Inkrafttreten des RBeitrStV. Die Landesrundfunkanstalten sind angehalten, die Daten zügig abzurufen, da sie nur die an einem bundesweit einheitlichen Stichtag fixierten, also „eingefrorene" Daten abrufen können. Der Katalog der zu übermittelnden Daten orientiert sich an den von den Meldebehörden erhobenen Daten. Der Datenabruf soll möglichst wenig Aufwand verursachen und nicht zu zusätzlichen Datenerhebungen führen (Gesetzesbegründung, BayLT-Drs. 16/7001, 26).

Neben der Nutzung der Meldedaten für die Ermittlung von Beitragsschuldnern in **19** Wohnungen, in denen bisher kein Beitragsschuldner festgestellt wurde (§ 14 Abs. 9 S. 3 RBeitrStV), werden die Landesrundfunkanstalten ermächtigt, die Meldedaten auch zur Aktualisierung oder Ergänzung von bereits vorhandenen Teilnehmerdaten zu nutzen (§ 14 Abs. 9 S. 4 RBeitrStV), soweit sie für die Abwicklung des Rundfunkbeitrags notwendig sind.

Wird ein Beitragsschuldner einer Wohnung festgestellt, sind die Daten der übrigen dort **20** wohnenden Personen zu löschen (§ 14 Abs. 9 S. 2 RBeitrStV). Dies gilt auch für Meldedaten der „überzähligen" Personen, die in Wohnungen leben, bei denen bisher kein Beitragsschuldner erfasst wurde (§ 14 Abs. 9 S. 3 Hs. 2 RBeitrStV). Weiter sind die Daten unverzüglich zu löschen, die nicht mehr benötigt werden. Das Gleiche gilt für Daten, die zwölf Monate nach der Übermittlung noch nicht überprüft wurden (vgl. § 14 Abs. 9 S. 5 iVm § 11 Abs. 5 S. 2, 3 RBeitrStV).

G. Ankauf von Adressdaten (Abs. 10)

Der Ankauf von Adressdaten privater Personen (vgl. dazu § 11 Abs. 4 RBeitrStV) wird **21** für die Zeit des Abgleichs mit den Meldedaten der Meldebehörden (also bis zum 31.12.2014) ausgesetzt. Denn es „wird davon ausgegangen, dass die Landesrundfunkanstalten des Ankaufs von Adressdaten privater Personen als Alternative für die Ermittlung von Beitragsschuldnern jedenfalls für den Zeitraum nicht bedürfen, in dem das Verfahren nach Abs. 9 durchgeführt wird" (Gesetzesbegründung, BayLT-Drs. 16/7001, 27).

H. Anwendbarkeit des RGebStV (Abs. 11)

§ 14 Abs. 11 RBeitrStV ist „eine Übergangsregelung für die Fälle, in denen bis zum **22** 31.12.2012 noch keine Rundfunkgebühren entrichtet oder erstattet wurden. Auf diese Sachverhalte finden die Vorschriften des RGebStV weiter Anwendung" (Gesetzesbegründung, BayLT-Drs. 16/7001, 27).

§ 15 Vertragsdauer, Kündigung

¹Dieser Staatsvertrag gilt für unbestimmte Zeit. ²Er kann von jedem der vertragsschließenden Länder zum Schluss des Kalenderjahres mit einer Frist von einem Jahr gekündigt werden. ³Die Kündigung kann erstmals zum 31. Dezember 2014 erfolgen. ⁴Wird der Staatsvertrag zu diesem Zeitpunkt nicht gekündigt, kann die Kündigung mit gleicher Frist jeweils zu einem zwei Jahre späteren Zeitpunkt erfolgen. ⁵Die Kündigung ist gegenüber dem Vorsitzenden der Ministerpräsidentenkonferenz schriftlich zu erklären. ⁶Die Kündigung eines Landes lässt das Vertragsverhältnis der übrigen Länder zueinander unberührt, jedoch kann jedes der übrigen Länder den Vertrag binnen einer Frist von drei Monaten nach Eingang der Kündigungserklärung zum gleichen Zeitpunkt kündigen.

Die Vorschrift des § 15 RBeitrStV legt die Vertragsdauer fest und die einzuhaltenden Formalien im Falle einer Kündigung.

Der RBeitrStV gilt für unbestimmte Zeit (S. 1). Hierdurch wird die Eigenständigkeit des **1** RBeitrStV gegenüber anderen Staatsverträgen wie dem RStV oder dem RFinStV hervorgehoben (Hahn/Vesting/Siekmann RBeitrStV § 15 Rn. 1).

Erstmalige Kündigungsmöglichkeit für die Länder ist der 31.12.2014 (S. 3), darauffolgend **2** „jeweils zu einem zwei Jahre späteren Zeitpunkt" (S. 4) unter Wahrung der einjährigen Kündigungsfrist (S. 2). Dies dient der Synchronisierung mit den Kündigungsmöglichkeiten der anderen den Rundfunk betreffenden Staatsverträge. Dadurch wird es einem Land ermöglicht, alle den Rundfunk betreffenden Staatsverträge zu demselben Zeitpunkt zu kündigen.

Die Kündigung des RBeitrStV ist nicht allen am Staatsvertrag beteiligten Ländern mit- **3** zuteilen. Vielmehr sieht S. 5 vor, dass die Kündigung gegenüber dem Vorsitzenden der Ministerpräsidentenkonferenz zu erklären ist. Sie hat schriftlich zu erfolgen (S. 5).

4   Die Kündigung des RBeitrStV durch ein Land lässt das Vertragsverhältnis im Übrigen unberührt (S. 6). Allerdings wird in diesem Fall den anderen Ländern eine kürzere Kündigungsfrist von drei Monaten eingeräumt. Gesetzgebungstechnisch verunglückt erscheint, dass die verkürzte Kündigungsfrist zwar mit den verkürzten Kündigungsfristen des RFin-, ARD-, ZDF- und DLR-StV, nicht jedoch mit der des RStV übereinstimmt. Der RStV sieht eine verkürzte Kündigungsfrist von sechs Monaten vor (s. § 62 Abs. 1 S. 6 RStV).

III. Medienäußerungsrecht

1. Bürgerliches Gesetzbuch (BGB) – Auszüge –

§ 12 Namensrecht
¹Wird das Recht zum Gebrauch eines Namens dem Berechtigten von einem anderen bestritten oder wird das Interesse des Berechtigten dadurch verletzt, dass ein anderer unbefugt den gleichen Namen gebraucht, so kann der Berechtigte von dem anderen Beseitigung der Beeinträchtigung verlangen. ²Sind weitere Beeinträchtigungen zu besorgen, so kann er auf Unterlassung klagen.

Das Namensrecht ist als Ausprägung des allgemeinen Persönlichkeitsrechts ein absolutes Recht, das dem Namensträger Rechtsschutz gegenüber jedermann einräumt (→ Rn. 2). Dabei gewährt § 12 BGB dem Namensträger Schutz sowohl vor einer unberechtigten Namensbestreitung (→ Rn. 23) als auch einer Namensanmaßung (→ Rn. 24). Bei einer tatbestandsmäßigen Verletzung des Namensrechts kann der verletzte Namensträger von dem anderen Beseitigung oder Unterlassung der Störung verlangen (→ Rn. 83). Im Grundsatz schützt § 12 BGB allein den bürgerlichen Namen von natürlichen Personen. Der Anwendungsbereich wird jedoch nach allgM auf sämtliche Namen und Bezeichnungen von natürlichen und juristischen Personen und (nicht-)rechtsfähigen Personenvereinigungen (→ Rn. 7) erstreckt. § 12 BGB findet deshalb auch auf Domainnamen entsprechende Anwendung (→ Rn. 38). Der Domainname ist als technische Adresse im Internet zwar eine faktische Rechtsposition und kein absolutes Recht (→ Rn. 42). Der Domainname kann aber abgeleiteten (→ Rn. 45) und originären Namensschutz (→ Rn. 46) erlangen. Ob und unter welchen Voraussetzungen die Registrierung und Aufrechterhaltung einer Domain hingegen das Namensrecht eines anderen verletzt, beurteilt sich nach allgemeinen Grundsätzen (→ Rn. 53 ff.), wobei einige Sonderkonstellationen zu beachten sind (→ Rn. 66 ff.). Die Ansprüche aus § 12 BGB können den Täter, Teilnehmer oder Störer der Namenrechtsverletzung treffen (→ Rn. 87 ff.). Die Störerhaftung wird insbes. bei Namenrechtsverletzungen durch Domainregistrierungen relevant (→ Rn. 92 ff.).

Übersicht

	Rn		Rn
A. Allgemeines	1	1. Räumlicher Schutzbereich	18
I. Begriff und Funktionen	1	2. Zeitlicher Schutzbereich	19
II. Rechtsnatur	2	3. Sachlicher Schutzbereich	21
III. Übertragbarkeit des Namensrechts	3	**C. Verletzungshandlungen**	22
B. Schutz des Namens	4	I. Namensleugnung	23
I. Klassische Schutzobjekte	5	II. Namensanmaßung	24
1. Name der natürlichen Person	5	1. Unbefugter Gebrauch	25
2. Name der juristischen Person und nicht-rechtsfähigen Personenvereinigungen	7	2. Interessenverletzung	35
		D. Besonderheiten bei Domainnamen	38
II. Sonstige Kennzeichen mit Namensfunktion	8	I. Allgemeines	39
		1. Begriff und System der Domains	39
1. Namensfunktion	9	2. Rechtsnatur	42
2. Unterscheidungskraft	14	3. Übertragbarkeit und Pfändung	43
3. Verkehrsgeltung	17	II. Namens- und kennzeichenrechtlicher Schutz des Domainnamens	44
III. Schutzbereich	18	1. Abgeleiteter Namensschutz	45

BGB § 12 III. Medienäußerungsrecht

	Rn		Rn
2. Originärer Namensschutz	46	V. Auswirkungen der neuen Top-Level-Domains	78
3. Schutzbereich	51	1. Namensfunktion und Unterscheidungskraft	80
4. Rechtsfolgen	52	2. Verwechslungsgefahr und Zuordnungsverwirrung	81
III. Verletzung des Namensrechts durch Registrierung des Domainnamens	53	3. Schutzbereich	82
1. Namensleugnung	54	**E. Rechtsfolgen und Konkurrenzen**	83
2. Namensanmaßung	55	I. Art und Umfang des Anspruchs	83
IV. Sonderfälle	66	II. Anspruchsgegner	87
1. Domainsquatting und Domaingrabbing	66	1. Täterschaftliche Haftung	88
2. Tippfehlerdomains	70	2. Störerhaftung	92
3. Metatags und Keyword-Advertising	73	III. Verhältnis zu sonstigen Vorschriften	97
4. Catch-All-Funktion	76		
5. Framing	77		

A. Allgemeines

I. Begriff und Funktionen

1   Der Name ist die **sprachliche Kennzeichnung** einer natürlichen Person zur Unterscheidung von anderen (RGZ 90, 350 (352)). Der Name ist damit Ausdruck der **Identität und Individualität** (BVerfGE 59, 216 (226)). Neben der **Individualisierungs- und Unterscheidungsfunktion** wird dem Namen auch eine **Ordnungsfunktion** zugesprochen, da dem jeweiligen Namensträger Rechte und Pflichten bestimmbar zugeordnet werden können (BVerfG NJW 1988, 1577). Für den bürgerlichen Namen und den Handelsnamen besteht eine öffentlich-rechtliche Pflicht zur Namensführung, vgl. § 111 OWiG, §§ 17, 29, 37a HGB (s. NK-BGB/Koos BGB § 12 Rn. 38; MüKoBGB/Säcker BGB § 12 Rn. 6).

II. Rechtsnatur

2   Das Namensrecht ist ein **absolutes Recht** (BGH NJW 1953, 577 (578) – Pazifist). Soweit das Namensrecht die **Privatsphäre** des Namensträgers schützt, handelt es sich um eine besondere Erscheinungsform des **allgemeinen Persönlichkeitsrechts** (BGH NJW 2000, 2195 (2196 f.) – Marlene Dietrich). Das Namensrecht schützt aber auch die **Vermögensinteressen** des Namensträgers (zur rechtlichen Einordnung, vgl. MüKoBGB/Säcker BGB § 12 Rn. 2-5).

III. Übertragbarkeit des Namensrechts

3   Das Namensrecht ist **unübertragbar** und **nicht vererblich,** soweit es Teil des allgemeinen **Persönlichkeitsrechts** ist (BGH NJW 1993, 918 (920)). Die **Geltendmachung oder Verwendung** des Namens kann einer anderen Person jedoch im Rahmen von schuldrechtlichen Lizenzverträgen **gestattet** werden (Palandt/Ellenberger BGB § 12 Rn. 20). **Firmennamen** und **Unternehmenskennzeichen** sind **frei übertrag- und vererbbar** (BGH NJW 1951, 521 (522) – Piekfein). Wegen des in §§ 22, 23 HGB verankerten **Akzessorietätsprinzips** ist eine Übertragung jedoch idR nur zusammen mit dem jeweiligen Geschäftsbetrieb möglich (s. NK-BGB/Koos BGB § 12 Rn. 150).

B. Schutz des Namens

4   Nach Wortlaut und systematischer Stellung erfasst der Schutzbereich des § 12 BGB lediglich den bürgerlichen Namen von natürlichen Personen (MüKoBGB/Säcker BGB § 12 Rn. 26; NK-BGB/Koos BGB § 12 Rn. 67; ausf. Krüger-Nieland, FS Fischer, 1979, 338 (340 ff.)). Der **Anwendungsbereich** wird aber nach allgM auf sämtliche Namen und sonstige Kennzeichen von **natürlichen** und **juristischen Personen** sowie (nicht-)rechtsfähigen

Personenvereinigungen (→ Rn. 8 ff.) erstreckt (RGZ 74, 114 (115) – Verein für Deutsche Schäferhunde; MüKoBGB/Säcker BGB § 12 Rn. 26; BeckOK BGB/Bamberger BGB § 12 Rn. 11; grundlegend Hefermehl, FS A. Hueck, 1959, 519 (524)).

I. Klassische Schutzobjekte
1. Name der natürlichen Person

Das klassische Schutzobjekt ist der **bürgerliche Name** einer natürlichen Person. Vornamen sind nur dann geschützt, wenn schon der alleinige Gebrauch des Namens beim angesprochenen Verkehr die Erinnerung an einen bestimmten Namensträger weckt oder der Namen für sich betrachtet eine erhebliche Kennzeichnungskraft besitzt (s. OLG München BeckRS 2013, 14138 – Mauricius; BGH GRUR 2009, 608 – raule.de, GRUR 2008, 1124 (1125) – Ernst August). Zum bürgerlichen Namen gehören auch **Adelsprädikate,** soweit der Namenserwerb nach Inkrafttreten der Weimarer Reichsverfassung (WRV) stattgefunden hat (Palandt/Heinrichs § 12 Rn. 6). **Akademische Titel** (BGH NJW 1963, 581) und **Berufsbezeichnungen** (BGH GRUR 1959, 84 – Dentist) sind **kein Bestandteil** des bürgerlichen Namens und deshalb nicht von § 12 BGB geschützt. Ob der Doktorgrad in Personenstandsregister aufgenommen werden darf, wird unterschiedlich beurteilt (nein: OLG Celle BeckRS 2013, 03927; ja: OLG Nürnberg, StAZ 2012, 374; s. dazu auch MüKoBGB/Säcker BGB § 12 Rn. 14 mwN). 5

Künstler-, Decknamen und sonstige **Pseudonyme** sind vom Schutzbereich des § 12 BGB erfasst, wenn sich der Name im Verkehr (sog. Verkehrsgeltung s. → Rn. 17) durchgesetzt hat (BGH NJW 2003, 2978 (2779) – maxdem.de; zur sog hinkenden Namensführung, vgl. Hepting StAZ 2013, 1). **Spitznamen** sind auch ohne Verkehrsgeltung geschützt, wenn der Namensträger den Spitznamen namensmäßig verwendet (LG München I NJW-RR 2007, 921 – Schweini). Das **Inkognito** ist mangels Individualisierung des Namensträgers nicht geschützt (vgl. BeckOK BGB/Bamberger BGB § 12 Rn. 28). 6

2. Name der juristischen Person und nicht-rechtsfähigen Personenvereinigungen

Der Schutzbereich des § 12 BGB umfasst auch die **Firma** oder eine sonstige Unternehmensbezeichnung, mit der der Kaufmann oder das Unternehmen im Geschäftsverkehr auftritt. Die Bezeichnung von rechtsfähigen und nicht-rechtsfähigen **Vereinen** (BGH GRUR 2005, 517 – Literaturhaus) ist ebenso geschützt wie die Bezeichnung von **Körperschaften** und **Anstalten** des öffentlichen Rechts (BGH NJW 2007, 682 – solingen.info) sowie **Religionsgemeinschaften** (BGH NJW 2005, 500 – Pro Fide Catholica), **Parteien** (BGH NJW 1981, 914 – Vierte Partei), **Verbänden** und **Wählervereinigungen** (BGH GRUR 2012, 539 – freie-waehler.nordverband.de). 7

II. Sonstige Kennzeichen mit Namensfunktion

§ 12 BGB schützt neben dem Namen einer natürlichen und juristischen Person oder Personenvereinigung auch **anderweitige Kennzeichen** (zB Abkürzungen, Buchstabenkombinationen, Zahlen, Wappen, Bildzeichen, Embleme, Etablissmentbezeichnungen), die unabhängig vom gesetzlichen Namen oder der Firma geführt werden und zur Identifizierung der jeweiligen Person oder Personenvereinigung geeignet sind. Voraussetzung für die Entfaltung der Schutzwirkung des § 12 BGB in diesen Fällen ist jeweils, dass das Kennzeichen eine **Namensfunktion** (→ Rn. 9 ff.) besitzt und im konkreten Fall **unterscheidungsfähig** (→ Rn. 14 ff.) oder **kraft Verkehrsgeltung** anerkannt ist (→ Rn. 17). 8

1. Namensfunktion

Sonstige Kennzeichen haben Namensfunktion, wenn sie geeignet sind, auf die Identität des Namensträgers (zB Person, Unternehmen) hinzuweisen und dadurch auf die beteiligten Verkehrskreise **wie ein Name wirken** (BGH NJW 1954, 388 (389) – Kfa). 9

Aus dem Namen abgeleitete **Abkürzungen, Schlagworte** und **Firmenbestandteile** (BGH GRUR 2013, 638 (641) – Völkl; 2006, 159 (160) – hufeland.de; KG Urt. v. 7.6.2013 10

– 5 U 110/12 – Aserbaidschan.de) sind geeignet, auf die Identität eines Namensträgers mit sprachlichen Mitteln hinzuweisen und haben deshalb eine Namensfunktion. Eine Ausnahme besteht für den Fall, dass die Bestandteile einer Firma sowohl für sich betrachtet als auch in ihrer Verbindung vom Verkehr nur als beschreibende Sachbezeichnungen verstanden werden und sich deshalb zur Individualisierung nicht eignen (BGH WPR 2013, 61 Rn. 33 = BeckRS 2012, 24174 – Castell/VIN CASTEL).

11 **Zahlen, Buchstabenkombinationen, Embleme, Wappen, Logos** und sonstige **Bildzeichen** wirken zwar nicht wie ein Name, da sie kein zusammenhängendes, artikulierbares Wort ergeben (Palandt/Ellenberger BGB § 12 Rn. 11). § 12 BGB ist aber entsprechend anwendbar, wenn wenigstens eine Ausdrucksmöglichkeit (OLG Düsseldorf BeckRS 2012, 10114 = GRUR-RR 2012, 304; enger noch BGH GRUR 1958, 393 (394) – Ankerzeichen) besteht und das Zeichen sich kraft **Verkehrsgeltung** (→ Rn. 17) zur Identifikation der dahinter stehenden Organisationseinheit eignet (BGH GRUR 2005, 427 (428); 2004, 514 (515) – 01051 Telecom; 1993, 151 (153) – Universitätsemblem; OLG München Urt. v. 10.11.2011, 29 U 2103/11 – EdW).

12 Die namensartige **Kennzeichnung eines Hauses oder eines Grundstücks** kann im Einzelfall ebenfalls eine Namensfunktion aufweisen, wenn der erforderliche personale Bezug zum Erbauer, jeweiligen Eigentümer oder einem sonstigen Berechtigten vorliegt und ein objektiv berechtigtes Interesse an der Benennung besteht (s. BGH GRUR 2012, 534 (535) – Landgut Borsig).

13 Das **@-Zeichen** besitzt eine nur visuelle Wirkung und weist damit von Hause aus keine individualisierende Namensfunktion auf (s. Spindler/Schuster/U. Müller BGB § 12 Rn. 10). Mittlerweile wird es jedoch nicht mehr als reines Bildzeichen, sondern als **Wortzeichen mit spezifischer Bedeutung** aufgefasst (LG München I MittBayNot 2009, 315; LG Berlin GRUR-RR 2004, 123; anders noch BayObLGZ 2001, 83 (84)). Zudem ist das **@-Zeichen** artikulier- und aussprechbar. In Kombinationen mit anderen Wörtern oder einzelnen Buchstaben kann das Zeichen damit zumindest kraft Verkehrsgeltung (→ Rn. 17) auf einen Namensträger hinweisen und dadurch Namensfunktion erlangen.

2. Unterscheidungskraft

14 Die Bezeichnung muss im konkreten Fall auch **Unterscheidungskraft** besitzen. An die Unterscheidungskraft sind aufgrund des **Freihaltebedürfnisses** der Allgemeinheit strenge Anforderungen zu stellen (BGH GRUR 1976, 254 (255) – Management Seminare).

15 Insbes. **Gattungsbezeichnungen** (zB „.com", „web", „net" oder „online" oder auch das **@-Zeichen**), **umgangssprachliche Wörter, geografische Bezeichnungen** oder sonstige beschreibende **Sachbezeichnungen** sind nicht unterscheidungsfähig (BGH GRUR 2005, 517 (518) – Literaturhaus; OLG Frankfurt a. M. GRUR-RR 2011, 216 (217) – flugplatz-speyer.de; KG BeckRS 2013, 07824 – Palästinensische Ärztevereinigung). Daran ändert sich auch nichts, wenn ein Verbandsname eine sprachliche Unsauberkeit aufweist und sich dadurch von dem grammatikalisch richtigen Namen unterscheidet (KG BeckRS 2013, 07824 – Palästinensische Ärztevereinigung). Nicht unterscheidungsfähige Gattungs- oder Sachbezeichnungen können jedoch Unterscheidungskraft erlangen, wenn sie zu einer einprägsamen **Neubildung** zusammengefügt werden (BGH GRUR 1997, 468 (469) – NetCom; 1973, 265 (266) – Charme & Chic) oder ein Gattungsbegriff oder ein Wort der Umgangssprache in **nicht üblicher Weise** verwendet wird (BGH NJW 1957, 1919 (1920 f.) – Spiegel; ausf. Staudinger/Habermann BGB § 12 Rn. 82 ff.). Eine Gattungsbezeichnung kann ferner zumindest **örtliche Unterscheidungskraft** besitzen (BGH GRUR 1977, 165 – Parkhotel; OLG Karlsruhe WRP 1974, 422 – Stadtapotheke).

16 Eine **geografische Bezeichnung** kann unterscheidungsfähig sein, wenn die Bezeichnung für sich allein eine **öffentliche-rechtliche Körperschaft** individualisiert (BGH NJW 2007, 683 – solingen.de, KG Urt. V. 7.6.2013 – 5 U 110/12 – Aserbaidschan.de). Im Übrigen können Bezeichnungen ohne originäre Unterscheidungskraft kraft Verkehrsgeltung unterscheidungsfähig sein (s. jüngst KG MarkenR 2013, 204 – Palästinensische Ärzte- und Apothekervereinigung) (→ Rn. 17).

3. Verkehrsgeltung

Eine an sich nicht unterscheidungsfähige Bezeichnung kann Namensschutz erlangen, 17
wenn sie von der **Verkehrsanschauung** als Hinweis auf einen **bestimmten** Namensträger angesehen wird und damit **abgeleitete Unterscheidungskraft** hat (BGH NJW 1965, 859 (860) – GDP, sog. Verkehrsgeltung oder Verkehrsdurchsetzung). Das gleiche gilt, wenn der Bezeichnung von vornherein die Namensfunktion fehlt (zB Bild, Logo, Wappen), da sie nicht ohne weiteres geeignet ist, auf einen konkreten Namensträger hinzuweisen und diesen dadurch zu individualisieren. In beiden Fällen schließt die Verkehrsgeltung das Individualisierungserfordernis und die Unterscheidungskraft der Beziehung mit ein (stRspr s. BGH NJW 1954, 388 (389) – KfA, 1957, 1919 (1920) – Spiegel; BeckOK BGB/Bamberger BGB § 12 Rn. 51 mwN). **Voraussetzung** ist, dass ein beachtlicher Teil des Verkehrs die Bezeichnung als unterscheidungsfähigen Hinweis auf einen bestimmten Namensträger anerkennt (BGH GRUR 2012, 534 (537) – Landgut Borsig; 1957, 426 (427) – Getränke Industrie). Der **Grad der Verkehrsgeltung** wird nicht pauschal bestimmt, sondern richtet sich nach der originären Unterscheidungskraft der Bezeichnung, dem sachlichen und örtlichen Verkehr und dem Freihaltebedürfnis der Allgemeinheit an der konkreten Bezeichnung (vgl. MüKoBGB/Säcker BGB § 12 Rn. 56).

III. Schutzbereich

1. Räumlicher Schutzbereich

Der Schutz des § 12 BGB bezieht sich auf das gesamte **Bundesgebiet.** Beschränkungen 18
bestehen für bestimmte Firmen und Geschäftsbezeichnungen (zB §§ 30, 37 HGB). Bei Namenskennzeichen **kraft Verkehrsgeltung** bestimmt die Verkehrsgeltung den räumlichen Schutzbereich (BGH GRUR 2012, 534 – Landgut Borsig; NJW 1979, 2311(2312) – Volksbank Darmstadt). Im Wirtschaftsverkehr ist der Schutzbereich auf den räumlichen Wirkungskreis des Unternehmens beschränkt (BGH NJW-RR 2008, 57 (59) – Cambridge Institut; OLG Köln GRUR-RR 2007, 272 (273) – 4 DSL). Der Namensschutz bei Ausländern richtet sich nach dem **internationalen Privatrecht** (s. dazu BeckOK BGB/Bamberger BGB § 12 Rn. 55).

2. Zeitlicher Schutzbereich

Beim **bürgerlichen Namen** entsteht der Namensschutz mit der Geburt, Heirat, Ein- 19
benennung oder Adoption. Bei sonstigen Namen und Bezeichnungen (zB Firmen- und Unternehmensbezeichnungen) mit **originärer** Namensfunktion und Unterscheidungskraft beginnt der Schutz mit Ingebrauchnahme im Verkehr (BGH GRUR 1993, 404 (405) – Columbus), wobei der Schutz von **Namen im geschäftlichen Verkehr** Benutzungshandlungen im Inland erfordert, die auf den Beginn einer dauerhaften wirtschaftlichen Betätigung schließen lassen (BGH NJW 2008, 3716 (3717) – afilias.de). **Pseudonyme, Deck-, Künstler,- und Spitznamen** sind erst geschützt, wenn die Personen in den betreffenden Verkehrskreisen unter dem verwendeten Namen bekannt geworden sind (BGH NJW 2003, 2978 (2979) – maxem.de). Im Wirtschaftsleben beginnt der Schutz von namensfähigen Kennzeichen kraft Verkehrsgeltung mit **Anerkennung** im geschäftlichen **Verkehr** (BGH NJW 2008, 3716 (3717) – afilias.de).

Der Schutz des § 12 BGB geht mit dem **Tod** oder **Erlöschen** des Namensträgers unter 20
(BGH NJW 2007, 684 (684) – Klaus Kinski). Ein **postmortaler Namensschutz** besteht nicht (MüKoBGB/Säcker BGB § 12 Rn. 41). Eine **Fortgeltung** der ideellen und vermögenswerten Bestandteile eines Namens kommt im Rahmen des **allgemeinen Persönlichkeitsrechts** in Betracht. Der Schutz endet 10 Jahre nach dem Tod des Namensträgers (BGH NJW 2007, 684 (685) – Klaus Kinski). Bei Bezeichnungen mit abgeleiteter Namensfunktion geht das Namensrecht mit dem **Verlust der Verkehrsgeltung** verloren. Eine kurzzeitige oder vorübergehende Einstellung des Geschäftsbetriebs steht einer fortdauernden Verkehrsgeltung nicht entgegen (BGH GRUR 2005, 871 (872) – Seicom). Die **Beweislast** für den Fortfall der Verkehrsgeltung trägt der Störer (BGH NJW 1956, 1557 (1558) – Hausbücherei).

3. Sachlicher Schutzbereich

21 Weist eine unterscheidungsfähige Bezeichnung von Hause aus die erforderliche Namensfunktion auf (zB bürgerliche Namen, Handelsfirma), ist der sachliche Schutzbereich im Grundsatz **unbeschränkt**. Soweit der Namensträger aber allein im **Wirtschaftsverkehr** tätig ist, ist der Schutzbereich auf das geschäftliche Interesse begrenzt (Palandt/Ellenberger BGB § 12 Rn. 31 mwN). Das **geschäftliche Interesse** richtet sich nach dem Funktionsbereich, der jeweiligen Branche und dem beruflichen Umfeld des Unternehmens (BGH NJW 2005, 1196 (1197) – mho.de; LG Köln GRUR-RR 2006, 372 (374) – Qakte.de). Erlangt eine an sich nicht unterscheidungs- und namensfähige Bezeichnung den Namensschutz aus § 12 BGB allein kraft **Verkehrsgeltung,** ist der Schutzbereich auf den Bereich beschränkt, für den die Verkehrsgeltung besteht (BeckOK BGB/Bamberger BGB § 12 Rn. 54; Palandt/Ellenberger BGB § 12 Rn. 13 mwN).

C. Verletzungshandlungen

22 § 12 BGB schützt vor einer unbefugten **Namensleugnung** (→ Rn. 23) und **Namensanmaßung** (→ Rn. 24).

I. Namensleugnung

23 Eine Namensleugnung liegt vor, wenn das **Recht des Berechtigten zum Gebrauch** des Namens von einem anderen **bestritten** wird (s. nur Palandt/Ellenberger BGB § 12 Rn. 21). Der **Gebrauch** des Namens ist die Führung des Namens zur eigenen Identifikation und anderweitigen Benutzung (zB im Geschäftsverkehr, vgl. Staudinger/Habermann BGB § 12 Rn. 255). Eine **Namensbestreitung** liegt vor, wenn der Störer das Recht des Namensträgers zum Gebrauch seines Namens **gegenüber dem Namensträger** selbst oder einem **Dritten** (ausdrücklich oder stillschweigend) **nicht anerkennt** (zB durch Falschbezeichnung, unrichtige oder verkürzte Schreibweise uÄ) (s. MüKoBGB/Säcker BGB § 12 Rn. 125). Es ist mindestens **bedingter Vorsatz** erforderlich (BeckOK BGB/Bamberger BGB § 12 Rn. 67). Die Nichtanerkennung eines Namens ist stets rechtswidrig (BGH NJW 2003, 2978 (2979) – maxem.de).

II. Namensanmaßung

24 Eine Namensanmaßung liegt vor, wenn der Name des Berechtigten von einem Anderen **unbefugt gebraucht** wird (→ Rn. 25) und dadurch die **schutzwürdigen Interessen** des Namensträgers beeinträchtigt werden (→ Rn. 35).

1. Unbefugter Gebrauch

25 Der **tatbestandsmäßige Gebrauch** eines fremden Namens setzt voraus, dass der Störer den gleichen oder einen verwechslungsfähigen Namen verwendet (→ Rn. 26), dadurch die Gefahr einer **Zuordnungsverwirrung** (→ Rn. 27) entsteht und der Gebrauch **unbefugt** (→ Rn. 31) ist.

26 **a) Gleicher oder verwechslungsfähiger Name.** Die Verwendung eines gleichen oder verwechslungsfähigen Namens setzt **keine volle Übereinstimmung** mit dem Namen oder der Bezeichnung des Berechtigten voraus. Vielmehr reicht das Vorliegen einer bloßen **Verwechslungsfähigkeit** für die Tatbestandsmäßigkeit aus. Die Verwechslungsfähigkeit beurteilt sich nach der konkreten **Verkehrsanschauung** (Palandt/Ellenberger BGB § 12 Rn. 27). Verwechslungsfähigkeit liegt idR vor, wenn **prägende Bestandteile** der Bezeichnung mit dem fremden Namen oder Kennzeichen **identisch** sind (BGH NJW 1981, 914 (916) – Vierte Partei). Unterschiedliche **Schreibweisen** (BGH NJW-RR 1993, 1387 (1387) – KOWOG), **Ab- und Verkürzungen** (BGH GRUR 2006, 159 (160) – hufeland.de; NJW 2002, 2096 (2097) – vossius.de), (Rechtsform-) **Zusätze** (BGH GRUR 2006, 957 (958) – Stadt Geldern, „L. GmbH"; NJW 2005, 1198 (1198) – soco.de, „"") oder die Verwendung von Bindestrichen (OLG Köln MMR 2007, 326 (327) – international-connection) räumen die Verwechslungsfähigkeit nicht aus. Der gleiche oder verwechslungsfähige Name kann zur

Bezeichnung der **eigenen Person,** zur Bezeichnung von **Unternehmen** (zB Anmeldung einer fremden Firma zum Handelsregister) oder auch zur Bezeichnung eines **Dritten** (zB Bezeichnung der Geliebten als Ehefrau durch Verwendung eines falschen Nachnamens) gebraucht werden (vgl. Palandt/Ellenberger BGB § 12 Rn. 24–26). In allen Fällen ist ein **hinreichend deutlicher Hinweis** auf den (angeblichen) **Namensträger** erforderlich (MüKoBGB/Säcker BGB § 12 Rn. 97).

b) Zuordnungsverwirrung. Durch die Verwendung des gleichen oder verwechslungsfähigen Namens muss eine Zuordnungsverwirrung hervorgerufen werden. Eine **Zuordnungsverwirrung** liegt zum einen vor, wenn die beteiligten Verkehrskreise durch die Namensverwendung über die **Identität des Namensträgers** in die **Irre** geführt werden können oder den **Eindruck** gewinnen, der Berechtigte habe die Namensverwendung gestattet (BGH GRUR 1994, 732 (735) – McLaren; LG Düsseldorf GRURPrax 2013, 299 für die Nennung im Impressum). Eine **tatsächliche Verwechslung** mit dem Namensträger ist **nicht erforderlich** (BGH NJW 1994, 245 (246) – röm.-kath.). Zum anderen kann eine Zuordnungsverwirrung gegeben sein, wenn der Berechtigte mit **Sachverhalten** in Verbindung gebracht wird, mit denen er nichts zu tun hat (BGH GRUR 1993, 151 (153) – Universitätsemblem). 27

Regionale Zusätze ändern nichts an der Zuordnungsverwirrung, wenn sie allein auf eine örtlich-organisatorische Verbindung des verletzten Namensträgers hinweisen (BGH GRUR 2012, 539 (539) – freie-waehler-nordverband.de; zur Zuordnungsverwirrung bei ähnlich lautenden Gemeindenamen, s. OVG Magdeburg GRUR Prax 2012, 165 – Oberharz am Brocken). 28

Die Verbreitung einer **unrichtigen** oder **kritischen Aussage** (zB BGH GRUR 1986, 759 (761) – BMW) oder die **bloße Nennung eines Namens** (zB auf Werbeplakaten, in Werbung oder Zeitungen, vgl. BGH NJW 1981, 2402 – Carrera, Rennsportgemeinschaft; zum keywords-advertising, → Rn. 75) sind nicht geeignet, eine Personenverwechslung herbeizuführen und begründen daher keine Zuordnungsverwirrung. 29

Eine Zuordnungsverwirrung scheidet auch grds. aus, wenn es sich bei der fraglichen Bezeichnung um einen **bloßen Gattungsbegriff** mit beschreibendem Charakter ohne Unterscheidungskraft handelt (BPatG BeckRS 2012, 18054 – dieunfallgutachter.de; BeckRS 2012, 04279 – fashion.de; s. auch Hoeren/Sieber/Viefhues Teil 6.1 Rn. 143). Dies gilt auch dann, wenn der Gattungsbegriff mit dem bürgerlichen Namen oder dem Kennzeichen eines Unternehmens übereinstimmt, da der Name in diesem Fall aufgrund seiner allgemeinen Bedeutung keinen Bezug zu dem Namensträger hervorrufen kann (BGH NJW 2005, 1403 – literaturhaus.de; OLG München GRUR-RR 2011, 228 – sonntag.de; LG Köln GRUR-RR 2009, 260 – welle.de; OLG Düsseldorf GRUR-RR 2008, 58 – lastminute.eu). Etwas anderes gilt nur dann, wenn der Gattungsbegriff kraft **Verkehrsgeltung** bereits als Hinweis auf einen bestimmten Namensträger verstanden wird (zB Landgericht München I MMR 2003, 677 (678) – freundin. de; LG Nürnberg-Fürth MMR 2000, 629 (630) – pinakothek.de). Zur sog **Monopolisierung** von Gattungsbegriffen im Internet, vgl. BGH GRUR 2001, 1061 – Mietwohnzentrale.de). 30

c) Unbefugtheit. Der Gebrauch ist unbefugt, wenn dem Nichtberechtigten kein originäres oder abgeleitetes Recht zum Gebrauch des fremden Names zusteht (Staudinger/Habermann BGB § 12 Rn. 298; Palandt/Ellenberger BGB § 12 Rn. 28). Dabei kann es sich insbes. um in- oder ausländische **Namens- oder Kennzeichenrechte** handeln (s. zu ausländischen Rechten, BGH WRP 2013, 388, 340 – dlg.de mAnm Müller CR 2013, 179). 31

Wegen der öffentlich-rechtlichen Namensführungspflicht kann die Verwendung des eigenen **bürgerlichen Namens niemals per se unbefugt** sein (BeckOK BGB/Bamberger BGB § 12 Rn. 65). Dies gilt auch für den Gebrauch des Namens im **Wirtschaftsverkehr** (BGH NJW-RR 1993, 934 – Römer GmbH). Der Gebrauch eines fremden Namens ist auch dann nicht unbefugt, wenn sich der formell Unberechtigte hinsichtlich des Gebrauchs des Namens auf seine **Grundrechte** berufen kann. Die Geltendmachung des jeweiligen Grundrechts muss jedoch bereits im Namen selbst angelegt sein (s. LG Hamburg MMR 2003, 53 – stopesso.de; ausf. zu kritisierenden Domains, s. MükoBGB/Heine BGB § 12 Rn. 270; Hoeren/Sieber/Viefhues Teil 6.1 Rn. 199), wobei in diesem Fall bereits eine Zuordnungsverwirrung idR fern liegen dürfte. 32

Falls der verwendete fremde Name oder das Kennzeichen selbst Namens- oder Kennzeichenschutz genießt, ist der Konflikt mit einem wortgleichen oder auffallend ähnlichen 33 fremden Namen nach dem **Recht der Gleichnamigen** zu lösen (dazu Schmitt-Geadke/Arz GRUR 2012, 565). Dabei muss wie folgt unterschieden werden:

33.1 Der Gebrauch des eigenen **bürgerlichen Namens** ist grds. auch bei **Gleichnamigkeit nicht unbefugt.** Ausnahmen bestehen, wenn (i) der Namensträger seinen eigenen Namen verwendet, um den Ruf eines anderen gleichnamigen Berechtigten **wirtschaftlich auszubeuten** (BGH GRUR 1952, 511 (512 f.) – Farina/Urköl'sch), (ii) ein **Strohmann** seinen berühmten Familiennamen einem anderen zur Verfügung stellt, um eine verwechslungsfähige Firma zu bilden (vgl. BeckOK BGB/Bamberger BGB § 12 Rn. 76) oder (iii) eine Person bei Namensgleichheit mit einem berühmten Familiennamen, seinen Nachnamen bei wirtschaftlichen Aktivitäten ohne unterscheidende Zusätze hervorhebt, um eine Verwechslung mit den betreffenden Mitgliedern der Familie zu erreichen (OLG Köln GRUR 1987, 935 (936) – Rothschild). Zu weit geht jedoch die Forderung der Rspr., dass bei einer Namensgleichheit oder einer auffälligen Namensähnlichkeit des Namensträgers mit den **Mitgliedern einer berühmten Familie** generell ein zurückgehaltener Gebrauch des Namens geboten sei (so aber BGHZ 29, 256 (263) – Dornkaat/Koolman). Außerhalb der bewussten und gewollten Personenverwechslung zu wirtschaftlichen Zwecken ist das Namensrecht des Einzelnen nicht weniger schutzwürdig, nur weil der Berechtigte keine berühmte Persönlichkeit ist. Abwehransprüche können sich in diesen Konstellationen jedoch auf Grundlage des **allgemeinen Persönlichkeitsrechts** ergeben (s. dazu MüKoBGB/Säcker BGB § 12 Rn. 130).

33.2 Bei sonstigen **gleichnamigen Bezeichnungen,** die zwar keinen bürgerlichen Namen enthalten, aber im Übrigen Namensschutz genießen, ist die Unbefugtheit des Gebrauchs nach Maßgabe des sog. **Prioritätsgrundsatzes** zu lösen. Danach muss der prioritätsjüngere Name grds. hinten dem prioritätsälteren Namen zurücktreten (Palandt/Ellenberger BGB § 12 Rn. 29 mwN), jüngst OLG München BeckRS 2013, 14138 – Mauricius). Maßgeblich ist der Zeitpunkt, zu dem der Namensschutz jeweils entstanden ist (→ Rn. 19). Dabei erlangt ein Firmenschlagwort ungeachtet dessen, ob es auch in Alleinstellung benutzt worden ist, über den Zeitrang des Gesamtzeichens Schutz (BGH GRUR 2013, 638 (641) – Völkl; 2008, 1108 – Haus & Grund III). Ein Künstlername ist im Vergleich zum Geburtsnamen iRd Prioritätsgrundsatzes nicht als minderes Recht zu behandeln (s. OLG Düsseldorf BeckRS 2013, 08500 – Der Wendler mAnm Blind GruR-Prax 2013, 420). Spätere **Änderungen** des Namens können zum **Prioritätsverlust** führen, wenn sie wesentlich sind. Zudem kann dem Prioritätsälteren der Einwand der **Verwirkung** entgegen gehalten werden. Voraussetzung dafür ist, dass die betreffende Bezeichnung über einen längeren Zeitpunkt nicht beanstandet wurde und der Prioritätsjüngere einen **geschützten Besitzstand** erworben hat (BGH GRUR 1960, 33 (36) – Zamek; NJW-RR 1991, 934 (936) – Johanniter).

34 Die **Rechtsfolgen** eines Prioritätenkonflikts sind bei Gleichnamigkeit im Rahmen eines **Interessenausgleichs** zu bestimmen. Dabei kann der Prioritätsältere dem jüngeren die Namensführung nicht einfach verbieten (BGH NJW 1968, 349 (350) – Hellige). Es ist vielmehr erforderlich (und ausreichend), dass der Prioritätsjüngere durch zumutbare Maßnahmen (zB **unterscheidungskräftige Zusätze**) die Verwechslungsgefahr ausschließt oder mindert (BGH GRUR 2013, 638 (641 f.) – Völkl, NJW 1954, 1681 (1682) – Farina/rote Blume; NJW-RR 1993, 934 (935) – Römer GmbH). Bei einer namensrechtlichen **Gleichgewichtslage** sind **beide Namensträger** verpflichtet, eine Erhöhung der gegenseitigen Verwechslungsgefahr durch geeignete Maßnahmen zu verhindern (BGH GRUR 2011, 835 – Gartencenter Pötschke; 2011, 623 – Peek & Cloppenburg II; 2010, 738 – Peek & Cloppenburg I; zur Gleichgewichtslage bei Konzernunternehmen, OLG Düsseldorf GRUR-RR 2008, 80). Dies gilt auch dann, wenn die Rechte an verwechslungsfähigen Unternehmensbezeichnungen jahrelang unbeanstandet nebeneinander bestanden haben (BGH GRUR 2013, 638 (642) – Völkl). Bei bundesweiter Werbung von zwei gleichnamigen Handelsunternehmen muss z. B. mit einem aufklärenden Hinweis deutlich gemacht werden, welchem Unternehmen die Werbung zuzuordnen ist (BGH GRUR 2013, 397 – Peek & Cloppenburg III). Zum Interessenausgleich bei einer Ausweitung des Tätigkeitsbereichs des Prioritätsälteren auf das Geschäftsfeld des Prioritätsjüngeren, s. BGH GRUR 2013, 638 – Völkl.

2. Interessenverletzung

35 Der unbefugte Gebrauch des gleichen oder eines verwechslungsfähigen Namens muss weiter die **schutzwürdigen Interessen** des berechtigten Namensträgers **verletzen.**

Außerhalb des Geschäftsverkehrs ist das geschützte Interesse weit zu verstehen. Erfasst 36 sind persönliche, ideelle, wirtschaftliche, öffentliche und reine Affektionsinteressen (BGHZ 8, 318 (322) – Pazifist; s. auch MüKoBGB/Säcker BGB § 12 Rn. 143 mwN) oder das bloße Interesse, nicht mit anderen Personen verwechselt zu werden (BGH NJW 2004, 1793 (1795) – kurt-biedenkopf.de; BGH NJW 1994, 245 (247) – röm.-kath.).

Innerhalb des Geschäftsverkehrs ist eine Verletzung des **geschäftlichen Interesses** 37 erforderlich. Dieses Interesse ist auf Zweckrichtung, Funktion und räumliche Tätigkeit des Unternehmens beschränkt (→ Rn. 18). Eine Verletzung des geschäftlichen Interesses kann insbes. in einer **Verwechslungsgefahr,** einer **Verwässerungsgefahr** oder einer **Beeinträchtigung des guten Rufs** liegen (s. Spindler/Schuster/U. Müller BGB § 12 Rn. 25).

Die **Verwechslungsgefahr** ist die konkrete Verdichtung der Verwechslungsfähigkeit eines Namens (zur Verwechslungsfähigkeit → Rn. 26). Die Verwechslungsgefahr hängt von dem Grad der Kennzeichnungskraft, der Branchen- und Zeichenidentität ab (s. dazu BGH GRUR 2013, 638 (641) – Völkl), wobei unter Berücksichtigung der unterscheidungskräftigen und dominierenden Elemente der Kennzeichen auf den Gesamteindruck abgestellt werden muss (BGH GRUR 2012, 1040 – pjur/pure). Eine Verwechslungsgefahr im **engeren Sinn** liegt vor, wenn die beteiligten Verkehrskreise aufgrund der Ingebrauchnahme des gleichen oder verwechslungsfähigen Namens von einer Identität der Unternehmensträger ausgehen (zB OLG Hamburg WRP 2012, 1612 – creditolo/kredito (ja); BGH GRUR 2012, 1040 – pjur/pure (nein)). Eine Verwechslungsgefahr im **weiteren Sinn** ist gegeben, wenn die Verkehrskreise aufgrund der Ingebrauchnahme eine personelle oder organisatorische Verflechtung oder eine Gestattung durch den Berechtigten vermuten (Palandt/Ellenberger BGB § 12 Rn. 33). Zur Verwechslungsgefahr bei sog gespaltenen Verkehrsauffassungen, vgl. BGH MarkenR 2013, 185 – AMARULA/Marulablu). 37.1

Bei besonders bekannten Unternehmenskennzeichen sind auch die Alleinstellung und die 37.2 Werbekraft geschützt (BGH NJW 2002, 2031 (2034) – shell.de; OLG München GRUR-RR 2011, 449 (451) – Volkswagen). Die Interessenverletzung setzt dann keine Verwechslungsgefahr voraus. Der Berechtigte kann sich vielmehr gegen jede Verwendung einer gleichen oder ähnlichen Bezeichnung wehren. Die Verletzung des geschäftlichen Interesses liegt in der **Verwässerungsgefahr** des Kennzeichens. Die Gefahr einer Verwässerung setzt voraus, dass das Kennzeichen durch lange Benutzung und intensive Werbung eine **überragende Verkehrsgeltung** (mehr als 80 % Bekanntheitsgrad) erlangt hat (Palandt/Ellenberger BGB § 12 Rn. 34).

Eine Interessenverletzung kann auch vorliegen, wenn der **gute Ruf** eines berühmten Namens 37.3 oder Kennzeichens durch den Gebrauch des gleichen oder verwechslungsfähigen Namens **beeinträchtigt** (BeckOK BGB/Bamberger BGB § 12 Rn. 90; s. OLG Hamm MMR 2001, 749 (750 f.) – veltins.com) oder **kommerziell ausgenutzt wird** (OLG Köln WRP 2010, 1064 – Bläck ohne Fööss). Eine konkrete Verwechslungs- oder Verwässerungsgefahr ist dann nicht erforderlich.

D. Besonderheiten bei Domainnamen

Die bisherigen Ausführungen gelten für Domainnamen grds. entsprechend. Im Folgenden 38 werden deshalb allein die Besonderheiten der Anwendung von § 12 BGB auf Domainnamen dargestellt.

I. Allgemeines
1. Begriff und System der Domains

Das Internet setzt sich aus der Gesamtheit der mittels Internet Protocol (IP) vernetzten 39 Rechner zusammen. Sämtliche im Internet abrufbare Ressourcen werden über eine numerische **IP-Adresse** identifiziert. Über das **Domain Name System** (DNS) werden diese IP-Adressen zur Vereinfachung in Schriftzeichen (sog. **Domains**) übersetzt. Relevant werden Domainnamen als Bestandteile von Internet- (zB http://www.**beck-online.de**) oder E-Mailadressen (zB verlag@beck-online.**de**). Ein Domainname besteht aus mindestens zwei Bestandteilen. Die sog. **Top-Level-Domain** (TDL) steht ganz rechts (zB beck-online.**de**). Links neben der TDL (hierarchisch: „unter") befindet sich die sog. **Second-Level-Domain** (SLD), die den kennzeichnenden und frei wählbaren Teil des Domainnamens darstellt (zB **beck-online**.de). Links neben der SLD können weitere **Subdomains** stehen (zB http://www.**verlag**.beck-online.de).

BGB § 12 III. Medienäußerungsrecht

40   Bei TLDs wird zwischen den allgemeinen (generic) TLDs (gTLD) (.com, .org, .net) und länderspezifischen (country code) TLDs (ccTLD) (.de, .at, .fr) unterschieden. Die Verwaltung und Vergabe der TLDs erfolgt durch die **ICANN** (Internet Corporation for Assigned Names and Numbers). Die Verwaltung der Domains unterhalb der TLD obliegt den jeweiligen Registrierungsstellen. Für die Vergabe von Domains unterhalb der TLD.de ist die **DENIC eG** zuständig (zur ICAN, s. Weigele MMR 2013, 16, zur Legitimationsdefiziten, vgl. Haug JZ 2011, 953). Die DENIC eG registriert eine SLD auf Anfrage und grds. ohne Berechtigungsprüfung.

41   Bei der konkreten Zuteilung einer Domain gilt das **Prioritätsprinzip** (s. nur BGH WRP 2013, 75 (78)). Dh derjenige, der die Domain zuerst für sich registrieren lässt, wird der Inhaber der Domain. Die Registrierung eines Domainnamens hat **Sperrwirkung** gegenüber anderen, da jede Domain nur einmal vergeben werden kann (BGH NJW 2002, 2031 (2033) – shell.de; OLG Stuttgart K&R 2007, 657 (658) – s. -unternehmensgruppe.eu; OLG Hamm MMR 2005, 381 (382) – juraxx.de).

2. Rechtsnatur

42   Die Domain ist als technische Adresse im Internet eine **faktische, nicht eigentumsfähige Rechtsposition** (BGH GRUR 2012, 417 – gewinn.de). Der Vertragsschluss mit der Registrierungsstelle begründet zwar ein relativ wirkendes **vertragliches Nutzungsrecht** zu Gunsten des Domaininhabers (vgl. BVerfGK 4, 210 Rn. 6 = NJW 2005, 589 – ad-acta.de). Die Domain und der Domainname sind aber weder ein **sonstiges absolutes Recht** (BGH GRUR 2012, 417 (419) – gewinn.de; aM LG Köln GRUR-RR 2013, 254 (256) – bye bye; OLG Köln GRUR-RR 2006, 267 – investment.de, jeweils im Hinblick auf das relativ wirkende vertragliche Nutzungsrecht an der Domain); Berberich WRP 2012, 310; ders. WRP 2011, 543 ff.; allg. zur Verdinglichung der Domain, s. Becker GRUR Int. 2010, 940.; Krebs/Becker JZ 2009, 832) noch Bestandteil des allgemeinen **Persönlichkeitsrechts** (BVerfG NJW 2007, 671 (672) – maxem.de). Es handelt sich bei der Domain auch nicht um ein anderes **Vermögensrecht** iSv § 857 Abs. 1 ZPO (zur Pfändbarkeit → Rn. 43).

3. Übertragbarkeit und Pfändung

43   Neben der Aufgabe der Domain durch den bisherigen Inhaber und Neuzuteilung an den neuen Berechtigten kann eine Domain auch **rechtsgeschäftlich** auf eine andere Person übertragen werden (s. Hoeren/Sieber/Viefhues Teil 6.1 Rn. 404). Die Details der Übertragung (zB Abtretung, Vertragsübernahme, Gestattung) sind umstr. (vgl. NK-BGB/Koos BGB § 12 Rn. 151). Die Domain selbst ist zwar kein pfändbares Vermögensrecht (→ Rn. 42). Die **Gesamtheit der schuldrechtlichen Ansprüche** des Domaininhabers gegenüber der Vergabestelle stellt aber ein **Vermögensrecht iSv § 857 Abs. 1 ZPO** dar, das der **Zwangsvollstreckung** unterliegt (BGH GRUR 2005, 969 (970)). Zum Domainnamen als Gegenstand von Rechtsgeschäften und Insolvenz, vgl. allg. Hoeren/Sieber/Viefhues Teil 6.1 Rn. 400–423).

II. Namens- und kennzeichenrechtlicher Schutz des Domainnamens

44   Bei der Frage, ob der in der Domain verkörperte Name vom Schutzbereich des § 12 erfasst ist, muss zwischen dem **abgeleiteten** (→ Rn. 45) und dem **originären** (→ Rn. 46) Namens- und Kennzeichenschutz unterschieden werden.

1. Abgeleiteter Namensschutz

45   Ein **abgeleiteter Namensschutz** besteht, wenn der Domainname aus einem bereits geschützten Namen (zB bürgerlicher Name, Firma, Pseudonym) oder einem **Kennzeichen** (zB Unternehmensbezeichnungen) besteht oder aus diesem zumindest abgeleitet werden kann (vgl. Hoeren/Sieber/Viefhues Teil 6.1 Rn. 20 f.). In diesem Fall stellt die Domain nur ein weiteres Medium zur **Verwendung** eines **geschützten Namens** dar (BGH GRUR 2013, 638 (641) – Völkl).

2. Originärer Namensschutz

Daneben kann der Domainname nach allgemeinen Grundsätzen (→ Rn. 4 ff.) **originären Namens- und Kennzeichenschutz** erlangen (s. auch Hoeren/Sieber/Viefhues Teil 6.1 Rn. 21). Der Domainname muss somit aus sich heraus geeignet sein, seinen Inhaber zu individualisieren und von anderen Personen oder Unternehmen zu unterscheiden (Hoeren/Sieber/Viefhues Teil 6.1 Rn. 140). Erforderlich ist damit, dass der Domainname nicht nur als Adresse zum Zugriff auf eine Ressource im Internet, sondern vom Verkehr (dazu Hoeren/Sieber/Viefhues Teil 6.1 Rn. 96) als **Herkunftshinweis** auf den Betreiber der jeweiligen Website verstanden wird (also Namensfunktion hat) und **unterscheidungsfähig** ist (s. statt vieler BGH GRUR 2013, 638 (641) – Völkl; 2009, 685 (686 f.) – ahd.de). 46

Daraus ergibt sich zunächst, dass die **Präfixe der Kommunikationsprotokolle** (zB http:// und ftp://) für den Namensschutz von Domainnamen aufgrund ihrer bloßen technischen Bedeutung keine Rolle spielen. Welche Relevanz **bewusst gewählte TLDs** für die Individualisierbarkeit eines Domainnamens haben, ist bislang nicht abschließend geklärt, (s. dazu BPatG K&R 2000, 296 – cyberlaw.de; BeckRS 2012, 04279 – fashion.de). TLDs enthalten zwar über die rein technische Funktion hinausgehende Informationen über die Herkunft der Domain oder die jeweilige Organisationsform. Im Verkehr wird einer TLD aber idR nur eine funktionale Bedeutung beigemessen (BGH NJW 2007, 682 (683) – solingen.info; KG WRP 2013, 954, 956 – berlin.com). Für die Unterscheidungskraft der Domain ist deshalb grds. der Name der SLD entscheidend (OLG Frankfurt a. M. MMR 2011, 320 – outlets.de; s. auch Hoeren/Sieber/Viefhues Teil 6.1 Rn. 103 mit zahlreichen Nachweisen). Im **Ausnahmefall** kann die Kombination einer bewusst gewählten TLD mit einer SLD die **Unterscheidungskraft der SLD zwar stärken** (OLG Dresden MMR 2011, 242 (243) – fashion.shop-germany.eu). Einen **eigenständigen Namens- und Kennzeichenschutz** genießt die TLD aber **nicht** (zutr. LG Frankenthal GRUR-RR 2006, 13 (14) – günstig.de; Hoeren/Sieber/Viefhues, Teil 6.1 Rn. 103; aM wohl Spindler/Schuster/U. Müller BGB § 12 Rn. 31). Dies ergibt sich schon daraus, dass die TLD nicht gelöscht oder geändert werden kann und damit ein etwaiger Beseitigungsanspruch des verletzten Namensträgers grds. ins Leere gehen würde (→ Rn. 83). Zu den Auswirkungen der neuen TLDs → Rn. 78 ff.). 47

Ein Namens- und Kennzeichenschutz des Domainnamens scheidet mangels Herkunftshinweis auch aus, wenn die Domain nur registriert worden ist, aber **nicht** für einen aktiven **Internetauftritt** genutzt (BGH GRUR 2009, 1055 (1057) – airdsl.de) oder die Domain einem anderen nur zum **Kauf angeboten** wird. An der erforderlichen Hinweiskraft fehlt es weiter, wenn die Domain ausschließlich als **Weiterleitung auf eine Internetseite** eines Unternehmens **mit anderem Namen** verwendet wird (BGH GRUR 2005, 871 (873) – seicom.de; OLG Hamburg GRUR-RR 2011, 168 – patmondial.de), die Domain bloß eine reine Addressfunktion beinhaltet (ähnlich OLG Hamburg GRUR-RR 2011, 168 (169 f.)) oder die hinter der Domain stehenden Inhalte vom Verkehr als rein **beschreibende Angaben** ohne Hinweis auf eine bestimmte Person, Waren oder Dienstleistungen verstanden werden (BGH GRUR 2012, 832 (834) – zappa.com; s. auch LG Köln GRUR-RR 2013, 254 (255) – bye bye). 48

Ein Namensschutz im **geschäftlichen Verkehr** setzt voraus, dass die Domainbezeichnung durch Benutzungshandlungen in Gebrauch genommen wird. Die **bloße Registrierung** des Domainnamens stellt keine **Benutzungshandlung** im Inland dar (BGH WRP 2013, 338 (339) – dlg.de). 49

Stellt der Domainname ein **Pseudonym** des Domaininhabers dar, erlangt die Domain erst dann eigenständigen Namensschutz, wenn der Berechtigte unter dem Pseudonym im **Internet anerkannt** worden ist (BGH NJW 2003, 2978 (2979) – maxem.de; krit. zur Reichweite des Urteils, s. Hoffmann MMR 2003, 727; zu Pseudonymen im Internet, s. insbes. Heyers JR 2006, 94 ff.). 50

3. Schutzbereich

Für den Schutzbereich des Namensschutzes von Domains gelten die allgemeinen Grundsätze (→ Rn. 18 ff.). 51

4. Rechtsfolgen

52 Genießt der Domainname originären oder abgeleiteten Schutz, kann der Domaininhaber bei einer Verletzung seines Namens- und Kennzeichenrechts nach allgemeinen Grundsätzen (→ Rn. 83 ff.) gegen den Störer auf **Beseitigung oder Unterlassung** klagen.

III. Verletzung des Namensrechts durch Registrierung des Domainnamens

53 Von dem Namensschutz des Domainnamens ist die **Verletzung** des **Namens- und Kennzeichenrechts** eines anderen durch die Registrierung und Verwendung des Domainnamens zu unterscheiden.

1. Namensleugnung

54 Die **Registrierung einer Domain** mit einem fremden Namen als Domainname stellt **keine Namensleugnung** dar. Durch die Registrierung wird das Recht des berechtigten Namensträgers nicht bestritten (s. nur BGH NJW 2002, 2031 (2033) – shell.de; aM BeckOK BGB/Bamberger BGB § 12 Rn. 65).

2. Namensanmaßung

55 Die Registrierung kann jedoch eine Namensanmaßung iSd § 12 BGB darstellen, wenn der geschützte Name eines anderen durch die Registrierung der Domain **unbefugt gebraucht** wird und dadurch die **schutzwürdigen Interessen** des Namensträgers beeinträchtigt werden (→ Rn. 24).

56 a) **Gebrauch eines gleichen oder verwechslungsfähigen Namens.** Im Gegensatz zur Entstehung des namensmäßigen Schutzes eines Domainnamens (→ Rn. 47 ff.), begründet die bloße **Registrierung** der Domain bereits den **Gebrauch** eines fremden Namens, denn die gegenüber dem Berechtigten ausschließende Wirkung setzt bei der Verwendung eines fremden Namens als Domainnamen aufgrund des Prioritätsprinzip bei der Domainvergabe (→ Rn. 41) bereits mit der Registrierung ein (s. nur BGH NJW 2002, 2031 (2034) – shell.de; WRP 2013, 338 (340) – dlg.de; krit. Hoeren EWiR 2003, 1225).

57 b) **Zuordnungsverwirrung.** Verwendet ein Dritter einen gleichen oder verwechslungsfähigen Namen in einer Domain, liegt idR eine Zuordnungsverwirrung vor, da der Verkehr die Verwendung des Domainnamens als Hinweis auf den Namen des Betreibers des jeweiligen Internet-Auftritts ansieht und dadurch eine **Identitätsverwechslung** hervorgerufen wird (BGH NJW 2008, 3716 (3717) Rn. 25 – affilias.de). Dies ist auch bei der Verwendung von Ortsnamen als Domainnamen der Fall (OLG Düsseldorf BeckRS 2013 – berlin.com; anders bei Namenskombinationen, vgl. OLG Hamm GRUR-RR 2013, 222 – Tanzschule-[Ortsname].de). Eine Zuordnungsverwirrung liegt auch dann vor, wenn die Bezeichnung des berechtigten Namensträgers unter einen **ausländischen TDL** registriert wird (OLG Köln NJOZ 2010, 1926 – fcbayern.es) oder der geschützte Name in Verbindung mit **anderen Bestandteilen** als Domainname verwendet wird (OLG München Urt. v. 10.11.2011 – 29 U 2103/11 – edw-info.de; zur Interessenverletzung bei solchen Domainvarianten → Rn. 65).

58 Die Zuordnungsverwirrung wird dadurch nicht ausgeschlossen, dass der Aufrufer der Internetseite – zB durch **aufklärende Hinweise** auf der Startseite – ohne weiteres selbst bemerken kann, dass die Inhalte auf der Seite nicht auf den angeblichen Namensträger hinweisen (BGH NJW 2007, 682 (683) – solingen.info; 2002, 2033 (2034) – shell.de; zust. Hoeren/Sieber/Viefhues Teil 6.1 Rn. 105).

59 c) **Unbefugtheit.** Die Registrierung einer Domain ist **unbefugt,** wenn dem Domaininhaber kein **Nutzungsrecht** an dem geschützten Namen oder Kennzeichen zusteht (→ Rn. 31). Ein Nutzungsrecht liegt bspw. vor, wenn der Domainname den **Familiennamen** des Domaininhabers wiedergibt und damit selbst abgeleiteten Namensschutz (→ Rn. 44) genießt (BGH NJW 2009, 1756 (1756 f.) – raule.de; 2002, 2031 (2034) – shell.de; dazu Recke K&R 2009, 400) oder der Domaininhaber im Auftrag des Berechtigten handelt (BGH NJW 2007, 2633 (2634 f.) – grundke.de). Ein Nutzungsrecht kommt auch in Betracht, wenn eine **Holdingsgesellschaft** eine Domain mit Zustimmung der Tochtergesellschaft registrieren lässt, für die der Domainname ein geschütztes Kennzeichen darstellt

(BGH NJW 2006, 146 (147)– segnitz.de), zwischen dem Domaininhaber und dem Namensträger der Domain eine **enge persönliche Beziehung** besteht (MüKoBGB/Säcker BGB § 12 Rn. 255) oder die Domain **treuhänderisch** für einen berechtigten Namensträger registriert wurde (BGH NJW 2007, 2633 (2634 f.) – grundke.de). Für das Vorliegen des Nutzungsrechts trägt der Domaininhaber die Darlegungs- und Beweislast (s. OLG Karlsruhe MMR 2013, 518).

Bei Gleichnamigkeit eines Domainnamens mit dem geschützten Namen eines anderen werden die Grundsätze des Rechts der Gleichnamigen (→ Rn. 33 ff.) durch das verfassungsrechtlich anerkannte **Prinzip der ersten Registrierung** (BVerfG NJW 2007, 671 (672) – maxem.de) abgeändert. Dabei ist zu unterscheiden: 60

> Wenn dem Domaininhaber **kein originäres oder abgeleitetes Namensrecht** an dem Domainnamen zusteht und das Namensrecht des anderen **vor dem Zeitpunkt der Registrierung** der Domain entstanden ist, handelt der Domaininhaber unbefugt. 60.1

> Wenn dem Domaininhaber ein **originäres oder abgeleitetes Namensrecht** zusteht, ist der Gebrauch der Domain gegenüber dem gleichnamigen Namensträger nicht unbefugt, wenn der Domaininhaber den Namen zuerst registriert hat (s. zB LG Lübeck BeckRS 2012, 15059 – worth.de). Dies gilt selbst dann, wenn der Domaininhaber zum Zeitpunkt der Registrierung zwar noch über kein Namensrecht verfügt, die Ingebrauchnahme des betreffenden Namens aber unmittelbar bevorsteht (BGH NJW 2005, 1196 (1197) – mho.de). 60.2

> Wenn dem Domaininhaber zwar **kein originäres oder abgeleitetes Namensrecht** zusteht, das Namensrecht des anderen aber **nach dem Zeitpunkt der Registrierung** entstanden ist, setzt sich das Namensrecht des Berechtigten nicht ohne weiteres gegenüber dem Nutzungsrecht des Domaininhabers durch. Vielmehr ist eine Abwägung der betroffenen Interessen geboten (s. nur BGH NJW 2008, 3716 (3718) – afilias.de; dazu Röse MarkenR 2010, 245 (246 f.)). Dabei kann sich der Dritte zumindest bei selbst gewählten Namen und Bezeichnungen, die keinen bürgerlichen Namen enthalten, idR nicht auf ein schutzwürdiges Interesse berufen, da er vor Wahl des Namens oder der Unternehmensbezeichnung prüfen kann, ob der entsprechende Domainname noch verfügbar ist (BGH NJW 2008, 3716 (3718)). Anders verhält es sich, wenn es dem Domaininhaber wegen Rechtsmissbrauchs versagt ist, sich auf seine Rechte aus der Domainregistrierung zu berufen (OLG Hamburg GRUR-RR 2010, 208 (210) – stadtwerke-u.de). Das kann zB der Fall sein, wenn der Domaininhaber den Domainnamen ohne ernsthaften Benutzungswillen in der Absicht registriert lässt, sich diesen von dem Inhaber eines entsprechenden Kennzeichen- oder Namensrechts abkaufen zu lassen und zu diesem Zweck einen missbräuchlichen Druck auf den Berechtigten zum Abkauf der Domain ausübt (BGH NJW 2008, 3716 (3718) – afilias.de; GRUR 2004, 510 (511) – S 100). Zur Interessenverletzung beim sog **Domain-Grabbing** oder **Domainsquatting** → Rn. 66 ff. 60.3

> Für die Frage, ob der Domaininhaber sich gegenüber dem Namensträger aufgrund eines eigenen Namens- und Kennzeichenschutzes auf die Grundsätze des Gleichnamigenrechts berufen kann, können auch im **Ausland bestehende Namens- und Kennzeichenrechte** herangezogen werden (→ Rn. 31). Bei einem Domainnamen unter einer länderspezifischen TLD (zB „..de"), gilt dies aber nur, wenn der Domaininhaber für die **Registrierung des länderspezifischen Domainnamens** ein **berechtigtes Interesse** vorweisen kann (s. BGH WRP 2013, 388 (340) – dlg.de). 60.4

Das Prioritätsprinzip gilt grds. unabhängig davon, welche Person über das bessere oder **bekanntere Namensrecht** verfügt. Eine **Durchbrechung des Prioritätsprinzips** ist nur ausnahmsweise dann angezeigt, wenn die Interessen der Parteien von derart unterschiedlichem Gewicht sind, dass es nicht bei der Anwendung der Prioritätsregel bleiben kann (OLG Stuttgart MMR 2008, 178 (179) – s-unternehmensgruppe.de, unter Berufung auf BGH NJW 2002, 2031 – shell.de). Dies ist zum einen der Fall, wenn das Namensrecht des Prioritätsjüngeren eine **überragende Bekanntheit** genießt (BGH NJW 2003, 2031 (2034) – shell.de). Zweifelhaft ist, ob ähnliches auch für die überragende Bekanntheit natürlicher Personen (zB Sportler, Politiker) gilt (so aber BGH NJW 2004, 1793 (1794) – kurt-biedenkopf.de). Aufgrund der Wechselhaftigkeit des Bekanntheitsgrads von Personen sollte eine Durchbrechung des Prioritätsprinzips nur zu Gunsten **besonders berühmter Persönlichkeiten der Zeitgeschichte** in Betracht kommen. Zum anderen kommt eine Durchbrechung in Betracht, wenn der Domaininhaber keinerlei objektive Interessen an der Domainregistrierung verfolgt, außer diese dem Berechtigten vorzuenthalten (dazu OLG Stuttgart MMR 2008, 178 (179) – s. unternehmensgruppe.de). Zum Prioritätsprinzip beim Abschluss **mehrerer Domainverträge** mit der DENIC s. BGH WRP 2013, 75 f. 61

61.1 Bei einer **Treuhanddomain** gilt das Prioritätsprinzip nur, wenn für den anderen eine einfache und zuverlässige Möglichkeit besteht zu überprüfen, ob die Registrierung im Auftrag eines Namensträgers erfolgt ist (BGH NJW 2007, 2633 (2635) – grundke.de, Rössler BGHReport 2007, 939; ausf. MüKoBGB/Säcker BGB § 12 Rn. 265). Zu den Auswirkungen der Rspr. auf Domainserviceverträge und Lizenznehmer vgl. Reinholz ITRB 2008, 69; Hellmich/Jochheim K&R 2007, 494; Bücker/Fürsen MMR 2008, 719.

62 **d) Interessenverletzung.** Aufgrund der **Sperrwirkung** der Domainregistrierung (→ Rn. 41) werden an die Verletzung schutzwürdiger Interessen des Namensträgers keine besonders hohen Anforderungen gestellt (s. BGH NJW 2007, 2633 – grundke.de).

63 Entscheidend ist zunächst, ob das Interesse des Namensträgers mit dem streitigen Namen gerade unter der **maßgeblichen TLD** im Internet vertreten zu sein, schutzwürdig ist. Dies beurteilt sich nach der jeweiligen Verkehrserwartung (s. MüKoBGB/Säcker BGB § 12 Rn. 257). Nach der Rspr. haben Gebietskörperschaften grds. ein schutzwürdiges Interesse daran, mit ihrem Namen unter den TLDs „**.com**", „**.de**" und „**.info.**" im Internet gefunden zu werden (BGH NJW 2007, 682 (683) – solingen.info; KG, WRP 2013, 954 (956) – berlin.com; OLG Karlsruhe MMR 1999, 604 (605) – badwildbad.com). Dies gilt auch für ausländische Namensträger (KG Urt. v. 7.6.2013 – 5 U 110/12 – Aserbaidschan.de, MMR 2007, 600 – tschechische-republik). Unternehmen und natürliche Personen werden darüber hinaus allgemein ein Interesse daran haben, mit ihrem Namen oder Kennzeichen unter der weitläufig bekannten gTLD „**.com**" und „**.de**" registriert zu sein (BGH NJW 2008, 3716 (3717) – afilias.de; 2003, 2978 – maxem.de; Hoeren/Sieber/Viefhues Teil 6.1 Rn. 202). Dies gilt auch für ausländische Unternehmen, wenn das Unternehmen etwa unter dem Domainnamen länderspezifische Inhalte zugänglich machen will (BGH WRP 2013, 388, 340 dlg.de). Bei gTLDs mit einem **speziellen Sachbezug** (zB „**.biz**" (gewerbliche Nutzer), „**.org**" (NGOs), „**.pro**" (Fachkräfte) oder „**.edu**" (Bildungseinrichtungen), „**.travel**" (Reiseindustrie) ua), besteht nur dann ein schutzwürdiges Interesse, wenn der Namensträger in dem Sachgebiet auch tatsächlich tätig ist (MüKoBGB/Säcker BGB § 12 Rn. 257).

64 Im **geschäftlichen Verkehr** ist zusätzlich eine Verletzung **geschäftlicher Interessen** erforderlich (Palandt/Ellenberger BGB § 12 Rn. 32; Hoeren/Sieber/Viefhues Teil 6.1 Rn. 152). Die geschäftlichen Interessen sind insbes. verletzt, wenn die Registrierung und Verwendung der Domain eine Verwechslungs- und Verwässerungsgefahr begründet, der gute Ruf des Namensträgers gefährdet wird, der Domaininhaber den guten Ruf des anderen ausbeuten will oder die Benutzung der Domain rechtsmissbräuchlich ist (→ Rn. 68 f.).

64.1 Bei der **Verwechslungsgefahr** ist zu beachten, dass sich diese – anders als bei der Zuordnungsverwirrung – nicht automatisch aus dem Namen der Domain selbst ergibt, sondern erst aus der Verknüpfung mit dem Inhalt der zugehörigen Internetseite (Hoeren/Sieber/Viefhues Teil 6.1 Rn. 146). Deshalb kann die konkrete Verwechslungsgefahr ausscheiden, wenn der Aufrufer der Internetseite – zB durch **aufklärende Hinweise** auf der Startseite – ohne weiteres selbst bemerken kann, dass die Inhalte auf der Seite nicht auf den angeblichen Namensträger hinweisen (BGH NJW 2002, 2096 (2097) – vossius.de; 2001, 3262 – Mitwohnzentrale.de) oder die Domain in einer Branche verwendet wird, die nicht im Zusammenhang mit dem Geschäftsfeld des Verletzten steht (LG Köln GRUR-RR 2013, 254 (255) – bye bye).

64.2 Eine Verletzung geschäftlicher Interessen ist auch fernliegend, wenn die registrierte Website weder mit Inhalten versehen noch anderweitig genutzt wurde (zum Domain-Grabbing aus **Spekulationszwecken** ohne Nutzungsabsicht (→ Rn. 68) oder die Website des Domaininhabers nur der **kritischen Auseinandersetzung** mit dem betreffenden Unternehmen dient und damit keine Verwechslungsgefahr begründet (zutr. OLG Hamburg MMR 2004, 415 (417)– awd-austeiger.de; OLG Hamburg GRUR-RR 2004, 178 (179) – schufa). In diesen Fällen dürfte es auch häufig bereits an einem tatbestandsmäßigen Namensgebrauch fehlen (→ Rn. 29).

65 **Problematisch** ist die Interessenverletzung, wenn der Domainname des Störers eine **Variante** des jeweiligen Namens oder Kennzeichens eines anderen darstellt (zB durch Hinzufügung von beschreibenden Zusätzen (zB **online, info, net** u. ä.). Denn in diesem Fall steht es dem Namensträger weiterhin offen, seinen vollständigen Namen oder sein Kennzeichen als Domain registrieren zu lassen (s. dazu BGH GRUR 2008, 912 (915) – metrosex, im Ergebnis zust. Wreesmann CIPR 2009, 70 ff.; BGH NJW 2005, 2315 (2316) – weltonline.de, dazu Viefhues MMR 2005, 536). Das bloße Versäumnis einzelne **Domainvarianten** nicht gesichert zu haben, wird deshalb von § 12 BGB zwar grds. nicht geschützt (BGH NJW 2005, 2315 (2316) – weltonline.de; OLG Köln GRUR-RR 2010, 477 (478) – dsds-news.de; s. auch Hoeren/Sieber/Viefhues Teil 6.1 Rn. 152). **Ausnahmsweise** kann aber auch die Registrierung einer Domainvariante die **Interessen des Namensträgers verletzen.** Voraussetzung dafür ist, dass der Störer unter der Domainvariante Inhalte einstellt (zB Informationsangebote), die auch der Namensträger hätte nutzen wollen oder können (zutr. OLG München Urt. v. 10.11.2011 – 29 U 2103/11 – edw-info.de) oder der Domainzusatz vom Verkehr aufgrund seines rein beschreibenden Charakters als Hinweis auf den Namensträger angesehen wird und dadurch eine konkrete Verwechslungsgefahr entsteht (s. OLG Düsseldorf MMR 2007, 188 – peugeot-tuning.de). Ansonsten könnte jedermann ohne Risiko den geschützten Namen in Kombination mit einem weiteren Bestandteil als Domain nutzen und sich damit die Aufmerksamkeit des Namensträgers für eigene wirtschaftliche oder ideelle Zwecke zu eigen machen (zutr. Hackbarth CR 2010, 613 (614); aM OLG Köln GRUR-RR 2010, 477 (478) – dsds-news.de). Zur **Tippfehlerdomain** als Domainvariante → Rn. 70 ff.

IV. Sonderfälle
1. Domainsquatting und Domaingrabbing

Der Begriff **Domainsquatting** beschreibt den Vorgang, bei dem ein Nichtberechtigter 66 einen fremden Namen als Domain registrieren lässt, um dem Namensträger die Verwendung des Namens unter der registrierten Domain unmöglich zu machen (dazu Hoeren/Sieber/Viefhues Teil 6.1 Rn. 183). Der Domainsquatter versucht dann, die Domains den Personen oder Unternehmen anzubieten, deren (Firmen-) Name in dem Domainnamen enthalten ist. Um den Druck auf die Berechtigten zum Abkauf der Domain zu erhöhen, werden teilweise unerwünschte Inhalte (zB pornografischer Art) unter der registrierten Internetadresse eingestellt.

Beim **Domaingrabbing** lässt sich der Domaininhaber aus Spekulationsgründen eine 67 große Anzahl allgemein gebräuchliche Begriffe als Domainname registrieren, um die Domain zu einem späteren Zeitpunkt gewinnbringend weiterzuverkaufen. Im Gegensatz zum Domainsquatting legt der Domaingrabber es nicht bewusst und zielgerichtet darauf an, Marken oder fremde Namen zu registrieren, um diese später vom Berechtigten gegen Entgelt herauszugeben.

Ob beim Domainsquatting oder Domaingrabbing eine **Verletzung des Namensrechts** 68 aus § 12 BGB in Betracht kommt, hängt von den **Umständen des Einzelfalls** ab. Zwar liegt in der Registrierung einer Domain zum späteren Verkauf grds. ein tatbestandsmäßiger Gebrauch. Wenn es sich bei dem Domainnamen aber – wie iRd Domaingrabbing üblich – um bloße Gattungsbegriffe handelt, scheidet eine Zuordnungsverwirrung idR aus (→ Rn. 30). Auch dürfte es bei einer leeren Internetseite idR an der erforderlichen konkreten Verwechslungsgefahr fehlen. Das Halten von Domainnamen aus Spekulationsabsicht ohne Nutzungsabsicht ist auch nicht per se rechtsmissbräuchlich (zutr. BGH NJW 2005, 2315 (2317 f.) – weltonline.de; LG Bonn BeckRS 2010, 29809; Fezer/Fezer Abschn. G Rn. 92).

Beim Domainsquatting kommen jedoch **wettbewerbs- und kennzeichenrechtliche** 69 **Ansprüche** in Betracht, wenn der Domaininhaber auf den Berechtigten Druck zum Abkauf der Domain (zB durch das Einschalten von unerwünschten Inhalten auf der Internetseite der Domain) ausübt und damit rechtsmissbräuchlich handelt. Im privaten Bereich können dem Verletzten ferner Ansprüche aus § 826 BGB zustehen (MükoBGB/Wagner BGB § 826 Rn. 141). Ob auch das Domaingrabbing weitergehende Ansprüche auslöst, hängt von der konkreten Ausgestaltung des Domaingrabbings ab (LG Hamburg BeckRS 2008, 22951; OLG München I MMR 2006, 823 – feuerwehr-fehrbellin.de; OLG Hamburg MMR 2003, 668 (669) – schuhmarkt.de).

2. Tippfehlerdomains

Bei einer Tippfehlerdomain verwendet der Domaininhaber als Domainnamen eine Ab- 70 wandlung bekannter Kennzeichen, wobei die Abwandlung gängige **Eingabefehler** (zB bundesliag.de statt bundesliga.de) oder **falsche Schreibweisen** (zB guugle.de statt google.de) nachbildet. Auf einer Tippfehlerdomain werden idR keine eigenen Inhalte hinterlegt, sondern Werbelinks geschaltet. Tippfehlerdomains werden häufig in Kombination mit dem sog. Domainparking verwendet (→ Rn. 95).

71 Tippfehlerdomains sind zwar **abstrakt verwechslungsfähig** und es kommt auch eine **Zuordnungsverwirrung** in Betracht (OLG Köln MMR 2012, 462 – wetteronlin.de, LG Hamburg NJW-RR 2007, 338 – bundesliag.de). Die Tippfehlerdomain **beeinträchtigt schutzwürdige Interessen** des Berechtigten aber nur im **Ausnahmefall**.

72 Wird die Tippfehlerdomain außerhalb des geschäftlichen Funktionsbereichs des Namensträgers verwendet, scheidet eine Interessenverletzung von vornherein aus, da sich der berechtigte Namensträger noch unter der tippfehlerfreien Domain registrieren lassen kann. Das **Bedürfnis** des Namensträgers, **sämtliche Domains** zu verwenden, die in irgendeiner Weise mit dem geschützten Namen verwechselt werden könnten, ist von § 12 BGB grds. **nicht geschützt** (zutr. auch OLG Hamm MMR 2007, 391 (391) – ringlockschuppen.com; → Rn. 65). Wenn auf der Internetseite jedoch Inhalte hinterlegt sind, können die geschäftlichen Interessen des Namensträgers durch Hervorrufen einer konkreten Verwechslungsgefahr verletzt werden (OLG Köln MMR 2012, 462 (463) – wetteronlin.de; LG Hamburg NJW-RR 2007, 338 – bundesliag.de). Zudem kommt eine Interessenverletzung in Betracht, wenn der Inhaber der Tippfehlerdomain rechtsmissbräuchlich handelt. Das kann der Fall sein, wenn er sich – ähnlich zum **Domainsquatting** (→ Rn. 66) – massenhaft Tippfehlerdomains registrieren lässt, um diese dem Berechtigten später zum Kauf anzubieten und ggf. sogar unerwünschte Inhalte unter den Tippfehler-Domains einstellt, um den Verkaufsdruck auf den berechtigten Namensträger zu erhöhen (sog. **Typosquatting**).

3. Metatags und Keyword-Advertising

73 Beim **Metatagging** verwendet der Domaininhaber **unsichtbare Stichworte im Quelltext** seiner Internetseite, nach denen die Suchmaschinenbetreiber das Internet durchsuchen (zB auf der Homepage eines anderen Verlags werden die Stichworte „Beck-Online" oder „Beck-Datenbank" als unsichtbare Metatags verwendet). Der Gebrauch von Metatags bezweckt, in den Trefferlisten der Suchmaschinen weiter oben zu erscheinen (zur Bedeutung des Metatagging, Kilian/Heussen/Renck Teil 2 Rn. 59).

74 Durch die Verwendung eines Metatags gebraucht der Domaininhaber einen fremden Namen, soweit der/das Metatag zumindest mit den aussagekräftigen Bestandteilen des geschützten Namens übereinstimmt. Eine Zuordnungsverwirrung liegt vor, da der unrichtige Eindruck hervorgerufen wird, der Namensträger habe dem Gebrauch seines Namens als Metatag zugestimmt. Metatagging ist zudem idR unbefugt (s. auch BGH GRUR 2007, 65 – impuls; zur Meinungsfreiheit beim Metataging, vgl. OLG München GRUR-RR 2012, 346). Die Interessenverletzung liegt in der konkreten Verwechslungsgefahr. Die Grundsätze gelten entsprechend, wenn der Domaininhaber den fremden Namen nicht im Quelltext verwendet, sondern unmittelbar in einer bestimmten Zeile der Internetseite, von der er weiß, dass eine Internetsuchmaschine auf die dort angegebenen Wörter zugreift (s. BGH GRUR 2010, 835 – powerball).

75 Anders liegt es beim sog. **Keywords-Advertising.** Hier lässt der Inhaber einer Domain (gegen Entgelt) bei einem Suchmaschinenbetreiber Werbeanzeigen schalten, die bei Eingabe bestimmter Schlüsselwörter (sog. keywords) oberhalb oder neben der Trefferliste in einer separaten Spalte erscheinen. Keywords haben keine Auswirkungen auf die Suchergebnisse. Zudem ist für jedermann ersichtlich, dass die Werbeanzeige aufgrund der Eingabe des Keywords angezeigt wurde. Das Keywords-Advertising stellt deshalb eine nicht tatbestandsmäßige Namensnennung dar (zutr. LG Braunschweig Urt. v. 26.3.2008 – 9 O 250/08; s. zum Markenrecht BGH MarkenR 2013, 122 – MOST-Pralinen; EuGH GRUR 2011, 1025 – L'oréal/Ebay; 2010, 841 – Portokabin/Primakabin; 2010, 445 – Google/Google France; ausf. Ekey/Jansen MarkenR 2013, 93 ff.).

4. Catch-All-Funktion

76 Als Catch-All-Funktion wird die **Weiterleitung** einer bestimmten Zeichenfolge auf eine andere **E-Mailadresse** oder **Internetadresse** bezeichnet. Eine Catch-All-Funktion auf einer SLD bewirkt, dass jede Subdomain auf diese SLD weitergeleitet wird, selbst wenn die

angefragte Sublevel-Domain gar nicht existiert. Wird zum Beispiel die SLD „de.de" mit einer Catch-All Funktion ausgestattet, werden sämtliche Anfragen von Internetbenutzern hinsichtlich einer (nicht existenten) Sublevel-Domain (zB beck-online.de.de) automatisch auf die jeweilige SLD („de.de") weitergeleitet. Auf der weitergeleiteten Internetseite befinden sich dann idR Werbehinweise. Die Verknüpfung einer Domain mit einer Catch-All-Funktion kann eine **tatbestandsmäßige Namensanmaßung** darstellen. Durch die Verwendung einer Catch-all-Funktion gebraucht der Domaininhaber insbes. einen fremden Namen, da aus Sicht des Verkehrs die Registrierung der Domain nebst Catch-All-Funktion darauf angelegt ist, sämtliche Anfragen der Nutzer nach der namensmäßig geschützten Domain auf die registrierte Domain weiterzuleiten (KG MMR 2012, 757 – de.de; OLG Nürnberg MMR 2006, 465 – suess.de).

5. Framing

Beim sog. **Framing** oder **Inline-Linking** werden in Teilbereichen eines Browserfensters 77 einer Internetseite Inhalte einer anderen Internetseite abgebildet, die durch Anklicken von Hyperlinks abrufbar sind. Die Inhalte der anderen Internetseite bleiben unverändert. Wenn die Quelle der fremden Internetseite angegeben wird, fehlt es an einer Identitätsverwechslung. Es handelt sich um eine bloße Namensnennung (OLG Celle GRUR-RR 2012, 455 (456); OLG Düsseldorf MMR 1999, 729 (733). Anders kann es liegen, wenn das Framing verdeckt und ohne Herkunftshinweis auf den Betreiber der fremden Internetseite stattfinden. Zur Verletzung sonstiger Kennzeichenrechte und den wettbewerbsrechtlichen Konsequenzen des Framing, s. Kilian/Heussen/Renck Teil 2 Rn. 27.

V. Auswirkungen der neuen Top-Level-Domains

Die ICANN (→ Rn. 41) hat im Jahr 2011 die Vergabe neuer gTLDs angekündigt. Neben 78 Firmen- (zB „google"), Produkt- (zB „book"), Marken- (zB „youtube"), oder beschreibenden Bezeichnungen (zB „arts", „lawyer" oder auch „GmbH") können bald auch Städtenamen (zB „Düsseldorf") oder geographische Bezeichnungen (zB „NRW") als TLD verwendet werden. Das Bewerbungsverfahren für die Verwaltung und Vergabe der SLD unter den neuen TLD begann im Jahr 2012 und die Einführung der neuen TLD ist für das Jahr 2013 geplant. Zur Vergabe neuer gTLD und den Rechtsschutzmöglichkeiten, vgl. Schulte-Braucks GRUR-Int 2013, 322 ff.; Rickert MMR 2012, 444 ff.; Troge CR 2012, 481 ff.; Jaeger-Lenz GRUR-Prax 2012, 543; zu den Auswirkungen auf Kommunen, vgl. Holznagel/Hartmann NVwZ 2012, 665.

Nach der bisherigen Rspr. hat eine TLD allein in Ausnahmefällen Auswirkungen auf die 79 Unterscheidungskraft eines Domainnamens, da eine TLD vom Verkehr alleine als funktionale Bezeichnung wahrgenommen wird (BGH NJW 2007, 682 (683)) (→ Rn. 47). Die Einführung der neuen gTLDs wird dies jedoch ändern. Die namens- und kennzeichenmäßigen Auswirkungen der neuen gTLDs lassen sich wie folgt **unterscheiden:**

1. Namensfunktion und Unterscheidungskraft

Die neuen TLDs werden insbes. geeignet sein, als Bestandteil des Gesamtzeichens der 80 SLD die **notwendige Namensfunktion und Unterscheidungskraft** zu vermitteln, wenn die Individualisierung des Namensträgers erst im Zusammenspiel zwischen der SLD und der TLD möglich ist (zB „123.books" für einen gleichnamigen Bücherversandhandel; bereits bisher OLG Hamburg CR 2002, 910 – bullypara.de; GRUR-RR 2005, 199 (200 f.) – tipp.ag; LG Hamburg Urt. v. 30.9.1998, 315 – O 278/98 – extra.net). Zudem kann die Kennzeichnungskraft einer Bezeichnung gesteigert werden, wenn die SLD im Rahmen der Gesamtbewertung erst in Kombination mit der TLD ihre prägende Bedeutung erlangt (s. auch Prinz/Strüwer WRP 2012, 920 (921)).

2. Verwechslungsgefahr und Zuordnungsverwirrung

Die neuen gTLDs werden auch für die Beurteilung einer **konkreten Verwechslungs-** 81 **gefahr** oder einer **tatbestandsmäßigen Zuordnungsverwirrung** eine Rolle spielen. Ist ein Namensträger bspw. Inhaber der geschützten Bezeichnung „123.law" oder „123-law" kann die Registrierung der SLD „123" unter der neuen TLD „law" eine unberechtigte Namensanmaßung darstellen, da in Kombination mit der TLD eine Zuordnungsverwirrung und eine konkrete Verwechslungsgefahr entsteht (in diese Richtung auch Hoeren/Sieber/Viefhues Teil 6.1 Rn. 104) Auf der anderen Seite kann die Verwendung von branchenspezifischen TLDs (zB „lawyers", „accountants" u. ä.) die Verwechslungsgefahr eines gleichen oder verwechslungsfähigen Namens entgegen der bisherigen Rspr. (BGH GRUR 2009 1055 (1057) – airdsl.de; MMR 2009, 534 (535) – ahd.de; OLG Hamburg MMR 2006, 226 (227) – combit.com./.kompit.de) ggf. ausschließen, wenn der Rechtsverkehr unter der jeweiligen TLD keinen Hinweis auf den in einer anderen Branche tätigen Namensträger sieht (im Ansatz auch bereits BGH NJW 2007, 682 (683) – solingen.info; aM wohl Hoeren/Sieber/Viefhues Teil 6.1 Rn. 104). Im Kern wird dies jedoch davon abhängen, welche Anforderungen die jeweiligen Registrierungsstellen an die Vergabe der SLDs unter die neuen gTLDs stellen werden.

3. Schutzbereich

82 Genießt der Domainname originären Namensschutz (→ Rn. 46), können die neuen gTLDs geeignet sein, den **sachlichen und räumlichen Schutzbereich** des Namens- und Kennzeichenschutzes näher zu konkretisieren.

E. Rechtsfolgen und Konkurrenzen

I. Art und Umfang des Anspruchs

83 Bei einer Verletzung des Namensrechts kann der Berechtigte Beseitigungs- oder Unterlassungsansprüche geltend machen. Beide Ansprüche sind verschuldensunabhängig. Bei der Namensleugnung steht dem Berechtigten ein Anspruch auf **Beseitigung** des Bestreitens zu (zB Gegendarstellung). Bei einer Namensanmaßung kann die Beseitigung der konkreten Namensverletzung verlangt werden (Palandt/Ellenberger BGB § 12 Rn. 26). Der **Unterlassungsanspruch** setzt eine Wiederholungsgefahr voraus. Ein vollständiges Verbot der Namensführung scheidet aus, wenn die Verletzung des Namensrechts durch die **Besorgung milderer Mittel** (zB Hinzufügung unterscheidungskräftiger Zusätze) vermieden werden kann (vgl. MüKoBGB/Säcker BGB § 12 Rn. 161). Schadens- und Bereicherungsansprüche sind von § 12 BGB nicht erfasst (dazu Palandt/Ellenberger BGB § 12 Rn. 39).

84 Aus § 12 BGB kann der Verletzte keinen **Anspruch auf Übertragung der Domain** ableiten (s. aber zur Übertragung der Domain eines Treuhänders auf den Treugeber aus § 667 BGB, BGH GRUR-Prax 2010, 434 – braunkohle-nein.de). Der Anspruch ist vielmehr auf **Löschung der Domain,** dh auf Einwilligung zum Verzicht gegenüber der Registrierungsstelle (BGH GRUR 2012, 534 (538) – Landgut Borsig), gerichtet (BGH NJW 2002, 2031 (2035) – shell.de; zur instanzgerichtlichen Rspr. s. Fezer/Fezer Abschn. G. Rn. 119).

85 Die **Reichweite des Löschungsanspruchs** ist auf den Schutzbereich des Namensrechts und den Umfang der Verletzungshandlung beschränkt (BGH NJW 2002, 2096 – vossius.de). Der Verletzte hat kein Recht, eine bestimmte Domain dauerhaft für die Zukunft gegenüber jedermann sperren zu lassen (BGH NJW 2004, 1793 (1794 f.) – kurt-biedenkopf.de).

86 Der (verletzte) Namensträger kann zur Sicherung seines Löschungsanspruchs einen **Dispute-Eintrag** bei der Registrierungsstelle erwirken. Der Domaininhaber kann die Domain dann nicht auf eine dritte Person übertragen. Falls der Namensträger einen Anspruch auf Löschung der Domain gegen den Domaininhaber erwirkt, kann er sofort als neuer Domaininhaber registriert werden. Durch die Kombination des Löschungsanspruchs und des Dispute-Eintrags wird damit faktisch eine Übertragung der Domain auf den Berechtigten sichergestellt (s. KG Berlin MR 2008, 53 – Verfügungsverbot bei Domainnamen unter TLD. eu; Hoeren/Siebert/Viefhues Teil 6.1 Rn. 380 ff.). Der Domaininhaber kann verlangen, dass ein unberechtigter Dispute-Eintrag gelöscht wird (s. LG Köln GRUR-RR 2013, 254 (256) – bye bye). Zum Rechtsschutz iRd Uniform Domain Name Dispute Resolution Policy (UDRP)-Verfahrens, vgl. auch Hoeren/Siebert/Bettinger Teil 6.2 Rn. 1 ff. (zur Umsetzung eines UDRP-Schiedsspruchs im deutschen Recht, vgl. Schmelz GRUR-RR 2012, 127).

II. Anspruchsgegner

Der Beseitigungsanspruch gem. § 12 S. 1 BGB ist deliktsrechtlicher Natur. Damit gelten zunächst über § 830 BGB die im StGB geregelten Kategorien der **Täterschaft und Teilnahme** für die Frage des Anspruchsgegners (BGH GRUR 2012, 304 (306) – baslerhaarkosmetik.de; 2011, 152 (154) – Kinderhochstühle; 2011, 1018 (1019) – Automobil-Onlinebörse). Als Täter einer Namensverletzung haftet, wer den Tatbestand des § 12 BGB selbst, in mittelbarer Täterschaft oder in Mittäterschaft erfüllt (BGH GRUR 2012, 304 (306) – basler-haarkosmetik.de; 2011, 152 (154 f.) – Kinderhochstühle). Eine Haftung von Dritten, die nicht Täter oder Teilnehmer sind, kommt nach den Grundsätzen der **Störerhaftung** in Betracht. Störer ist, wer, ohne Täter oder Teilnehmer zu sein, auf irgendeine Weise willentlich und adäquat kausal zur Verletzung des geschützten Rechts beiträgt (BGH CR 2013, 190 – Alone in the Dark; GRUR 2012, 304 (306) – basler-haarkosmetik.de; GRUR 2011, 152 (155) – Kinderhochstühle; weiter: BGH GRUR 2013, 751 – Autocomplete mAnm Peifer/Becker GRUR 2013, 754). Die Frage des richtigen Anspruchsgegners wird insbes. bei Namensrechtsverletzungen durch Domainregistrierungen relevant. 87

1. Täterschaftliche Haftung

Da der **Domaininhaber** den fremden Namen gebraucht, ist er als Täter der primäre Anspruchsgegner. Daran ändert sich auch nichts, wenn der Domaininhaber als **Treuhänder** für einen Dritten auftritt. Das Innenverhältnis zwischen Treuhänder und Treugeber ist rechtlich unerheblich, da der Verletzte dies vor Geltendmachung seiner Ansprüche nicht prüfen kann (zur Treuhand, vgl. Viefhues MMR 2005, 76 ff.; Hoeren/Gräbig MittdtschPatAnw 2010, 501 (502 f.)). 88

Der Domaininhaber haftet auch dann als Täter, wenn er die Domain im Wege der **Domainpacht** an eine dritte Person verpachtet hat (zur Domainpacht allg. s. Kilian/Heussen/Koch Teil 2 Rn. 276–344). In Rspr. und Schrifttum wird die Haftung des Domainverpächters zwar zumeist allein im Rahmen der Störerhaftung diskutiert (s. BGH GRUR 2009, 1093 (1094) – focus online, dazu Härting K&R 2009, 647; s. auch OLG Köln GRUR-RR 2010, 274 – Stadtplanausschnitte Online; Hoeren/Gräbig MittdtschPatAnw 2010, 501 (503); Spieker MMR 2009, 754). Der Verpächter ist als Inhaber der Domain aber der primäre Täter eine Namensrechtsverletzung. Nur soweit es für die Tatbestandsmäßigkeit des § 12 BGB auf die konkreten Inhalte der Internetseite ankommt (zB für das Vorliegen einer konkreten Verwechslungsgefahr), scheidet eine täterschaftliche Haftung des Verpächters aus, wenn er auf die Inhalte der Internetseite (je nach Gestaltung des individuellen Pachtvertrags) keinen unmittelbaren Einfluss nehmen kann. Dann richtet sich seine Haftung nach den Grundsätzen der Störerhaftung (→ Rn. 92 ff.). 89

Die bloße Vergabe und Verwaltung eines Domain-Namens für einen Dritten stellt keinen Gebrauch des Namens dar. Deshalb scheiden sowohl die **DENIC** als auch die mit der (technischen) Verwaltung der Domain beauftragten Personen (zB **Admin-C** (administrative contact), **Zone-C** (zone contact); **Tech-C** (technical contact); dazu Hoeren/Sieber/Hoeren Teil 18.2 Rn. 57) als Täter der Namensverletzung aus (OLG Köln MMR 2002, 476 (479) – guenter-jauch.de; OLG Stuttgart GRUR-RR 2010, 12 (14); Spindler GRUR 2012, 309 (310)). 90

Provider der Internetseite und **sonstige Dritte,** die mit der Registrierung der Domain nicht betraut sind, können idR ebenfalls nicht Täter oder Teilnehmer sein (s. ausf. Hoeren/Gräbig MittdtschPatAnw 2010, 501 (503 ff.); Volkmann K&R 2010, 368 ff.). 91

2. Störerhaftung

Die Störerhaftung hängt davon ab, ob die fragliche Person zumutbare Prüfungspflichten verletzt hat. Dies richtet sich nach den **Umständen des Einzelfalls.** 92

Der **DENIC** kann es nicht zugemutet werden, alle Domainregistrierungen vorab auf Rechtsverletzungen zu prüfen. Dies gilt bei der Erstregistrierung auch bei offenkundigen und für jedermann ersichtlichen Rechtsverletzungen, da selbst diese Prüfung nicht mit dem automatisierten Verfahren der Domainvergabe in Einklang zu bringen ist (BGH NJW 2004, 1793 (1794) – kurt-biedenkopf.de; BGH GRUR 2001, 1038 (1040) – ambiente.de; zust.: 93

Meissner/Baars JR 2002, 288 (289); Nägele WRP 2002, 138 (144). Eine **Ausnahme** besteht für **offenkundige und ohne weiteres feststellbare Rechtsverletzungen** (zB rechtkräftiger Titel oder Rechtsverletzung drängt sich auf, s. grundlegend BGH GRUR 2001, 1038 (1040 f.) – ambiente.de), auf die die DENIC hingewiesen wurde. Nach der Rspr. drängt sich die Rechtsverletzung zumindest dann auf, wenn ein in Panama ansässiges privates Unternehmen mehrere Varianten der offiziellen Bezeichnung der für die Verwaltung eines Regierungsbezirks zuständigen Behörde für sich registrieren lassen will und sich aus den Gesamtumständen ergibt, dass es sich nicht um eine kreative Namensbezeichnung handeln konnte (BGH GRUR 2012, 651 (653) – regierung-oberfranken.de).

94   Der mit der Verwaltung der Domain betraute **Admin-C** haftet grds. **nicht als Störer** einer Namensverletzung, da es für ihn nicht zumutbar ist, jeden Domainnamen auf seine namensrechtliche Zulässigkeit hin zu prüfen (BGH GRUR 2012, 304 (308) – baslerhaarkosmetik.de; OLG Düsseldorf GRUR-RR 2009, 337 (338); OLG Köln GRUR-RR 2009, 27 (29); Stadler CR 2004, 521 (526); Wimmers/Schulz CR 2006, 754 (755), (762 f.)). Eine Prüfungspflicht soll sich – entsprechend der Grundsätze zur Verkehrssicherungspflicht aufgrund **gefahrerhöhenden Verhaltens** – ausnahmsweise ergeben können, wenn der Domaininhaber unkontrolliert freigewordene Domains in einem automatisierten Verfahren für sich registrieren lässt und sich der Admin-C pauschal gegenüber dem Domaininhaber verpflichtet, für sämtliche so registrierten Domains als Admin-C zur Verfügung zu stehen (BGH GRUR 2012, 304 (309) – basler-haarkosmetik.de). Außerhalb dieser Sondersituation ist die Störerhaftung des Admin-C jedoch auf **offenkundige und für jedermann ersichtliche Rechtsverletzungen** beschränkt, soweit der Admin-C entsprechend von dem Berechtigten auf die Rechtsverletzung hingewiesen wurde (s. Paal K&R 2012, 210 (212)). Eine abstrakte Gefahr von potentiellen Namen- oder Kennzeichenrechtsverletzungen – zB durch eine Vielzahl von Domainanmeldungen am Tag der ersten Möglichkeit von Domainnamen mit ein oder zwei Buchstaben registrieren zu lassen reicht nicht aus, Prüfungspflichten zu begründen (BGH WRP 2013, 388 (340 f.) – dlg.de).

95   Die Grundsätze sind auf sonstige mit der Verwaltung der Domain betraute Personen (zB **Tech-C, Zone-C**) und den **Betreiber einer Handelsplattform,** auf der die Domaininhaber ihre Domains bis zum späteren Verkauf „parken können" übertragbar (zur Haftung des Domainparking-Betreibers s. BGH GRUR 2011, 617 – sedo; OLG München MMR 2010, 100; dazu auch Hühner, GRUR 2011, 621; OLG Stuttgart GRUR-RR 2012, 412 (413 f.) – kwwick.de; zur aktuellen Entwicklung der Providerhaftung, vgl. Volkmann K&R 2012, 381), da eine Pflicht zur dauerhaften Prüfung jedweder Domain das Geschäftsmodell der Beteiligten in der Praxis unzumutbar einschränken würde. Zur Störerhaftung eines Suchmaschinenbetreibers, vgl. BGH GRUR 2013, 751 – Autocomplete und zur Gehilfenhaftung eines Host-Providers, vgl. OLG Hamburg BeckRS 2013, 10248.

96   Der **Pächter** eine Domain kann als Störer für eine Namensverletzung haften, wenn die Namensverletzung gerade durch die Inhalte auf der Internetseite (zB Hervorrufen einer Verwechslungsgefahr) bewirkt wird (zutr. Hoeren/Sieber/Hoeren Teil 18.2 Rn. 96).

III. Verhältnis zu sonstigen Vorschriften

97   Der Namensschutz aus § 12 BGB ist neben den **handels- und wettbewerbsrechtlichen Schutzvorschriften** grds. **anwendbar** (§§ 37 Abs. 2 HGB, §§ 5, 14, 15 MarkenG). Im geschäftlichen Verkehr verdrängt der Anwendungsbereich des Markengesetzes den Schutz aus § 12 BGB (BGH NJW 2002, 2031– shell.de; krit. NK-BGB/Koos BGB § 12 Rn. 16). Liegen die Voraussetzungen der kennzeichenrechtlichen Ansprüche nicht vor, (zB mangels Verwechslungsgefahr) bleibt der Namensschutz aus § 12 BGB bestehen (BGH NJW 2005, 1196 – mho.de). Dasselbe gilt, wenn mit dem Namensrecht eine Rechtsfolge begehrt wird (zB **Verzicht auf eine Domain**), die aus dem Kennzeichenrecht nicht hergeleitet werden kann (BGH GRUR 2012, 304 (305) – basler-haarkosmetik.de). **Bereichungsrechtliche Ansprüche** bleiben von § 12 BGB unberührt. So kann ein Domaininhaber von einer in der WHOIS-Datenbank der DENIC eingetragenen Person, die materiell nicht berechtigt ist, die Domain zu führen, zB die Herausgabe der durch die Eintragung erlangten Stellung gem. **§ 812 Abs. 1 S. 1 Alt. 2 BGB** verlangen (BGH MMR 2012, 307 (309) – gewinn.de; dazu

Hoeren EWiR 2012, 197). Zum Namensschutz iRd **Telekommunikationsgesetzes,** s. zB OLG Köln Urt. v. 13.2.2013 – 11 U 136/11.

§ 823 Schadensersatzpflicht

(1) Wer vorsätzlich oder fahrlässig das Leben, den Körper, die Gesundheit, die Freiheit, das Eigentum oder ein sonstiges Recht eines anderen widerrechtlich verletzt, ist dem anderen zum Ersatz des daraus entstehenden Schadens verpflichtet.

(2) ¹Die gleiche Verpflichtung trifft denjenigen, welcher gegen ein den Schutz eines anderen bezweckendes Gesetz verstößt. ²Ist nach dem Inhalt des Gesetzes ein Verstoß gegen dieses auch ohne Verschulden möglich, so tritt die Ersatzpflicht nur im Falle des Verschuldens ein.

Das (Medien-) Äußerungsrecht befasst sich mit der rechtlichen Zulässigkeit von Äußerungen und den Rechtsfolgen unzulässiger Äußerungen. Wer von einer rechtswidrigen Äußerung betroffen ist, kann nach § 823 Abs. 1, § 823 Abs. 2, § 824 und § 826 BGB, jeweils auch iVm § 1004 BGB (analog), Anspruch insbes. auf Unterlassung, Folgenbeseitigung und Schadensersatz haben (zu den Anspruchsgrundlagen → Rn. 269 ff., zu den Anspruchsinhalten → Rn. 273 ff.). Das Äußerungsrecht ist nur rudimentär kodifiziert. Dreh- und Angelpunkt ist die Abwägung zwischen der Äußerungsfreiheit (Art. 5 GG, → Rn. 90 ff.) und den durch die Äußerung beeinträchtigten individuellen Rechtspositionen (namentlich den Persönlichkeitsrechten, → Rn. 122 ff.). Diese Abwägung hängt insbes. von der Art der Äußerungshandlung (zB Behaupten oder Verbreiten, → Rn. 1 ff.), dem Äußerungsinhalt (zB Tatsachenbehauptung oder Meinungsäußerung, → Rn. 31 ff.), dem richtigen Verständnis der Äußerung (→ Rn. 50 ff.) und den beteiligten Personen (→ Rn. 67 ff.) ab. Schutz wird gewährt vor unwahren Darstellungen (→ Rn. 130 ff.), vor Indiskretion (→ Rn. 145 ff.), vor unzulässigen Werturteilen (→ Rn. 172 ff.) sowie im Zusammenhang mit dem eigenen Wort (→ Rn. 182 ff.). Dabei haben sich in der Praxis zahlreiche Fallgruppen mit typischen Problemstellungen herausgebildet (→ Rn. 197 ff.). Die nachfolgende Darstellung des Äußerungsrechts einschließlich einiger verfahrensrechtlicher Besonderheiten (→ Rn. 320 ff.) wird ergänzt durch die Erläuterungen zum Namensrecht (§ 12 BGB), zum Gegendarstellungsrecht (§ 1004 BGB) und zum Bildnisschutzrecht (§§ 22–24 KUG).

Übersicht

	Rn		Rn
A. Die Äußerung	1	4. Verdeckte Aussagen und Eindrücke	57
I. Arten von Äußerungshandlungen	1	5. Mehrdeutigkeit	59
1. Allgemeines	1	IV. Person des Äußernden	67
2. Eigene Aussage	6	1. Privatpersonen	67
3. Verbreiten	12	2. Gewerblich Handelnde	69
4. Insbes.: Intellektuelles Verbreiten	14	3. Presse und Rundfunk	70
5. Insbes.: Technisches Verbreiten	19	V. Betroffenheit und Erkennbarkeit	74
6. Hyperlinks	22	1. Betroffenheit	74
7. Suchmaschinen	25	2. Erkennbarkeit	75
8. Weitergabe von Informationen an die Medien	29	VI. Person des Betroffenen	77
		1. Privatpersonen	77
II. Arten von Äußerungsinhalten	31	2. Politiker, Amtsträger	78
1. Allgemeines	31	3. Minderjährige	80
2. Tatsachenbehauptungen	35	4. Verstorbene	81
3. Werturteile	40	5. Unternehmen	83
4. „Gemischte" Äußerungen	45	6. Staat und Behörden	86
5. Fragen	47	7. Prominente	88
6. Satire	49	**B. Die Äußerungsfreiheit und ihre**	
III. Verständnis von Äußerungen	50	**Schranken**	90
1. Allgemeines	50	I. Die Äußerungsfreiheit	90
2. Die maßgebliche Sichtweise	51	1. Rechtsquellen	90
3. Sonderfälle	54		

	Rn		Rn
2. Freie Meinungsäußerung	92	E. Einzelfragen der Zulässigkeit von Äußerungen	197
3. Presse- und Rundfunkfreiheit	102	I. Beziehung, Heirat, Trennung, Scheidung	198
4. Kunst-, Wissenschafts- und Forschungsfreiheit	106	II. Drogen	202
II. Schranken der Äußerungsfreiheit	108	III. Einkommen und Vermögen	203
1. Schranken der Meinungs-, Presse- und Rundfunkfreiheit	110	IV. Eltern-Kind-Beziehung	205
2. Schranken der Kunstfreiheit	113	V. Gerichtsberichte	207
C. Einschränkung der Äußerungsfreiheit durch das Persönlichkeitsrecht	117	VI. Krankheit	209
I. Allgemeines	117	VII. Minderjährige	211
II. Das Persönlichkeitsrecht	122	VIII. Mitgliedschaften	213
1. Inhalt	122	IX. Namensnennung	214
2. Regelung	124	X. Öffentliche Auftritte	216
3. Wirkung	126	XI. Recherchemaßnahmen	217
III. Verhältnis von Persönlichkeitsrecht und Äußerungsfreiheit	128	XII. Rechtsverfolgung oder -verteidigung	218
IV. Schutz vor Unwahrheit	130	XIII. Rechtswidrige Informationserlangung	220
1. Allgemeines	130	XIV. Straftaten und andere Gesetzesverstöße	222
2. Wahrnehmung berechtigter Interessen	134	1. Allgemeines	222
3. „Irreführungsverbot"	140	2. Schwere der Tat	226
4. Besonderheiten bei gemischten Äußerungen	141	3. Zeitablauf	229
5. Besonderheiten bei Fragen	143	4. Insbes.: Online-Archive	233
6. Besonderheiten bei Kunstwerken	144	XV. Urlaub	236
V. Schutz vor Indiskretion	145	XVI. Verdachtsberichterstattung	237
1. Allgemeines	145	1. Allgemeines	237
2. Die Intimsphäre	152	2. Informationsinteresse	242
3. Die Privatsphäre	156	3. Mindestbestand an Tatsachen	244
4. Die Geheimsphäre	161	4. Sorgfältige Recherche, insbes. Betroffenenanhörung	246
5. Die Sozialsphäre	163	5. Ausgewogene Darstellung	257
6. „Selbstöffnung" geschützter Sphären	166	6. Entwicklung nach erfolgter Berichterstattung	260
VI. Schutz vor Werturteilen, insbes. Schmähung	172	XVII. Vorveröffentlichungen	262
1. Allgemeines	172	XVIII. Wohnung	264
2. Insbes.: Schmähkritik	174	F. Äußerungsrechtliche Ansprüche	269
3. Sonderfälle	179	I. Anspruchsgrundlagen	269
VII. Schutz des eigenen Worts	182	II. Unterlassungsansprüche	273
1. Schutz vor unerlaubter Mitteilung des eigenen Wortes	183	1. Allgemeines	273
2. Schutz vor unrichtiger Zuschreibung von Äußerungen	187	2. Unterlassungsanspruch vor Veröffentlichung	274
D. Andere Einschränkungen der Äußerungsfreiheit	189	3. Unterlassungsanspruch nach erfolgter Rechtsverletzung	277
I. Berufsfreiheit	189	4. Unterlassungsanspruch bei ursprünglich rechtmäßiger Veröffentlichung	279
II. Recht am eingerichteten und ausgeübten Gewerbebetrieb	190	5. Formulierung des Inhalts von Unterlassungsansprüchen	280
III. Urheberrecht	192	6. Reichweite der Unterlassungspflicht	287
IV. Wettbewerbsrecht	193	III. Beseitigungsansprüche	292
V. Datenschutzrecht	194	1. Allgemeines	292
VI. Gemeinschaftsgüter	195	2. Eigene Tatsachenbehauptung	295

	Rn
3. Unwahrheit	297
4. Fortdauernde Rufbeeinträchtigung	298
5. Folge: Berichtigungsanspruch	301
IV. Ansprüche auf Ersatz materiellen Schadens	303
V. Ansprüche auf Ersatz Immateriellen Schadens	306
1. Allgemeines	306
2. Schwerwiegende Persönlichkeitsrechtsverletzung	307
3. Fehlen anderweitiger Ausgleichsmöglichkeit	310
4. Unabwendbares Bedürfnis	312
5. Bemessung	313
VI. Sonstige Ansprüche	315
1. Gegendarstellungsansprüche	315
2. Bereicherungsansprüche	316

	Rn
3. Rückrufsanspruch	318
4. Hilfsansprüche	319
G. Verfahrensrecht	320
I. Zuständigkeit	321
1. Internationale Zuständigkeit	321
2. Rechtsweg	325
3. Örtliche Zuständigkeit	326
II. Anwendbares Recht	327
III. Verfahrensarten	330
1. Eilverfahren	330
2. Hauptsacheverfahren	334
3. Verfassungsbeschwerde	335
4. Beschwerde zum EGMR	338
IV. Beweislastfragen	339
V. Kosten	342
1. Außergerichtliche Geltendmachung	342
2. Gerichtliche Geltendmachung	350

A. Die Äußerung

I. Arten von Äußerungshandlungen

1. Allgemeines

Jede Äußerung setzt eine Mitteilung gegenüber Dritten voraus. Die rechtliche Behandlung **1** unterscheidet sich, je nachdem ob der Handelnde diese Mitteilung selbst auf den Weg bringt oder nur daran mitwirkt und ob er eine eigene Aussage trifft oder die eines Dritten weitergibt.

Wer etwas als Ausdruck seiner **eigenen Ansicht** vorbringt, haftet äußerungsrechtlich **2** dafür, auch wenn er lediglich Mitteilungen Dritter wiedergibt, diese aber zugleich als nach seiner eigenen Überzeugung richtig hinstellt und sich damit zu eigen macht → Rn. 8.

Einer stärker eingeschränkten Haftung unterliegt hingegen, wer Äußerungen Dritter – **3** wenngleich durch eigene Mitteilung – nur verbreitet, d. h. sie weitergibt, ohne sie sich zu eigen zu machen, der sog. **intellektuelle Verbreiter** → Rn. 14.

Weitere Einschränkungen bis hin zu einer weitgehenden Haftungsfreistellung kommen **4** demjenigen zugute, der lediglich an der Verbreitung oder Zugänglichmachung von Mitteilungen Dritter mitwirkt, etwa indem er Druckschriften distribuiert oder Infrastruktur bereitstellt, dem sog. **technischen Verbreiter** → Rn. 19.

Als **Sonderformen** spielen insbes. das Verlinken (auch durch Internet-Suchmaschinen) **5** und das Hosting von Äußerungen sowie mittelbare Äußerung durch Medieninformanten eine Rolle.

2. Eigene Aussage

Die grundlegende Äußerungsform ist das Aufstellen einer eigenen Aussage. Dabei kann es **6** sich um eine Tatsachenaussage (Tatsachenbehauptung) handeln, oder aber um ein Werturteil, eine Meinung (zur Abgrenzung → Rn. 31 ff.).

Eine eigene Aussage liegt auch im Fall von **Abschwächungen** vor, etwa in Gestalt einer **7** Verdachtsformulierung („Ich vermute, dass (…)") oder von Hinweisen auf die Beschränktheit der eigenen Kenntnisse („Soweit ich weiß (…)"). Davon zu unterscheiden ist die Frage, ob die Aussage eine Behauptung oder eine Bewertung zum Ausdruck bringt. Abschwächungen wie „offenbar" können je nach Kontext unbeachtliches Stilmittel, aber auch Hinweis auf den Wertungscharakter einer Aussage (zB in Gestalt der Schlussfolgerung, siehe dazu näher unten → Rn. 36 f., → 43) sein.

Ebenfalls als eigene Aussage zu werten ist es, wenn der Äußernde sich Aussagen Dritter zu **8** eigen macht. Ein **Zu-eigen-Machen** kann **ausdrücklich** geschehen, erfolgt in vielen Fällen aber **implizit** und ist dann nicht leicht vom bloßen Verbreiten einer Drittaussage abzugrenzen. Es setzt voraus, dass der Äußernde die Aussage erkennbar als eigene tätigen bzw. gelten lassen möchte, dass er sich mit den fremden Äußerungen identifiziert, so dass sie als eigene erscheinen (BGH NJW 2013, 790 Rn. 14 – IM „Christoph"). Maßgeblich ist, welcher Eindruck bei Gesamtbetrachtung aller relevanten Umstände, insbes. der redaktionellen Kontrolle und der Art der Präsentation, objektiv entsteht (BGH NJW 2012, 2345 Rn. 11 – RSS-Feeds). Die vollständige Wiedergabe eines Artikels in einem eigenen redaktionellen Internetangebot mit entsprechendem Kommentar kann genügen (LG Köln ZUM 2012, 900 (902)). Eine Drittäußerung macht sich zu eigen, wer sie – auch als Zitat – in seinen **eigenen Argumentationsgang einbettet** (BGH NJW 1976, 1198 (1200) – Panorama; vgl. a. BGH NJW 1997, 1148 (1149) – Stern TV), zB indem er den Inhalt als Beleg eigener Kritik anführt (BVerfG ZUM 2007, 468 (469)) oder indem er sie zum Bestandteil einer eigenen Verdachtsberichterstattung macht (BGH NJW 2013, 790 Rn. 14 – IM „Christoph").

9   Ob ein Zu-eigen-Machen vorliegt, ist mit der im Interesse der Meinungsfreiheit und zum Schutz der Presse gebotenen Zurückhaltung zu prüfen. Schon aus der äußeren Form der Veröffentlichung kann sich ergeben, dass lediglich eine fremde Äußerung ohne eigene Wertung oder Stellungnahme mitgeteilt wird (BVerfG NJW-RR 2010, 470 Rn. 67 – Pressespiegel). Dies kann bspw. bei der Wiedergabe eines **Zitats** der Fall sein (vgl. BVerfG NJW 2004, 590), aber auch bei der Veröffentlichung eines in Frage und Antwort gegliederten **Interviews** (BGH GRUR 2010, 458 Rn. 11 – Heute wird offen gelogen; vgl. a. BGH NJW 2012, 2345 Rn. 11 – RSS-Feeds). Entsprechendes gilt für **Leserbriefe** (BGH NJW 1986, 2503 (2505)). Die offengelegte Zuordnung der Aussage zu einer dritten Person spricht in diesen Fällen dafür, dass sie nicht als eigene getätigt werden soll (OLG Hamburg ZUM-RD 2007, 476 (477); LG Frankfurt a. M. AfP 2008, 643). Dies gilt bspw. auch dann, wenn schmähende Äußerungen eines Dritten referiert werden, um den Anlass eines Rechtsstreits zu dokumentieren (KG AfP 2007, 490). Anders kann es liegen, wenn der Äußernde die wiedergegebene Darstellung des Dritten in der Folge als feststehend übernimmt (OLG München ZUM-RD 2003, 577) oder wenn ein Zitat blickfangmäßig als Überschrift verwendet wird (LG Düsseldorf ZUM 2008, 156). Eine ausdrückliche und formelle Distanzierung ist zur Vermeidung eines Zu-eigen-Machens nicht erforderlich (BVerfG NJW 2007, 2686 (2688); EGMR NJW 2009, 3145 Rn. 71 – July u. Sarl Libération/Frankreich; 38432/97 Rn. 64 – Thoma/Luxemburg).

10 Allein der Umstand, dass der Äußernde die Drittaussage aus der Fülle veröffentlichter Stellungnahmen zu einem Thema **auswählt** und den aus seiner Sicht interessierenden Kern herausschält (s. dazu BVerfG NJW-RR 2010, 470 – Pressespiegel) oder als Betreiber eines Internet-Informationsportals die Medien, von denen er Nachrichtenfeeds bezieht, vorauswählt (s. dazu BGH NJW 2012, 2345 Rn. 11 – RSS-Feeds) genügt nicht für ein Zu-eigen-Machen. Die vom OLG Hamburg (ZUM-RD 2007, 476) selbst im Fall von Nachrichtenagenturen gestellten Anforderungen sind insbes. vor dem Hintergrund der Rspr. des EGMR (→ Rn. 9) überzogen und würden die Unterrichtung der Öffentlichkeit über Äußerungen, an denen ein Informationsinteresse besteht, übermäßig hemmen.

11 Während hiernach aus dem Fehlen einer expliziten Distanzierung nicht auf ein Zu-eigen-Machen und damit eine eigene Aussage geschlossen werden kann, führt nicht jede distanzierende Formulierung aus dem Bereich der Haftung für eigene Äußerungen heraus. Es kommt vielmehr auf die Würdigung des Gesamtzusammenhangs an. Pauschale **„Disclaimer"**, die mit dem sonstigen Erscheinungsbild der Veröffentlichung im Widerspruch stehen, genügen zur Distanzierung nicht (vgl. zB OLG München NJW 2002, 2398 (2399)).

3. Verbreiten

12 Wer eine fremde Aussage verbreitet, ohne sie sich zu eigen zu machen, kann der sog. Verbreiterhaftung unterliegen. Verbreiten ist die **Weitergabe** in einer Weise, die es dritten Personen ermöglicht, die Aussage außerhalb vertraulicher Beziehungen zur Kenntnis zu nehmen (OLG Hamburg ZUM-RD 2009, 654). Verbreiter ist derjenige, der in irgendeiner Weise willentlich und adäquat kausal hierzu beiträgt (BGH NJW 2012, 2345 Rn. 17 – RSS-Feeds).

13 Je nach Beziehung des Verbreiters zum Inhalt wird zwischen sog. **intellektuellen Verbreitern** und **technischen Verbreitern** unterschieden. Die intellektuelle Verbreitung von

Aussagen Dritter durch eigene Mitteilung erfolgt insbes. in Form von Zitaten (in direkter oder indirekter Rede, vgl. EGMR NJW 2009, 3145 Rn. 73 – July und Sarl Libération/ Frankreich) und Interviews. Zu den technischen Verbreitern werden alle diejenigen gezählt, die lediglich an der Übermittlung vom Äußernden zum Rezipienten beteiligt sind – etwa indem sie die Aussage vervielfältigen (Druckerei) oder distribuieren (Pressegrossisten, Einzelhändler, Telekommunikations- oder Sendeunternehmen). In beiden Fällen entscheidet die Erfüllung von **Sorgfalts- oder Prüfungspflichten** über die Haftung des Verbreiters.

4. Insbes.: Intellektuelles Verbreiten

Der intellektuelle Verbreiter kennt den verbreiteten Inhalt und nimmt ihn in seine eigene 14 Äußerung auf, ohne ihn sich zu eigen zu machen (ansonsten gilt → Rn. 8). Es gehört zu den Aufgaben der Medien, über Tatsachen, Meinungen und Ideen zu informieren, die zu einer bestimmten Zeit im Umlauf sind, mögen diese auch geeignet sein, Dritte zu beleidigen, zu provozieren oder in ihrer Ehre zu beeinträchtigen (EGMR NJW 2009, 3145 Rn. 71 – July und Sarl Libération/Frankreich). Beispielsweise kann der Umstand, dass eine Persönlichkeit (zB ein Politiker) sich in bestimmter Weise geäußert hat, für die Öffentlichkeit unabhängig vom Wahrheitsgehalt von Belang sein (LG Frankfurt a. M. AfP 2008, 643 (644)). Selbst an der Verbreitung stark diffamierender Zitate kann im Einzelfall ein berechtigtes Informationsinteresse bestehen (BVerfG NJW 2004, 590).

Der Persönlichkeitsschutz würde jedoch ins Hintertreffen geraten, wenn der intellektuelle 15 Verbreiter bezüglich des Inhalts von Drittäußerungen keinen Sorgfalts- oder Prüfungspflichten unterläge. Dem Äußernden kann insbes. abverlangt werden, sich des Wahrheitsgehalts weitergegebener Tatsachenbehauptungen zu vergewissern **(Recherchepflicht)**. Das Zusammenspiel von Recherchepflichten und hohen Anforderungen an die Distanzierung darf jedoch nicht dazu führen, dass die Unterrichtung der Öffentlichkeit über Drittäußerungen unterbleiben muss (BVerfG NJW-RR 2010, 470 Rn. 64 f., 67 – Pressespiegel; sa BGH NJW 2010, 760 Rn. 13 – Heute wird offen gelogen). Aus diesem Grund hat die Rspr. schon früh entschieden, dass etwa die Gegenüberstellung verschiedener Positionen einer Sachdebatte keine Verbreiterhaftung für die jeweiligen Einzeläußerungen auslöst (BGH NJW 1970, 187 – Hormoncreme).

Allgemein hängt der **Umfang** der Recherchepflicht von der Schwere des Eingriffs ab. 16 Zutreffend nimmt daher das OLG München (AfP 2007, 229 (230); zust. Mensching AfP 2009, 441) an, den Presseverleger treffe bei Abdruck eines Interviews nur eine eingeschränkte Prüfungspflicht hinsichtlich der vom Interviewpartner aufgestellten Behauptungen, nämlich wenn diese eine besonders schwere Beeinträchtigung von Persönlichkeitsrechten enthalten (vgl. in diesem Sinne zu Leserbriefen bereits BGH NJW 1986, 2503 (2505)). Besteht für den Verbreiter konkreter Anlass, an der Wahrheit der verbreiteten Tatsachenbehauptungen zu zweifeln, so muss er dem aber nachgehen (LG Hamburg ZUM-RD 2012, 544 (549 f.).

> Soweit die Gerichte bei intellektueller Verbreitung eine grds. uneingeschränkte Verbreiterhaftung 16.1
> annehmen (OLG Hamburg ZUM-RD 2007, 476; AfP 2006, 564 (565)), basiert dies auf der
> Überlegung, dass der Äußernde die Möglichkeit hätte, die rechtliche Zulässigkeit der Äußerung
> selbst zu überprüfen. Allerdings wird die Interviewform oft gerade deshalb gewählt, weil der
> Interviewte als Experte oder „Insider" überlegenes Wissen besitzt. Eine uneingeschränkte rechtliche
> Verantwortlichkeit für jegliche Aussage des Dritten würde daher oftmals aufwändige Recherchen
> erforderlich machen, die vom Verbreiter nicht generell verlangt werden dürfen.

Auch soweit keine Recherchepflichten bestehen, hängt die Beurteilung der Rechtswid- 17 rigkeit der Äußerung von der Beachtung der (pressemäßigen) **Sorgfaltspflichten** ab. Der herabgesetzten inhaltlichen Verantwortung für die verbreiteten Drittäußerungen korrespondiert eine Pflicht, dem übernommenen Bericht nicht durch Kürzungen zu Lasten des Betroffenen eine ganz andere Aussage zu geben (BVerfG NJW-RR 2010, 470 Rn. 73). Eine diesbezügliche Sorgfaltspflichtverletzung lässt sich nicht durch Distanzierung von den wiedergegebenen Inhalten heilen (BVerfG NJW-RR 2010, 470 Rn. 80). Soweit in der Rspr. die Distanzierung als Weg zur Vermeidung der Verbreiterhaftung aufgezeigt wird (vgl. zB OLG Hamburg ZUM-RD 2007, 476), wird damit der Sache nach ein zusätzliches Sorgfaltserfordernis im Sinne einer zurückhaltenden und ausgewogenen Darstellung postuliert.

17.1 Ein besonders ausgeprägtes Informationsinteresse kann auch die Verbreitung provokanter und Aufsehen erregender Aussagen rechtfertigen, denn das Interesse der Öffentlichkeit an den betreffenden Äußerungen ist bei der Bestimmung des Sorgfaltsmaßstabs abwägend zu berücksichtigen (BVerfG ZUM 2007, 468 (469)). Unter Umständen sind die **Grundsätze der Verdachtsberichterstattung** anzuwenden, so dass bspw. die Unbedenklichkeit der Weiterverbreitung von Informationen von einer Prüfung abhängen kann, ob ein Mindestbestand an Beweistatsachen vorliegt, der für den Wahrheitsgehalt der verbreiteten Information spricht. Es sind auch Fälle denkbar, in denen die Verbreitungshandlung sich auf die Verdachtsäußerung eines Dritten bezieht, was dann im Rahmen der Sorgfaltspflichten eine Anhörung des Betroffenen erforderlich machen kann (vgl. zB OLG Hamburg AfP 2008, 404). Jedoch kann das Verlangen einer solchen Anhörung des Betroffenen auch auf eine Überspannung der Anforderungen hinweisen (BVerfG ZUM 2007, 468 (470)).

18 Die Einschränkungen der Verbreiterhaftung haben nicht zwingend zur Folge, dass die ursprünglich rechtmäßige Verbreitung des betreffenden Inhalts (zB Interviews) dauerhaft zulässig bleibt. Insbes. ändert sich die Situation, wenn der intellektuelle Verbreiter **Kenntnis von der Rechtswidrigkeit einer Äußerung** erhält. In diesem Fall kann der Verbreiter eine Haftung dadurch vermeiden, dass er seine Mitwirkung einstellt (zB die Äußerung aus einem von ihm kontrollierten Internet-Angebot nimmt) (BGH NJW 2012, 2345 Rn. 20 – RSS-Feeds). Bei bereits abgeschlossenen Verbreitungshandlungen, etwa dem Abdruck eines Interviews in einer Zeitung, sind zur Vermeidung einer Haftung keine weiteren Handlungen des Verbreiters erforderlich, vielmehr bedürfte es zur Begründung einer Begehungsgefahr hinsichtlich der erneuten Verbreitung gesonderter Anhaltspunkte (BGH NJW 1986, 2503 (2505); OLG München AfP 2007, 229 (230)).

5. Insbes.: Technisches Verbreiten

19 Die bloß technischen Verbreiter nehmen typischerweise von den Äußerungen keine Kenntnis, so dass bei ihnen die Verbreiterhaftung nur in der Erscheinungsform der sog. **Störerhaftung** Bedeutung erlangt (vgl. zB BGH NJW 1976, 799 – VUS; GRUR 2009, 1093 Rn. 13 – Focus Online; NJW 2012, 2345 – RSS-Feeds). Als Störer ist – ohne Rücksicht darauf, ob ihn ein Verschulden trifft – jeder anzusehen, der die Störung herbeigeführt hat oder dessen Verhalten eine Beeinträchtigung befürchten lässt. Die Störerhaftung darf jedoch nicht über Gebühr auf Dritte erstreckt werden, die nicht selbst den Eingriff vorgenommen haben. Die Haftung des Störers setzt deshalb das Bestehen von **Prüfungspflichten** voraus. Deren Umfang bestimmt sich danach, was dem als Störer in Anspruch Genommenen nach den jeweiligen Umständen des Einzelfalls zuzumuten ist (BGH GRUR 2012, 751, Rn. 18 – RSS-Feeds mwN). So ist etwa der Betreiber eines **Informationsportals,** der erkennbar fremde Nachrichten anderer Medien und Blogs ins Internet stellt, um die Nutzer schnell zu informieren, grds. nicht verpflichtet, die Beiträge vor der Veröffentlichung auf eventuelle Rechtsverletzungen zu überprüfen. Ihn trifft erst dann eine Prüfpflicht, wenn er Kenntnis von der Rechtsverletzung erlangt, insbes. durch Hinweis des Betroffenen. In diesem Fall kann der Betreiber des Portals als Störer verpflichtet sein, zukünftig derartige Verletzungen zu verhindern (BGH NJW 2012, 2345 Rn. 19 – RSS-Feeds). Entsprechendes gilt bspw. für **Pressegrossisten** (OLG Frankfurt a. M. ZUM-RD 2008, 128) oder **Buchhändler** (LG Düsseldorf ZUM-RD 2009, 279).

20 Auch **Hostinganbieter** sind äußerungsrechtlich in aller Regel als bloß mitwirkende, technische Verbreiter einzustufen. Ein Hostprovider ist nicht verpflichtet, die von den Nutzern in das Netz gestellten Beiträge vor der Veröffentlichung auf eventuelle Rechtsverletzungen zu überprüfen. Er ist aber verantwortlich, sobald er Kenntnis von der Rechtsverletzung erlangt und kann dann als Störer verpflichtet sein, zukünftig derartige Verletzungen zu verhindern (BGH NJW 2012, 148 – Blog-Eintrag). Zur allgemeinen Überwachung oder anlasslosen Nachforschung ist er nicht verpflichtet. Die **Anforderungen an die Kenntnisverschaffung** und das **Bestehen sowie die Reichweite von Prüfungspflichten** müssen im Sinne eines angemessenen Ausgleichs zwischen der Kommunikationsfreiheit und dem Persönlichkeitsschutz des Betroffenen bemessen werden. Der BGH hat hierzu im Zusammenhang mit den Pflichten eines Blog-Hosters Leitlinien skizziert (BGH NJW 2012, 148 Rn. 26 f. – Blog-Eintrag; vgl. dazu etwa auch LG Berlin ZUM 2012, 712).

Keine Lösung hält das Urteil des BGH allerdings für die häufigen Fälle bereit, in denen für den Provider auch nach Einholung der wechselseitigen Darstellungen nicht zu beurteilen vermag, welche Version den Vorzug verdient. Hierbei sollte unterschieden werden: Ist dem Betroffenen die **Identität des Äußernden bekannt** und dessen Inanspruchnahme nicht ausnahmsweise unzumutbar, dann besteht kein Grund, dem Verbreiter weitere inhaltliche Prüfungspflichten aufzuerlegen. Er kann erst dann gehalten sein, die Mitwirkung an der Verbreitung (vorläufig) einzustellen, wenn der Äußernde selbst hierzu verpflichtet ist (insbes. aufgrund einer Unterlassungserklärung oder eines vollstreckbaren gerichtlichen Titels wie einer einstweiligen Verfügung). Ist für den Betroffenen die **Identität des Äußernden hingegen nicht zu ermitteln,** so wird der mitwirkende Verbreiter, wenn der Äußernde einer Offenlegung seiner Identität nicht zustimmt, gehalten sein, die Verbreitung der möglicherweise rechtsverletzenden Aussage einzustellen. 20.1

Prüfungspflichten des technischen Verbreiters bestehen jeweils nur in Bezug auf das konkret beanstandete Verhalten, dh der Betroffene muss die ihn angeblich verletzenden Einzeläußerungen identifizieren (vgl. für Suchmaschinen OLG Hamburg AfP 2011, 401). Eine allgemeine Pflicht, in Zukunft kerngleiche Verstöße zu verhindern, wird dadurch nicht begründet, da andernfalls jedenfalls über die Zeit eine unzumutbare Häufung von Prüfungspflichten die Folge wäre (aA noch BGH NJW 1976, 799 – VUS). 21

6. Hyperlinks

Die äußerungsrechtliche Haftung für **elektronische Verweise (Hyperlinks)** auf Drittäußerungen knüpft an die inhaltliche Aussage an, die mit dem Link unter Berücksichtigung seines Kontextes verbunden ist (Hoeren GRUR 2011, 503). Dementsprechend sind die unter → Rn. 6 ff. dargestellten Abstufungen der Verantwortlichkeit auch auf Hyperlinks übertragbar. Der Äußernde kann sich eine Drittaussage durch deren Verlinkung **zu eigen machen,** etwa indem er sie in seine eigene Argumentation einbettet oder sie mit einem befürwortenden Kommentar versieht, und haftet dann für die resultierende Aussage als seine eigene (→ Rn. 8 sowie Hoeren/Sieber Rn. 21.67). Bei einem Link auf die Startseite eines Angebots, von dem aus der beanstandete Beitrag erst über mehrere Schritte erreichbar ist, liegt normalerweise kein Zu-eigen-Machen vor (LG Köln ZUM-RD 2008, 34 (36); vgl. a. BVerfG NJW 2012, 1205 Rn. 35 – AnyDVD; LG Hamburg ZUM-RD 2012, 544 (549)). Wird die fremde Äußerung nur **verbreitet,** so kann der Linksetzer je nach geistiger Beziehung zu dem verlinkten Inhalt als intellektueller oder als bloß mitwirkender, technischer Verbreiter anzusehen sein. 22

Dienen Hyperlinks im Zusammenhang eines von Art. 5 I 1 GG erfassten Beitrags als **Beleg** für einzelne Angaben oder sollen sie diese durch zusätzliche Informationen **ergänzen,** so werden sie von der Meinungsfreiheit erfasst (BGH NJW 2011, 2436 Rn. 23 f. – AnyDVD; GRUR 2004, 693 (696) – Schöner Wetten). Das Medium fungiert– wenn kein Zu-eigen-Machen vorliegt – als **intellektueller Verbreiter.** Grds. darf daher trotz der in der Weiterverbreitung liegenden Perpetuierung oder sogar Vertiefung des Ersteingriffs auch über Äußerungen berichtet werden, durch die Persönlichkeitsrechte Dritter verletzt werden, wenn ein überwiegendes Informationsinteresse besteht. Das gleiche gilt für sonstige Berichte über rechtswidrige Vorgänge (vgl. BGH NJW 2011, 2436 Rn. 26 – AnyDVD). Bei Verlinkung unerkannt rechtswidriger Angebote scheidet eine Haftung aus, wenn nicht das Medium Prüfungspflichten verletzt hat (BGH GRUR 2004, 693 (696) – Schöner Wetten), etwa indem es trotz Kenntnis von rechtlichen Angriffen gegen die Äußerung keine weiteren Recherchen unternimmt (LG Hamburg ZUM-RD 2012, 544 (549)). 23

In der Abwägung wird häufig das Informationsinteresse überwiegen, wenn es für den durchschnittlichen Internetnutzer bereits auf Grund der ohnehin im Artikel (rechtmäßigerweise) mitgeteilten Angaben, etwa einer Unternehmensbezeichnung, mit Hilfe von Suchmaschinen ohne weiteres möglich ist, das Linkziel aufzufinden (vgl. BGH NJW 2011, 2436 Rn. 27 – AnyDVD; gebilligt durch BVerfG NJW 2012, 1205 Rn. 37 – AnyDVD). Diese für den Bereich des Urheberrechts entwickelten Grundsätze sind auf die Verletzung von Persönlichkeitsrechten übertragbar (LG Braunschweig MMR 2012, 64). Eine Beurteilung nach den Kriterien der Störerhaftung scheidet hingegen aus, wenn der Äußernde die Rechtswidrigkeit des verlinkten Angebots erkannt hat (vgl. BGH NJW 2011, 2436 Rn. 29), dh dann ist auf jeden Fall nach den für intellektuelle Verbreiter geltenden Grundsätzen abzuwägen, ob der Betroffene die Berichterstattung hinzunehmen hat. 23.1

24 Soweit der Linksetzer den verlinkten Inhalt nicht zur Kenntnis nimmt, richtet sich seine Haftung nach den für **technische Verbreiter** geltenden Grundsätzen, namentlich den ihn treffenden Prüfungspflichten (vgl. LG Hamburg ZUM 2008, 704 für die Verlinkung auf eine Online-Enzyklopädie sowie BGH NJW 2012, 2345 Rn. 18 – RSS-Feeds für die Einbindung von Nachrichtenfeeds in ein Informationsportal). Der Umfang der Prüfungspflichten richtet sich insbes. nach dem Gesamtzusammenhang, dem Zweck des Hyperlinks sowie nach der Kenntnis bzw. Erkenntnismöglichkeit bezüglich der Rechtswidrigkeit des Linkziels. Auch dann, wenn beim Setzen des Hyperlinks keine Prüfungspflicht verletzt wird, kann eine Störerhaftung begründet werden, wenn ein Hyperlink nach Kenntniserlangung (zB durch Hinweis des Betroffenen) aufrechterhalten bleibt. Soweit Hyperlinks nur den Zugang zu ohnehin allgemein zugänglichen Quellen erleichtern, dürfen allerdings im Interesse der Meinungs- und Pressefreiheit (Art. 5 I GG) an die nach den Umständen erforderliche Prüfung keine zu strengen Anforderungen gestellt werden (BGH GRUR 2004, 693 (695) – Schöner Wetten). Dies gilt insbes. für Dienstanbieter, die automatisiert fremde Äußerungen in ihre Angebote aufnehmen (vgl. BGH NJW 2012, 2345 Rn. 11 – RSS-Feeds; OLG Düsseldorf MMR 2012, 118; strenger zumindest bei vorbestehender Unterlassungspflicht KG MMR 2010, 715).

7. Suchmaschinen

25 Unter die technischen Verbreiter fallen hinsichtlich der von ihnen ausgelieferten **Suchergebnislisten** auch Suchmaschinen im Internet (vgl. OLG Hamburg AfP 2011, 491). Ein Anspruch gegen den Suchmaschinenbetreiber kommt daher nur dann in Betracht, wenn er zuvor bösgläubig gemacht wurde, seine Mitwirkung an der Verbreitung aber nicht einstellt. Hierfür muss der Betreiber auf eine **klare Rechtsverletzung** hingewiesen worden sein (OLG München MMR 2012, 108). Die angeblich rechtsverletzenden Inhalte und Suchergebnisse sind präzise und detailliert zu benennen (vgl. näher OLG Hamburg AfP 2011, 491).

26 Auch für den Inhalt der vom Suchmaschinenbetreiber selbst zusammengestellten **Snippets,** also der kurzen Textauszüge, die üblicherweise im Zusammenhang mit dem Link auf die Zielseite in der Ergebnisliste ausgewiesen werden, haftet der Betreiber nur bei Verletzung von Prüfungspflichten (KG MMR 2012, 129). Snippets können den Inhalt verlinkter Zielseiten zwar (zufällig) treffend abbilden, der Nutzer erkennt aber, dass die Snippets automatisch generiert werden und nicht redaktionell bearbeitet worden sind (ebenso im Ergebnis OLG Hamburg ZUM-RD 2011, 670). Die „Mehrdeutigkeitsrechtsprechung" (vgl. BVerfG NJW 2006, 207 – Stolpe → Rn. 59) ist in derartigen Fällen nicht anwendbar (OLG Hamburg ZUM 2007, 490).

27 Bei den verbreiteten **Autocomplete-Funktionen,** die schon bei Eingabe weniger Buchstaben auf Basis vorangegangener Suchen anderer Nutzer Suchwörter vorschlagen, geht der BGH von einer Verantwortlichkeit des Anbieters für eigene Inhalte gem. § 7 I TMG aus (BGH GRUR 2013, 751 Rn. 20 – „Autocomplete"-Funktion; ebenso OLG Köln MMR 2012, 840 (842) mAnm v. Seitz ZUM 2012, 994; aA OLG München MMR 2012, 108 (109)). Er entnimmt der kombinierten Anzeige eines Personennamens mit negativ besetzten Begriffen die Behauptung eines „sachlichen Zusammenhangs" zwischen beiden (BGH GRUR 2013, 751 Rn. 16) und hält den Suchmaschinenbetreiber hierfür als Störer für verantwortlich, wenn er seine (grundsätzlich erst mit Kenntniserlangung von einer Rechtsverletzung eingreifenden) Prüfungspflichten verletzt (BGH GRUR 2013, 751 Rn. 23 ff.). Weist ein Betroffener den Betreiber einer Internet-Suchmaschine auf eine rechtswidrige Verletzung seines Persönlichkeitsrechts hin, ist der Betreiber demnach verpflichtet, zukünftig derartige Verletzungen zu verhindern (BGH GRUR 2013, 751 Rn. 30).

27.1 Das Urteil des BGH (GRUR 2013, 751 – „Autocomplete"-Funktion) wirft noch viele Fragen auf, etwa zum Nutzerverständnis (Art des „sachlichen Zusammenhangs") und zu den konkreten Prüfungspflichten des Betreibers. Zu Recht krit. Stegmann AfP 2013, 306, weitgehend zustimmend dagegen Gounalakis NJW 2013, 2321.

28 Generell ist die Haftung auch im Bereich der Suchmaschine begrenzt durch das Kriterium der **Zumutbarkeit.** Dem Betreiber einer Suchmaschine zumutbar dürfte derzeit eine Prüfpflicht hinsichtlich der aufgefundenen Internetseiten nur dann sein, wenn sie sich auf eine konkrete, formal erfassbare Verletzungsform wie etwa eine **konkrete Fundstelle (URL)** bezieht. Mehr – insbes. die Überprüfung aller Internetauftritte, die bei Eingabe eines Namens gefunden werden (vgl. OLG Hamburg MMR 2010, 141) – liegt außerhalb des Zumutbaren (aA KG ZUM-RD 2006, 549).

8. Weitergabe von Informationen an die Medien

Die gezielte **Veranlassung eines Presseartikels** unterfällt Art. 5 Abs. 1 S. 1 GG, der auch das Recht des Äußernden umfasst, das Verbreitungsmedium frei zu bestimmen (BVerfG NJW 2003, 1109 (1110)). Die Zulässigkeit einer solchen Äußerung ist daher unter Berücksichtigung der Meinungsfreiheit zu überprüfen (BGH NJW 2005, 2766 (2770)). 29

Geben Informanten nur Auskünfte, ohne eine Veröffentlichung anzustreben, so kommt eine **Informantenhaftung** für die spätere Veröffentlichung lediglich ausnahmsweise in Betracht. Die bloße Möglichkeit einer Veröffentlichung der übermittelten Informationen, mag sie auch naheliegend sein, kann für eine Haftung des Informanten nicht genügen. Dieser darf darauf vertrauen, dass ein Presseorgan zunächst unter Beachtung seiner presserechtlichen Sorgfaltspflichten recherchiert und sodann möglicherweise kritisch, dabei aber sachbezogen berichtet (BGH NJW 2005, 2766 (2770)). Eine Inanspruchnahme des Informanten würde voraussetzen, dass der Informant sich eine in der Verantwortung der Zeitung liegende publizistische Aufmachung als eigene zurechnen lassen müsste (BVerfG NJW 2005, 1109 (1110)). 30

II. Arten von Äußerungsinhalten

1. Allgemeines

Wichtigste Weichenstellung für die äußerungsrechtliche Beurteilung ist die Einordnung einer Aussage als **Tatsachenbehauptung** oder **Werturteil**. Beide können Rechtsgüter der Betroffenen in unterschiedlicher Weise beeinträchtigen, denn eine Meinungsäußerung gibt persönliche Ansichten wieder und ist – weil man stets auch anderer Meinung sein kann – nicht zwingend, während Tatsachenbehauptungen unabhängig von der subjektiven Anschauung Geltung beanspruchen. Der Schutz gegen falsche Tatsachenaussagen ist daher stärker ausgeprägt als gegen Werturteile. 31

Die **Abgrenzung** zwischen beiden Äußerungsformen (vgl. dazu ausf. Seitz/Schmidt Rn. 6.1 ff.) kann im Einzelfall schwierig sein, vor allem deswegen, weil sie nicht selten miteinander verbunden werden und erst gemeinsam den Sinn einer Äußerung ausmachen. In solchen Fällen ist der Begriff der Meinung im Interesse eines wirksamen Grundrechtsschutzes weit zu verstehen (BVerfGE 85, 1 (15) = NJW 1992, 1439 – Kritische Bayer-Aktionäre). Nach ständiger Rspr. des BVerfG sind für **Werturteile** die **subjektive Beziehung** des sich Äußernden zum Inhalt seiner Aussage kennzeichnend, während **Tatsachenbehauptungen** durch die **objektive Beziehung** zwischen der Äußerung und der Wirklichkeit charakterisiert werden. Anders als Werturteile sind Tatsachenbehauptungen daher grds. dem Beweis zugänglich (vgl. BVerfG NJW 2008, 358 (359)). Die **Abgrenzung** von Tatsachenbehauptungen und Werturteilen ist **in allen äußerungsrechtlichen Zusammenhängen einheitlich** vorzunehmen (vgl. zu § 824 BGB BGH MMR 2011, 409 Rn. 9). 32

Für die Beurteilung der Frage, ob eine Äußerung als Tatsachenbehauptung oder Meinungsäußerung bzw. Werturteil einzustufen ist, bedarf es nach stRspr der Ermittlung des **vollständigen Aussagegehalts** in dem Gesamtzusammenhang, in dem die Äußerung gefallen ist. Es dürfen nicht Sätze oder Satzteile mit tatsächlichem Gehalt herausgegriffen und als unrichtige Tatsachenbehauptung untersagt werden, wenn die Äußerung nach ihrem Gesamtzusammenhang in den Schutzbereich des Art. 5 Abs. 1 GG fallen kann und in diesem Fall eine Abwägung zwischen den verletzten Grundrechtspositionen erforderlich wird (BGH NJW 2009, 3580 Rn. 11 mwN). Im Allgemeinen ist davon auszugehen, dass die Leser die Informationen vollständig zur Kenntnis nehmen (LG Berlin AfP 2007, 65). Andererseits können plakativ herausgestellte Sätze, die den flüchtigen Leser erreichen sollen, auch eigenständig zu interpretieren sein (BVerfG NJW 2004, 277 – NGG). 33

34 **Fragen** werden vom BVerfG als eigene semantische Kategorie neben Tatsachenbehauptungen und Werturteilen behandelt, dem Schutz von Art. 5 I GG unterstellt und hier – da sie nicht richtig oder falsch sein können – wie Werturteile behandelt. Siehe iE → Rn. 47 f.

2. Tatsachenbehauptungen

35 Wesentlich für die Einstufung als Tatsachenbehauptung ist, ob die Aussage einer **Überprüfung auf ihre Richtigkeit mit den Mitteln des Beweises** zugänglich ist (BGH MMR 2011, 409 Rn. 10). Die Formulierung einer Beweisfrage, die mit den Mitteln des zivilprozessualen Beweisrechts bewiesen werden könnte, kann als Test dienen (BVerfG NJW-RR 2001, 411). Die Beweiszugänglichkeit wird nicht dadurch in Frage gestellt, dass die Absolutheit einer Aussage in unscharfer Weise eingeschränkt wird (vgl. zB OLG Brandenburg ZUM-RD 2011, 169 (172) – „nahezu alle"). Wer behauptet, für einen Sachverhalt „Beweise zu haben", erweckt für den Empfänger den Eindruck, beweisbare Vorgänge hätten sich ereignet, und stellt damit eine Tatsachenbehauptung auf (BVerfG NJW-RR 2006, 1130).

36 Äußerungen über **Motive, Absichten oder innere Einstellungen** eines Dritten können ein tatsächliches Element enthalten, falls Gegenstand der Äußerung ein in der Vergangenheit liegendes Verhalten des Dritten ist und die Klärung seiner Motivlage anhand äußerer Indiztatsachen möglich erscheint (BVerfG NJW 2007, 2686 (2688); BGH NJW 2008, 2262 Rn. 19). Aufgrund der Schwierigkeit, Motive und innere Einstellungen sicher zu ermitteln, spricht allerdings häufig viel dafür, dass Leser Äußerungen hierüber als wertende Schlussfolgerungen des Autors begreifen. Da zu den Kernaufgaben der Medienberichterstattung auch die Aufdeckung heimlicher Absichten zählt, über die naturgemäß nur spekuliert werden kann, wäre die Meinungsfreiheit bei ausufernder Annahme innerer Tatsachenbehauptungen erheblich beeinträchtigt. Begriffe wie „absichtlich" oder „bewusst" erfordern eine wertende Betrachtung und legen daher einen wertenden Gebrauch nahe (BVerfG ZUM 2013, 793 Rn. 19).

36.1 Zu Recht nahm daher etwa das OLG Bremen (NJW-RR 2005, 481) bei der Äußerung „Die Spatzen pfeifen es doch von den Dächern, dass (...) da jemand Hauptgeschäftsführer werden will und das alleinige Sagen haben will" eine Meinungsäußerung an. Andererseits erkannte das BVerfG in der Wendung „Für (...) stand schon wenige Stunden nach dem Brand fest: Das war ein Anschlag Rechtsradikaler." einen inhaltlichen Schwerpunkt auf „nachvollziehbaren Vorgängen der räumlich-gegenständlichen Welt"; der Satz sei jedenfalls dem Indizienbeweis zugänglich (BVerfG ZUM-RD 2003, 298). Bei der Aussage, jemand „inszeniere" eine Beziehung nur, steht im Vordergrund der Tatsachenkern, dass es die Beziehung nicht gibt (LG Berlin ZUM-RD 2012, 403). Aussagen wie „Etwas war für ihn nur ein Alibi" oder „Er machte sich mutwillig alle Welt zu Feinden" bringen zum Ausdruck, wie der Betrachter das nach außen zutage tretende Verhalten des Betroffenen einordnet (LG Passau AfP 2012, 291).

37 **Abschwächende Formulierungen** wie „Ich glaube", „sollen angeblich" oder „offenbar" stehen der Qualifizierung als Tatsachenbehauptungen nicht prinzipiell entgegen. Der Ansehensschutz würde leerlaufen, wenn es der Äußernde in der Hand hätte, allein durch solche Einleitungen oder Einschübe aus seinen Tatsachenbehauptungen zivilrechtlich weniger angreifbare Meinungsäußerungen zu machen (vgl. BGH NJW 2009, 3580 Rn. 13 mwN). Allerdings können Formulierungen wie „anscheinend", „offenbar" oder „wohl" auch Indiz dafür sein, dass der Äußernde lediglich eine Schlussfolgerung aus mitgeteiltem Tatsachenmaterial zieht, die dann als Werturteil einzuordnen ist (vgl. zB OLG München ZUM-RD 2009, 342 (344); OLG Nürnberg K&R 2010, 522).

38 Für die Feststellung, ob eine Äußerung als Tatsachenbehauptung oder Werturteil anzusehen ist, kommt es nicht auf die **journalistische Form** an. Auch wenn ein Artikel insgesamt als wertender Kommentar anzusehen ist und auf der „Meinungsseite" einer Publikation steht, schließt dies nicht aus, dass ein einzelner Satz einen tatsächlichen Gehalt hat, der im restlichen Kommentar zum Gegenstand einer Bewertung gemacht wird (BVerfG ZUM-RD 2003, 298).

39 Auch die Äußerung eines **Verdachts** ist eine Tatsachenbehauptung (BGH NJW 2013, 790 Rn. 9 – IM „Christoph"). Bei ihr sowie bei der Wiedergabe von **Gerüchten** und anderen Drittbehauptungen erstreckt sich der Tatsachengehalt nicht nur auf die Existenz,

sondern auch auf den Inhalt (OLG Brandenburg NJW-RR 2002, 1269). Das bedeutet jedoch nicht automatisch, dass der Äußernde für die Wahrheit haftet (s. zur Verbreiterhaftung → Rn. 14 sowie zur Verdachtsberichterstattung → Rn. 237). Die Aussage, bestimmte strafrechtliche Vorwürfe seien „noch offen", enthält eine Tatsachenbehauptung über den Stand der justiziellen Prüfung (VG Neustadt a. d. W. ZUM-RD 2013, 360).

3. Werturteile

Konstitutiv für die Bestimmung dessen, was als Äußerung einer „Meinung" vom Schutz des Grundrechts umfasst wird, ist das Element der Stellungnahme, des Dafürhaltens, des Meinens im Rahmen einer geistigen Auseinandersetzung. Auf den Wert, die Richtigkeit, die Vernünftigkeit der Äußerung kommt es nicht an (BVerfG NJW 1983, 1415 – NPD von Europa). Während Tatsachenbehauptungen sich als „wahr" oder „falsch" erweisen können, kann man über Werturteile auch „anderer Meinung sein". So wird bspw. die Beurteilung eines Vorgangs anhand **rechtlicher oder sittlicher Maßstäbe** grds. als eine subjektive Beurteilung des Äußernden angesehen. Dies gilt in der Regel selbst für Fallgestaltungen, in denen ein Vorgang als strafrechtlich relevanter Tatbestand eingestuft wird (BGH NJW 2009, 3580 Rn. 15). 40

Ein wichtiges Kriterium für die Abgrenzung ist, ob sich eine Äußerung einen konkretgreifbaren Gehalt besitzt oder sich als pauschales Urteil, als **substanzarm** darstellt (vgl. BVerfG NJW 1983, 1415 (1416) – NPD von Europa, BGH NJW 1966, 1617 (1618) – Höllenfeuer). Als Tatsachenbehauptung erweist die Äußerung sich, wenn bzw. soweit bei dem Adressaten zugleich die Vorstellung von konkreten, in die Wertung eingekleideten Vorgängen hervorgerufen wird (BGH NJW 2008, 2110 (2112) – Gen-Milch mwN). Ist eine Äußerung hingegen derart substanzarm, dass sich ihr eine konkret greifbare Tatsache nicht entnehmen lässt und sie ein bloß pauschales Urteil enthält, tritt der tatsächliche Gehalt gegenüber der Wertung zurück (BGH NJW 2008 2110 (2112) – Gen-Milch). Diese Grundsätze gelten auch für die Verwendung von **Rechtsbegriffen.** Dabei kommt es entscheidend auch auf den Zusammenhang an, in dem der Rechtsbegriff konkret verwendet wird (vgl. BGH NJW 2009, 1872 Rn. 15 (Korruption), BGH NJW-RR 1999, 1251 (1252 f.) (Bestechung); BVerfG ZUM-RD 2008, 114 Rn. 28 f. (Vertragsstrafe)). 41

Soweit das BVerfG (NJW 2012, 1643) den Begriffen „Geldwäsche" und „Veruntreuung" deshalb einen tatsächlichen Gehalt beimisst, weil der Durchschnittsleser diesen Äußerungen entnehme, „dass die Mittelverwendung in irgendeiner Weise rechtswidrig, wenn nicht sogar strafbar ist", dürfte sich dies aber zu weit von einer beweiszugänglichen Tatsachenbasis entfernen. Die zur Feststellung der „Rechtswidrigkeit" oder „Strafbarkeit" erforderliche rechtliche Beurteilung ist vielmehr wiederum eine Meinungsäußerung (vgl. etwa BGH NJW 2009, 3580 Rn. 15). Herausgearbeitet müsste in solchen Fällen vielmehr werden, welches tatsächliche Element, das in einem Rechtsbegriff wie „Geldwäsche" oder „Veruntreuung" enthalten ist, als unwahr gelten soll. Entsprechend hat etwa das KG (AfP 2010, 498) in der Bezeichnung als „Krimineller" zutreffend eine Meinungsäußerung gesehen. Vgl. auch OLG Koblenz (ZUM-RD 2007, 522) zur Einordnung von „Betrüger" als Werturteil. Die Mitteilung, die Rspr. beurteile eine bestimmte Frage „uneinheitlich", ist dem Beweis zugänglich und daher Tatsachenbehauptung (LG Köln ZUM-RD 2011, 253). 41.1

Nach diesen Maßstäben hat das BVerfG etwa die Äußerung, die Betroffene gehöre zu den geschiedenen Ehefrauen, die ihre Ehemänner **„ruinierten"** und „wie eine Weihnachtsgans ausnähmen", mangels greifbarer Tatsachengrundlage als Werturteile eingestuft (BVerfG ZUM 2007, 463). Als nicht beweiszugänglich und substanzarm wurden des Weiteren angesehen die Aussage, eine Zeitung werde von der Jugendorganisation einer Partei **„gelenkt"** (OLG Frankfurt a. M. AfP 2009, 163 mkritAnm Ladeur), die Behauptung, jemand stehe mit seinem Verein einer bestimmten Sekte **„nahe"** (OLG Saarbrücken AfP 2010, 493) sowie die Bezeichnung von Bildsequenzen als **„manipuliert"** (OLG Hamburg ZUM 2012, 329). Auch die Bezeichnung einer Person als **„Hassprediger"** wird entscheidend durch Elemente des Dafürhaltens und Meinens geprägt (OLG Brandenburg GRUR-RR 2007, 334). Vgl. andererseits OLG Karlsruhe (NJW-RR 1993, 1054), wo die Bezeichnung als **„Tarnorganisation"** als Tatsachenbehauptung eingeordnet wurde, weil die Autoren konkrete Anhaltspunkte benannt hatten. 42

43 Als Werturteile kommen auch solche Äußerungen in Betracht, bei denen **subjektiv gefärbte Annahmen** über tatsächliche Gegebenheiten mitgeteilt werden (BVerfG NJW 1992, 1439 (1441) – Kritische Bayer-Aktionäre). Allerdings lässt sich alleine aus der Offenbarung einer subjektiven Komponente nicht ableiten, dass die aufgestellten Behauptungen den verstärkten Schutz von Meinungsäußerungen genießen (vgl. BGH NJW 2009, 3580 Rn. 13). **Schlussfolgerungen,** die aus mitgeteilten Tatsachen gezogen werden und dadurch für die Leser als solche erkennbar sind, stellen im Regelfall Werturteile dar (OLG Koblenz ZUM-RD 2008, 477 (479)).

44 Dass eine Bewertung – wie etwa **Bonitätsbeurteilungen** im Wirtschaftsleben – auf Tatsachen beruht, die nach vorgegebenen Kriterien gewichtet werden und so in das abgegebene Werturteil einfließen, macht dieses nicht selbst zu einer Tatsachenbehauptung. Das wäre nur dann der Fall, wenn bei der Äußerung aus Sicht des Empfängers die Elemente des Dafürhaltens oder Meinens gegenüber den zu Grunde liegenden Tatsachen in den Hintergrund treten würden (BGH MMR 2011, 409 Rn. 11, wo allerdings dann ab Rn. 22 die Richtigkeit der zugrundeliegenden Tatsachen geprüft wird).

4. „Gemischte" Äußerungen

45 In vielen Fällen ist die Abgrenzung der Äußerungsinhalte schwierig, weil Werturteile meist einen gewissen Tatsachenbezug besitzen. Gedanklich sind in diesen Fällen zwei Fragen zu unterscheiden: Erstens, unterfällt die Äußerung dem besonders starken Grundrechtsschutz, den Werturteile im Rahmen von Art. 5 Abs. 1 S. 1 GG genießen? Zweitens, falls ja, enthält die Äußerung gleichwohl Elemente, die einer Überprüfung auf ihren Wahrheitsgehalt zugänglich sind und deren Wahrheitsgehalt für die Zulässigkeit eine Rolle spielt?

46 Sind Tatsachenbehauptungen und Werturteile miteinander verbunden, bedarf es zunächst der Entscheidung, ob sie **gemeinsam oder getrennt** zu beurteilen sind. Dafür ist maßgebend, ob bei getrennter Betrachtung ihr Sinn verfälscht würde (BVerfG ZUM 2013, 793 Rn. 18; vgl. zB OLG Köln ZUM-RD 2003, 574 (575 f.) zum Vorwurf einer „Datenmanipulation"). Sofern eine Äußerung, in der sich Tatsachen und Meinungen nach diesen Maßstäben **untrennbar vermengen,** in entscheidender Weise durch die Elemente der Stellungnahme, des Dafürhaltens oder Meinens geprägt ist und der tatsächliche Gehalt gegenüber der Wertung in den Hintergrund tritt, wird sie als **Werturteil** in vollem Umfang von Art. 5 I 1 GG geschützt (BVerfG ZUM 2013, 793 Rn. 18; NJW 1983, 1415 (1416) – NPD von Europa). Im Fall einer derart engen Verknüpfung der Mitteilung von Tatsachen und ihrer Bewertung darf der Grundrechtsschutz der Meinungsfreiheit nicht dadurch verkürzt werden, dass ein tatsächliches Element aus dem Zusammenhang gerissen und isoliert betrachtet wird (BVerfGE 85, 1 (15 f.) = NJW 1992, 1439 – Kritische Bayer-Aktionäre; BGH NJW 1996, 1131 (1133) – Lohnkiller). Die Wahrheit oder Unwahrheit des tatsächlichen Elements ist im Rahmen der **Abwägung** zu berücksichtigen, → Rn. 141.

5. Fragen

47 Fragen unterscheiden sich von Werturteilen und Tatsachenbehauptungen dadurch, dass sie keine Aussage machen, sondern eine Aussage herbeiführen wollen. Sie sind auf Antwort gerichtet. Diese kann in einem Werturteil oder einer Tatsachenmitteilung bestehen. Dagegen lassen sich Fragen keinem der beiden Begriffe zuordnen, sondern bilden eine eigene semantische Kategorie. Da der Fragende gerade wissen will, was richtig oder falsch, wahr oder unwahr ist, und dabei für verschiedene Antworten offen bleibt, kann die Frage selber nicht an den Kriterien von Wahrheit oder Unwahrheit gemessen werden. Unter dem Gesichtspunkt der Meinungsfreiheit stehen Fragen daher Werturteilen gleich (BVerfG NJW 1992, 1442 (1443), BGH NJW 2004, 1034).

48 Allerdings ist nicht jeder in Frageform gekleidete Satz als Frage zu betrachten. Es kommt vor, dass in einem Fragesatz Behauptungen aufgestellt werden, auf die sich das Klärungsbegehren des Fragenden nicht bezieht. Fragesätze, die nicht um einer – inhaltlich noch nicht feststehenden – Antwort willen geäußert werden, bilden vielmehr Aussagen, die sich entweder als Werturteil oder als Tatsachenbehauptung darstellen und rechtlich wie solche zu behandeln sind. Dies kann dazu führen, dass („rhetorische") Fragen als Tatsachenäußerungen anzusehen sind (vgl. etwa EGMR NJW 2006, 1645 Rn. 76 – Pedersen u. Baadsgaard/Dänemark).

Eine rhetorische Frage ist nicht schon dann anzunehmen, wenn der Gesamtkontext dem Leser suggeriert, dass eine bestimmte mögliche Antwortalternative vorrangig in Betracht komme (so aber BGH NJW 2004, 1034 (1035)). Denn ein Teil der Leserschaft könnte immer bereits das Aufwerfen einer Frage als Suggestion verstehen. Der Fragende wird sich ja oft „etwas dabei denken". Mit dem BVerfG (NJW 1992, 1442 (1444)) ist daran festzuhalten, dass bei einem Fragesatz, der mehreren Deutungen zugänglich ist, von denen ihn eine als echte, die andere als rhetorische Frage erscheinen lässt, die Gerichte beide Deutungen erwägen und ihre Wahl begründen müssen. Dabei genügt der hohe Konkretisierungsgrad einer Frage für sich genommen nicht, um diese als rhetorisch auszuweisen. Auch bei hochgradig konkreten Fragesätzen hängt die Einordnung als echte oder rhetorische Frage nur davon ab, ob die Frage auf eine inhaltlich noch nicht feststehende Antwort zielt oder ob der Fragende den Zweck seiner Äußerung bereits mit der Stellung der Frage erreicht hat. Im Zweifel ist im Interesse eines wirksamen Grundrechtsschutzes von einem weiten Fragebegriff auszugehen (BVerfG NJW 1992, 1442 (1444)). **48.1**

6. Satire

Der Satire ist wesenseigen, mit Verfremdungen, Verzerrungen und Übertreibungen zu arbeiten. Bei der rechtlichen Beurteilung muss der satirische Charakter der einzelnen Meinungskundgabe berücksichtigt werden, damit ihnen nicht durch wörtliches Verständnis ein Inhalt untergeschoben wird, den ihnen ihr Urheber erkennbar nicht beilegen wollte. Die Satire muss ihres in Wort und Bild gewählten Gewandes entkleidet werden, um ihren eigentlichen Inhalt erkennen zu lassen. Ihr Aussagekern und ihre Einkleidung sind sodann gesondert daraufhin zu überprüfen, ob sie eine Kundgabe der Missachtung der karikierten Person enthalten (BVerfG NJW 1992, 2073 – geb. Mörder/Krüppel). Dabei muss zunächst der **Aussagekern** erfasst und daraufhin überprüft werden, ob zB eine Schmähkritik vorliegt bzw. eine Tatsachenbehauptung wahr oder auf sonstige Weise gerechtfertigt ist (BVerfG NJW 2005, 3271 (3272) – Ron Sommer). Ist gerade der Aussagekern als unwahr zu beanstanden, so ändert auch die Verwendung ironischer, satirischer Formulierungen nichts an der Unzulässigkeit (KG ZUM 2005, 822). Die **Einkleidung** der Aussage ist gesondert daraufhin zu überprüfen, ob sie das Persönlichkeitsrecht verletzt. Dabei ist zu beachten, dass die Maßstäbe für die Beurteilung insoweit weniger streng sind, weil der gewählten Darstellungsart die Verfremdung gerade wesenseigen ist (BVerfG NJW 1987, 2661 – Strauß-Karikaturen). Vgl. für die Anwendung dieser Grundsätze auf eine bildliche Satire etwa OLG München ZUM-RD 2009, 551 („gekreuzigter" Fußballtrainer). **49**

III. Verständnis von Äußerungen

1. Allgemeines

Medienveröffentlichungen und sonstige Äußerungen bedürfen zunächst der Deutung, durch die festgestellt werden muss, welches Verständnis der rechtlichen Beurteilung zugrunde zu legen ist. Voraussetzung einer zutreffenden rechtlichen Würdigung von Äußerungen ist, dass ihr Sinn zutreffend erfasst worden ist. Fehlt es daran, etwa weil das Gericht der Abwägung eine in Wahrheit nicht getätigte Äußerung zugrunde legt (vgl. BVerfG NJW 2005, 2138 mAnm Teubel NJW 2005, 3245), so kann das im Ergebnis zur Unterdrückung einer zulässigen Äußerung oder aber zur Fortdauer einer rechtswidrigen Persönlichkeitsrechtsverletzung führen. **50**

2. Die maßgebliche Sichtweise

Äußerungen werden je nach Bildung, Vorwissen, Überzeugungen, Aufmerksamkeitsgrad, persönlicher Betroffenheit und vielen anderen Parametern von verschiedenen Rezipienten oft unterschiedlich aufgefasst. Ziel der Deutung ist nach der Rspr. dennoch die Ermittlung des **objektiven Sinns** einer Äußerung (BVerfG NJW 2012, 1643 Rn. 42; NJW 2010, 2193 Rn. 25 – „Ausländerrückführung"; NJW 1995, 3303 (3304) – „Soldaten sind Mörder"; BGH NJW 2008, 2110 (2112) – Gen-Milch). Maßgeblich ist weder die subjektive Absicht **51**

BGB § 823   III. Medienäußerungsrecht

des sich Äußernden noch das subjektive Verständnis der von der Äußerung Betroffenen, sondern der Sinn, den sie nach dem Verständnis eines **unvoreingenommenen und verständigen Publikums** hat (BVerfG NJW 2013, 217 (218)). Entscheidend kommt es für die Interpretation auf den Horizont des Empfängers an (BVerfG NJW-RR 2006, 1130 (1131)). Dabei ist stets (unter Berücksichtigung des allgemeinen Sprachgebrauchs) vom Wortlaut der Äußerung auszugehen. Dieser legt ihren Sinn aber nicht abschließend fest. Er wird vielmehr auch von dem sprachlichen Kontext und den Begleitumständen bestimmt, soweit diese für die Rezipienten erkennbar waren (vgl. etwa BGH NJW 2008, 2110 (2112) – Gen-Milch). Die isolierte Betrachtung eines umstrittenen Äußerungsteils wird daher den Anforderungen an eine zuverlässige Sinnermittlung regelmäßig nicht gerecht (vgl. BVerfG NJW 1995, 3303 (3305) – „Soldaten sind Mörder").

52   In der Rechtsanwendung besteht das Kernproblem darin, das Verständnis eines verständigen und unvoreingenommenen Publikums zu **ermitteln**. Das BVerfG (NJW 2012, 1643 Rn. 42) stellt auf den **„durchschnittlichen Leser"** ab, ohne näher darauf einzugehen, wie dieser gefunden werden und woher seine Sichtweise bekannt sein soll (ebenso etwa die in BVerfG NJW-RR 2010, 470 wiedergegebene obergerichtliche Rspr. sowie BGH NJW 2007, 686). In Wahrheit ist der „durchschnittliche Leser" ein gedankliches Hilfskonstrukt der Gerichte (vgl. etwa Grimm AfP 2008, 1 (2)), die im besten Fall darum bemüht sind, nicht nur ihre eigene Sicht zum Tragen zu bringen, sondern sich auch in andere Rezipienten hineinzudenken. Diese Möglichkeit ist aber naturgemäß begrenzt. Mit der im Grunde trivialen Tatsache, dass häufig der eine so auffasst, der andere aber anders, kann das Äußerungsrecht bislang nicht befriedigend umgehen (vgl. zum Ganzen grundlegend Schweizer, Die Entdeckung der pluralistischen Wirklichkeit, 3. Aufl. 2000).

52.1   Das OLG Karlsruhe (ZUM-RD 2006, 331) nahm in einem Fall an, maßgeblich sei das Verständnis eines unbefangenen Lesers des Lokalteils einer süddeutschen Regionalzeitung. Der Senat könne den Aussagegehalt aus eigener Sachkunde beurteilen, denn seine Mitglieder seien Bezieher verschiedener vergleichbarer Regionalzeitungen und regelmäßige Leser auch des jeweiligen Regionalteils; ihnen sei deshalb bekannt, wie der unbefangene Durchschnittsleser Zeitungsnotizen der dort vorliegenden Art zu interpretieren pflege. – Hier bleibt zumindest ungeklärt, ob OLG-Richter wirklich „durchschnittliche" Leser dieser Art von Regionalteilen waren. Auf halbem Wege stehen bleibt auch der BGH (NJW 2006, 830 Rn. 74 – Kirch/Deutsche Bank): „Die Frage, ob die Aussage des Bekl. zu 2 eine entsprechende Tatsachenbehauptung enthielt, ist nicht durch eine Beweisaufnahme über das Verständnis einiger Adressaten, sondern durch Auslegung aus der Sicht eines unvoreingenommenen, an wirtschaftlichen Fragen interessierten, verständigen Zuschauers bzw. Lesers zu klären." – Aber wie ermittelt man diese Sicht? – Verfehlt in diesem Zusammenhang OLG Köln (MMR 2012, 840 (844)), wo ein vorgelegtes demoskopisches Parteigutachten deshalb als irrelevant abgetan wurde, weil ihm nicht zu entnehmen sei, dass genügend von den 795 befragten Personen der „Gruppe des verständigen und unvoreingenommenen Durchschnittspublikums" zugehörig seien. Hier wurde offenbar das Wesen repräsentativer Umfragen missverstanden.

52.2   Die Vorgehensweise der Gerichte ist nicht nur hinsichtlich der theoretischen Untermauerung unbefriedigend, sondern zumindest fallweise auch im Ergebnis. Bspw. hatte der BGH zu ermitteln, wie die Titelseitenankündigung einer Illustrierten mit dem Wortlaut „Exklusiv – Caroline spricht zum 1. Mal – Von Traurigkeit, Haß auf die Welt, Glückssuche." zu verstehen war. Der BGH führte dazu aus (NJW 1995, 861 (862) – Caroline von Monaco), der unbefangene Durchschnittsleser erwarte „den Abdruck eines Gesprächs, das diese Person mit einem Reporter gerade dieser Illustrierten geführt hat. Der Gedanke, daß dieses Gespräch (...) auch mit einem Mitarbeiter einer Agentur geführt worden sein und die Illustrierte das Interview von dieser Agentur erworben haben könne, liegt für den unbefangenen Durchschnittsleser so fern, daß ihn das BerGer. (...) außer Betracht lassen mußte." – Auf Basis dieses Verständnisses musste die Illustrierte einen Widerruf auf der Titelseite abdrucken und eine erhebliche Geldentschädigung bezahlen, ohne dass der BGH erläutert hätte, weshalb er annimmt, dass tatsächlich alle „wesentlichen" Leser die vom BGH angeführte Erwartungshaltung eines Gesprächs mit einem „eigenen Reporter" gebildet hatten – insbes. da die Möglichkeit einer Mitwirkung von freien Mitarbeitern und Nachrichtenagenturen an Presseveröffentlichungen weithin bekannt ist.

53   Eine gewisse Ausnahme von der Maßgeblichkeit des „unvoreingenommenen Durchschnittspublikums" macht das BVerfG bei der Verwendung von **Fachbegriffen:** Werden Fachbegriffe in zutreffender Weise angewandt, so muss der Äußerer sich nicht entgegen-

halten lassen, ein Laie könne sie auch anders als in ihrem fachsprachlichen Sinn verstehen. Diese Ausnahme gilt allerdings wiederum nicht, wenn der Äußernde den Fachbegriff in einen Kontext gesetzt hat, in dem ihn „ein unvoreingenommenes und verständiges Durchschnittspublikum mit hoher Wahrscheinlichkeit in hiervon abweichender Weise verstehen muss" (BVerfG ZUM 2007, 463 (466)).

Ein Fall dieser „Gegenausnahme" lag der Entscheidung BVerfG (AfP 2006, 550) zugrunde, durch **53.1** die eine Unterlassungsverurteilung bezüglich des Vorwurfs „rechtswidriger Abtreibungen" bestätigt wurde. Hier hatte das Flugblatt die Bezeichnung als „rechtswidrig" nicht in den Kontext der diffizilen juristischen Einordnung von Abtreibungen (vgl. BVerfG NJW 1993, 1751) gestellt, der zufolge Abtreibungen teilweise als zwar rechtswidrig, aber straffrei angesehen wurden. Die fachsprachlich zutreffende Verwendung des Wortes „rechtswidrig" war deshalb am allgemeinen Sprachgebrauch zu messen und nach Auffassung des BVerfG im Sinne einer „verbotenen" und damit „strafbaren" Abtreibung zu verstehen (aA OLG Karlsruhe NJW 2003, 2029).

3. Sonderfälle

Nicht immer ist das Verständnis des „Durchschnittspublikums" maßgeblich. Nach dem **54** BVerfG soll für eine **„Prangerwirkung",** die zB einer Berichterstattung aus der Sozialsphäre entgegenstehen kann (→ Rn. 165), möglicherweise schon ein schwerwiegendes Unwerturteil „wesentlicher Teile" des Durchschnittspublikums genügen (BVerfG NJW 2010, 1587 Rn. 26). Hier verschärfen sich die Schwierigkeiten der Durchschnittsermittlung noch durch die Frage, welche Publikumsteile als „wesentlich" anzusehen sind.

Maßgebend für die Feststellung der Frage, ob eine Äußerung in einem **Zitat** zutreffend **55** wiedergegeben wurde oder nicht, ist nicht das vertretbare Verständnis eines Durchschnittslesers oder -hörers, sondern das, was der Zitierte gemessen an seiner Wortwahl, seiner Gedankenführung und dem darin erkennbar gemachten Anliegen zum Ausdruck gebracht hat. Andernfalls würde dem Zitierten die Entscheidung über sein eigenes Wort weitgehend genommen und durch eine mögliche Beurteilung Dritter ersetzt, in der seine Äußerung eine andere Färbung oder Tendenz erhalten kann. Dementsprechend ist eine Persönlichkeitsrechtsverletzung zu bejahen, wenn die Wiedergabe einer mehrdeutigen Äußerung zwar einer aus Sicht „des Durchschnittsadressaten" vertretbaren Deutung folgt, aber auch ein anderes Verständnis möglich ist, das die Rechte des Zitierten besser wahrt, und der Zitierende seiner Aussage keinen Interpretationsvorbehalt beifügt (vgl. zum Ganzen BVerfG NJW 1980, 2072 – Böll/Walden; BGH NJW 2011, 3516 mwN → Rn. 187 f.).

Bei der äußerungsrechtlichen Beurteilung von **Kunstwerken** ist eine kunstspezifische **56** Betrachtungsweise geboten, → Rn. 115 f. Das führt auch dazu, dass nicht wie bei der Auslegung von Äußerungen, die in den Schutzbereich der Meinungsfreiheit des Art. 5 Abs. 1 S. 1 GG fallen, das Verständnis eines Durchschnittsrezipienten zu Grunde zu legen ist. Die Kunstfreiheit verlangt vielmehr, den Leser eines literarischen Werks für mündig zu halten, zwischen der Schilderung tatsächlicher Gegebenheiten und einer fiktiven Erzählung zu differenzieren (BVerfG NJW 2008, 39 Rn. 84 – Esra). Dem Künstler wird gewissermaßen ein Anspruch auf ein mündiges Publikum zugebilligt, das ein ihm präsentiertes fiktionales Geschehen als solches erkennt und auch die darin auftretenden Personen als Produkt künstlerischen Schaffens auffasst (OLG Hamburg NJW 2009, 1510 (1513)). Vgl. zu den Schwierigkeiten der kunstspezifischen Betrachtung nicht rein fiktiver Werke → Rn. 144 sowie das überzeugende Sondervotum von Hohmann-Dennhardt/Gaier (BVerfG NJW 2008, 39 Rn. 110 ff. – Esra).

4. Verdeckte Aussagen und Eindrücke

Besondere Schwierigkeiten weisen die nicht seltenen Fälle auf, in denen Tatsachenbehauptungen **57** nicht direkt aufgestellt werden, sondern einer Äußerung nur „zwischen den Zeilen" zu entnehmen sind bzw. in denen (vermeintlich) ein entsprechender Eindruck erweckt wird.

Die verfassungsrechtlichen Anforderungen schließen zwar nicht aus, dass eine Verurteilung **58** auf einen vom Wortlaut abweichenden Sinn gestützt wird. Hierbei ist aber besondere Zurückhaltung geboten. Eine solche Interpretation muss unvermeidlich über die reine Wortinterpretation hinausgehen und weitere, dem Text nicht unmittelbar zu entnehmende Gesichtspunkte und Maßstäbe heranziehen. Diese müssen ihrerseits mit Art. 5 Abs. 1 GG vereinbar sein. Auf eine im Zusammenspiel der offenen Aussagen verdeckt enthaltene zusätzliche Aussage darf eine Sanktion (zu Unterlassungsansprüchen → Rn. 64) daher nur gestützt werden, wenn sich die verdeckte Aussage dem angesprochenen Publikum als **unabweisbare Schlussfolgerung** aufdrängt (BVerfG NJW 2010, 2193 Rn. 25 – „Ausländerrückführung"; NJW 2004, 1942). Der Äußernde kann sich nicht dagegen wehren, dass der Leser aus den ihm „offen" mitgeteilten Fakten eigene Schlüsse auf einen Sachverhalt zieht, für den die offenen Aussagen Anhaltspunkte bieten (BGH NJW 2006, 601 Rn. 17; NJW 2004, 598 (599) – Klinik Monopoly). Für mögliche, aber nicht zwingende Interpretationen kann der Äußernde wegen des drohenden Einschüchterungseffekts nicht mit Strafe, Schadensersatz, Berichtigung oder Gegendarstellung belegt werden.

5. Mehrdeutigkeit

59   Voraussetzung jeder rechtlichen Würdigung von Äußerungen ist, dass ihr Sinn zutreffend erfasst worden ist (BVerfG NJW 1995, 3303 (3305) – „Soldaten sind Mörder"). Zunächst obliegt es den Gerichten, zu ermitteln, ob der Äußerung durch die gebotenen Auslegungsbemühungen ein eindeutiger Aussagegehalt beigemessen werden kann (BVerfG NJW 2010, 3501 Rn. 22 – Gen-Milch). Wenn hingegen ein unvoreingenommenes und verständiges Publikum die Äußerung als mehrdeutig wahrnimmt oder wenn erhebliche Teile des Publikums den Inhalt jeweils unterschiedlich verstehen, ist bei der weiteren Prüfung von einem mehrdeutigen Inhalt auszugehen (BVerfG NJW 2006, 207 Rn. 31 – Stolpe).

60   In der Folge ist danach zu differenzieren, welche Ansprüche in Rede stehen. Auch nach der zum Teil als Richtungswechsel interpretierten Stolpe-Entscheidung des BVerfG (NJW 2006, 207; vgl. dazu Gas AfP 2006, 428; Seelmann-Eggebert AfP 2007, 86; Grimm AfP 2008, 1; Mann AfP 2008, 6) bleibt es für **Ansprüche mit Sanktionscharakter** dabei, dass die Meinungsfreiheit verletzt wird, wenn ein Gericht bei mehrdeutigen Äußerungen die zu einer Verurteilung führende Bedeutung zu Grunde legt, ohne vorher mit schlüssigen Gründen Deutungen ausgeschlossen zu haben, welche die Sanktion nicht zu rechtfertigen vermögen. Dies gilt für **strafrechtliche Verurteilungen** ebenso wie für zivilrechtliche Verurteilungen zum **Schadensersatz,** zum **Widerruf** oder zu einer **Berichtigung** (BVerfG NJW 2006, 207 Rn. 33 – Stolpe), aber auch für **Gegendarstellungsansprüche** (BVerfG NJW 2008, 1654 Rn. 36).

61   Bei **Unterlassungsansprüchen** geht das BVerfG hingegen davon aus, dass der Äußernde die Möglichkeit hat, sich in der Zukunft eindeutig auszudrücken (BVerfG NJW 2006, 207 Rn. 34 – Stolpe). Dementsprechend müssen im Rahmen der Beurteilung von Unterlassungsansprüchen alle nicht entfernt liegenden Deutungsvarianten der Abwägung mit dem Persönlichkeitsrecht zugrunde gelegt werden, die dieses Recht beeinträchtigen. Jedoch kann der Äußernde die Verurteilung durch ernsthafte und inhaltlich ausreichende **Klarstellung** vermeiden (BVerfG NJW 2006, 207 Rn. 35 – Stolpe).

62   In der Entscheidung Holocaust/Babycaust erstreckte das BVerfG (NJW 2006, 3769; krit. etwa Hochhuth NJW 2007, 192) diese Grundsätze auf **Werturteile,** war jedoch in der Folgezeit erkennbar darum bemüht, die gegen beide Urteile geäußerten Bedenken im Hinblick auf einen möglichen Einschüchterungseffekt zu zerstreuen. So hat es die zuvor für Schadensersatz- und Berichtigungsansprüche entwickelten Grundsätze auf Gegendarstellungsansprüche erstreckt und zudem in einem obiter dictum gefordert, es müsse gesichert sein, dass für die Klarstellung und damit die Abwendung der Unterlassungsverpflichtung ein einfacher Weg ohne hohe Kostenlast eröffnet ist (BVerfG NJW 2008, 1654 Rn. 36).

63   Später hat das BVerfG klargestellt, dass – auch wenn es um Unterlassungsansprüche geht – längst **nicht jede „vieldeutige" Aussage zugleich „mehrdeutig"** iSd Stolpe-Rspr. ist (NJW 2010, 3501 Rn. 23 – Gen-Milch). Wenn eine Formulierung eine Vielzahl von Verständnismöglichkeiten zulässt, muss danach nur dann die am intensivsten beeinträchtigende Deutungsvariante zu Grunde gelegt werden, wenn die Äußerung von dem maßgeblichen Durchschnittspublikum **überhaupt als eine geschlossene, aus sich heraus aussagekräftige Tatsachenbehauptung** wahrgenommen wird. Anders liegt es hingegen bei Äußerungen, die gar nicht als eigenständige Behauptung eines bestimmten Sachverhalts verstanden, sondern ohne Weiteres als in tatsächlicher Hinsicht unvollständig und ergänzungsbedürftig erkannt werden, wie dies häufig bei Slogans und schlagwortartigen Äußerungen der Fall ist. Die Meinungsfreiheit, die auch das Recht aufmerksamkeitserregender Zuspitzungen und polemisierender Pointierungen (nicht aber von Entstellungen, BVerfG NJW 2004, 277 – NGG) umfasst, steht hier einer Untersagung der Äußerung wegen ihrer Mehrdeutigkeit entgegen (BVerfG NJW 2010, 3501 Rn. 23).

Die Instanzgerichte schränken den Bereich der „Mehrdeutigkeit" ein, indem sie auch im 64 Zusammenhang mit Unterlassungsansprüchen bei „zwischen den Zeilen" zum Ausdruck kommenden **verdeckten Aussagen** fordern, dass diese sich dem Leser als unabweisbare Schlussfolgerung aufdrängen (vgl. mit ausführlicher und überzeugender Begründung LG Hamburg AfP 2011, 394, ebenso LG Köln ZUM-RD 2013, 402; LG Düsseldorf AfP 2007, 58; AG München AfP 2012, 588; aA OLG Köln ZUM-RD 2006, 438). Das BVerfG geht hingegen davon aus, dass dann, wenn ein erheblicher Teil eines unvoreingenommenen und verständigen Publikums der Äußerung neben den offenen auch verdeckte, von den offenen Aussagen abweichende Inhalte entnimmt, bei der weiteren Prüfung auch von diesen Inhalten auszugehen ist; die Äußerung sei in diesem Sinne für mehrere Deutungen offen (BVerfG NJW 2008, 1654 Rn. 30).

Bei **Fragen** gilt: Die Unterscheidung zwischen echten und rhetorischen Fragen muss 65 gegebenenfalls mit Hilfe von Kontext und Umständen der Äußerung erfolgen. Art. 5 I 1 GG verlangt insoweit, dass für die Einstufung eines Fragesatzes als rhetorische Frage Gründe angegeben werden. Ist ein Fragesatz mehreren Deutungen zugänglich, von denen ihn eine als echte, die andere als rhetorische Frage erscheinen lässt, müssen die Gerichte beide Deutungen erwägen und ihre Wahl begründen (BVerfG NJW 1992, 1442 (1444)). Im Zweifel ist hiernach im Interesse eines wirksamen Grundrechtsschutzes von einem weiten Fragebegriff auszugehen,. Zu Unrecht lehnt der BGH (NJW 2004, 1034 (1035)) die Berücksichtigung der Mehrdeutigkeit bei der Abgrenzung echter von rhetorischen Fragen ab.

Zu Fragen der **Kostenerstattungspflicht** bei Mehrdeutigkeitsfällen → Rn. 347. 66

IV. Person des Äußernden

1. Privatpersonen

Privatpersonen können sich bei ihren Äußerungen in vollem Umfang auf das Grundrecht 67 der Meinungsfreiheit (Art. 5 Abs. 1 S. 1 GG) berufen. Sie unterliegen hierbei nicht den gleichen Sorgfaltspflichten wie Journalisten (sog. **Laienprivileg**). Von ihnen darf eine gesteigerte Sorgfalt nur verlangt werden, soweit sie Tatsachenbehauptungen aus ihrem eigenen Erfahrungs- und Kontrollbereich aufstellen. Dagegen ist es bei Vorgängen von öffentlichem Interesse, namentlich solchen aus nicht transparenten Politik- und Wirtschaftsbereichen, regelmäßig nicht möglich, Beweise oder auch nur Belegtatsachen aufgrund eigener Nachforschungen beizubringen. Eine Privatperson ist insoweit vielmehr auf die Berichterstattung durch die Medien angewiesen. Deshalb darf, wer Presseberichte guten Glaubens aufgreift, erst dann zur Unterlassung oder zum Widerruf verurteilt werden, wenn die Berichterstattung erkennbar überholt oder widerrufen ist (vgl. BVerfG NJW 1992, 1439 (1442) – Kritische Bayer-Aktionäre).

Soweit Privatpersonen sich allerdings über eigene Wahrnehmungen äußern, gilt dieses 68 „Laienprivileg" nicht und müssen sie insbs. bei öffentlichen Äußerungen (etwa über das Internet) durchaus mit einer Inanspruchnahme rechnen (vgl. zur Abgabe einer kritischen Hotelbewertung AG Wolgast K&R 2009, 281). Auch bei Schaffung einer auf Dauer angelegten medialen Öffentlichkeit, etwa durch Einrichtung eines Internetforums zu einem bestimmten Thema, greift das Laienprivileg für einzelne dort getätigte Äußerungen nicht (LG Köln ZUM 2012, 900).

2. Gewerblich Handelnde

Tatsachenbehauptungen und Meinungsäußerungen im Wirtschaftswettbewerb sind an der 69 Tagesordnung und grds. auch geschützt (vgl. BVerfG NJW 2003, 1303 – Benetton-Werbung II; BGH ZUM 2008, 957 – Zerknitterte Zigarettenschachtel; NJW 2007, 689 – Rücktritt des Finanzministers), jedoch wird ihre Zulässigkeit durch wettbewerbsrechtliche Bestimmungen teilweise eingeschränkt, vgl. etwa § 4 Nr. 7, 8, § 6 Abs. 2 Nr. 5 UWG. Bei diesen Normen handelt es sich um allgemeine Gesetze iSd Art. 5 Abs. 2 GG, die mit der Wertordnung des GG im Einklang stehen (BVerfG GRUR 2008, 81 (82) – Pharmakartell). Die für ihre Anwendbarkeit vorausgesetzte Wettbewerbsabsicht kann auch dann vorliegen, wenn eine Äußerung nicht ausschließlich wirtschaftlichen Zwecken dient, sondern einen darüber hinausgehenden meinungsbildenden Inhalt hat. Allerdings darf die Teilhabe an Auseinandersetzungen über gesellschaftspolitische Fragen einem Grundrechtsträger nicht deshalb erschwert werden, weil er sich in dem betreffenden Bereich selbst beruflich und wettbewerblich betätigt. Eine Einschränkung der Meinungsfreiheit im Interesse des Schutzes des wirtschaftlichen Leistungswettbewerbs setzt die eigenständige Feststellung einer Gefährdung dieses Schutzguts im konkreten Fall voraus (BVerfG GRUR 2008, 81 (82) – Pharmakartell).

3. Presse und Rundfunk

70   Der freien Presse, aber auch dem Rundfunk und anderen Medien kommt eine besondere Rolle in der freiheitlichen Gesellschaft zu, die sich einerseits in ihrem besonderen verfassungsrechtlichen und einfachgesetzlichen **Schutz** niederschlägt (vgl. die Zeugnisverweigerungsrechte von Journalisten, die sog. Polizeifestigkeit der Presse (s. zB Art. 15 BayPrG), presserechtliche Auskunftsansprüche (s. zB Art. 4 BayPrG) und die Freistellung von wesentlichen datenschutzrechtlichen Vorschriften (s. § 41 BDSG). Andererseits bringt sie auch besondere **Verantwortung** und Pflichten mit sich (etwa die Bindung an die berufsethischen Grundsätze des Pressekodex, die Verpflichtung zur Veröffentlichung von Gegendarstellungen sowie die Pflicht zur Anwendung der „pressemäßigen Sorgfalt").

71   Nach der Vorstellung des Grundgesetzes verwirklicht sich die Medienfreiheit durch privatwirtschaftlich organisierte, auf Gewinnerzielung ausgerichtete Unternehmen (BVerfG NJW 1966, 1603 – Spiegel). Vor diesem Hintergrund kommt ein äußerungsrechtlicher „Malus" wegen der bei privaten Medienunternehmen jeder Veröffentlichung immanenten **Gewinnerzielungsabsicht** nicht in Betracht (vgl. zB LG Hamburg AfP 2007, 382). Dies gerät bei zT auch von Gerichten geäußerter Skepsis gegenüber den kommerziellen Interessen der Medien bisweilen aus dem Blick. Nur bei rücksichtsloser „Zwangskommerzialisierung" der Betroffenen (vgl. BGH NJW 1995, 861; NJW 1996, 984) kann sich die Absicht der Gewinnerzielung auf den betreffenden Anspruch auswirken.

72   Innerhalb der Medien ist eine Differenzierung nach **„Seriosität"** unzulässig. Ist eine Berichterstattung vom öffentlichen Informationsinteresse gedeckt, so kommt es in diesem Zusammenhang nicht mehr darauf an, ob sie auch Darstellungen enthält, die man (je nach Einstellung) als belanglos oder spekulativ bewerten kann (BGH NJW 2012, 763 Rn. 26). Entscheidend ist, ob der Artikel einen noch ausreichenden Bezug zum Gegenstand eines Informationsinteresses aufweist, wobei im Hinblick auf Art. 5 Abs. 1 GG nicht verlangt werden kann, dass der Artikel die durch ihn angestoßene Thematik ausdrücklich benennt (zu eng KG ZUM-RD 2012, 260).

73   Schwierigkeiten kann bei arbeitsteiliger Organisation die Frage der **Passivlegitimation** aufwerfen. Im Bereich der Medien sind für eine Äußerung in der Regel der Verlag bzw. das Sendeunternehmen haftbar, daneben auch redaktionell verantwortliche Mitarbeiter und der Autor (vgl. BGH NJW 1976, 1198 (1199) – Panorama). Ob mehrere Mitautoren, die unter einem Artikel genannt sind, diesen auch jeweils in Gänze verantworten, hängt von der konkreten Zusammenarbeit ab (vgl. OLG Hamburg ZUM 2010, 976 (978)). Eine Haftung des Verlagsgeschäftsführers wird nur ausnahmsweise greifen (OLG Bremen OLGRep 2006, 678). Entsprechendes gilt für Intendanten (OLG Köln NJW 2005, 2554).

V. Betroffenheit und Erkennbarkeit

1. Betroffenheit

74   Äußerungsrechtliche Ansprüche können nur demjenigen zustehen, der durch eine Darstellung individuell betroffen ist. Das ist primär derjenige, der in der Äußerung **erwähnt** ist, bei juristischen Personen usw auch der unmittelbar Verantwortliche (wie etwa der Alleingesellschafter und Geschäftsführer, LG Köln ZUM 2012, 900). Umgekehrt kann ein Unternehmen bei Vorwürfen gegen seine Führungskräfte betroffen sein (BGH NJW 1975, 1882

(1883); VG Neustadt a. d. W. ZUM-RD 2013, 357 (358)). Eine Äußerung über Personen, die einem übergeordneten Verband angehören, führt jedoch nicht zur Betroffenheit des Verbands, wenn dieser nicht erwähnt wird und die Äußerung auch nicht sein Verhalten zum Gegenstand hat (OLG Hamburg AfP 2008, 632). Bezieht sich eine herabsetzende Äußerung auf ein **Kollektiv**, so ist von ihr jedenfalls bei einer unüberschaubar großen Gruppe der Einzelne nicht betroffen (OLG Karlsruhe NJW-RR 2007, 1342).

2. Erkennbarkeit

75 Betroffenheit setzt Erkennbarkeit voraus. Diese ist bereits dann gegeben, wenn die Person auch ohne namentliche Nennung zumindest für einen Teil des Zuschauer- oder Adressatenkreises auf Grund der dargestellten Umstände hinreichend erkennbar wird (BGH NJW 2009, 2576 – „Kannibale von Rotenburg"). Bei der Frage der Erkennbarkeit ist – anders als beim Verständnis von Äußerungen – nicht auf einen „unvoreingenommenen Durchschnittsleser" abzustellen, sondern nach dem vom BVerfG (NJW 2008, 39 Rn. 75 – Esra) und dem BGH (NJW 2005, 2844) als zutreffend angesehenen Maßstab auf einen **mehr oder minder großen Bekanntenkreis**. Das ist vage und manchmal schwer zu ermitteln. Über den engsten Familien- und Freundeskreis muss die Erkennbarkeit jedenfalls hinausgehen (LG Berlin AfP 2004, 287). Eine bloße „Entschlüsselungsmöglichkeit" reicht nicht aus. Die Identifizierung muss sich vielmehr jedenfalls für den mit den Umständen vertrauten Leser aufdrängen. Das setzt regelmäßig eine hohe Kumulation von Identifizierungsmerkmalen voraus (BVerfG NJW 2008, 39 Rn. 76 – Esra). Eine mehr oder wenige „zufällige" Erkennbarkeit durch Einzelne genügt nicht. Daher kann unter normalen Umständen nicht durch das Angebot einzelner Zeugen Beweis dafür erbracht werden, dass der Anspruchsteller erkennbar war (OLG Düsseldorf ZUM-RD 2012, 137 (145)).

75.1 Soweit das BVerfG in seiner „Mephisto"-Entscheidung (BVerfGE 30, 173 (196)) einen strengeren Maßstab gebilligt hat („unschwere" Wiedererkennbarkeit einer Romanfigur durch einen „nicht unbedeutenden Leserkreis"), hat es damit keine notwendige Bedingung für die verfassungsrechtlich erhebliche Erkennbarkeit formuliert (BVerfG NJW 2008, 39 Rn. 75). Gerade für Leser mit Einblick in das berufliche oder persönliche Umfeld des Betroffenen sind Informationen oftmals aussagekräftig und in der Folge für den Betroffenen besonders nachteilig, weshalb bspw. eine Erkennbarkeit „für interessierte Kreise in und um die Justiz in Würzburg" vom BVerfG als ausreichend angesehen wurde (BVerfG NJW 2004, 3619).

76 Die Erkennbarkeit kann auch durch umfangreiche **vorangegangene Veröffentlichungen** hergestellt werden, wenn diese dazu führen, dass eine Vielzahl von Lesern schon bei Nennung von sonst nicht zur Identifizierung genügenden Merkmalen (zB der Vornamen) den Betroffenen erkennt (vgl. BGH ZUM 2008, 957 (958) – Zerknitterte Zigarettenschachtel). Zu berücksichtigen ist, dass die Pressefreiheit merklich beschnitten würde, wenn eine Berichterstattung ohne Namensnennung grds. ausgeschlossen wäre, nachdem von dritter Seite der Name der betroffenen Person genannt worden ist (KG BeckRS 2003, 16914).

VI. Person des Betroffenen

1. Privatpersonen

77 Gegenüber Medienäußerungen genießen die Persönlichkeitsrechte und Interessen von Personen, die nicht in der Öffentlichkeit stehen (in der Diktion des EGMR: „einfache Bürger"), ein höheres Maß an Schutz, als dies bspw. bei Amtsträgern (→ Rn. 78) der Fall ist. Dies gilt aber nicht oder nicht in gleichem Maß für in der Öffentlichkeit bekannte Personen, mögen diese auch für sich in Anspruch nehmen, keine „offizielle Funktion" zu erfüllen (vgl. dazu etwa EGMR NJW 2012, 1053 – v. Hannover/Deutschland (Nr. 2)).

2. Politiker, Amtsträger

78 Einen reduzierten äußerungsrechtlichen Schutz genießen aufgrund der überragenden Bedeutung eines freien Kommunikationsprozesses für die demokratische Willensbildung die Politiker, die sich freiwillig um Ämter und Mandate bewerben und sich dadurch „wissentlich

der genauen Prüfung ihrer Handlungen und Verhaltensweise ausgesetzt haben" (EGMR NJW 2009, 3145 Rn. 74 – July und Sarl Libération/Frankreich). Die nach der Rspr. des EGMR bedeutsame Funktion der Presse als „Wachhund der Öffentlichkeit" kann es bei Personen des öffentlichen Lebens, insbes. bei Politikern, rechtfertigen, der Öffentlichkeit im Einzelfall ein Recht auf Informationen auch über Aspekte ihres Privatlebens zuzubilligen (vgl. EGMR NJW 2006, 591 Rn. 44 f. – Karhuvaara und Iltalehti/Finnland; BVerfG NJW 2006 S. 2835, Rn. 15). Deshalb sah der BGH zB ein Informationsinteresse der Öffentlichkeit an der Beziehung eines Landtagsabgeordneten zu einer bekannten Fernsehmoderatorin als gegeben an und hat es in der Abwägung höher gewichtet als den Wunsch des Betroffenen, die Beziehung geheim zu halten (BGH NJW 2012, 763 Rn. 18 ff.).

79 Aber auch bei anderen Amtsträgern, die in Ausübung ihres Amts handeln, sind die Grenzen zulässiger Kritik weiter als bei einfachen Bürgern. Dies trifft bspw. auf Richter zu, da die Arbeit der Justiz für das Gemeinwesen von hoher Relevanz ist und gerade aufgrund ihrer Unabhängigkeit einer Kontrolle durch die Öffentlichkeit bedarf. An Amtsträgern, die solchen „tragenden Staatsinstitutionen" angehören, kann auch persönlich Kritik geübt werden (EGMR NJW 2009, 3145 Rn. 74 – July und Sarl Libération/Frankreich).

3. Minderjährige

80 In der äußerungsrechtlichen Rspr. ist anerkannt, dass junge Leute eines besonderen Schutzes bedürfen, weil sie sich zu eigenverantwortlichen Personen erst entwickeln müssen (BVerfG NJW 2012, 1500 Rn. 40 – Ochsenknecht-Söhne; NJW 2008, 39 Rn. 72; NJW 2005, 1857; NJW 2000, 1021 (1023)). Das Alter ist mit den übrigen Umständen des Einzelfalles in die Abwägung mit einzubeziehen. Der Bereich, in dem Kinder sich frei von öffentlicher Beobachtung fühlen und entfalten dürfen, muss umfassender geschützt sein als derjenige erwachsener Personen (BVerfG NJW 2008, 39 Rn. 72 – Esra). Es existiert jedoch keine Regelvermutung, wonach jedes Informationsinteresse an Verfehlungen Jugendlicher hinter dem Anonymitätsinteresse grds. zurückzustehen habe. Vielmehr kann zB ein Bericht über nächtlichen Vandalismus prominenter Jung-Schauspieler aufgrund des Bagatellcharakters der Taten und des von ihnen gepflegten öffentlichen Images zulässig sein (BVerfG NJW 2012, 1500 Rn. 40 ff. – Ochsenknecht-Söhne).

4. Verstorbene

81 Ein Verstorbener wird nicht durch das Grundrecht der freien Entfaltung der Persönlichkeit aus Art. 2 I GG geschützt, weil Träger dieses Grundrechts nur lebende Personen sind (BVerfG NJW 2008, 1657 Rn. 7 – Theaterstück „Ehrensache"). Jedoch endet die in Art. 1 I GG aller staatlichen Gewalt auferlegte Verpflichtung, dem Einzelnen Schutz gegen Angriffe auf seine Menschenwürde zu gewähren, nicht mit dem Tode (BVerfGE 30, 173 (194) – Mephisto). Das Grundgesetz gewährt vielmehr einen **postmortalen Schutz der Persönlichkeit** (BVerfG NJW 2006, 3409), der sich zum einen auf den allgemeinen Achtungsanspruch bezieht, der dem Menschen kraft seines Personseins zusteht, zum anderen auf den sittlichen, personalen und sozialen Geltungswert, den die Person durch ihre eigene Lebensleistung erworben hat. Steht fest, dass eine Handlung das postmortale Persönlichkeitsrecht beeinträchtigt, so soll nach der Rspr. des BVerfG (NJW 2008, 1657 Rn. 9 – Theaterstück „Ehrensache") zugleich ihre Rechtswidrigkeit geklärt sein; der Schutz könne nicht etwa im Zuge einer Güterabwägung relativiert werden (vgl. a. BVerfG NJW 2006, 3409 – Werbekampagne mit blauem Engel).

81.1 Wie auch in anderen Fällen eines „absoluten" Schutzes, nämlich bei Verletzung der Intimsphäre (→ Rn. 152) sowie bei Schmähkritik (→ Rn. 174), führt dies faktisch zu einer Vorverlagerung der als unstatthaft angesehenen Güterabwägung auf die Ebene des Eingriffs. In den Worten des BVerfG: „Da nicht nur einzelne, sondern sämtliche Grundrechte Konkretisierungen des Prinzips der Menschenwürde sind, bedarf es jedoch einer sorgfältigen Begründung, wenn angenommen werden soll, dass der Gebrauch eines Grundrechts auf die unantastbare Menschenwürde durchschlägt" (BVerfG NJW 2008, 1657 Rn. 10 – Theaterstück „Ehrensache").

82 Der Schutzbereich des postmortalen Persönlichkeitsrechts kann bspw. tangiert sein bei einer Berichterstattung über das Verhältnis einer Filmschauspielerin zum Nazi-Regime (vgl.

OLG Frankfurt a. M. AfP 2009, 612 (mkritAnm Luther 616)), nicht hingegen durch die Wiedergabe des Namenszugs eines Verstorbenen (LG Berlin ZUM-RD 2012, 399 – Loriot). Eine Verletzung des postmortalen Persönlichkeitsschutzes kann keinen Anspruch auf Geldentschädigung begründen, da dies mit der Funktion der Geldentschädigung nicht vereinbar wäre (BGH NJW 2006, 605, bestätigt durch BVerfG ZUM 2007, 3).

5. Unternehmen

Unternehmen, also insbes. juristische Personen des Privatrechts und Personenhandelsgesellschaften, sind durch verschiedene einfachrechtliche Gewährleistungen gegen nachteilige Medienäußerungen geschützt, vgl. zB § 824 BGB, § 4 Nr. 7, 8 UWG. Verfassungsrechtlich beruht der Schutz des berufsbezogenen Verhaltens von Unternehmen (wie auch von natürlichen Personen) auf der **Berufsfreiheit** aus Art. 12 I GG (vgl. BVerfG NJW 2002, 2621 Rn. 40 ff. – Glykolwein), der gegenüber Äußerungen Privater mittelbare Drittwirkung zukommt (BVerfG ZUM-RD 2008, 114 Rn. 15). Außerdem erkennt der BGH in stRspr ein **Unternehmenspersönlichkeitsrecht** (ableitbar aus Art. 2 I iVm 19 III GG) als sonstiges Recht iSd § 823 I BGB an, soweit das Unternehmen nach seinem Wesen und seinen Funktionen dieses Schutzes bedarf, weil es in seinem sozialen Geltungsanspruch als Arbeitgeber oder als Wirtschaftsunternehmen betroffen ist (BGH NJW 2009, 1872 Rn. 10; NJW 2005, 279 (282); NJW 1994, 1281 (1282); NJW 1986, 2951; vgl. a. OLG Brandenburg ZUM-RD 2011, 169; OLG Hamburg ZUM-RD 2009, 200 (204); LG Köln NJOZ 2010, 1233 (1234)). Juristischen Personen genießen auch einen gewissen Schutz gegen Ausspähung und unerwünschte Offenbarungen aus geschützten Sphären (OLG Hamm ZUM-RD 2004, 579). 83

Allerdings wurzelt das Unternehmenspersönlichkeitsrecht (zu dem sich das BVerfG bislang nicht abschließend geäußert hat, BVerfG NJW 2010, 3501 Rn. 25 – Gen-Milch; BVerfG NJW 2001, 503 (505)) nicht in der durch Art. 1 I GG geschützten Menschenwürde, was zumindest in der Abwägung der widerstreitenden Rechtspositionen relevant werden kann (vgl. OLG Dresden AfP 2012, 383). Ob das subsidiäre **Recht am eingerichteten und ausgeübten Gewerbebetrieb** (→ Rn. 190) dem Schutz des Art. 14 GG unterfällt, hat das BVerfG bislang nicht entschieden (BVerfG NJW 2010, 3501 Rn. 25 – Gen-Milch), seine bisherigen Äußerungen lassen aber Zurückhaltung erkennen (BVerfG NJW 2001, 2621 (2625) – Glykolwein). 84

Bei Unternehmen, an denen staatliche oder kommunale Stellen beteiligt sind, besteht ein besonderes Interesse der Öffentlichkeit an einer Kontrolle ihrer Geschäftstätigkeit, so dass sie in der Abwägung auch ein höheres Maß an Kritik dulden müssen (BGH NJW 2009, 1872 Rn. 22 – Fraport). Entsprechendes gilt für besonders große bzw. bedeutende Unternehmen (BGH NJW 2009, 3580 Rn. 21). 85

6. Staat und Behörden

Der Schutz von Körperschaften, Behörden und anderen staatlichen Stellen (einschließlich Rundfunkanstalten, vgl. BGH NJW 2009, 915) gegen herabsetzende Äußerungen ist stark eingeschränkt, da sie mangels Grundrechtsfähigkeit nicht Träger von Persönlichkeitsrechten sind. Einfachgesetzlich genießen sie strafrechtlichen Schutz über §§ 185, 186 StGB (vgl. § 194 III 2 StGB), der über § 823 II BGB auch ins Zivilrecht ausstrahlt und Unterlassungsansprüche begründen kann (BGH NJW 2009, 915 Rn. 9). Ohne ein Mindestmaß an gesellschaftlicher Akzeptanz vermögen staatliche Einrichtungen ihre Funktion nicht zu erfüllen. Sie dürfen daher grds. auch vor verbalen Angriffen geschützt werden, die diese Voraussetzungen zu untergraben drohen. Dieser Schutz darf indessen nicht dazu führen, staatliche Einrichtungen gegen öffentliche Kritik, unter Umständen auch in scharfer Form, abzuschirmen (BVerfG NJW 1995, 3303 – „Soldaten sind Mörder"; deutlich zu weitgehend daher zB LG Rostock AfP 2012, 492). Die Meinungsfreiheit ist gerade aus dem besonderen Schutzbedürfnis der Machtkritik erwachsen und findet darin unverändert ihre Bedeutung (BGH NJW 2009, 915 Rn. 17). 86

Selbst bezüglich unwahrer Behauptungen gibt es eine Bagatellschwelle, diesseits derer mangels Gefährdung der Funktionsfähigkeit bei Behörden kein Unterlassungsanspruch be- 87 steht (LG Hamburg AfP 2012, 289). Stellen der öffentlichen Verwaltung können nach Maßgabe des jeweiligen Landesrechts Gegendarstellungsansprüche haben (→ § 1004 Rn. 32). Richtigstellung können sie jedoch nur verlangen, soweit die Äußerung geeignet ist, die Behörde schwerwiegend in ihrer Funktion zu beeinträchtigen (BGH NJW 2008, 2262).

7. Prominente

88 Der Schutzbereich der Pressefreiheit umfasst auch unterhaltende Beiträge über das Privat- oder Alltagsleben von Prominenten und ihres sozialen Umfelds, insbes. der ihnen nahestehenden Personen, sei es zur Aufdeckung von Unstimmigkeiten zwischen öffentlicher Selbstdarstellung und privater Lebensführung, sei es weil die Prominenten Orientierung bei eigenen Lebensentwürfen bieten sowie **Leitbild- oder Kontrastfunktionen** erfüllen (BVerfG NJW 2008, 1793 Rn. 60, 64 – Caroline von Hannover). Bspw. kann ein Artikel, der sich damit befasst, welche Partys die Nachkommen gesellschaftlich einflussreicher und vermögender Personen besuchen, für die Öffentlichkeit interessant sein, weil er die sozialen Unterschiede, in denen junge Menschen aufwachsen, deutlich werden lässt (BGH NJW 2012, 762 Rn. 12). Auch nach der Rspr. des EGMR kann sich das Recht der Öffentlichkeit auf Unterrichtung auch auf Aspekte des Privatlebens von Personen des öffentlichen Lebens erstrecken – insbes. (aber nicht nur), wenn es sich um Politiker handelt (EGMR NJW 2006, 591 Rn. 45 – Karhuvaara und Iltalehti/Finnland).

89 Andererseits hat (auch) dieser Personenkreis eine **berechtigte Erwartung auf Achtung und Schutz seines Privatlebens** (EGMR NJW 2010, 751 Rn. 48 – Standard Verlags GmbH/Österreich (Nr. 2) (betreffend „leere Gerüchte" über angebliche Eheprobleme eines Politikers)). Bei der Gewichtung des Informationsinteresses im Verhältnis zu dem kollidierenden Persönlichkeitsschutz kommt dem Gegenstand der Berichterstattung maßgebliche Bedeutung zu, etwa der Frage, ob private Angelegenheiten ausgebreitet werden, die lediglich die Neugier befriedigen (BVerfG NJW 2008, 1793 Rn. 65 – Caroline v. Hannover). Die Anforderungen für eine Einstufung als „Person des Öffentlichen Lebens" werden in der Rspr. des EGMR nicht allzu hoch angesetzt; ein „Fernsehkommissar" mit relativ hoher, über mehrere Jahre in einer bekannten Rolle erworbener Popularität ist bereits darunter zu zählen (EGMR NJW 2012, 1058 Rn. 99 – Axel Springer AG/Deutschland).

B. Die Äußerungsfreiheit und ihre Schranken

I. Die Äußerungsfreiheit

1. Rechtsquellen

90 Wichtigste Grundlage der Äußerungsfreiheit sind in Deutschland nach wie vor die **Grundrechte des Grundgesetzes,** namentlich Art. 5 Abs. 1 S. 1, 2 und Art. 5 III GG. Da die Maßnahmen von Behörden und Entscheidungen deutscher Gerichte, für deren Beurteilung die Äußerungsfreiheit relevant wird, in der Regel nicht auf der Anwendung von abgeleitetem Gemeinschaftsrecht beruhen, sind diese Akte auch nach der „Solange II"-Rspr. des BVerfG (NJW 1987, 577) weiterhin am Maßstab des GG zu prüfen. Etwas anderes gilt allerdings in den europarechtlich vollharmonisierten Rechtsbereichen, etwa des gewerblichen Rechtsschutzes, wo einzig die **europäischen Grundrechte** als Maßstab in Betracht kommen und eine Überprüfung durch das BVerfG ausscheidet (vgl. BVerfG GRUR 2012, 53 Rn. 53; NJW-RR 2007, 1684 Rn. 20 – Kopierschutzumgehung; Raue GRURInt 2012, 402). Dies kann dazu führen, dass in der Abwägung kollidierender Rechtsgüter auf die GRC abgestellt werden muss, neben denen auch die Grundrechte der EMRK und die gemeinsamen Verfassungsüberlieferungen der Mitgliedsstaaten als allgemeine Grundsätze Teil des Unionsrechts sind (vgl. Art. 6 III EUV).

91 Innerhalb der deutschen Rechtsordnung stehen die **EMRK** und ihre Zusatzprotokolle – soweit sie für die Bundesrepublik Deutschland in Kraft getreten sind – im Range eines Bundesgesetzes (Art. 59 Abs. 2 GG). Diese Rangzuweisung führt nach der Rspr. (BVerfG NJW 2004, 3407 (3410); NJW 2009 1133 (1134); vgl. a. BGH NJW 2012, 231 (234)) dazu, dass deutsche Gerichte die Konvention wie anderes Gesetzesrecht des Bundes im Rahmen methodisch vertretbarer Auslegung zu „berücksichtigen" haben (BVerfG NJW 2004, 3407 (3410))

bzw. zu „beachten und anzuwenden" (BVerfG NJW 2009, 1133 (1134)) haben. Die Gewährleistungen der EMRK sind aufgrund ihres Ranges in der Normenhierarchie zwar kein unmittelbarer verfassungsrechtlicher Prüfungsmaßstab (vgl. Art. 93 Abs. 1 Nr. 4a GG, § 90 Abs. 1 BVerfGG), so dass die Verletzung eines in der EMRK enthaltenen Menschenrechts nicht unmittelbar mit einer Verfassungsbeschwerde gerügt werden kann. Die Gewährleistungen der Konvention und die Rspr. des EGMR beeinflussen jedoch die Auslegung der Grundrechte und rechtsstaatlichen Grundsätze des Grundgesetzes (BVerfG NJW 2009, 1133 (1134) mwN).

2. Freie Meinungsäußerung

Das **Grundgesetz** schützt in Art. 5 Abs. 1 S. 1 das Recht von jedermann, seine Meinung in Wort, Schrift und Bild frei zu äußern und zu verbreiten (hierzu ausf. → GG Art. 5 Rn. 25 ff.). Die Meinungsfreiheit hat konstitutive Bedeutung für die menschliche Person und die freiheitlich-demokratische Ordnung (BVerfG NJW 1992, 1439 (1441) – Kritische Bayer-Aktionäre, NJW 1995, 3303 – „Soldaten sind Mörder"). Das Grundrecht aus Art. 5 I GG gewährleistet, ohne ausdrücklich zwischen „Werturteil" und „Tatsachenbehauptung" zu unterscheiden, jedermann das Recht, seine Meinung frei zu äußern: Jeder soll frei sagen können, was er denkt, auch wenn er keine nachprüfbaren Gründe für sein Urteil angibt oder angeben kann (BVerfG NJW 1976, 1680 (1681) – Deutschland-Stiftung). Unerheblich ist, ob eine Äußerung „wertvoll" oder „wertlos", „richtig" oder „falsch", emotional oder rational begründet ist (BVerfG NJW 1972, 811 (813)). Art. 5 Abs. 1 GG schützt kritische Meinungsäußerungen zu gesellschaftlichen oder politischen Fragen in besonderem Maße (vgl. BVerfG NJW 2003, 1303 – Benetton-Werbung II). Für die **Zulässigkeit der freien Rede** spricht in allen Bereichen eine **grundsätzliche Vermutung** (BVerfG NJW 2012, 1498 Rn. 20; für Beiträge zum geistigen Meinungskampf in einer die Öffentlichkeit wesentlich berührenden Frage bereits BVerfGE 7, 198, 212 = NJW 1958, 257 – Lüth). Auch scharfe und übersteigerte Äußerungen fallen, namentlich im öffentlichen Meinungskampf, grds. in den Schutzbereich des Art. 5 Abs. 1 S. 1 GG (BVerfG NJW 1980, 2069). 92

Die Freiheit der Meinungsäußerung nach **Art. 10 Abs. 1 EMRK** ist nach der stRspr des EGMR einer der wesentlichen Grundpfeiler der demokratischen Gesellschaft, eine der Grundvoraussetzungen für ihre Fortentwicklung und für die Entfaltung der Person. Vorbehaltlich Art. 10 II EMRK gilt sie auch für Meinungsäußerungen, die verletzen, schockieren oder beunruhigen. „So wollen es Pluralismus, Toleranz und offene Geisteshaltung, ohne die es eine ‚demokratische Gesellschaft' nicht gibt." (NJW 2009, 3145 Rn. 60 – July und Sarl Libération/Frankreich). 93

Die äußerungsbezogenen Freiheitsrechte gewähren GG und EMRK – ungeachtet ihrer Bedeutung für das demokratische Gemeinwesen – nicht nur als „Mittel zum Zweck". Die Meinungsfreiheit ist nicht nur unter dem Vorbehalt des öffentlichen Interesses geschützt. Sie wird vom Einzelnen nicht nur gleichsam treuhänderisch für das demokratisch verfasste Gemeinwesen ausgeübt. Vielmehr gewährleistet das Grundrecht aus Art. 5 Abs. 1 GG primär die **Selbstbestimmung des einzelnen Grundrechtsträgers** über die Entfaltung seiner eigenen Persönlichkeit in der Kommunikation mit anderen (BVerfG AfP 2010, 145 Rn. 28; EGMR NJW 2009, 3145 Rn. 60 – July und Sarl Libération/Frankreich).Von diesem Selbstbestimmungsrecht ist umfasst, den Gegenstand der Äußerung bzw. Berichterstattung frei zu wählen. Es ist nicht Aufgabe der Gerichte, zu entscheiden, ob ein bestimmtes Thema überhaupt berichtenswert ist (vgl. BVerfG ZUM 2010, 961 Rn. 29 – Hanfpflanze; NJW 2001, 1921 (1922)) oder wie die Medien es darstellen (EGMR NJW 2013, 765 Rn. 64 – SRG/Schweiz). 94

Bereits aus diesem Schutz der Selbstbestimmung bezieht die Meinungsfreiheit ihr in die Abwägung mit dem allgemeinen Persönlichkeitsrecht einzustellendes Gewicht, das durch ein mögliches **öffentliches Informationsinteresse** lediglich weiter erhöht werden kann (BVerfG ZUM 2010, 961 Rn. 29 – Hanfpflanze). Das „öffentliche Interesse" soll allerdings nach der Rspr. des EGMR bei der Prüfung, ob ein Eingriff in das Recht auf Achtung des Privatlebens gerechtfertigt ist, **normativ** bestimmt werden; es sei „darauf abzustellen, ob die Veröffentlichung im Interesse der Öffentlichkeit liegt, und nicht darauf, ob die Öffentlichkeit daran interessiert ist" (EGMR NJW 2012, 747). Hierbei darf wiederum nicht nur ein 95

„staatstragendes" Informationsinteresse berücksichtigt werden. So anerkennt etwa das BVerfG etwa auch die „kuriosen, anekdotischen Elemente" eines Vorgangs und interpretiert das Faktum einer breiten medialen Erörterung als Indiz für ein öffentliches Informationsinteresse (BVerfG ZUM 2010, 961 Rn. 30 – Hanfpflanze). Dem Persönlichkeitsschutz gebührt im Rahmen der erforderlichen Abwägung nicht schon deshalb regelmäßig der Vorrang, weil eine weder unwahre noch ehrenrührige Berichterstattung bloße Belanglosigkeiten über eine prominente Person zum Gegenstand hat, ohne einen wesentlichen Beitrag zur öffentlichen Meinungsbildung zu leisten (BGH NJW 2012, 3645 Rn. 23 – Comedy-Darstellerin mwN).

96 Von zentraler Bedeutung für das Gewicht der Äußerungsfreiheit ist der **Zweck der Meinungsäußerung**. Will der Äußernde in erster Linie zur **Bildung der öffentlichen Meinung** beitragen – wie bei Medienäußerungen in aller Regel der Fall –, dann sind Auswirkungen seiner Äußerung auf den Rechtskreis Dritter zwar unvermeidliche Folge, nicht aber eigentliches Ziel der Äußerung. Der Schutz des betroffenen Rechtsguts muss umso mehr zurücktreten, je weniger es sich um eine unmittelbar gegen dieses Rechtsgut gerichtete Äußerung im privaten, namentlich im wirtschaftlichen Verkehr und in Verfolgung eigennütziger Ziele handelt, sondern um einen Beitrag zum geistigen Meinungskampf in einer die Öffentlichkeit wesentlich berührenden Frage. **Für die Zulässigkeit der freien Rede** spricht eine Vermutung (→ Rn. 92). Abweichungen davon bedürfen folglich einer Begründung, die der konstitutiven Bedeutung der Meinungsfreiheit für die Demokratie Rechnung trägt (BVerfG NJW 1995, 3303 (3304) – „Soldaten sind Mörder").

97 Die Meinungsfreiheit erstreckt sich nach ständiger Rspr. des BVerfG auch auf **Tatsachenbehauptungen,** soweit sie Voraussetzung für die Bildung von Meinungen sind (BVerfG NJW 2013, 217 (218)). Lediglich bewusst unwahre Tatsachenbehauptungen und solche, deren Unwahrheit bereits im Zeitpunkt der Äußerung unzweifelhaft feststeht, scheiden aus dem Schutzbereich des Grundrechts aus (BVerfG NJW-RR 2010, 470 Rn. 62; NJW 2003, 1856; NJW 1999, 1322 (1324) – Helnwein).

98 Das vom Schutz der Meinungsfreiheit umfasste Recht, den Gegenstand einer Berichterstattung frei zu wählen, erstreckt sich nicht nur auf den Inhalt, sondern auch auf die **Form der Meinungsäußerung** und schließt daher bspw. die Beifügung von Hyperlinks ein (BGH NJW 2011, 2436 Rn. 21 – AnyDVD). Ebenfalls Bestandteil der Meinungsfreiheit ist die Befugnis, die Äußerung auch mit dem eigenen Namen zu verbinden (vgl. BVerfG NJW 1998, 2889).

99 In der öffentlichen Diskussion von Themen, die für breite Bevölkerungskreise von erheblicher Bedeutung sind, dürfen auch **einprägsame, starke Formulierungen** verwendet werden. Ob andere diese Kritik für „falsch" oder „ungerecht" halten, ist nicht von Bedeutung (vgl. BGH NJW 2008, 2110 (2115) – Gen-Milch). Es kommt im Allgemeinen nicht darauf an, ob der Kritiker seine Kritik hätte weniger scharf oder sachlicher formulieren können oder ob der Kritisierte die vorgebrachten Einwände für haltlos und die geübte Kritik deshalb für einseitig hält, denn Art. 5 I GG erlaubt dem Äußernden, seinen Standpunkt auch überpointiert zur Geltung zu bringen und beschränkt ihn nicht auf eine ausgewogene oder gar schonende Darstellung (BGH NJW 2008, 2110 (2115) – Gen-Milch mwN). Das Erfordernis journalistischer Aufbereitung rechtfertigt aber auch in plakativ hervorgehobenen Sätzen keine Entstellungen (BVerfG NJW 2004, 277 – NGG).

100 Ebenfalls schon aus Art. 5 I heraus geschützt ist das Anliegen, die Authentizität und Wirksamkeit einer Berichterstattung durch Wahl einer **personalisierenden Darstellungsform** zu steigern (BVerfG NJW 2011, 47 Rn. 21 – Abtreibungsarzt). Die Gerichte haben daher bei der Abwägung zu berücksichtigen, dass anonymen Medienäußerungen häufig dasjenige Maß an Authentizität und Glaubhaftigkeit fehlt, welches ihnen erst den gewünschten Einfluss zu verleihen vermag (BVerfG ZUM 2007 463 (466)). Gleichwohl sind zB dann strenge Anforderungen an die Zulässigkeit einer Medienberichterstattung zu stellen, wenn sie unter Namensnennung einzelner Beteiligter einen innerfamiliären Konflikt aufgreift und hierdurch Möglichkeiten der Identifizierung der übrigen Familienmitglieder eröffnet (BVerfG ZUM 2007 463 (466)).

101 Ein **kommerzieller Zusammenhang** einer Äußerung, insbes. eine mitwirkende Absicht der Gewinnerzielung, schließt es nicht aus, dass die Äußerung durch die Freiheit der Meinungsäußerung oder der Kunst gerechtfertigt werden kann (BGH NJW 2007, 684 Rn. 14 – kinski-klaus.de). In einer werblichen Äußerung kann zB durchaus auch eine politische Meinungsäußerung enthalten sein, die durch den offensichtlichen Werbezweck nicht verdrängt wird (BGH NJW 2007, 689 (690) – Rücktritt des Finanzministers). Der Schutz von Art. 5 I GG greift auch bei kommerziellen Meinungsäußerungen und reiner Wirtschaftswerbung, die einen wertenden, meinungsbildenden Inhalt hat (BVerfG GRUR 2008, 81 – Pharma-Kartell). Dies gilt nicht nur für Beiträge, die sich mit Vorgängen von historisch-politischer Bedeutung befassen, sondern auch für solche, die Fragen von allgemeinem gesellschaftlichem Interesse aufgreifen. Auch für Werbung gilt, dass Meinungsbildung auch durch unterhaltende Beiträge stattfinden kann (vgl. BGH ZUM 2008, 957 (959) – Zerknitterte Zigarettenschachtel; AfP 2008, 598 (600) – Bohlen-Buch).

3. Presse- und Rundfunkfreiheit

102 Neben der Meinungsfreiheit (Art. 5 Abs. 1 S. 1 GG) gewährleistet das **GG** in Art. 5 Abs. 1 S. 2 auch die „Pressefreiheit und die Freiheit der Berichterstattung durch Rundfunk und Film". Die Gewährleistung der Pressefreiheit umfasst die institutionelle Eigenständigkeit der Presse von der Beschaffung der Information bis zur Verbreitung der Nachricht und der Meinung (BVerfGE 10, 118 (121)). Sie wirkt als subjektives Grundrecht, aber auch als Garantie des Instituts „Freie Presse" (BVerfG NJW 1966, 1603 (1604 f.) – Spiegel), und gilt ohne Rücksicht auf den „Wert" der betreffenden Berichterstattung, insbes. auch für rein unterhaltende Beiträge, denn auch durch unterhaltende Beiträge findet Meinungsbildung statt (BVerfGE 101, 361 (389 ff.); BGH NJW 2004, 762 (764) mwN). Das Grundrecht gewährleistet auch die Vertraulichkeit der Arbeit von Redaktionen (BVerfG NJW 1984, 1741 – Springer/Wallraff).

103 Der EGMR weist zu Art. 10 **EMRK** in stRspr darauf hin, dass eine freie Presse eine wesentliche Rolle für das Funktionieren der demokratischen Gesellschaft spielt. Wenn die Presse auch bestimmte Grenzen nicht überschreiten dürfe, insbes. hinsichtlich des guten Rufs und der Rechte anderer sowie der Notwendigkeit, vertrauliche Informationen nicht zu verbreiten, habe sie doch die Pflicht, Informationen und Ideen über alle Fragen öffentlichen Interesses zu vermitteln. Wäre dies nicht so, könnte die Presse nicht ihre bedeutsame Rolle eines „öffentlichen Wachhundes" spielen. Zu jener Freiheit gehört auch die Möglichkeit einer gewissen Übertreibung und sogar Provokation (EGMR NJW 2006, 1645 (1648) – Pedersen und Baadsgaard/Dänemark).

104 Die Rundfunkfreiheit entspricht in ihrer Funktion und Reichweite der Pressefreiheit (BVerfG NJW 1995, 184 (185); OLG Düsseldorf ZUM-RD 2012, 137). Sie ist in ihrem Kern Programmfreiheit und gewährleistet mithin, dass die Gestaltung des Programms wie auch der einzelnen Sendungen Sache des Rundfunks bleibt und sich an publizistischen Kriterien ausrichten kann (BVerfG NJW 2000, 1859 (1860) – Lebach II). Dementsprechend stellt etwa das Verbot der Erstausstrahlung eines Fernsehfilms zu einem vom Rundfunksender mit Blick auf ein historisches Datum gewählten Zeitpunkt einen schwerwiegenden Eingriff dar (BVerfG NJW 2007, 3197 – Contergan-Skandal).

105 Das BVerfG beurteilt die Zulässigkeit von Textäußerungen nach Art. 5 Abs. 1 GG, auch wenn sie in der Presse veröffentlicht werden (BVerfG NJW 2012, 756). Entsprechendes gilt für den Inhalt solcher Äußerungen im Rundfunk (BVerfG ZUM 2004, 917). Hier ist also ungeachtet des Verbreitungsmediums die Meinungsfreiheit einschlägig. Art. 5 Abs. 1 S. 2 GG ist aber ergänzend heranzuziehen, soweit es um die Beurteilung der Art der medialen Darstellung und der ausgelösten Wirkungen geht (BVerfG ZUM 2004, 917). So wird bei der Beschränkung von Bildveröffentlichungen die Pressefreiheit aus Art. 5 Abs. 1 S. 2 berührt (BVerfGE 120, 180 (196)). Auch die Verbreitung von Äußerungen Dritter, mit denen keine eigene Meinungsäußerung des Verbreiters verbunden ist, fällt unter Art. 5 Abs. 1 S. 2 GG (BVerfG NJW 2012, 1205 Rn. 31).

4. Kunst-, Wissenschafts- und Forschungsfreiheit

106 Unter **Kunst** iSd Art. 5 Abs. 3 GG versteht das BVerfG „eine freie schöpferische Gestaltung, in der Eindrücke, Erfahrungen und Erlebnisse des Künstlers durch das Medium einer bestimmten Formensprache (…) zur Anschauung gebracht werden" (BVerfG NJW 2008, 39 Rn. 59 – Esra; vgl. zu weiteren Definitionsansätzen BVerfG NJW 1985, 261 (262) –

Anachronistischer Zug). Die Kunstfreiheitsgarantie aus Art. 5 Abs. 3 S. 1 GG betrifft in gleicher Weise den „Werkbereich" und den „Wirkbereich" künstlerischen Schaffens (vgl. BVerfGE 30, 173 (189) – Mephisto). Auch die Darbietung und Verbreitung des Kunstwerks, also im weitesten Sinne seine Äußerung, sind notwendig für die Begegnung mit dem Werk als eines ebenfalls kunstspezifischen Vorgangs (vgl. BVerfG NJW 2008, 39 Rn. 63 – Esra mwN). Soweit es zur Herstellung der Beziehungen zwischen Künstler und Publikum der publizistischen Medien bedarf, sind auch die Personen durch die Kunstfreiheitsgarantie geschützt, die eine solche vermittelnde Tätigkeit ausüben (BVerfG NJW 2008, 39 Rn. 63 – Esra). Dies erstreckt sich bspw. auch auf die Produktionsfirma eines Films (OLG Hamburg NJW 2009, 1510 (1512) – Contergan).

107 Die Freiheit der **Wissenschaft** im Sinne eines ernsthaften und planmäßigen Versuchs zur Ermittlung der Wahrheit (BVerfG NJW 1986, 1533 (1534)) kann ebenfalls in einen Konflikt mit dem Persönlichkeitsrecht geraten, der durch Güterabwägung zu lösen ist. Sie kann bspw. die namentliche Nennung von Personen mit Stasiverstrickung in einer Dissertation rechtfertigen (LG Dresden AfP 2010, 293).

II. Schranken der Äußerungsfreiheit

108 Der Schutz der Äußerungsfreiheiten ist nicht schrankenlos gewährleistet. Vielmehr ergeben sich Einschränkungen aus kollidierenden Verfassungsgütern sowie nach Maßgabe von Art. 5 Abs. 2 hinsichtlich der Grundrechte aus Art. 5 Abs. 1 GG auch aus den allgemeinen Gesetzen.

109 Hinsichtlich der aus kollidierenden Grundrechten abgeleiteten Schranken besteht zwar mangels unmittelbarer Drittwirkung der Grundrechte **keine direkte Bindung** der Äußernden (soweit es sich nicht ausnahmsweise um öffentliche Stellen handelt). Der Staat ist aber gehalten ist, den Einzelnen vor Gefährdungen seiner Grundrechte (insbes. aus Art. 2 Abs. 1 iVm Art. 1 Abs. 1 GG) durch Dritte zu **schützen** (BVerfG NJW 2006, 207 – Stolpe). Im Privatrechtsverkehr entfalten die Grundrechte ihre Wirkkraft als verfassungsrechtliche Wertentscheidungen durch das Medium der Vorschriften, die das jeweilige Rechtsgebiet unmittelbar beherrschen. Den Gerichten obliegt es, diesen grundrechtlichen Schutz durch Auslegung und Anwendung des einfachen Rechts zu gewähren und im Einzelfall zu konkretisieren (BVerfG ZUM-RD 2008, 114 Rn. 15). Wird bspw. eine auf das Verhalten von Marktteilnehmern bezogene unzutreffende oder unsachliche Äußerung eines Privaten, die sich zum Nachteil eines Unternehmens auswirkt, von einem Gericht nicht beanstandet, so greift diese Entscheidung in das Grundrecht aus Art. 12 Abs. 1 GG ein (BVerfG ZUM-RD 2008, 114 Rn. 19).

1. Schranken der Meinungs-, Presse- und Rundfunkfreiheit

110 Nach Art. 5 Abs. 2 GG finden die in Art. 5 Abs. 1 geregelten Freiheiten ihre Schranken in den Vorschriften der allgemeinen Gesetze, den gesetzlichen Bestimmungen zum Schutze der Jugend und in dem Recht der persönlichen Ehre. Zu diesen Vorschriften zählen insbes. die §§ 185 ff. StGB, auch iVm § 823 Abs. 2 BGB (BVerfG NJW 2009, 3016 Rn. 28; ZUM-RD 2006, 127 (128)) sowie §§ 823 I, 1004 I BGB (analog) (BVerfG ZUM 2010, 961 Rn. 27). Auch § 890 ZPO über die Erzwingung titulierter Unterlassungspflichten gehört hierher (BVerfG BeckRS 1997, 09994 Rn. 11).

111 Bei deren Auslegung und Anwendung der Schrankenbestimmungen ist der interpretationsleitenden Bedeutung der berührten Grundrechtsposition Rechnung zu tragen, woraus sich ergeben kann, dass die beschränkende Wirkung ihrerseits wieder einzuschränken ist (stRspr seit BVerfGE 7, 198 – Lüth; vgl. zur Erstreckung auf die Pressefreiheit BVerfG NJW 1966, 1603 (1605) – Spiegel sowie aus jüngster Zeit etwa BVerfG NJW 2012, 1500 (1501) – Ochsenknecht-Söhne).

112 Die EMRK formuliert, die Ausübung der Meinungsfreiheit könne „Einschränkungen (...) unterworfen werden, die gesetzlich vorgesehen und in einer demokratischen Gesellschaft notwendig sind" zum Schutz der in Art. 10 Abs. 2 aufgeführten Rechtsgüter, zu denen auch der gute Ruf und die Rechte anderer gehören. Auch hier wird bei der Beantwortung der Frage, ob eine bestimmte Einschränkung „in einer demokratischen Gesellschaft notwendig" ist, das Gewicht des eingeschränkten Menschenrechts maßgeblich berücksichtigt, was dazu führt, dass die Einschränkungen eng ausgelegt werden müssen (EGMR NJW 2006, 1255 Rn. 87 – Steel und Morris/Vereinigtes Königreich; vgl. auch EGMR NJW 2013, 285 Rn. 53 – Vejdeland u. a./Schweden) und die Presse nicht entmutigen dürfen, an Diskussionen über berechtigte öffentliche Angelegenheiten teilzunehmen (EGMR NJOZ 2012, 335 Rn. 201 – MGN Limited/Vereinigtes Königreich). Es findet eine strenge Verhältnismäßigkeitsprüfung statt (EGMR NJW 2013, 765 Rn. 55, 65 – SRG/Schweiz). Da die Methoden sachlicher und abgewogener Berichterstattung sehr unterschiedlich sein können, ist es nicht Aufgabe der Gerichte, ihre Auffassung an die Stelle derjenigen der Presse zu setzen (EGMR NJW 2013, 765 Rn. 64 – SRG/Schweiz). Die Presse darf jedoch – so der EGMR (NJOZ 2012, 335 Rn. 141 – MGN Limited/Vereinigtes Königreich) – bestimmte Grenzen nicht überschreiten, insbes. hinsichtlich des Schutzes „des guten Rufes (...) anderer", und muss sich in gutem Glauben auf der Grundlage exakter Tatsachen äußern.

2. Schranken der Kunstfreiheit

Die Kunstfreiheit ist nicht mit einem ausdrücklichen Gesetzesvorbehalt versehen. Sie ist 113 aber nach ständiger Rspr. des BVerfG nicht schrankenlos gewährleistet, sondern findet ihre Grenzen unmittelbar in anderen Bestimmungen der Verfassung, die ein in der Verfassungsordnung des Grundgesetzes ebenfalls wesentliches Rechtsgut schützen (BVerfG NJW 2008, 39 Rn. 68 – Esra).

Als entgegenstehendes Grundrecht in diesem Sinne kommt namentlich das durch Art. 2 114 Abs. 1 in Verbindung mit Art. 1 Abs. 1 GG geschützte Persönlichkeitsrecht in Frage (BVerfG NJW 2008, 39 Rn. 70 – Esra). Entsprechendes gilt für das nur über Art. 2 Abs. 1 GG geschützte Unternehmenspersönlichkeitsrecht (OLG Hamburg NJW 2009, 1510 (1512)). Bei der Beurteilung sind aber Maßstäbe anzulegen, die den Besonderheiten der Kunstfreiheit gerecht werden (vgl. BVerfGE 30, 173 (195) sowie zB BGH NJW 2008, 2587 (2589); OLG Frankfurt a. M. AfP 2009, 612 (615); OLG Hamburg NJW 2009, 1510). Die Kunstfreiheit zieht nämlich ihrerseits dem Persönlichkeitsrecht Grenzen. Es bedarf der Klärung, ob die Beeinträchtigung derart schwerwiegend ist, dass die Freiheit der Kunst zurückzutreten hat; eine geringfügige Beeinträchtigung oder die bloße Möglichkeit einer schwerwiegenden Beeinträchtigung reichen hierzu angesichts der hohen Bedeutung der Kunstfreiheit nicht aus (BVerfG NJW 1985, 261 (262 f.) – Anachronistischer Zug; BGH NJW 2008, 2587 (2588); vgl. auch OLG Hamburg NJW 2009, 1510).

Ein literarisches Werk ist zunächst als Fiktion anzusehen, die keinen Faktizitätsanspruch 115 erhebt („Vermutung der Fiktionalität", BGH GRUR 2009, 83 Rn. 17). Bei der Interpretation sind die Besonderheiten der künstlerischen Ausdrucksform zu berücksichtigen. Zu den Spezifika literarischer Kunstformen gehört, dass sie zwar häufig an die Realität anknüpfen, der Künstler dabei aber eine neue ästhetische Wirklichkeit schafft. Das erfordert eine kunstspezifische Betrachtung zur Bestimmung des im jeweiligen Handlungszusammenhang dem Leser nahegelegten Wirklichkeitsbezugs, um auf dieser Grundlage die Schwere der Beeinträchtigung des Persönlichkeitsrechts bewerten zu können (BGH GRUR 2009, 83 Rn. 17).

Die Schwere der Beeinträchtigung des Persönlichkeitsrechts hängt dabei nach der „Esra"- 116 Rspr. des BVerfG (NJW 2008, 39) und des BGH (NJW 2008, 2587) sowohl davon ab, in welchem Maß der Künstler es dem Leser nahelegt, den Inhalt seines Werks auf wirkliche Personen zu beziehen, als auch von der Intensität der Persönlichkeitsrechtsbeeinträchtigung, wenn der Leser diesen Bezug herstellt (BGH NJW 2008, 2587 (2588); vgl. zur berechtigten Kritik an dieser Betrachtungsweise das Sondervotum Hohmann-Dennhardt/Gaier BVerfG NJW 2008, 39 Rn. 110 ff.). Insgesamt ist der Rspr. eine deutliche Zurückhaltung bei der Annahme unzulässiger Darstellungen in literarisch-erzählenden Kunstwerken zu entnehmen (vgl. etwa auch BGH GRUR 2009, 83 – „Ehrensache"; LG Köln GRUR-RR 2009, 247 (Baader-Meinhof-Komplex)). Bei Eingriffen in den durch Art. 1 Abs. 1 GG geschützten Kern menschlicher Ehre liegt jedoch immer eine schwerwiegende Beeinträchtigung des Persönlichkeitsrechts vor, die durch die Freiheit künstlerischer Betätigung nicht mehr gedeckt ist (BVerfG NJW 1987, 2661 (2662)).

C. Einschränkung der Äußerungsfreiheit durch das Persönlichkeitsrecht

I. Allgemeines

117   Ebenso wie die Äußerungsfreiheit genießen auch die Persönlichkeitsrechte des von einer Äußerung Betroffenen grundgesetzlichen Schutz, namentlich abgeleitet aus dem allgemeinen Persönlichkeitsrecht gem. Art. 2 Abs. 1 iVm Art. 1 Abs. 1 GG. Auf Ebene der EMRK ist dieser Schutz insbes. in Art. 8 (Recht auf Achtung des Privat- und Familienlebens) verankert. In Konflikten zwischen diesen Grundrechtspositionen, von denen keiner ein genereller Vorrang zukommt (→ Rn. 128), ist eine Abwägung zwischen der Schwere der Persönlichkeitsbeeinträchtigung durch die Äußerung einerseits und der Einbuße an Meinungsfreiheit durch die Untersagung der Äußerung andererseits vorzunehmen (BVerfG NJW 2012, 1643).

118   Dabei spielt zum einen der Unterschied zwischen Werturteilen und Tatsachenbehauptungen eine Rolle. Bei **Tatsachenbehauptungen** fällt insbes. ihr Wahrheitsgehalt ins Gewicht. An der Aufrechterhaltung und Weiterverbreitung herabsetzender Tatsachenbehauptungen, die unwahr sind, besteht unter dem Gesichtspunkt der Meinungsfreiheit kein schützenswertes Interesse. Wahre Aussagen müssen dagegen in der Regel hingenommen werden, auch wenn sie nachteilig für den Betroffenen sind (BVerfG NJW 2012, 1643 f.).

119   Allerdings kann auch eine wahre Darstellung das Persönlichkeitsrecht des Betroffenen verletzen, insbes. wenn die Privat-, Intim- oder Vertraulichkeitssphäre betroffen ist oder die Wiedereingliederung eines Straftäters in die Gesellschaft erheblich erschwert würde (vgl. BVerfG NJW 1973, 1226 – Lebach) und Informationsinteressen der Öffentlichkeit nicht überwiegen (vgl. BVerfG NJW 1999, 1322 (1324) – Helnwein). Nach der Rspr. des EGMR (vgl. NJW 2012, 1053 Rn. 108 ff. – v. Hannover/Deutschland (Nr. 2) und NJW 2012, 1058 Rn. 186 ff. – Axel Springer AG/Deutschland) sind bei der Abwägung insbes. der Beitrag zu einer Debatte von allgemeinem Interesse, die Bekanntheit der betroffenen Person und der Gegenstand der Berichterstattung, das frühere Verhalten der betroffenen Person, die Art der Erlangung von Informationen und ihr Wahrheitsgehalt sowie der Inhalt, die Form und die Auswirkungen der Veröffentlichung zu berücksichtigen.

120   **Werturteile** genießen zwar einen starken verfassungsrechtlichen Schutz, doch sind auch sie nicht unbegrenzt zulässig, etwa wenn es sich um eine Schmähkritik oder eine Verletzung der Menschenwürde handelt, → Rn. 172 ff.

121   In die Abwägung sind nicht nur solche Umstände einzustellen, die in der fraglichen Berichterstattung erwähnt werden. Ob eine solche Erwähnung erfolgt, hängt von zahlreichen Faktoren ab, die mit den zum Ausgleich zu bringenden Rechtspositionen nichts zu tun haben. Es genügt daher, wenn die entsprechenden Umstände im Streitfall dargelegt werden (OLG Dresden AfP 2012, 383; vgl. auch Wenzel/Burkhardt Rn. 4.74 ff., 4.81).

II. Das Persönlichkeitsrecht

1. Inhalt

122   Das (allgemeine) Persönlichkeitsrecht – das BVerfG spricht in jüngerer Zeit teilweise vom „Grundrecht auf Schutz der Persönlichkeit" (vgl. BVerfG NJW 2008, 1793 Rn. 47) – ergänzt die im Grundgesetz normierten Freiheitsrechte und gewährleistet die engere persönliche Lebenssphäre und die Erhaltung ihrer Grundbedingungen (BVerfG NJW 2008, 39 Rn. 70 – Esra; vgl. auch BVerfG NJW 2006, 207 Rn. 25 – Stolpe; NJW 1980, 2070 – Eppler). Das Grundrecht schützt Elemente der Persönlichkeit, die nicht Gegenstand besonderer Freiheitsgarantien sind, aber diesen in ihrer konstituierenden Bedeutung für die Persönlichkeit nicht nachstehen (vgl. BVerfG NJW 1980, 2070 – Eppler; stRspr). Dazu gehört auch die soziale Anerkennung. Aus diesem Grund umfasst das allgemeine Persönlichkeitsrecht auch den Schutz vor Äußerungen, die geeignet sind, sich abträglich auf das Bild des Einzelnen in der Öffentlichkeit auszuwirken.

123   Das allgemeine Persönlichkeitsrecht besitzt keinen statischen Anwendungsbereich. Seine Reichweite liegt nicht absolut fest, sondern muss grds. erst durch eine Güterabwägung mit den schutzwürdigen Interessen der anderen Seite bestimmt werden (BGH NJW 2004, 762 (764)). Bei dieser Abwägung sind die besonderen Umstände des Einzelfalls sowie die betroffenen Grundrechte des GG und die Gewährleistungen der EMRK interpretations-

Schadensersatzpflicht § 823 BGB

leitend zu berücksichtigen (BGH NJW 2012, 3645 Rn. 15 f. – Comedy-Darstellerin mwN). Das allgemeine Persönlichkeitsrecht schützt die Person insbes. vor verfälschenden oder entstellenden Darstellungen, die von nicht ganz unerheblicher Bedeutung für die Persönlichkeitsentfaltung sind (vgl. BVerfG NJW 2008, 39 Rn. 71).

2. Regelung

Eine gesetzliche Regelung des **allgemeinen Persönlichkeitsrechts** gibt es in Deutschland nicht. Anerkennung fand es in der Rspr. erst nach Inkrafttreten des Grundgesetzes zunächst als direkt aus der Verfassung abgeleitetes Recht (BGH NJW 1954, 1405 – Leserbriefe). Es handelt sich um ein „einheitliche(s), ursprüngliche(s) Rech(t), das in der Persönlichkeit als solcher begründet ist und gegen alle Verletzungen der Eigensphäre der Persönlichkeit schützt, die nicht durch höherwertige Interessen geboten sind" (BGH NJW 1957, 1315 (1316) – Spätheimkehrer). Spätestens seit der Entscheidung „Burschenschaft" (NJW 1960, 476 (479)) ordnet der BGH das allgemeine Persönlichkeitsrecht als „sonstiges Recht" iSd § 823 I BGB ein (ebenso BGH NJW 1961, 2059 – Ginseng). Das allgemeine Persönlichkeitsrecht setzte sich in Literatur und Rspr. durch und wurde später auch vom BVerfG gebilligt (BVerfG NJW 1973, 1221).

Bereits vor der Entwicklung und Anerkennung eines allgemeinen Persönlichkeitsrechts sicherte eine Reihe sog. **besonderer Persönlichkeitsrechte** insbes. den zivilrechtlichen Schutz des Namens (§ 12 BGB), der Ehre (§ 823 Abs. 2 BGB iVm §§ 185 ff. StGB) und des Rechts am eigenen Bild (§ 22 KunstUrhG). Aus heutiger Sicht stellen sich diese und andere kodifizierte Bereiche (etwa die Regelungen über das Urheberpersönlichkeitsrecht (§§ 12–14 UrhG), über Vertraulichkeitsverletzungen (§ 201 StGB) und bestimmte Bildaufnahmen (§ 201a StGB)) als Ausprägungen des umfassend verstandenen allgemeinen Persönlichkeitsrechts dar, welches deshalb vielfach als „Rahmenrecht" bezeichnet wird. Ein Rückgriff auf das allgemeine Persönlichkeitsrecht ist stets möglich, wenn ein thematisch einschlägiges, besonderes Persönlichkeitsrecht keine Regelung enthält.

3. Wirkung

Der grundrechtliche Schutz durch das allgemeine Persönlichkeitsrecht wirkt nicht unmittelbar gegenüber Dritten, begründet aber staatliche Schutzpflichten (→ Rn. 109). Soweit die Gerichte Normen anwenden, die diesem Schutz dienen, haben sie die grundrechtlichen Maßgaben zu beachten, sonst liegt darin nach der stRspr des BVerfG nicht nur eine Verletzung objektiven Verfassungsrechts, sondern auch ein Verstoß gegen die subjektiven Grundrechte des Betroffenen (vgl. BVerfGE 7, 198 (206 f.) – Lüth; NJW 1999, 1322 (1323) – Helnwein).

Das allgemeine Persönlichkeitsrecht schützt nicht nur ideelle, sondern auch **kommerzielle Interessen**. Der wirtschaftliche Wert von Persönlichkeitsmerkmalen folgt im Allgemeinen aus der Bekanntheit und dem öffentlichen Ansehen der Person. Nach Auffassung des BGH ist der Schutz vermögenswerter Bestandteile des allgemeinen Persönlichkeitsrechts auch bei Lebenden (vgl. zu Verstorbenen BVerfG NJW 2006, 3409 – Der blaue Engel) lediglich zivilrechtlich, nicht aber verfassungsrechtlich gewährleistet (BGH NJW 2007, 689 (691) – Rücktritt des Finanzministers). Daher kommt ihm gegenüber der Meinungsfreiheit grds. kein Vorrang zu (BGH AfP 2008, 598 (600) – Bohlen-Buch). Dies hat bspw. zur Folge, dass die mit der Namensnennung verbundene Beeinträchtigung des Persönlichkeitsrechts hinzunehmen ist, wenn sich eine Werbeanzeige in satirisch-spöttischer Form mit einem in der Öffentlichkeit diskutierten Ereignis auseinandersetzt, ohne den Image- oder Werbewert des Genannten auszunutzen oder den Eindruck zu erwecken, als identifiziere er sich mit dem beworbenen Produkt oder empfehle es (BGH ZUM 2008, 957 (959) – Zerknitterte Zigarettenschachtel).

III. Verhältnis von Persönlichkeitsrecht und Äußerungsfreiheit

Das allgemeine Persönlichkeitsrecht ist nicht vorbehaltlos gewährleistet. Nach Art. 2 Abs. 1 GG wird es durch die verfassungsmäßige Ordnung einschließlich der Rechte anderer beschränkt. Zu diesen Rechten gehört auch die Freiheit der Meinungsäußerung aus Art. 5

Abs. 1 S. 1 GG. Auch diese ist aber nicht vorbehaltlos garantiert; sie findet nach Art. 5 Abs. 2 GG ihre Schranken unter anderem in den allgemeinen Gesetzen und in dem Recht der persönlichen Ehre (vgl. BVerfG NJW 2012, 1643 Rn. 32 sowie ausführlich BVerfG NJW 2008, 1793 Rn. 49 ff.). Das BVerfG spricht von einer „Wechselbezüglichkeit zwischen der Meinungsfreiheit und den grundrechtlich geschützten Persönlichkeitsrechten" (BVerfG GRUR-RR 2011, 224 – Gen-Milch). Der Ausgleich zwischen den betroffenen Rechtspositionen ist im Rahmen einer Abwägung herzustellen. Für ein generelles Vorrangverhältnis – in welche Richtung auch immer – ist hingegen kein Raum.

128.1 Teilweise wird gefordert, im Verhältnis zwischen Kommunikationsfreiheit und Persönlichkeitsschutz letzteren als „vor- und übergeordnet" zu betrachten (GSS/Götting § 1 Rn. 19). Zur Begründung wird auf die Systematik des Grundgesetzes verwiesen, der zufolge der Schutz des einzelnen Menschen in seiner Individualität an der Spitze der Wertordnung stehe. Mit der Rspr. des Bundesverfassungsgerichts steht diese Sichtweise nicht im Einklang. Vielmehr beeinflussen und begrenzen sich die Grundrechtspositionen wechselseitig, BVerfGE 120, 180 (199 ff.) Keiner von Ihnen kommt ein genereller Vorrang zu, BeckOK BGB/Bamberger § 12 Rn. 172. Auch die Meinungsfreiheit wird vom Grundgesetz nicht nur im Interesse des demokratischen Prozesses geschützt, sondern zugleich im Interesse der Persönlichkeitsentfaltung des Einzelnen (BVerfG NJW 2005, 1341 (1342); AfP 2010, 145 (147) Rn. 28); sie ist insoweit selbst ein „Persönlichkeitsrecht", vgl. → Rn. 94.

129 Anders als im Bereich der Bildberichterstattung gewährt Art. 2 I iVm Art. 1 I GG bei Wortberichten **nur in spezifischen Hinsichten** Schutz (vgl. BVerfG NJW 2011, 740 Rn. 52 – Carolines Tochter; BGHZ 187, 200 = NJW 2011, 744 Rn. 8 ff.). Dabei spielt vor allem der Wahrheitsgehalt der Äußerung eine Rolle, soweit es sich um eine Tatsachenbehauptung handelt (s. zum Schutz vor Unwahrheit → Rn. 130 ff.). Das Persönlichkeitsrecht schützt vor einer Beeinträchtigung geschützter Persönlichkeitssphären wie der Privat- oder Intimsphäre durch Indiskretion (→ Rn. 145 ff.) sowie herabsetzenden, ehrverletzenden Äußerungen (vgl. zum Schutz vor Werturteilen → Rn. 172 ff.). Ein von dem Kommunikationsinhalt unabhängiger Schutz ist im Bereich der Textberichterstattung hingegen nur unter dem Gesichtspunkt des Rechts am eigenen Wort anerkannt, das die Selbstbestimmung über die unmittelbare Zugänglichkeit der Kommunikation garantiert (vgl. BVerfG NJW 1980, 2070 – Eppler; BVerfGE 106, 28, (41) = NJW 2002, 3619 und allgemein → Rn. 182 ff.).

IV. Schutz vor Unwahrheit

1. Allgemeines

130 Tatsachenbehauptungen (vgl. zur Abgrenzung → Rn. 35) können – anders als Werturteile – wahr oder unwahr sein. Während die Veröffentlichung wahrer Tatsachen in der Regel hinzunehmen ist, auch wenn sie nachteilig für den Betroffenen sind (vgl. zB BVerfG NJW 2012, 1500 Rn. 39 – Ochsenknecht-Söhne), hat im Fall der Aufstellung **unwahrer ehrenrühriger oder rufschädigender Behauptungen** in der Regel die Meinungsfreiheit hinter das allgemeine Persönlichkeitsrecht zurückzutreten (BVerfG NJW-RR 2010, 470 Rn. 62 – Pressespiegel). Der Betroffene wird vor verfälschenden oder entstellenden Darstellungen seiner Person geschützt, die von nicht ganz unerheblicher Bedeutung für die Persönlichkeitsentfaltung sind, wie zB die Zugehörigkeit zu bestimmten Gruppen oder Vereinigungen (BVerfG NJW 1999, 1322 – Helnwein).

131 Das bedeutet aber nicht, dass unwahre Tatsachenbehauptungen von vornherein aus dem **Schutzbereich der Meinungsfreiheit** herausfallen. Außerhalb des Schutzbereichs von Art. 5 Abs. 1 S. 1 GG liegen nur bewusst unwahre Tatsachenbehauptungen und solche, deren Unwahrheit bereits im Zeitpunkt der Äußerung unzweifelhaft feststeht. Es reicht nicht, dass erst eine spätere Beweisaufnahme die Unrichtigkeit der Äußerung ergibt. Für den Äußernden muss vielmehr im Zeitpunkt der Äußerung eine zumutbare Möglichkeit bestehen, die Unwahrheit zu erkennen (BVerfG NJW 2003, 1855).

132 In allen übrigen Fällen unwahrer Tatsachenbehauptungen ist eine Abwägung erforderlich, in der es maßgeblich auf die Pflicht zur **sorgfältigen Recherche** und den Gesichtspunkt der **Wahrnehmung berechtigter Interessen** (§ 193 StGB) ankommt. Würde nämlich auch die erst nachträglich als unwahr erkannte Äußerung uneingeschränkt mit Sanktionen belegt werden können, stünde zu befürchten, dass der Kommunikationsprozess litte, weil risikofrei nur noch unumstößliche Wahrheiten geäußert werden dürften. Damit wäre ein vom Grundrechtsgebrauch abschreckender Effekt verbunden, der vermieden werden muss (BVerfG NJW-RR 2010, 470 – Pressespiegel mwN).

Bei **unbedeutenden, wertneutralen Unrichtigkeiten** besteht kein Unterlassungsanspruch (vgl. zB BGH NJW 2006, 609 (Interviewäußerung gegenüber „dpa" statt „stern"); AfP 2008, 193 (Ort einer Vernissage), OLG Dresden ZUM-RD 2011, 551 (Verurteilung wegen § 16 UWG statt wegen „Betruges")). Die Beanstandung unwahrer Berichterstattung in einem unbedeutenden Nebenaspekt darf nicht als Vehikel dazu genutzt werden, zulässige Kritik zum Verstummen zu bringen (OLG Köln NJW-RR 2006, 126 (127)). Dies gilt erst Recht für den schwächer ausgeprägten Schutz durch das Unternehmenspersönlichkeitsrecht (OLG Hamburg NJW 2009, 1510 (1513 f.); LG Berlin ZUM-RD 2011, 241). Bei der Frage, welche Unrichtigkeiten ins Gewicht fallen, können die Lesererwartungen eine Rolle spielen, so dass zB die Gleichsetzung eines Unternehmens mit seinen Repräsentanten unschädlich sein kann (OLG Karlsruhe ZUM-RD 2006, 331 (335)). 133

2. Wahrnehmung berechtigter Interessen

Stellt sich die Unwahrheit einer Äußerung erst **nachträglich** heraus oder kann der Wahrheitsgehalt überhaupt nicht endgültig festgestellt werden, so hängt die Rechtswidrigkeit der ursprünglichen Aufstellung/Verbreitung der Tatsachenbehauptungen ungeklärten Wahrheitsgehalts davon ab, ob der Äußernde die Anforderungen erfüllt hat, die an eine Rechtfertigung durch Wahrnehmung berechtigter Interessen (§ 193 StGB) zu stellen sind (BVerfG NJW 2006, 207 Rn. 44 – Stolpe). 134

Eine Behauptung, deren Unwahrheit nicht erwiesen ist, kann jedenfalls in Fällen, in denen es um eine die Öffentlichkeit wesentlich berührende Angelegenheit geht, solange nicht untersagt werden, als der Äußernde sie zur Wahrnehmung berechtigter Interessen für erforderlich halten darf (BGH NJW 1996, 1131 (1133) – Lohnkiller). Eine Berufung hierauf setzt voraus, dass der auf Unterlassung in Anspruch Genommene vor Aufstellung oder Verbreitung der Behauptung **hinreichend sorgfältige Recherchen** über den Wahrheitsgehalt angestellt hat. Die Sorgfaltsanforderungen richten sich nach den jeweils gegebenen Aufklärungsmöglichkeiten, auch nach der Stellung des Äußernden im Prozess der öffentlichen Meinungsbildung (BVerfG NJW 2004, 589). Für Medien sind die Anforderungen daher strenger als für Privatleute (vgl. BGH NJW 1996, 1131 – Lohnkiller). **Je stärker** die Äußerung die Rechtspositionen der durch sie betroffenen Dritten beeinträchtigt, **desto höher** sind einerseits die Sorgfaltsanforderungen (BVerfG NJW-RR 2010, 470 Rn. 62); andererseits ist das Interesse der Öffentlichkeit an den entsprechenden Äußerungen abwägend zu berücksichtigen (BVerfG NJW 2007, 2686 (2687)). Die Gerichte dürfen an die Wahrheitspflicht im Interesse der Meinungsfreiheit keine Anforderungen stellen, die die Bereitschaft zum Gebrauch des Grundrechts herabsetzen und so auf die Meinungsfreiheit insgesamt einschnürend wirken können. Sie haben aber auch zu berücksichtigen, dass die Wahrheitspflicht Ausdruck der Schutzpflicht ist, die aus dem allgemeinen Persönlichkeitsrecht folgt. 135

Beeinträchtigt die Behauptung einer Tatsache, deren Wahrheitsgehalt noch ungewiss ist, die Rechte eines anderen, so dürfen die Gerichte im Zuge der Abwägung berücksichtigen, ob der sich Äußernde seinen Kenntnisstand darüber **zutreffend mitgeteilt** hat. Sorgfaltspflichten sind auch dann verletzt, wenn sich der Äußernde selektiv und ohne dass dies für die Öffentlichkeit erkennbar wäre, allein auf dem Betroffenen nachteilige Anhaltspunkte stützt und hierbei verschweigt, was gegen die Richtigkeit seiner Behauptung spricht (BVerfG NJW 2006, 207 Rn. 45 – Stolpe). 136

Eingehalten sind die Sorgfaltspflichten (auch die erhöhten Pflichten der Medien) bei der Übernahme von Informationen aus **privilegierten Quellen,** zu denen neben **Äußerungen öffentlicher Stellen** (→ Rn. 248) insbes. auch die anerkannten **Nachrichtenagenturen** gehören. Im Rahmen des journalistischen Tagesgeschäfts können die Medien ihren verfassungsmäßigen Auftrag, umfassend und zugleich möglichst aktuell zu berichten, nur erfüllen, wenn sie nicht jede ihrer Berichterstattungen vollständig selbst recherchieren und gegenprüfen müssen. Den Journalisten ist daher unter Wahrung ihrer journalistischen Sorgfaltspflichten erlaubt, Meldungen der als seriös anerkannten Nachrichtenagenturen ohne weitere 137

(Nach-)Recherche ihres Inhalts zu verwerten. Diese Privilegierung findet ihre Grenze erst, wenn für den übernehmenden Journalisten Veranlassung zu konkreten Zweifeln an der inhaltlichen Richtigkeit der Meldung bestand (KG GRUR-RR 2007, 374 mwN).

138 Die **Beweislast** für die Einhaltung der Sorgfaltspflichten liegt beim Behauptenden. Er hat bspw. nachzuweisen, dass Zeugen, auf deren Angaben er sich beruft, diese tatsächlich gemacht haben (OLG München ZUM-RD 2003, 577 (580)).

139 Ist der Wahrheitsgehalt im Zeitpunkt der Äußerung ungewiss und hat der sich Äußernde die ihm obliegenden Sorgfaltspflichten **eingehalten,** kommen weder Bestrafung noch Schadensersatz in Betracht, wenn sich später die Unwahrheit der Äußerung herausstellt. Diese ist vielmehr als zum Äußerungszeitpunkt rechtmäßig anzusehen. Geht es aber um die zukünftige Unterlassung einer Äußerung, fällt die Wahrheit ihres Tatsachenanteils in jedem Fall bei der Abwägung ins Gewicht. Es gibt nämlich kein verfassungsrechtlich anerkennenswertes Interesse, nach Feststellung der Unwahrheit an einer Behauptung festzuhalten (BVerfG ZUM-RD 2003, 114 (116)). Allerdings kann der sich Äußernde nur dann zur Unterlassung verurteilt werden, wenn die Gefahr besteht, dass die Äußerung ungeachtet des Unwahrheitsnachweises aufrechterhalten bzw. unverändert wiederholt wird, wobei die Maßstäbe für die sog. Erstbegehungsgefahr gelten (vgl. KG GRUR-RR 2007, 173 → Rn. 274 ff.).

3. „Irreführungsverbot"

140 Die Veröffentlichung wahrer Tatsachen ist auch dort, wo kein Indiskretionsschutz (→ Rn. 145) greift, nicht uneingeschränkt zulässig. Werden dem Leser Tatsachen mitgeteilt, aus denen er erkennbar eigene wertende Schlussfolgerungen ziehen soll, so dürfen dabei nach der Rspr. des BVerfG keine wesentlichen Umstände verschwiegen werden, die geeignet sind, den Vorgang in einem anderen Licht erscheinen zu lassen (BVerfG NJW 2010, 1587 Rn. 27). Eine unwahre Tatsachenbehauptung liegt nach der Rspr. auch dann vor, wenn durch Verschweigen einer Tatsache der Leser zu einer ehrverletzenden Schlussfolgerung aus mitgeteilten wahren Tatsachen geführt wird (BGH NJW 2000, 656). Dies kann bspw. eine Klarstellung erforderlich machen, wenn sich ein Ermittlungsverfahren nur gegen einen von zwei Rechtsanwälten einer Sozietät richtet (OLG Karlsruhe NJW 2005, 2400). Bei Berichterstattung über Gerichtsurteile soll jedenfalls bei schwerwiegenden Vorwürfen eine Angabe erforderlich sein, wenn noch keine Rechtskraft eingetreten ist (LG Frankfurt a. M. AfP 2003, 468).

140.1 Ein allgemeines Gebot der „Ausgewogenheit" darf dieser Rspr. nicht entnommen werden. Das wäre das Gegenteil von freier Rede, die gerade auch von Einseitigkeit, Provokation und Polemik lebt. Die Rspr. des BGH (vgl. etwa NJW 2006, 601 Rn. 19) erscheint vor diesem Hintergrund bedenklich. Wenn die Schlussfolgerung „bei Mitteilung der verschwiegenen Tatsache weniger naheliegend erscheint" und deshalb beim „unbefangenen Durchschnittsleser ein falscher Eindruck entstehen kann", soll eine bewusst unvollständige Berichterstattung wie eine unwahre Tatsachenbehauptung zu behandeln sein. Das greift sehr weit. Zu fordern ist daher einschränkend, dass durch die verschwiegene Tatsache die Fehlvorstellung geradezu entstehen muss; die bloße Möglichkeit genügt nicht. Zumindest ist gründlich zu prüfen, ob die als persönlichkeitsverletzend beanstandete Einschätzung bei vollständiger Information wirklich vermieden worden wäre (vgl. BGH NJW 2004, 598 (600) – Klinik Monopoly).

4. Besonderheiten bei gemischten Äußerungen

141 Allgemein sind unwahre Tatsachenbehauptungen Einschränkungen im Interesse anderer Rechtsgüter leichter zugänglich als Meinungsäußerungen (vgl. BVerfG NJW 1983, 1415 – NPD von Europa). Das gilt in abgeschwächter Form auch dann, wenn sich wertende und tatsächliche Elemente in einer Äußerung so vermengen, dass diese insgesamt als Werturteil anzusehen ist (s. dazu BVerfG NJW 1992, 1439 (1441) – Kritische Bayer-Aktionäre sowie → Rn. 45 f.). Die Richtigkeit der tatsächlichen Bestandteile ist dann **im Rahmen der Abwägung zu berücksichtigen** (BVerfG NJW 2012, 1643 Rn. 34; BVerfG NJW 2007, 2686 (2687); BVerfG NJW 2004, 277 (278) – NGG. Die tatsächlichen Komponenten sind zu ermitteln und bleiben auch als Teil einer gemischten Äußerung dem Beweis zugänglich (BVerfG NJW 2012, 1643 Rn. 34). Zur Feststellung der Wahrheit bzw. Unwahrheit der

Tatsachenkomponente dürfen die zivilrechtlichen Beweislastgrundsätze angewendet werden (BVerfG NJW 2007, 2686 (2687)). Auch in diesem Zusammenhang ist freilich zu beachten, dass an die Wahrheitspflicht im Interesse der Meinungsfreiheit keine Anforderungen gestellt werden dürfen, die die Bereitschaft zum Gebrauch des Grundrechts herabsetzen und so auf die Meinungsfreiheit insgesamt einschnürend wirken können (vgl. BVerfG NJW 1980, 2072 (2073) – Böll/Walden). Bei einer Äußerung, die derart **substanzarm** ist, dass eine konkret dem Beweis zugängliche Komponente gar nicht ermittelt werden kann, kommt es auch im Rahmen der Abwägung der widerstreitenden Grundrechtspositionen auf den Wahrheitsgehalt nicht an (BVerfG NJW-RR 2001, 411).

Dass die tatsächlichen Bestandteile lediglich im Rahmen der Abwägung zu berücksichtigen sind, kann dazu führen, dass auch „schiefe" Darstellungen hingenommen werden müssen, wenn die Diskrepanz im Tatsächlichen nicht sehr schwerwiegend ist (vgl. KG MMR 2011, 839: Kein Unterlassungsanspruch bzgl. einer gemischten Äußerung, in der ua (fälschlich) ausgesagt wurde, eine des Dopings verdächtige Sportlerin habe ein bestimmtes ärztliches Gutachten bezahlt, weil die Gesamtäußerung nicht die Behauptung enthielt, dass der Gutachter auf Grund einer Zahlung zu dem gefundenen Ergebnis gelangt ist). Allerdings genügt bei gemischten Äußerungen eine Abwägung der betroffenen Interessen nicht den verfassungsrechtlichen Anforderungen, die den tatsächlichen Gehalt der Äußerung vollständig ausblendet (BVerfG ZUM-RD 2008, 114 – Bauernfängerei). **142**

5. Besonderheiten bei Fragen

Vgl. zur äußerungsrechtlichen Einordnung von Fragen → Rn. 47. Fragen können Dritte insbes. dann in ihrer persönlichen Ehre verletzen, wenn die in ihnen vorausgesetzten oder ausgesprochenen tatsächlichen Annahmen ehrenrührig sind. Insoweit kann es darauf ankommen, ob der Fragende für den tatsächlichen und ehrenrührigen Gehalt seiner Frage Anhaltspunkte besaß oder ob dieser aus der Luft gegriffen war. Dabei dürfen jedoch keine Anforderungen gestellt werden, die sich abschreckend auf den Gebrauch des Grundrechts auswirken können. Die Vermutung zugunsten der freien Rede gilt auch für Fragen (BVerfG NJW 1992, 1442 (1444)). Lassen Fragen trotz verschiedener definitiv klingender Passagen insgesamt nicht den Schluss zu, dass es dem Äußernden nicht um eine Antwort gegangen, sondern der Zweck bereits mit der Stellung der Fragen erreicht gewesen wäre, so spricht der von Verfassungs wegen gebotene weite Meinungsbegriff gegen die Einordnung als Tatsachenbehauptungen (BVerfG NJW 1992, 1442 (1444), wo einige der zu beurteilenden Fragen durchaus rhetorische Züge trugen). **143**

6. Besonderheiten bei Kunstwerken

Bei Kunstwerken gelten besondere Maßstäbe, die dazu führen, dass auch schwerwiegende „Unwahrheiten" in Bezug auf erkennbare Vorbilder literarischer Figuren hinzunehmen sein können, → Rn. 116. Der Grundrechtsschutz aus Art. 5 III GG verbietet es, die Persönlichkeitsrechtsverletzung bereits in der Erkennbarkeit als Vorbild einerseits und in den negativen Zügen der Romanfigur andererseits zu sehen. Erforderlich wäre vielmehr der Nachweis, dass dem Leser vom Autor nahegelegt wird, bestimmte Teile der Schilderung als tatsächlich geschehen anzusehen, und dass gerade diese Teile eine Persönlichkeitsrechtsverletzung darstellen, entweder weil sie ehrenrührige falsche Tatsachenbehauptungen aufstellen oder wegen der Berührung des Kernbereichs der Persönlichkeit überhaupt nicht in die Öffentlichkeit gehören (vgl. BGH NJW 2008, 2587 Rn. 11 – Esra). Nach einer im Hinblick auf die Kunstfreiheit problematischen Entscheidung des BGH (NJW 2009, 3576 – „Kannibale von Rotenburg" mkritAnm Gostomzyk) soll jedoch das Interesse des Betroffenen an „wirklichkeitsgetreuer" Darstellung seiner Person umso schutzwürdiger sein, je stärker das entworfene Persönlichkeitsbild beansprucht, mit der sozialen Wirklichkeit des Dargestellten übereinzustimmen. **144**

V. Schutz vor Indiskretion

1. Allgemeines

145 Zum allgemeinen Persönlichkeitsrecht gehört die Befugnis des Einzelnen, selbst zu entscheiden, wie er sich Dritten oder der Öffentlichkeit gegenüber darstellen will und inwieweit von Dritten über seine Persönlichkeit verfügt werden kann (vgl. BVerfG NJW 1980, 2070 – Eppler). Auf den Bereich, in dem der Schutz des Betroffenen auch gegenüber wahrheitsgemäßer Berichterstattung überwiegt, weil andernfalls die Freiheit und Würde der Person nicht mehr sichergestellt wäre, bezieht sich der Indiskretionsschutz. Dem Einzelnen steht ein **autonomer Bereich privater Lebensgestaltung** zu, in dem er seine Individualität entwickeln und wahren kann (BVerfGE 35, 202 = NJW 1973, 1226 – Lebach). Der Indiskretionsschutz ist nicht auf Tatsachenbehauptungen beschränkt, sondern erfasst auch Werturteile wie etwa Spekulationen über die mögliche Persönlichkeitsentwicklung eines Kindes (vgl. BVerfG ZUM 2004, 64 – Geburtshoroskop).

146 Die dem Grundrechtsträger hiermit eingeräumte ausschließliche Rechtsmacht gewährleistet indessen **keinen absoluten Schutz der selbstgewählten Anonymität** (BVerfG NJW 2011, 740 Rn. 56 – Carolines Tochter). Das Grundrecht aus Art. 2 Abs. 1 iVm Art. 1 Abs. 1 GG vermittelt seinem Träger keinen Anspruch darauf, öffentlich nur so dargestellt zu werden, wie es seinem Selbstbild entspricht oder ihm selbst genehm ist (vgl. BVerfG NJW 2011, 740 Rn. 53 – Carolines Tochter; BGH NJW 2011, 744 Rn. 14 mwN) und bietet nicht schon davor Schutz, überhaupt in einem Bericht individualisierend benannt zu werden (BVerfG NJW 2012, 756 Rn. 19).

147 Der Indiskretions- und Anonymitätsschutz wirkt mithin – wie generell der Schutz des allgemeinen Persönlichkeitsrechts – nicht absolut, sondern bedarf der **Interessenabwägung** mit konkurrierenden Verfassungsgütern, insbes. der Meinungsfreiheit. Kritische Berichterstattung aus der beruflichen Sphäre des Betroffenen muss auf Namensnennung nicht verzichten (BGH GRUR 2007, 350 – Klinikgeschäftsführer). Nichts anderes gilt auch unter dem Blickwinkel des **informationellen Selbstbestimmungsrechts** (BVerfG NJW 2012, 756 Rn. 20), also der Befugnis des einzelnen, grds. selbst über die Preisgabe und Verwendung seiner persönlichen Daten zu bestimmen (BVerfGE 65, 1 (43) – Volkszählung; BGH NJW 1991, 1532 (1533)). Auch dieses Recht ist nämlich nicht vorbehaltlos gewährleistet, sondern wird – neben anderen Gemeinschaftsbelangen – durch die Grundrechte aus Art. 5 Abs. 1 GG eingeschränkt und ist im Rahmen der jeweils durchzuführenden Abwägung mit diesen in Einklang zu bringen. Der Einzelne hat keine absolute, uneingeschränkte Herrschaft über „seine" Daten; denn er entfaltet seine Persönlichkeit innerhalb der sozialen Gemeinschaft und muss grds. Einschränkungen seines Rechts auf informationelle Selbstbestimmung hinnehmen, wenn und soweit solche Beschränkungen von hinreichenden Gründen des Gemeinwohls getragen werden und bei einer Gesamtabwägung zwischen der Schwere des Eingriffs und dem Gewicht der ihn rechtfertigenden Gründe die Grenze des Zumutbaren noch gewahrt ist (BGH NJW 2012, 771 Rn. 14).

148 Gerade bei der **unterhaltenden Berichterstattung über Prominente** bedarf es also der abwägenden Berücksichtigung der kollidierenden Rechtspositionen. Auch Prominente haben eine berechtigte Erwartung auf Achtung und Schutz ihres Privatlebens (EGMR NJW 2010, 751 Rn. 48 – Standard Verlags GmbH/Österreich (Nr. 2)). Bei der Gewichtung des Informationsinteresses im Verhältnis zu dem kollidierenden Persönlichkeitsschutz kommt dem Gegenstand der Berichterstattung maßgebliche Bedeutung zu, etwa der Frage, ob private Angelegenheiten ausgebreitet werden, die lediglich die Neugier befriedigen (BVerfG NJW 2008, 1793 Rn. 65 – Caroline von Hannover; NJW 2000, 1021 (1024) – Caroline von Monaco). Das BVerfG betont, dass auch Unterhaltung eine meinungsbildende Funktion erfüllt, denn sie kann Realitätsbilder vermitteln und stellt Gesprächsgegenstände zur Verfügung, an die sich Diskussionsprozesse und Integrationsvorgänge anschließen können, die sich auf Lebenseinstellungen, Werthaltungen und Verhaltensmuster beziehen (vgl. zu alledem grundlegend BVerfG NJW 2000, 1021 (1024) – Caroline von Monaco sowie BVerfG NJW 2008, 1793 Rn. 60 ff. – Caroline von Hannover). Personalisierung bildet dabei ein wichtiges publizistisches Mittel zur Erregung von Aufmerksamkeit. Prominente erfüllen für das Publikum eine Leitbild- und Kontrastfunktion. Auch die Normalität des Alltagslebens oder in keiner Weise anstößige Handlungsweisen prominenter Personen dürfen der Öffentlichkeit vor Augen geführt werden, wenn dies der Meinungsbildung zu Fragen von allgemeinem Interesse dienen kann (BVerfG NJW 2008, 1793 Rn. 60 – Caroline von Hannover).

Ein berücksichtigenswerter Beitrag zur öffentlichen Meinungsbildung wurde bspw. bejaht bezüglich der Informationspolitik beliebter Künstler, die sich nach einer plötzlichen Erkrankung völlig aus der Öffentlichkeit zurückziehen und ihr besorgtes Publikum über ihr weiteres Schicksal im Ungewissen lassen (BGH NJW 2012, 3645 Rn. 23 – Comedy-Darstellerin) sowie hinsichtlich der Prominenten, die in einer bestimmten Urlaubsregion ihre Ferien verbringen (BVerfG NJW 2012, 756 Rn. 24). Vgl. a. BVerfG NJW 2011, 749 Rn. 64 in Bezug auf einen Bericht über eine „Gruppe reicher junger Frauen, die aufgrund ihrer Abstammung ein sorgenfreies, genussorientiertes Leben" führt (wobei das Gericht hier offenbar eine Kontrastfunktion für näherliegend erachtet als eine Leitbildfunktion). **148.1**

Die **Intensität des Eingriffs** ist in der Abwägung von Belang, etwa wenn es sich um den Betroffenen positiv beschreibende Werturteile oder um unstreitig zutreffende Tatsachen handelt, die entweder belanglos sind oder sich allenfalls oberflächlich mit der Person des Betroffenen beschäftigen, ohne einen tieferen Einblick in seine persönlichen Lebensumstände zu vermitteln (BGH NJW 2009, 1499 Rn. 19 – Enkel von Fürst Rainier). Allerdings entfällt der Schutz nicht allein deshalb, weil die mediale Darstellung durch Wohlwollen geprägt ist (BVerfG NJW 2005, 1857). **149**

Als Abwägungskriterium ist beim Indiskretionsschutz auch die abgestufte Schutzwürdigkeit bestimmter Sphären zu berücksichtigen, in denen sich die Persönlichkeit verwirklicht (BGH NJW 2012, 771). Unterschieden wird nach der üblichen aktuellen Terminologie zwischen **Intimsphäre, Privatsphäre, Geheimsphäre, Sozialsphäre und Öffentlichkeitssphäre.** Besonders hohen Schutz genießen die Informationen, die der Intim- und Geheimsphäre zuzuordnen sind. Geschützt ist aber auch das Recht auf Selbstbestimmung bei der Offenbarung von persönlichen Lebenssachverhalten, die lediglich zur Sozial- und Privatsphäre gehören (BGH NJW 2012, 771 Rn. 13). Vor allem innerhalb der Privatsphäre wird häufig noch zwischen einem inneren und einem äußeren Bereich unterschieden (vgl. BVerfG NJW 2012, 756 Rn. 25 („äußere Privatsphäre"); BGH NJW 2009, 1499 Rn. 19 – Enkel von Fürst Rainier („Kernbereich der Privatsphäre"; vgl. zu diesem Sprachgebrauch des BGH auch BVerfG NJW 2008, 1793 Rn. 88 – Caroline von Hannover); zur „erweiterten Sozialsphäre" OLG Brandenburg NJW-RR 2013, 415). **150**

Stets ist die **gesamte Veröffentlichung** zu würdigen. So kann es bspw. eine Rolle spielen, wenn die streitgegenständlichen Äußerungen nicht den Schwerpunkt des Artikels bilden, sondern ihnen nur eine illustrierende Bedeutung im Rahmen eines allgemeinen Berichts zukommt (BVerfG NJW 2012, 756 Rn. 24; vgl. a. BGH NJW 2009, 1499 Rn. 15 – Enkel von Fürst Rainier). **151**

2. Die Intimsphäre

Nach der gefestigten Rspr. des BVerfG gewährt das Grundgesetz dem Einzelnen im Kernbereich höchstpersönlicher, privater Lebensgestaltung einen **unantastbaren innersten Bereich** (BVerfG, NJW 1973, 1226 (1228)) zur Entfaltung der Persönlichkeit, der wegen seiner besonderen Nähe zur Menschenwürde absolut geschützt ist (BVerfG NJW 2000, 2189 (2190)) und einer Einschränkung durch Abwägung nach Maßgabe des Verhältnismäßigkeitsgrundsatzes nicht zugänglich ist (vgl. BVerfG NJW 2009, 3357 (3359) mwN). **152**

Ungeachtet des „absoluten Schutzes" und der „Unantastbarkeit" der Intimsphäre betont das BVerfG, die Beurteilung, ob ein Sachverhalt diesem Kernbereich zuzuordnen ist, hänge davon ab, ob der Betroffene ihn geheim halten will, ob er nach seinem Inhalt höchstpersönlichen Charakters ist und in welcher Art und Intensität er aus sich heraus die Sphäre anderer oder die Belange der Gemeinschaft berührt (NJW 2009, 3357 (3359)). Wenn aber ein „unantastbarer Kernbereich" in Abhängigkeit von Umständen des Einzelfalles erst definiert wird, handelt es sich bei der Sache nach um eine Abwägung und eben nicht um einen absoluten Schutz. Die gegenteilige Auffassung führt in schwieriges argumentatives Fahrwasser. So bewegt sich etwa das OLG Köln (AfP 2012, 178) an der Grenze zur Widersprüchlichkeit, wenn es formuliert, der „absolute Schutz" der Intimsphäre gelte jedoch „nicht ausnahmslos". Ein Schutz, der nicht ausnahmslos gilt, kann wohl kaum als absolut bezeichnet werden. – Auch nach BGH NJW 2009, 3576 Rn. 25 soll die Zuordnung eines Sach- **152.1** verhalts zum „unantastbaren Bereich" im „Einzelfall" von verschiedenen Faktoren abhängen, vgl. auch BVerfG NJW 1990, 563. Es erschiene redlicher, das Dogma der Absolutheit des Intimsphärenschutzes aufzugeben und sich stattdessen darauf zu besinnen, dass Gegenstand des absoluten Schutzes gem. Art. 1 Abs. 1 GG nicht eine bestimmte (unklar definierte) Persönlichkeitssphäre ist, sondern die Würde des Menschen selbst, und dass sich nur im Einzelfall – abwägend – feststellen lässt, welche Mitteilungen diese Würde verletzen.

153 Dem umfassenden Schutz der Intimsphäre korrespondiert mit Rücksicht auf entgegenstehende Grundrechte, insbes. Art. 5 Abs. 1 GG, ein kleiner Schutzbereich. Diesem sollen etwa Ausdrucksformen der **Sexualität** angehören, nicht hingegen zwangsläufig und in jedem Fall der Bereich der Sexualität als Ganzes (BGH NJW 2012, 767). Maßgeblich ist, inwieweit auf Einzelheiten eingegangen wird (BGH NJW 2013, 1681 Rn. 23 – Fall Kachelmann; OLG Karlsruhe NJW 2006, 617 (618)). Selbst Detailinformationen können aber vom Intimsphärenschutz ausgenommen sein, etwa wenn eine Sexualstraftat im Raume steht (BVerfG NJW 2009, 3357). Die Zulässigkeit einer Berichterstattung setzt aber voraus, dass die Umstände aus der Sexualsphäre in einer unmittelbaren Beziehung zur Tat und ihrer Beurteilung stehen (OLG Köln AfP 2012, 178).

154 Die eigene **Erkrankung** ordnet der BGH grds. nicht der Intim-, sondern der Privatsphäre zu, wobei er selbst insoweit Ausnahmen bei einem besonderen Personenkreis wie bspw. wichtigen Politikern, Wirtschaftsführern oder Staatsoberhäuptern anerkennt (BGH NJW 2012, 3645 Rn. 19 – Comedy-Darstellerin; NJW 2009, 754). Soweit in der Literatur „ekel- oder mitleiderregende Details" in die Nähe der Intimsphäre gerückt werden (Damm/Rehbock Rn. 127), bleibt die Frage offen, wie abgegrenzt werden soll. Statt den zum Scheitern verurteilten Versuch zu unternehmen, einzelne Informationen abstrakt einer Sphäre zuzuordnen, sollte im Einzelfall untersucht werden, ob eine Darstellung die Menschenwürde verletzt und daher in Erfüllung staatlicher Schutzpflichten sanktioniert werden muss.

154.1 Soweit der BGH zT (zB NJW 2011, 744 Rn. 20) von Themen spricht, „die von vornherein überhaupt nicht in die Öffentlichkeit gehören", so kann damit nur die Intimsphäre gemeint sein, da es außerhalb jener nicht den Gerichten obliegt, Themen fest zulegen, die „von vornherein" einer Berichterstattung nicht zugänglich sind. Wenn das BVerfG von einem „Kernbereich der Persönlichkeit" spricht, aus dem Äußerungen „überhaupt nicht in die Öffentlichkeit gehören" (vgl. NJW 2008, 39 Rn. 99), ist damit ebenfalls die Intimsphäre gemeint (vgl. BVerfGE 34, 238 (245) – Tonband („diesen Kernbereich, die Intimsphäre")).

155 Auch in der Intimsphäre **entfällt** der Schutz, wenn der Betroffene den Kernbereich der privaten Lebensgestaltung **von sich aus öffnet,** bestimmte, an sich dem unantastbaren Kernbereich zuzurechnende Angelegenheiten der Öffentlichkeit zugänglich macht und damit zugleich die Sphäre anderer oder die Belange der Gemeinschaft berührt (vgl. BVerfG NJW 2000, 1021; NJW 2009, 3357). Wo der Betroffene auf Geheimhaltung selbst keinen Wert legt, ist die Intimsphäre schon wegen dieses Umstands in aller Regel nicht einmal berührt (BVerfG NJW 1990, 563). Der Betroffene kann sich jedenfalls dann nicht gleichzeitig auf den öffentlichkeitsabgewandten Schutz seiner Intim- oder Privatsphäre berufen (vgl. BGH NJW 2009, 3576 Rn. 26 mwN). Bspw. kann derjenige, der freiwillig an der Produktion professionell hergestellter und kommerziell zu verwertender Pornofilme in für den Zuschauer erkennbarer Weise mitgewirkt und diesen Bereich seiner Sexualität damit bewusst der interessierten Öffentlichkeit preisgegeben hat, nicht verlangen, diese Ausdrucksformen seiner Sexualität für sich behalten zu können (BGH NJW 2012, 767 (768)).

3. Die Privatsphäre

156 Das Recht auf Achtung der Privatsphäre gesteht jedermann einen autonomen Bereich der eigenen Lebensgestaltung zu, in dem er seine Individualität unter Ausschluss anderer entwickeln und wahrnehmen kann. Dazu gehört in diesem Bereich auch das Recht, für sich zu sein, sich selber zu gehören und den Einblick durch andere auszuschließen (vgl. BVerfG NJW 2008, 1793 Rn. 47 – Caroline von Hannover; NJW 1973, 1226 – Lebach). Der Schutzbereich der Privatsphäre wird von der Rspr. einerseits thematisch, andererseits räumlich bestimmt (BVerfG NJW 2000, 1021 (1022); NJW 2008, 1793 Rn. 47).

Er umfasst **thematisch** insbes. Angelegenheiten, die wegen ihres Informationsinhalts 157
typischerweise als „privat" eingestuft werden, weil ihre öffentliche Erörterung oder Zurschaustellung als unschicklich gilt, das Bekanntwerden als peinlich empfunden wird oder nachteilige Reaktionen der Umwelt auslöst, wie es etwa bei Auseinandersetzungen mit sich selbst in Tagebüchern (BVerfG NJW 1990, 563), im Bereich der Sexualität (BVerfG NJW 1978, 807 (809)), bei sozial abweichendem Verhalten (BVerfG NJW 1977, 1489 (1490) bzgl. Suchtberatung) oder bei Krankheiten (BVerfG NJW 1972, 1123 bzgl. Arztakten) der Fall ist. Fehlte es hier an einem Schutz vor der Kenntniserlangung anderer, wäre die grundrechtlich geschützte persönliche Entfaltung stark beeinträchtigt (vgl. BVerfG NJW 2000, 1021 (1022)).

Auch **alltägliche Vorgänge** können zur Privatsphäre gehören, wenn dabei Wahrnehmungen eine Rolle spielen, die typischerweise nicht durch die Öffentlichkeit des Orts 158
ermöglicht werden, sondern eine indiskrete Beobachtung im Einzelnen voraussetzen (BVerfG NJW 2000, 2194). Dies bedeutet aber nicht, dass jedwede Schilderung von Alltagsbegebenheiten thematisch der Privatsphäre unterfällt (aA GSS/Wanckel § 19 Rn. 6), es muss sich um Angelegenheiten handeln, „die von dem Grundrechtsträger einer öffentlichen Erörterung oder Zurschaustellung entzogen zu werden pflegen" (BVerfG NJW 2008, 1793 Rn. 47 – Caroline von Hannover). Entscheidet der Grundrechtsträger, solche Angelegenheiten in die Öffentlichkeit zu tragen, so können sie aus seiner Privatsphäre herausfallen (vgl. BGH NJW 2012, 767; BVerfG NJW 2011, 740 Rn. 56 – Carolines Tochter).

Räumlich umfasst die Privatsphäre den persönlichen Rückzugsbereich des Einzelnen, 159
in dem er sich keiner öffentlichen Beobachtung ausgesetzt sieht und zu sich kommen, sich entspannen oder auch sich gehen lassen kann (BVerfG NJW 2000, 1021 (1022)). Dies trifft insbes. für den häuslichen Bereich, also die Wohnung, zu. Aber auch im außerhäuslichen Bereich soll nach der zum Bildnisrecht ergangenen Rspr. des BVerfG die Möglichkeit des „Zu-sich-selbst-Kommens" gewährleistet werden (BVerfG NJW 2008, 1793 Rn. 47; NJW 2000, 1021 (1022)). Bei Textberichterstattung besteht für diese Facette des Privatsphärenschutzes angesichts des ohnehin gewährleisteten thematischen Schutzes jedoch kein Bedarf.

Der räumliche Privatsphärenschutz greift nicht an Plätzen, an denen sich der Einzelne 160
unter vielen Menschen befindet, denn sie können das Rückzugsbedürfnis nicht erfüllen und rechtfertigen deswegen auch nicht den grundrechtlichen Schutz, den dieses Bedürfnis aus Gründen der Persönlichkeitsentfaltung verdient (BVerfG NJW 2000, 1021 (1022)). Der Einzelne kann solche Orte auch nicht etwa durch ein Verhalten, das typischerweise nicht öffentlich zur Schau gestellt würde, in seine Privatsphäre umdefinieren. Nicht sein Verhalten konstituiert die räumliche Privatsphäre, sondern die objektive Gegebenheit der Örtlichkeit zur fraglichen Zeit.

4. Die Geheimsphäre

Das Geheimhaltungsbedürfnis des Einzelnen geht über Privat- und Intimsphäre hinaus. 161
Daher wird die Geheimsphäre häufig als weiterer geschützter Bereich genannt, der umfasst, was „der der Öffentlichkeit bei verständiger Würdigung nicht preisgegeben werden soll" (vgl. Wenzel/Burkhardt, Recht der Wort- und Bildberichterstattung, 5. Aufl. 2003, Rn. 5.40; LG Köln, ZUM-RD 2009, 349 (351)). Hierunter fallen schriftliche sowie Tonbandaufzeichnungen, aber auch persönliche Aufzeichnungen oder Briefe, jeweils auch soweit sie lediglich berufliche oder geschäftliche Fragen betreffen (Wenzel/Burkhardt, Recht der Wort- und Bildberichterstattung, 5. Aufl. 2003, Rn. 5.41; vgl. auch BGH NJW 1962, 32). Die Geheimsphäre soll ua das umfassen, was Gegenstand der Gewährleistung der Brief-, Post- und Fernmeldegeheimnisses (Art. 10 GG) ist (vgl. BeckOK BGB/Bamberger BGB § 12 Rn. 147 ff.). Sie weist erhebliche Überschneidungen mit dem Schutz des eigenen Wortes auf (→ Rn. 182). In der Rspr. des BGH findet die Geheimsphäre vor allem in sehr frühen Entscheidungen Erwähnung (vgl. zB BGH NJW 1957, 1146 (1147), aus späterer Zeit etwa noch BGH NJW 1987, 2667 – BND-Interna). Das BVerfG zieht sie nicht heran, berücksichtigt aber den Geheimhaltungswillen bei der Zuordnung zur Intimsphäre (bzw. dem „Kernbereich privater Lebensgestaltung", vgl. BVerfG NJW 1990, 563).

Die Geheimsphäre genießt ebenso wie die Privatsphäre oder das eigene (gesprochene oder 162
geschriebene) Wort keinen absoluten Schutz (vgl. zB LG Köln ZUM-RD 2009, 349 (352)).

Dem Einzelnen steht es also nicht frei, durch Manifestation seines Geheimhaltungsinteresses Inhalte einer Berichterstattung von vornherein zu entziehen. Insbes. wer aktiv handelnd im Wirtschaftsleben steht, setzt sich in einem demokratischen Gemeinwesen auch der Kritik seiner Betätigung aus, der er nicht unter Berufung auf einen persönlichen Geheimbereich ausweichen kann (BGH NJW 1962, 32 (33)). Geheimhaltungsbedürfnisse, die sich aus der geschäftlichen Natur von Informationen ergeben, sind aber in der Abwägung zu berücksichtigen (LG Köln, ZUM-RD 2009, 349 (352)).

5. Die Sozialsphäre

163 Die Sozialsphäre kennzeichnet einen Bereich, in dem der Einzelne verstärkt in Interaktion mit einer nicht mehr durch rein persönliche Beziehungen gekennzeichneten Außenwelt tritt. Nach der Rspr. handelt es sich um „den Bereich, in dem sich die persönliche Entfaltung von vornherein im Kontakt mit der Umwelt vollzieht, so insbes. das berufliche und politische Wirken des Individuums" (BGH NJW 2012, 771 Rn. 16 mwN; vgl. KG MMR 2013, 468). Das Auftreten eines Rechtsanwalts vor Gericht gehört zur Sozialsphäre (KG AfP 2007, 490), Angaben im geschäftlichen Bereich sogar nur zur „erweiterten" Sozialsphäre (OLG Brandenburg NJW-RR 2013, 415). Wird die Lebensführung des Betroffenen im Hinblick auf Verhaltensweisen kommentiert, die er auf Veranstaltungen gezeigt hat, welche erkennbar an die Öffentlichkeit gerichtet waren und in diese ausstrahlten, so ist die Berichterstattung der Sozialsphäre zuzuordnen (BVerfG NJW 2011, 740 Rn. 55 – Carolines Tochter).

164 Wahre Aussagen aus dem Bereich der Sozialsphäre müssen **in der Regel hingenommen werden,** auch wenn sie nachteilig für den Betroffenen sind (BGH NJW 2012, 771 Rn. 20; vgl. zur Zulässigkeit der Veröffentlichung von Lebensläufen in einer Internet-Enzyklopädie LG Tübingen ZUM-RD 2013, 345). Dies rechtfertigt auch die Namensnennung (BGH GRUR 2007, 350 Rn. 14 – Klinikgeschäftsführer). Äußerungen im Rahmen der Sozialsphäre dürfen nur im Falle schwerwiegender Auswirkungen auf das Persönlichkeitsrecht mit negativen Sanktionen verknüpft werden, so etwa dann, wenn eine Stigmatisierung, soziale Ausgrenzung oder Prangerwirkung zu besorgen sind (vgl. BGH NJW 2012, 771 Rn. 14; BVerfG NJW 2010, 1587 Rn. 25, vgl. auch BVerfG NJW 1998, 2889 (2891)). Lediglich bei **Minderjährigen** kommt wegen ihres besonderen Schutzbedürfnisses – je nach Stellenwert des zu berücksichtigenden Informationsinteresses – eine strengere Beurteilung in Betracht (vgl. BVerfG NJW 2000, 2191; dies gilt nicht für Erwachsene, BVerfG NJW 2011, 740 Rn. 58 – Carolines Tochter).

165 Solche negativen Auswirkungen können im Einzelfall dann gegen eine Veröffentlichung aus der Sozialsphäre ins Feld geführt werden, wenn eine Einzelperson aus einer Vielzahl derjenigen, die das vom Äußernden kritisierte Verhalten gezeigt haben, zwecks Personalisierung der Kritik herausgehoben und **angeprangert** wird (BVerfG NJW 2010, 1587 Rn. 25). Das berichtete Verhalten muss dazu aber geeignet sein, ein schwerwiegendes Unwerturteil aufseiten der Rezipienten auszulösen (BVerfG NJW 2010, 1587 Rn. 26). Schwerwiegende Auswirkungen bestehen nicht schon, wenn der Betroffene Anfeindungen Andersdenkender ausgesetzt sein und Nachteile beruflicher Art erleiden kann (vgl. BGH NJW 2012, 771 Rn. 22). Bei der Abwägung darf nach der Rspr. des BVerfG nicht aus dem Blick geraten, dass die Wahl einer personalisierten Darstellungsweise und der hiermit regelmäßig verbundenen Wirkungssteigerung gerade Teil der grundrechtlich geschützten Meinungsfreiheit des Äußernden ist (BVerfG NJW 2011, 47 Rn. 21 – Abtreibungsarzt). Vgl. zur Prangerwirkung auch → Rn. 180.

6. „Selbstöffnung" geschützter Sphären

166 Einem allgemeinen Grundsatz entsprechend, entfällt der Indiskretionsschutz dort, wo sich jemand damit einverstanden erklärt, dass bestimmte, sonst geschützte Informationen einem Publikum zugänglich werden, dem sie ansonsten verborgen bleiben würden. Niemand kann sich auf ein Recht zur Privatheit hinsichtlich solcher Tatsachen berufen, die er selbst der Öffentlichkeit preisgegeben hat (BGH NJW 2012, 771; vgl. auch EGMR NJOZ 2012, 335 Rn. 147 – MGN Limited/Vereinigtes Königreich).

167 Dies ist insoweit eine Selbstverständlichkeit, als der Betroffene in die Veröffentlichung der konkreten Information **einwilligt.** Die Bereitschaft, von Journalisten gestellte Fragen zu beantworten und sich von ihnen fotografieren zu lassen, kann nicht anders gedeutet werden, als dass der Befragte sein konkludentes Einverständnis zur Veröffentlichung eines Artikels gibt, in dem die Angaben und Bilder Verwendung finden (LG München I ZUM-RD 2008, 309; vgl. zur Frage der Widerruflichkeit einer Einwilligung LG Düsseldorf ZUM-RD 2011, 247).

168 Aber auch unabhängig von einer Einwilligung gilt: Wer sich in freier Entscheidung der **Medienöffentlichkeit aussetzt,** kann nicht zugleich bemängeln, er werde gegen seinen Willen zum Objekt medialer Erörterung gemacht. Der Schutz der Privatsphäre vor öffentlicher Kenntnisnahme kann daher entfallen oder in der Abwägung zurücktreten, wenn sich jemand selbst damit einverstanden zeigt, dass bestimmte, gewöhnlich als privat geltende Angelegenheiten öffentlich gemacht werden, etwa indem er Exklusivverträge über die Berichterstattung aus seiner Privatsphäre abschließt. Die Erwartung, dass die Umwelt die Angelegenheiten oder Verhaltensweisen in einem Bereich mit Rückzugsfunktion nur begrenzt oder nicht zur Kenntnis nimmt, muss daher situationsübergreifend und konsistent zum Ausdruck gebracht werden. Selbst die über Art. 6 Abs. 1, 2 GG vermittelte Verstärkung des Schutzgehalts des Persönlichkeitsrechts kann zurücktreten, wenn sich Eltern mit ihren Kindern bewusst der Öffentlichkeit zuwenden, indem sie sich etwa in den Mittelpunkt einer Veranstaltung stellen (vgl. grundlegend BVerfG NJW 2000, 1021 (1023) – Caroline von Monaco).

169 Wie weit die „Selbstbegebung" reicht, kann nicht schematisch festgestellt werden. Ein zu enges Verständnis würde das Ziel einer ausgewogenen Information der Öffentlichkeit gefährden, während es andererseits nicht dem Selbstbestimmungsgedanken entspräche, wenn jedwede Öffnung des privaten Bereichs zu einem nicht vorhersehbaren Kontrollverlust führen könnte. Das BVerfG billigt, wenn der Informationsgehalt der neuen Berichterstattung über die dem Publikum bis dahin bekannten Einblicke hinausgeht, solange **thematisch derselbe Ausschnitt der Privatsphäre** betroffen ist (BVerfG NJW 2006, 2838). Abzustellen ist darauf, ob der gleiche Lebensbereich betroffen ist (KG NJW 2006, 621). Es genügt, wenn die späteren Äußerungen sich mit einer ähnlichen Thematik befassen und dies mit vergleichbarer Intensität (KG ZUM-RD 2006, 555; ähnlich LG Köln AfP 2012, 584; ZUM-RD 2013, 146; vgl. BGH NJW 2009, 3576 – Kannibale von Rotenburg). Das gilt erst recht, wenn die früheren Veröffentlichungen konkreter und weitergehend ausfielen (OLG Hamburg ZUM 2006, 340; AfP 2006, 173). Eine öffentliche Selbstinszenierung muss durch die Medien hinterfragt werden können, auch wenn damit der Bereich der Selbstöffnung überschritten wird (zu eng daher LG Köln ZUM-RD 2013, 146). Der **EGMR** nimmt eine reduzierte Privatheitserwartung bereits relativ pauschal dann an, wenn der Betreffende in Interviews „Einzelheiten über sein Privatleben" offenbart hat (EGMR NJW 2012, 1058 Rn. 101 – Axel Springer AG/Deutschland).

170 Setzt sich ein Betroffener öffentlich mit gegen ihn vorgebrachten Verdachtsmomenten oder strafrechtlichen Vorwürfen auseinander oder gibt er den Medien ein **Interview** mit Erklärungen inhaltlicher Art, so kann er nicht verlangen, dass über diese Vorwürfe durch die Medien nicht weiter berichtet wird (BGH NJW 2013, 790 Rn. 24 – IM „Christoph"; KG ZUM-RD 2004, 399). Das gilt auch wenn sein Verteidiger sich äußert (LG Berlin NJW-RR 2003, 552). Entsprechend ist ein Bericht über die Vorstrafe einer Person nicht rechtswidrig, wenn diese Person in ihrer Eigendarstellung ebenfalls die Vorstrafe ausgiebig schildert (OLG München ZUM-RD 2005, 514).

171 Die Öffnung einer ansonsten geschützten Sphäre für die Berichterstattung kann der Betroffene **rückgängig** machen, indem er seine gewandelte Einstellung situationsübergreifend und konsistent zum Ausdruck bringt (BVerfG NJW 2000, 1021 (1023) – Caroline von Monaco). Dies kann aber das Berichterstattungsinteresse nicht von einem Tag auf den anderen zurückdrängen und setzt eine generelle Zurückhaltung bei der Mitteilung privater Dinge voraus (KG ZUM-RD 2006, 555). Eine zwischenzeitliche Veränderung wesentlicher Umstände (Karriereende) kann das Gewicht der Selbstbegebung reduzieren (vgl. KG ZUM-RD 2009, 534).

VI. Schutz vor Werturteilen, insbes. Schmähung

1. Allgemeines

172 Meinungsäußerungen (Werturteile) lassen sich – anders als Tatsachenbehauptungen – nicht auf ihren Wahrheitsgehalt überprüfen. Die Äußerungsfreiheit verwirklicht sich hier gerade dadurch, dass auch solche Meinungen geschützt sind und geäußert werden dürfen, die andere als falsch, verfehlt, unvertretbar oder gar als schockierend empfinden. Allerdings unterliegen auch Meinungsäußerungen schon nach der grundgesetzlichen Konzeption Einschränkungen insbes. durch das Recht der persönlichen Ehre. Zu den „allgemeinen Gesetzen" gehört auch die ehrschützende Bestimmung des § 185 StGB (BVerfG ZUM-RD 2006, 127 (128)). Liegen die Voraussetzungen einer **Schmähkritik** vor, so ist die entsprechende Äußerung unzulässig (vgl. etwa BVerfG NJW-RR 2001, 411 → Rn. 174). Entsprechendes gilt dort, wo eine Äußerung die **Menschenwürde** des Kritisierten verletzt (BVerfG NJW 1987, 2661 (2662) – Strauß-Karikaturen).

173 Auch darüber hinaus kann unter besonderen Umständen im Rahmen der **Abwägung** der Schutz des Persönlichkeitsrechts gegenüber einem Werturteil überwiegen (vgl. BVerfG NJW 2006, 3769 (3771) – Holocaust/Babycaust sowie zB OLG Köln ZUM-RD 2009, 658; KG ZUM-RD 2008, 466 (wiederholte Titulierung eines Bundestagsabgeordneten als „Puff-Politiker") sowie BVerfG ZUM 2004, 917 (Beurteilung einer Fahrschule als „frauenfeindlich")). Unzulässig ist es jedoch, ein kritisches Werturteil nach Abwägung deshalb zu verbieten, weil das Gericht es für „unangemessen und unnötig" hält (so aber OLG Köln NJW-RR 2012, 1187 („Winkeladvokat(ur)"); inzw. aufgehoben durch BVerfG NJW 2013, 3021).

173.1 Einzelne Äußerungen des BVerfG erlauben das Verständnis, es gebe Raum für die Untersagung von Werturteilen, wenn diese einer „tatsächlichen Fundierung" entbehren (BVerfG NJW 2004, 277 (279) – NGG). Dies ist so zu verstehen, dass eine Tatsachengrundlage gänzlich fehlen muss (vgl. EGMR NJW-RR 2013, 291 (292) – Floquet u. Esménard/Frankreich). Mit Art. 5 Abs. 1 S. 1 GG stünde es hingegen nicht im Einklang, eine Wertung deshalb zu verbieten, weil das Gericht auf der gleichen Tatsachenbasis zu einer anderen Beurteilung gelangt wäre.

2. Insbes.: Schmähkritik

174 Wenn bei einer Äußerung nicht mehr die Auseinandersetzung in der Sache, sondern die Herabwürdigung der Person im Vordergrund steht, die jenseits polemischer und überspitzter Kritik herabgesetzt und gleichsam an den Pranger gestellt werden soll, nimmt die Äußerung den Charakter einer unzulässigen Schmähung an (vgl. BVerfG NJW 2012, 1643 Rn. 40; NJW 1995, 3303 (3304) – „Soldaten sind Mörder"; BGH NJW 2009, 3580; ZUM-RD 2008, 521 (522), jew. mwN). An die Bewertung einer Äußerung als Schmähkritik sind **strenge Maßstäbe** anzulegen (BVerfG NJW 2013, 3021 Rn. 15), weil andernfalls eine umstrittene Äußerung ohne Abwägung dem Schutz der Meinungsfreiheit entzogen und diese damit in unzulässiger Weise verkürzt würde (vgl. BGH NJW 2009, 1872 Rn. 18; NJW 2008, 2110 Rn. 15; NJW 2000, 1036 (1038) – Korruptionsverdacht jew. mwN). Selbst grobe Polemik muss nicht hierunter fallen (vgl. etwa EGMR NJW 1999, 1321 – Oberschlick/Österreich (Bezeichnung eines Politikers als „Trottel"); BVerfG NJW 2009, 3016 (Bezeichnung eines Staatsanwalts als „durchgeknallt")). Bei einer Auseinandersetzung über eine die Öffentlichkeit wesentlich berührenden Frage wird kaum je eine Schmähkritik vorliegen, vielmehr ist diese eher auf die sog. Privatfehde beschränkt (BVerfG NJW 2012, 1643 Rn. 40).

174.1 Die Rspr. nimmt insoweit an, dass bei Schmähkritik keine Abwägung erforderlich ist (BVerfG ZUM-RD 2006, 127 – „Zigeunerjude"). Der BGH stützt dies darauf, dass solche Äußerungen „grundsätzlich unzulässig sind und deshalb in solchen Fällen die Meinungsfreiheit regelmäßig zurücktreten muss" (BGH NJW 2007, 686 Rn. 16 – Terroristentochter). Wie bereits die Worte „grundsätzlich" und „regelmäßig" zeigen, liegt dem aber letztlich doch eine Interessenabwägung zugrunde, die allerdings im Wesentlichen bereits bei der Abgrenzung der Schmähkritik von nichtschmähenden Meinungsäußerungen durchgeführt wird (vgl. etwa BVerfG NJW 2009, 749 Rn. 16 – „Dummschwätzer"; BGH NJW 2007, 686 Rn. 18 f. – „Terroristentochter"). Deshalb ist in aller Regel auch bei der Qualifikation einer ehrenrührigen Aussage als Schmähkritik die Berücksichtigung von Anlass und Kontext der Äußerung erforderlich (zu eng insoweit OLG Naumburg MMR 2013, 131). Hiervon kann allenfalls dann ausnahmsweise abgesehen werden, wenn es sich um eine Äußerung handelt, deren diffamierender Gehalt so erheblich ist, dass sie in jedem denkbaren Sachzusammenhang als bloße Herabsetzung des Betroffenen erscheint und daher unabhängig von ihrem konkreten Kontext stets als persönlich diffamierende Schmähung aufgefasst werden muss, wie dies möglicherweise bei der Verwendung besonders schwerwiegender Schimpfwörter – etwa aus der Fäkalsprache – der Fall sein kann (vgl. BVerfG NJW 2009, 3016 Rn. 35 – durchgeknallter Staatsanwalt; NJW 2009, 749 Rn. 16 – Dummschwätzer). Der in diesem Zusammenhang häufig, aber meist ungenau verwendete Begriff der „Formalbeleidigung" (vgl. § 192, 193 2. Hs. StGB) bringt demgegenüber keinen Erkenntnisgewinn und verleitet dazu, Anlass und Kontext einer Äußerung zu vernachlässigen.

Übertreibung oder Provokation sind bei Ausübung der Meinungs- und Pressefreiheit in einer demokratischen Gesellschaft zulässig; eine abweichende Sicht wäre mit den Grundsätzen des Rechts der Freiheit der Meinungsäußerung und der Rolle der Presse als „Wachhund" nicht vereinbar (EGMR NJW 2009, 3145 Rn. 76 – July und Sarl Libération/Frankreich). Es unterliegt nicht gerichtlicher Nachprüfung, ob der Äußernde seine Kritik auch in schonenderer Weise hätte vorbringen können (BGH NJW 1966, 1617 (1619) – Höllenfeuer). 175

Auch spekulative Äußerungen können nicht generell wegen Fehlens der erforderlichen „**Anknüpfungspunkte**" als Schmähkritik angesehen werden, insbes. wenn sie Teil einer spontanen öffentlichen Diskussion aktueller Ereignisse sind (BGH NJW 2009, 3580 Rn. 22). Die Darlegung des erforderlichen Sachbezugs, der eine Schmähkritik ausschließt, darf nicht zum Erfordernis einer „Rechtfertigung" der erhobenen Vorwürfe im Sinne eines Nachweises ihrer Berechtigung durch Tatsachen und Belege mutieren (OLG Köln ZUM-RD 2003, 574 (576 f.)). Erst recht besteht keine Verpflichtung, solche Anknüpfungspunkte in der Berichterstattung selbst mitzuteilen (BGH NJW 1974, 1762; LG Berlin NJW-RR 2006, 486 (487)). Ist jedoch gar keine tatsächliche Grundlage vorhanden, auf der Kritik fußen könnte, so kann diese sich als willkürlich und damit schmähend darstellen (LG Berlin ZUM-RD 2013, 134 (136)). 176

Bei der Beurteilung ist auch zu berücksichtigen, dass derjenige, der im öffentlichen Meinungskampf zu einem abwertenden Urteil Anlass gegeben hat, eine scharfe Reaktion grds. auch dann hinnehmen muss, wenn sie sein Ansehen mindert (BVerfG NJW 2012, 3712 Rn. 35 – „Rechtsextremer" Anwalt; BVerfGE 12, 113 – Schmid-Spiegel; NJW 1969, 227 – Tonjäger). Die **Verknüpfung von Anlass und Reaktion** ist in einem schwebenden Meinungskampf nicht auf gegenseitige Beleidigungen beschränkt. Vielmehr ist maßgeblich darauf abzustellen, ob und in welchem Ausmaß der von herabsetzenden Äußerungen Betroffene seinerseits an dem von Art. 5 Abs. 1 GG geschützten Prozess öffentlicher Meinungsbildung teilgenommen und sich damit aus eigenem Entschluss den Bedingungen des Meinungskampfes unterworfen hat (BVerfG NJW 1980, 2069 (2070) – Kunstkritiker; vgl. auch BVerfG NJW 2009, 3016 Rn. 41 – durchgeknallter Staatsanwalt). 177

Da es der Sinn jeder zur Meinungsbildung beitragenden öffentlichen Äußerung ist, Aufmerksamkeit zu erregen, sind angesichts der bereits in den sechziger Jahren des letzten Jahrhunderts vom BVerfG (NJW 1969, 227 (228) – Tonjäger) konstatierten, inzwischen noch um ein Vielfaches gesteigerten Reizüberflutung **einprägsame, auch starke Formulierungen** hinzunehmen. Ein **satirischer Gesamtcharakter** einer Darstellung kann eine schmähende Formulierung in anderem Licht erscheinen lassen und gegen die Annahme sprechen, der Betroffene habe als Person angeprangert werden sollen (OLG Frankfurt a. M. AfP 2008, 611). Auch die Verwendung von Begriffen wie „Zecke" oder „parasitär" in Bezug auf ein Wirtschaftsunternehmen hat der BGH im konkreten Kontext nicht als Schmähung angesehen (NJW 2008, 996 Rn. 24). 178

Nach einem Urteil des LG München II (ZUM 2011, 874 mkritAnm Ladeur) soll in einer medial ausgetragenen Auseinandersetzung zwischen einem aktiven Fußballtorwart und einem Fernsehkommentator die Aussage „Der (...) (...) gehört auf die Couch. Vielleicht wird ihm da geholfen. Einweisen, am besten in die Geschlossene!" keine Schmähkritik darstellen. Hier tritt der Sachbezug aber doch stark in den Hintergrund. Wesentlich häufiger sind allerdings die Fälle, in denen eine Schmähkritik von Instanzgerichten voreilig bejaht wird. So hatte das OLG Hamburg 178.1

die Bezeichnung eines Gutachters als „namenlos" (die so zu verstehen war, dass es sich um einen unbedeutenden Gutachter handele) mangels sachlicher Anknüpfungspunkte als unzulässige Schmähung angesehen (aufgehoben durch BGH AfP 2008, 193). Das OLG München hatte die Bezeichnung der Tochter von Ulrike Meinhof als „Terroristentochter" offenbar als Schmähkritik angesehen (aufgehoben durch BGH NJW 2007, 686 – Terroristentochter). Das OLG Hamburg sah die Charakterisierungen „Vetternwirtschaft", „Polit-Kumpanei" und „Fraport-Übeltäter" als unzulässige Schmähkritik an (aufgehoben durch BGH NJW 2009, 1872 – Fraport). Aus Sicht des OLG Bamberg lag in der Bezeichnung eines Rechtsanwalts als „rechtsextrem" und „rechtsradikal", die auf öffentliche Äußerungen des Rechtsanwalts gestützt wurde, eine Schmähkritik (aufgehoben durch BVerfG NJW 2012, 3712). Zu weit geht auch das LG Rostock (AfP 2012, 492 – „Gesinnungsextremistin").

3. Sonderfälle

179 Besondere Schranken gelten im Bereich der Werturteile für die Aufklärung der Verbraucher über die Güte von Konsumgütern, insbes. durch **vergleichende Warentests**. Diese müssen neutral, objektiv (dh im Bemühen um Richtigkeit) und sachkundig durchgeführt werden. Die Grenze der Unzulässigkeit ist dort überschritten, wo die Art des Vorgehens bei der Prüfung und die aus den durchgeführten Untersuchungen gezogenen Schlüsse als nicht mehr vertretbar („diskutabel") erscheinen. Dem Tester ist jedoch für die Darstellung seiner Ergebnisse ein erheblicher Freiraum einzuräumen (BGH GRUR 1997, 942 – Druckertest; GRUR 1976, 268 – Warentest II; OLG München NJW-RR 2006, 1131 – Flop-Airline; LG Berlin NJW-RR 2005, 1063 – Hautnah Face Cream).

179.1 Die Maßstäbe für Waren- und Dienstleistungstests wendet das OLG Köln (AfP 2011, 489) auch auf die Arbeit eines **Restaurantführers** an. Die Erfordernisse eines neutral, sachkundig und im Bemühen um Richtigkeit vorgenommenen Tests hielt das OLG durch einen nur einmaligen Besuch einer einzigen Testerin in einem Restaurant für nicht erfüllt, weshalb eine negative Rezension als rechtswidriger Eingriff in das Unternehmenspersönlichkeitsrecht angesehen wurde. Die Entscheidung erscheint vor allem deshalb verfehlt, weil aus der Besprechung durch die exakte Wiedergabe der Menüfolge für jeden Leser ersichtlich war, dass sie sich nur auf einen einzelnen Besuch stützte. Es ist im Rahmen der Meinungsfreiheit nicht unzulässig, eine „Momentaufnahme" zu veröffentlichen.

180 Eine **Prangerwirkung** nimmt die Rspr. an, wenn ein allgemeines Sachanliegen durch identifizierende Herausstellung einer Einzelperson und damit durch Personalisierung eines als negativ bewerteten Geschehens verdeutlicht werden soll (vgl. BVerfG AfP 2008, 550 Rn. 33). Anprangernde Wirkungen können von der Verbreitung zutreffender, aber allgemein als negativ bewerteter Tatsachen ebenso wie von Werturteilen ausgehen (s. zu einer „gemischten" Äußerung etwa BGH NJW 1994, 124 – Greenpeace). Ob der Betroffene die mit einer anprangernden Personalisierung des Angriffs verbundene Wirkungssteigerung der Meinungsäußerung hinnehmen muss, ist anhand einer Abwägung der Persönlichkeitsrechte mit den Belangen der Meinungsfreiheit zu ermitteln (BVerfG AfP 2006, 550 Rn. 34) und am Ende eine Frage der Verhältnismäßigkeit. Generell können Vorwürfe, die nur gegenüber einer Person erhoben werden, nicht schon deshalb unzulässig sein, weil auch andere sie verdient hätten (BGH NJW 1978, 1797 (1801)). In einer für die Allgemeinheit drängenden Frage darf Kritik jedenfalls auf die Person desjenigen ausgerichtet werden, der als politischer oder unternehmerischer Verantwortungsträger angesehen wird, zumal wenn er sich vorher selbst in die Debatte eingeschaltet hat (BGH NJW 1994, 124 (126 f.) – Greenpeace). Eine unzulässige Anprangerung kann anzunehmen sein, wenn der Betroffene ohne jeden sachlichen Anlass herausgestellt wird (BGH NJW 2008, 2110 (2115) – Gen-Milch).

181 Bedeutsam ist in der vorzunehmenden Abwägung, ob dem Betroffenen lediglich auf moralischer Ebene ein Vorwurf gemacht wird, oder ob ihm ein strafrechtlich relevantes Verhalten angelastet wird (BGH NJW 1978, 1797 (1801)). Die Rspr. hat sich mit dieser Thematik immer wieder in Bezug auf Protestaktionen gegen „Abtreibungsärzte" zu befassen und beurteilt es als unzulässig, einen einzelnen Arzt aus der Gruppe der Ärzte, die Schwangerschaftsabbrüche vornehmen, herauszustellen, wenn dieser hierzu keinen besonderen Anlass gegeben hat (BVerfG AfP 2006, 550 Rn. 35 f.).

VII. Schutz des eigenen Worts

Das eigene (gesprochene oder geschriebene) Wort genießt besonderen rechtlichen Schutz. **182**
Dass bereits seine heimliche Aufzeichnung – anders als es bei Bildanfertigungen der Regel ist
– strafrechtlich sanktioniert wird (§ 201 StGB), spiegelt sich auch im Zivilrecht in einem
gesteigerten Verfügungsrecht. Das allgemeine Persönlichkeitsrecht schützt den Einzelnen
zudem davor, dass ihm Äußerungen zugeschrieben werden, die er nicht getan hat und die
seine Privatsphäre oder den von ihm selbst definierten sozialen Geltungsanspruch beeinträchtigen (BGH NJW 2011, 3516 Rn. 11).

1. Schutz vor unerlaubter Mitteilung des eigenen Wortes

Das Recht am gesprochenen Wort garantiert die **Selbstbestimmung** über die unmittel- **183**
bare Zugänglichkeit der Kommunikation, etwa durch die Herstellung einer Tonbandaufnahme (vgl. dazu etwa OLG Düsseldorf ZUM-RD 2012, 137 (144)) oder die Zulassung eines
Dritten zu einem Gespräch (BVerfG NJW 2012, 756 Rn. 19). Entsprechendes gilt auch für
das geschriebene Wort (vgl. zB BVerfG NJW 1991, 2339), denn auch Briefe oder sonstige
persönliche Aufzeichnungen genießen den Schutz des allgemeinen Persönlichkeitsrechts und
dürfen in der Regel nicht ohne Zustimmung des noch lebenden Verfassers veröffentlicht
werden (KG ZUM 2011, 570 (571), vgl. auch OLG Köln AfP 2012, 66 (wörtliches Zitat aus
einer E-Mail privaten Inhalts ohne Rücksicht auf diesen Inhalt unzulässig), generell zum
Schutz von Aufzeichnungen (BGH NJW 1979, 648 – Telefongespräch mwN).

Auch insoweit gibt es jedoch **keine uneingeschränkte Verfügungsgewalt** des Einzel- **184**
nen, sondern ist durch Abwägung zu entscheiden, ob die für eine Veröffentlichungsbefugnis
sprechenden Gründe oder die Persönlichkeitsrechte überwiegen (BGH NJW 1979, 647
(648) – Telefongespräch). Hier spielt etwa eine Rolle, ob die Äußerung privaten Charakter
hatte oder zB in amtlicher Eigenschaft getätigt wurde (BVerfG NJW 1991, 2339). Das
öffentliche Informationsinteresse kann bspw. bei einer an drei Personen gerichteten E-Mail
über Auseinandersetzungen auf einem „Burschenschaftstag" zu einem „Ariernachweis" eine
ungenehmigte Veröffentlichung einer E-Mail rechtfertigen (OLG Braunschweig ZUM
2013, 78). Das Gewicht des Persönlichkeitsschutzes wird verstärkt, wenn eine Nachricht das
zwischen zwei Personen bestehende Vertrauensverhältnis ersichtlich nicht verlassen sollte
(vgl. KG ZUM 2011, 570 (571)). Bei E-Mails, die an einen größeren Personenkreis
geschickt werden, ist schon wegen der generell leichten Weitergabemöglichkeit dieses Kommunikationsmittels ein starker Vertraulichkeitsschutz nicht anzunehmen (OLG Stuttgart
ZUM-RD 2011, 617 (619)). Zielt die Äußerung auf öffentliche Wahrnehmung, so ist der
Schutzbereich des Rechts am eigenen Wort nicht eröffnet (BGH GRUR 2013, 1063
Rn. 16).

Ob von der Nachricht rechtmäßig Kenntnis erlangt wurde oder ob sie **rechtswidrig** **185**
beschafft wurde, womöglich durch eine Straftat, findet in die Abwägung Eingang. Die
Veröffentlichung rechtswidrig erlangter Informationen ist aber nicht per se unzulässig,
→ Rn. 220 f. Dies gilt insbes. dann, wenn das veröffentlichende Medium an der möglicherweise rechtswidrigen Informationsbeschaffung nicht beteiligt war (BGH NJW 1979, 647
(648) – Telefongespräch; OLG Braunschweig ZUM 2013, 78). Mit Rücksicht auf den
Informantenschutz liegt die volle Darlegungs- und Beweislast für die Rechtswidrigkeit der
Informationserlangung beim Betroffenen, das Medium muss nicht substantiiert bestreiten
(BGH NJW 1979, 647 (649) – Telefongespräch; LG Hamburg AfP 2008, 640).

Der besondere Schutz des eigenen Wortes gegen unbefugte Offenbarung greift verstärkt **186**
bei **wörtlicher Wiedergabe,** weil der vom Verfasser gewählte Formulierung mit seiner
Persönlichkeit besonders eng verbunden ist (vgl. etwa KG ZUM 2011, 570 (571)). Auch
ohne solche wörtliche Wiedergabe kann schon allein die Weitergabe von Gedankeninhalten,
die der Betroffene in einer nicht für die Öffentlichkeit bestimmten Weise umfassend offengelegt hat, Persönlichkeitsrechte verletzen (BGH NJW 1987, 2667 – BND-Interna).

2. Schutz vor unrichtiger Zuschreibung von Äußerungen

Das allgemeine Persönlichkeitsrecht schützt den Einzelnen davor, dass ihm Äußerungen **187**
zugeschrieben werden, die er nicht getan hat und die seine Privatsphäre oder den von ihm

selbst definierten sozialen Geltungsanspruch beeinträchtigen (BVerfG GRUR 2011, 255 Rn. 52; BGH NJW 2011, 3516 Rn. 11). Eine derartige Beeinträchtigung folgt in der Regel (zumindest bei negativer Tendenz der Äußerung) schon daraus, dass mit dem Zitat eine objektive Tatsache über den Zitierten behauptet wird. Dieser wird – so eine gängige Formulierung – „als Zeuge gegen sich selbst ins Feld geführt" (vgl. BVerfG NJW 1993, 2925 (2926)). Der grundrechtliche Schutz wirkt dabei nicht nur gegenüber erfundenen Zitaten, sondern auch gegenüber unrichtigen, verfälschten oder entstellten Wiedergaben einer Äußerung (BGH NJW 2011, 3516 Rn. 11 mwN), und zwar auch, wenn diese im Rahmen einer verkürzten Zusammenfassung geschehen (KG ZUM-RD 2007, 517). Maßgebend für die Feststellung, ob eine Äußerung zutreffend wiedergegeben wurde oder nicht, ist dabei nicht das vertretbare Verständnis eines Durchschnittslesers oder Durchschnittshörers, sondern das, was der Zitierte gemessen an seiner Wortwahl, dem Kontext seiner Gedankenführung und dem darin erkennbar gemachten Anliegen zum Ausdruck gebracht hat, → Rn. 55.

188 Von einer unrichtigen Wiedergabe einer Äußerung ist bereits dann auszugehen, wenn der Eindruck erweckt wird, der Zitierte habe sich eindeutig in einem bestimmten Sinne geäußert, obwohl seine Aussage mehrere Interpretationen zulässt und der Zitierende nicht durch einen **Interpretationsvorbehalt** kenntlich macht, dass es sich um sein Verständnis einer mehrdeutigen Aussage handelt (BVerfG NJW 1980, 2072 – Böll/Walden; KG ZUM-RD 2007, 517 (519)). Interpretationsunsicherheiten gehen demnach zu Lasten des Zitierenden, wenn sie über bloß theoretisch denkbare, gekünstelte Deutungszweifel hinausgehen (OLG Brandenburg GRUR-RR 2007, 334 (335)). Erleichternd wirkt, dass sich ein Interpretationsvorbehalt auch aus der Art und Weise der Präsentation des Zitats ergeben kann: Ist die Wiedergabe der Äußerung zB in einem süffisant gehaltenen Artikel enthalten, so kann der Leser erkennen, dass es sich um eine verkürzende und verschärfende Zusammenfassung handelt (BVerfG ZUM 2013, 122 – Eva Herman).

188.1 In diesem Fall einer TV-Sprecherin, die sich im Rahmen einer Buchvorstellung mit dem „Bild der Mutter in Deutschland" befasst und hierbei auf die Nazi-Zeit und die 68er-Bewegung Bezug genommen hatte, erkannte noch das OLG Köln (AfP 2009, 603) eine schwerwiegende Persönlichkeitsrechtsverletzung und urteilte ohne Unterlassung, eine Richtigstellung sowie eine Geldentschädigung von 25.000 Euro aus, weil es die indirekte Wiedergabe der Äußerung im Sinne eines Lobes für bestimmte Aspekte des Nazi-Regimes für eine unzulässig „eindeutige" Interpretation einer in Wahrheit mehrdeutigen Äußerung hielt. Der BGH (NJW 2011, 3516) gelangte hingegen zu dem Ergebnis, die vom OLG für möglich gehaltene alternative Deutung sei „nicht nur fernliegend, sondern kann bei der gebotenen Würdigung der gesamten Äußerung in dem Zusammenhang, in dem sie gefallen ist, ausgeschlossen werden", und wies die Klage ab. Das BVerfG (ZUM 2013, 122 – Eva Herman) ließ die Frage offen, ob das Zitat mehrdeutig sei, jedenfalls ergebe sich der geforderte Interpretationsvorbehalt hinsichtlich des (nicht wörtlichen) Zitats „gleichsam aus der Süffisanz" des Artikels. Das BVerfG musste sich daher nicht mit der Frage auseinandersetzen, wie es im Hinblick auf die Meinungsfreiheit zu bewerten ist, dass schwerwiegende Sanktionen auf Textinterpretationen gestützt werden können, die ein anderes Gericht (hier für den Verlag „glücklicherweise" der BGH) als ausgeschlossen (!) ansieht. Vgl. zur Frage des Verständnisses von Äußerungen → Rn. 50 ff.

D. Andere Einschränkungen der Äußerungsfreiheit

I. Berufsfreiheit

189 Art. 12 Abs. 1 GG schützt natürliche wie auch juristische Personen in ihrer beruflichen Betätigung vor inhaltlich unzutreffenden Informationen und vor Wertungen, die auf sachfremden Erwägungen beruhen oder herabsetzend formuliert sind, wenn der Wettbewerb in seiner Funktionsweise durch sie gestört wird (BVerfG ZUM-RD 2008, 114 Rn. 19). Zwar verleiht Art. 12 Abs. 1 GG einem Unternehmen kein Recht, von anderen nur so dargestellt zu werden, wie es gesehen werden möchte (BVerfG NJW 2002, 2621 Rn. 43 – Glykolwein). Jedoch muss das zur Entscheidung berufene Gericht das durch Art. 12 Abs. 1 GG geschützte Interesse mit dem regelmäßig gleichfalls (nach Art. 5 Abs. 1 S. 1 GG) grundrechtlich geschützten Äußerungsinteresse der Gegenseite abwägen (BVerfG ZUM-RD 2008, 114 Rn. 19 f.).

189.1 In der Abwägung können allerdings die für Äußerungen staatlicher Stellen entwickelten Grundsätze (vgl. BVerfG NJW 2002, 2621 Rn. 57 ff. – Glykolwein) nicht unbesehen auf Äußerungen Privater übertragen werden, insbes. was das Gebot der Sachlichkeit und Zurückhaltung angeht. Anders als staatliche Stellen können sich Private bei der Äußerung ihrer Kritik auf Art. 5 Abs. 1 S. 1 GG berufen. Deshalb kann der Rspr. des BVerfG (insbes. ZUM-RD 2008, 114) entgegen einzelner missverständlicher Formulierungen kein Sachlichkeitsgebot für berufsbezogene Kritik entnommen werden.

II. Recht am eingerichteten und ausgeübten Gewerbebetrieb

190 Neben dem Unternehmenspersönlichkeitsrecht und der Berufsfreiheit schützt auch das „Recht am eingerichteten und ausgeübten Gewerbebetrieb" unternehmensbezogene Interessen gegenüber Äußerungen. Es ist sonstiges Recht gem. § 823 Abs. 1 BGB (vgl. Palandt/Sprau Rn. 126; BGH NJW 2006, 830 Rn. 122 – Kirch/Deutsche Bank) und wird von der Rspr. als „Auffangtatbestand" verstanden, der im Hinblick auf seine Funktion nur subsidiären Charakter hat und deshalb nicht in Betracht kommt, wenn es etwa um den durch § 824 BGB sowie ggf. § 823 Abs. 2 BGB iVm § 186 StGB zu gewährleistenden Schutz vor unmittelbaren Beeinträchtigungen durch Verbreitung unwahrer Behauptungen geht (BGH NJW 2006, 830 Rn. 93 – Kirch/Deutsche Bank; NJW 1998, 2141 (2142)). Das Recht am eingerichteten und ausgeübten Gewerbebetrieb stellt einen offenen Tatbestand dar, dessen Inhalt und Grenzen sich erst aus einer umfassenden und **konkreten Interessen- und Güterabwägung** im Einzelfall ergeben (BGH MMR 2011, 409 Rn. 19; NJW 2008, 2110 (2112) – Gen-Milch; OLG München ZUM-RD 2009, 342).

191 Im Grundsatz kann sich der Schutz auf alles erstrecken, was der unternehmerischen Betätigung und Entfaltung im Wirtschaftsleben dient. Erforderlich ist jedoch eine **Betriebsbezogenheit** des Eingriffs, der sich nach seiner objektiven Stoßrichtung gegen den betrieblichen Organismus oder die unternehmerische Entscheidungsfreiheit richten muss, des Weiteren eine **Schadensgefahr**, die über eine bloße Belästigung oder sozialübliche Behinderung hinausgeht und geeignet ist, den Betrieb in empfindlicher Weise zu stören, bspw. indem die Kreditwürdigkeit gefährdet und Geschäftsbeziehungen beeinträchtigt werden (BGH NJW 2006, 830 Rn. 123 – Kirch/Deutsche Bank; vgl. auch BGH NJW 1998, 2141 (2143)). Diese Nachteile sind ua zur Meinungsfreiheit ins Verhältnis zu setzen, so dass etwa ein Boykottaufruf gerechtfertigt sein kann (OLG München NJW 2013, 398). In die Beurteilung der Rechtswidrigkeit sind ua auch vertragliche Bindungen einzubeziehen (BGH NJW 2006, 830 Rn. 12 – Kirch/Deutsche Bank). **Bonitätsbewertungen** durch Wirtschaftsauskunfteien, die auf zutreffender Tatsachengrundlage beruhen, verletzen das Recht der betroffenen Unternehmen am eingerichteten und ausgeübten Gewerbebetrieb nicht (BGH MMR 2011, 409 Rn. 22).

III. Urheberrecht

192 Auch urheberrechtliche Rechtspositionen setzen zulässigen Äußerungen teilweise inhaltliche Grenzen, etwa § 95a UrhG (BGH NJW 2011, 2436 – AnyDVD). In diesen Fällen sind die entgegenstehenden Grundrechtspositionen gegeneinander abzuwägen, was etwa bei Hyperlinks wegen ihres informationsverschaffenden Charakters zum Überwiegen der Grundrechte aus Art. 5 I führen kann (BVerfG NJW 2012, 1205 Rn. 33). Der Konflikt zwischen Urheberrecht und freier Meinungsäußerung wird ansonsten durch verschiedene Schrankenbestimmungen, insbes. §§ 50, 51 UrhG, geregelt, bei deren Anwendung in der Gesamtabwägung auch die Meinungsfreiheit (Art. 5 Abs. 1 GG) zu berücksichtigen ist (vgl. zB LG Hamburg ZUM-RD 2012, 600 (603)).

IV. Wettbewerbsrecht

193 Für geschäftliche Handlungen in Wettbewerbsverhältnissen gelten besondere äußerungsrechtliche Schranken, s. insbes. § 4 Nr. 7, 8 sowie § 6 UWG. In der Regel fehlt es jedoch bei Medienäußerungen an dem im Rahmen von § 2 I Nr. 1 UWG erforderlichen „objektiven Zusammenhang" mit der Absatzförderung. Dieser ist nach der gesetzgeberischen Konzeption der UWG-Reform 2008 (BT-Drs. 16/10145, 21 l. Sp.) nicht gegeben, wenn redaktionelle Äußerungen „nur der Information der Leserschaft" dienen. An der gefestigten Rspr. zur „Wettbewerbsabsicht" nach altem Recht (vgl. Baumbach/Köhler UWG § 2 Rn. 64 ff.) sollte hiernach nichts geändert werden. Im Kern liegt daher mit Rücksicht auf Art. 5 I 1 GG eine geschäftliche Handlung zugunsten des in dem Bericht erkennbaren Unternehmens nur vor, wo die Äußerung übermäßig werbenden Charakter besitzt oder gar gegen Entgelt erfolgt. Eine geschäftliche Handlung zugunsten eines Mitbewerbers (durch negative Darstellung des Betroffenen) ist ebenfalls denkbar, liegt aber noch nicht allein deshalb vor, weil die Kritik übertrieben oder unsachlich erscheint (Baumbach/Köhler UWG § 2 Rn. 66).

V. Datenschutzrecht

194 Die Anwendung der Bestimmungen des Datenschutzrechts auf die redaktionelle Arbeit würde den Medien die Erfüllung ihrer Aufgaben weitgehend unmöglich machen. Die Erhebung und Verarbeitung personenbezogener Informationen im Rahmen der **Recherche** kann keinen anderen als journalistischen Kriterien unterworfen werden, weshalb der Gesetzgeber des BDSG in § 41 BDSG eine entsprechende Ausnahme verankert hat, die die Länder entsprechend umgesetzt haben, vgl. zB Art. 10a BayPrG. Dabei ist der Bereich der „journalistischen Zwecke" der Datenverarbeitung weit zu ziehen (EuGH MMR 2009, 175). Die **Veröffentlichung** personenbezogener Daten durch die Medien unterliegt den äußerungsrechtlichen Schranken, wie sie sich insbes. aus dem allgemeinen Persönlichkeitsrecht ergeben, zu dem auch das informationelle Selbstbestimmungsrecht und damit das Schutzobjekt des Datenschutzrechts gehört.

VI. Gemeinschaftsgüter

195 Eine Reihe von Vorschriften bezweckt in Ausfüllung des Schrankenvorbehalts aus Art. 5 Abs. 2 GG den Schutz (von Teilen) der Allgemeinheit vor schädlichen Äußerungen. Dies gilt zB für den Bereich des Jugendschutzes (vgl. zur Abwägung mit der Meinungsfreiheit etwa BVerfG NJW 1994, 1781), für Staatsschutzdelikte oder für Einschränkungen der Berichterstattung über Gerichts- und Ermittlungsverfahren (§ 353d StGB). In einem Spannungsverhältnis zur Äußerungsfreiheit stehen auch die Vorschriften des WpHG über die Publikation von Insiderinformationen (vgl. dazu Schröder NJW 2009, 465).

196 Trotz § 2 Abs. 3 Nr. 5 RDG kann die Vorbereitung von Medienveröffentlichungen, in denen es um **Rechtsprobleme Einzelner** (zB in einer Reportage porträtierter realer Personen) geht, im Hinblick auf die Erlaubnispflicht des § 3 RDG problematisch sein. Es bedarf jedoch unter Berücksichtigung des Art. 5 Abs. 1 S. 2 GG der wertenden Beurteilung, wo der Schwerpunkt der Tätigkeit liegt (vgl. BVerfG NJW 2003, 672 (673)). In aller Regel wird die Gesamtbetrachtung ergeben, dass die im Einzelfall angestellten Recherchen der Gestaltung des Presseberichts und nicht der individuellen Interessenwahrnehmung dienen.

E. Einzelfragen der Zulässigkeit von Äußerungen

197 Mangels Kodifikation lassen sich viele äußerungsrechtliche Fragestellungen am besten über typische Fallgruppen systematisieren, die hier in Ergänzung zu den Ausführungen der systematischen Kapitel anhand häufiger Schlagworte alphabetisch aufgelistet werden.

I. Beziehung, Heirat, Trennung, Scheidung

198 Ob zwei Menschen sich in einer **Paarbeziehung** befinden, ist im Ausgangspunkt ihrer Privatsphäre zuzuordnen. Allerdings handelt es sich um einen Umstand, der im Rahmen normaler Sozialkontakte in der Regel sehr schnell einem größeren Kreis bekannt und vor öffentlicher Kenntnisnahme und Erörterung nicht geschützt wird. Vor diesem Hintergrund sollte jedenfalls eine nach außen gelebte, langfristige Paarbeziehung – die indiziert ist, wenn die Beteiligten verheiratet sind – der Sozialsphäre zugerechnet werden. Jedenfalls tangiert die wahrheitsgemäße Berichterstattung über die Existenz solcher Beziehungen die Persönlichkeitsrechte der Betroffenen nur in geringem Maß, so dass zB das Interesse der Öffentlichkeit an einer Beziehung zwischen einer Fernsehmoderatorin und einem Landespolitiker deren

Geheimhaltungswunsch überwiegen kann, ohne dass ein vorheriger gemeinsamer öffentlicher Auftritt erforderlich wäre (BGH NJW 2012, 763). Insbes. bei Politikern ist ein Interesse der Öffentlichkeit anzuerkennen, zumindest in groben Zügen zu erfahren, um wen es sich bei einem neuen Lebensgefährten handelt (LG Berlin ZUM-RD 2004, 483). Bei Prominenten, die durch eigenes Zutun im Blickpunkt einer breiten Öffentlichkeit stehen und Leitbildfunktion haben (vgl. hierzu etwa BVerfG NJW 2011, 740 Rn. 64 – Carolines Tochter), sollte nichts anderes gelten.

Die **Hochzeit** ist – anders als das „Verheiratetsein" – in der Regel der Privatsphäre zuzuordnen. Dies gilt etwa den Ablauf der Feierlichkeiten, die Beschreibung der Örtlichkeiten, die Gäste, angebotene Speisen, die gespielten Musikstücke und die Wiedergabe von Äußerungen, die während der Feier getätigt worden sind. Bei Personen des öffentlichen Lebens kann an diesen Informationen allerdings ein erhebliches Informationsinteresse bestehen. Gerade Feierlichkeiten wie Hochzeiten sind dazu geeignet, das reale Leben prominenter Persönlichkeiten damit zu vergleichen, wie sie sich bislang gegenüber der Öffentlichkeit präsentiert haben, und damit als Bestätigungs- oder Kontrastbild für die von ihnen öffentlich vertretenen Lebensentwürfe zu dienen (OLG Hamburg ZUM 2009, 65). 199

Falsche Tatsachenbehauptungen über **Heiratsabsichten** beeinträchtigen nach der Rspr. des BVerfG (BVerfGE 97, 125 (152)) das Persönlichkeitsbild, ohne dass eine Rufschädigung oder Ehrverletzung hinzutreten müsste. 200

Über den Umstand der **Scheidung** einer bekannten Moderatorin (ohne Mitteilung von Einzelheiten) darf jedenfalls dann berichtet werden, wenn sie sich zu einer neuen Beziehung in Interviewform geäußert hat, da beide Informationen den gleichen Lebensbereich betreffen (KG NJW 2006, 621). Ansonsten gilt hier spiegelbildlich zur oben erörterten Paarbeziehung, dass der Umstand einer Trennung/Scheidung auch der Sozialsphäre zuzuordnen sein kann. Dies muss insbes. dann gelten, wenn die Partner vorher gemeinsam öffentlich aufgetreten waren oder ihre Beziehung sonst bekannt war. 201

II. Drogen

Drogen- oder Alkoholkonsum kann insbes. unter dem Blickwinkel der Leitbildfunktion von erheblichem Informationsinteresse sein. Jedenfalls wenn ein Prominenter erklärt, er nehme keine Drogen, ist die Kerntatsache einer gleichwohl bestehenden Drogenabhängigkeit eine Angelegenheit von berechtigtem öffentlichem Interesse und es darf darüber berichtet werden. Ein Verbot von Detailinformationen über therapeutische Behandlung und den Besuch einer Selbsthilfegruppe hat der EGMR hingegen trotz herausragender Bekanntheit der Betroffenen unter Hinweis auf den Ermessensspielraum der nationalstaatlichen Gerichte gebilligt (EGMR NJOZ 2012, 335 Rn. 155 – MGN Limited/Vereinigtes Königreich). 202

III. Einkommen und Vermögen

Die Einkommensverhältnisse einer Person gehören in der Regel zur Privatsphäre, jedoch können Informationen über – vor allem größere – Vermögen auch der Sozial- oder Öffentlichkeitssphäre zuzuordnen sein (zB im Fall der Inhaberschaft von Unternehmen). Insbes. die Berichterstattung über große, prägende Vermögen (etwa im Rahmen sog. „**Reichenlisten**") lässt sich durch vielfältige wirtschafts- und sozialpolitische sowie wirtschaftshistorische Informationsinteressen rechtfertigen, so dass die Interessen des Betroffenen auch dann zurückstehen müssen, wenn die Informationen noch dem (äußeren) Bereich der Privatsphäre zugeordnet werden (LG München I ZUM 2011, 588). Die bloße Angabe, wie jemand die Mittel für seinen Lebensunterhalt aufbringt, bspw. die Tatsache, dass jemand Angestellter, Unternehmer oder Selbständiger ist oder aber Rente oder staatliche Unterstützung erhält, unterliegt einem geringeren Schutz als die Höhe des Verdienstes (vgl. KG AfP 2008, 396 (399)). 203

Berichte, die den Betroffenen mit einer **Insolvenz** in Verbindung bringen, können ihn in seinen persönlichkeitsrechtlichen Belangen beeinträchtigen. Soweit es sich um wahrheitsgemäße Behauptungen handelt, die die unternehmerische Betätigung des Betroffenen und damit seine (erweiterte) Sozialsphäre betreffen, ist ihre Veröffentlichung jedoch nach den 204 allgemeinen Grundsätzen (→ Rn. 164) in vielen Fällen hinzunehmen (vgl. OLG Brandenburg NJW-RR 2013, 415; LG Hamburg AfP 2012, 79). Allerdings hat der BGH es als Verletzung des Unternehmenspersönlichkeitsrechts angesehen, dass ein Referent den im Bundesanzeiger veröffentlichten Jahresabschluss eines Unternehmens (das sich in schlechter finanzieller Situation befand) ohne Unkenntlichmachung des Namens im Rahmen einer an Fachleute gerichteten Vortragsreihe verwendet hat (BGH NJW 1994, 1281). Dieses Urteil ist abzulehnen, da keine Anhaltspunkte ersichtlich waren, dass der Veröffentlichung eine Prangerwirkung zugekommen sein könnte (vgl. a. BGH NJW 2006, 830 Rn. 110 – Kirch/Deutsche Bank).

IV. Eltern-Kind-Beziehung

205 Der Schutz des Persönlichkeitsrechts von Eltern erstreckt sich auch auf die Beziehungen zu ihren Kindern. Für die kindliche Persönlichkeitsentwicklung sind in erster Linie die Eltern verantwortlich. Soweit die Erziehung von ungestörten Beziehungen zu den Kindern abhängt, wirkt sich der besondere Grundrechtsschutz der Kinder (→ Rn. 80 → Rn. 211) lediglich reflexartig zugunsten des Vaters und der Mutter aus. Vielmehr fällt auch die **spezifisch elterliche Hinwendung** zu den Kindern grds. in den Schutzbereich von Art. 2 Abs. 1 iVm Art. 1 Abs. 1 GG. Ist sie betroffen, erfährt der Schutzgehalt des allgemeinen Persönlichkeitsrechts eine Verstärkung durch Art. 6 Abs. 1, 2 GG (vgl. BVerfGE 101, 361 (385 f.); BVerfG NJW-RR 2007, 1191).

205.1 Besteht die elterliche Hinwendung in der öffentlichkeitswirksamen Entgegennahme einer „Ehrenpatenschaft" des Regierenden Bürgermeisters für Drillinge, so darf die damit verbundene Öffnung des Privatbereichs für entsprechende Medienberichte jedenfalls nicht für sich allein als Rechtfertigung für einen Bericht über eine frühere Verurteilung des Vaters wegen sexuellen Missbrauchs von Kindern herangezogen werden. Andernfalls bestünde die Gefahr, dass vorbestrafte Eltern ihre Kinder an solchen öffentlichen Ehrungen nicht mehr teilhaben lassen (BVerfG NJW-RR 2007, 1191).

206 Die Eltern-Kind-Beziehung als Tatsache, also die **Elternschaft** in Bezug auf ein Kind, lässt zwar Rückschlüsse auf eine sexuelle Beziehung zu, berührt jedoch auch Belange anderer sowie der Allgemeinheit (KG ZUM 2011, 570 (571)) und ist richtigerweise der Sozialsphäre zuzuordnen (KG AfP 2008, 396 (398)). Selbst in Bezug auf Kinder aus ansonsten nicht öffentlich bekannten Familien sind Angaben über ihre Familienzugehörigkeit, die Scheidung der Ehe ihrer Eltern und den Umstand, dass die elterliche Sorge bei der Mutter liegt, nur als Persönlichkeitsbeeinträchtigungen von geringem Gewicht anzusehen, die ggf. gegenüber Informationsinteressen zurückstehen müssen (BVerfG ZUM 2007, 463 (467)).

V. Gerichtsberichte

207 Die Aufgabe der Presse bezieht sich auch auf die Berichterstattung über Gerichtsverfahren (EGMR NJW 2012, 1058 Rn. 80 – Axel Springer AG/Deutschland). Das bedeutet allerdings nicht, dass eine identifizierende Berichterstattung über die Erörterungen in solchen Verfahren stets zulässig ist. Vielmehr ist (auch hier) eine Abwägung erforderlich (BGH NJW 2013, 1681 Rn. 32 f. – Fall Kachelmann), in der das allgemeine Interesse an „öffentlichen Tatsachen aus der Justiz" für die Äußerungsfreiheit ins Gewicht fällt (EGMR NJW 2012, 1058 Rn. 96 – Axel Springer AG/Deutschland). Hiernach kann auch ein Bericht über einen Prozess zulässig sein, mit dem der Kläger die Unterdrückung bestimmter Äußerungen anstrebt, selbst wenn dadurch sein Ziel teilweise unterlaufen wird (sog. Streisand-Effekt, Hanske/Lauber-Rönsberg ZUM 2013, 264 (268)).

208 Die Medien haben bei der Weitergabe von Informationen aus Gerichtsverhandlungen angemessene Sorgfalt walten zu lassen, so dass insbesondere eine Identifizierung von **Verbrechensopfern** unzulässig sein kann (EGMR NJW 2013, 771 Rn. 44 – Kurier Zeitungsverlag und Druckerei GmbH/Österreich). Hier sind uU auch strenge Anforderungen an die Annahme einer konkludenten Einwilligungen gerechtfertigt (vgl. KG AfP 2011, 269). Auch **Zeugen** genießen besonderen Schutz. Hingegen ist der Auftritt eines **Rechtsanwalts** in einer allgemein zugänglichen Gerichtsverhandlung der Öffentlichkeits- oder zumindest der Sozialsphäre zuzurechnen, so dass dem öffentlichen Informationsinteresse an der Nennung seines Namens von vornherein ein größeres Gewicht beizumessen ist, als seinem Anonymitätsinteresse (KG MMR 2009, 478; vgl. für Urteilsveröffentlichung OLG Hamm ZUM-RD 2008, 356). Ein Verfahrensbeteiligter, der keinen Antrag auf Ausschluss der Öffentlichkeit stellt (§ 171b GVG), billigt dadurch nicht die Veröffentlichung sämtlicher in der mündlichen Verhandlung erörterten Umstände (OLG Köln AfP 2012, 178).

VI. Krankheit

Die Berichterstattung über Krankheiten und Gebrechen wird teilweise (zu) pauschal dem 209 vermeintlich „absolut" geschützten Bereich der Intimsphäre zugeordnet (vgl. zB LG München I ZUM 2005, 922 (dort trotz Sichtbarkeit der Krankheitssymptome bei öffentlichem Auftritt)). Richtigerweise ist jedenfalls die Mitteilung der Erkrankung an sich allenfalls der **Privatsphäre** zugehörig, und auch dies kann bei einem besonderen Personenkreis wie bspw. wichtigen Politikern, Wirtschaftsführern oder Staatsoberhäuptern anders sein (BGH NJW 2009, 754 Rn. 20 – Gesundheitszustand von Ernst August von Hannover). Dementsprechend ist bei der Berichterstattung über Krankheiten zu differenzieren und ein Ausgleich mit der Meinungsfreiheit und dem Informationsinteresse der Öffentlichkeit herzustellen. Dafür kann bspw. eine Rolle spielen, wenn die Krankheit unmittelbare Folgen für das öffentliche Wirken der betroffenen Person nach sich zieht (KG GRUR-RR 2009, 436 (438)).

Der Detailgrad der Mitteilungen ist ein zentrales Differenzierungskriterium (vgl. BGH 210 NJW 2012, 3645 Rn. 21 f. – Comedy-Darstellerin). Zwischen der Mitteilung des bloßen Umstands einer Erkrankung, der Mitteilung einer ungefähren oder präzisen Diagnose und der Bekanntgabe einzelner Untersuchungsergebnisse oder Gebrechen liegt jeweils ein erheblicher Unterschied der Eingriffsintensität. Politiker, Sportler und andere Personen, an deren Leistungsfähigkeit ein gesteigertes öffentliches Interesse besteht, müssen eine detaillierte Angabe eher hinnehmen.

Bei Verbindung zu einem Geschehen von besonderem Interesse für die Öffentlichkeit, wie etwa 210.1 des Vorwurfs einer strafbaren Körperverletzung durch eine HIV-infizierte bekannte Sängerin, die einen Sexualpartner angesteckt haben soll, kann trotz des Zusammentreffens von Sexual- und Krankheitsbezug eine Berichterstattung über den konkreten Tatvorwurf und auch über Inhalte eines Haftverschonungsbeschlusses zulässig sein (KG AfP 2009, 418; GRUR-RR 2009, 436; krit. Gounalakis NJW 2012, 1473).

VII. Minderjährige

Das Recht von Kindern und Jugendlichen auf Entwicklung zur Persönlichkeit – auf 211 „Person werden" – erfordert besonderen Schutz (→ Rn. 80). Dies gilt sowohl gegenüber Äußerungen aus dem Bereich der Privatsphäre (vgl. BVerfG NJW 2003, 3262 – Geburtshoroskop) als auch für die Entfaltung in öffentlichen Räumen, denn zur Entwicklung der Persönlichkeit gehört es, sich in der Öffentlichkeit angemessen bewegen zu lernen (BVerfG NJW 2000, 2191). Wenngleich nach der Rspr. des BVerfG auch Kinder prominenter Eltern davor geschützt werden sollen, dass sie aus Furcht vor einer Medienberichterstattung die Öffentlichkeit meiden oder sich in ihr in einer dem Alter nicht angemessenen Weise kontrolliert verhalten müssen, ist doch bei bewusst öffentlichen Auftritten der Persönlichkeitsschutz erheblich relativiert und ist es den Medien nicht verwehrt, über den entsprechenden Auftritt in der Öffentlichkeit anlassbezogen zu berichten (vgl. BVerfG NJW 2000, 1021 (1023)). Kein „öffentlicher Auftritt" idS ist die Begleitung der Eltern bei alltäglichen Vorgängen (BVerfG NJW 2000, 2191).

Kinder von Prominenten sind nicht vor jeglicher Reflexwirkung geschützt, die die 212 Berichterstattung über ihre Eltern mit sich bringt (KG NJW 2006, 621). Daher geht es zu weit, wenn die Rspr. annimmt, bereits die Mitteilung des Namens der Kinder (über deren Existenz die Öffentlichkeit im Bilde ist) verletze deren Persönlichkeitsrecht (so aber KG AfP 2007, 374). → Rn. 215.

VIII. Mitgliedschaften

Dem Beitritt zu einem Verein, einer politischen Partei oder einer anderen (etwa politi- 213 schen oder religiösen) Gruppierung kommt ebenso wie dem bloßen Bestehen einer Mitgliedschaft in einer solchen Vereinigung grds. keine Publizität zu. Soweit ein Mitglied lediglich eine passive Zugehörigkeit anstrebt und sich nach außen hin nicht offen zur Mitgliedschaft bekennen will, ist dies auch unter Berücksichtigung der in Art. 9 Abs. 1 GG grundrechtlich verbürgten Vereinsfreiheit zu respektieren und der Privatsphäre zuzurechnen. Wer jedoch in einer politischen Gruppierung eine Funktion einnimmt, die auf Außenwirkung angelegt ist, muss mit einer Zuordnung zur Sozialsphäre auch dann rechnen, wenn er nicht öffentlichkeitswirksam aufgetreten ist (BGH NJW 2012, 771 Rn. 18). Dabei hat es den Anschein, dass der BGH keine hohen Anforderungen an den Öffentlichkeitsbezug des betreffenden Amtes stellt (vgl. BGH BeckRS 2012, 03070 (Mitverantwortlichkeit für die Frauenpolitik des „Kommunistischen Bundes")).

IX. Namensnennung

214   Die namentliche Herausstellung einer Person im Rahmen einer berechtigten Berichterstattung setzt, weil der Betroffene für die Öffentlichkeit identifizierbar wird und er ggf. der Kritik ausgesetzt wird, voraus, dass auch unter Berücksichtigung des Anonymitätsinteresses des Betroffenen das Informationsinteresse der Öffentlichkeit überwiegt. Bei der Abwägung zwischen der Meinungsfreiheit einerseits und dem allgemeinen Persönlichkeitsrecht andererseits ist zu berücksichtigen, dass die Presse zur Erfüllung ihrer Aufgaben nicht grds. auf eine anonymisierte Berichterstattung verwiesen werden kann (BVerfG NJW 2012, 1500 Rn. 39 – Ochsenknecht-Söhne; BGH NJW 2013, 229 Rn. 12 – Gazprom-Manager; vgl. auch BGH AfP 2007, 44 – Klinikgeschäftsführer). Verfehlungen auch konkreter Personen aufzuzeigen, gehört hiernach zu den legitimen Aufgaben der Medien. Vor allem wer sich im Wirtschaftsleben betätigt, setzt sich dadurch der Kritik an seinen Leistungen aus. Zu einer solchen Kritik gehört auch die Namensnennung (KG MMR 2013, 468). Ob die Berichterstattung über das die Öffentlichkeit interessierende Geschehen auch ohne Namensnennung erfolgen kann, ist nicht entscheidend (vgl. KG ZUM-RD 2007, 458 (459); KG NJW-RR 2005, 350).

215   Bereits die Mitteilung des Namens der Kinder von Prominenten soll deren Persönlichkeitsrecht verletzen (KG AfP 2007, 374), desgleichen die Berichterstattung über die Namensänderung einer ehemaligen RAF-Terroristin wegen angeblicher Gefährdung ihrer Resozialisierungsinteressen (OLG Hamburg AfP 2010, 270). Diese Entscheidungen gewichten den gerade beim Namen immanenten Gemeinschaftsbezug zu gering. Ein „Totalverbot" der Namensnennung kommt auch bei Minderjährigen schon deshalb nicht in Frage, weil die Zulässigkeit jeweils nur im Einzelfall durch Abwägung festgestellt werden kann (vgl. BGH Urt. v. 5.11.2013 – VI ZR 304/12 – Adoptivtochter von Günther Jauch). Privatpersonen müssen die Veröffentlichung ihres Namens auf der „Gegnerliste" einer Anwaltskanzlei im Internet nicht hinnehmen (LG Essen ZUM 2013, 411).

X. Öffentliche Auftritte

216   Da auch unterhaltende Beiträge, etwa über prominente Personen, am Schutz der Pressefreiheit teilnehmen, gehört es zu dieser Freiheit auch, aus Anlass öffentlicher Auftritte das **Aussehen**, das **Verhalten** und den **sozialen Kontext** einer Person wertend und ggf. auch mit übertriebenen Formulierungen darzustellen und über ihren persönlichen und sozialen Hintergrund zu spekulieren (BGH NJW 2011, 744 Rn. 20; krit. Wanckel NJW 2011, 726). Erst recht gilt dies bei Teilnahme am öffentlichen Meinungsbildungsprozess, etwa im Rahmen einer „Mahnwache" (BGH GRUR 2013, 1063 Rn. 13). Wer die öffentliche Erörterung seiner Teilnahme und seines Verhaltens bei einer Veranstaltung grds. dulden muss, kann deshalb nicht beanspruchen, dass dies nicht zum Ausgangspunkt kommentierender Bemerkungen der Presse gemacht wird. Der Persönlichkeitsschutz greift erst dann, wenn die beanstandeten Äußerungen für sich genommen oder im Zusammenhang mit der Bildberichterstattung einen eigenständigen Verletzungseffekt aufweisen, der ihr Verbot rechtfertigen könnte, etwa wenn sie in den besonders geschützten Kernbereich der Privatsphäre des Betroffenen oder die Intimsphäre eingreifen (BGH NJW 2011, 744 Rn. 20).

XI. Recherchemaßnahmen

Nicht nur Veröffentlichungen, auch journalistische Recherchen können die Persönlichkeitsrechte Betroffener berühren, bspw. indem befragten Personen bekannt wird, dass ein bestimmter Verdacht besteht, dem das Medium nachgeht. Im Hinblick auf den Schutz der Pressefreiheit (Art. 5 Abs. 1 S. 2 GG) muss jedoch den Medien grds. ohne staatliche Bewertung ihres Informationsinteresses möglich sein, selbst auf eine bloße Vermutung hin zu recherchieren (vgl. BVerfG NJW-RR 2001, 503 (505 f.)). Recherchemaßnahmen, die das Persönlichkeitsrecht eines Betroffenen berühren, sind demnach grds. schon dann gerechtfertigt, wenn sie von einem vertretbaren Informationsinteresse getragen sind, wobei es genügt, wenn einem auch nur schwachem Verdacht nachgegangen wird (OLG Karlsruhe NJW-RR 2006, 1551). Im Rahmen der Abwägung gilt (auch hier) der Grundsatz der Verhältnismäßigkeit. Die Zusendung unverlangter E-Mails im Rahmen journalistischer Recherchen verletzt die Persönlichkeitsrechte des Betroffenen nicht (LG München I MMR 2007, 120); Entsprechendes gilt für Telefonanrufe oder persönliche Ansprache. 217

XII. Rechtsverfolgung oder -verteidigung

In Bezug auf Äußerungen, die der Rechtsverfolgung oder -verteidigung **in einem Gerichts- oder Verwaltungsverfahren** dienen, die dort in Wahrnehmung staatsbürgerlicher Pflichten (etwa als Zeuge) gemacht werden, sowie in Bezug auf Äußerungen **gegenüber Strafverfolgungsbehörden** besteht in aller Regel kein Rechtsschutzbedürfnis für eine gesonderte Ehrenschutzklage (BGH NJW 2012, 1659). Die Parteien müssen in einem Gerichtsverfahren bzw. in einer Strafanzeige alles vortragen dürfen, was sie zur Wahrung ihrer Rechte für erforderlich halten, auch wenn hierdurch die Ehre eines anderen berührt wird. Ob das Vorbringen wahr und erheblich ist, soll allein in dem seiner eigenen Ordnung unterliegenden Ausgangsverfahren geprüft werden, aber nicht durch die Möglichkeit einer Geltendmachung von Abwehransprüchen in einem gesonderten Prozess vor einem anderen Gericht unterlaufen werden können (BGH NJW 2005, 279 (281) mwN). Gleiches gilt für die nachträgliche Geltendmachung von Geldentschädigungsansprüchen (BGH NJW 2012, 1659 Rn. 9). Entsprechende Klagen sind daher unzulässig, auch wenn der Betroffene selbst nicht am Prozess beteiligt ist. Der Grundsatz gilt auch für Äußerungen der Staatsanwaltschaft über einen Angeklagten (LG Saarbrücken NJW 2013, 179). 218

Eine Klage kann aber ausnahmsweise als zulässig anzusehen sein, wenn ein Bezug der den Dritten betreffenden Äußerungen zum Ausgangsrechtsstreit nicht erkennbar ist, diese auf der Hand liegend falsch sind oder sie sich als eine unzulässige Schmähung darstellen (BGH NJW 2008, 997). Außerdem greift die Einschränkung des Ehrenschutzes nicht, wenn die Behauptungen außerhalb der prozessualen Rechtsverfolgung aufgestellt werden, etwa im Rahmen außergerichtlicher öffentlicher Erklärungen. Die Berufsfreiheit eines Rechtsanwalts, der sich im Interesse seines Mandanten öffentlich äußert, erweitert den Rahmen des Zulässigen in solchen Fällen nicht (BGH NJW 2005, 279 (281)). 219

XIII. Rechtswidrige Informationserlangung

Die rechtswidrige Beschaffung von Informationen ist rechtlich nicht privilegiert. Die Verbreitung rechtswidrig erlangter Informationen ist hingegen in den Schutzbereich des Art. 5 Abs. 1 GG einbezogen (vgl. BVerfG NJW 1984, 1741 (1743) – Wallraff/Springer; BGH NJW 1979, 647 – Telefongespräch; NJW 1987, 2667 – BND-Interna). Ob sie im Einzelfall zulässig ist, muss durch **umfassende Güterabwägung** ermittelt werden. Zur Funktion der Presse gehört es, auf Missstände von öffentlicher Bedeutung hinzuweisen. Diese Kontrollaufgabe könnte bei einem absoluten Verbreitungsverbot leiden. Es bestehen aber **gesteigerte Anforderungen** an das Berichterstattungsinteresse (LG Hamburg AfP 2008, 640); die Bedeutung der Information für die Unterrichtung der Öffentlichkeit und für die öffentliche Meinungsbildung muss eindeutig die Nachteile überwiegen, welche der Rechtsbruch für den Betroffenen und die Rechtsordnung nach sich zieht (BVerfG NJW 1984, 1741 (1743) – Wallraff/Springer). Dem Medium obliegt bei rechtswidriger Herkunft der Information ein gesteigertes Maß an Rücksicht (BGH NJW 1979, 647 (648 f.) – Telefongespräch). Dem Grundrecht der Meinungsfreiheit kommt umso größeres Gewicht zu, je mehr es sich 220 um einen Beitrag zum geistigen Meinungskampf in einer die Öffentlichkeit wesentlich berührenden Frage handelt (KG ZUM 2011, 570 (572 f.)).

221 Verletzte Geheimhaltungsinteressen können überwiegen, wenn gar keine gravierenden Missstände aufgedeckt werden (LG Hamburg ZUM 2008, 614), jedoch kann allein die Gesetzmäßigkeit von Zuständen eine Offenbarung nicht unzulässig machen, weil sonst der legitime Hinweis auf Reformbedarf erschwert wäre (vgl. OLG Hamm ZUM-RD 2004, 579 (585)). Ein besonderer Vertraulichkeitsschutz des Bereichs, in den eingedrungen wird, ist zu berücksichtigen (LG Hamburg ZUM-RD 2012, 544 (548)). Bei verdeckter Recherche führt aber nicht allein die damit in der Regel verbundene Täuschung zu einer Einschränkung der Weitergabe der Ergebnisse (OLG München ZUM 2005, 399 (betreffend einen Schleichwerbungsvorwurf); enger wohl OLG Hamm ZUM-RD 2004, 579 (582)).

XIV. Straftaten und andere Gesetzesverstöße

1. Allgemeines

222 Während bei der Verdachtsberichterstattung (→ Rn. 237 ff.) die rechtlichen Anforderungen maßgeblich durch den ungeklärten Wahrheitsgehalt der Vorwürfe geprägt werden, steht bei unstreitig oder erwiesenermaßen wahren Äußerungen über strafrechtliche Verfehlungen oder Verurteilungen die Frage im Vordergrund, ob der Betroffene es trotz der nachteiligen Wirkung für sein Ansehen hinnehmen muss, dass sein Verhalten einer breiten Öffentlichkeit bekannt wird.

223 Straftaten gehören zum Zeitgeschehen, dessen Vermittlung Aufgabe der Medien ist. Die Verletzung der Rechtsordnung und die Beeinträchtigung individueller Rechtsgüter, die Sympathie mit den Opfern, die Furcht vor Wiederholungen solcher Straftaten und das Bestreben, dem vorzubeugen, begründen grds. ein anzuerkennendes Interesse der Öffentlichkeit an näherer Information über Tat und Täter (BVerfG NJW 1973, 1226 (1230) – Lebach; BGH NJW 2013, 1681 Rn. 18 – Fall Kachelmann).

224 Auf der anderen Seite beeinträchtigt die Berichterstattung über eine Straftat unter namentlicher Nennung des Straftäters zwangsläufig dessen Recht auf Schutz seiner Persönlichkeit und Achtung seines Privatlebens, weil sie sein Fehlverhalten öffentlich bekannt macht und seine Person in den Augen der Adressaten von vornherein negativ qualifiziert. Allerdings lehnt der EGMR es ab, das persönliche Ansehen gegen Beeinträchtigungen zu schützen, die die vorhersehbare Folge eigener Handlungen des Betroffenen waren, wie zB der Begehung einer Straftat (vgl. EGMR NJW 2012, 1058 Rn. 83 – Axel Springer AG/ Deutschland). Nach der Rspr. des BGH verdient bei der Abwägung für die aktuelle Berichterstattung über Straftaten das Informationsinteresse im Allgemeinen den Vorrang. Allerdings darf der drohende Persönlichkeitsschaden nicht außer Verhältnis zu dem Interesse an der Verbreitung der Information stehen, etwa weil sie in Stigmatisierung und soziale Ausgrenzung münden könnten (BGH NJW 2012, 2197 Rn. 39 – www.rainbow.at II).

225 Das öffentliche Informationsinteresse kann sich auch aus Umständen ergeben, die mit der Tat direkt nichts zu tun haben. Ein solches Interesse hat die Rspr. bspw. für einen Fall anerkannt, in dem eine Prominente für ein Auto Werbung gemacht hatte, gleichzeitig jedoch ohne gültige Fahrerlaubnis am Straßenverkehr teilnahm (KG AfP 2008, 409 = BeckRS 2009, 03942).

2. Schwere der Tat

226 Bei **schweren Straftaten** besteht regelmäßig ein Interesse der Öffentlichkeit an einer auch die Person des Täters einbeziehenden vollständigen Information (BVerfGE 35, 202 (230) – Lebach; BVerfG NJW 1993, 1463 (1464)). Die öffentliche Aufmerksamkeit wird umso stärker sein, je mehr sich die Straftat durch ihre besondere Begehungsweise oder die Schwere ihrer Folgen von der gewöhnlichen Kriminalität abhebt (BVerfG AfP 2012, 146). Bei schweren Gewaltverbrechen ist in der Regel ein über bloße Neugier und Sensationslust hinausgehendes Interesse an näherer Information über die Tat und ihren Hergang, über die Person des Täters und seine Motive sowie über die Strafverfolgung anzuerkennen (BGH NJW 2012, 2197 Rn. 38 – www.rainbow.at II).

Die besondere Schwere einer angeklagten Tat und ihre als besonders verwerflich emp- 227
fundene Begehungsweise kann im Einzelfall nicht nur ein gesteigertes Informationsinteresse
der Öffentlichkeit, sondern auch die Gefahr begründen, dass der Angeklagte eine **Stigmatisierung** erfährt, die ein Freispruch möglicherweise nicht mehr zu beseitigen vermag. In
entsprechenden Fällen ist der Aspekt der Schwere auch zugunsten des Betroffenen zu
berücksichtigen (vgl. BVerfG NJW 2009, 350 Rn. 15 – Holzklotz-Fall).

Ein an sich geringes Interesse der Öffentlichkeit an Informationen über **leichte Ver-** 228
fehlungen kann aber durch Besonderheiten etwa in der Person des Täters oder des Tathergangs aufgewogen werden (BVerfG NJW 2006, 2835; BGH NJW 2013, 229 Rn. 13 –
Gazprom-Manager). Es kann in einer demokratischen Gesellschaft Gegenstand legitimer
Diskussion sein, wenn sich eine in der Öffentlichkeit bekannte Person über bestehende
Regeln in krasser Weise hinwegsetzt, so dass hier die Funktion der Presse als „Wachhund"
eingreift und es nicht um die Befriedigung der Neugier am Privatleben Prominenter geht
(BGH NJW 2006, 599 Rn. 29 – Verkehrsverstoß; BVerfG NJW 2006, 2835). Dem Schutzanspruch des Betroffenen sind in diesem Bereich (auch) dadurch Grenzen gesetzt, dass bei
weniger schwerwiegenden Gesetzesübertretungen auch die negativen Berichterstattungsfolgen gering sind (vgl. zB BVerfG NJW 2012, 1500 – Ochsenknecht-Söhne; ZUM 2010, 961
Rn. 32 – Hanfpflanze; BGH NJW 2006, 599 – Verkehrsverstoß).

3. Zeitablauf

Mit zunehmendem Zeitabstand zum Geschehen verliert regelmäßig auch das öffentliche 229
Informationsinteresse an Gewicht. Verfehlt ist jedoch die verbreitete Annahme, nach Abschluss eines Strafverfahrens oder nach Strafverbüßung sei identifizierende Berichterstattung
nicht mehr zulässig, um die Resozialisierung des Betroffenen (Täters) nicht zu gefährden.
Eine übermäßige Gewichtung des Zeitmoments wäre auch mit Art. 10 EMRK unvereinbar
(EGMR 35841/02 Rn. 69 – Öster. Rundfunk/Österreich). Vielmehr ist vom Informationsinteresse der Öffentlichkeit her zu überprüfen, ob eine Berichterstattung in Abwägung mit
den berechtigten Interessen des Betroffenen – zu denen allerdings auch das Resozialisierungsinteresse zählt – noch gerechtfertigt ist.

In seiner grundlegenden „Lebach"-Entscheidung hat das BVerfG (BVerfGE 35, 202) 230
Persönlichkeitsbelangen den Vorrang vor der Rundfunkfreiheit eingeräumt, weil die Ausstrahlung eines Dokumentarspiels über ein aufsehenerregendes Verbrechen in engem zeitlichen Zusammenhang mit der Entlassung eines der Täter aus der Haft stand und wegen der
Breitenwirkung und Suggestivkraft des Fernsehens die Wiedereingliederung des Betroffenen
in die Gesellschaft erheblich erschwert, wenn nicht gar verhindert hätte. Das allgemeine
Persönlichkeitsrecht vermittelt Straftätern aber keinen Anspruch darauf, in der Öffentlichkeit
überhaupt nicht mehr mit der Tat konfrontiert zu werden (BVerfG NJW 2000, 1859 (1860)
– Lebach II). Bei herausragenden, besonders spektakulären Verbrechen kann trotz langem
Zeitabstand und relativer Nähe der Haftentlassung ein Rückblick auf Kriminalfälle vergangener Jahrzehnte zulässig bleiben (LG Hamburg AfP 2011, 285 zur Reemtsma-Entführung). Ein überwiegendes Resozialisierungsinteresse scheidet in der Regel aus, wenn der
frühestmögliche Zeitpunkt der Haftentlassung noch weit entfernt ist (LG Hamburg ZUM
2013, 415 (417)); eine Information der Mitgefangenen und Vollzugsbeamten spielt regelmäßig keine Rolle (OLG Hamburg ZUM-RD 2008, 405).

Auch die Offenlegung einer **aus dem Zentralregister getilgten Straftat** kann noch 231
zulässig sein, wo dies durch ein überwiegendes Informationsinteresse der Öffentlichkeit
gerechtfertigt ist, etwa wenn die Information über die Vorstrafe Zweifel an der Seriosität
eines Anbieters der Sanierung einer kommunalen Badeanstalt wecken kann (BVerfG NJW-RR 2007, 1340; zu eng OLG Hamburg AfP 2007, 228). Stets ist eine Güter- und Interessenabwägung zwischen der Berichterstattungsfreiheit und dem allgemeinen Persönlichkeitsrecht des Betroffenen vorzunehmen (BVerfG NJW 1993, 1463 (1464)). Im Fall eines
ehemaligen Mitglieds der „Rote Armee Fraktion" (RAF) ließ das KG zu Recht aufgrund
des überragenden Einflusses dieser terroristischen Gruppierung auf das öffentliche Leben und
die Geschichte der Bundesrepublik Deutschland das öffentliche Informationsinteresse daran
überwiegen, wie sich der Betreffende nach seiner Haftentlassung entwickelt hat, was für ein
Leben er heute führt (KG AfP 2008, 396).

232   Das Resozialisierungsinteresse des Betroffenen kann andererseits auch schon relativ kurze Zeit nach einer Verurteilung überwiegen, wenn die Berichterstattung nicht der aktuellen Befriedigung des Informationsinteresses der Öffentlichkeit dient, sondern eine frühere Verurteilung aus anderem Anlass zum Gegenstand des Zeitungsartikels genommen wird (BVerfG NJW-RR 2007, 1191). Bei bloßen Beeinträchtigungen des Unternehmenspersönlichkeitsrechts besteht eine zeitliche Einschränkung nach überzeugender Auffassung des OLG Dresden (AfP 2012, 383) hingegen nicht.

4. Insbes.: Online-Archive

233   Von der Auswirkung des Zeitablaufs auf neuerliche aktuelle Berichterstattung ist der Fall zu unterscheiden, dass ein früherer Artikel in einem Archiv weiterhin bereitgehalten wird. In solchen Fällen besteht insbes. bei leicht zugänglichen Online-Veröffentlichungen eine Interessenskollision über den Zeitpunkt der erstmaligen identifizierenden Berichterstattung hinaus. Der BGH bejaht in diesem Konflikt ein anerkennenswertes Interesse der Öffentlichkeit auch bzgl. der Möglichkeit, vergangene zeitgeschichtliche Ereignisse anhand der **unveränderten Originalberichte** in den Medien zu recherchieren (BGH GRUR 2013, 200 Rn. 18 – Apollonia-Prozess). Dies erscheint berechtigt, weil mit Weiterentwicklung des Internet für das „kollektive Erinnerungsvermögen" zukünftig nur noch elektronisch erschlossene Inhalte relevant sein werden. Eine nachträgliche Anonymisierung von Online-Archiven käme daher einer vollständigen Tilgung bestimmter Informationen und damit einem schwerwiegenden Eingriff in die Meinungs- und Informationsfreiheit gleich (vgl. EGMR BeckRS 2013, 15343 Rn. 59 – Węgrzynowski and Smolczewski v. Poland).

234   Daher wird vom Betreiber eines Informationsangebots im Internet weder die Überprüfung seines Bestands an Altmeldungen, noch die nachträgliche Sperrung **ursprünglich rechtmäßiger** Beiträge über aufsehenerregende Straftaten, noch deren Anonymisierung verlangt (BGH GRUR 2013, 200 Rn. 18 – Apollonia-Prozess; NJW 2012, 2197 Rn. 44 f. – www.rainbow.at II; teilweise kritisch zur Rspr. des BGH Verweyen/Schulz AfP 2012, 442). Daran ändert sich auch angesichts der technischen Nutzungsmöglichkeiten des Internets und den dort kostenlos verfügbaren und hoch effizient arbeitenden Suchmaschinen nichts, denn diese rechtfertigen es nicht, die Zugriffsmöglichkeiten auf Originalberichte auf solche Personen zu beschränken, die Zugang zu Print-Archiven haben oder diesen suchen (BGH GRUR 2013, 200 Rn. 20 – Apollonia-Prozess).

234.1   Die Argumentation des BGH, die er ab 2009 in den Entscheidungen BGHZ 183, 353 = NJW 2010, 757 – Online-Archiv I (betreffend www.dradio.de), NJW 2010, 2432 – Online-Archiv II (betreffend www.spiegel.de), NJW 2010, 2728 (betreffend www.morgenweb.de), NJW 2011, 2285 (betreffend www.ksta.de), AfP 2011, 180 (betreffend www.faz.net) und NJW 2012, 2197 – www.rainbow.at II jeweils in Bezug auf die Mörder des Volksschauspielers Walter Sedlmayr entwickelt hat, stellt in Anwendung der Grundsätze aus der „Lebach II"-Entscheidung des BVerfG (NJW 2000, 1859) in den Vordergrund, dass Online-Meldungen üblicherweise nur geringe Breitenwirkung zukommt und eine Kenntnisnahme von ihrem Inhalt im Regelfall eine gezielte Suche voraussetzt, insbes. wenn sie nur noch auf den für Altmeldungen vorgesehenen Seiten des Internetauftritts zugänglich und ausdrücklich – und für den Nutzer ohne Weiteres ersichtlich – als Altmeldung gekennzeichnet sind; vgl. BGH NJW 2013, 229 Rn. 28 – Gazprom-Manager. Ein Gebot der Löschung aller früheren den Straftäter identifizierenden Darstellungen in „Online-Archiven" würde dazu führen, dass Geschichte getilgt und der Straftäter vollständig immunisiert würde.

235   Eine Einbindung von Altmeldungen in neue Veröffentlichungen durch Verlinkung mit dem Hinweis „Mehr zum Thema (…)" beurteilt das LG Düsseldorf (ZUM 2008, 156) unter dem Gesichtspunkt der Dringlichkeit als neue Veröffentlichung. Am Archivcharakter der unter Datumsangabe verlinkten Erstmeldung ändert dies aber nichts. Nach der Rspr. des EGMR ist es selbst bei **von Beginn an rechtswidrigen Veröffentlichungen** nicht die Aufgabe der Justiz, die Geschichte umzuschreiben, indem alle Spuren des Artikels aus dem Internet getilgt werden (EGMR BeckRS 2013, 15343 Rn. 65 ff. – Węgrzynowski and Smolczewski v. Poland). Eine solche Maßnahme wird vielmehr mit Blick auf Art. 10 EMRK als unverhältnismäßig beurteilt. Der Gerichtshof hält offenbar eine Anmerkung zum archivierten Bericht für ausreichend.

XV. Urlaub

Die Rspr. erkennt den Urlaub insbes. im Bereich der Bildberichterstattung als besonders schutzbedürftig an. Allerdings kommt ein solcher erhöhter Schutzbedarf nicht dem Urlaubsaufenthalt als solchem zu, sondern bedarf der konkretisierenden Herleitung aus den Umständen der dargestellten Situation, namentlich der Frage, inwieweit der Betroffene bei einer in besonderem Maße typischen Entspannungsbedürfnissen gewidmeten Aktivität gezeigt wird (BVerfG NJW 2008, 1793 Rn. 106 – Caroline von Hannover). Allein der Umstand, dass ein Bericht überhaupt Informationen über den Urlaub einer Person enthält, kann jedenfalls im Bereich der Wortberichterstattung nicht den maßgeblichen Grund für ein Überwiegen ihrer grundrechtlich geschützten Interessen darstellen. Geht es in einem Artikel insgesamt gesehen um den Betroffenen und seine Urlaubsgewohnheiten nur als Kolorit am Rande, so spricht dies für die Zulässigkeit der Veröffentlichung (BVerfG NJW 2012, 756 Rn. 25). Dabei spielt eine Rolle, welche „Sphäre" die Berichterstattung berührt. Beschränkt sie sich im Wesentlichen auf Belanglosigkeiten, die in tatsächlicher Hinsicht nicht bestritten werden und auch nicht ehrenrührig sind, so kann der Gesichtspunkt des Urlaubs in den Hintergrund treten. **236**

XVI. Verdachtsberichterstattung

1. Allgemeines

Dürfte die Presse, falls der Ruf einer Person gefährdet ist, nur solche Informationen verbreiten, deren Wahrheit im Zeitpunkt der Veröffentlichung bereits mit Sicherheit feststeht, so könnte sie ihre durch Art. 5 Abs. 1 GG verfassungsrechtlich gewährleisteten Aufgaben bei der öffentlichen Meinungsbildung nicht durchweg erfüllen (BVerfG NJW 1999, 1322 (1324) – Helnwein), wobei auch zu beachten ist, dass ihre ohnehin begrenzten Mittel zur Ermittlung der Wahrheit durch den Zwang zu aktueller Berichterstattung verkürzt sind (BGH NJW 1977, 1288 (1289) – Abgeordnetenbestechung). Aus diesem Grund ist anerkannt, dass unter bestimmten Voraussetzungen auch über **zum Äußerungszeitpunkt nicht erweislich wahre Tatsachen,** namentlich den Verdacht von Straftaten, identifizierend von den Medien berichtet werden darf, ohne dass dies bei nachträglicher Erkenntnis der Unwahrheit mit negativen Sanktionen belegt wird. Die Grundsätze der Verdachtsberichterstattung wurden in Bezug auf Straf- und Ermittlungsverfahren entwickelt, gelten aber darüber hinaus (vgl. zB OLG Hamburg AfP 2008, 404). **237**

Aus dieser Befugnis der Medien resultieren Risiken für die Persönlichkeitsrechte des Betroffenen, die im Einzelfall ein existenzbedrohendes Maß erreichen können. Insbes. wenn die Berechtigung des Verdachts offen bleibt, aber selbst wenn er ausgeräumt wird, muss der Betroffene damit leben, dass an ihm ein Makel haften bleibt. Diese Nachteile für den (potentiell) zu Unrecht Betroffenen werden durch **besondere Anforderungen** an das **Informationsinteresse** sowie an die einzuhaltende **Sorgfalt** ausgeglichen (BGH NJW 2000, 1036 – Korruptionsverdacht; vgl. zusammenfassend etwa Müller NJW 2007, 1617), die sich im Einzelnen nach den Aufklärungsmöglichkeiten richten und etwa für die Medien strenger sind als für Privatleute (BVerfG NJW 1999, 1322 (1324) – Helnwein; NJW 2007, 2685). Auch wenn die Voraussetzungen der Verdachtsberichterstattung erfüllt sind, dürfen die Medien über die Person des Verdächtigen nicht schrankenlos berichten. Vielmehr ist für jeden einzelnen Umstand aus dem persönlichen Lebensbereich auf Grund einer Abwägung zu entscheiden, ob das Schutzinteresse des Betroffenen das Interesse an einer Berichterstattung überwiegt. Bei der Mitteilung von Einzelheiten aus dem privaten Lebensbereich, deren Kenntnis zur Befriedigung des berechtigten Informationsinteresses nicht zwingend erforderlich ist, ist Zurückhaltung geboten. In einem Vergewaltigungsprozess hat die Einlassung des Beschuldigten zum Verlauf der (angeblichen) Tatnacht einen so engen Bezug zum Tatvorwurf, dass jedenfalls nach Verlesung seiner Aussagen in der Hauptverhandlung darüber berichtet werden darf (BGH NJW 2013, 1681 Rn. 33 – Fall Kachelmann). **238**

Sind diese Anforderungen eingehalten, stellt sich aber später die Unwahrheit der Äußerung heraus, so ist diese trotzdem als **im Äußerungszeitpunkt rechtmäßig** anzusehen, sodass Bestrafung, Widerruf oder Schadensersatz nicht in Betracht kommen (BVerfG NJW 1999 1322 (1324) – Helnwein). Dagegen gibt es kein legitimes Interesse, nach Feststellung der Unwahrheit an der Behauptung festzuhalten (vgl. BVerfGE 97, 125 (149) – Caroline von **239**

Monaco). Besteht die Gefahr, dass die Äußerung trotz dieser Feststellung aufrechterhalten wird (wobei hier die Anforderungen an die sog. Erstbegehungsgefahr erfüllt sein müssen), kann der sich Äußernde folglich zur Unterlassung verurteilt werden. (vgl. zur Frage eines Richtigstellungsanspruchs → Rn. 293).

240 Die Verdachtserweckung kann auch in Gestalt von **Fragen** geschehen (OLG Hamburg AfP 2009, 149; AfP 2008, 404; OLG München NJW-RR 2002, 186). Hier ist jedoch der Berichtszusammenhang besonders genau zu würdigen. Nicht jede Formulierung, die den Leser zum Weiterdenken in eine bestimmte Richtung veranlassen kann, darf als Verdachtsbehauptung eingeordnet werden, da auf Fragen grds. die für Werturteile geltenden Maßstäbe anzuwenden sind und daher nicht (wie bei einer Verdachtsberichterstattung) ein Mindestbestand an Tatsachen oder eine sorgfältige Recherche verlangt werden können. Vgl. zu Fragen allgemein → Rn. 47 f.

241 Nach den vom BGH (vgl. etwa NJW 2000, 1036 – Korruptionsverdacht; NJW 1977, 1288 – Abgeordnetenbestechung) entwickelten Kriterien einer zulässigen Verdachtsberichterstattung ist zunächst zu fordern, dass es sich um einen Vorgang von gravierendem Gewicht handelt, dessen Mitteilung durch ein **Informationsbedürfnis der Allgemeinheit** gerechtfertigt ist. Es muss ein **Mindestbestand an Beweistatsachen** vorliegen, die für den Wahrheitsgehalt der Information sprechen und ihr damit erst „Öffentlichkeitswert" verleihen. Die Darstellung darf ferner **keine Vorverurteilung** des Betroffenen enthalten. Auch ist vor der Veröffentlichung mit der nach den Umständen gebotenen **Sorgfalt** zu recherchieren und hierbei regelmäßig – nicht aber zwingend in jedem Fall – eine **Stellungnahme des Betroffenen** einzuholen (BGH NJW 1996, 1131 (1134) – Lohnkiller). Andererseits dürfen die Anforderungen an die pressemäßige Sorgfalt und die Wahrheitspflicht **nicht überspannt** und insbes. nicht so bemessen werden, dass darunter die Funktion der Meinungsfreiheit leidet, BVerfG NJW 1992, 1439 (1442) – Kritische Bayer-Aktionäre; BGH 1996, 1131 (1133) – Lohnkiller. Wendet sich ein Betroffener **gezielt an die Öffentlichkeit,** um seine Reaktion auf Vorwürfe bekannt zu geben, so kann dies entweder als eine die Rechtswidrigkeit ausschließende Einwilligung zu werten sein oder jedenfalls dazu führen, dass sein Interesse an einem Schutz seiner Persönlichkeit im Rahmen der Abwägung hinter dem Berichterstattungsinteresse zurückzutreten hat (BGH NJW 2013, 790 Rn. 24 – IM „Christoph").

2. Informationsinteresse

242 Erforderlich ist zunächst ein auf die Verdachtslage bezogenes Informationsinteresse der Öffentlichkeit. Ein solches kommt insbes., aber keineswegs nur in Fällen schwerer Kriminalität in Betracht. Schon in der Leitentscheidung NJW 2000, 1036 (1038) – Korruptionsverdacht hat der BGH ein Informationsinteresse ausdrücklich auch bei Straftaten der mittleren Kriminalität angenommen, die die Öffentlichkeit besonders berühren. Seine Rspr. hat der BGH später dahingehend verdeutlicht, dass eine identifizierende Berichterstattung auch in Fällen kleiner oder mittlerer Kriminalität gerechtfertigt sein kann, wenn zB wegen der Person des Täters ein besonderes Informationsinteresse besteht (NJW 2006, 599 Rn. 16, 18 – Verkehrsverstoß; vgl. zu Vorwürfen sexuellen Missbrauchs gegen einen Polizeibeamten LG Halle AfP 2005, 188).

243 Das Informationsinteresse der Öffentlichkeit wird durch die prominente Stellung des Betroffenen erhöht (BGH NJW 2013, 1681 Rn. 26 – Fall Kachelmann). Hier ist zu berücksichtigen, dass das Verhalten der Prominenten aufgrund ihrer Leitbildfunktion zum Kristallisationspunkt einer öffentlichen Debatte werden kann (vgl. Gounalakis NJW 2012, 1473 (1477)). Deshalb musste auch ein überaus bekanntes Mitglied einer „Girlband" eine Mitteilung über ihre Verhaftung wegen des Verdachts einer gefährlichen Körperverletzung dulden, obwohl hierdurch allgemein bekannt wurde, dass sie HIV-infiziert ist und mit anderen Personen ungeschützten Geschlechtsverkehr gehabt hat (KG GRUR-RR 2009, 436). Das Interesse muss nicht im betreffenden Artikel selbst umschrieben werden (aA KG ZUM-RD 2012, 260). Für das Bestehen eines erheblichen öffentlichen Interesses spricht es, wenn in überregionalen Medien berichtet wurde (BGH NJW 2013, 229 Rn. 21 – Gazprom-Manager). Das Informationsinteresse ist vom öffentlichen Interesse an der Strafverfolgung zu unterscheiden, es entfällt daher nicht automatisch bei einer Verfahrenseinstellung nach § 153 StPO (BGH NJW 2013, 229 Rn. 26).

3. Mindestbestand an Tatsachen

Dem Medium obliegt vor Veröffentlichung die Prüfung, ob im konkreten Fall überhaupt hinreichende Anhaltspunkte für eine Berechtigung des Verdachts bestehen. Dabei sind die Anforderungen umso höher anzusetzen, je schwerer und nachhaltiger das Ansehen des Betroffenen durch die Veröffentlichung beeinträchtigt wird (BGH NJW 2000, 1036 – Korruptionsverdacht; LG Köln ZUM-RD 2013, 143 (145)). Das erreichte Stadium des Ermittlungs- bzw. Strafverfahrens ist von Bedeutung (vgl. OLG Dresden NJW 2004, 1181 (1182)). Eine zulässige Verdachtsberichterstattung setzt nicht zwingend voraus, dass überhaupt schon Strafverfolgungsbehörden tätig geworden sind. Für sich genommen genügt umgekehrt die Einleitung eines Ermittlungsverfahrens oder gar eine bloße Strafanzeige nicht, um den erforderlichen Tatsachenbestand zu begründen. Defizite beim „Mindestbestand" müssen ggf. durch eine besonders zurückhaltende Darstellung ausgeglichen werden. 244

Der Mindestbestand an Beweistatsachen ist im Äußerungsprozess erforderlichenfalls vom Medium darzulegen und zu beweisen (KG ZUM 2008, 58). Dieses Erfordernis kann in einem Spannungsverhältnis zum grundrechtlich über Art. 5 Abs. 1 S. 2 GG abgesicherten Informantenschutz stehen; vgl. zu den damit im Zusammenhang stehenden Beweislastfragen → Rn. 341. 245

4. Sorgfältige Recherche, insbes. Betroffenenanhörung

Vor einer Berichterstattung sind angemessene Anstrengungen zu unternehmen, um den Wahrheitsgehalt des Verdachts aufzuklären. Welche Recherchen zu fordern sind, lässt sich nicht verallgemeinern. Je schwerwiegender die Äußerung das Persönlichkeitsrecht beeinträchtigt, umso höhere Anforderungen sind an die Erfüllung der Sorgfaltspflichten zu stellen. Allerdings ist auch das Interesse der Öffentlichkeit an derartigen Äußerungen zu berücksichtigen (BGH NJW 2013, 790 – IM „Christoph"). Ist einem Verdacht ehrenrühriger Vorgänge mit pressemäßigen Mitteln nicht rechtzeitig auf den Grund zu kommen, so muss dies den Lesern jedenfalls mitgeteilt werden (BGH NJW 1977, 1288 (1289) – Abgeordnetenbestechung). In der Regel wird in solchen Fällen aber eine identifizierende Berichterstattung ausscheiden. 246

Unter Umständen genügt eine Nachfrage bei anderen Medien, die vorher schon berichtet haben (OLG Karlsruhe ZUM-RD 2006, 76). Jedenfalls bei schwerwiegenden Anschuldigungen genügt es aber nicht, sich auf Zeugen vom Hörensagen zu verlassen, ohne an den unmittelbaren Zeugen heranzutreten (OLG München NJW-RR 2002, 186). Ein Zuwarten bis zur Klärung des Verdachts kann den Medien nicht generell abverlangt werden (überzogen daher BGH NJW 1997, 1248 (1250) – Stern TV). Die Bestätigung von Informationen durch mehrere Quellen ist oftmals nicht zu erlangen und kann nicht zwingende Voraussetzung zulässiger Berichterstattung sein. Verfügt ein Medium jedoch nur über eine einzige Quelle, deren Zuverlässigkeit sie zudem nicht beurteilen kann, so lässt sich darauf auch bei hohem Informationsinteresse keine schwer ehrbeeinträchtigende, identifizierende Berichterstattung stützen (BGH NJW 1977, 1288 – Abgeordnetenbestechung). 247

Verlautbarungen amtlicher Stellen wie insbes. der Staatsanwaltschaft, aber auch von Fachbehörden wie dem Bundesbeauftragten für die Unterlagen des Staatssicherheitsdienstes der ehemaligen DDR (vgl. dazu BGH NJW 2013, 790 Rn. 30 f. – IM „Christoph"; KG ZUM-RD 2011, 468 (472)) darf der Äußernde ein gesteigertes Vertrauen entgegenbringen (BVerfG ZUM 2010, 961 Rn. 35 mwN; abzulehnen daher OLG Hamburg ZUM 2010, 606 zu einem Zitat der BStU Birthler). Dies erstreckt sich zum einen auf die mitgeteilten Tatsachen, jedoch darf der Äußernde – außer bei offenkundigen Exzessen – darüber hinaus annehmen, dass eine in ihrer Informationspolitik unmittelbar an die Grundrechte gebundene, auf Objektivität verpflichtete Behörde wie die Staatsanwaltschaft die Öffentlichkeit erst dann unter Namensnennung über ein Ermittlungsverfahren unterrichten wird, wenn sich der zu Grunde liegende Tatverdacht bereits einigermaßen erhärtet hat, ohne aber die Verdachtsmomente stets vollständig mitgeteilt zu bekommen und eigenständig bewerten zu können. Mit dieser Maßgabe dürfen auch Journalisten auf die **Richtigkeit der einer staatsanwaltschaftlichen Pressemitteilung vorausgegangenen Abwägung** vertrauen 248

(BVerfG ZUM 2010, 961 Rn. 35 – Hanfpflanze, vgl. auch EGMR 2012, 1058 Rn. 107 – Axel Springer AG/Deutschland; aA für den BStU KG ZUM-RD 2011, 466 (472)). Allerdings genügt es nicht, wenn die Staatsanwaltschaft lediglich auf Nachfrage die Tatsache einer Durchsuchung bestätigt (KG ZUM-RD 2004, 399) oder wenn die Informationen gar inoffiziell von einem anonymen Informanten aus dem Bereich einer Behörde erlangt wurden (OLG Dresden NJW 2004, 1181).

249 In aller Regel empfiehlt es sich und ist es Teil ordnungsgemäßer Recherche, dem Betroffenen **Gelegenheit zur Stellungnahme** einzuräumen. Ausnahmslos gilt dies nicht (vgl. zu den anzustellenden Erwägungen BGH NJW 1996, 1131 (1134) – Lohnkiller), jedoch bei schwerwiegenden Vorwürfen in aller Regel (vgl. KG ZUM-RD 2011, 468 (473)). Insbes. dann, wenn der Betroffene bereits in der Vergangenheit eine Stellungnahme zu den gleichen Vorwürfen abgelehnt hat (vgl. dazu OLG Köln AfP 2011, 601), wenn sich seine Haltung hinreichend aktuell und verlässlich aus anderen Veröffentlichungen oder Einlassungen ergibt oder wenn er trotz allen Bemühens schlicht nicht erreichbar ist, steht die fehlende Stellungnahmemöglichkeit einer Veröffentlichung des Verdachts nicht entgegen. Auch kann eine Berichterstattung nicht wegen fehlender Anhörung des Betroffenen als unzulässig beurteilt werden, wenn dieser sich auch nach Veröffentlichung nicht zu den Vorwürfen äußern will, da hierdurch feststeht, dass die Nachfrage nichts ergeben hätte (LG Berlin AfP 2008, 216 (218)).

250 Bei den **Modalitäten der Betroffenenanhörung** besteht bisweilen Unsicherheit. Oft wird bemängelt, die **Antwortfrist** sei nicht ausreichend lang gewesen. Allerdings darf bei der Bemessung einer angemessenen Zeitspanne nicht außer Betracht gelassen werden, dass die Medien – um im publizistischen Wettbewerb zu bestehen – auf aktuelle und exklusive Veröffentlichungen angewiesen sind. Ein Aufschub einer ansonsten ausrecherchierten Geschichte wegen erhöhten Zeitbedarfs des angehörten Betroffenen ist ihnen daher in der Regel nicht zuzumuten. Der EGMR vertritt zu Recht die Auffassung: „Neuigkeiten sind ein verderbliches Gut, und ihre Veröffentlichung auch nur für kurze Zeit zu verzögern, kann ihnen jeden Wert und jedes Interesse zu nehmen" (EGMR NJW 2012, 747 Rn. 117 – Mosley/Vereinigtes Königreich).

250.1 In der Regel wird man davon ausgehen dürfen, dass der Betroffene über seine eigenen Handlungen oder Erlebnisse Angaben kurzfristig machen kann. Bei länger zurückliegenden Sachverhalten oder Recherchenotwendigkeit (etwa in Unternehmen) sollten die Antwortfristen aber nicht zu knapp gesetzt werden, um zu vermeiden, dass eine Berichterstattung allein aus diesem Grund schon als unzulässig angesehen wird. Deutlich zu weitreichend ist es, wenn das KG (ZUM-RD 2011, 468) die Berücksichtigung der Möglichkeit verlangt, dass der Betroffene im Urlaub ist, weil er Lehrer ist und die Osterferien begonnen haben. Urlaubsbedingte Nichterreichbarkeit kann in aller Regel nicht zulasten aktueller Berichterstattung gehen.

251 Nicht immer einfach ist die Frage zu beantworten, **wer** angesprochen werden muss. In der Regel ist die Anfrage zwar an den Betroffenen zu richten, vielfach werden für diesen aber Vertreter (zB Strafverteidiger, Pressesprecher) tätig. In klaren Fällen sollte auch eine Anfrage an solche Vertreter ausreichen, jedoch geht es zu Lasten des Mediums, wenn der Befragte aus dem „Umfeld" des Betroffenen falsch ausgewählt war und keine genügenden Anstrengungen unternommen wurden, den Betroffenen direkt zu kontaktieren.

252 Für die **Form** der Konfrontation gibt es keine besonderen Vorschriften. In kritischen Fällen wird sich, wie sonst im Rechtsleben auch, eine beweissichere Form empfehlen, bspw. die Übermittlung von Fragen per Telefax.

253 **Inhaltlich** ist darauf zu achten, dass Stellungnahmegelegenheit zu allen Behauptungen gegeben wird, die später in die Berichterstattung Eingang finden sollen. Dies erfordert ihre **konkrete** Mitteilung (Lehr NJW 2013, 728 (731)). Zwar ist bei klarem Sachzusammenhang kein kleinlicher Maßstab anzulegen, oftmals nicht genügend ist aber die Formulierung offener, vage gehaltener Fragen, die für den Betroffenen u. U. nicht erkennen lassen, welcher Vorwurf ihm gemacht wird (vgl. zB OLG Hamburg ZUM 2010, 606 (607)).

254 Das Bemühen um ein **Interview** genügt den Anforderungen an eine Betroffenenanhörung nicht. Dem Betroffenen muss Gelegenheit gegeben werden, in anderer Weise Stellung zu nehmen, da ein Interview nicht seinen Interessen entsprechen muss (OLG Hamburg ZUM 2010, 606).

Als Teil des Recherchestadiums löst eine Betroffenenanhörung **keine Begehungsgefahr** in Bezug auf die Aufstellung oder Verbreitung der Behauptungen aus, zu denen Stellung genommen werden soll, → Rn. 276.

Erfolgt die Betroffenenanhörung oder eine andere gebotene Recherchemaßnahme nicht vor Veröffentlichung und wird die Berichterstattung nur deshalb als unzulässig angesehen, so stellt sich die Frage, ob ihre **Nachholung** den Unterlassungsanspruch entfallen lässt. Dies muss wegen der Zukunftsgerichtetheit des Unterlassungsanspruchs bejaht werden. Es kann zwar die ursprüngliche Veröffentlichung nicht mehr „geheilt" werden, jedoch besteht kein Anspruch des Betroffenen, wegen vergangener Versäumnisse des Mediums auch zukünftig von einer (dann rechtmäßigen) Berichterstattung verschont zu bleiben.

> Nach KG (ZUM 2008, 58) dürfte bei fehlender Betroffenenanhörung generell kein umfassendes Verbot erfolgen, sondern sollte das Medium nur verpflichtet werden, bei einer erneuten Berichterstattung zusätzlich das Dementi des Betroffenen mitzuteilen. Dies ist allerdings abzulehnen, denn die Betroffenenanhörung dient der sorgfältigen Recherche, führt aber nicht zu einer Pflicht, ein eventuelles Dementi auch zu veröffentlichen. Letzteres kann allenfalls unter dem Blickwinkel einer ausgewogenen Darstellung (→ Rn. 257) zu verlangen sein.

5. Ausgewogene Darstellung

Unzulässig ist nach den Grundsätzen der Verdachtsberichterstattung eine Vorverurteilung, also eine präjudizierende Darstellung, durch die der unzutreffende Eindruck erweckt wird, der Betroffene sei der ihm vorgeworfenen strafbaren Handlung bereits überführt (BGH NJW 2000, 1036 (1037) – Korruptionsverdacht). Hier spielt auch der Gesichtspunkt der Unschuldsvermutung (Art. 6 Abs. 2 EMRK) eine Rolle, die in der Abwägung zu berücksichtigen ist (BGH NJW 2013, 1681 Rn. 19 – Fall Kachelmann), die Beschreibung und Bewertung einer Verdachtslage aber nicht ausschließt (BGH NJW 2013, 229 Rn. 14, 24 – Gazprom-Manager). Eine auf Sensationen ausgehende, bewusst einseitige oder verfälschende Darstellung ist nicht statthaft; vielmehr müssen auch die zur Verteidigung des Beschuldigten vorgetragenen Tatsachen und Argumente berücksichtigt werden. Insbes. bei schwerwiegenden Verdachtslagen kann es bspw. mitteilungsbedürftig sein, wenn kompetente Stellen den Vorwürfen entgegengetreten oder Verfahren zu ihrer Überprüfung noch nicht abgeschlossen sind (vgl. BGH NJW 1997, 1148 (1150) – Stern TV).

Das bedeutet aber nicht, dass die Medien stets so berichten müssen, als spräche gegen den Verdacht ebenso viel wie für ihn (aA Lehr NJW 2013, 728 (731)). Wenn der Stand der Ermittlungen zutreffend dargestellt wird und insoweit keine entlastenden Erkenntnisse unterdrückt werden, etwa weil es keine gibt, ist die Anforderung erfüllt (vgl. OLG Köln AfP 2011, 601). Dies gilt insbes., wenn sich auch Polizei und Staatsanwaltschaft in einer Presseinformation entsprechend eindeutig geäußert haben, denn die Medien dürfen sich – außer bei offenkundigen Exzessen – darauf verlassen, dass es dann ein entsprechend erhärtetes Ermittlungsergebnis gibt (vgl. BVerfG ZUM 2010, 961 Rn. 35 – Hanfpflanze; LG Berlin AfP 2008, 530 (531)).

Wendungen wie diejenige, jemand stehe unter „schwerem Verdacht", stellen die Ausgewogenheit nicht in Frage (so BGH NJW 2000, 1036 (1037) – Korruptionsverdacht, allerdings noch unter Berufung auf überholte Rspr. zur Mehrdeutigkeit). Auch bleibt es dem Äußernden unbenommen, Zweifel an der Unschuld des Beschuldigten zum Ausdruck zu bringen, etwa im Rahmen einer Glosse (BGH NJW 2000, 1036 (1040) – Korruptionsverdacht). Wird apodiktisch eine Straftat behauptet, so genügt es für die erforderliche Ausgewogenheit nicht, dass im Kontext auch von staatsanwaltschaftlichen Ermittlungen die Rede ist (OLG Karlsruhe ZUM-RD 2003, 249). Da das Ausgewogenheitserfordernis dem Interesse des Beschuldigten dient, dass seine noch nicht abschließend geklärte Schuld nicht als feststehend hingestellt wird, verliert dieses Argument an Gewicht, wenn der Beschuldigte die Tat gestanden hat (BVerfG AfP 2012, 146).

6. Entwicklung nach erfolgter Berichterstattung

Bei weitem nicht jeder Verdacht bestätigt sich. Wird ein Verfahren später eingestellt, so ändert dies nichts an der ursprünglichen Zulässigkeit des Berichts. Das Medium ist nach allgemeiner Ansicht nicht generell verpflichtet, eine Berichterstattung über ein einmal aufgegriffenes Thema bei neuen Entwicklungen fortzusetzen, und es muss auch nicht selbst nachforschen, ob sich der Verdacht bewahrheitet hat oder nicht (BVerfG NJW 1997, 2589).

260.1 Z. T. wird allerdings ein „äußerungsrechtlicher Folgenbeseitigungsanspruch" aus §§ 823, 1004 BGB abgeleitet, der dann eingreifen soll, wenn eine ursprünglich rechtmäßige Meldung über eine Straftat sich aufgrund späterer gerichtlicher Erkenntnisse in einem anderen Licht darstellt und die durch die Meldung hervorgerufene Beeinträchtigung des Persönlichkeitsrechts andauert. Der BGH bejahte dies 1971 bezüglich eines Berichts über eine Verurteilung, die später aufgehoben wurde (NJW 1972, 431; vgl. a. BVerfG NJW 1997, 2589). Hingegen lehnt das OLG München (NJW-RR 1996, 1487 (1490)) einen solchen Anspruch bei späterer Einstellung eines Ermittlungsverfahrens nach Abwägung der beiderseitigen Interessen ab. In aller Regel wird es bei gedruckten oder gesendeten Berichten am Fortbestand der Persönlichkeitsbeeinträchtigung fehlen, vielmehr droht durch die „Folgenbeseitigung" in Wahrheit eine Re-Aktualisierung des Verdachts, weshalb dieser Anspruch in der Praxis praktisch nie geltend gemacht wird.

261 Für den Fall der Bereithaltung der ursprünglichen Meldung in einem **Online-Archiv** verlangt das OLG Düsseldorf (NJW 2011, 788) die Beifügung einer Mitteilung über den Fortgang, wenn der Betroffene ein entsprechendes Verlangen äußert. Trotz eines solchen „Nachtrags" hat das OLG Hamburg (AfP 2012, 172) dem Medium die fortdauernde Bereithaltung einer früheren Verdachtsberichterstattung untersagt, nachdem das Ermittlungsverfahren gem. § 153a StPO eingestellt worden war. Diese Entscheidung hat der BGH aufgehoben (BGH NJW 2013, 229 – Gazprom-Manager) und seine für Berichte über strafrechtliche Verurteilungen entwickelten Grundsätze (→ Rn. 233 f.) mit Hinweis auf das fortbestehende Informationsinteresse der Öffentlichkeit an dem zugrunde liegenden Vorgang (BGH NJW 2013, 229 Rn. 28), aber auch das Fehlen einer einem Freispruch gleichkommenden Entscheidung (BGH NJW 2013, 229 Rn. 25) auf diesen Fall erstreckt.

XVII. Vorveröffentlichungen

262 Im Allgemeinen ist jede neuerliche Veröffentlichung geeignet, weitere Adressatenkreise zu erschließen. Daher wird der Umstand, dass eine Berichterstattung bereits von anderen Medien verbreitet wurde, an einer ansonsten gegebenen Unzulässigkeit regelmäßig nichts ändern. Jedoch kann in der Abwägung eine Rolle spielen, wenn eine Information in einem Gebiet, in dem der Betroffene für längere Zeiträume lebt, rechtmäßigerweise verbreitet worden und deswegen dort bekannt ist (BVerfG NJW 2000, 2189).

263 Der Umstand, dass eine wahre Tatsache bereits einer größeren Öffentlichkeit bekannt ist, ist geeignet, das Gewicht ihrer Weiterverbreitung gegenüber dem Ersteingriff erheblich zu mindern. Dies gilt zumindest dann, wenn die angegriffene Verbreitung den Kreis der Rezipienten nicht erheblich erweitert (BVerfG ZUM 2010, 961 Rn. 33 – Hanfpflanze). In die Abwägung muss auch eingehen, wenn Informationen einer großen Zahl von Personen zugänglich sind, die sie ihrerseits anderen weitergeben können (EGMR NJW 1999, 1315 Rn. 53 – Fressoz und Roire/Frankreich). Soweit aufgrund einer Einwilligung des Klägers ein bestimmter Inhalt verbreitet werden durfte, muss geprüft werden, ob möglicherweise schon hierdurch die Rufschädigung des Betroffenen bewirkt war, ohne dass die vom Äußernden verbreitete Meldung ihr Wesentliches hinzugefügt hätte (BVerfG ZUM 2010, 961 Rn. 31 – Hanfpflanze).

XVIII. Wohnung

264 Im Zusammenhang mit dem „räumlichen" Verständnis der Privatsphäre (→ Rn. 159 f.) besitzt die Wohnung in ihrer Funktion als **Rückzugsbereich** individueller Lebensgestaltung besondere Bedeutung. Gegen einwilligungslose Bildveröffentlichungen ist der Innenbereich der Wohnung besonders geschützt (vgl. § 201a StGB). Eine Beeinträchtigung kann auch in textlicher Beschreibung von persönlichen Lebens- und Wohnverhältnissen oder in deren Offenbarung durch Abbildungen liegen, auch wenn es sich nur um eine Außenansicht handelt (BGH NJW 2009, 3030).

265 Die **Wohnadresse** wird der Privatsphäre zugeordnet (OLG Hamburg AfP 2008, 303), jedoch führt ihre Bekanntgabe nur unter besonderen Umständen zu einer Beeinträchtigung der Wohnung als Rückzugsort, etwa wenn sie gezielt in einem Massenmedium veröffentlicht wird, um die Leser zu einem Aufsuchen des privaten Lebensbereichs zu ermuntern (BVerfG AfP 2006, 347 (349)). Entsprechendes gilt für die **Außenabbildung eines Wohnhauses** von einer allgemein zugänglichen Stelle aus. Eine Persönlichkeitsrechtsverletzung wird in der Regel nur dann anzunehmen sein, wenn durch die Abbildung ein Einblick in die räumliche Privatsphäre als einem von öffentlicher Kontrolle und Beobachtung freien Rückzugsraum gewährt wird (BVerfG AfP 2006, 347 (348); BGH NJW 2009, 3030). Auch die Veröffentlichung einer Wegbeschreibung, die den Betroffenen für einen unbestimmten Personenkreis erreichbar macht, kann die Privatsphäre verletzen (BGH NJW 2004, 762 (765), gebilligt durch BVerfG NJW 2006, 2838). Hat der Betroffene seine Wohn- und Lebensverhältnisse durch eigene Veröffentlichungen einem breiten Publikum bekannt gemacht, etwa im Rahmen von „Homestorys", so muss der Persönlichkeitsschutz unter Umständen zurücktreten (vgl. BGH NJW 2004, 762 (765)).

Aber auch dort, wo die Privatsphäre nicht betroffen ist (vgl. KG AfP 2008, 396 (399)), gewährt die Rspr. insbes. Prominenten gesteigerten Schutz, wenn zu befürchten ist, dass aufgrund der Abbildung iVm sonstigen Angaben die Wohnung verstärkt durch Dritte beobachtet oder von **Schaulustigen** aufgesucht werden könnte (vgl. BGH NJW 2009, 3030; KG NJW 2005, 2320; OLG Hamburg NJW-RR 2005, 414). Dies ist nicht stets anzunehmen, etwa nicht bei bloßer Wiedergabe in einem „flüchtigen" Fernsehbeitrag (OLG Hamburg AfP 2006, 182). Die „Aufhebung der Anonymität" eines Grundstücks führt nicht schon für sich genommen zu einem erheblichen Eingriff in das Persönlichkeitsrecht, da davon auszugehen ist, dass insbes. Nachbarn und Besuchern die Anwesenheit des prominenten Bewohners ohnehin nicht verborgen bleibt (BGH NJW 2009, 3030 Rn. 21). 266

Liegt eine Beeinträchtigung des Persönlichkeitsrechts vor, so kommt dem durch die Mitteilung/Abbildung befriedigten **Informationsinteresse** wesentliche Bedeutung für die vorzunehmende Abwägung zu. Eine Berichterstattung, die sich anlässlich des Ausscheidens des ehemaligen Vizekanzlers Joschka Fischer mit dessen Weg „von der linken Frankfurter WG in diese edle Villa" beschäftigte, war deshalb wegen ihrer Eignung, gesellschafts- und sozialkritische Überlegungen der Leser anzuregen, zulässig (BGH NJW 2009, 3030). Im Rahmen eines Berichts über die niedrigen Löhnen und erbärmlichen Arbeits- und Lebensbedingungen der Näherinnen in Drittweltländern bestand ein überwiegendes Informationsinteresse daran, in welchen (bevorzugten) Verhältnissen der Geschäftsführer des Unternehmens („KiK") lebt, für das diese Näherinnen arbeiteten (OLG Hamburg AfP 2012, 165). Bei ungenauer Ortsangabe und ausschnittsweiser Fassadenveröffentlichung kann bereits die bevorstehende Rückkehr eines prominenten Musikers aus dem Ausland nach Deutschland ein hinreichendes Informationsinteresse begründen (KG AfP 2006, 564). Im Fall eines ehemaligen RAF-Terroristen hielt das KG zwar die Bekanntgabe von Einzelheiten über dessen jetzige Lebenssituation für zulässig, nicht jedoch die Abbildung des Wohnhauses, weil hierdurch der Betroffene in seinem unmittelbaren Wohnumfeld als „RAF-Terrorist" bekannt gemacht werde (KG AfP 2008, 396). 267

Die bloße Abbildung der **Straßenfassade** eines Hauses unter Angabe von Straße und Hausnummer führt nicht zu Unterlassungsansprüchen (LG Köln MMR 2010, 278; ähnl. KG MMR 2011, 414). 268

F. Äußerungsrechtliche Ansprüche

I. Anspruchsgrundlagen

Zivilrechtliche Ansprüche wegen Medienäußerungen können aus einer Reihe von Anspruchsgrundlagen abgeleitet werden, deren Subsumtion und Abgrenzung in der kasuistisch geprägten Praxis oft von untergeordneter Bedeutung ist. 269

Eine zentrale Stellung besitzt **§ 1004 BGB** (analog), der bei Verletzung von absoluten Rechten oder deliktisch geschützten Rechtsgütern nach stRspr (vgl. zB BGH NJW 1952, 417 (418)) **Unterlassungsansprüche** (→ Rn. 273 ff.) und **Beseitigungsansprüche** (→ Rn. 292 ff.) gewährt, ohne dass es auf ein Verschulden ankäme. Namentlich kommen als verletzte Rechte bzw. Rechtsgüter insoweit das über **§ 823 Abs. 1 BGB** geschützte **allgemeine Persönlichkeitsrecht,** das **Unternehmenspersönlichkeitsrecht** (→ Rn. 83) so- 270 wie subsidiär das **Recht am eingerichteten und ausgeübten Gewerbebetrieb** in Betracht, des weiteren § 823 Abs. 2 BGB iVm den Vorschriften zum Schutz der **besonderen Persönlichkeitsrechte** (insbes. §§ 22, 23 KUG sowie §§ 185 ff. StGB). Im Bereich der geschäftlichen Betätigung ist weiter der Tatbestand der Kreditgefährdung nach **§ 824 BGB** relevant, des Weiteren bei Erfüllung der besonderen Voraussetzungen **§ 826 BGB**.

271 Neben den negatorischen Ansprüchen analog § 1004 BGB gewähren die erwähnten Anspruchsgrundlagen aus §§ 823 ff. BGB bei schuldhafter Rechtsverletzung auch **Schadensersatzansprüche** (→ Rn. 303 ff.). In Betracht kommen außerdem **Bereicherungsansprüche** nach §§ 812 ff. BGB bei unberechtigter Nutzung eines fremden Persönlichkeitsrechts (→ Rn. 316).

272 Alle äußerungsrechtlichen Tatbestände verlangen im Hinblick auf Art. 5 Abs. 1 GG eine **umfassende Interessenabwägung.** Auch wo es nicht – wie in § 193 StGB und § 824 Abs. 2 BGB – einfachgesetzlichen Niederschlag gefunden hat, ist dieses Abwägungserfordernis als allgemein anerkannter Grundsatz (BeckOK BGB/Spindler BGB § 824 Rn. 23) zu berücksichtigen und verfassungsrechtlich geboten.

II. Unterlassungsansprüche

1. Allgemeines

273 Unterlassungsansprüche kommen bezüglich aller Äußerungsinhalte in Betracht, sind unabhängig von Verschulden (vgl. zB BVerfG ZUM 2010, 961 Rn. 36 – Hanfpflanze) und schnell durchsetzbar. Gesetzliche Grundlage ist namentlich § 1004 BGB (analog). Im Fall mehrdeutiger Äußerungen bestehen Unterlassungsansprüche nur, wenn der Erklärende das Gemeinte nicht klarstellt, → Rn. 61. Bei der Verbreitung von Äußerungen Dritter greift die Unterlassungshaftung ebenfalls nur unter bestimmten Voraussetzungen ein, → Rn. 12 ff.

2. Unterlassungsanspruch vor Veröffentlichung

274 Voraussetzung für einen Unterlassungsanspruch ist neben der Rechtswidrigkeit des Verhaltens, dessen Unterlassung begehrt wird, eine **Begehungsgefahr.** Ist es noch nicht zu einer Veröffentlichung gekommen, so sind die Anforderungen an die (Erst-) Begehungsgefahr sehr hoch anzusetzen. Nur eine konkrete Gefahr einer unmittelbar bevorstehenden Rechtsverletzung, die mangels entsprechender Vermutung konkret festgestellt werden muss und vom Betroffenen darzulegen und zu beweisen ist (vgl. BGH NJW 1986, 2503 (2505); OLG Koblenz ZUM-RD 2009, 75), kann es rechtfertigen, die Äußerungsfreiheit vorbeugend einzuschränken. Auch die Schwere des befürchteten Eingriffs spielt eine Rolle (OLG Koblenz ZUM-RD 2009, 75 (77)).

275 Erforderlich ist insbes., dass der **Inhalt** einer unmittelbar drohenden Berichterstattung bereits konkret bekannt ist. Es ist andernfalls praktisch unmöglich, angesichts der Vielzahl möglicher Veröffentlichungsformen und -kontexte „vorausschauend abzuwägen", ob eine Veröffentlichung zulässig sein könnte oder nicht (vgl. zum Bildnisrecht BGH GRUR 2008, 446; GRUR 2010, 173). Selbst wo – wie im Bereich des § 201 StGB – ein gesetzliches Verbot existiert, ist dies nicht anders, weil auch hier auf der Rechtfertigungsebene eine Abwägung der widerstreitenden Interessen im Einzelfall erforderlich ist (OLG Düsseldorf AfP 2010, 182; vgl. auch OLG München ZUM 2005, 399). Für eine hinreichend konkrete Veröffentlichungsankündigung kommen bspw. Interviewäußerungen in Frage, in denen die Offenbarung bestimmter E-Mails angekündigt wird (vgl. KG ZUM 2011, 570 (573)).

276 Eine Begehungsgefahr lässt sich hingegen generell nicht daraus ableiten, dass ein Medium zu einem bestimmten Sachverhalt **recherchiert,** bspw. indem es Anfragen an den Betroffenen oder an Dritte richtet oder auf einer Pressekonferenz Fragen stellt (vgl. OLG Frankfurt a. M. NJW-RR 2003, 37 mwN). Solche Recherchen dienen der Erfüllung der journalistischen Sorgfaltspflicht. Ein vorauseilendes Verbot, das in vielen Fällen Gefahr läuft, rechtlich zulässige Äußerungsmöglichkeiten abzuschneiden, stellt daher einen besonders schwerwiegenden Eingriff in die Rechte des Mediums dar, der nur in seltenen Ausnahmefällen gerechtfertigt sein kann. Denkbar ist dies etwa im Fall grob rechtswidriger Beschaffung der betreffenden Information (vgl. BGH NJW 1998, 2141 (2144)), wenn zudem der drohende Schaden irreparabel ist (OLG Koblenz ZUM-RD 2009, 75). Ansonsten muss das Recher-

chestadium von der Drohung vorauseilender rechtlicher Schritte freigehalten werden (OLG Koblenz ZUM-RD 2009, 75 (77)), auch weil es naheliegt, dass die Medien eher auf (eigentlich gebotene) Recherchen – insbes. die Anhörung des Betroffenen – verzichten würden, als im Recherchestadium ein Verbot zu riskieren.

Bedenklich weit geht insoweit OLG Koblenz GRUR-RR 2010, 490 (Erstbegehungsgefahr **276.1** wenn Medium nicht bestätigt, einen bestimmten Berichtsinhalt nicht zu bringen – hier wird das Medium mittelbar gezwungen, vorab über den Inhalt geplanter Berichterstattung Auskunft zu geben). Legt ein Anhörungsschreiben allerdings den Schluss nahe, dass über eine Veröffentlichung in Wahrheit schon entschieden ist, muss der Anfragende mit einem vorbeugenden Verbot rechnen (vgl. etwa LG Hamburg ZUM 2008, 614).

3. Unterlassungsanspruch nach erfolgter Rechtsverletzung

Eine erfolgte Rechtsverletzung indiziert die **Wiederholungsgefahr** bezüglich der betref- **277** fenden Äußerung (allgM). Dies gilt allerdings nicht, wenn durch die Veränderung tatsächlicher Umstände später die Berichterstattung als rechtlich zulässig zu beurteilen ist (BGH NJW 2013, 1681 Rn. 31 – Fall Kachelmann). Zur Beseitigung der Wiederholungsgefahr ist, obwohl der BGH für den deliktischen Unterlassungsanspruch weniger strenge Regeln für richtig hält als im Wettbewerbsrecht, in aller Regel eine **strafbewehrte Unterlassungserklärung** des Verletzers erforderlich (BGH NJW 1994, 1281 (1283)).

Allerdings sind die Besonderheiten des Einzelfalls zu berücksichtigen. Im Hinblick auf **278** singuläre Umstände der Verletzungshandlung kann eine Wiederholungsgefahr zu verneinen sein, etwa wenn der Verletzer gutgläubig handelte und nach Erschütterung dieses Vertrauens eine Wiederholung nicht zu erwarten ist. Zumindest muss ein Gericht diesen Aspekt prüfen (BVerfG ZUM 2010, 961 – Hanfpflanze). Auch eine freiwillige Korrektur von Äußerungen durch den Verletzer kann die Wiederholungsgefahr entfallen lassen, nicht jedoch eine „stillschweigende" Abänderung in einem Online-Artikel (OLG Frankfurt a. M. MMR 2007, 604; KG NJW-RR 2005, 274). Ob ein Anspruch auf die Tilgung rechtswidriger Beiträge aus **Online-Archiven** besteht, wird unter Berücksichtigung der Rspr. des EGMR (BeckRS 2013, 15343 – Węgrzynowski and Smolczewski v. Poland) zukünftig genauer überprüft werden müssen → Rn. 235.

4. Unterlassungsanspruch bei ursprünglich rechtmäßiger Veröffentlichung

Besonderheiten gelten, wenn eine unwahre Tatsachenbehauptung im Äußerungszeit- **279** punkt als rechtmäßig anzusehen war, insbes. weil der Äußernde die ihm obliegenden Sorgfaltspflichten eingehalten hat. Stellt sich hier später die Unwahrheit heraus, so kann der sich Äußernde nur dann zur Unterlassung verurteilt werden, wenn die Gefahr besteht, dass die Äußerung dessen ungeachtet aufrechterhalten bzw. unverändert wiederholt wird, wobei hier die Anforderungen für die sog. Erstbegehungsgefahr gelten (vgl. BVerfG ZUM-RD 2003, 114 (116); BVerfG NJW 1999, 1322 (1324) – Helnwein; BGH NJW 1985, 2503 (2505)). Kein Unterlassungsanspruch besteht allerdings in der Regel gegenüber der fortdauernden Bereithaltung der ursprünglichen, im Äußerungszeitpunkt rechtmäßigen Mitteilung in Archiven, auch wenn diese „online" zugänglich sind → Rn. 233 ff.

5. Formulierung des Inhalts von Unterlassungsansprüchen

Die zutreffende Formulierung von Unterlassungsforderungen und -erklärungen, von Ver- **280** botsanträgen und -aussprüchen ist oftmals schwierig und wird vor den verschiedenen Gerichten nicht einheitlich gehandhabt. Das rechtsverletzende Verhalten muss erfasst werden, zugleich darf das Verbot keine überschießenden Wirkungen zeitigen und zB keine Handlungen erfassen, bezüglich deren keine Wiederholungsgefahr besteht (vgl. BGH NJW 2005, 2550 (2552)).

Im Regelfall bezieht sich die Unterlassungspflicht auf die **konkrete Äußerung in ihrem 281 Wortlaut,** denn Grundlage des Unterlassungsanspruchs ist stets die konkrete Verletzungshandlung (BGH GRUR 2007, 350 Rn. 9). Die Verbotswirkung der konkret genannten erfasst regelmäßig auch leicht abgewandelte Verletzungshandlungen, die den Kern unberührt lassen → Rn. 287 ff.

282 Ein Verbot ohne Bezugnahme auf den **Kontext** geht grds. zu weit, da die Verbotsentscheidung eine Abwägung zwischen dem Persönlichkeitsrecht und der Meinungs- und Medienfreiheit unter Berücksichtigung des Kontextes der Äußerung voraussetzt (BGH NJW 2013, 790 Rn. 32 – IM „Christoph"). Eine solche Bezugnahme kann in Unterlassungs- bzw. Verbotsformulierungen durch den Nachsatz „wenn dies geschieht wie in (folgt Fundstellenangabe)" erfolgen. Wegen der unklaren Eingrenzungswirkung dieser Beifügung ist allein durch sie für den Verpflichteten nichts gewonnen, sondern handelt es sich zunächst nur um die Klarstellung eines grds. für jede Textberichterstattung geltenden Vorbehalts (vgl. OLG Hamburg ZUM 2010, 606 (609)). Wichtiger als die entsprechende Einschränkung des Tenors ist die genaue Darlegung der Elemente, die für die Rechtmäßigkeitsbeurteilung relevant sind, da nur sie eine Eingrenzung des Verbotsumfangs ermöglichen.

283 Werden in das wörtliche Zitat der Äußerung auch Textteile aufgenommen, auf die sich das Verbot nicht erstreckt, die aber zum Verständnis erforderlich sind, so kann die Klarstellung, dass diese Teile nur zum Verständnis mit zitiert werden, durch Einklammerung erfolgen, oder es wird durch Unterstreichung hervorgehoben, auf welchen Teil sich das Verbot (nur) beziehen soll. Eine Wiedergabe der wörtlichen Äußerung ohne solche Verdeutlichungen ist zwar genauso auszulegen (vgl. OLG München ZUM-RD 2003, 577 (580)), aber weniger klar, weil Streit darüber entstehen kann, was von dem Verbot erfasst sein sollte.

284 Soll sich eine Unterlassungserklärung/ein Verbot auf **mehrere voneinander trennbare Einzelaussagen** beziehen, so empfiehlt es sich, dies durch entsprechend gegliederte Formulierung deutlich zu machen. Bei Zusammenfassung in einem Textblock wird die Auslegung in der Regel ergeben, dass sich das Verbot nur auf die Äußerung in ihrer Gesamtheit beziehen soll, da ansonsten offen bliebe, wie die verschiedenen Bestandteile sich zueinander verhalten.

285 Bei nur „**zwischen den Zeilen" aufgestellten Behauptungen** oder erweckten **Eindrücken** greift ein Verbot der verdeckten Aussagen übermäßig in die Meinungsfreiheit ein, denn der Äußernde hat diese Aussagen nicht wörtlich getätigt. Für ihn bliebe unklar, welche seiner eigenen Äußerungen er unterlassen muss, um nicht die verdeckte Behauptung (erneut) aufzustellen und sich so Vollstreckungsmaßnahmen auszusetzen. Daher ist es erforderlich, das Verbot auf die Textteile der Äußerung zu beziehen, aus denen sich die streitige verdeckte Tatsachenbehauptung ergibt (vgl. BVerfG NJW 2004, 1942). Der Antrag wird hiernach idR lauten, es werde verboten, durch die Äußerung „X" den Eindruck „Y" zu erwecken.

286 Die Äußerung eines **Verdachts** kann aus verschiedenen Gründen als unzulässig angesehen werden, weshalb der Kern des Verbots sorgfältig herauszuarbeiten ist. In der Verbotsformulierung ist in jedem Fall klarzustellen, dass bzw. wenn das Verbot sich auf die Verdachtsäußerung (im Gegensatz zu einer uneingeschränkten Tatsachenaussage) bezieht. Ein Verbot des abstrakt formulierten Verdachts als solchem kommt für sich allein nicht in Betracht, da unklar bliebe, welche Äußerungen unterbleiben müssen, um ihn nicht zu erwecken; hier wären wie bei verdeckten Behauptungen diejenigen Textteile anzugeben, die den Verdacht enthalten („(...) durch die Äußerung ‚X' den Verdacht ‚Y' zu verbreiten") (vgl. LG Köln ZUM-RD 2013, 414 (415)).

6. Reichweite der Unterlassungspflicht

287 Die Verbotswirkung des Unterlassungsausspruchs greift nicht nur bei wortgleicher Wiederholung eines Artikels (vgl. BGH NJW 2009, 2823 Rn. 11; OLG Hamburg AfP 2008, 411 (413)). Jedoch darf die neue Äußerung gegenüber der verbotsbefangenen lediglich solche Abweichungen aufweisen, die den Kern der verbotenen Handlung oder Behauptung unberührt lassen und deshalb als gleichwertig anzusehen sind (vgl. KG ZUM-RD 2008, 298; OLG München ZUM-RD 2001, 232). Das BVerfG hat die Anwendung dieser sog. **Kerntheorie** auf Äußerungen gebilligt und darauf hingewiesen, die Unterlassungspflicht könne sonst leicht umgangen werden (BVerfG BeckRS 1997, 09994). Dass ein Unterlassungsgebot sich auf den Inhalt der zu unterlassenden Behauptung bezieht und weniger auf ihre konkrete Formulierung im Einzelfall, ist auch für den Unterlassungsschuldner erkennbar (BVerfG

GRUR 2007, 618 Rn. 20). In dieser Entscheidung betont das BVerfG die Notwendigkeit, bereits im Erkenntnisverfahren auf eine sachgerechte Formulierung des Titels hinzuwirken und so etwaigen ausufernden Deutungen vorzubeugen, denn die Formulierung des Tenors wird im Vollstreckungsverfahren nicht mehr überprüft.

Allerdings kann ein Verbot auch unter Geltung der Kerntheorie neben der konkret verbotsgegenständlichen Verletzungsform nur solche Abwandlungen erfassen, bei denen der **gesamte für die Beurteilung relevante Kontext** unverändert bleibt. Nicht anders als bei Bildveröffentlichungen (vgl. dazu BGH NJW 2008, 1593 Rn. 14; zur Übertragung auf Wortberichterstattung Engels/Stulz-Herrnstadt/Sievers AfP 2009, 313 (319)) kann die erforderliche Interessenabwägung bei Verbotserlass nämlich nicht in Bezug auf Texte vorgenommen werden bzw. worden sein, die noch gar nicht bekannt sind und bei denen unbekannt ist, in welchem Kontext sie veröffentlicht werden. Ändern sich Umstände einer Berichterstattung derart, dass sich damit zugleich deren Gesamteindruck bezogen auf den Kern der verbotenen Verletzungshandlung ändert, unterfällt die geänderte Berichterstattung nicht mehr dem Verbotskern des Unterlassungstitels (KG ZUM-RD 2008, 298). **288**

Erforderlich ist also ein **enges Verständnis der Kerntheorie,** bei der auch nach dem **Verbotsgrund** differenziert werden muss: Während bei unwahren Tatsachenbehauptungen der objektiv unrichtige Informationsgehalt verbotswürdig ist, der sprachlich unterschiedlich gefasst sein kann, erscheint bei wahren (aber zB privatsphärenverletzenden) Tatsachenbehauptungen sowie Werturteilen diese Beurteilung in wesentlich stärkerem Maß kontext-, interessen- und zeitgebunden und damit von der konkreten Verletzungsform dominiert (vgl. dazu Engels/Stulz-Herrnstadt/Sievers AfP 2009, 313 (320)). **289**

Nach Treu und Glauben kann die Unterlassungsverpflichtung bei **übermäßiger Belastung** des Schuldners entfallen oder zu beschränken sein, bspw. unter Ausnahme der bereits gedruckten und gebundenen Exemplare. Ist eine unzulässige Darstellung nämlich bereits gedruckt, so kann eine sofortige Wirksamkeit der Unterlassungsverpflichtung einem Verbreitungsstopp für die gesamte noch in der Verfügungsgewalt des Unterlassungsschuldners befindliche Auflage gleichkommen. Das kann als unzumutbar erscheinen, wenn die Unzulässigkeit nur geringes Gewicht hat oder einen nur unverhältnismäßig kleinen Teil der Druckschrift ausmacht (LG Köln ZUM-RD 2011, 253). **290**

Die bloß **referierende Wiedergabe des Verbotstenors** beurteilen etwa OLG Frankfurt a. M. (NJW-RR 2001, 187) und OLG München (ZUM-RD 2001, 232) nicht als Wiederholung der Äußerung und damit auch nicht als Verstoß gegen die Unterlassungspflicht. Hier wird der Verpflichtete allerdings genau darauf achten müssen, die Grenzen der Wahrnehmung berechtigter Interessen nicht zu überschreiten, insbes. wenn es um kränkende Äußerungen geht. Das BVerfG hat in ähnlicher Konstellation die Verhängung eines Ordnungsgelds gebilligt (BeckRS 1997, 09994). **291**

III. Beseitigungsansprüche

1. Allgemeines

In Anlehnung an § 1004 BGB und verwandte Bestimmungen hat die Rspr. den Grundsatz entwickelt, dass der Betroffene einer unwahren Tatsachenbehauptung vom Verletzer deren **Berichtigung** verlangen kann, um einen Zustand fortdauernder Rufbeeinträchtigung zu beenden und so die rechtswidrige Störung abzustellen (vgl. etwa BGH NJW 1995, 861 (862) – Caroline von Monaco). Hauptformen der Berichtigung sind der **Widerruf** einer Behauptung als unwahr sowie die **Richtigstellung**. In der Praxis dominiert die Richtigstellung, die für den Verletzer weniger belastend sein soll (vgl. BGH NJW 2008, 2262 Rn. 11 – „Leck verzweifelt gesucht"), wobei die Differenzierung zwischen den verschiedenen Formen der Berichtigung an den weitaus meisten Lesern vorbeigehen dürfte. **292**

Der Berichtigungsanspruch greift nur dann ein, wenn eine **Tatsachenbehauptung** vorliegt, die sich **als unwahr erwiesen** hat und das Persönlichkeitsrecht des Betroffenen **weiterhin beeinträchtigt.** Der Berichtigungsanspruch setzt als Folgenbeseitigungsanspruch **kein Verschulden** voraus, jedoch ist bei der Prüfung der Voraussetzungen zu berücksichtigen, dass eine Berichtigungspflicht, die auch dann eingreift, wenn die Presse im Zeitpunkt **293** der Erstmitteilung ihre Sorgfaltspflichten erfüllt hatte, eine hemmende Wirkung auf den Gebrauch des Grundrechts haben kann (BVerfGE 97, 125 (150)).

293.1 Dem BVerfG (BVerfGE 97, 125 (150)) erscheint die Gefahr einer Hemmungswirkung durch verschuldensunabhängige Berichtigungsansprüche nicht so groß, dass es gerechtfertigt wäre, das Risiko falscher Angaben im Interesse der Funktionsfähigkeit der Presse allein dem Betroffenen aufzubürden. Allerdings erscheint dann, wenn die Medien in zulässiger Weise über einen Verdacht berichten, eine grundrechtskonforme Konkretisierung erforderlich, um eine Abschreckungswirkung zu vermeiden. Jedenfalls bei einer rechtmäßigen Verdachtsberichterstattung muss daher ein Berichtigungsanspruch ausscheiden und kommt allenfalls ein Anspruch auf ergänzende Mitteilung in Betracht → Rn. 260. Abzulehnen daher LG Hamburg ZUM-RD 2012, 603.

294 **Staat und Behörden** steht der Richtigstellungsanspruch allenfalls dann zu, wenn die konkrete Äußerung geeignet ist, sie schwerwiegend in ihrer Funktion zu beeinträchtigen (BGH NJW 2008, 2262 Rn. 29 – „Leck verzweifelt gesucht"). Bei Kritik an Behörden kommt der Meinungs- und Pressefreiheit gesteigerte Bedeutung zu.

2. Eigene Tatsachenbehauptung

295 Mit dem Berichtigungsanspruch können nur Tatsachenbehauptungen bekämpft werden. Hingegen verbietet es Art. 5 I 1 GG, mit staatlichen Mitteln zu erzwingen, dass jemand seine nur wertende Kritik aufgibt, selbst wenn diese Kritik (nach welchen Maßstäben auch immer) nicht haltbar ist (BGH NJW 2008, 2262 Rn. 16 – „Leck verzweifelt gesucht" mwN). Dies gilt auch dann, wenn sich in der fraglichen Äußerung Tatsachen und Meinungen vermengen, solange sie insgesamt durch die Elemente der Stellungnahme, des Dafürhaltens oder Meinens geprägt wird (BGH NJW 2008, 2262 Rn. 16). Wegen einer Frage kann keine Richtigstellung verlangt werden (BGH NJW 2004, 1034). Eine Verurteilung zum Widerruf oder sonst zur Berichtigung kommt bei mehrdeutigen Äußerungen nur in Frage, wenn zuvor mit schlüssigen Gründen alle Deutungen ausgeschlossen worden sind, welche die Sanktion nicht zu rechtfertigen vermögen (BVerfG NJW 2006, 207 Rn. 33 – Stolpe).

296 Die unwahre Tatsachenäußerung muss von dem Anspruchsgegner selbst getan worden sein oder er muss sie sich zu eigen gemacht haben. Von jemandem, der die beanstandete Äußerung nur **verbreitet** oder zugelassen hat, kann allenfalls das **Abrücken** von der von einem anderen gemachten Äußerung, nicht aber ein Widerruf verlangt werden (BGH NJW 1976, 1198 (1199) – Panorama; vgl. auch BVerfGE 97, 125 (150) – Caroline von Monaco). Ein solcher Anspruch spielt allerdings in der Praxis keine Rolle.

3. Unwahrheit

297 Die Unwahrheit der richtigzustellenden Tatsachenbehauptung muss erwiesen sein. Die Beweislast für die Unwahrheit liegt nach den allgemeinen zivilprozessualen Regeln beim Anspruchsteller. Dies gilt auch bei einem Berichtigungsanspruch, bei dem eine Beweislastumkehr gemäß der über § 823 II BGB ins Zivilrecht transformierten Beweisregel des § 186 StGB nicht erfolgt (BGH NJW 2008, 2262 Rn. 21 – „Leck verzweifelt gesucht" m. Nachw. auch zur Gegenmeinung). Allerdings kann den Behauptenden nach der Rspr. eine erweiterte (sekundäre) Darlegungslast treffen, die ihn anhält, Belegtatsachen für seine Behauptung anzugeben. Kommt er dieser erweiterten Darlegungslast nicht nach, so kann prozessual von der Unwahrheit seiner Behauptung auszugehen sein, § 138 Abs. 3 ZPO.

297.1 Begründet wird diese Beweislastumkehr mit der Unzumutbarkeit für den Betroffenen, sich gewissermaßen „ins Blaue hinein" rechtfertigen zu müssen. Allerdings dürfen an die hiernach erforderliche Darlegung keine überzogenen Anforderungen gestellt werden, die sich auf den Gebrauch der Meinungsfreiheit abschreckend auswirken können (BVerfG NJW-RR 2000, 1209 (1210)). Oftmals wird bei kritischen Medienäußerungen über Vorgänge zB in Behörden oder Unternehmen der Betroffene sehr genau wissen, auf welchen Vorgang die Kritik sich bezieht und wie die Sachlage sich insoweit darstellt, während dem Äußernden die erforderlichen Einblicke fehlen, um die Einzelheiten darstellen zu können. In solchen Fällen ist für eine erweiterte Darlegungslast des Mediums kein Raum.

4. Fortdauernde Rufbeeinträchtigung

Ein Berichtigungsanspruch besteht nur, wenn die Persönlichkeitsrechtsverletzung eine nennenswerte **Ansehensminderung** ausgelöst hat. Diese muss **fortwirken,** denn nur dann ist eine Folgenbeseitigung überhaupt möglich. Eine solche Ansehensminderung kann selbst im Fall eines Falschzitats zu verneinen sein (OLG Hamburg AfP 2006, 77). **298**

Bei Annahme einer Fortdauer der Beeinträchtigung ist die Rspr. sehr großzügig, wodurch in einigen Fällen der Berichtigungsanspruch einen – insbes. angesichts des fehlenden Verschuldenserfordernisses nicht tragbaren – Genugtuungscharakter erhält. So soll zB ein **Zeitabstand** von zwei Jahren nicht ausreichen, um zwar groß aufgemachten, aber letztlich wenig prägnanten Behauptungen über ein angeblich geführtes Interview in einer unterhaltenden Illustrierten die verletzenden Wirkungen zu nehmen (BGH NJW 1995, 861 (863); vgl. auch BGH NJW 2004, 1034 (1035): drei Jahre). Angesichts der Flatterhaftigkeit des öffentlichen Interesses an solchen Beiträgen, die oft schon nach Wochen oder Monaten vergessen sind, erscheint diese nicht konkret untermauerte Annahme nicht plausibel. **299**

Noch deutlicher wird die unzureichende Eingrenzungswirkung des Merkmals der fortdauernden Rufbeeinträchtigung, wenn nur auf den Zeitraum bis zur Klageerhebung abgestellt und der durch eine lange **Prozessdauer** eingetretene Zeitablauf dadurch für irrelevant erklärt wird (vgl. etwa BGH NJW 2004, 1034 (1035); krit. hierzu etwa Fricke AfP 2009, 552). Hier tritt der Gedanke der Folgenbeseitigung völlig in den Hintergrund. Richtigerweise müsste bei faktischem Wegfall der Rufbeeinträchtigung der Rechtsstreit in der Hauptsache für erledigt erklärt oder widrigenfalls die Klage abgewiesen werden. **300**

5. Folge: Berichtigungsanspruch

Die Berichtigung hat gegenüber denjenigen zu erfolgen, die Empfänger der Ausgangsmitteilung waren, also grds. im gleichen Publikationsorgan (BGH NJW 2008, 2262 Rn. 38). Sie muss sich darauf beschränken, in sachlicher und knapper Form dasjenige zum Ausdruck zu bringen, was zur Beseitigung der Persönlichkeitsbeeinträchtigung erforderlich ist. Ihrer optischen Wirkung nach soll die Berichtigung möglichst den gleichen Leserkreis wie die Erstmitteilung erreichen und den gleichen Grad an Aufmerksamkeit erzeugen, wobei allerdings stets auch der Grundsatz der Verhältnismäßigkeit Beachtung verlangt (vgl. BGH NJW 1995, 861 (863) – Caroline von Monaco). **301**

Entfaltet die Veröffentlichung schon auf der **Titelseite** ihre rechtsbeeinträchtigende Wirkung, so besteht nach den og Grundsätzen ein Anspruch auf Veröffentlichung auch der Richtigstellung auf der Titelseite. Der zu erreichende Leserkreis schließt die sog. „Kiosk-Leser" mit ein, die ggf. nur die Titelseitenschlagzeilen lesen. Art. 5 Abs. 1 S. 2 GG verlangt nicht, Titelblätter von Veröffentlichungspflichten freizuhalten (vgl. BVerfGE 97, 125 (151)). Um der Pressefreiheit Rechnung zu tragen, darf die Titelseite durch Umfang und Aufmachung der Berichtigung nicht ihre Funktion verlieren, eine Identifizierung des Blattes zu ermöglichen, die als besonders wichtig erachteten Mitteilungen aufzunehmen und das Interesse des Publikums zu erregen (BVerfGE 97, 125 (151)). **302**

IV. Ansprüche auf Ersatz materiellen Schadens

Grds. richtet sich der Ersatz des materiellen Schadens wegen rechtswidriger und schuldhafter Verletzung von Persönlichkeitsrechten nach den allgemeinen Grundsätzen des Schadensrechts (§§ 249 ff. BGB). Dem Anspruchsteller obliegen die Darlegung und der Nachweis des eingetretenen Schadens und seiner Verursachung durch die Rechtsverletzung (vgl. allgemein BeckOK BGB/Schubert BGB § 249 Rn. 169). Dies gilt auch für Schadensersatzansprüche auf Erstattung von Rechtsverfolgungskosten (→ Rn. 342 ff.). Für Schäden durch Folgeveröffentlichungen haftet der Erstveröffentlicher idR nicht (LG Berlin ZUM-RD 2012, 353). Kosten der erfolglosen Inanspruchnahme eines Dritten können adäquat kausal sein (LG Hamburg AfP 2007, 151 zu Falschzitat). **303**

Mit Rücksicht auf Art. 5 I GG sind Besonderheiten zu beachten, die unter bestimmten Voraussetzungen zu einer Einschränkung der Haftung führen, um übermäßig einschränkende Auswirkungen für die kritische Berichterstattung in Presse, Rundfunk und Fernsehen zu vermeiden. Aus diesem Grund kann ein Betroffener nach §§ 242, 254 BGB gehalten sein, **304** sein Ziel einer Naturalrestitution (allein) mit den presserechtlichen Gegendarstellungs- und Berichtigungsansprüchen zu verfolgen und zB auf eine zusätzliche kostspielige Anzeigenaktion zu verzichten (BGH NJW 1976, 1198 (1200 ff.) – Panorama).

305 Zu Schadensersatzpflichten außerhalb des Bereichs der Persönlichkeitsrechte, insbes. für in der Berichterstattung enthaltene **Fehler**, s. zB KG KGRep 2004, 359; AG Buxtehude AfP 2005, 407.

V. Ansprüche auf Ersatz Immateriellen Schadens

1. Allgemeines

306 Bei schwerwiegenden Verletzungen des Persönlichkeitsrechts, die nicht anders ausgeglichen werden können, kann ein Anspruch auf Zahlung einer Geldentschädigung bestehen. Der Geldentschädigungsanspruch ist nicht gesetzlich geregelt, sondern wird in ständiger Rspr. aus dem grundgesetzlichen Schutzauftrag aus Art. 2 Abs. 1, Art. 1 Abs. 1 GG (iVm § 823 BGB) abgeleitet (BGH NJW 2005, 215 (216) mwN; NJW 1995, 861 (864)). Er beruht auf dem Gedanken, dass ohne einen solchen Anspruch Verletzungen der Würde und Ehre des Menschen häufig ohne Sanktion blieben mit der Folge, dass der Rechtsschutz der Persönlichkeit verkümmern würde. Bei dieser Entschädigung steht – anders als beim Schmerzensgeld – regelmäßig der Gesichtspunkt der Genugtuung des Opfers im Vordergrund. Außerdem soll sie der Prävention dienen (BGH NJW 2005, 215). Allein auf Präventionserfordernisse kann ein Geldentschädigungsanspruch jedoch nicht gestützt werden. Deshalb scheidet er aus, wenn lediglich eine Verletzung des postmortalen Persönlichkeitsrechts in Rede steht (BGH NJW 2006, 605, bestätigt durch BVerfG ZUM 2007, 380).

306.1 Erstmals in der Entscheidung „Herrenreiter" (NJW 1958, 827) hat der BGH – damals in Fortführung kurz zuvor erfolgten Anerkennung eines allgemeinen Persönlichkeitsrechts und gestützt auf eine Analogie zu § 847 BGB („Schmerzensgeld") – einen Anspruch auf Ersatz des immateriellen Schadens gewährt. Später wurde die dogmatische Begründung modifiziert, der Grundgedanke aber weitergeführt (vgl. BGH NJW 1961, 2059 – Ginseng-Wurzel; GRUR 1962, 211 – Hochzeitsbild; NJW 1971, 698 – Pariser Liebestropfen mwN). Das BVerfG billigte die Rechtsfortbildung der Zivilgerichte (NJW 1973, 1221 – Soraya), betonte dabei aber die einschränkenden Voraussetzungen, nämlich dass eine Wiederherstellung in natura, etwa durch Zubilligung eines Unterlassungs- oder Widerrufsanspruchs, nicht möglich oder nicht ausreichend sein darf, dass eine erhebliche Beeinträchtigung vorliegen und die zuerkannten Schadensersatzbeträge sich ihrer Höhe nach in angemessenen Grenzen halten müssen.

2. Schwerwiegende Persönlichkeitsrechtsverletzung

307 Der Geldentschädigungsanspruch besteht nur im Fall einer **schwerwiegenden Persönlichkeitsrechtsverletzung**. Ob sie vorliegt, hängt nach der Rspr. des BGH von der **Bedeutung und Tragweite des Eingriffs** (etwa von dem Inhalt und dem Ausmaß der Verbreitung der verletzenden Aussagen), von **Anlass und Beweggrund des Handelnden** sowie vom **Grad seines Verschuldens** ab (BGH NJW 1995, 861 (864) – Caroline von Monaco; NJW 1996, 1131 (1134) – Lohnkiller. Die (immateriellen) Schadensfolgen muss der Betroffene darlegen (OLG Karlsruhe NJW-RR 2006, 987 (988)). Abzustellen ist bei Rechtswidrigkeit der Berichterstattung nicht auf die Schwere der Beeinträchtigung im Vergleich zu den Auswirkungen, die eingetreten wären, wenn sich der Äußernde im zulässigen Rahmen gehalten hätte (vgl. OLG Frankfurt a. M. ZUM 2007, 390; OLG München NJW-RR 2000, 472). Bleibt die Wahrheit einer Tatsachenbehauptung streitig, so ist dies bei der Gewichtung der Schwere des Eingriffs zu berücksichtigen (BGH NJW 1996, 1131 (1134) – Lohnkiller).

308 Während einerseits ein **schweres Verschulden** iSv Vorsatz oder grober Fahrlässigkeit nicht Voraussetzung für einen Geldentschädigungsanspruch ist (BVerfG NJW 2006, 595), kann sich andererseits aus einem schweren Verschulden gerade die Schwere des Eingriffs ergeben oder umgekehrt sein Fehlen bei der Gesamtabwägung mitentscheidend sein (LG Köln ZUM 2011, 941 (943)). Die sofortige **Abgabe einer geforderten Unterlassungsverpflichtungserklärung** in Bezug auf die beanstandete Äußerung kann gegen eine geld-

entschädigungswürdige Verletzung sprechen (OLG Hamburg ZUM-RD 2007, 475 (476)). Auch kann der Umstand, dass der Betroffene auf eigene Schritte gegen eine Presseveröffentlichung zunächst verzichtet hat, obwohl er etwa eine Gegendarstellung unschwer hätte erreichen können, Rückschlüsse auf das Gewicht auch seines Genugtuungsbedürfnisses zulassen (BGH NJW 1979, 1041). Ein langer **Zeitablauf** zwischen der Berichterstattung und der Geltendmachung der Geldentschädigungsforderung zeigt in der Regel, dass der Anspruchsteller der verletzenden Darstellung selbst keine schwerwiegende Bedeutung beigemessen hat (vgl. BGH NJW 1979, 1041). Solches Zuwarten kann einem Anspruch daher entgegenstehen (vgl. LG Berlin AfP 2008, 320; aA OLG Hamburg ZUM-RD 2008, 602 (605)).

Eine wiederholte und **hartnäckige Verletzung des Rechts am eigenen Bild,** die um 309 des wirtschaftlichen Vorteils willen erfolgt, kann sich als schwere, einen Anspruch auf Geldentschädigung rechtfertigende Verletzung des allgemeinen Persönlichkeitsrechts des Betroffenen darstellen, auch wenn die einzelne Bildveröffentlichung – jeweils für sich betrachtet – nicht als schwerwiegend einzustufen ist (BGH NJW 2005, 215 (217) – Tochter von Caroline von Hannover mkritAnm Vinck LMK 2005, 92; NJW 1996, 985). Auf **Textberichterstattung** ist diese Rspr. nicht übertragbar (OLG Hamburg ZUM 2010, 976 (977); ZUM 2009, 234).

3. Fehlen anderweitiger Ausgleichsmöglichkeit

Der Geldentschädigungsanspruch besteht nur, wenn keine **anderweitige Ausgleichs-** 310 **möglichkeit** gegeben ist („Subsidiarität" der Geldentschädigung). Dies ist zu verneinen, wenn ein anderweitiger Ausgleich etwa durch eine Richtigstellung möglich gewesen wäre. Um eine solche Berichtigung muss der Betroffene sich bemühen (LG Köln ZUM 2011, 941). Etwas anderes gilt nur, wenn eine nochmalige Berichterstattung für ihn unzumutbar ist (vgl. BGH NJW 1965, 1374 (1375); OLG Hamburg ZUM-RD 2008, 602 (605)). Dies kommt insbes. dann in Betracht, wenn sich die Berichterstattung mit Sachverhalten aus der Privatsphäre beschäftigt (OLG Hamburg ZUM-RD 2009, 654 (658)). Verzichtet der Betroffene lediglich deshalb auf Widerruf/Gegendarstellung, weil seinem Ruf auch eine zulässige Berichterstattung schadet, so genügt dies nicht für eine Unzumutbarkeit idS (vgl. OLG München NJW-RR 2000, 472.).

Die Ausgleicheignung einer Berichtigung kann im Einzelfall zu verneinen sein, etwa 311 wenn sich der Angriff gegen die Grundlagen der Persönlichkeit richtet (vgl. BGH NJW-RR 1988, 733) oder wenn der Verletzer den begehrten Widerruf verweigert, so dass ihn der Verletzte erst spät aufgrund gerichtlicher Entscheidung erlangt (BGH NJW 1995, 861 (864) – Caroline v. Monaco). Verzichtet der Betroffene jedoch auf eine Widerrufsforderung und macht stattdessen überzogene Zahlungsansprüche geltend, kann dies indizieren, dass es ihm nicht vorrangig um den Ausgleich persönlicher Beeinträchtigung, sondern schlicht ums Geld geht (vgl. LG Berlin AfP 2008, 320). Obwohl eine Gegendarstellung keine Genugtuungsfunktion besitzt, kann es Rückschlüsse auf ein geringes Gewicht des Genugtuungsinteresses erlauben, wenn der Betroffene es unterlässt, die negativen Auswirkungen eines Artikels durch eine Gegendarstellung zu mildern (BGH NJW 1979, 1041).

4. Unabwendbares Bedürfnis

Die Rspr. betont über die genannten Tatbestandsvoraussetzungen hinaus das Erfordernis 312 einer Gesamtbetrachtung (vgl. etwa BGH NJW 2012, 1728 Rn. 15; NJW 2010, 763 Rn. 11 – Roman „Esra"), die ergeben muss, dass für die Zubilligung einer Geldentschädigung ein unabwendbares Bedürfnis besteht. Diese hängt demnach nicht nur von der Schwere des Eingriffs ab, es kommt vielmehr auf die gesamten Umstände des Einzelfalls an (BGH NJW 2012, 1728 Rn. 15). Hierbei ist zB zu berücksichtigen, wenn der Äußernde sich im Bereich der Kunstfreiheit betätigt hat und daher besonders auf die Vermeidung von Einschüchterungseffekten geachtet werden muss (BGH NJW 2010, 763 Rn. 13 – Roman „Esra"). Auch ist ein erwirkter Unterlassungstitel zu berücksichtigen, weil dieser und die damit zusammenhängenden Ordnungsmittelandrohungen den Geldentschädigungsanspruch beeinflussen und im Zweifel sogar ausschließen können (BGH NJW 2010, 763 Rn. 11 – Roman „Esra").

5. Bemessung

313 Bei der Bemessung der Geldentschädigung stellen der Gesichtspunkt der Genugtuung des Opfers, der Präventionsgedanke und die Intensität der Persönlichkeitsrechtsverletzung Bemessungsfaktoren dar, die sich je nach Lage des Falles unterschiedlich auswirken können (BGH NJW 2005, 215). In Fällen, in denen der Schädiger die Verletzung der Persönlichkeit seines Opfers rücksichtslos als Mittel zur Auflagensteigerung und damit zur Verfolgung eigener kommerzieller Interessen eingesetzt hat, muss von der Geldentschädigung ein echter Hemmungseffekt ausgehen, jedoch darf diese nicht eine Höhe erreichen, die die Pressefreiheit unverhältnismäßig einschränkt (vgl. BGH NJW 1995, 861 – Caroline von Monaco). Die jeder Veröffentlichung immanente Gewinnerzielungsabsicht genügt nicht; insbes. spricht gegen eine „Zwangskommerzialisierung", wenn ein Bericht nicht auf der Titelseite, sondern im Innenteil abgedruckt wird (LG Hamburg AfP 2007, 382). Die Einbettung einer Geldentschädigungsforderung in eigene PR-Aktivitäten kann hingegen zur Minderung (vgl. LG Hannover ZUM 2006, 574) oder gar zur Versagung eines Anspruchs (vgl. LG Berlin NJW-RR 2005, 693) führen, etwa wenn im Zuge dessen der Geschädigte die belastenden Schmähungen gegenüber einem erweiterten Publikum selbst wiederholt (LG Berlin ZUM 2012, 997 (998)).

314 Generalisierende Angaben zur angemessenen Höhe sind wegen der vielfältigen Besonderheiten jedes Falles nicht möglich. In aller Regel werden fünfstellige Beträge nicht überschritten. Eine Aufzählung von Judikaten findet sich etwa bei Damm/Rehbock Rn. 1005 f. Nachfolgend einige Beispiele aus jüngerer Zeit:
- 6.000 Euro wegen herabsetzender Kommentare über das Äußere eines Fernsehshowteilnehmers (LG Hannover ZUM 2006, 574)
- 7.500 Euro wegen vorverurteilender Verdachtsberichterstattung in Mordfall (OLG Dresden NJW 2004, 1181)
- 8.000 Euro wegen Berichterstattung über Suizid des Sohnes einer ehemaligen Landespolitikerin (OLG Dresden, NJW 2012, 782)
- 10.000 Euro wegen Veröffentlichung „schmutziger Details" aus einem Scheidungsverfahren (OLG Hamburg AfP 2008, 411)
- 10.000 Euro wegen unwahrer Berichterstattung über Affäre zwischen Sportmoderatorin und Bundestrainer (LG Berlin ZUM-RD 2011, 31)
- 15.000 Euro wegen unrichtigem Vorwurf von Spitzeltätigkeit gegenüber einem Wissenschaftler (LG Berlin ZUM-RD 2012, 353)
- 20.000 Euro wegen identifizierender Berichterstattung über Opfer jahrelanger Vergewaltigungen innerhalb der Familie (KG AfP 2011, 269)
- 20.000 Euro für wahrheitswidrige negative Schilderungen aus dem Intimbereich in einem Buch (Aufl. 7000) (LG Berlin ZUM-RD 2009, 345)
- 20.000 Euro wegen wiederholter anprangernder Verdachtsberichterstattung auf der Titelseite (OLG Hamburg NJW-RR 2006, 1707; ähnlich gelagert KG ZUM-RD 2008, 466)
- 25.000 Euro für Bericht über detaillierten Bericht über Erkrankung einer Sportmoderatorin (OLG Hamburg ZUM 2010, 976)
- 150.000 DM wegen „hartnäckiger" Veröffentlichung von Babyfotos der Tochter einer Prominenten (BGH NJW 2005, 215)

VI. Sonstige Ansprüche

1. Gegendarstellungsansprüche

315 Nicht als Sanktion für eine (Persönlichkeits-) Rechtsverletzung, sondern zum Schutz der Selbstbestimmung des Einzelnen über die Darstellung der eigenen Person gewährt das Gesetz demjenigen, dessen Angelegenheiten in den Medien öffentlich erörtert werden, einen Anspruch darauf, an gleicher Stelle, mit derselben Publizität und vor demselben Forum mit einer eigenen Darstellung zu Wort zu kommen (vgl. BVerfG NJW 1983, 1179). Vgl. zum Gegendarstellungsanspruch → § 1004 Rn. 1 ff.

2. Bereicherungsansprüche

Eine unbefugte **kommerzielle Nutzung** der vermögenswerten Bestandteile des allgemeinen Persönlichkeitsrechts sowie der besonderen Persönlichkeitsrechte wie des Namens und des Rechts am eigenen Bild begründet einen Bereicherungsanspruch des Rechtsträgers aus Eingriffskondiktion, § 812 Abs. 2 S. 1 Fall 2 BGB. Über § 818 Abs. 2 BGB kommt eine Berechnung anhand der **üblichen Lizenzgebühr** in Betracht. Voraussetzung für einen solchen Anspruch ist aber stets, dass der Inhaber des allgemeinen Persönlichkeitsrechts rechtswidrig in diesem verletzt wurde (vgl. BGH ZUM 2008, 957 Rn. 10 – Zerknitterte Zigarettenschachtel). Hier sind aufseiten des Äußernden dessen Grundrechte, insbes. aus Art. 5 Abs. 1 S. 1 GG, in Ansatz zu bringen. Auch bei Äußerungen im Rahmen einer Werbeanzeige kann die Abwägung zu dem Ergebnis gelangen kann, dass diese Rechtsposition gegenüber dem vermögensrechtlichen Persönlichkeitsschutz überwiegt (BGH ZUM 2008, 957 Rn. 13 ff.). 316

Bei einer Verletzung des allgemeinen Persönlichkeitsrechts durch eine **redaktionelle Berichterstattung** kommt ein Anspruch auf Zahlung einer fiktiven Lizenz in aller Regel nicht in Betracht. Die Veröffentlichung stellt in solchen Fällen keine „kommerzielle Verwertung" dar (BGH NJW 2012, 1728 (1730)). Müsste ein Medienunternehmen befürchten, aufgrund einer redaktionellen Berichterstattung, die sich erst als Ergebnis eines möglicherweise diffizilen Abwägungsvorgangs als letztlich rechtswidrig erweist, auf Zahlung eines unter Umständen nicht unbeträchtlichen Betrages an „fiktiver Lizenz" in Anspruch genommen zu werden, würde hiervon ein mit Art. 5 Abs. 1 S. 1 GG unvereinbarer Einschüchterungseffekt ausgehen (vgl. OLG Hamburg ZUM 2010, 976 (978 f.); ZUM 2009, 65; Ladeur ZUM 2007, 111). Anders kann es jedoch zu beurteilen sein, wenn durch die Veröffentlichung lediglich (Eigen-) Werbung „in redaktionellem Gewand" getrieben wird (BGH GRUR 2013, 196 – Playboy am Sonntag). 317

3. Rückrufsanspruch

Der Unterlassungsanspruch bezieht sich nur auf den Verantwortungsbereich des Schuldners und beinhaltet nicht die Verpflichtung, auf selbständig agierende Dritte einzuwirken. Denkbar ist jedoch ein Rückrufsanspruch gegen den Verletzer, durch den dieser verpflichtet werden soll, das inkriminierte Medium von seinen Abnehmern (idR Wiederverkäufern) zurückzufordern bzw. von ihnen zu verlangen die unzulässigen Teile zu entfernen. Praktische Bedeutung erlangt dieser nicht im Verfügungsverfahren durchsetzbare Anspruch im Wesentlichen bei längerfristig absetzbaren Trägermedien wie Büchern. Seine Zubilligung setzt eine besondere Zumutbarkeitsprüfung voraus, bei der idR nur eine Rechtsverletzung von hohem Gewicht geeignet sein kann, die Interessen des Verlegers zu überwiegen (vgl. zB LG Köln ZUM-RD 2011, 253). 318

4. Hilfsansprüche

Wie im sonstigen Schadensrecht können dem Verletzten nach § 242 BGB Auskunftsansprüche zustehen, etwa bezüglich des Umfangs der Verbreitung, soweit dieser für die Bemessung des geltend gemachten Anspruchs relevant ist. Da in der Regel von den Gerichten nur sehr grob nach der Art und dem Verbreitungsgrad des Mediums differenziert wird, sind die Voraussetzungen eines Auskunftsanspruchs allerdings selten gegeben. Ein Anspruch auf Nennung von Informanten oder auf Aufdeckung redaktioneller Abläufe scheidet im Hinblick auf die überragende Bedeutung, die der Schutz des Informanten (BVerfG NJW 2007, 1117 Rn. 42 – Cicero; BGH NJW 2008, 2262 (2264)) und des Redaktionsgeheimnisses (BverfG NJW 2011, 1859 Rn. 23) für die Institution der freien Presse besitzt, aus. 319

G. Verfahrensrecht

Es können in diesem Rahmen nur einige verfahrensrechtliche Besonderheiten angesprochen werden, die in Äußerungsstreitigkeiten häufiger eine Rolle spielen. 320

I. Zuständigkeit

1. Internationale Zuständigkeit

321 Im Anwendungsbereich der EuGVVO kann nach deren Art. 5 Nr. 3 bei unerlaubten Handlungen eine Person, die ihren Wohnsitz in dem Hoheitsgebiet eines EU-Mitgliedstaats hat, vor dem Gericht desjenigen Ortes, an dem das schädigende Ereignis eingetreten ist oder einzutreten droht, verklagt werden. Erfasst werden neben Ansprüchen auf Geldersatz auch Unterlassungsansprüche (vgl. EuGH NJW 2012, 137 Rn. 35 – eDate Advertising). Die Wendung „Ort, an dem das schädigende Ereignis eingetreten ist" erfasst sowohl den Ort des ursächlichen Geschehens als auch den Ort der Verwirklichung des Schadenserfolgs.

322 Bei Ehrverletzungen durch einen in mehreren Vertragsstaaten verbreiteten **Presseartikel** kann der Betroffene eine Schadensersatzklage sowohl bei den Gerichten des Vertragsstaats, in dem der Verantwortliche für die ehrverletzende Veröffentlichung niedergelassen ist, als auch bei den Gerichten jedes Vertragsstaats erheben, in dem die Veröffentlichung verbreitet worden ist und in dem das Ansehen des Betroffenen nach dessen Behauptung beeinträchtigt worden ist. Dabei sind die erstgenannten Gerichte für die Entscheidung über den Ersatz sämtlicher durch die Ehrverletzung entstandener Schäden und die letztgenannten Gerichte nur für die Entscheidung über den Ersatz der Schäden zuständig, die in dem Staat des angerufenen Gerichts verursacht worden sind (EuGH NJW 1995, 1881 Rn. 33 – Shevill ua; vgl. zur Anwendung dieser „**Mosaiktheorie**" auf einen Geldentschädigungsanspruch OLG Hamburg ZUM-RD 2009, 654).

323 Bei (drohenden) Persönlichkeitsrechtsverletzungen durch Inhalte auf einer **Internet-Website** hat der Betroffene die Möglichkeit, entweder bei den Gerichten des Mitgliedstaats, in dem der Urheber dieser Inhalte niedergelassen ist, oder bei den Gerichten des Mitgliedstaats, in dem sich der Mittelpunkt seiner Interessen befindet, eine Haftungsklage auf Ersatz des gesamten entstandenen Schadens zu erheben (EuGH NJW 2012, 137 – eDate Advertising). Der Mittelpunkt der Interessen des Betroffenen befindet sich in der Regel dort, wo er seinen gewöhnlichen Aufenthalt und Lebensmittelpunkt hat (vgl. BGH NJW 2012, 137 Rn. 18 – eDate Advertising).

324 Außerhalb des Anwendungsbereichs der EuGVVO bestimmt sich die internationale Zuständigkeit nach § 32 ZPO (vgl. dazu im Einzelnen BGH NJW 2010, 1752). Maßgeblich ist, ob die als rechtsverletzend beanstandeten Inhalte objektiv einen deutlichen Bezug zum Inland in dem Sinne aufweisen, dass eine Kollision der widerstreitenden Interessen nach den Umständen des konkreten Falls im Inland tatsächlich eingetreten sein kann oder eintreten kann (vgl. zB für Internetbericht einer deutschsprachigen ausländischen Zeitschrift über einen Deutschen OLG Hamm MMR 2013, 403).

2. Rechtsweg

325 Rechtsschutz gegen Äußerungen Privater oder öffentlich-rechtlicher Rundfunkanstalten ist auf dem Zivilrechtsweg zu erlangen (vgl. BGH NJW 1976, 1198 (1199) – Panorama). Äußern sich hingegen staatliche Stellen oder deren Repräsentanten im hoheitlichen Bereich, so ist insoweit der Verwaltungsrechtsweg eröffnet (vgl. Palandt/Sprau Einf. v. § 823 Rn. 27).

3. Örtliche Zuständigkeit

326 Im Äußerungsrecht dominiert der sog. „**fliegende Gerichtsstand**" des § 32 ZPO. Nach dieser Bestimmung ist für Klagen aus unerlaubten Handlungen das Gericht zuständig, in dessen Bezirk die Handlung begangen ist. Begehungsort der deliktischen Handlung ist dabei sowohl der Handlungs- als auch der Erfolgsort. Erfasst werden neben Ansprüchen auf Schadensersatz auch Unterlassungsansprüche (vgl. zum Ganzen BGH NJW 2010, 1752 Rn. 8). Bei gedruckten Veröffentlichungen ist ein deliktischer Gerichtsstand hiernach überall dort gegeben, wo die Veröffentlichung bestimmungsgemäß verbreitet wird (BGH NJW 1977, 1590). Bei Internetveröffentlichungen genügt die bloße Abrufbarkeit den Anforderungen des § 32 ZPO nicht, vielmehr muss eine Kollision der widerstreitenden Interessen nach den Umständen des konkreten Falls, insbes. auf Grund des Inhalts der beanstandeten Meldung, im Bezirk des angerufenen Gerichts tatsächlich eingetreten sein oder eintreten

können (vgl. zur internationalen Zuständigkeit BGH NJW 2010, 1752 Rn. 20; zur Übertragung auf einen reinen Inlandsfall OLG Frankfurt a. M. MMR 2012, 259).

II. Anwendbares Recht

Das anwendbare Recht ergibt sich für die deutschen Gerichte aus Art. 40 Abs. 1 S. 2 EGBGB. Die Verordnung (EG) Nr. 864/2007 des Europäischen Parlaments und des Rates v. 11.7.2007 über das auf außervertragliche Schuldverhältnisse anzuwendende Recht (Rom II-Verordnung) schließt in Art. 1 Abs. 2 lit. g außervertragliche Schuldverhältnisse aus der Verletzung der Persönlichkeitsrechte aus ihrem Anwendungsbereich aus.

Art. 40 EGBGB wird auch bei Internetsachverhalten nicht durch § 3 II TMG verdrängt. Denn diese Bestimmung enthält keine Kollisionsnorm (EuGH NJW 2012, 137 – eDate Advertising), sondern ein sachrechtliches Beschränkungsverbot (BGH NJW 2012, 2197 Rn. 30 – www.rainbow.at II).

Nach Art. 40 Abs. 1 S. 2 EGBGB ist der Erfolgsort maßgeblich. Dies ist in der Regel der Wohnort des Betroffenen, denn dort wird die Achtung, die er in seinem Lebenskreis genießt, gestört bzw. gefährdet (BGH AfP 2010, 167 (169)). Hier kollidiert auch sein Interesse an der Unterlassung der sein Persönlichkeitsrecht berührenden Veröffentlichung mit dem Interesse des Mediums an der Gestaltung seines Angebots und an einer Berichterstattung.

III. Verfahrensarten

1. Eilverfahren

Generell im Eilverfahren abgehandelt werden alle Gegendarstellungsauseinandersetzungen, → § 1004 Rn. 68, 132. Bei Unterlassungsansprüchen wird in der Regel Eilrechtsschutz gesucht. Eine vorherige Abmahnung ist nicht zwingend, jedoch im Hinblick auf die ansonsten bestehenden Kostenrisiken aus § 93 ZPO ratsam.

Die nach §§ 935, 940 ZPO erforderliche **Dringlichkeit** wird von den Gerichten beim Verletzungs-Unterlassungsanspruchs generell für einen Zeitraum von mehreren Wochen bejaht. Das LG und das HansOLG Hamburg gehen davon aus, dass bei Angriffen gegen massenmedial verbreitete Äußerungen grds. jedenfalls dann anzunehmen ist, wenn zwischen der Kenntnisnahme des jeweiligen Beitrags durch den Antragsteller und der Stellung des Verfügungsantrags nicht mehr als fünf Wochen liegen (LG Hamburg BeckRS 2011, 25472). Das LG Berlin hält sechswöchige Untätigkeit nach Kenntnis noch für unschädlich (MMR 2005, 786 (787)). Verlinkt ein Betreiber später auf die ursprüngliche Meldung, so löst dies nur dann eine neue Dringlichkeit aus, wenn es den Eingriff wesentlich verstärkt (aA LG Düsseldorf ZUM 2008, 156).

Eng mit der Frage der Dringlichkeit ist die Frage verknüpft, ob ein **Rechtsschutzbedürfnis** des Betroffenen besteht, gleichlautende Anträge sukzessive bei verschiedenen nach § 32 ZPO zuständigen Gerichten anzubringen. Aufgrund der verbreiteten Praxis der Gerichte, Antragsteller zeitnah telefonisch über die Erfolgsaussichten zu unterrichten, können auf diese Weise mehrere Gerichte „durchprobiert" werden. Vorzugswürdig ist die Auffassung, der zufolge ein Rechtsschutzbedürfnis bei einem derartigen Vorgehen nicht besteht (LG Köln GRUR-RR 2009, 247 (248 f.)).

Bei Ansprüchen auf Unterlassung ehrkränkender Äußerungen, deren Wiederholung zu befürchten ist, bejahen die Gerichte in aller Regel (implizit) das überwiegend dringende Betroffeneninteresse, das grds. der durch das Verbot eintretenden (vorläufigen) **Vorwegnahme der Hauptsacheentscheidung** entgegenstünde (OLG Brandenburg NJW-RR 2002, 1269 mwN).

2. Hauptsacheverfahren

Nur im Hauptsacheverfahren durchsetzbar sind Ansprüche auf (materiellen und immateriellen) Schadensersatz sowie Berichtigungsansprüche (vgl. zur Berichtigung LG Dresden AfP 2009, 274). Im Gegendarstellungsrecht ist das Hauptsacheverfahren ausgeschlossen. Bei Unterlassungsansprüchen schließt es sich oftmals an ein Verfügungsverfahren an, kann aber auch sogleich gewählt werden. Das Rechtsschutzbedürfnis für ein Hauptsacheverfahren entfällt bei Abgabe einer Abschlusserklärung, durch die der Verletzer eine einstweilige Verfügung als einem rechtskräftigen Hauptsachetitel gleichwertig anerkennt (BGH GRUR 2010, 855 – Folienrollos).

3. Verfassungsbeschwerde

335 Die Rspr. des BVerfG ist im Bereich des Äußerungsrechts von besonderer Bedeutung. Zwar betont das Gericht stets, dass zur Entscheidung von Rechtsstreitigkeiten zwischen privaten Parteien – auch wenn sie um grundrechtliche geschützte Positionen streiten – in erster Linie die Zivilgerichte berufen sind (vgl. etwa BVerfG NJW 2008, 39 Rn. 66). Das BVerfG sieht Bedeutung und Tragweite der Meinungsfreiheit aber schon dann als verkannt an, wenn die Gerichte eine Äußerung unzutreffend als Tatsachenbehauptung, Formalbeleidigung oder Schmähkritik einstufen mit der Folge, dass sie dann nicht im selben Maß am Schutz des Grundrechts teilnimmt wie Äußerungen, die als Werturteil ohne beleidigenden oder schmähenden Charakter anzusehen sind (BVerfG NJW 2012, 3712 – „Rechtsextremer" Anwalt). Sachverhaltsfeststellungen und Rechtsanwendungen dieses Inhalts können den Zugang zu dem grundrechtlich geschützten Bereich von vornherein verstellen und sind daher vom BVerfG in vollem Umfang überprüfbar (vgl. BVerfG NJW 2012, 1643 Rn. 35; NJW 1992, 1439 (1440) – Kritische Bayer-Aktionäre mwN).

336 Auch das Ergebnis der Abwägung zwischen Meinungsfreiheit und Persönlichkeitsrecht unterliegt verfassungsgerichtlicher Nachprüfung darauf, ob die Gerichte die Bedeutung und Tragweite der von ihnen Entscheidungen berührten Grundrechtspositionen unrichtig oder unvollkommen bestimmt oder ihr Gewicht unzutreffend eingeschätzt haben (BVerfG NJW-RR 2007, 1340 mwN). Die Verkennung des durch die Meinungsfreiheit gewährten Schutzes indiziert aus Sicht des BVerfG ein besonderes Gewicht der Grundrechtsverletzung (vgl. BVerfG NJW 2012, 1500 – Ochsenknecht-Söhne).

337 Mit Rücksicht auf den **Grundsatz der Subsidiarität** der Verfassungsbeschwerde (§ 90 II BVerfGG) muss auch in äußerungsrechtlichen Fällen idR zunächst ein Hauptsacheverfahren durchgeführt werden, jedenfalls wenn schwierige rechtliche Fragen dort einer weiteren Klärung zugeführt werden können (BVerfG NJW 2007, 2685). Zur Abwägung bei Antrag auf Erlass einer **einstweiligen Anordnung** (§ 32 I BVerfGG) vgl. zB BVerfG NJW 2007, 3197.

4. Beschwerde zum EGMR

338 Art. 34 EMRK ermöglicht eine Individualbeschwerde zum Europäischen Gerichtshof für Menschenrechte. Zulässigkeitsvoraussetzung ist die Erschöpfung aller innerstaatlichen Rechtsbehelfe (Art. 35 Abs. 1 EMRK), mithin auch der Verfassungsbeschwerde. Die Einlegungsfrist beträgt sechs Monate (Art. 35 Abs. 1 EMRK).

IV. Beweislastfragen

339 Die Beweislast dafür, dass eine schon verbreitete oder erst zu erwartende Tatsachenbehauptung unwahr ist, trägt nach allgemeinen Regeln der Anspruchsteller. Soweit es um ehrverletzende Behauptungen geht, kann der davon Betroffene nach der über § 823 Abs. 2 BGB in das Zivilrecht transformierten Beweisregel des § 186 StGB Unterlassung im Grundsatz auch dann verlangen, wenn die Unwahrheit der Äußerung zwar nicht erwiesen ist, ihre Wahrheit aber ebenfalls nicht feststeht (BVerfG BeckRS 2009, 30487; BGH NJW 2013, 790 Rn. 15 – IM „Christoph"). Die sich aus § 186 StGB ergebende Beweislastregel wird durch Anwendung des § 193 StGB dahingehend modifiziert, dass – solange nicht eine bereits im Zeitpunkt der Äußerung erwiesenermaßen oder bewusst unwahre Tatsache behauptet worden ist – zunächst die Wahrheit der Äußerung unterstellt wird. Ergibt sich auf Grundlage dieser Unterstellung die Wahrnehmung eines berechtigten Interesses, entfällt die Rechtswidrigkeit der Äußerung ungeachtet des Umstandes, ob sich der Wahrheitsgehalt später beweisen lässt oder sogar die Unwahrheit bewiesen wird.

340 Bei privaten Äußerungen kann sich das berechtigte Interesse bspw. aus der Verteidigung individueller Rechtspositionen ergeben (vgl. zB zum Urheberrecht OLG Düsseldorf ZUM-RD 2012, 147). Bei Presseveröffentlichungen greift die Beweislastumkehr, wenn ihnen ein öffentliches Informationsinteresse zu Grunde liegt und der Nachweis sorgfältiger Recherche erbracht wird (BGH NJW 1996, 1131 (1133) – Lohnkiller; OLG Karlsruhe ZUM-RD 2006, 76 (77)). Zur Frage der Beweislast bezüglich der Wahrheit oder Unwahrheit von Äußerungen im Kontext von Berichtigungsansprüchen → Rn. 297.

Besondere Probleme wirft der presserechtliche **Informantenschutz** auf. Unstreitig sind 341 Medien nicht verpflichtet, ihre Informanten zu nennen. Dieser Schutz wäre allerdings wenig wert, wenn die Darlegungs- und Beweislast unberührt bliebe. Die Anforderungen an die Darlegung können für das Medium daher reduziert sein (vgl. KG ZUM 2011, 570 (572)), wiewohl es nicht genügt, zum Beleg einer umstrittenen Behauptung allein auf einen nicht namentlich benannten Informanten zu verweisen (BGH NJW 2008, 2262 (2264)). Vom Medium kann daher (nur) verlangt werden, nähere Umstände vorzutragen, aus denen auf die Richtigkeit der Information geschlossen werden kann (LG Köln AfP 2007, 153). Die Auffassung des OLG Hamburg (NJW-RR 1992, 1378), die Rücksichtnahme auf einen Informanten würde die Darlegungslast unberührt lassen und das Medium müsse die verfahrensrechtlichen Folgen seiner Rücksichtnahme „auf sich nehmen", ist jedenfalls zu starr.

V. Kosten

1. Außergerichtliche Geltendmachung

Bei der Höhe der Rechtsanwaltsgebühren für die außergerichtliche Geltendmachung ist 342 zwischen dem Innenverhältnis des Geschädigten zu dem für ihn tätigen Rechtsanwalt und dem Außenverhältnis des Geschädigten zum Schädiger zu unterscheiden. Voraussetzung für einen Erstattungsanspruch ist grds., dass der Geschädigte im Innenverhältnis zur Zahlung der in Rechnung gestellten Kosten verpflichtet ist und die konkrete anwaltliche Tätigkeit im Außenverhältnis aus der maßgeblichen Sicht des Geschädigten mit Rücksicht auf seine spezielle Situation zur Wahrnehmung seiner Rechte erforderlich und zweckmäßig war (BGH NJW 2011, 2591 Rn. 7).

Das außergerichtliche Vorgehen gegen die **Text- und Bildberichterstattung** eines 343 Artikels betrifft eine einheitliche Angelegenheit iSd § 15 RVG (BGH NJW 2011, 3657). Daher werden die Werte mehrerer Gegenstände zusammengerechnet (§ 22 Abs. 1 RVG); es können nicht mehrere Ansprüche aus jeweils gesonderten Werten berechnet werden.

Gleiches gilt bei einem Vorgehen **mehrerer Betroffener** gegen eine Berichterstattung, 344 wenn sie den gleichen Rechtsanwalt beauftragen, und zwar selbst dann, wenn die Aufträge an den Anwalt an unterschiedlichen Tagen erteilt wurden und Unterschiede in den Anträgen vorhanden sind (BGH NJW 2011, 3167). Eine getrennte Beauftragung des gleichen Rechtsanwalts durch zwei Ehepartner soll nach Auffassung des OLG Hamburg (AfP 2011, 600) jedoch erforderlich iSd § 91 ZPO sein, wenn beide in unterschiedlicher Weise durch einen Bericht betroffen sind.

Die Inanspruchnahme **mehrerer Schädiger** kann eine einzige Angelegenheit sein, 345 insbes. wenn den ihnen eine gleichgerichtete Verletzungshandlung vorzuwerfen ist und demgemäß die erforderlichen Abmahnungen einen identischen oder zumindest weitgehend identischen Inhalt haben. Sofern die Reaktionen der verschiedenen Schädiger auf die gleichgerichteten Abmahnungen nicht einheitlich ausfallen und deshalb eine differenzierte Bearbeitung durch den Rechtsanwalt erfordern, können aus der ursprünglich einheitlichen Angelegenheit mehrere Angelegenheiten entstehen (BGH NJW 2011, 2591 Rn. 10 f.).

Die Geltendmachung von Unterlassung, Gegendarstellung und Richtigstellung begründet 346 jeweils eine eigene Angelegenheit, da diese Ansprüche sich inhaltlich und formal stark unterscheiden (BGH NJW 2010, 3037; LG Berlin ZUM 2012, 593).

In Fällen objektiv **mehrdeutiger Äußerungen,** in denen nicht alle Deutungsvarianten 347 zu einer Persönlichkeitsrechtsverletzung führen (sog. „Stolpe-Fälle", → Rn. 59) hat der Äußernde die Möglichkeit, Unterlassungsansprüche durch eine Klarstellung zu vermeiden (BVerfG NJW 2008, 1654 Rn. 33 f.; LG Hamburg AfP 2010, 613). Unabhängig davon, wie eine solche Klarstellung beschaffen sein muss, stellt sich die Frage, ob die außergerichtliche Aufforderung zu ihrer Abgabe Kostenerstattungsansprüche auslöst. Das LG Köln (AfP 2012, 203) billigt hier einen Erstattungsanspruch nach den Grundsätzen der Geschäftsführung ohne Auftrag zu. Zutreffend erscheint aber wegen des ansonsten zu befürchtenden Einschüchterungseffekts die Gegenansicht (siehe etwa Sajuntz NJW 2012, 3761 (3765 f.)). Erfolgt die Klarstellung erst nach Klageerhebung, so muss der Verletzte zur Vermeidung einer Belastung mit Kosten den Rechtsstreit wegen Wegfalls der Wiederholungsgefahr für erledigt erklären (LG Hamburg ZUM-RD 2011, 560).

348 Streitig ist im Hinblick auf den anzuwendenden **Gebührensatz,** ob im Bereich des Presserechts jeder Fall als „schwierig" anzusehen ist mit der Folge, dass die „Kappungsgrenze" der Nr. 2300 RVG nicht eingreift (so OLG Hamburg ZUM 2010, 976), oder ob nur die unter den Presserechtsfällen schwierigen diese Folge auslösen. Jedenfalls kann eine Erhöhung der Geschäftsgebühr über die Regelgebühr von 1,3 hinaus kann nur gefordert werden, wenn die Tätigkeit des Rechtsanwalts umfangreich oder schwierig war; sie ist nicht unter dem Gesichtspunkt der Toleranzrechtsprechung bis zu einer Überschreitung von 20 % der gerichtlichen Überprüfung entzogen (BGH NJW 2012, 2813).

349 Die Gebühren für ein **Abschlussschreiben** nach Erlass einer einstweiligen Verfügung, durch das nach Ablauf einer angemessenen Wartefrist unter Androhung der Klageerhebung zur Abgabe einer Abschlusserklärung (→ Rn. 334) aufgefordert wird, sind auch im Äußerungsrecht grds. erstattungsfähig und dem Hauptsacheverfahren zuzuordnen (BGH NJW 2008, 1744). Wie lange die Wartefrist ist, nach der ein Abschlussschreiben als erforderlich angesehen werden kann, wird unterschiedlich beurteilt (vgl. Engels/Stulz-Herrnstadt/Sievers AfP 2009, 313 (317)). Die kürzeste vertretene Frist beträgt zwei Wochen. Durch „Abwehrschreiben", mittels derer der Verpflichtete binnen dieser Frist den Anspruchsteller des Risikos aus § 93 ZPO enthebt, kann die Zahlungspflicht für Abschlussschreiben vermieden werden.

2. Gerichtliche Geltendmachung

350 Eine **unnötige Prozessaufspaltung** (etwa bei gleichartiger Betroffenheit mehrerer Personen, die vom gleichen Prozessbevollmächtigten vertreten werden, oder bei Geltendmachung gleichartiger Ansprüche gegen mehrere Verletzer) kann und muss verfahrensübergreifend im Kostenfestsetzungsverfahren berücksichtigt werden, so dass getrennte Festsetzungsanträge insoweit als rechtsmissbräuchlich anzusehen sind, als durch die getrennte Verfahrensführung zusätzliche Kosten ausgelöst wurden (BGH NJW 2013, 66 (mehrere Anspruchsteller), ZUM 2013, 211 (Print/Online), NJW 2013, 1369 (Text/Bild)). Dies gilt auch bei Geltendmachung der Ansprüche bei unterschiedlichen Gerichten (BGH GRUR 2013, 206 Rn. 10). Der Kläger muss sich so behandeln lassen, als hätte er die Ansprüche in einem einheitlichen Verfahren verfolgt. Er wird bei zeitlich gestaffelter Geltendmachung auch nicht mit dem Argument gehört, er habe gegen den zweiten Verletzer aus Kostengründen erst vorgehen wollen, wenn er im Verfahren gegen den ersten Verletzer erfolgreich ist (OLG Hamburg AfP 2011, 374 = BeckRS 2011, 21807).

§ 1004 Beseitigungs- und Unterlassungsanspruch

(1) ¹Wird das Eigentum in anderer Weise als durch Entziehung oder Vorenthaltung des Besitzes beeinträchtigt, so kann der Eigentümer von dem Störer die Beseitigung der Beeinträchtigung verlangen. ²Sind weitere Beeinträchtigungen zu besorgen, so kann der Eigentümer auf Unterlassung klagen.

(2) Der Anspruch ist ausgeschlossen, wenn der Eigentümer zur Duldung verpflichtet ist.

§ 1004 BGB regelt Beseitigungs- und Unterlassungsansprüche des Eigentümers gegen von Dritten ausgehende Beeinträchtigungen. Die Regelung geht auf die actio negatoria im gemeinen Recht zurück, die der Verteidigung gegen angemaßte Rechte Dritter (also ihre Negation) am Eigentum des Klägers diente (Staudinger/Gursky BGB § 1004 Rn 1; MüKo-BGB/Baldus BGB § 1004 Rn 2). Dieselben – verschuldensunabhängigen – Ansprüche stehen Trägern aller absolut geschützter Rechte und Rechtsgüter auf Basis einer analogen Anwendung des § 1004 BGB zu („quasinegatorische Abwehransprüche", BeckOK BGB/Fritzsche BGB § 1004 Rn 2 ff.). Bei Verletzungen des allgemeinen Persönlichkeitsrechts durch Äußerungen oder Bildveröffentlichungen können dem Betroffenen in entsprechender Anwendung des § 1004 BGB insbes. Unterlassungsansprüche (→ § 823 Rn. 273 ff.) und – im Fall von Tatsachenbehauptungen – Ansprüche auf Widerruf bzw. Richtigstellung (→ § 823 Rn. 292 ff.) zustehen. Bei der Verletzung des Rechts am eigenen Bild kommen zudem Ansprüche gem. §§ 22, 23 KUG (vgl. → KunstUrhG § 22 Rn. 1 ff.) in Betracht. Während diese Ansprüche im Kontext der übrigen äußerungsrechtlichen Ansprüche und deren Grundlagen bei § 823 BGB (bzw. bei den §§ 22, 23 KUG) kommentiert werden, beschäftigen sich die nachfolgenden Ausführungen ausschließlich mit dem Gegendarstellungsanspruch. Die für diesen einschlägige Anspruchsgrundlage hängt davon ab, in welcher Medienart die angegriffene Ausgangsmitteilung publiziert wurde. Es gibt Voraussetzungen, die in allen Fällen gelten; die Einzelheiten des Gegendarstellungsanspruchs sind allerdings unterschiedlich geregelt, weshalb es in jedem Einzelfall unerlässlich ist, die einschlägige Anspruchsgrundlage zu identifizieren und sich mit ihren Spezifika auseinanderzusetzen. Nachfolgend finden sich zunächst Ausführungen zu der Bedeutung des Gegendarstellungsanspruchs (→ Rn. 1), dann eine allgemeine Erläuterung der gängigen Voraussetzungen der meisten Anspruchsgrundlagen (→ Rn. 4) und schließlich werden ihre jeweiligen Details dargestellt (→ Rn. 72).

Übersicht

	Rn		Rn
A. Die Bedeutung des Gegendarstellungsanspruchs	1	2. Ausschlussfrist und Aktualitätsgrenze	54
B. Allgemeine Voraussetzungen des Gegendarstellungsanspruchs	4	VIII. Bereichsausnahmen bei der Gegendarstellungsfähigkeit	56
I. Tatsachenbehauptung	5	IX. Die Veröffentlichung: Rahmenbedingungen und Änderungen	59
1. Definition	6	1. Inhaltliche Änderungen	59
2. Die Abgrenzung von Tatsachen zu Wertungen bzw. Schlussfolgerungen	7	2. Platzierung	62
3. Innere Tatsachen	16	3. Rahmenbedingungen	64
4. Die Deutung der Ausgangsmitteilung	17	X. Prozessuales	67
5. Bilddarstellungen	23	1. Rechtsweg	67
6. Satire	25	2. Anzuwendendes Verfahrensrecht	68
7. Keine Beschränkung auf eigene Mitteilungen des Presseorgans	26	3. Örtliche Zuständigkeit	69
8. Verdachtsberichterstattung	27	4. Parteifähigkeit	70
II. Unabhängigkeit von der Wahrheit	28	5. Vollziehung der einstweilgen Verfügung	71
III. Aktiv- und Passivlegitimation	29	**C. Die Anspruchsgrundlagen im Einzelnen**	72
IV. Berechtigtes Interesse	33	I. Printmedien	74
1. Offensichtliche Unrichtigkeit	34	1. Tatsachenbehauptung	75
2. Irreführung	35	2. Aktiv- und Passivlegitimation	76
3. Persönlichkeitsrechtsneutrale Abweichung von der Wahrheit	36	3. Berechtigtes Interesse	81
4. Einverständnis mit der Veröffentlichung	37	4. Inhaltliche Voraussetzungen	82
5. Stellungnahme des Betroffenen wurde berücksichtigt	38	5. Schriftform und vorgerichtliches Verlangen	85
6. Bereits erfolgter Widerruf	39	6. Frist und Aktualitätsgrenze	86
V. Inhaltliche Anforderungen	40	7. Abdruckverpflichtung	88
1. Die Bezeichnung der Erstmitteilung	40	II. Öffentlich-rechtlich organisierter Rundfunk	92
2. Zulässiger Umfang und Inhalt der Entgegnung	41	1. Tatsachenbehauptung	97
3. Verbot des strafbaren Inhalts	45	2. Aktiv- und Passivlegitimation	98
4. Unterzeichnung	46	3. Berechtigtes Interesse	101
VI. Formelle Anforderungen an das Gegendarstellungsverlangen	47	4. Inhaltliche Anforderungen	102
VII. Zeitliche Aspekte des Gegendarstellungsanspruchs	50	5. Unabhängigkeit von der Wahrheit	105
1. Unverzügliche Geltendmachung	51	6. Vorgerichtliches Verlangen und Schriftform	106
		7. Fristen	107
		8. Die Veröffentlichung der Gegendarstellung	109

	Rn		Rn
III. Privatrechtlich organisierter Rundfunk	111	6. Die Veröffentlichung der Gegendarstellung	124
1. Tatsachenbehauptung	114	7. Vorverfahren	129
2. Aktiv- und Passivlegitimation	115	8. Prozessuales	130
3. Berechtigtes Interesse	118	9. Ausschlüsse	133
4. Inhaltliche Anforderungen an die Gegendarstellung	119	IV. Telemedien	135
5. Frist und Schriftform	122		

A. Die Bedeutung des Gegendarstellungsanspruchs

1   Der Gegendarstellungsanspruch gewährt dem von einer Tatsachenbehauptung Betroffenen die Möglichkeit, einen abweichenden Sachverhalt an gleichwertiger Stelle darzustellen. Er verschafft ihm so **Waffengleichheit** gegenüber den Medien mit dem Mitteln der modernen Publizistik und stellt eines der wirkungsvollsten Mittel zum Schutz des Persönlichkeitsrechts gegenüber Presseveröffentlichungen dar (MüKo-BGB/Rixecker BGB Anh. zu § 12 Rn. 254).

2   Das Gegendarstellungsrecht beruht auf der Pflicht des Staates, den Einzelnen wirksam gegen Einwirkungen der Medien auf seine Individualsphäre zu schützen, die wiederum aus dem in Art. 2 Abs. 1 iVm Art. 1 Abs. 1 GG geschützten allgemeinen Persönlichkeitsrecht folgt (BVerfG NJW 1999, 483 (484)). Hierzu gehört, dem Betroffenen einer von Medien verbreiteten Tatsachenbehauptung die rechtlich gesicherte Möglichkeit zu gewähren, der Berichterstattung mit seiner eigenen Darstellung entgegenzutreten (BVerfG AfP 1993, 474 ff.; BeckOK BGB/Bamberger BGB § 12 Rn. 241), denn die Presseberichterstattung bringt es mit sich, dass der Betroffene, dem seine Angelegenheiten unzutreffend dargestellt scheinen, andernfalls regelmäßig nicht mit Aussicht auf dieselbe publizistische Wirkung den aufgestellten Behauptungen entgegentreten kann; dem Gesetzgeber obliegt eine aus dem allgemeinen Persönlichkeitsrecht folgende **Schutzpflicht,** den Einzelnen zum Ausgleich dieses Gefälles wirksam gegen Einwirkungen der Medien auf seine Individualsphäre zu schützen (BVerfG NJW 1998, 1381 (1382)). Auf der anderen Seite greift die Pflicht zum Abdruck einer Gegendarstellung in den Schutzbereich der Pressefreiheit ein, da die Freiheit der Entscheidung beschränkt wird, was abgedruckt wird; darüber hinaus darf der Äußernde nicht Einschüchterungseffekten ausgesetzt sein. Der Abdruck einer Gegendarstellung kann zu einem nur schwer ausgleichbaren Imageschaden für das zum Abdruck verpflichtete Presseunternehmen führen. Bei der Anwendung der Vorschriften über den Gegendarstellungsanspruch muss daher berücksichtigt werden, dass die Rahmenbedingungen pressemäßiger Arbeit gewahrt bleiben und die Presse nicht so mit Gegendarstellungsansprüchen überhäuft wird, dass sie in der Folge zu einer zu starken Zurückhaltung in ihrer Berichterstattung veranlasst wird. Das würde dem Ziel widersprechen, auf ein hohes Maß an Informiertheit der Öffentlichkeit durch die Presse hinzuwirken und eine offene Diskussion zu ermöglichen, in der sich die Richtigkeit und Vollständigkeit einer Darstellung ggf. erst als Folge des Austauschs unterschiedlicher Informationen ergibt (BVerfG NJW 2008, 1654 ff.). Bei diesem in der Praxis bedeutsamen Rechtsinstitut müssen also **die kollidierenden Rechtsgüter der Beteiligten zum Ausgleich gebracht werden,** namentlich einerseits die Pressefreiheit und andererseits das Persönlichkeitsrecht des von der Äußerung Betroffenen, aber auch seine Meinungsfreiheit. Dabei muss der Anspruchsteller nicht beweisen, dass die von ihm aufgestellten Gegenbehauptungen der Wahrheit entsprechen. Diesen relativ offenen materiellrechtlichen Voraussetzungen stehen strenge formale Anforderungen an die Gegendarstellung gegenüber.

3   Die Gegendarstellung kommt schließlich auch der in Art. 5 GG garantierten freien individuellen und öffentlichen Meinungsbildung zugute, weil dem Leser neben der Information durch die Presse auch die Sicht des Betroffenen vermittelt wird (BVerfG NJW 1998, 1381 (1382); NJW 1999, 483 (484)).

B. Allgemeine Voraussetzungen des Gegendarstellungsanspruchs

Welche Voraussetzungen der Gegendarstellungsanspruch im Einzelnen hat, ergibt sich aus der jeweils einschlägigen Norm. Je nach Art des Mediums und Bundesland existieren **unterschiedliche Vorschriften** mit teilweise inhaltlich verschiedenen Regelungen. Nachfolgend wird ein allgemeiner Überblick über die Voraussetzungen gegeben, die in vielen Anspruchsgrundlagen genannt sind. Zur Prüfung der Frage, ob ein Gegendarstellungsanspruch im Einzelnen besteht, ist es aber unabdingbar, die konkreten Voraussetzungen der jeweils einschlägigen Regelung zu prüfen (vgl. dazu anschließend C. → Rn. 72). 4

I. Tatsachenbehauptung

Die Gegendarstellung darf sich nur auf in der Ausgangsberichterstattung mitgeteilte **Tatsachen** beziehen. 5

1. Definition

Tatsachenbehauptungen sind durch die objektive Beziehung zwischen der Äußerung und der Realität gekennzeichnet, während Werturteile durch die subjektive Beziehung des Einzelnen zum Inhalt seiner Aussage geprägt werden (BVerfG NJW 1999, 483 (484)). Tatsachen sind konkrete, nach Zeit und Raum bestimmte, der Vergangenheit oder Gegenwart angehörige Geschehen oder Zustände der Außenwelt – äußere Tatsachen – wie auch des menschlichen Seelenlebens – innere Tatsachen (OLG Bremen NJW 2011, 1611). Tatsachenbehauptungen sind mit den **Mitteln des Beweises** überprüfbar, während Meinungsäußerungen vom Element der Stellungnahme und des Dafürhaltens geprägt sind (BGH NJW 2010, 760 ff.; Müller, VersR 2008, 1141 (1142)). Äußerungen sind in ihrem Kontext zu würdigen (Sajuntz NJW 2010, 2992 f.; BVerfG NJW 2013, 217 (218)). So kann für das Vorliegen einer bloßen Meinungsäußerung sprechen, dass die fragliche Passage in dem Kommentar einer Zeitung enthalten ist. Gleichwohl bleibt aber eine auf die einzelne Aussage bezogene Deutung notwendig. Maßgeblich ist, ob der durchschnittliche Leser eine konkret-greifbare Aussage mit materiellem Gehalt erkennen wird, die grds. dem Beweis zugänglich ist (BVerfG NJW 2004, 1235 (1236)). Vgl. zur Begriffsbestimmung auch → § 823 Rn. 31 ff. 6

> Die Äußerung, ein Bürgermeister tue nichts, um den türkischen Bürgern den Zugang zu einem Fußballplatz zu ermöglichen, ist daher eine Tatsachenbehauptung. Rein wertend wäre hingegen bspw. die Mitteilung, er tue „zu wenig" oder „nicht genug" (BVerfG NJW 2004, 1235 (1236)). 6.1

2. Die Abgrenzung von Tatsachen zu Wertungen bzw. Schlussfolgerungen

Entscheidend ist, ob der in den Raum gestellte Sachverhalt nach dem **Verständnis des durchschnittlichen Empfängers** dem Beweis zugänglich ist. 7

Auf welcher Tatsachengrundlage der Äußernde zu der von ihm verbreiteten Erkenntnis konkret gekommen ist, spielt keine Rolle. Daher stellen **Äußerungen** trotz auf **Mutmaßungen** hindeutender Einschübe („offenbar", „mit an Sicherheit grenzender Wahrscheinlichkeit", „sollen angeblich", „ich meine, dass" oder „soviel ich weiß") dann Tatsachenbehauptungen und nicht Meinungen dar, wenn der einschränkende Einschub den unbefangenen Leser nicht davon abhalten kann, die Äußerungen im Sinne von Behauptungen zu verstehen (BGH NJW 2008, 2262 (2264)). 8

Hingegen stellen eine juristische Subsumtion, ärztliche Diagnosen oder die Schlussfolgerung eines Sachverständigen in der Regel **Werturteile** dar (KG, ZUM-RD 2011, 666 (667)). 9

Eine Bewertung kann allerdings dann eine Tatsachenbehauptung darstellen, wenn sie so stark **von tatsächlichen Bestandteilen geprägt** ist, dass ihr insgesamt der Charakter einer Tatsachenbehauptung beigemessen werden kann, die einen bestimmten Vorgang im Wesentlichen beschreibt und nicht bewertet (BGH NJW 1993, 930 (931)). 10

10.1 Sofern bspw. ein Transport nicht nur pauschal als illegal bezeichnet wird, sondern erläuternd hinzugefügt wird, er habe ohne rechtmäßige Papiere stattgefunden, liegt eine Tatsachenbehauptung in diesem Sinne vor (BGH NJW 1993, 930 (931)).

11 Eine Gegendarstellung ist auch gegen eine untrennbar aus tatsächlichen und wertenden Elementen bestehende Äußerung möglich, wenn ihr ein **Tatsachenkern** entnommen werden kann (OLG Zweibrücken Urt. v. 6.11.2008 – Az. 4 U 48/08; Seitz/Schmidt Kap. 6 Rn. 64). Auch eine Äußerung, die auf Werturteilen beruht, kann sich als Tatsachenbehauptung erweisen, wenn und soweit bei dem Adressaten zugleich die Vorstellung von konkreten, in die Wertung eingekleideten Vorgängen hervorgerufen wird (BGH NJW 1996, 1131 (1133)). Entscheidend ist, ob der Äußerung eine konkret greifbare Aussage mit materiellem Gehalt entnommen werden kann, die grds. dem Beweis zugänglich ist (BVerfG NJW 2004, 1235 (1236)).

11.1 So stellt bspw. die Formulierung „G, ein registrierter Stasi-Spitzel" eine Tatsachenbehauptung dar; sie beinhaltet zwar auch eine (ab-)wertende Charakterisierung als Spitzel, beschränkt sich aber nicht hierauf, sondern vermittelt auch einen Tatsachenkern, nämlich dass Herr G für den Staatssicherheitsdienst der DDR tätig war (BVerfG NJW 2002, 356 (357)).

12 Häufig enthält eine Presseberichterstattung eine **pauschale Aussage,** die vom unbefangenen Leser zunächst als Tatsachenbehauptung verstanden wird, während sie angesichts einer bestimmten unstreitigen Tatsachengrundlage vor Gericht als Schlussfolgerung dargestellt wird. Als Faustregel gilt: Für die Abgrenzung von Tatsachen und Meinungen ist auf die Sichtweise des Empfängers abzustellen. Im Einzelnen:

13 Pauschale Äußerungen sind auch dann Tatsachenbehauptungen, wenn sich die Frage ihrer Berechtigung vor dem Hintergrund unstreitiger Tatsachen eher als Schlussfolgerung darstellt, dieser **Tatsachenhintergrund** dem Rezipienten aber verschwiegen wird.

13.1 So stellt die nicht näher erläuterte Mitteilung eine Tatsachenbehauptung dar, zwischen zwei Personen bestehe eine Freundschaft (OLG Karlsruhe AfP 2009, 267 ff.).

14 Werden hingegen auch **die zugrundeliegenden Tatsachen** für die Wertung mitgeteilt, so stellt die Schlussfolgerung eine Meinungsäußerung dar.

14.1 Der Vorwurf der Amtsanmaßung stellt dann eine Wertung dar, wenn er nicht allein erhoben wird, sondern wenn in der Ausgangsberichterstattung auch mitgeteilt wird, der Betroffene habe ohne Wissen des Wehrführers ein selbst verfasstes Schreiben mit einem Briefkopf der Freiwilligen Feuerwehr verfasst (OLG Koblenz Urt. v. 9.1.1992 – Az. 5 U 421/91).

15 Probleme bereiten kann die Frage, in welchem Umfang in den vorstehend genannten Konstellationen eine Gegendarstellung möglich ist. Der Betroffene einer pauschalen Aussage (→ Rn. 13) kann sich gegen diese mit einer Gegendarstellung wehren. Sofern neben einer Schlussfolgerung auch die zugrundeliegenden Tatsachen mitgeteilt werden (→ Rn. 14), ist es ein sicherer Weg, sich nur gegen letztere zu wenden. Keine einheitliche Rspr. existiert aber zur Frage der Zulässigkeit einer Gegendarstellung, die sich auch gegen die Bewertung wendet, die die Ausgangsmitteilung zusammen mit den Anknüpfungstatsachen enthält. Zwar dürfen mit einer Gegendarstellung nur Tatsachenbehauptungen angegriffen werden. Der Grundsatz der **Waffengleichheit** spricht aber dafür, in der Gegendarstellung einen Angriff auch gegen eine Schlussfolgerung zuzulassen, wenn der weitere Teil der Gegendarstellung der Schlussfolgerung ihre Tatsachengrundlage entzieht und wenn sie nicht ausschließlich bewertet, sondern gerade eine pointierte Zusammenfassung oder Zuspitzung der berichteten Tatsachen beinhaltet und ihr mithin ebenfalls ein Tatsachenkern innewohnt. Keinesfalls zulässig ist es aber in einem solchen Fall, die Gegendarstellung nur auf die bewertende Zusammenfassung zu beziehen und die in der Ausgangsmitteilung berichteten Belegtatsachen einfach wegzulassen (OLG Frankfurt AfP 2003, 459 ff.).

3. Innere Tatsachen

16 Äußerungen zu **Absichten, Motiven** oder **Vorstellungen** stellen Meinungsäußerungen dar, wenn der Äußernde auf die innere Tatsache nur mit Hilfe von Indizien schließt und daraus sein subjektives Urteil bzw. seine persönliche Meinung ableitet. Äußerungen über

Motive oder Absichten eines Dritten sind aber Tatsachenbehauptungen, wenn die Berichterstattung erkennen lässt, dass sich die behaupteten inneren Vorgänge unmittelbar aus eigenen Äußerungen des Betreffenden oder aus bestimmten (aber nicht in der Berichterstattung wiedergegebenen) Indiztatsachen ergeben würden. Daher liegen mit einer Gegendarstellung angreifbare Tatsachenbehauptungen vor, wenn die Berichterstattung einen zwingenden Schluss von der Handlung auf die innere Tatsache nahelegt (BGH NJW 2008, 2262 (2264); Seitz/Schmidt Kap. 6 Rn. 86). Soweit in der Berichterstattung aber die Anknüpfungstatsachen offengelegt werden, aus denen sich der Rückschluss auf eine bestimmte innere Tatsache ergeben kann, handelt es sich bei letzterer nur um eine Schlussfolgerung, die als Meinungsäußerung einzuordnen ist (Seitz/Schmidt Kap. 6 Rn. 90).

So wird durch die **Schlagzeile** auf der Titelseite: „P – Seine schlimme Zeit in der Gefangenschaft holt ihn jetzt ein" dem Betrachter diese Ankündigung dann als Tatsachenbehauptung dargeboten, wenn mit ihr ein Verweis auf eine bestimmte Seite im Heftinneren verbunden ist, denn hierdurch wird beim durchschnittlichen Rezipienten der Eindruck erweckt, als würden in dem angekündigten Artikel konkrete Tatsachen mitgeteilt werden, die den Schluss auf die behauptete innere Befindlichkeit des Betroffenen zulassen (OLG Karlsruhe NJW-RR 2008, 856). **16.1**

4. Die Deutung der Ausgangsmitteilung

Da der erwidernde Teil der Gegendarstellung bestimmte Teile der Ausgangsmitteilung kommentiert, zeigt er in aller Regel, in welcher Weise die Ausgangsmitteilung vom Anspruchsteller interpretiert wurde. Da bei der Anwendung der Vorschriften über den Gegendarstellungsanspruch berücksichtigt werden muss, dass die Rahmenbedingungen pressemäßiger Arbeit gewahrt bleiben und die Presse nicht in einer ihre Berichterstattung beeinträchtigenden Weise mit Gegendarstellungsansprüchen überhäuft wird (BVerfG NJW 2008, 1654 ff.), ist nicht jede beliebige Interpretationsmöglichkeit der Ausgangsmitteilung gegendarstellungsfähig. **17**

Wegen der Abhängigkeit des Gegendarstellungsanspruchs von der Erstmitteilung muss deren **Deutung** den Anforderungen des Art. 5 Abs. 1 GG gerecht werden (BVerfG NJW 2002, 3388 (3389)). Die Erstmitteilung muss daher in der Weise wiedergegeben werden, wie sie von dem Durchschnittsleser zu verstehen war, denn maßgebliches Kriterium für die Deutung einer Äußerung ist das Verständnis des durchschnittlichen Empfängers. Dabei sind auch die Begleitumstände der Äußerung zu berücksichtigen, soweit diese für den Rezipienten erkennbar waren und deswegen ihr Verständnis der Äußerungen bestimmen konnten (BVerfG NJW 1999, 483 (484)). **18**

Eine Gegendarstellung gegen eine verdeckte Aussage – also einen **Eindruck** – kommt nicht bereits dann in Betracht, wenn es sich hierbei um eine von mehreren nicht fernliegenden Deutungsmöglichkeiten handelt. Denn die Pflicht zum Abdruck einer Gegendarstellung greift in den Schutzbereich der Pressefreiheit ein, da die Freiheit der Entscheidung beschränkt wird, welche Beiträge abgedruckt oder nicht abgedruckt werden (BVerfG NJW 2008, 1654 ff.). Eine Gegendarstellung ist daher nur gegen solche verdeckten Behauptungen möglich, von welchen der überwiegende Teil der Rezipienten ausgehen wird. Maßgebliches Kriterium für die Deutung einer Äußerung ist das Verständnis des durchschnittlichen Empfängers (BVerfG NJW 1999, 483 (484)) und der Durchschnittsempfänger wird das Verständnis der Mehrheit der Rezipienten haben. **19**

Teilweise wird eine Gegendarstellung sogar nur gegen solche Deutungsmöglichkeiten einer Äußerung zugelassen, welche sich dem Leser als **unabweisbare Schlussfolgerung** aufdrängen müssen (OLG Düsseldorf AfP 2008, 523 (524) und NJW 2008, 1825 (1826), OLG Frankfurt a. M. AfP 2010, 478 f. sowie OLG Hamburg AfP 2008, 314 (315)). Dies erscheint zu restriktiv. Da es die Presse in der Hand hat, durch klare Formulierungen zu verhindern, dass für die Betroffenen das Bedürfnis nach einer Richtigstellung entsteht, sollte ein Anspruch auf Gegendarstellung auch dann bestehen, wenn nur die Mehrheit der Rezipienten von einer bestimmten Deutung ausgeht, ohne dass diese Deutungsmöglichkeit unabweislich ist (so iErg auch OLG Zweibrücken Urt. v. 6.11.2008 – Az. 4 U 48/08). Jedenfalls verbietet sich ein kategorischer Ausschluss des Gegendarstellungsanspruchs bei solchen Fallgestaltungen. Denn soweit das Persönlichkeitsrecht gewichtig verletzt ist und **20** zugleich bei den Rezipienten von der Presse durch vage Äußerungen bewusst nur ein Verdacht geweckt wird, der sich den meisten Empfängern aufdrängt, ohne eine unabweisliche Schlussfolgerung darzustellen, überwiegt im Rahmen der gebotenen Abwägung das Interesse des Betroffenen, sich in der Öffentlichkeit hierzu äußern zu dürfen.

21 Hält man eine derartige Eindrucksgegendarstellung für zulässig, sofern mehr als die Hälfte der Empfänger zu einer bestimmten Deutung kommen wird, stellt sich die Frage, wie eine solche Eindrucksgegendarstellung zu formulieren ist. Unrichtig wäre es, die Ausgangsmitteilung pauschal als falsch zu bezeichnen, da es auch Deutungsmöglichkeiten gibt, bei denen sie nicht falsch wäre. Möglich ist die häufig anzutreffende Formulierung „soweit hierdurch der Eindruck erweckt wird, dass (…), stelle ich fest: (…)"; neben der Schilderung des als unrichtig beanstandeten Eindrucks ist in diesem Fall auch der Inhalt der Ausgangsberichterstattung wiederzugeben, aus welchem sich dieser Eindruck ergeben soll (OLG Hamburg AfP 2008, 314 f.). Einfacher wäre es, nach der Wiedergabe des beanstandeten Teils der Erstmitteilung die eigene Stellungnahme schlichtweg mit den Worten „hierzu stelle ich fest (…)" oder „hierzu stelle ich klar: (…)" einzuleiten (aA die wohl hM, wonach in der Formulierung der Gegendarstellung zum Ausdruck kommen müsse, dass sich der Anspruchsteller lediglich gegen einen Eindruck zur Wehr setze; vgl. OLG Düsseldorf AfP 2008, 83 (85) und Seitz/Schmidt Kap. 5 Rn. 134 mwN.).

22 Da sich erst aus dem erwidernden Teil der Gegendarstellung oder ggf. sogar nur aus der schriftsätzlichen Begründung des Antrags auf Erlass einer einstweiligen Verfügung ergibt, wogegen sich der Betroffene genau richtet (vgl. insoweit bereits → Rn. 17), sind bei der Abgrenzung von Tatsachenbehauptungen zu Meinungsäußerungen die Ausgangsmitteilung, die begehrte Erwiderung und ggf. auch ihre schriftsätzliche Begründung gemeinsam zu betrachten. Denn eine Gegendarstellung kann gegen eine Äußerung mit wertenden und tatsachenbehauptenden Elementen nur beansprucht werden, wenn sie sich gerade gegen den Tatsachenkern der angegriffenen Äußerung wendet (vgl. ausf. → Rn. 41 sowie → Rn. 11).

5. Bilddarstellungen

23 Der Gegendarstellungsanspruch kann sich auch gegen eine **Bildveröffentlichung** richten, wenn durch die Veröffentlichung des Bildes eine Tatsachenbehauptung aufgestellt wird bzw. wenn das Bild in Verbindung mit dem Begleittext einen falschen Eindruck über den Abgebildeten vermittelt (Wandtke/Bullinger/Fricke KUG § 22 Rn. 25). Auch aus Fotomontagen können sich gegendarstellungsfähige Tatsachenbehauptungen ergeben, sofern nicht aus ihrer Gestaltung offensichtlich ist, dass es sich um eine Montage handelt, zB durch irreale Proportionen oder sichtbare Schnittkanten. Denn im Falle einer das Aussehen verändernden Bildmanipulation wird die mitschwingende Tatsachenbehauptung über die Realität des Abgebildeten unzutreffend (BVerfG NJW 2005, 3271 (3273); OLG Karlsruhe AfP 2011, 282 f.).

23.1 So kann in Bezug auf eine **Fotomontage,** die einen Fußballspieler gemeinsam mit seiner Ehefrau und seiner außerehelichen Freundin in der Weise zeigt, „als ob sie sich gemeinsam hätten fotografieren lassen", eine Gegendarstellung dahingehend verlangt werden, dass das Foto eine ohne Einverständnis hergestellte Fotomontage sei (LG München I NJW 2004, 606 f.).

24 Die Gegendarstellung ist in Textform zu verfassen; die **Aufnahme einer bildlichen Darstellung** in die Gegendarstellung kann nur verlangt werden, wenn das für das Verständnis der Gegendarstellung **unabweisbar** erforderlich ist (Wandtke/Bullinger/Fricke KUG § 22 Rn. 25).

6. Satire

25 Rein **satirische Darstellungen** stellen keine gegendarstellungsfähigen Tatsachenbehauptungen dar. Auch, wenn satirische Äußerungen bei wörtlicher Auslegung einen Tatsachenkern enthalten, liegt tatsächlich keine gegendarstellungsfähige Tatsachenbehauptung vor, wenn der durchschnittliche Rezipient im Kontext der Darstellung erkennt, dass die tatsächlichen Schilderungen ausschließlich ironische Überzeichnungen sind, die nicht den Anspruch erheben, ernsthaft über faktische Vorgänge zu informieren (KG AfP 2011, 371). Soweit der

durchschnittliche Rezipient der Äußerung allerdings auch eine ernst gemeinte Tatsachenbehauptung entnimmt, ist diese hingegen schon gegendarstellungsfähig (vgl. auch → § 823 Rn. 49).

7. Keine Beschränkung auf eigene Mitteilungen des Presseorgans

Die Gegendarstellung kann sich auch auf in der Ausgangsmitteilung wiedergegebene 26 Äußerungen Dritter oder auf **Leserbriefe** beziehen (MüKoBGB/Rixecker BGB Anh. zu § 12 Rn. 257; OLG Karlsruhe NJW-RR 2000, 323 f.). Dem Leser muss dabei aber klar gemacht werden, dass die Gegendarstellung nicht auf eine eigene Mitteilung des Verbreiters erwidert (OLG Karlsruhe NJW-RR 2000, 323 f.; AfP 2009, 267 ff.).

8. Verdachtsberichterstattung

Eine Gegendarstellung ist auch gegen eine zulässige Verdachtsberichterstattung möglich, 27 sofern nicht die Stellungnahme des Betroffenen bereits in dieser vollständig wiedergegeben wird. Ein Anspruch auf Gegendarstellung ist daher dann nicht gegeben, wenn der Betroffene lediglich die gegen ihn erhobenen Vorwürfe bestreitet und dies in der Erstmitteilung bereits zum Ausdruck kommt (KG ZUM-RD 2002, 461 f.; vgl. auch → Rn. 38).

II. Unabhängigkeit von der Wahrheit

Ob die beanstandete Tatsache tatsächlich unwahr ist, wird – außer im Bereich des HR 28 (→ Rn. 105) – nicht geprüft (BVerfG NJW 2002, 356 (357)), sofern nicht ein Fall offensichtlicher Unrichtigkeit gegeben ist (vgl. insoweit → Rn. 34).

III. Aktiv- und Passivlegitimation

Der Anspruchsteller muss von der durch ihn als unrichtig beanstandeten Tatsache **betrof-** 29 **fen** sein. Vereinzelt wird eine „unmittelbare" Betroffenheit verlangt. Vgl. für Printmedien → Rn. 76, für den öffentlich-rechtlich organisierten Rundfunk → Rn. 98, für den privatrechtlich organisierten Rundfunk → Rn. 115 sowie für Telemedien → RStV § 56 Rn. 18.

Betroffen ist jede Person, Stelle oder Behörde, deren eigene **Interessensphäre** durch die 30 in der Veröffentlichung aufgestellte Behauptung berührt wird und die zu der mitgeteilten Tatsache in einer individuellen Beziehung steht (KG AfP 2007, 231 (232); Seitz/Schmidt Kap. 4 Rn. 6). Maßgeblich ist das Verständnis des unbefangenen und sachlich interessierten Lesers. Dabei setzt das Betroffensein eine namentliche Erwähnung des Betroffenen nicht voraus, es muss aber eine nicht unbeträchtliche Anzahl unbefangener Leser die Meldung mit einer bestimmten Person oder Stelle in Beziehung bringen oder durch entsprechende Hinweise im Text muss sich die Identität des Betroffenen für die sachlich interessierte Leserschaft ohne weiteres ergeben (OLG Düsseldorf AfP 2000, 470 ff.). Dabei reicht es in der Regel nicht aus, wenn ein sachlich interessierter Leser durch entsprechende Rückfragen die Person des Angesprochenen ermitteln kann (OLG Düsseldorf aaO; str.); ausreichend ist es aber, wenn die Person anhand allgemein zugänglicher Informationsquellen für jedermann vollkommen mühelos identifizierbar ist, z. B. durch eine einfache Eingabe der dieser Person in der Ausgangsberichterstattung zugeschriebenen Eigenschaften in einer Internet-Suchmaschine (Seitz/Schmidt Kap. 4 Rn. 9). Es kommt auf ein objektives Betroffensein, nicht auf ein subjektives Betroffenfühlen des Anspruchstellers an (Seitz/Schmidt 4 Rn. 6). Betroffen sind auch die gesetzlichen Vertreter einer juristischen Person und sonstige Vorgesetzte, wenn über die von ihnen geleitete Gruppe oder Einheit berichtet wird. Hingegen ist ein einfaches Mitglied einer Gruppe nicht betroffen, wenn über die gesamte Gruppe berichtet wird; der Gegendarstellungsanspruch steht in diesem Fall nur dem Leiter oder der gesamten Gruppe zu (BeckOK BGB/Bamberger § 12 Rn. 245 f.). Angehörige sind auch dann nicht individuell betroffen, wenn der Betroffene verstorben ist (OLG Stuttgart NJW-RR 1996, 599; MüKoBGB/Rixecker BGB Anh. zu § 12 Rn. 262 mwN.).

So kann der Chefredakteur einer Zeitung im eigenen Namen im Wege einer Gegendarstellung 30.1 auf Angriffe gegen den Inhalt der Zeitung erwidern, denn er wird persönlich mit dem Inhalt der Zeitung identifiziert (OLG Hamburg AfP 2008, 314 f.; KG AfP 2007, 231 f.).

31 **Unmittelbar betroffen** ist jeder, auf den sich die mitgeteilten Tatsachen beziehen (Seitz/Schmidt Kap. 4 Rn. 13).

32 Als Betroffene kommen nach den meisten Anspruchsgrundlagen eine **„Person oder Stelle"** in Betracht (vgl. für Printmedien → Rn. 76, für den öffentlich-rechtlich organisierten Rundfunk → Rn. 98, für den privatrechtlich organisierten Rundfunk → Rn. 115 sowie für Telemedien → RStV § 56 Rn. 18). Gemeint sind einerseits natürliche oder juristische Personen und andererseits in irgendeiner Art und Weise verfasste Personenmehrheiten; der Begriff ist weit auszulegen (BeckOK BGB/Bamberger BGB § 12 Rn. 245). Unter „Person" sind bspw. auch nichtrechtfähige Vereinigungen, etwa ein Gremium oder ein Ortsverband zu verstehen (Seitz/Schmidt Kap. 4 Rn. 3). Der Begriff der „Stelle" bezieht sich auf den öffentlich-rechtlichen Bereich (Seitz/Schmidt Kap. 4 Rn. 4).

32a Zur **Passivlegitimation** vgl. für Printmedien→ Rn. 77 ff., für den öffentlich-rechtlich organisierten Rundfunk → Rn. 99 f., für den privatrechtlich organisierten Rundfunk → Rn. 116 f. und für Telemedien → RStV § 56 Rn. 16 f.

IV. Berechtigtes Interesse

33 Der Gegendarstellungsanspruch setzt nach den meisten Anspruchsgrundlagen ein berechtigtes Interesse an der Veröffentlichung der Gegendarstellung voraus. Vereinzelt ist der Gegendarstellungsanspruch positiv vom Vorliegen eines solchen berechtigten Interesses abhängig. Ganz überwiegend ist das Fehlen eines berechtigten Interesses hingegen eine negative Anspruchsvoraussetzung (vgl. → Rn. 81 für Printmedien, → Rn. 101 für den öffentlich-rechtlich organisierten Rundfunk, → Rn. 118 für den privatrechtlich organisierten Rundfunk sowie → RStV § 56 Rn. 21 für Telemedien). Soweit es an einer expliziten Regelung fehlt, ergibt sich zumindest aus der zivilprozessualen Sachurteilsvoraussetzung des Rechtsschutzbedürfnisses, dass ein berechtigtes Interesse erforderlich ist. Das Vorliegen eines berechtigten Interesses wird **vermutet,** wenn jemand von einer Tatsachenbehauptung betroffen ist, deren Unrichtigkeit er geltend macht (BeckOK BGB/Bamberger § 12 Rn. 254). Auch die parallele Verfolgung von Ansprüchen auf Unterlassung und Widerruf steht dem Gegendarstellungsinteresse nicht entgegen (OLG Bremen NJW 2011, 1611 f.). Das Fehlen des erforderlichen rechtlichen Interesses kommt aber in Betracht, wenn eine der folgenden Fallgruppen (vgl. iÜ auch → Rn. 55) vorliegt:

1. Offensichtliche Unrichtigkeit

34 Ein **berechtigtes Interesse fehlt,** wenn die Presse zur zweifelsfreien Überzeugung des Gerichts ohne das Erfordernis weiterer Glaubhaftmachung oder Beweisführung die offensichtliche Unrichtigkeit der Gegendarstellung dargetan hat (BVerfG NJW 2008, 1654 (1656)) oder wo die Gegendarstellung der eigenen eidesstattlichen Versicherung des Anspruchstellers widerspricht (OLG München AfP 2001, 132 ff.). Auch muss sich der Betroffene hierzu allerdings substantiiert erklären, wenn gewichtige Anhaltspunkte für die Unrichtigkeit der begehrten Entgegnung – etwa durch die Vorlage aussagekräftiger Urkunden – aufgezeigt sind (Seitz/Schmidt Kap. 5 Rn. 196).

2. Irreführung

35 Das berechtigte Interesse an der Gegendarstellung fehlt ferner, wenn die Entgegnung ihrerseits ebenfalls **Unrichtigkeiten** enthält oder einen **unrichtigen Eindruck** erweckt (OLG München AfP 1998, 89 f.; BeckOK BGB/Bamberger BGB § 12 Rn. 254), zB weil die Erstmitteilung als vollständig unrichtig dargestellt wird, obwohl nur eine Ergänzung veranlasst war (MüKoBGB/Rixecker BGB Anh. zu § 12 Rn. 260). Auch eine irreführende Ausgangsmitteilung rechtfertigt nicht eine Erwiderung mit Halbwahrheiten (OLG München AfP 2000, 172 ff.).

3. Persönlichkeitsrechtsneutrale Abweichung von der Wahrheit

36 Eine Gegendarstellung kann nicht verlangt werden, wenn die **beanstandete Unrichtigkeit für das Persönlichkeitsrecht nicht relevant** ist. Der Gegendarstellungsanspruch findet seine Grenze am Schutzweck. Da er dem Schutz der Persönlichkeit dient, kommt eine Gegendarstellung nicht in Betracht, soweit es um Tatsachenbehauptungen geht, die sich nicht in nennenswerter Weise auf das Persönlichkeitsrecht des Betroffenen auswirken können. Dabei ist allerdings zu beachten, dass die Relevanz von Tatsachenmitteilungen für das Persönlichkeitsbild nicht bestimmten Angaben als solchen anhaftet, sondern kontextabhängig ist. Einigen Aussagen wird jedoch regelmäßig Bedeutung für das Bild einer Person in der Öffentlichkeit zukommen. Das Persönlichkeitsbild einer Person kann auch durch Darstellungen beeinträchtigt werden, die ihre Ehre unberührt lassen (BVerfG NJW 1998, 1381 (1383)). Welche Umstände der Betroffene in Bezug auf sein Selbstbild in der Öffentlichkeit für relevant erachtet, muss ihm überlassen bleiben. Für das Persönlichkeitsrecht belanglos sind etwa geringfügige Abweichungen von Maßen, Zahlen, Zeit- und Ortsangaben, wenn hierdurch die Aussagekraft der Erstmitteilung nicht berührt wird (Müko-BGB/Rixecker Anh. zu § 12 Rn. 261). Vermag der Anspruchsteller hingegen eine inhaltliche Bedeutung der Unrichtigkeit der Berichterstattung für sein von ihm für richtig erachtetes Persönlichkeitsbild in der Öffentlichkeit aufzuzeigen, so muss das respektiert werden, wenn die Argumentation nicht abwegig ist (aA OLG Düsseldorf, das die Frage für persönlichkeitsrechtsneutral hält, ob einem Moderator neben einer modernen „Prunkvilla" am See auch eine Motoryacht oder nur ein einfaches Boot gehört, AfP 1998, 93 f.; nach Seitz/Schmidt Kap. 5 Rn. 189 müssen die beanstandete Tatsachenbehauptung und die Entgegnung für einen unbefangenen Dritten sogar nachvollziehbar von einigem Gewicht sein).

Belanglos ist die Abweichung von der Wahrheit bspw., wenn berichtet wird, die Staatsanwaltschaft habe einen Gegenstand beschlagnahmt, obwohl die Beschlagnahme tatsächlich vom Amtsgericht angeordnet worden war (OLG Köln NJW-RR 1990, 1119). **36.1**

4. Einverständnis mit der Veröffentlichung

Das berechtigte Interesse fehlt auch dann, wenn der Betroffene sein Einverständnis zu der **37** Veröffentlichung der Ausgangsmitteilung erklärt hatte (BeckOK BGB/Bamberger BGB § 12 Rn. 254), etwa indem er sich **interviewen** ließ (Seitz/Schmidt Kap. 5 Rn. 206).

5. Stellungnahme des Betroffenen wurde berücksichtigt

Das Gegendarstellungsinteresse fehlt ferner, wenn in der Ausgangsberichterstattung die **38** Stellungnahme des Betroffenen zu den recherchierten Vorgängen bereits wiedergegeben ist (MüKoBGB/Rixecker BGB Anh. zu § 12 Rn. 261 mwN.). Das setzt aber voraus, dass durch die Wiedergabe der Stellungnahme des Betroffenen in der Ausgangsmitteilung die Funktion einer Gegendarstellung erfüllt wird, den **Betroffenen mit seiner Sicht der Dinge zu Wort kommen** zu lassen. Dies ist dann nicht der Fall, wenn die in der Ausgangsmitteilung enthaltene Entgegnung des Betroffenen als von vornherein unglaubwürdig dargestellt wird (KG Beschl. v. 22.6.2007 – Az. 9 U 80/07 mwN.).

6. Bereits erfolgter Widerruf

Sofern der Anspruchsgegner die angegriffene Tatsachenbehauptung **bereits widerrufen 39** hat, entfällt das berechtigte Interesse (BeckOK BGB/Bamberger BGB § 12 Rn. 254). Das gilt allerdings nur, sofern der Widerruf nicht lediglich dazu instrumentalisiert wurde, um den Gegendarstellungsanspruch zu vereiteln. Die Richtigstellung muss der Funktion der konkreten Gegendarstellung voll entsprechen und dadurch den Störungszustand nachhaltig beseitigen. Werden entstandene Fehlvorstellungen nicht hinreichend sicher ausgeräumt, schließt die Richtigstellung den Gegendarstellungsanspruch nicht aus (KG Urt. v. 28.11.2006 – Az. 9 U 210/06).

V. Inhaltliche Anforderungen

1. Die Bezeichnung der Erstmitteilung

Teilweise ist in den einschlägigen Anspruchsnormen eine **Bezugnahme** auf die Aus- **40** gangsmitteilung vorgesehen, teils ist eine Bezeichnung der beanstandeten Stelle nicht Voraussetzung des Gegendarstellungsanspruchs (vgl. für Printmedien → Rn. 84, für den öffentlich-rechtlich organisierten Rundfunk → Rn. 104 und für den privatrechtlich organisierten Rundfunk → Rn. 121; § 56 RStV trifft für Telemedien keine explizite Regelung). In allen Fällen muss die Gegendarstellung ohne größeren Aufwand der Ausgangsmitteilung zugeordnet werden können (Seitz/Schmidt Kap. 5 Rn. 128). Hierzu kann der angegriffene Teil der Erstmitteilung inhaltlich wiedergegeben werden; er kann entweder wörtlich zitiert oder in ihrem tatsächlichen Kern zutreffend referiert werden (MüKoBGB/Rixecker BGB Anh. zu § 12 Rn. 258).

2. Zulässiger Umfang und Inhalt der Entgegnung

41 Die Gegendarstellung hat sich auf **tatsächliche Angaben** zu beschränken. Dabei ist allerdings ein kontextbezogenes Verständnis erlaubt (BVerfG NJW 2004, 1235 (1236)). Bei der Abgrenzung von Tatsachenbehauptung und Meinungsäußerung **spielen Ausgangsmitteilung, Erwiderung und deren schriftsätzliche Begründung zusammen.** Wie oben (→ Rn. 11) gezeigt, gibt es Fälle, in denen Äußerungen gegendarstellungsfähig sind, die schwerpunktmäßig Meinungsäußerungen darstellen und lediglich einen Tatsachenkern beinhalten. Insbesondere Subsumtionsergebnisse, ärztliche Diagnosen und sachverständige Schlussfolgerungen sind Wertungen, können im Einzelfall aber einen Tatsachenkern beinhalten. Einfach ist die Handhabung, sofern in der angegriffenen Berichterstattung neben dieser Bewertung auch der Sachverhalt geschildert wird, aufgrund dessen das Presseorgan zu diesem Ergebnis kommt; in diesem Fall kann der Betroffene jedenfalls diese Tatsachen als unrichtig beanstanden (vgl. iÜ → Rn. 15). Problematisch ist es aber, wenn in der Ausgangsmitteilung lediglich eine Wertung dargestellt wird, die aus Sicht des Rezipienten einen Tatsachenkern beinhaltet oder beinhalten kann (vgl. → Rn. 13). In diesem Fall besteht nur dann ein Anspruch auf Verbreitung einer Gegendarstellung, wenn der tatsächliche Hintergrund in Abrede gestellt wird, auf deren Basis die abgegebene Bewertung aus Sicht des Presseorgans vertretbar schien. Das muss nicht notwendig in dem erwidernden Teil der Gegendarstellung geschehen; vielmehr darf diese genauso pauschal bleiben, wie die Ausgangsmitteilung, sofern sie dadurch nicht irreführend wird. Indes muss sich aus der schriftsätzlichen Begründung des Antrags auf Erlass der einstweiligen Verfügung klar ergeben, dass nicht die Richtigkeit der Bewertung, sondern die Wahrheit der ihr zugrundeliegenden tatsächlichen Annahmen in Abrede gestellt wird. Denn das Gegendarstellungsverlangen ist unbegründet, wenn der Betroffene (möglicherweise) nur die Bewertung eines Sachverhalts für unangemessen hält, ohne den tatsächlichen Hintergrund dieser in Abrede stellen zu können.

42 Teilweise ist explizit vorgeschrieben, dass die Gegendarstellung nur einen im Vergleich zur Ausgangsmitteilung bzw. zur angegriffenen Tatsachenbehauptung **angemessenen Umfang** haben darf. Die Details sind unterschiedlich geregelt. Teils gilt die Länge als angemessen, wenn der Umfang des beanstandeten Textes nicht oder nicht wesentlich überschritten wird; in diesem Fall ist also ein Vergleich des beanstandeten Teils der Ausgangsmitteilung mit der Erwiderung geboten; die Bezeichnung der beanstandeten Erstbehauptung und der für deren Wiedergabe erforderliche Raum haben hingegen bei der Bemessung außer Betracht zu bleiben (OLG Karlsruhe AfP 2009, 267 ff.).

43 Der Gegendarstellungsanspruch beinhaltet unabhängig von der zulässigen Gesamtlänge der Gegendarstellung lediglich das Recht auf eine tatsächliche Erwiderung auf die angegriffenen Tatsachenbehauptungen; diese können **richtiggestellt oder ergänzt** werden (BeckOK BGB/Bamberger BGB § 12 Rn. 241). Unzulässig ist eine Gegendarstellung, die sich nicht auf die zur Entgegnung nötigen Tatsachen beschränkt, insbes. wenn sie ergänzende Mitteilungen enthält, die nichts mit der behaupteten Unrichtigkeit zu tun haben (Seitz/Schmidt Kap. 5 Rn. 157 mwN.). Erklärende Zusätze sind zulässig, sofern die Gegendarstellung hierdurch keinen unangemessen großen Umfang erlangt. Entscheidend ist, welcher Umfang erforderlich ist, um einschließlich der Anknüpfung an die Erstmitteilung in den relevanten Punkten knapp zu erwidern (MüKoBGB/Rixecker BGB Anh. zu § 12 Rn. 257 f.). Innerhalb dieses Rahmens dürfen auch neue Tatsachen mitgeteilt werden, wenn der Zusammenhang mit der Erstveröffentlichung gewahrt bleibt und sich der Umfang der Gegendarstellung auf das beschränkt, was für eine verständliche Entgegnung notwendig ist.

Es besteht kein Anspruch auf Abdruck weitschweifiger und geschwätziger Ausführungen (BeckOK BGB/Bamberger BGB § 12 Rn. 257 mwN.). Insbesondere können neue Tatsachen vorgebracht werden, um die Unrichtigkeit der Erstmitteilung darzutun, nicht aber Umstände, die mit der Frage nichts zu tun haben, ob die Erstmitteilung zutrifft (OLG Frankfurt a. M. AfP 2010, 478 ff.). Soweit lediglich ein insgesamt zu großer Umfang gerügt wird, darf aber kein kleinlicher Maßstab angelegt werden, weil die Widerlegung einer Tatsachenbehauptung im Allgemeinen mehr Raum in Anspruch nimmt als ihre erstmalige Aufstellung (OLG Koblenz ZUM-RD 2006, 173 ff. mwN.).

Zulässig ist es bspw., neben der Negation der Behauptung, der Betroffene sei mit einer dritten **43.1** Person befreundet, mitzuteilen, dass diese lediglich Arbeitnehmer des Anspruchstellers gewesen sei, denn hierdurch wird dem Rezipienten verdeutlicht, dass der Betroffene nicht eine Bekanntschaft schlechthin in Abrede stellen, sondern sie lediglich zur behaupteten Freundschaft abgrenzen will (OLG Karlsruhe AfP 2009, 267 ff.). Derartige Zusätze sind in solchen Konstellationen sogar zu empfehlen, um nicht den Vorwurf zu riskieren, die Gegendarstellung sei irreführend (vgl. insoweit → Rn. 35).

Das Recht, anstelle einer Negation der Ausgangsmitteilung nur ergänzende Tatsachen **44** darzustellen, endet dort, wo die Ausgangsmitteilung auch ohne die Ergänzung nicht mehr unrichtig oder lückenhaft, also nicht mehr richtigstellungsbedürftig erscheint (OLG Frankfurt a. M. AfP 2003, 459 ff.).

Eine zulässige Gegendarstellung liegt nicht vor, wenn der Behauptung, dass „Anleger bisher ihr **44.1** Geld nicht wieder sahen", entgegengesetzt wird, die Anleger seien Inhaber der ihnen vermittelten Vermögenswerte geblieben und könnten jederzeit darüber verfügen, denn dem in der Ausgangsmitteilung berichteten Wertverlust der Anlage wird nichts entgegen gesetzt (OLG Frankfurt a. M. Beschl. v. 16.7.1997 – Az. 16 W 33/97).

3. Verbot des strafbaren Inhalts

Auf den Abdruck einer Gegendarstellung mit strafbaren Inhalten besteht kein Anspruch. **45**

4. Unterzeichnung

Die Unterschrift ist Bestandteil der Gegendarstellung und setzt voraus, dass der Anspruch- **46** steller eindeutig identifiziert werden kann. Juristische Personen sind mit ihrer korrekten Bezeichnung anzugeben, eine Namensverkürzung ist unzulässig (KG AfP 2008, 394).

VI. Formelle Anforderungen an das Gegendarstellungsverlangen

Der Anspruchsteller muss den Abdruck der Gegendarstellung vor seiner gerichtlichen **47** Geltendmachung gefordert haben. Hierbei handelt es sich um eine Fälligkeitsvoraussetzung des Gegendarstellungsanspruchs (BeckOK BGB/Bamberger BGB § 12 Rn. 249; Seitz/Schmidt Kap. 5 Rn. 11; aA Sedelmeier AfP 2012, 345: der Zugang des Verlangens führe erst zum Entstehen des Gegendarstellungsanspruchs). Teilweise ist ein vorgerichtliches Verlangen explizit vorgeschrieben, teilweise ergibt sich seine Erforderlichkeit aus der für die Gegendarstellung vorgesehenen Schriftform (vgl. auch → Rn. 85, → Rn. 106 und → RStV § 56 Rn. 31).

Unterschiede bestehen in Bezug auf die Frage, von wem im Einzelnen der Gegendar- **48** stellungsanspruch vorgerichtlich geltend gemacht werden kann. Die Unterzeichnung der Gegendarstellung muss grds. **durch den Betroffenen selbst** erfolgen, denn der Anspruch ist höchstpersönlicher Natur und daher nicht übertragbar, sofern eine Vertretung nicht explizit zugelassen ist (BeckOK BGB/Bamberger BGB § 12 Rn. 252; aA OLG Naumburg Urt. v. 19.4.2000 – Az. 6 U 36/00); nur in einzelnen den Gegendarstellungsanspruch für Printmedien regelnden Normen ist eine gewillkürte Stellvertretung vorgesehen (vgl. → Rn. 85 aE). Darüber hinaus ist in etlichen Regelungen (für den Fall fehlender Geschäftsfähigkeit) geregelt, dass eine Vertretung durch den gesetzlichen Vertreter erfolgen kann (und muss), wobei sich das auch schon aus den allgemeinen Grundsätzen ergibt (vgl. auch OLG Frankfurt AfP 2003, 459 f. mwN.). Soweit eine gewillkürte Stellvertretung nicht zugelassen ist, müssen bei nicht rechtsfähigen Personenvereinigungen alle Mitglieder die Gegendarstellung unterzeichnen, bei einer Behörde kann allerdings auch ihr Leiter unterschreiben (Seitz/Schmidt Kap. 4 Rn. 23, 43; Kap. 5 Rn. 111). Nachdem sich für den Anspruchsverpflichteten ein Rechtsanwalt bestellt hat, können weitere Veröffentlichungsverlangen diesem zugeleitet werden, sofern nichts Abweichendes mitgeteilt wird (Seitz/Schmidt Kap. 5 Rn. 26 mwN.).

49 Das Gegendarstellungsverlangen ist eine rechtsgeschäftsähnliche Handlung, so dass die Vorschriften über Willenserklärungen entsprechende Anwendung finden (BeckOK BGB/Bamberger BGB § 12 Rn. 249). Soweit – wie in den meisten Anspruchsgrundlagen (vgl. – auch bzgl. Ausnahmen – für Printmedien → Rn. 85, für den Rundfunk → Rn. 106 aE (öffentlich-rechtlich) bzw. → Rn. 123a (privatrechtlich) sowie für Telemedien → RStV § 56 Rn. 30) die Schriftform vorgeschrieben ist und darüber hinaus explizit geregelt ist, dass das Gegendarstellungsverlangen beim Verpflichteten zugehen muss, setzt das einen **Zugang im Original und nicht nur per Telefax** voraus (zutreffend OLG Hamburg AfP 2011, 72 ff. sowie allgemein bei empfangsbedürftigen formgebundenen Willenserklärungen BGH NJW 1997, 3169 (3170); hingegen hält die hM das Schriftformerfordernis bei jeder Art der Fixierung durch Druck oder Schrift für gewahrt und auch das Erfordernis der eigenhändigen Unterzeichnung sei bei Zuleitung durch Telefax erfüllt, vgl. OLG Bremen NJW 2011, 1611 ff.; Hahn/Vesting/Schulz RStV § 56 Rn. 33; Bornemann/von Coelln/Hepach/Himmelsbach/Lörz, Bayerisches Mediengesetz, 34. Aufl. 2013 Art. 18 Rn. 64; LG Köln AfP 1995, 684 ff.; OLG Saarbrücken, NJW-RR 1992, 730 f. sowie OLG Hamm Urt. v. 14.10.1992 – Az. 3 U 203/92; diff. OLG München NJW 1990, 2895 und KG AfP 1993, 748, 749, wonach ein Telefax ausreicht, wenn es vom Gerät des Berechtigten unmittelbar zu dem Empfangsgerät des Verpflichteten übermittelt wird).

VII. Zeitliche Aspekte des Gegendarstellungsanspruchs

50 Der Abdruck einer Gegendarstellung soll nur innerhalb des Zeitraums verlangt werden dürfen, innerhalb dessen einem durchschnittlichen und interessierten **Leser die Ausgangsberichterstattung noch erinnerlich** ist.

1. Unverzügliche Geltendmachung

51 In vielen Anspruchsnormen ist festgelegt, dass die Gegendarstellung „unverzüglich" geltend gemacht werden muss („ohne schuldhaftes Zögern", § 121 BGB; vgl. für Printmedien → Rn. 86, für den öffentlich-rechtlich organisierten Rundfunk → Rn. 107, für den privatrechtlich organisierten Rundfunk → Rn. 122 und für Telemedien → RStV § 56 Rn. 32), wobei dem Betroffenen ab Kenntniserlangung von der Veröffentlichung (Seitz/Schmidt Kap. 5 Rn. 35) eine **kurze Bedenkzeit** zusteht (MüKoBGB/Rixecker BGB Anh. zu § 12 Rn. 256). Maßgeblich zur Bemessung der zulässigen Überlegungsfrist sind alle Umstände des Einzelfalls, insbes. das Gewicht der Erstveröffentlichung und der angegriffenen Tatsachenbehauptung für den Betroffenen sowie das Interesse der Öffentlichkeit daran; starre Zeiträume (OLG Celle NJW-RR 2009, 977 f.) oder Regelfristen lassen sich insoweit nicht aufstellen (KG AfP 2009, 61 f.; BeckOK BGB/Bamberger BGB § 12 Rn. 250; aA OLG Dresden ZUM-RD 2007, 117 ff. und OLG Hamburg AfP 2011, 72 ff., welche von einer Bedenkzeit von grds. 2 Wochen ab Kenntnis von der Erstmitteilung ausgehen).

52 Eine ohne Verschulden fehlerhafte Gegendarstellung kann, wenn sie unverzüglich geltend gemacht wurde, **korrigiert und erneut zugeleitet** werden, wobei jedenfalls grobe und ohne weiteres erkennbare Mängel einer Gegendarstellung verschuldet sind (OLG Stuttgart AfP 2006, 252 ff.; BeckOK BGB/Bamberger BGB § 12 Rn. 250 mwN.).

53 Zur Frage, welche Fehler eine **Neuzuleitung** erforderlich machen, vgl. → Rn. 59 ff.

2. Ausschlussfrist und Aktualitätsgrenze

54 In vielen Anspruchsgrundlagen ist eine **Obergrenze** zur Geltendmachung des Gegendarstellungsanspruchs festgeschrieben. Üblich sind Fristen von einem, zwei oder drei Monaten oder von 6 Wochen (vgl. für Printmedien → Rn. 86, für den öffentlich-rechtlich organisierten Rundfunk → Rn. 107, für den privatrechtlich organisierten Rundfunk → Rn. 123 und

für Telemedien → RStV § 56 Rn. 32). Maßgeblich für den Fristbeginn ist der Tag des Erscheinens. Für das Fristende kommt es, sofern nichts anderes geregelt ist, auf den Zeitpunkt an, zu welchem der Antragsteller unter regelmäßigen Umständen mit einer erstinstanzlichen Entscheidung rechnen kann. Dabei spielen gerichtsinterne Verzögerungen keine Rolle. Denn wenn der Anspruchsteller alles Erforderliche getan hat, um sein Ziel zügig zu erreichen, kann ihm die Dauer des gerichtlichen Verfahrens nicht entgegen gehalten werden (BVerfG NJW 1999, 483 (484)). Ist hingegen wegen Mängeln der Gegendarstellung eine Neuzuleitung erforderlich, so kann diese nur innerhalb der gesetzlich vorgeschriebenen Frist einen fälligen Gegendarstellungsanspruch begründen.

Vereinzelt ist eine Obergrenze nicht explizit normiert (vgl. → Rn. 86 f. und → Rn. 123). **55** In diesen Fällen leitet sich die Aktualitätsgrenze aus dem materiell-rechtlich erforderlichen berechtigten Interesse bzw. jedenfalls aus dem prozessual erforderlichen Rechtsschutzbedürfnis ab. Sofern keine Höchstgrenzen geregelt sind, entfällt der Anspruch, wenn dem Gegenstand der Erstmitteilung keinerlei Aktualität mehr zukommt (MüKoBGB/Rixecker BGB Anh. zu § 12 Rn. 256). Anspruch auf die Gegendarstellung besteht in diesen Fällen nur dann, wenn die Angelegenheit, deretwegen eine Gegendarstellung begehrt wird, nach objektiven Gesichtspunkten noch so aktuell ist, dass sie dem Bewusstsein der Rezipienten noch nicht entschwunden ist (OLG München NJW-RR 1989, 180). Ob eine Angelegenheit noch aktuell ist, beurteilt sich nach den Umständen des Einzelfalls, wie der Person des Betroffenen, seiner Stellung in der Öffentlichkeit, dem Thema, dem Umfang sowie der Bedeutung der Meldung für den Betroffenen und insbes. für die Öffentlichkeit (OLG München Urt. v. 29.11.2011 – Az. 18 U 3582/11). Maßgeblich ist das Bewusstsein des durchschnittlichen Empfängers, nicht das des speziell an diesem Thema interessierten Lesers. Daher ist das Gedächtnis von Verwandten, Bekannten und Freunden nicht entscheidend (OLG München NJW-RR 1998, 26 f.).

VIII. Bereichsausnahmen bei der Gegendarstellungsfähigkeit

Ausgenommen von dem Anspruch auf Gegendarstellung ist in den meisten Regelungen **56** die **Verfahrensberichterstattung** für **wahrheitsgetreue Berichte über öffentliche Sitzungen** der gesetzgebenden oder beschließenden Organe des Bundes, der Länder und der Gemeinden (Gemeindeverbände) sowie der Gerichte, teilweise auch in Bezug auf Berichte über öffentliche Sitzungen der gesetzgebenden und beschließenden Organe der Europäischen Gemeinschaft. Wahrheitsgetreu ist ein Bericht, wenn er dasjenige richtig wiedergibt, was in der Sitzung erörtert worden ist. Ob dasjenige, was ein Teilnehmer geäußert hat, seinerseits wahr ist, ist unerheblich, denn im Fall der zutreffenden Berichterstattung in derartigen Berichten soll wegen der Privilegierung parlamentarischer Äußerungen (vgl. auch § 36 StGB und Art. 42 Abs. 3 GG) eine Gegendarstellung insoweit nicht möglich sein. Bei einer abweichenden, den Sinn nicht beeinträchtigenden Wortfassung besteht kein Gegendarstellungsanspruch, wohl aber bei einer entstellten, verzerrten oder gefärbten Wiedergabe. Erforderlich ist eine überwiegende Wahrscheinlichkeit für die Unwahrheit der angegriffenen Tatsachenbehauptung, die durch die von dem Gesetz vorgesehenen Mittel glaubhaft gemacht werden muss (so zutreffend OLG Jena AfP 1997, 559 (561, 562); nach aA soll sich das Erfordernis einer wahrheitsgetreuen Berichterstattung darauf beschränken, dass mit der Gegendarstellung nicht geltend gemacht werden dürfe, ein von dem Presseorgan zutreffend wiedergegebenes Zitat sei inhaltlich unrichtig; werde hingegen geltend gemacht, das Zitat sei unrichtig wiedergegeben, so müsse dies nicht glaubhaft gemacht werden, Löffler/Sedelmeier § 11 LPG Rn. 76).

Soweit der Gegendarstellungsanspruch nicht explizit für eine derartige Berichterstattung **57** ausgeschlossen ist, fehlt gleichwohl das erforderliche berechtigte Interesse an einer dahingehenden Gegendarstellung (Bornemann/von Coelln/Hepach/Himmelsbach/Lörz, Bayerisches Mediengesetz, 34. Aufl. 2013 Art. 18 Rn. 107).

Überwiegend ist eine Gegendarstellung auch gegen Tatsachenbehauptungen in einer **58** **geschäftlichen Anzeige oder Werbesendung** ausgeschlossen, die ausschließlich dem geschäftlichen Verkehr dient. Vgl. zu weiteren Ausnahmen auch → Rn. 133.

IX. Die Veröffentlichung: Rahmenbedingungen und Änderungen

1. Inhaltliche Änderungen

59 Erfüllung des Gegendarstellungsanspruchs tritt durch Abdruck der vom Betroffenen geltend gemachten Gegendarstellung ein. Dabei muss der Wortlaut der wiedergegebenen Gegendarstellung exakt dem der verlangten entsprechen. Weglassungen und Einschübe sind nicht zulässig; das gilt auch in Bezug auf die Anordnung des Textes. So darf auch ein in der begehrten Gegendarstellung enthaltener Absatz zwischen Wiedergabe der Erstmitteilung und Entgegnung nicht entfallen (OLG München AfP 2001, 141 f.). Grundsätzlich dürfen keine Veränderungen vorgenommen werden, denn die Gegendarstellung ist eine persönliche Erklärung des Anspruchstellers und nur dieser darf darüber bestimmen, in welcher Weise er mit einer Gegendarstellung an die Öffentlichkeit tritt (**„Alles-oder-nichts-Prinzip"**, vgl. MüKoBGB/Rixecker BGB Anh. zu § 12 Rn. 266). Sie darf daher nur durch ihn selbst in geänderter Form begehrt werden; eine relevante (also für das Bestehen des Verbreitungsanspruchs wesentliche) oder gar inhaltliche Änderung darf nicht vorgenommen werden (OLG München AfP 1998, 89 (90); Prinz/Peters, Medienrecht, 1999, Rn. 447). Bei relevanten Änderungswünschen von Seiten des Anspruchstellers selbst ist eine vorherige Zuleitung des geänderten Gegendarstellungsverlangens an den Anspruchsverpflichteten erforderlich. Von diesen Grundsätzen gibt es allerdings zwei Ausnahmen (vgl. ausf. hierzu Ricker/Weberling Kap. 28 Rn. 12):

60 Änderungen, die für das Bestehen des Gegendarstellungsanspruchs bedeutungslos sind und nur der Klarstellung dienen, sind zulässig, sofern sie nicht in das Persönlichkeitsrecht des Betroffenen eingreifen (OLG München NJW-RR 2000, 1573 (1574)). Unschädlich sind daher lediglich **geringfügige stilistische oder grammatikalische Korrekturen,** sofern sie keinen Einfluss auf den Sinngehalt nehmen (MüKoBGB/Rixecker BGB Anh. zu § 12 Rn. 266; vgl. insoweit auch OLG Oldenburg AfP 2011, 74 ff.). Zulässig ist es bspw., den über 3 Zeilen verteilten Unterschriftsteil innerhalb einer Zeile, die einzelnen Elemente durch Kommata getrennt, wiederzugeben (OLG München AfP 2001, 141). Derartige Korrekturen können durch den Betroffenen selbst (im Prozess ohne vorherige Neuzuleitung), den Anspruchsverpflichteten oder auch durch das Gericht vorgenommen werden (Seitz/Schmidt Kap. 12 Rn. 25, 61, 80).

61 Der Betroffene kann darüber hinaus den Verpflichteten oder das Gericht **persönlich ermächtigen,** voneinander abgrenzbare und aus sich heraus verständliche Teile des Gegendarstellungsverlangens aus der Gegendarstellung zu entfernen, wenn auf ihre Wiedergabe kein Anspruch besteht (OLG Frankfurt a. M. AfP 2008, 628 (630, 631); OLG Karlsruhe AfP 2009, 267 ff.; OLG München AfP 2000, 172 ff.; MüKoBGB/Rixecker BGB Anh. zu § 12 Rn. 267; Prinz/Peters, Medienrecht, Rn. 447; offen gelassen von OLG Frankfurt a. M. AfP 2010, 478 ff.). Unzulässig ist aber eine darüber hinausgehende, allgemeine Bevollmächtigung, die Gegendarstellung in der Form anzupassen, dass der geltend gemachte Gegendarstellungsanspruch begründet ist (OLG Celle NJW-RR 2009, 977 (979)). Auch berechtigt eine auf die Erstfassung eines Gegendarstellungsverlangens bezogene Kürzungsermächtigung jedenfalls nicht zur Kürzung einer hilfsweise begehrten Zweitfassung (OLG München AfP 2001, 132 ff.). Eine Neuzuleitung einer geänderten Gegendarstellung ist auch dann nicht erforderlich, sofern der Anspruchsgegner bereits **endgültig zum Ausdruck gebracht hat, zur Verbreitung auch der geänderten Gegendarstellung nicht bereit** zu sein. In diesem Fall wäre eine erneute Zuleitung der geänderten Version ein reiner Formalismus (KG AfP 2006, 255 ff.).

2. Platzierung

62 Grds. kann eine Veröffentlichung an **gleichwertiger Stelle** verlangt werden (OLG Hamburg AfP 2010, 580 f.); vgl. zu den Einzelheiten für Printmedien → Rn. 89, für den öffentlich-rechtlich organisierten Rundfunk → Rn. 109, für den privatrechtlich organisierten Rundfunk → Rn. 125 und für Telemedien → RStV § 56 Rn. 36 ff.

63 In Bezug auf **Form und Aufmachung** kann Erfüllung auch dann eintreten, wenn die Gegendarstellung nicht den vom Betroffenen erhobenen Forderungen entspricht. Entscheidend ist hier lediglich, ob die Gegendarstellung in Größe und Lokalisation in gleichwertiger

Weise wiedergegeben wurde, wie die angegriffene Tatsachenbehauptung; innerhalb dessen ist – vor Erlass einer einstweiligen Verfügung – die redaktionelle Gestaltungsfreiheit zu respektieren (KG Urteil v. 28.11.2006 – Az. 9 U 210/06). Für Printmedien gibt es allerdings teilweise gesetzliche Vorgaben, vgl. → Rn. 90. Nach Zustellung der einstweiligen Verfügung, in welcher das Gericht sein Ermessen in Bezug auf die Anordnung der Modalitäten der Veröffentlichung ausgeübt hat (§ 938 ZPO), kann Erfüllung nur noch dadurch eintreten, dass die Gegendarstellung unter Beachtung dieser Vorgaben verbreitet wird. Dasselbe gilt innerhalb des Zeitraumes, in dem die einstweilige Verfügung dem Anspruchsgegner schon zur Kenntnis gebracht, aber noch nicht förmlich zugestellt worden ist. Wollte man dies anders sehen, könnte jeder Verlag die in § 938 ZPO vorgesehene Regelung, dass das Gericht bei der Abdruckanordnung sein Ermessen zu walten lassen hat, dadurch unterlaufen, dass man sich erkundigt, ob die Gegendarstellung angeordnet wurde, und dann noch vor Zustellung eine Minimalversion, die vor Erlass der einstweiligen Verfügung gerade noch zur Erfüllung gem. § 362 BGB ausreichen würde, abdrucken (LG München I, 18.7.2011, Az. 9 O 9791/11; bestätigt durch Beschluss des OLG München vom 24.8.2011, Az. 18 U 3082/11). Sofern die Gegendarstellung in ungenügender Form veröffentlicht wurde, steht dem Fortbestehen des Gegendarstellungsanspruchs nicht entgegen, dass das Medium hierdurch erneut in Anspruch genommen wird; vielmehr hat das Presseorgan seine wiederholte Inanspruchnahme in diesem Fall selbst zu vertreten (BVerfG NJW 1998, 1381 (1385)).

3. Rahmenbedingungen

Redaktionelle Stellungnahmen (sog. „Redaktionsschwanz") sind begrenzt möglich. Teilweise ist vorgeschrieben, dass sie zu der Gegendarstellung nicht, nicht in unmittelbarem Zusammenhang oder nur durch die Mitteilung bloßer Tatsachen verbreitet werden dürfen **(Glossierungsverbot).** Vgl. für Printmedien → Rn. 89, für den Rundfunk → Rn. 110 (öffentlich-rechtlich) bzw. → Rn. 126 f. (privatrechtlich) sowie für Telemedien → RStV § 56 Rn. 41 ff. Soweit es an einer solchen Regelung fehlt, sind derartige Erwiderungen nur ausnahmsweise unzulässig, wenn sie sich nämlich als Schikane, sittenwidrige Schädigung oder Verstoß gegen Treu und Glauben darstellen (§§ 226, 242, 826 BGB). Das ist letztlich nur dann der Fall, wenn durch sie der Zweck der Gegendarstellung vereitelt wird, dem Betroffenen Gehör zu geben und die Öffentlichkeit zu informieren. Denn aus dem allgemeinen Persönlichkeitsrecht ergibt sich eine Schutzpflicht des Staates, dem Betroffenen einer Medienberichterstattung das Recht zu einer Gegendarstellung mit gleicher publizistischer Wirkung einzuräumen, andererseits bedarf der damit verbundene Eingriff in die Pressefreiheit in der Regel einer gesetzlichen Grundlage (KG NJW-RR 2008, 357 f.; OLG München NJW-RR 1999, 965 f.). Werden diese Vorgaben nicht beachtet, dann tritt trotz Verbreitung der Gegendarstellung keine Erfüllung des Gegendarstellungsanspruchs ein (OLG Brandenburg NJW-RR 2000, 832 f.). **64**

Zu beachten ist, dass derartige redaktionelle Stellungnahmen stets nur **getrennt** von der Gegendarstellung verbreitet und nicht in sie eingearbeitet werden dürfen. **65**

> Unzulässig ist bspw. ein Hinweis auf die gesetzliche Abdruckverpflichtung zwischen der Überschrift „Gegendarstellung" und dem eigentlichen Text (OLG München AfP 2001, 141 f.). **65.1**

Teilw. gibt es **zeitliche Vorgaben** für die Veröffentlichung, vgl. für Printmedien → Rn. 88, für den öffentlich-rechtlich organisierten Rundfunk → Rn. 109, für den privatrechtlich organisierten Rundfunk → Rn. 124 und für Telemedien → RStV § 56 Rn. 35. **66**

X. Prozessuales

1. Rechtsweg

In den meisten Anspruchsnormen ist eine Sonderzuweisung an die ordentliche Gerichtsbarkeit gegeben. Auch im Übrigen ist für den Gegendarstellungsanspruch gem. § 13 GVG der Rechtsweg zu der ordentlichen Gerichtsbarkeit eröffnet, soweit der Rechtsstreit nicht ausnahmsweise eine öffentlich-rechtliche Streitigkeit gem. § 40 VwGO ist; letzteres ist im Einzelfall denkbar, wenn die angegriffene Äußerung hoheitlicher Natur ist, wie es etwa bei **67** bestimmungsgemäßen Inhalten des Verfassungsschutzberichts oder bei religiöse Inhalte verkündenden Schriften öffentlich-rechtlich verfasster Religionsgemeinschaften der Fall ist.

2. Anzuwendendes Verfahrensrecht

68 Meist ist die entsprechende Anwendbarkeit der Vorschriften über einstweilige Verfügungen gem. §§ 935 ff. ZPO vorgesehen, wobei die Gefährdung des Anspruchs nicht glaubhaft gemacht werden muss. Soweit weder nicht vorgeschrieben ist, gilt die für das jeweilige Gericht einschlägige Verfahrensordnung (ZPO oder ausnahmsweise – vgl. insoweit → Rn. 67 – VwGO).

3. Örtliche Zuständigkeit

69 Die örtliche Zuständigkeit und damit auch die internationale (vgl. Ricker/Weberling Kap. 28 Rn. 6 mwN.) bemisst sich nach §§ 12, 13, 17, 21 ZPO. Die Anwendbarkeit des § 32 ZPO wird von der überwiegenden Auffassung abgelehnt (Seitz/Schmidt Kap. 9 Rn. 19).

4. Parteifähigkeit

70 Die Parteifähigkeit bemisst sich nach § 50 ZPO; sie setzt Rechtsfähigkeit voraus. Soweit der Gegendarstellungsanspruch nach den einschlägigen Anspruchsnormen teilweise auch nicht rechtsfähigen Personengruppen zusteht, vermittelt das diesem Personenkreis nicht auch die prozessuale Parteifähigkeit (BeckOK BGB/Bamberger BGB § 12 Rn. 245). Eine Gegendarstellung kann z. B. von einem nicht rechtsfähigen Verein geltend gemacht werden. In diesem Fall muss der Antrag auf Erlass einer einstweiligen Verfügung von sämtlichen Vereinsmitgliedern gestellt werden. Das ist verfassungsrechtlich nicht zu beanstanden (BVerfG Beschl. v. 8.3.1990 – Az. 1 BvR 267/90). Wurde der Gegendarstellungsanspruch nur von einer verfassten Personenmehrheit innerhalb einer juristischen Person geltend gemacht (etwa von einem Aufsichtsgremium, einem nicht selbständigen Ortsverband einer öffentlich-rechtlich organisierten Kirche o. ä.), so kann – neben sämtlichen Mitgliedern dieser Personengruppe – auch die hinter dieser „Stelle" stehende juristische Person eine einstweilige Verfügung beantragen (BeckOK BGB/Bamberger BGB § 12 Rn. 245).

5. Vollziehung der einstweiligen Verfügung

71 Die einstweilige Verfügung muss binnen eines Monats ab Zustellung an den Antragsteller durch Zustellung an den Antragsgegner im Parteibetrieb vollzogen werden (§§ 936, 922 Abs. 2, 929 Abs. 2 ZPO). Weitere Schritte als diese Zustellung sind für eine wirksame Vollziehung der einstweiligen Verfügung nicht erforderlich, denn mit der Zustellung bringt der Gläubiger in ausreichender Weise zum Ausdruck, dass er den Titel durchsetzen will (OLG München AfP 2007, 53 f. und MDR 2003, 53 f.; aA OLG Rostock MDR 2006, 1425 und OLG Koblenz AfP 2009, 59 ff.). Erfolgt die Zustellung nicht innerhalb der Vollziehungsfrist, so stellt dies einen veränderten Umstand iSd § 927 ZPO dar, der zur Aufhebung der einstweiligen Verfügung führt, welche im Klageweg geltend gemacht werden kann.

C. Die Anspruchsgrundlagen im Einzelnen

72 Da das „Postwesen und die Telekommunikation" iSd Art. 73 Nr. 7 GG nicht den Rundfunk umfasst, liegt die Gesetzgebungskompetenz für die Bereiche Presse und Rundfunk gem. Art. 30 GG bei den Ländern (BVerfGE 12, 205 ff.). Nur für den Auslandsrundfunk („Deutsche Welle") steht dem Bund unter dem Gesichtspunkt der auswärtigen Angelegenheiten die Gesetzgebungskompetenz zu. Die Länder haben das Gegendarstellungsrecht für die Printmedien in den Landespressegesetzen normiert. Soweit die Länder öffentlich-rechtlich organisierte Rundfunk- und Fernsehanstalten betreiben, finden sich die entsprechenden Vorschriften in den diese Anstalten konstituierenden Gesetzen, wobei diese landesrechtlichen Regelungen identisch sind, soweit sich mehrere Länder in Form eines Staatsvertrages zum gemeinsamen Betrieb einer Rundfunk- und/oder Fernsehanstalt zusammengeschlossen ha-

ben; diese Staatsverträge sind von den jeweiligen Landesgesetzgebern bestätigt worden. Für privatrechtlich organisierte Sendeanstalten findet sich die Anspruchsgrundlage für Gegendarstellungen in den Landesmediengesetzen bzw. den Gesetzen über den Privatrundfunk der einzelnen Bundesländer. Soweit Informationen weder mittels Printmedien, noch durch Funkwellen bzw. mittels Kabelübertragung verbreitet werden – insbes. also über das Internet – (sog. „Telemedien", vgl. die weiteren Ausführungen zur Abgrenzung bei → Rn. 72.1 und → RStV § 2 Rn. 10), enthält der Rundfunkstaatsvertrag die einschlägigen Regelungen zum Gegendarstellungsanspruch, wobei auch dieser infolge entsprechender gesetzgeberischer Akte aller Landesparlamente Gesetzeskraft hat. Grundlegend ist daher zunächst die Unterscheidung zwischen **Printmedien, Telemedien und Rundfunk.** Bei letzterem kommt es auf die Organisationsform **(öffentlich-rechtlich oder privatrechtlich)** an.

Rundfunk ist gem. § 2 Abs. 1 S. 1 RStV definiert als „ein linearer Informations- und Kommunikationsdienst; er ist die für die Allgemeinheit und zum zeitgleichen Empfang bestimmte Veranstaltung und Verbreitung von Angeboten in Bewegtbild oder Ton entlang eines Sendeplans unter Benutzung elektromagnetischer Schwingungen". **Telemedien** sind nach § 2 Abs. 1 S. 2 RStV „alle elektronischen Informations- und Kommunikationsdienste, soweit sie nicht Telekommunikationsdienste nach § 3 Nr. 24 des Telekommunikationsgesetzes sind, die ganz in der Übertragung von Signalen über Telekommunikationsnetze bestehen oder telekommunikationsgestützte Dienste nach § 3 Nr. 25 des Telekommunikationsgesetzes oder Rundfunk nach Satz 1 und 2 sind". Zum Rundfunk gehören dabei nicht nur die mittels elektromagnetischer Schwingungen ausgestrahlten Rundfunksendungen, sondern auch die zeitgleich erfolgende Übertragung identischer Inhalte über das Internet sowie ferner die ausschließliche Übertragung von Rundfunkprogrammen über das Internet. Andere kommerzielle Angebote im Internet sind Telemedien, soweit sie nicht Telekommunikationsdienste sind (Spindler/Schuster/Holznagel/Kibele RStV § 2 Rn. 60 ff.; instruktiv ferner: Bornemann/von Coelln/Hepach/Himmelsbach/Lörz, Bayerisches Mediengesetz, 34. Aufl. 2013, Art. 18 Rn. 6 ff. jeweils mit weiteren Erläuterungen insbes. zur Abgrenzung). **72.1**

Daneben gibt es **Bereiche, in denen kein Anspruch auf eine Gegendarstellung besteht.** Das ist etwa der Fall, wenn Äußerungen durch Privatpersonen über das Internet verbreitet werden. Ferner kann auch in Bezug auf Äußerungen, die in lediglich einmal erschienenen Printerzeugnissen oder in Kinofilmen enthalten sind, keine Gegendarstellung verlangt werden. In diesen Bereichen kann auch nicht ohne gesetzliche Grundlage eine Verpflichtung zur Verbreitung einer Gegendarstellung angenommen werden, denn das Schutzgut der Ehre begründet keine verfassungsunmittelbare Schranke der Presse- bzw. Meinungsfreiheit, sondern es bedarf gem. Art. 5 Abs. 2 GG der gesetzlichen Ausformung. Da aber zum Schutz des Persönlichkeitsrechts das grundsätzliche Bestehen eines Gegendarstellungsanspruchs verfassungsrechtlich geboten ist, spricht vieles dafür, dass sich aus § 823 Abs. 1 BGB i. V. m. Art. 2 Abs. 1, Art. 1 Abs. 1 GG der Anspruch auf Verbreitung einer Gegendarstellung zu solchen Tatsachenbehauptungen ergibt, welche von den Medien in einer regelmäßig wiederkehrenden Publikation aufgestellt wurden (offen gelassen von BVerfG AfP 1993, 474 ff. mit dem Hinweis, dass das Persönlichkeitsrecht infolge der gem. §§ 823, 1004 BGB bestehenden Unterlassungs- und Widerrufsansprüche Angriffen Dritter nicht schutzlos ausgesetzt sei). **73**

I. Printmedien

Die Länder haben das Gegendarstellungsrecht für die Printmedien in den Landespressegesetzen normiert, und zwar in § 11 LPresseG (BW), Art. 10 BayPrG, § 10 BlnPrG, § 12 BbgPG, § 11 BrPrG, § 11 HbgPrG, § 10 LPrG M-V, § 9 HPresseG, § 11 NPresseG, § 11 LPresseG NRW, § 11 RPLMG, § 10 SMG, § 10 SächsPresseG, § 10 PresseG LSA, § 11 LPrG SH und § 11 ThPrG. Einschlägig ist das Landesgesetz des **Erscheinungsortes,** das ist idR der Verlagsort (Seitz/Schmidt Kap. 3 Rn. 2-3 mwN.). Auch bei einem vom Verlagsort abweichenden Ort der tatsächlichen Ausgabe – etwa bei einer bei einer regionalen Ausgabe – kommt es auf den Ort der verlegerischen Tätigkeit an (OLG Düsseldorf GRUR 87, 297 ff.). Die Voraussetzungen des Gegendarstellungsanspruchs werden nachfolgend im Einzelnen dargestellt. Sie sind in den jeweiligen Landespressegesetzen nicht einheitlich, aber teilweise sehr ähnlich formuliert. Relevante Unterschiede werden im Folgenden aufgezeigt. **74**

1. Tatsachenbehauptung

75 Die Gegendarstellung darf sich nur auf in der Ausgangsberichterstattung mitgeteilte Tatsachen beziehen (→ Rn. 5 ff.).

2. Aktiv- und Passivlegitimation

76 Der Anspruchsteller muss von der durch ihn als unrichtig beanstandeten Tatsache **betroffen** sein. In Art. 10 BayPrG wird eine „unmittelbare" Betroffenheit verlangt. Anspruchsberechtigt kann die von der Behauptung betroffene „Person" oder „Stelle" sein, in Bayern die unmittelbar betroffene „Person" oder „Behörde". Der Begriff der Behörde ist in Art. 1 Abs. 2 BayVwVfG legaldefiniert als „jede Stelle, die Aufgaben der öffentlichen Verwaltung wahrnimmt". Zu den Einzelheiten vgl. iÜ → Rn. 29 ff.

77 Der Gegendarstellungsanspruch richtet sich gegen den verantwortlichen **Redakteur** und den **Verleger** eines periodischen Druckwerks.

78 **Verantwortlicher Redakteur** ist, wer mit dem Willen des Unternehmensinhabers für die Veröffentlichung oder Zurückweisung der Gegendarstellung tatsächlich verantwortlich ist, wobei insoweit dem Impressum Indizwirkung zukommt (BeckOK BGB/Bamberger BGB § 12 Rn. 247 mwN.).

79 Maßgeblich ist der presserechtliche Begriff des Verlegers, nicht der verlagsrechtliche, denn der Gegendarstellungsanspruch ist persönlicher Natur, so dass es nicht darauf ankommt, wer vermögensrechtlich für Handlungen eines Presseorgans haftet. **Verleger** im presserechtlichen Sinn ist allein der Inhaber eines Verlagsunternehmens, der das Erscheinen und Verbreiten von Druckwerken bewirkt, denn mit dem Rechtsinstitut der Gegendarstellung sollen (nur) diejenigen in Anspruch genommen werden können, die dem Begehren auf Abdruck der Gegendarstellung auch tatsächlich ohne Schwierigkeiten entsprechen können (OLG Düsseldorf AfP 1988, 160). Allein die Bezeichnung einer natürlichen Person als Verleger im Impressum des Druckwerks vermittelt ihr daher noch nicht die presserechtliche Verlegereigenschaft und auch eine missverständliche Formulierung des Impressums begründet nicht die Passivlegitimation für einen Anspruch auf Abdruck einer Gegendarstellung (Löffler VI Rn. 84; OLG Celle NJW 1996, 1149 ff.). Sofern sich eine dieser Personen im Prozess darauf beruft, nicht Verleger im presserechtlichen Sinne zu sein, so setzt das nach den Grundsätzen der sekundären Darlegungslast voraus, dass sie iE erläutert, wie die Aufgaben und Verantwortlichkeiten bei der inhaltlichen Herstellung und Verbreitung des Druckwerks verteilt sind und aus welchen Gründen sie im Impressum als Verleger aufgeführt wird, wenn sie faktisch diese Funktion gar nicht ausüben will (noch weitergehend OLG Karlsruhe NJW-RR 1992, 1305 ff., wonach jeder passivlegitimiert sei, der im Impressum als Verleger oder Verlag genannt wird).

80 Der Gegendarstellungsanspruch bei Printmedien besteht bei sogenannten periodischen Druckwerken. In Bayern nimmt Art. 10 BayPrG auf Zeitungen oder Zeitschriften Bezug, wodurch auflagenarme und an einen bestimmten Personenkreis gebundene Druckwerke vom Gegendarstellungsanspruch ausgenommen werden (Art. 6 Abs. 3 BayPrG). **Periodische Druckwerke** sind Printpublikationen, die ständig wiederkehrend in einem Abstand von nicht mehr als sechs Monaten aber nicht notwendigerweise regelmäßig erscheinen (MüKoBGB/Rixecker BGB Anh. zu § 12 Rn. 257; ähnlich: Seitz/Schmidt Kap. 5 Rn 74).

3. Berechtigtes Interesse

81 Der Anspruchsteller hat gem. § 9 Abs. 2 S. 1 HPresseG das berechtigte Interesse am Abdruck der Gegendarstellung darzulegen. In den für die Bundesländer Baden-Württemberg, Brandenburg, Nordrhein-Westfalen, Rheinland-Pfalz, Saarland, Sachsen, Schleswig-Holstein, Thüringen, Bremen und Berlin geltenden Pressegesetzen ist das Fehlen eines berechtigten Interesses hingegen eine negative Anspruchsvoraussetzung. Für alle übrigen Bundesländer ergibt sich zumindest aus der zivilprozessualen Sachurteilsvoraussetzung des Rechtsschutzbedürfnisses, dass ein berechtigtes Interesse erforderlich ist. Zu der Bedeutung dessen → Rn. 33 ff.

4. Inhaltliche Voraussetzungen

Die Gegendarstellung hat sich auf **tatsächliche Angaben** zu beschränken (vgl. ausf. 82 → Rn. 41).

Eine Gegendarstellung mit **strafbaren Inhalten** kommt nach der expliziten Anordnung 83 aller Landespressegesetze nicht in Betracht.

Nach Art. 10 Abs. 1 S. 2 BayPrG muss die Gegendarstellung die **beanstandeten Stellen** 84 **bezeichnen.** In den übrigen Bundesländern ist das nicht vorgesehen (vgl. aber → Rn. 40).

5. Schriftform und vorgerichtliches Verlangen

Die **Schriftform** wird – bis auf in Bayern – in den Landespressegesetzen explizit verlangt; 85 aber auch in Art. 10 BayPrG ist das Schriftformerfordernis und mithin auch die Erforderlichkeit eines vorgerichtlichen Verlangens inhaltlich festgeschrieben, denn in dessen Abs. 1 S. 2 aE ist niedergelegt, dass die Gegendarstellung vom Einsender unterzeichnet sein muss. Als möglicher Unterzeichner wird von den Landespressegesetzen in Baden-Württemberg, Brandenburg, Mecklenburg-Vorpommern, Nordrhein-Westfalen, Rheinland-Pfalz, Saarland, Sachsen und Schleswig-Holstein der Betroffene bzw. sein gesetzlicher Vertreter genannt. In Thüringen ist nur von dem Betroffenen die Rede und in Niedersachsen, Sachsen-Anhalt sowie Bremen wird nur das Schriftformerfordernis genannt, es ergibt sich aber – ebenso wie bei Art. 10 BayPrG, in welchem die Unterschrift durch den „Einsender" verlangt wird – aus dem Kontext und dem Sinn des Schriftformerfordernisses, dass die Unterschrift durch den von der Tatsachenbehauptung Betroffenen geleistet werden muss; im Fall des Vorhandenseins eines gesetzlichen Vertreters ist natürlich auch in diesen Bundesländern nur dieser nach den allgemeinen bürgerlich-rechtlichen Regelungen zur Zeichnung befugt und verpflichtet. Lediglich nach den Pressegesetzen der Länder Berlin und Hessen hat neben dem Betroffenen auch ein gewillkürter Stellvertreter das Recht, die Gegendarstellung zu verlangen (vgl. insoweit auch KG NJW 1970, 2029 (2031)).

6. Frist und Aktualitätsgrenze

Der Abdruck einer Gegendarstellung muss gem. § 9 Abs. 2 S. 2 HPresseG „ohne schuld- 86 haftes Zögern", bzw. – wie in den anderen Pressegesetzen mit Ausnahme von Bayern inhaltlich aber gleichbedeutend (§ 121 BGB) festgelegt – „unverzüglich" geltend gemacht werden. Dabei legen die Pressegesetze aller Bundesländer mit der Ausnahme von Bayern und Hessen eine **Obergrenze** fest, nach der das Gegendarstellungsverlangen innerhalb von 3 Monaten nach der Veröffentlichung dem Redakteur zugehen muss.

Auch in Bayern gilt eine **Aktualitätsgrenze**, die sich aus dem jedenfalls prozessual 87 erforderlichen Rechtsschutzbedürfnis ableitet (bzw. dem Erfordernis eines berechtigten Interesses, vgl. OLG München NJW-RR 1989, 180; AfP 2012, 161 (162)). Die Aktualitätsgrenze liegt bei einer Veröffentlichung in einer wöchentlich erscheinenden Zeitschrift in der Regel bei einem Artikel von durchschnittlicher Bedeutung zwischen etwa vier und sechs Wochen. Im Einzelfall ist jeweils darauf abzustellen, ob die von der Gegendarstellung angegriffene Tatsachenbehauptung – und nicht der Artikel insgesamt – beim durchschnittlichen Leser noch so im Gedächtnis ist, dass ihm die Gegendarstellung eine korrigierende Information liefern kann (OLG München Urt. v. 29.11.2011 – Az. 18 U 3582/11; NJW-RR 2001, 832 ff.). Bei Veröffentlichung eines Artikels in einer Tageszeitung liegt die Aktualitätsgrenze bei einem durchschnittlichen Artikel bei etwa vier Wochen (OLG München AfP 2012, 161 ff.). Der Anspruch auf Veröffentlichung einer Gegendarstellung muss so rechtzeitig geltend gemacht werden, dass er vom Erstgericht bei der gebotenen zügigen Terminierung noch innerhalb der Aktualitätsgrenze verhandelt und entschieden werden kann (OLG München NJW-RR 1998, 26 (27)). Darf ein erstes Gegendarstellungsverlangen nicht schon wegen Überschreitung der Aktualitätsgrenze abgewiesen werden, leidet es aber unter einem anderen Mangel, dann kann ein weiteres, hilfsweise geltend gemachtes Verlangen regelmäßig kaum wegen Überschreitung der Aktualitätsgrenze zurückgewiesen werden, wenn über beide Verlangen im selben und ersten Termin zur mündlichen Verhandlung entschieden werden kann. Dies gilt auch dann, wenn der ursprüngliche Antrag fallen gelassen worden ist, also nur noch über die zweite Fassung entschieden werden muss (OLG München NJW-RR

2001, 832 ff.), nicht aber wenn in einem weiteren Verfahren erst nach Zuleitung des neuen Gegendarstellungsverlangens eine Sachentscheidung erst außerhalb der Aktualitätsgrenze ergehen kann (OLG München Urt. v. 29.11.2011 – Az. 18 U 3582/11).

7. Abdruckverpflichtung

88 Die Gegendarstellung ist nach den Landespressegesetzen in Bayern, Rheinland-Pfalz, Saarland, Thüringen, Bremen und Berlin **unverzüglich** abzudrucken; in den Regelungen der Bundesländer Baden-Württemberg, Brandenburg, Hamburg, Mecklenburg-Vorpommern, Hessen, Niedersachsen, Nordrhein-Westfalen, Rheinland-Pfalz, Sachsen, Sachsen-Anhalt und Schleswig-Holstein ist konkret festgelegt, dass der Abdruck in der **nächstfolgenden,** für den Druck **noch nicht abgeschlossenen Nummer** des Druckwerks erfolgen müsse.

89 In allen Landespressegesetzen – mit Ausnahme dem des Saarlands – ist vorgeschrieben, dass der Abdruck der Gegendarstellung im **gleichen Teil** des Druckwerks wie die Ausgangsmitteilung erfolgen müsse. In § 11 Abs. 3 S. 1 BrPrG ist darüber hinaus eine „gleichwertige Platzierung" vorgeschrieben. Allgemein gilt, dass die Veröffentlichung an gleichwertiger Stelle verlangt werden kann (vgl. → Rn. 62). Die Gegendarstellung muss **ohne Einschaltungen und Weglassungen** veröffentlicht werden. Unberührt hiervon bleiben marginale formale Korrekturen (vgl. → Rn. 59 ff.). In allen Landespressegesetzen außer dem bayerischen ist geregelt, dass sich eine **Erwiderung auf die Gegendarstellung** auf tatsächliche Angaben beschränken muss, sofern sie in derselben Nummer erfolgt. Eine solche Erwiderung darf zudem nach § 10 Abs. 2 S. 2 SMG (Saarländisches Mediengesetz) keinen strafbaren Inhalt haben.

89.1 Nicht gleichwertig ist insbes. der Abdruck einer Gegendarstellung im **Leserbriefteil**, sofern der Ausgangsbericht im redaktionellen Teil eines Magazins zu finden war (OLG Hamburg AfP 2010, 580 f.). In den meisten Pressegesetzen – mit Ausnahme von Bayern und Hessen – ist i. Ü. festgelegt, dass die Gegendarstellung nicht bzw. nicht gegen den Willen des Betroffenen **in Form eines Leserbriefs** erscheinen darf.

89.2 Aufgrund des Grundsatzes der Waffengleichheit kann der Betroffene eine Ankündigung der Gegendarstellung im **Inhaltsverzeichnis** verlangen, wenn die beanstandete Äußerung selbst aus dem Inhaltsverzeichnis zu ersehen war (OLG München NJW 1995, 2297 (2298)) oder die Gegendarstellung ohne Hinweis darauf nicht wahrgenommen werden würde (OLG Hamburg AfP 2010, 580 (581)).

89.3 Soweit sich die Gegendarstellung gegen eine auf einer **Titelseite** verbreitete Tatsachenbehauptung wendet, kann auch ein Abdruck der Gegendarstellung auf der Titelseite verlangt werden. Zwar greifen Gegendarstellungen auf der Titelseite tiefer in die Pressefreiheit ein, als Gegendarstellungen im Blattinnern. Sie werden aber dadurch gerechtfertigt, dass wegen der gesteigerten Aufmerksamkeit, die Titelseiten auf sich ziehen, und der breiteren Leserschaft, die sie finden, auch die Beeinträchtigung des Persönlichkeitsrechts empfindlicher ist. Voraussetzung ist aber, dass die Mitteilung, die das Persönlichkeitsrecht berührt, bereits auf der Titelseite zu finden ist und dort nicht lediglich angekündigt wird; insoweit ist entscheidend, ob die Meldung aus sich heraus, das heißt ohne den im Heftinnern stehenden Artikel, verständlich ist. Zudem darf die Titelseite durch Umfang und Aufmachung der Gegendarstellung nicht ihre Funktion verlieren, eine Identifizierung des Blattes zu ermöglichen, die als besonders wichtig erachteten Mitteilungen aufzunehmen und das Interesse des Publikums zu erregen. Schließlich darf von der konkreten Anordnung auch kein Effekt ausgehen, der die Presse längerfristig vom rechtmäßigen Gebrauch ihrer grundrechtlich geschützten Gestaltungsfreiheit abschrecken könnte (BVerfG NJW 1998, 1381 (1384)).

89.4 Eine **Ankündigung der Gegendarstellung auf der Titelseite** kann nur dann beansprucht werden, wenn nicht nur der Ausgangsbericht allgemein auf der Titelseite angekündigt worden war, sondern bereits die in der Gegendarstellung als unrichtig monierte Tatsachenbehauptung angeklungen ist (KG AfP 2007, 231, 233 (234)).

90 In allen Landespressegesetzen – außer Saarland und Bremen – ist ein Abdruck in **gleicher Schrift** vorgeschrieben; insbes. besteht daher ein Anspruch auf Verwendung der gleichen Schriftgröße, wobei im Einzelfall die geschützte redaktionelle Gestaltungsfreiheit eine Einschränkung gebieten kann, wenn die Gegendarstellung sonst einen vollkommen unangemessenen Raum einnehmen würde (KG NJW-RR 2009, 767 (768)). § 11 Abs. 3 S. 1 BrPrG regelt den Abdruck in gleicher Schriftgröße und Auszeichnung. In § 10 Abs. 2 SMG ist der Abdruck in gleicher Aufmachung vorgeschrieben. Unter dem Gesichtspunkt der Waffengleichheit kann zudem der Abdruck der Überschrift „Gegendarstellung" unter drucktechnischer Hervorhebung verlangt werden. Der Name des Betroffenen ist aus Gründen der Waffengleichheit ebenfalls drucktechnisch hervorzuheben, damit der Leser sofort erkennen kann, dass es sich um die Gegendarstellung des Betroffenen handelt (KG NJW-RR 2009, 767 (768)).

Der Abdruck ist grds. **kostenfrei.** Nach § 9 Abs. 3 S. 3 HPresseG sind allerdings die 91 üblichen Gebühren zu entrichten, soweit der Umfang des beanstandeten Textes überschritten wird. Darüber hinaus sind Gegendarstellungen zu Tatsachen, die in **Anzeigen** verbreitet wurden, nach den Landespressegesetzen von Bremen, Hamburg, Schleswig-Holstein, Sachsen-Anhalt, Rheinland-Pfalz und Niedersachsen **kostenpflichtig.** In diesem Zusammenhang ist auch zu beachten, dass in den für Baden-Württemberg, Brandenburg, Niedersachsen, Nordrhein-Westfalen, Rheinland-Pfalz, Saarland, Sachsen, Sachsen-Anhalt, Thüringen und Bremen geltenden Regelungen der Anspruch auf Abdruck einer Gegendarstellung überhaupt **ausgeschlossen** ist, sofern sie sich auf eine Anzeige bezieht, die ausschließlich dem geschäftlichen Verkehr dient.

II. Öffentlich-rechtlich organisierter Rundfunk

Soweit die Länder öffentlich-rechtlich Rundfunk- und Fernsehanstalten betreiben, finden 92 sich die entsprechenden Vorschriften in den diese Anstalten konstituierenden Gesetzen, wobei diese landesrechtlichen Regelungen identisch sind, soweit sich mehrere Länder in Form eines Staatsvertrages zum gemeinsamen Betrieb einer Rundfunk- und/oder Fernsehanstalt zusammengeschlossen haben; diese Staatsverträge sind von den jeweiligen Landesgesetzgebern bestätigt worden. In **Bayern** wird der Rundfunk auch jenseits des in dem BayRG geregelten Bayerischen Rundfunks „in öffentlicher Verantwortung und in öffentlich-rechtlicher Trägerschaft" betrieben (Art. 111a Abs. 2 BV). Trägerin der Programme ist dort die Bayerische Landeszentrale für neue Medien (Art. 2 BayMG; Bornemann/von Coelln/Hepach/Himmelsbach/Lörz, Bayerisches Mediengesetz, 34. Aufl. 2013, Art. 2 Rn. 10); für diese gilt das BayMG, wie die Mediengesetze der anderen Bundesländer für Rundfunk in privatrechtlicher Trägerschaft gelten. Nur für den Bayerischen Rundfunk gilt das BayRG. Das Gegendarstellungsrecht für andere Rundfunkprogramme in Bayern als den Bayerischen Rundfunk wird daher – obwohl auch diese in öffentlich-rechtlicher Trägerschaft veranstaltet werden – ab → Rn. 111 ff. kommentiert.

Nachfolgend sind die öffentlich-rechtlichen Rundfunkanstalten, die einschlägige Rechts- 93 norm für den Gegendarstellungsanspruch und die Bundesländer aufgelistet, in welchen kraft Landesrechts die jeweiligen Sendeanstalten konstituiert sind:
- Bayerischer Rundfunk (BR): Bayern, Art. 17 BayRG
- Deutschlandradio (DLR): Alle Bundesländer, § 9 DLR-StV
- Hessischer Rundfunk (HR): Hessen, § 3 Nr. 9 S. 2 HR-Gesetz verweist sinngemäß auf § 10 HPresseG, wobei tatsächlich § 9 HPresseG gemeint ist, denn durch Gesetz v. 26.11.2012 (GVBl. S. 458) wurde § 10 zu § 9, ohne dass § 3 HR-Gesetz entsprechend angepasst wurde.
- Mitteldeutscher Rundfunk (MDR): Sachsen, Sachsen-Anhalt und Thüringen, § 15 MDR-StV
- Norddeutscher Rundfunk (NDR): Hamburg, Mecklenburg-Vorpommern, Niedersachsen, Schleswig-Holstein, § 12 NDR-StV
- Radio Bremen: Bremen, § 24 RBG
- Rundfunk Berlin-Brandenburg (RBB): Berlin und Brandenburg, § 9 RBB-StV
- Saarländischer Rundfunk (SR): Saarland, § 10 SMG
- Südwestrundfunk (SWR): Baden-Württemberg und Rheinland-Pfalz, § 10 SWR-StV
- Westdeutscher Rundfunk (WDR): Nordrhein-Westfalen, § 9 WDRG
- Zweites Deutsches Fernsehen (ZDF): Alle Bundesländer, § 9 ZDF-StV

Soweit Sendungen vom Gemeinschaftsprogramm der Landesrundfunkanstalten aus- 94 gestrahlt werden **(ARD)**, gilt gem. § 8 Abs. 1 S. 2 ARD-StV das für die Landesrundfunk-

BGB § 1004   III. Medienäußerungsrecht

anstalt geltende Gegendarstellungsrecht, welche die Sendung in das Gemeinschaftsprogramm eingebracht hat.

95   Für den Auslandsrundfunk der Bundesrepublik (**Deutsche Welle**, DW) ist der Gegendarstellungsanspruch in § 18 DtWG normiert; da es sich um einen Teil der Auswärtigen Angelegenheiten handelt, liegt hier die Gesetzgebungskompetenz beim Bund.

96   Die Voraussetzungen des Gegendarstellungsanspruchs nach diesen Normen werden nachfolgend im Einzelnen dargestellt.

1. Tatsachenbehauptung

97   Die Gegendarstellung darf sich nur auf in der Ausgangsberichterstattung mitgeteilte Tatsachen beziehen (vgl. → Rn. 5 ff.).

2. Aktiv- und Passivlegitimation

98   Der Anspruchsteller muss von der durch ihn als unrichtig beanstandeten Tatsache **betroffen** sein (vgl. die Erläuterungen bei → Rn. 29). Gegen den MDR kann eine Gegendarstellung nur bei unmittelbarer Betroffenheit geltend gemacht werden (vgl. → Rn. 31). Anspruchsberechtigt kann die von der Behauptung betroffene „Person" oder „Stelle" sein (vgl. → Rn. 32); soweit eine Gegendarstellung vom Radio Bremen bzw. vom NDR verlangt werden soll, kann die Geltendmachung auch durch eine „Gruppe" erfolgen.

99   Der Gegendarstellungsanspruch richtet sich gegen die **Sendeanstalt**, dh in allen Fällen eine Anstalt oder eine Körperschaft des Öffentlichen Rechts. Beim **Ersten Deutschen Fernsehen** gilt nach § 8 Abs. 1 ARD-StV, dass Gegendarstellungsansprüche zu Sendungen im Fernsehgemeinschaftsprogramm der Landesrundfunkanstalten gegenüber der Sendeanstalt geltend zu machen sind, die die Sendung in das Gemeinschaftsprogramm eingebracht hat, wobei das für diese Landesrundfunkanstalt geltende Gegendarstellungsrecht maßgeblich ist. Diese Regelung ist als Regelung der Passivlegitimation verfassungsrechtlich nicht zu beanstanden (BVerfG NJW 2005, 1343 (1344)). Gem. § 8 Abs. 3 hat jede Landesrundfunkanstalt unverzüglich Auskunft darüber zu erteilen, welche Landesrundfunkanstalt eine bestimmte Sendung eingebracht hat. Diese Regelung gilt auch für die Programme „EinsExtra", „EinsPlus" und „EinsFestival", die gem. § 11b Abs. 1 RStV ebenfalls von den in der ARD zusammengeschlossenen Landesrundfunkanstalten veranstaltet werden. Im Bereich des HR und des SR ist auch der verantwortliche **Redakteur** zur Veröffentlichung der Gegendarstellung verpflichtet.

100 Problematisch ist die Ermittlung der Passivlegitimation bei den Programmen „3sat", „arte – Der Europäische Kulturkanal", „PHOENIX – Der Ereignis und Dokumentationskanal" und „KI.KA – Der Kinderkanal", die gem. § 11b Abs. 4 von den in der ARD zusammengeschlossenen Landesrundfunkanstalten und dem ZDF gemeinsam veranstaltet werden. Nach hM soll es insoweit darauf ankommen, welche Rundfunkanstalt bei dem jeweiligen Sender die Federführung innehat (vgl. Seitz/Schmidt Kap. 1 Rn. 9, auch zu den Einzelheiten).

3. Berechtigtes Interesse

101 Für den Gegendarstellungsanspruch gegen den HR muss ein berechtigtes Interesse vorliegen. Im Übrigen ist in den einschlägigen Anspruchsgrundlagen festgelegt, dass der Anspruch nicht besteht, wenn der Betroffene kein berechtigtes Interesse an der Verbreitung der Gegendarstellung hat (zu den Einzelheiten → Rn. 34 ff.).

4. Inhaltliche Anforderungen

102 Die Gegendarstellung hat sich auf **tatsächliche Angaben** zu beschränken (vgl. insoweit → Rn. 41).

103 Auf Abdruck einer Gegendarstellung mit **strafbaren Inhalten** besteht kein Anspruch.

104 In allen Regelungen – bis auf dem für den SR geltenden § 10 SMG und den für den HR geltenden §§ 3 Nr. 9 HR-Gesetz, 9 HPresseG (vgl. insoweit → Rn. 93) – ist vorgesehen, dass die Gegendarstellung die beanstandete Sendung und Tatsachenbehauptung **bezeichnen muss** (vgl. auch → Rn. 40).

5. Unabhängigkeit von der Wahrheit

Ob die beanstandete Tatsache tatsächlich **unwahr** ist, wird grds. nicht geprüft (vgl. → Rn. 28). Eine Ausnahme gilt für Gegendarstellungen gegenüber dem HR. Gem. § 3 Nr. 9 HR-Gesetz ist Voraussetzung eines Berichtigungs- und auch Gegendarstellungsanspruchs die Unwahrheit der angegriffenen Behauptung (vgl. auch OLG Jena AfP 2007, 559 ff.; Seitz/Schmidt Kap. 1 Rn. 18 und Kap. 5 Rn. 179; dass diese gesetzgeberische Entscheidung von der Rspr. grds. hingenommen wird, zeigt auch OLG Karlsruhe AfP 1994, 318 für den nicht mehr geltenden § 7 SWF-Staatsvertrag; aA Schwichtenberg NJW 1990, 2372).

105

6. Vorgerichtliches Verlangen und Schriftform

In den meisten Anspruchsgrundlagen ist vorgesehen, dass das **Gegendarstellungsverlangen** der Sendeanstalt zugehen muss; eine Übersendung per Telefax reicht in diesen Fällen nicht aus (aA die hM, vgl. → Rn. 49). Gegenüber dem NDR reicht allerdings ein schriftliches Verlangen (§ 12 Abs. 2 S. 1 NDR-StV), gegenüber dem MDR muss die Gegendarstellung „eingereicht" werden (§ 15 Abs. 3 S. 2 MDR-StV); da in diesen Normen nicht ein Zugang des Gegendarstellungsverlangens im technischen Sinn (§ 130 BGB) verlangt wird, genügt hier auch ein Verlangen per Telefax (OLG Dresden ZUM-RD 2007, 117 ff.; OLG Hamburg AfP 2011, 72 ff.). Die **Schriftform** wird teilweise (in allen Regelungen außer in Art. 17 BayRG und im MDR-Staatsvertrag) explizit verlangt, ergibt sich aber iÜ aus dem Erfordernis der Unterzeichnung (vgl. zu jeweils geltenden Besonderheiten → Rn. 49).

106

7. Fristen

Die Gegendarstellung muss unverzüglich verlangt werden, also ohne schuldhaftes Zögern (§ 121 BGB). Darüber hinaus gelten Höchstgrenzen, und zwar für den RBB einen Monat, für den SR 6 Wochen, für Radio Bremen und die DW 3 Monate sowie für alle übrigen Sendeanstalten 2 Monate.

107

In Art. 17 BayRG ist geregelt, dass eine **Ablehnung des Gegendarstellungsverlangens** unverzüglich zu verbescheiden und zuzustellen ist. Ein zweites Verlangen muss innerhalb eines Monats nach Zustellung des Ablehnungsbescheids eingehen.

108

8. Die Veröffentlichung der Gegendarstellung

Die Gegendarstellung muss **unverzüglich verbreitet** werden; dem Rundfunk steht hierfür eine Bearbeitungszeit von 8–10 Tagen zu (Herrmann/Lausen § 24 Rn. 47). Außer in dem für den SR geltenden § 10 SMG ist festgelegt, dass sie im gleichen Programm bzw. in der gleichen Programmsparte angeboten werden muss. Die Gegendarstellung muss darüber hinaus zur gleichen Tageszeit bzw. zu einer gleichwertigen Sendezeit ausgestrahlt werden. Inwieweit anstelle des gleichen Programms auf die gleiche Programmsparte zurückgegriffen werden darf und inwieweit anstelle der gleichen Tageszeit auch eine gleichwertige Sendezeit ausreicht, ist unterschiedlich geregelt; teilweise gelten diese Voraussetzungen kumulativ, teilweise in einem Stufenverhältnis für den Fall, dass die jeweils erste Alternative nicht möglich ist, teilweise wird von vornherein eine gleiche Programmsparte bzw. eine gleichwertige Sendezeit als ausreichend festgelegt. Für den HR fehlt es an derartigen Detailregelungen, da § 3 HR-Gesetz nur sinngemäß auf § 9 HPresseG (vgl. insoweit → Rn. 93) verweist, wobei sich die Pflicht zur unverzüglichen Verbreitung der Gegendarstellung aus der entsprechenden Anwendung der Regelungen für periodische Druckwerke ergibt.

109

Die Gegendarstellung muss **ohne Einschaltungen und Weglassungen** veröffentlicht werden. Außer im Fall von HR, RBB, WDR und MDR gilt für alle Anstalten, dass sich eine **Erwiderung auf die Gegendarstellung** auf tatsächliche Angaben beschränken muss. Eine solche Erwiderung darf im SR keinen strafbaren Inhalt haben und im MDR nicht am selben Tag wie die Gegendarstellung selbst ausgestrahlt werden.

110

III. Privatrechtlich organisierter Rundfunk

111 Für privatrechtlich organisierte Sendeanstalten und andere bayerische Rundfunkprogramme als der „Bayerische Rundfunk" (vgl. insoweit → Rn. 92) gelten die Regelungen der § 9 LMedienG BW, Art. 18 BayMG, § 52 BlnBraRZStV, § 19 BremLMG, § 10 MedienStV Hbg/SH, § 28 HPRG, § 30 MVRundfG, § 20 NMedienG, § 44 LMG NRW, § 11 RPLMG, § 10 SMG, § 19 SächsPRG, § 26 MedienG LSA und § 24 ThLMG.

112 Die Frage, welche der landesrechtlichen Vorschriften bei bundesweit sendenden Rundfunkanbietern einschlägig ist, bemisst sich nach der für den jeweiligen Verbreiter **zuständigen Landesmedienanstalt** (OLG München AfP 1998, 89 (90)). Nach § 36 Abs. 1 S. 1, Abs. 2 Nr. 1 RStV ist für die Zulassung eines Rundfunkanbieters gem. § 20a RStV die Landesmedienanstalt zuständig, bei der ein Antrag auf Zulassung eingeht.

113 Zu den in diesen Normen geregelten Anspruchsvoraussetzungen:

1. Tatsachenbehauptung

114 Die Gegendarstellung darf sich nur auf in der Ausgangsberichterstattung mitgeteilte Tatsachen beziehen (vgl. → Rn. 5 ff.).

2. Aktiv- und Passivlegitimation

115 Der Anspruchsteller muss von der durch ihn als unrichtig beanstandeten Tatsache betroffen sein (vgl. → Rn. 30). Im Geltungsbereich des SächsPRG kann eine Gegendarstellung nur bei unmittelbarer Betroffenheit geltend gemacht werden (→ Rn. 31). Anspruchsberechtigt kann die von der Behauptung betroffene „Person" oder „Stelle" sein; nach den Regelungen im BremLMG, MedienStV Hbg/SH und MVRundfG kann der Gegendarstellungsanspruch darüber hinaus von einer „Gruppe" geltend gemacht werden. Vgl. zu diesen Begriffen → Rn. 32.

116 Passivlegitimiert ist der jeweilige **„Veranstalter"** des Rundfunkprogramms (das Bayerische und das Saarländische MedienG sprechen ohne inhaltliche Abweichung von dem „Anbieter").

117 Gem. Art. 18 Abs. 4 S. 1 BayMG liegt die Passivlegitimation nur gemeinsam bei Veranstalter und Landeszentrale für neue Medien (vgl. auch → Rn. 129).

3. Berechtigtes Interesse

118 Der Anspruch besteht nicht, wenn der Betroffene kein **berechtigtes Interesse** an der Verbreitung der Gegendarstellung hat. In § 30 MVRundfG ist das Vorliegen eine berechtigten Interesses als positive Anspruchsvoraussetzung normiert, was jedoch keinen inhaltlichen Unterschied zu den übrigen Landesmediengesetzen bedeutet (vgl. → Rn. 33).

4. Inhaltliche Anforderungen an die Gegendarstellung

119 Die Gegendarstellung hat sich auf **tatsächliche Angaben** zu beschränken (vgl. hierzu → Rn. 41).

120 Auf Abdruck einer Gegendarstellung mit **strafbaren Inhalten** besteht kein Anspruch.

121 In allen Regelungen – bis auf die §§ 10 SMG, 11 RPLMG – ist vorgesehen, dass die Gegendarstellung in einer bestimmten Form an die beanstandete Berichterstattung **anknüpfen** muss. Meist – nämlich in § 9 LMedienG BW, Art. 18 BayMG, § 19 BremLMG, § 10 MedienStV Hbg/SH, § 30 MVRundfG, § 20 NMedienG, § 44 LMG NRW und § 26 MedienG LSA – ist geregelt, dass die Gegendarstellung die beanstandete Sendung und die angegriffene Tatsachenbehauptung bezeichnen muss. In § 52 des BlnBraRZStV ist vorgeschrieben, dass die Gegendarstellung das beanstandete Programm und die Sendung bezeichnen muss. Die Bezeichnung der Sendung reicht im Geltungsbereich der §§ 28 HPRG und 24 ThLMG aus; inhaltsgleich ist in § 19 SächsPRG geregelt, dass die Gegendarstellung „die beanstandeten Stellen der Sendung bezeichnen" muss.

5. Frist und Schriftform

Die Gegendarstellung muss **unverzüglich** verlangt werden, also ohne schuldhaftes Zögern (§ 121 BGB). 122

Darüber hinaus gelten teilweise **Höchstgrenzen,** und zwar im Bereich § 52 des BlnBraRZStV, § 28 HPRG und § 10 SMG 6 Wochen sowie im Bereich § 19 BremLMG, § 30 MVRundfG und § 11 RPLMG 3 Monate. § 10 MedienStV Hbg/SH, § 20 NMedienG und § 26 MedienG LSA sehen keine Höchstgrenze (vgl. insoweit die Ausführungen bei → Rn. 55) vor. Alle übrigen Mediengesetze setzen eine maximale Frist von 2 Monaten fest. 123

Die **Schriftform** wird teilw. (in allen Regelungen außer in Art. 18 BayMG, § 19 BremLMG, § 10 MedienStV Hbg/SH, § 11 RPLMG, § 10 SMG und § 19 SächsPRG) explizit verlangt, ergibt sich aber iÜ aus dem Erfordernis der Unterzeichnung der Gegendarstellung. 123a

6. Die Veröffentlichung der Gegendarstellung

Die Gegendarstellung muss unverzüglich verbreitet werden. Die Verbreitung muss nach §§ 9 LMedienG BW, 44 LMG NRW und 11 RPLMG zur gleichen Tageszeit oder – soweit nicht möglich – zu einer gleichwertigen Sendezeit verbreitet werden; gem. Art. 18 BayMG sowie §§ 52 des BlnBraRZStV, 19 BremLMG, 10 MedienStV Hbg/SH, 28 HPRG, 30 MVRundfG, 20 NMedienG, 10 SMG, 19 SächsPRG, 26 MedienG LSA, 24 ThLMG reicht von vornherein die Auswahl einer gleichwertigen Sendezeit aus. § 10 MedienStV Hbg/SH sieht eine entsprechende audiovisuelle Gestaltung vor, § 30 MVRundfG die gleiche Form der Verbreitung. 124

Nach § 9 LMedienG BW, § 44 LMG NRW sowie § 11 RPLMG muss die Gegendarstellung **im gleichen Programm** und der gleichen Programmsparte verbreitet werden; in den § 52 des BlnBraRZStV, § 28 HPRG, § 20 NMedienG, § 19 SächsPRG, § 26 MedienG LSA sowie § 24 ThLMG ist lediglich eine Verbreitung in der gleichen Programmsparte vorgeschrieben. Art. 18 BayMG legt eine Verbreitung in der gleichen Angebotsform wie die beanstandete Sendung fest. Die § 10 MedienStV Hbg/SH und § 30 MVRundfG sprechen schließlich von einer Verbreitung in dem „gleichen Bereich", § 19 BremLMG vom gleichen Programmbereich. Im SMG ist die Gleichwertigkeit des Sendeplatzes nicht vorgesehen. 125

Die Gegendarstellung muss **ohne Einschaltungen und Weglassungen** veröffentlicht werden. 126

Außer in den §§ 44 LMG NRW, 11 RPLMG und 19 SächsPRG ist in sämtlichen Mediengesetzen festgelegt, dass sich eine **Erwiderung auf die Gegendarstellung** auf tatsächliche Angaben beschränken muss. Eine solche Erwiderung darf gem. §§ 52 des BlnBraRZStV, 10 MedienStV Hbg/SH, 28 HPRG, 26 MedienG LSA und 24 ThLMG nicht in unmittelbarem Zusammenhang mit der Gegendarstellung gesendet werden; nach § 19 SächsPRG darf eine Erwiderung auf die verbreitete Gegendarstellung nicht am selben Tag gesendet werden. 127

Die Verbreitung hat nach allen Regelungen **kostenfrei** zu erfolgen. Gem. § 9 LMedienG BW, § 19 BremLMG, § 28 HPRG, § 44 LMG NRW, § 11 RPLMG und § 24 ThLMG gilt, dass der Gegendarstellungsanspruch dann nicht kostenfrei ist, wenn sich die Gegendarstellung gegen eine Tatsachenbehauptung richtet, die in einer Werbesendung verbreitet worden ist, wobei nach § 11 RPLMG die üblichen Entgelte zu entrichten sind. Der Begriff der Werbung ist in § 2 Abs. 2 Nr. 7 des nach § 1 Abs. 2 RStV ergänzend geltenden Rundfunkstaatsvertrages definiert (→ RStV § 2 Rn. 29 ff.). 128

7. Vorverfahren

In Art. 18 Abs. 1 S. 3-5 BayMG ist ein Vorverfahren durch Anrufung der Landeszentrale vorgesehen. Diese holt zunächst eine Stellungnahme des Anbieters ein und entscheidet dann über das Gegendarstellungsverlangen. Weiter ist vorgeschrieben, dass eine ablehnende Entscheidung von der Landeszentrale unter Angabe der Gründe unverzüglich schriftlich zu verbescheiden und dem Anbieter und dem Antragsteller zuzustellen ist. 129

8. Prozessuales

130 Für die gerichtliche Geltendmachung des Gegendarstellungsanspruchs ist in allen Landesmediengesetzen außer dem niedersächsischen eine Sonderzuweisung an die **ordentliche Gerichtsbarkeit** gegeben. Auch in Niedersachsen ist für den Gegendarstellungsanspruch gem. § 13 GVG der Rechtsweg zu der ordentlichen Gerichtsbarkeit eröffnet, soweit der Rechtsstreit nicht ausnahmsweise eine öffentlich-rechtliche Streitigkeit gem. § 40 VwGO ist (vgl. insoweit → Rn. 67).

131 Die **örtliche Zuständigkeit** liegt bei den am Sitz der Anstalt zuständigen Gerichten (§§ 12, 17 ZPO).

132 In allen Regelungen ist die Anwendung der Vorschriften über **einstweilige Verfügungen** gem. §§ 935 ff. ZPO vorgesehen, wobei die Gefährdung des Anspruchs nicht glaubhaft gemacht werden muss und das Hauptsacheverfahren ausgeschlossen ist.

9. Ausschlüsse

133 In den §§ 9 LMedienG BW und 19 BremLMG ist festgelegt, dass eine Gegendarstellung zu einer **Gegendarstellung** sowie zu **Verlautbarungen** der Katastrophenschutzbehörden, der Kirchen und der Parteien nicht verlangt werden kann.

134 In § 52 des BlnBraRZStV ist ein Gegendarstellungsanspruch bei Beiträgen ausgeschlossen, die ausschließlich dem **geschäftlichen Verkehr** dienen.

IV. Telemedien

135 Vgl. § 56 RStV bzw. → RStV § 56 Rn. 1 ff.

2. *Kunsturhebergesetz (KUG)* – Auszüge –

§ 22 [Recht am eigenen Bilde]

¹Bildnisse dürfen nur mit Einwilligung des Abgebildeten verbreitet oder öffentlich zur Schau gestellt werden. ²Die Einwilligung gilt im Zweifel als erteilt, wenn der Abgebildete dafür, daß er sich abbilden ließ, eine Entlohnung erhielt. ³Nach dem Tode des Abgebildeten bedarf es bis zum Ablaufe von 10 Jahren der Einwilligung der Angehörigen des Abgebildeten. ⁴Angehörige im Sinne dieses Gesetzes sind der überlebende Ehegatte oder Lebenspartner und die Kinder des Abgebildeten und, wenn weder ein Ehegatte oder Lebenspartner noch Kinder vorhanden sind, die Eltern des Abgebildeten.

Das Recht am eigenen Bild ist eine besondere Ausprägung des allgemeinen Persönlichkeitsrechts. Daraus ergibt sich, dass grds. allein dem Abgebildeten die Befugnis zusteht, darüber zu befinden, ob und in welcher Weise er der Öffentlichkeit per Bild zugänglich gemacht wird. Bildnisse einer Person dürfen nach § 22 S. 1 KUG daher in der Regel nur mit deren Einwilligung verbreitet werden.

Übersicht

	Rn		Rn
A. Bildnisbegriff	1	1. Vertretung/Geschäftsfähigkeit	17
I. Schutzobjekt/Rechtsnatur	3	2. Beweislast	18
II. Erkennbarkeit	4	3. Widerruf	19
III. Sachfotografien	7	IV. Umfang der Einwilligung	21
B. Verbotstatbestand	9	1. Zweckübertragungslehre	22
I. Verbreiten	11	2. Werbliche Nutzung	23
II. Zur Schau stellen	12	3. Veränderter Kontext	25
C. Einwilligung	13	V. Vermutung der Einwilligung nach S. 2	27
I. Rechtsnatur der Einwilligung	13	VI. Postmortaler Bildnisschutz	28
II. Konkludente Einwilligung	14	1. Schutz nach S. 3 und S. 4	28
III. Ausdrückliche Einwilligung	17	2. Ergänzender postmortaler Schutz des Bildnisrechts	29

A. Bildnisbegriff

Der Gesetzgeber differenziert zwischen dem in § 23 Abs. 1 Nr. 2 KUG und § 23 Abs. 1 **1** Nr. 3 KUG erwähnten Bild und dem ansonsten im KUG verwendeten Begriff Bildnis. Der Ausdruck Bild stellt dabei den Oberbegriff dar, während Gegenstand des Rechts am eigenen Bild nur ein Bildnis sein kann (Löffler/Steffen LPG § 6 Rn. 121). Bilder iSv § 23 Abs. 1 Nr. 2 und Nr. 3 KUG nehmen am Schutz des § 22 KUG also nicht teil.

Bildnisschutz idS umfasst Abbildungen von natürlichen Personen, dh unter einem Bildnis **2** ist nach der amtlichen Begründung zum KUG die Darstellung der Person in ihrer wirklichen, dem Leben entsprechenden Erscheinung zu verstehen. Gemeint ist damit die Darstellung der äußeren Erscheinung der Person in einer für Dritte erkennbaren Weise (OLG Hamburg Urt. v. 13.1.2004 – 7 U 43/03). Auf die Art der technischen Wiedergabe kommt es dabei nicht an, so dass nicht nur Fotografien, sondern auch Zeichnungen, Portraitgemälde, Fotomontagen, Karikaturen, Schattenrisse oä Abbildungsformen unter den Bildnisbegriff fallen (Schricker/Loewenheim/Götting KUG Anh. § 60/§ 22 Rn. 14). Ungeachtet der mangelnden Zuweisbarkeit des Rechts (vgl. aber § 22 S. 1 KUG) erfasst der Bildnisschutz nach der amtlichen Begründung auch die Abbildung von Toten. Ausgangspunkt war die zur gesetzlichen Verankerung des Bildnisrechts führende Entscheidung RGZ 45, 170 v. 28.12.1899 (widerrechtlich hergestellte Fotografien des toten Bismarck). Nach hA genießen daher auch Leichenfotos – trotz untergegangenen Persönlichkeitsrechts des Verstorbenen – Bildnisschutz (OLG Hamburg AfP 1983,466; KG ZUM 1985,385; aA Wenzel/v. Strobl-Albeg Kap. 7 Rn. 10).

I. Schutzobjekt/Rechtsnatur

3 Das über § 22 KUG geschützte Recht am eigenen Bild ist kein Urheberrecht, sondern stellt eine besondere Ausprägung des aus Art. 1 und 2 GG entwickelten allgemeinen Persönlichkeitsrechts dar (BVerfG NJW 1973, 1226 (1229) – Lebach), dessen Schutzgut das Selbstbestimmungsrecht der abgebildeten Person ist (BGH NJW 1992, 2084 –Talkmaster). Erfasst werden soll die Freiheit des Menschen, ausschließlich selbst über sein dem höchstpersönlichen Lebensbereich zuzuordnendes Erscheinungsbild zu bestimmen. Das Schutzgut des Rechts am eigenen Bild lässt sich daher kurz und formelhaft als das Selbstbestimmungsrecht über die Darstellung im Bild beschreiben (Schricker/Loewenheim/Götting KUG Anh. § 60/§ 22 Rn. 7). Daraus ergibt sich, dass allein dem Abgebildeten die Befugnis zusteht, darüber zu befinden, ob und in welcher Weise er der Öffentlichkeit im Bild vorgestellt wird (BGH NJW 1996, 1128; NJW 2007, 1981).

II. Erkennbarkeit

4 Der Bildnisbegriff setzt die Erkennbarkeit der abgebildeten Person voraus (BGH NJW 1979, 2205 –Fußballtorwart; OLG Hamburg NJW-RR 1992, 536). Wird in der Bildunterschrift der Name der abgebildeten Person angegeben, liegt stets ein Bildnis iSd § 22 KUG vor (BGH NJW 1965, 2148 (2149) – Spielgefährtin I). In der Regel ergibt sich die Erkennbarkeit auch aus der Abbildung der Gesichtszüge. Merkmale, die gerade dem Abgebildeten eigen und für ihn typisch sind, wie Frisur, besondere Kleidungsstücke, Haltung oder Statur können eine Person erkennbar machen (Schricker/Loewenheim/Götting KUG Anh. § 60/ § 22 Rn. 16). Sämtliche in Betracht kommenden Identifizierungshilfen sind dabei zu berücksichtigen.

4.1 So können zB die charakteristischen Merkmale eines Flugzeugs zur Identifizierung des Piloten führen, obwohl seine Gesichtszüge aufgrund des kleinen Maßstabs nicht zu erkennen sind (OLG Nürnberg GRUR 1973, 40 (41) – Kunstflieger; kritisch hierzu BGH NJW 1999, 2205 – Fußballtorwart).

4.2 Auch kann allein das Aussehen eines in der Reiterszene bekannten Pferdes dessen Reiter erkennbar machen (OLG Düsseldorf GRUR 1970, 618).

5 Ist der Betroffene nicht namentlich bezeichnet oder aufgrund körperlicher Merkmale zu erkennen, kommt es darauf an, ob sonstige Umstände seine Identifizierung zulassen (BGH NJW 1960, 779), wobei insbes. die zugehörige Wortberichterstattung zu berücksichtigen ist (BGH NJW 1979, 2205 – Fußballtorwart; OLG München AfP 1995, 658 (659); vgl. Wanckel, Rn. 127). Die Erkennbarkeit kann dabei auch aus individualisierenden Merkmalen folgen, zB aus Einzelheiten des Lebenslaufs oä (vgl. BVerfGE 30, 173 – Mephisto; BVerfG NJW 2000, 1859 – Lebach II), insbes. wenn zusätzlich Vorname und Anfangsbuchstaben des Zunamens genannt werden (BGH NJW 1963, 904 – Drahtzieher). Ausreichend kann es sein, dass zumindest ein Teil der Leser aufgrund konkrete Hinweise aufweisender Anspielungen zur „Entschlüsselung" in der Lage ist (vgl. BGH UFITA Bd 40 1963, 186 (188) – Tierfabel).

5.1 Das LG Berlin (NJW 1997, 1373) hat bspw. die Angabe des Berufs in Kombination mit dem Anfangsbuchstaben des Familiennamens im konkreten Fall zur Erkennbarkeit ausreichen lassen.

5.2 Gängiges Mittel, die Identifizierbarkeit auszuschließen sind der Einsatz von Augenbalken oder die Verpixelung des Gesichts. Diese Mittel sind aber nur geeignet, wenn sie zur vollständigen Unkenntlichmachung führen (vgl. OLG Karlsruhe NJW 1980, 1701; OLG Hamburg AfP 1993, 50), was etwa bei zu geringer Größe des Augenbalkens nicht der Fall ist (LG Berlin NJW 1996, 1142 – Schalck-Golodkowski).

5.3 Die Erkennbarkeit gilt zB als erwiesen, wenn der Abgebildete auf die Bildveröffentlichung angesprochen wurde (BGH NJW 1992, 1312; OLG Karlsruhe AfP 1999, 489 (490) „Wachkomapatient"; OLG München AfP 1983, 276). Für die Erkennbarkeit ist es aber nicht erforderlich, dass der Betroffene tatsächlich von bestimmten Personen erkannt wird. Hat er begründeten Anlass zur Annahme, er könne identifiziert werden, reicht dies für eine Bildrechtsverletzung bereits aus (BGH

NJW 1971, 698 (700) – Pariser Liebestropfen). Dabei ist nicht auf den Durchschnittsleser oder flüchtigen Betrachter abzustellen, sondern reicht die Erkennbarkeit innerhalb eines mehr oder minder großen Bekanntenkreises aus (BGH NJW 1979, 2205 – Fußballtorwart; Schricker/Loewenheim/Götting KUG Anh. § 60/§ 22 Rn. 25; OLG Karlsruhe AfP 2002, 42; OLG Hamburg NJW-RR 1992, 536).

Am Bildnisbegriff fehlt es, wenn lediglich ein „Doppelgänger" abgebildet wird. So hat das **6** LG Hamburg den Unterlassungsanspruch eines bekannten Stylisten gegen die werbliche Darstellung eines ihm äußerlich sehr ähnlichen „Typs" abgewiesen (NJW-RR 2011, 42).

III. Sachfotografien

Sachfotografien erfüllen nicht den Bildnisbegriff. Zu deren Zulässigkeit äußert sich das **7** KUG nicht, so dass sich ihr Schutz grds. über die Bestimmungen des Urheberrechtes regelt (OLG Köln NJW 2004, 619). So stellt das Fotografieren eines Gebäudes keine Eigentumsbeeinträchtigung iSd § 1004 BGB dar (BGH NJW 1989, 2251 – Friesenhaus). Das Fotografieren eines Hauses ist deshalb grds. zulässig, wenn es von offener Straße aus erfolgt. Die Rspr. stützt Ansprüche bei der Veröffentlichung und Verbreitung von Fotografien eines Wohnhauses oder Grundstücks daher nicht auf die Vorschriften des KUG, sondern auf §§ 823 Abs. 1, 1004 Abs. 1 BGB, Art. 1 Abs. 1 S. 1 Art. 2 Abs. 1 GG, sollte die Veröffentlichung einer bestimmten Person zuordenbar sein, insbes. unter Namensnennung erfolgen und das öffentliche Informationsinteresse das Persönlichkeitsrecht des Betroffenen nicht überwiegen bzw. das Wohnhaus in seiner Eignung als Rückzugsbereich individueller Lebensgestaltung beeinträchtigt werden (BGH NJW 2009, 3030 – Joschka Fischer; NJW 2004, 762 – Sabine Christiansen; KG NJW-RR 2000, 1714 – Aida Gundelach).

Das OLG Hamburg (AfP 2012, 165) hat gleichwohl etwa die Veröffentlichung einer Aufnahme **7.1** des Wohnhauses eines Unternehmers unter dem Gesichtspunkt für zulässig erachtet, als dieses zur Kontrastierung seiner persönlichen Lebensverhältnisse gegenüber seiner sozialen Unternehmensverantwortung dient.

Unter dem Gesichtspunkt der Eigentums- und Besitzstörung kann die Anfertigung von **8** Gebäudeaufnahmen auch dann unzulässig sein, wenn das Fotografieren nur von einem befriedeten Besitztum aus möglich ist und weder eine ausdrückliche noch konkludente Einwilligung des Eigentümers vorliegt. Auch wenn das Grundstück frei zugänglich ist – etwa ein Schlosspark – verletzt die Herstellung und Verwertung von Foto- oder Filmaufnahmen dass Eigentumsrecht in dem Fall, dass die Aufnahmen gewerblich verwertet werden; denn zu den Befugnissen des Eigentümers zählt auch das Recht, das äußere Erscheinungsbild der Sache zu verwerten (BGH NJW 1975, 778 – Schloß Tegel; 1989, 2251; 2011, 753 – Schloß Sanssouci).

Anders hatte noch das OLG Brandenburg in der Vorinstanz (ZUM 2010, 356) entschieden, das **8.1** einen Eingriff in das Eigentumsrecht verneinte und das Verwertungsrecht daher dem Fotografen zuwies.

B. Verbotstatbestand

§ 22 KUG schützt vor Verbreiten und öffentlichem Zurschaustellen von Bildnissen. Das **9** bloße Herstellen einer Aufnahme hingegen ist vom Verbotstatbestand des § 22 KUG nicht erfasst, kann den Abgebildeten aber im Falle einer unmittelbar bevorstehenden Veröffentlichung zu einer vorbeugenden Unterlassungsklage berechtigen. Ob bei ansonsten durch Enttarnung gegebener Gefährdung – etwa eines SEK-Beamten – bereits das Fotografieren eine Bildrechtsverletzung darstellt, ist streitig. Nach einem Urt. des BVerwG v. 28.3.2012 (NJW 2012, 2676) darf die Polizei das Fotografieren eines Einsatzes nicht untersagen. Ein SEK-Einsatz ist hiernach ein zeitgeschichtliches Ereignis, von welchem Bilder auch ohne Einwilligung der Beamten angefertigt werden dürfen. Zwar stünde den Beamten – so das BVerwG – ein Schutzanspruch zu; zur Abwendung von Gefahren bedürfe es aber keines Fotografierverbotes wenn zwischen der Anfertigung der Aufnahme und ihrer Veröffent-

10 Handelt es sich um eine sog „Bildniserschleichung", wird die Aufnahme, vor allem in einem höchstpersönlichen Lebensbereich, also heimlich, dh ohne Wissen und Wollen sowie in Veröffentlichungsabsicht hergestellt, liegt bereits in der Anfertigung eine Verletzung des allgemeinen Persönlichkeitsrechts des Betroffenen gem. §§ 823 Abs. 1, 1004 Abs. 1 BGB (Nachw. bei Schricker/Loewenheim/Götting KUG Anh. § 60/§ 22 Rn. 34 und 35).

10.1 Bildagenturen trifft vor Weitergabe archivierter Fotos an die Presse keine Prüfungspflicht dahingehend, ob die konkret beabsichtigte Berichterstattung das Persönlichkeitsrecht der abgebildeten Personen verletzt (BGH NJW 2011, 755).

I. Verbreiten

11 Zum Begriff des Verbreitens iSd § 22 KUG lässt sich zunächst auf die gesetzliche Definition in § 17 UrhG zurückgreifen, demzufolge eine Verbreitungshandlung dann vorliegt, wenn das Original oder Vervielfältigungsstücke des Werkes in der Öffentlichkeit angeboten oder in den Verkehr gebracht werden. Gemeint ist dabei nur die körperliche, nicht aber die unkörperliche Verbreitung (Wenzel/v. Strobl-Albeg Kap. 7 Rn. 43). Nach anderer Auffassung (Schricker-Loewenheim KUG § 60/§ 22 Rn. 36) ist der Begriff des Verbreitens bei § 22 KUG weiter zu verstehen als der des § 17 UrhG und umfasst nicht nur die öffentliche, sondern jegliche Art der Verbreitung, mithin auch das Verschenken eines Vervielfältigungsstücks im privaten Bereich.

II. Zur Schau stellen

12 Unter dem öffentlichen zur Schau stellen ist die Wahrnehmbarmachung durch Bildträger oder sonstige Medien, wie Presse, Film, Fernsehen, Internet bzw. sonstige elektronische Medien zu verstehen. Auch ein Aushang in einem Schaufenster oder Museum kann ein zur Schau stellen in diesem Sinne bedeuten. Eine Gewerbsmäßigkeit ist dabei nicht erforderlich Schricker/Loewenheim/Götting KUG Anh. § 60/§ 22 Rn. 37). Notwendig ist aber stets – so schon der Wortlaut – dass die Zurschaustellung öffentlich erfolgt, wobei der Öffentlichkeitsbegriff des § 15 Abs. 3 UrhG maßgeblich ist (v. Wenzel/v. Strobl-Albeg Kap. 7 Rn. 44). Sie muss dabei für eine Mehrzahl von Mitgliedern der Öffentlichkeit bestimmt sein, wobei der Personenkreis nicht abgegrenzt bzw. nicht durch gegenseitige oder Beziehungen zum Veranstalter persönlich untereinander verbunden sein darf (vgl. § 15 Abs. 3 UrhG). Kein zur Schau stellen liegt also vor, bei der Wahrnehmbarmachung von Bildträgern in einer Vorlesung, einem Seminar oder im Rahmen eines sonstigen geschlossenen Kreises iSd § 15 Abs. 3 UrhG (v. Wenzel/v. Strobl-Albeg Kap. 7, Rn. 44; VG Köln NJW 1988, 367).

12.1 Zur Vorführung von Diafotos in einer Nachtbar vgl. aber KG Schulze KGZ 50.

C. Einwilligung

I. Rechtsnatur der Einwilligung

13 Die Frage der Rechtsnatur der Einwilligung ist Gegenstand lebhafter Diskussionen. Die Meinungen gehen dabei von der Annahme eines bloßen Realaktes auf den die BGB-Vorschriften über Rechtsgeschäfte anwendbar seien (BGH NJW 1980, 1903 (1904)) bis zur Annahme einer rechtsgeschäftsähnlichen Handlung (OLG München ZUM 201, 708 „Lebenspartner"; NJW-RR 1990, 999 – Dolly Dollar; NJW 2002, 305; Wandtke/Bullinger/Fricke KUG § 22 Rn. 13). Nach hA und ungeachtet der formalen Einordnung im Sinne bürgerlich-rechtlicher Vorschriften zu Willenserklärungen, handelt es sich bei der Einwilligung jedenfalls um eine empfangsbedürftige Willenserklärung, auf welche die §§ 104 ff. BGB anwendbar sind (OLG München AfP 1982, 230 (232); NJW 2002, 305).

II. Konkludente Einwilligung

Ob eine stillschweigende Einwilligung vorliegt, ist anhand der allgemeinen Auslegungsregeln der §§ 133, 157 BGB zu ermitteln. Erforderlich für eine konkludente Einwilligung ist, dass dem Abgebildeten Zweck und Umfang der geplanten Bildveröffentlichung bekannt sind (vgl. OLG Hamburg NJW-RR 2005, 479; OLG Frankfurt a. M. GRUR 1991, 49), die Aufnahme also in Kenntnis ihres Zwecks gebilligt wird (BGH GRUR 1968, 652 (654) – Ligaspieler). Dabei ist Voraussetzung, dass die Umstände der Veröffentlichung vom Medium entweder ausdrücklich klargestellt werden oder diese so offensichtlich sind, dass über ihren Inhalt seitens des Einwilligenden keine Unklarheiten bestehen. Bei verständiger Würdigung wird man die Einwilligung aber nur auf einen Veröffentlichungskontext beziehen können, mit dem der Abgebildete aufgrund der konkreten Aufnahmesituation billigerweise rechnen musste (Soehring § 21 Rn. 25a). 14

Kennt der Betreffende den Kontext der Veröffentlichung oder die Art ihrer Publizierung nicht, kommt eine konkludente Einwilligung „für alle denkbaren Fälle" nicht in Betracht (OLG Hamburg AfP 2012, 166). Die bloße widerspruchslose Hinnahme einer Aufnahme stellt noch keine Einwilligung in deren Veröffentlichung dar (OLG Hamburg AfP 1991, 626; Wenzel/v. Strobl-Albeg Kap. 7 Rn. 63). Beantwortet der Betroffene anlässlich einer Aufnahme jedoch Fragen – etwa des Kamerateams – ohne sich gegen die Ausstrahlung der angefertigten Bilder zu verwahren, liegt eine konkludente Einwilligung in deren spätere Ausstrahlung vor (OLG Karlsruhe NJW-RR 2006, 1198; aA: OLG Hamburg NJW-RR 2005, 479). 15

Dass der Betroffene in einer Situation abgebildet wird, zu der – etwa bei einem Gottesdienst – die Öffentlichkeit zugelassen ist, schließt nicht notwendig sein Einverständnis mit der Anfertigung und Verbreitung von Fotoaufnahmen ein (OLG München NJW-RR 1996, 93 – Anne Sophie Mutter). Anders aber, wenn der Betroffene mit einer Berichterstattung durch die Medien rechnen muss und deshalb posiert bzw. bewusst fröhlich in die Kamera blickt (BVerfG NJW 2002, 3767 – Glosse und Satire). Bei Veranstaltungen auf denen etwa die Teilnehmer aufgrund der damit verbundenen Reputation üblicherweise gesehen werden wollen, ist es dem Betroffenen dabei zuzumuten, den anwesenden Pressefotografen sein ausnahmsweise fehlendes Einverständnis durch eindeutige Gesten zum Ausdruck zu bringen (Wenzel/v. Strobl-Albeg Kap. 7 Rn. 63). 16

III. Ausdrückliche Einwilligung

1. Vertretung/Geschäftsfähigkeit

Nachdem die Einwilligung hM zufolge eine rechtsgeschäftliche Erklärung oder zumindest eine rechtsgeschäftsähnliche Handlung darstellt, gelten für die Vertretung die allgemeinen Vorschriften der §§ 164 ff. BGB. Da eine wirksame Einwilligung Geschäftsfähigkeit voraussetzt, bedürfen Minderjährige nach hM der Zustimmung ihres gesetzlichen Vertreters nach §§ 107 ff. BGB (BGH NJW 1974, 1947; OLG München AfP 1983, 276; näher zum Meinungsstand: Wenzel/v. Strobl-Albeg Kap. 7 Rn. 68 ff.). Die Einwilligung eines minderjährigen Schülers in die Veröffentlichung einer Fotografie, die ihn gemeinsam mit einer erwachsenen Geliebten zeigt, ist daher unwirksam (OLG Köln ArchPR 1970, 133). Allerdings räumt die Rspr. dem einsichtsfähigen Minderjährigen – idR wird eine solche Einsichtsfähigkeit ab dem 14. Lebensjahr angenommen – ein Mitspracherecht ein, denn es wäre unbillig, wenn der gesetzliche Vertreter, idR die Eltern, gegen dessen Willen ihre Zustimmung zur Bildnisveröffentlichung erteilen könnten (vgl. § 1629 BGB iVm § 164 BGB). Die Praxis verfährt daher nach der **Doppelzuständigkeit,** dh der Minderjährige kann nicht ohne Zustimmung seines gesetzlichen Vertreters in die Veröffentlichung seines Bildnisses einwilligen und darf dieser die Einwilligung nicht gegen den Willen des Minderjährigen erklären (vgl. Frömming/Peters NJW 1996, 958). 17

Die Versicherung über Geschäftsfähigkeit und ggf. erforderlicher Zustimmung Dritter gehört dabei zu den journalistischen Sorgfaltspflichten (BGH NJW 1985, 1617; OLG Karlsruhe NJW-RR 1994, 95). 17.1

2. Beweislast

18   Die Beweislast für das Vorliegen einer Einwilligung liegt nach allgemeiner Auffassung bei demjenigen, der sich auf die Einwilligung beruft, idR also bei demjenigen, der das Bildnis verbreitet oder veröffentlicht (BGH NJW 1956, 1554 – Paul Dahlke; OLG München NJW-RR 1996, 93 (94) – Anne Sophie Mutter).

3. Widerruf

19   Analog zur Meinungsvielfalt zum unterschiedlichen Rechtscharakter der Einwilligung, bestehen auch unterschiedliche Auffassungen dazu, ob und unter welchen Voraussetzungen sie widerrufen werden kann. Grds. gilt: Liegen die Voraussetzungen für eine Anfechtung der Einwilligung – etwa infolge arglistiger Täuschung – nicht vor, und ist ein Widerrufsrecht vertraglich auch nicht vereinbart, ist die Einwilligung grds. bindend. Als empfangsbedürftige Willenserklärung ist sie auch nicht frei widerruflich, sondern verbindliche rechtsgeschäftliche Erklärung (OLG München NJW-RR 1990, 999).

19.1   Zur Unwirksamkeit eines unmittelbar vor Ausstrahlung erklärten Widerrufs trotz Mitwirkungsvertrag für ein Fernseh-Format vgl. auch LG Bielefeld Urt. v. 18.9.2007 – 6 O 320/07 – Super Nanny.

20   Von dem Grundsatz der Unwiderruflichkeit werden Ausnahmen deshalb nur zugelassen, wenn dem Persönlichkeitsrecht unter bestimmten Aspekten Vorrang gegenüber dem Prinzip der Rechtssicherheit und Vertragstreue zukommt. Zum Teil wird ein wichtiger Grund (OLG München NJW-RR 1990, 999; LG Köln AfP 1989, 766) bzw. gewichtige Gründe (Löffler-Steffen, § 6 Rn. 127) für einen Widerruf vorausgesetzt, zum Teil wird in Anlehnung an den Gedanken gewandelter Überzeugung (§ 42 Abs. 1 UrhG) darauf abgestellt, dass sich die innere Einstellung des Betroffenen nachweislich geändert haben muss (vgl. Frömming/Peters NJW 1996, 958; OLG Frankfurt a. M. Urt.v. 24.2.2011 – 16 U 172/10). Ein Widerrufsrecht setzt demnach voraus, dass die künftige Publikation des Bildnisses infolge einer vollzogenen Wandlung der Persönlichkeit rechtsverletzend wäre (Wenzel/v. Strobl-Albeg Kap. 7 Rn. 85). Dies ist dann der Fall, wenn sich die innere Einstellung des Betroffenen seit Erteilen der Einwilligung spürbar geändert und ein grundlegender Überzeugungswandel stattgefunden hat (OLG München NJW-RR 1990, 999 (1000); LG Köln AfP 1996, 186 (187); Frömming/Peters NJW 1996, 958).

20.1   Für die grundlegend vollzogene Persönlichkeitswandlung ist der Betroffene darlegungs- und beweispflichtig (LG Köln AfP 1996, 186).

20.2   Nicht ausreichend für den Widerruf eines zwei Jahre zuvor erteilten Einverständnisses mit der Verbreitung von Aktbildern aus ihren Filmen ist beispielsweise der bloße Wunsch einer Schauspielerin, ins ernste Fach zu wechseln (OLG München NJW-RR 1990, 999). Auch positive Äußerungen des Abgebildeten in der Presse, die im Widerspruch zu einer behaupteten inneren Einstellung stehen, können einen tatsächlichen inneren Wandel widerlegen (LG Köln AfP 1996, 186).

20.3   Eine neue Partnerbindung und die damit verbundene Aufgabe früherer Freizügigkeit hingegen kann bei bevorstehender Veröffentlichung von oben-ohne-Fotos in einem Reiseprospekt ein Widerrufsrecht begründen (Wenzel/v. Strobl-Albeg Kap. 7 Rn. 85; offen gelassen von OLG Karlsruhe FamRZ 1983, 742 wo auf die zur Einsichtsfähigkeit erforderliche geistige und sittliche Reife zum Zeitpunkt der Einwilligung abgestellt wird).

20.4   Das Widerrufsrecht eines Geigers zur Verbreitung ihn als Mitglied einer Zigeunerkapelle zeigenden Fotos in einem Werbeprospekt wurde bejaht, nachdem er zwischenzeitlich Konzertgeiger geworden war (öOGH AfP 1970, 132). Kein Widerrufsrecht hingegen wurde einem ehemaligen Croupier gegen die Veröffentlichung seines Fotos in einer Werbebroschüre für das Spielcasino zugebilligt, nachdem er zwischenzeitlich als Generalvertreter tätig war und berufliche Nachteile fürchtete (OLG Freiburg GRUR 1953, 404).

20.5   Sehr weitgehend: OLG Hamburg (Urt. v. 11.3.1997 – 7 U 251/96), das ein Widerrufsrecht gegenüber dem Erklärungsempfänger bereits deshalb angenommen hat, weil die Erstveröffentlichung den Umfang der Einwilligung überschritt.

IV. Umfang der Einwilligung

Weil die Einwilligung nach hM als rechtsgeschäftliche Willenserklärung, mindestens aber als rechtsgeschäftsähnliche Handlung anzusehen ist, kann zur Ermittlung des Umfangs der Einwilligung unmittelbar auf §§ 133 ff. BGB zurückgegriffen werden (vgl. Wenzel/v. Strobl-Albeg Kap. 7 Rn. 62). 21

1. Zweckübertragungslehre

Umfang und Reichweite werden in Anlehnung an die urheberrechtliche **Zweckübertragungsregel** ermittelt, dh die Einwilligung gilt idR als nur in demjenigen Umfang erteilt, der zur Erreichung des Vertragszwecks notwendig ist (BGH NJW 1985, 1617 – Biologiebuch; LG Hamburg NJW-RR 1995, 220; OLG Köln ZUM-RD 1999, 444 (445)). Dabei ist die Reichweite der Einwilligung durch Auslegung anhand der Umstände des Einzelfalls zu ermitteln (OLG München ZUM 2006, 939). Sie kann beispielsweise auf eine aktuelle Publikation (BGH NJW 1968, 1091; NJW 1979, 2203; OLG München ZUM 2006, 939; LG Berlin AfP 2004, 455) oder die Veröffentlichung in einer bestimmten Mediengattung (OLG München ZUM 1985, 327; OLG Hamburg NJW-RR 1988, 736; NJW 1996, 1151 – Esther Schweins) beschränkt sein. 22

So hat das OLG Oldenburg (NJW 1983, 1202) den zeitlichen Verfall einer Einwilligung zu einer krankheitsbezogenen Fotoberichterstattung über einen Organempfänger deshalb bejaht, weil sich die Lebensumstände seit der Transplantation verändert hatten und angesichts eines zwischenzeitlich eingetretenen Wertewandels nicht unterstellt werden könne, die Einwilligung sei für alle Zukunft erteilt worden. 22.1

2. Werbliche Nutzung

Grds. umfasst die Einwilligung zur redaktionellen Veröffentlichung eines Bildnisses nicht auch dessen werbliche Verwendung. Auch die bloße Gestattung einer Fotoaufnahme enthält keine Einwilligung in die kommerzielle Verwertung der Aufnahme (OLG Hamburg ZUM-RD 1999, 122 (125) – Backstreet Boys). Ein Schauspieler etwa, der sich auf einem Motorroller für eine Rundfunkzeitschrift fotografieren lässt, willigt nicht gleichzeitig in die Verwendung des Fotos für eine Motorroller-Werbung ein (BGH NJW 1956, 1554 – Paul Dahlke). Ein Sportler, der sich beim Training ablichten lässt, willigt ebenfalls nicht ohne weiteres in den Einsatz des Bildes in der Werbung ein (LG München Schulze LGZ 197 – Trickskifahrer), ebenso wenig ein bei einer Bergtour aufgenommener Wanderer (OLG Frankfurt a. M. NJW-RR 1986, 1118 – Ferienprospekt). Erforderlich ist vielmehr eine vorherige Aufklärung des Abgebildeten über die werbliche Verwendung der Aufnahme (BGH NJW 1980, 994; OLG Frankfurt a. M. NJW-RR 1986, 118). 23

Etwas anderes gilt jedoch für die Eigenwerbung der Medien. Wer mit seinem Einverständnis in einer Zeitschrift oder auf deren Titelblatt abgebildet wird, stimmt notwendig auch der Abbildung der Titelseite in der Verlagswerbung für die betreffende Ausgabe zu (BGH NJW 2002, 2317; OLG München NJW-RR 2000, 29; LG Köln AfP 1982, 49 – Fernsehansagerin; OLG Zweibrücken AfP 1999, 362). 24

3. Veränderter Kontext

Auch außerhalb des Bereichs der werblichen Nutzung erfolgt die Einwilligung idR nur im Rahmen der eingeschränkten Zweckbestimmung, was Abgrenzungsfragen aufwirft, wenn die Veröffentlichung zu der eingewilligt wurde, in einen anderen Kontext eingebettet wird. Willigt etwa jemand in die Veröffentlichung eines zu Anschauungszwecken hergestellten Nacktfotos in einem Biologie-Unterrichtsbuch ein, umfasst die Einwilligung nicht auch die Verwendung des Bildnisses durch Drittmedien im Rahmen eines kulturpolitischen Beitrages über den Schulunterricht (BGH NJW 1985, 1617 – Biologiebuch). Auch hat die Rspr. angenommen, dass die Einwilligung eines ehemaligen Eislaufstars in Nacktaufnahmen für ein Herrenmagazin nicht die Verwendung der Aufnahme in einem redaktionellen Artikel ein- 25 schließt, der sich kritisch mit der politischen Haltung der Abgebildeten auseinandersetzt (OLG Frankfurt a. M. NJW 2000, 594 – Katharina Witt).

25.1 Gleichwohl hat das OLG Frankfurt a. M. einen rechtswidrigen Eingriff in das Bildnisrecht der ehemaligen Eiskunstläuferin verneint, weil die Veröffentlichung einen übergeordneten Informationszweck iSd § 23 Abs. 1 Nr. 1 KUG erfüllte und eine Einwilligung somit entbehrlich war.

26 Ein anlässlich des Sommerfestes des Bundespräsidenten aufgenommenes Foto, welches die abgebildete Person in die Kamera lächelnd mit einem sie begleitenden Politiker zeigt, liegt etwa nicht ihr konkludentes Einverständnis zugrunde, dass die Veröffentlichung in Zusammenhang mit einem Bericht über eine Flugreisen-Affäre des Politikers erfolgt (OLG Hamburg Urt. v. 28.6.2011 – 7 U 39/11). Die Einwilligung eines in seiner Zelle fotografierten Häftlings zur Veröffentlichung in einem Buch über modernen Strafvollzug schließt nicht die Einwilligung ein, das Foto auch in einem Zeitschriftenbeitrag abzudrucken, der das Thema Aids-Angst hinter Gittern behandelt (OLG Hamburg Urt. v. 11.3.1997 – 7 U 251/96). Die Einwilligung in die Anfertigung eines Fotos während einer Geburtstagsfeier beschränkt sich auf eine Veröffentlichung im Rahmen eines Berichtes über diese Feier, erfasst aber nicht den Abdruck in einem Artikel über eine Fernreise des Betroffenen (OLG Hamburg Urt. v. 11.3.1997 – 7 U 254/96). Gleiches gilt für Fotografien, die anlässlich eines Konzertes entstanden sind und in einem Bericht über eine angebliche Liebesbeziehung des Abgebildeten verwendet werden (OLG Hamburg Urt. v. 24.2.1998 – 7 U 208/97).

V. Vermutung der Einwilligung nach S. 2

27 Nach der Vermutungsregel des § 22 S. 2 KUG gilt eine Einwilligung im Zweifel als erteilt, wenn der Abgebildete ein Entgelt dafür erhalten hat, dass er sich abbilden ließ. Hierbei handelt es sich allerdings um eine Vermutung, die widerlegbar ist (Frömming/Peters NJW 1996, 958; Schricker/Loewenheim/Götting KUG Anh. § 60/§ 22 Rn. 51). Eine Entlohnung iSd § 22 S. 2 KUG können materielle Zuwendungen und Vorteile jedweder Art sein, die wirtschaftlich betrachtet als Gegenleistung für die Aufnahmen anzusehen sind. Das Entgelt muss der Betroffene dabei unmittelbar für die Veröffentlichung erhalten haben, was beispielsweise bei gewöhnlichem Arbeitslohn nicht der Fall ist; ein Unternehmen, das Aufnahmen seiner Angestellten veröffentlichen lässt, kann sich deshalb nicht auf eine Entlohnung iSd § 22 S. 2 KUG berufen (OLG Nürnberg GRUR 1957, 296). Auch etwa die Aushändigung von Bildabzügen bedeutet für sich genommen keine Entlohnung (OLG Stuttgart NJW-RR 1987, 1434). Selbst wenn die Veröffentlichung entgeltlich erfolgt, kann jedoch keine generelle Einwilligung in jedwede Veröffentlichung angenommen werden, sondern ist auch im Rahmen des § 22 S. 2 KUG auf Umfang und Zweck der Einwilligung bzw. auf deren Reichweite abzustellen (BGH GRUR 1965, 495 mAnm Bußmann; LG München ZUM 2006, 937).

VI. Postmortaler Bildnisschutz

1. Schutz nach S. 3 und S. 4

28 Der Schutz des Rechts am eigenen Bild endet zehn Jahre nach dem Tod des Abgebildeten (§ 22 S. 3 KUG). Innerhalb dieser postmortalen Schutzdauer sind gem. § 22 S. 3 KUG dessen Angehörige zur Erteilung der Einwilligung berufen. Privilegierte Angehörige in diesem Sinne sind entsprechend der Aufzählung in § 22 S. 4 KUG der Ehegatte oder Lebenspartner des Abgebildeten sowie dessen Kinder, hilfsweise – falls weder Ehepartner noch Abkömmlinge vorhanden sind – die Eltern. Geschwister hingegen sind keine Angehörigen iSd Norm. § 22 S. 3 KUG setzt dabei die **gemeinsame Zustimmung** sämtlicher Angehöriger zu Bildveröffentlichung voraus (vgl. Schricker/Loewenheim/Götting KUG Anh. § 60/§ 22 Rn. 58). Hingegen steht die Befugnis, aus einer postmortalen Verletzung des Bildnisrechts resultierende Ansprüche klageweise geltend zu machen, jedem einzelnen Angehörigen zu (BGH NJW 1968, 1773 (1775) – Mephisto).

28.1 Zum Konkurrenzverhältnis zwischen Angehörigen und über den Tod hinaus bevollmächtigter Wahrnehmungsberechtigter bzw. zu Lebzeiten bevollmächtigter Vertreter vgl. BGH NJW 2000, 2129 –Marlene Dietrich; OLG München NJW 2002, 305.

Ausnahmen zu § 22 § 23 KUG

§ 22 S. 3 KUG bezieht sich auf Abbildungen, die den Verstorbenen lebend zeigen. Zur Frage, in 28.2
welchen Fällen die Abbildung eines toten Menschen der Einwilligung der Angehörigen bedarf, vgl.
Schricker/Loewenhein/Götting KUG Anh. § 60/§ 22 Rn. 60 und 61. Überwiegt das öffentliche
Interesse an dem Toten oder den Umständen seines Todes, ist keine Einwilligung der Angehörigen
erforderlich (OLG Hamburg AfP 1983, 466 – Bombenattentäter).

2. Ergänzender postmortaler Schutz des Bildnisrechts

Der postmortale Bildnisschutz nach § 22 S. 3 KUG stellt keine abschließende Regelung 29
dar, sondern wird durch das von der Rspr. anerkannte postmortale Persönlichkeitsrecht
ergänzt, welches die ideellen Bestandteile des Bildnisrechts als besonderem Persönlichkeitsrecht
auch nach Ablauf von zehn Jahren schützt, während es bei der gesetzlichen Schutz-
begrenzung bleibt, sofern lediglich die vermögensrechtlichen Bestandteile des Persönlichkeitsrechts betroffen sind (vgl. BGH NJW 2007, 684 – Klaus Kinski). Dass die vermögensrechtlichen Bestandteile des Rechts am eigenen Bild kommerzialisierbar sind und mit dem
Tode des Rechtsträgers auf die Erben übergehen, hat der BGH in der Entscheidung „Der
blaue Engel" NJW 2000, 2001 bestätigt, die den Erben von Marlene Dietrich Schadensersatzansprüche wegen der Verwendung ihres Bildnisses zu Werbezwecken zubilligte (bestätigt von
BVerfG NJW 2006, 3409). Die unautorisierte Verwendung des Bildnisses berühmter Verstorbener zu Werbezwecken bedeutet also stets eine Verletzung des postmortalen Persönlichkeitsrechts, ebenso die Werbung mit diesem für sachfremde Produkte (vgl. BGH GRUR
1984, 907 „Frischzellenkosmetik").

Die ideellen Bestandteile beim postmortalen Bildnisschutz kommen zum Tragen, wenn eine 29.1
Güter- und Interessenabwägung ergibt, dass Ansehen und Ehre des Verstorbenen unzulässig herabgesetzt werden bzw. dessen Lebensbild verfälscht wird, stellen also höhere Anforderungen als der
formale, allein auf Einwilligung abstellende Schutz des § 22 S. 3 KUG. Zeitliche Grenzen lassen sich
dabei nicht feststellen. Im Falle des Malers Emil Nolde wurde der postmortale Bildnisschutz beispielsweise noch 30 Jahre nach dessen Tod gewährt (BGH NJW 1990, 1986); Reichspräsident Ebert
erhielt postmortalen Bildnisschutz sogar 67 Jahre nach seinem Tod (OLG Bremen NJW-RR 1993,
726), vgl. auch OLG München NJW-RR 1994, 925 – NS-Arzt; OLG Bremen NJW-RR 1995,
84).

§ 23 [Ausnahmen zu § 22]

(1) Ohne die nach § 22 erforderliche Einwilligung dürfen verbreitet und zur Schau gestellt werden:
1. Bildnisse aus dem Bereiche der Zeitgeschichte;
2. Bilder, auf denen die Personen nur als Beiwerk neben einer Landschaft oder sonstigen Örtlichkeit erscheinen;
3. Bilder von Versammlungen, Aufzügen und ähnlichen Vorgängen, an denen die dargestellten Personen teilgenommen haben;
4. Bildnisse, die nicht auf Bestellung angefertigt sind, sofern die Verbreitung oder Schaustellung einem höheren Interesse der Kunst dient.
(2) Die Befugnis erstreckt sich jedoch nicht auf eine Verbreitung und Schau-stellung, durch die ein berechtigtes Interesse des Abgebildeten oder, falls dieser verstorben ist, seiner Angehörigen verletzt wird.

§ 23 KUG regelt die Schranken des Bildnisschutzes. Vom Grundsatz der Einwilligungs-
pflicht des § 22 KUG nimmt die Norm Bildnisse aus dem Bereich der Zeitgeschichte (§ 23
Abs. 1 Nr. 1 KUG), Bilder bei denen eine Landschaft oder Örtlichkeit im Vordergrund
stehen (§ 23 Abs. 1 Nr. 2 KUG), bei öffentlichen Versammlungen oder sonstigen Veranstaltungen angefertigte Bilder (§ 23 Abs. 1 Nr. 3 KUG) und dem Kunstinteresse dienende
Bilder (§ 23 Abs. 1 Nr. 4 KUG) aus. Einer Einwilligung des Abgebildeten bedarf es demnach nicht, wenn einer der Ausnahmetatbestände des § 23 Abs. 1 KUG vorliegt und demnach das öffentliche Interesse an der Bildveröffentlichung dem Persönlichkeitsrecht des
Abgebildeten vorgeht. Diese Ausnahme zugunsten der Abbildungsfreiheit gilt aber gem. § 23

Abs. 2 KUG nicht für eine solche Verbreitung des Bildnisses, welche die berechtigten Interessen des Abgebildeten verletzt.

Übersicht

	Rn		Rn
A. Bildnisse aus dem Bereich der Zeitgeschichte (Abs. 1 Nr. 1)	1	II. Privatsphäre	29
I. Begriff der Zeitgeschichte	2	III. Intimsphäre	30
II. Personen der Zeitgeschichte	4	IV. Räumlicher Schutz	34
1. Relative Personen der Zeitgeschichte	6	1. Situationen, in denen nicht mit Aufnahmen gerechnet werden muss	35
2. Absolute Personen der Zeitgeschichte	8	2. Unbefangenes Bewegen in der Öffentlichkeit	36
III. Die Entscheidung des EGMR v. 24.6.2004	9	3. Urlaubssituationen/Freizeitverhalten	38
IV. Folgen der EGMR-Entscheidung	12	4. Rückzugsbereich/fehlende Rückzugsmöglichkeit	41
V. Begleitpersonen/Begleitsituationen	16	5. Beweislast	42
B. Person als Beiwerk einer Örtlichkeit (Abs. 1 Nr. 2)	20	V. Anonymitätsinteressen	43
C. Teilnahme an Veranstaltungen und Aufzügen (Abs. 1 Nr. 3)	22	VI. Kinder	44
D. Bilder die dem Kunstinteresse dienen (Abs. 1 Nr. 4)	24	VII. Kommerzialisierung/werbliche Verwendung	47
E. Verletzung berechtigter Interessen nach Abs. 2	25	VIII. Bildinhalt als Sachaussage/Fotomontagen	55
I. Systematik/Verhältnis zu Abs. 1	26	IX. Kontext/begleitender Wortbeitrag/negative Tendenz	59
		X. Kontext-neutrale Bildnisse/Portraitfotos	63

A. Bildnisse aus dem Bereich der Zeitgeschichte (Abs. 1 Nr. 1)

1   § 23 Abs. 1 Nr. 1 KUG nimmt nach Sinn und Zweck sowie der Intention des Gesetzgebers – als Ausnahmevorschrift zu § 22 KUG – Rücksicht auf das Informationsinteresse der Allgemeinheit bzw. die Pressefreiheit und erfordert deshalb eine Abwägung zwischen dem Privatsphärenschutz des Abgebildeten nach Art. 8 Abs. 1 EMRK und Art. 1 Abs. 1, 2 Abs. 1 GG einerseits und den Rechten der Presse aus Art. 10 Abs. 1 EMRK bzw. Art. 5 Abs. 1 GG andererseits (vgl. BGH NJW 2008, 3138). Die Privatsphäre wird dabei allgemein als derjenige Bereich definiert, **in welchem eine Person selbst bestimmt, wem sie wann und warum welche Informationen über sich zugänglich macht.** Das in Art. 8 Abs. 1 EMRK gewährleistete Recht auf Achtung der Privatsphäre ist also im Rahmen des § 23 Abs. 1 Nr. 1 KUG gegen das öffentliche Informationsinteresse abzuwägen.

I. Begriff der Zeitgeschichte

2   Der in § 23 Abs. 1 Nr. 1 KUG verwendete Begriff der **Zeitgeschichte** ist zugunsten der Pressefreiheit in einem weiten Sinne zu verstehen. Schon nach der Historie des KUG, vor allem aber im Hinblick auf den Informationsbedarf der Öffentlichkeit, umfasst er nicht nur Vorgänge von historischer oder politischer Bedeutung, sondern ganz allgemein das Zeitgeschehen unter Berücksichtigung sämtlicher sozialer, wirtschaftlicher und kultureller Aspekte, somit alle Fragen von allgemeinem gesellschaftlichen Interesse des Kulturlebens, der Wirtschaft und des Sports, eingeschlossen Unfälle, Verbrechen, Kriegshandlungen oder Naturkatastrophen (Schricker/Loewenheim/Götting KUG Anh. § 60/§ 23 Rn. 18). Der Begriff des Zeitgeschehens wird daher vom Interesse der Öffentlichkeit her bestimmt (BGH NJW-RR 2010, 855 (856)), wobei deren Belange gerade bei der Auslegung des Tatbestandsmerkmals aus dem Bereich der Zeitgeschichte zu beachten sind (BVerfG NJW 2006, 3406 (3407)).

Zum Zeitgeschehen gehören daher nicht nur alle Ereignisse, die – aus welchem Grund 3
auch immer – ins Blickfeld der Öffentlichkeit geraten sind, sondern **sämtliche Angelegenheiten von öffentlichem Interesse** (RGZ 123, 80 – Tull Harder; BGH NJW 1965, 2148; OLG München GRUR 1964, 42 – Lebensmittelskandal). Umfasst hiervon sind alle Erscheinungen im Leben der Gegenwart, die von der Öffentlichkeit beachtet werden, bei ihr Aufmerksamkeit finden und Gegenstand der Teilnahme und Wissbegier weiter Kreise sind (vgl. Schricker/Loewenheim/Götting KUG Anh. § 60/§ 23 Rn. 18). Zum Kern der Presse- und Meinungsbildungsfreiheit gehört es dabei, dass der Presse ein ausreichender Spielraum zukommt, innerhalb dessen sie nach ihren publizistischen Kriterien entscheiden kann, was öffentliches Interesse beansprucht und dass sich erst im Meinungsbildungsprozess herausstellt, was eine Angelegenheit von öffentlichem Interesse ist. Deshalb muss die Presse grds. selbst entscheiden dürfen, was sie des öffentlichen Interesses für Wert hält (BVerfG NJW 2000, 1012 (1024); NJW 2000, 1026; EGMR NJW 2006, 591 (592); BGH NJW 2006, 599; NJW 2007, 1981 – Andrea Casiraghi). Dabei sind auch bloß unterhaltende Beiträge nicht ausgenommen, denn auch diese dienen der Meinungsbildung und können sie sogar nachhaltiger anregen oder beeinflussen als ausschließlich sachbezogene Informationen (BVerfG NJW 2000, 1021 (1025)).

II. Personen der Zeitgeschichte

Aus dem in § 23 Abs. 1 Nr. 1 KUG genannten zeitgeschichtlichen Ereignis hat die Rspr. 4
den vereinfachenden Begriff der Person der Zeitgeschichte entwickelt und unterscheidet dabei – zurückgehend auf Neumann-Duesberg (JZ 1960, 114) – zwischen relativen (→ Rn. 6) und absoluten (→ Rn. 8) Personen der Zeitgeschichte. Die Veröffentlichung des Bildnisses einer Person der Zeitgeschichte muss – um das Privileg der Abbildungsfreiheit zu genießen – allerdings zeitgeschichtlichen Nachrichtenwert besitzen, dh einem Informationszweck dienen (OLG Hamburg NJW 1996, 1151). Einen solchen ausreichenden Informationszweck hat der BGH beispielsweise für die Veröffentlichung des Bildnisses eines bekannten TV-Moderators auf der Titelseite einer Rätselillustrierten verneint, bei welchem sich die Bildunterschrift auf seinem Namen und den der von ihm moderierten Sendung beschränkte (BGH NJW 2009, 3032 – Günther Jauch).

Anders bei einer Werbung mit dem Foto des Moderators auf der Nullnummer einer Zeit- 4.1
schrifteneinführungswerbung, weil hierdurch über den – auch ihn betreffenden – Inhalt der Illustrierten informiert wurde (BGH NJW-RR 2011, 1132).

Um die Entscheidungspraxis der nationalen Rspr., insbes. ältere Entscheidungen zweck- 5
gerecht einordnen zu können, muss berücksichtigt werden, dass diese bis zur Entscheidung des Europäischen Gerichtshofs für Menschenrechte (EGMR) im Jahre 2004 (→ Rn. 9) dadurch gekennzeichnet war, dass sie sich bei der Beurteilung des öffentlichen Interesses an den Rechtsfiguren der sog absoluten und relativen Person der Zeitgeschichte orientierte, wobei das Bundesverfassungsgericht stets betonte, dass es sich hierbei nicht um gesetzliche Begrifflichkeiten, sondern abgekürzte Ausdrucksweisen handele (BVerfG NJW 2000, 1021 – Caroline v. Monaco).

Löffler/Steffen LPG § 6 Rn. 130, 131a weist daraufhin, dass es sich nach Auffassung des BVerfG 5.1
nur um eine grobe Kurzbezeichnung des Stellenwerts der Person für das öffentliche Interesse handelt, die eine Abwägung nicht zu ersetzen vermöge.

1. Relative Personen der Zeitgeschichte

Unter relativen Personen der Zeitgeschichte wurden Personen verstanden, die in Zusam- 6
menhang mit einem bestimmten zeitgeschichtlichen Ereignis in das Blickfeld der Öffentlichkeit geraten sind und die nur eine begrenzte Zeit, nämlich solange das allgemeine Interesse am Ereignis anhält, im öffentlichen Blickpunkt stehen. Das Ereignis darf kein gewöhnliches sein, sondern muss aus dem alltäglichen Geschehen herausragen (OLG Frankfurt a. M. GRUR 1991, 49 (50)). Das zeitgeschichtliche Interesse knüpft dabei nicht an die Person des Betroffenen an, sondern ergibt sich erst aus der Verbindung zu dem Ereignis. Zu nennen

wären hier etwa die Beteiligten des Gladbecker Geiseldramas oder Sportler während eines Wettkampfes. Ob jemand dabei freiwillig, zufällig oder absichtlich in den Blickpunkt gerät, ist ebenso unerheblich wie der Umstand, ob der Betroffene in negativer oder positiver Beziehung zu dem Ereignis steht.

6.1 **Tatverdächtige und Täter bedeutsamer Kriminal-, Justiz- oder Gerichtsprozesse.** Um das Anonymitätsinteresse zurücktreten zu lassen, muss es sich um schwerwiegende Delikte handeln, die sich deutlich von der Alltagskriminalität – wie etwa Ladendiebstahl, kleinere Betrugsdelikte oder Verkehrsordnungswidrigkeiten – abheben (BVerfG NJW 1973, 1226 (1227) –Lebach; OLG Frankfurt a. M. ZUM 1990, 580; OLG Hamburg AfP 1987, 720; LG Berlin NJW 1986, 1256). Neben der Schwere der Straftat sind ggf. auch in der Person des Täters liegende besondere Umstände bei der Abgrenzung zu Allerweltsstraftaten zu berücksichtigen. Aufgrund der mit einer identifizierenden Veröffentlichung einhergehenden Prangerwirkung ist allerdings der Grundsatz des schonendsten Mittels zu beachten, dh die Vorstellung des Betroffenen im Bild muss zur Wahrnehmung des Informationsinteresses erforderlich sein (BGH NJW 1957, 1315 (1316) – Spätheimkehrer; OLG Stuttgart NJW 1972, 2320 (2321)). Bei bloß Tatverdächtigen kommt nur in Fällen von Schwer- oder Schwerstkriminalität bzw. bei herausragender öffentlicher Stellung des Verdächtigen sowie bei einem gegenüber dem Bildnisrecht vorrangigen Aufklärungsinteresse eine identifizierende Bildveröffentlichung in Betracht (vgl. OLG Frankfurt a. M. NJW 1971, 47 – Aktenzeichen XY ungelöst; OLG Brandenburg NJW 1995, 886; OLG Düsseldorf NJW 1980, 599).

6.2 **Opfer spektakulärer Verbrechen.** Da das öffentliche Interesse sich vorrangig auf die Tat, weniger auf den durch sie Geschädigten bezieht, und Opfer – auch spektakulärer – Unfälle oder Verbrechen den besonderen Schutz der Rechtsordnung genießen, gelten diese nach hA nicht als relative Personen der Zeitgeschichte (BGH NJW 1985, 978; OLG Karlsruhe NJW-RR 1990, 1328; OLG Hamburg NJW 1975, 649). Gleiches gilt für die Angehörigen von Opfern (LG Köln AfP 1991, 757). Ausnahmen können aber bestehen, wenn das Opfer prominent ist oder seinem Verhalten – etwa bei einer Geiselnahme – besondere Bedeutung zukommt (vgl. Wenzel/ v. Strobl-Albeg Kap. 8 Rn. 23).

6.3 **Zeugen.** Auch Zeugen kommen – vor allem bei spektakulären Prozessen – als relative Personen der Zeitgeschichte in Betracht. Voraussetzung ist jedoch, dass gerade ihrer Rolle als Zeuge zeitgeschichtliche Bedeutung zukommt (BGH NJW 1965, 2148 – Spielgefährtin I; NJW 1966, 2353 – Vor unserer eigenen Tür). Bei unwesentlichen Zufallszeugen hingegen überwiegt deren Anonymitätsinteresse (OLG Karlsruhe NJW-RR 1990, 1328).

6.4 **Richter, Staatsanwälte, und Verteidiger.** Sofern einem Gerichtsverfahren aufgrund seines besonderen Gegenstands zeitgeschichtliche Bedeutung zukommt, können auch verfahrensbeteiligte Richter, Staatsanwälte oder Verteidiger in Zusammenhang mit diesem als relative Personen der Zeitgeschichte betrachtet werden (vgl. Wenzel/ v. Strobl-Albeg Kap. 8 Rn. 20). Sofern es sich allerdings um gewöhnliche Routineverfahren handelt, die nicht im besonderen öffentlichen Blickfeld stehen, genügt dies nicht, um die Abbildungsfreiheit zu begründen. Dies gilt beispielsweise für einen Rechtsanwalt, der lediglich die presserechtliche Betreuung eines Straftäters übernommen hat (LG Berlin NJW-RR 2000, 555; anders aber, wenn dieser ständig – etwa als Prominentenanwalt – in den Medien präsent ist (BVerfG NJW 2010, 1587).

6.5 **Angehörige.** Familienangehörige oder Begleitpersonen von relativen Personen der Zeitgeschichte werden, selbst bei Vorliegen enger persönlicher Beziehungen, nicht als Personen der Zeitgeschichte eingestuft (OLG Frankfurt a. M. GRUR 1958, 508 – Verbrecherbraut).

7 Relative Personen der Zeitgeschichte haben Bildnisveröffentlichungen nur hinzunehmen, wenn diese einen **Ereignisbezug** aufweisen und im Hinblick auf das Ereignis die **Aktualität** gewahrt ist. Die für das öffentliche Interesse erforderliche Aktualität schwindet mit zunehmendem, durch Zeitablauf bedingten Wegfall des Informationsinteresses. Sie ist nicht mehr gegeben, wenn die Erinnerung an das maßgebliche Ereignis verblasst bzw. der Vorgang im öffentlichen Bewusstsein zunehmend an Bedeutung verliert. Ob dies der Fall ist, kann nur im konkreten Einzelfall anhand einer die besonderen Umstände berücksichtigenden Güter- und Interessenabwägung entschieden werden (OLG Hamburg NJW 1975, 649; OLG Frankfurt a. M. GRUR 1987, 195). Etwa das Foto eines im Bild festgehaltenen tätlichen Angriffs eines bekannten Entertainers auf eine in diesem Zusammenhang bekannt gewordene TV-Journalistin durfte in anderem Kontext noch drei Jahre nach dem Vorfall veröffentlicht werden (OLG Düsseldorf NJW-RR 2001, 1623 – Geohrfeigte Journalistin). Beim Ereignisbezug ist streitig, ob und inwieweit ein Zusammenhang zwischen Ereignis und Bildnis erforderlich ist oder der Ereignisbezug auch durch die Veröffentlichung kontextneutraler

Abbildungen, etwa nach der Art einer Portraitaufnahme, hergestellt werden kann. Nach teilweise vertretener Auffassung (vgl. Soehring § 21 Rn. 3d) beschränkt sich die Abbildungsfreiheit auf die Veröffentlichung von Aufnahmen, die in Zusammenhang mit dem Ereignis hergestellt wurden. Die Gegenmeinung (vgl. Wenzel/ v. Strobl-Albeg Kap. 8 Rn. 27) lässt auch die Verwendung kontextneutralen Bildmaterials zu, sofern es den aktuellen Kontext nicht beeinflusst oder verfälscht.

Der letzt genannten Auffassung ist der Vorrang einzuräumen, weil die Beschränkung der Presse auf die Veröffentlichung von Bildnissen nur des konkreten Ereignisses schon deshalb nicht gerechtfertigt ist, weil solches Bildmaterial oft nicht verfügbar ist. Der Geiselnehmer könnte nur während der Geiselnahme, der Verteidiger nur im Gerichtssaal gezeigt werden. Im Übrigen ist nicht zu erklären, weshalb die Veröffentlichung eines kontextneutralen Bildnisses den Betroffenen stärker in seinem Persönlichkeitsrecht beeinträchtigt, als ein vom Ereignis stammendes Foto (vgl. auch BVerfG NJW 2001, 1921; BGH NJW 2005, 594). **7.1**

2. Absolute Personen der Zeitgeschichte

Als absolute Personen der Zeitgeschichte wurden solche Personen bezeichnet, die durch Geburt, Stellung, Status, Ämter, besonderer Leistungen oder Taten – sowohl im positiven als auch negativen Sinne – ins öffentliche Blickfeld geraten sind und sich dadurch außergewöhnlich aus dem Kreis ihrer Mitmenschen herausheben. Maßgebend wurde dabei zugrundegelegt, dass bei solchen Personen ein durch echtes Informationsbedürfnis der Öffentlichkeit gerechtfertigtes Interesse an deren bildlicher Darstellung besteht (BGH NJW 1996, 1128 (1129)). Folge der Behandlung einer Person als absolute Person der Zeitgeschichte war es, dass eine einwilligungsfreie Bildnisveröffentlichung weder den Bezug zu einem zeitgeschichtlichen Ereignis voraussetzte, noch die betreffende Person bei Ausübung der Funktion gezeigt werden musste, aufgrund derer sie im Lichte der Öffentlichkeit steht. Kennzeichnend war vielmehr die im Vordergrund stehende Betrachtungsweise, dass die Person selbst das Ereignis darstellt, auf das sich das öffentliche Interesse bezieht. **8**

Als absolute Personen der Zeitgeschichte wurden durch die Rspr. beispielsweise behandelt: **Monarchen/Staatsoberhäupter:** Kaiser Wilhelm II (KG JW 1928, 363); **Politik:** Willy Brandt (BGH NJW 1996, 593), Ministerpräsident Stolpe (OVG Berlin NJW 1998, 257); **Stellung/ Herkunft:** Prinzessin Caroline von Monaco (BGH NJW 1996, 1128); **Sport:** Franz Beckenbauer (BGH NJW 1979, 2203); Boris Becker (OLG Frankfurt a. M. NJW 1989, 402), Katharina Witt (OLG Frankfurt a. M. NJW 2000, 594); **Schauspieler:** Romy Schneider (OLG Hamburg UFITA 81 (1978), 278 (285)); Joachim Fuchsberger (BGH NJW 1992, 2084); **Künstler:** Caterina Valente (BGH NJW-RR 1987, 231), Roy Black (OLG Hamburg AfP 1994, 437); **Wirtschaftsführer/ Topmanager:** Walter Hilger – Vorstandsvorsitzender der Höchst AG (BGH NJW 1994, 124). **8.1**

Allein die Zugehörigkeit zum Hochadel begründete noch keine Stellung als absolute Person der Zeitgeschichte. Aus diesem Grund behandelte die Rspr. etwa den Prinzen Ernst August von Hannover, Urenkel des letzten deutschen Kaisers – auch nach seiner Eheschließung mit Prinzessin Caroline von Monaco – nicht als absolute Person der Zeitgeschichte (LG Hamburg ZUM 1998, 852). Auch Abkömmlinge von zeitgeschichtlichen Personen wurden nicht zwangsläufig selbst als absolute Personen der Zeitgeschichte behandelt (BGH NJW 1996, 985; OLG Hamburg NJW 1970, 1325). Bei Caroline von Monaco – älteste Tochter des mittlerweile verstorbenen Regenten Rainier von Monaco – griff jedoch der Kumulationsgedanke (BGH NJW 1996, 985). **8.2**

III. Die Entscheidung des EGMR v. 24.6.2004

Führte die gesteigerte Popularität von zeitgeschichtlichen Personen also dazu, dass sie aufgrund der sich daraus ergebenden Sozialpflichtigkeit (Schricker/Loewenheim/Götting KUG Anh. § 60/§ 23 Rn. 8) weitreichende Einschränkungen des Bildnisschutzes in Kauf nehmen mussten, trat durch das Urteil des Europäischen Gerichtshofs für Menschenrechte (EGMR) v. 24.6.2004 (NJW 2004, 2647) eine grundlegende Neuorientierung der nationalen Rspr. ein, insbes. was das Verständnis des Begriffs der absoluten und relativen Person der Zeitgeschichte betrifft. **9**

10 Gegenstand der von Prinzessin Caroline beim EGMR eingereichten Beschwerde waren verschiedene Fotoveröffentlichungen mehrerer Magazine, die sich mit privaten Angelegenheiten befassende Artikel veröffentlicht hatten, die mit Fotografien illustriert waren, welche die Prinzessin beim Einkaufen auf einem Wochenmarkt, beim Reiten und Ski- bzw. Fahrradfahren auf einem Feldweg, beim Verlassen ihrer Pariser Wohnung und im Monte Carlo Beach-Club zeigten. Der BGH hatte hierzu in seinem Urt. v. 19.12.1995 (NJW 1996, 1128) entschieden, dass die Veröffentlichung dieser Fotografien das Bildnisrecht Prinzessin Carolines nicht verletzen, weil diese sie an öffentlichen Orten zeigten. Das BVerfG hatte in seiner auf die Verfassungsbeschwerde folgenden Grundsatzentscheidung v. 15.12.1999 (NJW 2000, 1021 – Caroline II) sowie in seinen Nichtannahmebeschlüssen v. 13.4.2000 (1 BvR 768 zu OLG Hamburg – 7 U 206/97 und 1 BvR 2080/98 zu OLG Hamburg – 7 U 63/98) festgestellt, dass absolute Personen der Zeitgeschichte wie Prinzessin Caroline die Veröffentlichung auch solcher Abbildungen dulden müssten, die sie außerhalb ihrer Funktionen oder Ämter zeigen und dass ein räumlicher Schutzbereich nur für solche Situationen zugebilligt werden könne, die einen Bereich erkennbarer Zurückgezogenheit betreffen, es sich dabei vor allem um eine örtliche Abgeschiedenheit handelt, in die sich jemand zurückzieht, um dort objektiv erkennbar für sich alleine zu sein und in der er sich im Vertrauen auf diese Abgeschiedenheit so verhält, wie er es in der breiten Öffentlichkeit unterließe (BVerfG NJW 2000, 1021 (1023). Eine solche örtliche Abgeschiedenheit hatte der BGH (NJW 1996, 1128) – vom BVerfG unbeanstandet – lediglich für eine Fotografie angenommen, die Prinzessin Caroline im hinteren abgegrenzten Teil eines Gartenlokals zeigte, wohin sie sich mit ihrem Begleiter zurückgezogen hatte. Die nationale Rspr. beschränkte die Privatsphäre absoluter Personen der Zeitgeschichte also auf den häuslichen Bereich und Orte der Abgeschiedenheit, ließ Bildveröffentlichungen iÜ aber ohne Beschränkung auf funktionales Verhalten zu.

11 Der EGMR konnte kein sachlich begründetes Allgemeininteresse an der Veröffentlichung der von BGH und BVerfG als zeitgeschichtlich eingestuften Fotografien erkennen und entschied einstimmig, dass die deutschen Gerichte die widerstreitenden Interessen ungerechtfertigt gegeneinander abgewogen und den Anspruch der Beschwerdeführerin auf Achtung ihrer Privatsphäre nur unzureichend berücksichtigt hätten. Er stellte daher fest, dass die Bundesrepublik Deutschland Art. 8 der Europäischen Menschenrechtskonvention (Recht auf Achtung des Privatlebens) verletzt habe. Das von der deutschen Rspr. entwickelte Kriterium der örtlichen Abgeschiedenheit sei unzureichend, um einen angemessenen Schutz der Privatsphäre prominenter Persönlichkeiten zu gewährleisten. Sie berücksichtige nicht, dass die Fotografien ohne Kenntnis bzw. Einwilligung der Abgebildeten angefertigt worden seien und ihr einziger Zweck darin liege, die Neugierde eines bestimmten Leserkreises über Details aus dem Privatleben Prinzessin Carolines zu befriedigen. Eine Abbildung sei gegen den Willen einer Person nur während der Wahrnehmung ihrer öffentlichen Funktion zulässig, womit der EGMR vornehmlich Politiker in Ausübung öffentlicher Ämter meint, während er zu Prinzessin Caroline feststellte, dass diese kein offizielles Amt bekleide. Nach der Rspr. des EGMR ist bei der Abwägung zwischen dem Schutz der Privatsphäre und dem öffentlichen Informationsinteresse vielmehr maßgeblich darauf abzustellen, **ob eine Bildveröffentlichung bzw. der dazugehörige Wortbericht zu einer Diskussion über eine Frage von allgemeinem Interesse führe bzw. die Anregung zu einer solchen zu leisten im Stande sei.** Bei der Gewichtung des Schutzes der Privatsphäre und der eine Bildveröffentlichung einschließenden Freiheit der Meinungsäußerung müsse – was die deutsche Rspr. nicht ausreichend gewürdigt habe – als bestimmender Faktor der Beitrag gelten, den die veröffentlichten Fotos und ihre Begleitartikel zu einer Debatte von Allgemeininteresse erbringe.

11.1 Der EGMR erteilte damit der Rspr. von BGH und BVerfG eine Absage, wonach die absolute Person der Zeitgeschichte selbst das zeitgeschichtliche Ereignis darstelle, sie also bereits als Person von öffentlichem Interesse sei und die Veröffentlichungsbefugnis der Presse sich nicht darauf beschränke, sie bei der Ausübung der Funktion zu zeigen, die sie in der Gesellschaft wahrnimmt. Bei der bloßen Veröffentlichung von Bildnissen aus dem privaten Lebensbereich fehle es – so der EGMR – vielmehr an einem nennenswerten Beitrag zu einer Debatte von gesellschaftlicher Relevanz im Sinne allgemeinen Interesses.

IV. Folgen der EGMR-Entscheidung

Die nach kurzer Diskussion über die Bindungswirkung der EGMR-Entscheidung und 12
ihrer Einstufung als Auslegungshilfe zur Bestimmung von Inhalt und Reichweite von Grundrechten vollzogene Anpassung der nationalen Rspr. hatte weitreichende Folgen für das Bildnisrecht. Sie leitete die Abkehr von der bis dahin für die Interpretation des Rechts am eigenen Bild maßgeblichen Rechtsfigur der Person der Zeitgeschichte ein. Die Kategorien absolute und relative Person der Zeitgeschichte hatten ausgedient. Die personenbezogene Sicht wurde durch eine ereignisbezogene Betrachtungsweise der Zeitgeschichte abgelöst. Gleichwohl bietet die bisher so bezeichnete Rechtsfigur der relativen Person der Zeitgeschichte wichtige Orientierungshilfen, weil sie erklärt, dass auch die nicht zu den Persönlichkeiten des öffentlichen Lebens zählenden Personen situationsbedingtes und zeitlich beschränktes mediales Berichterstattungsinteresse legitimieren können (Soehring § 21 Rn. 5).

Das OLG Hamburg (NJW-RR 2006, 1202) spricht nun nicht mehr von absoluter Person der 12.1
Zeitgeschichte sondern von einer Person des öffentlichen Lebens.

Mit seiner Entscheidungsserie v. 6.3.2007 (NJW 2007, 1977; NJW 2007, 1981) hat der 13
BGH auf die Entscheidung des EGMR reagiert und hierzu das **abgestufte Schutzkonzept**
zu § 23 KUG entwickelt. Streitgegenstand dieser Verfahren waren alltägliche Situationen
abbildende Fotografien, die Prinzessin Caroline und ihren Gatten im Urlaub zeigten.

Zwar hatte der BGH schon zuvor, nämlich mit Urteilen v. 19.10.2004 (NJW 2005, 594 – 13.1
Ehemann von Uschi Glas) und 15.11.2005 (NJW 2006, 599 – E. A. v.Hannover) Gelegenheit, auf Straßburg zu reagieren; beide Entscheidungen boten hierzu aber keinen Anlass, nachdem dort weder Abbildungen von Alltagssituationen, noch bis dahin als solche behandelte absolute Personen der Zeitgeschichte verfahrensgegenständlich waren.

Für die Zulässigkeit einer Bildnisveröffentlichung ist nach dem abgestuften 14
Schutzkonzept maßgeblich: Der Informationswert einer Veröffentlichung ist, soweit das
Bildnis nicht schon als solches eine für die öffentliche Meinungsbildung bedeutsame Aussage
enthält, im Kontext der begleitenden Wortberichterstattung zu ermitteln. Für die Gewichtung der Belange des Persönlichkeitsschutzes sind dabei ergänzend die Umstände zu berücksichtigen, unter denen die Aufnahme entstanden ist oder in welcher Situation der Betroffene
erfasst bzw. dargestellt wird. Die Beeinträchtigung des Persönlichkeitsrechts wiegt dabei umso
schwerer, wenn die visuelle Darstellung durch Ausbreitung von üblicherweise öffentlicher
Erörterung entzogener Einzelheiten des privaten Lebens, thematisch die Privatsphäre berührt
oder wenn der Betroffene nach den gegebenen Umständen typischerweise die berechtigte
Erwartung haben durfte, in der konkreten Situation nicht in den Medien abgebildet zu
werden. Soweit schon die begleitende Wortberichterstattung einen Zusammenhang zu einer
Debatte von allgemeinem Interesse aufweist, liegt nach diesem abgestuften Schutzkonzept
keine Bildrechtsverletzung vor. In der Entscheidung BGH NJW 2007, 1977 war beispielsweise eine Fotografie streitgegenständlich, welche Prinzessin Caroline in einer Einkaufspassage des Urlaubsortes St. Moritz zeigte; die Wortberichterstattung zum Foto behandelte
aber auch die schwerwiegende Erkrankung des seinerzeit regierenden Fürsten Rainier und
somit ihr Verhalten als Mitglied der monegassischen Herrscherfamilie, was die Bildveröffentlichung legitimierte. Ein unmittelbarer Zusammenhang zwischen dem Bildinhalt und dem
Gegenstand der begleitenden Wortberichterstattung ist für die Zulässigkeit der Bildveröffentlichung nicht erforderlich. So hat der BGH ein Foto, welches Prinzessin Caroline und ihren
Gatten beim Bummel durch einen kenianischen Urlaubsort zeigt, deshalb für zeitgeschichtlich iSv § 23 Abs. 1 Nr. 1 KUG erachtet, weil der Bericht eine Mitteilung über die Vermietung ihrer kenianischen Ferienvilla und somit den für informativ erachteten Berichtsgegenstand enthielt, dass Prominente zunehmend einen Hang zu ökonomischem Denken
entwickeln (BGH NJW 2007, 1977 – Caroline III; bestätigt durch BVerfG NJW 2008,
1793).

Der bloße, während eines Urlaubs aufgenommene Strandspaziergang eines Fußballnationaltor- 14.1
hüters mit seiner Lebensgefährtin hingegen stellt kein zeitgeschichtliches Ereignis dar, sofern der
Artikel nicht mit einem über den Bildinhalt hinausgehenden Informationswert verbunden ist (BGH

NJW 2008, 749 – Oliver Kahn). Andererseits hat der BGH die Veröffentlichung von Aufnahmen des ältesten Enkels des monegassischen Fürsten in Alltagssituationen und in Freizeitkleidung deshalb für zulässig erachtet, weil der Beitrag an den Tod des Fürsten und dessen Beisetzungsfeierlichkeiten anknüpfte und somit ein zeitgeschichtliches Ereignis illustriert wurde (BGH NJW 2009, 1499 – Andrea Casiraghi).

15 Das abgestufte Schutzkonzept, das den Informationswert einer Bildnisveröffentlichung auch aus dem zu ihm mitgeteilten Wortbeitrag herleitet, wurde vom EGMR in seiner Entscheidung v. 7.2.2012 (NJW 2012, 1053) gebilligt. Vorausgegangen war eine weitere Beschwerde Prinzessin Carolines, die in dem von den deutschen Gerichten gewährten Bildnisschutz keine ausreichende Umsetzung des EGMR-Entscheids aus dem Jahre 2004 erblickte. Beschwerdegegenstand waren die og (→ Rn. 13 → Rn. 14) Entscheidungen von BGH und BVerfG zu Urlaubsfotos, denen die Rspr. deshalb zeitgeschichtliche Bedeutung zugesprochen hatte, weil der Beitrag ua die schwere Krankheit des damaligen Fürsten thematisierte und damit ersichtlich werde, auf welche Art und Weise die Prinzessin familiäre Pflichten und Urlaubsaktivitäten vereinbare. Wie der EGMR am 7.2.2012 befand, ist nicht zu beanstanden, dass der Informationswert einer Bildveröffentlichung im Zusammenhang mit der dazugehörigen Wortberichterstattung beurteilt werde, wobei es nicht unangemessen gewesen sei, die Erkrankung von Fürst Rainier als zeitgeschichtliches Ereignis einzustufen. Im Übrigen seien Prinzessin Caroline und ihr Gatte keine gewöhnlichen Privatpersonen, sondern Personen des öffentlichen Lebens und es sei nicht ersichtlich, dass das Foto in einem Klima der allgemeinen Belästigung bzw. heimlich aufgenommen worden sei.

V. Begleitpersonen/Begleitsituationen

16 Als zeitgeschichtlichen Vorgang hat die sog Begleiterrechtsprechung auch die vertraute Begleitung einer Person der Zeitgeschichte in der Öffentlichkeit behandelt. Bildnisse von solchen Begleitpersonen, idR Ehepartner, Lebensgefährten oder sonstige Vertraute, dürfen demnach verbreitet werden, wenn sie gemeinsam mit dem prominenten Partner in der Öffentlichkeit auftreten oder sie gemeinsam mit ihm oder an seiner statt dort repräsentieren. Durch die vertraute Begleitung stehen sie ihrerseits im öffentlichen Blickpunkt, weil das Interesse der Allgemeinheit sich auch auf die visuelle Unterrichtung darüber erstreckt, mit wem sich die Person der Zeitgeschichte der Öffentlichkeit präsentiert. Als maßgeblich wird dabei ein abgeleitetes Interesse der Öffentlichkeit angesehen, das nicht um der abgebildeten Person willen, sondern wegen des Interesses an der zeitgeschichtlichen Person besteht, das aber auf diejenige Person ausstrahlt, von welcher der Prominente in der Öffentlichkeit begleitet wird (BVerfG NJW 2001, 1921). Kennzeichnend ist dabei eine bewusste gemeinsame Zuwendung zur Öffentlichkeit (Wenzel/ v. Strobl-Albeg Kap. 8 Rn. 25; aA KG NJW 2005, 603 – Grönemeyer I) und ein persönliches Näheverhältnis des Betroffenen zur Person der Zeitgeschichte (Wenzel/ v. Strobl-Albeg Kap. 8 Rn. 25).

16.1 Bereits im Jahre 1990 hatte das OLG Hamburg die vertraute Begleitung als zeitgeschichtlichen Vorgang begriffen und die Veröffentlichung eines Bildnisses für zulässig erklärt, das einen bekannten Schlagersänger beim Spaziergang durch Hamburg, Arm in Arm mit einer bis dahin unbekannten Frau zeigte (OLG Hamburg NJW-RR 1990, 1000 – Roy Black).

17 Ob und in welcher Form die nationalen Gerichte die Begleiterrechtsprechung vor dem Hintergrund der EGMR-Entscheidung modifizieren werden, wird die künftige Entwicklung zeigen (vgl. näher Klass ZUM 2007, 818). Bei der Neukonturierung dieser Rechtsfigur wird man berücksichtigen müssen, dass jedenfalls in der bloßen Begleitung kein zeitgeschichtliches Ereignis iSd § 23 Abs. 1 Nr. 1 KUG liegt. Erste Anhaltspunkte lassen sich der Entscheidung BGH NJW 2007, 3440 – Grönemeyer entnehmen. Streitgegenständlich war die Veröffentlichung von Fotos, die den Popsänger mit seiner damals neuen Lebensgefährtin in einem Cafe und beim Straßenbummel durch Rom zeigten. In die Abwägung floss zugunsten der Begleiterin ein, dass es sich um eine Urlaubssituation handelte, Grönemeyer im italienischen Ausland keine ausreichende Bekanntheit genoss und im Ergebnis daher das Anonymitätsinteresse seiner Begleiterin überwog. Auch der Umstand, dass Grönemeyer – was Gegenstand des Wortbeitrags war – die Trauer um seine verstorbene Frau zum Gegenstand von Medienauftritten gemacht und diesbezüglich Teilbereiche seines Privatlebens künstlerisch vermarktete, veranlasste den BGH nicht, einen Beitrag zu einer Diskussion von allgemeinem Interesse bzw. eine Information über ein zeitgeschichtliches Ereignis anzunehmen.

Interessanterweise hatte das Kammergericht, dessen Urteil (KG NJW 2005, 605 – Grönemeyer II) der BGH damit bestätigte, wenige Tage vor dem Entscheid des EGMR die Verbreitung nahezu identischer Fotos, die Grönemeyer und seine Begleiterin in einem Londoner Straßencafé zeigten, unter ausdrücklichem Hinweis auf die Begleiterrechtsprechung des BVerfG für zulässig befunden (KG NJW 2005, 603 – Grönemeyer I). **17.1**

Steht also eine Person der Zeitgeschichte nur in Zusammenhang mit einem konkreten Ereignis im Blickpunkt des öffentlichen Interesses, gilt dies auch für deren Begleiter, zu dessen zulässiger Abbildung es ebenfalls eines konkreten zeitgeschichtlichen Anlasses bedarf. Dass der BGH dabei aber auch die Begleitsituation als Teil eines zeitgeschichtlichen Ereignisses begreift, zeigt seine Entscheidung v. 13.4.2010 (NJW 2010, 3025), der sich entnehmen lässt, dass sich der Informationsgehalt einer Bildveröffentlichung auch aus der begleitenden Wortberichterstattung erschließen kann, die sich im dortigen Fall mit dem neuen Begleiter der ältesten Tochter von Prinzessin Caroline befasste. **18**

Auch das OLG Hamburg (NJW-RR 2006, 1202) scheint inhaltlich an der Begleiterrechtsprechung festzuhalten, da es zu Prinzessin Caroline und ihrem Gatten rechtlich nicht differenziert, das Interesse an dem Gatten dabei aus dem vertrauten Umgang in der Öffentlichkeit ableitet. **18.1**

Die früher so bezeichnete – und oben dargestellte – Begleiterrechtsprechung bezog sich allerdings nur auf die Veröffentlichung solcher Bildnisse, die Begleitsituationen dokumentieren, nicht jedoch auf Bildnisse, welche die Person ohne den vertrauten Prominenten zeigen. Die zulässige Veröffentlichung von Portraitaufnahmen des neuen Lebensgefährten einer Person von öffentlichem Interesse setzt gleichwohl kein gemeinsames Auftreten voraus. So wurde die Veröffentlichung eines entsprechenden Fotos des neuen Lebensgefährten einer bekannten TV-Moderatorin für zulässig erachtet, obwohl dieser sich darauf berufen hatte, niemals gemeinsam mit ihr in der Öffentlichkeit aufgetreten zu sein (BGH NJW 2012, 763 – Inka Bause). **19**

B. Person als Beiwerk einer Örtlichkeit (Abs. 1 Nr. 2)

§ 23 Abs. 1 Nr. 2 KUG sieht einen besonderen Fall der Abbildungsfreiheit vor. Einer Einwilligung des Abgebildeten bedarf es nach dieser Norm dann nicht, wenn er auf dem Bild lediglich als Beiwerk neben einer Landschaft oder sonstigen Örtlichkeit erscheint. Dies gilt auch, wenn das Bild zu Werbezwecken veröffentlicht wird, sofern die konkreten Umstände der Einbindung abgebildeter Personen keine andere Betrachtungsweise gebieten (vgl. OLG Frankfurt a. M. NJW-RR 1986, 1118 – Ferienprospekt). **20**

Ein Bild iSd Norm setzt – in Abgrenzung zu einem Bildnis iSd § 23 Abs. 1 Nr. 1 KUG – voraus, dass die Aufnahme eine Landschaft oder Örtlichkeit zeigt und die gleichzeitige Personenabbildung dabei nicht im Vordergrund steht, die Person sich also zufällig in einer Umgebung befindet, die eigentlicher Gegenstand der Abbildung ist. § 23 Abs. 1 Nr. 2 KUG erfasst somit den Fall, dass mit der Aufnahme keine Personendarstellung bezweckt ist, bzw. die Person hinter den eigentlichen Zweck der Abbildung, also hinter deren Hauptgegenstand zurücktritt. Ob die Person oder eine Landschaft im Vordergrund der Aufnahme stehen, ist dabei aufgrund des **Gesamteindrucks** der Abbildung zu entscheiden (BGH NJW 1979, 2206). Bleiben Gegenstand und Charakter des betreffenden Bildes auch bei Entfall der Personenabbildung unverändert, liegt regelmäßig ein Bild iSd § 23 Abs. 1 Nr. 2 KUG vor (OLG Oldenburg NJW 1989, 400). Nimmt die Personendarstellung dagegen nahezu die gesamte Bildfläche für sich in Anspruch ist § 23 Abs. 1 Nr. 2 KUG nicht anwendbar, sondern ist von einem Bildnis iSd § 23 Abs. 1 Nr. 1 KUG auszugehen (BGH NJW 1979, 2205 (2206) – Fußballtorwart). **21**

Der Ausnahmetatbestand des § 23 Abs. 1 Nr. 2 KUG wurde beispielsweise verneint bei der in einem Reiseprospekt veröffentlichten Abbildung einer vor einem Bergmassiv stehenden Wandergruppe (OLG Frankfurt a. M. NJW-RR 1986, 1118 (1119) – Ferienprospekt). Den Ausschlag hatte dabei gegeben, dass die Wandergruppe erst den Bezug des Landschaftsbildes zu den beworbenen **21.1**

Ferienangeboten deutlich machte, so dass sie als Informationsquelle zumindest gleichwertig gegenüber dem Gebirgspanorama erschien.

C. Teilnahme an Veranstaltungen und Aufzügen (Abs. 1 Nr. 3)

22 Einwilligungsfrei dürfen nach § 23 Abs. 1 Nr. 3 KUG Bilder von öffentlichen Veranstaltungen, Aufzügen und ähnlichen Vorgängen gezeigt werden, bei denen die betroffenen Personen als deren Teilnehmer abgebildet werden. Voraussetzung ist, dass der Vorgang in der Öffentlichkeit stattfindet. Die Abbildungsfreiheit findet ihre Rechtfertigung dabei in der Berichterstattung über das Ereignis. Stets muss daher der Vorgang selbst, nämlich die Darstellung des Geschehens als Ereignis im Vordergrund stehen. Werden lediglich einzelne Personen der Veranstaltung hervorgehoben bzw. stehen diese erkennbar im Vordergrund der Abbildung, greift die Privilegierung des § 23 Abs. 1 Nr. 3 KUG nicht. Der Begriff ähnliche Vorgänge ist weit auszulegen und erfasst insbes. Demonstrationen, Sportveranstaltungen, politische Versammlungen oder Karnevalsumzüge. Unter Versammlungen und Aufzüge fallen aber nur Menschenmengen, die eine solche Größe aufweisen, dass die einzelne Person sich nicht mehr aus ihnen hervorhebt. Eine Hochzeitsgesellschaft beispielsweise erfüllt diese Voraussetzungen nicht.

23 Im Hinblick auf das Tatbestandsmerkmal ähnliche Vorgänge ist stets erforderlich, dass die Teilnehmer den kollektiven Willen besitzen, gemeinsam teilzunehmen (OLG München NJW 1988, 915 (916)). Nicht unter die Abbildungsfreiheit des § 23 Abs. 1 Nr. 3 KUG fällt daher etwa eine zufällig zusammenbefindliche Gruppe von sonnenbadenden Parkbesuchern oder Fahrgästen in einem öffentlichen Verkehrsmittel (OLG München NJW 1988, 915 (916) – Nackt im Park). Ob Trauerfeiern oder Beerdigungen – obwohl sie idR in der Öffentlichkeit stattfinden – eine Versammlung iSd § 23 Abs. 1 Nr. 3 KUG darstellen, ist umstritten (offen gelassen etwa von LG Köln NJW 1992, 443); die Praxis behilft sich in diesem Fall mit der Vorschrift des § 23 Abs. 2 KUG, da durch einwilligungslose Abbildung in Momenten der Trauer regelmäßig eine Verletzung berechtigter Interessen iSd Norm vorliegt.

D. Bilder die dem Kunstinteresse dienen (Abs. 1 Nr. 4)

24 Keinen Bildnisschutz genießen nach § 23 Abs. 1 Nr. 4 KUG solche Bildnisse, die nicht auf Bestellung angefertigt worden sind und deren Verbreitung oder Zurschaustellung einem höheren Interesse der Kunst dient. Obwohl sich der Begründung des Gesetzesentwurfs in erster Linie ein beabsichtigter Schutz künstlerischer Bildstudien entnehmen lässt, wendet die hM die Ausnahmeregelung auch auf Fotografien an. Analog wird sie auch auf Bildnisse angewendet, die zu wissenschaftlichen Zwecken veröffentlicht werden (LG Hannover ZUM 2000, 970). Die praktische Bedeutung der Norm ist gering, weil sich die Abbildungsfreiheit idR bereits auf § 23 Abs. 1 Nr. 1 KUG stützen lässt.

24.1 So etwa das OLG Karlsruhe NJW 1982, 647 für die Veröffentlichung eines satirischen Posters, welches einen dort abgebildeten Rüstungsfabrikanten im Zusammenhang mit einer Waffenübergabe an den Verteidigungsminister kritisierte.

E. Verletzung berechtigter Interessen nach Abs. 2

25 Die Befugnis einwilligungsfreier Veröffentlichung nach § 23 Abs. 1 KUG erstreckt sich nach § 23 Abs. 2 KUG nicht auf eine Verbreitung oder Zurschaustellung, durch die ein **berechtigtes Interesse** des Abgebildeten, oder falls dieser verstorben ist, seiner Angehörigen, verletzt wird.

I. Systematik/Verhältnis zu Abs. 1

26 Die Abwägung zwischen dem Persönlichkeitsrecht der abgebildeten Person und dem öffentlichen Informationsinteresse findet bereits im Rahmen des § 23 Abs. 1 Nr. 1 KUG statt – im Rahmen der Prüfung, ob ein Bildnis aus dem Bereich der Zeitgeschichte vorliegt (BGH NJW 2007, 3440 (3441) – Grönemeyer; BVerfG NJW 2006, 3406 (3407)). Liegt kein zeitgeschichtliches Ereignis vor, folgt das Abbildungsverbot bereits aus den in diesem Fall nicht gegebenen Ausnahmevoraussetzungen des § 23 Abs. 1 Nr. 1 KUG und erübrigt sich ein Abstellen auf besondere Interessen des Abgebildeten, die möglicherweise verletzt wurden. Inkonsequent daher die Entscheidung des LG Köln (ZUM-RD 2013,473), die schon ein zeitgeschichtliches Ereignis verneint, gleichzeitig aber auf eine Interessenverletzung nach § 23 Abs. 2 KUG abstellt. Nur für den Fall, dass die Veröffentlichungsvoraussetzungen nach § 23 Abs. 1 KUG bejaht werden können, ist ergänzend auf § 23 Abs. 2 KUG zurückzugreifen und zu prüfen, ob der Veröffentlichung des Bildnisses – trotz dessen zeitgeschichtlichem Charakter – besonders vorrangige Interessen des Betroffenen entgegenstehen.

Dass ein besonderes Interesse iSd § 23 Abs. 2 KUG vorliegt bzw. verletzt ist, hat der Abgebildete darzulegen und zu beweisen (vgl. OLG Karlsruhe NJW 1982, 647), während die Darlegungs- und Beweislast für das Vorliegen eines zeitgeschichtlichen Ereignisses iSd § 23 Abs. 1 Nr. 1 KUG bei dem veröffentlichenden Medium liegt. **27**

Der Ausnahmetatbestand des § 23 Abs. 2 KUG regelt also alle Fälle, bei denen auf der Ebene des § 23 Abs. 1 Nr. 1 KUG die Voraussetzungen eines zeitgeschichtlichen Ereignisses zwar bejaht werden können, eine Veröffentlichung aufgrund der Verletzung von nach § 23 Abs. 2 KUG gesondert geschützter Interessen aber zu unterbleiben hat. Beim Begriff des berechtigten Interesses nach § 23 Abs. 2 KUG handelt es sich um einen **unbestimmten Rechtsbegriff,** zu dessen Auslegung und Konkretisierung die Rechtsprechung verschiedene Fallgruppen entwickelt hat, die nachfolgend dargestellt werden. **28**

II. Privatsphäre

Grundsätzlich gehören zu § 23 Abs. 2 KUG auch die Belange des Privatsphärenschutzes, da Aufnahmen aus der Privatsphäre – insbes. bei Personen des öffentlichen Lebens – aber nicht generell unzulässig sind, sofern ihre Veröffentlichung durch ein zeitgeschichtliches Ereignis legitimiert ist, stellen Eingriffe in die Privatsphäre keinen Fall der Verletzung berechtigter Interessen iSv § 23 Abs. 2 KUG dar, sondern sind bereits im Rahmen der Abwägung nach § 23 Abs. 1 Nr. 1 KUG zu berücksichtigen. **29**

III. Intimsphäre

Die Intimsphäre ist persönlichkeitsrechtlich absolut geschützt. Die Veröffentlichung von Bildnissen, die Vorgänge aus der Intimsphäre zeigen, ist daher ohne Einwilligung des Abgebildeten und ungeachtet der im Rahmen des § 23 Abs. 1 Nr. 1 KUG vorzunehmenden Güterabwägung stets nach § 23 Abs. 2 KUG unzulässig. **30**

Zu den Ausnahmen bei Vorliegen eines sog qualifizierten öffentlichen Interesses vgl. Wenzel/ v. Strobl-Albeg Kap. 8 Rn. 57–59. **30.1**

Die Intimsphäre bezeichnet die innerste Gedanken- und Gefühlswelt eines Menschen, insbes. den Sexualbereich (BVerfG NJW 1978, 807). Zu ihr gehören alle Ausdrucksformen der Sexualität (BVerfG NJW 2008, 39; NJW 2009, 3357), die Nacktheit (BGH NJW 2012, 767) und unter Umständen auch Krankheiten (BVerfG NJW 1972, 1123 – Arztkartei; BGH NJW 2009, 754). Insbesondere der nackte Körper zählt zum intimsten Bereich des Menschen (OLG Frankfurt a. M. NJW 2000, 594 (595) – Katharina Witt). Stets unzulässig nach § 23 Abs. 2 KUG ist daher einwilligungslose Veröffentlichung von Nacktaufnahmen (BGH NJW 1985, 1617 – Nacktaufnahme; NJW 1974, 1947 – Nacktfoto; OLG Hamburg NJW 1996, 1151). Anders als bei der Definition des Bildnisbegriffs ist bei Nacktaufnahmen eine Erkennbarkeit des Abgebildeten nicht erforderlich, da ein Bereich betroffen ist, welcher der ausschließlichen Verfügung des Betroffenen unterliegt und die Anonymität – auch noch nachträglich – aufhebbar ist (BGH NJW 1974, 1947; OLG Stuttgart NJW-RR 1987, 1434; LG Frankfurt a. M. AfP 2006, 380). **31**

Wenn der Abgebildete allerdings die Erstveröffentlichung eines ihn körperlich entblößt zeigenden Fotos gestattet hat und insoweit eine großzügige Definition seines Persönlichkeitsrechts dokumentiert hat, kann er sich nicht mehr auf einen Eingriff in seine Intimsphäre berufen, falls das Foto in anderem Zusammenhang von der Presse veröffentlicht wird (OLG Frankfurt a. M. NJW 2000, 594 (595) – Katharina Witt; OLG Hamburg ZUM 1991,550 **32**

(551); LG Berlin NJW 1997, 1155). Dabei ist jedoch eine von vorneherein eingeschränkte Zweckbestimmung zu beachten. Eine Verletzung berechtigter Interessen hat der BGH beispielsweise für die Veröffentlichung einem Biologielehrbuch entnommener Nacktbilder im Rahmen eines politischen Beitrags bejaht, mit denen die betroffene Familie sich nur zu Anschauungszwecken für das Lehrbuch zur Verfügung gestellt hatte (BGH NJW 1985, 1617 – Biologiebuch).

32.1 An einem erforderlichen Informationszweck fehlt es auch, wenn die Veröffentlichung des Nacktbildes ersichtlich nur zur Befriedigung der Schaulust oder der Schaffung eines Blickfangs dient (OLG Hamburg NJW 1996, 1151 (1153) – TV-Star oben ohne).

33 Besonderer Schutz nach § 23 Abs. 2 KUG kommt dem Abgebildeten auch in Fällen zu, in denen er – etwa als pflegebedürftiger Schwerstkranker – in Situationen abgebildet wird, in denen er erkennbar hilflos ist und krankheits- oder geistesbedingt – zB unter starkem Drogen- oder Alkoholeinfluss – einer Situation der Selbstentstellung und erkennbaren Willenlosigkeit ausgeliefert ist, er durch die Bildaufnahme also vorgeführt und seiner Würde beraubt wird. Für die Legitimation der Veröffentlichung des Bildnisses etwa eines Wachkomapatienten sind selbst Dokumentationszwecke nicht ausreichend, um eine Interessenverletzung nach § 23 Abs. 2 KUG auszuschließen (OLG Karlsruhe AfP 1999, 489).

IV. Räumlicher Schutz

34 Im Rahmen des besonderen Interesses nach § 23 Abs. 2 KUG ist auch der räumliche Bereich geschützt, der Verhalten frei von öffentlicher Beobachtung ermöglichen soll. Dieser erfasst insbes. den häuslichen Bereich, Situationen der örtlichen oder räumlichen Abgeschiedenheit und Rückzugsbereiche des Entspannens, wie etwa Urlaubssituationen oder sonstiges öffentlichkeitsabgewandte Verhalten, auch bei ansonsten fehlender Rückzugsmöglichkeit.

1. Situationen, in denen nicht mit Aufnahmen gerechnet werden muss

35 Nicht erst in Folge der EGMR-Rspr., sondern bereits seit der Entscheidung Caroline I (BVerfG NJW 2000, 1021) ist der Begriff der **örtlichen Abgeschiedenheit** maßgebliches Kriterium, um das Korrektiv des § 23 Abs. 2 KUG auch dann anzuwenden, wenn nicht in den geschützten Wohnbereich eingedrungen wird. Vielmehr erstreckt sich der Schutz auch auf Örtlichkeiten und Situationen, in denen der Betroffene objektiv erkennbar für sich alleine sein will und in denen er sich im Vertrauen auf die Abgeschiedenheit so verhält, wie er es in der breiten Öffentlichkeit nicht tun würde (BVerfG NJW 2000, 1021 (1022)). Geschützt sind hiernach Situationen, in denen der Betroffene begründetermaßen und somit auch für Dritte erkennbar davon ausgehen darf, den Blicken der Öffentlichkeit nicht ausgesetzt zu sein (BVerfG NJW 2000, 1021 (1022)).

2. Unbefangenes Bewegen in der Öffentlichkeit

36 Auch wenn keine räumlich abgeschiedene Situation gegeben ist, in welcher der Betroffene nicht mit öffentlicher Wahrnehmung oder Beobachtung durch die Medien rechnen muss, kann eine Verletzung berechtigter Interessen vorliegen, falls es sich um Momente der Entspannung oder des Sich-gehen-Lassens außerhalb der Einbindung in die Pflichten des Berufs und des Alltagslebens handelt (BGH NJW 2009, 1502 (1503)).

37 So hat der BGH trotz eines im Hinblick auf den Bekanntheitsgrad der Polit-Journalistin Sabine Christiansen bejahten Interesses an ihrem Beziehungsstatus und der Person ihres neuen Lebensgefährten im Zusammenhang mit Fotografien, die beide beim Bummel durch Paris zeigen, Öffentlichkeit als Teil der geschützten Privatsphäre eingestuft, wenn in ihr erkennbar private Lebensvorgänge verrichtet werden. Zwar müssten – so der BGH – bekannte Persönlichkeiten stets damit rechnen, in der Öffentlichkeit erkannt zu werden und einer Beobachtung durch die Medien ausgesetzt zu sein; die freie Entfaltung der Persönlichkeit gebiete jedoch auch in diesem Fall das Recht auf unbefangenes Bewegen in der Öffentlichkeit, was nicht mehr gewährleistet sei, wenn der Betroffene auch bei privaten Gelegenheiten widerspruchslos fotografiert und zum Gegenstand von Medienberichten gemacht werden dürfe (BGH NJW 2009, 1502 – Sabine Christiansen).

Handelt es sich aber um außergewöhnliches Verhalten – etwa um eine handfeste Auseinandersetzung mit dem Lebensgefährten auf offener Strasse – darf entsprechendes Bildmaterial zu Informationszwecken veröffentlicht werden (KG NJW 2011, 785 – Simone Thomalla). **37.1**

3. Urlaubssituationen/Freizeitverhalten

Insbesondere das Verhalten im Urlaub steht – als Teil des privaten Rückzugsbereichs – **38** unter dem besonderen Schutz des § 23 Abs. 2 KUG, weil es der Rspr. zufolge dem Entspannungsbedürfnis und dem Sich-gehen-Lassen gewidmet ist. Zwar lassen sich keine katalogartigen Kriterien nennen, bei deren Vorliegen eine Person während einer Urlaubssituation nicht abgebildet werden darf. Sofern sich aus dem konkreten Bildinhalt oder dem dazugehörigen Wortbeitrag aber kein besonderes Informationsinteresse ergibt, führt die Veröffentlichung von Bildnissen aus typischen Urlaubssituationen regelmäßig zu einer Interessenverletzung iSv § 23 Abs. 2 KUG.

Die anlässlich der Bildveröffentlichung erfolgende Thematisierung gemeinsamen Urlaubsverhaltens des Nationaltorhüters Oliver Kahn und seiner von ihm getrennt lebenden Ehefrau unter dem Aspekt einer möglichen Versöhnung hat das OLG Hamburg beispielsweise nicht als zeitgeschichtlich relevant erachtet (Urt. v. 26.5.2009 – 7 U 21/09). **38.1**

Die Rspr. stärkt das Recht Prominenter am eigenen Bild also insbes. in Urlaubssituationen **39** (vgl. BGH NJW 2007, 1977; NJW 2009, 757; NJW 2008, 749 – Oliver Kahn; LG Berlin NJW-RR 2007, 923 – Lukas Podolski), vor allem sofern Kinder (OLG Hamburg AfP 2007, 558) oder Begleiter (BGH NJW 2007, 3440 – Grönemeyer) betroffen sind. Allerdings fällt es bei Prominenten schwer, zu differenzieren, bei welchen Gelegenheiten sie sich im Urlaub befinden, da Auslandsaufenthalte häufig zu deren Alltag bzw. funktionalen Pflichten zählen.

Auch Bildnisveröffentlichungen, die Prominente beim Einkaufen zeigen, werden dem **40** privaten Erholungsbereich zugerechnet und verletzen in der Regel berechtigte Interessen das Abgebildeten iSd § 23 Abs. 2 KUG (BGH NJW 2008, 3138 – Sabine Christiansen). Eine Ausnahme hiervon und somit ein überwiegendes Interesse nach § 23 Abs. 1 Nr. 1 KUG hat der BGH jedoch für die Veröffentlichung von Fotos bejaht, die eine ehemalige Ministerpräsidentin am Tag nach einer Wahlniederlage in einem belebten Einkaufszentrum zeigen, weil das abgebildete Verhalten im konkreten Fall Aufschluss über den persönlichen Umgang mit der politischen Niederlage gab und somit eine gesellschaftliche Debatte über ihr Verhalten unmittelbar nach Amtsverlust anzuregen geeignet war (BGH NJW 2008, 3134 – Heide Simonis).

4. Rückzugsbereich/fehlende Rückzugsmöglichkeit

Hält sich eine Person nicht freiwillig in einem bestimmten räumlichen Umfeld auf und **41** besitzt sie dabei keine Möglichkeit, sich in einen privaten Raum zurückzuziehen, insbes. nicht in einen den Blicken der Öffentlichkeit entzogenen Bereich der Abgeschiedenheit, ist sie über § 23 Abs. 2 KUG unter dem Aspekt fehlender Rückzugsmöglichkeit geschützt. So musste nach Auffassung des OLG Köln (Urt. v. 15.11.2011 – 15 U 62/11 – Kachelmann) ein bekannter Wettermoderator die Anfertigung und Veröffentlichung von Fotografien nicht hinnehmen, die ihn als Untersuchungshäftling bei einem Hofgang in der JVA zeigen (Nichtzulassungsbeschwerde beim BGH unter VI ZR 348/12 anhängig). Die Veröffentlichung von Fotos, die einen bekannten Schauspieler beim Verlassen der Haftanstalt zum Zwecke des Ausgangs zeigen, wurde hingegen für zulässig erachtet, weil der die Bildveröffentlichung begleitende Artikel die Frage der Vorzugsbehandlung Prominenter in Vollzugsanstalten thematisierte, was im dortigen Fall nahelag, weil dem Kläger bereits zwei Wochen nach Haftantritt Ausgang im offenen Vollzug gewährt worden war (BGH NJW 2009, 757 – Karsten Speck).

5. Beweislast

42 Ergeben sich die näheren Umstände, unter denen die Aufnahme entstanden ist, nicht schon aus dem Inhalt des Bildes, sind sie aufgrund des Parteivortrages zu ermitteln. Dabei trifft das veröffentlichende Medium zunächst eine erweiterte Darlegungslast insofern, als es – ggf. unter Hinzuziehung der Schilderung des Fotografen – vorzutragen hat, an welchem Ort und zu welcher Zeit das Foto angefertigt wurde. Kommt es dieser Darlegungslast nach, hat der für die Ausnahmevorschrift des § 23 Abs. 2 KUG primär beweisbelastete Abgebildete darzulegen, ob und inwieweit es sich um eine Situation der Abgeschiedenheit handelte, er sich im konkreten Moment nicht unter einer Mehrzahl von Menschen aufhielt, die Szene nicht belebt war bzw. er sich unbeobachtet wähnte (OLG Hamburg ZUM 2006, 875).

42.1 Den dortigen Vortrag des beklagten Mediums, der betreffende Prominente sei am helllichten Tag in aller Öffentlichkeit auf der Promenade von St. Tropez spazieren gegangen, hatte das OLG Hamburg dabei als nicht hinreichend spezifiziert bewertet.

V. Anonymitätsinteressen

43 Bei strafrechtlich Beschuldigten und verurteilten Straftätern – insbes. nach Strafverbüßung – ist im Rahmen des § 23 Abs. 2 KUG der Anonymitätsschutz bzw. das Resozialisierungsinteresse zu beachten. Dabei muss innerhalb einer Güter- und Interessenabwägung der Vorrang des allgemeinen Persönlichkeitsrechts ermittelt werden (BVerfG NJW 1993, 1463). Abzustellen ist dabei ua darauf, welches Medium mit welchem Verbreitungsgrad berichtet (OLG Hamburg ZUM 1995, 336 (338) „Frauenschlächter"), ob die Bildnisveröffentlichung konkrete und ernsthafte Informationsinteressen oder bloße Sensationslust bedient, wie schwer die Straftat oder der Vorwurf wiegt und welche Aktualität die Berichterstattung aufweist bzw. welche zeitliche Distanz zur Straftat besteht. In der Regel geht das Resozialisierungsinteresse und das Recht des seine Strafe verbüßenden Täters vor, mit der Tat alleine gelassen zu werden (BVerfG NJW 2000, 1859 – Lebach II).

43.1 Aber: Ein ehemaliger Terrorist muss die Veröffentlichung seines Fotos in Zusammenhang mit einer Berichterstattung über seine Teilnahme an einer öffentlichen Diskussionsrunde hinnehmen (LG Berlin AfP 2008, 222).

43.2 Ein Verstoß gegen ein zu einer Hauptverhandlung ergangenes sitzungspolizeiliches Fotografierverbot führt bei überwiegendem öffentlichem Interesse nicht zu einem Unterlassungsanspruch des Angeklagten – auch dann nicht, wenn er im Vertrauen auf die Einhaltung der sitzungspolizeilichen Anordnung die Veröffentlichung ungepixelter Fotos ermöglichte (BGH NJW 2011, 3153).

43.3 Eine sich aus dem Resozialisierungsinteresse ergebende Pflicht zur nachträglichen Löschung bzw. Anonymisierung von Online-Archiven besteht nicht (BGH NJW 2012, 2197 – Sedlmayr-Mörder).

VI. Kinder

44 Einen unter dem Gesichtspunkt von § 23 Abs. 2 KUG besonders weitgehenden Schutz ihrer Persönlichkeitsrechte genießen Kinder. Die Rspr. leitet dies aus der Erkenntnis ab, dass die Persönlichkeitsentfaltung bei Kindern durch Medienberichterstattung empfindlicher gestört werden kann als diejenige von Erwachsenen. Insbesondere bei Kindern von Prominenten billigt die Rspr. deshalb einen für die Medien unantastbaren Bereich der Privatsphäre zu, in welchem sie sich frei von öffentlicher Beobachtung fühlen und entfalten dürfen (BVerfG NJW 2000, 1021 (1023); NJW 2005, 1857; NJW 2003, 3262). Diesen Anspruch auf ungestörte Persönlichkeitsentwicklung innerhalb der Privatsphäre erstreckt die Rspr. auch auf das Verhalten in öffentlichen Räumen, denn gerade bei Kindern und Heranwachsenden gehöre es zur Persönlichkeitsentwicklung, sich unbefangen in der Öffentlichkeit bewegen zu lernen (BVerfG NJW 2000, 2191 (2192) – Prominentenkinder; BGH NJW 2005, 215). Eine Störung kindgerechter Entwicklung hat der BGH aber in Zusammenhang mit der Veröffentlichung von Fotografien verneint, welche die minderjährige Tochter Prinzessin Carolines bei der Teilnahme an einem lokalen Eislaufturnier zeigen. Die Berichterstattung über Sportereignisse sei grundsätzlich in öffentlichem Interesse, so dass stets mit Bildaufnahmen durch die Presse gerechnet werden müsse. Eine ereignisbezogene Berichterstattung störe somit nicht die Interessen minderjähriger Teilnehmer (BGH NJW 2013, 2890 – „Eisprinzessin Alexandra").

Da für die kindgerechte Persönlichkeitsentwicklung in erster Linie die Eltern verantwortlich sind und die von diesen zuteil werdende Erziehung von ungestörten Beziehungen zu den Kindern abhängt, wirkt sich dieser spezielle Grundrechtsschutz von Kindern über das elterliche Erziehungsrecht des Art. 6 Abs. 1 GG reflexartig im Rahmen des § 23 Abs. 2 KUG auch zu Gunsten der Eltern aus (BVerfG NJW 2000, 1021 (1023)). Dies hat zur Folge, dass die Verbreitung ansonsten hinzunehmender Aufnahmen der Eltern schon allein deshalb interessenverletzend iSv § 23 Abs. 2 KUG und somit unzulässig ist, weil deren Kinder mitabgebildet sind. Denn auch die spezifische elterliche Hinwendung zu ihren Kindern fällt in den Schutzbereich des Art. 2 Abs. 1 iVm Art. 1 Abs. 1 GG, wodurch der Schutzgehalt des allgemeinen Persönlichkeitsrechts eine Intensivierung durch Art. 6 Abs. 1 und Abs. 2 GG erfährt, der den Staat verpflichtet, die Lebensbedingungen des Kindes zu sichern, die für sein gedeihliches Aufwachsen erforderlich sind und zu denen insbes. die elterliche Fürsorge gehört (BVerfG NJW 2000, 1021 (1023)). Dass dieser erweiterte Schutz, der den Eltern über § 23 Abs. 2 KUG einen eigenen Unterlassungsanspruch verleiht, grds. nicht auf Situationen örtlicher Abgeschiedenheit beschränkt ist, hat das BVerfG (NJW 2000, 1021 (1023)) ausdrücklich betont. **45**

Bejahend auch OLG München NJW-RR 1996, 93 – Anne Sophie Mutter zu Bildern, die während der Taufe im Rahmen eines öffentlichen Gottesdienstes angefertigt wurden. **45.1**

Genießen Eltern und Kinder grds. einen besonderen Abbildungsschutz, fehlt es hingegen an einem spezifischen Schutzbedürfnis, wenn diese sich bewusst der Öffentlichkeit zuwenden, etwa gemeinsam an öffentlichen Veranstaltungen teilnehmen oder gar in deren Mittelpunkt stehen (BVerfG NJW 2000, 1021 (1023); OLG Hamburg AfP 1997, 535 (537)) bzw. im Pflichtenkreis ihrer Eltern öffentliche Funktionen wahrnehmen (BGH NJW 1996, 985 – Andrea Casiraghi; NJW 2004, 1795 – Charlotte Casiraghi). In diesem Fall liefern sie sich vielmehr den Bedingungen öffentlicher Auftritte aus (BGH NJW 2010, 1454 (1455) – Kinder von Franz Beckenbauer). Gleichzeitig betont die Rspr., dass alleine der umfassende Persönlichkeitsschutz von Kindern nicht ausreichend ist, um ein Abbildungsverbot zu rechtfertigen, sondern stets eine Einzelfallabwägung unter Berücksichtigung aller Umstände vorzunehmen sei, weshalb eine für sich betrachtet rechtswidrige Bildveröffentlichung bei anlassbezogener Berichterstattung zulässig sein könne (BGHZ 158, 218 (222); vgl. auch BVerfG NJW 2003, 3262). Die zulässige Abbildung von Kindern stellt insofern keinen Ausnahmefall dar (BGH NJW 2010, 1454 – Kinder von Franz Beckenbauer). **46**

Weil es für die Prüfung der Zulässigkeit einer Bildveröffentlichung in jedem Einzelfall eine Abwägung zwischen dem öffentlichen Informationsinteresse und dem Persönlichkeitsrecht bedarf, hat der BGH in der erwähnten Grundsatzentscheidung (NJW 2010, 1454 – Kinder von Franz Beckenbauer) festgestellt, dass auch bei Kindern und Jugendlichen ein pauschaler, auf Unterlassung jedweder Bildnisveröffentlichung gerichteter Anspruch nicht besteht und hat damit die bis dahin vorherrschende Praxis des OLG Hamburg beendet, welches Kindern von Prominenten bei mehrfach beanstandbar erfolgter Bildveröffentlichung ein vorbeugendes Generalverbot zubilligte. **46.1**

VII. Kommerzialisierung/werbliche Verwendung

Eine Verletzung berechtigter Interessen nach § 23 Abs. 2 KUG liegt stets auch dann vor, wenn eine einwilligungslose Bildnisveröffentlichung ausschließlich zu Werbezwecken erfolgt, die abgebildete Person also für gewerbliche Produkte oder Dienstleistungen kommerzialisiert wird. Da die Bildnisveröffentlichung in Fällen der (ausschließlichen) kommerziellen Verwertung keinem schutzwürdigen Informationsinteresse der Allgemeinheit dient, ist ihr das Privileg des § 23 Abs. 1 Nr. 1 KUG entzogen und es erübrigt sich eine weitere Interessenabwägung. Eine Abwägung nach § 23 Abs. 2 KUG hat nur noch zu erfolgen, wenn die Bildveröffentlichung nicht ausschließlich kommerzielle Zwecke verfolgt, sondern ihr irgendein – uU auch geringer oder unbedeutender – Informationswert zukommt. **47**

Ein schutzwürdiges Informationsinteresse der Allgemeinheit liegt idR vor, wenn die Abbildung in einen aus Sicht des Betrachters erkennbaren Zusammenhang mit den Leis- **48** tungen der abgebildeten Person gestellt wird, wegen derer sie Bekanntheit erlangt hat, insbes. wenn mit der Veröffentlichung Informationen über das Leben oder Schaffen des Betroffenen vermittelt werden (BGH NJW 1997, 1152 (1153) – Bob Dylan; NJW 1996, 593 (594) – Abschiedsmedaille). Aus diesem Grund ist bei der Verbreitung von Bildnissen in Medien, jedenfalls bei rein redaktioneller Berichterstattung, stets von einem Informationsinteresse der Allgemeinheit auszugehen.

48.1 Allerdings hat der originär nicht für das Presserecht sondern den gewerblichen Rechtsschutz zuständige I. Zivilsenat des BGH in einer Entscheidung v. 11.3.2009 eine Einschränkung vorgenommen und auf die Relevanz der anlässlich der Bildveröffentlichung erteilten Information abgestellt. Eine Rätselzeitschrift hatte den TV-Moderator Günther Jauch auf der Titelseite abgebildet und hierzu in der Bildunterschrift mitgeteilt: Günther Jauch zeigt mit „Wer wird Millionär?" wie spannend Quiz sein kann. Der I. Zivilsenat sah hierin keinen schutzwürdigen Informationszweck, weil der Informationswert des Textes zu gering sei und sich daher darauf beschränke, einen Anlass für die Abbildung des bekannten Moderators zu schaffen (NJW 2009, 3032 – Günther Jauch).

49 Überlagert allerdings der Werbezweck den redaktionellen Charakter, überwiegt das Persönlichkeitsrecht. So hatte die BILD am Sonntag in ihrem redaktionellen Teil ein Foto veröffentlicht, das den Playboy Gunther Sachs auf dessen Jacht bei der Lektüre einer BILD-Zeitung zeigte und dieses mit der Unterzeile versehen: Er liest BILD am Sonntag, wie über 11 Millionen Deutsche auch. Der BGH sprach Gunther Sachs eine Lizenzschädigung von 50.000 EUR zu und stellte darauf ab, dass das öffentliche Interesse an der mitgeteilten Information so gering sei, dass es den Eingriff in das Bildnisrecht nicht rechtfertigen könne, sondern die Fotoveröffentlichung sich als reine Vereinnahmung zu Werbezwecken darstelle (BGH GRUR 2013, 196). Dass die Presse mit ihren Medienveröffentlichungen gleichzeitig gewerbliche, auf Absatzförderung gerichtete Interessen verfolgt, ist aber für sich genommen unschädlich (BGH NJW 1996, 593 (595) – Abschiedsmedaille; NJW 1979, 2203 (2204) – Fußballkalender; OLG Hamburg NJW 1996, 1151 – TV-Star oben ohne; OLG Hamburg ZUM-RD 1999, 122 – Back Street Boys).

50 Ebenso wie das Presseerzeugnis selbst, genießt auch die Werbung für dieses den Schutz des Art. 5 Abs. 1 GG. Es entspricht daher gefestigter Rspr., dass ein Verlag im Rahmen der Eigenwerbung berechtigt ist, den Inhalt seiner Publikation oder auf ihrer Titelseite abgedruckte Bildnisse auch außerhalb der Publikation in anderen Medien zur Werbung für die Publikation zu verwenden, indem bebilderte Ausschnitte des Inhalts oder das Titelblatt in der Werbung gezeigt werden (BGH NJW 2002, 2317; OLG München NJW-RR 2000, 29; LG Köln AfP 1982, 49). Dabei stellt die Rspr. maßgeblich darauf ab, dass durch diese Art der Werbung gerade nicht der Eindruck entsteht, der Abgebildete habe sich werblich zur Verfügung gestellt oder empfehle das (Presse-)Produkt auf sonstige Weise. Dem Leser erschließe sich vielmehr ohne weiteres, dass es sich um eine redaktionelle Berichterstattung handele, auf welche durch die Wiedergabe der Titelseite Bezug genommen wird. In einem solchen Fall würden lediglich Art und Gegenstand der Berichterstattung thematisiert und diese der Öffentlichkeit zur Kenntnis gebracht, so dass diese die Informationsgelegenheit wahrnehmen könne (BGH NJW 2002, 2317).

50.1 Weist die Bildveröffentlichung dagegen keinen Bezug zu einer bestimmten redaktionellen Veröffentlichung auf, entfällt der Informationszweck. So hat das LG Hamburg (NJW 2007, 691 – Joschka Fischer) einen Zeitungsverlag, der anlässlich der Einführung eines neuen Formats mit einem (verfremdeten) Bildnis des damaligen Außenministers geworben hatte, zur Zahlung einer Lizenzentschädigung verurteilt, weil weder auf eine in der Vergangenheit erschienen Berichterstattung Bezug genommen, noch eine real erschienene, einen Artikel zum Außenminister enthaltende, Ausgabe beworben wurde.

51 Wird eine tatsächlich erschienene Ausgabe des Presseerzeugnisses beworben, ist es für den Informationsgehalt unerheblich, wenn die Ausgabe aktuell nicht mehr vertrieben wird, weil damit jedenfalls eine für die Allgemeinheit relevante Information über die äußere und thematische Ausrichtung des Presseproduktes verbunden ist (BGH NJW-RR 2010, 855 – Der strauchelnde Liebling). Im dortigen Fall hatte die FAZ im Rahmen einer Einführungskampagne mit einem Dummy der noch nicht erschienenen Frankfurter Allgemeinen Sonntagszeitung geworben, der einen fiktiven Artikel zu Boris Becker andeutete und ein Turnierfoto von diesem zeigte. Der BGH stellte dabei darauf ab, dass dem Eingriff in das Bildnisrecht nur ein geringes Gewicht zukomme, wenn der Abbildung der prominenten Person weder Empfehlungscharakter zukomme, noch zu einem Imagetransfer führe, sondern lediglich die Aufmerksamkeit des Betrachters auf das beworbene Produkt lenke.

Der BGH hielt dem Verlag dabei zugute, dass Boris Becker für den in der künftigen Zeitung **51.1** behandelten Themenkreis stehe und somit über die inhaltliche Ausrichtung dieser Zeitung informiert werde, beschränkte die Zulässigkeit der Bildnisveröffentlichung aber auf denjenigen Zeitraum, in welchem noch keine tatsächlich erschienene Ausgabe für die Werbung zur Verfügung stand.

Grundsätzlich stellt es unter dem Aspekt von § 23 Abs. 2 KUG auch keine Verletzung des **52** Bildnisrechts dar, wenn ein Verlag sein Presseprodukt mit der Abbildung einer nicht mehr im Handel befindlichen Titelseite einer Altauflage bewirbt (OLG Köln AfP 2011, 574 „Howard Carpendale"). In dem vom OLG Köln entschiedenen Fall hatte ein Zeitschriftenverlag im Rahmen einer Imagewerbung eine das Porträtfoto eines bekannten Schlagersängers enthaltende Titelseite abgedruckt, deren Erscheinen zum Zeitpunkt der Werbung bereits 11 Monate zurücklag. Auch in diesem Fall überwog nach Ansicht des Gerichts der Informationswert zu Ausrichtung und Aufmachung der Zeitschrift.

Dass es sich in diesem Zusammenhang um ein Presseerzeugnis mit ausschließlich journa- **53** listischem Inhalt handelt, ist nicht erforderlich. Auch eine gewerbliche Kundenzeitschrift ist im Lichte des Art. 5 Abs. 1 S. 2 GG berechtigt, das Bildnis eines Prominenten auf der Titelseite abzudrucken, wenn dieses mit einem in der Kundenzeitschrift enthaltenen redaktionellen Beitrag korrespondiert (BGH NJW-RR 1995, 789 – Kundenzeitschrift).

Auch wenn das Bildnis nicht in redaktionellem Zusammenhang oder zur Eigenwerbung **54** für ein Presseerzeugnis, sondern im Rahmen der Produktwerbung veröffentlicht wird, kann der Informationszweck überwiegen, wenn die Werbung sich sachlich informativ oder ironisch bzw. satirisch mit dem Zeitgeschehen oder einem aktuellen Tagesereignis auseinandersetzt. So hatte ein Autovermieter im Anschluss an den Rücktritt Oskar Lafontaines als SPD-Vorsitzender und Finanzminister eine gewerbliche Anzeige für sein Unternehmen geschaltet, die mit einer Bildergalerie der Kabinettsmitglieder versehen war, wobei das Foto Lafontaines durchgestrichen und mit der Aussage versehen war Sixt verleast auch Autos für Mitarbeiter in der Probezeit. Der BGH (NJW 2007, 689 – Rücktritt des Finanzministers) räumte der Meinungsfreiheit den Vorrang ein, weil die Werbeanzeige einen Informationsgehalt zu einem politischen Geschehen enthalte und sich satirisch mit dem Ereignis des Rücktritts auseinandersetze.

Die Grenze zu einer rein werblichen Vereinnahmung und somit zu einer Interessenverletzung **54.1** iSv § 23 Abs. 2 KUG ist erst dann überschritten, wenn die Bildnisveröffentlichung beim Betrachter den Eindruck erweckt, dass der Abgebildete zu dem in Bezug genommenen Produkt steht, es empfiehlt und sein Bild zur Werbung für dieses Produkt zur Verfügung gestellt hat (BGH NJW 1997, 1152 – Bob Dylan; NJW-RR 1995, 789 – Kundenzeitschrift).

VIII. Bildinhalt als Sachaussage/Fotomontagen

Eine Verletzung berechtigter Interessen nach § 23 Abs. 2 KUG liegt regelmäßig auch in **55** Fällen der Verletzung der Wahrheitspflicht vor, indem die Sachaussage des Bildnisses verfälscht wird – häufig auch in Form eines entstehenden unrichtigen Eindrucks.

Entschieden wurde dies etwa für die Veröffentlichung des Fotos eines schweren Verkehrs- **56** unfalls, auf welchem ein zufällig Anwesender so abgebildet war, dass der Eindruck seiner Unfallbeteiligung entstand (OLG Karlsruhe NJW-RR 1990, 1328 – Unfallfoto) oder für den Abdruck eines Bildnisses in Zusammenhang mit einem Bericht über einen Mehrfachmord, das den unrichtigen Eindruck erweckte, der Abgebildete sei an den Mordfällen beteiligt gewesen (BGH NJW 1962, 1004 – Doppelmörder). Auch die Abbildung einer Person auf dem Wahlplakat einer politischen Partei verletzt deren berechtigte Interessen, wenn wahrheitswidrig der Eindruck erweckt wird, er stehe in Verbindung zu dieser Partei oder billige bzw. unterstütze deren Aktivitäten (BGH NJW 1980, 994 – Wahlkampfillustrierte; LG Oldenburg GRUR 1986, 464; LG Stuttgart AfP 1989, 765). Wird bei der Bildveröffentlichung allerdings deutlich, dass das Medium nur seine Meinung zu einer solchen politischen

Nähe des Abgebildeten kundgibt, ist der Wahrheitsschutz gewahrt (BVerfG NJW 1986, 1533 (1535)).

56.1 Bei der Verletzung der Unschuldsvermutung im Rahmen einer Verdachtsberichterstattung kann die Veröffentlichung des Bildnisses des Betroffenen in diesem Kontext ebenfalls bereits nach § 23 Abs. 2 KUG unzulässig sein (OLG Hamburg NJW-RR 1992, 536; OLG Köln NJW 1987, 2682).

57 Auch Fotomontagen und sonstige grafische Bildveränderungen können unter bestimmten Umständen unter die Ausnahmevorschrift des § 23 Abs. 2 KUG fallen. So hat das BVerfG bezüglich einer grafisch manipulierten satirischen Fotomontage eine Persönlichkeitsrechtsverletzung des Abgebildeten deshalb bejaht, weil die Gesichtsproportionen – für den Durchschnittsbetrachter nicht erkennbar – verändert wurden und die Abbildung deshalb, trotz satirischer Verfremdung, eine unrichtige Tatsachenbehauptung über das tatsächliche äußere Erscheinungsbild des Betroffenen enthalte (BVerfG NJW 2005, 3271 – Ron Sommer). Eine Verletzung berechtigter Interessen wurde auch hinsichtlich der perspektivischen Verzerrung des Portraitfotos eines bekannten Showmasters angenommen, dessen Erscheinungsbild aufgrund der Manipulation gedrungen und deformiert wirkte – obwohl dabei unterstellt wurde, dass die vorgenommenen Veränderungen für den Betrachter erkennbar waren (OLG Hamburg Urt. v. 31.1.2012 – 7 U 92/11).

58 Die Bildmanipulation muss sich dabei nicht notwendig abträglich auf die dargestellte Person auswirken. Es genügt ein typenverändernder und nicht reproduktionsbedingter Eingriff in das Originalbild, der etwa darin liegen kann, dass der Lidschatten einer auf der Titelseite abgebildeten Prominentengattin farblich stark intensiviert wird und entgegen des ursprünglichen natürlichen Erscheinungsbildes der unrichtige Eindruck entsteht, die Abgebildete schminke sich stärker als dies tatsächlich der Fall ist (OLG Hamburg Urt. v. 4.9.2012 – 7 U 56/11). Beziehen sich grafische Veränderungen nicht auf die eigentlichen Bestandteile des Bildnisses oder ist unschwer erkennbar, dass mehrere Einzelfotos darstellungsbedingt montiert wurden, kommt § 23 Abs. 2 KUG nicht zum Tragen (OLG Karlsruhe Urt. v. 11.3.2011 – 14 U 186/10 zu einem neben Portraitfotos auf der Titelseite montierten Bildhintergrund aus grünen Blättern).

IX. Kontext/begleitender Wortbeitrag/negative Tendenz

59 Zur Beurteilung der Frage, ob berechtigte Interessen iSd § 23 Abs. 2 KUG verletzt sind, muss die Bildveröffentlichung stets in ihrer Gesamtheit, also insbes. unter **Einbeziehung des Begleittextes** oder des **redaktionellen Umfeldes** betrachtet werden (BGH NJW 1965, 2140 – Spielgefährtin; NJW 1965, 1374 – Satter Deutscher; OLG München NJW-RR 1998, 1036). Entscheidend kann also sein, in welchem Kontext oder mit welchem Aussageinhalt bzw. mit welcher Tendenz ein Bildnis veröffentlicht wird.

60 Eine Interessenverletzung iSv § 23 Abs. 2 KUG kann etwa vorliegen, wenn das Bildnis den Abgebildeten zwar bei einem zeitgeschichtlichen Ereignis gem. § 23 Abs. 1 Nr. 1 KUG zeigt, der Kontext des begleitenden Beitrags aber sachfremd ist. So hat der BGH in der Entscheidung Reitturnier (NJW 2005, 56) die Veröffentlichung eines Fotos der ältesten Tochter von Prinzessin Caroline trotz zeitgeschichtlichen Ereignis untersagt. Das Foto hatte die Betroffene zwar als Teilnehmerin einer öffentlichen Veranstaltung, nämlich eines Springturniers, gezeigt; da die nähere Örtlichkeit und die Umstände der Bildentstehung aber nicht zu erkennen waren, hatte die Abbildung für sich genommen – so der BGH – keinen ausreichenden Ereignisbezug. Auch der begleitende Wortbeitrag enthielt keine nennenswerten Informationen über die Veranstaltung, sondern befasste sich nahezu ausschließlich mit der Person der Klägerin und ihrem äußeren Erscheinungsbild.

61 Entsprechend dem vorstehend Ausgeführten, stellt die Verwendung des Bildnisses zur Illustration eines sachfremden Kontextes also keine Berichterstattung über ein zeitgeschichtliches Ereignis dar und verletzt somit idR die Interessen des Abgebildeten iSv § 23 Abs. 2 KUG. Als unzulässig hat das OLG Hamburg (Urt. v. 28.6.2011 – 7 U 39/11) etwa auch die Veröffentlichung des auf dem Sommerfest des Bundespräsidenten entstandenen Fotos der Begleiterin eines Politikers erachtet, welches sie zwar gemeinsam mit diesem bei der Veranstaltung zeigte, das aber in einer Reportage über Ermittlungen gegen diesen wegen falschen Flugkostenabrechnungen veröffentlicht wurde. Der gemeinsame Besuch des Som-

Ausnahmen zu § 22 **§ 23 KUG**

merfestes betreffe zwar ein zeitgeschichtliches Ereignis; über dieses werde aber nicht berichtet. Im bloßen Kontext der Reisekostenaffäre verletze die Bildnisveröffentlichung ihre Interessen.

Mitunter lässt es die Rspr. allerdings schon ausreichen, wenn zumindest in der Bildunterschrift Angaben zum zeitgeschichtlichen Ereignis enthalten sind. So hat das Kammergericht (Urt. v. 24.6.2010 – 10 U 176/09 – Bata Illic, Beck RS 2011, 17627) die Veröffentlichung des bei öffentlicher Veranstaltung entstanden Fotos eines Schlagersängers im Rahmen einer – im konkreten Fall unzulässigen – Verdachtsberichterstattung zu einer ihm vorgeworfenen Straftat alleine deshalb für zulässig erachtet, weil die Bildunterschrift aussagekräftige Informationen zu diesem Ereignis enthielt (Nichtzulassungsbeschwerde vom BGH mit Beschl. v. 7.6.2011 – VI ZR 225/10 verworfen). **61.1**

Bezieht sich eine Bildnisveröffentlichung inhaltlich auf das betreffende zeitgeschichtliche Ereignis, ist es unschädlich, wenn die begleitende Wortberichterstattung auch Elemente enthält, die sich als Verletzung des Persönlichkeitsrechts erweisen. Die Rechtswidrigkeit von Teilen des Wortberichts infiziert in diesem Fall den zulässigen Bericht über das Ereignis nicht (BGH NJW 2010, 3025 – Charlotte Casiraghi). Im zugrundeliegenden Fall handelte es sich um ein Foto, welches die Klägerin während eines Gala-Diners mit ihrem Begleiter anlässlich einer Ausstellung im Pariser Centre Pompidou zeigte, über welche im Wortbeitrag informiert wurde. Gleichzeitig enthielt der Artikel auch eine unzulässige Passage über ein Liebesverhältnis der Klägerin mit ihrem Begleiter. Diese Passagen rechtfertigen für sich genommen aber kein Bildnisverbot, weil sie – so der BGH (NJW 2010, 3025 (3027)) – nicht die Berichterstattung über das Ereignis als solches betreffen. **62**

Gleiches gilt, wenn dem Betroffenen lediglich die Veröffentlichung von Details unangenehm ist, die im Rahmen einer Bildnisveröffentlichung zu einem zeitgeschichtlichen Ereignis bekannt gemacht werden. So hat es der Lebensgefährte einer bekannten Schauspielerin zu dulden, wenn in einem Artikel zu einer beim Deutschen Filmpreis offiziell entstandenen Bildaufnahme vom roten Teppich auch auf dessen berufliche Vergangenheit als Erotikdarsteller hingewiesen wird (KG Urt. v. 2.9.2010 – 10 U 149/09 ; Nichtzulassungsbeschwerde vom BGH m. Beschl. v. 9.1.2012 – VI ZR 252/10 verworfen). **62.1**

X. Kontext-neutrale Bildnisse/Portraitfotos

Grundsätzlich ist es im Rahmen des § 23 Abs. 1 Nr. 1 KUG zulässig, kontext-neutrale Fotos oder portraitähnliche Aufnahmen einer Person zur Bebilderung der Presseberichterstattung über ein sie betreffendes zeitgeschichtliches Ereignis zu verwenden. Die Medien sind also nicht darauf beschränkt, nur solche Bildnisse zu veröffentlichen, die einen unmittelbaren inhaltlichen Bezug zum Ereignis selbst aufweisen (BVerfG NJW 2001, 1921 (1924)). Für kontext-neutrale Portraitbilder hat die Rspr. explizit festgestellt, dass deren Veröffentlichung idR unbedenklich ist und berechtigte Interessen des Abgebildeten iSv § 23 Abs. 2 KUG nicht verletzt (BGH NJW 2002, 2317 – Marlene Dietrich; BVerfG NJW 2006, 2835). So hat der BGH die Veröffentlichung eines Portraitfotos des neuen Lebensgefährten einer bekannten TV-Moderatorin deswegen für zulässig erachtet, weil es sich bei der neuen Lebensbeziehung um ein zeitgeschichtliches Ereignis handele, demgegenüber das veröffentlichte kontext-neutrale Foto nach Art seiner Gewinnung und Darstellung keinen eigenständigen Verletzungseffekt aufweise (BGH NJW 2012, 763). **63**

Anders das LG Köln (Urt. v. 1.2.2012 – 28 O 764/11) zu der Veröffentlichung eines Portraitfotos des ehemaligen Lebensgefährten einer bekannten TV-Komödiantin im Rahmen einer Berichterstattung über die Beendigung dieser Beziehung nach Erleiden eines Schlaganfalls der Künstlerin. Zur Begründung stellte das LG Köln darauf ab, dass die Beziehung zum Zeitpunkt der Berichterstattung bereits mehrere Jahre beendet gewesen sei und dieser seit langem abgeschlossene Sachverhalt kein zeitgeschichtliches Interesse an der Person des ehemaligen Lebengefährten mehr nach sich ziehe. Obwohl es auf die zum Nachteil des Klägers eintretende soziale Prangerwirkung und somit inhaltlich auf § 23 Abs. 2 KUG abstellte, löste das LG den Fall explizit über § 23 Abs. 1 Nr. 1 KUG, indem es bereits das Vorliegen eines zeitgeschichtlichen Ereignisses verneinte. **63.1**

§ 24 [Ausnahmen im öffentlichen Interesse]

Für Zwecke der Rechtspflege und der öffentlichen Sicherheit dürfen von den Behörden Bildnisse ohne Einwilligung des Berechtigten sowie des Abgebildeten oder seiner Angehörigen vervielfältigt, verbreitet und öffentlich zur Schau gestellt werden.

Für Zwecke der Rechtspflege und der öffentlichen Sicherheit dürfen Behörden nach § 24 KUG Bildnisse vervielfältigen, verbreiten und öffentlich zur Schau stellen, ohne dass es einer Einwilligung des Abgebildeten, seiner Angehörigen oder sonstiger Berechtigter bedarf.

1 Die Vorschrift dient dem öffentlich-rechtlichen Interesse der Rechtspflege bzw. der öffentlichen Sicherheit und Gefahrenabwehr. Sie richtet sich ausschließlich an Behörden, insbes. bei der Bildnisveröffentlichung zu Fahndungszwecken. Dies setzt stets voraus, dass die Veröffentlichung einem **erkennungsdienstlichen Zweck** dient (BVerwG NJW 1967, 1192). Die Presse ist zur Veröffentlichung nur berechtigt, wenn sie von der Behörde in die Fahndung eingebunden wird (vgl. OLG Hamburg NJW 1980, 842).

2 Bei **Bagatellvergehen** ist allerdings der Verhältnismäßigkeitsgrundsatz unter Berücksichtigung der Persönlichkeitsrechte des Betroffenen zu beachten. In der Regel treten dessen schutzwürdige Interessen nur bei dringendem Tatverdacht zurück, der sich auf eine schwerwiegende Straftat beziehen muss (OLG Hamm NJW 1982, 458). Auch Bildaufnahmen aus einer öffentlichen Gerichtsverhandlung können unter die Ausnahmenorm des § 24 KUG fallen (OLG Schleswig NJW 1980, 353).

IV. Informationsfreiheitsrecht

1. Informationsfreiheitsgesetz (IFG)

§ 1 Grundsatz

(1) ¹Jeder hat nach Maßgabe dieses Gesetzes gegenüber den Behörden des Bundes einen Anspruch auf Zugang zu amtlichen Informationen. ²Für sonstige Bundesorgane und -einrichtungen gilt dieses Gesetz, soweit sie öffentlich-rechtliche Verwaltungsaufgaben wahrnehmen. ³Einer Behörde im Sinne dieser Vorschrift steht eine natürliche Person oder juristische Person des Privatrechts gleich, soweit eine Behörde sich dieser Person zur Erfüllung ihrer öffentlich-rechtlichen Aufgaben bedient.

(2) ¹Die Behörde kann Auskunft erteilen, Akteneinsicht gewähren oder Informationen in sonstiger Weise zur Verfügung stellen. ²Begehrt der Antragsteller eine bestimmte Art des Informationszugangs, so darf dieser nur aus wichtigem Grund auf andere Art gewährt werden. ³Als wichtiger Grund gilt insbesondere ein deutlich höherer Verwaltungsaufwand.

(3) Regelungen in anderen Rechtsvorschriften über den Zugang zu amtlichen Informationen gehen mit Ausnahme des § 29 des Verwaltungsverfahrensgesetzes und des § 25 des Zehnten Buches Sozialgesetzbuch vor.

Das am 1.1.2006 in Kraft getretene IFG markiert einen Wendepunkt in der Entwicklung der Informationsfreiheit in Deutschland (→ Rn. 1 ff.). Dabei bestehen nur wenige Bindungen durch die EMRK (→ Rn. 7 ff.), Vorgaben der EU (→ Rn. 10 ff.) oder sonstige internationale Regelungen (→ Rn. 18 ff.). Auch das Grundgesetz macht nur wenige inhaltliche Vorgaben (→ Rn. 22 ff.), räumt allerdings dem Bund auch nur eine begrenzte Gesetzgebungszuständigkeit ein (→ Rn. 29 ff.). Soweit der Bundesgesetzgeber von seiner Zuständigkeit Gebrauch gemacht hat, wird ein über das subsidiär für amtliche Informationen anwendbare IFG (→ Rn. 33 ff.), über das UIG (→ Rn. 39 ff.) für Umweltinformationen und das VIG (→ Rn. 43 ff.) für Verbraucherinformationen gegeben. Daneben existieren noch vereinzelt weitere Informationszugangsregelungen (→ Rn. 49 f.). Rechtsvergleichend (→ Rn. 51 ff.) werden die Grundzüge der allgemeinen Informationsfreiheit in Schweden, USA, Österreich, der EU und den deutschen Bundesländern (→ Rn. 59 ff.) dargestellt. Anschließend werden die Erfahrungen aus der deutschen Behörden- (→ Rn. 78 ff.) und Rechtsprechungspraxis (→ Rn. 85 ff.) zusammengefasst. § 1 IFG dient als Grundsatz der Verwirklichung der Ziele des IFG (→ Rn. 91 ff.), welche in vielen anderen Normen auf anderen Ebenen vergleichbar geregelt sind (→ Rn. 93). Mittelbar ergibt sich dabei aus den Anspruchsvoraussetzungen des § 1 Abs. 1 IFG und der Kollisionsregelung des § 1 Abs. 3 IFG auch der Anwendungsbereich des IFG. Die Voraussetzungen für einen Informationszugangsanspruch gem. § 1 Abs. 1 IFG sind gering: Jeder (→ Rn. 95 ff.) ist „nach Maßgabe dieses Gesetzes" (→ Rn. 116 f.) anspruchsberechtigt. Der Kreis der anspruchsverpflichteten Stellen des Bundes ist in § 1 Abs. 1 S. 1 bis S. 3 IFG (→ Rn. 118 ff.) umschrieben. Der Anspruchsgegenstand ergibt sich aus § 1 S. 1 iVm § 2 Nr. 1 IFG (→ Rn. 151). Ein Informationsinteresse ist für das Bestehen eines Informationszugangsanspruchs nicht erforderlich (→ Rn. 152 ff.). In Ausnahmefällen kann sogar ein Informationsbeschaffungsanspruch bestehen (→ Rn. 155 ff.). Die Gewährung des Informationszugangs richtet sich nach § 1 Abs. 2 IFG (→ Rn. 166 ff.). Dazu listet § 1 Abs. 2 S. 1 IFG die Modalitäten des Informationszugangs auf (→ Rn. 167 ff.). Dabei wird dem Antragsteller ein Wahlrecht durch § 1 Abs. 1 S. 2 IFG eingeräumt, welches durch S. 3 eingeschränkt ist (→ Rn. 172 ff.). Ansonsten besteht ein Auswahlermessen der Behörde (→ Rn. 176 ff.). Das Verhältnis des Informationszugangsanspruchs nach IFG zu sonstigen Ansprüchen ergibt sich aus § 1 Abs. 3 IFG. Regelungen in anderen Rechtsnormen über den Zugang zu amtlichen Informationen sind grds. gegenüber dem Anspruch aus § 1 IFG vorrangig (→ Rn. 180 ff.). Anderes gilt bereits nach dem Wortlaut im Verhältnis zu Teilen des VwVfG (→ Rn. 187 ff.) und des Sozialrechts (→ Rn. 190). Ansonsten ist durch Auslegung das Verhältnis der Regelungen zueinander nicht immer einfach zu bestimmen (→ Rn. 191 ff.). Die Rechtsschutzaspekte hinsichtlich der Durchsetzung des Informationszugangsanspruchs ergeben sich aus § 9 IFG und der VwGO (→ Rn. 223 ff.). Zum Abschluss wird im Rahmen eines Ausblicks die Regelung des § 1 IFG auch bewertet (→ Rn. 228 ff.).

Übersicht

	Rn
A. Einführung in das Informationsfreiheitsrecht	1
I. Entwicklung der Informationsfreiheit	1
II. Rechtlicher Rahmen für den Bund	7
1. Europäische Menschenrechtskonvention (EMRK)	7
2. Vorgaben der EU	10
3. Sonstige internationale Vorgaben	18
III. Grundgesetzliche Vorgaben für den Informationszugang	22
1. Demokratie- und Rechtsstaatsprinzip	22
2. Informationsfreiheit des Art. 5 Abs. 1 S. 1 GG	23
3. Pressefreiheit des Art. 5 Abs. 1 S. 2 GG	24
4. Sonstige Grundrechte	25
5. Abwägungsbelange für einen Informationszugang	26
6. Abwägungsbelange gegen einen Informationszugang	27
IV. Gesetzgebungszuständigkeit des Bundes	29
V. Bundesrechtlicher Informationszugang	33
1. IFG	33
2. UIG	39
3. VIG	43
4. Sonstige spezielle Informationszugangsregeln	49
VI. Rechtsvergleichender Überblick	51
1. Schweden	52
2. USA	53
3. Österreich	54
4. Internationale Organisationen	55
5. EU	56
6. Bundesländer	59
VII. Erfahrungen	78
1. Behördenpraxis	78
2. Rechtsprechungspraxis	85
B. Allgemeines zu § 1 IFG	91
I. Zweck	91
II. Vergleichbare Regelungen	93
C. Informationszugangsanspruch (Abs. 1)	94
I. Anspruchsberechtigung (Abs. 1)	95
1. Überblick	95
2. Natürliche und juristische Personen des Privatrechts	97
3. Sonstige Vereinigungen des Privatrechts	101
4. Juristische Personen des öffentlichen Rechts	104
5. Natürliche Person mit besonderer Stellung einschließlich „Strohmann"	112
II. „nach Maßgabe dieses Gesetzes"	116
III. Anspruchsverpflichtete	118
1. Zuordnung zum Bund	120
2. Bundesbehörde gem. Abs. 1 S. 1	130
3. Sonstige Bundesorgane und -einrichtungen (Abs. 1 S. 2)	142
4. Private	144
5. Beispiele	150
IV. Anspruchsgegenstand (§ 1 Abs. 1 S. 1 iVm § 2 Nr. 1 IFG)	151
V. Informationsinteresse	152
VI. Informationsbeschaffungsanspruch	155
1. Überblick	155
2. Beschaffungspflicht bei Vorliegen der Information bei Privaten (Abs. 1 S. 3)	158
3. Wiederbeschaffungsanspruch	160
D. Gewährung des Informationszugangs (Abs. 2)	166
I. Modalitäten der Zugangsgewährung (Abs. 2 S. 1)	167
II. Wahlrecht des Antragstellers und deren Einschränkung (Abs. 1 S. 2 und 3)	172
III. Auswahlermessen der Behörde (Abs. 2 S. 1)	176
E. Kollisionsregelung (Abs. 3)	180
I. Überblick	180
II. VwVfG	187
III. Sozialrecht	190
IV. Steuerrecht	191
V. BArchG/StUG	194
VI. UIG	196
VII. VIG	198
VIII. IWG	199
IX. Informationsaustauschregeln zwischen öffentlichen Stellen	201

	Rn		Rn
X. Abgeordneten-/Parlamentsrecht	202	III. Vorliegen eines Kollisionsfalles (Abs. 3)	227
XI. Presserecht	204		
XII. Registerrecht	206	G. Ausblick	228
XIII. Vergaberecht	209	I. Allgemein zur Informationsfreiheit	228
XIV. Gerichtsverfahren	215	II. Anspruchsregelung (Abs. 1)	233
XV. Rechte von Betroffen und Geschädigten	217	III. Gewährung des Informationszugangs (Abs. 2)	236
XVI. Sonstige Fälle der Anwendbarkeit des IFG	219	IV. Kollisionsregelung (Abs. 3)	237
		1. Bewertung	237
XVII. Sonstige Fälle der Sperrwirkung gegenüber IFG	222	2. Kodifikationsgedanke	239
		3. IFG als subsidiärer Auffangtatbestand	243
F. Rechtsschutz	223	4. Präzisierung in Abs. 3 und den Fachgesetzen	244
I. Geltendmachung des Informationszugangsanspruchs (Abs. 1)	223		
II. Modalitäten des Informationszugangs (Abs. 2)	225		

A. Einführung in das Informationsfreiheitsrecht
I. Entwicklung der Informationsfreiheit

Im Jahre 1990 wurde die RL 90/313/EWG über den freien Zugang zu Informationen **1** über die Umwelt erlassen, zu deren Umsetzung im Jahr 1994 das erste deutsche UIG (BGBl. I 1490) erlassen wurde. Kritik des EuGH an der deutschen Umsetzung führten zur UIG-Novelle 2001, und nach der erweiterten RL 2003/4/EG wurde durch das UIGNeuG (BGBl. I 2004, 3704) ein neues UIG in Kraft gesetzt, welches zumeist in einer 1:1-Umsetzung dem deutschen Recht bis dahin fremde Begriffe hinzufügte (Schrader ZUR 2005, 568 (569); ZDM 61 f.; → UIG § 1 Rn. 1 ff.).

Ausgehend von dem ansonsten geltenden Amtsgeheimnis (– häufig abwertend als Arkan- **2** prinzip bezeichnet –) und dem anschließend herrschenden Prinzip der beschränkten Aktenöffentlichkeit in Deutschland lag im Erlass des IFG ein Paradigmenwechsel (idS bspw.: BT-Drs. 15/4493, 6; ZDM 60 mwN; ausf. zur Entstehungsgeschichte: BRS/Kollbeck/Scheel/von Dobeneck IFG Einl. Rn. 34 ff.; Jastrow/Schlatmann IFG Einl. Rn. 20 ff.; Schoch IFG Einl Rn. 122 ff.). Das IFG ist das Ergebnis eines langwierigen und nicht immer einfachen Abstimmungsprozesses (BRS/von Dobeneck IFG, V). Vor Inkrafttreten des IFG waren – von Spezialregelungen abgesehen – Anträge auf Informationszugang nur nach pflichtgemäßem Ermessen zu bescheiden, wobei die Antragsteller ein berechtigtes Interesse geltend machen mussten (BT-Drs. 15/4493, 6; ZDM 60). Nach Inkrafttreten des IFG hat jeder gegenüber den Behörden und Einrichtungen des Bundes grds. einen Anspruch auf Information, ohne dafür ein rechtliches oder berechtigtes Interesse geltend machen zu müssen (BT-Drs. 15/4493, 6; ZDM 60). Als „Motor" für diese Entwicklung dienten die Erfahrungen aus Schweden (→ Rn. 52 f.), aus den USA (→ Rn. 53 ff.), aus vier Bundesländern (→ Rn. 59, Rn. 62 f., → Rn. 69, → Rn. 74) und von der EU-Ebene (→ Rn. 56 ff.), insbes. auch im Bereich der Umweltinformationen (→ Rn. 39 ff.). Bereits im Gesetzentwurf zum IFG wurde ein Prüfungsauftrag hinsichtlich der Zusammenführung der Informationszugangsrechte des Bundes statuiert (BT-Drs. 15/4493, 7; → Rn. 239 ff.). Für zukünftige Weiterentwicklungen spielt der Gedanke von Open Government Data eine immer wichtiger werdende Rolle, der sich bislang vor allem in § 11 IFG (→ § 11 Rn. 1 ff.) wiederfindet.

Das Informationszugangsrecht und die Transparenz behördlicher Entscheidungen sind **3** nunmehr wichtige Voraussetzungen für die effektive Wahrnehmung von Bürgerrechten, dienen der Kontrolle staatlichen Handelns einschließlich Korruptionsbekämpfung und der öffentlichen Partizipation, die dazu beitragen sollen, die Akzeptanz staatlichen Handelns zu stärken. Dazu wurde das Regel-Ausnahmeverhältnis zwischen Informationszugang und dessen Verweigerung umgekehrt, so dass die Behörde das Vorliegen von Ausnahmen zum

Zugang darlegen muss (BT-Drs. 15/4493, 6; ZDM 61 f. mwN). Diese Ziele aus der Gesetzesbegründung und dienen vor allem als Auslegungsmaxime für eine restriktive Auslegung (→ § 3 Rn. 10) der Ausschlussgründe (ZDM 61). Über das IFG hinaus strahlen diese Ziele (insbes. Transparenz) auch auf andere Bereiche aus (ZDM 61 mwN).

4   Ein interessanter Ansatz (Bräutigam, Rechtsvergleichung als Konfliktvergleich, 2008, 357 ff.) zum Vergleich von Informationsfreiheitsgesetzen ist die idealtypische Unterteilung von drei wesentlichen Entwicklungsschritten: Die erste Generation regele nur das Recht auf Zugang zu Verwaltungsinformationen, wobei die Verwaltung noch als Gegenspieler bewertet werde und die vorwiegenden Probleme beim Austarieren von Regel und Ausnahme gesehen würden. Im zweiten Schritt rücke der Schwerpunkt vom Zugangsrecht auf die Verbesserung des tatsächlichen Zugangs, indem Zugangsmöglichkeiten über das Internet intensiviert würden. In der dritten Generation erfolge ein Paradigmenwechsel bezüglich der Selbstwahrnehmung der Verwaltung als Informationsmanager und der Erwartungen der Bürgerinnen und Bürger. Die Regelungen in den USA werden danach trotz gewisser Defizite angesichts der proaktiven Informationstätigkeiten und einem Informationsfreiheitsbeauftragten in jeder Behörde als Informationsrecht der zweiten Generation bewertet (ZDM 74).

5   Da der Schwerpunkt des IFG auf der Regel-Ausnahme-Systematik von § 1 IFG im Verhältnis zu den §§ 3–6 IFG liege und Vorschriften über das Informationsmanagement sich lediglich in der sehr allgemeinen Regelungen des § 11 IFG fänden, sei das IFG als Informationszugangsgesetz der ersten Generation zu charakterisieren (idS Bräutigam, Rechtsvergleichung als Konfliktvergleich, 2008, 359; kritisch dazu ZDM 75). Freilich wird auch vertreten, dass bei proaktiver Veröffentlichungspflicht eine zweite Generation der Informationsfreiheitsgesetze vorliege (idS Hagen/Kubicek innovative Verwaltung 3/2011, 32; kritisch dazu ZDM 75). Nichtsdestoweniger existieren in Baden-Württemberg und Bayern bereits Open-Data-Portale, obwohl insoweit ein Informationsfreiheitsgesetz erst geplant bzw. gar nicht geplant ist (ZDM 75).

6   Neben dieser allgemeinen Informationsfreiheit wurde auf dem Gebiet der gesundheitsbezogenen Verbraucherinformationen Ende 2007 das VIG erlassen (BGBl. I 2558). Erste Änderungen erfolgten im Jahr 2010 (BGBl. I 1934). Nach drei wissenschaftlichen Studien (Böhm/Lingenfelder/Voit, Auswertung der Anwendungserfahrungen mit dem Verbraucherinformationsgesetz (VIG) sowie Erarbeitung von konkreten Empfehlungen für Rechtsänderungen, 2010, http://download.ble.de/08HS025.pdf; Oertel/Schimke/Ulmer/Karig, Abschlussbericht „Untersuchung der Veränderung der Informationskultur der für die Lebensmittel- und Futtermittelüberwachung zuständigen Behörden sowie der in diesem Bereich tätigen Unternehmen durch das Inkrafttreten des Verbraucherinformationsgesetzes (VIG), 2010, http://www.izt.de/fileadmin/downloads/pdf/IZT_WB113.pdf; Pfeiffer/Heinke/Portugall, Rechtsvergleichende Untersuchung des Verbraucherinformationsrechts in Deutschland, Belgien, Dänemark, Frankreich, Großbritannien, Irland, Schweden und den Vereinigten Staaten von Amerika, Band I, http://download.ble.de/08HS026.pdf sowie Band II) legte schließlich auch die Bundesregierung ihren Evaluationsbericht vor (BT-Drs. 17/1800). Daran anknüpfend erfolgte 2012 (BGBl. I 476) eine weitergehende Umgestaltung.

II. Rechtlicher Rahmen für den Bund

1. Europäische Menschenrechtskonvention (EMRK)

7   Die Meinungsäußerungsfreiheit gem. Art. 10 EMRK umfasst auch die Freiheit, Informationen und Ideen ohne behördliche Eingriffe und ohne Rücksicht auf Staatsgrenzen zu empfangen und weiterzugeben (ZDM 52 f.). Daraus folgt jedoch kein individuelles Zugangsrecht zu amtlichen Informationen (EGMR Serie A Bd. 116 Rn. 74 f. – Leander/Schweden; NK-EMRK Art. 10 Rn. 17; Prinzhorn, Der Grundsatz des öffentlichen Zugangs zu amtlichen Dokumenten aus der Perspektive des internationalen Rechts, 2009, 266 ff.; ZDM 53). Nicht mal eine Pflicht zur staatlichen Publikumsinformation lässt sich daraus ableiten (Grabenwarter/Pabel EMRK, 5. Aufl. 2012, EMRK § 23 Rn. 16; Schoch EuZW 2011, 388 (389); ZDM 53).

8   Das von Art. 8 EMRK garantierte Recht auf Achtung des Privat- und Familienlebens gewährleistet den Zugang zu eigenen persönlichen Daten (EGMR Serie A Bd. 160

Grundsatz § 1 IFG

Rn. 39 ff. – Gaskin/Vereinigtes Königreich; NK-EMRK, Art. 8 Rn. 22; ZDM 53; → EMRK Art. 8 Rn. 64).

In seiner Ausprägung als personenbezogenes Datenschutzrecht statuiert es eine Grenze für 9
den Informationszugang (Grabenwarter/Pabel EMRK, 5. Aufl. 2012, EMRK § 22 Rn. 10; NK-EMRK, Art. 8 Rn. 40 ff.; ZDM 53; → EMRK Art. 8 Rn. 29). Entsprechendes gilt auch für die Ausprägung zum Schutz von Betriebs- und Geschäftsgeheimnissen (Kloepfer/Greve NVwZ 2011, 577 mwN; ZDM 53).

2. Vorgaben der EU

Die EU kann den Mitgliedstaaten nur insoweit Vorgaben machen, als der Grundsatz der 10
begrenzten Einzelermächtigung (Art. 5 Abs. 1 S. 1, Abs. 2 EUV) dies erlaubt. Daraus folgt, dass eine Europäisierung des mitgliedstaatlichen Informationsrechts nur bereichsspezifisch erfolgen kann und dementsprechend auch kaum unmittelbare Impulse für das allgemeine deutsche Informationsfreiheitsrecht von der EU ausgingen (Schoch EuZW 2011, 388 (389); ZDM 51). Die vielfältigen Zugangsregelungen für EU-Dokumente (→ Rn. 56 ff.) haben keine direkten Auswirkungen auf das Recht der Mitgliedstaaten (so explizit Erwägungsgrund 15 der VO (EG) Nr. 1049/2001; ZDM 51).

Ein Rahmen für den Informationszugang kann sich aus der Achtung des Privat- und 11
Familienlebens gem. Art. 7 GRC (→ GRC Art. 7 Rn. 18 ff.) und aus dem Schutz personenbezogener Daten gem. Art. 8 GRC ergeben. Auch ist die Informationsfreiheit gem. Art. 11 GRC zu berücksichtigen. Allerdings gilt die Charta gem. deren Art. 51 Abs. 1 S. 1 nur für die Organe und Einrichtungen der Union unter Einhaltung des Subsidiaritätsprinzips und für die Mitgliedstaaten ausschließlich bei der Durchführung des Rechts der Union.

Auf der Ebene des sekundären Unionsrechts wurde die Umweltinformations-RL 2003/ 12
4/EG infolge der Übereinkommen über den Zugang zu Informationen, die Öffentlichkeitsbeteiligung an Entscheidungsverfahren und den Zugang zu Gerichten in Umweltangelegenheiten v. 25.6.1998 (sog. Aarhus-Konvention, dazu Schoch IFG Einl Rn. 91 ff.) novelliert, wodurch eine Reform des UIG (→ Rn. 39 ff.) notwendig wurde. Außerdem enthalten viele bereichsspezifische EU-Regelungen (insbes. im Lebensmittel-, Produktsicherheits-, Umweltinformations-, Chemikalien- und Schadstoffrecht) Vorgaben für eine aktive staatliche Informationstätigkeit (vgl. Schoch EuZW 2011, 388 (392)). Dabei steht Art. 10 VO (EG) Nr. 178/2002 einer nationalen Regelung nicht entgegen, nach der eine Information der Öffentlichkeit unter Nennung der Bezeichnung des Lebensmittels und des Unternehmens, unter dessen Namen oder Firma das Lebensmittel hergestellt, behandelt oder in den Verkehr gebracht wurde, zulässig ist, wenn ein Lebensmittel zwar nicht gesundheitsschädlich, aber für den Verzehr durch den Menschen ungeeignet ist (EuGH EuZW 2013, 423 f. mzustAnm Wollenschläger EuZW 2013, 419 ff.).

Wichtig sind daneben die Verpflichtungen der Mitgliedstaaten, in Umsetzung der euro- 13
päischen Transparenzinitiative jährlich gem. Art. 44a der VO (EG) Nr. 1290/2005, zuletzt geändert durch VO (EG) Nr. 473/2009, Informationen über die Empfänger von Mitteln aus dem Europäischen Garantiefonds für Landwirtschaft und dem Europäischen Landwirtschaftsfonds für die Entwicklung des ländlichen Raums im Internet zu veröffentlichen (ZDM 51). Entsprechende Veröffentlichungsverpflichtungen sind auch in anderen Bereichen – etwa für Fördermaßnahmen nach dem Europäischen Fischereifonds (Art. 51 der VO (EG) Nr. 1198/2006) – statuiert (ZDM 51). Darüber hinaus ist bei Geodatensätzen die INSPIRE-RL (RL 2007/2/EG) zu beachten (dazu Karg/Polenz Informationsfreiheit und Informationsrecht Jahrbuch 2008, 85 ff.; Martini/Damm DVBl. 2013, 1 (2 f.)).

Die Informationsweiterverwendungs-RL (RL 2003/98/EG) begründet, wie ihr Erwä- 14
gungsgrund 9 ausdrücklich anführt, keine Verpflichtung zur Gestattung des Zugangs zu Dokumenten, sondern regelt nur, wie die Mitgliedstaaten zu verfahren haben, wenn sie sich für einen Anspruch auf Informationszugang entscheiden (VGH Mannheim NJOZ 2009, 4243 (4247); Schoch IFG Einl. Rn. 86; ZDM 51). Entsprechendes gilt für die nationale Umsetzung durch das IWG (ZDM 51). Nichtsdestoweniger gestaltet sich die Abgrenzung zwischen IFG und IWG nicht immer einfach (→ Rn. 199 f.).

Als eine Beschränkung des Informationszugangs müssen nationale Regelungen den 15
Schutz von Geschäftsgeheimnissen beachten, der als allgemeiner Grundsatz des EU-Rechts

anerkannt ist und nach den unionsrechtlichen Grundsätzen nur auf Grund überwiegender schutzwürdiger Interessen zurücktreten darf (Kloepfer/Greve NVwZ 2011, 577 (577 f.); ZDM 52).

16 Außerdem ist beim Informationszugang auch die Datenschutz-RL (RL 95/46/EG) zu beachten, die insbes. Vorgaben für die Verarbeitung sensibler personenbezogener Daten statuiert (dazu bspw. Zilkens RDV 2007, 196 (197 f.)). Den erforderlichen Schutz dieser Daten auf nationaler Ebene gewährleistet derzeit § 5 Abs. 1 S. 2 IFG (→ § 5 Rn. 7). Aktuell wird ein Vorschlag der Europäische Kommission vom 25.1.2012 für eine umfassende Reform der EU-Datenschutzvorschriften (dazu: KOM(2012)9 endgültig; KOM(2012)10 endgültig; KOM(2012)11 endgültig und KOM(2012)12 endgültig) diskutiert. Insoweit sind die weiteren Entwicklungen zu beobachten (ZDM 52).

17 Außerdem ist der Anwendungsvorrang des Unionsrechts (dazu bspw. Callies/Ruffert/ Ruffert EUV Art. 1 Rn. 16 ff.) zu beachten. Dementsprechend ist eine nationale informationsrechtliche Regelung im konkreten Fall nicht anzuwenden, wenn die Anwendung der deutschen Regelung gegen EU-Recht verstoßen würde. Soweit ersichtlich – wurde dies bislang nur in einem Fall (VG Berlin Urt. v. 22.8.2008 – 2 A 138.07) angesprochen aber als nicht plausibel bewertet, als der Kläger eine Vorlage an den EuGH angeregt hatte, weil er eine Einstufung als Verschlusssache als unzulässigen Wettbewerbsvorteil zugunsten eines Konkurrenten bewertete (ZDM 52).

3. Sonstige internationale Vorgaben

18 Das universelle Vertragsvölkerrecht – namentlich die Charta der Vereinten Nationen (BGBl. II 1973, 431), die Allgemeine Erklärung der Menschenrechte (Resolution 217 A (III) der Generalversammlung v. 10.12.1948) und der Internationale Pakt über bürgerliche und politische Rechte (BGBl. II 1973, 1534 dazu Jastrow/Schlatmann IFG Einl. Rn. 55) – enthält keine Pflicht zur Gewährleistung des Zugangs zu amtlichen Dokumenten (Prinzhorn, Der Grundsatz des öffentlichen Zugangs zu amtlichen Dokumenten aus der Perspektive des internationalen Rechts, 2009, 263 f.; ZDM 52). Allerdings enthalten Art. 19 der Allgemeinen Erklärung der Menschenrechte und Art. 19 Abs. 2 des Internationalen Paktes über bürgerliche und politische Rechte Regelungen die als Meinungsfreiheit einschließlich Informationsfreiheit interpretiert werden können (dazu Jastrow/Schlatmann IFG Einl. Rn. 55).

19 Soweit sich aus dem Übereinkommen über den Zugang zu Informationen, die Öffentlichkeitsbeteiligung an Entscheidungsverfahren und den Zugang zu Gerichten in Umweltangelegenheiten v. 25.6.1998 (sog. Aarhus-Konvention) Informationszugangsregeln ergeben, wurden dieses in EU- und nationales Recht umgesetzt (→ Rn. 12).

20 Eine Grenze für die nationale Gewährleistung von Informationszugangsrechten enthält das internationale Völkervertragsrecht. So statuiert Art. 17 des Internationalen Paktes über bürgerliche und politische Rechte (BGBl. II 1973, 1534) ein absolutes Zugangsverbot in Bezug auf bestimmte personenbezogene private Daten (Prinzhorn, Der Grundsatz des öffentlichen Zugangs zu amtlichen Dokumenten aus der Perspektive des internationalen Rechts, 2009, 272 f.; ZDM 53).

21 Nach dem politischen Rahmen der Empfehlung R (2002) 2 des Europarates (dazu Jastrow/Schlatmann IFG Einl. Rn. 56) enthält nun die internationale Konvention des Europarates über den Zugang zu amtlichen Dokumenten (KEZaD) sehr ausdifferenzierte rechtliche Rahmenregelungen für die beteiligten Staaten (dazu: Schoch, FS Fiedler, 2011, 657 (665 ff.); Schoch, Informationsfreiheit und Informationsrecht Jahrbuch 2011, 23 (55 ff.); Schram Informationsfreiheit und Informationsrecht Jahrbuch 2009, 21 ff.). Die Konvention tritt gem. deren Art. 16 Abs. 3 am ersten des Monats in Kraft, nachdem drei Monate verstrichen sind, seitdem 10 Staaten des Europarates die Konvention ratifiziert haben. Zwar haben 14 der 47 Staaten des Europarats die Konvention paraphiert, aber erst 5 Staaten (Litauen, Norwegen, Schweden, Ungarn, Montenegro sowie Bosnien und Herzegowina) haben die Konvention auch ratifiziert. Damit ist die Konvention noch nicht bindend.

21.1 Als grundlegende Norm verpflichtet Art. 2 Abs. 1 KEZaD jede Vertragspartei, jedem diskriminierungsfrei auf Antrag Zugang zu amtlichen Dokumenten bei allen öffentlichen Behörden zu gewährleisten (dazu: Schoch, FS Fiedler, 2011, 657 (668); Schram Informationsfreiheit und Informationsrecht Jahrbuch 2009, 21 (41)). Die Einschränkungsmöglichkeiten, welche der Vertragsstaat regeln kann, sind in Art. 3 KEZaD abschließend aufgelistet (dazu: Schoch, FS Fiedler, 2011, 657 (668 ff.); Schram Informationsfreiheit und Informationsrecht Jahrbuch 2009, 21 (41 ff.)). Auch hinsichtlich des Verfahrens sind Mindeststandards normiert (dazu: Schoch, FS Fiedler, 2011, 657 (670 ff.); Schram Informationsfreiheit und Informationsrecht Jahrbuch 2009, 21 (46 ff.)). Soweit die Konvention in Deutschland eingehalten werden sollte, wären erhebliche Änderungen erforderlich: Der sachliche Anwendungsbereich des IFG müsste erweitert werden, die Bereichsausnahmen für Nachrichtendienste und Sicherheitsbehörden (§ 3 Nr. 8 IFG) müssten aufgehoben werden, – anders als in § 10 IFG – müsste der Informationszugang zumeist gebührenfrei sein und vor allem müssten die abwägungsresistenten, absoluten Schutzgütern (§§ 3 ff. IFG) durch Abwägungsklauseln, die den Informationszugang trotz einer Schutzgutbeeinträchtigung erlauben, wenn ein überwiegendes öffentliches Interesse an Offenlegung besteht, ersetzt werden (Schoch, FS Fiedler, 2011, 657 (672 f.); ZDM 54).

III. Grundgesetzliche Vorgaben für den Informationszugang

1. Demokratie- und Rechtsstaatsprinzip

22 Der Transparenzgrundsatz ist mit dem Demokratie- und Rechtsstaatsprinzip (Art. 20 Abs. 1 GG) verbunden. Dem Staat ist zumindest dann die Pflicht zur Eröffnung von Informationsquellen auferlegt, wenn auf andere Weise eine möglichst objektive Information und damit die Entstehung einer weitestgehend an den Tatsachen orientierte öffentliche Meinung nicht besteht (Maunz/Dürig/Herzog GG Art. 5 Rn. 101; ZDM 55). Daraus lässt sich aber angesichts des Charakters als Staatsfundamentalnorm kein Individualrecht herleiten (VG Berlin Urt. v. 7.6.2007 – 2 A 130.06, pauschal bestätigt von OVG Berlin-Brandenburg Urt. v. 6.11.2008 – OVG 12 B 50.07; ZDM 55; idS wohl auch Maunz/Dürig/Herzog GG Art. 5 Rn. 101). Außerdem wird angeführt, dass die Entscheidung für die repräsentative Demokratie in Art. 20 Abs. 2 GG gegen die Möglichkeit spreche, aus der Identität bzw. Allzuständigkeit des Volkes einen allgemeinen, staatsbürgerlichen Informationsanspruch abzuleiten (Lodde, Informationsrechte des Bürgers gegen den Staat, 1996, 109; ZDM 55).

2. Informationsfreiheit des Art. 5 Abs. 1 S. 1 GG

23 Ob und ggf. inwieweit aus der Informationsfreiheit des Art. 5 Abs. 1 S. 1 GG ein Anspruch auf Zugang zu amtlichen Informationen folgt, ist umstritten (→ GG Art. 5 Rn. 39 ff.).

3. Pressefreiheit des Art. 5 Abs. 1 S. 2 GG

24 Unmittelbar auf das Grundrecht der Pressefreiheit aus Art. 5 Abs. 1 S. 2 GG hat mittlerweile das BVerwG (Urt. v. 20.2.2013 – 6 A 2/12) einen presserechtlichen Auskunftsanspruch gestützt (→ GG Art. 5 Rn. 50). Diese Entscheidung dürfte insoweit Signalwirkung haben, als bei Informationsbegehren die Pressefreiheit zu berücksichtigen ist. Allerdings vermittelt die Pressefreiheit keine Informationsbeschaffungspflicht (BVerwG Beschl. v. 27.5.2013 – 7 B 43/12).

4. Sonstige Grundrechte

25 Aus den sonstigen Grundrechten werden unter besonderen Umständen auch Ansprüche auf staatliches Tätigwerden mit dem Ziel der Sicherung der grundrechtlich geschützten Rechtsgüter hergeleitet (BVerfGE 35, 79 (116); BVerwGE 61, 41 (42 ff.); VG Berlin Urt. v. 7.6.2007 – 2 A 130.06, pauschal bestätigt von OVG Berlin-Brandenburg Urt. v. 6.11.2008 – OVG 12 B 50.07; ZDM 57). Dementsprechend bestehen Informationszugangsansprüche insoweit, als diese zur Ermöglichung der grundrechtlich geschützten Freiheit unerlässlich sind (VG Berlin Urt. v. 7.6.2007 – 2 A 130.06, pauschal bestätigt von OVG Berlin-Brandenburg Urt. v. 6.11.2008 – OVG 12 B 50.07; ZDM 57). Vor allem gewährleistet das Recht auf informationelle Selbstbestimmung (→ GG Art. 2 Abs. 1 Rn. 16 ff.), dass die Bürger wissen können, „wer was wann und bei welcher Gelegenheit über ihn weiß" (BVerfGE 65, 1 (43) – Volkszählung). Außerdem ist ein unmittelbar aus der Berufsfreiheit des Art. 12 Abs. 1 GG hergeleiteter Auskunftsanspruch anerkannt, wenn eine behördliche Information zum Schutz

der Berufsfreiheit unerlässlich ist (BVerwGE 118, 270 (271 ff.); VGH Mannheim NJOZ 2009, 4243 (4247 f.); ZDM 57). Auch aus dem allgemeinen Gleichheitssatz des Art. 3 Abs. 1 GG iVm einer ständigen Verwaltungspraxis der Behörde können Informationszugangsansprüche hergeleitet werden (VGH Mannheim NJOZ 2009, 4243 (4247); ZDM 57).

5. Abwägungsbelange für einen Informationszugang

26   Mehr Transparenz im öffentlichen Sektor ist ein verfassungsrechtlich legitimes Ziel, welches den Gesetzgeber zu Grundrechtseinschränkungen befähigt (Schoch EuZW 2011, 388 (390); ZDM 58). Als Grundlagen werden das Rechtsstaats-, Demokratie- und Sozialstaatsprinzip genannt (Schoch IFG Einl Rn. 57 ff.). Außerdem werden mit unterschiedlichen Nuancen in der Literatur (idS Gröschner VVDStRL 63 (2004), 344 (355 ff.); Hornung in: Towfigh/Schmolke/Petersen/Lutz-Bachmann/Lange/Grefrath, Recht und Markt, 2009, 75 (82); Masing VVDStRL 63 (2004), 377 (396 ff.); Schoch IFG Einl. Rn. 51 ff.; ZDM 58) viele weitere rechtspolitische Gründe für die Informationsfreiheit angeführt:
- Transparenz des Verwaltungshandelns zur Förderung des Gemeinwohls und als Kontrolle der Verwaltung (vor Korruption),
- Herstellung von demokratischer Öffentlichkeit,
- Partizipation der informierten Bürgerinnen und Bürger,
- Konkretisierung der allgemeinen Interessen in Verwaltungsverfahren unter öffentlicher Beteiligung und
- Kommunikationsbedarf der Verwaltung mit den Beteiligten, der aus der sinkenden Wissensüberlegenheit und Durchsetzungsmacht resultiert.

6. Abwägungsbelange gegen einen Informationszugang

27   Gegen eine Offenlegung von Informationen können aber auch verfassungsrechtliche Vorgaben angeführt werden. Auf Seiten des Staates ist dabei die Funktionsfähigkeit des Staates, insbes. die Geheimhaltung im Kernbereich exekutiver Eigenverantwortung (→ § 4 Rn. 41), bedeutsam (ZDM 58). Zumeist sind die öffentlichen Belange, die gegen einen Informationszugang angeführt werden (vgl. §§ 3 f. IFG), aber nicht ausdrücklich im GG verankert, so dass der Gesetzgeber insoweit keinen verfassungsrechtlichen Vorgaben unterliegt (Schnabel Informationsfreiheit und Informationsrecht Jahrbuch 2011, 153 (154 f.); ZDM 58).

28   Auf Seiten der Bürgerinnen und Bürger sind die Grundrechte zu berücksichtigen, welche den Umgang mit Daten reglementieren, wie insbes. das Grundrecht auf informationelle Selbstbestimmung aus Art. 1 Abs. 1 iVm Art. 2 Abs. 1 GG hinsichtlich personenbezogener Daten (→ GG Art. 2 Rn. 16 ff.), Art. 12 GG hinsichtlich Betriebs- und Geschäftsgeheimnissen (→ § 6 Rn. 11 ff.), Art. 14 GG hinsichtlich Betriebs- und Geschäftsgeheimnissen (→ § 6 Rn. 12 f.) und des Schutzes des geistigen Eigentums (→ § 6 Rn. 2 ff.) sowie eventuell weitere spezielle Grundrechte (zB Art. 6 GG für familienbezogene Daten) (ZDM 58 f.).

IV. Gesetzgebungszuständigkeit des Bundes

29   Die Gesetzgebungszuständigkeit des Bundes für die allgemeine Informationsfreiheit folgt aus keiner Sachmaterie, die in dem Kompetenzkatalog der Art. 73, 74 GG aufgeführt ist, so dass nach der Auffangkompetenz des Art. 70 GG die Länder zuständig sind (Schoch IFG Einl Rn. 48; Schrader ZUR 2005, 568 (574); ZDM 54). Dies ist zwar dadurch gerechtfertigt, dass die Ausführung der Gesetze nach Art. 83 GG grds. Ländersache ist (ZDM 54), aber nichtsdestoweniger wird heftige Kritik (Schrader ZUR 2005, 568 (574)) geäußert: „Infolge dieser Kompetenzlage ist der Zugang zu Informationen auf Landesebene alles andere als transparent. Auf Länderebene zerfasert Deutschland im Informationsföderalismus."

30   Der Bund kann aber das Verwaltungsverfahren als Annex hinsichtlich aller Materien, für die er über die Sachkompetenz verfügt, mitregeln (BT-Drs. 15/4493, 7; Schoch IFG Einl. Rn. 48; Sitsen 47; ZDM 54). Zu diesem Verwaltungsverfahren gehört auch der Informationszugang gegenüber Behörden des Bundes, die entsprechende Verfahren durchführen, so

Grundsatz　　　　　　　　　　　　　　　　　　　　　　　　　　**§ 1 IFG**

dass der Bund für den Erlass des IFG zuständig ist (BT-Drs. 15/4493, 7; Schoch IFG Einl. Rn. 49; ZDM 54).

Für den Zugang zu Umweltinformationen des Bundes wird dementsprechend eine **31** Annexkompetenz des Bundes hergeleitet (idS Schoch IFG Einl. Rn. 49; ZDM 54).

Für die Regelung von Verbraucherinformationen ergibt sich die Gesetzgebungskom- **32** petenz des Bundes aus der umfassend in Art. 74 Abs. 1 Nr. 20 GG umschriebenen Kompetenz für das Recht der Lebensmittel und – soweit die Länder das Gesetz ausführen – aus Art. 84 Abs. 1 S. 1 GG (Schoch IFG Einl. Rn. 49; ZDM 54). Demgegenüber ist eine Aufgabenübertragung durch Art. 84 Abs. 1 S. 7 GG an die Gemeinden und Gemeindeverbände ausgeschlossen. Dementsprechend verweigerte der Bundespräsident die Unterzeichnung hinsichtlich des vom Bundestag am 29.6.2006 beschlossenen Verbraucherinformationsgesetzes wegen Verpflichtung der Gemeinden (dazu: Schoch DVBl. 2007, 261 (265 ff.); Schiedermair DÖV 2007, 726 (730 ff.)). Daher gilt das aktuelle VIG zwar für alle Landesbehörden gem. § 2 Abs. 2 S. 1 Nr. 1 Buchst. b VIG, für Kommunen jedoch gem. § 2 Abs. 2 S. 2 VIG nur, wenn die Länder dies anordnen (ZDM 54 f.).

V. Bundesrechtlicher Informationszugang

1. IFG

Auch wenn dies nicht im IFG, sondern nur in der Gesetzesbegründung (BT-Drs. 15/ **33** 4493, 6 f.) festgeschrieben ist, dient das IFG vorwiegend dem Demokratieprinzip und der Kontrolle staatlichen Handelns (→ Rn. 91). Dabei ist der Anwendungsbereich des IFG – anders als in den meisten Bundesländern (§ 2 IFG BE, § 2 AIG BB, § 3 HmbTG, § 3 IFG MV, § 2 IFG NRW, § 2 LIFG RP, § 1 Abs. 2 IZG-SH) – nicht explizit umschrieben, was teilweise (zB Schoch IFG § 1 Rn. 232) kritisiert wird. Der Anwendungsbereich ergibt sich vielmehr aus der Grundnorm des § 1 IFG über die Festlegung des Kreises der Anspruchsberechtigten (→ Rn. 95 ff.), des Anspruchsgegenstandes (→ Rn. 151), der möglichen Anspruchsverpflichteten (→ Rn. 118 ff.) und des Verhältnisses zu bereichsspezifischen Regelungen (→ Rn. 180 ff.). Außerdem ist im Gesetz nicht explizit geregelt, ob der Anspruch ein Informationsinteresse voraussetzt bzw. ob bestimmte Informationsinteressen einem solchen Anspruch entgegenstehen können (→ Rn. 152 ff.). Insgesamt wird die Komplexität des § 1 IFG kritisiert (BRS/Scheel IFG § 1 Rn. 1; Schoch IFG § 1 Rn. 13).

In § 2 IFG werden lediglich die Begriffe „amtliche Informationen" und „Dritter" **34** definiert. Daher ist das Fehlen von Definitionen für wichtige Begriffe, wie „Jeder" und „Behörden des Bundes" (§ 1 IFG), „öffentliche Sicherheit" (§ 3 Nr. 2 IFG), „Entwürfe und Entscheidungen" (§ 4 IFG) oder „geistiges Eigentum" und „Betriebs- oder Geschäftsgeheimnis" (§ 6 IFG), kritisiert worden (Kugelmann § 2 Anm. 1; Schoch IFG § 2 Rn. 1; ZDM 61).

Während Zugang zu personenbezogenen Daten gem. § 5 Abs. 1 S. 1 IFG nur gewährt **35** werden darf, soweit das Informationsinteresse des Antragstellers das schutzwürdige Interesse des Dritten am Ausschluss des Informationszugangs überwiegt, findet bei den sonstigen Ausnahmegründen keine Abwägung statt. Dies wird als absoluter Schutz von besonderen öffentlichen Belangen gem. § 3 IFG und absoluter Schutz des geistigen Eigentums und von Betriebs- oder Geschäftsgeheimnissen gem. § 6 IFG bezeichnet. Zum Schutz des behördlichen Entscheidungsprozesses gem. § 4 IFG soll der Informationszugang verweigert werden.

Die zur Verfügung über die begehrten Informationen berechtigte Behörde (→ § 7 **36** Rn. 20 ff.) entscheidet über den Antrag und das Verfahren gem. §§ 7 ff. IFG. Dabei ist der Informationszugang gem. § 7 Abs. 5 IFG unverzüglich zu gewähren, d. h. der Informationszugang soll innerhalb eines Monats erfolgen, wenn keine Beteiligung Dritter gem. § 8 IFG erforderlich ist. Sonderregelungen zur Ablehnung des Antrags und des Rechtswegs enthält § 9 IFG. Schließlich sind – mit Ausnahme der Erteilung einfacher Auskünfte – gem. § 10 IFG iVm IFGGebV Gebühren bis maximal 500 Euro zu erheben.

Rudimentäre Ansätze für eine proaktive Informationstätigkeit der Behörden enthält § 11 **37** IFG, wonach Organisations- und Aktenpläne allgemein zugänglich gemacht werden müssen und weitere geeignete Informationen in elektronischer Form zugänglich gemacht werden sollen. Sanktionsmechanismen bei Verstoß gegen diese Regelung sind jedoch nicht ersichtlich.

38 Außerdem nimmt aufgrund § 12 IFG der Bundesbeauftragte für den Datenschutz die Aufgaben auch im Bereich der Informationsfreiheit wahr. Er kann von jedem angerufen werden, der sein Recht auf Informationszugang nach dem IFG als verletzt ansieht. Als weiteres Instrument zur Effektivierung der Informationsfreiheit kann die in § 14 IFG vorgesehen Evaluation bewertet werden, deren Ergebnisse im Mai 2012 vorgelegt wurden (vgl. ZDM).

2. UIG

39 Anknüpfend an die Entstehungsgeschichte (→ Rn. 1) setzt das UIG vor allem EU-Recht um. Dabei bezweckt es gem. § 1 Abs. 1 UIG, den rechtlichen Rahmen für den freien Zugang zu Umweltinformationen bei informationspflichtigen Stellen sowie für die Verbreitung dieser Umweltinformationen zu schaffen (→ UIG § 1 Rn. 17 ff.). Damit zielt das UIG primär auf die Verbesserung des Vollzugs des Umweltrechts, während das IFG primär dem Demokratieprinzip, der Kontrolle staatlichen Handelns und europäischer Integration dient (Schrader ZUR 2005, 568 (573)). Anders als im IFG wird der Anwendungsbereich in § 1 Abs. 2 UIG explizit festgelegt.

40 Außerdem enthält § 2 UIG mehr Begriffsbestimmungen als § 2 IFG. Daran anknüpfend hat jede Person gem. § 3 UIG einen Anspruch auf Zugang zu Umweltinformationen, der nach § 3 Abs. 1 S. 2 UIG andere Ansprüche auf Zugang zu Informationen unberührt lässt. Gegenüber dem IFG ist die Informationsfreiheit im UIG zumeist stärker ausgeprägt: Bei Informationen im Besitz von Personen des Privatrechts ist der Zugang gem. § 1 Abs. 1 S. 3 IFG (→ Rn. 144 ff.) eingeschränkter als gem. § 3 UIG iVm § 2 Abs. 1 Nr. 2 UIG (→ UIG § 2 Rn. 45 ff.). Als mögliche Ausnahmen vom Informationszugang zugunsten öffentlicher Interessen nennt bei rein formaler Zählung der Nummern und Buchstaben das IFG 17 und das UIG 9 Aspekte (Schrader ZUR 2005, 568 (573); ZDM 62). Auch das Verfahren gem. §§ 4, 5 UIG ist insoweit für den Antragsteller günstiger als die Frist für den Informationszugang gem. § 3 Abs. 3 UIG einzuhalten ist, während gem. § 7 Abs. 5 S. 2 IFG innerhalb eines Monats erfolgen „soll". Außerdem enthält § 8 UIG eine Abwägung zwischen dem Geheimhaltungsinteresse und dem öffentlichen Interesse an der Bekanntgabe, während beim IFG keine Abwägung stattfindet, weshalb dieser absolute Schutz kritisiert wird (vgl. Schoch IFG Vorb. §§ 3–6 Rn. 41 ff.). Beim Schutz sonstiger Belange findet gem. § 9 UIG eine Abwägung des Geheimhaltungsinteresses mit dem „öffentlichen Interesse an der Bekanntgabe" statt, während beim Schutz personenbezogener Daten gem. § 5 IFG sogar mit den „Informationsinteresse des Antragstellers" gem. § 5 Abs. 1 S. 1 IFG abgewogen wird und demgegenüber beim Schutz des geistigen Eigentums und von Betriebs- und Geschäftsgeheimnissen gem. § 6 IFG keine Abwägung stattfindet. Außerdem gelten einzelne Ausschlussgründe nicht für den Zugang zu Umweltinformationen über Emissionen (§ 8 Abs. 1 S. 2, § 9 Abs. 1 S. 2 und Abs. 2 S. 2 UIG).

41 Auch die Kostenregelung des § 10 UIG iVm UIGKostV ist gegenüber der Regelung in § 10 IFG iVm IFGKostV für den Antragsteller leicht vorteilhafter (vgl. Debus DVBl. 2013, 9 ff.; Schrader ZUR 2005, 568 (573)). Außerdem sind Informationen von informationspflichtigen Stellen kostenfrei, welche diese gem. § 10 UIG viel weitergehend als nach § 11 IFG veröffentlichen muss.

42 Das UIG erscheint gegenüber dem IFG nur insoweit erheblich nachteiliger, als im UIG keine dem BfDI (§ 12 IFG) vergleichbare unabhängige Kontrollinstanz vorgesehen ist.

3. VIG

43 Der Anwendungsbereich des VIG ist nunmehr in dessen § 1 umschrieben, wonach Informationen über Erzeugnisse iSd LFGB sowie Verbraucherprodukte iSd § 2 Nr. 26 ProdG erfasst sind. Ebenfalls unter der Überschrift „Anwendungsbereich" ist in § 1 VIG der Zweck umschrieben: „damit der Markt transparenter gestaltet und hierdurch der Schutz der Verbraucherinnen und Verbraucher vor gesundheitsschädlichen oder sonst unsicheren Erzeugnissen und Verbraucherprodukten sowie vor Täuschung beim Verkehr mit Erzeugnissen und Verbraucherprodukten verbessert wird."

44 Einen Anspruch auf Zugang auf genauer in § 2 VIG umschriebene Informationen besteht gegenüber Bundes- und Landesbehörden und – soweit durch Landesrecht übertragen – auch

Grundsatz § 1 IFG

gegenüber Gemeinden und Gemeindeverbänden. Dieser Anspruch wird gem. § 2 Abs. 4 VIG gegenüber dem IFG als vorrangig bewertet (→ Rn. 198).

Wesentliche Unterschiede zum IFG bestehen insoweit, als die Ausschlussgründen in § 3 VIG tendenziell enger als in §§ 3 ff. IFG gefasst sind. Vor allem sind in weiterem Umfang Abwägungsklauseln vorhanden (vgl. § 3 S. 2 VIG). Außerdem ist der Informationszugang auch bei Betriebs- und Geschäftsgeheimnissen in bestimmten Fällen (insbes. bei Rechtsverstößen) gem. § 3 S. 5 VIG und bei bestimmten Bezeichnungen gem. § 3 S. 6 VIG zu gewähren. 45

Das Verfahren gem. §§ 4 f. VIG ist gegenüber den §§ 7 ff. IFG gestrafft. Soweit Informationen von Dritten betroffen sind, wurde 2012 deren „Selbsteintrittsrecht" durch § 4 Abs. 5 S. 3 VIG eingefügt (Schoch NVwZ 2012, 1497 (1500)). Eine für die antragstellende Person und Betroffene positive Abweichung gegenüber dem IFG ist nunmehr die Pflicht zur Richtigstellung gem. § 6 Abs. 4 VIG. Weitergehende Regelungen über die proaktive Informationstätigkeit enthält § 40 LFGB. 46

Im Vergleich zum IFG ist die Kostenregelung des VIG als ambivalent zu bewerten: Die Regelung ist für die antragstellenden Personen insoweit günstiger, als der Zugang zu Informationen iSd § 2 Ab. 1 S. 1 Nr. 1 VIG bis 1000 Euro und zu sonstigen Informationen bis 250 Euro kostenfrei ist. Im Umkehrschluss dazu können höhere Kosten nach § 7 VIG erhoben werden, während die Gebühren gem. § 10 IFG iVm IFGGebV maximal 500 Euro betragen. Auf die Kosten ist die antragstellende Personen gem. § 7 Abs. 1 S. 3 VIG hinzuweisen, so dass sie den Antrag nach S. 4 zurücknehmen oder einschränken kann. 47

Das VIG erscheint für den Informationssuchenden gegenüber dem IFG insoweit erheblich nachteiliger, als arbeitsintensive Anträge gem. § 4 Abs. 4 Nr. 4 VIG einfacher als bei § 7 Abs. 2 IFG (→ § 7 Rn. 43 ff.) abgelehnt werden können. Außerdem ist im VIG keine dem BfDI (§ 12 IFG) vergleichbare unabhängige Kontrollinstanz vorgesehen. 48

4. Sonstige spezielle Informationszugangsregeln

Seit langem werden in Deutschland viele Register geführt, in welche häufig voraussetzungslos jeder Einsicht erlagen kann (zB beim Vereinsregister gem. § 79 BGB). Dabei kann sich ggf. die Frage stellen, inwieweit diese Einsichtsrechte vorrangig gegenüber dem Anspruch nach dem IFG sind (→ Rn. 206 ff.). 49

Auch das Archivrecht gewährt umfangreiche Einsichtsrechte. So steht gem. § 5 Abs. 1 S. 1 BArchG jedermann auf Antrag grds. das Recht zu, Archivgut des Bundes aus einer mehr als 30 Jahre zurückliegenden Zeit zu nutzen. Dabei ist nach dem BArchG – anders als im Archivrecht der meisten Länder – weder ein „berechtigtes Interesse" noch die Verfolgung eines bestimmten (zB amtlichen, heimatkundlichen, journalistischen oder wissenschaftlichen) Zwecks erforderlich (Schoch IFG Einl. Rn. 20; ZDM 62). Ähnliche Ansprüche bestehen in Bezug auf die Unterlagen des Ministeriums für Staatssicherheit und seiner Vorläufer- und Nachfolgeorganisationen gem. § 13 Abs. 7 StUG (ZDM 62). Diese Einsichtsrechte verdrängen grds. den Informationszugangsanspruch nach dem IFG (→ Rn. 194 f.). 50

VI. Rechtsvergleichender Überblick

Als Vorreiter im Bereich der Informationsfreiheit gelten aufgrund der relativ langen Tradition Schweden (→ Rn. 52 f.) und die Vereinigten Staaten von Amerika (→ Rn. 53 ff.). Demgegenüber hat sich die Informationsfreiheit in Österreich (→ Rn. 54 ff.) bislang nicht etablieren können. In weiten Bereichen den deutschen Regelungen vergleichbar sind die Regelungen in der Republik Korea und in der Schweiz (dazu ZDM 72 ff.). Auch die Regelungen von internationalen Organisationen tendieren mittlerweile zur Transparenz (→ Rn. 55). Vor dem IFG bestand bereits ein Recht auf Informationszugang bei Organen der EU (→ Rn. 56 ff.) und in vier Bundesländern; außerdem wurde sich anschließend in sieben weiteren Bundesländer teilweise am IFG orientiert (→ Rn. 59 ff.). 51

1. Schweden

Die Informationsfreiheit als Teil des Presserechtes wurde erstmals 1766 in die Schwedische Verfassung aufgenommen (dazu ZDM 68 mwN). Heute umfasst die schwedische Verfassung 52 als eines von vier getrennten Gesetzen das Pressegesetz (tryckfihetsförordningen – TF) von 1949 (zur historischen Entwicklung bspw. Griebel, Die verfahrensrechtliche Absicherung von Informationsfreiheitsrechten in rechtsvergleichender Sicht, 2007, 32 ff.). Die Besonderheiten dieses Presserechts bestehen in einer freien Einsichtnahme in alle behördlichen Dokumente und einem starken Schutz von Informationsquellen, weil das Volk als Überwacher von Regierung und Reichstag den größtmöglichen Einblick in die gesellschaftlichen Geschehnisse haben muss (Ismayr/Jahn, Die politischen Systeme Westeuropas, 4. Aufl. 2009, 107 (136 f.); ZDM 68).

52.1 Daran anknüpfend wird schon lange als Zweck des TF die Kontrolle gegenüber Regierung und Verwaltung betont, auch wenn Kap. 2 Art. 1 TF als Zweck nur die Förderung eines freien Meinungsaustausches und einer Möglichkeit einer umfassenden Information nennt (Partsch, Die Freiheit des Zugangs zu Verwaltungsinformationen, 2002, 75; ZDM 68 f.). Diese Regelung räumt allen schwedischen Staatsbürgern ein Akteneinsichtsrecht ein, welches mangels anderslautender einfachgesetzlicher Regelung auf Staatsbürger anderer Nationalitäten erstreckt wird (Griebel, Die verfahrensrechtliche Absicherung von Informationsfreiheitsrechten in rechtsvergleichender Sicht, 2007, 29 f.; ZDM 69). Besonderheiten im Vergleich zur Informationsfreiheit in Deutschland sind dabei der weitgehende Zugang auch zu Gerichtsakten und die Möglichkeit zur anonymen Antragstellung (Haellmigk, Schweden und das Europäische Gemeinschaftsrecht, 2003, 36 f.; ZDM 69). Demgegenüber enthält Kap. 2 Art. 2 Abs. 1 TF eine Auflistung von sieben Interessen, deren Schutz eine Zugangsbeschränkung rechtfertigen „kann" (ZDM 69). Seit 1969 existiert auch ein Presseombudsmann, der anders als bei den übrigen Ombudsmännern nicht vom Staat, sondern von den Verlagen selbst finanziert wird (Ismayr/Jahn, Die politischen Systeme Westeuropas, 4. Aufl. 2009, 107 (137); ZDM 69). Dessen Kontrolle erstreckt sich auf alle gesetzesanwendenden Stellen einschließlich der Richter (Griebel, Die verfahrensrechtliche Absicherung von Informationsfreiheitsrechten in rechtsvergleichender Sicht, 2007, 35; ZDM 69).

2. USA

53 Während die schwedische Aktenöffentlichkeit mit Abstand am ältesten ist, werden heute eher die USA als Vorreiter in Sachen Informationsfreiheit wahrgenommen. Anders als in Schweden garantiert zwar nach hM die Verfassung kein allgemeines Informationszugangsrecht (right to know), aber in den USA erfolgt mittlerweile eine konsequente Nutzung des Internets zur Gewährleistung einer umfassenden Information der Bürgerinnen und Bürger (ZDM 69 mwN).

53.1 Nichtsdestoweniger ist kaum bekannt, dass sehr weitgehende Einschränkungen des Freedom of Information Act (FOIA) gelten, der FOIA oft wegen seiner Missbrauchsmöglichkeiten kritisiert wurde und nach dem 11.9.2001 das Informationszugangsrecht in Hinblick auf die nationale Sicherheit eingeschränkt worden war (ZDM 69 f. mwN). Erst 2009 wurde der vorherige Status durch die Executive Order 13489 von Präsident Obama wiederhergestellt. Nach seinem FOIA-Memorandum (Obama, Federal Register Presidential Documents, vol. 74, No. 15, Monday, January 26, 2009) mit der Vermutung „im Zweifel für den Informationszugang" erhöhte sich die Zahl der Offenlegung von Dokumenten (The White House, The Obama Administrations Commitment to OPEN Government: a Status Report, 8 ff.).

53.2 Dabei ist die Rechtsentwicklung zur Informationsfreiheit dadurch gekennzeichnet, dass seit Inkrafttreten des FOIA am 4.7.1967 in jeder Dekade (1977, 1986, 1996 und 2007) eine größere Überarbeitung stattfand, wobei das wichtigste Ziel der Änderung von 2007 die Aussage durch das Parlament war, dass es den FOIA unterstützt und deren verstärkte Implementation wünscht (ZDM 70 unter Hinweis auf Gellmann Informationsfreiheit und Informationsrecht Jahrbuch 2008, 211 (219)).

53.3 Als neues Kapitel ergänzt der FOIA das amerikanische Verwaltungsverfahrensgesetz (Administrative Procedure Act, APA) im Titel 5 des United States Code (U. S. C.) den § 552 (ZDM 70 mwN). Über die allgemeine Zugänglichkeit öffentlicher Akten hinaus werden im FOIA umfangreiche proaktive Publizitätspflichten statuiert (Griebel, Die verfahrensrechtliche Absicherung von Informationsfreiheitsrechten in rechtsvergleichender Sicht, 2007, 44; ZDM 70).

53.4 Auch wenn die Voraussetzungen einer Ausnahme vom Informationszugangsanspruch vorliegen, ist eine Ablehnung nicht zwingend, vielmehr besteht die Möglichkeit zur Abwägung des öffentlichen Interesses an einem Informationszugang und gegenläufiger Geheimhaltungsinteressen (BfDI,

2. Tätigkeitsbericht 2008 und 2009, BT-Drs. 17/1350, 10; ZDM 70). Der FOIA ist vielmehr durch Spielräume der Behörden gekennzeichnet: Nach dem FOIA haben die Behörden Leitlinien zur Stellung eines Antrages im Internet zu veröffentlichen und Berichte über Anfragen sind elektronisch zugänglich zu machen (BfDI, 2. Tätigkeitsbericht 2008 und 2009, BT-Drs. 17/1350, 10; ZDM 70). Auch Kostenvorschriften sind von den Behörden zu erlassen, die eine Staffelung in Abhängigkeit vom Informationszweck zu beachten haben (Griebel, Die verfahrensrechtliche Absicherung von Informationsfreiheitsrechten in rechtsvergleichender Sicht, 2007, 208 ff.; ZDM 70).

3. Österreich

Vor allem materienspezifische Regelungen (insbes. umweltrechtliche Vorschriften sowie Registerrecht) über den Zugang zu Verwaltungsinformationen sind in Österreich existent (Duschanek in: Kloepfer, Die transparente Verwaltung, 2003, 73 ff.; ZDM 71). Anlass für eine allgemeine Auskunftspflicht der Verwaltung waren im Wesentlichen tagespolitische Gründe, nämlich die Vorgänge um ein Kraftwerksprojekt in der Hainburger Au an der Donau im Herbst 1984 (Duschanek, in Kloepfer, Die transparente Verwaltung, 2003, 73 (75); ZDM 71). Demzufolge wurde in der österreichischen Verfassung in Art. 20 B-VG sowohl in Abs. 3 ein Amtsgeheimnis als auch in Abs. 4 eine Auskunftspflicht normiert. **54**

Art. 20 Abs. 4 B-VG dient einerseits der Abstimmung mit den – ebenso im Verfassungsrang eingerichteten – diametralen Geheimhaltungsgeboten der Amtsverschwiegenheit und des Datenschutzes sowie andererseits der kompetenzrechtlichen Absicherung des Anwendungsbereiches der Auskunftspflicht (Duschanek, in Kloepfer, Die transparente Verwaltung, 2003, 73 (77); ZDM 71). Daher ist die bundesgesetzliche Regelung der Auskunftspflicht auf die Organe der Bundesverwaltung beschränkt; hinsichtlich der Landes- und Gemeindeorgane soll der Bund ein Grundsatzgesetz erlassen, welches durch entsprechende Ausführungsgesetze der Länder ausgestaltet werden muss. Art. 20 Abs. 4 B-VG begründet nach der Rspr. des Verfassungsgerichtshofs kein Auskunftsrecht, sondern eine objektive verfassungsrechtliche Verpflichtung des zuständigen Gesetzgebers zur Normierung von Auskunftsansprüchen (Mayer, Das österreichische Bundes-Verfassungsrecht, 4. Aufl., 2007, Art. 20 B-VG Anm. C. I.1.; ZDM 71). Dabei besteht kein Recht auf Akteneinsicht, sondern nur auf Informationen über den Akteninhalt, die idR nicht die Detailliertheit der Akten aufweisen müssen (Mayer, Das österreichische Bundes-Verfassungsrecht, 4. Aufl., 2007, Art. 20 B-VG Anm. C. I.3.; ZDM 71). **54.1**

Daran anschließend wurden das AuskPflG und das Auskunftspflicht-GrundsatzG des Bundes und landesgesetzliche Regelungen erlassen. Nach der zentralen Norm des § 1 Abs. 1 AuskPflG haben die Organe des Bundes sowie die Organe der durch die Bundesgesetzgebung zu regelnden Selbstverwaltung über Angelegenheiten ihres Wirkungsbereiches Auskünfte zu erteilen, soweit eine gesetzliche Verschwiegenheitspflicht nicht entgegensteht. Die Ermittlung der Verschwiegenheitspflichten, die nicht näher im AuskPflG konkretisiert sind, ist schwierig. Darüber hinaus sind die in § 1 Abs. 2 AuskPflG geregelten Ausschlussgründe in der Literatur wegen Unbestimmtheit als verfassungswidrig bewertet worden (Partsch, Die Freiheit des Zugangs zu Verwaltungsinformationen, 2002, 98; ZDM 71). Das AuskPflG enthält nur rudimentäre Verfahrensvorschriften; Regelungen für eine unabhängige Kontrollstelle oder zu proaktiven Informationsmaßnahmen sind gar nicht ersichtlich (ZDM 71). **54.2**

4. Internationale Organisationen

Inzwischen garantieren auch viele internationale Organisationen einen weitreichenden Informationszugang. Während bspw. die Weltbank zunächst nur beschränkt Zugang zu einigen Dokumenten gewährte, gilt aufgrund einer am 1.7.2010 in Kraft getretenen Richtlinie der Grundsatz genereller Öffentlichkeit aller Weltbankinformationen (dazu Dann Die Verwaltung 44 (2011), 313 ff.). **55**

5. EU

Der Vertrag von Maastricht hat 1991 den Grundsatz der Transparenz im EU-Recht statuiert (zur Entwicklung bspw.: Schoch Informationsfreiheit und Informationsrecht Jahrbuch 2011, 23 (25 f.); Schoch IFG Einl Rn. 61 ff.). Weitergehend gewährt Art. 42 GRC heute den Unionsbürgerinnen und Unionsbürgern sowie jeder natürlichen oder juristischen **56**

Person mit Wohnsitz oder satzungsmäßigem Sitz in einem Mitgliedstaat das Recht auf Zugang zu den Dokumenten der Organe, Einrichtungen und sonstigen Stellen der Union (dazu zB Callies/Ruffert/Wegener GRC Art. 42 Rn. 1 ff.).

57 Einen entsprechenden Zugangsanspruch enthält Art. 15 Abs. 3 AEUV, wobei dort Regelungen zur weiteren Ausgestaltung des Informationsfreiheitsrechts enthalten sind (dazu zB Callies/Ruffert/Wegener AEUV Art. 15 Rn. 6 ff.). Die Vorgängerregelung davon (Art. 255 EG-Vertrag) diente als Grundlage für den Erlass der VO (EG) Nr. 1049/2001. Diese Verordnung gilt als Ausformung des in Art. 1 Abs. 2 EUV normierten Transparenzgebotes (Erwägungsgrund 1 zur VO (EG) Nr. 1049/2001; EuGH EuZW 2010, 617 Rn. 53– Bavarian Lager; Schoch EuZW 2011, 388 (390); ZDM 66 f.).

57.1 Zweck dieser Verordnung ist nach deren Art. 1, einen größtmöglichen Zugang zu Dokumenten zu gewährleisten, Regeln zur Sicherstellung einer möglichst einfachen Ausübung dieses Rechts aufzustellen und eine gute Verwaltungspraxis im Hinblick auf den Zugang zu Dokumenten zu fördern. Diese drei Zwecke spiegeln sich in der Gliederung der Verordnung wider, wonach zunächst die Reichweite des Zugangsrechts festgelegt (Art. 2 bis Art. 5), danach die Ausübung dieses Rechts (Art. 6–13) normiert und schließlich weitere Pflichten der Organe (Art. 14 bis 18: Informationspflichten gegenüber der Öffentlichkeit, Verwaltungspraxis etc.) statuiert werden (Diamandouros Informationsfreiheit und Informationsrecht Jahrbuch 2008, 167 (170); ZDM 67). Dazu ist nach Art. 17 VO (EG) Nr. 1049/2001 jährlich ein Bericht (zuletzt Bericht der Europäische Kommission COM(2013) 515 final) vorzulegen, in dem die Zahl der Fälle aufgeführt ist, in denen der Zugang zu Dokumenten verweigert wurde, sowie die Gründe für diese Verweigerungen und die Zahl der sensiblen Dokumente, die nicht in das Register aufgenommen wurden.

57.2 Jeder Unionsbürger sowie jede natürliche oder juristische Personen mit Wohnsitz oder Sitz in einem Mitgliedsstaat haben aus Art. 2 VO (EG) Nr. 1049/2001 grds. einen Anspruch auf Zugang von Dokumenten, die von dem Organ erstellt wurden oder bei ihm eingegangen sind und sich in seinem Besitz befinden. Dabei ist ein „Blättern in den Akten" ohne Bezug auf ein in den Registern aufgelistetes konkretes Dokument nicht vorgesehen (Jastrow/Schlatmann IFG Einl B Rn. 58; ZDM 67). Außerdem enthält Art. 4 VO (EG) Nr. 1049/2001 Verweigerungsgründe. Auch die restriktive Auslegung dieser Verweigerungsgründe durch den EuGH hat dazu beigetragen, dass die Bilanz hinsichtlich des Verordnungsziels, einen größtmöglichen Zugang zu Dokumenten sicherzustellen, zunächst positiv bewertet wurde (Diamandouros Informationsfreiheit und Informationsrecht Jahrbuch 2008, 167 (187); ZDM 67). Weiter sollte der von der Europäischen Kommission im April 2008 vorgelegte Vorschlag (Europäischen Kommission KOM(2008) 229 endgültig, mit dazu erheblichen Änderungen des Europäischen Parlaments (ABl. v. 1.4.2010, Nr. C 87E, 362)) eine Reform zugunsten der Informationsfreiheit initiieren. Demgegenüber wird die neuere Rspr. wegen der Vermutungsregel zu Gunsten der Informationsverweigerung und der Anerkennung administrativer Beurteilungsspielräume kritisiert (Boysen Die Verwaltung 42 (2009), 215 (230); Schoch Informationsfreiheit und Informationsrecht Jahrbuch 2011, 23 (59); ZDM 67 f.). Ähnlich zurückhaltend ist der Änderungsvorschlag der Europäischen Kommission (KOM(2011) 137 endgültig) vom 21.3.2011, der sich auf die notwendigsten Anpassungen ohne inhaltliche Reformen beschränkt, aber langfristig an dem Vorschlag aus 2008 festhält. Daraufhin schlug im November 2011 der Ausschuss für bürgerliche Freiheiten, Justiz und Inneres des Europäischen Parlaments (vgl. Cashmann KOM (2008)0229 – C6–0184/2008 – 2008/0090(COD), 31 f., 44 bzw. 45 f.) Weiterentwicklungen vor, insbes. eine generelle Abwägungsklausel zwischen Informations- und Geheimhaltungsinteressen, eine Maßnahmen zur proaktiven Informationstätigkeit und die Benennung eines Informationsfreiheitsbeauftragten bei den jeweiligen öffentlichen Stellen (ZDM 68).

58 Daneben sind im EU-Recht noch spezielle Informationszugangsrechte, insbes. verfahrensakzessorische Akteneinsichtsrechte (dazu Schoch IFG Einl. Rn. 74 ff.), normiert.

6. Bundesländer

59 **a) Verfassungen.** Als einzige Verfassung eines Bundeslandes gewährleistet Art. 21 Abs. 4 der Verf. Bbg ein allgemeines Recht auf Einsicht in Akten und sonstige amtliche Unterlagen der Behörden und Verwaltungseinrichtungen des Landes und der Kommunen. Einen Anspruch auf Zugang zu Umweltinformationen enthalten auch Art. 6 Abs. 3 Verf. M-V, Art. 34 Sächs Verf., Art. 6 Abs. 2 Verf. LSA und Art. 33 Thür. Verf. Im Übrigen gewährleistet Art. 6 Abs. 2 Verf. M-V ein Recht auf Auskunft über eigene Daten.

Grundsatz § 1 IFG

b) Baden-Württemberg. In Baden-Württemberg sollen nach dem Innenminister (vgl. Plenarprotokoll 15/22 v. 14.12.2011, 1066) die Erkenntnisse der Evaluierung auf Bundesebene in ein Gesetz auf Landesebene münden. Dementsprechend wurde ein Entwurf der Fraktion der FDP/DVP v. 25.2.2013, LT-Drs. 15/3114, welcher zumeist lediglich auf das IFG verwiesen hat, abgelehnt und ein Entwurf bis Ende 2013 angekündigt (Plenarprotokoll 15/70 v. 12.6.2013, 4224 ff.). 60

c) Bayern. Eine Gesetzesinitiative der FREIEN WÄHLER v. 15.2.2010 zur Schaffung Informationsfreiheitsgesetzes (vgl. LT-Drs. 16/3679, mit Ablehnung v. 14.7.2010, LT-Drs. 16/5546) und ein Entwurf eines Verwaltungsöffentlichkeitsgesetz der Fraktion BÜNDNIS 90/DIE GRÜNEN v. 26.6.2013 (vgl. LT-Drs. 16/7522, mit Ablehnung LT-Drs. 16/18030) blieben bislang erfolglos. Insbes. in Bayern – wie aber auch in anderen Bundesländern ohne Landesinformationsfreiheitsgesetze – gibt es in zahlreichen Gemeinden Satzungen zur Informationsfreiheit (dazu Schrader BayVBl. 2012, 289 ff.). 61

d) Berlin. Als eine Weiterentwicklung zum AIG Bbg (→ Rn. 63) wurde das Gesetz zur Förderung der Informationsfreiheit im Land Berlin v. 15.10.1999 (GVBl. 561) bewertet (Schoch IFG Einl. Rn. 105; ZDM 63). Unter den sieben Änderungsgesetzen ist vor allem die Einfügung von § 18a durch Art. I Gesetz v. 19.12.2005 (GVBl. 791) hervorzuheben, wodurch nunmehr auch Umweltinformationen mittels Verweisung auf das UIG des Bundes im IFG BE geregelt werden. Auffällig ist auch die durch Gesetz v. 8.7.2010 (GVBl. 358) neu eingefügte Regelung in § 7a für den Schutz von Betriebs- und Geschäftsgeheimnissen bei besonderen Verträgen. 62

e) Brandenburg. Ausgehend von der Verfassungslage in Brandenburg trat dort das erste deutsche Informationsfreiheitsgesetz im Frühling 1998 unter der Bezeichnung „Akteneinsichts- und Informationszugangsgesetz (AIG)" (GVBl. I 46; dazu: Angelov, Grundlagen und Grenzen eines staatsbürgerlichen Informationszugangsanspruchs, 2000, 196 ff.; Die Landesbeauftragte für den Datenschutz und für das Recht auf Akteneinsicht für das Land Brandenburg, Anwendungshinweise; Ministerium des Innern, Erste Hinweise zur Anwendung des Akteneinsichts- und Informationszugangsgesetzes, Amtsblatt 842; Schoch IFG Einl. Rn. 103 f.) in Kraft. Allerdings galt das schwedische Informationsfreiheitsrecht (→ Rn. 52) bereits in Vorpommern im 19. Jahrhundert (dazu Dalibor Informationsfreiheit und Informationsrecht Jahrbuch 2009, 271). Änderungen erfolgten durch Art. 3 Gesetz v. 17.12.2003 (GVBl. I 294), durch Art. 6 Gesetz v. 17.12.2003 (GVBl. I 298), durch Art. 7 Gesetz v. 24.5.2004 (GVBl. I 186), durch Art. 7 Gesetz v. 22.6.2005 (GVBl. I 210) und durch Art. 2 Gesetz v. 23.9.2008 (GVBl. I 202). Außerdem hat die Landesregierung einen Vorschlag zur Novellierung vorgelegt (LT-Drs. 5/6428). Weitergehend ist im Gesetzesentwurf der Fraktion BÜNDNIS 90/DIE GRÜNEN (LT-Drs. 5/5787) vorgesehen, dass das AIG BbG und das BbgUIG zusammenfasst werden und dass von dem gem. § 1 Abs. 4 VIG gewährten Spielraum der Länder Gebrauch gemacht wird. Nach öffentlicher Anhörung (P-AI 5/41-1) wurde der Gesetzentwurf abgelehnt (PlPr. 05781 v. 25.9.2013, 6565). 63

f) Bremen. Ebenfalls als Vollregelung wurde das Gesetz über die Freiheit des Zugangs zu Informationen für das Land Bremen v. 16.5.2006 (Brem.GBl. 263) erlassen. Im Jahr 2010 wurde ein Evaluierungsbericht (Institut für Informationsmanagement Bremen GmbH (ifib), Evaluation des Bremer Informationsfreiheitsgesetzes (BremIFG), 2010) vorgelegt. Infolgedessen erfolgten durch Art. 1 Gesetz v. 1.3.2011 (Brem.GBl. 81) besonders umfangreiche, inhaltliche Änderungen (Senat LT-Drs. 17/1442, 1 f.): 64

- „die Umbenennung des Gesetzes zur Klarstellung des Regelungsinhalts;
- die Klarstellung, dass sich der Vorrang von Regelungen zum Zugang zu amtlichen Informationen in anderen Rechtsvorschriften gegenüber dem BremIFG nur auf solche bezieht, die den Informationszugang abschließend regeln;
- das Einfügen einer Abwägungsklausel im Umgang mit Betriebs- und Geschäftsgeheimnissen zwischen dem Offenbarungsinteresse der Allgemeinheit und den schutzwürdigen Interessen des Betroffenen;
- Klarstellungen hinsichtlich der Formfreiheit des Antrags sowie von Mindestvoraussetzungen für das Antragsverfahren;
- die Regelung der Pflicht zur schriftlichen Begründung der vollständigen oder teilweisen Ablehnung des Antrags auf Zugang zu amtlichen Informationen;
- die Definition von ‚weiteren geeigneten Informationen' zur Veröffentlichung durch die Verwaltung im Rahmen des BremIFG."

65 **g) Hamburg.** Kurz nach Inkrafttreten des IFG wurde zunächst als Verweisungsgesetz das Hamburgisches Informationsfreiheitsgesetz v. 11.4.2006 (HmbGVBl. Nr. 18, 167) erlassen. Später ersetzte eine erste vollständige Neufassung das Verweisungsgesetz durch eine Vollregelung (Hamburgisches Informationsfreiheitsgesetz – HmbIFG) v. 17.2.2009 (GVBl. 29), wodurch dem Landesdatenschutzbeauftragten auch das Amt eines Beauftragten für Informationsfreiheit übertragen wurde. Mit dieser Neufassung wurden die Informationsrechte der Bürgerinnen und Bürger weiter gestärkt (idS die Bewertungen von: BfDI, 2. Tätigkeitsbericht 2008 und 2009, BT-Drs. 17/1350, 29; ZDM 64). Nach einer redaktionellen Änderung durch Art. 3 Gesetz v. 19.4.2011 (HmbGVBl. Nr. 13, 123) erfolgte im Juni 2012 eine zweite Novellierung, wodurch das Informationsfreiheitsgesetz zu einem Transparenzgesetz mit Veröffentlichungspflichten im Rahmen eines Informationsregisters erweitert wurde (dazu Jauch DVBl. 2013, 16 ff.; Schnabel NordÖR 2012, 431 ff.).

66 **h) Hessen.** Nachdem eine Gesetzesinitiative für ein Informationsfreiheitsgesetz in Hessen (vgl. LT-Drs. 18/1895, mit Ablehnung v. 23.3.2010, Plenarprotokoll 18/38, 2663) erfolglos war, wurde zu einem Gesetzentwurf v. 28.3.2013 der Fraktion der SPD für ein Hessisches Transparenzgesetz (Hess.TG) (LT-Drs. 18/7200) eine schriftliche Anhörung im Innenausschuss begonnen.

67 **i) Mecklenburg-Vorpommern.** Im Jahr des Inkrafttretens der Bundesregelung wurde das Gesetz zur Regelung des Zugangs zu Informationen für das Land Mecklenburg-Vorpommern v. 10.7.2006 (GVOBl. M-V 556; dazu Dalibor Informationsfreiheit und Informationsrecht Jahrbuch 2009, 271 ff.) erlassen. Das Gesetz wurde umfassend evaluiert (dazu: Unterrichtung LT-Drs. 5/2720; Neumann Informationsfreiheit und Informationsrecht Jahrbuch 2010, 13 ff.; Rodi, Vorschläge zur wissenschaftlichen Methodik der Vorbereitung und Durchführung einer Evaluation des Informationsfreiheitsgesetzes Mecklenburg-Vorpommern, Gutachten im Auftrag des Landtages Mecklenburg-Vorpommern (Gutachten I), 2008, und Gutachten zur Vorbereitung einer Evaluation des Informationsfreiheitsgesetzes Mecklenburg-Vorpommern – Ermittlung von Rechtstatsachen und erste Bewertungen (Gutachten II), 2009). Daran anknüpfend erfolgten mehrere kleinere Änderungen durch Art. 1 Gesetz v. 20.5.2011 (GVOBl. MV 277).

68 **j) Niedersachsen.** Eine Gesetzesinitiative in Niedersachsen (vgl. LT-Drs. 16/1474, mit Ablehnung v. 24.11.2009, Plenarprotokoll 16/61, 6490) blieb bislang erfolglos. Nach der Koalitionsvereinbarung 2013–2018, 78, soll „eine umfassende Open-Data-Strategie mit einem modernen Informationsfreiheits- und Transparenzgesetz" vorgelegt werden.

69 **k) Nordrhein-Westfalen.** Kritischer als die drei zuvor erlassenen Regelungen anderer Bundesländer wurde das Gesetz über die Freiheit des Zugangs zu Informationen für das Land Nordrhein-Westfalen v. 27.10.2001 (GV.NRW 806. Dazu: Innenministerium NRW, Auslegungshinweise; LDI NRW, Anwendungshinweise; Schoch IFG Einl. Rn. 110) bewertet, auch wenn dort die erste Evaluierungsklausel in Informationsfreiheitsgesetzen statuiert wurde (ZDM 63). Ein Evaluierungsbericht wurde vom Innenministeriums des Landes NRW (LT-Drs. Vorlage 13/3041 A 8) vorgelegt. Änderungen am IFG NRW erfolgten bislang nur in Bezug auf die Regelungen zur Evaluierung und zum Inkrafttreten.

70 **l) Rheinland-Pfalz.** Zuletzt wurde die Informationszugangsfreiheit in Rheinland-Pfalz durch das Landesgesetz über die Freiheit des Zugangs zu Informationen (Landesinformationsfreiheitsgesetz – LIFG –) v. 26.11.2008 (GVBl. 296. Dazu Rheinland-pfälzisches Ministerium des Innern, für Sport und Infrastruktur, Anwendungshinweise) zum 1.2.2009 eingeführt. Mit der Einfügung von § 12a LIFG RP durch Art. 1 Gesetz v. 20.12.2011 (GVBl. 427) erweiterte sich die Aufgaben des Landesdatenschutzbeauftragten auf den Bereich der Informationsfreiheit. Ein Evaluierungsbericht (Ziekow/Sicko/Piesker, Evaluation des Landesgesetzes über die Freiheit des Zugangs zu Informationen (Landesinformationsfreiheitsgesetz – LIFG –), 2012) wurde im Juni 2012 vorgelegt, der auch als überarbeitete Version (Ziekow/Sicko/Piesker, Abschied vom Arkanprinzip?, Speyerer Forschungsberichte 272, 2013) kostenlos im Internet abrufbar ist. Mittlerweile hat der rheinland-pfälzische Ministerrat beschlossen, dass die Erarbeitung eines Transparenzgesetzes als ressortübergreifendes Projekt verwirklicht wird.

71 **m) Saarland.** Kurz nach dem ersten Hamburger IFG (→ Rn. 65) wurde ein Saarländisches Informationsfreiheitsgesetz v. 12.7.2006 (Gesetz Nr. 1596, Amtsblatt des Saarlandes 1624) erlassen, welches mit geringen Modifizierungen auf das Bundesrecht verweist. Durch Art. 1 des Gesetzes v. 18.11.2010 (Amtsbl. I 2588) erfolgten kleinere Änderungen.

Grundsatz **§ 1 IFG**

n) Sachsen. Eine Gesetzesinitiative in Sachsen (LT-Drs. 4/466, mit Ablehnung v. 72
8.12.2005, Plenarprotokoll 4/37, 2819) war bislang erfolglos.

o) Sachsen-Anhalt. Auch das IZG LSA v. 19.6.2008 (GVBl. 242) hat sich an dem 73
Bundesrecht orientiert (dazu: Landesbeauftragter für die Informationsfreiheit Sachsen-Anhalt, Anwendungshinweise; Schoch IFG Einl Rn. 117).

p) Schleswig-Holstein. Als weitere Verbesserung gegenüber dem AIG Bbg und dem 74
IFG BE wurde das Gesetz über die Freiheit des Zugangs zu Informationen für das Land
Schleswig-Holstein v. 9.2.2000 (GVOBl. 166) eingeschätzt (Schoch IFG Einl. Rn. 107;
ZDM 63). Durch Art. 9 des Gesetzes v. 18.3.2003 (GVBl. 154) wurde der Kreis der
Anspruchsverpflichteten marginal geändert. Im Januar 2012 erfolgte ein größerer Evolutionsschritt: Durch das IZG-SH v. 19.1.2012 (GVOBl. 89) wurde erstmals eine Vollregelung auch
in Bezug auf Umweltinformationen in das allgemeine Informationsrecht integriert (dazu SH
LT-Drs. 17/1610; Polenz DÖV 2012, 432). Mit dieser Zusammenfassung wurden nach der
Gesetzesbegründung (LT-Drs. 17/1610, 21) „folgende Ziele verfolgt:
- Reduzierung des Verwaltungsaufwandes
- Vereinheitlichung der Verfahrensregeln, wie Antragstellung, Ablehnung des Antrags, Rechtsschutz, Fristen
- Vereinheitlichung der Kostenregelungen (Gebühren und Auslagen)
- Weitestgehende Vereinheitlichung der Ablehnungsgründe
- Schaffung einer praktikablen Zugangsregelung für den Antragsteller
- Schaffung einer einheitlichen Beratungsstelle beim Landesbeauftragten für den Datenschutz".

q) Thüringen. Auch das ThürIFG v. 20.12.2007 (GVBl 2007, 256) verwies weitgehend 75
auf das IFG. Die Evaluation dieses Gesetzes, welches bis zum 28.12.2012 befristet war,
erfolgte für den Zeitraum 1.1.2008 bis 31.12.2010 (s. http://www.thueringen.de/imperia/
md/content/tim/abteilung2/referat21/120917_evaluationsbericht_endfassung.pdf). Anschließend legte die Landesregierung (LT-Drs. 5/4986) einen Entwurf als Vollgesetz vor,
wonach in § 6 Abs. 3 S. 4–7 die Fiktion eines ablehnenden Verwaltungsaktes bei Untätigkeit
vorgesehen war. Ohne diese Fiktion trat das ThürIFG v. 14.12.2012 (GVBl. 464) in Kraft,
wodurch der Anwendungsbereich des Gesetzes (vgl. § 2 ThürIFG) und der Kreis der
Anspruchsberechtigten (vgl. § 4 Abs. 1 ThürIFG) erweitert und ein Landesbeauftragten für
die Informationsfreiheit (§ 12 ThürIFG) eingerichtet wurde.

r) Wesentliche Gemeinsamkeiten und Unterschiede. In den elf Bundesländern mit 76
Informationsfreiheitsrecht wurden mittlerweile überwiegend bereits Änderungen daran vorgenommen. Umfassende Evaluierungen – zumeist mit nachfolgenden Gesetzesänderungen –
erfolgten zum Recht in Bremen (→ Rn. 64), Mecklenburg-Vorpommern (→ Rn. 67),
Nordrhein-Westfalen (→ Rn. 69), Rheinland-Pfalz (→ Rn. 70) und Thüringen (→ Rn. 75).
Nachdem Hamburg seit der Novellierung v. 17.2.2009 (HmbGVBl. 29, zunächst in § 15
HmbIFG jetzt § 14 HmbTG), Rheinland-Pfalz seit der Einfügung von § 12a LIFG RP
durch Art. 1 Gesetz v. 20.12.2011 (GVBl. 427) und Thüringen seit dem Erlass des § 12
ThürIFG v. 14.12.2012 (GVBl. 464) nachträglich einen Landesbeauftragten für die Informationsfreiheit einführten, haben sich die Grundstrukturen und Ziele aller elf Landesgesetze
sehr stark angenähert: Förderung der Verwaltungstransparenz durch Einräumung eines
voraussetzungslosen Informationszugangsanspruchs, der ausnahmsweise zugunsten bestimmter öffentlicher Belange oder privater Interessen ausgeschlossen ist, Regelungen zu Verfahren
und Kosten sowie Anrufung eines unabhängigen Landesbeauftragten für die Informationsfreiheit (vgl. Schoch IFG Einl Rn. 102; ZDM 64). Darüber hinaus ist in den meisten
Bundesländern der Zweck der Gesetze explizit geregelt (§ 1 IFG BE, § 1 IFG NRW, § 1
HmbTG, § 1 Abs. 1 IFG MV, § 1 Abs. 1 IZG-SH und § 1 LIFG RP).

Besonderheiten gegenüber dem IFG existieren vor allem beim Kreis der Informations- 77
verpflichteten (→ Rn. 119). Vereinzelt wird auch ein Trennungsprinzip statuiert (§ 8
HmbTG, früher auch in § 15 IFG SH), wonach die Behörden geeignete organisatorische
Vorkehrungen treffen müssen, damit Informationen, die dem Anwendungsbereich der Ausschlussgründe unterfallen, möglichst ohne unverhältnismäßigen Aufwand abgetrennt werden
können. Außerdem enthalten § 6a BremIFG, § 7a IFG BE und § 3 Abs. 1 Nr. 4, § 9 Abs. 2
Nr. 1, § 10 Abs. 2 HmbTG Spezialregelungen zu Verträgen der Daseinsvorsorge (ZDM 65).

IFG § 1 IV. Informationsfreiheitsrecht

Ein Informationsregister besteht gem. BremIFG (→ Rn. 64) und HmbTG (→ Rn. 65); beide Länder verfügen auch über am weitesten reichende Transparenzpflichten. Eine Erweiterung auf Umweltinformationen enthalten das IFG BE (→ Rn. 62) und das IZG-SH (→ Rn. 74).

VII. Erfahrungen
1. Behördenpraxis

78 Nach den ressortübergreifenden Statistiken des BMI wurden im Zeitraum zwischen 2006 bis 2011 insgesamt 11.286 Anträge nach dem IFG gestellt (dazu im Detail ZDM 92 ff.).

79 Die Ergebnisse der qualitativen Analyse der Evaluation des IFG (→ § 14 Rn. 9), also der Interviewbefragung mit repräsentativ ausgewählten Behörden, weisen auf Probleme im Anwendungsbereich des IFG hin. Dies betrifft den Kreis der Antragsteller (→ Rn. 95 ff.), den Begriff „amtliche Informationen" (→ § 2 Rn. 4 ff.) und in dem Zusammenhang die Frage nach Regierungs- und Verwaltungshandeln (→ Rn. 136 ff.) sowie das IFG im Verhältnis zu spezialgesetzlichen Regelungen (→ Rn. 180 ff.) (ZDM 89 ff.).

80 Im weiteren Konfliktfeld zwischen dem Interesse der antragstellenden Person und dem effizientem Handeln der Verwaltung (dazu ZDM 177 ff.) waren drei Probleme in der Behördenpraxis dominant: Fragen der Drittbeteiligung nach § 8 IFG (→ § 8 Rn. 1 ff.), die Versagung bei unverhältnismäßigem Verwaltungsaufwand gem. § 7 IFG (→ § 7 Rn. 51 ff.) und die Einhaltung der Frist gem. § 7 Abs. 5 IFG (→ § 7 Rn. 76 ff.), wobei diese Frist im Erhebungszeitraum der Evaluierung in 32 % der Fälle überschritten wurde (dazu ZDM 211 ff.). Zur Aufbau und Ablauforganisation ist in der Gesetzesbegründung (BT-Drs. 15/4493, 15) lediglich ausgeführt, dass sich nach den jeweiligen innerbehördlichen Organisationsstrukturen richtet, welche Stelle in der Behörde über den Antrag entscheidet. Zwar wurden insoweit teilweise behördliche Informationsbeauftragte bestellt (dazu Debus DÖV 2012, 917 ff.), im Übrigen sind die Auswirkungen aber insoweit eher gering (vgl. ZDM 244 ff.).

81 Auch wenn die Mehrheit der bei der Evaluation interviewten Behörden Probleme bei der Handhabung der Kosten gem. § 10 IFG (iVm IFGGebV) (→ § 10 Rn. 1 ff.) sah, war eine Tendenz erkennbar, nur niedrige oder gar keine Beträge festzusetzen (dazu ZDM 264 ff.).

82 Bei dem in den §§ 3–6 IFG geregelten Widerstreit zwischen Informations- und Geheimhaltungsinteresse lässt sich die Bedeutung der einzelnen Ablehnungsgründe nur schwer ermitteln. Entsprechende Anfragen an die Bundesregierung hatte diese zunächst damit beantwortet, dass die Ablehnung durch die Behörden überwiegend auf den Ausnahmegründen des § 3 Nr. 1 Buchst. (a), c, g, Nr. 3 Buchst. b, Nr. 4 sowie der §§ 4–6 IFG beruhte (idS ohne § 3 Nr. 1 Buchst. a IFG die BReg BT-Drs. 16/2168, 2; später mit § 3 Nr. 1 Buchst. a IFG die BReg BT-Drs. 16/4042, 2; vgl. auch BMI GMBl. 2005, 1346 (1348)). Dabei hatte die Bundesregierung aber darauf hingewiesen, dass keine Fallzahlen für die Ablehnungsgründe erhoben werden, weil die Anträge teilweise auf der Grundlage mehrerer Ausnahmegründe abgelehnt werden, so dass eine Statistik kein aussagefähiges Bild abgeben würde (BReg BT-Drs. 16/4042, 2). Dies gilt umso mehr, als eine Behörde bei einem im Rahmen der Evaluation geführten Interview deutlich machte, dass sie zunächst eine Ablehnung mit §§ 3, 4 IFG zu begründen versucht, weil bei einer Ablehnung gem. § 5 oder § 6 IFG eine Drittbeteiligung gem. § 8 IFG erforderlich ist, wobei der Dritte ggf. in problematischer Weise Informationen erhalten und erheblicher Verwaltungsaufwand verursacht werden könnte (ZDM 79). Nach den Befragungen im Rahmen der Evaluation fanden in der Praxis zum Schutz öffentlicher Interessen insbes. die Ablehnungsgründe des § 3 Nr. 1 Buchst. a und b und g, § 3 Nr. 3 Buchst. a und b, § 3 Nr. 4, § 3 Nr. 7 IFG und § 4 IFG Anwendung (dazu ZDM 290 ff.). Bei der Versagung des Informationszugangs gem. § 5 IFG wegen des Schutzes vorrangiger personenbezogener Daten waren bei Problemfällen häufig Daten von Mitarbeitern der Behörde betroffen (dazu ZDM 357). Nicht selten erfolgte auch eine Ablehnung gem. § 6 IFG zum Schutz des geistigen Eigentums und von Betriebs- und Geschäftsgeheimnissen (dazu ZDM 293).

83 Im Bereich des Rechtsschutzes war im Erhebungszeitraum der Evaluation die Mehrzahl der Widersprüche nicht erfolgreich (dazu ZDM 387). Im Zusammenspiel von Behörden und Gerichten erwies sich das in-camera-Verfahren gem. § 99 VwGO (→ § 9 Rn. 73 ff.) als besonders problematisch (dazu ZDM 389 ff.).

Grundsatz § 1 IFG

Im Rahmen der Mechanismen zur Konfliktprävention kommt dem Bundesbeauftragte 84
für die Informationsfreiheit gem. § 12 IFG bislang nur eine untergeordnete Bedeutung zu
(vgl. ZDM 423 ff.). Auch die Pflichten zur proaktiven Informationstätigkeit gem. § 11 IFG
und als Weiterentwicklung dazu die Möglichkeit zu Open Government Data (→ § 11
Rn. 11 ff.) werden bislang auch nur unzureichend genutzt (dazu ZDM 433 ff.).

2. Rechtsprechungspraxis

Die ganz überwiegende Anzahl der gerichtlichen Entscheidungen stammt aus der Ver- 85
waltungsgerichtsbarkeit (dazu ZDM 76). Geographisch konzentrierten sich fast Dreiviertel
der verwaltungsgerichtlichen Entscheidungen auf die drei Großstädte: Am häufigsten werden
Prozesse in der Hauptstadt Berlin eingeleitet, es folgen jeweils mit erheblichen Abstand das
für die BaFin örtlich zuständige VG Frankfurt a. M. und das für die Bundesstadt Bonn
zuständige VG Köln (ZDM 76). In Bezug auf die Anzahl der bei Gericht neu anhängig
gemachten Verfahren pro Jahr lässt sich noch kein eindeutiger Trend feststellen (vgl. ZDM
76).

Bei allen bei der Evaluation vorliegenden elf Entscheidungen im vorläufigen Rechtsschutz 86
(→ § 9 Rn. 84 ff.) wurde den Antragstellern in keinem Fall Informationszugang gewährt
(vgl. ZDM 76). In Hauptsacheverfahren konnte – soweit Kostenentscheidungen ersichtlich
waren – hinsichtlich der Geltendmachung von Ansprüchen nach dem IFG eine Erfolgsquote
(= durchschnittlicher Anteil der erstatteten Prozesskosten) der Antragsteller von etwa 41 %
festgestellt werden (ZDM 77).

Im Zeitraum zwischen Inkrafttreten 2006 und Ende 2012 betrafen etwa ein Viertel aller 87
Gerichtsentscheidungen (zB BVerwG NVwZ 2011, 1012; 2012, 112) – und damit die am
häufigsten aufgetretene und am konfliktgeladenste Konstellation – Anfragen gegenüber dem
Bundesfinanzministerium oder eine nachgeordnete Behörde hinsichtlich Finanzdienstleistun-
gen (dazu ZDM 77 mwN). Etwa genauso viele Entscheidungen verteilten sich gleichmäßig
auf Verlangen von Insolvenzverwaltern aufgrund des IFG Informationen zum Insolvenz-
schuldner von Krankenkassen bzw. der Bundesfinanzdirektion, die für die Krankenkassen die
Vollstreckung übernimmt, oder auf Gerichtsverfahren mit journalistischen Motiven (dazu
ZDM 77 mwN). Bei letzteren kam es zu brisanten Verfahren gegen das Bundeskanzleramt
(Terminkalender der Bundeskanzlerin und Informationen zu Veranstaltungen des Bundes-
kanzleramtes oder zur Ostseepipeline), den Bundestag (Bonusmeilen, Nebentätigkeiten und
„Sachleistungskonsum" der Abgeordneten bzgl. Montblanc-Schreibgeräte und Digitalkame-
ras oder iPods), das Bundesverkehrsministerium (Betreibervertrag für Mautsystem und [CIA-
]Flugpläne) und das Bundesverwaltungsamt (Scientology) (dazu ZDM 78 mwN). Ob das
BMJ nach § 1 Abs. 1 S. 1 IFG (→ Rn. 136 ff.) nur bei materieller Verwaltungstätigkeit oder
auch bei den Vorgängen im Zusammenhang mit dem Deutschen Bundestag grds. informationspflichtig sind, wurde vom BVerwG (BeckRS 2011, 56610; 2011, 56846; 2012, 45392) –
in dessen wohl wichtigsten Entscheidungen zum IFG – im letzteren Sinne entschieden
(ZDM 79).

Vor Gericht wurde relativ häufig über den Ausschluss des Informationszuganges gem. § 3 88
IFG wegen des Schutzes von besonderen öffentlichen Belangen gestritten. Oft geprüft
wurde, ob eine Beeinträchtigung von Beratungen der Behörden gem. § 3 Nr. 3 Buchst. b
IFG oder von Gerichtsverfahren nach § 3 Nr. 3 Buchst. g IFG vorliegt, ob Rechts oder
Verwaltungsvorschriften gem. § 3 Nr. 4 IFG den Informationsanspruch ausschließen und ob
das Bekanntwerden der Information iSd § 3 Nr. 6 IFG (→ § 3 Rn. 171 ff.) geeignet wäre,
fiskalische Interessen des Bundes im Wirtschaftsverkehr oder wirtschaftliche Interessen der
Sozialversicherungen zu beeinträchtigen (ZDM 79 f.). Nur selten war der Schutz des behördlichen Entscheidungsprozesses gem. § 4 IFG – und dann als Nebenschauplatz von Diskussionen zu § 3 Nr. 3 Buchst. b IFG – umstritten (ZDM 80).

Der Schutz personenbezogener Daten gem. § 5 IFG erforderte vor Gericht mehrere 89
einzelfallbezogene Abwägungen (→ § 5 Rn. 9 ff.): Ein überwiegendes Informationsinteresse
wurde bspw. hinsichtlich der Gästeliste und der Tischordnung von Veranstaltungen des
Bundeskanzleramtes bejaht (OVG Berlin-Brandenburg NVwZ 2012, 1196; vgl. ZDM 80
mit weiteren Bsp.). Der von § 6 S. 1 IFG garantierte Schutz des geistigen Eigentums wurde
von den Behörden tendenziell weiter als von den Gerichten ausgelegt und die Bestimmung

der von § 6 S. 2 IFG geschützten Betriebs- und Geschäftsgeheimnisse war nicht immer einfach (vgl. ZDM 80).

90   Probleme im Umgang mit Ausschlussgründen bereitete auch die Frage, in welchen Fällen ein unverhältnismäßiger Verwaltungsaufwand (bei der Trennung von herauszugebenden und geheim zuhaltenden Informationen) dem Informationszugang entgegenstand (→ § 7 Rn. 51 ff.) und ob und wie ein in-camera-Verfahren (→ § 9 Rn. 73 ff.) durchzuführen ist (ZDM 80).

B. Allgemeines zu § 1 IFG

I. Zweck

91   § 1 IFG wird in der amtlichen Überschrift treffend als „Grundsatz" bezeichnet. Dementsprechend dient diese Norm insbes. der Verwirklichung der allgemeinen Ziele des IFG. Diese umfassen nach der Gesetzesbegründung (BT-Drs. 15/4493, 6 f., zust. ZDM 42):
- allgemeiner, voraussetzungsloser und sachbereichsunabhängiger Zugang zu amtlichen Informationen für jeden,
- Transparenz und Offenheit behördlicher Entscheidungen,
- Verbesserung der demokratischen Beteiligungsrechte der Bürger (demokratische Meinungs- und Willensbildung),
- verantwortliches Handeln der öffentlichen Stellen,
- Wandel vom autoritativ handelnden Staat zum kooperativen Staat,
- demokratische Kontrolle von staatlichem Handeln durch Bürger,
- Korruptionsbekämpfung,
- Stärkung der Akzeptanz von Verwaltungshandeln durch öffentliche Partizipation und
- Förderung des europäischen Integrationsprozesses (Angleichung an Informationszugangsregelungen anderer EU-Mitgliedstaaten und der EU).

92   Für die Kollisionsregelung des § 1 Abs. 3 IFG (→ Rn. 180 ff.) besteht noch ein spezieller Zweck: Dadurch soll verhindert werden, dass die fachrechtlichen Ansprüche auf Akteneinsicht, Auskunft etc., die dem jeweiligen Regelungsbereich angepasst sind, unterwandert werden (Sitsen 51). Demgegenüber bezweckt die Regelung nicht die Gewährleistung des IFG als Mindeststandard (Jastrow/Schlatmann IFG § 1 Rn. 55; Schmitz/Jastrow NVwZ 2005, 984 (989); Sokol CR 2005, 835 (838); Sitsen 49; Schoch IFG § 1 Rn. 160), wie dies rechtspolitisch häufig gefordert wird (→ Rn. 243).

92.1   Während sich die Zwecke des IFG also nur durch Auslegung ermitteln lassen, werden in einigen Informationszugangsgesetzen deren Zwecke ausdrücklich normiert. Eine explizite Regelung des Zweckes enthalten Art. 1 VO (EG) Nr. 1049/2001, § 1 Abs. 1 StUG, § 1 UIG, § 1 IFG BE, § 1 HmbTG, § 1 Abs. 1 IFG M-V, § 1 IFG NRW, § 1 LIFG RP, § 1 Abs. 1 IZG-SH und § 1 ThürIFG.

II. Vergleichbare Regelungen

93   Hinsichtlich des Informationsanspruchs sind die Anspruchsberechtigung (→ Rn. 96.1), der Anspruchsgegenstand (→ Rn. 151 iVm → § 2 Rn. 2), die Anspruchsverpflichteten (→ Rn. 119 f.) und die Kollisionsnormen (→ Rn. 186.1 f.) in vielen anderen Regelungssystemen vergleichbar geregelt. Anders als in den meisten Bundesländern mit Informationszugangsgesetzen (§ 2 IFG BE, § 2 AIG BB, § 3 HmbTG, § 3 IFG M-V, § 2 IFG NRW, § 2 LIFG RP, § 1 Abs. 2 IZG-SH, § 2 ThürIFG) fehlt insoweit eine explizite, eigenständige Norm zum Anwendungsbereich, was kritisiert wird (idS zB Schoch IFG § 1 Rn. 232). Auch enthält das IFG – abweichend von anderen Informationszugangsgesetzen (→ Rn. 92.1), keine explizite Normierung eines Gesetzeszweckes.

C. Informationszugangsanspruch (Abs. 1)

94   „Jeder" (zur Anspruchsberechtigung → Rn. 95 ff.) hat nach Maßgabe des IFG (→ Rn. 116 f.) gegenüber den sich aus § 1 Abs. 1 S. 1–3 IFG ergebenden Anspruchsverpflichteten (→ Rn. 118 ff.) einen Anspruch auf Zugang zu amtlichen Informationen (zum Anspruchsgegenstand → Rn. 151). Dafür ist ein besonderes Informationsinteresse nicht erforder-

Grundsatz § 1 IFG

lich (→ Rn. 152 ff.). Auch kann der Zugangsanspruch nicht durch vertragliche Vertraulichkeitsabreden (vgl. aber § 3 Nr. 7 IFG → § 3 Rn. 182 ff.) ausgeschlossen werden, vielmehr wären entsprechende Vereinbarungen gem. § 134 BGB iVm § 62 S. 2 VwVfG nichtig (idS BfDI, Anwendungshinweise 2007, 3). Unter bestimmten Umständen umfasst der Informationszugangsanspruch sogar einen Informationsbeschaffungsanspruch (→ Rn. 155 ff.). Immer sind dabei auch verfahrensrechtlichen Anforderungen zu beachten, die sich aus § 7 IFG bzw. den allgemeinen Grundsätzen des Verwaltungsverfahrensrecht ergeben (→ § 7 Rn. 1 ff.).

I. Anspruchsberechtigung (Abs. 1)
1. Überblick

„Jeder" kann nach dem Wortlaut des § 1 Abs. 1 S. 1 IFG anspruchsberechtigt sein. Dies gilt für Deutsche wie Ausländer im In und Ausland ausweislich der Gesetzesbegründung (BT-Drs. 15/4493, 7), die anschließend allerdings weiter ausführt: „Der Anspruch gilt – ebenso wie nach § 4 Abs. 1 S. 1 UIG – auch für juristische Personen des Privatrechts, während für juristische Personen des öffentlichen Rechts stattdessen Amtshilfevorschriften, Auskunfts(verschaffungs)rechte oder Übermittlungsbefugnisse und pflichten einschlägig sind. Bürgerinitiativen und Verbände sind als solche nicht zugangsberechtigt; jedes einzelne Verbandsmitglied hat jedoch ein eigenes voraussetzungsloses Zugangsrecht." 95

Hinsichtlich der **faktischen Inanspruchnahme** erklärten bei der Evaluation des IFG (→ § 14 Rn. 9) alle interviewten Behörden, dass Anfragen von „normalen Bürgern" oder „normal politisch interessierten Bürgern", an die sich das IFG nach seinem Zweck (→ Rn. 91) eigentlich richte, in der Minderheit seien (dazu mit vielen weiteren empirischen Daten: ZDM 100). Dass umgekehrt Personen am häufigsten das IFG nutzen, um eigene (wirtschaftlich motivierte) Ansprüche entweder selbst oder unter Zuhilfenahme eines Rechtsanwalts durchzusetzen, kann als nichtintendierte Nebenwirkung des IFG angesehen werden. Gleichwohl wird auch über solche Anträge eine Kontrolle von Verwaltungshandeln ausgeübt, ähnlich wie die Instrumentalisierung von Eigeninteressen der Bürger zur Verstärkung einer objektiven Kontrolle staatlichen Handelns insbes. auf EU-Ebene fest etabliert ist (ZDM 119). Auch das BVerwG (BVerwGE 141, 122 = BeckRS 2012, 45392 Rn. 23) hat anerkannt, dass der Wirkungszusammenhang des IFG zur demokratischen Willensbildung durch eine in personeller Hinsicht überschießende Regelung nicht beeinträchtigt wird. 95.1

Während in speziellen Bundesregelungen (BArchG etc.) die Anspruchsberechtigung sehr heterogen geregelt ist, enthalten § 2 Abs. 1 S. 1 VIG und § 3 Abs. 1 S. 1 UIG mit „jeder" bzw. „jede Person" (→ UIG § 3 Rn. 6 ff.) ähnliche Umschreibungen wie im IFG. Die Regelungen des allgemeinen Informationszugangsrechts in den Bundesländern und auf europäischer Ebene sind zumeist dem IFG vergleichbar (dazu ZDM 116 f.). 96

„Jeder" ist gem. § 1 Abs. 1 BremIFG, § 1 Abs. 1 IZG LSA, § 4 Abs. 1 ThürIFG und § 1 S. 1 SIFG anspruchsberechtigt, wobei gem. § 1 S. 2 SIFG dies „auch für juristische Personen des öffentlichen Rechts, soweit sie Grundrechtsträger sind und der Anspruch auf Informationszugang zur Ausübung des jeweiligen Grundrechts geltend gemacht wird", gilt. In Berlin haben „jeder Mensch" und „juristische Personen" gem. § 3 Abs. 1 IFG BE einen Informationszugangsanspruch. § 12 Abs. 1 HmbTG bezieht sich auf eine „antragstellende Person". Neben dem Akteneinsichtsrecht, das gem. § 1 AIG BB „jeder" hat, räumt § 9 AIG BB ein „Informationsrecht für Bürgerinitiativen und Verbände zur Beeinflussung öffentlicher Angelegenheiten" ein. Eine Beschränkung auf jede natürliche Person und juristische Personen des Privatrechts enthalten § 1 Abs. 2 IFG M-V, § 4 Abs. 1 LIFG RP und § 3 S. 1 IZG-SH. Nur „jede natürliche Person" ist gem. § 4 Abs. 1 IFG NRW berechtigt, weshalb insoweit die „Strohmann"-Problematik besonders wichtig ist (→ Rn. 113). „Jeder Unionsbürger sowie jede natürliche oder juristische Person mit Wohnsitz oder Sitz in einem Mitgliedstaat" ist gem. Art. 2 Abs. 1 VO (EG) Nr. 1049/2001 anspruchsberechtigt. Soweit die Konvention des Europarates bindet (→ Rn. 21), muss das Informationszugangsrecht gem. Art. 2 Abs. 1 KEZaD jedem („everyone") gewährleistet sein. 96.1

2. Natürliche und juristische Personen des Privatrechts

Mit der Umschreibung „jeder" ist dem allgemeinen juristischen Sprachgebrauch gemäß jede **natürliche oder juristische Person des Privatrechts** gemeint (Sitsen 73; BVerwGE 97

104, 105 (112) zum UIG). Nicht erforderlich ist die verfahrensrechtliche Handlungsfähigkeit (§ 12 VwVfG, § 11 SGB X oder § 79 AO) oder Geschäftsfähigkeit des Menschen (idS BRS/ Scheel IFG § 1 Rn. 9; Jastrow/Schlatmann IFG § 1 Rn. 7; Schoch IFG § 1 Rn. 43).

98   Damit sind nach der Gesetzesbegründung (BT-Drs. 15/4493, 7) Deutsche wie Ausländer im In und Ausland umfasst. Die in der Beratung im Deutschen Bundestag (Phillipp Plenarprotokoll 15/179, 16953) geforderte Begrenzung auf EU-Bürger konnte sich nicht durchsetzen. Zwar mag die Anspruchsberechtigung von ausländischen und juristischen Personen insoweit nicht direkt zur Förderung des Demokratieprinzips beitragen, als diese nicht wahlberechtigt sind, nichtsdestoweniger können sie gleichermaßen an der öffentlichen Diskussion teilnehmen und die Transparenz staatlichen Handelns erhöhen (Sitsen 74).

99   Bei **juristischen Personen des Privatrechts** kann die Anspruchsberechtigung unproblematisch festgestellt werden (zB VG Berlin ZUR 2012, 50 Rn. 17; VG Stuttgart BeckRS 2011, 51234; ZDM 98). Juristische Personen sind Personenvereinigungen oder rechtlich verselbständigte Zusammenfassungen von Vermögenswerten, denen die Rechtsordnung infolge eines staatlichen Hoheitsaktes eine eigene Rechtsfähigkeit zuerkennt (Jastrow/Schlatmann IFG § 1 Rn. 8). Ferner wurde in der Rspr. betont, dass ein Antragsteller als natürliche Person, und im Übrigen wäre – was im Verwaltungsverfahren noch diskutiert worden sei – auch der e. V. als juristische Person ein „jeder" iSd Norm (VG Köln BeckRS 2010, 46982; ZDM 98).

100   Auch wenn problematisch ist, inwieweit welche juristischen Personen des öffentlichen Rechts anspruchsberechtigt iSd IFG sind (→ Rn. 104 ff.), wird bei **staatlichen oder gemischtwirtschaftlichen juristischen Personen des Zivilrechts** zu Recht die Anspruchsberechtigung bejaht (zB NK-IFG/Rossi IFG § 1 Rn. 25; Schoch IFG § 1 Rn. 47). Zumindest sobald die private Beteiligung die Schwelle von 25 % überschreitet, sind die juristischen Personen – wegen der dann gegebenen nicht überstimmbaren Minderheitsrechte nach HGB und AktG – als grundrechtsberechtigt zu bewerten (Sitsen 85; vgl. BVerfGE 115, 205 (227 f.), welches bei der Telekom keine Zweifel hatte). Mangels Geltung der Amtshilfevorschriften oder besonderer Auskunftsrechte für sie kann auch die Gesetzesbegründung (vgl. BT-Drs. 15/4493, 7) nicht gegen deren Anspruchsberechtigung angeführt werden (Sitsen 85).

3. Sonstige Vereinigungen des Privatrechts

101   Den juristischen Personen werden **teilrechtsfähige** Personenvereinigungen wie OHG, KG, GbR, Parteien und deren Gebietsverbände der jeweils höchsten Stufe weitgehend gleichgestellt (Sitsen 74). Dasselbe gilt für Gewerkschaften und den sog. nicht rechtsfähigen Verein, der entgegen seiner Bezeichnung nach umstrittener aber hM (ausführlich zum zivilrechtlichen Streitstand Schmidt NJW 1984, 2249 ff.) rechtsfähig ist (Sitsen 74). Diese Personenvereinigungen sind nach ganz hM (BRS/Scheel IFG § 1 Rn. 12; NK-IFG/Rossi IFG IFG § 1 Rn. 13 f.; Schoch IFG § 1 Rn. 55; Sitsen 74; ZDM 99; aM Jastrow/Schlatmann IFG § 1 Rn. 10) anspruchsberechtigt iSd § 1 IFG.

102   Hinsichtlich **Bürgerinitiativen** und Verbänden, die keine juristischen Personen des Privatrechts sind, wird deren Anspruchsberechtigung in der Gesetzesbegründung (→ Rn. 95) und in Anwendungshinweisen des BMI (GMBl. 2005, 1346 (1347)) verneint, und stattdessen wird empfohlen, den Antrag als solchen der Unterzeichner weiter zu bearbeiten. Häufig wird dieser Ansicht – teils ohne jegliche weitere Begründung – gefolgt (so Beckemper LKV 2006, 300 (301); Guckelberger LKRZ 2007, 125 (126); Kloepfer/v. Lewinski DVBl 2005, 1277 (1279); Jastrow/Schlatmann IFG § 1 Rn. 10 f.; Reinhard DÖV 2007, 18 (21); Sitsen 75 f.). Teils wird ergänzt, dass der Gesetzgeber auf diesem Gebiet gerade keine Verbandsklage einführen wollte (Jastrow/Schlatmann IFG § 1 Rn. 11).

103   Für die Anspruchsberechtigung von Bürgerinitiativen und Verbänden spricht allerdings, dass gerade diese die Gesetzesziele der demokratischen Mitwirkung besonders fördern (idS: Matthes 4; Misoch/Schmittmann VR 2012, 181 (188); BRS/Scheel IFG § 1 Rn. 15; Schoch IFG § 1 Rn. 54; ZDM 99). Dementsprechend wird häufig (BfDI, Anwendungshinweise 2007, 1 f.; Kloepfer K&R 2006, 19 (20); Kloepfer/v. Lewinski DVBl 2005, 1277 (1279); Matthes 4 f.; Misoch/Schmittmann VR 2012, 181 (188); BRS/Scheel IFG § 1 Rn. 13 ff.; Schoch IFG § 1 Rn. 48 ff.; ZDM 99) zu Recht von deren Anspruchsberechti-

Grundsatz **§ 1 IFG**

gung ausgegangen. Damit wird – auch angesichts der weitgehenden Nivellierung von rechts- und nicht-rechtsfähigen Vereinen durch den BGH (NJW 2008, 69 Rn. 55) – die formale Anknüpfung an die Rechtsfähigkeit aufgegeben (idS Rossi DVBl. 2010, 554 (558); Schoch IFG § 1 Rn. 55 ff.; ZDM 99). Dies entspricht auch der Auslegung zur Anspruchsberechtigung für „jede Person" nach § 3 UIG, welche auf das IFG übertragbar ist (zB Schoch IFG § 1 Rn. 55). Insoweit hat das BVerwG (NVwZ 2008, 791 Rn. 22; → UIG § 3 Rn. 13 ff.) nach Sinn und Zweck der Umweltinformationsrichtlinie und der sie ausfüllenden Umweltinformationsgesetze Bürgerinitiativen als Anspruchsberechtigte bewertet, „sofern sie organisatorisch hinreichend verfestigt sind".

Eine hinreichende Verfestigung, „was sich in einer gewissen zeitlichen, personellen und thematischen Kontinuität ausdrückt", wurde im Bereich des Umweltinformationsrechts hinsichtlich einer politischen Partei und deren Ortsverband bejaht (BVerwG NVwZ 2008, 791 Rn. 22). Im Hinblick auf die Verfahrensabwicklung dürfte erforderlich sein, dass die Vertretungsberechtigung und die Tragung eventueller Kosten für das Verfahren geklärt sein müssen. Ansonsten bestehen erhebliche Folgeprobleme, für deren Lösung keine Anhaltspunkte im IFG enthalten sind. Insoweit erscheint eine Klarstellung des Gesetzgebers angebracht (idS ZDM 119; aM Sachs Ausschussdrs. 17(4)573 D, 3). **103.1**

4. Juristische Personen des öffentlichen Rechts

Ausgehend von der Gesetzesformulierung „jeder" für die Anspruchsberechtigten sind nach dem Wortsinn auch juristische Personen des öffentlichen Rechts erfasst (zB Schoch IFG § 1 Rn. 42). Einige juristische Personen des öffentlichen Rechts werden in der Literatur (teils de lege lata teils de lege ferenda) als anspruchsberechtigt bewertet. Im Umweltinformationsrecht hat das BVerwG juristische Personen des öffentlichen Rechts als anspruchsberechtigt angesehen, „wenn sie sich ungeachtet ihres rechtlichen Status nach der Zielsetzung der Richtlinie in einer mit dem ‚Jedermann' vergleichbaren Informationslage gegenüber der informationspflichtigen Stelle befinden" (BVerwG NVwZ 2008, 791 Rn. 23 ff.); → UIG § 3 Rn. 13 ff.). Für das allgemeine Informationsfreiheitsrecht können daraus allerdings keine Schlussfolgerungen gezogen werden, weil insoweit eine „nach der Zielsetzung" der Umweltinformationsrichtlinie vergleichbare Informationslage mangels Geltung der Richtlinie im Bereich des allgemeinen Informationszugangsrechts nicht in Betracht kommt. In einer nachfolgenden Entscheidung schrieb das BVerwG (NVwZ 2011, 1012 Rn. 12): „Jeder im Sinne der genannten Vorschrift ist nicht nur die natürliche, sondern auch die juristische Person; dabei ist unbeachtlich, dass es sich bei der Kl. um eine juristische Person mit Sitz im Ausland handelt (Schoch IFG § 1 Rn. 46)." Da an dieser vom BVerwG angegebenen Kommentarstelle jedoch nur die Berechtigung von juristischen Personen des Privatrechts behandelt wird, dürfte dies kein Präzedenzfall auch für juristische Personen des öffentlichen Rechts sein (ZDM 98 f.). **104**

Die Gesetzesbegründung (BT-Drs. 15/4493, 7) verneint einen Anspruch für juristische Personen des öffentlichen Rechts und verweist sie stattdessen auf Amtshilfevorschriften, Auskunfts(verschaffungs)rechte oder Übermittlungsbefugnisse und pflichten. Die wohl hM folgt dieser Ansicht (BfDI, Anwendungshinweise, 2007, 1; BRS/Scheel IFG § 1 Rn. 21; NK-IFG/Rossi IFG § 1 Rn. 15, der aber für Kirchen und Religionsgemeinschaften eine Ausnahme zulässt). Problematisch an dieser Begründung ist, dass die Amtshilfevorschriften usw allenfalls eine Subsidiarität gem. § 1 Abs. 3 IFG (→ Rn. 201) begründen können (Sitsen 83 f.). **105**

Allerdings sei nicht einsehbar, warum Behörden weniger Informationen erlangen sollten, weil die Informationen für jeden frei zugänglich seien (BRS/Scheel IFG § 1 Rn. 21; Sitsen 78). **106**

Von den Aufsichtsbehörden abgesehen, denen idR schon ein Unterrichtungsrecht zusteht, fehlt den anderen Behörden aber die entsprechende Zuständigkeit (Sitsen 80). Insgesamt dürfte auch die Statuierung eines Informationsanspruchs für juristische Personen des öffentlichen Rechts dem Zielsystem des IFG weniger entsprechen, vielmehr beruht die Erstellung der für die Erfüllung öffentlicher Aufgaben notwendigen Informationsgrundlagen grds. auf anderen Regelungen als der Informationszugang von Bürgern (idS Sitsen 80; ZDM **107**

IFG § 1   IV. Informationsfreiheitsrecht

120). Ferner wird – ähnlich wie in der Gesetzesbegründung (→ Rn. 105) – auch berechtigte Kritik geäußert, weil andernfalls der datenschutzrechtliche Zweckbindungsgrundsatz geschwächt würde (idS: Rossi DVBl. 2010, 554 (558 f.); Masing VVDStRL 63 (2003), 377 (400 f.)).

108   Trotz dieser grundsätzlichen Ablehnung der Anspruchsberechtigung stellt sich die Frage, ob nicht in besonderen Konstellationen doch juristische Personen des öffentlichen Rechts anspruchsberechtigt sein könnten. Da das IFG nicht bezweckt, den Informationsaustausch der Behörden untereinander zur regeln, wird idR sowieso nur die Anspruchsberechtigung in einigen Fällen vertreten (idS NK-IFG/Rossi IFG § 1 Rn. 18; BRS/Scheel IFG § 1 Rn. 21; Sitsen 78).

109   Diskutiert wird eine Anspruchsberechtigung soweit die juristische Person des öffentlichen Rechts als jedermann iSd Art. 93 Abs. 1 Nr. 4a GG behandelt wird (Sitsen 80) – bzw. anders formuliert – wenn sie **grundrechtsberechtigt** ist (idS: Kloepfer K&R 2006, 19 (20); Schoch IFG § 1 Rn. 62 f.), mithin vor allem öffentlich-rechtliche Rundfunkanstalten und Universitäten. Dagegen wird angeführt, dass der Informationszugangsanspruch des IFG gerade nicht grundrechtlich (→ Rn. 23 ff.) vorgeben ist (NK-IFG/Rossi IFG § 1 Rn. 1). Für die Antragsberechtigung von Universitäten und öffentlich-rechtlichen Rundfunkanstalten spricht, dass sie besonders gut die Kontrollzwecke des IFG (→ Rn. 91) erfüllen können (Sitsen 81). Auch reicht die Presse und Rundfunkfreiheit nach der ständigen Rspr. des BVerfG (zB BVerfGE 50, 234 (239 f.); 91, 125 (Ls. 1)) von der Beschaffung der Information bis zur Verbreitung der Nachricht und der Meinung, wenngleich noch kein Fall der Gewährung eines Auskunftsanspruchs aus dem Grundrecht der Rundfunkfreiheit in Art. 5 Abs. 1 S. 2 GG durch das BVerfG ersichtlich war (Sitsen 81). Dafür kann auch angeführt werden, das Presse und Rundfunkunternehmen im Bereich der Informationsversorgung als Sachwalter der Allgemeinheit dienen, so dass diesen genauso wie jede natürliche Person ein Informationsanspruch zuzubilligen ist (Sitsen 82). Weiter spricht die Gleichbehandlung mit anspruchsberechtigten privaten Rundfunkanstalten und Forschungseinrichtungen für einen Anspruch auch der öffentlich-rechtlichen Körperschaften (Sitsen 82 f.).

110   Auch wenn **Kirchen** und **Religionsgemeinschaften** den Status von Körperschaften des öffentlichen Rechts haben, sind sie nicht in die Organisation des Staates eingegliedert (Sitsen 84). Dementsprechend wird deren Anspruchsberechtigung iSd § 1 Abs. 1 S. 1 IFG häufig (VGH Kassel ZUR 2007, 595 (596 f.) zum UIG HE); NK-IFG/Rossi IFG § 1 Rn. 23; Schoch IFG § 1 Rn. 64; Sitsen 84) bejaht.

111   Außerdem wird die Antragsberechtigung bei **Selbstverwaltungskörperschaften** befürwortet (so VGH Kassel ZUR 2007, 595 (596 f.) zum UIG HE; Schoch IFG § 1 Rn. 64 f.). Während das BVerwG für das im Rahmen der alten RL 90/313/EWG erlassene UIG zunächst die Antragsberechtigung einer Gemeinde abgelehnt hatte (NVwZ 1996, 400 (401)), hat es später die Antragsberechtigung für das im Rahmen der neuen RL 2003/4/EG und der Aarhus-Übereinkommen erweiterte UIG bejaht (NVwZ 2008, 791 Rn. 23 ff.; → UIG § 3 Rn. 8 ff.).

5. Natürliche Person mit besonderer Stellung einschließlich „Strohmann"

112   Verlangen natürliche Personen Informationszugang ist prinzipiell die Anspruchsberechtigung unproblematisch gegeben (→ Rn. 97 f.). Dies gilt auch dann, wenn die natürliche Person daneben eine besondere Stellung innehat. Daher verwundert es ein wenig, dass bei einigen Antragstellern in der Rspr. (zB VG Frankfurt a. M. BeckRS 2009, 37235; 2010, 45737) betont wurde, dass sie „sowohl als Privatperson als auch als Journalist" informationsberechtigt sein können (ZDM 98). Durch diese besondere Rechtsstellung verlieren sie nämlich nicht Ihre Eigenschaft als anspruchsberechtigte natürliche Person. In solchen Fällen stellt sich die Frage, ob für diese Personengruppen ggf. der Informationszugangsanspruch gem. § 1 Abs. 3 IFG (→ Rn. 220) zurücktritt.

112.1   Problematisch erscheinen allenfalls die Fälle, in denen die antragstellende Person die Vorteile einer besonderen Stellung (aus)nutzen will. So will der **Insolvenzverwalter,** der gerade in dieser Eigenschaft Informationen verlangt, (aus)nutzen, dass bei einem Informationszugangsantrag in der Eigenschaft als Insolvenzverwalter eventuelle Kosten für den Informationszugang gem. § 10 IFG als Masseverbindlichkeiten gem. § 55 Abs. 1 Nr. 1 InsO zu bewerten sind, während er als Privatperson

Grundsatz § 1 IFG

diese aus seinem eigenen Vermögen zahlen muss. Nichtsdestoweniger sind auch Insolvenzverwalter anspruchsberechtigt. Zwar handeln sie als Partei kraft Amtes in eigenem Namen für fremdes Vermögen, sie werden aber im eigenen Namen und nicht etwa in Vertretung der Schuldner oder der Gläubiger tätig, so dass sie informationsrechtlich als anspruchsberechtigte natürliche Personen zu behandeln sind (idS: OVG Hamburg BeckRS 2012, 51238; OVG Koblenz BeckRS 2010, 49569; OVG Münster BeckRS 2008, 38135; VG Freiburg NZI 2011, 825 (826), mzustAnm Schmittmann NZI 2011, 827; ZDM 98).

Ein vergleichbares Problem könnte sich bei **Bundestagsabgeordneten** stellen, die gerade in 112.2 dieser Eigenschaft Gebühren für den Informationszugang aus ihrer Amtsausstattung gem. § 12 AbgG bezahlen wollen. Bislang hat die Rspr. (VG Berlin Urt. v. 11.6.2008 – VG 2 A 69.07) die Anspruchsberechtigung als Bundestagsabgeordneter, der – wie ein Dritter meinte – nicht „jeder" iSd § 1 Abs. 1 S. 1 IFG sei, offen gelassen.

Anders als in einigen Bundesländern (→ Rn. 96.1) ist die Formulierung der Anspruchs- 113 berechtigung auf Bundesebene sowohl beim UIG als auch beim IFG sehr umfassend. Dementsprechend war in der Rspr. zum IFG bislang nicht erkennbar, dass eine anspruchsberechtigte natürliche Person „vorgeschoben" wurde, um sich die Informationszugangsberechtigung nach dem IFG mittels eines **„Strohmanns"** zu erschleichen. Während zum Landesrecht die Tendenz vorherrscht, dass eine Umgehung zur Verneinung der Anspruchsberechtigung führt, wird dies im Bereich des UIG eher nicht angenommen.

Gem. § 4 Abs. 1 IFG NRW ist die Anspruchsberechtigung auf „jede natürliche Person" be- 113.1 schränkt (zu den anderen Bundesländern → Rn. 96.1). Wird eine natürliche Person für die Antragstellung „vorgeschoben", ist nach Stollmann (NWVBl. 2002, 216 (217)) – und ihm folgend das VG Düsseldorf (BeckRS 2006, 25735) – die Antragstellung unzulässig. Demgegenüber plädierte Friedersen (NordÖR 2001, 89 (90)) zur damals vergleichbar ausgestatteten Regelung in Schleswig-Holstein, bei Anträgen von nicht anspruchsberechtigten Personenvereinigungen (OHG, Gewerkschaften, Betriebs- oder Personalräte, Bürgerinitiativen) großzügig zu verfahren, weil jedes Mitglied als natürliche Person anspruchsberechtigt sei.

Im Bereich des UIG wurde vom BVerwG als unerheblich bewertet, ob der Vorstand einer 113.2 Bürgerinitiative anstatt der damals als nicht antragsberechtigt bewerteten Bürgerinitiative (→ Rn. 103) Informationen begehrte. Denn selbst wenn die Bürgerinitiative als solche nicht anspruchsberechtigt sein sollte, schlösse dies einen eigenen Informationsanspruch ihrer Mitglieder nicht aus (BVerwG NVwZ 2006, 343 Rn. 15).

Gegen die Verneinung der Antragsberechtigung bei Strohmännern spricht, dass die 114 Motive der antragstellenden Person unerheblich sind (idS Seidel NWVBl. 2006, 306 (307); Schoch IFG § 1 Rn. 66). Vor allem kann nämlich eine Rechtsmissbräuchlichkeit eines Antrages nur in ganz besonderen Fällen angenommen werden (→ § 7 Rn. 15), wozu das Vorschieben eines Strohmannes allein nicht ausreicht (idS Franßen/Seidel, IFG NRW, 2007, Rn. 405; Schoch IFG § 1 Rn. 66).

Begehrt eine natürliche Person Informationen, um diese für seine nicht anspruchsberech- 115 tigte Anstellungskörperschaft des öffentlichen Rechts (→ Rn. 104 ff.) zu nutzen, wird dies für zulässig bewertet (Jastrow/Schlatmann IFG § 1 Rn. 14; Sitsen 84). Dazu wird der Vergleich mit Polizisten oder Staatsanwälten herangezogen, die nicht nur berechtigt, sondern uU auch verpflichtet sind, außerdienstlich bekanntgewordene Hinweise auf mögliche Straftaten für ein Ermittlungsverfahren zu nutzen (Sitsen 84 f. unter Hinweis auf BVerfG NJW 2003, 1030). Allerdings hinkt der Vergleich insoweit, als die Nutzung von Informationen zur Strafverfolgung einen Sonderfall betrifft.

II. „nach Maßgabe dieses Gesetzes"

Dass der Informationszugangsanspruch gem. § 1 Abs. 1 S. 1 IFG „nach Maßgabe dieses 116 Gesetzes" erfolgt, kann als Hinweis auf die Informationsausschlussgründe der §§ 3 ff. IFG verstanden werden.

Um außerdem einen Normenkonflikt zwischen § 1 und § 7 Abs. 1 S. 1 IFG zu ver- 117 meiden, besteht der Anspruch nur gegenüber der Behörde, die gem. § 7 Abs. 1 S. 1 IFG (→ § 7 Rn. 20 ff.) verfügungsbefugt ist (idS Schoch IFG § 1 Rn. 33; OVG Münster NVwZ-RR 2004, 169 zum UIG). Dabei bleibt es auch, wenn die aktenführende Behörde die Akten für einen vorübergehenden Zweck weitergibt, etwa an Aufsichtsbehörden usw., weil idR nur die aktenführende Behörde wegen ihrer Kenntnis der Akten und der jeweiligen Zusammenhänge in der Lage ist, ohne unvertretbaren zusätzlichen Verwaltungsaufwand das Vorliegen von Ausschlussgründen gem. §§ 3 ff. IFG zu beurteilen. Dies spricht dagegen, zusätzlich eine Behörde als anspruchsverpflichtet anzusehen, bei der sich die Akten vorübergehend befinden (OVG Münster NVwZ-RR 2004, 169 zum UIG).

III. Anspruchsverpflichtete

118 Für den Kreis der Anspruchsverpflichteten wird durch den Sinn und Zweck des IFG (→ Rn. 91) von einem weiten Verständnis ausgegangen (BVerwGE 141, 122 = BeckRS 2012, 45392 Rn. 19; Schaar/Schultze Informationsfreiheit und Informationsrecht Jahrbuch 2010, 1 (4 ff.); aM Pieper Informationsfreiheit und Informationsrecht Jahrbuch 2008, 59 (68 ff.)). Immer ist erforderlich, dass die Stelle dem Bund zuzuordnen ist (→ Rn. 120 ff.). Dabei werden die Anspruchsverpflichteten mit drei sich überschneidenden Regelungen in § 1 Abs. 1 IFG umschrieben: Nach S. 1 sind zunächst Behörden des Bundes (→ Rn. 130 ff.), gem. S. 2 sonstige Bundesorgane und -einrichtungen, jedoch nur soweit diese öffentlich-rechtliche Verwaltungsaufgaben wahrnehmen (→ Rn. 142 ff.), und außerdem nach S. 3 öffentliche Stellen, soweit sie sich einer natürlichen Person oder juristischen Person des Privatrechts zur Erfüllung ihrer öffentlich-rechtlichen Aufgaben bedient (→ Rn. 144 ff.). Anschließend werden in Betracht kommende öffentliche Stellen aufgelistet (→ Rn. 150 ff.).

119 In den Bundesländern, auf Ebene der EU und in anderen Staaten ist sehr unterschiedlich geregelt, gegenüber wem ein Anspruch in Betracht kommt (dazu ZDM 144 ff.).

119.1 Besonders markant – vor allem in der Formulierung – sind die Unterschiede in den Bundesländern bei dem Landesrechnungshof: Teils ist er – soweit er Verwaltungsaufgaben wahrnimmt – explizit einbezogen (§ 2 Abs. 2 S. 1 AIG BB, § 2 Abs. 2 S. 2 IFG NRW und § 2 Abs. 4 LIFG RP), teils ist er ausgenommen „im Rahmen der ihm gesetzlich übertragenen Aufgaben" (so § 2 Abs. 3 ThürIFG) oder soweit er in richterlicher Unabhängigkeit tätig geworden ist (idS: § 5 Nr. 2 HmbTG; § 3 Abs. 4 Nr. 2 IFG M-V und § 2 Abs. 4 Nr. 4 IZG-SH). Umgekehrt umfasst der Anwendungsbereich in vielen Bundesländern auch weitergehend bei Privaten vorhandene Informationen, wobei häufig auch Ansprüche direkt gegen Private gerichtet werden können (vgl. § 2 Abs. 1 S. 1 IFG BE, § 2 Abs. 4 AIG BB, § 2 Abs. 3 Hs. 2 HmbTG; § 3 Abs. 3 IFG M-V, § 2 Abs. 4 IFG NRW, § 2 Abs. 3 LIFG RP, § 1 Abs. 1 S. 2 IZG LSA, § 2 Abs. 3 IZG-SH und § 2 Abs. 1 ThürIFG). Dies betrifft aber zumeist nur juristische Personen des Privatrechts, die von der öffentlichen Hand beherrscht sind (ZDM 146 ff.).

1. Zuordnung zum Bund

120 Das IFG ist nur insoweit anwendbar, als Informationen von solchen Stellen beantragt werden, die unabhängig von einer möglicherweise eigenen Rechtsfähigkeit dem Hauptverwaltungsträger „Bund" zuzuordnen sind. Mangels Zuordnung zur Bundesebene wurde festgestellt, dass das IFG nicht gegenüber Landesfinanzbehörden (FG Münster BeckRS 2012, 95062; ZDM 142; vgl. auch → Rn. 128.1), Industrie- und Handelskammern (Jahn GewArch 2012, 6 (12)) sowie Städten und Kommunen (idS: VG Ansbach Urt. v. 20.3.2008 – AN 16 K 06.00003; VG Koblenz BeckRS 2008, 40769; ZDM 142) gilt.

121 Unerheblich ist für die Zuordnung, ob die Einrichtung durch Bundes- oder Landesrecht erfolgt ist (so zum VwVfG Kopp/Ramsauer VwVfG § 1 Rn. 27a mwN, zust. für das IFG übernehmend BRS/Scheel IFG § 1 Rn. 40). Für die Zuordnung wird eine Gesamtschau anhand der nachfolgenden Kriterien empfohlen (idS Ruppel NZS 2012, 734).

122 Der **Kreationsakt** kann der Zuordnung zum Bund oder den Ländern dienen: Während der Bund Landesbehörden grds. nur in den Grenzen des Art. 84 Abs. 1 S. 1 GG errichten kann, wird im Übrigen eine Behörde ihrem errichtenden Hauptverwaltungsträger zugeordnet (Ruppel NZS 2012, 734).

123 Die **Aufsicht** soll nach einer Meinung (so zum VwVfG Kopp/Ramsauer VwVfG § 1 Rn. 27a mwN, zust. für das IFG übernehmend BRS/Scheel IFG § 1 Rn. 40) alleiniges Zuordnungskriterium zu einem Hauptverwaltungsträger sein. Dies ist zwar ein starkes Indiz, weil eine Landesbehörde nie die Aufsicht über eine Bundesbehörde wahrnimmt, andersherum ist dies aber möglich, dass der Bund im Rahmen der Bundesauftragsverwaltung die

Grundsatz § 1 IFG

Rechts- und Fachaufsicht über die jeweilige Landesbehörde ausübt (Art. 85 Abs. 4 S. 1 GG), ohne dass diese dadurch zur Bundesbehörde wird (Ruppel NZS 2012, 734).

Daneben wird auf den **räumlichen Zuständigkeitsbereich** abgestellt, jedenfalls soweit 124 sich die Zuständigkeit der Einrichtung nicht auf einzelne Bundesländer beschränkt, sondern sich auf den Geltungsbereich des ganzen Bundesgebietes erstreckt, wäre das IFG grds. einschlägig (Wegener NZS 2008, 561 (562)). Eine Landesbehörde kann grds. nicht im gesamten Bundesgebiet tätig werden, jedoch gibt es Bundes(mittel-/unter-)behörden die nur in einem Teil der Bundesländer tätig sind (Ruppel NZS 2012, 734). Anderes gilt für gemeinsame Behörden mehrerer Länder ohne Beteiligung des Bundes, die von vornherein nicht von § 1 Abs. 1 IFG erfasst sind, sondern dem Informationszugangsrecht des Sitzlandes zugeordnet werden (Schoch IFG § 1 Rn. 127). Bei sozialen Versicherungsträgern ist gem. Art. 87 Abs. 2 GG zu differenzieren: Soweit deren Zuständigkeitsbereich sich über das Gebiet eines Landes, aber nicht über mehr als drei Länder hinaus erstreckt, werden sie gem. Art. 87 Abs. 2 S. 2 GG als landesunmittelbare Körperschaften des öffentlichen Rechtes behandelt, wenn das aufsichtsführende Land durch die beteiligten Länder bestimmt ist.

> Da eine entsprechende Regelung in einem Staatsvertrag getroffen war, war eine Krankenkasse 124.1 trotz Tätigkeit in Sachsen und Thüringen als landesunmittelbare Körperschaft nicht informationspflichtig nach dem IFG (OVG Bautzen BeckRS 2011, 49862; ZDM 137). In sonstigen Fällen von Krankenkassen, deren Tätigkeitsgebiet sich über mehrere Bundesländer erstreckte, wurden diese gem. Art. 87 Abs. 2 S. 1 GG als bundesunmittelbare Körperschaften des öffentlichen Rechts und mithin als Behörde iSd § 1 Abs. 1 S. 1 IFG qualifiziert (idS: VG Düsseldorf BeckRS 2008, 38327; VG Gelsenkirchen BeckRS 2010, 53386; 2010, 54109; VG Freiburg NZI 2011, 825 (826); VG Hamburg BeckRS 2011, 45853; VG Stuttgart BeckRS 2009, 37852; BRS/Scheel IFG § 1 Rn. 41; Schoch IFG § 1 Rn. 89; ZDM 137 mwN).

Unerheblich für die Zuordnung ist, welches Rechtsregime die Tätigkeit einer Behörde 125 prägt (Schoch IFG § 1 Rn. 111). Zwar ist die Bundesbank gem. § 3 S. 1 BBankG „integraler Bestandteil des Europäischen Systems der Zentralbanken" und wird insoweit (auch) nach Maßgabe des EU-Rechts tätig. Daran anknüpfend geht die Gesetzesbegründung (BT-Drs. 15/4493, 8) von der Nichtanwendbarkeit des IFG aus, vielmehr unterliege die Bundesbank den unionsrechtlichen Vorgaben (zust. BRS/Scheel IFG § 1 Rn. 63; Jastrow/Schlatmann IFG § 1 Rn. 44; Schmitz/Jastrow NVwZ 2005, 984 (988)). Allerdings entbinden diese europarechtlichen Vorgaben die Bundesbank nicht von ihrer Anspruchsverpflichtung nach dem IFG (NK-IFG/Rossi IFG § 1 Rn. 67, der aber Ausnahmen vom IFG im Bereich unabhängiger Tätigkeiten annimmt; Schoch IFG § 1 Rn. 111).

Für **Verflechtungen** des Bundes im Mehrebenensystem enthält das IFG keine explizite 126 Regelung, ob und inwieweit das IFG anwendbar ist. In der Gesetzesbegründung findet sich nur der Hinweis, dass soweit „die Bundesbehörde unter dem Gemeinschaftsrecht tätig wird, (…) sie den gemeinschaftsrechtlichen Vorgaben" unterliegt (BT-Drs. 15/4493, 8; idS auch BfDI, Anwendungshinweise, 2007, 2; ZDM 141).

Angesichts des grundsätzlichen Verbots der Mischverwaltung (BVerfGE 108, 169 (182) = 127 NVwZ 2003, 1497 (1498); BVerfG NVwZ 2008, 183 Rn. 152 ff.) dürfte sich das Problem der Zuordnung von Bund-Länder-Behörden nur ausnahmsweise stellen (Schoch IFG § 1 Rn. 123). Soweit der Bund lediglich an einer Gemeinschaftsaufgabe mitwirkt, ist das IFG nicht anwendbar (Schoch IFG § 1 Rn. 125).

> Auch wenn die Deutsche Universität für Verwaltungswissenschaften gem. § 1 Abs. 2 DHVG auf 127.1 der Grundlage von Vereinbarungen gemeinsam mit der Bundesrepublik Deutschland und den andere Ländern getragen wird, ist der Hauptträger das Land Rheinland-Pfalz, mithin ist das IFG nicht anwendbar. Bei der Mitwirkung des Bundes im Rahmen des Art. 91a GG verbleibt die Durchführung der Maßnahme eine Länderaufgabe (Maunz/Dürig/Maunz GG Art. 91a Rn. 4). Damit ist das IFG nicht anwendbar (Schoch IFG § 1 Rn. 125). Auch bei Zusammenwirkung bei der Bildungsplanung und bei der Förderung von Einrichtungen und Vorhaben der wissenschaftlichen Forschung von überregionaler Bedeutung gem. Art. 91b GG ist derzeit ein Anwendungsfall des IFG nicht ersichtlich (Schoch IFG § 1 Rn. 125).

Das IFG kann nur auf dem Bund zurechenbare Organisationsteile angewendet werden 128 (Beckemper LKV 2006, 300 (301); Schmitz/Jastrow NVwZ 2005, 984 (988); Steinbach/

Hochheim NZS 2006, 517 (519); Schoch IFG § 1 Rn. 123). Setzt man dabei auch voraus, dass dieser Organisationsteil selbständig sein muss (so Beckemper LKV 2006, 300 (301); Schmitz/Jastrow NVwZ 2005, 984 (988); Steinbach/Hochheim NZS 2006, 517 (519); Schoch IFG § 1 Rn. 123, 126), damit das IFG des Bundes bzw. des Sitzlandes anzuwenden ist, kann der missliche Fall eintreten, dass – selbst bei Landesinformationsfreiheitsgesetz im Sitzland – nach keinem Gesetz eine Anspruchsverpflichtung besteht (Schoch IFG § 1 Rn. 126). Umstritten ist, ob das IFG auch anwendbar ist, wenn dem Bund lediglich unselbständige Organisationteile zugerechnet werden können.

128.1   Aufgrund Art. 108 Abs. 4 S. 1 GG ist die gemeinsame Verwaltungsreinrichtung von Bund und Ländern **Oberfinanzdirektion** organisatorisch, personell und haushaltsrechtlich in eine Bundesabteilung und eine Landesabteilung getrennt. Angesichts dieser Unterscheidungsmöglichkeit ist auf die Bundesabteilung das IFG anzuwenden (NK-IFG/Rossi IFG § 1 Rn. 37; Schoch IFG § 1 Rn. 124; aA Franßen/Seidel, IFG NRW, 2007, Rn. 87, die ausschließlich das Landesrecht anwenden wollen). Allerdings lässt sich eine Erweiterung des Anwendungsbereichs des IFG auf die Landesfinanzverwaltung nicht daraus ableiten, dass ein Teil des Steueraufkommens dem Bund zusteht (VG Stuttgart Gerichtsbescheid v. 13.11.2012 – 11 K 2433/12).

128.2   In einem Fall wurden Informationen über die Datenerhebung und Berechnung der angemessenen Kosten der Unterkunft in der A.-Stadt von einer **ARGE**, die eine durch Vertrag begründete Gemeinschaftseinrichtung der Bundesagentur für Arbeit und kommunaler Träger gem. § 44b SGB II darstellt, begehrt. Teils (Jastrow/Schlatmann IFG § 1 Rn. 47; Schmitz/Jastrow NVwZ 2005, 984 (988)) wurde bereits die Behördeneigenschaft verneint. Im Übrigen wurde sie weder als Behörde des Bundes, als sonstiges Bundesorgan noch als sonstige Bundeseinrichtung bewertet (Bundesregierung BT-Drs. 16/1084, 7; VGH München BeckRS 2010, 54187 Rn. 2; ZDM 142). Selbst bei „Zerlegung" mit Anwendung des IFG, soweit die Aufgaben einer Bundesbehörde wahrgenommen werden, hätte dies im konkreten Fall nicht zur Anwendbarkeit des IFG geführt, denn die Übernahme der angemessenen Unterkunftskosten nach dem SGB II sowie deren Berechnung stellten eine kommunale Aufgabe dar (VGH München BeckRS 2010, 54187 Rn. 3; ZDM 142).

129   Führen Bundesbehörden im Wege der **Organleihe** den Ländern zugewiesene Aufgaben durch, so ist dies dem Land zuzurechnende Verwaltungstätigkeit, mithin besteht ein Informationszugangsanspruch nur soweit das einschlägige Landesrecht diesen gewährt (Jastrow/Schlatmann IFG § 1 Rn. 48). Bedient sich der Bund im Wege der Organleihe sonstiger öffentlicher Stellen, so sind diese Informationen als beim Bund vorhanden zuzurechnen. Fraglich ist allerdings, ob insoweit ein Direktanspruch gegenüber dem Organ besteht. Vorzugswürdig dürfte sein, – entsprechend wie bei Privaten gem. § 1 Abs. 1 S. 3 IFG (→ Rn. 144 ff.) – den Anspruch gegenüber der entleihenden Stelle des Bundes geltend zu machen.

2. Bundesbehörde gem. Abs. 1 S. 1

130   a) **Überblick.** Ein Informationszugangsanspruch besteht gem. § 1 Abs. 1 S. 1 IFG „gegenüber den Behörden des Bundes". Der Behördenbegriff soll sich nach der Gesetzesbegründung an § 1 Abs. 4 VwVfG orientieren, und als Teil einer Behörde sollen auch dort eingegliederte beratende Gremien erfasst werden. Ebenfalls vom Anwendungsbereich des IFG soll die Vorbereitung von Gesetzen in den Bundesministerien als wesentlicher Teil der Verwaltungstätigkeit erfasst sein (BT-Drs. 15/4493, 8; ZDM 130).

131   Diese Orientierung des Behördenbegriffs an § 1 Abs. 4 VwVfG ist allgemein anerkannt (idS: BVerwGE 141, 122 = BeckRS 2012, 45392 Rn. 11; NVwZ 2012, 251 Rn. 11 mzustAnm Roth DVBl. 2012, 183 (184); ZDM 130 mwN). Dementsprechend ist Behörde jede Stelle, die Aufgaben der öffentlichen Verwaltung wahrnimmt (Sitsen 107; ZDM 130). Dies umfasst auch Beliehene (→ Rn. 149 f.). Für das IFG gilt dabei ein weites, funktionales Behördenverständnis (idS: BVerwGE 141, 122 = BeckRS 2012, 45392 Rn. 19; NVwZ 2012, 251 Rn. 11, mzustAnm Roth DVBl. 2012, 183 (184); ZDM 130 mwN). Der Rückgriff auf § 1 Abs. 4 VwVfG bedeutet aber nicht, dass auch das VwVfG anwendbar sein muss, denn dies erfolgt allein zur Begriffsbestimmung (BVerwG NVwZ 2012, 251 Rn. 11 ff., mzustAnm Schoch NVwZ 2012, 254 (255); OVG Münster BeckRS 2010, 55401 mzustAnm Beyerlein ZLR 2011, 130 (131); ZDM 130 f.; aM Dalibor DVBl. 2012, 933 ff.). Gleichgültig ist dabei auch, ob sich die Stelle bei der Erfüllung öffentlicher Verwaltungsaufgaben öffent-

Grundsatz § 1 IFG

lich-rechtlicher oder privatrechtlicher Handlungsformen bedient (VG Köln BeckRS 2011, 50789; BfDI, Anwendungshinweise, 2007, 2; Rossi DVBl. 2010, 554 (559); Schoch IFG § 1 Rn. 84; Sitsen 101 f.; ZDM 131; für das UIG auch BVerwG NVwZ 2006, 343 (344)). Auch wenn für das VwVfG wohl überwiegend vertreten wird, dass öffentliche Stellen mit rein fiskalischen Zuständigkeiten keine Behörden seien (idS Kopp/Ramsauer, VwVfG, 13. Aufl. 2012, § 1 Rn. 52a; Ule/Laubinger, Verwaltungsverfahrensrecht, 4. Aufl. 1995, § 9 Rn. 6; aM SBS/Stelkens/Schmitz VwVfG § 1 Rn. 254), so hat dies jedoch für das IFG keine Bedeutung (Sitsen 102 ff.). Unerheblich ist dabei auch, ob der Staat die Verwaltungsaufgaben durch eigene Behörden oder selbständige Verwaltungsträger – wie Körperschaften, Anstalten und Stiftungen des öffentlichen Rechts – wahrnimmt (Sitsen 88).

Als unmittelbare Bundesverwaltung sind das **Bundeskanzleramt** und alle **Bundesministerien** 131.1 (einschließlich ihres Verwaltungsunterbaus mit Mittelbehörden und unteren Bundesbehörden) umfasst (Schoch IFG § 1 Rn. 88 mit Bsp.). Außerdem ist die mittelbare Bundesverwaltung erfasst, für deren Errichtung die wesentlichen Rechtsgrundlagen die Art. 87 Abs. 2 und Abs. 3 S. 1 GG sind (Schoch IFG § 1 Rn. 89 mit Bsp.).

Zumeist erfolgt eine negative Abgrenzung: Der materielle Verwaltungsbegriff soll diejenigen 132 staatlichen Tätigkeiten umfassen, die nicht Rechtsetzung und Rspr. sind und ihre Grundlage im öffentlichen Recht haben (VG Berlin BeckRS 2010, 56185; VG Köln BeckRS 2010, 46982; 2010, 54864; Schaar/Schultze Informationsfreiheit und Informationsrecht Jahrbuch 2010, 1 (4); Schoch IFG § 1 Rn. 78; Sitsen 107 f.; ZDM 131). Dies schließt allerdings nicht aus, die administrative Rechtsetzung (Verordnung, Satzung, Verwaltungsvorschrift) unter § 1 Abs. 1 IFG zu fassen (Schoch IFG § 1 Rn. 86; aA Jastrow/Schlatmann IFG § 1 Rn. 29).

Die Vorbereitung von Gesetzen in den Bundesministerien als wesentlicher Teil der Verwaltungs- 132.1 tätigkeit fällt nach der Gesetzesbegründung (BT-Drs. 15/5593, 7) in den Anwendungsbereich des IFG. Das VG Berlin (Urt. v. 7.6.2007 – 2 A 130.06) tendiert dazu, die Zustimmung des Bundesrates zum Erlass einer Rechtsverordnung des Bundes als Verwaltungsaufgabe zu bewerten, weil die rechtsetzende Tätigkeit der Exekutive durch Erlass von Rechtsverordnungen als Verwaltungstätigkeit angesehen (Ziekow, VwVfG, 2. Aufl. 2010, § 1 Rn. 30) und dementsprechend auch die Zustimmung des Bundesrates zum Erlass einer Rechtsverordnung nicht als Mitwirkung bei der Gesetzgebung, sondern als Mitwirkung bei der Verwaltung eingeordnet wird (idS Maunz/Dürig/Maunz/Scholz GG Art. 50 Rn. 22). Anders als bei § 2 Abs. 1 Nr. 1 Buchst. a UIG sei die Tätigkeit der obersten Bundesbehörden oder sonstiger Bundesorgane beim Erlass von Rechtsverordnungen gerade nicht aus dem Anwendungsbereich des IFG ausgenommen (VG Berlin Urt. v. 7.6.2007 – 2 A 130.06). Da das OVG Berlin-Brandenburg dem VG Berlin weitgehend zustimmt, ist wenig verständlich, wenn das OVG hinsichtlich der Zustimmung schreibt: „Es handelt sich um Rechtsetzungen der vollziehenden Gewalt (…) und damit in einem weiteren Sinn um die Ausübung öffentlich-rechtlicher Verwaltungstätigkeit, die jedoch nicht unter den für den Behördenbegriff des Informationsfreiheitsgesetzes maßgeblichen materiellen Verwaltungsbegriff fällt" (OVG Berlin-Brandenburg Urt. v. 6.11.2008 – OVG 12 B 50.07). Diese gegen die Anwendung des IFG für einen gewichtigen Teil exekutiver Entscheidungsbefugnisse sprechende Auslegung dürfte mit den späteren Ausführungen des BVerwG (→ Rn. 137) zur Zwecksetzung – Stärkung der demokratischen Beteiligungsrechte der Bürger bei der Kontrolle der öffentlichen Gewalt – kaum vereinbar sein (Assenbrunner DÖV 2012, 547 (554)). Auch das VG Köln hat die Rechtsetzung des Gemeinsamen Bundesausschusses mittels Richtlinien als Verwaltung im materiellen Sinne bewertet, die dem IFG unterfällt (VG Köln PharmR 2011, 103 (104)).

b) Organisatorisch hinreichende Selbständigkeit und außenwirksame Aufgaben- 133 **wahrnehmung.** Der Begriff der Stelle iSd § 1 Abs. 4 VwVfG erfordert eine gewisse organisatorische Eigenständigkeit und meint jede Person des öffentlichen Rechts und ihre Organe, d. h. jede Organisationseinheit, die durch Organisationsrecht gebildet, vom Wechsel des Amtsinhabers unabhängig und nach den einschlägigen Zuständigkeitsregelungen berufen ist, unter eigenem Namen eigenständige Aufgaben wahrzunehmen (BVerwGE 141, 122 = BeckRS 2012, 45392 Rn. 12; NVwZ 2012, 251 Rn. 12, mzustAnm Roth DVBl. 2012, 183 (184); ZDM 131). Diese organisatorische Selbständigkeit kommt idR in eigenem Personal, eigener Leitung sowie einem Mindestmaß an Unabhängigkeit bezogen auf die Entscheidungsbefugnisse zum Ausdruck (OVG Münster BeckRS 2010, 55401 mzustAnm Beyerlein ZLR 2011, 130 (131); ZDM 131).

133.1 Die hinreichende organisatorische **Selbständigkeit** wurde im bisher einzigen größeren Streitfall betreffend die Deutsche Lebensmittelbuch-Kommission bejaht, weil sie „beim" Ministerium gebildet wird, mithin nicht vollständig integriert ist und über ein eigenes Präsidium und Sekretariat verfügt (idS OVG Münster BeckRS 2010, 55401 mzustAnm Beyerlein ZLR 2011, 130 (131); implizit bejaht bei BVerwG BeckRS 2011, 53127; idS auch: VG Köln BeckRS 2010, 46982; ZDM 131).

133.2 Demgegenüber **nicht hinreichend organisatorisch selbständig** sind idR beratende Gremien, die – anders als nach § 2 Abs. 1 S. 2 UIG – nicht informationspflichtig sind, wobei die maßgebliche Erwägung dabei war, das Ad-hoc-Gremien zur vertraulichen Beratung im Vorfeld politischen Handelns konzipiert sind (Jastrow/Schlatmann IFG § 1 Rn. 26).

134 Das Kriterium der organisatorisch hinreichenden Selbständigkeit hat idR keine Bedeutung für die grundsätzliche Anwendbarkeit des IFG, sondern betrifft vielmehr nur die Frage, wer im verfahrensrechtlichen Sinne Anspruchsgegner ist. Wenn die hinreichende organisatorische Selbständigkeit fehlt, zählen sie organisatorisch zu der Behörde, die sie eingesetzt hat (Sitsen 89).

135 Neben der organisatorischen Selbständigkeit wird gefordert, dass die Stelle auch **außenwirksam** tätig wird, wobei maßgeblich die durch öffentlich-rechtliche Vorschriften vermittelte Befugnis sei, nach außen hin verbindlich tätig zu werden, sei es auch nur schlichthoheitlich (idS NK-IFG/Rossi IFG § 1 Rn. 41). So werden auch beratende Bundesgremien vom Anwendungsbereich des IFG ausgenommen(, es sei denn sie sind in eine Bundesbehörde iSd S. 1 fest eingegliedert und daher Teil derselben) (BMI GMBl. 2005, 1347 (1348); mit der Einschränkung auch: BfDI, Anwendungshinweise, 2007, 3; Schoch IFG § 1 Rn. 81). Dabei müsse die begehrte Information im Zusammenhang mit dem außenwirksamen Handeln stehen (Sitsen 100). Allerdings spricht das weite Verständnis beim Kreis der Anspruchsverpflichteten (→ Rn. 118) dafür, auch rein gutachterlich-beratenden Stellen die Behördeneigenschaft zuzuerkennen (idS zum VwVfG: SBS/Schmitz VwVfG § 1 Rn. 243; für das IFG wohl auch ZDM 132).

135.1 Bei der Deutschen Lebensmittelbuch-Kommission wurde die Befugnis zu eigenverantwortlichem und zu außenwirksamem Handeln festgestellt, so dass sie eine informationspflichtige Behörde ist (OVG Münster BeckRS 2010, 55401 mzustAnm Beyerlein ZLR 2011, 130 (131); ZDM 132; implizit auch bei BVerwG BeckRS 2011, 53127; idS bereits auch VG Köln BeckRS 2010, 46982).

136 **c) Qualifizierung bei Behörden je nach Tätigkeit?** Zunächst differenzierte das VG Berlin (BeckRS 2008, 35969 und Urt. v. 16.1.2008 – 2 A 68.06) beim Bundeskanzleramt bzw. beim BMJ zwischen informationspflichtiger Verwaltungstätigkeit und nicht informationspflichtiger Regierungstätigkeit. Später wurde für das BMJ vom BVerwG (BVerwGE 141, 122 = BeckRS 2012, 45392 Rn. 21; NVwZ 2012, 251 Rn. 10; BeckRS 2011, 56846, mzustAnm Roth DVBl. 2012, 183 ff.), vom OVG Berlin-Brandenburg (BeckRS 2010, 56783; Urt. v. 5.10.2010 – OVG 12 B 6.10; BeckRS 2010, 56888) und vom VG Berlin (ZUR 2012, 50 Rn. 18) die Behördeneigenschaft bejaht (zur Entwicklung dieser Problematik: BfDI, 2. Tätigkeitsbericht 2008 und 2009, BT-Drs. 17/1350, 12 f.; ZDM 132 ff.).

136.1 Das Bundeskanzleramt hatte nach Ansicht des VG Berlin (Urt. v. 10.10.2007 – VG 2 A 101.06) bei dem Projekt der Ostseepipeline nicht als Behörde iSd § 1 Abs. 1 S. 1 IFG gehandelt; es habe insoweit keine öffentlich-rechtlichen Verwaltungsaufgaben wahrgenommen, sondern Regierungstätigkeit iSv politischer Staatslenkung ausgeübt. Nur wenn und soweit die Stelle materielles Verwaltungshandeln ausübe, sei sie Behörde iSd IFG, weil § 1 Abs. 1 S. 2 IFG andernfalls leer liefe, da alle von dieser Regelung erfassten Bundesorgane schon wegen ihrer Eigenverwaltung hinsichtlich jeder von ihnen wahrgenommenen Aufgabe Behörde iSv § 1 Abs. 1 S. 1 IFG wären (VG Berlin Urt. v. 10.10.2007 – VG 2 A 101.06; aM Schaar/Schultze Informationsfreiheit und Informationsrecht Jahrbuch 2010, 1 (5)). Indem das IFG schon dem Grunde nach keinen Anspruch auf Zugang zu solchen Informationen gewähre, die Regierungstätigkeit im vorbeschriebenen Sinne betreffen, würden auch verfassungsrechtliche Vorgaben zur Willensbildung innerhalb der Regierung zum verfassungsrechtlich geschützten Kernbereich exekutiver Eigenverantwortung (→ § 4 Rn. 41 f.), der einen grds. nicht ausforschbaren Initiativ-, Beratungs- und Handlungsbereich einschließt, eingehalten (VG Berlin Urt. v. 10.10.2007 – VG 2 A 101.06). Ausgehend von diesen Grundsätzen unterfiel nach damaliger Ansicht des VG Berlin (Urt. v. 16.1.2008 – VG 2 A 68.06) auch das BMJ bei der Ausarbeitung und Vorbereitung einer Gesetzesvorlage der Bundesregierung nicht dem Behördenbegriff des § 1 Abs. 1 S. 1 IFG. Daran hielt das VG Berlin (BeckRS 2010, 45814) zunächst fest, jedoch stelle die Sammlung von Tatsachen und deren Aufbereitung und Bewertung zur Vorbereitung einer ministeriellen Entscheidung über das „Ob" der Einleitung eines Gesetzesvorhabens als solche noch keine Regierungstätigkeit iSv politischer Staatslenkung dar, sondern die Wahrnehmung von Verwaltungsaufgaben. Auch im Petitionsverfahren vor dem Bundestag handele das jeweils zuständige Ministerium nicht für die Bundesregierung als Verfassungsorgan, sondern erfülle als eine Behörde des Bundes seine Informationspflicht auf der Grundlage des Gesetzes nach Art. 45c GG, so dass es typische Aufgaben der öffentlichen Verwaltung wahrnehme, die dem IFG unterliegen (VG Berlin BeckRS 2010, 56888). Demgegenüber wurde die Informationspflichtigkeit des Bundesministeriums für Arbeit und Soziales im Bezug auf den Erlass der Regelsatzverordnung wegen Rechtsetzungstätigkeit auch vom VG Berlin verneint (Urt. v. 7.10.2010 – VG 2 K 9.09; vgl. dazu die Kritik bei BfDI, 3. Tätigkeitsbericht 2010 und 2011, 23 f., die sich auf die nachfolgende Rspr. von BVerwGE 141, 122 = BeckRS 2012, 45392 und NVwZ 2012, 251 stützen kann; ZDM 133).

136.2 In drei darauf folgenden Berufungsverfahren vor dem OVG Berlin-Brandenburg (BeckRS 2010, 56783; Urt. v. 5.10.2010 – OVG 12 B 6.10; BeckRS 2010, 56888; idS auch: Schaar/Schultze Informationsfreiheit und Informationsrecht Jahrbuch 2010, 1 (6); Schoch IFG § 1 Rn. 84, 86, 88; Sitsen 111 ff.; ZDM 133) wurde diese Differenzierung zwischen informationspflichtiger Verwaltungstätigkeit und nicht informationspflichtiger Regierungstätigkeit abgelehnt, weil sich dafür in § 1 Abs. 1 IFG keine Stütze findet. Danach ist das BMJ als Behörde iSd § 1 Abs. 1 S. 1 IFG anzusehen. Ansonsten wäre der Anwendungsbereich einiger der im IFG geregelten Ausschlusstatbestände (Schutz der in § 3 Nr. 1 Buchst. a IFG genannten internationalen Beziehungen oder der in § 3 Nr. 1 Buchst. c IFG angeführten Belange der inneren und äußeren Sicherheit) von vornherein deutlich eingeschränkt, wenn man die „Regierungstätigkeit" der Bundesministerien und des Bundeskanzleramtes nicht als von § 1 Abs. 1 S. 1 IFG erfasst ansähe (OVG Berlin-Brandenburg BeckRS 2010, 56783; Urt. v. 5.10.2010 – OVG 12 B 6.10; Schaar/Schultze Informationsfreiheit und Informationsrecht Jahrbuch 2010, 1 (7); ZDM 133 f.). Darüber hinaus ist die vom VG Berlin vorgenommene enge Auslegung des Behördenbegriffs nicht mit dem Sinn und dem Zweck des IFG (→ Rn. 91) vereinbar (OVG Berlin-Brandenburg BeckRS 2010, 56783; Urt. v. 5.10.2010 – OVG 12 B 6.10; BeckRS 2010, 56888, unter Hinweis auf BT-Drs. 15/4493, 6; ZDM 134). Außerdem wird das Ergebnis der an dem Wortlaut des § 1 Abs. 1 IFG, an dem systematischen Zusammenhang der Regelung sowie an dem Sinn und Zweck des IFG orientierten Auslegung durch die Begründung zum Gesetzentwurf (BT-Drs. 15/4493, 7) bestätigt, wonach die Vorbereitung von Gesetzen in den Bundesministerien als wesentlicher Teil der Verwaltungstätigkeit ebenfalls in den Anwendungsbereich des IFG fallen soll (OVG Berlin-Brandenburg BeckRS 2010, 56783; Urt. v. 5.10.2010 – OVG 12 B 6.10; ZDM 134).

136.3 In einer späteren Entscheidung des VG Berlin wurde die Geltung seiner Differenzierung (→ Rn. 136.1) offen gelassen, weil das Bundeskanzleramt – jedenfalls bei Vorbereitung und Organisation eines Abendessens – eine informationspflichtige Behörde sei (VG Berlin BeckRS 2011, 49525). Kurz darauf schloss sich dann das VG Berlin (ZUR 2012, 50 Rn. 18) der Meinung des OVG Berlin-Brandenburg (→ Rn. 136.2) an, dass eine Unterscheidung hinsichtlich des BMJ zwischen ministerieller Tätigkeit in „Regierungshandeln", das nicht dem Anwendungsbereich des Informationsfreiheitsgesetzes unterfallen soll, und informationspflichtiger „Behördentätigkeit" in § 1 Abs. 1 IFG keine Stütze findet (ZDM 133 f.).

137 Das BVerwG (BVerwGE 141, 122 = BeckRS 2012, 45392 Rn. 21; NVwZ 2012, 251 Rn. 10; BeckRS 2011, 56846, mzustAnm Roth DVBl. 2012, 183 ff. und Schoch NVwZ 2012, 254 ff.; ZDM 134 f.) bestätigte die drei Entscheidungen des OVG Berlin-Brandenburg (→ Rn. 136.2), wonach das BMJ grds. eine Behörde iSd § 1 Abs. 1 S. 1 IFG ist, weil die Regierungstätigkeit vom Anwendungsbereich des IFG nicht von vornherein ausgenommen ist. Dabei betonte das BVerwG, dass für den Bereich des IFG die Auslegung des Begriffs der öffentlichen Verwaltung nicht von den Vorgaben des Verwaltungsverfahrensrechts geprägt wird (BVerwGE 141, 122 = BeckRS 2012, 45392 Rn. 15; NVwZ 2012, 251 Rn. 15). Vielmehr sind Sinn und Zweck des Gesetzes (→ Rn. 91) entscheidend, was für ein weites Verständnis spricht (idS BVerwGE 141, 122 = BeckRS 2012, 45392 Rn. 19; NVwZ 2012, 251 Rn. 19, mzustAnm Roth DVBl. 2012, 183 (184) und Schoch NVwZ 2012, 254 (255);

OVG Münster BeckRS 2010, 55401 mzustAnm Beyerlein ZLR 2011, 130 (131); VG Köln BeckRS 2010, 54864; NK-IFG/Rossi IFG § 1 Rn. 40, 45; Schoch IFG § 1 Rn. 78; Sitsen 86; ZDM 135). Auch wenn nach diesen Entscheidungen noch nicht alle Probleme beseitigt sind (vgl. abl. Anm. Dalibor DVBl. 2012, 933 ff.; Kunze/Duhme DVBl. 2013, 838 f.), dürfte sich in der Praxis diese überzeugend begründete Ansicht des BVerwG durchsetzen (vgl. zust. Anm.: Assenbrunner DÖV 2012, 547 (553); Roth DVBl. 2012, 183 ff.; ders. DÖV 2012, 717 ff.; Schoch NVwZ 2012, 254 ff.).

137.1 Gerade die demokratische Meinungs- und Willensbildung sowie die Verbesserung der Kontrolle staatlichen Handelns sprechen für einen Informationszugangsanspruch des Einzelnen gegenüber der Regierungstätigkeit (idS BVerwGE 141, 122 = BeckRS 2012, 45392 Rn. 20; Schoch IFG § 1 Rn. 84). Dabei entfaltet die im Grundgesetz verwirklichte Staatsform der repräsentativen Demokratie mit der parlamentarischen Verantwortlichkeit der Regierung keine Sperrwirkung gegenüber der Ermöglichung einer informellen öffentlichen Kontrolle auch des Regierungshandelns durch einen prinzipiell umfassenden Informationszugang (BVerwGE 141, 122 = BeckRS 2012, 45392 Rn. 22, zust. Roth DÖV 2012, 717 (722); aM Dalibor DVBl. 2012, 933 (937)). Soweit eine besondere Schutzbedürftigkeit sensibler und vertraulicher Informationen aus dem Bereich der Regierung besteht, so ist dem zunächst unter Beachtung der jeweils konkreten Umstände nach Maßgabe der gesetzlich vorgesehenen Verweigerungsgründe und ergänzender verfassungsunmittelbarer Weigerungsgründe (→ § 4 Rn. 41 f.) Rechnung zu tragen (BVerwGE 141, 122 = BeckRS 2012, 45392 Rn. 24; aM Dalibor DVBl. 2012, 933 (937), der diese Möglichkeiten als unzureichend bewertet).

138 Bevor das BVerwG die Differenzierung zwischen informationspflichtiger Verwaltungstätigkeit und nicht informationspflichtiger Regierungstätigkeit abgelehnt hatte (→ Rn. 137), kamen das VG Köln (BeckRS 2010, 54866) und das OVG Münster (BeckRS 2011, 55609) zu unterschiedlichen Ergebnissen, ob und inwieweit die **Unabhängigkeit des Bundesrechnungshofes** einem Informationsanspruch aus § 1 Abs. 1 IFG entgegensteht. Zwar weist der Bundesrechnungshof im sog. Hofbereich (§ 2 Abs. 2 S. 1 und 2 BRHG) Besonderheiten auf, die ihn von einer Vielzahl sonstiger „typischer" Verwaltungstätigkeiten abheben. Allerdings nimmt der Bundesrechnungshof mit seiner gesamten Tätigkeit Verwaltungsaufgaben iSd IFG wahr, und auch die für ihn kennzeichnenden Tätigkeiten, wie insbes. die Prüfungstätigkeit, fallen in den Anwendungsbereich des IFG (BVerwG BeckRS 2013, 46016 Rn. 25 ff.).

138.1 Nach Ansicht des VG Köln (BeckRS 2010, 54866; ebenfalls nach der Unabhängigkeit differenzierend: Reus/Mühlhausen NVwZ-Extra 10/2010, 1 (3 f.); NK-IFG/Rossi IFG § 1 Rn. 66; uneinheitlich: Schoch IFG § 1 Rn. 88, 106 ff.) werde der Bundesrechnungshof im Rahmen seiner Prüfung der Vergabe von Zuwendungen nach § 91 Abs. 1 S. 1 Nr. 3 BHO weder als Behörde iSd § 1 Abs. 1 IFG tätig noch nehme er öffentlich-rechtliche Verwaltungsaufgaben wahr. Auch wird in der Gesetzesbegründung (BT-Drs. 15/4493, 8; übernommen von zB Schoch IFG § 1 Rn. 90, 106 ff.) zum IFG ausgeführt, dass neben parlamentarischen Angelegenheiten und Rspr. auch „sonstige unabhängige Tätigkeiten" vom Informationszugang ausgenommen bleiben sollen. Dies lässt aber nicht hinreichend erkennen, was darunter zu verstehen ist, denn wäre Unabhängigkeit iSv Weisungsfreiheit gemeint, dann wären weite Bereiche der Verwaltung wie der Bundespersonalausschuss, BfDI und Vergabekammern ausgenommen, was sich § 1 Abs. 1 S. 1 und 2 IFG nicht entnehmen lässt (OVG Münster BeckRS 2011, 55609). Außerdem weist auch die frühere Entstehungsgeschichte darauf hin, dass der Bundesrechnungshof nicht vom Anwendungsbereich des IFG ausgenommen sein soll (dazu BVerwG BeckRS 2013, 46016 Rn. 30-36). Weiter sprechen der Sinn und Zweck des IFG ebenfalls für einen weiten Anwendungsbereich (→ Rn. 137), so dass eine Ausnahme klar im Gesetz getroffen worden sein müsste (OVG Münster BeckRS 2011, 55609; ZDM 135 f.). Dieses Ergebnis für den Bundesrechnungshof bestätigt eine systematischen Auslegung mit § 3 Nr. 1 Buchst. e IFG: Zu weit geht die Interpretation, dass bei Herausnahme des Bundesrechnungshofes aus dem IFG kein eigenständiger Anwendungsbereich für § 3 Nr. 1 Buchst. e IFG verbleibe (so aber OVG Münster BeckRS 2011, 55609; Sitsen 124 f.; aA VG Köln BeckRS 2010, 54866; Reus/Mühlhausen NVwZ-Extra 10/2010, 1 (3f)). Vielmehr könnte § 3 Nr. 1 Buchst. 3 IFG zumindest hinsichtlich des sog. Präsidialbereiches des Bundesrechnungshofes (§ 2 Abs. 2 S. 3 BRHG) anwendbar sein. Bei einer solchen Reduzierung des § 3 Nr. 1 Buchst. e IFG wäre allerdings schwerlich nachvollziehbar, inwieweit der Bundesrechnungshof im Präsidialbereich sich auf diesen Versagungsgrund sollte berufen können (BVerwG BeckRS 2013, 46016 Rn. 34).

Vergleichbar mit dem Bundesrechnungshof (→ Rn. 138) wurde auch für die **Bundes-** 139
bank angenommen, soweit sie für Verwaltungsbehörden atypisch unabhängig tätig ist, dass
insoweit keine echte Verwaltungstätigkeit vorliege, mithin das IFG nicht anwendbar sei (BT-
Drs. 15/4493, 8; BfDI, Anwendungshinweise 2007, 3; BRS/Scheel IFG § 1 Rn. 63;
Jastrow/Schlatmann IFG § 1 Rn. 44; NK-IFG/Rossi IFG § 1 Rn. 67). Allein schon diese
Parallele zum Bundesrechnungshof passt nicht, denn während die Mitglieder des Bundes-
rechnungshofs kraft Verfassungsrechts über richterliche Unabhängigkeit (Art. 114 Abs. 2 S. 1
GG) verfügen, kann bei der Bundesbank davon keine Rede sein (vgl. Art. 88 GG) (Schoch
IFG § 1 Rn. 110). Außerdem ist selbst beim Bundesrechnungshof das IFG anwendbar
(→ Rn. 138), damit ist die Bundesbank (Hauptverwaltung und Filialen) erst Recht nicht aus
dem Anwendungsbereich des IFG ausgenommen (idS Sitsen 87; Schoch IFG § 1 Rn. 110).

Da selbst die verfassungsrechtlich garantierte Unabhängigkeit des Bundesrechnungshofes 140
(→ Rn. 138) nichts an der Anwendbarkeit des IFG ändert, sind erst Recht andere Behörden,
die lediglich kraft Gesetzes an Weisungen nicht gebunden sind – wie die Bundesprüfstelle für
jugendgefährdende Medien gem. § 19 Abs. 4 JuSchG –, grds. informationspflichtig (idS VG
Köln Urt. v. 4.7.2013 – 13 K 7107/11; Schoch IFG § 1 Rn. 110).

Ebenfalls bevor das BVerwG die Differenzierung zwischen informationspflichtiger Ver- 141
waltungstätigkeit und nicht informationspflichtiger Regierungstätigkeit abgelehnt hatte,
wurde die Ansicht vertreten, dass bei der Bundeswehr zwischen prinzipiell informationspflichtiger Wehrverwaltung und den **Streitkräften,** die keine Verwaltung iSd § 1 Abs. 1
IFG sei, zu differenzieren sei. Begründet wurde dies vor allem damit, dass bei einer Grund-
gesetzänderung der Begriff der Verwaltung durch „vollziehende Gewalt" ersetzt wurde, um
auch die Streitkräfte zu erfassen (Sitsen 127 ff.). Für die Wehrbereichsverwaltung Süd als
Mittelbehörde im Behördenaufbau der territorialen Wehrverwaltung des Bundes wurde die
Informationspflichtigkeit bereits gerichtlich bestätigt (VG Stuttgart BeckRS 2011, 51234).
Die Abgrenzung zu nicht informationspflichtigen Streitkräften würde zu Abgrenzungsproblemen führen (vgl. Sitsen 128 f.). Außerdem spricht gegen diese Dichotomie, dass die
Differenzierung nicht nur keine Stütze im Wortlaut des § 1 IFG findet, sondern – anders als
bei der Herausnahme von Regierungstätigkeit und unabhängiger Tätigkeiten (→ Rn. 136 ff.)
– auch keine Anhaltspunkte dafür in der Gesetzesbegründung ersichtlich sind. Durch die
Herausnahme der Streitkräfte aus dem Anwendungsbereich des IFG würde auch der Versagungsgrund des § 3 Nr. 1 Buchst. b IFG bei nachteiligen Auswirkungen auf „militärische
und sonstige sicherheitsempfindliche Belange der Bundeswehr" praktisch bedeutungslos.

3. Sonstige Bundesorgane und -einrichtungen (Abs. 1 S. 2)

Nach dem Wortlaut des § 1 Abs. 1 S. 2 IFG gilt das IFG für sonstige Bundesorgane und 142
-einrichtungen, soweit sie öffentlich-rechtliche Verwaltungsaufgaben wahrnehmen. Damit
soll nach der Gesetzesbegründung (BT-Drs. 15/4493, 7 f.; zust. Sitsen 89; ZDM 138) klar
gestellt werden, dass auch Bundestag, Bundesrat, Bundesverfassungsgericht, Bundesgerichte
und Bundesbank einbezogen werden, soweit dort öffentlich-rechtliche Verwaltungsaufgaben
wahrgenommen werden. Ausgehend von einem funktionellen Behördenbegriff (→ Rn. 131)
hat § 1 Abs. 1 S. 2 IFG damit für die sonstigen Bundesorgane und -einrichtungen keine
konstitutive Bedeutung (BVerwGE 141, 122 = BeckRS 2012, 45392 Rn. 18; Schoch IFG
§ 1 Rn. 90; Sitsen 86). Dabei wird mit dem Begriff Verwaltung zumindest die Tätigkeit der
Legislative und der Judikative ausgegrenzt (Sitsen 90). Für die Bestimmung der Verwaltungsaufgaben gelten die Ausführungen zu § 1 Abs. 1 S. 1 IFG (→ Rn. 132) entsprechend, was
gerade im Bereich der parlamentarischen Tätigkeit vielfach Abgrenzungsprobleme breitet
(dazu Sitsen 108 ff. mit vielen Bsp.).

Eine Verpflichtung zum Informationszugang dieser sonstigen Bundesorgane und -einrich- 143
tungen iSd S. 2 wird nur insoweit angenommen, als sie öffentlich-rechtliche Verwaltungsaufgaben wahrnehmen. Werden sie nur teilweise öffentlich-rechtlich tätig (zB Kreditinstitute
des Bundes), seien sie daher auch nur insoweit verpflichtet (BT-Drs. 1544/93, 8; BfDI,
Anwendungshinweise 2007, 2).

Als informationspflichtige Bundeseinrichtung iSd § 1 Abs. 1 S. 2 IFG wurden die **Bundes-** 143.1
agentur für Arbeit (VG Ansbach Urt. v. 14.9.2010 – AN 4 K 10.01419) und deren Regionaldirek-
tion (VG Karlsruhe BeckRS 2011, 53817 Rn. 24) bewertet.

IFG § 1   IV. Informationsfreiheitsrecht

143.2   **Bundesgerichte** fallen als Organe der Rechtspflege, welche die Gewalt iSd Art. 92, 95 f. GG ausüben, nicht in den Anwendungsbereich des IFG (BT-Drs. 15/4493, 8; BfDI, Anwendungshinweise 2007, 3). Soweit sie öffentlich-rechtliche Verwaltungsaufgaben (zB Justizverwaltung gem. § 23 Abs. 1 EGGVG) wahrnehmen, gilt für sie § 1 Abs. 1 S. 2 IFG (Schoch IFG § 1 Rn. 103).

143.3   Ebenso informationspflichtig wie die Bundesgerichte ist auch die **Bundesanwaltschaft**, die organisationsrechtlich zwar als Verwaltungsbehörde zu qualifizieren ist, funktional aber idR der Rspr. als Organ der Rechtspflege (vgl. § 142 Abs. 1 Nr. 1 GVG) zu bewerten ist (BRS/Scheel IFG § 1 Rn. 27 und 64; Schoch IFG § 1 Rn. 105). Auch für die den Vertreter des Bundesinteresses beim BVerwG (§ 35 VwGO) ist § 1 Abs. 1 S. 2 IFG anzuwenden (Jastrow/Schlatmann IFG § 1 Rn. 43; Schoch IFG § 1 Rn. 105).

143.4   Ferner fällt die Tätigkeit des **Bundespräsidialamtes** idR nicht in den Anwendungsbereich des IFG, insbes. nicht die Vorbereitung präsidentieller Akte des Bundespräsidenten und die vom Bundespräsidenten delegierten Akte (BT-Drs. 15/4493, 8; grds. zust.: BfDI, Anwendungshinweise 2007, 3, Jastrow/Schlatmann IFG § 1 Rn. 40 mit Bsp.; Pieper Informationsfreiheit und Informationsrecht Jahrbuch 2008, 59 (66 ff.); Schoch IFG § 1 Rn. 100 ff., mit Bsp.; ZDM 138 f.).

143.5   Weitgehend dem Bundestag (→ Rn. 143.6) Entsprechendes gilt beim **Bundesrat**, so dass es idR um Aufgaben des Verfassungsorgans geht, die dem IFG entzogen sind (Jastrow/Schlatmann IFG § 1 Rn. 39; Schoch IFG § 1 Rn. 99, jeweils mit Bsp.). Demgegenüber ist die Anwendbarkeit des IFG insbes. im Zusammenhang mit den eigenen Personal- und Sachmitteln anfallenden Verwaltungsentscheidungen zu bejahen (Jastrow/Schlatmann IFG § 1 Rn. 39).

143.6   Der **Bundestag** soll nur im spezifischen Bereich der Wahrnehmung parlamentarischer Angelegenheit (insbes. Gesetzgebung, Kontrolle der Bundesregierung, Wahlprüfung, Wahrung der Rechte des Bundestages und seiner Mitglieder – zB in Immunitätsangelegenheiten, bei Petitionen und bei Eingaben an den Wehrbeauftragten –, parlamentarische Kontakte zu in- und ausländischen sowie supranationalen Stellen) vom Informationszugang ausgenommen bleiben (BT-Drs. 15/4493, 8). Soweit er den Abgeordneten personelle und sachliche Ausstattung gewährt und deren Bürobedarf abrechnet, werden öffentlich-rechtliche Verwaltungsaufgaben wahrgenommen (OVG Berlin-Brandenburg BeckRS 2012, 51576; 2012, 51575; VG Berlin BeckRS 2010, 55954; ZDM 139). Auch die Tätigkeit der Wissenschaftlichen Dienste des Deutschen Bundestages weist schon ihrer Art nach einen größeren Bezug zur Verwaltung als zum Parlament auf (VG Berlin Urt. v. 1.12.2011 – 2 K 91.11; ZDM 139; generell aM zur Arbeit der Wissenschaftlichen Dienste: Jastrow/Schlatmann IFG § 1 Rn. 35; Rossi DÖV 2013, 205 ff.). Dafür sprechen außerdem der Sinn und Zweck des IFG (→ Rn. 91), die ein weites Verständnis (→ Rn. 137) des Begriffs der Wahrnehmung öffentlich-rechtlicher Verwaltungsaufgaben nahelegen und eine möglichst breite Informationsversorgung der Bürger erfordern, damit diese sich an staatlichen Entscheidungsprozessen beteiligen können (VG Berlin Urt. v. 1.12.2011 – 2 K 91.11; ZDM 139). Informationspflichtig ist nicht nur der Wissenschaftliche, sondern auch der Sprachendienst des Deutschen Bundestages (VG Berlin ZUM-RD 2013, 34 (35 f.)). Nichtsdestoweniger nimmt der Bundestag überwiegend Aufgaben verfassungsrechtlicher Natur wahr, so dass das IFG idR nicht anwendbar ist (idS BfDI, Anwendungshinweise 2007, 2, Jastrow/Schlatmann IFG § 1 Rn. 33 ff. und Schoch IFG § 1 Rn. 96 jeweils mit Bsp.). Demgegenüber wird vertreten, dass nach Abschluss des eigentlichen Gesetzgebungsverfahrens auch Bundestag und Bundesrat keine spezifischen legislativen Aufgaben mehr wahrnehmen würden, sondern ihre Funktionen ab diesem Zeitpunkt nur noch verwaltender Natur seien, so dass sich die verwaltende Funktion auf die Dokumentation, Archivierung und Aufbewahrung der Gesetzgebungsmaterialien erstrecke (Ruttloff NVwZ 2013, 701 (703)).

143.7   Nicht informationspflichtig sind die **Bundestagsfraktionen**, denn sie sind – wie § 46 AbgG klarstellt – nicht Teil der öffentlichen Verwaltung und üben auch keine öffentliche Gewalt aus (OVG Berlin-Brandenburg NVwZ-RR 2013, 554 ff.; ZDM 139).

143.8   Während der **Bundeswahlleiter** bestreitet nach dem IFG verpflichtet zu sein, wurde die Behördeneigenschaft – zumindest eine Verpflichtung als sonstiges Organ – für den Wahlbereichsleiter Bremerhaven vom VG Bremen (VG Bremen NVwZ-RR 2008, 417) bejaht. Der BfDI überträgt diese Entscheidung auf die Bundesebene (BfDI, 3. Tätigkeitsbericht 2010 und 2011, 53 f.) und im Übrigen wird insoweit ein Klarstellungsbedarf angenommen (ZDM 138).

143.9   Ferner werden **Hochschulen** und **Forschungseinrichtungen** des Bundes als sonstige Bundesorgane und -einrichtungen bewertet (BT-Drs. 15/4493, 8; BfDI, Anwendungshinweise 2007, 2). Auch wenn die Deutsche Universität für Verwaltungswissenschaften gem. § 1 Abs. 2 DHVG auf der Grundlage von Vereinbarungen gemeinsam mit der Bundesrepublik Deutschland und den andere Ländern getragen wird, ist der Hauptträger das Land Rheinland-Pfalz, mithin ist sie keine Hochschule des Bundes.

143.10   Beim **Gemeinsamen Bundesausschuss** wurde offen gelassen, ob es sich um eine Behörde iSd § 1 Abs. 1 S. 1 IFG handelt, weil hinsichtlich der begehrten Informationen der Gemeinsame

Grundsatz § 1 IFG

Bundesausschuss zumindest in Wahrnehmung öffentlich-rechtlicher Verwaltungsaufgaben gem. § 1 Abs. 1 S. 2 IFG verpflichtet war (VG Köln PharmR 2011, 103 (104); 138; als Behörde einordend Wegener NZS 2008, 561 (562 ff.)).

Kein Adressat der Informationsverpflichtung des IFG sei die **Versorgungsanstalt des Bundes** als eine Anstalt des öffentlichen Rechts, die im Wege der privatrechtlichen Versicherung eine zusätzliche Alters-, Erwerbsminderungs- und Hinterbliebenenversorgung gewährt (LG Karlsruhe BeckRS 2010, 11891; wohl aM ZDM 139). Dagegen spricht allerdings, dass die privatrechtliche Handlungsform grds. unbeachtlich ist (→ Rn. 131). **143.11**

4. Private

Eine juristische Person des Privatrechts wird nicht dadurch informationspflichtig, dass sie zu 100 % im Eigentum des Bundes steht (Schoch IFG § 1 Rn. 76, der dies rechtspolitisch kritisiert; Sitsen 130). Insoweit unterscheidet sich das IFG vom IFG NRW und den Landespressegesetzen, wonach auch Ansprüche gegen diese gewährt werden (Sitsen 140). **144**

Verwaltungshelfer sind mangels eigenständiger Ausführung öffentlicher Aufgaben keine Behörden iSd § 1 Abs. 1 S. 1 IFG, sondern eine Anspruchsverpflichtung kommt nur nach Maßgabe des § 1 Abs. 1 S. 3 IFG in Betracht (Schoch IFG § 1 Rn. 82). In diesem Falle ist gem. § 7 Abs. 1 S. 2 IFG (→ § 7 Rn. 34 ff.) der Antrag an die Behörde zu richten, die sich dieser Person bedient, woraus sich ergibt, dass das IFG keine Ansprüche gegen Private gewährt (BT-Drs. 15/4493, 14; VG Berlin Urt. v. 5.11.2012 – 2 K 167.11; BfDI, Anwendungshinweise 2007, 3; Schoch IFG § 1 Rn. 121). Vielmehr besteht bei Vorliegen der Voraussetzungen des § 1 Abs. 1 S. 3 IFG eine Informationsbeschaffungspflicht der Behörde (→ Rn. 158 ff.). **145**

Eine natürliche Person oder juristische Person des Privatrechts steht einer informationspflichtigen Behörde gem. § 1 Abs. 1 S. 3 IFG gleich, soweit eine Behörde sich dieser Person zur Erfüllung ihrer öffentlich-rechtlichen Aufgaben bedient. Ein Grund für die Ausweitung des Informationsanspruchs ist die Nähe der Tätigkeit solcher Privaten zum staatlichen Handeln (Sitsen 131). Außerdem soll der (drohende) Informationsverlust des Staates, der durch die Datensammlung bei Privaten entsteht, kompensiert werden (Sitsen 131; idS Schoch IFG § 1 Rn. 112). **146**

Die Einschränkung auf **„öffentlich-rechtliche" Aufgaben** wird in der Literatur (vgl. Schoch IFG § 1 Rn. 115 f.) kritisiert, weil dies bei vergleichbaren Landesregelungen zu Unklarheiten geführt habe. Während die Rechtsformen und Handlungsmittel der Aufgabenwahrnehmung unbeachtlich sind, ist allein entscheidend, dass die Aufgabe – wie bei § 1 Abs. 1 S. 2 IFG (→ Rn. 142 f.) – im öffentlichen Recht wurzelt (Schoch IFG § 1 Rn. 116). Noch weitergehend werden auch solche gemeinwohlerheblichen Aufgaben einbezogen, die der Staat durch eigene Initiative zur öffentlichen Aufgabe gemacht hat (BfDI, Anwendungshinweise 2007, 3). **147**

Auch ist schwierig abzugrenzen, wann sich eine Behörde einer Privatperson **bedient**. Unter Rückgriff auf die Zwecke der Regelung (→ Rn. 146) ist dafür Voraussetzung, dass die Behörde ihre Angelegenheiten von der Privatperson erledigen lässt, ohne dass damit zugleich der Charakter als öffentliche Aufgabe der Behörde gänzlich verloren geht und dass zwischen Behörde und Privatperson eine rechtliche Verbindung öffentlich-rechtlicher oder privatrechtlicher Art besteht, welche die Privatperson zu der entsprechenden Tätigkeit verpflichtet (dazu ausführlich Sitsen 130 ff. mit vielen Bsp.; vgl. auch Schoch IFG § 1 Rn. 117 ff. mit Bsp.). **148**

Demgegenüber besteht ein Anspruch direkt gegenüber **Beliehenen** des Bundes, da § 1 Abs. 1 S. 3 IFG für Verwaltungshelfer, nicht jedoch für Beliehene gilt (BT-Drs. 15/4493, 8; OVG Berlin-Brandenburg BeckRS 2009, 42247; BfDI, Anwendungshinweise 2007, 3; BRS/Scheel IFG § 1 Rn. 31 ff.; NK-IFG/Rossi IFG § 1 Rn. 53; Schoch IFG § 1 Rn. 113; ZDM 138). Vereinzelt (Ruppel NZS 2012, 734 (737)) wird vertreten, dass Verwaltungshelfer und Beliehene von der Regelung erfasst seien, wozu allerdings keine Notwendigkeit besteht und was der Gesetzesbegründung (BT-Drs. 15/4493, 8) zuwiderlaufen würde. **149**

Dementsprechend wurde ein Anspruch zB gegen die Deutsche Flugsicherung GmbH als Beliehene des Bundes für möglich bewertet (OVG Berlin-Brandenburg BeckRS 2009, 42247; BRS/ **149.1**

IFG § 1   IV. Informationsfreiheitsrecht

Scheel IFG § 1 Rn. 31 ff.; Sitsen 130; ZDM 138). Entsprechendes dürfte für den Luftfahrzeugführer nach § 12 LuftSiG, die Treuhand bei der Zustimmung zur Verfügung über Parteivermögen und das Europabüro für Projektbegleitung GmbH gelten (BRS/Scheel IFG § 1 Rn. 33). Bejaht wird dies ebenso für die Toll Collect GmbH (Sitsen 130). Auch die privatrechtlich organisierten Bundes(zahn-)ärztekammer sind in weiten Bereichen als Beliehene gem. § 1 Abs. 1 IFG verpflichtet (Ruppel NZS 2012, 734 (735)). Entsprechendes lässt sich mit viel Begründungsaufwand (bejahend Ruppel NZS 2012, 734 (735)) auch hinsichtlich der Deutschen Stiftung Organtransplantation und der Vermittlungsstelle nach § 12 TPG (niederländischen Stiftung Eurotransplant) vertreten.

5. Beispiele

150 In der Rspr. und Literatur hat sich bereits eine umfangreiche Kasuistik hinsichtlich der Behörden, sonstigen Bundesorganen und -einrichtungen herausgebildet, ob und inwieweit für diese der Anwendungsbereich des IFG eröffnet ist (vgl. auch die Auflistung bei NK-IFG/Rossi IFG Anhang 1, 211 ff.).

150.1 Dabei sind insbes. zu nennen:
- Ad-hoc Gremien (→ Rn. 133.2),
- ARGE (→ Rn. 128.2),
- Auswärtiges Amt (VG Berlin Urt. v. 22.3.2012 – 2 K 101.11) einschl. Auslandsvertretungen (VG Berlin Beschl. v. 29.1.2010 – VG 2 A 134.08; Jastrow/Schlatmann IFG § 1 Rn. 23),
- Beliehene (→ Rn. 149 f.),
- BfDI (→ Rn. 138.1),
- BMI mit allen seinen nachgeordneten Behörden (zB Bundesamt für Sicherheit in der Informationstechnik, Bundesamt für Verfassungsschutz, Bundesanstalt Technisches Hilfswerk, Bundeskriminalamt, Bundespolizei, Bundesverwaltungsamt, Fachhochschule des Bundes und Statistisches Bundesamt) (Jastrow/Schlatmann IFG § 1 Rn. 22),
- BMJ (→ Rn. 136 ff.),
- Bundes(zahn)ärztekammer (→ Rn. 149.1),
- Bundesagentur für Arbeit sowie deren Regionaldirektionen (→ Rn. 143.1),
- Bundesamt für Migration und Flüchtlinge (implizit BVerwG Beschl. v. 18.4.2012 – 20 F 7/11),
- Bundesanstalt für Immobilienaufgaben (VG Köln BeckRS 2011, 50789),
- Bundesanwaltschaft (→ Rn. 143.3),
- Bundesbank (→ Rn. 125, Rn. 139),
- Bundesgerichte (→ Rn. 143.2),
- Bundeskanzleramt (→ Rn. 136 ff.),
- Bundesministerium der Finanzen (zB VG Berlin BeckRS 2009, 36733),
- Bundesministerium für Arbeit und Soziales (→ Rn. 136.1),
- Bundesministerium für Gesundheit (VG Köln Urt. v. 2.9.2010 – 13 K 7089/08),
- Bundesministerium für Verkehr, Bau und Stadtentwicklung (zB OVG Berlin-Brandenburg BeckRS 2009, 42247; VG Berlin BeckRS 2011, 53329),
- Bundesministerium für wirtschaftliche Zusammenarbeit und Entwicklung (BMZ) (VG Köln BeckRS 2010, 54864),
- Bundespersonalausschuss (→ Rn. 138.1),
- Bundespräsidialamt (→ Rn. 143.4),
- Bundesprüfstelle für jugendgefährdende Medien (→ Rn. 140),
- Bundesrat (→ Rn. 142, Rn. 143.5),
- Bundesrechnungshof (→ Rn. 138 f.),
- Bundesstiftung zur Aufarbeitung der SED-Diktatur (VG Berlin Urt. v. 7.8.2013 – 2 K 273.12),
- Bundestag (→ Rn. 143.6),
- Bundestagsfraktion (→ Rn. 143.7),
- Bundesverfassungsgericht (→ Rn. 142, Rn. 143.2),
- Bundeswahlleiter (→ Rn. 143.8),
- Bundeswehr (→ Rn. 141),
- Deutsche Flugsicherung GmbH (→ Rn. 149.1),
- Deutsche Lebensmittelbuch-Kommission (→ Rn. 133.1, Rn. 135.1),
- Deutsche Stiftung Organtransplantation (→ Rn. 149.1),
- Deutsches Patent- und Markenamt (implizit VGH München DVBl. 2012, 1034),
- Europabüro für Projektbegleitung GmbH (→ Rn. 149.1),
- Eurotransplant (→ Rn. 149.1),

Grundsatz § 1 IFG

- Forschungseinrichtungen (→ Rn. 143.9),
- Gemeinsamer Bundesausschuss (→ Rn. 143.10),
- GKV-Spitzenverband (VG Berlin Urt. v. 11.4.2013 – 2 K 145.11; Ruppel NZS 2012, 734 (735)),
- Hauptzollamt, das die Vollstreckung für die Sozialversicherungsträger betreibt, und in die Hierarchie der Bundesfinanzverwaltung (BMF und der Bundesfinanzdirektion Südwest) eingegliedert ist (VG Neustadt a. d. Weinstraße BeckRS 2010, 56840),
- Hochschulen (→ Rn. 143.9),
- Kassenärztliche Bundesvereinigung (VG Berlin BeckRS 2012, 54051; Ruppel NZS 2012, 734 (735): auch für die Kassenzahnärztliche Bundesvereinigung),
- Krankenkassen (→ Rn. 124.1),
- Kreditanstalt für Wiederaufbau (KfW) als nicht rechtsfähiges Sondervermögen des Bundes errichtete Entschädigungseinrichtung (VG Berlin BeckRS 2010, 56185),
- Luftfahrzeugführer (→ Rn. 149.1),
- Medizinischer Dienst des Spitzenverbandes Bund der Krankenkassen e. V. (BfDI 3. Tätigkeitsbericht 2010 und 2011, BT-Drs. 17/1350, 68),
- Oberfinanzdirektion (→ Rn. 128.1),
- Private (→ Rn. 144 ff.),
- Robert Koch-Institut (VG Berlin BeckRS 2009, 36789),
- Sozialversicherungsträger nach Maßgabe des Art. 87 Abs. 2 GG (→ Rn. 124 f.),
- Staatsunternehmen (→ Rn. 144),
- Statistisches Bundesamt (implizit VG Wiesbaden BeckRS 2012, 51080),
- Streitkräfte (→ Rn. 141),
- Toll Collect GmbH (→ Rn. 149.1),
- Treuhand (→ Rn. 149.1),
- Vergabekammer (→ Rn. 138.1),
- Vermittlungsstelle nach § 12 TPG (niederländische Stiftung Eurotransplant) (→ Rn. 149.1),
- Versorgungsanstalt des Bundes (→ Rn. 143.11),
- Vertreter des Bundesinteresses beim BVerwG (→ Rn. 143.3),
- Verwaltungshelfer (→ Rn. 145 ff.) und
- Wehrbereichsverwaltung (→ Rn. 141).

IV. Anspruchsgegenstand (§ 1 Abs. 1 S. 1 iVm § 2 Nr. 1 IFG)

Der Anspruch des § 1 Abs. 1 S. 1 IFG zielt auf den Zugang zu amtlichen Informationen, welche in § 2 Nr. 1 IFG umschrieben sind (→ § 2 Rn. 2 ff.). Die Art und Weise des Zugangs richtet sich dabei nach § 1 Abs. 2 IFG (→ Rn. 166 ff.). Sind die Informationen bei der Behörde nicht vorhanden, kommt unter Umständen ein Beschaffungsanspruch in Betracht (→ Rn. 160 ff.). **151**

Die Evaluation des IFG (→ § 14 Rn. 9) zeigte, dass in der Praxis sich die Anfragen vor allem auf Verwaltungsvorgänge Dritter beziehen. Begehrt wurden außerdem Informationen zu eigenen Verwaltungsvorgängen und anderer Antragsgegenständen, Gesetzesänderungen, Gesetze, Haushaltsvorgänge oder Sozialdaten (ZDM 172 ff.). **151.1**

V. Informationsinteresse

Vor Inkrafttreten des IFG im Jahre 2006 bestand – von Archiven (→ Rn. 50), öffentlichen Registern (→ Rn. 49), UIG (→ Rn. 1) und einigen Bundesländern (→ Rn. 59, Rn. 62 f., Rn. 69, Rn. 74) abgesehen – ein Anspruch auf Akteneinsicht grds. nur in einem laufenden Verwaltungsverfahren, wenn die Aktenkenntnis zur Geltendmachung oder Verteidigung rechtlicher Interessen erforderlich war oder es wurde die eigene Betroffenheit vorausgesetzt (BT-Drs. 15/4493, 6). Um die Hinwendung zum allgemeinen Informationszugangsanspruch zu verdeutlichen, enthielt § 1 Abs. 1 S. 1 IFG des Gesetzesentwurfes noch den Zusatz „ohne ein rechtliches Interesse darlegen zu müssen" (BT-Drs. 15/4493, 3). Bei dieser Formulierung hätte man wohl die Schlussfolgerung ziehen können, dass für den Informationszugang zwar kein „rechtliches Interesse", aber vielleicht ein „berechtigtes Interesse" erforderlich sei (vgl. die Kritik bei Arbeitsgemeinschaft der Informationsbeauftragten in Deutschland DuD 2005, **152**

IFG § 1

290 (291)). Die durch den Innenausschuss des BT erfolgte redaktionelle Streichung des Zusatzes diente der Klarstellung des voraussetzungslosen Informationszugangs (BT-Drs. 15/5606, 5).

152.1 Nach den Ergebnissen der Evaluation des IFG (→ § 14 Rn. 9) lag in der Praxis den Anfragen überwiegend ein wirtschaftliches oder bestimmtes Eigeninteresse zugrunde. Nichtsdestoweniger drängt sich keine Abgrenzung zu „demokratisch wertvollen Informationsbegehren" auf. Wären wirtschaftlich motivierte Anfragen unzulässig, so könnten dagegen unschwer Umgehungsstrategien entwickelt werden und auch bei primär eigennützig motivierten Informationsbegehren findet eine demokratische Kontrolle des staatlichen Handelns statt (ZDM 176).

153 Die Entbehrlichkeit eines Informationsinteresses fand grundsätzliche Zustimmung (idS explizit zustimmend wiederholend: OVG Koblenz BeckRS 2010, 49569; VG Frankfurt a. M. BeckRS 2009, 33680; 2011, 51069; VG Hamburg BeckRS 2009, 35841; 2010, 49049; 2010, 49050; BfDI, Anwendungshinweise, 2007, 3; BRS/Scheel IFG § 1 Rn. 4; Schmitz/Jastrow NVwZ 2005, 984 (987 Fn. 40); ZDM 171). Allgemein formulierte das VG Berlin (Beschl. v. 15.7.2011 – VG 2 K 12.11; zust. ZDM 171 f.): Zu welchem Zweck ein Antragsteller die von ihm erstrebten Informationen nutzen will, bleibt ihm selbst überlassen.

153.1 Betont wurde in der Rspr., dass der Anspruch auch bestehen kann, wenn die Informationen der Durchsetzung zivilrechtlicher Schadensersatzansprüche gegenüber der Behörde oder Dritten dienen sollen (VGH Kassel NVwZ 2010, 1036 (1038); BeckRS 2010, 50324).

153.2 Lediglich bei der Beantragung des Informationszugangs gegenüber einer Berufsgenossenschaft wurden tiefgreifende Bedenken geäußert, ob die Übermittlung von 186.000 Adressdatensätzen von Taxi- und Mietwagenunternehmen noch dem geschützten Informationsinteresse entspräche (VGH München BeckRS 2008, 40758 Rn. 37-40, sowie Vorinstanz VG München BeckRS 2010, 52766). Auch wenn die Ablehnung letztlich auf § 3 Nr. 6 IFG gestützt wurde, ist dieses Verständnis des Informationsinteresses zu kritisieren, weil das Informationsinteresse unerheblich ist und gerade auch die wirtschaftliche Nutzung von amtlichen Informationen ein legitimes Ziel ist, wie nun auch im IWG zum Ausdruck kommt (Rossi DVBl. 2010, 554 (558); ZDM 172).

154 Mittelbar ergibt sich das Erfordernis eines Informationsinteresses insoweit, als gem. § 7 Abs. 1 S. 3 IFG (→ § 7 Rn. 18 f.) eine Begründung notwendig ist, wenn mit dem Antrag Zugang zu Informationen von Dritten iSd § 5 Abs. 1 und 2 oder § 6 IFG begehrt werden.

VI. Informationsbeschaffungsanspruch
1. Überblick

155 Auch ohne im Wortlaut des IFG ausdrücklich verankertem Tatbestandsmerkmal ist allgemeine Ansicht, dass ein Zugangsanspruch sich – zumindest prinzipiell – nur auf vorhandene (→ § 2 Rn. 24 ff.) Informationen bezieht (ZDM 184). Manchmal wird dies einfach postuliert bzw. vorausgesetzt (idS: OVG Berlin-Brandenburg Beschl. v. 31.5.2011 – 12 N 20.10; VG Berlin BeckRS 2011, 49525; Rossi DVBl. 2010, 554 (559)) oder als „denklogische Voraussetzung" (BfDI, 3. Tätigkeitsbereich 2010 und 2011, S. 5; BRS/Scheel IFG § 2 Rn. 24; idS wohl auch VG Ansbach Urt. v. 14.9.2010 – AN 4 K 10.01664) bezeichnet. Ableiten lässt sich dies aus dem Sinn und Zweck des IFG (→ Rn. 91), wonach die Möglichkeit geschaffen werden soll, an dem Informationsbestand der Verwaltung zu partizipieren bzw. das Verhalten der Verwaltung zu kontrollieren (idS: VG Berlin BeckRS 2007, 28073; NVwZ 2009, 856 (857); BeckRS 2009, 42119; Beschl. v. 29.1.2010 – VG 2 A 134.08; Fluck/Theuer/Fetzer IFG § 2 Rn. 14; Mecklenburg/Pöppelmann § 2 Rn. 6; ZDM 184).

155.1 Die Beschränkung auf vorhandene Informationen ergibt sich deutlich aus dem Wortlaut bei § 1 S. 1 VIG, §§ 2 Abs. 4 S. 1, 3 Abs. 1 S. 1 UIG (→ UIG § 2 Rn. 116 ff.), § 3 Abs. 1 S. 1 IFG BE, § 1 Abs. 2 S. 1 IFG M-V, § 4 Abs. 1 IFG NRW und § 3 S. 1 IZG-SH.

156 Häufig wird davon ausgegangen, dass kein Anspruch auf Beschaffung von Informationen besteht (idS: OVG Münster BeckRS 2011, 48164 Rn. 194; Fluck/Merenyi VerwArch 97 (2006), 381 (387 f.); Kloepfer/von Lewinski DVBl. 2005, 1277 (1280); Misoch/Schmittmann VR 2012, 181 (185); Schoch IFG § 1 Rn. 29). Doch gilt bei dieser Ansicht zumindest insoweit eine Ausnahme, als eine Beschaffungspflicht in den Fällen des § 1 Abs. 1 S. 3 IFG

Grundsatz **§ 1 IFG**

angenommen wird, wenn sich die Behörde eines Privaten bedient (→ Rn. 158 ff.). Darüber hinaus kommt eine Wiederbeschaffungspflicht für solche Informationen in Betracht, die erst nach Antragstellung nicht mehr bei der Behörde vorhanden sind (→ § 2 Rn. 24 ff.). Problematisch ist auch die Frage einer Pflicht zur Perpetuierung des Vorhandenseins der vorhanden Informationen (→ § 2 Rn. 28). Jedenfalls setzt die Gewährung eines Zugangs zu Informationen voraus, dass die Behörde selbst tatsächlich Zugriff auf die Informationen hat (BVerwG Beschl. v. 27.5.2013 – 7 B 43/12). Kein Anspruch besteht auf Aufzeichnung der lediglich dem Amtswalter bekannten Informationen (Sitsen 150).

Rechtspolitisch wird darüber hinaus – schon aus Gründen der staatlichen Informationsvorsorge – eine Informationsbeschaffungspflicht zB in solchen Fällen gefordert, in denen Behörden allein die Befugnis bzw. die faktische Möglichkeit besitzen, sich derartige Informationen zu beschaffen (Kloepfer K&R 2006, 19 (25)). Bei einer besonderen Angewiesenheit auf Informationen kann sich in solchen Fällen der Informationsanspruch unmittelbar aus Grundrechten ergeben (→ Rn. 25). **157**

2. Beschaffungspflicht bei Vorliegen der Information bei Privaten (Abs. 1 S. 3)

Eine Ausnahme von dem Grundsatz, dass Behörden keiner Informationsbeschaffungspflicht unterliegen, ist in den Fällen des § 1 Abs. 1 S. 3 IFG anerkannt (Schoch IFG § 1 Rn. 31; ZDM 186). Soweit sich eine Behörde einer natürlichen Person oder einer juristischen Person des Privatrechts zur Erfüllung ihrer öffentlich-rechtlichen Aufgaben bedient, werden diese nämlich der Behörde gem. § 1 Abs. 1 S. 3 IFG gleichgestellt. Auf die bei diesen Personen vorhandenen Informationen besteht ein Beschaffungsanspruch gegenüber der Behörde als Ergänzung zum allgemeinen Informationszugangsanspruch (Fluck DVBl. 2006, 1406 (1413); Schoch IFG § 1 Rn. 31; Sitsen 142; ZDM 186). **158**

Selbst wenn also Ordner von einem externen Dienstleistungsunternehmen verwaltet werden, verfügt eine Behörde über die begehrten Informationen (VG Berlin BeckRS 2009, 36737; BeckRS 2009, 42119). In ähnlicher Weise wurde in einem Fall zu Gunsten der antragstellenden Person angenommen, dass der Vertrauensanwalt der deutschen Botschaft einer Behörde gleichsteht, weil die Botschaft sich seiner zur Erledigung ihrer öffentlich-rechtlichen (Verwaltungs-)Aufgaben bedient hat (VG Berlin Beschl. v. 29.1.2010 – VG 2 A 134.08). **158.1**

Zur effektiven Durchsetzung dieses Informationsbeschaffungsanspruchs wird der Behörde auf Grundlage von § 1 Abs. 1 S. 3 IFG eine Befugnis zum Erlass von Verwaltungsakten zur Durchsetzung zugebilligt (so Sitsen 142). Nichtsdestoweniger dürften die Effektivität herabgesetzt sein, weil Private nicht verpflichtet sind, die Informationen aufzubewahren und die Regeln der ordnungsgemäßen Aktenführung zu beachten (Fluck DVBl. 2006, 1406 (1414); Sitsen 142). **159**

3. Wiederbeschaffungsanspruch

Ein Wiederbeschaffungsanspruch besteht für den Ausnahmefall, in dem das regelwidrige Löschen oder Entfernen einer Aufzeichnung nur dem Zweck diente, den Informationszugangsanspruch zu vereiteln (Sitsen 152; idS auch BFH NVwZ 2000, 1334 (1335 ff.) bei der Vereitelung der Vollstreckung eines rechtskräftigen Urteils auf Akteneinsicht; NK-IFG/Rossi IFG § 2 Rn. 19). In diesen Fällen folgt der Anspruch aus § 826 BGB, der als Auffangtatbestand allgemeine materielle und ideelle Interessen gegen **vorsätzliche sittenwidrige Schädigung** schützt (Sitsen 152). In dieser Konstellation ist der Wiederbeschaffungsanspruch das Surrogat des vorsätzlich, sittenwidrig vereitelten Informationszugangsanspruchs. **160**

Umgekehrt besteht wohl allgemeiner Konsens, dass das geltende Recht keinen Wiederbeschaffungsanspruch vorsieht, wenn die begehrten Informationen **vor Antragstellung** gelöscht wurden (VG Berlin BeckRS 2011, 49525; BMI GMBl. 2005, 1346 (1349)); Hartleb NVwZ 2009, 825 (826); ZDM 187; vgl. zur rechtspolitischen Diskussion Bundesregierung BT-Drs. 17/412, 3). **161**

Werden **nach Eingang des Antrags** die Informationen an eine andere Stelle abgegeben, so ist zur Verhinderung der Umgehung des IFG erforderlich, dass diese Stelle nach dem Prinzip von Treu und Glauben die Informationen wiederbeschaffen muss (idS: OVG Berlin- **162**

Brandenburg Beschl. v. 31.5.2011 – 12 N 20.10; VG Berlin NVwZ 2009, 856 (857); Rossi DVBl. 2010, 554 (559 f.); Schomerus, Umfang des Informationsanspruchs gegenüber dem BMU nach dem Informationsfreiheitsgesetz und dem Umweltinformationsgesetz hinsichtlich Daten, die der Bundesaufsicht nach dem Atom- und Strahlenschutzrecht vorliegen, sowie sensibler und sicherheitsrelevanter Daten nach der Störfall-Verordnung, November 2010, http://doris.bfs.de/jspui/bitstream/urn:nbn:de:0221–201011233819/3/ BfS_2010_3608S70001.pdf, 89 f.; ZDM 187; dafür eine explizite Regelung fordernd Partsch Ausschussdrs. 17(4)573 C, 11).

162.1 Mit einer ähnlichen Problematik war auch das BVerwG beschäftigt, als die rechtlich nicht verfasste Glaubensgemeinschaft „Universelles Leben" Informationen über sich selbst bei der Informationsstelle für Jugendsekten und Psychogruppen begehrte und diese Stelle solche Informationen vernichtete, soweit sie älter als 10 Jahre und nicht durch die bereits abgegebene Sperrerklärung der obersten Bundesbehörde geschützt sind. Dabei stellte das BVerwG (BeckRS 2011, 50919 Rn. 7; ähnlich bereits BVerwG NVwZ 2011, 880 Rn. 25) fest, dass sich die Behörde „ihrer prozessualen Verpflichtung aus § 99 Abs. 1 VwGO wie auch dem materiellen Anspruch des Antragstellers nicht durch eine Vernichtung der Akten entziehen und die Möglichkeiten des Einzelnen zur Erlangung effektiven Rechtsschutzes nicht vereiteln darf".

163 Eine **tatsächliche und rechtliche Möglichkeit** der Wiederbeschaffung ist Voraussetzung für eine Pflicht dazu (OVG Berlin-Brandenburg Beschl. v. 31.5.2011 – 12 N 20.10; VG Berlin NVwZ 2009, 856 (857); ZDM 188). Eine solche Wiederbeschaffungsmöglichkeit ist nach Ansicht des VG Berlin (NVwZ 2009, 856 (857)) nur dann gegeben, wenn der Behörde die Informationen auf Verlangen zurückgewährt werden, wobei unerheblich sei, ob die Behörde einen Rechtsanspruch auf die Rückgabe der Unterlagen habe und diesen gegebenenfalls gerichtlich durchsetzen könnte und müsste. Anderseits wird lediglich danach gefragt, ob die Behörde die Akten herausverlangen könne, wobei dies auch mit der polizeirechtlichen Generalklausel möglich sein solle, weil die Pflicht zur ordnungsgemäßen Aktenführung (→ § 2 Rn. 20 ff.) ein Schutzgut der öffentlichen Sicherheit sei (Benighaus LKV 2010, 277; wohl auch ZDM 188).

164 Rechtspolitisch am sinnvollsten erscheint die ausdrückliche Normierung einer Wiederbeschaffungspflicht der Behörde ergänzt um einen Wiederbeschaffungsanspruch des Antragstellers (Hartleb NVwZ 2009, 825 (826); ZDM 188). Auch die Normierung eines unmittelbaren Anspruchs gegenüber dem Privaten scheint sinnvoll (Hartleb NVwZ 2009, 825 (826); ZDM 188).

165 Ist eine Wiederbeschaffung offensichtlich unmöglich – etwa weil der Dritte die streitgegenständlichen Informationen vernichtet hat –, muss auch ein Anspruch nach dem IFG ausscheiden, und der Antragsteller kann allenfalls ein Schadensersatzanspruch zustehen (Hartleb NVwZ 2009, 825 (826)). Problematisch dürfte der Nachweis eines adäquat kausal verursachten Schadens sein (ZDM 188).

D. Gewährung des Informationszugangs (Abs. 2)

166 Die Regelung über die Gewährung des Informationszugangs in § 1 Abs. 2 IFG lehnt sich nach der Gesetzesbegründung (BT-Drs. 15/4493, 8) im Interesse einer einheitlichen Regelung am UIG an. Dementsprechend kann zur Auslegung des Abs. 2 auf die Erkenntnisse zu § 3 Abs. 2 UIG (→ UIG § 3 Rn. 23 ff.) zurückgegriffen werden (idS Schoch IFG § 1 Rn. 129).

I. Modalitäten der Zugangsgewährung (Abs. 2 S. 1)

167 Als Modalitäten der Zugangsgewährung zählt § 1 Abs. 2 S. 1 IFG auf, dass die Behörde Auskunft erteilen, Akteneinsicht gewähren oder Informationen in sonstiger Weise zur Verfügung stellen kann. Letzteres enthält einen Auffangtatbestand, wenn Auskunft oder Akteneinsicht nicht in Betracht kommen, und damit unterscheidet sich das IFG deutlich vom Presserecht (→ Rn. 204 ff.), welches nur ein Auskunftsrecht gewährt (Schoch IFG § 1 Rn. 132). Dabei stehen diese drei genannten Zugangsarten in keinem Ausschlussverhältnis zueinander, vielmehr kann ein Antragsteller die erhalten Auskunft zum Anlass nehmen, um

Grundsatz   § 1 IFG

in derselben Angelegenheiten Akteneinsicht oder eine Kombination aller Zugangsarten zu beantragen (Schoch IFG § 1 Rn. 134).

Auskünfte zielen auf die von der informationspflichtigen Stelle erfolgende Wiedergabe 168 des Inhalts der amtlichen Informationen, wie sie sich auf einem bestimmten Informationsträger finden (Schoch IFG § 1 Rn. 135). Sie können gem. § 7 Abs. 3 IFG mündlich, schriftlich oder elektronisch erteilt werden (→ § 7 Rn. 60 ff.).

Akteneinsicht ist die Einsichtnahme in amtliche Informationen durch den Antragsteller 169 (vgl. § 7 Abs. 4 S. 1 IFG). Der Antragsteller erhält – anders als bei der von der informationspflichtigen Stelle erbrachten Auskunft (→ Rn. 168) – durch eigene Sinneswahrnehmung unmittelbaren Zugang zu den amtlichen Informationen (Schoch IFG § 1 Rn. 137). Während dabei teilweise (BRS/Scheel IFG § 1 Rn. 96) sich am zu § 29 VwVfG entwickelten Aktenbegriff orientiert wird, wird auch teils (Schoch IFG § 1 Rn. 139) ein Rückgriff auf die Definitionen des § 1 Abs. 1 iVm § 3 RegR präferiert. Jedenfalls ist Akteneinsicht auch in elektronische Vorgänge zu gewähren (VG Hamburg BeckRS 2011, 45853; ZDM 203). Eine Einsichtnahme muss auch nicht zwingend – zumal wenn gem. § 7 iVm §§ 3-6 IFG Schwärzungen erforderlich sind – in die Originalakte erfolgen, vielmehr ist die Einsichtnahme in Kopien, die dem Antragsteller überdies zugesendet werden können, möglich (BMI GMBl. 2005, 1346 (1347); Schoch IFG § 1 Rn. 141).

Das **Verfügbarmachen in sonstiger Weise** erfasst nach der Gesetzesbegründung (BT- 170 Drs. 15/4493, 8) die Fälle, in denen der Antragsteller mehr als eine bloße Auskunft will, eine Einsichtnahme in Bild- oder Schriftform jedoch ausscheidet (zB Tonform: Hören eines Tonbandes). Dies umfasst auch die Bereitstellung der Hilfsmittel der Behörde, welche den Informationszugang erst ermöglichen (→ § 2 Rn. 9).

Ähnlich wie bei der Frage des Vorhandenseins von Informationen (→ § 2 Rn. 24 ff.) 171 stellt sich die Frage der **Aufbereitung** von Informationen. Hier kommt insbes. in Betracht, dass der Antragsteller die Informationen auf einem anderen als dem bereits vorhandenen Informationsträger verfügbar gemacht bekommen will oder die Informationen (zusätzlich) mit Meta-Informationen verlangt. Nach den Anwendungshinweisen des BMI (GMBl. 2005, 1346 (1349)) braucht die Behörde die Informationen nicht nach den Wünschen des Antragstellers aufbereiten (zB mit Seitenzahlen versehen) oder erläutern. Zwar geht auch in der Literatur (idS Misoch/Schmittmann VR 2012, 181 (185)) die Tendenz dahin, dass kein Anspruch auf Bearbeitung von Informationen bestehe, jedoch hat sich hierzu bislang keine klare Linie herausgebildet. Ebenso wie bei der Frage nach dem Vorhandensein von Informationen (→ § 2 Rn. 24 ff.) bietet sich hier die Wertung an, ob die Aufbereitung der Daten für die Verwaltung im Hinblick auf die Zielsetzung des IFG noch verhältnismäßig ist.

> Eine zusammenfassende aussagekräftige Darstellung des wesentlichen Inhalts der einschlägigen 171.1 Behördenakten ist nach Ansicht des Gerichts bei einer umfassenden Anfrage an die Bundesanstalt für Finanzdienstleistungsaufsicht erforderlich, wobei auch anzugeben ist, aus welchen Gründen nähere Auskünfte über bestimmte Aktenteile wegen vorrangig zu schützenden öffentlichen oder privaten Belangen iSd §§ 3 bis 6 IFG nicht erteilt werden dürften. Diese gem. §§ 3 bis 6 IFG ausgeschlossenen Passagen sind vor der Akteneinsicht zu schwärzen. Wenn sich eine entsprechende partielle Schwärzung als untunlich erweisen sollte, weil dadurch der Sinn der restlichen Informationen entstellt oder nicht mehr erkennbar wäre, sind entsprechende Aktenbestandteile auszusondern und an deren Stelle Platzhalter einzuheften, auf denen stichwortartig der Grund der Entnahme anzugeben ist (VG Frankfurt a. M. BeckRS 2008, 39049; ZDM 204).

> Begehrt demgegenüber ein Antragsteller – anstatt der Akteneinsicht, welche die Behörde 171.2 gewähren wollte – die Übersendung seiner Kindergeldakte im PDF-Format oder als Kopie, so wurde diese Beschränkung des Verfügbarmachens in sonstiger Weise unter Hinweis auf § 7 Abs. 4 IFG gerichtlich bestätigt. Nach § 7 Abs. 4 IFG kann der Antragsteller – soweit nicht der Schutz des geistigen Eigentums entgegensteht – im Fall der Einsichtnahme in amtliche Informationen Notizen machen oder Ablichtungen und Ausdrucke fertigen lassen (→ § 7 Rn. 69 ff.). Daraus wurde gefolgert, das IFG gehe davon aus, dass die Einsichtnahme in amtliche Informationen vor Ort bei der informationspflichtigen Stelle erfolge und kein Anspruch auf Übersendung von (Original)Akten in Papierform, auf Übermittlung einer elektronischen Kopie (VG Ansbach Urt. v. 14.9.2010 – AN 4 K 10.01419, unter Hinweis auf Schoch IFG § 7 Rn. 86, der darauf hinweist, dass ein solcher Anspruch aber in § 13 Abs. 6 IFG BE und § 12 Abs. 3 S. 3 IFG-ProfE vorgesehen sei) oder Übersendung von

Kopien (VG Ansbach Urt. v. 3.5.2011 – AN 4 K 11.00644) bestehe. Zwingend ist diese für den Antragsteller nachteilige Auslegung freilich nicht (ZDM 204).

II. Wahlrecht des Antragstellers und deren Einschränkung (Abs. 1 S. 2 und 3)

172 Begehrt der Antragsteller eine bestimmte Art des Informationszugangs, so darf dieser gem. § 1 Abs. 2 S. 2 und 3 IFG nur aus wichtigem Grund – insbes. einem deutlich höheren Verwaltungsaufwand – auf andere Art gewährt werden. Erfolgt die Informationsgewährung anders als beantragt, ist dies eine teilweise Ablehnung (idS BMI GMBl. 2005, 1346 (1347)).

173 Beim **deutlich höheren Verwaltungsaufwand** ist nach der Gesetzesbegründung (idS wohl: BT-Drs. 15/4493, 8; auch BfDI, Anwendungshinweise, 2007, 4) „beispielhaft an Massenverfahren, in denen zahlreiche Personen gleichförmige Anträge stellen (siehe § 7 Abs. 1 S. 4 zu Verfahrenserleichterungen bei Antragstellung durch mehr als 50 Personen)", zu denken. Dies ist allerdings insoweit wenig überzeugend, als ein Massenverfahren eine seltene Ausnahme darstellt und als in diesem Fall dem drohenden Verwaltungsaufwand bereits durch § 7 Abs. 1 S. 4 IFG (→ § 7 Rn. 41 f.) Rechnung getragen werden kann (Schoch IFG § 1 Rn. 153). Als sinnvoller Bezugspunkt für § 1 Abs. 2 S. 3 IFG ist vielmehr auf den Vergleich zwischen dem Aufwand für den vom Antragsteller begehrten Informationszugang und dem Aufwand einer anderen Art des Informationszugangs abzustellen (idS Schoch IFG § 1 Rn. 153). Um dem Interesse am effektiven Informationszugang zu genügen, kann ein „deutlich höher" Verwaltungsaufwand erst angenommen werden, wenn die personellen und sächlichen Kapazitäten der informationspflichtigen Stelle derart gebunden würden, dass deren Arbeitsfähigkeit beim Eingehen auf den Wunsch des Antragstellers gefährdet würde (Schoch IFG § 1 Rn. 153). Erforderlich ist die Darlegung (→ Rn. 225) einer signifikant höheren Arbeitsbelastung, wobei unerheblich ist, dass bereits die Erfüllung des Informationsanspruchs eine große Arbeitsbelastung darstellt, denn diese ist eine zwingende Folge der gesetzlichen Einräumung eines Informationsanspruchs (VGH Mannheim BeckRS 2009, 35967 zum UIG).

173.1 Allein der Umstand, dass der technisch-organisatorische Aufwand für eine Auskunft idR geringer sein dürfte als der für eine Akteneinsicht, bei der etwa in Gestalt erforderlicher Anonymisierungen zusätzliche Vorbereitungsmaßnahmen anfallen, reicht zum Beleg eines deutlich höheren Verwaltungsaufwandes iSv § 1 Abs. 2 S. 3 IFG nicht aus, denn andernfalls würde das gesetzlich begründete Regel-Ausnahme-Verhältnis in sein Gegenteil verkehrt (VG Berlin PharmR 2012, 343 (348)).

174 Als **sonstige wichtige Gründe** führt die Gesetzesbegründung (BT-Drs. 15/4493, 8) materielle Gesichtspunkte wie der Schutz personenbezogener Daten an. Die Anwendungshinweise des BMI (GMBl. 2005, 1346 (1348)) stellen auf eine Prüfung der §§ 3 bis 6 IFG ab. Allgemeiner formuliert sind alle Gründe erfasst, nach denen der Informationszugang in der begehrten Form von der Behörde abgelehnt werden kann oder muss.

174.1 Als wichtiger Grund kommt zB in Betracht, wenn der Informationszugang gem. § 9 Abs. 3 IFG (→ § 9 Rn. 28 ff.) versagt werden kann, weil die Information im Internet verfügbar ist (idS BVerwG NVwZ 2010, 189 Rn. 66 zum UIG). Eine Versagungspflicht für eine bestimmte Modalität der Informationsgewährung kommt vor allem aufgrund drohenden Verstößen gegen das Urheberrecht in Betracht. Insbes. der Übersendung von beantragten Kopien von den amtlichen Informationen kann der Schutz des geistigen Eigentums gem. § 6 S. 1 IFG (→ § 6 Rn. 2 ff.) entgegenstehen.

175 Dabei darf – ausgehend von dem Ziel der möglichst effektiven Gewährung von Informationen – „auch die Art der Informationsgewährung nicht dazu führen, dass der Anspruch nicht oder nur unzulänglich erfüllt wird. Hat demnach eine Behörde keine überzeugenden Einwände gegen die Gewährung einer begehrten Akteneinsicht erhoben, dann besteht auch grds. ein Rechtsanspruch auf Akteneinsicht, weil keine andere ermessensfehlerfreie Entscheidung in Betracht kommt" (OVG Koblenz NVwZ 2007, 351 (354) zum RhPfUIG).

III. Auswahlermessen der Behörde (Abs. 2 S. 1)

176 Zwischen den verschieden Modalitäten der Zugangsgewährung „kann" die Behörde auswählen, mithin ist ihr ein Auswahlermessen eingeräumt (BRS/Scheel IFG § 1 Rn. 86;

Schoch IFG § 1 Rn. 144). Dabei steht das Auswahlermessen unter dem Vorbehalt der fehlenden Ausübung des Bestimmungsrechts durch den Antragsteller (→ Rn. 172) oder dem Vorliegen eines wichtigen Grundes iSd § 1 Abs. 2 S. 1 IFG (→ Rn. 173 f.) (NK-IFG/Rossi IFG § 1 Rn. 94). Ihr Ermessen hat die Behörde gem. § 40 VwVfG entsprechend dem Zweck der Ermächtigung auszuüben und die gesetzlichen Grenzen des Ermessens einzuhalten.

Ausgehend vom Zweck des IFG (→ Rn. 91) ist der Behörde ein Ermessen zwischen 177 solchen Informationsmitteln eingeräumt, die im Wesentlichen die gleiche Informationseignung besitzen (BVerwG NJW 1997, 753 (754) zum UIG; Walz DÖV 2009, 623 (625); ZDM 202). Bei der Ermessensausübung „ist der zu erwartende Arbeitsaufwand ins Verhältnis zu der personellen und sächlichen Ausstattung der Behörde und ihrer gegenwärtigen Arbeitsbelastung zu setzen. Außerdem soll die Behörde im Hinblick auf die Ausschluß- oder Beschränkungstatbestände (...) flexibel handeln, d. h. einen bestimmten Informationszugang wählen können, der sowohl dem Informationsrecht des Antragstellers als auch den Ausschluß- oder Beschränkungsgründen Rechnung trägt. So mag beispielsweise die von einem Antragsteller gewünschte Akteneinsicht zugunsten einer Auskunft oder der Übermittlung von Aktenkopien abgelehnt werden können, wenn die Einsicht in die Akten deren aufwendige oder praktisch gar nicht zu leistende Entfernung von Unterlagen voraussetzt, die zum Schutz öffentlicher oder privater Belange vom Informationsanspruch nicht erfaßt werden" (so für Umweltinformationen BVerwG NJW 1997, 753, zustimmend für das IFG übernehmend: Schoch IFG § 1 Rn. 146; Walz DÖV 2009, 623 (625); ZDM 202).

In den Anwendungshinweisen des BMI (GMBl. 2005, 1346 (1347)) wird das Verhältnis 178 von Einsicht in die Originalakte und der Zurverfügungstellung von Kopien folgendermaßen beschrieben: „Daraus folgt jedoch nicht, dass die Einsichtnahme in Originalakten bei der Behörde der Regelfall ist. Vielmehr werden regelmäßig Abschriften versandt oder eingesehen werden. Die Beachtung der Ausnahmegründe nach den §§ 3–6 wäre bei freier Akteneinsicht nur schwer zu gewährleisten; dies ist ein wichtiger Grund nach § 1 Abs. 2 S. 2." Allerdings wird – angesichts der Möglichkeit fehlerhafter Deutungen der vorhandenen Informationen durch die Behörde, wobei Fehler für die Informationssuchenden nicht ohne weiteres erkennbar sind – die Auskunft einerseits als ultima ratio gegenüber der direkten Information bewertet (Sitsen 329). Andererseits wird darauf hingewiesen, dass – insbes. bei umfangreichem Aktenmaterial – das Interesse auch auf eine brauchbare, zusammenfassende Auskunft gerichtet sein kann (Sitsen 329 f.). Daher wird die Rücksprache mit dem Antragsteller empfohlen (Sitsen 330). Diese unterschiedlichen Sichtweisen verdeutlichen, dass die verschiedenen Modalitäten der Zugangsgewährung in § 1 Abs. 2 S. 1 IFG prinzipiell **gleichrangig nebeneinander** gestellt sind (idS Kugelmann § 1 Anm. 5; NK-IFG/Rossi IFG § 1 Rn. 81; Sitsen 329; Schoch IFG § 1 Rn. 133).

Durch die Beachtung des materiellen Schutzbedürfnisses darf bei der Auswahl der Modalitäten 178.1 des Informationszugangs keine Entwertung der zugänglichen Informationen erfolgen, wenn zB durch notwendige Schwärzungen von Kopien eine sinnentstellende Information entstehen würde, dann soll dem Antragsteller eine Auskunft erteilt werden (idS Steinbach/Hochheim NZS 2006, 517 (519); Schoch IFG § 1 Rn. 157). Als milderes Mittel gegenüber der Versagung der Akteneinsicht bei Gewährung nur einer Auskunft, kommt auch die Einsicht bei besonders schutzwürdigen Dokumenten nur unter Aufsicht in Betracht (Sitsen 329).

Die **gesetzlichen Grenzen des Ermessens** ergeben sich aus § 1 Abs. 2 IFG und einigen 179 Verfahrensmodalitäten gem. § 7 IFG sowie vor allem aus den Ausschlussgründe der §§ 3 bis 6 IFG (enger Schoch IFG § 1 Rn. 147). Die Modalitäten des Informationszugangs dürfen nicht den Zugang zu geschützten öffentlichen Belangen oder privaten Interessen ermöglichen, weshalb häufig Aktenkopien verwendet werden müssen, denn da die Originalakte nicht verfälscht werden darf, sind in ihr – anders als auf Kopien – Schwärzungen geheimhaltungsbedürftiger Informationen nicht möglich (Schoch IFG § 1 Rn. 147). Auch können die Modalitäten des Informationszugangs durch das Urheberrecht determiniert sein. Der Informationszugang in einer bestimmten Form (zB Kopien der amtlichen Informationen) könnte der Schutz des geistigen Eigentums gem. § 6 S. 1 IFG (→ § 6 Rn. 2 ff.) entgegenstehen, während die Akteneinsicht urheberrechtlich zulässig ist.

E. Kollisionsregelung (Abs. 3)

I. Überblick

180 Regelungen in anderen Rechtsvorschriften über den Zugang zu amtlichen Informationen gehen gem. § 1 Abs. 3 IFG mit Ausnahme des § 29 VwVfG und des § 25 SGB X vor. Damit wird nach der Gesetzesbegründung klargestellt, dass das IFG spezialgesetzliche Informationszugangsregelungen – unabhängig davon ob sie enger oder weiter als das IFG sind – nicht verdrängt, sondern dass diese vorgehen (BT-Drs. 15/4493, 8; BfDI, Anwendungshinweise, 2007, 4; BMI GMBl. 2005, 1346 (1347); ZDM 153 f.). Damit ist keine Aussage zu der spannenderen Frage getroffen, ob und inwieweit – umgekehrt – spezielle Informationszugangsrechte die Anwendbarkeit des IFG ausschließen (Schoch IFG § 1 Rn. 159). Diese strukturell einfache Frage ist häufig schwierig zu beantworten, weil die lex-specialis-Regel in ihrer konkreten Anwendung zu erheblichen Unsicherheiten führen kann (Rossi DVBl. 2010, 554 (557); ZDM 154). Eine Verdrängung des IFG kommt nur insoweit in Betracht, als der Anwendungsbereich (→ Rn. 182) der Spezialnorm (→ Rn. 181) reicht und eine abschließende Regelung (→ Rn. 184) enthält; im Übrigen bleibt das IFG anwendbar (BfDI, Anwendungshinweise, 2007, 4; ZDM 154).

180.1 Der Anteil der Fälle, die aufgrund des Vorrangs einer spezialgesetzlichen Regelung von Behörden abgelehnt wurden, lag im Zeitraum zwischen 2006 und 2011 bei 11 % (ZDM 165, mit weiteren empirischen Daten).

181 Das IFG kann nur durch **Rechtsnormen mit Außenwirkung** (Parlamentsgesetze, Rechtsverordnungen und Satzungen) verdrängt werden, aber nicht jedoch durch Verwaltungsvorschriften und bloße vertragliche Regelungen (Kugelmann § 1 Anm. 6.1; NK-IFG/Rossi IFG § 1 Rn. 114 f.; Schoch IFG § 1 Rn. 163; Sitsen 61). Da aufgrund der eindeutigen Verteilung der Gesetzgebungskompetenzen durch die Art. 30, 70–75 GG entweder der Bund oder die Länder zuständig sind, wären kollidierende Regelungen der Bundesländer schon aufgrund fehlender Gesetzgebungskompetenz nichtig, so dass das IFG verdrängende landesrechtliche Regelungen kaum denkbar sind (Sitsen 63).

182 Das IFG wird nur durch Normen verdrängt, die einen mit § 1 Abs. 1 IFG – abstrakt – **identischen sachlichen Regelungsgegenstand** aufweisen (idS: BVerwG BeckRS 2013, 46016 Rn. 46; ZDM 154 mwN). Erforderlich ist dazu, dass die vorrangige Rechtsvorschrift Informationsrechte regelt, die nicht nur im Einzelfall, sondern ausschließlich oder jedenfalls typischerweise den Zugang zu amtlichen Aufzeichnungen gestatten, und diese müssen nicht nur im Einzelfall, sondern ausschließlich oder jedenfalls typischerweise an nach IFG Informationspflichtige adressiert sein (VG Hamburg BeckRS 2009, 35841; 2010, 49049; 2010, 49050; 2011, 45853; Schoch IFG § 1 Rn. 164 f.; ZDM 154). Demgegenüber ist unerheblich, ob die andere Rechtsvorschrift den gleichen Personenkreis berechtigt (VG Hamburg BeckRS 2009, 35841; 2010, 49049; 2010, 49050; Schoch IFG § 1 Rn. 165; ZDM 154). Die an besondere persönliche Eigenschaften anknüpfenden Informationsansprüche bezwecken nämlich idR deren Rechte zu erweitern und nicht allgemeine Rechte auszuschließen (idS Schnabel NVwZ 2012, 854 (859 f.); Sitsen 57).

183 Eine Sperrwirkung gegenüber dem IFG kann sich auch aus dem Fehlen der Normierung eines Informationszugangsrechts ergeben, wie dies insbes. im Steuerrecht diskutiert wird (→ Rn. 193). Demgegenüber findet § 1 Abs. 3 IFG keine Anwendung auf solche Regelungen, die – wie zB § 30 AO, § 9 KWG – ausdrücklich die Geheimhaltung von bestimmten Informationen vorschreiben (BRS/Scheel IFG § 1 Rn. 136 f.; Schoch IFG § 1 Rn. 199 f.; Sitsen 60; aA Jastrow/Schlatmann IFG § 1 Rn. 63). Diese Regelungen sind kein „anderen Rechtsvorschriften über den Zugang zu amtlichen Informationen" iSd § 1 Abs. 3 IFG, weil deren Regelungsgenstand gar kein Informationszugangsanspruch ist, mithin kann von ihnen keine Sperrwirkung ausgehen (Schoch IFG § 1 Rn. 200). Außerdem würde andernfalls § 3 Nr. 4 IFG (→ § 3 Rn. 140 ff.) leer laufen (idS Sitsen 60).

184 Darüber hinaus bedarf es – wenn und soweit die Bestimmung des § 1 Abs. 3 IFG dem Fachrecht Geltung verschaffen will – der Prüfung, ob sich die spezialgesetzliche Bestimmung als **abschließend** versteht (BVerwG BeckRS 2013, 46016 Rn. 46). Dementsprechend fasst das OVG Münster (BeckRS 2008, 38135, zustimmend zitiert bei: VG Gelsenkirchen

Grundsatz § 1 IFG

BeckRS 2010, 53386; 2010, 54109; VG Minden BeckRS 2010, 54367; Rossi DVBl. 2010, 554 (557); ZDM 154 f.) zusammen: „Konkurrenzfragen sind in jedem konkreten Einzelfall durch eine systematische, an Sinn und Zweck des Gesetzes orientierte Auslegung der jeweiligen Informationszugangsrechte zu klären. Um die Bestimmung des Verhältnisses verschiedener Informationszugangsrechte untereinander vornehmen zu können, müssen vor allem deren jeweilige Regelungsmaterien berücksichtigt werden. Eine Vorrangigkeit im Sinne einer Ausschließlichkeit ist nur dort anzunehmen, wo die jeweiligen Rechte die gleichen Anliegen verfolgen und/oder identische Zielgruppen erfassen. Eine Regelung in einer anderen Rechtsvorschrift iSv § 1 Abs. 3 IFG liegt daher nur dann vor, wenn ihr Anwendungsbereich in sachlicher Hinsicht wegen spezifischer Anforderungen an die Informationen, die der Rechtsvorschrift unterfallen, und/oder in persönlicher Hinsicht wegen spezifischer Anforderungen an die Personen, auf welche die Rechtsvorschrift Anwendung findet, beschränkt ist. Wenn spezialgesetzliche Regelungen für einen gesonderten Sachbereich oder für bestimmte Personengruppen einen begrenzten Informationsanspruch vorsehen, ist deshalb im Einzelfall zu untersuchen, ob diese Grenzen auch für den Anspruch aus § 1 Abs. 1 Satz 1 IFG bindend sind. Das ist anzunehmen, wenn ein umfassender Informationsanspruch dem Schutzzweck des Spezialgesetzes zuwider laufen würde. Lässt sich derartiges nicht feststellen, gelangt der Anspruch aus § 1 Abs. 1 Satz 1 IFG zur Anwendung."

Ob die fachrechtlichen Informationszugangsrechte vor oder nach dem Inkrafttreten des IFG erlassen wurden, ist für die Anwendbarkeit des § 1 Abs. 3 IFG unerheblich (Schoch IFG § 1 Rn. 160). § 1 Abs. 3 IFG verdrängt damit die lex posterior-Regel (BRS/Scheel IFG § 1 Rn. 135; Schoch IFG § 1 Rn. 169). Nichtsdestoweniger können sich aus der **zeitlichen Dimension** Anhaltspunkte für die Ermittlung der Sperrwirkung ergeben. **185**

Bei der Auslegung spezieller Rechtnormen ist zu berücksichtigen, dass vor Erlass des IFG spezielle Informationsrechte noch die Ausnahme waren, wohingegen es danach die Regel sein sollte. Unter Berücksichtigung der Umkehrung dieses Regel-Ausnahme-Verhältnisses sind Einsichtshindernisse aufgrund vor dem IFG erlassener spezieller Regelungen besonders eng auszulegen, um dem allgemeinen IFG so einen weiten Anwendungsbereich zu eröffnen (Raabe/Helle-Meyer NVwZ 2004, 641 (643); BRS/Scheel IFG § 1 Rn. 119; Sitsen 55). Dementsprechend kann auch das Erfordernis eines besonderen Interesses an einer Information oder eine besondere rechtliche Betroffenheit kein Indiz für den abschließenden Charakter einer Regelung sein, weil dies vor Erlass des IFG idR Voraussetzung von Informationsrechten war (Sitsen 55; idS auch NK-IFG/Rossi § 1 Rn. 108). **185.1**

Nachfolgend wird das Verhältnis zu den in § 1 Abs. 3 IFG genannten Akteneinsichtsrechten von Beteiligten gem. § 29 VwVfG (zusammen mit sonstigen Regelungen des VwVfG → Rn. 187 ff.) und § 25 SGB X einschließlich sonstigem Sozialrecht (→ Rn. 190) erörtert. Vergleichbare Überlegungen könnten für das Steuerrecht (→ Rn. 191 ff.) gelten. Als verdrängende Spezialnormen sind in der Gesetzesbegründung (BT-Drs. 15/4493, 8) das BArchG und das StUG (→ Rn. 194 f.) sowie das UIG (→ Rn. 196 ff.) genannt. Ebenso spezieller ist das später in Kraft getretenen VIG (→ Rn. 198). Genauer erörtert werden auch noch die Verhältnisse zum IWG (→ Rn. 199 f.), Informationsaustauschregeln zwischen öffentlichen Stellen (→ Rn. 201), Abgeordneten/Parlamentsrecht (→ Rn. 202 ff.), Presserecht (→ Rn. 204 f.), Registerrecht (→ Rn. 206 ff.), Vergaberecht (→ Rn. 209 ff.), Informationsrechte in Gerichtsprozessen (→ Rn. 215 ff.) und Rechte von Betroffenen bzw. Geschädigten (→ Rn. 217 ff.). Weitere Konstellationen für das IFG verdrängende (→ Rn. 222 f.) und nicht verdrängende (→ Rn. 219 ff.) Regelungen sollen noch kurz beschrieben werden. **186**

Das Verhältnis von speziellen zu allgemeinen Informationsrechten ist in den Bundesländern sehr heterogen geregelt: Berlin und neuerdings Schleswig-Holstein haben das Umweltinformationsrecht in das allgemeine Informationsrecht integriert (vgl. § 18a IFG BE, § 2 Abs. 2 IZG-SH), so dass insoweit ein Konkurrenzverhältnis nicht in Betracht kommt. Die bundesrechtliche Konkurrenzregelung wird von § 1 S. 1 SIFG übernommen. Ebenso ist das Konkurrenzverhältnis in § 1 Abs. 3 BremIFG und § 1 Abs. 3 IZG LSA in Bezug auf die Akteneinsicht nach Verwaltungsverfahrensrecht normiert, aber für die Akteneinsicht nach dem SGB X wurde keine explizite Regelung getroffen. In laufenden Verfahren wird nach Maßgabe des § 4 Abs. 2 S. 2 ThürIFG Zugang zu amtlichen Informationen nur nach Maßgabe des anzuwendenden Verfahrensrechts gewährt. Noch weitergehend regeln die § 1, § 2 Abs. 4 AIG BB, § 4 Abs. 2 IFG NRW und § 4 Abs. 2 LIFG RP einen generellen Vorrang **186.1** anderer besonderer Rechtsvorschriften gegenüber dem allgemeinen Informationszugangsanspruch. Demgegenüber bleiben nach § 1 Abs. 3 IFG M-V (dazu Dalibor Informationsfreiheit und Informationsrecht Jahrbuch 2009, 271 (280 f.)) und § 3 S. 2 IZG-SH alle besonderen Rechtsvorschriften bzw. gem. § 3 Abs. 3 IFG BE und § 15 HmbTG alle weitergehende Informationszugangsansprüche unberührt.

186.2 Ähnlich bleiben auf EU-Ebene nach Art. 2 Abs. 6 VO (EG) Nr. 1049/2001 solche Informationszugangsrechte unberührt, die sich aus internationalen Übereinkünften oder aus Rechtsakten der Organe zu deren Durchführung ergeben. Im Verhältnis zu restriktiveren oder weitergehenden Spezialvorschriften des EU-Rechts soll die VO (EG) Nr. 1049/2001 einen Mindeststandard darstellen (Meltzian, 208 ff.; ZDM 166). Ebenfalls als Mindeststandard ist die KEZaD anzusehen (ZDM 166).

II. VwVfG

187 Vereinzelt (Kugelmann NJW 2005, 3609 (3611)) wurde angenommen, dass die Anwendung des IFG für Beteiligte iSd § 13 VwVfG während des Verwaltungsverfahrens ausgeschlossen war. Allerdings diente das IFG der Erweiterung der bisherigen Akteneinsichtsrechte (vgl. BT-Drs. 15/4493, 6, 8). Dann wäre aber eine Einschränkung der Informationsrechte während des Verwaltungsverfahrens ein Wertungswiderspruch (Gurlit in Ziekow (Hrsg.), Aktuelle Fragen des Fachplanungs-, Raumordnungs- und Naturschutzrechts 2006, 2007, 223 (229)). Aufgrund der Kollisionsregelung in § 1 Abs. 3 IFG stehen die Ansprüche nach dem IFG und die Akteneinsichtsrechte der Beteiligten nach § 29 VwVfG vielmehr gleichrangig nebeneinander und können alternativ geltend gemacht werden (idS: BT-Drs. 15/4493, 8; BfDI, Anwendungshinweise, 2007, 4; Schoch IFG § 1 Rn. 202 ff.; Ziekow, VwVfG, 2. Aufl. 2010, § 29 Rn. 22; ZDM 155). Das IFG regelt dafür eine Rückausnahme vom Vorrang (BT-Drs. 15/4493, 8; ZDM 155), wobei allerdings teils (Sitsen 65 f.) davon ausgegangen wird, dass bereits kein Kollisionsfall vorliegen würde. Eine Berufung auf eine der beiden Anspruchsgrundlagen ist entbehrlich, vielmehr ist es Aufgabe der Behörde, das Informationsbegehren nach allen in Betracht kommenden Vorschriften zu prüfen (Ziekow, VwVfG, 2. Aufl. 2010, § 29 Rn. 22; ZDM 155). Der Anspruch gem. § 1 Abs. 1 IFG ist insofern weiter, als er für jeden – also auch Nicht-Verfahrensbeteiligte – und außerhalb laufender Verwaltungsverfahren gilt (BfDI, Anwendungshinweise, 2007, 4; ZDM 156). Im Einzelfall kann aber auch das Akteneinsichtsrecht nach § 29 VwVfG für den Antragsteller günstiger sein, weil die Versagungsgründe des § 29 Abs. 2 VwVfG weniger weit reichen als die in §§ 3-6 IFG (BfDI, Anwendungshinweise, 2007, 4; ZDM 156).

188 Abgrenzungsfragen können zwar angesichts der parallelen Anwendbarkeit der Anspruchsnormen nicht in Bezug auf den Informationsanspruch als solchen, aber hinsichtlich der anzuwenden Kostenregelung (→ § 10 Rn. 11) aufkommen. In prozessualer Hinsicht können die parallel anwendbaren Anspruchsnormen Probleme hinsichtlich verschiedener Rechtswege (→ § 9 Rn. 56) oder hinsichtlich des Streitgegenstandes ergeben (ZDM 383).

189 Während § 29 VwVfG in § 1 Abs. 3 IFG aufgezählt ist, fehlt insoweit eine ausdrückliche Regelung für das Akteneinsichtsrecht gem. § 72 iVm § 29 VwVfG im Planfeststellungsverfahren. Insoweit wird ein Redaktionsversehen vermutet (Ziekow/Gurlit, Aktuelle Fragen des Fachplanungs-, Raumordnungs- und Naturschutzrechts 2006, 2007, 223 (229); Schoch IFG § 1 Rn. 206). Dementsprechend und weil § 72 Abs. 1 VwVfG lediglich eine Modifizierung des § 29 VwVfG auf der Rechtsfolgenseite anordnet, sind nach dem Sinn und Zweck des § 1 Abs. 3 IFG (→ Rn. 92) beide Ansprüche nebeneinander anwendbar (Schoch IFG § 1 Rn. 206; idS auch Gurlit in Ziekow (Hrsg.), Aktuelle Fragen des Fachplanungs-, Raumordnungs- und Naturschutzrechts 2006, 2007, 223 (229)). Auch im Übrigen dürfte bei sonstigen Planungsvorhaben eine Sperrwirkung des § 1 Abs. 3 IFG eher selten sein (→ Rn. 219).

III. Sozialrecht

190 Vergleichbares wie für das Akteneinsichtsrechts gem. § 29 VwVfG (→ Rn. 187 ff.) gilt auch für das ebenso in § 1 Abs. 3 IFG genannte Akteneinsichtsrecht gem. § 25 SGB X. Weitergehend existieren im Sozialrecht noch viele Informationszugangsrechte, deren Verhältnis zum IFG einer genaueren Prüfung bedarf (vgl. dazu Adelt Die BKK 2005, 504 f. mit Bsp.).

IV. Steuerrecht

Anders als für die Akteneinsichtsrechte der Beteiligten in Verwaltungs- oder Sozialverwaltungsverfahren (§ 29 VwVfG bzw. § 25 SGB X) wurde mit § 1 Abs. 3 IFG in Bezug auf Verfahren nach der AO keine explizite Regelung getroffen; wahrscheinlich weil im Steuerverfahren kein allgemeines, gesetzlich normiertes Akteneinsichtsrecht der Beteiligten existiert (ZDM 159). Anerkannt (zB BFH NVwZ 2004, 382 ff.) ist insoweit vielmehr nur ein ungeschriebener Anspruch auf ermessensfehlerfreie Entscheidung der zuständigen Behörde über einen Antrag auf Akteneinsicht. **191**

Hinsichtlich des Verhältnisses von IFG zum Steuerrecht erwähnt die Gesetzesbegründung (BT-Drs. 15/4493, 9 bzw. 11) lediglich das Steuergeheimnis (§ 30 AO) bei § 3 Nr. 1 Buchst. d und § 3 Nr. 4 IFG. Auch der 5. Senat des BFH (NJW 2007, 1311 (1312)) verneinte einen Informationszugang gegenüber einem Finanzamt, weil eine Landesbehörde nicht nach dem IFG verpflichtet sei und der Informationszugang gem. § 3 Nr. 4 IFG iVm § 30 AO ausgeschlossen sei. Dies impliziert die grundsätzliche Anwendbarkeit des IFG bei Verfahren in Steuersachen (ZDM 159). Demgegenüber schrieb der 7. Senat des BFH (BeckRS 2007, 25011416) in einem obiter dictum, „dass § 30 der Abgabenordnung (AO) eine Spezialregelung darstellt, die der Anwendung des IFG auch dann vorgeht, wenn eine Bundesbehörde um Auskunft ersucht wird (§ 1 Abs. 3 IFG)". Gegen diese Begründung spricht, dass aus einem gesetzlich verankerten Geheimnisschutz wie § 30 AO nicht pauschal auf die Unanwendbarkeit des IFG geschlossen werden darf, weil Geheimhaltungsvorschriften iVm § 3 Nr. 4 IFG (→ § 3 Rn. 144) zwar einem freien Informationszugang im Ergebnis entgegen stehen können, aber sie sperren nicht schon die Anwendbarkeit von Informationsfreiheitsgesetzen (Rossi DVBl. 2010, 554 (557 f.); Schoch IFG § 1 Rn. 211; ZDM 160; dazu allgemein → Rn. 183). Die Vorrangigkeit von § 30 AO konnte in der Rspr. (zB OVG Koblenz BeckRS 2010, 49569; VG Ansbach Urt. v. 14.9.2010 – AN 4 K 10.01419; Urt. v. 3.5.2011 – AN 4 K 11.00644; VG Neustadt a. d. Weinstraße BeckRS 2010, 56840) häufig offen gelassen werden. **192**

Eine in sich schlüssige Argumentation zur Ablehnung der Anwendbarkeit des allgemeinen Informationszugangsanspruchs liegt in der Annahme eines Sperrwirkung aufgrund absichtsvollen Regelungsverzichts (→ Rn. 183) – der abschließenden Nichtregelung eines Akteneinsichtsrechts in der AO – (idS FG Münster DStRE 2004, 479 (481) und BeckRS 2012, 95062 jeweils zum IFG NRW; FG Rheinland-Pfalz BeckRS 2011, 96708 mzustAnm Claßen EFG 2012, 4 f.; Bartone jurisPR-SteuerR 13/2012 Anm. 4 C. entgegen OVG Hamburg BeckRS 2012, 45641 zum HmbIFG). Demgegenüber äußerte das OVG Münster (NZI 2011, 915 (916 f.)) Zweifel, ob ein bewusster Regelungsverzicht des Bundesgesetzgebers vorliegt, der die Anwendung des IFG NRW sperrt. Das BVerwG hat die dagegen gerichtete Nichtzulassungsbeschwerde zurückgewiesen und hat insoweit vertreten, dass die Anwendung des IFG NRW nicht durch die AO gesperrt ist (BVerwG NVwZ 2012, 824 Rn. 9 f., mzustAnm Baatz ZInsO 2012, 1269 f.; ebenso für HmbIFG: OVG Hamburg BeckRS 2012, 45641; ebenso für IZG-SH: OVG Schleswig NVwZ 2013, 810 ff. mzustAnm Winterfeld NVwZ 2013, 815 f.). Diese Argumentation lässt sich auf das IFG übertragen (Baatz ZInsO 2012, 1269; ZDM 160). Dementsprechend wird überwiegend eine grundsätzliche Anwendbarkeit des Informationsfreiheitsanspruchs auch bei steuerrechtlich veranlassten Informationen gefordert, weil der Schutz öffentlicher Belange, der einer Offenbarung von Informationen entgegenstehen könnte, durch § 3 IFG angemessen berücksichtigt werden könnte (idS: Korn DÖV 2012, 232 ff.; Polenz NJW 2009, 1921 (1923); Schoch IFG § 1 Rn. 209 ff.; ZDM 160). Ansonsten würden auch die Ausschlussgründe der § 3 Nr. 1 Buchst. d und Buchst. e IFG wenig Sinn machen (Fluck/Merenyi VerwArch 97 (2006), 381 (395 f.); Schoch IFG § 1 Rn. 212). **193**

V. BArchG/StUG

Für Archivgut des Bundes ist das BArchG nach Tatbestand, Rechtsfolge und Zweck ein das IFG verdrängendes Spezialgesetz (idS: BT-Drs. 15/4493, 8; BfDI, Anwendungshinweise, **194**

2007, 4; VG Berlin BeckRS 2009, 42119; BRS/Scheel IFG § 1 Rn. 134; Partsch Ausschussdrs. 17(4)573 C, 4; Sitsen 59; Schoch IFG § 1 Rn. 175; ZDM 156). Das BArchG regelt eine Teilmenge der vom IFG erfassten amtlichen Informationen, nämlich die der in Archivgut des Bundes überführten Informationen. Der Zugang zu diesem Archivgut ist für jedermann nach Ablauf der Schutzfristen ohne weitere Voraussetzungen durch § 5 BArchG abschließend geregelt, so dass für eine parallele Anwendung des IFG kein Raum verbleibt (VG Berlin BeckRS 2009, 42119; ZDM 156). Anderes gilt für den durch § 13 Abs. 2 IFG in § 5 Abs. 4 BArchG neu geregelten Fall, wenn bereits vor Übergabe an das Bundesarchiv ein Anspruch nach dem IFG offen gestanden hat (Sitsen 66 f.; Schoch IFG § 1 Rn. 176; ZDM 156).

195 Ähnlich regelt das StUG den Zugang zu bestimmten – und damit zu einer Teilmenge der auch vom IFG erfassten – Informationen mit spezifischen Schutzmechanismen für die Verwendung der von ihm erfassten amtlichen Informationen, die das IFG nicht kennt (VG Berlin NVwZ-RR 2010, 339 (340); ZDM 156). Nach Tatbestand, Rechtsfolge und Zweck der Regelungen ist das StUG somit ein das IFG verdrängendes Spezialgesetz (BT-Drs. 15/4493, 8; BfDI, Anwendungshinweise, 2007, 4; BRS/Scheel IFG § 1 Rn 135; Partsch Ausschussdrs. 17(4)573 C, 4), soweit Unterlagen des Staatssicherheitsdienstes iSd § 6 StUG oder personenbezogene Informationen nach § 37 Abs. 1 Nr. 5 StUG betroffen sind (VG Berlin NVwZ-RR 2010, 339 (340); NK-IFG/Rossi IFG § 1 Rn 109; Schoch IFG § 1 Rn 177 f.; ZDM 156 f.). Außerhalb des Anwendungsbereichs des IFG liegen die Unterlagen des Staatssicherheitsdienstes (§ 1 Abs. 2 StUG) und auch Kopien, Abschriften oder sonstige Duplikate von Unterlagen des Staatssicherheitsdienstes, die ein Dritter erstellt, sowie die personenbezogenen Informationen, die im Rahmen der Aufarbeitung der Tätigkeit des Staatssicherheitsdienstes durch die/den Bundesbeauftragte(n) für die Unterlagen des Staatssicherheitsdienstes der ehemaligen Deutschen Demokratischen Republik aus Stasi-Unterlagen exzerpiert und aufgezeichnet werden (sog. „Meta-Daten" in Tabellen, Listen, Aufsatzentwürfen, Übersichten, Zusammenstellungen etc.) (VG Berlin NVwZ-RR 2010, 339 (340); ZDM 157).

VI. UIG

196 Das speziellere UIG verdrängt das allgemeine Informationszugangsrecht (idS bspw.: VG Köln BeckRS 2008, 41008; BfDI, Anwendungshinweise, 2007, 4; BRS/Scheel IFG § 1 Rn. 133; Partsch Ausschussdrs. 17(4)573 C, 4; Schomerus/Tolkmitt DÖV 2007, 985 (991); Schoch IFG § 1 Rn. 171 f.; ZDM 157). Dies ist der Fall, wenn Zugang zu den in § 2 Abs. 3 UIG definierten Umweltinformationen (→ UIG § 2 Rn. 64 ff.) begehrt wird (ZDM 157).

196.1 Bei weitgehender Ähnlichkeit von IFG und UIG (→ Rn. 39 ff.) kommt ein Informationszugang nach UIG vor allem wegen der Abwägungsklausel bei den Ausnahmegründen gem. §§ 8 f. UIG eher als bei den ohne Abwägungsklausel formulierten § 3, § 4 und § 6 IFG in Betracht: Da das UIG nicht anwendbar sei, sei der Zugang zu den personenbezogenen Informationen bei Subventionen nach Ansicht des VG Düsseldorf (idS BeckRS 2007, 27952 zum IFG NRW) nach dem allgemeinen Informationszugangsrecht zu versagen. Demgegenüber bejahten die meisten Gerichte (OVG Münster BeckRS 2011, 48164; 2011, 48165; VG Hamburg ZUR 2008, 600 (601–603); VG Köln BeckRS 2008, 41150; 2008, 41008; ZDM 157) mit erheblichem Begründungsaufwand das Vorliegen von Umweltinformationen und gewährten dann Informationszugang.

197 Allerdings stellt das BVerwG auch fest, dass ein Anspruch auf Zugang zu Informationen bestand, unabhängig davon, ob es sich bei diesen Informationen um Umweltinformationen handelt: „Nach den bindenden tatsächlichen Feststellungen des VG stellen die gewünschten Angaben zu Ausfuhrerstattungen kein Betriebs oder Geschäftsgeheimnis der begünstigten Unternehmen dar. Hiervon ausgehend ist der Anspruch entweder nach dem Umweltinformationsgesetz oder nach dem Informationsfreiheitsgesetz gegeben, ohne dass entschieden werden müsste, welches Gesetz anwendbar ist" (BVerwG NVwZ 2009, 1113 Rn. 9, zust. ZDM 157 f.). Die Vorinstanz (VG Hamburg ZUR 2008, 600 ff.) hatte noch zwischen UIG und IFG differenziert und den Anspruch auf Grund des UIG bejaht.

197.1 Bei der Abgrenzung stellten sich häufig den Behörden schwierige Probleme, so dass zB eine Behörde bei der Evaluation des IFG (→ § 14 Rn. 9) angab, sie orientieren sich grds. am UIG, erst wenn eindeutig sei, dass das UIG nicht gelte, werde das IFG angewendet (ZDM 163 f.).

VII. VIG

Ausgehend vom Wortlaut des § 1 Abs. 3 IFG und der Gesetzesbegründung zum später in 198 Kraft getretenen VIG (BT-Drs. 16/5404, 11) geht die hM (Domeier/Matthes, VIG, 2008, § 1 Anm. 8.1; Schoch IFG § 1 Rn. 173 f.; Schomerus/Tolkmitt DÖV 2007, 985 (991); Partsch Ausschussdrs. 17(4)573 C, 4) davon aus, dass hinsichtlich der in § 1 S. 1 VIG definierten Verbraucherinformationen das speziellere VIG Vorrang gegenüber dem IFG hat. Selten (Sitsen 59; ZDM 158) wurde darauf hingewiesen, dass nach dem alten Wortlaut des § 1 Abs. 4 VIG „Bestimmungen über den Informationszugang und Informationspflichten auf Grund anderer Gesetze (...) unberührt" blieben, so dass das VIG und das IFG nebeneinander anwendbar gewesen seien. Diese Friktionen wurden mit der Neufassung des § 2 Abs. 4 VIG verringert, wonach die Vorschriften des VIG nicht gelten, „soweit in anderen Rechtsvorschriften entsprechende oder weitergehende Vorschriften vorgesehen sind."

VIII. IWG

Anders als das IFG stützt sich das IWG auf die Gesetzgebungskompetenz in Art. 74 Abs. 1 199 Nr. 11 GG (Recht der Wirtschaft) und gilt damit für Bundes- und Landesbehörden (Maisch K&R 2007, 9 (10); Sitsen 70; ZDM 158). Das IWG gilt nach dessen § 1 Abs. 1 für die Weiterverwendung von Informationen. Diese ist in § 2 Nr. 2 IWG definiert als „jede Nutzung von Informationen, die über die Erfüllung einer öffentlichen Aufgabe hinausgeht und in der Regel auf die Erzielung von Entgelt gerichtet ist; die intellektuelle Wahrnehmung einer Information und die Verwertung des dadurch erlangten Wissens stellen regelmäßig keine Weiterverwendung dar".

Vereinzelt (Eifert in: Lipowicz/Schneider, Perspektiven des deutschen, polnischen und 200 europäischen Informationsrechts, 2011, 71 (83 ff.)) wird der Gesetzestext des IWG in der Literatur abstrakt-generell interpretiert, so dass bereits in jedem voraussetzungslosen Informationszugangsrecht bereits ein „zur Verfügung stellen" iSd IWG liegt. Dann bewegen sich Informationszugang und -weiterverwendung zwar auf unterschiedlichen Ebenen, aber sie sind nicht überschneidungsfrei. Demgegenüber soll mit § 2 Nr. 3 Hs. 2 IWG nach der Gesetzesbegründung (idS Bundesregierung BT-Drs. 16/2453, 15) der Begriff der Weiterverwendung insbes. vom Zugang abgegrenzt werden, weil dieser ausdrücklich nicht Gegenstand des IWG ist. Dieses Exklusivitätsverhältnis hinsichtlich des Informationszugangs findet überwiegende Zustimmung (Altmeppen/Kahlen MMR 2006, 499 f.; Hopf RiA 2007, 53 (55); Sitsen 70 ff. (allerdings mit rechtspolitischer Kritik); ZDM 159; idS auch: VGH München BeckRS 2008, 40758 Rn. 50 ff.; VG München BeckRS 2010, 52766). Für diese Abgrenzung spricht auch § 3 Abs. 1 S. 2 IWG, wonach kein Anspruch auf Zugang zu Informationen durch das IWG begründet wird. Allerdings wird das Exklusivitätsverhältnis in der Praxis insoweit verwässert, als der Informationszugang nach dem IFG von Nutzungsbedingungen nach dem IWG abhängig gemacht wird, wodurch sich allein durch Auslegung kaum auflösbare Friktionen ergeben können (ZDM 159; noch stärker kritisierend: BfDI, 2. Tätigkeitsbericht 2008 und 2009, BT-Drs. 17/1350, 10).

IX. Informationsaustauschregeln zwischen öffentlichen Stellen

Soweit man öffentliche Stellen überhaupt als „jeder" iSd § 1 Abs. 1 S. 1 IFG qualifiziert 201 (→ Rn. 104 ff.), stellt sich die Frage, ob insoweit nicht besondere Regelungen gem. § 1 Abs. 3 IFG vorrangig sind. Die Gesetzesbegründung (BT-Drs. 15/4493, 7) verneint wohl bereits die Anspruchsberechtigung, weil für diese stattdessen Amtshilfevorschriften, Auskunfts(verschaffungs)rechte oder Übermittlungsbefugnisse und pflichten einschlägig sind. Zwar können sich die öffentlich-rechtlichen Rundfunkanstalten und Universitäten prinzipiell auf die Amtshilfevorschriften berufen (VGH Kassel NVwZ 2003, 755; VG Meiningen LKV 2002, 477 (478)), jedoch bestehen in den wissenschaftlich bzw. journalistisch ausgerichteten Bereichen weder Amtshilfepflichten noch rechte (Sitsen 83). Dementsprechend wird vertreten, dass insoweit für die grundrechtsspezifischen Bereiche der öffentlich-rechtlichen Rundfunkanstalten und Universitäten keine abschließende Regelung getroffen ist, welche gem. § 1 Abs. 3 IFG die Anwendung des IFG ausschließen würde (Sitsen 84).

X. Abgeordneten-/Parlamentsrecht

202 Subsidiarität gem. § 1 Abs. 3 IFG wurde insoweit angenommen, als das IFG gegenüber den §§ 44a und 44b des Abgeordnetengesetzes zurücktritt (VG Berlin Urt. v. 17.9.2008 – VG 2 A 55.07; ZDM 163).

202.1 Bei der Evaluation (→ § 14 Rn. 9) wurde von einer Behörde angegeben, dass sie Anfragen von Abgeordneten idR als parlamentarischen Fragen einordnen würde, während eine andere Behörde danach differenzierte, ob Zugang zu Dokumenten oder Akteneinsicht begehrt werde, was sie nach IFG behandelte, oder ob Anfragen gestellt werden, die nach dem parlamentarischen Fragerecht beantwortet würde (ZDM 164).

203 Ungeachtet der Möglichkeit des „Ausweichens" einzelner Abgeordneter auf die persönliche Geltendmachung eines Anspruchs aus § 1 IFG (→ Rn. 112.2), besteht im Übrigen grds. ein Vorrang des Parlamentsinformationsrechts (Schoch IFG § 1 Rn. 215). Demgegenüber regelt die Berichtspflicht des Petitionsausschusses (§ 112 GO-BT) nichts – und folglich nichts gegenüber der allgemeinen Vorschrift des § 1 Abs. 1 IFG Vorrangiges – in Bezug auf eine Auskunftspflicht von Behörden iSd IFG (BVerwG NVwZ 2012, 251 Rn. 9, mzustAnm Schoch NVwZ 2012, 254; ZDM 163).

XI. Presserecht

204 Die Landespressegesetze gewähren Journalisten Auskunftsansprüche gegenüber Behörden. Neben dem engeren Anspruchstellerkreis sind diese Regelungen auch insoweit für den Informationssuchenden nachteilhaft, als hier nur eine Auskunft, nicht aber Akteneinsicht verlangt werden kann. Vorteilhaft sind die Presseregelungen teilweise hinsichtlich der Ausschlussgründe (zu den Unterschieden und Gemeinsamkeiten s. Schnabel NVwZ 2012, 854 ff.).

205 Zwar wird selten auch ein Vorrang des Presserechtes gegenüber dem IFG vertreten (idS: Dietrich K&R 2011, 385 ff.; Schoch IFG § 1 Rn 181 f.), jedoch schließt dies nach hM (BVerwG BeckRS 2013, 46016 Rn. 46; OVG Münster BeckRS 2011, 55609; VG Köln BeckRS 2011, 49342; NK-IFG/Rossi IFG § 1 Rn. 107; Schnabel NVwZ 2012, 854 (857 f.); Schoch IFG § 1 Rn. 185; ZDM 161; idS Ansprüche nach IFG und Presserecht nebeneinander prüfend VGH München BeckRS 2008, 40758 Rn. 53) zumindest nicht aus, dass ein Journalist als „jeder" auch Ansprüche nach § 1 IFG geltend machen kann. In mehreren Gerichtsentscheidungen, in denen mitgeteilt wird, dass der Antragsteller ein Vertreter der Presse ist, wird stillschweigend von der Anwendbarkeit des IFG ausgegangen und allenfalls erwähnt, dass ein Journalist o. Ä. auch ein „jeder" iSd IFG (→ Rn. 112) ist. Teils wird ein Verschweigen des Berufes gefordert (idS Dietrich K&R 2011, 385 (389)). Für ein Nebeneinander von Presserecht und IFG spricht, dass das Presserecht eine Privilegierung bezweckt und es mit einer solchen Privilegierung nicht vereinbar wäre, einen Informationszugang, der jedem offen steht, Pressevertretern zu versagen (BVerwG BeckRS 2013, 46016 Rn. 46; OVG Münster BeckRS 2011, 55609; zust. BfDI, 3. Tätigkeitsbericht 2010 und 2011, 26; Schnabel NVwZ 2012, 854 (858); ZDM 161 f.).

205.1 Bei der Evaluation des IFG (→ § 14 Rn. 9) wurde von einer Behörde angegeben, dass sie Anfragen der Presse zumeist nach dem IFG bearbeiten würde. Eine andere Behörde differenziert danach, ob Zugang zu Dokumenten oder Akteneinsicht begehrt werde, was sie nach IFG behandelte, oder ob Auskunft begehrt werde, die nach dem Presserecht beantwortet würde (ZDM 164).

XII. Registerrecht

206 Die Anwendbarkeit des IFG wird durch die gem. § 1 Abs. 3 IFG vorrangigen Rechtsnormen über den Zugang zu öffentlichen Registern ausgeschlossen (Schoch IFG § 1 Rn. 179). Soweit die Zugänglichkeit zum Register von besonderen Voraussetzungen abhängt, würden andernfalls bei einem Rückgriff auf § 1 IFG jede fachgesetzlich normierte Voraussetzung unterlaufen werden können (Schoch IFG § 1 Rn. 180 mit Bsp.). Allgemein anerkannt dürfte dies sein, soweit die Zugänglichkeit ein „rechtliches Interesse" voraussetzt (Schoch IFG § 1 Rn. 180).

Grundsatz § 1 IFG

206.1 Der Anspruch gegenüber dem Kraftfahrtbundesamtes auf Übermittlung von Fahrzeug- und Halterdaten zur Verfolgung von Rechtsansprüchen gem. § 39 StVG schließt die Anwendung des IFG aus (Schoch IFG § 1 Rn. 180; Sitsen 58). Das gleiche gilt beim Personenstandsregister gem. §§ 61 ff. PStG (idS Jastrow/Schlatmann IFG § 1 Rn. 62).

207 Ein Rückgriff auf das IFG wird teilweise (BRS/Scheel IFG § 1 Rn. 132; aM Schoch IFG § 1 Rn. 180) für zulässig bewertet, soweit der Informationszugang jedem mit nur geringen Einschränkungen eingeräumt ist, wenn der Zugang nur „zu Informationszwecken" (zB § 9 HGB) erfolgen darf oder lediglich ein „berechtigtes Interesse" (zB § 12 GBO) erforderlich ist.

208 Selbst wenn jeder voraussetzungslos einen Anspruch auf Zugang zum Register der Zugang eingeräumt ist, wird teilweise (Schoch IFG § 1 Rn. 179 mit Bsp.) auch ein Rückgriff auf das IFG für unzulässig bewertet. Relevant dürften die Meinungsverschiedenheiten nur insoweit werden, als – wie bereits beim Verhältnis zu § 29 VwVfG erwähnt (→ Rn. 188) – Unterschiede bei den Kosten und in prozessualer Hinsicht zu erwarten sind.

XIII. Vergaberecht

209 Im Vergaberecht sprechen für einen möglichst umfassenden Informationszugang das (vergaberechtliche) Ziel der Transparenz und das Anliegen der Korruptionsbekämpfung (idS bspw. EuGH NVwZ 2008, 651 mit grds. zust. Anm. Hölzl/v. Stoff VergabR 2008, 492 ff.; Hartge LKV 2007, 7 (9); Losch VergabeR 2008, 739; Schoch IFG § 1 Rn. 187). Demgegenüber steht das Interesse des Bieters am Schutz von Betriebs- und Geschäftsgeheimnissen (Hartge LKV 2007, 7 (9); Losch VergabeR 2008, 739; Schoch IFG § 1 Rn. 187).

210 Das Vergaberecht verdrängt das IFG nur nach wenigen Autoren gar nicht (idS: BRS/Scheel IFG § 1 Rn. 126; Sitsen 67 ff.; für § 111 GWB und § 4 Abs. 3 VOL/B auch: Partsch Ausschussdrs. 17(4)573 C, 4) oder insgesamt (idS: Holtfester NZBau 2002, 189 (193) für das IFG BE. Auch kommt ein genereller Ausschluss des Informationszugangsrecht für die in § 100 Abs. 2 GWB genannten Bereiche in Betracht, die aus dem Vergaberecht herausgenommen wurden, um das staatliche Arkanum in einigen dieser Bereiche (zu dem Bereich des § 100 Abs. 2 Buchst. d GWB aus vergaberechtlicher Perspektive s. Ziekow, FS Bull, 2011, 1087 ff.) zu schützen (ZDM 162).

211 Teilweise wird nur nach der Phase des Vergabeverfahrens differenziert: Zwar sei in der Angebots- und erneut während der Rechtsschutzphase von einem Ausschluss allgemeiner Informationszugangsansprüche auszugehen, aber in der Vorbereitungs- und Publizitätsphase sowie vor allem nach Abschluss des Vergabeverfahrens sei mit Blick auf die besondere Kontrollbedürftigkeit von Vergabeentscheidungen eine Anwendbarkeit allgemeiner Informationsfreiheitsgesetze anzunehmen (Rossi DVBl. 2010, 554 (557); idS auch Schoch IFG § 1 Rn. 189). Jedenfalls für einen Anspruch nach Abschluss des Vergabeverfahrens besteht eine sehr große Zustimmung (idS: OVG Berlin-Brandenburg BeckRS 2012, 51575; ZDM 162 mwN).

212 Oberhalb der EU-Schwellenwerte wird auch grds. ein Vorrang der spezialgesetzlichen Regelung des § 111 GWB (dazu Düsterdiek NZBau 2004, 605 ff.) angenommen (Losch VergabeR 2008, 739 (747); Jastrow/Schlatmann IFG § 1 Rn. 62; Ziekow/Völlink/Dicks, GWB, 2011, § 111 Rn. 1). Teils wird der Vorrang auf das Nachprüfungsverfahren beschränkt (idS LMR/Heuvels § 111 GWB Rn. 1). Bei Vergaben unterhalb der EU-Schwellenwerte wird für eine generelle Anwendbarkeit des IFG plädiert (VG Münster BeckRS 2009, 39805; BfDI, Info 2, 23; Rossi/Vogt Informationsfreiheit und Informationsrecht Jahrbuch 2011, 61 (80); ZDM 162).

213 Andere unterscheiden danach, ob die Schwellenwerte über- oder unterschritten sind und auch in welcher Phase sich das Vergabeverfahren befindet: Dabei sei ein Anwendungsbereich für das allgemeine Informationszugangsrecht nur noch unterhalb des Schwellenwertes nach Abschluss des Vergabeverfahrens gegeben (Hartge LKV 2007, 7 (9) zum AIG BB). Weitergehend ist nach aA unterhalb der Schwellenwerte und oberhalb der Schwellenwerte während des Vergabeverfahrens, vorbehaltlich spezieller Geheimhaltungsvorschriften in den Verdingungsordnungen, das allgemeine Informationszugangsrecht anwendbar, nicht aber im Nachprüfungsverfahren, weil sonst die gesetzlichen Voraussetzungen für das speziellere Akteneinsichtsrecht nach § 111 GWB umgangen würden (Polenz NVwZ 2009, 883 ff. in Bezug auf das IFG SH aF; ZDM 162).

214 Insgesamt stellt sich die Frage der Abschichtung: Welche Phasen und welche Vergabebereiche sind komplett dem Anwendungsbereich des IFG gem. § 1 Abs. 3 IFG entzogen und welche Bereiche sind im Einzelfall insbes. nach § 3 Nr. 4 IFG (→ § 3 Rn. 140 ff.) oder § 3 Nr. 1 Buchst. g IFG (→ § 3 Rn. 101 ff.) geheim zu halten. Insoweit ist eine gesetzliche Präzisierung sinnvoll, die – angesichts der sachspezifischen Besonderheiten – eher im Vergaberecht als im IFG erfolgen sollte (ZDM 162 f.).

XIV. Gerichtsverfahren

215 Beim Verhältnis der Informationsrechte bei Gerichtsprozessen zum IFG ist zunächst zu beachten, dass für die gerichtliche Tätigkeit als solche das IFG gar nicht anwendbar ist (→ Rn. 132). Damit stellt sich das Konkurrenzproblem gar nicht (BRS/Scheel IFG § 1 Rn. 125; Schoch IFG § 1 Rn. 219). Anderes gilt für Tätigkeiten die nicht mehr der Rspr. als solches zuzuordnen sind, wie die Veröffentlichung von Gerichtsentscheidungen (Schoch IFG § 1 Rn. 219).

216 In der Gesetzesbegründung (BT-Drs. 15/4493, 12) wird ein Vorrang im Bereich der **Straf- und Bußgeldverfahren** für die StPO und das OWiG erwähnt. Andererseits setzt der Ausschlusstatbestand des § 3 Nr. 1 Buchst. g IFG zum Schutz der „Durchführung eines laufenden Gerichtsverfahrens, den Anspruch einer Person auf ein faires Verfahren oder die Durchführung strafrechtlicher, ordnungswidrigkeitsrechtlicher oder disziplinarischer Ermittlungen" voraus, dass das IFG nicht nach § 1 Abs. 3 IFG von Informationsrechten in Gerichtsprozessen vollständig gesperrt ist. Dementsprechend wird vertreten, dass die prozessualen Informationsregelungen als solche nicht als verdrängende Spezialregelungen anzusehen sind (Rossi DVBl. 2010, 554 (558)).

216.1 Ebenso lapidar wie die Gesetzesbegründung (→ Rn. 216) stellte der BGH (BeckRS 2006, 05100) fest, dass das IFG nicht anwendbar sei, da ihm die abschließenden Regelungen der **StPO** zur Akteneinsicht vorgehen würden. Demgegenüber spricht einiges für eine differenziertere Auffassung: So wurde das § 475 StPO (iVm § 46 Abs. 1 OWiG) nicht als vorrangig bewertet, sondern das IFG für anwendbar erachtet, wenn Informationszugang zu den Ergebnissen von Füllmengenkontrollen, die bei Unterschreiten bestimmter Grenzen zur Einleitung eines Ordnungswidrigkeitenverfahrens geführt haben, begehrt wurden, weil sich die begehrten Informationen nicht auf ein Ordnungswidrigkeiten-, sondern auf ein Verwaltungsverfahren beziehen (Rossi DVBl. 2010, 554 (558) unter Hinweis auf OVG Schleswig NordÖR 2005, 528 ff. zum damaligen IFG SH; aA Schoch IFG § 1 Rn. 192).

216.2 Auch im Verhältnis zur **ZPO** ist eine fallbezogene Betrachtung angezeigt: So wurde kein Vorrang der Vorschriften über den Beweis durch Urkunden nach den §§ 421 ff. ZPO angenommen, weil diese zivilprozessualen Vorschriften nämlich nur Rechte und Pflichten der Prozessparteien zueinander und zum Gericht im anhängigen Zivilprozess regeln, sie sollen jedoch nicht sonstige Rechtsbeziehungen der Parteien beeinflussen (Rossi DVBl. 2010, 554 (558) unter Hinweis auf OVG Münster NVwZ-RR 2003, 800 ff. zum IFG NRW).

XV. Rechte von Betroffen und Geschädigten

217 Die Auskunftsansprüche und Akteinsichtsrechte Betroffener stellen Ausprägungen des Rechts auf informationelle Selbstbestimmung dar, so dass sie anderen Zielen als nach dem IFG (→ Rn. 91) dienen (BRS/Scheel IFG § 1 Rn. 128; Schoch IFG § 1 Rn. 197). Während die Regelungen iSd § 1 Abs. 3 IFG auf Zugangsrechte zum gesamten, vom fachgesetzlichen Anwendungsbereich erfassten Informationsbestand der informationspflichtigen Stelle abzielen, eröffnen Betroffenenrechte nur den Zugang zu den bei der Behörde über die eigenen Personen gespeicherten Daten, mithin besteht kein konfligierendes Konkurrenzverhältnis, welches eine Sperrwirkung auslösen könnte (idS Schoch IFG § 1 Rn. 197 mit Bsp.; aM BfDI, Anwendungshinweise 2007, 4).

217.1 Das Verhältnis des IFG zum Auskunftsrecht des Betroffenen gem. § 19 BDSG wurde in der Rspr. bislang in einem Fall (VG Berlin BeckRS 2009, 42119) offen gelassen, weil der geltend gemachte Anspruch nach beiden Vorschriften nicht gegeben war. Bei Steuerakten wurde ein Informations-

Grundsatz § 1 IFG

zugangsanspruch nach Landesdatenschutz- und Landesinformationszugangsgesetz bejaht (so für IZG-SH: OVG Schleswig becklink 1023922).

Ebenso besteht kein konfligierendes Konkurrenzverhältnis zu Auskunftsansprüchen von Geschädigten, denn bei diesen Ansprüchen handelt es sich nicht um spezielle Informationszugangsrechte, sondern um Instrumente der Informationsbeschaffung für eine Geschädigten zur Durchsetzung eines möglichen Hauptanspruches (idS Schoch IFG § 1 Rn. 198 mit Bsp.). 218

XVI. Sonstige Fälle der Anwendbarkeit des IFG

Ähnlich wie bei § 72 VwVfG (→ Rn. 189) sperren die Regelungen über die Öffentlichkeitsbeteiligung bei Planungsverfahren jedenfalls den Zugang zu den Planungsakten nicht derart, dass diese nach Ende der Auslegung nicht mehr eingesehen werden könnten (Sitsen 58 f.). Auch im Übrigen besteht eine gewisse Tendenz in diesem Bereich keine Sperrwirkung anzunehmen (vgl. Gurlit in: Ziekow (Hrsg.), Aktuelle Fragen des Fachplanungs, Raumordnungs und Naturschutzrechts 2006, 2007, 223 ff.). 219

Von Insolvenzverwaltern geltend gemachte Informationszugangsansprüche nach IFG sind nach ganz hM (BVerwG NVwZ 2011, 235 (236); ZDM 161 mwN) nicht durch vorrangige Regelungen der InsO oder des § 242 BGB gesperrt. Einen identischen sachlichen Regelungsgehalt wie das IFG weisen die insolvenzrechtlichen, die auf das Insolvenzverfahren bezogenen Vorschriften über Auskunftsansprüche und § 242 BGB nicht auf. Denn diese Normen regeln gerade nicht den Zugang zu amtlichen Informationen, sondern betreffen vielmehr ganz allgemein die privatrechtlichen Rechtsverhältnisse im Insolvenzverfahren und Informationsansprüche der Beteiligten untereinander. Ihnen kommt nicht deswegen ein anderer, mit dem IFG identischer Regelungsgehalt zu, weil im Einzelfall eine juristische Person des öffentlichen Rechts Insolvenzgläubiger und folglich Verfahrensbeteiligter eines Insolvenzverfahrens ist (BVerwG NVwZ 2011, 235 (236); OVG Hamburg BeckRS 2012, 51238; ZDM 161). Allgemeiner wird vertreten, dass zivilrechtlich geregelten Auskunftsansprüchen niemals gem. § 1 Abs. 3 IFG vorrangig sein können (idS Sitsen 64; aA Franßen NWVBl. 2003, 252 zum § 4 IFG NRW). 220

Keine gegenüber dem IFG vorrangigen Regelungen wurden auch in einigen Transparenzvorschriften im AktG, GmbHG, HGB und KWG gesehen (VGH Kassel NVwZ 2010, 1036 (1038); BeckRS 2010, 49021; ZDM 163). Ebenfalls keine spezielleren, das IFG verdrängenden Regelungen sind in § 21 Abs. 3 KHEntG und § 17b Abs. 2 S. 8 KHG enthalten (VG Berlin Urt. v. 11.4.2013 – 2 K 145.11). Außerdem ist nach der Gesetzesbegründung zum EGovG (BT-Drs. 17/11473, 35) deren § 3 keine Regelung iSv § 1 Abs. 3 IFG, so dass die Verpflichtung des § 11 IFG somit weiterhin besteht. 221

XVII. Sonstige Fälle der Sperrwirkung gegenüber IFG

Daneben sind noch weitere Fälle bekannt, in denen spezielle Informationsrechte die Anwendbarkeit des IFG ausschließen. 222

Subsidiarität gem. § 1 Abs. 3 IFG wurde in Gerichtsentscheidungen auch insoweit angenommen, als das IFG hinter den abschließenden Regelungen des Markengesetzes über die Akteneinsicht (BGH GRUR 2012, 317 Rn. 3, zust. Misoch/Schmittmann VR 2012, 181 (182); wohl auch ZDM 163) zurücktritt. Eine Sperrwirkung wird zB auch bei verbraucherrechtlichen Auskunftsansprüchen angenommen (Jastrow/Schlatmann IFG § 1 Rn. 62; Schmitz/Jastrow NVwZ 2006, 984 (989) jeweils mit weiteren Bsp.). Außerdem werden Geodaten proaktiv gem. § 12 GeoZG zu Verfügung gestellt, womit für Geodaten ein lex specialis vorliegt (Martini/Damm DVBl. 2013, 1 (3)). 222.1

F. Rechtsschutz

I. Geltendmachung des Informationszugangsanspruchs (Abs. 1)

Die Regelungen zum Rechtsschutz für die Geltendmachung des Informationszugangsanspruchs ergeben sich aus § 9 IFG und der VwGO. Daneben besteht die Möglichkeit den BfDI gem. § 12 IFG anzurufen. 223

224   Der Antragsteller trägt die Darlegungs- und Beweislast für das Vorhandensein von amtlichen Informationen bei der Stelle, von der er die Informationen verlangt hat (ZDM 384).

II. Modalitäten des Informationszugangs (Abs. 2)

225   Die **Darlegungslast** für das Vorliegen eines wichtigen Grundes, welcher erforderlich ist, um die vom Antragsteller begehrte Art des Informationszugangs gem. § 1 Abs. 2 S. 2 IFG abzulehnen (→ Rn. 172), trägt – schon wegen des Regel-Ausnahmeverhältnisses von Antragsbegehren und wichtigem Grund – insoweit die informationspflichtige Stelle (VG Berlin PharmR 2012, 343 (348); Schoch IFG § 1 Rn. 154; ZDM 384). Hat eine Behörde keine wichtigen Gründe dargelegt, die der begehrten Modalität des Informationszugang entgegensteht, dann besteht auch ein Rechtsanspruch auf diese Form des Informationszugangs (idS BVerwG NJW 1997, 753 (754) zum alten UIG; VG Berlin PharmR 2012, 343 (348); Schoch IFG § 1 Rn. 149; ZDM 203).

225.1   Aus der Darlegung des personellen Aufwands für das Fotokopieren mehrerer hundert Aktenblätter ist nicht erkennbar, dass dieser Aufwand, für dessen Deckung Gebühren und Auslagen erhoben werden, deutlich größer als derjenige ist, der für die Behörde besteht, wenn sie dem Antragsteller – wie angeboten – für die Zeit der Akteneinsicht einen oder sogar mehrere Bedienstete als unterstützende „Erklärungshelfer" zur Verfügung stellt (BVerwG NJW 1997, 753 (754) zum UIG; Schoch IFG § 1 Rn. 154). Auch dass die Bereinigung der Akte hinsichtlich Informationen, für die Ausschlussgründe der §§ 3-6 IFG vorliegen, einen wesentlich höheren Verwaltungsaufwand verursacht als die schriftliche Mitteilung der dem Antragsteller zustehenden Informationen, die ebenfalls erst nach näherer Bestimmung dieser Informationen möglich ist, ist nicht ersichtlich (BVerwG NVwZ 1999, 1220 (1222) zum UIG; Schoch IFG § 1 Rn. 154).

226   Allerdings kann evtl. die **Spruchreife** zu verneinen sein. Vom Umfang der von einer Bekanntgabe ausgeschlossenen Informationen kann nämlich letztlich abhängen, ob eine Akteneinsicht nur teilweise zu gewähren ist, ob ein nach Trennung der vertraulichen Informationen bereinigtes Aktenstück noch einen sinnvollen Informationsgehalt aufweist und deswegen eine anonymisierte Auskunftserteilung zur Erfüllung des Anspruchs eher geeignet ist, oder ob der von der öffentlichen Stelle zu betreibende Aufwand zur Trennung der geheim zuhaltenden Aktenbestandteile so erheblich ist, dass eine Akteneinsicht gem. § 7 Abs. 2 IFG (→ § 7 Rn. 43 ff.) versagt werden muss (OVG Koblenz NVwZ 2007, 351 (354) für das RhPfUIG; Schoch IFG § 1 Rn. 154).

III. Vorliegen eines Kollisionsfalles (Abs. 3)

227   Angesichts dessen, dass sich bei der Frage des Vorliegens eines Kollisionsfalles gem. § 1 Abs. 3 IFG idR um eine Rechtsfrage handelt, dürfte die Frage der Darlegungslast nur selten relevant werden. Allenfalls wenn zweifelhaft ist, ob die verdrängende Regelung in tatsächlicher Hinsicht in Betracht kommt, liegt für diesen Ausnahmefall die Darlegungslast bei der öffentlichen Stelle.

G. Ausblick

I. Allgemein zur Informationsfreiheit

228   Eine wesentliche Weichenstellung für die Weiterentwicklung der Informationsfreiheit ist die Frage der (expliziten) Verankerung der Informationszugangsfreiheit im Grundgesetz. Ein erster Vorschlag der Gemeinsamen Verfassungskommission scheiterte an der für Grundgesetzänderungen erforderlichen Zweidrittelmehrheit (vgl. Gemeinsame Verfassungskommission, Bericht, BT-Drs. 12/6000, 62 f.). Auch späteren Initiativen (vgl. Künast et al. BT-Drs. 16/9607; Kloepfer/Schärdel JZ 2009, 453 (461); BfDI, 3. Tätigkeitsbericht 2010 und 2011, 10; Schaar/Roth Informationsfreiheit und Informationsrecht Jahrbuch 2011, 1 (12); v. Notz et al. BT-Drs. 17/9724, 3) war bislang kein Erfolg beschieden (dazu ZDM 59 f.), was sich auch in naher Zukunft wohl nicht ändern dürfte.

229   Sachliche Ergänzungen des § 11 IFG folgen aus dem am 1.8.2013 in Kraft EGovG (vgl. BT-Drs. 17/11473, 35 f.). Nach § 3 EGovG haben Behörden bestimmte Informationen in

öffentlich zugänglichen Netzen zur Verfügung zu stellen. Außerdem regelt § 12 EGovG die Anforderungen an das Bereitstellen von Daten. Wie sich die Regelungen in der Praxis auswirken, bleibt abzuwarten.

Außerdem könnte sich eine Weiterentwicklung des IFG infolge des am 22.5.2012 vom **230** Institut für Gesetzesfolgenabschätzung und Evaluation Speyer vorgelegten Evaluierungsberichts zum IFG (Ausschussdrs. 17(4)522 B) und der dazu durchgeführten Öffentlichen Anhörung von Sachverständigen am 24.9.2012 im Innenausschuss des Deutschen Bundestages erfolgen. Daran anschließend erfolgten in der Literatur noch vertiefende Erörterungen zur Schaffung eines behördlichen Beauftragten für Datenschutz und Informationsfreiheit (Debus DÖV 2012, 917 ff.) und zu Kostenfragen (Debus DVBl. 2013, 9 ff.). Allerdings dürfte die Weiterentwicklung des IFG frühestens nach der üblichen Gesetzesentwicklungsdauer zu Beginn der jetzigen Legislaturperiode erfolgen.

Nach 10jähriger Praxis eines Anspruchs auf Zugang zu Umweltinformationen erfuhr das **231** Umweltinformationsrecht im Jahr 2004 eine grundlegende Reform. Bei Fortschreibung dieses 10 Jahreszyklus, der sich auch im Informationsrecht der USA wiederfindet, dürfte demnächst mit einer grundlegenden Änderung zu rechnen sein. Konkrete Anzeichen dafür sind allerdings noch nicht ersichtlich.

Nachdem das VIG nach Erlass im Jahre 2007 bereits 2010 geringe, und 2012 erhebliche **232** Änderungen erfahren hat (→ Rn. 6), ist dem geänderten Verbraucherinformationsrecht eine Phase der Stabilität zu wünschen (Schoch NVwZ 2012, 1497 (1504)).

II. Anspruchsregelung (Abs. 1)

Im Rahmen der Evaluation (→ § 14 Rn. 9) wurde eine klarere Regelung für die An- **233** spruchsberechtigung der Bürgerinitiativen (→ Rn. 102 f.) vorgeschlagen (ZDM 119; aM Sächs. Ausschussdrs. 17(4)573 D, 3). Sinnvoll wäre auch die klarere Regelung, ob und ggf. welche öffentlich-rechtliche Stellen ausnahmsweise anspruchsberechtigt sein können (vgl. → Rn. 104 ff.).

Hinsichtlich der Regelung der Anspruchsverpflichteten sind keine strukturellen Probleme **234** erkennbar (ZDM 119). Nichtsdestoweniger erscheint eine ausdrückliche Regelung der Anspruchsverpflichteten in Bezug auf die Beteiligung an untergesetzlicher Rechtsetzung wie bei § 2 Abs. 1 Nr. 1 Buchst. a UIG sinnvoll (ZDM 153; aM Sachs Ausschussdrs. 17(4)573 D, 3 f.). Auch eine Klarstellung in Bezug auf den Bundeswahlleiter und den Bundeswahlausschuss kommt in Betracht (BfDI, 3. Tätigkeitsbericht 2010 und 2011, 54; ZDM 153).

Hinsichtlich des Anspruchsgegenstandes (→ Rn. 151) sollte die Beschränkung auf bei der **235** angefragten Stelle „vorhanden" Informationen klarer geregelt werden (Schoch IFG § 1 Rn. 227). Wichtiger erscheint in diesem Zusammenhang allerdings, dass ein gesetzlicher Handlungsbedarf besteht, falls Informationen entfernt werden (Hartleb NVwZ 2009, 825 (826); Schomerus, Umfang des Informationsanspruchs gegenüber dem BMU nach dem Informationsfreiheitsgesetz und dem Umweltinformationsgesetz hinsichtlich Daten, die der Bundesaufsicht nach dem Atom- und Strahlenschutzrecht vorliegen, sowie sensibler und sicherheitsrelevanter Daten nach der Störfall-Verordnung, November 2010, http://doris.bfs.de/jspui/bitstream/urn:nbn:de:0221-201011233819/3/BfS_2010_3608S70001.pdf, 90; ZDM 189). Die bisherige Herleitung einer Wiederbeschaffungspflicht (→ Rn. 155 ff.) aus Treu und Glauben sollte zukünftig durch eine gesetzliche Regelung konkretisiert werden (ZDM 189; grds. zust. Sachs Ausschussdrs. 17(4)573 D, 3).

III. Gewährung des Informationszugangs (Abs. 2)

Die Regelung über die Gewährung des Informationszugangs in § 1 Abs. 2 IFG sollte, – **236** ebenso wie § 7 (→ § 7 Rn. 51 ff.) – hinsichtlich des Maßstabes für einen deutlich höheren Verwaltungsaufwand iSd § 1 Abs. 2 S. 3 IFG – präzisiert werden (idS Schoch IFG § 1 Rn. 150 ff.; zu Präzisierungsmöglichkeiten vgl. ZDM 241 f.)

IV. Kollisionsregelung (Abs. 3)

1. Bewertung

237 Die Regelung der parallelen Anwendbarkeit der Informationszugangsansprüche gem. § 1 Abs. 3 IFG im Hinblick auf die Akteneinsichtsrechte nach § 29 VwVfG und § 25 SGB X ist nicht unproblematisch. Zwar stellen sich keine Probleme bei der Prüfung eines Informationszugangsanspruchs, aber im Zusammenhang mit den Kosten (→ § 10 Rn. 11), dem Rechtsweg (→ § 9 Rn. 56) oder dem Streitgegenstand sind die Konsequenzen schwierig zu bestimmen (ZDM 383).

238 Weiter ist nicht immer einfach zu bestimmen, ob eine Regelung vorrangig iSd § 1 Abs. 3 IFG ist. Dies gilt vor allem bei dem ungeschriebenen Akteneinsichtsrecht im Steuerrecht (→ Rn. 191 ff.). Bei der Abgrenzung zwischen Umweltinformationen und sonstigen Informationen (→ Rn. 197.1) traten in der Praxis am häufigsten Probleme auf (ZDM 163 f.).

2. Kodifikationsgedanke

239 Angesichts der Abgrenzungsprobleme zwischen den Informationszugangsrechten wird eine weiterreichende Kodifizierung des Informations(zugangs)rechtes diskutiert (für eine Kodifizierung: DJT DVBl. 1998, 1217 (1218 zu 4.): angenommen: 36:0:10; Beckmann/Sensburg/Warg VerwArch 103 (2012), 111 ff.; Kloepfer 62. DJT (1998), Gutachten D 1 (90 ff.); ders. Informationsrecht, § 1 Rn. 93; ders. K&R 1999, 241 ff.; Partsch Ausschussdrs. 17(4)573 C, 4; Sydow NVwZ 2008, 481 (484 f.)). Außerdem wird eine Integration der Informationszugangsregeln in das VwVfG erwogen (Kloepfer K&R 2006, 19 (27); Masing VVDStRL 63 (2004), 377 (433 f.); ZDM 167 f.; aM Sachs Ausschussdrs. 17(4)573 D, 4). Bereits im Gesetzentwurf zum IFG wurde ein Prüfungsauftrag hinsichtlich der Zusammenführung der Informationszugangsrechte des Bundes statuiert (BT-Drs. 15/4493, 7). Zumeist wird die Vereinigung von IFG, UIG und VIG zu einem allgemeinen Informationsfreiheitsgesetz befürwortet (idS: BfDI, 3. Tätigkeitsbericht 2010 und 2011, 11; BfDI, 2. Tätigkeitsbericht 2008 und 2009, BT-Drs. 17/1350, 10; Fraktion der SPD BT-Drs. 17/8022, 4; Schaar/Roth Informationsfreiheit und Informationsrecht Jahrbuch 2011, 1 (11); Schomerus/Tolkmitt DÖV 2007, 985 (993); vgl. Fraktion der SPD, Entwurf eines Gesetzes zu Stärkung von Informationsfreiheit und Transparenz unter Einschluss von Verbraucher- und Umweltinformationen, 14.5.2013, BT-Drs. 17/13467, der in 2. Beratung (BT-Plenarprotokoll 17/250, 32264B) abgelehnt wurde; früher bereits auch Mecklenburg, Entwurf eines Bürgerinformationsgesetzes präsentiert von Greenpeace e. V./Netzwerk Recherche e. V./Deutschen Gesellschaft für Informationsfreiheit e. V., 2010). Ein positiver Mehrwert dieser Zusammenlegung könnte die Erweiterung der Aufgaben und Befugnisse des BfDI (→ § 12 Rn. 5) auf diesen Bereich sein (BfDI, 3. Tätigkeitsbericht 2010 und 2011, 18 ff.), jedoch wäre dies auch lediglich eine Teillösung, da weitere Informationszugangsansprüche bestehen (ZDM 168). Allgemein kann der Wert eines Kodifizierungsprozesses in der Etablierung, Konsolidierung und Fokussierung des Diskurses, Föderalisierung/Zentralisierung, Rezeption und Kooperation, Systematisierung, Kontinuität, Weiterentwicklung oder Innovation liegen (dazu Debus VerwArch 100 (2009), 21 (23 ff.)). Für die Rechtsanwendung sind die Parameter Harmonisierungen, Effektivierung und Entlastung, Modellfunktion, Zerschneidungsgefahr, Überholungsgefahr oder Rechtsunsicherheit entscheidend (dazu Debus VerwArch 100 (2009), 21 (28 ff.)).

240 Zu beachten ist allerdings die Besonderheit, dass auch Landesbehörden Adressat des VIG sind. Dies beruht auf den unterschiedlichen Gesetzgebungskompetenzen: Das VIG basiert auf der konkurrierende Kompetenz für Lebensmittelangelegenheiten aus Art. 74 Abs. 2 Nr. 20 iVm Art. 72 Abs. 2 GG. Demgegenüber hat der Bund keine Sachkompetenz im Bereich der Informationsfreiheit, sondern die Kompetenz für das IFG folgt aus einer Annexkompetenz zu den dem Bund zugeordneten Sachmaterien (Pfeiffer/Heinke/Portugall, Rechtsvergleichende Untersuchung des Verbraucherinformationsrechts in Deutschland, Belgien, Dänemark, Frankreich, Großbritannien, Irland, Schweden und den Vereinigten Staaten von Amerika, Band I, http://download.ble.de/08HS026.pdf, 232; Schoch IFG Einl. Rn. 49 f.). Eine Zusammenfassung von VIG und IFG stößt damit möglicherweise auf kompetenzrechtliche Probleme (idS: Pfeiffer/Heinke/Portugall, Rechtsvergleichende Unter-

suchung des Verbraucherinformationsrechts in Deutschland, Belgien, Dänemark, Frankreich, Großbritannien, Irland, Schweden und den Vereinigten Staaten von Amerika, Band I, http://download.ble.de/08HS026.pdf, 232; Rossi DVBl. 2010, 554 (556 f.); ZDM 168 f.; aM Mecklenburg, Entwurf eines Bürgerinformationsgesetzes präsentiert von Greenpeace e. V./Netzwerk Recherche e. V./Deutsche Gesellschaft für Informationsfreiheit e. V., 2010, 18, wo ein Gesetz für alle drei Bereiche vorgeschlagen wird).

Einer Zusammenfassung des UIG und des IFG dürften keine Kompetenzprobleme entgegenstehen (weitergehend Mecklenburg, Entwurf eines Bürgerinformationsgesetzes präsentiert von Greenpeace e. V./Netzwerk Recherche e. V./Deutsche Gesellschaft für Informationsfreiheit e. V., 2010, 18, wo ein Gesetz für Verbraucher-, Umwelt und allgemeine Informationsfreiheit vorgeschlagen wird), jedoch könnte die Überlagerung der Informationsfreiheit im Bereich der Umweltinformationen durch EU-Vorgaben für eine Beibehaltung eines separaten UIG sprechen. IdS haben neun der elf Bundesländer mit Informationsfreiheitsgesetzen ein separates Umweltinformationsgesetz erlassen. Soweit in § 18a IFG BE auf die Regelungen des UIG verwiesen wird, wäre eine Übertragung dessen freilich für den Bund keine Zusammenführung von IFG und UIG. Eine erste echte Integration des Umweltinformationsrechts in ein allgemeines Informationsfreiheitsrecht wurde mit dem Anfang 2012 in Kraft getretenen IZG-SH geleistet (ZDM 169). 241

Aus internationaler Perspektive ist eine einheitliche Kodifikation der Informationsfreiheitsrechte unüblich. Ebenso wie Deutschland verfügt Österreich über ein spezielles Umweltinformationsgesetz und auch in der Schweiz finden sich außerhalb des allgemeinen Informationszugangsgesetzes spezielle Regelungen zu Umweltinformationen. Auch Belgien, Dänemark, Frankreich, Großbritannien, Irland, Schweden und die USA verfügen über ein separates Umweltinformationsgesetz (Pfeiffer/Heinke/Portugall, Rechtsvergleichende Untersuchung des Verbraucherinformationsrechts in Deutschland, Belgien, Dänemark, Frankreich, Großbritannien, Irland, Schweden und den Vereinigten Staaten von Amerika, Band I, http://download.ble.de/08HS026.pdf, 233). Angesichts dessen kann die Idee einer Kodifizierung ambivalent betrachtet werden und bedürfte einer hinausgehenden prospektiven Gesetzesfolgenabschätzung, welche die Erfahrungen mit dem IFG BE und dem erst 2012 in Kraft getretenen IZG-SH einbezieht (ZDM 169 f.). 242

3. IFG als subsidiärer Auffangtatbestand

Weiter könnte das IFG als Mindeststandard statuiert werden, wobei lediglich weitergehende Ansprüche auf Zugang zu amtlichen Informationen unberührt bleiben sollten (idS: Stokar von Neuforn et al. BT-Drs. 16/10880, 2; Schaar/Roth Informationsfreiheit und Informationsrecht Jahrbuch 2011, 1 (13); Schoch IFG § 1 Rn. 236). Dabei wäre das Ziel einer solchen Neufassung, das Verhältnis des Informationsanspruchs nach dem IFG zu anderen Informationsansprüchen normenklarer zu regeln (Stokar von Neuforn et al. BT-Drs. 16/10880, 3). Der Schutzzweck (vermeintlich) speziellerer Gesetze könnte durch eine zeitlich beschränkte Sperrung des IFG berücksichtigt werden (idS: Rossi DVBl. 2010, 554 (557); Schoch IFG § 1 Rn. 236; Schoch/Kloepfer, IFG-ProfE, 2002, § 2 Rn. 30). Beabsichtigt der „Fach"gesetzgeber, die Anwendung des IFG zu sperren, müsste er von nun an mit Inkrafttreten einer solchen Kollisionsklausel im IFG von einer Spezialregelung erlassen, falls ausnahmsweise nicht der Mindeststandard des IFG subsidiär anwendbar sein soll (Schoch/Kloepfer, IFG-ProfE, 2002, § 2 Rn. 30). Allerdings wird diese Möglichkeit selbst mittelfristig als unrealistisch erachtet, und der Versuch präferiert, bei Änderungen von Fachgesetzen nach und nach einen Gleichklang von IFG und Fachgesetz zu erreichen (Bräutigam, Rechtsvergleichung als Konfliktvergleich, 2008, 353 f.; ZDM 170). 243

4. Präzisierung in Abs. 3 und den Fachgesetzen

Nach der Entscheidung des BVerwG, die parallel Ansprüche nach dem IFG oder dem speziellen Informationszugangsgesetz (UIG) prüfte und nur bei unterschiedlichem Ergebnis eine Abgrenzung für erforderlich hielt (→ Rn. 197), dürften zahlreiche Abgrenzungsprobleme für die Praxis gelöst sein. In diesem Verhältnis ist das IFG also faktisch eine subsidiäre Auffangregelung, so dass insoweit keine gesetzliche Änderung zu erwarten ist. Nichtsdesto- 244 weniger wären einige Präzisierungen in den Fachgesetzen sinnvoll, wobei es sich anbieten würde, die Fachgesetze auf das IFG verweisen zu lassen, um so friktionslose Informationszugangsrechte zu gewähren (ZDM 170 f.).

§ 2 Begriffsbestimmungen

Im Sinne dieses Gesetzes ist
1. **amtliche Information: jede amtlichen Zwecken dienende Aufzeichnung, unabhängig von der Art ihrer Speicherung. Entwürfe und Notizen, die nicht Bestandteil eines Vorgangs werden sollen, gehören nicht dazu;**
2. **Dritter: jeder, über den personenbezogene Daten oder sonstige Informationen vorliegen.**

Die Begriffsbestimmung der amtlichen Information (→ Rn. 4 ff.) in § 2 Nr. 1 IFG ist von zentraler Bedeutung für das Informationsfreiheitsrecht, weil dadurch der Anspruchsgegenstand iSd § 1 Abs. 1 S. 1 IFG umschrieben wird und damit zugleich der Anwendungsbereich (→ § 1 Rn. 33) eingegrenzt wird. Dementsprechend ist eine Abgrenzung zu den speziellen Informationsbegriffen des § 2 Abs. 3 UIG (→ UIG § 2 Rn. 64 ff.) und § 2 Abs. 1 S. 1 VIG erforderlich. Über den sonstigen Anwendungsbereich hinaus weist der Begriff der amtlichen Informationen im Rahmen der Kollisionsnorm des § 1 Abs. 3 IFG (→ § 1 Rn. 180). Außerdem wird der Begriff der amtlichen Information noch in § 7 Abs. 4 IFG (→ § 7 Rn. 69 ff.) verwendet. Der in § 2 Nr. 2 IFG definierte Begriff „Dritter" (→ Rn. 29) wird im Rahmen der materiellen Gründe für den Ausschluss des Informationszugangs in § 3 Nr. 7 IFG (→ § 3 Rn. 182 ff.), bei § 4 Abs. 1 S. 2 IFG (→ § 4 Rn. 14) und § 5 IFG (→ § 5 Rn. 1 ff.) zur Beschreibung von Personenkreisen verwendet. Demgegenüber wird beim Schutz des Betriebs- und Geschäftsgeheimnisses gem. § 6 IFG der Begriff des Betroffenen verwendet, der in § 3 Abs. 1 BDSG eine Legaldefinition erfahren hat. Daneben gelten Besonderheiten bei der Durchführung des Verfahrens, wenn Informationen Dritter begehrt werden: Nach § 7 Abs. 1 S. 3 IFG (→ § 7 Rn. 38 ff.) ist eine Begründung der antragstellenden Person erforderlich, wenn der Antrag Daten Dritter iSd § 5 Abs. 1 und 2 IFG (→ § 5 Rn. 1 ff.) oder § 6 IFG (→ § 6 Rn. 1 ff.) betrifft. Auch darf gem. § 7 Abs. 2 S. 2 IFG die Unkenntlichmachung der Informationen, die sich auf Belange Dritter beziehen, keinen unverhältnismäßigen Verwaltungsaufwand bedeuten (→ § 7 Rn. 43 ff.). Außerdem ist der Dritte gem. § 8 IFG zu beteiligen.

Übersicht

	Rn		Rn
A. Allgemeines	1	III. Keine Entwürfe und Notizen (Nr. 1 S. 2)	13
I. Zweck	1		
II. Vergleichbare Regelungen	2	IV. Regeln einer ordnungsgemäßen Aktenführung	20
B. Amtliche Informationen (Nr. 1)	4	V. Vorhandensein der Information	24
I. Aufzeichnung iSd Nr. 1 S. 1	6	C. Dritter (Nr. 2)	29
II. Amtliche Zweckbestimmung (Nr. 1 S. 1)	10		

A. Allgemeines

I. Zweck

1 Die Begriffsbestimmungen im IFG sind in § 2 IFG zusammengefasst, wobei sich der Gesetzgeber allerdings auf zwei zentrale Legaldefinitionen beschränkt hat. Diese Zurückhaltung wird überwiegend (Kugelmann IFG § 2 Anm. 1; Schoch IFG § 2 Rn. 1) kritisiert, weil wichtige Begriffe nicht im Gesetz definiert sind. Wie alle Legaldefinitionen dient § 2 IFG der Präzisierung des normativen Gehalts von Begriffen, die im jeweiligen Gesetz mehrfach vorkommen. Durch die Herausnahme aus dem Anwendungsbereich der Informations-

freiheit von bestimmten Entwürfe und Notizen gem. § 2 Nr. 1 S. 2 IFG werden insoweit der Prozess der innerbehördlichen Entscheidungsbildung (→ Rn. 14) geschützt (Schoch IFG § 2 Rn. 5).

II. Vergleichbare Regelungen

Während in § 2 Nr. 1 IFG der Informationsbegriff (→ Rn. 4 ff.) umfassend definiert wird, enthalten § 2 Abs. 3 UIG (→ UIG § 2 Rn. 64 ff.) und § 2 Abs. 1 S. 1 VIG spezielle Informationsbegriffe. Eine vergleichbare Funktion kommt den Unterlagenbegriffen in § 2 Abs. 8 BArchG und § 6 Abs. 1 und 2 StUG zu. Die Informationsdefinition des § 2 IFG gilt im Saarland aufgrund der Verweisung in § 1 S. 1 SIFG oder dergleichen Formulierung in § 2 Nr. 1 BremIFG und § 2 Nr. 1 IZG LSA. Zumindest ähnliche Begriffsbestimmungen für Informationen enthalten auch § 2 Abs. 1 HmbTG, § 2 Nr. 1 IFG M-V, § 3 S. 1 IFG NRW, § 3 Nr. 2 LIFG RP, § 2 Abs. 1 IZG SH und § 3 Nr. 1 ThürIFG. Ein engerer Aktenbegriff als Anspruchsgegenstand liegt § 3 AIG BB oder § 3 Abs. 1 und 2 IFG BE zugrunde. Ähnlich gewährt Art. 2 VO (EG) Nr. 1049/2001 einen Anspruch gegenüber den Organen der EU auf Zugang zu deren Dokumenten, die in Art. 3 Buchst. a VO (EG) Nr. 1049/2001 definiert sind. 2

Demgegenüber findet die Legaldefinition „Dritter" in Nr. 2 (→ Rn. 29 ff.) weder eine Entsprechung im UIG noch im VIG und dem Recht der meisten Bundesländer, obwohl der Begriff dort auch verwendet wird. Im Landesrecht gilt der Begriff des Dritten über die Verweisung in § 1 S. 1 SIFG bzw. die wörtliche Entsprechung in § 2 Nr. 2 BremIFG, § 3 Nr. 2 LIFG RP und § 2 Nr. 2 IZG LSA sowie mit ähnlichem Wortlaut auch in § 3 Nr. 2 ThürIFG. 3

B. Amtliche Informationen (Nr. 1)

§ 2 Nr. 1 S. 1 IFG definiert „amtliche Information" als jede amtlichen Zwecken dienende (→ Rn. 10 ff.) Aufzeichnung, unabhängig von der Art ihrer Speicherung (→ Rn. 6 ff.). Ausgenommen sind gem. § 2 Nr. 1 S. 2 IFG Entwürfe und Notizen, die nicht Bestandteil eines Vorgangs werden sollen (→ Rn. 13 ff.). Dabei sind die Regeln der ordnungsgemäßen Aktenführung zu berücksichtigen (→ Rn. 20 ff.). Auf bei der Behörde nicht (mehr) vorhandene (→ Rn. 24 ff.) Informationen kommt unter bestimmten Voraussetzungen ein Beschaffungsanspruch in Betracht (→ § 1 Rn. 155 ff.). Außerdem kommt ein Anspruch gegenüber einer Behörde gem. § 7 Abs. 1 S. 1 IFG (→ § 7 Rn. 20 ff.) nur insoweit in Betracht, als sie zur Verfügung über die begehrten Informationen berechtigt ist. 4

Zwar wird mit der Definition in § 2 Nr. 1 IFG nicht die wissenschaftliche Diskussion um eine sachangemessenen Informationsbegriff reflektiert (dazu zB Schoch IFG § 2 Rn. 13 ff.), nichtsdestoweniger wird diese Begriffsbestimmung den praktischen Erfordernisse gerecht und angesichts deren Weite wird in der Rechtsprechungspraxis fast ausschließlich die Frage der Amtlichkeit erörtert (ZDM 123). 5

I. Aufzeichnung iSd Nr. 1 S. 1

Anders als für den Bereich des Rundfunkstaatsvertrages in § 2 Nr. 15 RStV verwendeten Informationsbegriff (→ RStV § 2 Rn. 56) ist für das Vorliegen von Informationen durch § 2 Nr. 1 S. 1 IFG eine Aufzeichnung vorausgesetzt. Eine amtliche Information erfasst nach der Gesetzesbegründung (BT-Drs. 15/4493, 8 f.) „alle Formen von festgehaltener und gespeicherter Information, die auf einem Informationsträger gespeichert ist. Gemeint sind Aufzeichnungen (Schriften, Tabellen, Diagramme, Bilder, Pläne und Karten sowie Tonaufzeichnungen), die elektronisch (Magnetbänder, Magnetplatten, Disketten, CD-ROMs, DVDs), optisch (Filme, Fotos auf Papier), akustisch oder anderweitig gespeichert sind." Problematisch an dieser Erläuterung von Information ist der Zirkelschluss auf „Information" und die unzutreffende Gleichsetzung von „Information" mit dem Informationsträger (vgl. Schoch IFG § 2 Rn. 19). Nichtsdestoweniger wird bei der Definition in § 2 Nr. 1 S. 1 IFG zunächst vom abstrakten Begriff der Information ausgegangen und erst im Rahmen der Gesetzesbegründung auf die Speichermedien Bezug genommen, so dass der Begriff gegenüber dem 6 engeren Aktenbegriff als Anspruchsgegenstand in § 3 AIG BB oder § 3 Abs. 1 und 2 IFG BE weiter und entwicklungsoffener ist (Fluck/Theuer/Fetzer IFG § 2 Rn. 13 i. V. m. 16; Sitsen 143).

7   **Aufzeichnungen** lassen sich schon nach dem Wortsinn in die Teile „Zeichen" in Gestalt einer geordneten Datenmenge und „auf" einem (sächlichen) Träger verkörpert zerlegen (Schoch IFG § 2 Rn. 20). Mangels Verkörperung fehlt es an einer solchen Aufzeichnung bei bloßen Ideen, Gedanken oder Wissen von einzelnen Mitarbeitern (VG Berlin Beschl. v. 29.1.2010 – VG 2 A 134.08; NK-IFG/Rossi § 2 Rn. 8; Schoch IFG § 2 Rn. 21; Sitsen 143; ZDM 122). Bei der Erteilung von Rechtsauskünften ist dies nicht immer zu verneinen (so aber wohl VG Köln Urt. v. 4.12.2008 – 13 K 996/08, zust. Schomerus, Umfang des Informationsanspruchs gegenüber dem BMU nach dem Informationsfreiheitsgesetz und dem Umweltinformationsgesetz hinsichtlich Daten, die der Bundesaufsicht nach dem Atom- und Strahlenschutzrecht vorliegen, sowie sensibler und sicherheitsrelevanter Daten nach der Störfall-Verordnung, November 2010, http://doris.bfs.de/jspui/bitstream/urn:nbn:de:0221-201011233819/3/BfS_2010_3608S70001.pdf, 82 f.), sondern nur dann, wenn „Fragen nach einer (nicht aktenkundigen) Rechtsauffassung einer Behörde" (BMI GMBl. 2005, 1346 (1347); ZDM 122) gestellt werden. Teils wird diese Frage auch erst im Rahmen des Vorhandenseins von Informationen erörtert (→ Rn. 26.2).

8   Zwar ist die Art des Informationsträgers grds. unerheblich für die Eröffnung des Zugangs, allerdings ist erforderlich, dass die Trennung von Information und Trägermedium möglich ist. Erforderlich ist also die Möglichkeit der informationspflichtigen Stelle, die Information weiterzugeben, ohne sie dabei selbst zu verlieren, weshalb die Herausgabe von Kunstwerken auf der Grundlage des IFG ausgeschlossen ist (VG Hamburg BeckRS 2012, 47335 zu § 2 HmbIFG aF).

8.1   **Aufzeichnungen** enthalten auch elektronisch geführte Beitragskonten bei der Krankenkasse (VG Freiburg NZI 2011, 825 (826); VG Gelsenkirchen BeckRS 2010, 54109; VG Hamburg BeckRS 2010, 49050) oder den Vollstreckungsbehörden (VG Neustadt a. d. Weinstraße BeckRS 2010, 56280). Hinsichtlich einer dienstlichen Durchwahlnummer wurde eine ausreichende Speicherung in einem Organigramm der Behörde oder einem internen Telefonverzeichnis angenommen (VG Karlsruhe NJOZ 2012, 300 Rn. 25). Dementsprechend kann auch bei Verwaltungsvorschriften von einer Aufzeichnung ausgegangen werden (Sitsen 145; ZDM 122). Eine Aufzeichnung setzt nicht notwendig einen Aktenbezug (zB bei einer Bürgeranfrage nach einer Informationsbroschüre oder der Fundstelle eines Gesetzes) voraus (idS ZDM 122; aM BMI GMBl. 2005, 1346 (1347)). Auch bei einer SMS (der Bundeskanzlerin) dürfte es für die Annahme einer Aufzeichnung nicht darauf ankommen, ob die Informationen durch einen Ausdruck zu bestimmten Akten genommen (vgl. § 6 Abs. 3 RegR) bzw. bei elektronischer Aktenführung in die elektronische Akte übertragen worden oder auf dem Mobiltelefon noch gespeichert sind (Kunze/Duhme DVBl. 2013, 837). Selbst wenn die Sammlung personenbezogener Daten in der Gesetzessprache des § 46 Abs. 1 Nr. 1 BDSG als „automatisierte Datei" definiert ist, schließt dies das Vorliegen von Informationen nicht aus (idS ZDM 122; wohl auch VGH München BeckRS 2008, 40758 Rn. 36; aM die dort beklagte Behörde in Rn. 28).

8.2   **Keine Aufzeichnungen** liegen vor, wenn lediglich einer Behörde die Möglichkeit eingeräumt wird, in einem virtuellen Datenraum Einsicht bei Privaten zu nehmen, wie bspw. im Rahmen der behördlichen Sachverhaltsermittlung und aufklärung nach § 44 Abs. 1 KWG diskutiert wird (Brocker/Andrzejewski GWR 2011, 378; ZDM 122). Auch bei einem anonymen elektronischen Hinweisgebersystem, welches am 1.6.2012 auf der Internetseite des Bundeskartellamts eingeführt wurde (vgl. Schnelle/Kollmann BB 2012, 1559 ff.), fehlt eine Speicherung der Identität des Informanten.

9   Zusätzlich zur Aufzeichnung als solcher können uU notwendige **Hilfsmittel** (zB Mikrofiche-Lesegeräte oder Datenverarbeitungsprogramme) zur Wahrnehmung der Information erforderlich sein. So erstreckt § 6 Abs. 1 Nr. 1 Buchst. c StUG den Unterlagenbegriff auf „die zur Auswertung erforderlichen Hilfsmittel, insbes. Programme für die automatisierte Datenverarbeitung". Dementsprechend ist vor dem Hintergrund der Gewährleistung des effektiven Informationszugangs gem. § 1 Abs. 1 S. 1 IFG erforderlich, dass diese notwendigen Hilfsmittel der Behörde mit einbezogen werden (idS: BRS/Scheel IFG § 1 Rn. 99; NK-IFG/Rossi IFG § 2 Rn. 7; Schoch IFG § 2 Rn. 29).

II. Amtliche Zweckbestimmung (Nr. 1 S. 1)

Die amtliche Zweckbestimmung iSd § 2 Nr. 1 S. 1 IFG setzt einen Zusammenhang mit amtlicher Tätigkeit voraus (BRS/Scheel IFG § 2 Rn. 20; Schoch IFG § 2 Rn. 28; vgl. auch BT-Drs. 15/5593, 9). **10**

Bsp. für **amtliche Informationen** sind solche der Deutschen Flugsicherung GmbH, die im Zusammenhang mit den amtlichen Zwecken der Flugsicherung (§ 27c LuftVG) stehen (VG Berlin BeckRS 2009, 42248; ZDM 124 f.). Ähnlich wurde bei Informationen im Rahmen von Wahlbeobachtungsmissionen die amtliche Zweckbestimmung damit begründet, dass die Informationen bei dem Auswärtigen Amt im Rahmen der Beschwerde gegen eine Entscheidung eines Organs des Zentrums für Internationale Friedenseinsätze gemeinnützige GmbH angefallen sind, die wiederum im Aufgabenkreis des Auswärtigen Amtes die Entsendung von Experten an internationalen Organisationen unterstützt (VG Berlin Urt. v. 22.3.2012 – 2 K 101.11). Dienstliche Durchwahlnummern sind amtliche Informationen, wie sich auch aus § 5 Abs. 4 IFG ergibt, der die Bürotelekommunikationsnummer von Bearbeitern ausdrücklich erwähnt (VG Karlsruhe NJOZ 2012, 300 Rn. 25; ZDM 123). Eine amtliche Zweckbestimmung wurde bei Aufzeichnungen einer Krankenkasse von Zahlungseingängen auf dem Beitragskonto einer Insolvenzschuldnerin bejaht, weil diese im Hinblick auf die der Krankenkasse als Sozialversicherungsträger übertragenen Zuständigkeiten in der öffentlichen Verwaltung erfolgten (idS: VG Freiburg NZI 2011, 825 (826); VG Gelsenkirchen BeckRS 2010, 54109; VG Hamburg BeckRS 2010, 49050; VG Stuttgart NZI 2009, 739; ZDM 123 f.). Entsprechendes gilt bei Berufsgenossenschaften (VG Berlin Urt. v. 16.11.2012 – 2 K 248.12) oder der Vollstreckung von Sozialversicherungsbeiträgen durch die Bundesfinanzverwaltung (VG Neustadt a. d. Weinstraße BeckRS 2010, 56840; ZDM 124). Auch Protokolle der Sitzungen des Verwaltungsrats und des Haushaltskontroll- und Prüfungsausschusses der BaFin dienen amtlichen Zwecken (VG Berlin Urt. v. 29.11.2012 – 2 K 28.12). Dasselbe gilt für Protokolle einer Stiftung des öffentlichen Rechts (zur Aufarbeitung der SED-Diktatur), die im Zusammenhang mit der Erfüllung ihrer gesetzlichen Aufgaben entstanden sind (VG Berlin Urt. v. 7.8.2013 – 2 K 273.12). **10.1**

Keine amtlichen Aufzeichnungen sind Kunstwerke, insbes. stehen die Darstellung auf Gemälde nicht im Zusammenhang mit Verwaltungshandeln der auskunftspflichtigen Stelle (VG Hamburg BeckRS 2012, 47335 Rn. 58 ff. zu § 2 HmbIFG aF). **10.2**

Die amtliche Zweckbestimmung fehlt nach der Gesetzesbegründung (BT-Drs. 15/5593, 9, zust. VG Berlin BeckRS 2007, 28073; BfDI, Anwendungshinweise, 2007, 5; NK-IFG/Rossi § 2 Rn. 10; ZDM 123) bei privaten Informationen oder solchen, die nicht mit amtlicher Tätigkeit zusammenhängen. Dabei ist eine funktionale Betrachtungsweise anzulegen (Schoch IFG § 2 Rn. 74). Weder dieser Gesetzesbegründung noch dem Wortlaut des IFG lässt sich auch nur ein Hinweis darauf entnehmen, dass der Gesetzgeber den Zugangsanspruch auf Informationen aus hoheitlichen Verwaltungstätigkeiten beschränken wollte (VG Stuttgart NJOZ 2011, 1907 (1909); Schoch IFG § 2 Rn. 42; ZDM 124). Dementsprechend können amtliche Informationen hoheitliches, schlicht-hoheitliches oder fiskalisches Behördenhandeln betreffen (VG Berlin BeckRS 2007, 28073; ZDM 124). Unerheblich ist die Herkunft (VG Hamburg BeckRS 2011, 45853; VG Stuttgart NJOZ 2011, 1907 (1909); ZDM 124) oder der Aufbewahrungsort (Schoch IFG § 2 Rn. 37) der Aufzeichnung, so dass auch bei privater Aufbewahrung eines Behördenmitarbeiters amtliche Informationen vorliegen können. Bedeutungslos ist auch der Urheber der Information, vielmehr werden Informationen mit Ursprung außerhalb des Bundes Bestandteil der amtlichen Informationen des Bundes, wenn sie dem Bund dauerhaft zugehen (BT-Drs. 15/4493, 7, zust. VG Neustadt a. d. Weinstraße BeckRS 2010, 56840; Schoch IFG § 2 Rn. 43; ZDM 123). Nichtsdestoweniger wurde in diesen Fällen ein gewisser Argumentationsbedarf gesehen. **11**

Als **amtlich** wurden die von einem Sachverständigen angefertigte und bei einem Vortrag verwendete Folien qualifiziert, weil damit eine Behörde über den Stand des gemeinsamen Projekts informiert wurde (VG Berlin BeckRS 2009, 36789). Zur Begründung des amtlichen Zwecks wurde bei Zahlungen der Abgeordneten auf ein Sonderkonto wegen privater Nutzung von dienstlich erworbenen Bonusmeilen auf die Zuständigkeit der Bundestagsverwaltung für die Kostenerstattung hingewiesen (VG Berlin BeckRS 2007, 28073; ZDM 124). Bei von Privaten erstellten Lieferanten-Reportings wurde die Amtlichkeit auch mit der entsprechenden Rspr. des BVerwG (NVwZ 2006, 343 Rn. 20 ff.) zum UIG hinsichtlich Unterlagen, die der Behörde im Rahmen einer fiskalischen **11.1**

Tätigkeit zugegangen sind, begründet (vgl. VG Stuttgart NJOZ 2011, 1907 (1909); ZDM 125). Zur ähnlichen Regelungen in § 3 S. 1 IFG NRW wurde der dienstliche Zusammenhang bejaht, wenn die Informationen der öffentlichen Stelle im Rahmen ihrer Aufgabenwahrnehmung (im konkreten Fall von einer privaten Zertifizierungsgesellschaft erstellte Qualitätsberichte zur Organisation der öffentlichen Stelle) zugegangen sind (OVG Münster BeckRS 2009, 35133). Amtliche Aufzeichnungen liegen auch vor, wenn ein Mitarbeiter der Universität Dateien auf seinem privaten Computer speichert, die Teil eines im Auftrag einer Behörde erstellten Gutachtens sind (Kugelmann IFG § 2 Anm. 3.1).

11.2 Eine Information ist **nicht amtlich,** nur weil sie in einer Schreibtischschublade in der Behörde aufbewahrt wird, vielmehr ändert sich bspw. der Charakter eines privaten Briefes nicht (Kugelmann IFG § 2 Anm. 3.1).

12 Einträge in **Terminkalendern** oder Aufzeichnungen in einem Tagebuch können amtliche Informationen iSd § 2 Nr. 1 IFG sein, während in diesen Fällen der engere Aktenbegriff der § 3 AIG BB oder § 3 Abs. 1 und 2 IFG BE wohl zu verneinen ist.

12.1 Einträge im Terminkalender von Amtswaltern wurden nicht als Gegenstände des auf Akten gerichteten Informationsrechts nach § 3 IFG Bln bewertet (OVG Berlin Urt. v. 14.12.2006 – OVG 7 B 9.05; VG Berlin BeckRS 2009, 31526). Begründet wurde dies damit, dass insoweit der Bezug zu einem konkreten Verwaltungsvorgang fehle (VG Berlin BeckRS 2009, 31526). Diese Überlegung wurde teils auf die Bundesebene übertragen (idS Schomerus, Umfang des Informationsanspruchs gegenüber dem BMU nach dem Informationsfreiheitsgesetz und dem Umweltinformationsgesetz hinsichtlich Daten, die der Bundesaufsicht nach dem Atom- und Strahlenschutzrecht vorliegen, sowie sensibler und sicherheitsrelevanter Daten nach der Störfall-Verordnung, November 2010, http://doris.bfs.de/jspui/bitstream/urn:nbn:de:0221–201011233819/3/BfS_2010_3608S70001.pdf, 82; aM Sitsen 144 f.). Berücksichtigt man aber die Einschränkung in § 2 Nr. 1 S. 2 IFG, wonach „Entwürfe und Notizen, die nicht Bestandteil des Vorgangs werden sollen", ausgenommen sind, so spricht das dafür, dass bei allen anderen Aufzeichnungen – die keine Entwürfe und Notizen sind – unerheblich ist, ob sie einen Vorgangsbezug aufweisen (Sitsen 145). Auch kann die Amtlichkeit der Aufzeichnungen nicht schon mit der Argumentation verneint werden, die Einträge sollten nicht Bestandteil des Vorgangs werden, sondern nur den Tagesablauf der jeweiligen Person organisieren (so aber VG Berlin BeckRS 2009, 31526, zum IFG BE; Steinbach/Hochheim NZS 2006, 517 (518); zutr. aM Kugelmann IFG § 2 Anm. 3.1; Schoch IFG § 2 Rn. 40). Angesichts der weiteren Formulierung des § 2 Nr. 1 S. 1 IFG ist ein Bezug zu einem konkreten Verwaltungsvorgang nicht erforderlich (VG Berlin BeckRS 2007, 28073; ZDM 124). Dementsprechend sind Kalendereinträge zur Erfüllung von repräsentativen Aufgaben der Bundeskanzlerin ein tauglicher Gegenstand eines Informationsfreiheitsbegehrens (OVG Berlin-Brandenburg NVwZ 2012, 1196 (1198 f.); VG Berlin BeckRS 2011, 49525; ZDM 123). IdS wurden auch die Aufzeichnungen in einem Tagebuch der von der Behörde und des Bundesbeauftragten für die Unterlagen des Staatssicherheitsdienstes der ehemaligen Deutschen Demokratischen Republik eingesetzten Forschungsgruppe Rosenholz als amtliche Informationen bewertet (VG Berlin NVwZ-RR 2010, 339 (440); ZDM 123).

III. Keine Entwürfe und Notizen (Nr. 1 S. 2)

13 Aus dem Bereich der amtlichen Informationen nimmt § 2 Nr. 1 S. 2 IFG explizit Entwürfe und Notizen aus, die nicht Bestandteil eines Vorgangs werden sollen. Dazu ist in der Gesetzesbegründung (BT-Drs. 15/4493, 9; idS auch BfDI, Anwendungshinweise, 2007, 5; ZDM 125) angeführt: „Entwürfe und Notizen, etwa handschriftliche Aufzeichnungen oder Gliederungen, sind – auch nach Abschluss des Verfahrens – ausgenommen (vgl. § 299 Abs. 4 ZPO, § 100 Abs. 3 VwGO sowie § 46 Abs. 2 S. 2 BDSG), wenn sie nicht Bestandteil des Vorgangs werden sollen." Dieser Hinweis der Gesetzesbegründung auf § 46 Abs. 2 S. 2 BDSG verwundert insoweit, als dort anstatt „Entwürfe" der Begriff „Vorentwürfe" verwendet wird. Da ein unterschiedlicher Sinngehalt der verschiedenen Begriffe nicht erkennbar ist, ist die abweichende Terminologie zu kritisieren (idS: BRS/Scheel IFG § 2 Rn. 34; ZDM 125 f.).

14 Der Schutz von Entwürfen berücksichtigt, dass dem Amtswalter ein Freiraum zum Denken („space to think") verbleiben muss, auch über längere Zeit an einer Entscheidung zu arbeiten, ohne sich an unfertigen Fassungen festhalten lassen zu müssen (Jastrow/Schlatmann § 2 Rn. 13; Sitsen 147). Als Mensch soll er selbst entscheiden können, wann er von seinen

Überlegungen so überzeugt ist, dass er sie dem Risiko der Veröffentlichung aussetzen will (Sitsen 147). Entscheidendes Merkmal ist der vorläufige Charakter der Aufzeichnung (Sitsen 147).

Entwürfe sind solche Aufzeichnungen, in denen die zu treffende Entscheidung noch keine endgültige, vom unterzeichnungsberechtigten Amtsträger bezeichnete Festlegung gefunden hat, mithin sich der Behördenwille noch nicht manifestiert hat (Jastrow/Schlatmann IFG § 2 Rn. 4). Dabei kann auf die zu den Vorentwürfen in § 46 Abs. 2 S. 2 BDSG entwickelten Grundsätze zurückgegriffen werden (BRS/Scheel IFG § 2 Rn. 34; Schoch IFG § 2 Rn. 46). 15

Notizen umfassen solche Aufzeichnungen, die als kurzzeitige Gedankenstütze und keinem längerfristigen Zweck dienen (Jastrow/Schlatmann IFG § 2 Rn. 14; Sitsen 147). Umgangssprachliches Synonym ist der „Schmierzettel" (Sitsen 147). Typische Merkmale für Notizen sind das Weglassen von Förmlichkeiten (Aktenzeichen, Betreff, Gliederung, Unterschrift), die handschriftliche Abfassung und eine nur fragmentarische, skizzenhafte und stichwortartige Darstellung (BRS/Scheel IFG § 2 Rn. 35). Demgegenüber sind die Vermerke der Aktenführer und Randbemerkungen auf den Akten als Teil der Originalakte und nicht als Notizen zu bewerten (BRS/Scheel IFG § 2 Rn. 35; Schoch IFG § 2 Rn. 47). Zweifelhaft erscheint die Vermutung (so aber: Fluck/Theuer/Fetzer IFG § 2 Rn. 18; Sitsen 147), dass Notizen regelmäßig auch die inhaltliche Aussagekraft fehle, die sie für einen Informationszugangsanspruch interessant machen (Schoch IFG § 2 Rn. 6). 16

Diese Entwürfe und Notizen sind gem. § 2 Nr. 1 S. 2 IFG ausgenommen, wenn sie nicht Bestandteil eines Vorgangs werden „sollen", womit der Versuchung einer unzulässigen Parallelaktenführung entgegengewirkt wird (Schoch IFG § 2 Rn. 52). Die „Sollens"-Regelung bringt auch zum Ausdruck, dass nicht allein die Zweckbestimmung des Urhebers maßgeblich ist (Sitsen 147 f.). Auch wenn der Begriff „sollen" einen gewissen Spielraum des Bearbeiters ausdrückt (Jastrow/Schlatmann IFG § 2 Rn. 16; Schoch IFG § 2 Rn. 50), ist primär entscheidend, was nach den sog. Regeln der ordnungsgemäßen Aktenführung (→ Rn. 20 ff.) zu einem Bestandteil des Vorgangs gehören soll (BT-Drs. 15/4493, 9; VG Hamburg BeckRS 2009, 31054; Jastrow/Schlatmann § 2 Rn. 17; NK-IFG/Rossi IFG § 2 Rn. 12; Sitsen 148). Dabei eröffnen allerdings auch diese Regeln insoweit durchaus Spielräume (OVG Berlin-Brandenburg LKV 2010, 275 (276)). 17

Wurden Entwürfe oder Vorarbeiten zum Bestandteil des Vorgangs gemacht, werden sie als tauglicher Gegenstand eines Informationsbegehrens bewertet (VG Hamburg BeckRS 2009, 31054). In diesen Fällen sollen die Regeln der ordnungsgemäßen Aktenführung unbeachtlich sein (VG Köln BeckRS 2012, 58753). Nicht unbedenklich ist diese Interpretation insoweit, als aus der Hinzunahme zum Vorgang darauf geschlossen wird, dass dies auch erfolgen „sollte". Nichtsdestoweniger kann dann von einer starken Vermutung dafür ausgegangen werden, dass sie Bestandteil dieses Vorgangs geworden sind und damit den Schutz von § 2 Nr. 1 S. 2 IFG verloren haben, wenn Entwürfe und Notizen nach Abschluss in der Ursprungsakte und nicht getrennt davon weiter aufbewahrt oder vernichtet werden (Sitsen 146). 18

Die Vorläufigkeit, welche Notizen und Entwürfe auszeichnet, ist ebenfalls bei dem Ausnahmetatbestand zum Schutz des behördlichen Entscheidungsprozesses gem. § 4 IFG bedeutsam. Bei § 2 Nr. 2 S. 2 IFG sind „Entwürfe und Notizen" und bei § 4 Abs. 1 S. 1 IFG sind „Entwürfe zu Entscheidungen sowie Arbeiten und Beschlüsse zu ihrer unmittelbaren Vorbereitung" die Bezugsobjekte, so dass sie sich größtenteils überschneiden. Während aber der Informationsverweigerungsgrund gem. § 4 Abs. 1 IFG nur vorliegt, wenn der erfolgreiche Abschluss sonst vereitelt würde (→ § 4 Rn. 16 ff.), was nach Abschluss des Verfahrens nicht mehr in Betracht kommt (→ § 4 Rn. 22), genießen Entwürfe und Notizen durch deren Herausnahme aus dem Anwendungsbereich des IFG absoluten Schutz. Rechtssystematisch stehen § 2 Nr. 1 S. 2 und § 4 Abs. 1 IFG in einem Stufenverhältnis zueinander: Nur soweit § 2 Nr. 1 S. 2 IFG einen Anwendungsbereich belässt, ist im konkreten Fall zu beurteilen, ob der Informationszugang zu diesen Aufzeichnungen gem. § 4 Abs. 1 IFG versagt werden soll (Schoch IFG § 2 Rn. 57). Dementsprechend kann für § 4 IFG nur dann ein substanzieller Regelungsbereich verbleiben, wenn § 2 Nr. 2 S. 2 IFG eng ausgelegt wird (Sitsen 146). 19

IV. Regeln einer ordnungsgemäßen Aktenführung

20 Auch ohne eine ausdrückliche gesetzliche Regelung ist die Führung von Akten erforderlich, weil ohne eine Dokumentation der einzelnen Verwaltungsvorgänge die den Behörden nach dem GG obliegende Vollziehung der Gesetze nicht denkbar ist, die das bisherige sachbezogene Geschehen sowie mögliche Erkenntnisquellen für das künftig in Frage kommende behördliche Handeln enthält. Die Pflicht zur Aktenführung soll den Geschehensablauf wahrheitsgetreu und vollständig dokumentieren und hat damit eine präventive und nachträgliche Sicherungsfunktion von gesetzmäßigem Verwaltungshandeln (BVerwG NVwZ 1988, 621 (622)). Auch die Gesetzesbegründung zum IFG (BT-Drs. 15/4493, 9; zust. zB: BfDI, Anwendungshinweise, 2007, 5; ZDM 125) betont, die Maßgeblichkeit der Regeln der ordnungsgemäßen Aktenführung. Welche Inhalte zwingend in eine Akte aufzunehmen sind, bestimmt sich nach dem jeweiligen Sachgebiet und der Bedeutung des betreffenden Falls, wobei zwar schriftliche Äußerungen von Verfahrensbeteiligten regelmäßig zu dokumentieren sind, aber dies gilt für schriftliche Vermerke und Niederschriften eines Behördenmitarbeiters (etwa über ein in der Verwaltungsangelegenheit geführtes Telefongespräch) nicht gleichermaßen (Fluck/Theuer/Fetzer IFG § 2 Rn. 19).

21 Die Regeln der ordnungsgemäßen Aktenführung sind nicht allgemeingültig schriftlich fixiert, sondern nur partiell durch Vorschriften geregelt. Normiert sind insbes. die Regelungen über die Personalaktenführung (§§ 106 ff. BBG), Register (zB Bundeszentralregistergesetz) und Inventuren (Bundeswaldinventuren gem. § 41a BWaldG). Aus § 29 VwVfG wird mittelbar die Pflicht zur Dokumentation von solchen Umstände gefolgert, die für die Entscheidungsfindung durch die Behörde relevant sind, wobei es insbes. unzulässig ist, informelle Nebenakten zu führen oder Akteile zu fälschen bzw. zu entfernen und sie so der Akteneinsicht zu entziehen (Ziekow, VwVfG, 2. Aufl. 2011, VwVfG § 29 Rn. 3).

22 Bei den internen Richtlinien ist insbes. § 12 Abs. 2 GGO zu erwähnen. Nach dessen S. 1 müssen Stand und Entwicklung der Vorgangsbearbeitung jederzeit (im Rahmen der Aufbewahrungsfristen) aus den elektronisch oder in Papierform geführten Akten nachvollziehbar sein. Hinsichtlich der Einzelheiten der Dokumenten- und Aktenverwaltung verweist S. 2 auf die RegR.

22.1 Die RegR kann von der Homepage des BMI heruntergeladen werden. Danach ist insbes. ein Grundsatz der Vollständigkeit und Einheitlichkeit (§ 4 RegR) für die Verwaltung von Schriftgut (§ 3 RegR) zu beachten.

23 In der Literatur wird vertreten, dass das IFG nun „mittelbar" zu einer vollständigen und ordnungsgemäßen Aktenführung anhält (Sitsen 149). Damit zusammenhängend wird auch die Aufnahme von Regelungen zur ordnungsgemäßen Aktenführung, etwa der Paginierung, in das IFG gefordert (Partsch Ausschussdrs. 17(4)573 C, 11). Demgegenüber ist nach der Gesetzesbegründung (BT-Drs. 15/4493, 9, zust. zB: BfDI, Anwendungshinweise, 2007, 5; ZDM 125) keine Änderung der Regeln der Aktenführung, insbes. durch Trennung von Unterlagen, erforderlich. Auch nach der Rspr. (OVG Berlin-Brandenburg NVwZ 2012, 1196 (1200)) kann eine Durchsetzung der Regeln der ordnungsgemäßen Aktenführung nicht mit den Mitteln des IFG durchgesetzt werden. Vielmehr besteht die Pflicht zur ordnungsgemäßen Aktenführung vornehmlich im öffentlichen Interesse, allenfalls noch im Interesse der an dem betreffenden, von der Akte dokumentierten Verwaltungsverfahren Beteiligten (VG Berlin BeckRS 2009, 36982).

V. Vorhandensein der Information

24 Anders als § 2 Abs. 4 S. 1 UIG, § 1 Abs. 1 S. 1 VIG, § 3 Abs. 1 S. 1 IFG Bln, § 1 Abs. 2 S. 1 IFG M-V und § 3 Abs. 1 IFG NRW stellt § 2 Nr. 1 IFG nicht ausdrücklich darauf ab, ob die Informationen bei der Behörde vorhanden sind. Ein Gegenschluss zum UIG oder VIG verbietet sich, vielmehr gilt das Vorhandensein der Information bei der jeweiligen Stelle als Selbstverständlichkeit und wird gleichsam als ungeschriebenes Tatbestandselement vorausgesetzt (VG Berlin BeckRS 2007, 28073; BRS/Scheel IFG § 2 Rn. 24; Mecklenburg/Pöppelmann IFG § 2 Rn. 6; NK-IFG/Rossi IFG § 2 Rn. 11; Schoch IFG § 2 Rn. 31;

Sitsen 143). Darüber hinaus muss die Behörde gem. § 7 Abs. 1 S. 1 IFG (→ § 7 Rn. 20 ff.) zur Verfügung über die begehrten Informationen berechtigt sein.

Vorhanden sind die Informationen, die tatsächlich und dauerhaft vorliegen (VG Berlin BeckRS 2009, 42119; ZDM 185). Unerheblich ist der Ort der Speicherung bzw. die Lagerung von Informationen, sondern mit Blick auf die in § 7 Abs. 1 S. 1 IFG (→ § 7 Rn. 20 ff.) geregelte Behördenzuständigkeit allein, dass die in Anspruch genommene öffentliche Stelle jederzeit auf die begehrten Informationen zugreifen kann und über sie verfügen darf (VG Berlin BeckRS 2011, 49525; 2011, 53329; ZDM 185). Andernfalls bestände eine Umgehungsmöglichkeit, weil ausgeliehen Akten dauerhaft dem Informationszugangsanspruch entzogen werden könnten (Sitsen 151). Als vorhanden werden solche Informationen bewertet, die Bestandteil der Verwaltungsunterlagen sind (OVG Münster BeckRS 2011, 52268 zum § 3 Abs. 1 IFG NRW). Unerheblich ist dabei, ob sich die Informationen nicht in einem einheitlichen Verwaltungsvorgang befinden, denn dies beeinträchtigt nicht das Vorhandensein der Information (VG Köln Urt. v. 2.9.2010 – 13 K 7089/08; ZDM 186). Auch die Geltungskraft eines in einem Dokument verkörperten Rechtsakts hat keinen Einfluss auf das physische Vorhandensein desselben, so dass zB eine Aufhebung einer Ordnungsverfügung insoweit unerheblich ist (Sitsen 151 unter Hinweis auf VG Minden BeckRS 2005, 26809 zum UIG). **25**

Problematisch ist, inwieweit Informationen schon als vorhanden zu bewerten sind, wenn noch Aufbereitungen, insbes. Ermittlung von Einzelinformationen aus Informationsaggregaten und umgekehrt, erforderlich sind. Dazu hat sich bislang keine klare Linie herausgebildet. Auch wenn dies derzeit nicht explizit geregelt ist, dürfte letztlich im Einzelfall die Wertung entscheidend sein, ob die Aufbereitung der Daten für die Verwaltung im Hinblick auf die Zielsetzung des IFG noch verhältnismäßig ist. **26**

> Informationen sind auch **vorhanden,** wenn zunächst eine Auswertung einer sog. Sammelrechnung für die Kanzlerküche erforderlich ist, um die begehrten Informationen über die Kosten für eine Veranstaltung zu erlangen (OVG Berlin-Brandenburg NVwZ 2012, 1196 (1198)). Demgegenüber meinte die Vorinstanz (VG Berlin BeckRS 2011, 49525), dass dies der Sache nach nicht auf den Zugang zu vorhandenen Aufzeichnungen gerichtet sei, sondern auf die Erstellung einer neuen Information durch Auswertung der Sammelrechnungen, worauf kein Anspruch nach dem IFG bestehe. Für den umgekehrten Fall – Informationsaggregat wird anstatt der vorhandenen Einzelinformationen begehrt – wird auch ein Informationszugangsanspruch bejaht (Matthes 15). **26.1**

> Informationen seien **nicht vorhanden,** wenn nach den Kriterien des Antragstellers geordnete Zusammenstellungen von vorhandenen Informationen oder die Informationen in einem anderen Softwareformat gefordert würden (Rossi DVBl. 2010, 554 (559); ZDM 185 ff.). Auch die begehrten Angaben über die finanziellen Auswirkungen eines Wechsels in das Beamtenverhältnis sind keine vorhanden Informationen, weil sie nicht in der Personalakte enthalten, sondern erst durch die Auswertung der darin enthaltenen Daten unter Berücksichtigung der einschlägigen Rechtsvorschriften durch die Behörde ermittelt werden (OVG Münster BeckRS 2011, 52268; vgl. auch bereits zur Frage der Aufzeichnung von Rechtsauskünften → Rn. 7). **26.2**

Bestehen tatsächliche Zweifel am Vorhandensein der Informationen, so ist dies eine prozessuale Frage der Darlegungslast und Beweiswürdigung. Zur Frage der Darlegungslast hinsichtlich des Vorliegens der begehrten Informationen war bislang nur eine Entscheidung ersichtlich, wo deren Nichtvorliegen gem. § 86 Abs. 1 S. 1 VwGO nachvollziehbar von der Behörde dargelegt wurde (VG Berlin BeckRS 2011, 49525). Maßgeblich für die Bewertung, ob ein Zugangsanspruch besteht, ist der Zeitpunkt der letzten mündlichen Verhandlung vor dem Tatsachengericht (VG Berlin NVwZ 2009, 856 (857); BeckRS 2011, 49525; ZDM 185). **27**

> Das Nichtvorhandensein von Informationen wurde angenommen bei der Anfrage in der sog. Bonusmeilenaffäre. Dabei wurde vom Gericht angenommen, dass die Angaben zu Datum, Flugnummer, Fluglinie, Zielflughafen sowie zu der Frage, für wie viele Flüge Rückzahlungen erfolgt seien, beim Präsidenten des Deutschen Bundestages nicht (mehr) vorlagen (VG Berlin BeckRS 2007, 28073; Schoch IFG § 2 Rn. 39). Nach Abschluss eines Genehmigungsverfahrens wurden auch die Informationen als nicht vorhanden bewertet, nachdem die Akten an den Antragsteller des Genehmigungsverfahrens zurückgegeben worden waren (VG Berlin zum IFG BE; Schoch IFG § 2 Rn. 39). **27.1**

28 Offen ist, ob und ggf. unter welchen Voraussetzung das IFG eine Perpetuierung des Vorhandenseins der vorhandenen Informationen gewährleistet. So wurde im Rahmen der Evaluierung des IFG (→ § 14 Rn. 9) im Interview von einer Behörde angesprochen, dass die Rechtslage unklar sei, wie sich ein laufendes IFG-Verfahren/Gerichtsverfahren auf die allgemeinen Löschungsregelungen auswirke (ZDM 187). Zu beachten ist dabei, dass das IFG keine Änderung der Regeln der ordnungsgemäßen Aktenführung bezweckte (→ Rn. 23). Allgemein sind personenbezogene Daten gem. § 20 Abs. 2 BDSG zu löschen, wenn ihre Speicherung unzulässig ist oder ihre Kenntnis für die verantwortliche Stelle zur Erfüllung der in ihrer Zuständigkeit liegenden Aufgaben nicht mehr erforderlich ist. Für diese allgemeine Regelung des BDSG kann man noch argumentieren, dass die weitere Speicherung zur Erfüllung der in der Zuständigkeit der Behörde liegenden Aufgaben – nämlich der Erfüllung von IFG-Anträgen – liegt, mithin die Daten nicht nach § 20 Abs. 2 BDSG zu löschen sind. Auch lässt sich ein IFG-Verfahren noch als Ausnahme von den gem. § 18 Abs. 2 S. 2, § 4e S. 1 Nr. 7 BDSG festgesetzten Regelfristen interpretieren. Allerdings versagt diese Auslegung iSv praktischer Konkordanz, wenn gesetzliche Löschungsregelungen starre Fristen ohne Wertungsmöglichkeiten vorsehen (zB § 24c Abs. 1 S. 3 KWG). Daher besteht ein politisches Desiderat nach einer gesetzlichen Regelung, die einen Ausgleich zwischen gesetzlichen angeordneten (zwingenden) Löschfristen und dem IFG-Verfahren vorsieht (ZDM 187).

C. Dritter (Nr. 2)

29 Konkretisierend zum Begriff des Dritten in § 2 Nr. 2 IFG schreibt die Gesetzesbegründung (BT-Drs. 15/4493, 9, zust. zB: VG Frankfurt a. M. BeckRS 2011, 51069; BfDI, Anwendungshinweise, 2007, 5; ZDM 346): „Dritter nach Nummer 2 ist jeder, dessen in §§ 5, 6 und 8 genannten Rechte durch den Informationszugang berührt werden könnten. Neben den Datenschutzrechten werden damit das geistige Eigentum sowie Betriebs- und Geschäftsgeheimnisse erfasst. Dritter kann im Fall des § 6 auch eine Behörde sein, hingegen – nach dem Schutzzweck – nicht bei § 3 Nr. 7. Amtsträger sind (nur) insoweit keine Dritten, als es um die Weitergabe von Daten geht, die sich auf ihre Amtsträgerfunktionen beziehen (vgl. Begründung zu § 5 Abs. 4)." In der Rspr. finden sich zumeist nur sehr kurze (zB VG Frankfurt a. M. BeckRS 2009, 33521) oder gar keine Ausführungen dazu, warum jemand Dritter iSd § 2 Nr. 2 IFG ist. Selbst bei einem Informanten wurde ohne Begründung wohl davon ausgegangen, wenngleich er mangels betroffener Belange iSd § 8 Abs. 1 IFG (→ § 8 Rn. 11 f.) nicht zu beteiligen sei (VG Frankfurt a. M. BeckRS 2009, 38913). Diese Rspr. deutet darauf hin, dass es keine grundsätzlichen praktischen Probleme mit dieser Definition gibt (ZDM 347).

30 In der Literatur wird häufig (zB Fluck/Theuer/Fetzer IFG § 2 Rn. 20) der „Dritte" iSd § 5 IFG mit dem **Betroffenen** gem. § 3 Abs. 1 BDSG gleichgesetzt, während Dritter iSd BDSG gerade nicht die Betroffenen, sondern außenstehende Personen und Stellen sind (§ 3 Abs. 8 S. 2 BDSG). Diese unterschiedliche Terminologie zwischen Datenschutzrecht und Informationszugangsrecht entbehrt der sachlichen Rechtfertigung und ist daher zu kritisieren (Arbeitsgemeinschaft der Informationsbeauftragten in Deutschland DuD 2005, 290 (292); Fluck/Theuer/Fetzer IFG § 2 Rn. 10; Schoch IFG § 2 Rn. 61 ff.; ZDM 347).

31 **Amtsträger** sind nach der Gesetzesbegründung (BT-Drs. 15/4493, 9) (nur) insoweit keine Dritten, als es um die Weitergabe von Daten geht, die sich auf ihre Amtsträgerfunktion beziehen (vgl. § 5 Abs. 4 IFG). Damit soll wohl nicht gemeint sein, dass insoweit keine personenbezogenen Daten vorliegen, was nur schwerlich mit den sehr weiten verfassungsrechtlichen Vorgaben des Volkszählungsurteils (BVerfGE 65, 1 ff.) in Einklang zu bringen wäre; vielmehr dürfte dies wohl eher als ein Zurücktreten des Geheimhaltungsinteresses des Amtsträgers in diesen Fällen zu interpretieren sein, wofür die Regelung des § 5 Abs. 4 IFG spricht (Fluck/Theuer/Fetzer IFG § 2 Rn. 23; Schoch IFG § 2 Rn. 67).

32 Während der Betroffene nach § 3 Abs. 1 BDSG eine bestimmte oder bestimmbare natürliche Person sein muss, ist der Begriff des Dritten insoweit umfassender, als Dritter auch juristische Personen sein können (Fluck/Theuer/Fetzer IFG § 2 Rn. 22; Schoch IFG § 2 Rn. 68; aM Jastrow/Schlatmann IFG § 2 Rn. 27).

33 „Dritter" kann nach dem Wortlaut auch eine **Behörde** sein. Nach der Gesetzesbegründung (BT-Drs. 15/4493, 15) zur Regelung des Verfahrens bei Beteiligung Dritter in § 8 IFG

ist zu differenzieren: Im Falle des § 6 IFG können dies auch Behörden sein können, jedoch sollen die Vorschriften zur Beteiligung Dritter keine Anwendung finden. In der Literatur wird selten (Jastrow/Schlatmann § 2 Rn. 27) ganz verneint, dass Behörden Dritte sein können, oder zumeist (NK-IFG/Rossi § 2 Rn. 27; Mecklenburg/Pöppelmann § 2 Rn. 20; Schoch IFG § 2 Rn. 69 iVm § 6 Rn. 16; vgl. auch BT-Drs. 15/4493, 15 iVm 14) wird dies insoweit eingeschränkt, als eine Behörde Dritter nur in Bezug auf den Schutz geistigen Eigentums, nicht dagegen in Bezug auf den Schutz von Betriebs- und Geschäftsgeheimnissen sein könne. Auch bei § 3 Nr. 7 IFG kann eine Behörde kein Informant sein (BT-Drs. 15/4493, 9; → § 3 Rn. 186). Allerdings zwingt die Ausklammerung von Behörden bei Verfahrensrechten gem. § 8 IFG (→ § 8 Rn. 1 ff.) nicht dazu, dass die Behörden nicht als Dritter bei § 2 Nr. 2 IFG qualifiziert werden darf (vgl. Fluck/Theuer/Ziekow/Debus IFG § 8 Rn. 13). Auch von den Beteiligungsregeln des § 8 IFG ausgehend wird argumentiert, dass das Verfahren nach § 8 Abs. 2 IFG (Zugang erst nach Bestandskraft der Entscheidung gegenüber Dritten) nur auf die Fälle passt, in denen die Behörde einem anderen Rechtsträger angehört (Sitsen 326 f.). Dementsprechend kann bei § 2 Nr. 2 IFG als Bezugspunkt für die Qualifizierung als „Dritter" auf den Rechtsträger abgestellt werden, so dass nur Behörden eines anderen Rechtsträgers Dritte sein können.

Diese Überlegungen zur Verwendung des Begriffes „Dritter" in § 8 IFG (→ Rn. 33) können auch bei § 4 IFG ähnlich angewendet werden (→ § 4 Rn. 14), selbst wenn bei den Erläuterungen der Gesetzesbegründung zu § 2 IFG (→ Rn. 29) der Dritte in § 4 IFG nicht erwähnt wurde. **34**

§ 3 Schutz von besonderen öffentlichen Belangen

Der Anspruch auf Informationszugang besteht nicht,
1. **wenn das Bekanntwerden der Information nachteilige Auswirkungen haben kann auf**
   a) **internationale Beziehungen,**
   b) **militärische und sonstige sicherheitsempfindliche Belange der Bundeswehr,**
   c) **Belange der inneren oder äußeren Sicherheit,**
   d) **Kontroll- oder Aufsichtsaufgaben der Finanz-, Wettbewerbs- und Regulierungsbehörden,**
   e) **Angelegenheiten der externen Finanzkontrolle,**
   f) **Maßnahmen zum Schutz vor unerlaubtem Außenwirtschaftsverkehr,**
   g) **die Durchführung eines laufenden Gerichtsverfahrens, den Anspruch einer Person auf ein faires Verfahren oder die Durchführung strafrechtlicher, ordnungswidrigkeitsrechtlicher oder disziplinarischer Ermittlungen,**
2. **wenn das Bekanntwerden der Information die öffentliche Sicherheit gefährden kann,**
3. **wenn und solange**
   a) **die notwendige Vertraulichkeit internationaler Verhandlungen oder**
   b) **die Beratungen von Behörden beeinträchtigt werden,**
4. **wenn die Information einer durch Rechtsvorschrift oder durch die Allgemeine Verwaltungsvorschrift zum materiellen und organisatorischen Schutz von Verschlusssachen geregelten Geheimhaltungs- oder Vertraulichkeitspflicht oder einem Berufs- oder besonderen Amtsgeheimnis unterliegt,**
5. **hinsichtlich vorübergehend beigezogener Information einer anderen öffentlichen Stelle, die nicht Bestandteil der eigenen Vorgänge werden soll,**
6. **wenn das Bekanntwerden der Information geeignet wäre, fiskalische Interessen des Bundes im Wirtschaftsverkehr oder wirtschaftliche Interessen der Sozialversicherungen zu beeinträchtigen,**
7. **bei vertraulich erhobener oder übermittelter Information, soweit das Interesse des Dritten an einer vertraulichen Behandlung im Zeitpunkt des Antrags auf Informationszugang noch fortbesteht,**
8. **gegenüber den Nachrichtendiensten sowie den Behörden und sonstigen öffentlichen Stellen des Bundes, soweit sie Aufgaben im Sinne des § 10 Nr. 3 des Sicherheitsüberprüfungsgesetzes wahrnehmen.**

Der Schutz widerstreitender Interessen oder Belange macht es notwendig, den voraussetzungslosen (→ § 1 Rn. 152 ff.) Anspruch auf Zugang zu amtlichen Informationen nach § 1 Abs. 1 S. 1 IFG zu begrenzen. Der Schutzgrund bzw. Ausnahmetatbestand des § 3 IFG dient dem Schutz von besonderen öffentlichen Belangen und schließt den Anspruch auf Informationszugang aus (→ Rn. 6 f.). Die Vorschrift des § 3 IFG enthält eine Vielzahl von sich teilweise – auch in der Zusammenschau mit den weiteren Ausnahmetatbeständen der §§ 4–6 IFG – überschneidenden öffentlichen Schutzgütern. Gleichwohl sind die Schutzgründe nicht abschließend und stehen der Annahme ungeschriebener Schutzgründe, insbes. dem Schutz des Kernbereichs exekutiver Eigenverantwortung, nicht entgegen (→ Rn. 18 ff.). Der Schutz von besonderen öffentlichen Belangen nach § 3 IFG ist komplex, uneinheitlich ausgestaltet und bisher nur in Einzelaspekten obergerichtlich geklärt. Er weicht teilweise von den „Vorbildern" des UIG und anderer Informationszugangsrechte ab. Je nach betroffenem öffentlichen Schutzgut muss die informationspflichtige Stelle nachteilige Auswirkungen (→ Rn. 36 ff.) bzw. die zu erwartende Beeinträchtigung (→ Rn. 135 ff.) oder Gefährdung (→ Rn. 122 ff.) darlegen. In Bezug auf andere Schutzgüter hingegen kommt es auf eine Gefährdung bzw. deren Prognose nicht an (→ Rn. 140 ff.), teilweise sind Bereiche der öffentlichen Verwaltung sogar vollständig vom Anspruch auf Informationszugang ausgenommen (→ Rn. 194 ff.). In Bezug auf einzelne Bereiche der Verwaltungstätigkeit von Behörden des Bundes stellen sich spezifische Fragen, die nur in einer Zusammenschau der Schutzgründe des IFG zu klären sind. Evaluierungen der rechtspraktischen Anwendung der Bestimmung zum Schutz besonderer öffentlicher Belange wie auch der weiteren Ausnahmetatbestände (→ Rn. 9.2, → Rn. 207 ff.) dürfte die seit In-Kraft-Treten des IFG laufenden Diskussionen zu einer Überarbeitung des Gesetzes weiter befördern.

Übersicht

	Rn
A. Allgemeines	1
I. Gesetzgebungsgeschichte	3
II. Systematik der Ausnahmetatbestände	6
III. Enge Auslegung der Ausnahmetatbestände?	10
IV. Anforderungen an die Darlegung der Ausnahmetatbestände	11
B. Ungeschriebene Schutzgründe zum Schutz besonderer öffentlicher Interessen	14
I. Abschließende Regelung der Schutzgründe durch §§ 3–6 IFG?	15
II. Verfassungsunmittelbare Schranke	17
1. Ungeschriebener Ausnahmegrund: Schutz des Kernbereichs exekutiver Eigenverantwortung	18
2. Schutz des Kernbereichs exekutiver Eigenverantwortung in der Rspr.	19
3. Schutz des Kernbereichs exekutiver Eigenverantwortung in der Anwendungspraxis des IFG	22
III. Ausnahmetatbestand Rechtsmissbrauch	25
1. Rechtsmissbräuchlicher Antrag auf Informationszugang	28
2. Darlegung des Rechtsmissbrauchs	33
C. Schutz vor nachteiligen Auswirkungen auf spezifische Gemeinwohlinteressen des Bundes (Nr. 1)	35
I. Darlegung nachteiliger Auswirkungen durch das Bekanntwerden der Information	36
1. Bekanntwerden der Information	37
2. Möglichkeit nachteiliger Auswirkungen	39
3. Darlegung der Möglichkeit nachteiliger Auswirkungen	41
4. Kein Rückschluss auf den Inhalt der geschützten Information	45
II. Schutzgut internationale Beziehungen (lit. a)	48
1. Internationale Beziehungen	49
2. Nachteilige Auswirkungen auf die auswärtigen Belange	52
III. Schutzgut militärischer und sonstiger sicherheitsempfindlicher Belange der Bundeswehr (lit. b)	54
1. Belange der Bundeswehr	55
2. Nachteilige Auswirkungen auf die Belange der Bundeswehr	58
IV. Schutzgut innere und äußere Sicherheit (lit. c)	60
1. Belange der inneren und äußeren Sicherheit	61
2. Nachteilige Auswirkungen auf die Belange der inneren und äußeren Sicherheit	65
V. Schutzgut Kontroll- und Aufsichtsaufgaben der Finanz-, Wettbewerbs- und Regulierungsbehörden (lit. d)	67

Schutz von besonderen öffentlichen Belangen § 3 IFG

	Rn		Rn
1. Schutzzweck	69	F. **Besonderer Geheimnis- und Vertraulichkeitsschutz (Nr. 4)**	140
2. Finanz-, Wettbewerbs- und Regulierungsbehörden	71	I. Rechtsvorschriften zur Geheimhaltung und zur Vertraulichkeit	143
3. Kontroll- und Aufsichtsaufgaben	75	1. Geheimnistatbestände und gesetzliche Geheimhaltungs- und Vertraulichkeitsregelungen	144
4. Nachteilige Auswirkungen auf Kontroll- und Aufsichtsaufgaben	78	2. Insbesondere: Verschwiegenheitspflicht nach § 9 KWG, § 8 WpHG	149
5. Insbesondere: Informationsansprüche gegenüber der BaFin	81	II. Verschlusssachenanweisung (VSA)	153
VI. Schutzgut externe Finanzkontrolle (lit. e)	85	1. Keine unzulässige dynamische Verweisung auf Verwaltungsvorschrift	155
1. Verhältnis zu § 1 Abs. 1 S. 2 IFG	86	2. Materielle Einstufung als Verschlusssache maßgeblich	157
2. Angelegenheiten der externen Finanzkontrolle	89	III. Berufsgeheimnisse	159
3. Nachteilige Auswirkungen auf die externe Finanzkontrolle	91	IV. Besondere Amtsgeheimnisse	161
VII. Schutzgut Außenwirtschaftsverkehr (lit. f)	94	G. **Vorübergehend beigezogene Informationen einer anderen öffentlichen Stelle (Nr. 5)**	163
1. Grundsatz des freien Außenwirtschaftsverkehrs und Beschränkungsmöglichkeiten	95	I. Keine Geltung des Urheberprinzips	164
2. Nachteilige Auswirkungen auf die Maßnahmen der Exportkontrolle	99	II. Tatbestand und Rechtsfolgen	168
VIII. Schutzgut laufende Verfahren und Ermittlungen (lit. g)	101	H. **Beeinträchtigung fiskalischer oder wirtschaftlicher Interessen (Nr. 6)**	171
1. Verhältnis zu spezialrechtlichen Akteneinsichtsrechten	102	I. Schutzzweck und -funktion	172
2. Schutzzweck	105	II. Fiskalische Interessen im Wirtschaftsverkehr	174
3. Schutzgegenstand	107	III. Wirtschaftliche Interessen der Sozialversicherungen	178
4. Nachteilige Auswirkungen auf Verfahren	113	IV. Beeinträchtigung der Schutzgüter	180
D. **Gefährdung der öffentlichen Sicherheit (Nr. 2)**	118	I. **Vertraulich erhobene oder übermittelte Informationen (Nr. 7)**	182
I. Schutzgut öffentliche Sicherheit	119	I. Hintergrund der Regelung und Schutzzweck	183
II. Möglichkeit der Gefährdung des Schutzguts	122	II. Vertraulichkeit der Information	187
E. **Beeinträchtigung der Vertraulichkeit von Verhandlungen und Beratungen (Nr. 3)**	126	1. Begriff der Vertraulichkeit	188
		2. Wegfall der Vertraulichkeit	192
I. Schutzgut Vertraulichkeit internationaler Verhandlungen	128	J. **Schutz der Nachrichtendienste und Sicherheitsbehörden (Nr. 8)**	194
II. Schutzgut Vertraulichkeit der Beratungen von Behörden	132	K. **Rechtsschutz**	199
III. Beeinträchtigung der Vertraulichkeit von Verhandlungen und Beratungen	135	L. **Fazit und Ausblick**	204

A. Allgemeines

Die Ausnahmetatbestände in den §§ 3–6 IFG dienen dem Schutz unterschiedlicher 1 Rechtsgüter. Während §§ 5 und 6 IFG vor allem dem privaten Interesse dienen, enthalten insbes. die §§ 3 und 4 IFG Ausnahmetatbestände, die den Schutz besonderer öffentlicher Interessen zum Gegenstand haben (BT-Drs. 15/4493, 9; NK-IFG/Rossi IFG § 3 Rn. 1; zur Rechtsprechungsentwicklung Schoch NVwZ 2013, 1033 sowie NJW 2009, 2987; Rossi DVBl 2010, 554). Bei den Tatbeständen des § 3 IFG handelt es sich um „negative Voraussetzungen" des in § 1 Abs. 1 S. 1 IFG eingeräumten Anspruchs auf Informationszugang, die nicht vorliegen dürfen, damit dieser Anspruch besteht (OVG Berlin-Brandenburg Urt. v.

6.11.2008 – OVG 12 B 50.07; NK-IFG/Rossi IFG § 3 Rn. 1, § 1 Rn. 31ff). Sie schützen „hervorgehobene" bzw. „herausragende" Belange des Gemeinwohls (BRS/Roth IFG § 3 Rn. 12), die den notwendigen Schutz öffentlicher Interessen gewährleisten sollen (Jastrow/ Schlatmann IFG § 3 Rn. 1). Die Regelung des § 3 IFG wird daher zu Recht auch als eine der zentralen Normen des IFG angesehen (Jastrow/Schlatmann IFG § 3 Rn. 3). Tatsächlich liegt der Fokus in der Praxis auf der Geltendmachung von Versagungsgründen (Roth DÖV 2012, 717 (724)).

2   Um den in § 1 Abs. 1 S. 1 IFG normierten Grundsatz des freien und voraussetzungslosen Informationszugangs nicht zu gefährden, sind die Versagungsgründe der §§ 3 und 4 IFG nach Ist- und Soll-Versagungsgründen abgestuft: bei § 3 IFG besteht der Anspruch auf Informationszugang nicht, bei § 4 IFG soll der Antrag auf Informationszugang abgelehnt werden. Dem in § 1 Abs. 1 S. 1 IFG normierten Grundsatz entspricht es, Zugang zu den Informationen soweit als möglich zu gestatten. Im Rahmen (der verwaltungsverfahrensrechtlichen Regelung) des § 7 Abs. 2 IFG (→ § 7 Rn. 43ff.) und des § 9 Abs. 1 IFG (→ § 9 Rn. 4ff.) kann dieses Ziel auf flexible Art und Weise erreicht werden, weil diese Vorschriften die Möglichkeit einer teilweisen Gewährung bzw. Versagung kennen. Der Anspruch auf Informationszugang darf dort nur in dem Umfang versagt werden, in dem die Information schützenswert ist (BT-Drs. 15/4493, 9).

2.1   Die Informationsfreiheitsrechte der Länder wie auch andere spezialgesetzliche Regelungen zum Informationszugang enthalten durchweg ebenfalls Bestimmungen zum Schutz (besonderer) öffentlicher Interessen, die den Informationszugang einschränken (vgl. NK-IFG/Rossi IFG § 3 Rn. 5); auf der Ebene des Bundesrechts gehören hierzu § 8 UIG (vgl. Schrader ZUR 2005, 568 zum Vergleich von IFG und UIG) und § 3 VIG (vgl. Schomerus/Tolkmitt DÖV 2007, 985 zum Vergleich von IFG, UIG und VIG).

2.2   Landesrechtliche, dem § 3 IFG vergleichbare Bestimmungen zum Schutz (besonderer) öffentlicher Belange finden sich in §§ 9 und 11 IFG Bln, § 4 AIG, § 3 BremIFG, §§ 5 und 6 HmbTG, §§ 5 und 6 IFG M-V, §§ 6 und 7 IFG NRW, §§ 9 und 10 LIFG RhPf, §§ 1 und 2 SIFG iVm § 3 IFG, § 3 LSA, § 9 IZG-SH, §§ 7 und 8 ThürIFG (allgemein zum Landesrecht → § 1 Rn. 59ff.). Anders als das IFG des Bundes kann dem Schutz öffentlicher Belange nach einigen Landesinformationsfreiheitsgesetzen ein überwiegendes Informationsinteresse entgegengehalten werden (etwa § 4 Abs. 2 AIG, § 3 Abs. 2 IZG LSA).

I. Gesetzgebungsgeschichte

3   Der in der 13. Legislaturperiode von den Grünen eingebrachte Entwurf eines Gesetzes zur Gewährleistung des freien Zugangs zu amtlichen Informationen (BT-Drs. 13/8432) sah mit § 8 eine weitaus weniger ausdifferenzierte Regelung zum Schutz von Gemeinwohlinteressen vor. Hiernach sollte das Recht auf Informationszugang nicht bestehen, „soweit das Bekanntwerden des Akteninhalts nachweislich dem Wohle des Bundes oder eines deutschen Landes schwerwiegende Nachteile bereiten oder zu einer schwerwiegenden Gefährdung des Allgemeinwohls führen würde und eine Geheimhaltung zwingend geboten ist". Die Vorschrift, die ganz offenkundig teilweise an § 99 Abs. 1 S. 2 VwGO zu den Anforderungen an eine Sperrerklärung angelehnt worden war, sollte den Informationszugang nicht ausschließen, sofern nur „leichtere Beeinträchtigungen" zu befürchten sind, diese seien vielmehr hinzunehmen (BT-Drs. 13/8432, 11). Der sog Professorenentwurf für ein Informationsfreiheitsgesetz sah in § 5 Nr. 1 ebenfalls den Schutz herausragender Gemeinwohlbelange vor. Daneben sollte § 5 Nr. 2 des Entwurfs die Rechtsdurchsetzung sicherstellen und § 5 Nr. 3 fremde öffentliche Stellen schützen. Bezüge zum heutigen § 3 IFG weist auch § 6 des Professorenentwurfs auf, der den behördlichen Entscheidungsprozess schützen sollte (vgl. Schoch/Kloepfer, Informationsfreiheitsgesetz (IFG-ProfE), 2002; dazu auch Schoch Die Verwaltung 35 (2002), 149; Bull, Datenschutz, Informationsrecht und Rechtspolitik, 2005, 86ff.).

4   Der im Dezember 2000 vom Bundesministerium des Innern vorgelegte Referentenentwurf sah demgegenüber mit § 3 IFG bereits eine ausdifferenziertere, das Modell des schließlich Gesetz gewordenen § 3 IFG vorwegnehmende Regelung vor (vgl. Kloepfer, Informationsrecht, 2002, § 10 Rn. 40), die allerdings von Inhalt und Systematik her noch deutlich

von § 3 IFG abweicht (NK-IFG/Rossi IFG § 3 Rn. 4). In (nur) fünf Nummern wurden Gemeinwohlinteressen wie der Schutz vor erheblichen Gefahren für die öffentliche Sicherheit (Nr. 1) oder die Vertraulichkeit der Beratungen von Behörden und der Kernbereich exekutiver Eigenverantwortung (Nr. 2) benannt, bei denen der Anspruch auf Informationszugang nicht bestand, das Recht auf Informationszugang also obligatorisch ausgeschlossen war (Kloepfer, Informationsrecht, 2002, § 10 Rn. 40).

Der der nunmehr geltenden Fassung vorausgehende Gesetzentwurf (BT-Drs. 15/4493) **5** der damaligen Regierungsfraktionen sah mit § 3 eine Regelung zum Schutz von besonderen öffentlichen Belangen vor. Diese wurde fast unverändert Gesetz, obwohl die Vorschrift im Gesetzgebungsverfahren noch Gegenstand kontroverser Diskussionen war (Jastrow/Schlatmann IFG § 3 Rn. 1). Der Bundestag nahm den Gesetzentwurf in der Fassung der Beschlussempfehlung des Innenausschusses (BT-Drs. 15/5606) an. Im Hinblick auf § 3 IFG sah dieser im Wesentlichen Änderungen aufgrund redaktioneller Versehen und begrifflicher Präzisierungen vor. Darüber hinaus wurden die Schutzgründe der § 3 Nr. 1 und Nr. 2 IFG angepasst, die nunmehr einheitlich darauf abstellen, dass das Bekanntwerden das betreffende Schutzgut gefährden kann (→ Rn. 39 ff., → Rn. 40.1, → Rn. 122 ff.). In § 3 Nr. 6 IFG wurde zudem das Schutzgut der wirtschaftlichen Interessen der Sozialversicherungen aufgenommen (→ Rn. 171.2, → Rn. 178 f.; zu den Änderungen im Gesetzgebungsverfahren Jastrow/Schlatmann IFG § 3 Rn. 7; NK-IFG/Rossi IFG § 3 Rn. 4).

Ein zwischenzeitlich eingebrachter Änderungsvorschlag ist hingegen nicht Gesetz geworden. Der **5.1** Bundesrat nahm zum Entwurf des Zahlungsdiensteumsetzungsgesetzes Stellung (BR-Drs. 827/08 (B)) und nutzte diese Gelegenheit, eine Änderung des IFG vorzuschlagen. Hiernach sollte § 3 IFG um eine neue Nr. 9 ergänzt werden, mit der eine weitere Bereichsausnahme eingeführt worden wäre. Der Vorschlag, der erst aufgrund einer Empfehlung des federführenden Finanzausschusses und des Wirtschaftsausschusses zustande gekommen war, sah vor, dass der Anspruch auf Informationszugang nicht „gegenüber Behörden und sonstigen öffentlichen Stellen wie der Bundesanstalt für Finanzdienstleistungsaufsicht und der Deutschen Bundesbank [besteht], soweit diese auf Grund von besonderen Gesetzen Aufgaben der Finanz-, Wertpapier- und Versicherungsaufsicht wahrnehmen oder zur Wahrung der Integrität und Stabilität der Finanzmärkte tätig werden." Eine parlamentarische Mehrheit fand dieser Vorschlag nicht (→ Rn. 68.1, → Rn. 84.5).

II. Systematik der Ausnahmetatbestände

Die Regelung des § 3 IFG zum Schutz besonderer öffentlicher Belange enthält insgesamt **6** 15 Ausnahmetatbestände, teilweise mit mehreren Alternativen, die nebeneinander anwendbar sind (Jastrow/Schlatmann IFG § 3 Rn. 14; NK-IFG/Rossi IFG § 3 Rn. 1, 6). Diesen Ausnahmetatbeständen ist (nur) gemeinsam, dass bei Vorliegen der tatbestandlichen Voraussetzungen der Anspruch auf Informationszugang nicht besteht. Abgesehen von dieser vor die Klammer gezogenen Rechtsfolge folgen die Ausnahmetatbestände des § 3 IFG keiner einheitlichen Systematik (NK-IFG/Rossi IFG § 3 Rn. 6; ebenso Jastrow/Schlatmann IFG § 3 Rn. 10; Kugelmann NJW 2005, 3609 (3611) spricht pointiert von einem „Gemischtwarenladen an Verweigerungsgründen, dem es an Trennschärfe und Regelungsklarheit mangelt"). Teilweise knüpfen die Tatbestände an sachliche, teilweise an funktionale oder organisatorische, teilweise aber auch an eine Kombination solcher Gesichtspunkte an. Unterschiede ergeben sich auch im Hinblick auf die Maßstäbe, die zum Ausschluss des Anspruchs auf Informationszugang führen: teilweise wird auf nachteilige Auswirkungen, teilweise auf eine Gefährdung, teilweise aber auch schlicht auf eine Beeinträchtigung abgestellt (→ Rn. 9.2). (Nur) Im Fall des § 3 Nr. 8 IFG ist eine Bereichsausnahme normiert, die organisatorische, aber auch funktionale Elemente enthält (→ Rn. 194 ff.; NK-IFG/Rossi IFG § 3 Rn. 6; widersprüchlich Jastrow/Schlatmann IFG § 3 Rn. 5 einerseits, Rn. 112 andererseits). Diese Unübersichtlichkeit und nur unzureichende Systematisierung (so Kloepfer/von Lewinski DVBl 2005, 1277 (1280 f.), die zudem Redundanzen sehen) wie auch die „auffällige" Länge der Liste der Ausnahmetatbestände (Beckemper LKV 2006, 300 (301)) wird durchaus kritisch hinterfragt oder als erklärungsbedürftig angesehen; andererseits gewährleistet die Kombination der Tatbestände, dass den unterschiedlichen Belangen auch in unterschiedlicher Weise und in unterschiedlichem Maße Rechnung getragen werden kann (NK-IFG/Rossi IFG § 3 Rn. 7).

IFG § 3 IV. Informationsfreiheitsrecht

7 Der in § 3 IFG normierte Schutz besonderer öffentlicher Belange wird als absoluter Schutzgrund (bzw. Ausschlusstatbestand: H-R/S-A/V/Gusy § 23 Rn. 85) verstanden, weil der Anspruch auf Informationszugang tatbestandlich ausgeschlossen ist, wenn die Voraussetzungen eines der Ausnahmetatbestände vorliegen. Für eine Abwägungsentscheidung der informationspflichtigen Stelle, wie dies etwa § 8 UIG (→ UIG § 8 Rn. 4 ff.) oder – jedenfalls in Bezug auf bestimmte öffentliche Belange – Art. 4 Abs. 2 der Transparenzverordnung (VO (EG) Nr. 1049/2001; s. etwa Bretthauer DÖV 2013, 677) vorsehen, bleibt dabei kein Raum (NK-IFG/Rossi IFG § 3 Rn. 1; Kugelmann NJW 2005, 3609 (3611); BRS IFG/Roth § 3 Rn. 11: keine Ermessensentscheidung; kritisch Frowein, FS Starck, 2007, 219 (220); missverständlich Jastrow/Schlatmann IFG § 3 Rn. 8 ff.: „Abwägungsmaßstäbe"; vgl. auch VG Frankfurt a.M. NVwZ 2008, 1384 (1387); zu Reformvorschlägen → Rn. 9.2). Insofern unterscheidet sich das Informationsfreiheitsrecht entscheidend auch von Auskunftsansprüchen nach den Landespressegesetzen, wo die Verweigerungsgründe häufig eine Abwägung erfordern (vgl. Schnabel NVwZ 2012, 854 (856); zu Auskunftsansprüchen der Presse gegen Bundesbehörden unmittelbar aus dem GG jüngst BVerwG NVwZ 2013, 1006 sowie Anm. Müller-Neuhof AfP 2013, 304; aus der Literatur etwa Alexander ZUM 2013, 614; Cornils DÖV 2013, 657; Germelmann DÖV 2013, 667; Partsch NJW 2013, 2858).

8 Die Einordnung als absoluter Schutzgrund bzw. als „zwingender Ausschlussgrund" (so BRS/Roth IFG § 3 Rn. 17) darf aber nicht darüber hinwegtäuschen, dass einzelne Ausnahmetatbestände durchaus eine Abwägung bzw. eine Beurteilung voraussetzen. Die Ausnutzung von (Abwägungs- und Beurteilungs-)Spielräumen ist auf die Auslegung der einzelnen Tatbestandsmerkmale vorverlagert (Kugelmann NJW 2005, 3609 (3611)). So macht etwa der ungeschriebene Schutzgrund des Kernbereichs exekutiver Eigenverantwortung (→ Rn. 18 ff.) bereits auf Tatbestandsebene eine Abwägung von Geheimhaltungs- und Informationsinteressen notwendig (dazu in Bezug auf bestehende Landesregelungen Schnabel/Freund DÖV 2012, 192 (197)). Erst aufgrund einer Abwägung der informationspflichtigen Stelle kann entschieden werden, ob der Ausnahmetatbestand greift. Dies gilt vergleichbar auch bei den Ausnahmetatbeständen, die inhaltlich und zeitlich beschränkt sind, wie etwa § 3 Nr. 3 IFG. Auch hier ist erst anhand einer Abwägungsentscheidung zu klären, ob das Geheimhaltungsinteresse auch nach Abschluss der Beratungen einen Schutz der Informationen erfordert (→ Rn. 126 ff., → Rn. 135 ff.). Fällt diese Abwägung auf Tatbestandsebene zu Gunsten des Geheimhaltungsinteresses aus, greift die Rechtsfolge des § 3 IFG auch hier.

9 Der Schutz besonderer öffentlicher Belange nach § 3 IFG ist als negative Anspruchsvoraussetzung normiert. Dementsprechend trägt die informationspflichtige Stelle die Darlegungslast für das Vorliegen der Ausnahmetatbestände (→ Rn. 11 f.). Ob diese Darlegungslast sicherstellt, dass das vom IFG bezweckte Verhältnis von Grundsatz und Ausnahme von Informationszugang und Nicht-Bestehen des Anspruchs nicht verkehrt wird (so NK-IFG/Rossi IFG § 3 Rn. 2), kann letztlich offenbleiben. Befürchtungen, aufgrund der Reichweite des § 3 IFG und der Vielzahl der darin normierten Ausnahmetatbestände (Kloepfer K&R 2006, 19 (20) sowie ders/von Lewinski DVBl 2005, 1277 (1280) sprechen vom IFG als „Ausnahme(n)gesetz" und von einer „Verlustliste der Informationsfreiheit") – die auch noch über die Zahl der Ausnahmen im UIG hinausgeht (Schrader ZUR 2005, 568 (572)) – würde maßgeblich über Inhalt und Umfang des Anspruchs aus § 1 IFG entschieden (NK-IFG/Rossi IFG § 3 Rn. 2) bzw. die Verwaltung könnte die Ausnahmetatbestände missbrauchen (vgl. Beckemper LKV 2006, 300 (301)), haben sich auch wegen einer strengen Rspr. nicht bewahrheitet; sie waren allerdings schon zuvor wegen der Last der Darlegung auf Seiten der informationspflichtigen Stelle zu relativieren. Schon nach In-Kraft-Treten des IFG bewerteten Stimmen in der Literatur ein „Pauschalmisstrauen" gegenüber den Behörden aufgrund der Praxis in den Ländern als nicht angebracht (Jastrow/Schlatmann IFG § 3 Rn. 20).

9.1 Da die Ausnahmetatbestände des § 3 IFG allein das bipolare Verhältnis zwischen der informationspflichtigen Stelle und dem Antragsteller, d.h. dem zugangsbegehrenden Bürger betrifft, ist eine Beteiligung Dritter im Verfahren nach § 8 IFG (differenzierend → § 8 Rn. 1) nicht notwendig. Etwas anderes gilt nur für den Ausnahmetatbestand des § 3 Nr. 7 IFG, der mit dem darin jedenfalls auch bezweckten Schutz von Informanten ein dreipoliges Informationsverhältnis betrifft. Vor diesem Hintergrund wird die systematische Verortung des § 3 Nr. 7 IFG kritisiert (zum Ganzen NK-IFG/Rossi IFG § 3 Rn. 3).

Der Vorgabe aus § 14 IFG folgend ist im Mai 2012 vom Institut für Gesetzesfolgenabschätzung 9.2
und Evaluation eine Evaluation des IFG vorgelegt worden, die als Ausschussdrucksachen 17(4)522 A
und 17(4)522 B des Innenausschusses des Deutschen Bundestages vorliegt. Die Evaluation setzt sich
auch mit den Ausnahmetatbeständen des § 3 IFG auseinander und gibt Empfehlungen zur Weiterentwicklung des IFG, einschließlich gesetzgeberischen Handlungsbedarfs etwa beim Schutz besonderer öffentlicher Belange (→ Rn. 207 ff.). Eine erste Änderungsempfehlung zur Weiterentwicklung
des IFG sieht insoweit die Anpassung der unterschiedlich formulierten Schutzniveaus vor; alternativ
sollten diese in ein erkennbares, angemessenes Stufenverhältnis gebracht werden (→ Rn. 207.1).
Nach einem zweiten Vorschlag sollte der Ausnahmetatbestand des § 3 IFG in Anlehnung an § 8
UIG unter den Vorbehalt eines überwiegenden öffentlichen (nicht privaten) Interesses an der
Bekanntgabe gestellt werden (→ Rn. 207.2).

III. Enge Auslegung der Ausnahmetatbestände?

Mit § 1 Abs. 1 S. 1 IFG, der „Grundnorm" des IFG (BT-Drs. 15/4493, 7), wird der 10
Grundsatz des freien und voraussetzungslosen Informationszugangs normiert (→ § 1
Rn. 152 ff.). Nach Auffassung des Gesetzgebers seien die Schutzgründe der §§ 3–6 IFG als
Ausnahmen vom gesetzlichen Regelfall „nach den üblichen Auslegungsregeln" eng zu verstehen (BT-Drs. 15/4493, 9). An diese ausdrückliche Vorgabe hat sich die Rspr. gehalten und
stellt in mittlerweile ständiger Rspr. fest, dass die Schutzgründe eng auszulegen seien
(BVerwG NVwZ 2013, 461 Rn. 39; NVwZ 2011, 235 Rn. 12; VG Frankfurt a. M. NVwZ
2008, 1384 (1385); ZIP 2008, 2138 (2139); zur Praxis des BVerwG, die Ausnahmetatbestände eng auszulegen, Anm. Schoch NVwZ 2012, 254 (255)).

Zutreffend wird in der Literatur (Schoch IFG Vorb §§ 3–6 Rn. 52 f.) allerdings darauf hingewiesen, 10.1
im deutschen Verwaltungsrecht könne kaum von einer „üblichen Auslegungsregel" gesprochen
werden, wonach Ausnahmetatbestände generell eng auszulegen seien. Nach der Gesetzesbegründung ist es aber gerade diese Auslegungsregel, die gleichsam als Maxime für die Auslegung der
Ausnahmetatbestände heranzuziehen sein soll. Über diese Maßgabe hinaus enthält die Gesetzesbegründung keine weiteren Vorgaben oder Begründungsansätze.

Die enge Auslegung lässt sich indes mit dem Sinn und Zweck, also anhand von teleologischen 10.2
Erwägungen begründen. Es entspricht dem aus dem Unionsrecht stammenden Grundsatz des „effet
utile", eine Regelung so auszulegen, dass ihr die größtmögliche Wirksamkeit zukommt. Um dem
Anspruch auf voraussetzungslosen und freien Zugang zu amtlichen Informationen aus § 1 Abs. 1
S. 1 IFG zu seiner größtmöglichen Wirksamkeit zu verhelfen – dieser Vorschrift kommt aufgrund
ihres Charakters als „Grundnorm" des IFG eine besondere Bedeutung zu, sie entfaltet eine gewisse
„Ausstrahlungswirkung" –, müssen die Ausnahmetatbestände konsequent restriktiv ausgelegt werden.

Die Rspr. (etwa VG Frankfurt a. M. NVwZ 2008, 1384 (1385); Urt. v. 11.11.2008 – 7 E 1675/ 10.3
07; s. auch BVerwGE 129, 367 Rn. 26) weist zutreffend darauf hin, dass es für die Abgrenzung von
Regel- und Ausnahmefall nicht auf das quantitative Verhältnis der Fallgruppen ankommt, sondern
auf eine wertende Betrachtung. Es ist daher nicht ausgeschlossen, wenn in der Mehrzahl der Fälle
eine Ausnahme von der Regel in Betracht kommen kann; zur Annahme einer Bereichsausnahme
führt dies im Ergebnis nicht.

IV. Anforderungen an die Darlegung der Ausnahmetatbestände

Mit der engen Auslegung der Tatbestandsvoraussetzungen der Schutzgründe korrespon- 11
diert der – im Gesetzgebungsverfahren unstreitige – Ausgangspunkt, dass die informationspflichtige Stelle das Vorliegen der Ausnahmetatbestände darlegen muss. Es ist also die
Behörde, die ihrerseits darlegen muss, warum eine Information nicht herausgegeben werden
kann – nicht aber umgekehrt der Bürger, der darlegen müsste, aus welchen Gründen der
Zugangsanspruch zu einer bestimmten Information besteht (Jastrow/Schlatmann IFG § 3
Rn. 4; s. etwa auch VG Frankfurt a. M. NVwZ 2008, 1384 (1385)).

Hieraus ergeben sich die – hohen – Anforderungen an die Darlegung der Ausnahmetat- 12
bestände, die die informationspflichtige Stelle treffen und die insbes. bei der verwaltungsgerichtlichen Überprüfung der Bescheidung eines Antrags auf Informationszugang relevant
sind. Ganz allgemein gilt hierbei der Grundsatz, dass deren Vorliegen plausibel dargelegt sein

muss (vgl. etwa VG Berlin BeckRS 2009, 36737). Gelingt es der informationspflichtigen Stelle schon nicht, plausibel das Vorliegen der tatbestandlichen Voraussetzungen darzulegen, kann das Gericht der Verpflichtungsklage (§ 9 Abs. 4 S. 1 IFG) schon aus diesem Grund stattgeben und die Behörde zur Zugänglichmachung der begehrten Information verpflichten. In einem solchen Fall bedarf es einer Überprüfung der geltend gemachten Schutzgründe durch Einsichtnahme der Unterlagen selbst, ggf. in einem in camera-Verfahren (→ Rn. 200 ff., → § 9 Rn. 73 ff.), nicht (mehr).

13 Die Darlegung darf allerdings nicht dazu führen, dass aus ihr auf den Inhalt der zu schützenden Informationen geschlossen werden kann (BT-Drs. 15/4493, 9; NK-IFG/Rossi IFG § 3 Rn. 2). Die Anforderungen an die Darlegung werden hierdurch – freilich eher vordergründig – relativiert. Aus Sicht der informationspflichtigen Stelle müssen die Angaben zur Plausibilisierung des Vorliegens der Tatbestandsvoraussetzungen nicht so detailliert sein, dass Rückschlüsse auf die geschützte Information möglich sind. Andererseits müssen sie aber so einleuchtend und nachvollziehbar sein, dass das Vorliegen von Ausschlussgründen überhaupt geprüft werden kann (vgl. VG Berlin ZUR 2012, 50 Rn. 19; BeckRS 2009, 36737; zur „einleuchtenden Darlegung" der Gründe der Geheimhaltung mit Blick auf Berücksichtigung rechtsstaatlicher Belange vgl. BVerwG NVwZ 1986, 838); eine nicht hinreichende Darlegung idS führt wie dargelegt (→ Rn. 12) regelmäßig dazu, dass die informationspflichtige Stelle ohne Zwischenschaltung des in camera-Verfahrens (→ Rn. 202 f.) zur Zugänglichmachung der begehrten Information verpflichtet wird. Eine allgemeingültige und handhabbare Regel, wie detailliert die begehrten Informationen beschrieben werden müssen, damit das Vorliegen der Schutzgründe für das Gericht (noch oder schon) nachvollziehbar ist, lässt sich kaum ableiten.

13.1 Die allgemeine Regel – plausible Darlegung der Ausschlussgründe – ist in Bezug auf die jeweils in Rede stehenden tatbestandlichen Voraussetzungen der Schutzgründe zu konkretisieren. Besondere Relevanz hat dies für die Anforderungen an die Darlegung der „nachteiligen Auswirkungen" in § 3 Nr. 1 IFG (→ Rn. 39 ff.).

B. Ungeschriebene Schutzgründe zum Schutz besonderer öffentlicher Interessen

14 Sind die Schutzgründe nach der gesetzgeberischen Wertung eng auszulegen, um dem Grundsatz des freien und voraussetzungslosen Informationszugangs zur größtmöglichen Wirksamkeit zu verhelfen (→ Rn. 10 ff.), stellt sich unweigerlich die Frage, ob dem Anspruch aus § 1 Abs. 1 S. 1 IFG neben den Ausnahmetatbeständen der §§ 3–6 IFG auch ungeschriebene Schutzgründe etwa zum Schutz besonderer öffentlicher Interessen entgegengehalten werden können und welche Reichweite solche ungeschriebenen Schutzgründe dann hätten. Diese Frage stellt sich insbes. in Bezug auf den verfassungsunmittelbaren Schutz des Kernbereichs exekutiver Eigenverantwortung (→ Rn. 17 ff.) sowie auf den allgemeinen Rechtsgedanken des Rechtsmissbrauchs (→ Rn. 25 ff.).

I. Abschließende Regelung der Schutzgründe durch §§ 3–6 IFG?

15 Im Grundsatz sind die Schutzgründe der §§ 3–6 IFG abschließend. Der Gesetzgeber hat in sehr ausdifferenzierter Form eine „kleinteilige" (so BRS/Roth IFG § 3 Rn. 9) Vielzahl von Ausnahmetatbeständen formuliert, die in unterschiedlichem Maße teils absolut, teils relativ öffentliche und private Güter und Interessen schützen und den Anspruch auf Informationszugang begrenzen. Namentlich die Regelung des § 3 IFG zum Schutz besonderer öffentlicher Belange unterstreicht, dass im Grunde nur bestimmte Gemeinwohlinteressen geschützt sind, teilweise sogar nur vor erheblichen Beeinträchtigungen. Der Gesetzgeber hat sich gerade nicht an abstrakten Regelungsmodellen orientiert, die – wie etwa der Vorschlag der Grünen in der 13. Legislaturperiode zum Schutz von Gemeinwohlinteressen (BT-Drs. 13/8432; → Rn. 3) – ganz allgemein auf das Wohl des Bundes oder das Allgemeinwohl abstellen (vgl. BRS/Roth IFG § 3 Rn. 7). Dies hätte den in § 99 Abs. 1 S. 2 VwGO (Kopp/Schenke VwGO § 99 Rn. 10) und § 96 StPO verwendeten Begriffen entsprochen. Der Gesetzgeber erhebt vielmehr den Anspruch, „konkrete und präzise" Ausnahmetat-

bestände geschaffen zu haben (BT-Drs. 15/4493, 9; krit. Schoch IFG Vorb §§ 3–6 Rn. 6) und hat anstelle einer Art Generalklausel in ungewöhnlich ausdifferenzierter Form zahlreiche Fallgestaltungen adressiert und ein mehr oder minder ausgeklügeltes, auf die jeweiligen Schutzgüter bezogenes Anforderungsprofil entwickelt. Mit den im Einzelfall anzuwendenden Ausnahmetatbeständen kann grds. der Vielgestaltigkeit der Lebensverhältnisse am besten entsprochen werden (Schoch DÖV 2006, 1 (8)). Schon die schlichte Zahl der geschützten Gemeinwohlinteressen unterstreicht das gesetzgeberische Vorgehen.

Vor diesem Hintergrund steht auch das Analogieverbot der Annahme von weiteren Ausnahmetatbeständen entgegen (s. Schoch IFG Vorb §§ 3–6 Rn. 16ff), zumal sich die Annahme weiterer Schutzgründe entgegen dem Grundsatzes aus § 1 Abs. 1 S. 1 IFG zu Lasten der Anspruchsberechtigten auswirken würde. Dies schließt aber nicht die Anwendung solcher Ausnahmetatbestände aus, die sich unmittelbar aus der Verfassung ergeben oder bei denen es sich um allgemeine Rechtsgrundsätze handelt. **16**

II. Verfassungsunmittelbare Schranke

Die Annahme verfassungsunmittelbarer Schranken durchbricht den Grundsatz, die Ausnahmetatbestände seien aufgrund ihrer Vielzahl und ihrer „konkreten und präzisen" Fassung sowie der Vorgabe, sie eng auszulegen (BT-Drs. 15/4493, 9), enumerativ zu verstehen (→ Rn. 15 f.). **17**

Aufgrund seines Inhalts und seiner Schutzrichtung lässt sich der verfassungsunmittelbare Ausnahmetatbestand zum Schutz des Kernbereichs exekutiver Eigenverantwortung sachgerechter als ein zu schützendes Gemeinwohlinteresse iSd § 3 IFG auffassen. Die vom BVerfG entwickelte Rechtsfigur dient namentlich dem Schutz des Willensbildungs- und Entscheidungsprozesses und soll die Funktionsfähigkeit und Eigenverantwortung der Regierung wahren (→ Rn. 19 f.). Sowohl § 3 Nr. 3 lit. b IFG als auch § 4 Abs. 1 IFG adressieren in unterschiedlicher Weise und mit unterschiedlichem Gewicht Aspekte des Kernbereichs exekutiver Eigenverantwortung (s. auch → Rn. 24.1). Am ehesten lässt er sich aber an den Schutz der Vertraulichkeit von Verhandlungen und Beratungen nach § 3 Nr. 3 lit. b IFG anlehnen (so im Ergebnis auch BVerwGE 141, 122 Rn. 31). Unterschiedliche Rechtsfolgen ergeben sich hieraus nicht: die aus verfassungsrechtlicher Sicht entwickelten Grundsätze des Kernbereichs exekutiver Eigenverantwortung sind auf ihre Anwendbarkeit auf einfachgesetzliche Auskunftsansprüche zu überprüfen und ggf. anzupassen, also unabhängig von den gesetzlich normierten Versagungsgründen mit Leben zu füllen (zum Ganzen auch Schnabel/Freund DÖV 2012, 192 (196); Roth DÖV 2013, 717 sowie Anm. Roth DVBl 2012, 183). **17.1**

1. Ungeschriebener Ausnahmegrund: Schutz des Kernbereichs exekutiver Eigenverantwortung

Eine solche, sich unmittelbar aus der Verfassung ergebende Schranke ist im Schutz des Kernbereichs exekutiver Eigenverantwortung zu sehen. Der Gesetzgeber des IFG hat diesen Ausnahmegrund nicht explizit geregelt, seine Existenz aber ausdrücklich und unter Bezugnahme auf die Rspr. des BVerfG zum Flick-Untersuchungsausschuss (BVerfGE 67, 100 (139)) anerkannt. Im Bereich des Regierungshandelns bestehe ein ungeschriebener verfassungsrechtlicher Ausnahmegrund des Kernbereichs exekutiver Eigenverantwortung; müsse die Regierung gegenüber einem parlamentarischen Untersuchungsausschuss keine Informationen preisgeben, sei dem Bürger der begehrte Informationszugang erst recht verwehrt (BT-Drs. 15/4493, 12; s. auch Schnabel/Freund DÖV 2012, 192 (197)). Der Schutz der Regierungstätigkeit muss sich gegenüber einfachgesetzlichen Auskunftsansprüchen durchsetzen; dies ergibt sich auch daraus, dass ansonsten der Schutz der Exekutive gegenüber anderen Verfassungsorganen unterlaufen werden würde und ins Leere ginge (BVerwGE 141, 122 Rn. 31). **18**

Dass der Schutzgrund des Kernbereichs exekutiver Eigenverantwortung – anders als im Referentenentwurf des BMI vom Dezember 2000 in § 3 Nr. 2 vorgesehen (→ Rn. 4) – nicht ausdrücklich normiert worden ist, steht seiner Annahme nicht entgegen. Der Regelungsverzicht wird damit begründet, dass – erstens – kein Raum für eine einfachgerichtliche Auslegung durch die Verwaltungsgerichte eröffnet, der verfassungsrechtliche Begriff also nur durch das BVerfG ausgelegt und weiter ausgeformt werden sollte, und dass – zweitens – bei ausdrücklicher Normierung des Schutz- **18.1**

18.2 grunds der Ruf nach Verzicht auf einige der detaillierten Schutzgründe laut geworden wäre, was aus Gründen der Rechtssicherheit und der Rechtsklarheit vermieden werden sollte (Jastrow/Schlatmann IFG § 3 Rn. 124f).

Landesinformationsfreiheitsgesetze sehen demgegenüber ausdrücklich den Kernbereichsschutz vor. So ist bspw. nach § 6 Abs. 1 HmbTG die „unmittelbare Willensbildung des Senats" von der Informationspflicht ausgenommen, womit der Kernbereich der exekutiven Eigenverantwortung gemeint ist (Jauch DVBl 2012, 16 (20); näher hierzu und zu weiteren (landes-)gesetzlichen Regelungen zum Schutz der „Funktionsfähigkeit und Eigenverantwortung" Schnabel/Freund DÖV 2012, 192 (196 f.)).

2. Schutz des Kernbereichs exekutiver Eigenverantwortung in der Rspr.

19 Nach mittlerweile ständiger Rspr. des BVerfG (BVerfGE 67, 100 (139); BVerfGE 110, 199 (214 ff.); BVerfGE 124, 78 (120 ff.); jüngst BVerfGE 131, 152 (206); s. auch BVerwGE 141, 122 Rn. 31; NVwZ 2012, 251; dazu mkritAnm Schoch NVwZ 2012, 254; zusammenfassend Schnabel/Freund DÖV 2012, 192 (193 f.)) schließt der exekutive Kernbereich einen selbst von parlamentarischen Untersuchungsausschüssen grds. nicht ausforschbaren Initiativ-, Beratungs- und Handlungsbereich der Regierung ein. Hierher gehört die Willensbildung der Regierung selbst, und zwar sowohl hinsichtlich der Erörterungen im Kabinett als auch bei der Vorbereitung von Kabinetts- und Ressortentscheidungen, die sich va in ressortübergreifenden und -internen Abstimmungsprozessen vollzieht. Dementsprechend gehört auch die vorbereitende Sachbehandlung innerhalb der Regierung oder innerhalb nachgeordneter Stellen zum Schutz der ungestörten Willensbildung der Regierung (vgl. Busse DÖV 1989, 45 (53)). Der Kernbereich dient dem Schutz des Willensbildungs- und Entscheidungsprozess und erstreckt sich daher vor allem auf laufende Verfahren, kann aber auch abgeschlossene Vorgänge betreffen.

20 Der Schutzumfang ist, ausgehend von den damit verfolgten Zwecken, abgestuft und hängt von den Umständen des Einzelfalls ab: Der Kernbereich soll ua ein Mitregieren Dritter bei Entscheidungen verhindern, die in der alleinigen Kompetenz der Regierung liegen. Die Kontrollkompetenz des Parlaments erstreckt sich daher grds. nur auf bereits abgeschlossene Vorgänge. Laufende Verhandlungen und Entscheidungsvorbereitungen werden nicht erfasst.

21 Allerdings sind auch dem nachträglichen Zugriff auf Informationen Grenzen gesetzt, und zwar auch im Hinblick auf solche Informationen, die aus der Phase der Vorbereitung von Regierungsentscheidungen stammen. Insoweit werden Informationen zwar nicht im selben Maße geschützt, hier kann aber der präventive Schutz der Funktionsfähigkeit der Zugänglichmachung, die einengende Vorwirkungen auf die zugewiesenen selbständigen Funktionen der Regierung haben kann, entgegenstehen. Ob die Funktionsfähigkeit und Eigenverantwortung der Regierung auch bei abgeschlossenen Vorgängen beeinträchtigt werden kann, lässt sich nicht pauschal beantworten und bedarf einer Abwägung anhand der Umstände des Einzelfalls und einer substantiierten Begründung. Ein Kriterium kann insbes. die zeitliche Nähe zur Entscheidung bzw. zum Abschluss des betreffenden Vorgangs sein (etwa BVerfGE 124, 78 (122 f.)). Besonders schutzbedürftig sind hiernach die Erörterungen im Kabinett, weniger schutzbedürftig sind hingegen die vorgelagerten Beratungs- und Entscheidungsabläufe.

3. Schutz des Kernbereichs exekutiver Eigenverantwortung in der Anwendungspraxis des IFG

22 Dem Diktum des Gesetzgebers folgend, wonach dem Bürger ein Informationszugang erst recht verwehrt wird, wenn sogar gegenüber einem parlamentarischen Untersuchungsausschuss ein nicht ausforschbarer Kernbereich exekutiver Eigenverantwortung besteht (BT-Drs. 15/4493, 12; VG Berlin BeckRS 2011, 52820; Schnabel/Freund DÖV 2012, 192 (197)), wird die verfassungsunmittelbare Begrenzung des freien und voraussetzungslosen Anspruchs auf Zugang zu amtlichen Informationen mittlerweile im Grundsatz anerkannt. Auch das BVerwG akzeptiert, dass die Grundsätze der Rechtsfigur des Kernbereichs der exekutiven Eigenverantwortung, die ausgehend vom Gewaltenteilungsprinzip insbes. im Parlamentsrecht entwickelt wurden, auch bei Ansprüchen nach dem IFG zu berücksichtigen seien (BVerwGE 141, 122 Rn. 31; NVwZ 2012, 251 Rn. 35).

In welcher Weise dies im Einzelnen zu geschehen hat, wie also die verfassungsunmittelbaren Grundsätze zum Schutz des Kernbereichs exekutiver Eigenverantwortung auf einfachgesetzliche Auskunftsansprüche Dritter zu übertragen sind, ließ das BVerwG bisher offen (vgl. BVerwGE 141, 122 Rn. 31). Hierfür bestand in keinem der insoweit entschiedenen Fälle Anlass, weil es nach Auffassung des Gerichts bereits an der Darlegung fehlte, dass die in Streit stehenden Informationen am Schutz des Kernbereichs teilhaben. Vor diesem Hintergrund ist auch die pointierte Kritik Schochs (NVwZ 2012, 254 (256)) einzuordnen, wonach der Versagungsgrund nur dann bemüht werden sollte, „wenn insoweit mit Substanz aufgewartet werden kann" (s. auch → Rn. 24.4). **23**

Wegen der – im Gesetzentwurf sogar darauf beschränkten (BT-Drs. 15/4493, 12) – Anknüpfung an den verfassungsunmittelbaren Kernbereich exekutiver Eigenverantwortung muss dieser und die Rspr. hierzu freilich Maßstab für Informationsansprüche nach dem IFG sein (VG Berlin BeckRS 2011, 52820). Wie sich aus der verfassungsgerichtlichen Rspr. ergibt, sind dementsprechend nicht sämtliche Vorgänge aus dem Bereich der Willensbildung der Regierung von vornherein dem Informationszugang entzogen. Die Anforderungen hieran sind an den Umständen des Einzelfalls zu konkretisieren und hängen maßgeblich davon ab, ob es sich um einen noch laufenden Vorgang (der Entscheidungsvorbereitung) oder um ein abgeschlossenes Verfahren handelt (zur Schutzdauer auch Schnabel/Freund DÖV 2012, 192 (194, 197)). Handelt es sich um einen noch laufenden Vorgang, ist auf den Schutz vor einem Mitregieren Dritter und die autonome Wahrnehmung der Regierungskompetenzen abzustellen. Jedenfalls dann, wenn es sich um ein abgeschlossenes Verfahren handelt, ist der Schutz der funktionsnotwendigen freien und offenen Willensbildung (Funktionsfähigkeit und Eigenverantwortung) mit dem Interesse am Informationszugang (aus verfassungsrechtlicher Sicht: Gewicht des parlamentarischen Kontrollrechts bzw. Informationsbegehrens) abzuwägen. Dabei muss die informationspflichtige Stelle befürchtete negative Auswirkungen auf die Funktionsfähigkeit der Regierung anhand der jeweiligen Umstände des Einzelfalls nachvollziehbar belegen (BVerwGE 141, 122 Rn. 31 unter Verweis auf BVerfGE 110, 199 (218 ff.)). **24**

Es ist streitig, ob es für die Gewährleistung des Schutzes des Kernbereichs der exekutiven Eigenverantwortung des Rückgriffs auf einen ungeschriebenen Ausnahmetatbestand bedarf oder ob derartige Fallkonstellationen nicht bereits vom Schutz des § 3 Nr. 3 lit. b IFG (Schutz der – vertraulichen – Beratungen von Behörden; → Rn. 132 ff.) erfasst werden (vgl. auch Schnabel/Freund DÖV 2012, 192 (196)). Das VG Berlin (BeckRS 2011, 52820) geht zunächst mit dem Gesetzentwurf (BT-Drs. 15/4493, 12) von der Notwendigkeit eines Schutzes des Kernbereichs exekutiver Eigenverantwortung aus, neigt aber im weiteren der Annahme, dass es keines Rückgriffs auf einen ungeschriebenen Ausnahmegrund bedürfe; das VG Berlin lässt dies im Ergebnis im Hinblick auf die in Streit stehenden Unterlagen (Informationen des BMJ zur Verlängerung der Laufzeiten der Kernkraftwerke) offen, weil diese Informationen jedenfalls diesem Kernbereich nicht zuzurechnen seien. Auch aus Sicht des BVerwG (BVerwGE 141, 122 Rn. 31 f.) spreche vieles dafür, dass den verfassungsrechtlichen Vorgaben bereits im Rahmen der vorrangig zu prüfenden gesetzlich normierten Versagungsgründe Rechnung getragen werden könne, im Fall von Schutzlücken aber die verfassungsunmittelbare Grenze des Kernbereichs exekutiver Eigenverantwortung in Betracht zu ziehen sei. **24.1**

Auch auf Grundlage dieser Rspr., die zunächst auf die einfachgesetzlich normierten Ausnahmetatbestände zurückgreift, bedarf es angesichts möglicher Schutzlücken des verfassungsunmittelbaren, ungeschriebenen Ausnahmetatbestands des Kernbereichs exekutiver Eigenverantwortung. **24.2**

Die Rspr. hat sich in Bezug auf IFG-Ansprüche nur vereinzelt mit dem Kernbereich exekutiver Eigenverantwortung befasst, so etwa in den beiden vom BVerwG (BVerwGE 141, 122; NVwZ 2012, 251; → Rn. 19) und in den vorherigen Instanzen vom VG Berlin und OVG Berlin-Brandenburg entschiedenen Fällen (s. hierzu Anm. Schoch NVwZ 2012, 254). In der Sache stand der Kernbereich der exekutiven Eigenverantwortung dem Informationszugang in beiden Fällen nicht entgegen: negative Auswirkungen auf die Funktionsfähigkeit der Regierung seien nicht dargelegt worden; eine Stellungnahme, die bestimmungsgemäß einem anderen Verfassungsorgan (hier: dem BT bzw. dem Petitionsausschuss des BT) übermittelt worden ist, habe den absolut geschützten Binnenbereich der Regierung verlassen. **24.3**

24.4 Der Rückgriff auf den verfassungsunmittelbaren Schutz des Kernbereichs der exekutiven Eigenverantwortung ist erheblicher Kritik ausgesetzt. Es handele sich hierbei um einen Schutzgrund, auf den eine informationspflichtige Stelle zurückgreife, wenn ihr nichts anderes mehr einfalle (so pointiert Anm. Schoch NVwZ 2012, 254 (256), der aber zugleich die Existenz des ungeschriebenen Versagungsgrunds des Kernbereichs exekutiver Eigenverantwortung im Anwendungsbereich des IFG anerkennt). Auch die Rspr. steht der bisherigen Anwendung des Ausnahmetatbestands kritisch gegenüber und rügt die unzureichende Darlegung, warum in Streit stehende Informationen am Schutz des Kernbereichs teilhaben. Nach Auffassung des BVerwG sei das Vorbringen, die Willensbildung innerhalb der Regierung könnte Schaden nehmen, wenn der Vorbereitung eines Gesetzes dienende Unterlagen nachträglich veröffentlicht würden, mit dem Bild einer selbstbewussten Ministerialverwaltung nicht vereinbar (BVerwGE 144, 122 Rn. 31).

III. Ausnahmetatbestand Rechtsmissbrauch

25 Die (nur) grds. abschließende Regelung der Schutzgründe durch die §§ 3 ff. IFG (→ Rn. 15 f.) steht auch der Annahme eines Ausnahmetatbestands bei missbräuchlichen Anträgen nicht entgegen. Es handelt sich hierbei um einen allgemeinen Rechtsgrundsatz, dessen Heranziehung durch die geschriebenen Ausnahmetatbestände nicht ausgeschlossen ist. Grundsätzlich kann jedem Rechtsanspruch der Einwand der unzulässigen Rechtsausübung bzw. des Rechtsmissbrauchs entgegenstehen; dies gilt insbes. für Anspruchsnormen, die wie § 1 Abs. 1 IFG offen und voraussetzungslos ausgestaltet sind und daher in besonderem Maße ein Einfallstor für eine rechtsmissbräuchliche Ausnutzung der hierdurch gewährten Rechtsstellung sein können (VGH Kassel BeckRS 2010, 48167; hierzu auch Kloepfer/von Lewinski DVBl 2005, 1277 (1281); Reinhart DÖV 2007, 18 (23); krit. Lukaßen, Die Fallpraxis der Informationsbeauftragten und ihr Beitrag zur Entwicklung des Informationsfreiheitsrechts, 2010, 190 ff.: es könne wegen der Ausnahmegründe „kaum Querulanten geben").

26 Der Annahme eines Ausnahmetatbestands zum Schutz vor rechtsmissbräuchlichen Anträgen stehen auch nicht die Bestimmungen des § 7 Abs. 2 S. 1 IFG (→ § 7 Rn. 43 ff., 51 ff.) bzw. des § 9 Abs. 3 IFG (→ § 9 Rn. 28 ff.) entgegen. Diese verfahrensrechtlichen Bestimmungen betreffen nur partiell auch Gesichtspunkte des Rechtsmissbrauchs und vermögen den Rückgriff auf den allgemeinen verwaltungsrechtlichen Grundsatz des Rechtsmissbrauchs nicht zu ersetzen. So betrifft § 7 Abs. 2 S. 1 IFG dem Wortlaut nach nur den Fall, dass einem Anspruch auf teilweisen Informationszugang in dem Umfang stattzugeben ist, in dem der Informationszugang ohne unverhältnismäßigen Verwaltungsaufwand möglich ist; und § 9 Abs. 3 IFG betrifft nach dem Wortlaut nur den Fall, dass der Antragsteller bereits über die begehrten Informationen verfügt oder sich diese aus allgemein zugänglichen Quellen beschaffen kann. Der allgemeine Grundsatz des Rechtsmissbrauchs geht über diese Konstellationen hinaus.

27 Auch nach Auffassung des Gesetzgebers ist im Anwendungsbereich des IFG auf den allgemeinen verwaltungsrechtlichen Grundsatz des Rechtsmissbrauchs zurückzugreifen (BT-Drs. 15/4493, 16; ebenso Fischer/Fluck NVwZ 2013, 337 (340): allgemeiner Rechtsgedanke der unzulässigen Rechtsausübung). Dies hat allerdings nicht die in der Gesetzesbegründung geschilderte Folge, die Behörde brauche querulatorische Anträge schon nicht entgegen zu nehmen oder zu bearbeiten (so zutreffend Schoch IFG § 9 Rn. 52; vgl. auch Kloepfer/von Lewinski DVBl 2005, 1277 (1281): solche Anträge seien schon unzulässig; ebenso Raabe/Helle-Meyer NVwZ 2004, 641 (646 f.)). Ein solcher Ausnahmetatbestand muss sich allerdings in die Rechtssystematik des IFG einfügen, wonach der Anspruch auf Informationszugang voraussetzungslos ist (→ § 1 Rn. 152 ff.); dies ist bei der Konkretisierung der Anforderungen an die Rechtsmissbräuchlichkeit zu berücksichtigen (in diese Richtung auch VGH Kassel BeckRS 2010, 48167; Raabe/Helle-Meyer NVwZ 2004, 641 (647)).

27.1 Im Umweltinformationsrecht hat der Gesetzgeber mit § 8 Abs. 2 Nr. 1 UIG demgegenüber einen Schutztatbestand normiert, wonach der Antrag abzulehnen ist, soweit er offensichtlich missbräuchlich gestellt wurde, es sei denn, das öffentliche Interesse an der Bekanntgabe überwiegt (→ UIG § 8 Rn. 4 ff.; s. hierzu etwa VG Mainz BeckRS 2013, 51191). Der IFG-Gesetzgeber hat hierauf bewusst und wegen des möglichen Rückgriffs auf den allgemeinen verwaltungsrechtlichen Grundsatz des Rechtsmissbrauchs verzichtet. Gerade wegen der Voraussetzungslosigkeit des Anspruchs auf Informationszugang wäre es allerdings wünschenswert gewesen, wenn der Gesetzgeber einen Missbrauchstatbestand einschließlich der Kriterien für die Annahme rechtsmissbräuchlichen Verhaltens normiert hätte (so auch Schoch IFG § 9 Rn. 52).

Parallelregelungen, wonach der Informationszugang im Falle der Missbräuchlichkeit des Antrags 27.2 nicht gegeben ist, ergeben sich neben § 8 Abs. 2 Nr. 1 UIG auch aus § 4 Abs. 4 S. 1 VIG. Teilweise enthält auch das Landesrecht vergleichbare Ausnahmetatbestände, etwa § 7 Abs. 3 Nr. 1 ThürIFG (der Antrag „kann" abgelehnt werden, wenn er offensichtlich missbräuchlich gestellt wurde). Soweit einzelne Landesinformationsfreiheitsgesetze auf die Beeinträchtigung der ordnungsgemäßen Erfüllung der Aufgaben der öffentlichen Stelle (etwa § 4 Abs. 2 Nr. 2 AIG) abstellen, dürfte hierunter im Einzelfall auch die missbräuchliche Antragstellung zu fassen sein. Der Professorenentwurf (→ Rn. 3) sah mit § 6 Abs. 2 eine vergleichbare Regelung vor. Danach sollte der Antrag auf Informationszugang abgelehnt werden, wenn er missbräuchlich ist, was auch dann der Fall sein sollte, wenn der Antragsteller über die begehrten Informationen verfügt. In eine vergleichbare Richtung ging § 6 Abs. 3 Nr. 3 des Professorenentwurfs, wonach der Antrag abgelehnt werden konnte, soweit die ordnungsgemäßen Erfüllung der Aufgaben der öffentlichen Stelle erheblich beeinträchtigt würde.

1. Rechtsmissbräuchlicher Antrag auf Informationszugang

Anders als im Anwendungsbereich des Umweltinformationsrechts kann es für die Rechts- 28 missbräuchlichkeit eines Antrags auf Informationszugang nach dem IFG grds. nicht auf die Motivation des Antragstellers ankommen, jedenfalls soweit es den Gesichtspunkt betrifft, wofür die Informationen verwendet werden sollen. Beim Schutzgrund des § 8 Abs. 2 Nr. 1 UIG hingegen spielt dies wegen der vom UIG verfolgten Umweltschutzzwecke eine Rolle. So normiert § 1 UIG den umweltschutzbezogenen Zweck des Gesetzes, der einer zweckfremden Verwendung entgegenstehen kann; dem steht nicht entgegen, dass der Anspruch auf Informationszugang besteht, ohne dass hierfür ein rechtliches Interesse dargelegt werden müsste (→ § 1 Rn. 152 ff. sowie → UIG § 8 Rn. 48 ff.; vgl. BVerwGE 130, 236 Rn. 24 f.; ausf. Landmann/Rohmer/Reidt/Schiller UIG § 8 Rn. 54 f.).

Eine vergleichbare, einen spezifischen Zweck normierende Regelung kennt das IFG 29 demgegenüber nicht, so dass ein verwendungsbezogener Missbrauch ausscheidet. Ein Missverhältnis von Zweck und Antrag ist von vornherein nicht denkbar. Gerade weil der Gesetzgeber darauf verzichtet hat, den Anspruch von besonderen, das Zugangsgesuch im konkreten Fall rechtfertigenden Gründen abhängig zu machen, kommt es auf die Motive in aller Regel nicht an. Informationsbegehren können vielmehr auch aus egoistischen und sogar aus fragwürdigen Beweggründen vorgebracht werden, ohne dass dies dem Antragsteller als rechtsmissbräuchlich entgegengehalten werden könnte (VGH Kassel BeckRS 2010, 48167; vgl. auch NVwZ 2010, 1036 (1038); zur Missbrauchsanfälligkeit des IFG im Bereich des Vergaberechts Just/Sailer DVBl 2010, 418 (419)). Ein Rechtsmissbrauch ist auch nicht gegeben, wenn die Auskunft oder Einsichtnahme in Daten dem Antragsteller keinen Erkenntniszuwachs verschaffen wird; es bleibt allein der Einschätzung des Antragstellers überlassen, wie er die Vorteile beurteilt, die er sich aus dem Informationsersuchen verspricht (Raabe/Helle-Meyer NVwZ 2004, 641 (647)). Dementsprechend kann auch der Antrag etwa eines Unternehmens, der allein der Erlangung wettbewerblicher Vorteile dient, oder auch ein Ausforschungsantrag, mit dem sich der Antragsteller nur einen Überblick über die bei der Behörde vorhandenen Fakten verschaffen will, nicht als rechtsmissbräuchlich abgelehnt werden (Schoch IFG § 9 Rn. 55; aA ohne überzeugende Begründung Kiethe/Groeschke WRP 2006, 303 (306)). Der Anspruch auf Informationszugang ist auch nicht deshalb ausgeschlossen, weil der Antragsteller mutmaßlich mit den gewonnenen Informationen die Chancen in einer zivilrechtlichen Auseinandersetzung gegenüber der informationspflichtigen Stelle erhöhen will (s. etwa VG Frankfurt a. M. Urt. v. 17.6.2009 – 7 K 2282/08.F (3); VG Berlin BeckRS 2010, 55404).

Die Motivation des Antragstellers kann allerdings in (seltenen) Einzelfällen doch von 30 Bedeutung sein (nur als ultima ratio: Reinhart DÖV 2007, 18 (23); ähnlich Fischer/Fluck NVwZ 2013, 337 (340): nur für extreme Fälle). So ist die Grenze zum Rechtsmissbrauch unter Berücksichtigung der etwa in § 242 BGB zum Ausdruck kommenden Rechtsgedanken dann überschritten, wenn dem Informationsbegehren keinerlei irgendwie nachvollziehbare Motive zugrunde liegen. Ist das Handeln des Antragstellers offenkundig und zweifelsfrei allein von der Absicht geprägt, die Behörde oder einen Drittbetroffenen zu schikanieren oder zu belästigen oder einem anderen Schaden zuzufügen (VGH Kassel BeckRS 2010, 48167; dazu auch Fischer/Fluck NVwZ 2013, 337 (340); zum prozessrechtlichen Schikaneverbot schon OLG Frankfurt a. M. NJW 1979, 1613), steht dem Anspruch auf Informationszugang der Einwand des Rechtsmissbrauchs entgegen. Geht es dem Antragsteller beispielsweise um eine Schädigung der informationspflichtigen Stelle, ist ein behördenbezogener Rechtsmissbrauch anzunehmen; insoweit wird unabhängig vom Zweck des Antrags die Funktionsfähigkeit der Verwaltung geschützt. Geht es dem Antragsteller nur um eine Verfahrensverzögerung oder um eine Lähmung der Verwaltung, liegt der Rechtsmissbrauch ebenfalls nahe (vgl. Raabe/Helle-Meyer NVwZ 2004, 641 (647)).

31 Eine allgemeingültige konkrete Grenze, ab wann ein rechtsmissbräuchlicher Verwaltungsaufwand ausgelöst wird, lässt sich dabei nicht bestimmen. Dies hängt vielmehr von den Umständen des Einzelfalls ab, zumal eine informationspflichtige Stelle grds. für eine ausreichende Personal- und Mittelausstattung sorgen muss und auch einen erhöhten Verwaltungsaufwand nicht ohne weiteres geltend machen kann (s. VG Mainz BeckRS 2013, 51191 zur Parallele im UIG). So wie bei § 7 Abs. 2 S. 1 IFG (dazu Schoch IFG § 7 Rn. 61) dürfte ein Rechtsmissbrauch daher schon dann gegeben sein, wenn die Erfüllung des Anspruchs auf Informationszugang zu einem „fast schon unsinnigen" Verwaltungsaufwand führt, es also im wahrsten Sinne des Wortes um die „Suche nach der Nadel im Heuhaufen" geht. Wird nämlich die Behörde so trotz entsprechender Vorkehrungen an ihrer übrigen Arbeit gehindert (Reinhart DÖV 2007, 18 (23): drohender Stillstand der regulären Verwaltungsarbeit), spricht dies für eine missbräuchliche Antragstellung. Nach der Rspr. des VG Frankfurt a. M. ist bei der Prüfung, ob ein unverhältnismäßiger Aufwand gegeben ist, neben dem Umfang des Aktenbestands auch das Ausmaß der darin enthaltenen geheimhaltungs- und schutzbedürftigen Informationen zu berücksichtigen (etwa VG Frankfurt a. M. NVwZ 2009, 1182 (1183) mwN; dort ging es um einen Aktenbestand im Umfang von etwa 10.000 Seiten; zu ähnlichen Kriterien auch H-R/S-A/V/Gusy § 23 Rn. 86). Einen unverhältnismäßigen Verwaltungsaufwand hat das VG Frankfurt a. M. (Urt. v. 23.4.2013 – 7 K 129/10.F) auf dieser Grundlage bei einem Aktenbestand im Umfang von 45.000 Seiten angenommen, die einzeln auf Geschäftsgeheimnisse Dritter überprüft und ggf. geschwärzt werden müssten. Hiermit sei ein Bediensteter etwa 80 Monate oder 80 Mitarbeiter jeweils einen Monat beschäftigt, unabhängig vom Personalaufwand, der durch die Einschaltung der Rechtsabteilung in Zweifelsfällen entstehe.

32 Der Rechtsmissbrauch kann sich auch aus dem Verhalten eines Verfahrensbevollmächtigten ergeben, das dem Antragsteller zuzurechnen ist, zumal dem IFG das Institut einer Missbrauchsgebühr fremd ist (vgl. Debus DVBl 2013, 9 (16)). Ob der Verfahrensbevollmächtigte rechtsmissbräuchlich handelt, ist dabei nicht nur anhand des konkret in Rede stehenden Antrags auf Informationszugang zu beurteilen. Gerade bei einem Massenverfahren, in dem gleichförmige oder gar identische Anträge gestellt werden, sind die parallelen Anträge mit in den Blick zu nehmen (so wohl auch Reinhart DÖV 2007, 18 (23): immer wieder gleichlautende Anträge dürften querulatorisch sein; in diese Richtung wohl auch Fischer/Fluck NVwZ 2013, 337 (340): etwa 150 Anträge bei Behörden einer (klagenden) Anwaltskanzlei zu Informationen, die sich auf ein betroffenes Unternehmen beziehen). Ein Rechtsmissbrauch kann sich etwa dann ergeben, wenn die Anträge der Schädigung der informationspflichtigen Stelle dienen oder überhaupt nicht der Interessenlage der Antragsteller entsprechen. Beides kann sich aus der mit einem derartigen Massenverfahren verbundenen Kostenlast ergeben, die spätestens im Fall einer gerichtlichen Auseinandersetzung erhebliche Risiken für die informationspflichtige Stelle oder auch für den einzelnen Antragsteller darstellen können. Geht es einem Verfahrensbevollmächtigten darum, aus Gründen der Gebührenerhebung möglichst viele Verfahren anhängig zu machen, stellt dies eine rechtsmissbräuchliche Inanspruchnahme des IFG dar, weil mit der bezweckten „Verbesserung der eigenen Abrechnungsmöglichkeiten" gezielt verfahrensfremde bzw. verfahrenswidrige Zwecke verfolgt werden (Debus DVBl 2013, 9 (16)).

32.1 Dabei ist zu berücksichtigen, dass die Antragstellung durch einen Verfahrensbevollmächtigten die Regelung des § 7 Abs. 1 S. 4 IFG über die Behandlung von „gleichförmigen" Anträgen umgeht (ebenso Debus DVBl 2013, 9 (16)). Hiernach gelten die §§ 17 bis 19 VwVfG entsprechend. Freilich löst die Verweisung auf das VwVfG die geschilderte Problematik gleichförmiger oder gar identischer

Massenanträge nicht, weil die Antragstellung durch einen von den Antragstellern Bevollmächtigten hiervon gerade nicht erfasst wird (BeckOK VwVfG/Birk § 17 Rn. 8 f.). Dies ist bei der Prüfung der Rechtsmissbräuchlichkeit und der hierfür notwendigen Bewertung des Verhaltens eines Verfahrensbevollmächtigten einzustellen.

2. Darlegung des Rechtsmissbrauchs

Das Vorliegen eines rechtsmissbräuchlichen Antrags ist wie bei allen Schutzgründen des IFG (→ Rn. 11 ff.) von der informationspflichtigen Stelle darzulegen. Es dürften kaum Fälle denkbar sein, in denen der Antragsteller seine rechtsmissbräuchliche Motivation zu erkennen gibt und sich die darlegungspflichtige Behörde hierauf stützen kann. Diese ist daher gehalten, anhand objektiver Umstände die Rechtsmissbräuchlichkeit darzulegen, wobei hierbei das Verhalten des Antragstellers wie auch eines Verfahrensbevollmächtigten zu berücksichtigen ist, welches dem Antragsteller zuzurechnen ist. **33**

Es müssen mithin konkrete und objektive Umstände vorliegen, aus denen sich die Rechtsmissbräuchlichkeit ergibt. Hierbei kann auf die Anforderungen des § 8 Abs. 2 Nr. 1 UIG zur Offensichtlichkeit eines missbräuchlichen Antrags zurückgegriffen werden (→ UIG § 8 Rn. 50). Die Formel, wonach die Offensichtlichkeit eines Missbrauchs dann gegeben ist, wenn sie sich einem objektiven Dritten ohne nennenswerten Restzweifel aufdrängt (so Landmann/Rohmer/Reidt/Schiller UIG § 8 Rn. 56), kann ohne weiteres für die Bewertung der objektiven Umstände herangezogen werden. Es reicht, ist aber auch notwendig, dass die informationspflichtige Stelle die objektiven Umstände näher darlegt und hieraus die sich auch einem objektiven Dritten aufdrängenden Rückschlüsse zieht. Ist dem Antrag der Rechtsmissbrauch gleichsam „auf die Stirn geschrieben" bzw. lässt sich seine Rechtsmissbräuchlichkeit „mit den Händen greifen", liegen solche objektiven Umstände ohne weiteres vor; im Übrigen dürften diese nur in besonders krassen Fällen rechtssicher dargelegt werden können. **34**

Insoweit entspricht dies den Anforderungen für die missbräuchliche Inanspruchnahme gerichtlichen Rechtsschutzes. Das Rechtsschutzinteresse bzw. Rechtsschutzbedürfnis fehlt, wenn die Klage rechtsmissbräuchlich ist, was etwa dann der Fall ist, wenn sie nur den Zweck haben kann, dem Gegner zu schaden oder das Gericht zu „belästigen". Auch dies ist nicht anhand der subjektiven Beweggründe oder Absichten des Klägers zu beurteilen, sondern anhand der objektiven Sachlage (Kopp/Schenke VwGO Vorb § 40 Rn. 52 ff.). **34.1**

C. Schutz vor nachteiligen Auswirkungen auf spezifische Gemeinwohlinteressen des Bundes (Nr. 1)

In Bezug auf bestimmte, in den lit. a–g im Einzelnen benannte und spezifizierte öffentliche Schutzgüter besteht nach § 3 Nr. 1 IFG der Anspruch auf Informationszugang nicht, wenn das Bekanntwerden der Information nachteilige Auswirkungen auf das in Rede stehende Gemeinwohlinteresse hat. Vor die Klammer gezogen sind die Anforderungen an die Darlegung zu den nachteiligen Auswirkungen, die durch das Bekanntwerden gegeben sein können (→ Rn. 36 ff.), die also für sämtliche der in den lit. a–g aufgeführten, besonderen öffentlichen Belange anwendbar sind. Der Ausnahmetatbestand des § 3 Nr. 1 IFG ist mithin zweistufig aufgebaut: auf der ersten Stufe der Möglichkeit nachteiliger Auswirkungen sowie auf der zweiten Stufe die geschützten Belange. Im konkreten Einzelfall kann der Ausschluss auf Informationszugang auf mehrere Ausnahmetatbestände des IFG gestützt werden (BT-Drs. 15/4493, 9), sie sind parallel anwendbar. Einer ausdrücklichen Regelung des Verhältnisses der Ausnahmegründe zueinander bedurfte es daher nicht (Jastrow/Schlatmann IFG § 3 Rn. 14). **35**

Die Vorschrift des § 3 Nr. 1 IFG ist mit der Bezugnahme auf die Möglichkeit nachteiliger Auswirkungen auf das in Rede stehende Schutzgut in Anlehnung an die damals neugefasste Vorschrift des § 8 Abs. 1 UIG (→ Rn. 40.1; → UIG § 8 Rn. 16 ff.) gefasst worden. Anders als § 8 Abs. 1 UIG steht § 3 Nr. 1 IFG aber nicht unter dem Vorbehalt des überwiegenden öffentlichen Interesses an der Bekanntgabe der Information und weicht auch im Übrigen von § 8 Abs. 1 UIG ab, insbes. soweit der breitere Anwendungsbereich des IFG dies erforderlich machte (BT-Drs. 15/4493, **35.1**

9). Dies hat der Gesetzgeber wohl im Hinblick auf die Reichweite des Schutzgrundes des § 3 Nr. 1 IFG so gesehen. Im Anwendungsbereich des UIG besteht der Schutz hingegen nur, soweit das Bekanntwerden der Informationen nachteilige Auswirkungen haben kann. Ein teilweiser Informationszugang kommt hiernach nicht in Betracht (krit. Schoch IFG § 3 Rn. 99).

I. Darlegung nachteiliger Auswirkungen durch das Bekanntwerden der Information

36 Die Vorschrift des § 3 Nr. 1 IFG regelt nicht nur Ausnahmen vom Informationszugang aufgrund eines entgegenstehenden besonderen öffentlichen Interesses, sondern auch die Darlegungslast der informationspflichtigen Stelle (BT-Drs. 15/4493, 9). Der Gesetzgeber hat hier ausdrücklich die Nähe zum damals neugefassten § 8 UIG (→ UIG § 8 Rn. 16 ff.) gesucht und darauf abgestellt, dass das Bekanntwerden der Information nachteilige Auswirkungen auf das öffentliche Schutzgut hat. Um dem breiteren Anwendungsbereich des IFG gerecht zu werden, weiche § 3 Nr. 1 IFG aber von § 8 Abs. 1 UIG ab, soweit dies erforderlich sei.

1. Bekanntwerden der Information

37 Anders als § 8 UIG (→ UIG § 8 Rn. 16 ff.) stellt § 3 Nr. 1 IFG nicht auf „das Bekanntgeben", sondern auf „das Bekanntwerden" der betreffenden Information ab. Kann das Bekanntwerden der Information nachteilige Auswirkungen auf das betreffende Schutzgut haben, besteht der Anspruch auf Informationszugang nicht. Inhaltlich ergibt sich allerdings keine Abweichung zu § 8 UIG. Zutreffend geht die Rspr. davon aus, dass der Begriff des Bekanntwerdens der Information notwendig den ihn zugrundeliegenden Akt der Bekanntgabe umfasst (BVerwG NVwZ 2010, 321 Rn. 26).

38 Diese auf den ersten Blick nur semantische Feinheit kann im Einzelfall (etwa in BVerwG NVwZ 2010, 321) von entscheidender Bedeutung sein und ist von informationspflichtigen Stellen bei der Darlegung möglicher nachteiliger Auswirkungen zu berücksichtigen. Das nach dem Wortlaut des § 3 Nr. 1 IFG notwendige Bekanntwerden der Information stellt auf die Kenntnis des Antragstellers bzw. der Öffentlichkeit vom Inhalt der Information ab, woraus sich nachteilige Auswirkungen ergeben können. Anders verhält sich dies bei der Bekanntgabe der Information: Hier kommt es nicht entscheidend darauf an, dass sich nachteilige Auswirkungen aus der Kenntnis der Information ergeben können, sondern vielmehr darauf, dass ausgerechnet die informationspflichtige Stelle gewissermaßen offiziell die Information bekanntmacht. Nachteilige Auswirkungen können hiernach auch dadurch ausgelöst werden, dass ausgerechnet die informationspflichtige Stelle die Information preisgibt (vgl. BVerwG NVwZ 2010, 321 Rn. 26 zu § 3 Nr. 1 lit. a IFG).

2. Möglichkeit nachteiliger Auswirkungen

39 Nach § 3 Nr. 1 IFG besteht der Anspruch auf Informationszugang nicht, wenn das Bekanntwerden der Information nachteilige Auswirkungen auf die in den lit. a–g genannten Schutzgüter „haben kann". Mit dieser Formulierung, die das Maß an Gewissheit umschreibt, genügt die Möglichkeit nachteiliger Auswirkungen auf die Schutzgüter. Dem Wortlaut nach könnte bereits die abstrakte Möglichkeit nachteiliger Auswirkungen ausreichen, den Anspruch auf Informationszugang entfallen zu lassen (kritisch Frowein, FS Starck, 2007, 219 (220); ähnlich wohl Wendt AnwBl 2005, 702 (703)). Allgemeiner Auffassung nach ist aber die konkrete Möglichkeit nachteiliger Auswirkungen erforderlich, womit eher fernliegende Befürchtungen von vornherein ausscheiden.

40 Nachteilig ist eine Auswirkung dann, wenn sich das Bekanntwerden der Information negativ oder ungünstig auf das jeweilige Schutzgut auswirkt. Ein Nachteil kann etwa das sein, was dem Schutzgut abträglich ist (so BVerwG NVwZ 2010, 321 Rn. 15 zu § 3 Nr. 1 lit. a IFG). Eine mögliche Belastung des Schutzguts reicht hierfür aus; es ist hingegen nicht notwendig, dass das Schutzgut beeinträchtigt oder beschädigt (VG Berlin BeckRS 2009, 42248) oder dass es erheblich oder spürbar beeinträchtigt wird (so aber BVerwG NVwZ 2012, 112 Rn. 21 sowie VGH Kassel DVBl 2012, 701 (702 f.), jeweils zu § 3 Nr. 1 lit. d IFG; → Rn. 78). Aus dem Wortlaut des § 3 Nr. 1 IFG ergibt sich eine besondere Erheblich-

keitsschwelle nicht; dementsprechend ist auch eine besondere Schwere des nachteiligen Effekts nicht erforderlich (insoweit inkonsistent VGH Kassel DVBl 2012, 701 (704) zu § 3 Nr. 1 lit. g IFG). Dem Begriff der nachteiligen Auswirkungen ist ohnehin immanent, dass diese mehr als unerheblich sind. Deshalb entfällt der Anspruch auf Informationszugang auch nicht schon dann, wenn das in Rede stehende Schutzgut bloß gleichsam neutral berührt wird (Schoch IFG § 3 Rn. 94).

Im ursprünglichen Gesetzentwurf war noch die Formulierung vorgesehen, dass das Bekanntwerden der Information nachteilige Auswirkungen auf das jeweilige Schutzgut haben „könnte" (BT-Drs. 15/4493, 9). Um ein konsistentes Maß an Gewissheit, etwa im Vergleich zu § 3 Nr. 2 IFG, zu normieren, hat der Gesetzgeber schließlich die Formulierung „kann" gewählt, ohne damit die Anforderungen zu modifizieren (so BT-Drs. 15/5606, 5). 40.1

Mit der Formulierung „haben kann" wird das Maß an Gewissheit umschrieben, mit den „nachteiligen Auswirkungen" das Maß der Beeinträchtigung des in Rede stehenden Schutzguts (→ Rn. 41 ff.). Nur im Hinblick auf letzteres weichen die Ausnahmetatbestände des § 3 Nr. 1 IFG von anderen Schutzgründen des § 3 IFG ab, etwa von § 3 Nr. 2 IFG, wo die Möglichkeit einer Gefährdung in Rede steht. Insoweit ist der Maßstab der in § 3 Nr. 1 IFG zusammengefassten Ausnahmetatbestände weiter als etwa das Kriterium der Gefährdung in § 3 Nr. 2 IFG (NK-IFG/ Rossi IFG § 3 Rn. 9). Im Hinblick auf das Maß an Gewissheit ergeben sich hingegen keine Unterschiede. Etwas anderes ergibt sich auch nicht aus der im Gesetzgebungsverfahren an den übrigen Ausnahmetatbestände angepassten Formulierung des Maßes an Gewissheit (→ Rn. 5). Hieraus wird zwar teilweise gefolgert, auch im Rahmen des § 3 Nr. 1 IFG müsse eine Gefährdung des in Rede stehenden Schutzguts vorliegen (so Schoch IFG § 3 Rn. 97; ebenso VGH Kassel BeckRS 2012, 49879). Damit wird aber die Differenzierung zwischen dem Maß an Gewissheit (der konkreten Möglichkeit) und dem Maß an Beeinträchtigung (nachteilige Auswirkungen, Gefährdung, Beeinträchtigung) nivelliert; eine solche Vereinheitlichung der Schutzstandards hat der Gesetzgeber angesichts des Wortlauts aber nicht bezweckt. 40.2

3. Darlegung der Möglichkeit nachteiliger Auswirkungen

Die Möglichkeit des Eintritts von Nachteilen für das in Rede stehende Schutzgut (→ Rn. 39 ff.) ist anhand einer plausiblen und nachvollziehbaren Prognose darzulegen (BVerwG NVwZ 2010, 321 Rn. 20; VG Berlin ZUR 2012, 50 Rn. 19). Die Behörde muss also im Einzelfall darlegen, dass durch die Zugänglichmachung der begehrten Information die konkrete Möglichkeit besteht, dass einer der Schutzgründe nachteilig beeinträchtigt wird (Jastrow/Schlatmann IFG § 3 Rn. 17). Wie bspw. aus dem Fachplanungsrecht bekannt, ist eine prognostische Einschätzung verwaltungsgerichtlich nur in engen Grenzen überprüfbar. Dies gilt auch im Anwendungsbereich des IFG, weil auch hier die Prognose nachteiliger Auswirkungen von auf die Zukunft bezogenen Beurteilungen abhängt, die notwendig mit einem gewissen Maß an Unsicherheit verbunden sind (BVerwG NVwZ 2010, 321 Rn. 20 zu § 3 Nr. 1 lit. a IFG; OVG Berlin-Brandenburg NVwZ 2012, 1196 (1199)). 41

Die verwaltungsgerichtliche Prüfung der Prognose nachteiliger Auswirkungen beschränkt sich dementsprechend darauf, ob die Behörde von einem zutreffend und vollständig ermittelten Sachverhalt ausgegangen ist, ob die informationspflichtige Stelle ihre Prognose einleuchtend begründet hat und ob sie keine offensichtlich fehlerhafte, insbes. eine in sich widersprüchliche Einschätzung getroffen hat (BVerwG NVwZ 2010, 321 Rn. 20). Grundlage der erforderlichen prognostischen Einschätzung können allein die bei der informationspflichtigen Stelle vorhandenen Informationen bzw. die ihr vorliegenden Erkenntnisse sein (so OVG Berlin-Brandenburg NVwZ 2012, 1196 (1199) zu § 3 Nr. 1 lit. c IFG). 42

Bei der Ermittlung des Sachverhalts kann der informationspflichtigen Stelle je nach in Rede stehendem Schutzgut auch ein Einschätzungsspielraum zustehen mit der Folge, dass es dann an einer im strengen Sinne beweisbaren Grundlage für die Prognose fehlt. Steht der Stelle beispielsweise ein Gestaltungsspielraum bei der konkreten Ausgestaltung des Schutzguts zu, wie es die Rspr. bei den internationalen Beziehungen (§ 3 Nr. 1 lit. a IFG) zutreffend annimmt, kann die Prognose im Regelfall und in nicht zu beanstandender Weise wiederum nur auf solchen Einschätzungen beruhen, die in diesem – gerichtlich nicht überprüfbaren – Rahmen gewonnen worden sind. Bei dieser Bewertung handelt es sich um eine Gesamtschau von Einzeleindrücken und -beobachtungen, deren einzelne Überprüfung dazu führen wür- 43 de, dass sie nachträglich eine ihnen in Wahrheit nicht zukommende Bedeutung erlangen (vgl. BVerwG NVwZ 2010, 321 Rn. 28). Die hiernach mögliche (und nötige) wertende Gesamtschau verbietet es, die Ermittlung des Sachverhalts bereits aufgrund von (durchgreifenden) Einwänden zu einzelnen Gesichtspunkten zu beanstanden; in diesem Sinne darf sich die Überprüfung der tatsächlichen Grundlagen der Prognose nicht auf eine Überprüfung der Stichhaltigkeit sämtlicher Einzelerwägungen beschränken. Eine Relativierung der Anforderungen an die Ermittlung und Bewertung des Sachverhalts ergibt sich hieraus indes nicht.

44 Die Prognose der nachteiligen Auswirkungen muss auch im Zeitpunkt einer gerichtlichen Überprüfung noch tragfähig sein. Für die gerichtliche Überprüfung einer Prognose ist zwar grds. die Sach- und Rechtslage in dem Zeitpunkt zugrunde zu legen, in dem die informationspflichtige Stelle die Prognose angestellt hat. Etwas anders gilt aber im Fall von Informationsbegehren nach dem IFG, weil es sich hierbei um eine Verpflichtung einer Behörde zu einer Leistung geht, auf die der Antragsteller vorbehaltlich von Versagungsgründen einen (gewissermaßen fortlaufenden) Anspruch hat. Ob ein Versagungsgrund noch Bestand hat, dh bezogen auf die Ausnahmetatbestände des § 3 Nr. 1 IFG: ob die Prognose nachteiliger Auswirkungen auf das Schutzgut noch tragfähig ist, hat das Gericht nachzuprüfen. Ist dies nicht mehr der Fall, ist also etwa die Prognose wegen später eingetretener, die ursprüngliche Prognose überholender Umstände nicht mehr tragfähig, ist die informationspflichtige Stelle zur Neubescheidung zu verpflichten; dem Gericht ist es verwehrt, selbst eine Prognose anzustellen und die Entscheidung somit spruchreif zu machen (BVerwG NVwZ 2010, 321 Rn. 33).

44.1 Hinter dieser von der allgemeinen verwaltungsrechtlichen Systematik abweichenden Handhabung steht die Erwägung, dass es für den Dritten keinen Unterschied machen darf, zu welchem Zeitpunkt er seinen Antrag auf Informationszugang stellt. Es wäre mit dem Regelungsziel und der Systematik des IFG nicht in Einklang zu bringen, dem Antragsteller die Risiken einer falschen bzw. einer nicht mehr tragfähigen Prognoseentscheidung aufzubürden und zu einer erneuten Antragstellung zu zwingen.

44.2 Im Gefahrenabwehrrecht hingegen muss die Gefahrenprognose (nur) auf einer im Zeitpunkt der Prognose beurteilungsfehlerfreien Bewertung beruhen; stellt sich eine gefahrenabwehrrechtliche Prognose im Nachhinein als unzutreffend heraus, so berührt dies die Rechtmäßigkeit gefahrenabwehrrechtlichen Handelns nicht (vgl. etwa BVerwGE 45, 54 (60)), kann aber etwa bei einer Kostenerstattung zu berücksichtigen sein (vgl. dazu etwa OVG Münster DÖV 2001, 215).

44.3 Die Anspruchskonstellation nach dem IFG unterscheidet sich auch von der Anfechtung eines Planfeststellungsbeschlusses, bei dessen Erlass prognostische Einschätzungen regelmäßig von maßgeblicher Bedeutung sind (zB Verkehrsprognosen bei Infrastrukturmaßnahmen; → Rn. 41). Auch hier sind nachträgliche Erkenntnisse grds. nicht zu berücksichtigen; allerdings können spätere, von der Prognose stark abweichende Erkenntnisse Anlass zu Zweifeln geben, ob die ursprüngliche Prognose (methodisch) korrekt erstellt worden ist (zum Ganzen Steinberg/Wickel/Müller, Fachplanung, 4. Aufl. 2012, § 3 Rn. 173 ff., insbes. 176).

44.4 Der prognostische Charakter der Einschätzung von Nachteilen gilt für alle Tatbestände des § 3 Nr. 1 IFG, weil das Merkmal der nachteiligen Auswirkungen gleichsam vor die Klammer gezogen ist. Eine andere Auffassung ist mit dem Wortlaut des § 3 Nr. 1 IFG nicht in Einklang zu bringen. Freilich wird nicht immer hinreichend zwischen dem Merkmal der nachteiligen Auswirkungen und dem in Rede stehenden Schutzgut und damit auch nicht zwischen der Prognose nachteiliger Auswirkungen und der Bestimmung des Inhalts des geschützten Schutzguts unterschieden. Eine strikte Trennung ist aber schon angesichts des Wortlauts des § 3 Nr. 1 IFG angezeigt. Die Anforderungen an die prognostische Einschätzung der Behörde und die damit einhergehende Rücknahme der gerichtlichen Kontrolldichte betreffen sämtliche Tatbestände. Nach dem Wortlaut der Norm ist kein Raum für die Überlegung, von einem prognostischen Charakter der Einschätzung von Nachteilen sei möglicherweise bei solchen Rechtsgütern nicht auszugehen, die nicht in besonderem Maße die Beurteilung praktischen Erfahrungswissens voraussetzen (so für den umgekehrten Fall aber OVG Berlin-Brandenburg NVwZ 2012, 1196 (1199)). Eine andere Frage ist die Bestimmung des jeweils in Rede stehenden Schutzguts.

4. Kein Rückschluss auf den Inhalt der geschützten Information

45 Die informationspflichtige Stelle ist gehalten, die Möglichkeit nachteiliger Auswirkungen durch das Bekanntwerden der Information substantiiert darzulegen (→ Rn. 41 ff.). Dies darf nicht dazu führen, dass aus der Begründung auf den Inhalt der geschützten Information geschlossen werden kann; es liegt auf der Hand, dass dies den Ausnahmetatbeständen des § 3 Nr. 1 IFG und den darin angelegten Darlegungsanforderungen zuwider laufen würde. Auch dem Gesetzgeber war diese Problematik bewusst: so dürfe die Ablehnung eines Antrags dem Antragsteller gegenüber so erfolgen, dass aus der Begründung – das Bekanntwerden der begehrten Information kann nachteilige Auswirkungen auf eines der in den lit. a–g benannten Schutzgüter haben – nicht auf den Inhalt der dergestalt geschützten Information geschlossen werden kann (BT-Drs. 15/4493, 9; vgl. Jastrow/Schlatmann IFG § 3 Rn. 18).

In der Anwendungspraxis stellt sich diese ohne weiteres nachvollziehbare Begrenzung der Darlegungsanforderungen allerdings als problematisch oder jedenfalls schwer handhabbar dar. Die Rspr. fordert einerseits, die Schutzgründe hinreichend zu belegen und nachvollziehbar zuzuordnen. Unterlagen seien differenzierend aufzubereiten; je nach Inhalt der Unterlage bzw. der in Rede stehenden Passage, ggf. auch unter Angabe von Blattzahlen, der Bezifferung von Absätzen oder Gliederungspunkten eines Dokuments sei der jeweilige Ausnahmetatbestand darzutun (BVerwG NVwZ 2012, 1488 Rn. 9 zum Parallelfall der Darlegung von Geheimhaltungsgründen nach § 99 Abs. 1 S. 2 VwGO). 46

Was auf den ersten Blick einleuchtend erscheint, kann im Einzelfall andererseits fast schon den Charakter einer „probatio diabolica" erlangen: die Schutzwürdigkeit einer Information ist darzulegen, ohne über den Inhalt der Information wirklich zu sprechen. Es stellt sich die für die Praxis relevante und bisher ungelöste Frage, ob informationspflichtigen Stellen überhaupt klare Handlungsempfehlungen gemacht werden können. Insoweit mag der Hinweis, abhängig von den Umständen des Einzelfalls könne eine Gefahrenlage auch mit hinreichendem Abstraktionsgrad oftmals unter Verweis auf die allgemeine Lebenserfahrung dargelegt werden (vgl. OVG Berlin-Brandenburg NVwZ 2012, 1196 (1200)), nur begrenzt Abhilfe zu schaffen. 47

II. Schutzgut internationale Beziehungen (lit. a)

Nach § 3 Nr. 1 lit. a IFG besteht der Anspruch auf Informationszugang nicht, wenn das Bekanntwerden der Information nachteilige Auswirkungen auf internationale Beziehungen haben kann. Für diesen Ausnahmetatbestand soll die Einräumung eines gerichtlich nur in engen Grenzen überprüfbaren Beurteilungsspielraums höchstrichterlich anerkannt worden sein (OVG Berlin-Brandenburg NVwZ 2012, 1196 (1199) unter Verweis auf BVerwG NVwZ 2010, 321). Tatsächlich kann nur mit Blick auf das Schutzgut die Frage beantwortet werden, ob sich das Bekanntwerden von Informationen hierauf nachteilig auswirken kann (BVerwG NVwZ 2010, 321 Rn. 15). Gleichwohl ist weiterhin strikt zu differenzieren zwischen der Bestimmung des Schutzgutes und der Darlegung nachteiliger Auswirkungen hierauf (→ Rn. 44.4). Die Einräumung eines Beurteilungsspielraums bei der Bestimmung des Schutzguts weicht den Prüfungsmaßstab in Bezug auf die Darlegung nachteiliger Auswirkungen nicht auf. 48

1. Internationale Beziehungen

Mit dem Ausnahmetatbestand des § 3 Nr. 1 lit. a IFG werden die auswärtigen Belange der Bundesrepublik Deutschland und das diplomatische Vertrauensverhältnis zu ausländischen Staaten und zu zwischen- und überstaatlichen Organisationen wie etwa der EU oder den Vereinten Nationen geschützt (vgl. Jastrow/Schlatmann IFG § 3 Rn. 21). Nicht geschützt werden Kontakte der informationspflichtigen Stelle zu Nichtregierungsorganisationen in ausländischen Staaten (VG Berlin Urt. v. 7.8.2013 – 2 K 273.12). Der Schutzgrund greift auch außerhalb (aktueller) internationaler Verhandlungen (BT-Drs. 15/4493, 9; NK-IFG/Rossi IFG § 3 Rn. 10). Zu den geschützten internationalen Beziehungen gehören mithin die Beziehungen der Bundesrepublik Deutschland zu einem anderen ausländischen Staat (BVerwG NVwZ 2010, 321 Rn. 14); die Beziehungen können faktischer, aber auch rechtlicher Natur sein (Jastrow/Schlatmann IFG § 3 Rn. 22). Schutzzweck ist es, die Beziehungen der Bundesrepublik zu anderen Völkerrechtssubjekten nicht zu belasten (NK-IFG/Rossi IFG § 3 Rn. 10). 49

50 Bezogen auf die Bestimmung des Schutzguts steht der Bundesregierung ein Beurteilungsspielraum zu, der sich der gerichtlichen Überprüfung weitgehend entzieht (in diese Richtung wohl auch Jastrow/Schlatmann IFG § 3 Rn. 24: Bewertung der internationalen Belange sei nur auf ihre äußeren Grenzen überprüfbar). Das GG räumt der Bundesregierung für die Regelung der auswärtigen Beziehungen der Bundesrepublik einen grundsätzlichen weit bemessenen eigenen Gestaltungsspielraum ein (BVerfGE 121, 135 (158)). Es ist die Bundesregierung, die innerhalb dieses Spielraums die außenpolitischen Ziele wie auch die zu ihrer Erreichung verfolgte Strategie bestimmt. Rechtliche Kriterien dafür, welche Ziele die Bundesregierung mit welcher Strategie zu verfolgen hat, bestehen nicht. Dementsprechend sind die auswärtigen Beziehungen einer gerichtlichen Kontrolle auch weitgehend entzogen (BVerwG Beschl. v. 14.6.2012 – 20 F 10.11; NVwZ 2010, 321 Rn. 15; hierzu krit. Anm. Goldmann JZ 2010, 571 (572): reine Willkürkontrolle grenze an Bereichsausnahme, die hier gerade nicht vorgesehen sei).

51 (Nur) In Bezug auf das Schutzgut der internationalen Beziehung steht der Bundesregierung ein (gerichtlich nur eingeschränkt überprüfbarer) Beurteilungsspielraum zu (s. auch → Rn. 44.4). Damit nimmt sie die Antwort auf die Frage, was nachteilige Auswirkungen auf die internationalen Beziehungen sind, indes teilweise vorweg: ob ein Nachteil für die Beziehungen der Bundesrepublik zu einem bestimmten auswärtigen Staat (im Fall BVerwG NVwZ 2010, 321: den Vereinigten Staaten) überhaupt eintreten kann, hängt nämlich davon ab, welche außenpolitischen Ziele die Bundesrepublik in Bezug auf diesen Staat bzw. im Verhältnis zu ihm verfolgt und welche Strategie dem zugrunde liegt (BVerwG NVwZ 2010, 321 Rn. 15). Ob das Bekanntwerden einer Information bezogen auf die internationalen Beziehungen nachteilig ist, lässt sich nicht generalisierend beantworten, sondern hängt von den konkret in Rede stehenden außenpolitischen Zielen und der zu ihrer Erreichung verfolgten Strategie ab, die sich im Verhältnis zu auswärtigen Staaten durchaus erheblich unterscheiden können. Etwas anderes würde dem außenpolitischen Gestaltungsspielraum der Bundesregierung unangemessen einschränken.

51.1 Regelmäßig bzw. typischerweise handelt es sich bei den von § 3 Nr. 1 lit. a IFG betroffenen Informationen um solche aus dem Kompetenzbereich des Auswärtigen Amtes, es können aber auch andere, vor allem oberste Bundesbehörden betroffen sein. Als geschützte Informationen kommen vor allem Besprechungsprotokolle und Schriftverkehr mit anderen Staaten oder supranationalen Organisationen in Betracht (vgl. Jastrow/Schlatmann IFG § 3 Rn. 23f); auch Dokumente aus Vertragsverletzungsverfahren nach Art. 258 AEUV werden erfasst (tho Pesch EuZW 2012, 51). Soweit Informationen von anderen Völkerrechtssubjekten betroffen sind, dürften nachteilige Auswirkungen vor allem dann anzunehmen sein, wenn der ursprüngliche Informationsinhaber keinen allgemeinen Informationsanspruch vorsieht und dementsprechend die Zugänglichmachung durch die Bundesrepublik die internationalen Beziehungen zu diesem Völkerrechtssubjekt belastet (vgl. NK-IFG/Rossi IFG § 3 Rn. 11).

51.2 Im einer Entscheidung des BVerwG (NVwZ 2010, 321; hierzu Schnabel NVwZ 2010, 303) zugrunde liegenden Fall ging es um den Zugang zu Informationen des Bundesverkehrsministeriums zu Flugbewegungen bestimmter Flugzeuge, nämlich zu angeblich illegalen Flügen des US-amerikanischen Auslandsgeheimdienstes CIA, etwa für Gefangenentransporte. Das BVerwG hat in diesem Verfahren nicht beanstandet, dass als allgemeines (außenpolitisches) Ziel der Bundesregierung die Freihaltung der Beziehungen zu den USA von weiteren Verstimmungen ist, die sich in Zusammenhang mit der von den USA verfolgten Strategie der Bekämpfung des internationalen Terrorismus ohnehin schon ergeben hätten. Das BVerwG sah diese Ziele als vom weitgesteckten und gerichtlich nicht nachprüfbaren Spielraum außenpolitischer Gestaltung umfasst an, der der Bundesregierung auch nicht vorschreibe, ob und wie sie auf rechtswidriges oder völkerrechtswidriges Verhalten anderer Staaten reagieren will (BVerwG NVwZ 2010, 321 Rn. 16 ff.; krit. Goldmann JZ 2010, 571 (572), der daran zweifelt, ob das BVerwG der von ihm geforderten Willkürkontrolle überhaupt gerecht wird).

2. Nachteilige Auswirkungen auf die auswärtigen Belange

52 Es ist zumindest missverständlich, wenn auch das BVerwG (sogar in einem Leitsatz) davon spricht, § 3 Nr. 1 lit. a IFG räume der informationspflichtigen Stelle einen eigenen Beurteilungsspielraum bei der Frage ein, was nachteilige Auswirkungen auf die internationalen

Beziehungen sind (BVerwG NVwZ 2010, 321 Rn. 13 sowie erster Leitsatz; s. auch → Rn. 44.4). In der Tat hängt es von den – vom Gestaltungsspielraum der Bundesregierung umfassten – konkret in Rede stehenden außenpolitischen Zielen und der hierzu verfolgten Strategie ab, ob solche Auswirkungen auf die auswärtigen Beziehungen zu erwarten sind, die sich im Verhältnis zu diesem auswärtigen Staat als nachteilig erweisen.

Dies darf indes nicht zu der Annahme verleiten, die Anforderungen an die Darlegung möglicher nachteiliger Auswirkungen hänge von dem betroffenen Schutzgut ab (so aber wohl OVG Berlin-Brandenburg NVwZ 2012, 1196 (1199)). Auch bezogen auf den Schutz internationaler Beziehungen, dh für sämtliche Tatbestände des § 3 Nr. 1 IFG gilt, dass die Frage möglicher nachteiliger Auswirkungen auf das jeweilige Schutzgut „von auf die Zukunft bezogenen Beurteilungen (abhängt), die notwendigerweise mit einem gewissen Maß an Unsicherheit verbunden" sind. Gem. der allgemeinen Grundsätze an die Darlegung bedarf es einer nachvollziehbaren und auf einer ausreichenden Tatsachengrundlage beruhenden Darlegung der informationspflichtigen Stelle, dass die Gewährung des begehrten Informationszugangs nachteilige Auswirkungen auf die geschützten diplomatischen Beziehungen haben kann (OVG Berlin-Brandenburg Urt. v. 28.6.2013 – OVG 12 B 9.12). Es ist eine andere Frage, auf welche tatsächlichen Grundlagen sich eine informationspflichtige Stelle jeweils stützen kann, um ihre prognostische Einschätzung nachvollziehbar zu begründen. 53

Im Hinblick auf die Flugbewegungen von Flügen der CIA (→ Rn. 51.2) könnten nachteilige Auswirkungen darin gesehen werden, dass durch das Bekanntwerden der Information eine (weitere) Verstimmung der USA im hier betroffenen Sachbereich der Bekämpfung des internationalen Terrorismus und eine damit einhergehende Trübung der Beziehungen zu den USA zu erwarten sei (BVerwG NVwZ 2010, 321 Rn. 18). Im vorliegenden Fall hat das BVerwG die hierzu notwendige Prognoseentscheidung nicht beanstandet (BVerwG NVwZ 2010, 321 Rn. 19 ff.); für „informationsfreudige Bürger" biete die Entscheidung daher „keinen Anlass zum Jubel" (so Schnabel NVwZ 2010, 303). 53.1

III. Schutzgut militärischer und sonstiger sicherheitsempfindlicher Belange der Bundeswehr (lit. b)

Der Anspruch auf Informationszugang besteht nach § 3 Nr. 1 lit. b IFG auch dann nicht, wenn das Bekanntwerden der Information nachteilige Auswirkungen auf militärische und sonstige sicherheitsempfindliche Belange der Bundeswehr haben kann. Der Schutz bestimmter (militärischer) Belange der (Landes-)Verteidigung auch im Recht der Informationsfreiheit ist in der Sache unbestritten. Abweichend von parallelen Regelungen des übrigen Informationszugangsrechts stellt § 3 Nr. 1 lit. b IFG auf (militärische und nicht-militärische) Belange der Bundeswehr ab. Die Regelung berücksichtigt damit, dass militärische und zivile Sachverhalte ineinander übergehen und kaum voneinander trennbar sind (Jastrow/Schlatmann IFG § 3 Rn. 28). Der Umfang des sich aus dieser Bestimmung ergebenden Schutzes ist indes umstritten (vgl. Schoch IFG § 3 Rn. 23). 54

Die Festlegung des Schutzumfanges auf militärische und sonstige sicherheitsempfindliche Belange der Bundeswehr stellt einen Kompromiss dar: Einerseits handelt es sich nicht um eine im Gesetzgebungsverfahren diskutierte Bereichsausnahme, andererseits wurde der Schutz aber auch nicht auf „militärische Aufgaben und „Bündnisverpflichtungen" beschränkt (Jastrow/Schlatmann IFG § 3 Rn. 27). Der Ausnahmetatbestand ist im Vergleich zu Parallelvorschriften zum Schutz militärischer Belange (§ 8 Abs. 1 Nr. 1 UIG (→ UIG § 8 Rn. 26 ff.), § 3 S. 1 Nr. 1 lit. a aa VIG) weiter gefasst; eine Bereichsausnahme ergibt sich hieraus nicht. 54.1

1. Belange der Bundeswehr

Der Ausnahmetatbestand des § 3 Nr. 1 lit. b IFG enthält zwei Schutzelemente: militärische Belange der Bundeswehr und sonstige sicherheitsempfindliche Belange der Bundeswehr. Der Gesetzeswortlaut ist insoweit missverständlich. Für die Tatbestandsmäßigkeit reicht es aus, wenn eines dieser Elemente betroffen ist (Schoch IFG § 3 Rn. 26; vgl. auch BT-Drs. 15/4493, 9); die Formulierung „und" ist daher als „oder" zu lesen. Zu kurz greift die Auffassung, aus der organisatorischen Anknüpfung an die Bundeswehr (nur) den Kom- 55 petenzbereich des Verteidigungsministeriums erfasst zu sehen (so aber NK-IFG/Rossi IFG § 3 Rn. 13).

56 Der Begriff der militärischen Belange lässt sich unter Rückgriff auf Art. 87a GG bestimmen und erfasst alle Angelegenheiten, die die Aufstellung und den Einsatz der Streitkräfte betreffen. Militärische Angelegenheiten der Bundeswehr erfassen nach der Gesetzesbegründung etwa Informationen zu Auslandseinsätzen und zur Bündnisverteidigung, namentlich die NATO und die EU betreffend (BT-Drs. 15/4493, 9; vgl. Jastrow/Schlatmann IFG § 3 Rn. 28). Nicht alle Informationen, die die NATO und die EU betreffen, sind allerdings zugleich militärische Belange der Bundeswehr. Nur solche Informationen, die auch einen Bezug zur Bundeswehr aufweisen, werden von § 3 Nr. 1 lit. b IFG erfasst. Wie eng dieser Bezug sein muss und ob etwa Informationen über die NATO schon deshalb einen militärischen Belang der Bundeswehr aufweisen, weil die Bundeswehr in das System gegenseitiger kollektiver Sicherheit eingebunden ist (so NK-IFG/Rossi IFG § 3 Rn. 14), ist bisher ungeklärt (vgl. Schoch IFG § 3 Rn. 29). Angesichts des Wortlauts dürfte aber ein direkter Bezug zur Bundeswehr erforderlich sein; der Schutz von Informationen über andere Ausnahmetatbestände, namentlich des § 3 Nr. 1 lit. a oder lit. c IFG, bleibt hiervon unberührt.

57 Sonstige sicherheitsempfindliche Belange der Bundeswehr sind nach der Gesetzesbegründung solche aus nichtmilitärischen Bereichen der Bundeswehr, die Rückschlüsse auf schutzwürdige sicherheitsrelevante Sachverhalte zulassen (BT-Drs. 15/4493, 9). Danach können auch zivile Sachverhalte dem Anspruch auf Informationszugang entgegenstehen, diese müssen aber sicherheitsempfindlich sein. Es ist dabei weniger eine Frage der schwierigen Abgrenzung von militärischen und nichtmilitärischen Sachverhalten, die die Gleichstellung ziviler Belange nahelegen. Entscheidend ist vielmehr die nach den Umständen des Einzelfalls zu prüfende und wertend zu betrachtende Frage, ob aus einem nichtmilitärischen Sachverhalt Rückschlüsse auf sicherheitsempfindliche Belange gezogen werden können (vgl. NK-IFG/Rossi IFG § 3 Rn. 13). Erforderlich ist, dass der zivile Sachverhalt einen unmittelbaren Zusammenhang mit sicherheitsrelevanten militärischen Interessen der Bundeswehr aufweist (so Schoch IFG § 3 Rn. 27; vgl. Jastrow/Schlatmann IFG § 3 Rn. 29).

57.1 Grundsätzlich denkbar ist etwa, dass der Transport ziviler Güter (Beispiel bei BRS/Roth IFG § 3 Rn. 37) Rückschlüsse auf sicherheitsempfindliche Belange zulässt und daher insoweit ein Geheimhaltungsbedürfnis besteht. Gleiches gilt für solche Umstände, aus denen auf die Truppenstärke geschlossen werden kann, etwa bei der Beschaffung von Winterkleidung für Soldaten der Bundeswehr im Auslandseinsatz (Beispiel bei Schoch IFG § 3 Rn. 28). Ist ein solcher Rückschluss möglich, ist damit aber zunächst nur der Tatbestand des § 3 Nr. 1 lit. b IFG eröffnet; es ist eine andere Frage, ob das Bekanntwerden dieser Information auch nachteilige Auswirkungen auf die (militärischen oder nichtmilitärischen) Belange der Bundeswehr haben kann (unklar insofern Jastrow/Schlatmann IFG § 3 Rn. 29).

2. Nachteilige Auswirkungen auf die Belange der Bundeswehr

58 Ist das Schutzgut betroffen, sei es wegen seines militärischen oder wegen seines nichtmilitärischen Elements, ist der Anspruch auf Informationszugang erst dann nicht gegeben, wenn das Bekanntwerden der Information auch nachteilige Auswirkungen auf diese Belange haben kann. Es gelten hierbei die für alle Ausnahmetatbestände des § 3 Nr. 1 IFG relevanten Anforderungen an die Darlegungslast und die Prognose der Gefährdungslage (→ Rn. 39 ff.).

59 Bezogen auf die Bundeswehr sind nachteilige Auswirkungen (auf die militärischen und nichtmilitärischen, aber sicherheitsempfindlichen Belange) erst bei einer Gefährdung der Aufgaben der Streitkräfte gegeben. Dies ist etwa bei Angaben über die Beschaffung von Winterkleidung für Soldaten der Bundeswehr, aber auch bei allgemeinen Angaben zur Ausbildung von Rekruten (Beispiele bei Schoch IFG § 3 Rn. 28), nicht ohne weiteres ersichtlich. Aus Angaben über die (wiederum nichtmilitärische) Anschaffung von Ausrüstung dürften sich zwar ohne weiteres Rückschlüsse auf die Truppenstärke machen lassen (Beispiel bei Schmitz/Jastrow, NVwZ 2005, 984 (992)), aber auch hier bedarf es der näheren Darlegung, inwieweit aus dem Bekanntwerden dieser Informationen Belange der Bundeswehr gefährdet werden können.

Auf der Grundlage von Anträgen nach dem amerikanischen Informationsfreiheitsgesetz wurden **59.1**
die Zahl von amerikanischen Soldaten, die im ersten Golfkrieg von eigenem Feuer getötet worden
waren, und die Schädigung von amerikanischen Soldaten durch Atomstrahlung bei Versuchen in
Nevada bekanntgemacht. Nach dem Vorstehenden kann keine Rede davon sein, es bedürfe keiner
näheren Darlegung nachteiliger Auswirkungen und eine solche Bekanntgabe sei in Deutschland auf
Grundlage des IFG gleichsam von vornherein ausgeschlossen (so aber zu krit. Frowein in FS Starck,
219 (220)). Auch hier lassen sich aus der Bekanntgabe derartiger Zahlen Rückschlüsse etwa auf die
Truppenstärke ziehen; es ist aber auch hier nicht ohne weiteres ersichtlich, wie die Bekanntgabe
dieser Informationen die Aufgaben der Streitkräfte beeinträchtigt.

IV. Schutzgut innere und äußere Sicherheit (lit. c)

Kann das Bekanntwerden der Information nachteilige Auswirkungen auf Belange der **60**
inneren oder äußeren Sicherheit haben, besteht nach § 3 Nr. 1 lit. c IFG der Anspruch auf
Informationszugang nicht. Der Ausnahmetatbestand zum Schutz des nichtmilitärischen
Sicherheitsbereichs (BT-Drs. 15/4493, 9), der auch – unzutreffend – als „Generalklausel für
Sicherheitsbelange" bezeichnet wird (so Jastrow/Schlatmann IFG § 3 Rn. 30; ähnlich NK-
IFG/Rossi IFG § 3 Rn. 15), ist insbes. von § 3 Nr. 2 IFG abzugrenzen, wo die Gefährdung
der öffentlichen Sicherheit in Rede steht. Dies hat Auswirkungen auf die konkrete Bestim-
mung des geschützten Belangs und auf die Anforderungen an die (Prognose der) Gefährdung
des Schutzguts.

Parallele Regelungen zum Schutz der inneren und äußeren Sicherheit finden sich weder im UIG **60.1**
noch im VIG. Die insoweit relevanten Ausnahmetatbestände (§ 8 Abs. 1 Nr. 1 UIG (→ UIG § 8
Rn. 26 ff.), § 3 S. 1 Nr. 1 lit. a aa VIG) sehen nur einen Schutz der öffentlichen Sicherheit vor und
stehen insofern § 3 Nr. 2 IFG näher.

1. Belange der inneren und äußeren Sicherheit

Die innere und äußere Sicherheit umfasst den nichtmilitärischen Sicherheitsbereich unter **61**
anderem der Nachrichtendienste (BT-Drs. 15/4493, 9). Die Gesetzesbegründung verweist in
diesem Zusammenhang auf § 1 Abs. 1 BVerfSchG und den darin normierten „Schutz der
freiheitlichen demokratischen Grundordnung, des Bestandes und der Sicherheit des Bundes
und der Länder" (vgl. auch Jastrow/Schlatmann IFG § 3 Rn. 30). Insoweit weist der Ausnahmetatbestand des § 3 Nr. 1 lit. c IFG Bezüge zu § 3 Nr. 7 IFG zum Schutz vertraulicher
Informationen (→ Rn. 182 ff.) sowie zu § 3 Nr. 8 IFG zur Bereichsausnahme für die Nachrichtendienste und vergleichbare Sicherheitsbehörden (→ Rn. 194 ff.) auf. Hierauf bezieht
sich der Schutz des § 3 Nr. 1 lit. c IFG, der auch den Schutz der Funktionsfähigkeit des
Staates und seiner Einrichtungen miteinschließt, etwa den Schutz der Bundeskanzlerin vor
Angriffen auf ihre Person (OVG Berlin-Brandenburg NVwZ 2012, 1196 (1199) unter
Verweis auf BVerwGE 123, 114).

Mit Blick auf den Ausnahmetatbestand des § 3 Nr. 2 IFG zum Schutz der öffentlichen **62**
Sicherheit (→ Rn. 118 ff.) sind an die Bestimmung der durch § 3 Nr. 1 lit. c IFG geschützten
Rechtsgüter indes strengere Anforderungen zu stellen (OVG Berlin-Brandenburg NVwZ
2012, 1196 (1199)). Der Tatbestand des § 3 Nr. 1 lit. c IFG reicht nicht so weit, wie die
unbestimmten Rechtsbegriffe auf den ersten Blick vermuten lassen (NK-IFG/Rossi IFG § 3
Rn. 15). Der Begriff der öffentlichen Sicherheit in § 3 Nr. 2 IFG wird nämlich denkbar weit
verstanden und bezieht beispielsweise die gesamte Rechtsordnung ein (→ Rn. 119 ff.). Nur
mit einem engeren Verständnis der inneren und äußeren Sicherheit iSd § 3 Nr. 1 lit. c IFG
verbleibt § 3 Nr. 2 IFG ein eigener Regelungsgehalt. Dementsprechend sind durch § 3
Nr. 1 lit. c IFG nur „erhebliche" Belange der Bundesrepublik Deutschland geschützt; dies
entspricht § 1 Abs. 1 BVerfSchG, der ebenfalls nur gewichtige Rechtsgüter schützt (NK-
IFG/Rossi IFG § 3 Rn. 15: „enger Sicherheitsbegriff"). Die öffentliche Sicherheit fällt daher
nicht unter § 3 Nr. 1 lit. c IFG (so aber Beckemper LKV 2006, 300 (301)).

Institutionell bezieht sich § 3 Nr. 1 lit. c IFG va auf die (nichtmilitärischen) Sicherheits- **63**
behörden des Bundes, also etwa die Bundespolizei, das BKA, den Bundesverfassungsschutz,

den BND, den MAD und das Zollkriminalamt (Jastrow/Schlatmann IFG § 3 Rn. 30; vgl. NK-IFG/Rossi IFG § 3 Rn. 18; → Rn. 195 f.).

64   Die äußere und innere Sicherheit wird gleichermaßen geschützt, so dass es nicht darauf ankommt, ob Gefährdungen durch fremde Staaten und andere Mächte oder durch Private auf dem Staatsgebiet ausgehen (Schoch IFG § 3 Rn. 35). Es geht sowohl bei der inneren als auch bei der äußeren Sicherheit um die Sicherheit des Staates (vgl. NK-IFG/Rossi IFG § 3 Rn. 16); weitergehende Folgen für den Ausnahmetatbestand ergeben sich daraus nicht.

64.1   Nach der Gesetzesbegründung erfasst § 3 Nr. 1 lit. c IFG auch den Geheimnisschutz für die Wirtschaft, der auf der Grundlage der §§ 24 ff. SÜG zur Wahrung staatlicher Sicherheitsinteressen wahrgenommen wird (BT-Drs. 15/4493, 9). Diese These ist nicht unumstritten (Schoch IFG § 3 Rn. 35; NK-IFG/Rossi IFG § 3 Rn. 16: „zweifelhaft"), dürfte aber letztlich offen bleiben können. Denn auch hier müssten nachteilige Auswirkungen auf die Belange der inneren und äußeren Sicherheit dargelegt werden; dabei dürfte es eher fernliegen, dass Bestand und Funktionsfähigkeit des Staates von der Gewährleistung der Sicherheitsinteressen der Wirtschaft abhängen (vgl. Schoch IFG § 3 Rn. 35).

64.2   Nach der Evaluation des IFG (→ Rn. 9.2) sollten die Schutzgüter der äußeren und der öffentlichen (dh wohl inneren) Sicherheit dementsprechend wegen der Überschneidungen, also wegen der Redundanz von § 3 Nr. 1 lit. c IFG und § 3 Nr. 2 IFG in einen Ausnahmetatbestand zusammengefasst werden (→ Rn. 207.3).

2. Nachteilige Auswirkungen auf die Belange der inneren und äußeren Sicherheit

65   Der Anspruch auf Informationszugang besteht nicht, wenn das Bekanntwerden der Information nachteilige Auswirkungen auf diese Belange haben kann. Die informationspflichtige Stelle muss die konkrete Möglichkeit nachteiliger Auswirkungen darlegen. Schon angesichts des Wortlauts des § 3 Nr. 1 IFG kann auf eine Gefahrenprognose nicht verzichtet werden (so aber Schmitz/Jastrow, NVwZ 2005, 984 (992); Jastrow/Schlatmann IFG § 3 Rn. 31); nur anhand einer solchen Gefahrenprognose lässt sich die Frage beantworten, ob das Bekanntwerden nachteilige Auswirkungen haben kann (wie hier Schoch IFG § 3 Rn. 37). Sofern hinreichende Belege vorliegen, wird dadurch das Ziel, die Kenntnisnahme von durch Sicherheitsmaßnahmen Betroffenen im Vorfeld solcher Maßnahmen zu verhindern, nicht vereitelt (zu diesem Beispiel Jastrow/Schlatmann IFG § 3 Rn. 31).

66   In Abgrenzung zu § 3 Nr. 2 IFG bestehen Unterschiede im Hinblick auf die Anforderungen an die Gefahrenlage. Mit dem engen Tatbestand des § 3 Nr. 1 lit. c IFG (nur „erhebliche" Belange der inneren und äußeren Sicherheit) im Vergleich zur Weite des § 3 Nr. 2 IFG (öffentliche Sicherheit einschließlich der gesamten Rechtsordnung) korrespondieren erhöhte Anforderungen an die Darlegung der Möglichkeit nachteiliger Auswirkungen bzw. der Gefährdung des Schutzguts (bei § 3 Nr. 2 IFG).

66.1   Gemessen an diesen Maßstäben hat das OVG Berlin-Brandenburg (NVwZ 2012, 1196; ebenso zuvor VG Berlin BeckRS 2011, 49525) die Einsichtnahme in den Terminkalender der Bundeskanzlerin verwehrt. Zwar handele es sich hierbei um eine amtliche Information iSd § 2 Nr. 1 S. 1 IFG, weil darin nicht ausschließlich private Termine eingetragen sind. Dem Informationsanspruch stehe aber § 3 Nr. 1 lit. c IFG entgegen. Die innere und äußere Sicherheit, die – wie dargelegt – den Schutz der Funktionsfähigkeit des Staates und seiner Einrichtungen einschließe, sei gefährdet, weil sich aus den Einträgen im Terminkalender eine Art Bewegungsprofil der Bundeskanzlerin ermitteln lasse, was nachteilige Auswirkungen auf den persönlichen Schutz der Bundeskanzlerin haben kann.

V. Schutzgut Kontroll- und Aufsichtsaufgaben der Finanz-, Wettbewerbs- und Regulierungsbehörden (lit. d)

67   Der Anspruch auf Informationszugang besteht nach § 3 Nr. 1 lit. d IFG nicht, wenn das Bekanntwerden der Information nachteilige Auswirkungen auf Kontroll- oder Aufsichtsaufgaben der Finanz-, Wettbewerbs- und Regulierungsbehörden haben kann. Der Ausnahmetatbestand gehört zu den umstrittensten Schutzgründen des IFG (so zutreffend Schoch IFG § 3 Rn. 38). Die Ablehnung von Einsichtsbegehren durch informationspflichtige Stellen unter Berufung auf § 3 Nr. 1 lit. d IFG ist von den Gerichten nur vereinzelt akzeptiert worden; regelmäßig hat die Rspr. (schon) die Darlegung der nachteiligen Auswirkungen auf die Kontroll- bzw. Aufsichtsaufgaben für nicht hinreichend substantiiert erachtet und namentlich darauf aufmerksam gemacht, § 3 Nr. 1 lit. d IFG enthalte – anders als § 3 Nr. 8 IFG – gerade keine Bereichsausnahme (so etwa BVerwG NVwZ 2011, 1012 Rn. 13; VG Frankfurt a. M. NVwZ 2008, 1384 (1385 f.)).

Informationsbegehren gegenüber Finanz-, Wettbewerbs- und insbes. Regulierungsbehörden erweisen sich schon allein wegen der Masse der bei den Behörden vorliegenden und von den Anträgen begehrten Daten Dritter (vgl. Böhm, FS Bull, 2011, 965 (974); Leopold WuW 2006, 592 (595) zu den Daten des Bundeskartellamts etwa im Fusionskontrollverfahren; → Rn. 80.2, 183) zunehmend als Herausforderung, auch in Bezug auf die übrigen Verwaltungsaufgaben dieser Behörden. **68**

Der Ausnahmetatbestand des § 3 Nr. 1 lit. d IFG ist der einzige, der seit In-Kraft-Treten des IFG Gegenstand eines Gesetzgebungsverfahrens geworden ist. So war es ganz offenkundig die praktische Anwendung dieses Schutzgrunds, die insbes. im Hinblick auf die Tätigkeit der BaFin zum Vorschlag einer Bereichsausnahme für die Aufgaben der Finanz-, Wertpapier- und Versicherungsaufsicht geführt hat (→ Rn. 5.1). Einen entsprechenden Vorschlag machte der Bundesrat in seiner Stellungnahme zum Entwurf des Zahlungsdiensteumsetzungsgesetzes (BR-Drs. 827/08(B)), der allerdings keine Mehrheit fand (vgl. Tolkmitt/Schomerus NVwZ 2009, 568 (570); Böhm, FS Bull, 2011, 965 (974)). Vor diesem Hintergrund ist auch die jüngste Ergänzung des FinDAG zu sehen, wonach nunmehr die BaFin in Verfahren nach § 99 VwGO (Abgabe einer Sperrerklärung) an die Stelle der obersten Aufsichtsbehörde tritt (§ 4c FinDAG); die BaFin selbst kann hiernach für die Vorlage von Urkunden oder Akten durch die BaFin eine Sperrerklärung abgeben und so das in camera-Verfahren auslösen (→ Rn. 202 f.). **68.1**

Während Parallelregulierungen im UIG sowie im VIG fehlen, dürften die entsprechenden Regelungen der Landesinformationsfreiheitsgesetze (vgl. § 6 Abs. 6 IFG M-V, § 7 Abs. 1 Nr. 5 IFG Thüringen) in Bezug auf die Steuerverwaltung zukünftig an Bedeutung gewinnen. Denn die Rspr. (OVG Münster BeckRS 2011, 52269; jüngst etwa VG Berlin, Urt. v. 17.10.2012 – VG 2 K 16.12; VG Berlin NVwZ-RR 2013, 209; OVG Schleswig NVwZ 2013, 810; OVG Koblenz ZIP 2010, 1091; vgl. auch BVerwG NVwZ 2012, 824; zur Parallele kommunaler Rechnungsprüfungsämter OVG Münster NWVBl 2006, 292) hat in jüngerer Zeit den Informationszugang zu Steuerakten gewährt und sich damit von der bisherigen finanzgerichtlichen Rspr. zum Akteneinsichtsrecht der Beteiligten in einem steuerrechtlichen Verfahren abgegrenzt (zum Ganzen Korn DÖV 2012, 232; Schmittmann ZInsO 2010, 1469; den Stand der Rspr. zusammenfassend Eisolt DStR 2013, 439 sowie DStR 2013, 1872); so hatte der BFH in § 30 AO eine vorrangige Regelung zum Informationszugang gesehen, die eine Anwendbarkeit der allgemeinen Regelungen über den Zugang zu amtlichen Informationen wie etwa nach § 1 Abs. 1 S. 1 IFG ausschließt (BFH BeckRS 2007, 25011416; vgl. Polenz NJW 2009, 1921 (1923)). Die Verwaltungsgerichte sind dabei auch für Klagen gegen die Finanzverwaltung zuständig, wenn der Anspruch auf das Informationsfreiheitsrecht gestützt wird (s. etwa OVG Berlin-Brandenburg NZI 2012, 468; VG Hamburg ZInsO 2010, 1097). **68.2**

1. Schutzzweck

Der Ausnahmetatbestand des § 3 Nr. 1 lit. d IFG soll die ordnungsgemäße Erfüllung der Kontroll- und Aufsichtsaufgaben von Finanz-, Wettbewerbs- und Regulierungsbehörden gewährleisten. Nur in Bezug auf diese Aufgaben fallen Behörden in den Anwendungsbereich dieser Norm, und zwar nur soweit sie auch eine Finanz-, Wettbewerbs- bzw. Regulierungsbehörde sind. Der Schutzgrund unterliegt mithin einer zweifachen, nämlich einer aufgaben- und einer behördenbezogenen Beschränkung. Der Ausnahmetatbestand ist demnach organisatorisch und funktional ausgerichtet (NK-IFG/Rossi IFG § 3 Rn. 19). **69**

Der Ausnahmetatbestand ist vor dem Hintergrund der gesetzlichen Berichtspflichten der Behörden zu sehen, die nach Auffassung des Gesetzgebers die notwendige Transparenz der Behördentätigkeit (gemeint sind in diesem Zusammenhang die Wettbewerbs- und Regulierungsbehörden) unter Beachtung der Besonderheiten der Wettbewerbsaufsicht und Regulierungstätigkeit (schon) gewährleisten (BT-Drs. 15/4493, 10). Dies hätte den Gesetzgeber freilich auch zur Normierung einer Bereichsausnahme veranlassen können. So aber hat er den allgemein im Informationsfreiheitsrecht bestehenden Konflikt um die (konkrete) Reichweite bestimmter Ausnahmen auf die Rechtsanwendungsebene verlagert und gleichzeitig **70** deutlich gemacht, dass er dem Schutz bestimmter Aufgaben der Wettbewerbs- und Regulierungsbehörden grds. Vorrang einräumen möchte.

70.1   Bei der Auslegung der tatbestandlichen Anforderungen des § 3 Nr. 1 lit. d IFG ist daher zu berücksichtigen, dass der Gesetzgeber für den Regelfall davon ausgeht, die Zwecke des IFG würden bereits durch die spezialgesetzlich vorgeschriebenen Berichte erfüllt. Dies gewinnt Bedeutung bei der Bestimmung der Aufgaben der Behörde und ihrer inhaltlichen Ausgestaltung und folglich bei der Prüfung nachteiliger Auswirkungen auf die Aufgabenerfüllung.

2. Finanz-, Wettbewerbs- und Regulierungsbehörden

71   Der Tatbestand des § 3 Nr. 1 lit. d IFG ist im Hinblick auf die hiervon erfassten Behörden (NK-IFG/Rossi IFG § 3 Rn. 19: „organisatorische Ausrichtung") denkbar weit zu verstehen (vgl. BVerwG NVwZ 2011, 1012 Rn. 13). Der Begriff der Finanzbehörden wird dementsprechend auch nicht auf die Steuerbehörden begrenzt, wie die Gesetzesbegründung zunächst nahelegt, die auf die Festsetzung und Erhebung von Steuern durch die Finanzbehörden abstellt (BT-Drs. 15/4493, 9). Finanzbehörden sind vielmehr all jene Behörden im Geschäftsbereich des Bundesministeriums der Finanzen (BVerwG NVwZ 2011, 1012 Rn. 13). Hierzu gehören etwa das BMF als oberste Bundesbehörde, das Bundeszentralamt für Steuern, die fünf Bundesfinanzdirektionen, die Zollverwaltung (die in der Gesetzesbegründung ausdrücklich genannt ist: BT-Drs. 15/4493, 9), die BaFin, die Bundesanstalt für Immobilienaufgaben, die Bundesanstalt für Finanzmarktstabilisierung und auch die Bundesmonopolverwaltung für Branntwein (Beispiele auch bei NK-IFG/Rossi IFG § 3 Rn. 20). Auch die Bundesbank wird aufgrund ihrer Aufgaben als Finanzaufsichtsbehörde von § 3 Nr. 1 lit. d IFG erfasst (s. aber auch → Rn. 148.4).

72   Die Gesetzesbegründung lässt offen, welche Behörden Wettbewerbs- oder Regulierungsbehörden iSd § 3 Nr. 1 lit. d IFG sind. Auch eine allgemeine Begriffsbestimmung, was unter Wettbewerbs- bzw. Regulierungsbehörden zu verstehen ist, findet sich nicht. Nach der Gesetzesbegründung werden die Belange der Aufsicht nach dem GWB, dem TKG oder dem EnWG (BT-Drs. 15/4493, 9) geschützt; die hierfür zuständigen Behörden sind auch nach Auffassung des Gesetzgebers also unzweifelhaft Wettbewerbs- oder Regulierungsbehörden.

73   Dementsprechend sind Wettbewerbsbehörden zunächst die (allgemeinen) Kartellbehörden, die für die Aufsicht nach dem GWB zuständig sind. Dies gilt auf Bundesebene für das Bundeskartellamt (dazu Leopold WuW 2006, 592 (595); NK-IFG/Rossi IFG § 3 Rn. 22) und das BMWi (s. § 48 Abs. 1 GWB). Die nach Landesrecht zuständigen obersten Landesbehörden sind ebenfalls Kartellbehörden, werden aber vom IFG nicht erfasst (→ § 1 Rn. 120 ff.). Das Deutsche Patent- und Markenamt ist keine Wettbewerbsbehörde in diesem Sinne, weil es keine Aufsichtsaufgaben nach dem GWB wahrnimmt und daher auch nicht über vergleichbare und schutzwürdige Unternehmens- und Marktdaten verfügt; anders als eine Wettbewerbsbehörde greift es auch nicht lenkend in einen Markt ein, sondern kontrolliert wie eine reine Rechtsaufsicht (VGH München BeckRS 2012, 52870).

74   Regulierungsbehörde ist nach dem Vorstehenden va die BNetzA, die ua für die Aufsicht nach dem TKG zuständig ist und – dem Zweck des Gesetzes entsprechend – technologieneutral reguliert (vgl. § 1 TKG). Die BNetzA ist letztlich für die gesamte leitungsgebundene Regulierung zuständig: Aufsicht nach dem EnWG (für Elektrizität und Gas), dem TKG (für Telekommunikation) und dem AEG mit der EIBV (für Eisenbahnen). Hinzu kommen die Regulierungsaufgaben nach dem PostG (für Postdienstleistungen). Mit dem schillernden Begriff der Regulierung wird (ungeachtet aller begrifflichen Unsicherheiten) jedenfalls die rechtliche Einwirkung des Staates auf einzelne Wirtschaftssektoren zur Erreichung bestimmter Gemeinwohlziele verstanden (Ruffert in Fehling/Ruffert, Regulierungsrecht, 2010, § 7 Rn. 1); derartige Aufgaben nimmt eine Rechtsaufsichtsbehörde wie das Deutsche Patent- und Markenamt nicht wahr. Das Deutsche Patent- und Markenamt ist daher auch keine Regulierungsbehörde (VGH München BeckRS 2012, 52870).

74.1   Die BNetzA wird zutreffend als sektorübergreifende Regulierungsbehörde bezeichnet (Schoch IFG § 3 Rn. 49). Das Beispiel der BNetzA und die mehrfache Erweiterung ihrer Kompetenzen unterstreichen zugleich, dass § 3 Nr. 1 lit. d IFG Änderungen des Organisationsrechts ohne weiteres rezipiert.

Bei der Zuordnung einer Behörde zu den drei in § 3 Nr. 1 lit. d IFG genannten Kategorien **74.2**
können sich Überschneidungen ergeben. Für die Anwendbarkeit des § 3 Nr. 1 lit. d IFG ist es im
Ergebnis nicht von Bedeutung, ob etwa eine zum Geschäftsbereich des BMF gehörende Finanzbehörde möglicherweise auch als Regulierungsbehörde einzustufen ist oder ob eine Regulierungsbehörde auch Aufgaben der (bereichsspezifischen) Wettbewerbsaufsicht wahrnimmt (vgl. etwa NK-IFG/Rossi IFG § 3 Rn. 22 zur BNetzA, die aufgrund ihrer Aufgabe der Gewährleistung eines freien
Wettbewerbs auch als Wettbewerbsbehörde bezeichnet werden könne). Nur in Bezug auf deren
Kontroll- und Aufsichtsaufgaben (→ Rn. 75 ff.) wird die behördliche Aufgabentätigkeit durch § 3
Nr. 1 lit. d IFG geschützt.

Auch andere als Finanz-, Wettbewerbs- oder Regulierungsbehörden können über (markt- und **74.3**
wettbewerbsrelevante) Informationen verfügen, deren Bekanntwerden nachteilige Auswirkungen
iSd § 3 Nr. 1 lit. d IFG haben kann. Im Fall von Informationen, die etwa das Finanzwesen betreffen,
werden sie vom Anwendungsbereich des § 3 Nr. 1 lit. d IFG allerdings nur erfasst, wenn die die
Behörde, die über diese Information verfügt, eine Behörde iSd § 3 Nr. 1 lit. d IFG ist (und außerdem
Kontroll- oder Aufsichtsaufgaben in diesem Bereich wahrnimmt, → Rn. 75 ff.). Dementsprechend
wird das Statistische Bundesamt trotz der dort vorhandenen erheblichen und markt- wie handlungsrelevanten Datenfülle nicht von § 3 Nr. 1 lit. d IFG erfasst (vgl. Schoch IFG § 3 Rn. 47); das
Deutsche Patent- und Markenamt wiederum verfügt nicht über eine den Wettbewerbsbehörden
(qualitativ und quantitativ) vergleichbare Datenfülle (VGH München BeckRS 2012, 52870).

3. Kontroll- und Aufsichtsaufgaben

Der Ausnahmetatbestand des § 3 Nr. 1 lit. d IFG greift nur in Bezug auf die Kontroll- **75**
und Aufsichtsaufgaben der Finanz-, Wettbewerbs- und Regulierungsbehörden. Sonstige
Aufgaben der in § 3 Nr. 1 lit. d IFG genannten Behörden werden hingegen nicht erfasst
(Schoch IFG § 3 Rn. 50). Die Reichweite des Schutzes wie auch die Anforderungen an die
Darlegung nachteiliger Auswirkungen hängen maßgeblich von der Bestimmung der Kontroll- und Aufsichtsaufgaben ab; der Anspruch auf Informationszugang kann dabei von
vornherein nur dann gem. § 3 Nr. 1 lit. d IFG entfallen, wenn die begehrte Information in
direktem Zusammenhang mit der Kontroll- oder Aufsichtsaufgabe steht. Welche Kontroll- und Aufsichtsaufgaben von der betreffenden Finanz-, Wettbewerbs- oder Regulierungsbehörde wahrgenommen werden, hängt wiederum vom gesetzlichen Auftrag der jeweiligen
Behörde ab.

Für die Finanzbehörden liegt der Schwerpunkt ihrer Tätigkeit in Kontrollaufgaben. Die **76**
Gesetzesbegründung weist exemplarisch auf die Kontrolle der Steuerpflichtigen und den
verfassungsrechtlichen Auftrag der Finanzbehörden hin, Steuern gleichmäßig festzusetzen
und zu erheben; um diesem Auftrag gerecht zu werden, haben sie zu „kontrollieren", dass
die Besteuerung des Steuerpflichtigen vollständig und richtig erfolgt (BT-Drs. 15/4493, 9;
vgl. Polenz NJW 2009, 1921 (1923)). In Bezug auf die (vom Begriff der Finanzbehörden mit
umfasste, → Rn. 71) Zollverwaltung stehen ihre Aufsichtsaufgaben in Rede (vgl. NK-IFG/
Rossi IFG § 3 Rn. 21).

Wie der Aufgabenkreis der BNetzA (→ Rn. 74) zeigt, sind die Kontroll- und Aufsichts- **77**
aufgaben bei den Wettbewerbs- und Regulierungsbehörden besonders vielfältig. Marktregulierung und Missbrauchsaufsicht sind nur zwei verallgemeinernde Beispiele für diese Aufgaben (vgl. Schoch IFG § 3 Rn. 52). Ähnliches gilt für die BaFin, die die Aufsicht über
Banken und Finanzdienstleister, Versicherer und Wertpapierhandelsunternehmen ausübt.

Es kommt für die Anwendbarkeit nicht darauf an, ob Kontroll- und Aufsichtsaufgaben den **77.1**
weitaus größten Teil der Tätigkeit einer Finanz-, Wettbewerbs- oder Regulierungsbehörde ausmachen (Schoch IFG § 3 Rn. 50; BRS/Roth IFG § 3 Rn. 46). Die Schaffung faktischer Bereichsausnahmen ist damit gleichwohl ausgeschlossen, denn die Informationen sind nur geschützt, wenn
im Fall ihres Bekanntwerdens nachteilige Auswirkungen auf die Kontroll- oder Aufsichtsaufgaben
möglich sind (→ Rn. 10.3, 78 ff.).

4. Nachteilige Auswirkungen auf Kontroll- und Aufsichtsaufgaben

Der Informationszugang besteht nur dann nicht, wenn das Bekanntwerden nachteilige **78**
Auswirkungen auf die Kontroll- oder Aufsichtsaufgaben der genannten Behörden haben

kann. Dabei kommt es auf die ordnungsgemäße Erfüllung dieser Aufgaben an (BT-Drs. 15/ 4493, 9; vgl. Schoch IFG § 3 Rn. 51); besteht also die konkrete Möglichkeit, dass die ordnungsgemäße Erfüllung der Kontroll- oder Aufsichtsaufgaben gefährdet ist (vgl. VG Frankfurt a. M. NVwZ 2008, 1384 (1385)), dürfen die Informationen nicht zugänglich gemacht werden. Die informationspflichtige Stelle muss diese Möglichkeit hinreichend darlegen und insoweit – nach den allgemeinen Grundsätzen – eine Gefahrenprognose anstellen (→ Rn. 41 ff.). Der Verweis auf nicht von vornherein auszuschließende, (nur) abstrakt gegebene nachteilige Auswirkungen reicht nicht aus (s. nur VG Frankfurt a. M. Urt. v. 17.6.2009 – 7 K 2282/08.F (3)). Dass nur erhebliche und spürbare Beeinträchtigungen der Aufgabenerfüllung als Folge der Ermöglichung des Zugangs zu bestimmten Informationen ausreichen (so BVerwG NVwZ 2012, 112 Rn. 21; VGH Kassel NVwZ 2010, 1036 (1039 f.); DVBl 2012, 701 (702); → Rn. 40) ergibt sich aus dem Gesetzeswortlaut nicht.

79 Die informationspflichtige Stelle wird in diesem Rahmen auch die in Rede stehenden Kontroll- oder Aufsichtsaufgaben anhand des einschlägigen Fachrechts zu konkretisieren haben. Je nach anwendbarem Fachrecht stehen der informationspflichtigen Stelle dabei – gerichtlich nur eingeschränkt überprüfbare – Spielräume zu (zum Beurteilungsspielraum, der der BNetzA zusteht, etwa Winkler DVBl 2013, 156; allgemein zum Regulierungsermessen und den Spielräumen gerichtlich eingeschränkter Kontrolle im Regulierungsrecht Ludwigs RdE 2013, 297). Die Behörde hat, freilich innerhalb ihres gesetzlichen Auftrags, zu entscheiden, welche Strategie der Ausübung der Kontroll- und Aufsichtsaufgaben zugrunde liegt. Dies spielt namentlich eine Rolle bei Kontroll- und Aufsichtsaufgaben, die im Ermessen der zuständigen Behörde liegen, wobei sich das Ermessen sowohl auf das Einschreiten („Ob") als auch die Auswahl des Mittels („Wie") beziehen kann. Je weniger detailliert der Auftrag gesetzlich normiert ist, desto größer sind dabei die Spielräume, die der informationspflichtigen Stelle zur Ausgestaltung ihrer Kontroll- und Aufsichtsaufgaben zustehen.

80 Deshalb ist auch die Auffassung nicht zwingend, wonach nachteilige Auswirkungen von vornherein ausscheiden, wenn (lediglich) die Bereitschaft zur freiwilligen Zusammenarbeit zwischen Beaufsichtigtem und Beaufsichtigenden reduziert wird (so aber BVerwG NVwZ 2012, 112 Rn. 21; VGH Kassel BeckRS 2010, 49021; VG Frankfurt a. M. NVwZ 2008, 1384 (1386)). Eine solche Sichtweise lässt den konkreten, im Rahmen der Handlungsermächtigung liegenden Ausgestaltungsspielraum hinsichtlich der Arbeitsweise der informationspflichtigen Stelle weitgehend außer Betracht. Denn die ordnungsgemäße Aufgabenerfüllung kann auch von einer freiwilligen Zusammenarbeit abhängen (s. hierzu auch bei § 3 Nr. 1 lit. e IFG → Rn. 91 ff.).

80.1 Nach dem Vorstehenden müsste beispielsweise eine Finanzbehörde des Bundes im Einzelfall konkret darlegen, inwiefern die Weitergabe von Steuerdaten an die Steuerpflichtigen den Kontrollzweck der Steuerbehörden gefährden und das Steueraufkommen vermindern würde. Nachteilige Auswirkungen sind auch nicht ohne weiteres bei der Zugänglichmachung der zur eigenen Person beim Bundeszentralamt für Steuern vorhandenen Übersicht zu Freistellungsaufträgen über Kapitalerträge erkennbar; insoweit müsste die informationspflichtige Stelle im Einzelnen darlegen, dass der Steuerpflichtige bei Kenntnis der Höhe seiner Kapitalerträge sein künftiges Erklärungsverhalten hierauf einstellt (Beispiele bei Polenz NJW 2009, 1921 (1923)).

80.2 Nach der Gesetzesbegründung sollen nachteilige Auswirkungen iSd § 3 Nr. 1 lit. d IFG auch bei Informationen gegeben sein können, die den Wettbewerb zwischen beaufsichtigten Unternehmen behindern oder verfälschen, wenn also Informationen von einem Unternehmen dazu genutzt werden, einen Konkurrenten auszuspähen und sich dadurch einen nicht gerechtfertigten Wettbewerbsvorsprung zu verschaffen (vgl. Jastrow/Schlatmann IFG § 3 Rn. 35: Beeinflussung des Marktes durch Zugang zu geldwerten Informationen soll vermieden werden; ferner NK-IFG/Rossi IFG § 3 Rn. 22; Sellmann/Augsberg WM 2006, 2293 (2300)). Es trifft zwar zu, dass einzelne Behörden im Rahmen ihres gesetzlichen Auftrags wettbewerbsrelevante Unternehmens- und Marktdaten erhalten, diese zum Zwecke der Kontroll- oder Aufsichtsaufgaben auswerten und daraus beispielsweise eigene Marktübersichten erstellen (BT-Drs. 15/4493, 9; Jastrow/Schlatmann IFG § 3 Rn. 35; NK-IFG/Rossi IFG § 3 Rn. 22). Dies gilt beispielsweise für das Bundeskartellamt und die wettbewerbsrelevanten Unternehmens- und Marktdaten, insbes. im Rahmen der Fusionskontrollverfahren. Derartige schutzwürdige Interessen Dritter werden insbes. über § 6 IFG (→ § 6 Rn. 10 ff., 17 ff., 24 ff.) oder gesetzliche Verschwiegenheitspflichten iSd § 3 Nr. 4 IFG (→ Rn. 143 ff.) geschützt. Es ist aber nicht recht ersichtlich, wie eine Wettbewerbsbehinderung oder

Schutz von besonderen öffentlichen Belangen § 3 IFG

-verfälschung die Kontroll- oder Aufsichtsaufgaben einer der genannten Behörden beeinträchtigt. Um unerwünschte Effekte für den Wettbewerb zu verhindern, mag es in der Tat erforderlich sein, dass Informationen über die Verhältnisse auf einem bestimmten Markt, wie sie etwa in vorbereitenden Voten beim Bundeskartellamt vorhanden sind, nicht zugänglich zu machen (Leopold WuW 2006, 592 (595)); auf § 3 Nr. 1 lit. d IFG lässt sich dies mit einer solchen Begründung allerdings kaum stützen. Dementsprechend kann auch keine Rede davon sein, im Bereich der Wettbewerbs- und Regulierungsbehörden würde der Schutz ihrer Kontroll- und Aufsichtsaufgaben mit dem Schutz von Betriebs- und Geschäftsgeheimnissen nach Maßgabe des § 6 IFG zusammenfallen (so aber NK-IFG/Rossi IFG § 3 Rn. 23).

5. Insbesondere: Informationsansprüche gegenüber der BaFin

Der Ausnahmetatbestand des § 3 Nr. 1 lit. d IFG hat bisher vor allem im Zusammenhang 81 mit Informationsbegehren gegenüber der BaFin eine Rolle gespielt (Schoch NVwZ 2012, 85 (85) spricht von „BaFin-Fällen"; etwa VG Frankfurt a. M. NVwZ 2008, 1384; ZIP 2008, 2138; Urt. v. 11.11.2008 – 7 E 1675/07; Urt. v. 17.6.2009 – 7 K 2282/08.F (3); ZIP 2010, 1345; jüngst NVwZ 2013, 742 sowie Urt. v. 23.4.2013 – 7 K 129/10.F; VGH Kassel NVwZ 2010, 1036; BeckRS 2010, 48167; BeckRS 2010, 50324; dazu Wilsing/Paul BB 2009, 114; zur Bedeutung eines voraussetzungslosen Informationsrechts für die Banken- und Kapitalmarktaufsicht allgemein Gurlit WM 2009, 773 (773 f.); allgemein zum Verhältnis von Informationsfreiheit und Finanzmarktaufsicht Spindler ZGR 2011, 690 sowie monographisch Spindler, Informationsfreiheit und Finanzmarktaufsicht, 2012), konnte allerdings nicht zu Gunsten der BaFin wirken. Die BaFin, die als Anstalt öffentlichen Rechts (§ 1 Abs. 1 FinDAG) Aufgaben öffentlicher Verwaltung nach den kapitalmarktrechtlichen Fachgesetzen wahrnimmt und daher eine informationspflichtige Stelle iSd § 1 Abs. 1 IFG ist (Gurlit WM 2009, 773 (775); → Rn. 71) sei zwar eine Finanzbehörde und könne sich daher grds. auf § 3 Nr. 1 lit. d IFG berufen. Ein Vorschlag zur Einführung einer Bereichsausnahme für den Bereich der Finanz-, Wertpapier- und Versicherungsaufsicht (→ Rn. 5.1, → Rn. 68.1, → Rn. 84.5), für den die BaFin zuständig ist (s. nur VG Frankfurt a. M. NVwZ 2008, 1384 (1385)), habe jedoch keine Zustimmung erfahren. Nach Auffassung des BVerwG (NVwZ 2011, 1012 Rn. 13) verbiete sich deshalb die Annahme, konkrete Aufgabenfelder rechtfertigten generell die Verweigerung des Informationszugangs, etwa mit der Argumentation, das Bekanntwerden diesbezüglicher Informationen habe per se nachteilige Auswirkungen auf die Tätigkeit der BaFin.

Die nachteiligen Auswirkungen lassen sich nur bezogen auf den jeweiligen Sachbereich 82 und Regelungskontext beurteilen, in dem die Information steht (BVerwG NVwZ 2011, 1012 Rn. 13). Die Rspr. würdigt hierbei die Art und Weise der Aufgabenerfüllung bei der BaFin allerdings nur ansatzweise (→ Rn. 80), woraus sich im Ergebnis zu hohe Anforderungen an die Darlegung nachteiliger Auswirkungen für die Aufsichtstätigkeit ergeben.

Die effektive Aufgabenerfüllung der BaFin setzt eine möglichst breite Informations- 83 beschaffung voraus, die aber nicht ausschließlich durch die gesetzlichen Mitwirkungspflichten erreicht werden kann. Sie erfordert von den beaufsichtigten Instituten eine „überobligatorische" freiwillige Kooperation (vgl. BVerwG NVwZ 2012, 112 Rn. 20; hierzu schon VGH Kassel BeckRS 2010, 49021; VG Frankfurt a. M. NVwZ 2008, 1384 (1386)). Generell sind informationspflichtige Stellen wie die BaFin bei hochkomplexen Steuerungssachverhalten und bei steigender Spezialisierung der Kontrollunterworfenen, die gerade das Regulierungsrecht auszeichnen, auf die Mitarbeit der Privaten, dh auf eine Informationszusammenarbeit mit den Marktteilnehmern angewiesen (Augsberg DVBl 2007, 733 (737 f.); Möllers/Wenninger ZHR 170 (2006), 455 (466 f.)). Gerade die BaFin kann die für ggf. erforderlich werdende Aufsichtsmaßnahmen notwendigen Erkenntnisse mit den gesetzlichen und möglicherweise erst durch Maßnahmen der Verwaltungsvollstreckung durchzusetzenden Mitwirkungspflichten nur unvollständig erlangen; eine effektive Aufgabenerfüllung setzt eine kontinuierliche freiwillige Informationszusammenarbeit voraus.

Die von der Rspr. formulierten Anforderungen an die konkrete Möglichkeit nachteiliger 84 Auswirkungen bzw. deren Darlegung erfassen die konkrete Art und Weise der Aufgabenerfüllung nur unzureichend. Nachteilige Auswirkungen sind bereits bei Nachteilen für das in Rede stehende Schutzgut gegeben (→ Rn. 40); bezogen auf § 3 Nr. 1 lit. d IFG ist daher die

Formel, es müsse die konkrete Möglichkeit einer erheblichen und spürbaren Beeinträchtigung der Aufgabenerfüllung durch die Behörde bestehen (so BVerwG NVwZ 2012, 112 Rn. 21; VGH Kassel BeckRS 2010, 49021; DVBl 2012, 701 (702)), zu streng und auch durch den Wortlaut nicht vorgegeben. Nicht mehr bloß fernliegende Befürchtungen (→ Rn. 39), sondern Nachteile für das Schutzgut sind gegeben, wenn auf hinreichend aussagekräftiger Tatsachengrundlage Anhaltspunkte dafür vorliegen, dass die beaufsichtigten Institute ihre „überobligatorische" freiwillige Kooperation einstellen oder einschränken (anders aber BVerwG NVwZ 2012, 112 Rn. 21; VGH Kassel NVwZ 2010, 1036 (1040)). Besteht die Möglichkeit, die Institute könnten ihre Kooperationsbereitschaft einschränken, ist dies eine greifbare, angesichts der konkreten Ausgestaltung der Kontroll- und Aufsichtsaufgaben der BaFin sogar erhebliche Beeinträchtigung ihrer Tätigkeit.

84.1 Nur diese Sichtweise wird auch der gesetzgeberischen Wertung gerecht, wonach die notwendige Transparenz der Behördentätigkeit etwa der BaFin unter Beachtung der Besonderheiten der Wettbewerbsaufsicht und Regulierungstätigkeit bereits durch die gesetzlichen Berichtspflichten der Behörden und die Monopolkommission gewährleistet werde (so BT-Drs. 15/4493, 10). Das BVerwG (NVwZ 2012, 112 Rn. 21) misst dieser gesetzgeberischen Wertung kaum Relevanz bei, sondern legt die Auffassung des Gesetzgebers in einem Sinne aus, wonach die BaFin ihre Aufgaben auch allein auf der Grundlage der gesetzlichen Mitwirkungspflichten effektiv bewältigen könne. Im Ergebnis sind die im Rahmen der Informationszusammenarbeit erlangten Informationen damit trotz ihrer erheblichen Bedeutung für die effektive Aufgabenwahrnehmung der BaFin nicht schutzwürdig.

84.2 Der Zugang zu Informationen über Finanzdienstleistungen, dh insbes. gegenüber der BaFin, wurde lange Zeit als zu lückenhaft angesehen. Bis zum In-Kraft-Treten des IFG konnte gem. § 29 VwVfG nur die Beteiligten eines Verwaltungsverfahrens die Akteneinsicht begehren, soweit er dies zur Verteidigung seiner Rechte brauchte (vgl. Böhm, FS Bull, 2011, 965 (974)); allgemeine Informationszugangsansprüche, die etwa von geschädigten Kapitalanlegern zur Begründung ihrer Schadensersatzansprüche hätten genutzt werden können (vgl. Möllers/Wenninger ZHR 170 (2006), 455), bestanden damit nicht.

84.3 Nur vereinzelt hat sich die obergerichtliche Rspr. unmittelbar mit den Anforderungen des § 3 Nr. 1 lit. d IFG auseinandergesetzt. Regelmäßig ist dieser Ausnahmetatbestand im Rahmen der Überprüfung einer Sperrerklärung durch den Fachsenat nach § 99 VwGO thematisiert worden, und zwar unter dem Gesichtspunkt, ob die Offenlegung der begehrten Information dem Wohl des Bundes Nachteile bereiten würde (etwa BVerwG NVwZ 2012, 112 Rn. 18 ff.; hierzu Schoch NVwZ 2012, 85). Wegen des Auseinanderfallens der fachgesetzlichen Geheimhaltungsgründen nach dem IFG und den Geheimhaltungsgründen iSd § 99 VwGO können erstere indes allenfalls eine Orientierung bei der Frage bieten, ob Vorgänge nach einem Gesetz oder ihrem Wesen nach geheim gehalten werden müssen oder dem Wohl des Bundes oder eines Landes Nachteile bereiten würden (vgl. dazu BVerwG NVwZ 2010, 1495 Rn. 12; NVwZ 2012, 112 Rn. 11).

84.4 Nachteilige Auswirkungen auf die Wertpapieraufsicht hat das BVerwG (NVwZ 2011, 1012 Rn. 13) jedenfalls nicht beim Bekanntwerden von Stimmrechtsmitteilungen sehen können: hier fehle es „an jeglichem Anhaltspunkt dafür, dass die Aufsichtstätigkeit der [BaFin] beeinträchtigt werden könnte." In einem in camera-Verfahren hat der Fachsenat des BVerwG (NVwZ 2012, 112) nicht zu erkennen vermocht, dass die Offenlegung eines Berichts der BaFin an das BMF über eine Sparkasse dem Wohl des Bundes Nachteile bereiten würde. Der Fachsenat hat dabei betont, Nachteile für das Wohl des Bundes könnten dadurch begründet werden, dass durch die Offenlegung von Informationen die effektive Beaufsichtigung des sensiblen Bereichs der Finanzdienstleistungen beeinträchtigt wird, hat aber im vorliegenden Fall die Darlegung zur Prognose möglicher Beeinträchtigungen nicht für hinreichend erachtet.

84.5 Die praktische Anwendung der Schutzgründe, die im Hinblick auf die Tätigkeit der BaFin in Betracht zu ziehen sind, führte schließlich zu dem Vorschlag, das IFG um eine Bereichsausnahme für die Aufgaben der Finanz-, Wertpapier- und Versicherungsaufsicht (→ Rn. 5.1, → Rn. 68.1) zu ergänzen (hierfür etwa Scholz BKR 2008, 485 (488); dagegen Tolkmitt/Schomerus NVwZ 2009, 568). Auch wenn der Vorschlag des Bundesrates (BR-Drs. 827/08(B)) keine Mehrheit fand – möglicherweise auch deshalb, weil eine solche Bereichsausnahme ausgerechnet in Zeiten der Wirtschafts- und Finanzkrise politisch schwer zu vermitteln gewesen wäre (auf eine „kritische Öffentlichkeit" gerade in Zeiten einer solchen Krise stellen Tolkmitt/Schomerus NVwZ 2009, 568 (571) ab) –, ist doch festzuhalten, dass der Bundesrat zu einer zutreffenden Analyse kam. So könne das IFG auch mit den für die Tätigkeit der BaFin relevanten Schutzgründen (§ 3 Nr. 1 lit. d, §§ 5 und 6 IFG) „zu Ergebnissen führen (…), die der Wahrung des Bankgeheimnisses und der

Betriebs- und Geschäftsgeheimnisse zuwiderlaufen" (in diese Richtung auch Scholz BKR 2008, 485). Ob das Argument, die BaFin sehe sich Schadensersatzansprüchen ausgesetzt, angesichts der Zielsetzungen des IFG und der Voraussetzungslosigkeit des Anspruchs auf Informationszugang (→ § 1 Rn. 152 ff.) tatsächlich trägt, steht durchaus in Zweifel. Es trifft allerdings zu, dass aufgrund der Rspr. des für die BaFin zuständigen VG Frankfurt a. M. die Darlegung konkreter nachteiliger Auswirkungen auf die Funktionsfähigkeit der Bankenaufsicht kaum möglich ist. Es überzeugt hierbei nur bedingt, wenn die Rspr. die Art und Weise der Aufgabenwahrnehmung der BaFin im Ergebnis außer Betracht lässt; dies erweist sich als umso problematischer, als Umfang und Inhalt der von der BaFin erlangten, institutsbezogenen Informationen aufgrund der eher informellen Kooperation mit den beaufsichtigten Instituten nicht durchweg als Betriebs- und Geschäftsgeheimnisse anzusehen sind, die etwa über § 6 IFG geschützt würden (eine Kennzeichnung solcher Informationen im Schriftwechsel mit Behörden schlagen Sieberg/Ploeckl DB 2005, 2062 vor). Tatsächlich können auch andere für die Tätigkeit der BaFin relevante Ausnahmetatbestände den berechtigten Schutz des umfassenden Datenbestands der BaFin kaum wirksam gewährleisten. Eine in der Literatur vorgeschlagene Lösung über § 3 Nr. 7 IFG (s. Sellmann/Augsberg WM 2006, 2293 (2300); Wilsing/Paul BB 2009, 114 (116 f.); → Rn. 182 ff.) scheidet regelmäßig aus (s. auch VGH Kassel BeckRS 2010, 48167; → Rn. 191.1); und auch ein Schutz über § 3 Nr. 4 IFG iVm § 9 KWG, § 8 WpHG (zu letzterem etwa Möllers/Wenninger ZHR 170 (2006), 455) greift im Regelfall nicht, va wenn der Zugang zu Informationen nach dem IFG eine Befugnis iSd Normen darstellt. Inwieweit eine Zwischenschaltung durch Rechtsanwälte, die die Informationen als der anwaltlichen Schweigepflicht unterliegend an die BaFin übermitteln (so der Vorschlag von Wilsing/Paul BB 2009, 114 (116)), im Ergebnis zu einer anderen Bewertung führt, ist in der Rspr. bisher nicht entschieden worden (zur anwaltlichen Verschwiegenheitspflicht des § 43a Abs. 2 S. 1 BRAO → Rn. 159 f.).

VI. Schutzgut externe Finanzkontrolle (lit. e)

Kann das Bekanntwerden der Information nachteilige Auswirkungen auf Angelegenheiten der externen Finanzkontrolle haben, besteht der Anspruch auf Informationszugang nach § 3 Nr. 1 lit. e IFG nicht. Dieser Ausnahmetatbestand ist ganz offenkundig auf den Bundesrechnungshof einschließlich der ihn unterstützenden Prüfungsämter zugeschnitten (so zutreffend NK-IFG/Rossi IFG § 3 Rn. 24; Jastrow/Schlatmann IFG § 3 Rn. 37; ebenso OVG Münster DVBl 2012, 365 (insoweit dort nicht abgedruckt) = BeckRS 2011, 55609), der im Zuständigkeitsbereich des Bundes die externe Finanzkontrolle wahrnimmt (BT-Drs. 15/4493, 10). 85

Landesinformationsfreiheitsrecht sieht teilweise vergleichbare Regelungen vor. Nach § 5 Nr. 2 HmbTG etwa besteht schon keine Informationspflicht nach diesem Gesetz für den Rechnungshof, soweit er in richterlicher Unabhängigkeit tätig geworden ist; dies gilt allerdings nicht für seine Berichte. Nach § 1 Abs. 3 Nr. 1 2. Alt. ThürIFG v. 20.12.2007 bestand der Anspruch auf Informationszugang nicht gegenüber dem Rechnungshof (hierzu VG Weimar ThürVBl 2009, 92 (93)); diese ausdrückliche Beschränkung des Anwendungsbereichs sieht das geltende ThürIFG v. 14.12.2012 nicht mehr vor. 85.1

1. Verhältnis zu § 1 Abs. 1 S. 2 IFG

Die Mitglieder des Bundesrechnungshofs (§ 3 Abs. 1 BRHG; → Rn. 88.1) besitzen richterliche Unabhängigkeit (Art. 114 Abs. 2 S. 1 GG), die für die Richter an den obersten Gerichtshöfen des Bundes geltenden Vorschriften über Unabhängigkeit und Disziplinarmaßnahmen sind entsprechend anzuwenden (§ 3 Abs. 4 BRHG). An dieser – in der Gesetzesbegründung nicht angesprochenen – Regelung hat sich die Frage entzündet, ob dem Ausnahmetatbestand des § 3 Nr. 1 lit. e IFG überhaupt ein sinnvoller oder substantieller (so Schoch IFG § 3 Rn. 60) Anwendungsbereich verbleibt. Die Antwort hierauf hängt vom Verhältnis zu § 1 Abs. 1 S. 2 IFG ab, wonach das Gesetz nur auf Bundesorgane und -einrichtungen anwendbar ist, die öffentlich-rechtliche Verwaltungsaufgaben wahrnehmen. Organe der Rechtspflege sind in Bezug auf ihre Aufgaben der Rspr. dem IFG damit von vornherein nicht unterworfen (→ § 1 Rn. 142, 143.2). Da der Bundesrechnungshof seine Aufgaben in richterlicher Unabhängigkeit wahrnehme, soll das IFG insoweit nicht anwendbar sein (so Schoch IFG § 3 Rn. 60f; ähnlich wohl NK-IFG/Rossi IFG § 3 Rn. 24; 86

umfassend Vogt, Zur Informationstätigkeit des Bundesrechnungshofes, 2013, 71 ff., 101 ff., 262 ff.).

87   Diese Auffassung übersieht, dass die richterliche Unabhängigkeit nur einzelnen Funktionsträgern, nämlich den Mitgliedern des Bundesrechnungshofs zukommt (s. § 3 Abs. 1 und 4 BRHG), nicht aber dem Bundesrechnungshof als solchem bei der Wahrnehmung seiner Prüfungsaufgaben. Sie ist zudem nicht in Einklang zu bringen mit der klaren gesetzgeberischen Entscheidung, einen Ausnahmetatbestand auf den Schutz der externen Finanzkontrolle zuzuschneiden (BT-Drs. 15/4493, 10).

88   Entscheidend ist letztlich, dass aus der richterlichen Unabhängigkeit der Mitglieder des Bundesrechnungshofs nicht der Schluss gezogen werden kann, der Bundesrechnungshof würde keine öffentlich-rechtlichen Verwaltungsaufgaben wahrnehmen. Bei der Wahrnehmung seiner Prüfungsaufgaben übt der Bundesrechnungshof keine (quasi-)rechtsprechende Gewalt iSd Art. 92 GG aus (so aber wohl Reus/Mühlhausen NVwZ 2010, 617: Prüfungs- und Beratungstätigkeit werde nicht erfasst; ebenso Vogt, Zur Informationstätigkeit des Bundesrechnungshofes, 2013, S. 267: Prüfungs-, Beratungs- und Informationsaufgaben, also Aufgaben des Hofbereichs, seien keine Aufgaben der Verwaltung). Wie das BVerwG zutreffend feststellt, nimmt er vielmehr Verwaltungsaufgaben wahr und zählt damit zu den informationspflichtigen Bundesbehörden (BVerwG NVwZ 2013, 431). „Sonstige unabhängige Tätigkeiten" sind vom Anwendungsbereich des IFG nicht generell ausgenommen (OVG Münster DVBl 2012, 365 (insoweit dort nicht abgedruckt) = BeckRS 2011, 55609).

88.1   Mitglieder des Bundesrechnungshofs sind nur die in § 3 Abs. 1 BRHG genannten Funktionsträger, nur sie besitzen richterliche Unabhängigkeit. Keine Mitglieder des Bundesrechnungshofs sind die in § 4 BRHG genannten Prüfungsbeamten und weiteren Bediensteten, die zum Bundesrechnungshof gehören. Sie besitzen damit aber auch nicht die den Mitgliedern des Bundesrechnungshofs vorbehaltene richterliche Unabhängigkeit (s. auch BVerwGE 128, 135 (136)).

2. Angelegenheiten der externen Finanzkontrolle

89   Die externe Finanzkontrolle umschreibt die Prüfung der finanzwirtschaftlichen Aktivitäten der öffentlichen Hand. Diese Rechnungsprüfung umfasst die gesamte Haushalts- und Wirtschaftsprüfung des Bundes einschließlich seiner Sondervermögen und Betriebe und wird vom Bundesrechnungshof durchgeführt (s. § 88 Abs. 1 BHO). Zur Vorbereitung, Unterstützung und Ergänzung seiner Prüfungstätigkeit kann der Bundesrechnungshof Prüfungsaufgaben durch Prüfungsämter, die seiner Dienst- und Fachaufsicht unterstellt sind, wahrnehmen lassen (s. § 100 S. 1 BHO, § 20a BRHG); die Prüfungsämter sind als Teil der externen Finanzkontrolle ebenfalls von § 3 Nr. 1 lit. e IFG umfasst (BT-Drs. 15/4493, 10; Jastrow/Schlatmann IFG § 3 Rn. 37).

90   Die „Angelegenheiten" der externen Finanzkontrolle sind denkbar weit zu verstehen und umfassen sämtliche Informationen, die der Bundesrechnungshof bzw. die ihn unterstützenden Prüfungsämter im Rahmen ihrer Prüfungs- und Beratungstätigkeit erlangen (BT-Drs. 15/4493, 10). Dem Schutz der externen Finanzkontrolle unterliegen dabei nicht lediglich die Mitglieder des Bundesrechnungshofs; nach § 3 Abs. 1 BRHG sind dies ohnehin nur der Präsident, der Vizepräsident, die Leiter der Prüfungsabteilungen und die Prüfungsgebietsleiter. Der Schutzgrund des § 3 Nr. 1 lit. e IFG stellt vielmehr auf die Aufgaben der externen Finanzkontrolle und nicht unmittelbar auf die Behörden bzw. ihre (mit einem gesonderten rechtlichen Status versehenen) Mitglieder ab. Die Wahrnehmung der Aufgaben, nicht die Behörde selbst muss nachteiligen Auswirkungen durch das Bekanntwerden einer Information ausgesetzt sein.

3. Nachteilige Auswirkungen auf die externe Finanzkontrolle

91   Nachteilige Auswirkungen durch das Bekanntwerden der Information auf die Angelegenheiten der externen Finanzkontrolle, also die Gefährdung der Prüfung der finanzwirtschaftlichen Aktivitäten der öffentlichen Hand, sind nach den allgemeinen Maßstäben (→ Rn. 41 ff.) von der informationspflichtigen Stelle bezogen auf einzelne Informationen im Wege einer Prognose darzulegen. Das OVG Münster (DVBl 2012, 365 (367 f.)) geht davon aus, dass

nachteilige Auswirkungen im Einzelfall auch darin liegen können, dass die Veröffentlichung der in Rede stehenden Informationen die Bereitschaft der geprüften Stellen zur vertraulichen Zusammenarbeit wesentlich verringert, was wiederum die Ermittlung der prüfungsrelevanten Sachverhalte wesentlich erschwert oder gar unmöglich macht. Zwar könne dies nicht unter rechtlichen Gesichtspunkten zu Beeinträchtigungen der Prüfungstätigkeit führen, weil der Bundesrechnungshof im rechtlichen Sinne nicht auf eine freiwillige Mitwirkung der geprüften Stellen angewiesen sei, wohl aber unter tatsächlichen oder faktischen Gesichtspunkten, weil die effektive Ausübung der Kontrolltätigkeit im Regelfall eine Kooperation der geprüften Stelle voraussetze.

In der Tat ist der Bundesrechnungshof – ähnlich wie die BaFin (→ Rn. 83) – jedenfalls in gewissem Maße auf die Mitwirkung der geprüften Stelle angewiesen, insbes. weil die Prüfung in deren Räumlichkeiten durchgeführt wird und nicht wie im Zuge staatsanwaltschaftlicher Ermittlungen durch die Beschlagnahme ganzer Aktenbestände erfolgen kann. Im Ausgangspunkt erkennt die Rspr. – richtigerweise – an, dass der Schutz der externen Finanzkontrolle die Verwaltungspraxis nicht völlig ausblenden kann. Der Schutz umfasst also auch einen effektiven Prüfungsablauf, der wiederum voraussetzt, dass den Prüfern Mitarbeiter der geprüften Stelle an die Seite gestellt werden, die beim Auffinden der gesuchten Unterlagen oder des richtigen Ansprechpartners behilflich sind. Die Erzwingung der Mitwirkung ist demgegenüber langwierig und umständlich und kann die auf die freiwillige Kooperation ausgerichtete Verwaltungspraxis nicht ersetzen. 92

Aus der Rspr., die bisher in keinem Fall die Darlegungen hat genügen lassen, können keine verlässlichen Kriterien dafür abgeleitet werden, wann derartige nachteilige Auswirkungen hinreichend dargelegt sind. Die generelle Furcht, die Kooperationsbereitschaft werde sich verringern, reiche jedenfalls nicht aus (OVG Münster DVBl 2012, 365 (367 f.)). Verkompliziert werde die Situation dadurch, dass sich aus dem befürchteten Vertrauensverlust bei der Zusammenarbeit mit den geprüften Stellen unter systematischen und teleologischen Gründen keine relevante Beeinträchtigung für das Schutzgut der Finanzkontrolle ergebe, weil dies die gesamte Prüfungstätigkeit des Bundesrechnungshofs betreffe und zu einer vom Gesetzgeber nicht normierten Bereichsausnahme führe (OVG Münster DVBl 2012, 365 (368)). Diese Schwierigkeiten ändern indes nichts an der Richtigkeit der Feststellung, dass auch rein faktische Beeinträchtigungen nachteilige Beeinträchtigungen darstellen können, was bei den Anforderungen an die Darlegung nachteiliger Auswirkungen nach hier vertretener Auffassung zu berücksichtigen ist. 93

VII. Schutzgut Außenwirtschaftsverkehr (lit. f)

Nach § 3 Nr. 1 lit. f IFG besteht der Anspruch auf Informationszugang nicht, wenn das Bekanntwerden der Information nachteilige Auswirkungen auf Maßnahmen zum Schutz vor unerlaubtem Außenwirtschaftsverkehr haben kann. Der Ausnahmetatbestand knüpft an die Regelungen des Außenwirtschaftsgesetzes (AWG) sowie der Außenwirtschaftsverordnung (AWV) an und dient dazu, das darin normierte Instrumentarium abzusichern. Es schützt nicht einzelne, für die Exportkontrolle zuständige Behörden wie etwa das Bundesamt für Wirtschaft und Ausfuhrkontrolle (BAFA) und die Zollbehörden (Jastrow/Schlatmann IFG § 3 Rn. 43), sondern umfassend sämtliche Aufgaben, die dem Schutz vor unerlaubtem Außenwirtschaftsverkehr dienen (NK-IFG/Rossi IFG § 3 Rn. 28). 94

Die Aufgaben der Exportkontrolle werden von einer Vielzahl von Behörden wahrgenommen, hierzu gehören ua von den Ländern bestimmte Behörden, das BAFA, die Deutsche Bundesbank, das Bundesministerium für Wirtschaft und Technologie, das Bundesministerium für Ernährung, Landwirtschaft und Verbraucherschutz, die Zollbehörden einschließlich des Zollkriminalamts. 94.1

1. Grundsatz des freien Außenwirtschaftsverkehrs und Beschränkungsmöglichkeiten

Der Außenwirtschaftsverkehr, also der Waren-, Dienstleistungs-, Kapital-, Zahlungs- und sonstige Wirtschaftsverkehr mit fremden Wirtschaftsgebieten sowie der Verkehr mit Auslandswerten und Gold zwischen Gebietsansässigen ist grds. frei, unterliegt aber den Ein- 95 schränkungen, wie sie durch das AWG selbst bzw. durch die AWV vorgeschrieben werden (§ 1 Abs. 1 AWG). Unerlaubt iSd § 3 Nr. 1 lit. f IFG ist demnach verbotswidriger oder – im Fall der Genehmigungspflicht – ungenehmigter Außenwirtschaftsverkehr (BT-Drs. 15/4493, 10; Jastrow/Schlatmann IFG § 3 Rn. 44; NK-IFG/Rossi IFG § 3 Rn. 25). Das Außenwirtschaftsrecht ist mittlerweile wesentlich durch das europäische Unionsrecht überformt (s. nur Schoch IFG § 3 Rn. 67); zu nennen ist hier insbes. die Dual-Use-Verordnung (VO (EG) Nr. 428/2009). Dementsprechend sind alle Rechtsgeschäfte und Handlungen, die nicht mit den Vorgaben des deutschen und insbes. des europäischen Außenwirtschaftsrechts in Einklang stehen, entweder verbotswidrig oder ungenehmigt, mithin unerlaubt iSd § 3 Nr. 1 lit. f IFG. Damit werden auch Informationen erfasst, die im Zusammenhang mit der Durchführung (internationaler) wirtschaftlicher Sanktionsmaßnahmen stehen (Jastrow/Schlatmann IFG § 3 Rn. 45).

96 Grundsätze über Art und Ausmaß von Beschränkungen und Handlungspflichten ergeben sich im Einzelnen aus § 2 Abs. 1 AWG. Durch Rechtsverordnung kann vorgeschrieben werden, dass Rechtsgeschäfte und Handlungen allgemein oder unter bestimmten Voraussetzungen einer Genehmigung bedürfen oder verboten sind. Maßnahmen zum Schutz vor unerlaubtem Außenwirtschaftsverkehr sind demnach zunächst die Genehmigung (s. § 3 AWG) und das Verbot; Maßnahmen sind aber auch die Befugnisse, die den zuständigen Behörden zur Durchsetzung der Ge- und Verbote zustehen.

97 Nach der Gesetzesbegründung sind die im Zusammenhang mit der Exportkontrolle erhobenen Informationen geschützt, wozu auch die im Rahmen von Vorfeldüberprüfungen und in Hinweisdateien gesammelten Daten gehören, die zur Verhinderung unerlaubter Exporte benötigt werden (BT-Drs. 15/4493, 10; Jastrow/Schlatmann IFG § 3 Rn. 43). Dies ist freilich angesichts des Wortlauts der Vorschrift zu relativieren, weil dieser nur auf Schutzmaßnahmen abstellt. Dementsprechend werden auch nur die Informationen geschützt, die der Kontrolle verbotener bzw. ungenehmigter, aber genehmigungspflichtiger Exporte dienen (BRS/Roth IFG § 3 Rn. 64). Bedeutsam ist in diesem Zusammenhang die allgemeine Auskunftspflicht nach § 44 AWG, wonach die zuständigen Behörden Auskünfte verlangen können, soweit dies für die Außenwirtschaftskontrolle erforderlich ist.

98 Nach der – insoweit unglücklich formulierten – Gesetzesbegründung soll der Begriff der Maßnahmen zum Schutz vor unerlaubtem Außenwirtschaftsverkehr denkbar weit zu verstehen sein. Zwar werden hiervon nicht alle Maßnahmen im Außenwirtschaftsrecht, also nicht schlechthin alle den Außenwirtschaftsverkehr regulierenden Maßnahmen erfasst, wohl aber alle Schutzmaßnahmen (Schoch IFG § 3 Rn. 68). Hierunter sollen auch sämtliche Informationen fallen, die im Zusammenhang mit der Durchführung von wirtschaftlichen Sanktionsmaßnahmen (etwa Straf-, Bußgeld- und Überwachungsvorschriften nach den §§ 33 ff. AWG) stehen, weil diese Schutzmaßnahmen und nicht lediglich den Außenwirtschaftsverkehr regulierende Maßnahmen betreffen. Die Gesetzesbegründung verweist in diesem Zusammenhang auf den Ausnahmetatbestand des § 4 Abs. 1 IFG, der allerdings – als äußerste zeitliche Grenze (Schoch IFG § 3 Rn. 31) – nur für die Dauer des behördlichen Entscheidungsverfahrens greift (→ § 4 Rn. 22); im Anwendungsbereich des § 3 Nr. 1 lit. f IFG soll der Schutz aber auch nach Abschluss von Straf- und Ordnungswidrigkeitsverfahren nach dem AWG fortwirken (BT-Drs. 15/4493, 10; ablehnend NK-IFG/Rossi IFG § 3 Rn. 27).

2. Nachteilige Auswirkungen auf die Maßnahmen der Exportkontrolle

99 Anders als § 4 Abs. 1 IFG enthält § 3 Nr. 1 lit. f IFG keine (äußerste) zeitliche Grenze („solange"). Auch nach Abschluss von Straf- und Ordnungswidrigkeitsverfahren nach dem AWG bzw. anderer behördlicher Maßnahmen kann der Schutz vor unerlaubtem Außenwirtschaftsverkehr fortwirken und einem Informationszugang entgegenstehen. Umgekehrt formuliert: auch nach Abschluss solcher Verfahren kann es ein Schutzbedürfnis für Informationen über die Exportkontrolle geben, weshalb ein Verzicht auf den Schutz durch § 3 Nr. 1 lit. f IFG aufgrund des Schutzes des behördlichen Entscheidungsprozesses durch § 4 Abs. 1 IFG nicht in Frage kommt. Es ist nämlich denkbar (und liegt durchaus nahe), dass Informationen aus dem Straf- oder Ordnungswidrigkeitsverfahren nach dem AWG auch nach deren Abschluss zu schützen sind, weil deren Bekanntwerden die Exportkontrolle etwa aufgrund

der Möglichkeit zur Ausforschung (s. Jastrow/Schlatmann IFG § 3 Rn. 42) beeinträchtigen würde.

Letztlich ist dies eine Frage der (Darlegung der) konkreten Möglichkeit nachteiliger Auswirkungen auf die Maßnahmen zum Schutz vor unerlaubtem Außenwirtschaftsverkehr und lässt sich anhand der hierzu entwickelten Kriterien (→ Rn. 36 ff., → Rn. 41 ff.) abarbeiten. Der Hinweis, dass die Verweigerung des Informationszugangs nur dem Erfolg der Kontrolltätigkeit bezüglich bestimmter Schutzmaßnahmen dient (Schoch IFG § 3 Rn. 71), ist zutreffend; daraus lassen sich indes keine Rückschlüsse auf die Schutzdauer ziehen. Denn es geht ja gerade um die Frage, ob und unter welchen Umständen die (zukünftige) Kontrolltätigkeit auch durch eine spätere Informationsfreigabe beeinträchtigt werden könnte. 100

VIII. Schutzgut laufende Verfahren und Ermittlungen (lit. g)

Aus § 3 Nr. 1 lit. g IFG ergibt sich der Schutz laufender Verfahren. Hiernach besteht der Anspruch auf Informationszugang nicht, wenn das Bekanntwerden der Information nachteilige Auswirkungen auf die Durchführung eines laufenden Gerichtsverfahrens, den Anspruch einer Person auf ein faires Verfahren oder die Durchführung strafrechtlicher, ordnungswidrigkeitsrechtlicher oder disziplinarischer Ermittlungen haben kann. 101

Der Großteil der Informationszugangsgesetze enthält eine dem § 3 Nr. 1 lit. g IFG ähnliche, allerdings in Einzelaspekten hiervon abweichende Regelung. So schützen § 8 Abs. 1 Nr. 3 UIG (→ UIG § 8 Rn. 36 ff.; hierzu Voland DVBl 2011, 1262) und § 2 S. 1 Nr. 1 lit. b VIG ebenfalls laufende Verfahren und Ermittlungen. Die Formulierung des § 3 Nr. 1 lit. g IFG geht auf § 8 Abs. 1 Nr. 3 UIG bzw. die Umweltinformations-RL zurück, verträgt sich indes teils schlecht mit den Begriffen deutschen Rechts (Jastrow/Schlatmann IFG § 3 Rn. 48). Parallele Regelungen der Landesinformationsgesetze finden sich in § 9 Abs. 1 S. 2 IFG Bln, § 4 Abs. 1 Nr. 5 AIG, § 3 Nr. 1 lit. d BremIFG, § 5 Nr. 1 und Nr. 5 HmbTG, § 5 Nr. 2 IFG M-V § 6 S. 1 lit. b IFG NRW, § 9 Abs. 1 Nr. 2 LIFG RhPf, § 1 SIFG iVm § 3 Nr. 1 lit. g IFG, § 3 Abs. 1 Nr. 1 lit. e IZG LSA, § 9 Abs. 1 Nr. 4 IZG-SH, § 7 Abs. 1 Nr. 4 ThürIFG. 101.1

1. Verhältnis zu spezialrechtlichen Akteneinsichtsrechten

Der Informationszugang im Gerichtsverfahren bzw. in (vorgelagerten) Ermittlungsverfahren richtet sich nach den einschlägigen Spezialgesetzen und Prozessordnungen. Diese spezialrechtlichen Vorschriften dienen insgesamt dazu, dass in dem jeweiligen Ermittlungs-, Gerichts- oder ordnungsbehördlichen Verfahren die erforderlichen Akten (für alle Beteiligten) verfügbar sind (vgl. Kopp/Schenke VwGO § 100 Rn. 1 zum verwaltungsprozessualen Akteneinsichtsrecht nach § 100 VwGO). Diese Vorschriften betreffen die dem Gericht bzw. der Ermittlungsbehörde vorliegenden Informationen. Demgegenüber betrifft § 3 Nr. 1 lit. g IFG die der Ausgangsbehörde vorliegenden Akten, die vorbehaltlich anderer Ausnahmetatbestände nach Abschluss des durch § 3 Nr. 1 lit. g IFG geschützten Verfahrens einem Informationszugang offen stehen sollen (BT-Drs. 15/4493, 10; vgl. Jastrow/Schlatmann IFG § 3 Rn. 51; NK-IFG/Rossi IFG § 3 Rn. 30). 102

Die Vorschriften zur Akteneinsicht im Gerichts- oder ordnungsbehördlichen Verfahren sperren nicht den Anspruch auf Informationszugang nach § 1 Abs. 1 S. 1 IFG. Eine solche Sperre ergibt sich auch nicht aus § 1 Abs. 3 IFG, weil es sich nicht um Regelungen in anderen Rechtsvorschriften über den (allgemeinen) Zugang zu amtlichen Informationen in diesem Sinne handelt (vgl. OVG Münster NVwZ-RR 2003, 800 (801f); → § 1 Rn. 216 ff.). In Bezug auf die rechtsprechende Gewalt ist ferner zu berücksichtigen, dass diese ohnehin nicht vom Anwendungsbereich des IFG erfasst wird (→ § 1 Rn. 142, → § 1 Rn. 143.2, → § 1 Rn. 215). 103

Umgekehrt gewährleistet § 3 Nr. 1 lit. g IFG keinen umfassenden Schutz laufender Verfahren. Die für das Verfahren relevanten Informationen werden nur erfasst, soweit sich deren Bekanntwerden nachteilig auf das jeweilige Verfahren auswirken kann. 104

Im Strafprozess und im staatsanwaltlichen Ermittlungsverfahren bspw. richtet sich das Akteneinsichtsrecht des Verteidigers nach § 147 StPO, welches aber vor Abschluss der Ermittlungen nach 104.1

IFG § 3   IV. Informationsfreiheitsrecht

§ 147 Abs. 2 StPO Beschränkungen unterliegt (BeckOK StPO/Wessing StPO § 147 Rn. 5 ff.). Für Verfahren in den anderen Gerichtsbarkeiten bestehen vergleichbare Vorschriften: für das Verfahren vor den Verwaltungsgerichten § 100 VwGO; für Zivilgerichtsverfahren § 299 Abs. 1 ZPO; für Verfahren vor dem BVerfG § 35b BVerfGG; für das Vergabeverfahren § 111 GWB; für Ordnungswidrigkeitsverfahren § 49 OWiG.

104.2   Die speziellen Akteneinsichtsrechte und der allgemeine Anspruch auf Informationszugang nach § 1 Abs. 1 S. 1 IFG überschneiden sich, sind aber nicht deckungsgleich. Auf die Prozessordnungen etwa können sich nur die Beteiligten berufen, Einsicht erhalten sie aber in die vollständigen Gerichtsakten; Ausschlussgründe sind hier grds. nicht vorgesehen. Bezogen auf dieselben Informationen kann sich ein nicht am Verfahren Beteiligter nur auf den Anspruch aus § 1 Abs. 1 S. 1 IFG berufen und dies auch nur gegenüber der Ausgangsbehörde, die Partei des in Rede stehenden Verfahrens sein kann, nicht aber gegenüber dem Gericht; die Einsichtnahme wird nur vorbehaltlich der Ausschlussgründe nach den §§ 3 ff. IFG gewährt.

2. Schutzzweck

105   Mit dem Schutzgegenstand der drei von § 3 Nr. 1 lit. g IFG erfassten Fallgruppen (→ Rn. 101, → Rn. 107) hängt der Schutzzweck des Ausnahmetatbestands zusammen. Der schutzwürdige besondere öffentliche Belang wird allgemein im Schutz der Rechtspflege gegen Beeinträchtigungen durch das Bekanntwerden verfahrensrelevanter Informationen gesehen (so BVerwG NVwZ 2011, 235 Rn. 12 unter Verweis auf BVerwGE 110, 17 (23) zur Parallelregelung des § 7 Abs. 1 Nr. 2 UIG aF, § 8 Abs. 1 Nr. 3 UIG nF; → UIG § 8 Rn. 36 ff.), der besonders deutlich beim Schutz der Durchführung laufender Gerichtsverfahren zum Ausdruck kommt. Bezogen auf den Schutz von Ermittlungsverfahren steht der Schutz des Gesetzesvollzugs im Vordergrund (Schoch IFG § 3 Rn. 74).

106   Bezogen auf die Rechtspflege soll § 3 Nr. 1 lit. g IFG sicherstellen, dass die Gerichte das laufende Gerichtsverfahren unter Einhaltung der jeweils einschlägigen Prozessordnung und unter Wahrung der verfassungsmäßigen Verfahrensrechte der Parteien führen können (VG Berlin BeckRS 2009, 36737; vgl. zur Parallelregelung des § 7 Abs. 1 Nr. 2 UIG aF, § 8 Abs. 1 Nr. 3 UIG nF auch BVerwGE 110, 17 (24); Voland DVBl. 2011, 1262 (1263f)). Dies beinhaltet das Recht der Prozessbeteiligten – einschließlich der öffentlichen Stellen –, ihre prozessualen Rechte gleichberechtigt wahrnehmen zu können. Es schließt auch die Befugnis der Beteiligten ein, im Rahmen der jeweiligen Verfahrensordnungen darüber verfügen zu können, ob und in welchem Umfang sie Dritten Informationen über Gegenstand und Inhalt des von ihnen geführten Gerichtsverfahrens zugänglich machen (VG Berlin BeckRS 2009, 36737; BeckRS 2010, 56185; Urt. v. 11.6.2008 – VG 2 A 69.07). Mit der Bezugnahme auf die Durchführung eines Verfahrens soll etwa auch dessen technisch-organisatorischer Ablauf gesichert werden, damit die Beteiligten in diesem Rahmen ihre prozessualen und materiellen Rechte ausüben zu können.

106.1   Der Schutz der verfahrens- und nachfolgend der materiell-rechtlichen Position der informationspflichtigen Stelle wird allgemein nicht als von § 3 Nr. 1 lit. g IFG umfasst angesehen. Immerhin kann der Antragsteller die begehrten Informationen ja gerade auch für ein gegen die informationspflichtige Stelle gerichtetes Verfahren benutzen (→ Rn. 29).

3. Schutzgegenstand

107   Der Begriff des Verfahrens ist umfassend (BT-Drs. 15/4493, 10) und denkbar weit zu verstehen (vgl. NK-IFG/Rossi IFG § 3 Rn. 31). Der Wortlaut des § 3 Nr. 1 lit. g IFG selbst enthält drei Fallgruppen, nämlich die Durchführung laufender Gerichtsverfahren, die Gewährleistung eines fairen Verfahrens sowie die Durchführung strafrechtlicher, ordnungswidrigkeitsrechtlicher und disziplinarischer Ermittlungen.

108   Ein Gerichtsverfahren „läuft", wenn das Verfahren anhängig ist; dies beurteilt sich nach dem jeweils anwendbaren Prozessrecht. So wird eine zivilrechtliche Klage mit Zustellung an den Beklagten rechtshängig, §§ 253 Abs. 1, 261 Abs. 1 ZPO, in verwaltungsgerichtlichen Verfahren durch Erhebung der Klage, § 90 VwGO. Erfasst sind Gerichtsverfahren in allen Gerichtszweigen, einschließlich Verfahren vor internationalen Gerichtshöfen wie dem

Schutz von besonderen öffentlichen Belangen § 3 IFG

EuGH (Jastrow/Schlatmann IFG § 3 Rn. 50) oder auch den Schiedsgerichtshöfen. Erst noch bevorstehende Gerichtsverfahren werden vom Ausnahmetatbestand des § 3 Nr. 1 lit. g IFG nicht erfasst (BVerwG NVwZ 2011, 235 Rn. 12; VGH Kassel DVBl 2012, 701 (702)), so dass es nicht weiter darauf ankommt, mit welcher Wahrscheinlichkeit ein bestimmtes Gerichtsverfahren durchgeführt werden wird. Auf die Motive des Antragstellers kommt es beim Anspruch auf Informationszugang nicht an (→ § 1 Rn. 152 ff.); der Schutz durch § 3 Nr. 1 lit. g IFG ist daher auch nicht erweiternd für die Fälle auszulegen, in denen der Antragsteller die Informationen gerade für die Einleitung eines Gerichtsverfahrens benutzen möchte oder sogar benötigt (anders Jastrow/Schlatmann IFG § 3 Rn. 62). Weil der Wortlaut – der den Schutz ausdrücklich auf laufende Verfahren beschränkt – Grenze der Auslegung ist, kommt auch eine analoge Anwendung des § 3 Nr. 1 lit. g IFG nicht in Betracht (s. BVerwG NVwZ 2011, 235 Rn. 12; VGH Kassel DVBl 2012, 701 (702)).

Die Gewährleistung eines fairen Verfahrens ist demgegenüber nicht auf laufende Verfahren beschränkt (Jastrow/Schlatmann IFG § 3 Rn. 56). Durch § 3 Nr. 1 lit. g IFG wird mithin die Fairness auch zukünftiger Verfahren abgesichert. Die Grundsätze bzw. Anforderungen an ein faires Verfahren ergeben sich im Einzelnen aus Art. 6 EMRK; die hierzu gewonnenen Erkenntnisse können auch für den Schutzumfang des § 3 Nr. 1 lit. g IFG herangezogen werden (Schoch IFG § 3 Rn. 86). 109

Auch die Durchführung strafrechtlicher, ordnungswidrigkeitsrechtlicher und disziplinarischer Ermittlungen nach der dritten Fallgruppe des § 3 Nr. 1 lit. g IFG ist nicht auf den Schutz laufender Ermittlungsverfahren beschränkt (ebenso Jastrow/Schlatmann IFG § 3 Rn. 56). Insoweit werden auch zukünftige Verfahren erfasst. Strafrechtliche Ermittlungen werden nach § 160 StPO mit der Aufnahme der staatsanwaltschaftlichen Ermittlungen eröffnet und enden mit der Erhebung der Klage oder mit der Einstellung des Verfahrens (§ 170 Abs. 1 bzw. Abs. 2 StPO). Der Schutz strafrechtlicher Ermittlungen umfasst auch die polizeilichen Ermittlungen (BT-Drs. 15/4493, 10). Dies ist an sich eine Selbstverständlichkeit, sind doch die polizeilichen Ermittlungen, sofern sie im Auftrag oder auf Ersuchen der Staatsanwaltschaft erfolgen, nach § 161 Abs. 1 StPO Teil der staatsanwaltschaftlichen Ermittlungen (vgl. BeckOK StPO/Patzak StPO § 161 Rn. 11). 110

Ordnungswidrigkeitsverfahren werden von der zuständigen Verwaltungsbehörde durchgeführt, § 35 OWiG, und enden mit der Zahlung des festgesetzten Bußgelds (§ 65 OWiG), mit der Hinnahme und ggf. Zahlung einer mit oder ohne Bußgeld verbundenen Verwarnung (§ 56 OWiG) oder mit Eintreten der Rechtskraft der gerichtlichen Entscheidung im anschließenden Gerichtsverfahren. 111

Der Schutz des Disziplinarverfahrens umfasst auch die Ermittlungen hierzu (BT-Drs. 15/4493, 10). Diese werden von Amts wegen (§ 17 BDG) oder auf Antrag (§ 18 BDG) eingeleitet und enden mit Feststellungsverfügung nach § 32 BDG, Disziplinarverfügung nach § 33 BDG oder mit der Erhebung einer Disziplinarklage nach § 34 BDG. 112

Nach nur vereinzelt gebliebener Auffassung müssen vom Anwendungsbereich des IFG erfasste Bundesbehörden – anders als nach der Rspr. zu § 6 S. 1 lit. b IFG NRW, der Gerichtsverfahren gerade nicht erfasst (offen gelassen von OVG Münster NVwZ-RR 2003, 800 (802)) – dem Kläger, der zugleich Antragsteller in einem IFG-Verfahren ist, in einem laufenden Zivilverfahren nicht zur schlüssigen Begründung seiner Klage verhelfen (so Jastrow/Schlatmann IFG § 3 Rn. 62; Schmitz/Jastrow NVwZ 2005, 984 (992)). Dass eine Information für ein zukünftiges Verfahren – etwa für die Geltendmachung eines Amtshaftungsanspruchs – verwendet werden kann, sei zwar kein hinreichender Ablehnungsgrund; anders liege es bei laufenden Verfahren. Als vorrangiger Auskunftsanspruch käme dann allein § 242 BGB als nach § 1 Abs. 3 IFG vorgehende Regelung in Betracht. Nach hier vertretener Auffassung werden die durch § 3 Nr. 1 lit. g IFG zu verhindernden nachteiligen Auswirkungen von der Rspr. zwar tendenziell zu eng ausgelegt und berücksichtigen nicht hinreichend die prozessualen und materiellen Rechte der Beteiligten eines Prozesses; allerdings überzeugt es auch angesichts der Voraussetzungslosigkeit des Anspruchs aus § 1 Abs. 1 S. 1 IFG nicht, in einem laufenden Verfahren § 242 BGB als vorrangigen Zugangsanspruch anzusehen. Ein solcher Anspruch steht im Regelfall auch nur den Prozessparteien zu, ein Anspruch nach dem IFG kann aber auch auf solche Informationen gerichtet sein, die ein anderes laufendes Verfahren betreffen, an dem etwa der Antragsteller nicht beteiligt ist. Auch in solchen Konstellationen kann sich die informationspflichtige Stelle ohne weiteres auf § 3 Nr. 1 lit. g IFG berufen. 112.1

4. Nachteilige Auswirkungen auf Verfahren

113 Nur wenn das Bekanntwerden der Information nachteilige Auswirkungen auf die in § 3 Nr. 1 lit. g IFG genannten Verfahren haben kann, besteht der Anspruch auf Informationszugang nicht. Wie die Auswirkungen beschaffen sein müssen, damit sie bezogen auf das Schutzgut des § 3 Nr. 1 lit. g IFG nachteilig sind, wann also eine Verfahrensbeeinträchtigung möglich ist (vgl. NK-IFG/Rossi IFG § 3 Rn. 31), hängt unmittelbar mit dem Schutzzweck des Ausnahmetatbestands zusammen. Zwischen der Einsicht in die Unterlagen und der vom Gesetz vorgegebenen Gefährdung der Verfahren muss eine Kausalität bestehen (vgl. VGH Kassel DVBl 2012, 701 (704); WM 2012, 1953 (1954)), die Informationen müssen verfahrensrelevant sein (vgl. Voland DVBl 2011, 1262 (1264)). Dabei bereitet die Feststellung nachteiliger Auswirkungen auf die Durchführung laufender Gerichtsverfahren besondere Schwierigkeiten. In einer solchen Konstellation bedarf es konkreter Feststellungen im Einzelfall, dass durch die Freigabe der Informationen der Schutz des Ablaufs des jeweiligen Verfahrens tatsächlich (erheblich) beeinträchtigt wird (so zum nordrhein-westfälischen IFG OVG Münster NVwZ-RR 2003, 800 (802)).

114 Die Rechtspflege wird dann nachteilig betroffen, wenn die Durchführung eines laufenden Gerichtsverfahrens beeinträchtigt wird. Dies muss die informationspflichtige Stelle auf der Basis hinreichend konkreter Anhaltspunkte nachvollziehbar und plausibel darlegen. Nachteilige Auswirkungen auf die Durchführung eines Gerichtsverfahrens in diesem Sinne sind nicht bereits dann gegeben, wenn die Bekanntgabe geeignet ist, die öffentliche Aufmerksamkeit für einen Prozess zu erhöhen und die beteiligten Akteure einem (gesteigerten) öffentlichen Druck auszusetzen (Schoch IFG § 3 Rn. 76, 88; so aber NK-IFG/Rossi IFG § 3 Rn. 31; in diese Richtung auch BVerwG NVwZ 2000, 436 (438) zu § 7 Abs. 1 Nr. 2 UIG aF, § 8 Abs. 1 Nr. 3 UIG nF; dazu → UIG § 8 Rn. 39, 43). Das Öffentlichkeitsinteresse an einem Gerichtsverfahren ist in einem demokratischen Rechtsstaat legitim; in der Tat entspräche es kaum dem Bild einer unabhängigen und selbstbewussten Justiz, wenn sie vor der öffentlichen Auseinandersetzung abgeschirmt werden müsste. Ab welchem Grad das Maß des öffentlichen Drucks nicht mehr hinnehmbar ist und die Durchführung eines Gerichtsverfahrens beeinträchtigen kann, lässt sich nicht allgemein bestimmen; nur in besonderen Ausnahmesituationen dürfte dies der Fall sein und dem Informationszugang entgegenstehen.

115 Nachteilige Auswirkungen sollen auch nicht darin zu sehen sein, dass die informationspflichtige Stelle durch die Zugänglichmachung der Informationen einer gegen sie gerichteten Klage überhaupt erst zum Erfolg verhilft (vgl. OVG Münster NVwZ-RR 2003, 800 (802) zum nordrhein-westfälischen IFG). Dementsprechend kann die informationspflichtige Stelle Informationen, die vom Kläger in einem Amtshaftungsprozess zur Darlegung der Rechtswidrigkeit staatlichen Handelns benötigt, nicht mit dem Argument zurückhalten, dies wirke sich nachteilig zu ihren Lasten aus (VG Berlin BeckRS 2009, 36737; BeckRS 2010, 56185; BeckRS 2010, 55404). Dies ist Konsequenz der Voraussetzungslosigkeit des Anspruchs auf Informationszugang (→ § 1 Rn. 152, 153.1).

116 Weniger problematisch ist die Frage, ob sich das Bekanntwerden der begehrten Information auf den Anspruch einer Person auf ein faires Verfahren oder auf die Durchführung von Ermittlungsverfahren nachteilig auswirkt. Hier steht der Gesetzesvollzug im Vordergrund, wozu nach der Gesetzesbegründung ausdrücklich auch die Ermittlung selbst gehört. Zum Schutz des § 3 Nr. 1 lit. g IFG gehört insoweit auch der Erfolg der Ermittlungen, dh nachteilige Auswirkungen sind dann gegeben, wenn der entscheidungserhebliche Sachverhalt nicht mehr ordnungsgemäß ermittelt werden kann, etwa weil der Betroffene von bevorstehenden Ermittlungsmaßnahmen Kenntnis erlangt und sich hierauf einstellen. Damit wäre zugleich die Kausalität zwischen Einsicht in die Unterlagen und Gefährdung der strafrechtlichen Ermittlungen gegeben, zumal wenn bis dato nur die Staatsanwaltschaft bzw. Kriminalpolizei und andere öffentliche Stellen von den Informationen Kenntnis erlangt haben (s. VGH Kassel WM 2012, 1953 (1954)).

117 Eine mögliche Beeinträchtigung strafrechtlicher Ermittlungstätigkeit ist auf Grundlage einer auf Tatsachen begründeten Prognose darzulegen. Es müssen hierbei Anhaltspunkte die Vermutung rechtfertigen, das Bekanntwerden der konkret verlangten Information habe negative Auswirkungen auf das Verfahren; dabei muss eine Kausalität zwischen einer Einsicht in die Unterlagen und der vom Gesetz vorgegebenen Gefährdung der strafrechtlichen Ermittlungen gegeben sein (VGH Kassel DVBl 2012, 701 (703f)). In der Regel ist hiernach für die Dauer eines strafrechtlichen Ermittlungsverfahrens der Informationszugang ausgeschlossen (VG Frankfurt a. M. Urt. v. 11.11.2008 – 7 E 1675/07). Dies gilt etwa dann, wenn wegen der Gefährdung des Untersuchungszwecks seitens der Staatsanwaltschaft die Einsicht in die Ermittlungsakten an geschädigte Anleger derzeit nicht gewährt wird; daraus ergibt sich, dass eine auf das IFG gestützte Akteneinsicht wegen des Schutzes der staatsanwaltlichen Ermittlungen, die sonst gefährdet würden, ausgeschlossen ist (VG Frankfurt a. M. Beschl. v. 28.7.2009 – 7 L 1553/09.F).

Dass es der informationspflichtigen Stelle im Regelfall, insbes. bei strafrechtlichen Ermittlungsverfahren, nicht aus eigener Kenntnis möglich ist, die für die Prognose nachteiliger Auswirkungen notwendige Tatsachenbasis und die Bedeutung der in Streit stehenden Informationen für das (etwa strafrechtliche) Ermittlungsverfahren darzulegen, ist ohne Bedeutung (so VGH Kassel DVBl 2012, 701 (702)). Maßgeblich ist, dass die informationspflichtige Stelle, ggf. unter Mitwirkung der ermittlungsführenden Stelle, die nachteiligen Auswirkungen darlegt; ist ihr dies nicht möglich, etwa weil die ermittlungsführende Stelle bei der Klärung der Gefährdung des Schutzguts nicht in ausreichendem Maße mitwirkt, geht dies allein zu Lasten der informationspflichtigen Stelle, die den Ausschlussgrund nicht erfolgreich geltend machen kann. Auf ein Verschulden der informationspflichtigen Stelle kommt es nicht an. **117.1**

Nur vereinzelt hat die Rspr. nach diesen Maßstäben angenommen, für den Fall der Herausgabe der in Frage stehenden Informationen seien nachteilige Auswirkungen auf die Durchführung eines laufenden Gerichtsverfahrens gegeben. So hat sich etwa das VG Berlin (BeckRS 2009, 36737 zum Verfahren auf Zahlung von Schadensersatz wg. des Flugzeugunglücks von Überlingen) auf die Beeinträchtigung der Verfahrensposition der informationspflichtigen Stelle in dem zwischen ihr und der Antragstellerin auf Informationszugang vor einem ordentlichen Gericht geführten Rechtsstreit bezogen. So bestehe die konkrete Möglichkeit, dass die Veröffentlichung der Informationen aus einem zwischen der informationspflichtigen Stelle und Dritten (Parteien in einem Parallelverfahren) die Verhandlungsspielräume der informationspflichtigen Stelle in dem mit der Antragstellerin auf Informationszugang geführten Prozess beschränken kann. Die Beklagte unterläge unweigerlich einem Rechtfertigungsdruck, sofern sie eine von dem Vergleich abweichende Verhandlungsposition einnehme. Dies wiederum könnte die Fähigkeit der Beklagten einschränken, „frei darüber entscheiden zu können, ob und in welchem Umfang sie die von der Klägerin verfolgten Ansprüche – etwa im Rahmen einer vergleichsweisen Beendigung des Rechtsstreits – anerkennt." **117.2**

Aus dem Urteil des VG Berlin folgt, dass die „Durchführung" eines Gerichtsverfahrens nicht nur deren technisch-organisatorische Seite umfasst, sondern durchaus auch materielle Rechtspositionen der Parteien geschützt werden. Hiermit ist zugleich der Konflikt umschrieben, wonach die Voraussetzungslosigkeit des Anspruchs auf Informationszugang und die (zu) enge Auslegung des Schutzes prozessualer und materieller Rechte dazu führt, dass sich eine informationspflichtige Stelle in einem Gerichtsverfahren möglicherweise nur noch eingeschränkt verteidigen kann. Die im Einzelfall hieraus folgende „Schieflage" der Beweisführung sei indes gewollt und hinzunehmen, zumal der prozessuale Grundsatz der Waffengleichheit durch außerhalb des Prozessrechts bestehende materielle Ansprüche (nach dem IFG) nicht in Frage gestellt werde (so OVG Münster NVwZ-RR 2003, 800 (802); in diese Richtung auch VG Berlin BeckRS 2010, 56185; ebenso Lüttgau AnwBl 2010, 462; vgl. auch Wendt AnwBl 2005, 702 (703)). Dementsprechend komme es auch nicht darauf an, dass auf Grundlage des IFG Informationen erlangt werden können, die etwa anhand zivilprozessualer Beweisregeln nicht zugänglich sind (dezidiert OVG Münster NVwZ-RR 2003, 800 (802f.); ebenso VG Berlin BeckRS 2010, 56185). Weil sich die Begründung des Gesetzentwurfs zu dieser Problematik indes nicht verhält, kann kaum die Rede davon sein, der Gesetzgeber habe es gewollt, dass in der Konsequenz erst die informationspflichtige Stelle selbst durch die Zugänglichmachung von Informationen einer gegen sie gerichteten Klage zum Erfolg verhilft. Auch der Hinweis, nachteilige Beeinträchtigungen der Rechtspflege könnten von vornherein nicht gegeben sein, wenn zusätzliche Informationen dazu führen, dass ein Zivilgericht ein materiell richtiges Urteil fällen kann bzw. die Entscheidungsfindung auf breiterer Basis stellen kann (so VG Berlin BeckRS 2010, 56185), berücksichtigt die Vorschriften der ZPO über die Darlegungs- und Beweislast unzureichend. Der Ausnahmetatbestand des § 3 Nr. 1 lit. g IFG ist daher so auszulegen, dass er die gleichberechtigte Wahrnehmung der prozessualen Rechte der Beteiligten und damit auch der informationspflichtigen Stelle sicherstellt. Zweck des § 3 Nr. 1 lit. g IFG ist der Schutz der verfahrens- und damit auch der materiell-rechtlichen Positionen der Beteiligten und damit auch der informationspflichtigen Stelle (kritisch BVerwG NVwZ 2011, 235 Rn. 12; VG Berlin BeckRS 2010, 56185; ablehnend auch **117.3**

Schoch VBlBW 2010, 333 (337 f.)). Damit wird auch ein Widerspruch gegen die Prozessordnungen ausgeschlossen; solange diese etwa eine Herausgabe von Informationen nicht anordnen, kann die Herausgabe nach § 3 Nr. 1 lit. g IFG verweigert werden, weil nur mit einem Gleichlauf von Prozessordnungen und Ansprüchen auf Informationszugang nach dem IFG eine autonome Entscheidung über die Weitergabe von Informationen möglich ist.

D. Gefährdung der öffentlichen Sicherheit (Nr. 2)

118 Nach § 3 Nr. 2 IFG besteht der Anspruch auf Informationszugang nicht, wenn das Bekanntwerden der Information die öffentliche Sicherheit gefährden kann. Dieser polizeirechtliche bzw. gefahrenabwehrrechtliche Ausnahmetatbestand (Jastrow/Schlatmann IFG § 3 Rn. 63: „klassische ordnungsrechtliche Gefahrenabwehr") stellt – wie § 3 Nr. 1 IFG – auf das Bekanntwerden der Information ab, setzt aber nicht (bloß) die Möglichkeit nachteiliger Auswirkungen auf das Schutzgut voraus, sondern die Möglichkeit der Gefährdung. Wegen ihrer Ähnlichkeit können die Schutzgüter des § 3 Nr. 1 lit. c IFG einerseits (→ Rn. 61 ff.) und des § 3 Nr. 2 IFG andererseits nur unter Berücksichtigung der jeweils anderen Regelung bestimmt werden (OVG Berlin-Brandenburg NVwZ 2012, 1196 (1199)).

118.1 Aufgrund der Überschneidung von § 3 Nr. 1 lit. c IFG und § 3 Nr. 2 IFG wird in der Evaluation des IFG (→ Rn. 9.2) empfohlen, die Schutzgüter der äußeren und der öffentlichen (wohl inneren) Sicherheit in einen Ausnahmetatbestand zusammenzufassen (→ Rn. 207.3).

I. Schutzgut öffentliche Sicherheit

119 Das Schutzgut des § 3 Nr. 2 IFG wird – wie aus dem Polizei- und Gefahrenabwehrrecht bekannt – denkbar weit verstanden. Auch nach der Gesetzesbegründung (BT-Drs. 15/4493, 10; dazu Frowein, FS Starck, 2007, 219 (221)) bedeutet öffentliche Sicherheit demnach zunächst die Unversehrtheit der Rechtsordnung und der grundlegenden Einrichtungen und Veranstaltungen des Staates. Daneben umfasst die öffentliche Sicherheit auch die Unversehrtheit von Gesundheit, Ehre, Freiheit, Eigentum und sonstiger Rechtsgüter der Bürger, dh auch den Schutz von Individualrechtsgütern, der zum Schutz des Wohls des Bundes oder eines deutschen Landes hinzukommt (vgl. NK-IFG/Rossi IFG § 3 Rn. 34; VG Köln Urt. v. 4.7.2013 – 13 K 7107/11).

120 Anders als in einigen Polizei- bzw. Gefahrenabwehrgesetzen ist der Schutz der öffentlichen Ordnung, also der Regeln, deren Befolgung nach den jeweils herrschenden sozialen und ethischen Anschauungen als unentbehrliche Voraussetzung eines geordneten staatsbürgerlichen Zusammenlebens angesehen werden, nicht umfasst (Fluck/Fischer/Fetzer/Scherzberg/Solka IFG § 3 Rn. 118). Sie kann wegen der notwendigen strikten Unterscheidung von der öffentlichen Sicherheit auch nicht im Wege der Gesetzesauslegung § 3 Nr. 2 IFG zugeordnet werden (Schoch IFG § 3 Rn. 104; anders Jastrow/Schlatmann IFG § 3 Rn. 65).

121 Durch den erfassten Schutz von grundlegenden Einrichtungen des Staates werden auch sensible verwaltungsinterne Abläufe und Strukturen geschützt. Die Gesetzesbegründung spricht missverständlich davon, im Bereich des Gefahrenabwehrrechts des Bundes könne auch ein berechtigtes Interesse am Schutz hieran bestehen (BT-Drs. 15/4493, 10); im Wortlaut des Gesetzes spiegelt sich jedenfalls nicht wider, dass diese Gesichtspunkte nicht bereits vom Schutzgut der öffentlichen Sicherheit umfasst würden.

121.1 Insoweit können vom Schutz der Einrichtungen des Staates bspw. auch Anzahl, Art und Einsatz von Führungs- und Einsatzmitteln, Ausstattungs- und Einsatzkonzepte der Polizeien des Bundes, Vorbereitung von Planungsentscheidungen für Alarmierungsfälle, Geisellagen und Fahndungslagen (BT-Drs. 15/4493, 10) erfasst sein (vgl. Jastrow/Schlatmann IFG § 3 Rn. 67). Auch die Zugänglichmachung zu dienstlichen Telefonnummern, etwa von Mitarbeitern eines Jobcenters, kann im Einzelfall unter Berufung auf § 3 Nr. 2 IFG verweigert werden (VG Leipzig BeckRS 2013, 45900).

121.2 Kritik hat vor allem die „nahezu grenzenlose Weite des Schutzumfangs" (vgl. Schoch IFG § 3 Rn. 105) hervorgerufen, die sich aus der Einbeziehung der gesamten Rechtsordnung ergibt. Indes kann auch das Bekanntwerden von Rechtsbrüchen als eine Gefährdung der öffentlichen Sicherheit angesehen werden (so zutreffend Schoch IFG § 3 Rn. 106; kritisch Frowein, FS Starck, 2007, 219 (221): „problematisch"). Im Ergebnis zu weit dürfte daher auch die Rspr. gehen, wonach die öffentliche Sicherheit konkret gefährdet wird, wenn die Liste jugendgefährdender Medien zugänglich gemacht wird, die nichtöffentlich zu führen ist (so VG Köln Urt. v. 4.7.2013 – 13 K 7107/11); hier hätte der Schutzgrund des § 3 Nr. 4 IFG näher gelegen. – Der Gesetzgeber hat sich mit der Normierung des § 3 Nr. 2 IFG bewusst der gefahrenabwehrrechtlichen Terminologie bedient, so dass eine Beschränkung des Schutztatbestands auf bedeutende Rechtsgüter durch eine einschränkende Auslegung des Schutzguts nicht in Frage kommt. Den Bedenken an der Weite des Schutzumfangs kann durch die Anforderungen an die Darlegung der Möglichkeit einer Gefährdung begegnet werden (→ Rn. 124 f.).

Aufgrund der Weite des Schutzguts des § 3 Nr. 2 IFG sind nach der Rspr. an die Bestimmung der durch § 3 Nr. 1 lit. c IFG geschützten Rechtsgüter allerdings strengere Anforderungen zu stellen, zumal andernfalls § 3 Nr. 2 IFG jeglicher Anwendungsbereich genommen würde (OVG Berlin-Brandenburg NVwZ 2012, 1196 (1199)); durch § 3 Nr. 1 lit. c IFG werden daher nur „erhebliche" Belange der Bundesrepublik Deutschland geschützt (→ Rn. 62).   **121.3**

II. Möglichkeit der Gefährdung des Schutzguts

Der Informationszugang besteht nach § 3 Nr. 2 IFG nur dann nicht, wenn das Bekanntwerden der Information die öffentliche Sicherheit „gefährden kann". Der Ausnahmetatbestand verlangt also eine Gefährdung der öffentlichen Sicherheit und schließt damit an die polizeirechtliche Regelungstechnik an, die grds. auch der vollen gerichtlichen Überprüfung unterliegt (OVG Berlin-Brandenburg NVwZ 2012, 1196 (1199); vgl. NK-IFG/Rossi IFG § 3 Rn. 33, 35).   **122**

Im Anschluss an die polizei- bzw. gefahrenabwehrrechtliche Regelungstechnik reicht nicht irgendeine abstrakte Gefahr für das Schutzgut aus. Wegen der notwendigen Beurteilung der Umstände des Einzelfalls muss für die öffentliche Sicherheit eine konkrete Gefahr vorliegen (vgl. Jastrow/Schlatmann IFG § 3 Rn. 66). Wie im Polizei- bzw. Gefahrenabwehrrecht ist eine solche konkrete Gefahr eine Sachlage, in der bei ungehindertem Ablauf des objektiv zu erwartenden Geschehens in absehbarer Zeit mit hinreichender Wahrscheinlichkeit ein Schaden für das Schutzgut eintreten wird (vgl. BVerwGE 116, 347 (351); NK-IFG/Rossi IFG § 3 Rn. 35; Fluck/Fischer/Fetzer/Scherzberg/Solka IFG § 3 Rn. 119).   **123**

Den allgemeinen Grundsätzen folgend (→ Rn. 41 ff.), muss die informationspflichtige Stelle die hinreichende Wahrscheinlichkeit des Eintritts eines Schadens für die öffentliche Sicherheit darlegen, wenn die begehrte Information bekannt wird. Hierzu ist auf die Grundsätze des allgemeinen Polizei- und Ordnungsrechts mit ihren spezifischen Vorgaben für die Prognose des Schadenseintritts zurückzugreifen: Sie ist kein reiner Erkenntnisakt, sondern enthält mitunter auch wertende Abwägungen. Absolute Gewissheit über den Schadenseintritt ist nicht erforderlich, umgekehrt reicht aber die bloß entfernte Möglichkeit für die Annahme einer Gefahr nicht aus. Die hinreichende Wahrscheinlichkeit liegt letztlich zwischen den Extremen (vgl. Schoch IFG § 3 Rn. 108; NK-IFG/Rossi IFG § 3 Rn. 35).   **124**

Der Kritik an der nahezu uferlosen Weite des Schutzguts der öffentlichen Sicherheit (vgl. etwa Frowein, FS Starck, 2007, 219 (221)) ist vor allem dadurch zu begegnen, dass die Anforderungen an die Wahrscheinlichkeit des Schadenseintritts von der Größe des Schadens bzw. von der Bedeutung des konkret in Rede stehenden Rechtsguts abhängen. Nach polizei- bzw. gefahrenabwehrrechtlichen Grundsätzen sind die Anforderungen an die Wahrscheinlichkeit des Schadenseintritts umso geringer, je gewichtiger und hochwertiger das gefährdete Schutzgut ist (s. nur Schoch IFG § 3 Rn. 108).   **125**

Umgekehrt sind die Anforderungen an die Wahrscheinlichkeit des Schadenseintritts (und damit an die Darlegung durch die informationspflichtige Stelle) umso höher, je weniger gewichtig und weniger bedeutsam das gefährdete Schutzgut ist. Auf dieser Ebene kann der Befürchtung begegnet werden, mit dem Schutz der öffentlichen Sicherheit über § 3 Nr. 2 IFG könnte die Informationszugangsfreiheit ausgehebelt werden, weil jede amtliche Information, die zugänglich gemacht würde, zu einem Gesetzesverstoß missbraucht werden könnte (so etwa NK-IFG/Rossi IFG § 3 Rn. 37).   **125.1**

Den polizei- bzw. gefahrenabwehrrechtlichen Grundsätzen zur hinreichenden Wahrscheinlichkeit folgend, sind an die Darlegung einer Gefährdung sensibler verwaltungsinterner Abläufe und Strukturen keine besonders hohen Anforderungen zu stellen. Dies umfasst nach der Gesetzesbegründung etwa Anzahl, Art und Einsatz von Führungs- und Einsatzmitteln, Ausstattungs- und Einsatzkonzepte der Polizeien des Bundes, Vorbereitung von Planungsentscheidungen für Alarmierungs-   **125.2** fälle, Geisellagen und Fahndungslagen (BT-Drs. 15/4493, 10). Dies dürfte beispielsweise auch für polizeiliche Einsätze der Bundespolizei und deren Vorbereitung, Informationen aus Datenbanken des BKA oder dessen Zeugenschutzprogramme wie auch Pläne der obersten Bundesbehörden zur Reaktion in Krisensituationen (Beispiele aus Jastrow/Schlatmann IFG § 3 Rn. 67) gelten. Die Zugänglichmachung zu dienstlichen Telefonnummern von Behördenmitarbeitern wird unter Berufung auf § 3 Nr. 2 IFG nur dann verweigert werden können, wenn konkrete Anhaltspunkte für eine Gefährdung der Mitarbeiter besteht; Gesichtspunkte der Funktionsfähigkeit der Behörde spielen in diesem Zusammenhang keine Rolle (so aber wohl VG Leipzig BeckRS 2013, 45900). Die Verletzung schutzwürdiger privater Interessen kann im Einzelfall ein solches Ausmaß erreichen, dass die öffentliche Sicherheit gefährdet ist; dies dürfte auch in Bezug auf amts- und funktionsbezogene Informationen dann anzunehmen sein, wenn deren Zugänglichmachung existenzbedrohende oder -vernichtende Folgen haben kann (s. OVG Münster BeckRS 2013, 53201 zum Landespresserecht; vgl. auch BVerwGE 121, 115 (125 f.) aus der Perspektive des Rechts auf informationelle Selbstbestimmung).

E. Beeinträchtigung der Vertraulichkeit von Verhandlungen und Beratungen (Nr. 3)

126 Nach § 3 Nr. 3 IFG besteht der Anspruch auf Informationszugang nicht, wenn und solange die notwendige Vertraulichkeit internationaler Verhandlungen (lit. a) oder die Beratungen von Behörden (lit. b) beeinträchtigt werden. Ziel dieser Vorschrift ist es, den Prozess der Entscheidungsfindung zu schützen(NK-IFG/Rossi IFG § 3 Rn. 39). Sie stellt, anders als der Ausnahmetatbestand des § 3 Nr. 1 IFG und auch die parallele Regelung des § 8 Abs. 1 S. 1 Nr. 2 UIG zum Schutz der Vertraulichkeit der Beratungen von informationspflichtigen Stellen (→ UIG § 8 Rn. 30 ff.), nicht auf nachteilige Auswirkungen des Bekanntwerdens der Information ab.

127 Zu Recht wird „die legistische Ausgestaltung" des § 3 Nr. 3 IFG als „nicht in jeder Hinsicht gelungen" kritisiert (so Schoch IFG § 3 Rn. 113; OVG Münster ZUR 2012, 113: „sprachlich missglückt"). Nach der Gesetzesbegründung (BT-Drs. 15/4493, 10) bezieht sich der Ausnahmetatbestand auf innerbehördliche Vertraulichkeit, und zwar sowohl im internationalen als auch rein innerstaatlichen Rahmen. Es geht hiernach sowohl bei internationalen Verhandlungen als auch bei Beratungen von Behörden um eine Beeinträchtigung dieser Vertraulichkeit. Der Wortlaut spiegelt diese Zielsetzung nicht wider. Die insoweit unpräzise Gesetzesfassung ist daher so zu lesen, dass der Passus „notwendige Vertraulichkeit" vor lit. a und der Passus „beeinträchtigt werden" nach lit. b stehen (so im Ergebnis BVerwG NVwZ 2011, 1072 Rn. 5; ebenso Jastrow/Schlatmann IFG § 3 Rn. 74).

127.1 Eine Parallele zum Schutz der Vertraulichkeit von Verhandlungen und Beratungen findet sich in § 8 Abs. 1 S. 1 Nr. 2 UIG. Danach ist der Antrag auf Informationszugang abzulehnen, soweit das Bekanntgeben der Informationen nachteilige Auswirkungen hätte auf die Vertraulichkeit der Beratungen von informationspflichtigen Stellen, es sei denn, das öffentliche Interesse an der Bekanntgabe überwiegt (→ UIG § 8 Rn. 4 ff.). Die Rspr. zu § 8 Abs. 1 S. 1 Nr. 2 UIG bzw. der Vorgängervorschrift des § 7 Abs. 1 Nr. 1 UIG aF kann zur Auslegung des § 3 Nr. 3 IFG wegen der im Wesentlichen identischen Schutzgüter dem Grunde nach herangezogen werden. Dies gilt etwa auch für das jüngste Urteil des BVerwG im Verfahren Flachglas Torgau (NVwZ 2012, 1619; → UIG § 8 Rn. 32).

127.2 Aufgrund der nicht gelungenen „legistischen Ausgestaltung" des § 3 Nr. 3 IFG (→ Rn. 127) wird in der Evaluation zum IFG auch empfohlen, in § 3 Nr. 3 lit. b IFG klarzustellen, dass nur die notwendige Vertraulichkeit der Beratungen von Behörden geschützt ist (→ Rn. 207.5). Sachgerecht würde dies durch die skizzierte Formulierung (→ Rn. 127) erfolgen mit dem Ergebnis, dass die „notwendige Vertraulichkeit" beide Tatbestände betrifft.

I. Schutzgut Vertraulichkeit internationaler Verhandlungen

128 Nach der Gesetzesbegründung ist Schutzgut des § 3 Nr. 3 lit. a IFG die innerbehördliche Vertraulichkeit im internationalen Rahmen. Damit soll die internationale Verhandlungsfähigkeit der Bundesregierung, dh die Fähigkeit der Bundesregierung, deutsche Interessen im Rahmen europäischer und internationaler Verhandlungen so wirksam wie möglich zu ver-

Schutz von besonderen öffentlichen Belangen § 3 IFG

treten und auch flexibel auf unvorhersehbare Verhandlungsabläufe zu reagieren, sichergestellt werden (BT-Drs. 15/4493, 10). Dies setzt nach der Gesetzesbegründung mitunter voraus, mehrere Verhandlungslinien aufzubauen und Rückfallpositionen zu erarbeiten; die Verhandlungsposition der Bundesregierung würde aber geschwächt werden, wenn diesbezügliche Informationen im Vorfeld bekannt würden.

Dies spiegelt sich im Wortlaut des § 3 Nr. 3 lit. a IFG indes nicht wider, wonach der Anspruch auf Informationszugang nicht besteht, wenn und solange die notwendige Vertraulichkeit internationaler Verhandlungen beeinträchtigt wird. Nicht die innerbehördliche Vertraulichkeit steht hiernach in Rede, sondern die Vertraulichkeit internationaler Verhandlungen; dies schließt freilich auch die Verhandlungsposition der Bundesregierung als einer der Verhandlungspartner und damit auch die innerbehördliche Vertraulichkeit mit ein. **129**

Der Begriff der internationalen Verhandlungen umfasst jeden schriftlichen, mündlichen, elektronischen oder sonstigen Gedankenaustausch mit anderen Stellen (Schoch IFG § 3 Rn. 118); im Regelfall werden dies ausländische oder supranationale Stellen, insbes. Stellen der Europäischen Union sein, zwingend ist dies aber nicht. So kann die innerbehördliche Vertraulichkeit auch im Verhältnis von Bundesorganen zueinander betroffen sein, sofern ein hinreichender sachlicher Bezug zu internationalen Verhandlungen gegeben ist. **130**

Notwendig vertraulich sind Verhandlungen dann, wenn ihr Inhalt und ihr Gegenstand nach der Verkehrsanschauung nicht nach außen dringen sollen und die Offenlegung zu benennende nachteilige Auswirkungen hätte (Jastrow/Schlatmann IFG § 3 Rn. 77; Schoch IFG § 3 Rn. 120). Es stellt sich dabei die Frage, ob die Möglichkeit eines freien Gedankenaustauschs geschaffen und die Entscheidungsfindung in den internationalen Verhandlungen erleichtert werden soll (OVG Schleswig NordÖR 2005, 208 (210) zum parallelen Ausnahmetatbestand des Landesrechts zum Schutz der Beziehungen zu einem anderen Bundesland). Nur ein Indiz für die Notwendigkeit der Vertraulichkeit ist die Einstufung von Verhandlungen als vertraulich. Auch eine entsprechende Organisation der Verhandlungen kann lediglich Indizwirkung haben (Schoch IFG § 3 Rn. 120); der bloße behördliche Wille genügt nicht (Jastrow/Schlatmann IFG § 3 Rn. 77). **131**

Beispiele für vertrauliche internationale Verhandlungen im Sinne des § 3 Nr. 3 lit. a IFG sind etwa laufende Beratungen in Brüsseler Ratsarbeitsgruppen, bilaterale Verhandlungen mit ausländischen Staaten und multilaterale Gespräche im Rahmen internationaler Organisationen, etwa dem Europarat und den Vereinten Nationen (Beispiele bei Jastrow/Schlatmann IFG § 3 Rn. 78). **131.1**

Inwieweit § 3 Nr. 3 lit. a IFG bzw. § 3 Nr. 1 lit. a IFG in Bezug auf den anderen Ausnahmetatbestand jeweils einen eigenständigen Anwendungsbereich haben, ist bisher nicht geklärt. Der Ausnahmetatbestand des § 3 Nr. 3 lit. a IFG lässt den Anspruch auf Informationszugang (erst) bei einer Beeinträchtigung der innerbehördlichen Vertraulichkeit internationaler Verhandlungen entfallen und ist damit enger als § 3 Nr. 1 lit. a IFG, wonach der Anspruch bereits bei nachteiligen Auswirkungen auf die internationalen Beziehungen ausscheidet. Nach der insoweit wenig aussagekräftigen Gesetzesbegründung schützt § 3 Nr. 3 lit. a IFG „ergänzend" zu § 3 Nr. 1 lit. a IFG Informationen im Rahmen europäischer und internationaler Verhandlungen (BT-Drs. 15/4493, 10). Der Gesetzgeber geht aber offenkundig davon aus, dass der Begriff der internationalen Verhandlungen in § 3 Nr. 3 lit. a IFG weiter zu verstehen ist als bei § 3 Nr. 1 lit. a IFG. So sollen Beratungen deutscher Behörden mit Stellen der Europäischen Union und die einem Gerichtsverfahren vorgeschalteten Beschwerde- und Vertragsverletzungsverfahren nach Gemeinschaftsrecht dem § 3 Nr. 3 lit. a IFG unterfallen (BT-Drs. 15/4493, 10; Schmitz/Jastrow NVwZ 2005, 984 (992)) und damit wohl nicht § 3 Nr. 1 lit. a IFG (so aber tho Pesch EuZW 2012, 51 (52)). **131.2**

Dies gilt vor allem für das Wettbewerbs- und Kartellrecht auf der Ebene der Europäischen Union, für das nach der Gesetzesbegründung (BT-Drs. 15/4493, 10) § 3 Nr. 3 lit. a IFG eine besondere Bedeutung hat. Mit der VO (EG) Nr. 1/2003, der sog. Europäischen Kartellverordnung, sei ein Netzwerk der europäischen Wettbewerbs- und Kartellbehörden geschaffen worden, in dem die Behörden ständig vertrauliche Informationen austauschen und ihre wettbewerbsrechtlichen Maßnahmen koordinieren. Bei einem Informationszugang wäre die Vertraulichkeit der Beratungen innerhalb dieses Netzwerks nicht mehr gewährleistet, was zudem gegen die EG-Verordnung verstieße. **131.3**

Nach der Evaluation zum IFG (→ Rn. 9.2) hingegen sollte § 3 Nr. 3 lit. a IFG gestrichen werden. Die hierdurch geschützte notwendige Vertraulichkeit internationaler Verhandlungen werde bereits vom Schutz der internationalen Beziehungen nach § 3 Nr. 1 lit. a IFG umfasst und sei daher entbehrlich (→ Rn. 207.4). **131.4**

II. Schutzgut Vertraulichkeit der Beratungen von Behörden

132 Nach § 3 Nr. 3 lit. b IFG besteht der Anspruch auf Informationszugang nicht, wenn und solange die Beratungen von Behörden beeinträchtigt werden. Infolge des Schutzzwecks der Vorschrift ist die dem Wortlaut nach allein in § 3 Nr. 3 lit. a IFG erwähnte „notwendige Vertraulichkeit" allerdings auch auf die behördlichen Beratungen zu beziehen (BVerwG NVwZ 2012, 251 Rn. 31); auch nach der Gesetzesbegründung ist (nur) eine Beeinträchtigung der notwendigen Vertraulichkeit der Beratungen von Behörden geschützt (BT-Drs. 15/4493, 10).

133 Es geht um den Schutz eines unbefangenen und freien Meinungsaustauschs innerhalb von Behörden und zwischen verschiedenen Behörden, um eine effektive, funktionsfähige und neutrale Entscheidungsfindung zu gewährleisten (vgl. VG Berlin BeckRS 2011, 52820). Durch § 3 Nr. 3 lit. b IFG werden mithin innerstaatliche Abläufe erfasst, auch wenn sie keine Auswirkungen auf internationale Verhandlungen haben. Nach der Gesetzesbegründung sind Beratungen von Behörden auf zwischen- und innerbehördlicher Ebene, zwischen Exekutive und Legislative und zwischen Behörden und sonstigen Einrichtungen wie etwa Forschungseinrichtungen denkbar. Dabei werden auch Beratungen mit Gewerkschaften und sonstigen Vereinigungen wie der Tarifgemeinschaft deutscher Länder und auch Informationen, die der Aufsicht von Behörden gegenüber nachgeordneten Behörden dienen, von § 3 Nr. 3 lit. b IFG geschützt (BT-Drs. 15/4493, 10 f.).

134 Der Begriff des Schutzobjekts der Beratungen, deren Vertraulichkeit aus tragfähigen Gründen notwendig sein muss (OVG Münster ZUR 2012, 113 mwN), ist in der Rspr. noch nicht abschließend geklärt. Dies gilt insbes. für die Frage, ob die zu § 8 Abs. 2 S. 1 Nr. 2 UIG entwickelte, nicht immer klare und eindeutige (so Schoch IFG § 3 Rn. 124) Differenzierung (vgl. BVerwG NVwZ 2012, 1619 Rn. 26; → Rn. 134.3) zwischen der Beratungsgrundlage bzw. dem Beratungsgegenstand, dem Beratungsergebnis und dem Beratungsverfahren auf § 3 Nr. 3 lit. b IFG zu übertragen ist (vgl. NK-IFG/Rossi IFG § 3 Rn. 44 f.). Angesichts der Zielsetzung, eine ungestörte Entscheidungsfindung zu gewährleisten und hierfür die notwendige Vertraulichkeit zu schützen, wird jedenfalls das Beratungsverfahren erfasst. Informationen werden insoweit geschützt, weil sie den eigentlichen Vorgang der behördlichen Entscheidungsfindung, dh die Besprechung, Beratschlagung und Abwägung abbilden, jedenfalls aber gesicherte Rückschlüsse auf die Meinungsbildung zulassen (vgl. OVG Münster ZUR 2012, 113; VG Berlin BeckRS 2011, 52820; Rossi DÖV 2013, 205 (211)). Nach der Rspr. sollen Tatsachengrundlagen und die Grundlage der Willensbildung ebenso wie das Beratungsergebnis hingegen nicht von § 3 Nr. 3 lit. b IFG geschützt sein, weil hieraus keine Rückschlüsse auf den Gang der Meinungsbildung gezogen werden können (vgl. VG Berlin BeckRS 2011, 52820; BeckRS 2011, 54861; BeckRS 2010, 56185; OVG Münster ZUR 2012, 113). Dementsprechend soll etwa auch ein Anwaltsgutachten, das von der informationspflichtigen Stelle zu ihren arbeitsrechtlichen Möglichkeiten gegenüber einem Mitarbeiter eingeholt worden ist, als Beratungsgrundlage nicht § 3 Nr. 3 lit. b IFG unterfallen (VG Köln BeckRS 2013, 45397). Das BVerwG hat bisher offengelassen, was vom Begriff der Beratungen geschützt wird (BVerwG NVwZ 2012, 251 Rn. 32).

134.1 Beispiele für vertrauliche Beratungen von Behörden iSv § 3 Nr. 3 lit. b IFG sind etwa interne Abstimmungen zwischen Ressorts im Vorfeld eines Gesetzentwurfs bis hin zum Kabinettsbeschluss, Ressortforschung zur Vorbereitung einer Regierungsentscheidung, Kulturförderung, Tarifverhandlungen über die Arbeitsbedingungen der Arbeitnehmer des Bundes, Fertigung eines Schriftsatzes durch ein Ministerium für den EuGH (Beispiele bei Jastrow/Schlatmann IFG § 3 Rn. 78).

134.2 Dem Ausnahmetatbestand des § 3 Nr. 3 lit. b IFG kommt auch gegenüber dem Schutz des behördlichen Entscheidungsprozesses nach § 4 IFG eine eigenständige Bedeutung zu (so auch Schoch IFG § 3 Rn. 130), auch wenn sich die Ausschlussgründe teilw. decken (vgl. OVG Berlin-Brandenburg Beschl. v. 28.5.2013 – OVG 12 S 23.13). Der Ausnahmetatbestand des § 4 IFG schützt nur „laufende" und konkrete Entscheidungsprozesse (→ § 4 Rn. 22, 39), wohingegen § 3 Nr. 3 lit. b IFG auch nach Abschluss eines Verfahrens anwendbar ist (→ Rn. 138 f.) und ganz allgemein die Vertraulichkeit von Beratungen und nicht lediglich ein konkretes (Verwaltungs-)Verfahren schützt. Nach dem Verständnis der Rspr. besteht neben § 3 Nr. 3 lit. b IFG kein Bedürfnis für einen gesonderten Schutz des Kernbereichs exekutiver Eigenverantwortung, allenfalls bei Schutzlücken sei auf letzten Ausnahmetatbestand zurückzugreifen (so BVerwGE 141, 122 Rn. 29ff; BVerwG NVwZ

2012, 251 Rn. 34 f.). Nach hier vertretener Auffassung wird der Kernbereich exekutiver Eigenverantwortung aber durch einen eigenständigen (freilich ungeschriebenen), verfassungsunmittelbaren Ausnahmetatbestand geschützt, der neben § 3 Nr. 3 lit. b IFG anwendbar ist (→ Rn. 17.1). In jedem Fall wird die Willensbildung innerhalb der Regierung von § 3 Nr. 3 lit. b IFG erfasst (vgl. NK-IFG/Rossi IFG § 3 Rn. 46; unklar allerdings das Verhältnis von § 3 Nr. 3 lit. b IFG zum Kernbereich exekutiver Eigenverantwortung).

Die Flachglas Torgau-Entscheidung des BVerwG (NVwZ 2012, 1619; → UIG § 8 Rn. 30 ff., 32) hat in Bezug auf den parallelen Ausnahmetatbestand des § 8 Abs. 1 S. 1 Nr. 2 UIG geklärt, mit den Vorgaben der Umweltinformationsrichtlinie könne es vereinbar sein, dass eine Regelung den Schutz der Vertraulichkeit selbst vorsieht und nicht auf eine anderweitig bestehende gesetzliche Vorschrift verweist. Die Streitfrage hat sich an der Vorgabe der Umweltinformationsrichtlinie entzündet, wonach die Mitgliedstaaten vorsehen können, dass ein Antrag auf Zugang zu Umweltinformationen abgelehnt wird, wenn die Bekanntgabe negative Auswirkungen auf die Vertraulichkeit von Beratungen von Behörden hätte, sofern eine derartige Vertraulichkeit gesetzlich vorgesehen ist (Art. 4 Abs. 2 S. 1 lit. a der Umweltinformationsrichtlinie). Das BVerwG hat in § 8 Abs. 1 S. 1 Nr. 2 UIG eine solche gesetzlich vorgesehene Vertraulichkeit erblickt: die Bestimmung regele nicht nur einen Ablehnungsgrund, sondern zugleich, dass Beratungen vertraulich sind, soweit sich dies nicht bereits aus anderen Bestimmungen ergibt. Das Gericht stellte fest, der Begriff der Beratungen sei im Sinne der unionsrechtlichen Vorgaben klar bestimmt, wobei sich der Rechtsbegriff an Sinn und Zweck der Norm auszurichten habe und, wie das Gericht betont, sich nur auf den Beratungsvorgang, nicht aber auf das Beratungsergebnis oder den Beratungsgegenstand bezieht. Einer Einschränkung auf im förmlichen Verwaltungsverfahren ausdrücklich erwähnte Beratungen besonderer Gremien bedürfe es nicht (NVwZ 2012, 1619 Rn. 23 ff.; zum Urteil des EuGH im Vorabentscheidungsverfahren (EuZW 2012, 459) vgl. etwa Hellriegel EuZW 2012, 456; s. auch Ruttloff NVwZ 2013, 701 mit dem Hinweis, nach Abschluss des Gesetzgebungsverfahrens sei der Anspruch auf Informationszugang nicht ausgeschlossen, weil keine legislativ-gestaltenden, sondern verwaltende Funktionen wahrgenommen würden). **134.3**

III. Beeinträchtigung der Vertraulichkeit von Verhandlungen und Beratungen

Der Anspruch auf Informationszugang besteht nach § 3 Nr. 3 IFG nicht, „wenn und solange" die notwendige Vertraulichkeit internationaler Verhandlungen bzw. der Beratungen von Behörden beeinträchtigt wird. Eine inhaltliche Grenze des Schutzgrunds lässt sich dem nicht entnehmen (so aber NK-IFG/Rossi IFG § 3 Rn. 40). Anders als die parallele Regelung des § 8 Abs. 1 S. 1 Nr. 2 UIG bezieht sich § 3 Nr. 3 IFG nicht darauf, „soweit" eine Beeinträchtigung des Schutzguts gegeben ist, sondern konditional auf das Vorliegen einer Beeinträchtigung. **135**

Die Beeinträchtigung internationaler Verhandlungen bzw. der Beratungen von Behörden ist von der informationspflichtigen Stelle darzulegen. Hierzu bedarf es einer Prognose, ob das Bekanntwerden der den (vertraulichen) Entscheidungsvorgang betreffenden Information sich auf die internationalen Verhandlungen bzw. auf die Beratungen einer Behörde behindernd oder hemmend auswirken kann (vgl. VG Berlin BeckRS 2011, 52820; OVG Münster ZUR 2012, 113). Ein Schaden muss noch nicht vorliegen (NK-IFG/Rossi IFG § 3 Rn. 39). Die Notwendigkeit der Vertraulichkeit muss objektiv nachvollziehbar und substantiiert dargelegt werden (Jastrow/Schlatmann IFG § 3 Rn. 77). **136**

Eine Beeinträchtigung in diesem Sinne ist etwa gegeben, wenn die internationale Verhandlungsfähigkeit der Bundesregierung beschränkt (§ 3 Nr. 3 lit. a IFG) oder ein unbefangener und freier innerbehördlicher Meinungsaustausch erschwert (§ 3 Nr. 3 lit. b IFG) wird. Nach der Rspr. sind dabei die aus dem Gefahrenabwehrrecht bekannten Anforderungen an die Wahrscheinlichkeit des Schadenseintritts heranzuziehen. An die Wahrscheinlichkeit der Behinderung oder Hemmung sind dabei umso geringere Anforderungen zu stellen, je größer und folgenschwerer die möglicherweise eintretende Beeinträchtigung (der internationalen Verhandlungen oder Beratungen von Behörden) ist, was sich wiederum vor allem nach dem Gewicht des öffentlichen Interesses an einem ungestörten Verlauf des in Frage stehenden behördlichen Willensbildungsprozesses beurteilt (VG Berlin BeckRS 2011, 52820; OVG Münster ZUR 2012, 113). An den Grad der Wahrscheinlichkeit einer Beeinträchtigung sind etwa bei Kollegialorganen, vor allem bei heterogen besetzten Gremien, keine hohen Anforderungen zu stellen, denn hier sind die Mitglieder in hohem Maße auf das **137**

Schließen von Kompromissen angewiesen. Dabei ist eine Aufgabenerfüllung aber nur dann möglich, wenn die Mitglieder des Kollegialorgans in einem möglichst umfassend geschützten Raum unabhängig und unbefangen beraten und diskutieren können (OVG Münster ZUR 2012, 113 zur Deutschen Lebensmittelbuch-Kommission).

138 Auch dem Gesichtspunkt der Nähe zum Abschluss eines Verfahrens kann Bedeutung zukommen. Der Abschluss eines Verfahrens stellt nach der Rspr. keine unüberwindliche zeitliche Grenze für den Ausnahmetatbestand dar. Der Schutz von internationalen Verhandlungen und Beratungen von Behörden ist nicht auf die Dauer der Verhandlungen und Beratungen beschränkt (BVerwGE 141, 122 Rn. 31; NVwZ 2011, 1072 Rn. 5 jeweils zu § 3 Nr. 3 lit. b IFG), greift aber nur „solange" die Vertraulichkeit dies erfordert (vgl. VG Hamburg Urt. v. 24.11.2008 – 15 K 4014/07). Der Informationszugang wird hiernach nur aufgeschoben, „wenn und solange" die Vertraulichkeit eine Geheimhaltung erfordert (vgl. BVerwG NVwZ 2011, 1072 Rn. 5; NVwZ 2012, 251 Rn. 31).

139 Durch diese Einschränkung wird gewährleistet, dass der Informationszugang nur bis zu dem Zeitpunkt besteht, wie der notwendige Schutz der Vertraulichkeit von Verhandlungen und Beratungen dies erfordert. Hiervon hängt die Dauer ab, für die ein Informationszugang gleichsam aufgeschoben ist. Eine feste oder starre zeitliche Grenze ist damit allerdings nicht verbunden. Insbes. ist der zeitliche Umfang des Schutzes nicht auf den Zeitraum begrenzt, in dem die Verhandlungen oder Beratungen stattfinden (so aber wohl Schoch IFG § 3 Rn. 128), vielmehr kann der Schutz der Vertraulichkeit im Sinne einer Vorwirkung (für andere internationale Verhandlungen und Beratungen von Behörden) „weiterhin" eine Offenlegung der Beratungsinterna verbieten (BVerwG NVwZ 2011, 1072 Rn. 5 sowie NVwZ 2012, 1619 Rn. 29 mwN). Zutreffend weist das BVerwG darauf hin, dass von der Möglichkeit auszugehen sei, die geschützten innerbehördlichen Beratungen könnten wegen des Wissens um eine – auch nach Abschluss des jeweiligen Verfahrens erfolgende – Offenlegung etwa der einzelnen Beiträge und Meinungsbekundungen im Beratungsprozess beeinträchtigt werden (s. BVerwG NVwZ 2012, 1619 Rn. 29; NVwZ 2012, 251 Rn. 31 f.; NVwZ 2011, 1072 Rn. 5; OVG Münster ZUR 2012, 113). In einem solchen Fall bedarf es der substantiierten Darlegung der informationspflichtigen Stelle, dass die Bekanntgabe der streitigen Informationen „noch" die Vertraulichkeit der Verhandlungen oder Beratungen beeinträchtigt (OVG Berlin-Brandenburg Urt. v. 5.10.2010 – 12 B 6.10; VG Berlin BeckRS 2011, 52820).

139.1 Hierin zeigt sich die Parallele zu Informationsansprüchen des Parlaments gegenüber der Regierung. Das BVerfG vertritt hier in ständiger Rspr., dass der Kernbereich exekutiver Eigenverantwortung auch einen nachträglichen Schutz erfordern kann, weil andernfalls die Funktionsfähigkeit und Eigenverantwortung der Regierung gefährdet wäre (→ Rn. 21, 24). Unabhängig davon, ob bei § 3 Nr. 3 lit. b IFG insoweit auf die Kernbereichslehre zurückzugreifen ist (ablehnend BVerwG, → Rn. 24.1), gilt im Ergebnis nichts anderes bei Informationsansprüchen Dritter auf Grundlage des IFG. Auch hier hängt es von den Umständen des Einzelfalls ab, ob und wie lange der Schutz der Vertraulichkeit einem Informationszugang entgegensteht.

139.2 In Bezug auf Akten des BMJ, die im Zusammenhang mit einem Prüfauftrag des BVerfG entstanden sind, hat die Rspr. den Vortrag zurückgewiesen, Mitarbeiter eines Bundesministeriums würden im Sinne einer Vorwirkung ihre Rechtsauffassungen nicht mehr äußern, wenn sie mit einer späteren Publikation ihrer Meinung rechnen müssten. Dies sei fernliegend und zeichne das Bild einer Ministerialverwaltung mit einem eher geringen Selbstbewusstsein (BVerwGE 141, 122 Rn. 31). Es sei gerade Aufgabe der Mitarbeiter der verschiedenen Referate des Ministeriums, Stellungnahmen zu den vielfältigsten Rechtsfragen abzugeben, die sich im Regierungsalltag stellen (kritisch auch Schoch NVwZ 2012, 254 (256) zum – am selben Tag entschiedenen – Parallelfall BVerwG NVwZ 2012, 251).

139.3 Dass der Schutz der Vertraulichkeit von Beratungen nicht mit deren Abschluss entfällt, gilt nach jüngster Rspr. auch für den parallelen Ausnahmetatbestand des § 8 Abs. 1 S. 1 Nr. 2 UIG (anders aber → UIG § 8 Rn. 34). In der Flachglas Torgau-Entscheidung hat das BVerwG den Einwand zurückgewiesen, der Ablehnungsgrund sei zeitlich auf laufende Beratungsvorgänge beschränkt und dementsprechend eine Berufung auf die Vertraulichkeit der Beratungen nach deren Abschluss nicht mehr möglich. Dies begründet das BVerwG zum einen ausdrücklich mit den zu § 3 Nr. 3 lit. b IFG angestellten Erwägungen (→ Rn. 138). Zum anderen enthielten weder der Wortlaut des § 8 Abs. 1 S. 1 Nr. 2 UIG noch die Umweltinformationsrichtlinie Hinweise auf eine solche zeitliche Grenze.

Schließlich gehe auch der EuGH in seinem Urteil (EuZW 2012, 459; dazu Hellriegel EuZW 2012, 456) davon aus, dass dieser Ablehnungsgrund gerade auch dann einschlägig sein könne, wenn das Gesetzgebungsverfahren und die hierauf bezogenen Beratungen beendet sind, denn immerhin greife dann die Bestimmung des § 2 Abs. 1 Nr. 1 S. 2 lit. a UIG (Begriffsbestimmung der informationspflichtigen Stelle und damit Bestimmung des Anwendungsbereichs des UIG) nicht mehr (NVwZ 2012, 1619 Rn. 28ff; zum Ganzen Ruttloff NVwZ 2013, 701).

F. Besonderer Geheimnis- und Vertraulichkeitsschutz (Nr. 4)

140 Der Ausnahmetatbestand des § 3 Nr. 4 IFG dient dem besonderen Geheimnis- und Vertraulichkeitsschutz. Der Anspruch auf Informationszugang nach § 1 Abs. 1 S. 1 IFG besteht hiernach nicht, wenn eine Information einem der Ausnahmetatbestände zum Geheimnis- oder Vertraulichkeitsschutz unterliegt. Die Vorschrift des § 3 Nr. 4 IFG enthält vier Ausnahmetatbestände bzw. Schutzgegenstände: durch Rechtsvorschrift geregelte Geheimhaltungs- und Vertraulichkeitspflichten (→ Rn. 143 ff.), die Geheimhaltungs- und Vertraulichkeitspflicht aufgrund der Allgemeinen Verwaltungsvorschrift zum materiellen und organisatorischen Schutz von Verschlusssachen (Verschlusssachenanweisung – VSA, → Rn. 153 ff.), Berufsgeheimnisse (→ Rn. 159 ff.) sowie besondere Amtsgeheimnisse (→ Rn. 161 ff.; unklar daher Jastrow/Schlatmann IFG § 3 Rn. 79: § 3 Nr. 4 IFG kenne „zwei Alternativen"). Flankiert werden Geheimhaltungs- und Vertraulichkeitspflichten häufig durch das Straf- und Verfahrensrecht (Kloepfer, Informationsrecht, 2002, § 9 Rn. 14 ff.).

141 Den Ausnahmetatbeständen des § 3 Nr. 4 IFG ist gemeinsam, dass der Informationszugang (bereits) dann nicht besteht, wenn die betreffende Information einer der von § 3 Nr. 4 IFG erfassten besonderen Geheimnis- oder Vertraulichkeitspflichten unterliegt. Auf eine weitere Gefährdung oder auf nachteilige Auswirkungen etwa auf die Aufgabenerfüllung der informationspflichtigen Stelle kommt es hierbei nicht an. Mit der Normierung besonderer Geheimnis- und Vertraulichkeitspflichten hat der Gesetzgeber vielmehr zum Ausdruck gebracht, dass die davon erfassten Informationen wegen des damit jeweils verfolgten Schutzzwecks schutzwürdig sind und daher grds. nicht offenbart werden müssen bzw. dürfen. Auf den konkreten Schutzzweck kommt es für § 3 Nr. 4 IFG nicht weiter an; ohne Bedeutung ist es daher auch, ob die Geheimnis- oder Vertraulichkeitspflicht privaten Interessen dient, etwa Wettbewerbschancen der Teilnehmer eines Vergabeverfahrens oder (ausschließlich) öffentlichen Interessen (so aber OVG Berlin-Brandenburg BeckRS 2012, 51575; → Rn. 142.1). Die Geheimnis- und Vertraulichkeitspflichten gelten absolut; liegen ihre tatbestandlichen Voraussetzungen vor, sind sie einer Relativierung nicht zugänglich (VG Frankfurt a. M. NVwZ 2008, 1384 (1387)).

142 Hieran knüpft der Schutzgrund des § 3 Nr. 4 IFG an. Der Gesetzgeber will mit dieser ausdifferenzierten Regelung sicherstellen, dass der Geheimnisschutz (nur) im direkten Zusammenhang mit dem betreffenden Geheimnis gewährleistet wird. Maßgeblich seien demnach die jeweils einschlägigen materiell-rechtlichen Vorschriften in den jeweiligen Spezialvorschriften. Der Geheimnisschutz wird damit bereichsspezifisch ausgestaltet. Nur dies werde letztlich Art und Umfang des Geheimnisschutzes gerecht, der sich je nach Rechtsgebiet unterscheide – und nur so könne auch der das IFG durchziehende Grundsatz „so viel Information wie möglich, so viel Geheimnisschutz wie nötig" verwirklicht werden (BT-Drs. 15/4493, 11; s. auch BVerwG NVwZ 2011, 1012 Rn. 14; OVG Berlin-Brandenburg Urt. v. 6.11.2008 – OVG 12 B 50.07). Damit soll § 3 Nr. 4 IFG auf einen materiellen, nämlich auf die bereichsspezifischen Geheimhaltungs- und Vertraulichkeitsregeln Bezug nehmenden Geheimnisbegriff abstellen (so BRS/Roth IFG § 3 Rn. 111). Gebieten die Schutzzwecke der bereichsspezifischen Regeln eine Geheimhaltung oder Vertraulichkeit nicht oder nicht mehr, greift auch § 3 Nr. 4 IFG nicht (VG Frankfurt a. M. NVwZ 2008, 1384 (1387); ZIP 2008, 2138 (2141)). Insoweit kann auf tatbestandlicher Ebene – ohne dass dies die durch § 3 Nr. 4 IFG in Bezug genommenen Regeln relativieren würde (→ Rn. 141) – auch eine Abwägung erforderlich sein (→ Rn. 8).

142.1 Dem Gesetzeswortlaut ist nicht zu entnehmen, dass die Pflicht zur Geheimhaltung oder Vertraulichkeit einem Informationszugang nach § 3 Nr. 4 IFG nur dann entgegensteht, wenn näher spezifizierte öffentliche Geheimhaltungsinteressen des Bundes oder der Länder in Rede stehen (so aber OVG Berlin-Brandenburg BeckRS 2012, 51575). Es trifft zu, dass die Ausschlusstatbestände des § 3 IFG besonderen öffentlichen Belangen dienen. Dies betont auch das BVerwG (NVwZ 2010, 326 Rn. 18), ohne dies allerdings als weitere „ungeschriebene" Voraussetzung in § 3 Nr. 4 IFG hineinzulesen. Der Gesetzgeber hat vielmehr zum Ausdruck gebracht, dass der – privaten und öffentlichen Interessen dienende – Schutz der Geheimhaltung und Vertraulichkeit seinerseits ein besonderer öffentlicher Belang ist. Nur so erklärt sich auch die Gesetzesbegründung, wonach wichtige Geheimhaltungsgründe im Schutz von (privaten) Fabrikations-, Betriebs- oder Geschäftsgeheimnissen liegen können (BT-Drs. 15/4493, 11; → Rn. 146).

142.2 Dass vergaberechtliche Verschwiegenheits- und Vertraulichkeitspflichten wie etwa § 17 Abs. 3 VOL/A-EG wegen des Schutzes der Wettbewerbschancen der Teilnehmer von vornherein keine dem § 3 Nr. 4 IFG unterfallende Geheimhaltungs- oder Vertraulichkeitspflicht sein kann, überzeugt daher nicht. Hierbei kann offen bleiben, ob es sich um eine Rechtsvorschrift im Sinne der ersten Alternative des § 3 Nr. 4 IFG oder um ein Berufsgeheimnis im Sinne der vierten Alternative handelt (kritisch und differenzierend zur Anwendbarkeit des IFG auf Vergabe- und Vergabenachprüfungsverfahren Just/Sailer DVBl 2010, 418). Richtig ist allerdings, dass der Anwendungsbereich des IFG nicht durch vertragliche Vereinbarung über die Vertraulichkeit eingeschränkt werden kann (s. VG Stuttgart Urt. v. 17.5.2011 – 13 K 3505/09).

I. Rechtsvorschriften zur Geheimhaltung und zur Vertraulichkeit

143 Nach der ersten Alternative des § 3 Nr. 4 IFG besteht der Anspruch auf Informationszugang nicht bei solchen Informationen, die einer durch Rechtsvorschrift geregelten Geheimhaltungs- oder Vertraulichkeitspflicht unterliegen. Hieran wird die bereichsspezifische Ausgestaltung des Geheimnisschutzes (BT-Drs. 15/4493, 11; → Rn. 142) besonders deutlich. Maßgeblich ist, ob die betreffende Information – etwa mit Blick auf Art und Umfang des Geheimnisschutzes (vgl. BT-Drs. 15/4493, 11) – unter die einschlägige Spezialvorschrift subsumiert werden kann. Nach dem Wortlaut des Gesetzes muss die Geheimhaltungs- oder Vertraulichkeitspflicht nicht gesetzlich angeordnet sein. Die Pflicht zur Geheimhaltung oder Vertraulichkeit kann sich vielmehr auch aus einer auf gesetzlicher Grundlage ergangenen Rechtsvorschrift ergeben (unklar Jastrow/Schlatmann IFG § 3 Rn. 88, wonach sich wohl nur Berufs- oder besondere Amtsgeheimnisse auch untergesetzlich ergeben können; eine Stütze im Gesetzeswortlaut findet diese Differenzierung nicht). Nicht ausreichend ist hingegen eine ständige Übung der informationspflichtigen Stelle (VG Berlin Urt. v. 7.8.2013 – 2 K 273.12).

1. Geheimnistatbestände und gesetzliche Geheimhaltungs- und Vertraulichkeitsregelungen

144 Nach der Gesetzesbegründung begründen das Steuer-, Sozial-, Statistik- und Adoptionsgeheimnis besonders wichtige Geheimnistatbestände (BT-Drs. 15/4493, 11; Beispiele für Geheimhaltungsregeln auch bei NK-IFG/Rossi IFG § 3 Rn. 50). Gesetzlich normiert werden diese Geheimnisse durch § 30 AO, § 35 SGB I und §§ 67 ff. SGB X, § 16 BStatG (dazu VG Wiesbaden Urt. v. 7.3.2013 – 6 K 1423/11.WI) sowie § 1758 Abs. 1 BGB. Die in diesem Zusammenhang in der Gesetzesbegründung ebenfalls benannten ärztliche und anwaltliche Schweigepflicht (§ 203 StGB und § 9 der Berufsordnung bzw. § 43a BRAO; BT-Drs. 15/4493, 11) stellen zwar ebenfalls Regelungen zur Geheimhaltung und zur Vertraulichkeit dar, sind aber sachgerechter als Berufsgeheimnisse einzuordnen (→ Rn. 159 ff.).

145 Gesetzliche Geheimhaltungsregelungen enthalten beispielsweise das BVerfSchG, das BNDG, das SÜG (→ Rn. 148.2), die StPO, das OWiG, das GWB, das KWG (→ Rn. 149 ff.) sowie das BBankG (→ Rn. 148.4; zum Ganzen BT-Drs. 15/4493, 11). Dass sich diese Geheimhaltungsregelungen teilweise auch als besondere Amtsgeheimnisse iSd vierten Alternative des § 3 Nr. 4 IFG einordnen lassen, soweit sie eine Pflicht zur Dienstverschwiegenheit normieren (verneinend für § 8 WpHG VG Frankfurt a. M. NVwZ 2008, 1384 (1386)), steht dies der Einordnung als Pflicht zur Geheimhaltung oder Vertraulichkeit durch Rechtsvorschrift nicht entgegen; Rechtsfolgen ergeben sich aus der Einstufung nicht (vgl. aber BVerwG NVwZ 2011, 1012 Rn. 15).

146 Nach der Gesetzesbegründung ist der Informationszugang ferner ausgeschlossen, soweit dies aus wichtigen Gründen geboten ist (so BT-Drs. 15/4493, 11). Hierauf könnte die

Auffassung gestützt werden, eine Pflicht zur Geheimhaltung oder Vertraulichkeit ergebe sich auch aus einer Abwägung des Interesses an der Geheimhaltung mit dem Interesse am Zugang, weil bei einem überwiegenden Geheimhaltungsinteresse ein wichtiger Grund gegeben wäre, der die Geheimhaltung gebietet. Im Wortlaut des § 3 Nr. 4 IFG findet dies keinen Niederschlag. Die Gesetzesbegründung bezieht sich in diesem Zusammenhang nur auf Pflichten zur Geheimhaltung von Fabrikations-, Betriebs- oder Geschäftsgeheimnissen etwa nach § 72 Abs. 2 oder § 111 Abs. 2 GWB; allein im Rahmen solcher Rechtsvorschriften zur Geheimhaltung oder Vertraulichkeit kann es auf ein Vorliegen wichtiger Gründe und damit auf eine Abwägung ankommen.

Vergleichbares gilt auch in Bezug auf § 9 KWG und die Parallelvorschrift des § 8 WpHG **147** (→ Rn. 149 ff.). Hieran wird besonders deutlich, dass durch Auslegung der Rechtsvorschrift zu ermitteln ist, ob eine Information (überhaupt) der betreffenden Geheimhaltungs- oder Vertraulichkeitspflicht unterliegt bzw. unterliegen kann. Bei den Regelungen der Geschäftsordnung des Bundesrats etwa handelt es sich um Geheimhaltungsvorschriften iSd § 3 Nr. 4 IFG (OVG Berlin-Brandenburg Urt. v. 6.11.2008 – 12 B 50.07): Zwar sind nach § 37 Abs. 2 S. 2 GO BR (nur) die Verhandlungen der Ausschüsse vorbehaltlich eines anderen Beschlusses des Ausschusses vertraulich. Allerdings werden vom Schutzzweck dieser Geheimhaltungsregelung auch die im Rahmen einer Diskussion im Ausschuss eingebrachten Beiträge, Mitteilungen und sonstigen Informationen erfasst; dies gilt auch für schriftlich oder mündlich geäußerte Verhandlungspositionen (OVG Berlin-Brandenburg Urt. v. 6.11.2008 – 12 B 50.07).

Das Bankgeheimnis begründet demgegenüber keine besondere Geheimhaltungspflicht **148** (die ausdrückliche Anerkennung des Bankgeheimnisses fordert Scholz BKR 2008, 485 (488)). Eine Rechtsvorschrift zum Schutz der Geheimhaltung oder Vertraulichkeit ist darin nicht zu sehen. Nach § 30a AO haben die Finanzbehörden bei der Ermittlung des Sachverhalts lediglich auf das Vertrauensverhältnis zwischen den Kreditinstituten und deren Kunden besonders Rücksicht zu nehmen.

Zahlreiche weitere Beispiele für (gesetzliche) Geheimhaltungsvorschriften finden sich etwa auch **148.1** bei Kloepfer, Informationsrecht, 2002, § 9 Rn. 13 ff. Gesetzliche Vertraulichkeitspflichten iSd § 3 Nr. 4 IFG ergeben sich auch aus § 21 Abs. 3 S. 10 KHEntG und § 17b Abs. 2 S. 8 Hs. 2 KHG (VG Berlin Urt. v. 11.4.2013 – 2 K 145.11). Wortprotokolle und Niederschriften des Verwaltungsrats der BaFin unterliegen der Geheimhaltung, weil nach der Satzung der BaFin die Sitzungen des Verwaltungsrats nichtöffentlich sind (VG Berlin Urt. v. 29.11.2012 – 2 K 28.12). Auch die Verschwiegenheit des Aufsichtsrats nach § 116 S. 2 AktG ist eine Pflicht iSd § 3 Nr. 4 IFG; dementsprechend ist der Informationszugang zu Sitzungsprotokollen und Vorbereitungsunterlagen für die Sitzungen des Aufsichtsrats der Flughafen Berlin Brandenburg GmbH ausgeschlossen (VG Berlin Urt. v. 13.11.2013 – 2 K 293.12, 2 K 41.13).

Die Vorschrift des § 3 Nr. 4 IFG begründet selbst – anders als die vergleichbare Regelung des **148.2** § 8 Abs. 1 S. 1 Nr. 2 UIG zum Schutz der Vertraulichkeit der Beratungen von informationspflichtigen Stellen (BVerwG NVwZ 2012, 1619 Rn. 24; → UIG § 8 Rn. 30 ff.) – keine Pflichten zu Vertraulichkeit und Geheimhaltung, sondern setzt den Bestand solcher Pflichten voraus (BVerwG NVwZ 2010, 326 Rn. 21) und rezipiert daher auch neue Geheimhaltungs- oder Geheimnisschutztatbestände (kritisch Schoch IFG § 3 Rn. 136).

Entgegen der Gesetzesbegründung (BT-Drs. 15/4493, 11; → Rn. 153) ist im SÜG selbst keine **148.3** gesetzliche Geheimhaltungsregel zu sehen. Geheimhaltungs- oder Vertraulichkeitspflichten ergeben sich nicht unmittelbar aus § 4 Abs. 1 SÜG (so ausdrücklich VG Berlin Urt. v. 22.8.2008 – 2 A 138.07). Die Vorschrift definiert nur allgemein Verschlusssachen und enthält nur eine generelle Vorgabe für die Abstufung der Geheimhaltungsgrade (BVerwGE 136, 345 Rn. 23), regelt aber nicht selbst eine Geheimhaltungs- oder Vertraulichkeitspflicht. Vielmehr setzt § 4 Abs. 1 SÜG die Geheimhaltungs- oder Vertraulichkeitsbedürftigkeit voraus. Die den Anspruch aus § 1 Abs. 1 IFG ausschließende Geheimhaltungs- oder Vertraulichkeitspflicht wird vielmehr durch die VSA (→ Rn. 153 ff.) geregelt. In der Tat würde die gesonderte Erwähnung der VSA in § 3 Nr. 4 IFG keinen Sinn ergeben, wenn sich die Geheimhaltungs- oder Vertraulichkeitspflicht bereits unmittelbar aus § 4 Abs. 1 SÜG ergäbe. Erst mit der Einstufung als Verschlusssache auf Grundlage der VSA ergeben sich die Folgen, etwa was den Umgang mit einer Verschlusssache anbelangt. Es ist eine andere Frage, ob eine als Verschlusssache eingestufte Information nur dann einem Informationsanspruch nach § 1 Abs. 1 IFG nicht unterliegt, wenn materiell die Voraussetzungen für die Einstufung vorliegen oder ob bereits die (formale) Einstufung selbst ausreicht (→ Rn. 157 ff.).

148.4 Die Geheimhaltungspflicht des § 32 BBankG ist eine Rechtsvorschrift iSd § 3 Nr. 4 IFG. Informationsansprüche gegen die Bundesbank können allerdings nur in Bezug auf die Verwaltungsaufgaben auf das IFG gestützt werden, die ihr nach § 3 S. 3 BBankG durch andere Fachgesetze übertragen worden sind. Nur insoweit greift auch § 3 Nr. 4 IFG. Vom Anwendungsbereich des IFG (und damit des § 3 Nr. 4 IFG) nicht erfasst werden hingegen Aufgaben, die der Bundesbank als integraler Bestandteil des Europäischen Systems der Zentralbanken übertragen worden sind oder für deren Tätigkeit die Bundesbank den Schutz der Unabhängigkeit nach § 12 S. 1 BBankG genießt (Berger/Rübsamen, BBankG, Einführung Rn. 28 f.; zur Informationszugangspflicht der Bundesbank allgemein Gurlit WM 2009, 773 (775); Gramlich/Manger-Nestler/Orantek, FG Hahn, 2007, 21).

2. Insbesondere: Verschwiegenheitspflicht nach § 9 KWG, § 8 WpHG

149 In der Verwaltungspraxis und der hierzu ergangenen Rspr. haben bisher vor allem die Verschwiegenheitspflichten nach § 9 Abs. 1 S. 1 KWG und der inhaltsgleichen Regelung des § 8 Abs. 1 S. 1 WpHG (etwa VG Frankfurt a. M. NVwZ 2008, 1384 (1386f); ZIP 2010, 1345 (1346 f.); VGH Kassel NVwZ 2010, 1036) eine Rolle gespielt. Nach § 9 Abs. 1 S. 1 KWG dürfen ua die bei der BaFin beschäftigten Personen die ihnen bei ihrer Tätigkeit bekanntgewordenen Tatsachen, deren Geheimhaltung im Interesse des Instituts oder eines Dritten liegt, nicht unbefugt offenbaren oder verwerten, auch wenn sie nicht mehr im Dienst sind oder ihre Tätigkeit beendet ist. Aus § 9 Abs. 1 S. 4 KWG ergibt sich im Einzelnen, wann ein unbefugtes Offenbaren oder Verwerten iSd S. 1 der Norm insbes. nicht vorliegt, was ua der Fall ist bei Weitergabe von Tatsachen an Strafverfolgungsbehörden (§ 9 Abs. 1 S. 4 Nr. 1 KWG).

150 Nach § 9 Abs. 1 S. 1 KWG und § 8 Abs. 1 S. 1 WpHG gehören zu den geschützten Tatsachen insbes. Betriebs- und Geschäftsgeheimnisse sowie personenbezogene Daten (s. BVerwG NVwZ 2011, 1012 Rn. 16). Nach ständiger Rspr. (etwa BVerwG NVwZ 2009, 1113 Rn. 12 f.; BVerfGE 115, 205 (230 f.); VG Frankfurt a. M. NVwZ 2008, 1384 (1388); OVG Koblenz NVwZ 2013, 376 (377) zum rheinland-pfälzischen UIG; dazu Fischer/Fluck NVwZ 2013, 337) sind unter Betriebs- und Geschäftsgeheimnissen alle auf ein Unternehmen bezogenen Tatsachen, Umstände und Vorgänge zu verstehen, die nicht offenkundig, sondern nur einem begrenzten Personenkreis zugänglich sind und an deren Nichtverbreitung der Rechtsträger ein berechtigtes Interesse hat. Dabei umfassen Betriebsgeheimnisse im Wesentlichen technisches Wissen im weitesten Sinne, Geschäftsgeheimnisse demgegenüber vornehmlich kaufmännisches Wissen. In Bezug auf Betriebs- und Geschäftsgeheimnisse können sich der Schutzgrund des § 3 Nr. 4 IFG – je nach bereichsspezifischer Geheimhaltungsvorschrift – und der Schutzgrund des § 6 S. 2 IFG (→ § 6 Rn. 10 ff., 15 ff.) also überschneiden.

151 Die Verschwiegenheitspflicht des § 9 KWG ist in der Gesetzesbegründung ausdrücklich als gesetzliche Vertraulichkeits- bzw. Geheimhaltungspflicht angesprochen (BT-Drs. 15/4493, 11; vgl. Schoch IFG § 3 Rn. 139); nichts anderes gilt für den inhaltsgleichen § 8 WpHG, der ebenso wie § 9 KWG nach § 3 Nr. 4 IFG den Anspruch auf Informationszugang ausschließen kann (BVerwG NVwZ 2011, 1012 Rn. 14 mwN; VG Frankfurt a. M. ZIP 2010, 1345 (1346 f.)). Beide Verschwiegenheitspflichten unterscheiden sich zudem von der allgemeinen Pflicht zur Amtsverschwiegenheit und gehen über diese hinaus, indem sie nach materiellen Kriterien umschriebene Informationen einem besonderen Schutz unterstellen (BVerwG NVwZ 2011, 1012 Rn. 15; vgl. Gurlit WM 2009, 773 (777); aA wohl VG Frankfurt a. M. NVwZ 2008, 1384 (1387)). Ob sich § 9 KWG bzw. § 8 WpHG daneben auch als besondere Amtsgeheimnisse erweisen, kann letztlich offenbleiben, weil auch deren Schutz durch § 3 Nr. 4 IFG umfasst ist (→ Rn. 162.1).

152 Wegen der Bezugnahme auf die jeweils einschlägigen (gesetzlichen) Spezialvorschriften reicht der Geheimnisschutz immer nur so weit, wie die bereichsspezifische Regelung ihn ausgestaltet. Auf dieser Grundlage hat die Rspr. auf die Verschwiegenheitspflichten des § 9 KWG bzw. § 8 WpHG gestützte Weigerungen des Informationszugangs regelmäßig für rechtswidrig erachtet. So können nicht bestimmte Arten von Dokumenten allein auf Grund ihrer typischen Eigenschaften und üblichen Fassung der Verschwiegenheitspflicht unterworfen werden; es ist vielmehr der konkrete Inhalt für das jeweilige einzelne Dokument festzustellen und so nach Durchsicht der einzelne Dokumente zu beurteilen, ob sie der Verschwiegenheitspflicht unterliegen (VGH Kassel BeckRS 2010, 50324). So sind Auskünfte über Stimmrechtsmitteilungen nicht als geheimhaltungsbedürftige Tatsachen iSd § 8 WpHG angesehen worden (BVerwG NVwZ 2011, 1012 Rn. 15, die Vorinstanz VG Frankfurt a. M. ZIP 2010, 1346 (1346f) bestätigend), so dass der Schutz aus § 3 Nr. 4 IFG dem Informationsanspruch nicht entgegengehalten werden konnte.

Der Einordnung als spezialgesetzliche Vertraulichkeits- bzw. Geheimhaltungsvorschrift iSd § 3 Nr. 4 IFG steht auch nicht entgegen, dass sich die Pflicht zur Dienstverschwiegenheit nach § 9 KWG wie auch nach § 8 WpHG an den einzelnen Bediensteten adressiert ist, wohingegen sich der Anspruch auf Informationszugang gegen die informationspflichtige Stelle (im Fall des § 9 KWG wie auch des § 8 WpHG: an die BaFin) richtet (offen gelassen von BVerwG NVwZ 2011, 1012 Rn. 15; nach VG Frankfurt a. M. NVwZ 2008, 1384 (1386) richtet sich die Verschwiegenheitspflicht nach Sinn und Zweck der Regelung auch an die informationspflichtige Stelle). **152.1**

Ob es sich um ein (schutzwürdiges) Betriebs- oder Geschäftsgeheimnis handelt, kann im Einzelfall problematisch zu bestimmen sein und gewinnt in Bezug auf die Informationsbegehren gegenüber der BaFin an Bedeutung, wo es um den Zugang zu der BaFin vorliegenden, wettbewerbsrelevanten Informationen über ein von ihr beaufsichtigtes Institut geht, beispielsweise Betriebs- und Geschäftsgeheimnisse eines von der BaFin beaufsichtigten, insolventen Instituts (s. etwa VG Frankfurt a. M. ZIP 2008, 2138 zu Akten der BaFin im Fall „Phoenix"; s. auch VG Frankfurt a. M. NVwZ 2008, 1384; NVwZ 2009, 1182 zu (weiter schutzbedürftigen) Informationen über die HRE Holding AG; allgemein zu Informationsansprüchen gegenüber der BaFin und dem Ausnahmetatbestand des § 3 Nr. 1 lit. d IFG → Rn. 81 ff.). **152.2**

Die Rspr. hat in diesem Zusammenhang teilweise entscheidend darauf abgestellt, dass die betroffenen Informationen schon nicht schutzwürdig iSd Verschwiegenheitspflichten waren; auf die Frage, ob die Behörde zur Weitergabe bzw. Zugänglichmachung im konkreten Fall „befugt" gewesen wäre, kam es folglich nicht an. Eine Befugnis zur Weitergabe kann sich etwa aus Rechtsvorschriften, der Einwilligung des Berechtigten oder aus allgemeinen Rechtsgrundsätzen ergeben (vgl. Möllers/Wenninger ZHR 170 (2006), 455 (457 f. zu § 8 WpHG); allgemein Kopp/Ramsauer VwVfG § 30 Rn. 12). **152.3**

Problematisch und bisher nicht zufriedenstellend gelöst ist die Frage, wie das Vorliegen etwa des Schutzgrunds des § 9 KWG gerichtlich überprüft wird. Aus der Rspr. ergibt sich hier ein Widerspruch zwischen dem materiellen Schutzgehalt des § 9 KWG, der nach § 3 Nr. 4 IFG den Anspruch auf Informationszugang ausschließen kann (s. BVerwG NVwZ 2011, 1012 Rn. 14 f.), und seiner prozessualen Einordnung, wonach § 9 KWG kein „Gesetz" iSd § 99 Abs. 1 S. 2 2. Alt. VwGO ist (BVerwG NVwZ 2012, 112 Rn. 10 ff.; vgl. näher auch VG Frankfurt a. M. NVwZ 2013, 742; jüngst BVerwG Beschl. v. 5.4.2013 – 20 F 7/12 mwN aus der Rspr.; s. auch Schoch NVwZ 2013, 1033 (1040): „Entkoppelung"). „Gesetz" in diesem Sinne sei nicht jede einfachgesetzlich angeordnete Pflicht zur Verschwiegenheit; ein besonderes gesetzlich geschütztes Geheimnis müsse vielmehr dem Schutz eines grundrechtlich geschützten Lebensbereichs von hoher Bedeutung dienen (BVerwG NVwZ 2012, 112 Rn. 13; VGH Kassel NVwZ-RR 2012, 880 (881); krit. Schoch NVwZ 2013, 1033 (1040)). Schutzwürdigen Belangen Betroffener sei im Rahmen des Weigerungsgrundes der „wesensmäßigen Geheimhaltungsbedürftigkeit" (§ 99 Abs. 1 S. 2 2. Alt. VwGO) Rechnung zu tragen (BVerwG Beschl. v. 5.4.2013 – 20 F 7/12). Letztlich schließt dies eine Überprüfung durch den Fachsenat nach § 99 VwGO, ob die begehrte Information durch § 9 KWG geschützte Tatsachen enthält, aus. Diese Information kann im Ergebnis nicht Gegenstand einer Sperrerklärung der obersten Aufsichtsbehörde (bzw. mit § 4c FinDAG der BaFin selbst) sein. **152.4**

Das Auseinanderfallen von materiellem und prozessualem Gehalt folgt nach Auffassung des BVerwG aus der Gesetzeslage und könne allenfalls Anlass zu gesetzgeberischem Handeln sein (BVerwGE 130, 236 Rn. 12; vgl. auch BVerwG NVwZ 2012, 112 Rn. 11 f.). Dies führt zu der nicht geklärten, freilich ganz allgemein geltenden Problematik, wie eine informationspflichtige Stelle den Anforderungen des § 3 IFG folgend das Vorliegen dieses Versagungsgrunds darlegen kann, ohne den Inhalt der Information selbst preisgeben zu müssen. Eine Sperrerklärung und die nachfolgende gerichtliche Überprüfung durch den Fachsenat nach § 99 VwGO stellen vor diesem Hintergrund die einzige Möglichkeit dar, das Vorliegen eines Versagungsgrundes zu prüfen, ohne dass die begehrte Information nach § 100 VwGO Teil der allen Beteiligten zugänglichen Gerichtsakte wird und sich damit die Hauptsache erledigt. Dieses Instrument soll ua bei § 9 KWG allerdings nach dem Vorstehenden im Ergebnis nicht zur Verfügung stehen. Ganz allgemein führen Streitigkeiten zu einem Anspruch auf Informationszugang nämlich nicht gleichsam automatisch zu einem Verfahren vor dem Fachsenat (BVerwG BeckRS 2013, 49804 mwN; → Rn. 203). Diese Problematik lässt sich **152.5**

IFG § 3   IV. Informationsfreiheitsrecht

auch nicht durch den Rückgriff auf § 99 Abs. 1 S. 2 3. Alt. VwGO auflösen, weil die durch § 9 KWG geschützten Tatsachen nicht grds. „ihrem Wesen nach" geheim zu halten sind (vgl. VGH Kassel NVwZ-RR 2012, 880). Diese Problematik ist Hintergrund des Vorabentscheidungsersuchens des VG Frankfurt a. M. (NVwZ 2013, 742). Das VG Frankfurt a. M. hat hierin dem EuGH letztlich die Frage vorgelegt, ob es mit den unionsrechtlichen Vorschriften zur Finanzaufsicht vereinbar ist, wenn zwingende Verschwiegenheitspflichten durch die Anwendung einer prozessrechtlichen Regelung wie des § 99 VwGO „durchbrochen" werden können.

II. Verschlusssachenanweisung (VSA)

153 Nach der zweiten Alternative des § 3 Nr. 4 IFG ist der Informationszugang ferner nicht gegeben, wenn die Information einer durch die Allgemeine Verwaltungsvorschrift zum materiellen und organisatorischen Schutz von Verschlusssachen geregelten Geheimhaltungs- oder Vertraulichkeitspflicht unterliegt (BT-Drs. 15/4493, 11). Die auf Grundlage des § 35 Abs. 1 SGÜ vom BMI erlassene Verschlusssachenanweisung (VSA) regelt die Vorkehrungen zum Schutz von Verschlusssachen und etwa die Anforderungen an die Einstufung einer Verschlusssache. Insoweit greift die VSA § 4 Abs. 1 SÜG auf und regelt die Geheimhaltungs- oder Vertraulichkeitspflicht, die von § 4 Abs. 1 SÜG vorausgesetzt wird (→ Rn. 148 f.). Danach sind Verschlusssachen im öffentlichen Interesse geheimhaltungsbedürftige Tatsachen, Gegenstände oder Erkenntnisse, und zwar unabhängig von ihrer Darstellungsform, die entsprechend ihrer Schutzbedürftigkeit von einer amtlichen Stelle oder auf deren Veranlassung eingestuft wird. Je nach Einstufung gelten unterschiedliche Vorgaben zur Behandlung von Verschlusssachen. Allgemein gilt der Grundsatz, dass nur derjenige Kenntnis von einer Verschlusssache erhalten darf, der aufgrund seiner Dienstpflichten von ihr Kenntnis haben muss – „Kenntnis nur, wenn nötig" (§ 4 Abs. 1 VSA).

154 Die VSA enthält, wie bereits wortgleich § 4 Abs. 2 SÜG, vier Geheimhaltungsgrade: STRENG GEHEIM, GEHEIM, VS-VERTRAULICH und VS-NUR FÜR DEN DIENSTGEBRAUCH. Eine derart eingestufte Information schließt den Anspruch auf Informationszugang aus. Dies gilt auch für den schwächsten Geheimhaltungsgrad: die Gesetzesbegründung stellt ausdrücklich fest, dass der Anspruch auch für eine als VS-NUR FÜR DEN DIENSTGEBRAUCH eingestufte Information nicht gegeben ist (BT-Drs. 15/4493, 11).

154.1 Eine Verschlusssache ist nach § 4 Abs. 2 SÜG und § 3 VSA „streng geheim", wenn die Kenntnisnahme durch Unbefugte den Bestand oder lebenswichtige Interessen der Bundesrepublik Deutschland oder eines ihrer Länder gefährden kann; „geheim", wenn die Kenntnisnahme durch Unbefugte die Sicherheit der Bundesrepublik Deutschland oder eines ihrer Länder gefährden oder ihren Interessen schweren Schaden zufügen kann; „VS-Vertraulich", wenn die Kenntnisnahme durch Unbefugte für die Interessen der Bundesrepublik Deutschland oder eines ihrer Länder schädlich sein kann; und „VS-Nur für den Dienstgebrauch", wenn die Kenntnisnahme durch Unbefugte für die Interessen der Bundesrepublik Deutschland oder eines ihrer Länder nachteilig sein kann.

1. Keine unzulässige dynamische Verweisung auf Verwaltungsvorschrift

155 Die Bezugnahme in § 3 Nr. 4 IFG auf die VSA, die die Geheimhaltung oder Vertraulichkeit von Informationen regelt, ist nicht verfassungswidrig, insbes. genügt § 3 Nr. 4 IFG dem Vorbehalt des Gesetzes (BVerwG NVwZ 2010, 326 Rn. 20 ff.; NVwZ 2010, 321 Rn. 40 ff.). Die Vorschrift des § 3 Nr. 4 IFG begründet selbst keine Pflichten zur Geheimhaltung oder Vertraulichkeit, sondern setzt solche Pflichten voraus. Dementsprechend waren auch die Voraussetzungen für die Geheimhaltung oder Vertraulichkeit einer Information nicht in § 3 Nr. 4 IFG selbst zu regeln. Mit der Bezugnahme auf bestehende Geheimhaltungs- und Vertraulichkeitspflichten und die dafür jeweils anwendbaren Voraussetzungen hat der Gesetzgeber die wesentlichen Entscheidungen selbst getroffen und sie nicht der informationspflichtigen Stelle überlassen.

156 Zutreffend hat das BVerwG in § 3 Nr. 4 IFG im Ausgangspunkt schon keine Verweisung auf die Verschlusssachenanweisung gesehen (BVerwG NVwZ 2010, 326 Rn. 22 ff.). Eine

(statische oder dynamische) Verweisung liegt nämlich nur dann vor, wenn die betreffende Regelung (hier: § 3 Nr. 4 IFG) nicht vollständig idS ist, dass zur Ergänzung der Regelung auf eine andere Norm verwiesen wird und diese herangezogen werden muss, um den Gehalt der betreffenden Regelung zu erfassen. Nur im Tatbestand knüpft § 3 Nr. 4 IFG nämlich an eine außerhalb des IFG getroffene Entscheidung an; dabei wird nicht auf die VSA selbst verwiesen, sondern lediglich auf die Einstufung einer Information als Verschlusssache.

Nach zutreffender Auffassung des BVerwG hat der Gesetzgeber die wesentlichen Entscheidungen nicht der informationspflichtigen Stelle überlassen. Im Regelfall ist es nicht die informationspflichtige Stelle, die die Einstufung einer Information als Verschlusssache übernimmt; nicht die informationspflichtige Stelle ist Normadressatin der Verschlusssachenanweisung und wird dies auch nicht durch § 3 Nr. 4 IFG (BVerwG NVwZ 2010, 326 Rn. 25). **156.1**

(Statische oder dynamische) Verweisungen sind ohnehin nicht per se verfassungsrechtlich bedenklich. Grundsätzlich können statische, aber auch dynamische Verweisungen auf Normen eines anderen Rechtsetzungsorgans zulässig sein (allgemein BVerfGE 47, 285). Problematisch kann eine Verweisung im Hinblick auf die Bestimmtheit der Norm sein (etwa im Fall von Verwaltungsvorschriften, die nicht veröffentlicht werden); problematisch kann auch eine Verweisung sein, wenn dem Gesetzgeber ein Einfluss auf die zukünftige Fortentwicklung von ihm erlassener Regelungen verwehrt wird, Rechtsetzung also faktisch außerhalb des Einflussbereichs des hierfür legitimierten Rechtsetzungsorgans stattfindet (vgl. BVerwG NVwZ 2010, 326 Rn. 23). **156.2**

2. Materielle Einstufung als Verschlusssache maßgeblich

Eine als Verschlusssache eingestufte Information unterliegt nur dann nicht dem Anspruch auf Informationszugang, wenn die materiellen Gründe für eine solche Einstufung tatsächlich vorliegen (BVerwG NVwZ 2010, 326 Rn. 16 ff.; NVwZ 2010, 321 Rn. 47 ff.; hierzu Schnabel NVwZ 2010, 303). Das BVerwG hat damit die Rspr. von Instanzgerichten (→ Rn. 158.2) zurückgewiesen, wonach bereits die – formale – Einstufung einer Information einer Verschlusssache die Wirkung des § 3 Nr. 4 IFG auslöst (so auch Jastrow/Schlatmann IFG § 3 Rn. 80). Kritischen Stimmen, es sei mit dem Ziel des Gesetzes kaum vereinbar, wenn der Verwaltung allgemein die Möglichkeit gegeben werde, Informationen gleichsam zu sperren und einseitig durch eine formelle Einstufung die Pflicht zur Geheimhaltung bzw. Vertraulichkeit herbeizuführen, ohne dass die Informationen auch materiell vertraulich sind (so Frowein, FS Starck, 2007, 219 (221)). haben sich damit erledigt. **157**

Dementsprechend ist zu prüfen, ob die materiellen Voraussetzungen für eine Einstufung als Verschlusssache vorliegen. Die materiellen Voraussetzungen für die Einstufung zu einem bestimmten Geheimhaltungsgrad ergeben sich im Einzelnen aus § 3 Nr. 4 VSA iVm § 4 Abs. 2 SÜG. Die Einstufung einer Information als Verschlusssache mit dem Geheimhaltungsgrad VS – Nur für den Dienstgebrauch ist hiernach nur dann zulässig, wenn die Kenntnisnahme durch Unbefugte für die Interessen der Bundesrepublik Deutschland oder eines ihrer Länder nachteilig sein kann (BVerwG NVwZ 2010, 321 Rn. 55 f.). **158**

Zwingend ist diese Sichtweise nicht. Mit guten Gründen hatte die Rspr. der Instanzgerichte (etwa VG Berlin, Urt. v. 22.8.2008 – 2 A 138.07; Urt. v. 31.5.2007 – 2 A 93.06; VG Ansbach, Urt. v. 22.1.2008 – AN 4 K 07.00903) zuvor eine andere Auffassung vertreten und auf die formale Einstufung einer Information als Verschlusssache abgestellt (ebenso Jastrow/Schlatmann IFG § 3 Rn. 80). Die „Einstufung" gemäß der VSA regele für die betreffenden Informationen eine Geheimhaltungs- und Vertraulichkeitspflicht und sperre so über § 3 Nr. 4 IFG den Informationszugang; erst mit dieser Einstufung (aber eben auch mit dieser) ergäben sich Folgen, etwa für den Umgang mit den Informationen. Immerhin habe die Einstufung Voraussetzungen und folge einem Verfahren, wobei gegen die Einstufung selbst Rechtsschutz möglich und sie auch nicht im Belieben des Mitarbeiters gestellt sei (Jastrow/Schlatmann IFG § 3 Rn. 81, 83). Schließlich „sind" nach § 3 VSA die Verschlusssachen einzustufen. **158.1**

Das BVerwG (NVwZ 2010, 326 Rn. 11 ff.; ebenso NVwZ 2010, 321 Rn. 47 ff.) gelangte zu einem anderen Ergebnis: Zwar ließe der Wortlaut des § 3 Nr. 4 IFG noch die Annahme zu, es komme auf die formale Einstufung einer Information einer Verschlusssache an. Schon die Entstehungsgeschichte der Norm sei aber weniger eindeutig: einerseits stelle die Gesetzesbegründung auf eine „erfolgte" Einstufung ab, was eine formale Betrachtung ermögliche; andererseits nehme der Entwurf auf die Einstufung „nach der Allgemeinen Verwaltungsvorschrift" (dh der VSA) Bezug. **158.2**

Käme es allein auf die formale Einstufung an, liefe zudem der Hinweis in der Gesetzesbegründung bei § 9 Abs. 4 IFG (s. BT-Drs. 15/4493, 16; → § 9 Rn. 73 ff.) zum in camera-Verfahren leer, weil es eines solchen Überprüfungsverfahrens dann nicht bedürfte. Entscheidend stellte das BVerwG schließlich auf den Sinn und Zweck des § 3 Nr. 4 IFG ab und führte aus, nur eine materiell richtige Einstufung als Verschlusssache sei schutzwürdig. Zudem würden die tatbestandlichen Voraussetzungen der übrigen ausdifferenzierten Ausnahmetatbestände unterlaufen, wenn bereits die formelle Einstufung als Verschlusssache, die in allen anderen Fällen ebenfalls möglich ist, den Anspruch ausschlösse.

158.3 Freilich liest sich diese Einschätzung so, als würden die informationspflichtigen Stellen gleichsam nach Gusto Informationen als Verschlusssache einstufen, ohne die Voraussetzungen für eine Einstufung ernst zu nehmen bzw. zu beachten. Bereits das VG Berlin (VG Berlin Urt. v. 22.8.2008 – 2 A 138.07; → Rn. 158.1) hatte sich mit diesem Einwand auseinandergesetzt und ihn als „denkbar, aber nicht praktisch relevant" bewertet. So dürfe aller Erfahrung nach angenommen werden, dass von einer Einstufung als Verschlusssache nur der notwendige, nämlich der sachlich begründbare Gebrauch gemacht wird. In der Tat kann nach einer Auswertung der Rspr. kaum die Rede davon sein, dass die Einstufung als Verschlusssache – und damit die Sperrung des Informationszugangs über § 3 Nr. 4 IFG – als unbürokratisches Mittel informationspflichtiger Stellen genutzt wird, um unerwünschte Anträge auf Informationszugang ablehnen zu können.

III. Berufsgeheimnisse

159 Nach der dritten Alternative des § 3 Nr. 4 IFG besteht der Anspruch auf Informationszugang nicht, wenn die Information einem Berufsgeheimnis unterliegt. Die Gesetzesbegründung verhält sich hierzu nicht ausdrücklich; lediglich im Zusammenhang mit besonders wichtigen Geheimnistatbeständen bezieht sich die Gesetzesbegründung auf die Berufsgeheimnisse der ärztlichen und der anwaltlichen Schweigepflicht (BT-Drs. 15/4493, 11). Diese ergeben sich für die ärztliche Schweigepflicht aus § 203 StGB und § 9 der Berufsordnung und für die anwaltliche Verschwiegenheitspflicht aus § 43a BRAO.

160 Das Recht der freien Berufe enthält zahlreiche Geheimnisregelungen (Beispiele bei Kloepfer, Informationsrecht, 2002, § 9 Rn. 67 ff. mwN). Allgemein wird der jeweilige Berufsträger zur Verschwiegenheit verpflichtet (zB § 43a Abs. 2 S. 1 BRAO), wobei sich diese Pflicht auf alles bezieht, was dem Berufsträger in Ausübung seines Berufes bekanntgeworden ist (zB § 43a Abs. 2 S. 2 BRAO). Die Verschwiegenheitspflicht wird relativiert im Hinblick auf Tatsachen, die offenkundig sind oder ihrer Bedeutung nach keiner Geheimhaltung bedürfen (zB § 43a Abs. 2 S. 3 BRAO). Es ist jeweils anhand des in Rede stehenden Berufsgeheimnisses zu prüfen, wie weit die Verschwiegenheitspflicht reicht und welche Informationen hiervon im Einzelfall erfasst werden (zu § 43a Abs. 2 BRAO etwa VG Berlin BeckRS 2010, 56185).

IV. Besondere Amtsgeheimnisse

161 Nach der vierten Alternative des § 3 Nr. 4 IFG besteht der Anspruch auf Informationszugang schließlich auch dann nicht, wenn die Information einem besonderen Amtsgeheimnis unterliegt. Nach allgemeiner Auffassung stellt die allgemeine Pflicht zur Amtsverschwiegenheit, wie sie sich etwa aus § 67 BBG, § 37 BeamtStG, § 6 BMinG und § 14 SG ergibt (vgl. BVerwGE 141, 122 Rn. 26; s. VG Berlin BeckRS 2012, 54150 zur Verschwiegenheitspflicht des § 76 Abs. 1 BRAO), kein besonderes Amtsgeheimnis dar, weil andernfalls das IFG leer laufen würde (Jastrow/Schlatmann IFG § 3 Rn. 86; NK-IFG/Rossi IFG § 3 Rn. 50). Damit kann auch eine ständige Übung einer informationspflichtigen Stelle als Ausdruck des allgemeinen Amtsgeheimnisses und der Vertraulichkeit der Verwaltung nicht einem Informationsbegehren entgegengehalten werden (VG Berlin Urt. v. 7.8.2013 – 2 K 273.12).

162 Ob es sich um ein besonderes Amtsgeheimnis handelt, das über die allgemeine Verschwiegenheitspflicht hinausgeht, ist durch Auslegung zu ermitteln. Ein besonderes Amtsgeheimnis in diesem Sinne liegt nur vor, wenn es ausdrücklich geregelt ist und der Regelungszweck, ggf. in Abwägung mit dem Informationsinteresse nach dem IFG, anzuerkennen ist. Ein besonderes Amtsgeheimnis muss nach materiellen Kriterien umschriebene Informationen einem besonderen Schutz unterstellen (BVerwG NVwZ 2011, 1012 Rn. 15; vgl. Gurlit WM 2009, 773 (777)). Der allgemeinen Pflicht zur Verschwiegenheit wird zugeschrieben, sie schütze die Geheimhaltung um der Geheimhaltung willen. Ein besonderes Amtsgeheimnis muss aber darüber hinausgehen, was dann der Fall ist, wenn das Geheimhaltungsbedürfnis durch legitime, besondere Zwecke gerechtfertigt ist (VG Köln NWVBl 2010, 329 (330) in Bezug auf die Vorschriften der Geschäftsordnung über die Nichtöffentlichkeit der Sitzungen und die Vertraulichkeit der Beratungen von Plenum und Fachausschüssen der Lebensmittelbuch-Kommission; in Bezug hierauf offen gelassen von OVG Münster ZUR 2012, 113). Zu weit dürfte die Auffassung gehen, eine Geheimhaltungspflicht idS sei nur dann anzunehmen, wenn die Norm dem Schutz besonders sensibler Grundrechtsbereiche diene (so aber VG Berlin BeckRS 2012, 54150).

Ob § 9 KWG bzw. § 8 WpHG ein besonderes Amtsgeheimnis in diesem Sinne sind, hat das BVerwG (NVwZ 2011, 1012 Rn. 15) ausdrücklich offen gelassen. Bei § 9 KWG und § 8 WpHG handelt es sich auch um Rechtsvorschriften zur Geheimhaltung und Vertraulichkeit (erste Alternative des § 3 Nr. 4 IFG), so dass es im Ergebnis nicht darauf ankommt, ob es sich auch um ein besonderes Amtsgeheimnis handelt (→ Rn. 151). **162.1**

G. Vorübergehend beigezogene Informationen einer anderen öffentlichen Stelle (Nr. 5)

Nach § 3 Nr. 5 IFG besteht der Anspruch auf Informationszugang nicht hinsichtlich **163** vorübergehend beigezogener Information einer anderen öffentlichen Stelle, die nicht Bestandteil der eigenen Vorgänge werden soll. Die Zielsetzung dieses – rechtssystematisch nur schwer in die übrigen Regelungen des IFG einzuordnenden – Ausnahmetatbestands liegt vordergründig auf der Hand und wird darin gesehen, das Urheberprinzip zu schützen (BT-Drs. 15/4493, 11; Jastrow/Schlatmann IFG § 3 Rn. 90). Informationen, deren Urheber eine andere öffentliche Stelle ist, dürfen hiernach grds. nicht herausgegeben werden.

I. Keine Geltung des Urheberprinzips

Diese Sichtweise lässt sich indes mit den Regelungen zum Anwendungsbereich des IFG **164** nur schwer in Einklang bringen, weil das IFG nicht vom Urheberprinzip ausgeht. Der Anspruch auf Informationszugang ist nicht auf Informationen des Bundes beschränkt (so aber BT-Drs. 15/4493, 11), also auf Informationen, deren Urheber eine öffentliche Stelle des Bundes ist. Auch dem insoweit maßgeblichen Begriff der amtlichen Information (§ 2 Nr. 1 IFG) ist nicht zu entnehmen, dass eine amtliche Information nur eine solche ist, deren Urheber eine öffentliche Stelle des Bundes gewesen ist (→ § 2 Rn. 11). Dem Anspruch auf Informationszugang unterliegen vielmehr sämtliche Informationen, die bei einer öffentlichen Stelle des Bundes vorhanden sind (→ § 2 Rn. 24 ff.), und zwar unabhängig von der Urheberschaft (vgl. NK-IFG/Rossi IFG § 3 Rn. 53 mit Fn. 51). Dies ergibt sich im Umkehrschluss auch aus § 3 Nr. 5 IFG selbst. Danach unterliegen Informationen einer anderen öffentlichen Stelle, die nicht nur vorübergehender, sondern ständiger Bestandteil der eigenen Vorgänge der informationspflichtigen Stelle des Bundes werden sollen, dem Anspruch auf Informationszugang, obwohl auch in diesem Fall Urheber der Information die andere öffentliche Stelle bleibt.

Letztlich wird der durch § 3 Nr. 5 IFG bezweckte Schutz bereits durch die Legalde- **165** finition der amtlichen Information nach § 2 Nr. 1 IFG erreicht. Amtliche Informationen sind nämlich nur solche amtlichen Zwecken dienende Aufzeichnungen, die bei der informationspflichtigen Stelle vorhanden sind und über die diese auch verfügungsbefugt ist (→ § 2 Rn. 24 ff.; → § 7 Rn. 23 ff.; s. nur Schoch IFG § 2 Rn. 30 ff. und § 1 Rn. 33). Für eine nur vorübergehend beigezogene Information einer anderen öffentlichen Stelle, die nicht Bestandteil der eigenen Vorgänge werden soll, trifft dies aber nicht zu. Auch wenn eine solche Information der Stelle tatsächlich vorliegt, dürfte sie nicht ieS „vorhanden" sein, weil sie nicht Bestandteil des Vorgangs geworden ist. Zudem liegt die Verfügungsbefugnis weiterhin allein bei der anderen Stelle, die sie durch die Zurverfügungstellung der Information nicht verloren hat.

Mit Blick darauf, dass die informationspflichtige Stelle in Bezug auf betreffende Informa- **166** tion auch verfügungsbefugt sein muss (→ § 1 Rn. 117), erweist sich § 3 Nr. 5 IFG auch aus

Schirmer 937

einem anderen Grund als problematisch. So könnte § 3 Nr. 5 IFG zu der unzutreffenden Folgerung verleiten, vorbehaltlich des Eingreifens (anderer) Schutzgründe sei der Anspruch auf Informationszugang bei allen Informationen gegeben, die – nach den Grundsätzen ordnungsgemäßer Aktenführung – ständiger Bestandteil der eigenen Vorgänge der öffentlichen Stelle des Bundes werden. In diesem Fall, wenn also Informationen mit Ursprung außerhalb des Bundes ständiger Bestandteil der Unterlagen des Bundes werden sollen, solle auch das Urheberprinzip nicht greifen (BT-Drs. 15/4493, 11). Unabhängig davon, dass das IFG das Urheberprinzip nicht kennt (→ Rn. 164), ist bei Informationen, die nicht von der informationspflichtigen Stelle selbst stammen, aber wie dargelegt immer auch deren Verfügungsbefugnis (→ § 7 Rn. 23 ff.) zu prüfen. Die informationspflichtige Stelle wird über Informationen einer anderen öffentlichen Stelle des Bundes oder außerhalb des Bundes nicht allein deshalb verfügungsberechtigt, weil sie ständiger Bestandteil der eigenen Vorgänge wird. Eine solche Sichtweise ließe sich möglicherweise auf den Wortlaut des § 3 Nr. 5 IFG stützen, ist aber rechtssystematisch mit den übrigen Regelungen des IFG nicht vereinbar. Nur so können schließlich auch die Interessen anderer öffentlicher Stellen berücksichtigt werden, die nicht dadurch wegfallen, dass sich eine öffentliche Stelle des Bundes deren Information „einverleibt" (Schoch IFG § 3 Rn. 159).

167 Vor diesem Hintergrund wird auch zutreffend davon ausgegangen, § 3 Nr. 5 IFG sei überflüssig und dieses Verweigerungsgrundes bedürfe es nicht (etwa Schoch IFG § 3 Rn. 154). Es überrascht daher nicht, dass der Ausnahmetatbestand in der Verwaltungspraxis soweit ersichtlich bisher keine Rolle gespielt und sich auch die Rspr. hiermit nicht auseinandergesetzt hat.

167.1 Nach der Evaluation zum IFG (→ Rn. 9.2) kann auf den Ausnahmetatbestand des § 3 Nr. 5 IFG verzichtet und dieser daher gestrichen werden. Bei fehlender Verfügungsbefugnis liege schon kein tauglicher Anspruchsgegenstand vor, so dass der Ausnahmetatbestand ins Leere laufe (→ Rn. 207.6).

II. Tatbestand und Rechtsfolgen

168 Vorübergehend beigezogen ist eine Information dann, wenn sie nur für einen begrenzten Zeitraum durch die informationspflichtige Stelle des Bundes genutzt wird. Die Verfügungsbefugnis der Ursprungsbehörde (der „anderen öffentlichen Stelle") bleibt durch die nur vorübergehende Nutzung unberührt. Die öffentliche Stelle des Bundes wird allerdings nicht bereits dadurch verfügungsbefugt, dass die Information ständiger Bestandteil der eigenen Vorgänge wird (→ Rn. 165 f.; vgl. Jastrow/Schlatmann IFG § 3 Rn. 91).

169 Urheber der Information muss eine andere öffentliche Stelle sein. Nach der Gesetzesbegründung (BT-Drs. 15/4493, 11) wie auch nach der Literatur (etwa Schoch IFG § 3 Rn. 156; NK-IFG/Rossi IFG § 3 Rn. 54) sollen hiervon alle öffentlichen Stellen außerhalb des Bundes erfasst werden, wozu die Länder, die Europäischen Gemeinschaften (bzw. die Europäische Union) oder ihre Mitgliedstaaten, internationale Einrichtungen oder auch Drittstaaten gehören. Nicht recht einleuchtend ist indes die Beschränkung auf Stellen außerhalb des Bundes. Andere öffentliche Stellen iSd § 3 Nr. 5 IFG können vielmehr auch solche des Bundes sein, weil jede öffentliche Stelle – und nicht der Bund als solcher – Urheber von Informationen sein kann und damit die Verfügungsbefugnis hierüber innehat. Die Auffassung, § 3 Nr. 5 IFG lasse den Anspruch auf Informationszugang von vornherein nur bei Informationen von öffentlichen Stellen außerhalb des Bundes entfallen, widerspricht der Grundannahme, eine öffentliche Stelle hat die Verfügungsbefugnis über eine Information. Stellt man hingegen auf die Verfügungsbefugnis „des Bundes" ab (so Schoch IFG § 3 Rn. 158 f.), hätte konsequent jede informationspflichtige Stelle des Bundes zugleich die Verfügungsbefugnis über die Informationen anderer öffentlicher Stellen des Bundes.

170 Unter den Voraussetzungen des § 3 Nr. 5 IFG besteht der Anspruch auf Informationszugang nicht. Ein Ermessen dergestalt, dass die informationspflichtige Stelle den Antrag zurückweisen „kann", besteht nicht. Nach der Gesetzesbegründung (BT-Drs. 15/4493, 11) soll die informationspflichtige Stelle aber den Antrag gemäß den allgemeinen verwaltungsrechtlichen Grundsätzen nach pflichtgemäßem Ermessen weiterleiten, den Antragsteller an die zuständige Stelle verweisen oder deren Zustimmung zur Informationserteilung einholen können. Der Informationszugang erfolgt dabei im Normalfall bei der „anderen öffentlichen

Stelle", also der Ursprungsbehörde. Nach den Vorstellungen des Gesetzgebers soll aber die informationspflichtige Stelle nicht nur die Möglichkeit haben, den Antragsteller zu unterstützen, sondern auch, den Antrag selbst, freilich nur im Zusammenwirken mit der Ursprungsbehörde, zu bescheiden. Niederschlag im Wortlaut des Gesetzes hat diese Vorstellung nicht gefunden.

Nicht vorübergehend beigezogen sind hiernach solche Informationen, die die informationspflichtige Stelle von einer anderen öffentlichen Stelle bspw. nur zur Kenntnisnahme erhalten hat. Diese Informationen werden regelmäßig ständiger Bestandteil des eigenen Vorgangs der informationspflichtigen Stelle, ohne dass es auf die Urheberschaft an der Information ankommt. Auch in diesen Fällen stellt sich die Frage, wie die Interessen der anderen öffentlichen Stelle sachgerecht berücksichtigt werden können, insbes. wenn (allein) diese für die betreffende Sachmaterie zuständig ist und dementsprechend auch über die für die Darlegung der Ausnahmetatbestände notwendige Fachkenntnis verfügt. Nur teilweise dürften sich solche Fälle über die (alleinige) Verfügungsberechtigung der anderen öffentlichen Stelle lösen lassen. **170.1**

H. Beeinträchtigung fiskalischer oder wirtschaftlicher Interessen (Nr. 6)

Der Anspruch auf Informationszugang besteht nach § 3 Nr. 6 IFG nicht, wenn das Bekanntwerden der Information geeignet wäre, fiskalische Interessen des Bundes im Wirtschaftsverkehr oder wirtschaftliche Interessen der Sozialversicherungsträger zu beeinträchtigen. Es handelt sich um den einzigen Ausnahmetatbestand des § 3 IFG, der im Gesetzgebungsverfahren nicht bloß redaktionell, sondern substantiell geändert worden ist. Gleichwohl sind seine Schutzfunktion und seine praktische Bedeutung kontrovers geblieben (Schoch IFG § 3 Rn. 161ff). **171**

Der Gesetzentwurf (BT-Drs. 15/4493) sah vor, dass der Anspruch auf Informationszugang nicht besteht, „wenn das Bekanntwerden der Information geeignet wäre, fiskalische Interessen des Bundes zu beeinträchtigen". Die – schließlich Gesetz gewordene – Fassung des § 3 Nr. 6 IFG in der Beschlussempfehlung des Innenausschusses (BT-Drs. 15/5606) sah zwei Änderungen vor. Die fiskalischen Interessen des Bundes wurden beschränkt auf „fiskalische Interessen im Wirtschaftsverkehr", um der Befürchtung zu begegnen, bereits die Erhebung der Kosten für die Informationsgewährung könnte fiskalische Interessen berühren (vgl. NK-IFG/Rossi IFG § 3 Rn. 55). Diese Änderung hat aus Sicht des Gesetzgebers nur präzisierenden Charakter (BT-Drs. 15/5606, 5). Gleichwohl wird die Regelung in der Literatur teilweise als „trauriges Beispiel" dafür kritisiert, wie der Zugang zu den „interessantesten" Informationen verwehrt bleibt (so Wendt AnwBl 2005, 702 (703)). **171.1**

Darüber hinaus wurde nach kontroverser Diskussion und intensiver Lobbyarbeit (so Schoch IFG § 3 Rn. 165ff.) der Schutz der „wirtschaftlichen Interessen der Sozialversicherungsträger" aufgenommen (zum Gesetzgebungsverfahren in dieser Hinsicht etwa Jastrow/Schlatmann IFG § 3 Rn. 101 f.). Die eigenständige Bedeutung dieser Ausnahme wird bezweifelt, zumal die Gesetzesbegründung selbst in Bezug auf die für die wirtschaftliche Aufgabenerfüllung der Sozialversicherungen relevanten Informationen auf den durch § 6 S. 2 IFG gewährleisteten Schutz abstellt (BT-Drs. 15/5606, 6). Daneben greift auch § 5 IFG zum Schutz personenbezogener Daten bei Sozialversicherungsträgern. Die Regelung zum Schutz wirtschaftlicher Interessen der Sozialversicherungsträger wird daher teilweise auch als eine fachlich misslungene, weil überflüssige Klausel zur Ruhigstellung der Versicherungslobby angesehen (vgl. Steinbach/Hochheim NZS 2006, 517 (521); zur Gesetzgebungsgeschichte auch BRS/Roth IFG § 3 Rn. 141 f.). Für § 3 Nr. 6 IFG dürfte neben diesen Ausnahmetatbeständen insoweit kein praktischer Anwendungsbereich verbleiben (so Fluck/Fischer/Fetzer/Scherzberg/Solka IFG § 3 Rn. 151). **171.2**

Vor diesem Hintergrund empfiehlt die Evaluation zum IFG (→ Rn. 9.2) auch die Streichung des § 3 Nr. 6 IFG, allerdings unter der Voraussetzung, dass in § 6 IFG zum Schutz von Betriebs- und Geschäftsgeheimnissen dessen Anwendbarkeit für den Staat und die Sozialversicherungsträger klargestellt wird (→ Rn. 207.7). **171.3**

I. Schutzzweck und -funktion

Der Ausnahmetatbestand des § 3 Nr. 6 IFG dient nach Auffassung des Gesetzgebers dazu, in beiden von der Regelung erfassten Bereichen einen fairen Wettbewerb sicherzustellen **172** (vgl. BT-Drs. 15/4493, 11). Insoweit entspricht die Regelung dem Schutz wirtschaftlicher Interessen privater Dritten nach § 6 IFG, womit die Grundrechte der Berufs- und Eigentumsfreiheit nach Art. 12 und 14 GG geschützt werden (BT-Drs. 15/4493, 11), auf die sich der Staat freilich nicht berufen kann (vgl. Polenz DÖV 2010, 350 zu Betriebs- und Geschäftsgeheimnissen der öffentlichen Hand). Gleichwohl soll – dies ist freilich diskutabel (→ Rn. 173.1) – auch der Bund wie ein Dritter als Marktteilnehmer am Privatrechtsverkehr und am Wirtschaftsleben teilnehmen können, wobei seine wirtschaftlichen Informationen ebenso schutzwürdig sind wie die Privater (so BT-Drs. 15/4493, 11). Auch mit der Beschränkung auf fiskalische Interessen im Wirtschaftsverkehr wird mit § 3 Nr. 6 IFG haushaltsrechtlichen Grundsätzen Rechnung getragen (vgl. auch OVG Münster BeckRS 2013, 51675).

173 Der Schutz der wirtschaftlichen Interessen der Sozialversicherungsträger wird damit begründet, dass sie vor allem vor einer Ausspionierung durch Konkurrenten geschützt werden sollen (BT-Drs. 15/5606, 6). Auch hier dient § 3 Nr. 6 IFG also dazu, den Staat überall dort zu schützen, wo er wie ein Privater am Markt agiert, wo er also Privaten im Wirtschaftsverkehr gleichrangig bzw. im Verhältnis der Gleichordnung gegenübersteht (vgl. VG Hamburg ZIP 2009, 2014 (2017); Urt. v. 24.11.2008 – 15 K 4014/07). Insoweit dient § 3 Nr. 6 IFG dazu, gleiche Wettbewerbsbedingungen zu schaffen, indem Privaten der Zugang zu Informationen, die den Wettbewerb verzerren und ihnen eine bessere Wettbewerbsposition verschaffen können, verwehrt wird. Eine Pflicht zur Offenbarung von (wettbewerbsrelevanten) Informationen sei hier nicht gerechtfertigt (so BT-Drs. 15/4493, 11).

173.1 Die Zielsetzung des § 3 Nr. 6 IFG basiert auf der – freilich diskutablen – Prämisse, der Staat müsse wie ein Privater geschützt werden, wenn er am Wirtschaftsverkehr teilnimmt. Er müsse etwa vor Ausforschung durch andere Marktteilnehmer geschützt werden, wenn er den Privaten im Verhältnis der Gleichordnung gegenübersteht. Vor diesem Hintergrund ist auch die Kritik an § 3 Nr. 6 IFG einzuordnen, wonach gerade beim fiskalischen Handeln des Staates (worauf § 3 Nr. 6 IFG freilich nicht beschränkt ist, → Rn. 174), durch Transparenz eines zusätzliche Möglichkeit zur Korruptionsbekämpfung und Korruptionsverhinderung hätte geschaffen werden können (vgl. NK-IFG/Rossi IFG § 3 Rn. 57; Kloepfer/von Lewinski DVBl 2005, 1277 (1282); Kloepfer K&R 2006, 19 (21)).

II. Fiskalische Interessen im Wirtschaftsverkehr

174 Die nach § 1 Abs. 1 IFG informationspflichtigen Stellen müssen nicht fiskalisch handeln (so aber wohl NK-IFG/Rossi IFG § 3 Rn. 58), um sich auf den Ausnahmetatbestand des § 3 Nr. 6 IFG berufen zu können. Insofern ist der Hinweis, die Ausnahme sei zugunsten der fiskalischen Interessen notwendig, weil sich der Anspruch auf Informationszugang auch auf das fiskalische Handeln des Bundes erstreckt (NK-IFG/Rossi IFG § 3 Rn. 56; Sokol CR 2005, 835 (838): „fiskalisches Handeln als Verwaltungstätigkeit"), wenig ergiebig. Nach § 3 Nr. 6 IFG wird nämlich nicht auf das fiskalische Handeln des Bundes abgestellt, so dass es auf die konkrete Handlungsform der informationspflichtigen Stelle nicht ankommt (so auch OVG Münster BeckRS 2013, 51675). Es geht vielmehr um fiskalische Interessen des Bundes, die auch bei der Wahrnehmung „bloßer" öffentlich-rechtlicher Verwaltungsaufgaben in Rede stehen können. Auch aus der Wendung „im Wirtschaftsverkehr" folgt nicht, dass nur fiskalisches Handeln erfasst würde (insoweit missverständlich OVG Münster BeckRS 2013, 51675).

175 Fiskalische Interessen können in vielfältigen Zusammenhängen berührt sein. Nach der Gesetzesbegründung soll es nicht notwendig sein, dass der Bund selbst als Wettbewerber auftritt (BT-Drs. 15/5606, 5); in der Rspr. wird aus der Wendung „im Wirtschaftsverkehr" allerdings abgeleitet, dass die öffentliche Stelle wie ein privater Dritter mit der Absicht der Gewinnerzielung am Markt auftreten muss, dh dass sich öffentliche Stelle und Privater – als Wettbewerber – auf der Ebene der Gleichordnung gegenüberstehen müssen (OVG Münster BeckRS 2013, 51675; in diese Richtung auch VG Hamburg ZIP 2009, 2014 (2017), wonach der Behörde Wettbewerbsnachteile drohen müssen). Die Regelung schützt etwa vor der Ausforschung durch Anbieter bei Beschaffungsmaßnahmen (BT-Drs. 15/5606, 5) oder durch

Kaufinteressenten bei Veräußerungen etwa von Liegenschaften, die weitgehend der Bundesvermögensverwaltung (nun der Bundesanstalt für Immobilienaufgaben – BImA) obliegt (dazu etwa OVG Münster BeckRS 2013, 51675). Hier liegt es auf der Hand, dass der Bund seine Einnahmen schützen will und § 3 Nr. 6 IFG insoweit haushaltsrechtlichen Grundsätzen Rechnung trägt (vgl. BT-Drs. 15/4493, 11; Beispiele auch bei Jastrow/Schlatmann IFG § 3 Rn. 99 f.).

Fiskalische Interessen des Bundes sind auch berührt bei den privatrechtlichen Bankgeschäften, die der Bund über die Kreditanstalt für Wiederaufbau (KfW) abwickelt. Insoweit handelt es sich um erwerbswirtschaftliche Tätigkeiten, ohne dass es hierauf allerdings für die Anwendbarkeit des § 3 Nr. 6 IFG ankäme (→ Rn. 174). Auch die von der Bundesrepublik Deutschland Finanzagentur GmbH und der Bundeswertpapierverwaltung für den Bund durchgeführten Aufgaben werden durch § 3 Nr. 6 IFG geschützt (BT-Drs. 15/4493, 11). Nicht um fiskalische Interessen handelt es sich dagegen bei Informationen, die eine Insolvenzanfechtung ermöglichen, die wiederum zu finanziellen Verlusten bei der Behörde führt, denn durch eine mögliche Insolvenzanfechtung werden Interessen der informationspflichtigen Stelle im Wirtschaftsverkehr nicht berührt (VG Hamburg ZIP 2009, 2014 (2017); ebenso VG Hamburg ZInsO 2010, 1098 (1102)). **176**

Die Regelung des § 3 Nr. 6 IFG schützt nicht nur vor unmittelbaren oder direkten Beeinträchtigungen fiskalischer Interessen (so aber Schoch IFG § 3 Rn. 178). Es ist eine Frage der Darlegung im konkreten Einzelfall, ob auch mittelbare bzw. indirekte Beeinträchtigungen die fiskalischen Interessen gefährden können. **177**

> Haushaltsrechtliche Grundsätze ergeben sich im Einzelnen aus der BHO. Danach dürfen zB Vermögensgegenstände nur zum vollen Wert veräußert werden (§ 63 Abs. 3 BHO) und Einnahmen sind rechtzeitig und vollständig zu erheben (§ 34 Abs. 1 BHO) (BT-Drs. 15/4493, 11; zum Haushaltsrecht auch OVG Münster BeckRS 2013, 51675). **177.1**

III. Wirtschaftliche Interessen der Sozialversicherungen

Die Sozialversicherungsträger sind bundesunmittelbare Körperschaften und damit Behörden iSd § 1 Abs. 1 S. 1 IFG. Sie unterfallen daher ebenfalls dem Anspruch auf Informationszugang (Schoch IFG § 3 Rn. 168; vgl. NK-IFG/Rossi IFG § 1 Rn. 50). Sie werden durch § 3 Nr. 6 IFG nicht – im Sinne einer Bereichsausnahme – vom Anspruch auf Informationszugang aufgenommen; die Vorschrift schützt die Träger der Sozialversicherung im Wirtschaftsverkehr (VG Hamburg ZIP 2009, 2014 (2017)). **178**

Geschützte wirtschaftliche Interessen der Sozialversicherungen sind die etwa bei der gesetzlichen Krankenversicherung und ihren Einrichtungen vorhandenen anonymisierten Leistungs- und Abrechnungsdaten, ebenso Mitglieder-, Vertrags- und Finanzdaten (NK-IFG/Rossi IFG § 3 Rn. 59; vgl. VGH München DVBl 2009, 323 Rn. 43, 46; VG Hamburg ZIP 2009, 2014 (2017); VG Hamburg ZInsO 2010, 1098 (1102)). Auch hier greift der allgemeine Schutzzweck der Norm (→ Rn. 172 f.), weil der Wettbewerb zwischen den Krankenkassen untereinander und zu den privaten Krankenversicherungsunternehmen nur dann sichergestellt werden kann, wenn wettbewerbserhebliche Daten nicht bekannt werden; andernfalls könnte dies die wirtschaftliche Leistungserbringung der gesetzlichen Krankenkassen beeinträchtigen (BT-Drs. 15/5606, 6). **179**

IV. Beeinträchtigung der Schutzgüter

Die informationspflichtige Stelle muss nach § 3 Nr. 6 IFG darlegen, dass das Bekanntwerden der Information geeignet wäre, fiskalische Interessen des Bundes im Wirtschaftsverkehr oder wirtschaftliche Interessen der Sozialversicherungen zu beeinträchtigen. Der Begriff der Beeinträchtigung ist so zu verstehen wie die nachteiligen Auswirkungen bei § 3 Nr. 1 IFG (OVG Münster BeckRS 2013, 51675). Die konkrete Möglichkeit der Beeinträchtigung ist, den allgemeinen Grundsätzen an die Darlegung entsprechend (→ Rn. 11 ff.; s. iE auch BeckRS 2013, 51675), anhand einer nachvollziehbaren, auf Tatsachen gestützten Prognose darzutun. Bei der Prognose ist nicht danach zu differenzieren, wer den Zugang zu der betreffenden Information begehrt; es kommt also nicht darauf an, ob eine mit der **180** informationspflichtigen Stelle in Wettbewerb stehende Person, ein potentieller Geschäftspartner oder ein sonstiger Dritter den Informationszugang erstrebt (OVG Münster BeckRS 2013, 51675). Eine bloß „vage", nicht anhand konkreter Anhaltspunkte darzulegende Möglichkeit des Schadenseintritts reicht für die Prognose nicht (vgl. VGH München DVBl 2009 323, Rn. 43; s. auch VG Stuttgart Urt. v. 17.5.2011 – 13 K 3505/09). Eine solche Beeinträchtigung kann nicht in Anknüpfung an die tatbestandlichen Voraussetzungen (etwa erwerbswirtschaftliche Betätigung, privatrechtliche Gleichordnung) pauschal unterstellt werden, sondern muss im jeweiligen Einzelfall geprüft werden. Damit wird zugleich sichergestellt, dass § 3 Nr. 6 IFG nicht zu einer Bereichsausnahme wird (OVG Münster BeckRS 2013, 51675).

181 Dass der Anspruch auf Informationszugang nur bei einer erheblichen und spürbaren Beeinträchtigung der Schutzgüter entfallen soll (etwa BVerwG NVwZ 2012, 112 Rn. 21; näher → Rn. 84 zu § 3 Nr. 1 lit. d IFG), lässt sich jedenfalls nicht anhand des Wortlauts der Norm begründen (so auch OVG Münster BeckRS 2013, 51675). Richtig ist, dass die Schutzgüter des § 3 Nr. 6 IFG denkbar weit gefasst sind. Aber auch nach dem Wortlaut der Vorschrift kann der Informationszugang nicht schon dann verwehrt werden, wenn die hier in Rede stehenden Interessen berührt oder betroffen sind. Eine Beeinträchtigung setzt schon der Begrifflichkeit nach eine gewisse Erheblichkeit voraus, die nur anhand der Umstände des Einzelfalls beurteilt werden kann. Einer ausdrücklichen Beschränkung auf erhebliche und spürbare Beeinträchtigungen bedarf es daher nicht.

181.1 Dementsprechend greifen auch Befürchtungen nicht durch, wonach die „bloß mögliche Eignung des Bekanntwerdens einer Information für die Beeinträchtigung fiskalischer Interessen im Wirtschaftsverkehr genügen soll" (so Sokol CR 2005, 835 (838)), nicht durch. Auf dieser Linie liegt auch die Rspr. (etwa VGH München DVBl 2009, 323 Rn. 44 ff.), die die Möglichkeit wirtschaftlicher Beeinträchtigungen im Fall des Bekanntwerdens der vollständigen Mitgliederdaten eines Sozialversicherungsträgers detailliert überprüft und am Beispiel der Regelungen über die gewerblichen Berufsgenossenschaften und die Unfallversicherung bejaht. Fiskalische Interessen sind bspw. dann beeinträchtigt, wenn das Bekanntwerden der Information geeignet wäre, zu einem niedrigeren Marktpreis (der zu veräußernden Liegenschaft) zu führen (OVG Münster BeckRS 2013, 51675).

I. Vertraulich erhobene oder übermittelte Informationen (Nr. 7)

182 Der Anspruch auf Informationszugang besteht nach § 3 Nr. 7 IFG nicht bei vertraulich erhobener oder übermittelter Information, soweit das Interesse des Dritten an einer vertraulichen Behandlung im Zeitpunkt des Antrags auf Informationszugang noch fortbesteht.

182.1 Im sonstigen Informationszugangsrecht finden sich keine Parallelen zu dieser Bestimmung. So enthält etwa weder das UIG noch das VIG eine Regelung zum Schutz vertraulich erhobener oder übermittelter Informationen (vgl. auch Schoch IFG § 3 Rn. 181).

I. Hintergrund der Regelung und Schutzzweck

183 Die öffentlichen Stellen sind für die Wahrnehmung ihrer Aufgaben in zunehmenden Maße auf Informationen von Bürgern bzw. Betroffenen angewiesen (BT-Drs. 15/4493, 11). Effektives Staatshandeln, zumal im Gefahrenabwehrrecht, verlangt ein ausreichendes Maß an Steuerungswissen (Augsberg DVBl 2007, 733 (737 f.)). Namentlich im Regulierungsrecht ist die Verwaltung abhängig von der freiwilligen Informationszusammenarbeit der von ihr beaufsichtigten bzw. regulierten Einrichtungen. Auch die Rspr. (→ Rn. 79, → Rn. 83) erkennt an, dass den öffentlichen Stellen zur Erlangung der notwendigen Informationen auch Zwangsbefugnisse zustehen, deren Ausübung aber im Regelfall kaum für eine effektive und effiziente Regulierung geeignet ist. Auf eine solche Zusammenarbeit sind letztlich alle öffentlichen Stellen mit Überwachungs- bzw. Regulierungsaufgaben angewiesen. Auf Bundesebene gilt dies vor allem für das Bundeskartellamt, die BNetzA als Regulierungsbehörde für Elektrizität, Gas, Telekommunikation, Post und Eisenbahn, das Bundesamt für Verfassungsschutz, den BND und den MAD (BT-Drs. 15/4493, 11), aber auch für den Bundesrechnungshof (→ Rn. 91 ff.) und insbes. für die BaFin (→ Rn. 81 ff.), die in erheblichem Maße über von den von ihr beaufsichtigten Instituten zur Verfügung gestellten Informationen verfügt und zur effektiven Wahrnehmung ihrer Aufsichtsbefugnisse hierauf angewiesen ist (vgl. NK-IFG/Rossi IFG § 3 Rn. 60; vgl. auch OVG Berlin-Brandenburg BeckRS 2010, 56783).

Eine solche Kooperation von Bürger bzw. Betroffenem mit den öffentlichen Stellen hängt maßgeblich von dem Vertrauen in die Verschwiegenheit der Verwaltung ab. Nach der zutreffenden gesetzgeberischen Wertung müssen daher vertrauliche Informationen geschützt werden. Dies betrifft sowohl Informationen, die vertraulich von der Behörde selbst erhoben worden sind als auch solche, die vertraulich an eine Behörde übermittelt worden sind (BT-Drs. 15/4493, 11; Fluck/Fischer/Fetzer/Scherzberg/Solka IFG § 3 Rn. 154; Sellmann/Augsberg WM 2006, 2293 (2300)). Für den Schutzgegenstand kommt es mithin nicht darauf an, auf welche Weise die Information in die Sphäre des Staates gelangt ist (Schoch IFG § 3 Rn. 190). 184

Hieraus und auch aus der systematischen Stellung des Ausnahmetatbestands, der dem Schutz besonderer öffentlicher Belange dient, ergibt sich der Schutzzweck, der vor allem im Schutz der Behörden selbst und ihrer Aufgabenwahrnehmung liegt (anders Kloepfer K&R 2006, 19 (23): nur mittelbarer Schutz der Verwaltung). Der gesetzgeberischen Zielsetzung lässt sich indes auch entnehmen, dass § 3 Nr. 7 IFG zugleich dem Schutz von Informanten dient, indem ihre Identität nicht preisgegeben wird (vgl. Schoch IFG § 3 Rn. 188). Letzteres greift zu kurz: es geht bei § 3 Nr. 7 IFG nicht bloß um Informationen, die ein „whistle blower" weitergibt, sondern zum weitaus größten Teil um Informationen, die der Beaufsichtigte selbst zur Verfügung stellt. Dies ist bei der Einstufung als vertrauliche Information zu berücksichtigen (vgl. auch Jastrow/Schlatmann IFG § 3 Rn. 106: Doppelcharakter aus Schutz des öffentlichen Interesses und des Hinweisgebers). 185

Dementsprechend fallen vertrauliche Übermittlungen zwischen Behörden nicht unter § 3 Nr. 7 IFG (BT-Drs. 15/4493, 12). Vom Schutzzweck der Bestimmung werden auch nicht Informationen erfasst, die vertraulich zwischen Privaten übermittelt werden und die der Behörde sodann – ohne Vorbehalt der Vertraulichkeit – zugänglich gemacht werden (Schoch IFG § 3 Rn. 194). 186

Der Gesetzgeber versteht den Schutz vertraulicher Information wegen der rechtssystematischen Stellung innerhalb des § 3 IFG wohl vorrangig zu Gunsten der öffentlichen Stellen des Bundes. Für die Vertraulichkeit bzw. ihren Wegfall kommt es demgegenüber nicht auf das Interesse der Behörde, sondern auf das des Dritten (des Informanten) an. 186.1

Zur Erreichung dieses Schutzzwecks hätte es nicht ausgereicht, es bei der allgemeinen Regelung des § 19 BDSG zu belassen oder deren Gehalt in das IFG zu übernehmen (so wohl Schoch IFG § 3 Rn. 183). Die Betroffenenrechte aus § 19 BDSG geben dem einzelnen Betroffenen einen Anspruch auf Auskunftserteilung über die zu seiner Person gespeicherten Daten, wobei dieser Anspruch unter dem Vorbehalt des § 19 Abs. 4 BDSG (etwa zum Schutz überwiegender berechtigter Interessen eines Dritten) steht. Hiermit ist die Fallgestaltung eines Antrags nach § 1 Abs. 1 S. 1 IFG nicht vergleichbar, bei der jedermann und nicht bloß ein Betroffener die Einsicht in amtliche Informationen begehren kann. Zum Schutz überwiegender berechtigter Interessen eines Dritten, etwa eines Informanten, ist die Regelung des § 3 Nr. 7 IFG notwendig. 186.2

II. Vertraulichkeit der Information

Alle in die Sphäre des Staates gelangenden Informationen werden vom Schutz des § 3 Nr. 7 IFG erfasst. Auf den Sachzusammenhang, in dem dies erfolgt, kommt es dabei nicht an (vgl. Sellmann/Augsberg WM 2006, 2293 (2300); Schoch IFG § 3 Rn. 190). Geschützt und vom Informationszugang ausgeschlossen sind nur „vertraulich" erhobene bzw. übermittelte Informationen. Nach der eher schillernden, aber wenig aussagekräftigen Gesetzesbegründung ist vertraulich eine solche Information, die vertraulich (von der Behörde) erhoben oder vertraulich (an die Behörde) übermittelt worden ist (BT-Drs. 15/4493, 11). 187

1. Begriff der Vertraulichkeit

„Vertraulich" sind letztlich solche Informationen, die nicht für die Öffentlichkeit bestimmt sind (VG Berlin BeckRS 2012, 50035). Dass es sich um eine sensible Information handelt, führt noch nicht zu ihrer Vertraulichkeit (Brock/Morbach PharmR 2009, 108 188

(109)). Auf den materiellen Gehalt oder das Gewicht des Geheimhaltungsinteresses kommt es dabei nicht an. Daher ist es für die Vertraulichkeit einer Information nicht notwendig, dass ein Bezug zum Schutz von Grundrechten oder anderen verfassungsrechtlich geschützten Rechtsgütern gegeben ist (so aber BRS/Roth IFG § 3 Rn. 146). Für eine solche einengende Auslegung des Begriffs der Vertraulichkeit lassen sich dem Gesetz keine Anhaltspunkte entnehmen (wie hier Schoch IFG § 3 Rn. 191; Fluck/Fischer/Fetzer/Scherzberg/Solka IFG § 3 Rn. 155).

189 Wann eine Information nicht für die Öffentlichkeit „bestimmt" ist, lässt sich wiederum nur anhand der Umstände des Einzelfalls beantworten. Im Grundsatz geht es dabei um die Frage, ob die Information, die in die Sphäre des Staates gelangt ist, ohne die (Zusicherung der) Vertraulichkeit nicht hätte erhoben werden können bzw. nicht übermittelt worden wäre. Ein in diesem Sinne schutzwürdiges Vertrauen lässt sich nach der zutreffenden Rspr. nur danach beurteilen, ob Informationsgeber und Informationsnehmer darin übereinstimmen, dass die Information der Öffentlichkeit nicht zugänglich gemacht wird. Diese Übereinstimmung kann sowohl ausdrücklich sein als auch sich konkludent aus den Umständen ergeben (VG Berlin BeckRS 2012, 50035; in diese Richtung auch OVG Berlin-Brandenburg BeckRS 2010, 56783).

190 Mit Blick auf die Regelung zum Wegfall der Vertraulichkeit (→ Rn. 192) wird zutreffend angenommen, dass es eines objektiv schutzwürdigen Interesses an der vertraulichen Behandlung der Information bedarf (OVG Berlin-Brandenburg Urt. v. 28.6.2013 – OVG 12 B 9.12; VG Berlin BeckRS 2012, 50035). Damit relativieren sich die Unterschiede zwischen einer ausdrücklich vom Informationsgeber und Informationsnehmer vereinbarten Vertraulichkeit und einer sich aus den jeweiligen Umständen ergebenden Übereinstimmung darüber, dass die Information der Öffentlichkeit nicht zugänglich gemacht wird, denn auch in ersterem Fall müssen zu einer Vertraulichkeitsabrede weitere (objektive) Umstände hinzutreten, aus denen sich das schutzwürdige Geheimhaltungsinteresse ergibt. Nur so kann der Gefahr begegnet werden, dass durch Vertraulichkeitsabreden zwischen den Beteiligten oder gar durch eine einseitige Zusicherung von Seiten der Behörde der Anspruch auf Informationszugang unterlaufen wird (Schoch IFG § 3 Rn. 192).

191 Allerdings kann es hierbei angesichts des Wortlauts des § 3 Nr. 7 IFG nur auf das Interesse des Dritten, also des Informationsgebers ankommen, nicht aber auf ein schutzwürdiges Interesse der Behörde. Dementsprechend hängt die Schutzwürdigkeit auch nicht davon ab, ob die ordnungsgemäße Erfüllung der Verwaltungsaufgabe gefährdet wäre, wenn die Vertraulichkeit nicht gegeben ist (so aber Schoch IFG § 3 Rn. 192); es kommt vielmehr darauf an, ob dem Dritten Nachteile drohen, wenn die Vertraulichkeit nicht mehr gegeben ist (Fluck/Fischer/Fetzer/Scherzberg/Solka IFG § 3 Rn. 156).

191.1 Auch eine ausdrückliche Vertraulichkeitsvereinbarung oder eine Kennzeichnung von Informationen als vertraulich kann den Anspruch auf Informationszugang daher nicht nach § 3 Nr. 7 IFG vollständig ausschließen (so wohl Sellmann/Augsberg WM 2006, 2293 (2300). Der dokumentierte Willen der Parteien, also des Informationsgebers und des Informationsnehmers, stellt zwar ein gewichtiges Indiz für die Vertraulichkeit dar und ist primär heranzuziehen. Zu diesen Indizien – Schoch IFG (§ 3 Rn. 192) spricht von „Indikatoren" – müssen aber weitere objektive Umstände hinzutreten, aus denen sich die Vertraulichkeit bzw. ihr Fortbestehen ergibt. In der Praxis sollten Informationen daher nicht nur als „vertraulich" gekennzeichnet werden, sondern in Vertraulichkeitsvereinbarungen auch die Gründe für die Vertraulichkeit (etwa drohende Nachteile bei Veröffentlichung) dargelegt werden, um überprüfen zu können, ob das Interesse an der Vertraulichkeit noch fortbesteht (vgl. Fluck/Fischer/Fetzer/Scherzberg/Solka IFG § 3 Rn. 155).

191.2 Schutzzweck ist zwar auch (und sogar primär) der Schutz der behördlichen Aufgabenwahrnehmung. Für die Prüfung der Schutzwürdigkeit des Interesses an der Geheimhaltung kommt es angesichts des Wortlauts hierauf aber nicht an. Dies kann nur durch eine entsprechende, die konkrete Ausformung der behördlichen Aufgabenwahrnehmung berücksichtigende Auslegung des § 3 Nr. 1 lit. d IFG korrigiert werden. Soweit eine informationspflichtige Stelle für ihre effektive Aufgabenwahrnehmung auf die freiwillige Zusammenarbeit zB mit den von ihr beaufsichtigten Unternehmen angewiesen ist, muss dies bei der Bestimmung der geschützten „Kontroll- oder Aufsichtsaufgaben" eingestellt werden (→ Rn. 79 f.).

191.3 Nach der Rspr. (VGH Kassel BeckRS 2010, 48167) gehören die der BaFin zur Verfügung gestellten Informationen in der Regel nicht zu den der Vertraulichkeit unterliegenden Informationen iSd § 3 Nr. 7 IFG. Die Vertraulichkeit wird bereits durch die fachgesetzlichen Geheimhaltungs- und Vertraulichkeitspflichten des § 9 KWG und § 8 WpHG sichergestellt und über § 3 Nr. 4 IFG – jedenfalls dem Grunde nach – gewährleistet. Eine weitergehende Vertraulichkeit ergibt sich aus § 3 Nr. 7 IFG grds. nicht. Dies schließt nicht aus, dass im Einzelfall etwa aufgrund Zusicherung besonderer Vertraulichkeit der Informationszugang auch auf Grundlage des § 3 Nr. 7 IFG verwehrt werden kann (vgl. VGH Kassel BeckRS 2010, 48167). Demgegenüber wird in der Literatur im Hinblick auf ein Vergabe- bzw. ein Vergabenachprüfungsverfahren vertreten, das IFG müsse im Rahmen einer teleologischen Reduktion den Zielen des Vergaberechts angeglichen werden; so könne vertreten werden, dass die von Bietern überlassenen Informationen in Angeboten und ggf. Teilnahmewettbewerben per se vertraulich iSd § 3 Nr. 7 IFG übermittelt worden sind (Just/Sailer DVBl 2010, 418 (420)). Nicht vertraulich iSd § 3 Nr. 7 IFG sind Stellungnahmen oder Äußerungen, die während eines Gesetzgebungsverfahrens abgegeben werden (OVG Berlin-Brandenburg BeckRS 2010, 56783).

2. Wegfall der Vertraulichkeit

192 Der Schutz nach § 3 Nr. 7 IFG greift nur, „soweit" das Interesse des Dritten an einer vertraulichen Behandlung im Zeitpunkt des Antrags auf Informationszugang noch fortbesteht. Hierin ist allerdings keine nur zeitliche Begrenzung der Geltung des Informationsverweigerungsgrunds zu sehen (so aber Schoch IFG § 3 Rn. 195 und Fluck/Fischer/Fetzer/Scherzberg/Solka IFG § 3 Rn. 157 sowie Jastrow/Schlatmann IFG § 3 Rn. 111), sondern auch eine sachliche. Dies ergibt sich etwa auch mit Blick auf den Ausnahmetatbestand des § 4 Abs. 1 IFG, den der Gesetzgeber ausdrücklich sachlich wie zeitlich („soweit und solange") begrenzt hat (→ § 4 Rn. 22 f.); nach § 3 Nr. 7 IFG greift der Schutz eben nur, „soweit" das Interesse an der Geheimhaltung noch gegeben ist. Die Gesetzesbegründung wiederum ist insoweit unergiebig; sie stellt nur darauf ab, dass das Interesse an einer vertraulichen Behandlung nachträglich entfallen ist (BT-Drs. 15/4493, 12), was sowohl in sachlicher wie in zeitlicher Hinsicht der Fall sein kann.

193 Kommt dies in Betracht, so geht die informationspflichtige Stelle dem im Rahmen ihres Verfahrensermessens nach (BT-Drs. 15/4493, 12). Für die nach der Gesetzesbegründung insbes. mögliche Nachfrage bei dem Informationsgeber lässt sich auf das Verfahren bei der Beteiligung Dritter nach § 8 IFG zurückgreifen (→ § 8 Rn. 1, 8 ff.).

J. Schutz der Nachrichtendienste und Sicherheitsbehörden (Nr. 8)

194 Nach § 3 Nr. 8 IFG besteht der Anspruch auf Informationszugang nicht gegenüber den Nachrichtendiensten sowie den Behörden und sonstigen öffentlichen Stellen des Bundes, soweit sie Aufgaben iSd § 10 Nr. 3 SÜG wahrnehmen. Anders als die übrigen Schutzgründe aus § 3 IFG stellt seine Nr. 8 auf die betroffene informationspflichtige Behörde und nicht auf die begehrte Information ab. Es kommt daher auch nicht darauf an, ob und inwieweit das Bekanntwerden der begehrten Information nachteilige Auswirkungen auf die Aufgabenwahrnehmung der Behörde hat. Nach Auffassung des Gesetzgebers (BT-Drs. 15/4493, 12) ist es vielmehr notwendig, alle Tätigkeiten der Nachrichtendienste und vergleichbare sicherheitsempfindliche Tätigkeiten anderer Stellen vom Anspruch auf Informationszugang auszuschließen. Richtigerweise gilt § 3 Nr. 8 IFG daher als (einzige) Bereichsausnahme des IFG (Jastrow/Schlatmann IFG § 3 Rn. 112 f.), die dazu führt, dass der Bereich der Nachrichtendienste als solcher nicht dem Anspruch auf Informationszugang nach § 1 Abs. 1 IFG unterfällt. Diese Behörden unterfallen letztlich nicht dem Anwendungsbereich des IFG, denn es kommt nicht weiter darauf an, ob die Informationen etwa sicherheitsempfindliche Bereiche betreffen und damit ein schutzwürdiges öffentliches Interesse gegeben ist oder ob eine Gefährdung der Aufgabenwahrnehmung gegeben ist.

195 Der Bereichsausnahme des § 3 Nr. 8 IFG unterfallen zunächst die Nachrichtendienste, freilich nur des Bundes. Dies ergibt sich schon aus § 1 Abs. 1 IFG, wonach der Anwendungsbereich des IFG auf Behörden des Bundes beschränkt ist. Nachrichtendienste des Bundes sind das Bundesamt für Verfassungsschutz, der BND und der MAD (s. BT-Drs. 15/4493, 12; Jastrow/Schlatmann IFG § 3 Rn. 113); kein Nachrichtendienst ist der Bundesbeauftragte für die Unterlagen des Staatssicherheitsdienstes der ehemaligen DDR (VG Berlin NVwZ-RR

2010, 339 (342)). Der Zugang zu Informationen der Dienste der Länder, dh der Landesverfassungsschutzämter, richten sich nach den einschlägigen Landesinformationszugangsgesetzen (s. BRS/Roth IFG § 3 Rn. 154 f.).

196 Soweit sie Aufgaben wahrnehmen, die eine vergleichbare Sicherheitsempfindlichkeit wie die Aufgaben der Nachrichtendienste aufweisen (s. BT-Drs. 15/4493, 12), werden auch sonstige Stellen des Bundes erfasst. Nach dem Gesetzestext des § 3 Nr. 8 IFG greift der Schutzgrund allerdings nur in Bezug auf Aufgaben („soweit") iSd § 10 Nr. 3 SÜG, so dass die Einordnung als Bereichsausnahme in Bezug auf diese Stellen zu relativieren ist (unklar Schoch IFG § 3 Rn. 199, wonach für diese Stellen die Bereichsausnahme nicht gelten soll). Freilich ist auch hier eine Gefährdung der Aufgabenwahrnehmung nicht erforderlich, dh soweit Aufgaben mit einer vergleichbaren Sicherheitsempfindlichkeit wahrgenommen werden, unterfallen die sie betreffenden Informationen nicht dem Anspruch auf Informationszugang.

197 Aus § 10 SÜG ergibt sich unmittelbar zunächst nur, wann eine erweiterte Sicherheitsüberprüfung mit Sicherheitsermittlungen für Personen durchzuführen ist. Nach § 10 S. 1 Nr. 3 SÜG ist dies – woran § 3 Nr. 8 IFG anknüpft – der Fall, wenn die Personen bei einem Nachrichtendienst des Bundes oder einer Behörde oder sonstigen öffentlichen Stelle des Bundes tätig werden sollen, die nach Feststellung der Bundesregierung gemäß § 34 SÜG Aufgaben von vergleichbarer Sicherheitsempfindlichkeit wahrnimmt. Von der Verordnungsermächtigung des § 34 SÜG hat die Bundesregierung mit der Verordnung zur Feststellung der Behörden des Bundes mit Aufgaben von vergleichbarer Sicherheitsempfindlichkeit wie die der Nachrichtendienste des Bundes (Sicherheitsüberprüfungsfeststellungsverordnung – SÜFV) v. 30.7.2003 Gebrauch gemacht, auf die in der Gesetzesbegründung zum IFG ausdrücklich Bezug genommen und die abschließend verstanden wird (BT-Drs. 15/4493, 12). Nur bestimmte, konkret benannte Aufgaben der Bundespolizei, des BKA, der Bundeswehr sowie des Zollkriminalamts (s. § 1 SÜFV) weisen hiernach eine den Nachrichtendiensten vergleichbare Sicherheitsempfindlichkeit auf (vgl. auch Jastrow/Schlatmann IFG § 3 Rn. 118). In der Tat muss die konkrete Behördentätigkeit jeweils ermittelt werden (s. Schoch IFG § 3 Rn. 205), allerdings sind wegen der eindeutigen Regelung durch die SÜFV keine Abgrenzungsprobleme zu erwarten. In Bezug auf Aufgaben, die nach der Vorgabe der SÜFV keine vergleichbare Sicherheitsempfindlichkeit aufweisen, kommen nur die übrigen Ausnahmetatbestände, vor allem jene zum Schutz öffentlicher Interessen nach § 3 IFG in Betracht.

198 Der Schutzgrund des § 3 Nr. 8 IFG war bisher nicht Gegenstand der Rspr. und wurde allenfalls – insbes. im Zusammenhang mit § 3 Nr. 1 lit. d IFG – zur Begründung herangezogen, das IFG enthalte nur eine Bereichsausnahme, nämlich die zu Gunsten der Nachrichtendienste (so etwa in BVerwG NVwZ 2011, 1012 Rn. 13; → Rn. 67). Nicht ohne weiteres übertragen lässt sich die Rspr. über Zugang zu Informationen des BND auf Grundlage des Bundesarchivgesetzes (s. etwa BVerwGE 136, 345), weil es dort um die Prüfung der Rechtmäßigkeit einer Sperrerklärung nach § 99 Abs. 2 VwGO ging. Eine Bereichsausnahme für die nachrichtendienstliche Tätigkeit ist allerdings auch der VwGO fremd; nur soweit Auskünfte dem Wohl des Bundes oder eines Landes Nachteile bereiten würde oder wenn die Vorgänge nach einem Gesetz oder ihrem Wesen nach geheim gehalten werden müssen, ist die Verweigerung der Akteneinsicht rechtmäßig (→ Rn. 203).

198.1 Die Bereichsausnahme des § 3 Nr. 8 IFG ist nicht ohne Kritik geblieben(vgl. etwa Schoch IFG § 3 Rn. 199 f.). Insbes. wird die Frage aufgeworfen, ob die Ausgestaltung als Bereichsausnahme sachlich vertretbar ist und ob angesichts der sonstigen Ausschlussgründe, namentlich des § 3 Nr. 1 lit. c, Nr. 2 und Nr. 4 IFG, auf die Regelung des § 3 Nr. 8 IFG verzichtet werden kann. Der Gesetzgeber hat sich auf den lapidaren (Schoch IFG § 3 Rn. 200: „schmallippigen") Hinweis beschränkt, der Geheimhaltungsbedarf der Nachrichtendienste sei zu respektieren und begründet die Ausgestaltung als Bereichsausnahme damit, nicht alle Vorgänge in den Nachrichtendiensten würden von den übrigen Ausnahmetatbeständen erfasst. Gleichwohl seien auch Vorgänge, die bspw. die Beschaffung und anderes fiskalisches Handeln betreffen, schutzbedürftig, weil sich aus ihnen unter Umständen Rückschlüsse auf Strategien und Aktivitäten der Dienste ziehen ließen (BT-Drs. 15/4493, 12).

198.2 Dass der Geheimhaltungsbedarf der Nachrichtendienste und vergleichbarer Stellen zu respektieren und dementsprechend Informationen zu schützen sind, liegt auf der Hand. Hieraus aber die

Notwendigkeit einer Bereichsausnahme zu folgern, bei der es auf die Schutzwürdigkeit der jeweils begehrten Information ankommt, überzeugt nicht. Es ist nicht vollends nachvollziehbar, warum die Nachrichtendienste und vergleichbare sicherheitsempfindliche Aufgaben wahrnehmende Stellen nicht in der Lage sein sollten, den für die Darlegung der Schutzgründe notwendigen Begründungsaufwand zu leisten. Insofern hätte es ausgereicht, den Zugang zu solchen Informationen zu versagen, bei deren Bekanntwerden die Aufgabenwahrnehmung der Nachrichtendienste gefährdet würde. Auch andere Vorgänge wie fiskalisches Handeln, aus denen sich Rückschlüsse ziehen lassen könnten, wären hierdurch geschützt. Offenkundig ist die Regelung des § 3 Nr. 8 IFG Ergebnis einer politischen Auseinandersetzung zwischen der beteiligten Behörden und den damaligen Koalitionsfraktionen gewesen (s. etwa BRS/Roth IFG § 3 Rn. 150). Ob hierin allerdings eine „Großformel" (Schoch IFG § 3 Rn. 200) erblickt werden kann, darf angesichts der Verwaltungspraxis bezweifelt werden, zumal der Anwendungsbereich des § 3 Nr. 8 IFG – wie vom Gesetzgeber ausgeführt (BT-Drs. 15/4493, 12) – in der Tat eng begrenzt geblieben ist.

K. Rechtsschutz

Fragen des Rechtsschutzes wegen einer ablehnenden Entscheidung werden durch die **199** Vorschrift des § 9 Abs. 4 IFG behandelt (→ § 9 Rn. 48 ff.). Allerdings spielt in Streitigkeiten zwischen dem Antragsteller und der informationspflichtigen Stelle die Auslegung der Ausnahmetatbestände eine zentrale Rolle (Geiger AnwBl 2010, 464 (466) zum UIG). Letztlich entscheidet sich anhand der Ausnahmetatbestände wie § 3 IFG zum Schutz besonderer öffentlicher Belange, ob der beantragte Informationszugang zu gewähren ist.

Besondere Vorgaben für den Rechtsschutz ergeben sich aus § 3 IFG nicht. Allerdings sind **200** die in diesem Zusammenhang entwickelten Grundsätze zur Darlegung eines Ausnahmetatbestands (→ Rn. 11 ff.) unmittelbar mit dem Rechtsschutz gegen ablehnende Entscheidungen verbunden. Einschränkungen der Prüfungsdichte ergeben sich nicht (so aber allgemein Jastrow/Schlatmann IFG § 9 Rn. 39). Hat die informationspflichtige Stelle den von ihr herangezogenen Ausnahmetatbestand nach den hierzu entwickelten Vorgaben des § 3 IFG nicht hinreichend substantiiert dargelegt (etwa OVG Berlin-Brandenburg BeckRS 2010, 56783: „nicht mit der gebotenen Substantiierung berufen"), zB die nachteiligen Auswirkungen auf ein Schutzgut nach § 3 Nr. 1 IFG nicht plausibel prognostiziert, folgt schon hieraus die Verpflichtung der informationspflichtigen Stelle, die streitgegenständlichen Informationen zugänglich zu machen. Eine Prüfung der begehrten Informationen bspw. durch das Verwaltungsgericht (s. § 9 Abs. 4 S. 1 IFG) ist hierfür nicht erforderlich.

Der umgekehrte Fall, wonach eine Prüfung der begehrten Informationen nicht erforder- **201** lich ist und anhand der Darlegung der informationspflichtigen Stelle bereits abschließend entschieden werden kann, ob ein Ausnahmetatbestand vorliegt, ist in der Rspr. nur vereinzelt vorgekommen. Hierzu würden die Fälle gehören, in denen sich die informationspflichtige Stelle auf § 3 Nr. 8 IFG (→ Rn. 194 ff.) beruft; auf eine Gefährdung des Schutzguts oder auf nachteilige Auswirkungen, mithin auf den konkreten Inhalt der Informationen kommt es bei dieser Bereichsausnahme nicht an, diese müssen daher auch nicht, etwa durch das Verwaltungsgericht, eingesehen werden.

Im Regelfall reicht die Darlegung der informationspflichtigen Stelle zu dem von ihr **202** geltend gemachten Ausnahmetatbestand nicht aus, um bereits hiernach abschließend feststellen zu können, ob die Voraussetzungen des Ausnahmetatbestands gegeben sind oder nicht. Dies lässt sich in solchen Fällen erst nach Überprüfung der streitgegenständlichen Informationen feststellen. Es stellt sich hierbei die Frage, wie diese Informationen in einem verwaltungsgerichtlichen Verfahren überprüft werden sollen, ohne dass sich das Verfahren durch Einsichtnahme des Klägers in die Unterlagen erledigt. Dem Kläger steht allerdings gem. § 100 VwGO Akteneinsicht in die gerichtlichen Verfahrensakten zu, die auch die streitgegenständlichen Informationen enthalten würden, wenn diese dem Verwaltungsgericht zur Überprüfung des in Anspruch genommenen Ausnahmetatbestands vorgelegt werden müssten (abwegig daher Jastrow/Schlatmann IFG § 9 Rn. 43). Diese Problematik stellt sich ganz allgemein bei der Anwendung des IFG, vor allem aber beim Ausnahmetatbestand des § 3 IFG.

Eine überzeugende Lösung hat sich hierfür bisher nicht herausgebildet (kritisch auch **203** Schoch NVwZ 2012, 85). Nach der Rspr. (etwa BVerwGE 130, 236 Rn. 12) folgt aus der

Tatsache, dass Streitgegenstand ein Auskunftsanspruch ist nicht, dass die informationspflichtige Stelle zur Vorlage der Akten verpflichtet ist, die die begehrten Informationen enthalten (so aber Jastrow/Schlatmann IFG § 9 Rn. 41); dh § 99 VwGO ist auch auf Rechtsstreitigkeiten um selbständige Informationszugangsansprüche anwendbar. Wegen der Folgen aus § 100 VwGO geben informationspflichtige Stellen bzw. deren Aufsichtsbehörden in solchen Fällen regelmäßig eine Sperrerklärung nach § 99 VwGO ab, die die Möglichkeit des in camera-Verfahrens (Kopp/Schenke VwGO § 99 Rn. 18 ff.; Schroeter NVwZ 2011, 457 (458); s. etwa VGH Kassel NVwZ 2010, 1036; BeckRS 2010, 48167; zu den Anforderungen an die Substantiierung der Geheimhaltungsgründe in einer Sperrerklärung etwa VGH Kassel BeckRS 2010, 56738) eröffnet. Das IFG selbst sieht für das Hauptsacheverfahren kein in camera-Verfahren vor (s. Jastrow/Schlatmann IFG § 9 Rn. 48; Schmitz/Jastrow NVwZ 2005, 984 (990); missverständlich insoweit VG Frankfurt a. M. NVwZ 2008, 1384 (1388), wonach dem Gericht deshalb keine entsprechende Prüfungskompetenz zustehe und die Beurteilung, ob Informationen einer Verschwiegenheitspflicht iSd § 3 Nr. 4 IFG unterfallen, von der informationspflichtigen Stelle vorgenommen werden muss). Die Überprüfung der Informationen durch den Fachsenat kommt also nur im Rahmen des Verfahrens nach § 99 VwGO nach Abgabe einer Sperrerklärung in Betracht. Allein die Tatsache, dass Streitgegenstand der Hauptsache ein Anspruch auf Informationszugang ist, führt noch nicht – gleichsam automatisch – zu einem Verfahren vor dem Fachsenat (jüngst BVerwG BeckRS 2013, 49804 mwN). Gerade im Anwendungsbereich der Ausnahmetatbestände des § 3 IFG problematisch ist das nach der Rspr. (→ § 9 Rn. 73 ff., → § 9 Rn. 80 ff.; BVerwGE 130, 236 Rn. 12; NVwZ 2010, 1495 Rn. 21; NVwZ 2011, 880 Rn. 23) hinzunehmende Auseinanderfallen von Schutzgründen nach dem IFG und den Geheimhaltungsgründen des § 99 VwGO (s. etwa Schoch NVwZ 2012, 85 (86) sowie NVwZ 2013, 1033 (1040): „Entkopplung"; Rossi DVBl 2010, 554 (562)), auf die eine Verweigerung der Aktenvorlage gestützt werden kann. Andererseits soll nach der Rspr. aus einer vom Fachsenat für rechtmäßig befundenen Verweigerung der Vorlage von Unterlagen im Hauptsacheverfahren in der Regel geschlossen werden können, dass damit auch die fachgesetzlichen Versagungsgründe vorliegen (BVerwG NVwZ 2013, 1285 zu parallelen Zugangsansprüchen nach dem BArchG: „präjudizielle Wirkung"); dies soll jedenfalls dann gelten, wenn die im Hauptsacheverfahren zu prüfenden fachgesetzlichen Versagungsgründe mit den Geheimhaltungsgründen aus § 99 VwGO sachlich übereinstimmen.

203.1 Diese Problematik zeigt sich bspw. an der von § 3 Nr. 4 IFG erfassten Verschwiegenheitspflicht des § 9 KWG (zu dieser Problematik bereits → Rn. 149 ff.), die nach der Rspr. aber nicht als Geheimhaltungsgrund nach § 99 VwGO angesehen wird (vgl. Schoch NVwZ 2012, 85 (88): „substanzarme" Vorschrift des § 99 Abs. 1 S. 2 VwGO). Die Auffassung der Rspr. führt faktisch dazu, dass bestimmte Ausnahmetatbestände des IFG durch ein Gericht nicht überprüft werden können, ohne dass die Akten und damit die begehrten Informationen nicht zugleich gem. § 100 VwGO von den Beteiligten eingesehen werden könnten, womit die Hauptsache vorweggenommen würde. Dem hiernach bestehenden gesetzlichen Reformbedarf (s. Schroeter NVwZ 2011, 457 (460)) wird jedenfalls nicht dadurch abgeholfen, dass Zuständigkeiten über die Abgabe von Sperrerklärungen verändert werden (→ Rn. 68.1).

L. Fazit und Ausblick

204 Eine Bilanz der Anwendung der Ausnahmetatbestände des § 3 IFG in der Verwaltungs- und Gerichtspraxis zeigt ein ambivalentes Ergebnis. Soweit in der Literatur darauf hingewiesen wird, die Verwaltungspraxis bleibe hinter dem Standard westlicher Demokratien zurück (Partsch AfP 2012, 516 (516)) und mit der hohen Zahl von Ausschlussgründen habe der Gesetzgeber den Anspruch auf Informationszugang entwertet (so Partsch AfP 2012, 516 (518), der von „zu vielen" Ausnahmetatbeständen spricht), lässt sich diese Einschätzung nicht mit der Rspr. in Einklang bringen. Die Rspr. hat die Auslegungsspielräume etwa im Hinblick auf die Anforderungen an die Darlegung der Ausnahmetatbestände strikt an den Zielsetzungen des IFG ausgerichtet. Befürchtungen, Inhalt und Umfang des Anspruchs auf Informationszugang würden durch eine zu weite Auslegung der Ausnahmetatbestände reduziert (→ Rn. 9), haben sich damit nicht bewahrheitet.

Zwingend ist die überaus enge Auslegung der Ausnahmetatbestände des § 3 IFG durch die **205** Rspr. indes nicht. Eine an den Zielsetzungen des IFG orientierte Auslegung hätte, wie sich auch an einzelnen Entscheidungen zeigt, die in Rede stehenden besonderen öffentlichen Belange durchaus stärker schützen können, ohne dass damit der Anspruch aus § 1 IFG entwertet worden wäre. Den informationspflichtigen Stellen kommt teilweise ein Beurteilungsspielraum zu. Die Rspr. hat dies bisher für § 3 Nr. 1 lit. a IFG ausdrücklich anerkannt (→ Rn. 48), ist in anderen Zusammenhängen aber weitaus zurückhaltender. Es liegt aber bspw. nahe, einen Beurteilungsspielraum auch für die konkrete Ausgestaltung der Aufgabenerfüllung zB im Anwendungsbereich des § 3 Nr. 1 lit. d IFG anzuerkennen (→ Rn. 70.1, 81 ff.).

Die überaus enge Auslegung der Ausnahmetatbestände durch die Rspr. und die kritischen **206** Stimmen in der Literatur – man kann gewissermaßen von einem „Pauschalmisstrauen" gegenüber den informationspflichtigen Stellen sprechen (zu diesem Begriff Jastrow/Schlatmann IFG § 3 Rn. 20) – mögen auf einer anfänglich sehr zurückhaltenden Verwaltungspraxis der informationspflichtigen Stellen beruhen. Die Wortwahl mancher Entscheidungen lässt erahnen, dass sich Behörden auch nach In-Kraft-Treten des IFG bei der Anwendung der Ausnahmetatbestände des § 3 IFG eher vom überkommenen Arkanprinzip haben leiten lassen als von den Zielsetzungen des IFG. Dass eine solche Herangehensweise den berechtigten Schutz von die öffentlichen Belange beeinträchtigenden Informationen fast schon diskreditieren kann und die Rspr. zu deutlichen Aussagen veranlasst, liegt auf der Hand. Ein punktuell verstärkter, berechtigter Schutz besonderer öffentlicher Belange lässt sich grds. auch auf Grundlage der geltenden Fassung des § 3 IFG erreichen, ein gesetzgeberisches Handeln ist hingegen nicht zwingend.

Mögliche Reaktionen des Gesetzgebers dürften auch eher in eine andere Richtung **207** tendieren, wie sich aus dem generellen Trend zu mehr Informationszugangsfreiheit und aus den Empfehlungen zur Weiterentwicklung des IFG ergibt, die im Rahmen der Evaluation des Gesetzes im Mai 2012 vorgelegt worden sind (→ Rn. 9.2). Danach ist bspw. eine „große Lösung" denkbar, die zu einer Ersetzung des Systems der Ausschlussgründe der §§ 3 und 4 IFG führen würde. Eine „kleine Lösung" würde sich demgegenüber auf Novellierungen im bestehenden Regelungssystem konzentrieren. Es bleibt abzuwarten, ob der Gesetzgeber die Ergebnisse der Evaluation zum Anlass einer Überarbeitung des IFG oder gar zu einer Neukonzeption nimmt.

Bezogen auf den Ausnahmetatbestand des § 3 IFG werden in der Evaluation im Rahmen der **207.1** „kleinen Lösung" sieben Änderungen zur Weiterentwicklung des IFG empfohlen (Ausschussdrucksache 17(4)522 A, 10 f.; → Rn. 9.2). Erstens sollten die unterschiedlich formulierten Schutzniveaus (etwa „nachteilige Auswirkungen haben kann" und „gefährden kann") angepasst oder in ein erkennbares, angemessenes Stufenverhältnis gebracht werden.

Zweitens sollte der Ausnahmetatbestand des § 3 IFG – wie § 8 UIG – unter den Vorbehalt eines **207.2** überwiegenden öffentlichen Interesses an der Bekanntgabe gestellt werden (→ Rn. 9.2).

Drittens sollten die Schutzgüter der äußeren und der öffentlichen Sicherheit wegen einer **207.3** Redundanz von § 3 Nr. 1 lit. c erste Alternative IFG und § 3 Nr. 2 IFG in einen Ausnahmetatbestand zusammengefasst werden (→ Rn. 64.2, 118.1).

Viertens sollte § 3 Nr. 3 lit. a IFG gestrichen werden, weil die notwendige Vertraulichkeit **207.4** internationaler Verhandlungen bereits vom Schutz der internationalen Beziehungen nach § 3 Nr. 1 lit. a IFG umfasst werde (→ Rn. 131.4).

Fünftens sollte bei § 3 Nr. 3 lit. b IFG klargestellt werden, dass nur die notwendige Vertraulich- **207.5** keit der Beratungen von Behörden geschützt sei (→ Rn. 127.2).

Sechstens sei § 3 Nr. 5 IFG entbehrlich – und sollte gestrichen werden –, weil bei fehlender **207.6** Verfügungsbefugnis schon kein tauglicher Anspruchsgegenstand vorliege und der Ausnahmetatbestand dementsprechend ohnehin ins Leere laufe (→ Rn. 167.1).

Schließlich sollte siebtens aus Vereinfachungsgründen § 3 Nr. 6 IFG gestrichen werden; dies **207.7** würde aber voraussetzen, die Anwendbarkeit des § 6 IFG für den Staat und Sozialversicherungsträger klarzustellen (→ Rn. 171.3).

§ 4 Schutz des behördlichen Entscheidungsprozesses

(1) ¹Der Antrag auf Informationszugang soll abgelehnt werden für Entwürfe zu Entscheidungen sowie Arbeiten und Beschlüsse zu ihrer unmittelbaren Vorberei-

tung, soweit und solange durch die vorzeitige Bekanntgabe der Informationen der Erfolg der Entscheidung oder bevorstehender behördlicher Maßnahmen vereitelt würde. ²Nicht der unmittelbaren Entscheidungsvorbereitung nach Satz 1 dienen regelmäßig Ergebnisse der Beweiserhebung und Gutachten oder Stellungnahmen Dritter.

(2) Der Antragsteller soll über den Abschluss des jeweiligen Verfahrens informiert werden.

Zum Schutz des behördlichen Entscheidungsprozesses und weiterer Zwecke (→ Rn. 1 ff.) soll unter den in § 4 Abs. 1 S. 1 IFG genauer umschriebenen Voraussetzungen (→ Rn. 7 ff.) der Antrag auf Informationszugang abgelehnt (→ Rn. 25 ff.) werden. Dabei statuiert § 4 Abs. 1 S. 2 IFG eine Rückausnahme für die Ergebnisse der Beweiserhebung und Gutachten oder Stellungnahmen Dritter, so dass in diesen Fällen der Informationszugang regelmäßig nicht nach § 4 Abs. 1 S. 2 IFG versagt werden kann (→ Rn. 11 ff.). Nach Abschluss des jeweiligen Verfahrens soll die antragstellende Person gem. Abs. 2 informiert werden (→ Rn. 27 ff.). Außerdem werden die Fragen erörtert, wie § 4 IFG mit anderen Regelungen konkurriert (→ Rn. 37 ff.) und wie Rechtsschutz bei fehlerhafter Anwendung zu erlangen ist (→ Rn. 43 f.). Da in anderen Regelungssystemen eine entsprechende Regelung häufig nicht vorhanden ist (→ Rn. 6) und die Fälle ausreichend von § 3 Nr. 3 Buchst. b IFG (→ Rn. 39 f.) erfasst werden, wird im Ausblick für die Abschaffung des § 4 IFG plädiert (→ Rn. 45).

Übersicht

	Rn		Rn
A. Allgemeines	1	I. Voraussetzungen der Informationspflicht	28
I. Zweck	1	II. Umfang der Informationspflicht	32
II. Vergleichbare Regelungen	6	III. Analoge Anwendung	35
B. Ablehnung des Informationszugangs (Abs. 1)	7	D. Konkurrenzen	37
I. Ablehnungsvoraussetzungen	7	I. Verhältnis zu § 1 Abs. 3 IFG iVm § 29 Abs. 1 S. 2 VwVfG	37
1. Entscheidungsvorbereitende Maßnahmen (Abs. 1 S. 1)	8	II. Verhältnis zu § 2 Nr. 1 S. 2 IFG	38
2. Keine unmittelbare Entscheidungsvorbereitung (Abs. 1 S. 2)	11	III. Verhältnis zu den §§ 3–6 IFG	39
3. Vereitelungsrisiko (Abs. 1 S. 1)	16	IV. Kernbereich exekutiver Eigenverantwortung	41
4. Reichweite der Ablehnung	23		
II. Rechtsfolgen	25	E. Rechtsschutz	43
C. Informationspflicht (Abs. 2)	27	F. Ausblick	45

A. Allgemeines

I. Zweck

1 Angelehnt an § 29 Abs. 1 S. 2 VwVfG und vergleichbaren Regelungen in den Prozessordnungen (§ 100 Abs. 3 VwGO, § 120 Abs. 4 SGG, § 299 Abs. 4 ZPO) bezweckt § 4 IFG den Schutz der ungestörten Entscheidungsfindung (idS BT-Drs. 15/4493, 12; zu den einzelnen Aspekten Fluck/Theuer/Fischer IFG § 4 Rn. 24). Die nach außen vertretene Entscheidung einer Behörde soll nicht dadurch angreifbar werden, dass interne Meinungsverschiedenheiten oder unterschiedliche Auffassungen zwischen mehreren beteiligten Stellen öffentlich werden, vielmehr gebietet das Prinzip der Einheit der Verwaltung, dass staatliche Maßnahmen nicht als Entscheidung einer bestimmten Person oder einer Organisationseinheit, sondern als solche des Verwaltungsträgers wahrgenommen werden (OVG Münster BeckRS 2006, 27604 zur entsprechenden Regelung in NRW).

2 Dabei schützt die Regelung auch die Effektivität des Verwaltungshandelns (BRS/Roth IFG § 4 Rn. 7; Sitsen 193), denn der Erfolg von einigen Maßnahmen, insbes. bei Kontrollen, würde durch ein vorzeitiges Bekanntwerden gefährdet.

Außerdem dient § 4 Abs. 1 IFG nach der Gesetzesbegründung (BT-Drs. 15/4493, 12) **3** dem Schutz einer vollständigen und unbefangenen behördlichen Aktenführung, die den Gang des Entscheidungsprozesses chronologisch und vollständig nachvollziehbar dokumentiert. Demgegenüber wird argumentiert, dass dies im Gesetzestext des § 4 IFG nicht zum Ausdruck kommt, vielmehr sind die Regeln der ordnungsgemäßen Aktenführung mit § 2 IFG (→ § 2 Rn. 20 ff.) verknüpft (Schoch IFG § 4 Rn. 6).

Im Ausgleich mit dem Grundsatz des freien Informationszugangs (→ § 1 Rn. 2) und dem **4** von § 4 Abs. 1 S. 1 IFG bezweckten Schutz ist die Regelung – wie alle Versagungsgründe der §§ 3 ff. IFG – nach der Gesetzesbegründung (BT-Drs. 15/4493, 9) und den üblichen Auslegungsregeln als Ausnahmetatbestände eng zu verstehen (Fluck/Theuer/Fischer IFG § 4 Rn. 23; ZDM 286; vgl. auch Schoch IFG Vorb §§ 3–6 Rn. 52 ff.).

Dem Grundsatz des freien Informationszugangs (→ § 1 Rn. 2) wird auch bei § 4 Abs. 2 **5** IFG Rechnung getragen, indem nach verweigertem Informationszugang eine Pflicht zur Information über den Abschluss des jeweiligen Verfahrens statuiert wird. Dabei kommt § 4 Abs. 2 IFG lediglich eine Informationsfunktion zu, so dass nicht weitergehend eine Fortsetzung des ursprünglichen Antrags auf Informationszugangs bezweckt ist (Schoch IFG § 4 Rn. 39 ff.).

II. Vergleichbare Regelungen

Während UIG, VIG und die meisten Landesregelungen auf eine dem § 4 IFG vergleich- **6** bare Regelung verzichten, finden sich häufig entsprechende oder sogar weitergehende Regelungen zum Schutz des behördlichen Entscheidungsprozesses in Art. 4 Abs. 3 VO (EG) Nr. 1049/2001 sowie § 10 IFG BE, § 6 IFG M-V, § 7 IFG NRW, § 9 Abs. 2 Nr. 2 IZG-SH, § 8 ThürIFG und § 4 Abs. 1 AIG BB, der aber eine Abwägungsklausel mit dem Informationsinteresse vorsieht. In der Gerichtspraxis kommt der ähnliche, ggf. auch nach Abschluss des Verfahrens eingreifende Ablehnungsgrund zum Schutz von Beratungen gem. § 3 Nr. 3 Buchst. b IFG eher zur Anwendung (→ Rn. 39 f.), weshalb im Ausblick für die Abschaffung des § 4 IFG plädiert wird (→ Rn. 45).

B. Ablehnung des Informationszugangs (Abs. 1)

I. Ablehnungsvoraussetzungen

§ 4 Abs. 1 S. 1 IFG statuiert für Entwürfe zu Entscheidungen (→ Rn. 8 ff.) sowie Arbei- **7** ten und Beschlüsse zu ihrer unmittelbaren Vorbereitung (→ Rn. 9 ff.) einen besonderen Schutz. Davon sind regelmäßig Ergebnisse der Beweiserhebung und Gutachten oder Stellungnahmen Dritter gem. § 4 Abs. 1 S. 2 IFG ausgenommen (→ Rn. 11 f.). In allen Fällen kommt eine Ablehnung nur in Betracht, soweit und solange (→ Rn. 23 f.) der Erfolg der Entscheidung oder bevorstehender behördlicher Maßnahmen vereitelt würde (→ Rn. 16 ff.).

1. Entscheidungsvorbereitende Maßnahmen (Abs. 1 S. 1)

Entwürfe zu Entscheidungen sind durch eine noch nicht abschließende Bearbeitung **8** gekennzeichnet (Fluck/Theuer/Fischer IFG § 4 Rn. 33; Schoch IFG § 4 Rn. 14). Angesichts des Zusammenhangs der Entwürfe zu Entscheidungen ist insoweit eine restriktivere Handhabung als bei § 2 Nr. 1 IFG (→ § 2 Rn. 16) angezeigt (Schoch § 4 Rn. 14). Demgegenüber ist der Begriff der „Entscheidung" weit zu interpretieren (Fluck/Theuer/Fischer, IFG, § 4 Rn. 33). Insoweit sollen laufende Verfahren in einem weiten, über § 9 VwVfG und § 8 SGB X hinausgehenden Sinn geschützt werden, also auch Verfahren im schlicht-hoheitlichen oder fiskalischen Bereich sowie Gesetzgebungsverfahren (BT-Drs. 15/4493, 12). Neben Maßnahmen mit Außenwirkung werden damit auch verwaltungsinterne Maßnahmen, Realakte und informelle Handlungsformen (zB Pressemitteilungen) erfasst, da dem tatsächlichen Handeln der Behörde typischerweise eine Entscheidung vorgelagert ist, ob und wie gehandelt werden soll (Fluck/Theuer/Fischer IFG § 4 Rn. 33).

Von § 4 Abs. 1 S. 1 IFG geschützte **Entscheidungen** sind die Verfahren der Ernennung von **8.1** Beamten, Richtern und Soldaten (BT-Drs. 15/4493, 8; BfDI, Anwendungshinweise, 2007, 10; Schoch IFG § 4 Rn. 15). Außerdem sind im Bereich der Sozialversicherung alle Entscheidungsprozesse einer Behörde erfasst, wie zB zu Leistungsansprüchen von Versicherten oder zu ihren Betragspflichten und auch zu Haushaltsplanentwürfen oder Vertragsentwürfen (Adelt BKK 2005, 548 (552); Schoch IFG § 4 Rn. 15).

8.2 **Entscheidungsentwürfe** werden häufig von Sachbearbeitern oder von zur Ausbildung zugeteilten Personen (zB Referendare im juristischen Vorbereitungsdient) erstellt und umfassen typischerweise Aktennotizen (zB „Anordnung, wie folgt zu verfahren (...)" oder „Sachbearbeiter X zur Veranlassung (...)") (Fluck/Theuer/Fischer IFG § 4 Rn. 33).

8.3 **Keine Entscheidungsentwürfe** idS sind bloße Sachverhaltsdarstellungen und Faktenzusammenstellungen (OVG Münster NVwZ-RR 2003, 800 (803) zu § 7 IFG NRW; Schoch IFG § 4 Rn. 16). Ebenso wenig sind Hinweise, Stellungnahmen und Meinungsbekundungen anderer Behörden geschützt (Schoch IFG § 4 Rn. 16).

9 **Arbeiten und Beschlüsse zur unmittelbaren Vorbereitung von Entscheidungen** umfassen alle Informationen, die unmittelbar mit dem Entscheidungsprozess zusammenhängen (OVG Berlin-Brandenburg Beschl. v. 28.5.2013 – OVG 12 S 23.13; Fluck/Theuer/Fischer IFG § 4 Rn. 33; NK-IFG/Rossi IFG § 4 Rn. 7). Wann diese Vorarbeiten entstanden sind, ist unerheblich (OVG Berlin-Brandenburg Beschl. v. 28.5.2013 – OVG 12 S 23.13). Angesichts des ungenauen Wortlauts erfolgt insoweit die tatbestandliche Eingrenzung über das Merkmal der unmittelbaren Vorbereitung (Schoch IFG § 4 Rn. 20).

9.1 **Arbeiten und Beschlüsse zur unmittelbaren Vorbereitung von Entscheidungen** umfassen bspw. die Dokumentation intra- und interbehördlicher Abstimmungsprozesse, Weisungen von Aufsichtsbehörden für zu treffende Entscheidungen, Auskünfte von Rechnungsprüfungsbehörden, Beratungsprotokolle im Rahmen von Kollegialorganen sowie Stellungnahmen mitzeichnungsberechtigter oder ressortmäßig betroffener Amtsträger (Fluck/Theuer/Fischer IFG § 4 Rn. 34).

10 Alle diese drei Varianten von entscheidungsvorbereitenden Maßnahmen können nur schwierig voneinander abgegrenzt werden, was allerdings angesichts der gleichen Rechtsfolgen auch nicht notwendig ist (Schoch IFG § 4 Rn. 11 f.). Angesichts dieser schwierigen Abgrenzbarkeit und der Hinweise im Wortlaut („zu" bzw. „unmittelbaren Vorbereitung von") ist bei allen drei Varianten erforderlich, dass nur solche Maßnahmen geschützt sein sollen, welche die Entscheidung unmittelbar vorbereiten (idS Schoch IFG § 4 Rn. 12). Diese Auslegung wird durch die Ausgrenzung von mittelbaren Vorbereitungsmaßnahmen gem. § 4 Abs. 1 S. 2 IFG (→ Rn. 11) und dem Grundsatz der restriktiven Auslegung (→ Rn. 4), bei Begrenzung auf den notwendigen Schutz des Entscheidungsbildungsprozesses (→ Rn. 3), bestätigt (Schoch IFG § 4 Rn. 13). Keine Anforderungen werden an den Inhalt (zB Meinungsverschiedenheiten in der Behörde) der entscheidungsvorbereitenden Maßnahmen gestellt (Schoch IFG § 4 Rn. 17 zu Entwürfen).

10.1 Unmittelbar entscheidungsvorbereitende Maßnahme sind auch Materialsammlungen für ein mögliches NPD-Verbotsverfahren (OVG Berlin-Brandenburg Beschl. v. 28.5.2013 – OVG 12 S 23.13). Ebenso zu bewerten sind „alle Unterlagen, die im Zusammenhang mit dem Aufstellen des Regionalplans vorliegen", „der Entwurf der Regionalplanung hinsichtlich der Vorrang- und Eignungsgebiete für Windenergieanlagen von Interesse" sowie Auskünfte über den aktuellen Stand eventuell neu vorgesehener Abstandskriterien (OVG Greifswald LKV 2008, 515 f. zu § 6 Abs. 1 IFG M-V).

2. Keine unmittelbare Entscheidungsvorbereitung (Abs. 1 S. 2)

11 § 4 Abs. 1 S. 2 IFG statuiert eine Rückausnahme, wonach die Ergebnisse der Beweiserhebung (→ Rn. 12) und Gutachten (→ Rn. 13) oder Stellungnahmen Dritter (→ Rn. 14) regelmäßig (→ Rn. 15) nicht der unmittelbaren Entscheidungsvorbereitung nach S. 1 dienen. Rechtsdogmatisch wird die Regelung als widerlegbare Vermutung begriffen (Steinbach/Hochheim NZS 2006, 517 (520); Jastrow/Schlatmann IFG § 4 Rn. 24; kritisch dazu Schoch IFG § 4 Rn. 33). Im Ausgleich mit dem Informationsinteresse der antragstellenden Person wird der Ausnahmegrund des § 4 Abs. 1 S. 1 IFG auf den notwendigen Schutz des behördlichen Entscheidungsprozesses reduziert. Diese abgrenzbaren Erkenntnisse aus Beweiserhebung und Gutachten oder Stellungnahmen Dritter beeinträchtigen die Verfahrensherrschaft der Behörde typischerweise nicht (BT-Drs. 15/4493, 12). Sie stellen regelmäßig keine

Schutz des behördlichen Entscheidungsprozesses **§ 4 IFG**

„Verwaltungsinterna" dar, welche den behördlichen Entscheidungsprozess beeinträchtigen könnten (Sitsen 194 f.). Demgegenüber sollen etwaige im Aktenbestand des vom Antragsteller um Informationen ersuchten Bundesministeriums des Innern befindliche Gutachten und Stellungnahmen der Innenministerien der Länder nicht als Aufzeichnungen „Dritter" iSd § 4 Abs. 1 S. 2 IFG angesehen werden können (OVG Berlin-Brandenburg Beschl. v. 28.5.2013 – OVG 12 S 23.13).

Beweiserhebungen sind durch eine dem Entscheidungsprozess vorgelagerte Ermittlung 12 der maßgeblichen Sachinformationen charakterisiert (Fluck/Theuer/Fischer IFG § 4 Rn. 48).

Gutachten – insbes. in Form von Fach- und Rechtsgutachten – stellen idR vom Ent- 13 scheidungsprozess unabhängige Vorarbeiten dar, die als Elemente der Entscheidungsgrundlage auch in die behördliche Entscheidungsfindung einfließen können (Schoch IFG § 4 Rn. 36).

Stellungnahmen umfassen Berichte, Gutachten oder Auskünfte von nicht sachbearbei- 14 tender Stelle, wie verwaltungsseitig erstellte Vorlagen für politische Gremien, Stellungnahmen von Trägern öffentlicher Belange oder Auskünfte anderer Behörden oder Ämter (Fluck/Theuer/Fischer IFG § 4 Rn. 49). Die Beschränkung auf Stellungnahmen „Dritter" soll klarstellen, dass Meinungsäußerungen und Stellungnahmen der Beteiligten nicht von der Rückausnahme erfasst werden (BT-Drs. 15/4493, 12). Angesichts der weiten Bestimmung des Begriffes „Dritter" bei § 2 Nr. 2 IFG (→ § 2 Rn. 29 ff.) passt das Begriffsverständnis auch für § 4 Abs. 1 S. 2 IFG (demgegenüber bei § 4 IFG ein weiteres Begriffsverständnis als bei § 2 IFG zugrunde legend Fluck/Theuer/Fischer, IFG, § 4 Rn. 49). Damit sind nur die Gutachten behördenexterner Dritter erfasst, und die Gutachten und Stellungnahmen der Behörde selbst und (sonstiger) Beteiligter sind von § 4 Abs. 1 IFG geschützt (Schoch IFG § 4 Rn. 36).

Ausnahmsweise kann auch der Zugang zu Ergebnisse der Beweiserhebung und Gutachten 15 oder Stellungnahmen Dritter geschützt sein, denn die Rückausnahme des § 4 Abs. 1 S. 2 IFG gilt nur für den Regelfall. Die besonderen Umstände, die ausnahmsweise für eine Geheimhaltung bis zum Abschluss des Verfahrens sprechen, können aus dem Gegenstand des Verfahrens abgeleitet werden (VG Berlin BeckRS 2010, 56185). In der Gesetzesbegründung (BT-Drs. 15/4493, 12) wird darauf hingewiesen, dass bei Gutachten in Verfahren der Forschungs- oder Kulturförderung es geboten sein kann, den Informationszugang erst nach Abschluss des Verfahrens zu eröffnen. Angesichts der Besonderheiten eines Parteiverbotsverfahrens vor dem BVerfG spricht viel dafür, dass Stellungnahmen Dritter der unmittelbaren Entscheidungsvorbereitung dienen (OVG Berlin-Brandenburg Beschl. v. 28.5.2013 – OVG 12 S 23.13). Nach den Anwendungshinweisen BMI (GMBl. 2005, 1346 (1349)) erstreckt sich die regelmäßige Herausgabepflicht nicht auf Gutachten Dritter, die eine Entscheidung unmittelbar vorbereiten. Demgegenüber argumentiert die Rspr. (VG Berlin BeckRS 2010, 56185) zu Recht, dass jedenfalls für die Informationsverweigerung nicht ausreichend ist, wenn die Behörde lediglich mit dem Zweck der Gutachten argumentiert, eine behördliche Entscheidung vorzubereiten, die jedoch Beweisergebnisse und Gutachten typischerweise innewohnt, denn sonst wäre es überflüssig, sie einzuholen.

3. Vereitelungsrisiko (Abs. 1 S. 1)

Die Ablehnung nach § 4 Abs. 1 S. 1 IFG setzt weiter voraus, dass die vorzeitige 16 (→ Rn. 22) Bekanntgabe der Informationen den Erfolg der Entscheidung oder bevorstehender behördlicher Maßnahmen (→ Rn. 17 ff.) vereiteln (→ Rn. 19) würde.

Der Schutzumfang im konkreten Fall ist vor dem Hintergrund der Schutzzwecke des § 4 17 IFG (→ Rn. 1 ff.) – insbes. Schutz der Willensbildung und Effektivität des Verwaltungshandelns – zu ermitteln.

> Geschützt ist – im Hinblick auf die Effektivität des Verwaltungshandelns – auch die Durchsetzung 17.1 der Entscheidung (zB Verwaltungsvollstreckung) (idS Schoch IFG § 4 Rn. 23).
>
> Nicht geschützt sind – da § 4 IFG dem Schutz spezifisch des Diskussionsprozesses dient 17.2 (→ Rn. 1) – die Gegebenheiten, auf denen der Diskurs beruht. So sind die den Beratungen zugrunde liegenden Tatsachen und Dokumente Voraussetzung einer unbefangenen Willensbildung, ohne zu deren Bestandteil zu werden (Fluck/Theuer/Fischer IFG § 4 Rn. 25; ZDM 331). Auch

bringt § 4 Abs. 1 S. 1 IFG mit der Verankerung einer gewissen Finalität („Entwürfe zu Entscheidungen") und mit der Normierung eines zeitlichen Moments („unmittelbare Vorbereitung") zum Ausdruck, dass nur der behördliche Prozess der Willensbildung innerhalb der informationspflichtigen Stellen, nicht aber das Ergebnis des Beratungsprozesses – der Inhalt der Entscheidung selbst – geschützt ist (Schoch IFG § 4 Rn. 5).

17.3 Weitergehend ist nach der Rspr. des OVG Münster (NVwZ-RR 2011, 965 (967)) zu § 7 Abs. 2 Buchst. a IFG NRW der Zugang zu solchen Unterlagen idR nicht ausgeschlossen, „die weder interne Meinungsverschiedenheiten noch unterschiedliche Auffassungen innerhalb einer Behörde oder zwischen verschiedenen Behörden erkennen lassen." Diese Ansicht ist allerdings insoweit problematisch, als diese Bewertung die Kenntnis der Informationen voraussetzt und als im Umkehrschluss daraus bei verweigerten Informationen gefolgert werden kann, dass Meinungsverschiedenheiten innerhalb der Behörde bestanden.

18 Die geschützten behördlichen Maßnahmen müssten nach der Gesetzesbegründung (BT-Drs. 15/449, 12) konkret bevorstehen, weil § 4 IFG den Schutz von Verwaltungsabläufen bezweckt. Dementsprechend kann sich die Behörde nicht darauf berufen, dass eine Information irgendwann einmal einer Entscheidung dienen wird (Sitsen 194).

19 Angelehnt an den damaligen Wortlaut von § 10 Abs. 1 und 2 des IFG SH wurde die missverständliche Formulierung „vereiteln" im Interesse des Gleichklangs beibehalten, obwohl inhaltlich Einigkeit bestand, dass der Begriff als „gefährden" verstanden werden soll (Jastrow/Schlatmann Einl. Rn. 36). Dementsprechend wird der Erfolg einer Entscheidung/Maßnahme **vereitelt**, wenn diese aufgrund des Bekanntwerdens der Information überhaupt nicht, mit anderem Inhalt oder wesentlich später zustande käme (BT-Drs. 15/4493, 12; BfDI, Anwendungshinweise 2007, 10; NK-IFG/Rossi IFG § 4 Rn. 13; Sitsen 194; ZDM 331). Eine Vereitelung des Erfolgs liegt bei einer Verzögerungen immer dann vor, wenn der Erfolgseintritt zeitabhängig ist; im Übrigen wird eine schlichte Verzögerung als nicht ausreichend bewertet (Schoch IFG § 4 Rn. 24).

19.1 Eine Vereitelung kommt insbes. in Betracht, wenn der Zweck eines bestimmten Verfahrens gerade erfordert, dass den Beteiligten eine geplante Maßnahme verborgen bleibt (zB bevorstehende Überprüfung eines Betriebs), weil ansonsten die Behördenmaßnahme unterlaufen werden könnte (Fluck/Theuer/Fischer IFG § 4 Rn. 39).

20 Hinsichtlich des Risikos ist eine **Prognoseentscheidung** über die Schädlichkeit und Wahrscheinlichkeit der Auswirkungen des Informationszugangs erforderlich (vgl. BRS/Scheel IFG § 4 Rn. 8; NK-IFG/Rossi IFG § 4 Rn. 13; Sitsen 194; ZDM 331). Bezüglich des Grades der Wahrscheinlichkeit der Gefährdung des Schutzgutes gilt der im Bereich der Eingriffsverwaltung entwickelte Grundsatz entsprechend, nach dem an die Wahrscheinlichkeit einer Schutzgutbeeinträchtigung umso geringere Anforderungen zu stellen sind, je größer und folgenschwerer die eintretende Beeinträchtigung ist (OVG Berlin-Brandenburg Beschl. v. 28.5.2013 – OVG 12 S 23.13). Dabei kann auch eine frühzeitige Öffentlichkeit sinnvoll sein, wie dies teilweise im Umwelt- und Planungsrecht angestrebt wird (Sitsen 194). Dementsprechend dürfte es auch nur selten gelingen nachzuweisen, inwieweit durch eine Veröffentlichung der Erfolg der Entscheidung vereitelt werden könnte (ZDM 331).

20.1 Der Anteil der im konkreten Fall § 4 IFG ablehnenden Entscheidungen (BVerwG BeckRS 2012, 45392; VG Berlin BeckRS 2010, 45814; 2010, 56185; VG Frankfurt a. M. BeckRS 2010, 49914 (von der Berufungsinstanz offengelassen: VGH Kassel BeckRS 2012, 49879)) ist sehr groß. Demgegenüber hat OVG Greifswald LKV 2008, 515 (516) zu § 6 Abs. 1 IFG M-V das Risiko einer Vereitelung des Erfolges unter Hinweis auf die Komplexität der bevorstehenden Planungsentscheidung bejaht. Ebenso wurde – angesichts der Besonderheiten des Parteiverbotsverfahrens – § 4 IFG bejaht im Hinblick auf die Vorbereitung eines Verfahrens gegen die NPD (OVG Berlin-Brandenburg Beschl. v. 28.5.2013 – OVG 12 S 23.13).

21 Ob für die Frage des Vereitelungsrisikos auf die **konkrete antragstellende Person** abzustellen ist, ist problematisch (vgl. ZDM 289 f.). So könne das Vorliegen eines Ablehnungsgrundes iSd § 3 IFG von der informationspflichtigen Stelle unabhängig von der konkreten Person nur für alle Anträge einheitlich beurteilt werden (BVerwG NVwZ 2010, 321 Rn. 24; VG Frankfurt a. M. Urt. v. 23.6.2010 – 7 K 1424/09.F (im Zusammenhang mit § 3 Nr. 1 Buchst. d IFG)). IdS sei auch bei § 4 IFG immer zu berücksichtigen, dass die antragstellende Person die erlangte Information nicht für sich behält, sondern der individuelle Informationszugang letztlich zur allgemeinen Kenntnis gelangt (Schoch IFG § 4 Rn. 24). Allerdings wird im Rahmen der Abwägung des Informations- mit dem Geheimhaltungsinteresse auch der Verwendungszusammenhang berücksichtigt (BT-Drs. 15/4493, 13; idS auch: BfDI, Anwendungshinweise, 2007, 11; BMI GMBl. 2005, 1346 (1349 zu III. 8. d)). Aber gerade im Rahmen von Vergleichen zwischen antragstellenden Personen und Behörden könnte eine Geheimhaltung vereinbart werden.

Der auf den Schutz des behördlichen Entscheidungsprozesses gerichtete Ablehnungsgrund 22 des § 4 IFG entfällt spätestens mit dem **Abschluss des Verfahrens** (BVerwG NVwZ 2011, 1072 Rn. 5; BeckRS 2012, 45392; OVG Berlin-Brandenburg ZUR 2012, 183 Rn. 28; BfDI, 2. Tätigkeitsbericht 2008 und 2009, BT-Drs. 17/1350, 17; NK-IFG/Rossi IFG § 4 Rn. 16; Schoch IFG § 4 Rn. 31 f.; Sitsen 194; ZDM 330). Denn sowohl der Schutzzweck (→ Rn. 1) als auch der Wortlaut des § 4 Abs. 1 S. 1 IFG machen deutlich, dass die Entscheidung selbst nicht erfasst wird, mithin der Informationszugang nach der Entscheidung zu erfolgen hat (idS ZDM 330). Im Wortlaut wird nämlich nur auf „die vorzeitige Bekanntgabe der Information" abgestellt (Sitsen 194). Auch kann eine einmal erfolgte Entscheidung/Maßnahme nicht mehr vereitelt werden (Sitsen 194).

Der Erfolg einer Entscheidung oder bevorstehender behördlicher Maßnahmen kann nicht mehr 22.1 vereitelt werden, wenn Informationen zur moderaten Laufzeitverlängerung von Kernkraftwerken bekannt werden, nachdem der Gesetzentwurf zur Änderung als Bundestagsdrucksache veröffentlicht worden und das Gesetz in Kraft getreten ist (VG Berlin ZUR 2012, 50 Rn. 20). Ebenso besteht kein Vereitelungsrisiko mehr, wenn die Informationsherausgabe nach dem Ausschreibungsverfahren, mit dem die Vergabeentscheidung seinen Abschluss gefunden hat, verlangt wird (VG Münster BeckRS 2009, 39805 zu § 7 Abs. 3 S. 1 IFG NRW).

4. Reichweite der Ablehnung

Durch die Formulierung „soweit" in § 4 Abs. 1 S. 1 IFG wird deutlich zum Ausdruck 23 gebracht, dass die Reichweite der Ablehnung in **sachlicher** Hinsicht eingeschränkt ist. Nur „soweit" die Bekanntgabe der Information den Erfolg vereiteln (→ Rn. 19) würde, ist der Informationszugang zu versagen; im Übrigen ist Informationszugang teilweise gem. § 7 Abs. 2 S. 1 IFG (→ § 7 Rn. 43) zu gewähren.

Die **zeitliche** Dimension der Ablehnung wird durch die Formulierung „solange" in § 4 24 Abs. 1 S. 1 IFG begrenzt. Nur „solange" die vorzeitige Bekanntgabe der Information den Erfolg vereiteln (→ Rn. 16 ff.) würde, ist der Informationszugang zu versagen. Spätestens mit Abschluss des Verfahrens entfällt die Möglichkeit der Informationsverweigerung nach § 4 Abs. 1 IFG (→ Rn. 22). Dann ist die antragstellende Person nach § 4 Abs. 2 IFG (→ Rn. 27 ff.) zu informieren.

II. Rechtsfolgen

Nach der Gesetzesbegründung (BT-Drs. 15/4493, 9) sind die Versagungsgründe der §§ 3 25 und 4 IFG abgestuft nach Ist- und Soll-Versagungsgründen. Dementsprechend enthält der Ausschlusstatbestand des § 4 Abs. 1 S. 1 IFG ein **intendiertes Versagungsermessen,** wonach idR unter den in § 4 Abs. 1 IFG normierten Voraussetzungen (→ Rn. 7 ff.) kein Informationszugang zu gewähren ist (Schoch IFG Vorb §§ 3–6 Rn. 68; ZDM 284).

Ein atypischer Fall liegt vor, wenn der durch den Informationszugang bewirkte Schaden erheb- 25.1 lich geringer als der durch die Geheimhaltung bewirkte Nachteil ist (Mecklenburg/Pöppelmann § 4 Rn. 17). Außerdem kommt Informationszugang im Anschluss an (gezielte) Indiskretionen, mit denen „Politik" gemacht werden soll, in Betracht (Schoch IFG § 4 Rn. 27).

Als Alternative zu einer Ablehnung kommt auch in Betracht, dass die Behörde dem 26 Informationszugangsantrag unter der aufschiebenden Bedingung des Abschlusses des von § 4 IFG geschützten Verfahrens stattgibt (Fluck/Theuer/Fischer IFG § 4 Rn. 59).

C. Informationspflicht (Abs. 2)

27 Während § 9 Abs. 2 IFG nur eine Mitteilungspflicht im Zeitpunkt der Entscheidung über den Informationszugang statuiert (→ § 9 Rn. 23), regelt § 4 Abs. 2 IFG nach dem temporären Schutz des behördlichen Entscheidungsprozesses für den Regelfall (→ Rn. 34) ergänzend, dass die antragstellende Person über den Abschluss des jeweiligen Verfahrens (→ Rn. 28 ff.) informiert werden soll (ZDM 242). Nach der Ratio der Informationspflicht (→ Rn. 5) kommt auch bereits bei Wegfall des Ablehnungsgrundes des § 4 Abs. 1 IFG (→ Rn. 35) und bei sonstigen Ablehnungsgründen (→ Rn. 36) eine Informationspflicht in Betracht.

I. Voraussetzungen der Informationspflicht

28 Die Informationspflicht des § 4 Abs. 2 IFG setzt den Abschluss des jeweiligen Verfahrens voraus. Bezugspunkt ist nicht das Informationszugangsverfahren, sondern das Verfahren, über welches Informationen begehrt werden. Dabei ist der Begriff des Verfahrens weiter als bei § 9 VwVfG zu verstehen und umfasst auch behördeninterne Vorgänge und Tätigkeiten aus dem schlichthoheitlichen Bereich (Fluck/Theuer/Fischer IFG § 4 Rn. 52).

29 Der Abschluss eines Verwaltungsverfahrens wird im allgemeinen Verwaltungsverfahrensrecht selten (idS Schmidt-De Caluwe VerwArch 90 (1999), 49 (60)) bereits beim Verlassen des Verwaltungsaktes der Behörde, häufiger in der **Bekanntgabe des Verwaltungsaktes** (Ziekow VwVfG, 2. Aufl. 2011, § 9 Rn. 16) oder erst im Zeitpunkt der Unanfechtbarkeit gesehen (BeckOK VwVfG/Gerstner-Heck VwVfG § 9 Rn. 15). Letzterem entsprechend wird teilweise auch im Bereich der Informationsfreiheit auf den Zeitpunkt der Unanfechtbarkeit abgestellt (so wohl Roßnagel/Sokol, Datenschutzrecht, 2003, 9.1 Rn. 37 für das AIG BB; aM Sitsen 197). Dagegen spricht allerdings, dass zwischen Bekanntgabe und Unanfechtbarkeit zumeist der Informationszugang nach § 3 Nr. 1 Buchst. g IFG (→ § 3 Rn. 101) ausgeschlossen ist (Sitsen 197). Dementsprechend wird ein enges und gesetzeszweckorientiertes Verständnis für den Schutz des Entscheidungsprozesses befürwortet (Sitsen 197). Bei Verwaltungsakten ist also der Zeitpunkt der Bekanntgabe entscheidend (Fluck/Theuer/Fischer IFG § 4 Rn. 53; Schoch IFG § 4 Rn. 42). Zwar greift bei Einlegung eines Rechtsbehelfs durch die Einleitung des Widerspruchsverfahren § 4 IFG erneut ein, allerdings erstreckt sich der Schutz des § 4 IFG während des laufenden Widerspruchsverfahren nur auf den Willensbildungsprozess in der Widerspruchsbehörde, nicht aber auf die Unterlagen, die sich auf den Meinungsbildungsprozess des Ausgangsverfahrens beziehen (Fluck/Theuer/Fischer IFG § 4 Rn. 53).

30 Der Abschluss eines Verfahrens erfolgt bei einem **Verwaltungsvertrag** mit der beiderseitigen Einigung (idS Fluck/Theuer/Fischer IFG § 4 Rn. 53).

31 Ein Verfahrensabschluss setzt nicht zwingend eine Sachentscheidung voraus; es kann sich auch **auf andere Weise erledigen,** etwa wenn das beabsichtigte Vorhaben nicht mehr weiterverfolgt werden soll oder wenn veränderte Umstände eine Entscheidung entbehrlich machen (BVerwG BeckRS 2012, 45392; ZDM 330). Entsprechend dem Zweck (→ Rn. 1) ist ein Verfahrensabschluss dann zu bejahen, wenn der behördeninterne Willensbildungsprozess nicht mehr beeinträchtigt werden kann (Fluck/Theuer/Fischer IFG § 4 Rn. 54).

II. Umfang der Informationspflicht

32 Anders als bei § 7 Abs. 3 S. 1 IFG NRW, wonach die vorenthaltenen Informationen zugänglich zu machen sind, verlangt § 4 Abs. 2 IFG lediglich, dass die antragstellende Person „über den Abschluss des jeweiligen Verfahrens" informiert werden soll.

33 Wann und wie der Antragsteller zu informieren ist, ergibt sich nicht unmittelbar aus § 4 Abs. 2 IFG. In Anlehnung an § 7 Abs. 5 IFG (→ § 7 Rn. 76) dürfte sich eine unverzügliche Information, zumindest innerhalb eines Monats, anbieten (ohne Rückgriff auf § 7 IFG eine zeitnahe Benachrichtigung fordernd: Fluck/Theuer/Fischer IFG § 4 Rn. 55; Schoch IFG § 4 Rn. 44). Da diese Information einer Auskunft iSd § 7 Abs. 3 IFG (→ § 7 Rn. 61) vergleichbar ist, kann die Information mündlich, schriftlich oder elektronisch erfolgen (ohne Rückgriff auf § 7 IFG für eine formlose Benachrichtigung: Fluck/Theuer/Fischer IFG § 4 Rn. 55; Schoch IFG § 4 Rn. 44).

Die Informationspflicht entfällt in atypischen Fällen, weil § 4 Abs. 2 IFG nur verlangt, **34** dass die Information erfolgen „soll". Ein atypischer Fall wird darin gesehen, wenn weitere Ausschlussgründe nach § 3, § 5 und § 6 IFG einschlägig sind, die nach Abschluss der behördlichen Entscheidungsbildungsprozesse fortwirken (Fluck/Theuer/Fischer IFG § 4 Rn. 56; enger auf die absoluten Verweigerungsgründe des § 3 und § 6 S. 1 IFG abstellend Schoch IFG § 4 Rn. 43).

Die Informationspflicht entfällt nicht allein deshalb, weil die Behörde meint, die antragstellende **34.1** Person habe wegen Zeitablaufs kein Interesse mehr an der Information (Schoch IFG § 4 Rn. 43; aM NK-IFG/Rossi IFG § 4 Rn. 21 bei offensichtlicher Erkennbarkeit). Auf die Information kann auch nicht verzichtet werden, um die Behörde bloß vor einer schwierigen Prüfung zu bewahren (idS Schoch IFG § 4 Rn. 43; aM Jastrow/Schlatmann IFG § 4 Rn. 31).

III. Analoge Anwendung

Nach der Ratio der Informationspflicht (→ Rn. 5) kommt – auch wenn das Verfahren **35** noch nicht abgeschlossen (→ Rn. 28) ist – bereits bei Wegfall des Ablehnungsgrundes des § 4 Abs. 1 IFG (→ Rn. 7 ff.) die Entstehung der Informationspflicht in Betracht. Für diese Fälle ist eine analoge Anwendung zu erwägen.

Ebenso gelten diese Überlegungen für andere temporäre Ausschlussgründe wie insbes. § 3 **36** Nr. 1 Buchst. g IFG (→ § 3 Rn. 101). Auch in der Gesetzesbegründung (BT-Drs. 15/4493, 10) wurde betont, dass gem. § 3 Nr. 1 Buchst. g IFG verweigerte Informationen nach Abschluss des Verfahrens einem Informationszugang vorbehaltlich anderer Ausnahmetatbestände wieder offen stehen. Dementsprechend hat auch das VG Frankfurt a. M. (BeckRS 2009, 16210) im Anschluss an die Verneinung eines Anspruchs nach § 3 Nr. 1 Buchst. g IFG die Behörde darauf hingewiesen, dass die Behörde gem. § 4 Abs. 2 IFG den Antragsteller über den Abschluss des jeweiligen Verfahrens informieren soll. Allerdings bleibt unklar, ob und ggf. auf welche temporären Ausschlussgründe die Informationspflicht des § 4 Abs. 2 IFG zu erstrecken ist. Im Rahmen der Evaluation des IFG (→ § 14 Rn. 9) wurde eine restriktive Sicht empfohlen, um die Behörden nicht mit Pflichten zur Prüfung des Entfallens der Voraussetzungen eines Ausschlussgrundes von Amts wegen zu belasten (ZDM 243; vgl. auch Sachs Ausschussdrs. 17(4)573 D, 5).

D. Konkurrenzen

I. Verhältnis zu § 1 Abs. 3 IFG iVm § 29 Abs. 1 S. 2 VwVfG

Da nach § 1 Abs. 3 IFG neben dem Informationszugangsanspruch parallel ein Akten- **37** einsichtsrecht gem. § 29 VwVfG bestehen kann (→ § 1 Rn. 187), stellt sich die Frage, wie sich der Ausschlussgrund des § 4 Abs. 1 IFG zum Ausschlussgrund des § 29 Abs. 1 S. 2 VwVfG verhält. Dabei unterliegen die Ansprüche ihren jeweiligen rechtlichen Regimen: Soweit Informationen aufgrund IFG begehrt werden, ist § 4 Abs. 1 IFG einschlägig. Beruft sich ein Verfahrensbeteiligter auf § 29 VwVfG, so ist § 29 Abs. 1 S. 2 VwVfG zu beachten. Werden Informationen ohne Angabe der Rechtsgrundlage oder unter Hinweis auf beide Regelungen begehrt, hat die Behörde bei beiden Ansprüchen den jeweils entsprechenden Ausschlussgrund zu prüfen (Fluck/Theuer/Fischer IFG § 4 Rn. 31). Genauso ist bei § 25 Abs. 1 S. 2 SGB X zu verfahren (Schoch IFG § 4 Rn. 51).

II. Verhältnis zu § 2 Nr. 1 S. 2 IFG

Die Vorläufigkeit, welche Entwürfe zu Entscheidungen sowie Arbeiten und Beschlüsse **38** zu ihrer unmittelbaren Vorbereitung auszeichnet, ist bereits bei der Definition von amtlichen Informationen gem. § 2 Nr. 1 S. 2 IFG bedeutsam. Nur soweit § 2 Nr. 1 S. 2 IFG einen Anwendungsbereich belässt, ist im konkreten Fall zu beurteilen, ob der Informationszugang zu diesen Aufzeichnungen gem. § 4 Abs. 1 IFG versagt werden soll (→ § 2 Rn. 19).

III. Verhältnis zu den §§ 3–6 IFG

39   Die Ausschlussgründe der §§ 3–6 IFG sind unstreitig nebeneinander anzuwenden (BfDI, Anwendungshinweise, 2007, 7; NK-IFG/Rossi IFG § 6 Rn. 81; ZDM 285). Im Ergebnis setzt sich der „stärkere" Informationsverweigerungsgrund durch (Schoch IFG § 2 Rn. 46). Dennoch wird das Verhältnis zwischen § 4 und § 3 Nr. 3 IFG (→ § 3 Rn. 134.2) häufig (NK-IFG/Rossi IFG, § 4 Rn. 18 f.; Schoch IFG § 4 Rn. 54; ZDM 330) als unklar bezeichnet. Als Leitlinie steht bei § 3 Nr. 3 IFG die freie personelle Interaktion im Vordergrund, während § 4 IFG den Erfolg der konkret bevorstehenden Entscheidung/Maßnahme schützt (Sitsen 196; idS als Abgrenzungskriterium NK-IFG/Rossi IFG § 4 Rn. 19; kritisch dazu Schoch IFG § 4 Rn. 48).

40   Dementsprechend dürften allenfalls wenige Fälle zu konstruieren sein, wonach eine Antragsablehnung ausschließlich auf § 4 Abs. 1 IFG gestützt werden könnte. Als Bsp. wird ein Antrag vorgeschlagen, mit dem die Betroffenen Aufschluss über eine bei sich selbst bevorstehende Überwachungsmaßnahme erhalten wollen (Mecklenburg/Pöppelmann IFG § 4 Rn. 20). Durch einen solchen IFG-Antrag wird aber notwendiger Weise der Belang betroffen, der durch die Überwachungsmaßnahme kontrolliert werden soll. Dementsprechend könnten die Antragsablehnungen zumeist auf den Schutz der öffentlichen Sicherheit nach § 3 Nr. 2 IFG gestützt werden (ZDM 330 f.). Dementsprechend erscheint die Regelung des § 4 IFG überflüssig (ZDM 345; Schoch IFG § 4 Rn. 47 ff., 54; umgekehrt Kugelmann NJW 2005, 3609 (3612): § 3 Nr. 3 Buchst. b IFG neben § 4 IFG überflüssig).

IV. Kernbereich exekutiver Eigenverantwortung

41   Der Kernbereich exekutiver Eigenverantwortung im Bereich des Regierungshandelns wird in der Gesetzesbegründung zu § 4 Abs. 1 IFG als weiterer „ungeschriebener verfassungsrechtlicher Ausnahmegrund" bezeichnet (vgl. BT-Drs. 15/4493, 12): „Dieser exekutive Kernbereich schließt einen selbst von parlamentarischen Untersuchungsausschüssen grds. nicht ausforschbaren Initiativ-, Beratungs- und Handlungsbereich der Regierung ein (…) Dem Bürger ist damit der Zugang zu diesem Kernbereich erst recht verschlossen." Dies findet im Ergebnis allgemeine Zustimmung (zB BVerwG NVwZ 2012, 251 Rn. 35; VG Berlin BeckRS 2008, 35969; BfDI, Anwendungshinweise, 2007, 10; Schnabel DÖV 2012, 192 ff.; ZDM 331 f.), jedoch sind Art und Weise der Berücksichtigung unklar (explizit offen gelassen von BVerwG NVwZ 2012, 251 Rn. 35).

42   Ein sehr weiter „Schutzwall" für diesen Kernbereich war der Ansatz, der zwischen informationspflichtigem Verwaltungshandeln und nicht informationspflichtigem Regierungshandeln unterschied (ZDM 332, unter Hinweis auf diese Argumentationslinie bei VG Berlin BeckRS 2008, 35969; idS noch Fluck/Theuer/Fischer IFG § 4 Rn. 45 f.). Allerdings wird diese Differenzierung nach Entscheidungen des BVerwG aus 2011 wohl kaum noch vertreten (→ § 1 Rn. 137). Eine Auffassung (wohl Schoch IFG Vorb §§ 3–6 Rn. 27; wohl aM ders. § 4 Rn. 45) wendet unter Hinweis auf die Gesetzesbegründung zu § 4 IFG diese Regelung an, weil § 4 IFG sowie der Kernbereichsschutz relativen Schutz gewährleisten würden. Dieser Ansatz versagt jedoch insoweit, als auch bei abgeschlossenen Vorgängen Fälle möglich sind, in denen die Regierung nicht verpflichtet ist, Tatsachen aus dem Kernbereich exekutiver Eigenverantwortung mitzuteilen (VG Berlin ZUR 2012, 50 Rn. 33; ZDM 332). Am ehesten kommt damit der Schutz des exekutiven Kernbereichs in § 3 Nr. 3 Buchst. b IFG (→ § 3 Rn. 22) zum Ausdruck.

E. Rechtsschutz

43   Wird der Antrag wegen unzutreffender Anwendung des § 4 Abs. 1 IFG abgelehnt, bestimmt sich der Rechtsschutz des Antragstellers gem. § 9 IFG. Dabei trägt die Behörde die Darlegungslast für das Vorliegen des Informationsverweigerungsgrundes (Schoch IFG Vorb §§ 3–6 Rn. 49; ZDM 385).

44   Mangels tatsächlicher Kenntnis kommt präventiver Rechtsschutz bei drohender Verletzung der Informationspflicht des § 4 Abs. 2 IFG wohl kaum in Betracht. Nachträglicher Rechtsschutz ist insoweit problematisch, als im IFG kein Schadensersatzanspruch für die rechtswidrige Verzögerung oder Vorenthaltung von Informationen normiert ist.

F. Ausblick

Der Schutz des behördlichen Entscheidungsprozesses erfährt durch die separate Regelung 45
in § 4 IFG eine hervorgehobene Sonderstellung gegenüber dem Schutz sonstiger öffentlicher
Belange in § 3 IFG, für die keine Gründe erkennbar sind. Dabei bestehen insbes. Abgrenzungsprobleme im Verhältnis zum Schutz von Beratungen gem. § 3 Nr. 3 Buchst. b IFG
(→ Rn. 39 f.). Bei den Behördenentscheidungen wird der Ablehnungsgrund des § 4 IFG
häufiger angeführt, und er hatte bei der Evaluierung einen Anteil von 3,8 % aller Ablehnungsgründe (ZDM 293). Demgegenüber wurde § 4 IFG von der Rspr. sehr selten geprüft.
Dies deutet darauf hin, dass die Unklarheit des eigenständigen Anwendungsbereichs der
Norm bei Behörden zu einer vorschnellen Inanspruchnahme führt. Dass zwar eine § 3 Nr. 3
Buchst. b IFG vergleichbare Regelung in § 8 Abs. 1 S. 1 Nr. 2 UIG existiert, aber eine § 4
IFG entsprechende Norm im UIG fehlt, ist ein weiteres Indiz, dass § 4 IFG überflüssig ist
(ZDM 345; idS Schoch IFG § 4 Rn. 54; vgl. aber auch die Kritik an diesem Vorschlag bei
Sachs Ausschussdrs. 17(4)573 D, 7).

§ 5 Schutz personenbezogener Daten

(1) ¹Zugang zu personenbezogenen Daten darf nur gewährt werden, soweit das Informationsinteresse des Antragstellers das schutzwürdige Interesse des Dritten am Ausschluss des Informationszugangs überwiegt oder der Dritte eingewilligt hat. ²Besondere Arten personenbezogener Daten im Sinne des § 3 Abs. 9 des Bundesdatenschutzgesetzes dürfen nur übermittelt werden, wenn der Dritte ausdrücklich eingewilligt hat.

(2) Das Informationsinteresse des Antragstellers überwiegt nicht bei Informationen aus Unterlagen, soweit sie mit dem Dienst- oder Amtsverhältnis oder einem Mandat des Dritten in Zusammenhang stehen und bei Informationen, die einem Berufs- oder Amtsgeheimnis unterliegen.

(3) Das Informationsinteresse des Antragstellers überwiegt das schutzwürdige Interesse des Dritten am Ausschluss des Informationszugangs in der Regel dann, wenn sich die Angabe auf Name, Titel, akademischen Grad, Berufs- und Funktionsbezeichnung, Büroanschrift und -telekommunikationsnummer beschränkt und der Dritte als Gutachter, Sachverständiger oder in vergleichbarer Weise eine Stellungnahme in einem Verfahren abgegeben hat.

(4) Name, Titel, akademischer Grad, Berufs- und Funktionsbezeichnung, Büroanschrift und -telekommunikationsnummer von Bearbeitern sind vom Informationszugang nicht ausgeschlossen, soweit sie Ausdruck und Folge der amtlichen Tätigkeit sind und kein Ausnahmetatbestand erfüllt ist.

§ 5 IFG stellt eine Spezialvorschrift zu § 16 BDSG dar (BT-Drs. 15/4493, 13) und regelt
die Übermittlung **personenbezogener Daten an nichtöffentliche Stellen**. Die Vorschrift
bezweckt den Schutz des in Art. 2 Abs. 1 iVm Art. 1 Abs. 1 GG zu verortenden **Rechts auf
informationelle Selbstbestimmung**. Danach entscheidet der Einzelne grds. selbst über
die Preisgabe und Verwendung seiner persönlichen Daten (BVerfGE 65, 1 (41 f.)). Der
Gesetzgeber darf dieses Recht zum Schutz überwiegender Allgemeininteressen einschränken.
Er muss allerdings die Voraussetzungen und den Umfang der Beschränkung hinreichend klar
umschreiben und den Grundsatz der Verhältnismäßigkeit beachten (BVerfGE 65, 1, 44 (54);
115, 320 (344 f.)). Der Kernbereich privater Lebensgestaltung hat unberührt zu bleiben
(BVerfGE 80, 367 (373 f.); BT-Drs. 15/4493, 13). Nach dem Regelungskonzept des **§ 5
Abs. 1 IFG** dürfen die informationspflichtigen Stellen **grds. keinen Zugang zu personenbezogenen Daten** gewähren. **Nur in zwei Konstellationen** dürfen derartige Daten
dennoch zugänglich gemacht werden: Einerseits darf der Zugang zu personenbezogenen
Daten **bei Einwilligung des Dritten** gewährt werden (§ 5 Abs. 1 S. 1 Alt. 2 IFG).
Andererseits ist eine Zugangsgewährung zu personenbezogenen Daten, die **nicht § 3 Abs. 9
BDSG unterfallen**, gem. § 5 Abs. 1 S. 1 Alt. 1 IFG möglich, **soweit das Informationsinteresse des Antragstellers das Geheimhaltungsinteresse des Dritten überwiegt**. § 5

IFG § 5   IV. Informationsfreiheitsrecht

Abs. 2–4 IFG erleichtern die Abwägung: In **§ 5 Abs. 2 IFG** werden Fälle eines dem **Antragsteller fehlenden überwiegenden Informationsinteresses** geregelt. **§ 5 Abs. 3 IFG** benennt Konstellationen, in denen das **Informationsinteresse des Antragstellers in der Regel** dem Geheimhaltungsinteresse des Dritten **vorgeht**. **§ 5 Abs. 4 IFG** betrifft den Zugang zu **Kontaktdaten von Behördenmitarbeitern**.

Übersicht

	Rn		Rn
A. Allgemeines	1	I. Schutz von Personaldaten und Geheimnisschutz (Abs. 2)	13
B. Personenbezogene Daten	3	II. Informationen zu Gutachtern und Sachverständigen (Abs. 3)	20
C. Zugänglichkeit der Informationen bei Einwilligung	5	III. Daten von Amtsträgern (Abs. 4)	23
D. Abwägung hinsichtlich des Informationszugangs	9	IV. Abwägung der konfligierenden Interessen	28

A. Allgemeines

1   § 5 IFG regelt nach seiner Überschrift den **„Schutz personenbezogener Daten"**. Bei der Austarierung des Spannungsverhältnisses zwischen dem **Informationsinteresse des Antragstellers** und dem **Recht des Dritten auf informationelle Selbstbestimmung aus Art. 2 Abs. 1 iVm Art. 1 Abs. 1 GG** räumt der Gesetzgeber dem **Datenschutz einen relativen Vorrang** ein (Schoch IFG § 5 Rn. 7; ZDM, 324). Dadurch wird dem Umstand Rechnung getragen, dass sich der Datenschutz, meistens aber nicht die Informationszugangsfreiheit aus dem Grundgesetz ableiten lässt (ZDM, 324). Auch die Soweit-Formulierung des § 5 Abs. 1 S. 1 IFG unterstreicht den prinzipiellen Vorrang des Rechts auf informationelle Selbstbestimmung (ZDM, 324). Für **besondere Arten von personenbezogenen Daten (§ 5 Abs. 1 S. 2 IFG)** sowie für **Personaldaten und den Geheimnisschutz (§ 5 Abs. 2 IFG)** wird dieser **Schutz** noch **verstärkt** (Albers ZJS 2009, 614 (621); ZDM, 324). Demgegenüber enthalten **§ 5 Abs. 3, 4 IFG Schutzabschwächungen** (Albers ZJS 2009, 614 (621); s. auch Schoch NVwZ 2013, 1033 (1038)). § 5 IFG ist nach seiner Konzeption eine **drittschützende Vorschrift**. Daher können die Betroffenen bei etwaigen Verstößen gerichtlichen Rechtsschutz in Anspruch nehmen (NK-IFG/Rossi IFG § 5 Rn. 3).

2   Bei **Einwilligung des Dritten** darf der beantragte Informationszugang nicht verweigert werden **(§ 5 Abs. 1 S. 1 Alt. 2 IFG)**. Außerdem darf das Recht auf informationelle Selbstbestimmung durch eine hinreichend klare **gesetzliche Vorschrift** aus Gründen **überwiegenden Informationsinteresses** eingeschränkt werden, wenn einerseits der Grundsatz der Verhältnismäßigkeit gewahrt und andererseits der Kernbereich privater Lebensgestaltung nicht angetastet wird (BVerfG NJW 2012, 907 (908, 912 ff.)). Daher erlaubt **§ 5 Abs. 1 S. 1 Alt. 1 IFG** den Informationszugang bei einem das schutzwürdige Interesse des Dritten **überwiegenden Informationsinteresse des Antragstellers**. Einige wenige personenbezogene Grundangaben sowie **Daten von Sachverständigen und Gutachtern** sind nach der vom Gesetzgeber in **§ 5 Abs. 3 IFG** vorgenommenen Interessenaustarierung **„in der Regel"** zugänglich. Bei Vorliegen der in **§ 5 Abs. 4 IFG** genannten Voraussetzungen sind **Kontaktdaten von Behördenmitarbeitern zugänglich** (ZDM, 324). Durch § 5 IFG kommt es zumindest de facto zu einer Aufhebung der ursprünglichen Zweckbindung der personenbezogenen Daten der informationspflichtigen Stelle (ZDM, 325; s. auch NK-IFG/Rossi IFG § 5 Rn. 2; Schoch IFG § 5 Rn. 9, 11). Trotzdem wird bislang von der Unionsrechts- und Verfassungskonformität der Vorschrift ausgegangen (Schoch IFG § 5 Rn. 12; ZDM, 325).

2.1   § 5 IFG ist lex specialis zu § 16 BDSG (BT-Drs. 15/4493, 13; Schoch IFG § 5 Rn. 3). Andernfalls bedürfte es keiner Verweisung auf § 3 Abs. 9 BDSG in § 5 Abs. 1 S. 2 IFG (Sitsen, Das Informationsfreiheitsgesetz, 2009, 199 f., der sich allerdings letztendlich für ein Nebeneinander beider Gesetze ausspricht). Ein Rekurs auf § 5 IFG kann durch andere vorrangige Vorschriften ausgeschlossen sein (näher dazu ZDM, 325 f.). Unter Heranziehung der Gesetzesmaterialien judizierte das VG Frankfurt a. M. NVwZ 2008, 1384 (1386 f.), dass durch das IFG nicht die bereichsspezifischen Verschwiegenheitspflichten, zB der § 8 WpHG, § 9 KWG außer Kraft gesetzt worden seien. Weil die Mitteilungspflicht des § 21 Abs. 1 WpHG losgelöst von der Zustimmungspflicht des Wertpapiererwerbers ist, kann sich dieser nicht auf den Schutz des § 5 IFG berufen (VG Frankfurt a. M. ZIP 2010, 1345 (1349); dazu auch Gurlit WM 2009, 773 (777 f.)). Hat ein Schuldner gem. § 97 Abs. 1 S. 1 InsO Auskünfte über die von ihm aufgebrachten Sozialversicherungsbeiträge für seine Arbeitnehmer zu erteilen, kann er dem Insolvenzverwalter nicht entgegenhalten, es handle sich dabei um geheimhaltungsbedürftige Informationen iSd § 5 IFG (VG Frankfurt a. M. Urt. v. 23.1.2008 – 7 E 3280/06 (V) Rn. 71; VG Gelsenkirchen Urt. v. 16.9.2010 – 17 K 1274/10 Rn. 67; VG Hamburg Urt. v. 27.8.2010 – 7 K 619/09 Rn. 72). Nach § 3 S. 4 VIG findet auf den Ausschluss des dortigen Informationszugangsanspruchs wegen entgegenstehender privater Belange § 5 Abs. 1 S. 2, Abs. 3, 4 IFG entsprechende Anwendung, soweit Zugang zu personenbezogenen Daten beantragt wird. Während nach VG Berlin Beschl. v. 22.8.2013 – 27 L 185.13 Rn. 25 sich die Auskunftsbeschränkungen des IFG nicht ohne weiteres auf den spezielleren presserechtlichen Auskunftsanspruch übertragen lassen, betonte das OVG Berlin-Brandenburg LKV 2013, 472 (474), dass die Wertungen des § 5 Abs. 2 IFG auch bei dem unmittelbar aus Art. 5 Abs. 1 S. 2 GG zu entnehmenden, nur einen Minimalstandard garantierenden presserechtlichen Auskunftsanspruch berücksichtigungsfähig sind.

B. Personenbezogene Daten

§ 5 IFG kommt nur bei Zugangsanträgen zu **personenbezogenen Daten** zur Anwendung. Mangels einer Begriffsumschreibung im IFG wird dieser Begriff üblicherweise anhand der **Legaldefinition in § 3 Abs. 1 BDSG** bestimmt (zB OVG Berlin-Brandenburg Urt. v. 17.6.2012 – OVG 12 B 34.10 Rn. 25; Schoch IFG § 5 Rn. 17). Dafür spricht nicht zuletzt, dass in § 5 Abs. 1 S. 2 IFG direkt auf § 3 Abs. 9 BDSG Bezug genommen wird (Sitsen, Das Informationsfreiheitsgesetz, 2009, 200 f.). Nach § 3 Abs. 1 BDSG sind unter personenbezogenen Daten **Einzelangaben über persönliche oder sachliche Verhältnisse einer bestimmten oder bestimmbaren natürlichen Person** zu verstehen. Da diese Legaldefinition weit gehalten ist, erfasst sie neben sensiblen Daten aus der Privat- oder Intimsphäre auch Daten mit geringem Informationsgehalt, sofern sie Rückschlüsse auf eine Person zulassen (BVerfGE 120, 378 (398 f.)). Mit den Worten des BVerfG schützt das Recht auf informationelle Selbstbestimmung „alle Informationen, die über die Bezugsperson etwas aussagen können." Es „erstreckt sich auch auf Basisdaten wie Name und Anschrift sowie auf offenkundige oder allgemein zugängliche Informationen" (BVerfG NVwZ 2011, 94 (100)). Hierunter fallen auch Einzelangaben über Handlungen, Äußerungen und sonstige Verhaltensweisen konkreter Personen (VG Berlin Urt. v. 22.3.2011 – 2 K 102.11 Rn. 36; s. auch OVG Berlin-Brandenburg Urt. v. 7.6.2012 – OVG 12 B 34.10 Rn. 25), etwa zur Teilnahme einer Person an der Auslandsreise eines Bundesministers (BfDI BT-Drs. 17/9100, 59). Auch Gruppendaten können Einzelangaben iSd § 3 Abs. 1 BDSG sein, soweit sie auf ein individuelles Gruppenmitglied durchschlagen und daher einer individuellen Person zuzuordnen sind (Sitsen, Das Informationsfreiheitsgesetz, 2009, 203). Über das Merkmal der personenbezogenen Daten wird nur die Verbindung zwischen dem Datum und dem Betroffenen geschützt (Sitsen, Das Informationsfreiheitsgesetz, 2009, 203).

Für personenbezogene Einzelangaben ist charakteristisch, dass sie die Person selbst betreffen, etwa ihren Namen, ihr Alter, ihren Familienstand, ihre Konfession, ihren Beruf, ihre Staatsangehörigkeit, ihren Gesundheitszustand oder ihre Adresse (Jastrow/Schlatmann IFG § 5 Rn. 8; Schoch IFG § 5 Rn. 18). Dazu gehören auch Angaben über innere Zustände, etwa über innere Einstellungen, Wünsche oder Motive (NK-IFG/Rossi § 5 Rn. 8). Angaben über sachliche Verhältnisse beziehen sich auf Sachverhalte, die eine Sache betreffen und einen Bezug zu einer individuellen oder individualisierbaren Person aufweisen (Schoch IFG § 5 Rn. 18), etwa zum Grundbesitz (Jastrow/Schlatmann IFG § 5 Rn. 9). Da personenbezogene Einzelangaben sowohl über persönliche als auch sachliche Verhältnisse geschützt sind, können Abgrenzungsprobleme unentschieden bleiben, sofern sich nur der Personenbezug herstellen lässt. Personenbezogene Daten enthalten zB Kfz-Kennzeichen (BVerfGE 120, 378 (400 f.)) oder Informationen über die Bereitstellungsmodalitäten von Telekommunikationsdiensten (BVerfG NJW 2012, 1419 (1422); zu weiteren Beispielen für personenbezogene Daten Sitsen, Das Informationsfreiheitsgesetz, 2009, 203 f.). Nach OVG Berlin-Brandenburg Urt. v. 7.6.2012 – OVG 12 B 34.10 Rn. 25, ist zB die Information, welche Abgeordneten Schreibgeräte eines bestimmten Herstellers bestellt oder Digitalkameras gekauft und gegenüber der Bundestagsverwaltung abgerechnet haben, personenbezogener Natur. Gleiches gilt für die Angabe, welche Abgeordneten iPods bestellt und abgerechnet haben (OVG Berlin-Brandenburg Urt. v. 7.6.2012 – OVG 12 B 40.11 Rn. 23), oder für den beantragten Zugang zu amtlichen Informationen, welche Beschwerden von welchen Personen das Auswärtige Amt dazu bewogen haben, eine bestimmte Person aus seinem Expertenpool herauszunehmen (VG Berlin Urt. v. 22.3.2012 – 2 K 102.11 Rn. 36). Die begehrte Preisgabe der Identität eines Informationsgebers hat eine personenbezogene Einzelangabe zum Gegenstand (OVG Berlin-Brandenburg Urt. v. 28.6.2013 – OVG 12 B 9.12 Rn. 39).

3.2   Das Vorliegen eines Personenbezugs wurde bei einem Akteneinsichtsgesuch eines Insolvenzverwalters hinsichtlich der Zahlungen und Vollstreckungsmaßnahmen eines Betriebs verneint, weil diese Informationen nur dem Betrieb und nicht konkreten Personen zuzuordnen sind (VG Hamburg ZInsO 2010, 1098 (1102); VG Stuttgart, Urt. v. 18.8.2009 – 8 K 1011/09 Rn. 31). Legt man die Legaldefinition des § 3 Abs. 1 BDSG zugrunde, beschränken sich personenbezogene Daten auf Einzelangaben über „natürliche" Personen (s. auch Sitsen, Das Informationsfreiheitsgesetz, 2009, 201 f.; nach Fluck/Theuer/Fetzer IFG § 5 Rn. 60 werden personenbezogene Personen ausschließlich über § 6 IFG geschützt). Nach BVerfG NVwZ 2011, 94, 100 können sich jedoch auch juristische Personen auf das Recht auf informationelle Selbstbestimmung berufen, das bei ihnen aber nicht aus Art. 2 Abs. 1 iVm Art. 1 Abs. 1 GG folgt, sondern nur auf Art. 2 Abs. 1 iVm Art. 19 Abs. 3 GG abgestützt werden kann. Der Schutz der informationellen Selbstbestimmung könne bei ihnen keinesfalls weiter reichen als bei natürlichen Personen. So erklärt sich wohl die zusätzliche Argumentation der Verwaltungsgerichte, dass die begehrten Informationen nicht über die Angaben in § 5 Abs. 3 IFG hinausgehen würden und sich der Insolvenzverwalter vorsorglich mit der Schwärzung der Daten (s. § 7 Abs. 2 S. 2 IFG) einverstanden erklärt habe (VG Hamburg ZInsO 2010, 1098 (1102); VG Stuttgart Urt. v. 18.8.2009 – 8 K 1011/09 Rn. 31). Jedenfalls wenn die Daten über die juristische Person zugleich auf deren Mitglieder durchschlagen und Rückschlüsse auf diese zulassen, können sich Letztere auf den Schutz personenbezogener Daten berufen (Louis NuR 2013, 77 (85)).

3.3   Das VG München Urt. v. 21.6.2007 – M 17 K.06.3145 Rn. 28 hat das Vorliegen personenbezogener Daten unter Heranziehung der Legaldefinition der Sozialdaten in § 67 Abs. 1 SGB X bestimmt. Danach seien Name und Anschrift von als Personenfirmen geführten Unternehmen personenbezogene Daten iSd § 5 Abs. 1 S. 1 IFG. Demgegenüber gehörten Name und Anschrift von Gesellschaftsunternehmen mangels Bezug auf eine bestimmte natürliche Person nicht zu den Sozialdaten.

3.4   Im Unionsrecht werden personenbezogene Daten insbes. über Art. 8 GRCh geschützt, wonach jeder Person das Recht auf Schutz der sie betreffenden personenbezogenen Daten zusteht. Nach EuGH EuZW 2010, 939 (941) Rn. 47 besteht bei diesem Grundrecht ein enger Zusammenhang zur Achtung des Privat- und Familienlebens in Art. 7 GRCh. Deshalb werde dieses Recht bei der Verarbeitung personenbezogener Daten hinsichtlich jeder Information relevant, die eine bestimmte oder bestimmbare natürliche Person betrifft (Rn. 52). Juristische Personen können sich nach dem EuGH nur dann auf diese grundrechtliche Gewährleistung berufen, wenn der Name der juristischen Person eine oder mehrere natürliche Personen bestimmt (Rn. 53; dazu auch Guckelberger EuZW 2011, 126 ff.).

3.5   Bei den Kontaktdaten von Behördenmitarbeitern wird teilweise der Standpunkt eingenommen, dass es sich dabei um keine personenbezogenen Daten handle (dazu Globig DÖD 1991, 217 (220); Zumpe, Öffentlichkeit staatlicher Informationen, 2007, 224). Die Gesetzessystematik des § 5 IFG spricht aber dafür, dass der Gesetzgeber sie durchaus als personenbezogene Daten eingestuft hat (Guckelberger ZBR 2009, 332 (335)). Auch wenn für den Dienstherrn bei diesen Daten die Funktion der Bediensteten im Mittelpunkt steht, ist damit nicht gesagt, dass die Daten auch von der Person, die dazu Zugang erhalten möchte, nur im Zusammenhang mit der Funktionsträgerschaft der Behördenbediensteten verwendet werden (Guckelberger ZBR 2009, 332 (335)).

4   Personenbezogene Daten müssen einen **Bezug zu einer „bestimmten oder bestimmbaren natürlichen Person"** aufweisen. Der Bezug zu einer „bestimmten" Person ist zu bejahen, wenn sich die Angaben nur auf sie und keine andere Person beziehen (VG Berlin ZUM 2008, 353 (356)). Für die „Bestimmbarkeit" ist kennzeichnend, dass die Identität der Person durch die Daten zwar nicht eindeutig identifiziert wird, sich aber ggf. unter Verwendung von **Zusatzwissen** identifizieren lässt (s. VG Berlin ZUM 2008, 353 (356); s. auch NK-IFG/Rossi IFG § 5 Rn. 9). Äußerungen und Angaben zur Sache, die Rückschlüsse auf eine bestimmte Person erlauben, enthalten personenbezogene Daten, zB wenn der Inhalt einer Beschwerde einem anderen die Möglichkeit zur Identifizierung eines Informanten eröffnet (OVG Berlin Brandenburg Urt. v. 28.6.2013 – OVG 12 B 9.12 Rn. 39). Werden in einem Register nur Angaben über sachliche Verhältnisse, nicht aber Informationen über persönliche Verhältnisse preisgegeben, verlieren die zuerst erwähnten Daten nicht allein durch diese Aufspaltung ihren Personenbezug. Das BVerfG NVwZ 2011, 94 (101) bejahte auch bei den Sachinformationen den personenbezogenen Gehalt, wenn Empfänger über Zusatzwissen verfügen, das ihnen ohne großen zeitlichen oder finanziellen Aufwand die Identifizierung der Bezugsperson erlaubt. Aus § 3 Abs. 6 BDSG ergibt sich, dass personenbezogene Daten unter bestimmten Voraussetzungen durch Anonymisierung ihre Eigenschaft als personenbezogene Daten verlieren können. Wie das OVG Berlin-Brandenburg Urt. v. 7.6.2012 – OVG 12 B 40.11 Rn. 24 zutreffend entschieden hat, kann die Einordnung einer Information als personenbezogen nicht allein von der formalen **Anonymisierung** abhängen. Weil es nach § 3 Abs. 1 BDSG auf die „Bestimmbarkeit" der Person ankommt, ist zu prüfen, ob sich aus den übermittelten anonymisierten Informationen in dem konkreten Übermittlungskontext genug Anhaltspunkte für eine anschließende De-Anonymisierung und eine damit verbundene hinreichende Wahrscheinlichkeit der Persönlichkeitsrechtsverletzung ergeben können (dazu auch Fluck/Theuer/Fetzer IFG § 5 Rn. 26).

C. Zugänglichkeit der Informationen bei Einwilligung

Gem. § 5 Abs. 1 S. 1 Alt. 2 IFG haben die zur Information verpflichteten Stellen **stets** 5 dem Informationsbegehren **bei Einwilligung des Dritten** zu entsprechen: „Stimmt der Dritte der Offenbarung seiner personenbezogenen Daten zu, so muss die Behörde aufgrund der Einwilligung auch dann dem Antrag auf Informationszugang stattgeben, wenn sie die Geheimhaltungsinteressen des Dritten für vorrangig hält" (BT-Drs. 15/4493, 13). Denn unter derartigen Umständen gibt es keinen Konflikt mit einem Geheimhaltungsinteresse des Betroffenen (Louis NuR 2013, 77 (85); ZDM, 326).

Wie anhand der Gesetzesmaterialien deutlich wird, muss die Einwilligung den Anforde- 6 rungen des § 4a BDSG entsprechen (BT-Drs. 15/449, 13). Sie ist nur wirksam, wenn sie auf einer **freien Entscheidung des Betroffenen** beruht (§ 4a Abs. 1 S. 1 BDSG). An einer solchen Entscheidung fehlt es in Situationen, in denen sich der Betroffene zur Erklärung seines Einverständnisses faktisch gezwungen sieht (VG Berlin CR 2012, 191 (192 f.)). Außerdem muss der Betroffene auf den vorgesehenen Zweck der Erhebung, Verarbeitung oder Nutzung der Daten hingewiesen worden sein (§ 4a Abs. 1 S. 2 BDSG). Gem. § 4a Abs. 1 S. 3 BDSG bedarf die Einwilligung **grds. der Schriftform,** „soweit nicht wegen besonderer Umstände eine andere Form angemessen ist" (aA NK-IFG/Rossi IFG § 5 Rn. 21, nach dem mangels Verweis auf diese Regelung bei § 5 Abs. 1 IFG die Einwilligung grds. formfrei möglich sein soll). Schon aus Beweisgründen und zum Schutz vor Übereilung ist eine schriftliche Einwilligung geboten (Sitsen, Das Informationsfreiheitsgesetz, 2009, 233). Eine mündliche oder gar eine konkludente Einwilligung kommen nur in engen Grenzen in Betracht (Schoch IFG § 5 Rn. 26). Soll die Einwilligung zusammen mit anderen Erklärungen schriftlich erteilt werden, ist sie gem. § 4a Abs. 1 S. 4 BDSG „besonders hervorzuheben". Aufgrund der Konjunktion „soweit" in § 5 Abs. 1 S. 1 IFG ergibt sich für den Betroffenen die Möglichkeit, den Informationszugang auf einzelne Teile seiner personenbezogenen Daten zu beschränken. Mangels entsprechender Normierung ist eine mutmaßliche Einwilligung für die Gewährung des Informationszugangs nicht ausreichend (ZDM, 178).

§ 5 Abs. 1 S. 2 IFG enthält eine Sonderregelung für **besondere Arten personenbe-** 7 **zogener Daten iSd § 3 Abs. 9 BDSG.** Dabei handelt es sich um „Angaben über die rassische und ethnische Herkunft, politische Meinungen, religiöse oder philosophische Überzeugungen, Gewerkschaftszugehörigkeit, Gesundheit oder Sexualleben". Normalerweise stellt die bloße Zugehörigkeit zu einem Verwaltungsausschuss kein derartiges, besonders sensibles Datum dar (BfDI BT-Drs. 17/9100, 63). Derartige sensible Daten dürfen nur bei einer **„ausdrücklichen" Einwilligung** – eine konkludente Erklärung würde also keinesfalls genügen – an Dritte übermittelt werden (Schoch IFG § 5 Rn. 45). Dadurch wird Art. 8 der Datenschutzrichtlinie 95/46/EG in nationales Recht überführt (BT-Drs. 15/4493, 13). Mangels ausdrücklicher Einwilligung der Betroffenen hatte das VG Berlin NVwZ-RR 2010,

339 (341) keine Bedenken gegenüber der Ablehnung eines Antrags auf Zugang zu Gesundheitsdaten von Mitarbeitern des Staatssicherheitsdienstes der ehemaligen DDR.

8   Soweit **keine ausdrückliche Einwilligung** des Dritten vorliegt, hat die informationspflichtige Stelle bei personenbezogenen Daten iSd § 3 Abs. 9 BDSG den begehrten Informationszugang **abzulehnen.** Wird der Zugang zu derartigen sensiblen Daten begehrt, ist bei der ablehnenden behördlichen Antwort darauf zu achten, dass sie keine mittelbaren Rückschlüsse auf diese gibt und dadurch sozusagen mittelbar dennoch einen Zugang zu diesen Daten eröffnet (Schoch IFG § 5 Rn. 44). Betrifft der Antrag dagegen **andere als die in § 5 Abs. 1 S. 2 IFG genannten personenbezogenen Daten,** darf die informationspflichtige Stelle diesen nicht allein aufgrund der fehlenden Einwilligung ablehnen. Vielmehr **ist zu prüfen,** ob nicht die nach § 5 Abs. 1 Alt. 1 IFG vorzunehmende **Interessenabwägung** zu Lasten des Antragstellers ausgeht. Erst nach Abarbeitung dieses Prüfungsschritts sind derartige Ersuchen entscheidungsreif (ZDM, 326).

D. Abwägung hinsichtlich des Informationszugangs

9   Soweit der Informationszugangsantrag sich **nicht auf besondere Arten personenbezogener Daten iSd § 3 Abs. 9 BDSG bezieht,** werden die informationspflichtigen Stellen dem Begehren im Falle eines **überwiegenden Informationsinteresses des Antragstellers** gegenüber dem Interesse des Dritten am Ausschluss des Informationszugangs stattgeben **(§ 5 Abs. 1 S. 1 Alt. 1 IFG).** Wie man an der Gesetzesformulierung sieht, ist eine **Abwägung der gegenläufigen Interessen im konkreten Einzelfall** vorzunehmen. Da das Informationsinteresse des Antragstellers „überwiegen" muss, ist ein Informationszugangsantrag bei Gleichwertigkeit von Informations- und Datenschutzinteresse abzulehnen (Sitsen, Das Informationsfreiheitsgesetz, 2009, 206).

10 Im Rahmen des **Informationsinteresses des Antragstellers** ist nach den Gesetzesmaterialien „das Informationsinteresse der Allgemeinheit" zu berücksichtigen, da die mit dem IFG bezweckte Transparenz nicht nur dem Einzelnen, sondern ebenso der Öffentlichkeit insgesamt zugute kommt (BT-Drs. 15/4493, 13). Nach hM sind daher auf dieser Seite **sowohl öffentliche als auch private Belange** berücksichtigungsfähig (Schoch IFG § 5 Rn. 32; ZDM, 321 mwN). Dafür spricht nicht zuletzt die verwendete Formulierung „Informationsinteresse des Antragstellers" (Schoch IFG § 5 Rn. 32; Sitsen, Das Informationsfreiheitsgesetz, 2009, 217) sowie die Begründungspflicht des § 7 Abs. 1 S. 3 IFG (wie hier Albers ZJS 2009, 614 (622)). Bspw können sich in einem Korruptionsfall Allgemein- und Individualinteresse durchaus überschneiden (Sitsen, Das Informationsfreiheitsgesetz, 2009, S. 217; s. auch Schoch IFG § 5 Rn. 32). Ein **rein privates Interesse** wird allerdings **in der Regel nicht zur Annahme eines überwiegenden Informationsinteresses des Antragstellers** führen (ZDM, 321 mwN). Denn in den Gesetzesmaterialien heißt es, dass ein ausdrücklicher Anspruchsausschluss für den Fall nicht nötig sei, „dass der Antragsteller überwiegend Privatinteressen verfolgt" (BT-Drs. 15/4493, 13). Teilweise findet sich auch die Formulierung, es sei das **abstrakte und das vom Antragsteller konkret geltend gemachte Informationsinteresse** (s. § 7 Abs. 1 S. 3 IFG) mit dem Interesse des Dritten am Schutz seiner persönlichen Daten und der Wahrung seines Rechts auf Selbstbestimmung abzuwägen (VG Berlin Urt. v. 8.9.2009 – 2 A 8.07 Rn. 35).

11 Dem Informationsinteresse des Antragstellers ist das **schutzwürdige Interesse des Dritten am Ausschluss des Informationszugangs** gegenüberzustellen. Innerhalb des Merkmals der **Schutzwürdigkeit** der Interessen des Dritten ist zu prüfen, ob dessen ausdrückliches Verlangen nach einer Ablehnung des Informationszugangs nach der Rechtsordnung schützenswert (Schoch IFG § 5 Rn. 34) und in welchem Maße das von ihm geltend gemachte Interesse schutzwürdig ist (Schoch IFG § 5 Rn. 35). So macht es zB einen Unterschied, ob eine Person einen Bundesminister als Privatperson oder als „offiziellen" Vertreter für Wirtschaft und Technologie bei einer Auslandsreise begleitet (zu Letzterem BfDI BT-Drs. 17/9100, 59). Durch die gesetzliche Regelung wird dem Umstand Rechnung getragen, dass den Informationszugangsansprüchen bei personenbezogenen Daten **grundrechtlich geschützte Geheimhaltungsinteressen** gegenüberstehen, so dass ein **Dreiecksverhältnis zwischen Antragsteller – informationspflichtiger Stelle – Drittem** entsteht (ZDM, 323).

Dritter ist gem. **§ 2 Nr. 2 IFG** jeder, über den personenbezogene Daten oder Informationen vorliegen (so auch VG Leipzig Urt. v. 10.1.2013 – 5 K 981/11 Rn. 34). Ausweislich der Gesetzesmaterialien sind Amtsträger nur insoweit nicht als Dritte anzusehen, als es um die Weitergabe von Daten über ihre Amtsträgerfunktionen geht (BT-Drs. 14/4493, 9). In der Literatur wird zum Teil kritisiert, dass bei § 5 Abs. 1 IFG der Dritte mit dem Betroffenen iSd § 3 Abs. 1 BDSG gleichzusetzen sei, während Dritte iSd § 3 Abs. 8 S. 2 BDSG außenstehende Personen und Stellen, nicht aber Betroffene seien (Fluck/Theuer/Fetzer IFG § 5 Rn. 22; Schoch IFG § 5 Rn. 21). Dies mag zu bedauern sein. Schon nach der Systematik des IFG sind für die IFG-Vorschriften die Begriffsbestimmungen des § 2 IFG maßgeblich. Da der **Gesetzgeber** in **§ 5 Abs. 2–4 IFG Konkretisierungen hinsichtlich der konfligierenden Rechtspositionen vorgenommen** hat, sind diese bei Einschlägigkeit zuerst anzuprüfen. 12

Das Recht des Dritten auf informationelle Selbstbestimmung wird **verfahrensrechtlich** durch **§ 8 Abs. 1 IFG** geschützt. Danach hat die Behörde einem Dritten, dessen Belange durch den Informationszugangsantrag „berührt" sind, **schriftlich Gelegenheit zur Stellungnahme** zu geben. Voraussetzung sind Anhaltspunkte dafür, dass er ein schutzwürdiges Interesse am Ausschluss des Informationszugangs haben „kann". Im Hinblick auf die Möglichkeit einer Einwilligung des Dritten ist dieser frühzeitig und nicht erst nach der Abwägung durch die informationspflichtige Stelle zu informieren (Schoch IFG § 5 Rn. 22). 12.1

I. Schutz von Personaldaten und Geheimnisschutz (Abs. 2)

§ 5 Abs. 2 IFG benennt Konstellationen, in denen **kein überwiegendes Informationsinteresse des Antragstellers** besteht. Infolge der eindeutigen Formulierung des § 5 Abs. 2 IFG wird der Anspruch auf Informationszugang ohne jeglichen Abwägungsspielraum für die informationspflichtige Stelle ausnahmslos ausgeschlossen (OVG Berlin-Brandenburg Urt. v. 7.6.2012 – OVG 12 B 34.10 Rn. 34; Urt. v. 7.6.2012 – OVG 12 B 40.11; abzulehnen ist daher die Haltung des BfDI BT-Drs. 17/9100, 31). Da der Gesetzgeber für die in dieser Norm geregelten Konstellationen die in § 5 Abs. 1 S. 1 IFG vorgesehene Abwägung selbst abschließend vorgenommen hat (so BfDI BT-Drs. 17/9100, 55; s. auch OVG Berlin-Brandenburg, Urt. v. 28.6.2013 – OVG 12 B 9.12 Rn. 40), kann man bei diesen Daten auch vom Vorliegen eines **absoluten Zugangshindernisses** sprechen (s. auch Schoch IFG § 5 Rn. 48). Vereinfachend ausgedrückt wird mit § 5 Abs. 2 IFG der Schutz bestimmter personenbezogener Daten mit einem unmittelbaren **„beruflichen" Bezug** bezweckt (Schoch IFG § 5 Rn. 50). Allerdings hat das VG Berlin Beschl. v. 22.8.2013 – 27 L 185.13 Rn. 25 jüngst verfassungsrechtliche Bedenken an § 5 Abs. 2 IFG angedeutet. Der Ausschluss der Abwägung reiche sehr weit, obwohl es durchaus plausible Gründe für die Transparenz der Verwendung mandatsbezogener Sachmittel der Abgeordneten geben könne (ohne Bedenken OVG Berlin-Brandenburg LKV 2013, 472 (473)). 13

Aufgrund der normsystematischen Verzahnung findet § 5 Abs. 2 IFG nur auf Zugangsanträge zu personenbezogenen Daten iSd § 5 Abs. 1 S. 1 IFG Anwendung (OVG Berlin-Brandenburg Urt. v. 7.6.2012 – OVG 12 B 34.10 Rn. 24; Urt. v. 7.6.2012 – OVG 12 B 40.11). § 5 Abs. 2 IFG konkretisiert den dortigen **Abwägungsauftrag für einige spezifische Fälle** und dient dem **Schutz der Persönlichkeitsrechte für Amts- und Mandatsträger** (OVG Berlin-Brandenburg Urt. v. 7.6.2012 – OVG 12 B 34.10 Rn. 24, 29). Nach **§ 5 Abs. 2 Alt. 1 IFG** ist der beantragte Zugang zu Informationen aus **Unterlagen** abzulehnen, soweit sie **mit dem Dienst- oder Amtsverhältnis oder einem Mandat des Dritten** in Zusammenhang stehen. Damit wird die Preisgabe von personenbezogenen Informationen ausgeschlossen, welche die betroffenen Personen zur Aufgabenwahrnehmung an die staatliche Anstellungskörperschaft oder die Bundestagsverwaltung übermitteln mussten (OVG Berlin-Brandenburg Urt. v. 7.6.2012 – OVG 12 B 34.10 Rn. 29), etwa zu ihrem Werdegang (BfDI BT-Drs. 17/9100, 31). Zutreffend hat das OVG Berlin-Brandenburg Urt. v. 28.6.2013 – OVG 12 B 9.12 Rn. 40 hervorgehoben, dass durch § 5 Abs. 2 IFG ein Informationszugang nicht schon ausscheidet, weil sich der Dritte in einem Dienst-, Amts- oder Mandatsverhältnis befindet. Vielmehr müssten die konkret begehrten Informationen einen Zusammenhang mit diesen beruflichen Informationen aufweisen. Für die Richtigkeit 14 dieser Ansicht spricht insbesondere die Formulierung „Unterlagen, soweit sie mit dem (...) in Zusammenhang stehen."

15 Der Informationsausschluss des § 5 Abs. 2 Alt. 1 IFG erfasst **Unterlagen aus dem Dienst- oder Amtsverhältnis**. Bei Bediensteten des Öffentlichen Dienstes werden so die **Personalakten in einem weiten materiellen Sinne** vom Informationszugang ausgenommen (BVerwG NVwZ-RR 2013, 885 (888); VG Berlin, Urt. v. 22.3.2012 – 2 K 102.11 Rn. 37; Schoch IFG § 5 Rn. 53). Ausweislich der Gesetzesbegründung werden damit alle Unterlagen einschließlich der in Dateien gespeicherten gemeint, die den **Beschäftigten betreffen,** insbes. wenn sie – wie die Personalaktendaten (s. § 106 Abs. 1 S. 4 BBG) – einen **unmittelbaren** inneren **Zusammenhang zum Dienst- und Arbeitsverhältnis** aufweisen (BT-Drs. 15/4493, 13): „Auch Akten aus Disziplinarverfahren, Arbeitsgerichtsprozessen und Beamtenrechtsprozessen sind damit geschützt". Hierzu gehören auch Informationen über ärztliche Untersuchungen (s. § 48 Abs. 2 S. 2 BBG). Geschützt werden aber auch Unterlagen, die den Bediensteten betreffen und einen **allgemeinen Zusammenhang zum Dienstverhältnis** haben, etwa „Niederschriften über Personalgespräche, Vorschläge zur Verwendungsplanung, Bewerbungen auf bestimmte Dienstposten, Vermerke über die Auswahl unter verschiedenen konkurrierenden Bewerbern" (BT-Drs. 15/4493, 13; s. auch BVerwG NVwZ-RR 2013, 885 (888)).

16 Unter einem **Dienstverhältnis** versteht man das personale Rechtsverhältnis der beim Bund abhängig Beschäftigten (Schoch IFG § 5 Rn. 53). Dabei ist es unerheblich, ob das Beschäftigungsverhältnis öffentlich-rechtlicher oder privatrechtlicher Natur ist (Schoch IFG § 5 Rn. 53). Deshalb werden neben Beamten auch Richter und Soldaten sowie Angestellte des öffentlichen Dienstes erfasst (Schoch IFG § 5 Rn. 53). Das **Amtsverhältnis** bezieht sich auf Personen, die hervorgehobene Ämter innehaben und sich dem Beamtenverhältnis vergleichbar in einem besonderen Dienst- und Treueverhältnis zum Bund befinden (Jastrow/Schlatmann § 5 Rn. 32; Schoch IFG § 5 Rn. 53). Zu denken ist etwa an den Wehrbeauftragten (BT-Drs. 15/5606, 6), den Bundesbeauftragten für Datenschutz und Informationsfreiheit (§ 22 Abs. 4 S. 1 BDSG), den Beauftragten für Stasi-Unterlagen (§ 35 Abs. 5 S. 1 StUG) oder die parlamentarischen Staatssekretäre (Schoch IFG § 5 Rn. 53).

17 Über die Formulierung **Mandat** des Dritten werden die Abgeordneten geschützt (OVG Berlin-Brandenburg Urt. v. 7.6.2012 – OVG 12 B 34.10 Rn. 30; Jastrow/Schlatmann IFG § 5 Rn. 35). Ausweislich der Gesetzesbegründung unterliegen für den parlamentarischen Bereich „Unterlagen der Bundestagsverwaltung zu Abgeordneten und ihren Mitarbeitern sowie ua zum Wehrbeauftragten und zu sachverständigen Mitgliedern von Enquête-Kommissionen" dem Schutz dieser Norm (BT-Drs. 15/5606, 6; kritisch gegenüber dieser Regelung Schoch IFG § 5 Rn. 54). Wegen des weit gefassten Wortlauts sowie der systematischen Beschränkung des IFG auf die Verwaltungstätigkeit des Bundes (§ 1 Abs. 1 S. 2 IFG) gilt § 5 Abs. 2 IFG nicht nur für die unmittelbare verfassungsrechtliche Gesetzgebungs- und Kontrolltätigkeit des Bundestages. Denn man wollte die Abgeordneten in einem anderen Amtsträgern vergleichbaren Maße schützen (OVG Berlin-Brandenburg Urt. v. 7.6.2012 – OVG 12 B 34.10 Rn. 31; für eine Beschränkung auf Daten aus dem „Grundverhältnis" Sitsen, Das Informationsfreiheitsgesetz, 2009, 208 f.; für eine Beschränkung auf mandatstypische Zusammenhänge und die Ausklammerung von Jedermanngeschäften Schoch NVwZ 2013, 1033 (1038)). Bei einer anderen Interpretation würde sich für die Norm kein sinnvoller Bedeutungsgehalt mehr ergeben (OVG Berlin-Brandenburg Urt. v. 7.6.2012 – OVG 12 B 34.10 Rn. 28).

17.1 Informationen über die Ausstattung der Abgeordneten mit Arbeitsmaterial haben einen unmittelbaren Bezug zu ihrer Tätigkeit als Gesetzgeber und Kontrollinstanz der Exekutive (OVG Berlin-Brandenburg Urt. v. 7.6.2012 – OVG 12 B 34.10 Rn. 31). Auch wenn sich eine Auslegung des Normgehalts in Anlehnung an die Personalaktenführung im Beamtenrecht anbietet, wird der materielle Personalaktenbegriff unabhängig von der tatsächlichen Aktenführung bestimmt und ist das Mandatsverhältnis in dieser Hinsicht grundlegend anders konzipiert (OVG Berlin-Brandenburg Urt. v. 7.6.2012 – OVG 12 B 34.10 Rn. 32). Deshalb maß das OVG Berlin-Brandenburg Urt. v. 7.6.2012 – OVG 12 B 34.10 Rn. 31 für ihren Ausschluss vom Informationszugang dem Umstand keine Bedeutung zu, dass derartige Informationen bei Beamten nicht Bestandteil der Personalakte sind. Auch aus Art. 38 Abs. 1 S. 2 und Art. 42 Abs. 1 S. 1 GG lasse sich keine Pflicht zur Offenbarung derartiger Informationen entnehmen (OVG Berlin-Brandenburg Urt. v. 7.6.2012 – OVG 12

B 34.10 Rn. 34). Selbst wenn der Kernbereich parlamentarischer Tätigkeit nicht betroffen ist, unterfallen Informationen über die Teilnehmer und Kosten einer Auslandsreise des Sportausschusses des Bundestages § 5 Abs. 2 IFG, weil diese Norm nach ihrem Wortlaut keinen besonders engen oder qualifizierten Zusammenhang zum Mandat oder zum parlamentarischen Kerngeschäft verlangt (BfDI 17/9100, 45 f. unter Verweis auf einen möglicherweise rechtspolitisch gebotenen Änderungsbedarf). Das OVG Berlin-Brandenburg hat § 5 Abs. 2 IFG auf ein Auskunftsverlangen eines Pressevertreters angewendet, welche Bundestagsabgeordneten unter Inanspruchnahme der Sachleistungspauschale mehr als fünf Tablet Computer oder ein Smartphone angeschafft hätten. Denn diese Informationen stünden in einem Zusammenhang mit dem Mandat der Abgeordneten (LKV 2013, 472 (475)).

Die personenbezogenen Daten müssen **im Zusammenhang mit dem Dienst- oder** 18 **Amtsverhältnis** stehen. Der BfDI hat Zweifel, ob diese Regelung auch beim beantragten Zugang zu Musterverträgen erfüllt ist, die bei den Vorständen der Bundesbank etwa hinsichtlich ihres Gehalts eingesetzt werden. Er hält es für fraglich, ob jeder Zusammenhang mit einem Dienstverhältnis für § 5 Abs. 2 IFG genügen kann oder es sich nicht um höchst individuelle, nur einzelnen Mitarbeitern zuzuordnende Daten aus fertigen Verträgen handeln muss. „Mit Blick auf die noch nicht erfolgte Personalisierung der Musterverträge ist es mindestens vertretbar, einen Zusammenhang mit einem Amtsverhältnis von vornherein abzulehnen" (BT-Drs. 17/9100, 55). Letztlich sprechen gute Argumente dafür, derartige Musterverträge ebenso wie die Angaben zur Besoldungshöhe von Beamten gleichermaßen zu behandeln und unter § 5 Abs. 2 IFG nur den beantragten Zugang zu Informationen über das Gehalt der konkreten Person zu subsumieren. Denn nach dem Gesetzeswortlaut müssen die Informationen mit dem Dienst- oder Amtsverhältnis des Dritten im Zusammenhang stehen und eine solche Konkretisierung bzw. Individualisierung liegt hier gerade noch nicht vor. Da es sich nur um einen Mustervertrag handelt und letztlich immer abweichende Vereinbarungen getroffen werden können, stellt sich auch die Frage, warum eine derartige, noch nicht „fertige" Vereinbarung besonders schützenswert sein soll.

Gem. § 5 Abs. 2 aE IFG werden personenbezogene **Informationen** vom Informations- 19 zugang ausgenommen, **die einem Berufs- oder Amtsgeheimnis unterliegen.** Ausweislich der Gesetzesbegründung stellt diese Regelung eine „Ergänzung" zu § 3 Nr. 4 IFG dar (BT-Drs. 15/4493, 13; s. zum Streit um das Verhältnis dieser Normen Sitsen, Das Informationsfreiheitsgesetz, 2009, 209 ff.; Schoch IFG § 5 Rn. 55 ff.). Insoweit verwies das VG Frankfurt NVwZ 2008, 1384 (1388) auf einzelne Regelungen in § 203 StGB. Nach der Gesetzesbegründung darf allein aufgrund der **allgemeinen Verschwiegenheitspflicht** (s. § 67 BBG) **keine Ablehnung** des Informationszugangs erfolgen, da diese nur soweit reicht, wie sie gesetzlich geregelt wurde. Soweit jedoch nach dem IFG ein Anspruch auf Informationszugang eröffnet werde, greife die Pflicht zur Amtsverschwiegenheit nicht (BT-Drs. 15/4493, 13).

II. Informationen zu Gutachtern und Sachverständigen (Abs. 3)

§ 5 Abs. 3 IFG benennt Konstellationen, in denen „**in der Regel**" ein **überwiegendes** 20 **Informationsinteresse des Antragstellers** in der Abwägung gegeben ist. Es handelt sich dabei um den Zugang zu sog **funktionsbezogenen Daten** (Troidl, Akteneinsicht im Verwaltungsrecht, 2013, Rn. 479). Die Vorschrift **beschränkt sich** auf bestimmte, abschließend aufgezählte, personenbezogene Informationen, dh auf die **Angabe von Name, Titel, akademischem Grad, Berufs- und Funktionsbezeichnung** sowie **Büroanschrift und -telekommunikationsnummer.** Weitere Voraussetzung des § 5 Abs. 3 IFG ist, dass der **Dritte als Gutachter, Sachverständiger oder in vergleichbarer Weise** tätig wurde **und eine Stellungnahme in einem Verfahren abgegeben** hat. Diese Merkmale müssen **kumulativ** erfüllt sein (Schoch IFG § 5 Rn. 61). Wie man aus dieser Formulierung, aber auch dem Blick auf § 5 Abs. 4 IFG entnehmen kann, dürfen die § 5 Abs. 3 IFG unterfallenden Personen nicht der bearbeitenden Behörde zuzurechnen sein (Fluck/Theuer/Fetzer IFG § 5 Rn. 52). Schoch IFG § 5 Rn. 62 spricht deshalb von „externen Personen". Bspw. wurde auf § 5 Abs. 3 IFG in einem Fall rekurriert, in dem die informationspflichtige Stelle bei einem privat niedergelassenen, ihr vertrauenswürdig erscheinenden Anwalt eine Information eingeholt hat (OVG Berlin-Brandenburg Urt. v. 31.5.2011 – OVG 12 N 20.10 Rn. 14).

Will der Antragsteller neben Angaben zur Berufs- und Funktionsbezeichnung sowie den beruflichen Kontaktdaten zB die Platzierung sowie die erzielte Stimmenzahl eines in ein Gremium gewählten Mitglieds wissen, ist für deren Offenbarung als weitere personenbezogene Daten allein § 5 Abs. 1 S. 1 IFG maßgeblich (VG Berlin Urt. v. 15.5.2013 – 2 K 8.13 Rn. 22).

21 Mit § 5 Abs. 3 IFG wollte der Gesetzgeber einerseits die dort genannten Gutachter uä Personen vor persönlichem Druck in ihrem Privatbereich im Hinblick auf die berufliche Tätigkeit schützen, andererseits aber auch die Transparenz erhöhen (Jastrow/Schlatmann IFG § 5 Rn. 43). Durch die Konzeption **als Regelvorschrift** wird nach den Gesetzesmaterialien eine **Ablehnung der Informationszugangsanträge „in Ausnahmefällen"** ermöglicht, zB „wenn bereits der Umstand der Beteiligung an einem Verfahren geheimhaltungsbedürftig ist. Maßgebend ist, ob der Dritte durch die Offenbarung der aufgeführten Daten der Gefahr spürbarer Nachteile ausgesetzt würde" (BT-Drs. 15/4493, 13 f.). Letzteres wurde bei einem Vertrauensanwalt der deutschen Botschaft in Eriwan bejaht, bei dem die Offenlegung seiner Identität die Zusammenarbeit mit der Botschaft nachhaltig beeinträchtigt und das Bekanntwerden seiner Ermittlungstätigkeit für die Botschaft auch seine Arbeit als Anwalt in Bergkarabach empfindlich beeinträchtigt hätte (so die Argumentation, wiedergegeben bei ZDM, 332). Hat der Dritte selbst durch eine entsprechende Darstellung im Internet auf seine Mitwirkung aufmerksam gemacht, fehlt ihm ein schutzwürdiges Interesse an der Geheimhaltung seiner Daten (s. auch VGH Kassel NVwZ-RR 2012, 880 (882)).

22 Von der Rspr. ist bislang noch nicht geklärt, ob und inwieweit bei der Beurteilung des Ausnahmefalls auch öffentliche Interessen, etwa der Behörde, an der Geheimhaltung der Identität ihrer Vertrauensperson, berücksichtigungsfähig sind (ZDM, 332). Wegen des bezweckten Schutzes des Dritten wird einerseits eine Berücksichtigung öffentlicher Interessen abgelehnt (Schoch IFG § 5 Rn. 64). Andererseits wird auf das öffentliche Interesse verwiesen, in unterschiedlichsten, insbes. umstrittenen Verwaltungsverfahren auf objektive und neutrale Sachverständige zurückgreifen zu können (NK-IFG/Rossi IFG § 5 Rn. 31). Für die zuerst genannte Sicht spricht, dass in § 5 Abs. 1 S. 1 IFG Abwägung und Einwilligung nebeneinander stehen und in die Abwägung kaum mehr eingestellt werden kann, als der Dritte über seine Einwilligung erfassen kann (Sitsen, Das Informationsfreiheitsgesetz, 2009, 226). Auch bei § 5 Abs. 4 IFG kann auf Seiten des Dritten nur sein informationelles Selbstbestimmungsrecht berücksichtigt werden (Sitsen, Das Informationsfreiheitsgesetz, 2009, 226).

III. Daten von Amtsträgern (Abs. 4)

23 **§ 5 Abs. 4 IFG** bezieht sich auf Informationen, in denen der Dritte ein **Bearbeiter** ist. In den Gesetzesmaterialien wird auch von „Amtsträger" gesprochen (BT-Drs. 15/4493, 14). Bis heute bestehen Unklarheiten, wer „Bearbeiter" iSd § 5 Abs. 4 IFG ist, insbes. ob darunter alle Amtsträger fallen, die an einem Verwaltungsvorgang mitgewirkt haben (OVG Berlin-Brandenburg Beschl. v. 31.5.2011 – OVG 12 N 20.10 Rn. 14; so auch Fluck/Theuer/Fetzer IFG § 5 Rn. 54). Das Schrifttum neigt angesichts des Wortlauts zu einem weiten Begriffsverständnis (Schoch IFG § 5 Rn. 71). Die Regelung mache es entbehrlich, bei jedem Einsichtsersuchen die Stellungnahme des Bearbeiters nach § 8 IFG einzuholen (Sitsen, Das Informationsfreiheitsgesetz, 2009, 212). Nach dem BfDI BT-Drs. 17/9100, 52 sind unter Bearbeitern Bedienstete zu verstehen, die mit der Bearbeitung eines bestimmten Vorgangs betraut sind. Holt eine Behörde bei einem privat niedergelassenen Anwalt bestimmte Informationen ein, wird er dadurch nicht zum Bearbeiter oder Amtsträger eines Verfahrens, sondern unterfällt § 5 Abs. 3 IFG (OVG Berlin-Brandenburg Beschl. v. 31.5.2011 – OVG 12 N 20.10 Rn. 14).

24 Nicht ganz klar ist, ob die Regelung auch zur Anwendung kommt, wenn Zugang zu Informationen über die amtliche Tätigkeit von Bearbeitern verlangt wird, die nicht Gegenstand des Informationsbegehrens sind, sondern nur gleichsam bei dessen Gelegenheit publik würden (ZDM, 339). Dafür spricht der Sinn und Zweck von § 5 Abs. 4 IFG (s. auch Fluck/Theuer/Fetzer IFG § 5 Rn. 54). Selbst wenn man die Anwendbarkeit des § 5 Abs. 4 IFG verneint, müssten die hinter ihm stehenden Erwägungen sinngemäß auf die dann vorzunehmende Abwägung nach § 5 Abs. 1 S. 1 Alt. 1 IFG übertragen werden.

Jüngst hat das VG Leipzig Urt. v. 10.1.2013 – 5 K 981/11 den Standpunkt eingenommen, 25
dass § 5 Abs. 4 IFG in Bezug auf alle Bearbeiter in Behörden und ohne Bezug zu konkreten
Verwaltungsvorgängen zur Anwendung komme. Es stützte sich dabei auf den Wortlaut der
Regelung. Eine „Bürotelekommunikationsnummer" setze nicht zwingend einen Bezug zu
dem Bearbeiter eines konkreten Vorgangs voraus. Sowohl im Gesetz als auch in seiner
Begründung werde grammatikalisch im Plural von „Bearbeitern", „Amtsträgern" und ihren
„Amtsträgerfunktionen" gesprochen (Rn. 37). Ausweislich BT-Drs. 15/4493, 14 enthält
Abs. 4 nur eine Klarstellung, dass die aufgeführten personenbezogenen Daten von Amts-
trägern grds. nicht schutzwürdig sind, außer wenn sie „im konkreten Fall" Bestandteil des
Persönlichkeitsrechts des Amtsträgers sind. Mit anderen Worten werde von Seiten des
Gesetzgebers der Bezug zum konkreten Fall bzw. zum konkreten Vorgang erst über die Frage
der Einschränkung des Informationszugangsanspruchs hergestellt (Rn. 38). Des Weiteren
argumentiert das Gericht mit dem allgemeinen Verständnis von der datenschutzrechtlichen
Relevanz dienstlicher Telefonnummern. „Kein Bediensteter einer Behörde hat Anspruch
darauf, von Publikumsverkehr und von der Möglichkeit, postalisch oder elektronisch von
außen mit ihm Kontakt aufzunehmen, abgeschirmt zu werden, es sei denn, legitime Interessen, zB der Sicherheit, gebieten dies" (Rn. 38). Derartigen Angaben fehle die erforderliche
Grundrechtsrelevanz. Auch sei keine einschränkende Auslegung aufgrund der Zielsetzung
des IFG geboten, weil es vor allem die demokratische Meinungs- und Willensbildung sowie
die Kontrolle staatlichen Handelns verbessern wolle. Denn in den Gesetzesmaterialien werde
auch betont, dass in der modernen Informations- und Kommunikationsgesellschaft Informa-
tions-, Kommunikations- und Partizipationsanliegen der Bevölkerung an Bedeutung zunäh-
men und leichter erfüllt werden könnten. Die konsensorientierte Kooperation mit einer
gleichgewichtigen Informationsverteilung werde immer wichtiger (Rn. 39 des Urteils unter
Verweis auf BT-Drs. 15/4493, 6 zu A. I.; zum gewandelten Verständnis auch Guckelberger
ZBR 2009, 332 f.).

Geht es bei den begehrten Informationen um **Name, Titel, akademischen Grad,** 26
**Berufs- und Funktionsbezeichnung, Büroanschrift und Telekommunikationsnum-
mer** sind diese personenbezogenen Daten **grds. nicht vom Informationszugang ausgeschlossen, soweit sie Ausdruck und Folgen der amtlichen Tätigkeit** sind. Nach den
Gesetzesmaterialien sind derartige Informationen wegen ihres Bezugs zur amtlichen Funktion weniger schützenswert als andere personenbezogene Daten aus dem Privatbereich (BT-
Drs. 15/4493, 332; VGH Kassel NVwZ-RR 2012, 880 (883); VG Leipzig, Urt. v. 10.1.2013
– 5 K 981/11 Rn. 37; s. Sitsen, Das Informationsfreiheitsgesetz, 2009, 213; zum Streit, ob es
sich hierbei überhaupt um personenbezogene Daten handelt, Guckelberger ZBR 2009, 332
(334 f.)). Deshalb werden die in Abs. 4 abschließend aufgezählten Identifikationsdaten der
Amtsträger in Bezug auf ihre Schutzwürdigkeit als weniger kritisch eingestuft (Schoch IFG
§ 5 Rn. 67). Die vom IFG bezweckte Transparenz und Nachvollziehbarkeit administrativer
Handelns gebiete die Zuordnung von Handlungen innerhalb der Verwaltung einschließlich
der dadurch bewirkten Möglichkeit zur Zurückverfolgung von Verfahrensabläufen (Albers
ZJS 2009, 614 (622)).

Etwas anderes gilt lediglich bei **Erfüllung eines Ausnahmetatbestands.** Aus dem 27
Regel-Ausnahme-Verhältnis folgt, dass der jeweilige Bearbeiter substantiiert darzulegen hat,
warum seine Kontaktdaten vom Informationszugang ausgenommen sein sollen (s. auch
Guckelberger ZBR 2009, 332, 338). Nach den Gesetzesmaterialien ist Letzteres zu bejahen,
wenn die Daten **im konkreten Fall ausnahmsweise Bestandteil der Persönlichkeitsrechte des Bearbeiters** sind (BT-Drs. 15/4493, 14). „Ausnahmen können sich auch aus § 3
ergeben, etwa bei besonders umstrittenen Entscheidungen, wo die persönliche Schutzbedürftigkeit des Amtsträgers entgegenstehen kann" (BT-Drs. 15/4493, 14). Ein Schutzbedürfnis kann sich auch aus Fürsorgegesichtspunkten ergeben, wenn die betreffende Person
zB Opfer privater Stalkingattacken ist, die sich möglicherweise auf ihr Arbeitsverhältnis
auswirken (s. auch Guckelberger ZBR 2009, 332 (338)). Damit hat der Gesetzgeber eine der
höchstrichterlichen Rspr. vergleichbare Regelung getroffen, nach welcher ein Amtsträger
keinen Anspruch auf Abschirmung vom Publikumsverkehr oder der postalischen bzw. elektronischen Kontaktaufnahme von außen hat, sofern nicht legitime Interessen, etwa aus
Sicherheitsgründen, dies gebieten (VG Karlsruhe Urt. v. 5.8.2011 – 2 K 765/11 Rn. 33
unter Verweis auf BVerwG Buchholz 237.8 § 102 RhPfLBG Nr. 2). Denkbar wäre auch,

dass zB aus Gründen der beamtenrechtlichen Fürsorgepflicht der Zugang zu den Daten nicht gewährt wird, weil mit deren Offenbarung erhebliche Gefahren für Leib oder Leben des Amtsträgers verbunden sind (ablehnend BfDI 17/9100, 52 wegen Einschlägigkeit des § 3 Nr. 2 IFG).

IV. Abwägung der konfligierenden Interessen

28 § 5 Abs. 1 S. 1 Alt. 1 IFG gebietet eine **Einzelfallabwägung** (OVG Berlin-Brandenburg NVwZ 2012, 1196 (1198)). Bei dieser sind die Konkretisierungen in § 5 Abs. 2–4 IFG zu beachten. Sofern nicht eine dieser Sonderregelungen Gewichtungsvorgaben macht, muss das den Interessen in der Abwägung zukommende Gewicht bezogen auf den jeweiligen Einzelfall festgestellt werden (Sitsen, Das Informationsfreiheitsgesetz, 2009, 229). Bei Daten, die zwar nicht unter die Sonderregelungen fallen, diesen aber nahe stehen, kann man sich an der dortigen Qualifizierung des Interesses als besonders bzw. weniger schützenswert orientieren (Sitsen, Das Informationsfreiheitsgesetz, 2009, 229). Innerhalb der Abwägung ist der verfassungsrechtliche Schutz personenbezogener Daten über das **Grundrecht auf informationelle Selbstbestimmung** einzustellen. Durch die Abwägung mit dem **gegenläufigen Informationsinteresse** muss seinem grundrechtlichen Schutz angemessen Rechnung getragen werden (OVG Berlin-Brandenburg NVwZ 2012, 1196 (1198)). Mit dem OVG Berlin-Brandenburg NVwZ 2012, 1196 (1198) und Urt. v. 28.6.2013 – OVG 12 B 9.12 Rn. 41 ist bei der Frage nach dem Gewicht der Offenbarung personenbezogener Daten auf die konkreten Einzelfallumstände abzustellen. Weil die informationelle Selbstbestimmung nicht schrankenlos geschützt wird, sei bei der Würdigung der Geheimhaltungsinteressen der Betroffenen insbes. der Art der in Rede stehenden personenbezogenen Angaben Rechnung zu tragen. Mit zunehmender Sensibilität des Datums steigt dessen Schutzwürdigkeit und sein Gewicht in der Abwägung (Sitsen, Das Informationsfreiheitsgesetz, 2009, 232; s. auch OVG Berlin-Brandenburg Urt. v. 28.6.2013 – OVG 12 B 9.12 Rn. 41; Fluck/Theuer/Fetzer IFG § 5 Rn. 35): „Je sensibler diese personenbezogenen Daten sind, desto eher überwiegt das Schutzbedürfnis des oder der Betroffenen" (so Bürgerschafts-Drs. Hamb. 20/4466, 16).

28.1 Nach dem OVG Berlin-Brandenburg NVwZ 2012, 1196 (1197 f.) überwiegt das Informationsinteresse des Antragstellers auf Zugang zu Daten aus dem Terminkalender der Kanzlerin gegenüber dem Geheimhaltungsinteresse der zu einem bestimmten Abendessen eingeladenen Gäste, zumal die Angaben nicht der privaten Lebensgestaltung zuzuordnen sind. Auch könne bei der Beurteilung der Schutzwürdigkeit des Geheimhaltungsinteresses berücksichtigt werden, dass die Eingeladenen aufgrund ihrer freien Entscheidung an dem Abendessen teilgenommen hätten. Es gebe kein Vertrauen darauf, dass derartige Kontakte mit der Kanzlerin im Rahmen ihrer Amtsgeschäfte nicht an die Öffentlichkeit gelangten. Auch werde kein Zugang zum Inhalt der Gespräche begehrt. Da das IFG die demokratische Meinungsbildung stärken und die Kontrolle staatlichen Handelns verbessern wolle, komme dem Informationsinteresse des Antragstellers erhebliches Gewicht zu, um so die Verflechtungen von Wirtschaft und Politik zu untersuchen und hierüber vor dem Hintergrund der Finanzkrise zu berichten.

28.2 Das VG Berlin K&R 2011, 430 (431) sah das Interesse einer bestimmten Person an der Geheimhaltung ihres Geburtsdatums gegenüber dem Informationsinteresse im Zusammenhang mit einer Veranstaltung des Bundeskanzleramts als nicht schutzwürdig an, zumal dieses Datum über einen Wikipedia-Eintrag bereits allgemein bekannt und zugänglich gemacht wurde.

28.3 Das VG Berlin NVwZ-RR 2010, 339 (341) sah das Recht auf informationelle Selbstbestimmung von nicht der BStU angehörenden Wissenschaftlern als vorrangig an, da in den Aufzeichnungen der informationspflichtigen Stelle Werturteile über sie und ihre Arbeit abgegeben würden, der Antragsteller aber kein konkretes Interesse am Namen dieser Personen dargelegt habe.

28.4 Das Informationsinteresse eines Antragstellers zu Informationen des Auswärtigen Amtes anlässlich eines Unfalls seiner Tochter in den USA wurde aufgrund einer individuellen und umfangreichen Abwägung als nachrangig bewertet (wiedergegeben bei ZDM, 329 f.).

28.5 Nach OVG Berlin-Brandenburg Urt. v. 28.6.2013 – OVG 12 B 9.12 Rn. 41 kommt der Schilderung eines Informanten über eine bestimmte, im Beteiligungsverfahren als „potenziell gefährlich" geltende Person, der eine „unvorhersehbare Reaktion" zugetraut werde, durchaus Gewicht zu. Allerdings handle es sich dabei erkennbar um eine subjektive Einschätzung der Informationsgeber. Nachvollziehbare Anhaltspunkte dafür, dass diese Einschätzung von einem gewissen Maß an Plausibilität getragen ist, mithin nicht auf bloßen subjektiven Befürchtungen oder persönlichen Abneigungen beruht, seien nicht gegeben.

Hinsichtlich der Frage, wer mit welchen Stimmen gewählt wurde, betonte das VG Berlin Urt. v. 15.5.2013 – 2 K 8.13 Rn. 25, dass diese Informationen nicht zum unantastbaren Kernbereich privater Lebensgestaltung und auch nicht zum weiteren privaten Bereich des Betroffenen gehören. „Eine solche Kandidatur betrifft nicht die besonders geschützte Privat- oder Intimsphäre, sondern vielmehr die weniger geschützte Sozialsphäre." 28.6

Da der Informationszugang nur zu gewähren ist, **soweit** das Informationsinteresse des Antragstellers überwiegt, kann dies in der Praxis dazu führen, dass einem Begehren nur **teilweise entsprochen** wird, indem etwa der Zugang lediglich zu einzelnen Teilen der Akte gewährt wird, man eine Schwärzung hinsichtlich bestimmter Angaben vornimmt oder statt der begehrten Akteneinsicht nur eine Auskunft erteilt (Fluck/Theuer/Fetzer IFG § 5 Rn. 38; Schoch IFG § 5 Rn. 40). 29

Streitig ist, ob die von der informationspflichtigen Stelle vorzunehmende Interessenabwägung ihr durch § 5 IFG abschließend vorgegeben wurde oder sie **noch eigene Ermessenserwägungen** treffen darf bzw. muss. Wie ZDM, 265 hervorheben, lässt die Formulierung in § 5 Abs. 1 S. 1 IFG „darf nur gewährt werden" beide Auslegungen zu. Während das VG Karlsruhe Urt. v. 5.8.2011 – 2 K 765/11 Rn. 28 bei § 5 IFG im Unterschied zu §§ 3, 6 IFG eine an den Maßstäben des § 40 VwVfG zu orientierende Ermessensentscheidung bejahte, verneinte das VG Berlin K&R 2011, 430 (431) eine solche und ging von einer gerichtlich voll überprüfbaren Entscheidung aus (so auch Schoch IFG § 5 Rn. 39; OVG Münster Urt. v. 19.3.2013 – 8 A 1172/11 Rn. 140; VG Berlin Urt. v. 15.5.2013 – 2 K 8.12 Rn. 23; VG Leipzig Urt. v. 10.1.2013 – 5 K 981/11). Befürwortet man einen Ermessensspielraum, würde es zu einer zweiten Abwägung kommen, bei der neben dem Recht auf informationelle Selbstbestimmung und dem Informationsinteresse des Antragstellers weitere Interessen an der Vertraulichkeit der Daten eingestellt werden könnten (dazu auch Sitsen, Das Informationsfreiheitsgesetz, 2009, 234). Eine solche Aufspaltung der Abwägung auf zwei Schritte anstatt eines einzigen erscheint jedoch wenig plausibel (so auch Sitsen, Das Informationsfreiheitsgesetz, 2009, 234). Im Übrigen wird anderen schützenswerten Interessen bereits über die §§ 3, 4 und 6 IFG Genüge getan (Sitsen, Das Informationsfreiheitsgesetz, 2009, 234). Außerdem wird geltend gemacht, dass der mit § 1 Abs. 1 IFG verfolgte Zweck bei Vorliegen eines überwiegenden Informationsinteresses gegen ein weiteres behördliches Ermessen spreche (OVG Münster Urt. v. 19.3.2013 – 8 A 1172/11 Rn. 138; Fluck/Theuer/Fetzer IFG § 5 Rn. 36; Schoch IFG § 5 Rn. 39). 30

§ 6 Schutz des geistigen Eigentums und von Betriebs- oder Geschäftsgeheimnissen

¹Der Anspruch auf Informationszugang besteht nicht, soweit der Schutz geistigen Eigentums entgegensteht. ²Zugang zu Betriebs- oder Geschäftsgeheimnissen darf nur gewährt werden, soweit der Betroffene eingewilligt hat.

In der Praxis werden Informationszugangsanträge häufig aufgrund von § 6 IFG abgelehnt, der nach der Gesetzesbegründung der Berufs- und Eigentumsfreiheit sowie im Bereich des fiskalischen Handelns der öffentlichen Hand haushaltsrechtlichen Grundsätzen Rechnung tragen soll (BT-Drs. 15/4493, 14). **S. 1** betrifft das **geistige Eigentum** und normiert einen **absoluten Ausschlusstatbestand.** Vergleichbares gilt gem. S. 2 für den Zugang zu **Betriebs- und Geschäftsgeheimnissen,** bei denen der Gesetzgeber explizit die **Möglichkeit der Einwilligung** in die Offenbarung der Informationen hervorgehoben hat.

Übersicht

	Rn		Rn
A. Allgemeines	1	C. Schutz von Betriebs- und Geschäftsgeheimnissen (S. 2)	11
B. Schutz des geistigen Eigentums (S. 1)	2	I. Verfassungsmäßigkeit des S. 2?	15
		II. Die einzelnen Merkmale des S. 2	16

A. Allgemeines

1 Nach Ergebnissen von Behördenbefragungen kommt § 6 IFG bei der Ablehnung von Informationszugangsanträgen eine nicht zu unterschätzende Bedeutung in der Praxis zu (Raue JZ 2013, 280 (282); ZDM, 271). Ausweislich der Gesetzesbegründung tragen die Regelungen der S. 1 und 2 grds. der **Berufs- und Eigentumsfreiheit in Art. 12 und Art. 14 GG** Rechnung (BT-Drs. 15/4493, 14). Hinsichtlich des fiskalischen Handelns der öffentlichen Hand wird die Norm mit haushaltsrechtlichen Grundsätzen erklärt (BT-Drs. 15/4493, 14). § 6 IFG statuiert einen **absoluten Ausschlusstatbestand** (NK-IFG/Rossi IFG § 6 Rn. 1; Schoch IFG § 6 Rn. 73). Soweit nicht von der Einwilligungsmöglichkeit Gebrauch gemacht wird, hat die informationspflichtige Stelle das Zugangsersuchen **ohne Raum für behördliche Ermessenserwägungen oder Abwägungsentscheidungen abzulehnen** (ZDM, 264; Ramsauer AnwBl 2013, 410 (412)). Mithin hat der Normgeber bei § 6 IFG eine abschließende Entscheidung zugunsten der Geheimhaltung gefällt (ZDM, 264). Der Vorrang des geistigen Eigentums bzw. der Berufs- und Geschäftsgeheimnisse lässt sich damit erklären, dass sich zwar diese Rechtsgüter, in aller Regel aber nicht die Informationszugangsfreiheit auf das Grundgesetz zurückführen lassen (zum Streit, ob die Informationszugangsfreiheit verfassungsrechtlichen Schutz genießt, Helbach, Der gestufte Schutz von Betriebs- und Geschäftsgeheimnissen, 2012, 131 ff.). Wenn Informationszugangsansprüche und grundrechtlich geschützte Geheimhaltungsinteressen aufeinander treffen, entstehen oft Dreiecksverhältnisse (Antragsteller – Staat – Dritter), manchmal sogar Vierecksverhältnisse (ZDM, 323). Der Schutz des § 6 IFG ist insbes. für juristische Personen wichtig. Denn diese können sich regelmäßig wegen Verneinung des Merkmals „personenbezogener" Daten nicht auf § 5 IFG berufen (→ § 5 Rn. 3).

B. Schutz des geistigen Eigentums (S. 1)

2 Nach § 6 S. 1 IFG besteht **kein Anspruch auf Informationszugang** bei **entgegenstehendem Schutz des geistigen Eigentums.** Nach st. BVerfG-Rspr. stellt das Urheberrecht einschließlich der damit verbundenen Nutzungsrechte **Eigentum iSd Art. 14 Abs. 1 GG** dar: Aufgrund des Inhalts der verfassungsrechtlichen Garantie des geistigen Eigentums hat der Urheber „einen grundsätzlichen Anspruch auf Zuordnung des wirtschaftlichen Nutzens seiner geistig schöpferischen Leistung" (BVerfG NJW 2003, 1655 (1656); s. auch BVerfG NJW 2011, 3428 (3432)). Des Weiteren gehört zu den konstituierenden Merkmalen des Urheberrechts als Eigentum, dass der Urheber über dieses in eigener Verantwortung disponieren kann (BVerfG NJW 2003, 1655 (1656); NJW 2011, 3428 (3432)). Allerdings verfügt der Gesetzgeber über einen weiten Gestaltungsspielraum bei der inhaltlichen Ausgestaltung des geistigen Eigentums, insbes. der Festlegung sachgerechter Maßstäbe für die Nutzung und angemessene Verwertung des Urheberrechts (BVerfG NJW 2011, 3428 (3432)). Aus der Eigentumsgarantie folgt nicht, dass dem Urheber jede nur denkbare wirtschaftliche Verwertungsmöglichkeit zugeordnet werden muss (BVerfG NJW 2011, 3428 (3432)). **Inländische juristische Personen des Privatrechts** können sich über **Art. 19 Abs. 3 GG** auf Art. 14 GG berufen. Aufgrund des **Anwendungsvorrangs des Unionsrechts** sah sich das BVerfG im Hinblick auf Art. 18, 26 Abs. 2 AEUV zu einer **Erweiterung des deutschen Grundrechtsschutzes auf ausländische juristische Personen mit Sitz in EU-Mitgliedstaaten** veranlasst (BVerfG NJW 2011, 3428 (3431 f.)). Nur der Vollständigkeit halber sei an dieser Stelle betont, dass das Eigentumsrecht, Art. 17 GRCh, in seinem Abs. 2 explizit den Schutz des geistigen Eigentums hervorhebt.

3 **Juristische Personen des öffentlichen Rechts** können sich grds. nicht auf die Grundrechte und damit nicht auf Art. 14 GG berufen (BVerfG LKV 2005, 165). Ausweislich der Gesetzesmaterialien wird für **fiskalisches Handeln der öffentlichen Hand** durch § 6 IFG **haushaltsrechtlichen Grundsätzen** Rechnung getragen (BT-Drs. 15/4493, 14). Dementsprechend wird hervorgehoben, dass die **Tätigkeit von Hochschulen und Forschungseinrichtungen** in Kunst, Wissenschaft, Forschung und Lehre angesichts ihres aus **Art. 5 Abs. 3 GG** resultierenden Grundrechtsschutzes ebenfalls von § 6 S. 1 IFG erfasst wird (BT-Drs. 15/4493, 14; s. dazu VG Braunschweig Urt. v. 26.6.2013 – 5 A 33/11 Rn. 21; s. auch Bretthauer NVwZ 2012, 1144 (1147)).

Durch § 6 S. 1 IFG wird der in Art. 14 GG zu verortende Schutz des geistigen Eigentums 4 einfachgesetzlich ausgestaltet und bekräftigt (BT-Drs. 15/4493, 14). Die Norm führt zu einem **Ausschluss des Informationszugangs** bei **entgegenstehendem geistigen Eigentum**. Für die Annahme geistigen Eigentums ist das **jeweilige Fachrecht (Immaterialgüterrecht)** ausschlaggebend (Schoch IFG § 6 Rn. 15; ZDM, 340). Nach der Gesetzesbegründung zählen zum **geistigen Eigentum** „insbesondere" das **Urheberrecht** sowie der gewerbliche Rechtsschutz in Form von **Marken-, Patent-, Gebrauchs- und Geschmacksmusterrechten** (BT-Drs. 15/4493, 14; NK-IFG/Rossi IFG § 6 Rn. 8). Grob vereinfacht geht es beim Urheberrecht vor allem um den Schutz geistiger Schöpfungen in Gestalt von Werken der Literatur, Wissenschaft und Kunst; demgegenüber sind die gewerblichen Schutzrechte technikbezogen (Schoch IFG § 6 Rn. 15). Zum geistigen Eigentum gehören deshalb auch Lizenzen, Warenzeichen und Verlagsrechte (Sitsen, Das Informationsfreiheitsgesetz, 2009, 238; s. auch Jastrow/Schlatmann IFG § 6 Rn. 13). Wie ein Blick in die Gesetzesmaterialien bestätigt, kommt der Schutz des geistigen Eigentums auch nicht dem privatrechtlichen Regelungssystem unterfallenden Tätigkeiten zugute, zB aus dem Bereich von Wissenschaft und Forschung (VG Braunschweig Urt. v. 26.6.2013 – 5 A 33/11 Rn. 21).

Da viele gewerbliche Schutzrechte von einer Eintragung in ein Register abhängen, betont 5 das Schrifttum va die **Relevanz des Urheberrechts als Ausschlussgrund** (Louis NuR 2013, 77 (86)). Beim Urheberrecht werden bestimmte Werke geschützt, weil sie **persönliche geistige Schöpfungen** sind (§ 2 Abs. 2 UrhG). Die Werke müssen ein Mindestmaß an Individualität aufweisen (Louis NuR 2013, 77 (86)), so dass einfache Alltagserzeugnisse nicht gem. § 6 S. 1 IFG vom Informationszugang ausgenommen sind (s. auch Louis NuR 2013, 77 (86)). Gerade in Bezug auf amtliche Informationen ist wichtig, dass das Urheberrecht nicht die Sachinformation schützt, die in einem Schriftstück oder sonstigen Werk enthalten ist, sondern nur eine besondere Ausdrucksform oder anspruchsvolle Gliederung des Stoffes: „Unter Berufung auf das Urheberrecht kann die Behörde demnach einem Antragsteller allenfalls das konkrete Schriftstück, nicht aber die darin enthaltenen Informationen vorenthalten" (so Raue JZ 2013, 280 (283); s. auch Ramsauer AnwBl 2013, 410 (413 f.)).

Zu den nach § 2 Abs. 1 UrhG geschützten Werken der Literatur, Wissenschaft und Kunst 5.1 gehören „insbes." Nr. 1 Sprachwerke, wie Schriftwerke, Reden und Computerprogramme oder nach Nr. 7 Darstellungen wissenschaftlicher oder technischer Art, wie Zeichnungen, Pläne, Karten, Skizzen, Tabellen und plastische Darstellungen. Voraussetzung für den urheberrechtlichen Schutz ist, dass es sich bei den Werken um persönliche geistige Schöpfungen handelt (§ 2 Abs. 2 UrhG). Eine solche geistige Schöpfung kann zum einen in der Gedankenformung und -führung liegen, zum anderen auch in der Form und Art der Sammlung, der Einteilung sowie Anordnung des dargebotenen Stoffs (VG Berlin K&R 2012, 141 (142)). Das Vorliegen einer persönlichen geistigen Schöpfung wurde vom VG Berlin NVwZ-RR 2010, 339 (342) hinsichtlich einer vierseitigen Zitatensammlung als „Sammlung" für die bloße Vorbereitung eines Aufsatzes verneint. Auch hat es die Ausarbeitung der Wissenschaftlichen Dienste des Deutschen Bundestags mit dem Titel „Die Suche nach außerirdischem Leben und die Umsetzung der VN-Resolution A/33/426 zur Beobachtung unidentifizierter Flugobjekte und extraterrestrischen Lebensformen" nicht als persönliche geistige Schöpfung bewertet (weitere Beispiele bei Ramsauer AnwBl 2013, 410 (413 ff.)). Je nachdem, wie Gutachten von Sachverständigen oder Planungsbüros abgefasst sind, kann es ihnen durchaus an der nötigen eigenschöpferischen Leistung fehlen (Louis NuR 2013, 77 (86); s. auch Raue JZ 2013, 280 (283)). Demgegenüber werden selbst erstellte Karten vielfach urheberrechtlichen Schutz genießen (Louis NuR 2013, 77 (86); s. auch Raue JZ 2013, 280 (283)). Wissenschaftliche Gutachten könnten zwar grds. dem Urheberrechtsschutz unterfallen, allerdings müsse bei ihnen die freie Zugänglichkeit der wissenschaftlichen Lehre, ihres Sprachgebrauchs und der Ergebnisse beachtet werden (VG Berlin Urt. v. 21.10.2010 – 2 K 89.09 Rn. 36). Forschungsanträge und -unterlagen zur Vorantreibung des bestehenden Wissens können demnach unter bestimmten Voraussetzungen geschützte Werke sein, wenn sie insbes. Originalität und Gestaltungskraft der Forscher offenbaren (Bretthauer NVwZ 2012, 1144 (1147)). Eine ausreichende schöpferische Leistung wurde in einem Fragebogen des Robert-Koch-Instituts einschließlich der originalen Vortragsfolien erblickt (VG Berlin Urt. v. 22.10.2008 – 2 A 29.08 Rn. 26 ff.). Des Weiteren wurde der Prüfbericht hinsichtlich eines Wahlgeräts mit zugehörigem Software-Prüfungsbericht als schöpferische Leistung bewertet. Denn die Unterlagen würden nicht nur die technischen Leistungsmerkmale und Leistungsabläufe von Wahlgerät und Software auflisten, sondern diese in einer geistig schöpferischen Weise aufbereiten. Zur Ermöglichung einer Überprüfung durch Dritte würden sie in einer das

IFG § 6 IV. Informationsfreiheitsrecht

alltägliche und handwerksmäßige Maß übersteigenden Weise beschrieben (VG Braunschweig Urt. v. 17.10.2007 – 5 A 188/06 Rn. 21). Gem. § 72 UrhG steht den Fotografen an Fotos unabhängig von ihrer Schöpfungshöhe ein Leistungsschutzrecht zu (Louis NuR 2013, 77 (86); Raue JZ 2013, 280 (283)).

5.2 Wegen der Unschärfe des Begriffs des „geistigen Eigentums" kann man geteilter Meinung sein, ob dadurch auch die Identität des Erfinders oder ob die Urheberpersönlichkeit geschützt wird oder insoweit nicht § 5 IFG einschlägig ist. Wegen des Adjektivs „geistig" wird die Meinung vertreten, wonach von einer ausschließlich eigentumsbezogenen Sicht abgesehen werden und dem § 6 IFG auch nicht durch Art. 14 GG geschützte Rechtspositionen aus den betreffenden Gesetzen, wie § 12 UrhG, §§ 37, 63 PatG, unterfallen sollten (Sitsen, Das Informationsfreiheitsgesetz, 2009, 247 f.). Angesichts der vom BVerfG aus dem Recht auf informationelle Selbstbestimmung entwickelten Kriterien für die Gewährung des Zugangs zu personenbezogenen Daten wird hier die Prüfung am Maßstab des § 5 IFG befürwortet.

6 Auch wenn sich **juristische Personen des öffentlichen Rechts** als Adressaten der Grundrechte grds. nicht auf Art. 14 GG berufen können, bleibt es dem Gesetzgeber unbenommen, ihnen **einfach gesetzlich geistiges Eigentum** einzuräumen (s. auch BT-Drs. 15/4493, 14; Schoch IFG § 6 Rn. 16). Da der Wortlaut des § 6 S. 1 IFG nur auf den „Schutz des geistigen Eigentums" abstellt, ohne Vorgaben zur Person des Berechtigten zu machen, können sich auch juristische Personen des öffentlichen Rechts auf diesen Ausschlussgrund berufen. Auch wenn §§ 3, 4 IFG den Schutz öffentlicher Belange und des behördlichen Entscheidungsprozesses bezwecken, kann der auf den Schutz personenbezogener Daten ausgerichtete § 5 IFG auch bei Informationen zu Mitarbeiterdaten der Verwaltung Bedeutung erlangen (s. Abs. 4). Deshalb spricht auch die Gesetzessystematik dafür, die öffentliche Hand nicht von vornherein vom Schutz des § 6 IFG auszuklammern. Bspw. können juristische Personen des öffentlichen Rechts Inhaber von Markenrechten sein (§ 7 Nr. 2 MarkenG; s. auch BT-Drs. 15/4493, 14). Aus § 5 UrhG folgt e contrario, dass auch Texte, die von Behördenmitarbeitern verfasst wurden, die Kriterien eines urheberrechtlichen Werkes erfüllen können (Raue JZ 2013, 280 (283); s. auch Louis NuR 2013, 77 (86)). Allerdings genießen amtliche Werke, die im amtlichen Interesse zur allgemeinen Kenntnisnahme veröffentlicht wurden, gem. § 5 UrhG keinen bzw. nur rudimentären urheberrechtlichen Schutz (ausführlich zum UrhG Raue JZ 2013, 280 (283 f.); Schnabel K&R 2011, 626 (629 ff.); instruktiv auch im Hinblick auf den Schutz von Datenbanken VGH Mannheim NJW 2013, 2045 ff.; s. auch Ramsauer AnwBl 2013, 410 (414)). Private Normwerke genießen gem. § 5 Abs. 3 S. 1 UrhG Schutz, auch wenn Gesetze und Rechtsverordnungen auf sie verweisen (s. Ramsauer AnwBl 2013, 410 (414)).

7 Mit § 6 S. 1 IFG wollte der Gesetzgeber keine generelle Beschränkung des geistigen Eigentums vornehmen. Vielmehr gestattet er den Zugang zu derartigen Werken ausschließlich innerhalb der bestehenden gesetzlichen Grenzen (Raue JZ 2013, 280 (284)). Der Informationszugang darf nur verweigert werden, **soweit** das geistige Eigentum **entgegensteht.** Wie man an diesem Verb erkennen kann, ist für den Ausschluss vom Informationszugang das schlichte Bestehen eines Schutzrechts nicht ausreichend – sein Inhalt muss vielmehr mit dem begehrten Informationszugang ganz oder teilweise inkompatibel sein (BRS/Berger IFG § 6 Rn. 6). Mit den Worten von Schoch IFG § 6 Rn. 18 ist zu prüfen, ob das betreffende Immaterialgüterrecht seinem Inhaber ein Informationsrestriktionsrecht zuerkennt. In der Praxis wird es eher selten zu einer Kollision zwischen Informationsinteresse iSe bloßen Kenntnisnahme der Information und dem Immaterialgüterrecht kommen (ZDM, 341). Weil die Marken-, Patent-, Gebrauchs- und Geschmacksmusterrechte ohnehin anlässlich ihrer Anmeldung publik gemacht werden, scheidet ihre Verletzung durch den Informationszugang regelmäßig aus (Kloepfer K&R 2006, 19 (23); NK-IFG/Rossi IFG § 6 Rn. 12 ff.; Schnabel K&R 2011, 626 ff.; Schoch IFG § 6 Rn. 20 ff.; Sitsen, Das Informationsfreiheitsgesetz, 2009, 239). Nach VG Braunschweig Urt. v. 26.6.2013 – 5 A 33/11 Rn. 24, kann das Selbstbestimmungsrecht des Wissenschaftlers aus Art. 5 Abs. 3 S. 1 GG auch nach erfolgter Veröffentlichung seines Werkes fortbestehen.

7.1 Im Gebrauchsmusterrecht wird die Eintragung in das Register in §§ 8 ff. GebrMG geregelt. Im Geschmacksmusterrecht sind § 19 GeschMG (Register), §§ 20 f. GeschMG (Bekanntmachung) und § 22 GeschMG (Einsichtnahme) maßgeblich. Die Regelungen zur Eintragung einer Marke ergeben sich aus § 4 Nr. 1, §§ 32 ff., 41, 62 MarkenG. Was das Patentrecht anbetrifft, sei auf die Regelungen in § 30 PatG (Patentregister), § 31 PatG (Akteneinsichtsrecht), § 32 PatG (Veröffentlichungspflichten) sowie § 58 PatG (Publikation der Patenterteilung) verwiesen.

Als entgegenstehende Rechte werden in den Gesetzesmaterialien vor allem das Vervielfältigungsrecht des § 16 UrhG und das Verbreitungsrecht des § 17 UrhG erwähnt (BT-Drs. 15/4493, 14). Allerdings werden diese Ausschließlichkeitsrechte durch die Vervielfältigung zu Zwecken der Rechtspflege in § 45 Abs. 1 UrhG und das Zitierrecht des § 51 UrhG eingeschränkt (Kloepfer K&R 2006, 19 (23)). Eine Kollision wird vor allem beim Zugangsverlangen zu einem nach § 12 UrhG noch unveröffentlichten Werk für möglich gehalten (Kloepfer K&R 2006, 19 (23); Mecklenburg/Pöppelmann IFG § 6 Rn. 8; NK-IFG/Rossi IFG § 6 Rn. 36 ff.; Schoch IFG § 6 Rn. 27; für eine enge Auslegung bei Übergabe des Werkes an die Behörden Raue JZ 2013, 280 (285 f.); nach Schnabel K&R 2011, 626 (628) kommt hier ein Schutz auch über § 6 S. 2 IFG in Betracht; iErg § 6 S. 1 IFG ablehnend Sitsen, Das Informationsfreiheitsgesetz, 2009, 240 ff.). Dieses Problem wird ua bei noch unveröffentlichten Forschungsanträgen samt Unterlagen relevant (Bretthaupt NVwZ 2012, 1144 (1147)). Nach Ramsauer AnwBl 2013, 410 (415) liegt in der Übermittlung eines Werkes an die Behörde noch keine Veröffentlichung. Etwas anderes soll jedoch dann anzunehmen sein, wenn der Berechtigte weiß, dass dieses im Rahmen einer Öffentlichkeitsbeteiligung mit Sicherheit oder mit hoher Wahrscheinlichkeit publik werden wird. 8

Nach VG Berlin Urt. v. 21.10.2010 – 2 K 89.09 Rn. 37 sowie VG Frankfurt ZIP 2008, 2138 (2143) steht das Vervielfältigungsrecht dem Informationszugang nicht entgegen, wenn die Gutachtenverfasser der Behörde entsprechende Nutzungsrechte eingeräumt haben. Soweit keine explizite Vereinbarung getroffen wurde, beurteilt sich dies am Maßstab des § 31 Abs. 5 S. 2 und § 1 UrhG. Des Weiteren wurde eine Verletzung des § 12 UrhG verneint, weil der Informationszugang nur dem Antragsteller und nicht der Öffentlichkeit (§ 6 UrhG) gewährt werde. Auch dass weitere Personen einen Informationszugangsantrag stellen könnten, ändere nichts daran, dass die Kenntnisnahme in diesem Fall auf den bestimmten Kreis der Antragsteller beschränkt sein soll (VG Berlin K&R 2012, 141 (142 f.); kritisch Heuner/Küpper JZ 2012, 801 (805); Schnabel K&R 2012, 143 (144)). Demgegenüber hat das VG Braunschweig hinsichtlich des begehrten Informationszugangs zum Prüfbericht über ein Wahlgerät inkl. des Software-Prüfberichts einen Eingriff in das Veröffentlichungsrecht bejaht, weil dafür schon die Kenntnisgabe an den einzelnen Antragsteller ausreiche. Es komme nicht auf die tatsächliche Kenntnisgabe an eine Vielzahl von Personen an, sondern vielmehr auf deren abstrakte Möglichkeit der Kenntnisnahme (ZUM 2008, 254 (256); Lenski NordÖR 2006, 89 (94); s. auch Ramsauer AnwBl 2013, 410 (413)). Beim beantragten Informationszugang zu dem Manuskript „Die Rosenholzdatei Copyright" hat das VG Berlin trotz der Veröffentlichung in einer Hörfunksendung den Informationszugang abgelehnt, da das Veröffentlichungsrecht nur für diese Art bzw. Form der Veröffentlichung, nicht aber für andere Arten und Formen gewährt worden sei (VG Berlin NVwZ-RR 2010, 339 (340)). Das VG Berlin K&R 2012, 141 (143) verneinte eine Verletzung von § 17 UrhG durch die Gewährung von Akteneinsicht, weil in diesem Fall weder das Original noch Vervielfältigungen des Werks der Öffentlichkeit angeboten würden und das Dokument durch die Einsichtnahme des Antragstellers nicht gegen den Willen des Betroffenen „in den Verkehr" gebracht werde (VG Berlin K&R 2012, 141 (143)). 8.1

Auch wenn in § 6 S. 1 IFG anders als in S. 2 die Möglichkeit der Einwilligung nicht explizit erwähnt wird, darf daraus nicht entnommen werden, dass eine solche beim geistigen Eigentum ausscheidet (s. auch Albers ZJS 2009, 614 (623)). Denn insbs. das über Art. 14 Abs. 1 GG gewährleistete Eigentum zeichnet sich dadurch aus, dass der Einzelne über dieses disponieren kann (s. auch Sitsen, Das Informationsfreiheitsgesetz, 2009, 313 f.). Die Einwilligung kann auch konkludent erteilt werden (Sitsen, Das Informationsfreiheitsgesetz, 2009, 314; s. näher auch die Ausführungen zur Einwilligung gem. § 6 S. 2 IFG bei Rn. 34 ff.). Werden Forschungsanträge mit Unterlagen bei einem Ministerium eingereicht, ist allein daraus nicht zu entnehmen, dass man ihre öffentliche Preisgabe billigt (Bretthaupt NVwZ 2012, 1144 (1147)). Infolge der Einwilligung gibt es kein dem Informationszugang entgegenstehendes Recht mehr (NK-IFG/Rossi IFG § 6 Rn. 59; Schoch IFG § 6 Rn. 39). Sofern der Rechteinhaber nur in beschränktem Umfang dem Informationszugang zugestimmt hat, ist die Behörde für den von der Einwilligung nicht erfassten Bereich an diese Restriktion gebunden (Schoch IFG § 6 Rn. 39). 9

10 Wurde keine **Einwilligung** erteilt und gibt es ein **entgegenstehendes Recht** des geistigen Eigentums, hat der Antragsteller **keinen Anspruch** auf den beantragten Informationszugang. Wie sich aus dem Textvergleich zu § 5 Abs. 1 S. 1 Alt. 1 IFG und der anderen Ausformulierung des § 9 Abs. 1 S. 1 Nr. 2 UIG sowie dem klaren Wortlaut des § 6 S. 1 IFG ergibt, hat die informationspflichtige Stelle in dieser Konstellation den Informationszugangsantrag **ohne Abwägung** abzulehnen. Insoweit vermittelt § 6 S. 1 IFG den betroffenen Personen absoluten Schutz (s. auch Schoch IFG § 6 Rn. 38; Ramsauer AnwBl 2013, 410 (412)).

C. Schutz von Betriebs- und Geschäftsgeheimnissen (S. 2)

11 Das Informationsinteresse des Antragstellers hat des Weiteren bei Betriebs- oder Geschäftsgeheimnissen zurückzutreten. Zugang zu Geschäfts- und Betriebsgeheimnissen wird nur bei Einwilligung des Betroffenen gewährt. Letzterer verfügt also über eine Art **„Vetoposition"** (VG Neustadt (Weinstraße) Urt. v. 6.9.2013 – 4 K 242/13.NW Rn. 41; Troidl, Akteneinsicht im Verwaltungsrecht, 2013, Rn. 485). § 6 S. 2 IFG ergänzt den Schutz in § 6 S. 1 IFG und erlangt in der Praxis zB dann Bedeutung, wenn ein technisches Schutzrecht noch nicht entstanden ist (Sitsen, Das Informationsfreiheitsgesetz, 2009, 236 f.). Auch wenn wegen der allgemein einsehbaren Patentierungsunterlagen die Zusammensetzung eines Produkts nicht geheim gehalten werden kann, kann der vom Informationsbegehren Betroffene daran interessiert sein, dass die Konkurrenten keine Einblicke in ihnen nicht bekannte Produktionswege, angewandte Herstellungsverfahren, ihre Anlagenkapazitäten sowie Forschungs- und Entwicklungsschwerpunkte erhalten (OVG Koblenz Urt. v. 6.9.2012 – 8 A 10096/12 Rn. 46). § 6 S. 2 IFG dient nicht nur dem Schutz der einzelnen Unternehmen, sondern kommt mittelbar zugleich dem allgemeinen Fortschritt zugute: Denn für ein Unternehmen lohnen sich zeit- und kostenintensive Bemühungen um die Entwicklung oder Verbesserung eines Produkts oder einer Produktionsmethode vor allem dann, wenn der daraus resultierende Vorsprung gegenüber den Konkurrenten erhalten bleibt (Helbach, Der gestufte Schutz von Betriebs- und Geschäftsgeheimnissen, 2012, 29 f.; Sitsen, Das Informationsfreiheitsgesetz, 2009, 250). Können sich die Unternehmen darauf verlassen, dass aus ihrer Sicht bedeutsame Informationen nicht unbefugt offenbart werden, steigt ihre (Kooperations-)Bereitschaft zur Weitergabe richtiger bzw. relevanter Informationen an die staatlichen Stellen (Helbach, Der gestufte Schutz von Betriebs- und Geschäftsgeheimnissen, 2012, 30; Jastrow/Schlatmann IFG § 6 Rn. 37; Sitsen, Das Informationsfreiheitsgesetz, 2009, 250 f.).

12 § 6 S. 2 IFG trägt ebenfalls dem Grundrechtsschutz Rechnung. Nach stRspr des BVerfG wird durch die **Berufsfreiheit des Art. 12 Abs. 1 GG** grds. der Schutz von Betriebs- und Geschäftsgeheimnissen gewährleistet: „Werden Betriebs- und Geschäftsgeheimnisse durch den Staat offengelegt oder verlangt dieser deren Offenlegung, ist Art. 12 Abs. 1 GG in seinem Schutzbereich berührt" (BVerfG NVwZ 2011, 94 (103)). Wegen der Wettbewerbserheblichkeit von Betriebs- und Geschäftsgeheimnissen gibt es bei ihnen eine enge Verzahnung mit dem zukünftigen Erwerb (Kloepfer/Greve NVwZ 2011, 577 (578)).

13 Bei der **Eigentumsgarantie des Art. 14 GG** handelt es sich um ein elementares Grundrecht. Das Eigentum garantiert den Berechtigten einen Freiheitsraum im vermögensrechtlichen Bereich und ermöglicht ihnen dadurch Entfaltung sowie eigenverantwortliche Lebensgestaltung (BVerfG NJW 2012, 2500). Die Eigentumsgarantie schützt den Bestand, nicht jedoch wirtschaftliche Chancen und Risiken (BVerfG NJW 2012, 3081 (3081)). Nach langjähriger Rspr. zeichnet sich Eigentum iSd Art. 14 Abs. 1 GG durch die Zuordnung eines vermögenswerten Rechts zur privaten Nutzung („Privatnützigkeit") sowie die eigene Verfügungs- bzw. Nutzungsbefugnis über das Eigentumsobjekt aus (s. auch Sitsen, Das Informationsfreiheitsgesetz, 2009, 256). Das BVerfG hat teils offen gelassen, ob Berufs- und Geschäftsgeheimnisse durch die Eigentumsgarantie des Art. 14 Abs. 1 GG geschützt sind (BVerfGE 115, 205 (248)), in anderen Fällen hat es dies dagegen ohne Weiteres angenommen (zB BVerfG NVwZ 2011, 94 (104)). Im Schrifttum wird die Möglichkeit einer Idealkonkurrenz der grundrechtlichen Verbürgungen aus Art. 12 Abs. 1 und Art. 14 Abs. 1 GG befürwortet (Kloepfer/Greve NVwZ 2011, 577 (579); Schoch IFG § 6 Rn. 8). Üblicherweise seien Unternehmensgeheimnisse von entscheidender wirtschaftlicher Bedeutung für ein Unternehmen und könnten daher einen erheblichen selbständigen Vermögenswert beinhalten (Kloepfer/Greve NVwZ 2011, 577 (579); Schoch IFG § 6 Rn. 8). Auf jeden Fall kann der in Art. 14 Abs. 1 GG zu verortende Schutz von Betriebs- und Geschäftsgeheimnissen nicht weitergehen als der Geheimnisschutz nach Art. 12 Abs. 1 GG (BVerfG NVwZ 2006, 1041 (1046)).

Es obliegt dem Gesetzgeber, sowohl die Berufsfreiheit (s. Art. 12 Abs. 1 S. 2 GG) als auch **14** das Eigentumsgrundrecht (s. Art. 14 Abs. 1 S. 2 GG) näher gesetzlich auszugestalten. Da dabei verschiedene konfligierende Belange zueinander in einen angemessenen Ausgleich zu bringen sind, wird das Schutzniveau von Betriebs- und Geschäftsgeheimnissen allein aufgrund ihrer Verortung in den beiden genannten Grundrechten nicht punktgenau vorgegeben. Dieses stellt vielmehr das Ergebnis einer rechtspolitischen Entscheidung des Gesetzgebers dar (Schoch IFG § 6 Rn. 9; s. auch Kloepfer/Greve NVwZ 2011, 577 (578); Schnabel K&R 2011, 626 f.; Spindler ZGR 2011, 690 (695)).

I. Verfassungsmäßigkeit des S. 2?

Teilweise werden verfassungsrechtliche Bedenken an dem durch § 6 S. 2 IFG bewirkten **15** absoluten Vorrang der Betriebs- und Geschäftsgeheimnisse vor dem Informationsinteresse des Antragstellers angemeldet. Der Gesetzgeber sei ohne hinreichend gewichtigen sachlichen Grund von der Abwägungsregelung in § 5 Abs. 1 S. 1 IFG abgewichen (so Kloepfer/Greve NVwZ 2011, 577 (584); s. auch NK-IFG/Rossi IFG § 6 Rn. 2). Diese Entscheidung sei um so weniger nachzuvollziehen, als der Schutz personenbezogener Daten einen Bezug zur Menschenwürdegarantie aufweise (Kloepfer/Greve NVwZ 2011, 577 (584); Mecklenburg/Pöppelmann IFG § 6 Rn. 2; NK-IFG/Rossi IFG § 6 Rn. 2). Richtigerweise steht es dem Gesetzgeber aber frei, den Schutz personenbezogener Daten anders als im momentanen § 5 IFG absolut auszugestalten (Schoch IFG § 6 Rn. 77; ZDM, 351) oder in § 6 IFG eine Abwägungsklausel einzuführen (Schoch IFG § 6 Rn. 77; ZDM, 351). Da die Begriffe des Betriebs- und Geschäftsgeheimnisses stark wertende Elemente enthalten, die beim Schutz personenbezogener Daten so nicht auszumachen sind, ist die gegenwärtige Normausgestaltung noch als verfassungskonform einstufen (ZDM, 352; s. auch Helbach, Der gestufte Schutz von Betriebs- und Geschäftsgeheimnissen, 2012, 157 f.; NK-IFG/Rossi IFG § 6 Rn. 2; Sitsen, Das Informationsfreiheitsgesetz, 2009, 294 f.; Schoch IFG § 6 Rn. 77; zum Gebotensein einer Abwägung aus unionsrechtlichen Gründen Diercks-Oppler VergabeR 2013, 432 (434)).

II. Die einzelnen Merkmale des S. 2

Der zweigliedrige Begriff des **Betriebs- und Geschäftsgeheimnisses** wurde gewählt, **16** um auf diese Weise einen möglichst umfassenden Schutz sprachlich abzubilden (Helbach, Der gestufte Schutz von Betriebs- und Geschäftsgeheimnissen, 2012, 27). Das IFG selbst enthält keine Legaldefinition eines **Betriebs- bzw. Geschäftsgeheimnisses**. Die Gesetzesmaterialien rekurrieren auf die BGH-Rspr., nach der Tatsachen vorliegen müssen, „die im Zusammenhang mit einem wirtschaftlichen Geschäftsbetrieb, nur einem begrenzten Personenkreis bekannt sind und nach dem erkennbaren Willen des Inhabers sowie dessen berechtigten wirtschaftlichen Interessen geheim gehalten werden sollen" (BT-Drs. 15/4493, 14). Für die Anwendbarkeit des § 6 S. 2 IFG reicht es aus, dass eine Offenlegung der erbetenen Information **Rückschlüsse auf ein Betriebs- bzw. Geschäftsgeheimnis zulässt** (BVerwGE 135, 34 (46) = NVwZ 2010, 189 (193); OVG Münster NVwZ 2012, 902 (906); dazu auch Fischer/Fluck NVwZ 2013, 337 f.; Ramsauer AnwBl 2013, 410 (417) verlangt, dass die Informationen für derartige Rückschlüsse von maßgeblicher Bedeutung sein müssen). Da der Gesetzestext zwischen Betriebs- bzw. Geschäftsgeheimnissen differenziert und § 6 S. 2 IFG ua eine einfachgesetzliche Ausformung bestimmter Grundrechtspositionen enthält, ist eine Präzisierung dieser Begriffe geboten (Kloepfer/v. Lewinski, Informationsfreiheitsgesetz und Schutz von Betriebs- und Geschäftsgeheimnissen, 2011, 16; ZDM, 344).

Nach BVerfG NVwZ 2006, 1041 (1042) sind Betriebs- und Geschäftsgeheimnisse alle **auf** **17** **ein Unternehmen bezogenen** Tatsachen, Umstände und Vorgänge, „die **nicht offenkundig,** sondern **nur einem begrenzten Personenkreis zugänglich** sind und **an deren**

Nichtverbreitung der Rechtsträger ein berechtigtes Interesse hat." Dieses Begriffsverständnis legt das BVerwG auch bei § 99 Abs. 1 S. 2 VwGO (BVerwG Beschl. v. 10.8.2010 – 20 F 5/10 Rn. 10) sowie bei § 9 Abs. 1 S. 1 Nr. 3 UIG und § 6 S. 2 IFG zugrunde (BVerwG NVwZ 2009, 1113 (1114)). Damit ist der Vorteil einer normübergreifenden einheitlichen Auslegung verbunden (s. auch Kloepfer/v. Lewinski, Informationsfreiheitsgesetz und Schutz von Betriebs- und Geschäftsgeheimnissen, 2011, 16; Schoch IFG § 6 Rn. 44).

17.1 Auch im Unionsrecht wird eine ähnliche Interpretation vorgenommen. Nach dem EuG Urt. v. 8.11.2011 – T-88/09 Rn. 45 wird allgemein hinsichtlich der Natur von Geschäftsgeheimnissen oder anderen dem Berufsgeheimnis unterliegenden Informationen verlangt, dass nur eine beschränkte Zahl von Personen Kenntnis von diesen Informationen haben darf. Weitere Voraussetzung ist, dass durch die Offenlegung der Information dem Auskunftsgeber oder Dritten ein schwerer Schaden entstehen „kann". Hinzukommen muss, dass die durch die Offenlegung der Information verletzten Interessen objektiv schützenswert sein müssen.

18 Für ein Betriebs- oder Geschäftsgeheimnis ist demnach der **Mangel an Offenkundigkeit der zugrunde liegenden Information** sowie ein **berechtigtes Interesse des Unternehmens an deren Nichtverbreitung** kennzeichnend (BVerwG NVwZ 2010, 189 (192)). Nur wenn es sich um Informationen handelt, deren Offenlegung die Wettbewerbsposition des Unternehmens nachteilig beeinflussen kann, greift der Schutz von § 6 S. 2 IFG ein (BVerwG NVwZ 2009, 1113 (1114)). Demnach müssen **kumulativ folgende vier Voraussetzungen** für die Einstufung einer Information als Betriebs- bzw. Geschäftsgeheimnis erfüllt sein (s. auch VGH Mannheim NJW 2013, 2045 (2049); Helbach, Der gestufte Schutz von Betriebs- und Geschäftsgeheimnissen, 2012, 31 f.; NK-IFG/Rossi IFG § 6 Rn. 66; Schoch IFG § 6 Rn. 45):

- sie muss einen **Unternehmensbezug** aufweisen,
- sie darf **nicht offenkundig,** also nur einem begrenzten Personenkreis bekannt sein,
- sie muss nach dem Willen ihres Inhabers geheim bleiben und
- es muss ein berechtigtes Interesse an der Geheimhaltung bestehen.

19 Die Worte Betriebs- oder Geschäftsgeheimnis stellen unbestimmte Rechtsbegriffe dar. Überwiegend wird angenommen, dass die **Gerichte** deren Vorliegen **voll überprüfen** können (zB Helbach, Der gestufte Schutz von Betriebs- und Geschäftsgeheimnissen, 2012, 153; NK-IFG/Rossi IFG § 6 Rn. 18; Schoch IFG § 6 Rn. 65).

20 Wie man an der Rspr. und auch der Formulierung „Betriebs-" bzw. „Geschäftsgeheimnis" erkennen kann, müssen die begehrten Informationen einen **Unternehmensbezug** aufweisen (VG Berlin Urt. v. 7.8.2013 – 2 K 273.12 Rn. 32; Helbach, Der gestufte Schutz von Betriebs- und Geschäftsgeheimnissen, 2012, 32; Jastrow/Schlatmann IFG § 6 Rn. 42; Kloepfer/v. Lewinski, Informationsfreiheitsgesetz und Schutz von Betriebs- und Geschäftsgeheimnissen, 2011, 20). In **sachlicher Hinsicht** ist ein Unternehmensbezug nur zu bejahen, wenn die Informationen bestimmte Aspekte eines konkreten Unternehmens betreffen (NK-IFG/Rossi IFG § 6 Rn. 67). Daran fehlt es bei den Untersuchungsergebnissen sich nicht erwerbswirtschaftlich betätigender Institutionen, wie dies häufig bei Universitäten der Fall ist (Helbach, Der gestufte Schutz von Betriebs- und Geschäftsgeheimnissen, 2012, 32; Kloepfer/Greve NVwZ 2011, 577 (580)) oder nach VG Berlin Urt. v. 7.8.2013 – 2 K 273.13 Rn. 33 bei der Stiftung zur Aufarbeitung der SED-Diktatur. Will der Einzelne Informationen aus dem persönlichen Lebensbereich eines Unternehmensinhabers erfahren, fehlt der begehrten Information der Zusammenhang zum wirtschaftlichen Geschäftsbetrieb (Schoch IFG § 6 Rn. 48). Dann ist nicht § 6 S. 2 IFG, sondern – soweit die Kriterien eines personenbezogenen Datums erfüllt sind – § 5 IFG einschlägig (Schoch IFG § 6 Rn. 48; Sitsen, Das Informationsfreiheitsgesetz, 2009, 279). Am Unternehmensbezug fehlt es auch, wenn sich die begehrten Informationen keinem konkreten Unternehmen zuordnen lassen, sondern sie zB die allgemeinen Wirtschaftsverhältnisse zum Gegenstand haben oder sich auf die gesamte Wirtschaftsbranche beziehen (Helbach, Der gestufte Schutz von Betriebs- und Geschäftsgeheimnissen, 2012, 32; NK-IFG/Rossi IFG § 6 Rn. 68; Schoch IFG § 6 Rn. 48). Betreffen die Akten, zu denen Zugang begehrt wird, die Privatisierung zweier Unternehmen, werden diese zwar regelmäßig nicht ausschließlich, aber doch eine ganze Fülle von Betriebs- und Geschäftsgeheimnissen beinhalten (VG Berlin Urt. v. 12.10.2008 – 2 A 20.08

Rn. 43). In **zeitlicher Hinsicht** wird verlangt, dass das jeweilige Unternehmen tatsächlich über die Informationen verfügt und sie jetzt oder zu einem späteren Zeitpunkt nutzen kann (NK-IFG/Rossi IFG § 6 Rn. 68).

Ein Betriebs- bzw. Geschäftsgeheimnis darf nur einem **begrenzten Personenkreis bekannt** sein. Daran **fehlt** es bei **für Dritte leicht zugänglichen Daten** (Kloepfer/v. Lewinski, Informationsfreiheitsgesetz und Schutz von Betriebs- und Geschäftsgeheimnissen, 2011, 23), insbes. bei **allgemein bekannten** bzw. **offenkundigen Tatsachen** (Sitsen, Das Informationsfreiheitsgesetz, 2009, 280). Ab welcher Größe die jeweiligen Informationen nicht mehr nur einem „begrenzten" Personenkreis bekannt sind, richtet sich nach den Verhältnissen des jeweiligen Einzelfalls (Kloepfer/Greve NVwZ 2011, 577 (581); Schoch IFG § 6 Rn. 49). Ein Indiz ist, inwieweit der Geheimnisträger den Personenkreis, dem die Daten zugänglich sind, unter Kontrolle halten kann (Kloepfer/Greve NVwZ 2011, 577 (581); NK-IFG/Rossi IFG § 6 Rn. 70; Schoch IFG § 6 Rn. 49). Informationen sind offenkundig, wenn sie Durchschnittsfachleuten bekannt sind (Sitsen, Das Informationsfreiheitsgesetz, 2009, 280) oder man sich auf einfache Weise von ihnen Kenntnis verschaffen kann, etwa durch das Konsultieren von Fachliteratur (Sitsen, Das Informationsfreiheitsgesetz, 2009, 280) oder die Recherche im Internet (Kloepfer/Greve NVwZ 2011, 577 (581)). Richtigerweise lässt sich die Offenkundigkeit bereits dann bejahen, wenn mit einer Kenntnisnahme durch interessierte Fachkreise zu rechnen ist (Helbach, Der gestufte Schutz von Betriebs- und Geschäftsgeheimnissen, 2012, 34). Letztlich ist entscheidend, wie hoch die Anstrengungen sind, um in den Besitz der Informationen zu gelangen, oder – anders ausgedrückt – ob sich das Wissen ohne erheblichen Handlungsaufwand bzw. ohne größere Schwierigkeiten erlangen lässt (Helbach, Der gestufte Schutz von Betriebs- und Geschäftsgeheimnissen, 2012, 34; Kloepfer/v. Lewinski, Informationsfreiheitsgesetz und Schutz von Betriebs- und Geschäftsgeheimnissen, 2011, 24; Sitsen, Das Informationsfreiheitsgesetz, 2009, 282). Offenkundig sind daher Daten, deren Anwendung für jedermann beobachtbar ist (Sitsen, Das Informationsfreiheitsgesetz, 2009, 281).

Zum Teil wird vertreten, dass die unternehmensinterne Publikation einer Information angesichts des Veröffentlichungswillens ihren Geheimnischarakter entfallen lasse (Sitsen, Das Informationsfreiheitsgesetz, 2009, 280). Dies überzeugt jedoch nicht, wenn und solange die Mitarbeiter zur Verschwiegenheit verpflichtet sind (s. auch Schoch IFG § 6 Rn. 49). Auch die Preisgabe einer Information gegenüber einer Behörde bewirkt nicht automatisch deren Offenkundigkeit, solange die Behördenbediensteten zur Verschwiegenheit verpflichtet sind (Spindler ZGR 2011, 690 (708); ähnlich Schoch IFG § 6 Rn. 49 mit der Einschränkung, dass deren Kreis überschaubar bleibt).

Informationen eines Unternehmens, die Gegenstand einer öffentlichen Auslegung waren oder zB durch Massenmedien für die interessierte Öffentlichkeit publik gemacht wurden, sind demnach offenkundig und nicht nur einem begrenzten Personenkreis zugänglich (s. auch Schoch IFG § 6 Rn. 49 ff.).

Probleme bereitet das sog. reverse engineering. Unter diesem Begriff versteht man die Einsetzung eines Verfahrens, das durch die Analyse eines Produkts über dessen Zusammensetzung oder Funktionsweise Aufschluss gibt (Helbach, Der gestufte Schutz von Betriebs- und Geschäftsgeheimnissen, 2012, 35). Ob eine Information im Hinblick auf ein solches Verfahren leicht zugänglich und damit offenkundig ist, hängt richtigerweise davon ob, ob ein Durchschnittsfachmann eine derartige Entschlüsselung mittels reverse engineering ohne größeren zeitlichen und finanziellen Aufwand vornehmen kann (näher dazu Helbach, Der gestufte Schutz von Betriebs- und Geschäftsgeheimnissen, 2012, 35).

Ausweislich der Gesetzesmaterialien haben die Behörden zu prüfen, ob ein **berechtigtes** und **schutzwürdiges** Interesse **des Geschäftsinhabers** an der Geheimhaltung **anzuerkennen** ist (BT-Drs. 15/4493, 14). Dafür kommt es auf die „Besonderheiten des jeweils betroffenen Sach- oder Rechtsgebiets" an (BT-Drs. 15/4493, 14). Ohne das Erfordernis eines berechtigten Interesses wäre kaum eine sinnvolle Abgrenzung zu Informationen möglich, die keine Unternehmensgeheimnisse sind (Sitsen, Das Informationsfreiheitsgesetz, 2009, 285).

Erforderlich ist zunächst ein **unternehmensbezogener Wille zur Geheimhaltung** (OVG Berlin-Brandenburg Urt. v. 7.6.2012 – OVG 12 B 34.10 Rn. 36). Dieser ist jedenfalls dann anzunehmen, wenn der Betriebsinhaber seinen Geheimhaltungswillen explizit zum

Ausdruck gebracht hat, indem er die Informationen etwa als „vertraulich" gekennzeichnet hat (Sitsen, Das Informationsfreiheitsgesetz, 2009, 284). Umstritten ist, ob man auch ohne eine solche Kennzeichnung einen entsprechenden Geheimhaltungswillen unterstellen darf (dafür, dass grds. von einem Geheimhaltungswillen ausgegangen werden darf, Jastrow/Schlatmann IFG § 6 Rn. 44; NK-IFG/Rossi IFG § 6 Rn. 72; Schoch IFG § 6 Rn. 52 spricht von „Vermutung"). Im Unterschied etwa zu § 10 Abs. 2 S. 1 BImSchG wird in § 6 S. 2 IFG keine Kennzeichnung vorgeschrieben (s. auch Sitsen, Das Informationsfreiheitsgesetz, 2009, 284). Andererseits wird in den Gesetzesmaterialien auf den „erkennbaren" Willen des Inhabers Bezug genommen (Sitsen, Das Informationsfreiheitsgesetz, 2009, 284). Es liegt in seinem wohlverstandenen eigenen Interesse, dies bei Informationen, die nicht generell zugänglich sein sollen, entsprechend deutlich zu machen (s. auch Schoch IFG § 6 Rn. 67). Auf diese Weise können die Behördenmitarbeiter das mögliche Vorliegen eines Betriebs- bzw. Geschäftsgeheimnisses sowie den diesbezüglichen Geheimhaltungswillen des Unternehmers hinreichend sicher erkennen (Troidl, Akteneinsicht im Verwaltungsrecht, 2013, Rn. 487). Wegen der abweichenden normativen Ausgestaltung des § 6 S. 2 IFG ist es für den Geheimhaltungswillen als ausreichend anzusehen, dass es – ohne dass zwingend eine Kennzeichnung erfolgen müsste – für diesen entsprechende Anhaltspunkte gibt. Dabei dürfen keine überzogenen Anforderungen an die Manifestation des Geheimhaltungswillens gestellt werden (Ekardt/Exner/Beckmann VR 2007, 404 (407)). Kloepfer/v. Lewinski, Informationsfreiheitsgesetz und Schutz von Betriebs- und Geschäftsgeheimnissen, 2011, 26, lassen es genügen, wenn sich der Wille aus der Natur der geheimzuhaltenden Tatsachen ergibt. Nach dieser Position wird also ein Geheimhaltungswille vermutet, soweit nicht ausnahmsweise besondere gegenteilige Umstände ersichtlich sind (Helbach, Der gestufte Schutz von Betriebs- und Geschäftsgeheimnissen, 2012, 36). Auf jeden Fall ist es als genügend anzusehen, wenn sich ein solcher Wille ausdrücklich oder konkludent ergibt (Helbach, Der gestufte Schutz von Betriebs- und Geschäftsgeheimnissen, 2012, 36; NK-IFG/Rossi IFG § 6 Rn. 70). Teilweise wird bei Anbringung einer Kennzeichnung empfohlen, zusätzlich klarzustellen, dass daraus nicht im Umkehrschluss entnommen werden dürfe, es werde in die Zugänglichkeit der ungekennzeichneten Daten eingewilligt (Troidl, Die Akteneinsicht, 2013, Rn. 487).

25   Neben dem unternehmensbezogenen Willen zur Geheimhaltung ist ein **objektives Interesse an der Geheimhaltung der Informationen** notwendig (OVG Berlin-Brandenburg Urt. v. 7.6.2012 – OVG 12 B 34.10 Rn. 36). Für die Unternehmen folgt daraus mit der nötigen Klarheit, dass nicht sämtliche Informationen, die sie gerne geheim halten möchten, zugleich geschützte Betriebs- bzw. Geschäftsgeheimnisse sind (Schnabel NordÖR 2012, 431 (435)). Mit den Worten des VGH Mannheim NJW 2013, 2045 (2049) kommt diesem Merkmal „entscheidende rechtnormative Bedeutung" zu. Nur durch die Einschränkung des „berechtigten Interesses" lässt sich eine willkürliche Vorenthaltung von Informationen und eine zu weitgehende Entwertung des allgemeinen Informationszugangsrechts verhindern (NK-IFG/Rossi IFG § 6 Rn. 74; Schoch/Kloepfer, Informationsfreiheitsgesetz (IFG-ProfE), 2002, § 8 Rn. 17). Wie man an der Formulierung „Betriebs-" bzw. „Geschäfts-"geheimnis sehen kann, muss ein **wirtschaftliches Interesse** an der Geheimhaltung der Informationen bestehen (Kloepfer/Greve NVwZ 2011, 577 (582); Sitsen, Das Informationsfreiheitsgesetz, 2009, 286; Schoch IFG § 6 Rn. 54 spricht von „Wettbewerbsrelevanz"). Über § 6 S. 2 IFG sollen vornehmlich solche Informationen geschützt werden, die zu einer Gefährdung des Wettbewerbs geeignet sind (Kloepfer/Greve NVwZ 2011, 577 (582)). Mit dem BVerwG NVwZ 2009, 1113 (1114) besteht ein **berechtigtes Geheimhaltungsinteresse**, „wenn die Offenlegung der Information geeignet ist, exklusives technisches oder kaufmännisches Wissen den Marktkonkurrenten zugänglich zu machen und so die Wettbewerbsposition des Unternehmens nachteilig zu beeinflussen".

26   Ob ein solches berechtigtes Geheimhaltungsinteresse vorliegt, ist aufgrund einer **objektiven Betrachtung** zu bestimmen (Schoch IFG § 6 Rn. 54). Mit den Worten von Hoeren, Jb Informationsfreiheit und -recht 2008, 105 (112), ist bei der Beurteilung der Schutzwürdigkeit insbes. danach zu fragen, „ob ein verständiger Unternehmer Informationen dieser Art geheim halten würde". Wie der VGH Kassel NVwZ-RR 2012, 880 (881) betont hat, versteht sich ein solches berechtigtes Interesse nicht von selbst. Ggf. muss deshalb die Wettbewerbsrelevanz der Information dargelegt werden.

§ 6 IFG

Ein objektiv berechtigtes Interesse an der Geheimhaltung bestimmter Informationen ist 27 anzunehmen, wenn durch ihr Bekanntwerden der Wettbewerb eines Konkurrenten gefördert oder die Stellung des eigenen Betriebs im Wettbewerb nachteilig beeinflusst werden kann und dadurch dem Geheimnisträger objektiv spürbare wettbewerbsrelevante Nachteile entstehen können (so Albers ZJS 2009, 614 (623)) bzw. ihm ein wirtschaftlicher Schaden zugefügt werden kann (Helbach, Der gestufte Schutz von Betriebs- und Geschäftsgeheimnissen, 2012, 37; Kloepfer/Greve NVwZ 2011, 577 (582 f.); Schoch IFG § 6 Rn. 54; s. auch VG Berlin Urt. v. 5.11.2012 – 2 K 167.11 Rn. 101). Nach OVG Münster Urt. v. 19.3.2013 – 8 A 1172/11 Rn. 131 ist ein berechtigtes Geheimhaltungsinteresse anzunehmen, „wenn die Freigabe der Information spürbare Auswirkungen auf die Wettbewerbsfähigkeit des Unternehmens hat oder haben kann, wobei die Verbesserung der Konkurrenzfähigkeit von Wettbewerbern ausreicht". Hilfreich ist der Rekurs auf § 7 Abs. 1 S. 2 HmbTG, wonach ein berechtigtes Interesse für die Annahme eines Betriebs- bzw. Geschäftsgeheimnisses vorliegt, „wenn das Bekanntwerden einer Tatsache geeignet ist, die Wettbewerbsposition eines Konkurrenten zu fördern oder die Stellung des eigenen Betriebs im Wettbewerb zu schmälern oder wenn es geeignet ist, dem Geheimnisträger wirtschaftlichen Schaden zuzufügen." Ob das geltend gemachte Geheimhaltungsinteresse als berechtigt einzustufen ist, bestimmt sich nach der Lage im Zeitpunkt der Antragstellung (Jastrow/Schlatmann IFG § 6 Rn. 45; Kloepfer/v. Lewinski, Informationsfreiheitsgesetz und Schutz von Betriebs- und Geschäftsgeheimnissen, 2011, 30). Ein berechtigtes Geheimhaltungsinteresse fehlt zB bei Daten, die sich auf abgeschlossene Vorgänge beziehen und für den heutigen Geschäftsbetrieb nicht mehr relevant sind (Ekardt/Exner/Beckmann VR 2007, 404 (406)). Ist ein Unternehmen in Konkurs gefallen, ist nach VGH Kassel NVwZ-RR 2012, 880 (881) darzulegen, warum trotz dieser Tatsache weiterhin ein Interesse an der Nichtverbreitung bestimmter Unterlagen besteht. „Schutzzweck des Betriebs- bzw. Geschäftsgeheimnisses ist nämlich nicht etwa die Abwehr von Ansprüchen eventueller Gläubiger gegenüber der Insolvenz- bzw. Konkursmasse." Denn dieses Verfahren zielt gerade darauf ab, etwaigen Gläubigern eine Möglichkeit zur geordneten Geltendmachung ihrer Ansprüche zu eröffnen. Es ist sorgfältig zu prüfen, inwieweit es ein berechtigtes Geheimhaltungsbedürfnis über den Abschluss eines Konkursverfahrens hinaus geben kann (VGH Kassel NVwZ-RR 2012, 880 (881)). Vergleichbares gilt in Bezug auf Unterlagen hinsichtlich bereits längere Zeit zurückliegender Vorgänge und einer ggf. abgeschlossenen Geschäftspolitik (VGH Kassel NVwZ-RR 2012, 880 (881); s. auch Kloepfer/Greve NVwZ 2011, 577 (581)).

Aus **gesetzlichen Vorschriften bzw. den hinter ihnen stehenden Wertungen** kann 28 sich das **Fehlen eines objektiv berechtigten Geheimhaltungsinteresses** ergeben. So werden in § 22 Abs. 3 ChemG eine Reihe von Informationen aufgezählt, die kein Betriebs- oder Geschäftsgeheimnis darstellen. Eine vergleichbare Regelung findet sich in § 17a Abs. 2 GenTG. Wenn nach § 9 Abs. 1 S. 2 UIG der Zugang zu Umweltinformationen über Emissionen nicht unter Berufung auf ein Betriebs- und Geschäftsgeheimnis abgelehnt werden darf, wird man angesichts der über dieses Gesetz bestehenden allgemeinen Zugänglichkeit dieser Informationen kaum begründen können, warum der Informationszugang über das IFG abgelehnt werden sollte (iErg Kloepfer/v. Lewinski, Informationsfreiheitsgesetz und Schutz von Betriebs- und Geschäftsgeheimnissen, 2011, 31; Mecklenburg/Pöppelman IFG § 6 Rn. 42 ff.). An Unterlagen, die in einem immissionsschutzrechtlichen Genehmigungsverfahren innerhalb der Öffentlichkeitsbeteiligung zugänglich gemacht wurden, besteht kein berechtigtes Geheimhaltungsinteresse, selbst wenn für die Anlage kein förmliches Genehmigungsverfahren durchzuführen ist (OVG Koblenz Urt. v. 6.9.2012 – 8 A 10096/12 Rn. 51). Denn in der gesetzlich vorgeschriebenen Auslegungspflicht kommt zum Ausdruck, dass die Öffentlichkeit ein so wesentliches Datum wie die Anlagenkapazität kennen soll (BVerwG NVwZ 2010, 189 (193)).

Die **Meinungen sind geteilt,** ob innerhalb der Merkmale des „berechtigten und schutz- 29 würdigen" Interesses eine **Abwägung mit gegenläufigen Belangen** vorzunehmen ist. Teils wird dies generell (Hoeren, Jb Informationsfreiheit und -recht 2008, 105 (114 f.) bzw. unter Verweis auf die Notwendigkeit einer verfassungskonformen Auslegung Ekardt/Exner/Beckmann VR 2007, 404 (408)) bejaht, bzw. teils verneint (Albers ZJS 2009, 614 (624); Jastrow/Schlatmann IFG § 6 Rn. 6; Schoch IFG § 6 Rn. 55). Ein Textvergleich mit § 5 Abs. 1 S. 1 Alt. 1 IFG spricht jedenfalls gegen die Annahme einer von Seiten der Behörden vorzunehmenden Abwägung (Kloepfer/v. Lewinski, Informationsfreiheitsgesetz und Schutz von Betriebs- und Geschäftsgeheimnissen, 2011, 35; Schoch IFG § 6 Rn. 55). Zwar wird durch die Angaben des Unternehmensinhabers seine Interessenlage im Rahmen der von der Behörde vorzunehmenden Prüfung des objektiv berechtigten Interesses erheblich vorgeprägt (so Schoch IFG § 6 Rn. 55). Innerhalb des Merkmals des berechtigten Geheimhaltungsinteresses bedarf es einer gewissen wertenden Einschätzung der Wettbewerbsposition des Betroffenen und der Konsequenzen hinsichtlich eines Publikwerdens der erbetenen Information von Seiten der Behörde (Kloepfer/v. Lewinski, Informationsfreiheitsgesetz und Schutz von Betriebs- und Geschäftsgeheimnissen, 2011, 36; Schoch IFG § 6 Rn. 55). Diese Entscheidungsstruktur darf jedoch nicht dazu genutzt werden, eine gesetzlich gerade nicht vorgesehene Abwägung zwischen dem Informationsinteresse des Antragstellers und den Geheimhaltungsinteressen des Unternehmers zu implementieren (Helbach, Der gestufte Schutz von Betriebs- und Geschäftsgeheimnissen, 2012, 154; Schoch IFG § 6 Rn. 78). Vielmehr kommt es – so auch NK-IFG/Rossi IFG § 6 Rn. 78 – bei der Konkretisierung dieses Merkmals auf die objektive Lage des jeweiligen Einzelfalls an, bei welcher die nach § 8 Abs. 1 IFG einzuholende Stellungnahme des Dritten einzubeziehen ist. Die in § 8 Abs. 1 IFG vorgeschriebene Anhörung trägt dem Grundrechtsschutz der durch die Offenbarung der geschützten Informationen betroffenen Dritten Rechnung. Den Unternehmen wird die Gelegenheit eröffnet, den Behörden ihre Einschätzung über nachteilige Auswirkungen des Bekanntwerdens der erbetenen Informationen auf die Geschäftstätigkeit plausibel darzulegen (s. auch Fischer/Fluck NVwZ 2013, 337 (338)).

30   Für die Einschlägigkeit des § 6 S. 2 IFG reicht die bloße Behauptung des Dritten, es gehe um ein Geschäftsgeheimnis, nicht aus (s. auch VGH Mannheim NJW 2013, 2045 (2049)). Vielmehr muss er plausibel machen, „dass unter Wahrung des Geheimnisses ein nachvollziehbarer Zusammenhang zwischen der in Frage stehenden Information und der Möglichkeit eines Wettbewerbsnachteils etabliert wird" (OVG Berlin-Brandenburg Urt. v. 7.6.2012 – OVG 12 B 34.10 Rn. 37). Der VGH Mannheim NJW 2013, 2045 (2049) bemängelte in einer Entscheidung, dass der Vortrag der Beigeladenen zu § 6 S. 2 IFG nicht den Anforderungen an eine **substanzielle Darlegung** genüge. Nach dem VG Berlin Urt. v. 16.6.2012 – 2 K 177.11 Rn. 31 müssen die Angaben zwar nicht so detailliert sein, dass Rückschlüsse auf geschützte Informationen ermöglicht werden. Sie „müssen aber so einleuchtend und nachvollziehbar sein, dass das Vorliegen von Ausschlussgründen geprüft werden kann." Das OVG Koblenz entschied zur vergleichbaren Vorschrift des § 9 Abs. 1 S. 1 Nr. 3 UIG, dass sich ein Gericht hinsichtlich der Überzeugungsgewissheit mit plausiblen und nachvollziehbaren Darlegungen im Wettbewerb begnügen kann (OVG Koblenz Urt. v. 6.9.2012 – 8 A 10096/12 Rn. 43).

30.1   Soweit sich für die Behörde nicht ohne Weiteres das Vorliegen eines Betriebs- bzw. Geschäftsgeheimnisses feststellen lässt, hat die Behörde gem. § 8 Abs. 1 IFG dem Dritten Gelegenheit zur Stellungnahme zu geben. Ist sie selbst Inhaberin des Geheimnisses, erübrigt sich dieser Verfahrensschritt (Jastrow/Schlatmann IFG § 6 Rn. 52).

30.2   Das VG Berlin Urt. v. 5.11.2012 – 2 K 167.11 Rn. 102 verneinte ein berechtigtes Geheimhaltungsinteresse der DB Netz AG an den in den Bauabschnitts- und Kostenheften enthaltenen Einzelberechnungen zu den prognostizierten Baukosten. Nach OVG Münster DVBl. 2011, 698 (702) besteht bei Angaben über die Höhe von während drei Jahren erhaltener Agrarsubventionen kein berechtigtes Geheimhaltungsinteresse, solange sie keine detaillierten Angaben zu den konkreten Betrieben und den von ihnen produzierten Produkten machen. Auch sei infolge dieser Informationen ein Abwerben von Kunden oder sonstige erhebliche Beeinträchtigungen der Geschäftsentwicklung nicht ersichtlich. Möglicherweise kann das berechtigte Geheimhaltungsinteresse im Laufe der Zeit verlustig gehen (VG Berlin Urt. v. 12.10.2009 – 2 A 20.08 Rn. 43). Das OVG Berlin-Brandenburg Urt. v. 7.6.2012 – OVG 12 B 34.10 Rn. 38 verneinte ein Geheimhaltungsinteresse hinsichtlich der Preisgabe des Entgelts für den Erwerb von Montblanc-Schreibgeräten für Bundestagsabgeordnete, da mit einer Mischkalkulation gerechnet werden müsse und nicht von einer gleichen Differenz bei allen Schreibgeräten ausgegangen werden könne. Überdies beziehe sich der veröffentlichte Preis auf einen Wettbewerb in der Vergangenheit. Vergabedaten sind nicht mehr geheimhaltungsbedürftig, wenn das Verfahren abgeschlossen ist und keine Gefahr mehr auszumachen ist, dass durch Preisabsprachen oder Übernahme von Ideen das Ergebnis des Ausschreibungsverfahrens verfälscht wird (Helbach, Der gestufte Schutz von Betriebs- und Geschäftsgeheimnissen,

2012, 37) sowie keine ausreichenden Anhaltspunkte bestehen, dass es dadurch zu Verzerrungen in künftigen Ausschreibungsverfahren kommt. Nach OVG Münster Urt. v. 19.3.2013 – 8 A 1172/11 Rn. 103 ist bei einem Gutachten zu berücksichtigen, dass die mögliche Nutzung eines Grundstücks in erheblichem Maße von dessen Eigenschaften und den Planungen der örtlichen Planungsträger abhängt. Deshalb lassen sich diese Erkenntnisse nicht auf jedes Grundstück übertragen, sondern allenfalls auf solche, die in unmittelbarer Nähe zu dem infrage stehenden Grundstück gelegen sind.

Mangels expliziter gesetzlicher Regelung ist unklar, ob es an der Geheimhaltung von Informationen über Rechtsverstöße ein objektiv berechtigtes Interesse geben kann. Nach einer Meinung führt nicht jedes rechtswidrige Verhalten zum Ausschluss eines Betriebs- bzw. Geschäftsgeheimnisses, sondern erst ein solcher Rechtsverstoß, der gleichzeitig tragende Grundsätze der Rechtsordnung tangiert (OVG Schleswig NordÖR 2005, 528 (530); für einen rechtswidrigen und schuldhaften Verstoß BRS/ Berger § 6 Rn. 18). Nach dem VG Berlin Urt v. 10.5.2006 – 2 A 72.04 Rn. 19 ist ein Betriebs- bzw. Geschäftsgeheimnis zu verneinen, wenn die Information einen rechtswidrigen Inhalt betrifft und die Rechtswidrigkeit bestands- oder rechtskräftig geahndet oder in sonstiger Weise bestands- oder rechtskräftig behördlich bzw. gerichtlich festgestellt wurde (s. auch Hoeren, Jb Informationsfreiheit und -recht 2008, 105 (117)). Für eine generelle Herausnahme illegaler Informationen aus dem Schutz als Betriebs- bzw. Geschäftsgeheimnis spricht, dass bei einer Missachtung der Rechtsordnung letztlich nicht von einem „objektiv berechtigten" Interesse ausgegangen werden kann (Helbach, Der gestufte Schutz von Betriebs- und Geschäftsgeheimnissen, 2012, 155; Kloepfer/ v. Lewinski, Informationsfreiheitsgesetz und Schutz von Betriebs- und Geschäftsgeheimnissen, 2011, 32; Schoch IFG § 6 Rn. 57; nach Sitsen, Das Informationsfreiheitsgesetz, 2009, 301 ff. ist die Schutzwürdigkeit bei materiellen, nicht aber formellen Verstößen zu verneinen). Außerdem sind Ausnahmen vom allgemeinen Informationszugangsanspruch eng auszulegen (Helbach, Der gestufte Schutz von Betriebs- und Geschäftsgeheimnissen, 2012, 155). Es liegt nicht im Interesse der Wettbewerbsfreiheit, rechtswidriges Verhalten zu prämieren, zumal in der Informationsfreiheit ein Mittel zur Korruptionsbekämpfung erblickt wird (Kloepfer/v. Lewinski, Informationsfreiheitsgesetz und Schutz von Betriebs- und Geschäftsgeheimnissen, 2011, 33; NK-IFG/Rossi IFG § 6 Rn. 77). Eine Rechtsordnung, die sich ernst nimmt, darf – so BVerfG NVwZ 2006, 807 (810) – Rechtsverstöße nicht auch noch belohnen.

Betriebsgeheimnisse umfassen nach der Rspr. im Wesentlichen **technisches Wissen im weitesten Sinne** (BVerfG NVwZ 2006, 1041 (1042); BVerwG NVwZ 2009, 1113 (1114); OVG Münster Urt. v. 19.3.2012 – 8 A 1172/31 Rn. 125). Bei ihnen geht es vor allem um technische, produkt- und produktionsbezogene Informationen (Kloepfer/v. Lewinski, Informationsfreiheitsgesetz und Schutz von Betriebs- und Geschäftsgeheimnissen, 2011, 14). Ein Betriebsgeheimnis liegt vor, wenn sich infolge der Angaben Rückschlüsse auf konkrete Produktionsschritte und Forschungsvorhaben ziehen lassen (OVG Koblenz Urt. v. 6.9.2012 – 8 A 10096/12 Rn. 45 zu UIG). Betriebsgeheimnisse können zB Informationen über Produktionsmethoden, Verfahrensabläufe, Stoffzusammensetzungen oder Rezepturen enthalten (Helbach, Der gestufte Schutz von Betriebs- und Geschäftsgeheimnissen, 2012, 27; s. auch Louis NuR 2013, 77 (87)). Beispielsweise waren in dem Prüfbericht der Physikalisch-Technischen Bundesanstalt über Wahlcomputer Betriebsgeheimnisse der Herstellerfirma enthalten (VG Braunschweig ZUM 2008, 254 (257); Schoch IFG § 6 Rn. 60).

Geschäftsgeheimnisse beziehen sich vornehmlich auf **kaufmännisches Wissen** (BVerfG NVwZ 2006, 1041 (1042); BVerwG NVwZ 2009, 1113 (1114); OVG Münster Urt. v. 19.3.2013 – 8 A 1172/11 Rn. 125). Darunter versteht man alle Konditionen, welche die wirtschaftlichen Verhältnisse eines Unternehmens maßgeblich bestimmen können (Kloepfer/v. Lewinski, Informationsfreiheitsgesetz und Schutz von Betriebs- und Geschäftsgeheimnissen, 2011, 14), „etwa Umsätze, Ertragslagen, Geschäftsbücher, Kundenlisten, Bezugsquellen, Konditionen, Marktstrategien, Unterlagen zur Kreditwürdigkeit, Kalkulationsunterlagen, Patentanmeldungen und sonstige Entwicklungs- und Forschungsprojekte (…), durch welche die wirtschaftlichen Verhältnisse eines Betriebs maßgeblich bestimmt werden können" (BVerfG NVwZ 2006, 1041 (1042)). Ein Geschäftsgeheimnis wurde vom OVG Koblenz bejaht, wenn die Angaben Rückschlüsse darauf zulassen, inwiefern eine Vorratshaltung hinsichtlich bestimmter eingesetzter Rohstoffe betrieben wird und auf welche Mengen die Kapazität für die Herstellung bestimmter Produkte/Produktgruppen ausgelegt ist (Urt. v. 6.9.2012 – 8 A 10096/12 Rn. 46 zu UIG).

Da sowohl Betriebs- als auch Geschäftsgeheimnisse durch § 6 S. 2 IFG geschützt werden, kann eine genaue Abgrenzung angesichts des gleichen Schutzniveaus dahinstehen, sofern nur die für die Annahme eines Geheimnisses erforderlichen Kriterien erfüllt sind (s. auch NK-IFG/Rossi IFG § 6 Rn. 64 f.; Ekardt/Exner/Beckmann VR 2007, 404 (406); Schoch IFG § 6 Rn. 61). Wegen der Zuordnungsschwierigkeiten wird teilweise die Verwendung des umfassenderen Begriffs des Unternehmensgeheimnisses befürwortet (Kloepfer/v. Lewinski, Informationsfreiheitsgesetz und Schutz von Betriebs- und Geschäftsgeheimnissen, 2011, 18; NK-IFG/Rossi IFG § 6 Rn. 64; Schoch IFG § 6 Rn. 61), wodurch man sich allerdings vom Gesetzeswortlaut des § 6 S. 2 IFG entfernt.

33.1 Das BVerwG NVwZ 2009, 1113 (1114) sah in Angaben über die Höhe der an ein Unternehmen gezahlten Ausfuhrerstattungen kein Geschäftsgeheimnis, weil die infrage stehenden Informationen keine Rückschlüsse auf wettbewerbsrelevante Umstände wie die Kundenstruktur, den Umfang des Exportgeschäfts oder die Finanzierungsstruktur zuließen. Dagegen hat das VG Köln ZUM 2012, 523 (527) Informationen hinsichtlich eines Mietvertrags am Flughafen Berlin-Tempelhof als Geschäftsgeheimnis qualifiziert, da diese umfangreiche Rückschlüsse auf die wirtschaftliche Situation der Betroffenen zuließen und wettbewerblich relevante Informationen betreffen. Auch die im Zuge der Fusionsanmeldung beim Bundeskartellamt erfolgten Angaben zu den Umsatzzahlen sowie der Tätigkeitsbereiche, aus denen diese erzielt werden, wurden als Geschäftsgeheimnisse eingestuft (VG Köln Urt. v. 24.11.2011 – 13 K 1549/10).

34 Umstritten ist, ob § 6 S. 2 IFG auf Betriebs- und Geschäftsgeheimnisse von **juristischen Personen des öffentlichen Rechts** Anwendung findet. Die Gesetzesbegründung ist insoweit nicht ganz stimmig. Denn bei § 3 Nr. 6 IFG heißt es, dass der Bund ein erhebliches Interesse am Schutz seiner Einnahmen hat: „Insofern ist Nummer 6 eine Entsprechung zum Schutz wirtschaftlicher Interessen privater Dritter nach § 6" (BT-Drs. 15/4493, 11). Daraus wird zum Teil die Schlussfolgerung gezogen, dass § 6 S. 2 IFG ausschließlich für private Unternehmen gilt (VG Köln Urt. v. 7.4.2011 – 13 K 822/10 Rn. 75, 84). Nach der Begründung zu § 6 S. 1 und „Satz 2" tragen dagegen diese Regelungen für fiskalisches Handeln der öffentlichen Hand auch haushaltsrechtlichen Grundsätzen Rechnung (BT-Drs. 15/4493, 14). Manche halten deshalb diese Vorschrift, die von ihrem Wortlaut her keine entsprechende Beschränkung vorsieht (so auch Kloepfer/v. Lewinski, Informationsfreiheitsgesetz und Schutz von Betriebs- und Geschäftsgeheimnissen, 2011, 21; ähnlich auch Sitsen, Das Informationsfreiheitsgesetz, 2009, 311), auch auf juristische Personen des öffentlichen Rechts für anwendbar (VG Düsseldorf Urt. v. 23.11.2012 – 26 K 1846/12 Rn. 22; s. auch Sitsen, Das Informationsfreiheitsgesetz, 2009, 311; Wegener NZS 2008, 561 (570)). Auch wenn juristische Personen des öffentlichen Rechts und gemischt-wirtschaftliche Unternehmen grds. nicht grundrechtsberechtigt sind, kann der Gesetzgeber sie einfachgesetzlich den Grundrechtsträgern gleichstellen (OVG Münster Urt. v. 19.3.2013 – 8 A 1172/11 Rn. 127; Kloepfer/v. Lewinski, Informationsfreiheitsgesetz und Schutz von Betriebs- und Geschäftsgeheimnissen, 2011, 21; Schoch IFG § 6 Rn. 47). In Bezug auf § 99 VwGO hat das BVerwG entschieden, dass sich öffentlich-rechtliche Sparkassen nicht auf den Schutz materieller Grundrechte berufen können. Dies gelte auch trotz der zwischenzeitlich erfolgten, weitgehenden Angleichung an das private Bankengewerbe. Ihnen fehle der erforderliche Bezug zum Freiheitsraum natürlicher Personen, weil als Unternehmensträger nur die hinter ihnen stehenden Gebietskörperschaften in Betracht kommen würden (BVerwG NVwZ 2012, 112 (113)). Trotzdem könnten sich diese aufgrund § 99 Abs. 1 S. 2 VwGO auf den Schutz der Betriebs- und Geschäftsgeheimnisse berufen, weil diese Norm nur darauf abstelle, dass die jeweiligen Vorgänge „ihrem Wesen" nach geheimhaltungsbedürftig sind: „Ungeachtet ihrer öffentlichen Aufgabe und vorbehaltlich spezifisch sparkassenrechtlicher Vorschriften kommt ihnen im Rahmen ihrer wirtschaftlichen Betätigung – mit Blick auf die teilweise Angleichung ihrer Tätigkeit an die der privaten Geschäftsbanken – der Schutz ihrer Betriebs- und Geschäftsgeheimnisse im Verhältnis zu Dritten zu" (BVerwG NVwZ 2012, 112 (113 f.); s. auch Jastrow/Schlatmann IFG § 6 Rn. 51; ablehnend NK-IFG/Rossi IFG § 6 Rn. 68, da er nur bei privaten Unternehmen das Merkmal des Unternehmensbezugs bejahen will).

35 Das OVG Münster Urt. v. 19.3.2013 – 8 A 1172/11 Rn. 125 ff. hat sich auf den Standpunkt gestellt, dass sich der Inhalt des Begriffs des Betriebs- und Geschäftsgeheimnisses sehr wohl auf öffentliche Stellen anwenden lässt, die wie ein Privater auf dem Markt mit Gewinnerzielungsabsicht agieren. Dem Wortlaut des § 6 S. 2 IFG lasse sich keine Beschränkung auf Personen des Privatrechts entnehmen. Allein der Umstand, dass sich die Anwendungsbereiche von § 3 Nr. 6 Alt. 1 IFG und von § 6 S. 2 IFG überschneiden könnten, rechtfertige es nicht, den durch § 6 S. 2 IFG vermittelten Schutz zurücktreten zu lassen. Dieser Ansicht ist zuzustimmen, zumal sich juristische Personen des öffentlichen Rechts auch auf entgegenstehendes geistiges Eigentum iSd § 6 S. 1 IFG berufen können. Da auch der vorangehende § 5 IFG, der den Schutz personenbezogener Daten zum Gegenstand hat, bei juristischen Personen des öffentlichen Rechts Anwendung finden kann, spricht auch die Gesetzessystematik dafür, sie nicht von vornherein aus dem Schutz des § 6 IFG auszuklammern. Entscheidend für die Inanspruchnahme des § 6 S. 2 IFG durch juristische Personen des öffentlichen Rechts ist – nicht anders als bei privaten Betrieben – die Erfüllung der Kriterien für die Annahme eines Betriebs- bzw. Unternehmensgeheimnisses, insbes. der Unternehmensbezug der infrage stehenden Daten (Kloepfer/v. Lewinski, Informationsfreiheitsgesetz und Schutz von Betriebs- und Geschäftsgeheimnissen, 2011, 22; Hoeren, Jb Informationsfreiheit und -recht 2008, 105 (109 f.)).

Trotz eines Betriebs- oder Geschäftsgeheimnisses steht § 6 S. 2 IFG einer Gewährung des Informationszugangs nicht entgegen, **soweit** eine **Einwilligung des Betroffenen** vorliegt. Man kann sich durchaus fragen, welchen Sinn die explizite Erwähnung der Einwilligung macht. Falls nämlich der Einzelne mit der Bekanntgabe bestimmter Informationen einverstanden ist, fehlt es schon an dem für die Annahme eines Geheimnisses erforderlichen Geheimhaltungswillen (so Sitsen, Das Informationsfreiheitsgesetz, 2009, 285; s. auch Jastrow/Schlatmann IFG § 6 Rn. 56; NK-IFG/Rossi IFG § 6 Rn. 79). Möglicherweise erinnert dieser Zusatz die Behörden an die Notwendigkeit, dass sie vor ihrer Entscheidung die Einholung einer Einwilligung in Betracht zu ziehen haben und nicht nur anhand objektiver Kriterien über den Antrag befinden sollen (Sitsen, Das Informationsfreiheitsgesetz, 2009, 285). 36

Vergleicht man die Ausgestaltung der Regelung zur Einwilligung in § 6 S. 2 IFG mit der Regelung in § 5 Abs. 1 S. 2 IFG ergibt sich mit aller Deutlichkeit, dass die Einwilligung bei § 6 S. 2 IFG nicht ausdrücklich erteilt werden muss. Denn bei dieser Norm geht es nicht um besonders sensible Daten iSd § 3 Abs. 9 BDSG. Bei § 6 S. 2 IFG kann daher die Einwilligung auch konkludent erteilt werden (nach NK-IFG/Rossi IFG § 6 Rn. 79 genügt unter besonderen Umständen eine konkludente Erklärung; aA Mecklenburg/Pöppelmann IFG § 6 Rn. 48). Es ist streitig, ob neben der Vorgabe in § 6 S. 2 IFG ergänzend § 4a BDSG Anwendung findet. Dafür könnte sprechen, dass auf diese Weise ein Gleichklang der Handhabung zwischen § 5 Abs. 1 S. 1 Alt. 2 IFG und § 6 S. 2 IFG erzielt wird. Dem lässt sich jedoch entgegenhalten, dass es bei diesen Normen um unterschiedliche Arten von Daten geht. § 6 S. 2 IFG enthält keine Regelung zu personenbezogenen Daten. Da hinter den Betriebs- und Geschäftsgeheimnissen andere verfassungsrechtliche Rechtsgüter stehen und Dispositionen – ggf. auch über Geheimnisse – zum allgemeinen Geschäftsverkehr gehören, sprechen die besseren Argumente für eine von § 4a BDSG losgelöste Handhabung des Einwilligungserfordernisses (Jastrow/Schlatmann IFG § 6 Rn. 54; Schoch IFG § 6 Rn. 70). Wie man an dem Wort „soweit" erkennen kann, kann sich der Wille des Betroffenen über die Gewährung des Informationszugangs auf einen Teil der ein Betriebs- und Geschäftsgeheimnis darstellenden Informationen beschränken (NK-IFG/Rossi IFG § 6 Rn. 82). Demnach muss sich der Inhaber des Geheimnisses also darüber klar werden, ob und in welchem Umfang er eine Einwilligung erteilt (Schoch IFG § 6 Rn. 69). Damit der Einzelne hierüber besser entscheiden kann, schreibt § 7 Abs. 1 S. 3 IFG eine Begründung des Informationszugangsantrags vor. Mangels einer expliziten Normierung darf der Zugang zu den in § 6 S. 2 IFG genannten Informationen nicht allein aufgrund einer mutmaßlichen Einwilligung gewährt werden (NK-IFG/Rossi IFG § 6 Rn. 79; Schoch IFG § 6 Rn. 70; ZDM, 178). 37

Liegt ein Betriebs- oder Geschäftsgeheimnis und eine Einwilligung vor, **darf** der Informationszugang gewährt werden. Da der Betroffene nichts gegen die Preisgabe der Information einzuwenden und der Gesetzgeber insoweit eine Ausgleichung der verschiedenen konfligierenden Rechte vorgenommen hat, räumt diese Formulierung der informationspflichtigen Stelle kein Ermessen ein (Schoch IFG § 6 Rn. 71; ZDM, 346). Es handelt sich um eine bloße Befugnisnorm, bei welcher auf der Rechtsfolgenseite eine **gebundene Entscheidung** zu fällen ist. So heißt es auch in der Gesetzesbegründung, dass bei Einverständnis des Dritten mit der Offenbarung der Informationszugang zu gewähren „ist" (BT-Drs. 15/ 38

4493, 14). **Ohne Einwilligung** muss die Behörde bei einem Betriebs- bzw. Geschäftsgeheimnis den Informationszugang **zwingend versagen**. Da es in der Praxis häufig vorkommen wird, dass nur Teile einer Akte ein Betriebs- bzw. Geschäftsgeheimnis enthalten, darf nur insoweit unter Verweis auf § 6 S. 2 IFG der Informationszugang verweigert werden (s. auch § 7 Abs. 2 S. 1 IFG). Praktisch lässt sich dies durch die Schwärzung bestimmter Stellen der Akten oder ihre Separierung vom übrigen Akteninhalt umsetzen (Jastrow/Schlatmann IFG § 6 Rn. 49).

§ 7 Antrag und Verfahren

(1) ¹Über den Antrag auf Informationszugang entscheidet die Behörde, die zur Verfügung über die begehrten Informationen berechtigt ist. ²Im Fall des § 1 Abs. 1 Satz 3 ist der Antrag an die Behörde zu richten, die sich der natürlichen oder juristischen Person des Privatrechts zur Erfüllung ihrer öffentlich-rechtlichen Aufgaben bedient. ³Betrifft der Antrag Daten Dritter im Sinne von § 5 Abs. 1 und 2 oder § 6, muss er begründet werden. ⁴Bei gleichförmigen Anträgen von mehr als 50 Personen gelten die §§ 17 bis 19 des Verwaltungsverfahrensgesetzes entsprechend.

(2) ¹Besteht ein Anspruch auf Informationszugang zum Teil, ist dem Antrag in dem Umfang stattzugeben, in dem der Informationszugang ohne Preisgabe der geheimhaltungsbedürftigen Informationen oder ohne unverhältnismäßigen Verwaltungsaufwand möglich ist. ²Entsprechendes gilt, wenn sich der Antragsteller in den Fällen, in denen Belange Dritter berührt sind, mit einer Unkenntlichmachung der diesbezüglichen Informationen einverstanden erklärt.

(3) ¹Auskünfte können mündlich, schriftlich oder elektronisch erteilt werden. ²Die Behörde ist nicht verpflichtet, die inhaltliche Richtigkeit der Information zu prüfen.

(4) ¹Im Fall der Einsichtnahme in amtliche Informationen kann sich der Antragsteller Notizen machen oder Ablichtungen und Ausdrucke fertigen lassen. ²§ 6 Satz 1 bleibt unberührt.

(5) ¹Die Information ist dem Antragsteller unter Berücksichtigung seiner Belange unverzüglich zugänglich zu machen. ²Der Informationszugang soll innerhalb eines Monats erfolgen. ³§ 8 bleibt unberührt.

§ 7 enthält die zentralen verfahrensrechtlichen Aussagen des IFG. Abs. 1 stellt zunächst klar, dass der Informationszugang nur auf Antrag gewährt wird (→ Rn. 4 ff.). Daneben enthält er Regelungen zur Bestimmung der zuständigen Behörde (→ Rn. 20 ff. und 34 ff.), statuiert ein Begründungserfordernis des Antrags im Falle der Drittbetroffenheit (→ Rn. 38 ff.) und macht Vorgaben, wie Massenverfahren handzuhaben sind (→ Rn. 41 f.). Abs. 2 betrifft die verfahrensmäßige Abwicklung von Fällen, in denen ein Anspruch auf Informationszugang nur teilweise besteht (→ Rn. 43 ff.). Die Abs. 3 und 4 konkretisieren den Informationszugang im Wege der Auskunftserteilung (→ Rn. 61 ff.) bzw. der Einsichtnahme (→ Rn. 69 ff.) näher. In welchen Zeiträumen der Informationszugang zu verwirklichen ist, regelt abschließend Abs. 5 (→ Rn. 76 ff.).

Übersicht

	Rn		Rn
A. Allgemeines	1	4. Bestimmtheit und Konkretisierung des Antrags	13
B. Antragserfordernis, Zuständigkeit, Betroffenheit Dritter, gleichförmige Anträge (Abs. 1)	4	5. Begründung in zweipoligen Informationsverhältnissen	18
I. Antragserfordernis (S. 1)	4	II. Zuständigkeit (S. 1)	20
1. Vorliegen eines Antrags	5	1. Behörde	21
2. Form des Antrags	8	2. Verfügungsberechtigung	23
3. Identifizierung des Antragstellers	10	3. Antragstellung bei unzuständiger Behörde	29

	Rn		Rn
III. Form der Entscheidung (S. 1)	32	D. **Form der Auskunftserteilung, keine Verpflichtung zur Prüfung der inhaltlichen Richtigkeit (Abs. 3)**	60
IV. Zuständige Behörde im Fall des § 1 Abs. 1 S. 3 IFG (S. 2)	34	I. Form der Auskunftserteilung (S. 1)	61
V. Begründungserfordernis bei Drittbetroffenheit (S. 3)	38	II. Keine Verpflichtung zur Prüfung der inhaltlichen Richtigkeit (S. 2)	64
VI. Gleichförmige Anträge (S. 4)	41	E. **Einsichtnahme (Abs. 4)**	69
C. **Teilweiser Informationszugang, Einverständnis mit Unkenntlichmachung (Abs. 2)**	43	I. Notizen, Ablichtungen und Ausdrucke (S. 1)	70
I. Teilweiser Informationszugang (S. 1)	43	II. Schutz geistigen Eigentums (S. 2)	74
1. Allgemeines	44	F. **Frist (Abs. 5)**	76
2. Möglichkeit des Informationszugangs ohne Preisgabe der geheimhaltungsbedürftigen Informationen	48	I. Unverzügliches Zugänglichmachen der Information (S. 1)	78
3. Unverhältnismäßiger Verwaltungsaufwand	51	II. Monatsfrist (S. 2)	81
		III. Abweichungen bei Drittbeteiligung (S. 3)	86
II. Einverständnis mit der Unkenntlichmachung von Informationen, die Belange Dritter berühren (S. 2)	57		

A. Allgemeines

Auch wenn § 7 entgegen seiner Überschrift keine vollständige Regelung von Antrag und Verfahren enthält, muss er doch als zentrale verfahrensrechtliche Norm des IFG bezeichnet werden. In dieser Eigenschaft ist § 7 den Zielsetzungen des gesamten IFG (→ § 1 Rn. 91 f.) verpflichtet. Insofern ist bei der Auslegung der Vorschrift stets zu bedenken, dass Sinn und Zweck des § 7 darin bestehen, die materiell-rechtlichen Wertungen des IFG auf verfahrensrechtlicher Ebene abzusichern (Schoch IFG § 7 Rn. 7 f.). **1**

Neben § 7 enthält das IFG mit den §§ 8 und 9 selbst weitere Verfahrensnormen, ergänzend ist das VwVfG anzuwenden, soweit das IFG keine eigenständigen Vorgaben macht (Kloepfer/v. Lewinski DVBl 2005, 1277 (1284); Burholt BB 2006, 2201 (2206); Misoch/Schmittmann VR 2012, 181 (185)). § 8 ist heranzuziehen, wenn der Informationszugangsantrag Rechte Dritter berührt; § 9 kommt zur Anwendung, wenn der Antrag abgelehnt wird, da § 7 seiner Zielsetzung nach ausschließlich stattgebende Entscheidungen erfasst (Fluck/Theuer/Fluck IFG § 7 Rn. 37; NK-IFG/Rossi IFG § 7 Rn. 2; Schoch IFG § 7 Rn. 3). **2**

§ 7 ist im Laufe des Gesetzgebungsverfahrens im Wesentlichen unverändert geblieben. Abgeändert wurde auf Empfehlung des BT-Innenausschusses alleine Abs. 5 der Norm (BT-Drs. 15/5606, 3 und 6). Während im ursprünglichen Entwurf im Interesse des Antragstellers noch feste Fristen für die Gewährung des Informationszugangs vorgesehen waren, verzichtet der verabschiedete Normtext hierauf zugunsten flexibler Fristenregelungen und berücksichtigt somit stärker die Interessen der Verwaltung als der Ursprungsentwurf. Nach Aussagen der Beteiligten war die Änderung des § 7 Abs. 5 inhaltlich äußerst umstritten (BRS/Berger IFG § 7 Rn. 18; Jastrow/Schlatmann IFG § 7 Rn. 46 ff.; Mecklenburg/Pöppelmann IFG § 7 Rn. 46; Schoch IFG § 7 Rn. 5 f.). **3**

B. Antragserfordernis, Zuständigkeit, Betroffenheit Dritter, gleichförmige Anträge (Abs. 1)

I. Antragserfordernis (S. 1)

Im Gegensatz zu anderen Gesetzen, die Informationszugangsrechte enthalten, bestimmt das IFG nicht ausdrücklich, dass dem Informationszugang ein Antrag vorauszugehen hat (anders zB § 4 Abs. 1 UIG oder § 4 Abs. 1 S. 1 VIG). Dies ergibt sich vielmehr konkludent **4** aus der Formulierung des § 7 Abs. 1 S. 1, wonach die Behörde „über den Antrag auf Informationszugang entscheidet". Da auch § 1 Abs. 2 S. 2 vom „Antragsteller" spricht, besteht am Antragserfordernis kein Zweifel. Daraus folgt gleichzeitig, dass die Sperrwirkung des § 22 S. 2 Nr. 2 VwVfG zum Tragen kommt und die informationspflichtige Stelle nicht aus Eigeninitiative tätig werden darf (NK-IFG/Rossi IFG § 7 Rn. 5; Schoch IFG § 7 Rn. 11).

1. Vorliegen eines Antrags

5   Die Abgrenzung, wann ein IFG-relevanter Antrag vorliegt, erfolgt negativ: Zum einen darf kein Fall der Subsidiarität nach § 1 Abs. 3 vorliegen (→ § 1 Rn. 180 ff.), zum anderen muss die Anfrage Aktenbezug aufweisen. Insbes. nicht nach dem IFG zu beurteilen sind damit Bürgeranfragen nach einer Informationsbroschüre, einer Gesetzesfundstelle oder nach einer nicht aktenkundigen behördlichen Rechtsauffassung (GMBl. 2005, 1346 (1347)). Die Rspr. verneinte das Vorliegen eines IFG-Antrags bei einem auf Bestätigung einer in einem Schriftsatz geäußerten Rechtsauffassung gerichteten Begehren (VG Köln Urt. v. 4.12.2008 – 13 K 996/08).

6   Darüber hinaus sollen auch Anfragen mit IFG-Bezug, denen bereits vor Inkrafttreten des IFG üblicherweise entsprochen wurde, nicht als Anträge nach dem IFG zu klassifizieren sein (Reinhart DÖV 2007, 18 (21 f.)). Da sich ein Antrag gleichzeitig aber weder explizit auf das IFG beziehen muss, um als IFG-Antrag eingeordnet zu werden (GMBl. 2005, 1346 (1347)), noch die Anforderungen an die Bestimmtheit des Antrags allzu hoch sind (→ Rn. 13 ff.), kann es im Einzelfall zu Abgrenzungsproblemen kommen.

7   Während den Anspruch auf Informationszugang nach § 1 Abs. 1 S. 1 „jeder" geltend machen kann (→ § 1 Rn. 95 ff.), wird bezüglich der Antragsberechtigung einschränkend die Handlungsfähigkeit des Antragstellers verlangt. Konkret besteht der Unterschied damit darin, dass materiell-rechtlich jede Person, die rechtsfähig ist, einen Anspruch auf Informationszugang geltend machen kann. Verfahrensrechtlich im Wege einer Antragstellung durchsetzbar ist der Anspruch aber nur, soweit der Antragsteller handlungsfähig iSd § 12 VwVfG ist, was in der Regel gem. § 12 Abs. 1 Nr. 1 VwVfG Volljährigkeit voraussetzt (Mecklenburg/Pöppelmann IFG § 7 Rn. 5 f.; NK-IFG/Rossi IFG § 7 Rn. 7 ff.). Die Handlungsfähigkeit juristischer Personen, nicht rechtsfähiger Vereinigungen und von Behörden bestimmt sich nach § 12 Abs. 1 Nrn. 3 und 4 VwVfG. Zusätzlich weisen die Anwendungshinweise zum IFG im besonders relevanten Falle von Bürgerinitiativen, die häufig als nicht rechtsfähige Vereinigungen auftreten, explizit darauf hin, dass selbstverständlich auch immer der jeweilige Unterzeichner als natürliche Person antragsberechtigt ist (GMBl. 2005, 1346 (1347)). Fehlt die Handlungsfähigkeit, kann das Verfahren nicht durchgeführt werden (BeckOK VwVfG/Gerstner-Heck VwVfG § 12 Rn. 21). Allerdings sollte angesichts der Zielsetzungen des IFG und der Bedeutung von Bürgerinitiativen für die Informationsfreiheit seitens des Gesetzgebers erwogen werden, ob nicht explizit die Antragsberechtigung von Bürgerinitiativen vorgesehen wird; auch wenn die Bürgerinitiative im Wege Antragstellung der hinter ihr stehenden natürlichen Personen zwar grds. auch Zugang zu den begehrten Informationen erhalten kann, ist doch zu berücksichtigen, dass in diesem Falle die Kostenfolge die konkret antragstellende natürliche Person trifft (vgl. → § 10 Rn. 50 und § 12 Rn. 11).

2. Form des Antrags

8   Da § 7 selbst keine Vorgaben zur Form des Antrags enthält, hat grds. der Antragsteller die Wahl, in welcher Form er den Antrag stellt (Schomerus/Tolkmitt DÖV 2007, 985 (991)). Denkbar ist ausweislich der Gesetzesbegründung eine schriftliche, mündliche – auch telefonische – oder durch schlüssiges Verhalten erfolgende Antragstellung. Dabei steht die elektronische Form nach § 3a VwVfG der schriftlichen Form gleich (BT-Drs. 15/4493, 14).

9   Während gegen die Möglichkeit, Anträge nach dem IFG formlos zu stellen, Bedenken bezüglich der Rechtsklarheit und Rechtssicherheit ins Feld geführt werden (Schoch IFG § 7 Rn. 16), wird gleichzeitig betont, dass Sinn und Zweck des Gesetzes gerade die möglichst unbürokratische Handhabung des Informationszugangs sein muss (Kloepfer K&R 2006, 19 (24)). Unter diesem Aspekt ist der Verzicht auf die Normierung von Formerfordernissen für

die Antragstellung zu begrüßen, weil ein möglichst einfacher und anonymer Informationszugang gewährleistet wird, was die Hemmschwelle zur Inanspruchnahme dieses Rechts absenken dürfte (Griebel, Die verfahrensrechtliche Absicherung von Informationsfreiheitsrechten in rechtsvergleichender Sicht, 2007, 96). Allerdings wird befürchtet, dass die Formfreiheit aus sachlichen Gründen weitgehend leerlaufen könnte, weil sich eine schriftliche Fixierung des Antrags als notwendig erweist, beispielsweise zur Ermittlung von Fristen oder weil Daten Dritter betroffen sind (Kloepfer/v. Lewinski DVBl 2005, 1277 (1285)).

3. Identifizierung des Antragstellers

Die Gesetzesbegründung selbst räumt der öffentlichen Stelle die Möglichkeit ein, im Einzelfall „einen schriftlichen Antrag oder eine Konkretisierung des Antrags" zu verlangen. Auch wenn die Schriftform nicht allgemein nötig sei, müsse die Behörde doch die Identität des Antragstellers feststellen oder Dritte über die Identität des Antragstellers unterrichten können, um diesen die Entscheidung über eine Zustimmung zur Freigabe ihrer personenbezogenen Daten oder ihrer Betriebs- oder Geschäftsgeheimnisse zu ermöglichen. Weitere „Regelungen zur Präzisierung des Antrags und zur Beratung und Unterstützung durch die Behörde" seien vor dem Hintergrund des § 25 VwVfG nicht nötig (BT-Drs. 15/4493, 14).

10

Die Notwendigkeit, im Einzelfall den Antragsteller identifizieren zu müssen, wird allgemein anerkannt (BRS/Berger IFG § 7 Rn. 8; Matthes, Das Informationsfreiheitsgesetz 2006, 50), zB wenn Unterlagen schriftlich zugesandt werden sollen oder wenn eine Begründung nach § 7 Abs. 1 S. 3 erforderlich ist. Fraglich erscheint indes, ob die Anwendungshinweise des BMI zum IFG diesen Einzelfallbezug nicht überdehnen. Dort heißt es: „Bei mündlichen Anträgen, die nicht bereits durch eine mündliche Auskunft erledigt sind, ist Name und Anschrift des Antragstellers zu erfassen und gegebenenfalls ein Vorschuss bis zur Höhe der voraussichtlich entstehenden Kosten nach § 16 VwKostG zu erheben." (GMBl. 2005, 1346 (1348)). Somit soll die Identifizierung des Antragstellers grds. immer erfolgen, wenn das Auskunftsbegehren nicht sofort durch mündliche Auskunftserteilung erledigt werden kann. In Betracht kommen dabei Fälle, in denen telefonisch eine Auskunft erbeten wird, die nicht sofort erteilt werden kann und der Anrufer ankündigt, sich erneut zu melden; oder der Antragsteller spricht persönlich ohne Preisgabe seiner Identität vor und kündigt an, erneut zu erscheinen, wenn die gewünschte Information vorliegt (insbes. in der zuletzt genannten Konstellation ist auch die Frage der Geltendmachung anfallender Gebühren unproblematisch, da eine Barzahlung bei persönlichem Erscheinen möglich ist). Durch die Anordnung in den Anwendungshinweisen wird in diesen Fällen die Einzelfallentscheidung zur Aufhebung der Anonymität, die die Gesetzesbegründung vorsieht, in ihr Gegenteil verkehrt. Geht man davon aus, dass die grundsätzliche Möglichkeit der anonymen Antragstellung zu einer verstärkten Nutzung des Informationszugangsrechts beiträgt und somit Sinn und Zweck des IFG zuträglich ist, ist unabhängig von der praktischen Relevanz derartiger Fallgestaltungen festzustellen, dass die Anwendungshinweise damit die Zielsetzung des IFG in gewisser Weise relativieren.

11

Sollte sich der Antragsteller weigern, seine Identität offen zu legen, darf alleine diese Tatsache nicht zur Verwehrung des Informationszugangs durch die öffentliche Stelle führen (Fluck/Theuer/Fluck IFG § 7 Rn. 44; Schoch IFG § 7 Rn. 17). Ebenso wenig ist die Preisgabe der Identität des Antragstellers grds. Voraussetzung eines ordnungsgemäßen Antrags (so aber, zumindest in Fällen des § 7 Abs. 1 S. 3 Jastrow/Schlatmann IFG § 7 Rn. 23); gleichwohl kann die Weigerung der Offenlegung der Identität des Antragstellers zur tatsächlichen Unmöglichkeit der Auskunftserteilung führen, insbes. wenn Daten Dritter betroffen sind (Schoch IFG § 7 Rn. 17).

12

4. Bestimmtheit und Konkretisierung des Antrags

Eine Notwendigkeit den Antrag zu konkretisieren kann sich beispielsweise dann ergeben, wenn der Antrag zu unbestimmt ist. Auch wenn das IFG, im Gegensatz zu UIG (§ 4 Abs. 2) und VIG (§ 4 Abs. 1 S. 2), nicht ausdrücklich eine hinreichend bestimmte Antragstellung verlangt, ergibt sich dieses Erfordernis doch aus allgemeinen verwaltungsverfahrensrechtlichen Grundsätzen (GMBl. 2005, 1346 (1348); Fluck/Theuer/Fluck IFG § 7 Rn. 46; Wahl

13

DÖV 2009, 623 (626); aM Schoch IFG § 7 Rn. 20, wonach die Präzisierung des Antrags allein im Interesse des Antragstellers liegt). Konkret wird die Befugnis der öffentlichen Stelle, eine Konkretisierung des Antrags zu verlangen, aus dem aus § 10 VwVfG folgenden Verfahrensermessen der Behörde abgeleitet (Fluck/Theuer/Fluck IFG § 7 Rn. 46; Guckelberger VerwArch 2006, 62 (83); Schmitz/Jastrow NVwZ 2005, 984 (989)).

14 Die Forderung nach einem hinreichend bestimmten Antrag entfaltet sowohl für den Antragsteller als auch für die öffentliche Stelle, die mit dem Antrag konfrontiert wird, Schutzwirkung. Den Antragsteller schützt sie vor überzogenen Konkretisierungsanforderungen der öffentlichen Stelle (BVerwG NVwZ 1999, 1220 (1220); 2006, 343 (343), jeweils zum UIG), die öffentliche Stelle vor allzu allgemein gehaltenen Informationsbegehren.

14.1 So urteilte das BVerwG, dass bei den Konkretisierungsanforderungen der öffentlichen Stelle in Rechnung zu stellen sei, dass der Antragsteller den Akteninhalt im Einzelnen gerade nicht kennen könne, BVerwG NVwZ 1999, 1220 (1220); 2006, 343 (343). Nach dem VG Köln kommt es darauf an, dass das Zugangsbegehren so bestimmt gefasst ist, dass dem Beklagten „eine Identifizierung der Dokumente, in die der Antragsteller Einsicht nehmen möchte, möglich ist." Da sich der Zugangsantrag auf abgegrenzte Sachverhalte beziehe, sei er nach Inhalt und Zielrichtung hinreichend spezifiziert und es sei unschädlich wenn unter Umständen umfangreiche Sachverhalte betroffen seien. Wenn dem Kläger weder die genauen Geschäftszeichen der maßgeblich in Betracht kommenden Vorgänge, in denen sich der Beklagte mit dieser Fragestellung beschäftigt hat, noch sonstige Anhaltspunkte bekannt seien, die eine Eingrenzung des Antrags ermöglichen, kann ihm nicht mit Erfolg entgegenhalten werden, der Antrag sei in dieser Weite zu unbestimmt oder nicht bestimmbar, VG Köln Urt. v. 2.9.2010 – 13 K 7089/08. Darauf, inwieweit es dem Antragsteller nach seiner Kenntnis grds. möglich ist, sein Begehren zu präzisieren, stellt auch Ewer AnwBl. 2010, 455 (456) ab. Andererseits muss der Antrag zumindest so bestimmt formuliert sein, dass im Falle eines stattgebenden Urteils ein vollstreckungsfähiger Tenor formuliert werden kann. Das verneinte das VG Berlin im Falle eines Antrags auf Akteneinsicht „in die sich auf ihn beziehenden Aktenbestandteile (Dokumente, in denen der Name H. steht)". Dieser Antrag sei unbestimmt, da nicht feststehe, „ob es in den noch streitgegenständlichen Ordnern der Beklagten überhaupt solche Dokumente gibt. Daher wäre ein stattgebender Tenor für den Fall, dass es keine derartigen Dokumente gibt, auf eine unmögliche Leistung gerichtet und daher nicht vollstreckungsfähig." (VG Berlin Urt. v. 12.10.2009 – 2 A 20.08 – Rn. 57).

15 Dabei ist aber zu berücksichtigen, dass die Anforderungen an den Konkretisierungsgrad des Antrags im Bereich des IFG nicht den Zweck verfolgen, Ausforschungsanträge zu unterbinden. Anders als das Zivil- oder Strafrecht, das den Schutz des Intimbereichs der Parteien bezweckt, will das IFG gerade die Transparenz der Verwaltung fördern. Aus diesem Grunde sind auch Informationszugangsanträge zulässig (im Einzelfalls evtl. sogar erwünscht, Kloepfer K&R 2006, 19 (24)), mit denen sich der Antragsteller zunächst einen Überblick über die bei der öffentlichen Stelle vorhandenen Informationen verschaffen will. Insofern können auch Informations- oder Aktenverzeichnisse sowie Archivübersichten Gegenstand eines Informationszugangsbegehrens sein (Fluck/Theuer/Fluck IFG § 7 Rn. 47; Schoch IFG § 7 Rn. 22; aM Kiethe/Groeschke wrp 2006, 303 (307), die Ausforschungsanträge für unzulässig halten). Erst wenn die Grenze zum Rechtsmissbrauch überschritten wird, kann sich die Verwaltung nach allgemeinen verwaltungsrechtlichen Grundsätzen weigern, einen entsprechenden Antrag zu bearbeiten (Jastrow/Schlatmann IFG § 7 Rn. 64 und § 9 Rn. 24; NK-IFG/Rossi IFG § 7 Rn. 18; Schoch IFG § 7 Rn. 22; aM Sitsen, 320, der von der Möglichkeit spricht, einen solchen Antrag abzulehnen; ähnlich Steinbach/Hochheim NZS 2006, 517 (521), die einen solchen Antrag als unzulässig bezeichnen).

16 Teilweise (insbes. wenn die Voraussetzungen des § 7 Abs. 2 S. 1 alternativ und nicht kumulativ interpretiert werden, → Rn. 45 ff.) wird zur Beurteilung der Frage, ob ein Antrag (noch) ausreichend konkret gestellt wurde, auf den Begriff des unverhältnismäßigen Verwaltungsaufwandes nach § 7 Abs. 2 S. 1 rekurriert. Diese Norm soll verhindern, „dass die grds. zur Auskunft verpflichtete Behörde umfänglichen und/oder zahlreichen, in Inhalt und Zielrichtung nicht oder nur unzureichend spezifizierten Zugangsgesuchen ausgesetzt wird, die die Behörde zu einer aufwändigen Suche nach eventuell verstreut in den Behördenvorgängen enthaltenen Informationen und zu einer arbeitsintensiven Aufarbeitung des Informationsmaterials nötigen würde, die zu dem für den Antragsteller nützlichen Informationsgehalt außer Verhältnis stünde. § 7 Abs. 2 S. 1 IFG beinhaltet damit ein gesetzliches Korrektiv für die Einräumung des allgemeinen, voraussetzungslosen und mit Ausnahme von § 7 Abs. 1 S. 3 IFG ohne Begründung zulässigen Anspruchs auf Zugang zu amtlichen Informationen, das die um Information ersuchte Behörde vor unangemessenen Zugangsgesuchen schützen soll" (VGH Kassel Beschl. v. 2.3.2010 – 6 A 1684/08 – Rn. 28; Beschl. v. 28.4.2010 – 6 A 1767/08 – Rn. 28; Beschl. v. 30.4.2010 – 6 A 1341/09 – Rn. 18; ähnlich Igstadt, Informationsfreiheit und Informationsrecht Jahrbuch 2011, 285 (289 ff.), der solche Konstellationen als unverhältnismäßig im engeren Sinne bezeichnet).

Weitere „Regelungen zur Präzisierung des Antrags und zur Beratung und Unterstützung durch die Behörde" hält die Gesetzesbegründung angesichts § 25 VwVfG für entbehrlich (BT-Drs. 15/4493, 14). Dieser Auffassung wurde angesichts des Wortlauts des § 25 VwVfG (die Behörde „soll" beratend und unterstützend tätig werden) mangelnde Bürgerfreundlichkeit vorgeworfen, da keine ausdrückliche Beratungspflicht der Behörde normiert worden sei (Schoch IFG § 7 Rn. 21). Zwar geht die Literatur teilweise – ohne nähere Begründung – davon aus, dass der Soll-Vorschrift des § 25 VwVfG grds. eine Pflicht der Behörde zu entnehmen ist, den Antragsteller so zu beraten und zu unterstützen, dass sein Begehren erfolgreich bearbeitet werden kann (Ewer AnwBl. 2010, 455 (456); Fluck/Theuer/Fluck IFG § 7 Rn. 46; NK-IFG/Rossi IFG § 7 Rn. 12; Kloepfer/v. Lewinski DVBl 2005, 1277 (1285) sprechen noch von einer „Obliegenheit" der Behörde). Auch wenn eine solche Auslegung des § 25 VwVfG grds. möglich erscheint, ist sie doch keinesfalls zwingend (Sitsen, 103), so dass für die Zwecke des IFG nicht von der Existenz einer echten Beratungspflicht der öffentlichen Stelle auszugehen ist. Damit unterscheidet sich das IFG von anderen Informationsfreiheitsgesetzen, die entsprechende Verpflichtungen aufgenommen haben, zB § 4 Abs. 2 S. 2 und S. 4 UIG oder § 4 Abs. 2 S. 2 und 4 IZG SH. 17

5. Begründung in zweipoligen Informationsverhältnissen

Ein Begründungserfordernis für den Regelfall des Informationszugangsbegehrens enthält § 7 nicht. Lediglich für den Fall, dass die Daten Dritter im Sinne von § 5 Abs. 1 und 2 oder § 6 betroffen sind, verlangt § 7 Abs. 1 S. 3 eine Begründung des Antrags (→ Rn. 38 ff.). Dieses Ergebnis wird auch durch die Anwendungshinweise des BMI zum IFG gestützt; für den grundsätzlichen Verzicht auf ein Begründungserfordernis wird angeführt, dass die Motive des Antragstellers für die Entscheidung über die Gewährung des Informationszugangs irrelevant sind (GMBl. 2005, 1346 (1348); so auch VGH Kassel, Beschl. v. 2.3.2010 – 6 A 1684/08 – Rn. 28; Beschl. v. 28.4.2010 – 6 A 1767/08 – Rn. 28; Beschl. v. 30.4.2010 – 6 A 1341/09 – Rn. 18). Der Anspruch auf Informationszugang ist gerade nicht an weitere Voraussetzungen wie beispielsweise das Vorhandensein eines wie auch immer gearteten Interesses geknüpft (Kloepfer/v. Lewinski DVBl. 2005, 1277 (1279 und 1285); Schoch IFG § 7 Rn. 23). Diese Grundsätze dürfen insbes. nicht durch die Möglichkeit der Behörde, eine Konkretisierung des Antrags zu verlangen, unterlaufen werden. Die Aufforderung zur Konkretisierung des Antrags darf sich alleine darauf beziehen, welche Informationen begehrt werden; die Frage, warum der Antragsteller den Informationszugang wünscht, darf hingegen nicht gestellt werden (Fluck/Theuer/Fluck IFG § 7 Rn. 48). 18

Konsequenterweise darf das Fehlen einer Begründung nicht zur Ablehnung des Antrags führen (Schoch IFG § 7 Rn. 23). Ebenso wenig hat es aber auf die Zulässigkeit des Antrags Auswirkungen, wenn sich der Antragsteller von sich aus dafür entscheidet, seinen Antrag zu begründen. Zwar dürfen auch in diesem Fall die Motive des Antragstellers nicht in die Entscheidung über die Gewährung des Informationszugangs einfließen, die freiwillige Beifügung einer Begründung an den Antrag macht diesen aber auch nicht unzulässig (NK-IFG/Rossi IFG § 7 Rn. 17; Schoch IFG § 7 Rn. 23; Steinbach/Hochheim NZS 2006, 517 (522) empfehlen dem Antragsteller sogar, immer dann eine Begründung beizufügen, sobald möglicherweise eine Betroffenheit von Rechten Dritter in Betracht kommt). 19

II. Zuständigkeit (S. 1)

Bezüglich der Zuständigkeit legt § 7 Abs. 1 S. 1 fest, dass die Behörde entscheidet, die zur Verfügung über die Daten berechtigt ist. Damit sind zum einen die Begriffe der Behörde und 20

IFG § 7 IV. Informationsfreiheitsrecht

der Verfügungsberechtigung zu klären, zum anderen ist der Frage nachzugehen, wie in Fällen zu verfahren ist, in denen sich der Antragsteller an eine unzuständige Behörde wendet.

1. Behörde

21 Das IFG selbst verzichtet auf eine Definition des Behördenbegriffs, so dass der funktionale Behördenbegriff des VwVfG heranzuziehen ist (VG Köln Urt. v. 25.2.2010 – 13 K 119/08 – Rn. 28; vgl. auch → § 1 Rn. 130 f.). Fraglich ist dabei insbes., ob Gremien, die „bei" einem Ministerium gebildet werden, als Behörden zu behandeln sind. Die Rspr. rekurriert auf die Definition des BVerfG, wonach eine Behörde „eine in den Organismus der Staatsverwaltung eingeordnete, organisatorische Einheit von Personen und sächlichen Mitteln (ist), die mit einer gewissen Selbstständigkeit ausgestattet dazu berufen ist, unter öffentlicher Autorität für die Erreichung der Zwecke des Staates oder von ihm geförderter Zwecke tätig zu sein" (Urt. v. 14.7.1959 – 2 BvF 1/58 – Rn. 134 – Preußischer Kulturbesitz –; ebenso BVerwG, Urt. v. 24.1.1991 – 2 C 16/88 – Rn. 22). Konkret bejaht wurde die Behördeneigenschaft in der Rspr. für die beim Bundesministerium für Ernährung, Landwirtschaft und Verbraucherschutz gebildete Deutsche Lebensmittelbuch-Kommission (VG Köln, Urt. v. 25.2.2010 – 13 K 119/08 – Rn. 28). Dabei ließ es das Gericht im zu entscheidenden Fall ausdrücklich offen, ob rein gutachterlich-beratende Stellen ebenfalls als Behörde iSd IFG zu werten sind, oder ob weitere Voraussetzungen, wie eine unmittelbare oder nach außen gerichtete Tätigkeit hinzukommen muss (VG Köln Urt. v. 25.2.2010 – 13 K 119/08 – Rn. 34 – 38; ausf. auch → § 1 Rn. 133 ff.), da das Gericht bei der Deutschen Lebensmittelbuch-Kommission davon ausging, dass die genannte Kommission zumindest durch schlicht-hoheitliches Handeln verbindlich nach außen tätig wird (VG Köln Urt. v. 25.2.2010 – 13 K 119/08 – Rn. 40 – 46).

22 Nach den Anwendungshinweisen zum IFG reicht eine rein gutachterlich-beratende – mithin nicht außenwirksame – Tätigkeit nicht aus, um ein Gremium als Behörde zu qualifizieren: „Beratende Gremien, die nicht Teil einer Behörde sind (zB Beirat Verwaltungsverfahrensrecht beim Bundesministerium des Innern), sind nicht zur Information verpflichtet. Unterlagen können allerdings bei der Behörde, der ein Gremium zugeordnet ist, nachgefragt werden, sofern die Behörde ebenfalls über eine Ausfertigung der Unterlagen verfügt." (GMBl. 2005, 1346 (1348)). AA mit ausf. Begründung → § 1 Rn. 135.

2. Verfügungsberechtigung

23 Nach § 7 Abs. 1 S. 1 bestimmt sich die Zuständigkeit der Behörde danach, ob sie berechtigt ist, über die erbetenen Informationen zu verfügen. Der durch das IFG neu eingeführte Rechtsbegriff der Verfügungsberechtigung (BRS/Berger IFG § 7 Rn. 2; Fluck/Theuer/Fluck IFG § 7 Rn. 58) betrifft zunächst das Außenverhältnis zum Antragsteller. Ihm gegenüber legt § 7 Abs. 1 S. 1 fest, an wen der Antrag gerichtet werden muss und wer hierüber entscheidet (NK-IFG/Rossi IFG § 7 Rn. 19; Schoch IFG § 7 Rn. 28); daneben wird allgemein vertreten, dass § 7 Abs. 1 S. 1 auch Regelungen zum Binnenverhältnis zwischen unterschiedlichen Behörden enthalte, sofern die begehrten Daten an mehreren Stellen vorhanden sind: Für diesen Fall bewirke die Norm eine Verfahrenskonzentration dahingehend, dass alleine die Behörde entscheidet, die eine besondere Sachnähe aufweise. (BRS/Berger IFG § 7 Rn. 5; NK-IFG/Rossi IFG § 7 Rn. 19; Schoch IFG § 7 Rn. 28). Dies sei in der Regel die Behörde, bei der die Federführung liege (GMBl. 2005, 1346 (1348)); Jastrow/Schlatmann IFG § 7 Rn. 9; Schoch IFG § 7 Rn. 28).

24 Bedeutung entfaltet das Merkmal der Verfügungsberechtigung alleine in den Fällen, in denen eine Behörde Daten von anderen erhalten hat und somit mehrere Behörden über denselben Datensatz verfügen. Während die Verfügungsberechtigung des Urhebers der Informationen unbestritten ist (BT-Drs. 15/4493, 14; BVerwG, Urt. v. 3.11.2011 – 7 C 4/11 – Rn. 28; Sitsen, 2009, 324), ist für die Entstehung eines eigenen Verfügungsrechts der die Informationen erhaltenden Behörde nach der Gesetzesbegründung entweder eine gesetzliche Grundlage oder eine – stillschweigende – Vereinbarung notwendig (BT-Drs. 15/4493, 14). Damit reicht nach dem IFG die lediglich faktische Verfügungsmöglichkeit gerade nicht mehr aus; das BVerwG stellt hierzu fest, dass es nicht genügt „wenn die Information nach formalen Kriterien ordnungsgemäß Teil der Akten der grds. informationspflichtigen Behörde ist. Die

Antrag und Verfahren   § 7 IFG

ordnungsgemäße Zugehörigkeit zu den Akten ist nur notwendige, nicht aber hinreichende Bedingung für die Verfügungsberechtigung" (BVerwG Urt. v. 3.11.2011 – 7 C 4/11 – Rn. 27; ausführlich hierzu auch Fluck/Theuer/Fluck IFG § 7 Rn. 58 ff.). Somit ist in jedem Einzelfall zu prüfen, ob der die Information erhaltenden Behörde eine eigenständige Verfügungsberechtigung eingeräumt wurde.

Im Fall der Übersendung einer Prüfungsmitteilung des Rechnungshofs an ein Ministerium zur **24.1** Äußerung im Rahmen der Rechnungsprüfung wurde beispielsweise die Begründung einer Verfügungsberechtigung des Ministeriums verneint (VG Weimar Urt. v. 23.10.2008 – 1 K 583/08 We, allerdings mit ausdrücklichem Hinweis auf die größere Sachnähe des Rechnungshofs, nicht auf dessen Urheberschaft).

Zu berücksichtigen ist, dass im Verhältnis zwischen Urheber und der die Information **25** erhaltenden Behörde regelmäßig die Begründung einer zusätzlichen Verfügungsberechtigung im Raum steht, da der Urheber seine Verfügungsberechtigung über die Informationen durch deren Weitergabe nicht ohne Weiteres verliert, zumal wenn die Informationen weiterhin auch in seinen Akten vorhanden sind (BVerwG Urt. v. 3.11.2011 – 7 C 4/11 – Rn. 28; VG Saarlouis Urt. v. 26.4.2012 – 10 K 822/11 – Rn. 21 ff. Dabei ließ es das BVerwG ausdrücklich offen, wie der Fall zu beurteilen ist, dass der Urheber der anderen Stelle lediglich eine eher formelle Unterstützung leistet. Kritisch zur Entscheidung des BVerwG Schoch NVwZ 2012, 251 (255)). Ebenfalls bejaht werden muss eine fortbestehende Verfügungsberechtigung des Urhebers, wenn dieser ganze Akten anderen Stellen vorübergehend zur Verfügung stellt. Solange eine Rückgabepflicht der anderen Stelle besteht, muss davon ausgegangen werden, dass der Urheber weiterhin – eventuell neben der anderen Stelle – verfügungsberechtigt ist (NK-IFG/Rossi IFG § 7 Rn. 21). Insofern führen die Kriterien der Sachnähe oder Verfahrensführung im Verhältnis zum Urheber nicht dazu, dass eine Informationsgewährung bei diesem ausscheidet, sobald er die Informationen weitergegeben hat (kritisch hierzu Dalibor DVBl. 2012, 933 (940 f.), wonach die Verfügungsberechtigung des Urhebers nur zu bejahen ist, wenn die Informationen unter eigener Verfahrensführung des Urhebers erhoben wurden).

Eine weiterbestehende Verfügungsberechtigung des Urhebers trotz Weitergabe der Informa- **25.1** tionen bejahte die Rspr. in folgenden Fällen: Verfügungsberechtigung der protokollführenden Stelle (BMI) über die Protokolle von Sitzungen der Ausländerreferenten des Bundes und der Länder. Auch wenn die Protokolle einzelne Erklärungen der jeweiligen Referenten enthielten, liege die „Verantwortlichkeit für die Urheberschaft und Richtigkeit der in das Protokoll aufgenommenen Erklärungen" bei der protokollführenden Behörde. Daran ändere auch die Versendung der Protokolle an die Beteiligten nichts, selbst wenn im Einzelfall weitere Verfügungsberechtigungen zu bejahen sein sollten (VG Saarlouis Urt. v. 26.4.2012 – 10 K 822/11 – Rn. 23). Verfügungsberechtigung des BMJ über Stellungnahmen, die es im Rahmen von Petitionsverfahren gegenüber dem Petitionsausschuss des Bundes abgegeben hatte (BVerwG Urt. v. 3.11.2011 – 7 C 4/11 – Rn. 28). Verfügungsberechtigung des Urhebers trotz Übergabe der Originalakten an die Staatsanwaltschaft bei Zurückbehaltung entsprechender Kopien (VG Frankfurt a. M. Urt. v. 11.11.2008 – 7 E 1675/07 – Rn. 21).

Dabei kann eine eigene Verfügungsberechtigung der Behörde, die Informationen von **26** ihrem Urheber erhält, spätestens dann nicht mehr angenommen werden, wenn der weiterhin verfügungsberechtigte Urheber ausdrücklich eine Weitergabe der Informationen untersagt hat (Fluck/Theuer/Fluck IFG § 7 Rn. 60; Schoch IFG § 7 Rn. 29). Anderes muss aber wohl gelten, wenn der Urheber der Informationen diese vollständig und endgültig – ohne Zurückbehaltung von Kopien o. ä. – weggibt oder einer anderen Stelle eher formelle Unterstützung geleistet hat; in diesen Fällen hat der Urheber keinerlei Herrschaft mehr über die Informationen, so dass auch keine Verfügungsberechtigung mehr vorliegt. Diese läge dann ausschließlich bei den Stellen, die die Informationen erhalten haben.

Bedeutsam kann dies insbes. in Fällen werden, in denen Urheber der Information die **27** Behörde eines Landes ist, in dem kein Landes-IFG oder ein restriktiveres Landes-IFG als das Bundes-IFG existiert. In allen anderen Fällen hat die Verneinung des Vorliegens der rein formalen Verfügungsbefugnis zumindest keine materiell-rechtlichen Konsequenzen; insbes. wenn zwei Bundesbehörden als Verfügungsberechtigte in Betracht kommen, würde die

Sicko

Verneinung der Verfügungsberechtigung der Behörde, die nicht Urheber der Daten ist, lediglich dazu führen, dass der Antrag bei einer unzuständigen Stelle gestellt wurde (zum Verfahren in einem solchen Fall s. → Rn. 29 ff. Der Antrag kann dann beim Urheber der Informationen gestellt werden, der denselben materiell-rechtlichen Vorgaben verpflichtet ist, wie die ursprünglich angegangene Behörde.

27.1 AA Rossi IFG, der auch auf horizontaler Ebene (konkret bezieht er sich allerdings auf landesrechtliche Konstellationen) Probleme für möglich hält, zB wenn Informationen sowohl bei einem Baurechts- als auch bei einem Grundbuchamt vorliegen, das Grundbuchamt aber an die besonderen Vorgaben der GBO gebunden ist (Rossi DVBl. 2010, 554 (560)). Da in diesen Fällen die rechtlichen Restriktionen des Fachrechts aber materiell auch durch das IFG berücksichtigt werden müssten (die Restriktionen der GBO müssten im Rahmen des Ausschlussgrundes nach § 5 Berücksichtigung finden, da das Grundbuch personenbezogene Daten enthält; da nach § 5 auch eine Abwägung stattfindet, müsste hier – ebenso wie nach der GBO – ein besonderes Interesse des Antragstellers nachgewiesen werden), dürfte es auch in diesen Fällen nicht zu divergierenden Entscheidungen der betroffenen Behörden kommen.

28 Während also die Kriterien der Sachnähe und der Federführung im Verhältnis zum Urheber der Information nicht weiter helfen, können sie dagegen bei der Klärung der Frage Relevanz entfalten, welche von mehreren Behörden, die Informationen von ihrem Urheber übermittelt bekommen – ein in der Praxis durchaus häufiger Fall –, ein eigenes Verfügungsrecht erhält. Hier könnte man argumentieren, dass die von der Gesetzesbegründung als maßgeblich bezeichnete – stillschweigende – Vereinbarung allenfalls zwischen Urheber und federführender Behörde, nicht aber zwischen Urheber und sämtlichen weiteren beteiligten Behörden zustande kommt. Unter verfahrensökonomischen Gründen mag diese Auslegung zwar sinnvoll sein, zwingend ist sie allerdings nicht.

3. Antragstellung bei unzuständiger Behörde

29 Keine Regelungen trifft § 7 Abs. 1 S. 1 für den Fall, dass der Antrag bei einer unzuständigen Behörde gestellt wurde. Nach der Gesetzesbegründung folgt aber aus § 25 VwVfG, dass die fälschlich angegangene Behörde den Antragsteller auf ihre Unzuständigkeit hinweisen muss (BT-Drs. 15/4493, 14). Daher wird insbes. eine Pflicht der unzuständigen Behörde zur Weiterleitung des Antrags an die zuständige Stelle (GMBl. 2005, 1346 (1348); Mecklenburg/Pöppelmann IFG § 7 Rn. 16; Misoch/Schmittmann VR 2012, 181 (185)) oder zu deren Ermittlung (Griebel, Die verfahrensrechtliche Absicherung von Informationsfreiheitsrechten in rechtsvergleichender Sicht 2007, 118; NK-IFG/Rossi IFG § 7 Rn. 20) verneint. Allerdings wird § 25 VwVfG teilweise eine Pflicht der unzuständigen Behörde entnommen, den Antragsteller auf die zuständige Behörde hinzuweisen (Beckemper LKV 2006, 300 (302); Kloepfer/v. Lewinski DVBl. 2005, 1277 (1286); Matthes, Das Informationsfreiheitsgesetz 2006, 51; Schoch IFG § 7 Rn. 31). Nach den Anwendungshinweisen „soll" ein solcher Hinweis erfolgen (GMBl. 2005, 1346 (1348)).

30 Auch wenn eine Pflicht der unzuständigen Behörde zur Abgabe des Antrags an die zuständige Stelle allgemein verneint wird, wird ein solches Vorgehen – auch unter datenschutzrechtlichen Aspekten (aM Jastrow/Schlatmann IFG § 7 Rn. 14) – doch für zulässig gehalten (Fluck/Theuer/Fluck IFG § 7 Rn. 55; Schoch IFG § 7 Rn. 31; Steinbach/Hochheim NZS 2006, 517 (522)).

31 Die Frage, welche Stelle innerhalb der zuständigen Behörde konkret über den Antrag entscheidet, „richtet sich nach den jeweiligen innerbehördlichen Organisationsstrukturen" (BT-Drs. 15/4493, 14; Steinbach/Hochheim NZS 2006, 517 (522); ähnlich Reinhart, der die Organisationseinheit als zuständig bezeichnet, „die die jeweilige Frage fachlich zu beurteilen hat", Reinhart DÖV 2007, 18 (21)).

III. Form der Entscheidung (S. 1)

32 Auch wenn § 7 nicht festlegt, in welcher Rechtsform über das Informationszugangsbegehren zu entscheiden ist, wird davon ausgegangen, dass die positive Entscheidung über den Antrag (ebenso wie die negative Entscheidung, → § 9 Rn. 6) im Regelfall einen Verwaltungsakt darstellt (Bräutigam DVBl. 2006, 950 (952); Matthes, Das Informationsfreiheits-

Antrag und Verfahren | § 7 IFG

gesetz 2006, 51; Schoch IFG § 7 Rn. 42). Denkbar ist aber auch, dass das Informationszugangsbegehren ohne weiteres durch Offenlegung der gewünschten Information erfüllt werden kann. In solchen Fällen liegt lediglich rein tatsächliches Handeln der Verwaltung vor, ein Verwaltungsakt wird nicht erlassen (Fluck/Theuer/Fluck IFG § 7 Rn. 71 f.; Schoch IFG § 7 Rn. 44).

Formerfordernisse für die Entscheidung über den Antrag, unabhängig davon, ob durch 33 Verwaltungsakt entschieden wird oder nicht, legt § 7 nicht fest. Eine Ausnahme von der grundsätzlichen Formfreiheit statuiert allerdings § 8 Abs. 2 S. 1 in Fällen der Drittbetroffenheit (→ § 8 Rn. 28); solche Anträge sind schriftlich zu bescheiden. Auch wenn die Gesetzesbegründung zutreffend auf die Möglichkeit des Antragstellers nach § 37 Abs. 2 S. 2 VwVfG verweist, sich einen mündlich erlassenen Verwaltungsakt schriftlich bestätigen zu lassen, wird eine grundsätzliche schriftliche Bescheidung des Antrags für sinnvoll gehalten (Fluck/Theuer/Fluck IFG § 7 Rn. 73; Schoch IFG § 7 Rn. 45; Rossi hält es zumindest für wünschenswert, dass die Entscheidung über den Antrag in der Form erfolgt, in der er gestellt wurde, → § 7 Rn. 26). Ansonsten gelten die allgemeinen verwaltungsverfahrensrechtlichen Vorschriften und deren Voraussetzungen, insbes. was die Bekanntgabe, die Begründung und die Beifügung einer Rechtsbehelfsbelehrung anbelangt (hierzu ausf. → § 9 Rn. 15 ff.).

IV. Zuständige Behörde im Fall des § 1 Abs. 1 S. 3 IFG (S. 2)

§ 7 Abs. 1 S. 2 bestimmt, dass der Antrag im Fall des § 1 Abs. 1 S. 3 an die Behörde zu 34 richten ist, die sich der natürlichen oder juristischen Person des Privatrechts zur Erfüllung ihrer öffentlich-rechtlichen Aufgaben bedient. Trotz der unterschiedlichen Formulierungen in den Sätzen 1 und 2 des § 7 Abs. 1 bestehen keine inhaltlichen Diskrepanzen zwischen beiden Bestimmungen. Geregelt wird jeweils, welche Stelle zur Entscheidung über den Antrag berufen ist; an diese ist der Antrag auch zu richten (NK-IFG/Rossi IFG § 7 Rn. 19; Schoch IFG § 7 Rn. 26).

Bei 7 Abs. 1 S. 2 handelt es sich um eine verfahrensrechtliche Klarstellung, materiell- 35 rechtlichen Regelungsgehalt weist die Vorschrift nicht auf. Der Antrag ist demnach bei der Behörde zu stellen, auch wenn Private in die öffentlich-rechtliche Aufgabenerfüllung eingeschaltet werden, weil die Behörde materiell-rechtlich verpflichtet bleibt (Schoch IFG § 7 Rn. 32; etwas missverständlich ist diesbezüglich die Gesetzesbegründung formuliert, weshalb Schoch IFG § 7 Rn. 32 von einer „Überinterpretation der Verfahrensvorschrift des § 7 Abs. 1 S. 2" spricht, vgl. BT-Drs. 15/4493, 14). Eindeutig materiell-rechtlich interpretiert dagegen das VG Berlin die Norm, wenn es davon spricht, dass nach § 1 Abs. 1 S. 3 iVm § 7 Abs. 1 S. 2 IFG bei der Einschaltung Privater dennoch die Behörde anspruchsverpflichtet bleibe (VG Berlin Urt. v. 31.5.2007 – 2 A 93.06 – Rn. 15).

§ 7 Abs. 1 S. 2 verhindert damit zwar ein Auseinanderfallen der formalen Entscheidungs- 36 zuständigkeit über den Anspruch und der materiellen Anspruchsverpflichtung. Dafür wirft die Tatsache, dass in den Fällen des § 1 Abs. 1 S. 3 der materiell Verpflichtete – der Verfügungsberechtigte – und der tatsächliche Besitzer der Informationen nicht identisch sind, eigene Probleme auf. Zunächst stellt sich die Frage, ob dies gleichzeitig eine Beschränkung des Informationszugangsanspruchs auf die Informationen zur Folge hat, die beim Anspruchsgegner, also der Behörde, vorhanden sind (so Jastrow/Schlatmann IFG § 7 Rn. 17). Dies wird allgemein verneint (vgl. VG Berlin Urt. v. 12.10.2009 – 2 A 20.08 – Rn. 39; Fluck DVBl. 2006, 1406 (1413); Schoch IFG § 7 Rn. 33).

> Das VG Berlin stellt hierzu fest, dass die beklagte Behörde auch dann über die begehrten 36.1 amtlichen Informationen verfügt, „wenn die Ordner von einem externen Dienstleistungsunternehmen verwaltet werden" (VG Berlin Urt. v. 12.10.2009 – 2 A 20.08 – Rn. 39); Fluck spricht von „einer Art öffentlich-rechtlicher Prozess- oder Verfahrensstandschaft" der Behörde, in der sie „den Anspruch gegenüber dem Privaten durchsetzen muss" (Fluck/Theuer/Fluck IFG § 7 Rn. 82); nach Schoch besteht in diesen Fällen ausnahmsweise „eine Informationsverschaffungspflicht der Behörde, mit der ein Beschaffungsanspruch des Zugangsberechtigten korrespondiert" (Schoch IFG § 7 Rn. 33; so auch → § 1 Rn. 158; ähnlich Mecklenburg/Pöppelmann IFG § 7 Rn. 25).

Nicht erfasst wird von § 7 Abs. 1 S. 2 der Fall, dass Informationen von Beliehenen 37 begehrt werden. Da sie nach § 1 Abs. 4 VwVfG als Behörden zu qualifizieren sind, richtet sich auch der Informationszugangsanspruch direkt gegen den Beliehenen selbst (→ 1 Rn. 149; Fluck/Theuer/Fluck IFG § 7 Rn. 84; NK-IFG/Rossi IFG § 7 Rn. 22).

V. Begründungserfordernis bei Drittbetroffenheit (S. 3)

38 § 7 Abs. 1 S. 3 normiert eine Ausnahme vom grundsätzlichen Verzicht auf eine Begründung des Informationszugangsbegehrens: Betrifft ein Antrag Daten Dritter iSv § 5 Abs. 1 und 2 oder § 6, muss er begründet werden. Die Begründungspflicht bezieht sich damit auf Anträge, die – zumindest auch – personenbezogene oder besonders geschützte Daten zum Gegenstand haben (§ 5 Abs. 1 und 2) oder die geistiges Eigentum oder Betriebs- oder Geschäftsgeheimnisse betreffen (§ 6).

39 Betreffen Anträge Daten nach § 5, ist die Sinnhaftigkeit der Begründungspflicht anerkannt; für Anträge, die Daten nach § 6 betreffen, wird sie hingegen teilweise in Frage gestellt: Sind Daten nach § 5 betroffen, wird der Informationszugang nur gewährt, wenn eine Abwägung der Behörde ergibt, dass die Interessen des Antragstellers die Interessen des Dritten überwiegen oder der Dritte in die Informationserteilung einwilligt. Da in diesen Fällen das konkret-individuelle Zugangsinteresse eine maßgebliche Rolle spielt, ist eine sachgerechte Abwägung der Behörde ist nur möglich, wenn sie die Interessen des Antragstellers kennt (Mecklenburg/Pöppelmann IFG § 7 Rn. 11; NK-IFG/Rossi IFG § 7 Rn. 14). Dagegen darf Informationszugang in den Fällen, in denen sich Daten auf die in § 6 genannten Schutzgüter beziehen, nur gewährt werden, wenn der Dritte einwilligt. Insofern wurde eingewendet, dass die Begründung hier nicht erforderlich ist, weil die Interessen des Antragstellers keine Rolle spielten (Kloepfer/v. Lewinski DVBl. 2005, 1277 (1285); Sokol CR 2005, 835 (840) hält das Begründungserfordernis in diesen Fällen für „systemwidrig"). Dieser Ansicht wird nicht nur der eindeutige Wortlaut des § 7 Abs. 1 S. 3 entgegengehalten (Schoch IFG § 7 Rn. 25), sondern auch die Tatsache, dass die Einwilligungsentscheidung des Dritten maßgeblich von den konkreten Interessen des Antragstellers beeinflusst werden kann (Mecklenburg/Pöppelmann IFG § 7 Rn. 12; NK-IFG/Rossi IFG § 7 Rn. 14; Schoch IFG § 7 Rn. 25).

39.1 Inwieweit die Weitergabe personenbezogener Daten des Antragstellers an den betroffenen Dritten datenschutzrechtliche Probleme aufwirft, wird unterschiedlich beurteilt: Fluck/Theuer/Fluck IFG § 7 Rn. 45 hält die Einwilligung des Antragstellers in die Weitergabe dieser Daten für erforderlich, Schoch IFG § 7 Rn. 24 geht von der grundsätzlichen Zulässigkeit der Übermittlung dieser Daten aus; vgl. auch → § 8 Rn. 23.

40 Fehlt die von § 7 Abs. 1 S. 3 geforderte Begründung, ist die Behörde nach § 25 VwVfG gehalten, den Antragsteller zur Nachholung der Begründung aufzufordern (Fluck/Theuer/Fluck IFG § 7 Rn. 88; Schoch IFG § 7 Rn. 24). Kommt der Antragsteller dieser Aufforderung nicht nach, macht die fehlende Begründung den Antrag dennoch nicht unzulässig (Fluck/Theuer/Fluck IFG § 7 Rn. 89; Kloepfer/v. Lewinski DVBl. 2005, 1277 (1285); NK-IFG/Rossi IFG § 7 Rn. 16; Schoch IFG § 7 Rn. 24; aM wohl Jastrow/Schlatmann IFG § 7 Rn. 23, die davon sprechen, dass es in diesen Fällen an einem „ordnungsgemäßen Antrag" fehle). Auch wenn die Anforderungen an die Begründung nicht allzu hoch sind, ist aber wohl in aller Regel davon auszugehen, dass ein Antrag ohne Begründung der Sache nach keinen Erfolg hat, da weder die Behörde noch der betroffene Dritte die Interessen des Antragstellers berücksichtigen können (Fluck/Theuer/Fluck IFG § 7 Rn. 89; NK-IFG/Rossi IFG § 7 Rn. 16; Schoch IFG § 7 Rn. 24).

VI. Gleichförmige Anträge (S. 4)

41 § 7 Abs. 1 S. 4 ordnet an, dass bei gleichförmigen Anträgen, die von mehr als 50 Personen gestellt werden, die Verfahrenserleichterungen der §§ 17 – 19 VwVfG entsprechend gelten. Die Gesetzesbegründung hält den Verweis für erforderlich, „weil §§ 17 ff. VwVfG unmittelbar nur für ein Verwaltungsverfahren gelten, während S. 4 eine Vielzahl von Verfahren betrifft" (BT-Drs. 15/4493, 14). Insofern erstreckt § 7 Abs. 1 S. 4 die Geltung der §§ 17–19 VwVfG über ihren eigentlichen Geltungsbereich hinaus auf sogenannte unechte Massenverfahren (zu den Begrifflichkeiten des echten bzw. unechten Massenverfahrens s. SBS/

Bonk/Schmitz VwVfG § 7 Rn. 6). Die wesentliche Verfahrenserleichterung liegt bei dem Verweis auf §§ 17–19 VwVfG für die Behörde darin, nicht mit jedem Antragsteller gesondert kommunizieren zu müssen, sondern sich lediglich an einen benannten (oder von Amts wegen bestellten) Vertreter wenden zu müssen (krit. zu den Möglichkeiten einer Verfahrensvereinfachung im Informationszugangsrecht Griebel, Die verfahrensrechtliche Absicherung von Informationsfreiheitsrechten in rechtsvergleichender Sicht 2007, 169 ff.). Hinsichtlich der Einzelheiten zu den §§ 17–19 VwVfG ist auf die einschlägigen Kommentierungen zu verweisen.

Über den Wortlaut des § 7 Abs. 1 S. 4 hinaus wird davon ausgegangen, dass von dieser **42** Norm nicht nur die erwähnten „gleichförmigen Anträge" iSd § 17 VwVfG erfasst sind, sondern auch Anträge mit gleichem Interesse iSd § 18 VwVfG (NK-IFG/Rossi IFG § 7 Rn. 24; Schoch IFG § 7 Rn. 36). Für die Definition der gleichförmigen Anträge kann mangels eigenständiger Definition des IFG auf die Legaldefinition der gleichförmigen Eingaben des § 17 Abs. 1 S. 1 VwVfG zurückgegriffen werden. Gleichförmigkeit ist auch dann noch zu bejahen, wenn die Anträge unwesentliche, ihren Sinn unberührt lassende Abweichungen enthalten (Jastrow/Schlatmann IFG § 7 Rn. 60). Bei der Inbezugnahme des § 18 VwVfG, der auf ein gleiches Interesse der Beteiligten abstellt, ist zu berücksichtigen, dass das IFG die Offenlegung des Informationsinteresses gerade nicht verlangt. Insofern soll für eine entsprechende Anwendung des § 18 VwVfG im Rahmen des IFG maßgeblich sein, dass die Anträge auf dieselbe Information gerichtet sind (Jastrow/Schlatmann IFG § 7 Rn. 62; NK-IFG/Rossi IFG § 7 Rn. 24; Schoch IFG § 7 Rn. 38).

C. Teilweiser Informationszugang, Einverständnis mit Unkenntlichmachung (Abs. 2)

I. Teilweiser Informationszugang (S. 1)

§ 7 Abs. 2 S. 1 befasst sich mit dem Fall, dass ein Informationszugangsanspruch nur zum **43** Teil besteht. Die Norm legt Kriterien fest, anhand derer sich der konkrete Umfang, in dem dem Antrag stattzugeben ist, ermitteln lässt. Darin besteht auch der Unterschied zu § 1 Abs. 2 S. 2 und 3, die den Fall regeln, dass von der vom Antragsteller begehrten Art des Informationszugangs abgewichen werden soll (→ § 1 Rn. Rn. 172 ff.).

1. Allgemeines

Nach der Gesetzesbegründung entspricht „(e)ine ausdrückliche Regelung zum teilweisen **44** Informationszugang (als nur teilweise Ablehnung des Zugangsantrags) (…) der Transparenz und Verhältnismäßigkeit" (BT-Drs. 15/4493, 15). Trotz der Aussage, § 7 Abs. 2 enthalte eine „ausdrückliche Regelung zum teilweisen Informationszugang", geht die hM davon aus, dass es sich bei der genannten Norm um eine rein verfahrensrechtliche Vorschrift ohne materiellrechtliche Aussage handelt. § 7 Abs. 2 setzt das teilweise Bestehen eines materiellen Anspruchs auf Informationszugang voraus und trifft für diesen Fall verfahrensrechtliche Aussagen. Insofern kommt § 7 Abs. 2 klarstellende Funktion zu (VG Frankfurt a. M. Urt. v. 19.3.2008 – 7 E 4067/06 –Rn. 55; Beckemper LKV 2006, 300 (302); NK-IFG/Rossi IFG § 7 Rn. 27 f.; Schoch IFG § 7 Rn. 47 f.). Sofern die Voraussetzungen des § 7 Abs. 2 S. 1 erfüllt sind, verleiht die Norm dem Antragsteller einen verfahrensrechtlichen Anspruch auf eine positive Bescheidung seines Begehrens. Es handelt sich um eine gebundene Entscheidung der Behörde, Ermessen wird nicht eingeräumt (Schoch IFG § 7 Rn. 70).

Umstritten ist im Rahmen des § 7 Abs. 2 S. 1, in welchen Fällen ein teilweiser Informa- **45** tionszugang zu gewähren ist: Konkret ist umstritten, ob die beiden Tatbestandsmerkmale „ohne Preisgabe der geheimhaltungsbedürftigen Informationen oder ohne unverhältnismäßigen Verwaltungsaufwand" alternativ (VGH Kassel, Beschl. v. 2.3.2010 – 6 A 1684/08 – Rn. 24; Beschl. v. 28.4.2010 – 6 A 1767/08 – Rn. 24; Schoch IFG § 7 Rn. 51) oder kumulativ (hierauf deutet BT-Drs. 15/4493, 15 hin; ebenso zB: VG Karlsruhe, Urt. v. 22.11.2006 – 11 K 1466/06; VG Frankfurt a. M. Urt. v. 19.3.2008 – 7 E 4067/06 – Rn. 55; Urt. v. 2.7.2008 – 7 E 791/07(1); wohl auch VG Saarlouis Urt. v. 24.2.2013 – 3 K 1544/11 – Rn. 33; Fluck/Theuer/Fluck IFG § 7 Rn. 102; NK-IFG/Rossi IFG § 7 Rn. 29) zu verstehen sind. Die Auffassungen unterscheiden sich insofern, als bei einem kumulativen Verständnis der beiden Tatbestandsmerkmale dem unverhältnismäßig hohen Verwaltungsaufwand keine eigenständige Bedeutung bei der Versagung des teilweisen Informationszugangs zukommt; zur Versagung des Informationszugangs kann demnach nur dann auf den Verwaltungsaufwand abgestellt werden, wenn er zum Schutz der geheimhaltungsbedürftigen Informationen aufgewendet werden muss (VG Frankfurt a. M. Urt. v. 19.3.2008 – 7 E 4067/06 – Rn. 55; Urt. v. 2.7.2008 – 7 E 791/07(1)). Dagegen bewirkt ein alternatives Verständnis der Tatbestandsmerkmale, dass auch ein gerade nicht durch die Separierung geheimhaltungsbedürftiger Informationen verursachter unverhältnismäßig hoher Verwaltungsaufwand zur Versagung des Zugangs führen kann (VGH Kassel Beschl. v. 2.3.2010 – 6 A 1684/08 – Rn. 24; Beschl. v. 28.4.2010 – 6 A 1767/08 – Rn. 24). Hinsichtlich der Relevanz dieser unterschiedlichen Auffassungen ist allerdings darauf hinzuweisen, dass es sich in der Praxis fast immer ergibt, „dass – zumindest geringe Teile – der Informationen gem. §§ 3 ff. IFG auszusortieren sind" (ZDM, 228), so dass die unterschiedlichen Auffassungen in der Regel nicht zu unterschiedlichen Ergebnissen führen.

45.1 Für ein alternatives Verständnis streitet der Gesetzeswortlaut mit der Verwendung des Wortes „oder". Dementsprechend betont der VGH Kassel, dass „(d)ie beiden Tatbestandsalternativen des § 7 Abs. 2 S. 1 IFG (…) alternativ nebeneinander" stehen, Beschl. v. 2.3.2010 – 6 A 1684/08 – Rn. 24 und Beschl. v. 28.4.2010 – 6 A 1767/08 – Rn. 24. Ebenso Schoch IFG § 7 Rn. 51. Dagegen nimmt die hM Bezug auf die Gesetzesbegründung, wonach „(d)er Informationszugang (…) ohne Offenbarung der geheimhaltungsbedürftigen Information auch dann möglich (ist), wenn diese Information ohne übermäßigen Verwaltungsaufwand (…) zugänglich gemacht werden kann" (BT-Drs. 15/4493, 15) und geht davon aus, dass beide Merkmale kumulativ vorliegen müssen. So handelt es sich nach VG Karlsruhe Urt. v. 22.11.2006 – 11 K 1466/06, „bei der durch das Wort ‚oder' zum Ausdruck kommenden Alternative zwischen den Voraussetzungen um ein Redaktionsversehen". Das VG Frankfurt a. M. hat in zwei Entscheidungen betont, dass die teilweise Stattgabe zum Schutz der Behörde unter dem Vorbehalt steht, „dass die Aussonderung der geheimzuhaltenden Informationen keinen unverhältnismäßigen Verwaltungsaufwand erfordert", Urt. v. 19.3.2008 – 7 E 4067/06 – Rn. 55; Urt. v. 2.7.2008 – 7 E 791/07(1). Und auch der VGH Kassel hat in einem Beschluss die Tatbestandsmerkmale des Schutzes geheimhaltungsbedürftiger Informationen und des unverhältnismäßigen Verwaltungsaufwandes mit dem Wort „und" verknüpft, was ebenfalls für eine kumulative Interpretation der Voraussetzungen sprechen dürfte: „Die Behörde ist durch § 7 Abs. 2 S. 1 IFG zur Stattgabe des Antrags in dem Umfang verpflichtet, wie dies ohne die Preisgabe geheimhaltungsbedürftiger Informationen und ohne unverhältnismäßigen Verwaltungsaufwand möglich ist" Beschl. v. 30.4.2010 – 6 A 1341/09 – Rn. 15. Ähnlich klingen die Anwendungshinweise zum IFG des BfDI v. 1.8.2007: „Sind die begehrten Informationen nur zum Teil geheimhaltungsbedürftig und kann dieser Teil ohne unverhältnismäßigen Verwaltungsaufwand abgetrennt (…) werden, ist der Informationszugang im Übrigen zu gewähren", 16. In der Literatur sprechen sich Fluck/Theuer/Fluck IFG § 7 Rn. 102; Jastrow/Schlatmann IFG § 7 Rn. 34; Mecklenburg/Pöppelmann IFG § 7 Rn. 30 und NK-IFG/Rossi IFG § 7 Rn. 29 für ein kumulatives Verständnis der genannten Tatbestandsmerkmale des § 7 Abs. 2 S. 1 aus.

46 Zu unterschiedlichen Ergebnissen gelangen die beiden Auffassungen allerdings in den Fällen, in denen bereits die Recherche nach den begehrten Informationen einen unverhältnismäßigen Verwaltungsaufwand verursacht, ohne dass hierbei der Schutz geheimhaltungsbedürftiger Informationen im Raum steht. Während dieser Fall einerseits – mit Hinweis auf das EG-Recht – zumindest ausnahmsweise als legitimer Grund für die Versagung des Informationszugangs betrachtet wird (Schoch IFG § 7 Rn. 51; so sind wohl auch die Ausführungen des VGH Kassel zu verstehen, vgl. VGH Kassel Beschl. v. 2.3.2010 – 6 A 1684/08 – Rn. 28; Beschl. v. 28.4.2010 – 6 A 1767/08 – Rn. 28; Beschl. v. 30.4.2010 – 6 A 1341/09 – Rn. 18), wird andererseits betont, dass ein hoher Verwaltungsaufwand alleine nicht zur Rechtfertigung der Verweigerung des teilweisen Informationszugangs herangezogen werden kann (Fluck/Theuer/Fluck IFG § 7 Rn. 102).

47 Das VG Berlin löst diese Fälle ohne auf die Frage einzugehen, ob der Schutz geheimhaltungsbedürftiger Informationen und ein unverhältnismäßig hoher Verwaltungsaufwand alternativ oder kumulativ zu verstehen sind, indem es ausnahmsweise auf die Voraussetzung des § 7 Abs. 2 S. 1, nämlich dass ein Informationszugangsanspruch zumindest teilweise besteht, verzichtet und § 7 Abs. 2 S. 1 direkt zur Anspruchsablehnung heranzieht: „Verursacht bereits die Recherche nach bestimmten Informationen einen unverhältnismäßigen Verwaltungsaufwand, ist der Anspruch auf Auskunft demnach ausgeschlossen und zwar unabhängig davon, ob er – sofern sich die gesuchte Information fände – nur zum Teil oder in vollem Umfang bestünde. Dies liegt bereits im Wesen des Anspruchs auf Auskunft, ob bestimmte Informationen vorliegen, begründet. Ob ein solcher Anspruch in vollem Umfang oder nur zum Teil besteht, kann erst geprüft werden, wenn die Information aufgefunden worden ist. Führt aber bereits die Suche nach der Information zu einem unverhältnismäßigen Verwaltungsaufwand, kommt der Schutz der Behörde vor einer institutionellen Überforderung zum Tragen" (VG Berlin Urt. v. 12.10.2009 – 2 A 20.08 – Rn. 65). Hilfreich wäre an dieser Stelle eine entsprechende Klarstellung des Gesetzgebers, ob ein unverhältnismäßiger Verwaltungsaufwand ohne Hinzutreten weiterer Voraussetzungen zur Versagung des Informationszugangs führen kann (ZDM, 242).

2. Möglichkeit des Informationszugangs ohne Preisgabe der geheimhaltungsbedürftigen Informationen

Nach § 7 Abs. 2 S. 1 muss der Informationszugang ohne Preisgabe der geheimhaltungsbedürftigen Informationen möglich sein. Dies ist der Fall, wenn eine tatsächliche Trennung zwischen den geheimhaltungsbedürftigen und den übrigen, mit dem Antrag begehrten Informationen erfolgen kann. Bei der Beurteilung dieser Möglichkeit ist zudem im Blick zu behalten, dass der Informationszugang nicht nur im Wege der Akteneinsicht erfolgen kann, sondern zB auch durch Auskunftserteilung (NK-IFG/Rossi IFG § 7 Rn. 30; Schoch IFG § 7 Rn. 54). Die Gesetzesbegründung nennt beispielhaft als Möglichkeiten, wie der teilweise Informationszugang verwirklicht werden kann, die Abtrennung, die Schwärzung sowie die Zugänglichmachung auf andere Weise (BT-Drs. 15/4493, 15). Da weder der Gesetzestext noch die -begründung eine abschließende Aufzählung der Möglichkeiten enthalten, wie der teilweise Informationszugangsanspruch realisiert werden kann, herrscht Einigkeit, dass alle Formen und technischen Möglichkeiten des Informationszugang, die den Schutz der geheimhaltungsbedürftigen Informationen gewährleisten, von der Behörde in Betracht zu ziehen sind (NK-IFG/Rossi IFG § 7 Rn. 30; Schoch IFG § 7 Rn. 55). Genannt werden weiterhin die Fertigung (geschwärzter) Kopien, die Anonymisierung und Pseudonymisierung (NK-IFG/Rossi IFG § 7 Rn. 30) sowie bei elektronischer Auskunftserteilung die partielle Löschung (Schoch IFG § 7 Rn. 55). 48

Die Gesetzesbegründung fordert, dass die Abtrennung oder Schwärzung kenntlich zu machen ist (BT-Drs. 15/4493, 15). Dieser Aussage wird in der Regel ohne nähere Begründung gefolgt (BRS/Berger IFG § 7 Rn. 13; Jastrow/Schlatmann IFG § 7 Rn. 36; Schmitz/Jastrow NVwZ 2005, 984 (989)). Hiergegen ist allerdings einzuwenden, dass der Gesetzestext selbst eine solche Verpflichtung nicht enthält (Fluck/Theuer/Fluck IFG § 7 Rn. 104; Schoch IFG § 7 Rn. 57). Insofern wird auch vertreten, dass eine Kenntlichmachung „nicht zwingend erforderlich" sei (Fluck/Theuer/Fluck IFG § 7 Rn. 104) bzw. eine derartige Rechtspflicht nicht bestehe (Schoch IFG § 7 Rn. 57). Diese Feststellung hindert die Verwaltung aber nicht, eine – oftmals sicherlich sinnvolle – Kenntlichmachung durchzuführen oder anzuordnen (Schoch IFG § 7 Rn. 57). 49

Daneben hält die Gesetzesbegründung fest, dass „der Zugang unbeschadet des § 7 Abs. 4 zu verweigern" ist, wenn die Information durch Abtrennung oder Schwärzung verfälscht würde (BT-Drs. 15/4493, 15). Auch wenn der Hinweis auf § 7 Abs. 4 als „nicht nachvollziehbar" bezeichnet wird (Fluck/Theuer/Fluck IFG § 7 Fn. 52; ähnlich Mecklenburg/Pöppelmann IFG § 7 Rn. 33), wird die Rechtsfolge der Zugangsverweigerung in derartigen Fällen teilweise nicht angezweifelt (BRS/Berger IFG § 7 Rn. 14; Jastrow/Schlatmann IFG § 7 Rn. 37; Schmitz/Jastrow NVwZ 2005, 984 (989); wohl auch Fluck/Theuer/Fluck IFG § 7 Rn. 105). Teilweise wird aber auch verlangt, die Möglichkeit des Absehens von der Gewährung des teilweisen Informationszugangs auf extreme Ausnahmefälle zu beschränken (Mecklenburg/Pöppelmann IFG § 7 Rn. 33; NK-IFG/Rossi IFG § 7 Rn. 31) oder es wird die in der Gesetzesbegründung geäußerte Rechtsauffassung vollständig abgelehnt (Schoch IFG § 7 Rn. 72). Auch wenn sich dem Gesetzestext weder eine Verpflichtung zur Kenntlichmachung der Abtrennung oder Schwärzung entnehmen lässt, noch die Verweigerung des Informationszugangs bei Verfälschung explizit geregelt ist, sollte mit Blick auf Sinn und 50

Zweck des IFG in solchen Fällen eine Kenntlichmachung erfolgen. Dies entspräche auch den Grundsätzen des § 7 Abs. 3 S. 2, wonach die Behörde zwar grds. von einer Überprüfung der inhaltlichen Richtigkeit der Informationen entbunden ist (→ Rn. 64 ff.), vorhandene Zweifel an der Richtigkeit der Information aber offenzulegen hat (→ Rn. 66). So würde einerseits verhindert, dass für den Antragsteller nicht erkennbar verfälschte Informationen in Umlauf gelangen, andererseits könnte die Informationsfreiheit weitgehend verwirklicht werden, eine – zumal nicht im Gesetzestext vorgesehene – Antragsablehnung ist nicht notwendig.

3. Unverhältnismäßiger Verwaltungsaufwand

51 Zentrale Bedeutung bei der Frage, ob ein teilweise bestehender Anspruch auf Informationszugang doch abgelehnt wird, kommt dem Merkmal des unverhältnismäßigen Verwaltungsaufwandes zu. Von 2006 bis Mitte 2011 wurden insgesamt gut 4 % aller Informationszugangsanträge nach dem IFG mit der Begründung von den Behörden abgelehnt, dass der hiermit verbundene Verwaltungsaufwand unverhältnismäßig sei (ZDM, 293).

52 Dabei nimmt die Diskussion, wann Verwaltungsaufwand als unverhältnismäßig zu bezeichnen ist, breiten Raum ein; die vorgelagerte Frage danach, was grds. alles als Verwaltungsaufwand zu qualifizieren ist, wird dagegen selten gestellt und auch weder vom IFG noch von den Gesetzesmotiven näher thematisiert (so ausdrücklich VG Frankfurt a. M. Urt. v. 28.1.2009 – 7 K 4037/07.F – Rn. 65; vgl. insgesamt ZDM, 228). Positiv wird der Verwaltungsaufwand dahingehend präzisiert, dass nur Aufwand zu berücksichtigen sein soll, der gerade dadurch entsteht, dass die geheimhaltungsbedürftigen Informationen von den zugänglich zu machenden Informationen separiert werden müssen (BfDI, Anwendungshinweise, 16; Igstadt, Informationsfreiheit und Informationsrecht Jahrbuch 2011, 285 (288); VGH Kassel Beschl. v. 2.3.2010 – 6 A 1684/08 – Rn. 39; Beschl. v. 28.4.2010 – 6 A 1767/08 – Rn. 39). Diese Definition bringt gleichzeitig ein kumulatives Verständnis der Tatbestandsmerkmale des § 7 Abs. 2 S. 1 zum Ausdruck. Weiter wird ausgeführt, dass hingegen der Aufwand, der bei Drittbeteiligungen o. ä. anfällt, nicht in die Betrachtung einbezogen werden dürfe (BfDI, Anwendungshinweise, 16; Igstadt, Informationsfreiheit und Informationsrecht Jahrbuch 2011, 285 (288)). Ebenso muss nach Auffassung der Bundesregierung wohl der Aufwand für erforderliche verwaltungsinterne Abstimmungen über das Vorliegen oder Nichtvorliegen eines Ablehnungsgrundes unberücksichtigt bleiben (BT-Drs. 17/5807, 4).

53 Abzugrenzen ist der von § 7 Abs. 2 S. 1 in Bezug genommene „unverhältnismäßige Verwaltungsaufwand" von dem in § 1 Abs. 2 S. 3 genannten „deutlich höheren Verwaltungsaufwand". Diese Notwendigkeit ergibt sich nicht nur aus dem unterschiedlichen Wortlaut der Normen, sondern auch aus den unterschiedlichen Rechtsfolgen, die beide Normen zeitigen: Während das Vorliegen eines deutlich höheren Verwaltungsaufwandes nach § 1 Abs. 2 S. 3 lediglich dazu führt, dass der Informationszugang in einer anderen Art als vom Antragsteller gewünscht durchgeführt wird, schließt ein unverhältnismäßiger Verwaltungsaufwand nach § 7 Abs. 2 S. 1 den Informationszugang insgesamt aus (Fluck/Theuer/Fluck IFG § 7 Rn. 106; Schoch IFG § 7 Rn. 59). Insofern wird davon ausgegangen, dass die inhaltlichen Anforderungen, die an den unverhältnismäßigen Verwaltungsaufwand zu stellen sind, weitergehender sein müssen, als dies beim Begriff des deutlich höheren Verwaltungsaufwandes der Fall ist (VGH Kassel Beschl. v. 2.3.2010 – 6 A 1684/08 – Rn. 27; Beschl. v. 28.4.2010 – 6 A 1767/08 – Rn. 27; Fluck/Theuer/Fluck IFG § 7 Rn. 106; Igstadt, Informationsfreiheit und Informationsrecht Jahrbuch 2011, 285 (289); Schoch IFG § 7 Rn. 59). Dabei lassen sich aber weder dem Wortlaut des § 7 Abs. 2 S. 1 noch der Gesetzesbegründung Anhaltspunkte entnehmen, ab wann Verwaltungsaufwand als unverhältnismäßig zu bezeichnen ist (VGH Kassel Beschl. v. 2.3.2010 – 6 A 1684/08 – Rn. 27; Beschl. v. 28.4.2010 – 6 A 1767/08 – Rn. 27; VG Frankfurt a. M. Urt. v. 28.1.2009 – 7 K 4037/07.F – Rn. 65; Igstadt, Informationsfreiheit und Informationsrecht Jahrbuch 2011, 285 (289)). Ganz grds. ist aber davon auszugehen, dass das Merkmal des unverhältnismäßigen Verwaltungsaufwandes wegen seines anspruchsbegrenzenden Charakters restriktiv auszulegen ist. Es wird sogar gefordert, dass lediglich der fiktive unvermeidbare Aufwand und nicht der tatsächliche Aufwand bei der Auslegung dieses Begriffes Berücksichtigung finden darf (Sydow NVwZ 2013, 467 (470)).

Dies geschieht unter Hinweis auf die aktuelle Rechtsprechung des BSG, wonach der zur Informationszugangsgewährung erforderlich Aufwand „unter Berücksichtigung effizienter, kostensparender Verfahren zu bemessen" ist (BSG NVwZ 2013, 526 (Rn. 23); ähnlich bereits BVerfG NJW 2006, 1116 (1121)). Daraus folge eine Obliegenheit der Behörde, eigene Arbeitsabläufe effizient und auskunftsfreundlich zu gestalten, da andernfalls eine Berufung auf einen mit dem Auskunftsbegehren verbundenen unverhältnismäßigen Aufwand ausgeschlossen sei (Sydow NVwZ 2013, 467 (470); ähnlich Rossi NVwZ 2013, 1263 (1265)).

Bei dem Versuch den Begriff des unverhältnismäßigen Verwaltungsaufwandes näher zu konturieren, werden die Begriffe der Schutz- bzw. Missbrauchsklausel gebraucht. Dies suggeriert, dass hiermit auf den hinter der Regelung stehenden Zweck rekurriert wird: Dient der Begriff des unverhältnismäßigen Verwaltungsaufwands primär dem Schutz der informationspflichtigen Behörde oder geht es eher darum, Missbräuche des Informationszugangsrechts in Einzelfällen zu verhindern? Von dieser Entscheidung sollte dann abhängen, ob die Anforderungen, die an den unverhältnismäßigen Verwaltungsaufwand gestellt werden, tendenziell höher (Missbrauchsklausel) oder niedriger (Schutzklausel) sind. Dies ist in der Rechtsprechungspraxis allerdings nicht der Fall. Beispielhaft sei auf die Entscheidungen des VG Frankfurt a. M. Urt. v. 28.1.2009 – 7 K 4037/07.F und des VGH Kassel Beschl. v. 30.4.2010 – 6 A 1341/09, hingewiesen, die sich unter anderem mit der Frage auseinander zu setzen hatten, ob es einen unverhältnismäßigen Verwaltungsaufwand darstellt, insgesamt 22 Aktenstücke mit etwa 5.000 Seiten zu sichten, auszusortieren und zusammenzufassen. Obwohl das VG explizit davon sprach, dass „das Merkmal des unverhältnismäßigen Verwaltungsaufwands als Mißbrauchsklausel auszulegen sei" (VG Frankfurt a. M. Urt. v. 28.1.2009 – 7 K 4037/07. F Rn. 68), ging es in diesem Fall von einem unverhältnismäßigen Aufwand aus (VG Frankfurt a. M. Urt. v. 28.1.2009 – 7 K 4037/07.F Rn. 70). Demgegenüber verneinte der VGH Kassel, der sich ausdrücklich gegen eine Interpretation des Begriffs des unverhältnismäßigen Verwaltungsaufwandes als Missbrauchsklausel wendet und eher dessen Schutzcharakter betont (VGH Kassel Beschl. v. 30.4.2010 – 6 A 1341/09 Rn. 18; so auch VG Saarlouis Urt. v. 24.4.2013 – 3 K 1544/11 – Rn. 33), die Unverhältnismäßigkeit im konkreten Fall (VGH Kassel Beschl. v. 30.4.2010 – 6 A 1341/09 Rn. 30).

Eine Ansicht stellt auf abstrakter Ebene zur Konkretisierung des unverhältnismäßigen Verwaltungsaufwandes darauf ab, dass „(d)ie Anforderungen an diese Schutzklausel (…) im Interesse der grundsätzlichen Informationszugangsfreiheit nicht zu niedrig gestellt werden (dürfen). Ein unverhältnismäßiger Verwaltungsaufwand besteht aber bspw. in Fällen, in denen die Behörde zur Beantwortung einer einzelnen Frage mehrere Aktenordner Seite für Seite durchblättern müsste" (VG Frankfurt a. M. Urt. v. 19.3.2008 – 7 E 4067/06 – Rn. 55; Urt. v. 2.7.2008 – 7 E 791/07(1); Urt. v. 5.12.2008 – 7 E 1780/07 – Rn. 69; NK-IFG/Rossi IFG § 7 Rn. 30; ähnlich: VG Frankfurt a. M., Urt. v. 12.3.2008 – 7 E 5426/06 – Rn. 67; Beschl. v. 7.5.2009 – 7 L 676/09.F – Rn. 18; VG Saarlouis Urt. v. 24.4.2013 – 3 K 1544/11 – Rn. 33). Eine andere Ansicht betont, dass der Begriff des unverhältnismäßigen Verwaltungsaufwands den „Schutz der Behörde vor einer institutionellen Überforderung durch die Verwirklichung des Informationszugangs" bezweckt und vermeiden soll, „dass die Funktionsfähigkeit der Behörde und damit die Wahrnehmung ihrer eigentlichen Sachaufgaben blockiert wird" (VG Berlin Urt. v. 12.10.2009 – 2 A 20.08 -Rn. 65; Urt. v. 1.6.2012 – 2 K 177.11 – Rn. 35; Schoch IFG § 7 Rn. 59 und 63; dagegen bezeichnet Sydow diesen Gedankengang als Fehlvorstellung, da aufgrund der Informationsfreiheitsgesetzgebung die Erteilung von Informationen mittlerweile zum genuinen Aufgabenspektrum der Behörden gehöre, Sydow NVwZ 2013, 467 (471)). Dabei werden unterschiedliche weitere Parameter in die Bestimmung der Unverhältnismäßigkeit einbezogen. Während Schoch verlängerte Bearbeitungszeiten und die zusätzlich zu erhebenden Gebühren berücksichtigt wissen will (Schoch IFG § 7 Rn. 63; aM, was die Kompensationsmöglichkeit durch entsprechende Gebührenerhebung anbelangt VG Frankfurt a. M. Beschl. v. 7.5.2009 – 7 L 676/09.F – Rn. 18), stellt die Rspr. eher auf das Verhältnis des technisch-organisatorischen Aufwandes „zu dem zu erwartenden Erkenntnisgewinn der Allgemeinheit bzw. zum Erkenntnisgewinn des Einzelnen" ab (VG Berlin Urt. v. 1.6.2012 – 2 K 177.11 – Rn. 35; ähnlich VGH Kassel Beschl. v. 2.3.2010 – 6 A 1684/08 – Rn. 28; Beschl. v. 28.4.2010 – 6 A 1767/08 – Rn. 28; Beschl. v. 30.4.2010 – 6 A 1341/09 – Rn. 18). Zur Präzisierung des Merkmals des unverhältnismäßigen Verwaltungsaufwands wäre es hilfreich, wenn der Gesetzgeber klarstellen würde, ob dieses Merkmal primär dem Schutz der Behörde oder der Verhinderung des Missbrauchs des Informationszugangsrechts dienen soll (ZDM, 242).

56   Auch wenn sich die Rspr. bislang primär pragmatisch an quantitativen Maßstäben orientiert hat (so betont VGH Kassel Beschl. v. 2.3.2010 – 6 A 1684/08 – Rn. 31 und Beschl. v. 28.4.2010 – 6 A 1767/08 – Rn. 31, dass es zulässig ist, alleine auf den Umfang des Verwaltungsaufwandes abzustellen; Igstadt, Informationsfreiheit und Informationsrecht Jahrbuch 2011, 285 (287); ZDM, 230 f.), wird doch stets betont, dass keine allgemeinen, für sämtliche Fallgestaltungen gültigen Maßstäbe existieren und somit immer auf die Umstände des jeweiligen Einzelfalls abzustellen ist (VGH Kassel Beschl. v. 2.3.2010 – 6 A 1684/08 – Rn. 34; Beschl. v. 28.4.2010 – 6 A 1767/08 – Rn. 34; VG Berlin, Urt. v. 12.10.2009 – 2 A 20.08 –Rn. 46; Urt. v. 1.6.2012 – 2 K 177.11 – Rn. 35). Verfehlt sei es insbes. „einen nach Blattzahlen bestimmten Umfang des zu bearbeitenden Aktenbestandes als Grenze für die Annahme eines unzumutbaren und damit unverhältnismäßigen Verwaltungsaufwands festzulegen" (Igstadt, Informationsfreiheit und Informationsrecht Jahrbuch 2011, 285 (293)). Welche Umstände konkret Berücksichtigung finden dürfen, wird allerdings durchaus unterschiedlich beurteilt: Das VG Berlin betont, dass neben dem „Umfang des Informationsbestandes, zu dem der Antragsteller Zugang begehrt", ebenso „die Art der Speicherung der Informationen (elektronisch oder in Papierform) und die damit einhergehende Recherchemöglichkeit" zu berücksichtigen ist und auch der Personalbestand der Behörde, der für die Erfüllung der eigentlichen Sachaufgaben zur Verfügung steht, von Bedeutung sein kann (VG Berlin Urt. v. 1.6.2012 – 2 K 177.11 – Rn. 35). Andere hingegen wollen vom Zugangsgesuch selbst unabhängige Faktoren, wie die Aus- oder Überlastung der Behörde mit weiteren Informationsgesuchen oder anderen Aufgaben grds. unberücksichtigt lassen. Es sei selbstverständlich, dass das Interesse am Informationszugang je nach Aufgabenzuschnitt der jeweiligen Behörde stark variiere. Hierauf könnten und müssten sich die einzelnen Behörden aber einstellen (Igstadt, Informationsfreiheit und Informationsrecht Jahrbuch 2011, 285 (293 f.); ähnlich VGH Kassel Beschl. v. 2.3.2010 – 6 A 1684/08 – Rn. 41; Beschl. v. 28.4.2010 – 6 A 1767/08 – Rn. 42; Beschl. v. 30.4.2010 – 6 A 1341/09 – Rn. 27).

56.1   Konkret wurde die Unverhältnismäßigkeit des Verwaltungsaufwandes in folgenden Fällen bejaht: Prüfung, ob Sach- oder Phantasiefirma vorliegt aus über 120.000 Mitgliedsunternehmen (VG Karlsruhe Urt. v. 22.11.2006 – 11 K 1466/06); zur Beantwortung einer einzelnen Frage müssten von der Behörde mehrere Aktenordner durchgeblättert werden (VG Frankfurt a. M. Urt. v. 19.3.2008 – 7 E 4067/06 – Rn. 55); Sichtung von 4.255 Ordner zu je ca. 300 Seiten, womit ein Mitarbeiter mehr als sieben Jahre beschäftigt wäre (VG Berlin Urt. v. 12.10.2009 – 2 A 20.08 – Rn. 48 ff.; auch die Bindung eines Mitarbeiters für die Durchsicht von 295 Ordnern für knapp 27 Arbeitswochen hielt das VG für unverhältnismäßig, VG Berlin, aaO, Rn. 55); der einschlägige Aktenbestand umfasst mehrere tausend Seiten (konkret: 10.000 Seiten) und enthält in nicht nur unwesentlichem Ausmaß geheimhaltungs- und schutzbedürftige Informationen (VG Frankfurt a. M. Beschl. v. 7.5.2009 – 7 L 676/09.F – Rn. 18 und 20); Zusammenstellung von Informationen aus insgesamt 22 Aktenstücken mit etwa 5.000 Seiten (VG Frankfurt a. M. Urt. v. 28.1.2009 – 7 K 4037/07.F – Rn. 70; andere Beurteilung durch VGH Kassel Beschl. v. 30.4.2010 – 6 A 1341/09 – Rn. 30); Durchsicht von 182 Bänden mit 25.000 bis 30.000 Seiten, wovon ca. 94 Akten mit 15.000 bis 20.000 Seiten relevant sind und „(i)m Anschluss an die Durchsicht des gesamten Aktenbestandes und die Separierung der für das Antragsbegehren relevanten Aktenbestände, die darin enthaltenen Dokumente zunächst kopiert und dann Seite für Seite, Satz für Satz und Wort für Wort auf eine mögliche Geheimhaltungsbedürftigkeit durchgesehen werden müssten" (VG Frankfurt a. M. Urt. v. 19.3.2008 – 7 E 4067/06 – Rn. 55; andere Beurteilung durch VGH Kassel Beschl. v. 2.3.2010 – 6 A 1684/08 – Rn. 24 ff.); Aktenbestand von ca. 45.000 Seiten, wobei alleine eine teilweise notwendige händisch erstellte Auflistung des älteren Akteninhalts für das Gericht ca. 160 Seiten umfasst. Lediglich das Erstellen dieser Übersichten hat einen Arbeitsaufwand von 2.605 Stunden und einen Kostenaufwand von ca. 100.000 € verursacht und es ist davon auszugehen, dass alleine die Erstellung einer Sperrerklärung 80 Monate in Anspruch nehmen würde, sollte sie von nur einer Person erstellt werden bzw. 80 Personen nötig wären, um sie innerhalb eines Monats zu verfassen. Hinzu käme der durch die Beteiligung der Rechtsabteilung anfallende Personalaufwand (VG Frankfurt a. M. Urt. v. 23.4.2013 – 7 K 129/10.F – Rn. 42 f.).

56.2   Keine Unverhältnismäßigkeit nahmen die Gerichte hingegen in diesen Fällen an: In den beiden zuletzt genannten Fällen verneinte das Berufungsgericht die Unverhältnismäßigkeit; Personalkosten in Höhe von ca. 56.250 EUR bzw. 32.985 EUR führen in Relation zur Höchstgebühr von 500 EUR nicht zur Unverhältnismäßigkeit (VGH Kassel Beschl. v. 2.3.2010 – 6 A 1684/08 – Rn. 25 ff. bzw. Beschl. v. 28.4.2010 – 6 A 1767/08 – Rn. 25 ff.); Überprüfung von über 308 Aktenordnern zu je 400 Blatt auf Montblanc-Schreibgeräte und Digitalkameras (VG Berlin Urt. v. 11.11.2010 – 2 K 35.10 – Rn. 38); Durchsicht von ca. 2.500 Seiten, ohne dass eine Durchsicht Seite für Seite erforderlich sein dürfte (VG Frankfurt a. M. Urt. v. 12.3.2008 – 7 E 5426/06 – Rn. 74 und 82; Urt. v. 23.6.2010 – 7 K 1424/09.F – 31 f.); Durchsicht von ca. 1.400 Seiten (VG Frankfurt a. M. Urt. v. 2.7.2008 – 7 E 791/07 (1)) bzw. ca. 1354 Seiten (VG Frankfurt a. M. Beschl. v. 18.5.2010 – 7 K 1645/09.F – Rn. 27); Durchsicht von ca. 700 Seiten auf zu schützende Daten (VG Frankfurt a. M. Urt. v. 12.3.2008 – 7 E 5426/06 – Rn. 67); Durchsicht von „nicht einmal zweihundert Seiten" (VG Frankfurt a. M. Urt. v. 23.1.2008 – 7 E 3280/06 (V) – Rn. 92).

II. Einverständnis mit der Unkenntlichmachung von Informationen, die Belange Dritter berühren (S. 2)

Eine teilweise Stattgabe des Antrags auf Informationszugang kommt nach § 7 Abs. 2 S. 2 **57** auch dann in Betracht, wenn sich der Antragsteller in den Fällen, in denen Belange Dritter berührt sind, mit einer Unkenntlichmachung der diesbezüglichen Informationen einverstanden erklärt. § 7 Abs. 2 S. 2 macht nach der Gesetzesbegründung ein Verfahren nach § 8 entbehrlich und dient damit der Verfahrensbeschleunigung (BT-Drs. 15/4493, 15; VG Saarlouis Urt. v. 24.4.2013 – 3 K 1544/11 – Rn. 32). Da der Antragsteller sich im Fall des § 7 Abs. 2 S. 2 ausdrücklich mit dem beschränkten Informationszugang einverstanden erklärt, werden Konflikte mit betroffenen Dritten von Beginn an vermieden (Schoch IFG § 7 Rn. 67). Das Einverständnis kann entweder bereits mit der Antragstellung oder auch erst im Laufe des Verfahrens, zB nach entsprechender Beratung durch die Behörde, erklärt werden (Fluck/Theuer/Fluck IFG § 7 Rn. 111; Schoch IFG § 7 Rn. 67).

§ 7 Abs. 2 S. 2 erfasst ausdrücklich nur die Fälle, in denen Daten Dritter berührt sind. Da **58** Dritte nach der Legaldefinition des § 2 Nr. 2 alldiejenigen sind, über die personenbezogene Daten oder sonstige Informationen vorliegen, erfasst § 7 Abs. 2 S. 2 nur die Konstellationen, in denen nach § 5und § 6 geschützte Daten eine Rolle spielen (Schoch IFG § 7 Rn. 68; ZDM, 205). Soweit dem Informationszugang schutzwürdige öffentliche Belange iSd §§ 3, 4 entgegenstehen, kann § 7 Abs. 2 S. 2 zumindest nicht direkt herangezogen werden. Mit Hinweis darauf, dass auch bei der Betroffenheit öffentlicher Belange mit dem Einverständnis in den nur eingeschränkt gewährten Informationszugang Verfahrenserleichterungen erzielbar sind, wird eine analoge Anwendung des § 7 Abs. 2 S. 2 auf die §§ 3, 4 befürwortet (Schoch IFG § 7 Rn. 68; dies entspricht wohl auch der Verwaltungspraxis, vgl. ZDM, 205). Gegen eine Analogie wird allerdings eingewendet, dass die Gesetzesbegründung als Zweck der Regelung des § 7 Abs. 2 S. 2 explizit die Entbehrlichkeit des Verfahrens nach § 8 anführt, dieses Verfahren im Rahmen der §§ 3, 4 aber gerade nicht vorgesehen ist (ZDM, 205). Zur Klärung dieser Unklarheiten wird für eine ausdrückliche Einbeziehung der §§ 3, 4 in § 7 Abs. 2 S. 2 plädiert (Schoch IFG § 7 Rn. 120; ZDM, 206).

Ebenfalls umstritten ist, ob zusätzlich zu den Voraussetzungen des § 7 Abs. 2 S. 2 die **59** Voraussetzungen des § 7 Abs. 2 S. 1(Teilbarkeit, kein unverhältnismäßiger Verwaltungsaufwand) vorliegen müssen. Auch wenn gegen dieses Verständnis des § 7 Abs. 2 S. 2 eingewendet wird, es handele sich hier um einen „typischen Fall einer Rechtsfolgenverweisung", entsprechende Anhaltspunkte seien dem Gesetzestext nicht zu entnehmen (Schoch IFG § 7 Rn. 69), so ist bei Berücksichtigung von Sinn und Zweck des § 7 Abs. 2 doch davon auszugehen, dass auch bei Vorliegen eines Einverständnisses des Antragstellers gem. § 7 Abs. 2 S. 2 zu verlangen ist, dass die Voraussetzungen des § 7 Abs. 2 S. 1 vorliegen: Für die Voraussetzung, dass das Informationsbegehren grds. teilbar sein muss, ergibt sich dies zwangsläufig; nicht nachvollziehbar ist dann aber, warum eine Voraussetzung des § 7 Abs. 2 S. 1 bei § 7 Abs. 2 S. 2 vorliegen muss, die andere hingegen nicht. Insofern ist einer extensiven Interpretation der „Entsprechens-Klausel" des § 7 Abs. 2 S. 2 der Vorzug zu geben (so Fluck/Theuer/Fluck IFG § 7 Rn. 113; wohl auch NK-IFG/Rossi IFG § 7 Rn. 32; hiervon geht auch das VG Saarlouis Urt. v. 24.4.2013 – 3 K 1544/11 – Rn. 33 aus).

D. Form der Auskunftserteilung, keine Verpflichtung zur Prüfung der inhaltlichen Richtigkeit (Abs. 3)

60 § 7 Abs. 3 bezieht sich alleine auf die Erfüllung des Anspruchs auf Informationszugang im Wege der Auskunftserteilung; für die weiteren, in § 1 Abs. 2 S. 1 genannten Arten des Informationszugangs (Akteneinsicht, Zurverfügungstellung der Information in sonstiger Weise) enthält § 7 Abs. 3 keine Regelungen. § 7 Abs. 3 kommt erst dann zur Anwendung, wenn die Behörde sich nach § 1 Abs. 2 S. 1 grds. dafür entschieden hat, das Informationszugangsbegehren im Wege der Auskunftserteilung zu erfüllen (Fluck/Theuer/Fluck IFG § 7 Rn. 119; Schoch IFG § 7 Rn. 73 f.).

I. Form der Auskunftserteilung (S. 1)

61 Die Auskunftserteilung ist nach § 7 Abs. 3 S. 1 mündlich, schriftlich oder elektronisch möglich. Hierunter kann auch die telefonische Auskunftserteilung als Unterfall der mündlichen Auskunftserteilung subsumiert werden (Schoch IFG § 7 Rn. 74). Voraussetzung für eine elektronische Auskunftserteilung ist nach § 3a Abs. 1 VwVfG, auf den die Gesetzesbegründung ausdrücklich hinweist (BT-Drs. 15/4493, 15), dass der Antragsteller einen Zugang eröffnet hat. Dies soll in der Regel zu bejahen sein, wenn der Antragsteller selbst auf elektronischem Wege mit der Behörde in Kontakt getreten ist oder auch nur seine Email-Adresse genannt hat ohne ausdrücklich darauf hinzuweisen, dass er eine andere Kommunikationsform wünscht (Fluck/Theuer/Fluck IFG § 7 Rn. 121; strenger BeckOK VwVfG/U. Müller, § 3a, Rn. 2 ff.: alleine die elektronische Kontaktaufnahme durch den Adressaten genügt nicht).

62 § 7 Abs. 3 S. 1 stellt die Form der Auskunftserteilung – anders als § 1 Abs. 2 S. 2 die Art des Informationszugangs – in das Ermessen der Behörde. Unabhängig von der methodischen Herleitung (§ 40 VwVfG oder analoge Anwendung des § 1 Abs. 2 S. 2 und 3), herrscht Einigkeit, dass die Behörde nach pflichtgemäßem Ermessen zu entscheiden hat. Im Ergebnis bedeutet dies, dass dem Antragsteller die Auskunft grds. in der für ihn optimalen Form zu erteilen ist. Das ist zunächst – sofern er dies mitgeteilt hat und keine gewichtigen Gründe dagegen sprechen – die vom Antragsteller gewünschte Form der Auskunftserteilung. Sofern keine Wünsche mitgeteilt wurden, ist davon auszugehen, dass die Schriftform im Regelfall die optimale Form der Auskunftserteilung darstellt, wobei die elektronische Form als beinahe äquivalent gewertet wird (vgl. hierzu insgesamt Fluck/Theuer/Fluck IFG § 7 Rn. 119; Mecklenburg/Pöppelmann IFG § 7 Rn. 36 ff.; Schoch IFG § 7 Rn. 75 f.). Die (fern-)mündliche Auskunftserteilung wird hingegen nur in einfach gelagerten Fällen (zB mündliche Anfrage, Verkörperung der Information ist ersichtlich nicht relevant) für angemessen gehalten (Fluck/Theuer/Fluck IFG § 7 Rn. 119; Schoch IFG § 7 Rn. 76). In diesen Fällen wird der Behörde aus Gründen der Beweissicherung allerdings empfohlen, die mündliche erteilte Auskunft schriftlich zu fixieren (NK-IFG/Rossi IFG § 7 Rn. 33; Schoch IFG § 7 Rn. 76 hält dies zumindest für sinnvoll).

63 Die Gesetzesbegründung weist abschließend darauf hin, dass § 37 Abs. 2 S. 2 VwVfG Anwendung findet, wonach ein mündlicher Verwaltungsakt schriftlich oder elektronisch zu bestätigen ist, wenn hieran ein berechtigtes Interesse besteht und der Betroffene dies unverzüglich verlangt. Auch wenn diese Feststellung im Ergebnis geteilt wird, wird dennoch darauf hingewiesen, dass eine unmittelbare Anwendung des § 37 Abs. 2 S. 2 VwVfG unter rechtsdogmatischen Aspekten mangels Verwaltungsaktsqualität der Auskunftserteilung nicht in Betracht kommt. Entweder wird davon ausgegangen, dass eine analoge Anwendung des § 37 Abs. 2 S. 2 VwVfG möglich ist (Schoch IFG § 7 Rn. 77), oder der Antragsteller wird darauf verwiesen, seinen Antrag erneut zu stellen und dabei eine schriftliche Auskunftserteilung zu verlangen, was im Ergebnis keinen Unterschied machen würde (Fluck/Theuer/Fluck IFG § 7 Rn. 123; dabei ist der Hinweis Flucks darauf, dass § 37 Abs. 2 S. 2 VwVfG mangels Verwaltungsaktsqualität der Auskunftserteilung nicht anwendbar ist, insofern interessant, als er für die inhaltliche Konturierung der Ermessensausübung im Rahmen des § 7 Abs. 3 S. 1 selbst auf § 40 VwVfG rekurriert, Fluck/Theuer/Fluck IFG § 7 Rn. 119).

II. Keine Verpflichtung zur Prüfung der inhaltlichen Richtigkeit (S. 2)

§ 7 Abs. 3 S. 2 stellt die Behörde – und auch sonst jede informationspflichtige Stelle nach § 1 Abs. 1 (Schoch IFG § 7 Rn. 78) – von einer Verpflichtung zur Überprüfung der inhaltlichen Richtigkeit der erteilten Information frei. Die Freistellung der genannten Stellen von der Prüfung der inhaltlichen Richtigkeit der erteilten Informationen erstreckt sich dabei ausschließlich auf die Gewährung von Informationszugang im Rahmen des IFG. Soweit das Informationshandeln der durch § 7 Abs. 3 S. 2 privilegierten Stellen auf anderer Grundlage erfolgt, gelten die allgemeinen Grundsätze (Fluck/Theuer/Fluck IFG § 7 Rn. 131; Schoch IFG § 7 Rn. 79). 64

Diskutiert wird, ob sich die Freistellung von der Prüfung der inhaltlichen Richtigkeit der Information alleine auf die Auskunftserteilung nach § 7 Abs. 3 S. 1 erstreckt, oder ob sie auch für die Akteneinsicht bzw. für sonstige Arten des Informationszugangs gilt. Während im Ergebnis Einigkeit herrscht, dass die informationspflichtigen Stellen unabhängig von der Art des Informationszugangs (Auskunft, Akteneinsicht, oder auf sonstige Art) nicht dazu verpflichtet sein sollten, die inhaltliche Richtigkeit der im Rahmen des IFG begehrten Informationen zu überprüfen, wird dieses Ergebnis dogmatisch auf unterschiedliche Weise hergeleitet. Teilweise wird vertreten, § 7 Abs. 3 S. 2 müsste entgegen seiner systematischen Stellung, nach der er grds. nur für die Auskunftserteilung nach § 7 Abs. 3 S. 1 gilt, auch auf sämtliche andere Arten des antragsgebundenen Informationszugangs angewendet werden (BfDI, Anwendungshinweise, 16; Fluck/Theuer/Fluck IFG § 7 Rn. 128; NK-IFG/Rossi IFG § 7 Rn. 35, der in Rn. 34 auch ausführlich zu den Gründen für die systematische Verortung des § 7 Abs. 3 S. 2 im Zusammenhang mit der Auskunftserteilung Stellung nimmt). Schoch hingegen erreicht dieses „sinnvolle" Ergebnis methodisch korrekt dadurch, dass der Umfang des Anspruchsinhalts nach §§ 1 Abs. 1, 2 Nr. 1 so interpretiert wird, dass nur vorhandene Informationen unabhängig von ihrer inhaltlichen Richtigkeit erfasst sind. § 7 Abs. 3 S. 2 hat bei dieser Lesart des Anspruchs auf Informationszugang lediglich klarstellende Bedeutung (Schoch IFG § 7 Rn. 79 und 88; ähnlich Mecklenburg/Pöppelmann IFG § 7 Rn. 39). 65

Keine Aussage trifft das IFG dazu, wie in den Fällen zu verfahren ist, in denen die Behörde selbst an der inhaltlichen Richtigkeit der Informationen zweifelt. Vereinzelt wird eine generelle Hinweispflicht auf aktenkundige Zweifel an der Richtigkeit der Informationen verneint, auch die behördliche Fürsorgepflicht zwinge nicht hierzu. Lediglich im Fall der Auskunftserteilung sei davon auszugehen, dass aktenkundige Zweifel an der Richtigkeit der Information konkludent mit erfragt würden (Fluck/Theuer/Fluck IFG § 7 Rn. 133; ähnlich Jastrow/Schlatmann IFG § 7 Rn. 44). Richtigerweise wird allerdings überwiegend davon ausgegangen, dass die Behörde bei Zweifeln an der Richtigkeit der Information – unabhängig davon, ob die Zweifel aktenkundig sind oder auf sonstigen Hinweisen beruhen – aus Fürsorgegründen verpflichtet ist, dies dem Antragsteller mitzuteilen (Britz/Eifert/Groß DÖV 2007, 717 (725); Kloepfer/v. Lewinski DVBl. 2005, 1277 (1280); Kloepfer K & R 2006, 19 (25 f.); Mecklenburg/Pöppelmann IFG § 7 Rn. 40; NK-IFG/Rossi IFG § 7 Rn. 36; Schoch IFG § 7 Rn. 80). Erst recht besteht eine Mitteilungspflicht, wenn die Behörde positiv weiß, dass die Informationen unrichtig sind (Jastrow/Schlatmann IFG § 7 Rn. 40; Steinbach/Hochheim NZS 2006, 517 (522)). 66

Unbestritten ist, dass die Freistellung von der Prüfung der inhaltlichen Richtigkeit der Information sich ausschließlich auf den Fall bezieht, dass der Informationszugang auf Antrag nach dem IFG erfolgt. Soweit die Information im Rahmen der Veröffentlichungspflichten nach § 11 zur Verfügung gestellt wird, trägt die Behörde die Verantwortung für deren inhaltliche Richtigkeit. In diesen Fällen reagiert die Behörde nicht nur auf einen Antrag, sondern erfüllt eine eigenständige Verpflichtung; in diesen Fällen hat sie die Richtigkeit der zur Verfügung gestellten Informationen zu gewährleisten (Britz/Eifert/Groß DÖV 2007, 717 (725); NK-IFG/Rossi IFG § 7 Rn. 37; Schoch IFG § 7 Rn. 79). 67

Soweit § 7 Abs. 3 S. 2 einschlägig ist führt er dazu, dass die Behörde für die Herausgabe unrichtiger Informationen nicht haftet – eine Amtshaftung scheidet mangels Amtspflichtverletzung aus (Jastrow/Schlatmann IFG § 7 Rn. 42; NK-IFG/Rossi IFG § 7 Rn. 36; Schoch IFG § 7 Rn. 81). Für die Praxis wird empfohlen, den Antragsteller ausdrücklich darauf hinzuweisen, dass die inhaltliche Richtigkeit der Information nicht überprüft wurde (Britz/Eifert/Groß DÖV 2007, 717 (725); ähnlich Schomerus, 22). Sofern allerdings § 7 68

Abs. 3 S. 2 nicht anwendbar ist, weil das Informationshandeln nicht auf Antrag nach dem IFG basiert oder behördliche Zweifel an der Richtigkeit der Information vorliegen, verbleibt es bei den allgemeinen Grundsätzen des Staatshaftungsrechts (Kloepfer/v. Lewinski DVBl. 2005, 1277 (1280); Kloepfer K& R 2006, 19 (25); Schoch IFG § 7 Rn. 81).

E. Einsichtnahme (Abs. 4)

69   Ähnlich wie § 7 Abs. 3 für die Auskunftserteilung, enthält § 7 Abs. 4 spezielle Vorschriften für die Einsichtnahme in amtliche Informationen. Hat sich die Behörde grds. für die Einsichtnahme als Art des Informationszugangs nach § 1 Abs. 2 entschieden, enthält § 7 Abs. 4 konkrete Vorgaben zu den Modalitäten der Einsichtnahme (VG Ansbach Urt. v. 14.9.2010 – AN 4 K 10.01419 – Rn. 14; Urt. v. 3.5.2011 – AN 4 K 11.00644 – Rn. 20). Ganz grds. wird diesbezüglich festgehalten, dass die Behörde zumindest verpflichtet ist, die gewünschten Informationen „in einer verständlichen, dh vor allen Dingen auch in einer lesbaren Form bereitzustellen." Sofern Daten nur mittels besonderer technischer Geräte wahrgenommen oder gelesen werden könne, schulde die Behörde die Zurverfügungstellung der hierfür notwendigen Technik. Dagegen umfasse die individuelle Erläuterung der Daten nicht die Informationspflicht der Behörden (Rossi NVwZ 2013, 1263 (1265)).

I. Notizen, Ablichtungen und Ausdrucke (S. 1)

70   § 7 Abs. 4 S. 1 statuiert ein subjektives öffentliches Recht des Antragsstellers im Fall der Einsichtnahme in amtliche Informationen (NK-IFG/Rossi IFG § 7 Rn. 38; Schoch IFG § 7 Rn. 85). Es wird ihm gestattet, bei Einsichtnahme in die Informationen Aufzeichnungen als Gedächtnishilfe zu fertigen und mitzunehmen (BT-Drs. 15/4493, 15). Ablichtungen und Ausdrucke kann er sich fertigen lassen. Bezüglich der Ausdrucke hält die Gesetzesbegründung ausdrücklich fest, dass ein Anspruch auf Ausdruck gespeicherter oder verfilmter Texte besteht (BT-Drs. 15/4493, 15).

71   Unter Notizen versteht die Gesetzesbegründung Aufzeichnungen, die der Gedächtnishilfe dienen (BT-Drs. 15/4493, 15; Schoch IFG § 7 Rn. 86; enger Fluck/Theuer/Fluck IFG § 7 Rn. 139). Eine Ablichtung gibt das Originaldokument wider; ohne Relevanz ist dabei, welche Technik konkret zur Herstellung der Ablichtung verwendet wird (Fluck/Theuer/Fluck IFG § 7 Rn. 139; Schoch IFG § 7 Rn. 86). Bei einem Ausdruck handelt es sich um die Widergabe von elektronisch gespeicherten oder verfilmten Informationen (BT-Drs. 15/4493, 15; Fluck/Theuer/Fluck IFG § 7 Rn. 139; Schoch IFG § 7 Rn. 86).

72   § 7 Abs. 4 S. 1 behandelt Notizen einerseits und Ablichtungen und Ausdrucke andererseits unterschiedlich. Während sich der Anspruch bei den Notizen auf die selbstständige Erstellung durch den Antragsteller erstreckt, hat er hinsichtlich von Ablichtungen und Ausdrucken nur einen Anspruch darauf, dass die Behörde tätig wird. Damit ist sichergestellt, dass die Behörde Kenntnis davon hat, welche Informationen konkret in den Besitz des Antragstellers gelangen; zusätzlich kann so ein unsachgemäßer Gebrauch der Datenträger verhindert werden (NK-IFG/Rossi IFG § 7 Rn. 39; Schoch IFG § 7 Rn. 85). Diese Formulierung des Gesetzestextes schließt es allerdings nicht aus, dass auch Ablichtungen und Ausdrucke vom Antragsteller selbst hergestellt werden; hierauf hat dieser allerdings – ebenso wenig wie auf die Überlassung einer elektronischen Akte – keinen Anspruch, sondern es liegt im pflichtgemäßen Ermessen der Behörde, einen solchen Informationszugang zu ermöglichen (Schoch IFG § 7 Rn. 85 f.). Sofern Ablichtungen oder Ausdrucke hergestellt werden, können hierfür Kosten nach § 10 geltend gemacht werden (Fluck/Theuer/Fluck IFG § 7 Rn. 140; Schoch IFG § 7 Rn. 86).

73   Wie die Einsichtnahme rein praktisch erfolgt, wird von § 7 Abs. 4 S. 1 nicht näher bestimmt. Die Anwendungshinweise halten hierzu fest, dass das IFG „kein Recht auf freien und unbeaufsichtigten Aktenzugang (,Blättern in den Akten')" gewährt. Allerdings sei auch die Einsichtnahme in Originalakten bei der Behörde nicht der Regelfall. Vielmehr sei davon auszugehen, dass üblicherweise Abschriften versandt oder eingesehen würden. „Soweit im Einzelfall unmittelbare Akteneinsicht erfolgen kann, soll diese beaufsichtigt werden." Dabei könne es zweckmäßig sein, einen Raum zur Einsicht zur Verfügung zu stellen – mit einem Kopierer (GMBl. 2005, 1346 (1349)) –, die ständige Reservierung eines bestimmten Raumes

sei aber nicht notwendig (GMBl. 2005, 1346 (1347)). Obwohl die Anwendungshinweise, soweit es um die Einsicht in Abschriften geht, die Versendung und die Einsichtnahme vor Ort bei der informationspflichtigen Stelle als gleichrangig nebeneinander existierende Möglichkeiten nennen, wird davon ausgegangen, dass der Gesetzgeber von der Einsichtnahme vor Ort als Regelfall ausgegangen ist (VG Ansbach Urt. v. 14.9.2010 – AN 4 K 10.01419 – Rn. 14; Urt. v. 3.5.2011 – AN 4 K 11.00644 – Rn. 20; Schoch IFG § 7 Rn. 84). Dementsprechend hält die Rspr. fest, dass ein „Anspruch auf Übersendung von (Original-)Akten in Papierform oder auf Übermittlung einer elektronischen Kopie" nach dem IFG nicht besteht (VG Ansbach Urt. v. 14.9.2010 – AN 4 K 10.01419 – Rn. 14; ähnlich VG Ansbach Urt. v. 3.5.2011 – AN 4 K 11.00644 – Rn. 20). Auch hier entscheidet die Behörde – ähnlich wie bei der Frage, ob der Antragsteller selbst Ablichtungen und Ausdrucke fertigen darf – nach pflichtgemäßem Ermessen (kritisch hierzu ZDM, 203 f.).

II. Schutz geistigen Eigentums (S. 2)

Die Bestimmung des § 7 Abs. 4 S. 2 wird unter dogmatischen Gesichtspunkten unterschiedlich beurteilt. Teilweise wird davon ausgegangen, die Norm habe lediglich klarstellenden Charakter (Fluck/Theuer/Fluck IFG § 7 Rn. 144), teilweise wird ihr eigenständige Bedeutung zugemessen: § 7 Abs. 4 S. 2 setze den Anspruch nach IFG im Gegensatz zu § 6 S. 1 gerade voraus. Während § 6 S. 1 durch die Möglichkeit des Anspruchsausschlusses das geistige Eigentum auf normativer Ebene schütze, habe § 7 Abs. 4 S. 2 die tatsächliche Durchführung des Informationszugangs im Blick und sichere in diesem Kontext den Schutz des geistigen Eigentums (Schoch IFG § 7 Rn. 89). § 7 Abs. 4 S. 2 macht deutlich, dass dem Urheberrecht gegenüber der Verwirklichung eines Anspruchs nach IFG der Vorrang gebührt (Schoch IFG § 7 Rn. 90; teilweise wird vom Vorbehalt des Urheberrechts gesprochen, vgl. BT-Drs. 15/4493, 15; Jastrow/Schlatmann IFG § 7 Rn. 31).

74

Relevant sind in diesem Zusammenhang alleine Ablichtungen und Ausdrucke. Ihre Herstellung ist nach Maßgabe des § 53 UrhG nur eingeschränkt zulässig, so dass das Urheberrecht in diesen Fällen dem IFG-Anspruch iSd § 6 S. 1 entgegenstehen und damit auch die Rechte nach § 7 Abs. 4 S. 1 einschränken kann. Auch § 45 UrhG ändert an diesem Befund nichts. Dagegen sind die Einsichtnahme selbst und die Fertigung von Notizen unter urheberrechtlichen Aspekten irrelevant, so dass der Antragsteller auf diese Formen verwiesen werden kann, sofern der Schutz des geistigen Eigentums einer Herstellung von Ablichtungen oder Ausdrucken entgegensteht (Fluck/Theuer/Fluck IFG § 7 Rn. 144; Jastrow/Schlatmann IFG § 7 Rn. 31 f.; Schoch IFG § 7 Rn. 90 ff.).

75

F. Frist (Abs. 5)

Im Bereich des Informationsfreiheitsrechts kann die zeitliche Komponente für den Antragsteller uU eine zentrale Rolle spielen (BT-Drs. 15/4493, 15; BRS/Berger IFG § 7 Rn. 20; Mecklenburg/Pöppelmann IFG § 7 Rn. 46). Ebenfalls zu berücksichtigen sind aber auch die Interessen der informationspflichtigen Stellen, durch evtl. umfangreiche oder komplexe Informationsbegehren nicht an der Wahrnehmung anderer Verwaltungsaufgaben gehindert zu werden. Sofern eine Drittbetroffenheit zu bejahen ist, muss darüber hinaus den berechtigten Interessen dieser Personengruppe Rechnung getragen werden. Aufgabe der Fristenregelung ist es mithin einen gerechten Ausgleich dieser möglicherweise kollidierenden Interessenlagen herbeizuführen (NK-IFG/Rossi IFG § 7 Rn. 40).

76

Die Sätze 1 und 2 des § 7 Abs. 5 nehmen zweipolige Rechtsverhältnisse in den Blick. S. 1 legt dabei den Grundsatz fest, dass der Informationszugang möglichst unverzüglich zu erfolgen hat, während S. 2 das Fristende für den Regelfall („soll") bestimmt (Schoch IFG § 7 Rn. 104). In drei- und mehrpoligen Rechtsverhältnissen ist hingegen S. 3 maßgeblich (NK-IFG/Rossi IFG § 7 Rn. 43; Schoch IFG § 7 Rn. 101). Eine Sanktionierung der Fristüberschreitung sieht § 7 Abs. 5 – trotz zumindest auch subjektivrechtlicher Ausgestaltung der Norm – nicht vor. Dem Antragsteller bleibt alleine die Möglichkeit eine Untätigkeitsklage (Guckelberger VerwArch 2006, 62 (83); Jastrow/Schlatmann IFG § 7 Rn. 57; Reinhart DÖV 2007, 18 (22); Schoch IFG § 7 Rn. 112; Schmitz/Jastrow NVwZ 2005, 984 (990))

77

oder allgemeine Leistungsklage zu erheben (Schoch IFG § 7 Rn. 113), vgl. hierzu → § 9 Rn. 63 ff.

77.1   Rein rechtstatsächlich ist festzuhalten, dass in den Jahren 2006 bis Mitte 2011 ca. 68 % aller IFG-Anträge innerhalb der Soll-Frist des § 7 Abs. 5 S. 2 erledigt wurden (in 1,64 % der Fälle wurde noch am selben Tag der Informationszugang gewährt, in 15,29 % erfolgte der Zugang innerhalb einer Woche und in 51,26 % nach einer Woche aber innerhalb eines Monats); in knapp 32 % der Fälle kam es hingegen zu einer Überschreitung dieser Frist (ZDM, 198).

I. Unverzügliches Zugänglichmachen der Information (S. 1)

78   Verfahrensrechtlich hat sich der IFG-Gesetzgeber für das sog. „Einheitsmodell" entschieden. Die Fristbestimmungen des § 7 Abs. 5 beziehen sich nicht nur auf die Bescheidung des Antrags, sondern auch darauf, innerhalb welches Zeitraums die Information tatsächlich zugänglich zu machen ist (Schoch IFG § 7 Rn. 97 und 100; ähnlich BRS/Berger IFG § 7 Rn. 20). Der Gesetzestext knüpft explizit ausschließlich daran an, wann die Information „zugänglich zu machen" ist (S. 1) bzw. bis wann spätestens der „Informationszugang" zu erfolgen hat. Dies spricht dafür, dass die Norm nicht „nur" auf die – evtl. entbehrliche – Bescheidung des Antrags abstellt (so aber die Begründung zum ursprünglichen Normtext, die davon spricht, dass die Bescheidung des Antrags unverzüglich zu erfolgen hat, BT-Drs. 15/4493, 15), sondern auf das Ergebnis des Antrags, nämlich Bescheidung und tatsächlichen Informationszugang (Schoch IFG § 7 Rn. 100).

78.1   Anders NK-IFG/Rossi IFG, § 7 Rn. 42 und 44, der zwischen S. 1 und 2 differenziert: S. 1 beziehe sich alleine auf den tatsächlichen Zugang zu der Information und enthalte keine Vorgaben, innerhalb welcher Fristen der Antrag beschieden werden müsse; S. 2 hingegen verlange, dass Bescheidung und tatsächlicher Zugang innerhalb eines Monats erfolgen.

79   § 7 Abs. 5 S. 1 verpflichtet die informationspflichtige Stelle dazu, die Information unverzüglich zugänglich zu machen; Ermessen besteht nicht (Schoch IFG § 7 Rn. 102). Zur Konkretisierung des Begriffs der Unverzüglichkeit wird auf eine Analogie zu § 121 Abs. 1 S. 1 BGB zurückgegriffen (Fluck/Theuer/Fluck IFG § 7 Rn. 149; Mecklenburg/Pöppelmann IFG § 7 Rn. 49; Schoch IFG § 7 Rn. 102). Unverzüglich bedeutet demnach „ohne schuldhaftes Zögern". Für die Beantwortung der Frage, ob eine Information unverzüglich zugänglich gemacht wurde, sind stets die Umstände des Einzelfalls maßgeblich. Da das Gesetz auch die Belange des Antragstellers berücksichtigt wissen will, sollen sie bei der Beurteilung, ob noch von Unverzüglichkeit ausgegangen werden kann, zentrale Bedeutung haben: Ist erkennbar, dass der Antragsteller auf einen möglichst zeitnahen Informationszugang großen Wert legt, sind an die Unverzüglichkeit wesentlich strengere Anforderungen zu stellen, als dies der Fall ist, wenn der Antragsteller selbst den Informationszugang als nicht eilbedürftig einstuft (Fluck/Theuer/Fluck IFG § 7 Rn. 149 f.; Schoch IFG § 7 Rn. 103).

80   Eine Bestimmung, wann die Frist des § 7 Abs. 5 zu laufen beginnt, enthält weder S. 1 noch S. 2. Sinnvollerweise wird man das Vorliegen eines ordnungsgemäßen Antrags bei der zuständigen Behörde verlangen müssen. Dies bedeutet zum einen, dass bei Antragstellung bei einer unzuständigen Behörde der Fristlauf erst ausgelöst wird, wenn der Antrag der tatsächlich informationspflichtigen Behörde vorliegt (so ausdrücklich noch der ursprüngliche Gesetzentwurf, BT-Drs. 15/4493; BRS/Berger IFG § 7 Rn. 22; Schoch IFG § 7 Rn. 102). Zum anderen ist vom Vorliegen eines ordnungsgemäßen Antrags nur auszugehen, wenn dieser in den Fällen des § 7 Abs. 1 S. 3 die erforderliche Begründung enthält (NK-IFG/Rossi IFG § 7 Rn. 44; Schoch IFG § 7 Rn. 102).

II. Monatsfrist (S. 2)

81   Zum Verhältnis der Sätze 1 und 2 zueinander hält die Gesetzesbegründung zum ursprünglichen Normtext fest, dass es der ratio legis entspricht, „dass die Bescheidung des Antrags unverzüglich und nicht unter Ausschöpfung der gesetzlichen Fristen zu erfolgen hat" (BT-Drs. 15/4493, 15). Somit ist davon auszugehen, dass S. 1 den Grundsatz eines möglichst zeitnahen Informationszugangs normiert, S. 2 demgegenüber festlegt, wie lange sich die informationspflichtige Stelle im Regelfall höchstens hierfür Zeit lassen darf; es handelt sich

Antrag und Verfahren   § 7 IFG

bei S. 2 also gerade nicht um eine Konkretisierung des S. 1 (Mecklenburg/Pöppelmann IFG § 7 Rn. 49 und 51; Schoch IFG § 7 Rn. 104; aM Ewer AnwBl. 2010, 455 (457); Jastrow/Schlatmann IFG § 7 Rn. 48; Schmitz/Jastrow NVwZ 2005, 984 (990)).

Zur Beantwortung der Frage, wann der Fristlauf in Gang gesetzt wird, kann mangels expliziter Vorgaben des § 7 Abs. 5 S. 2 auf die entsprechenden Ausführungen zu S. 1 der Norm verwiesen werden (→ Rn. 80). **82**

Die Tatsache, dass S. 2 als Soll-Vorschrift konzipiert ist, eröffnet der Behörde die Möglichkeit, in atypischen Konstellationen die Monatsfrist zu überschreiten (Ewer AnwBl. 2010, 455 (457); NK-IFG/Rossi IFG § 7 Rn. 44; Schmitz/Jastrow NVwZ 2005, 984 (990)). Es wird davon ausgegangen, dass 80% aller Informationszugangsbegehren ohne Drittbeteiligung innerhalb der Regelfrist erledigt werden können (Jastrow/Schlatmann IFG § 7 Rn. 51; Schmitz/Jastrow NVwZ 2005, 984 (990); ähnlich BRS/Berger IFG § 7 Rn. 19). **83**

In Rahmen einer Erhebung für den Zeitraum 2006 – Mitte 2011 gaben die Behörden an, dass bei ca. 32% aller Anfragen die Regelfrist des S. 2 überschritten wurde. In ca. einem Viertel dieser Fälle wurde die Fristüberschreitung darauf zurückgeführt, dass ein Verfahren nach § 8 durchgeführt werden musste. An dieser Stelle ist allerdings zu beachten ist, dass mehrere Gründe gleichzeitig für die Fristüberschreitung angegeben werden konnten. Dies geschah in insgesamt 5% der Fälle, in denen eine Fristüberschreitung vorlag. Da die Zahl der Mehrfachnennungen relativ gering ist, bedeutet das, dass zumindest näherungsweise ca. 8% aller Informationsanfragen erst nach über einem Monat beantwortet wurden, weil eine Drittbeteiligung notwendig war. In ca. 24% der Fälle kam es zu einer Fristüberschreitung aus anderen Gründen. Rechnet man die Drittbeteiligungsfälle heraus, beträgt die Quote der Fälle, in denen die Regelfrist überschritten wurde, ca. 26%; in ca. 74% der Fälle wurden die Zugangsbegehren innerhalb der Monatsfrist erledigt. Damit bleibt die Verwaltungspraxis hinter den soeben skizzierten Erwartungen zurück (ZDM, 198 f.). **83.1**

Das IFG selbst schweigt zu der Frage, in welchen Fällen die Überschreitung der Monatsfrist gerechtfertigt ist. Die Literatur geht überwiegend davon aus, dass alleine Gründe, die in dem Informationszugangsbegehren selbst liegen, herangezogen werden können, zB dessen Umfang oder Komplexität (auf diese Parameter stellte der ursprünglich vorgeschlagene Gesetzestext noch explizit zur Rechtfertigung einer Überschreitung der Monatsfrist ab, BT-Drs. 15/4493, 4). Dagegen sollen Umstände, die ihren Ursprung in der Sphäre der Behörde haben, zB allgemeine Arbeitsbelastung, Personalmangel oder schlechte Archivierung, die Überschreitung der Regelfrist nicht rechtfertigen können (Fluck/Theuer/Fluck IFG § 7 Rn. 153; Schoch IFG § 7 Rn. 106; aM Jastrow/Schlatmann IFG § 7 Rn. 53 und Mecklenburg/Pöppelmann IFG § 7 Rn. 49, die auch eine hohe Arbeitsbelastung gelten lassen wollen). Dies entspricht dem Vorgehen bei der Ermittlung des unverhältnismäßigen Verwaltungsaufwands iSd § 7 Abs. 2 S. 1 (→ Rn. 56). **84**

Im Rahmen der Evaluation des IFG hat sich erwiesen, dass eine Fristüberschreitung ohne Drittbeteiligung im Zeitraum 2006 – Mitte 2011 bei ca. 26% aller Informationszugangsanträge vorlag (ZDM, 198 f.; zur Errechnung → Rn. 83.1). Nach Herausrechnung der Drittbeteiligungsfälle ergibt sich, dass in ca. 33% der Fälle, in denen die Monatsfrist überschritten wurde, die Komplexität der Prüfung des Antrags als Grund angegeben wurde; in jeweils ca. 24% der Fälle wurde die Fristüberschreitung auf die Komplexität bzw. den Umfang der Information selbst zurückgeführt, während sonstige Gründe in immerhin 18% der Fälle angeführt wurden. Dabei ist zu beachten, dass Mehrfachnennungen möglich waren, wovon in insgesamt 69 von 1546 Fällen Gebrauch gemacht wurde. Damit zeigt sich, dass Gründe, die nach dem ursprünglichen Gesetzestext alleine zur Rechtfertigung einer Überschreitung der Monatsfrist führen sollten (Umfang bzw. Komplexität der Information), nur in knapp der Hälfte der Fälle auch tatsächlich als Grund für die Fristüberschreitung angegeben wurde. **84.1**

Für das Vorliegen eines atypischen Falls, das eine Überschreitung der Regelfrist des § 7 Abs. 5 S. 2 rechtfertigt, ist die Behörde darlegungs- und beweispflichtig (BRS/Berger IFG § 7 Rn. 20; Mecklenburg/Pöppelmann IFG § 7 Rn. 51; Schoch IFG § 7 Rn. 107). Weitere Pflichten, wie zB eine Benachrichtigung des Antragstellers hierüber, begründet der Gesetzestext nicht (Schoch IFG § 7 Rn. 107; so aber Jastrow/Schlatmann IFG § 7 Rn. 52; Schmitz/Jastrow NVwZ 2005, 984 (990)). Dem steht es nicht entgegen, wenn die Anwendungshinweise des BMI bestimmen, dass eine entsprechende Mitteilung im Regelfall erfolgen soll **85**

(GMBl. 2005, 1346 (1350)). Dieser Anordnung folgt die Praxis wohl weitgehend (ZDM, 211).

III. Abweichungen bei Drittbeteiligung (S. 3)

86   In den Fällen der Drittbetroffenheit hat sich der Gesetzgeber dafür entschieden, den Interessen des Dritten am Schutz seiner Interessen einen Vorrang gegenüber dem Interesse des Antragstellers an einem möglichst zeitnahen Informationszugang einzuräumen (Kloepfer/v. Lewinski DVBl. 200, 1277 (1284f.); Mecklenburg/Pöppelmann IFG § 7 Rn. 53; NK-IFG/Rossi IFG § 7 Rn. 40). Deshalb dispensiert § 7 Abs. 5 S. 3 von der Einhaltung der Frist nach S. 2 der Norm (Kloepfer/v. Lewinski DVBl. 2005, 1277 (1285); Schoch IFG § 7 Rn. 108; aM Mecklenburg/Pöppelmann IFG § 7 Rn 48 und 53, wonach S. 3 die Anwendung von S. 1 und 2 ausschließt). Da zunächst das Verfahren nach § 8 durchzuführen ist, ist es nicht möglich, die Frist nach S. 2, zumindest wenn der Dritte die ihm zu gewährenden Fristen ausschöpft, einzuhalten (Fluck/Theuer/Fluck IFG § 7 Rn. 156). Da eine abstrakte Festlegung verbindlicher Mindest- oder Höchstfristen in Drittbeteiligungsfällen aufgrund der zahlreichen denkbaren Fallgestaltungen nicht möglich ist (Schoch IFG § 7 Rn. 109; aM, zumindest was die Festlegung von Mindestfristen anbelangt Fluck/Theuer/Fluck IFG § 7 Rn. 156), erscheint ein Verzicht auf die Normierung derartiger Fristen in Fällen der Drittbeteiligung konsequent.

87   Sobald das Verfahren nach § 8 durchgeführt ist, ist der Grundsatz des § 7 Abs. 5 S. 1 zu beachten; von dieser Norm stellt S. 3 nicht frei. Nach Durchführung des Verfahrens ist dem Antragsteller somit unverzüglich der tatsächliche Informationszugang zu gewähren (Schoch IFG § 7 Rn. 110).

87.1   AA NK-IFG/Rossi IFG § 7 Rn. 47: In Fällen der Drittbeteiligung spricht er davon, dass nach der Äußerung des Dritten die Behörde innerhalb der Frist des § 7 Abs. 5 S. 2 zu entscheiden habe. Werde der Antrag positiv beschieden, so dürfe die Information nicht unverzüglich nach § 7 Abs. 5 S. 1 zugänglich gemacht werden, da zunächst die Bestandskraft bzw. der Ablauf einer zweiwöchigen Frist im Falle der Anordnung der sofortigen Vollziehung abzuwarten sei. Zunächst ist hierzu anzumerken, dass sich § 7 Abs. 5 S. 3 auf den gesamten § 8 bezieht; insofern dürfte das Verfahren nach § 8 erst dann vollständig durchgeführt sein, wenn die Entscheidung gegenüber dem Dritten bestandskräftig ist bzw. die zweiwöchige Frist bei Anordnung der sofortigen Vollziehung verstrichen ist. Außerdem wird nicht ganz klar, warum sich in drei- oder mehrpoligen Rechtsverhältnissen § 7 Abs. 5 S. 2 nur auf die Entscheidung nach Durchführung des Verfahrens gemäß § 8 beziehen soll – und nicht auch auf den Zugang als solchen – und § 7 Abs. 5 S. 1 auch nach Durchführung dieses Verfahrens keinerlei Wirkung mehr entfalten soll. Grundsätzlich geht Rossi nämlich davon aus, dass sich in „normalen" zweipoligen Rechtsverhältnissen die Frist nach § 7 Abs. 5 S. 1 ausschließlich auf den Zeitraum ab Bescheidung bezieht, mithin der Zugang unverzüglich nach der Bescheidung zu erfolgen hat, Rn. 42. § 7 Abs. 5 S. 2 hingegen lege fest, dass sowohl Bescheidung als auch tatsächlicher Zugang innerhalb eines Monats zu verwirklichen sind, Rn. 44.

§ 8 Verfahren bei Beteiligung Dritter

(1) Die Behörde gibt einem Dritten, dessen Belange durch den Antrag auf Informationszugang berührt sind, schriftlich Gelegenheit zur Stellungnahme innerhalb eines Monats, sofern Anhaltspunkte dafür vorliegen, dass er ein schutzwürdiges Interesse am Ausschluss des Informationszugangs haben kann.

(2) ¹Die Entscheidung nach § 7 Abs. 1 Satz 1 ergeht schriftlich und ist auch dem Dritten bekannt zu geben. ²Der Informationszugang darf erst erfolgen, wenn die Entscheidung dem Dritten gegenüber bestandskräftig ist oder die sofortige Vollziehung angeordnet worden ist und seit der Bekanntgabe der Anordnung an den Dritten zwei Wochen verstrichen sind. ³ § 9 Abs. 4 gilt entsprechend.

§ 8 enthält Bestimmungen zum Verfahren, das einzuhalten ist, wenn Dritte von einem Informationszugangsantrag betroffen sind. Während sich Abs. 1 auf den Zeitraum vor der Entscheidung über den Zugangsantrag bezieht und ein Anhörungsrecht des betroffenen Dritten verbürgt (→ Rn. 8 ff.), enthält Abs. 2 Schutzvorschriften zugunsten des Dritten nach

Verfahren bei Beteiligung Dritter   § 8 IFG

positiver Bescheidung des Zugangsantrag: Abs. 2 S. 1 normiert Ausnahmen von der grundsätzlichen Formfreiheit der Entscheidung über den Zugangsantrag (→ Rn. 28 ff.), S. 2 modifiziert den Zeitpunkt der Zugangsgewährung (→ Rn. 32 ff.) und S. 3 befasst sich mit den Rechtsschutzmöglichkeiten des betroffenen Dritten (→ Rn. 36 ff.). Abschließend werden die Rechtsfolgen von Verstößen gegen die Beteiligungspflicht skizziert (→ Rn. 41 f.).

Übersicht

	Rn		Rn
A. Allgemeines	1	1. Formale Anforderungen	20
B. Definition des Begriffs des Dritten	4	2. Inhaltliche Anforderungen	22
C. Anhörungsgebot (Abs. 1)	8	III. Stellungnahme des Dritten	24
I. Voraussetzungen der Anhörung des Dritten	10	D. Besonderheiten des Informationszugangs bei Drittbetroffenheit und Rechtsschutz des Dritten (Abs. 2)	27
1. Berührung der Belange des Dritten durch den Zugangsantrag	11	I. Besonderheiten der Entscheidung bei Drittbetroffenheit (S. 1)	28
2. Anhaltspunkte für ein schutzwürdiges Interesse des Dritten am Ausschluss des Informationszugangs	13	II. Besonderheiten des Informationszugangs bei Drittbetroffenheit (S. 2)	32
		III. Rechtsschutz des Dritten (S. 3)	36
3. Ausnahmen von dem Anhörungsgebot	15	E. Rechtsfolgen von Verstößen gegen die Beteiligungspflichten	41
II. Die behördliche Mitteilungspflicht	19		

A. Allgemeines

Bei § 8 handelt es sich um eine Verfahrensvorschrift (BT-Drs. 15/4493, 15), die im Laufe **1**
des Gesetzgebungsverfahrens unverändert geblieben ist. Die Norm entfaltet alleine in drei- oder mehrpoligen Informationsverhältnissen Geltung. Insofern kommt § 8 nicht zur Anwendung, wenn sich der Antragsteller von vornherein oder auf Nachfrage der Behörde mit einer Unkenntlichmachung iSd § 7 Abs. 2 S. 2 einverstanden erklärt; in diesen Fällen werden die Belange des Dritten nicht berührt und es besteht nur noch ein bipolares Informationsverhältnis (VG Saarlouis Urt. v. 24.4.2013 – 3 K 1544/11 – Rn. 32; BT-Drs. 15/4493, 15; GMBl. 2005, 1346 (1349); BRS/Berger IFG § 8 Rn. 5; Fluck/Theuer/Ziekow/Debus IFG § 8 Rn. 24; Jastrow/Schlatmann IFG § 8 Rn. 13; Guckelberger VerwArch 2006, 62 (84); Kiethe/Groeschke wrp 2006, 303 (306); Mecklenburg/Pöppelmann IFG § 8 Rn. 14; Misoch/Schmittmann VR 2012, 181 (186); Schmitz/Jastrow NVwZ 2005, 984 (990); Schoch IFG § 8 Rn. 44; NK-IFG/Rossi IFG § 8 Rn. 11). Ebenfalls keine Anwendung finden soll § 8, wenn dem Informationszugang ausschließlich nach §§ 3, 4 geschützte öffentliche Belange entgegenstehen (ausdrücklich nur mit Bezug auf 3: VG Karlsruhe, Urt. v. 22.11.2006 – 11 K 1466/06 – 8; weiter: Mecklenburg/Pöppelmann IFG § 8 Rn. 5; NK-IFG/Rossi IFG § 8 Rn. 1 f.; Rossi DVBl. 2010, 554 (562); Schmitz/Jastrow NVwZ 2005, 984 (990); aM Sitsen, 326). Dies gilt auch für § 3 Nr. 1 lit. g, der ausschließlich dem Schutz des laufenden Verfahrens an sich, also seiner störungsfreien Durchführung, verpflichtet ist, nicht aber dem Schutz der verfahrens- und materiell-rechtlichen Position von Prozessbeteiligten (vgl. hierzu ZDM, 306 f. mit zahlreichen weiteren Nachweisen). Eine Ausnahme gilt alleine für den Ausschlussgrund nach § 3 Nr. 7 (Fluck/Theuer/Ziekow/Debus IFG § 8 Rn. 17; Schoch IFG § 8 Rn. 20; NK-IFG/Rossi IFG § 8 Rn. 2; aM VG Frankfurt a. M. Urt. v. 22.4.2009 – 7 K 805/08.F – Rn. 34).

Allerdings ist darauf hinzuweisen, dass ein Irrtum der Behörde bei der Beurteilung, ob – **1.1**
zumindest auch – Belange nach §§ 5, 6 berührt sind, zu weitreichenden Verfahrensverzögerungen zu Lasten des Antragstellers führen kann, da die Beteiligung uU nachgeholt werden muss (ZDM, 192): Da § 8 seinem Wortlaut nach alleine zur Beteiligung des Dritten im Verwaltungsverfahren verpflichtet, können sie im gerichtlichen Verfahren nicht mehr beteiligt werden. „Dies gilt jedenfalls dann, wenn das Gericht in Vorbereitung einer Beiladung personenbezogene Daten in Erfahrung bringen müsste, die einerseits selbst dem Schutz gem. § 5 Abs. 1 IFG unterliegen, andererseits

Gegenstand des mit der Klage verfolgten Informationszugangsbegehrens sind" (VG Frankfurt a. M. Urt. v. 28.1.2009 – 7 K 4037/07.F – Rn. 32; ähnlich OVG Nordrhein-Westfalen, Urt. v. 19.3.2013 – 8 A 1172/11 – Rn. 143 ff.). Insofern ist der Behörde anzuraten, die Drittbeteiligung auch dann durchzuführen, wenn der Zugangsantrag wegen des Entgegenstehens von Belangen nach §§ 3, 4 abgelehnt werden soll, gleichzeitig aber auch Belange nach §§ 5, 6 betroffen sein können.

2   Die Bestimmung flankiert die materiellen Schutzvorschriften des IFG zu Gunsten Dritter prozedural. In sämtlichen Fällen, in denen der Informationszugang mit den durch §§ 5, 6 IFG geschützten Rechtsgütern eines Dritten möglicherweise in Konflikt steht, wird dem Dritten zunächst Gelegenheit zur Stellungnahme eingeräumt, Abs. 1; für die Fälle, in denen sich die Behörde über die Stellungnahme des Dritten hinwegsetzt, sieht Abs. 2 Abweichungen vom Regelfall der Zugangsgewährung vor und gibt dem betroffenen Dritten wirksame Rechtsschutzmöglichkeiten an die Hand (Fluck/Theuer/Ziekow/Debus IFG § 8 Rn. 11; Schoch IFG § 8 Rn. 2 f.). Der Sache nach verwirklicht § 8 damit den verfassungsrechtlich geforderten Grundrechtsschutz durch Verfahren (Schoch IFG § 8 Rn. 8 f.; ähnlich Mecklenburg/Pöppelmann IFG § 8 Rn. 4).

3   Da die Vorschriften des VwVfG mangels einer vollständigen Regelung des Zugangsverfahrens durch das IFG ergänzend heranzuziehen sind (→ § 7 Rn. 2), stellt sich im Falle des bei Drittbetroffenheit einzuhaltenden Verfahrens insbes. die Frage, in welchem Verhältnis die Anhörungsrechte nach § 8 und § 28 VwVfG zueinander stehen. Der Dritte ist im Informationszugangsverfahren als Beteiligter nach § 13 Abs. 2, Abs. 1 Nr. 4 VwVfG hinzuzuziehen. Damit steht grds. auch die Anwendung des § 28 VwVfG mit seinen Ausnahmeregelungen im Raum (ausdrücklich für die Anwendbarkeit des § 28 VwVfG Schoch IFG § 8 Rn. 11; aM Fluck DVBl. 1006, 1406 (1412)). Da es sich bei § 8 aber um einen ausgewogenen, in sich geschlossenen Regelungsmechanismus handelt, der das Anhörungsrecht an andere Voraussetzungen knüpft, als dies im allgemeinen Verfahrensrecht der Fall ist, wird davon ausgegangen, dass es sich bei § 8 um eine abschließende Spezialvorschrift handelt, die jeglichen Rückgriff auf § 28 VwVfG – insbes. auf die Ausnahmetatbestände des Abs. 2 – ausschließt. Andernfalls bestünde die Gefahr, dass das komplexe Regelungssystem des § 8 unterlaufen würde (Fluck/Theuer/Ziekow/Debus IFG § 8 Rn. 12; Matthes, Das Informationsfreiheitsgesetz 2006, 52 f.; Schoch IFG § 8 Rn. 11 ff.; aM BRS/Berger IFG, wonach insbes. § 28 Abs. 2 VwVfG ergänzend zur Anwendung kommt).

B. Definition des Begriffs des Dritten

4   Die Frage, wer Dritter ist, bestimmt sich zunächst nach § 2 Nr. 2. Demnach gilt § 8 „für Personen, deren personenbezogene Daten, geistiges Eigentum, Betriebs- oder Geschäftsgeheimnisse betroffen sind" (BT-Drs. 15/4493, 15; Fluck/Theuer/Ziekow/Debus IFG § 8 Rn. 13; Schmitz/Jastrow NVwZ 2005, 984 (990); Schoch IFG § 8 Rn. 17; NK-IFG/Rossi IFG § 8 Rn. 6; ähnlich VGH Kassel Beschl. v. 1.10.2008 – 6 B 1133/08 – Rn. 19). Diskutiert wird allerdings, ob bzw. inwieweit die Definition des § 2 Nr. 2 im Rahmen des § 8 modifiziert werden muss. Betroffen von dieser Diskussion sind drei Fallgruppen: a. Fälle, in denen eine Behörde den Schutz geistigen Eigentums nach § 6 S. 1 geltend machen kann (→ Rn. 5); b. Fälle, in denen ein Privatrechtssubjekt von einer Behörde in die öffentlich-rechtliche Aufgabenerfüllung nach § 1 Abs. 1 S. 3 einbezogen wird (→ Rn. 6) und c. Fälle, in denen Daten eines Informanten nach § 3 Nr. 7 betroffen sind (→ Rn. 7).

5   Die Gesetzesbegründung geht davon aus, dass § 8 in Fällen, in denen sich eine Behörde auf den Schutz geistigen Eigentums nach § 6 S. 1 beruft, keine Anwendung findet (BT-Drs. 15/4493, 15). Diese Auffassung wird von der Literatur überwiegend geteilt (Misoch/Schmittmann VR 2012. 181 (186); Schmitz/Jastrow NVwZ 2005, 984 (990); Steinbach/Hochheim NZS 2006, 517 (522)); argumentativ wird hierzu ins Feld geführt, dass nach § 7 Abs. 1 S. 1 alleine die verfügungsberechtigte Behörde über die Gewährung des Informationszugangs entscheidet. Im Rahmen dieses Entscheidungsprozesses könnte die Behörde auch die notwendigen Erwägungen zum Schutz des geistigen Eigentums anstellen, so dass es gar nicht zu einer § 8 zugrunde liegenden Konfliktlage käme (Fluck/Theuer/Ziekow/Debus IFG § 8 Rn. 13; Mecklenburg/Pöppelmann IFG § 8 Rn. 5). Dies mag für den Großteil der Fälle richtig sein; problematisch wird ein grundsätzlicher Ausschluss von Behörden vom

Verfahren nach § 8 aber dann, wenn der Urheber der Informationen nicht mehr verfügungsberechtigt ist (→ § 7 Rn. 26) oder neben dem weiterhin verfügungsberechtigten Urheber eine weitere Behörde eine eigenständige Verfügungsberechtigung erwirbt (→ § 7 Rn. 25) und bei dieser der Informationszugang beantragt wird. Es erscheint zumindest fraglich, ob in solchen Konstellationen grds. davon ausgegangen werden kann, dass die verfügungsberechtigte Behörde bei der Entscheidung über einen Zugangsantrag die Belange anderer Teile der Öffentlichen Hand mitberücksichtigt (derartige Erwägungen unterstellen zumindest Kloepfer/v. Lewinski DVBl. 2005, 1277 (1285) dem Gesetzgeber). Schoch verweist in diesem Zusammenhang darauf, dass unter rechtsdogmatischen Aspekten keine Gleichsetzung von verwaltungsrechtlich verfügungsbefugter Behörde mit dem zivilrechtlichen Rechteinhaber erfolgen darf (Schoch IFG § 8 Rn. 18). Hinzu kommt das rein formale Argument, dass nach der Legaldefinition des § 2 Nr. 2 grds. auch Behörden Dritte sein können (→ § 2 Rn. 33, mit der Einschränkung, dass lediglich Behörden anderer Rechtsträger Dritte sein können). Insofern sprechen wohl zumindest in den Fällen, in denen die materiell berechtigte Behörde und die über den Informationszugang entscheidende – weil zumindest auch verfügungsberechtigte – Behörde auseinanderfallen, die besseren Argumente für eine Einbeziehung der von § 6 S. 1 geschützten Behörden in den Kreis derer, die nach § 8 zu beteiligen sind (so auch Jastrow/Schlatmann IFG § 8 Rn. 6; nach Sitsen, 327 kommt eine Behördenbeteiligung nur in Betracht, wenn die geschützte und die entscheidende Behörde unterschiedlichen Rechtsträgern angehören).

Schaltet eine Behörde Privatrechtssubjekte in die öffentlich-rechtliche Aufgabenerfüllung 6 ein, besteht Einigkeit, dass sich diese auf die Schutzvorschrift des § 8 berufen können. Die Tatsache, dass Private unter funktionalen Aspekten in die behördliche Aufgabenerfüllung einbezogen würden, lasse deren personale Rechtsstellung als Private, die sich auf die Schutzvorschriften der §§ 5, 6 berufen können, unberührt (Fluck/Theuer/Ziekow/Debus IFG § 8 Rn. 14; Schoch IFG § 8 Rn. 19).

Ebenfalls nach § 8 zu beteiligender Dritter ist der Informant iSd § 3 Nr. 7 (zur ausnahms- 7 weisen Anwendbarkeit des § 8 in den Fällen des § 3 Nr. 7 → Rn. 1). Dies ergibt sich zum einen schon aus dem Wortlaut der Vorschrift, zum anderen ist kein sachlicher Grund ersichtlich, warum personenbezogene Daten von Informanten weniger schutzbedürftig sein sollten, als entsprechende Daten von in die öffentlich-rechtliche Aufgabenerfüllung nach § 1 Abs. 1 S. 3 einbezogenen Privaten (Schoch IFG § 8 Rn. 20).

C. Anhörungsgebot (Abs. 1)

§ 8 Abs. 1 setzt im Bereich des IFG das verfassungsrechtlich fundierte Recht auf adminis- 8 tratives Gehör um (Fluck/Theuer/Ziekow/Debus IFG § 8 Rn. 11; NK-IFG/Rossi IFG § 8 Rn. 5). Die Beteiligung hat von Amts wegen zu erfolgen (BT-Drs. 15/4493, 15), Ermessen ist der Behörde nicht eingeräumt (BRS/Berger IFG § 8 Rn. 1; Fluck/Theuer/Ziekow/Debus IFG § 8 Rn. 11; Schoch IFG § 8 Rn. 30).

Dem Anhörungsgebot werden mehrere Funktionen zugeschrieben: Rechtsschutzfunktion 9 zugunsten des Dritten, Aufklärungs-, Entscheidungs- und Unterstützungsfunktion. Die Drittbeteiligung kann zunächst zur Aufklärung von Sachfragen beitragen, zB ob tatsächlich ein Betriebs- und Geschäftsgeheimnis vorliegt. In bestimmten Fällen hat der Dritte eine Vetoposition, so dass ohne seine Einwilligung die Zugangsgewährung nicht erfolgen darf. Sofern der Behörde die Möglichkeit der Abwägung eingeräumt ist (§ 5 Abs. 1 S. 1), kann die Stellungnahme des Dritten die Entscheidungsfindung wesentlich unterstützen (Schoch IFG § 8 Rn. 28). Gleichzeitig wird dem Anhörungsgebot aber auch eine Schutzfunktion zu Gunsten des Antragstellers zugebilligt (VG Berlin, Urt. v. 11.11.2010 – 2 K 35.10 – Rn. 50 ff.; Dietrich K&R 2011, 385 (388)). Diese vielfältigen Funktionen des Anhörungsgebots erklären auch, warum das Anhörungsgebot als Rechtspflicht ohne Ermessen ausgestaltet wurde: Bezugspunkt ist primär der Dritte und seine Interessenlage. Diese kann durch sehr subjektive Motive beeinflusst und unter objektiven Aspekten nicht nachvollziehbar sein, so dass sie nicht durch eine objektive behördliche Beurteilung ersetzt werden kann – es sei denn, der Dritte lässt die Möglichkeit zur Stellungnahme freiwillig ungenutzt verstreichen (BT-Drs. 15/4493, 15; Schmitz/Jastrow NVwZ 2005, 984 (990); Schoch IFG § 8 Rn. 30; ähnlich VG Berlin Urt. v. 11.11.2010 – 2 K 35.10 – Rn. 50).

I. Voraussetzungen der Anhörung des Dritten

10 Angehört werden müssen Dritte (→ Rn. 4 ff.), deren Belange durch den Antrag auf Informationszugang berührt sind (→ Rn. 11 f.), sofern Anhaltspunkte für das Bestehen eines schutzwürdigen Interesses am Ausschluss des Informationszugangs vorliegen (→ Rn. 13 f.). Ob bzw. welche Ausnahmen von dem Anhörungsgebot zu machen sind, ist nicht abschließend geklärt (→ Rn. 15 ff.).

1. Berührung der Belange des Dritten durch den Zugangsantrag

11 Inwieweit sich der normative Gehalt der beiden Voraussetzungen des § 8 Abs. 1 – Berührung der Belange des Dritten und Bestehen eines schutzwürdigen Interesses am Ausschluss des Informationszugangs – tatsächlich unterscheidet, ist nicht ganz klar (Schoch IFG § 8 Rn. 15). Es wird davon ausgegangen, dass dem Merkmal der Berührung der Belange des Dritten hauptsächlich klarstellende Bedeutung zukommt. Die Gelegenheit zur Stellungnahme soll nicht jedermann eingeräumt werden, sondern alleine denjenigen, deren Belange auch tatsächlich durch den konkreten Zugangsantrag berührt werden (Fluck/Theuer/Ziekow/Debus IFG § 8 Rn. 17; Mecklenburg/Pöppelmann IFG § 8 Rn. 8; NK-IFG/Rossi IFG § 8 Rn. 9). Die von § 8 Abs. 1 in Bezug genommenen Belange stimmen dabei materiell mit den durch §§ 5, 6 geschützten Rechtsgütern überein (BT-Drs. 15/4493, 15; Fluck/Theuer/Ziekow/Debus IFG § 8 Rn. 17; Matthes, Das Informationsfreiheitsgesetz 2006, 52; NK-IFG/Rossi IFG § 8 Rn. 10; Schoch IFG § 8 Rn. 21). Dagegen werden die in §§ 3, 4 genannten Ausschlussgründe durch § 8 Abs. 1 nicht verfahrensrechtlich abgesichert, da es dem Dritten insoweit an einer Dispositionsbefugnis über das geschützte Rechtsgut fehlt, er kann in diesen Fällen nicht in den Informationszugang einwilligen. Etwas anderes gilt lediglich für den Informanten nach § 3 Nr. 7 (Fluck/Theuer/Ziekow/Debus IFG § 8 Rn. 17; Schoch IFG § 8 Rn. 22).

12 Berührt sind Belange des Dritten immer dann, wenn sich der Zugangsantrag (auch) auf nach §§ 5, 6 geschützte Daten des Dritten bezieht; materieller Unterschied zum Kriterium der „Betroffenheit", das UIG und VIG verwenden, sind nicht ersichtlich (Schoch IFG § 8 Rn. 23).

2. Anhaltspunkte für ein schutzwürdiges Interesse des Dritten am Ausschluss des Informationszugangs

13 Unabhängig davon, welches Gewicht den beiden Tatbestandsmerkmalen des § 8 Abs. 1 im Verhältnis zueinander beigemessen wird (vgl. hierzu Schoch IFG § 8 Rn. 24 (kaum eigenständiger normativer Gehalt des schutzwürdigen Interesses), Steinbach/Hochheim NZS 2006, 517 (522); aM NK-IFG/Rossi IFG § 8 Rn. 10 (schutzwürdigem Interesse kommt größere Bedeutung zu)), wird allgemein davon ausgegangen, dass das Vorliegen eines schutzwürdigen Interesses des Dritten am Ausschluss des Informationszugangs immer indiziert ist, wenn der Informationszugangsantrag die Belange des Dritten berührt (VG Berlin Urt. v. 11.11.2010 – 2 K 35.10 – Rn. 48; Fluck/Theuer/Ziekow/Debus IFG § 8 Rn. 18; Schoch IFG § 8 Rn. 24; so wohl auch BRS/Berger IFG § 8 Rn. 3, der davon spricht, dass die „Möglichkeit der Rechtsbetroffenheit" die Beteiligungspflicht auslöst, ohne weiter zu differenzieren; Mecklenburg/Pöppelmann IFG § 8 Rn. 9 und NK-IFG/Rossi IFG § 8 Rn. 10, weisen in diesem Zusammenhang ausdrücklich darauf hin, dass das schutzwürdige Interesse trotz Berührung geschützter Belange ausnahmsweise fehlen kann; vgl. hierzu → Rn. 15 ff.).

14 Nach dem Wortlaut des § 8 Abs. 1 genügt es für die Annahme eines schutzwürdigen Interesses des Dritten, wenn entsprechende Anhaltspunkte vorliegen. Da aber bereits die Berührung geschützter Belange des Dritten das Vorliegen eines schutzwürdigen Interesses am Ausschluss des Informationszugangs indiziert, ist es ausreichend, wenn Anhaltspunkte dafür vorliegen, dass diese Belange des Dritten berührt sind (Schoch IFG § 8 Rn. 26). Die inhaltlichen Anforderungen, die an die Existenz von Anhaltspunkten gestellt werden, sind nicht hoch: Der Dritte ist immer dann anzuhören, wenn die konkrete, nicht nur abstrakte Möglichkeit der Rechtsbetroffenheit besteht. Das ist – ähnlich wie bei der Prüfung der Klagebefugnis nach § 42 Abs. 2 VwGO – immer dann zu bejahen, wenn die Rechtsbetroffenheit nicht offensichtlich und eindeutig nach jeder denkbaren Betrachtungsweise aus-

geschlossen ist (VGH Kassel, Beschl. v. 1.10.2008 – 6 B 1133/08 – Rn. 22; BRS/Berger IFG § 8 Rn. 3; Jastrow/Schlatmann IFG § 8 Rn. 10 f.; Schoch IFG § 8 Rn. 26; Schoch NJW 2009, 2987 (2992); Rossi DVBl. 2010, 554 (562)). Nötig ist somit keine sichere Kenntnis der Behörde, das Beteiligungsverfahren nach § 8 Abs. 1 wird vielmehr bereits dann ausgelöst, wenn Zweifel daran bestehen, ob Belange eines Dritten berührt werden (ausdrücklich in Bezug auf § 6 GMBl. 2005, 1346 (1349); weiter: Fluck/Theuer/Ziekow/Debus IFG § 8 Rn. 20; Jastrow/Schlatmann IFG § 8 Rn. 12; Schoch IFG § 8 Rn. 27). Auf diese Weise wird die Behörde von einer umfassenden Ermittlung aller Eventualitäten entlastet (Fluck/Theuer/Ziekow/Debus IFG § 8 Rn. 18; Schoch IFG § 8 Rn. 27), ohne dabei eine möglichst weitgehende Beteiligung des Dritten einzuschränken. Darüber hinaus „ist der Dritte auch dann zu beteiligen, wenn die Behörde im Einzelfall der Ansicht ist, dass sein Geheimhaltungsinteresse das Informationsinteresse des Antragstellers nicht überwiegt, da es durchaus möglich ist, dass die Behörde die Interessenlage des Dritten nicht umfassend kennt oder der Dritte selbst mit der Offenbarung der ihn betreffenden Information einverstanden ist." (BT-Drs. 15/4493, 15; BRS/Berger IFG § 8 Rn. 4; Fluck/Theuer/Ziekow/Debus IFG § 8 Rn. 21; Jastrow/Schlatmann IFG § 8 Rn. 16).

3. Ausnahmen von dem Anhörungsgebot

Obwohl § 8 Abs. 1 grds. keine Ausnahmen von dem Anhörungsgebot kennt, wird für 15 bestimmte Fallgestaltungen diskutiert, ob nicht trotz Vorliegens der Tatbestandsvoraussetzungen des § 8 Abs. 1 bzw. trotz Berührung der geschützten Belange das schutzwürdige Interesse fehlen und deshalb von einer Anhörung des Dritten abgesehen werden kann.

Zunächst besteht Einigkeit darüber, dass bei Vorliegen eines Regelbeispiels des § 5 Abs. 3 16 eine Beteiligung nur dann erforderlich ist, „wenn die Behörde ausnahmsweise Anlass zu der Annahme hat, Belange des Dritten könnten überwiegen" (BT-Drs. 15/55493; BRS/Berger IFG § 8 Rn. 4; Fluck/Theuer/Ziekow/Debus IFG § 8 Rn. 21; Jastrow/Schlatmann IFG § 8 Rn. 15; Misoch/Schmittmann VR 2012, 181 (186); Schmitz/Jastrow NVwZ 2005, 984 (990); Schoch IFG § 8 Rn. 45; ähnlich NK-IFG/Rossi IFG § 8 Rn. 14). Ebenfalls keine Anwendung findet § 8 Abs. 1, wenn Daten iSd § 5 Abs. 4 von dem Zugangsantrag berührt werden (Schoch IFG § 8 Rn. 45). Da diese Daten gesetzlich nicht geschützt sind, sind bereits die Tatbestandsvoraussetzungen des § 8 Abs. 1 nicht erfüllt.

Nach der Gesetzesbegründung soll darüber hinaus eine Beteiligung unnötig sein, „wenn 17 sich der Dritte erkennbar nicht rechtzeitig äußern kann (Beispiel: beschränkte Erreichbarkeit des Dritten, etwa bei Auslandshaft)" (BT-Drs. 15/4493, 15). Die Literatur folgt dieser Auffassung teilweise (BRS/Berger IFG § 8 Rn. 5; Guckelberger VerwArch 2006, 62 (84); Jastrow/Schlatmann IFG § 8 Rn. 14; Mecklenburg/Pöppelmann IFG § 8 Rn. 13; Schmitz/Jastrow NVwZ 2005, 984 (990); Steinbach/Hochheim NZS 2006, 517 (522)). Auch wenn die dahinterstehende Überlegung, den Informationszugang nicht nur deshalb dauerhaft zu blockieren, weil der Dritte nicht erreichbar ist, durchaus als legitim und verfassungskonform bezeichnet werden kann (Fluck/Theuer/Ziekow/Debus IFG § 8 Rn. 22; NK-IFG/Rossi IFG § 8 Rn. 12), wird dabei doch übersehen, dass eine solche Auslegung des § 8 Abs. 1 weder mit dessen Wortlaut noch mit seiner Zwecksetzung zu vereinbaren ist. Die Tatsache, dass der betroffene Dritte nicht oder nur unter erschwerten Bedingungen erreichbar ist, schließt nicht aus, dass seine Belange berührt sind und er ein schutzwürdiges Interesse am Ausschluss des Informationszugangs hat (Fluck/Theuer/Ziekow/Debus IFG § 8 Rn. 22; NK-IFG/Rossi IFG § 8 Rn. 12; Schoch IFG § 8 Rn. 46). Den ausdrücklichen Anforderungen des § 8 Abs. 1 kann in diesen Fällen dadurch Rechnung getragen werden, dass die Gelegenheit zur Stellungnahme im Wege der öffentlichen Zustellung nach § 10 VwZG eingeräumt und der Ablauf der Monatsfrist abgewartet wird (Fluck/Theuer/Ziekow/Debus IFG § 8 Rn. 22; Schoch IFG § 8 Rn. 46).

Daneben hält die Gesetzesbegründung die Beteiligung nach § 8 Abs. 1 bei einer erkenn- 18 baren mutmaßlichen Einwilligung des betroffenen Dritten für unnötig (BT-Drs. 15/4493, 15). Auch diese Auffassung hat in der Literatur Zustimmung gefunden (BRS/Berger IFG § 8 Rn. 5; Guckelberger VerwArch 2006, 62 (84); Jastrow/Schlatmann IFG § 8 Rn. 14; Misoch/Schmittmann VR 2012, 181 (186); Schmitz/Jastrow NVwZ 2005, 984 (990); Steinbach/Hochheim NZS 2006, 517 (522)). Dem ist allerdings entgegenzuhalten, dass weder der

Wortlaut des § 8 Abs. 1 noch die materiellen Ausschlussgründe der §§ 5, 6 eine solche Interpretation tragen. Sämtliche Ausschlusstatbestände verlangen entweder eine ausdrückliche (§ 5 Abs. 1 S. 2) oder zumindest eine konkludente (§§ 5 Abs. 1 S. 1, 6 S. 1 und 2) Einwilligung, eine mutmaßliche Einwilligung ist in keinem Fall vorgesehen. Der Informationszugang kann bei Drittbetroffenheit nur dann aufgrund einer mutmaßlichen Einwilligung erfolgen, wenn der Gesetzgeber eine entsprechende ausdrückliche Regelung in das IFG aufnimmt (Fluck/Theuer/Ziekow/Debus IFG § 8 Rn. 23; Schoch IFG § 8 Rn. 47 f.; NK-IFG/Rossi IFG § 8 Rn. 13).

II. Die behördliche Mitteilungspflicht

19   Bei der dem Dritten durch die Behörde zu gewährenden Möglichkeit zur Stellungnahme handelt es sich um eine verfahrensbezogene Mitteilung, die auf eine bestehende Rechts- und Sachlage hinweist und die die abschließende Entscheidung vorbereitet. Ein feststellender Verwaltungsakt liegt nicht vor (Fluck/Theuer/Ziekow/Debus IFG § 8 Rn. 29; aM: Braun ZAP Fach 19 2005, 673 (677); Kiethe/Groeschke wrp 2006 303 (306); Sieberg/Ploeckl DB 2005, 2062 (2064)).

1. Formale Anforderungen

20   Dem Dritten ist schriftlich Gelegenheit zur Stellungnahme zu geben. Sinn und Zweck dieses Formerfordernisses wird in der Dokumentationsfunktion und darin gesehen, dem Dritten die Bedeutung des Informationszugangs sowie seiner Stellungnahme vor Augen zu führen (NK-IFG/Rossi IFG § 8 Rn. 19; Schoch IFG § 8 Rn. 36). Aus diesem Grund bezieht sich das Schriftformerfordernis auf den gesamten Inhalt der behördlichen Mitteilung (Schoch IFG § 8 Rn. 36) und kann auch dann nicht entfallen, wenn der Dritte im Vorfeld bereits mündlich in den Informationszugang eingewilligt hat (Mecklenburg/Pöppelmann IFG § 8 Rn. 15; NK-IFG/Rossi IFG § 8 Rn. 19). Der Schriftform steht die elektronische Form gleich (Schoch IFG § 8 Rn. 36).

21   Trotz Fehlens einer ausdrücklichen gesetzlichen Regelung in § 8 wird davon ausgegangen, dass das Unverzüglichkeitsgebot des § 7 Abs. 5 S. 1 über § 7 Abs. 5 S. 3 auch in Drittbeteiligungsfällen Anwendung findet, so dass auch die Mitteilung gegenüber dem Dritten unverzüglich zu erfolgen hat (Fluck/Theuer/Ziekow/Debus IFG § 8 Rn. 26; Mecklenburg/Pöppelmann IFG § 8 Rn. 16; Schoch IFG § 8 Rn. 31).

2. Inhaltliche Anforderungen

22   Unter inhaltlichen Aspekten ist dem Dritten zunächst mitzuteilen, das überhaupt ein Antrag auf Informationszugang vorliegt (GMBl. 2005, 1346 (1349); Fluck/Theuer/Ziekow/Debus IFG § 8 Rn. 26; Mecklenburg/Pöppelmann IFG § 8 Rn. 17; NK-IFG/Rossi IFG § 8 Rn. 16; Schoch IFG § 8 Rn. 33). Dem Dritten muss gleichzeitig mitgeteilt werden, zu welchen Informationen konkret Zugang gewährt werden soll und die Tatsache, dass hierdurch möglicherweise seine Belange berührt werden (NK-IFG/Rossi IFG § 8 Rn. 16; Schoch IFG § 8 Rn. 33). Ebenso ist der Dritte über die Begründung des Antragstellers in Kenntnis zu setzen (Fluck/Theuer/Ziekow/Debus IFG § 8 Rn. 27; NK-IFG/Rossi IFG § 8 Rn. 16; Schoch IFG § 8 Rn. 33). Mit diesen Informationen zu verbinden ist die ausdrückliche Frage, ob der Dritte in die Offenbarung der geschützten Belange einwilligt (Fluck/Theuer/Ziekow/Debus IFG § 8 Rn. 27; Schoch IFG § 8 Rn. 33).

23   Umstritten ist, ob dem Dritten auch die Identität des Antragstellers preiszugeben ist. Dies wird mehrheitlich bejaht (Fluck/Theuer/Ziekow/Debus IFG § 8 Rn. 28; Schoch IFG § 8 Rn. 34; aM: Mecklenburg/Pöppelmann IFG § 8 Rn. 18; Misoch/Schmittmann VR 2012, 181 (186) halten die Preisgabe der Identität des Antragstellers für regelmäßig nicht erforderlich; NK-IFG/Rossi IFG § 8 Rn. 17): Es bestehe ein erhebliches Interesse des Dritten zu erfahren, wer Einsicht in seine Informationen begehrt. Daran ändere auch die Möglichkeit der Einschaltung von Strohmännern bzw. die Tatsache, dass eine einmal offenbarte Information grds. allgemein zugänglich werden kann, nichts. Der Preisgabe der Identität des Antragstellers stehen dabei weder § 30 VwVfG noch datenschutzrechtliche Bedenken entgegen

(Fluck/Theuer/Ziekow/Debus IFG § 8 Rn. 28; Schoch IFG § 8 Rn. 34; aM: NK-IFG/ Rossi IFG § 8 Rn. 17; vgl. auch → § 7 Rn. 39.1).

III. Stellungnahme des Dritten

Die Frist, innerhalb derer sich der Dritte äußern kann, beträgt nach § 8 Abs. 1 einen 24 Monat. Der Fristlauf wird mit Bekanntgabe der schriftlichen Mitteilung in Gang gesetzt, die Berechnung der Frist erfolgt nach allgemeinem Verwaltungsverfahrensrecht (Fluck/Theuer/ Ziekow/Debus IFG § 8 Rn. 31; Jastrow/Schlatmann IFG § 8 Rn. 18; NK-IFG/Rossi IFG § 8 Rn. 21; Schoch IFG § 8 Rn. 39). Eine Verlängerung der Frist ist wegen des eindeutigen Wortlauts des § 8 Abs. 1 und dem Interesse des Antragstellers an einem baldigen Informationszugang nicht möglich (Fluck/Theuer/Ziekow/Debus IFG § 8 Rn. 31; Schoch IFG § 8 Rn. 39; aM Matthes, Das Informationsfreiheitsgesetz 2006, 52); nach den allgemeinen verwaltungsverfahrensrechtlichen Vorschriften kann aber eine Wiedereinsetzung in den vorigen Stand erfolgen (Fluck/Theuer/Ziekow/Debus IFG § 8 Rn. 31; Jastrow/Schlatmann IFG § 8 Rn. 18; Schoch IFG § 8 Rn. 39). Geht die Stellungnahme des Dritten nach Ablauf der Frist ein, darf die Behörde, sofern sie den Informationszugangsantrag noch nicht beschieden hat, diese nur berücksichtigen, wenn sie eine Einwilligung in die Offenbarung der Daten enthält; die Berücksichtigung einer negativen Stellungnahme käme einer unzulässigen Fristverlängerung gleich (Schoch IFG § 8 Rn. 43).

Für die Stellungnahme des Dritten ist keine Form vorgeschrieben. Möglich ist somit auch 25 eine mündliche Äußerung (Fluck/Theuer/Ziekow/Debus IFG § 8 Rn. 31; NK-IFG/Rossi IFG § 8 Rn. 20; Schoch IFG § 8 Rn. 40; aA Sieberg/Ploeckl DB 2005, 2062 (2064)). Für die Behörde empfiehlt es sich aber, eine mündliche Stellungnahme des Dritten zu Dokumentationszwecken schriftlich zu fixieren (NK-IFG/Rossi IFG § 8 Rn. 20; Schoch IFG § 8 Rn. 40).

Die Stellungnahme des Dritten muss erkennen lassen, ob er in die Offenbarung der 26 geschützten Daten einwilligt. Tut er dies, ist die Behörde in jedem Fall hieran gebunden. Verweigert er seine Einwilligung, ist die Behörde in drei von vier Fallgruppen ebenfalls hieran gebunden: Sind besondere Arten personenbezogener Daten nach § 5 Abs. 1 S. 2 oder ein Betriebs- oder Geschäftsgeheimnis nach § 6 S. 2 betroffen, oder steht der Schutz geistigen Eigentums nach § 6 S. 1 im Raum, setzt die Offenbarung dieser Daten die ausdrückliche Einwilligung des betroffenen Dritten voraus. Alleine wenn es um die Offenbarung personenbezogener Daten nach § 5 Abs. 1 S. 1 geht, hat die Behörde die Möglichkeit, sich über ein fehlendes Einverständnis des Dritten im Wege der Abwägung hinwegzusetzen (NK-IFG/Rossi IFG § 8 Rn. 22 f.; Schoch IFG § 8 Rn. 41). Dabei steht es der Verweigerung der Einwilligung gleich, wenn sich der Dritte innerhalb der Frist nicht äußert (Schoch IFG § 8 Rn. 42).

D. Besonderheiten des Informationszugangs bei Drittbetroffenheit und Rechtsschutz des Dritten (Abs. 2)

§ 8 Abs. 2 bezieht sich auf den Zeitraum nach der behördlichen Entscheidung über den 27 Informationszugangsantrag. Für die Rechtsnatur dieser Entscheidung ergibt sich aus § 8 Abs. 2 S. 2 eindeutig, dass es sich um einen Verwaltungsakt (BT-Drs. 15/4493, 15; Fluck/ Theuer/Ziekow/Debus IFG § 8 Rn. 32; Kiethe/Groeschke wrp 2006, 303 (306); Sellmann/Augsberg WM 2006, 2293 (2298 Fn. 52)), genauer einen Verwaltungsakt mit drittbelastender Doppelwirkung (BRS/Berger IFG § 8 Rn. 2; Schoch IFG § 8 Rn. 52), handelt.

I. Besonderheiten der Entscheidung bei Drittbetroffenheit (S. 1)

Für drei- und mehrpolige Informationsverhältnisse sieht § 8 Abs. 2 S. 1 eine Abweichung 28 von der für das IFG grds. geltenden Formfreiheit (→ § 7 Rn. 33) vor (Fluck/Theuer/ Ziekow/Debus IFG § 8 Rn. 32; Guckelberger VerwArch 2006, 62 (84); Jastrow/Schlatmann IFG § 8 Rn. 19; NK-IFG/Rossi IFG § 8 Rn. 26; Schmitz/Jastrow NVwZ 2005, 984 (990); Schoch IFG § 8 Rn. 51): Die Entscheidung nach § 7 Abs. 1 S. 1 hat gem. § 8 Abs. 2 S. 1 schriftlich zu ergehen. Dies soll nach der Gesetzesbegründung eine erleichterte gerichtliche

Nachprüfbarkeit sicherstellen (BT-Drs. 15/4493, 15). Möglich ist nach § 3a Abs. 2 VwVfG auch die Ersetzung der Schriftform durch die elektronische Form (Schoch IFG § 8 Rn. 51).

29 Umstritten ist allerdings, ob die Schriftform alleine für stattgebende Entscheidungen gilt (so Schoch IFG § 8 Rn. 49) oder ob das Formerfordernis auch ablehnende Entscheidungen erfasst (so NK-IFG/Rossi IFG § 8 Rn. 26). Die Rspr. hat diese Frage bislang explizit offen gelassen (VGH Kassel, Beschl. v. 16.2.2012 – 6 B 2464/11 – Rn. 21). Allerdings dürften die besseren Argumente für die zuerst genannte Ansicht streiten, da sich auch § 7 Abs. 1 S. 1 alleine auf stattgebende Entscheidungen bezieht (→ § 7 Rn. 2) und die Ablehnung des Antrags ausdrücklich von § 9 geregelt wird (Schoch IFG § 8 Rn. 49). Hinzu kommt, dass die in § 8 Abs. 2 S. 2 „getroffene Regelung, wonach einem Dritten vor der faktischen Gewährung von Informationszugang die Möglichkeit zur Erlangung von Rechtsschutz eröffnet werden muss, nur für den Fall einer positiven Entscheidung der Behörde über den Antrag auf Informationszugang" gilt (VGH Kassel, Beschl. v. 16.2.2012 – 6 B 2464/11 – Rn. 21).

30 Die Anordnung der Schriftform führt gleichzeitig dazu, dass die Entscheidung nach § 39 VwVfG zu begründen (NK-IFG/Rossi IFG § 8 Rn. 27; Schoch IFG § 8 Rn. 53; Sellmann/Augsberg WM 2006, 2293 (2298)) und eine Rechtsbehelfsbelehrung gem. § 59 VwGO beizufügen ist (Fluck/Theuer/Ziekow/Debus IFG § 8 Rn. 32; Jastrow/Schlatmann IFG § 8 Rn. 21; Schoch IFG § 8 Rn. 53).

31 Die Bestimmung des § 8 Abs. 2 S. 1, dass die Entscheidung auch dem Dritten bekannt zu geben ist, hat alleine klarstellende Funktion (NK-IFG/Rossi IFG § 8 Rn. 28; Schoch IFG § 8 Rn. 52; aM wohl Misoch/Schmittmann VR 2012, 181 (186)). Grundsätzlich richtet sich die Bekanntgabe nach § 41 VwVfG, wonach der Verwaltungsakt demjenigen bekannt zu geben ist, für den er bestimmt ist oder der von ihm betroffen ist. Daraus folgt, dass die Entscheidung zwingend auch dem Antragsteller bekannt zu geben ist (Fluck/Theuer/Ziekow/Debus IFG § 8 Rn. 32; NK-IFG/Rossi IFG § 8 Rn. 28; Schoch IFG § 8 Rn. 52).

II. Besonderheiten des Informationszugangs bei Drittbetroffenheit (S. 2)

32 Die Bestimmung des § 8 Abs. 2 S. 2 ist von der Unterscheidung zwischen der Entscheidung über den Informationszugang und dessen tatsächlicher Durchführung geprägt (BT-Drs. 15/4493, 15; Schoch IFG § 8 Rn. 54; Steinbach/Hochheim NZS 2006, 517 (523)). Mit der Anordnung, dass der Informationszugang erst erfolgen darf, wenn die Entscheidung dem Dritten gegenüber bestandskräftig ist oder die sofortige Vollziehung angeordnet worden ist und seit der Bekanntgabe der Anordnung an den Dritten zwei Wochen verstrichen sind, wird dem Dritten eine effektive Möglichkeit eingeräumt, den Vollzug des Informationszugangs trotz positiver Verwaltungsentscheidung – und damit die Schaffung irreversibler Tatsachen – zu verhindern (VGH Kassel, Beschl. v. 16.2.2012 – 6 B 2464/11 – Rn. 21; BRS/Berger IFG § 8 Rn. 7; Ewer AnwBl. 2010, 455 (459); Fluck/Theuer/Ziekow/Debus IFG § 8 Rn. 33; NK-IFG/Rossi IFG § 8 Rn. 29; Schoch IFG § 8 Rn. 54).

33 Bestandskraft tritt ein, wenn gegen den Verwaltungsakt nicht mehr mit ordentlichen Rechtsbehelfen vorgegangen werden kann. Das ist entweder bei (erfolgloser) Erschöpfung des Rechtswegs oder bei Ablauf der Rechtsbehelfsfristen der Fall (Fluck/Theuer/Ziekow/Debus IFG § 8 Rn. 33; Mecklenburg/Pöppelmann IFG § 8 Rn. 21 f.; Jastrow/Schlatmann IFG § 8 Rn. 24; NK-IFG/Rossi IFG § 8 Rn. 31; Schoch IFG § 8 Rn. 55).

34 Wird nach § 80 Abs. 2 S. 1 Nr. 4 VwGO die sofortige Vollziehung der Entscheidung angeordnet, räumt § 8 Abs. 2 S. 2 dem Dritten eine Zwei-Wochen-Frist ein, innerhalb derer er die Aussetzung der sofortigen Vollziehbarkeit (§ 80a Abs. 3 S. 1 iVm Abs. 1 Nr. 2 VwGO) bzw. die Wiederherstellung der aufschiebenden Wirkung (§ 80a Abs. 3 iVm § 80 Abs. 5 S. 1 VwGO) betreiben kann (Fluck/Theuer/Ziekow/Debus IFG § 8 Rn. 34; NK-IFG/Rossi IFG § 8 Rn. 32; Schoch IFG § 8 Rn. 56). Dabei beginnt die Zwei-Wochen-Frist nicht bereits mit der Anordnung der sofortigen Vollziehung, sondern erst mit der Bekanntgabe dieser Anordnung an den Dritten, § 41 Abs. 2 VwVfG analog (Fluck/Theuer/Ziekow/Debus IFG § 8 Rn. 34; Mecklenburg/Pöppelmann IFG § 8 Rn. 23; Jastrow/Schlatmann IFG § 8, Rn. 23; NK-IFG/Rossi IFG § 8 Rn. 32; Schoch IFG § 8 Rn. 53).

35 Ungeregelt lässt § 8 Abs. 2 S. 2 den Fall, dass innerhalb der Zwei-Wochen Frist eine (abschließende) Eilentscheidung nicht ergeht; um die Schaffung irreversibler Tatsachen durch

den Vollzug des Informationszugangs zu verhindern, soll die Behörde nach § 80 Abs. 4 S. 1 VwGO verpflichtet sein, die sofortige Vollziehung bis zur gerichtlichen Eilentscheidung auszusetzen (Schoch IFG § 8 Rn. 57).

III. Rechtsschutz des Dritten (S. 3)

Da der Dritte durch die Gewährung des Informationszugangs in seinen Rechten beein- 36
trächtigt wird, muss ihm nach Art. 19 Abs. 4 S. 1 GG der Rechtsweg offen stehen. Diese Verpflichtung erfüllt § 8 Abs. 2 S. 3 dadurch, dass er die entsprechende Geltung des § 9 Abs. 4 anordnet. Damit wird zunächst bewirkt, dass auch in diesen Fällen der Verwaltungsrechtsweg zu beschreiten ist (→ § 9 Rn. 52 ff.; ZDM, 413).

Die Tatsache, dass § 8 Abs. 2 S. 3 § 9 Abs. 4 für entsprechend anwendbar erklärt, 37
ermöglicht die notwendige Anpassung des § 9 Abs. 4 auf die Situation in drei- und mehrpoligen Informationsverhältnissen (Fluck/Theuer/Ziekow/Debus IFG § 8 Rn. 36; NK-IFG/Rossi IFG § 8 Rn. 33; Schoch IFG § 8 Rn. 58) ohne dabei den einstweiligen Rechtsschutz nach § 80a VwGO im Falle der Anordnung der sofortigen Vollziehbarkeit der Zugangsentscheidung auszuschließen (Fluck/Theuer/Ziekow/Debus IFG § 8 Rn. 41 f.; Schoch IFG § 8 Rn. 61). Ansonsten dürfte der Dritte keinen einstweiligen Rechtsschutz benötigen, weil seine Rechtsbehelfe aufschiebende Wirkung entfalten (ZDM, 415). Etwas anderes gilt allerdings in den Fällen, in denen der Dritte nicht ordnungsgemäß beteiligt wurde. Hier besteht für ihn die Möglichkeit, eine einstweilige Anordnung nach § 123 Abs. 1 S. 1 VwGO zu erwirken (→ Rn. 41; ZDM, 415). Ebenfalls nicht ausgeschlossen sein soll – trotz Fehlens einer expliziten Anordnung in § 8 Abs. 2 – die Anrufung des Bundesbeauftragten für die Informationsfreiheit in analoger Anwendung des § 12 Abs. 1 (Kiethe/Groeschke wrp 2006, 303 (306); Schoch IFG § 8 Rn. 62). Für vorbeugenden Rechtsschutz dürfte hingegen nur in seltenen Ausnahmefällen Raum bestehen. Die Rechtsschutzmöglichkeiten nach § 8 iVm dem Rechtsschutz der VwGO führen im Regelfall dazu, dass das Bestehen eines qualifizierten Rechtsschutzbedürfnisses zu verneinen ist (Fluck/Theuer/Ziekow/Debus IFG § 8 Rn. 44; Mecklenburg/Pöppelmann IFG § 9 Rn. 34; NK-IFG/Rossi IFG § 9 Rn. 31; Sellmann/Augsberg WM 2006, 2293 (2301); Kloepfer/v. Lewinski DVBl. 2005, 1277 (1286) gehen dagegen davon aus, dass die vorbeugende Unterlassungsklage zumindest nicht ausgeschlossen ist). Auf die besondere Problematik, die mit der Durchführung eines in-camera-Verfahrens nach § 99 VwGO in Drittbeteiligungsfällen verbunden ist, weisen ZDM, 415 ff. ausführlich hin.

Gegen den Verwaltungsakt ist nach § 8 Abs. 2 S. 3 iVm § 9 Abs. 4 S. 2 vor Klageer- 38
hebung immer, auch wenn die Entscheidung von einer obersten Bundesbehörde getroffen wurde, ein (erfolgloses) Widerspruchsverfahren durchzuführen (BT-Drs. 15/4493, 16; BRS/Berger IFG § 8 Rn. 8; Fluck/Theuer/Ziekow/Debus IFG § 8 Rn. 37; Jastrow/Schlatmann IFG § 8 Rn. 24; Mecklenburg/Pöppelmann IFG § 8 Rn. 28; NK-IFG/Rossi IFG § 8 Rn. 35 und § 9 Rn. 30; Schoch IFG § 8 Rn. 60; Steinbach/Hochheim NZS 2006, 517 (523)). Sowohl Widerspruch als auch Anfechtungsklage entfalten nach § 80 Abs. 1 VwGO aufschiebende Wirkung, so dass die stattgebende Entscheidung nicht vollzogen werden darf (Fluck/Theuer/Ziekow/Debus IFG § 8 Rn. 38; Schoch IFG § 8 Rn. 60).

Hinsichtlich der statthaften Klageart ist zu beachten, dass § 9 Abs. 4 auf die Situation 39
zugeschnitten ist, dass dem Antragsteller der begehrte begünstigende Verwaltungsakt – der Informationszugang – verwehrt wurde; insofern erklärt § 9 Abs. 4 den Widerspruch und die Verpflichtungsklage für zulässig (→ § 9 Rn. 58 ff. und 63 ff.). In drei- oder mehrpoligen Informationsverhältnissen geht es demgegenüber dem Dritten darum, einen begünstigenden Verwaltungsakt mit drittbelastender Doppelwirkung anzugreifen. Dieses Rechtsschutzziel ist mit dem Anfechtungswiderspruch und der Anfechtungsklage zu verfolgen (VG Frankfurt a. M. Beschl. v. 25.4.2008 – 7 L 635/08.F – Rn. 21 und 26; OLG Düsseldorf, Urt. v. 15.6.2009 – VI-Kart 3/09 (V) – Rn. 4; VGH Kassel, Beschl. v. 16.2.2012 – 6 B 2464/11 – Rn. 21; Fluck/Theuer/Ziekow/Debus IFG § 8 Rn. 37 ff.; Kiethe/Groeschke wrp 2006, 303 (306); Matthes, Das Informationsfreiheitsgesetz 2006, 63; NK-IFG/Rossi IFG § 8 Rn. 34; Schoch IFG § 8 Rn. 60; Schroeter NVwZ 2011, 457 (458); Sitsen, 338; aM Burholt BB 2006, 2201 (2206)). Die Formulierung des § 9 Abs. 4, der die dort genannten Rechtsbehelfe „gegen die ablehnende Entscheidung" für zulässig erklärt, ist in der Drittanfechtungs-

situation des § 8 Abs. 2 S. 3 so zu verstehen, dass die Rechtsbehelfe „gegen die stattgebende Entscheidung" eingelegt werden können (Fluck/Theuer/Ziekow/Debus IFG § 8 Rn. 37; NK-IFG/Rossi IFG § 8 Rn. 35).

40 Die nach § 42 VwGO erforderliche Rechtsbehelfsbefugnis des Dritten liegt unstreitig vor, wenn die Offenlegung einer nach §§ 5, 6 geschützten Information im Raum steht (Fluck/Theuer/Ziekow/Debus IFG § 8 Rn. 40; NK-IFG/Rossi IFG § 9 Rn. 30; ZDM, 414). Dagegen ist die Rechtsbehelfsbefugnis des Dritten bei Vorliegen eines Ausschlussgrundes nach § 3 zu verneinen; ob dies auch für § 3 Nr. 1 lit. g und Nr. 7 gilt, ist noch nicht geklärt (ZDM, 414 mwN).

E. Rechtsfolgen von Verstößen gegen die Beteiligungspflichten

41 Das fehlerhafte Unterbleiben der Anhörung des Dritten führt zunächst zur Rechtswidrigkeit einer ablehnenden Zugangsentscheidung (Schoch, NVwZ 2013, 1033 (1039)). Da die Beteiligung nach § 8 Abs. 1 eine unselbstständige Verfahrenshandlung darstellt, kann ihr rechtswidriges Unterbleiben als solches wegen § 44a VwGO allerdings nicht isoliert eingeklagt, sondern nur im Rahmen der Anfechtung der Sachentscheidung gerügt werden (Fluck/Theuer/Ziekow/Debus IFG § 8 Rn. 30; Schoch IFG § 8 Rn. 63; Sellmann/Augsberg WM 2006, 2293 (2298); missverständlich Schoch NJW 2009, 2987 (2992)). Mangels Spruchreife wird in diesen Fällen ein Bescheidungsurteil ergehen (OVG Nordrhein-Westfalen Urt. v. 19.3.2013 – 8 A 1172/11 –Rn. 135; OVG Berlin-Brandenburg Urt. v. 5.10.2010 – 12 B 5.08 – Rn. 40; Schoch, NVwZ 2013, 1033 (1039)). Sofern der Dritte allerdings Kenntnis davon erlangt, dass eine „faktische Gewährung von Informationszugang durch die Behörde ohne Durchführung des Verfahrens bei Beteiligung Dritter iSv § 8" droht, „kann der Dritte seine verfahrensrechtliche Rechtsposition gegebenenfalls durch einen Antrag auf Erlass einer einstweiligen Anordnung gem. § 123 Abs. 1 S. 1 VwGO sichern lassen" (VG Frankfurt a. M. Beschl. v. 25.4.2008 – 7 L 635/08.F – Rn. 21 ff.; VGH Kassel Beschl. v. 1.10.2008 – 6 B 1133/08 – Rn. 12 ff.; Beschl. v. 16.2.2012 – 6 B 2464/11 – Rn. 21).

42 Entstehen dem Dritten durch die rechtswidrige Gewährung des Informationszugangs immaterielle Schäden, steht ihm die Fortsetzungsfeststellungsklage offen; entstehen ihm durch die Offenbarung geschützter Informationen Vermögensschäden, besteht grds. ein Amtshaftungsanspruch nach Art. 34 GG iVm § 839 BGB (Fluck/Theuer/Ziekow/Debus IFG § 8 Rn. 45; Schoch IFG § 8 Rn. 64).

§ 9 Ablehnung des Antrags; Rechtsweg

(1) Die Bekanntgabe einer Entscheidung, mit der der Antrag ganz oder teilweise abgelehnt wird, hat innerhalb der Frist nach § 7 Abs. 5 Satz 2 zu erfolgen.

(2) Soweit die Behörde den Antrag ganz oder teilweise ablehnt, hat sie mitzuteilen, ob und wann der Informationszugang ganz oder teilweise zu einem späteren Zeitpunkt voraussichtlich möglich ist.

(3) Der Antrag kann abgelehnt werden, wenn der Antragsteller bereits über die begehrten Informationen verfügt oder sich diese in zumutbarer Weise aus allgemein zugänglichen Quellen beschaffen kann.

(4) ¹Gegen die ablehnende Entscheidung sind Widerspruch und Verpflichtungsklage zulässig. ²Ein Widerspruchsverfahren nach den Vorschriften des 8. Abschnitts der Verwaltungsgerichtsordnung ist auch dann durchzuführen, wenn die Entscheidung von einer obersten Bundesbehörde getroffen wurde.

§ 9 enthält Bestimmungen für den Fall der (vollständigen oder teilweisen) Ablehnung eines Antrags auf Informationszugang. Abs. 1 legt die Frist fest, innerhalb derer die Bekanntgabe der ablehnenden Entscheidung zu erfolgen hat (→ Rn. 8 ff.). Abs. 2 flankiert die Antragsablehnung mit einer behördlichen Mitteilungspflicht darüber, ob bzw. wann und in welchem Umfang der Zugang voraussichtlich zu einem späteren Zeitpunkt gewährt werden kann (→ Rn. 23 ff.). § 9 Abs. 3 enthält zwei eigenständige Gründe, die die Ablehnung des

Zugangsantrags rechtfertigen können: Dies ist zum einen der Fall, wenn der Antragsteller bereits über die begehrte Information verfügt (→ Rn. 29 ff.), zum anderen, wenn die Information in zumutbarer Weise aus allgemein zugänglichen Quellen beschafft werden kann (→ Rn. 34 ff.). Eingegangen wird auch auf die Frage, ob bzw. inwieweit Abs. 3 eine allgemeine Missbrauchsklausel zu entnehmen ist (→ Rn. 44 ff.). Abs. 4 schließlich befasst sich mit dem Rechtsschutz des Antragstellers gegen die ablehnende Verwaltungsentscheidung (→ Rn. 48 ff.).

Übersicht

	Rn		Rn
A. Allgemeines	1	E. Ablehnungsgründe (Abs. 3)	28
B. Definition des Begriffs der (teilweisen) Ablehnung	4	I. Kenntnis des Antragstellers (Abs. 3 1. Alt.)	29
C. Formale Anforderungen an die Ablehnung (Abs. 1)	7	II. Zumutbare Allgemeinzugänglichkeit der Information (Abs. 3 2. Alt.)	34
I. Frist	8	1. Allgemeinzugänglichkeit	34
1. Grundsatz: einmonatige Regelfrist nach § 7 Abs. 5 S. 2	10	2. Zumutbarkeit	40
2. Anwendbarkeit des § 8	11	III. Rechtsmissbrauch	44
3. Geltung des Unverzüglichkeitsgebots	13	F. Rechtsschutz (Abs. 4)	48
		I. Allgemeines	48
II. Geltung allgemeiner Form- und Verfahrensvorschriften	15	II. Rechtsweg	52
1. Gewährung rechtlichen Gehörs	15	III. Widerspruch	58
2. Bekanntgabe	16	IV. Verfahrensart in der Hauptsache	63
3. Form	17	V. Gerichtliche Sachentscheidung	69
4. Begründung	19	1. Darlegungslast und -tiefe	70
5. Rechtsbehelfsbelehrung	21	2. In-camera-Verfahren (§ 99 VwGO)	73
D. Behördliche Mitteilungspflichten bei Antragsablehnung (Abs. 2)	23	VI. Einstweiliger Rechtsschutz	84
		VII. Gerichtliche Zuständigkeit, Rechtsmittel	90

A. Allgemeines

Obwohl § 9 selbst im Laufe des Gesetzgebungsverfahrens unverändert geblieben ist, hat sich der Regelungsgehalt der Norm doch insoweit verändert, als § 7 Abs. 5 S. 2, auf den § 9 Abs. 1 verweist, abgeändert wurde (Mecklenburg/Pöppelmann IFG § 9 Rn. 1; zur Entstehungsgeschichte des § 7 Abs. 5 → § 7 Rn. 3). 1

Der Regelungsgegenstand des § 9 ist vielgestaltig. Die Norm enthält nicht nur verfahrensrechtliche und prozessuale Bestimmungen (Abs. 1, 2 und 4), sie trifft zusätzlich auch materiell-rechtliche Aussagen (Abs. 3) (Fluck/Theuer/Ziekow/Debus IFG § 9 Rn. 12; Mecklenburg/Pöppelmann IFG § 9 Rn. 2; NK-IFG/Rossi IFG § 9 Rn. 1; Schoch IFG § 9 Rn. 2). Im Unterschied zu § 7, der sich dem Informationszugangsantrag stattgebenden Verwaltungsentscheidung widmet, ist Bezugspunkt des § 9 ausschließlich die den Zugang ablehnende Entscheidung. Überschneidungen existieren lediglich in den Fällen, in denen dem Zugangsantrag teilweise entsprochen wird, da dies gleichzeitig eine teilweise Antragsablehnung bedeutet. Insofern ergänzen sich §§ 7 und 9 (Schoch IFG § 9 Rn. 1; aM Jastrow/Schlatmann IFG § 9 Rn. 1 f.: §§ 7 und 9 überschneiden sich, § 9 enthält im Verhältnis zu § 7 lediglich einige wenige Ergänzungen). 2

Dem vielgestaltigen Regelungsgegenstand der Norm entsprechend, ist auch nicht von einer einheitlichen Zwecksetzung der Vorschrift auszugehen. Genannt werden hier insbes. die Verfahrensvereinfachung (Abs. 2) und die Entlastung der Behörde (Abs. 3) (BT-Drs. 15/4493, 16). Daneben werden Verfahrensbeschleunigung und Rechtsdurchsetzung (Abs. 1 und 2) sowie die Gewährleistung effektiven Rechtsschutzes als Normzwecke angeführt (Schoch IFG § 9 Rn. 4). 3

B. Definition des Begriffs der (teilweisen) Ablehnung

4   Trotz der Tatsache, dass das einzuhaltende Verfahren nach dem IFG ganz entscheidend davon abhängt, ob einem Antrag stattgegeben (§ 7) oder ob er abgelehnt wird (§ 9), enthält das Gesetz keine Legaldefinition des Begriffs der Ablehnung. Dabei ist zunächst darauf hinzuweisen, dass eine teilweise Ablehnung des Antrags, die zwangsläufig zugleich mit einer teilweisen Stattgabe des Antrags einhergeht (Kloepfer/v. Lewinski DVBl. 2005, 1277 (1286); Schoch IFG § 9 Rn. 9), unter verfahrensrechtlichen und prozessualen Aspekten einer vollständigen Ablehnung des Antrags gleich steht; § 9 differenziert insoweit nicht (Schoch IFG § 9 Rn. 9).

5   Von einer Ablehnung ist zunächst dann zu sprechen, wenn dem Antragsteller die begehrte Information aus den Gründen der §§ 3–6 bzw. § 9 Abs. 3 nicht oder nicht vollumfänglich zugänglich gemacht wird. Daneben liegt aber auch eine – teilweise – Ablehnung vor, wenn der Informationszugang nicht in dem gewünschten Umfang oder in der vom Antragsteller gewünschten Art oder Form erfolgt. Beispielhaft nennen die Anwendungshinweise des BMI den Fall, dass der Antragsteller Einsichtnahme beantragt hatte, er aber lediglich Kopien erhält (GMBl. 2005, 1346 (1349)). Gleiches gilt bei einer Abweichung von der beantragten Auskunftsform (§ 7 Abs. 3): War zB eine schriftliche Auskunft beantragt, gewährt die Behörde aber lediglich mündlich Auskunft, liegt ebenfalls ein Fall der teilweisen Antragsablehnung vor (Fluck/Theuer/Ziekow/Debus IFG § 9 Rn. 12; Jastrow/Schlatmann IFG § 9 Rn. 5 f.; Schoch IFG § 9 Rn. 8). Ebenso soll eine Verzögerung der Auskunftserteilung als teilweise Ablehnung des Antrags zu werten sein (Fluck/Theuer/Ziekow/Debus IFG § 9 Rn. 12).

6   Die Ablehnung des Informationszugangs stellt – im Gegensatz zur Zugangsgewährung (→ § 7 Rn. 32) – immer einen Verwaltungsakt iSd § 35 VwVfG dar. Dies ergibt sich insbes. aus § 9 Abs. 4, da Widerspruch und Verpflichtungsklage, die dort als zulässige Rechtsbehelfe benannt werden, zwingend das Vorliegen eines Verwaltungsakts voraussetzen, §§ 68, 42 Abs. 1 VwGO (Fluck/Theuer/Ziekow/Debus IFG § 9 Rn. 13; Schoch IFG § 9 Rn. 10).

C. Formale Anforderungen an die Ablehnung (Abs. 1)

7   § 9 Abs. 1 enthält über die Verweisung auf § 7 Abs. 5 S. 2 explizit nur Vorgaben zu der Frist, innerhalb derer die Ablehnung zu erfolgen hat (→ Rn. 8 ff.). Weitere formale Vorgaben macht die Norm bezüglich der Ablehnung nicht, so dass diesbezüglich grds. auf die allgemeinen Regelungen des VwVfG und der VwGO zurückzugreifen ist (→ Rn. 15 ff.).

I. Frist

8   Nach § 9 Abs. 1 ist für die Bekanntgabe einer vollständigen oder teilweisen Ablehnung des Zugangsantrags die Frist des § 7 Abs. 5 S. 2 maßgeblich. Die Tatsache, dass § 9 Abs. 1 explizit lediglich auf § 7 Abs. 5 S. 2 verweist, hat Fragen über die tatsächliche Reichweite der Verweisung provoziert. Teilw. wird vertreten, die Verweisung erstrecke sich dem Wortlaut gem. ausschließlich auf § 7 Abs. 5 S. 2 (Schoch IFG § 9 Rn. 14), andere gehen davon aus, dass zusätzlich § 7 Abs. 5 S. 1 (Fluck/Theuer/Ziekow/Debus IFG § 9 Rn. 17; Kloepfer/v. Lewinski DVBl. 2005, 1277 (1286); Steinbach/Hochheim NZS 2006, 517 (523)) oder § 7 Abs. 5 S. 3 (NK-IFG/Rossi IFG § 9 Rn. 8) in Bezug genommen wird, während wieder andere von einer umfassenden Verweisung auf § 7 Abs. 5 insgesamt ausgehen (BRS/Berger IFG § 9 Rn. 3; Jastrow/Schlatmann IFG § 9 Rn. 7, wobei hauptsächlich auf das Unverzüglichkeitsgebot des § 7 Abs. 5 S. 1 abgestellt wird). Angesichts des eindeutigen Wortlauts des § 9 Abs. 1 ist allerdings die Ansicht vorzuziehen, dass sich die Verweisung ausschließlich auf § 7 Abs. 5 S. 2 erstreckt (Schoch IFG § 9 Rn. 14).

9   Dabei ist zu berücksichtigen, dass § 7 Abs. 5 im Laufe des Gesetzgebungsverfahrens insbes. durch die Umwandlung der zwingend ausgestalteten Fristenregelung in eine Soll-Vorschrift sowie die Dispensierung von der Einhaltung der Soll-Frist in Drittbeteiligungsfällen grundlegend verändert wurde (BT-Drs. 15/4493, 4 und BT-Drs. 15/5606, 3 und 6 sowie → § 7 Rn. 3), die Verweisung in § 9 Abs. 1 und die Begründung hierzu aber nicht angepasst wurden (Fluck/Theuer/Ziekow/Debus IFG § 9 Rn. 14). Insofern kann die Gesetzes-

begründung an dieser Stelle nicht zur Interpretation der Reichweite der Verweisung in § 9 Abs. 1 herangezogen werden (ähnlich Schoch IFG § 9 Rn. 14).

1. Grundsatz: einmonatige Regelfrist nach § 7 Abs. 5 S. 2

Unstreitig ist zunächst, dass § 9 Abs. 1 entsprechend seines ausdrücklichen Wortlauts auf § 7 Abs. 5 S. 2 verweist. Diskutiert wird allerdings, ob sich die Sollvorschrift des § 7 Abs. 5 S. 2 im Rahmen der Verweisung zu einer zwingenden Fristvorgabe ohne Ermessen wandelt. Diese Ansicht wird damit begründet, dass § 9 Abs. 1 davon spricht, dass die Bekanntgabe der ablehnenden Entscheidung innerhalb der Frist des § 7 Abs. 5 S. 2 zu erfolgen „hat" (Mecklenburg/Pöppelmann IFG § 9 Rn. 4 f.; so wohl auch Misoch/Schmittmann VR 2012, 181 (186)). Diese Auffassung wird mehrheitlich abgelehnt: Es bleibt, insbes. im Interesse einer einheitlichen Fristenregelung für stattgebende und ablehnende Entscheidungen, bei der Ausgestaltung der Monatsfrist als Regelfrist mit der Möglichkeit der Überschreitung in atypischen Ausnahmefällen (Fluck/Theuer/Ziekow/Debus IFG § 9 Rn. 15; Kloepfer/v. Lewinski DVBl. 2005, 1277 (1286); Matthes, Das Informationsfreiheitsgesetz, 2006, 54; Schoch IFG § 9 Rn. 15; Steinbach/Hochheim NZS 2006, 517 (523); NK-IFG/Rossi IFG § 9 Rn. 7).

2. Anwendbarkeit des § 8

Im Ergebnis ebenfalls nicht bestritten wird, dass die Regelungen des § 8, die von der Einhaltung der Regelfrist nach § 7 Abs. 5 S. 2 suspendieren (→ § 7 Rn. 86) auch bei negativen Zugangsentscheidungen Anwendung finden. Dieses Ergebnis wird entweder über eine Erstreckung der Verweisung des § 9 Abs. 1 auf § 7 Abs. 5 S. 3 (NK-IFG/Rossi IFG § 9 Rn. 8) oder im Wege einer teleologischen Auslegung des Gesetzes erzielt (Fluck/Theuer/Ziekow/Debus IFG § 9 Rn. 16; Schoch IFG § 9 Rn. 16 f.). Unter dogmatischen Gesichtspunkten ist der zuletzt genannten Ansicht zuzustimmen, da eine Erstreckung der Verweisung auf § 7 Abs. 5 S. 3 nicht mit dem eindeutigen Wortlaut des § 9 Abs. 1 zu vereinbaren ist.

Zur Begründung der Anwendbarkeit des § 8 auch im Falle einer Ablehnung des Zugangsantrags wird einerseits auf den zwingenden Charakter dieser Vorschrift sowie deren Grundrechtsrelevanz hingewiesen (Schoch IFG § 9 Rn. 17), zum anderen wird betont, dass es widersinnige Ergebnisse zeitigen würde, bliebe § 8 bei Erlass einer den Informationszugang verweigernden Entscheidung unberücksichtigt: Da die Behörde nach § 7 Abs. 5 S. 2 die Ablehnung im Regelfall binnen eines Monats bekannt geben soll, könnte sie die Stellungnahme des Dritten, dem § 8 Abs. 1 hierfür ebenfalls einen Monat gewährt, nur dann berücksichtigen, wenn der Dritte seine Stellungnahme vor Ablauf der Monatsfrist abgibt (Fluck/Theuer/Ziekow/Debus IFG § 9 Rn. 16; Schoch IFG § 9 Rn. 16).

3. Geltung des Unverzüglichkeitsgebots

Auch wenn die Geltung des § 7 Abs. 5 S. 1 im Rahmen des § 9 Abs. 1 nicht ganz unumstritten ist, geht die Literatur doch fast einhellig davon aus, dass die Ablehnung ebenfalls möglichst zügig ohne Ausschöpfung der Frist nach § 7 Abs. 5 S. 2 erfolgen sollte (Fluck/Theuer/Ziekow/Debus IFG § 9 Rn. 17; Jastrow/Schlatmann IFG § 9 Rn. 2 und 7; Kloepfer/v. Lewinski DVBl. 2005, 1277 (1286); Schoch IFG § 9 Rn. 18; Steinbach/Hochheim NZS 2006, 517 (523); aM NK-IFG/Rossi IFG § 9 Rn. 9). Dieses Ergebnis wird jedoch auf unterschiedlichen Wegen erreicht: Ganz überwiegend wird davon ausgegangen, dass die Verweisung des § 9 Abs. 1 auch § 7 Abs. 5 S. 1 umfasst (Fluck/Theuer/Ziekow/Debus IFG § 9 Rn. 17; Jastrow/Schlatmann IFG § 9 Rn. 2 und 7; Kloepfer/v. Lewinski DVBl. 2005, 1277 (1286); Steinbach/Hochheim NZS 2006, 517 (523)). Begründet wird diese Annahme mit einer „harmonisierenden Auslegung" des § 9 Abs. 1 (Kloepfer/v. Lewinski DVBl. 2005, 1277 (1286); Steinbach/Hochheim NZS 2006, 517 (523)) oder mit dem Willen des Gesetzgebers bzw. dem Sinn und Zweck der Regelung (Fluck/Theuer/Ziekow/Debus IFG § 9 Rn. 17 ua mit Hinweis auf die Anwendungshinweise des BMI, wonach auch die Ablehnung unverzüglich zu erfolgen habe, GMBl. 2005, 1346 (1350)).

Diesem Verständnis des § 9 Abs. 1 wird zu Recht der eindeutige Wortlaut des § 9 Abs. 1 entgegengehalten, der ausschließlich § 7 Abs. 5 S. 2 in Bezug nimmt. Die Verpflichtung zur möglichst zügigen Bekanntgabe der Ablehnungsentscheidung ergibt sich grds. aus § 10 S. 2 VwVfG. Eine Konkretisierung dieser Vorgabe kann durch verwaltungsinterne Anweisungen erfolgen, was durch die Anwendungshinweise des BMI (GMBl. 2005, 1346 (1350)) auch geschehen ist. Zudem ist bei Teilablehnungen zu berücksichtigen, dass sie zwingend mit einer teilweisen Stattgabe des Antrags einhergehen, für die das Unverzüglichkeitsgebot des § 7 Abs. 5 S. 1 unmittelbar gilt, so dass dem Interesse des Antragstellers an einer möglichst zeitnahen Entscheidung ausreichend Rechnung getragen wird (Schoch IFG § 9 Rn. 19).

14.1 Anders dagegen Rossi, der davon ausgeht, § 7 Abs. 5 S. 1 beziehe sich nicht auf die Entscheidung über den Zugangsantrag, sondern alleine auf den Vollzug der stattgebenden Entscheidung; da es bei einer Ablehnung des Informationszugangs nicht zu dessen Vollzug komme, entfalte § 7 Abs. 5 S. 1 bei ablehnenden Entscheidungen keine Wirkung (NK-IFG/Rossi IFG § 9 Rn. 9). Diese Ansicht ist abzulehnen, da sich § 7 Abs. 5 S. 1 sowohl auf die Entscheidung als auch auf deren Vollzug erstreckt (→ § 7 Rn. 78).

II. Geltung allgemeiner Form- und Verfahrensvorschriften

1. Gewährung rechtlichen Gehörs

15 Auch die Frage, ob dem Antragsteller vor Ablehnung des Antrags zwingend rechtliches Gehör gewährt werden muss, richtet sich nach den allgemeinen verwaltungsverfahrensrechtlichen Grundsätzen. Dabei geht die hM davon aus, dass die in § 28 VwVfG niedergelegte Anhörungspflicht nur zur Anwendung kommt, wenn ein „echter" Eingriff in die Rechte des Beteiligten in Rede steht; dagegen soll die bloße Ablehnung einer Begünstigung nicht ausreichen um die Anhörungspflicht des § 28 VwVfG zu aktivieren (BVerwG NJW 1983, 2044 (2045); BeckOK VwVfG/Herrmann VwVfG § 28 Rn. 13; BRS/Berger IFG § 9 Rn. 5; Fluck/Theuer/Ziekow/Debus IFG § 9 Rn. 23; Schoch IFG § 9 Rn. 11; SSB/Bonk/Kallerhoff VwGO § 28 Rn. 27 ff.; Ziekow, Verwaltungsverfahrensgesetz, 2. Aufl. 2010, § 28 Rn. 3; aM Kopp/Ramsauer § 28 Rn. 26). Damit ist die Behörde zwar nicht zur Anhörung des Antragstellers verpflichtet, es ist ihr aber auch nicht untersagt dies zu tun (Schoch IFG § 9 Rn. 12; teilweise wird ein solches Vorgehen aus verwaltungspraktischen Erwägungen sogar grds. als sinnvoll erachtet, BRS/Berger IFG § 9 Rn. 6).

2. Bekanntgabe

16 § 9 Abs. 1 spricht zwar von der Bekanntgabe der ablehnenden Entscheidung, macht hierzu allerdings keine weiteren Vorgaben. Da es sich bei der Ablehnung des Zugangsantrags um einen Verwaltungsakt handelt (→ Rn. 6), finden somit die allgemeinen Regelungen des § 41 VwVfG ohne weitere Modifikationen Anwendung (Fluck/Theuer/Ziekow/Debus IFG § 9 Rn. 14; Jastrow/Schlatmann IFG § 9 Rn. 19; Schoch IFG § 9 Rn. 13).

3. Form

17 Da § 9 Abs. 1 keine Vorgaben bezüglich der bei der Ablehnung eines Antrags einzuhaltenden Form macht, werden hierzu unterschiedliche Auffassungen vertreten: Teilweise wird § 7 Abs. 3 für anwendbar erklärt (Jastrow/Schlatmann IFG § 9 Rn. 1 und 9), teilweise wird von der Existenz eines generellen Schriftformerfordernisses ausgegangen (Matthes, Das Informationsfreiheitsgesetz, 2006, 55), überwiegend wird die Anwendbarkeit des § 37 Abs. 2 VwVfG bejaht (Fluck/Theuer/Ziekow/Debus IFG § 9 Rn. 24; Misoch/Schmittmann VR 2012, 181(186); Sokol CR 2005, 835 (840)).

18 Da den zuerst genannten Ansichten systematische Argumente entgegenstehen bzw. der Gesetzestext eine solche Deutung nicht zulässt (vgl. hierzu Schoch IFG § 9 Rn. 20 ff.), ist der Auffassung zuzustimmen, dass auch für den Fall der Ablehnung des Antrags die allgemeinen Vorgaben des § 37 Abs. 2 VwVfG gelten. Die Ablehnung kann somit schriftlich, elektronisch, mündlich oder in anderer Weise erfolgen, § 37 Abs. 2 S. 1 VwVfG. Aus den Sätzen 2 und 3 der genannten Vorschrift ergibt sich zudem, dass der Betroffene bei Vorliegen der genannten Voraussetzungen einen Anspruch auf schriftliche (oder elektronische) Bestätigung eines mündlich oder elektronisch erlassenen Verwaltungsakts hat (BT-Drs. 15/4493, 15). Unter dem Aspekt der besseren Nachprüfbarkeit der Verwaltungsentscheidung erscheint es aber zumindest im Regelfall sinnvoll, den Antrag schriftlich zu bescheiden (Reinhart DÖV 2007, 18 (22); Schoch IFG § 9 Rn. 21), insbes. auch, weil dies die Behörde zu einer Begründung der Entscheidung zwingt (→ Rn. 19; zur Bedeutung der Begründung unter rechtsstaatlichen Aspekten Griebel, Die verfahrensrechtliche Absicherung von Informationsfreiheitsrechten in rechtsvergleichender Sicht 2007, 163; Schoch IFG § 9 Rn. 23; Sokol CR 2005, 835 (840); NK-IFG/Rossi IFG § 9 Rn. 16).

Gegen die Heranziehung des § 7 Abs. 3 wird eingewendet, dass diese Vorschrift ausschließlich den Vollzug des Informationszugangs im Wege der Auskunftserteilung zum Gegenstand hat (Fluck/Theuer/Ziekow/Debus IFG § 9 Rn. 24; Schoch IFG § 9 Rn. 22). Hinzu kommt, dass § 9 Abs. 1 keine ausdrückliche Bezugnahme auf § 7 Abs. 3 enthält (Schoch IFG § 9 Rn. 22). Nimmt man den Charakter des § 9 als eigenständige, von § 7 grds. verschiedene Vorschrift (→ Rn. 2) ernst, käme eine Anwendung des § 7 Abs. 3 aber nur bei Vorliegen einer solchen expliziten Verweisung – wie das für § 7 Abs. 5 S. 2 auch geschehen ist – in Betracht (grds. ebenso Schoch IFG § 9 Rn. 5). **18.1**

Auch die Annahme eines allgemeinen, die Ablehnung des Antrags umfassenden, Schriftformerfordernisses findet im Gesetzestext keine Stütze. Die Gesetzesbegründung hält explizit fest, dass die „Schriftform für die Bescheidung des Antrags (...) – auch für den Fall der Ablehnung – nicht vorgesehen" ist (BT-Drs. 15/4493, 15). Insofern ist von einer bewussten Entscheidung des Gesetzgebers gegen ein allgemeines Schriftformerfordernis auszugehen (Schoch IFG § 9 Rn. 20). Für dieses Ergebnis können darüber hinaus auch systematische Gründe angeführt werden, da die Durchbrechung des Grundsatzes der Formfreiheit in Fällen der Drittbeteiligung in § 8 Abs. 2 S. 1 ausdrücklich normiert wurde (Fluck/Theuer/Ziekow/Debus IFG § 9 Rn. 24; Schoch IFG § 9 Rn. 20). **18.2**

4. Begründung

Das IFG verzichtet darauf, eine Pflicht zur Begründung der Verwaltungsentscheidung über den Informationszugangsantrag zu normieren (Fluck/Theuer/Ziekow/Debus IFG § 9 Rn. 25; Mecklenburg/Pöppelmann IFG § 9 Rn. 6; Misoch/Schmittmann VR 2012, 181 (186); NK-IFG/Rossi IFG § 9 Rn. 16; Schoch IFG § 9 Rn. 23). Zwar sehen die Anwendungshinweise des BMI zum IFG eine grundsätzliche Pflicht zur Begründung ablehnender Verwaltungsentscheidungen vor (GMBl. 2005, 1346 (1348 und 1349)); es ist aber nicht ersichtlich, auf welche gesetzliche Grundlage diese Pflicht gestützt wird. Denn obwohl mangels anderslautender Regelungen im IFG unstreitig § 39 VwVfG zur Anwendung kommt (BRS/Berger IFG § 9 Rn. 2; Fluck/Theuer/Ziekow/Debus IFG § 9 Rn. 25; NK-IFG/Rossi IFG § 9 Rn. 16; Schoch IFG § 9 Rn. 24), folgt daraus noch keine generelle Begründungspflicht (so aber: BRS/Berger IFG § 9 Rn. 2; Matthes, Das Informationsfreiheitsgesetz 2006, 55; Reinhart DÖV 2007, 18 (22); Schmitz/Jastrow NVwZ 2005, 984 (989)). Zu begründen sind nach § 39 Abs. 1 S. 1 VwVfG nur schriftliche oder elektronische sowie schriftlich oder elektronisch bestätigte Verwaltungsakte; da die Ablehnung nach § 9 aber grds. formfrei möglich ist, folgt aus § 39 VwVfG zumindest in den Fällen, in denen die Ablehnung nicht schriftlich oder elektronisch erfolgt bzw. schriftlich oder elektronisch bestätigt wurde kein Begründungszwang (Fluck/Theuer/Ziekow/Debus IFG § 9 Rn. 25; Mecklenburg/Pöppelmann IFG § 9 Rn. 6; Misoch/Schmittmann VR 2012, 181 (986); Schoch IFG § 9 Rn. 24). **19**

Sofern eine Begründung zu erfolgen hat, sind auch die übrigen Vorgaben des § 39 VwVfG zu beachten (Schoch IFG § 9 Rn. 25 f.). Unter inhaltlichen Aspekten konkretisieren dies die Anwendungshinweise des BMI zum IFG dahingehend, dass die Begründung zwar kurz sein könne, aber stets einen Einzelfallbezug aufweisen müsse. Die bloße Wiederholung des Gesetzestextes reiche gerade nicht aus. Dabei müsse aber darauf geachtet werden, dass keine Rückschlüsse auf geschützte Informationen möglich seien (GMBl. 2005, 1346 (1348); BRS/Berger IFG § 9 Rn. 2; Griebel, Die verfahrensrechtliche Absicherung von Informationsfreiheitsrechten in rechtsvergleichender Sicht 2007, 163; Reinhart DÖV 2007, 18 (22); Schoch IFG § 9 Rn. 25). **20**

5. Rechtsbehelfsbelehrung

21   Auch bezüglich der Frage, welche Belehrungspflichten im Falle einer ablehnenden Entscheidung bestehen, ist mangels spezialgesetzlicher Vorgaben im IFG auf die allgemeinen Vorschriften der VwGO zu rekurrieren (Fluck/Theuer/Ziekow/Debus IFG § 9 Rn. 26; Schoch IFG § 9 Rn. 28). Dabei besteht eine Rechtspflicht zur Beifügung einer Rechtsbehelfsbelehrung nach § 59 VwGO – ähnlich wie für die Beifügung einer Begründung nach § 39 VwVfG (→ Rn. 19) – nur, wenn der Verwaltungsakt schriftlich oder elektronisch erlassen wurde (Fluck/Theuer/Ziekow/Debus IFG § 9 Rn. 26; Schoch IFG § 9 Rn. 28). Eine Pflicht auch formfrei erlassenen Verwaltungsakten eine Rechtsbehelfsbelehrung beizufügen, lässt sich aus der VwGO hingegen nicht ableiten (so aber GMBl. 2005, 1346 (1349); Jastrow/Schlatmann IFG § 9 Rn. 16; Matthes, Das Informationsfreiheitsgesetz 2006, 55; Reinhart DÖV 2007, 18 (22)). Wurde der Verwaltungsakt schriftlich oder mündlich erlassen, besteht die Belehrungspflicht allerdings über den Wortlaut des § 59 VwGO hinaus auch, wenn eine Verpflichtungssituation vorliegt (BeckOK VwGO/Kimmel VwGO § 59 Rn. 3; Schoch IFG § 9 Rn. 28; SSB/Meissner VwGO § 59 Rn. 9).

22   Unabhängig von der Form, in der die Antragsablehnung erfolgt, ist die Behörde nicht verpflichtet, auf das Recht des Antragstellers zur Anrufung des Bundesbeauftragten für die Informationsfreiheit (§ 12) hinzuweisen. Voraussetzung einer solchen Pflicht wäre eine ausdrückliche Anordnung im IFG (Schoch IFG § 9 Rn. 27; Sokol CR 2005, 835 (840)).

D. Behördliche Mitteilungspflichten bei Antragsablehnung (Abs. 2)

23   Nach Abs. 2 ist die Behörde bei einer vollständigen oder teilweisen Antragsablehnung verpflichtet, dem Antragsteller mitzuteilen, ob und wann der Informationszugang ganz oder teilweise zu einem späteren Zeitpunkt voraussichtlich möglich ist. Die Formulierung „ob und wann" weist zunächst darauf hin, dass die Antragsablehnung entweder vorübergehenden (bei Vorliegen temporärer Ausschlussgründe, vgl. hierzu Schoch IFG § 9 Rn. 33) oder endgültigen (bei Vorliegen dauerhafter Ausschlussgründe, vgl. hierzu Schoch IFG § 9 Rn. 35) Charakter haben kann. Gleichzeitig ergibt sich aus der gewählten Formulierung, dass die Mitteilungspflicht immer besteht, auch in den Fällen, in denen der Informationszugang dauerhaft verweigert wird (Fluck/Theuer/Ziekow/Debus IFG § 9 Rn. 19; Mecklenburg/Pöppelmann IFG § 9 Rn. 10; Schoch IFG § 9 Rn. 35). Die Mitteilung hat von Amts wegen zu erfolgen (Fluck/Theuer/Ziekow/Debus IFG § 9 Rn. 19; NK-IFG/Rossi IFG § 9 Rn. 10), diesbezügliches Ermessen ist der Behörde nicht eingeräumt (Mecklenburg/Pöppelmann IFG § 9 Rn. 9; Schoch IFG § 9 Rn. 31).

24   Den Mitteilungspflichten nach Abs. 2 werden insgesamt drei Funktionen zugeschrieben: Die Gesetzesbegründung stellt zunächst auf die mit der Regelung verfolgte Verfahrensvereinfachung ab; da die Mitteilungspflicht eine Befristung der Entscheidung entbehrlich mache, werde unnötiger Verwaltungsaufwand vermieden (BT-Drs. 15/4493, 16; Jastrow/Schlatmann IFG § 9 Rn. 13; Misoch/Schmittmann VR 2012, 181 (186); zu Recht skeptisch insoweit Fluck/Theuer/Ziekow/Debus IFG § 9 Rn. 20). Die Literatur stellt demgegenüber die Informationsfunktion der Mitteilungspflicht in den Vordergrund: Der Antragsteller soll darüber in Kenntnis gesetzt werden, ob der begehrte Informationszugang dauerhaft oder nur vorübergehend ausgeschlossen ist und evtl. darüber, wann der Zugang voraussichtlich erfolgen kann. Daraus soll zusätzlich eine Befriedungsfunktion resultieren können, weil dem Antragsteller eine konkrete Perspektive eröffnet wird (NK-IFG/Rossi IFG § 9 Rn. 12 f.; Schoch IFG § 9 Rn. 31; skeptisch gegenüber der Befriedungsfunktion Fluck/Theuer/Ziekow/Debus IFG § 9 Rn. 20).

25   Diese Funktionen kommen insbes. bei zeitlich begrenzten Ablehnungsgründen zum Tragen (Fluck/Theuer/Ziekow/Debus IFG § 9 Rn. 20; Schoch IFG § 9 Rn. 33). Das wird unter anderem daran deutlich, dass im Falle eines auf einen behördlichen Entscheidungsprozesses gerichteten Informationszugangsantrags § 4 Abs. 2 die Regelung des § 9 Abs. 2 insoweit ergänzt, als er die Behörde verpflichtet, dem Antragsteller mitzuteilen, wann das jeweils geschützte Verfahren abgeschlossen ist (Fluck/Theuer/Ziekow/Debus IFG § 9 Rn. 19; Jastrow/Schlatmann IFG § 9 Rn. 15; Schoch IFG § 9 Rn. 34; ZDM, 242). Dabei ist derzeit ungeklärt, ob und evtl. auf welche weiteren temporären Ausschlussgründe die Informationspflicht des § 4 Abs. 2 anzuwenden ist (ZDM, 242 f.; die Rspr. hat bislang zumindest eine

Anwendung der Informationspflicht des § 4 Abs. 2 auf den Ausschlussgrund des § 3 Nr. 1 lit. g bejaht, vgl. VG Frankfurt a. M. Urt. v. 17.6.2009 – 7 K 2282/08.F (3) – Rn. 61).

Der Inhalt der Mitteilungspflicht bestimmt sich nach den Ausschlussgründen des konkreten Falls (ausführlich Schoch IFG § 9 Rn. 32). Grds. wird davon ausgegangen, dass die Behörde nur zur Mitteilung des nach Aktenlage Erkennbaren verpflichtet ist, ohne weitergehende Ermittlungen anstellen zu müssen. Daher ist regelmäßig der Hinweis ausreichend, dass die Behörde aktuell nicht absehen kann, ob und wann ein späterer Informationszugang in Betracht kommt (Fluck/Theuer/Ziekow/Debus IFG § 9 Rn. 19; Jastrow/Schlatmann IFG § 9 Rn. 14; ähnlich Schoch IFG § 9 Rn. 32). 26

An die Form der Mitteilung stellt Abs. 2 ebenso wenig Anforderungen, wie Abs. 1 an die Ablehnung selbst (→ Rn. 18). Insbes. kann Abs. 2 nicht die Verpflichtung entnommen werden, dass die Mitteilung in derselben Form zu erfolgen hat, wie die Ablehnung (Fluck/Theuer/Ziekow/Debus IFG § 9 Rn. 21; Misoch/Schmittmann VR 2012, 181 (186); Schoch IFG § 9 Rn. 36; aM NK-IFG/Rossi IFG § 9 Rn. 10). Vereinzelt wird sogar davon ausgegangen, dass es zwar im Regelfall zweckmäßig sei, die Mitteilung zusammen mit der Ablehnung bekannt zu geben, dass die Behörde hierzu aber nicht verpflichtet sei (Schoch IFG § 9 Rn. 36; von einer Verpflichtung zur gleichzeitigen Bekanntgabe gehen dagegen Fluck/Theuer/Ziekow/Debus IFG § 9 Rn. 19 und NK-IFG/Rossi IFG § 9 Rn. 10 aus). 27

E. Ablehnungsgründe (Abs. 3)

§ 9 Abs. 3 stellt der Behörde zusätzlich zu den Ausschlussgründen nach §§ 3–6 zwei weitere Möglichkeiten zur Verfügung, einen Antrag auf Informationszugang abzulehnen. Wesentlicher Unterschied zu den Ablehnungsgründen der §§ 3–6 ist dabei, dass im Falle einer Verwehrung des Informationszugangs nach § 9 Abs. 3 keine echte inhaltliche Prüfung des Zugangsantrags erfolgen muss (NK-IFG/Rossi IFG § 9 Rn. 17). Es ist lediglich zu prüfen, ob der Antragsteller bereits über die begehrten Informationen verfügt (Abs. 3 1. Alt. → Rn. 29 ff.) oder sich diese in zumutbarer Weise aus allgemein zugänglichen Quellen beschaffen kann (Abs. 3 2. Alt. → Rn. 34 ff.). Ziel der Vorschrift ist die Entlastung der Behörde (BT-Drs. 15/4493, 16; BRS/Berger IFG § 9 Rn. 7; Jastrow/Schlatmann IFG § 9 Rn. 22). Daneben besteht trotz Fehlens einer ausdrücklichen gesetzlichen Regelung die Möglichkeit, rechtsmissbräuchlich gestellte Anträge abzulehnen (→ Rn. 44 ff.). 28

I. Kenntnis des Antragstellers (Abs. 3 1. Alt.)

Nach § 9 Abs. 3 1. Alt. kann der Antrag zunächst abgelehnt werden, wenn der Antragsteller bereits über die begehrten Informationen verfügt. Allgemeinen Grundsätzen entsprechend, erfolgt eine restriktive Auslegung dieses Ausnahmetatbestandes. Maßgeblich ist die tatsächliche Sachlage im Zeitpunkt der Antragstellung (VG Gelsenkirchen Urt. v. 16.9.2010 – 17 K 5018/09 – Rn. 29; VG Neustadt a. d. W., Urt. v. 16.12.2009 – 4 K 1059/09.NW – Zif. 5. d.; Anwendungshinweise des BfDI zum IFG 2007, 19; NK-IFG/Rossi IFG § 9 Rn. 18). Außer Betracht zu bleiben hat daher „(e)ine hypothetische Betrachtungsweise der Verfügbarkeit von Informationen"; dies widerspreche dem klaren Gesetzeswortlaut (VG Hamburg Urt. v. 27.8.2010 – 7 K 619/09 – Rn. 68; bestätigt durch OVG Hamburg Beschl. v. 16.4.2012 – 5 Bf 241/10.Z – Rn. 22 f.). Der Antragsteller muss sich gerade nicht darauf verweisen lassen, dass er theoretisch die Möglichkeit hätte, sich die begehrten Informationen anderweitig selbst zu verschaffen (VG Freiburg, Urt. v. 21.9.2011 – 1 K 734/10 – Rn. 33; VG Gelsenkirchen, Urt. v. 16.9.2010 – 17 K 1274/10 – Rn. 49; Urt. v. 16.9.2010 – 17 K 5018/09 – Rn. 29; vgl. hierzu insgesamt auch ZDM, 206 mwN). 29

Mit dem Argument, der Antragsteller könne sich die Informationen selbst auf andere Weise beschaffen, haben die Behörden insbes. in den Fällen, in denen Insolvenzverwalter Auskunft begehrt haben, versucht, das Zugangsbegehren abzulehnen. Dieses Vorgehen wurde von den Gerichten bislang – soweit ersichtlich – nicht gebilligt (→ Rn. 29). Das VG Freiburg hielt ausdrücklich fest, dass das Vorbringen des Insolvenzverwalters, die Unterlagen der Insolvenzschuldnerin seien unvollständig, ohne weiteres nachvollziehbar sei; vielmehr obliege es der ablehnenden Behörde, „konkret darzulegen und durch Beibringen von Tatsachen zu belegen, dass der Kläger bereits Kenntnis von der begehrten Information besitzt, wenn sie den grds. freien und voraussetzungslosen Informations- 29.1

zugang zu ihrer Entlastung (…) beschränkt" (VG Freiburg Urt. v. 21.9.2011 – 1 K 734/10 – Rn. 33; ähnlich VG Gelsenkirchen Urt. v. 16.9.2010 – 17 K 1274/10 – Rn. 45 ff.; VG Hamburg Urt. v. 1.10.2009 – 9 K 2474/08 – Rn. 41; Urt. v. 23.4.2009 – 19 K 4199/07 – Rn. 51;). Auch der Einwand, Zahlungen von Drittschuldnern oder Barzahlungen würden nicht zwingend in den Unterlagen der Insolvenzschuldnerin dokumentiert und der Hinweis darauf, dass eine vollständige Rekonstruktion der Zahlungen im konkreten Fall aus technischen Gründen nicht möglich sei, wurde von der Rspr. akzeptiert (VG Hamburg Urt. v. 7.5.2010 – 19 K 288/10 – Rn. 47; ebenso mit ausdrücklichem Hinweis auf Zahlungen aufgrund einer Pfändungs- und Einziehungsverfügung VG Hamburg Urt. v. 7.5.2010 – 19 K 974/10 – Zif. III. 6.; ähnlich VG Stuttgart Urt. v. 18.8.2009 – 8 K 1011/09 – Rn. 32; zustimmend Schmittmann NZI 2011, 825 (827)).

30   Tatsächlich über die begehrte Information verfügt der Antragsteller dagegen zB in den Fällen, in denen die Behörde diese Information bereits übermittelt hat (Fluck/Theuer/Ziekow/Debus IFG § 9 Rn. 28; Jastrow/Schlatmann IFG § 9 Rn. 23; NK-IFG/Rossi IFG § 9 Rn. 18; Schoch IFG § 9 Rn. 39). Da es alleine auf das objektive Vorliegen der Information bei dem Antragsteller ankommt, ist dessen Kenntnis auch zu bejahen, wenn er die Information nicht von der Behörde erhalten, bei der er aktuell den Informationszugang beantragt hat, sondern auf andere Weise in ihren Besitz gelangt ist (Schoch IFG § 9 Rn. 40; ähnlich Fluck/Theuer/Ziekow/Debus IFG § 9 Rn. 28). Inwieweit diese Gesetzeslage ein behördliches Wissensproblem aufwirft und zu einer geringen Anwendungshäufigkeit des § 9 Abs. 3 1. Alt. führen wird, wird unterschiedlich beurteilt (vgl. hierzu Fluck/Theuer/Ziekow/Debus IFG § 9 Rn. 28; NK-IFG/Rossi IFG § 9 Rn. 18; Schoch IFG § 9 Rn. 40).

31   Aber selbst in Fällen, in denen die Behörde die begehrte Information bereits übermittelt hat, ist es denkbar, dass dennoch nicht von einer (vollständigen) Kenntnis des Antragstellers gesprochen werden kann. Dies ist zum einen der Fall, wenn die nunmehr begehrte Information nicht mit der früher übermittelten Information identisch ist, weil zB weitere Angaben verlangt werden. In diesen Fällen ist aber an die Möglichkeit einer Teilablehnung zu denken (Schoch IFG § 9 Rn. 39). Zum anderen betrifft diese Konstellation Fallgestaltungen, in denen sich der behördliche Wissensstand zwischen Erst- und Zweitantrag verändert hat; auch in diesen Fällen ist die nunmehr begehrte Information nicht mehr identisch mit der früher übermittelten Information und es kommt eine Teilablehnung des Zugangsantrags in Betracht (Schoch IFG § 9 Rn. 41; ähnlich Fluck/Theuer/Ziekow/Debus IFG § 9 Rn. 28 und NK-IFG/Rossi IFG § 9 Rn. 18, die diese Problematik allerdings vollständig auf der Ebene des behördlichen Ermessens verlagern).

32   Daneben ist an Fälle zu denken, in denen der Antragsteller zwar bereits über die begehrte Information verfügt, mit seinem Zweitantrag aber eine andere Art oder Form des Informationszugangs begehrt. Auch in diesen Fällen ist der Tatbestand des § 9 Abs. 3 1. Alt. zunächst grds. erfüllt (Schoch IFG § 9 Rn. 41).

33   Bei sämtlichen „Zweitantragsfällen" ist allerdings zu berücksichtigen, dass § 9 Abs. 3 der Behörde Ermessen einräumt, so dass eine Ablehnung auch dann nicht zwangsläufig erfolgen muss, wenn die Voraussetzungen der Norm erfüllt sind. So kann es zB bei lange zurückliegenden Erstanträgen besser dem eingeräumten behördlichen Ermessen entsprechen, wenn die Information erneut zugänglich gemacht wird (Fluck/Theuer/Ziekow/Debus IFG § 9 Rn. 28 f.; NK-IFG/Rossi IFG § 9 Rn. 18; Schoch IFG § 9 Rn. 41 und 57). Sofern mit dem Zweitantrag eine andere Art oder Form des Informationszugangs begehrt wird, sind in die Ermessenserwägungen nicht nur die gesetzlichen Wertungen der §§ 1 Abs. 2 S. 2 und 7 Abs. 3 S. 1 einzustellen, sondern gerade auch die Bedeutung, die die konkrete Zugangsart oder -form für den Antragsteller hat (Fluck/Theuer/Ziekow/Debus IFG § 9 Rn. 29; Mecklenburg/Pöppelmann IFG § 9 Rn. 12).

II. Zumutbare Allgemeinzugänglichkeit der Information (Abs. 3 2. Alt.)

1. Allgemeinzugänglichkeit

34   Ebenfalls abgelehnt werden darf ein Antrag, wenn sich der Antragsteller die begehrte Information in zumutbarer Weise aus allgemein zugänglichen Quellen beschaffen kann. Vom Begriff der Allgemeinzugänglichkeit werden dabei ausschließlich Quellen iSd Art. 5 Abs. 1 S. 1 2. Alt. GG (VG Frankfurt a. M. Urt. v. 12.3.2008 – 7 E 5426/06 – Rn. 57; Fluck/

Theuer/Ziekow/Debus IFG § 9 Rn. 30; Jastrow/Schlatmann IFG § 9 Rn. 25; Schoch IFG § 9 Rn. 43) erfasst. Nicht allgemein zugänglich iSd § 9 Abs. 3 2. Alt. sind dagegen Quellen, deren Zugang gerade erst durch das IFG eröffnet wird (Fluck/Theuer/Ziekow/Debus IFG § 9 Rn. 30; Mecklenburg/Pöppelmann IFG § 9 Rn. 13; Schoch IFG § 9 Rn. 43).

Unter dem Hinweis auf die Allgemeinzugänglichkeit der Information kann der Zugangsantrag nach § 9 Abs. 3 2. Alt. mithin nur abgelehnt werden, wenn die Information einem Träger entnommen werden kann, der technisch geeignet und bestimmt ist, einem individuell nicht bestimmbaren Personenkreis Informationen zu verschaffen (BVerwG NJW 2001, 1633 (1634); VG Hamburg Urt. v. 27.8.2010 – 7 K 619/09 – Rn. 69). Dies ist bei Veröffentlichungen in sämtlichen Medien zu bejahen (Fluck/Theuer/Ziekow/Debus IFG § 9 Rn. 30; Mecklenburg/Pöppelmann IFG § 9 Rn. 13). Beispielhaft werden „Zeitungen, Zeitschriften, Bücher, behördliche Broschüren, aber auch Filme und ähnliches" (VG Frankfurt a. M. Urt. v. 12.3.2008 – 7 E 5426/06 – Rn. 57; Fluck/Theuer/Ziekow/Debus IFG § 9 Rn. 30; Jastrow/Schlatmann IFG § 9 Rn. 25) oder Pressearchive (VG Frankfurt a. M. Urt. v. 26.3.2010 – 7 K 243/09.F – Rn. 26) genannt. Dabei steht es der Allgemeinzugänglichkeit grds. nicht entgegen, wenn für die Information ein Entgelt entrichtet werden muss; dies kann aber im Rahmen der Zumutbarkeit relevant werden (→ Rn. 41). 35

Dabei wird grds. darauf hingewiesen, dass ein pauschaler Verweis auf die Allgemeinzugänglichkeit nicht genügt. Die Behörde ist vielmehr dazu verpflichtet, „genau darzulegen, welche Informationen aus welchen allgemein zugänglichen Quellen beschafft werden können" (VG Frankfurt a. M. Urt. v. 12.3.2008 – 7 E 5426/08 – Rn. 58). Dieser Pflicht genügt die Behörde, wenn sie eine Aufstellung mit datierten Quellennachweisen vorlegt (VG Frankfurt a. M. Urt. v. 26.3.2010 – 7 K 243/09.F – Rn. 26). 36

Weiterhin als allgemein zugängliche Quellen gelten behördliche Publikationen sowie das Internet (BT-Drs. 15/4493, 16; BRS/Berger IFG § 9 Rn. 7; Fluck/Theuer/Ziekow/Debus IFG § 9 Rn. 25; Misoch/Schmittmann VR 2012, 181 (186); NK-IFG/Rossi IFG § 9 Rn. 19 f.; Schoch IFG § 9 Rn. 44 f.; Steinbach/Hochheim NZS 2006, 517 (521)). Für die Frage nach der Allgemeinzugänglichkeit von behördlichen Publikationen spielt es dabei keine Rolle, ob diese kostenlos oder zu Marktpreisen erhältlich sind (BT-Drs. 15/4493, 16; BRS/Berger IFG § 9 Rn. 7; Jastrow/Schlatmann IFG § 9 Rn. 26; NK-IFG/Rossi IFG § 9 Rn. 19; Steinbach/Hochheim NZS 2006, 517 (521)). Die Höhe des Preises ist allerdings im Rahmen des Tatbestandsmerkmals der Zumutbarkeit zu berücksichtigen (→ Rn. 41; Fluck/Theuer/Ziekow/Debus IFG § 9 Rn. 31; Schoch IFG § 9 Rn. 45). 37

Gerade was das Internet anbelangt, wird zutreffend die Konkretisierungspflicht der Behörde (→ Rn. 36) betont. Sie ist aufgrund ihrer Beratungspflicht nach § 25 VwVfG gehalten, „dem Antragsteller die notwendige Unterstützung für eine zielgerichtete und zielgenaue Suche der betreffenden Information zu geben" (Schoch IFG § 9 Rn. 44). Die so verstandene Ablehnungsmöglichkeit nach § 9 Abs. 3 2. Alt. kann mithin auch einen Anreiz zu einer umfassenden und strukturierten eigenen proaktiven Informationstätigkeit der Behörde darstellen: Je umfangreicher und besser ein derartiges Angebot einer Behörde ist, desto mehr individuelle Anträge werden sich mit Hinweis auf die Allgemeinzugänglichkeit der Information ablehnen lassen (Fluck/Theuer/Ziekow/Debus IFG § 9 Rn. 31; NK-IFG/Rossi IFG § 9 Rn. 20; Schoch IFG § 9 Rn. 49; ZDM, 207). 38

Verneint wurde die Eigenschaft einer allgemein zugänglichen Quelle bislang dagegen bei Prozessakten eines Strafprozesses (trotz tatsächlich bestehender Einsichtnahmemöglichkeit, VG Frankfurt a. M. Urt. v. 12.3.2008 – 7 E 5426/06 – Rn. 57), der Insolvenzschuldnerin (VG Hamburg Urt. v. 27.8.2010 – 7 K 619/09 – Rn. 69) sowie der Bank des Insolvenzschuldners bzw. dem zuständigen Gerichtsvollzieher (VG Minden, Gerichtsbescheid v. 12.8.2010 – 7 K 23/10 – Rn. 42). Ebenfalls nicht ausreichend ist es, wenn sich die „wesentlichen Inhalte" der Dokumente, zu denen Zugang begehrt wird, aus allgemein zugänglichen Quellen wie Geschäftsberichten oder sonstigen Publikationen ergibt (VG Berlin Urt. v. 7.8.2013 – 2 K 273.12 – Rn. 34). 39

2. Zumutbarkeit

Die Ablehnung des Zugangsantrags unter Hinweis auf die Allgemeinzugänglichkeit der Information steht zusätzlich unter dem Vorbehalt der Zumutbarkeit. Dieses Tatbestands- 40 merkmal dient nach der Gesetzesbegründung insoweit als Korrektiv, als eine Berücksichtigung der individuellen Umstände des Antragstellers zwingend zu erfolgen hat. Genannt werden beispielhaft Umstände wie Behinderung, technische Ausstattung und Wohnsitz (BT-Drs. 15/4493, 16). Nach der Literatur sind daneben als weitere Umstände insbes. das Alter, die Bildung und die finanzielle Situation des Antragstellers in Rechnung zu stellen (Fluck/Theuer/Ziekow/Debus IFG § 9 Rn. 32; Schoch IFG § 9 Rn. 46; NK-IFG/Rossi IFG § 9 Rn. 21).

41 Im Rahmen der Zumutbarkeit kann auch der Preis relevant werden, der für einen Informationszugang aus allgemein zugänglichen Quellen zu entrichten ist. Dabei wird betont, dass es keinen Anspruch auf kostenlosen Informationszugang gibt (→ § 10 Rn. 2; Jastrow/Schlatmann IFG § 9 Rn. 26; Schoch IFG § 9 Rn. 47). Die Rspr. geht davon aus, dass es der Zumutbarkeit nicht entgegensteht, wenn die Information in Pressearchiven vorliegt, für den Zugang aber ein – in der Regel geringes – Entgelt zu entrichten ist (VG Frankfurt a. M. Urt. v. 26.3.2010 – 7 K 243/09.F – Rn. 26). Auch wenn der IFG-Antrag erfolgreich ist, können nach § 10 Auslagen und Gebühren erhoben werden. Die Grenze der Zumutbarkeit ist aber, insbes. in Bezug auf die allgemein zugängliche Quelle der behördlichen Publikation, erreicht, wenn ein Erwerb zu angemessenen Marktpreisen nicht möglich ist (Fluck/Theuer/Ziekow/Debus IFG § 9 Rn. 31; Schoch IFG § 9 Rn. 47).

42 Daneben ist auch der Aufwand des Antragstellers bei der Frage nach der Zumutbarkeit zu berücksichtigen bzw. es kann eine Abwägung zwischen dem Aufwand, der bei der Informationsbeschaffung aus allgemein zugänglichen Quellen anfällt, mit dem Aufwand abgewogen werden, den die Behörde bei positiver Bescheidung des Zugangsantrags betreiben müsste (VG München Urt. v. 21.6.2007 – M 17 K 06.3145 – Rn. 31).

42.1 Im konkreten Fall verlangte der Antragsteller Adressdaten von ca. 180.000 Unternehmen, wobei nach Schätzung des Gerichts in ca. 90.000 Fällen Verfahren nach § 8 durchzuführen gewesen wären. Der Antragsteller kann sich nach Ansicht des Gerichts die Adressen selbst im Wege einer Recherche in den „Gelben Seiten", im Internet, durch Einsicht in das Gewerberegister oder durch Inanspruchnahme professioneller Adresshändler verschaffen. Das Gericht wog den Aufwand, der bei den beiden Arten der Informationsbeschaffung entsteht, gegeneinander ab und kam im konkreten Fall zu dem Ergebnis, dass dem Antragsteller eine Recherche in allgemein zugänglichen Quellen zumutbar ist (VG München Urt. v. 21.6.2007 – M 17 K 06.3145 – Rn. 31).

43 Dagegen sind die für die Ermessensausübung entwickelten Maßstäbe und nicht der Maßstab der Zumutbarkeit heranzuziehen, wenn die Frage zu beurteilen ist, ob die Behörde einen Informationszugangsantrag zu Recht unter Bezugnahme auf § 9 Abs. 3 2. Alt. abgelehnt hat, weil wenige Aktenseiten allgemein zugänglich waren (so VG Frankfurt a. M. Urt. v. 26.3.2010 – 7 K 243/09.F – Rn. 26; kritisch hierzu ZDM, 207 f.).

III. Rechtsmissbrauch

44 Auch wenn sich der Gedanke der Missbrauchsabwehr in den beiden Ablehnungsgründen des § 9 Abs. 3 widerspiegelt (Ewer AnwBl. 2010, 455 (458); Fluck/Theuer/Ziekow/Debus IFG § 9 Rn. 33; ZDM, 208), hat der Umgang mit rechtsmissbräuchlich, insbes. in querulatorischer Absicht gestellten Anträgen im IFG doch keine ausdrückliche Regelung gefunden. Nach der Gesetzesbegründung war eine solche explizite Regelung entbehrlich, weil sich bereits aus den allgemeinen verwaltungsrechtlichen Grundsätzen des Rechtsmissbrauchs ergebe, dass „querulatorische Anträge weder entgegengenommen noch bearbeitet" werden müssen (BT-Drs. 15/4493, 16; BRS/Berger IFG § 9 Rn. 8; Jastrow/Schlatmann IFG § 9 Rn. 24). Diese Auffassung hat in der Literatur durchaus Kritik erfahren: Rechtsmissbräuchlich gestellte Anträge dürften zwar als unzulässig abgelehnt werden (Kloepfer/v. Lewinsiki DVBl. 2005, 1277 (1286); Matthes, Das Informationsfreiheitsgesetz 2006, 49; Schoch IFG § 9 Rn. 52; Steinbach/Hochheim NZS 2006, 517 (521)), die Behörde sei aber dennoch verpflichtet, auch solche Anträge entgegenzunehmen (NK-IFG/Rossi IFG § 9 Rn. 22; Schoch IFG § 9 Rn. 52). Insofern wurde insbes. unter dem Aspekt der Rechtsklarheit sowie mit Blick auf die Signalwirkung einer Missbrauchsklausel deren Fehlen kritisiert (Schoch IFG § 9 Rn. 52; ZDM 208).

Die Rspr. betont in diesem Zusammenhang, dass insbes. voraussetzungslos gewährte **45** Ansprüche wie der Anspruch auf Informationszugang nach § 1 Abs. 1 „Einfallstor für eine rechtsmissbräuchliche Ausnutzung der hierdurch gewährten Rechtsstellung sein" können (VGH Kassel Urt. v. 24.3.2010 – 6 A 1832/09 – Rn. 7). Dennoch plädiert das Gericht mit Blick auf die Tatsache, dass der allgemeine Informationszugangsanspruch nach dem IFG im Unterschied zu Informationszugangsansprüchen in anderen Rechtsbereichen voraussetzungslos gewährleistet wird und daher die Motive des Antragstellers regelmäßig unerheblich sind, für eine restriktive Handhabung des Missbrauchstatbestands (VGH Kassel, Urt. v. 24.3.2010 – 6 A 1832/09 – Rn. 7; Urt. v. 28.4.2010 – 6 A 1767/08 – Rn. 8; ähnlich auch Fluck/Theuer/Ziekow/Debus IFG § 9 Rn. 34; Matthes, Das Informationsfreiheitsgesetz 2006, 50; Raabe/Helle-Meyer NVwZ 2004, 641 (646 f.); Schoch IFG § 9 Rn. 53 ff.); der Gesetzgeber habe es zugelassen, „dass Informationsbegehren auch aus egoistischen und womöglich auch aus fragwürdigen Beweggründen angebracht werden". Insofern sieht das Gericht „(d)ie Grenze zur unzulässigen Rechtsausübung bzw. zum Rechtsmissbrauch (...) unter Berücksichtigung der in §§ 226 und 242 BGB zum Ausdruck kommenden allgemeinen Rechtsgedanken erst dann (als) überschritten (an), wenn der Verfolgung des Rechtsanspruchs offensichtlich keinerlei nachvollziehbare Motive zu Grunde liegen, sondern das Handeln des Anspruchsinhabers offenkundig und zweifelsfrei allein von der Absicht geprägt ist, die Behörde oder einen Drittbetroffenen zu schikanieren oder zu belästigen oder einem anderen Schaden zuzufügen" (VGH Kassel, Urt. v. 24.3.2010 – 6 A 1832/09 – Rn. 8; ähnlich Fluck/Theuer/Ziekow/Debus IFG § 9 Rn. 34; Kloepfer/v. Lewinski DVBl. 2005, 1277 (1286); Matthes, Das Informationsfreiheitsgesetz 2006, 49 f.; Raabe/Helle-Meyer NVwZ 2004, 641 (646 f.); NK-IFG/Rossi IFG § 9 Rn. 22; Schoch IFG § 9 Rn. 53; Steinbach/Hochheim NZS 2006, 517 (521)).

Dieser restriktiven Haltung der Rspr. entspricht die Verneinung des Rechtsmissbrauchs, **46** wenn die Informationen lediglich begehrt werden, um die Chancen im Rahmen einer zivilrechtlichen Auseinandersetzung zu verbessern (VG Frankfurt a. M. Urt. v. 17.6.2009 – 7 K 2282/08.F (3) – Rn. 42). Ebenfalls kein Rechtsmissbrauch liegt nach der Rspr. vor, wenn ein Insolvenzverwalter Informationen begehrt, obwohl der Insolvenzschuldner diesen Anspruch verwirkt hat; dies muss sich der Insolvenzverwalter nicht zurechnen lassen (VG Stuttgart Urt. v. 18.8.2009 – 8 K 1011/09 – Rn. 32). Daneben betont die Literatur, dass insbes. ein evtl. entstehender hoher Verwaltungsaufwand, der bei Informationszugangsansprüchen in anderen Rechtsbereichen teilweise einen Ablehnungsgrund darstellt (zB § 5 Abs. 6 Nr. 4 BArchG oder § 13 Abs. 7 S. 2 StUG), nicht zur Annahme eines Rechtsmissbrauchs führen kann; der Verwaltungsaufwand spielt im Rahmen des IFG ausschließlich bei § 1 Abs. 2 S. 3 sowie § 7 Abs. 2 S. 1 eine Rolle (Fluck/Theuer/Ziekow/Debus IFG § 9 Rn. 35; Jastrow/Schlatmann IFG § 9 Rn. 34; Schoch IFG § 9 Rn. 54).

Vor diesem Hintergrund ist die in der Literatur teilweise vertretene Auffassung abzuleh- **47** nen (so auch Fluck/Theuer/Ziekow/Debus IFG § 9 Rn. 36; Schoch IFG § 9 Rn. 55), ein Rechtsmissbrauch liege bereits dann vor, wenn der Zugangsantrag durch Ausforschung eines Konkurrenten alleine dem wettbewerblichen Vorteil des Antragstellers dienen soll (Burholt BB 2006, 2201 (2206); Kiethe/Groeschke wrp 2006, 303 (307); Sieberg/Ploeckl DB 2005, 2062 (2064)). Gleiches soll bei Verschleierung des Ausforschungsmotivs durch Einsatz eines Strohmanns sowie dann gelten, wenn der Antrag nur darauf abzielt, einen Überblick über die bei der Behörde vorhandenen Informationen zu erhalten (Sieberg/Ploeckl DB 2005, 2062 (2064); ähnlich Kiethe/Groeschke wrp 2006, 303 (307 ohne Bezug auf Strohmänner)).

F. Rechtsschutz (Abs. 4)

I. Allgemeines

§ 9 Abs. 4 enthält einige punktuelle Regelungen zum Rechtsschutz. Zunächst erklärt § 9 **48** Abs. 4 S. 1 Widerspruch und Verpflichtungsklage gegen die ablehnende Entscheidung für zulässig, sodann bestimmt S. 2 der Vorschrift, dass ein Widerspruchsverfahren nach der VwGO auch durchzuführen ist, wenn die Entscheidung von einer obersten Bundesbehörde erlassen wurde. Festzuhalten ist zunächst, dass sich § 9 Abs. 4 alleine auf die ablehnende

Entscheidung (→ Rn. 2) bezieht und somit Regelungen zum Rechtsschutz des Antragstellers trifft; keine Aussagen enthält die Norm zum Rechtsschutz eines betroffenen Dritten. Dessen Rechtsschutzmöglichkeiten sind nach § 8 Abs. 2 S. 3 iVm § 9 Abs. 4 zu beurteilen (→ § 8 Rn. 36 ff.; Schoch IFG § 9 Rn. 60).

49 Nicht zweifelsfrei geklärt sind bislang allerdings die Rechtsnatur des § 9 Abs. 4 und die sich daran anschließende Frage, ob durch die alleinige Erwähnung von Widerspruch und Verpflichtungsklage die weiteren Rechtsbehelfe der VwGO ausgeschlossen sind (von einem Ausschluss gehen Kloepfer/v. Lewinski DVBl. 2005, 1277 (1286); Kloepfer KuR 2006, 19 (25); Misoch/Schmittmann VR 2012, 181 (186) aus, gegen einen Ausschluss votieren Fluck/ Theuer/Ziekow/Debus IFG § 9 Rn. 37 und 44; NK-IFG/Rossi IFG § 9 Rn. 23 und 28; Schoch IFG § 9 Rn. 63 und 75). Selbst wenn richtigerweise die Rückgriffsmöglichkeit auf andere Klagearten sowie auf den vorläufigen Rechtsschutz bejaht wird, wird dieses Ergebnis doch unterschiedlich hergeleitet: Teilweise soll es sich bereits im Wege einer Normauslegung erreichen lassen, die davon ausgeht, dass § 9 Abs. 4 alleine die Rechtsschutzform beim Leistungsbegehren festlegt (Schoch IFG § 9 Rn. 63), andere leiten dies aus der rein deklaratorischen Natur der Vorschrift ab (Cranshaw jurisPR-InsR 17/2009 Anm. 4; NK-IFG/Rossi IFG § 9 Rn. 23; Sellmann/Augsberg WM 2006, 2293 (2300)) und wieder andere ziehen die allgemeinen Regeln des verwaltungsgerichtlichen Verfahrens neben § 9 Abs. 4 subsidiär heran (Fluck/Theuer/Ziekow/Debus IFG § 9 Rn. 37).

50 Neben dem förmlichen Rechtsschutz steht dem Antragsteller und einem betroffenen Dritten die Möglichkeit der Anrufung des BfDI offen. Die Tatsache, dass sich § 9 Abs. 4 alleine auf bestimmte förmliche Rechtsbehelfe bezieht, führt nicht dazu, dass der BfDI nicht mehr angerufen werden kann (Reinhart DÖV 2007, 18 (24); Schoch IFG § 9 Rn. 59; Schomerus/Tolkmitt DÖV 2007, 985 (992); Sitsen, 336; Sokol CR 2005, 835 (840); ZDM, 380).

51 Daneben ist darauf hinzuweisen, dass § 44a S. 1 VwGO einer selbstständigen Geltendmachung des Informationszugangsanspruchs nicht entgegensteht. Nach dieser Vorschrift können behördliche Verfahrenshandlungen nur gleichzeitig mit den gegen die Sachentscheidung zulässigen Rechtsbehelfen geltend gemacht werden. Der Informationszugangsanspruch ist aber als eigenständiges subjektives Recht ausgestaltet, so dass die Entscheidung hierüber eine eigenständige Sachentscheidung und keine hauptsacheakzessorische Verfahrenshandlung darstellt (BRS/Berger IFG § 9 Rn. 10; Ewer AnwBl. 2010, 455 (459); Fluck/Theuer/Ziekow/ Debus IFG § 9 Rn. 37; Kugelmann NJW 2005, 3609 (3613); Matthes, Das Informationsfreiheitsgesetz 2006, 64; Schoch IFG § 9 Rn. 61; ZDM, 378 f.).

II. Rechtsweg

52 Grds. wird davon ausgegangen, dass für die gerichtliche Überprüfung der Entscheidung über den Informationszugang der Verwaltungsrechtsweg eröffnet ist (BVerwG Beschl. v. 20.9.2012 – 7 B 5/12 – Rn. 3; BRS/Berger IFG § 9 Rn. 9; Cranshaw jurisPR-InsR 17/ 2009 Anm. 4; Fluck/Theuer/Ziekow/Debus IFG § 9 Rn. 39; Matthes, Das Informationsfreiheitsgesetz 2006, 61; Mecklenburg/Pöppelmann IFG § 9 Rn. 14; Misoch/Schmittmann VR 2012, 181 (186); NK-IFG/Rossi § 9 Rn. 23; Sellmann/Augsberg WM 2006, 2293 (2300 f.); Schomerus/Tolkmitt DÖV 2007, 985 (992); Schoch IFG § 9 Rn. 71; offen lassend Burholt BB 2006, 2201 (2206)). Auch wenn dieses Ergebnis teilweise ohne nähere Begründung vertreten wird (vgl. hierzu zB VG Hamburg Urt. v. 1.10.2009 – 9 K 2474/08 – Rn. 20; Urt. v. 24.2.2010 – 9 K 3062/09 – Rn. 17; Urt. v. 7.5.2010 – 19 K 974/10; Urt. v. 7.5.2010 – 19 K 288/10 – Rn. 16), wird doch überwiegend über die dogmatische Konstruktion, die zu diesem Ergebnis führt, diskutiert.

53 Ein Teil der Rspr. und Literatur geht davon aus, dass sich die Eröffnung des Verwaltungsrechtswegs aus § 40 Abs. 1 S. 1 VwGO ergibt (LSG Baden-Württemberg Beschl. v. 12.11.2010 – L 5 KR 1815/10 B – Rn. 11; SG Dortmund Beschl. v. 1.4.2009 – S 40 KR 73/09 – Rn. 4; VGH Kassel Beschl. v. 15.12.2011 – 6 B 1926/11 – Rn. 19; SG Dortmund Beschl. v. 1.4.2009 – S 40 KR 73/09 – Rn. 4; VG Augsburg, Beschl. v. 22.4.2008 – Au 4 K 07.1771; OLG Düsseldorf Beschl. v. 15.6.2009 – VI-Kart 3/09 (V) – Rn. 4; BRS/Berger IFG § 9 Rn. 9, der allerdings in Rn. 10 davon spricht, dass § 9 Abs. 4 den Verwaltungsrechtsweg eröffne; Matthes, Das Informationsfreiheitsgesetz 2006, 61; Rossi DVBl. 2010,

554 (556); Schmittmann/Kupka NZI 2009, 367 (367); Schoch IFG § 9 Rn. 71). Bei dieser Sichtweise müssen die Voraussetzungen des § 40 Abs. 1 S. 1 VwGO – öffentlich-rechtliche Streitigkeit nichtverfassungsrechtlicher Art, keine ausdrückliche Zuweisung der Streitigkeit an ein anderes Gericht – vorliegen (Fluck/Theuer/Ziekow/Debus IFG § 9 Rn. 39; Schoch IFG § 9 Rn. 66). Während das Vorliegen des ersten Tatbestandsmerkmals des § 40 Abs. 1 S. 1 VwGO von der Rspr. zumeist unproblematisch mit Hinweis auf die Verpflichtung von Trägern öffentlicher Gewalt durch das IFG bejaht wird (vgl. hierzu nur: LSG Baden-Württemberg Beschl. v. 12.11.2010 – L 5 KR 1815/10 B – Rn. 11; VG Augsburg Beschl. v. 22.4.2008 – Au 4 K 07.1771; SG Dortmund Beschl. v. 1.4.2009 – S 40 KR 73/09 – Rn. 5; VG Hamburg Urt. v. 23.4.2009 – 19 K 4199/07 – Rn. 23; OLG Düsseldorf Beschl. v. 15.6.2009 – VI-Kart 3/09 (V) – Rn. 4; ausführlicher VG Düsseldorf Urt. v. 20.4.2007 – 26 K 5324/06 – Rn. 17; aus der Literatur: Matthes, Das Informationsfreiheitsgesetz 2006, 61; Schoch IFG § 9 Rn. 68; Sitsen, 336), fällt die Überprüfung des Vorliegens einer abdrängenden Sonderzuweisung regelmäßig umfangreicher aus, wird im Ergebnis aber verneint, weil die Voraussetzungen der jeweiligen Sonderzuweisungsnormen nicht vorliegen (in Bezug auf § 51 SGG: BSG NZS 2012, 786 (788 f.); LSG Baden-Württemberg Beschl. v. 12.11.2010 – L 5 KR 1815/10 B – Rn. 14 ff.; SG Dortmund Beschl. v. 1.4.2009 – S 40 KR 73/09 – Rn. 6; VG Düsseldorf Urt. v. 20.4.2007 – 26 K 5324/06 – Rn. 17; VG Hamburg Urt. v. 23.4.2009 – 19 K 4199/07 – Rn. 23; in Bezug auf § 63 GWB: OLG Düsseldorf Beschl. v. 15.6.2009 – VI-Kart 3/09 (V) – Rn. 4; in Bezug auf § 48 WpÜG: BVerwG Beschl. v. 20.9.2012 – 7 B 5/12 – Rn. 3; VGH Kassel Beschl. v. 15.12.2011 – 6 B 1926/11 – Rn. 19; in Bezug auf § 33 FGO: BVerwG Vorl.Beschl. v. 15.10.2012 – 7 B 2/12 – Rn. 12 (zum HmbIFG)). Die Gerichte gehen vielmehr davon aus, dass das IFG „die Frage der Auskunftsgewährung losgelöst vom sachlichen Gegenstand der Verwaltungstätigkeit (regelt), so dass es bei der Zuständigkeit nach § 40 Abs. 1 S. 1 VwGO verbleibt" (SG Dortmund Beschl. v. 1.4.2009 – S 40 KR 73/09 – Rn. 6; VG Düsseldorf Urt. v. 20.4.2007 – 26 K 5324/06 – Rn. 17; so auch Schoch IFG § 9 Rn. 68 ff. mit Ausführungen zu einzelnen möglichen Sonderzuweisungen, jeweils mwN).

54 Von anderen hingegen wird § 9 Abs. 4 zutreffend selbst als Regelung des Rechtswegs interpretiert (VG Neustadt a. d. W., Urt. v. 16.12.2009 – 4 K 1059/09.NW; SG Ulm Beschl. v. 1.4.2009 – S 1 SF 877/09 – Rn. 21; VG Stuttgart Urt. v. 18.8.2009 – 8 K 1011/09 – Rn. 15; ebenso ist wohl OVG Hamburg Beschl. v. 16.2.2009 – 5 So 31/09 – Rn. 11 f. zu verstehen; aus der Literatur: Fluck/Theuer/Ziekow/Debus IFG § 9 Rn. 39; Jastrow/Schlatmann IFG § 9 Rn. 35; Mecklenburg/Pöppelmann IFG § 9 Rn. 14; nach Sitsen, 336 ist ein solches Verständnis zumindest bei „wohlwollender Auslegung" des § 9 Abs. 4 möglich; ausdrücklich gegen diese Interpretation des § 9 Abs. 4 spricht sich Schoch IFG § 9 Rn. 66 aus, wobei er § 9 Abs. 4 aber eine „unausgesprochene" Entscheidung zu Gunsten des Verwaltungsrechtswegs entnehmen will).

55 Zur Begründung wird zunächst auf den Charakter des Informationsfreiheitsrechts als eigenständiges Rechtsgebiet abgestellt, das mit § 9 auch eine selbstständige Regelung des Rechtswegs vornehme (Fluck/Theuer/Ziekow/Debus IFG § 9 Rn. 39). In diesem Zusammenhang wird nicht nur auf die amtliche Überschrift des § 9 verwiesen, die neben der Ablehnung des Antrags auch auf den Rechtsweg Bezug nimmt (SG Ulm Beschl. v. 1.4.2009 – S 1 SF 877/09 – Rn. 21; ebenso, wenn auch offenlassend, ob § 9 Abs. 4 eine aufdrängende Sonderzuweisung darstellt, VG Hamburg Urt. v. 23.4.2009 – 19 K 4199/07 – Rn. 23; Fluck/Theuer/Ziekow/Debus IFG § 9 Rn. 39; demgegenüber will das OVG Hamburg Beschl. v. 16.2.2009 – 5 So 31/09 – Rn. 11 alleine aus dieser Tatsache noch keine Rechtswegregelung herleiten), sondern auch darauf, dass § 9 Abs. 4 den Widerspruch nach der VwGO sowie die Verpflichtungsklage für zulässig erklärt (SG Ulm Beschl. v. 1.4.2009 – S 1 SF 877/09 – Rn. 21; VG Stuttgart, Urt. v. 18.8.2009 – 8 K 1011/09 – Rn. 15; Fluck/Theuer/Ziekow/Debus IFG § 9 Rn. 39; zurückhaltender insofern OVG Hamburg Beschl. v. 16.2.2009 – 5 So 31/09 – Rn. 11, wonach alleine die Bezugnahme auf die VwGO und die fehlende Bezugnahme auf § 78 Abs. 1 Nr. 2 die Annahme rechtfertigen können, dass § 9 Abs. 4 den Verwaltungsrechtsweg eröffnet). Ebenso können die Ausführungen der Gesetzesbegründung für diese Auffassung fruchtbar gemacht werden: So „soll die Selbstkontrolle der Verwaltung" gestärkt „und die Verwaltungsgerichte" entlastet werden. Daneben nimmt die Gesetzesbegründung auch Bezug auf das in § 99 Abs. 2 VwGO geregelte in-camera-Verfahren (BT-Drs. 15/4493, 16; OVG Hamburg Beschl. v. 16.2.2009 – 5 So 31/09 – Rn. 11; ZDM, 380).

56   Zu berücksichtigen ist aber, dass im Falle einer parallelen gerichtlichen Geltendmachung unterschiedlicher Informationsansprüche, zB nach § 25 SGB X und IFG, die Sozialgerichte nach § 17 Abs. 2 S. 1 GVG „den Rechtsstreit unter allen in Betracht kommenden rechtlichen Gesichtspunkten zu entscheiden (haben), damit auch im Hinblick auf mögliche Ansprüche nach dem IFG" (SG Konstanz, Urt. v. 22.6.2010 – S 11 U 337/10; ähnlich LSG NRW 16. Senat Beschl. v.26.4.2010 – L 16 B 9/09 SV – Rn. 11 ff.; ZDM, 382; aM Keller jurisPR-SozR 15/2012 Anm. 6).

57   Daneben steht der Verwaltungsrechtsweg – über den Wortlaut des § 9 Abs. 4 hinaus – auch für die Einlegung von Rechtsbehelfen gegen eine positive Bescheidung des Zugangsantrags offen. Dies ist insbes. für private Verwaltungshelfer oder Drittbetroffene relevant (Fluck/Theuer/Ziekow/Debus IFG § 9 Rn. 40).

III. Widerspruch

58   Nach § 9 Abs. 4 S. 2 ist ein Widerspruchsverfahren nach den Vorschriften der VwGO auch dann durchzuführen, wenn die Entscheidung von einer obersten Bundesbehörde getroffen wurde. Da § 9 Abs. 4 S. 2 somit eine Ausnahme von § 68 Abs. 1 S. 1 Nr. 1 VwGO normiert, kommt der Vorschrift insoweit konstitutiver Charakter zu (NK-IFG/Rossi IFG § 9 Rn. 24; Schoch IFG § 9 Rn. 73). Damit wird nach der Gesetzesbegründung die Stärkung der Selbstkontrolle der Verwaltung sowie die Entlastung der Verwaltungsgerichtsbarkeit bezweckt (BT-Drs. 15/4493, 16; zu möglichen weiteren Funktionen Schoch IFG § 9 Rn. 73). Für die Praxis der obersten Bundesbehörden bedeutet die zwingende Durchführung eines Vorverfahrens insofern eine Erleichterung, als ein Gleichlauf mit Vorschriften des UIG und VIG erzeugt wird, was Abgrenzungsprobleme vermeiden hilft (Fluck/Theuer/Ziekow/Debus IFG § 9 Rn. 38; Mecklenburg/Pöppelmann IFG § 9 Rn. 19 f.).

59   Über den Wortlaut des § 9 Abs. 4 S. 1 hinaus ist der Widerspruch gegen sämtliche Entscheidungen nach dem IFG zulässig. Dies gilt sowohl für stattgebende Entscheidungen, die von Drittbetroffenen (→ § 8 Rn. 38; BT-Drs. 15/4493, 16; BRS/Berger IFG § 9 Rn. 11; Fluck/Theuer/Ziekow/Debus IFG § 9 Rn. 38; NK-IFG/Rossi § 9 Rn. 25) oder privaten Verwaltungshelfern (Fluck/Theuer/Ziekow/Debus IFG § 9 Rn. 38) angegriffen werden, als auch für Kostenentscheidungen (→ § 10 Rn. 67 ff.; Fluck/Theuer/Ziekow/Debus IFG § 9 Rn. 38; NK-IFG/Rossi § 9 Rn. 25).

60   Bezüglich der Wirkungen, die der Widerspruch entfaltet, ist zu unterscheiden: Der Verpflichtungswiderspruch gegen eine ablehnende Zugangsentscheidung hindert zwar deren Bestandskraft, sie entfaltet aber keine aufschiebende Wirkung und ermöglicht es daher dem Antragsteller auch nicht, sofort Zugang zu den gewünschten Informationen zu erhalten (Schoch IFG § 9 Rn. 74; missverständlich, aber im Ergebnis wohl ebenso NK-IFG/Rossi IFG § 9 Rn. 26). Dagegen hemmt der Anfechtungswiderspruch eines Dritten den Vollzug der positiven Zugangsentscheidung, so dass es zunächst nicht zu einer Offenbarung der geschützten Informationen kommt (→ § 8 Rn. 38; NK-IFG/Rossi IFG § 9 Rn. 26). Dagegen entfaltet ein Widerspruch gegen Kostenentscheidungen nach § 80 Abs. 2 S. 1 Nr. 1 VwGO keine suspensive Wirkung (→ § 10 Rn. 73; Matthes, Das Informationsfreiheitsgesetz 2006, 60; NK-IFG/Rossi IFG § 9 Rn. 26).

61   Was die Anforderungen an die tatsächliche Durchführung des Widerspruchsverfahrens anbelangt, hat sich die Rspr. bislang eher großzügig gezeigt. So wurde die erfolglose Durchführung eines Widerspruchsverfahrens auch dann bejaht, wenn eine intern unzuständige Stelle der Behörde den Widerspruch verfasst hat (VG Freiburg Urt. v. 21.9.2011 – 1 K 734/10 – Rn. 21). Ebenfalls als ausreichend bewertet wurde es, wenn das Vorverfahren „im maßgeblichen Zeitpunkt der letzten mündlichen Verhandlung" ordnungsgemäß durchgeführt worden ist; ob die Klage bei Eingang zulässig war, sei hingegen unerheblich (VG Berlin Urt. v. 11.11.2010 – 2 K 35.10 – Rn. 19).

62   Sogar vollständig entbehrlich ist die Durchführung eines Widerspruchsverfahrens nach Auffassung der Rspr., wenn die Behörde den Widerspruch nicht bescheidet, deshalb zulässigerweise eine Untätigkeitsklage erhoben wird und während des Rechtsstreits eine ableh-

nende Bescheidung erfolgt (VG Frankfurt a. M. Urt. v. 5.12.2008 – 7 E 1780/07 – Rn. 33). Auch in Fällen, in denen sich die Behörde ausdrücklich in der Sache auf die Klage einlässt, ist es nach der Rspr. unschädlich, dass ein Vorverfahren nicht durchgeführt wurde (VG Ansbach Urt. v. 14.9.2010 – AN 4 K 10.01664 – Rn. 11; VG Weimar Urt. v. 23.10.2008 – 1 K 583/08 We – Rn. 18; kritisch hierzu Schoch NJW 2009, 2987 (2992)).

IV. Verfahrensart in der Hauptsache

Die Formulierung des § 9 Abs. 4 S. 1, die gegen ablehnende Entscheidungen die Verpflichtungsklage als zulässig erklärt, wird ambivalent beurteilt. Einerseits wird die mit der Aussage verbundene Klarstellung begrüßt, dass bei einer Klage auf Informationszugang die Verpflichtungs- und nicht die allgemeine Leistungsklage die statthafte Klageart ist (Fluck/Theuer/Ziekow/Debus IFG § 9 Rn. 41; Jastrow/Schlatmann IFG § 9 Rn. 38; Schoch IFG § 9 Rn. 78). Andererseits wird die Norm als missverständlich kritisiert: Sie ermögliche nicht nur Spekulationen über den generellen Ausschluss anderer Klagearten (s. hierzu ausführlich mwN → Rn. 49), sie stelle auch nicht hinreichend klar, dass die Prüfungspflicht hinsichtlich des Vorliegens der weiteren Sachentscheidungsvoraussetzungen einer Verpflichtungsklage unberührt bleibe (Fluck/Theuer/Ziekow/Debus IFG § 9 Rn. 43). **63**

Die Verpflichtungsklage ist immer dann statthaft, wenn der Informationszugangsantrag abschlägig beschieden wurde. Zu denken ist in diesem Zusammenhang nicht nur an die vollständige, sondern auch an die teilweise Ablehnung, insbes. auch, wenn von der vom Antragsteller begehrten Art oder Form des Zugangs abgewichen wird (→ Rn. 5; Fluck/Theuer/Ziekow/Debus IFG § 9 Rn. 42; NK-IFG/Rossi IFG § 9 Rn. 27; Schoch IFG § 9 Rn. 77). Statthaft ist unter den Voraussetzungen des § 75 VwGO auch die Erhebung einer Untätigkeitsklage (Matthes, Das Informationsfreiheitsgesetz 2006, 54; Mecklenburg/Pöppelmann IFG § 9 Rn. 36 ff.; Schoch IFG § 9 Rn. 77). **64**

Zulässig ist die Verpflichtungsklage dabei entgegen des Wortlauts des § 9 Abs. 4 nur, wenn auch die weiteren Sachentscheidungsvoraussetzungen, insbes. die Klagebefugnis nach § 42 Abs. 2 VwGO (Fluck/Theuer/Ziekow/Debus IFG § 9 Rn. 43; NK-IFG/Rossi IFG § 9 Rn. 27; Schoch IFG § 9 Rn. 81) sowie das allgemeine Rechtsschutzbedürfnis (Schoch IFG § 9 Rn. 81), vorliegen. Im Falle der Erhebung einer Untätigkeitsklage wird darüber hinaus diskutiert, ob im Hinblick auf die Fristen in § 7 Abs. 5 S. 2 bzw. § 9 Abs. 1 die Zulässigkeit der Verpflichtungsklage auch vor Ablauf der Dreimonatsfrist des § 75 S. 2 VwGO gegeben ist. Von der Rspr. wurde die Frage bislang offen gelassen (VG Köln Urt. v. 25.2.2010 – 13 K 119/08 – Rn. 24), von der Literatur wird sie zu Recht überwiegend bejaht (Fluck/Theuer/Ziekow/Debus IFG § 9 Rn. 48; Matthes, Das Informationsfreiheitsgesetz 2006, 54; Sitsen, 338; nicht eindeutig: Mecklenburg/Pöppelmann IFG § 9 Rn. 38: die Klage kann „spätestens nach Ablauf von drei Monaten nicht mehr als offenkundig unzulässig" abgewiesen werden). **65**

Auch wenn mit der isolierten Bezugnahme auf die Verpflichtungsklage der Rückgriff auf andere Klagearten der VwGO nicht ausgeschlossen wird (→ Rn. 49), wurde doch klargestellt, dass im Falle der Verweigerung des Informationszugangs die Verpflichtungs- und nicht die allgemeine Leistungsklage die statthafte Klageart ist (Fluck/Theuer/Ziekow/Debus IFG § 9 Rn. 41; Schoch IFG § 9 Rn. 78). Damit hat der Gesetzgeber auf entsprechende Diskussionen im Bereich des Umweltinformationsrechts reagiert (BRS/Berger IFG § 9 Rn. 10; Fluck/Theuer/Ziekow/Debus IFG § 9 Rn. 41) und festgelegt, dass im Bereich des Rechtsschutzes nicht der tatsächliche Vollzug des Informationszugangs, der einen Realakt darstellt, maßgeblich ist, sondern die vorgelagerte Entscheidung über die Zugangsgewährung, die als Verwaltungsakt zu qualifizieren ist (Jastrow/Schlatmann IFG § 9 Rn. 38; Schoch IFG § 9 Rn. 78). **66**

Konkret diskutiert wird die Zulässigkeit einer isolierten Anfechtungsklage bei Antragsablehnung, wenn der Kläger aktuell kein Interesse (mehr) am Informationszugang hat. Überwiegend bejaht die Literatur diese Möglichkeit (Fluck/Theuer/Ziekow/Debus IFG § 9 Rn. 44; NK-IFG/Rossi IFG § 9 Rn. 28; Sellmann/Augsberg WM 2006, 2293 (2301); aM Schoch IFG § 9 Rn. 79). Im Falle der Erledigung des Zugangsbegehrens ist überdies die Fortsetzungsfeststellungsklage nach § 113 Abs. 1 S. 4 VwGO (analog) zulässig (Fluck/Theuer/Ziekow/Debus IFG § 9 Rn. 44; Jastrow/Schlatmann IFG § 9 Rn. 38; Schoch IFG § 9 **67**

Rn. 80). Für die Fälle, in denen isoliert ein Kostenbescheid angegriffen werden soll, ist auf die Statthaftigkeit der Anfechtungsklage hinzuweisen (→ § 10 Rn. 65; Schoch IFG § 9 Rn. 80).

68 Die Kombination von Verpflichtungs- und Leistungsantrag im Wege der objektiven Klagehäufung nach § 44 VwGO wird dagegen nur in wenigen Ausnahmefällen als sinnvoll betrachtet (Fluck/Theuer/Ziekow/Debus IFG § 9 Rn. 45 mit Ausführungen zu weiteren Möglichkeiten der objektiven Klagehäufung in Rn. 46). Vollständig abgelehnt wird die zum Landesrecht entwickelte Kombination von Anfechtungs- und Leistungsklage für das IFG (Schoch IFG § 9 Rn. 79).

V. Gerichtliche Sachentscheidung

69 Prinzipiell sind bei der Prüfung der Begründetheit einer Klage, mit der ein Anspruch nach dem IFG geltend gemacht wird, keine Besonderheiten zu beachten, es gelten die allgemeinen verwaltungsprozessualen Grundsätze. Dies gilt insbes. auch bezüglich der gerichtlichen Kontrolldichte (hierzu ausführlich Schoch IFG § 9 Rn. 82 ff.). Zu Problemen können die allgemeinen prozessrechtlichen Vorgaben allerdings führen, wenn es um den Beweis des Vorliegens eines Ausschlussgrundes nach §§ 3–6 IFG geht, da durchaus denkbar ist, dass Ausführungen hierzu zugleich Rückschlüsse auf den Inhalt der materiell geschützten Informationen zulassen. Insofern werden IFG-spezifische Abweichungen von den verwaltungsprozessualen Grundsätzen vor allem in zwei Bereichen diskutiert. Dies betrifft zum einen die Frage der Darlegungslast und der notwendigen Darlegungstiefe (→ Rn. 70 ff.), zum anderen das in-camera-Verfahren nach § 99 VwGO (→ Rn. 73 ff.).

1. Darlegungslast und -tiefe

70 Unbestritten ist zunächst, dass die Darlegungslast für das Vorliegen eines Ausschlussgrundes nach §§ 3 ff. bei der informationspflichtigen Stelle liegt (→ § 3 Rn. 11 ff.; VGH Kassel Beschl. v. 28.4.2010 – 6 A 1767/08 – Rn. 13; OVG NRW Urt. v. 26.10.2011 – 8 A 2593/10 – Rn. 112; OVG Berlin-Brandenburg Urt. v. 5.10.2010 – OVG 12 B 6.10 – Rn. 31; VG Berlin Urt. v. 7.4.2011 – 2 K 39.10 – Rn. 26; VG Frankfurt a. M. Urt. v. 28.1.2009 – 7 K 4037/07.F – Rn. 37; Urt. v. 17.6.2009 – 7 K 2282/08.F (3) – Rn. 45; VG Köln Urt. v. 30.9.2010 – 13 K 676/09 – Rn. 37; VG Stuttgart Urt. v. 17.5.2011 – 13 K 3505/09 – Rn. 72; aus der Literatur: Schoch IFG § 9 Rn. 87; Sitsen, 339; ZDM, 385). Die Darlegungslast der informationspflichtigen Stelle führt zunächst dazu, dass das Gericht nicht verpflichtet ist, das Vorliegen eines Ausnahmegrundes nach §§ 3 ff. zu prüfen, wenn die Behörde insoweit nichts Substantiiertes geltend macht (OVG Berlin-Brandenburg Urt. v. 5.10.2010 – 12 B 13.10 – Rn. 21).

71 Bezüglich der erforderlichen Darlegungstiefe wird teilweise davon ausgegangen, dass die Behörde Tatsachen vortragen muss, die das Gericht vom Vorliegen des Verweigerungsgrundes überzeugen (Kugelmann NJW 2005, 3609 (3613); Schoch IFG § 9 Rn. 87). Demgegenüber lässt es die Rspr. genügen, wenn die informationspflichtige Stelle das Vorliegen eines Ausschlussgrundes plausibel darlegt (VG Berlin Urt. v. 3.12.2008 – 2 A 132.07 – Rn. 15; Urt. v. 21.10.2010 – 2 K 89.09 – Rn. 22; Urt. v. 7.4.2011 – 2 K 39.10 – Rn. 26; Urt. v. 9.6.2011 – 2 K 46.11 – Rn. 19; aus der Literatur: Jastrow/Schlatmann IFG § 9 Rn. 39 ff.; Reinhart DÖV 2007, 18 (24); Schmitz/Jastrow NVwZ 2005, 984 (990); ZDM, 385). „(D)abei müssen die Angaben nicht so detailliert sein, dass Rückschlüsse auf die geschützte Information möglich sind, sie müssen aber so einleuchtend und nachvollziehbar sein, dass das Vorliegen von Ausschlussgründen geprüft werden kann" (VG Berlin Urt. v. 3.12.2008 – 2 A 132.07 – Rn. 15; Urt. v. 21.10.2010 – 2 K 89.09 – Rn. 22; Urt. v. 9.6.2011 – 2 K 46.11 – Rn. 19; VG Stuttgart Urt. v. 17.5.2011 – 13 K 3505/09 – Rn. 72; ähnlich in der Literatur Sitsen, 339). Allerdings genügt die Behörde ihrer Darlegungslast nicht, wenn sie vorbringt, dass der Informationszugang für „bestimmte Arten von Dokumenten als ‚Sachgesamtheiten' allein auf Grund ihrer typischen Eigenschaften und üblichen Fassung ohne Feststellung ihres konkreten Inhalts" nicht gewährt werden soll. Die Behörde muss vielmehr „für jede einzelne Information darlegen, aus welchen Gründen sie vom Informationszugang ausgeschlossen werden soll" (VG Berlin Urt. v. 21.10.2010 – 2 K 89.09 – Rn. 22).

Die vorstehend skizzierten Grundsätze zu Umfang und Ausgestaltung der Darlegungslast 72
hinsichtlich des Vorliegens eines Ausschlussgrundes nach §§ 3–6 IFG können auch auf
andere IFG-typische Konstellationen angewendet werden, zB wenn die Eröffnung des
Anwendungsbereiches in Rede steht, wenn streitig ist, ob ein wichtiger Grund iSd § 1
Abs. 2 vorliegt oder der Antragsteller bereits über die Information verfügt (ZDM, 384 mit
zahlreichen Nachweisen aus der Rspr.).

2. In-camera-Verfahren (§ 99 VwGO)

Neben dem eher normativ geprägten Problemkreis der Darlegungslast und -tiefe kann die 73
gerichtliche Überprüfung des Vorliegens von Ausnahmetatbeständen im Bereich des IFG aus
rein tatsächlichen Gründen problematisch werden: Zwar hat das Hauptsachegericht im
Rahmen seiner Amtsermittlungspflicht gem. § 86 VwGO die Möglichkeit, Behörden zur
Vorlage von Urkunden oder Akten, zur Übermittlung elektronischer Dokumente und zu
Auskünften zu verpflichten (§ 99 Abs. 1 S. 1 VwGO); weigert sich die Behörde und legt
den behaupteten Verweigerungsgrund in der Sperrerklärung nicht nachvollziehbar dar, ist die
Weigerung rechtswidrig (BVerwG, Beschl. v. 18.4.2012 – 20 F 7/11 – Rn. 8). Geht man
davon aus, dass sich diese Verpflichtung auch auf die Informationen erstreckt, zu denen
Zugang begehrt wird, würde dies wegen des den Beteiligten gemäß § 100 Abs. 1 VwGO
eingeräumten Akteneinsichtsrechts aber in der Konsequenz dazu führen, dass der Kläger aus
prozessualen Gründen Zugang zu den begehrten Informationen erhält, obwohl ihm dieses
Recht unter materiellen Aspekten nicht zusteht. Daher wird allgemein davon ausgegangen,
dass die Behörden zunächst lediglich zur Vorlage der im IFG-Verfahren selbst entstandenen
Akten verpflichtet sind, nicht aber zur Vorlage der Akten, in die Einsicht begehrt wird (VG
Ansbach Urt. v. 22.1.2008 – AN 4 K 07.00903, AN 4 K 07.01333 – Rn. 22; VG Berlin Urt.
v. 3.12.2008 – 2 A 132.07 – Rn. 17; GMBl. 2005, 1346 (1350); BRS/Berger IFG, § 9
Rn. 12; Fluck/Theuer/Ziekow/Debus IFG § 9 Rn. 52; Reinhart DÖV 2007, 18 (24);
Schmitz/Jastrow, NVwZ 2005, 984 (990); Schoch IFG § 9 Rn. 89; Steinbach/Hochheim
NZS 2006, 517 (523); aM (zum IFG Bln.): BVerwG Beschl. v. 13.6.2006 – 20 F 5/05 –
Rn. 2).

Damit wird aber das grundsätzliche Spannungsverhältnis zwischen dem materiellen Ge- 74
heimnisschutz des IFG und einem durch Art. 19 Abs. 4 GG garantierten effektiven Rechtsschutz nicht aufgelöst: Solange das Gericht den Inhalt der streitgegenständlichen Informationen nicht kennt, kann es nicht prüfen, ob die geltend gemachten Ausschlussgründe tatsächlich vorliegen (Matthes, Das Informationsfreiheitsgesetz 2006, 66; Schoch IFG § 9 Rn. 90).
Eine Möglichkeit die kollidierenden Rechtsgüter in Ausgleich zu bringen, wäre die Anwendung des in-camera-Verfahrens auf Verfahren, in denen über den Informationszugang nach
dem IFG gestritten wird.

Insbes. in den ersten Jahren nach Inkrafttreten des IFG war jedoch die generelle Anwend- 75
barkeit des § 99 Abs. 2 VwGO umstritten: Teilweise wurde davon ausgegangen, dass § 99
Abs. 2 VwGO mangels entsprechender ausdrücklicher Regelung im Anwendungsbereich
des IFG grds. nicht zum Tragen komme (VG Berlin Urt.v. 3.12.2008 – 2 A 132.07 – Rn. 18;
VG Frankfurt a. M. Urt. v. 23.1.2008 – 7 E 3280/06 (V) – Rn. 95; Urt. v. 12.3.2008 – 7 E
5426/06 – Rn. 59; Urt. v. 19.3.2008 – 7 E 4067/06 – Rn. 55; Urt. v. 2.7.2008 – 7 E 791/
07 (1); Urt. v. 5.12.2008 – 7 E 1780/07 – Rn. 70; Urt. v. 28.1.2009 – 7 K 4037/07.F –
Rn. 63; NK-IFG/Rossi IFG § 9 Rn. 33). In Betracht komme die Durchführung eines in-
camera-Verfahrens allenfalls in den in der Gesetzesbegründung genannten Fällen, in denen
der Informationszugang unter Bezugnahme auf § 3 Nr. 4 verweigert wurde (BT-Drs. 15/
4493, 16; VG Ansbach Urt. v. 22.1.2008 – AN 4 K 07.00903, AN 4 K 07.01333 – Rn. 24;
ähnlich Jastrow/Schlatmann § 9 Rn. 48; Schmitz/Jastrow NVwZ 2005, 984 (991 in Fn. 86))
bzw. im Einzelfall bei anderen Ausschlussgründen nach § 3 (NK-IFG/Rossi IFG § 9
Rn. 33). In allen anderen Fällen sollen die Glaubhaftmachung der Verweigerungsgründe und
deren gerichtliche Überprüfung ausreichen (Reinhart DÖV 2007, 18 (24); Schmitz/Jastrow
NVwZ 2005, 984 (991); Steinbach/Hochheim NZS 2006, 517 (523)).

Mittlerweile geht die hM (BVerwG Beschl. v. 4.20.2011 – 20 F 24/10 – Rn. 6; VGH 76
Kassel Beschl. v. 2.3.2010 – 6 A 1684/08 – Rn. 2; Beschl. v. 30.4.2010 – 6 A 1341/09 –
Rn. 2; OVG Berlin-Brandenburg Beschl. v. 7.12.2012 – OVG 95 A 1.12 – Rn. 2; BRS/

Berger IFG § 9 Rn. 13; Fluck/Theuer/Ziekow/Debus IFG § 9 Rn. 53 f.; Griebel, Die verfahrensrechtliche Absicherung von Informationsfreiheitsrechten in rechtsvergleichender Sicht 2007, 275; Huber, Jahrbuch Informationsfreiheit und Informationsrecht 2012, 157 ff.; Kugelmann NJW 2005, 3609 (3613); Matthes, Das Informationsfreiheitsgesetz 2006, 66; Mecklenburg/Pöppelmann IFG § 9 Rn. 33; Sitsen, 343; Schoch IFG § 9 Rn. 92), insbes. nach einem obiter dictum des BVerwG aus dem Jahre 2008 (BVerwG Beschl. v. 15.10.2008 – 20 F 1.08 und 20 F 2.08 – Rn. 8), aber zutreffend von der grundsätzlichen Anwendbarkeit des § 99 Abs. 2 VwGO auf die Geltendmachung von IFG-Ansprüchen aus. Zum einen enthält das IFG keine § 99 Abs. 2 VwGO verdrängende Spezialnorm (BVerwG Beschl. v. 15.10.2008 – 20 F 1.08 und 20 F 2/08 – Rn. 8; VGH Kassel Beschl. v. 2.3.2010 – 6 A 1684/08 – Rn. 2; Beschl. v. 30.4.2010 – 6 A 1341/09 – Rn. 2; Huber, Jahrbuch Informationsfreiheit und Informationsrecht 2012, 157 (166)), zum anderen ist auf die Gründe hinzuweisen, die zur Novellierung des § 99 Abs. 2 VwGO geführt haben (Fluck/Theuer/Ziekow/Debus IFG § 9 Rn. 54; Huber, Jahrbuch Informationsfreiheit und Informationsrecht 2012, 157 (164 f.)). Zu betonen ist auch, dass die Tatsache, dass die durch das IFG eingeräumten Informationszugangsrechte über das verfassungsrechtlich Erforderliche hinausgehen, nicht zu einer Einschränkung der diesbezüglichen Rechtsschutzmöglichkeiten führen darf (Schoch IFG § 9 Rn. 92; Sitsen, 344 f.; ZDM, 392; so wohl auch Matthes, Das Informationsfreiheitsgesetz 2006, 67; aM: Jastrow/Schlatmann IFG § 9 Rn. 51; Schmitz/Jastrow NVwZ 2005, 984 (991)).

77 Ob tatsächlich die Vorlage der Informationen, zu denen Zugang begehrt wird, zur Entscheidung des Rechtsstreits unentbehrlich ist, hat nach § 86 Abs. 1 VwGO das Gericht zu entscheiden. Diesbezüglich ist ihm Ermessen eingeräumt (OVG Magdeburg Beschl. v. 26.5.2009 – 3 L 6/09). Zunächst sollten lediglich die IFG-Akten herangezogen werden; soweit sich aus ihnen bereits das (Nicht-)Vorliegen eines Ablehnungsgrundes ergibt, ist die Durchführung eines in-camera-Verfahrens nicht notwendig (Schroeter NVwZ 2011, 457 (458); ZDM, 393).

78 Dies ist nach Ansicht des BVerwG eher der Fall, wenn prozedurale Geheimhaltungsgründe, die dem Schutz des behördlichen Entscheidungsprozesses dienen, geltend gemacht werden. Dagegen soll „es regelmäßig auf der Hand" liegen, dass sich bei Geltendmachung materiell-rechtlicher Geheimhaltungsgründe „nur durch Einsichtnahme in die Akten verlässlich klären lässt, ob der Geheimhaltungsgrund vorliegt" (BVerwG Beschl. v. 25.6.2010 – 20 F 1/10 – Rn. 7).

78a Sind die Informationen, zu denen Zugang begehrt wird, nach Auffassung des Gerichts entscheidungserheblich, wird die Behörde zu deren Vorlage aufgefordert (ausführlich mwN ZDM, 368). Dieser Pflicht, die unweigerlich mit dem Akteneinsichtsrecht der Beteiligten nach § 100 Abs. 1 VwGO einhergeht, können sich die Behörden nur entziehen, wenn die zuständige oberste Aufsichtsbehörde eine Sperrerklärung abgibt, weil das Bekanntwerden der genannten Dokumente dem Wohl des Bundes oder eines Landes Nachteile bereiten würde oder weil die Vorgänge nach einem Gesetz oder ihrem Wesen nach geheim gehalten werden müssen, § 99 Abs. 1 S. 2 VwGO (Schroeter NVwZ 2011, 457 (458); ZDM, 369). Die Rechtmäßigkeit der Sperrerklärung kann dann auf Antrag eines Beteiligten vor dem OVG geprüft werden, § 99 Abs. 2 S. 1 VwGO.

79 Die Anwendung des § 99 Abs. 2 VwGO auf Informationszugangsansprüche nach dem IFG ist allerdings mit zahlreichen, bislang ungeklärten Problemen verbunden. Als problematisch beurteilt wird insbes. die Tatsache, dass eine Entscheidung im in-camera-Verfahren faktisch die Hauptsache vorwegnimmt (Fluck/Theuer/Ziekow/Debus IFG § 9 Rn. 55; Griebel, Die verfahrensrechtliche Absicherung von Informationsfreiheitsrechten in rechtsvergleichender Sicht 2007, 266 f.; Schoch NJW 2009, 2987 (2993); Schroeter NVwZ 2011, 457 (460); ebenso, das aber durch den Gesetzgeber „als unvermeidbare Folge des Verfahrens nach § 99 Abs. 2 VwGO in Kauf genommen" bezeichnet BVerwG Beschl. v. 21.2.208 – 20 F 2/07 – Rn. 12; grds. zum Verbot der Vorwegnahme der Hauptsache und Ausnahmen hiervon → Rn. 86). Von der Literatur wird die in § 99 Abs. 1 S. 2 VwGO normierte Zuständigkeit der obersten Aufsichtsbehörde für die Erteilung der Sperrerklärung im Rahmen der Geltendmachung von IFG-Ansprüchen als nicht sachgerecht beurteilt; sinnvoller ist es, wenn die entscheidungsbefugte Behörde selbst die Sperrerklärung abgibt (Fluck/Theuer/Ziekow/Debus IFG § 9 Rn. 55; Schoch IFG § 9 Rn. 94). Die Rspr. hat diesbezüglich allerdings bislang am Wortlaut des § 99 Abs. 1 S. 2 VwGO festgehalten. Daneben wird auf die fehlende Deckungsgleichheit zwischen prozessualen Vorlageobjekten nach § 99 Abs. 1 VwGO und dem materiellen Informationsanspruch nach IFG hingewiesen (ZDM, 396).

Unter materiellen Aspekten stellt sich vor allem das Verhältnis zwischen Verweigerungs- **80** gründen nach materiellem Recht und den in § 99 VwGO genannten Geheimhaltungsgründen als schwierig dar. Unklar ist bislang, ob das IFG als materielle Spezialnorm Vorrang vor den Vertraulichkeitsregeln des § 99 VwGO beanspruchen kann mit der Konsequenz, dass eine gesetzlich angeordnete Geheimhaltungspflicht nach § 99 Abs. 1 S. 2 VwGO bejaht wird, wenn ein Ausnahmegrund nach §§ 3–6 vorliegt (Schoch NJW 2009, 2987 (2993); Schoch IFG § 9 Rn. 94; Weber NVwZ 2008, 1284 (1287); ähnlich wohl Matthes, Das Informationsfreiheitsgesetz 2006, 67, der immer dann von einer wesensmäßigen Geheimhaltungspflicht iSd § 99 Abs. 1 S. 2 VwGO ausgeht, wenn die Tatbestände der §§ 3 – 6 erfüllt sind), oder ob es sich umgekehrt bei § 99 VwGO um eine prozessuale Spezialvorschrift handelt (BVerwG NVwZ 2005, 334; so auch Schroeter NVwZ 2011, 457 (461), der aber dennoch davon ausgeht, dass eine gesetzliche Geheimhaltungspflicht iSd § 99 Abs. 1 S. 2 VwGO zu bejahen ist, wenn ein Ausnahmetatbestand nach §§ 3–6 vorliegt (460)), die verhältnismäßig unabhängig von den im IFG normierten Verweigerungsgründen zu interpretieren ist (BVerwG Beschl. v. 25.6.2010 – 20 F 1.10 – Rn. 17; Beschl. v. 6.4.2011 – 20 F 20/10 – Rn. 22; Beschl. v. 23.6.2011 – 20 F 21/10 – Rn. 11; aM Schoch IFG § 9 Rn. 94).

Nach dem zuletzt genannten Verständnis genügt es gerade nicht, dass ein Gesetz Verschwie- **81** genheitspflichten normiert; der Tatbestand des § 99 Abs. 1 S. 2 2. Alt. VwGO soll vielmehr nur erfüllt sein, wenn der „Schutz eines grundrechtlich geschützten Lebensbereichs von hoher Bedeutung" in Rede steht (BVerwG Beschl. v. 23.6.2011 – 20 F 21/10 – Rn. 12; Beschl. v. 5.10.2011 – 20 F 24/10 – Rn. 8; VGH Kassel Beschl. v. 1.12.2011 – 27 F 1730/10 – Rn. 8; Beschl. v. 1.12.2011 – 27 F 2029/10; Beschl. 12.1.2012 – 27 F 52/11; ähnlich OVG Berlin-Brandenburg Beschl. v. 7.12.2012 – OVG 95 A 1.12 – Rn. 6; aM Mecklenburg/Pöppelmann IFG § 9 Rn. 32). Bezüglich des Schutzes personenbezogener Daten (BVerwG Beschl. v. 22.7.2010 – 20 F 11.10 –Rn. 10; VGH Kassel Beschl. v. 1.12.2011 – 27 F 1730/10 – Rn. 10; Beschl. v. 1.12.2011 – 27 F 2029/10; Beschl. 12.1.2012 – 27 F 52/11) sowie von Betriebs- und Geschäftsgeheimnissen (BVerwG Beschl. v. 10.8.2010 – 20 F 5/10 – Rn. 10; VGH Kassel Beschl. v. 23.5.2011 – 27 F 1752/10 – Rn. 7; Beschl. v. 1.12.2011 – 27 F 1730/10 – Rn. 11; Beschl. v. 1.12.2011 – 27 F 2029/10; Beschl. 12.1.2012 – 27 F 52/11) kommt eine wesensmäßige Geheimhaltungsbedürftigkeit iSd § 99 Abs. 1 S. 2 3. Alt. VwGO in Betracht; auch hier sind allerdings strenge Maßstäbe anzulegen (BVerwG Beschl. v. 25.6.2010 – 20 F 1.10 – Rn. 17; Beschl. v. 22.7.2010 – 20 F 11.10 – Rn. 9; Beschl. v. 23.6.2011 – 20 F 21/10 – Rn. 14).

Als weiterer Reibungspunkt wird die Tatsache identifiziert, dass § 99 Abs. 1 S. 2 VwGO **82** der zuständigen Behörde bei der Entscheidung, ob die Aktenvorlage verweigert werden soll, Ermessen einräumt, während des IFG (auch) zwingende Weigerungsgründe kennt. Überwiegend wird vom Vorrang des § 99 Abs. 1 S. 2 VwGO mit der Konsequenz ausgegangen, dass der zuständigen Behörde unabhängig von den fachgesetzlichen Regelungen immer Ermessen eingeräumt ist (BVerwG Beschl. v. 25.6.2010 – 20 F 1/10 – Rn. 20; Beschl. v. 6.4.2011 – 20 F 20/10 – Rn. 22; Beschl. v. 23.6.2011 – 20 F 21/10 – Rn. 23 f.; OVG Berlin-Brandenburg Beschl. v. 7.12.2012 – OVG 95 A 1.12 – Rn. 6; Huber, Jahrbuch Informationsfreiheit und Informationsrecht 2012, 157 (163); Schroeter NVwZ 2011, 457 (461)). Vereinzelt wird aber auch davon ausgegangen, dass die Normierung einer gebundenen Entscheidung im Fachrecht vorrangig ist (Weber NVwZ 2008, 1284 (1287)).

Von der Literatur wird das Verhältnis zwischen IFG und § 99 VwGO durchweg kritisiert **83** und gesetzgeberischer Handlungsbedarf gesehen (zB Huber, Jahrbuch Informationsfreiheit und Informationsrecht 2012, 157 (171); Schoch NJW 2009, 2987 (2992 f.); Schroeter NVwZ 2011, 457 (460)). Dabei unterscheiden sich die Vorschläge, die in diesem Zusammenhang gemacht werden, in den Details deutlich (einen guten Überblick hierzu sowie zu den zahlreichen Aspekten, die eine Neuregelung zu beachten hätte, bieten ZDM, 408 ff.).

VI. Einstweiliger Rechtsschutz

Die Bezugnahme des § 9 Abs. 4 auf Widerspruch und Verpflichtungsklage lässt die **84** Möglichkeiten des einstweiligen Rechtsschutzes unberührt (→ Rn. 49). Ein solches Ver-

IFG § 9 ‎ IV. Informationsfreiheitsrecht

ständnis des § 9 Abs. 4 widerspräche der in Art. 19 Abs. 4 GG verbürgten Garantie effektiven Rechtsschutzes (Fluck/Theuer/Ziekow/Debus IFG § 9 Rn. 49; Schoch IFG § 9 Rn. 95).

85   Im Falle einer negativen Bescheidung des Zugangsantrags kann der Antragsteller den Erlass einer Regelungsanordnung gemäß § 123 VwGO beantragen (Ewer AnwBl. 2010, 455 (459); Fluck/Theuer/Ziekow/Debus IFG § 9 Rn. 51; Matthes, Das Informationsfreiheitsgesetz 2006, 68; Mecklenburg/Pöppelmann IFG § 9 Rn. 24; NK-IFG/ Rossi § 9 Rn. 35; Schoch IFG § 9 Rn. 95). Problematisiert wird in diesem Zusammenhang die Tatsache, dass selbst eine nur „einstweilige" Preisgabe der begehrten Informationen unweigerlich mit dem prozessualen Grundsatz des Verbots der Vorwegnahme der Hauptsache (Kopp/Schenke VwGO § 123 Rn. 13; Sodan/Ziekow/Puttler VwGO § 123 Rn. 11; aM SSP/Schoch VwGO § 123 Rn. 141 ff.) kollidiert, da sich der Informationszugang nicht mehr rückgängig machen lässt; evtl. schutzwürdige Interessen wären unabhängig von der Entscheidung in der Hauptsache endgültig verletzt (VGH Kassel Urt. v. 3.7.2012 – 6 B 1209/12 – Rn. 21; Beschl. v. 27.10.2010 – 6 B 1979/10; Ewer AnwBl. 2010, 455 (459); Mecklenburg/ Pöppelmann IFG § 9 Rn. 25; NK-IFG/Rossi IFG § 9 Rn. 36; ZDM, 411; kritisch Schoch IFG § 9 Rn. 97).

86   Allerdings wird anerkannt, dass mit Blick auf das in Art. 19 Abs. 4 GG niedergelegte Gebot effektiven Rechtsschutzes Ausnahmen vom Grundsatz des Verbots der Vorwegnahme der Hauptsache notwendig sind. Teilweise wird davon ausgegangen, dass eine solche Ausnahme immer schon dann gegeben ist, wenn sowohl Anordnungsanspruch als auch Anordnungsgrund vorliegen, da in solchen Fällen regelmäßig kein Zweifel an der Eilbedürftigkeit des gerichtlichen Rechtsschutzes bestünde (VGH Kassel NVwZ 2006, 951 (952 f.) und 1081 (1082); Schoch IFG § 9 Rn. 97; ähnlich VGH Kassel Urt. v. 3.7.2012 – 6 B 1209/12 – Rn. 21; Beschl. v. 27.10.2010 – 6 B 1979/10).

87   Überwiegend werden aber zu Recht strengere Anforderungen an eine Ausnahme vom Verbot der Vorwegnahme der Hauptsache gestellt. Sie kommt nur in Betracht, „wenn die sonst zu erwartenden Nachteile für den Antragsteller unzumutbar und im Hauptsacheverfahren nicht mehr zu beseitigen wären und ein hoher Grad an Wahrscheinlichkeit für einen Erfolg auch in der Hauptsache spricht" (BVerfG NJW 1989, 827; BVerwG NVwZ 1999, 650; NJW 2000, 160 (162); zum IFG: OVG Berlin-Brandenburg Beschl. v. 6.5.2009 – OVG 12 S 29.09; VG Frankfurt a. M. Beschl. v. 7.5.2009 – 7 L 676/09.F – Rn. 17; Fluck/ Theuer/Ziekow/Debus IFG § 9 Rn. 51; Mecklenburg/Pöppelmann IFG § 9 Rn. 25; NK-IFG/Rossi IFG § 9 Rn. 37). Dabei führen die in § 7 Abs. 5 niedergelegten Vorstellungen des Gesetzgebers zum zeitlichen Rahmen der Informationszugangsgewährung nach Ansicht der Rspr. nicht zu einer Lockerung der Anforderungen, die an die im Rahmen des einstweiligen Rechtsschutzverfahrens ausnahmsweise zulässige Vorwegnahme der Hauptsache gestellt werden (OVG Berlin-Brandenburg Beschl. v. 6.5.2009 – OVG 12 S 29.09).

88   Während auf Grundlage der zu den Landesinformationsfreiheitsgesetzen und zum UIG ergangenen Rspr. davon ausgegangen wurde, „dass der Erlass einer einstweiligen Anordnung im Informationszugangsrecht Normalität ist, wenn die gesetzlichen Voraussetzungen vorliegen" (Schoch IFG § 9 Rn. 97 mit zahlreichen Nachweisen aus der diesbezüglichen Rspr.), deutet die Praxis der Rspr. zum IFG bislang in die entgegengesetzte Richtung (ZDM, 412). Keine der derzeit verfügbaren Eilentscheidungen, die sich mit Anträgen der Informationszugangsbegehrenden nach § 123 VwGO befassen, gewährte Informationszugang im Wege des einstweiligen Rechtsschutzes (VGH Kassel Beschl. v. 3.7.2012 – 6 B 1209/12; Beschl. v. 27.10.2010 – 6 B 1979/10; OVG Berlin-Brandenburg, Beschl. v. 6.5.2009 – OVG 12 S 29.09; VG Berlin Beschl. v. 23.2.2009 – VG 2 A 115.08; Beschl. v. 1.6.2011 – 20 L 151.11; VG Frankfurt a. M. Beschl. v. 7.5.2009 – 7 L 676/09.F; Beschl. 10.7.2009 – 7 L 1556/09. F; Beschl. v. 10.7.2009 – 7 L 1560/09.F; Beschl. v. 28.7.2009 – 7 L 1553/09.F; Beschl. v. 30.8.2010 – 7 L 1957/10.F). Erfolgreich war alleine der Eilantrag eines betroffenen Dritten, der entgegen § 8 nicht förmlich beteiligt wurde (VGH Kassel Beschl. v. 1.10.2008 – 6 B 1133/08; VG Frankfurt a. M. Beschl. v. 22.4.2008 – 7 L 635.08.F(3); → § 8 Rn. 41).

88.1   Häufig lehnten die Gerichte den Antrag mit Hinweis auf das Vorliegen materieller Ausschlussgründe wegen fehlender Erfolgsaussichten in der Hauptsache ab (VG Berlin Beschl. v. 1.6.2011 – 20 L 151.11; VG Frankfurt a. M. Beschl. v. 28.7.2009 – 7 L 1553/09.F; Beschl. v. 10.7.2009 – 7 L

1560/09.F; Beschl. v. 10.7.2009 – 7 L 1556/09.F). In diesem Zusammenhang wurde allerdings die Tatsache als problematisch bewertet, dass eine abschließende Beurteilung des Vorliegens der angeführten Ausschlussgründe nur im Rahmen eines in-camera-Verfahrens nach § 99 Abs. 1 S. 2 VwGO erfolgen könne, die Durchführung des Verfahrens aber in Anbetracht der geltend gemachten Eilbedürftigkeit nicht möglich sei (VGH Kassel 3.7.2012 – 6 B 1209/12 mit Bezugnahme auf den nicht vorliegenden vorinstanzlichen Beschluss; angesichts dieser Problematik ließ das Gericht die Frage nach dem Vorliegen eines Anordnungsanspruchs offen). Teilweise verneinen die Gerichte auch das Vorliegen eines Anordnungsgrundes, weil die notwendige besondere Eilbedürftigkeit nicht festgestellt werden konnte (VGH Kassel Beschl. v. 3.7.2012 – 6 B 1209/12; OVG Berlin-Brandenburg Beschl. v. 6.5.2009 – OVG 12 S 29.09; VG Berlin Beschl. v. 23.2.2009 – VG 2 A 115.08). Teilw. wurde die Antragsablehnung auch auf das kumulative Fehlen von Anordnungsanspruch und Anordnungsgrund gestützt (VGH Kassel Beschl. v. 27.10.2010 – 6 B 1979/10; VG Frankfurt a. M. Beschl. v. 30.8.2010 – 7 L 1957/10.F; Beschl. v. 7.5.2009 – 7 L 676/09.F). Dabei betonten die Gerichte, dass weder die (pauschal behauptete) Tatsache, dass die begehrte Information im Rahmen eines anderen Prozesses benötigt werde (OVG Berlin-Brandenburg Beschl. v. 6.5.2009 – OVG 12 S 29.09; VG Berlin Beschl. v. 23.2.2009 – VG 2 A 115.08) und nur innerhalb eines bestimmten Zeitrahmens vorgebracht werden könne (VG Frankfurt a. M. Beschl. v. 30.8.2010 – 7 L 1957/10.F – Rn. 28 f.), noch die Tatsache, dass ein Journalist auf zeitnahen Informationszugang angewiesen ist, um ua seiner beruflichen Aufgabe nachkommen zu können (VG Frankfurt a. M. Beschl. v. 7.5.2009 – 7 L 676/09.F – Rn. 15.), die Annahme besonderer Eilbedürftigkeit rechtfertige.

In Fällen, in denen der von einem betroffenen Dritten eingelegte Rechtsbehelf aufschiebende Wirkung entfaltet, kommt ein Vorgehen des Antragstellers nach §§ 80a Abs. 3 S. 2, 80 Abs. 5 VwGO in Betracht. Ebenso wie bei einem Antrag nach § 123 VwGO (→ Rn. 85 ff.) ist aber auch hier das Verbot der Vorwegnahme der Hauptsache zu berücksichtigen (Fluck/Theuer/Ziekow/Debus IFG § 9 Rn. 50). 89

VII. Gerichtliche Zuständigkeit, Rechtsmittel

Bezüglich der Fragen der gerichtlichen Zuständigkeit und der Voraussetzungen der Rechtsmitteleinlegung sind im Bereich des IFG keine Besonderheiten zu beachten, es kommen vielmehr die allgemeinen verwaltungsprozessualen Normen zur Anwendung. Die gerichtliche Zuständigkeit ist somit insbes. nach den §§ 45, 52 und 123 Abs. 2 VwGO zu beurteilen, die Voraussetzungen für Berufung, Revision und Beschwerde sind den §§ 124 ff., 132 ff. und 146 Abs. 4 VwGO zu entnehmen (Schoch IFG § 9 Rn. 98 ff.; zur örtlichen Zuständigkeit ebenso Schmittmann/Kupka NZI 2009, 367 (368)). 90

§ 10 Gebühren und Auslagen

(1) ¹Für individuell zurechenbare öffentliche Leistungen nach diesem Gesetz werden Gebühren und Auslagen erhoben. ²Dies gilt nicht für die Erteilung einfacher Auskünfte.

(2) Die Gebühren sind auch unter Berücksichtigung des Verwaltungsaufwandes so zu bemessen, dass der Informationszugang nach § 1 wirksam in Anspruch genommen werden kann.

(3) ¹Das Bundesministerium des Innern wird ermächtigt, für individuell zurechenbare öffentliche Leistungen nach diesem Gesetz die Gebührentatbestände und Gebührensätze durch Rechtsverordnung ohne Zustimmung des Bundesrates zu bestimmen. ²§ 10 des Bundesgebührengesetzes findet keine Anwendung.

§ 10 Abs. 1 S. 1 statuiert zunächst den Grundsatz, dass der Informationszugang nur gegen Erstattung der dabei anfallenden Kosten erfolgt (→ Rn. 4 ff.). Dieser Grundsatz wird dann durch die in S. 2 niedergelegte Ausnahme dahingehend modifiziert, dass einfache Auskünfte nicht von der Kostenpflicht umfasst sind (→ Rn. 17 ff.). Abs. 2 enthält die Vorgaben, nach denen die Gebühren zu bemessen sind (→ Rn. 32 ff). Auch wenn der Verwaltungsaufwand als zentraler Maßstab genannt wird, steht seine Anwendung doch unter dem Vorbehalt, dass die Gebühren keine Höhe erreichen dürfen, die der wirksamen Inanspruchnahme des in § 1 verbürgten Rechts entgegensteht (→ Rn. 39 ff.). Die Festlegung der Gebührentatbestände und -sätze überträgt der Gesetzgeber im Wege der Verordnungsermächtigung in § 10 Abs. 3 S. 1 dem Bundesministerium des Innern (→ Rn. 51 ff.). S. 2 ordnet abschließend an, dass ein Rückgriff auf § 10 BGebG im Bereich des IFG nicht möglich ist (→ Rn. 56). Ebenso wird auf die Regelungen der IFGGebV (→ Rn. 57 ff.) sowie auf die Rechtsschutzmöglichkeiten gegen Kostenentscheidungen (→ Rn. 63 ff.) eingegangen.

Übersicht

	Rn		Rn
A. Allgemeines	1	2. Forderung eines Gebührenvorschusses oder einer Sicherheitsleistung nach § 15 BGebG	43
B. Grundsatz der Gebührenerhebung und Ausnahmen hiervon (Abs. 1)	4	3. Hinweis auf hohe Gebühren	45
I. Grundsatz (Abs. 1 S. 1)	5	III. Mehrwertinformationen	46
1. Individuell zurechenbare öffentliche Leistungen nach diesem Gesetz	6	IV. Ergänzende Anwendbarkeit des BGebG	50
2. Gebühren und Auslagen	13	D. Verordnungsermächtigung (Abs. 3)	51
II. Ausnahmen vom Grundsatz der Kostenpflicht (Abs. 1 S. 2)	17	I. Ermächtigungstatbestand (Abs. 3 S. 1)	52
1. Kostenfreiheit einfacher Auskünfte	18	II. Ausschluss des § 10 BGebG (Abs. 3 S. 2)	56
2. Kostenfreiheit in weiteren Fällen	22	E. IFGGebV	57
C. Bemessung der Gebühren (Abs. 2)	32	F. Rechtsschutz	63
I. Maßstab für die Gebührenhöhe	33	I. Notwendigkeit der Durchführung eines Vorverfahrens	67
II. Unzulässigkeit prohibitiv wirkender Gebührenbemessung	39	II. Aufschiebende Wirkung des Widerspruchs	73
1. Keine Gefährdung der wirksamen Inanspruchnahme des Informationszugangs nach § 1 (§ 10 Abs. 2)	39	III. Rechtsfolge	75
		IV. Überprüfung der IFGGebV	76

A. Allgemeines

1 Die Kostenregelung des § 10 ist – ebenso wie die §§ 8 und 9 – im Laufe des Gesetzgebungsverfahrens unverändert geblieben, was zu der Feststellung veranlasst hat, die „engere" Genese der Norm sei „unspektakulär" (Schoch IFG § 10 Rn. 4). Dennoch soll die Norm nicht unumstritten gewesen sein (Debus DVBl. 2013, 9 (9 Fn. 4); Schoch IFG § 10 Rn. 4). Veränderungen hat die Norm allerdings durch die Ersetzung des VwKostG durch das BGebG erfahren: Unmittelbar durch die notwendig gewordenen Folgeänderungen, mittelbar durch die Entscheidung des BGebG-Gesetzgebers, das Kostendeckungsprinzip zum Leitgedanken der Gebührenbemessung zu erheben.

2 § 10 ist Ausfluss des Grundsatzes, dass der Informationszugang selbst zwar voraussetzungslos, aber nicht kostenfrei gewährleistet ist (Debus DVBl. 2013, 9 (9); Kloepfer/v. Lewinski DVBl. 2005, 1277 (1285); NK-IFG/Rossi IFG § 10 Rn. 4; Schoch IFG § 10 Rn. 1; ZDM, 254). Dies entspricht der Praxis nicht nur sämtlicher inländischer Informationszugangsgesetze sondern auch des Europarechts (Griebel, Die verfahrensrechtliche Absicherung von Informationsfreiheitsrechten in rechtsvergleichender Sicht 2007, 212 ff.; NK-IFG/Rossi IFG § 10 Rn. 5 f.; Schoch IFG § 10 Rn. 1 f.; zum Landesrecht auch Fluck/Theuer/Guckelberger IFG § 10 Rn. 8–10). Dabei ist die Norm der Auflösung des Spannungsverhältnisses zwischen dem Gesetzesziel – der Verwirklichung eines möglichst ungehinderten Informationszugangsgewährung – und einer finanziellen Entlastung der Verwaltung verpflichtet; dies soll einerseits durch das Verbot erreicht werden, Gebühren in einer Höhe zu erheben, die abschreckend wirken, andererseits soll der entstehende Verwaltungsaufwand zumindest teilweise abgegolten werden (Debus DVBl. 2013, 9 (9); NK-IFG/Rossi IFG § 10 Rn. 6; Schoch IFG § 10 Rn. 6; ähnlich Reinhart DÖV 2007, 18 (23), der aber von vollständigen Kostendeckung im Regelfall ausgeht). Nicht von der Zwecksetzung des § 10 erfasst ist hingegen die Abwehr querulatorischer Anträge, zB durch die Möglichkeit, eine Missbrauchsgebühr zu

erheben (Schoch IFG § 10 Rn. 7; für die Einführung einer solchen Missbrauchsgebühr bei sonstiger Kostenfreiheit des Informationszugangs Debus DVBl. 2013, 9 (15 f.)).

Da § 10 bezüglich der Kosten – ähnlich wie §§ 7 und 9 im Hinblick auf Verfahren und Rechtsschutz – keine abschließende Regelung trifft, ist die subsidiäre Anwendung des allgemeinen Gebührenrechts des Bundes, insbes. des BGebG, nicht nur zulässig, sondern in bestimmten Bereichen sogar notwendig (so zur Vorgängerregelung des VwKostG: BRS/Berger IFG § 10 Rn. 6; Fluck/Theuer/Guckelberger IFG § 10 Rn. 5; Jastrow/Schlatmann IFG § 10 Rn. 1 und 20; Kloepfer/v. Lewinski DVBl. 2005, 1277 (1286); Mecklenburg/Pöppelmann IFG § 10 Rn. 2; Schoch IFG § 10 Rn. 9). Auch wenn eine explizite Aussage hierzu in § 10 fehlt, wird der Rückgriff auf das allgemeine Gebührenrecht aus § 10 Abs. 3 S. 2 abgeleitet: Die Tatsache, dass durch diese Vorschrift die Anwendbarkeit einer konkreten Bestimmung des BGebG ausgeschlossen wird, setzt logisch voraus, dass das BGebG ansonsten grds. Anwendung findet (noch mit Bezug zum VwKostG: Fluck/Theuer/Guckelberger IFG § 10 Rn. 48; Schoch IFG § 10 Rn. 9). 3

B. Grundsatz der Gebührenerhebung und Ausnahmen hiervon (Abs. 1)

Bezüglich der Frage, wie die Erbringung öffentlicher Leistungen finanziert werden soll, steht dem Gesetzgeber ein großer Gestaltungsspielraum zu (Fluck/Theuer/Guckelberger IFG § 10 Rn. 11; Griebel, Die verfahrensrechtliche Absicherung von Informationsfreiheitsrechten in rechtsvergleichender Sicht 2007, 206 f.; Schoch IFG § 10 Rn. 12). Vor diesem Hintergrund ist das gewählte Modell, die grundsätzliche Kostenpflichtigkeit des Informationszugangs, nicht zu beanstanden (Schoch IFG § 10 Rn. 12); insbes. ist der Gesetzgeber nicht verpflichtet, den Informationszugang kostenfrei zu gewähren (vgl. hierzu Urteile des EuGH zur Kostenpflichtigkeit von Umweltinformationsansprüchen NVwZ 1999, 1209 (1211 Zif. 44); 2007, 321 (Zif. 24–28) sowie die Haltung der Europäischen Kommission KOM (1998) 585 Rn. 94). 4

I. Grundsatz (Abs. 1 S. 1)

§ 10 Abs. 1 S. 1 trifft zunächst die Grundsatzentscheidung, dass Gebühren und Auslagen erhoben „werden". Mithin handelt es sich um eine gebundene Entscheidung; diesbezügliches Ermessen ist der informationspflichtigen Stelle nicht eingeräumt (BRS/Berger IFG § 10 Rn. 5; Fluck/Theuer/Guckelberger IFG § 10 Rn. 23; Mecklenburg/Pöppelmann IFG § 10 Rn. 4; Schoch IFG § 10 Rn. 15). Dabei beschränkt § 10 Abs. 1 S. 1 den Anwendungsbereich der Norm selbst ausdrücklich auf „individuell zurechenbare öffentliche Leistungen nach diesem Gesetz". 5

1. Individuell zurechenbare öffentliche Leistungen nach diesem Gesetz

Maßgeblich für die Definition des Begriffs der individuell zurechenbaren öffentlichen Leistungen ist der gebührenrechtliche Begriff des § 1 BGebG (so zum Begriff der Amtshandlung nach VwKostG: BRS/Berger IFG § 10 Rn. 8; Fluck/Theuer/Guckelberger IFG § 10 Rn. 13; Jastrow/Schlatmann IFG § 10 Rn. 10; Schoch IFG § 10 Rn. 16). Dieser Begriff wird in § 3 Abs. 1 und 2 BGebG legaldefiniert. Für den Bereich des IFG maßgeblich sind § 3 Abs. 1 Nr. 1 sowie Abs. 2 Nr. 1 BGebG. Demnach liegt nach § 3 Abs. 1 Nr. 1 BGebG eine öffentliche Leistung immer dann vor, soweit einer in Ausübung hoheitlicher Befugnisse erbrachten Handlung Außenwirkung zukommt. Individuell zurechenbar ist diese öffentliche Leistung nach § 3 Abs. 2 Nr. 1 BGebG, wenn sie beantragt oder sonst willentlich in Anspruch genommen wird. Neben weiteren Fallgruppen enthalten beide Absätze zusätzlich Auffangtatbestände, § 3 Abs. 1 Nr. 4 und Abs. 2 Nr. 4 BGebG. Demnach handelt es sich auch bei allen sonstigen Handlungen, die im Rahmen einer öffentlich-rechtlichen Verwaltungstätigkeit mit Außenwirkung erbracht werden, um öffentliche Leistungen. Für eine individuelle Zurechenbarkeit kann nach § 3 Abs. 2 Nr. 4 BGebG auch ausreichen, dass ein Anknüpfungspunkt im Pflichtenkreis des von der Leistung Betroffenen rechtlich begründet ist. 6

6a   Mit der Umstellung des Begriffes der kostenpflichtigen Amtshandlung auf den Begriff der individuell zurechenbaren öffentlichen Leistung bezweckte der Gesetzgeber in erster Linie eine Ausweitung der grundsätzlichen Gebührenpflicht insofern, als einerseits das Kostendeckungsprinzip gestärkt werden sowie eine Ermittlung der Kosten auf betriebswirtschaftlicher Basis erfolgen soll und andererseits auch verwandte Bereiche des Gebührenrechts in den Anwendungsbereich einbezogen werden sollen, zB Benutzungsgebühren oder Gebühren des Auswärtigen Amtes (BT-Drs. 17/10422, 78 f. und 94). Damit ist der Begriff der individuell zurechenbaren Amtshandlung grundsätzlich weiter zu verstehen als der Begriff der kostenpflichtigen Amtshandlung. Insofern kann nach wie vor grds. auf Rechtsprechung und Literatur, die zum VwKostG sowie zum Begriff der kostenpflichtigen Amtshandlung vorliegt, zurückgegriffen werden. Dies gilt insbesondere soweit im Einzelnen das Vorliegen einer kostenpflichtigen Amtshandlung nach VwKostG bejaht wird.

6b   Zum Begriff der kostenpflichtigen Amtshandlung war anerkannt, dass eine solche bei öffentlich-rechtlicher Verwaltungstätigkeit von Behörden vorliegt, soweit es sich dabei um eine besondere Inanspruchnahme oder Leistung der öffentlichen Verwaltung handelt. Davon werden sämtliche Handlungen der informationspflichtigen Stellen erfasst, die sich auf die Bearbeitung eines Informationszugangsantrags nach § 1 Abs. 1 S. 1 beziehen (VG Berlin Urt. v. 6.5.2008 – VG 2 A 84.07; BRS/Berger IFG § 10 Rn. 9; Debus DVBl. 2013, 9 (10); Fluck/Theuer/Guckelberger IFG § 10 Rn. 13; Mecklenburg/Pöppelmann IFG § 10 Rn. 6; NK-IFG/Rossi IFG § 10 Rn. 8; ZDM, 256). Diese Ausführungen sind auf den Begriff der individuell zurechenbaren öffentlichen Leistung übertragbar. Schoch spricht insoweit auch von einer informationsrechtlichen Sonderbeziehung zwischen Antragsteller und informationspflichtiger Stelle (Schoch IFG § 10 Rn. 17); dabei dürfte der Begriff der informationsrechtlichen Sonderbeziehung weitgehend dem Kriterium der individuellen Zurechenbarkeit nach BGebG entsprechen.

7   Unerheblich ist dabei, ob die Behörde einen Verwaltungsakt erlässt oder im Wege eines Realakts tätig wird. Ausgelöst werden kann die Kostenpflicht nicht nur durch die eigentliche Verbescheidung des Zugangsantrags, sondern auch durch die materielle Prüfung des Antrags, durch die notwendige Beteiligung Dritter und sonstige Maßnahmen zur Sicherung materiell geschützter Interessen, zB Schwärzung oder Abtrennung und durch die tatsächliche Zugangsgewährung (BRS/Berger IFG § 10 Rn. 8 f.; Fluck/Theuer/Guckelberger IFG § 10 Rn. 13; Jastrow/Schlatmann IFG § 10 Rn. 10 ff.; NK-IFG/Rossi IFG § 10 Rn. 8; Schoch IFG § 10 Rn. 17; so auch ausdrücklich zum Begriff der öffentlichen Leistung BT-Drs. 17/10422, 94). Kostenpflichtig ist grds. auch die Bearbeitung des Widerspruchs, allerdings dürfen in diesem Fall wegen § 154 Abs. 1 VwGO nur bei der (teilweisen) Zurückweisung Kosten geltend gemacht werden (Fluck/Theuer/Guckelberger IFG § 10 Rn. 13; NK-IFG/Rossi IFG § 10 Rn. 8).

8   Grds. vom Tatbestand des § 10 Abs. 1 S. 1 erfasst ist neben der Antragsablehnung (Mecklenburg/Pöppelmann IFG § 10 Rn. 7; NK-IFG/Rossi IFG § 10 Rn. 9; Schoch IFG § 10 Rn. 18) auch die Antragsrücknahme (Schoch IFG § 10 Rn. 18). Sowohl Antragsablehnung als auch -rücknahme bleiben aber im Ergebnis dennoch kostenfrei (→ Rn. 25 ff.).

9   Dagegen dürfte bei behördlichen Informationsmaßnahmen nach § 11 und bei der Anrufung des BfDI nach § 12 schon keine individuell zurechenbare öffentliche Leistung iSd § 10 Abs. 1 S. 1 vorliegen (so ausdrücklich für die Anrufung des BfDI NK-IFG/Rossi IFG § 10 Rn. 10; aM Schoch IFG § 10 Rn. 18). Jedenfalls im Ergebnis besteht aber Einigkeit darüber, dass für die Inanspruchnahme beider Instrumente keine Kosten erhoben werden (für die Inanspruchnahme des BfDI → § 12 Rn. 25; allgemein: Debus DVBl. 2013, 9 (10); Fluck/Theuer/Guckelberger IFG § 10 Rn. 22; NK-IFG/Rossi IFG § 10 Rn. 10 und 37; Schoch IFG § 10 Rn. 43 f., der allerdings von Gebührenfreiheit spricht). Gleiches gilt für Maßnahmen der allgemeinen Pflege des Informationsbestandes (BRS/Berger IFG § 10 Rn. 10; Fluck/Theuer/Guckelberger IFG § 10 Rn. 14; Mecklenburg/Pöppelmann IFG § 10 Rn. 6 und 8; Schoch IFG § 10 Rn. 21).

9.1   Interessant ist, dass gerade was die Anrufung des BfDI anbelangt, dieses Ergebnis nicht aus der fehlenden informationsrechtlichen Sonderbeziehung zwischen informationspflichtiger Stelle und Antragsteller hergeleitet wird (so aber ausdrücklich Schoch IFG § 10 Rn. 44, der darauf hinweist, dass der BfDI gerade nicht „die" informationspflichtige Stelle ist; dennoch bezeichnet Schoch den Tatbestand des § 10 Abs. 1 S. 1 als erfüllt, § 10 Rn. 18), sondern aus der systematischen Stellung des § 12 nach § 10 (Fluck/Theuer/Guckelberger IFG § 10 Rn. 22; NK-IFG/Rossi IFG § 10 Rn. 10) und aus Sinn und Zweck des § 12 (NK-IFG/Rossi IFG § 10 Rn. 10). Bezüglich § 11 wird zu Recht darauf hingewiesen, dass die Veröffentlichung nicht auf Antrag sondern von Amts wegen erfolgt und es daher an der notwendigen informationsrechtlichen Sonderbeziehung zwischen Antragsteller und informationspflichtiger Behörde – bzw. an einer individuellen Zurechenbarkeit nach BGebG – fehlt (NK-IFG/Rossi IFG § 10 Rn. 37; Schoch IFG § 10 Rn. 43). Somit ist in beiden Fällen die Voraussetzung nicht erfüllt, dass die Handlung der informationspflichtigen Stelle Bezug zu einem konkreten Antrag aufweist, so dass auch die Tatbestandsvoraussetzungen des § 10 Abs. 1 S. 1 nicht vorliegen.

Die Wendung „nach diesem Gesetz" stellt klar, dass eine auf § 10 bzw. auf der IFGGebV basierende Geltendmachung von Kosten nicht in Betracht kommt, wenn der Informationszugang auf Grundlage anderer Gesetze erfolgt (Fluck/Theuer/Guckelberger IFG § 10 Rn. 15; Mecklenburg/Pöppelmann IFG § 10 Rn. 4; NK-IFG/Rossi IFG § 10 Rn. 11; Schoch IFG § 10 Rn. 19). Dies entspricht der in § 1 Abs. 3 angeordneten materiellen Subsidiarität des IFG (→ § 1 Rn. 180 ff.), was § 10 für den Bereich der Kosten noch einmal ausdrücklich klarstellt (NK-IFG/Rossi IFG § 10 Rn. 12 und 14). Dabei basiert der Informationszugang nicht auf einem anderen Gesetz, wenn er im Wege der einstweiligen Anordnung durchgesetzt wird (VG Berlin Urt. v. 6.5.2008 – VG 2 A 84.07). 10

Soweit § 1 Abs. 3 Ausnahmen normiert und es zulässt, dass der begehrte Informationszugang gleichzeitig auf das IFG und weitere Anspruchsgrundlagen (§ 29 VwVfG und § 25 SGB X) gestützt werden kann, ist unumstritten, dass die Kosten nur einmal erhoben werden dürfen. In diesen Fällen sollen die Kosten im Einklang mit der Zwecksetzung des IFG nach der für den Antragsteller günstigeren Regelung geltend gemacht werden (Fluck/Theuer/Guckelberger IFG § 10 Rn. 15; Schoch IFG § 10 Rn. 19; Sitsen, 332). Von dem Grundsatz, dass für einen Informationszugang nur einmal Kosten geltend gemacht werden dürfen, soll aber abgewichen werden, wenn die Zugangsgewährung tatsächlich auf zwei verschiedenen Gesetzen basiert, zB weil Informationen begehrt werden, die nur teilweise von der Anspruchsgrundlage des speziellen Informationszugangsgesetzes (UIG, VIG) erfasst werden, im Übrigen aber nach dem IFG zugänglich zu machen sind (Debus DVBl. 2013, 9 (10)). 11

Da das IFG die informationspflichtige Stelle zumindest grds. nicht zur Beschaffung von Informationen verpflichtet (zur grds. fehlenden Informationsbeschaffungspflicht und Ausnahmen hiervon → § 1 Rn. 155 ff. und → § 2 Rn. 24 ff.), können, falls die Behörde die Informationen trotz fehlender Rechtspflicht beschafft, die Kosten hierfür nicht auf den Antragsteller abgewälzt werden (BRS/Berger IFG § 10 Rn. 10; Fluck/Theuer/Guckelberger IFG § 10 Rn. 14; Schoch IFG § 10 Rn. 20). Zu beachten ist weiterhin § 13 Abs. 1 S. 2 BGebG, wonach Kosten, die alleine auf eine nicht richtige Bearbeitung der Sache durch die Behörde (S. 1) zurückzuführen sind, nicht erhoben werden dürfen. Zur Rechtslage nach dem VwKostG, das neben dem genannten Gebührenerhebungsverbot vorsah, dass auch Auslagen, die wegen Terminsverlegung oder Vertagung entstanden sind, nicht erhoben werden dürfen (§ 14 Abs. 2 S. 2 VwKostG), wurde vertreten, dass das Verbot der Gebührenerhebung auch für Kosten gelten soll, die durch sonstige Organisationsmängel der informationspflichtigen Stelle entstanden sind (BRS/Berger IFG § 10 Rn. 11; Schoch IFG § 10 Rn. 22). Zwar wird das Absehen von einer Gebührenerhebung nach dem BGebG grds. restriktiver gehandhabt als unter der Geltung des VwKostG. Angesichts der dem IFG immanenten Zielsetzung der Erhöhung der Verwaltungstransparenz, die insbesondere auch durch entsprechende organisatorische Vorkehrungen erreicht werden kann, sollte zumindest für diesen Bereich von einer Geltendmachung von Kosten abgesehen werden, sofern diese ausschließlich durch Organisationsmängel auf Seiten der Behörde verursacht wurden. 12

2. Gebühren und Auslagen

Eine Legaldefinition des in § 10 Abs. 1 S. 1 verwendeten Begriffs der Gebühren erfolgt zwar nicht durch das IFG, mittlerweile aber durch das BGebG. Nach § 3 Abs. 4 BGebG sind 13

IFG § 10 IV. Informationsfreiheitsrecht

Gebühren „öffentlich-rechtliche Geldleistungen, die der Gebührengläubiger vom Gebührenschuldner für individuell zurechenbare öffentliche Leistungen erhebt". Dieser Gebührenbegriff orientiert sich an der Definition des BVerfG (so ausdrücklich BT-Drs. 17/10422, 96), wonach Gebühren öffentlich-rechtliche Geldleistungen sind, „die aus Anlaß individuell zurechenbarer, öffentlicher Leistungen dem Gebührenschuldner durch eine öffentlichrechtliche Norm oder sonstige hoheitliche Maßnahmen auferlegt werden und dazu bestimmt sind, in Anknüpfung an diese Leistung deren Kosten ganz oder teilweise zu decken" (BVerfG NJW 1979, 1345 (1345); NJW 1998, 2128 (2130); NVwZ 2003, 715; VG Berlin Urt. v. 8.11.2007 – VG 2 A 15.07). Kennzeichen der Gebühr ist somit, dass sie als Gegenleistung für eine individuell zurechenbare Leistung der öffentlichen Verwaltung geschuldet wird (Fluck/Theuer/Guckelberger IFG § 10 Rn. 24; Jastrow/Schlatmann IFG § 10 Rn. 6; Mecklenburg/Pöppelmann IFG § 10 Rn. 5; NK-IFG/Rossi IFG § 10 Rn. 16; Schoch IFG § 10 Rn. 24).

14 Im Bereich des IFG werden Gebühren iSd § 1 BGebG erhoben. Dabei ist die individuell zurechenbare öffentliche Leistung in der Informationsgewährung zu erblicken (so noch zum Begriff der Amtshandlung: NK-IFG/Rossi IFG, § 10 Rn. 17; Schoch IFG § 10 Rn. 25). Keine Rolle spielt in diesem Zusammenhang, dass auch die Allgemeinheit uU von der Informationsgewährung profitiert (Fluck/Theuer/Guckelberger IFG § 10 Rn. 24; NK-IFG/Rossi IFG § 10 Rn. 17; Schoch IFG § 10 Rn. 25).

15 Für den ebenfalls in § 10 Abs. 1 S. 1 erwähnten Begriff der Auslagen fehlt im IFG – ebenso wie für den Gebührenbegriff – eine Legaldefinition. Ebenso wie der Gebührenbegriff wird aber mittlerweile auch der Begriff der Auslagen im BGebG legaldefiniert. Nach § 3 Abs. 5 BGebG sind Auslagen „nicht von der Gebühr umfasste Kosten, die die Behörde für individuell zurechenbare öffentliche Leistungen im Einzelfall nach § 12 Absatz 1 oder 2 erhebt." Auslagen unterscheiden sich insofern von den Gebühren, als Letztere durch die Amtshandlung verursacht werden, während Erstere bei Vornahme der Amtshandlung entstehen (Fluck/Theuer/Guckelberger IFG § 10 Rn. 45 ff.; NK-IFG/Rossi IFG § 10 Rn. 28 f.; Schoch IFG § 10 Rn. 26).

16 Welche Auslagen grds. erstattungsfähig sind, kann § 12 Abs. 1 S. 1 BGebG entnommen werden. Die dortige Aufzählung hat allerdings keinen enumerativen Charakter, so dass auch die Geltendmachung anderer Auslagen grds. in Betracht kommt, § 12 Abs. 2 Nr. 2 BGebG (so auch explizit BT-Drs. 17/10422, 109). Anders als nach das VwKostG untersagt § 12 BGebG nicht mehr ausdrücklich die Geltendmachung von normalen Postgebühren (so § 10 Abs. 1 Nr. 8 VwKostG, vgl. hierzu Fluck/Theuer/Guckelberger IFG § 10 Rn. 45; Jastrow/Schlatmann IFG § 10 Rn. 7 f.; NK-IFG/Rossi IFG § 10 Rn. 28; Schoch IFG § 10 Rn. 27). Allerdings bestimmt § 9 Abs. 1 S. 2 BGebG, dass die mit der Leistung regelmäßig verbundenen Auslagen in die Gebühr einzubeziehen sind. Eine zusätzliche Auslagenerstattung nach § 12 soll ausweislich der Gesetzesbegründung „nur in den Fällen erfolgen, in denen Kosten nach den Besonderheiten der jeweiligen Leistung nicht in die Berechnung der Gebühr einbezogen werden können, weil sie bspw. von Fall zu Fall unterschiedliche Rechnungsposten aufweisen oder diese im Einzelfall erheblich schwanken." (BT-Drs. 17/10422, 103, ebenso die Begründung zu § 12 Abs. 2 Nr. 1 BGebG, BT-Drs. 17/10422, 109). Diesem Grundsatz trägt auch die Begründung zu § 12 Abs. 2 Nr. 2 BGebG, eine gesonderte Auslagenerstattung über die in § 12 Abs. 1 S. 1 BGebG genannten Tatbestände hinaus grds. ermöglicht, Rechnung. Dort heißt es, eine solche gesonderte Erstattung komme nur in Betracht, wenn die entstandenen Auslagen für die Leistung im betroffenen Rechtsgebiet unüblich sind (BT-Drs. 17/10422, 110). Insofern kann auch unter der Geltung des BGebG an der Auffassung festgehalten werden, dass eine gesonderte Erhebung der Auslagen für normale Postgebühren nicht in Betracht kommt.

16a Zu beachten ist, dass die Erhebung von Auslagen und Gebühren grds. unabhängig voneinander erfolgt. Insbes. können Auslagen auch dann geltend gemacht werden, wenn die Amtshandlung gebührenfrei vorgenommen wird (Fluck/Theuer/Guckelberger IFG § 10 Rn. 46/47; Schoch IFG § 10 Rn. 27; so auch ausdrücklich § 12 Abs. 1 S. 1 BGebG). Die Höhe der Auslagenerhebung bestimmt sich nach der Höhe der tatsächlich angefallenen Kosten, die damit sowohl Maßstab als auch Obergrenze der Auslagenerhebung sind (Fluck/Theuer/Guckelberger IFG § 10 Rn. 46/47; NK-IFG/Rossi IFG § 10 Rn. 29; Schoch IFG § 10 Rn. 48; vgl. hierzu auch → Rn. 32a).

II. Ausnahmen vom Grundsatz der Kostenpflicht (Abs. 1 S. 2)

§ 10 Abs. 1 S. 2 normiert eine ausdrückliche Ausnahme vom Grundsatz der Kostenpflicht. Die Formulierung der Vorschrift macht deutlich, dass in diesen Fällen weder Gebühren noch Auslagen geltend gemacht werden dürfen, so dass für den Antragsteller überhaupt keine Kosten anfallen; insofern stellt § 10 Abs. 1 S. 2 im Vergleich zu § 7 Nr. 1 BGebG eine Spezialregelung dar (NK-IFG/Rossi IFG § 10 Rn. 31; Schoch IFG § 10 Rn. 36). Diskutiert wird außerdem, ob es daneben weitere Fälle gibt, in denen die Kostenpflicht des § 10 Abs. 1 S. 1 nicht zum Tragen kommt. 17

1. Kostenfreiheit einfacher Auskünfte

Nach § 10 Abs. 1 S. 2 gilt der in S. 1 der Norm niedergelegte Grundsatz der Kostenpflicht „nicht für die Erteilung einfacher Auskünfte". Diese Regelung bewirkt zweierlei: Zum einen eine Stärkung der Informationszugangsfreiheit, weil bestimmte Zugangsbegehren von der Kostenpflicht ausgenommen sind (Fluck/Theuer/Guckelberger IFG § 10 Rn. 17/18; Jastrow/Schlatmann IFG § 10 Rn. 14; Schoch IFG § 10 Rn. 29); zum anderen eine Entlastung der Verwaltung, da gerade in einfach gelagerten Fällen die Kostenberechnung und -festsetzung aufwändiger sein kann, als die Amtshandlung selbst (Debus DVBl. 2013, 9 (10); Fluck/Theuer/Guckelberger IFG § 10 Rn. 17/18; Jastrow/Schlatmann IFG § 10 Rn. 14; Schmitz/Jastrow NVwZ 2005, 984 (991); Schoch IFG § 10 Rn. 29; Steinbach/Hochheim NZS 2006, 517 (523)). 18

Den Begriff der „einfachen Auskunft" selbst erläutert das IFG nicht; die Gesetzesbegründung hält lediglich beispielhaft fest, dass hierunter „insbesondere mündliche Auskünfte ohne Rechercheaufwand fallen" können (BT-Drs. 15/4493, 16). Gerade mit Blick auf ähnliche Regelungen in anderen Gesetzen, zB § 7 Nr. 1 BGebG oder § 12 Abs. 1 S. 2 UIG, die Gebühren- bzw. Kostenfreiheit für die Erteilung mündlicher und einfacher schriftlicher – sowie einfache elektronische – Auskünfte gewähren, stellt sich die Frage, wie der Begriff der einfachen Auskunft des § 10 Abs. 1 S. 2 zu interpretieren ist. 19

Richtigerweise erfolgt die Konkretisierung des Begriffs der Auskunft unter Rückgriff auf § 7 Abs. 3, der diese Begrifflichkeit näher erläutert. Demnach können Auskünfte sowohl mündlich, schriftlich als auch elektronisch erteilt werden. Da § 10 Abs. 1 S. 2 selbst keine Einschränkung auf eine bestimmte Art der Auskunft vornimmt, erfolgt grds. jede denkbare Art der Auskunftserteilung kostenfrei, sofern die Auskunft selbst noch als „einfach" zu qualifizieren ist. Etwas anderes ergibt sich auch nicht aus der Gesetzesbegründung, da diese schon durch die Verwendung des Wortes „insbesondere" deutlich macht, dass lediglich ein mögliches Beispiel der kostenfreien Auskunftserteilung herausgegriffen wird (Fluck/Theuer/Guckelberger IFG § 10 Rn. 16; NK-IFG/Rossi IFG § 10 Rn. 31; Schoch IFG § 10 Rn. 31). 20

Problematischer gestaltet sich die Präzisierung des Adjektivs „einfach". Zu Recht wird darauf hingewiesen, dass sich an dieser Stelle eine Generalisierung verbietet. Vielmehr ist auf die Umstände des jeweiligen Einzelfalls abzustellen (Fluck/Theuer/Guckelberger IFG § 10 Rn. 17/18; Jastrow/Schlatmann IFG § 10 Rn. 15; Schoch IFG § 10 Rn. 33; ZDM, 257). Insbes. mit Blick auf den mit der Regelung verfolgten Zweck (→ Rn. 18) sowie auf die Systematik des § 10 muss bei der Konkretisierung des Begriffs „einfach" der für die Bearbeitung des Zugangsbegehrens erforderliche Verwaltungsaufwand Maßstab sein und nicht der Umfang der Auskunft selbst (BRS/Berger IFG § 10 Rn. 12; Fluck/Theuer/Guckelberger IFG § 10 Rn. 17/18; Jastrow/Schlatmann IFG § 10 Rn. 15; Matthes, Das Informationsfreiheitsgesetz 2006, 59; Reinhart DÖV 2007, 18 (23); NK-IFG/Rossi IFG § 10 Rn. 32; Schmitz/Jastrow NVwZ 2005, 984 (991 Fn. 91); Schoch IFG § 10 Rn. 34). Eine „einfache Auskunft" liegt demnach grds. dann vor, wenn ihre Vorbereitung gar keinen oder zumindest nur einen sehr geringen Verwaltungsaufwand verursacht (Fluck/Theuer/Guckelberger IFG § 10 Rn. 17/18; NK-IFG/Rossi IFG § 10 Rn. 32; Schoch IFG § 10 Rn. 34). Weitere Kriterien, wie die Bedeutung der Auskunft für den Antragsteller (BRS/Berger IFG § 10 Rn. 12; Schoch IFG § 10 Rn. 34) oder der Umfang der Auskunft (Fluck/Theuer/Guckelberger IFG § 10 Rn. 17/18; Schoch IFG § 10 Rn. 34) bleiben außer Betracht. 21

2. Kostenfreiheit in weiteren Fällen

22   In Erwägung gezogen wird daneben eine Ausweitung des § 10 Abs. 1 S. 2 über dessen Wortlaut hinaus auf sämtliche Arten einer „einfachen" Informationszugangsgewährung (Fluck/Theuer/Guckelberger IFG § 10 Rn. 19; NK-IFG/Rossi IFG § 10 Rn. 33). Zu denken ist zB an eine nur mit geringem Verwaltungsaufwand verbundene Gewährung der Akteneinsicht. Für die Erweiterung der Kostenfreiheit werden insbes. Sinn und Zweck des § 10 ins Feld geführt (Fluck/Theuer/Guckelberger IFG § 10 Rn. 19; NK-IFG/Rossi IFG § 10 Rn. 33). Gegen eine solche Interpretation sprechen allerdings der Wortlaut des § 10 Abs. 1 S. 2 sowie der bewusste Verzicht des Gesetzgebers auf eine Parallelität zwischen § 10 Abs. 1 S. 2 und § 12 Abs. 1 S. 2 UIG (Fluck/Theuer/Guckelberger IFG § 10 Rn. 19; Schoch IFG § 10 Rn. 32).

23   Überzeugend ist daher eine vermittelnde Ansicht, die der Differenzierung zwischen Gebühren und Auslagen Rechnung trägt. Dementsprechend ist eine grundsätzliche Kostenfreiheit für einfache Amtshandlungen angesichts des eindeutigen Wortlauts des § 10 Abs. 1 abzulehnen (so aber wohl NK-IFG/Rossi IFG § 10 Rn. 33; die Ausführungen sind allerdings nicht eindeutig, da einerseits von Kostenfreiheit, andererseits von „kostenfreien Gebührentatbeständen" gesprochen wird). Denkbar ist allerdings mit Blick auf § 10 Abs. 2, in den Fällen, in denen die Gewährung des Informationszugangs nur einfache Amtshandlungen erforderlich macht, von der Gebührenerhebung abzusehen; die genannte Norm verlangt gerade nicht, dass Gebühren immer nach dem tatsächlich angefallenen Verwaltungsaufwand bemessen werden (→ Rn. 34). Insofern dürfte hier Spielraum für ein Absehen von Gebühren in den genannten Fällen bestehen (Fluck/Theuer/Guckelberger IFG § 10 Rn. 19; Mecklenburg/Pöppelmann IFG § 10 Rn. 9; Schoch IFG § 10 Rn. 32 geht davon aus, dass „dem Sachanliegen, einer wenig aufwändigen Akteneinsicht kostenmäßig zu entsprechen, (…) über § 10 Abs. 2 Rechnung getragen werden" kann; ob dies auch ein vollständiges Absehen von der Gebührenerhebung umfasst, bleibt offen). Anderes muss für Auslagen gelten; da sich § 10 Abs. 2 und 3 ausschließlich auf Gebühren beziehen, existiert de lege lata kein Anhaltspunkt dafür, dass auf die Geltendmachung von Auslagen außer in den in § 10 Abs. 1 S. 2 genannten Fälle verzichtet werden kann. Allerdings dürfte die Höhe der Auslagen bei den genannten Fallgestaltungen regelmäßig eher niedrig sein.

24   Dagegen wird der Verzicht darauf, die Einsichtnahme oder Auskunft vor Ort generell kostenfrei zu stellen, nicht in Frage gestellt. Es wird darauf hingewiesen, dass insbes. die Einsichtnahme im Einzelfall teuer sein kann, zB weil die Behörde einen Raum oder sonstige technische Hilfsmittel zur Verfügung stellen muss (Fluck/Theuer/Guckelberger IFG § 10 Rn. 16; Jastrow/Schlatmann IFG § 10 Rn. 18; Schmitz/Jastrow NVwZ 2005, 984 (991); Schoch IFG § 10 Rn. 32; Steinbach/Hochheim NZS 2006, 517 (523 f.)).

25   Ebenfalls diskutiert wird, ob die Fälle der Antragsablehnung und -rücknahme vom Grundsatz der Kostenpflichtigkeit ausgenommen sind. Richtigerweise muss auch hier zunächst zwischen den Begriffen der Kosten-, Gebühren- und Auslagenfreiheit differenziert werden. Soweit die hM (Fluck/Theuer/Guckelberger IFG § 10 Rn. 20/21 Matthes, Das Informationsfreiheitsgesetz 2006, 58 f.) davon ausgeht, dass die genannten Fälle gebührenfrei bleiben, ist dem zuzustimmen.

25.1   Diesbezüglich ist anzumerken, dass die Literatur für Antragsablehnung und/oder -rücknahme ganz überwiegend eine Abweichung von den allgemeinen Regeln befürwortet. Teilweise beziehen sich die Ausführungen aber nur auf die Antragsablehnung, teilweise gleichermaßen auf Antragsablehnung und -rücknahme. Ebenso uneinheitlich ist die Verwendung der Begriffe der Gebührenbzw. Kostenfreiheit, wobei teilweise der Eindruck entsteht, dass die Begrifflichkeiten schlicht synonym verwendet werden. Von der Gebührenfreiheit sowohl der Antragsablehnung als auch der -rücknahme gehen Kloepfer/v. Lewinski DVBl. 2005, 1277 (1286) aus, die allerdings grds. den Begriff der Gebühren verwenden, auch wenn sich das Gesetz sowohl auf Gebühren als auch auf Auslagen bezieht. NK-IFG/Rossi IFG § 10 Rn. 34 und 48 und Steinbach/Hochheim NZS 2006, 517 (523) gehen hingegen von der Kostenfreiheit beider Tatbestände aus. Die Gesetzesbegründung differenziert insofern, als sie die Antragsablehnung als gebühren-, die Antragsrücknahme hingegen als kostenfrei bezeichnet (BT-Drs. 15/4493, 16). Explizit von der Gebührenfreiheit der Antragsablehnung sprechen Braun ZAP Fach 19 2005, 673 (677); Kugelmann NJW 2005, 3609 (3613); Reinhart DÖV 2007, 18 (23) und Schomerus/Tolkmitt DÖV 2007, 985 (991). Grds. ebenso äußern sich Sellmann/Augsberg WM 2006, 2293 (2297), die den Begriff der Gebührenfreiheit aber auch verwenden, wenn das Gesetz selbst Gebühren und Auslagen in Bezug nimmt. Dagegen gehen Mecklenburg/Pöppelmann IFG § 10 Rn. 7; Jastrow/Schlatmann IFG § 10 Rn. 29; und Schmitz/Jastrow NVwZ 2005, 984 (991) von der Kostenfreiheit der Antragsablehnung aus.

Dabei lässt sich dieses Ergebnis allerdings nicht mit einem Hinweis auf § 12 Abs. 1 S. 1 UIG begründen (BRS/Berger IFG § 10 Rn. 19; Schoch IFG § 10 Rn. 38). Nach dieser Vorschrift ist lediglich die Übermittlung der Informationen kostenpflichtig, was eine Kostenpflicht bei Ablehnung des Antrags mangels Informationsübermittlung ausschließt (so aber Fluck/Theuer/Guckelberger IFG § 10 Rn. 20/21; NK-IFG/Rossi IFG § 10 Rn. 35). Angesichts des unterschiedlichen Wortlauts der beiden Vorschriften kann aber nicht davon ausgegangen werden, dass der Gesetzgeber tatsächlich eine Parallelität der beiden Regelungen gewünscht hat, auch wenn die Gesetzesbegründung davon spricht, § 10 Abs. 1 und 2 seien an § 12 Abs. 1 S. 1 angelehnt (BT-Drs. 15/4493, 16; vgl. hierzu auch Schoch IFG § 10 Rn. 5). 26

Überzeugend ist dagegen der Hinweis auf Sinn und Zweck der Regelung, die nicht nur in § 10 Abs. 2 mit dem Verbot einer Gebührenbemessung, die prohibitive Wirkung entfalten kann, Niederschlag gefunden hat, sondern bezüglich der Antragsablehnung auch in der Gesetzesbegründung (BT-Drs. 15/4493, 16). Daneben kann die Gebührenfreiheit für Antragsablehnung und -rücknahme auch § 10 Abs. 3 S. 2 entnommen werden, jedenfalls wenn diese Vorschrift nach Sinn und Zweck ausgelegt wird. 27

Der Hinweis auf Sinn und Zweck des § 10 Abs. 2 verfängt insofern, als die Vorschrift nicht nur keine Gebührenerhebung in Höhe des tatsächlich entstandenen Verwaltungsaufwands verlangt (→ Rn. 34), sondern explizit eine Gebührengestaltung verbietet, die sich negativ auf die Inanspruchnahme des Informationszugangsrechts auswirken könnte (→ Rn. 39 ff.). Derartige negative Auswirkungen sind aber insbes. dann zu besorgen, wenn der Antragsteller befürchten muss, dass er mit Gebühren belastet wird, auch wenn er die begehrte Auskunft nicht erhält (Fluck/Theuer/Guckelberger IFG § 10 Rn. 20/21; NK-IFG/Rossi IFG § 10 Rn. 36; aM Schoch IFG § 10 Rn. 38). Auf dieser Grundlage ist auch die Äußerung in der Gesetzesbegründung berücksichtigungsfähig, wonach für die Ablehnung des Antrags keine Gebühren erhoben werden (BT-Drs. 15/4493, 16). Diese Erwägung mag zwar in § 10 Abs. 1 in der Tat keinen Niederschlag gefunden haben (Schoch IFG § 10 Rn. 38), lässt sich aber durchaus als Erläuterung des § 10 Abs. 2 verstehen, den die Gesetzesbegründung gemeinsam mit § 10 Abs. 1 in einem Absatz behandelt. 28

Einen weiteren Hinweis auf die Gebührenfreiheit von Antragsablehnung und -rücknahme enthält § 10 Abs. 3 S. 2. Nach dieser Vorschrift findet § 10 BGebG keine Anwendung im Bereich des IFG. Die in Bezug genommene Vorschrift bestimmt in § 10 Abs. 1 Nr. 1 und 3 iVm Abs. 2 und 5 BGebG ua, dass bei Antragsrücknahme vor vollständiger Erbringung der individuell zurechenbaren öffentlichen Leistung bis zu 75 Prozent der für die Leistung vorgesehenen Gebühr zu erheben sind, § 10 Abs. 5 S. 1 BGebG. Bei Antragsablehnung ist eine Gebühr bis zu der Höhe zu erheben, die für die beantragte individuell zurechenbare öffentliche Leistung vorgesehen ist, § 10 Abs. 2 S. 1 BGebG; lediglich bei Antragsablehnung alleine wegen der Unzuständigkeit der Behörde, wird auf eine Gebührenerhebung vollständig verzichtet, § 10 Abs. 2 S. 2 BGebG. Dabei ergibt sich aus der Formulierung, dass die Gebühren „bis zu" einer bestimmten Höhe erhoben werden, dass sie „nicht in voller Höhe, sondern nur bis zu dem in diesen Vorschriften bestimmten Höchstbetrag erhoben" werden (BT-Drs. 17/10422, 107). Daneben eröffnet § 10 Abs. 1 S. 3 BGebG ganz grds. die Möglichkeit aus Gründen des öffentlichen Interesses oder der Billigkeit eine niedrigere Gebühr oder eine Gebührenbefreiung zu bestimmen. 29

Richtig ist, dass die Anordnung der Unanwendbarkeit des § 10 BGebG zunächst auch so verstanden werden kann, dass bei Antragsrücknahme und -ablehnung keine Reduzierung der Gebühren in Betracht kommt, sondern diese in voller Höhe zu erheben sind (BRS/Berger IFG § 10 Rn. 19; Debus DVBl. 2013, 9 (12); Schoch IFG § 10 Rn. 40; ZDM, 264; auf diese Möglichkeit weisen auch Fluck/Theuer/Guckelberger IFG § 10 Rn. 20/21 und Mecklenburg/Pöppelmann IFG § 10 Rn. 25 hin). Bei der Auslegung dieser Vorschrift sind aber der in § 10 Abs. 2 und in der Gesetzesbegründung zum Ausdruck kommende Wille des Gesetzgebers sowie Sinn und Zweck dieser Vorschriften zu berücksichtigen. Dies spricht 29a dafür, die in § 10 Abs. 3 S. 2 angeordnete Unanwendbarkeit des § 10 BGebG so zu interpretieren, dass bei Antragsrücknahme und -ablehnung gar keine Gebühren erhoben werden dürfen (Fluck/Theuer/Guckelberger IFG § 10 Rn. 20/21; Mecklenburg/Pöppelmann IFG § 10 Rn. 25; NK-IFG/Rossi IFG § 10 Rn. 36 und 48).

30 Angesichts der grundsätzlichen Kritik an § 10 Abs. 3 S. 2 (→ Rn. 56) ist an dieser Stelle eine Überarbeitung des § 10 Abs. 1 dahingehend zu empfehlen, dass die Gebühren- oder sogar gänzliche Kostenfreiheit von Antragsablehnung und -rücknahme ausdrücklich normiert wird (Debus DVBl. 2013, 9 (12); Fluck/Theuer/Guckelberger IFG § 10 Rn. 20/21; ZDM, 264). Daneben könnte die Freistellung von Gebühren bzw. Kosten in diesen Fällen auch ohne gesetzgeberisches Tätigwerden durch die Aufnahme einer entsprechenden Regelung in das IFGGebV klargestellt werden (Mecklenburg/Pöppelmann IFG § 10 Rn. 25); diese Möglichkeit räumt § 9 Abs. 4 BGebG dem Verordnungsgeber unstreitig ein (so ausdrücklich BT-Drs. 17/10422, 105; noch zu § 6 VwKostG ebenso: Debus DVBl. 2013, 9 (12); Schoch IFG § 10 Rn. 82; ZDM, 264). Gleiches gilt für eine Gebühren- bzw. Kostenbefreiung in sämtlichen Fällen eines einfach gelagerten Informationszugangs (→ Rn. 23), der lediglich geringen Verwaltungsaufwand verursacht.

31 Kostenfreiheit besteht darüber hinaus in den Fällen der §§ 11, 12; diese Fallgestaltungen erfüllen bereits den Tatbestand des § 10 Abs. 1 S. 1 nicht (→ Rn. 9).

C. Bemessung der Gebühren (Abs. 2)

32 § 10 Abs. 2 trifft für die Bemessung der Gebühren keine abschließende Regelung, daher ist ergänzend § 9 BGebG heranzuziehen, der als zentrale Grundsätze der Kostenerhebung das Kostendeckungs- (Abs. 1) und das Äquivalenzprinzip (Abs. 2) benennt. Dabei ist zu berücksichtigen, dass das Kostendeckungsprinzip unter der Geltung des BGebG deutlich aufgewertet wurde: Während das VwKostG noch durch das Äquivalenzprinzip als gebührenrechtliches Leitprinzip geprägt war, ist nunmehr das Kostendeckungsprinzip zum zentralen Grundsatz der Gebührenbemessung geworden (BT-Drs. 17/10422, 101 f.). Darüber hinaus wurde das Korrektiv des § 9 Abs. 3 BGebG neu eingeführt, dass bereits ganz allgemein ein Verbot prohibitiv wirkender Gebührenbemessung enthält. Die allgemeinen Grundsätze des BGebG werden durch § 10 Abs. 2 nur noch leicht dahingehend modifiziert, dass die Geltung des Kostendeckungsprinzips im Interesse einer wirksamen Inanspruchnahme des Informationszugangsanspruchs gegenüber den allgemeinen Regelungen abgeschwächt wird. Soweit im Bereich des Äquivalenzprinzips überhaupt von Modifikationen gesprochen werden kann, sind diese allenfalls als marginal zu bezeichnen.

32a Zu beachten ist, dass sich § 10 Abs. 2 ausschließlich auf Gebühren, nicht auch auf Auslagen bezieht, so dass die Norm keine Aussagen zur Bemessung der Auslagenerstattung enthält (BRS/Berger IFG § 10 Rn. 14; Fluck/Theuer/Guckelberger IFG § 10 Rn. 45; NK-IFG/Rossi IFG § 10 Rn. 29; Schoch IFG § 10 Rn. 47). Allerdings folgt bereits aus § 12 Abs. 1 S. 1 BGebG, dass Auslagen grds. in der tatsächlich entstandenen Höhe erhoben werden. Da gemäß § 12 Abs. 3 BGebG auch § 9 Abs. 4 – 6 BGebG Anwendung finden, besteht in Einzelfällen auch bei Auslagen die Möglichkeit von diesem Grundsatz abzuweichen.

I. Maßstab für die Gebührenhöhe

33 Das in § 9 Abs. 1 BGebG niedergelegte Kostendeckungsprinzip besagt, dass die Gebühr die mit der individuell zurechenbaren öffentlichen Leistung verbundenen Kosten aller an der Leistung Beteiligten decken soll, § 9 Abs. 1 S. 1 1. HS BGebG. Dabei sind Kosten iSd BGebG „solche, die nach betriebswirtschaftlichen Grundsätzen als Einzel- und Gemeinkosten ansatzfähig sind, insbesondere Personal- und Sachkosten sowie kalkulatorische Kosten. Zu den Gemeinkosten zählen auch die Kosten der Rechts- und Fachaufsicht", § 3 Abs. 3 BGebG. Damit sind nach § 9 Abs. 1 BGebG zunächst „grundsätzlich die gesamten Kosten für die individuell zuzurechnende öffentliche Leistung zu berücksichtigen" (BT-Drs. 17/10422, 102) und normiert damit ein Kostenunterschreitungsverbot (BT-Drs. 17/10422, 103). Das bisherige Regel-Ausnahmeverhältnis von Kostendeckungs- und Äquivalenzprinzip wird umgekehrt und die Kostendeckung zum Regelfall, was aber eine Kostenunterschreitung

nicht generell unzulässig macht, wie bereits § 9 Abs. 3 – 5 BGebG zeigen, wohingegen kostenüberdeckende Gebühren nur noch „auf Grund einer gesonderten Anordnung durch Gesetz oder nach Absatz 2 durch Gebührenverordnung nach § 22 Absatz 3 oder 4 zulässig sind" (BT-Drs. 17/10422, 103).

Insbes. der allgemeine gebührenrechtliche Leitgedanke des Kostendeckungsprinzips wird durch § 10 Abs. 2 modifiziert. Aus der Formulierung, dass die Gebührenbemessung „auch unter Berücksichtigung des Verwaltungsaufwandes" (der Begriff des Verwaltungsaufwandes war noch in § 3 VwKostG zu finden; mittlerweile wurde er vom BGebG durch den Begriff der Kosten ersetzt, was aber nicht zu einer Angleichung der Begrifflichkeiten im IFG geführt hat) zu erfolgen hat, wird deutlich, dass der Aspekt der Kostendeckung nur ein Parameter unter mehreren ist; ein Ausgleich zwischen den Faktoren hat im Wege der Abwägung zu erfolgen (Fluck/Theuer/Guckelberger IFG § 10 Rn. 27). Aus dieser Erkenntnis folgt zwangsläufig, dass das IFG keine Verpflichtung enthält, die Gebührenerhebung immer kostendeckend auszugestalten (BT-Drs. 15/4493, 16; Fluck/Theuer/Guckelberger IFG § 10 Rn. 27; Jastrow/Schlatmann IFG § 10 Rn. 1; Schmitz/Jastrow NVwZ 2005, 984 (991); Schoch IFG § 10 Rn. 51; ZDM, 253; ähnlich Steinbach/Hochheim NZS 2006, 517 (523); aM GMBl. 2005, 1346 (1349); Reinhart DÖV 2007, 18 (23)). Diese Aussage gilt zwar grds. auch für das BGebG, durch die Formulierung in § 10 Abs. 2, wird diese Möglichkeit aber wesentlich stärker betont, als dies im Rahmen des BGebG der Fall ist. **34**

Ebenso wenig lässt sich § 10 aber eine Entscheidung dahingehend entnehmen, dass der tatsächlich angefallene Verwaltungsaufwand eine Obergrenze für die Gebührenerhebung darstellt, so dass bei entsprechender Gestaltung der IFGGebV auch kostenüberdeckende Gebühren grds. erhoben werden dürfen. Es wird allerdings davon ausgegangen, dass es angesichts der Zwecksetzung des IFG nur in sehr seltenen Fällen zu einer Geltendmachung von Gebühren kommen wird, die über dem tatsächlichen Verwaltungsaufwand liegen (Fluck/Theuer/Guckelberger IFG § 10 Rn. 29; NK-IFG/Rossi IFG § 10 Rn. 20; ähnlich BRS/Berger IFG § 10 Rn. 14). Die Rspr. weist in diesem Zusammenhang darauf hin, dass § 10 Abs. 2 Pauschalierungen und Typisierungen nicht verbiete; die Vorschrift zwinge die Verwaltung nicht, den mit der Amtshandlung verbundenen Verwaltungsaufwand genau zu ermitteln (VG Berlin Urt. v. 8.11.2007 – VG 2 A 15.07; Urt. v. 6.5.2008 – VG 2 A 84.07; aus der Literatur Debus DVBl. 2013, 9 (11); ZDM, 259). **34a**

Unter verfassungsrechtlichen Aspekten ist die Entscheidung des Gesetzgebers gegen eine strikte Anwendung des Kostendeckungsprinzips nicht zu beanstanden, da die Verfassung hierzu nicht verpflichtet (BVerfG NJW 1998, 2128 (2130)). **35**

Neben dem Kostendeckungsprinzip nennt § 9 Abs. 2 BGebG einzelne Elemente des Äquivalenzprinzips als weiteren Grundsatz der Gebührenbemessung. Sofern der individuell zurechenbaren öffentlichen Leistung ein in Geld berechenbarer wirtschaftlicher Wert oder ein in Geld berechenbarer wirtschaftlicher Nutzen für den von der Leistung Betroffenen zukommt, kann dieser Wert oder Nutzen zusätzlich zu den Kosten angemessen berücksichtigt werden. Voraussetzung ist nunmehr, dass der Wert oder Nutzen finanziell quantifizierbar sein muss. Auf diese Voraussetzung verzichtete § 3 S. 1 VwKostG vollständig und stellte lediglich auf die Bedeutung, den wirtschaftlichen Wert oder sonstigen Nutzen der Amtshandlung ab. Hinzu kommt, dass eine am Äquivalenzprinzip orientierte Gebührenbemessung nach dem BGebG – anders als nach dem VwKostG – nur noch in den Fällen erfolgen kann, „in denen dieses der Verwaltung einen hinreichend bestimmten Maßstab zur Gebührenbemessung geben kann. Das ist in der Regel der Fall, wenn eine individuell zurechenbare öffentliche Leistung finanziell quantifizierbar ist und dem Einzelnen einen Vorteil bringt. Im Vergleich zu § 3 Satz 1 VwKostG ist nach dem Bundesgebührengesetz die Bestimmung kostenüberdeckender Gebühren durch den Verordnungsgeber daher nur noch in engen Grenzen zulässig (BT-Drs. 17/10422, 104). **36**

Durch die Umkehrung des Regel-Ausnahmeverhältnisses von Kostendeckungs- und Äquivalenzprinzip sowie der Betonung des Verhältnismäßigkeitsgrundsatzes und durch die Aufnahme des Verbots einer prohibitiv wirkenden Gebührengestaltung in § 9 Abs. 3 BGebG, hat sich der Umfang, in dem Modifikationen an den allgemeinen gebührenrechtlichen Grundsätzen im Bereich des IFG notwendig werden, erheblich reduziert, da bereits nach § 9 Abs. 2 BGebG eine am Äquivalenzprinzip orientierte Gebührenbemessung nur noch in Ausnahmefällen möglich ist. Angesichts der Tatsache, dass der Informationszugangs- **37** anspruch nach dem IFG voraussetzungslos gewährt wird und der Antragsteller gerade keine Gründe für sein Interesse an einer bestimmten Information darlegen muss, scheint es aber nahezu ausgeschlossen, dass die Verwaltung in der Lage sein wird, einen eventuellen Vorteil des Antragstellers finanziell zu quantifizieren, so dass Gebührenbemessung am individuellen Nutzen der Information ausscheidet und eine typisierende Bestimmung des Werts der zugänglich gemachten Information unumgänglich wird (so noch zu § 3 VwKostG: Fluck/Theuer/Guckelberger IFG § 10 Rn. 31 und 33/34; Griebel, Die verfahrensrechtliche Absicherung von Informationsfreiheitsrechten in rechtsvergleichender Sicht 2007, 237; NK-IFG/Rossi IFG § 10 Rn. 22 und 26; Schoch IFG § 10 Rn. 54). Ob ein solches Vorgehen mit den Vorgaben des BGebG vereinbar ist, muss gerade angesichts der Abkehr vom Äquivalenzprinzip und dessen Beschränkung auf Ausnahmefälle bezweifelt werden. Dabei kann offen bleiben, ob bereits aus den allgemeinen gebührenrechtlichen Grundsätzen folgt, dass eine am Äquivalenzprinzip orientierte Gebührenbemessung im Bereich des IFG nicht möglich ist. In jedem Fall ist davon auszugehen, dass die von der Rechtsprechung zum VwKostG entwickelten Leitlinien ihre Gültigkeit behalten. Demnach wird es nicht beanstandet, wenn die informationspflichtige Stelle die Gebührenbemessung ausschließlich am entstandenen Verwaltungsaufwand ausrichtet (VG Berlin Urt. v. 8.11.2007 – VG 2 A 15.07; Urt. v. 6.5.2008 – VG 2 A 84.07; ebenso in der Literatur Matthes, Das Informationsfreiheitsgesetz 2006, 60). Auch wenn sich diese Rspr. dem Einwand ausgesetzt sieht, sie belohne „ineffizient arbeitende Behörden für ihre Ineffizienz" (Debus DVBl. 2013, 9 (11); ZDM, 260), ist dieses Ergebnis insbesondere angesichts der Grundsatzentscheidung des BGebG-Gesetzgebers für eine Abkehr vom Vorrang des Äquivalenzprinzips wohl hinzunehmen.

38 Daneben ordnet § 10 Abs. 2 ausdrücklich an, dass die Gebührenbemessung nicht prohibitiv wirken darf. Dieser Grundsatz wurde nunmehr auch als allgemeiner Grundsatz der Gebührenbemessung in § 9 Abs. 3 BGebG verankert. Demnach darf die Gebührenhöhe nicht nur zu der individuell zurechenbaren öffentlichen Leistung nicht außer Verhältnis stehen, sie darf vor allem kein wesentliches Hindernis für die Inanspruchnahme der Leistung durch den Gebührenschuldner darstellen. Diese Regelung soll die Gebührenhöhe insoweit begrenzen, als sie einerseits zur Beachtung des Äquivalenzprinzips – zu Gunsten des Gebührenschuldners – verpflichtet, andererseits aber auch die Anwendung des Kostendeckungsprinzips begrenzt. Unzulässig wird demnach eine Gebührenbemessung spätestens dann, wenn „die Gebühr so hoch festgesetzt wird, dass sie von der Beantragung bestimmter Leistungen abschreckt" (BT-Drs. 17/10422, 105). Dies entspricht dem Regelungsgehalt des § 10 Abs. 2, der eine Gebührenbemessung verlangt, die eine wirksame Inanspruchnahme des Informationszugangsrechts gewährleistet: Diese Norm verpflichtet immer dann zu einer Gebührenreduzierung, wenn die Gefahr besteht, dass die nach Kostendeckungs- und Äquivalenzprinzip ermittelte Gebührenhöhe eine abschreckende Wirkung entfaltet; zu denken ist insbes. an Fälle, in denen Verwaltungsaufwand und Wert der Information grds. eine hohe Gebühr rechtfertigen würden (Fluck/Theuer/Guckelberger IFG § 10 Rn. 33/34; Schoch IFG § 10 Rn. 54). Insofern dürfte § 10 Abs. 2 nach der neuen Rechtslage lediglich noch deklaratorischer Charakter beizumessen sein.

II. Unzulässigkeit prohibitiv wirkender Gebührenbemessung

1. Keine Gefährdung der wirksamen Inanspruchnahme des Informationszugangs nach § 1 (§ 10 Abs. 2)

39 Dass § 10 Abs. 2 die in § 9 Abs. 1 und 2 BGebG genannten Prinzipien der Gebührenbemessung, insbesondere das Kostendeckungsprinzip, modifiziert, wurde bereits unter → Rn. 34 ff. dargelegt. Mit der ausdrücklichen Erwähnung des Verwaltungsaufwandes macht die Vorschrift gleichzeitig aber auch deutlich, dass die maßgeblichen Faktoren der Verwaltungskosten, Personal- und Sachaufwand, Berücksichtigung finden dürfen (VG Berlin, Urt. v. 8.11.2007 – VG 2 A 15.07; Urt. v. 5.6.2008 – VG 2 A 84.07; BRS/Berger IFG § 10 Rn 14; Schoch IFG § 10 Rn. 55). Die Frage, welche Verwaltungskosten konkret in die Gebührenbemessung einfließen dürfen, kann grds. unter Rückgriff auf entsprechende Entscheidungen zum Umweltinformationsrecht beantwortet werden (Fluck/Theuer/Guckelberger IFG § 10 Rn. 36/37; Schoch IFG § 10 Rn. 55 jeweils mwN). Anderes soll allerdings für die im Umweltinformationsrecht als zulässig erachtete Abschöpfung von wirtschaftlichen Vorteilen gelten: Hier aktualisiert sich das Verbot einer Abschreckungswirkung der Gebührenerhebung (BT-Drs. 15/4493; Fluck/Theuer/Guckelberger IFG § 10 Rn. 35; NK-IFG/ Rossi IFG § 10 Rn. 24) des IFG. Angesichts der notwendigen Typisierung (→ Rn. 34) darf die Gebührenbemessung bei objektiver Betrachtung nicht abschreckend wirken (Schoch IFG § 10 Rn. 56; ähnlich NK-IFG/Rossi IFG § 10 Rn. 26), was zu der Annahme geführt hat, § 10 Abs. 2 lege verbindlich eine Obergrenze für die Gebührenhöhe fest (Fluck/Theuer/ Guckelberger IFG § 10 Rn. 35; Schomerus/Tolkmitt DÖV 2007, 985 (991)).

Dem ist in dieser Pauschalität nicht zuzustimmen. Vielmehr enthält § 10 Abs. 2 lediglich **40** eine Zielvorgabe (Jastrow/Schlatmann IFG § 10 Rn. 26; NK-IFG/Rossi IFG § 10 Rn. 25; Schoch IFG § 10 Rn. 57). Da der in der Gesetzesbegründung geäußerte Wille des Gesetzgebers, die Gebührenhöhe auf 500 EUR zu begrenzen (BT-Drs. 15/4493, 16) keinen Niederschlag im Gesetzestext gefunden hat, kann auch nicht von der Festlegung einer gesetzlichen Obergrenze gesprochen werden; eine rechtliche Bindung des Verordnungsgebers an eine betragsmäßig konkretisierte Kostenobergrenze ergibt sich aus § 10 Abs. 2 nicht (Jastrow/Schlatmann IFG § 10 Rn. 26; Kloepfer/v. Lewinski DVBl. 2005, 1277 (1286); Mecklenburg/Pöppelmann IFG § 10 Rn. 13; Schoch IFG § 10 Rn. 57).

Angesichts des eindeutig geäußerten Willens des Gesetzgebers ist aber der These zu- **41** zustimmen, dass der Verordnungsgeber sich an dieser Richtgröße zu orientieren hat und hiervon nicht grundlos abweichen darf (Mecklenburg/Pöppelmann IFG § 10 Rn. 14); Grund für eine Korrektur nach oben könnte zB eine Anpassung der Gebührensätze an die wirtschaftliche Entwicklung sein (Fluck/Theuer/Guckelberger IFG § 10 Rn. 35; Jastrow/ Schlatmann IFG § 10 Rn. 27). Aktuell hat der Verordnungsgeber den politischen Willen des Gesetzgebers berücksichtigt. Die Anlage zur IFGGebV kennt keine Gebührensätze, die den Betrag von 500 EUR übersteigen.

Zum Verbot einer prohibitiv wirkenden Gebührenbemessung hat die Rspr. bislang nur **42** festgehalten, dass ein Verstoß hiergegen nicht vorliegt, solange der Kläger durch die Gebühr weder „in unzumutbarer Weise belastet" wird, noch die Gebühr „in einem grobem Missverhältnis zu dem Wert der mit ihr abgegoltenen Leistung der öffentlichen Hand" steht (VG Berlin Urt. v. 8.11.2007 – VG 2 A 15.07; Urt. v. 5.6.2008 – VG 2 A 84.07).

2. Forderung eines Gebührenvorschusses oder einer Sicherheitsleistung nach § 15 BGebG

In Zusammenhang mit dem Verbot einer prohibitiv wirkenden Gebührengestaltung wird **43** darauf hingewiesen, dass zwar die nach § 15 BGebG zulässige Forderung eines Gebührenvorschuss oder einer Sicherheitsleistung grds. auch im Anwendungsbereich des IFG zulässig ist (BRS/Berger IFG § 10 Rn. 15; Fluck/Theuer/Guckelberger IFG § 10 Rn. 49/50; Jastrow/Schlatmann IFG § 10 Rn. 21; Matthes, Das Informationsfreiheitsgesetz 2006, 60; Schoch IFG § 10 Rn. 86). Da § 15 BGebG der Verwaltung diesbezüglich Ermessen einräumt, besteht aber Einigkeit, dass die Vorgaben des § 10 Abs. 2 im Rahmen dieser Ermessensentscheidung entsprechend Niederschlag finden müssen, was zu einer äußerst restriktiven Nutzung der durch § 15 BGebG eingeräumten Möglichkeiten verpflichtet (VG Berlin Urt. v. 8.11.2012 – 2 K 2.12 – Rn. 19; Debus DVBl. 2013, 9 (12); Fluck/Theuer/ Guckelberger IFG § 10 Rn. 49/50; Schoch IFG § 10 Rn. 87).

Die Forderung eines Vorschusses wird insbes. bei Zahlungsunfähigkeit und bei voran- **44** gegangener Säumigkeit bejaht. Auch die Annahme fehlender Zahlungswilligkeit kann die Forderung eines Vorschusses rechtfertigen; allerdings ist bei der Feststellung der Zahlungsunwilligkeit einer strenger Maßstab anzulegen (VG Berlin Urt. v. 8.11.2012 – 2 K 2.12 – Rn. 20). Darüber hinaus muss der angeforderte Vorschuss angemessen sein, d. h. er muss zur Deckung der voraussichtlichen Kostenschuld ausreichen (VG Berlin Urt. v. 8.11.2012 – 2 K 2.12 – Rn. 21). Nicht mehr angemessen ist eine Vorschussforderung nach Ansicht der Rspr., wenn sie in die Berechnung des Kostenvorschusses den Aufwand mit einstellt, der gerade auf die Anforderung des Kostenvorschusses entfällt (VG Berlin Urt. v. 8.11.2012 – 2 K 2.12 – Rn. 27). Daneben äußerte das Gericht Zweifel an der Angemessenheit des Kostenvorschusses, wenn die Behörde von einem zu hohen Gebührenrahmen ausgeht, weil sie einen höheren Verwaltungsaufwand wegen des Schutzes geheimhaltungsbedürftiger Interessen geltend macht, wobei mehr als unklar war, ob der geltend gemachte Ausschlussgrund tatsächlich vorliegt (VG Berlin Urt. v. 8.11.2012 – 2 K 2.12 – Rn. 24 f.).

3. Hinweis auf hohe Gebühren

45 Die Praxis hat gezeigt, dass ein behördlicher Hinweis auf möglicherweise entstehende hohe Gebühren von den Antragstellern als Versuch der Behörde gewertet werden kann, das Informationszugangsbegehren abzuwehren (BT-Drs. 16/8500, 19). Die Literatur geht allerdings in diesen Fällen davon aus, dass § 25 VwVfG die Behörde zumindest im Einzelfall zu einer entsprechenden Beratung des Antragstellers verpflichtet (BRS/Berger IFG § 10 Rn. 5; Debus DVBl. 2013, 9 (12); Fluck/Theuer/Guckelberger IFG § 10 Rn. 6; Jastrow/Schlatmann IFG § 10 Rn. 28; Schoch IFG § 10 Rn. 89). Die Anwendungshinweise des BMI halten einen Hinweis der Behörde in den Fällen für erforderlich, in denen erkennbar besonders hohe Kosten anfallen werden (GMBl. 2005, 1346 (1350)). Demgegenüber hat die Rspr. bislang eine behördliche Beratungspflicht verneint (VG Berlin Urt. v. 8.11.2007 – VG 2 A 15.07).

III. Mehrwertinformationen

46 Mit Blick auf die Ausführungen der Gesetzesbegründung wird diskutiert, inwieweit kommerziell aufbereitete Mehrwertinformationen mit zielgruppen- oder fachspezifischen Inhalten vom Anwendungsbereich des § 10 ausgenommen sind und weiterhin mit angemessenem Gewinn verkauft werden dürfen. Dies betrifft insbes. Veröffentlichungen von Informationsdienstleistern wie dem Statistischen Bundesamt oder Geobasis- und Geofachdaten (so BT-Drs. 15/4493, 16; ebenso Braun ZAP 19, 2005, 673 (678); Jastrow/Schlatmann IFG § 10 Rn. 32; ZDM, 254 f.; krit. Schoch IFG § 10 Rn. 63). Ergänzend wird auf Wetterdaten und Seekarten hingewiesen (NK-IFG/Rossi IFG § 10 Rn. 13). Begründet wird diese Auffassung mit einem Hinweis darauf, dass wettbewerbsrechtliche Vorschriften dazu anhielten, Wettbewerbsnachteile privater Informationsdienstleister zu vermeiden (BT-Drs. 15/4493, 16).

47 Die Literatur folgt der in der Gesetzesbegründung zum Ausdruck kommenden Auffassung überwiegend: Bei den genannten Informationen stehe der wirtschaftliche Wert eindeutig im Vordergrund (BRS/Berger IFG § 10 Rn. 16; Fluck/Theuer/Guckelberger IFG § 10 Rn. 42; Jastrow/Schlatmann IFG § 10 Rn. 31) und angesichts der wirtschaftlichen Nutzbarkeit der genannten Informationen sei mit einer Preisgestaltung, die einen angemessenen Gewinn einkalkuliere keine prohibitive Wirkung verbunden (BRS/Berger IFG § 10 Rn. 16; Fluck/Theuer/Guckelberger IFG § 10 Rn. 43/44). Darüber hinaus wird auf die Anwendbarkeit des IWG in diesen Konstellationen hingewiesen (Jastrow/Schlatmann IFG § 10 Rn. 33; Fluck/Theuer/Guckelberger IFG § 10 Rn. 42; kritisch hierzu Schoch IFG § 10 Rn. 61).

48 Diesen Überlegungen kann eine weitere Erwägung hinzugefügt werden: Zunächst ist zu berücksichtigen, dass die Behörde durch § 1 Abs. 1 lediglich dazu verpflichtet wird, Zugang zu den bei ihr vorhandenen Informationen zu verschaffen und sie – zumindest grds. – gerade nicht zur Informationsbeschaffung verpflichtet ist (→ § 1 Rn. 155 ff. und → § 2 Rn. 24 ff.), weshalb ihr auch, sollte sie die gewünschten Informationen dennoch ohne entsprechende rechtliche Verpflichtung beschaffen, eine Geltendmachung der hierfür entstandenen Kosten nach § 10 untersagt ist (→ Rn. 12). Man könnte nun argumentieren, dass das IFG lediglich zur Zugänglichmachung der bei der Behörde vorliegenden Rohdaten verpflichtet (idS auch VG Berlin Urt. v. 11.4.2013 – 2 K 145.11 – Rn. 82 f.). In diesen Fällen wären dann die Grundsätze des § 10 anzuwenden. Nicht verpflichtet ist die Behörde nach dem IFG hingegen zu einer Aufbereitung der vorhandenen Informationen, die deren kommerzielle Nutzbarkeit häufig erst begründen werden, so dass die Herausgabe dieser Mehrwertinformationen nicht auf Grundlage des IFG erfolgt, mit der Konsequenz, dass auch § 10 keine Anwendung findet (idS wohl Rossi NVwZ 2013, 1263 (1265 f.)).

48.1 Demgegenüber geht Schoch davon aus, dass der Zugang zu Mehrwertinformationen grds. dem Zugangsanspruch nach § 1 Abs. 1 unterliegt, weshalb § 10 auf diese Informationen Anwendung findet. Dabei stehe § 10 Abs. 2 einer Weitergabe dieser Informationen zu marktangemessenen

Preisen nicht entgegen. Die Vorschrift zwinge lediglich den Verordnungsgeber, entsprechende Tatbestände zu schaffen (Schoch IFG § 10 Rn. 60 ff.).

Es ist davon auszugehen, dass diese Diskussion eher akademischer Natur bleibt. Bislang **49** konnten in der Rspr. keine Fälle identifiziert werden, die sich diesem Problemkomplex gewidmet haben (ZDM, 255). Da sämtliche Ansichten im Ergebnis davon ausgehen, dass bei der Veräußerung von Mehrwertinformationen ein angemessener Gewinn erzielt werden darf, ist auch nicht damit zu rechnen, dass diese Problematik einer gerichtlichen Klärung zugeführt wird.

IV. Ergänzende Anwendbarkeit des BGebG

Wie bereits unter → Rn. 3 dargelegt, gelangt das BGebG ergänzend zur Anwendung. **50** Insbes. bezüglich des Verfahrens der Kostenerhebung ist auf §§ 4–6, 13 BGebG (Entstehung der Gebührenschuld, Gebührengläubiger, Gebührenschuldner und Gebührenfestsetzung) zurückzugreifen (jeweils zum VwKostG: Fluck/Theuer/Guckelberger IFG § 10 Rn. 48; Jastrow/Schlatmann IFG § 10 Rn. 21; Schoch IFG § 10 Rn. 84 f.). Zuständig für die Kostenentscheidung (an dieser Stelle wird unter Kosten weiterhin die Gesamtheit von Gebühren und Auslagen verstanden; auch wenn die genannten Vorschriften des BGebG explizit nur Gebühren in Bezug nehmen, gelten die Vorschriften auch hinsichtlich der Erhebung von Auslagen, § 12 Abs. 3 BGebG) ist die nach § 7 Abs. 1 und 2 zuständige Behörde (BRS/Berger IFG § 10 Rn. 15; Matthes, Das Informationsfreiheitsgesetz 2006, 60; Schoch IFG § 10 Rn. 84), die gleichzeitig Kostengläubiger ist (Schoch IFG § 10 Rn. 84). Kostenschuldner ist der Antragsteller (BRS/Berger IFG § 10 Rn. 15; Matthes, Das Informationsfreiheitsgesetz 2006, 60; Schoch IFG § 10 Rn. 85). Diese Tatsache kann sich vor dem Hintergrund der Zielsetzung des IFG dann als problematisch erweisen, wenn der Antrag einer nicht antragsberechtigten Bürgerinitiative von einem ihrer Mitglieder als natürliche Person gestellt wird (vgl. hierzu auch → § 12 Rn. 11). Daneben ist auf die Anwendbarkeit der §§ 14, 16–19 BGebG (Fälligkeit, Säumniszuschlag, Stundung, Niederschlagung und Erlass sowie Verjährung) hinzuweisen (Fluck/Theuer/Guckelberger IFG § 10 Rn. 49/50; Jastrow/Schlatmann IFG § 10 Rn. 21; Schoch IFG § 10 Rn. 85).

D. Verordnungsermächtigung (Abs. 3)

Mit § 10 Abs. 3 ermöglicht der Gesetzgeber die konkrete Festlegung der Gebührentatbestände und -sätze im Wege der Rechtsverordnung. Dies entspricht der gängigen Praxis des sonstigen Informationszugangsrechts des Bundes und der Länder (Schoch IFG § 10 Rn. 64). **51**

I. Ermächtigungstatbestand (Abs. 3 S. 1)

Die Ermächtigung zum Erlass der die Gebührentatbestände und -sätze regelnden **52** Rechtsverordnung wird gem. § 10 Abs. 3 S. 1 auf das Bundesministerium des Innern übertragen. Inhaltlich bezieht sich die Ermächtigung auf „individuell zurechenbare öffentliche Leistungen nach diesem Gesetz". Rein deklaratorisch hält § 10 Abs. 3 S. 1 fest, dass die Rechtsverordnung der Zustimmung des Bundesrates nicht bedarf; dies entspricht den Vorgaben des Art. 80 Abs. 2 GG (Fluck/Theuer/Guckelberger IFG § 10 Rn. 59; NK-IFG/Rossi IFG § 10 Rn. 38; Schoch IFG § 10 Rn. 65). An der Verfassungskonformität der Verordnungsermächtigung bestehen keine Zweifel, da § 10 Abs. 3 S. 1 den Vorgaben des Art. 80 Abs. 1 GG entspricht (Mecklenburg/Pöppelmann IFG § 10 Rn. 17; Schoch IFG § 10 Rn. 65).

Zu beachten ist allerdings, dass sich die Verordnungsermächtigung des § 10 Abs. 3 S. 1 **53** ihrem Wortlaut nach alleine auf die Festlegung von Gebührentatbeständen und -sätzen bezieht. Nicht ermächtigt wird der Verordnungsgeber zur Festlegung von Auslagentatbeständen und -sätzen (Fluck/Theuer/Guckelberger IFG § 10 Rn. 60; NK-IFG/Rossi IFG § 10 Rn. 39; Schoch IFG § 10 Rn. 68; an der Ermächtigung zweifelnd Mecklenburg/Pöppelmann IFG § 10 Rn. 19). Dennoch versucht die hM in der Literatur mit unterschiedlichen Begründungen eine Ermächtigung des Verordnungsgebers auch zur Regelung der Auslagenerstattung zu konstruieren. Es wird nicht nur auf eine vergleichbare Rechtslage in Nordrhein-Westfalen und den Willen des Gesetzgebers hingewiesen (NK-IFG/Rossi IFG § 10 Rn. 39), auch dessen Motive werden für eine Erstreckung der Ermächtigung auf die Regelung der Auslagenerstattung herangezogen (Fluck/Theuer/Guckelberger IFG § 10 Rn. 60). Ebenso vertreten ist die Ansicht, die diesbezügliche Regelungskompetenz des Verordnungsgebers folge unmittelbar aus § 10 Abs. 1 VwKostG (dem § 12 Abs. 1 BGebG weitgehend entspricht), so dass eine ausdrückliche Ermächtigung entbehrlich sei (Jastrow/Schlatmann IFG § 10 Rn. 37).

54 Dem ist angesichts des eindeutigen Wortlauts des § 10 Abs. 3 S. 1 sowie den strengen Vorgaben des Art. 80 GG nicht zuzustimmen: Aus der – ebenfalls rechtswidrigen – Gesetzes- bzw. Verordnungssituation in Nordrhein-Westfalen lassen sich keine Konsequenzen für den Bundesgesetz- bzw. -verordnungsgeber herleiten. Ebenso wenig können der mutmaßliche Wille des Gesetzgebers bzw. dessen vermutete Motive fruchtbar gemacht werden; weder der gesetzgeberische Wille noch dessen Motive finden sich im Wortlaut des § 10 Abs. 3 wieder. Schließlich ist eine Herleitung der Regelungskompetenz aus § 10 Abs. 1 VwKostG bzw. § 12 Abs. 1 BGebG schon deshalb nicht möglich, weil die genannte Norm nicht zur Auslagenerhebung berechtigt, sondern eine entsprechende Ermächtigung gerade voraussetzt (vgl. hierzu insgesamt Schoch IFG § 10 Rn. 75). Daher muss konsequenterweise von der Nichtigkeit der IFGGebV ausgegangen werden, soweit sie sich auf die Auslagenerhebung bezieht (Schoch IFG § 10 Rn. 74 ff.; ZDM, 263). Selbst die Stimmen in der Literatur, die diese Konsequenz nicht ziehen, halten eine ausdrückliche Ausweitung der Verordnungsermächtigung auf die Auslagenerstattung aber aus Gründen der Rechtssicherheit für dringend geboten (Fluck/Theuer/Guckelberger IFG § 10 Rn. 60; NK-IFG/Rossi IFG § 10 Rn. 39).

55 Das Ausmaß der Verordnungsermächtigung wird durch die Vorgaben des § 10 und das ergänzend anwendbare BGebG begrenzt. Auf diese Weise wird der grds. weite Spielraum des Verordnungsgebers reduziert (Fluck/Theuer/Guckelberger IFG § 10 Rn. 59; NK-IFG/Rossi IFG § 10 Rn. 40; Schoch IFG § 10 Rn. 66 f.; Jastrow/Schlatmann IFG § 10 Rn. 35 sehen den Spielraum hingegen nur durch § 10 eingeschränkt). So muss der Verordnungsgeber gem. § 10 Abs. 1 S. 2 zwingend die Erteilung einfacher Auskünfte gebührenfrei stellen (→ Rn. 18 ff.); der Verwaltungsaufwand darf nur unter den Einschränkungen des § 10 Abs. 2 berücksichtigt werden (→ Rn. 33 ff.) und die Gebührengestaltung darf insgesamt keine abschreckende Wirkung entfalten (→ Rn. 39 ff.) (Schoch IFG § 10 Rn. 66). Ebenso sind die Vorgaben, die sich aus dem Zusammenspiel von § 10 Abs. 2 und Abs. 3 S. 2 ergeben – Gebührenfreiheit von Antragsablehnung und -rücknahme (→ Rn. 25 ff.) – zu beachten (Jastrow/Schlatmann IFG § 10 Rn. 35; NK-IFG/Rossi IFG § 10 Rn. 1; kritisch Schoch IFG § 10 Rn. 66). Daneben ist der Verordnungsgeber – unter Berücksichtigung der diesbezüglichen Modifikationen durch das IFG – an die Vorgaben des § 22 BGebG gebunden (zum VwKostG: BRS/Berger IFG § 10 Rn. 17; Schoch IFG § 10 Rn. 67). Keine Bindungswirkung entfaltet hingegen der lediglich in der Gesetzesbegründung genannte, aber nicht in § 10 erwähnte Gebührenhöchstsatz von 500 EUR; hiervon kann der Verordnungsgeber unter bestimmten Voraussetzungen abweichen (→ Rn. 40 f.; NK-IFG/Rossi IFG § 10 Rn. 44).

II. Ausschluss des § 10 BGebG (Abs. 3 S. 2)

56 Der in § 10 Abs. 3 S. 2 angeordnete Ausschluss der Anwendbarkeit des § 10 BGebG wird von der Literatur einhellig als misslungen kritisiert (zu § 15 Abs. 2 VwKostG: Debus DVBl. 2013, 9 (12); Fluck/Theuer/Guckelberger IFG § 10 Rn. 20/21; NK-IFG/Rossi IFG § 10 Rn. 48; Schoch IFG § 10 Rn. 79 ff.). Wie bereits unter → Rn. 29 dargestellt, lässt der durch § 10 Abs. 3 S. 2 angeordnete Ausschluss des § 10 BGebG grds. zwei Interpretationen zu. Mit Blick auf den in der Gesetzesbegründung eindeutig niedergelegten Willen des Gesetzgebers sowie Sinn und Zweck des IFG ist die Auslegung zu bevorzugen, dass bei Antragsrücknahme und -ablehnung gar keine Gebühren erhoben werden dürfen (→ Rn. 29; so auch BRS/Berger IFG § 10 Rn. 19; Fluck/Theuer/Guckelberger IFG § 10 Rn. 20/21; Mecklenburg/Pöppelmann IFG § 10 Rn. 25; NK-IFG/Rossi IFG § 10 Rn. 36 und 48).

E. IFGGebV

Von der in § 10 Abs. 3 S. 1 niedergelegten Verordnungsermächtigung hat das Bundesministerium des Innern durch Erlass der Verordnung über die Gebühren und Auslagen nach dem Informationsfreiheitsgesetz (Informationsgebührenverordnung – IFGGebV) Gebrauch gemacht. Die IFGGebV vom 2.1.2006 trat mit Wirkung zum 1.1.2006 in Kraft. 57

Zunächst bestimmt § 1 Abs. 1 IFGGebV, dass sich Gebühren und Auslagen für Amtshandlungen nach dem IFG nach der Anlage zu § 1 Abs. 1 IFGGebV bestimmen. Die Anlage benennt unterschiedliche Gebührentatbestände und legt für diese einen durch Unter- und Obergrenze definierten Kostenrahmen fest. Gegen die Höhe dieser Rahmensätze bestehen keine Bedenken, da die Vorgaben des § 10 Abs. 1 S. 2 und Abs. 2 sowie des BGebG berücksichtigt werden (Schoch IFG § 10 Rn. 70 und 73; aM Mecklenburg/Pöppelmann IFG § 10 Rn. 22 f.). Hinzuweisen ist auf die Tatsache, dass Nr. 1.1. des Teils A der Anlage über die Forderung des § 10 Abs. 1 S. 2 insofern hinaus geht, als sämtliche mündlichen Auskünfte gebühren- und nach § 1 Abs. 2 S. 2 IFGGebV auch auslagenfrei gestellt werden. Notwendig wäre dies lediglich für einfache mündliche Auskünfte gewesen (→ Rn. 18 ff.). Zu beanstanden ist dieses Vorgehen insbes. im Hinblick auf § 9 Abs. 4 BGebG nicht – zumindest soweit es die Regelung der Gebührenfreiheit anbelangt (→ Rn. 61). 58

Wie bereits in → Rn. 40 f. dargelegt, bestehen für den Verordnungsgeber keine rechtlich bindenden Vorgaben, was die maximal zulässige Gebührenhöhe anbelangt; eine Überschreitung der in der Gesetzesbegründung so bezeichneten Höchstgrenze von 500 EUR ist bei Vorliegen entsprechender Gründe zulässig. Für den Fall, dass ein komplexer IFG-Antrag gleichzeitig mehrere Gebührentatbestände erfüllt, legt die IFGGebV – anders als die UIKostV – keine Kostenobergrenze fest. Insofern sind Gebühren der jeweils verwirklichten Gebührentatbestände zu addieren, so dass auch Gebühren von über 500 EUR anfallen können (Debus DVBl. 2013, 9 (10); Fluck/Theuer/Guckelberger IFG § 10 Rn. 61; Reinhart DÖV 2007, 18 (23)). Zur Vermeidung dieses Ergebnisses, das zumindest im Einzelfall zu eklatanten Überschreitungen der durch die IFGGebV gezogenen Gebührenobergrenze führen kann, wird eine „sachverhalts- und antragsbezogene Interpretation der Gebührenhöchstgrenze der IFGGebV" vorgeschlagen, was zu einer Rechtswidrigkeit der Gebührenerhebung in allen außer einem Fall führen würde (Debus DVBl. 2013, 9 (10), mit einem entsprechenden Beispiel). 59

§ 1 Abs. 2 IFGGebV entkoppelt Gebührenerhebung und Auslagenerstattung. Insbes. können Auslagen – mit Ausnahme der in Teil A Nr. 1.1 der Anlage genannten Fällen (einfache Auskünfte gem. § 10 Abs. 1 S. 2) – auch dann erhoben werden, wenn eine Gebührenerhebung unterbleibt. Dieses Vorgehen begegnet keinen grundsätzlichen Bedenken (Schoch IFG § 10 Rn. 27 und 71). 60

Allerdings ist bezüglich des § 1 IFGGebV nochmals ausdrücklich zu betonen, dass von der Nichtigkeit der Vorschriften auszugehen ist, soweit sie die Auslagenerstattung betreffen. Insoweit bestand für den Verordnungsgeber keine Ermächtigungsgrundlage (→ Rn. 54). Hiervon erfasst wird auch Teil B der Anlage. 61

Mit § 2 IFGGebV hat der Verordnungsgeber die Ermächtigung des § 9 Abs. 4 BGebG in Anspruch genommen (Mecklenburg/Pöppelmann IFG § 10 Rn. 26; Schoch IFG § 10 Rn. 72). Anders als § 1 IFGGebV bezieht sich § 2 IFGGebV ausdrücklich nur auf die Gebühren (Fluck/Theuer/Guckelberger IFG § 10 Rn. 61; Schoch IFG § 10 Rn. 72) und begegnet daher nicht den in → Rn. 61 dargestellten Bedenken. Zunächst ermöglicht § 2 S. 1 IFGGebV eine Gebührenermäßigung von bis zu 50 % aus Gründen der Billigkeit oder des öffentlichen Interesses. In besonderen Fällen können die in S. 1 genannten Gründe auch ein vollständiges Absehen von der Gebührenerhebung rechtfertigen, § 2 S. 2 IFGGebV. § 2 IFGGebV ist der Einzelfallgerechtigkeit verpflichtet. Dabei macht die Formulierung des § 2 S. 2 IFGGebV – „in besonderen Fällen" – aber deutlich, dass ein vollständiger Verzicht auf die Gebührenerhebung nur in seltenen Ausnahmefällen in Betracht kommt (Fluck/Theuer/Guckelberger IFG § 10 Rn. 61; Schoch IFG § 10 Rn. 72). 62

F. Rechtsschutz

Da es sich bei der Kostenentscheidung um einen selbstständigen Verwaltungsakt handelt (Fluck/Theuer/Guckelberger IFG § 10 Rn. 48 und 51; NK-IFG/Rossi IFG § 10 Rn. 49; 63

Schoch IFG § 10 Rn. 84), gebieten schon die Grundsätze des Art. 19 Abs. 4 S. 1 GG die Gewährung wirksamen Rechtsschutzes gegen diese Entscheidung (Fluck/Theuer/Guckelberger IFG § 10 Rn. 51; Schoch IFG § 10 Rn. 90). Hinzu kommt, dass gerade im Bereich des IFG die Höhe der Kosten eine entscheidende Rolle hinsichtlich der (zukünftigen) effektiven Wahrnehmung des Informationszugangsanspruchs spielen kann (BRS/Berger IFG § 10 Rn. 3; Griebel, Die verfahrensrechtliche Absicherung von Informationsfreiheitsrechten in rechtsvergleichender Sicht 2007, 206) – selbst wenn die informationspflichtige Stelle eine positive Sachentscheidung trifft. Problematisch ist allerdings, dass das IFG selbst keine ausdrücklichen Regelungen zum Rechtsschutz gegen die Kostenentscheidung enthält (Schoch IFG § 10 Rn. 90).

64 Bereits aus dem allgemeinen Gebührenrecht ergibt sich aber, dass die Kostenentscheidung zusammen mit der Sachentscheidung angefochten werden kann. Sofern der Antragsteller gegen die Sachentscheidung vorgeht, erstreckt sich sein Rechtsbehelf automatisch auch auf die Gebührenentscheidung, § 20 Abs. 1 BGebG; über § 12 Abs. 3 BGebG gilt dies auch für die Auslagenentscheidung, weshalb hier weiterhin zusammenfassend von Kostenentscheidung gesprochen wird. Der in § 20 Abs. 1 S. 2 BGebG angeordnete Anfechtungsverbund beruht auf der Überlegung, dass eine Entscheidung im Hauptsacheverfahren Auswirkungen auf die Kostenentscheidung haben kann (Fluck/Theuer/Guckelberger IFG § 10 Rn. 51; Schoch IFG § 10 Rn. 91). Dabei ist aber zu berücksichtigen, dass der von § 20 Abs. 1 BGebG erwähnte Anfechtungsverbund nicht vollständig auf die Situation im Bereich des IFG übertragbar ist: Eine Anfechtung der Sachentscheidung kommt für den Antragsteller nicht in Betracht; er wird die Sachentscheidung nur angreifen, wenn ihm der Informationszugang zumindest teilweise verwehrt wurde. In diesen Fällen sind zum einen der Verpflichtungswiderspruch und die Verpflichtungsklage die statthaften Rechtsbehelfe (→ § 9 Rn. 63 f.), zum anderen hat im Falle einer Ablehnung des Zugangsantrags nach hM eine Geltendmachung von Gebühren zu unterbleiben (→ Rn. 29), so dass es zu einem gemeinsamen Angriff auf Sach- und Kostenentscheidung wohl nicht kommen wird (zur theoretisch möglichen Ausnahme hiervon → Rn. 70). Bedeutung dürfte damit alleine die isolierte Anfechtung der Kostenentscheidung im Falle der Zugangsgewährung entfalten (Schoch IFG § 10 Rn. 91).

65 Schon aus der Rechtsnatur der Kostenentscheidung als rechtlich eigenständiger Entscheidung ergibt sich nach allgemeinen verwaltungsprozessualen Grundsätzen die Möglichkeit der isolierten Anfechtung ohne die Sachentscheidung angreifen zu müssen (Mecklenburg/Pöppelmann IFG § 10 Rn. 28; NK-IFG/Rossi IFG § 10 Rn. 50; Schoch IFG § 10 Rn. 92). Dieser Befund wird durch § 20 Abs. 1 S. 1 2. Alt. und Abs. 2 BGebG bestätigt. Im Falle einer isolierten Anfechtung der Kostenentscheidung ist aber zu beachten, dass lediglich die Fehlerhaftigkeit der Kostenentscheidung selbst gerügt werden kann; mögliche Fehler bei der Sachentscheidung können nicht vorgebracht werden, zumal die Sachentscheidung mit Ablauf der Rechtsbehelfsfrist bestandskräftig wird (Fluck/Theuer/Guckelberger IFG § 10 Rn. 51; Schoch IFG § 10 Rn. 92).

66 Neben den Möglichkeiten der Inanspruchnahme gerichtlichen Rechtsschutzes gegen Kostenentscheidungen kann sich der Antragsteller, der sein Recht auf Informationszugang durch die konkrete Kostenforderung als verletzt betrachtet, gem. § 12 auch an den BfDI wenden. Anders als die Gerichte kann der BfDI aber nicht die Kostenentscheidung aufheben; er kann lediglich auf die Verwaltung einwirken, um diese selbst zu einer Korrektur der Entscheidung zu bewegen (Fluck/Theuer/Guckelberger IFG § 10 Rn. 58).

I. Notwendigkeit der Durchführung eines Vorverfahrens

67 Diskutiert wird, ob vor einer (isolierten) Klage gegen die Kostenentscheidung zwingend ein Vorverfahren durchzuführen ist. Da die Kostenentscheidung als Verwaltungsakt ergeht (→ Rn. 63), gelten zunächst die allgemeinen Grundsätze des § 68 VwGO. Nach dessen Abs. 1 S. 1 ist grds. ein Widerspruchsverfahren durchzuführen. Eine Ausnahme gilt nach § 68 Abs. 1 S. 2 Nr. 1 VwGO aber, wenn der Verwaltungsakt von einer obersten Bundesbehörde erlassen wurde, außer es ist gesetzlich die Durchführung eines Vorverfahrens vorgeschrieben. Denkbar wäre es nun zunächst, § 9 Abs. 4 als gesetzliche Anordnung iSd § 68 Abs. 1 S. 2 Nr. 1 VwGO zu verstehen. Dem steht allerdings der eindeutige Wortlaut der

Vorschrift entgegen (Fluck/Theuer/Guckelberger IFG § 10 Rn. 52; Schoch IFG § 10 Rn. 93). Nach § 9 Abs. 4 S. 1 sind Widerspruch und Verpflichtungsklage gegen die ablehnende Entscheidung zulässig. Die in § 9 Abs. 4 S. 2 niedergelegte Anordnung der Durchführung eines Widerspruchsverfahrens auch in den Fällen, in denen die Entscheidung von einer obersten Bundesbehörde getroffen wurde, bezieht sich auf die in § 9 Abs. 4 S. 1 dargestellte Verpflichtungssituation bei Ablehnung des Zugangsantrags (NK-IFG/Rossi IFG § 10 Rn. 51).

Dennoch geht die hM (Fluck/Theuer/Guckelberger IFG § 10 Rn. 52 ff.; Mecklenburg/ **68** Pöppelmann IFG § 10 Rn. 29 f.; NK-IFG/Rossi IFG § 10 Rn. 51; Schoch IFG § 10 Rn. 94) zutreffend von der generellen Notwendigkeit der Durchführung eines Vorverfahrens auch bei einem Angriff auf die Kostenentscheidung aus. Dabei ist zu differenzieren:

Wurde die Kostenentscheidung nicht von einer obersten Bundesbehörde getroffen, ist ein **69** Rückgriff auf § 9 Abs. 4 nicht notwendig, die Verpflichtung zur Durchführung eines Widerspruchsverfahrens ergibt sich bereits aus § 68 Abs. 1 S. 1 VwGO (NK-IFG/Rossi IFG § 10 Rn. 51; Schoch IFG § 10 Rn. 94).

Eher theoretische Bedeutung kommt der Konstellation zu, dass der Antragsteller gegen **70** die ablehnende Zugangsentscheidung einer obersten Bundesbehörde vorgeht und gleichzeitig die Kostenentscheidung angreift: In diesen Fällen scheidet nach hM die Geltendmachung von Gebühren aus, Auslagen dürften keine anfallen (→ Rn. 64). Insofern würde diese Fallgestaltung nur relevant, wenn die Behörde – nach hM rechtswidrig – trotz Ablehnung des Zugangsantrags Gebühren geltend macht (hierauf weist Schoch IFG § 10 Rn. 94 zu Recht hin) oder von der vom Antragsteller bevorzugten Art des Informationszugangs abweicht und dieser hiergegen vorgeht. Liegt eine solche Situation vor, ist die Konstellation des in § 20 Abs. 1 S. 1 1. Alt. BGebG erwähnten Anfechtungsverbunds erfüllt, so dass die Notwendigkeit zur Durchführung eines Vorverfahrens auch auf die Kostenentscheidung auszudehnen ist. Andernfalls käme es zu dem widersprüchlichen Ergebnis, dass die Sachentscheidung zunächst in einem Widerspruchsverfahren zu überprüfen wäre, gegen die Kostenentscheidung hingegen sofort im Klagewege vorgegangen werden müsste; dies würde zu einer unnötigen Verkomplizierung der Rechtslage führen und stünde damit im Widerspruch zu Sinn und Zweck des IFG (Fluck/Theuer/Guckelberger IFG § 10 Rn. 52; Schoch IFG § 10 Rn. 94; NK-IFG/Rossi IFG § 10 Rn. 51 spricht dagegen von einer erweiternden Auslegung des § 9 Abs. 4).

Abschließend sind die Fälle zu betrachten, in denen eine oberste Bundesbehörde einem **71** Antrag auf Informationszugang stattgegeben hat, der Antragsteller aber isoliert die diesbezügliche Kostenentscheidung angreifen will. In diesen Fällen liegt weder ein Anfechtungsverbund nach § 20 Abs. 1 S. 1 1. Alt. BGebG vor, noch kann angesichts des eindeutigen Wortlauts des § 9 Abs. 4 direkt auf diesen zurückgegriffen werden (Schoch IFG § 10 Rn. 94; Fluck/Theuer/Guckelberger IFG § 10 Rn. 53 hält eine solche Position zumindest für möglich). Allerdings wird die sich aus dieser Sichtweise ergebende Konsequenz, dass Kostenentscheidungen einer obersten Bundesbehörde, die isoliert angegriffen werden, als einzige Entscheidungen nach dem IFG nicht der Nachprüfung in einem Vorverfahren unterliegen, allgemein missbilligt. In diesem Zusammenhang wird nicht nur darauf hingewiesen, dass dies zu einer nicht sinnvollen Aufspaltung des Rechtsschutzregimes führen würde (Schoch IFG § 10 Rn. 94), sondern auch, dass dieses Ergebnis schwerlich mit Sinn und Zweck der Regelung zu vereinbaren ist: Die erneute Befassung der Verwaltung mit der Kostenentscheidung ist nicht nur sinnvoll, ebenso lässt die Tatsache, dass nach § 8 Abs. 2 S. 3 iVm § 9 Abs. 4 auch Dritte grds. zunächst Widerspruch gegen die Entscheidung einlegen müssen (→ § 8 Rn. 38), den Schluss zu, dass der Gesetzgeber generell die Pflicht zur Durchführung eine Widerspruchsverfahrens anordnen wollte (Fluck/Theuer/Guckelberger IFG § 10 Rn. 54; NK-IFG/Rossi IFG § 10 Rn. 51).

Um auch in den in → Rn. 71 erwähnten Fällen zur obligatorischen Durchführung eines **72** Widerspruchsverfahrens zu gelangen, wird entweder eine erweiternde Auslegung des § 9 Abs. 4 befürwortet (Fluck/Theuer/Guckelberger IFG § 10 Rn. 54 f.; NK-IFG/Rossi IFG § 10 Rn. 51) oder eine analoge Anwendung des § 9 Abs. 4 (Schoch IFG § 10 Rn. 94). Auch wenn beide Ansichten zu dem Ergebnis gelangen, dass im Falle eines isolierten Angriffs auf eine Kostenentscheidung einer obersten Bundesbehörde ein Widerspruchsverfahren durchzuführen ist, ist – da die Voraussetzungen der Analogie vorliegen (Schoch IFG

§ 10 Rn. 94) – unter dogmatischen Gesichtspunkten die zuletzt genannte Ansicht zu bevorzugen.

II. Aufschiebende Wirkung des Widerspruchs

73 Der Grundsatz des § 80 Abs. 1 S. 1 VwGO, wonach Widerspruch und Anfechtungsklage aufschiebende Wirkung haben, gilt gem. § 80 Abs. 2 S. 1 Nr. 1 VwGO nicht für die Anforderung von Kosten, so dass Rechtsbehelfe gegen eine auf Basis des IFG ergangene Kostenentscheidung keine aufschiebende Wirkung entfalten (Matthes, Das Informationsfreiheitsgesetz 2006, 60; Mecklenburg/Pöppelmann IFG § 10 Rn. 31; NK-IFG/Rossi IFG § 10 Rn. 52). Der Antragsteller muss die Kosten somit zunächst zahlen, auch wenn er hiergegen vorgeht.

73.1 Während dieser Befund für die isolierte Anfechtung der Kostenentscheidung unumstritten ist (BRS/Berger IFG § 10 Rn. 13; Fluck/Theuer/Guckelberger IFG § 10 Rn. 56; Schoch IFG § 10 Rn. 95), wird darüber diskutiert, ob diese Rechtsfolge auch eintritt, wenn die Anfechtung der Kostenentscheidung gemeinsam mit dem Angriff gegen die Sachentscheidung erfolgt, mithin ein Anfechtungsverbund iSd § 20 Abs. 1S. 1 1. Alt. BGebG vorliegt. Während eine Ansicht davon ausgeht, dass diese Fälle ebenso zu behandeln sind wie eine isolierte Anfechtung der Kostenentscheidung, es mithin bei der Aussage des § 80 Abs. 2 S. 1 Nr. 1 VwGO bleibt (Fluck/Theuer/Guckelberger IFG § 10 Rn. 56), vertritt die Gegenansicht die Meinung, dass in solchen Fällen die aufschiebende Wirkung des Rechtsbehelfs gegen die Kostenentscheidung nur entfällt, wenn dies auch bezüglich der Sachentscheidung der Fall ist (Schoch IFG § 10 Rn. 95). Auch wenn grds. der zuletzt genannten Ansicht zuzustimmen ist, da nicht ersichtlich ist, warum in Fällen, in denen der Vollzug der Sachentscheidung aufgeschoben wird, dennoch die Kosten hierfür entrichtet werden müssen, ist doch darauf hinzuweisen, dass diese Konstellation im Bereich des IFG – zumindest wenn man der hM folgt – keine Rolle spielen dürfte, da ein Anfechtungsverbund nur in Betracht kommt, wenn die Kostenentscheidung gemeinsam mit der ablehnenden Sachentscheidung angefochten wird (→ Rn. 70). Im Falle einer Ablehnung des Informationszugangsantrags dürfen aber nach hM gar keine Gebühren geltend gemacht werden. Diese Konstellation dürfte daher auf seltene Ausnahmefälle beschränkt bleiben (→ Rn. 64).

74 Soweit der Rechtsbehelf gegen die Kostenentscheidung keine aufschiebende Wirkung hat, besteht für den Antragsteller die Möglichkeit nach § 80 Abs. 5 VwGO beim Gericht der Hauptsache die Anordnung der aufschiebenden Wirkung des Rechtsbehelfs zu beantragen. Erforderlich ist dafür nach § 80 Abs. 6 VwGO, dass der Antragsteller zunächst erfolglos einen entsprechenden Antrag bei der Behörde gestellt hat, die die Kostenentscheidung getroffen hat (§ 80 Abs. 4 VwGO) (BRS/Berger IFG § 10 Rn. 13; Fluck/Theuer/Guckelberger IFG § 10 Rn. 57; NK-IFG/Rossi IFG § 10 Rn. 52; Schoch IFG § 10 Rn. 96).

III. Rechtsfolge

75 Ist der Rechtsbehelf des Antragstellers gegen die Kostenentscheidung erfolgreich, steht ihm ein öffentlich-rechtlicher Erstattungsanspruch auf Rückzahlung der zu Unrecht gezahlten Kosten zu (NK-IFG/Rossi IFG § 10 Rn. 53; Schoch IFG § 10 Rn. 97). Anspruchsgrundlage ist § 21 Abs. 1 BGebG (zum VwKostG: BVerwG NVwZ 2007, 709 (710); Schoch IFG § 10 Rn. 97). Nach der Rspr. gilt dies nicht nur, solange die Kostenentscheidung noch nicht bestandskräftig ist, sondern auch dann, wenn der Kostenbescheid nach Eintritt der Bestandskraft behördlich aufgehoben wird (BVerwG NVwZ 2007, 709 (710); aM Schoch IFG § 10 Rn. 97).

IV. Überprüfung der IFGGebV

76 Eine Überprüfung der IFGGebV ist nur eingeschränkt möglich. Da es sich bei der IFGGebV nicht um eine untergesetzliche Norm nach dem BauGB iSd § 47 Abs. 1 Nr. 1 VwGO handelt, noch sie eine andere im Rang unter dem Landesgesetz stehende Vorschrift ist (§ 47 Abs. 1 Nr. 2 VwGO), scheidet angesichts des eindeutigen Wortlauts des § 47 Abs. 1 VwGO eine abstrakte Normenkontrolle aus (Fluck/Theuer/Guckelberger IFG § 10 Rn. 62; Schoch IFG § 10 Rn. 98). Insofern bleibt die gerichtliche Kontrolle der IFGGebV auf ein inzidente Prüfung im Rahmen der Anfechtung eines Kostenbescheides beschränkt (NK-IFG/Rossi IFG § 10 Rn. 54; Schoch IFG § 10 Rn. 98). Maßstab für die Überprüfung der Rechtmäßigkeit der IFGGebV sind Art. 80 GG, § 10 IFG und §§ 3 ff. VwKostG bzw. §§ 9 ff. BGebG (NK-IFG/Rossi IFG § 10 Rn. 54; Schoch IFG § 10 Rn. 98).

Erwähnt wird daneben die Möglichkeit der Überprüfung im Rahmen einer Feststellungsklage nach § 43 VwGO, wobei zugleich auf die grundsätzliche Subsidiarität dieser Klageart gegenüber Anfechtungs- und Verpflichtungsklagen hingewiesen wird (Fluck/Theuer/Guckelberger IFG § 10 Rn. 62). **76.1**

§ 11 Veröffentlichungspflichten

(1) Die Behörden sollen Verzeichnisse führen, aus denen sich die vorhandenen Informationssammlungen und -zwecke erkennen lassen.

(2) Organisations- und Aktenpläne ohne Angabe personenbezogener Daten sind nach Maßgabe dieses Gesetzes allgemein zugänglich zu machen.

(3) Die Behörden sollen die in den Absätzen 1 und 2 genannten Pläne und Verzeichnisse sowie weitere geeignete Informationen in elektronischer Form allgemein zugänglich machen.

Durch § 11 IFG werden auskunftspflichtige Stellen im überschaubaren Umfang zur aktiven Veröffentlichung von Informationen verpflichtet. Es handelt sich dabei in erster Linie um Hilfsmittel zum Auffinden anderer Informationen (→ Rn. 4 und → Rn. 8 ff.). Ein subjektives Recht auf Veröffentlichung besteht nicht (→ Rn. 3). Organisationspläne sind ohne personenbezogene Daten zu veröffentlichen (→ Rn. 10), was aber nur eine Mindestanforderung darstellt (→ Rn. 11). Abs. 3 enthält eine allgemeine Internetklausel (→ Rn. 14). Im Vergleich zu Regelungen in anderen Gesetzen (→ Rn. 16 ff.) erscheint § 11 IFG veraltet.

Übersicht

	Rn		Rn
A. Allgemeines	1	D. Weitere geeignete Informationen (Abs. 3)	14
B. Pflicht zum Führen von Verzeichnissen (Abs. 1)	4	E. Vergleich zu anderen Regelungen	16
C. Organisations- und Aktenpläne (Abs. 2)	8	I. Informationsfreiheitsgesetze der Länder	17
		II. Umweltinformationsgesetz	20
		III. Europa	21

A. Allgemeines

§ 11 IFG enthält verschiedene, unterschiedlich strenge Vorgaben an die Verwaltung zur **1** aktiven Veröffentlichung von Informationen. Insgesamt stellt § 11 IFG eine der wichtigsten Verpflichtungen des Staates zur **aktiven Informationspolitik** dar (Fluck/Theuer/Guckelberger IFG § 11 Rn. 13 mwN). Zwar ist sie vom Umfang her längst von einigen anderen Regelungen **überholt** worden. Allerdings gilt § 11 IFG für alle Bundesbehörden und war, nicht zuletzt durch die (inzwischen aufgehobenen) Verweisgesetze in Hamburg und Thüringen, von wesentlicher Bedeutung. Inzwischen bedürfte es allerdings einer erheblichen Ausweitung, um den Anschluss Entwicklung in einigen Bundesländern zu halten (→ Rn. 17 ff.).

Eine aktive Informationspolitik des Staates ist grds. zu begrüßen (zutreffend Schoch IFG **2** § 11 Rn. 6: „uneingeschränkt"). Sie ist jedoch nicht immer unproblematisch. Greift staatliches Informationshandeln in Grundrechte ein, ist es also nicht mehr grundrechtsneutral, so bedarf es spezifischer Rechtsgrundlagen (siehe dazu ausf. Schoch AfP 2010, 313 (321 ff.)). Vorliegend ist dies jedoch unkompliziert. Zum einen dürfte es sich bei den aufgrund von § 11 IFG zu veröffentlichenden Informationen durchweg um **grundrechtsneutrale Informationen** handeln. Zum anderen stellt § 11 IFG eben auch eine spezifische Rechtsgrundlage für die Veröffentlichung dar.

IFG § 11

3   Teilweise handelt es sich um Muss-, teilweise um Soll-Vorschriften (zur Auswirkung siehe die Kommentierung der einzelnen Absätze.). Allen Regeln ist gemeinsam, dass sie **keine subjektiven Rechte** verleihen (ebenso Schoch IFG § 11 Rn. 1; Jastrow/Schlatmann IFG § 11 Rn. 1; a. A. NK-IFG/Rossi IFG § 11 Rn. 25 zu § 11 Abs. 1, da dieser die Voraussetzung für die Wahrnehmung von § 1 Abs. 1 darstelle. Dem folgend Fluck/Theuer/Guckelberger IFG § 11 Rn. 37–38). Es handelt sich nach richtiger Ansicht um rein objektivrechtliche Regelungen. Die durch sie entstehenden Vorteile des Einzelnen sind reine Rechtsreflexe (Schoch IFG § 11 Rn. 1). Ein Gegenbeispiel stellt § 1 Abs. 2 HbgTransparenzgesetz dar, welcher jeder Person ausdrücklich ein Recht auf Veröffentlichung der veröffentlichungspflichtigen Informationen einräumt (vgl. HbgGVBl. 2012, 271ff). Eine solche Regelung ist ungewöhnlich und es bedarf daher deutlicher Hinweise auf einen entsprechenden Willen des Gesetzgebers.

B. Pflicht zum Führen von Verzeichnissen (Abs. 1)

4   Nach Abs. 1 sollen Behörden Verzeichnisse führen, aus denen sich vorhandene Informationssammlungen und –zwecke erkennen lassen. Ziel dieser Regelung kann es nur sein, die Ausübung des Rechts auf Informationszugang nach dem IFG zu ermöglichen. Den zu führenden Verzeichnissen kommt somit nur ein **begrenzter eigener Informationsgehalt** zu. Ihre Funktion ist vielmehr eine dienende (NK-IFG/Rossi IFG § 11 Rn. 24): Sie sollen es der Verwaltung ermöglichen, die von Bürgern begehrten Informationen zu finden (BRS IFG § 11 Rn. 6 benutzen den archivrechtlichen Begriff des „Findhilfsmittels").

5   Der Begriff des Verzeichnisses wird von § 11 IFG nicht definiert, auch nicht an anderer Stelle im Gesetz. Dies wäre aufgrund der Vielgestaltigkeit der Verwaltung, der unterschiedlichen Aufgaben, die wahrgenommen werden und der sich daraus ergebenden Unterschiedlichkeit der vorhandenen Information(-sammlung)en auch nicht zu leisten (a. A. NK-IFG/Rossi IFG § 11 Rn. 15, der zumindest die getroffene Entscheidung kritisiert). Ob dies ein Preis ist, der aufgrund der Anwendbarkeit des IFG auf alle Behörden und alle Informationen zu zahlen ist, darf bezweifelt werden. Zu Recht wird darauf hingewiesen, dass nicht einmal das deutliche speziellere UIG in § 7 Abs. 2 Nr. 2 (→ UIG § 7 Rn. 2 ff.) Vorgaben zu Aufbau und Inhalt der zu führenden Verzeichnisse enthält (Schoch IFG § 11 Rn. 15). Über die **Gestaltung der Verzeichnisse** kann die jeweilige Behörde daher nach Zweckmäßigkeitserwägungen entscheiden (Schoch IFG § 11 Rn. 15). Entscheidend ist lediglich, dass die von § 11 Abs. 1 vorgegebenen Inhalte enthalten sind, sie also die in der Behörde vorhandenen Informationssammlungen und –zwecke erkennen lassen.

6   Aus § 11 Abs. 1 ergibt sich eine **Pflicht** zur Führung von Informationsverzeichnissen. Die Formulierung als Soll-Vorschrift führt dazu, dass eine Behörde nur in atypischen Ausnahmefällen von der Führung eines solchen Verzeichnisses absehen darf (NK-IFG/Rossi IFG § 11 Rn. 22; BRS IFG § 11 Rn. 6; aA Jastrow/Schlatmann IFG § 11 Rn. 10, die in der Soll-Formulierung einen zeitlichen Aufschub für die Verwaltung sehen). Das Gesetz schweigt dazu, in welchen Fällen derartige Sonderkonstellationen vorliegen sollen. Soweit Behörden überhaupt dem Anwendungsbereich des IFG unterfallen, sind keine derartigen Ausnahmekonstellationen ersichtlich. Die Gestaltung als Soll-Regelung kann daher zu Recht als Mutlosigkeit des Gesetzgebers kritisiert werden (Schoch IFG § 11 Rn. 16).

7   § 11 Abs. 1 IFG ordnet nicht ausdrücklich an, dass die zu führenden Informationsverzeichnisse auch der Öffentlichkeit aktiv zugänglich gemacht werden müssen. Hierbei könnte es sich um einen Fehler des Gesetzgebers handeln: Abs. 1 ist der einzige Absatz in § 11 IFG, der keine aktive Veröffentlichung vorsieht. Allerdings könnten die Informationsverzeichnisse bei einer bestehenden Veröffentlichungspflicht nicht nur der Verwaltung selbst beim Auffinden von Informationen helfen, sondern antragstellende Personen überhaupt erst in Kenntnis darüber versetzen, welche Informationen bei der auskunftspflichtigen Stelle vorhanden sind. Die Kenntnis der vorhandenen Informationen ist eine wesentliche Voraussetzung für das Stellen eines erfolgreichen Informationsantrags. Auch scheint der Gesetzgeber hiervon ausgegangen zu sein, da er in der Gesetzesbegründung schreibt, dass die zu erstellenden Informationsverzeichnisse dem Bürger einen Überblick vermitteln (BT-Drs. 15/4493, 16). Allerdings hat es diese Ansicht des Gesetzgebers nicht in den Gesetzeswortlaut geschafft. Dies muss nicht zwangsläufig ein Widerspruch sein. Zum einen sind die zu führenden Informati-

onsverzeichnisse Bürgerinnen und Bürgern insoweit zugänglich als sie dem IFG unterfallen und daher auf Antrag zugänglich zu machen sind (Kloepfer/v. Lewinski DVBl. 2005, 1277 (1280), NK-IFG/Rossi IFG § 11 Rn. 11). Darüber hinaus sind die Verzeichnisse nach § 11 Abs. 1 von § 11 Abs. 3 erfasst und daher zu veröffentlichen soweit diese Regelung greift (→ Rn. 14 ff.).

C. Organisations- und Aktenpläne (Abs. 2)

§ 11 Abs. 2 IFG richtet sich, ebenso wie die Abs. 1 und 3, ausschließlich an die Verwaltung. Dies ergibt sich sowohl aus der systematischen Stellung als auch aus dem Inhalt der Regelung (Schoch IFG § 11 Rn. 1). Die Veröffentlichung von Organisations- und Aktenplänen soll Bürgern die Suche nach Informationen erleichtern (Jastrow/Schlatmann IFG § 11 Rn. 13). Auch Abs. 2 hat daher lediglich eine dem Grundgedanken des IFG dienende Funktion (Fluck/Theuer/Guckelberger IFG § 11 Rn. 25 a. E.). Weder der **Begriff des Organisationsplans noch der des Aktenplans** wird vom IFG definiert, vielmehr werden beide als bekannt vorausgesetzt (Jastrow/Schlatmann IFG § 11 Rn. 13). 8

Nach der Gesetzesbegründung werden durch **Organisationspläne** Aufbau, Zusammenarbeit, Weisungsbefugnisse, Zuständigkeiten und Aufgabenwahrnehmung innerhalb der Behörde erkennbar (BT-Drs. 15/4493, 16). Nach der Rspr. versteht man daher unter einem Organisationsplan die innerbehördliche Zuständigkeitsordnung. Darin wird festgelegt, welche Aufgaben und welche Zuständigkeiten welchen einzelnen Behördenteilen als behördeninternen Verwaltungseinheiten zugewiesen werden (BVerwG Beschl. v. 27.8.1997 – 6 P 10/95, Rn. 33). 9

Der Organisationsplan enthält in aller Regel **keine personenbezogenen Daten**. Die Festlegung welchen Amtswaltern welche Aufgaben zugewiesen werden, lässt sich dem Geschäftsverteilungsplan entnehmen (BVerwG Beschl. v. 27.8.1997 – 6 P 10/95, Rn. 33 mwN). Es kann daher unter Beiziehung anderer Informationen ein Personenbezug hergestellt werden (Schnabel DuD 2012, 520 (524) m. w. N. aus der Rspr.). Die gesetzgeberische Vorgabe kann sich also nur auf den insoweit isoliert zu betrachtenden Organisationsplan beziehen. Der Gesetzgeber begründet seine Vorgabe mit der persönlichen Sicherheit der Mitarbeiter, deren Arbeitsfähigkeit und dem behördlichen Interesse an einer ordnungsgemäßen Aufgabenwahrnehmung (BT-Drs. 15/4493, 16). Warum er diese Interessen bei einer namentlichen Nennung beeinträchtigt sähe, bleibt unerklärt und erschließt sich auch nicht unmittelbar. Jedenfalls wäre der Gesetzgeber nicht am Erlass einer anderen Regelung gehindert gewesen. Das Bundesverwaltungsgericht hat in aller Deutlichkeit entschieden, dass kein Bediensteter einer Behörde Anspruch darauf hat, von Publikumsverkehr abgeschirmt zu werden, sofern dies nicht durch legitime Sicherheitsinteressen geboten sei (BVerwG Beschl. v. 12.3.2008 – 2 B 131/07, Rn. 8). Das Gericht geht dann sogar noch weiter, wenn es erklärt, mit der Nennung amtsbezogener Funktionsdaten würden keine in irgendeiner Hinsicht schützenswerten personenbezogenen Daten preisgegeben, so dass sich die Frage einer für Eingriffe in individuelle Rechte erforderlichen Ermächtigungsgrundlage nicht stelle (BVerwG Beschl. v. 12.3.2008 – 2 B 131/07, Rn. 8). Diese Aussage steht im klaren Widerspruch zur Rspr. des Bundesverfassungsgerichts, wonach es unter den Bedingungen moderner Datenverarbeitung keine belanglosen personenbezogenen Daten mehr gibt (BVerfG NJW 1984, 419 (422)). Der Rspr. des Bundesverwaltungsgerichts kann daher insoweit nicht uneingeschränkt gefolgt werden (Die Vorinstanz hatte noch auf das Vorliegen einer Rechtsgrundlage abgestellt, OVG RhPf MMR 2008, 635; ebenfalls krit. Dix/Schoch, Jahrbuch Informationsfreiheit und Informationsrecht 2012, 123 (Fn. 68)). 10

Inhaltlich stellt § 11 Abs. 2 nur eine **Mindestanforderung** dar (Fluck/Theuer/Guckelberger IFG § 11 Rn. 42). Der Gesetzgeber wollte mit dieser Regelung keine weitergehenden Veröffentlichungen durch Behörden ausschließen. Dies ergibt sich aus der Gesetzesbegründung, welche ausschließlich auf Interessen des Dienstherrn abstellt (BT-Drs. 15/4493, 16; Rn. 10). Auf deren Schutz kann der Dienstherr folglich auch verzichten (OVG RhPf MMR 2008, 635 (636)). Auch das IFG selbst enthält mit § 5 Abs. 4 IFG eine Regelung, die den Datenschutz für amtsbezogene Kontaktdaten senkt (→ § 5 Rn. 23 ff.). Insofern kann kritisiert werden, dass bereits im IFG keine einheitlichen Maßstäbe gelten (AGID DuD 2005, 290 (295)). 11

12 Laut Gesetzesbegründung geben **Aktenpläne** eine konkretisierte Übersicht über den Aufgabenbereich (BT-Drs. 15/4493, 16). Nach Ansicht der Bundesregierung ist es das Ziel eines Aktenplans, das gesamte Schriftgut, wie etwa Akten, systematisch zu ordnen (http://www.bundesregierung.de/Content/DE/StatischeSeiten/Breg/bundesregierung-aktenplan.html). Er setzt sich aus einem Aktenplankennzeichen und einer Inhaltsangabe zusammen und ist grds. nach Hauptgruppen, Obergruppen, Gruppen und Untergruppen sowie Betreffseinheiten zu gliedern (Fluck/Theuer/Guckelberger IFG § 11 Rn. 43; ausf. Jastrow/Schlatmann IFG § 11 Rn. 21 ff.). Die Gliederungstiefe eines Aktenplans steht grds. im Belieben einer Behörde. Da die nach § 11 Abs. 2 zu veröffentlichenden Aktenpläne antragstellenden Personen eine Orientierungshilfe bieten sollen, muss dies bei der Frage des Detaillierungsgrads des zu veröffentlichenden Aktenplans berücksichtigt werden (Jastrow/Schlatmann IFG § 11 Rn. 20). Die veröffentlichungspflichtige Behörde hat nach pflichtgemäßem Ermessen einen Detaillierungsgrad zu wählen, der dem Aktenplan die Erfüllung seiner dienenden Funktion ermöglicht und nicht verwirrt (Schoch IFG § 11 Rn. 25).

13 Organisations- und Aktenpläne sind **nach Maßgabe des IFG zugänglich zu machen.** Im Gegensatz zu den Abs. 1 und 3 ist § 11 Abs. 2 keine Soll-Vorschrift, sondern eine eindeutige Pflicht (BT-Drs. 15/4493, 16; NK-IFG/Rossi IFG § 11 Rn. 30). Ausnahmen können sich aber aus den Ausnahmetatbeständen des IFG selbst ergeben (BT-Drs. 15/4493, 16; Schoch IFG § 11 Rn. 33 zu den Nachrichtendiensten; Fluck/Theuer/Guckelberger IFG § 11 Rn. 50 zum Einheitsaktenplan des Bundesministeriums der Verteidigung). Es besteht aber ein **Auswahlermessen,** wie die Behörde der Pflicht zur allgemeinen Zugänglichmachung nachkommt (Schoch IFG § 11 Rn. 35). Dazu wurde vertreten, dass das Auslegen der Organisations- und Aktenpläne innerhalb einer Behörde ausreiche (BRS IFG § 11 Rn. 9), wahlweise sollen auch Organisationspläne als Organigramme im Eingangsbereich ausgehängt werden und Aktenpläne gesondert zur Einsichtnahme ausliegen (NK-IFG/Rossi IFG § 11 Rn. 32). Dies alles scheint schon bei Erlass des IFG im Jahr 2005 veraltet. Unter Berücksichtigung der weiten Verbreitung des Internet sind heutzutage keine Gründe mehr ersichtlich, von einer Veröffentlichung im Internet abzusehen und auf eine andere Form der öffentlichen Zugänglichmachung auszuweichen (so schon 2006: Jastrow/Schlatmann IFG § 11 Rn. 16). Die Auswahl einer ausschließlichen Veröffentlichung in anderer Weise dürfte in aller Regel ermessensfehlerhaft sein (Fluck/Theuer/Guckelberger IFG § 11 Rn. 49 verweist aufgrund der „digitalen Spaltung" auf eine kumulative Veröffentlichung on- und offline).

D. Weitere geeignete Informationen (Abs. 3)

14 Die Vorschrift wird allgemein als **„Internet-Klausel"** bezeichnet, was auf die Gesetzesbegründung zurückgeht (BT-Drs. 15/4493, 16). Der Gesetzeswortlaut ist hingegen noch technikneutral und fordert nur eine allgemeine Zugänglichmachung in elektronischer Form. § 11 Abs. 3 IFG ordnet die Veröffentlichung der in Abs. 1 genannten Verzeichnisse und der in Abs. 2 genannten Organisations- und Aktenpläne im Internet durch eine weitere Soll-Vorschrift an. Auch hier gilt, dass in atypischen Ausnahmefällen davon abgesehen werden kann (BRS IFG § 11 Rn. 10; NK-IFG/Rossi IFG § 11 Rn. 40; Fluck/Theuer/Guckelberger IFG § 11 Rn. 57). Auch hier sind keine Gründe für ein Abweichen vom Regelfall ersichtlich. Wie bereits dargelegt können diese Informationen ihrer dienenden Funktion am besten durch eine möglichst weite Verbreitung wie sie das Internet gewährleistet, erfüllen.

15 Problematisch ist die **Geeignetheitsklausel,** nach der auch weitere geeignete Informationen in elektronischer Form allgemein zugänglich zu machen sind. Nach der Gesetzesbegründung soll dies individuellen Anträgen vorbeugen und so die Verwaltung entlasten (BT-Drs. 15/4493, 16). Aber längst nicht jede Information, zu der Anträge auf Herausgabe gestellt wurden, ist auch zur Veröffentlichung im Internet geeignet. So hat zB die schriftliche Beantwortung eines individuellen Antrags unter Übersendung personenbezogener Daten eine geringere Eingriffstiefe als die Veröffentlichung derselben personenbezogenen Daten im Internet. Die Akteneinsicht in urheberrechtlich geschützte Unterlagen ist keine Verbreitung und daher urheberrechtlich neutral (vgl. EuGH EuZW 2008, 346 ff.; dem folgend BGH NJW 2009, 2960 (2961)). Die öffentliche Zugänglichmachung über das Internet wäre hingegen ein Eingriff in das extra dafür geschaffene Recht nach § 19a UrhG. Aufgrund ihrer

Offenheit ist die Klausel nicht dazu geeignet, Eingriffe in Rechte zu erlauben. Sie kann folglich nur als allgemeine Empfehlung verstanden werden, Informationen zu veröffentlichen, wenn dadurch in keine in irgendeiner Hinsicht schützenswerten Rechte oder auch nur Interessen Dritter eingegriffen wird (zum Empfehlungscharakter NK-IFG/Rossi IFG § 11 Rn. 41). Die Bedeutung der Klausel ist daher äußerst beschränkt.

E. Vergleich zu anderen Regelungen

§ 11 IFG ist eine zurückhaltende Norm soweit die Veröffentlichung von Informationen angeordnet wird. Verschiedene andere Gesetze und Regelungsregime enthalten konkrete Vorgaben zur verpflichtenden Veröffentlichung von Informationen, die einen eigenen Gehalt haben und nicht lediglich das Auffinden anderer Informationen ermöglichen sollen. 16

I. Informationsfreiheitsgesetze der Länder

Unter den Ländergesetzen gibt es einige, die deutlich über die Regelungen von § 11 IFG hinausgehen. In **Berlin** sind nach § 17 Abs. 1 BerlIFG Emissionskataster (§ 46 BImSchG), Luftreinhaltepläne (§ 47 BImSchG), Abfallwirtschaftspläne (§ 29 KrW-/AbfG), Abwasserbeseitigungspläne (§ 18a Abs. 3 WasserhaushaltsG), wasserwirtschaftliche Rahmenpläne (§ 36 WasserhaushaltsG), Wasserbewirtschaftungspläne (§ 36b des WasserhaushaltsG), die forstliche Rahmenplanung (§ 4 Abs. 1 LandeswaldG) und vergleichbare Pläne sind zu veröffentlichen; Wasserbücher (§ 37 WasserhaushaltsG) sind allgemein zugänglich zu machen. Darüber hinaus sind nach § 17 Abs. 3 BerlIFG bestimmte Verträge der Daseinsvorsorge nach § 7a BerlIFG zu veröffentlichen, wenn ein öffentliches Informationsinteresse vorliegt. 17

Das IFG aus **Bremen** enthält in § 11 Abs. 4 BremIFG eine § 11 Abs. 3 IFG ähnliche Regelung, welche ebenfalls die Veröffentlichung für „weitere geeignete Informationen" anordnet. Im Gegensatz zu § 11 Abs. 3 IFG enthält die bremische Regelung allerdings eine konkrete Vorgabe, was unter weiteren geeigneten Informationen insbes. zu verstehen sein soll, nämlich Handlungsempfehlungen, Statistiken, Gutachten, Berichte, Broschüren, bei den Behörden vorhandene gerichtliche Entscheidungen, Senatsvorlagen nach Beschlussfassung, Mitteilungen des Senats an die Bürgerschaft sowie Unterlagen, Protokolle und Beschlüsse öffentlicher Sitzungen. Eine wichtige Erweiterung erfährt dies durch die Vorgabe, Informationen zu veröffentlichen, zu denen bereits nach dem BremIFG Zugang gewährt worden ist. Diese Regelung ist erkennbar weit gefasst, da sie jede Information erfassen soll, zu der jemals ein erfolgreicher IFG-Antrag gestellt wurde. Überzeugend ist dies nicht, da die Herausgabe aufgrund eines Antrags und die Veröffentlichung im Internet unterschiedliche Eingriffstiefen in fremde Rechte aufweisen und nach dem jeweiligen Fachrecht (zum Beispiel Datenschutz- oder Urheberrecht) unterschiedlich zu bewerten sein können (→ Rn. 15). 18

Am weitesten dürfte momentan das **Hamburg**ische Transparenzgesetz gehen (HbgGVBl. 2012, 271; s. dazu Caspar ZD-Editorial 10/2012). In diesem Gesetz wurden die Veröffentlichungspflichten aus den anderen Informationsfreiheitsgesetzen zusammengetragen und noch ergänzt. § 3 Abs. 1 Nr. 1–15 HbgTG fordert unter anderem die Veröffentlichung von Verträgen der Daseinsvorsorge, Haushalts-, Stellen-, Bewirtschaftungs-, Organisations-, Geschäftsverteilungs- und Aktenplänen, Globalrichtlinien, Fachanweisungen und Verwaltungsvorschriften, amtlichen Statistiken, Gutachten und Studien, öffentlichen Plänen, insbes. Bauleit- und Landschaftsplänen, wesentlichen Regelungen erteilter Baugenehmigungen und -vorbescheide, Subventions- und Zuwendungsvergaben und den wesentlichen Unternehmensdaten städtischer Beteiligungen einschließlich einer Darstellung der jährlichen Vergütungen und Nebenleistungen für die Leitungsebene (s. dazu Schnabel NordÖR 2012, 431 (432 f.)). Darüber hinaus verlangt § 3 Abs. 2 HbgTG die Veröffentlichung vergleichbarer Informationen von öffentlichem Interesse. Eine weitere Besonderheit liegt darin, dass nach § 1 Abs. 2 HbgTG jedermann ein subjektives öffentliches Recht auf Veröffentlichung der Informationen nach § 3 Abs. 1 HbgTG zusteht (→ Rn. 3). Unklare Begriffe werden daher aller Voraussicht nach von den Gerichten geklärt und eine unter Umständen zurückhaltende Verwaltung zum Veröffentlichen gezwungen werden. 19

II. Umweltinformationsgesetz

20 Die Zurückhaltung des Bundesgesetzgebers zeigt sich auch im Vergleich zum **UIG**, welches zwar auch vom Bundesgesetzgeber erlassen wurde, aber auf europäischen Vorgaben beruht (Richtlinie 2003/4/EG). Durch § 7 Abs. 2 UIG werden informationspflichtige Stellen verpflichtet, praktische Vorkehrungen zum Informationszugang zu treffen (→ UIG § 7 Rn. 2ff). Diese Regelung ist mit § 11 IFG im Wesentlichen vergleichbar (Schoch IFG § 11 Rn. 7). § 10 Abs. 1 UIG verpflichtet darüber hinaus zur aktiven und systematischen Verbreitung von materiellen Umweltinformationen in angemessenem Umfang (→ UIG § 10 Rn. 6ff.). In § 10 Abs. 2 UIG wird ein Mindestbestand von Informationen genannt, die zu verbreiten sind.

III. Europa

21 Das **Eigenverwaltungsrecht der EG** kennt verschiedene Verpflichtungen zur Veröffentlichung von Daten. Grundlegend ist hier die sogenannte Transparenzverordnung VO 1049/2001/EG. Wie ein Informationsfreiheitsgesetz berechtigt sie jeden Unionsbürger sowie jede natürliche oder juristische Person mit Wohnsitz oder Sitz in einem Mitgliedstaat grds. zum Zugang zu Dokumenten der Organe (Schoch EuZW 2011, 388 ff.). Darüber hinaus enthält die Transparenzverordnung mit § 11 vergleichbare Verpflichtungen, zum Beispiel zur Errichtung öffentlich zugänglicher Dokumentenregister nach Art. 11 VO 1049/2001/EG und die Pflicht nach Art. 13 VO 1049/2001/EG, Dokumente im Amtsblatt zu veröffentlichen (Schoch IFG § 11 Rn. 8).

22 Ein Beispiel für eine materielle Regelung ist die Einrichtung eines Registers zur **Veröffentlichung von Agrar- und Fischereisubventionen** auf der Grundlage von Art. 40 Abs. 1 Nr. 8b und Art. 44a VO 1290/2005/EG. Das Register sollte Auskunft geben über die Empfänger von entsprechenden Subventionen und deren Höhe pro Kalenderjahr. Allerdings wurde es aufgrund einer Vorlageentscheidung des VG Wiesbaden (MMR 2009, 428 ff. mkritAnm Schnabel, K&R 2009, 358 ff.) vom EuGH stark eingeschränkt (EuZW 2010, 939 ff. mAnm Guckelberger = MMR 2011, 122 ff. mAnm Hornung). Der EuGH hat insoweit einer seiner Ansicht nach zu weitgehenden Transparenz einen Riegel vorgeschoben und dem Datenschutz eindeutig Vorrang eingeräumt. Überzeugen muss dies freilich nicht (Dix/Schoch, Jahrbuch Informationsfreiheit und Informationsrecht 2012, 123 (140)).

§ 12 Bundesbeauftragter für die Informationsfreiheit

(1) Jeder kann den Bundesbeauftragten für die Informationsfreiheit anrufen, wenn er sein Recht auf Informationszugang nach diesem Gesetz als verletzt ansieht.

(2) Die Aufgabe des Bundesbeauftragten für die Informationsfreiheit wird von dem Bundesbeauftragten für den Datenschutz wahrgenommen.

(3) Die Bestimmungen des Bundesdatenschutzgesetzes über die Kontrollaufgaben des Bundesbeauftragten für den Datenschutz (§ 24 Abs. 1 und 3 bis 5), über Beanstandungen (§ 25 Abs. 1 Satz 1 Nr. 1 und 4, Satz 2 und Abs. 2 und 3) sowie über weitere Aufgaben gemäß § 26 Abs. 1 bis 3 gelten entsprechend.

Die Regelung stattet den neu geschaffenen Bundesbeauftragten für Informationsfreiheit mit den gleichen Rechten aus wie den Bundesbeauftragten für Datenschutz nach dem BDSG (→ Rn. 1 ff.) und überträgt diesem auch die Aufgabe des Informationsfreiheitsbeauftragten (→ Rn. 26 ff.). Jeder in seinem Informationszugangsrecht Verletzte kann ihn anrufen (→ Rn. 10 ff.). Der BfDI kann unabhängig davon Kontrollen vornehmen (→ Rn. 34 ff.) und Beanstandungen aussprechen (→ Rn. 46 ff.). Er hat Tätigkeitsberichte zu erstellen (→ Rn. 53 ff.) und andere Öffentlichkeitsarbeit wahrzunehmen (→ Rn. 56). Auf die Regelungen im BDSG zur Zusammenarbeit mit den Länderkollegen wird hingegen nicht verwiesen (→ Rn. 59 ff.).

Übersicht

	Rn		Rn
A. Allgemeines	1	**E. Aufgaben des BfDI**	34
B. Rechtsstellung des BfDI	6	I. Kontrollaufgaben des BfDI (§ 24 Abs. 1 und 3–5 BDSG)	38
C. Anrufung des BfDI	10	II. Beanstandungen (§ 25 Abs. 1 S. 1 Nr. 1 und 4, S. 2 und Abs. 2 und 3 BDSG)	46
I. „Jeder"	11		
II. Beschwer	13		
III. Begrenzung auf das IFG	16	III. Weitere Aufgaben (§ 26 Abs. 1–3 BDSG)	52
IV. Form, Frist und Inhalt der Anrufung	17	1. Erstattung von Tätigkeitsberichten	53
V. Wirkung der Anrufung	20	2. Öffentlichkeitsarbeit	56
D. Errichtung des BfDI	26	3. Gutachten und Berichterstattung gegenüber dem Bundestag	57
I. Doppelfunktion des BfDI	27	4. Weiteres	58
II. Unterschiede zwischen dem Datenschutz- und dem Informationsfreiheitsbeauftragten	31	IV. Zusammenarbeit mit Länderkollegen (§ 26 Abs. 4 BDSG)	59

A. Allgemeines

§ 12 IFG schafft das Amt des Bundesbeauftragten für Informationsfreiheit, überträgt das 1
Amt dem Bundesdatenschutzbeauftragten (§ 13 enthält dann die lediglich redaktionelle
Folgeänderung einer einheitlichen Bezeichnung → § 13 Rn. 1) und stattet ihn in der
Informationsfreiheit im Wesentlichen mit den gleichen Rechten aus wie im Datenschutz
nach dem BDSG. Hinzu kommt das ebenfalls in § 12 IFG verankerte Recht, den BfDI
anzurufen, wenn jemand seine Rechte nach dem IFG als verletzt ansieht. Der **Aufbau der
Vorschrift** ist nicht ideal: Sie beginnt mit dem Anrufungsrecht in Abs. 1, in Abs. 2 wird
dann die anzurufende Institution begründet und durch Abs. 3 mit bestimmten Rechten
ausgestattet. Es wäre stimmiger gewesen, zuerst die Institution zu benennen und gewissermaßen gesetzmäßig zu gründen, bevor sie in einer anderen Vorschrift als existent vorausgesetzt
wird (Jastrow/Schlatmann IFG § 12 Rn. 11; Schoch IFG § 12 Rn. 7). Dies war auch
zunächst so vorgesehen. Die Reihenfolge der Absätze eins und zwei wurde jedoch im
Gesetzgebungsverfahren geändert, um die Bedeutung des Anrufungsrechts zu betonen (BT-
Drs. 15/5606 8, 6).

Der durch § 12 eingerichtet Beauftragte ist ein **Ombudsmann** nach skandinavischem 2
Vorbild (Jastrow/Schlatmann IFG § 12 Rn. 12; NK-IFG/Rossi IFG § 12 Rn. 1). Er darf
sich informieren und andere beraten, aber nicht gestalten (falsch daher Ibler, FS-Brohm,
2002, 405 (416), der meint, dass die Beauftragten künftig **mitentscheiden;** von einer
Entscheidung kann höchstens im Rahmen einer Beanstandung (→ Rn. 46) gesprochen
werden). Im Gegensatz dazu steht das englische Modell nach dem der Information Commissioner über die Freigabe einer Information entscheidet und die dadurch verpflichtete
Stelle hiergegen gerichtliche Hilfe in Anspruch nehmen muss (s. anhand des Beispiels des
entscheidenden Telefonats zwischen POTUS Bush und PM Blair über den Einmarsch in den
Irak, Norton-Taylor, guardian v. 21.5.2102, abrufbar unter http://www.guardian.co.uk/
world/2012/may/21/bush-blair-pre-iraq-conversation/print). Der BfDI ist dadurch zwar
weit weniger machtvoll, dies kann ihm bei seiner speziellen Rolle aber auch zugutekommen:
Seine Aufgabe liegt in einer institutionellen Stärkung der Informationsfreiheit (Jastrow/
Schlatmann IFG § 12 Rn. 5). Die Möglichkeit seiner Anrufung stärkt den subjektiven
Rechtsschutz Betroffener (Fluck/Theuer/Guckelberger IFG § 12 Rn. 32; Schoch IFG § 12
Rn. 5), da diese unentgeltliche eine mit dem IFG bestens vertraute Hilfe in Anspruch
nehmen können, die auch die auf Seiten der Verwaltung handelnden Akteure in aller Regel
gut kennt. Im Idealfall gelingt dem BfDI eine konsensuale Lösung des Streits, was eventuell
Widerspruchsverfahren verhindert, jedenfalls aber die Gerichte entlastet (Schoch IFG § 12
Rn. 5). Ferner ist eine konsensuale Lösung grds. zu bevorzugen, da sie das Gefühl der
Unterlegenheit einer Partei verhindert. Dies wäre aber nicht möglich, wenn der BfDI selbst
mit dem Recht ausgestattet wäre, die Angelegenheit (und sei es nur vorläufig) zu ent-

scheiden. Dann würde aller Voraussicht nach auch die Bereitschaft der Verwaltung erheblich mindern, sich mit der Bitte um Beratung an den BfDI zu wenden. Es ist zu beobachten, dass immer zu Beginn des Paradigmenwechsels eine erhebliche Unsicherheit auf Seiten der Verwaltung besteht. Gerade zu diesem Zeitpunkt kann es sich auch für die Verwaltung lohnen, die Beauftragte bzw. den Beauftragten anzurufen und um eine Einschätzung zu bitten (Franßen/Seidel IFG Nordrhein-Westfalen, 2007, Rn. 1168). Der Beauftragte ist weniger Gegenmacht zur Exekutive als vielmehr „Träger von Sonderwissen in der Exekutive" (Gusy DVBl. 2013, 941 (946)). Die Begrenzung der Möglichkeiten des BfDI selbst zu entscheiden, wird bisweilen beklagt, aber es ist nicht unwahrscheinlich, dass sich gerade in dieser nur scheinbaren Machtlosigkeit der Schlüssel zum Erfolg der Institution des BfDI verbirgt.

3   Zwingend ist die **Einrichtung eines Beauftragten im IFG-Bereich** nicht (im Gegensatz dazu ist im Datenschutz die Beteiligung unabhängiger Beauftragter verfassungsrechtlich von erheblicher Bedeutung für einen effektiven Schutz des Rechts auf informationelle Selbstbestimmung, vgl. BVerfG, NJW 1984, 419, (422 f.)). Auch für die anderen Auskunfts- und Informationsrechte existiert kein Beauftragter (Kloepfer/v. Lewinski DVBl. 2005, 1277 (1287) verweisen zutreffend auf das UIG). Dennoch ist die Einrichtung uneingeschränkt zu begrüßen. Der ansonsten zu häufig bemühte Begriff des „Paradigmenwechsel" trifft auf den Erlass des IFG und den dadurch bedingten Wechsel von Amtsgeheimnis zur voraussetzungslosen Aktenöffentlichkeit voll zu. Einen solchen Wechsel umzusetzen, bedarf Sachkenntnis, Vernetzung und Ausdauer, die am besten durch die Errichtung einer Institution geschaffen wird. Im Gegensatz zum Datenschutz, in dem neue technische Entwicklungen eine konstante Bobachtung und Anwendung bekannter Gesetze auf geänderte technische Gegebenheiten erfordern, ist der Informationsfreiheitsbeauftragte vor allem erforderlich, um ein Umdenken bei den auskunftspflichtigen Stellen herbeizuführen und dafür zu sorgen, dass die gesetzmäßige Erfüllung von IFG-Anträgen zum Standard wird (Gusy DVBl. 2013, 941 (948)). Es könnte daher sein, dass sich der Informationsfreiheitsbeauftragte selbst überflüssig macht, wenn er seine Aufgabe so gut erledigt, dass der Paradigmenwechsel in der Verwaltung erreicht wird und alle Anfragen streng nach Recht und Gesetz erledigt werden.

4   **Behördliche Informationsfreiheits-Beauftragte** existieren im IFG nicht (auch nicht im BerlIFG, weshalb Debus DVBl. 2013, 917 (921) zumindest missverständlich ist: „Aufbauend auf den positiven Erfahrungen mit dem Berliner Informationsfreiheitsgesetz werden behördliche Informationsfreiheitsbeauftragte als ein weiterer praktischer Schritt zu mehr Bürgerfreundlichkeit ...bewertet."). Dass auch die Verfassung sie nicht fordert, liegt daran, dass die Informationsfreiheit nach dem IFG kein Grundrecht ist (sie darf nicht mit der Informationsfreiheit des Art. 5 Abs. 1 S. 1 Var. 2 GG verwechselt werden → GG Art. 5 Rn. 41 ff.). Obwohl ihre Einrichtung weder verfassungsrechtlich noch einfachgesetzlich geboten ist, kann ihr Einsatz sehr hilfreich sein (s. dazu ausf. und überzeugend Debus DVBl. 2013, 917 ff.). Allerdings darf dabei nicht übersehen werden, dass die Einrichtung einer eigenen Stelle nur von Verwaltungseinheiten ab einer gewissen Größe geleistet werden kann. Kleine(re) Verwaltungseinheiten können sich die Abstellung einer Person nur für die Abarbeitung oder Betreuung von IFG-Anträgen haushalterisch nicht leisten. Soweit einzelne Personen speziell mit der Bearbeitung von IFG-Anträgen betraut werden, sind die Erfahrungen damit jedoch eindeutig positiv (Debus DVBl. 2013, 917 (921 ff.)). In den Ländern ist das Aufkommen an IFG-Anträgen bisher nicht so stark, dass sich die Einsetzung eines behördlichen Beauftragten, der ausschließlich für die Informationsfreiheit zuständig ist, lohnen würde. Soweit einzelnen Personen eine Zuständigkeit für die Informationsfreiheit übertragen wird, sind dies in aller Regel die jeweiligen behördlichen Datenschutzbeauftragten, die die neue Aufgabe zusätzlich übernehmen (dürfen).

5   Im Datenschutzrecht ist der BfDI nach § 24 Abs. 1 BDSG für die Kontrolle der Einhaltung der Vorschriften über den Datenschutz nach dem BDSG und anderen Vorschriften über den Datenschutz zuständig. Der BfDI ist daher nicht auf die Kontrolle der Einhaltung des BDSG beschränkt, sondern kann zB auch Verstöße gegen datenschutzrechtliche Regelungen des TMG durch Bundesbehörden kontrollieren. Man könnte der Ansicht sein, dass er im Informationsfreiheitsbereich **nicht auf das IFG beschränkt** ist, sondern zB auch die Einhaltung konkurrierender Auskunfts- und Informationsansprüche zB nach § 29 VwVfG, UIG, VIG und dem BArchG kontrollieren darf. Hiergegen wird eingewandt, dass dem § 12

Abs. 1 entgegenstehe, wonach der BfDI nur angerufen werden könne, wenn jemand seine Rechte nach dem IFG verletzt sieht (Fluck/Theuer/Guckelberger IFG § 12 Rn. 99). Dies überzeugt jedoch nicht, da § 12 Abs. 1 nur das Anrufungsrecht regelt, § 12 Abs. 3 hingegen für die Kontrollaufgaben uneingeschränkt auch auf § 24 Abs. 1 BDSG verweist (Schoch IFG § 12 Rn. 70). Daher ist zwischen dem Anrufungsrecht und der Kontrollkompetenz zu unterscheiden. § 12 Abs. 1 schränkt die Kontrollkompetenz des BfDI auch nicht insoweit ein, dass ihm nur eine Kontrolle der Verletzung subjektiver Rechte von Antragstellern zustünde (in diese Richtung aber NK-IFG/Rossi IFG § 12 Rn. 37 f.). Im Ergebnis ist es daher überzeugender, aus der Verweisung in § 12 Abs. 3 auf § 24 Abs. 1 BDSG auch eine Zuständigkeit des BfDI für andere Informations- und Auskunftsansprüche abzuleiten. Soweit ersichtlich nimmt der BfDI dies aber bisher nicht wahr. Zu fordern ist daher je nach Ansicht eine gesetzliche Klarstellung bzw. Erweiterung der Aufgaben des BfDI auf die Kontrolle der Einhaltung informationsfreiheitsrechtlicher Vorschriften nach dem IFG und anderen Gesetzen, insbes. dem UIG und dem VIG (ebenso Ziekow/Debus/Musch, Evaluationsgutachten, 2012, 453, die allerdings irrtümlich § 4g BDSG als Vorbild nehmen. Diese Vorschrift gilt aber nur für behördliche Datenschutzbeauftragte, nicht für den BfDI. Zu behördlichen Informationsfreiheitsbeauftragten → Rn. 4). In Schleswig-Holstein ist die Befugnis zur Kontrolle der Einhaltung des UIG durch die Zusammenlegung von IFG-SH und UIG-SH im IZG-SH (G v. 19.1.2012, GVOBl. 2012, 89) bereits erfolgt. In den anderen Ländern wäre dies ebenfalls wünschenswert, nicht zuletzt deshalb, da nicht alle Länder über so eine vergleichsweise strenge Konkurrenzregelung verfügen wie § 1 Abs. 3 (→ § 1 Rn. 180 ff.) und es daher oft unklar ist, ob Informationen nach dem jeweiligen Landes-IFG oder Landes-UIG verlangt und gewährt werden (s. zur Konkurrenz zwischen Landes-IFG und Landes-UIG Schnabel NordÖR 2011, 167 ff.).

B. Rechtsstellung des BfDI

Die Rechtsstellung des BfDI wird in den §§ 22, 23 BDSG ausgestaltet auf die § 12 nicht **6** verweist. Aufgrund der Tatsache, dass der BfDI eine Doppelstellung innehat (siehe dazu Rn. 27 ff.), die Aufgaben also immer in Personenidentität wahrgenommen werden, ist eine Verweisung im IFG auf die entsprechenden Regelungen des BDSG verzichtbar (Schoch IFG § 12 Rn. 57). Die Regelungen zur Rechtsstellung des BfDI aus dem BDSG gelten auch dann unmittelbar, wenn er Aufgaben nach dem IFG wahrnimmt (BfDI, Tätigkeitsbericht 2006/ 2007, 22). Der BfDI wird vom Bundestag direkt gewählt (Zum Verfahren siehe Simitis/ Dammann BDSG, 7. Aufl. 2011, BDSG § 22 Rn. 4 ff.) und steht in einem öffentlich-rechtlichen Amtsverhältnis eigener Art (Simitis/Dammann BDSG, 7. Aufl. 2011, BDSG § 22 Rn. 14; siehe allgemein zur Stellung des BfDI Zöllner, Der Datenschutzbeauftragte im Verfassungssystem, 1995; Roßnagel/Heil Handbuch Datenschutzrecht, 2003, Kap. 5.1). Das Gesetz nennt als **subjektive Voraussetzung** lediglich die Vollendung des 35. Lebensjahrs (darüber hinaus ist selbstverständlich die Befähigung zur Bekleidung öffentlicher Ämter erforderlich). Die **Befähigung zum Richteramt** ist nicht gesetzlich vorgeschrieben. Dies entspräche auch nicht der Realität. Zwar besteht die Mehrheit der LfDIs aus Juristen und auch die bisherigen BfDIs waren weit überwiegend Juristen, aber die amtierenden Landesbeauftragten aus Sachsen (Mathematiker und Theologe) und Mecklenburg-Vorpommern (Diplomingenieur) sind es nicht, ebenso wie der amtierende BfDI (Volkswirt). Der BfDI kann nach § 22 Abs. 3 S. 2 BDSG lediglich einmal wiedergewählt werden. Die **Amtszeit** beträgt daher insgesamt maximal zehn Jahre, da jede Amtszeit nach § 22 Abs. 3 S. 1 BDSG fünf Jahre dauert. Die Regeln über die Unvereinbarkeit des Amtes mit anderen Aufgaben und Mitgliedschaften nach § 23 Abs. 2 S. 1 BDSG ist keine Voraussetzung für die Wahl des BfDI. Vielmehr müsste eine Person, die in das Amt des BfDI gewählt wird, die anderen Ämter und Mitgliedschaften aufgeben (Simitis/Dammann BDSG, 7. Aufl. 2011, BDSG § 22 Rn. 9).

Nach § 22 Abs. 4 S. 2 BDSG ist der BfDI bei der Ausübung seines Amtes **unabhängig 7** und nur dem Gesetz unterworfen. Eine **Fachaufsicht** besteht nicht (Simitis/Dammann BDSG, 7. Aufl. 2011, BDSG § 22 Rn. 16). Allerdings wird der BfDI beim Bundesministerium des Inneren eingerichtet und untersteht nach § 22 Abs. 5 S. 2 BDSG dessen **Dienstaufsicht**. Darüber hinaus untersteht er nach § 22 Abs. 4 S. 3 BDSG der **Rechtsaufsicht** der Bundesregierung. Dies könnte gegen die von § 22 Abs. 4 S. 2 BDSG vorgeschriebene Unabhängigkeit der Amtsausübung verstoßen. Diese ist im Lichte der europarechtlichen Vorgabe von Art. 28 Abs. 1 S. 2 Datenschutzrichtlinie 95/46/EG (Richtlinie 95/46/EG des Europäischen Parlaments und des Rates v. 24.10.1995 zum Schutz natürlicher Personen bei der Verarbeitung personenbezogener Daten und zum freien Datenverkehr) zu verstehen, welche die Aufgabenwahrnehmung in „vollständiger Unabhängigkeit" verlangt (s. dazu Schild DuD 2010, 549). Deutschland ist bereits in einem Vertragsverletzungsverfahren wegen der unvollständigen Umsetzung von Art. 28 Abs. 1 S. 2 Datenschutzrichtlinie 95/46/EG verurteilt worden (EuGH Urt. v. 9.3.2010 – Rs. C-518/07; siehe dazu Roßnagel EuZW 2010, 299 ff.; Spiecker gen. Döhmann, JZ 2010, 787 ff.; Taeger, K&R 2010, 330 ff.). Ob mit der aktuellen Regelung die Anforderungen der Datenschutzrichtlinie hinreichend umgesetzt wurden, kann mit guten Gründen bezweifelt werden (Simitis/Dammann BDSG, 7. Aufl. 2011, BDSG § 22 Rn. 28 ff.; nicht eindeutig bei Däubler/Klebe/Wedde/Weichert/ BDSG, 3. Aufl. 2010, BDSG § 22 Rn. 5: „unbefriedigend"). Dies gilt insbes. vor dem Hintergrund, dass der EuGH zuletzt auch noch Österreich wegen einer mangelnden Unabhängigkeit der Datenschutzaufsichtsbehörde verurteilt hat (EuGH, Urt. v. 16.10.2012 – Rs. C-614/10 = ZD 2012, 563 ff.; Deutschland war der Verfahren als Streithelfer beigetreten.). Für die Aufgabe als Informationsfreiheitsbeauftragter gelten diese europarechtlichen Vorgaben nicht unmittelbar. Allerdings gilt ihre Umsetzung in § 22 Abs. 5 S. 3 BDSG auch für den Bereich der Informationsfreiheit.

8   Nach § 22 Abs. 5 S. 3 BDSG ist dem BfDI die für die Erfüllung seiner Aufgaben **erforderliche Sach- und Personalausstattung** zur Verfügung zu stellen. Dass der BfDI tatsächlich die für die Erfüllung seiner Aufgaben erforderliche Sach- und Personalausstattung zur Verfügung hat, kann bezweifelt werden. Im Gesetzgebungsverfahren wurde auf der Grundlage der Erfahrungen in Brandenburg von einem Personalbedarf von zwei bis drei neuen Stellen im höheren Dienst und drei Stellen im gehobenen Dienst ausgegangen (BT-Drs. 15/5606, 2; allerdings besteht das Referat „Akteneinsicht" bei der LDA Brandenburg aus einer einzigen Stelle des höheren Dienstes). 2013 bestand das Referat Informationsfreiheit aus 2,5 Stellen im höheren Dienst und 1,5 Stellen im gehobenen Dienst. In der unzureichenden Ausstattung des BfDI kann man einen **Gesetzesverstoß** sehen (so Schoch IFG § 12 Rn. 60). Allerdings gibt es aufgrund der erheblichen Arbeitsbelastung im Datenschutzbereich der Dienststellen (s. zB die Informationsbroschüre „Zahlen, Daten, Fakten" (Stand März 2012) des HbgLfDI, abrufbar unter http://www.datenschutz-hamburg.de/uploads/media/Datenschutz_Zahlen-Fakten-Daten_01.pdf.) die Praxis einer **Quersubventionierung**. Für den Bereich der Informationsfreiheit zur Verfügung gestellte Stellen wandern oft in die Datenschutzbereiche ab. Aufgrund der sich aus Art. 28 Abs. 1 S. 2 Datenschutzrichtlinie 95/46/EG ergebenden vollständigen Unabhängigkeit der Aufgabenerfüllung handelt es sich dabei um eine Organisationsentscheidung des Dienststellenleiters, die man kritisieren kann, die sich aber der Aufsicht entzieht und keinen Gesetzesverstoß darstellt (Simitis/Dammann BDSG, 7. Aufl. 2011, BDSG § 22 Rn. 27). Wichtig ist lediglich, dass die dem BfDI zur Verfügung stehenden Personal- und Sachmittel nicht etwa für andere Zwecke des Bundesministeriums des Inneren verwendet werden dürfen.

9   Dem BfDI und (nach Disposition des BfDI) seinen Mitarbeitern steht ein **Zeugnisverweigerungsrecht** nach § 23 Abs. 4 S. 1 und 2 BDSG zu. Dieses ist eine wesentliche Voraussetzung für die Schaffung eines Vertrauensverhältnisses zu Petenten, Informanten und Whistleblowern (ebenso Däubler/Klebe/Wedde/Weichert BDSG, 3. Aufl. 2010, BDSG § 22 Rn. 4). Die Bedeutung von Informanten ist im Bereich des Datenschutzes allerdings ungleich größer als in der Informationsfreiheit. Auch sind Petenten in aller Regel der auskunftspflichtigen Stelle bereits bekannt, da sie erfolglos Zugang zu Informationen beantragt haben. Im Rahmen des Zeugnisverweigerungsrechts besteht nach § 23 Abs. 4 S. 3 BDSG auch ein Verbot, die Vorlegung oder Auslieferung von Akten und anderen Schriftstücken zu fordern. Dem soll ein Beschlagnahmeverbot nach § 96 StPO entsprechen (so Däubler/Klebe/Wedde/Weichert BDSG, 3. Aufl. 2010, BDSG § 23 Rn. 5).

C. Anrufung des BfDI

10   Nach § 12 Abs. 1 IFG kann jeder den BfDI anrufen, wenn er sich Recht auf Informationszugang nach diesem Gesetz als verletzt ansieht. Die Anrufung ist weder Voraussetzung für weitere Maßnahmen, noch bestimmt die Norm konkrete Folgen einer Anrufung.

I. „Jeder"

Nach § 12 Abs. 1 darf „jeder" den BfDI anrufen. Die Bestimmung ist § 21 BDSG **11** nachgebildet (BT-Drs. 15/4493, 17) und verleiht ein subjektives Recht auf Anrufung des BfDI (NK-IFG/Rossi IFG § 12 Rn. 4; Schoch IFG § 12 Rn. 9). Mit dem Begriff „jeder" verwendet das Gesetz dieselbe Bezeichnung wie bei der Verleihung des Rechts auf Informationszugangs in § 1 Abs. 1. Es ist daher naheliegend, die Begriffe deckungsgleich auszulegen (siehe nur Fluck/Theuer/Guckelberger IFG § 12 Rn. 52). Erfasst sind daher **natürliche und juristische Personen des Privatrechts** (→ § 1 Rn. 95 ff.). Juristische Personen des öffentlichen Rechts sollen von einer Anrufung ebenso ausgeschlossen sein wie Bürgerinitiativen oder Verbände ohne eigene Rechtspersönlichkeit (Fluck/Theuer/Guckelberger IFG § 12 Rn. 53 unter Verweis auf die Gesetzesbegründung zu § 1, BT-Drs. 15/4493, 7). Hier gilt das gleiche wie beim Auskunftsanspruch nach § 1: Auch für Verbände und Initiativen handeln natürliche Personen. Einzelpersonen können zwar nicht die Rechte eines Verbands oder einer Initiative geltend machen. Es ist jedoch bürgerfreundlicher, den Antrag entsprechend auszulegen, so dass er der Person zugerechnet wird, die für den Verband oder die Initiative handelt. Problematisch kann dies nur in den Fällen sein, in denen durch die Antragstellung eine Gebührenpflicht ausgelöst wird, die die handelnde Person nicht übernehmen will. Da die Anrufung des BfDI kostenlos ist (→ Rn. 25; Dix/Schaar/Schultze Jahrbuch Informationsfreiheit und Informationsrecht 2009, 147 (161); Ziekow/Debus/Musch, Evaluationsgutachten, 2012, 239 mwN), kann dieses Problem bei § 12 Abs. 1 IFG nicht zu einer strengeren Auslegung führen. Im Übrigen sind auch keine Gründe ersichtlich, einer Initiative oder einem Verband, der wegen eines abgelehnten Antrags den BfDI anruft, in der Hinsicht abschlägig zu antworten, dass er nicht berechtigt sei, den BfDI anzurufen. Da für die Auslegung von § 12 Abs. 1 IFG und § 1 Abs. 1 IFG das Gleiche gilt, wäre es sehr viel sinnvoller, dem Anrufenden direkt zu antworten, warum er als Verband oder Initiative keine Rechte „nach diesem Gesetz" haben kann. Durch eine formale Antwort, die das Anrufungsrecht ablehnt und nicht inhaltlich antwortet, bleibt der verhinderte Petent im Unklaren und der BfDI verfehlt das Ziel seiner Einsetzung: Die Streitbeilegung unter Vermeidung von Widerspruchs- und Gerichtsverfahren. Darüber hinaus soll es nach § 12 Abs. 1 IFG genügen, wenn jemand sein Recht als verletzt ansieht. Dies kann auch dann der Fall sein, wenn gar kein Recht besteht (ebenso Schoch IFG § 12 Rn. 16).

Problematischer ist der **Ausschluss Dritter,** also von Personen die ihre Rechte durch **12** einen gewährten oder beabsichtigten Informationszugang anderer verletzt sehen. Nach dem insoweit eindeutigen Gesetzeswortlaut, sind sie von dem Recht auf Anrufung des BfDI nach § 12 Abs. 1 ausgeschlossen. Dieses ist nur dann einschlägig, wenn die Person ihr **Recht auf Informationszugang** nach dem IFG verletzt sieht. Dies kann unstreitig nicht der Fall sein, wenn Rechte **durch Informationszugang** verletzt werden. Der eindeutige Gesetzeswortlaut ermöglicht nicht die Ausweitung des Rechts auf Dritte (Schoch IFG § 12 Rn. 18 ff.). Das Ergebnis vermag freilich nicht zu befriedigen und war vom Gesetzgeber ausweislich der Gesetzesbegründung auch nicht gewollt (BT-Drs. 15/4493, 17). Es steht im Konflikt zur beabsichtigten Aufgabe des BfDI streitschlichtend tätig zu werden und die betroffenen Rechte zu einem angemessenen Ausgleich zu bringen. Auch der Verweis, dass betroffene Dritte den BfDI nach § 21 BDSG anrufen können (BRS IFG § 12 Rn. 21), hilft nur bedingt weiter, da diese Möglichkeit lediglich die datenschutzrechtlich Betroffenen schützt, nicht jedoch Rechte nach § 6 (Fluck/Theuer/Guckelberger IFG § 12 Rn. 53). Die herrschende Meinung in der Literatur wendet § 12 Abs. 1 trotz des eindeutigen Wortlauts direkt auf Dritte an (Jastrow/Schlatmann IFG § 12 Rn. 14; NK-IFG/Rossi IFG § 12 Rn. 11; BRS IFG § 12 Rn. 21; Fluck/Theuer/Guckelberger IFG § 12 Rn. 53). Dies ist nicht vertretbar. Überzeugender ist die **analoge Anwendung von § 12 Abs. 1 auf Dritte,** zu deren Begründung dann auch auf die Intention des Gesetzgebers verwiesen werden kann, welche sich aus der Gesetzesbegründung ergibt (so Schoch IFG § 12 Rn. 18 ff. insbes. 20; dem folgend Dix/Schaar/Schultze Jahrbuch Informationsfreiheit und Informationsrecht 2009, 147 (150 f.)). Praktisch bedeutsam ist dieser Streit allerdings nicht, da der BfDI die Anliegen Dritter – ebenso wie die auskunftspflichtiger Stellen (Schoch IFG § 12 Rn. 22) – auch unabhängig von § 12 Abs. 1 überprüfen kann (→ Rn. 38) und § 12 Abs. 1 kein Recht auf eine bestimmte Entscheidung gewährt (→ Rn. 24). Trotzdem ist die Änderung von § 12

Abs. 1 IFG zu empfehlen. Hier kann die Streichung der Worte „auf Informationszugang" bereits zu dem gewünschten Ergebnis, der Ausdehnung des Anrufungsrechts auf Dritte, führen (Ziekow/Debus/Musch, Evaluationsgutachten 2012, 452).

II. Beschwer

13 Die anrufende Person muss ihr Recht auf Informationszugang als verletzt ansehen, es ist also eine **persönliche und konkrete Betroffenheit** erforderlich. Dies entspricht dem im deutschen Verwaltungsprozessrecht grds. geltenden Verbot der Popularklage (BeckOK VwGO/Schmidt-Kötters VwGO § 42 Rn. 109 mwN). Für eine mögliche Rechtsverletzung ist es erforderlich, dass zumindest entweder ein Antrag gestellt wurde oder dem Petenten bereits vor Antragstellung erklärt wurde, sein Antrag werde abgelehnt (→ Rn. 14). Eine Auslegung, die weder einen Antrag noch eine Beteiligung an einem laufenden Verfahren verlangt, ist abzulehnen (so aber Jastrow/Schlatmann IFG § 12 Rn. 14). Der BfDI ist nicht nach § 12 Abs. 1 verpflichtet, auf Antrag von jedem Gutachten zu abstrakten Rechtsfragen zu erstellen oder hypothetische Fälle zu bearbeiten (NK-IFG/Rossi IFG § 12 Rn. 18; Fluck/Theuer/Guckelberger IFG § 12 Rn. 54).

14 Ob tatsächlich eine Rechtsverletzung vorliegt ist Gegenstand der Prüfung durch den BfDI (entsprechend wäre eine Klage gegen einen rechtmäßigen Verwaltungsakt unbegründet und nicht wegen § 42 Abs. 2 VwGO unzulässig, SSB/Wahl/Schütz VwGO § 42 Rn. 65). Für die Erfüllung der Voraussetzungen von § 12 Abs. 1 ist es ausreichend, dass eine **Rechtsverletzung behauptet** wird und zumindest nicht vollkommen abwegig erscheint. Ist Letzteres der Fall, die Rechtsverletzung also unter allen in Betracht kommenden Gesichtspunkten objektiv ausgeschlossen, so ist der Antrag nach § 12 Abs. 1 unzulässig (aA Schoch IFG § 12 Rn. 27 mwN, der ausschließlich auf die subjektive Sicht der Antragsteller abstellt). Die Rechtsverletzung kann sich aus verschiedenen Gründen ergeben: Nicht- oder nur Teilbeantwortung eines Antrags, Ablehnung eines Antrags, unzureichende Begründung oder anderen Fragen, deren Beantwortung sich aus dem IFG ergibt. Bei vollständig beantworteten Anfragen ist eine Anrufung nicht zulässig, da eine Rechtsverletzung vorgetragen werden muss. Hinweise zur Verbesserung oder Optimierung des IFG sind nicht von § 12 Abs. 1 erfasst. Eine Ausnahme kann bei **verspäteten, aber fristgemäßen** Antworten bestehen: Wenn Anträge zwar innerhalb der Frist von § 7 Abs. 5 S. 2 vollständig beantwortet werden, die auskunftspflichtige Stelle die Beantwortung aber bewusst verzögert, um bestimmte Termine verstreichen zu lassen und somit nicht „unverzüglich" nach S. 1 geantwortet hat. Die **vorbeugende Anrufung** des BfDI ist grds. ebenfalls zulässig, allerdings nur unter engen Bedingungen: Der Petent muss zumindest vortragen, dass eine Rechtsverletzung unmittelbar bevorsteht oder sehr wahrscheinlich ist und ihm durch ein Abwarten eine zusätzliche oder schwerere Rechtsverletzung entstünde (str., enger: Schoch IFG § 12 Rn. 24, großzügiger: Fluck/Theuer/Guckelberger IFG § 12 Rn. 58).

15 Ausgeschlossen ist die **Anrufung des BfDI nach § 12 Abs. 1 durch auskunftspflichtige Stellen.** Diese haben die Anwendung des Gesetzes selbst in der Hand und können nicht durch ihre eigene Rechtsauslegung „verletzt" sein (Dix/Schaar/Schultze Jahrbuch Informationsfreiheit und Informationsrecht 2009, 147 (151)). Sie können sich trotzdem mit Auslegungsfragen an den BfDI wenden (BfDI, Tätigkeitsbericht 2006/2007, 26 f.). Allerdings handelt es sich dabei nicht um Anrufungen nach § 12 Abs. 1.

III. Begrenzung auf das IFG

16 Das Anrufungsrecht des § 12 Abs. 1 ist auf **Verletzung des Informationszugangsrechts aus dem IFG begrenzt,** der Gesetzeswortlaut ist insoweit eindeutig. Für eine analoge Anwendung ist kein Raum, unter anderem da die Gesetzesbegründung keinen entsprechenden Hinweis enthält. Zwar ist der BfDI in der Gesamtheit seiner Arbeit aufgrund des Verweises auf § 24 Abs. 1 BDSG in § 12 Abs. 3 keineswegs auf das IFG beschränkt (→ Rn. 40; aA Dix/Schaar/Schultze Jahrbuch Informationsfreiheit und Informationsrecht 2009, 147 (152 f.)). Das Anrufungsrecht gilt jedoch nur für die Verletzung des Rechts auf Informationszugang aus dem IFG. Handelt es sich um eine **strittige Konkurrenzfrage,** deren Klärung gerade Gegenstand der Anrufung des BfDI ist, so ist die Anrufung zulässig.

Diese Konstellation gewinnt aufgrund der restriktiven Auslegung von § 1 Abs. 3 durch die Rspr. zunehmend an Bedeutung (→ § 1 Rn. 180; zum Beispiel des Presserechts → § 1 Rn. 204 und BVerwG Urt. v. 15.11.2012 – 7 C 1/12, Rn. 45). Beruft sich der Petent allerdings ausschließlich auf einen Anspruch nach dem VIG, UIG oder einem Landes-IFG und ist eine Anwendung des IFG ausgeschlossen, so ist die Anrufung des BfDI nicht nach § 12 Abs. 1 zulässig (Schoch IFG § 12 Rn. 25; Fluck/Theuer/Guckelberger IFG § 12 Rn. 59).

IV. Form, Frist und Inhalt der Anrufung

§ 12 Abs. 1 stellt keinerlei Anforderungen an Form, Frist und Inhalt der Anrufung. **17** Soweit es hier überhaupt Anforderungen geben kann, ergeben sich diese aus allgemeinen Erwägungen. Die Anrufung ist **formlos** möglich. Dies bedeutet, dass die Anrufung auf jedem denkbaren Kommunikationsweg erfolgen kann: Schriftlich, E-Mail, Fax, telefonisch oder durch persönliches Vorsprechen (Fluck/Theuer/Guckelberger IFG § 12 Rn. 62). Um Unklarheiten vorzubeugen, empfiehlt sich jedoch eine Fixierung des Sachverhalts in welcher Form auch immer. Bei telefonischen oder mündlichen Anfragen wird der zuständige Bearbeiter beim BfDI den Sachverhalt im Zweifel selbst schriftlich festhalten, um eine Dokumentation zu gewährleisten, die spätestens im Vertretungsfall unverzichtbar ist. Dass es sich bei der Formfreiheit um eine Abweichung vom Petitionsrecht des Art. 17 GG handelt, ist unproblematisch (Schoch IFG § 12 Rn. 31).

Das Gesetz verlangt nicht, dass der Anrufende nachweisen muss, personenidentisch mit **18** dem im IFG-Verfahren Beschwerten zu sein. Der Gesetzgeber hat die Gefahr, dass jemand ohne Berechtigung für einen anderen den BfDI anruft zu Recht nicht gesehen, denn es handelt sich um ein Scheinproblem. Aus der Praxis sind keine Fälle unberechtigter Anrufung der oder des Beauftragten bekannt. Das Gesetz enthält auch keine Pflicht für den Anrufenden, seinen Namen anzugeben. Aus dem datenschutzrechtlichen Grundsatz der Erforderlichkeit ergibt sich, dass jede staatliche Stelle immer nur die personenbezogenen Daten erheben darf, die zur Erfüllung ihrer Aufgaben erforderlich sind. Das BVerfG hat dazu ausgeführt: „Auch werden sich alle Stellen, die zur Erfüllung ihrer Aufgaben personenbezogene Daten sammeln, auf das zum Erreichen des angegebenen Zieles erforderliche Minimum beschränken müssen." (BVerfGE 65, 1 (46)) Daher sind grds. auch **anonyme Eingaben** zulässig. Es sind keine Gründe ersichtlich, warum nicht konkrete Anfragen zu einzelnen Vorgängen dem jeweiligen Petenten auch ohne Kenntnis seiner Identität erteilt werden können sollen. Insbesondere ist es aufgrund der Kostenfreiheit der Anrufung des BfDI (→ Rn. 25) nicht erforderlich, die Adresse des Petenten zu kennen, da keine Gebührenbescheide zugestellt werden müssen. Soweit der BfDI die Ansicht vertritt, anonymen Eingaben nicht nachgehen zu müssen (Dix/Schaar/Schultze Jahrbuch Informationsfreiheit und Informationsrecht 2009, 147 (153) ohne jede Begründung), ist dies eine zumindest bedenkliche Einstellung. Sie kann nur so verstanden werden, dass keine allgemeine Pflicht besteht, überhaupt Eingaben „nachzugehen" (→ Rn. 23). Wenn der BfDI die Ansicht vertreten sollte, anonyme Eingaben grds. schlechter behandeln zu dürfen, so fehlt hierfür jede Begründung. Eine solche Einstellung verstieße gegen verfassungsrechtliche Vorgaben und – soweit die Verarbeitung der personenbezogenen Daten der Petenten in einem Datenverarbeitungssystem erfolgt – auch gegen den Grundsatz der Datensparsamkeit nach § 3a BDSG über dessen Einhaltung der BfDI nach § 24 Abs. 1 BDSG zu wachen hat. Soweit die Unzulässigkeit anonymer Eingaben mit der Notwendigkeit von Rückfragemöglichkeiten begründet wird (so Fluck/Theuer/Guckelberger IFG § 12 Rn. 64), überzeugt dies nicht. Bei anonymen telefonischen Anfragen können Rückfragen unmittelbar gestellt werden. E-Mail-Kontakte sind unter Nutzung nicht personenbezogener E-Mail-Adressen möglich. Diese geben eine Möglichkeit zur Rückfrage ohne Personenbeziehbarkeit. § 12 Abs. 1 kennt keine **Frist.** Dies führt dazu, dass der BfDI grds. jederzeit angerufen werden kann (Schoch IFG § 12 Rn. 32; BeckOK BDSG/Worms BDSG § 21 Rn. 7), auch nach Ablauf der gesetzlichen Rechtsmittelfristen für Widerspruch und Klage (Fluck/Theuer/Guckelberger IFG § 12 Rn. 66), selbst nachdem eine Klage in letzter Instanz verloren ging (→ Rn. 20).

Auch Anforderungen an den **Inhalt** der Eingabe sind § 12 Abs. 1 nicht zu entnehmen. **19** Allerdings ergeben sich hier gewisse Mindestanforderungen aus der Natur der Sache. Der

Inhalt einer Eingabe muss zumindest so konkret sein, dass dem BfDI die **Bearbeitung der Angelegenheit ermöglicht** wird. Der Sachverhalt muss so geschildert werden, dass der BfDI zumindest in Umrissen erkennen kann, worum es geht (so Dix/Schaar/Schultze Jahrbuch Informationsfreiheit und Informationsrecht 2009, 147 (153)). Ob „in Umrissen erkennen kann" in der Praxis ausreichend ist, kann mit guten Gründen bezweifelt werden. Die konkreten Normen des IFG, die verletzt sind, müssen jedenfalls nicht benannt werden (Fluck/Theuer/Guckelberger IFG § 12 Rn. 55). § 12 Abs. 1 verlangt, dass die anrufende Person ihr Recht auf Informationszugang nach dem IFG **als verletzt ansieht.** Zu hohe Anforderungen sind hieran nicht zu stellen. Es genügen Bedenken, ob die Bescheidung eines IFG-Antrags mit geltendem Recht vereinbar ist und eine entsprechende Prüfbitte an den BfDI. Keinesfalls muss der Petent wie ein Gericht bei der konkreten Normenkontrolle von der Rechtswidrigkeit überzeugt sein und diese detailliert darlegen (→ GG Art. 100 Rn. 16).

V. Wirkung der Anrufung

20   Das Anrufungsverfahren des BfDI ist ein Beitrag zur außergerichtlichen Streitschlichtung. Es steht **neben den gesetzlichen Rechtsmitteln Widerspruch und Klage** nach § 9 Abs. 4 S. 1 (→ § 9 Rn. 48 ff.). Die Anrufung des BfDI ist **keine Zulässigkeitsvoraussetzung** für eine Klage (BT-Drs. 15/4493, 17) und sie **hemmt auch nicht die Rechtsmittelfristen.** Soweit in einer Rechtsmittelbelehrung neben dem Widerspruch auch auf die Möglichkeit einer Anrufung des BfDI hingewiesen wird, sollte dies klargestellt werden, damit beim Antragsteller keine falsche Vorstellung entsteht und die Rechtsmittelbelehrung nicht fehlerhaft ist (dann gilt nach § 58 Abs. 2 S. 1 VwGO die Jahresfrist für die Einlegung eines Rechtsmittels). Der BfDI kann **auch nach Eintritt der Rechtskraft** eines Bescheids angerufen werden, sogar nachdem eine Klage in letzter Instanz gescheitert ist (Fluck/Theuer/Guckelberger IFG § 12 Rn. 77). Die Erfolgsaussichten eines Petenten dürften in einem solchen Fall allerdings sehr gering sein (zutreffend Schoch IFG § 12 Rn. 49).

21   Die Bedenken, die gegen ein **Nebeneinander von außergerichtlichem Rechtsschutz (Anrufung des BfDI) und gerichtlichem Rechtsschutz (Verpflichtungsklage)** vorgebracht werden (zum Beispiel bei Fluck/Theuer/Guckelberger IFG § 12 Rn. 78), überzeugen iErg nicht. Zwar kann sich eine Klage erledigen, wenn dem Antrag eines Petenten aufgrund der Einschaltung des BfDI doch noch stattgegeben wird. Jedoch wird dies aufgrund der Vorlaufzeiten bei verwaltungsgerichtlichen Klagen in aller Regel lange vor der ersten mündlichen Verhandlung erfolgen. Die Entlastung der Gerichte ist aber gerade eine der Aufgaben des BfDI (Schoch IFG § 12 Rn. 5). Dass Gerichte eine von der Einschätzung des BfDI abweichende Entscheidung treffen können, liegt in der Natur der Sache und schmälert keinesfalls das Ansehen des BfDI (so aber Fluck/Theuer/Guckelberger IFG § 12 Rn. 75), genauso wenig wie eine stattgebende Berufung oder Revision das Ansehen des unterinstanzlichen Gerichts schmälert. Zum Teil wird eine gesetzliche Regelung gefordert, welche das Widerspruchsverfahren ruhen lässt, bis der BfDI über die Anrufung entschieden hat (Dix/Schaar/Schultze Jahrbuch Informationsfreiheit und Informationsrecht 2009, 147 (165)). Zwar ist eine solche Regelung grds. denkbar, sie wäre jedoch eine der Systematik der VwGO fremde Ausnahme und aus der Praxis lässt sich ein Bedürfnis für eine solche Sonderregelung nicht berichten. In aller Regel entscheiden Beauftragte zeitlich deutlich bevor ein Widerspruchsbescheid ergeht.

22   Das Verhältnis zwischen **Rspr. und BfDI** ist eindeutig: In einem Rechtsstaat obliegt die Befugnis zur verbindlichen Entscheidung über die Gesetzesauslegung den Gerichten (Fluck/Theuer/Guckelberger IFG § 12 Rn. 75). Der BfDI ist daher verpflichtet, bei der Erteilung von Rechtsansichten die Auslegung des IFG durch die Gerichte zu berücksichtigen (zu zögerlich Fluck/Theuer/Guckelberger IFG § 12 Rn. 75). Er darf nicht wider besseres Wissen von den auskunftspflichtigen Stellen ein Handeln wider die gerichtliche Rechtsanwendung verlangen oder sie empfehlen, ohne auf entgegenstehende Rspr. hinzuweisen. Selbstverständlich steht es ihm frei, gerichtliche Entscheidungen zu kritisieren oder durch rechtswissenschaftliche Fachveröffentlichungen auf eine Änderung der Rspr. hinzuwirken. In der Praxis ist aber die Vermittlung der einschlägigen Rspr. eine seiner wichtigsten Aufgaben. Es ist auch die Maßnahme mit der höchsten Erfolgswahrscheinlichkeit, da sich Behörden eher durch eine gefestigte Rspr. überzeugen lassen, als durch die Gesetzesauslegung des BfDI.

Der BfDI ist in gewissem Umfang **zur Bearbeitung verpflichtet:** Er muss die Eingabe 23
zumindest entgegennehmen und seine Zuständigkeit prüfen (Dix/Schaar/Schultze Jahrbuch
Informationsfreiheit und Informationsrecht 2009, 147 (155); zum Ablauf einer Prüfung im
Detail 156 f.). Ist er zuständig, so hat er die Eingabe inhaltlich zu prüfen und nach pflichtgemäßem Ermessen über weitere Schritte zu entscheiden (NK-IFG/Rossi IFG § 12 Rn. 25; Fluck/Theuer/Guckelberger IFG § 12 Rn. 102). Im Anschluss hat der Petent einen Anspruch auf Benachrichtigung über das Ergebnis der Prüfung (VGH BY, Beschl. v. 11.2.2008
– 5 C 08.277 zu § 21 Abs. 1 BDSG). Geschieht dies nicht, so kann der BfDI gerichtlich zur
Entscheidung verpflichtet werden. Da es sich bei seinen Handlungen ausnahmslos nicht um
Verwaltungsakte handelt (unzutreffend daher Dix/Schaar/Schultze Jahrbuch Informationsfreiheit und Informationsrecht 2009, 147 (158), die von einem „Bescheid" schreiben), ist die
allgemeine Leistungsklage die statthafte Rechtsbehelf (Schoch IFG § 12 Rn. 45 mwN). Eine
gerichtliche Überprüfung der Entscheidungen des BfDI scheitert in aller Regel an
der Klagebefugnis, da Handlungen des BfDI regelmäßig kein materieller Gehalt zukommt. In
der gesetzlichen Unabhängigkeit des BfDI eine Freistellung von gerichtlicher Kontrolle zu
sehen, verkennt den Begriff der Unabhängigkeit und wäre auch mit der Rechtsschutzgarantie des Art. 19 Abs. 4 GG unvereinbar (so aber Dix/Schaar/Schultze Jahrbuch Informationsfreiheit und Informationsrecht 2009, 147 (158)).

Petenten haben nach der Rspr. **keinen Anspruch auf eine bestimmte Entscheidung,** 24
insbes. nicht auf eine Beanstandung (BayVGH Beschl. v. 11.2.2008 – 5 C 08.277 zu § 21
Abs. 1 BDSG und OVG Münster NVwZ-RR 1994, 25 ff. zu § 25 Abs. 1 NWDSG). Etwas
anderes kann sich bei der Erfüllung von Aufgaben der Aufsichtsbehörde nach § 38 BDSG
ergeben, da hier Handlungsmöglichkeiten der Aufsichtsbehörde bestehen, die der Betroffene
nicht selbst herbeiführen kann, wie zum Beispiel die Untersagung des Einsatzes eines ganzen
Verfahrens nach § 38 Abs. 5 S. 2 BDSG. In diesen Fällen ist ein Anspruch auf ein Einschreiten der Aufsichtsbehörde nicht ausgeschlossen (VG Darmstadt, MMR 2011, 417 ff. im
Ergebnis aber ablehnend; allgemein Gola/Schomerus BDSG, 11. Aufl. 2012, BDSG § 38
Rn. 17). Sind Petenten jedoch mit der Entscheidung des BfDI über die Anrufung nach § 12
Abs. 1 unzufrieden, so müssen sie gerichtliche Hilfe gegen die Entscheidung der Fachbehörde in Anspruch nehmen, womit der Garantie effektiven Rechtsschutzes nach Art. 19 Abs. 4
GG genüge getan ist (OVG Münster NVwZ-RR 1994, 25 ff. zu § 25 Abs. 1 NWDSG).
Eine Eingabe aufgrund sachfremder oder gar diskriminierender Erwägungen nicht oder
abschlägig zu bescheiden, wäre selbstverständlich trotzdem rechtswidrig. Im Gegenzug muss
der BfDI keine Eingaben bearbeiten, wenn die Anrufung offensichtlich wider besseres
Wissen erfolgt, einen beleidigenden Inhalt hat oder in beleidigender Absicht erfolgt (Gola/
Schomerus BDSG, 11. Aufl. 2012, BDSG § 21 Rn. 6; Simitis/Dammann BDSG, 7. Aufl.
2011, BDSG § 21 Rn. 27).

Nach ganz herrschender Ansicht soll die Anrufung des BfDI **kostenfrei** sein (Ziekow/ 25
Debus/Musch, Evaluationsgutachten, 2012, 239 mwN). Die Begründung hierfür ist nicht
einfach (Schoch IFG § 12 Rn. 35 f. im Ergebnis überzeugend), entscheidend ist jedoch, dass
der BfDI diese Auffassung teilt und daher in der Praxis keine Gebühren erhoben werden
(Dix/Schaar/Schultze Jahrbuch Informationsfreiheit und Informationsrecht 2009, 147 (161)).
Dies gilt jedoch nicht für Anträge auf Informationszugang, die gegen BfDI gerichtet sind.

D. Errichtung des BfDI

Die Errichtung des BfDI erfolgt durch § 12 nicht ausdrücklich. Vielmehr wird er in § 12 26
vorausgesetzt. § 13 nimmt dann lediglich redaktionelle Änderungen vor. § 12 Abs. 1 setzt
jedenfalls voraus, dass es einen Bundesbeauftragten für Informationsfreiheit gibt, Abs. 2 überträgt diese Aufgabe dem BfD und schafft dadurch den BfDI. Inhaltlich ist § 12 Abs. 2 eine
Norm mit einer generalklauselartigen Aufgabenzuweisung (Schoch IFG § 12 Rn. 52). Um
welche Aufgabe es sich dabei genau handelt, lässt § 12 Abs. 2 offen, es ergibt sich nur aus den
Abs. 1 und 3.

I. Doppelfunktion des BfDI

Die Übertragung der Funktion des Informationsfreiheitsbeauftragten auf den Bundes- 27
datenschutzbeauftragten, die zu einer **Doppelfunktion des BfDI** führt, war Gegenstand

intensiver Diskussionen (ausf. zu Argumenten für und wider Fluck/Theuer/Guckelberger IFG § 12 Rn. 82 ff.; ferner Schmitz/Jastrow NVwZ 2005, 984 (994)). Dabei ist es wichtig zu verstehen, dass Ziel des Datenschutzes nicht die Verhinderung von Kommunikation ist, sondern deren grundrechtskonforme Ausgestaltung (Gusy DVBl. 2013, 941 (945). Es besteht Einigkeit, dass eine Reihe von **Berührungspunkten zwischen dem Datenschutz und der Informationsfreiheit** existieren (allgemein Roßnagel MMR 2007, 16 ff.; Kloepfer DÖV 2003, 221 (224); anhand des Beispiels des (inzwischen aufgehobenen) HbgIFG: Schnabel DuD 2012, 590 ff.): Die beiden Rechte wurden als zwei Seiten einer Medaille beschrieben (Schindel, DuD 1989, 594) und die Informationsfreiheit als „Kehrseite der Medaille" zum Datenschutz (Gola NJW 1993, 3109 (3111)). Datenschutz und Informationsfreiheit sollen die zwei Säulen der Informationsgesellschaft sein (Kloepfer DÖV 2003, 221 (223): zwei von fünf Säulen) oder stellen zwei sich schneidende Kreise dar (Bizer/Dix FG-Büllesbach, 2002, 169 (170)). In der Praxis kommen die beiden Rechte zwar in Konflikt. Es wäre allerdings falsch anzunehmen, dass dies der Regelfall ist. Informationsansprüche sind regelmäßig nicht auf personenbezogene Daten gerichtet. Vielmehr enthalten viele begehrte Informationen personenbezogene Daten als „Beifang", weshalb eine Schwärzung in aller Regel den Interessen aller Betroffenen entgegenkommt (Schnabel DuD 2012, 520). Dass durch die Doppelfunktion der „Gärtner zum Bock" (so Ibler FS-Brohm, 2002, 405 (416)) gemacht werde, also der Wahrer des Datenschutzes, diesen zukünftig untergraben solle, ist daher nicht zutreffend.

28   Für die Tatsache, dass es einer institutionellen Absicherung des Informationsfreiheitsrechts bedarf, bestand eine stabile Mehrheit (Jastrow/Schlatmann IFG § 12 Rn. 5; BRS IFG § 12 Rn. 2 mwN). Es wurde aber bezweifelt, ob man die Aufgabe dem Bundesdatenschutzbeauftragten übertragen solle. Es existierte die Befürchtung, dass es zu **intransparenten Konfliktlösungen** innerhalb einer Behörde kommen könne, deren Hintergründe Außenstehenden verschlossen blieben (so Kloepfer/v. Lewinski DVBl. 2005, 1277 (1287); dem folgend NK-IFG/Rossi IFG § 12 Rn. 34). Es könnten „zwei Seelen in einer Brust" wohnen (so der damalige Bundesminister des Inneren Schily, BT-Plenarprotokoll 15/149, 23). Die Konflikte sollten besser offen ausgetragen werden, was sich dadurch erreichen lasse, dass man zwei unterschiedliche Institutionen schaffe (in diese Richtung Bräutigam, DVBl. 2006, 950 (956); Kloepfer/v. Lewinski DVBl. 2005, 1277 (1287); Kloepfer K&R 2006, 19 (26); anders noch Kloepfer DÖV 2003, 221 (230)). Die Gefahr, dass beide Institutionen nur das Rechtsgut im Blick haben, zu dessen Schutz oder Durchsetzung sie eingerichtet wurden und es deshalb regelmäßig zu gegensätzlichen Entscheidungen kommen würde, wurde nicht so ernst genommen wie es angemessen gewesen wäre. So sollen sich in Frankreich, wo für jedes Recht ein eigenständiger Beauftragter institutionalisiert wurde, die beiden Institutionen mit Klagen überzogen haben (so Jastrow/Schlatmann IFG § 12 Rn. 7. Das hiergegen vorgebrachte Argument, Klagen auch zwischen Verfassungsorganen seien nichts ungewöhnliches (so Bräutigam DVBl. 950 (956)) übersieht, dass es einen Unterschied macht, ob Interessen zufällig in Konflikt geraten oder man bewusst zwei Institutionen mit unterschiedlichen Zielrichtungen schafft). Im Ergebnis muss man sagen, dass die ablehnende Haltung zu einem ganz wesentlichen Teil aus der Wissenschaft kam und nicht auf negativen Praxiserfahrungen beruhte.

29   Die Übertragung der Aufgabe auf den Bundesdatenschutzbeauftragten, der bereits über praktische Erfahrungen mit der Wahrnehmung einer zwischen Bürgern und Verwaltung vermittelnden Stelle hatte, fand viele Fürsprecher. Die Übertragung auf den Datenschutzbeauftragten sei „besonders sinnvoll" (Arbeitsgemeinschaft der Informationsbeauftragten in Deutschland, DuD 2005, 290). Der vermeintliche Interessenkonflikt bestehe in Wirklichkeit kaum, vielmehr gebe es eine gemeinsame Zielrichtung, weshalb sich auch die **beiden Beauftragtenfunktionen gut miteinander verbinden lassen** (Sokol CR 2005, 835, 837). Es ist wohl kein Zufall, dass die Befürworter einer Doppelfunktion des Bundesbeauftragten häufig Landesdatenschutzbeauftragte oder sogar schon Doppelbeauftragte waren (höchst kritisch dazu Kloepfer/v. Lewinski DVBl. 2005, 1277 (1287): Rechtfertigung eigener Kompetenzzuwächse; Ibler FS-Brohm, 2002, 405 (416): erkauftes Stillhalten). Einen nicht zu unterschätzenden Anteil könnten auch haushalterische Erwägungen gespielt haben (darauf weist BRS IFG § 12 Rn. 6 hin).

30   Die Zeit und damit die Erfahrungen, die in den letzten Jahren gesammelt wurden, bestätigt die getroffene Entscheidung jedoch unabhängig davon, was letztlich ausschlag-

gebend für sie war: Kritik an dieser Entscheidung ist kaum noch zu vernehmen, sie wird vielmehr **rückblickend überwiegend als die richtige Entscheidung gewertet** (vgl. nur Schoch IFG § 12 Rn. 56; Lukaßen, 2010, 90). Es gebe kaum Konflikte zwischen beiden Rechten (Dix/Schaar/Schultze Jahrbuch Informationsfreiheit und Informationsrecht 2008, 1 (10): „völlig unproblematisch"; Sokol FS-Jaeger, 2011, 573 (583 f.)) und die wenigen Konflikte seien zufriedenstellend gelöst worden (BfDI, Tätigkeitsbericht 2006/2007, 70; im Tätigkeitsbericht 2008/2009 taucht die Frage gar nicht mehr auf, im Tätigkeitsbericht 2010/2011 wird über heikle datenschutzrechtliche Fragen bei der personalisierten Aufarbeitung von NS-Unrecht berichtet, vgl. 29 f.). In allen Bundesländern, die über ein Informationsfreiheitsgesetz verfügen, ist inzwischen die bzw. der jeweilige Landesdatenschutzbeauftragte auch Informationsfreiheitsbeauftragte bzw. Informationsfreiheitsbeauftragter. Hamburg und Thüringen, die vorerst nur über Verweisgesetze verfügten, haben bei Erlass der jeweiligen Vollregelung das Amt des Informationsfreiheitsbeauftragten geschaffen (§ 15 HbgIFG v. 17.2.2009 und § 12 ThürIFG v. 14.12.2012). In Rheinland-Pfalz wurde die bereits existierende Vollregelung geändert, um das Amt des Landesbeauftragten für Informationsfreiheit zu schaffen (§ 12a LIFG RP neu eingefügt am 20.12.2011). Auch in den noch informationsfreiheitslosen Ländern, die den Erlass eines Informationsfreiheitsgesetzes erwägen, steht es soweit ersichtlich außer Frage, dass das Amt dem bzw. der jeweiligen Landesdatenschutzbeauftragten übertragen wird (s. zB LT-Drs. BW 15/3114, § 4; LT-Drs. Hessen 18/7326). Insgesamt ist damit zu konstatieren, dass sich die Entscheidung wenigstens nicht nachträglich als falsch erwiesen hat.

II. Unterschiede zwischen dem Datenschutz- und dem Informationsfreiheitsbeauftragten

Die Tatsache, dass die beiden Rechte im Titel der Beauftragten gleichberechtigt nebeneinander stehen, darf nicht zu der Annahme verleiten, dass ihnen **in der täglichen Arbeit die gleiche Bedeutung** zukommt. Zwar ist es zutreffend, dass der BfDI nicht nur die Berücksichtigung des Datenschutzes im Rahmen von IFG-Anträgen zu prüfen hat, sondern er vielmehr der Sicherung sämtlicher Belange des IFG verpflichtet ist (Schoch IFG § 12 Rn. 55). Allerdings muss davon ausgegangen werden, dass die Wahrung datenschutzrechtlicher Vorgaben eine höhere Bedeutung für den Beauftragten hat, als wenn dieser nur für die Informationsfreiheit zuständig wäre. 31

Darüber hinaus bestehen auch Unterschiede bei der Bedeutung der beiden Rechte für das Amt des Beauftragten, die sich in der **personellen Ausstattung** niederschlagen: Das Referat Informationsfreiheit beim Bundesbeauftragten besteht aus fünf Personen, die mit insgesamt vier Stellen im Referat tätig sind (Stand April 2013). Im Datenschutzbereich existieren acht verschiedene Referate, die mit insgesamt 80 Stellen im Kernpersonal bestückt sind (Stand: 2011, Quelle: Xamit, Datenschutzbarometer 2012, 26, abrufbar unter: http://www.xamit-leistungen.de/downloads/Files.php?f=XamitDatenschutzbarometer2012.pdf.). Hierbei handelt es sich jedoch nicht um eine willkürliche Schlechterstellung, sondern vielmehr um eine realistische Abbildung des Arbeitsaufkommens: Laut Tätigkeitsbericht wurde der Bundesbeauftragte im Jahr 2009 114mal (BfDI, Tätigkeitsbericht 2008/2009, 33) und im Jahr 2010 149mal (BfDI, Tätigkeitsbericht 2010/2011, 36) von Bürgerinnen und Bürgern wegen einer Verletzung ihres Rechts auf Informationsfreiheit oder allgemeiner Auskünfte angerufen. Im Datenschutzbereich stehen dem im Jahr 2009 5066 Anrufungen und im Jahr 2010 6087 Anrufungen gegenüber (BfDI, 23. Tätigkeitsbericht für den Datenschutz 2009/2010, 152). Ein Ungleichgewicht besteht auch beim Umfang der Tätigkeitsberichte. Der Tätigkeitsbericht zur Informationsfreiheit 2010/2011 umfasst rund 120 Seiten (BfDI, Tätigkeitsbericht 2010/2011), der Tätigkeitsbericht für den Datenschutzbereich 2009/2010 ist mit 238 Seiten hingegen rund doppelt so lang (BfDI, 23. Tätigkeitsbericht für den Datenschutz 2009/2010). Ähnliches gilt für die Arbeit der Landesbeauftragten in Doppelfunktion (der aktuelle gemeinsame Tätigkeitsbericht der LfDI Bremen 2012 enthält 80 Seiten zum Datenschutz und 12 Seiten zur Informationsfreiheit). 32

Unterschiede bestehen auch in der **Art der Arbeit** des Datenschutzbeauftragten und des Informationsfreiheitsbeauftragten. Formell gibt es zwar keinen Unterschied, die Rechte sind im Wesentlichen die gleichen (→ Rn. 34 ff.). In der Praxis herrscht **jedoch ein chronischer** 33

Mangel an Rspr. zum BDSG (Übersichtsaufsätze zu wichtigen Entwicklungen im Datenschutzrecht bestehen im Wesentlichen aus der Wiedergabe von Beschlüssen und Meinungen der Aufsichtsbehörden und gesetzgeberischen Vorhaben, vgl. Gola/Klug NJW 2013, 834 ff.; gerichtliche Entscheidungen ergehen in erster Linie zum Beschäftigtendatenschutz, vgl. Roos/Buchmüller ZD 2013, 157 (158 ff.)) Den Einschätzungen der Beauftragten und Aufsichtsbehörden kommt daher neben der wissenschaftlichen Literatur eine erhebliche Bedeutung zu. In der Informationsfreiheit ergeht hingegen ein erstaunliches Maß an Rspr. (siehe zB Schoch NJW 2009, 2987 ff.; ders. VBlBW 2010, 333 ff.; Rossi DVBl. 2010, 554 ff.; Schnabel ZD 2012, 67 ff.; Schoch NVwZ 2013, 1033 ff.). Dies schmälert die Bedeutung (insbes. abweichender) Ansichten der Beauftragten. Ihre Aufgabe liegt häufiger in der Vermittlung aktueller Rspr. Einem Verweis auf ergangene einschlägige Rspr. kommt nachvollziehbarer Weise ein erhöhter Überzeugungseffekt zu als einer Hausmeinung, zu der keine Rspr. existiert und die auch in der Literatur nicht uneingeschränkt geteilt wird. Aus der täglichen Arbeit ist zu berichten, dass dem Informationsfreiheitsbeauftragten häufiger eine zwischen antragstellender Person und auskunftspflichtiger Stelle **vermittelnde Stellung** zukommt als im Datenschutz. Dort liegt der Schwerpunkt der Tätigkeit in der Durchsetzung der Rechte Betroffener und der Kontrolle der Einhaltung von Verfahrensvorgaben und organisatorischen Sicherungsmaßnahmen, auch ohne konkreten Beschwerdehintergrund. In der Informationsfreiheit müssen Auslegungs- und Anwendungsroutinen entwickelt werden (Gusy DVBl. 2013, 941 (948)), die dafür sorgen, dass Antragsteller in der Regel zu ihrem Recht kommen, ohne dass gerichtlicher Rechtsschutz in Anspruch genommen werden müsste.

E. Aufgaben des BfDI

34   Der Gesetzgeber hat sich dazu entschlossen, die Aufgaben und die zur Erfüllung der Aufgaben erforderlichen Befugnisse nicht eigenständig zu regeln. Stattdessen hat er auf die entsprechenden Regelungen im BDSG verwiesen. Dies ist bedauerlich, da es den Eindruck verstärkt, dass die Aufgabe des Informationsfreiheitsbeauftragten ein Anhängsel zum Datenschutz ist (aA Jastrow/Schlatmann IFG § 12 Rn. 20, die es für die rechtstechnisch beste Lösung halten, gerade weil es die Vorläufigkeit der Übertragung der Aufgabe an den BfD deutlich mache). Darüber hinaus führt dies auch zu Auslegungsproblemen, da sich Ausführungen zum Datenschutz nicht immer passgenau auf die Informationsfreiheit übertragen lassen.

35   Der Gesetzgeber ging davon aus, dass die Verweisung auf die Vorgaben des BDSG lediglich klarstellend seien (BT-Drs. 15/4493, 17). Warum dies so sein sollte, ist unklar. Im Ergebnis kann die Meinung jedenfalls nicht geteilt werden. Die **Verweisung ist konstitutiv** (Schoch IFG § 12 Rn. 63). Die Regelungen der §§ 24 Abs. 1, Abs. 5, 25 Abs. 1 BDSG sind auf den Datenschutz beziehungsweise das Datenschutzrecht zugeschnitten. Ohne die ausdrückliche Regelung des § 12 Abs. 3 wäre eine Anwendung auf die Informationsfreiheit nicht möglich. Es handelt sich um eine **dynamische Verweisung** (Fluck/Theuer/Guckelberger IFG § 12 Rn. 96). Die Aufgaben und Befugnisse des Informationsfreiheitsbeauftragten ändern sich also bei jeder Änderung des BDSG. Verfassungsrechtlich ist die dynamische Verweisung in diesem Fall unbedenklich, da der Gesetzgeber identisch ist (Schoch IFG § 12 Rn. 63).

36   Die Kompetenzen und Befugnisse des BfDI werden durch die Verweisung auf das BDSG **abschließend** geregelt. Dadurch ist klar, dass dem BfDI entsprechend seiner Stellung als Ombudsmann **keine Weisungsbefugnisse** zukommen und er auch nicht das Recht hat, Entscheidungen der Verwaltung zu kassieren (Lukaßen, 2010, 76; Ziekow/Debus/Musch, Evaluationsgutachten, 2012, 397. Zum Datenschutzrecht: Roßnagel/Heil Handbuch Datenschutzrecht, 2003, Kap. 5.1, Rn. 57; Simitis/Dammann BDSG, 7. Aufl. 2011, BDSG § 24 Rn. 3).

37   Es besteht **kein zwingender Zusammenhang** zwischen der Ausübung von Rechten nach § 12 Abs. 3 und der Anrufung nach § 12 Abs. 1. Weder ist der BfDI aufgrund einer Anrufung gezwungen, von seinen Rechten nach § 12 Abs. 3 Gebrauch zu machen, noch bedarf der BfDI einer Anrufung nach § 12 Abs. 1, um von seinen Rechten Gebrauch zu machen (unzutreffend daher NK-IFG/Rossi IFG § 12 Rn. 39).

I. Kontrollaufgaben des BfDI (§ 24 Abs. 1 und 3–5 BDSG)

§ 12 Abs. 3 verweist bei den Kontrollaufgaben auf § 24 Abs. 1 und 3–5 BDSG. **38**

§ 24 Abs. 1 BDSG ermöglicht dem BfDI und fordert von ihm die Kontrolle, ob die **39** öffentlichen Stellen des Bundes die Vorschriften über den Datenschutz nach dem BDSG und anderen Vorschriften einhalten. Sie ist aufgrund der Anordnung einer entsprechenden Geltung auf die Informationsfreiheit zu übertragen. § 24 Abs. 1 BDSG ermöglicht eine **anlassunabhängige Kontrolle** (Roßnagel/Heil Handbuch Datenschutzrecht, 2003, Kap. 5.1., Rn. 48). Aufgrund des Verweises der entsprechenden Geltung ist der BfDI auch für die Informationsfreiheit nicht an eine Eingabe eines Antragstellers nach § 12 Abs. 1 gebunden, sondern kann anlassunabhängig prüfen (BRS IFG § 12 Rn. 25; BfDI, Tätigkeitsbericht 2006/2007, 22; Schoch IFG § 12 Rn. 65). Die Kontrollbefugnisse des BfDI sind auch darüber hinaus nicht durch § 12 Abs. 1 beschränkt. Der BfDI darf und muss nicht nur die Verletzung des Rechts auf Informationszugang prüfen. Vielmehr ist es seine Aufgabe, entsprechend § 24 Abs. 1 BDSG die Einhaltung der Vorschriften dieses Gesetzes (also des IFG) zu kontrollieren. Es handelt sich also um eine **objektive Rechtskontrolle** (Fluck/Theuer/Guckelberger IFG § 12 Rn. 98; Schoch IFG § 12 Rn. 66). Dies betrifft die Kontrolle des Rechts auf Informationszugang, den angemessenen Schutz öffentlicher Belange, die nach dem Gesetz schutzwürdigen Interessen Dritter und darüber hinaus auch die Einhaltung weiterer Vorschriften nach dem IFG, zB die Wahrung der Frist nach § 9 Abs. 1, die Höhe der zu erhebenden Gebühren nach § 10 und die Form der Informationsgewährung nach § 7 Abs. 3 S. 1 (zu weiteren Beispielen s. Schoch IFG § 12 Rn. 66).

§ 24 Abs. 1 BDSG überträgt dem BfDI die Kontrolle der Einhaltung der Vorschriften des **40** BDSG und anderer Vorschriften über den Datenschutz. Dies sind Gesetze, Rechtsverordnungen, Verwaltungsvorschriften und auch Grundrechte (Simitis/Dammann BDSG, 7. Aufl. 2011 BDSG § 24 Rn. 9). Vom Kontrollbereich sind alle Vorschriften erfasst, welche die vom BfDI kontrollierten Stellen anwenden, also zum Beispiel auch im Bereich der Telekommunikation oder des Sozialdatenschutzes. Übertragen auf die Informationsfreiheit bedeutet dies, dass der BfDI nicht nur die Einhaltung des IFG zu kontrollieren hat, sondern **aller Vorschriften über die Informationsfreiheit** (ebenso Schoch IFG § 12 Rn. 70). Dies sind unter anderem UIG, VIG, § 29 VwVfG und die presserechtliche Auskunftsverpflichtung (nach BVerwG Urt. v. 20.2.2013 – 6 A 2.12 ergibt sich der presserechtliche Auskunftsanspruch unmittelbar aus dem Grundgesetz. Die Landespressegesetze finden keine Anwendung (mehr) auf Bundesbehörden, weshalb es nicht zu einem Kompetenzkonflikt mit dem jeweiligen LfDI kommen kann). Hiergegen wird eingewandt, dass die Rechte des BfDI im IFG geregelt seien, welches nach § 1 Abs. 3 durch die anderen jeweils einschlägigen Anspruchsgrundlagen verdrängt werde (Fluck/Theuer/Guckelberger IFG § 12 Rn. 99). Dies gilt jedoch auch für den Datenschutz, wo § 1 Abs. 3 S. 1 BDSG den Vorrang anderer Vorschriften anordnet. Zwar ist es zutreffend, dass das Anrufungsrecht im Datenschutz im Gegensatz zum IFG nicht auf das BDSG beschränkt ist (hierauf weist Fluck/Theuer/Guckelberger IFG § 12 Rn. 99, hin). Allerdings besteht eben gerade kein Zusammenhang zwischen dem Anrufungsrecht nach § 12 Abs. 1 IFG und der Kontrollbefugnis nach Abs. 3 (→ Rn. 39). Im Ergebnis ist der BfDI daher berechtigt, jede Verletzung einer Vorschrift über die Informationsfreiheit zu kontrollieren, ohne dabei an das IFG gebunden zu sein. Soweit ersichtlich übt der BfDI sein Recht zur Kontrolle der Einhaltung anderer Vorschriften über die Informationsfreiheit nicht aus (Dix/Schaar/Schultze, Jahrbuch Informationsfreiheit und Informationsrecht 2009, 147 (153 und 163) allerdings nur zum Anrufungsrecht nach § 12 Abs. 1 IFG). Der Grund hierfür könnte in einer unzureichenden personellen Ausstattung liegen. Bei einer ausdrücklichen Regelung der Zuständigkeiten für weitere Vorschriften wäre eine entsprechende Mittelanpassung erforderlich.

Das BfDI ist zur Kontrolle verpflichtet. Bei der Ausübung der Art und Weise der **41** Kontrolle steht ihm jedoch ein **Auswahlermessen** zu, welches er pflichtgemäß auszuüben hat (Schoch IFG § 12 Rn. 72; zum Datenschutz Gola/Schomerus BDSG, 11. Aufl. 2012, BDSG § 24 Rn. 5). In den ersten beiden Jahren seiner Zuständigkeit für die Informationsfreiheit hat es keine anlassunabhängige Kontrolle gegeben (BfDI, Tätigkeitsbericht 2006/2007, 27). In den Jahren 2008 und 2009 waren es insgesamt fünf anlassunabhängige Kontrollen (BfDI, Tätigkeitsbericht 2008/2009, 36 ff.: Bundesministerium für Bildung und

Forschung, Bundesministerium für Justiz, Auswärtiges Amt, Eisenbahnbundesamt und Bundesamt für Migration und Flüchtlinge), in den Jahren 2010 und 2011 erfolgten insgesamt 6 anlassunabhängige Kontrollen (BfDI, Tätigkeitsbericht 2010/2011, 39 ff.: Wasser- und Schifffahrtsdirektion Nord, Bundesanstalt für Immobilienaufgaben, Bundesagentur für Arbeit, eine Krankenkasse, Bundesinstitut für Arzneimittel und Medizinprodukte und Bundesministerium für Verkehr, Bau und Stadtentwicklung). Aus den LfDIs sind keine Fälle anlassunabhängiger Kontrollen bekannt. Zwei- bis dreitägige Querkontrollen wie sie der BfDI vornimmt (BfDI, Tätigkeitsbericht 2010/2011, 39), können in den Ländern aufgrund der angespannteren Personalsituation nicht durchgeführt werden.

42 § 24 Abs. 3 BDSG dehnt die Kontrollzuständigkeit des BfDI auf die **Bundesgerichte** aus, soweit diese in Verwaltungsangelegenheiten tätig werden. Dieser Regelung mag für das BDSG eine gewisse Bedeutung zukommen (siehe dazu Gola/Schomerus, BDSG, 11. Aufl. 2012 BDSG § 24, Rn. 11). Dem IFG unterfallen die Gerichte nach § 1 Abs. 1 ohnehin (nur) soweit sie Verwaltungsaufgaben wahrnehmen (→ § 1 Rn. 143.2).

43 § 24 Abs. 4 BDSG verpflichtet die zu kontrollierenden Stellen zur **Unterstützung des BfDI**. Dem BfDI selbst und seinen Mitarbeitern ist Antwort auf alle Fragen zu erteilen, sowie Einsicht in alle Unterlagen und Zugang zu allen Diensträumen zu gewähren. Diese Aufzählung ist nicht abschließend, es handelt sich lediglich um Regelbeispiele (Schoch IFG § 12 Rn. 73). Nach allgemeiner Meinung soll hinter dieser Regelung die Philosophie stehen, dass BfDI und zu kontrollierende Stellen keine Kontrahenten seien, sondern gemeinsam an einer optimalen Verwirklichung der Bürgerrechte arbeiten (Jastrow/Schlatmann IFG § 12 Rn. 28; BRS IFG § 12 Rn. 27; Fluck/Theuer/Guckelberger IFG § 12 Rn. 104; zum Datenschutz Gola/Schomerus, BDSG, 11. Aufl. 2012, BDSG § 24 Rn. 12). Vollständig zutreffend ist dies nicht. Die beiden Stellen begegnen sich nicht gleichgeordnet, vielmehr hat der BfDI die anderen Stellen zu kontrollieren. Es existiert daher eine klare Rollenverteilung, welche es überhaupt erst notwendig macht, den zu kontrollierenden Stellen eine Unterstützungspflicht aufzuerlegen.

44 Eine **Begrenzung des Kontrollumfangs** ergibt sich nur aus der Begrenzung der zu kontrollierenden Stellen. Der BfDI darf also keine Stellen kontrollieren für die er nicht zuständig ist. Eine Begrenzung, die den sachlichen Ausnahmegründen des IFG entspricht, besteht nicht. Der BfDI kann sich also zB Unterlagen vorlegen lassen, die dem Kernbereich exekutiver Eigenverantwortung unterliegen sollen, auch wenn dann kein entsprechendes Auskunftsrecht bestünde (aA aber nicht überzeugend BeckOK BDSG/Schiedermair BDSG § 24 Rn. 5). Er muss dies sogar, denn die Überprüfung, ob bestimmte Unterlagen einem Ausnahmegrund unterfallen gehört zu seinen wichtigsten Aufgaben. In bestimmten **sicherheitsrelevanten Bereichen** ist die Pflicht zur Unterstützung, und damit auch die Kontrollbefugnis, beschränkt. Nach § 24 Abs. 3 S. 1 BDG, auf den § 12 Abs. 3 verweist, dürfen nur der BfDI selbst und von ihm schriftlich besonders Beauftragte die Behörden der Staatsanwaltschaft und der Polizei sowie öffentliche Stellen der Finanzverwaltung (§ 6 Abs. 2 S. 4 BDSG) und Verfassungsschutzbehörden, des Bundesnachrichtendienstes, des Militärischen Abschirmdienstes und – soweit die Sicherheit des Bundes berührt wird – andere Behörden des Bundesministeriums der Verteidigung (§ 19 Abs. 3 BDSG) kontrollieren. Das Erfordernis einer besonderen schriftlichen Beauftragung steht neben der erforderlichen Sicherheitsüberprüfung nach dem SÜG, die einer Einsichtnahme in Akten trotzdem entgegenstehen kann. Dies gilt auch für den BfDI selbst, der sich trotz seiner Wahl durch das Parlament und unter daher mit Abgeordneten vergleichbaren Stellung einer **Sicherheitsüberprüfung unterziehen** muss. Aber auch eine erfolgreiche Sicherheitsüberprüfung und eine Wahl durch das Parlament helfen nicht immer weiter: Wenn die oberste Bundesbehörde feststellt, dass die Unterstützung des BfDI im Einzelfall die Sicherheit des Bundes oder eines Landes gefährden würde, hat die Unterstützung nicht zu erfolgen. Der Geheimhaltung gegenüber dem BfDI liegt ein nur schwer zu begründendes Misstrauen zugrunde, welches in den **Ländern** so nicht existiert. Nach § 2 Abs. 4 Nr. 7 HbgSÜG (HmbGVBl. 1999, 82) ist der HbgLfDI von dem Erfordernis einer Sicherheitsüberprüfung ausgenommen. Auch sind seine Rechte nach dem Hamburgischen Transparenzgesetz weitergehend: Stellt der hamburgische Senat im Einzelfall fest, dass durch eine mit der Einsicht verbundene Bekanntgabe von Informationen die Sicherheit des Bundes oder eines Landes gefährdet ist, dürfen die § 24 Abs. 2 BDSG entsprechenden Rechte nur von der oder dem HbgLfDI persönlich oder von einer oder

einem von ihr oder ihm schriftlich besonders damit Beauftragten ausgeübt werden. Eine
darüber hinausgehende Geheimhaltung wie auf Bundesebene ist dem Hamburgischen Landesrecht fremd. Der HbgLfDI ist also im schlimmsten Fall (nach einem Beschluss der Landesregierung) so gestellt wie es der BfDI auf Bundesebene stets ist. Unabhängig davon, ob
konkrete Probleme bestehen, ist schon aus prinzipiellen Erwägungen eine Änderung des
Bundesrechts angezeigt. Die Einräumung von Rechten zur Einsichtnahme in Unterlagen ist
eine wichtige Voraussetzung für eine effektive Kontrolle. Ihre Beschränkung führt zu einer
Beschränkung der Stellung des BfDI insgesamt. Wird die **Unterstützung verweigert,** kann
der BfDI sie nicht selbst erzwingen oder einklagen (Schoch IFG § 12 Rn. 75). Er kann
lediglich politischen Druck ausüben und über die Spitze der Exekutive die Einleitung
entsprechender Maßnahmen veranlassen (Fluck/Theuer/Guckelberger IFG § 12 Rn. 107).

§ 24 Abs. 5 BDSG verpflichtet den BfDI dazu, das Ergebnis seiner Überprüfung der 45
kontrollierten Stelle mitzuteilen. Dies soll eine Prangerwirkung vermeiden und den Schwerpunkt stattdessen auf die Verbesserung der Informationsfreiheit setzen (Fluck/Theuer/Guckelberger IFG § 12 Rn. 108). Der BfDI soll die Ergebnisse seiner Überprüfung mitteilen.
Da nicht nur von Verstößen die Rede ist, besteht die Mitteilungspflicht auch, wenn die
kontrollierte Stelle sich vorbildlich verhalten hat (vgl. Jastrow/Schlatmann IFG § 12 Rn. 32).
Inhalt der Mitteilung sind in jedem Fall sowohl die tatsächlichen Feststellungen als auch
deren rechtliche Beurteilung (Schoch IFG § 12 Rn. 76).

II. Beanstandungen (§ 25 Abs. 1 S. 1 Nr. 1 und 4, S. 2 und Abs. 2 und 3 BDSG)

Die Beanstandung ist ein aus dem Datenschutzrecht bekanntes Instrument, das wegen 46
§ 12 Abs. 3 auch in der Informationsfreiheit eingesetzt werden kann. Entgegen der Darstellung in der informationsfreiheitsrechtlichen Literatur handelt es sich dabei um das
„**schärfste Schwert**" (so zutreffend, wenn auch etwas martialisch LfD BW, 29. Tätigkeitsbericht zum Datenschutz 2009, Vorwort) des BfDI.

Die Beanstandung ist ein **förmliches Verfahren,** das folgende Stufen durchläuft: Zu- 47
nächst muss der BfDI aufgrund einer Eingabe oder einer anlassunabhängigen Kontrolle
Verstöße gegen das IFG feststellen. Diese benennt er im Rahmen seiner Beanstandung indem
er den Sachverhalt schildert und ihn rechtlich würdigt (Jastrow/Schlatmann IFG § 12
Rn. 40). Dies erfolgt gegenüber dem von § 25 Abs. 1 S. 1 Nr. 1 und Nr. 4 BDSG festgelegten Adressaten: Bei der Bundesverwaltung gegenüber der zuständigen obersten Bundesbehörde, bei der mittelbaren Staatsverwaltung gegenüber dem Vorstand oder dem sonst
vertretungsberechtigten Organ. Diese werden in einer vom BfDI zu bestimmenden Frist zur
Stellungnahme aufgefordert. Bei der mittelbaren Staatsverwaltung wird nach § 25 Abs. 1
S. 2 BDSG gleichzeitig die zuständige Aufsichtsbehörde über das Fehlverhalten informiert.

Ob der BfDI einen Rechtsverstoß beanstandet, liegt in seinem **Ermessen** (Dix/Schaar/ 48
Schultze Jahrbuch Informationsfreiheit und Informationsrecht 2009, 147 (158); aA NK-IFG/Rossi IFG § 12 Rn. 26). Auch wenn der Überprüfung eine Anrufung des BfDI
zugrunde liegt, es also jemanden gibt, der in seinem Recht verletzt wurde, hat dieser keinen
Anspruch auf eine Beanstandung (OVG Münster NVwZ-RR 1994, 25 ff. zu § 25 Abs. 1
NWDSG). Bei unerheblichen oder inzwischen beseitigten Mängeln schlägt schon § 25
Abs. 2 BDSG einen Verzicht auf die Beanstandung vor. Dies gilt aber nur „insbesondere".
Der BfDI kann auch aus anderen sachlichen Erwägungen auf eine Beanstandung verzichten
(Gola/Schomerus BDSG, 11. Aufl. 2012, BDSG § 25, Rn. 6).

Von der Beanstandung gehen keine unmittelbaren Rechtsfolgen aus, sie ist insbes. keine 49
Regelung und daher auch **kein Verwaltungsakt** (BVerwG NVwZ-RR 1992, 371; Gola/
Schomerus BDSG, 11. Aufl. 2012, BDSG § 25, Rn. 7). Ihre Wirkung bezieht sie aus der
negativen Öffentlichkeitswirkung. Dieser Umstand wird bei ihrer Beurteilung zu häufig
übersehen. Sie ist der Grund dafür, warum die Einstufung als ultima ratio (Roßnagel/Heil,
Handbuch Datenschutzrecht, 2003, Kap. 5.1., Rn. 56; Gola/Schomerus BDSG, 11. Aufl.
2012, BDSG § 25 Rn. 6) zutreffend ist, auch wenn dies nicht voraussetzt, dass andere
Mittel gescheitert sein müssen (hierauf weist Schoch IFG § 12 Rn. 80 zutreffend hin). Dass
gegen die Beanstandung keine Rechtsmittel möglich sind, lässt sich zwar damit begründen,
dass von ihr keine unmittelbaren Rechtswirkungen ausgehen (OVG Bautzen NVwZ-RR
2011, 980 ff. mAnm Leuze/Post DÖD 2011, 274 ff.). Mangels Klagebefugnis wäre eine

Klage daher unzulässig (Schoch IFG § 12 Rn. 84; BeckOK BDSG/Schiedermair BDSG § 25 Rn. 16; aA Fluck/Theuer/Guckelberger IFG § 12 Rn. 114, die auf das fehlende Rechtsschutzinteresse abstellt). Allerdings ist den von einer Beanstandung betroffenen öffentlichen Stellen damit nicht geholfen, da sich das schlechte öffentliche Bild, wenn überhaupt, nur mit gerichtlicher Hilfe korrigieren lässt. Die Möglichkeit einer gerichtlichen Überprüfung wie sie zum Teil gefordert oder gar vorausgesetzt wird (ULD, Schreiben an die Staatskanzlei Schleswig-Holstein v. 4.11.2011, abrufbar unter: https://www.datenschutzzentrum.de/facebook/20111104-facebook-beanstandung-staatskanzlei.pdf), besteht also momentan nicht, wäre aber eine sinnvolle Einrichtung zur endgültigen Klärung rechtlicher Fragen.

50   Eine **Pflicht zur Benachrichtigung** der Betroffenen enthält das IFG nicht, da § 12 Abs. 3 nicht auf § 23 Abs. 5 S. 7 BDSG verweist. Da die Beanstandung ihre Wirkung aus der Öffentlichkeit bezieht, liegt es im Interesse des BfDI die Beanstandung bekannt zu machen und spätestens im Tätigkeitsbericht darauf zu verweisen. In der Praxis werden Beanstandungen in öffentlichkeitswirksamen Bereichen auch von entsprechenden Pressemitteilungen begleitet.

51   Um einen Ermüdungseffekt der Öffentlichkeit zu vermeiden wird vom **Instrument der Beanstandung nur zurückhaltend Gebrauch** gemacht. In den Jahren 2006 und 2007 wurden insgesamt fünf Beanstandungen gegenüber drei verschiedenen Ministerien ausgesprochen (BfDI, Tätigkeitsbericht 2006/2007, 71). 2008 und 2009 waren es vier Beanstandungen gegenüber drei verschiedenen Ministerien (BfDI, Tätigkeitsbericht 2008/2009, 93). 2010 und 2011 waren es nur noch zwei Beanstandungen (BfDI, Tätigkeitsbericht 2010/2011, 79). Die Zahlen sind insgesamt zu niedrig, um aus ihnen etwas herauszulesen, auch keine Gewöhnung an das IFG und eine insgesamt verbesserte Praxis der Informationsgewährung.

III. Weitere Aufgaben (§ 26 Abs. 1–3 BDSG)

52   Durch den Verweis in § 12 Abs. 3 werden dem BfDI auch die weiteren Aufgaben nach § 26 Abs. 1 bis 3 BDSG übertragen, aber nicht die Aufgabe der Zusammenarbeit mit seinen Länderkollegen nach § 26 Abs. 4 BDSG (→ Rn. 59 ff.).

1. Erstattung von Tätigkeitsberichten

53   Nach § 26 Abs. 1 BDSG ist der BfDI verpflichtet, in einem zweijährigen Rhythmus einen Tätigkeitsbericht zu erstatten. Adressat des Tätigkeitsberichts ist der Deutsche Bundestag. Die Tätigkeitsberichte werden deshalb **auch als BT-Drucksachen veröffentlicht** (Tätigkeitsbericht 2006/2007 = BT-Drs. 16/8500; Tätigkeitsbericht 2008/2009 = BT-Drs. 17/1350; Tätigkeitsbericht 2010/2011 = BT-Drs. 17/9100). Schon dadurch ist eine öffentliche Wirkung hergestellt. Gleichzeitig wird der Bericht aber auch vom BfDI über die behördeneigene Homepage kostenfrei zum Download angeboten. Faktisch ist die Öffentlichkeit mindestens so sehr Adressat eines Tätigkeitsberichts wie der Bundestag (Roßnagel/Heil, Handbuch Datenschutzrecht 2003, Kap. 5.1, Rn. 65).

54   Zwar stellt die Erstellung von Tätigkeitsberichten eine Belastung der Mitarbeiter dar, die in dieser Zeit keinen anderen Aufgaben nachgehen können. Dies kann insbes. bei kleinen Arbeitseinheiten, um die es sich bei IFG-Referaten typischerweise handelt (→ Rn. 32), ein Problem darstellen. Allerdings überwiegen die Vorteile des Tätigkeitsberichts. Durch ihn soll der BfDI nicht gezwungen werden, Rechenschaft über seine Tätigkeit in den vergangenen zwei Jahren abzulegen (Roßnagel/Heil, Handbuch Datenschutzrecht 2003, Kap. 5.1, Rn. 65). Vielmehr gibt es ihm die Möglichkeit unter **Anteilnahme der interessierten Öffentlichkeit und bei Setzung eigener Schwerpunkte** von seiner Tätigkeit zu berichten. Er kann auf eigene Erfolge hinweisen, dem Gesetzgeber Vorschläge zur Verbesserung der Rechtslage unterbreiten und auf – aus seiner Sicht – rechtswidriges Verwaltungshandeln hinweisen. Die hierdurch entstehende öffentliche Teilnahme vermag in der Praxis mitunter mehr zu bewirken als jedes noch so ausgefeilte rechtliche Argument. Ferner ist der Bundestag dazu gezwungen, sich mit dem Tätigkeitsbericht der BfDI auseinanderzusetzen und dazu Stellung zu nehmen.

55   Der Tätigkeitsbericht ist in einem **Rhythmus von zwei Jahren** zu erstatten. Für das Datenschutzrecht wurde ein solcher Rhythmus als unangemessen lang kritisiert (Däubler/

Klebe/Wedde/Weichert/ BDSG, 3. Aufl. 2010, BDSG § 26 Rn. 3). Dies mag für das Datenschutzrecht aufgrund ständig neuer technischer Entwicklungen zutreffend sein, wobei auch hier zu berücksichtigen ist, dass die Erstellung aufgrund der Vorlaufzeit bis zu sechs Monate in Anspruch nimmt. Eine Aufteilung in sechs Monate Arbeit, sechs Monate Berichterstattung kann aus Effizienzgesichtspunkten auch im Datenschutzrecht nicht überzeugen. In der Informationsfreiheit bestehen diese Probleme aber ohnehin nicht, da technischen Entwicklungen hier nicht die gleiche Bedeutung zukommt. Ferner wurde der Rhythmus bei der grundlegenden Revision des BDSG im Jahr 2001 bewusst von einem einjährigen auf einen zweijährigen Rhythmus umgestellt, da das Parlament bei der Befassung mit dem Tätigkeitsbericht so sehr in Rückstand geraten war, dass eine zeitnahe Befassung nicht mehr möglich war (Schoch IFG § 12 Rn. 92). Ähnliche Probleme ergeben sich auch auf Landesebene, wo zum Teil immer noch ein einjähriger Rhythmus vorgesehen ist (vgl. die Nachweise bei Schoch IFG § 12 Rn. 217). Sollten dem BfDI Probleme auffallen, deren Diskussion nicht bis zur Erstattung des nächsten Tätigkeitsberichts warten kann, so kann er sich auch unabhängig von einem Tätigkeitsbericht jederzeit an das Parlament wenden (Däubler/ Klebe/Wedde/Weichert/ BDSG, 3. Aufl. 2010, BDSG § 26 Rn. 3).

2. Öffentlichkeitsarbeit

Durch § 26 Abs. 1 S. 2 BDSG ist der BfDI auch berechtigt, den Bundestag und die **56** Öffentlichkeit über wesentliche Entwicklungen des Datenschutzes zu informieren. Hintergrund dieser ungewöhnlichen Norm ist ein verwaltungsgerichtliches Urteil, durch welches dem damaligen BfD bestimmte (aus Sicht der Antragstellerin) geschäftsschädigende Äußerungen verboten wurden (VG Köln MMR 1999, 741 ff.). Ob die Norm dieses Problem beseitigt, ist fraglich (siehe dazu und zum Folgenden ausführlich Schoch IFG § 12 Rn. 94ff). § 26 Abs. 1 S. 2 BDSG ist unstrittig eine Aufgabenzuweisungsnorm, ob ihr jedoch auch eine Befugnis zum Eingriff in Rechte Dritter zukommt, kann mit guten Argumenten bezweifelt werden. Nach der stRspr des BVerfG können Warnungen eines Staatsorgans aber auch ohne spezifische Rechtsgrundlage in Grundrechte Dritter eingreifen, wenn dies durch die Aufgabenstellung des Staatsorgans, insbes. zum Grundrechtsschutz gedeckt ist (BVerfG NJW 1989, 3269 (3270)). Allerdings müssen die Äußerungen, die auch negative Werturteile sein können, zutreffend sein oder zumindest auf einem sachgerecht gewürdigten Tatsachenkern beruhen und verhältnismäßig sein. Dies erfordert, dass die Äußerungen geeignet sein müssen, der Schutzpflicht des Staatsorgans nachzukommen und sowohl erforderlich als auch angemessen sein müssen. Liegen diese Voraussetzungen vor, so kann öffentliche, scharfe Kritik eines Datenschutz- und Informationsfreiheitsbeauftragten auch ohne Rechtsgrundlage zulässig sein (VG Schleswig Beschl. v. 5.11.2013 – 8 B 50/13). Sind diese Voraussetzungen nicht erfüllt, so hilft auch die Rechtsgrundlage des § 26 Abs. 1 S. 2 BDSG nicht weiter. Insgesamt sind diese Fragen aber ohnehin im Wesentlichen für den Datenschutzbereich von Bedeutung, denn dort geht es um Geschäftsmodelle und Grundrechte kontrollierter Stellen, was bei der Informationsfreiheit nicht der Fall ist.

3. Gutachten und Berichterstattung gegenüber dem Bundestag

Nach § 26 Abs. 2 S. 1 BDSG hat der BfDI Gutachten und Berichte zu erstatten. Bei **57** einem Gutachten dürfte es sich um rechtliche Bewertungen handeln, bei einem Bericht um tatsächliche Feststellungen. Das Gesetz formuliert eine Pflicht zur Erstattung von Gutachten und Berichten (Fluck/Theuer/Guckelberger IFG § 12 Rn. 118). Voraussetzung dafür ist ein Beschluss von Bundestag oder Bundesregierung (Gola/Schomerus BDSG, 11. Aufl. 2012, BDSG § 26 Rn. 4). Zwar steht beiden Verfassungsorganen eine Vielzahl von Experten zur Verfügung. Allerdings wird dem BfDI aufgrund seiner Unabhängigkeit eine Überparteilichkeit zugeschrieben, was nicht für alle Experten gilt (NK-IFG/Rossi IFG § 12 Rn. 50; Schoch IFG § 12 Rn. 96).

4. Weiteres

Nach § 26 Abs. 2 S. 2 BDSG hat der BfDI auf ein Ersuchen hin, **Hinweisen auf** **58** **Angelegenheiten und Vorgänge nachzugehen.** Die äußerst vage und allgemeine Formulierung der Norm lässt darauf schließen, dass ihr schon bei Erlass keine besonders große Bedeutung beigemessen wurde. Gleiches gilt für die nach § 26 Abs. 3 BDSG eingeräumte Erlaubnis, Empfehlungen zur Verbesserung des Datenschutzes zu geben und in Fragen des Datenschutzes zu beraten. Auch wenn der ständigen Verbesserung der Informationsfreiheit ein hohes Gewicht zukommen mag (so Schoch IFG § 12 Rn. 98), so ist doch fraglich, ob es für die Erteilung von Ratschlägen einer gesetzlichen Regelung bedurfte. Im Zweifel hängt die Wirksamkeit eines Ratschlags davon ab, wie empfänglich der Beratene für ihn ist. Dies kann man aber nicht gesetzlich erzwingen.

IV. Zusammenarbeit mit Länderkollegen (§ 26 Abs. 4 BDSG)

59 Dass § 12 Abs. 3 nicht auch auf die Vorgaben zur Zusammenarbeit des BfDI mit seinen Kollegen aus den Ländern verweist, ist alles andere als überzeugend. Der Zusammenarbeit mit den Kollegen aus den Ländern kommt in der Praxis eine hohe Bedeutung zu, auch wenn noch nicht alle Länder über ein Informationsfreiheitsgesetz verfügen. Die Bedeutung liegt im Gegensatz zum Datenschutz aufgrund der häufig stark unterschiedlichen Gesetze nicht in der einheitlichen Anwendung des gleichen Gesetzes wie beim BDSG und dem Düsseldorfer Kreis (Gola/Schomerus BDSG, 11. Aufl. 2012, BDSG § 26 Rn. 9). Die Bedeutung liegt darin, dass viele Referenten den IFG-Bereich in ihren jeweiligen Dienststellen aufgrund der personellen Ausstattung alleine bearbeiten. Dem Austausch mit Kollegen aus dem gleichen Bereich, wenn auch aus einem anderen Bundesland, kommt daher hohe Bedeutung zu.

60 Ursprünglich waren die Beauftragten in der **Arbeitsgemeinschaft der Informationsfreiheitsbeauftragten Deutschlands (AGID)** organisiert (siehe dazu Fluck/Theuer/Guckelberger IFG § 12 Rn. 49). Diese hat sich auch zum Erlass des IFG geäußert (DuD 2005, 290 ff.). Im November 2005 wurden in Düsseldorf die **Konferenz der Informationsfreiheitsbeauftragten (IFK)** und der **Arbeitskreis Informationsfreiheit (AKIF)** gegründet (Gründungsbeschluss abrufbar unter http://www.lda.brandenburg.de/sixcms/detail.php?bb1.c.271493.de?_aria=ae). In der IFK sind alle Informationsfreiheitsbeauftragten versammelt, während der AKIF aus den jeweiligen Referenten für die Informationsfreiheit besteht. Beide tagen jeweils zweimal jährlich. Der Ausrichter wechselt jährlich in alphabetischer Reihenfolge, wobei Länder, die neu hinzukommen in Durchbrechung der Reihenfolge gleich zum Ausrichter der nächsten Tagung der IFK und des AKIF bestimmt werden. Sowohl IFK als auch AKIF tagen – dem Geiste der Transparenz folgend – öffentlich und die Protokolle werden ebenfalls veröffentlicht (IFK: http://www.lda.brandenburg.de/sixcms/detail.php?template=bbo_lda_sitzungen_dfb_d&_konf=bb1.c.281402.de&_aria=ae&_typ=Protokoll; AKIF: http://www.lda.brandenburg.de/sixcms/detail.php?template=bbo_lda_sitzungen_dfb_d&_konf=bb1.c.281401.de&_aria=ae&_typ=Protokoll).

61 Die Treffen des AKIF dienen neben dem Austausch auf fachlicher Ebene regelmäßig der Vorbereitung der IFK, insbes. der Vorbereitung von **Entschließungen zur Informationsfreiheit,** die sich an die Öffentlichkeit oder den Gesetzgeber richten (abrufbar unter http://www.lda.brandenburg.de/sixcms/detail.php?template=bbo_lda_sitzungen_dfb_d&_konf=bb1.c.281402.de&_aria=ae&_typ=Entschließung). Das Spektrum der behandelten Themen reicht von Open Data, über die Veröffentlichung von Krankenhaushygienedaten bis zur Aufnahme eines Grundrechts auf Informationszugangsfreiheit in das Grundgesetz. Die Entschließungen werden von der IFK verabschiedet, wenn sie auf einstimmige Zustimmung treffen. Ihre Bedeutung sollte nicht unterschätzt werden. Die Entschließung „Informationsfreiheit bei öffentlich-rechtlichen Rundfunkanstalten" v. 24.6.2010 (http://www.datenschutz-hamburg.de/uploads/media/IFK-Entschliessung_Rundfunkanstalten_vom_24.6.2010.pdf), hat unmittelbaren Einzug in eine gerichtliche Entscheidung gehalten (OVG Münster ZD 2012, 288 ff. mAnm Schnabel).

§ 13 Änderung anderer Vorschriften

(1) Das Bundesdatenschutzgesetz in der Fassung der Bekanntmachung vom 14. Januar 2003 (BGBl. I S. 66) wird wie folgt geändert:

In den Angaben der Inhaltsübersicht zur Überschrift des Dritten Unterabschnitts im Zweiten Abschnitt und zu den §§ 21 bis 26 sowie in § 4c Abs. 2

Änderung anderer Vorschriften § 13 IFG

Satz 2, § 4d Abs. 1, 6 Satz 3, § 6 Abs. 2 Satz 4, § 10 Abs. 3 Satz 1, § 19 Abs. 5 Satz 2, Abs. 6 Satz 1, in der Überschrift des Dritten Unterabschnitts im Zweiten Abschnitt, in den §§ 21 bis 26, in § 42 Abs. 1 Satz 1 zweiter Halbsatz, Abs. 4 Satz 3 sowie § 44 Abs. 2 Satz 2 werden jeweils die Wörter „für den Datenschutz" durch die Wörter „für den Datenschutz und die Informationsfreiheit" ersetzt.

(2) Dem § 5 Abs. 4 des Bundesarchivgesetzes vom 6. Januar 1988 (BGBl. I S. 62), das zuletzt durch das Gesetz vom 5. Juni 2002 (BGBl. I S. 1782) geändert worden ist, wird folgender Satz angefügt:

„Gleiches gilt für Archivgut, soweit es vor der Übergabe an das Bundesarchiv oder die Archive der gesetzgebenden Körperschaften bereits einem Informationszugang nach dem Informationsfreiheitsgesetz offen gestanden hat."

Abs. 1 enthält lediglich redaktionelle Änderungen ohne materiellen Gehalt (→ Rn. 1), die in den Ländern so oder so ähnlich ebenfalls vorgenommen wurden (→ Rn. 3). Aus rechtsförmlicher Sicht ist der Verzicht auf ein Artikelgesetz mit Mantel- und Stammgesetz zu kritisieren (→ Rn. 4). Abs. 2 enthält materielle Änderungen des Bundesarchivgesetzes (→ Rn. 5 ff.). Unterlagen, die dem IFG unterlagen sollen auch nach Abgabe an das Bundesarchiv nicht den strengeren Voraussetzungen des BArchG unterliegen (→ Rn. 10 ff.). Dafür ist es nicht erforderlich, dass tatsächlich nach dem IFG Einsicht genommen wurde (→ Rn. 14). Es genügt, dass die Unterlagen vor Abgabe an das Bundesarchiv dem IFG unterfielen und keine Ausnahmegründe vorlagen (→ Rn. 15). Die Regelung gilt nicht für Landesarchive (→ Rn. 16). Die Einbeziehung der Parlamentsarchive ist misslungen (→ Rn. 17).

A. Änderung des BDSG

§ 13 Abs. 1 IFG ändert die Bezeichnung des Bundesdatenschutzbeauftragten in: „Bundesbeauftragter für den Datenschutz und die Informationsfreiheit". Es handelt sich um eine **redaktionelle Änderung** ohne materielle Auswirkungen (ebenso Jastrow/Schlatmann IFG § 13 Rn. 4). Die Zuständigkeit des BfDI für die Informationsfreiheit ergibt sich aus § 12 (→ § 12 Rn. 26 ff.). Die Änderung ist auf das BDSG beschränkt. In § 12 IFG wird noch vom Bundesbeauftragten für den Datenschutz gesprochen, der die Aufgaben des Bundesbeauftragten für die Informationsfreiheit übernimmt. Die Amtsbezeichnung des BfDI ist damit in § 12 IFG und §§ 21 ff. BDSG unterschiedlich. Rechtliche Probleme in Bezug auf die materiellen Befugnisse ergeben sich daraus zwar nicht. Ein Ruhmesblatt für die Kunst der Gesetzgebung ist es jedoch auch nicht. 1

Probleme ergeben sich unter Umständen bei Fragen nach **Amt und Amtswalter:** Die Formulierung in § 12 Abs. 1 IFG deutet darauf hin, dass zwei eigenständige Ämter existieren, die in Personalunion von einem Amtswalter wahrgenommen werden sollen (ebenso Schoch IFG § 13 Rn. 10; NK-IFG/Rossi IFG § 13 Rn. 6). Die durch § 13 Abs. 1 IFG vorgenommenen Änderungen führen zu einer einheitlichen Amtsbezeichnung im BDSG, was auf ein Amt hinweist. Im Ergebnis bleibt ein terminologischer Bruch (Schoch IFG § 13 Rn. 11 mwN). 2

Auch in einigen **Landesgesetzen** ist nicht sauber gearbeitet worden. Im bremischen Datenschutzgesetz ist nur von der bzw. dem Landesbeauftragten für den Datenschutz die Rede (s. § 24 BremDSG), in § 12 Abs. 2 BremIFG wird lediglich geregelt, dass die Aufgabe der oder des Landesbeauftragten für die Informationsfreiheit von der oder dem Landesbeauftragten für den Datenschutz wahrgenommen wird. Trotzdem führt die derzeitige Landesbeauftragte den Titel „Landesbeauftragte für Datenschutz und Informationsfreiheit" (Vgl. http://www.datenschutz-bremen.de/; dieser Titel wird im Gegensatz zu den jeweiligen gesetzlichen Bezeichnungen auch ohne Artikel („den Datenschutz" und „die Informationsfreiheit") geführt). In Nordrhein-Westfalen ist § 13 IFG NW überschrieben mit „Beauftragte oder Beauftragter für das Recht auf Information". Abs. 1 regelt, dass für die Sicherstellung des Rechts auf Information die oder der Landesbeauftragte für den Datenschutz zuständig ist. In Abs. 2 ist dann von einer oder einem Beauftragten für das Recht auf Information die Rede. Unabhängig von all diesen terminologischen Unklarheiten führt auch der LfDI NW den Titel „Landesbeauftragter für Datenschutz und Informationsfreiheit" (vgl. https://www. 3

ldi.nrw.de). Der weit verbreitete Begriff der „Informationsfreiheit" scheint zu einer gewissen Laxheit im Umgang mit der Amtsbezeichnung zu führen. Weniger weit verbreitete Begriffe werden anscheinend auch stringenter verwendet. In Brandenburg wird anstatt der Informations- oder der Informationszugangsfreiheit der Begriff „Akteneinsicht" benutzt. Der in § 11 Abs. 1 S. 2 AIG verliehene Titel „Landesbeauftragte für den Datenschutz und für das Recht auf Akteneinsicht" (laut NK-IFG/Rossi IFG § 13 Rn. 9 eine vorbildlich eindeutige Regelung) wird auch korrekt und vollständig geführt (vgl. http://www.lda.brandenburg.de/).

4   Die Änderung der Amtsbezeichnung (BT-Drs. 15/4493, 17) ist inhaltlich sinnvoll. Die Informationsfreiheit, die in der Tätigkeit der Beauftragten keineswegs gleichberechtigt neben dem Datenschutz steht, sollte wenigstens formal gleichberechtigt sein. Die entsprechende Änderung der Amtsbezeichnung kann daher inhaltlich nicht kritisiert werden (zur Diskussion der Entscheidung, die Aufgabe der Informationsfreiheitsbeauftragten überhaupt auf die Datenschutzbeauftragten zu übertragen → § 12 Rn. 27 ff.). Im Hinblick auf die Gesetzgebung als Handwerk ist jedoch Kritik angebracht. Die Entscheidung des Gesetzgebers, redaktionelle Änderungen des BDSG in das IFG aufzunehmen, verdient Kritik. Sie ist unsinnig und verstößt gegen Vorgaben der **Rechtsförmlichkeit** (vgl. BMJ, Handbuch der Rechtsförmlichkeit, 3. Aufl. 2008, Rn. 424 ff., abrufbar unter http://hdr.bmj.de/page_c.8.html). Die richtige Lösung wäre ein in Mantelgesetz und Stammgesetz aufgespaltenes Artikelgesetz gewesen (ebenso Schoch IFG § 13 Rn. 6). Hamburg ist mit dem Informationsgesetz aus dem Jahr 2009 so verfahren: Auf Art. 1, welcher das HmbIFG enthielt, folgten die Artikel mit redaktionellen Änderungen anderer Gesetze (Bürgerschafts-Drs. 19/1283; inhaltlich zum HbgIFG 2009 siehe Schnabel DuD 2009, 596 ff.; Schomerus/Tolkmitt NordÖR 2009, 285 ff.). Das Außerkrafttreten des HmbIFG aufgrund der Ersetzung durch das Hamburgische Transparenzgesetz, führte nicht zu einem Außerkrafttreten der redaktionellen Änderungen der anderen Gesetze.

Aus dem Gesetzgebungsverfahren zum IFG wird berichtet, dass man sich bewusst gegen ein Artikelgesetz und für eine Einzelnovelle entschieden habe (Jastrow/Schlatmann IFG § 13 Rn. 3). Eine Begründung dafür wird jedoch nicht gegeben und sie ist auch nicht ersichtlich. Besonders ärgerlich ist die Tatsache, dass § 13 IFG neben den redaktionellen Änderungen in Abs. 1 zum BDSG auch materielle Neuregelungen zum Archivrecht enthält (→ Rn. 10). In der Gesamtschau erscheint § 13 IFG daher als eine Art Rumpelkammer des IFG, die alles enthält, das woanders keinen Platz fand.

B. Änderung des BArchivG

5   Die Änderung des BArchivG hat **materielle Auswirkungen** (→ Rn. 11) und ist nicht lediglich deklaratorischer Natur (aA NK-IFG/Rossi IFG § 13 Rn. 14 f.). Zu deren Verständnis, ist eine Darstellung der Grundzüge des Archivrechts erforderlich.

I. Grundzüge des Archivrechts

6   **Aufgaben des Bundesarchives** sind nach § 1 BArchG die auf Dauer angelegte Sicherung von Archivgut des Bundes, dessen Nutzbarmachung und die wissenschaftliche Verwertung. Archivpflichtige Stellen nach § 2 Abs. 1 BArchG müssen alle Unterlagen, die sie zur Erfüllung ihrer öffentlichen Aufgaben nicht mehr benötigen, dem Bundesarchiv zur Übernahme anbieten. Dieses entscheidet über die **Archivwürdigkeit** der Unterlagen, die nach § 3 BArchG gegeben ist, wenn den Unterlagen bleibender Wert für die Erforschung oder das Verständnis der deutschen Geschichte, die Sicherung berechtigter Belange der Bürger oder die Bereitstellung von Informationen für Gesetzgebung, Verwaltung oder Rspr. zukommt. Wie lange Unterlagen von den archivpflichtigen Stellen aufzuheben sind, ist durch Gesetz oder Verwaltungsvorschrift geregelt, für einige Unterlagen existieren auch Einzelfallentscheidungen (so Jastrow/Schlatmann IFG § 13 Rn. 5). Ein Großteil der Unterlagen wird nach Ablauf der jeweiligen Aufbewahrungsfrist vernichtet, nur ein kleiner Teil wird für archivwürdig befunden und an das Bundesarchiv abgegeben (Jastrow/Schlatmann IFG § 13 Rn. 10).

7   Durch die Entscheidung nach § 3 BArchG erfolgt eine **Umwidmung** durch die aus Verwaltungsunterlagen Archivgut wird (ebenso Jastrow/Schlatmann IFG § 13 Rn. 11). Die

Unterlagen sind dadurch dem Verwaltungsgebrauch entzogen. Sie unterliegen nicht mehr der Verfügungsbefugnis der Stelle, die sie an das Bundesarchiv abgegeben hat und sind von dieser nur unter den gleichen Voraussetzungen einsehbar, die sich aus § 5 BArchG ergeben und für Jedermann gelten (für Betroffene im datenschutzrechtlichen Sinne gelten Sonderregelungen nach § 4 BArchG). Nach dessen Absatz 1 steht Jedermann auf Antrag das Recht zu, Archivgut des Bundes aus einer mehr als 30 Jahre zurückliegenden Zeit zu nutzen, soweit durch Rechtsvorschrift nichts anderes bestimmt ist. Bezieht sich das Archivgut auf natürliche Personen, so darf es erst 30 Jahre nach dem Tode der Betroffenen durch Dritte benutzt werden. Ist das Todesjahr nicht oder nur mit unvertretbarem Aufwand feststellbar, so endet die Schutzfrist 110 Jahre nach der Geburt des Betroffenen. Unterlagen, die dem Steuergeheimnis, dem Sozialgeheimnis, dem Bankgeheimnis oder einem anderen sich aus einer Rechtsvorschrift des Bundes ergebenden Geheimhaltung unterliegen, dürfen nach § 5 Abs. 3 S. 1 BArchG erst 60 Jahre nach Entstehen benutzt werden.

Darüber hinaus bestehen nach **§ 5 Abs. 6 BArchG weitere Einschränkungen,** die in 8 ihrer Formulierung an die Einschränkungen des presserechtlichen Auskunftsanspruchs erinnern (s. dazu Ricker/Weberling Kap. 20; Schnabel NVwZ 2012, 854 ff.; Schoch AfP 2010, 313 ff.; Püschel AfP 2006, 401 ff.). Sie sind stark auslegungsbedürftig und unterscheiden sich daher von der Systematik deutlich von den abschließend aufgezählten und eng auszulegenden Ausnahmegründen des IFG (s. dazu VG Hamburg Urt. v. 24.11.2008 – 15 K 4014/07, Rn. 25), insbes. zum Schutz öffentlicher Belange (s. dazu Dix/Schnabel, Jahrbuch Informationsrecht und Informationsfreiheit 2011, 153 (161 ff.)). Die Ausnahmegründe nach § 5 Abs. 4 BArchG gelten grds. auch nach Ablauf der Schutzfristen nach den Abs. 1–3. Allerdings legt die Rspr. höhere Ansprüche an die Darlegung des jeweiligen Ausnahmegrunds, je älter die Unterlagen sind (s. zu den Eichmann-Akten des Bundesarchivs BVerwG NVwZ 2010, 904 ff. mAnm Schnabel NVwZ 2010, 881 f.).

Da es nach § 1 BArchG zu den Aufgaben des Bundesarchivs gehört, das Archivgut 9 nutzbar zu machen und wissenschaftlich zu verwerten, wäre es unsinnig, wenn der Zugang zu Unterlagen nach deren Abgabe an das Bundesarchiv höheren Anforderungen unterläge als vorher. Dies war vor Inkrafttreten des IFG aufgrund des Amtsgeheimnisses nicht der Fall. Behördenakten waren grds. unzugänglich, Ausnahmen bestanden für am Verwaltungsverfahren Beteiligte nach § 29 VwVfG (s. dazu Kopp/Ramsauer VwVfG § 29 Rn. 1 ff.), datenschutzrechtlich Betroffene nach § 19 BDSG (s. Simitis/Mallmann BDSG § 19 Rn. 1 ff.) oder die Presse nach den (landes-)presserechtlichen Auskunftsansprüchen (zu deren Anwendbarkeit auf Bundesbehörden siehe BVerwG NVwZ 2013, 1006; Partsch NJW 2013, 2858 ff.). Dies änderte sich grundlegend durch die mit dem Erlass des IFG erfolgte Einführung eines voraussetzungslosen Anspruchs auf Zugang zu vorhandenen amtlichen Informationen. Die Unterlagen sind nun bereits während sie noch im Verwaltungsgebrauch sind, grds. der Öffentlichkeit zugänglich. Nach Übergabe an das Bundesarchiv verdrängt das BArchG allerdings das IFG nach § 1 Abs. 3 (→ § 1 Rn. 194; VG Berlin Urt. v. 12.10.2009 – 2 A 20/08, Rn. 53). Es würde zu einem unauflösbaren **Wertungswiderspruch** führen, Informationen nach Abgabe an das Bundesarchiv nur unter den engeren Voraussetzungen des BArchG, insbes. dem Ablauf einer 30jährigen Wartefrist, öffentlich zugänglich zu machen. Informationen dürfen nicht nach Abgabe an das Bundesarchiv schwerer zugänglich sein als wenn sie noch im Verwaltungsgebrauch sind. Da dem Gesetzgeber diese Konstellation bei Erlass des BArchG bekannt war, enthält § 5 Abs. 4 S. 1 BArchG bereits eine Ausnahme für Unterlagen, die bei Entstehung zur Veröffentlichung bestimmt waren. Diese sind bereits vor Ablauf der Schutzfristen öffentlich zugänglich. Davon ist jedoch nur ein kleiner Ausschnitt der in den Behörden vorhandenen Verwaltungsunterlagen betroffen, zum Beispiel Pressemitteilungen, Informationsmaterial oder Tätigkeitsberichte wie der des Bundesbeauftragten für den Datenschutz und die Informationsfreiheit (zum Tätigkeitsbericht → § 12 Rn. 53 ff.).

II. Änderungen durch Abs. 2

Der Gesetzgeber hat die durch das IFG angestoßene fundamentale Veränderung berück- 10 sichtigt und das BArchG entsprechend geändert. Durch § 13 Abs. 2 IFG wird in § 5 Abs. 4 BArchG ein S. 2 eingeführt, der Archivgut, soweit es vor der Übergabe an das Bundesarchiv bereits einem Informationszugang nach dem Informationsfreiheitsgesetz offen gestanden hat, von den Schutzfristen ausnimmt. Die Begründung des Gesetzgebers lautet: „Es wäre widersprüchlich, Information, die zugänglich gemacht werden durfte, während sie noch im Verwaltungsgebrauch war, nach Abgabe an das Bundesarchiv strengeren Vorrausetzungen zu unterwerfen." (BT-Drs. 15/4493, 17) In der Sache gibt es hieran keine Kritik (Schoch IFG § 13 Rn. 15 ff.).

11 Es ist allerdings bestritten worden, dass durch § 13 Abs. 2 IFG vorgenommene Ergänzung des § 5 Abs. 4 S. 2 BArchG überhaupt notwendig sei. Durch den Erlass des IFG habe der Gesetzgeber sein Verfügungsrecht über sämtliche vorhandenen amtlichen Informationen dergestalt ausgeübt, dass sie alle zur Veröffentlichung bestimmt seien (so NK-IFG/Rossi IFG § 13 Rn. 14ff). Die durch § 5 Abs. 4 S. 2 BArchG beabsichtigte Änderung der Rechtslage ergebe sich daher bei richtiger Auslegung bereits aus § 5 Abs. 4 S. 1 BArchG. Diese Ansicht kann nicht geteilt werden. Die Tatsache, dass Informationen allgemein zugänglich sind, bedeutet nicht, dass sie „zur Veröffentlichung bestimmt" sind. Auch nach Erlass des IFG bleibt der Zweck der Führung von Verwaltungsakten die rechtstaatliche Dokumentation des Verwaltungshandelns (ebenso Jastrow/Schlatmann IFG § 13 Rn. 13; zu den Folgen einer unzureichenden Aktenführung s. OVG Greifswald NVwZ 2002, 104 ff.). Eine Auslegung, die Zugänglichkeit und die Bestimmung zur Veröffentlichung gleichsetzt, ignoriert die unterschiedlichen Wortlaute, deren Bedeutung sich auch in anderen Gesetz zeigt: Das aus dem Urheberrecht stammende Recht der Erstveröffentlichung nach § 12 UrhG erlaubt dem Urheber selbst darüber zu entscheiden, ob und wie sein Werk erstmals veröffentlicht wird (Schricker/Loewenheim/Dietz/Peukert UrhG § 12 Rn. 7 ff.). Es ist das einzige Recht des „Geistigen Eigentums", dem ein echter informationsrestriktiver Charakter zukommt (Schnabel K&R 2012, 626 (631)). Nach der Rspr. soll nicht mal bei einem ausgeübten Recht auf Informationszugang und einer daraus folgenden (theoretisch unbegrenzt oft wiederholbaren) Herausgabe des Werks eine Veröffentlichung vorliegen (VG Berlin Urt. v. 1.12.2011 – VG 2 K 91.11, Rn. 27 f. = ZD 2012, 399 f., mAnm Schnabel, K&R 2012, 143 f.; VG Berlin Urt. v. 14.9.2012 – 2 K 185.11, Rn. 38). Dies kann dann noch viel weniger der Fall sein, nur weil das Werk überhaupt dem IFG unterliegt. Die Gleichsetzung von „allgemein zugänglich" und „zur Veröffentlichung bestimmt" überdehnt daher die Wortlautgrenze unzulässiger Weise (aA NK-IFG/Rossi IFG § 13 Rn. 15 aE, der zu genau dem entgegengesetzten Ergebnis kommt: Die Zubilligung unterschiedlicher Rechtsfolgen zu den unterschiedlichen Formulierungen sei eine unzulässige Überdehnung der Wortlautauslegung; iErg ebenso Schoch IFG § 13 Rn. 16 aE). Die durch § 13 Abs. 2 IFG vorgenommene Änderung von § 5 Abs. 4 BArchG ist daher **konstitutiv** und nicht lediglich deklaratorisch.

12 Dies hat aber keinen Einfluss auf die Tatsache, dass es sich bei vorhandenen amtlichen Informationen durch den Erlass des IFG grds. um „allgemein zugängliche Quellen" handelt und der Schutzbereich der **grundrechtlichen Informationsfreiheit** nach Art. 5 Abs. 1 S. 1 Hs. 1 GG eröffnet ist (→ GG Art. 5 Rn. 41; Schoch IFG § 13 Einl Rn. 153 ff.; Roßnagel MMR 2007, 16 (17); NK-IFG/Rossi IFG § 13 Rn. 16).

13 Die Regelung des neuen § 5 Abs. 4 S. 2 BArchG gilt ohne zeitliche Beschränkung. Der Sache nach kann sie nicht auf Informationen angewandt werden, die **vor Inkrafttreten des IFG,** also vor dem 1.1.2006 (→ § 15 Rn. 1 ff.) an das Bundesarchiv abgegeben wurden (BRS IFG § 13 Rn. 2 aE). Die Regelung des § 5 Abs. 4 S. 2 BArchG gilt nur für Unterlagen, die nach dem IFG einem Informationszugang offen gestanden haben, nicht jedoch für eine Zugangseröffnung nach **UIG** oder **VIG.** Gründe für eine solche Differenzierung sind indes nicht ersichtlich (so Schoch IFG § 13 Rn. 23, der § 5 Abs. 4 S. 2 BArchG nur deklaratorische Bedeutung zuspricht, um dieses Ergebnis zu vermeiden; → Rn. 11).

14 Für die Wirkung von § 5 Abs. 4 S. 2 BArchG ist es nicht erforderlich, dass das Recht auf Informationszugang nach dem IFG auch **tatsächlich ausgeübt** wurde (Arbeitsgemeinschaft der Informationsfreiheitsbeauftragten in Deutschland, DuD 2005, 290 (296); Schoch IFG § 13 Rn. 22 mwN). Dies ließe sich im Zweifel auch gar nicht nachvollziehen, da nicht jede Information entsprechend markiert wird und Unterlagen zu Anträgen auf Informationszugang nicht automatisch mit dem Vorgang, den sie betreffen Archivgut werden. Eine Pflicht zur Dokumentation aller IFG-Anträge und ihrer Abgabe an das Bundesarchiv zusammen mit den Informationen auf die sich die Anträge beziehen, kann aus § 5 Abs. 4 S. 2 BArchG nicht hergeleitet werden. Ferner ist es unter anderem vom Zufall abhängig, ob dieses Recht ausgeübt wird oder nicht und sollte daher keinen Einfluss auf die Bestimmung der Schutz-

würdigkeit der Information haben. Darüber hinaus wäre unklar, wie zu verfahren wäre, wenn bereits ein Antrag auf Zugang zu einem Teil von Unterlagen gestellt worden wäre (Jastrow/Schlatmann IFG § 13 Rn. 17).

Die Regelung verlangt, dass die Unterlagen einem Informationszugang offen gestanden 15 haben. Dies ist nach richtiger Ansicht nicht der Fall, wenn **Ausnahmegründe** greifen (ebenso Schoch IFG § 13 Rn. 24; Jastrow/Schlatmann IFG § 13 Rn. 18). Es wäre nicht einsehbar, warum eine Information deren Bekanntwerden nachteilige Auswirkungen auf die internationalen Beziehungen haben kann oder die der Verschlusssachenanweisung unterliegt, nach Abgabe an das Bundesarchiv frei zugänglich sein soll. Erforderlich ist daher, dass ein Informationszugang erfolgreich zumindest hätte beantragt werden können. Da es nur auf die abstrakte Anwendbarkeit des IFG ankommt, kann sich das Bundesarchiv bei der Anwendung von § 5 Abs. 4 S. 2 BArchG nicht einfach die Einschätzung der Stelle, von der die Information stammt, übernehmen, da diese eine solche im Zweifel nie vorgenommen hat. Für die Entscheidung der Anwendbarkeit von § 5 Abs. 4 S. 2 BArchG ist daher eine **eigene Beurteilung des Bundesarchivs erforderlich** (Schoch IFG § 13 Rn. 32; Jastrow/Schlatmann IFG § 13 Rn. 18). Dieses kann die abgebende Stelle um eine Einschätzung bitten (Jastrow/Schlatmann IFG § 13 Rn. 18). Allerdings ist dies weder erforderlich (aA jedoch nicht überzeugend Arbeitsgemeinschaft der Informationsfreiheitsbeauftragten in Deutschland, DuD 2005, 290 (296)), noch kann das Bundesarchiv diese Einschätzung unbesehen übernehmen und sich bei einem entsprechenden Antrag auf die Einschätzung der abgebenden Stelle berufen. Erforderlich ist vielmehr die Rechtsanwendung in eigener Verantwortung, da die abgebende Stelle mit der Abgabe an das Bundesarchiv die Verfügungsbefugnis nach § 7 Abs. 1 S. 1 über die Information verloren hat (NK-IFG/Rossi IFG § 13 Rn. 29). Hat das Bundesarchiv die Unterlagen übernommen, aber noch nicht über die Archivwürdigkeit entschieden, so bleibt das IFG direkt anwendbar (Schoch IFG § 13 Rn. 18).

III. Landesarchive und Parlamentsarchive

Bundesbehörden geben auch Unterlagen an die Archive der Länder ab. Mit der Aufnahme werden die Unterlagen Archivgut des Landes und unterliegen dem jeweiligen Landesarchivgesetz. Die Regelung des § 13 Abs. 2 IFG und damit auch des § 5 Abs. 4 S. 2 BArchG findet auf Landesarchive keine Anwendung. Die Länder können selbstverständlich eigene Regelungen erlassen, die dem § 5 Abs. 4 S. 2 BArchG entsprechen (Jastrow/Schlatmann IFG § 13 Rn. 19). Geschieht dies nicht, so kommt es zu dem Wertungswiderspruch, dass die Unterlagen nach dem Wechsel von der Bundesbehörde zum Landesarchiv eventuell schwerer zugänglich sind als davor (s. zB § 10 Abs. 7 BbgArchG auf den die Gesetzesbegründung verweist, BT-Drs. 15/4493, 17). Auch dieses Ergebnis kann nicht dazu führen, sämtliche Verwaltungsunterlagen durch den Erlass des IFG als „zur Veröffentlichung bestimmt" anzusehen (so aber Schoch IFG § 13 Rn. 26).

§ 13 Abs. 2 IFG bezieht sich auch auf **Archive der gesetzgebenden Körperschaften**, 17 also Bundestag und Bundesrat (NK-IFG/Rossi IFG § 13 Rn. 2). Diese bewahren zwar Unterlagen auf, allerdings handelt es sich bei Ihnen nicht um Archive iSd BArchG (Schoch IFG § 13 Rn. 28 mwN). Vielmehr entscheiden die gesetzgebenden Körperschaften nach § 2 Abs. 2 BArchG in eigener Zuständigkeit, ob Unterlagen dem Bundesarchiv anzubieten und zu übergeben sind. Erst dadurch werden sie zu Archivgut iSd BArchG. Auch wenn das Anliegen, die Regelung des § 5 Abs. 4 S. 1 BArchG auch auf die Parlaments"archive" anzuwenden, nachvollziehbar und begrüßenswert ist, so geht die Regelung doch fehl und verursacht Folgeprobleme (Jastrow/Schlatmann IFG § 13 Rn. 20 und 24).

C. Hintergrund

Hintergrund der Regelung ist ein Wunsch des Geschäftsordnungsausschusses des Bundestags. Dieser wollte erreichen, dass die Schutzfristen des § 5 BArchG auch auf die Parlamentsarchive Anwendung finden. Der Innenausschuss erfüllte diesen Wunsch, gab aber gleichzeitig zu erkennen, dass er die rechtsdogmatischen Probleme, die dies verursachen sollte, nicht übersehen hatte: „Die Schutzfristen des Bundesarchivgesetzes gelten bereits nach derzeitiger Praxis und in der Literatur vertretenen Auffassungen **entsprechend** für die parlamentarischen Archive des Bundes. Die Aufnahme der parlamentarischen Archive in die Änderung des Bundesarchivgesetzes **stellt dies klar**" (BT-Drs. 15/5606, 6, Hervorhebungen nur hier).

19 Die Regelung geht in mehrfacher Hinsicht fehl: Zum einen entsteht Archivgut erst durch die Übergabe von Unterlagen an das Bundesarchiv (→ Rn. 17). Im Parlamentsarchiv vorhandene Unterlagen können somit kein Archivgut sein (Jastrow/Schlatmann IFG § 13 Rn. 25). Daher gelten auch die Schutzfristen des § 5 BArchG für bei Parlamentsarchiven vorhandene Unterlagen nicht und es bedarf auch keiner Befreiung von ihnen. Zum anderen suggeriert § 13 Abs. 2 IFG (und damit § 5 Abs. 4 S. 2 BArchG), dass das IFG auf die beim Parlamentsarchiv vorhandenen Informationen keine Anwendung findet (so Schmitz/Jastrow NVwZ 2005, 984 (994); Jastrow/Schlatmann IFG § 13 Rn. 26). Dies ist aber nicht zwingend und gilt erst recht nicht absolut für alle von Archiven der gesetzgebenden Körperschaften verwahrten Unterlagen. So ist zum Beispiel die Tätigkeit des wissenschaftlichen Dienstes des Deutschen Bundestags von der Rspr. als Verwaltungstätigkeit iSv § 1 Abs. 1 eingeordnet worden mit der Konsequenz, dass das IFG grds. anwendbar ist (VG Berlin Urt. v. 1.12.2011 – VG 2 K 91.11 = ZD 2012, 399 f.; VG Berlin Urt. v. 14.9.2012 – 2 K 185.11; aufgehoben durch OVG Berlin-Brandenburg Urt. v. 13.11.2013 – OVG 12 B 3.12 und OVG 12 B 21.12 aber Revision zum BVerwG zugelassen). Die Nichtanwendbarkeit des IFG nach § 1 Abs. 1 ist aber die einzige Möglichkeit, warum Unterlagen bei Parlamentsarchiven nicht dem IFG unterliegen sollten. Da das BArchG auf sie keine Anwendung findet, kann es das IFG auch nicht nach § 1 Abs. 3 verdrängen. Insgesamt ist die Regelung daher bestenfalls überflüssig und schlimmstenfalls verwirrend (ebenfalls krit. Schoch IFG § 13 Rn. 39).

20 Darüber hinaus gilt die gleiche Kritik wie zur Änderung des BDSG durch § 13 Abs. 1 IFG: Die Entscheidung des Gesetzgebers, die Änderung des BArchG nicht durch ein Mantelgesetz als Teil eines Artikelgesetzes vorzunehmen, sondern in einer Einzelnovelle, ist nicht nachvollziehbar und verstößt gegen eigene Vorgaben zur Rechtsförmlichkeit (→ Rn. 4). Mittelfristig wäre eine Harmonisierung von Archiv- und Informationsfreiheitsrecht durch den Gesetzgeber wünschenswert. Allerdings besteht dieser Wunsch bereits seit Erlass des IFG (vgl. Arbeitsgemeinschaft der Informationsfreiheitsbeauftragten in Deutschland, DuD 2005, 290 (296)).

§ 14 Bericht und Evaluierung

[1]Die Bundesregierung unterrichtet den Deutschen Bundestag zwei Jahre vor Außerkrafttreten über die Anwendung dieses Gesetzes. [2]Der Deutsche Bundestag wird das Gesetz ein Jahr vor Außerkrafttreten auf wissenschaftlicher Grundlage evaluieren.

Die Norm enthält eine Unterrichtungspflicht der Bundesregierung zur Anwendung des IFG (→ Rn. 5) und eine Pflicht des Bundestages zur wissenschaftlichen Evaluation des IFG (→ Rn. 7). Aufgrund eines gesetzgeberischen Fehlers fehlt die zeitliche Anknüpfung (→ Rn. 2). Die Vorgaben von § 14 wurden daher nicht wie ursprünglich vorgesehen umgesetzt. Allerdings ist die Evaluation inzwischen erfolgt (→ Rn. 9).

A. Allgemeines

1 § 14 enthält zwei bemerkenswerte Verpflichtungen: Der Gesetzgeber verpflichtet die Regierung, ihm über die Anwendung eines von ihm beschlossenen Gesetzes Bericht zu erstatten. Ferner will er sich selbst zu einer Evaluierung verpflichten. Beide Regelungen lassen sich nur durch die grundlegende Neuerung begreifen, die der Erlass des IFG für Bundesbehörden mit sich brachte (Schoch IFG § 14 Rn. 5). Der viel beschworene Begriff des Paradigmenwechsels ist hier angebracht. Eine solche Regelung war überfällig, aber für die deutschen Verhältnisse dennoch mutig. Dass auch der eigene Mut Grenzen kennt, zeigt § 14. Die Begründung weist ausdrücklich darauf hin wie neu das Gesetz ist (BT-Drs. 15/4493, 17). Die Pflichten sollen nicht nur dazu dienen, zu überprüfen wie das IFG weiter verbessert werden kann, um zu mehr und besseren Informationsanträgen zu führen. Sie können nur vor dem Hintergrund massiver Kritik an dem Konzept eines voraussetzungslosen Anspruchs auf Informationszugang richtig eingeordnet werden, nämlich als Zugeständnisse

an die Kritiker (Jastrow/Schlatmann IFG § 14 Rn. 1 äußern sich euphemistisch: § 14 habe eine Signalwirkung, dass die Entwicklung der Informationsfreiheit weiter beobachtet werde).

B. Frist und Befristung

§ 14 enthält einen **massiven gesetzgeberischen Fehler:** Aufgrund eines Redaktionsversehens im Innenausschuss des Deutschen Bundestags wurde zwar die in § 15 vorgesehene Befristung gestrichen (→ § 15 Rn. 3). Allerdings wurde versäumt, § 14 entsprechend anzupassen (Jastrow/Schlatmann IFG § 14 Rn. 11). Dieser knüpft daher zeitlich immer noch an das Außerkrafttreten des IFG an, welches aber nicht mehr erfolgen wird. 2

Nach dem **ursprünglich vorgesehenen Ablauf** wäre das IFG am 1.1.2012 außer Kraft getreten. Der Bericht der Bundesregierung hätte daher bis zum 1.1.2010 dem Deutschen Bundestag vorliegen müssen. Dieser hätte bis zum 1.1.2011 eine wissenschaftliche Evaluation vorlegen müssen. Danach hätten dem Gesetzgeber alle Optionen offen gestanden, von einer Streichung der Befristung unter ansonsten unveränderter Beibehaltung des IFG, über eine Reform des gesamten oder Teilen des IFG bis zu dessen ersatzloser Aufhebung (Jastrow/Schlatmann IFG § 14 Rn. 10; zur Frage, ob letzteres einen Eingriff in die grundrechtliche Informationsfreiheit nach Art. 5 Abs. 1 S. 1 Hs. 2 GG darstellt s. Wehner, Informationszugangsfreiheit zu staatlichen Quellen, 2012, 260 ff.). 3

Durch den gesetzgeberischen Fehler wurde § 14 **im Ergebnis unwirksam.** Nach einer Ansicht ist die Regelung gegenstandslos geworden. Aus ihr ergeben sich also keinerlei rechtliche Wirkungen (so Schmitz/Jastrow NVwZ 2005, 984 (994); Reinhart DÖV 2007, 18 (23); Jastrow/Schlatmann IFG § 14 Rn. 12). Nach anderer Ansicht gelten die von § 14 aufgestellten Pflichten weiter, es ist nur die Frist unklar, zu der sie erfüllt werden müssen (Schoch IFG § 14 Rn. 23 ff.; NK-IFG/Rossi IFG § 14 Rn. 21 und 25 aE; BRS IFG § 14 Rn. 3; Kloepfer/v. Lewinski DVBl. 2005, 1277 (1288)). Diese werden dann entweder ab Inkrafttreten berechnet – statt vor Außerkrafttreten – oder es wird die Geltung einer „angemessenen Frist" postuliert (zu den verschiedenen Möglichkeiten und ihren jeweiligen Begründungen siehe Schoch IFG § 14 Rn. 24 ff.; NK-IFG/Rossi IFG § 14 Rn. 22 ff.). Im Ergebnis ist dies alles ohne Relevanz, da eine Pflicht, die nie erfüllt werden muss, bedeutungslos ist. Die Bundesregierung hat sich nicht als der Pflicht nach § 14 S. 1 unterworfen angesehen (→ Rn. 6) und die Evaluation erfolgte zwar, aber erst sehr viel später als ursprünglich avisiert (→ Rn. 9). 4

C. Pflicht zur Berichterstattung

§ 14 S. 1 enthält eine Pflicht der Bundesregierung, den Bundestag über die Anwendung des IFG zu unterrichten. Diese **Überprüfungsklausel** hat eine die weitere Gesetzgebung vorbereitende Funktion: Der Gesetzgeber will sich über die Anwendung unterrichten lassen, um weitere gesetzgeberische Schritte von praktischen Erfahrungen abhängig zu machen. § 14 S. 1 kommt somit eine die **Gesetzgebung vorbereitende Funktion** zu (Schoch IFG § 14 Rn. 7). 5

Aufgrund eines gesetzgeberischen Fehlers (→ Rn. 2 ff.) wurde die Überprüfungsklausel von der Bundesregierung als gegenstandslos betrachtet (BfDI, Tätigkeitsbericht 2010/2011, 12.). Es kam daher nie zu einer Berichterstattung gegenüber dem Bundestag. Zur Anwendung des IFG existieren lediglich die Tätigkeitsberichte des BfDI und die Stellungnahmen der Bundesregierung dazu. Dass die Bundesregierung hier regelmäßig zu anderen Ergebnissen kommt als der BfDI (BfDI, Tätigkeitsbericht 2008/2009, 27 f.), liegt wohl in der Natur der Sache. 6

D. Pflicht zur Evaluation

Der Bundestag hatte sich in § 14 S. 2 selbst aufgegeben, das IFG auf wissenschaftlicher Grundlage zu evaluieren. Dazu wollte er sich seines wissenschaftlichen Dienstes oder eines externen Forschungsinstituts bedienen (BT-Drs. 15/4493, 17). Diese **Eigenverpflichtung** ist aus zwei Gründen **unwirksam:** Zum einen kann sich der Bundestag nicht wirksam selbst binden, das Gesetz könnte jederzeit aufgehoben werden (Schoch IFG § 14 Rn. 15). Dies gilt 7 insbes. für den Bundestag der nächsten Wahlperiode, der nicht wie eine Behörde verpflichtet werden kann. § 14 S. 2 ist schon von daher als überflüssige Regelung anzusehen (Schmitz/Jastrow NVwZ 2005, 984 (994)). Zum anderen gelten auch hier die Probleme der fehlerhaften zeitlichen Anknüpfung, welche die Pflicht ohnehin ins Leere laufen lassen (→ Rn. 2 ff.).

8 Der Gesetzgeber hatte sich mit § 14 S. 2 selbst eine Evaluation (zur Wahl des Fremdworts „Evaluation" siehe Jastrow/Schlatmann IFG § 14 Rn. 8.) aufgeben wollen. Ziel der Evaluierung konnte nur sein, herauszufinden, ob das IFG die mit ihm verfolgten Ziele erreicht und welche weiteren unbeabsichtigten oder unerwünschten Folgen der Erlass des Gesetzes hatte (BfDI, Tätigkeitsbericht 2010/2011, 12). Dies ist vor allem durch eine Untersuchung der Rechtswirklichkeit zu erreichen, also einer Untersuchung, die sich von der reinen Auslegung und Rechtsvergleichung befreit und stattdessen detailliert die Praxis bei antragstellenden Personen, in der Verwaltung und vor Gericht untersucht.

9 Der Bundestag hat im Frühjahr 2011 das Deutsche Forschungsinstitut für öffentliche Verwaltung Speyer mit der Evaluation beauftragt, welches schon über erhebliche Erfahrung sowohl im Bereich der Gesetzesevaluation als auch im Zusammenhang mit Informationsfreiheitsgesetzen verfügte (BfDI, Tätigkeitsbericht 2010/2011, 12.). Die Evaluation ist inzwischen erfolgt und das Ergebnis liegt vor (Ziekow/Debus/Musch, Evaluation des Gesetzes zur Regelung des Zugangs zu Informationen des Bundes – Informationsfreiheitsgesetz des Bundes (IFG) im Auftrag des Innenausschusses des Deutschen Bundestages, 2012, Innenausschussdrucksache 17(4)522B, abrufbar unter http://www.bundestag.de/bundestag/ausschuesse17/a04/Analysen_und_Gutachten/Gutachten_IFG.pdf; Zusammenfassung bei Dix/Ziekow/Debus/Musch, Jahrbuch Informationsfreiheit und Informationsrecht 2012, 1 ff.). Die Ergebnisse lassen sich hier schon aufgrund des Umfangs von über 500 Seiten nicht zusammenfassen. Das Gutachten benennt Konfliktfelder, untersucht ob das IFG in der Praxis angemessene Konfliktlösungsstrategien bereithält und macht Verbesserungsvorschläge zur Weiterentwicklung des IFG. Insgesamt ist das Gutachten so gut gelungen, dass man sich eine intensivere Nutzung des Instruments der Evaluation wünschen würde, insbes. in Bereichen in denen in Grundrechte eingegriffen wird (ebenso BfDI, Tätigkeitsbericht 2010/2011, 12).

§ 15 Inkrafttreten

Dieses Gesetz tritt am 1. Januar 2006 in Kraft.

§ 15 regelt das Inkrafttreten des Gesetzes (→ Rn. 1). Ursprünglich sollte § 15 auch eine Regelung enthalten nach der das Gesetz automatisch außer Kraft getreten wäre (→ Rn. 3). Das Gesetz enthält keine Übergangsregelung (→ Rn. 10). Auch ist ihm keine Vorwirkung vor dem Inkrafttreten zu entnehmen (→ Rn. 11).

A. Allgemeines

1 § 15 regelt den Zeitpunkt zu dem das IFG in Kraft tritt. Mit dem Inkrafttreten wird die Norm rechtsverbindlich (Jarass/Pieroth GG Art. 82 Rn. 9). Ab dem 1.1.2006 wurden die sich aus dem IFG ergebenden Rechte und Pflichten wirksam. Dies bedeutet, dass ab dem Jahresbeginn 2006 ein grundsätzlicher voraussetzungsloser Zugang zu bei Bundesbehörden vorhandenen, amtlichen Informationen nach den Voraussetzungen dieses Gesetzes bestand (Jastrow/Schlatmann IFG § 15 Rn. 1).

2 § 15 gehört zu den Normen des IFG, die inhaltlich vom Entwurf bis zur Verabschiedung die größte Wandlung durchgemacht haben. Dies liegt nicht am **Zeitpunkt des Inkrafttretens**, obwohl sich auch dies geändert hat. Zunächst war vorgesehen, das IFG „am ersten Tag des dritten auf die Verkündung folgenden Monats" in Kraft treten zu lassen (BT-Drs. 15/4493, 5). Eine solche Formulierung ist etwas umständlicher als die Angabe eines konkreten Datums, aber nicht ungewöhnlich. Auch zahlreiche Landesgesetze zur Informationsfreiheit enthalten ähnliche Regelungen (s. zB: § 12 BbgAIG, § 15 IFG MV, § 23 BlnIFG: „am Tag nach der Verkündung"; § 14 S. 1 BremIFG: „am ersten Tag des dritten auf die Verkündung folgenden Monats"; § 18 Abs. 3 S. 1 HbgTG: „drei Monate nach seiner Verkündung"; § 16 Abs. 1 IZG LSA: „am ersten Tage des vierten auf die Verkündung folgenden Kalender-

monats"). Die Landesinformationsfreiheitsgesetze, die wie das IFG den Zeitpunkt des Inkrafttretens mit dem genauen Datum benennen (Schoch IFG § 15 Rn. 5: „Fixbestimmung") sind demgegenüber klar in der Minderheit (§ 14 S. 1 IFG NW: 1.1.2002; § 17 ThürIFG: 29.12.2012). Das LIFG RP und das IZG SH nennen überhaupt keinen Zeitpunkt des Inkrafttretens im Gesetz selbst. Hier gelten die grundgesetzlichen Regelungen (→ Rn. 5; Schoch IFG § 15 Rn. 4). Dass das IFG nach der Legislaturperiode des beschließenden Gesetzgebers in Kraft trat, ist verfassungsrechtlich nicht zu beanstanden (NK-IFG/Rossi IFG § 15 Rn. 1).

Eine sehr viel wichtigere Änderung betraf die **Geltungsdauer des Gesetzes.** Ursprünglich war vorgesehen, das Gesetz „am ersten Tag des sechsten auf das Inkrafttreten folgenden Jahres" wieder außer Kraft tritt (BT-Drs. 15/4493, 5). Die vorgesehene Befristung war mit der Evaluation des Gesetzes verknüpft (Jastrow/Schlatmann IFG § 15 Rn. 2). Sowohl Evaluation (→ § 14 Rn. 7) als auch Befristung sind je nach Ansicht gesetzgeberische Modeerscheinungen oder „Teil moderner Gesetzgebung (insbes. zeitgemäßer Gesetzesfolgenabschätzung und -überprüfung)" (so Schoch IFG § 15 Rn. 3 unter Verweis auf Jastrow/Schlatmann IFG § 15 Rn. 2; allgemein Wagner ZRP 1999, 480 ff.: „Gesetzesfolgenabschätzung – Modeerscheinung oder Notwendigkeit?"). Die zeitliche Befristung in Form eines automatischen Außerkrafttretens ist aus rechtsförmlicher Sicht nicht unproblematisch soweit sie einzelne Normen oder Teile von Normen betrifft, da dies Übersichtlichkeit, Verständlichkeit und Konsistenz der gesamten Regelung betreffen kann. Dies kann zu ungültigen oder auch nur unsinnigen Verweisen führen, welche dann bei der Rechtsauslegung berücksichtigt oder korrigiert werden müssen. Bei der Befristung eines ganzen Gesetzes bestehen diese rechtsförmlichen Bedenken und Probleme zwar nicht. Eine solche Regelung zeugt jedoch von einer tiefsitzenden Unsicherheit des Gesetzgebers in Bezug auf die Auswirkungen der von ihm zu verantwortenden Norm. Begründet wird die Erwägung einer zeitlichen Befristung mit der Tatsache, dass der Erlass des IFG gesetzgeberisches „Neuland" sei (Schoch IFG § 15 Rn. 3). Dies ist weder im Vergleich zu anderen westlichen, demokratischen Rechtsstaaten zutreffend (siehe zu den USA Bräutigam DVBl. 2006, 950 ff. und Dix/Gellmann, Informationsfreiheit und Informationsrecht – Jahrbuch 2008, 211 ff.; zu UK Dix/Thomas, Informationsfreiheit und Informationsrecht – Jahrbuch 2009, 125 ff.), noch im Bezug auf Deutschland wo die brandenburgische Verfassung bereits seit 1992 ein Recht auf Aktenzugang enthält und 1998 mit dem AIG das erste deutsche Informationsfreiheitsgesetz erlassen wurde (Akteneinsichts- und Informationszugangsgesetz v. 10.3.1998 (GVBl. I 46). Trotz der in anderen Ländern gemachten positiven Erfahrungen hatte der Bundesgesetzgeber anscheinend so massive Bedenken, dass eine Befristung des gesamten Gesetzes erwogen wurde. Dass diese nicht erfolgte, ist zu begrüßen. Sie hätte dem gesamten Vorhaben einen experimentellen Charakter gegeben (so auch NK-IFG/Rossi IFG § 15 Rn. 2). Eine so fundamentale Änderung des Informationsverhaltens der Verwaltung gegenüber den Bürgerinnen und Bürgern, wie er durch das IFG auf Bundesebene eingetreten ist, setzt aber einen Kulturwandel voraus, der ohne ein eindeutiges Bekenntnis des Gesetzgebers nur sehr schwer zu vollziehen ist. Hinzu kommt, dass Gesetze in aller Regel aus Gründen des (Grund-)Rechtsschutzes befristet werden. Sie räumen der Verwaltung zusätzliche Befugnisse ein, weshalb diese ein Eigeninteresse an deren Fortbestand hat (Schoch IFG § 15 Rn. 3). Beim IFG ist es aber nicht fernliegend davon auszugehen, dass die Verwaltung eben kein Eigeninteresse an einer Regelung hat (ebenso, allerdings ohne nähere Begründung, BRS IFG § 15 Rn. 4 aE), schon alleine aufgrund des zusätzlichen Arbeitsaufwands, der durch entsprechende Anträge entsteht (äußerst krit.: „Innenminister: Informationsfreiheit lähmt die Verwaltung", heise.de v. 6.3.2013, abrufbar unter http://heise.de/-1816757). Welche Gründe den Gesetzgeber am Ende dazu bewogen haben, auf die Befristung zu verzichten, lässt sich nicht mit Sicherheit sagen (NK-IFG/Rossi IFG § 15 Rn. 3 spekuliert, dass die damalige Bundestagsmehrheit aus SPD/DIE GRÜNEN nicht ohne Not ein automatisches Außerkrafttreten anordnen wollte, wenn unklar war, ob sie zu dem Zeitpunkt noch die notwendige Mehrheit haben würden, um eine Verlängerung zu beschließen). Fest steht jedenfalls, dass es die richtige Entscheidung war, auf ein automatisches Außerkrafttreten zu verzichten (der Vorschlag für die verabschiedete Fassung des § 15 IFG stammt aus dem Innenausschuss des BT, BT-Drs. 15/5606, 3), auch wenn versäumt wurde, in der Folge § 14 entsprechend anzupassen (→ § 14 Rn. 2 ff.; Jastrow/Schlatmann IFG § 15 Rn. 4).

4   Die Gefahren einer strikten zeitlichen Geltungsgrenze für Normen lassen sich anhand des thüringischen Beispiels aufzeigen: Das erste ThürIFG (Verweisgesetz) enthielt in § 3 eine Regelung nach der das Gesetz fünf Jahre Geltung nach Verkündung automatisch außer Kraft trat (§ 3 ThürIFG v. 20.12.2007, ThürGVBl. S. 256). Das zweite ThürIFG (Vollregelung) wurde am 14.12.2012 verabschiedet und musste bereits fünfzehn Tage später in Kraft treten, damit Thüringen nicht vorübergehend zur informationsfreiheitsfreien Zone wurde. Dies hinterlässt nicht unbedingt einen professionellen Eindruck und führte zu einer gewissen Hektik in der Schlussphase der Gesetzgebung, was berechtigte Kritik an einigen misslungen Regelungsvorschlägen mit sich brachte (Vgl. Lübke, Thüringer-Allgemeine.de vom 8.12.2012, http://www.thueringer-allgemeine.de/web/zgt/politik/detail/-/specific/Wende-beim-strittigen-Thueringer-Informationsfreiheitsgesetz-645760177).

B. Inhalt der Regelung

5   Art. 82 Abs. 2 S. 1 GG verlangt, dass jedes Gesetz und jede Rechtsverordnung den **Zeitpunkt ihres Inkrafttretens bestimmen** soll (s. dazu Jarass/Pieroth GG Art. 82 Rn. 9ff). Dieser grundgesetzlichen Vorgabe wird durch § 15 entsprochen. Aber auch das Fehlen einer entsprechenden Regelung in der jeweiligen Norm führt nicht zu einer Unwirksamkeit. § 82 Abs. 2 S. 2 GG bestimmt, dass Normen ohne entsprechende Regelung mit dem vierzehnten Tage nach Ablauf des Tages in Kraft treten, an dem das Bundesgesetzblatt ausgegeben worden ist (BeckOK GG/Pieper GG Art. 82 Rn. 24 ist der Ansicht, dass dies in der Praxis nur selten der Fall sei). Da das Datum des Erscheinens des Bundesgesetzblatts nicht im Vorlauf exakt bestimmt werden kann, enthält diese verfassungsrechtlich zulässige Vorgehensweise einige Unwägbarkeiten, die durch die Angabe eines konkreten Datums – wie vorliegend geschehen – vermieden werden können.

C. Einzelerläuterung

I. Vorbereitung

6   Das Gesetz wurde bereits am 5.9.2005 verabschiedet (BGBl. I 2722). Die Verwaltung hatte also rund vier Monate Zeit (zusätzlich zu den sechs Jahren, die seit dem ersten Entwurf vergangen waren, vgl. BT-Drs. 15/5606, 7 aE), sich auf die Neuerungen vorzubereiten, welche das Gesetz mit sich brachte. Den Bundesbehörden ausreichend Zeit für die **Vorbereitung** zu geben, war auch der Grund für die Wahl des Zeitpunkts des Inkrafttretens (BT-Drs. 15/5606, 6). Auch mussten sich die Behörden mit dem Gesetz vertraut machen und die organisatorischen Änderungen vornehmen, welche für die Umsetzung des Gesetzes erforderlich waren (Jastrow/Schlatmann IFG § 15 Rn. 6, die zutreffend darauf hinweisen, dass der Zeitrahmen im Vergleich zum Inkrafttreten des UIG (ein Jahr) immer noch verhältnismäßig eng war).

7   Ob es wirklich eines Vorlaufs brauchte, lässt sich nachträglich nicht mit Sicherheit sagen. Die vom Beauftragten für Datenschutz und Informationsfreiheit im ersten Tätigkeitsbericht vorlegten Zahlen lassen jedenfalls keinen Ansturm anfragender Bürgerinnen und Bürger vermuten, insbes. da zahlreiche Anfragen beim BfDI allgemeiner Natur waren und keine Rückschlüsse auf gestellte Anträge bei Behörden zulassen (BfDI, Tätigkeitsbericht IFG 2006/2007, 24 f. = BT-Drs. 16/8500, 24 f.). Auch die Beantwortung eines Antrags durch Bescheid mit Rechtsmittelbelehrung und die Erhebung von Gebühren durch Bescheide sind (Bundes-)Behörden nicht unbekannt. Dass es dafür einer besonderen Vorbereitungszeit – und sei es nur für eine „mentale" Vorbereitung (so Schoch IFG § 15 Rn. 6) – bedurfte, darf bezweifelt werden.

8   Unabhängig davon, ob die Vorlaufzeit notwendig war oder nicht, wurde sie jedenfalls sinnvoll genutzt. Das Bundesministerium des Inneren erließ noch im Jahr 2005 **Anwendungshinweise** zum IFG (BMI, Anwendungshinweise zum IFG, GMBl 2005, 1346). Aufgrund des Ressortprinzips kann jedes Ministerium verbindliche Hinweise in Form einer Verwaltungsvorschrift nur für den eigenen Geschäftsbereich erlassen (zutreffend Jastrow/Schlatmann IFG § 15 Rn. 9). Soweit zur Vermeidung einer zu großen Vielfalt einheitliche Anwendungshinweise für sinnvoll erachtet werden (so wohl Schoch IFG § 15 Rn. 6), können diese von der für das Gesetz ministeriell zuständigen Behörde erlassen werden, solange sie im Geschäftsbereich anderer Behörden keinen Anspruch auf rechtliche Bindungswirkung erheben. Die Bedeutung rechtlich nicht bindender Anwendungshinweise dürfte heute ohnehin erheblich schwächer sein als noch im Jahr 2005. Zwar binden im eigenen Geschäftsbereich erlassene Anwendungshinweise in Form von Verwaltungsvorschriften die Bediensteten nach wie vor. Das Interesse an lediglich informativen, nicht bindenden Hinweisen dürfte aufgrund der regelmäßig erscheinenden rechtswissenschaftlichen Literatur, der umfangreichen Rspr. (die LDA Brandenburg pflegt eine Rechtsprechungsdatenbank zur Informationsfreiheit, die frei zugänglich ist und bereits knapp 500 Urteile umfasst: http://www.lda.brandenburg.de/sixcms/detail.php?template=rechtsprechungsdb_start) und nicht zuletzt der im zweijährigen Turnus veröffentlichten Tätigkeitsberichte des BfDI zum IFG (→ § 12 Rn. 53 ff.) erheblich nachgelassen haben.

II. Rechtswirkung des Inkrafttretens

Nach Erlass und vor Inkrafttreten ist das Gesetz rechtlich existent, aber noch nicht **wirksam** (ausführlich mit zahlreichen Nachweisen aus der verfassungsgerichtlichen Rspr. Schoch IFG § 15 Rn. 7). Erst ab dem Zeitpunkt des Inkrafttretens entfaltet es eine materielle Kraft, die ein Zuwiderhandeln rechtswidrig macht. Dies betrifft sowohl die Beantwortung von Informationsanträgen als auch die Befolgung von Informationspflichten nach § 11 (→ § 11 Rn. 4 ff.). 9

Das Gesetz enthält keine **Übergangsregelung für Altanträge**. Vor dem 1.1.2006 hatten sich Auskunftsansprüche an Bundesbehörden an völlig anderem Recht zu orientieren. Der Erlass des IFG stellt keine Reform dar, sondern einen radikalen Neuanfang. Vorher eingegangene Anträge waren daher entweder nach den bis dahin alleine gültigen Rechtsgrundlagen wie § 29 VwVfG (s. dazu Kopp/Ramsauer GG § 29 Rn. 1 ff.) zu bearbeiten oder auf Wunsch der Antragsteller bis zum Inkrafttreten des IFG zurückzustellen (so zutreffend Jastrow/Schlatmann IFG § 15 Rn. 12; ausf. NK-IFG/Rossi IFG § 15 Rn. 5 ff.). Fehlt jeder Hinweis, so war nach den allgemeinen Regeln das zum Zeitpunkt der Behördenentscheidung geltendes Recht anzuwenden (Schoch IFG § 15 Rn. 9). Insgesamt ist für den erstmaligen Erlass des IFG das Absehen von einer Übergangsregelung eine nachvollziehbare Entscheidung (Schoch IFG § 15 Rn. 9 aE). Etwas anderes gilt für Reformen und Überarbeitungen von Informationsfreiheitsgesetzen. In Hamburg wird das Informationsfreiheitsrecht bislang alle drei Jahre grundlegend überarbeitet, erstes (Verweis-)Gesetz: 2006; erste Vollregelung: 2009; Überarbeitung zum Transparenzgesetz: 2012. Hier sind Übergangsregelungen sinnvoller, da davon auszugehen ist, dass Anträge von der Geltungsdauer eines Gesetzes in das nächste zeitlich hineinragen. Zur Vermeidung von Rechtsunsicherheit sind eindeutige Regelungen sowohl für die antragstellenden Personen als auch die Verwaltung wünschenswert. 10

Diskutiert wurde auch die Frage einer **Vorwirkung** des IFG. Die Vorbereitungen der Verwaltung zur Umsetzung eines neuen Gesetzes, zählen nicht dazu. Diese sind allgemein üblich im Sinne einer guten Verwaltungspraxis, um eine ordnungsgemäße Anwendung des Gesetzes zu gewährleisten und so jederzeit einen rechtsgemäßen Zustand zu garantieren. Sie sind nicht Ausfluss einer rechtlichen Vorwirkung (Schoch IFG § 15 Rn. 10). Allerdings wurde auch eine echte rechtliche Vorwirkung gefordert idS, dass die Wertungen des IFG auch bei Anträgen vor seinem Inkrafttreten zu berücksichtigen seien (NK-IFG/Rossi IFG § 15 Rn. 9 ff.). Auch wenn eine solche Forderung sich der Sympathien von Antragstellern sicher sein kann, so begegnet sie doch Zweifeln. Zum einen ist das Gesetz noch nicht wirksam (→ Rn. 1), weshalb es nicht als Rechtsgrundlage für Eingriffe in Rechter Dritter herangezogen werden kann. Zum anderen waren die sich aus dem IFG ergebenden Neuerungen für Anträge auf Zugang zu bei Bundesbehörden vorhandenen Informationen zu grundlegend, um teilweise Vorwirkungen rechtfertigen zu können (zutreffend Schoch IFG § 15 Rn. 10). Es ist aber davon auszugehen, dass durch eine eventuell erforderliche Wartezeit kein ernsthafter Schaden entstanden ist. 11

2. Umweltinformationsgesetz (UIG)

Abschnitt 1. Allgemeine Vorschriften

§ 1 Zweck des Gesetzes; Anwendungsbereich

(1) Zweck dieses Gesetzes ist es, den rechtlichen Rahmen für den freien Zugang zu Umweltinformationen bei informationspflichtigen Stellen sowie für die Verbreitung dieser Umweltinformationen zu schaffen.

(2) Dieses Gesetz gilt für informationspflichtige Stellen des Bundes und der bundesunmittelbaren juristischen Personen des öffentlichen Rechts.

§ 1 UIG umschreibt den Zweck und den Anwendungsbereich des europa- (→ Rn. 13 ff.) und völkerrechtlich geprägten UIG (→ Rn. 3). Abs. 1 gibt das unmittelbare Ziel des Gesetzes vor: die Herstellung von Transparenz im Bereich der mit dem Thema Umwelt befassten Behörden und in staatlichem Auftrag tätigen Stellen (→ Rn. 17). Zur Erreichung dieses Zieles sieht das Gesetz den freien, individuellen Zugang zu Umweltinformationen (→ Rn. 22 f.) und die aktive Verpflichtung der informationspflichtigen Stellen zur Veröffentlichung (→ Rn. 24 f.) von Umweltinformationen vor. Bedeutung erlangt § 1 UIG vor allem in den Fällen der Abwägung zwischen dem öffentlichen Interesse an der Veröffentlichung von Umweltinformationen und den schutzwürdigen öffentlichen und privaten Interessen bei der Anwendung der Ausnahmen gem. §§ 8 und 9 (BT-Drs. 15/3406 14).

Übersicht

	Rn		Rn
A. Allgemeines	1	B. Zweck und Regelungsinhalt des UIG	17
I. Überblick über die Entwicklung des UIG	2	I. Regelungsinhalt des Gesetzes (Abs. 1)	20
		1. Zugangsgewährung	22
II. Systematische und verfassungsrechtliche Stellung des UIG	5	2. Verbreitung	24
		II. Weiterverwendung von Informationen	26
1. Verfassungsrechtliche Verankerung	8	C. Anwendungsbereich des UIG (Abs. 2)	29
2. Europarechtlicher Regulierungsrahmen	13		

A. Allgemeines

1 Die Informationsfreiheit im Umweltbereich wurde maßgeblich durch die Rechtssetzung auf europäischer und völkerrechtlicher Ebene forciert. Der Erlass der einschlägigen Richtlinien und die sich aus den völkerrechtlichen Verträgen ergebene Umsetzungspflicht in den einzelnen Mitgliedsstaaten der Gemeinschaft bzw. Union wirkten vor allem in Deutschland für die Entwicklung der Informationsfreiheit als Katalysatoren.

I. Überblick über die Entwicklung des UIG

2 Das am 26.11.2004 beschlossene (BR-Drs 929/04) und am 22.12.2004 veröffentlichte Gesetz zur Neugestaltung des UIG und zur Änderung der Rechtsgrundlage zum Emissionshandel (BGBl. I 3704) setzte gem. Art. 1 das neue UIG des Bundes in Kraft. Damit fand eine sich über 10 Jahre hinziehende und aus dem angloamerikanischen Rechtsraum stammende (Turiaux NJW 1994, 2319) Entwicklung der **Informationsfreiheit** im Umweltbereich auf Bundesebene einen vorläufigen Abschluss. Jedoch muss diese Normsetzung im Bund und in den Ländern als Auftakt für die Weiterentwicklung der allgemeinen Informationsfreiheit und dem Wandel des Verständnisses über die Transparenz staatlichen Handelns (vgl. Landmann/Rohmer/Reidt/Schiller UIG Vorbm Rn. 3 f.) gesehen werden.

Der Prozess hatte mit der Verabschiedung der Richtlinie des Rates v. 7.6.1990 über den **3** freien Zugang zu Informationen über die UmweltRL 90/313 EWG (ABl. L 158/56v 23.6.1990) für den europäischen Rechtsraum seinen Anfang genommen. Mit dem am 25.6.1998 unterzeichneten Übereinkommen über den Zugang zu Informationen, die Öffentlichkeitsbeteiligung an Entscheidungsverfahren und den Zugang zu Gerichten in Umweltangelegenheiten (**Aarhus-Konvention**) wurde ein weiterer Entwicklungsschritt auf völkerrechtlicher Ebene zur Schaffung eines Zugangs zu Umweltinformationen vollzogen. Die Informationsfreiheit ist neben Teilhabe und Rechtsschutz eine zentrale Säule des völkerrechtlichen Vertrages (Götze LKV 2013 241 (242)).

Zwar trat die Europäische Gemeinschaft der Aarhus-Konvention (Beschl. d. Rates v. 17.2.2005, 2005/370/EG) erst im Jahr 2005 bei. Jedoch war die **Übernahme der völkerrechtlichen Vorgaben** aus der Konvention bereits mit der Aufhebung der Richtlinie 90/313/EWG und dem Erlass der seit dem gültigen Umweltinformationsrichtlinie 2003/4/EG (Erwägungsgrund 5 d. RL 2003/4/EG) im Jahre 2003 erfolgt.

Der Bund setzte die erste Umweltinformationsrichtlinie mit dem Gesetz zur Umsetzung **4** der EG-Richtlinie über den freien Zugang zu Informationen über die Umwelt (Turiaux NJW 1994, 2319) 1994 um. Aufgrund der Änderung der Umweltinformationsrichtlinie der EG und einzelner **Umsetzungsdefizite** beim ersten UIG war wegen Verletzung der Umsetzungspflicht (vgl. EuGH NVwZ 1999, 1209) eine **Neufassung** des UIG mWz 26.11.2004 erforderlich geworden.

II. Systematische und verfassungsrechtliche Stellung des UIG

Das Umweltinformationsfreiheitsrecht bewegt sich in der **Schnittmenge** zweier stark an **5** Bedeutung zunehmender Rechtsgebiete. In der Literatur finden sich Stimmen, die von der Existenz eines eigenen Rechtsgebietes in Form eines Informationsverwaltungsrechts ausgehen (Gurlit DVBl. 2003 1119 (1131); aA Landmann/Rohmer/Reidt/Schiller UIG Vorbm. Rn. 15).

Abgesehen davon repräsentiert das UIG die allgemeine **Tendenz der Öffnung staatli- 6 chen Handelns** gegenüber der Allgemeinheit. Es motivierte den Bund, die Informationsfreiheit auch auf andere Fachbereiche (IFG, VIG) auszudehnen (vgl. zur Wirkung der europäischen Entwicklung auf das deutsche Informationsfreiheitsrecht Klöpfer, Informationsfreiheitsgesetz und Schutz von Betriebs- und Geschäftsgeheimnissen, Gutachten 2011, 53). Mittlerweile kann aufgrund der Normierung der (Umwelt-)Informationsfreiheit im Bund und den Länder von der Regel des freien Informationszugangs zumindest zu Umweltinformationen ausgegangen werden. Die Versagung des Zugangs ist hingegen normativ gesehen die Ausnahme (Götze LKV 2013 241, (242)).

Mit der Einführung des UIG wurde das Prinzip der **begrenzten Aktenöffentlichkeit 7** aufgeweicht und der Weg für die Entwicklung eines allgemeinen Informationsfreiheitsrechts geebnet. Daher ist es auch nicht verwunderlich, wenn sich Aufbau, Systematik und die rechtlichen Mechanismen des UIG und des Informationsfreiheitsgesetz des Bundes ähneln (Schoch Einl. Rn. 79 ff., Landmann/Rohmer/Reidt/Schiller UIG Vorbm. Rn. 12, Gurlit DVBl. 2003 1119 (1127)).

1. Verfassungsrechtliche Verankerung

Außerdem bewegt sich das UIG im Bereich des klassischen Umweltrechts. Es ist ein **8** Instrument, für die **Um- und Durchsetzung umweltbezogener staatlicher Maßnahmen** gesellschaftliche Akzeptanz und Sensibilität zu erreichen. Es dient auch der Eigenkontrolle auf Seiten der Verwaltung und der Träger umweltrelevanter Maßnahmen sowie der Kontrolle der staatlichen Umweltverwaltung durch die Öffentlichkeit (Klöpfer, Informationsfreiheitsgesetz und Schutz von Betriebs- und Geschäftsgeheimnissen, Gutachten 2011, 52).

Die mit dem UIG verfolgten Ziele in Hinblick auf die Herstellung der Transparenz **9** staatlichen Umwelthandelns lassen sich nicht unmittelbar aus einer Verfassungsnorm entnehmen, insbes. nicht aus Art. 5 Abs. 1 GG (Landmann/Rohmer/Reidt/Schiller UIG Vorbem. Rn. 56).

9.1 Die Sächsische Landesverfassung hingehen beinhaltet die Gewährleistung des Zugangs zu staatlichen Umweltinformationen vgl. Art. 34 SächsVerf (Götze LKV 2013 241).

10 Andererseits kann Art. 20a GG als verfassungsrechtliche Grundlage herangezogen werden. Bei der Umsetzung der **Staatszielbestimmung** des Schutzes der natürlichen Lebensgrundlagen und des Tierschutzes hat der Staat eine eigene **Einschätzungsprärogative** und einen weiten Ermessensspielraum bzgl. der Wahl der Mittel zur Umsetzung des verfassungsrechtlich vorgegebenen Ziels. Dies gilt auch für die Wahl der Mittel zum Schutz der Umwelt (v. Münch/Kunig/Sommermann GG Art. 20a Rn. 37 f., SHH/Sannwald GG Art. 20a Rn. 14).

11 Eines der zur Umsetzung dieser Staatszielbestimmung eingesetzten Mittel ist das UIG. Ein **hohes Niveau bei dem Schutz der Umwelt** zu erreichen, setzt eine umfassende Kenntnis der Umwelt, seiner Bestandteile, der auf sie einwirkenden Faktoren und die gegenseitigen Abhängigkeiten voraus. Dies gilt vor allem für den Einfluss menschlichen Verhaltens auf die Umwelt. Die dem Staat auferlegte Pflicht zur **Lenkung dieses Verhaltens** kann auch durch die Gewährung des Zugangs zu Informationen erreicht werden (BeckOK GG/Huster/Rux GG Art. 20a Rn. 33).

12 Trotz der grds. weite Einschätzungsprärogative bei der Wahl der Mittel, kann sich das Ergreifen konkreter Maßnahmen, wie der Herstellung von **umfassender Transparenz** im Umweltbereich, zu einer Pflicht für den Gesetzgeber verdichten, wenn das Staatsziel nicht anders realisiert werden kann (v. Münch/Kunig/Sommermann GG Art. 20a Rn. 39). Diese **Schwelle** scheint bei der Information der Allgemeinheit erreicht zu sein. Erst die Sensibilisierung der Öffentlichkeit für Umweltbelange hat auch seitens des Staates zu einer deutlichen Änderung der Politik bezüglich des Ergreifens effektiver und zielorientierter Umweltmaßnahmen geführt. Die Herstellung eines umfassenden Zugangs zu Umweltinformationen und deren proaktive Veröffentlichung scheint sich insbes. aufgrund des Fehlens alternativer, gleich effektiver Möglichkeiten der Sensibilisierung der Gesellschaft zu einer **verfassungsrechtlichen Pflicht** zu verdichten (abl. Landmann/Rohmer/Reidt/Schiller UIG Vorbem. UIG Rn. 56).

2. Europarechtlicher Regulierungsrahmen

13 Eine gesetzgeberische Pflicht zur Normierung des freien Zugangs zu Umweltinformationen und deren Veröffentlichung ergibt sich jedoch aus den Vorgaben des Europarechts. Auf der Umweltinformationsrichtlinie aufbauend, war der Erlass des UIG **zwingend**.

14 Die Umweltinformationsfreiheit muss jedoch in einem größeren **Regelungskontext** gesehen werden. Ergänzend zur Umweltinformationsrichtlinie wurden in der EU ua die Richtlinie 2007/2/EG v. 14.3.2007 zur Schaffung einer **Geodateninfrastruktur** in der Europäischen Gemeinschaft **(INSPIRE)** und Richtlinie 2003/98/EG v. 17.11.2003 über die **Weiterverwendung von Informationen** des öffentlichen Sektors verabschiedet und damit eine weitere Regelungsbereiche für die Umweltinformationsfreiheit erschlossen.

15 So ist die Motivation für die Schaffung einer europaweit einheitlichen Geodateninfrastruktur die Effektivierung der Wirkung der Umweltinformationsrichtlinie und die Umsetzung der Ziele des **6. Umweltaktionsprogramm** (Beschluss Nr. 1600/2002/EG, ABl. L 242 v. 10.9.2002). Vor allem die Verbesserung der Verfügbarkeit, Qualität, Organisation, Zugänglichkeit und gemeinsamen Nutzung von georeferenzierten Informationen, die für die Erfüllung der Ziele des Umweltaktionsprogramms erforderlich waren, standen im Vordergrund (2. Erwägungsgrund RL 2007/2/EG). Mit der Richtlinie für die Weiterverwendung von Informationen des öffentlichen Sektors wurde die Einheitlichkeit der Bedingungen der Zugänglichmachung von Informationen sichergestellt. Die Richtlinie wurde mit dem Gesetz über die Weiterverwendung von Informationen öffentlicher Stellen (IWG) in nationales Recht umgesetzt.

16 Letzteres zeigt deutlich, dass neben der Verfolgung **gesellschaftlicher Ziele** in der Zugänglichmachung staatlicher Informationen auch **Wirtschaftsentwicklungspotenzial** gesehen wird (Rossi NVwZ 2013 1263 (1264), Schoch NVwZ 2006, 872). Informationen des öffentlichen Sektors sind eine maßgebliche Ressource für Produkte und Dienste mit digitalen Inhalten. Ihre Bedeutung steigt proportional zum Bedeutungszuwachs der Informa-

tionstechnologie und der Fähigkeiten zur wirtschaftlichen Nutzung von georeferenzierter Informationen. Durch die Schaffung **einheitlicher Zugangsbedingungen** sollen Unternehmen in die Lange versetzt werden, die wirtschaftlichen Potenziale staatlicher Informationen zu nutzen und darüber zum Wirtschaftswachstum beitragen (5. Erwägungsgrund RL 2003/98/EG). Die **Aktivierung** der wirtschaftlichen Potentiale staatlicher Informationen kann somit zu den Zielsetzungen der Informationsfreiheit gezählt werden. Zumindest lassen die gesetzlichen Regelungen eine Beschränkung auf rein altruistische Ziele und deren Einsatz als rein politisches Instrument der staatlichen Kontrolle nicht zu (Rossi NVwZ 2013 1263 (1264)).

B. Zweck und Regelungsinhalt des UIG

Das UIG verfolgt primär die Umsetzung der Ziele des Umweltinformationsrechts insbes. Umweltinformationsrichtlinie (RL 2003/4/EG) und damit auch der völkerrechtlichen Vorgaben der Aarhus-Konvention. Die Bestimmung des § 1 und die Zielsetzung des Gesetzes, hat daher maßgeblich auf der Grundlage der Richtlinie 2003/4/EG zu erfolgen. 17

Die **systematische und strukturierte Eröffnung des Zugangs** der Allgemeinheit und Verbreitung von umweltbezogenen Informationen ist maßgebliches Ziel des UIG. Vor allem der Einsatz elektronischer Verfahren der Zugangsgewährung und Verbreitung sollen durch das Gesetz gefördert werden. Letztlich soll diese in der Verbesserung des Schutzes der Umwelt und damit der Erhöhung der Lebensqualität münden (BT-Drs. 15/3406 11). Im Einklang mit der Richtlinie soll das Umweltbewusstsein der Menschen geschärft, der freie Meinungsaustausch gefördert und eine wirksamere Teilnahme der Öffentlichkeit an Entscheidungsverfahren in Umweltfragen ermöglicht werden (BVerwG NVwZ 2009, 1114 (1116); NVwZ 2008, 554 (557)). Letztendlich zielt dies alles auf die Förderung des Umweltschutzes ab (vgl. 1. Erwägungsgrund RL 2003/4/EG). Spezifisch für das Umweltinformationsgesetz sieht der Gesetzgeber darin auch eine Verbesserung der demokratischen Teilhabe der Öffentlichkeit an staatlichen Entscheidungen, in dem er die Schaffung größerer Transparenz staatlichen Handelns und der Verbesserung der Bürgernähe der Verwaltung betont (BT-Drs. 15/3406 11; Klöpfer, Informationsfreiheitsgesetz und Schutz von Betriebs- und Geschäftsgeheimnissen, Gutachten 2011, 52). 18

Die maßgebliche Wirkung des UIG ist die Aufhebung des Prinzips der beschränkten Aktenöffentlichkeit. Unter **Umkehrung** des bis zum Erlass des UIG geltenden **Regel-Ausnahme-Verhältnisses**, wonach Verwaltungshandeln grds. vertraulich erfolgte und nur in Ausnahmefällen ein Informationszugang gewährt wurde, gilt nunmehr der Grundsatz der Öffentlichkeit staatlichen Handelns. Dieser wird lediglich durch die Geheimhaltungstatbeständen durchbrochen (16. Erwägungsgrund RL 2003/4/EG, SSW/Wegener UIG § 1 Rn. 3). 19

I. Regelungsinhalt des Gesetzes (Abs. 1)

Zur Erreichung der genannten Ziele schafft das UIG die rechtlichen Voraussetzungen für die **passive Zugangsgewährung** (§ 3 UIG) und **aktive Verbreitung** (§ 10 UIG) von Umweltinformationen gegenüber der Öffentlichkeit in den durch die §§ 8 und 9 UIG gesetzten Grenzen. Dabei beschränkt sich die Pflicht auf die Zugänglichmachung der Informationen, über die die informationspflichtige Stelle verfügt. 20

Das UIG verpflichtet nur zur Herstellung der Öffentlichkeit über bereits vorhandene Informationen. Der Anspruch aus dem UIG ist nur auf die Zugänglichmachung bereits vorliegender Informationen ausgerichtet (→ § 2 Rn. 117). Eine **Beschaffungspflicht** für bei der Stelle nicht vorhandene Informationen ist damit nicht verbunden (Schomerus/Tolkmitt NVwZ 2007, 1119 (1124), Landmann/Rohmer/Reidt/Schiller UIG § 2 Rn. 56). Wohl aber besteht nach Auffassungen in der Literatur eine Pflicht staatlicher Stellen, die vorhandenen Daten in einer Form aufzubereiten, die es den Anspruchsberechtigten ermöglicht, die in den Daten enthaltenen Informationen auch zu nutzen (Rossi NVwZ 2013 1263 (1265)). Im Einzelfall wird die Abgrenzung zwischen technischer Zugänglichmachung und Beschaffung unter diesem Blickwinkel schwierig sein. Die originäre Erhebung der Umwelt- 21 informationen ergibt sich aus den **Aufgabenzuweisungen** der jeweiligen bereichsspezifischen Normen und Fachgesetzen.

1. Zugangsgewährung

22 Mit dem UIG wird ein voraussetzungsloser Jedermannsanspruch auf Zugangsgewährung zu Umweltinformationen **einfachgesetzlich** normiert. Dieser Zugangsanspruch ist als **subjektiv-öffentliches Recht** ausgestaltet. Die zugangsberechtigten Personen werden als Sachwalter für die Allgemeinheit zum Zweck der Herstellung der Transparenz über das staatliche Handeln in der Umweltverwaltung tätig (BVerwG BeckRS 2011, 48270). Die individuellen Interessen oder **Motivationslagen** der antragstellenden Person sind für die Gewährung des Zugangs **unerheblich** (BVerwG NVwZ 2009 1114 (1116)).

23 Der Gesetzgeber setzt damit bewusst auf die **aktive Mitwirkung** der Öffentlichkeit. Er belässt es für den Großteil der zu veröffentlichenden Informationen bei einer passiven Zugänglichmachung der Umweltinformationen. Die Erreichung transparenteren staatlichen Handelns steht somit in direkter Abhängigkeit von dem Interesse der Öffentlichkeit an der Herstellung der Transparenz und der Motivation der Berechtigten die eingeräumten Rechte wahrzunehmen.

2. Verbreitung

24 Der Gesetzgeber vertraut jedoch nicht vollständig auf die Mitwirkung der Anspruchsberechtigten und verpflichtet die informationspflichtigen Stellen über die Zugangsgewährung hinaus, aktiv bestimmte Informationen in der Öffentlichkeit zu verbreiten (Landmann/Rohmer/Reidt/Schiller UIG § 1 UIG Rn. 10). Die aktive Veröffentlichungspflicht hat ihre Grundlage in Art. 7 RL 2003/4/EG. Die Verpflichtung zur Veröffentlichung beinhaltet auch die Erwartung, dass die relevanten Umweltinformationen unter Verwendung von **Telemedien und Telekommunikationsdiensten** zugänglich gemacht und verbreitet werden. Auch dies soll das allgemeine Umweltbewusstsein erhöhen und den Umweltschutz verbessern (21. Erwägungsgrund RL 2003/4/EG).

25 Die Vorgaben zur proaktiven Veröffentlichung von Umweltinformationen hat der Gesetzgeber sowohl in § 10 als auch § 11 UIG umgesetzt.

25.1 Mit dem Erlass des Hamburgischen Transparenzgesetzes (HmbTG) und der der Normierung eines gesetzlichen Anspruchs auf die proaktive Veröffentlichung staatlicher Informationen, wurde ein weiterer Entwicklungsschritt auf dem Feld der Informationsfreiheit vollzogen (Caspar ZD 2012, 445).

II. Weiterverwendung von Informationen

26 Der Wortlaut des ersten Abs.es sieht vor, dass das Gesetz den „rechtlichen Rahmen" für den freien Zugang zu Umweltinformationen normiert. Systematisch wäre es daher nicht ausgeschlossen gewesen, auch die **Phase nach der Zugänglichmachung** einer Regelung zu unterwerfen. Davon hat der Gesetzgeber abgesehen. Der Anwendungsbereich des UIG erstreckt sich nicht auf die Regelung der Weiterverwendung der veröffentlichen oder zugänglich gemachten Informationen. Die Weiterverwendung von Informationen des öffentlichen Sektors wurde in Deutschland durch das IWG normiert und dadurch die europarechtlichen Vorgaben umgesetzt (Sydow NVwZ 2008, 481 (483 f.)).

27 Das UIG enthält sich zu Aussagen in Hinblick auf die Zulässigkeit der weiteren Nutzung der verfügbar gemachten Informationen. Mit dem IWG ist diese scheinbare Regelungslücke geschlossen. Denn die Existenz des Gesetzes lässt den **Umkehrschluss** zu, dass eine weitere gesetzliche Regelung und damit auch Begrenzung der Verwendungsmöglichkeiten frei zugänglichen Umweltinformationen vom Gesetzgeber nicht gewollt ist. Damit kann eine Beschränkung der Weiterverwendung von Umweltinformationen nach der Zugänglichmachung auch nicht auf das UIG gestützt werden (vgl. Schoch NVwZ 2006, 872 (874)).

28 Informationspflichtige Stellen nach dem UIG haben daher lediglich die Anspruchsvoraussetzungen und deren Ausnahmen bei der Zugangsanträgen oder der Veröffentlichung von Umweltinformationen zu prüfen. Das UIG erfasst weder lizenz- noch urheberrechtliche

Fragestellungen bei der **Weiterverwendung** der Informationen. Auch die Beschränkung des Umgangs mit den Umweltinformationen nach deren Veröffentlichung ist **kein Regelungsgegenstand** des UIG. Die schutzwürdigen Interessen des Staates und die persönlichen Schutzinteressen Einzelner werden durch die Zugangs- und Verbreitungsbeschränkungen der §§ 8 und 9 UIG hinreichend geschützt. Eine Beschränkung des Umgangs mit den verfügbar gemachten Umweltinformationen stünde letztlich auch dem Zweck des UIG, eine größtmögliche Informationsverbreitung zu erreichen, entgegen.

C. Anwendungsbereich des UIG (Abs. 2)

Das UIG findet ausweislich des Gesetzeswortlautes nur auf die **informationspflichtigen** 29 **Stellen des Bundes** und der **bundesunmittelbaren juristischen Personen des öffentlichen Rechts** Anwendung. Teilweise wird darin ein Widerspruch zu § 2 Abs. 1 UIG gesehen, weil dadurch scheinbar Private entgegen des Wortlauts nicht vom Anwendungsbereich erfasst seien (Landmann/Rohmer/Reidt/Schiller UIG § 1 Rn. 21). Legt man den Begriff der informationspflichtigen Stelle des Bundes aber als gesetzliche Fiktion auch für **Private** im Lichte des § 2 Abs. 1 UIG aus, löst sich der Widerspruch auf.

Denn der Gesetzgeber hatte die Möglichkeit im Gesetzgebungsverfahren eine Klarstellung 30 vorzunehmen. Der Bundesrat wies in seiner Stellungnahme gegenüber der Bundesregierung darauf hin, dass die ursprünglich im Gesetzesentwurf vorgesehene Beschränkung des Anwendungsbereiches ausschließlich auf öffentliche Stellen im Widerspruch zu den Vorgaben der Umweltinformationsrichtlinie stünde, und machte einen entsprechenden Gegenvorschlag für die Formulierung des Abs. 2.

Wortlaut des Änderungsvorschlages (BT-Drs 15/3680 1) „(2) Dieses Gesetz gilt für informations- **30.1** pflichtige Stellen des Bundes, der bundesunmittelbaren juristischen Personen des öffentlichen Rechts und für private informationspflichtige Stellen, die der Kontrolle des Bundes oder der Kontrolle einer unter der Aufsicht des Bundes stehenden juristischen Person des öffentlichen Rechts unterstehen."

Der Bundesrat wies ausdrücklich auf die Notwendigkeit der **Erweiterung des Anwen-** 31 **dungsbereiches** auf natürliche oder juristische Personen die unter der Kontrolle des Bundes stehen hin. Obwohl die Bundesregierung in der Sache den Vorschlägen des Bundesrates folgte, übernahm sie die vorgeschlagene Änderung des Absatzes 2 nicht (vgl BT-Drs 15/3680 6). Die Nichterwähnung der natürlichen und juristischen Personen ist ein redaktionelles Versehen bzw. der Begriff der informationspflichtigen Stelle muss im Licht des § 2 Abs. 1 UIG und europarechtkonform ausgelegt werden. Danach unterfallen auch private Stellen der Informationspflicht soweit diese im Umweltbereich öffentliche Aufgaben wahrnehmen oder entsprechende Zuständigkeiten innehaben (Götze LKV 2013 241 (244)).

Vom UIG werden sämtliche Stellen der **unmittelbaren und mittelbaren Bundesver-** 32 **waltung** erfasst. Dazu zählen die obersten Bundesbehörden, die selbständigen Bundesoberbehörden und die bundeseigenen Mittel- und Unterbehörden. Aufgrund der Erweiterung der bundesunmittelbaren juristischen Personen des öffentlichen Rechts zählen die bundesunmittelbaren Körperschaften und Anstalten des öffentlichen Recht ebenso zu den informationspflichtigen Stellen wie die bundesunmittelbaren Stiftungen des öffentlichen Rechts (BeckOK VwVfG/Ronellenfitsch VwVfG § 1 Rn. 45 ff., Landmann/Rohmer/Reidt/Schiller UIG § 1 Rn. 19). Dazu zählen, wie bereits dargestellt auch die natürliche und juristische Personen des Privatrechts, soweit die der Kontrolle des Bundes unterstehen und über umweltrelevante Informationen verfügen (umfassend dazu VG Berlin BeckRS 2013, 45721) (→ § 2 Rn. 45).

§ 2 Begriffsbestimmungen

(1) Informationspflichtige Stellen sind
1. die Regierung und andere Stellen der öffentlichen Verwaltung. Gremien, die diese Stellen beraten, gelten als Teil der Stelle, die deren Mitglieder beruft. Zu den informationspflichtigen Stellen gehören nicht
    a) die obersten Bundesbehörden, soweit sie im Rahmen der Gesetzgebung oder beim Erlass von Rechtsverordnungen tätig werden, und

b) Gerichte des Bundes, soweit sie nicht Aufgaben der öffentlichen Verwaltung wahrnehmen;
2. natürliche oder juristische Personen des Privatrechts, soweit sie öffentliche Aufgaben wahrnehmen oder öffentliche Dienstleistungen erbringen, die im Zusammenhang mit der Umwelt stehen, insbesondere solche der umweltbezogenen Daseinsvorsorge, und dabei der Kontrolle des Bundes oder einer unter der Aufsicht des Bundes stehenden juristischen Person des öffentlichen Rechts unterliegen.

(2) Kontrolle im Sinne des Absatzes 1 Nr. 2 liegt vor, wenn
1. die Person des Privatrechts bei der Wahrnehmung der öffentlichen Aufgabe oder bei der Erbringung der öffentlichen Dienstleistung gegenüber Dritten besonderen Pflichten unterliegt oder über besondere Rechte verfügt, insbesondere ein Kontrahierungszwang oder ein Anschluss- und Benutzungszwang besteht, oder
2. eine oder mehrere der in Absatz 1 Nr. 2 genannten juristischen Personen des öffentlichen Rechts allein oder zusammen, unmittelbar oder mittelbar
    a) die Mehrheit des gezeichneten Kapitals des Unternehmens besitzen,
    b) über die Mehrheit der mit den Anteilen des Unternehmens verbundenen Stimmrechte verfügen, oder
    c) mehr als die Hälfte der Mitglieder des Verwaltungs-, Leitungs- oder Aufsichtsorgans des Unternehmens bestellen können.

(3) Umweltinformationen sind unabhängig von der Art ihrer Speicherung alle Daten über
1. den Zustand von Umweltbestandteilen wie Luft und Atmosphäre, Wasser, Boden, Landschaft und natürliche Lebensräume einschließlich Feuchtgebiete, Küsten- und Meeresgebiete, die Artenvielfalt und ihre Bestandteile, einschließlich gentechnisch veränderter Organismen, sowie die Wechselwirkungen zwischen diesen Bestandteilen;
2. Faktoren wie Stoffe, Energie, Lärm und Strahlung, Abfälle aller Art sowie Emissionen, Ableitungen und sonstige Freisetzungen von Stoffen in die Umwelt, die sich auf die Umweltbestandteile im Sinne der Nummer 1 auswirken oder wahrscheinlich auswirken;
3. Maßnahmen oder Tätigkeiten, die
    a) sich auf die Umweltbestandteile im Sinne der Nummer 1 oder auf Faktoren im Sinne der Nummer 2 auswirken oder wahrscheinlich auswirken oder
    b) den Schutz von Umweltbestandteilen im Sinne der Nummer 1 bezwecken; zu den Maßnahmen gehören auch politische Konzepte, Rechts- und Verwaltungsvorschriften, Abkommen, Umweltvereinbarungen, Pläne und Programme;
4. Berichte über die Umsetzung des Umweltrechts;
5. Kosten-Nutzen-Analysen oder sonstige wirtschaftliche Analysen und Annahmen, die zur Vorbereitung oder Durchführung von Maßnahmen oder Tätigkeiten im Sinne der Nummer 3 verwendet werden, und
6. den Zustand der menschlichen Gesundheit und Sicherheit, die Lebensbedingungen des Menschen sowie Kulturstätten und Bauwerke, soweit sie jeweils vom Zustand der Umweltbestandteile im Sinne der Nummer 1 oder von Faktoren, Maßnahmen oder Tätigkeiten im Sinne der Nummern 2 und 3 betroffen sind oder sein können; hierzu gehört auch die Kontamination der Lebensmittelkette.

(4) ¹Eine informationspflichtige Stelle verfügt über Umweltinformationen, wenn diese bei ihr vorhanden sind oder für sie bereitgehalten werden. ²Ein Bereithalten liegt vor, wenn eine natürliche oder juristische Person, die selbst nicht informationspflichtige Stelle ist, Umweltinformationen für eine informationspflichtige Stelle im Sinne des Absatzes 1 aufbewahrt, auf die diese Stelle einen Übermittlungsanspruch hat.

Begriffsbestimmungen **§ 2 UIG**

§ 2 UIG konkretisiert den personellen (→ Rn. 8 ff.) und materiellen (→ Rn. 64 ff.) Anwendungsbereich des Gesetzes. Der Begriff der informationspflichtigen Stelle wird dabei aus einem materiell-funktionellen Verständnis (→ Rn. 9) heraus bestimmt. Neben den staatlichen Informationsträgern werden unter bestimmten Bedingungen auch natürliche und juristische Personen durch das UIG verpflichtet. Jedoch erfolgt dies nur in dem Maß, in dem das Tätigwerden der jeweiligen privaten Stellen (→ Rn. 45) als staatliches Handeln im Umweltbereich wirkt bzw. der Staat letztlich die Kontrolle (→ Rn. 54) über diese Stellen ausüben kann. Außerdem begrenzt die Norm den Anwendungsbereich des Gesetzes inhaltlich. Nur Informationen mit einem Bezug zur Umwelt werden von der Auskunfts- und teilweise auch der Veröffentlichungspflicht erfasst. Das UIG verfolgt dabei ein weites Verständnis des Begriffes Umweltinformation (→ Rn. 64 ff.). Der Begriff umfasst dabei nicht nur Angaben die in den Fachgesetzen als umweltbezogene Angaben erfasst werden, sondern auch Maßnahmen die nur mittelbar auf die Umwelt einwirken. Abs. 4 ist für die Bestimmung der zuständigen informationspflichtigen Stelle bei der Antragstellung von maßgeblicher Bedeutung. Die Definition des Begriffs des „Verfügens" (→ Rn. 116) legt fest, welche Anforderungen zu stellen sind, damit die Information der auskunftspflichtigen Stelle zugeordnet werden kann und sich daraus auch die Verpflichtung zur Veröffentlichung ergibt.

Übersicht

	Rn		Rn
A. Allgemeines	1	**C. Definition der Umweltinformation (Abs. 3)**	64
I. Europarechtliche Grundlagen	4	I. Zustand der Umweltbestandteile (Abs. 3 Nr. 1)	74
II. Auslegungsprinzipien	6	1. Luft und Atmosphäre	81
B. Informationspflichtige Stellen (Abs. 1)	8	2. Wasser und Gewässer	82
I. Öffentliche Stelle (Abs. 1 Nr. 1 S. 1)	8	3. Boden, Land, Landschaft	83
1. Definition „Stelle"	9	4. Natürliche Lebensräume	85
2. Verwaltungshandeln	14	5. Artenvielfalt und gentechnisch veränderter Organismus	86
3. Beratende Gremien (Abs. 1 Nr. 1 S. 2)	18	II. Umweltfaktoren (Abs. 3 Nr. 2)	87
II. Ausnahmen gem. Abs. 1 S. 3 Nr. 1a und b	25	III. Maßnahmen und Tätigkeiten (Abs. 3 Nr. 3)	96
1. Schutz oberster Bundesbehörden im Rahmen der Gesetzgebung und Erlass von Rechtsverordnungen	28	IV. Umweltberichte (Abs. 3 Nr. 4)	106
2. Schutz der Rspr. der Gerichte des Bundes	40	V. Kosten-Nutzen-Analyse und wirtschaftliche Analysen (Abs. 3 Nr. 5)	107
III. Natürliche und juristische Personen des Privatrechts (Abs. 1 Nr. 2)	45	VI. Berichte zur menschlichen Gesundheit, Sicherheit und Lebensumstände (Abs. 3 Nr. 6)	108
1. Wahrnehmung öffentlicher Aufgaben im Umweltbereich	50	**D. Zuständigkeit der informationspflichtigen Stelle – Begriff des Verfügens (Abs. 4)**	116
2. Private Stelle unterliegt der Kontrolle oder Aufsicht des Bundes	54		

A. Allgemeines

§ 2 UIG ist von maßgeblicher Bedeutung für den Umfang der durch das UIG angestreb- 1 ten Transparenz staatlichen Umwelthandelns. Er legt zum einen die personelle Reichweite des Gesetzes fest. Im Grundsatz gilt, dass neben staatlichen Stellen auch natürliche und juristische Personen des Privatrechts vom UIG verpflichtet werden. Dies kann im Einzelfall zu einem weiten Anwendungsbereich des Gesetzes führen.

Der zum anderen maßgeblich durch das Europarecht geprägte materielle Anwendungs- 2 bereich wird durch die Definition des Begriffes der Umweltinformation beschrieben. Der Gesetzgeber hat zur **Beschreibung** der Umweltinformation eine Mischung zwischen abstrakter Definition und erläuternden Regelbeispielen gewählt. Neben den Ablehnungsgründen der §§ 8 und 9 UIG sind die Begriffsbestimmungen des § 2 UIG der häufigste Gegenstand rechtlicher Auseinandersetzungen in der **Vollzugspraxis** und **Rspr.** (vgl. zum IFG BfDI, 3. Tätigkeitsbericht Informationsfreiheit 2010 und 2011, S. 17 Z 3.2).

3   Die **ursprüngliche Beschränkung** des Anwendungsbereich ausschließlich auf Stellen, die Aufgaben des Umweltschutzes wahrnehmen in § 3 UIG aF (vgl. dazu Theuer NVwZ 1996, 326 (328)) wurde ebenso europarechtskonform gestrichen, wie die Ausdehnung des Anwendungsbereiches des UIG aF auf Stellen der öffentlichen Verwaltung der Länder (BT-Drs 15/3406, 14). Entgegen des ursprünglichen Entwurfes der Bundesregierung (BT-Drs 15/2406, 14) wurde im Laufe des Gesetzgebungsverfahrens der Anwendungsbereich auch auf **natürliche und juristische Personen des Privatrechts** ausgedehnt und eine den europäischen Vorgaben entsprechende Formulierung (vgl. Art. 2 Abs. 2 Buchst c RL 2003/4/EG) gewählt (BT-Drs 15/3680, 2).

3.1   Zu den Versuchen der Bundesregierung den Anwendungsbereich enger zu ziehen und den Details der Umsetzung des Art. 2 RL 2003/4/EG in nationales Recht s. die Darstellung bei Landmann/Rohmer/Reidt/Schiller UIG § 2 Rn. 2.

I. Europarechtliche Grundlagen

4   Die Bestimmung des personellen und materiellen Anwendungsbereiches des Gesetzes in § 2 UIG basieren auf Art. 2 RL 2003/4/EG und setzen diese in nationales Recht um. Zwischen dem Anwendungsbereich des alten UIG hat die neue Formulierung eine deutliche Erweiterung erfahren. Dies gilt insbes. bezüglich der Ausdehnung der Informationspflicht auf natürliche und juristische Personen. Mit der Neuformulierung der Umweltinformationsrichtlinie auf europäischer Ebene sollte der **Behördenbegriff** nicht nur auf sämtliche Stellen der nationalen, regionalen und lokalen öffentlichen Verwaltung, ohne Ansehen ob diese spezifisch im Umweltbereich tätig sind, ausgedehnt werden. Auch andere Personen und Stellen sind von der Informationspflicht erfasst, wenn diese **umweltbezogene Aufgaben** der öffentlichen Verwaltung übernehmen oder unter der Kontrolle des Staates hoheitliche Tätigkeiten im Umweltbereich ausüben (11. Erwägungsgrund RL 2003/4/EG).

5   Neben dieser personellen Erweiterung der Bestimmung der informationspflichtigen Stelle, wurde auch der Begriff der Umweltinformation **neu gefasst** und auf weitere Bereiche ausgedehnt (10. Erwägungsgrund RL 2003/4/EG). Im Verhältnis zum UIG aF erfuhr das neue UIG eine erhebliche Erweiterung in der praktischen Anwendung. Dies gilt auch für die Bestimmung der Informationsträger, die in § 3 UIG aF noch eine explizite Erwähnung fanden (SSW/Schomerus UIG § 3 Rn. 91 f.) und nunmehr lediglich indirekt gesetzlich normiert sind.

II. Auslegungsprinzipien

6   Der Begriff der informationspflichtigen Stelle ist aus materiell-funktioneller Sicht auszulegen. Es ist daher nicht maßgeblich für die Informationspflicht einer Stelle, welche formal-organisatorische Rolle diese übernimmt (OVG Münster BeckRS 2011, 55609). Die Pflicht zur Offenlegung ergibt sich aus der konkreten Aufgabe und dem Verantwortungsbereich der Stelle gegenüber der Öffentlichkeit bzw. der auskunftsberechtigten Person. Soweit im Kern diese Tätigkeit funktionell als staatliches Handeln angesehen werden kann, führt dies zu der im Gesetz vorgesehenen Transparenzverpflichtung (VG Berlin BeckRS 2013, 45721; BVerwG NVwZ 2012, 1619 (1620); EuGH EuZW 2012, 459 (461)). Die rechtliche Einordung der jeweiligen Stelle bzw. deren organisatorische Einbindung in die öffentliche Verwaltung sind nicht maßgeblich.

6.1   Die Bestimmung des Anwendungsbereiches des IFG erfolgt vergleichbar zum UIG ebenfalls auf der Grundlage einer materiell-funktionellen Sicht und eines materiellen Begriffes der Verwaltung (Assenbrunner DÖV 2012, 547 (548f)).

7   Für die Auslegung der Begriffsbestimmungen des § 2 UIG in Hinblick auf den Begriff der Umweltinformation gilt nach herrschender Auffassung in der Rspr. der Grundsatz der **weiten Auslegung** (OVG Berlin-Brandenburg NVwZ 2012, 979 (980); EuGH BeckRS

2004, 76295; BVerwG NVwZ 1999, 1220 (1221); NVwZ 1998, 945 (946)). Im Sinne einer **effektiven Herstellung der Transparenz** staatlichen Handelns ist grds. eine Auslegung zu wählen, die dem UIG größtmögliche Wirksamkeit verschafft.

B. Informationspflichtige Stellen (Abs. 1)

I. Öffentliche Stelle (Abs. 1 Nr. 1 S. 1)

Das UIG verwendet, anders als die Vorgängerversion nicht mehr den Begriff der Behörde, um den Kreis der informationspflichtigen Stellen zu beschreiben. Bezogen auf die konkreten Funktionen bzw. Aufgaben gehören zu den informationspflichtigen Stellen die **Regierung** und **andere Stellen der öffentlichen Verwaltung sowie Gremien,** die diese Stellen beraten. Der Begriff der „Stelle" selbst ist **nicht näher definiert.** Aufgrund des funktionell auszulegenden Begriffes der informationspflichtigen Stelle (→ Rn. 6) (BVerwG NVwZ 2012, 1619 (1620); EuGH EuZW 2012, 459 (461)) zählen alle Einrichtungen des Bundes dazu, die iSd § 1 Abs. 4 VwVfG Aufgaben der öffentlichen Verwaltung übernehmen. 8

1. Definition „Stelle"

In Anlehnung an das allgemeine Verwaltungsverfahrensrecht sind dies **organisatorische Einheiten,** die **unabhängig** von den für sie tätigen Personen sind, eine hinreichende **organisatorische Selbständigkeit** haben, Aufgaben der öffentlichen Verwaltung ausführen und entsprechende Zuständigkeiten zur **eigenverantwortlichen Wahrnehmung** besitzen, dh mit **Außenwirkung** und in eigener Zuständigkeit und Namen handeln können (vgl BVerwG ZD 2012, 346 (347); Landmann/Rohmer/Reidt/Schiller UIG § 2 Rn. 5). 9

Gem. § 1 Abs. 1 VwVfG sind dies sämtliche Stellen der **unmittelbaren und mittelbaren Bundesverwaltung.** Das UIG beschränkt den Anwendungsbereich nicht auf Stellen der Umweltverwaltung (BT Drs 15/3406 14; Schomerus, Informationsansprüche nach dem Atom- und Strahlenschutzrecht, Gutachten BMU 2010, http://nbn-resolving.de/urn:nbn: de:0221–201011233819, 100). 10

Das bedeutet, dass sowohl **vertikal** als auch **horizontal** alle **Ebenen und Ressorts** der Regierung und Verwaltung von der Informationspflicht erfasst werden. Sämtliche **obersten Bundesbehörden, die Ober-, Mittel- und Unterbehörden** sind dem UIG unterworfen. 11

Auch die **Körperschaften, Anstalten und Stiftungen des öffentlichen Rechts** des Bundes als Teil der mittelbaren Bundesverwaltung gem. Art. 87 Abs. 2 GG (Jarass/Pieroth GG Art. 87 Rn. 10) fallen unter den Anwendungsbereich des Umweltinformationsgesetzes (zum IFG VG Berlin BeckRS 2012, 51570). 12

> Beispiele: Zu den obersten Bundesbehörden und damit auskunftspflichtigen Stellen gehören neben sämtlichen Bundesministerien, ua der Präsident des Deutschen Bundestages (OVG Berlin-Brandenburg BeckRS 2012 51575), der Bundesrechnungshof (OVG Münster BeckRS 2011, 55609) oder das Bundeskanzleramt (OVG Berlin-Brandenburg NVwZ 2012, 1196 (197)), VG Berlin ZUM 2008, 252 (253)) oder die Kassenärztliche Bundesvereinigung (VG Berlin BeckRS 2012, 51570) Allgemeiner dazu BVerwG ZD 2012, 346 (347). 12.1

Zu den öffentlichen informationspflichtigen Stellen zählen auch die **Beliehenen.** Sie unterfallen dem UIG für die Bereiche ihrer Tätigkeit, die sie in Ausübung der Beleihung vornehmen und insoweit als öffentliche Stelle gelten, nicht jedoch die Verwaltungshelfer (BT–Drs. 15/3406, 14, so auch Landmann/Rohmer/Reidt/Schiller UIG § 2 Rn. 6). 13

> Beispiel: Gem. § 4 Abs. 3 BFStrMG kann das Bundesamt für Güterverkehr einen privaten Betreiber mit der Errichtung und den Betrieb eines Systems der Erhebung der LKW Maut auf den Bundesautobahnen und Bundesstraßen beauftragen. Soweit die dabei anfallenden Informationen als Umweltinformationen gem. § 2 Abs. 3 UIG zu qualifizieren sind, unterfällt die private Stelle als Beliehene dem UIG. 13.1

2. Verwaltungshandeln

14   Die Informationspflicht erstreckt sich auf sämtliches **Verwaltungshandeln** und ist nicht auf die Tätigkeit der spezifischen Umweltverwaltung beschränkt (11. Erwägungsgrund RL 2003/4/EG). Eine **positive Definition** des Begriffes Verwaltungshandeln ist wegen der Vielfalt des exekutiven staatlichen Handelns kaum möglich. Die Tätigkeit der Verwaltung ist neben der klassischen Vollzugstätigkeit in Form der Um- und Durchsetzung von gesetzlichen Vorgaben und den Erlass von Verwaltungsakten oder vergleichbaren Maßnahmen, durch planendes Handeln, die Erstellung von Prognosen oder auch die Gestaltung der staatlichen Organisation und des gesellschaftlichen Lebens geprägt. Eine Aufzählung der einzelnen Bereiche der exekutiven Staatstätigkeit würde stets mit dem **Makel der Unvollständigkeit** behaftet sein. Außerdem würde eine Aufzählung dem Prinzip einer möglichst weiten Anwendung der Informationsfreiheit auf hoheitliches Handeln widersprechen (Assenbrunner DÖV 2012, 547 (552f)).

15   Der Begriff des Verwaltungshandelns umfasst daher in verfassungskonformer Auslegung gem. Art. 20 Abs. 1 und 2 GG sämtliche staatlichen Handlungen, die keine **gerichtliche oder gesetzgeberische** Tätigkeiten sind (vgl. dazu auch BVerwG ZD 2012, 346 (347)).

16   Zu dem Verwaltungshandeln iSd Informationsfreiheit gehört nach herrschender Auffassung in der Rspr. auch das **Regierungenhandeln** (OVG Berlin-Brandenburg ZD 2013, 42; BVerwG ZD 2012, 346 (347); BVerwG NVwZ 2012, 251 mAnm Schoch). Dies ergibt sich im Rahmen des UIG insbes. aus der **Formulierung** bezüglich des Personenkreises der informationspflichtigen Stellen. Ausdrücklich wird in § 2 Abs. 1 UIG die „Regierung" bei der Bestimmung der informationspflichtigen Stellen in Bezug genommen. Der Schutz des auch im Informationsfreiheitsrecht gewährleisten verfassungsrechtlich gesicherten **Kernbereichs exekutiver Eigenverantwortung** (dazu Freund/Schnabel DÖV 2012, 192 (193)) wird durch die Ausnahmen des § 8 UIG sichergestellt. Ein anderes Verständnis widerspräche dem Zweck des UIG. Gerade im Bereich des durch die Politik maßgeblich beeinflussten Regierungshandelns werden die Weichen für das daraus **resultierende Handeln der Exekutive** gestellt. Die Herstellung von Transparenz bezüglich der Entscheidungsfindung und der sie maßgeblich beeinflussenden Faktoren ist Ziel des Gesetzes.

17   Von der Informationspflicht werden ausdrücklich nicht die Tätigkeiten der anderen **zwei Teilgewalten** erfasst. Staatliche Stellen, die mit der Gesetzgebung und Rspr. befasst sind, unterliegen nicht der Auskunfts- und Veröffentlichungspflicht (→ Rn. 28ff, 40ff). Jedoch ist hierbei ausdrücklich festzustellen, dass diese Ausnahmen nur im materiell-funktionellen Sinn zu verstehen ist. Soweit zB **Bundesgerichte** oder die **Verwaltung des Bundestages** verwaltend tätig werden, unterliegen die dabei genutzten Umweltinformationen auch der Auskunftspflicht (BT-Drs. 15/3406, 14).

3. Beratende Gremien (Abs. 1 Nr. 1 S. 2)

18   Das UIG beschränkt die Auskunftspflicht nicht allein auf die unmittelbar verwaltungstechnisch handelnden Stellen. Sie betrifft auch **Einrichtungen,** die Verwaltungsbehörden **beraten** und somit auf die Entscheidungen der zu beratenden Stelle Einfluss nehmen. Grundlage der Ausdehnung des Anwendungsbereiches ist Art. 2 Nr. 2 RL 2003/4/EG.

19   Derartige **Gremien** gelten als **Teil der Stelle,** die die Mitglieder des beratenden Gremiums beruft. Zu den informationspflichtigen Gremien gehören alle durch die Stelle berufenen und mit **gesetzlichem Beratungsauftrag** ausgestatteten **Zusammenschlüsse** mehrerer Personen zB beratende Beiräte oder Ausschüsse. Der Begriff der **Berufung** ist dabei insoweit zu verstehen, dass es sich um den **formalen Akt der Bestellung** der Gremiumsmitglieder handelt. Aus dem Text des Gesetzes und der Begründung des Gesetzgebers ergibt sich deutlich, dass nicht die Gremien selbst die Informationspflicht zu erfüllen haben, sondern die von ihnen beratenen Stellen diese Aufgabe übernehmen (BT-Drs. 15/3406, 14). Der im Hinblick auf die Publizität der beratenden Tätigkeit der Gremien **ungenaue Wortlaut** der Richtlinie interpretiert der deutsche Gesetzgeber dahingehend, dass es unerheblich sei, in welcher **Form die Beratung** durch das Gremium erfolgt. Der **Charakter der Sitzungen** (öffentlich oder geheim) soll **irrelevant** sein. Maßgeblich ist lediglich, dass eine Beratung der öffentlichen Stelle erfolgt (BT-Drs. 15/3406, 14).

Nach der **Flachglas-Torgau** Entscheidung des **EuGH** (EuGH Urt v 14.2.2012 – Rs. C– 204/09 = ZUR 2012 237 (239)) kann es sich bei beratenden Gremien auch um organisatorisch selbstständige Einrichtungen handeln, die jedoch in Hinblick auf die jeweils zu betrachtenden staatliche Tätigkeit **keine eigenständige Verantwortung** übernehmen. Eine derartige Konstellation tritt u. a. in Gesetzgebungsverfahren ein, wenn Ministerien zu den jeweiligen Gesetzesentwürfen eigene Stellungnahmen abgeben (EuGH ZUR 2012 237 (239)). 20

Dennoch fehlt eine **normenklare Abgrenzung,** welche Einrichtungen als beratende Gremien zu erfassen sind. Auf der Grundlage des Zwecks des UIG und eines funktionellen Verständnisses des Begriffs der informationspflichtigen Stelle gehören zu den beratenden Gremien sämtliche Einrichtungen, die aufgrund ihrer beratenden Tätigkeit auf die **Entscheidungsgang** öffentlicher Stellen **Einfluss** nehmen können (Landmann/Rohmer/ Reidt/Schiller UIG § 2 Rn. 15f). 21

Unter grammatikalischer Auslegung des Begriffes „Gremium" werden darunter **Zusammenschlüsse mehrerer Personen** zum Zwecke der Beratung über bestimmte Sachverhalte und über einen längeren Zeitraum hinweg verstanden (vgl. Definition bei Wikipedia https://de.wikipedia.org/w/index.php?title=Gremium&oldid=116794904 abgerufen am 10.4.2013), so auch Landmann/Rohmer/Reidt/Schiller UIG § 2 Rn. 16). Insoweit erfasst das Gesetz nur Einrichtungen, die auf eine gewisse **Dauer** und **Nachhaltigkeit** der beratenden Tätigkeit ausgerichtet sind. 22

Unter Anwendung der vorangegangen Maßstäbe unterfallen **kurzfristig, befristet** oder zur Bewertung von **Einzelfällen** berufene **Expertengruppen** oder Einzelpersonen nicht dem Gremienbegriff des UIG. Personen und Einrichtungen, die mit der Erstellung von Gutachten oder vergleichbaren Stellungnahmen beauftragt werden und sowohl **organisatorisch** wie **funktionell selbstständig** von dem jeweiligen Auftraggeber sind, zB private Forschungseinrichtungen, werden vom UIG nicht als Gremien definiert. 23

Dies schließt jedoch eine **originäre Auskunftspflicht** der beauftragenden öffentlichen Stelle nicht aus, wenn diese am Ende des Prozesses über die jeweiligen Informationen iSd § 2 Abs. 4 UIG verfügt. 24

Beispiele: Aus dem Geschäftsbereich des BMU gehören zu diesen beratenden Gremien u. a. die Reaktor-Sicherheitskommission, die das BMU in den Angelegenheiten der Sicherheit und damit in Zusammenhang stehenden Angelegenheiten der Sicherung von kerntechnischen Anlagen und der Entsorgung radioaktiver Abfälle berät (§ 2 Satzung der Reaktor-Sicherheitskommission v. 22.12.1998) oder die Strahlenschutzkommission. Sie berät das BMU in den Angelegenheiten des Schutzes vor Gefahren ionisierender und nichtionisierender Strahlen (§ 2 Satzung der Strahlenschutzkommission vom 8.8.2012). Vgl. weitere Aufzählung und Nachweise bei Landmann/Rohmer/Reidt/Schiller UIG § 2 Rn. 18). 24.1

Zur Situation der Auskunftspflicht nach dem IFG und dessen Ausdehnung auf die Auskunftspflicht beratender Gremien vgl. Schmitz/Jastrow NVwZ 2005, 984 (988). 24.2

II. Ausnahmen gem. Abs. 1 S. 3 Nr. 1a und b

Eine umfassende Herstellung der Transparenz staatlichen Handelns sieht das UIG nicht vor. Es beschränkt die Auskunftspflicht auf staatliche Handlungen, die nicht der Rspr. oder gesetzgebenden Tätigkeit zugeordnet werden können. Die Ausnahmen sind nicht formal organspezifisch sondern **materiell aufgabenspezifisch** formuliert (Hellriegel EuZW 2012, 456; SSW/Schomerus UIG § 3 Rn. 28) und **eng auszulegen** (Much ZUR 2012, 288 (290)). Die Ausnahmeregelungen nehmen die informationspflichtigen Stellen nicht als Organisation insgesamt sondern die **jeweils betroffene Tätigkeit,** wenn sie gesetzgebender oder rechtsprechender Natur ist, vom Anwendungsbereich des UIG aus. Die Beschränkungen basieren auf Art. 2 Nr. 2 S. 2 RL 2003/4/EG. 25

Durch § 2 Abs. 1 S. 3 Nr. 1a und b UIG wird die Verpflichtung zur Zugänglichmachung von Informationen aus den Bereichen der **legislativen und judikativen** Tätigkeit unterbunden. Nur die Aufgabenwahrnehmung im Bereich der Ausübung exekutiver Kompetenzen werden der allgemeinen Zugänglichkeit unterworfen. Das verfassungsrechtlich bestehende System der **gegenseitigen Kontrolle** und des **Ausgleichs** der staatlichen Teilgewalten soll durch das UIG nicht verschoben werden. 26

27 § 2 Abs. 1 S. 3 Nr. 1a UIG schützt den Prozess des **Erlasses von Normen** und § 2 Abs. 1 S. 3 Nr. 1b UIG bewahrt die Unabhängigkeit der Gerichte. Im Umkehrschluss bedeutet dies aber auch, dass eine Beschränkung der Auskunftpflicht allein aufgrund der **organschaftlichen Stellung** eines staatlichen Organs auf dem Gebiet der **Teilgewalt** Rspr. oder Gesetzgebung ausgeschlossen ist. So unterfallen auch Bundestag, Bundesrat, BVerfG und Bundesgerichte sowie Bundesbank dem Anwendungsbereich des Gesetzes, soweit diese nicht in legislativer oder judikativer Funktion tätig werden (BVerwG NVwZ 2012, 251 mAnm Schoch).

27.1 Beispiel: Zur Auskunftspflicht der Verwaltung des Bundestages bezüglich der Ausstattung der Abgeordneten OVG Berlin-Brandenburg BeckRS 2012, 51575 oder erstellte Gutachten des wissenschaftlichen Dienstes VG Berlin ZD 2012, 399 (400).

1. Schutz oberster Bundesbehörden im Rahmen der Gesetzgebung und Erlass von Rechtsverordnungen

28 Eine Anwendung des UIG ist ausgeschlossen, soweit oberste Bundesbehörden im Rahmen der Gesetzgebung oder bei dem Erlass von Rechtsverordnungen tätig werden. Dadurch sollen der **Normsetzungsprozess** und die dazu erforderlichen **Beratungsvorgänge** geschützt werden (SSW/Schomerus UIG § 3 Rn. 30). Von der Auskunftspflicht werden daher in europarechtskonformer Auslegung sämtliche Stellen befreit, die an einem Gesetzgebungsprozess oder dem Erlass einer Norm beteiligt sind (EuGH ZUR 2012 237 (239); vgl. zur Vereinbarkeit der Ausnahme bei Rechtsverordnungen SSW/Schomerus UIG § 3 Rn. 35).

29 Von der Ausnahme erfasst sind sämtliche Tätigkeiten, die im Zusammenhang mit der gesetzgeberischen oder normsetzenden Tätigkeit der **obersten Bundesbehörden** stehen. Dabei sind sämtliche **Phasen** des Gesetz- und Normgebungsprozesses betroffen.

30 Von der Informationsverpflichtung ausgenommen sind neben den Bundesministerien weitere oberste Bundesbehörden, zB das Bundespräsidialamt, das Präsidium des Bundestages, der Präsident oder die Präsidentin des Bundeverfassungsgerichtes oder der Bundesrechnungshof ebenso wie die Verfassungsorgane Bundestag und Bundesrat. Jedoch gilt dies jeweils nur, soweit diese **rechtsetzend** tätig werden oder an der Rechtsetzung unmittelbar beteiligt sind. § 2 Abs. 1 Nr. 1a UIG darf nicht als **organspezifische Ausnahmeregelung** verstanden werden. Dh es gibt im Prinzip keine Bundesbehörde bzw. kein Bundesorgan, welches vom Anwendungsbereich des Gesetzes aufgrund der verfassungsrechtlichen Stellung ausgenommen ist. Geschützt wird allein die **spezifische Aufgabe** der Gesetzgebung oder Normsetzung. Damit sind weder der Bundestag noch der Bundesrat per se von der Anwendung des Gesetzes ausgenommen (aA Landmann/Rohmer/Reidt/Schiller UIG § 2 Rn. 10).

30.1 Beispiel: Praktische Relevanz kann diese aufgabenbezogene Auslegung zB bei der Erstellung von Gutachten durch den wissenschaftlichen Dienst des Bundestages erlangen. Nach der Rspr. des VG Berlin weist die Tätigkeit des Wissenschaftlichen Dienstes der Art nach einen größeren Bezug zur Verwaltung als zur parlamentarischen Tätigkeit auf. In formaler Hinsicht handele es sich um eine Verwaltungstätigkeit des Bundestages, wenn Ausarbeitungen der Wissenschaftlichen Dienste erstellt und verwahrt werden. Diese Tätigkeit und die damit in Verbindung stehenden Informationen eröffnen sich daher der Informationsfreiheit (VG Berlin ZD 2012, 399)

31 Ausgenommen von der Informationspflicht sind sämtliche Handlungen der Bundesregierung beim Erlass von Rechtsverordnungen und ihrer Beteiligung an Gesetzesvorhaben zB im Rahmen des Initiativrechts gem. Art. 76 Abs. 1 GG oder der Erstellung von Stellungnahmen gem. Art. 76 Abs. 3 GG. Aber auch Informationen, die zur Vorbereitung von **Gesetzesvorschlägen** erstellt oder verwendet werden, sind von der Auskunftspflicht befreit. Dazu gehören auch extern eingeholte fachliche Stellungnahmen und Gutachten oder deren Nutzung im Rahmen der **Abstimmungsverfahren** von Gesetzes- oder Verordnungsentwürfen mit anderen Ressorts, Bundesländern oder Verbänden und Interessensvertretern. Die darin enthalten Angaben unterfallen ebenso nicht dem Anwendungsbereich des UIG, wie die im Laufe des Rechtsetzungsverfahrens **behördenintern** und **extern** geführte **Kommunikation** (EuGH EuZW 2012, 459 (460); BVerwG ZUR 2009 368 (369)).

Begriffsbestimmungen § 2 UIG

Die Ausnahmeregelung erfasst gem. dem Wortlaut des § 2 Abs. 1 Nr. 1a UIG nur die **obersten Bundesbehörden**. Den Geschäftsbereichen oberster Bundesbehörden zugeordnete oder nachgeordnete Bundesbehörden werden insbes. aufgrund des unmissverständlichen Wortlautes von den Ausnahmen nicht erfasst (so auch Landmann/Rohmer/Reidt/Schiller UIG § 2 Rn. 9). 32

Dies ist konsequent. Denn eine Einwirkung auf die Gesetzgebung des Bundes durch diese Behörden ist nicht direkt möglich. Eine **Beeinflussung des Verfahrens** kann damit im Regelfall ausgeschlossen werden. Problematisch ist eine derartige Auslegung jedoch in Fällen, in denen zB Ministerien **Stellungnahmen, Gutachten** oder vergleichbare Aufträge zu fachlichen Themen von den **nachgeordneten Behörden** verlangen und die erstellende Behörde über die erstellten oder genutzten Informationen ebenfalls verfügt. Ein auf diese Informationen gerichteter Auskunftsanspruch sowie in der Veröffentlichung dieser Informationen wurde offenbar vom Gesetzgeber als keine abzuwehrende Gefährdung des Gesetzgebungsprozesses angesehen. 33

Eine vergleichbare Problematik drängt sich in den Fällen auf, in denen die oberen und sonstigen Bundesbehörden selbst rechtssetzend tätig werden. Auch in dieser Konstellation muss der Rechtssetzungsprozess geschützt bleiben. Soweit durch **gesetzliche Delegation** der Rechtssetzungsbefugnis, nachgeordnete Behörden zur Rechtssetzung ermächtigt werden, kann im Wege der teleologischen Auslegung die nachgeordnete Behörde materiell-funktionell als Teil der obersten Bundesbehörde verstanden werden. Denn materiell-funktionell betrachtet handelt es sich dabei um die Tätigkeit der oberen Bundesbehörde. 34

> Beispiel: Zum Erlass der Strompolizeiverordnung oder weiterer Verordnungen nach dem Bundeswasserstraßengesetz kann das zuständige Ministerium auch die nachgeordnete Bundeswasserstraßenverwaltung ermächtigen, §§ 27 Abs. 3, 46 WaStrG. 34.1

Denkbar ist letztlich, den Schutz des Entscheidungsprozesses dadurch sicherzustellen, dass zwar grds. eine Auskunftspflicht bejaht wird. Diese kann dann jedoch im Wege der Ausnahmeregelung des § 8 Abs. 1 und 2 UIG temporär beschränkt werden. 35

Die Ausnahme der Auskunftspflicht gilt in europarechtskonformer Auslegung des § 2 Abs. 1 Nr. 1a UIG, solange das betreffende Gesetzgebungs- oder Rechtssetzungsverfahren **nicht abgeschlossen** ist. In der **Flachglas Torgau-Entscheidung** (EuGH EuZW 2012, 459) entschied der EuGH über die Reichweite der auf der RL 2003/4/EG beruhenden Ausnahmen. 36

Danach kann von der Befreiung der Auskunftspflicht nur Gebrauch gemacht werden, solange das betreffende Gesetzgebungsverfahren nicht abgeschlossen ist. Der Grund für die temporäre Begrenzung der Ausnahmen liegt in dem Zweck der Norm. Diese soll sicherstellen, dass der Entscheidungsprozess und Ablauf des Rechtssetzungsverfahrens entlang der jeweiligen Verfassungsbestimmungen nicht durch gesetzlich nicht vorgesehene Faktoren beeinflusst wird (Götze LKV 2013, 241 (244)). 37

Ist das Rechtssetzungsverfahren abgeschlossen, bedarf es eines Schutzes nicht mehr. Der Grund für die Beschränkung der Auskunftspflicht entfällt und die geforderte Transparenz kann wieder hergestellt werden (EuGH EuZW 2012, 459 (460); BVerwG NVwZ 2012, 1619 (1620)). 38

Das Rechtssetzungsverfahren und die Wirkung der Ausnahmen werden entweder durch den Erlass der entsprechenden Rechtsnorm, einer Einstellungsverfügung oder dem Ende der Legislaturperiode und durch das Prinzips der Diskontinuität bewirkt. 39

2. Schutz der Rspr. der Gerichte des Bundes

Ausgenommen sind des Weiteren Gerichte des Bundes, soweit sie nicht Aufgaben der öffentlichen Verwaltung wahrnehmen. Durch diese Ausnahme sollen die **Funktionsfähigkeit** der **Rechtspflege** und die **Tätigkeiten, die in richterlicher Unabhängigkeit** durchgeführt werden, gesichert werden. Dies entspricht dem verfassungsrechtlichen Schutz, der gem. Art. 97 GG gewährt wird. 40

Entgegen § 3 aF UIG werden von der Ausnahme die **Strafverfolgungsbehörden** nicht mehr erfasst. Obwohl die entsprechende Auffassung der Kommission, es handele sich bei einer derartigen Ausnahme um einen Verstoß gegen die Umsetzung der Umweltinformati- 41 onsrichtline vor dem EuGH scheiterte (das Scheitern beruhte jedoch augenscheinlich auf der fehlenden substantiierten Klagebegründung der Kommission, EuGH EuZW 1999, 763 (765)), wurde diese Beschränkung im Wege der Gesetzesneufassung gestrichen. Dahinter verbirgt sich das Verständnis, nur tatsächlich dem **verfassungsrechtlichen Schutz der Unabhängigkeit der Justiz unterworfene Tätigkeit** von der Informationsverpflichtung auszunehmen.

42   Bundesgerichte werden von der Informationsverpflichtung nur insoweit nicht erfasst, wie sie in richterlicher Unabhängigkeit tätig werden. Tätigkeiten mit rein vollziehendem Charakter oder die durch Personen vorgenommen werden, die lediglich in **personeller Hinsicht** der richterlichen Unabhängigkeit unterfallen, unterliegen weiterhin dem Anwendungsbereich des Gesetzes.

42.1   Beispiele: Auskünfte über umweltrelevante Baumaßnahmen oder der Verwaltung von Liegenschaften können weiterhin auch gegenüber Gerichten Gegenstand eines Auskunftsersuchens sein.

43   Maßgeblich ist jedoch bei der Anwendung des § 2 Abs. 1 Nr. 1b UIG, dass die in Frage stehende Tätigkeit in richterlicher Unabhängigkeit ausgeübt wird. Die **organschaftliche Stellung** einer Behörde oder die personelle Unabhängigkeit reichen für die Begrenzung der Anwendbarkeit des UIG nicht. Wie bereits bei der Beschränkung der Informationsverpflichtung zugunsten der Gesetzgebung ist auch diese Ausnahmenvorschrift rein **funktionell** zu bestimmen (SSW/Schomerus UIG § 3 Rn. 55 mwN).

44   So unterfällt zB der **Bundesrechnungshof** nicht pauschal der Ausnahmeregelung des UIG. Eine pauschale und vollständige Befreiung der Prüf- und Kontrolltätigkeit des Bundesrechnungshofes vom Anwendungsbereich des UIG scheidet daher aus (aA Reus/Mühlhausen NVwZ 2010, 617). Zwar ist der Bundesrechnungshof gem. § 1 BRHG ein unabhängiges Organ der Finanzkontrolle und seine Mitglieder üben die Tätigkeit gem. § 3 Abs. 4 BRHG in richterlicher Unabhängigkeit aus. Andererseits ist dessen Prüfungstätigkeit nicht generell rechtsprechender Natur oder dieser Tätigkeit gleichzustellen. Denn die richterliche Unabhängigkeit der Mitglieder strahlt nicht auf ihre materielle Tätigkeit aus. Pauschal werden nur die Person und nicht deren Tätigkeit vom Schutz der richterlichen Unabhängigkeit erfasst. Die Ergebnisse der Tätigkeit des Bundesrechnungshofes unterliegen der Informationspflicht soweit sie keine rechtskräftige Wirkung haben und nicht allein auf der Anwendung des geltenden objektiven Rechts sondern auch auf der Grundlage von **Zweckmäßigkeits- und Wirtschaftlichkeitserwägungen** beruhen (OVG Münster BeckRS 2011, 55609).

44.1   Umfangreiche Beispiele für die Informationsverpflichtung nach dem UIG finden sich bei SSW/Schomerus UIG § 3 Rn. 58 ff.

III. Natürliche und juristische Personen des Privatrechts (Abs. 1 Nr. 2)

45   Von der Informationsverpflichtung werden auch **natürliche oder juristische Personen des Privatrechts** erfasst, soweit die folgenden Voraussetzungen **kumulativ** vorliegen.

46   Die betreffenden privaten Stellen müssen einerseits **öffentliche Aufgaben** wahrnehmen oder **öffentliche Dienstleistungen** erbringen, die im Zusammenhang mit der Umwelt stehen. Beispielhaft benennt § 2 Abs. 1 Nr. 2 UIG die **umweltbezogene Daseinsvorsorge**.

47   Andererseits erstreckt sich die Informationspflicht nur dann auf private Stellen, wenn diese der Kontrolle des Bundes oder einer unter der Aufsicht des Bundes stehenden juristischen Person des öffentlichen Rechts unterliegt, dh die Tätigkeiten der öffentlichen Hand mittelbar zugerechnet werden kann.

48   Motivationen für die Allokation einer originären Informationsverpflichtung natürlicher und juristischer Personen des Privatrechts sind die **kontinuierliche Verlagerung staatlicher Tätigkeiten** in den privaten Sektor (Landmann/Rohmer/Reidt/Schiller UIG § 2 Rn. 19; SSW/Schomerus UIG § 2 Rn. 9f) und der damit einhergehende **Verlust an öffentlicher Kontrolle** dieser Tätigkeiten. Durch die Ausdehnung des Anwendungsbereiches des UIG auf private Stellen wird auch deren Handeln einer demokratischen Kontrolle durch die Öffentlichkeit unterzogen.

Begriffsbestimmungen § 2 UIG

Der Begriff der natürlichen und juristischen Person des Privatrechts ist iSd Zivilrechts 49 auszulegen. Hierbei ergeben sich keine informationsfreiheitsrechtlichen Besonderheiten. Für **teilrechtsfähige Personengesellschaften** ist jeweils individuell zu bestimmen, ob die Informationspflicht den Bereich erfasst, mit dem die Gesellschaft am Wirtschaftsleben teilnimmt (vgl. Landmann/Rohmer/Reidt/Schiller UIG § 2 Rn. 19).

1. Wahrnehmung öffentlicher Aufgaben im Umweltbereich

Maßgebliche Bedingung für die Erstreckung des Anwendungsbereichs des UIG auf nicht- 50 öffentliche Stellen ist die **Wahrnehmung öffentlicher Aufgaben** im Umweltbereich. Unter Anwendung einer **materiell-funktionellen Betrachtungsweise** begründet sich eine Informationsverpflichtung Privater bei der Erfüllung öffentlicher Aufgaben im Zusammenhang mit der Umwelt bzw. bei denen ein **Bezug zur Umwelt** hergestellt werden kann oder die Auswirkungen auf die Umwelt haben (VG Frankfurt a .M. ZUR 2011, 439 mAnm Schomerus; Schomerus, Informationsansprüche nach dem Atom- und Strahlenschutzrecht, Gutachten BMU 2010, http://nbn-resolving.de/urn:nbn:de:0221-201011233819, 111).

An die **Kriterien** der Feststellung des Umweltbezuges der Tätigkeit sind aus europarecht- 51 licher Sicht keine hohen Anforderungen zu stellen. Aus der Umweltinformationsrichtlinie ergibt sich die Zielsetzung, die Informationspflicht auf Personen oder Stellen auszudehnen, die **umweltbezogene Aufgaben** der öffentlichen Verwaltung erfüllen. Dazu gehört auch das Tätigwerden Privater für Behörden, die Zuständigkeiten im Umweltbereich haben oder entsprechende Aufgaben wahrnehmen müssen (VG Berlin BeckRS 2013, 45721 mwN; Merten NVwZ 2005, 1157 (1159); Schomerus/Clausen ZUR 2005, 575 (578 f.); aA Theuer NVwZ 1996, 326 (328)). Eine originäre verwaltungsrechtliche Zuständigkeit für Gegenstände des Umweltschutzes wird nicht gefordert. Es reicht der bloße Bezug zu umweltrelevanten Sachverhalten.

Eine weite Auslegung dieses Tatbestandsmerkmals ergibt sich außerdem aus der Bestim- 52 mung des Begriffs der **Umweltinformationen** (→ Rn. 64). Danach liegt der erforderliche **Umweltbezug** vor, wenn Umweltinformationen zur **Erledigung der Aufgaben** benötigt werden oder bei deren Erfüllung entstehen. Daher ist bei der Bestimmung der in Betracht kommenden Tätigkeiten auch auf die **Definition des § 2 Abs. 3 UIG** zurückzugreifen. Die dort aufgeführten Merkmale für das Vorliegen einer Umweltinformation sind als **Maßstab** für die Bestimmung des Umweltbezuges der Tätigkeit privater Stellen heran zu ziehen.

Art. 2 Nr. 2c RL 2003/4/EG erstreckt die Auskunftspflicht terminologisch auf die **Wahr- 53 nehmung öffentlicher Aufgaben** oder die **Erbringung öffentlicher Dienstleistungen.** Die Wahrnehmung öffentlicher Aufgaben liegt vor, wenn die Tätigkeit der privaten Stelle im **öffentlichen Interesse** erfolgt. Mit der Formulierung der „Erbringung öffentlicher Dienstleistungen" ist iSd Terminologie des deutschen Verwaltungsrechts die **öffentliche Daseinsvorsorge** gemeint (Landmann/Rohmer/Reidt/Schiller UIG § 2 Rn. 21 f.; Schomerus/Clausen ZUR 2005, 575 (578)). Tätigkeiten zur Erbringung öffentlicher Dienstleistungen ist die Erfüllung von Aufgaben, an der die Öffentlichkeit **maßgeblich interessiert** und die insoweit **gemeinwohlerheblich** ist (VG Berlin BeckRS 2013, 45721 mwN).

> Beispiele: Zu den Aufgaben der öffentlichen Dienstleistungen zählen Verkehrs- (VG Berlin 53.1 BeckRS 2013, 45721; OVG Berlin-Brandenburg NVwZ 2012, 979 (980); VG Cottbus BeckRS 2012, 50714), Energieversorgungs- und Telekommunikationsdienste (EU Kommission, Leistungen der Daseinsvorsorge in Europa, 20.9.2000 KOM(2000) 580, 19 ff.).

2. Private Stelle unterliegt der Kontrolle oder Aufsicht des Bundes

Damit die Ausdehnung der Informationsverpflichtung, die originär einen öffentlich- 54 rechtlichen Anspruch der informationsberechtigten Person gegenüber der privaten Stelle begründet, gerechtfertigt werden kann, muss das Handeln der privaten Stelle dem Staat zumindest **mittelbar zugerechnet** werden können (vgl. BT-Drs. 15/3680, 2). Die erforderliche Beziehung wird durch das **Tatbestandsmerkmal der Kontrolle** oder der bestehenden Aufsicht realisiert.

55 Kontrolle iSd UIG liegt gem. § 2 Abs. 2 Nr. 1 UIG vor, wenn die Person des Privatrechts bei der Wahrnehmung der öffentlichen Aufgabe gegenüber Dritten **besonderen Pflichten** unterliegt oder über **besondere Rechte** verfügt. Diese können ihren Ausdruck in einem **Kontrahierungs-, Anschluss-** und/oder **Benutzungszwang** finden. Erforderlich ist, dass die informationspflichtige Stelle in Hinblick auf ihre Befugnisse oder Verpflichtungen gegenüber dem Staat oder privaten Dritten eine **besondere Stellung** einnimmt. (Landmann/Rohmer/Reidt/Schiller UIG § 2 Rn. 24f.). Ausdruck dieser besonderen Stellung kann ua die Befugnis einer Behörde bestehen, bestimmte Handlungen oder Unterlassungen von der privaten Stelle zu verlangen, die sich aus der **besonderen Rechte- oder Pflichtenstellung** zwischen der privaten Stelle und dem Bund ergibt (Schomerus/Tolkmitt NVwZ 2007, 1119 (1120); Merten NVwZ 2005, 1157 (1159)). Neben entsprechenden gesetzlichen Vorschriften können zur Bestimmung der besonderen **rechtlichen Beziehungen** auch entsprechende **vertragliche Vereinbarungen** herangezogen werden (VG Cottbus BeckRS 2012 50714) oder diese nach einer Literaturauffassung sogar begründen (Schomerus/Clausen ZUR 2005, 575 (579)).

55.1 Beispiele: Besondere Rechte und Pflichten finden sich vor allem in der Energieversorgung und dem Personentransspsort (ausführliche Beispiele bei Landmann/Rohmer/Reidt/Schiller UIG § 2 Rn. 26, 29). Eine derartige Verpflichtung könnte sich ggf. auch aus § 11 BDSG ergeben. Danach unterliegt der Auftragnehmer eines Auftragsdatenverarbeitungsverhältnisses der Weisung des Auftraggebers. Soweit dieser eine öffentliche Stelle ist und der Auftragnehmer auch Umweltinformationen verarbeitet, kann sich daraus eine Pflicht zur Auskunft gem. § 3 UIG für den Auftragnehmer ergeben.

56 Der Tatbestand der Kontrolle ist gem. § 2 Abs. 2 Nr. 2 UIG ebenfalls erfüllt, wenn der Bund oder eine juristische Person des öffentlichen Rechts des Bundes die **gesellschaftsrechtliche Kontrolle** über die jeweilige juristische Person des Privatrechts ausübt. Denn die **mehrheitliche Beteiligung** eines Trägers der öffentlicher Verwaltung an einem privaten Unternehmen wird als **staatliche Aktivitäten** unter Beteiligung von Privaten gewertet. Für diese Unternehmen gelten dann die allgemeinen Bedingungen der staatlicher Aufgabenwahrnehmung (BVerfGE NJW 2011, 1201 (1203)).

57 Eine derartige Situation tritt iSd UIG ein, wenn der Bund oder eine der genannten juristischen Personen des öffentlichen Rechts die **Mehrheit des gezeichneten Kapitals** an dem privatwirtschaftlichen Unternehmen besitzen, über die Mehrheit der mit den Anteilen des Unternehmens verbundenen **Stimmrechten** verfügen oder mehr als die Hälfte der Mitglieder des **Verwaltungs-, Leitungs- oder Aufsichtsorgans** bestellen können.

58 Für die Bestimmung der „Kontrolle" iSd des § 2 Abs. 2 Nr. 2 UIG ist auf die Regelungen des **Gesellschaftsrechts** zurückzugreifen. Soweit danach ein **beherrschender Einfluss** des Bundes auf die jeweilige Stelle vorliegt, ist der Tatbestand erfüllt. Die Beherrschung kann einerseits durch Anteile am **gezeichneten Kapital** erfolgen. Haftet der Bund oder die jeweiligen juristischen Personen des öffentlichen Rechts gem. **§ 272 Abs. 1 HGB** als Gesellschafter für die Verbindlichkeiten eines Unternehmens mit ihrem Kapital, und beträgt der Anteil ihrer **Haftung über 50%** liegt eine Kontrolle des Bundes bzw. der jeweiligen juristischen Person vor.

59 Dies gilt auch, wenn der Bund und die jeweiligen juristischen Personen mehrheitlich an einem Unternehmen beteiligt sind und ihnen darüber die Mehrheit der Stimmanteile an dem Unternehmen zustehen. Denn gem. §§ 16 Abs. 1 und 17 Abs. 2 AktG wird in diesen Fällen von einer **beherrschenden Stellung** der Anteilseigner oder Stimmeninhaber ausgegangen.

60 Maßgeblich ist immer die **Gesamtbetrachtung**. Eine Kontrolle liegt vor, wenn die öffentliche Hand die **Gesamtverantwortung** für das jeweilige Unternehmen trägt. Ob die Mehrheit des gezeichneten Kapitals bzw. die Mehrheit der Anteile durch eine oder mehrere öffentlichen Stelle des Bundes begründet wird, ist unerheblich. Denn die Beherrschung des Unternehmens knüpft an die **eigentumsrechtlichen Mehrheitsverhältnisse** an. Die konkreten **Einwirkungsbefugnisse** hinsichtlich der Geschäftsführung oder Leitung des Unternehmens fließen in die Wertung nicht mit ein (BVerfGE NJW 2011, 1201 (1203)).

61 Kontrolle iSd UIG liegt außerdem vor, wenn zur **Überwachung oder Leitung** befugte oder verpflichtete Organe juristischer Personen des Privatrechts mehrheitlich durch Träger der öffentlichen Gewalt des Bundes, sei es der **unmittelbaren oder der mittelbaren Bundesverwaltung,** besetzt werden. Wenn aufgrund der Regeln über die personelle Besetzung dieser Gremien der Bund auf die Entscheidungen der juristischen Personen des Privatrechts Einfluss nimmt oder die Möglichkeit dazu besitzt, ist von einer Kontrolle auszugehen. Letztlich kann auch eine **Kumulation** verschiedener **Einflussmöglichkeiten** der Stellen der unmittelbaren und mittelbaren Bundesverwaltung bei einer Gesamtschau dazu führen, dass von einer Beherrschung des Unternehmens ausgegangen werden muss (Dix/Franßen/Kloepfer/Schaar/Schoch/Ruppel, Informationsfreiheit und Informationsrecht, Jahrbuch 2011, 103 (112)).

Hinsichtlich des Umfangs der Kontrolle wird vertreten, dass die Kontrollbefugnis des Bundes bzw. der juristischen Personen des öffentlichen Rechts sich auch auf die ausgeübte **öffentliche Aufgabe** erstrecken muss (Landmann/Rohmer/Reidt/Schiller UIG § 2 Rn. 28a). Eine diesbezügliche Forderung lässt sich aus dem Text des § 2 Abs. 2 UIG jedoch **nicht herleiten** und erscheint nicht erforderlich (VG Berlin BeckRS 2013, 45721). Soweit eine Auskunftspflicht aufgrund eines besonderen Rechtsverhältnisses begründet wird, beschränkt bereits der **Wortlaut** des § 2 Abs. 2 Nr. 1 UIG den Umfang. Denn nur wenn „bei der Wahrnehmung der öffentlichen Aufgabe" ein besonderes Rechtsverhältnis existiert, entsteht die Auskunftsverpflichtung seitens der privaten Stelle. 62

Etwas anderes kann auch nicht gelten, wenn aufgrund der **gesellschaftsrechtlichen Position** des Bundes das UIG von einer Beherrschung ausgeht und auf dieser Grundlage eine Kontrolle bejaht werden muss. Nach der Auffassung des Bundesverfassungsgerichtes führt die Beherrschung eines **gemischtwirtschaftlichen Unternehmens** durch die öffentliche Hand nicht zu einer **selektiven Unterwerfung** des Unternehmens in Hinblick auf die Grundrechtsbindung in einen grundrechtspflichtigen und einen nichtpflichtigen Teil. Denn es handelt sich dann in der **Gesamtbewertung** um staatliche und nicht rein privatwirtschaftliche Aktivitäten (BVerfGE NJW 2011, 1201 (1203)). Wendet man dieses Verständnis auf die Ausdehnung des Anwendungsbereiches des UIG auf die vom Bund beherrschten juristischen Personen des Privatrechts an, muss eine **selektive Anwendung der Informationspflicht** abgelehnt werden. 63

C. Definition der Umweltinformation (Abs. 3)

§ 2 Abs. 3 UIG setzt Art. 2 Abs. 1 RL 2003/4/EG unter fast wörtlicher Übernahme der Formulierung der Richtlinie in nationales Recht um. Änderungen sind lediglich der Anpassung an die **nationale Terminologie** geschuldet. Als Umweltinformationen gelten danach alle Daten und Informationen über die in den Nr. 1 bis 6 beschriebenen Umstände, Verhältnisse und Maßnahmen in Bezug auf die Umwelt sowie die jeweilige Interaktion zwischen diesen Elementen (BT-Drs. 15/3406, 14). 64

Die Norm ist **technikneutral** formuliert. Dh die Art des **Speichermediums** ist unerheblich (Gassner PdK UIG § 2 Z 2). Lediglich der Begriff des Speicherns ist durch § 3 Abs. 4 BDSG **legaldefiniert.** Danach ist das Speichern das Erfassen, Aufnehmen oder Aufbewahren von Informationen auf einem Datenträger zum Zweck der weiteren Verarbeitung oder Nutzung. Die Gesetzesbegründung sieht den **Tatbestand der Speicherung** erfüllt, wenn die Daten **visuell** wahrgenommen werden können (BT-Drs. 15/3406, 14). Die aus dem **Datenschutzrecht** bekannte Beschränkung der Anwendung des Datenschutzrechts auf die digitale Verarbeitung oder Speicherung entfällt damit. Auch auf Papier oder in anderer **analoger Weise** zum weiteren Umgang bereitgehaltene Informationen oder Daten unterfallen, soweit die Anforderungen an den Umweltkontext erfüllt sind, dem Anwendungsbereich des Gesetzes. 65

Der Begriff der Umweltinformation und die ihn **konkretisierenden Bestandteile** der Nr. 1 bis 6 sind nach der Auffassung der Rspr. **weit auszulegen** (OVG Berlin-Brandenburg NVwZ 2012, 979 (980); EuGH BeckRS 2004, 76295; BVerwG NVwZ 1999, 1220 (1221); EuGH NVwZ 1998, 945 (946)). Die Begriffe „Umwelt" oder „Umweltbestandteile" werden nicht weiter abstrakt definiert und lediglich durch eine nähere **Umschreibung** präzisiert (BT-Drs. 15/3406, 14). 66

Der Begriff der **Information als zentraler Begriff** des UIG erfährt keine eigenständige gesetzliche Definition. Die Begriffe Daten, Angaben, Aufzeichnungen werden zum Teil 67 synonym und zirkulär verwendet (Friedersen/Lindemann PdK IFG-SH § 2 Ziff 1; Schomerus, Informationsansprüche nach dem Atom- und Strahlenschutzrecht, Gutachten BMU 2010, 62 mwN), obwohl dies terminologisch nicht vollständig korrekt ist.

68 Diese Unschärfe wird durch das Paradigma der weiten Auslegung zum Teil kaschiert. Nach der Rspr. sollen Informationen Aufzeichnungen, unabhängig von der Art ihrer Speicherung (VG Stuttgart ZD 2012, 585) sein. Diese Definition umschreibt den Begriff der Information anhand dessen Verkörperung und bezieht sich damit auf den Informationsträger. Abstrakt definiert vermitteln Informationen einen Unterschied. Informationen **wirken** auf den Menschen, Organisationen, Maschinen oder sonstige Interaktionssysteme und **verändern** diese. Der Wert der Information wird im Wege der **Interpretation** visualisiert (s. dazuhttps://de.wikipedia.org/w/index.php?title=Information&oldid=117241473 abgerufen am 10.4.2013).

69 Ob eine Umweltinformation vorliegt, ist in der Regel im jeweiligen **Einzelfall** zu prüfen. Jedoch kann sich auch die Möglichkeit einer **summarischen Feststellung** ergeben. Vor allem wenn die jeweiligen Angaben sich insgesamt auf eine Maßnahme oder Tätigkeit beziehen, die erkennbar Auswirkungen auf die Umwelt haben (OVG Berlin-Brandenburg NVwZ 2012, 979 (980)).

70 Aus europarechtlicher Sicht gehören zu den Umweltinformationen sämtliche Angaben zum **Zustand der Umwelt, Faktoren, Maßnahmen oder Tätigkeiten,** die Auswirkungen auf die Umwelt haben oder haben können oder die dem **Schutz** der Umwelt dienen. Dazu zählen auch **Kosten-Nutzen-Analysen** und **wirtschaftliche Analysen** im Rahmen der genannten Maßnahmen oder Tätigkeiten. Zusätzlich werden auch Daten über den **Zustand der menschlichen Gesundheit und Sicherheit,** der **Kontamination** der Lebensmittelkette, **Lebensbedingungen** der Menschen und **Kulturstätten** und **Bauwerke,** soweit sie von einem der genannten Aspekte betroffen sind oder betroffen sein können (10. Erwägungsgrund RL 2003/4/EG), in den Begriff mit aufgenommen.

70.1 Zum Begriff der Umweltinformation bei der Dioxinbelastung von Ton in Futtermitteln (OVG Koblenz NVwZ 2009, 477 (478)).

71 Der Begriff der Umweltinformation wird maßgeblich durch die Definition von „Umwelt" und deren Bestandteile geprägt. Umwelt sind danach die gesamten **äußeren Lebensbedingungen,** die auf ein Individuum oder eine Lebensgemeinschaft einwirken. Dazu sollen auch die **sozialen, kulturellen oder politischen Aspekte,** die auf ein Individuum einwirken, einfließen (SSW/Schomerus UIG § 3 Rn. 89).

72 Eine eindeutige Abgrenzung der Umweltinformationen zu dem **Informationsbegriff** der allgemeinen Informationsfreiheitsgesetze wäre bei einer derart weiten Auslegung kaum mehr möglich. Es entspräche außerdem nicht dem Zweck des Gesetzes dem Schutz der Umwelt zu dienen, wenn andere als die naturgegebenen Faktoren bzw. die Beeinflussung derselben als Maßstab für die Bestimmung des Begriffes heran gezogen werden.

73 Die **Einzelausgestaltung** des Begriffes der Umweltinformation in den Nr. 1–6 überschneiden sich zum Teil bzw. können nicht trennscharf voneinander abgegrenzt werden. Diese Ungenauigkeit stellt letztlich kein Hindernis bei der Anwendung der Definitionselemente dar. Soweit eine Information sich unter mehrere Regelungsalternativen subsumieren lässt, können diese auch kumulativ angewendet werden, denn dies entspricht dem Ziel einer möglichst wirkungsvollen Erreichung der Transparenz staatlichen Umwelthandelns.

I. Zustand der Umweltbestandteile (Abs. 3 Nr. 1)

74 Umweltinformationen liegen vor, wenn die Daten Aussagen mit inhaltlicher Relevanz zu den in Nr. 1 erwähnten Umweltbestandteilen enthalten. Dazu zählen sämtliche Informationen, die zum Zustand der Umweltbestandteile aufgeführten Umweltbestandteile und den Wechselwirkungen zwischen den einzelnen Elementen Aussagen treffen.

75 Dazu zählen die **deskriptiven** wie **analytischen Angaben** in Form von Messergebnissen und Messprotokollen und die Bewertungen dieser Ergebnisse in Gutachten, Prognosen und darauf fußende Erkenntnisse. Neben den Angaben über **gegenwärtige Zustände** gehören auch die Informationen über den **vergangenen** und über den **zukünftigen Zustand** der Umwelt dazu (Schomerus, Informationsansprüche nach dem Atom- und Strahlenschutz-

Begriffsbestimmungen § 2 UIG

recht, Gutachten BMU 2010, http://nbn-resolving.de/urn:nbn:de:0221–201011233819, 64 mwN). **Zeitliche Aspekte** sind irrelevant. Maßgeblich ist allein der Bezug zur Umwelt (VG Schleswig NVwZ-RR 2010, 348 (349); OVG Koblenz NVwZ 2007, 351 (352); SSW/ Schomerus UIG § 3 Rn. 102).

Umweltbestandteil ist der **Oberbegriff** zu den nachfolgend aufgezählten Elementen. Sie 76 konkretisieren ihn ohne eigene Kategorien von Umweltinformationen zu bilden. Daher kann in ihnen auch keine **abschließende Begrenzung** der möglichen Umweltbestandteile gesehen werden (VGH München ZUR 2011, 486 (487)).

Die in Nummer 1 genannten Bereiche können durch die Hinzuziehung der **fach-** und 77 **bereichsspezifische Terminologie** und der dazu ergangenen **Fachgesetze** konkretisiert werden. Luft, Atmosphäre, Wasser, Boden, Land, Landschaft, natürliche Lebensräume und die Artenvielfalt und die jeweiligen Bestandteile lassen sich so normenklar bestimmen (Landmann/Rohmer/Reidt/Schiller UIG § 2 Rn. 33 f.). Diese Herangehensweise trägt der Bedeutung des Umweltinformationsrechts als **umweltrechtliches Querschnittsthema** Rechnung.

In der Literatur war umstritten, ob Informationen über durch Menschen künstlich auf- 78 bereitete Elemente oder Umweltbestandteile Umweltinformationen sind. Aufgrund der Verpflichtung zur weiten Auslegung des UIG und der Ausdehnung der Anwendung der Informationsfreiheit auf die durch menschlichen Einfluss veränderten Bereiche der Umwelt stellt sich die Frage in dieser Form nicht mehr.

Zu diesem, anhand der Frage, ob Angaben über den Zustand des Trinkwassers Umweltinforma- 78.1 tionen sind, geführten Streit, s. zustimmend SSW/Schomerus UIG § 3 Rn. 106 mwN und die beispielhafte Gegenauffassung Theuer NVwZ 1996, 326 (329).

Der offene Wortlaut des § 2 Abs. 3 UIG verdeutlicht, dass möglichst sämtliche Angaben 79 über die **Einwirkung des Menschen** auf seine Umwelt und die daraus resultierenden Auswirkungen unter den Anwendungsbereich des Gesetzes fallen sollen (VG Magdeburg, BeckRS 2008, 32720; Landmann/Rohmer/Reidt/Schiller UIG § 2 Rn. 31 f.).

Umweltinformationen sind neben dem Zustand der Umweltbestandteile auch sämtliche 80 Angaben über die **Wechselwirkungen** zwischen den Bestandteilen und die sich daraus ergebenden Folgen für das Gesamtsystem „Umwelt". Nr. 1 erstreckt sich auf die natürlichen Wechselwirkungen. Angaben über die Beeinflussung der menschlichen Tätigkeit und deren Auswirkungen auf die Umwelt werden durch die folgenden Nummern erfasst. Gerade die Wechselwirkungen und gegenseitigen **Abhängigkeiten** sind der **Schlüssel** für das **Verständnis der Veränderung** der Natur und Umwelt auch aufgrund des Verhaltens des Menschen und seiner Tätigkeiten. Nur bei einer Verbreitung dieses Wissen kann eine Verhaltensveränderung der Gesellschaft erzielt werden, um einen **höheren Schutzstandard** für die Umwelt zu erreichen bzw. die Öffentlichkeit dafür zu sensibilisieren.

1. Luft und Atmosphäre

Mit dem Begriffspaar Luft und Atmosphäre werden die **gesamte Lufthülle** der Erde und 81 der diese bildenden Gase erfasst. Dazu gehören die Troposphäre (Wind, Temperatur und Niederschlag) und Stratosphäre (Ozonschicht). Das Klima wird man als Schutz- und Rechtsgut des Bundesimmissionsschutzgesetzes und damit des Umweltschutzes ebenso dazu zählen müssen (Dietlein BImSchG § 5 Rn. 81 f.; BT-Drs. 11/6633, 33) wie auch **meteorologische Daten** (Röger NuR 1997, 481 (484)). Vor allem letztere stellen den Zustand der Atmosphäre und Luft iSd UIG umfassend dar.

2. Wasser und Gewässer

Der Begriff des Wassers ist weit auszulegen. Sowohl das **Element,** dessen **Bestandteile** 82 und deren Zustand sind Umweltinformationen. **Gewässer** gelten als Umweltbestandteil, obwohl eine Überschneidung mit dem Begriff des natürlichen Lebensraumes besteht (Feucht-, Küsten- und Meeresgebiete). Zusammenfassend können alle Angaben über den Zustand des **Wasserkörpers** zu den Umweltinformationen gezählt werden. Wasserkörper iSd § 3 Nr. 6 WHG sind die einheitlichen und bedeutenden Abschnitte eines oberirdischen

Gewässers oder Küstengewässers (Oberflächenwasserkörper) sowie den davon abgegrenzten Grundwasservolumen innerhalb eines oder mehrerer Grundwasserleiter (Grundwasserkörper).

82.1   Beispiele: Dazu zählen die Testergebnisse über die Belastung von Mineralwasser (VG Magdeburg BeckRS 2008, 32720). Auch wasserwirtschaftlich bedeutsame Feststellungen oder raumbedeutsame Angaben zB zur Lage eines Grundstücks in einer Wasserschutzzone (OVG Münster BeckRS 2011, 56581) sind Umweltinformationen.

3. Boden, Land, Landschaft

83   Angaben über den Zustand, die Funktion, dessen Nutzung und der Bestandteile des Bodens sind Informationen gem. § 2 Abs. 3 Nr. 1 UIG. § 2 Abs. 1 BBodSchG definiert Boden als die **obere Schicht der Erdkruste** einschließlich der flüssigen (Bodenlösung) und gasförmigen Bestandteile (Bodenluft), ohne jedoch das Grundwasser und Gewässerbetten. Der Begriff bzw. die Funktion des Bodens gehört wahrscheinlich zu dem **vielschichtigsten Begriff** des UIG. Er dient als Grundlage der Land- und Forstwirtschaft, Fläche für Siedlung, Erholung, Verkehr, Ver- und Entsorgung sowie weiterer **öffentlicher und privatwirtschaftlicher Nutzungsszenarien.** Er ist gem. § 2 Abs. 2 BBodSchG Lebensgrundlage und Lebensraum für Menschen, Tiere, Pflanzen und Bodenorganismen, Bestandteil des Naturhaushalts, insbes. der Wasser- und Nährstoffkreislauf und Abbau-, Ausgleichs- und Aufbaumedium für stoffliche Einwirkungen aufgrund der Filter-, Puffer- und Stoffumwandlungseigenschaften zum Schutz des Grundwassers. Seine Funktionen sind damit jedoch nicht **abschließend** beschrieben. Denn er ist ebenso Archiv der Natur- und Kulturgeschichte und Rohstofflagerstätte insbes. von **Bodenschätze** iSd § 3 BBergG (Braun- und Steinkohle, Erze, Salze, Kali, Erdöl und Erdgas sowie Erdwärme).

84   Umweltinformationen sind außerdem sämtliche Angaben zum Aussehen und der Gestaltung der **Landschaft** und der **Veränderungen des Landschaftsbildes** (VG Frankfurt a. M. NVwZ 2011, 1344). Landschaft ist ein individuell geprägter, abgrenzbarer **Teilraum der Erdoberfläche** (Landmann/Rohmer/Reidt/Schiller UIG § 2 Rn. 34). Zu Überschneidungen der Begriffe kommt es bei Informationen aus dem Bereich des **Bauplanungs- und Bauordnungsrechts.** Denn diese lassen sich auch unter die Begriffe der Angaben über Maßnahmen und Tätigkeiten iSd § 2 Abs. 3 Nr. 3 UIG subsumieren.

4. Natürliche Lebensräume

85   Eine Untermenge der bereits beschriebenen Umweltbestandteile ist der Begriff des natürlichen Lebensraumes. Art. 1 lit. b RL 92/43/EWG zur Erhaltung der natürlichen Lebensräume sowie der wildlebenden Tiere und Pflanzen (zuletzt geänd. d. RL 2006/105/EG v. 20.11.2006) definiert natürliche Lebensräume als durch **geografische, abiotische und biotische Merkmale** gekennzeichnete, völlig natürliche oder naturnahterrestrische oder aquatische **Gebiete und Biotope.** Angaben zu den durch menschlichen Einfluss weitgehend nicht veränderten räumlichen Bereiche der Umwelt gehören ebenso zu den Umweltinformationen wie Informationen über die von **Menschenhand** geprägten oder veränderten Räume (SSW/Schomerus UIG § 3 Rn. 113).

5. Artenvielfalt und gentechnisch veränderter Organismen

86   Die **Flora und Fauna,** dh Informationen über die lebenden Bestandteile der Umwelt sind ebenso Umweltinformationen wie Daten über sämtliche **Organismen.** Letztere werden durch § 3 Nr. 1 GenTG definiert. Danach zählt dazu jede **biologische Einheit,** die reproduktionsfähig ist oder genetisches Material übertragen kann, was **Mikroorganismen** einschließt. Womit neben Informationen über höhere Lebewesen ebenso erfasst sind wie Angaben über Einzeller oder Viren. Denn die evolutionäre Entwicklungsstufe ist unerheblich (SSW/Schomerus UIG § 3 Rn. 112).

86.1   Beispiele: Beschreibungen und Aufzeichnungen über die Haltungsbedingungen von im Zoo oder vergleichbaren Einrichtungen gehaltenen Tieren sind Informationen über die Artenvielfalt und ihrer

Bestandteile (VGH München ZUR 2011, 486 (487)). Es soll nicht erforderlich sein, dass es sich um Informationen über freie oder wildlebende Spezies handelt. Informationen über die Verunreinigung von Flächen mit gentechnisch veränderten Organismen sind Umweltinformationen (VG Schleswig NVwZ-RR 2010, 348 (349)).

II. Umweltfaktoren (Abs. 3 Nr. 2)

Zu den Umweltinformationen gehören gem. § 2 Abs. 3 Nr. 2 UIG auch die umweltrelevanten Faktoren wie Stoffe, Energie, Lärm und Strahlung, Abfälle aller Art sowie **Emissionen,** Ableitungen und sonstige Freisetzungen von Stoffen, die sich auf die in Nr. 1 genannten Umweltbestandteile auswirken oder wahrscheinlich auswirken können. Aus der Formulierung („wie") ergibt sich, dass es sich dabei zum einen um eine beispielhafte Aufzählung einzelner Faktoren handelt, die den Begriff konkretisieren. Zum anderen wird deutlich, dass diese Aufzählung nicht abschließend ist. 87

Abstrakt formuliert erfasst § 2 Abs. 3 Nr. 2 UIG sämtliche Informationen die im Bundesimmissionsschutzgesetz als **Immissionen** bezeichnet werden und die, die die in Nr. 1 genannten Umweltbestandteile beeinflussen. Dazu zählen auf Menschen, Tiere und Pflanzen, den Boden, das Wasser, die Atmosphäre sowie Kultur- und sonstige Sachgüter einwirkende Luftverunreinigungen, Geräusche, Erschütterungen, Licht, Wärme, Strahlen und ähnliche Umwelteinwirkungen von **stofflichen und nichtstofflichen Faktoren,** § 3 Abs. 2 BImSchG. 88

Umweltinformationen sind Angaben über Abfälle ebenso wie Informationen über Radioaktivität, Energie oder Lärm (Landmann/Rohmer/Reidt/Schiller UIG § 2 Rn. 39). 89

Daten über Emissionen sind Umweltinformationen. Der Begriff der Emission wird in § 3 Abs. 3 BImSchG definiert. Es handelt sich dabei um Luftverunreinigungen, Geräusche, Erschütterungen, Licht, Wärme, Strahlen und ähnliche Erscheinungen, die von Anlagen ausgehen. Maßgeblich ist dabei, dass die Emission von einer Anlage ausgeht und stellt einen spezifischen Unterfall der Freisetzung von Stoffen dar (VG Braunschweig BeckRS 2013, 48838). 90

Zu den als Umweltinformationen zu qualifizierenden Emissionen zählen Angaben über Rundfunk- oder Fernsehfunkwellen (VG Trier NVwZ-RR 2009, 828 (829)). Die Zusammensetzung von Wirkstoffen sind zwar keine Informationen über Emissionen, jedoch unterfallen derartige Angaben dem Begriff der Stoffe und sind insoweit Umweltinformationen (VG Braunschweig BeckRS 2013, 48838). 90.1

Nach dem Wortlaut des Gesetzes liegen Umweltinformationen nur vor, wenn sich die genannten Faktoren auf die Umweltbestandteile auswirken oder wahrscheinlich auswirken. An die Tiefe der Darlegung der Erfüllung dieses Tatbestandes sind jedoch keine zu hohen Anforderungen zu stellen. Dies gilt insbes. für Emissionen (anders Landmann/Rohmer/ Reidt/Schiller UIG § 2 Rn. 39). 91

Bei Emissionen ist es bereits aufgrund der Definition nicht erforderlich, dass Auswirkungen nachgewiesen werden. Denn zur Bestimmung von Emissionen reicht allein die Feststellung aus, dass von einer Anlage stoffliche oder nichtstoffliche Faktoren ausgehen. Um einen Faktor als Emission definieren zu können, müssen lediglich Ort und Zeitpunkt des Entstehens bekannt sein. Emissionen werden an der **Quelle** betrachtet. Wird festgestellt, dass von der Anlage dieser Faktor ausgeht, handelt es sich um eine Emission. Ein weiterer **Nachweis** muss nicht geführt werden. Der **Tatbestand der Umweltinformation** ist damit erfüllt, ohne das ein spezifischer **Wirkzusammenhang** mit den Umweltbestandteilen **nachgewiesen** werden müsste. Wirken hingegen dieselben Faktoren auf ihre Umgebung ein oder besteht diese Möglichkeit und kann dies nachgewiesen werden, handelt es sich um **Immissionen** (BeckOK UmwR/Schulte BImSchG § 3 Rn. 69). 92

Der ausdrückliche Bezug des UIG auf den Fachbegriff der Emission lässt den Schluss auf die eben dargestellte **gesetzliche Vermutung** zugunsten der Annahme zu, dass Emissionen **regelmäßig** auf die Umwelt einwirken und ein entsprechender Wirkzusammenhang nicht nachgewiesen werden muss. Eine engere Auslegung würde von antragstellenden Personen erfordern, die Auswirkung einer Emission auf die genannten Umweltbestandteile nach- 93 zuweisen oder zumindest einen nicht **unwahrscheinlichen Wirkzusammenhang** darzulegen.

94 Häufig wird von Antragstellern ein derartiger Wirkzusammenhang vermutet. Erst durch den Zugang zu den Informationen wird der danach geforderte Wirkzusammenhang zu beweisen sein. Würden daher zu hohe Anforderungen an die **Nachweispflicht** gestellt werden, würde dies in einer Behinderung der eigentlich gesetzlich intendierten Information der Öffentlichkeit münden.

95 Zu den Umweltinformationen gehören nicht allein Angaben über die Emissionen sondern auch **technische Beschreibungen** über die Quelle oder Ursache der Faktoren.

95.1 Dazu zählen zB technische Beschreibungen von Sendeanlagen einer Rundfunkanstalt (VG Trier NVwZ-RR 2009, 828 (829)). Aber auch Risikoanalysen, Katastrophenschutzpläne und technische Beschreibungen des Betriebs des Transrapids zählen dazu (OVG Münster NVwZ 2008, 235 (236)).

III. Maßnahmen und Tätigkeiten (Abs. 3 Nr. 3)

96 Neben den in Nr. 2 genannten Faktoren ordnet das UIG auch **Maßnahmen,** die sich auf die Umweltbestandteile oder die diese beeinflussenden Faktoren auswirken oder den Schutz der Umweltbestandteile bezwecken, den Umweltinformationen zu. Dadurch erfährt der materielle Anwendungsbereich des Gesetzes eine **deutliche Ausweitung.** Das UIG erstreckt seinen Anwendungsbereich auf Angaben über die Auswirkungen, die **menschlichen Handlungen** auf die Umwelt haben können aus. Erfasst werden davon sowohl die **direkten** als auch die **indirekten Auswirkungen menschlicher Aktivitäten** (BVerwG NVwZ 2008, 791 (792); Schomerus Informationsansprüche nach dem Atom- und Strahlenschutzrecht, Gutachten BMU 2010, http://nbn-resolving.de/urn:nbn:de:0221–201011233819, 63 f. mwN).

97 Jedoch muss ein **Wirkzusammenhang** zwischen der menschlichen Handlung und der Einwirkung auf die Umwelt bzw. der sie beeinflussenden Faktoren erkennbar sein (OVG Münster BeckRS 2011, 48165 = NuR 2011, 441). Eine **potenzielle** Auswirkung reicht dabei aus. Dies ergibt sich aus dem Wortlaut „wahrscheinlich".

98 Ein Wirkzusammenhang liegt nicht vor, wenn es sich zB um Angaben von Bauprojekten handelt, die erkennbar nicht durchgeführt wurden. In diesen Fällen ist die Auswirkung der Tätigkeit bzw. Maßnahme **offensichtlich** ausgeschlossen. Die in diesem Zusammenhang gespeicherten Informationen unterfallen nicht mehr dem Begriff der Umweltinformationen (OVG Berlin-Brandenburg NVwZ 2012, 979 (980)). Ein Zugang zu derartigen Informationen wäre dann nur über die allgemeinen Informationsfreiheitgesetze möglich.

99 Unter dem Begriff der Maßnahmen werden **verwaltungsrechtliche Willenserklärungen** von Behörden, die in Form von Bescheiden für **Einzelfälle** erlassen werden und die Vorgaben von umweltrelevanten Rechtsnormen umsetzen, verstanden. Sie sind **einzelfallbezogene, konkret-individuelle Handlungen,** mit denen der Verwaltungsträger einen bestimmten umweltrelevanten Zweck verfolgt (OVG Berlin-Brandenburg NVwZ 2012, 979 (980); BVerwG NVwZ 2009, 189 (190); OVG Schleswig-Holstein BeckRS 1996, 13922). Zu den Maßnahmen iSd UIG zählen in europarechtskonformer Auslegung außerdem **hoheitlichen Handlungen der Verwaltungsträger,** die geeignet sind die Belange der Umwelt zu beeinflussen (EuGH EuZW 1998, 470 (471)).

99.1 Zu den Maßnahmen bzw. den mit diesen in Zusammenhang stehenden Angaben und Daten gehören Genehmigungs- oder Überwachungsmaßnahmen nach den Immissionsschutz-, dem Abfall-, Wasser- oder Naturschutzrecht (OVG Lüneburg NVwZ 1998, 654), wasserrechtliche Einleiterbescheide (VG Düsseldorf BeckRS 2004, 27171), Planfeststellungsbeschlüsse und Stellungnahmen zu Planfeststellungsbeschlüssen (OVG Berlin-Brandenburg NVwZ 2012, 979 (980); EuGH EuZW 1998, 470 (471)), die Zuteilung von Emissionsberechtigungen (BVerwG NVwZ 2010, 189 (190)), Informationen zur Gewährung von Agrarsubventionen, der Höhe der Fördersummen und deren Empfänger (OVG Münster BeckRS 2011, 48165; VG Schleswig BeckRS 2008, 34682), Förderbescheide für Zuwendungen zur Unterstützung umweltverbessernder Produktionsverfahren (BVerwG NVwZ 1999, 1220 (1221)) oder Informationen über die Gewährung von Exportkrediten im Bereich der Energieerzeugung (VG Berlin NVwZ 2006, 850 (851); Schomerus/Clausen ZUR

2005, 575 (577 f.)). Nicht dazu zählen Meinungsäußerungen zu Auflagen der Aufsichtsbehörden durch Lokalpolitiker (VG Bayreuth BeckRS 2013, 51342).

Nicht nur mit **Rechtskraft** ausgestatte Bescheide zählen zu den Umweltinformationen. **100** Auch Angaben über und aus **politischen Konzepten, Rechts- und Verwaltungsvorschriften,** Abkommen, Vereinbarungen, Plänen und Programmen unterfallen dem UIG und damit der Informationspflicht. Zu den Umweltinformationen zählen insoweit auch die im inhaltlichen Zusammenhang stehenden Informationen eines Gesetzesvorhabens mit Bezügen zur Umwelt unabhängig davon, ob sich diese Informationen in dem Gesetz ihren Niederschlag gefunden haben (VG Köln ZUR 2013 559). Diese Ausdehnung des Anwendungsbereichs des UIG verdeutlicht, dass nicht allein **tatsächliche Einwirkungen** durch menschliche Handlungen vom Umweltinformationsbegriff erfasst werden.

Politische Planungen, Regulierungsbemühungen und der verwaltungstechnische **Voll-** **101** **zug** stehen ebenso im Fokus der Umweltinformationsfreiheit. Dies begründet sich auf der Annahme, dass derartige Konzepte und Regelungen zumindest **mittelbar** den Zustand der Umwelt, ihrer Bestandteile und der auf sie wirkenden Faktoren beeinflussen.

Der Begriff der Tätigkeit umfasst **sämtliches menschliches Verhalten** (Handeln und **102** Unterlassen) unabhängig von dessen Grund, Ursache, Ziel und Zweck (Winter NuR 1997, 335 (336)). Jedoch muss das Verhalten auf eine gewisse Dauer angelegt sein und wie auch im Zusammenhang mit den Maßnahmen, Auswirkungen auf die Umwelt und deren Bestandteile haben (Landmann/Rohmer/Reidt/Schiller UIG § 2 Rn. 43).

Willentlich gesteuertes Handeln im Sinne eines **Vorsatzes** wird dabei nicht zu fordern **103** sein. Anderenfalls würden umweltbedeutsame Ereignisse wie Unfälle oder Störungen mit Auswirkungen auf die Umwelt nicht in die diese Kategorie fallen (OVG Schleswig NVwZ 2006, 847), was wiederum dem Gesetzeszweck entgegenstehen würde.

Markante Umwelt- und Wettergeschehen, wie Sturmfluten, oder andere **naturbe-** **104** **dingte Ereignisse** sind keine Tätigkeiten iSd Vorschrift (SSW/Schomerus UIG § 3 Rn. 124). Auch wenn nicht ausgeschlossen werden kann, dass derartige Schadensereignissen auf menschliche Aktivitäten (Klimaerwärmung) zurückgeführt werden müssen, können **Naturkatastrophen** nicht als menschliche Tätigkeit aufgefasst werden. Bereits die mit dem Begriff der Tätigkeit immanent verbundene **Kausalität** zwischen dem willensgesteuerten Verhalten und der Erreichung des Ziels muss in diesen Fällen verneint werden. Daten und Angaben über Naturkatastrophen sind jedoch Umweltinformationen im Sinne der Beschreibung des Zustandes der Umwelt und unterliegen einer aktiven Veröffentlichungspflicht gem. § 10 Ab. 5 UIG.

Angaben *über* Maßnahmen oder Tätigkeiten mit Umweltbezug werden als mit den Maß- **105** nahmen und Tätigkeiten in Zusammenhang stehenden Informationen ebenfalls vom UIG erfasst (OVG Berlin-Brandenburg NVwZ 2012, 979 (980)) und beschränkt sich damit nicht ausschließlich auf die in den Bescheiden der Maßnahmen oder Tätigkeiten **verkörperten Informationen.** Die im Umfeld oder zum Erlass der Bescheide und deren Vollzug genutzten Informationen werden vom UIG ebenso der Auskunftspflicht unterworfen. Jedoch auch hierbei gilt, dass eine Umweltauswirkung existieren muss bzw. diese nicht ausgeschlossen werden kann (VG Schleswig BeckRS 2008, 34682).

IV. Umweltberichte (Abs. 3 Nr. 4)

Zu den Umweltinformationen zählen sämtliche Berichte und Stellungnahmen. Dazu **106** gehören vor allem die zur Umsetzung des europäischen Umweltrechts erforderlichen **Berichtspflichten** (zB Art. 17 FFH-Richtlinie, Art. 26 EU-Luftqualitätsrichtlinie, § 47d BImSchG oder § 65 WHG).

Auch Stellungnahme des Bundesamtes für Naturschutz zu Maßnahmen in einem FFH-Gebiet **106.1** gehörend dazu (VG Köln ZUR 2008, 215).

V. Kosten-Nutzen-Analyse und wirtschaftliche Analysen (Abs. 3 Nr. 5)

Ökonomische Untersuchungen und Analysen zur Vorbereitung von Maßnahmen und **107** Tätigkeiten iSd Nr. 3 können deren Ausgestaltung **maßgeblich beeinflussen** und wirken sich daher **mittelbar** auch auf den Zustand der Umwelt aus. Sie sind häufig **umweltbedeutsamen Vorhaben** vorgeschaltet und dienen als **Entscheidungsgrundlage** vor allem zur Bestimmung der **wirtschaftlichen Realisierbarkeit** (Landmann/Rohmer/Reidt/Schiller UIG § 2 Rn. 48). Dies rechtfertigt es, sie zu den Umweltinformationen zu zählen.

107.1 Beispielhaft seien Informationen zur Finanzierung des Vorhabens oder die Finanzkraft des Vorhabenträgers genannt. Es handelt sich dabei um „sonstige wirtschaftliche Analysen" (BVerwG NVwZ 2008, 791 (792)).

VI. Berichte zur menschlichen Gesundheit, Sicherheit und Lebensumstände (Abs. 3 Nr. 6)

108 Die Erweiterung des materiellen Anwendungsbereich des Gesetzes auf Informationen zu den Sachmaterien der menschlichen Gesundheit, Sicherheit und Lebensumständen sowie zu Bauwerken und Kulturstätten setzt die europarechtlichen Vorgaben um. Danach handelt es sich bei dem Schutz der Umwelt und der menschlichen Gesundheit um zwei sich überschneidende Themenbereiche (BT-Drs. 15/3406, 15).

109 Ausdrücklich bezieht das Gesetz Informationen über die **Kontamination der Lebensmittelkette** als Umweltinformationen ein, soweit ein Bezug zu Umweltbestandteilen oder zu den genannten Faktoren, Maßnahmen oder Tätigkeiten besteht (BT-Drs. 15/3406, 15; → Rn. 115).

110 Der Begriff der menschlichen Gesundheit ist weit zu verstehen. Das Gesetz erfährt hierdurch einen weiteren Zuwachs im materiellen Anwendungsbereich.

111 Angaben zum **psychischen und physischen menschlichen Befinden** und der Einflüsse, die auf diese einwirken können, erfüllen den Tatbestand der Informationen über die menschliche Gesundheit und sind daher Umweltinformationen. Eine Beschränkung des Begriffes auf die bloße Beschreibung von **Krankheitszuständen** wäre mit dem Zweck des Gesetzes nicht vereinbar.

112 Nach einer Ansicht in der Literatur sind jedoch nur die wesentlichen und als nicht sozialadäquat geltenden Einflüsse oder Beeinträchtigungen vom Gesetz erfasst (Landmann/Rohmer/Reidt/Schiller UIG § 2 Rn. 50). Eine derartige Beschränkung ist jedoch abzulehnen. Denn auch in der Regel als **sozialadäquat eingestufte Beeinflussungen,** wie zB durch Umwelteinflüsse verursachter Stress oder Schlafstörungen, wirken auf den Zustand der menschlichen Gesundheit. Die Auslegung des Begriffes muss die Intensität des Einflusses auf die genannten Schutzgüter einbeziehen und sich nicht auf ein als **gesellschaftlich üblich** oder **geduldet** angesehene Art der Beeinträchtigung beziehen.

113 Der Begriff der **Sicherheit** ist im Sinn einer die menschliche Gesundheit betreffenden Sicherheit zu verstehen. Dazu gehören durch menschliches Handeln verursachte **Gefährdungen** zB in Form von Giftstoffen und Strahlungen die auf die menschliche Gesundheit einwirken. Daten zu den sonstigen Lebensbedingungen der Menschen, die Qualität der die **menschliche Existenz umgebenen Elemente** Wasser, Luft und Boden und **soziale und sozioökonomische Aspekte** der menschlichen Umwelt wie zB Wohn-, Lebens- und Arbeitsbedingungen unterfallen dem Anwendungsbereich des UIG.

114 Indiz für Notwendigkeit dieser Auslegung ist, dass ausdrücklich zu den Umweltinformationen auch Angaben zu Kulturstätten und Bauwerken gehören. **Bauwerke** sind sämtliche durch Menschenhand geschaffene, **künstliche Bauten** (vgl. BVerwG VerwRspr 1974, 850). Während Kulturstätten Bauten mit einer besonderen historischen, künstlerischen, volkskundlichen, städtebaulichen oder wissenschaftlichen Bedeutung für die Allgemeinheit sind (Landmann/Rohmer/Reidt/Schiller UIG § 2 Rn. 50).

115 Besondere Erwähnung finden Informationen über die Kontamination der Lebensmittelkette. Mit dem Begriff der Lebensmittelkette sind die **Stadien** der Herstellung, Verbreitung und des Konsums von Lebensmitteln gemeint und die Angaben über den Zustand der Stoffe, die zur Ernährung von Menschen dienen oder die für deren Produktion erforderlich sind. Kontamination ist die unerwünschte **Verunreinigung** der innerhalb der Lebensmittelkette verwendeten Stoffe.

115.1 Beispiele: Angaben über die Belastung des Belastung von Trinkwasser mit radioaktiven Stoffen (VG Magdeburg BeckRS 2008, 32720), von Produktionsmitteln und -verfahren mit Giftstoffen

(OVG Koblenz NVwZ 2007, 251 (252)) oder von Saatgut mit Pflanzenschutzmitteln (EuGH NVwZ 2011, 156 (158)) sind Umweltinformation iSd UIG.

D. Zuständigkeit der informationspflichtigen Stelle – Begriff des Verfügens (Abs. 4)

Informationspflichtige Stellen sind nur in dem Umfang zur Auskunft verpflichtet, wie diese auch über die jeweiligen Informationen **verfügen**. Dies ist der Fall, wenn sie selbst die **Sachherrschaft** über die Informationen bzw. die sie verkörpernden Informationsträger haben oder diese für sie durch andere Stellen **bereitgehalten** werden. 116

Mit der Definition des „Verfügens" über Umweltinformationen werden Art. 2 Nr. 3 und 4 RL 2003/4/EG umgesetzt. Es liegt vor, wenn Umweltinformationen bei einer Stelle vorhanden sind oder für sie bereitgehalten werden. Informationspflichtige Stellen haben den Anspruch einer informationsberechtigten Person zu erfüllen, wenn die Stelle entweder selbst die begehrten Informationen **speichert** oder dies durch andere Stellen für die informationspflichtigen Stellen getan wird. 117

Nach der Gesetzesbegründung soll dadurch der zunehmenden Verpflichtung von Unternehmen zur **Selbstüberwachung** Rechnung getragen werden. Denn diese bewahren häufig die Informationen selbst auf, die vormals von den jeweils zuständigen öffentlichen und mit der Überwachung beauftragten Stellen erhoben und gespeichert wurden. Voraussetzung ist, dass die Dritten gegenüber der informationspflichtigen Stelle eine **gesetzliche Pflicht** zur Herausgabe der Informationen obliegt (BT Drs. 15/3406 15). Bei dieser Konstellation handelt es sich um das „Bereithalten" von Informationen. Die dritte Stelle ist zwar nicht selbst dem Anwendungsbereich des UIG unterworfen bzw. nicht zur Auskunft verpflichtet, muss jedoch die Informationen bzw. Informationsträger für die informationspflichtige Stelle aufbewahren und auf deren **Anforderung** herausgeben. 118

Somit wird das unmittelbare Verfügen und das mittelbare Bereithalten von Informationen vom Anwendungsbereich des UIG umfasst und die **Zuständigkeit** für die Erfüllung der Informationspflicht deutlich abgegrenzt. 119

Aus dem Begriff des Verfügens wird auch deutlich, dass informationspflichtige Stellen nicht zur **aktiven Beschaffung** von Informationen verpflichtet werden. Die Informationen sind nur vorhanden, wenn sie tatsächlich und dauerhaft vorliegen und Bestandteil des **Verwaltungsvorgangs** geworden sind (BVerwG NJW 2013, 2538 (2539); OVG Schleswig-Holstein NordÖR 2005, 208). Letztere Anforderung ist an dem Maßstab der Grundsätze der **ordnungsgemäßen Aktenführung** festzulegen. Informationen liegen auch dann nicht vor i. S. d. § 2 Abs. 4 UIG, wenn zwar die informationspflichtigen Stelle zwar über Rohdaten verfügt, der Anspruch sich jedoch auf eine Auswertung oder Mitteilung des Ergebnisses einer weitergehende Ver- bzw. Bearbeitung richtet, welche zum Zeitpunkt der Beantragung nicht vorliegen. Denn in diesem Fall müsste die informationspflichtige Stelle über die Auskunfterteilung hinaus aktiv werden. Dabei würde es sich um eine vom Anspruch gemäß § 3 Abs. 1 UIG nicht gedeckte Beschaffungshandlung handeln. 120

Zu einem Verwaltungsvorgang gehören nicht nur die Haupt- sondern auch Neben- oder Beiakten, soweit sie für die Entscheidung **relevante Informationen** beinhalten (OVG Berlin-Brandenburg BeckRS 2008, 36762). 121

Aus welcher Quelle die Angaben und Daten stammen ist irrelevant. Dies gilt selbst dann, wenn die gesetzlichen Grenzen der Datenerhebung nicht eingehalten wurden. 122

Abschnitt 2. Informationszugang auf Antrag

§ 3 Anspruch auf Zugang zu Umweltinformationen

(1) ¹Jede Person hat nach Maßgabe dieses Gesetzes Anspruch auf freien Zugang zu Umweltinformationen, über die eine informationspflichtige Stelle im Sinne des § 2 Abs. 1 verfügt, ohne ein rechtliches Interesse darlegen zu müssen. ²Daneben bleiben andere Ansprüche auf Zugang zu Informationen unberührt.

(2) ¹Der Zugang kann durch Auskunftserteilung, Gewährung von Akteneinsicht oder in sonstiger Weise eröffnet werden. ²Wird eine bestimmte Art des Informationszugangs beantragt, so darf dieser nur aus gewichtigen Gründen auf andere Art eröffnet werden. ³Als gewichtiger Grund gilt insbesondere ein deutlich höherer Verwaltungsaufwand. ⁴Soweit Umweltinformationen der antragstellenden Person bereits auf andere, leicht zugängliche Art, insbesondere durch Verbreitung nach § 10, zur Verfügung stehen, kann die informationspflichtige Stelle die Person auf diese Art des Informationszugangs verweisen.

(3) ¹Soweit ein Anspruch nach Absatz 1 besteht, sind die Umweltinformationen der antragstellenden Person unter Berücksichtigung etwaiger von ihr angegebener Zeitpunkte, spätestens jedoch mit Ablauf der Frist nach Satz 2 Nr. 1 oder Nr. 2 zugänglich zu machen. ²Die Frist beginnt mit Eingang des Antrags bei der informationspflichtigen Stelle, die über die Informationen verfügt, und endet
1. mit Ablauf eines Monats oder
2. soweit Umweltinformationen derart umfangreich und komplex sind, dass die in Nummer 1 genannte Frist nicht eingehalten werden kann, mit Ablauf von zwei Monaten.

Das Herzstück des UIG findet sich in § 3 UIG. In ihm wird der subjektiv-rechtliche Anspruch auf den voraussetzungslosen Zugang (→ Rn. 16) zu den vorhandenen Umweltinformationen normiert. Neben der Begründung des materiell-rechtlichen Anspruchs reguliert die Norm die formalen und verfahrenstechnischen Vorgaben (→ Rn. 21) des Zugangsanspruches. Zum einen gestattet das UIG der antragstellenden Person die Wahl der Form der Zugangsgewährung. Von dieser kann die informationspflichtige Stelle nur in sehr engen Grenzen abweichen (→ Rn. 26). Außerdem wird der Zeitrahmen, in dem ein Anspruch erfüllt werden muss, festgelegt (→ Rn. 36). Auch hier werden der informationssuchenden Person umfangreiche Einwirkungsmöglichkeiten gewährt. Im Übrigen normiert § 3 Abs. 1 S. 2 UIG das Verhältnis zu anderen Informationszugangsansprüchen (→ Rn. 43).

Übersicht

	Rn		Rn
A. Allgemeines	1	**C. Anspruchsformalien**	21
B. Tatbestand des Informationsanspruchs (Abs. 1 S. 1)	5	I. Form der Zugänglichmachung (Abs. 2)	23
		1. Antragsbindung	24
I. Anspruchsberechtigte	6	2. Abweichung aus gewichtigen Gründen	26
1. Juristische Personen des öffentlichen Rechts	8	II. Frist (Abs. 3)	36
2. Teilrechtsfähige Vereinigungen	13	**D. Kollision mit anderen Zugangsrechten (Abs. 1 S. 2)**	43
II. Anspruchsvoraussetzung	16		

A. Allgemeines

1 **Wesen und Kern** des Informationsfreiheitsrechts kommen in § 3 Abs. 1 UIG zum Ausdruck. Der Wandel von der **beschränkten Aktenöffentlichkeit** hin zu einem transparenten Staatshandeln wird durch die Gewährung des voraussetzungslosen Zugangsanspruches verkörpert.

2 Seine europarechtliche Grundlage findet der Anspruch in Art. 3 Abs. 1 RL 2003/4/EG. Durch die Neufassung des UIG hat sich der materielle Inhalt des Zugangsanspruchs gegenüber der Vorgängerversion des UIG **nicht verändert**. Für jede natürliche und juristische Person besteht unabhängig von ihrer **Nationalität** ein allgemeiner, nicht von der Geltendmachung bestimmter Interessen abhängiger Informationsanspruch (BT-Drs. 15/3406, 15; SSW/Wegener UIG § 4 Rn. 5). Der antragstellenden Person ist **zwingend** der Informationszugang in der sich aus § 3 Abs. 2 und 3 UIG ergebenden Weise zu gewähren, soweit nicht **Ablehnungsgründe** gem. §§ 8 und 9 UIG den Zugang ausschließen (OVG Schleswig-Holstein ZD 2013, 290 (292) mAnm Sydow).

Durch das UIG sollen andere, darüber hinaus bestehende **Zugangsansprüche** nicht 3
berührt bzw. beeinträchtigt werden. Trotz der rechtstheoretisch nicht vollkommen unproblematischen Kollisionsregel des § 3 Abs. 1 S. 2 UIG wirkt sich diese in der Praxis häufig dahingehend aus, dass **bereichsspezifische Zugangs- und Auskunftsansprüche** durch den mit geringeren Hürden ausgestaltete Anspruch des UIG **verdrängt** werden.

Die formalen Vorgaben der Gewährleistung des Anspruchs bezüglich des Zeitraums und 4
der Art der Zugangsgewährung, beruhen ebenfalls auf den Vorgaben des Art. 3 RL 2003/4/EG. In der Grundtendenz der Formulierung der Absätze 2 und 3 ist erkennbar, dass den informationsberechtigten Personen umfassende **Wahlmöglichkeiten** zur Verfügung gestellt werden. Diese werden im Prinzip nur durch die Sicherstellung der Arbeitsfähigkeit der jeweiligen informationspflichtigen Stelle beschränkt.

B. Tatbestand des Informationsanspruchs (Abs. 1 S. 1)

Der Zugangsanspruch wird gem. der Gesetzesbegründung „frei" iSv **„voraussetzungs-** 5
los" für sämtliche natürlichen und juristischen Personen des Privatrechts gewährt. Gegenstand des Informationsanspruchs sind sämtliche **Umweltinformationen** über die die informationspflichtigen Stellen, gegenüber der der Antrag gestellt wird, iSd § 2 UIG **verfügt**.

I. Anspruchsberechtigte

Anspruchsberechtigt sind zweifelsfrei **Menschen und rechtsfähige Personenmehrhei-** 6
ten des Privatrechts. Dazu zählen eingetragene **Vereine** (§ 21 BGB), **GmbH** (§ 13 GmbHG), **Aktiengesellschaften** (§ 1 AktG) oder die eingetragene **Genossenschaften** (§ 1 GenG).

Auf die **Geschäftsfähigkeit** der informationsberechtigten Person kommt es nicht an, da 7
der Anspruch einen **nur rechtlichen Vorteil** beinhaltet. Rechtliche, wirtschaftliche oder sonstige Nachteile sind bei der Geltendmachung des Anspruches nicht erkennbar sind. Die Geschäftsfähigkeit könnte lediglich bei der Erstattung der entstehenden Verwaltungsgebühren und ggf. Auslagen, § 12 UIG, relevant werden.

1. Juristische Personen des öffentlichen Rechts

Die Gesetzesbegründung schließt in den Kreis der anspruchsberechtigten Personen aus- 8
drücklich nur die **natürlichen und juristischen Personen des Privatrechts** ein (BT Drs. 15/3406 15). Unklar ist daher, ob sich **juristische Personen des öffentlichen Rechts** erfolgreich gegenüber anderen Trägern der öffentlichen Verwaltung des Bundes bzw. seiner Kontrolle oder Aufsicht unterliegenden Personen des Privatrechts auf den Anspruch aus § 3 UIG berufen können (Landmann/Rohmer/Reidt/Schiller UIG § 3 Rn. 7).

In der Literatur wurde zum Teil abgelehnt, dass **öffentliche Stellen** über das Recht auf 9
freien Informationszugang Informationen erlangen können. Zur Begründung wurde angeführt, dass staatliche Organe eigene, gesetzlich vorgesehene Möglichkeiten hätten (zB § 4 ff. VwVfG), um Zugang zu den bei anderen Stellen vorhandenen Informationen zu erlangen (Landmann/Rohmer/Reidt/Schiller UIG § 3 Rn. 7 mwN; unentschieden noch SSW/Wegener UIG § 4 Rn. 7, abl. Friedersen/Lindemann PdK IFG-SH § 4 Anm. 3) Außerdem würde einer derart weiten Anwendung des Anspruches das bestehende **Kompetenzgefüge** zwischen Bund, Ländern und Kommunen stören (Gassner PdK UIG § 3 Z 1.2.2).

Mit dem Wortlaut des Gesetzes ist eine **Begrenzung** jedoch nicht in Einklang zu 10
bringen. Denn es werden „Personen" adressiert. Eine Beschränkung ergibt sich aus dieser Formulierung nicht. Auch aus dem Zweck des UIG lässt sich keine Beschränkung des Anspruchs auf natürliche oder juristische Personen des Privatrechts herleiten. Denn Ziel ist gerade die **umfassende Herstellung von Offenheit staatlichen Handelns.** Auch innerhalb der Staatsorganisation können **Interessenlagen** bestehen, die mit der Informationslage zwischen der auskunftspflichtigen Stelle und einem Bürger oder einer juristischen Person des Privatrechts bestehen (BVerwG NVwZ 2008, 791 (794), so auch Klöpfer, Informationsfreiheitsgesetz und Schutz von Betriebs- und Geschäftsgeheimnissen, Gutachten 2011, 54). Dies kann zwischen der Bundes- und Landesebene ebenso auftreten, wie zwischen der Bundes-

und Kommunalebene. Dies gilt zB für die Fälle, in denen der Bund im Bereich der **Verkehrs- und Wegeplanung** oder des **Baus und Unterhalts sonstiger Infrastrukturen** umfassend in die Gestaltung der Umwelt auf der lokalen und regionalen Ebene eingreift.

11   Daher können sich im Einklang mit der **neueren Rspr.** auch staatliche Stellen der unmittelbaren und der mittelbaren Verwaltung auf den Zugangsanspruch berufen. Neben den juristischen Personen des öffentlichen Rechts, wie zB öffentlich-rechtlich anerkannte Religionsgemeinschaften zählen auch Gemeinden ausdrücklich dazu (VG Berlin BeckRS 2013, 45721; VG Hamburg BeckRS 2010, 49050; BVerwG NVwZ 2008, 791 (794)).

12   Ausgeschlossen wird jedoch weiterhin die Geltendmachung des Anspruchs eines Organs gegen den eigenen Verwaltungsträger sein. Jedoch käme in Betracht, den Antrag dahingehend zu interpretieren, dass der jeweilige **Organwalter** als natürliche Person Träger des Anspruches ist. Die Zugangsgewährung würde gegenüber der **Privatperson** erfolgen (aA Friedersen/Lindemann PdK IFG-SH § 4 Anm. 3, der eine derartige Konstellation kategorisch ausschließt).

2. Teilrechtsfähige Vereinigungen

13   Schwieriger gestaltet sich auch die Frage nach der Geltendmachung des Anspruchs durch **teilweise rechtsfähige oder nichtrechtsfähige Vereinigungen.** Aufgrund des Prinzips der möglichst **uneingeschränkten** Zugangsgewährung (BVerwG NVwZ 2008, 791 (794)) ist diese zu bejahen. Soweit eine hinreichende organisatorische **Kontinuität** erkennbar ist und eine gewisse Gewähr auf **Nachhaltigkeit der Tätigkeit** garantiert wird, sind auch nichtrechtsfähige Vereinigungen anspruchsberechtigt (BVerwG NVwZ 1999, 1220; Klöpfer, Informationsfreiheitsgesetz und Schutz von Betriebs- und Geschäftsgeheimnissen, Gutachten 2011, 54).

14   Vor allem bei Organisationen, aus deren Tätigkeit heraus **spezifische Informationsbedürfnisse** entstehen, ist der Zugang zu gewähren. Eine andere Auslegung würde dem Zweck des UIG widersprechen (BVerwG NVwZ 1999, 1220 (1221 f.)). Gerade im Umweltbereich sind **Bürgerinitiativen** maßgeblich an der **Beeinflussung staatlicher Entscheidungen** beteiligt und üben einen nicht unwesentlichen Einfluss auf die Gestaltung der **staatlichen Umweltpolitik** aus. Ihnen den Zugang zu Umweltinformationen zu verwehren, würde dem Zweck der Umweltinformationsrichtlinie zuwider laufen.

15   Soweit wegen der **offensichtlich fehlenden Rechtsfähigkeit** einer antragstellenden „Organisation" eine Geltendmachung des Anspruchs auch nach den dargelegten Maßstäben nicht in Betracht kommt, ist der Antrag durch die informationspflichtige Stelle dahingehend auszulegen, dass gegenüber den die Organisation bildenden Personen der Anspruch erfüllt wird.

15.1   Beispiel: Bürgerinitiativen, Interessengemeinschaften, nicht rechtsfähige Vereine wie Parteien (BVerwG NVwZ 1999, 1220) oder deren Untergliederungen oder vergleichbare Zusammenschlüsse.

II. Anspruchsvoraussetzung

16   Der Zugang zu den begehrten Informationen wird **voraussetzungslos gewährt** und setzt keine spezifische Betroffenheit voraus (vgl. Klöpfer, Informationsfreiheitsgesetz und Schutz von Betriebs- und Geschäftsgeheimnissen, Gutachten 2011, 54 mwN) Es kommt auch nicht auf ein **rechtliches, berechtigtes oder anders geartetes Interesse** seitens der anspruchsberechtigten Person an (BT-Drs. 15/3406, 15; OVG Schleswig-Holstein ZD 2013, 290 (292) mAnm Sydow; OVG Berlin-Brandenburg BeckRS 2012, 60027; VG Schleswig BeckRS 2008, 40378; BVerwG NvwZ 2007, 1095 (1096)). Den **schutzwürdigen Interessen,** die eine Beschränkung des Zugangsanspruches erforderlich machen, werden im Wege des **Regel-Ausnahme-Prinzips** durch die Ausnahmetatbestände §§ 8 und 9 UIG Rechnung getragen.

17   Aufgrund der **Voraussetzungslosigkeit** des Zugangsanspruches stehen auch **egoistische Interessen** der Antragsteller der Gewährung des Zugangs nicht im Weg. Die Herstellung der Transparenz staatlichen Handelns im Umweltbereich ist ein **eigener Rechtswert** auch wenn die Anspruchsberechtigten diesen zu **egoistischen Zwecken** nutzen (VG Hamburg

BeckRS 2010, 49050). Anspruchsberechtigte Personen können für die Verfolgung **privater, wirtschaftlicher oder anderweitiger fremd- oder eigennütziger Ziele** den Zugangsanspruch nutzen. Die Zwecksetzung des UIG erschöpft sich nicht in der Nutzung des Anspruchs von antragstellenden Personen mit einer **altruistischen Interessenslage**. Bewusst wird auch die vermeintliche Ausnutzung des Anspruches für eigene Zwecke „in Kauf" genommen. Die idealtypische Fallkonstellation, der Wahrnehmung des Informationsrechts zur Förderung des Umweltschutzes zugunsten der Allgemeinheit, beschränkt nicht den Anwendungsbereich des Anspruches.

Der Anspruch richtet sich nur auf die bei einer Behörde zum Zeitpunkt der Antragstellung verfügbaren Umweltinformationen (→ § 2 Rn. 116 ff.) (BVerwG BeckRS 2013, 52438 Rn. 11). **18**

Außerdem richtet sich der Anspruch nicht auf **inhaltliche Richtigkeit** der vorhandenen Umweltinformationen. Informationen sind grds. so zugänglich zu machen, wie sie bei der informationspflichtigen Stelle gespeichert sind. Verfügt die Stelle nicht über die begehrten Informationen, verfährt sie nach § 4 Abs. 3 UIG. **19**

Der Zugang zu Umweltinformationen setzt im Weiteren keine **verfahrensrechtlichen Bedingungen** voraus. Dh der Zugangsanspruch ist nicht von dem **Bestehen** eines anderen **Rechtsverhältnisses**, wie zB bei dem in § 29 VwfVG normierten Akteneinsichtsrecht, erforderlich (Gassner PdK UIG § 3 Ziff 1.3.2). Werden Zugangsansprüche aus dem UIG geltend gemacht, sind Rechtsfragen auf Zugang oder anderweitige subjektiven Rechten der antragstellenden Person des Fachverfahrens im Verfahren auf Gewährung von Umweltinformationen nicht zu prüfen. Ausdruck der **Selbständigkeit** des Verfahrens auf Zugang zu Umweltinformationen ist außerdem, dass Fehler in diesem Verfahren nicht auf das ggf. parallel geführte Fachverfahren **durchschlagen** (BVerwG NvwZ 2007, 1095 (1096)). **20**

C. Anspruchsformalien

Das Informationszugangsverfahren ist ein eigenständiges Verwaltungsverfahren iSd § 74 LVwG (BVerwG BeckRS 2007, 27650). Nach der Prüfung der materiellen Voraussetzungen hat die informationspflichtige Stelle die begehrten Informationen **zugänglich zu machen** oder diesen in Form eines **rechtsmittelfähigen Bescheides** abzulehnen, § 5 UIG. **21**

Das Verfahren ist bis auf die im UIG selbst vorgesehenen Formalien nicht an **bestimmte Formen** gebunden. Es ist gem. § 10 VwVfG **einfach, zweckmäßig und zügig durchzuführen**. **22**

I. Form der Zugänglichmachung (Abs. 2)

Abs. 2 setzt die Vorgaben des Art. 3 Abs. 4 RL 2003/4/EG um. Die Regel ist, dass dem Begehren der antragstellenden Person auf eine bestimmte Zugangsart so weit wie möglich Rechnung zu tragen ist (aA Landmann/Rohmer/Reidt/Schiller UIG § 3 Rn. 16). Abweichungen sind nur aus gewichtigen Gründen möglich. Also solcher kommt, ausdrücklich auch textlich erwähnt, der deutlich **höhere Verwaltungsaufwand** in Betracht (BT-Drs. 15/3406, 16). **23**

1. Antragsbindung

Der erste Satz macht deutlich, dass neben der **klassischen Akteneinsicht** auch andere Formen der Zugänglichmachung von Informationen durch die informationspflichtige Stelle gewährt werden müssen. In Betracht kommen vor allem die mündliche bzw. fernmündliche Auskunft, Post oder E-Mail, Erstellung und Versand von Kopien oder die körperliche **Zugänglichmachung des Datenträgers** gegenüber der informationsberechtigten Person. Auch der **Zugriff auf elektronisch gespeicherte Daten** oder Dienste durch Zugänglichmachung von **Schnittstellen,** zB im Bereich des Open Data Portals, kommt in Betracht. **24**

Die informationspflichtige Stelle ist an die im Antrag vorgegebene Form der **Zugänglichmachung** gebunden (BVerwG NVwZ 1999, 1220 (1222); vgl. VG Schleswig BeckRS 2008, 40378). Ist hinsichtlich der Art des Zugangs der Antrag unbestimmt und durch **25**

Auslegung nicht konkretisierbar, muss die informationspflichtige Stelle durch entsprechende Rückfrage versuchen eine **Konkretisierung** zu erreichen.

25.1 Ein Verstoß gegen die Antragsbindung liegt vor, wenn der antragstellende Person zB nicht der Zugang zu bestimmten Rohdaten gewährt, sondern nur die bereits interpretierten Informationen zugänglich gemacht werden. Auch wenn der semantische Inhalt der Angaben derselbe sein mag, steht es nicht in der Entscheidung der informationspflichtigen Stelle zu bewerten, ob die antragstellende Person in der Lage ist, die beanspruchten Informationen zu nutzen.

2. Abweichung aus gewichtigen Gründen

26 Beim Vorliegen eines gewichtigen Grundes, der beispielhaft in einem deutlich höheren Verwaltungsaufwandes liegen kann, darf die informationspflichtige Stelle von dem Antrag abweichen. Unter den gewichtigen Gründen sind sämtliche **Umstände** auf Seiten der informationspflichtigen Stelle zu verstehen, die eine Auskunftserteilung in der von der Antragstellerin oder dem Antragsteller erwünschten Form für die informationspflichtige Stelle **unzumutbar** machen und eine Abweichung den Informationszugangsanspruch der antragstellenden Person nicht **wesentlich schmälert**.

27 Darüber und über die Verweisung auf Zugangsarten und -mittel, die eine **gleiche Informationseignung** besitzen, hat die informationspflichtige Stelle nach **pflichtgemäßem Ermessen** zu entscheiden (BVerwG NVwZ 2010, 189 (194); BVerwG NVwZ 1999, 1220 (1222); BT-Drs. 15/3406, 16). Für das tatsächliche Vorliegen der gewichtigen Gründe trägt die Stelle außerdem die **Darlegungslast** (VG Arnsberg BeckRS 2008, 30501; Schoch IFG § 1 Rn. 154).

28 Ausdrücklich regelt S. 4 den Fall, dass die informationspflichtigen Stellen die antragstellende Person auf andere, leichter zugängliche Arten des Informationszuganges verweisen dürfen, soweit diese den gleichen Informationsgehalt besitzen (BT-Drs. 15/3406, 16). Die Formalien und vor allem Fristen für diese Verweisung sind in § 4 Abs. 4 UIG geregelt.

28.1 Die Gesetzesbegründung nennt explizit die über das Internet abrufbaren Datenbanken (BT-Drs. 15/3406, 16) und verweist auf § 10 UIG.

29 Die pauschale Verweisung auf bereits veröffentlichte Informationen ist problematisch, wenn die besondere Zugangsart aufgrund der in der **Person liegenden Gründen** begehrt wird, dh aufgrund **körperlicher Behinderungen, Alter, Krankheit oder wirtschaftliche Gründe** eine andere Zugangsart nicht in Betracht kommt oder die gebotenen Alternativen nicht wahrgenommen werden können. Informationspflichtige Stelle sollten in diesen Fällen die erforderlichen Maßnahmen ergreifen, um den Zugang für diese Personen in der beantragten Weise zu eröffnen bzw. die **notwendige Hilfestellung** dazu geben.

30 Die **Regelvermutung** für das Vorliegen eines gewichtigen Grundes für die Abweichung von der begehrten Zugangsart ist der **deutlich erhöhte Verwaltungsaufwand,** der durch die Art der Zugangswahl verursacht werden würde. Ein gewichtiger Grund liegt vor, wenn die Umsetzung der Antrages zu einer **schweren und nicht hinnehmbaren Beeinträchtigung** der weiteren, gesetzlich vorgesehenen Aufgaben der informationspflichtigen Stelle führt (Schoch IFG § 1 Rn. 153, zu den Ermessensmaßstäben BVerwG NJW 1997, 753 (754)).

31 Bei der Ermessensausübung bezüglich des Aufwandes ist jedoch zu beachten, dass die Auskunftserteilung selbst auch eine **gesetzlich vorgesehene Tätigkeit** der informationspflichtigen Stelle ist. Der gewichtige Grund soll lediglich sicherstellen, dass die grundlegende **Arbeitsfähigkeit** der informationspflichtigen Stelle erhalten bleibt. In der Regel kann davon ausgegangen werden, dass ein gewichtiger Grund vorliegt, wenn der verursachte Aufwand der Zugangsgewährung zur **Hauptbeschäftigung** der betroffenen Beschäftigten im Verhältnis zur eigentlichen **Fachaufgabe** mutiert.

32 Ein bloßer Mehraufwand reicht für die Annahme eines gewichtigen Grundes nicht aus, vor allem dann nicht, wenn dieser zusätzliche Aufwand durch die Erhebung von Gebühren und Auslagen abgegolten werden kann (BVerwG NJW 1997, 753 (754)) und die Beeinträchtigung nicht funktionaler, **sondern rein wirtschaftlicher Natur** ist.

Gewichtige Gründe liegen auch vor, wenn die beantragte Zugangsart aus **technischen** 33
Gründen nicht erfüllt werden kann, weil die **erforderlichen Schnittstellen** nicht existieren oder die **Datenformate** der informationspflichtigen Stelle nicht zur Verfügung stehen.

Vor allem wenn Schutzgüter der **Datensicherheit** und des **Datenschutzes** durch die Art 34
des gewünschten Zugangs beeinträchtigt werden, ist der Antragsteller auf eine andere Zugangsgewährung zu verweisen. Dh wenn eine Beeinträchtigung der **technischen und organisatorischen Maßnahmen** der Datensicherheit zu befürchten ist, also der Zugang zu Informationen im Wege des Zugriffs auf passwortgeschützte Dienste oder Daten verlangt wird oder dies zu einem Verlust der Informationen führen würde.

> Beispiel: Der Anspruch auf Zugang zu einem Kunstwerk kann abgelehnt werden, wenn der 34.1
> Verlust der Information zu befürchten ist (VG Hamburg BeckRS 2012, 47335.)

Die Ausnahmeregelung ist jedoch nur auf die Art und Weise des Zugangs anzuwenden. 35
Der Zugangsanspruch darf grds. nur aus den in §§ 8 und 9 UIG genannten Gründen vollständig abgelehnt werden.

> Beispiele: Ein deutlich erhöhter Verwaltungsaufwand liegt bei der Erstellung von Kopien von 35.1
> komplexen und umfangreichen Aktenbeständen bei Großprojekten wie zB Verkehrsinfrastrukturen
> vor. Auch die Recherche von Informationen über lange, Jahrzehnte zurückliegende Vorgänge, die
> zB bereits archiviert sind oder umfangreiche Schwärzungen in großen Aktenbestände (vgl. Landmann/Rohmer/Reidt/Schiller UIG § 3 Rn. 17) können gewichtige Gründe für die Änderung
> einer Zugangsart sein.

II. Frist (Abs. 3)

Abs. 3 setzt im Wesentlichen Art. 3 Abs. 2 RL 2003/4/EG um. Die **Regelfrist** für die 36
Zugänglichmachung von Informationen liegt bei **einem Monat.** Sie kann unter bestimmten Umständen verdoppelt werden, wenn die Informationen zu umfangreich und komplex sind, um sie innerhalb der Einmonatsfrist zur Verfügung zu stellen. Nicht dazu gezählt werden gem. der Gesetzbegründung **Begleitumstände** oder **Verfahrenserfordernisse,** wie etwa die Anhörung eventuell betroffener Dritter (BT-Drs. 15/3406, 16, dazu krit. Landmann/Rohmer/Reidt/Schiller UIG § 3 Rn. 27). Die gesetzlich normierten Fristen haben neben den rein verfahrensrechtlichen Gründen auch eine darüberhinausgehende materielle Bedeutung. Informationen verlieren mit zunehmendem zeitlichem Abstand an **Bedeutung.** Auch unter diesem Aspekt sind die gesetzlichen enregelungen des UIG auszulegen und anzuwenden (OVG Münster NVwZ-RR 2011, 855 (856)).

Die informationspflichtige Stelle ist zur **unverzüglichen Prüfung** der Anspruchsvoraus- 37
setzungen und eventuellen Ablehnungsgründe verpflichtet. Spätestens nach einem Monat ist der zugangsberechtigten Person der Zugang zu gewähren bzw. dieser abzulehnen. Nach dem Wortlaut der Norm kann die antragstellende Person jedoch den Zeitrahmen der Zugangsgewährung bestimmen. Das **Verstreichenlassen** dieser Fristvorgabe innerhalb des gesetzlich vorgegebenen Zeitrahmens ist jedoch an **keine Konsequenzen** geknüpft. In der Praxis hat sich daher die Monatsfrist als „Regelfrist" durchgesetzt.

Das UIG gewährt nur im Fall **komplexer und umfangreicher Auskunftsansprüche** 38
die Möglichkeit zur Verlängerung der Frist. In europarechtskonformer Auslegung des Gesetzes handelt es sich bei diesen Fristvorgaben um **zwingende Fristen** (EuGH NVwZ 2005, 792 (793)).

Die Berechnung der Frist erfolgt auf der Grundlage der §§ 187–193 BGB. 39

Bei einer Verlängerung der Regelfrist ist die antragstellende Person unverzüglich nach der 40
Feststellung, dass die gesetzlich vorgesehene Frist nicht gehalten werden kann, spätestens jedoch vor Ablauf der Monatsfrist unter Angabe der Gründe von der **Fristüberschreitung** zu unterrichten, § 4 Abs. 5 UIG. Dabei sind die wesentlichen Tatsachen und Erwägungen, die zu der Verlängerung führen, in **plausibler** Art und Weise mitzuteilen. **Pauschale Verweise** auf die **Arbeitsüberlastung** reichen nicht aus, da die erforderlichen Ressourcen für die Auskunftserteilung in einfach gelagerten Fällen bereit zu stellen sind (→ § 4 Rn. 18).

Eine Fristverlängerung kann sich auch aus der **Einbeziehung Dritter** im Rahmen der 41
Prüfungen auf der Grundlage des § 9 UIG ergeben. Die informationspflichtige Stelle muss

Dritte auf die gesetzlich vorgesehene Frist hinweisen und entsprechende **verfahrensrechtliche Vorkehrungen** treffen. Die eventuelle **Säumnis** Dritter der informationspflichtigen Stelle anzulasten, erscheint andererseits **unbillig**. In der Praxis wird hier angezeigt sein, dass die informationspflichtige Stelle gegenüber der antragstellenden Person die Gründe für die Säumnis darlegt (Landmann/Rohmer/Reidt/Schiller UIG § 3 Rn. 27) und um entsprechende Verlängerung bittet.

42   Die Überschreitung bzw. Nichtbeachtung der gesetzlichen Frist wird mit keinen **unmittelbaren Sanktionen** belegt (vgl. jedoch zum eventuellen Amtshaftungsanspruch Kümper ZUR 2012, 395 (396)). Vor allem leitet das UIG keine **Ablehnungsfiktion** bei dem fruchtlosen Ablauf der Frist her. Die Ablehnungsgründe sind **abschließend** in § 5 UIG normiert. Im Übrigen wäre eine derartige Wirkung nicht im Einklang mit der Umweltinformationsrichtlinie (EuGH NVwZ 2005, 792 (794)).

D. Kollision mit anderen Zugangsrechten (Abs. 1 S. 2)

43   Mit § 3 Abs. 1 S. 2 UIG wird das Verhältnis zu anderen Informationszugangs- und Auskunftsansprüchen normiert. Im Gegensatz zu § 1 Abs. 3 IFG enthält das UIG keine **Subsidiaritätsklausel** zugunsten spezial- oder bereichsspezifischer Zugangsansprüche. Andererseits sieht das UIG auch **keinen** automatischen Vorrang des eigenen Informationszugangsrechts vor den anderen Ansprüchen vor.

44   Kollisionen zwischen dem Anspruch nach § 3 und anderen Informations- und Zugangsansprüchen bestünden nur, wenn Letztere einen Informationsanspruch in Bezug auf denselben Sachverhalt **abschließend** abweichend vom UIG regeln würden.

45   Ein Geltungsvorrang anderer Zugangsansprüche käme in Betracht, wenn durch die **bereichs- oder fachspezifische Norm** ausdrücklich der Geltungsvorrang gegenüber anderen Zugangsansprüchen bzw. dem UIG angeordnet wird. Für das UIG wären derartige Ansprüche nur auf der **Bundesebene** relevant. Anderenfalls bestünde wegen Art. 31 GG ohnehin ein **verfassungsrechtlicher Vorrang des UIG** vor den Landesnormen (Gassner PdK UIG § 3 Z 1.6.3) in dem Fall, in dem der landesrechtliche Anspruch den Zugang zu Umweltinformationen nach dem UIG beschränken würde.

46   Eine Beschränkung durch bundesrechtliche Normen könnte in **sachlicher und/oder in persönlicher Hinsicht** in Betracht kommen. Bei der Auslegung der bereichsspezifischen Nomen ist jedoch zu berücksichtigen, dass mit dem Erlass des UIG eine grundsätzliche Entscheidung zugunsten der Allgemeinzugänglichkeit zu Umweltinformationen der Verwaltung festgelegt wurde.

46.1   Nach neuerer Rspr. besteht kein Vorrang der Abgabenordnung gegenüber informationsfreiheitsrechtlichen Zugangsansprüchen bei abgeschlossenen Steuerverfahren. Aus dem Umstand, dass die Abgabenordnung keinen eigenen Zugangsanspruch normiert, kann nicht der Schluss gezogen werden, dass damit andere Zugangsansprüche gegenüber Finanzämtern gehemmt werden. Ein Anspruch ist gegeben, wenn das Besteuerungsverfahren abgeschlossen ist (OVG Schleswig ZD 2013, 290 (292) mAnm Sydow; BVerwG ZD 2012, 534 (535)).

47   Der Zugangsanspruch nach § 3 UIG und die Beschränkungsgründe des UIG führen nach Ansicht des BVerwG zu einem **Vorrang** vor anderen bereichsspezifischen Zugangs- und Informationsansprüchen. Sperrt das UIG den Zugang zu vorhandenen Umweltinformationen gelten diese **Begrenzungen** auch für diese Zugangsansprüche (BVerwG ZUR 2009, 368 (369)).

48   Diese Auslegung des § 3 Abs. 1 S. 2 UIG lässt sich weder aus dem Wortlaut noch dem Zweck des Gesetzes herleiten. Zweck der Informationsfreiheit ist eine größtmögliche Transparenz staatlichen Handelns. Andere Zugangsansprüche können zur Verfolgung darüberhinausgehender Interessen der antragstellenden Personen weitergehend sein, als der Anspruch nach dem UIG. Dies wäre zB bei dem Zugang natürlicher Personen zu den eigenen personenbezogenen Daten gem. § 19 BDSG der Fall, wenn diese außerdem Umweltinformationen sind.

48.1   Der Zugangsanspruch nach dem IFG tritt hinter den des UIG wegen der Anordnung der eigenen Subsidiarität gegenüber anderen Zugangsansprüchen gem. § 1 Abs. 3 IFG zurück. Parallele Geltungen können in Hinblick auf den Anspruch auf Zugang zB mit § 29 VwVfG, §§ 8–10 UmweltHG;

§ 35 GenTG oder § 63 Abs. 4 S. 1 BbergG beanspruchen (Landmann/Rohmer/Reidt/Schiller UIG § 3 Rn. 31 ff. mit weiteren ausführlichen Beispielen).

§ 4 Antrag und Verfahren

(1) Umweltinformationen werden von einer informationspflichtigen Stelle auf Antrag zugänglich gemacht.

(2) ¹Der Antrag muss erkennen lassen, zu welchen Umweltinformationen der Zugang gewünscht wird. ²Ist der Antrag zu unbestimmt, so ist der antragstellenden Person dies innerhalb eines Monats mitzuteilen und Gelegenheit zur Präzisierung des Antrags zu geben. ³Kommt die antragstellende Person der Aufforderung zur Präzisierung nach, beginnt der Lauf der Frist zur Beantwortung von Anträgen erneut. ⁴Die Informationssuchenden sind bei der Stellung und Präzisierung von Anträgen zu unterstützen.

(3) ¹Wird der Antrag bei einer informationspflichtigen Stelle gestellt, die nicht über die Umweltinformationen verfügt, leitet sie den Antrag an die über die begehrten Informationen verfügende Stelle weiter, wenn ihr diese bekannt ist, und unterrichtet die antragstellende Person hierüber. ²Anstelle der Weiterleitung des Antrags kann sie die antragstellende Person auch auf andere ihr bekannte informationspflichtige Stellen hinweisen, die über die Informationen verfügen.

(4) Wird eine andere als die beantragte Art des Informationszugangs im Sinne von § 3 Abs. 2 eröffnet, ist dies innerhalb der Frist nach § 3 Abs. 3 Satz 2 Nr. 1 unter Angabe der Gründe mitzuteilen.

(5) Über die Geltung der längeren Frist nach § 3 Abs. 3 Satz 2 Nr. 2 ist die antragstellende Person spätestens mit Ablauf der Frist nach § 3 Abs. 3 Satz 2 Nr. 1 unter Angabe der Gründe zu unterrichten.

Durch § 4 UIG wird die Pflicht zur Antragstellung als Voraussetzung (→ Rn. 2) für die Zugänglichmachung der Informationen und das Antragsverfahren verfahrensrechtlich normiert. Neben der Pflicht zur Konkretisierung unbestimmter Anträge (→ Rn. 6) enthält die Norm weiterhin Regelungen bezüglich des Umgangs mit Anträgen an unzuständige Stellen (→ Rn. 11), die Pflicht zur Begründung der Verweisung auf eine andere Zugangsart und die Informationspflicht bei der Verlängerung der Regelfrist für die Zugangsgewährung (→ Rn. 16).

A. Allgemeines

Die europarechtlichen Vorgaben des Art. 3 Abs. 3 und Abs. 4 UIRL werden im Wesentlichen durch § 4 UIG umgesetzt. Im Gesetzgebungsverfahren wurden keine **maßgeblichen Änderungen** im Verhältnis zum Entwurf der Bundesregierung vorgenommen (Landmann/Rohmer/Reidt/Schiller UIG § 4 Rn. 1). Durch § 4 UIG wird der **verfahrensrechtliche Rahmen** der Zugangsgewährung vorgegeben. 1

B. Antragserfordernis (Abs. 1)

Abs. 1 legt das Antragserfordernis und die Antragstellung fest. Danach sind Umweltinformationen nur **auf Antrag** von der informationspflichtigen Stelle zugänglich zu machen. § 4 Abs. 1 UIG verdeutlicht die **passive Natur** der Zugangsgewährung. 2

Die Antragstellung ist iSd **§ 10 VwVfG** an keine Form gebunden. Sie kann in allen erdenklichen Weisen erfolgen. In Betracht kommen somit neben dem direkten Erscheinen der antragstellenden Person bei der informationspflichtigen Stelle auch die **Antragstellung unter Abwesenden** mittels Telefon, E-Mail, Fax und einfacher Post. Auch andere, moderne Formen der Kommunikation, wie zB **Social Media,** können Medium für die Antragstellung sein. Informationspflichtige Stellen, die diesen Kommunikationskanal nutzen, haben daher die notwendig **Sorgfalt** in Hinblick auf die Beachtung der Wirksamkeit auch der über diese Dienste gestellten Anträge walten zu lassen. 3

3.1 Aus Beweissicherungsgründen erscheint es ratsam, eine dokumentierbare Form der Antragstellung zu wählen. Die kann in Hinblick auf die Förmlichkeitsanforderungen an die Ablehnung und ggf. prozessualen Folgen angezeigt sein, vgl. § 5 Abs. 2 UIG (Gassner PdK UIG § 4 Z 1.).

4 Unabhängig von der Form der Antragstellung hat die informationspflichtige Stelle den Antrag zu **prüfen** und innerhalb der vorgegebenen Fristen eine entsprechende Entscheidung zu treffen.

5 Die **Identifizierung** der antragstellenden Person wird durch § 4 UIG nicht gefordert und ist auch nicht immer notwendig. Die **anonyme oder pseudonyme Antragstellung** (vgl. § 13 Abs. 6 TMG) vor allem unter Nutzung moderner Kommunikationsdienste steht der Regelung des § 4 UIG nicht entgegen. Soweit **anonyme Bezahlverfahren** zur Verfügung gestellt werden, ist selbst die Identifizierung für die Durchsetzung eventueller Gebühren und Auslagen nicht mehr erforderlich (vgl. ULD IFG-SH zu § 6 IFG-SH Z 2 aE).

C. Antragsinhalt (Abs. 2)

6 Die antragstellende Person ist verpflichtet, den Antrag gem. Abs. 2 S. 1 hinreichend **bestimmt** zu formulieren. Aus dem Antrag muss erkennbar sein, welche Umweltinformationen zugänglich zu machen sind (OVG Berlin-Brandenburg BeckRS 2012, 51182; BT-Drs. 15/3406, 16). Der Antrag muss die betreffenden Umweltinformationen **benennen** und diese mittels Angaben über den Zeitraum, die Art der Information, beteiligte Personen oder Behörden oder weitere Umstände **konkretisieren.** Andererseits können „**Ausforschungsanträge**" also Anträge auf pauschalen Zugang zu Akten, soweit der Vorgang hinreichend bestimmt wird, nicht wegen ihrer **Pauschalität** abgelehnt werden, weil auch die bloße **unspezifische Durchsicht** von Akten durch das UIG erfasst wird (BVerwG NVwZ 2006, 343).

7 Unbestimmte Anträge dürfen nicht ohne weiteres von der informationspflichtigen Stelle abgelehnt werden. Vielmehr hat sie die antragstellende Person zur **Konkretisierung** des **Begehrens** aufzufordern (OVG Berlin-Brandenburg BeckRS 2012, 51182) und diese dabei zu unterstützen, S. 2. Die **Pflicht zur Hilfeleistung** gilt ohnehin als allgemeiner Verfahrensgrundsatz gemäß § 25 VwVfG.

8 **Unpräzise** Anträge müssen unverzüglich, längstens jedoch innerhalb von einem Monat gegenüber der antragstellenden Person als unbestimmt **zurückgewiesen** werden. Die antragstellende Person muss zur **Präzisierung** ihres Antrages aufgefordert werden, wobei die Anforderung an die Detailliertheit der Präzisierung nur im Rahmen der Möglichkeiten der antragstellenden Person gefordert werden kann (OVG Münster NVwZ 2007, 1212; BT-Drs. 15/3406, 16).

9 Die Frist für die Zugangsgewährung beginnt erst nach der Konkretisierung des Antrages zu laufen.

10 Verweigert die antragstellende Person die **Mitwirkung** oder reagiert sie auf die Aufforderungen nicht, kann die informationspflichtige Stelle den Antrag insgesamt ablehnen, § 8 Abs. 2 Nr. 5 UIG. Diese Ablehnung eröffnet dann die Möglichkeit einer **gerichtlichen Überprüfung** (so auch BT-Drs. 15/3406, 16; vgl. Landmann/Rohmer/Reidt/Schiller UIG § 4 Rn. 7)

D. Weiterleitung des Antrages (Abs. 3)

11 Abs. 4 S. 1 setzt die Verpflichtung aus Art. 4 Abs. 1a RL 2003/4/EG um und stellt sicher, dass ein Antrag, der an eine informationspflichtige Stelle gerichtet ist, die nicht über die begehrten Informationen verfügt, nicht abgelehnt, sondern an die über die Informationen verfügende Stelle **weitergeleitet** wird (BT-Dr. 15/3406, 16). Der antragstellenden Person soll so ein **Behördenmarathon** erspart bleiben, um an die begehrten Informationen zu gelangen. Neben der unmittelbaren **Weiterleitung** des Antrags kommt auch die Möglichkeit in Betracht, dass die Stelle der antragstellenden Person einen **Hinweis** auf die zuständige Stelle gibt.

12 Sie hat bezüglich der Vorgehensweise eine **Einschätzungsprärogative,** wobei im Zweifel eine Weiterleitung erfolgen sollte (BT-Drs. 15/3406, 16).

Solange die adressierte Stelle über die im Antrag bezeichneten Umweltinformationen verfügt, ist sie für die **Realisierung** des Anspruches zuständig. Trifft dies nicht zu, hat sie den Antrag von Amts wegen gem. Abs. 3 weiterzuleiten oder einen **Hinweis** auf die eigentlich zuständige Stelle zu geben. 13

Aus der Formulierung des S. 1 lässt sich nicht die Pflicht der adressierten Stelle herleiten, **Nachforschungen** über die eigentlich informationspflichtige Stelle durchzuführen (Landmann/Rohmer/Reidt/Schiller UIG § 4 Rn. 9). Zwar ist diese Vorgabe in **Konformität** mit der Umweltinformationsrichtlinie, kann im Einzelfall aber zu einer empfindlichen **Erschwerung** des Zugangsanspruches kommen. In der Regel werden adressierte staatliche Stellen einfacher die informationspflichtige Stelle recherchieren können, als natürliche Personen ohne Zugang zu den bestehenden **amtlichen Informationsstrukturen.** Die adressierte Stelle muss sich das **Wissen der eigenen Organwalter** zurechnen lassen. Durch entsprechende organisatorische Maßnahmen ist sicherzustellen, dass das bei der adressierten Stelle vorhandene Wissen tatsächlich genutzt wird. 14

Die Zurückweisung des Antrages wegen **Unzuständigkeit** bzw. des Nichtvorhandenseins der Umweltinformationen ist ein Ablehnungsgrund gem. **§ 9 Abs. 2 Nr. 3 UIG** und die Entscheidung der adressierten Stelle sowohl bezüglich des Vorhandenseins der Umweltinformationen als auch des Wissens über die ggf. tatsächlich informationspflichtige Stelle **gerichtlich überprüfbar** (Landmann/Rohmer/Reidt/Schiller UIG § 4 Rn. 11). 15

E. Geltung der Regelfristen und Informationspflichten (Abs. 4 und 5)

Die Abs. 4 und 5 befinden sich systematisch gesehen korrekt verortet in § 4 UIG. Jedoch wäre ein entsprechender Verweis auf die ihnen zugrundeliegenden materiellen Vorschriften praxisgerecht. 16

Mit Abs. 4 wird die **Regelfrist** zur Mitteilung über den Verweis auf die andere Zugangsart gem. § 3 Abs. 1 UIG normiert. Mit dieser Mitteilung sind der antragstellenden Person auch die **gewichtigen Gründe** für die Verweisung mitzuteilen (Gassner PdK UIG § 4 Z 4). Einen darüber hinausgehenden **Regelungsgehalt** hat Abs. 4 nicht (→ § 3 Rn 26). 17

Abs. 5 erschöpft sich in der Verpflichtung, bei der Erforderlichkeit, die gesetzliche Regelfrist gem. § 3 Abs. 3 S. 2 Nr. 2 UIG zu überschreiten, dies auch der antragstellenden Person unverzüglich, spätestens jedoch vor Ablauf der Regelfrist von einem Monat nach § 3 Abs. 3 S. 2 Nr. 1 UIG **mitzuteilen**. 18

§ 5 Ablehnung des Antrags

(1) ¹Wird der Antrag ganz oder teilweise nach den §§ 8 und 9 abgelehnt, ist die antragstellende Person innerhalb der Fristen nach § 3 Abs. 3 Satz 2 hierüber zu unterrichten. ²Eine Ablehnung liegt auch dann vor, wenn nach § 3 Abs. 2 der Informationszugang auf andere Art gewährt oder die antragstellende Person auf eine andere Art des Informationszugangs verwiesen wird. ³Der antragstellenden Person sind die Gründe für die Ablehnung mitzuteilen; in den Fällen des § 8 Abs. 2 Nr. 4 ist darüber hinaus die Stelle, die das Material vorbereitet, sowie der voraussichtliche Zeitpunkt der Fertigstellung mitzuteilen. ⁴§ 39 Abs. 2 des Verwaltungsverfahrensgesetzes findet keine Anwendung.

(2) ¹Wenn der Antrag schriftlich gestellt wurde oder die antragstellende Person dies begehrt, erfolgt die Ablehnung in schriftlicher Form. ²Sie ist auf Verlangen der antragstellenden Person in elektronischer Form mitzuteilen, wenn der Zugang hierfür eröffnet ist.

(3) Liegt ein Ablehnungsgrund nach § 8 oder § 9 vor, sind die hiervon nicht betroffenen Informationen zugänglich zu machen, soweit es möglich ist, die betroffenen Informationen auszusondern.

(4) Die antragstellende Person ist im Falle der vollständigen oder teilweisen Ablehnung eines Antrags auch über die Rechtsschutzmöglichkeiten gegen die Entscheidung sowie darüber zu belehren, bei welcher Stelle und innerhalb welcher Frist um Rechtsschutz nachgesucht werden kann.

Mit § 5 UIG wird der Kanon der Ablehnungsgründe (→ Rn. 8 ff.) normiert und die Grundlage für eine gerichtliche Überprüfung der Entscheidung gelegt. Eine vollständige oder partielle Ablehnung des Antrages erfolgt durch einen förmlichen rechtsmittelfähigen Bescheid (→ Rn. 4 ff.). Nur in den in § 5 Abs. 1 UIG normierten Fällen liegen eine Ablehnung und damit die Pflicht zum Erlass eines Bescheides vor. Außerdem wird durch § 5 UIG die Form der Ablehnung (→ Rn. 18 ff.) festgelegt. In der Regel kann die Ablehnung in der gleichen Weise erfolgen, wie der Antrag gestellt wurde. Soweit die antragstellende Person es jedoch wünscht, sieht das Gesetz die Schriftform vor, die auch der Regelfall in der Praxis sein wird. Außerdem verpflichtet die Norm informationspflichtige Stellen zur partiellen Zugänglichmachung von Informationen vor der Ablehnung des Antrages (→ Rn. 12 ff.), wenn die geschützten und nicht schützenswerten Informationen getrennt werden können. Dies erfolgt immer dann, wenn die Ablehnungsgründe der §§ 8 und 9 UIG nur einen Teil der begehrten Informationen betreffen. Außerdem werden informationspflichtige Stellen verpflichtet, die antragstellende Person über die Möglichkeiten der gerichtlichen Überprüfung der ablehnenden Entscheidung hinzuweisen (→ Rn. 22 ff.).

Übersicht

	Rn		Rn
A. Allgemeines	1	II. Vorliegen eines Ablehnungsgrundes nach §§ 8 oder 9 UIG und Aussonderungsverpflichtung (Abs. 1 und 3)	11
B. Rechtsnatur der Ablehnung (Abs. 1)	4		
C. Einzelne Ablehnungsgründe	8	**D. Form der Ablehnung**	18
I. Vorliegen eines formalen Ablehnungsgrundes	9	I. Zustellungsform gem. Abs. 2	18
		II. Begründungs- und Informationsverpflichtungen (Abs. 1 und 4)	22

A. Allgemeines

1 Mit § 5 UIG werden die generellen Fragen des Verfahrens bei **vollständiger** oder **teilweiser Ablehnung** von Anträgen normiert und somit die Vorgaben des Art. 4 Abs. 4 und 5 RL 2003/4/EG umgesetzt (BT-Drs. 15/3406). Durch § 5 UIG mit Bezug auf die §§ 8 und 9 UIG wird der **Kanon** der Gründe für die vollständige oder teilweise Ablehnung eines Antrages geregelt und damit auch **negativ** die **Ablehnungsmöglichkeiten** der informationspflichtigen Stelle **begrenzt** (Landmann/Rohmer/Reidt/Schiller UIG § 5 Rn. 6). § 5 UIG hat **erhebliche praktische** Bedeutung. Denn Probleme mit dem Gesetzesvollzug werden sich in der Regel bei der Ablehnung des Antrages zeigen (Landmann/Rohmer/Reidt/Schiller UIG § 5 Rn. 3).

2 Die Norm enthält, bis auf eine Ausnahme, **sämtliche verfahrensrechtliche Vorgaben** für die Ablehnung eines Antrages auf Informationszugang. Lediglich § 9 Abs. 1 S. 3 UIG enthält eine Verfahrensergänzung, die vor der **Offenlegung** oder **Ablehnung** eines Zugangsbegehrens in bestimmten Fällen durchzuführen ist. Danach hat die informationspflichtige Stelle die Inhaber der in § 9 UIG genannten und als schutzwürdig angesehenen Rechte vor der Offenlegung der Informationen **anzuhören**.

3 Unter **Aufhebung** der Wirkung des **§ 39 VwVfG** wird der informationspflichtigen Stelle neben der Pflicht zur Information auch eine grundsätzliche **Begründungspflicht** für die Ablehnung des Zugangs auferlegt. Das Gesetz sieht ausdrücklich vor, dass die **üblichen verwaltungsverfahrensrechtlichen Ausnahmen** von der Begründung eines Verwaltungsaktes für die Ablehnungsentscheidung nach dem UIG nicht anwendbar sind.

B. Rechtsnatur der Ablehnung (Abs. 1)

4 Die **Rechtsqualität** der Ablehnungen ergibt sich nicht **explizit** aus dem Gesetz. Anders als in § 9 Abs. 4 IFG ist dem UIG nicht eindeutig zu entnehmen, dass die Ablehnungen des Zugangs in Form von **Verwaltungsakten** zu erlassen sind. Jedoch ergibt sich aus einer **Zusammenschau** der relevanten Normen, dass auch für das UIG diese Form der Ablehnung durch die informationspflichtige Stelle zu wählen ist. Insbes. die Verweisung des § 6 Abs. 1 UIG auf die Kontrolle der Ablehnungsentscheidung auf dem **Verwaltungsrechtsweg** und die Pflicht zur **Rechtsmittelbelehrung** in § 5 Abs. 4 UIG weisen darauf hin, dass informationspflichtige Stellen die teilweise oder vollständige Versagung des Zugangsanspruches oder die Verweisung auf eine andere Zugangsart mittels eines Bescheides mit Verwaltungsaktqualität iSd § 35 VwVfG zu erlassen haben (VGH Kassel NVwZ 2007, 348 (349)).

Auch die Pflicht zur Nennung der Gründe der Ablehnung in Abs. 1 und der verpflichtende Hinweis auf die Rechtsschutzmöglichkeiten in Abs. 4 spricht für die Annahme, dass ablehnende Bescheide in Form eines Verwaltungsaktes zu erlassen sind. Dies gilt nicht nur für die vollständige Ablehnung, sondern auch für die Entscheidung über die **teilweise Ablehnung** oder die **Gewährung** des Zugangs; sie sind jeweils in dieser Rechtsform **vorzunehmen.** Letztlich spricht auch der Vergleich zu § 9 Abs. 4 IFG für dieses Ergebnis (VGH Kassel NVwZ 2007, 346 (349); BT-Drs. 15/4306, 17; Landmann/Rohmer/Reidt/Schiller UIG § 5 Rn. 23). 5

Aus dem Gesetzestext und dessen Begründung ergibt sich nicht, ob auch **natürliche** und **juristische Personen des Privatrechts,** soweit sie nach dem UIG zur Auskunft verpflichtet sind, die jeweilige die Entscheidung in der Rechtsform des Verwaltungsaktes zu erlassen haben. Denkbar wäre der **Umweg über § 13 Abs. 3 UIG** wonach die **Aufsicht** führende **Bundesbehörde** für die informationspflichtige Stelle die jeweilige Anordnung erlässt. Jedoch ergäben sich daraus kaum lösbare Folgeprobleme. So wäre bereits fraglich, wer in einem zu führenden gerichtlichen Verfahren dann der richtige Klagegegner wäre. 6

Obwohl Stellen nach § 2 Abs. 1 Nr. 2 UIG **umfassende** die **Formalien** und **Verfahren** des Erlasses von Verwaltungsakten vorzunehmen haben, ergibt sich aus dem UIG nicht das Recht dieser Stellen, **hoheitliche Handlungsformen** zu übernehmen. In der Literatur wird daher von einer **Erklärung sui generis** ausgegangen, gegen die ohne weiteres ein **Widerspruchsverfahren** und eine **Klage** zulässig sein soll (Landmann/Rohmer/Reidt/Schiller UIG § 5 Rn. 24; § 6 Rn. 12). 7

C. Einzelne Ablehnungsgründe

Zwei Arten der Ablehnung eines Antrages lassen sich § 5 Abs. 1 UIG entnehmen. Zum einen können informationspflichtige Stellen aus **materiell-rechtlichen Gründen** den Zugang zu Umweltinformationen beschränken (§ 5 Abs. 3 UIG) oder vollständig ablehnen. Diese Gründe werden in den **§§ 8 und 9 UIG** normiert. Der **formell-rechtliche Ablehnungsgrund** ergibt sich aus der Ablehnung der beantragten Zugangsart bzw. die Verweisung auf eine andere Art des Zugangs. Verfahrensrechtlich macht § 5 UIG jedoch keinen Unterschied, aus welchen Gründen die Ablehnung erfolgt ist. 8

I. Vorliegen eines formalen Ablehnungsgrundes

Das Gesetz normiert einen **formal-rechtlichen Ablehnungsgrund** außerhalb der Systematik der §§ 8 f. UIG. Eine Ablehnung liegt vor, wenn die antragstellende Person trotz der grundsätzlichen Gewährung des Zugangs zu den begehrten Informationen entweder auf eine **andere Zugangsart** verwiesen wird oder eine andere als die **beantragte Art** des Zugangs erhält. Durch diese Erweiterung der Ablehnungsgründe bzw. die **Ablehnungsfiktion** kann die antragstellende Person die im Prinzip bezogen auf den Informationszugang rein **formale Abweichung** von ihrem Antrag gerichtlich überprüfen lassen. Diese Überprüfung wird maßgeblich das Vorliegen des **gewichtigen Grundes** für die Verweisung auf eine andere Zugangsart beinhalten. Das in § 3 normierte **Wahlrecht** der antragstellenden Person auf eine bestimmte Art des Zugangs erhält damit **indirekt** eine vergleichbare **Rechtsposition** wie der eigentliche Zugangsanspruch zu den entsprechenden Umweltinformationen. 9

Durch Abs. 1 S. 2 und 3 wird die informationspflichtige Stelle neben Begründung der Verweisung auf eine andere Zugangsart und der Ablehnung im Rahmen der gesetzlich normierten Fristen auch verpflichtet, diese Form der Ablehnung **rechtsmittelfähig** auszugestalten. 10

II. Vorliegen eines Ablehnungsgrundes nach §§ 8 oder 9 UIG und Aussonderungsverpflichtung (Abs. 1 und 3)

11   Die materiell-rechtliche Ablehnung eines Antrages ergibt sich aus den in §§ 8 und 9 UIG normierten Ausschlussgründen. Mit dem Hinweis auf Abs. 3 verdeutlicht bereits § 5 Abs. 1 S. 1 UIG, dass beim Vorliegen von Ausschlussgründen, **nicht** in **jedem Fall** eine **vollständige Ablehnung** des Zugangsantrages erfolgen muss. Es besteht ausdrücklich die **Pflicht** der informationspflichtigen Stelle, den Zugang unter **Aussonderung** der geschützten Informationen, **partiell** zu gewähren. Das Vorliegen eines Ablehnungsgrundes gem. §§ 8 oder 9 UIG und das Fehlen eines überwiegenden öffentlichen Interesses an der Bekanntgabe der Information rechtfertigen insoweit nicht die **umfassende Ablehnung** des Zugangsantrags.

12   Informationspflichtigen Stellen obliegt somit neben der **Abwägungsentscheidung** im Rahmen der §§ 8 und 9 UIG die Prüfung einer **partiellen Zugänglichmachung** der jeweiligen Informationen. Diese Entscheidung unterliegt der **gerichtlichen Kontrolle** (EuGH NVwZ 1999, 1209 (1211)).

13   Abs. 3 ist als **Verfahrensvorschrift** ausgestaltet. Da jedoch im Zusammenhang mit der Pflicht zur Aussonderung die Prüfpflicht, Informationen unter Berücksichtigung der Ablehnungsgründe voneinander zu trennen, besteht, wohnt ihr auch ein **materiell-rechtlicher** Inhalt inne.

14   Die Pflicht zur **Aussonderung geschützter Informationen** unterliegt dem **Vorbehalt**, dass überhaupt die **Möglichkeit der Trennung** der geschützten von den übrigen Umweltinformationen möglich ist. Denn nur „**soweit**" die Möglichkeit der Trennung besteht, ist diese auch verpflichtend.

15   Die **Unmöglichkeit** der Aussonderung kann sich aus **formal-organisatorischen** als auch **inhaltlichen** Gründen ergeben. So muss die Trennung aus den tatsächlichen und technischen Umständen der **Speicherung durchführbar** sein, dh eine **körperliche Aussonderung** der Umweltinformationen oder die **Veränderung** des **Speichermediums**, zB durch **Schwärzungen** (Schmitz/Jastrow NVwZ 2005, 984 (990)) überhaupt objektiv und subjektiv durch die informationspflichtige Stelle umgesetzt werden können (Landmann/Rohmer/Reidt/Schiller UIG § 5 Rn. 8 f. mwN).

16   Die informationspflichtige Stelle hat bezüglich der Prüfung der Alternative der beschränkten **Auskunftserteilung** gegenüber einer Versagung des Antrages unter Hinzuziehung der Maßstäbe für die „**gewichtigen Gründe**" gem. § 3 Abs. 2 UIG (→ § 3 Rn. 26) ihr **pflichtgemäßes Ermessen** walten zu lassen. So ist auch die Möglichkeit einer **bloßen Auskunftserteilung** in Betracht zu ziehen (SSW/Wegener UIG § 4 Rn. 36).

17   Eine Aussonderung der Informationen und die Trennung von den **schutzwürdigen** Angaben muss außerdem letztendlich auch inhaltlich Sinn machen. So wäre die **Schwärzung von Akten** nur dann eine Erfüllung der Vorgaben des § 5 Abs. 3 UIG, wenn die übrigbleibenden Angaben einen **Aussagegehalt** besitzen. Anderenfalls würde die Auskunftserteilung durchaus formal erfolgt sein, **inhaltlich** jedoch **unerfüllt** bleiben. Diese im Ergebnis **faktische Ablehnung** des Antrages muss vermieden und in diesen Fällen eine formal ordnungsgemäße Ablehnung des Antrags durch die informationspflichtige Stelle erteilt werden. Anderenfalls wäre eine **Verkürzung des Rechtsschutzes** der antragstellenden Person zu befürchten.

D. Form der Ablehnung

I. Zustellungsform gem. Abs. 2

18   Die in § 5 Abs. 2 UIG enthaltenen Vorschriften weichen von den Vorgaben des **allgemeinen Verwaltungsverfahrensrechts** ab und gehen diesen **vor** (BT-Drs. 15/3406, 17).

19   Die Ablehnung des Antrags hat gem. § 5 Abs. 2 UIG in der gleichen Form zu erfolgen, wie seine Einreichung. Wurde dieser schriftlich gestellt, ist der **ablehnende Bescheid** schriftlich zu formulieren. Ist keine bestimmte Form durch die antragstellende Person vorgegeben, kann die Ablehnung auch **formlos** erfolgen (Gassner PdK UIG § 5 Z 2).

20   Aus Gründen der Beweisführung empfiehlt es sich jedoch, grds. für die Antragstellung oder Ablehnung eine **nachhaltig dokumentierte Form** zu wählen. In der Praxis zeigt es

sich, dass selbst bei ursprünglich mündlich gestellten Anträgen im Fall der **Ablehnung** durch die antragstellende Person ein **schriftlicher Bescheid** gefordert wird. Zugunsten dieser Vorgehensweise lassen sich der **erhöhte Beweiswert und -sicherheit** anführen. Außerdem lässt die **Verschriftlichung** einer Ablehnung eine bessere **Reflektion** des durchzuführenden zT komplexen **Abwägungsprozesses** zu.

Soweit die antragstellende Person den **elektronischen Zugang** gegenüber der informa- 21 tionspflichtigen Stelle eröffnet hat, kann die Ablehnung auch auf diesem Weg erklärt werden. Mit dem Verweis auf den elektronischen Zugangsweg soll die Möglichkeit einer weiteren Art der **förmlichen Zustellung** eröffnet werden (BT-Drs. 15/3406, 17). Die Vorgaben der elektronischen Zustellung iSd **§ 3a VwVfG** sind dabei zu beachten.

II. Begründungs- und Informationsverpflichtungen (Abs. 1 und 4)

Die vollständige oder teilweise Ablehnung des Antrags muss **zwingend begründet** 22 werden. Die im allgemeinen Verwaltungsverfahrensrecht normierten Ausnahmen, § 39 Abs. 2 VwVfG, sind **explizit** von der Anwendung ausgeschlossen, § 5 Abs. 1 S. 4 UIG. Außerdem muss die antragstellende Person gem. § 5 Abs. 4 UIG auf die **Rechtsschutzmöglichkeiten** hingewiesen werden. Vor allem für die Ablehnung des Antrages durch natürliche und juristische Personen des Privatrechts gem. § 2 Abs. 1 Nr. 2 UIG ist dies von nicht zu unterschätzender **praktischer Relevanz** und führt zu umfänglicher **Rechtsklarheit** seitens der antragstellenden Personen.

Die Pflicht zur Formulierung der Gründe für die Ablehnung dient der **Selbstkontrolle** 23 der informationspflichtigen Stelle und soll der antragstellenden Person eine **Plausibilitätsprüfung** erlauben. Auch der Erfolg möglicher Rechtsschutzmaßnahmen lässt sich dadurch besser abschätzen (BeckOK VwVfG/Tiedemann VwVfG § 39 Rn. 1, 6 f.).

In der Begründung muss die informationspflichtige Stelle die **wesentlichen tatsäch-** 24 **lichen** und **rechtlichen** Erwägungen, die die Entscheidung im konkreten Fall tragen, der antragstellenden Person mitteilen, § 39 Abs. 1 VwVfG. Eine **unzureichende** Begründung ist nicht allein aber mit der zugrundeliegenden Sachentscheidung gem. **§ 44a VwGO** angreifbar. Eine **fehlende** Begründung hingegen, würde zur **Rechtswidrigkeit** des gesamten Bescheides führen und müsste vom Gericht aufgehoben werden (EuGH NVwZ 2005, 792 (794)).

§ 6 Rechtsschutz

(1) Für Streitigkeiten nach diesem Gesetz ist der Verwaltungsrechtsweg gegeben.

(2) Gegen die Entscheidung durch eine Stelle der öffentlichen Verwaltung im Sinne des § 2 Abs. 1 Nr. 1 ist ein Widerspruchsverfahren nach den §§ 68 bis 73 der Verwaltungsgerichtsordnung auch dann durchzuführen, wenn die Entscheidung von einer obersten Bundesbehörde getroffen worden ist.

(3) [1]Ist die antragstellende Person der Auffassung, dass eine informationspflichtige Stelle im Sinne des § 2 Abs. 1 Nr. 2 den Antrag nicht vollständig erfüllt hat, kann sie die Entscheidung der informationspflichtigen Stelle nach Absatz 4 überprüfen lassen. [2]Die Überprüfung ist nicht Voraussetzung für die Erhebung der Klage nach Absatz 1. [3]Eine Klage gegen die zuständige Stelle nach § 13 Abs. 1 ist ausgeschlossen.

(4) [1]Der Anspruch auf nochmalige Prüfung ist gegenüber der informationspflichtigen Stelle im Sinne des § 2 Abs. 1 Nr. 2 innerhalb eines Monats, nachdem diese Stelle mitgeteilt hat, dass der Anspruch nicht oder nicht vollständig erfüllt werden kann, schriftlich geltend zu machen. [2]Die informationspflichtige Stelle hat der antragstellenden Person das Ergebnis ihrer nochmaligen Prüfung innerhalb eines Monats zu übermitteln.

(5) Durch Landesgesetz kann für Streitigkeiten um Ansprüche gegen private informationspflichtige Stellen auf Grund von landesrechtlichen Vorschriften über den Zugang zu Umweltinformationen der Verwaltungsrechtsweg vorgesehen werden.

Für Streitigkeiten nach dem UIG ist der Verwaltungsrechtsweg eröffnet. Dies gilt auch für Klage gegen die Entscheidungen privater informationspflichtiger Stellen gem. § 2 Abs. 1 Nr. 2 UIG. Durch diese Sonderzuweisungen werden andere Klagewege ausgeschlossen (→ Rn. 3 ff.). § 6 UIG enthält außerdem zwei Möglichkeiten, die Entscheidung der informationspflichtigen Stelle überprüfen zu lassen. Zum einen das im Verwaltungsverfahren übliche Widerspruchsverfahren (→ Rn. 16 ff.), welches entgegen der Vorgaben der Verwaltungsgerichtsordnung auch oberste Bundesbehörden durchzuführen haben. Zum anderen kann die antragstellende Person gegenüber der informationspflichtigen Stelle fakultativ eine erneute Überprüfung der Entscheidung verlangen (→ Rn. 19 f.), ohne dass dies Voraussetzung für das Klageverfahren ist.

Übersicht

	Rn		Rn
A. Allgemeines	1	Privatrechts gem. § 2 Abs. 1 Nr. 2 UIG	9
B. Sonderzuweisung auf Verwaltungsrechtsweg (Abs. 1)	3	IV. Verwaltungsrechtlicher Drittschutz	10
I. Verfahrensvorschriften und Klageverfahren	4	**C. Widerspruchsverfahren (Abs. 2)**	16
II. In-camera-Verfahren	6	**D. Überprüfungsverfahren (Abs. 3 und 4)**	19
III. Voraussetzungen der Klageerhebung bei informationspflichtigen Stellen des			

A. Allgemeines

1 Europarechtliche Grundlage der Norm ist Art. 6 RL 2003/4/EG, nach der antragstellende Personen die Entscheidungen von informationspflichtigen Stellen in Bezug auf einen Informationszugangsantrag auf dem **Verwaltungs- oder Rechtsweg** anfechten können sollen (19. Erwägungsgrund RL 2003/4/EG).

2 Die Vorschrift wurde im Rahmen des Gesetzgebungsverfahrens gegenüber dem Regierungsentwurf in verschiedenen Punkten **geändert**. Vor allem durch die **Ausweitung** des Anwendungsbereichs des UIG auf Personen des Privatrechts, die nicht den Bestimmungen des Verwaltungsverfahrensrechts unterliegen, machte es erforderlich, neben der Möglichkeit, **auf gerichtlichem Weg** den Informationszugangsanspruch durchzusetzen, ein weiteres **Überprüfungsverfahren** einzurichten. Denn Widerspruchsverfahren müssen private informationspflichtige Stellen nicht durchführen. Diese **Forderung** hat ihren Niederschlag in dem in Absatz 3 und 4 beschriebenen Verfahren gefunden (BT-Drs. 15/4243, 18).

B. Sonderzuweisung auf Verwaltungsrechtsweg (Abs. 1)

3 Für sämtliche Streitigkeiten nach dem UIG regelt § 6 Abs. 1 UIG **allgemein und abschließend** die Eröffnung des **Verwaltungsrechtswegs.** Unerheblich ist, ob es sich bei der informationspflichtigen Stelle um eine öffentliche Stelle oder eine private Stelle iSd § 2 Abs. 1 Nr. 2 UIG handelt. § 6 Abs. 1 UIG ist in letzterem Fall eine **Sonderzuweisung** iSd § 40 Abs. 1 VwGO.

I. Verfahrensvorschriften und Klageverfahren

4 Gegen die Ablehnung des Antrages auf Informationszugang kann die antragstellende Person nach Durchführung des Widerspruchsverfahrens **Verpflichtungsklage** beim zuständigen Verwaltungsgericht einlegen. Der Klageantrag ist auf **Abänderung** des ablehnenden Bescheides unter **Gewährung des Zugangs** zu den beantragten Umweltinformationen zu richten (VGH Mannheim BeckRS 2009, 35967).

4a Verfahrensrechtliche Besonderheiten in Hinblick auf die Durchführung des Hauptsacheverfahrens oder Verfahren des einstweiligen Rechtsschutzes bestehen nicht. Wie auch in anderen Verfahren des einstweiligen Rechtsschutzes dürfen diese nur ausnahmsweise die Entscheidung in der Hauptsache vorweg nehmen. Das UIG sieht kein spezifisches verfahrensrechtliches Beschleunigungsgebot vor (OVG Berlin-Brandenburg LKV 2013 268 (269)). In der Regel läge jedoch eine derartige Vorwegnahme vor, wenn bereits im einstweiligen Rechtsschutzverfahren der Zugang zu den begehrten Informationen gewährt werden würde. Andererseits kann gerade die Aktualität der Information für den Antragsteller von besonderer Bedeutung sein und ein Zuwarten auf die Entscheidung in der Hauptsache zu schweren und unzumutbaren Nachteile führen, die nachträglich durch die Entscheidung nicht mehr beseitigt werden können (OVG Berlin-Brandenburg NVwZ 2012, 979 (981)). Unter diesen Umständen, die der Kläger jedoch nachweisen muss, wäre im einstweiligen Rechtsschutzverfahren der Zugang zu den Informationen und somit letztlich die Vorwegnahmen in der Hauptsache gerechtfertigt (Çalışkan LKV 2013, 257 (258) zum einstweiligen Rechtsschutzverfahren zum Schutz der Rechte Dritter → Rn. 15).

In den Fällen der Klage gegen informationspflichtige Stellen gem. § 2 Abs. 1 Nr. 2 UIG ist eine **allgemeine Leistungsklage** auf Zugang zu den Informationen zu erheben. Da private informationspflichtige Stellen keine Verwaltungsakte erlassen, womit eine Verpflichtung auf Erlass eines Verwaltungsaktes durch das Gericht ebenfalls **ausscheidet**. 5

II. In-camera-Verfahren

In-camera-Verfahren (§ 99 Abs. 2 VwGO) haben vor allem im Bereich des Zugangs zu Informationen auf der Grundlage von Ansprüchen aus den Informationsfreiheitsgesetzen **besondere Bedeutung**. Denn soweit in gerichtlichen Verfahren über die Verletzung schutzwürdiger Interessen durch die Veröffentlichung von Informationen zu entscheiden ist, lässt sich das Gericht die streitgegenständlichen Informationen **vorlegen**, § 99 Abs. 1 VwGO. Dies führt ohne entsprechende Vorkehrungen auch zur **Offenlegung** der Informationen gegenüber der **antragstellenden Person**, wegen des in § 100 Abs. 1 HS 2 VwGO enthaltenen Anspruchs der Verfahrensbeteiligten auf **Akteneinsicht**. Sind die Umweltinformationen und deren **Schutzbedarf** Gegenstand des Verfahrens, könnte dies bei der Wahrnehmung des Rechts aus § 100 Abs. 1 VwGO durch die klagende Person zu einer **Erledigung der Streitsache** führen (OVG Schleswig NVwZ 2006, 847). 6

Derartige Fälle werden durch **In-camera-Verfahren** entschieden, wenn gem. § 99 Abs. 1 S. 2 VwGO die zuständige oberste Aufsichtsbehörde die Vorlage der Verwaltungsvorgänge mittels einer **Sperrerklärung** verweigert, weil das Bekanntwerden des Inhalts dieser Verwaltungsvorgänge dem Wohl des Bundes oder des Landes Nachteile bereiten würde oder wenn die Vorgänge nach dem Gesetz oder ihrem Wesen nach **geheim gehalten** werden müssen (OVG Berlin-Brandenburg BeckRS 2013, 45192). 7

Das Gericht der Hauptsache muss die fraglichen Unterlagen für **entscheidungserheblich** halten (BVerwG BeckRS 2012, 53682), damit im Rahmen des In-camera-Verfahrens das Gericht über die **Rechtmäßigkeit** der **Sperrerklärung** entscheiden kann. Der Maßstab der Entscheidung richtet sich nach dem Vorliegen eines **Nachteils** iSv § 99 Abs. 1 S. 2 VwGO (BVerwG BeckRS 2012, 53682). Überprüft wird lediglich die Ermessensentscheidung der obersten Aufsichtsbehörde, ohne Bezug auf die Ablehnungsgründe des UIG nehmen zu müssen. 8

III. Voraussetzungen der Klageerhebung bei informationspflichtigen Stellen des Privatrechts gem. § 2 Abs. 1 Nr. 2 UIG

Anders als bei öffentlichen Stellen ist die Durchführung eines Widerspruchverfahrens bei informationspflichtigen Stellen gem. § 2 Abs. 1 Nr. 2 UIG **entbehrlich**. Denn natürliche und juristische Personen des Privatrechts sowie nichtrechtsfähige Vereinigungen können kein Verfahren nach §§ 68 ff. VwGO durchführen. Die **Ablehnung** des Zugangs durch diese Stellen hat keine **Verwaltungsaktqualität** (→ § 5 Rn. 6), da sie keine **hoheitlichen Befugnisse** zum Erlass derartiger Bescheide durch das UIG zugwiesen bekommen. Eine Klageerhebung ist somit ohne nochmalige Überprüfung der Entscheidung ohne Vorverfahren zulässig. 9

IV. Verwaltungsrechtlicher Drittschutz

Von der Sonderzuweisung auf den Verwaltungsrechtweg werden auch Verfahren erfasst, in denen **Dritte**, die von der Veröffentlichung von Umweltinformationen in ihren Rechten 10

beeinträchtigt werden, die **Veröffentlichungsentscheidung** gerichtlich prüfen lassen möchten.

11 Namentlich trifft dies vor allem die **Inhaber schutzwürdiger Rechte gem. § 9 UIG.** Diese Betroffenen sind gem. § 9 Abs. 1 S. 3 UIG vor der Entscheidung über die Offenlegung der Informationen **anzuhören.** Entscheidet die informationspflichtige Stelle nach der Anhörung der Betroffenen und durchgeführten Abwägung, dass das öffentliche Interesse an der Veröffentlichung das schutzwürdige Interesse der Betroffenen **überwiegt,** haben diese die Möglichkeit, gegen die Entscheidung vor dem Verwaltungsgericht **Rechtsschutz** zu suchen (Landmann/Rohmer/Reidt/Schiller UIG § 6 Rn. 17).

12 Problematisch ist, dass im UIG eine **nachträgliche** Information der Betroffenen nach der Entscheidung durch die informationspflichtige Stelle nicht vorgesehen ist. Dies kann zu einer Verkürzung des Rechtsschutzes der Betroffenen führen und die Unterlassung der Information der Betroffenen über die Veröffentlichung und ggf. die Veröffentlichung selbst einen **Amtshaftungsanspruch** begründen (ausführlich Kümper ZUR 2012, 395 (399); Landmann/Rohmer/Reidt/Schiller UIG § 6 Rn. 17a).

13 Auch auf der Grundlage des verfassungsrechtlichen Anspruchs auf **effektiven Rechtsschutz** gem. Art. 19 Abs. 4 GG ist den Betroffenen **Zugang zum verwaltungsgerichtlichen Rechtsschutz** zu eröffnen, um die die Drittrechte verletzende Veröffentlichung der Umweltinformationen prüfen und ggf. untersagen zu lassen. Denn bei der **Informationsbekanntgabe** handelt es sich um einen **drittbelastenden Verwaltungsakt** iSd § 35 S. 1 VwVfG (VG Schleswig BeckRS 2007, 23156).

13.1 Ausführlich zur Drittwirkung der Veröffentlichung Landmann/Rohmer/Reidt/Schiller UIG § 6 Rn. 18 ff.

14 Der Betroffene muss daher gegen die Entscheidung der informationspflichtigen Stelle Widerspruch und im Falle der Aufrechterhaltung der Entscheidung **Anfechtungsklage** vor dem Verwaltungsgericht einreichen, um die mögliche Verletzung der **schutzwürdigen Rechte** gerichtlich prüfen zu lassen.

15 Im Verfahren des **einstweiligen Rechtschutzes** hat das Gericht dabei über das **übliche Maß** einer **summarischen Prüfung** hinaus, das Vorliegen der Ablehnungsgründe und die Abwägung zu prüfen, da eine Bekanntgabe der Informationen zu einem späteren Zeitpunkt **nicht rückgängig** gemacht werden kann (OVG Münster NVwZ-RR 2006, 248 (251); VG Schleswig BeckRS 2007, 23156) und daher einen für die Rechte des Betroffenen **beeinträchtigenden Effekt** hätte. Für Betroffene stellt sich daher ein Verfahren im einstweiligen Rechtsschutz **faktisch** wie eine Entscheidung in der Hauptsache dar, vor allem dann, wenn der Veröffentlichung **stattgegeben** wird.

C. Widerspruchsverfahren (Abs. 2)

16 Die Formulierung des § 6 Abs. 2 UIG regelt die Verpflichtung zur Durchführung eines Widerspruchsverfahrens gem. §§ 68–73 VwGO vor Einreichung einer Klage auch durch **oberste Bundesbehörden,** die in der Regel von dieser Verpflichtung ausgenommen sind. Ein Widerspruchsverfahren ist entgegen dem Verfahren nach § 5 Abs. 3 UIG **Zulässigkeitsvoraussetzung** gegenüber informationspflichtigen Stellen gem. § 2 Abs. 1 Nr. 1 UIG.

17 Der Widerspruch ist innerhalb eines Monats nach Zugang des **Ablehnungs- oder Teilablehnungsbescheides** schriftlich oder zur Niederschrift bei der Ausgangs- oder Widerspruchsbehörde einzureichen.

18 § 6 Abs. 2 UIG regelt **nicht** die Frist für die Bescheidung des Widerspruchs. Prinzipiell gilt daher die **Dreimonatsfrist** gem. § 75 VwGO: Dies führt jedoch zu einem Wertungswiderspruch zu der Frist von einem Monat für private informationspflichtige Stellen nach dem Überprüfungsverfahren gem. § 5 Abs. 3 UIG. Öffentliche Stellen sollten gegenüber private Stellen durch einen Verweis auf die **allgemeinen Verfahrensregeln** der VwGO nicht privilegiert werden, womit gefordert werden könnte, die allgemein im UIG geltende **Monatsfrist** auch auf das **Widerspruchsverfahren** auszudehnen.

D. Überprüfungsverfahren (Abs. 3 und 4)

§ 6 Abs. 3 und 4 UIG sehen ein **fakultatives Überprüfungsverfahren** vor. Mit diesem sollen informationspflichtige Stellen in die Lage versetzt werden, die eigene Entscheidung außerhalb eines **förmlichen Verwaltungsverfahrens** zu überprüfen. Für private informationspflichtige Stellen stellt es das **Pendant zum Widerspruchverfahren** dar. Der Antrag ist innerhalb eines Monats nach Mitteilung der Entscheidung der informationspflichtigen Stelle bei dieser zu stellen. Sie hat die Prüfung **innerhalb** eines Monats nach Eingang des erneuten Antrags abzuschließen. 19

Dem Gesetzeswortlaut nach können sowohl das Verfahren der **Selbstkontrolle** als auch das **formale Widerspruchsverfahren** parallel geführt werden. Sollte im Fall der Klageeinreichung die informationspflichtige Stelle im Wege der Selbstkontrolle den Zugang zu den begehrten Informationen gewähren, würde sich die Klage in der Sache **erledigen.** 20

§ 7 Unterstützung des Zugangs zu Umweltinformationen

(1) ¹Die informationspflichtigen Stellen ergreifen Maßnahmen, um den Zugang zu den bei ihnen verfügbaren Umweltinformationen zu erleichtern. ²Zu diesem Zweck wirken sie darauf hin, dass Umweltinformationen, über die sie verfügen, zunehmend in elektronischen Datenbanken oder in sonstigen Formaten gespeichert werden, die über Mittel der elektronischen Kommunikation abrufbar sind.

(2) Die informationspflichtigen Stellen treffen praktische Vorkehrungen zur Erleichterung des Informationszugangs, beispielsweise durch

1. die Benennung von Auskunftspersonen oder Informationsstellen,
2. die Veröffentlichung von Verzeichnissen über verfügbare Umweltinformationen,
3. die Einrichtung öffentlich zugänglicher Informationsnetze und Datenbanken oder
4. die Veröffentlichung von Informationen über behördliche Zuständigkeiten.

(3) Soweit möglich, gewährleisten die informationspflichtigen Stellen, dass alle Umweltinformationen, die von ihnen oder für sie zusammengestellt werden, auf dem gegenwärtigen Stand, exakt und vergleichbar sind.

Mit § 7 UIG wird der informationspflichtigen Stelle die Ergreifung technischer und organisatorischer Maßnahmen auferlegt, um den Zugang zu den bei ihr vorliegenden Umweltinformationen zu erleichtern (→ Rn. 2 f.).

A. Allgemeines

§ 7 UIG dient der **Erleichterung** der Gewährung des Zugangs zu Umweltinformationen auf Antrag und der **Unterstützung** der Öffentlichkeit bei der Antragstellung ebenso, wie die Erleichterung des **Auffindens** und Zugangs zu den Umweltinformationen (BT-Drs. 15/3406, 18). Der Regelungsinhalt ist **technischer** und **organisatorischer** Natur. Ebenso wie bereits die Veröffentlichungsverpflichtung gem. § 10 UIG statuiert § 7 UIG zwar **Pflichten** für die informationspflichtige Stelle. Die Beachtung der Vorgaben kann durch die antragstellenden Personen jedoch nicht **erzwungen** bzw. die ggf. fehlerhafte Umsetzung **gerichtlich überprüft** werden. 1

B. Unterstützung des Zugangs (Abs. 1 und 2)

Informationspflichtige Stellen sollen die **Speicherung** der Umweltinformationen so **ausgestalten,** dass der Zugang zu ihnen **erleichtert** wird. Daten, Dokumente und Informationen sollen in erster Linie **elektronisch gespeichert** und zunehmend in **elektronischen Datenbanken** erfasst werden. Auch der Abruf und die Verfügbarmachung der Informationen soll über **elektronische Kommunikationswege** realisiert werden (Gassner PdK UIG § 7 Z 1). 2

3   Vor allem die **elektronische Speicherung** von Informationen **erleichtert** das Auffinden und den Zugang für die antragstellenden Personen und die Realisierung der Zugangsgewährung für die informationspflichtigen Stellen (BT-Drs. 15/3406, 17). Antragsberechtigte Personen wird **kein Anspruch** auf die elektronische Bereitstellung der Umweltinformationen bzw. eine barrierefreie Bereitstellung gewährt. Jedoch ist hierbei das **Wahlrecht** der antragstellenden Personen zu beachten. Soweit die Informationen digital verfügbar sind und angefordert werden, ist dieser Zugangsweg auch der antragstellenden Person zu gewähren (→ § 3 Rn. 24).

4   Der europäische Gesetzgeber schien die Norm ursprünglich nicht als Verpflichtung ausgestalten zu wollen, wie sich aus dem 9. Erwägungsgrund der Umweltinformationsrichtlinie ergibt. Vielmehr war danach nur eine **unverbindliche Zielerreichung** beabsichtigt. Zukünftige Entwicklungen in der Kommunikationstechnologie sollten erst bei der **Berichterstattung** über die Wirkung der Umweltinformationsrichtlinien und der entsprechenden **Überprüfung** Berücksichtigung finden. Zwar dient § 7 UIG der Umsetzung der Richtlinie und daher sind auch die **Erwägungsgründe** maßgeblich für die **Interpretation** der Norm (Riesenhuber/Drechsler/Pechstein Europäische Methodenlehre, 2006, § 8 Rn. 31). Jedoch wird man § 7 UIG mittlerweile nicht als reine **Programmnorm** sondern vielmehr als **technischen und organisatorischen Prüfungsmaßstab** bezeichnen müssen.

5   Die Formulierung in § 7 Abs. 2 UIG führt **exemplarisch** auf, wie die **innerbehördliche Organisation** auszugestalten ist und welche **technische Maßnahmen** ergriffen werden können, um das Auffinden, den Zugang und Zugangsgewährung iSd § 7 Abs. 1 UIG zu erleichtern. Die zu ergreifenden Maßnahmen stehen im **Ermessen** der informationspflichtigen Stelle (Landmann/Rohmer/Reidt/Schiller UIG § 7 Rn. 8).

C. Umweltinformationen auf dem gegenwärtigen Stand, exakt und vergleichbar (Abs. 3)

6   Informationspflichtige Stellen haben – soweit möglich – zu gewährleisten, dass die Umweltinformationen, die von ihnen oder für sie zusammengestellt werden, auf dem **gegenwärtigen Stand, exakt und vergleichbar** sind. Diese Verpflichtung gilt auch für die **proaktiv** zu veröffentlichenden Umweltinformationen gem. § 10 UIG.

6.1   Nur unter Beachtung dieser Vorgaben sind die den Umweltinformationen innewohnenden wirtschaftlichen Potentiale zu aktivieren, auch wenn dies kein ausdrücklich erklärtes Ziel des UIG ist (Rossi NVwZ 2013, 1263 (1265)).

7   Umweltinformationen sind dann auf dem **gegenwärtigen Stand,** wenn die informationspflichtige Stelle selbst keine neueren Umweltinformationen gespeichert hat oder ihr nicht zur Verfügung stehen. § 7 Abs. 3 UIG begründet **keine Beschaffungspflicht** für aktuellere Umweltinformationen. Nur die ohnehin verfügbaren Informationen sind nach den Vorgaben des § 7 Abs. 3 UIG **zu pflegen.**

8   In Hinblick auf die Anforderung nach der **Vergleichbarkeit** der Daten ist auf die Barrierefreiheit der Informationen zu verweisen. Die Anforderung der Vergleichbarkeit wird erfüllt, wenn die **Informationen maschinenlesbar und suchfähig** zur Verfügung gestellt werden.

Abschnitt 3. Ablehnungsgründe

§ 8 Schutz öffentlicher Belange

(1) ¹Soweit das Bekanntgeben der Informationen nachteilige Auswirkungen hätte auf

1. die internationalen Beziehungen, die Verteidigung oder bedeutsame Schutzgüter der öffentlichen Sicherheit,
2. die Vertraulichkeit der Beratungen von informationspflichtigen Stellen im Sinne des § 2 Abs. 1,

3. die Durchführung eines laufenden Gerichtsverfahrens, den Anspruch einer Person auf ein faires Verfahren oder die Durchführung strafrechtlicher, ordnungswidrigkeitenrechtlicher oder disziplinarrechtlicher Ermittlungen oder
4. den Zustand der Umwelt und ihrer Bestandteile im Sinne des § 2 Abs. 3 Nr. 1 oder Schutzgüter im Sinne des § 2 Abs. 3 Nr. 6,

ist der Antrag abzulehnen, es sei denn, das öffentliche Interesse an der Bekanntgabe überwiegt. ²Der Zugang zu Umweltinformationen über Emissionen kann nicht unter Berufung auf die in den Nummern 2 und 4 genannten Gründe abgelehnt werden.

(2) Soweit ein Antrag
1. offensichtlich missbräuchlich gestellt wurde,
2. sich auf interne Mitteilungen der informationspflichtigen Stellen im Sinne des § 2 Abs. 1 bezieht,
3. bei einer Stelle, die nicht über die Umweltinformationen verfügt, gestellt wird, sofern er nicht nach § 4 Abs. 3 weitergeleitet werden kann,
4. sich auf die Zugänglichmachung von Material, das gerade vervollständigt wird, noch nicht abgeschlossener Schriftstücke oder noch nicht aufbereiteter Daten bezieht oder
5. zu unbestimmt ist und auf Aufforderung der informationspflichtigen Stelle nach § 4 Abs. 2 nicht innerhalb einer angemessenen Frist präzisiert wird,

ist er abzulehnen, es sei denn, das öffentliche Interesse an der Bekanntgabe überwiegt.

Der voraussetzungslose Anspruch auf den Zugang zu Umweltinformationen provoziert Konflikte zu zT verfassungsrechtlich geschützten Gütern, die durch eine Veröffentlichung bestimmter Umweltinformationen verletzt werden können. Neben den in § 9 geschützten individuellen Interessen und Rechten, bewahrt § 8 vor allem die öffentlichen Belange (→ Rn. 16 ff.) vor dem absoluten und unbeschränkten Zugang zu Informationen und damit der Offenlegung von Angaben, deren Schutz im öffentlichen Interesse steht und höher zu gewichten sind, als die Bewahrung der Umwelt und die Transparenz staatlicher Entscheidungen. Zum Teil ist es sogar im Interesse des Schutzes der Natur, wenn bestimmte Angaben nicht bekannt werden, wie § 8 Abs. 1 Nr. 4 UIG (→ Rn. 44) belegt. Abs. 1 schützt die materiellen öffentlichen Belange, wie den Bestand des Staates, seine internationalen Beziehungen bzw. weitere bedeutsame Schutzgüter der öffentlichen Sicherheit (→ Rn. 24 ff.), die Funktions- und Handlungsfähigkeit der informationspflichtigen Stellen (→ Rn. 30), die Bewahrung der ordnungsgemäßen Rechtspflege und Verfahrensrechte der Betroffenen (→ Rn. 36) sowie den Schutz der Umwelt und seiner Bestandteile. Abs. 2 hingegen lässt die Beschränkung des Zugangs auf der Grundlage formaler Kriterien (→ Rn. 47 ff.) zu, die mit der Antragstellung oder dem Zustand bzw. dem Zweck der Nutzung der begehrten Informationen im Zusammenhang stehen. Die Beschränkungen der Informationsfreiheit nach dem § 8 UIG gelten jedoch nicht absolut. Selbst wenn nachteilige Auswirkungen auf die geschützten Interessen durch die informationspflichtige Stelle festgestellt wurden oder nicht ausgeschlossen werden können, hat diese eine Abwägungsentscheidung (→ Rn. 4 ff.) zu treffen, ob dennoch der Zugang im öffentlichen Interesse zu erfolgen hat.

Übersicht

	Rn		Rn
A. Systematik der Ausnahmetatbestände der §§ 8 und 9	1	I. Erfordernis der nachteiligen Auswirkung	16
I. Prüfungsaufbau der Ausnahmetatbestände	2	II. Schutz der internationalen Beziehungen, der Verteidigung oder bedeutsame Schutzgüter der öffentlichen Sicherheit (Abs 1 Nr. 1)	24
II. Abwägungsentscheidung und Verfahren	4	1. Internationale Beziehungen	25
B. Allgemeines zu § 8	14	2. Verteidigung	26
C. Schutz öffentlicher Belange (Abs. 1)	16	3. Bedeutsame Schutzgüter der öffentlichen Sicherheit	28

	Rn		Rn
III. Vertraulichkeit der Beratungen von informationspflichtigen Stellen (Abs. 1 Nr. 2)	30	I. Missbräuchlich gestellte Anträge (Abs. 2 Nr. 1)	48
IV. Schutz der Rechtspflege (Abs. 1 Nr. 3)	36	II. Interne Mitteilungen (Abs. 2 Nr. 2)	51
V. Schutz von Umweltbelangen (Abs. 1 Nr. 4)	44	III. Ablehnung wegen fehlender Verfügung über die Informationen (Abs. 2 Nr. 3)	53
VI. Beschränkung der Ausnahmen bei Angaben über Emissionen (Abs. 1 S. 2)	45	IV. Nicht abgeschlossene Schriftstücke und unaufbereiteten Daten (Abs. 2 Nr. 4)	54
D. Schutz sonstiger Belange im öffentlichen Interesses (Abs. 2)	47	V. Unbestimmtheit des Antrages (Abs. 2 Nr. 5)	57

A. Systematik der Ausnahmetatbestände der §§ 8 und 9

1   Die §§ 8 und 9 UIG zählen, bis auf den in § 5 Abs. 1 UIG genannten Fall der Verweisung der antragstellenden Person auf andere Zugangsarten, **abschließend** die Ablehnungsgründe für Anträge nach § 3 UIG auf. Sie entsprechen den in Art. 4 Abs. 1 und 2 RL 2003/04/EG aufgeführten europarechtlich vorgesehenen Ausnahmegründen. Sämtliche Ablehnungsgründe sind im Sinne einer effektiven und umfassenden Informationsfreiheit **eng auszulegen** (OVG Münster NVwZ 2011, 375; BT-Drs. 15/3406, 18; Landmann/Rohmer/Reidt/Schiller UIG § 8 Rn. 1). Da sie den ansonsten in § 3 UIG voraussetzungslos ausgestalteten Zugangsanspruch **inhaltlich** beschränken und insoweit die Ausnahmen von der gesetzlichen Regel normieren.

I. Prüfungsaufbau der Ausnahmetatbestände

2   Sind die in den §§ 8 und 9 UIG vorgesehenen Ausnahmetatbestände erfüllt, hat die informationspflichtige Stelle den Informationsantrag grds. **abzulehnen**. Soweit allerdings das öffentliche Interesse an der Bekanntgabe der Information die geschützten Interessen **überwiegt**, kann die informationspflichtige Stelle, soweit sie über die Umweltinformationen verfügt, dennoch den Zugang zu den Informationen **gewähren**. Durch diesen **zweistufigen Prüfungsaufbau** (Landmann/Rohmer/Reidt/Schiller UIG § 8 Rn. 2) wird erreicht, dass die informationspflichtige Stelle im **Einzelfall** dem öffentlichen Interesse an der Zugänglichmachung von Umweltinformationen den **Vorrang** gegenüber den **Partikularinteressen** an der Zurückhaltung einräumen kann (BT-Drs. 15/3406, 18). Dieser gesetzlich vorgesehene **Abwägungsvorgang** setzt die Vorgaben des Art. 4 Abs. 2 UAbs. 2 RL 2003/4/EG um.

3   In europarechtskonformer Auslegung des UIG auf der Grundlage des Art. 4 Abs. 2 RL 2003/4/EG sind informationspflichtige Stellen berechtigt, bei der Abwägung des öffentlichen Interesses an der Bekanntgabe der Information gegen die Interessen an der Verweigerung des Zugangs die schutzwürdigen Belange der natürlichen oder juristischen Person **kumulativ** mit den öffentlichen Belangen in die Abwägungsentscheidung einzustellen (EuGH NVwZ 2011, 1060 (1061)). Eine derartige **Abwägungslage** kann entstehen, wenn die bei **singulärer** Betrachtungsweise jeweiligen schutzwürdigen Belange der §§ 8 und 9 UIG gegenüber dem öffentlichen Informationsinteresse kein **derartiges Gewicht** entwickeln, dass der Zugang abgelehnt werden kann. Jedoch andererseits bei einer **Zusammenschau** der öffentlichen und individuellen Belange ein Lagebild entsteht, welches eine Ablehnungsentscheidung **rechtfertigen** würde. Informationspflichtige Stellen können und müssen daher sämtliche Aspekte bei der Veröffentlichung der Informationen in Betracht ziehen.

II. Abwägungsentscheidung und Verfahren

4   Das UIG trennt zwischen dem Schutz **öffentlicher Belange**, § 8 UIG, und dem **Schutz privater Belange**, § 9 UIG. Die bereits beschriebene Pflicht zur Abwägung der Versagung

des Zugangs und dem öffentlichen Interesse an der Veröffentlichung erfolgt sowohl im Lichte der öffentlichen Belange als auch der privaten Rechte.

Der Zugang zu Umweltinformationen kann entgegen bestehender Ausnahmetatbestände dennoch ermöglicht werden, wenn das öffentliche Interesse an der Veröffentlichung der Informationen die jeweiligen Schutzinteressen überwiegt. Die informationspflichtige Stelle muss daher vor der endgültigen Ablehnung des Zugangsanspruches einen Abwägungsprozess vornehmen. 5

Ein Überwiegen des öffentlichen Interesses kann nur dann festgestellt werden, wenn mit dem Antrag ein Interesse verfolgt wird, das über das allgemeine, bereits durch das UIG materialisierte Veröffentlichungsinteresse hinausgeht. Denn anderenfalls überwöge das öffentliche Interesse stets und eine Abwägung des Einzelfalles wäre nicht erforderlich (BVerwG NVwZ 2010, 189 (193); BVerwG NVwZ 2008, 554 (557)). 6

Die in Betracht kommenden öffentlichen Interessen sind nicht abstrakt sondern bezogen auf den konkreten Einzelfall zu ermitteln. Sie werden sich in der Regel aus den durch die Umweltinformationsrichtlinie ergebenden Zielen des Informationsfreiheit und vor allem des Umweltschutzes speisen. Die Partikularinteressen der antragstellenden Person sind dabei, wie auch bei der Begründung des Antrages irrelevant, können jedoch Hinweise auf die Interessen der Öffentlichkeit geben (BVerwG NVwZ 2008, 554 (557)). 7

> Das Interesse der Allgemeinheit an Informationen über einen Störfall in einem Kernkraftwerk kann die Schutzinteressen im Einzelfall übersteigen (BVerwG NVwZ 2008, 554 (557)). 7.1

Aufgrund der Pflicht, das öffentliche Interesse an der Zugangsgewährung gegen die schutzwürdigen Interessen abzuwägen, kann dies im Einzelfall zu einer **Darlegung der Interessen** der antragstellenden Person führen. Denn nur so wird die informationspflichtige Stelle in der Lage sein, die bestehenden eventuell im öffentliche Interesse liegende **Motivation** für den Informationszugang feststellen zu können. Dies führt, trotz der gesetzlich normierten Voraussetzungslosigkeit, **faktisch** zu einer Darlegungslast seitens der antragstellenden Person in den Fällen, in denen schutzwürdige Interessen einer Veröffentlichung entgegenstehen können (Gassner PdK UIG § 8 Z 1). 8

Versagt die antragstellende Person die Darlegung der eigenen Interessen, kann dies jedoch nicht **automatisch** zu der Annahme seitens der informationspflichtigen Stelle führen, es läge **kein** öffentliches Interesse an der Veröffentlichung vor. Auf der Grundlage des **Amtsermittlungsgrundsatzes** hat die informationspflichtige Stelle selbständig und ohne weitere Darlegung durch die antragstellende Person, die **bedeutsamen,** auch die für die antragstellende Person **günstigen Umstände,** zu berücksichtigen, § 24 Abs. 2 VwVfG. 9

Informationspflichtige Stellen, die aufgrund ihrer Aufgaben Daten **anderer Stellen** der öffentlichen Verwaltung erhalten und darüber verfügen, sind entsprechend der allgemeinen verwaltungsverfahrensrechtlichen Grundsätze, bei der Prüfung des Vorliegens eines Informationsanspruchs nach dem Umweltinformationsgesetz verpflichtet, die Stelle, von der die Angaben stammen, in die Entscheidung mit einzubeziehen. Dadurch soll sichergestellt werden, dass umfassend über das Vorliegen eines Ablehnungsgrundes auf der Grundlage eines vollständig **aufgeklärten Sachverhaltes** entschieden wird. Dies gilt insbes. für die Ablehnungsgründe der öffentlichen Sicherheit gem. § 8 Abs. 1 Nr. 1 UIG (BT-Drs. 15/3406, 18). 10

Das UIG sieht jedoch – ebenfalls im Einklang mit der Umweltrichtlinie – vor, dass ein Vorliegen schutzwürdiger Interessen und Rechte nicht den Zugang **vollständig** blockieren muss. Die informationspflichtige Stelle hat jederzeit zu prüfen, ob geschützte Informationen von freizugebenden Informationen **getrennt** werden können. Ist dies möglich, hat sie zumindest einen beschränkten Zugang zu gewähren, § 5 Abs. 3 UIG. 11

Die Verfahrensvoraussetzungen für die Ablehnung des Zugangs zu Informationen wird im Wesentlichen in § 5 UIG normiert und § 6 UIG enthält die umweltinformationsspezifischen Regeln für das Rechtsschutzverfahren. 12

Eine durch die informationspflichtige Stelle zu beachtende **Besonderheit** bei der Ablehnung eines Antrags wegen der in § 9 UIG genannten Gründe findet sich in § 9 Abs. 1 S. 3 UIG. Danach muss die informationspflichtige Stelle eine **Anhörung** der Betroffenen vornehmen, wenn sie Informationen, die gem. § 9 Abs. 1 S. 1 UIG als schutzwürdig angesehen werden, dennoch veröffentlichen möchte. 13

B. Allgemeines zu § 8

14 Durch § 8 UIG werden die **materiellen** Ablehnungsgründe des Art. 4 Abs. 1 und 2 RL 2003/4/EG in nationales Recht umgesetzt und zum Schutz der **öffentlichen** und **sonstigen Belange** der Zugang zu Umweltinformationen eingeschränkt. Trotz der absolut formulierten **Sperrwirkung** der Ausnahmetatbestände hat die informationspflichtige Stelle eine **Abwägungsentscheidung** zu treffen. Dh mit der Feststellung, dass bei der Zugangsgewährung öffentliche oder sonstige Belange betroffen sind, muss der Schutz dieser Belange gegen das öffentliche Interesse an einer Zugänglichmachung der begehrten Umweltinformationen geprüft werden. Durch diesen Vorgang kann die informationspflichtige Stelle auf die individuellen **Eigenheiten** jedes Falles eingehen und darüber im Zweifel den Zwecken der Umweltinformationsrichtlinie bzw. dem UIG besser gerecht werden (Gassner PdK UIG § 8 Z 1.).

15 Die Ablehnungsentscheidung erfolgt in Form eines **Verwaltungsaktes** (→ § 5 Rn. 4) gegen den Rechtsschutz auf dem **Verwaltungsrechtsweg** gesucht werden kann (→ § 6 Rn. 3).

C. Schutz öffentlicher Belange (Abs. 1)

I. Erfordernis der nachteiligen Auswirkung

16 Für sämtliche Ablehnungsgründe gilt, dass nach § 8 Abs. 1 HS 1 UIG nur dann der Zugang **verweigert** werden kann, wenn das Bekanntgeben der Informationen **nachteilige Auswirkungen** auf die jeweiligen Schutzgüter hätte. Die informationspflichtige Stelle muss somit eine **Prognoseentscheidung** über die Folgen der Veröffentlichung in Hinblick auf die Schutzgüter des § 8 UIG treffen (BT-Drs. 15/3406, 18).

17 Im Gegensatz zum UIG, welches den Begriff der „nachteiligen Auswirkungen" verwendet, verlangt Art. 4 Abs. 2 RL 2003/4/EG „negative Auswirkungen" auf die geschützten Belange. Aufgrund der **engen Auslegung** von Ablehnungsgründen, müssen die „nachteiligen Auswirkungen" auf die in § 8 Abs. 1 Nr. 1-4 UIG aufgeführten öffentlichen Belange nicht nur **geringfügig negativ** sein. Vielmehr müssen sie sich deutlich und nachweisbar auf die Schutzgüter **auswirken** bzw. eine diesen Anforderungen gerecht werdende Auswirkung **wahrscheinlich** sein.

18 Sowohl **unmittelbare** als auch **mittelbare Beeinflussung** werden durch § 8 Abs. 1 HS 1 UIG erfasst (Landmann/Rohmer/Reidt/Schiller UIG § 8 Rn. 4). Nicht maßgeblich sind im Rahmen der Abwägung gem. § 8 UIG die Rechte oder Interessen der antragstellenden Person selbst oder andere Bertroffene. Nur die Schutzgegenstände können in die Abwägung eingestellt werden (VG Arnsberg BeckRS 2011, 46748).

18.1 Beispiel: Keine nachteilige Auswirkung einer Bekanntgabe liegt vor, wenn die Veröffentlichung die Verschlechterung einer prozessualen Position eines Beklagten oder eines Klägers in einem Gerichtsverfahren bewirkt, letztlich jedoch ein materiell und formell ordnungsgemäßes Urteil erlassen wird (VG Arnsberg BeckRS 2011, 46748; VG Frankfurt BeckRS 2006, 24416).

19 Die zu treffende Prognose erstreckt sich auf die „Auswirkung" und die „Nachteiligkeit" derselben, dh die **Folgen** der Veröffentlichung sind festzustellen und deren **Wirkungen** müssen bewertet werden (s. BT-Drs. 15/3406, 18). Es bedarf seitens der informationspflichtigen Stelle der konkreten **Besorgnis** des **Eintritts der nachteiligen Beeinträchtigung** (OVG Schleswig NVwZ 1999, 670 (674)).

20 Die Entscheidung ist **umfassend** und **nachvollziehbar** zu begründen und **gerichtlich** umfänglich **nachprüfbar** (VG Arnsberg BeckRS 2011, 46748; aA BVerwG NVwZ 2010, 321; Landmann/Rohmer/Reidt/Schiller UIG § 8 Rn. 78).

21 Die Tatbestandsvoraussetzung der „Nachteiligkeit" ist bei grammatikalischer Auslegung erfüllt, wenn eine **Verschlechterung, Schädigung oder Benachteiligung** der zu schützenden Rechtsgüter zu erwarten ist. Dabei kann entweder eine bestehende Beeinträchtigung **intensiviert** oder überhaupt erst eine **Gefährdungslage** geschaffen werden.

22 Nach einer Auffassung kann in Hinblick auf einzelne Schutzgüter bereits eine **Nachteiligkeit** bejaht werden, wenn die Veröffentlichung dem gegenwärtigen Zustand „abträg-

lich" ist (vgl. für die auswärtigen Beziehungen im Rahmen des IFG BVerwG NVwZ 2010, 321) oder sich **ungünstig** auswirkt (Landmann/Rohmer/Reidt/Schiller UIG § 8 Rn. 5). Andere Stimmen verlangen eine **erheblich negative** Auswirkung auf die Schutzgüter. Eine Ausdehnung des Ausschlussgrundes auf Auswirkungen unterhalb der **Schwelle der erheblichen Gefährdung** sei nicht hinzunehmen und widerspräche dem Gebot der **engen Auslegung** der Ausschlussgründe. Außerdem würde nach europäischem Verständnis unter den negativen Auswirkungen auf die öffentliche Sicherheit immer eine **schwere und tatsächliche Gefährdung** von **Grundinteressen** der Gesellschaft verstanden werden. In der deutschen Terminologie wäre dies mit der Formulierung der „**erheblichen Gefahr**" gleichzusetzen (OVG Koblenz NVwZ 2008, 1141 (1142); VG Mainz BeckRS 2007, 23952; SSW/Schrader UIG § 7 Rn. 6, 11). Letztlich wird ein rein abstrakt entwickelter Maßstab dem Schutz der jeweiligen Rechtsgüter **nicht gerecht werden.** Denn nur im Lichte der jeweils **individuell** zu betrachtenden **Gefährdung** kann die Frage nach der nachteiligen Auswirkung beantwortet werden.

Für die Feststellung **nachteiliger Auswirkungen** wird eine auf **Tatsachen** gegründete **23 Prognose** verlangt. Diese Anhaltspunkte müssen die Vermutung **rechtfertigen,** das Bekanntwerden der konkret verlangten Informationen habe **negative Auswirkungen.** Es müssen Tatsachen **vorgetragen** werden oder **zweifelsfrei gegeben** sein, die deutlich über eine bloß **latent** vorhandene und in der **Natur der Sache** liegende **Gefährdungslage** hinausgehen. Nicht auszuschließende, eher **fernliegende** Möglichkeiten, dass bei Bekanntgabe nachteilige Effekte auftreten könnten, reichen nicht aus (VGH Kassel BeckRS 2012, 49879).

II. Schutz der internationalen Beziehungen, der Verteidigung oder bedeutsame Schutzgüter der öffentlichen Sicherheit (Abs 1 Nr. 1)

Abs. 1 Nr. 1 normiert, wie bereits dessen Vorgängernorm § 7 Abs. 1 Nr. 1 UIG aF, den **24** Schutz der **internationalen Beziehungen,** der **Verteidigung** und der **öffentlichen Sicherheit** (BT-Drs. 15/3406, 18).

1. Internationale Beziehungen

Unter den **internationalen Beziehungen** werden nach **völkerrechtlichem Verständ- 25 nis** die Beziehungen zwischen Völkerrechtssubjekten verstanden. Subjekte dieser Beziehungen sind jedoch nicht allein Staaten, sondern sämtliche mit **Völkerrechtssubjektivität** ausgestattete Personen, also auch **Organisationen.** Daher können unter den Begriff der internationalen Beziehungen auch das **Verhältnis** der Bundesrepublik zur Europäischen Union (Pesch EuZW 2012, 51 (52)) oder anderen **zwischenstaatlichen** oder **supranationalen** Organisationen erfasst sein (Schomerus, Informationsansprüche nach dem Atom- und Strahlenschutzrecht, Gutachten BMU 2010, http://nbn-resolving.de/urn:nbn:de:0221- 201011233819, 206 mwN).

In Hinblick auf die Beurteilung der nachteiligen Auswirkungen einer Veröffentlichung auf die **25.1** internationalen Beziehungen wird der Bundesregierung ein nicht gerichtlich überprüfbarer Ermessensspielraum eingeräumt (BVerwG NVwZ 2010, 321 (322)).

2. Verteidigung

Der Begriff der Verteidigung erfasst alle deutschen **Streitkräfte,** die Streitkräfte von **26** Staaten, mit denen sich Deutschland in einem **System der kollektiven Sicherheit** befindet, wozu auch Informationen im Zusammenhang mit **Auslandseinsätzen** oder dem Einsatz im **Bündnisfall** betroffen sein können. Durch die Regelung sollen das Schutzgut der **Verteidigung** und die Erfüllung des verfassungsgemäßen Auftrags der Streitkräfte geschützt werden. Informationen über internationale Einsätze der Bundeswehr können darüber hinaus auch vom Schutzgut der „**internationalen Beziehungen**" erfasst werden (BT-Drs. 15/3406, 18).

26.1 Nach Auffassung des Gesetzgebers wirkt sich eine Veröffentlichung **verteidigungsrelevanter** Umweltinformationen nachteilig aus, wenn diese zB die Gefahr einer **Sabotage** oder eines **terroristischen Angriffs** schafft oder erhöht. Nachteilige Auswirkungen entstehen auch bei der Veröffentlichung militärisch relevanter Umweltinformationen mit Bezug zur Verteidigung, auch wenn diese nicht als **Verschlusssache** gekennzeichnet sind (BT-Drs. 15/3406, 18). Vgl. um Schutz vor terroristischen Anschlägen jedoch im Rahmen des Schutzes der öffentlichen Sicherheit VG Mainz BeckRS 2007, 23952.

27 Im Fokus stehen letztlich die **Funktionsfähigkeit** der Streitkräfte und deren Verteidigungsaufgaben. Eine Veröffentlichung von Umweltinformationen, die diese Schutzgüter gefährdet, wird regelmäßig abzulehnen sein.

3. Bedeutsame Schutzgüter der öffentlichen Sicherheit

28 Informationsansprüche können auf der Grundlage des Schutzes der öffentlichen Sicherheit nur abgelehnt werden, wenn die Bekanntgabe **voraussichtlich nachteilige** Auswirkungen auf **bedeutsame Schutzgüter** der öffentlichen Sicherheit hätte. Die Löschung der ursprünglich in der Vorgängerversion verwendete Terminologie der „**erheblichen Gefahr**" war nur aus Gründen der Vereinheitlichung der Ablehnungsgründe erforderlich (BT-Drs. 15/3406, 19). Im Umkehrschluss muss daher davon ausgegangen werden, dass in Hinblick auf die Ablehnung des Zugangs zu Umweltinformationen eine **erhebliche Gefahr** für die öffentliche Sicherheit zu fordern ist.

29 Aufgrund der engen Auslegung der Ausnahmegründe sind nachteilige Auswirkungen auf die öffentliche Sicherheit erst dann anzunehmen, wenn die staatliche **Funktionsfähigkeit** bedroht ist oder Güter von **Verfassungsrang** oder **grundlegender Bedeutung** gefährdet sind (VG Leipzig BeckRS 2013, 45900; VG Mainz BeckRS 2007, 23952; Gassner PdK UIG § 8 Rn. 47). Dazu zählen die Funktionsfähigkeit und Bestand des Bundes oder eines Landes, Leib, Leben oder Freiheit einer Person (vgl BVerfG NJW 2006, 1939 (1941)).

29.1 Das VG Leipzig lehnte auf der Grundlage des IFG das Vorliegen einer Beeinträchtigung des Schutzes der öffentlichen Sicherheit und der Unversehrtheit der Rechtsordnung bei der Bekanntgabe der **Durchwahltelefonnummern** von Mitarbeitern der Jobcenter ab. Es sei nach Auffassung des Gerichtes nicht erkennbar, dass dadurch die **Funktionsfähigkeit** der Behörde beeinträchtigt sei (VG Leipzig BeckRS 2013, 45900). Auch die Veröffentlichung von CO_2-Emissionswerten des Dienstwagens eines Ministerpräsidenten gefährdet nicht die öffentliche Sicherheit (VG Düsseldorf BeckRS 2009, 39552). Das OVG Münster tendierte dazu, Unterlagen zum Sicherheitskonzept des Transrapid unter die Ausnahme der öffentlichen Sicherheit fallen zu lassen (OVG Münster NVwZ 2007, 1212).

III. Vertraulichkeit der Beratungen von informationspflichtigen Stellen (Abs. 1 Nr. 2)

30 § 8 Abs. 1 Nr. 2 UIG schützt die **Vertraulichkeit** der **Beratungen** von „Behörden" iSd UIG, nicht nur dann, wenn die Vertraulichkeit durch eine gesetzliche Regelung vorgesehen ist. Die Vertraulichkeit kann sich aus **spezialgesetzlichen Vorschriften** ergeben, die im Rahmen des § 8 Abs. 1 Nr. 2 UIG vorrangig zur Geltung kommen (Landmann/Rohmer/ Reidt/Schiller UIG § 8 Rn. 23 mwN). Auf diese Fälle ist diese Ausnahmevorschrift jedoch nicht beschränkt. Denn § 8 Abs. 1 S. 1 Nr. 2 UIG regelt nicht lediglich einen Ablehnungsgrund. Vielmehr enthält er selbst die Anordnung der Vertraulichkeit der Beratungen, soweit keine entgegenstehenden Bestimmungen existieren (BT-Drs. 15/3406, 19). Die europarechtlichen Vorgaben des Art. 4 Abs. 2 UAbs. 1 lit. a Umweltinformationsrichtlinie sind erfüllt, wenn der Anwendungsbereich der Vorschrift und vor allem der Begriff der Beratungen rechtklar bestimmt werden. Es darf lediglich nicht den informationspflichtigen Stellen überlassen bleiben, die Reichweite der Ausnahmevorschrift festzulegen (VG Köln BeckRS 2013, 53476).

31 Der Schutz der Vertraulichkeit der Beratungen der öffentlichen Verwaltung erfasst **schriftliche** oder **mündliche behördliche Meinungsäußerungen** und Informationen über die **Willensbildung**, die sich inhaltlich auf die **Entscheidungsfindung** beziehen.

Zeitlich wird der gesamte Prozess von Beginn des Verwaltungsverfahrens bis zur **Entscheidungsfindung** erfasst (OVG Schleswig NVwZ 1999, 670 (671 f.))

Die Auslegung des Begriffes der Beratung muss anhand des **Schutzwecks** der Norm erfolgen. § 8 Abs. 1 Nr. 2 UIG schützt den unbefangenen und freien Meinungsaustausch innerhalb und zwischen den Behörden, mithin die **unbeeinflusste Meinungsbildung** innerhalb der Stelle, um eine **effektive, funktionsfähige und neutrale Entscheidungsfindung** zu gewährleisten (BVerwG NVwZ 2012, 1619 (1621) mwN). 32

Der Begriff der **Beratung** erfasst nur den Vorgang der internen behördlichen Meinungsäußerung und Willensbildung. Geschützt sind daher die Interessenbewertungen und Gewichtung der einzelnen Abwägungsfaktoren, die den behördlichen Entscheidungsprozess **beeinflusst** haben. Dazu zählen auch die **Besprechungen, Beratschlagungen** und **Abwägungen,** also der gesamte Vorgang des **Überlegens** (BVerwG NVwZ 2012, 1619 (1621) mwN). 33

Der Schutz endet, sobald die Entscheidungsfindung **abgeschlossen** ist. Für einen verlängerten Schutz besteht **kein Bedürfnis** (SSW/Schrader UIG § 7 Rn. 9). Denn eine Beeinflussung der konkreten Entscheidungsfindung ist dann nicht mehr zu befürchten (aA Landmann/Rohmer/Reidt/Schiller UIG § 8 Rn. 2 mwN über den Meinungsstreit). Eine **zukünftige Wirkung** auf die Entscheidungsfindung in weiteren Verfahren müsste jeweils für den konkreten Fall dargelegt werden. Soweit sich tatsächlich die **Gefahr** der **Ausstrahlung** auf zukünftige Beratungsprozesse herleiten ließe, würden Wortlaut und Zweck der Norm die **Versagung** des Zugangs rechtfertigen. Eine **pauschale Ausdehnung** des Schutzes auf sämtliche **abgeschlossenen** Beratungsvorgänge ist daher nicht erforderlich. 34

Vom Schutz der § 8 Abs. 1 Nr. 2 UIG ausgeschlossen sind jedoch die Informationen, die zur **Grundlage** der Beratungen bzw. des Meinungsaustausches gemacht werden, oder das **Beratungsergebnis** (OVG Schleswig NVwZ 1999, 670 (672)). Somit wird das gesamte Verwaltungsverfahren als solches nicht unter den Begriff der Beratung zu fassen sein (BVerwG NVwZ 2012, 1619 (1621); aA Hellriegel EuZW 2012, 456 (458)). 35

Zum Anspruch auf die Herausgabe der Beratungsunterlagen zum Atomausstieg vgl. VG Köln BeckRS 2013, 53476. 35.1

IV. Schutz der Rechtspflege (Abs. 1 Nr. 3)

Die Schutzgewährung des § 8 Abs. 1 Nr. 3 UIG läuft leer, soweit dadurch die Tätigkeit der **Gerichte** geschützt werden soll. Denn deren Tätigkeit ist bereits gem. § 2 Abs. 1 Nr. 1b) UIG dem Anspruch auf Informationszugang entzogen (→ § 2 Rn. 40). Die Regelung des § 8 Abs. 1 Nr. 3 UIG bezieht sich auf die Beteiligung informationspflichtiger Stellen an **gerichtlichen, straf-, ordnungswidrigkeits- oder disziplinarrechtlichen Verfahren.** Schutzgut ist die **Rechtspflege** und die mit **Sanktionsziel** durchgeführten Verwaltungsverfahren und quasigerichtlichen Verfahren (Gassner PdK UIG § 8 Z 2.4). 36

Unter den Begriff des Gerichtsverfahrens fallen sämtliche geordnete Verfahren zur Entscheidung eines konkreten Rechtsstreits mittels der Anwendung von **Recht** durch an dem Ergebnis **uninteressierte** und **unabhängige Personen.** Von § 8 Abs. 1 Nr. 3 UIG werden sämtliche Gerichtszweige erfasst. Geschützt ist die **unbeeinflusste Durchführung von Zivil-, Straf- und Verwaltungsprozessen** (Landmann/Rohmer/Reidt/Schiller UIG § 8 Rn. 27). Der Schutzzweck ist – vergleichbar mit § 8 Abs. 1 Nr. 2 UIG – die Entscheidungsfindung vor **unzulässiger** Beeinflussung aufgrund der Geltendmachung des Zugangs zu den Umweltinformationen. Es dient dem Schutz der Rechtspflege gegen Beeinträchtigungen durch das **Bekanntwerden verfahrensrelevanter Informationen** (für das IFG BVerwG NVwZ 2011, 235 (236)). Der Schutz des § 8 Abs. 1 Nr. 4 UIG erstreckt sich auf den Ablauf des Gerichtsverfahrens als Institut der Rechtsfindung bzw. des Verwaltungsverfahren und nicht auf die **prozessuale Position** einer beteiligten Partei oder deren Prozesserfolg (OVG Schleswig NVwZ 2013, 810 (812); OVG Hamburg BeckRS 2012, 51238; OVG Koblenz BeckRS 2010, 49569 für das IFG). 37

Der Schutz der Veränderung der **Prozesssituation** für eine der beteiligten Parteien ist nicht Schutzgut des § 8 Abs. 1 Nr. 3 UIG (BVerwG NVwZ 2011, 235 (236)). Insoweit ist es **konsequent,** wenn der Ausnahmetatbestand nicht auf erst **bevorstehende** Verfahren aus- 38

39 Nachteilige Auswirkungen auf die Durchführung eines laufenden Gerichtsverfahrens sind dann zu **befürchten,** wenn die **Funktionsfähigkeit** der Rechtspflege betroffen ist, vor allem wenn die Durchführung eines den **rechtstaatlichen Prinzipien** entsprechendes Verfahren nicht mehr gewährleistet werden kann (Landmann/Rohmer/Reidt/Schiller UIG § 8 Rn. 26).

39.1 **Zivilprozessuale Beweisgrundsätze** werden nicht geschützt und Ausforschungsverlangen stehen einer Veröffentlichung von Informationen **nicht** entgegen. Ein Zugang zu Informationen, die eigentlich die andere Partei beibringen müsste, darf nicht mit einem Verweis auf § 8 Abs. 1 Nr. 4 UIG verweigert werden (OVG Koblenz BeckRS 2010, 49569).

40 Nicht unter den Gerichtsverfahrensbegriff fallen Verfahren, die die Anforderungen an eine gerichtliche Entscheidungsfindung nicht erfüllen, zB weil die zur Entscheidung befugten Personen keine Gewähr für die persönliche **Unabhängigkeit** geben können. Verwaltungsverfahren werden nicht allgemein von dem Schutz des § 8 Abs. 1 Nr. 3 UIG erfasst sondern nur Verfahren, die der **Vorbereitung** eines gerichtlichen Prozesses dienen und dem gerichtlichen Verfahren **unmittelbar** vorausgehen (EuGH NVwZ 1999, 1209 (1210); SSW/Schrader UIG § 7 Rn. 12; aA Landmann/Rohmer/Reidt/Schiller UIG § 8 Rn. 27).

41 Jedoch werden ausdrücklich Verfahren im Bereich der Strafverfolgung, Bußgeldverfahren und disziplinarrechtliche Ermittlungen erfasst. Geschützt wird hier die **staatliche Ermittlungstätigkeit,** die wegen des **nichtgerichtlichen Charakters** unter den Anwendungsbereich des UIG fällt. Grundlage für Ermittlungen in **Ordnungswidrigkeiten** sind §§ 35 ff. OWiG und für strafrechtliche Ermittlungen § 160 Abs. 1 StPO. Der Schutz beginnt mit der **Aufnahme** der Ermittlungen und endet mit der **Verfahrensbeendigung** zB in Form des Erlasses eines Bußgeldbescheides oder der Erhebung der Anklage (Landmann/Rohmer/Reid/Schiller UmwR UIG § 8 Rn. 35 f.) bzw. der Einstellung des jeweiligen Verfahrens. Die Durchführung **disziplinarrechtlicher Ermittlungen** bezieht sich auf **Dienstvergehen** von Beamten (Gassner PdK UIG § 8 Z 2.4).

42 Eine Beeinträchtigung liegt vor, wenn Tatsachen vorgetragen werden oder zweifelsfrei gegeben sind, die eine deutliche Gefährdungslage für die unbeeinflusste Entscheidungsfindung erkennbar werden lassen (VGH Kassel BeckRS 2012, 49879).

43 Mit dem Schutz der Person auf ein **faires Verfahren** sollen vor allem die neben den europarechtlich gewährten Verfahrensansprüche gem. **Art. 6 EMRK** auch die verfassungsrechtlich, vor allem in Art. 103 GG geschützten **prozessualen Rechte** des Einzelnen gewahrt werden. Vor allem die Beeinflussung des Gerichtes durch den **Druck der Öffentlichkeit** und der Gefährdung des **Rechts auf rechtliches Gehör** (Boehme-Neßler ZRP 2009, 228 (229) sind Schutzgüter des § 8 Abs. 1 Nr. 3 UIG.

V. Schutz von Umweltbelangen (Abs. 1 Nr. 4)

44 Umweltinformationen, bei deren Veröffentlichung eine Gefährdung der beschriebenen Bestandteile befürchtet wird, vor allem im **Arten- und Bestandsschutz,** müssen nicht veröffentlicht werden. Als mögliche Ablehnungsgründe für ein Informationsersuchen kommen Gefährdungslagen wie **„Besichtigungs-"** und **„Abfalltourismus"** in Betracht (SSW/Schrader UIG § 7 Rn. 22). Wobei die Ausnahmen nur auf die Angaben über den Zustand von Umweltbestandteilen und natürliche Lebensräume sowie der Artenvielfalt und Angaben über den Zustand der menschlichen Gesundheit und Sicherheit und der Lebensbedingungen des Menschen beschränkt sind.

44.1 Vor allem Nistplätze seltener Vögel und Standorte geschützter Pflanzen müssen zum Schutz derselben nicht veröffentlicht werden. Auch Veröffentlichungen von „wilden" Müllablagerungsplätzen können abgelehnt werden. Dadurch soll eine Perpetuierung des Zustandes vermieden werden (Gassner PdK UIG § 8 Z 2.5).

VI. Beschränkung der Ausnahmen bei Angaben über Emissionen (Abs. 1 S. 2)

Der Zugang zu Umweltinformationen kann entgegen der genannten Ausnahmetatbestände ermöglicht werden, wenn das **öffentliche Interesse** an der Veröffentlichung der Informationen die jeweiligen Schutzinteressen **überwiegt.** (→ Rn. 4) 45

Eine Regelveröffentlichung sieht jedoch § 8 Abs. 1 S. 2 UIG bei der Beantragung von Informationen über Emissionen vor (zum Begriff → § 2 Rn. 90). Die in § 8 Abs. 1 Nr. 2–4 UIG genannten Schutzgüter müssen grds. hinter die **Publizität** der Emissionsangaben zurücktreten. Dies gilt jedoch noch nicht im Fall der **Bedrohung** der **öffentlichen Sicherheit** gem. § 8 Abs. 1 Nr. 1 UIG. Erfasst werden sowohl Art als auch Menge und Zusammensetzung der Emissionen (Landmann/Rohmer/Reidt/Schiller UIG § 8 Rn. 45). 46

D. Schutz sonstiger Belange im öffentlichen Interesses (Abs. 2)

§ 8 Abs. 2 UIG schützt maßgeblich die **Arbeitsfähigkeit** der informationspflichtigen Stelle und das Funktionieren deren **interner Prozesse**. Ohne Nachweis einer nachteiligen Auswirkung kann beim Vorliegen der beschriebenen **Ablehnungsgründe** die Veröffentlichung abgelehnt werden. Eine Verletzung der Schutzgüter **indiziert** die nachteilige Auswirkung. Jedoch muss die informationspflichtige Stelle vor der Ablehnung unter Verweis auf die aufgeführten Gründe eine **Abwägungsentscheidung** bezüglich der möglichen öffentlichen Interessen an einer Veröffentlichung durchführen, § 8 Abs. 2 UIG (→ Rn. 4). 47

I. Missbräuchlich gestellte Anträge (Abs. 2 Nr. 1)

Bei offensichtlich **missbräuchlich** gestellten Anträgen kann der Zugang abgelehnt werden. Missbrauch des Zugangsanspruches bzw. der Stellung des Antrages liegt vor, wenn der Antrag nicht mit einem **Ziel** gestellt wird, das mit den vom UIG verfolgten Zielen der Publizität von Umweltinformationen und der **Förderungen** des **Umweltschutzes verknüpft** werden kann und es zu einer **überflüssigen Bearbeitung** des Antrages kommt (SSW/Schrader UIG § 7 Rn. 31). Beispielhaft führt der Gesetzgeber aus, dass ein Antrag offensichtlich missbräuchlich ist, wenn der Antragsteller bereits über die **beantragten Informationen verfügt** (so auch VG München Urt. v 26.9.1995 NVwZ 1996, 410 (411)) oder der Antrag **offensichtlich** zum Zweck der **Verzögerung** von Verwaltungsverfahren gestellt wird. In diesen Fällen wird auch die Abwägung mit dem öffentlichen Interesse zu keinem anderen Ergebnis kommen (BT-Drs. 15/3406, 19). 48

Grundsätzlich ist auch diese Ausnahme **restriktiv anzuwenden.** Allein die häufige Wahrnehmung des Antragsrechts ist **kein Indiz** für die Missbräuchlichkeit der Antragsstellung (OVG-Schleswig-Holstein ZUR 1997, 43 f.). 49

Auch ca. 1.300 Einzelanfragen und der damit verbundene erhebliche und weit überdurchschnittliche Verwaltungsaufwand bei der informationspflichtigen Stelle ist kein Grund für die Annahme einer missbräuchlichen Antragsstellung. Denn die Anzahl von Anträgen bzw. der damit verbundene Arbeitsaufwand stellen für sich genommen nach der Konzeption des UIG keinen Grund dar, der die Ablehnung eines Antrags als missbräuchlich rechtfertigt (VG Mainz BeckRS 2013, 51191). 49.1

Offensichtlich ist eine **Missbrauchsabsicht** nur, wenn sich dies aus der konkreten Situation heraus, zB durch eindeutige Hinweise auf die **Motivationslage** der antragstellenden Person, ergibt. Der Nachweis wird sich in der Praxis schwierig gestalten, da die antragstellende Person die eigene Motivationslage nicht offenlegen muss, der Nachweis in den meisten Fällen daher **schwer fallen dürfte** (Gassner PdK UIG § 8 Z 3.1). 50

II. Interne Mitteilungen (Abs. 2 Nr. 2)

Ein Antrag ist abzulehnen, wenn er sich auf interne Mitteilungen der informationspflichtigen Stelle bezieht. Zu den **internen Mitteilungen** zählen nur Mitteilungen **innerhalb** einer informationspflichtigen Stelle, sie adressieren den Binnenbereich einer Behörde (BVerwG NVwZ 2012, 1619 (1621)). Die **Korrespondenz** zwischen selbstständigen Behörden fällt nicht unter den Begriff der internen Mitteilung. 51

52 Keine internen Mitteilungen sind außerdem **Stellungnahmen, Gutachten** oder die **Dokumentation von Informationen,** die sich an Empfänger außerhalb der informationspflichtigen Stelle richten.

III. Ablehnung wegen fehlender Verfügung über die Informationen (Abs. 2 Nr. 3)

53 Wird ein Antrag bei einer Stelle, die nicht über die gewünschten Informationen verfügt, gestellt, so ist dieser nach § 4 Abs. 3 UIG an die entsprechende informationspflichtige Stelle **weiterzuleiten.** Ist eine Weiterleitung ausgeschlossen, muss der Antrag **abgelehnt** werden. In diesen Fällen ist schon aus dem Grund der Ablehnung heraus eine Abwägung mit dem öffentlichen Interesse **entbehrlich** (so auch Gassner PdK UIG § 8 Z 3.3).

IV. Nicht abgeschlossene Schriftstücke und unaufbereiteten Daten (Abs. 2 Nr. 4)

54 Mit § 8 Abs. 2 Nr. 4 UIG soll die **Funktionsfähigkeit** und **Entscheidungsfindung** der informationspflichtigen Stelle geschützt werden. Er steht inhaltlich im engen **Zusammenhang** zu dem Ausnahmegrund gem. § 8 Abs. 1 Nr. 2 UIG. Anträge auf die Zugänglichmachung noch nicht abgeschlossener Schriftstücke bzw. nicht **aufbereiteter** Daten können, soweit kein überwiegendes öffentliches Interesse besteht, abgelehnt werden. Schriftstücke und Daten sind nicht abgeschlossen, solange sie lediglich einen **Entwurf** darstellen und noch nicht durch den verantwortlichen **Entscheidungsträger** oder mittels **Übersendung** an einen Dritten **freigegeben** worden sind (BVerwG NVwZ 2008, 791 (793)).

55 Nicht aufbereitete Daten sind ausschließlich Daten, die **inhaltlich unvollständig** sind. Insbesondere im Fall von **Rohdaten** muss keine Interpretation erfolgt sein, um diese als aufbereitet zu definieren, denn der Anspruch auf Zugang zu Informationen beschränkt sich nicht allein auf interpretierte oder fachlich ausgewertete Daten.

56 Der Ablehnungsgrund ist auf den Zeitraum bis zur Fertigstellung begrenzt. Anderenfalls würde die Verpflichtung gem. § 5 Abs. 1 S. 3 UIG eine bloße Formalie darstellen, die keinen inhaltlichen Wert für die antragstellende Person hätte. Vorläufig müsste diese jedoch die Ablehnung akzeptieren und auf der Grundlage der **Fertigstellungsprognose** zu einem späteren Zeitpunkt einen neuen Antrag stellen.

V. Unbestimmtheit des Antrages (Abs. 2 Nr. 5)

57 Ein Antrag auf Zugang kann auch dann abgelehnt werden, wenn er trotz Aufforderung der informationspflichtigen Stelle durch die antragstellenden Person gem. § 4 Abs. 2 UIG (→ § 4 Rn. 8) in der vorgegebenen Frist der Antrag nicht präzisiert wurde. Praktische Auswirkungen wird dieses Erfordernis nur dann haben, wenn für die Stelle überhaupt nicht erkennbar ist, was **Gegenstand** des Antrages ist. Anderenfalls muss sie den **mutmaßlichen Willen** der antragstellenden Person ergründen.

§ 9 Schutz sonstiger Belange

(1) ¹Soweit
1. durch das Bekanntgeben der Informationen personenbezogene Daten offenbart und dadurch Interessen der Betroffenen erheblich beeinträchtigt würden,
2. Rechte am geistigen Eigentum, insbesondere Urheberrechte, durch das Zugänglichmachen von Umweltinformationen verletzt würden oder
3. durch das Bekanntgeben Betriebs- oder Geschäftsgeheimnisse zugänglich gemacht würden oder die Informationen dem Steuergeheimnis oder dem Statistikgeheimnis unterliegen,

ist der Antrag abzulehnen, es sei denn, die Betroffenen haben zugestimmt oder das öffentliche Interesse an der Bekanntgabe überwiegt. ²Der Zugang zu Umweltinformationen über Emissionen kann nicht unter Berufung auf die in den Nummern 1 und 3 genannten Gründe abgelehnt werden. ³Vor der Entscheidung über die Offenbarung der durch Satz 1 Nr. 1 bis 3 geschützten Informationen sind die Betroffenen anzuhören. ⁴Die informationspflichtige Stelle hat in der Regel von einer Betroffenheit im Sinne des Satzes 1 Nr. 3 auszugehen, soweit übermittelte Informationen als Betriebs- und Geschäftsgeheimnisse gekennzeichnet sind. ⁵Soweit die informationspflichtige Stelle dies verlangt, haben mögliche Betroffene im Einzelnen darzulegen, dass ein Betriebs- oder Geschäftsgeheimnis vorliegt.

(2) ¹Umweltinformationen, die private Dritte einer informationspflichtigen Stelle übermittelt haben, ohne rechtlich dazu verpflichtet zu sein oder rechtlich verpflichtet werden zu können, und deren Offenbarung nachteilige Auswirkungen auf die Interessen der Dritten hätte, dürfen ohne deren Einwilligung anderen nicht zugänglich gemacht werden, es sei denn, das öffentliche Interesse an der Bekanntgabe überwiegt. ²Der Zugang zu Umweltinformationen über Emissionen kann nicht unter Berufung auf die in Satz 1 genannten Gründe abgelehnt werden.

Mit § 9 UIG werden nach dem Schutz der öffentlichen Belange in § 8 UIG, die individuellen Belange, die durch eine Veröffentlichung von Umweltinformationen beeinträchtigt werden könnten, geschützt. Verfassungsrechtlich lassen sich diese schutzwürdigen Rechte auf die Grundrechte der Wirtschaftsfreiheit, Art. 12 und 14 GG (→ Rn. 16 ff.) und dem Persönlichkeitsrecht in der besonderen Ausprägung des Rechts auf informationelle Selbstbestimmung, Art. 2 Abs. 1 iVm Art. 1 Abs. 1 GG (→ Rn. 6 ff.) zurückführen. Die geschützten Rechte gelten jedoch nicht absolut. Die informationspflichtige Stelle hat vor der Ablehnung des Antrages wegen des Schutzes der in Abs. 1 Nr. 1–3 genannten Rechte die betroffenen Personen zu einer Stellungnahme bzw. der Zustimmung in die Veröffentlichung aufzufordern und dann eine Abwägung der geschützten Interessen mit den öffentlichen Interessen an einer Veröffentlichung abzuwägen (→ Rn. 14 ff.). Der Gesetzgeber hat auf der Grundlage der Vorgaben der Umweltrichtlinie in Hinblick auf die Veröffentlichung von Emissionen eine gesetzliche Wertung getroffen und in diesen Fällen zugunsten der Publizität der Informationen dem Veröffentlichungsinteresse mehr Gewicht beigemessen als den in Abs. 1 Nr. 1–3 genannten Rechtsgütern. Der Abwägungsprozess gilt auch für Informationen, die zwar nicht die genannten Schutzgüter betreffen, die aber durch private Dritte einer informationspflichtigen Stelle freiwillig überlassen wurden und eine gesetzliche Verpflichtung für die Erhebung nicht existiert.

Übersicht

	Rn		Rn
A. Allgemeines	1	III. Schutz von Betriebs- und Geschäftsgeheimnissen	22
B. Einzelne Ablehnungsgründe (Abs. 1)	4		
I. Schutz personenbezogener Daten	6	**C. Ablehnungsgrund gem. Abs. 2**	29
II. Schutz des geistigen Eigentums	16		

A. Allgemeines

§ 9 UIG regelt die **Ablehnung** eines Zugangsantrages nach § 3 UIG und die **Grenzen** der Veröffentlichung von Umweltinformationen gem. §§ 10 und 11 UIG zum Schutz **privater Belange.** Liegen die in Abs. 1 Nr. 1–3 genannten Ablehnungsgründe vor, sind Informationsanträge **grds.** abzulehnen. Es sei denn, die Betroffenen stimmen zu und es besteht kein **überwiegendes** öffentliches Interesse an der Bekanntgabe. § 9 UIG setzt die europarechtlichen Vorgaben des Art. 4 Abs. 2 RL 2003/4/EG um.

Vor der Entscheidung über die Zugänglichmachung von Informationen die unter den Schutztatbestand des § 9 Abs. 1 Nr. 1–3 UIG fallen, sind die Betroffenen **anzuhören.**

Das UIG sieht weder eine **Sanktion** bei der Verletzung dieser Anhörungspflicht vor, noch ist erkennbar, welche Folgen es hätte, wenn die informationspflichtige Stelle die eigentlich geschützten Informationen zugänglich macht, die Betroffenen der Veröffentlichung jedoch **widersprochen** haben. Mit Rückgriff auf Art. 19 Abs. 4 GG wird in der Literatur argumentiert, auf der Grundlage des § 6 UIG den jeweils Betroffenen die Möglichkeit des gerichtlichen Rechtsschutzes **einzuräumen** (Landmann/Rohmer/Reidt/Schiller UIG § 6 Rn. 16 f.).

B. Einzelne Ablehnungsgründe (Abs. 1)

4   Mit den einzelnen Ablehnungsgründen werden die **verfassungsrechtlich** gewährten, **individuellen Rechte** natürlicher und juristischer Personen geschützt. Vorrangig trifft dies auf die in Art. 12 und 14 GG verbrieften **Grundrechte** der **wirtschaftlichen** Betätigung und des Schutzes des **Eigentums** und das Recht auf **informationelle Selbstbestimmung** als Teil des Schutzes des **allgemeinen Persönlichkeitsrechtes** zu (Schnabel DuD 2012, 520 (521 f.)).

5   Für die Ablehnung eines Antrages reicht das Vorliegen eines Grundes. Dh es ist ausreichend, wenn die Veröffentlichung **alternativ** eines der genannten **Rechtsgüter** beeinträchtigt und der Eingriff in dasselbe **nicht gerechtfertigt** werden kann (Landmann/Rohmer/Reidt/Schiller UIG § 9 Rn. 4).

I. Schutz personenbezogener Daten

6   Mit dem Schutz personenbezogener Daten werden die Vorgaben des Grundgesetzes umgesetzt, wonach grds. jede natürliche Person selbst entscheiden kann, welche Informationen in ihrer sozialen Umwelt bekannt sein sollen und verbreitet werden dürfen. In einer auf **Informationsaustausch** angelegten und darauf **angewiesenen** Gesellschaft, besitzt der Einzelne jedoch **keine** absolute Herrschaft über seine Daten. Personenbezogene Informationen bilden auch die gesellschaftlichen Realitäten ab. Das Individuum ist innerhalb der Gesellschaft zugunsten einer Gemeinschaftsbezogenheit und Gemeinschaftsgebundenheit der Person verpflichtet, Einschränkungen des Rechts auf informationelle Selbstbestimmung im **überwiegenden Allgemeininteresse** hinzunehmen (BVerfG NJW 1984, 419 (422)).

7   In diesem Spannungsverhältnis bewegt sich § 9 Abs. 1 Nr. 1 UIG, in dem es grds. dem Schutz der Rechte des Einzelnen den **Vorrang** einräumt, es sei denn, dieser verzichtet im Wege der **Einwilligung** darauf oder es besteht ein zusätzliches, **höher** zu bewertendes **öffentliches Interesse** an der Veröffentlichung. In diesem Fall muss die jeweilige Person den Eingriff in die eigenen Persönlichkeitsrechte **dulden.**

8   Der Begriff der personenbezogenen Informationen iSd § 9 Abs. 1 Nr. 1 UIG ist in **§ 3 Abs. 1 BDSG legaldefiniert.** Danach sind personenbezogene Daten Einzelangaben über persönliche oder sachliche Verhältnisse einer bestimmten oder bestimmbaren natürlichen Person. Juristische Personen werden vom Schutz des § 9 Abs. 1 Nr. 1 UIG nicht erfasst.

9   Daten sind personenbezogen, wenn **unabhängig** vom Inhalt der jeweiligen Information diese eine **Aussage** über eine Person treffen. Der Begriff der persönlichen und sachlichen Verhältnisse ist **weit auszulegen** und dient im Wesentlichen mehr der **Illustration** als der Eingrenzung des Begriffes. Dh solange die begehrte Umweltinformation eine **Aussage** über eine natürliche Person trifft, unabhängig davon, welche Sensibilität dieser Information zugemessen wird, liegen personenbezogene Daten vor (BeckOK BDSG/Schild BDSG § 3 Rn. 9; Simitis/Dammann BDSG § 3 Rn. 5).

9.1   Eine besondere Problematik im Umweltbereich stellen georeferenzierte Informationen dar, die aufgrund ihres Bezuges zu einem bestimmten Ort über diesen mit den Eigentümern der jeweiligen Fläche in Verbindung gebracht werden können (vgl. dazu ULD Datenschutzrechtliche Rahmenbedingungen für die Bereitstellung von Geodaten für die Wirtschaft, 2008, 8 ff., https://www.datenschutzzentrum.de/geodaten/) und sich darüber regelmäßig ein Personenbezug ergeben kann. Zum Personenbezug von konkreten Flurstücksangaben und der Gewährung eines Zugangsanspruchs VG Potsdam BeckRS 2013, 52441 und Götze LKV 2013 241 (246).

10   Ihre Erhebung, Verarbeitung und Nutzung ist nur zulässig, soweit ein **Gesetz** oder andere Rechtsvorschriften dies zulassen oder **anordnen** oder die Betroffenen eingewilligt haben, § 4 Abs. 1 BDSG. Eine solche **Rechtsgrundlage** kann in § 3 Abs. 1 iVm § 9 Abs. 1 Nr. 1 UIG gesehen werden. Die Veröffentlichung ist danach jedoch **ausgeschlossen,** wenn durch die Offenbarung schutzwürdige Interessen der Betroffenen **verletzt** werden.

11   Grundsätzlich sind personenbezogene Daten schutzwürdig. Daher ist fraglich, ob aus dem Wortlaut des § 9 Abs. 1 Nr. 1 UIG herausgelesen werden kann, dass eine Veröffentlichung nur zu unterbleiben hat, wenn **zusätzlich** zu der bereits durch das Bundes- und die Landesdatenschutzgesetze gewährte Interessenwahrung hinaus, eine weitere zusätzliche **erhebliche**

Beeinträchtigung durch die Veröffentlichung **hinzutreten** muss (so VG Hamburg BeckRS 2004, 21201; Landmann/Rohmer/Reidt/Schiller UIG § 9 Rn. 13).

Eine derartige Sichtweise ist jedoch **abzulehnen.** Bereits die Veröffentlichung personen- 12 bezogener Daten stellt eine **erhebliche Beeinträchtigung,** losgelöst von der **individuellen** Betroffenensituation dar. Denn das UIG sieht die **zweckfreie** Veröffentlichung als einzige Möglichkeit der Zugänglichmachung von Umweltinformationen vor. MaW die antragstellende Person ist nach der Erlangung der Informationen **nicht** gehindert, die Daten **zweckfrei** weiterzuverwenden. Die ansonsten in den jeweiligen Datenschutzgesetzen vorgesehene **Zweckbindung** und damit einhergehende **Beschränkung** für die weitere Nutzung der Daten **entfällt** (Schnabel DuD 2012, 520 (523); Roßnagel MMR 2007, 16 (19)). Die Veröffentlichung personenbezogener Umweltinformationen stellt daher **immer** einen erheblichen Eingriff in die Interessen der betroffenen Personen dar. Insoweit sind bei der Entscheidung über die Veröffentlichung personenbezogener Daten die anderweitigen gesetzlichen Regelungen wie die in Datenschutzgesetzen angeordneten besonderen Zweckbindungen z. B. § 31 BDSG zu beachten (VG Karlsruhe BeckRS 2013, 51537).

> So sperrt nach Auffassung des VG Karlsruhe ein Antrag auf Zugang zu der aus Gründen der 12.1 Datensicherung gespeicherten E-Mail Kommunikation des Ministerpräsidenten nicht die Löschung dieser Informationen (VG Karlsruhe BeckRS 2013, 51537).

§ 9 Abs. 1 Nr. 1 UIG ist somit so auszulegen und anzuwenden, dass eine weitere Fest- 13 stellung der erheblichen Beeinträchtigung in die Interessen der Betroffenen **nicht erforderlich** ist. Die Veröffentlichung personenbezogener Daten im Wege des UIG **indiziert** die erhebliche Beeinträchtigung iSd § 9 Abs. 1 Nr. 1 UIG.

Die informationspflichtige Stelle hat bei dem Vorliegen personenbezogener Umweltdaten 14 gem. § 9 Abs. 1 UIG die von der Veröffentlichung der betroffenen Person **anzuhören** und, soweit diese keine Einwilligung in die Veröffentlichung erteilt, eine **Abwägungsentscheidung** zu treffen. Nur im Fall des Vorliegens eines **überwiegenden öffentlichen Interesses,** welches sich zB aus gesetzlichen Aufgabennormen ergeben kann, ist eine Veröffentlichung ohne oder gegen den Willen der betroffenen Person möglich.

Eine derartige Entscheidung hat das UIG getroffen, in dem es personenbezogene Emis- 15 sionsinformationen als grds. veröffentlichungspflichtig angesehen hat (→ § 8 Rn. 32).

II. Schutz des geistigen Eigentums

§ 9 Abs. 1 Nr. 2 UIG setzt die Vorgaben des Art. 4 Abs. 2 lit. e RL 2003/4/EG um und 16 dient dem **Schutz der Rechte am geistigen Eigentum** (BT-Drs. 15/3406, 20).

Unter den Begriff des geistigen Eigentums fallen sämtliche **Schutzrechte** an **immate-** 17 **riellen** Gütern. In Deutschland werden diese durch die einschlägigen Gesetze, wie das **Urheberrechtsgesetz** geschützt (Landmann/Rohmer/Reidt/Schiller UIG § 9 Rn. 16). Neben den Urheberrechten zählen unter anderem Markenrechte, Patentrechte, Gebrauchs- und Geschmacksmusterrechte dazu (Schnabel K&R 2011, 626).

Die Schutzgewährung für das **geistige Eigentum** ist nach dem UIG stark beschränkt 18 und gilt in der Regel nur im Zusammenhang mit den in § 9 Abs. 1 Nr. 3 UIG geschützten Betriebs- und Geschäftsgeheimnissen und zusätzlich zu dem im Rahmen der jeweils erlassenen **Fachgesetzen** gewährten Schutz. Dieser ist häufig gegen die **unzulässige** Nutzung dieser Rechte durch Konkurrenten gekennzeichnet. Nur soweit durch die Veröffentlichung dieser Schutz beeinträchtigt werden würde, ist der Zugang zu den Informationen abzulehnen (SSW/Schrader UIG § 8 Rn. 13).

Ausdrücklich geschützt und von einer Veröffentlichung ausgenommen sind Umweltinfor- 19 mationen die **geistige Werke** iSd Urheberrechts (§ 2 UrhG) sind. Geistige Werke sind aufgrund **menschlicher Gedankenäußerung** und durch die **Persönlichkeit** des Urhebers **geprägte** Werke, die eine den Durchschnitt deutlich überragende **Eigenart** aufweisen und etwas Neues darstellen (SSW/Schrader UIG § 9 Rn. 15). Dazu können auch **Datensammlungen** zählen, soweit sie aufgrund der Auswahl oder Anordnung ihres Inhalts **Schöpfungen** bilden und darüber eine gewisse **Originalität** besitzen (EuGH GRUR 2012, 386 (387)). Soweit die individuelle Eigenart und schöpferische Gestaltung eines Werkes fehlt, entfällt auch der Schutz desselben durch § 9 Abs. 1 Nr. 2 UIG.

20   Nicht geschützt werden daher Ausschreibungsunterlagen, Antragsunterlagen für Genehmigungsverfahren, behördliche Vermerke, Messwertlisten und Funddaten von Tier- und Pflanzenarten. Auch **Anwaltsschriftsätze** sind in der Regel keine urheberrechtlich geschützten Werke. Zu den urheberrechtlich geschützten Werken gehören **wissenschaftliche Gutachten, Baupläne** und umfangreichere Anwaltsschriftsätze jedoch dann, wenn sie durch ihre weit **überdurchschnittliche individuelle Eigenart** und **Originalität,** eine eigene geistige Leistung enthalten (Schnabel K&R 2011, 626 (629); SSW/Schrader UIG § 8 Rn. 15; Schomerus, Informationsansprüche nach dem Atom- und Strahlenschutzrecht, Gutachten BMU 2010, http://nbn-resolving.de/urn:nbn:de:0221–201011233819 241).

21   Die betreffende Umweltinformation unterfällt jedoch nur dem Schutz des § 9 Abs. 1 Nr. 2 UIG, wenn nach dem Urheberecht zB eine Vervielfältigung oder Nutzung der Information im Rahmen der Tätigkeit einer Behörde, zu der auch die Herstellung von Transparenz nach dem UIG gehören kann, zulässig ist. Die Problematik tritt maßgeblich bei der **Veröffentlichung von Gutachten** auf, die im **Auftrag** der Behörde erstellt werden, und dann Gegenstand eines Auskunftsersuchens sind. In der Regel wird die Behörde sich bereits **vertraglich** die umfassenden **Nutzungsrechte** einräumen lassen, wovon auch die Beauskunftung erfasst sein wird (Schnabel K&R 2011, 626 (630)).

21.1   Beispiel: Ausführlich zum urheberrechtlichen Schutz von nicht im Auftrag einer Behörde erstellten Gutachten Schnabel K&R 626 (629 ff.). Zum Schutz von Datenbanken, insbes. der Datenbank des Deutschen Wetterdienstes OLG Köln MMR 2007 443 (446)).

III. Schutz von Betriebs- und Geschäftsgeheimnissen

22   Art. 4 Abs. 2 lit. d RL 2003/4/EG wird durch § 9 Abs. 1 Nr. 3 UIG umgesetzt und dient dem auf der Grundlage der Grundlage der Art. 12 und 14 GG gewährten Schutz der **Betriebs- und Geschäftsgeheimnisse** (BVerfG NVwZ 2006, 1041 (1042)).

23   Die Ausnahme von der Beschränkung des allgemeinen Zugangsanspruches im Hinblick auf den Zugang zu Umweltinformationen über Emissionen spielt hierbei eine **besondere** Rolle. Denn vor allem Angaben über Emissionen können Konkurrenten und anderen an den innerbetrieblichen und häufig streng geschützten technischen Prozessen Interessierte umfangreiche Aufschlüsse geben.

24   Auch bei der Veröffentlichung von Betriebs- und Geschäftsgeheimnissen gilt grds., dass diese nicht herauszugeben sind, soweit die Betroffenen in die Veröffentlichung nicht eingewilligt haben (BT-Drs. 15/3406, 20).

25   Betriebs- und Geschäftsgeheimnisse sind alle auf ein Unternehmen bezogene **Tatsachen,** Umstände und Vorgänge, die nicht **offenkundig,** sondern nur einem begrenzten Personenkreis zugänglich sind und an deren Nichtverbreitung der Rechtsträger ein berechtigtes Interesse hat. Letzteres besteht, wenn durch die Veröffentlichung der Informationen die Möglichkeit besteht, dass **exklusives technisches oder betriebswirtschaftliches Wissen** den Marktkonkurrenten zugänglich gemacht wird und dies die **Position** des Rechtsträgers im **Wettbewerb nachteilig** beeinflusst (BVerwG NVwZ 2009, 1114 (1116 f.); BVerfG NVwZ 2006, 1041 (1042); Landmann/Rohmer/Reidt/Schiller UIG § 9 Rn. 20 mwN).

25.1   Eine gesetzliche Definition des Begriffes existierte bis zum Erlass des Hamburgischen Transparenzgesetzes (HmbGVBl. 2012, 271) nicht (Landmann/Rohmer/Reidt/Schiller UIG § 9 Rn. 20). Nunmehr sind nach § 7 HmbTG Betriebs- und Geschäftsgeheimnisse „alle auf ein Unternehmen bezogene Tatsachen, Umstände und Vorgänge, die nicht offenkundig, sondern nur einem begrenzten Personenkreis zugänglich sind und an deren Nichtverbreitung der Rechtsträger ein berechtigtes Interesse hat. Ein berechtigtes Interesse liegt vor, wenn das Bekanntwerden einer Tatsache geeignet ist, die Wettbewerbsposition eines Konkurrenten zu fördern oder die Stellung des eigenen Betriebs im Wettbewerb zu schmälern oder wenn es geeignet ist, dem Geheimnisträger wirtschaftlichen Schaden zuzufügen."

26   Betriebsgeheimnisse umfassen im weitesten Sinn technisches Wissen und **know-how** (SSW/Schrader UIG § 8 Rn. 13), während zu den Geschäftsgeheimnissen vorrangig das **kaufmännische Wissen** gezählt wird. Maßgeblich für die Schutzwürdigkeit ist nicht die individuelle Sichtweise des Unternehmens sondern die objektive Betrachtung, ob ein ver-

ständiger Unternehmer diese Informationen als schutzwürdig und deren Veröffentlichung als eine **Beeinträchtigung** der **tatsächlichen Marktposition** ansehen muss (Landmann/Rohmer/Reidt/Schiller UIG § 9 Rn. 20).

Beispiele: Dazu zählen Umsätze, Ertragslagen, Geschäftsbücher, Kundenlisten, Bezugsquellen, Konditionen, Marktstrategien, Unterlagen zur Kreditwürdigkeit, Kalkulationsunterlagen, Patentanmeldungen und sonstige Entwicklungs- und Forschungsprojekte, durch die die wirtschaftlichen Verhältnisse eines Betriebs maßgeblich bestimmt werden können (VG Köln BeckRS 2013, 45138). Auch bestimmte Vertragswerke können als Geschäftsgeheimnisse schutzwürdig sein (BVerfG Beschl. v. 14.3.2006 – 1 BVR 2087/03 Z 77) oder Anlieferungsmengen von Elektro- und Elektroaltgeräten in Recyclinganlagen (VG Würzburg BeckRS 2013, 45663 ausführlich Landmann/Rohmer/Reidt/Schiller UIG § 9 Rn. 22). 26.1

Das Vorliegen eines Betriebs- oder Geschäftsgeheimnisses führt zwingend zu einem **Veröffentlichungsverbot**, welches durch die Einwilligung des Betroffenen überwunden werden kann. Stimmt dieser nicht zu, hat die informationspflichtige Stelle zu prüfen, ob das öffentliche Interesse an der Bekanntgabe das Geheimhaltungsinteresse des Unternehmens überwiegt (→ § 8 Rn. 1 ff.)). 27

§ 9 Abs 1 Nr. 3 UIG schützt außerdem Informationen vor der Veröffentlichung, die dem **Steuer- und Statistikgeheimnis** unterfallen. Das Steuergeheimnis wird in § 30 AO normiert. Der Streit, ob neben der Abgabenordnung auch die Informationsfreiheitsgesetze Anwendung finden, scheint zugunsten einer Anwendbarkeit entschieden zu sein. So ist die Einsicht in die eigene Steuerakte auf der Grundlage eines Informationsfreiheitsanspruches durch das Finanzamt zu gewähren (OVG Schleswig Urt. v. 6.12.2012 – 4 LB 11/12 (noch nicht veröffentlicht)). 28

C. Ablehnungsgrund gem. Abs. 2

In § 9 Abs. 2 UIG wird ein weiterer Ablehnungsgrund normiert, soweit private Dritte einer informationspflichtigen Stelle Umweltinformationen übermittelt haben, zu deren Übermittlung sie nicht verpflichtet waren und keine gesetzliche Verpflichtung zur Übermittlung existierte (BT-Drs. 15/3406 20). Dadurch soll die **vertrauensvolle Zusammenarbeit** zwischen der Behörde und den entsprechenden Unternehmen geschützt werden (Landmann/Rohmer/Reidt/Schiller UIG § 9 Rn. 42 mwN). 29

Abschnitt 4. Verbreitung von Umweltinformationen

§ 10 Unterrichtung der Öffentlichkeit

(1) ¹Die informationspflichtigen Stellen unterrichten die Öffentlichkeit in angemessenem Umfang aktiv und systematisch über die Umwelt. ²In diesem Rahmen verbreiten sie die Umweltinformationen, die für ihre Aufgaben von Bedeutung sind und über die sie verfügen.

(2) ¹Zu den zu verbreitenden Umweltinformationen gehören zumindest:
1. der Wortlaut von völkerrechtlichen Verträgen, das von den Organen der Europäischen Gemeinschaften erlassene Gemeinschaftsrecht sowie Rechtsvorschriften von Bund, Ländern oder Kommunen über die Umwelt oder mit Bezug zur Umwelt;
2. politische Konzepte sowie Pläne und Programme mit Bezug zur Umwelt;
3. Berichte über den Stand der Umsetzung von Rechtsvorschriften sowie Konzepten, Plänen und Programmen nach den Nummern 1 und 2, sofern solche Berichte von den jeweiligen informationspflichtigen Stellen in elektronischer Form ausgearbeitet worden sind oder bereitgehalten werden;
4. Daten oder Zusammenfassungen von Daten aus der Überwachung von Tätigkeiten, die sich auf die Umwelt auswirken oder wahrscheinlich auswirken;
5. Zulassungsentscheidungen, die erhebliche Auswirkungen auf die Umwelt haben, und Umweltvereinbarungen sowie

6. zusammenfassende Darstellung und Bewertung der Umweltauswirkungen nach den §§ 11 und 12 des Gesetzes über die Umweltverträglichkeitsprüfung in der Fassung der Bekanntmachung vom 5. September 2001 (BGBl. I S. 2350), das zuletzt durch Artikel 3 des Gesetzes vom 24. Juni 2004 (BGBl. I S. 1359) geändert worden ist, und Risikobewertungen im Hinblick auf Umweltbestandteile nach § 2 Abs. 3 Nr. 1.

²In Fällen des Satzes 1 Nr. 5 und 6 genügt zur Verbreitung die Angabe, wo solche Informationen zugänglich sind oder gefunden werden können. ³Die veröffentlichten Umweltinformationen werden in angemessenen Abständen aktualisiert.

(3) ¹Die Verbreitung von Umweltinformationen soll in für die Öffentlichkeit verständlicher Darstellung und leicht zugänglichen Formaten erfolgen. ²Hierzu sollen, soweit vorhanden, elektronische Kommunikationsmittel verwendet werden. ³Satz 2 gilt nicht für Umweltinformationen, die vor Inkrafttreten dieses Gesetzes angefallen sind, es sei denn, sie liegen bereits in elektronischer Form vor.

(4) Die Anforderungen an die Unterrichtung der Öffentlichkeit nach den Absätzen 1 und 2 können auch dadurch erfüllt werden, dass Verknüpfungen zu Internet-Seiten eingerichtet werden, auf denen die zu verbreitenden Umweltinformationen zu finden sind.

(5) ¹Im Falle einer unmittelbaren Bedrohung der menschlichen Gesundheit oder der Umwelt haben die informationspflichtigen Stellen sämtliche Informationen, über die sie verfügen und die es der eventuell betroffenen Öffentlichkeit ermöglichen könnten, Maßnahmen zur Abwendung oder Begrenzung von Schäden infolge dieser Bedrohung zu ergreifen, unmittelbar und unverzüglich zu verbreiten; dies gilt unabhängig davon, ob diese Folge menschlicher Tätigkeit oder einer natürlichen Ursache ist. ²Verfügen mehrere informationspflichtige Stellen über solche Informationen, sollen sie sich bei deren Verbreitung abstimmen.

(6) § 7 Abs. 1 und 3 sowie die §§ 8 und 9 finden entsprechende Anwendung.

(7) Die Wahrnehmung der Aufgaben des § 10 kann auf bestimmte Stellen der öffentlichen Verwaltung oder private Stellen übertragen werden.

Die Verpflichtung zur aktiven Verbreitung von Umweltinformationen gehört zur zweiten Säule des UIG (→ Rn. 1 ff.). Informationspflichtigen Stellen obliegt durch die Verantwortung, spezifische Inhalte zu verbreiten und damit proaktiv die Sensibilisierung der Öffentlichkeit für die Belange des Umweltschutzes voranzutreiben(→ Rn. 6 ff.). In Hinblick auf die Open-Data- und Open-Government-Bewegung entspricht die Norm jedoch nicht mehr dem aktuellen Stand der Diskussion.

Übersicht

	Rn		Rn
A. Allgemeines	1	D. Art der Verbreitung (Abs. 3 und 4)	16
B. Aktive und Systematische Unterrichtung der Öffentlichkeit (Abs. 1)	6	E. Grenzen der Veröffentlichungspflicht (Abs. 6 und 7)	20
C. Umfang der Veröffentlichungspflicht (Abs. 2)	10	F. Umweltinformation im Katastrophenfall (Abs. 5)	24

A. Allgemeines

1   Mit § 10 UIG wird die bereits in § 7 UIG normierte Verpflichtung zur **proaktiven Veröffentlichung** von Umweltinformationen konkretisiert. Er setzt außerdem Art. 7 RL 2003/4/EG um. Durch die aktive Verbreitung von Umweltinformationen soll das allgemeine Umweltbewusstsein erhöht und darüber der Umweltschutz verbessert werden. Die aktive Verbreitungspflicht erstreckt sich nur auf den jeweiligen **Zuständigkeitsbereich** der informationspflichtigen Stelle (BT-Drs. 15/3406, 21). Durch § 10 UIG wird neben der passiven Transparenzverpflichtung gem. § 3 UIG der informationspflichtigen Stelle eine

aktive Veröffentlichungsverpflichtung zugewiesen (Kümper/Wittmann NuR 2011, 840 (841)).

Damit löst sich das Gesetz von der **Abhängigkeit** der antragstellenden Personen bei der Umsetzung der Gesetzesziele und **etabliert** eine selbständige Veröffentlichungsverpflichtung (Landmann/Rohmer/Reidt/Schiller UIG § 10 Rn. 2). Anders als im **Hamburgische Transparenzgesetz** sieht das UIG keinen **einklagbarer Anspruch** (Schnabel NordÖR 2012, 431 (432)) auf die aktive Veröffentlichung der in Abs. 2 genannten Themen vor. 2

Die **Verpflichtung zur Veröffentlichung** bezieht sich nicht auf die **nachträgliche Digitalisierung** von Umweltinformationen, die vor dem Inkrafttreten des Gesetzes existierten, aber nicht digital gespeichert waren, Abs. 3 und Art. 7 Abs. 1 RL 2003/4/EG. Die Verpflichtung richtet sich ausschließlich auf die **Zukunft**. 3

Als Mittel zur Realisierung dieses Zwecks sollen vor allem **elektronischen Technologien** insbes. **Telekommunikations- und Telemediendienste** zum Einsatz kommen (21 Erwägungsgrund Richtlinie 2003/4/EG). In der Praxis wird aufgrund der Fortschreitenden Verbreitung privater Haushalte und öffentlicher Stellen das Internet als technische Infrastruktur zum Leitmedium werden. 4

Weiterhin besteht die Pflicht zur Veröffentlichung der Angaben in einer **technisch einfachen, nutzerfreundlichen und verständlichen Art und Weise,** Abs. 3. Eine Konkretisierung der technischen Vorgaben erfolgt kaum. Insbesondere wurde kein Bezug zu den **Open-Data-Prinzipien** genommen wonach Informationen vollständig, aktuell, dauerhaft, leicht zugänglich, unter Verwendung offener technischer Standards maschinenlesbar, diskriminierungsfrei und möglichst im Rohzustand verbreitet werden sollten (Lucke/Geiger/Sebastopol-Liste, Open Government Data, 2010, 2 f.). Die Einhaltung dieser Prinzipien fördert außerdem die Aktivierung die Potentiale der Umweltinformationen als Rohstoff für die Wirtschaft (Rossi NVwZ 2013 1263 (1265)). 5

B. Aktive und Systematische Unterrichtung der Öffentlichkeit (Abs. 1)

Informationspflichtige Stellen werden durch § 10 Abs. 1 UIG verpflichtet, **aktiv** und **systematisch** die Öffentlichkeit über den Zustand der Umwelt zu informieren. Sie verbreiten dazu die Umweltinformationen über die sie **selbst verfügen** und die für die **Aufgabenerfüllung** der Stelle von Bedeutung sind. Der inhaltliche Umfang der konkreten Veröffentlichungspflicht wird durch Abs. 2 vorgegeben (Gassner PdK UIG § 10 Z 1). 6

Von der aktiven Verpflichtung werden sämtliche informationspflichtigen Stellen umfasst. Denn der personelle Anwendungsbereich für die **aktiv Verpflichteten** ist mit dem der passiv Verpflichteten **deckungsgleich**. 7

§ 10 UIG ist kaum mehr als eine Programmnorm. Denn sie sieht zum einen **keine aktive Beschaffungspflicht** vor und erfasst lediglich den **bestehenden Datenbestand**. (Landmann/Rohmer/Reidt/Schiller UIG § 10 Rn. 5). Deutlich wird dies auch darin, dass ein Rechtsanspruch auf aktive Veröffentlichung nicht existiert. Letztlich fehlt ein entsprechendes **Sanktionssystem** bezüglich des Verstoßes gegen die in § 10 UIG normierten Pflichten. Die Nichtbeachtung des § 10 Abs. 1 UIG ist insoweit auch gerichtlich **nicht nachprüfbar.** 8

Die Veröffentlichung muss außerdem aktiv und systematisch erfolgen. In der Regel wird dies über im Internetseiten realisiert werden, vgl. Abs. 4. 9

Beispiele: Umweltportal des Bundes und der Länder PortalU http://www.kst.portalu.de/. 9.1

C. Umfang der Veröffentlichungspflicht (Abs. 2)

§ 10 Abs. 2 UIG enthält einen **Katalog** an veröffentlichungspflichtigen Umweltinformationen. Der Katalog beschreibt einen **Mindestumfang**. Die Formulierung des Absatzes 1 „**angemessener Umfang**" und des Absatzes 2 sowie die Formulierung des zugrundeliegenden Art. 7 Abs. 2 RL 2003/4/EG lässt den Schluss zu, dass der Katalog des Absatzes 2 **keine Obergrenze** der zu veröffentlichen Informationen beschreibt. Dies entspräche letztlich auch 10 nicht der **Gesamtzwecksetzung** des UIG, die Verbreitung von Umweltinformationen zu fördern (Landmann/Rohmer/Reidt/Schiller UIG § 10 Rn. 6).

11   Informationspflichtige Stellen sind nicht gehindert, **zusätzlich** zu den genannten Themen, Umweltinformationen zu verbreiten. Die Grenze der Veröffentlichungspflicht soll jedoch das öffentliche Interesse an den Umweltinformationen darstellen (so Kümper/Wittmann NuR 2011, 840 (842)). Dies kann jedoch nur für die unmittelbare Anwendung des UIG auf Bundesebene gelten. Denn bereits aus der Existenz des § 11 IFG leitet sich der allgemeine **gesetzliche Auftrag** zu einer aktiven Informationsverbreitung her.

12   Gegenstände der aktiven Veröffentlichungspflicht über oder mit Bezug zur Umwelt sind der Wortlaut von **völkerrechtlichen Verträgen,** das von den Organen der Europäischen Union erlassene **Unionsrecht, Rechtsvorschriften von Bund, Ländern oder Kommunen,** politische **Konzepte, Pläne und Programme, Berichte** über den Stand der Umsetzung von Rechtsvorschriften, sofern solche Berichte von den jeweiligen informationspflichtigen Stellen in **elektronischer Form** ausgearbeitet worden sind oder bereitgehalten werden, und Daten oder Zusammenfassungen von Daten aus der Überwachung von umweltrelevanten Tätigkeiten. Auch zu veröffentlichen sind Zulassungsentscheidungen, die erhebliche Auswirkungen auf die Umwelt haben, und Umweltvereinbarungen und die zusammenfassende Darstellung und Bewertung der Umweltauswirkungen nach den §§ 11 und 12 des Gesetzes über die Umweltverträglichkeitsprüfung und Risikobewertungen im Hinblick auf Umweltbestandteile nach § 2 Abs. 3 Nr. 1 UIG.

13   Der Umfang der Veröffentlichungspflicht wird durch die **Zuständigkeitsgrenzen** bzw. dadurch begrenzt, dass die jeweilige Stelle auch iSd § 2 Abs. 4 UIG über diese Informationen verfügen muss (Landmann/Rohmer/Reidt/Schiller UIG § 10 Rn. 28). Andererseits werden trotz des Verfügens einzelnen Bundesbehörden über zB Rechtsvorschriften anderer Länder oder Kommunen diese nicht in die **Veröffentlichungsverpflichtung** fallen. Allein aufgrund der in den anderen Bundesländern existierenden Umweltinformationsgesetzgebung ist eine **Verkürzung** des Informationsumfanges nicht zu befürchten.

14   Bezüglich der Veröffentlichung der Angaben aus den Nummern 5 und 6 aufgeführten Umweltinformationen muss die jeweils zuständige Stelle nicht eine originäre Veröffentlichung realisieren. Ein Verweis auf **anderweitig zugängliche Quellen** reicht hierbei aus (Gassner PdK UIG § 10 Z 2). Grund für diese Begrenzung der aktiven Veröffentlichungspflicht ist der ggf. große **Umfang** der jeweiligen Informationen. Auf Antrag sind die Informationen jedoch entsprechend § 3 UIG bereit zu stellen (Landmann/Rohmer/Reidt/Schiller UIG § 10 Rn. 16 ff.).

15   Die nach den Nummer 1 bis 6 aufgeführten Informationen, sind in angemessenen Abständen zu **aktualisieren.** Der Begriff der Angemessenheit ist zwar auslegungsbedürftig. Jedoch muss anhand des Zwecks der Veröffentlichung von einer Aktualisierungspflicht ausgegangen werden, wenn sich der Inhalt ändert oder aktuellere Angaben aus den jeweiligen Verfahren verfügbar sind. Vor allem Letzteres ist dann von Bedeutung, wenn es gerade darauf ankommt, dass keine Änderung zB bei gemessenen Belastungswerten eingetreten ist.

D. Art der Verbreitung (Abs. 3 und 4)

16   Die Veröffentlichung hat gem. Abs. 3 in einer für die Öffentlichkeit leicht **zugänglichen Form** und auf **verständliche Art** zu erfolgen. Die Regel wird zwar die Verbreitung in Textformaten sein, jedoch ist eine andere Form der medialen Verbreitung, wie zB über **Bild** oder **Ton** nicht ausgeschlossen (BT-Drs. 15/3406, 21). Dabei sind ua die Vorgaben der **Barrierefreiheit** zu beachten.

17   Die Verfügbarmachung soll mittels **elektronischer Medien** erfolgen. Hierbei wird das Internet wohl derzeit ein Alleinstellungsmerkmal innehaben. Die Präferenz für dieses Medium ergibt sich bereits aus der ausdrücklichen Erwähnung in § 10 Abs. 4 UIG.

18   Die Norm ist dennoch **technikneutral** formuliert, um der Entwicklung neuer Technik offen gegenüberzustehen (BT-Drs. 15/3406, 21).

19   Grundprinzip ist die **elektronische Verbreitung** der zu veröffentlichenden Informationen, solange diese auch in dieser Form verfügbar sind. Eine **nachträgliche Digitalisierung** verlangt das Gesetz jedoch nicht.

E. Grenzen der Veröffentlichungspflicht (Abs. 6 und 7)

Abs. 6 verweist auf die Beschränkungen des Informationszugangs zum Schutz der **öffentlichen und privaten** Belange und markiert somit die Grenzen der Veröffentlichungspflicht. Die von der individuellen Antragstellung abgeleiteten Beschränkungen passen systematisch jedoch nur schwer auf die Veröffentlichungspflicht (Kümper/Wittmann NuR 2011, 840 (843); Landmann/Rohmer/Reidt/Schiller UIG § 10 Rn. 28 ff.). 20

Dies gilt vor allem für den Schutz personenbezogener Daten und dem Schutz der Betriebs- und Geschäftsgeheimnisse. Denn bei der Beantragung des Zugangs trifft die informationspflichtige Stelle eine **Einzelfallentscheidung**. Sie kann die jeweils widerstreitenden Interessen **gewichten**. Dieser Abwägungsvorgang kann jedoch im Fall der Veröffentlichungspflicht nur pauschal und ohne Betrachtung der individuellen Schutzinteressen zB der Betroffenen durchgeführt werden. 21

Dies führt entweder zu einem massiven **Verlust an Transparenz** oder der **Gefahr der Verletzung** vor allem der **individuellen Schutzinteressen**. Letzteres steht eher zu befürchten, denn die Ausschlussgründe sind nach der herrschenden Systematik eng auszulegen (Kümper/Wittmann NuR 2011, 840 (844)). 22

Die innerbehördliche Organisation und die zu ergreifenden technischen Maßnahmen zur Realisierung der digitalen Verfügbarmachung der Informationen haben sich an den Zielen des § 7 UIG auszurichten. Gemäß § 10 Abs. UIG kann die proaktive Veröffentlichung auch durch Dritte wahrgenommen werden. 23

Beispiele: Umweltportal des Bundes und der Länder PortalU http://www.kst.portalu.de/. 23.1

F. Umweltinformation im Katastrophenfall (Abs. 5)

Eine **Spezialregelung** für die aktive Umweltinformationsgewährung ist Abs. 5. Bei einer **unmittelbaren Bedrohung der menschlichen Gesundheit** oder der **Umwelt** soll eine besonders **schnelle Information** der Öffentlichkeit über die relevanten Umweltinformationen gewährleistet werden. Im Fall einer unmittelbaren Bedrohung müssen informationspflichtige Stellen **sämtliche** Informationen, über die sie verfügen **veröffentlichen**. Dazu zählen auch **Hinweise auf Maßnahmen,** die es der eventuell betroffenen Öffentlichkeit ermöglichen, die Schäden in Folge der Bedrohung **abzuwenden** oder zumindest zu **begrenzen**. Diese Informationen sind **unmittelbar** und **unverzüglich** zu verbreiten. Unerheblich ist, ob der Grund für die Bedrohung unmittelbare **Folge menschlicher Tätigkeit** ist oder eine **natürliche Ursache** hat. Für den Fall, dass mehrere informationspflichtige Stellen über relevante Umweltinformationen verfügen haben diese sich untereinander **abzustimmen** (BT-Drs. 15/3406, 21). 24

§ 11 Umweltzustandsbericht

¹**Die Bundesregierung veröffentlicht regelmäßig im Abstand von nicht mehr als vier Jahren einen Bericht über den Zustand der Umwelt im Bundesgebiet.** ²**Hierbei berücksichtigt sie § 10 Abs. 1, 3 und 6.** ³**Der Bericht enthält Informationen über die Umweltqualität und vorhandene Umweltbelastungen.** ⁴**Der erste Bericht nach Inkrafttreten dieses Gesetzes ist spätestens am 31. Dezember 2006 zu veröffentlichen.**

Durch diese Vorschrift wird die Bundesregierung zur aktiven Verbreitung von Umweltinformationen in Berichtsform verpflichtet.

§ 11 UIG muss im Zusammenhang mit § 10 UIG gesehen werden. Auch dieser verlangt die von der Initiative Einzelner losgelöste **Information der Öffentlichkeit**. Bei der Erstellung des Berichtes sind die Beschränkungen der §§ 8 und 9 UIG zu beachten. Die **Umweltzustandsberichte** haben bestimmten inhaltlichen Anforderungen zu genügen. Der Bericht muss zB Informationen über die Umweltqualität und die vorhandenen Umweltbelastungen enthalten (BT-Drs. 15/3406, 22; Gassner PdK UIG § 11 Z 2). 1

2 In Abweichung von dem Grundprinzip, dass nur die vorliegenden Informationen beauskunftet und veröffentlicht werden müssen, wird durch § 11 der Bundesregierung die Pflicht auferlegt, nicht nur Informationen zusammen zustellen sondern die ggf. auch zu beschaffen.

2.1 Der Verpflichtung nach § 11 UIG wird durch die Veröffentlichungen „Daten zur Umwelt" im Internet durch das UBA nachgekommen, http://www.umweltbundesamt.de/daten/umweltdaten/.

Abschnitt 5. Schlussvorschriften

§ 12 Gebühren und Auslagen

(1) ¹Für die Übermittlung von Informationen auf Grund dieses Gesetzes werden Gebühren und Auslagen erhoben. ²Dies gilt nicht für die Erteilung mündlicher und einfacher schriftlicher Auskünfte, die Einsichtnahme in Umweltinformationen vor Ort, Maßnahmen und Vorkehrungen nach § 7 Abs. 1 und 2 sowie die Unterrichtung der Öffentlichkeit nach den §§ 10 und 11.

(2) Die Gebühren sind auch unter Berücksichtigung des Verwaltungsaufwandes so zu bemessen, dass der Informationsanspruch nach § 3 Abs. 1 wirksam in Anspruch genommen werden kann.

(3) ¹Die Bundesregierung wird ermächtigt, für individuell zurechenbare öffentliche Leistungen von informationspflichtigen Stellen die Höhe der Gebühren und Auslagen durch Rechtsverordnung, die nicht der Zustimmung des Bundesrates bedarf, zu bestimmen. ²§ 9 Absatz 1 und 2 sowie die §§ 10 und 12 des Bundesgebührengesetzes finden keine Anwendung.

(4) ¹Private informationspflichtige Stellen im Sinne des § 2 Absatz 1 Nummer 2 können für die Übermittlung von Informationen nach diesem Gesetz von der antragstellenden Person Gebühren- und Auslagenerstattung entsprechend den Grundsätzen nach den Absätzen 1 und 2 verlangen. ²Die Höhe der erstattungsfähigen Gebühren und Auslagen bemisst sich nach den in der Rechtsverordnung nach Absatz 3 festgelegten Sätzen für individuell zurechenbare öffentliche Leistungen von informationspflichtigen Stellen des Bundes und der bundesunmittelbaren juristischen Personen des öffentlichen Rechts.

§ 12 UIG regelt die Erstattung der Gebühren und Auslagen (→ Rn. 1) durch öffentliche und private (→ Rn. 9 ff.) informationspflichtige Stellen, die Begrenzung der Kostenerstattung (→ Rn. 6) und eine Verordnungsermächtigung für den Erlass einer Kostenverordnung.

A. Allgemeines

1 Für **individuell zurechenbare öffentliche Leistungen** auf der Grundlage des UIG können gem. Abs. 1 S. 1 **Gebühren und Auslagen** erhoben werden. Mit Art. 2 Abs. 47 Gesetz zur Strukturreform des Gebührenrechts des Bundes v. 7.8.2013 (BGBl I 3154) wurde die ursprüngliche Formulierung der „Kosten" aus dem Gesetzestext entfernt. Aus Absatz 3 wurde der Begriff der **Amtshandlung** durch den Begriff der **individuell zurechenbaren öffentlichen Leistung** ersetzt. Absatz 1 bietet für die Erstattung der Gebühren und Auslagen die erforderliche **Rechtsgrundlage**. In Übereinstimmung mit Art. 5 Abs. 1 RL 2003/4/EG werden bestimmte Handlungen von der Erstattungspflicht für die antragstellende Person, die grds. der Schuldner ist, **befreit**. Von der Verordnungsermächtigung gem. Abs. 3 hat die Bundesregierung mit **Erlass der Umweltinformationskostenverordnung** idF der Bek. v. 23.8.2001 (BGBl. I 2247), zuletzt geändert durch Art. 4 des G v. 22.12.2004 (BGBl. I 3704), Gebrauch gemacht.

2 Abs. 4 erstreckt das Recht zur Geltendmachung von Kosten und die Bemessungsgrundsätze auf private informationspflichtige Stellen.

B. Kostenanspruch und Bemessungsgrenze (Abs. 1 und 2)

Bisher wurde in § 12 Abs. 1 die **rechtliche Grundlage** für die Erhebung der entstehen- 3
den Kosten für die Erteilung der **Auskunft** aufgrund eines Antrages nach § 3 UIG gesehen.
Mit dem Erlass des Gesetzüber Gebühren und Auslagen des Bundes vom 7.8.2013 wurde ein
einheitlicher bundesweiter Gebührentatbestand geschaffen. § 1 BGebG enthält abweichend
von der vorangegangen Rechtslage nach dem Verwaltungskostengesetz nunmehr die **zentrale gesetzliche Ermächtigungsgrundlage** zur Erhebung von Gebühren und Auslagen
für sämtliche individuell zurechenbaren öffentlichen Leistungen. Für die Erhebung und
konkrete Ausgestaltung der Gebühren- und Auslagentragungspflicht der anspruchstellenden
Person ist das BGebG maßgeblich (BT Drs. 17/10422, 89).

Die bereits auf Ebene des UIG gem. § 12 Abs. 1 bestehende **sachliche Gebührenfrei-** 3a
heit bleibt faktisch bestehen, auch wenn deren rechtliche Grundlage in § 7 BGebG verortet
ist. Die Befreiung gilt für **mündliche und einfache schriftliche Auskünfte**, die Einsichtnahme in Umweltinformationen **vor Ort**, Maßnahmen und Vorkehrungen zur **Unterstützung** des Zugangs zu Umweltinformationen sowie bei der **Verbreitung von Umweltinformationen** nach den §§ 10 und 11 UIG. Bei der Auslegung des Begriffs und Anwendung der sachlichen Gebührenfreiheit sind die Vorgaben des BGebG und der zum UIG
erlassenen Kostenverordnung zu beachten.

I. Erstattungsfähige Gebühren und Auslagen

Unter der **Einsichtnahme** vor Ort wird nur der tatsächliche Einblick in die Unterlagen 4
und Akten an **Ort und Stelle** der informationspflichtigen Stelle verstanden. Von der
Gebührenfreiheit werden bei der Einsichtnahme vor Ort auch die für die Durchführung
derselben notwendigen Vorbereitungsmaßnahmen erfasst.

Wie auch nach der alten Rechtslage ist die **Erstellung von Kopien** nicht ohne weiteres 4a
von der Erstattungspflicht befreit (BT-Drs. 15/3406 22). Derartige Leistungen sind gem. § 12
Abs. 1 BGebG als Auslagen erstattungsfähig.

Die **Höhe** der zu erhebenden Gebühren bemisst sich auf der Grundlage des **Kosten-** 5
deckungsprinzips gem. § 9 BGebG (BT Drs. 17/10422 101f). Dh grds. hat die antragstellende Person die Kosten zu tragen, die **tatsächlich** aufgrund der Beantragung des
Zugangs entstanden sind. Zu den **erstattungsfähigen Kosten** zählen sämtliche **individuell
zurechenbare öffentliche Leistungen**. Der Begriff der individuell zurechenbaren Leistung
ist in § 3Abs. 1 Bundesgebührengesetz (BGebG) legaldefiniert. Dazu zählen ua Handlungen
mit Außenwirkung, die im Rahmen einer öffentlich-rechtlichen Verwaltungstätigkeit erbracht werden. Individuell zurechenbar ist die Leistung nur, wenn sie durch den Schuldner
beantragt wurde, § 3 Abs. 2 Nr. 1 BGebG.

Erstattungsfähige Kosten im Sinne des BGebG und damit des UIG sind die nach betriebs- 5a
wirtschaftlichen Grundsätzen ansatzfähigen Einzel- und Gemeinkosten. Dazu zählen insbes.
Personal- (OVG Münster NVwZ-RR 2007 648 (649) = BeckRS 2007, 24954) und Sachkosten sowie kalkulatorische Kosten, § 3 Abs. 3 BGebG (BT Drs. 17/10422, 95, s. auch
SSW/Schomerus UIG § 10 Rn. 27).

II. Bemessungsgrenzen

Der zu berücksichtigende Verwaltungsaufwand ist jedoch so zu bemessen, dass keine 6
prohibitive Wirkung in Hinblick auf die Wahrnehmung des Informationsanspruches entsteht (BVerwG NVwZ 2000, 913 (914)). Der informationspflichtigen Stelle obliegt es daher
zu prüfen, ob die Geltendmachung des gesamten Verwaltungsaufwandes **geeignet** wäre, die
antragstellende Person von der **Inanspruchnahme** ihres Anspruchs **abzuhalten**. Trifft dies
zu, ist die Gebührenhöhe zu reduzieren, damit der antragstellenden Person die **wirksame
Inanspruchnahme** des Zugangs zu Umweltinformationen weiterhin möglich ist. In der
Praxis wird zu diesem Zweck in der Regel vor der Umsetzung des Zugangsanspruches, der
antragstellenden Person überschlägig der zu erwartende Kostenrahmen mitgeteilt. Antragstellern wird somit die Möglichkeit eingeräumt, darauf zu reagieren und Gründe für eine
Reduktion der Kosten vorzubringen bzw. eine **kostengünstigere Zugangsart** zu wählen.

Die informationspflichtige Stelle ist insoweit verpflichtet die durch die §§ 7 und 8 BGebG vorgegebenen Möglichkeiten der sachlichen und persönlichen Gebührenbefreiung unter dem Gesichtspunkt der effektiven Umsetzung der Informationsfreiheit Gebrauch zu machen.

7 Denn Ziel der Umweltinformationsrichtlinie ist, den Zugang zu den Informationen zu ermöglichen und nicht durch **entsprechende Gebührenregelungen** die Wahrnehmung des Anspruchs zu **konterkarieren**. Daher ergibt sich aus den Vorgaben der Umweltinformationsrichtlinie auch die Pflicht, eine **Kostenobergrenze** vorzusehen (BT-Drs. 15/3406, 22; EuGH NVwZ 1999, 1209 (1211)). Von der Begrenzung hat die Bundesregierung in § 1 Abs. 3 UIGKostV Gebrauch gemacht.

8 Aus **Billigkeitsgesichtspunkten** (Äquivalenzprinzip) kann auch nach dem geltenden Gebührenrecht auf eine Gebührenerhebung **verzichtet** bzw. die Höhe der Gebühren dem **Einzelfall entsprechend bemessen** werden. Der Gesetzgeber sieht derartige Situationen zB in Fällen vor, in denen **anerkannte Naturschutzverbände** bei gesetzlich vorgeschriebener **Beteiligung** an **umweltrelevanten Verfahren** zur Erstellung eigener Beurteilungen Umweltinformationen benötigen oder bei der Gebührenbemessung der **wirtschaftliche Wert** der Umweltinformationen für die antragstellende Person berücksichtigt wird (BT-Drs. 15/3406, 22; umfassend dazu Landmann/Rohmer/Reidt/Schiller UIG § 12 Rn. 19 ff.), vgl. § 2 UIGKostV.

8a Bei der Erstattung von **Auslagen** war bisher kaum Raum für die informationspflichtige Stelle nach Billigkeitsgesichtspunkten die Höhe zu bestimmen, obwohl auch diese eine prohibitive Wirkung entfalten können (Götze LKV 2013, 241 (249)). Die Ausnahmeregeln des § 12 Abs. 2 BGebG räumen informationspflichtigen Stellen unter bestimmten Gesichtspunkten auch in Hinblick auf die Höhe des Betrages der zu erstattenden Auslagen einen **Gestaltungsspielraum** ein (BT Drs. 17/10422, 109). Dies kommt nicht nur der Verwaltungsvereinfachung sondern auch der Vermeidung der prohibitiven Wirkung der Erstattung von Auslagen entgegen und ist insoweit auch auf die Festlegung der Höhe der Auslagen nach dem UIG anzuwenden.

C. Erstreckung auf private informationspflichtige Stellen (Abs. 4)

9 Bei der Verweisung des Absatzes 4 handelt es sich um eine **dynamische Verweisung** auf die Erhebungsgrundsätze, die für die öffentlichen Stellen gelten (Landmann/Rohmer/Reidt/Schiller UIG § 12 Rn. 29). Die Erstreckung der Erstattungsregelung auf private informationspflichtige Stellen ist der Erweiterung des Anwendungsbereichs des UIG auf Personen des Privatrechts, die nicht den Bestimmungen des Gebührenrechts unterliegen, geschuldet. Das BGebG sieht als **Gebührengläubiger** keine privaten Stellen vor. Lediglich die Rechtsträger der Behörden und die Beliehenen werden als Gebührengläubiger aufgeführt, § 5 BGebG. Dies führt jedoch nicht zu einer Beschränkung der Anspruchsberechtigten im Anwendungsbereich des UIG. Denn im Gebührenrecht ist zum einen nicht mehr die „Amtshandlung" sondern die individuell zurechenbare öffentliche Leistung **Anknüpfungspunkt** für die Gebührenschuld, die letztlich auch von **privaten Stellen** erbracht werden kann. Außerdem wurden die Gebührengläubiger auf **Beliehene** erweitert, was letztlich dafür spricht, dass nicht allein Behörden Gebühren erheben dürfen. Zu guter Letzt erfasste die mit dem Erlass des BGebG verbundene textliche Änderung des Abs. 4 ausdrücklich nicht die Möglichkeit, dass auch private informationspflichtige Stellen **Ersatz** für die durch die Informationszugangsgewährung entstandenen Kosten einfordern dürfen. Die bis dahin geltende Verweisung zugunsten privater Stellen blieb auch nach der **Änderung** des Gebührenrechts erhalten.

10 Private informationspflichtige Stellen können unter dem geltenden Gebührenrecht für die Übermittlung von Informationen nach dem UIG eine **Kostenerstattung entsprechend den Grundsätzen** nach Abs. 1 und 2 verlangen. Die Höhe der erstattungsfähigen Kosten bemisst sich nach der erlassenen Rechtsverordnung (BT-Drs. 15/4243, 18) bzw. den Vorgaben des BGebG.

11 Anders als öffentliche Stellen, die mittels **Verwaltungsakt** die entstandenen Kosten geltend machen können, sind private informationspflichtige Stellen darauf angewiesen, die entstandenen Kosten durch **Rechnung** vom Kostenschuldner zu verlangen (Landmann/

Rohmer/Reidt/Schiller UIG § 12 Rn. 30) und den Anspruch vor dem Verwaltungsgericht, § 6 Abs. 1 UIG, mittels einer **Leistungsklage** geltend machen.

D. Rechtsschutz

Die Kostenentscheidung ergeht gegenüber der antragstellenden Person durch informationspflichtige Stellen gem. § 2 Abs. 1 Nr. 1 UIG in der Form des **Verwaltungsaktes**. Gegen diesen ist nach Durchführung des **Widerspruchsverfahrens** die **Anfechtungsklage** möglich. Gegenüber privaten Informationspflichtigen Stellen muss die antragstellende Person letztlich gegen die gestellte Rechnung (→ Rn. 11) Einspruch einlegen und sich dann im Verfahren vor dem Verwaltungsgericht gegen die Leistungsklage wehren (Landmann/Rohmer/Reidt/Schiller UIG § 13 Rn. 31 f.). 12

§ 13 Überwachung

(1) **Die zuständigen Stellen der öffentlichen Verwaltung, die die Kontrolle im Sinne des § 2 Abs. 2 für den Bund oder eine unter der Aufsicht des Bundes stehende juristische Person des öffentlichen Rechts ausüben, überwachen die Einhaltung dieses Gesetzes durch private informationspflichtige Stellen im Sinne des § 2 Abs. 1 Nr. 2.**

(2) **Die informationspflichtigen Stellen nach § 2 Abs. 1 Nr. 2 haben den zuständigen Stellen auf Verlangen alle Informationen herauszugeben, die die Stellen zur Wahrnehmung ihrer Aufgaben nach Absatz 1 benötigen.**

(3) **Die nach Absatz 1 zuständigen Stellen können gegenüber den informationspflichtigen Stellen nach § 2 Abs. 1 Nr. 2 die zur Einhaltung und Durchführung dieses Gesetzes erforderlichen Maßnahmen ergreifen oder Anordnungen treffen.**

(4) **Die Bundesregierung wird ermächtigt, durch Rechtsverordnung, die nicht der Zustimmung des Bundesrates bedarf, die Aufgaben nach den Absätzen 1 bis 3 abweichend von Absatz 1 auf andere Stellen der öffentlichen Verwaltung zu übertragen.**

§ 13 UIG regelt die Überwachung der informationspflichtigen Stellen gem. § 2 Abs. 1 Nr. 2 UIG, die der Kontrolle oder Aufsicht des Bundes bzw. der Stellen der mittelbaren Bundesverwaltung (→ Rn. 3 ff.) unterliegen. Dadurch soll die einheitliche Anwendung des UIG durch diese Stellen sichergestellt werden und die staatliche Aufsicht für diesen Bereich gewährleistet werden. Das UIG räumt dem Bund dabei in Abs. 2 und 3 umfangreiche Kontroll- und Weisungsbefugnisse (→ Rn. 6 ff.) ein.

A. Allgemeines

Die ursprüngliche Fassung des § 13 UIG im Gesetzesentwurf der Bundesregierung (BT-Drs. 15/3406, 22) wurde im Laufe des Gesetzgebungsverfahrens **maßgeblich** verändert. Dies war unter anderem wegen der Begrenzung des UIG auf die Stellen des Bundes und im Gegenzug der Erweiterung des Anwendungsbereiches auf **private Stellen** erforderlich geworden (Landmann/Rohmer/Reidt/Schiller UIG § 13 Rn. 1). 1

Nach dem Vorschlag des Bundesrates, der Eingang in den endgültigen Gesetzestext gefunden hat, regelt § 13 UIG nunmehr die **staatliche Überwachung** der Einhaltung der Bestimmungen des UIG durch die in den Anwendungsbereich einbezogenen Personen des Privatrechts (BT-Drs. 15/4243, 19). 2

B. Zuständigkeit (Abs. 1 und 4)

Die Behörde oder öffentliche Stelle, die die Kontrolle iSd § 2 Abs. 2 UIG über die privaten informationspflichtigen Stellen ausübt, ist gem. § 13 UIG auch für die **Überwachung** der Einhaltung des UIG durch eben diese Stellen zuständig (BT-Drs. 15/4243, 19). Die Norm erweitert somit den **Aufgabenbereich** der zur Kontrolle verpflichteten Stellen. 3

4   Von dieser **Grundregel** kann der Bund **Ausnahmen** normieren. Diese sind in einer gem. § 13 Abs. 4 UIG zu erlassenden **Rechtsverordnung** zu bestimmen. Von dieser Möglichkeit hat die Bundesregierung bisher **keinen** Gebrauch gemacht.

5   Abs. 1 ist als **Aufgabennorm** ausgestaltet, die der zuständigen Stelle die Kontrolle überträgt. Die Formulierung des § 13 Abs. 1 UIG lässt keinen Schluss zu, ob die **Ausübung** dieser Kontrolle verpflichtend im Sinne des Legalitätsprinzips ist (so wohl Landmann/Rohmer/Reidt/Schiller UIG § 13 Rn. 4) oder lediglich im pflichtgemäßen Ermessen der Behörde steht. Die Formulierung vor allem des § 13 Abs. 3 UIG deutet aber darauf hin, dass die Behörde nach dem **Opportunitätsprinzip** verfahren kann.

C. Kontroll- und Eingriffsbefugnisse (Abs. 2 und 3)

6   Um die Ausführung der Aufsicht durchführen zu können, räumen Abs. 2 und 3 der zuständigen Behörde verschiedene **Aufgabenkompetenzen** ein. Sie soll dadurch in die Lage versetzt werden, die ihr nach Abs. 1 übertragene Aufgabe effektiv ausführen zu können.

6.1   Zum Verhältnis der Aufsicht nach § 13 UIG und den anderen Mitteln der Fach- und Rechtsaufsicht, s. Schomerus Informationsansprüche nach dem Atom- und Strahlenschutzrecht, Gutachten BMU 2010, http://nbn-resolving.de/urn:nbn:de:0221–201011233819, 136.

7   Zum einen wird der zuständigen Behörde ein **Herausgabeanspruch** gegenüber der ihrer Kontrolle unterliegenden Stelle eingeräumt. Dieser Anspruch richtet sich auf sämtliche Angaben, die die Behörde zur Wahrnehmung ihrer Aufgaben nach Abs. 1 benötigt (BT-Drs. 15/4243, 19). Die von Abs. 2 erfassten Angaben beschränken sich nicht allein auf Umweltinformationen (Landmann/Rohmer/Reidt/Schiller UIG § 13 Rn. 8). Über den konkreten Umfang der Herausgabe von Informationen besitzt die Behörde eine weite **Einschätzungsprärogative.** Eine Beschränkung des Herausgabeanspruchs auf Informationen, die nur im **unmittelbaren Zusammenhang** mit Umweltinformationen stehen, würde die Kontrollrechte der Behörde zu **umfänglich** beschränken. Sie muss die Möglichkeit haben, auch **Informationen** prüfen zu können, die Ausschluss darauf geben, ob überhaupt bei der informationspflichtigen Stelle Umweltinformationen vorliegen. Dies kann bedeuten, dass im Einzelfall auch Angaben und Sachverhalte zu prüfen sind, bei denen sich herausstellt, dass sie dem Anwendungsbereich des UIG nicht unterfallen. Daher ist im **Zweifel** die Pflicht zur Herausgabe zugunsten einer **effektiven Kontrolle** weit zu verstehen (anders Landmann/Rohmer/Reidt/Schiller UIG § 13 Rn. 9).

8   Außerdem kann die zuständige Behörde, die für die **Durch- und Umsetzung** des UIG erforderlichen **Anordnungen** und **Maßnahmen** in Form eines **Verwaltungsaktes** ergreifen (BT-Dr. 15/4243, 19; Schomerus, Informationsansprüche nach dem Atom- und Strahlenschutzrecht, Gutachten BMU 2010, http://nbn-resolving.de/urn:nbn:de:0221–201011233819, 136). Gegen diese kann die informationspflichtige Stelle ggf. verwaltungsgerichtlichen Rechtsschutz suchen (ausf. Landmann/Rohmer/Reidt/Schiller UIG § 13 Rn. 16).

§ 14 Ordnungswidrigkeiten

(1) Ordnungswidrig handelt, wer vorsätzlich oder fahrlässig einer vollziehbaren Anordnung nach § 13 Abs. 3 zuwiderhandelt.

(2) Die Ordnungswidrigkeit nach Absatz 1 kann mit einer Geldbuße bis zu zehntausend Euro geahndet werden.

Der Ordnungswidrigkeitstatbestand des § 14 UIG soll die Um- und Durchsetzung der Kontrolle über private informationspflichtige Stellen (→ Rn. 4) unterstützen.

A. Allgemeines

1   Mit dem weder auf Unionsrecht beruhenden noch ursprünglich durch die Bundesregierung (vgl. BT-Drs. 15/3406, 22 ff.) vorgeschlagenen Bußgeldtatbestand wird die Möglichkeit

Ordnungswidrigkeiten § 14 UIG

geschaffen, die **Nichtbeachtung vollziehbarer Anordnungen** der Aufsichtsbehörde zur Durchsetzung der Bestimmungen des § 13 Abs. 3 UIG zu ermöglichen. Motivation ist, die im ursprünglichen Entwurf der Bunderegierung nicht in den Anwendungsbereich des UIG einbezogenen privaten Stellen kontrollieren zu können (BT-Drs. 15/4243, 19). Er wurde auf Vorschlag des Ausschuss für Umwelt, Naturschutz und Reaktorsicherheit eingefügt.

B. Tatbestand und Rechtsfolge

Die vorsätzliche und fahrlässige Nichtbeachtung der privaten informationspflichtigen 2
Stelle durch die in § 13 UIG bestimmte Aufsichtsbehörde wird durch § 14 UIG mit einem Bußgeld in Höhe von maximal 10.000 EUR geahndet.

Voraussetzung ist die vorsätzliche oder fahrlässige Nichtbeachtung einer vollziehbaren 3
Anordnung. Notwendig für die Erfüllung des Bußgeldtatbestandes ist damit die Rechtswirkung der Anordnung gegenüber der informationspflichtigen Stelle (vgl. Landmann/Rohmer/Reidt/Schiller UIG § 14 Rn. 2 ff.) und die vorwerfbare Nichtbeachtung durch den Adressaten. Neben den Möglichkeiten des **Verwaltungszwangs** verschärft das Gesetz die Sanktionen für die Nichtbeachtung von Anordnungen bezüglich nicht zu vertretender Handlungen.

Ordnungswidrigkeiten adressieren bis auf die im OWiG vorgesehenen Ausnahmen regel- 4
mäßig nur natürliche Personen. Vom UIG werden zur Auskunft jedoch nicht die hinter den juristischen Personen stehenden natürlichen Personen verpflichtet. Die Informationspflicht trifft die juristischen Personen bzw. diese werden in der Regel **Adressat** der vollziehbaren Anordnung gem. § 13 Abs. 3 UIG sein. Problematisch wird der Vollzug eines Bußgeldes gegenüber den **Leitungspersonen** einer juristischen Person, wenn diesen der Nichtvollzug der Anordnung nicht persönlich vorgeworfen werden kann, zB wegen Neubesetzung der Stelle. Daher ist bei dem Erlass des Bußgeldbescheides die Möglichkeit der Festsetzung der Geldbuße im **selbstständigen Verfahren** gem. § 30 Abs. 4 OWiG zu prüfen.

Die Vorschrift setzt nur einen **Höchstrahmen** der Geldbuße fest, in dem dann die 5
tatsächliche Höhe auf der Grundlage der **Bedeutung des Verstoßes** zu bemessen ist und die wirtschaftlichen Verhältnisse der betroffenen Stelle Berücksichtigung finden müssen, § 17 Abs. 3 OWiG. Im **Einzelfall** kann die Geldbuße auch über das gesetzlich vorgesehene Maß hinaus festgelegt werden. Denn mit der Buße soll der **wirtschaftliche Vorteil**, den die informationspflichtige Stelle aus der Ordnungswidrigkeit gezogen hat, abgeschöpft werden. Übersteigt dieser jedoch die genannte Grenze von 10.000 EUR kann diese gem. § 17 Abs. 4 OWiG überschritten werden.

3. Verbraucherinformationsgesetz (VIG)

§ 1 Anwendungsbereich

Durch dieses Gesetz erhalten Verbraucherinnen und Verbraucher freien Zugang zu den bei informationspflichtigen Stellen vorliegenden Informationen über

1. Erzeugnisse im Sinne des Lebensmittel- und Futtermittelgesetzbuches (Erzeugnisse) sowie
2. Verbraucherprodukte, die dem § 2 Nummer 26 des Produktsicherheitsgesetzes unterfallen (Verbraucherprodukte),

damit der Markt transparenter gestaltet und hierdurch der Schutz der Verbraucherinnen und Verbraucher vor gesundheitsschädlichen oder sonst unsicheren Erzeugnissen und Verbraucherprodukten sowie vor Täuschung beim Verkehr mit Erzeugnissen und Verbraucherprodukten verbessert wird.

§ 1 ist der sichtbarste Ausdruck der Novelle des Verbraucherinformationsgesetzes, die am 1.9.2012 in Kraft getreten ist. Die dem ursprünglichen Gesetz vorangestellte Norm bestimmt nun den Anwendungsbereich (→ Rn. 5 ff.) und offenbart die rechtlich bedeutsamen Zielsetzungen (→ Rn. 21 ff.).

Übersicht

	Rn		Rn
A. Allgemeines	1	III. Nicht vorgenommene Ausdehnungen des Anwendungsbereiches	19
B. Anwendungsbereich des VIG	5	IV. Verhältnis zum IFG und UIG	20
I. Erzeugnisse iSd LFGB (Nr. 1)	6	**C. Gesetzeszweck**	21
II. Verbraucherprodukte iSd § 2 Nr. 26 ProdSiG (Nr. 2)	12		

A. Allgemeines

1 Die Novelle des VIG und mit ihr § 1 geht auf zwei verschiedene Impulse zurück. Zum einen erfüllte die Bundesregierung den Dokumentations- und Evaluationsauftrag hins. der mit dem VIG gemachten Erfahrungen, der ihr durch Entschließungsanträge von Bundestag (BT-Drs. 16/2035) und Bundesrat (BR-Drs. 584/06, Beschl.) erteilt wurde. Zum anderen wurde der politische Wunsch nach einer Novellierung durch den Dioxinskandal zum Jahreswechsel 2010/2011 noch verstärkt, in dessen Folge das Bundesministerium für Ernährung, Landwirtschaft und Verbraucherschutz den Aktionsplan „Verbraucherschutz in der Futtermittelkette" verabschiedete, der neben anderen Maßnahmen auch Änderungen des VIG vorsah (Prommer/Rossi GewA 2013, 97 (97)).

2 Die mit dem neuen VIG verfolgten **Ziele** sind im Zusammenhang mit einer beständigen Entwicklung hin zu mehr Transparenz zu sehen, die sich auch in den anderen Informationszugangsgesetzen widerspiegelt. Zu den in der Begründung der Novelle ausdrücklich genannten Zielen gehören die Erhöhung der Bürger- sowie Anwenderfreundlichkeit, die Straffung des Verwaltungsverfahrens, die Beschleunigung der Auskunftserteilung, die Erhöhung der Rechtssicherheit und die Reduzierung des bürokratischen Aufwandes (BT-Drs. 17/7374, 1 (12 ff.)). Daneben soll die proaktive Information der Öffentlichkeit auch durch die flankierende Neufassung des § 40 LFGB verbessert werden (Prommer/Rossi GewA 2013, 97 (98)).

3 Von der Einführung des § 1 abgesehen, wurde die Struktur des VIG iÜ nicht verändert: Auf den subjektiven Informationszugangsanspruch in § 2 VIG folgen Ausschluss- und Beschränkungsgründe in § 3. Einzelheiten zu den Antragsvoraussetzungen und zur Informationspflichtigkeit sind in § 4 festgehalten, der in seinem Abs. 3 zudem weitere Ablehnungsgründe enthält. Die eigentliche Entscheidung über den Antrag einschließlich der Anhörung

Anwendungsbereich § 1 VIG

möglicher Drittbetroffener ist Gegenstand des § 5, der zudem Aussagen zum Rechtsschutz enthält. § 6 betrifft die Art und Weise der Informationsgewährung und eröffnet die Möglichkeit einer antragsunabhängigen, proaktiven Informationstätigkeit der Behörden. § 7 schließlich enthält Vorgaben für die Erhebung von Gebühren und Auslagen.

Die Novelle wurde insbes. nicht dazu genutzt, alle Informationsfreiheitsgesetze (bzw. 4 jedenfalls die des Bundes) zu einem einheitlichen Gesetz zusammenzufassen (zu entsprechenden Forderungen und Vorschlägen vgl. Kloepfer K&R 1999, 241 ff.; Sydow NVwZ 2008, 481 ff.; zu einem IGB-ProfE vgl. Schoch in Lipowicz/Schneider (Hrsg.), Perspektiven des deutschen, polnischen und europäischen Informationsrechts, 2011, 11 ff. Dass hierfür die Gesetzgebungsbefugnis fehlen sollte (BT-Drs. 17/7374, 11), erschließt sich nicht – die Verbandskompetenz des Bundes besteht unabhängig davon, ob sie für den Erlass dreier einzelner Gesetze oder für den Erlass eines zusammenfassendes Gesetzes ausgeübt wird. Auch die im Evaluationsbericht (BT-Drs. 17/1800, 10) vorgeschlagene Lösung eines Modellgesetzes für Bundesbehörden mit Vorbildcharakter für die Länder wurde abgelehnt, da zumindest ein temporäres Absinken des Schutzniveaus in Ländern ohne eigenes Informationszugangsgesetz befürchtet wurde (BT-Drs. 17/7374, 11 f.). Stattdessen wurde eine nach eigenen Aussagen (BT-Drs. 17/7374, 11) „vermittelnde Lösung" verfolgt, die die Grundstruktur des Gesetzes beibehält, jedoch an einigen Stellen Bestimmungen oder Regelungstechniken anderer Gesetze übernimmt (Prommer/Rossi GewA 2013, 97 (98)). Ein großer Wurf ist somit insgesamt nicht gelungen. Wegen der verschiedenen europarechtlichen und verfassungsrechtlichen Bedenken gegen einzelne Passagen des VIG (vgl. GIW VIG § 1 Rn. 4 ff.) ist eine grundlegende Reform des VIG geboten.

B. Anwendungsbereich des VIG

Der Anwendungsbereich des VIG wird primär „produkt"-bezogen beschrieben – er 5 erstreckt und beschränkt sich gleichermaßen auf Informationen über Erzeugnisse iSd LFGB (→ Rn. 6 ff.) sowie über Verbraucherprodukte iSd § 2 Nr. 26 ProdSG (→ Rn. 12 ff.). Forderungen nach einem weitergehenden Anwendungsbereich haben sich nicht durchsetzen können (→ Rn. 19). Neben der positiven Festlegung des Anwendungsbereichs liegt die besondere Bedeutung des § 1 auch darin, die Anwendbarkeit anderer Informationsfreiheitsgesetze auszuschließen (→ Rn. 20).

I. Erzeugnisse iSd LFGB (Nr. 1)

Das VIG richtet sich zunächst auf Informationen über **Erzeugnisse** iSd LFGB. Das sind 6 gem. § 2 Abs. 1 LFGB Lebensmittel einschließlich Lebensmittelzusatzstoffe, Futtermittel, kosmetische Mittel und Bedarfsgegenstände.

Hins. des Begriffs der **Lebensmittel** hat sich der deutsche Gesetzgeber seiner Definitions- 7 gewalt entledigt. Denn der Begriff wird in § 2 Abs. 2 LFGB durch Verweis auf Art. 2 der VO (EG) Nr. 178/2002 definiert. Lebensmittel sind danach „alle Stoffe und Erzeugnisse, die dazu bestimmt sind oder von denen nach vernünftigem Ermessen erwartet werden kann, dass sie in verarbeitetem, teilweise verarbeitetem oder unverarbeitetem Zustand vom Menschen aufgenommen werden. Zu Lebensmittel zählen auch Getränke, Kaugummi sowie alle Stoffe, einschließlich Wasser, die dem Lebensmittel bei seiner Herstellung oder Ver- oder Bearbeitung absichtlich zugesetzt werden."

Auch der Begriff der **Lebensmittelzusatzstoffe** wird gem. § 2 Abs. 3 LFGB weitgehend 8 der Definitionsgewalt des europäischen Gesetzgebers überlassen. Verwiesen wird auf Art. 3 Abs. 2 Buchst. a iVm Art. 2 Abs. 2 der VO (EG) Nr. 1333/2008 des Europäischen Parlaments und des Rates v. 16.12.2008 über Lebensmittelzusatzstoffe (ABl. L 354 2008, 16), die zuletzt durch die VO (EU) Nr. 675/2012 (ABl. L 196 2012, 52) geändert worden ist. Der Begriff des Lebensmittelzusatzstoffs wird in dieser Verordnung zunächst positiv definiert, bevor sodann bestimmte Stoffe von der abstrakten Definition wieder ausgenommen sind. Über diese europarechtlichen Vorgaben hinaus hat der deutsche Gesetzgeber den Lebensmittelzusatzstoffen in § 2 Abs. 3 S. 2 LFGB gleichgestellt:
- Stoffe mit oder ohne Nährwert, die üblicherweise weder selbst als Lebensmittel verzehrt noch als charakteristische Zutat eines Lebensmittels verwendet werden und die einem

Lebensmittel aus anderen als technologischen Gründen beim Herstellen oder Behandeln zugesetzt werden, wodurch sie selbst oder ihre Abbau- oder Reaktionsprodukte mittelbar oder unmittelbar zu einem Bestandteil des Lebensmittels werden oder werden können; ausgenommen sind Stoffe, die natürlicher Herkunft oder den natürlichen chemisch gleich sind und nach allgemeiner Verkehrsauffassung überwiegend wegen ihres Nähr-, Geruchs- oder Geschmackswertes oder als Genussmittel verwendet werden,
- Mineralstoffe und Spurenelemente sowie deren Verbindungen außer Kochsalz,
- Aminosäuren und deren Derivate,
- Vitamine A und D sowie deren Derivate

9   Auch hins. der **Futtermittel** greift das deutsche Gesetz in § 2 Abs. 4 LFGB auf eine europarechtliche und damit europaweite Definition zurück: Maßgeblich ist die Definition in Art. 3 Nr. 4 der VO (EG) Nr. 178/2002 (§ 2 Abs. 4 LFGB).

10 **Kosmetische Mittel** sind ausweislich des § 2 Abs. 5 LFGB Stoffe oder Gemische aus Stoffen, die ausschließlich oder überwiegend dazu bestimmt sind, äußerlich am Körper des Menschen oder in seiner Mundhöhle zur Reinigung, zum Schutz, zur Erhaltung eines guten Zustandes, zur Parfümierung, zur Veränderung des Aussehens oder dazu angewendet zu werden, den Körpergeruch zu beeinflussen. Als kosmetische Mittel gelten nicht Stoffe oder Gemische aus Stoffen, die zur Beeinflussung der Körperformen bestimmt sind.

11 **Bedarfsgegenstände** werden in § 2 Abs. 6 LFGB definiert. Es sind
- Materialien und Gegenstände iSd Art. 1 Abs. 2 der VO (EG) Nr. 1935/2004 des Europäischen Parlaments und des Rates v. 27.10.2004 über Materialien und Gegenstände, die dazu bestimmt sind, mit Lebensmitteln in Berührung zu kommen und zur Aufhebung der RL 80/590/EWG und 89/109/EWG (ABl. L 338 2004, 4), die durch die VO (EG) Nr. 596/2009 (ABl. L 188 2009, 14) geändert worden ist,
- Packungen, Behältnisse oder sonstige Umhüllungen, die dazu bestimmt sind, mit kosmetischen Mitteln in Berührung zu kommen,
- Gegenstände, die dazu bestimmt sind, mit den Schleimhäuten des Mundes in Berührung zu kommen,
- Gegenstände, die zur Körperpflege bestimmt sind,
- Spielwaren und Scherzartikel,
- Gegenstände, die dazu bestimmt sind, nicht nur vorübergehend mit dem menschlichen Körper in Berührung zu kommen, wie Bekleidungsgegenstände, Bettwäsche, Masken, Perücken, Haarteile, künstliche Wimpern, Armbänder,
- Reinigungs- und Pflegemittel, die für den häuslichen Bedarf oder für Bedarfsgegenstände iSd Nr. 1 bestimmt sind,
- Imprägnierungsmittel und sonstige Ausrüstungsmittel für Bedarfsgegenstände iSd Nr. 6, die für den häuslichen Bedarf bestimmt sind,
- Mittel und Gegenstände zur Geruchsverbesserung in Räumen, die zum Aufenthalt von Menschen bestimmt sind.

11a In negativer Hinsicht werden Gegenstände vom Begriff der Bedarfsgegenstände ausgenommen, die nach § 2 Abs. 2 des Arzneimittelgesetzes als Arzneimittel gelten, nach § 3 des Medizinproduktegesetzes Medizinprodukte oder Zubehör für Medizinprodukte oder nach § 3b des Chemikaliengesetzes Biozid-Produkte sind, sowie nicht die in Art. 1 Abs. 3 der VO (EG) Nr. 1935/2004 genannten Materialien und Gegenstände, Überzugs- und Beschichtungsmaterialien und Wasserversorgungsanlagen. Informationen über solche Gegenstände können mithin nicht auf der Grundlage des VIG zugänglich gemacht werden.

II. Verbraucherprodukte iSd § 2 Nr. 26 ProdSiG (Nr. 2)

12 Nachdem der Anwendungsbereich des VIG einerseits trotz des Titels „Gesetz zur Verbesserung der gesundheitsbezogenen Verbraucherinformation" nicht auf gesundheitsbezogene Verbraucherinformationen beschränkt (vgl. Begründung in BR-Drs. 273/07; VG Stuttgart BeckRS 2009, 31413) und im Einzelnen umstritten war, hat die Novellierung den Zugangsanspruch nunmehr explizit auf Informationen über **Verbraucherprodukte** iSd § 2 Nr. 26 ProdSG erstreckt und damit die Zugänglichkeit auch anderer, insbes. technischer Informationen bewirkt.

Erneut definiert das VIG den Anwendungsbereich aber nicht selbst, sondern verweist auf die **Legaldefinition** des Begriffes der Verbraucherprodukte in § 2 Nr. 26 ProdSG. Verbraucherprodukte sind danach „neue, gebrauchte oder wiederaufgearbeitete Produkte, die für Verbraucher bestimmt sind oder unter Bedingungen, die nach vernünftigem Ermessen vorhersehbar sind, von Verbrauchern benutzt werden könnten, selbst wenn sie nicht für diese bestimmt sind; als Verbraucherprodukte gelten auch Produkte, die dem Verbraucher im Rahmen einer Dienstleistung zur Verfügung gestellt werden." Dieses Gesetz knüpft zwar an Verbraucher an, bestimmt seinerseits aber nicht, wer „**Verbraucher**" iSd ProdSG ist. Entscheidend ist insofern die Abgrenzung zur gewerblichen oder beruflichen Nutzung: Nur wer ein Produkt privat benutzt, gilt als Verbraucher iSd ProdSG (Wilrich, Das neue Produktsicherheitsgesetz, 2012, Rn. 75). Ob ein Produkt für einen Verbraucher **bestimmt** ist, bemisst sich anhand der Widmung des Herstellers; es ist ausreichend, wenn es zumindest auch für Verbraucher bestimmt ist (Wilrich, Das neue Produktsicherheitsgesetz, 2012, Rn. 78). 13

Das Tatbestandsmerkmal „unter Bedingungen, die nach vernünftigem Ermessen vorhersehbar sind, von Verbrauchern benutzt werden könnten, selbst wenn sie nicht für diese bestimmt sind" dient der Erfassung sog „**Migrationsprodukte**", die ursprünglich keine Verbraucherprodukte waren, jedoch im Laufe der Zeit auf den Verbrauchermarkt abgewandert sind, wie zB Beamer, Laserpointer, Espressomaschinen (Lach/Polly, Produktsicherheitsgesetz, 2012, 21). 14

Abgrenzungsprobleme ergeben sich vor allem in Zusammenhang mit dem Tatbestandsmerkmal „zur Verfügung stellen im Rahmen einer Dienstleistung". Dabei ist umstritten, ob also ein passives „Ausgeliefertsein" ausreicht (so Klindt, Geräte- und Produktsicherheitsgesetz, 2007, GPSG § 2 Rn. 39; aA dagegen Landmann/Rohmer/Scheel GPSG § 2 Rn. 34). Solche Abgrenzungsfragen werden vom VIG nicht in die eine oder andere Richtung beantwortet. Vielmehr führt die Gesetzestechnik des VIG, seinen Anwendungsbereich unter Rückgriff auf europarechtliche oder anderweitige gesetzliche Vorschriften zu bestimmen, zur Abhängigkeit des Informationszugangsanspruchs von der sachlichen Reichweite solcher Definitionen. Nicht aber wird diese sachliche Reichweite durch den Umstand beeinflusst, dass gegebenenfalls ein Informationszugangsanspruch nach dem VIG eröffnet ist. 15

Keine Verbraucherprodukte sind jedenfalls solche Produkte, die ausschließlich bei einer beruflichen, gewerblichen oder selbständigen Tätigkeit zum Einsatz kommen, sowie reine Zulieferprodukte (Lach/Polly, Produktsicherheitsgesetz, 2012, 22). 16

Darüber hinaus ist der Informationszugang nach § 1 Nr. 2 VIG stets von einem konkreten **Produktbezug** abhängig. Allgemeine Informationen bspw. bzgl. der Risikobewertung eines Betriebes sind deshalb nicht vom Anwendungsbereich des VIG gedeckt (Theis DVBl. 2013, 627 (628); vgl. VG Berlin Urt. v. 28.11.2012 – VG 14 K 79.12). 17

Das genaue **Verhältnis von LFGB und ProdSG** ist für die Anwendbarkeit des VIG in den meisten Fällen irrelevant, da § 1 explizit alternativ auf Erzeugnisse iSd LFGB wie auf Verbraucherprodukte iSd ProdSG Anwendung findet. Im Einzelfall mag die Unterscheidung gleichwohl relevant sein. Zu beachten ist insofern § 1 Abs. 4 ProdSG, der die Subsidiarität des ProdSG anordnet, sofern in Rechtsvorschriften entsprechende oder weitergehende Vorschriften vorgesehen sind. Für Bedarfsgegenstände wird damit das LFGB in der Regel maßgeblich sein; nur ihre allgemeine Produktsicherheit richtet sich nach dem ProdSG (Lach/Polly, Produktsicherheitsgesetz, 2012, 8). 18

III. Nicht vorgenommene Ausdehnungen des Anwendungsbereiches

Im Vorfeld der Novelle des VIG wurde intensiv diskutiert, den Anwendungsbereich des VIG auf bestimmte Dienstleistungen (Ausschuss-Drs. 17(10)773), insbes. Finanzdienstleistungen (Ausschuss-Drs. 17(10)781) zu erstrecken sowie eine unmittelbare Verpflichtung der Unternehmen (Ausschuss-Drs. 17(10)774) zu begründen (kritisch hierzu Kube ZLR 2007, 165 (184)). Solche Forderungen konnten sich im Gesetzgebungsprozess nicht durchsetzen. Mithin können weder Ansprüche auf Zugang zu solchen Informationen auf das VIG gestützt werden noch dürfen die Behörden auf der Grundlage des § 6 Abs. 1 entsprechende Informationen publik machen. 19

IV. Verhältnis zum IFG und UIG

20 Das Verhältnis des VIG zu anderen Informationsfreiheitsgesetzen ist ausgesprochen schwer zu bestimmen. Denn jedes dieser Gesetze enthält undeutliche Klauseln, die zu einer Art Ping-Pong führen und die Frage im konkreten Fall nicht beantworten. Wie etwa § 2 Abs. 4 VIG die Geltung des VIG ausschließt, soweit in anderen Rechtsvorschriften entsprechende oder weitergehende Vorschriften gelten, nimmt sich auch das IFG in § 1 Abs. 3 zurück: „Regelungen in anderen Rechtsvorschriften gehen vor", heißt es dort. Umgekehrt lässt § 3 Abs. 1 UIG explizit andere Ansprüche auf Zugang zu Informationen unberührt, so dass nach Maßgabe des UIG das VIG und UIG grds. nebeneinander anzuwenden wären, während nach Maßgabe des VIG wohl von einem Vorrang des UIG auszugehen ist. Ungeachtet der genauen Betrachtung des § 2 Abs. 4 VIG kommt angesichts dieser verworrenen Gesetzeslage (die letztlich nur in einem einheitlichem Informationsgesetzbuch geklärt werden könnte) der Bestimmung des sachlichen Anwendungsbereichs entscheidende Bedeutung zu: In dem Maße, in dem der Anwendungsbereich des VIG eröffnet ist, scheidet ein Rückgriff auf das IFG aus (vgl. Schoch IFG § 1 Rn. 173 f.). Soweit das VIG dagegen keine Anwendung findet, etwa auf Informationen über bestimmte Dienstleistungen, ist das IFG grds. anwendbar. Ob ein Informationszugangsantrag danach begründet ist oder nicht, richtet sich allein nach den Vorschriften des IFG. Entsprechendes gilt für die jeweiligen Informationsfreiheitsgesetze der Länder. Dass es hier überhaupt zu Überschneidungen kommen kann, hat seine Ursache darin, dass nach § 2 Abs. 2 VIG auch Landesbehörden verpflichtet sind.

C. Gesetzeszweck

21 Im Unterschied zur vorherigen Fassung des VIG benennt § 1 VIG nunmehr im angefügten Finalsatz die Zielsetzungen des Gesetzes. Dies ist unter Gesichtspunkten guter Gesetzgebung prinzipiell zu begrüßen. In der konkreten Ausgestaltung stellen sich die hervorgehobenen Zielsetzungen aus mehreren Gründen aber durchaus problematisch dar, so dass ihre Bedeutung für die teleologische Auslegung nicht überschätzt werden darf. Erstens nämlich trägt schon die grammatikalische Struktur des § 1 Hs. 2 VIG der Erkenntnis Rechnung, dass **Transparenz** nur ein **Zwischenziel** ist, das seinerseits den materiellen Aspekten des Gesundheitsschutzes sowie der Lauterkeit des Verkehrs mit Verbraucherprodukten zu dienen bestimmt ist (Prommer/Rossi GewA 2013, 97 (99)). Der **Gesundheitsschutz** sowie die **Lauterkeit des Verkehrs mit Verbraucherprodukten** sind also die eigentlichen Schutzzwecke. Diese zu stärken mag tatsächlich der politische Wunsch des Gesetzgebers gewesen sein. Diese Einschätzung korrespondiert mit der Aufzählung der Ziele des VIG in seiner vorhergehenden Fassung, die auch weiterhin Gültigkeit beanspruchen. In der Gesetzesbegründung waren neben der Eindämmung von Lebensmittelskandalen, der Stärkung der Lebensmittelsicherheit, dem Recht auf Information für Verbraucher als mündige Marktteilnehmer, dem Schutz der Gesundheit, der Transparenz des Marktes und der Qualitätssicherung auch der Erhalt der Lenkungskräfte der Marktsysteme durch möglichst umfassende Information der Verbraucher sowie die Sicherstellung des Funktionierens der Märkte als Ziele des VIG genannt (Aufzählung nach Wustmann in: Informationsfreiheit und Informationsrecht, Jahrbuch 2012, 197 (201); BT-Drs. 16/1408, 7).

22 Doch seine **Steuerungsfähigkeit** endet bei dem Zwischenziel der „transparenteren Gestaltung des Marktes", weil er angesichts der voraussetzungslosen Ausgestaltung des Zugangsanspruchs keinen Einfluss darauf hat, wie die zugänglich gemachten Informationen tatsächlich verwendet werden und ob tatsächlich der Gesundheitsschutz und nicht etwa der Konkurrenzschutz oder Ähnliches bezweckt oder – wichtiger – bewirkt wird (grds. hierzu Rossi, Informationszugangsfreiheit und Verfassungsrecht, 2004, 93 ff.). Dass weitere Zielsetzungen wie etwa die Stärkung des redlichen Leistungswettbewerbs unter den Marktteilnehmern (Referentenentwurf, 23) explizit nicht aufgenommen wurden, schließt angesichts der Gesetzessystematik nicht aus, dass gleichwohl entsprechende Wirkungen von dem Gesetz ausgehen können. Die Gesetzessystematik aus der Kombination abstrakter Zielsetzung einerseits und voraussetzungslosem Zugangsanspruch andererseits führt nämlich dazu, dass jedwede Abwägung mit entgegenstehenden Belangen stets von den abstrakten Zielsetzungen geleitet wird, auch wenn die konkreten Zielsetzungen eines Zugangsantrags und vor allem die Wirkungen der Zugänglichkeit ganz andere sein können.

Vor diesem Hintergrund nimmt es nicht wunder, dass die Rechtsprechung schon zum VIG 23
in der vorhergehenden Fassung festgestellt hat, dass der Gesetzeszweck in der Information über
marktrelevante Vorkommnisse bestehe; ein Ziel, mit dem die namentliche Nennung der
Betroffenen in Einklang stehe (so OVG Münster BeckRS 2009, 35988). Die Offenlegung
bekannter Verstöße diene dem Verbraucherschutz und sei dazu geeignet, weiteren Verstößen
gegen lebens- und futtermittelrechtliche Vorschriften vorzubeugen (VGH München BeckRS
2010, 08480). Das VIG verfolge mit der Schaffung von Transparenz eine vergleichbare Zielrichtung wie UIG und IFG. Derjenige, der einen Informationsanspruch geltend mache,
fungiere als Sachwalter der Allgemeinheit (VGH München BeckRS 2010, 08480). Diese
Rechtsprechung mag im Einzelfall begründet sein, darf jedoch nicht vorschnell verallgemeinert
werden. Denn die einem Informationszugang entgegenstehenden Belange – jedenfalls die
privaten Belange – sind regelmäßig grundrechtlich geschützt und können deshalb die grundsätzliche Freiheitsvermutung für sich in Anspruch nehmen. Die Behörden und Gerichte können
sich nicht leichtfertig auf die parlamentarische Verantwortung des Gesetzgebers für die abstrakte
Abwägung zwischen den zwar genannten, gleichwohl nur theoretischen Gesetzeszielen einerseits und Geheimhaltungsaspekten andererseits berufen, sondern müssen als grundrechtsgebundene Staatsgewalten die Abwägung im Einzelfall und gegebenenfalls in verfassungskonformer
Auslegung der gesetzlichen Vorschriften treffen (zur Problematik der Abwägung vgl. Rossi in
Hecker ua (Hrsg.), Aktuelle Rechtsfragen und Probleme des freien Informationszugangs, insbes.
im Umweltschutz, UTR 108, 2011, 197 ff.) Dabei wird dann auch zu prüfen sein, ob und
inwieweit der angestrebte Gesundheitsschutz und die intendierte Lauterkeit des Verkehrs mit
Verbraucherprodukten durch einen Informationszugang überhaupt erreicht werden kann.
Nicht zuletzt wegen dieser Frage ist die Zielsetzung des Gesetzgebers bei genauer Lesart des § 1
jedenfalls sehr bescheiden – ihm genügt schon die Verbesserung der beiden Schutzaspekte.

§ 2 Anspruch auf Zugang zu Informationen

(1) ¹Jeder hat nach Maßgabe dieses Gesetzes Anspruch auf freien Zugang zu
allen Daten über
1. von den nach Bundes- oder Landesrecht zuständigen Stellen festgestellte nicht
   zulässige Abweichungen von Anforderungen
   a) des Lebensmittel- und Futtermittelgesetzbuches und des Produktsicherheitsgesetzes,
   b) der auf Grund dieser Gesetze erlassenen Rechtsverordnungen,
   c) unmittelbar geltender Rechtsakte der Europäischen Gemeinschaft oder der
      Europäischen Union im Anwendungsbereich der genannten Gesetze
   sowie Maßnahmen und Entscheidungen, die im Zusammenhang mit den in den
   Buchstaben a bis c genannten Abweichungen getroffen worden sind,
2. von einem Erzeugnis oder einem Verbraucherprodukt ausgehende Gefahren oder
   Risiken für Gesundheit und Sicherheit von Verbraucherinnen und Verbrauchern,
3. die Zusammensetzung von Erzeugnissen und Verbraucherprodukten, ihre Beschaffenheit, die physikalischen, chemischen und biologischen Eigenschaften
   einschließlich ihres Zusammenwirkens und ihrer Einwirkung auf den Körper,
   auch unter Berücksichtigung der bestimmungsgemäßen Verwendung oder vorhersehbaren Fehlanwendung,
4. die Kennzeichnung, die Herkunft, die Verwendung, das Herstellen und das
   Behandeln von Erzeugnissen und Verbraucherprodukten,
5. zugelassene Abweichungen von den in Nummer 1 genannten Rechtsvorschriften
   über die in den Nummern 3 und 4 genannten Merkmale oder Tätigkeiten,
6. die Ausgangsstoffe und die bei der Gewinnung der Ausgangsstoffe angewendeten
   Verfahren,
7. Überwachungsmaßnahmen oder andere behördliche Tätigkeiten oder Maßnahmen zum Schutz von Verbraucherinnen und Verbrauchern, einschließlich der
   Auswertung dieser Tätigkeiten und Maßnahmen, sowie Statistiken über Verstöße
   gegen in § 39 Absatz 1 Satz 1 des Lebensmittel- und Futtermittelgesetzbuches und
   § 26 Absatz 1 Satz 1 des Produktsicherheitsgesetzes genannte Rechtsvorschriften,
   soweit sich die Verstöße auf Erzeugnisse oder Verbraucherprodukte beziehen

(Informationen), die bei einer Stelle im Sinne des Absatzes 2 unabhängig von der Art ihrer Speicherung vorhanden sind. ²Der Anspruch nach Satz 1 besteht insoweit, als kein Ausschluss- oder Beschränkungsgrund nach § 3 vorliegt.

(2) ¹Stelle im Sinne des Absatzes 1 Satz 1 ist
1. jede Behörde im Sinne des § 1 Abs. 4 des Verwaltungsverfahrensgesetzes, die auf Grund
   a) anderer bundesrechtlicher oder
   b) landesrechtlicher
   Vorschriften öffentlich-rechtliche Aufgaben oder Tätigkeiten wahrnimmt, die der Erfüllung der in § 1 des Lebensmittel- und Futtermittelgesetzbuches genannten Zwecke oder bei Verbraucherprodukten der Gewährleistung von Sicherheit und Gesundheit nach den Vorschriften des Produktsicherheitsgesetzes sowie der auf Grund des Produktsicherheitsgesetzes erlassenen Rechtsverordnungen dienen,
2. jede natürliche oder juristische Person des Privatrechts, die auf Grund
   a) anderer bundesrechtlicher oder
   b) landesrechtlicher
   Vorschriften öffentlich-rechtliche Aufgaben oder Tätigkeiten wahrnimmt, die der Erfüllung der in § 1 des Lebensmittel- und Futtermittelgesetzbuches genannten Zwecke oder bei Verbraucherprodukten der Gewährleistung von Sicherheit und Gesundheit nach den Vorschriften des Produktsicherheitsgesetzes sowie der auf Grund des Produktsicherheitsgesetzes erlassenen Rechtsverordnungen dienen und der Aufsicht einer Behörde unterstellt ist.

²Satz 1 gilt im Fall einer Gemeinde oder eines Gemeindeverbandes nur, wenn der Gemeinde oder dem Gemeindeverband die Aufgaben nach diesem Gesetz durch Landesrecht übertragen worden sind.

(3) Zu den Stellen im Sinne des Absatzes 2 Satz 1 gehören nicht die obersten Bundes- und Landesbehörden, soweit sie im Rahmen der Gesetzgebung oder beim Erlass von Rechtsverordnungen tätig werden, unabhängige Organe der Finanzkontrolle sowie Gerichte, Justizvollzugsbehörden, Strafverfolgungs- und Disziplinarbehörden und diesen vorgesetzte Dienststellen.

(4) Die Vorschriften dieses Gesetzes gelten nicht, soweit in anderen Rechtsvorschriften entsprechende oder weitergehende Vorschriften vorgesehen sind.

§ 2 VIG normiert in Abs. 1 einen subjektiven Zugangsanspruch zu enumerativ aufgelisteten Informationen (→ Rn. 11 ff.) Zudem werden die anspruchsverpflichteten Stellen in Abs. 2 positiv (→ Rn. 34 ff.) sowie in Abs. 3 negativ (→ Rn. 42 ff.) benannt. Schließlich verhält sich Abs. 4 zum Verhältnis des VIG zu anderen Rechtsvorschriften (→ Rn. 45 ff.).

Übersicht

	Rn		Rn
A. Allgemeines	1	4. Kennzeichnung, Herkunft, Verwendung, Herstellen und Behandeln (Nr. 4)	24
B. Anspruch auf Informationszugang (Abs. 1)	4	5. Zugelassene Abweichungen (Nr. 5)	30
I. Anspruchsberechtigte	5	6. Ausgangsstoffe und angewendete Verfahren (Nr. 6)	31
II. Voraussetzungslosigkeit des Anspruchs	8	7. Überwachungsmaßnahmen (Nr. 7)	32
III. Anspruchsgegenstand	11	C. Anspruchsverpflichtete (Abs. 2 u. 3)	33
1. Festgestellte nicht zulässige Abweichungen von Anforderungen (Abs. 1 S. 1 Nr. 1)	14	I. Allgemeines	33
		II. Maßgebliche Stellen	34
2. Gefahren oder Risiken für die Gesundheit und Sicherheit (Nr. 2)	21	III. Ausgenommene Stellen (Abs. 3)	42
3. Zusammensetzung, Beschaffenheit, Eigenschaften und Zusammenwirken (Nr. 3)	23	D. Verhältnis zu anderen Vorschriften (Abs. 4)	45

A. Allgemeines

§ 2 Abs. 1 S. 1 normiert den zentralen subjektiven Anspruch auf Zugang zu Informationen, der angesichts seiner Voraussetzungslosigkeit und im Zusammenhang mit der weiteren Systematik des Gesetzes ein Grundsatz-Ausnahme-Verhältnis zwischen der Zugänglichkeit und der Zurückhaltung von Informationen begründet. Dieser Anspruch war vor der Novelle des VIG (BGBl. I 2012, 476) in § 1 normiert. Der neue § 1 zum Anwendungsbereich und Gesetzeszweck hat den Zugangsanspruch in den § 2 verschoben, ohne ihm seine zentrale Bedeutung zu nehmen. Inhaltlich wurde er terminologisch an die Ausweitung des Anwendungsbereiches des Gesetzes auf Verbraucherprodukte iSd ProdSG angepasst. Zudem spricht Abs. 1 S. 1 Nr. 1 statt von „Verstößen" nunmehr von „nicht zulässigen Abweichungen" von bestimmten Normen, die nicht mehr im Fließtext, sondern übersichtlich in einer Aufzählung benannt sind. 1

Wie bei den anderen Informationsfreiheitsgesetzen ist auch im Anwendungsbereich des VIG **Publizität die Regel,** Geheimhaltung die (rechtfertigungsbedürftige) Ausnahme: Der Informationszugang wird voraussetzungslos gewährt, die Informationsgeheimhaltung ist an rechtliche Bedingungen geknüpft. Bedeutung hat dies vor allem in zweierlei Hinsicht: Zum einen wirkt es sich auf die Verteilung der **Beweislast** zwischen zugangsbegehrendem Bürger und zugangsgewährender oder -verwehrender Verwaltung: Nicht der Antragsteller muss darlegen, weshalb er ausnahmsweise Zugang zu den gewünschten Informationen bekommen muss, sondern die Verwaltung muss darlegen, weshalb dieser Antrag ausnahmsweise zurückgewiesen wird. Zum anderen kann grds. davon ausgegangen werden, dass Ausnahmen eng auszulegen sind. In Bezug auf die Ausnahmen zum Schutz von privaten Belangen, die ihrerseits grundrechtlich determiniert sind, darf diese Auslegungsmaxime freilich nicht dazu führen, dass die grundsätzliche Freiheitsvermutung der Grundrechte in ihr Gegenteil verkehrt wird (näher Rossi, Informationszugangsfreiheit und Verfassungsrecht, 2004, 228 f.). 2

Zu beachten ist zudem, dass dieses Grundsatz-Ausnahme-Verhältnis erst im Anwendungsbereich des VIG gilt, nicht jedoch für die Frage, ob der Anwendungsbereich des VIG eröffnet ist. Unzulässig ist es, von den normierten Ausnahmen auf die Eröffnung des Anwendungsbereichs zu schließen, weil die Wirkung des Grundsatz-Ausnahme-Verhältnisses dann verdoppelt würde: Die Ausnahmebestimmungen würden zunächst instrumentalisiert, um den Anwendungsbereich zu eröffnen, und sie würden im eröffneten Anwendungsbereich sodann eng ausgelegt. Dies verkehrt den Willen des Gesetzgebers in sein Gegenteil, der bestimmte Informationen dadurch vor einer Preisgabe schützen wollte, dass er sie von vornherein aus dem Anwendungsbereich ausgenommen hat und zur Sicherheit noch eine Ausnahmeklausel geschaffen hat. Dieser Intention kann nur mit einer strengen Alternativität Rechnung getragen werden: Entweder ist der Anwendungsbereich des VIG eröffnet, dann in der Tat sind die Ausnahmebestimmungen eng auszulegen; oder der Anwendungsbereich ist nicht eröffnet, so dass es auf eine enge oder weite Auslegung des Anwendungsbereichs nicht ankommt (näher zum IFG Rossi DÖV 2013, 205 (208)). 3

B. Anspruch auf Informationszugang (Abs. 1)

Entsprechend seinem Charakter als Anspruchsnorm bestimmt Abs. 1 sowohl die Anspruchsberechtigten (I.) als auch den Anspruchsgegenstand (II.). Das Fehlen entsprechender Tatbestandsmerkmale kennzeichnet die Voraussetzungslosigkeit des Anspruchs (III.). 4

I. Anspruchsberechtigte

Anspruchsberechtigt ist schlicht „jeder". Das sind zunächst alle natürlichen Personen, unabhängig von ihrer Staatsangehörigkeit und ihrem Aufenthaltsort, unabhängig auch von sonstigen persönlichen Merkmalen oder wahrgenommenen Funktionen und unabhängig insbes. auch von ihrer Eigenschaft als Verbraucher (Beyerlein/Borchert VIG § 1 Rn. 61). Ob **volle Geschäftsfähigkeit** iSd §§ 2, 104, 106 BGB, also letztlich Volljährigkeit, verlangt wird, ist unklar. Angesichts der Schutzzwecke scheint es naheliegend, auch beschränkt geschäftsfähigen Personen einen Zugangsanspruch einzuräumen. Auf der anderen Seite darf nicht übersehen werden, dass jedenfalls kostenpflichtige Informationszugänge nicht allein 5 rechtlich vorteilhaft sind, wie § 107 BGB es verlangt. Vor diesem Hintergrund spricht einiges dafür, beschränkt geschäftsfähige (nicht aber geschäftsunfähige) Personen in den Kreis der Anspruchsberechtigten aufzunehmen, die Auskunftserteilung aber entweder auf die kostenfreie einfache Auskunft zu beschränken oder aber vor der kostenpflichtigen Bereitstellung der Informationen die Einwilligung der gesetzlichen Vertreter einzuholen. Auch die Möglichkeit, Informationen ggf. nur gegen Vorauszahlung der Gebühren zu erteilen, kommt in diesen Fällen wohl in Betracht.

6 Anspruchsberechtigt sind darüber hinaus auch **juristische Personen des Privatrechts** (vgl. zum UIG BVerwG BeckRS 2008, 34258). Dabei ist durchaus auch Personenmehrheiten ohne Rechtsfähigkeit ein Zugangsanspruch einzuräumen, denn abgesehen davon, dass der Bundesgerichtshof die Unterschiede zwischen rechtsfähigen und nicht-rechtsfähigen Vereinen ohnehin relativiert hat (BGH NJW 2008, 69 ff.) und daraufhin zumindest die ZPO angepasst wurde (G. v. 24.9.2009, BGBl. I 3147), ließe sich die fehlende Rechtsfähigkeit leicht durch einen **Strohmann** umgehen (im Ergebnis auch Beyerlein/Borchert VIG § 1 Rn. 62, differenziert Krüger LMuR 2008, 137 (138)).

7 **Juristische Personen des öffentlichen Rechts** sind dagegen grds. nicht anspruchsberechtigt (ebenso für das IFG Kloepfer/v. Lewinski DVBl. 2005, 1277 (1280); Schmitz/Jastrow NVwZ 2005, 984 (987); für das VIG R. Beck § 1 S. 14; GIW VIG § 2 Rn. 2; aA Beyerlein/Borchert VIG § 1 Rn. 63). Der Informationsfluss innerhalb der staatlichen Organe bleibt vielmehr den einschlägigen besonderen gesetzlichen Regelungen vorbehalten, die im Interesse einer Gewaltenteilung und nicht zuletzt aus Gründen des Daten- und sonstigen Geheimnisschutzes zahlreichen Beschränkungen unterworfen sind. Insbesondere darf der datenschutzrechtliche **Zweckbindungsgrundsatz** nicht durch einen Rückgriff auf das Informationsfreiheitsrecht unterlaufen werden. Zudem ist angesichts des Gesetzeszwecks des VIG nicht erkennbar, weshalb juristische Personen des öffentlichen Rechts anspruchsberechtigt sein müssten. Ausnahmen sind theoretisch begründbar, namentlich für den engen Kreis grundrechtsberechtigter Personen des öffentlichen Rechts wie Rundfunkanstalten und Universitäten, praktisch jedoch wohl ohne Bedeutung. Insbesondere werden Gemeinden, die wegen ihrer eigentümerähnlichen Stellung nach dem UIG ausnahmsweise anspruchsberechtigt sein können (BVerwG NuR 2008, 781 (783), R. Beck § 1 S. 14), nicht vom Kreis der Anspruchsberechtigten umfasst.

II. Voraussetzungslosigkeit des Anspruchs

8 Die Geltendmachung eines Informationszugangsanspruchs ist an keinerlei Voraussetzungen geknüpft. Insbesondere muss kein wie auch immer geartetes **berechtigtes oder rechtliches Interesse** geltend gemacht oder der Zweck des Informationszugangs offengelegt werden. Vielmehr genügt es grds., einen entsprechenden Antrag auf das VIG zu beziehen. Umgekehrt schadet es nicht und darf nicht negativ berücksichtigt werden, wenn der Antragsteller sein Interesse – und sei es ein wirtschaftliches – offenlegt.

9 Auf der anderen Seite fokussiert die Charakterisierung der Voraussetzungslosigkeit des Anspruchs verkürzend nur die anspruchsbegründenden Voraussetzungen und blendet die anspruchsbeschränkenden, jedenfalls aber die anspruchsausschließenden Voraussetzungen aus. Bei umfassender Betrachtung sind diese anspruchsbeschränkenden bzw. -ausschließenden Tatbestandsmerkmale als negative Anspruchsvoraussetzungen mit in den Blick zu nehmen. Das folgt erstens schon aus der Einschränkung, dass der Anspruch gemäß § 2 Abs. 1 S. 1 nur „nach Maßgabe dieses Gesetzes" gewährt wird, und zweitens durch die deutliche Formulierung des § 2 Abs. 1 S. 2, nach der der Anspruch nur insoweit besteht, als kein Ausschluss- oder Beschränkungsgrund nach § 3 vorliegt. Dabei wird klar, dass der Anspruch zwar unabhängig von persönlichen Voraussetzungen gewährt wird, er ist gleichwohl nicht unabhängig von sachlichen Voraussetzungen und er ist auch nicht kostenfrei.

10 Indem § 2 Abs. 1 S. 2 nur auf Ausschluss- und Beschränkungsgründe nach § 3, nicht aber auf die weiteren Ablehnungsgründe nach § 4 Bezug nimmt, wird deutlich, dass hier der Verantwortungsbereich des Gesetzgebers von dem der Verwaltung getrennt wird. Der Gesetzgeber ist verantwortlich für die (freilich von der Verwaltung anzuwendenden und zu interpretierenden) tatbestandlichen Regelungen, die nach dem deutlichen Wortlaut des § 3 den Anspruch nach § 2 gar nicht erst entstehen lassen, wohingegen die Verwaltung bei

Ablehnungsgründen trotz erfüllten Tatbestands ausnahmsweise von der Rechtsfolge des Informationszugangs absehen kann, soll oder muss.

III. Anspruchsgegenstand

§ 2 Abs. 1 legt abschließend fest, zu welchen Informationen der Zugangsanspruch besteht (Beyerlein/Borchert VIG § 1 Rn. 27; GIW VIG § 2 Rn. 5). Der Begriff der „Informationen" wird explizit als Legaldefinition für sieben verschiedene Tatbestandsgruppen verwendet, die wegen zum Teil erheblich voneinander abweichenden Rechtsfolgen (vgl. insbes. die Differenzierungen in den Ausschluss- und Beschränkungsgründen nach § 3, verschiedene verfahrensrechtliche Differenzierungen nach § 4 Abs. 5 und § 5 sowie unterschiedliche Kostenfolgen nach § 7) streng voneinander zu unterscheiden sind. 11

Hingegen müssen alle Tatbestandsgruppen unter Berücksichtigung der grundsätzlichen Beschränkung des Anwendungsbereichs auf Erzeugnisse und Verbraucherprodukte ausgelegt werden, die von § 1 VIG angeordnet wird. 12

Gemeinsame Voraussetzung für alle Tatbestandsgruppen ist, dass die begehrten Informationen erstens überhaupt und zweitens bei einer der in Abs. 2 genannten Stellen vorhanden sind. Die Behörden trifft grds. weder eine Informationsbeschaffungs- noch eine besondere Informationsaufbereitungspflicht. Allerdings gelten diese Grundsätze nicht durchgängig. Man wird aus rechtsstaatlichen Gründen annehmen müssen, dass die Behörde verpflichtet ist, die Daten jedenfalls in einer verständlichen, das heißt vor allen Dingen auch in einer lesbaren Form bereitzustellen. Die Behörde schuldet mindestens entsprechende technische Geräte, ggf. in „reading-rooms", um Daten sichtbar und lesbar zu machen. Eine individuelle Erläuterung der Daten schulden die informationspflichtigen Stellen hingegen grds. nicht. Sie sind allerdings verpflichtet, ihr Informationssystem von vornherein so anzulegen, dass der Antragsteller aus den abgelegten Daten erkennen kann, welche Informationen überhaupt verfügbar sind. Die grundsätzliche Zugänglichkeit aller Informationen ist insoweit von vornherein bei der Aktenführung zu berücksichtigen. Betreibt eine Behörde kein ordentliches Informationsmanagement, kann sie sich bei einem individuellen Zugangsantrag jedenfalls nicht ohne weiteres auf den Ausnahmetatbestand der Beeinträchtigung der ordnungsgemäßen Aufgabenerfüllung (§ 4 Abs. 3 Nr. 4) berufen. 13

1. Festgestellte nicht zulässige Abweichungen von Anforderungen (Abs. 1 S. 1 Nr. 1)

Eine bedeutende Änderung gegenüber der alten Rechtslage besteht darin, dass § 2 Abs. 1 Nr. 1 VIG nun nicht mehr formal an Informationen über „Rechtsverstöße" anknüpft, sondern von „nicht zulässigen Abweichungen von Anforderungen" spricht (Prommer/Rossi GewA 2013, 97 (99)). Bislang war die Spruchpraxis der Verwaltungsgerichte und der Meinungsstand in der Lit. uneinheitlich hins. der Frage, ob ein „Rechtsverstoß" bereits in der **bloßen objektiven Abweichung** von Rechtsvorschriften liegt (VG Düsseldorf BeckRS 2010, 51074; VGH München Beschl. v. 22.12.2009 – G 09.1; VG Ansbach Urt. v. 26.11.2009 – AN 16 K 08.01750, AN 16 K 09.00087) oder ob die zuständige Behörde zusätzlich vom Rechtsverstoß überzeugt sein muss (VG Stuttgart BeckRS 2009, 42426; bestätigt durch VGH Mannheim BeckRS 2010, 53672, der darüber hinaus noch betont, dass der Begriff identisch mit demjenigen in Art. 2 Nr. 10 VO (EG) 882/2004 ist; zudem VG München Urt. v. 22.9.2010 – M 18 K 09.5878, M 18 K 09.5879. Auch VG Ansbach Urt. v. 9.6.2011 – AN 16 K 10.02614, AN 16 K 10.02613, AN 16 K 10.02612 ist eher dahingehend zu interpretieren, dass für einen Rechtsverstoß die entsprechende Überzeugung der Behörde notwendig ist). 14

Daneben war fraglich, ob auch eine **Sanktionierung des Rechtsverstoßes** notwendig ist. Während Teile der Lit. und Rspr. einen Verstoß nur dann bejahten, wenn dieser rechtskräftig in einem Bußgeld- oder Strafverfahren festgestellt wurde (Grube/Weyland § 1 Rn. 5; VG Stuttgart BeckRS 2009, 42426; OVG Münster BeckRS 2011, 49932 macht deutlich, dass Zweifel an der Rechtsauffassung des VG Düsseldorf Beschl. v. 8.7.2010 – 26 L 683/10, bestehen; die Rechtssache hat sich zwischenzeitlich jedoch erledigt, sodass auch das angesprochene Urt. v. VG Düsseldorf wirkungslos ist), war nach Auffassung anderer Teile eine 15

Sanktionierung gerade nicht erforderlich (VG München Urt. v. 22.9.2010 – M 18 K 09.5878, M 18 K 09.5879; VG Düsseldorf BeckRS 2010, 51074; VGH München BeckRS 2010, 08480, die Vollziehung der Beschlüsse wurde aber vom BVerwG (Beschl. v. 2.11.2010 – 20 F 2.10-4.10) ausgesetzt.)

16 Durchgesetzt hat sich in der Novelle nun eine **weite Auslegung** des ursprünglichen Begriffes, auch aufgrund der entspr. Anwendung der Definition in Art. 2 Nr. 10 VO (EG) Nr. 882/2004, wonach bereits jede Abweichung einen Rechtsverstoß darstellt (R. Beck § 1 S. 19 f.; Wustmann in: Informationsfreiheit und Informationsrecht, Jahrbuch 2009, 205 ff. (216 f.); Wustmann in: Informationsfreiheit und Informationsrecht, Jahrbuch 2012, 197 (202)).

17 „**Nicht zulässige Abweichungen**" erfordern daher jetzt eine objektive Diskrepanz zwischen den gesetzlichen Anforderungen und der tatsächlichen Situation, unabhängig von einem Verschulden (Grube/Immel ZLR 2011, 644 (646); diesen zustimmend Theis DVBl. 2013, 627 (628); auch GIW VIG § 2 Rn. 16; Wustmann in: Informationsfreiheit und Informationsrecht, Jahrbuch 2012, 197 (202)). Die Wendung „nicht zulässige" soll dabei klarstellen, dass durch Verwaltungsakt zugelassene Abweichungen grds. nicht von der Regelung erfasst werden (BGBl. I 2012, 476). Ob durch die Wahl des Begriffes Rechtsklarheit geschaffen wurde ist fraglich (Schoch NVwZ 2012, 1497 (1498) und GIW VIG § 2 Rn. 18), auch aufgrund der in § 2 Abs. 1 Nr. 5 VIG vorgesehenen Rückausnahme, der zufolge auch zugelassene Abweichungen von Anforderungen bezüglich bestimmter Informationen zugänglich zu machen sind.

18 **a) des LFGB und des ProdSG (Abs. 1 S. 1 Nr. 1 lit. a).** Die nicht zulässigen Abweichungen können sich zum einen auf **Anforderungen des LFGB und des ProdSG** beziehen. Dies korrespondiert ausweislich der Gesetzesbegründung mit der Ausweitung des Anwendungsbereiches des VIG auf Verbraucherprodukte iSd ProdSG, trägt dem Gedanken der Offenheit, Transparenz und Partizipation der Bürger Rechnung und soll eigenverantwortliche Kaufentscheidungen ermöglichen (BT-Drs. 17/7374, 15).

19 **b) der Rechtsverordnungen (Abs. 1 S. 1 Nr. 1 lit. b).** Der Informationsanspruch erstreckt sich – praktisch besonders relevant – nach lit. b auch auf die nicht zulässige Abweichung von Rechtsverordnungen, die aufgrund des LFGB und des ProdSG erlassen wurden.

20 **c) unmittelbar geltende Rechtsakte der EG/EU; getroffene Maßnahmen und Entscheidungen (Abs. 1 S. 1 Nr. 1 lit. c).** Lit. c erfasst die dritte Variante des Informationszuganges zu Daten über nicht zulässige Abweichungen von Anforderungen unmittelbar geltender Rechtsakte der EU (die sprachliche Erfassung von Rechtsakten der Europäischen Gemeinschaft ist angesichts deren unbestrittener Fortgeltung nur klarstellender Natur) im Anwendungsbereich der genannten Gesetze sowie Maßnahmen und Entscheidungen, die im Zusammenhang mit den in den Buchst. a–c genannten Abweichungen getroffen worden sind. „**Rechtsakte**" sind alle hoheitlichen Tätigkeiten und Maßnahmen der EU (GIW VIG § 2 Rn. 12). Vom Auskunftsanspruch erfasst sind somit alle Daten über nicht zulässige Abweichungen vom gesamten geltenden nationalen und unionsrechtlichen Lebens- und Futtermittelrecht sowie Produktsicherheitsrecht, soweit dies in Deutschland unmittelbare Anwendung findet und Regelungen im Anwendungsbereich des LFGB oder des ProdSG enthält (GIW VIG § 2 Rn. 9).

2. Gefahren oder Risiken für die Gesundheit und Sicherheit (Nr. 2)

21 Der Anspruch auf Zugang zu Informationen erstreckt sich nach Nr. 2 auf Daten über die von einem Erzeugnis oder einem Verbraucherprodukt ausgehenden Gefahren oder Risiken für Gesundheit und Sicherheit von Verbraucherinnen und Verbrauchern. Der Begriff der „**Gefahr**" wird in Art. 3 Nr. 14 VO (EG) Nr. 178/2002 definiert (GIW VIG § 2 Rn. 21) als biologisches, chemisches oder physikalisches Agens in einem Lebensmittel oder Futtermittel oder ein Zustand eines Lebensmittels oder Futtermittels, der eine Gesundheitsbeeinträchtigung verursachen kann. Diese Wertung kann entsprechend auf Kosmetika und Bedarfsgegenstände übertragen werden (Beyerlein/Borchert VIG § 1 Rn. 41; R. Beck § 1 S. 22). „**Risiko**" ist nach Art. 3 Nr. 9 VO (EG) Nr. 178/2002 eine Funktion der Wahrscheinlichkeit einer die Gesundheit beeinträchtigenden Wirkung und der Schwere dieser Wirkung als Folge der Realisierung einer Gefahr.

Gefahren oder Risiken müssen vom Erzeugnis oder Verbraucherprodukt ausgehen. **Erzeugnisse** sind nach der maßgeblichen Legaldefinition des § 2 Abs. 1 LFGB Lebensmittel, einschließlich Lebensmittelzusatzstoffe, Futtermittel, kosmetische Mittel und Bedarfsgegenstände. **Lebensmittel** sind nach § 2 Abs. 2 LFGB Lebensmittel iSd Art. 2 der VO (EG) Nr. 178/2002. Dort sind sie definiert als „alle Stoffe oder Erzeugnisse, die dazu bestimmt sind oder von denen nach vernünftigem Ermessen erwartet werden kann, dass sie in verarbeitetem, teilweise verarbeitetem oder unverarbeitetem Zustand von Menschen aufgenommen werden. Zu Lebensmitteln zählen auch Getränke, Kaugummi sowie alle Stoffe – einschließlich Wasser – die dem Lebensmittel bei seiner Herstellung oder Ver- oder Bearbeitung absichtlich zugesetzt werden." Der Begriff der Lebensmittelzusatzstoffe ist in § 2 Abs. 3 LFGB niedergelegt, entsprechende Definitionen der Begriffe Futtermittel, kosmetische Mittel und Bedarfsgegenstände finden sich in den Abs. 4, 5 und 6 der Norm. Zum Begriff des Verbraucherprodukts s. → § 1 Rn. 12 ff.

3. Zusammensetzung, Beschaffenheit, Eigenschaften und Zusammenwirken (Nr. 3)

Als eigener Punkt durch die Novelle neu eingefügt wurde Nr. 3, der die Daten über die Beschaffenheit von Erzeugnissen und Verbraucherprodukten erfasst. Diese waren zuvor mit in der ursprünglichen Nr. 3, die nunmehr Nr. 4 ist, geregelt. Durch das Begriffspaar **„Zusammensetzung und Beschaffenheit"** will der Gesetzgeber sicherstellen, dass stoffliche und mechanische Komponenten von Erzeugnissen und Verbraucherprodukten ebenso erfasst sind, wie die bestimmungsgemäße Verwendung und eventuell vorhersehbare Fehlanwendungen. (Diese Klarstellung erfolgte in der Ausschussfassung, BT-Drs. 17/7374, 15.) Rezepturen und sonstiges exklusives wettbewerbserhebliches Wissen sollen hingegen nicht zugänglich sein, wie sich wörtlich aus den Ausschlussgründen des § 3 Nr. 2b und c VIG ergibt.

4. Kennzeichnung, Herkunft, Verwendung, Herstellen und Behandeln (Nr. 4)

Ein Anspruch besteht auch hins. Daten über die Kennzeichnung, die Herkunft, die Verwendung, das Herstellen und das Behandeln von Erzeugnissen und Verbraucherprodukten. Die hier genannten Informationen entsprechen den insofern vor der Novelle in Nr. 3 geregelten (die bisher daneben in Nr. 3 geregelten Inhalte bilden jetzt die Daten nach Nr. 3 bzw. Nr. 5).

Daten über die Kennzeichnung sind die bei der lebensmittelrechtlichen Kennzeichnung iSd LMKV (GIW VIG § 2 Rn. 31; Beyerlein/Borchert VIG § 1 Rn. 46) verwendeten Begriffe oder Gütesiegel (BT-Drs. 16/5404, 10).

Daten über die Herkunft sind in der Regel geographischer Art, können sich aber auch auf Erzeuger beziehen (R. Beck § 1 S. 24; Beyerlein/Borchert VIG § 1 Rn. 49; Domeier/Matthes S. 24). Es entspricht dem Telos des VIG, auch Details der Produktion wie zB, ob es sich um Eier aus Käfig- oder Freilandhaltung handelt, dem Begriff der „Herkunft" zuzuordnen (Domeier/Matthes, 24; Beyerlein/Borchert VIG § 1 Rn. 49).

Der Begriff der **Daten über die Verwendung** bezieht sich jedenfalls auch darauf, wie der Verbraucher mit dem Erzeugnis umzugehen hat (Bsp. aus Beyerlein/Borchert VIG § 1 Rn. 51: ernährungsphysiologisch empfehlenswertes Garen von Lebensmitteln).

Hinsichtlich der **Daten über das Herstellen** verweist die ursprüngliche Gesetzesbegründung auf § 3 Nr. 2 LFGB (BT-Drs. 16/5404, 10): „Herstellen ist das Gewinnen, einschließlich des Schlachtens oder Erlegens lebender Tiere, deren Fleisch als Lebensmittel zu dienen bestimmt ist; das Herstellen, das Zubereiten, das Be- und Verarbeiten und das Mischen". Hierunter fällt auch das Herstellen von Bedarfsgegenständen (Beyerlein/Borchert VIG § 1 Rn. 52).

Ebenfalls einem Verweis der ursprünglichen Gesetzesbegründung, in diesem Fall auf § 3 Nr. 3 LFGB, ist zu entnehmen, worauf sich **Daten über das Behandeln** beziehen (BT-Drs. 16/5404, 10). Sie betreffen „das Wiegen, Messen, Um- und Abfüllen, Stempeln, Bedrucken, Verpacken, Kühlen, Gefrieren, Tiefgefrieren, Auftauen, Lagern, Aufbewahren, Befördern sowie jede sonstige Tätigkeit, die nicht als Herstellen oder Inverkehrbringen anzusehen ist".

5. Zugelassene Abweichungen (Nr. 5)

30 Durch die Novelle neu eingefügt wurden Daten über **zugelassene Abweichungen** von den in Nr. 1 genannten Rechtsvorschriften über die in den Nr. 3 und 4 genannten Merkmale oder Tätigkeiten. Die Formulierung dieser Kategorie von Informationen wurde deshalb so (umständlich) gewählt, damit auch Verbraucherprodukte erfasst sind. Sie ist terminologisch an die übrigen Formulierungen angeglichen, indem auf „zugelassene" Abweichungen abgestellt wird. Dies korrespondiert mit den nicht zulässigen Abweichungen in Nr. 1. Inhaltlich verweist Nr. 5 auf § 68 und § 69 LFGB, in denen im Einzelfall Ausnahmen von Vorschriften des LFGB oder darauf basierender Verordnungen zugelassen werden können (Wustmann in: Informationsfreiheit und Informationsrecht, Jahrbuch 2012, 197 (210)).

6. Ausgangsstoffe und angewendete Verfahren (Nr. 6)

31 Ein Auskunftsanspruch besteht auch in Bezug auf Daten über die Ausgangsstoffe und die bei der Gewinnung der Ausgangsstoffe angewendeten Verfahren. Diese waren bereits in der vorhergehenden Fassung des VIG, dort jedoch als Nr. 4, enthalten. § 2 Abs. 1 Nr. 6 bildet dabei einen Auffangtatbestand, der noch bestehende Lücken schließen soll; va hins. Stoffen und Teilen, die im Endprodukt nicht mehr enthalten sind, aber auch für Inhaltsstoffe und Zusatzstoffe (Beyerlein/Borchert VIG § 1 Rn. 55). Ausweislich der amtlichen Begründung des ursprünglichen Gesetzes sind die Begriffe „Ausgangsstoffe und Verfahren" weit auszulegen (BR-Drs. 273/07, 21). **Ausgangsstoffe** sind dabei Stoffe und Teile, mit denen die Erzeugnisse hergestellt werden sowie solche Ausgangsstoffe, die bei der Herstellung verwendet werden, aber im späteren Erzeugnis nicht mehr enthalten sind (BT-Drs. 16/5404, 10). Gemeint sind hiermit wohl sogenannte Verarbeitungshilfsstoffe iSd § 2 Abs. 3 S. 2 Nr. 1 LFGB. Der Informationsanspruch besteht auch hins. der bei der Gewinnung dieser Ausgangsstoffe angewendeten Verfahren (GIW VIG § 2 Rn. 38).

7. Überwachungsmaßnahmen (Nr. 7)

32 Die Inhalte von § 2 Abs. 1 Nr. 7 waren vor der Novelle in ähnlicher Weise in Nr. 5 geregelt. Die dort zuvor normierten „festgestellten" Verstöße wurden jedoch gestrichen, stattdessen aber ein Verweis auf § 26 ProdSG neu aufgenommen und die Verbraucherprodukte explizit geregelt. Nr. 7 erfasst nun alle Daten, die als Tätigkeiten oder Maßnahmen zum Verbraucherschutz zu subsumieren sind, ist aber auf allgemeine Informationen über **Überwachungsmaßnahmen und sonstige Tätigkeiten** beschränkt, da die Vorschrift andernfalls in Konflikt zum Zweck des § 2 Abs. 1 S. 1 Nr. 1 VIG gerät, der ein Recht auf Informationszugang über konkrete Verstöße gewährt (GIW VIG § 2 Rn. 39). Schon vor der Novelle wurde der Anwendungsbereich der Norm auf allgemeine Informationen über Überwachungsmaßnahmen und bspw. Statistiken oder Tätigkeitsberichte beschränkt, um nicht die generelle Kostenfreiheit nach § 6 Abs. 1 S. 2 iVm § 1 Abs. 1 S. 1 Nr. 1 aF zu konterkarieren (VG Frankfurt BeckRS 2012, 51454). Nr. 1 betrifft konkrete Kontrollmaßnahmen und mögliche Verstöße einzelner Betriebe („Verstoß-Daten"), Nr. 5 aF hingegen allgemeine, vom Einzelfall abgehobene Maßnahmen, die unmittelbar auf den Schutz der Interessen der Verbraucher gerichtet sind, wie bspw. Auswertungen, Jahresberichte oder Statistiken (VG Wiesbaden BeckRS 2012, 54180). Unter den Begriff „andere behördliche Tätigkeiten oder Maßnahmen" fallen zudem auch behördliche Informationskampagnen und die Förderung von Verbraucherorganisationen (GIW VIG § 2 Rn. 40 unter Verweis auf BR-Drs. 273/07, 21).

C. Anspruchsverpflichtete (Abs. 2 u. 3)

I. Allgemeines

33 Streng genommen betreffen die Absätze 2 und 3 nicht die Anspruchsverpflichtung, sondern präzisieren den Anspruchsgegenstand. Denn sie regeln, bei welchen Behörden die Informationen vorhanden sein müssen, um vom Anspruch des § 2 Abs. 1 umfasst zu sein. Wer durch den Anspruch tatsächlich dazu verpflichtet ist, die begehrten Informationen zugänglich zu machen, bestimmt sich dagegen nach § 4 Abs. 2. Allerdings werden die Stellen iSd § 2 Abs. 2 in der Regel identisch sein mit den Stellen iSd § 4 Abs. 2 (zu Abweichungen Beyerlein/Borchert VIG § 1 Rn. 64), so dass § 2 Abs. 2 die Anspruchsverpflichtung und Abs. 3 ihren Ausschluss jedenfalls indiziert (weitergehend Hartwig/Memmler ZLR 2009, 51 (58): Abs. 2 regele die Anspruchsverpflichtung).

II. Maßgebliche Stellen

Der Kreis der maßgeblichen Stellen wird vom VIG zunächst unter Bezugnahme des funktionalen Behördenbegriffs weit beschrieben, dann aber inhaltlich-funktional dadurch eingegrenzt, dass stets eine öffentlich-rechtliche Aufgabe oder Tätigkeit zur Erfüllung der im LFGB bzw. im ProdSG normierten Ziele wahrgenommen wird. 34

Stellen iSd Abs. 1 S. 1 sind nach Abs. 2 Nr. 1 **Behörden**. Diese sind in § 1 Abs. 4 VwVfG legal definiert als alle Stellen, die Aufgaben der öffentlichen Verwaltung wahrnehmen. Auch dem VIG liegt somit kein formaler, sondern ein **funktionaler Behördenbegriff** zugrunde. Behörden sind deshalb „ohne Rücksicht auf die konkrete Bezeichnung als Behörde, Amt oä alle vom Wechsel der in ihnen tätigen Personen unabhängigen, mit hinreichender organisatorischer Selbständigkeit ausgestatteten Einrichtungen, denen Aufgaben der öffentlichen Verwaltung und entsprechende Zuständigkeiten zur eigenverantwortlichen Wahrnehmung, d. h. zum Handeln mit Außenwirkung in eigener Zuständigkeit und im eigenen Namen übertragen sind" (BVerwGE 141, 122 (124); BeckOK VwVfG/Ronellenfitsch VwVfG § 1 Rn. 66). 35

Entscheidend ist die **organisatorische Selbständigkeit** einer Verwaltungseinheit. Verlangt wird eine gewisse Eigenständigkeit, die namentlich in eigenem Personal und eigener Leitung zum Ausdruck kommt. Erforderlich ist darüber hinaus ein Mindestmaß an Unabhängigkeit im Sinne eigener Entscheidungsbefugnisse. Maßgeblich ist insofern die durch Vorschriften des öffentlichen Rechts vermittelte Befugnis, außenwirksam tätig zu werden, also bspw. Verwaltungsakte zu erlassen, öffentlich-rechtliche Verträge im eigenen Namen zu schließen oder schlicht-hoheitlich zu handeln. Besteht lediglich die Befugnis, die Entscheidung einer anderen Stelle vorzubereiten, so handelt es sich nur um den Teil einer Behörde, also bspw. um Fachreferate, Dezernate, Abteilungen oder andere Untergliederungen. 36

Dass Verwaltungseinrichtungen über ihre öffentlich-rechtliche Verwaltungstätigkeit hinaus gegebenenfalls auch aufgrund privatrechtlicher Normen tätig werden, steht ihrer Behördeneigenschaft nicht entgegen. Nur solche Verwaltungseinrichtungen, denen ausschließlich fiskalische Zuständigkeiten eingeräumt sind, fallen nicht unter den Behördenbegriff des § 1 Abs. 4 VwVfG und deshalb auch nicht unter den Informationszugangsanspruch des § 1 Abs. 1 S. 1. 37

Stellen nach Abs. 1 S. 1 können daneben auch **Beliehene** sein, die auf gesetzlicher Grundlage in eigenem Namen hoheitliche Aufgaben erfüllen (Schmitz/Jastrow NVwZ 2005, 984 (988); Beyerlein/Borchert VIG § 1 Rn. 65). 38

Erforderlich ist in jedem Fall, dass die Tätigkeit der Erfüllung der in § 1 LFGB genannten Zwecke dient, bzw. bei Verbraucherprodukten, dass die Tätigkeit der Behörde der Gewährleistung von Sicherheit und Gesundheit nach Vorschriften des ProdSG sowie der auf Grund des ProdSG erlassenen Rechtsverordnungen dient. Diese Formulierung grenzt den Kreis der zugänglichen Stellen einerseits eng ein. Andererseits ist sie von einer gewissen Offenheit, weil neben konkreten Tätigkeiten schon der abstrakte Aufgabenbereich tatbestandsauslösend ist und zudem nicht auf konkrete Befugnisse des LFGB oder des ProdSG, sondern viel allgemeiner auf die Zielsetzungen dieser Gesetze Bezug genommen wird. 39

Stellen iSd Abs. 1 S. 1 sind nach Abs. 2 Nr. 2 auch **Personen des Privatrechts**, deren Tätigkeiten den gleichen Zwecken dienen. Nach einer Ansicht sollen Verwaltungshelfer nicht von der Norm erfasst sein, da diese nicht in eigenem Namen, sondern im Namen der Behörde handeln (Domeier/Matthes, 26 f.). Diese Auffassung verkennt jedoch, dass das Gesetz gerade darauf abzielt, auch die dort vorhandenen Informationen einzubeziehen (Beyerlein/Borchert VIG § 1 Rn. 71). 40

Es besteht kein direkter Auskunftsanspruch gegenüber Unternehmen. 41

III. Ausgenommene Stellen (Abs. 3)

42 Abs. 3 nimmt bestimmte Stellen **von der Anspruchsverpflichtung bzw. bestimmte Informationen vom Anspruchsgegenstand aus.** Bezweckt werden soll, dies ist nicht übersehbar, eine Beschränkung des Anspruchs auf die vollziehende Gewalt durch eine Befreiung der gesetzgebenden und rechtsprechenden Gewalt.

43 Die obersten Bundes- und Landesbehörden sind dabei aber nur insoweit ausgenommen, wie sie tatsächlich im Rahmen der Gesetzgebung oder beim Erlass von Rechtsverordnungen tätig werden (vgl. hierzu BVerwG BeckRS 2011, 56610 und BVerwG BeckRS 2012, 45392 sowie die Urteilsanmerkungen hierzu bspw. von Schoch NVwZ 2012, 254 und Roth DVBl. 2012, 183). Soweit sie hingegen nicht in diesem Sinne rechtsetzend tätig sind, unterfallen sie, bzw. die bei ihnen vorhandenen Informationen, dem Zugangsanspruch.

44 Anders verhält es sich bei den unabhängigen Organen der Finanzkontrolle (Rechnungshöfe) sowie bei den Gerichten, Justizvollzugsbehörden, Strafverfolgungs- und Disziplinarbehörden sowie diesen vorgesetzten Dienststellen. Sie, bzw. die bei ihnen vorhandenen Informationen, sind per se und ohne jede Einzelfallprüfung vom Zugangsanspruch ausgenommen.

D. Verhältnis zu anderen Vorschriften (Abs. 4)

45 Absatz 4 betrifft das Verhältnis des VIG zu anderen Zugangsregelungen. Die durch die Novelle neu gefasste Vorschrift ist wenig geglückt und wird ihrem Anliegen im Ergebnis nicht gerecht.

46 Zu rügen ist zunächst die Formulierung, dass die Vorschriften des VIG im Falle anderweitiger Regelungen nicht „gelten". Denn die „Geltung" des VIG kann allenfalls durch seine Verfassungswidrigkeit in Frage gestellt sein, was einer entsprechenden Entscheidung des BVerfG bedürfte. Der etwaige Vorrang anderer Rechtsvorschriften betrifft dagegen allein die Frage der Anwendbarkeit des VIG.

47 Gravierender noch als die unzutreffende Anordnung der Rechtsfolge ist die gesetzliche Ausgestaltung des Tatbestandes. Das VIG nimmt seine Anwendbarkeit zurück, „soweit in anderen Rechtsvorschriften entsprechende oder weitergehende Vorschriften vorgesehen sind." Diese Formulierung ist viel zu pauschal, um das Verhältnis zu anderen Rechtsvorschriften verbindlich zu bestimmen. Erstens ist unklar, ob nur die zugangsbegründenden oder auch die zugangsausschließenden Vorschriften in den Blick zu nehmen sind. Der Wortlaut der alten Subsidiaritätsklausel in § 1 Abs. 4 war insofern viel konkreter: „Bestimmungen über den Informationszugang und Informationspflichten auf Grund anderer Gesetze sowie die gesetzlichen Vorschriften über Geheimhaltungspflichten, Amts- und Berufsgeheimnisse bleiben unberührt." Dass nach dem neuen § 2 Abs. 4 nicht nur „entsprechende", sondern auch „weitergehende" Vorschriften die Anwendbarkeit des VIG ausschließen sollen, deutet auf den politischen Willen des Gesetzgebers hin, nur die anspruchsbegründenden Voraussetzungen in den Blick zu nehmen. Dies jedoch würde das VIG nahezu in die Bedeutungslosigkeit entlassen, da etwa das IFG mangels sektorieller Begrenzung nahezu alle Informationen erfasst, die bei Behörden verfügbar sind, so dass es tatbestandlich den weiteren Zugangsanspruch normiert.

48 Zweitens ist es genau der Begriff der „weitergehenden Vorschriften", der hinterfragt werden muss. Denn wenn der Gesetzgeber auch eine Zugangsmaximierung im Sinn gehabt haben mag, so ist der Wortlaut doch offen für „weitergehende Ausnahme- und Beschränkungsvorschriften.

49 Dass das offensichtliche Spezialitätsverhältnis zwischen dem VIG einerseits und dem IFG andererseits zu Gunsten des IFG aufgehoben werden soll, ist jedoch kaum denkbar. Daher sind zusätzlich systematisch-teleologische Erwägungen heranzuziehen und die Gesetzesmaterialien zu beachten: Intendiert war keine Neuregelung des Verhältnisses der unterschiedlichen Informationszugangsgesetze, sondern lediglich die Klarstellung, dass die bereits bestehenden Spezialregelungen des Arzneimittelgesetzes zur Verbraucherinformation denjenigen des VIG vorgehen, da der Informationszugang durch die Novelle auch auf Arzneimittel erweitert wurde (BR-Drs. 454/1/11, 4 f.; aA GIW VIG § 2 Rn. 63: „Mit dem neuen Wortlaut soll offenbar klargestellt werden, dass immer der weitest gehende Informationsanspruch Anwendungsvorrang hat.")

Bei Überschneidungen der Anwendungsbereiche von VIG und UIG, bspw. in Fällen, in 50
denen sowohl „Umweltbestandteile" iSd UIG als auch „Erzeugnisse" iSd VIG betroffen
sind, wird man angesichts des Wortlauts des § 2 Abs. 4 VIG nun wohl von einem Vorrang
des UIG ausgehen müssen – mit allen Konsequenzen, insbes. mit dem Erfordernis der
richtlinien- und konventionskonformen Auslegung, die die UIRL bzw. die Aarhus-Konvention erfordern. Ob dies vom Änderungsgesetzgeber wirklich intendiert war, lässt sich
der Begründung der Novellierung nicht entnehmen (Prommer/Rossi GewA 2013, 97
(103 f.)).

Jenseits der Schwächen des § 2 Abs. 4 selbst bleibt das Verhältnis zu anderen Zugangs- 51
ansprüchen und Restriktionsrechten auch deshalb unklar, weil andere Gesetze ihrerseits
Aussagen zum Verhältnis zu anderen Zugangsansprüchen – also auch dem VIG – machen,
die der Klausel des § 2 Abs. 4 widersprechen bzw. zu einem Ping-Pong in Endlosschleife
führen.

§ 3 Ausschluss- und Beschränkungsgründe

¹Der Anspruch nach § 2 besteht wegen
1. entgegenstehender öffentlicher Belange nicht,
   a) soweit das Bekanntwerden der Informationen
      aa) nachteilige Auswirkungen haben kann auf internationale Beziehungen oder militärische und sonstige sicherheitsempfindliche Belange der Bundeswehr oder
      bb) die Vertraulichkeit der Beratung von Behörden berührt oder eine erhebliche Gefahr für die öffentliche Sicherheit verursachen kann;
   b) während der Dauer eines Verwaltungsverfahrens, eines Gerichtsverfahrens, eines strafrechtlichen Ermittlungsverfahrens, eines Disziplinarverfahrens, eines Gnadenverfahrens oder eines ordnungswidrigkeitsrechtlichen Verfahrens hinsichtlich der Informationen, die Gegenstand des Verfahrens sind, es sei denn, es handelt sich um Informationen nach § 2 Absatz 1 Satz 1 Nummer 1 oder 2 oder das öffentliche Interesse an der Bekanntgabe überwiegt;
   c) soweit das Bekanntwerden der Information geeignet ist, fiskalische Interessen der um Auskunft ersuchten Stelle im Wirtschaftsverkehr zu beeinträchtigen, oder Dienstgeheimnisse verletzt werden könnten;
   d) soweit Informationen betroffen sind, die im Rahmen einer Dienstleistung entstanden sind, die die Stelle auf Grund einer privatrechtlichen Vereinbarung außerhalb des ihr gesetzlich zugewiesenen Aufgabenbereichs des Verbraucherschutzes erbracht hat;
   e) in der Regel bei Informationen nach § 2 Absatz 1 Satz 1 Nummer 1, die vor mehr als fünf Jahren seit der Antragstellung entstanden sind;
2. entgegenstehender privater Belange nicht, soweit
   a) Zugang zu personenbezogenen Daten beantragt wird,
   b) der Schutz des geistigen Eigentums, insbesondere Urheberrechte, dem Informationsanspruch entgegensteht,
   c) durch die begehrten Informationen Betriebs- oder Geschäftsgeheimnisse, insbesondere Rezepturen, Konstruktions- oder Produktionsunterlagen, Informationen über Fertigungsverfahren, Forschungs- und Entwicklungsvorhaben sowie sonstiges geheimnisgeschütztes technisches oder kaufmännisches Wissen, offenbart würden oder
   d) Zugang zu Informationen beantragt wird, die einer Stelle auf Grund einer durch Rechtsvorschrift angeordneten Pflicht zur Meldung oder Unterrichtung mitgeteilt worden sind; dies gilt auch, wenn das meldende oder unterrichtende Unternehmen irrig angenommen hat, zur Meldung oder Unterrichtung verpflichtet zu sein.

²Satz 1 Nummer 2 Buchstabe a bis c gilt nicht, wenn die Betroffenen dem Informationszugang zugestimmt haben oder das öffentliche Interesse an der Bekanntgabe überwiegt. ³Im Fall des Satzes 1 Nummer 1 Buchstabe b zweiter Halbsatz dürfen Informationen nach § 2 Absatz 1 Satz 1 Nummer 1 während eines laufen-

den strafrechtlichen Ermittlungsverfahrens oder eines Verfahrens vor einem Strafgericht nur

1. soweit und solange hierdurch der mit dem Verfahren verfolgte Untersuchungszweck nicht gefährdet wird und
2. im Benehmen mit der zuständigen Staatsanwaltschaft oder dem zuständigen Gericht

herausgegeben werden. ⁴Im Fall des Satzes 1 Nummer 2 Buchstabe a gilt § 5 Absatz 1 Satz 2 und Absatz 3 und 4 des Informationsfreiheitsgesetzes entsprechend. ⁵Der Zugang zu folgenden Informationen kann nicht unter Berufung auf das Betriebs- und Geschäftsgeheimnis abgelehnt werden:

1. Informationen nach § 2 Absatz 1 Satz 1 Nummer 1 und 2,
2. Informationen nach § 2 Absatz 1 Satz 1 Nummer 3 und 4, soweit im Einzelfall hinreichende Anhaltspunkte dafür vorliegen, dass von dem jeweiligen Erzeugnis oder Verbraucherprodukt eine Gefährdung oder ein Risiko für Sicherheit und Gesundheit ausgeht und auf Grund unzureichender wissenschaftlicher Erkenntnis oder aus sonstigen Gründen die Ungewissheit nicht innerhalb der gebotenen Zeit behoben werden kann, und
3. Informationen nach § 2 Absatz 1 Satz 1 Nummer 3 bis 6, soweit sie im Rahmen der amtlichen Überwachungstätigkeit nach den in § 2 Absatz 1 Satz 1 Nummer 1 genannten Vorschriften gewonnen wurden und die Einhaltung der Grenzwerte, Höchstgehalte oder Höchstmengen betreffen, die in den in § 2 Absatz 1 Satz 1 Nummer 1 genannten Vorschriften enthalten sind.

⁶Gleiches gilt für den Namen des Händlers, der das Erzeugnis oder Verbraucherprodukt an Verbraucher abgibt, sowie für die Handelsbezeichnung, eine aussagekräftige Beschreibung und bildliche Darstellung des Erzeugnisses oder Verbraucherproduktes und in den Fällen des § 2 Absatz 1 Satz 1 Nummer 1 zusätzlich für den Namen und die Anschrift des Herstellers, Bevollmächtigten, Einführers, Händlers sowie jedes Gliedes der Liefer- und Vertriebskette; Satz 1 Nummer 2 Buchstabe a ist nicht anzuwenden.

§ 3 VIG bestimmt mit der Normierung von Ausschluss- und Beschränkungsgründen negative Tatbestandsmerkmale, bei deren Vorliegen der Anspruch nach § 2 nicht besteht. Er differenziert zwischen dem Schutz öffentlicher (S. 1 Nr. 1 → Rn. 4 ff.) und dem Schutz privater Belange (S. 1 Nr. 2, S. 2 → Rn. 11 ff.). Die Systematik der Norm ist mit zahlreichen Verweisen und Rückausnahmen nicht ohne weiteres erkennbar.

Übersicht

	Rn		Rn
A. Allgemeines	1	VI. Verstöße, die länger als fünf Jahre zurückliegen (S. 1 Nr. 1 lit. e)	10
B. Anspruchsausschluss wegen entgegenstehender öffentlicher Belange (S. 1 Nr. 1)	4	C. Anspruchsausschluss wegen entgegenstehender privater Belange (S. 1 Nr. 2)	11
I. Internationale Beziehungen, sicherheitsempfindliche Belange der Bundeswehr (S. 1 Nr. 1 lit. a lit. aa)	4	I. Personenbezogene Daten (S. 1 Nr. 2 lit. a)	12
II. Vertraulichkeit der Beratung der Behörden, Gefahr für die öffentliche Sicherheit (S. 1 Nr. 1 lit. a lit. bb)	6	II. Geistiges Eigentum (S. 1 Nr. 2 lit. b)	13
III. Laufende Verwaltungsverfahren (S. 1 Nr. 1 lit. b)	7	III. Betriebs- und Geschäftsgeheimnisse (S. 1 Nr. 2 lit. c)	22
IV. Fiskalische Interessen und Dienstgeheimnisse (S. 1 Nr. 1 lit. c)	8	IV. Meldungs- und Unterrichtungspflichten (S. 1 Nr. 2 lit. d)	25
V. Privatrechtliche Vereinbarung über eine Dienstleistung (S. 1 Nr. 1 lit. d)	9	D. Kein Ausschluss des Anspruchs (S. 2)	26
		I. Zu S. 1 Nr. 1 lit. b Hs. 2: Überwiegendes öffentliches Interesse (Abwägungsklausel)	26

	Rn		Rn
II. Zu S. 1 Nr. 2 lit. a-c: Einwilligung des Betroffenen oder Überwiegen des öffentlichen Interesses (Abwägungsklausel)	27	II. Gefahren und Risiken für die Gesundheit nach § 2 Abs. 1 S. 1 Nr. 2 (S. 5 Nr 1)	36
E. Qualifizierte Voraussetzungen an Herausgabe während eines laufenden strafrechtlichen Ermittlungsverfahrens (S. 3 Nr. 1 und 2)	31	III. Informationen nach § 2 Abs. 1 S. 1 Nr. 3 und 4 im Einzelfall (S. 5 Nr. 2)	37
		IV. Im Rahmen amtlicher Überwachungstätigkeit gewonnene Informationen (S. 5 Nr. 3)	38
F. Abwägung nach § 5 IFG bei personenbezogenen Daten (S. 4)	32	H. Geltung des Ausschlusses der Berufung auf Betriebs- und Geschäftsgeheimnisse auch für bestimmte personenbezogene Daten (S. 6)	39
G. Ausnahmetatbestände von schutzwürdigen Betriebs- und Geschäftsgeheimnissen (S. 5)	33		
I. Unzulässige Abweichungen von Anforderungen nach § 2 Abs. 1 S. 1 Nr. 1 (S. 5 Nr. 1)	35		

A. Allgemeines

§ 3 fasst die Ausnahmen und Beschränkungen des Zugangsanspruchs zusammen. Da der Zugangsanspruch seinerseits nicht von Voraussetzungen abhängt, ist § 3 entscheidend für die Frage, ob der Zugang zu Informationen besteht oder nicht. Begrifflich wird dabei zwischen vollständigen Ausnahmen und inhaltlichen bzw. zeitlichen Beschränkungen unterschieden. In beiden Fällen „besteht der Anspruch nicht", ist also schon von Gesetzes wegen ausgeschlossen. Dies unterscheidet § 3 von den weiteren Ablehnungsgründen, die in § 4 Abs. 3–5 verankert sind und die den § 3 flankieren. Während der Anspruch bei Ausnahmen und Beschränkungen iSd § 3 tatbestandlich ausgeschlossen ist, stellt sich die Verweigerung des Informationszugangs nach Maßgabe des § 4 als Rechtsfolge dar. 1

§ 3 entspricht nach der Gesetzesnovelle (BGBl. I 2012, 476) inhaltlich weitestgehend dem bisherigen § 2 VIG. Dennoch erfuhr er einige Änderungen. Die Rückausnahme vom Anspruchsausschluss bei überwiegendem öffentlichen Interesse wurde innerhalb des S. 1 Nr. 1 lit. b an das Satzende verschoben. In lit. c genügt nunmehr die bloße Eignung des Bekanntwerdens der Informationen zur Beeinträchtigung im Wirtschaftsverkehr, um den Anspruch auszuschließen. Die Ausnahmen vom Anspruchsausschluss nach S. 1 Nr. 2 lit. a-c stehen fortan in Form einer allgemeinen Abwägungsklausel in S. 2, das Überwiegen des Informationsinteresses der Verbraucher bzw. das Vorliegen einer Einwilligung wurde daher in S. 2 Nr. 2 lit. a gestrichen. Ebenfalls gestrichen wurde der unbestimmte Rechtsbegriff der „sonstigen wettbewerbsrelevanten Informationen" in S. 1 Nr. 2 lit. c. Stattdessen enthält die Bestimmung nun eine „insbesondere"- Formulierung, durch die exemplarisch Betriebs- und Geschäftsgeheimnisse aufgezählt werden. S. 5 enthält erstmals eine Definition nicht schützenswerter Betriebs- und Geschäftsgeheimnisse sowie die Klarstellung, dass der Anspruchszugang nicht unter Berufung darauf abgelehnt werden kann. 2

Systematisch ist die Norm wenig geglückt. Ohne Not wäre es dem Gesetzgeber möglich gewesen, die wichtige, auf einen unterschiedlichen Grad der verfassungsrechtlichen Determinierung zurückgehende Unterscheidung zwischen öffentlichen und privaten Belangen (vgl. Rossi, Informationszugangsfreiheit und Verfassungsrecht, 2004, 118 ff.) in Absätzen zum Ausdruck zu bringen. Dann hätten auch die Rückausnahmen zu den Betriebs- und Geschäftsgeheimnissen belassen werden können. Diese Unterscheidung zwischen öffentlichen und privaten Belangen, die einem freien Informationszugang entgegen stehen können, ist praktisch vor allem bedeutsam, weil das vom Gesetzgeber intendierte Grundsatz-Ausnahme-Verhältnis zwischen Zugänglichkeit und Zurückhaltung amtlicher Informationen nicht in allen Fällen zu der Annahme verleiten darf, die Ausnahmebestimmungen seien eng auszulegen. So sehr dieser Auslegungsgrundsatz für die Ausnahmen zu Gunsten öffentlicher Belange gilt, so wenig kann er unbesehen auf die Ausnahmen zu Gunsten privater Belange 3 angewendet werden, weil dies zu einer Umkehr der grundrechtlich geprägten Verteilung der Darlegungslasten führte. Insgesamt sollte die Vorschrift ungeachtet ihres Inhalts bei der nächsten Novellierung des VIG neu gefasst werden.

B. Anspruchsausschluss wegen entgegenstehender öffentlicher Belange (S. 1 Nr. 1)

I. Internationale Beziehungen, sicherheitsempfindliche Belange der Bundeswehr (S. 1 Nr. 1 lit. a lit. aa)

4   Ein Informationsanspruch besteht zunächst nicht, soweit das Bekanntwerden der Informationen nachteilige Auswirkungen auf **internationale Beziehungen** oder militärische und sonstige sicherheitsempfindliche Belange der **Bundeswehr** haben kann. Nachteilige Auswirkung ist jede Verschlechterung des status quo (Domeier/Matthes S. 30). Das Schutzgut der internationalen Beziehungen erfasst den Schutz auswärtiger Belange der Bundesrepublik Deutschland und des diplomatischen Vertrauensverhältnisses zu ausländischen Staaten und zu zwischen- sowie überstaatlichen Organisationen, etwa der EU oder UN (BT-Drs. 15/4493, 9 zu § 3 IFG). Belange der Bundeswehr müssen nicht notwendigerweise militärischen Bezug aufweisen, erfasst sind auch Informationen aus dem zivilen Bereich der Bundeswehr, die Rückschlüsse auf schutzwürdige sicherheitsrelevante Sachverhalte zulassen (BT-Drs. 15/4493, 9 zu § 3 IFG).

5   Der Anspruch ist jedoch nur so weit ausgeschlossen, wie dies zur Sicherung des damit verfolgten Zweckes auch wirklich notwendig ist (Beyerlein/Borchert VIG § 2 Rn. 8). Insofern ist eine Prognoseentscheidung über die Auswirkungen der Bekanntgabe zu treffen (BT-Drs. 15/3406, 18 zur gleich lautenden Formulierung in § 8 Abs. 1 UIG). Der Behörde steht diesbezüglich ein gerichtlich überprüfbarer Beurteilungsspielraum zu (R. Beck § 2 S. 36).

II. Vertraulichkeit der Beratung der Behörden, Gefahr für die öffentliche Sicherheit (S. 1 Nr. 1 lit. a lit. bb)

6   Ein Informationsanspruch besteht des Weiteren nicht, soweit das Bekanntwerden die Vertraulichkeit der **Beratung von Behörden** berührt oder eine erhebliche **Gefahr für die öffentliche Sicherheit** verursachen kann. Dieser Ausschlussgrund dient dem Schutz schriftlicher oder mündlicher behördlicher Meinungsäußerungen und der Willensbildung, die sich inhaltlich auf die Entscheidungsfindung beziehen, von Beginn des Verwaltungsverfahrens bis hin zur Entscheidungsfindung (BT-Drs. 15/3406, 19 zu § 8 Abs. 1 UIG). Der Behördenbegriff entspricht dem des § 1 Abs. 4 VwVfG (Beyerlein/Borchert VIG § 2 Rn. 22). Voraussetzung für die **Vertraulichkeit** einer Beratung ist, dass diese nicht öffentlich stattfindet und nur einem von vornherein abgegrenzten bzw. zumindest abgrenzbaren Personenkreis offen steht (Beyerlein/Borchert VIG § 2 Rn. 25). Da es sich um einen Ausnahmetatbestand handelt, ist der Begriff der „Beratung" eng auszulegen (R. Beck § 2 S. 37). Im Gegenzug genügt es jedoch nach dem Wortlaut der Norm bereits, wenn diese Beratungen nur „berührt" werden, dass also irgendeine Verbindung zwischen der Vertraulichkeit der Beratung von Behörden und der betroffenen Information besteht. Eine negative Auswirkung ist nicht erforderlich (Beyerlein/Borchert VIG § 2 Rn. 26).

III. Laufende Verwaltungsverfahren (S. 1 Nr. 1 lit. b)

7   § 3 S. 1 Nr. 1 lit. b enthält eine Abwägungsklausel zum **Schutz laufender Verfahren**. „Die Satzstellung des § 3 S. 1 Nr. 1 lit. b VIG wurde so verändert, dass die Rückausnahme vom Anspruchsausschluss an das Satzende verschoben wurde. Dies bewirkt in inhaltlicher Hinsicht, dass Informationen über nicht zulässige Abweichungen und solche über von Produkten oder Erzeugnissen ausgehende Gefahren nun auch während laufender Gerichts- und ähnlicher Verfahren zugänglich sind, nicht mehr nur während laufender Verwaltungsverfahren. Hierdurch soll dem besonderen Informationsinteresse der Verbraucher Rechnung getragen werden (BT-Drs. 17/7374, 15; für die Weitergabe nur hinreichend verifizierter Informationen während des Verwaltungsverfahrens plädiert Kube ZLR 2007, 165 (186))"

(Prommer/Rossi GewA 2013, 97 (100)). Die Vorschrift ist verfassungskonform dahingehend auszulegen, dass in die Abwägung auch das Grundrecht auf effektiven Rechtsschutz einbezogen wird, das angesichts der faktischen Wirkungen bei einer vorzeitigen Publikation verletzt sein kann (Prommer/Rossi GewA 2013, 97 (100)). Der Ausschlussgrund besteht nur für die **Dauer** des jeweiligen Verfahrens; nach Abschluss können die Informationen wieder auskunftspflichtig werden (GIW VIG § 3 Rn. 17). Eine Ausnahme von der Ausnahme besteht in Bezug auf Informationen nach § 2 S. 1 Nr. 1 oder Nr. 2: hins. dieser Informationen besteht auch während laufender Verfahren ein Informationsanspruch.

IV. Fiskalische Interessen und Dienstgeheimnisse (S. 1 Nr. 1 lit. c)

Ein Informationsanspruch besteht auch dann nicht, soweit das Bekanntwerden der Information geeignet ist, **fiskalische Interessen** der um Auskunft ersuchten Stelle im Wirtschaftsverkehr zu beeinträchtigen, oder **Dienstgeheimnisse** verletzt werden könnten. Für einen Anspruchsausschluss genügt nunmehr die bloße Eignung zur Beeinträchtigung im Wirtschaftsverkehr. Damit wird der Ausnahmetatbestand systematisch an denjenigen des § 3 Nr. 6 IFG angeglichen (BT-Drs. 17/7374, 16). Dies hat den Vorteil einer weiteren Homogenisierung des Informationsfreiheitsrechts. Auf der anderen Seite begegnet die Norm nun den gleichen Kritikpunkten, wie sie § 3 Nr. 6 IFG entgegen gehalten werden. So ist § 3 Nr. 6 IFG so weit, „dass er einer verfassungsrechtlich, jedenfalls aber verfassungspolitisch gebotenen differenzierten Anwendung entgegensteht" (Prommer/Rossi GewA 2013, 97, (100)). Zudem existiert keine konsolidierte Rspr. zu § 3 Nr. 6 IFG, da ganze Themenkreise noch nicht Inhalt von Gerichtsverfahren waren (aA: ZDM S. 303). 8

V. Privatrechtliche Vereinbarung über eine Dienstleistung (S. 1 Nr. 1 lit. d)

Der Anspruch auf Informationszugang ist auch in den Fällen ausgeschlossen, in denen Informationen betroffen sind, die im Rahmen einer **Dienstleistung** entstanden sind, die die Stelle auf Grund einer privatrechtlichen Vereinbarung außerhalb des ihr gesetzlich zugewiesenen Aufgabenbereichs des Verbraucherschutzes erbracht hat. Dies wird relevant bei rechtlich selbständigen Laboren, die bspw. in Rechtsform einer öffentlich-rechtlichen Anstalt verfasst sind und die sowohl Untersuchungen von Erzeugnissen im Auftrag von Behörden durchführen als auch dazu berechtigt sind, Untersuchungen im Auftrag Dritter durchzuführen (R. Beck § 2 S. 41). Die Gesetzesbegründung (BT-Drs. 16/5404, 11) nennt daneben beispielhaft auch Gutachten, die von einer öffentlich-rechtlichen Universität im Auftrag von Unternehmen erstellt werden; dies ist jedoch insofern verfehlt, als Universitäten keine Behörden darstellen, die Aufgaben nach dem LFGB wahrnehmen, weshalb vorhandene Daten nicht vom Informationsanspruch erfasst sind (R. Beck § 2 S. 41; Beyerlein/Borchert VIG § 2 Rn. 63). 9

VI. Verstöße, die länger als fünf Jahre zurückliegen (S. 1 Nr. 1 lit. e)

Informationen über unzulässige Abweichungen von Anforderungen iSd § 2 Abs. 1 S. 1 Nr. 1 sind in der Regel vom Informationsanspruch ausgeschlossen, wenn die Verstöße **länger als 5 Jahre zurückliegen.** Die Regelfall-Formulierung ermöglicht es, aus Gründen der Verhältnismäßigkeit dem Anspruch dennoch statt zu geben, wenn andernfalls der Zweck des VIG, umfassenden Informationszugang zu gewähren, übermäßig eingeschränkt wäre (R. Beck § 2 S. 41 f.). 10

C. Anspruchsausschluss wegen entgegenstehender privater Belange (S. 1 Nr. 2)

Der Ausschluss des Zugangsanspruchs zum Schutz entgegenstehender privater Belange ist besonders bedeutsam, weil diese Belange ihrerseits grundrechtlich geschützt sind: Personenbezogene Daten werden durch das Recht auf informationelle Selbstbestimmung geschützt, das aus Art. 2 Abs. 1 iVm Art. 1 Abs. 1 GG abgeleitet wird. Das Geistige Eigentum wird von Art. 14 GG geschützt, Betriebs- und Geschäftsgeheimnisse sind vom Schutz der Art. 12 GG und Art. 14 GG umfasst. Angesichts dieser grundrechtlichen Verwurzelung der privaten 11

Belange ist der Gesetzgeber nicht frei, die entsprechenden Informationen vollständig preiszugeben (bedenklich insoweit die absolut wirkenden Rückausnahmen bei den Betriebs- und Geschäftsgeheimnissen nach S. 5 u. 6). Gegebenenfalls wird hier eine verfassungskonforme Auslegung der Vorschrift nötig sein.

I. Personenbezogene Daten (S. 1 Nr. 2 lit. a)

12   Der Informationsanspruch ist ausgeschlossen, soweit Zugang zu personenbezogenen Daten beantragt wird. Diese Regelung dient dem Schutz des Rechts auf informationelle Selbstbestimmung aus Art. 2 Abs. 1 GG iVm Art. 1 Abs. 1 GG (BR-Drs. 273/07, 24). Das VIG selbst definiert nicht, was unter personenbezogenen Daten zu verstehen ist; daher ist § 3 Abs. 1 BDSG als Auslegungshilfe heranzuziehen (Beyerlein/Borchert VIG § 2 Rn. 73; GIW VIG § 3 Rn. 40): **Personenbezogene Daten** sind Einzelangaben über persönliche und sachliche Verhältnisse einer bestimmten oder bestimmbaren natürlichen Person. **Einzelangaben** sind dabei solche Informationen, die sich auf eine bestimmte, einzelne, natürliche Person beziehen und geeignet sind, einen Bezug zu ihr herzustellen (Beyerlein/Borchert VIG § 2 Rn. 74). Die **persönlichen Verhältnisse** sind immer dann betroffen, wenn Angaben über den Betroffenen selbst, seine Identifizierung und Charakterisierung gemacht werden (Beyerlein/Borchert VIG § 2 Rn. 75). Die **sachlichen Verhältnisse** betreffen dagegen Angaben über einen auf den Betroffenen beziehbaren Sachverhalt (Beyerlein/Borchert VIG § 2 Rn. 75). Einschränkungen dieses Ausnahmegrundes sind nach der Novelle nicht mehr direkt in lit. a, sondern für die unter Nr. 2 lit a–c genannten Ausschlussgründe gesammelt am Ende normiert. Der Zugangsanspruch ist dann nicht ausgeschlossen, wenn der Betroffene dem Informationszugang zustimmt oder das öffentliche Interesse an der Bekanntgabe überwiegt.

II. Geistiges Eigentum (S. 1 Nr. 2 lit. b)

13   Einen weiteren Ausschlussgrund bildet der Schutz des **geistigen Eigentums,** insbes. durch Urheberrechte, der dem Informationsanspruch entgegensteht. Die Begriffsbestimmung des geistigen Eigentums erfolgt nach den Vorschriften des gewerblichen Rechtsschutzes (des Marken-, Patent-, Gebrauchsmuster- und Geschmacksmusterrechts) sowie des Urheberrechts (BT-Drs. 15/4493, 14). Besonders relevant hierbei ist das Erstveröffentlichungsrecht des Urhebers nach § 12 Abs. 1 UrhG. Aus diesem folgt, dass der Urheber der Erstveröffentlichung durch eine Behörde zwar zustimmen kann, an die hierfür erforderliche Eindeutigkeit sind jedoch hohe Anforderungen zu stellen (GIW VIG § 3 Rn. 45 unter Verweis auf Beyerlein ZLR 2009, 383 (386)). Die Regelung zielt darauf ab, zu verhindern, dass bei zuständigen Stellen vorhandene Daten, die privatrechtlich dem Schutz des geistigen Eigentums unterliegen, für Dritte – insbes. Konkurrenten – frei zugänglich werden (R. Beck § 2 S. 45).

14   In der Praxis wird ein Informationszugang gerne vorschnell unter Verweis auf entgegenstehende Urheberrechte verweigert. Deshalb sei zur Anwendung dieses Ausschluss- und Beschränkungsgrundes Folgendes hervorgehoben (vgl. schon Rossi DÖV 2013, 197 (215)): Zu betonen ist, dass der Informationszugangsanspruch nach § 3 S. 1 Nr. 2 lit. b VIG „nicht besteht", also bereits tatbestandlich ausgeschlossen ist, soweit der Schutz geistigen Eigentums entgegensteht. Mit dieser Bestimmung hat das VIG (wie iÜ auch § 6 S. 1 IFG des Bundes) eine sehr restriktive Regelung gewählt, denn der Schutz des geistigen Eigentums wird akzessorisch allein den entsprechenden Gesetzen überlassen, ohne dass Raum für eine Abwägung bleibt.

15   Auf der anderen Seite sind Kollisionen des Informationsfreiheitsrechts und also auch des VIG mit den Rechten am geistigen Eigentum schon theoretisch gar nicht so wahrscheinlich. Denn der Schutz des geistigen Eigentums erfolgt nur partiell über Informationsrestriktionsrechte, die dann auch einen Zugang nach dem IFG verwehren. Wo hingegen nicht der Zugang zum geistigen Eigentum als solcher, sondern in erster Linie dessen wirtschaftliche Verwertung im Vordergrund steht, muss in jedem Einzelfall geprüft werden, ob dieser Schutz dem freien Informationszugang tatsächlich „entgegensteht", wie § 3 S. 1 Nr. 2 lit. b es verlangt. Der Zugang zu amtlichen Informationen darf deshalb nicht vorschnell unter pauschalem Verweis etwa auf das Urheberrecht abgelehnt werden.

§ 3 VIG

Vielmehr setzt der urheberrechtliche Schutz nach § 2 Abs. 2 UrhG ein „Werk", also eine 16
bestimmte schöpferische Gestaltungshöhe, voraus – eine Anforderung, die nicht jede Information erfüllen wird, wenngleich viele der bei den maßgeblichen Stellen vorhandenen Informationen diese Hürde sicherlich nehmen, zumal für die Qualifizierung einer schriftlichen Arbeit als Werk nicht allzu hohe Anforderungen gelten (sog. kleine Münze des Urheberrechts – vgl. Schulze in: Loewenheim/von Becker, Handbuch des Urheberrechts, 2010, § 9 Rn. 98; sowie Schulze in: Dreier/Schulze, UrhG, 2008, Rn. 85). Zu beachten ist gleichwohl, dass amtliche Werke, die im amtlichen Interesse zur allgemeinen Kenntnisnahme veröffentlicht worden sind, nach § 5 Abs. 2 UrhG grds. keinen urheberrechtlichen Schutz genießen.

Außerdem muss stets berücksichtigt werden, dass der Schutz in erster Linie der Form, 17
nicht hingegen dem Inhalt gilt (Wandtke/Bullinger UrhG § 2 Rn. 33; Fromm/Nordemann, Urheberrecht, 10. Aufl. 2008, UrhG § 2 Rn. 46; umfassend Berking, Die Unterscheidung von Inhalt und Form im Urheberrecht, 2002, passim), so dass etwa mündliche Auskünfte über Berichte, die wegen ihrer Form als Werk zu qualifizieren sind und deshalb Urheberrechtsschutz genießen, nicht zwingend einen Eingriff in das Urheberrecht darstellen müssen. Zu beachten ist hierbei freilich umgekehrt, dass auch die Inhaltswiedergabe eine Urheberrechtsverletzung darstellen kann, wenn sie vor der Erstveröffentlichung erfolgt und der Urheber von seinem Recht aus § 12 Abs. 2 UrhG Gebrauch gemacht hat.

Schließlich darf ein Eingriff in das Veröffentlichungsrecht des Urhebers nicht mit dem 18
Argument abgelehnt werden, dass die Preisgabe der begehrten Informationen nur an eine, nämlich die antragstellende Person erfolge und somit gerade nicht als Veröffentlichung iSd § 15 UrhG zu qualifizieren sei. Vielmehr sind insofern drei Aspekte zu beachten: Erstens darf das individuelle Zugangsinteresse des Antragstellers nicht berücksichtigt werden. Dies widerspräche dem Zweck des VIG, einen voraussetzungslosen und deshalb gerade von der persönlichen Motivation des Antragstellers unabhängigen Zugang zu amtlichen Informationen zu gewährleisten. Entscheidend ist allein, dass die Behörde mit der Preisgabe der begehrten Informationen über eben diese verliert und sie dementsprechend keinen Einfluss mehr darauf hat, ob der Antragsteller die erlangten Informationen zu einem anderen als dem von ihm angegebenen und im Rahmen der Entscheidung berücksichtigten Zweck verwendet oder sie sogar an Dritte weiterleitet. Mag das VIG wie jedes andere IFG in der Konsequenz der subjektiv-rechtlichen Ausgestaltung auch eine vermeintlich individuelle Preisgabe von Informationen zur Folge haben, steht die individuelle Zugänglichkeit doch der Sache nach einer Veröffentlichung gleich. Das folgt nicht nur aus dem skizzierten Verlust der Verfügungsgewalt, sondern auch aus dem Umstand, dass weitere Antragsteller hins. desselben Anspruchsgegenstands genauso zu bescheiden sind wie der zeitlich Erste und auch deshalb weder theoretisch noch gar praktisch eine Abgrenzung zwischen einer individuellen und einer allgemeinen Zugänglichkeit gelingen kann.

Zu betonen ist zweitens, dass dem Verlust der tatsächlichen Verfügungsgewalt nicht durch 19
eine individuelle Erklärung des Anspruchstellers oder durch eine Beschränkung der rechtlichen Verfügungsbefugnis vorgebeugt werden kann. Zwar ließe sich daran denken, die Herausgabe von Informationen mittels Auflagen auf bestimmte Verwendungen zu beschränken. Doch selbst dann wäre die zweckfremde Verwendung oder unerlaubte Weitergabe von Informationen nicht zu verhindern, sondern nur Anknüpfungspunkt für sekundäre Ansprüche, etwa auf Gegendarstellung oder Schadenersatz. Insbesondere bliebe das verwaltungsrechtliche Instrumentarium mit den Möglichkeiten der Rücknahme bzw. des Widerrufs ohne Wirkung.

Im Ergebnis führt deshalb drittens jede Herausgabe von Informationen grds. zur poten- 20
tiellen vollständigen Publizität dieser Informationen, was bei der Entscheidung über ihre Preisgabe stets zu berücksichtigen ist. Das Erstveröffentlichungsrecht steht deshalb schon der ersten Preisgabe einer begehrten Information entgegen, auch wenn sie zwangsläufig nur an einen einzelnen Antragsteller erfolgt, denn entscheidend ist nicht die tatsächliche Kenntnisgabe an eine Vielzahl von Personen, sondern deren abstrakte Möglichkeit der Kenntnisnahme.

Das Urheberrecht von Wissenschaftlern wird – jedenfalls als Reflex – auch von § 4 Abs. 3 21
S. 5 geschützt.

III. Betriebs- und Geschäftsgeheimnisse (S. 1 Nr. 2 lit. c)

22 Den in der Praxis wohl häufigsten Ausschlussgrund wegen entgegenstehender privater Belange bildet der **Schutz von Betriebs- und Geschäftsgeheimnissen**. Durch die Gesetzesnovelle wurde eine „insbesondere"-Formulierung aufgenommen, die mit „Rezepturen, Konstruktions- oder Produktionsunterlagen, Informationen über Fertigungsverfahren, Forschungs- und Entwicklungsvorhaben" bestimmte Betriebs- und Geschäftsgeheimnisse aufzählt. Gleichzeitig wurde der unbestimmte Rechtsbegriff der „sonstigen wettbewerbsrelevanten Informationen" zur Erleichterung der Rechtsauslegung und Handhabung gestrichen, da er bisher kaum praktische Relevanz aufwies und der Begriff in anderen Informationszugangsgesetzen zudem auch nicht bekannt war (BT-Drs. 17/7374, 16). Informationen über Rechtsverstöße (VG Düsseldorf Beschl. v. 8.7.2010 – 26 L 683/10; VG Ansbach BeckRS 2010, 48494) sowie strafrechtlich relevante Sachverhalte (OVG Münster BeckRS 2009, 35988; VG Stuttgart BeckRS 2009, 31413) stellen keine schutzwürdigen Betriebs- und Geschäftsgeheimnisse dar.

23 Im Übrigen bleibt es aber bei dem allgemeinen Begriff der Betriebs- und Geschäftsgeheimnisse, der namentlich im Wettbewerbsrecht entwickelt und geprägt und mit diesem Inhalt zwischenzeitlich auch vom Bundesverfassungsgericht angewendet wird. Das BVerfG definiert Betriebs- und Geschäftsgeheimnisse als „alle auf ein Unternehmen bezogene Tatsachen, Umstände und Vorgänge (…), die nicht offenkundig, sondern nur einem begrenzten Personenkreis zugänglich sind und an deren Nichtverbreitung der Rechtsträger ein berechtigtes Interesse hat" (BVerfGE 115, 205 (230)). Betriebs- und Geschäftsgeheimnisse liegen vor, wenn folgende vier Voraussetzungen erfüllt sind: Es muss sich erstens um Tatsachen handeln, die im Zusammenhang mit dem Geschäftsbetrieb stehen, die zweitens nur einem eng begrenztem Personenkreis bekannt sind, nach dem erkennbaren Willen des Betriebsinhabers drittens geheim zu halten sind und an deren Bewahrung schließlich viertens ein berechtigtes Interesse besteht (vgl. NK-IFG/Rossi § 6 Rn. 66). Die Unterscheidung zwischen Betriebsgeheimnissen, die technisches Wissen umfassen (zB Fabrikationsverfahren, Entwicklungs- und Forschungsgeheimnisse, Patentanmeldungen, Musterbücher oder schlicht das Know-how), und Geschäftsgeheimnissen, also kaufmännischem Wissen (zB Umsätze, Ertragslagen, Kundenlisten, Bezugsquellen, Marktstrategien, Kreditwürdigkeit), ist für den Umfang des rechtlichen Schutzes unerheblich. Vor allem ist es nicht erforderlich, dass eine Information zugleich ein Betriebsgeheimnis und ein Geschäftsgeheimnis ist, vielmehr verstehen sich diese Tatbestandsmerkmale alternativ.

24 Der Schutz von Betriebs- und Geschäftsgeheimnissen ist im VIG erheblich relativiert. Zum einen ist er in S. 2 nicht nur einem Einwilligungs-, sondern vor allem auch einem allgemeinen Abwägungsvorbehalt unterstellt. Zum anderen schließen S. 5 und 6 die Berufung auf Betriebs- und Geschäftsgeheimnisse bereits mit Gesetzeskraft aus.

IV. Meldungs- und Unterrichtungspflichten (S. 1 Nr. 2 lit. d)

25 Kein Anspruch auf Zugang besteht auch zu Informationen, die einer Stelle auf Grund einer durch Rechtsvorschrift angeordneten Pflicht zur **Meldung oder Unterrichtung** mitgeteilt worden sind. Die vor der Novelle hier zusätzlich geregelten Informationen darüber, „dass ein vorschriftswidriges Erzeugnis hergestellt, behandelt, in den Verkehr gebracht oder eingeführt worden ist, mitgeteilt worden sind", wurden gestrichen. Insgesamt erfuhr dieser Ausschlussgrund eine klarstellende Anpassung, die mit der Erweiterung der Meldepflichten im LFGB korrespondiert (BT-Drs. 17/7374, 16).

D. Kein Ausschluss des Anspruchs (S. 2)

I. Zu S. 1 Nr. 1 lit. b Hs. 2: Überwiegendes öffentliches Interesse (Abwägungsklausel)

26 Soweit keine Auskünfte über Abweichungen von Rechtsvorschriften und Risiken für die menschliche Gesundheit verlangt werden (s. S. 1 Nr. 1 lit. b), ist während laufender Verfahren ein überwiegendes öffentliches Interesse an der Bekanntgabe erforderlich.

II. Zu S. 1 Nr. 2 lit. a-c: Einwilligung des Betroffenen oder Überwiegen des öffentlichen Interesses (Abwägungsklausel)

Daneben enthält § 3 für drei der unter Nr. 2 genannten privaten Belange eine **allgemeine Abwägungsklausel**. Dem liegt die Überlegung zugrunde, dass Informationsansprüchen des VIG, ähnlich wie beim UIG, aber anders als beim IFG, häufig ein tripolares Interessenverhältnis (auskunftsuchender Verbraucher – Behörde – (dritt-)betroffenes Wirtschaftsunternehmen) zugrunde liegt (BT-Drs. 17/7374, 16). Ziel der Abwägungsklausel ist die Herstellung praktischer Konkordanz (Referentenentwurf S. 27) sowie eine rechtssystematische Angleichung an § 9 UIG (BT-Drs. 17/7374, 16). Betriebliche Geheimhaltungsinteressen werden grds. durch Art. 12 und Art. 14 GG geschützt (zu weitgehend allerdings Grube/Immel ZRL 2011, 175 (182)). Die Abwägungsklausel ist jedoch verfassungskonform so auszulegen, dass das Grundrecht auf effektiven Rechtsschutz mit einbezogen wird, da dies aufgrund der faktischen Wirkungen einer vorzeitigen Publikation verletzt sein kann. Da der Abwägungsvorbehalt des § 3 S. 2 VIG keine hinreichende Orientierungsmöglichkeit für die Abwägung bietet, ist daneben ein Verstoß gegen die Unschuldsvermutung möglich (Grube/Immel ZLR 2011, 175 (180)). AA ist dagegen Schoch NVwZ 2012, 1497 (1499): Die Kritik an der Abwägungsklausel vermag nicht zu überzeugen: sensible personenbezogene Daten bleiben weiterhin absolut geschützt (§ 3 S. 4 VIG iVm § 5 Abs. 1 S. 2 IFG); Art. 12 und Art 14 GG unterliegen Schrankenvorbehalten, die der Gesetzgeber ausfüllt. Zudem wird die insoweit ähnliche Regelung des § 9 Abs. 1 S. 1 UIG mühelos verfassungskonform praktiziert (zB BVerwG BeckRS 2009, 31529).

Wie diese Abwägung vorzunehmen ist, ist ein Grundproblem des gesamten Informationsfreiheitsrechts (allgemein Rossi, Informationszugangsfreiheit und Verfassungsrecht, 2004, 157 ff.; für das UIG Rossi in Hecker ua (Hrsg.), Aktuelle Rechtsfragen und Probleme des freien Informationszugangs, insbes. im Umweltschutz, UTR 108, 2011, 197 (221 ff.)). Es stellen sich zwei Schwierigkeiten. Die erste Schwierigkeit besteht darin, das individuelle Zugangsinteresse des Antragstellers zu gewichten. Denn dieser muss den Zweck seiner Informationsverfolgung grds. nicht angeben. Wenn darüber hinaus wie von § 3 S. 2 verlangt wird, dass das öffentliche Interesse an der Bekanntgabe zu berücksichtigen ist, so entsteht dadurch leicht der Eindruck, als ob die Kumulation des individuellen Zugangsinteresses mit dem allgemeinen Öffentlichkeitsinteresse das schutzwürdige Restriktionsinteresse schon bei formaler Betrachtung überwiegen könnte (vgl. hierzu BVerwGE 135, 34 (47)). Dem ist jedoch zu widersprechen. Ein allgemeines oder objektives Interesse der Transparenz der öffentlichen Verwaltung vermag den Interessengegensatz zwischen dem individuellen Zugangsinteresse des Antragstellers und dem singulären Restriktionsinteresse des betroffenen Grundrechtsträgers nicht zu modifizieren, weil in gleichem Maße auch ein allgemeines oder objektives Interesse an der Geheimhaltung von Betriebs- und Geschäftsgeheimnissen besteht. Der Geheimnisschutz liegt ebenso wie der Informationszugang damit nicht nur im Interesse des jeweiligen Unternehmens, sondern auch im allgemeinen Interesse.

Das bedeutet für die Abwägung, dass entweder auch auf der Seite des Geheimnisschutzes ein allgemeines, objektives Interesse an der Geheimhaltung berücksichtigt wird oder aber auch auf der Seite des Informationszugangs ein allgemeines Interesse an der Zugänglichkeit außer Acht gestellt wird. Im Ergebnis stehen sich damit die individuellen Schutzpositionen gegenüber, die nicht durch eine objektive Komponente abgesichert sind. Da jedoch das konkrete Zugangsinteresse des Antragstellers nicht gewichtet werden kann, weil es nach der Konzeption allgemeiner Informationszugangsfreiheit gar nicht benannt werden muss, spricht einiges dafür, das abstrakte Interesse an der Zugänglichkeit von (Verbraucher-)Informationen mit dem konkreten Interesse des Geheimnisherrn an der Unzugänglichkeit seiner Betriebs- und Geschäftsinformationen in die Abwägung einzustellen. Wenn das BVerwG (zum UIG) insofern statuiert, dass „das öffentliche Interesse an der Bekanntgabe der Informationen (…) nur dann (überwiegt), wenn mit dem Antrag auf Zugang zu Informationen ein Interesse verfolgt wird, das über das allgemeine Interesse der Öffentlichkeit hinausgeht, Zugang zu Informationen über die Umwelt zu erhalten" (BVerwG BeckRS 2009, 40455), ist diese restriktive Abwägung zwar zu begrüßen, letztlich aber falsch. Das Zugangsinteresse des Antragstellers kann weder von ihm noch von der Verwaltung oder den Gerichten gewichtet werden.

30 In der Rspr. werden solche Probleme regelmäßig nicht thematisiert. So hat das VG Stuttgart (im Ergebnis zutreffend) entschieden, dass das Interesse des Verbrauchers an der Kenntnis des betroffenen Produkts und des Erzeugerbetriebs bei schwerwiegenden Verstößen die Gefahr möglicher Absatzeinbußen überwiegen kann (VG Stuttgart BeckRS 2009, 31413).

E. Qualifizierte Voraussetzungen an Herausgabe während eines laufenden strafrechtlichen Ermittlungsverfahrens (S. 3 Nr. 1 und 2)

31 An die Herausgabe von **Informationen während eines laufenden strafrechtlichen Ermittlungsverfahrens oder Strafverfahrens** werden qualifizierte Voraussetzungen geknüpft. Informationen über zulässige Abweichungen von Anforderungen dürfen in diesem Fall nur herausgegeben werden, soweit und solange hierdurch der mit dem Verfahren verfolgte Untersuchungszweck nicht gefährdet wird. Des Weiteren ist Benehmen mit der zuständigen Staatsanwaltschaft oder dem zuständigen Gericht herzustellen. Die Erhöhung der Transparenz kann in diesem Bereich erhebliche Risiken nach sich ziehen, da durch das Bekanntwerden der Informationen laufende Ermittlungen gefährdet, Beschuldigte, Angeklagte oder Hintermänner gewarnt und so zur Vernichtung von Beweisen befähigt werden; daher wurden qualifizierte Voraussetzungen bezüglich des Benehmenserfordernises geschaffen (Schoch NVwZ 2012, 1497 (1499)). Die Norm trifft keine Regelung der Anforderungen an das herzustellende „Benehmen" oder bezüglich des Verfahrens bei Uneinigkeit (dazu: Grube/Immel ZLR 2012, 109 (111)). „**Benehmen**" erfordert einen sachlichen Abstimmungsprozess, der über eine bloße „Unterrichtung" hinausgeht, jedoch wohl nicht die „Zustimmung" der Staatsanwaltschaft voraussetzt (Grube/Immel ZLR 2012, 109 (111); diesem zustimmend Theis DVBl. 2013, 627 (628); dagegen GIW VIG § 3 Rn. 27 jetzt: „Da das Erfordernis des Einvernehmens im Zuge des Gesetzgebungsverfahrens nach Kritik des Bundesrates ua auch zur Gewährleistung der Unschuldsvermutung nachträglich eingefügt wurde, kann hier nur Voraussetzung sein, dass die Ermittlungsbehörde bzw. das Gericht eine ausdrückliche Zustimmung erklärt und dokumentiert."). „Benehmen" erfordert somit mehr als eine bloße Anhörung, also ein gesteigertes Maß an Rücksichtnahme auf das Vorbringen, verbunden jedoch mit der Möglichkeit, aus sachlichen Gründen ggf. davon abzuweichen (so Wustmann BayVBl. 2012, 715 (717)). Staatsanwaltschaft oder Strafgericht ist in einem solchen Fall „lediglich Gelegenheit zur Stellungnahme (mit dem Ziel der Verständigung) zu geben, ohne, dass eine Bindung an das Einverständnis besteht; allerdings muss die Stellungnahme von der entscheidenden Behörde zur Kenntnis genommen und in ihre Überlegungen einbezogen werden" (so wörtlich Wustmann in: Informationsfreiheit und Informationsrecht, Jahrbuch 2012, 197 (204) unter Rückgriff auf Creifelds, Rechtswörterbuch, 2011). Systematisch inkonsequent ist in diesem Zusammenhang die mangelnde Ausdehnung des Benehmenserfordernisses auf Ordnungswidrigkeitenverfahren, wo nach Art. 6 EMRK ebenfalls die Unschuldsvermutung gilt (EGMR Urt. v. 21.2.1984 – Öztürk/Deutschland; EGMR Urt. v. 2.9.1998 – Slg. 98-VI Nr. 51 (Kadubec/Slowakei)).

F. Abwägung nach § 5 IFG bei personenbezogenen Daten (S. 4)

32 Wird Zugang zu personenbezogenen Daten beantragt, so gelten § 5 Abs. 1 S. 2 und Abs. 3 und 4 des IFG entsprechend.

G. Ausnahmetatbestände von schutzwürdigen Betriebs- und Geschäftsgeheimnissen (S. 5)

33 In S. 5 wurden Ausnahmetatbestände eingefügt, in denen der Informationszugang nicht unter Berufung auf Betriebs- und Geschäftsgeheimnisse abgelehnt werden kann, da kein schutzwürdiges Geheimhaltungsinteresse besteht. Diese Ausnahmetatbestände wurden in Übereinstimmung mit der Rspr. des BVerfG (BVerfG Beschl. v. 14.3.2006 – 1 BvR 2087/03 sowie 1 BvR 2111/03) und in Anlehnung an ähnliche Vorschriften in § 22 Abs. 3 ChemikalienG, § 17 Abs. 2 GentechnikG, § 18c Abs. 2 PflanzenschutzG und § 9 Abs. 1 S. 2 UIG zur Herstellung von Rechtssicherheit positiviert (so BT-Drs. 17/7374, 16). Weder das geistige Eigentum noch Betriebs- und Geschäftsgeheimnisse sind von Verfassungs wegen absolut geschützt, so dass der Gesetzgeber nicht nur einen allgemeinen Abwägungsvorbehalt formulieren konnte sondern und vor allem auch selbst bereits Abwägungen für typische Konfliktlagen vornehmen kann, wie es nun § 3 S. 5 VIG vorsieht (Zustimmend ebenfalls Schoch NVwZ 2012, 1497 (1499); aA etwa Grube/Immel ZLR 2011, 175 (182 f.); Becker ZLR 2011, 391 (415)). Dies betrifft zum Beispiel markt- und wettbewerbsbezogene Produktinformationen wie Handelsbezeichnungen sowie im Rahmen amtlicher Überwachung gewonnene Informationen über die Einhaltung von Grenzwerten, Höchstgehalten und Höchstmengen (BT-Drs. 17/7374, 17).

Durch die Verwendung dieser Begriffstrias „Grenzwerte, Höchstgehalte und Höchstmengen" erfolgt eine Bezugnahme auf die auch in den entsprechenden EG-Verordnungen (So zB VO (EG) Nr. 2073/2005; VO (EG) Nr. 1881/2006; VO (EG) Nr. 396/2005 zum Lebens- und Futtermittelrecht) und Richtlinien (so Anhang III der RL 2009/48/EG zur Produktsicherheit von Spielzeug) verwendeten Ausdrücke. 34

I. Unzulässige Abweichungen von Anforderungen nach § 2 Abs. 1 S. 1 Nr. 1 (S. 5 Nr. 1)

Bereits nach alter Rechtslage bestand kein berechtigtes Geheimhaltungsinteresse des Unternehmers bei Informationen über Rechtsverstöße (BT-Drs. 16/5404, 12). 35

II. Gefahren und Risiken für die Gesundheit nach § 2 Abs. 1 S. 1 Nr. 2 (S. 5 Nr 1)

Zur Verbesserung der systematischen Kohärenz mit den bereits bestehenden Verpflichtungen zur aktiven Information der Öffentlichkeit nach den §§ 26 ProdSG, § 40 LFGB werden nunmehr auch solche Informationen vom Geheimnisschutz ausgenommen, bei denen Anhaltspunkte für ein Risiko oder eine Gefährdung von Sicherheit oder Gesundheit der Verbraucher besteht. Hiermit wird zudem auch dem überragenden Schutzauftrag des Art. 2 Abs. 2 S. 2 GG Rechnung getragen (BT-Drs. 17/7374, 17). 36

III. Informationen nach § 2 Abs. 1 S. 1 Nr. 3 und 4 im Einzelfall (S. 5 Nr. 2)

Der Informationszugang kann zudem nicht unter Berufung auf Betriebs- und Geschäftsgeheimnisse abgelehnt werden, wenn es sich um Informationen nach § 2 Abs. 1 S. 1 Nr. 3 und 4 handelt, soweit im Einzelfall hinreichende Anhaltspunkte dafür vorliegen, dass von dem jeweiligen Erzeugnis oder Verbraucherprodukt eine Gefährdung oder ein Risiko für Sicherheit und Gesundheit ausgeht und auf Grund unzureichender wissenschaftlicher Erkenntnisse oder aus sonstigen Gründen die Ungewissheit nicht innerhalb der gebotenen Zeit behoben werden kann. 37

IV. Im Rahmen amtlicher Überwachungstätigkeit gewonnene Informationen (S. 5 Nr. 3)

Eine Berufung auf Betriebs- und Geschäftsgeheimnisse scheidet ferner aus bei Informationen nach § 2 Abs. 1 S. 1 Nr. 3–6, soweit sie im Rahmen der amtlichen Überwachungstätigkeit nach den in § 2 Abs. 1 S. 1 Nr. 1 genannten Vorschriften gewonnen wurden und die Einhaltung der Grenzwerte, Höchstgehalte oder Höchstmengen betreffen, die in den in § 2 Abs. 1 S. 1 Nr. 1 genannten Vorschriften enthalten sind. 38

H. Geltung des Ausschlusses der Berufung auf Betriebs- und Geschäftsgeheimnisse auch für bestimmte personenbezogene Daten (S. 6)

Für die in S. 6 festgeschriebenen Daten scheidet eine Verweigerung der Herausgabe unter Berufung auf Betriebs- und Geschäftsgeheimnisse ebenfalls aus. Es bestehen Zweifel an der Verfassungsmäßigkeit der Regelung, da insbes. die Erforderlichkeit der Beeinträchtigung des Rechts auf informationelle Selbstbestimmung des betroffenen Unternehmers durch die Preisgabe dieser personenbezogenen Daten zur Erreichung der Ziele des VIG fraglich ist, da „Prangerwirkung" und pauschale Offenbarung personenbezogener Daten kaum vom Über- 39 maßverbot gedeckt sein dürften (Schoch NVwZ 2012, 1497 (1499); Grube/Immel ZLR 2011, 175 (181)).

§ 4 Antrag

(1) ¹Die Information wird auf Antrag erteilt. ²Der Antrag muss hinreichend bestimmt sein und insbesondere erkennen lassen, auf welche Informationen er gerichtet ist. ³Ferner soll der Antrag den Namen und die Anschrift des Antragstellers enthalten. ⁴Zuständig ist

1. soweit Zugang zu Informationen bei einer Stelle des Bundes beantragt wird, diese Stelle,
2. im Übrigen die nach Landesrecht zuständige Stelle.

⁵Abweichend von Satz 4 Nummer 1 ist im Fall einer natürlichen oder juristischen Person des Privatrechts für die Bescheidung des Antrags die Aufsicht führende Behörde zuständig.

(2) ¹Informationspflichtig ist jeweils die nach Maßgabe des Absatzes 1 Satz 4 auch in Verbindung mit Satz 5 zuständige Stelle. ²Diese ist nicht dazu verpflichtet, Informationen, die bei ihr nicht vorhanden sind oder auf Grund von Rechtsvorschriften nicht verfügbar gehalten werden müssen, zu beschaffen.

(3) Der Antrag soll abgelehnt werden,

1. soweit er sich auf Entwürfe zu Entscheidungen sowie Arbeiten und Beschlüsse zu ihrer unmittelbaren Vorbereitung bezieht, es sei denn, es handelt sich um die Ergebnisse einer Beweiserhebung, ein Gutachten oder eine Stellungnahme von Dritten,
2. bei vertraulich übermittelten oder erhobenen Informationen oder
3. wenn durch das vorzeitige Bekanntwerden der Erfolg bevorstehender behördlicher Maßnahmen gefährdet würde,
4. soweit durch die Bearbeitung des Antrags die ordnungsgemäße Erfüllung der Aufgaben der Behörde beeinträchtigt würde,
5. bei wissenschaftlichen Forschungsvorhaben einschließlich der im Rahmen eines Forschungsvorhabens erhobenen und noch nicht abschließend ausgewerteten Daten, bis diese Vorhaben wissenschaftlich publiziert werden.

(4) ¹Ein missbräuchlich gestellter Antrag ist abzulehnen. ²Dies ist insbesondere der Fall, wenn der Antragsteller über die begehrten Informationen bereits verfügt.

(5) ¹Wenn der Antragsteller sich die begehrten Informationen in zumutbarer Weise aus allgemein zugänglichen Quellen beschaffen kann, kann der Antrag abgelehnt und der Antragsteller auf diese Quellen hingewiesen werden. ²Die Voraussetzungen nach Satz 1 sind insbesondere dann erfüllt, wenn die Stelle den Informationszugang bereits nach § 6 Absatz 1 Satz 3 gewährt. ³Satz 1 gilt entsprechend, soweit sich in den Fällen des § 2 Absatz 1 Satz 1 Nummer 2 bis 6 eine der in § 3 Satz 6 genannten Personen im Rahmen einer nach den Vorschriften des Verwaltungsverfahrensgesetzes oder den entsprechenden Vorschriften der Verwaltungsverfahrensgesetze der Länder durchgeführten Anhörung verpflichtet, die begehrte Information selbst zu erteilen, es sei denn, der Antragsteller hat nach § 6 Absatz 1 Satz 2 ausdrücklich um eine behördliche Auskunftserteilung gebeten oder es bestehen Anhaltspunkte dafür, dass die Information durch die Person nicht, nicht rechtzeitig oder nicht vollständig erfolgen wird.

§ 4 VIG enthält neben §§ 5 und 6 die zentralen Verfahrensvorschriften des VIG, ist systematisch aber nicht auf das Zugangsverfahren beschränkt. Zwar normiert er in Abs. 1 den Antragsgrundsatz und konkretisiert Anforderungen an den Antrag (Abs. 1 → Rn. 2 ff.). Daneben bestimmt er in Abs. 2 mit der Informationspflichtigkeit aber auch die Anspruchsgegner (Abs. 2 → Rn. 6 ff.) und normiert in Abs. 3–5 – systemwidrig – zusätzlich zu den in § 3 genannten Ausschluss- und Beschränkungsgründen weitere Ablehnungsgründe (Abs. 3– Abs. 5 → Rn. 11 ff.).

A. Allgemeines

In § 4 Abs. 1 S. 1 wurde durch die Gesetzesnovelle (BGBl. I 2012, 476) das bisher 1
bestehende Erfordernis der schriftlichen Antragstellung gestrichen. Stattdessen ist diese nun formlos möglich; die Angabe von Name und Anschrift des Antragstellers ist im neu eingefügten S. 4 nur als „soll"-Vorschrift ausgestaltet. Zusätzlich zu den bisher bereits existierenden drei antragsbezogenen Ablehnungsgründen nach Abs. 3 soll der Antrag in Zukunft nach Nr. 4 abgelehnt werden, soweit durch die Bearbeitung die ordnungsgemäße Aufgabenerfüllung der Behörde beeinträchtigt würde. Des Weiteren soll der Antrag nach Nr. 5 bei wissenschaftlichen Forschungsvorhaben bis zu deren Veröffentlichung abgelehnt werden. Abs. 5 wurde durch einen neuen S. 3 erweitert, der ein freiwilliges Selbsteintrittsrecht des Dritten zur Informationsgewährung vorsieht.

B. Antragsvoraussetzungen (Abs. 1)

I. Form und Inhalt (Abs. 1 S. 1–3)

Informationen nach dem VIG sind grds. nur auf Antrag zugänglich zu machen. Das VIG gibt 2
den mit Erzeugnissen und Verbraucherprodukten befassten Stellen somit kein allgemeines Öffentlichkeitsinstrument an die Hand, so beschränkt sie auf die Bescheidung entsprechender Anträge, die ihrerseits ein Interesse des Antragstellers voraussetzen. Der Grundsatz des Antragserfordernisses wird allerdings in § 6 Abs. 1 S. 3 (sowie durch § 40 LFGB) durchbrochen. Außerdem wurde auch hins. des Antragserfordernisses die Zugangsschwelle zum Informationsangebot des VIG herabgesetzt, indem statt der zuvor vorgeschriebenen schriftlichen Antragstellung nunmehr auch eine **formlose Antragstellung** ermöglicht wird. Dies soll der Konzeption des VIG als „echtes Bürgergesetz" (BT-Drs. 17/7374, 17) entsprechen und stellt zudem eine Angleichung an die Anforderungen des § 7 Abs. 1 IFG dar, wodurch eine Harmonisierung des Rechts auf Informationszugang bei Beibehaltung eines hohen Verbraucherschutzniveaus bewirkt werden soll (BT-Drs. 17/7374, 2). Aus Gründen der Rechtssicherheit ist va im Hinblick auf die Fristen in § 5 der Zeitpunkt der Antragstellung durch die Behörde zu dokumentieren, wenn diese nicht in Schriftform erfolgt (vgl. zum IFG: Schoch IFG § 7 Rn. 22).

Der Antrag muss **hinreichend bestimmt** sein. Er muss klar erkennen lassen, welche 3
Informationen begehrt werden (BR-Drs. 273/07, 25). Hierfür ist es ausreichend, wenn der Antragsteller die begehrte Information so genau wie möglich umschreibt. Die Behörde sollte gegebenenfalls nach § 25 S. 1 VwVfG (oder der entsprechenden landesrechtlichen Vorschrift) darauf hinwirken, dass der Antrag zumindest so weit konkretisiert wird, dass ihr eine Bearbeitung möglich ist, statt ihn mangels Bestimmtheit abzuweisen. Es besteht zwar keine Verpflichtung der Behörde zur Hinwirkung auf eine Präzisierung (GIW VIG § 4 Rn. 5), in der Regel kann jedoch nur die Behörde zuverlässig beurteilen, worauf sich der Antrag sinnvollerweise beziehen könnte (Beyerlein/Borchert VIG § 3 Rn. 9). Durch einen Dialog mit dem Antragsteller (Falck/Schwind, 75) kann diesem so zur effektiven Verwirklichung seines Informationsanspruches verholfen werden.

Die Nennung von **Name und Anschrift des Antragstellers** ist lediglich eine „soll"- 4
Anforderung. Dass auf diese Angaben also auch verzichtet werden kann, kollidiert jedoch mit der grundsätzlichen Kostenpflichtigkeit der Zugangsansprüche, einer Missbrauchskontrolle sowie der Vorgabe des § 5 Abs. 2 S. 3, wonach dem Betroffenen Name und Anschrift des Antragstellers offen zu legen sind. Insofern müssen zumindest anonym gestellte Anträge nicht beschieden werden (gleicher Ansicht wohl auch Schoch NVwZ 2012, 1497 (1500), der in der Neuregelung einen „Verlust an Rechtsklarheit und Rechtssicherheit" sieht).

II. Zuständigkeit (Abs. 1 S. 4–5)

Wird Zugang zu Informationen bei einer Stelle des Bundes beantragt, ist diese für die 5
Informationsgewährung zuständig. Sind jedoch natürliche oder juristische Personen des Privatrechts solche Stellen des Bundes, so ist für die Bescheidung des Antrags die Aufsicht führende Behörde zuständig. Im Übrigen bemisst sich die Zuständigkeit für die Bescheidung des Antrags nach Landesrecht.

C. Informationspflichtigkeit (Abs. 2)

I. Informationspflicht (Abs. 2 S. 1)

6 Während sich bei Bundesstellen aus der Zuständigkeit nach § 4 Abs. 1 die **Informationspflichtigkeit** nach § 4 Abs. 2 und somit die Anspruchsgegnerschaft ergibt (R. Beck S. 16 noch zu § 3 VIG aF), ist auf Landesebene eine Differenzierung nötig, da durch landesrechtliche Zuständigkeitszuweisung nur ein begrenzter Kreis von Behörden iSv § 2 Abs. 1 auch nach § 4 Abs. 1 zuständig sein kann (R. Beck S. 16 noch zu § 3 VIG aF). Soweit keine landesrechtliche Zuständigkeitsverordnung nach VIG existiert, ist § 4 Abs. 1 S. 1 Nr. 2 als Verweis auf die Vorschriften der allgemeinen Lebensmittelüberwachung zu verstehen (vgl. § 2 Abs. 1 AGVIG).

7 Umstritten ist, ob nur die Vollzugsbehörden anspruchsverpflichtet sind, oder ob dies auch für **Untersuchungsämter** gilt. Unter Verweis auf die bei Untersuchungsämtern in der Regel fehlende erforderliche Verfügungsberechtigung an den ermittelten Daten, wird teilweise gefolgert, dass jedenfalls Informationen über nicht zulässige Abweichungen nicht zu den Informationen gehören, die Untersuchungsämter gewähren dürfen; eine solche Zuständigkeit würde zudem einen Verstoß gegen das in Art. 84 Abs. 1 S. 1 GG festgelegte Kompetenzgefüge (dazu: Becker ZLR 2011, 391 (411)) bedeuten (so GIW VIG § 2 Rn. 52 ff.). Teilweise wird die Auskunftspflichtigkeit der Untersuchungsämter abgelehnt, weil ihnen im Gegensatz zu den Vollzugsbehörden die Qualifizierung beispielsweise einer Grenzwertüberschreitung als Verstoß versagt ist (VG Stuttgart BeckRS 2009, 42426).

8 Auf der anderen Seite entbindet der Umstand, dass ein Untersuchungsamt lediglich verwaltungsintern im Auftrag einer Vollzugsbehörde gutachtlich tätig wird und fachwissenschaftliche Hilfsdienste für die Vollzugsbehörde erbringt, nicht von der Informationspflicht nach dem VIG. Die grundsätzliche Informationspflichtigkeit der Untersuchungsämter bei Tätigkeiten für eine amtliche Lebensmittelüberwachungsbehörde kann insbes. aus landesrechtlichen Ausführungsgesetzen zum VIG folgen. (so VGH Mannheim BeckRS 2010, 53672; aA: Hartwig/Memmler ZLR 2009, 51ff; Grube/Weyland § 1 Rn. 13). Hiervon ist die Frage, ob auch die sachliche Zuständigkeit zur Information über „Verstöße" besteht, zu trennen und im Ergebnis für die Untersuchungsämter zu verneinen und nur für die Vollzugsbehörden zu bejahen (VGH Mannheim BeckRS 2010, 53672). In Bayern ist aufgrund der Regelung des Art. 21a GDVG kein Raum für eine Differenzierung zwischen grundsätzlicher Informationspflichtigkeit und sachlicher Zuständigkeit zur Herausgabe von Informationen im Lebensmittelrecht. Dieser normiert, dass jede Stelle über die dort vorhandenen Informationen auskunftspflichtig ist, ohne, dass nach der Art der Information zu differenzieren wäre (VG Ansbach Urt. v. 9.6.2011 – AN 16 K 10.02614, AN 16 K 10.02613, AN 16 K 10.02612).

9 Die Problematik der Anspruchsverpflichtung ist auch auf eine **uneinheitliche Terminologie** innerhalb des VIG zurück zu führen. „Die Anspruchsverpflichtung bestimmt sich auch nach anderen Normen, deren mitunter uneinheitliche Terminologie beibehalten wurde. So wird auch weiterhin der Begriff „Informationen" (in § 3 und 4 sowie der Überschrift von § 2 VIG) synonym zu „Daten" (legal definiert in § 2 Abs. 1 VIG) und neben „Erkenntnisse" (§ 6 Abs. 2 VIG) verwendet, um den Anspruchsgegenstand zu kennzeichnen. Solche Informationen, Daten oder Erkenntnisse können „vorhanden" sein (§ 2 Abs. 1 S. 1 VIG), „vorliegen" (§ 1, § 6 Abs. 2 VIG), oder die Behörde kann über sie „verfügen" (§ 4 Abs. 2 S. 2 VIG). „Vorhandensein" sowie „Vorliegen" werden ebenfalls synonym gebraucht, nämlich als rein tatsächliche Existenz der Information, während „verfügen" wie auch in § 2 Abs. 4 UIG eher iSd § 7 IFG „Verfügungsbefugnis" meint. Das mit der Novelle verfolgte Ziel, ein „echtes Bürgergesetz" zu schaffen, sowie die Tatsache, dass der Bürger regelmäßig nicht ersehen kann, wer über eine Information „verfügungsbefugt" ist, sprechen dafür, nur auf die physische Existenz der Information bei einer Behörde abzustellen" (Prommer/Rossi GewA 2013, 97 (101)).

II. Keine Informationsbeschaffungspflicht (Abs. 2 S. 2)

10 Abs. 2 S. 2 enthält die ausdrückliche Klarstellung, dass die informationspflichtige Stelle nicht zur Beschaffung von Informationen verpflichtet ist (BT-Drs. 16/5404, 12); auch nicht

zur Wiederbeschaffung einstmals vorhandener Daten, die rechtmäßig gelöscht wurden (R. Beck § 3 S. 54). Dies bedeutet jedoch nicht, dass der zuständige Bearbeiter nicht verpflichtet wäre, nachzuforschen, ob die begehrte Information in seinem Amt vorhanden ist (R. Beck § 3 S. 54). Informationsbeschaffungspflichten nach anderen Vorschriften, wie bspw. § 24 VwVfG, bleiben unberührt (R. Beck § 3 S. 54). Die Mitteilung an den Antragsteller, dass die begehrten Informationen nicht vorhanden sind, ist formlos möglich; sie stellt keine Entscheidung über den Zugangsantrag und damit auch keinen Verwaltungsakt nach § 35 S. 1 VwVfG dar (R. Beck § 3 S. 55).

D. Ablehnungsgründe (Abs. 3)

Abs. 3 normiert Ablehnungsgründe. Dass sie an dieser Stelle im Zusammenhang mit dem Antrag und nicht im Kontext der Ausschluss- und Beschränkungsgründe genannt sind, ist einerseits zu bedauern. Systematisch ist eine Unterscheidung zwischen den Ausschluss- und Beschränkungsgründen einerseits und den Ablehnungsgründen andererseits aber durchaus gerechtfertigt. Denn während die Ausschluss- und Beschränkungsgründe den Anspruch schon von Gesetzes wegen gar nicht entstehen lassen, liegt die Entscheidung über die Ablehnungsgründe im pflichtgemäßen Ermessen der jeweiligen Behörden. Deutlich wird diese unterschiedliche Rechtsfolge, in der sich nicht nur die Gewaltenteilung, sondern eben auch die Verantwortungsbereiche von Legislative und Exekutive spiegeln, an den Formulierungen: „Der Anspruch besteht nicht", heißt es mehrfach in § 3, und schon § 2 Abs. 1 S. 2 weist deutlich darauf hin, dass der Anspruch nur „insoweit besteht, als kein Ausschluss- oder Beschränkungsgrund nach § 3 vorliegt". Die Ablehnungsgründe des § 4 werden hier gar nicht in Bezug genommen. Die Verantwortung für die Ablehnung eines Antrags liegt somit bei der jeweiligen anspruchsverpflichteten Stelle, während die Verantwortung für den Ausschluss oder die Beschränkung des Anspruchs beim Gesetzgeber liegt. In der Praxis gewinnt damit die typisch deutsche Unterscheidung zwischen dem Tatbestand und der Rechtsfolge an Bedeutung, ohne dass für den Antragsteller freilich immer erkennbar sein wird, ob die Verwaltung den Zugang zu einer Information wegen einer tatbestandlichen Interpretation oder in Folge einer Ermessensausübung verweigert.

I. Entwürfe und Vorarbeiten (Abs. 3 Nr. 1)

Ein Informationsanspruch besteht grds. nicht, soweit vorbereitendes Verwaltungshandeln betroffen ist (BR-Drs. 273/07, 25). Dogmatisch ist zwischen **Entwürfen** zu Entscheidungen einerseits und Arbeiten und Beschlüssen zur **unmittelbaren Vorbereitung** von Entscheidungen andererseits zu differenzieren. Insoweit stimmt Abs. 3 Nr. 1 mit § 4 Abs. 1 S. 2 IFG grds. überein, wobei § 4 Abs. 1 IFG anders als Abs. 3 Nr. 1 und Nr. 3 weiterhin voraussetzt, dass durch die vorzeitige Bekanntgabe der Informationen aus Entwürfen zu Entscheidungen sowie Arbeiten und Beschlüssen zu ihrer unmittelbaren Vorbereitung der Erfolg der Entscheidung oder bevorstehender behördlicher Maßnahmen vereitelt würde (Beyerlein/Borchert VIG § 3 Rn. 28). Der Begriff der „Entwürfe zu Entscheidungen" entspricht daneben auch § 29 Abs. 1 S. 2 VwVfG, ist jedoch vom Begriff der „Entwürfe und Notizen" iSv § 2 Nr. 1 IFG zu unterscheiden; letztgenannte stellen bereits keine amtlichen Informationen dar (Beyerlein/Borchert VIG § 3 Rn. 30).

II. Vertraulichkeit der Informationen (Abs. 3 Nr. 2)

Der Antrag auf Informationszugang soll daneben auch bei **vertraulich übermittelten oder erhobenen Informationen** abgelehnt werden. Durch diese Regelung soll die Kooperationsbereitschaft der Bürger als Informationsgeber nicht gefährdet werden (BR-Drs. 273/07, 26). Als Korrektiv, um einen möglichen Missbrauch dieses Ausschlusstatbestandes durch die Behörde zu vermeiden, ist es erforderlich, dass die fragliche Information der Behörde „unter dem Mantel der Verschwiegenheit" anvertraut wurde und der Übermittelnde auf die Vertraulichkeit vertraut (Beyerlein/Borchert VIG § 3 Rn. 32). Anhaltspunkt hierfür kann eine behördliche Zusicherung gegenüber dem Informanten sein (nicht notwendig ist, dass es sich um eine förmliche Zusicherung iSv § 38 VwVfG handelt, vgl. zum IFG Schoch IFG

§ 3 Rn. 192), die Kennzeichnung als „vertraulich" durch den Informanten (vgl. zum IFG Sellmann/Augsberg WM 2006, 2293 (2300)), oder eine explizit getroffene Vereinbarung über die Vertraulichkeit zwischen Behörde und Bürger (vgl. allgemein VG Berlin AfP 2008, 110 (112)); vorstehende Aufzählung aus Beyerlein/Borchert VIG § 3 Rn. 33). Als zusätzlich heranzuziehender objektiver Maßstab ist darauf abzustellen, ob im Falle der Verneinung der Vertraulichkeit die ordnungsgemäße Erfüllung der jeweiligen Verwaltungsaufgabe gefährdet ist; die Darlegungslast trifft insoweit die Behörde (Beyerlein/Borchert VIG § 3 Rn. 33).

III. Gefährdung des Erfolgs behördlicher Maßnahmen (Abs. 3 Nr. 3)

14   Nach Nr. 3 ist der Antrag auf Informationszugang abzulehnen, wenn durch das vorzeitige Bekanntwerden der Erfolg bevorstehender behördlicher Maßnahmen gefährdet würde. Dieser Ausschlussgrund dient dem Schutz von Verwaltungsabläufen (BR-Drs. 273/07, 26). Eine Gefährdung bevorstehender behördlicher Maßnahmen ist dabei ausreichend (Beyerlein/Borchert VIG § 3 Rn. 36), wobei eine Prognose aus ex-ante Sicht durchzuführen ist, die die Tatsache berücksichtigt, dass der Antragsteller die so erlangte Information nicht zwingend für sich behält, sondern der individuelle Informationszugang zu einer allgemeinen Publizität der Information führen kann (zum IFG: Schoch IFG § 4 Rn. 13; NK-IFG/Rossi § 4 Rn. 13; zum VIG: Beyerlein/Borchert VIG § 3 Rn. 37).

IV. Beeinträchtigung der ordnungsgemäßen Aufgabenerfüllung der Behörde (Abs. 3 Nr. 4)

15   Durch die Novelle neu eingefügt wurde der Ausschlussgrund des Abs. 3 Nr. 4, der festlegt, dass der Antrag abzulehnen ist, soweit durch seine Bearbeitung die ordnungsgemäße Erfüllung der Aufgaben der Behörde beeinträchtigt würde. Insofern ähnelt die Norm § 29 Abs. 2 VwVfG, der die Verweigerung von Akteneinsicht betrifft. Die Neuregelung ist auf die Ergebnisse der Evaluation der Erfahrungen mit dem VIG in der vorhergehenden Fassung zurückzuführen. Diese ergab, dass immer wieder sog **Global- oder Ausforschungsanträge** gestellt wurden und ein gezieltes Lahmlegen der Behörde durch „Testanfragen" herbeigeführt werden sollte (BT-Drs. 17/7374, 9,17). Anträge dieser Art wurden daher bereits unter Geltung des ursprünglichen VIG teilw. für unzulässig gehalten (Wiemers ZLR 2009, 413 (418); Zilkens NVwZ 2009, 1465 (1469); differenzierend Schoch NJW 2010, 2241 (2243)). Die Formulierung „soweit" bringt zum Ausdruck, dass dem Informationsbegehren nach Möglichkeit nachgekommen werden soll. Das heißt, eine teilweise Auskunftserteilung oder zeitliche Streckung der Bearbeitung kommt immer dann in Betracht, wenn eine vollständige und fristgerechte Bearbeitung die Kapazitäten der Behörde übersteigt (BT-Drs. 17/7374, 9,17). Durch die verhältnismäßig unbestimmte Formulierung des Ausschlussgrundes wird der Behörde eine Verweigerung der Auskunftserteilung erleichtert (so auch BT-Drs. 17/9100, 20). Daher ist eine restriktive Auslegung erforderlich: Die Verweigerung darf sich nicht auf den tatsächlichen, sondern muss sich auf den fiktiven, der Behörde unvermeidbaren Aufwand beziehen. Die Behörden treffen insofern gewisse Organisations- und Verfahrensobliegenheiten, um den Aufwand zu minimieren. Zum einen sind Behörden verpflichtet, bestimmte Informationen grundsätzlich vorzuhalten, zum anderen ist ihre Aktenführung so zu gestalten, dass der Aufwand für die Erfüllung der gesetzlichen Auskunftsrechte möglichst gering ist (Sydow NVwZ 2013, 467 (469 f.).

V. Wissenschaftliche Forschungsvorhaben bis zur Publikation (Abs. 3 Nr. 5)

16   Ebenfalls durch die Novelle des VIG wurde der Ausschlussgrund Nr. 5 neu eingefügt bei **wissenschaftlichen Forschungsvorhaben** einschließlich der im Rahmen eines Forschungsvorhabens erhobenen und noch nicht abschließend ausgewerteten Daten, bis diese Vorhaben wissenschaftlich publiziert werden. Ausweislich der Gesetzesbegründung dient dem Schutz des Interesses der Allgemeinheit daran, dass nur gesicherte Informationen über naturwissenschaftliche Zusammenhänge verbreitet werden (BT-Drs. 17/7374, 9, 18); zumindest als Reflex schützt er jedoch auch das urheberrechtliche Erstveröffentlichungsrecht der Forscher. Darüber hinaus mag er auch durch das in Art. 5 Abs. 3 GG verankerte Grundrecht der Wissenschaftsfreiheit begründet sein.

E. Missbräuchlich gestellter Antrag (Abs. 4)

Missbräuchlich gestellte Anträge sind abzulehnen. Diese Vorgehensweise folgt eigentlich bereits aus allgemeinen Rechtsgrundsätzen: im Verwaltungsverfahren muss der Antragsteller stets ein schutzwürdiges Interesse an der von ihm beantragten Amtshandlung aufweisen (Beyerlein/Borchert VIG § 3 Rn. 33 unter Verweis auf BVerwGE 42, 117; 50, 286). Ein solches schutzwürdiges Interesse setzt voraus, dass der Antragsteller die von ihm beantragte Amtshandlung zur Verwirklichung oder Wahrung eines Rechts benötigt und die Verwaltung nicht für unnütze, unlautere Zwecke oder sonst **missbräuchlich** in Anspruch nimmt (BVerwGE 20, 124 (126); 42, 117; 41, 131) und dabei gegen Treu und Glauben verstößt (Hartwig/Memmler ZLR 2009, 51 (56)). Für die Ablehnung des Antrages ist es nicht erforderlich, dass der Antrag offenkundig missbräuchlich ist (aA Juncker BIO-Recht, 13 (14)); aber selbst offenkundig missbräuchliche Anträge darf die Behörde nicht unbeachtet lassen, sondern muss zumindest negativ darüber entscheiden (vgl. BVerfG NJW 1981, 1436 (1437; aA Philipp NVwZ 1993, 248; vorstehendes aus Beyerlein/Borchert VIG § 3 Rn. 41). S. 2 nennt dabei als Regelbeispiel, dass der Antragsteller bereits über die begehrte Information verfügt. Eine wiederholte Antragstellung in kurzen Abständen oder das Fehlen erkennbarer sachlicher Motive ist dagegen noch kein Indiz für Missbräuchlichkeit (Beyerlein/Borchert VIG § 3 Rn. 44). 17

F. Weitere Ablehnungsgründe (Abs. 5)

I. Information aus allgemein zugänglichen Quellen (Abs. 5 S. 1, 2)

Wenn der Antragsteller sich die begehrten Informationen in zumutbarer Weise aus allgemein zugänglichen Quellen beschaffen kann, kann die Behörde den Antrag ablehnen und den Antragsteller auf diese Quellen verweisen. **Allgemein zugängliche Quellen** sind dabei insbes. das Internet sowie in öffentlichen Bibliotheken und Archiven zugängliche Bücher und Zeitschriften (Beyerlein/Borchert VIG § 3 Rn. 48). Die Zumutbarkeit der Informationsbeschaffung steht dabei in Wechselwirkung mit der Verpflichtung der Behörde, auf Quellen so genau wie möglich zu verweisen: Je genauer der Hinweis erfolgt, desto eher ist eine Informationsbeschaffung auf eben diesem Wege zumutbar (Beyerlein/Borchert VIG § 3 Rn. 49). Als Ausnahmevorschrift ist die Norm eng auszulegen; den gesetzlich vorgesehenen Normalfall bildet die Informationsbereitstellung durch die Behörde. Gleichzeitig bietet die Möglichkeit der Verweisung auf allgemein zugängliche Quellen aber einen Anreiz für die Behörde, gewisse Daten grds. öffentlich über das Internet vorzuhalten, um Aufwand zu sparen (GIW VIG § 4 Rn. 25). 18

II. Freiwilliges Selbsteintrittsrecht des Dritten (Abs. 5 S. 3)

§ 4 Abs. 5 S. 3 regelt nach der Novelle auf der einen Seite einen weiteren Ablehnungsgrund des Informationszuganges für die Behörde, indem er festlegt, dass die Auskunftserteilung durch die Behörde abgelehnt werden kann, wenn sich eine der in § 3 S. 6 VIG genannten Personen zur Informationserteilung verpflichtet. Dies stellt umgekehrt für den Dritten das Recht zum Selbsteintritt in die Informationserteilung dar. Es handelt sich hierbei um ein **freiwilliges Selbsteintrittsrecht,** keine Festlegung einer Auskunftspflicht im Sinne eines direkten Informationsanspruches gegenüber dem Dritten. Ziel dieser Neuregelung ist eine stärkere Einbeziehung der Unternehmen in die verbraucherpolitische Verantwortung durch die Förderung der direkten Kommunikation (Referentenentwurf, S. 30) ohne Zwischenschaltung einer Behörde. Dies bietet den Vorteil, dass durch eine unmittelbare Informationsgewährung der Gefahr von Verfälschungen oder Fehlinformationen in einer längeren Informationskette begegnet wird. Gleichzeitig ist die Regelung mit einigen praktischen Nachteilen behaftet. So sind Streitpunkte zu erwarten bei der Frage, ob die durch den Dritten erteilen Informationen richtig und vollständig iSv § 4 Abs. 5 S. 2 sind (GIW VIG § 4 Rn. 30). Daneben sind auch die Rechtsschutzmöglichkeiten fraglich, wenn ein Dritter sich zur Herausgabe von Informationen verpflichtet, die auch schutzwürdige Belange eines weiteren Unternehmens betreffen. Der Verwaltungsrechtsweg ist in diesem Fall nicht er- 19 öffnet, da in Folge des Selbsteintrittsrechts kein Handeln der Behörde vorliegt; folglich bestehen nur zivilrechtliche Ansprüche gegen das informierende Unternehmen; dieses ist zudem auch nicht an die Ausschlussgründe des VIG gebunden. Das Selbsteintrittsrecht des Dritten muss sich daher auf diejenigen Informationen beschränken, die nur eigene schutzwürdige Belange betreffen (zum ganzen vorstehenden Absatz: GIW VIG § 4 Rn. 30). Eine **Ausnahme vom Selbsteintrittsrecht** besteht dann, wenn der Antragsteller ausdrücklich um behördliche Auskunftserteilung gebeten hat oder Anhaltspunkte dafür vorliegen, dass die Information durch die Person nicht, nicht rechtzeitig oder nicht vollständig erfolgen wird (Grube/Immel ZLR 2011, 175 (184)).

§ 5 Entscheidung über den Antrag

(1) ¹Das Verfahren einschließlich der Beteiligung Dritter, deren rechtliche Interessen durch den Ausgang des Verfahrens berührt werden können, richtet sich nach dem Verwaltungsverfahrensgesetz oder den Verwaltungsverfahrensgesetzen der Länder. ²Für die Anhörung gelten § 28 des Verwaltungsverfahrensgesetzes oder die entsprechenden Vorschriften der Verwaltungsverfahrensgesetze der Länder mit der Maßgabe, dass von einer Anhörung auch abgesehen werden kann
1. bei der Weitergabe von Informationen im Sinne des § 2 Absatz 1 Satz 1 Nummer 1,
2. in Fällen, in denen dem oder der Dritten die Erhebung der Information durch die Stelle bekannt ist und er oder sie in der Vergangenheit bereits Gelegenheit hatte, zur Weitergabe derselben Information Stellung zu nehmen, insbesondere wenn bei gleichartigen Anträgen auf Informationszugang eine Anhörung zu derselben Information bereits durchgeführt worden ist.

³Bei gleichförmigen Anträgen von mehr als 20 Personen gelten die §§ 17 und 19 des Verwaltungsverfahrensgesetzes entsprechend.

(2) ¹Der Antrag ist in der Regel innerhalb von einem Monat zu bescheiden. ²Im Fall einer Beteiligung Dritter verlängert sich die Frist auf zwei Monate; der Antragsteller ist hierüber zu unterrichten. ³Die Entscheidung über den Antrag ist auch der oder dem Dritten bekannt zu geben. ⁴Auf Nachfrage des Dritten legt die Stelle diesem Namen und Anschrift des Antragstellers offen.

(3) ¹Wird dem Antrag stattgegeben, sind Ort, Zeit und Art des Informationszugangs mitzuteilen. ²Wird der Antrag vollständig oder teilweise abgelehnt, ist mitzuteilen, ob und gegebenenfalls wann die Informationen ganz oder teilweise zu einem späteren Zeitpunkt zugänglich sind.

(4) ¹Widerspruch und Anfechtungsklage haben in den in § 2 Absatz 1 Satz 1 Nummer 1 genannten Fällen keine aufschiebende Wirkung. ²Auch wenn von der Anhörung Dritter nach Absatz 1 abgesehen wird, darf der Informationszugang erst erfolgen, wenn die Entscheidung dem oder der Dritten bekannt gegeben worden ist und diesem ein ausreichender Zeitraum zur Einlegung von Rechtsbehelfen eingeräumt worden ist. ³Der Zeitraum nach Satz 2 soll 14 Tage nicht überschreiten.

(5) ¹Ein Vorverfahren findet abweichend von § 68 der Verwaltungsgerichtsordnung auch dann statt, wenn die Entscheidung von einer obersten Bundesbehörde erlassen worden ist. ²Widerspruchsbehörde ist die oberste Bundesbehörde.

§ 5 VIG regelt das behördliche Bearbeitungsverfahren vom Eingang des Antrages und der Durchführung der Anhörung (Abs. 1 → Rn. 3 ff.) bis zu dessen Bescheidung und Begründung (Abs. 2, 3 → Rn. 8 ff.). Darüber hinaus enthält die Vorschrift Regelungen über den anschließenden Rechtsschutz gegen die Entscheidung (Abs. 4, 5), wobei Abs. 4 für bestimmte Fälle die sofortige Vollziehbarkeit festlegt (→ Rn. 14 ff.) und Abs. 5 in Abweichung von der VwGO in jedem Fall die Durchführung eines Widerspruchverfahrens vorschreibt (→ Rn. 16).

Entscheidung über den Antrag **§ 5 VIG**

Übersicht

	Rn		Rn
A. Allgemeines	1	II. Ablehnung des Antrags (Abs. 3 S. 2)	13
B. Verfahren bei Beteiligung betroffener Dritter (Abs. 1)	3	**E. Grundsatz der sofortigen Vollziehbarkeit (Abs. 4)**	14
I. Verfahren nach Verwaltungsverfahrensgesetz (Abs. 1 S. 1)	3	**F. Vorverfahren (Abs. 5)**	16
II. Entbehrlichkeit einer Anhörung (Abs. 1 S. 2 Nr. 1, 2)	4	**G. Gerichtlicher Rechtsschutz**	17
		I. Antragsteller	18
III. Gleichförmige Anträge (Abs. 1 S. 3)	7	II. Antragsgegner	20
C. Regelbescheidungsfrist (Abs. 2)	8	III. Vorläufiger Rechtsschutz	21
D. Entscheidung über den Antrag (Abs. 3)	12	1. Antragsteller	22
I. Stattgabe des Antrags (Abs. 3 S. 1)	12	2. Dritte	25

A. Allgemeines

Als zentrale Vorschrift über die Bescheidung des Antrags knüpft § 5 an das allgemeine Verwaltungsverfahrensrecht an, das in einigen Punkten durch besondere Regelungen überlagert wird. Mittelbar bringt die Vorschrift zudem zum Ausdruck, dass die Bescheidung des Antrags unabhängig von ihrem Inhalt und unabhängig von ihrer Form einen **Verwaltungsakt** mit allen Konsequenzen für das Verwaltungsverfahren und den anschließenden Rechtsschutz darstellt. Selbst einfache und unmittelbar erfolgende, etwa fernmündliche, Auskünfte implizieren die als Verwaltungsakt zu qualifizierende Entscheidung, den Antrag in der (unmittelbar) folgenden Art zu bescheiden. 1

§ 5 wurde im Vergleich zum bisherigen § 4 VIG durch die Novelle des VIG im Jahre 2012 (BGBl. I 2012, 476) beinahe vollständig neu gefasst. Selbst die amtliche Überschrift wurde geändert. Abs. 1 S. 1 enthält nunmehr die Klarstellung, dass sich das Verfahren in Abhängigkeit von der Verbandszugehörigkeit der jeweiligen Behörde nach dem VwVfG des Bundes bzw. nach dem allgemeinen Verwaltungsverfahrensrecht der Länder richtet. S. 2 definiert Fallkonstellationen, in denen nach pflichtgemäßer Ermessensausübung zusätzlich zu den in § 28 VwVfG genannten Fällen von einer Anhörung abgesehen werden kann. Der bisherige Abs. 5 wurde als Abs. 1 S. 3 vorgezogen. Die einmonatige Bescheidungsfrist bleibt unverändert als Abs. 2 S. 1 bestehen. Vorgaben über die Beteiligung Dritter wurden dagegen teilweise aus Abs. 3 in Abs. 2 vorgezogen. Abs. 3 enthält nunmehr die Vorgehensweise im Falle positiver bzw. negativer Bescheidung des Zugangsantrages. Die bisherige Regelung zum behördlichen Vorverfahren findet sich statt in Abs. 4 jetzt in Abs. 5. Der neu eingefügte Abs. 4 normiert die grundsätzliche sofortige Vollziehbarkeit der Gewährung von Informationen über nicht zulässige Abweichungen. 2

B. Verfahren bei Beteiligung betroffener Dritter (Abs. 1)

I. Verfahren nach Verwaltungsverfahrensgesetz (Abs. 1 S. 1)

§ 5 Abs. 1 enthält zur Erleichterung der Rechtsanwendung und zur Erhöhung der systematischen Kohärenz (BT-Drs. 17/7374, 18) nunmehr die Klarstellung, dass sich die Antragsbearbeitung einschließlich der Beteiligung Dritter grds. nach dem **allgemeinen Verwaltungsverfahrensgesetz** des Bundes oder der Länder richtet. „Dritte" iSd Vorschrift sind die originären Inhaber der betroffenen Informationen, in erster Linie also diejenigen Unternehmer und Personen, über die oder über deren Erzeugnisse bzw. Verbraucherprodukte bei den Behörden Daten vorhanden sind (GIW VIG § 5 Rn. 3). Ihre Interessen sind jedenfalls dann betroffen, wenn produkt- oder unternehmensbezogene Informationen Gegenstand des Zugangsantrags sind, die zumindest den Rückschluss auf ein bestimmtes Unternehmen zulassen (GIW VIG § 5 Rn. 3). 3

II. Entbehrlichkeit einer Anhörung (Abs. 1 S. 2 Nr. 1, 2)

4 Die Entscheidung über den Informationsantrag stellt einen Verwaltungsakt mit Drittwirkung iSd § 35 S. 1 VwVfG dar (GIW VIG § 5 Rn. 2). Daraus folgt, dass grds. eine Anhörung erforderlich ist. Dieses Recht auf administratives Gehör ist zwar nicht unmittelbarer Ausfluss des grundrechtsgleichen Rechts auf gerichtliches Gehör gem. Art. 103 Abs. 1 GG, kann aber aus dem Rechtsstaatsprinzip und aus der Pflicht des Staates zur Achtung der Menschenwürde hergeleitet werden. Umso bedenklicher ist es, dass zusätzlich zu den Möglichkeiten nach § 28 Abs. 2 VwVfG nun in einer Reihe weiterer Fälle von der Anhörung abgesehen werden kann.

5 Nach **Nr. 1** kann von einer Anhörung abgesehen werden bei einer unzulässigen Abweichung von den rechtlichen Anforderungen des LFGB, da hier die grds. schutzwürdige Rechtsposition des Unternehmens gegenüber dem öffentlichen Interesse an der Informationsgewährung zurückstehen könne. Hier werden vermeintliche Schuldfragen vermischt mit grundrechtlich geschützten Verfahrensrechten, die wegen der fehlenden Möglichkeit zur Rückholung falscher Informationen doch im Informationszugangsrecht von besonderer Bedeutung sind. Insofern sei den Behörden empfohlen, von der Ermessensvorschift des Abs. 1 S. 2 Nr. 1 nur nach sorgfältigster Abwägung Gebrauch zu machen.

6 Problematisch ist auch **Nr. 2**. Danach ist eine Anhörung entbehrlich, wenn die Erhebung der Information durch die Stelle bekannt ist und in der Vergangenheit bereits Gelegenheit bestand, zur Weitergabe derselben Information Stellung zu nehmen, insbes. wenn bei gleichartigen Anträgen auf Informationszugang eine Anhörung zu derselben Information bereits durchgeführt worden ist. Die durch die Novelle von 2012 neu gefasste Vorschrift schreibt insofern nur die bisher unter dem VIG geltende Rechtspraxis fest. Bedenklich ist allerdings, dass die Voraussetzungen der Kenntnis von Datenerhebung und der Gelegenheit zur Stellungnahme kumulativ vorliegen müssen (Theis DVBl. 2013, 627 (629)). Auf diese Weise werden die Anhörungs- und Äußerungsrechte Betroffener jedoch stark verkürzt. Ob die Vorschrift deshalb aber gegen den Verhältnismäßigkeitsgrundsatz verstößt (Grube/Immel ZLR 2012, 109 (110 f.); zuvor zum Referentenentwurf bereits Grube/Immel ZLR 2011, 175 (184 f.); Becker ZLR 2011, 391 (418 f.): Recht auf faires Verfahren und rechtliches Gehör gem. Art. 103 Abs. 1 GG verletzt); muss angesichts des Ermessensspielraums auf der Rechtsfolgenseite bestritten werden. Es ist vielmehr der Entscheidungs- und Verantwortungsbereich der Exekutive, die von einer Anhörung ja nicht absehen muss und gerade bei schwerwiegendsten Eingriffen im Bereich der „öffentlichen Anprangerung" auch nicht absehen sollte (ähnlich GIW VIG § 5 Rn. 7). Insofern besteht stets die Möglichkeit, verfassungskonform zu agieren (Schoch NVwZ 2012, 1497 (1500)).

III. Gleichförmige Anträge (Abs. 1 S. 3)

7 Nach § 5 Abs. 1 S. 3 VIG gelten bei **gleichförmigen Anträgen von mehr als 20 Personen** die §§ 17 und 19 des Verwaltungsverfahrensgesetzes entsprechend. Die Regelung entspricht damit dem früheren § 4 Abs. 5 VIG. Auf die dort bisher vorgesehene Unterzeichnung auf Unterschriftslisten oder die Einreichung in Form vervielfältigter Texte wird jedoch im Wortlaut nunmehr verzichtet – dieses Erfordernis findet sich jedoch in § 17 Abs. 1 S. 1 VwVfG, auf den verwiesen wird. Im Übrigen regeln § 17 und § 20 VwVfG die Vertretung bei gleichförmigen Eingaben.

C. Regelbescheidungsfrist (Abs. 2)

8 Der Antrag ist in der Regel innerhalb von einem Monat zu bescheiden; sind Dritte beteiligt, verlängert sich die Frist auf zwei Monate, worüber der Antragsteller zu unterrichten ist.

9 Die **Regelbescheidungsfrist von einem Monat** bleibt damit bestehen und entspricht dem früheren § 4 Abs. 2 S. 1. Die Normierung einer solchen Regelbescheidungsfrist dient der Beschleunigung der Informationserteilung sowie der Schaffung von Rechtsklarheit und Rechtssicherheit über deren etwaige Ablehnung (Beyerlein/Borchert VIG § 4 Rn. 38; BT-Drs. 16/5404, 13). Bescheidung meint daher sowohl die Stattgabe als auch die Ablehnung des Informationsanspruches; beide Entscheidungen stellen Verwaltungsakte iSd § 35 S. 1

VwVfG dar (R. Beck § 4 S. 65). Ein Abweichen von der Richtdauer ist möglich, wenn die Umstände des Einzelfalles es erfordern (Beyerlein/Borchert VIG § 4 Rn. 38; GIW VIG § 5 Rn. 18). Die Berechnung der Fristen richtet sich nach § 31 VwVfG iVm §§ 187 ff. BGB (GIW VIG § 5 Rn. 18). Wird der Antrag auf Informationszugang bei einer unzuständigen Behörde gestellt, beginnt die Frist erst bei Eingang des Informationsgesuchs bei der Behörde, an die dieses weitergeleitet wird (Beyerlein/Borchert VIG § 4 Rn. 36).

Im Falle der **Beteiligung Dritter** erfolgt eine **Fristverlängerung auf zwei Monate.** 10 Auch dies war schon zuvor in § 4 Abs. 3 S. 1 aF niedergelegt. Sie ist ausweislich der Gesetzesbegründung sachgerecht, um den widerstreitenden Interessen – der Verbraucherin bzw. des Verbrauchers an der Informationsgewährung, der oder des Dritten an dem Schutz ihrer bzw. seiner Rechtsgüter und der Behörde an einer sorgfältigen Entscheidung – gerecht zu werden (BT-Drs. 16/5404, 13). Die Entscheidung über den Antrag auf Informationszugang ist auch dem Dritten gegenüber bekannt zu geben. Flankiert wird der prozedurale Drittschutz durch die Frist, die nach Abs. 4 zwischen der stattgebenden Bescheidung des Antrags und der tatsächlichen Zugänglichkeit der Informationen liegen muss und die dem Dritten Gelegenheit gibt, gerichtlichen Rechtsschutz gegen die Zugänglichkeit seiner Informationen zu erhalten.

Auf Nachfrage des Dritten legt die Behörde Name und Anschrift des Antragstellers offen, 11 § 5 Abs. 2 S. 4. Diese Möglichkeit wurde durch die Gesetzesnovelle neu eröffnet. Sie dient der Herstellung von „Waffengleichheit", indem aufgedeckt wird, welche Interessen möglicherweise hinter der Antragstellung stehen (GIW VIG § 5 Rn. 23). So verständlich dieses Anliegen im Einzelfall auch sein mag, so sehr widerspricht es doch dem Gesamtkonzept eines voraussetzungslosen (und d. h. vor allem zweckunabhängigem) Informationszugangsrecht.

D. Entscheidung über den Antrag (Abs. 3)

I. Stattgabe des Antrags (Abs. 3 S. 1)

Wird dem Antrag **stattgegeben,** sind Ort, Zeit und Art des Informationszugangs mit- 12 zuteilen; diese Festlegung der **Modalitäten** zur Erleichterung der späteren Durchführung des Informationszuganges (GIW VIG § 5 Rn. 24) entspricht dem früheren § 4 Abs. 2 S. 2. Nur die Entscheidung über den Antrag stellt einen Verwaltungsakt dar, die Gewährung des Informationszuganges dagegen ist als rein tatsächliches Verwaltungshandeln zu qualifizieren (R. Beck § 4 S. 65).

II. Ablehnung des Antrags (Abs. 3 S. 2)

Wird der Antrag dagegen vollständig oder teilweise **abgelehnt,** ist mitzuteilen, ob und 13 gegebenenfalls wann die Informationen ganz oder teilweise zu einem späteren Zeitpunkt zugänglich sind. Diese Vorschrift wird vor allem für die nur temporal wirkenden, also meist prozeduralen Ausnahmen und Beschränkungen bedeutsam. Abs. 3 S. 2 enthält eine Verpflichtung der Behörde, die Dauerhaftigkeit der Ausschluss- oder Beschränkungsgründe zu prüfen und dies dem Antragsteller entsprechend mitzuteilen (GIW VIG § 5 Rn. 24). Diese **Mitteilungspflicht** folgt aus dem Zweck, der mit dem VIG verfolgt wird, einen umfassenden Informationszugang zu eröffnen. Wenn dem Informationsbegehren derzeit nicht entsprochen werden kann, soll der Antragsteller zumindest erfahren, wann dies voraussichtlich der Fall sein wird (R. Beck § 4 S. 66). Entsprechend ist bei einer Teilablehnung nur eine Teilmitteilung nötig (R. Beck § 4 S. 66).

E. Grundsatz der sofortigen Vollziehbarkeit (Abs. 4)

Mit der in Abs. 4 S. 1 getroffenen Festlegung, dass die aufschiebenden Wirkung von 14 Widerspruch und Anfechtungsklage nach § 80 Abs. 2 S. 1 Nr. 3 VwGO für Fälle des § 2 Abs. 1 S. 1 Nr. 1 VIG, also bei „nicht zulässigen Abweichungen" entfällt (Wustmann BayVBl. 2012, 715 (720)), wird ein Paradigmenwechsel im Vergleich zur Vorgängervorschrift vollzogen. Wie die Evaluation zeigte, wurde bisher in der Praxis kaum von der zuvor vorgesehenen Möglichkeit der Anordnung der **sofortigen Vollziehbarkeit** nach § 80 Abs. 2 Nr. 4 VwGO Gebrauch gemacht. Hierdurch soll ein Ausgleich der widerstreitenden

Interessen geschaffen werden: einerseits erweisen sich nur rasche Informationen als wirklich nützlich, andererseits kann eine einmal erteilte Information nicht „zurückgeholt" werden, was für betroffene Unternehmen Rechtsnachteile bedeuten kann. Teilweise wird daher vorgebracht, die ausnahmslose sofortige Vollziehbarkeit verstoße gegen Art. 19 Abs. 4 GG (Becker ZLR 2011, 391 (420) zum Referentenentwurf). Die Gegenansicht verweist jedoch darauf, dass durch Art. 19 Abs. 4 GG jedenfalls keine gesetzliche Suspensionsautomatik garantiert werde (Schoch NVwZ 2012, 1497 (1500 f.)). Jedenfalls bei Informationen über Altfälle, bei denen eine konkrete Gefahrenlage regelmäßig ausgeschlossen ist besteht aber eigentlich kein sachlich gerechtfertigter Grund für einen Sofortvollzug (Grube/Immel ZLR 2011, 175 (186)); die Regelung ist also zumindest verfassungsrechtlich bedenklich (so auch GIW VIG § 5 Rn. 27).

15   Auch wenn von der **Anhörung Dritter nach Abs. 1 abgesehen** wird, darf der Informationszugang erst erfolgen, wenn die Entscheidung dem oder der Dritten bekannt gegeben worden ist und diesem ein ausreichender Zeitraum zur Einlegung von Rechtsbehelfen eingeräumt worden ist, Abs. 4 S. 2. Durch diese Vorschrift soll dem Dritten Gelegenheit gegeben werden, effektiv rechtswahrend gegen die behördliche Entscheidung vorzugehen (BT-Drs. 17/7374, 18 f.). Die in S. 3 festgeschriebenen 14 Tage sollten als Regelfrist, nicht Höchstgrenze betrachtet werden, um im Einzelfall auch einen längeren Zeitraum zu ermöglichen (GIW VIG § 5 Rn. 30). Dem Dritten muss nach der Zustellung des Zugangsbescheids hinreichend Möglichkeit gegeben werden, um zu prüfen, ob ein Antrag auf Anordnung bzw. Wiederherstellung der aufschiebenden Wirkung nach § 80 Abs. 5 VwGO Aussicht auf Erfolg haben wird.

F. Vorverfahren (Abs. 5)

16   „Abweichend von § 68 Abs. 1 S. 1 Nr. 1 VwGO ordnet § 5 Abs. 5 mit konstitutiver Wirkung die Durchführung eines **Vorverfahren** auch dann an, wenn die Entscheidung von einer obersten Bundesbehörde erlassen worden ist; Widerspruchsbehörde ist in diesem Fall die oberste Bundesbehörde. Verwaltungsakte einer obersten Bundesbehörde sind auch solche Verwaltungsakte, die von anderen Behörden namens und im Auftrag einer obersten Behörde erlassen werden (Kopp/Schenke VwGO Vorb. zu § 68 Rn. 11). Diese Regelung entspricht somit denjenigen in § 6 Abs. 2 UIG sowie § 9 Abs. 4 S. 2 IFG (GIW VIG § 5 Rn. 31). Wie dort ist der Widerspruch nicht nur gegen ablehnende Entscheidungen, sondern gegen alle Entscheidungen nach dem VIG geboten.

G. Gerichtlicher Rechtsschutz

17   Zum gerichtlichen Rechtsschutz verhält sich das VIG nicht. Es bleibt insofern bei den allgemeinen Vorgaben der VwGO. Danach ist zu unterscheiden (zum Folgenden NK-IFG/Rossi IFG § 9 Rn. 27 ff.):

I. Antragsteller

18   Führt die Durchführung des Widerspruchsverfahrens nicht zum Erfolg, kann der Antragsteller mit der **Verpflichtungsklage** auf gerichtlichem Wege gegen eine ablehnende Entscheidung vorgehen und auf Erlass des abgelehnten, informationszugangsgewährenden Verwaltungsaktes klagen. Der für die Klagebefugnis erforderliche, möglicherweise durch die Ablehnung des Verwaltungsaktes verletzte Anspruch ist der von § 2 Abs. 1 S. 1 normierte Anspruch auf Zugang zu Informationen iSd § 2 Abs. 2. Die Verpflichtungsklage ist auch dann statthaft, wenn der Zugangsantrag nur in Teilen abgelehnt, im Übrigen aber positiv beschieden worden ist. Schließlich kommt die Verpflichtungsklage auch in Betracht, wenn dem Zugangsantrag zwar stattgegeben, jedoch eine andere als die vom Antragsteller begehrte Zugangsart im Bewilligungsbescheid festgesetzt wurde. Denn bei der Festsetzung der Zugangsart handelt es sich nicht um eine Nebenbestimmung iSd § 36 Abs. 2 VwVfG, sondern um eine Inhaltsbestimmung des Verwaltungsakts.

19   Betrifft der mit der Verpflichtungsklage erstrebte Informationszugang ein dreipoliges Informationsverhältnis, ist der Dritte gem. § 65 Abs. 2 VwGO **notwendig beizuladen**.

Das gleiche gilt für den Antragsteller, wenn der Dritte sich gerichtlich gegen einen zugangsgewährenden Bescheid wehrt.

II. Antragsgegner

Dritte, die sich gegen die Stattgabe eines Zugangsantrags wehren wollen, sind auf die **Anfechtungsklage** verwiesen, die auf die Aufhebung des zugangsgewährenden Verwaltungsakts gerichtet ist. Die Klagebefugnis des Dritten gem. § 42 Abs. 2 VwGO folgt direkt aus der möglicherweise verletzten Vorschrift des VIG, in materieller Hinsicht also den Ausnahmen und Beschränkungen zu Gunsten privater Belange in § 3 bzw. der Ablehnungsgründe in § 4, in prozeduraler Hinsicht vor allem dem Anhörungsrecht in § 5. 20

Gegen die bloße Möglichkeit, dass künftig einmal Zugang zu Informationen gewährt wird, die seine Belange betreffen, steht dem Dritten **kein vorbeugender Rechtsschutz** zur Verfügung.

III. Vorläufiger Rechtsschutz

Besitzt das Informationszugangsbegehren des Antragstellers bzw. das Restriktionsbegehren des Dritten eine besondere Dringlichkeit, mag es im Einzelfall notwendig erscheinen, vorläufigen Rechtsschutz durch die Gerichte zu erhalten. 21

1. Antragsteller

Wurde der informationszugangsbegehrende Antrag abgelehnt, begehrt also der **Antragsteller** vorläufigen Rechtsschutz und will er auf diese Weise die Zugänglichkeit der Informationen noch vor Abschluss des Hauptsacheverfahrens erreichen, muss er dieses Begehren mit dem Antrag auf **Erlass einer einstweiligen Anordnung** gem. § 123 VwGO verfolgen. Um bei Gericht den Erlass einer notwendigen Regelungsanordnung zu erreichen, hat er dabei nicht nur seinen Anordnungsanspruch, sondern insbes. auch einen Anordnungsgrund glaubhaft zu machen. Er muss deshalb insbes. darlegen, dass es ihm unter Berücksichtigung seiner Interessen wie auch der öffentlichen Interessen und der Interessen anderer nicht zumutbar ist, die Hauptsacheentscheidung abzuwarten. 22

Zu beachten ist des Weiteren der Grundsatz, dass das Gericht in der einstweiligen Anordnung nur eine vorläufige Regelung treffen, insbes. also die Hauptsache nicht vorwegnehmen darf. Das Gericht darf dem Antragsteller daher grds. nicht schon in vollem Umfang das gewähren, was er nur in einem Hauptsacheprozess erreichen könnte. Um eine solche **Vorwegnahme der Hauptsache** wird es in den Fällen, in denen der Antragsteller im einstweiligen Rechtsschutz einen Informationszugang begehrt, allerdings praktisch immer gehen. Denn ein Zugang zu Informationen ist auch, wenn er nur vorläufig gewährt wird, nicht revisibel, so dass eine nur vorläufige, im Hauptsacheverfahren gegebenenfalls wieder zurücknehmbare Entscheidung nicht getroffen werden kann. Nur soweit die begehrten Informationen sinnvoll trennbar sind, mag im vorläufigen Rechtsschutzverfahren jedenfalls ein Teil für zugänglich erklärt werden. 23

Eine einstweilige Anordnung, die dem Antragsteller vorläufig den Zugang zu den begehrten Informationen gewährt, wird vor diesem Hintergrund nur dann **ausnahmsweise** möglich sein, wenn eine durch Art. 19 Abs. 4 GG gebotene Ausnahme vom Verbot der Vorwegnahme der Hauptsache gegeben ist. Dies ist dann der Fall, wenn eine bestimmte Regelung zur **Gewährung effektiven Rechtsschutzes** schlechterdings notwendig ist, d. h. wenn die sonst zu erwartenden Nachteile für den Antragsteller unzumutbar und im Hauptsacheverfahren nicht mehr zu beseitigen wären und ein hoher Grad an Wahrscheinlichkeit für einen Erfolg auch in der Hauptsache spricht. Für den Informationszugangsanspruch nach dem VIG werden diese Bedingungen nur in ungewöhnlichen Ausnahmefällen tatsächlich erfüllt sein. 24

2. Dritte

Wurde einem Informationszugangsantrag stattgegeben und fühlt sich ein **Dritter** dadurch in seinen Rechten verletzt, muss er in der Regel zur Wahrung seiner rechtlichen Interessen 25 keinen vorläufigen Rechtsschutz suchen, da sein Widerspruch aufschiebende Wirkung entfaltet und eine Herausgabe der Informationen an den Antragsteller verhindert.

25a Lediglich in Fällen, in denen die sofortige Vollziehung des zugangsbewilligenden Bescheids gem. § 80 Abs. 2 S. 1 Nr. 4 VwGO von der Behörde angeordnet worden ist bzw. in dem Fall des § 5 Abs. 4 S. 1, können die Informationen trotz eines möglicherweise eingelegten Widerspruchs an den Antragsteller herausgegeben werden, allerdings auch nur, sofern die von § 5 Abs. 4 S. 2 u. 3 empfohlene Frist seit der Bekanntgabe der Anordnung an den Dritten verstrichen ist. Diese Zeit kann der Dritte nutzen, um beim zuständigen Verwaltungsgericht gem. § 80a Abs. 3 iVm § 80 Abs. 5 S. 1 VwGO die **Wiederherstellung der aufschiebenden Wirkung** seines Widerspruchs zu beantragen. Neben der Prüfung der formellen Voraussetzungen der Anordnung der sofortigen Vollziehung befindet das Gericht dann anhand einer Interessenabwägung über die Aussetzung der sofortigen Vollziehung des Verwaltungsakts. In die Interessenabwägung sind die Interessen des Antragstellers im Verwaltungsprozess an der Aussetzung der sofortigen Vollziehung sowie das öffentliche Interesse und das Interesse des Antragsstellers im Verwaltungsverfahren an der sofortigen Vollziehung einzubeziehen. Aufgrund der besonderen verfassungsrechtlich verankerten Interessen, um deren Schutz es bei dem Begehren des Dritten regelmäßig gehen wird, wird hier in der Regel sein Interesse an der Wiederherstellung der aufschiebenden Wirkung überwiegen, das Gericht also den Suspensiveffekt seines Widerspruchs wiederherstellen.

§ 6 Informationsgewährung

(1) ¹Die informationspflichtige Stelle kann den Informationszugang durch Auskunftserteilung, Gewährung von Akteneinsicht oder in sonstiger Weise eröffnen. ²Wird eine bestimmte Art des Informationszugangs begehrt, so darf dieser nur aus wichtigem Grund auf andere Art gewährt werden. ³Die informationspflichtige Stelle kann Informationen, zu denen Zugang zu gewähren ist, auch unabhängig von einem Antrag nach § 4 Absatz 1 über das Internet oder in sonstiger öffentlich zugänglicher Weise zugänglich machen; § 5 Absatz 1 gilt entsprechend. ⁴Die Informationen sollen für die Verbraucherinnen und Verbraucher verständlich dargestellt werden.

(2) ¹Soweit der informationspflichtigen Stelle keine Erkenntnisse über im Antrag nach § 4 Absatz 1 begehrte Informationen vorliegen, leitet sie den Antrag, soweit ihr dies bekannt und möglich ist, von Amts wegen an die Stelle weiter, der die Informationen vorliegen, und unterrichtet den Antragsteller über die Weiterleitung.

(3) ¹Die informationspflichtige Stelle ist nicht verpflichtet, die inhaltliche Richtigkeit der Informationen zu überprüfen, soweit es sich nicht um personenbezogene Daten handelt. ²Der informationspflichtigen Stelle bekannte Hinweise auf Zweifel an der Richtigkeit sind mitzuteilen.

(4) ¹Stellen sich die von der informationspflichtigen Stelle zugänglich gemachten Informationen im Nachhinein als falsch oder die zugrunde liegenden Umstände als unrichtig wiedergegeben heraus, so ist dies unverzüglich richtig zu stellen, sofern der oder die Dritte dies beantragt oder dies zur Wahrung erheblicher Belange des Gemeinwohls erforderlich ist. ²Die Richtigstellung soll in derselben Weise erfolgen, in der die Information zugänglich gemacht wurde.

§ 6 VIG regelt zum einen die Modalitäten der Informationsgewährung (Abs. 1 → Rn. 3 ff.), enthält zum anderen – systemwidrig – eine streng verfahrensbezogene Weiterleitungspflicht (Abs. 2 → Rn. 8) und verhält sich zudem zur Richtigkeit der zugänglichen Informationen (Abs. 3 → Rn. 9 ff.; Abs. 4 → Rn. 13). Schließlich normiert er an versteckter Stelle eine Ausnahme vom grundsätzlichen Antragserfordernis nach § 4 Abs. 1 (Abs. 1 S. 3).

A. Allgemeines

1 § 6 enthält eine Reihe wichtiger Vorgaben, die sehr unterschiedlichen Inhalts sind und deshalb besser auf die Vorschriften §§ 4, 5 und 6 hätten verteilt werden sollen. Die Art und

Weise des Informationszugangs in Abs. 1 S. 1 steht im Zusammenhang mit der Bescheidung des Antrags. Gleiches gilt für die Weiterleitungspflicht des Abs. 2. Die Aussagen zur inhaltlichen Richtigkeit sind von Besonderheit, ihnen allein hätte der § 6 gewidmet werden sollen. Die Ausnahmen vom Antragserfordernis hätten in § 4 normiert werden können und sollen.

Die Novellierung des Gesetzes (BGBl. I 2012, 476) wirkt sich auch auf die Informationsgewährung aus, die jetzt statt in § 5 in § 6 geregelt ist. Durch die Einfügung eines neuen S. 2 wird statuiert, dass von der beantragten Art der Informationsgewährung nur aus wichtigem Grund abgewichen werden kann. Neben angepassten Verweisen auf andere Normen des VIG enthält die Vorschrift im Vergleich zu ihrer Vorgängerfassung in Abs. 2 eine (besser in § 5 verortete) Weiterleitungspflicht von Amts wegen bei Nichtvorliegen der begehrten Informationen sowie eine Hinweispflicht gegenüber dem Antragsteller. Zudem wurde die Norm um einen Abs. 4 erweitert, der in Anlehnung an § 40 LFGB die spätere Korrektur unrichtig erteilter Informationen ermöglicht.

B. Informationsgewährung (Abs. 1)

I. Möglichkeiten der Eröffnung des Informationszugangs auf Antrag (Abs. 1 S. 1)

Wie die anderen Informationsfreiheitsgesetze auch, verwendet das VIG in Bezug auf die Art und Weise der Zugangseröffnung die Formulierung, dass diese durch Auskunftserteilung, Akteneinsicht oder in sonstiger Weise gewährt werden kann. Die (schriftliche oder mündliche) Auskunft ist dadurch gekennzeichnet, dass der Antragsteller unmittelbar die begehrten Informationen und nicht nur Zugang zu Informationsträgern erhält. Demgegenüber erhält er bei der Akteneinsicht nur Zugang zu den Informationsträgern. Gleiches gilt für die Zugangsmöglichkeit auf sonstige Weise, der mit Blick auf die modernen Informationstechnologien und Datenspeichersysteme eine generalklauselartige Wirkung zukommt.

Auf welche dieser Arten der Informationszugang gewährt wird, obliegt gemäß § 6 Abs. 1 S. 2 in erster Linie dem Bestimmungsrecht des Antragstellers. Nur sofern der Antragsteller keine besondere Art des Informationszugangs wählt, ist der informationspflichtigen Behörde hinsichtlich der **Art der Informationsgewährung** ein weites Ermessen eingeräumt. Neben den ausdrücklich genannten Formen der Akteneinsicht und Zugänglichmachung über das Internet kommen eine Pressemitteilung, Augenscheinnahmegewährung, das Zeigen von Film- oder Tonmaterial, Vortragsveranstaltungen oder eine öffentliche Bekanntgabe nach S. 3 nF in Betracht. (Beyerlein/Borchert VIG § 5 Rn. 3). Es besteht kein Vorrang der Akteneinsicht gegenüber anderen Arten des Verfügbarmachens (Beyerlein/Borchert VIG § 5 Rn. 4; aA wohl Grube/Weyland § 5 Rn. 2). Bei der Ermessensausübung sind als Kriterien die Einfachheit, Sparsamkeit und Wirtschaftlichkeit, das öffentliche Interesse sowie ein tatsächliches Bedürfnis des Antragstellers (Beyerlein/Borchert VIG § 5 Rn. 4) ebenso einzubeziehen wie die Frage, ob eine Zugriffsmöglichkeit auf das Internet (BR-Drs. 273/28) überhaupt besteht. Gegebenenfalls sind auch Verhältnismäßigkeitsgesichtspunkte zu beachten: So greift eine Zugänglichmachung der Informationen über das Internet schwerer in Geheimhaltungsinteressen des Dritten ein als die Herausgabe an nur eine antragstellende Person (GIW VIG § 6 Rn. 2).

II. Bindung an begehrte Art des Informationszugangs (Abs. 1 S. 2)

Wird eine bestimmte Art des Informationszugangs begehrt, so darf dieser nur aus wichtigem Grund auf andere Art gewährt werden. Die Behörde hat also die **vom Antragsteller gewählte Art der Informationserteilung vorrangig zu berücksichtigen**; eine Abweichung ist nur aus wichtigem Grund möglich. Das Ermessen der Behörde nach S. 1 wird insofern eingeschränkt. Die Vorschrift verdeutlicht, dass das Abweichen von der beantragten Zugangsart als Ablehnung zu qualifizieren ist, weil es sich bei der Festsetzung der Zugangsart nicht um eine Nebenbestimmung iSd § 36 Abs. 2 VwVfG, sondern um eine Inhaltsbestimmung des Verwaltungsakts handelt.

III. Zugänglichmachung ohne Antrag (Abs. 1 S. 3)

6 Abs. 1 S. 3 ermöglicht es der informationspflichtigen Stelle Informationen, zu denen Zugang zu gewähren ist, auch unabhängig von einem Antrag nach § 4 Abs. 1 über das Internet oder in sonstiger **öffentlich zugänglicher Weise** zugänglich zu machen. Eine ähnliche Regelung stellt § 40 Abs. 1 S. 1, 2 LFGB dar, die als Norm zur Gefahrenabwehr jedoch ggf. als lex specialis vorrangig ist. Die Behörde kann nur zu solchen Daten öffentlichen Zugang eröffnen, auf die ein Anspruch besteht. Es muss sich also um Daten nach § 2 handeln, deren Verbreitung keine Ausschlussgründe entgegenstehen (R. Beck § 5 S. 73). Anders als in UIG und IFG sind die Behörden zur aktiven Informationsverbreitung nach dem VIG jedoch nicht verpflichtet (R. Beck § 5 S. 73). Umstr. ist die Rechtsnatur des § 6 Abs. 1 S. 3 bzw. seiner insoweit gleichlautenden Vorgängervorschrift. § 5 Abs. 1 S. 2 VIG aF soll nach wohl überwiegender Ansicht der zuständigen Stelle die Befugnis zu einer aktiven, antragsunabhängigen Informationserteilung gewähren (vgl. Schoch NJW 2010, 2241 ff.; Wollenschläger VerwArch 102 (2011), 20 ff.; VG Stuttgart Beschl. v. 21.1.2009 – 4 K 5605/08; OVG Saarlouis BeckRS 2011, 47329; so auch von GIW VIG § 6 Rn. 5 vertreten). Nach der Gegenansicht werden mit der Norm rein verfahrens- und finanzökonomische Zwecke verfolgt. Die Behörde kann, wenn eine Vielzahl von Anträgen eingeht oder zu erwarten ist, von der Einzelbeantwortung absehen und Daten veröffentlichen (Holzner NVwZ 2010, 2241 mwN). Diese Auffassung ist jedoch abzulehnen, da sie dem eindeutigen Wortlaut der Norm widerspricht.

7 Die zwischenzeitliche Beseitigung der festgestellten Mängel steht der Veröffentlichung im Internet nicht entgegen; sie dient der Herstellung von Transparenz am Markt und als Grundlage für zukünftige Konsumentscheidungen des Verbrauchers und liefe als Instrument aktiver Information andernfalls leer. Die Veröffentlichung dient zudem nicht der Ahndung des Verstoßes und hat daher nicht bereits deshalb zu unterbleiben, weil ein Bußgeld verhängt wurde (OVG Saarlouis BeckRS 2011, 47329).

C. Verfahren bei fehlender Kenntnis der Behörde (Abs. 2)

8 Nach dem Vorbild des UIG wurde in Abs. 2 neu aufgenommen, wie die Behörde bei fehlender Kenntnis zu verfahren hat: Soweit der informationspflichtigen Stelle keine Erkenntnisse über im Antrag nach § 4 Abs. 1 begehrte Informationen vorliegen, leitet sie den Antrag, soweit ihr dies bekannt und möglich ist, von Amts wegen an die Stelle weiter, der die Informationen vorliegen, und **unterrichtet den Antragsteller über die Weiterleitung**.

D. Keine Prüfpflicht auf Richtigkeit der Informationen (Abs. 3)

9 Die informationspflichtige Stelle trifft keine Prüfpflicht hinsichtlich der inhaltlichen Richtigkeit der Informationen, soweit es sich nicht um personenbezogene Daten handelt. Abs. 3 stellt somit eine **Haftungsprivilegierung** der Behörde dar.

10 Ob dieses Haftungsprivileg mit der Berufsfreiheit der betroffenen Unternehmen aus **Art. 12 Abs. 1 GG sowie mit Art. 19 Abs. 4 GG vereinbar** ist, ist zweifelhaft. **Für eine Vereinbarkeit** spricht, dass Art. 12 GG keinen Schutz vor inhaltlich zutreffenden und unter Beachtung des Gebots der Sachlichkeit sowie mit angemessener Zurückhaltung formulierten Informationen durch einen Träger der Staatsgewalt entfaltet. (Dieses und die folgenden Argumente werden in VG Ansbach Urt. v. 9.6.2011 – AN 16 K 10.02614, AN 16 K 10.02613, AN 16 K 10.02612 sowie VG Ansbach Urt. v. 26.11.2009 – AN 16 K 08.01750, AN 16 K 09.00087 vorgebracht und geben die in BVerfGE 105, 252 aufgestellten Grundsätze wieder). Die Rechtmäßigkeit staatlicher Informationstätigkeit ist bei noch nicht abschließend auf ihre Richtigkeit geprüften Informationen davon abhängig, ob der Sachverhalt vor seiner Verbreitung im Rahmen des Möglichen sorgsam und unter Nutzung verfügbarer Informationsquellen, gegebenenfalls auch unter Anhörung Betroffener, sowie in dem Bemühen um die nach den Umständen erreichbare Verlässlichkeit aufgeklärt worden ist. Der Staat ist auch bei verbleibenden Unsicherheiten nicht daran gehindert, wenn es im öffentlichen Interesse liegt, dass die Marktteilnehmer über einen für ihr Verhalten wichtigen Umstand, etwa ein Verbraucherrisiko, aufgeklärt werden. In solchen Fällen wird es angezeigt sein, die

Marktteilnehmer auf verbleibende Unsicherheiten über die Richtigkeit einer Information hinzuweisen, um sie in die Lage zu versetzen, selbst zu entscheiden, wie sie mit der Ungewissheit umgehen wollen. Durch die Verpflichtung zur Beachtung der Richtigkeit und Sachlichkeit (vgl. Gesetzesbegründung, BT-Drs. 16/5405, 11) und Entbindung von einer Verpflichtung zur Prüfung der inhaltlichen Richtigkeit der Informationen bei gleichzeitiger Pflicht zur Weitergabe von Hinweisen auf Zweifel an der Richtigkeit der Informationen sind nach dieser Ansicht die Voraussetzungen des BVerfG gewahrt.

Gegen eine Vereinbarkeit spricht, dass auch Unternehmen über einen „Ruf" verfügen, der durch falsche Informationen leicht verloren werden kann und nur schwer oder gar nicht wiederzugewinnen ist. Es ist keine pauschale Rechtfertigung des Grundrechtseingriffes unter Hinweis auf den Verhältnismäßigkeitsgrundsatz damit möglich, dass eine Überprüfung aller Informationen eine zügige Information der Bürger verhindern würde (Jesse-Allgöwer in: BFV (Hrsg.), 60). Es besteht nämlich gerade kein Interesse an einer zwar schnellen, aber unrichtigen Information. Die Behörde kann nicht von Sorgfaltspflichten entbunden werden, die sich bereits aus dem allgemeinen Untersuchungsgrundsatz des § 22 VwVfG ergeben und sich in einer Amtspflicht zur Erteilung richtiger Auskünfte konkretisieren (Wustmann ZLR 2007, 242 (250 f.)). (Alle vorgenannten Argumente aus: Prommer/Rossi GewA 2013, 97 (103); weitere Vertreter dieser Ansicht: Werner ZLR 2008, 115 ff.; Wiemers ZLR 2009, 649 ff.; Holzner NVwZ 2010, 489 ff.; Girnau ZLR 2006, 651 ff.; GIW VIG § 6 Rn. 10). 11

Im Ergebnis wäre jedenfalls zumindest die Festlegung einer Prüfpflicht für von der Behörde erstellte Daten sinnvoll gewesen (Werner ZLR 2008, 115 ff.; Wiemers ZLR 2009, 649 ff.; Holzner NVwZ 2010, 489 ff.; Girnau ZLR 2006, 651 ff.; Prommer/Rossi GewA 2013, 97 (103)). Ist der Behörde bekannt, dass die bei ihr vorhandenen Informationen unrichtig sind, etwa weil der Erstverdacht auf einen Verstoß ausgeräumt wurde (Hartwig/Memmler ZLR 2009, 51 (65)) oder eine wissenschaftliche Ansicht sich geändert hat, ist eine Gewährung von Informationen ausgeschlossen, da der Anspruch auf Informationserteilung sich niemals auf eine falsche Information beziehen kann (Beyerlein/Borchert VIG § 5 Rn. 30; zum gesamten Absatz GIW VIG § 6 Rn. 11). 12

E. Pflicht zur Korrektur unrichtig wiedergegebener Informationen (Abs. 4)

Stellen sich die von der informationspflichtigen Stelle zugänglich gemachten Informationen im Nachhinein als falsch oder die zugrunde liegenden Umstände als unrichtig wiedergegeben heraus, so ist dies unverzüglich richtig zu stellen, sofern der oder die Dritte dies beantragt oder dies zur Wahrung erheblicher Belange des Gemeinwohls erforderlich ist. Voraussetzung einer **Pflicht der Behörde zur Richtigstellung** ist also ein Antrag des Drittbetroffenen oder erhebliche Belange des Gemeinwohls, die dies erfordern. „Diese Pflicht lässt sich als gesetzliche Konkretisierung des allgemeinen öffentlich-rechtlichen Folgenbeseitigungsanspruchs verstehen, normiert angesichts der zT recht vagen Voraussetzungen für die passive oder proaktive Publikation von Informationen bei gleichzeitiger Freistellung von der Pflicht zur Überprüfung der Richtigkeit der Informationen nach § 6 Abs. 3 letztlich aber nur ein rechtsstaatliches Minimum. Immerhin trägt sie dazu bei, dass etwa die Ausnahme vom Anhörungserfordernis oder auch die Möglichkeiten der sofortigen Vollziehbarkeit gerade noch verfassungsrechtlich zulässig erscheinen (Prommer/Rossi GewA, 97 (103)). Erhebliche Belange des Gemeinwohls sind beispielsweise dann beeinträchtigt, wenn die Grundlagen des deutschen staatlichen oder wirtschaftlichen Lebens betroffen sind: Hierzu zählen die wesentlichen Grundrechte sowie das Recht auf Leben und körperliche Unversehrtheit (Wustmann in: Informationsfreiheit und Informationsrecht, Jahrbuch 2012, 197 (214 f.) unter Verweis auf OVH SchlH Beschl. v. 22.6.2005 – 4 LB 30/04). Eine erforderliche Richtigstellung hat unverzüglich, das heißt ohne schuldhaftes Zögern (Wustmann in: Informationsfreiheit und Informationsrecht, Jahrbuch 2012, 197 (215)), nach Stellung und Prüfung des Antrages oder Kenntniserlangung von der Unrichtigkeit und in derselben Form zu geschehen, wie die Information zuvor zugänglich gemacht wurde (Schoch NVwZ 2012, 1497 (1501)). Wurde Informationsgewährung in Form der Akteneinsicht erteilt, so wird ein Schreiben zur Richtigstellung erforderlich sein; ob daneben eine erneute Akteneinsicht zu gewähren ist, muss im Einzelfall geprüft werden (so Wustmann in: Informationsfreiheit und Informationsrecht, Jahrbuch 2012, 197 (215)). 13

§ 7 Gebühren und Auslagen

(1) ¹Für individuell zurechenbare öffentliche Leistungen der Behörden nach diesem Gesetz werden vorbehaltlich des Satzes 2 kostendeckende Gebühren und Auslagen erhoben. ²Der Zugang zu Informationen nach § 2 Absatz 1 Satz 1 Nummer 1 ist bis zu einem Verwaltungsaufwand von 1 000 Euro gebühren- und auslagenfrei, der Zugang zu sonstigen Informationen bis zu einem Verwaltungsaufwand von 250 Euro. ³Sofern der Antrag nicht gebühren- und auslagenfrei bearbeitet wird, ist der Antragsteller über die voraussichtliche Höhe der Gebühren und Auslagen vorab zu informieren. ⁴Er ist auf die Möglichkeit hinzuweisen, seinen Antrag zurücknehmen oder einschränken zu können.

(2) ¹Die Bundesregierung wird ermächtigt, durch Rechtsverordnung ohne Zustimmung des Bundesrates die gebührenpflichtigen Tatbestände und die Gebührenhöhe zu bestimmen, soweit dieses Gesetz durch Stellen des Bundes ausgeführt wird. ²§ 15 Absatz 2 des Verwaltungskostengesetzes vom 23. Juni 1970 (BGBl. I S. 821) in der am 14. August 2013 geltenden Fassung findet keine Anwendung.

§ 7 VIG regelt die grundsätzliche Kostenpflichtigkeit der Informationserteilung (→ Rn. 1 ff.) sowie Ausnahmen (→ Rn. 3) von diesem Grundsatz (Abs. 1). Abs. 2 enthält eine an die Bundesregierung adressierte Verordnungsermächtigung zur Festlegung der Gebührentatbestände und deren Höhe in Bezug auf Stellen des Bundes (→ Rn. 7 f.).

A. Allgemeines

1 § 7 betrifft die Kostenpflichtigkeit von Leistungen nach diesem Gesetz. Er ist eine partielle Spezialregelung zum allgemeinen Bundesgebührengesetz. Seine Novellierung (BGBl. I 2012, 476) entspricht weitgehend dem ehemaligen § 6. Lediglich Abs. 1 wurde neu gefasst. Er enthält zwar den Grundsatz der kostendeckenden Gebührenerhebung, normiert aber zugleich Aufwandsgrenzen, bis zu denen die Informationserteilung für den Antragsteller kostenfrei ist, und beschränkt insofern den Gestaltungsspielraum des Verordnungsgebers.

2 Die Vorschrift wurde zuletzt durch Art. 2 Abs. 6 des Gesetzes zur Strukturreform des Gebührenrechts des Bundes geändert (Gesetz v. 7.8.2013, BGBl. I 3154), das in Art. 1 das alte Verwaltungskostengesetz durch ein Bundesgebührengesetz (BGebG) ersetzt hat. Neben der Ersetzung des Begriffs „Kosten" durch die Begriffe „Gebühren und Auslagen" wurde dabei die im alten Abs. 2 normierte Möglichkeit aufgehoben, die Kostentatbestände durch Landesrecht zu bestimmen. Der in Abs. 1 S. 1 normierte Grundsatz der Kostendeckung steht nun nicht mehr zur Disposition der Länder.

B. Kostenpflichtigkeit und Ausnahmen (Abs. 1)

I. Grundsatz der Kostendeckung (Abs. 1 S. 1)

3 § 7 Abs. 1 S. 1 stellt den Grundsatz auf, dass für Amtshandlungen der Behörden nach dem VIG **kostendeckende Gebühren und Auslagen** erhoben werden. Dies entspricht der bisherigen Rechtslage, wonach gerade keine Abschöpfung des wirtschaftlichen Wertes der Information stattfinden sollte (BT-Drs. 17/7374, 19). Im Rahmen der Gebührenerhebung darf das Äquivalenzprinzip nicht verletzt sein. Es darf also kein grobes Missverhältnis zwischen Leistung der Behörde und der Gebührenhöhe bestehen und keine Abschreckung durch hohe Gebühren veranlasst werden (BVerwG v. 21.10.1970 – IV C 137/68).

II. Kostenfreiheit des Informationszugangs bei einfachen Anfragen (Abs. 1 S. 2)

4 S. 2 sieht vom Grundsatz der Kostenpflichtigkeit der Informationserteilung **Ausnahmen für einfache Anfragen** vor. So ist der Zugang zu Informationen nach § 2 Abs. 1 S. 1 Nr. 1 bis zu einem Verwaltungsaufwand von 1.000 EUR kostenfrei, der Zugang zu sonstigen Informationen bis zu einem Verwaltungsaufwand von 250 EUR. Diese Regelung geht auf die Ergebnisse der Evaluation der Erfahrungen mit dem bisherigen VIG zurück, die ergaben, dass zwar der weitaus größte Teil der Anfragen kostenfrei bearbeitet wurde; das unkalkulierbare, je nach Bundesland unterschiedliche Kostenrisiko jedoch abschreckend wirkte (BT-Drs. 17/7374, 19). Die Kostenfreiheit einfacher Anfragen ist grds. zu begrüßen. Die Aufwandsgrenzen könnten in der Praxis jedoch zu niedrig angesetzt sein (BT-Drs. 17/9100, 20); zudem bestand nach früherer Rechtslage bei Informationen über Rechtsverstöße vollständige Kostenfreiheit ohne eine Aufwandsgrenze.

III. Benachrichtigungs- und Hinweispflicht bei Kostenpflichtigkeit (Abs. 1 S. 3, 4)

Sofern der Antrag nicht kostenfrei bearbeitet wird, ist der Antragsteller über die **voraussichtliche Höhe der Kosten vorab zu informieren** und auf die Möglichkeit hinzuweisen, seinen **Antrag zurücknehmen oder einschränken** zu können. Kosten, die bei richtiger Behandlung der Sache durch die Behörde nicht entstanden wären, dürfen nicht erhoben werden: „Die Feststellung einer Normverletzung nach § 2 Abs. 1 Nr. 1 VIG obliegt der Vollzugsbehörde, sodass Informationen, die von einem Untersuchungsamt ohne vorherige entsprechende Feststellung eines Verstoßes durch die Vollzugsbehörde herausgegeben werden, kostenfrei ergehen" (GIW VIG § 7 Rn. 5; so auch VGH Mannheim BeckRS 2010, 53672). 5

C. Ermächtigung zum Erlass einer Rechtsverordnung (Abs. 3)

Durch die Novellierung der Gebührenerhebung wurde der Erlass einer **Gebührenverordnung für Bundesbehörden** erforderlich (GIW VIG § 7 Rn. 10). Die entsprechenden Vorgaben trifft die Verbraucherinformationsgebührenverordnung (VIGGebV, BGBl. I 2012, 2346), die wie § 7 VIG sprachlich an das neue BGebG angepasst wurde (Art. 2 Abs. 35 Gesetz v. 7.8.2013, BGBl. I 3154). 6

I. VIGGebV

Die kurze Verordnung legt zunächst fest, dass sich die Höhe der nach § 7 Abs. 1 S. 1 u. 2 VIG zu erhebenden Auslagen für die Behörden des Bundes nach § 23 Abs. 6 BGebG bestimmt. (Soweit Landesbehörden das VIG ausführen, richtet sich die Höhe der Auslage nach den jeweiligen kostenrechtlichen Vorschriften der Länder.) Diese Norm verweist ihrerseits auf § 10 VwKostG, der folgenden Wortlaut hat: 7

§ 10 VwKostG 7.1
(1) Soweit die Auslagen nicht bereits in die Gebühr einbezogen sind und die Erstattung von Auslagen vorgesehen ist, die im Zusammenhang mit einer Amtshandlung entstehen, werden vom Gebührenschuldner folgende Auslagen erhoben:
1. Fernsprechgebühren im Fernverkehr, Telegrafen- und Fernschreibgebühren,
2. Aufwendungen für weitere Ausfertigungen, Abschriften und Auszüge, die auf besonderen Antrag erteilt werden; für die Berechnung der Auslagen gelten die Vorschriften der Nummer 9000 der Anlage 1 des Gerichtskostengesetzes in der jeweils geltenden Fassung,
3. Aufwendungen für Übersetzungen, die auf besonderen Antrag gefertigt werden,
4. Kosten, die durch öffentliche Bekanntmachung entstehen, mit Ausnahme der hierbei erwachsenden Postgebühren,
5. die in entsprechender Anwendung des Justizvergütungs- und entschädigungsgesetzes zu zahlenden Beträge; erhält ein Sachverständiger auf Grund des § 1 Abs. 2 Satz 2 jenes Gesetzes keine Vergütung, so ist der Betrag zu erheben, der ohne diese Vorschrift nach dem Gesetz zu zahlen wäre,
6. die bei Geschäften außerhalb der Dienststelle den Verwaltungsangehörigen auf Grund gesetzlicher oder vertraglicher Bestimmungen gewährten Vergütungen (Reisekostenvergütung, Auslagenersatz) und die Kosten für die Bereitstellung von Räumen,
7. die Beträge, die anderen in- und ausländischen Behörden, öffentlichen Einrichtungen oder Beamten zustehen; und zwar auch dann, wenn aus Gründen der Gegenseitigkeit, der Verwaltungsvereinfachung und dergleichen an die Behörden, Einrichtungen oder Beamten keine Zahlungen zu leisten sind,
8. die Kosten für die Beförderung von Sachen, mit Ausnahme der hierbei erwachsenden Postgebühren, und die Verwahrung von Sachen.

(2) Die Erstattung der in Absatz 1 aufgeführten Auslagen kann auch verlangt werden, wenn für eine Amtshandlung Gebührenfreiheit besteht oder von der Gebührenerhebung abgesehen wird.

8   Im Unterschied zu den Auslagen verhält sich die VIGGebV zu den Gebühren. Nach § 2 VIGGebV sind für den Personal- und Sachaufwand zwischen 41 und 67 EUR je aufgewendete Stunde Arbeitszeit zu veranschlagen.

9   Schließlich bestimmt § 3 VIGGebV, dass Gebühren nach § 7 Abs. 1 aus Gründen der Billigkeit und des öffentlichen Interesses ermäßigt oder erlassen werden können. Ein Anwendungsfall der Ermäßigung oder des Erlasses von Gebühren soll bspw. vorliegen, wenn der Antragsteller die abgefragte Informationen nicht nur zu seinem Vorteil verwendet, sondern sie der Öffentlichkeit zeitnah und in verständlicher Form zur Verfügung stellt (GIW VIG § 7 Rn. 11 unter Verweis auf S. 8 des Referentenentwurfes zum VIG). Sie kommt ebenfalls in Betracht bei Bürgern mit niedrigem Einkommen oder geringen Vermögensverhältnissen sowie bei spezialisierten Vereinen, die gesundheitsbezogene Informationen abfragen und für ihre Mitglieder aufbereiten, ohne diese breit zu veröffentlichen (GIW VIG § 7 Rn. 11 unter Verweis auf S. 8 des Referentenentwurfes zum VIG).

II. Gebühren bei Rücknahme oder Ablehnung des Antrags

10   Die Verweisung auf § 15 Abs. 2 VwKostG ist gesetzestechnisch ausgesprochen unglücklich, ist das VwKostG an sich doch zum 15.8.2013 durch das BGebG abgelöst worden. Der Verweis bleibt gleichwohl zutreffend, weil § 15 VwKostG nach der Übergangsvorschrift des § 23 Abs. 5 BGebG unter bestimmten Voraussetzungen weiter anwendbar bleibt. Er gilt nur für Bundesbehörden und bewirkt, dass sich die Bearbeitungsgebühren nicht reduzieren, wenn der Informationszugangsantrag zurückgenommen wird. Auch eine Ablehnung des Antrags führt nicht zu einer Reduzierung des Antrags. Vor diesem Hintergrund erlangen die Informationspflichten des Abs. 1 S. 3 u. 4 besondere Bedeutung.

V. Medienwirtschaft

1. Vertrag über die Arbeitsweise der Europäischen Union (AEUV)
– Auszüge –

Abschnitt 1. Vorschriften für Unternehmen

Artikel 101 [Kartellverbot]

(1) Mit dem Binnenmarkt unvereinbar und verboten sind alle Vereinbarungen zwischen Unternehmen, Beschlüsse von Unternehmensvereinigungen und aufeinander abgestimmte Verhaltensweisen, welche den Handel zwischen Mitgliedstaaten zu beeinträchtigen geeignet sind und eine Verhinderung, Einschränkung oder Verfälschung des Wettbewerbs innerhalb des Binnenmarkts bezwecken oder bewirken, insbesondere

a) die unmittelbare oder mittelbare Festsetzung der An- oder Verkaufspreise oder sonstiger Geschäftsbedingungen;
b) die Einschränkung oder Kontrolle der Erzeugung, des Absatzes der technischen Entwicklung oder der Investitionen;
c) die Aufteilung der Märkte oder Versorgungsquellen;
d) die Anwendung unterschiedlicher Bedingungen bei gleichwertigen Leistungen gegenüber Handelspartnern, wodurch diese im Wettbewerb benachteiligt werden;
e) die an den Abschluss von Verträgen geknüpfte Bedingung, dass die Vertragspartner zusätzliche Leistungen annehmen, die weder sachlich noch nach Handelsbrauch in Beziehung zum Vertragsgegenstand stehen.

(2) Die nach diesem Artikel verbotenen Vereinbarungen oder Beschlüsse sind nichtig.

(3) Die Bestimmungen des Absatzes 1 können für nicht anwendbar erklärt werden auf

– Vereinbarungen oder Gruppen von Vereinbarungen zwischen Unternehmen,
– Beschlüsse oder Gruppen von Beschlüssen von Unternehmensvereinigungen,
– aufeinander abgestimmte Verhaltensweisen oder Gruppen von solchen,

die unter angemessener Beteiligung der Verbraucher an dem entstehenden Gewinn zur Verbesserung der Warenerzeugung oder -verteilung oder zur Förderung des technischen oder wirtschaftlichen Fortschritts beitragen, ohne dass den beteiligten Unternehmen

a) Beschränkungen auferlegt werden, die für die Verwirklichung dieser Ziele nicht unerlässlich sind, oder
b) Möglichkeiten eröffnet werden, für einen wesentlichen Teil der betreffenden Waren den Wettbewerb auszuschalten.

Art. 101 Abs. 1 AEUV zielt ab vornehmlich ab auf die Statuierung der unternehmerischen Selbstständigkeit im Kontext der **Errichtung und Absicherung eines Systems unverfälschten Wettbewerbs**. Um diese Zielsetzung zu erreichen, werden Vereinbarungen (→ Rn. 12) zwischen Unternehmen (→ Rn. 8), Beschlüsse von Unternehmensvereinigungen (→ Rn. 10) sowie aufeinander abgestimmte Verhaltensweisen (→ Rn. 20), welche die intendierte unternehmerische Selbstständigkeit zu gefährden vermögen, einem grds. Verbot unterworfen. In diesem Zusammenhang wird dem Grunde nach jedwede Abweichung von einem autonom-antagonistischen Verhalten der Unternehmen als wettbewerbsschädlich angesehen. Nach Maßgabe von Art. 101 Abs. 1 AEUV sind deshalb alle Vereinbarungen zwischen Unternehmen, Beschlüsse von Unternehmensvereinigungen und aufeinander abgestimmte Verhaltensweisen von Unternehmen verboten, die geeignet sind, den Handel zwischen Mitgliedstaaten zu beeinträchtigen und eine Verhinderung, Einschränkung oder Verfälschung des Wettbewerbs innerhalb des Binnenmarktes bezwecken oder bewirken. Gegen das Verbot des Art. 101 Abs. 1 AEUV vorgenommene Verhaltensweisen (→ Rn. 11) sind gem. Art. 101 Abs. 2 AEUV nichtig (→ Rn. 56). Allerdings können gegen das Verbot des Art. 101 Abs. 1 AEUV verstoßende Verhaltensweisen unter bestimmten Voraussetzungen gem. Art. 101 Abs. 3 AEUV dem Verdikt der Kartellrechtswidrigkeit durch Freistellung (→ Rn. 62) entzogen sein. Abzustellen ist für die hiermit angesprochene Frage nach der Freistellungsfähigkeit va darauf, ob die jeweiligen Verhaltensweisen zur Verbesserung der Warenerzeugung oder -verteilung oder zur Förderung des technischen oder wirtschaftlichen Fortschritts beitragen. Für die Frage der Freistellungsfähigkeit gilt es zudem, etwaige Zielkonflikte mit neben der Wettbewerbsfreiheit im Primärrecht bestehenden Unionszielen einer angemessenen Lösung zuzuführen.

Übersicht

	Rn
A. Allgemeines	1
B. Tatbestand	5
I. Normadressaten	6
1. Unternehmensbegriff	8
2. Unternehmensvereinigung(en)	10
II. Maßnahmen	11
1. Vereinbarungen	12
2. Beschlüsse	16
3. Aufeinander abgestimmte Verhaltensweisen	20
III. Wettbewerbsbeschränkung	24
1. Wettbewerb	25
2. Beschränkung	27
IV. Spürbarkeit	29
1. Funktion	30
2. Rspr.	31
3. EU-Kommission	32
V. Ausnahmen	34
1. Unlauterer Wettbewerb	35
2. Rule of Reason	36
3. Sonstiges	40
VI. Relevanter Markt	42
1. Sachlich relevanter Markt	45
2. Räumlich relevanter Markt	46
3. Zeitlich relevanter Markt	47
VII. Zweck oder Wirkung	48
VIII. Regelbeispiele	51
C. Zwischenstaatlichkeitsklausel	52
I. Funktion	53
II. Auslegung	54
D. Rechtsfolgen	56
I. Allgemeines	56
II. Nichtigkeit	57
III. Schadensersatz und Unterlassung	59
E. Freistellung nach Art. 101 Abs. 3 AEUV	62
I. Einführung des Systems der Legalausnahme	65

	Rn
II. Voraussetzungen einer Einzelfreistellung	66
1. Allgemeines	67
2. Verbesserung der Warenerzeugung oder -verteilung	68
3. Angemessene Beteiligung der Verbraucher am Gewinn	71
4. Unerlässlichkeit	73
5. Kein vollständiger Ausschluss des Wettbewerbs	75
III. Berücksichtigung außer-ökonomischer Gründe	77
IV. Gruppenfreistellungs-VOen	78
V. Beweislast	79
F. Informations- und medienrechtliche Besonderheiten	80
I. Medienvielfalt und Wettbewerb	81
1. Charakteristische Dichotomie	82
2. Hohe Konzentrationsprädisposition	83
3. These von der Vielfalt durch Vielzahl	84
II. Vielfaltssicherung als Freistellungskriterium	85
III. Marktabgrenzungen	89
1. Presse	90
2. Rundfunk	91
3. Internet	93
4. Suchmaschinen	95
5. Telekommunikation und Netzinfrastrukturen	101
6. Betriebssysteme für Smartphones/Tablets	102
7. Soziale Netzwerke	103
IV. Pressevertrieb und Presse-Grosso	104
1. Tatsächliche Grundlagen	105
2. BGH – Grossistenkündigung (2011)	106
3. LG Köln – Zentrales Verhandlungsmandat (2012)	109
4. Freistellung vom Kartellverbot (8. GWB-Novelle)	111

	Rn		Rn
V. Sportübertragungsrechte und Zentralvermarktung	114	4. Entscheidungen der EU-Kommission	121
1. Tatsächliche Grundlagen	115	5. Entscheidungen des BKartA	123
2. BGH – Europapokal-Heimspiel-Entscheidung (1997)	117	6. Territoriale Exklusivitätsvereinbarung	125
3. Veranstalterbegriff	118		

A. Allgemeines

Art. 101 AEUV erhielt seine aktuelle Fassung durch den **Vertrag von Lissabon** (zur 1 historischen Entwicklung s. Calliess/Ruffert/Weiß AEUV Art. 101 Rn. 2; Immenga/Mestmäcker/Emmerich AEUV Art. 101 Abs. 1 Rn. 2; jeweils mwN). Im Unterschied zu den Vorgängervorschriften (Art. 81 EGV; Art. 85 EWGV) ist in Art. 101 AEUV nunmehr von „Binnenmarkt" statt vom „gemeinsamen Markt" die Rede, ohne dass mit der terminologischen Modifikation allerdings eine inhaltliche Veränderung bezweckt oder einhergehen würde (Immenga/Mestmäcker/Emmerich AEUV Art. 101 Abs. 1 Rn. 2).

Die Europäische Union formuliert in Art. 3 Abs. 3 EUV die Errichtung eines gemein- 2 samen Binnenmarktes als zu erreichendes Ziel. Auf der Grundlage und am Maßstab **von Art. 3 Abs. 1 lit. g EGV** sollte der Binnenmarkt durch ein System unverfälschten Wettbewerbs ermöglicht werden. Zwar ist Art. 3 Abs. 1 lit. g EGV durch den Vertrag von Lissabon aus dem europäischen Primärrecht gestrichen worden, diese Streichung führte aber nicht zu einem veränderten Verständnis der vorbenannten Gesamtzielsetzung (Calliess/Ruffert/Weiß AEUV Art. 101 Rn. 2; Immenga/Mestmäcker/Emmerich AEUV Art. 101 Abs. 1 Rn. 3).

Art. 101 AEUV soll als wesentlicher Teil der **„Wettbewerbsregeln für Unternehmen"** 3 sicherstellen, dass die Errichtung eines Systems unverfälschten Wettbewerbs möglich ist (vgl. Calliess/Ruffert/Weiß AEUV Art. 101 Rn. 2; Immenga/Mestmäcker/Emmerich AEUV Art. 101 Abs. 1 Rn. 3). Nach Maßgabe von Art. 101 AEUV werden deshalb künstliche oder willkürliche Eingriffe von Unternehmen in den ungestörten Marktablauf unterbunden. Der europäische Binnenmarkt soll iSd Postulats der Selbstständigkeit von einem antagonistischautonomen Verhalten der Wettbewerber geprägt sein.

Systematisch verbietet zunächst Art. 101 Abs. 1 AEUV bestimmte Verhaltensweisen, um 4 den unverfälschten Wettbewerb im Binnenmarkt zu schützen (→ Rn. 5). Art. 101 Abs. 2 AEUV legt die Rechtsfolgen eines Verstoßes gegen Abs. 1 der Vorschrift fest (→ Rn. 56). Schließlich statuiert Art. 101 Abs. 3 AEUV die Voraussetzungen, unter denen das generelle Kartellverbot für nicht anwendbar erklärt werden kann (→ Rn. 62).

B. Tatbestand

Der Tatbestand des Art. 101 Abs. 1 AEUV erfasst grds. alle Vereinbarungen zwischen 5 Unternehmen (→ Rn. 8), Beschlüsse von Unternehmensvereinigungen (→ Rn. 16) sowie aufeinander abgestimmte Verhaltensweisen (→ Rn. 20), die geeignet sind, den Handel zwischen den Mitgliedstaaten (→ Rn. 52) spürbar (→ Rn. 29) zu beeinträchtigen, und eine Verhinderung, Einschränkung oder Verfälschung des Wettbewerbs (→ Rn. 24) bezwecken oder bewirken (→ Rn. 48).

I. Normadressaten

Art. 101 AEUV greift die Gefährdung des Wettbewerbs durch wettbewerbsbeschränken- 6 de Maßnahmen auf und adressiert Unternehmen sowie Unternehmensvereinigungen. Art. 101 AEUV unterscheidet hierbei – ebenso wie Art. 102 AEUV – nicht zwischen privaten und öffentlichen Unternehmen (vgl. Calliess/Ruffert/Weiß AEUV Art. 101 Rn. 13; Immenga/Mestmäcker/Emmerich AEUV Art. 101 Abs. 1 Rn. 30). Keine unmittelbaren Normadressaten sind hingegen die Mitgliedstaaten (vgl. Calliess/Ruffert/Weiß AEUV Art. 101 Rn. 13; Immenga/Mestmäcker/Emmerich AEUV Art. 101 Abs. 1 Rn. 30).

7 Allerdings sind die **Mitgliedstaaten** insoweit – mittelbar – vom Regelungsbereich des Art. 101 AEUV betroffen, als dass auch die Mitgliedstaaten im Rahmen hoheitlicher Akte den Vorgaben des Kartellrechts entspr. Rechnung tragen müssen (Calliess/Ruffert/Weiß AEUV Art. 101 Rn. 14). Daher kann in Ansehung des Art. 101 AEUV krit. zu hinterfragen sein, ob und inwieweit die staatliche Genehmigung, Erleichterung oder auch Duldung eines Kartells gegen Europarecht verstößt. In diesem Zusammenhang ist jedenfalls ein hinreichender Konnex zwischen dem mitgliedstaatlichen Verhalten und einer unternehmerischen Verhaltensweise im Anwendungsbereich des Art. 101 Abs. 1 AEUV einzufordern (Calliess/Ruffert/Weiß AEUV Art. 101 Rn. 14); die Abgrenzung im Einzelfall ist schwierig (Immenga/Mestmäcker/Emmerich AEUV Art. 101 Abs. 1 Rn. 33).

1. Unternehmensbegriff

8 Wegen der hervorgehobenen Stellung der Unternehmen im Tatbestand – nicht nur – des Art. 101 AEUV kommt dem Unternehmensbegriff eine bes. Relevanz zu. Als Unternehmen iSd europäischen Kartellrechts wird vom EuGH in stRspr **„jede eine wirtschaftliche Tätigkeit ausübende Einheit unabhängig von ihrer Rechtsform und der Art ihrer Finanzierung"** angesehen (EuGH BeckRS 2011, 80061 Tz. 35 – GQ; NJW 1991, 2891 f. Tz. 21 – Höfner und Elser). Nicht von dieser Definition des Unternehmens umfasst sein sollen dagegen die in Art. 45 Abs. 4 AEUV angesprochene **öffentliche Verwaltung** sowie die in Art. 51, 62 AEUV geregelte **Ausübung öffentlicher Gewalt** (vgl. Calliess/Ruffert/Weiß AEUV Art. 101 Rn. 29; Immenga/Mestmäcker/Emmerich AEUV Art. 101 Abs. 1 Rn. 7). Ebenfalls nicht umfasst sein sollen überdies allfällige Regelungen des privaten Verbrauchs oder der kollektiven Arbeitsbedingungen von Arbeitgebern und Arbeitnehmern (Immenga/Mestmäcker/Emmerich AEUV Art. 101 Abs. 1 Rn. 7).

9 Der vorbezeichnete **Begriff der „Einheit"** ist aus dem Gemeinschaftsrecht heraus zu bestimmen. Die Eigenschaft als Einheit hängt dabei grds. nicht von der jeweiligen rechtlichen Qualifikation ab (Calliess/Ruffert/Weiß AEUV Art. 101 Rn. 33; Emmerich KartellR, 12. Aufl. 2012, § 3 Rn. 26; Immenga/Mestmäcker/Emmerich AEUV Art. 101 Abs. 1 Rn. 11). Vielmehr ist die Abhängigkeit als zentrales Kriterium für die Zugehörigkeit zu einer Einheit anzusehen (zur Herausarbeitung der Verwendung durch EuGH und Kommission s. Calliess/Ruffert/Weiß AEUV Art. 101 Rn. 33 f.). Wesentlich für die Einstufung einer Einheit als Unternehmen ist schließlich die „wirtschaftliche Tätigkeit" (Calliess/Ruffert/Weiß AEUV Art. 101 Rn. 35; Emmerich KartellR, 12. Aufl. 2012, § 3 Rn. 29; Immenga/Mestmäcker/Emmerich AEUV Art. 101 Abs. 1 Rn. 15 ff.). Dabei ist die wirtschaftliche Tätigkeit als jede entgeltliche Darbietung von Waren oder Dienstleistungen auf dem Binnenmarkt zu qualifizieren (Immenga/Mestmäcker/Emmerich AEUV Art. 101 Abs. 1 AEUV Rn. 16).

2. Unternehmensvereinigung(en)

10 Unter einer Unternehmensvereinigung zu verstehen ist jeder (beliebig strukturierte) **Zusammenschluss mehrerer Unternehmen,** wobei der Zweck des Zusammenschlusses – jedenfalls auch – darin bestehen muss, die Interessen der jeweiligen Mitglieder wahrzunehmen (Immenga/Mestmäcker/Emmerich AEUV Art. 101 Abs. 1 Rn. 38). Durch die Erstreckung des Anwendungsbereichs von Art. 101 AEUV auf Beschlüsse von Unternehmensvereinigungen soll va einer Umgehung des Kartellverbots vermittels beliebig strukturierter Unternehmenszusammenschlüsse entgegengewirkt werden (Immenga/Mestmäcker/Emmerich AEUV Art. 101 Abs. 1 Rn. 38 mwN). Den Unternehmensvereinigungen gleichgestellt sind ferner auch Zusammenschlüsse von Unternehmensvereinigungen (Immenga/Mestmäcker/Emmerich AEUV Art. 101 Abs. 1 Rn. 40 mwN).

II. Maßnahmen

11 Das Kartellverbot des Art. 101 Abs. 1 AEUV erfasst Vereinbarungen (→ Rn. 12) von Unternehmen, Beschlüsse von Unternehmensvereinigungen (→ Rn. 16) und aufeinander abgestimmte Verhaltensweisen (→ Rn. 20), falls diese von den beteiligten Unternehmen oder Unternehmensvereinigungen gefasst werden. Dies ist nicht der Fall, wenn und soweit auf-

Kartellverbot **Artikel 101 AEUV**

grund staatlicher Tätigkeiten bzw. Vorgaben kein **Gestaltungsspielraum** mehr für die Unternehmen verbleibt (Immenga/Mestmäcker/Emmerich AEUV Art. 101 Abs. 1 Rn. 66). Dabei sind – anders als der Wortlaut dies dem Grunde nach nahelegt – vom Tatbestand des Art. 101 Abs. 1 AEUV auch Vereinbarungen und abgestimmte Verhaltensweisen von Unternehmensvereinigungen erfasst (Immenga/Mestmäcker/Emmerich AEUV Art. 101 Abs. 1 Rn. 54 mwN).

1. Vereinbarungen

Der Begriff der Vereinbarung ist im europäischen Primärrecht nicht legaldefiniert; die Begriffsbestimmung orientiert sich an den Vertragskonzeptionen in den Mitgliedstaaten, ohne diesen Konzeptionen jedoch zu entsprechen (Immenga/Mestmäcker/Emmerich AEUV Art. 101 Abs. 1 Rn. 55). Eine Vereinbarung stellt folglich eine **Willensübereinstimmung** dar, wobei das Vorliegen einer Vereinbarung formunabhängig zu beurteilen ist (vgl. Calliess/Ruffert/Weiß AEUV Art. 101 Rn. 50; Immenga/Mestmäcker/Emmerich AEUV Art. 101 Abs. 1 Rn. 55 mwN). 12

Einseitige Maßnahmen sind grds. nicht ausreichend, um von einer Vereinbarung iSd Art. 101 Abs. 1 AEUV ausgehen zu können (Calliess/Ruffert/Weiß AEUV Art. 101 Rn. 50). So stellen einseitige Maßnahmen bereits begrifflich den Gegenentwurf zu einer auf Übereinstimmung beruhenden Vereinbarung dar. Außerhalb des Missbrauchs einer marktbeherrschenden Stellung nach Maßgabe von Art. 102 AEUV sind einseitige Maßnahmen einer Partei ggü. einer oder mehreren anderen, wie bspw. Empfehlungen, Warnungen oder Weisungen, folglich kartellrechtlich zulässig (Immenga/Mestmäcker/Emmerich AEUV Art. 101 Abs. 1 Rn. 69). 13

Umstr. ist, ob und inwieweit dem Begriff der Vereinbarung ein **Element der rechtlichen Bindung** innewohnt. Teilw. Wird insofern geltend gemacht, ohne das Erfordernis einer rechtlichen Bindung sei die Vereinbarung nicht sinnvoll von der Tatbestandsalternative der abgestimmten Verhaltensweise zu unterscheiden (Calliess/Ruffert/Weiß AEUV Art. 101 Rn. 53; Emmerich KartellR, 12. Aufl. 2012, § 4 Rn. 7). Die Unionsorgane hingegen legen den Begriff der Vereinbarung dahingehend weit aus, dass auf das Erfordernis einer rechtlichen Bindung im Regelfall verzichtet wird (EuG GRUR Int. 2001, 616 (617) Tz. 68 – Bayer). IdS. werden insbes. sog Gentlemens's Agreements, bei denen die Beteiligten von vornherein auf eine rechtliche Bindung verzichten und sich stattdessen mit einer wirtschaftlichen, moralischen oder gesellschaftlichen Bindung begnügen, regelmäßig als Vereinbarungen iSd. Art. 101 Abs. 1 AEUV zu qualifizieren sein (Immenga/Mestmäcker/Emmerich AEUV Art. 101 Abs. 1 Rn. 60). 14

Die **Beweislast** für das Vorliegen einer Vereinbarung liegt im Kartellverfahren grds. bei der Kommission, wie sich aus Art. 2 S. 1 VO Nr. 1/2003 ergibt. Dabei kann der Umfang der erforderlichen Indizien im Einzelfall durchaus variieren (Immenga/Mestmäcker/Emmerich AEUV Art. 101 Abs. 1 Rn. 58). Demgegenüber tragen die Unternehmen die Beweislast, sofern sie sich auf die Legalausnahme aus Art. 101 Abs. 3 AEUV berufen (→ Rn. 65). 15

2. Beschlüsse

Beschlüsse von Unternehmensvereinigungen stellen die zweite Tatbestandsvariante des Art. 101 Abs. 1 AEUV dar. Die Einbeziehung von Beschlüssen von Unternehmensvereinigungen soll eine Umgehung des Verbots von entspr. Vereinbarungen verhindern (Immenga/Mestmäcker/Emmerich AEUV Art. 101 Abs. 1 Rn. 76; Mestmäcker/Schweitzer Europäisches WettbR, 2. Aufl. 2004, § 9 Rn. 10). Dem weiten Begriff der Vereinbarung entspr., ist deswegen als Beschluss grds. **jeglicher Akt der Willensbildung einer Unternehmensvereinigung** anzusehen (vgl. Immenga/Mestmäcker/Emmerich AEUV Art. 101 Abs. 1 Rn. 76; Mestmäcker/Schweitzer Europäisches WettbR, 2. Aufl. 2004, § 9 Rn. 10). 16

Unbeachtlich ist in diesem Zusammenhang die Rechtsform der Unternehmensvereinigung. **Organbeschlüsse eines Gemeinschaftsunternehmens** sind allerdings nur vom Begriff des Beschlusses einer Unternehmensvereinigung erfasst, wenn und soweit diese Organbeschlüsse über ihren originären Regelungsgehalt hinaus auch die Tätigkeit der Anteilseigner koordinieren (vgl. Immenga/Mestmäcker/Emmerich AEUV Art. 101 Abs. 1 Rn. 76). 17

18 Ähnlich wie iRd Begriffs „Vereinbarung" ist auch in Ansehung von „Beschlüssen" das **Erfordernis einer Bindungswirkung** umstr. (vgl. Immenga/Mestmäcker/Emmerich AEUV Art. 101 Abs. 1 Rn. 78). Hier ist insbes. ungeklärt, ob und inwieweit die unverbindliche Empfehlung einer Unternehmensvereinigung einen Beschluss idS darstellen kann (vgl. Calliess/Ruffert/Weiß AEUV Art. 101 Rn. 58). Teilw. wird eine Empfehlung bereits wegen ihrer faktischen Verbindlichkeit oder der tatsächlichen Befolgung als Beschluss angesehen (EG-Kommission ABl. EG 2000 L 39/1, 16 Tz. 95 – FEG u. TU; EuGH NJW 1987, 2150 (2151) Tz. 29 ff. – Sachversicherer).

19 Aus Art. 2 S. 1 VO Nr. 1/2003 folgt, ebenso wie hinsichtlich einer Vereinbarung, eine grds. **Beweislast** der Kommission für das Vorliegen eines prima facie-Verstoßes gegen Art. 101 Abs. 1 AEUV.

3. Aufeinander abgestimmte Verhaltensweisen

20 Ferner sind auch aufeinander abgestimmte Verhaltensweisen vom Kartellverbot des Art. 101 Abs. 1 AEUV erfasst. Aufeinander abgestimmte Verhaltensweisen stellen dabei einen Auffangtatbestand dar (Immenga/Mestmäcker/Emmerich AEUV Art. 101 Abs. 1 Rn. 85). Aufeinander abgestimmte Verhaltensweisen lassen sich in der Rechtsanwendungspraxis vielfach nur schwerlich von Vereinbarungen abgrenzen, da die Übergänge fließend sind (Emmerich KartellR, 12. Aufl. 2012, § 4 Rn. 20). Eine abgestimmte Verhaltensweise soll vorliegen, wenn Unternehmen ihr Verhalten koordinieren oder zusammenarbeiten und mithin das antagonistisch-autonome Verhalten der Wettbewerber nicht zur Entfaltung kommen kann (Immenga/Mestmäcker/Emmerich AEUV Art. 101 Abs. 1 Rn. 89). Eine konkrete Abrede ist hierbei nicht erforderlich (Mestmäcker/Schweitzer Europäisches WettbR, 2. Aufl. 2004, § 9 Rn. 15).

21 Einigkeit besteht darüber hinaus auch dahingehend, dass für eine Verhaltensabstimmung **keine Verbindlichkeit der Abstimmung notwendig** ist. Allerdings blieb lange unklar, ob die **Abstimmung als solche bereits als Tatbestandshandlung** des Art. 101 Abs. 1 AEUV ausreichen soll. Argumentiert wurde insoweit mit dem Wortlaut des Art. 101 Abs. 1 AEUV, wonach eine Tatbestandshandlung die entspr. Wettbewerbsbeschränkung bezwecken oder bewirken muss (Calliess/Ruffert/Weiß AEUV Art. 101 Rn. 64). Daraus ließe sich auf die Entbehrlichkeit einer Umsetzungshandlung schließen (vgl. Immenga/Mestmäcker/Emmerich AEUV Art. 101 Abs. 1 Rn. 95; Daig EuR 1976, 213 (217 f.)). Die Frage nach Zweck und Wirkung der Tatbestandshandlung bezieht sich jedoch auf das Verhalten als solches und nicht bereits auf die Abstimmung (Calliess/Ruffert/Weiß AEUV Art. 101 Rn. 64). Daher wird mittlerweile von der Rspr. neben der Abstimmung zwischen den beteiligten Unternehmen zu Recht kumulativ ein entspr. Verhalten für erforderlich erachtet (EuGH EuZW 2009, 505 (509) Tz. 58 – T-Mobile Neth.; EuGH BeckEuRS 1999, 234453 Tz. 161 – Hüls). Nicht erforderlich ist hingegen eine wettbewerbswidrige Auswirkung des betr. Verhaltens am Markt (Emmerich KartellR, 12. Aufl. 2012, § 4 Rn. 28).

22 Wie schon für die Vereinbarung (→ Rn. 13) sind iRd Verhaltensabstimmung überdies **einseitige Maßnahmen nicht ausreichend.** Vielmehr ist auch im Falle der Abstimmung – bereits sprachlich – zwingend eine Zweiseitigkeit oder sogar Vielseitigkeit des Verhaltens zu fordern (vgl. Calliess/Ruffert/Weiß AEUV Art. 101 Rn. 61 ff.; Emmerich KartellR, 12. Aufl. 2012, § 4 Rn. 21; Immenga/Mestmäcker/Emmerich AEUV Art. 101 Abs. 1 Rn. 69 ff.).

23 Hinsichtlich der **Beweislast** ergeben sich keine Unterschiede zu Vereinbarungen oder Beschlüssen. Es gilt auch hier eine grds., aus Art. 2 S. 1 VO Nr. 1/2003 abzuleitende Beweislast der Kommission für das Vorliegen eines prima facie-Verstoßes gegen Art. 101 Abs. 1 AEUV.

III. Wettbewerbsbeschränkung

24 Mangels einer durch das europäische Primärrecht vorgenommenen Wettbewerbsdefinition, gehen mit dem Tatbestandsmerkmal der Wettbewerbsbeschränkung nicht nur unerhebliche Schwierigkeiten einher. Zunächst ist festzulegen, was die europäische Wettbewerbsordnung überhaupt als Wettbewerb ansieht, bevor hierauf aufbauend entwickelt werden kann, worin Beschränkungen desselben liegen können (Immenga/Mestmäcker/Emmerich AEUV Art. 101 Abs. 1 Rn. 107).

Artikel 101 AEUV

1. Wettbewerb

Bis heute ist es nicht gelungen, ein einheitliches, „richtiges" Verständnis des Wettbewerbsbegriffs zu entwickeln, weshalb es sich bei dem Zentralbegriff der „Wettbewerbsbeschränkung" um ein besonders schwer handhabbares Tatbestandselement handelt (s. auch Immenga/Mestmäcker/Emmerich AEUV Art. 101 Abs. 1 Rn. 107). Das Ziel eines unverfälschten Wettbewerbs ist dahingehend zu interpretieren, dass im Grundsatz ein **autonom-antagonistisches Verhalten der Marktteilnehmer** zu fordern ist (vgl. Emmerich KartellR, 12. Aufl. 2012, § 4 Rn. 23). Diese Forderung wird als **„Selbstständigkeitspostulat"** bezeichnet, welches auch der EuGH als Grundlage des Kartellverbots ansieht (Immenga/Mestmäcker/Emmerich AEUV Art. 101 Abs. 1 Rn. 107). Wettbewerb ist idS zu verstehen als das von Beschränkungen freie, autonome und leistungsorientierte Marktverhalten der Marktteilnehmer (Calliess/Ruffert/Weiß AEUV Art. 101 Rn. 78). 25

Der Wettbewerb wird in allen seinen Erscheinungsformen und Spielarten geschützt, wobei regelmäßig va der **Unterscheidung von horizontalem und vertikalem Wettbewerb** hervorgehobene Bedeutung zukommt (vgl. Calliess/Ruffert/Weiß AEUV Art. 101 Rn. 78; Immenga/Mestmäcker/Emmerich AEUV Art. 101 Abs. 1 Rn. 111). Darüber hinaus ist neben dem aktuellen Wettbewerb gleichermaßen auch der potenzielle Wettbewerb durch Art. 101 Abs. 1 AEUV geschützt (Immenga/Mestmäcker/Emmerich AEUV Art. 101 Abs. 1 Rn. 112). Allerdings reicht zur Annahme einer solchen potenziellen Konkurrenzsituation nicht bereits jeder hypothetisch denkbare Markteintritt aus; vielmehr muss insofern eine realistische und naheliegende Chance für einen entspr. Markteintritt gegeben sein (Immenga/Mestmäcker/Emmerich AEUV Art. 101 Abs. 1 Rn. 112). 26

2. Beschränkung

Das Kartellverbot des Art. 101 Abs. 1 AEUV verweist für die Beschränkung des Wettbewerbs auf drei unterschiedliche Formen: Es wird eine Verhinderung, Einschränkung oder Verfälschung des Wettbewerbs vorausgesetzt (Immenga/Mestmäcker/Emmerich AEUV Art. 101 Abs. 1 Rn. 105). Die Auseinandersetzung mit den verschiedenen Beschränkungsformen verdeutlicht, dass es sich bei der Verhinderung des Wettbewerbs um die intensivste der denkbaren Einschränkungen handelt (Immenga/Mestmäcker/Emmerich AEUV Art. 101 Abs. 1 Rn. 105). Deshalb sind die Verhinderung und die Einschränkung von Wettbewerb unter dem gemeinsamen Oberbegriff der Wettbewerbsbeschränkung zusammenzufassen. Als eine bes. Ausprägung der Wettbewerbsbeschränkung stellt sich die Verfälschung des Wettbewerbs dar, so dass dem Merkmal der Wettbewerbsverfälschung keinerlei eigenständige Bedeutung zukommt (Immenga/Mestmäcker/Emmerich AEUV Art. 101 Abs. 1 Rn. 118). 27

Die Bestimmung einer Wettbewerbsbeschränkung muss sich von den durch den Wettbewerb zu erreichenden Zielen leiten lassen. Den unverfälschten Wettbewerb, in welchem die Wettbewerber sich – dem **Selbstständigkeitspostulat** entspr. – autonom und antagonistisch zueinander verhalten, gilt es zu erhalten. Mithin ist zumindest jede freiwillige Einschränkung der wirtschaftlichen Betätigungsfreiheit eines Mitbewerbers als Wettbewerbsbeschränkung anzusehen (Calliess/Ruffert/Weiß AEUV Art. 101 Rn. 101; Immenga/Mestmäcker/Emmerich AEUV Art. 101 Abs. 1 Rn. 116). Darüber hinaus wird teilw. auch bereits die Einschränkung der Wahlmöglichkeiten allfälliger Dritter für sich genommen als ausreichend für das Vorliegen einer Wettbewerbsbeschränkung angesehen (Mestmäcker/Schweitzer Europäisches WettbR, 2. Aufl. 2004, § 10 Rn. 23). Die wegen der weiten Auslegung der Begehungsweisen notwendige Einschränkung des Tatbestandes muss mithin regelmäßig auf Ebene der **Spürbarkeit** – als einer ungeschriebenen Tatbestandsvoraussetzung – erfolgen (Immenga/Mestmäcker/Emmerich AEUV Art. 101 Abs. 1 Rn. 116). 28

IV. Spürbarkeit

Die stRspr geht über die geschriebenen Tatbestandsmerkmale des Art. 101 Abs. 1 AEUV hinaus, indem für einen Kartellverstoß auch die Spürbarkeit der Wettbewerbsbeschränkung gefordert wird (EuGH EuZW 1999, 212 (215 f.) Tz. 50–52; GRUR Ausl 1966, 586 29

(588 f.)). Das Erfordernis der Spürbarkeit dient dabei anerkanntermaßen als sog **de-minimis-Regel,** um eine Anwendung auf Bagatellsachverhalte bzw. -kartelle zu vermeiden (Emmerich KartellR, 12. Aufl. 2012, § 4 Rn. 50; Immenga/Mestmäcker/Emmerich AEUV Art. 101 Abs. 1 Rn. 142). Die Bedeutung des Merkmals der Spürbarkeit hat allerdings wegen der Parallelität zu den Voraussetzungen der Zwischenstaatlichkeitsklausel (→ Rn. 52) mittlerweile stark abgenommen (Emmerich KartellR, 12. Aufl. 2012, § 4 Rn. 51), so dass eine eigenständige Bedeutung teilw. sogar gänzlich in Frage gestellt wird (vgl. Immenga/Mestmäcker/Emmerich AEUV Art. 101 Abs. 1 Rn. 144).

1. Funktion

30   Bedeutung erlangt die Frage nach dem Vorliegen der Spürbarkeit einer Wettbewerbsbeschränkung ferner auch iRd Zwischenstaatlichkeitsklausel (→ Rn. 52). Das Merkmal der Spürbarkeit ist insoweit **doppelfunktional,** wobei die Prüfung von der Spürbarkeit und der Beeinträchtigung des Handels zwischen den Mitgliedstaaten in der Praxis regelmäßig zusammenfällt (Immenga/Mestmäcker/Emmerich Art. 101 Abs. 1 AEUV Rn. 143).

2. Rspr.

31   Die Rspr. des Gerichtshofs verlangt eine **Gesamtwürdigung sämtlicher Umstände** des Einzelfalls (s. Immenga/Mestmäcker/Emmerich AEUV Art. 101 Abs. 1 Rn. 145 mwN). Nach dieser Gesamtwürdigung soll in Ansehung des Binnenmarktziels beurteilt werden, ob und inwieweit das wettbewerbsbeschränkende Verhalten unbedenklich ist oder aber unterbunden werden muss. Dabei werden sowohl **qualitative als auch quantitative Maßstäbe** angelegt, ohne dass eine klare Gewichtung erkennbar wäre (vgl. Calliess/Ruffert/Weiß Art. 101 Rn. 85 ff.; Emmerich KartellR, 12. Aufl. 2012, § 4 Rn. 52). Allerdings wird in **quantitativer Hinsicht** regelmäßig eine Spürbarkeit bei Marktanteilen von ca. 5 % oder mehr angenommen (Calliess/Ruffert/Weiß Art. 101 Rn. 85; Immenga/Mestmäcker/Emmerich AEUV Art. 101 Abs. 1 Rn. 146). Gleiches gilt in **qualitativer Hinsicht** für bezweckte Wettbewerbsbeschränkungen, die grds. auch als spürbar eingestuft werden (Immenga/Mestmäcker/Emmerich AEUV Art. 101 Abs. 1 Rn. 147).

3. EU-Kommission

32   Die EU-Kommission interpretiert das Erfordernis der Spürbarkeit grdl. anders als die Rspr. des Gerichtshofs. In ihrer de-minimis-Bekanntmachung (EG-Kommission, Bekanntmachung über Vereinbarungen von geringer Bedeutung, ABl. EG 2001 Nr. C 368/1) fasst die Kommission das Kriterium der Spürbarkeit rein quantitativ auf (Immenga/Mestmäcker/Emmerich Art. 101 Abs. 1 AEUV Rn. 148). Dieses Verständnis der Kommission wurde durch die Leitlinien für vertikale Beschränkungen (ABl. EU 2010 Nr. C 130/1) zudem aktualisiert und bestätigt (Immenga/Mestmäcker/Emmerich AEUV Art. 101 Abs. 1 Rn. 148). Die Kommission sieht überdies horizontale Beschränkungen ab einem kumulierten Marktanteil der beteiligten Unternehmen von 10 % als spürbar an, vertikale Beschränkungen ab einem Marktanteil von 15 % auf einem der beteiligten Märkte (EG-Kommission, Bekanntmachung über Vereinbarungen von geringer Bedeutung, ABl. 2001 Nr. C 368/13, Rn. 7).

33   Im Einzelfall müssen diese Grenzen überdies ggf. durch die Berücksichtigung gleichartiger Verträge (sog **„Bündeltheorie")** erweitert werden (vgl. Calliess/Ruffert/Weiß AEUV Art. 101 Rn. 86; Immenga/Mestmäcker/Emmerich AEUV Art. 101 Abs. 1 Rn. 150, 181 ff.). Ausnahmen von den starren quantitativen Grenzen werden sonst nur für sog **Kern- bzw. Hardcore-Beschränkungen** angenommen, für welche die de-minimis-Bekanntmachung nicht zur Anwendung gebracht werden kann (Immenga/Mestmäcker/Emmerich AEUV Art. 101 Abs. 1 Rn. 150). Allerdings entfalten die Leitlinien der Kommission für die Gerichte keinerlei rechtliche Bindungswirkung, so dass ihre faktische Bedeutung erheblich relativiert ist (Calliess/Ruffert/Weiß AEUV Art. 101 Rn. 89; Emmerich KartellR, 12. Aufl. 2012, § 4 Rn. 54).

V. Ausnahmen

Wie schon die Existenz der Art. 101 Abs. 3, 106 AEUV zeigt, kann der Schutz der **34** Wettbewerbsfreiheit keine absolute Geltung beanspruchen (Immenga/Mestmäcker/Emmerich AEUV Art. 101 Abs. 1 Rn. 126). IdS sind über die geschriebenen Möglichkeiten einer nach dem Gesetzeswortlaut eröffneten Freistellung (→ Rn. 62) vom Kartellverbot hinaus auch weitere Ausnahmen vom generellen Verbot des Art. 101 Abs. 1 AEUV diskutiert worden (Immenga/Mestmäcker/Emmerich AEUV Art. 101 Abs. 1 Rn. 126).

1. Unlauterer Wettbewerb

Anerkanntermaßen ist rechtswidriges Wettbewerbsverhalten nicht schutzwürdig (Immen- **35** ga/Mestmäcker/Emmerich AEUV Art. 101 Abs. 1 Rn. 127). Schutzgut des europäischen Wettbewerbsrechts ist vielmehr lediglich der „redliche" und „unverfälschte" Wettbewerb (Präambel Abs. 4 AEUV). Ein genereller Vorrang des nationalen Lauterkeitsrechts vor dem europäischen Kartellrecht kann nicht angenommen werden, da sich neben normenhierarchischen Problemen überdies die Eröffnung von Umgehungsmöglichkeiten nicht von der Hand weisen ließe.

2. Rule of Reason

Vielfach diskutiert wurde (und wird) die Auslegung des Verbotstatbestandes aus Art. 101 **36** Abs. 1 AEUV im Sinne einer rule of reason nach Vorbild – va – des US-amerikanischen Rechts (Immenga/Mestmäcker/Emmerich AEUV Art. 101 Abs. 1 Rn. 134). Durch eine solche rule of reason soll der Gesamtheit der Unionsziele zur Geltung verholfen werden, indem neben den in Art. 101 Abs. 3 AEUV und Art. 106 AEUV niedergelegten Ausnahmen vom Kartellverbot noch weitere ungeschriebene Ausnahmen angenommen werden (vgl. Immenga/Mestmäcker/Emmerich AEUV Art. 101 Abs. 1 Rn. 134 f.). Verständlich wird diese Überlegung nicht zuletzt in Ansehung der mit der Wettbewerbsfreiheit kollidierenden Unionsziele: Im Kollisionsfall sind zunächst die Möglichkeiten einer Hierarchisierung der beteiligten Schutzgüter auszuloten. Sollte eine Hierarchisierung wegen Gleichranges nicht möglich sein, gilt es, sämtliche betroffenen Zielsetzungen unter gegenseitiger Einschränkung bestmöglich zur Geltung zu bringen.

Dieser Argumentationslinie wird zunächst entgegengehalten, dass ein solcher Gedanke dem **37** europäischen Wettbewerbsrecht fremd sei (EuG WuW/E EU-R 1174 (1178) – O2). Gegen eine Einbeziehung von mit der Wettbewerbsfreiheit kollidierenden Interessen in die Auslegung der Tatbestandsebene spricht zudem, dass das europäische Recht allfällige Ausnahmen vom Kartellverbot systematisch in und mit Art. 101 Abs. 3 AEUV antizipiert (vgl. Mestmäcker/Schweitzer Europäisches WettbR, 2. Aufl. 2004, § 10 Rn. 51). Eine kartellrechtliche Freistellungsmöglichkeit existiert in dieser Form im US-amerikanischen Recht gerade nicht, so dass ebenda eine Berücksichtigung auf Tatbestandsebene näher liegt und geboten sein kann.

IdS hat sich das EuG gegen eine Übertragung des Konzepts der **rule of reason** in das **38** europäische Wettbewerbsrecht für per se-Verstöße ausgesprochen (EuG BeckEuRS 1992, 189921 Tz. 265 – Montedipe/Kommission). Der EuGH steht einer Übernahme der rule of reason in das europäische Recht ebenfalls krit. ggü. (vgl. EuGH BeckRS 2004, 75308 Tz. 133 – Montecatini).

Die Diskussionen um die Existenz bzw. Notwendigkeit einer rule of reason im europäi- **39** schen Kartellrecht haben durch die VO Nr. 1/2003 und den mit ihr verbundenen Übergang des Regelungsmechanismus des Art. 101 Abs. 3 AEUV zu einer **Legalausnahme** an Relevanz eingebüßt. Dies gilt insbes. für die Frage nach der – etwaigen – dogmatischen Verordnung von ungeschriebenen Ausnahmen vom Kartellverbot (vgl. Immenga/Mestmäcker/Emmerich AEUV Art. 101 Abs. 1 Rn. 126).

3. Sonstiges

Weitere Ausnahmen vom Anwendungsbereich des Kartellverbots gelten überdies für **40** **Nebenabreden** (vgl. Immenga/Mestmäcker/Emmerich AEUV Art. 101 Abs. 1 Rn. 138) und die Vereinbarung von **Arbeitsgemeinschaften** (s. Immenga/Mestmäcker/Emmerich

AEUV Art. 101 Abs. 1 Rn. 123; Mestmäcker/Schweitzer Europäisches WettbR, 2. Aufl. 2004, § 10 Rn. 58). Während Arbeitsgemeinschaften zur Verwirklichung von Großprojekten in bestimmten Fällen nur prima facie eine Wettbewerbsbeschränkung bedeuten, da die einzelnen Anbieter autonom nicht in der Lage wären, an einem entspr. Wettbewerb zu partizipieren, stellen Nebenabreden echte Wettbewerbsbeschränkungen dar, die allerdings aufgrund ihrer Verknüpfung mit der Hauptabrede als wünschenswert angesehen werden. Sollte eine Arbeitsgemeinschaft allerdings nicht erforderlich sein, so dass eines der beteiligten Unternehmen auch selbstständig tätig werden könnte, liegt ein nach Art. 101 Abs. 1 AEUV zu beurteilender Sachverhalt vor (Mestmäcker/Schweitzer Europäisches WettbR, 2. Aufl. 2004, § 10 Rn. 58).

41   Nicht von allfälligen Ausnahmeregelungen umfasst sind zudem jedenfalls sog **Kern- bzw. Hardcore-Beschränkungen und Umgehungssachverhalte** unter Ausnutzung der Ausnahmeregelungen (Immenga/Mestmäcker/Emmerich AEUV Art. 101 Abs. 1 Rn. 141).

VI. Relevanter Markt

42   Die Bestimmung des relevanten Marktes ist insbes. wichtig für die **Spürbarkeit** (→ Rn. → Rn. 29) einer Wettbewerbsbeschränkung, die spürbare Beeinträchtigung des zwischenstaatlichen Handels iRd **Zwischenstaatlichkeitsklausel** (→ Rn. 52) sowie bei der Frage, ob durch eine entspr. Verhaltensweise wesentliche Teile des Wettbewerbs ausgeschaltet werden können (Immenga/Mestmäcker/Emmerich AEUV Art. 101 Abs. 1 Rn. 153).

43   Die Bestimmung des relevanten Marktes muss in sachlicher (→ Rn. 45), räumlicher (→ Rn. 46) und – ggf. – in zeitlicher (→ Rn. 47) Hinsicht (Immenga/Mestmäcker/Emmerich AEUV Art. 101 Abs. 1 Rn. 170) erfolgen.

44   Die Bedeutung der Marktabgrenzung ist iRd Missbrauchskontrolle des Art. 102 AEUV – noch – größer (zum Bedeutungsgewinn in der Praxis des Art. 101 AEUV s. Immenga/Mestmäcker/Emmerich AEUV Art. 101 Abs. 1 Rn. 153 mwN).

1. Sachlich relevanter Markt

45   Kommission und Unionsgerichte folgen zum Zwecke der sachlichen Marktabgrenzung vornehmlich dem sog **Bedarfsmarktkonzept,** wonach verschiedene Waren oder Dienstleistungen auf einem sachlich relevanten Markt zu finden sind, „die von den Verbrauchern hinsichtlich ihrer Eigenschaften, Preise und ihres vorgesehenen Verwendungszwecks als austauschbar oder substituierbar angesehen werden." (vgl. die Bekanntmachung der EG-Kommission über die Definition des relevanten Marktes, ABl. EG 1997 Nr. C 372/03 Tz. 7). Als wesentliche, für die Frage nach der Austauschbarkeit von Waren oder Dienstleistungen zu berücksichtigende Kriterien zu benennen sind die **Nachfragesubstituierbarkeit,** die **Angebotssubstituierbarkeit** und der **potenzielle Wettbewerb** (Bekanntmachung der EG-Kommission über die Definition des relevanten Marktes, ABl. EG 1997 Nr. C 372/03 Tz. 13). Ergänzt und modifiziert wird der Ansatz des Bedarfsmarktkonzepts zunehmend durch den sog **SSNIP-Test** (=Small but Significant Non-transitory Increase in Price) sowie durch modernere ökonomische Konzepte wie Partialanalysen, deren prominentestes Beispiel die Orientierung an Kreuzpreiselastizitäten ist, oder das Konzept der Wirtschaftspläne (Immenga/Mestmäcker/Emmerich AEUV Art. 101 Abs. 1 Rn. 154). Insgesamt ist festzustellen, dass iRd Marktabgrenzung eine Gesamtwürdigung des Einzelfalles stattzufinden hat.

2. Räumlich relevanter Markt

46   Der räumlich relevante Markt wird verstanden als „das Gebiet, in dem die beteiligten Unternehmen die relevanten Produkte oder Dienstleistungen anbieten, in dem die Wettbewerbsbedingungen hinreichend homogen sind und das sich von benachbarten Gebieten durch spürbar unterschiedliche Wettbewerbsbedingungen unterscheidet" (EG-Kommission, Bekanntmachung über die Definition des relevanten Marktes, ABl. EG 1997 Nr. C 372/03 Tz. 8). Wie schon iRd sachlichen Marktabgrenzung werden vornehmlich die **Ausweichmöglichkeiten der Marktgegenseite** auf alternative Liefer- oder Bezugsquellen anhand des SSNIP-Tests überprüft (Emmerich KartellR, 12. Aufl. 2012, § 4 Rn. 79). Auch hier

werden ergänzend ökonomische Konzepte hinzugezogen (Immenga/Mestmäcker/Emmerich AEUV Art. 101 Abs. 1 Rn. 167). Ergänzt und konkretisiert wird diese Betrachtung durch eine Analyse der Wettbewerbsstruktur, etwaiger Marktzutrittsschranken für potenzielle Wettbewerber sowie örtlicher Besonderheiten (EG-Kommission, Bekanntmachung über die Definition des relevanten Marktes, ABl. EG 1997 Nr. C 372/03 Tz. 31). IÜ gilt zumeist, dass die Unternehmen den Markt zunächst einmal selbst definieren, weshalb es nahe liegt, für die räumliche Marktabgrenzung va auch die Parteivereinbarungen zu berücksichtigen (Immenga/Mestmäcker/Emmerich AEUV Art. 101 Abs. 1 Rn. 169).

3. Zeitlich relevanter Markt

Die zeitliche Marktabgrenzung erlangt lediglich ausnahmsweise Bedeutung, wenn ein bestimmtes Angebot nur vorübergehend existiert, etwa bei Messen oder Sportgroßveranstaltungen (vgl. Immenga/Mestmäcker/Emmerich AEUV Art. 101 Abs. 1 Rn. 170). Teilw. wird sogar gefordert, in diesen Ausnahmefällen bereits den sachlichen Markt enger zu definieren, womit der zeitlichen Marktabgrenzung weitgehend die praktische Relevanz genommen werden würde (MüKoKartellR/Füller Einl. K Rn. 1692). 47

VII. Zweck oder Wirkung

Eine Verhaltensweise verstößt gegen das Kartellverbot des Art. 101 Abs. 1 AEUV, wenn sie eine Beeinträchtigung des zwischenstaatlichen Handels entweder bezweckt oder bewirkt (Calliess/Ruffert/Weiß AEUV Art. 101 Rn. 103; Immenga/Mestmäcker/Emmerich AEUV Art. 101 Abs. 1 Rn. 171). Die Alternativität von Zweck und Wirkung steht dabei einer kumulierten Prüfung von Zweck und Wirkung nicht entgegen. 48

Ob eine Verhaltensweise ihrem Zweck nach wettbewerbsbeschränkend ist, ist nicht anhand der konkreten Absichten der Parteien zu ermitteln, sondern vielmehr nach dem **objektiven Zweck der Vereinbarung,** wobei der Zweck allerdings die Eignung des Verhaltens zur Wettbewerbsbeschränkung voraussetzt (vgl. Calliess/Ruffert/Weiß AEUV Art. 101 Rn. 104, 106). Die **Unabhängigkeit von der Wirkung** bedeutet dabei, dass auch ohne Umsetzung einer entspr. Vereinbarung allfällige Verstöße gegen das Kartellverbot möglich sind (Emmerich KartellR, 12. Aufl. 2012, § 4 Rn. 84; Immenga/Mestmäcker/ Emmerich AEUV Art. 101 Abs. 1 Rn. 179). Verhaltensweisen, die schon per se eine Wettbewerbsbeschränkung bezwecken, werden als **Kern- bzw. Hardcore-Beschränkungen** bezeichnet. Zwar ist ihre Freistellung gem. Art. 101 Abs. 3 AEUV (→ Rn. 62) nicht generell ausgeschlossen, es sprechen aber idR erhebliche Indizien gegen die Möglichkeit einer solchen Freistellung (EG-Kommission, Leitlinien zur Anwendung von Art. 81 Abs. 3 EG, ABl. EG 2004 Nr. C 101/8, Tz. 46). 49

Das Bewirken einer Wettbewerbsbeschränkung ist zu ermitteln im Vergleich zu einer hypothetischen Lage, in der das entspr. Verhalten gerade nicht vorliegt (Calliess/Ruffert/ Weiß AEUV Art. 101 Rn. 107). In Betracht kommt ferner, dass im Zuge einer Gesamtbetrachtung festgestellt wird, dass erst die kumulative Wirkung von verschiedenen Verträgen bzw. Vertragssystemen sich in der Bewirkung einer Wettbewerbsbeschränkung manifestiert, sog **Bündeltheorie** (→ Rn. 33) (vgl. Immenga/Mestmäcker/Emmerich AEUV Art. 101 Abs. 1 Rn. 181). 50

VIII. Regelbeispiele

Es handelt sich bei den Vorgaben des Art. 101 Abs. 1 Hs. 2 AEUV bereits dem Wortlaut („insbesondere") nach nicht um eine abschl. Aufzählung der denkbaren Verstöße gegen das Kartellverbot, sondern vielmehr um Regelbeispiele. Darüber hinaus kodifizieren die Regelbeispiele auch keinen per se-Verstoß gegen Art. 101 AEUV, da vielmehr auch die übrigen Tatbestandsmerkmale vorliegen müssen, die Vorschr. überhaupt anwendbar sein muss und überdies eine Freistellung zu prüfen ist (vgl. Calliess/Ruffert/Weiß AEUV Art. 101 Rn. 133; Immenga/Mestmäcker/Zimmer AEUV Art. 101 Abs. 1 Rn. 233). Somit sind unabhängig vom Vorliegen eines Regelbeispiels die Umstände des jeweiligen Einzelfalls umfassend zu würdigen und einer angemessenen Lösung zuzuführen. Jedoch hat das Vorliegen eines Regelbeispiels eine nicht nur unerhebliche Indizwirkung, die einer Freistellungsmöglichkeit 51

AEUV Artikel 101

(→ Rn. 62) jedenfalls regelmäßig entgegensteht (Emmerich KartellR, 12. Aufl. 2012, § 4 Rn. 85; Immenga/Mestmäcker/Zimmer AEUV Art. 101 Abs. 1 Rn. 234).

C. Zwischenstaatlichkeitsklausel

52   Damit eine Maßnahme in den Anwendungsbereich des Kartellverbots nach Art. 101 AEUV fällt, muss die betr. Maßnahme auch geeignet sein, den zwischenstaatlichen Handel zu beeinträchtigen (Immenga/Mestmäcker/Zimmer AEUV Art. 101 Abs. 1 Rn. 194).

I. Funktion

53   Die Zwischenstaatlichkeitsklausel hat eine doppelte Funktion, da sie zum einen Voraussetzung für die Anwendbarkeit der europäischen Kartellrechtsnormen ist und zum anderen ein Tatbestandsmerkmal derselben darstellt (Mestmäcker/Schweitzer Europäisches WettbR, 2. Aufl. 2004, § 4 Rn. 4; Immenga/Mestmäcker/Zimmer AEUV Art. 101 Abs. 1 Rn. 194). IRd Regelung des Anwendungsbereiches des Art. 101 AEUV bestimmt die Zwischenstaatlichkeitsklausel ferner den Spielraum des nationalen Gesetzgebers, strengere Regelungen als das Gemeinschaftsrecht zu treffen (Immenga/Mestmäcker/Zimmer AEUV Art. 101 Abs. 1 Rn. 195): Es gilt, dass wo der Anwendungsbereich des europäischen Wettbewerbsrechts endet, die Regelungsbefugnis der Mitgliedstaaten beginnt.

II. Auslegung

54   Grds. wird die Zwischenstaatlichkeitsklausel weit verstanden (Immenga/Mestmäcker/ Zimmer AEUV Art. 101 Abs. 1 Rn. 196). Eine Verhaltensweise (→ Rn. 11) muss geeignet sein, den mitgliedstaatlichen Handel spürbar zu beeinträchtigen. Als Handel wird dabei neben dem Warenverkehr auch die Erbringung von Dienstleistungen sowie der gesamte Wirtschaftsverkehr verstanden (Calliess/Ruffert/Weiß AEUV Art. 101 Rn. 130; Immenga/ Mestmäcker/Zimmer AEUV Art. 101 Abs. 1 Rn. 198). Nach dem EuGH liegt eine Beeinträchtigung des Handels vor, wenn „sich anhand einer Gesamtheit objektiver, rechtlicher oder tatsächlicher Umstände mit hinreichender Wahrscheinlichkeit voraussehen lässt, dass die Vereinbarung unmittelbar oder mittelbar, tatsächlich oder der Möglichkeit nach, den Handel zwischen Mitgliedstaaten beeinflussen kann" (EuGH GRUR Ausl 1966, 586 – Maschinenbau Ulm). Es genügt mithin eine **potenzielle Beeinflussung,** um von einer solchen Beeinträchtigung zu sprechen (Immenga/Mestmäcker/Zimmer AEUV Art. 101 Abs. 1 Rn. 198).

55   Durch das ungeschriebene Tatbestandselement der **„Spürbarkeit"** (→ Rn. 29) wird auch iRd Zwischenstaatlichkeitsklausel eine Bagatellschwelle begründet; die Spürbarkeit wird anhand qualitativer und quantitativer Kriterien bestimmt (ABl. EG 2004 Nr. C 101/07 Tz. 44 f.; Immenga/Mestmäcker/Zimmer AEUV Art. 101 Abs. 1 Rn. 204). Eine solche Spürbarkeit ist dabei jedenfalls dann anzunehmen, wenn der kumulierte Marktanteil der beteiligten Wettbewerber die Marke von 5 % überschreitet, wobei im Einzelfall auch geringere Marktanteile ausreichen können (Immenga/Mestmäcker/Zimmer AEUV Art. 101 Abs. 1 Rn. 207). Ausreichend können überdies auch Vereinbarungen sein, die lediglich das Gebiet eines Mitgliedstaates betreffen, wenn dadurch grenzüberschreitende Handelsströme beeinträchtigt werden können und die entspr. Vereinbarung mithin überregionale Bedeutung hat (s. Emmerich KartellR, 12. Aufl. 2012, § 3 Rn. 19).

D. Rechtsfolgen

I. Allgemeines

56   Gem. Art. 101 Abs. 2 AEUV sind Vereinbarungen, die gegen Art. 101 Abs. 1 AEUV verstoßen, nichtig. Eines Rückgriffes auf § 134 BGB oder andere Normen des nationalen Rechts bedarf es aufgrund der spezialgesetzlichen Anordnung der Nichtigkeitssanktion somit nicht (Immenga/Mestmäcker/Schmidt AEUV Art. 101 Abs. 2 Rn. 2). Trotz der selbstständigen Anordnung der Nichtigkeit durch Art. 101 Abs. 2 AEUV bleibt es der Kommission unbenommen, Maßnahmen zu ergreifen, um die jeweiligen Kartellanten zu einer Aufgabe bzw. Modifizierung ihres Verhaltens zu bewegen (Immenga/Mestmäcker/Schmidt AEUV

Art. 101 Abs. 2 Rn. 4). Die von Art. 101 Abs. 2 AEUV angeordnete Nichtigkeit wirkt ex tunc und originär, so dass allfällige Feststellungen der zuständigen Behörden lediglich deklaratorischen Charakter entfalten (vgl. Calliess/Ruffert/Weiß AEUV Art. 101 Rn. 146).

II. Nichtigkeit

Die Nichtigkeitssanktion des Art. 101 Abs. 2 AEUV greift, wenn und soweit eine Verhaltensweise gegen das Verbot des Art. 101 Abs. 1 AEUV verstößt. Eine Verhaltensweise, die Art. 101 Abs. 3 AEUV vom generellen Kartellverbot freistellt (→ Rn. 62), ist nicht als verbotene Kartellierung anzusehen und unterfällt daher nicht der Nichtigkeitssanktion. 57

Die Nichtigkeitssanktion erfasst nicht zwingend die gesamte inkriminierte Verhaltensweise, sondern im Falle der **Trennbarkeit** lediglich den gegen Art. 101 Abs. 1 AEUV verstoßenden Teil (vgl. Calliess/Ruffert/Weiß AEUV Art. 101 Rn. 146). Die Behandlung des verbleibenden Rests der teilw. wettbewerbswidrigen Maßnahme richtet sich nach dem nationalen Recht, so dass unter Geltung des deutschen Rechts regelmäßig **§ 139 BGB** zur Anwendung zu bringen ist (vgl. Calliess/Ruffert/Weiß AEUV Art. 101 Rn. 147; Immenga/Mestmäcker/Schmidt AEUV Art. 101 Abs. 2 Rn. 23). 58

III. Schadensersatz und Unterlassung

Über die Nichtigkeitssanktion (→ Rn. 57) hinaus können von den Mitgliedstaaten über das nationale Recht weitergehende Rechtsfolgen vorgesehen werden (Calliess/Ruffert/Weiß AEUV Art. 101 Rn. 149). Um eine effektive Rechtsdurchsetzung des Kartellverbots zu gewährleisten und gleichzeitig die zuständigen Behörden zu entlasten, wird die Erleichterung der **Durchsetzung privater Schadensersatz- oder Unterlassungsansprüche** als wünschenswert angesehen (s. Emmerich KartellR, 12. Aufl. 2012, § 7 Rn. 10 f. mwN; grundlegend hierzu Poelzig, Normdurchsetzung durch Privatrecht, 2012). 59

Im deutschen Recht kann **§ 33 GWB** als Anspruchsgrundlage für Verletzungen des europäischen Kartellrechts fruchtbar gemacht werden. § 33 GWB gewährt einen Anspruch auf Beseitigung, Unterlassung und Schadensersatz (s. Emmerich KartellR, 12. Aufl. 2012, § 7 Rn. 14). Probleme bereitet insoweit allerdings vielfach der enge Kreis der gem. § 33 GWB Anspruchsberechtigten (vgl. Calliess/Ruffert/Weiß AEUV Art. 101 Rn. 151). Ersetzbar sind jedenfalls auch solche Schäden, welche im Innenverhältnis der Kartellanten entstehen (vgl. Calliess/Ruffert/Weiß AEUV Art. 101 Rn. 149). 60

Über die nationale Regelung hinaus, sieht das europäische Recht von der Kommission verhängte Bußgelder vor (Art. 23 VO Nr. 1/2003), die bis zu 10 % des Jahresumsatzes eines Unternehmens erreichen können. 61

E. Freistellung nach Art. 101 Abs. 3 AEUV

Im Einzelfall kann das grds. bestehende Kartellverbot des Art. 101 Abs. 1 AEUV auf der Grundlage und am Maßstab von Art. 101 Abs. 3 AEUV für nicht anwendbar erklärt werden. Die betroffene Verhaltensweise unterfällt dann nicht dem Kartellverbot des Art. 101 Abs. 1 AEUV und ist mithin auch nicht von der Nichtigkeitssanktion des Art. 101 Abs. 2 AEUV (→ Rn. 57) erfasst. Art. 101 Abs. 3 AEUV eröffnet die Möglichkeit einer solchen punktuellen Freistellung vom Kartellverbot aus der Erwägung heraus, dass trotz der grds. Vorzugswürdigkeit des Wettbewerbs im Einzelfall auch Kooperationen aufgrund von Effizienzerwägungen einen wünschenswerten Beitrag zur gesamtgesellschaftlichen Wohlfahrt zu erbringen vermögen (vgl. Calliess/Ruffert/Weiß AEUV Art. 101 Rn. 156; Immenga/Mestmäcker/Ellger AEUV Art. 101 Abs. 3 Rn. 7). 62

Die **Beweislast** für das Vorliegen der Voraussetzungen des Art. 101 Abs. 3 AEUV liegt gem. Art. 2 S. 2 VO Nr. 1/2003 bei dem sich auf die Freistellung berufenden Unternehmen (Emmerich KartellR, 12. Aufl. 2012, § 8 Rn. 10; Calliess/Ruffert/Weiß AEUV Art. 101 Rn. 154). 63

Kein Raum für eine umfassende Freistellung besteht, falls das untersuchte Verhalten gleichzeitig einen Missbrauch iSd Art. 102 AEUV darstellt. Denn Art. 101 Abs. 3 AEUV ist 64 bereits aus systematischen Gründen in seiner Anwendbarkeit auf Art. 101 Abs. 1 AEUV beschränkt ist (vgl. Emmerich KartellR, 12. Aufl. 2012, § 8 Rn. 13).

I. Einführung des Systems der Legalausnahme

65   Das dem Wortlaut des Art. 101 Abs. 3 AEUV entspr. Verbot mit Erlaubnisvorbehalt führte zu einer Vielzahl von Freistellungsanträgen an die Kommission. Durch die VO Nr. 1/2003 wurde deshalb die ursprüngliche Möglichkeit einer konstitutiven Einzelfreistellungsentscheidung der Kommission umgewandelt in ein **System der Legalausnahme** (s. Calliess/Ruffert/Weiß AEUV Art. 101 Rn. 153 ff.; Immenga/Mestmäcker/Ellger AEUV Art. 101 Abs. 3 Rn. 21 ff.). Art. 1 Abs. 2 VO Nr. 1/2003 ordnet nunmehr an, dass bereits ohne Entscheidung der Kommission solche Verhaltensweisen, welche die Freistellungsvoraussetzungen des Art. 101 Abs. 3 AEUV erfüllen, nicht dem Kartellverbot unterfallen. Wenngleich die Einführung des hiermit verbundenen Systems der Legalausnahme lediglich auf sekundärrechtlicher Ebene erfolgte, ist dennoch die Anwendung der primärrechtlichen Freistellung modifiziert worden (vgl. Calliess/Ruffert/Weiß AEUV Art. 101 Rn. 153).

II. Voraussetzungen einer Einzelfreistellung

66   Die Kommission hat ihre Praxis hinsichtlich der Feststellung des Vorliegens der Legalausnahme in Leitlinien festgehalten (EG-Kommission, Leitlinien zur Anwendung von Art. 81 Abs. 3 EG, ABl. EG 2004 Nr. C 101/08).

1. Allgemeines

67   Freistellungsfähig sind lediglich Verhaltensweisen, die sämtliche Freistellungskriterien des Art. 101 Abs. 3 AEUV kumulativ erfüllen (vgl. Emmerich KartellR, 12. Aufl. 2012, § 8 Rn. 11; Calliess/Ruffert/Weiß AEUV Art. 101 Rn. 156). Grds. sind zwar alle Arten von Wettbewerbsbeschränkungen freistellungsfähig, das Vorliegen der Freistellungsvoraussetzungen wird aber in Ansehung von **Kern- bzw. Hardcore-Beschränkungen** regelmäßig verneint.

2. Verbesserung der Warenerzeugung oder -verteilung

68   Damit eine Verhaltensweise freistellungsfähig ist, muss hierdurch eine Verbesserung der Warenerzeugung oder -verteilung oder einen Beitrag zur Förderung des technischen oder wirtschaftlichen Fortschritts bewirkt werden (EG-Kommission, Leitlinien zur Anwendung von Art. 81 Abs. 3 EG, ABl. EG 2004 Nr. C 101/08 Tz. 48; Immenga/Mestmäcker/Ellger AEUV Art. 101 Abs. 3 Rn. 132). Dabei kann eine lediglich subjektiv vorteilhafte Vergrößerung der Gewinnmarge der Kartellanten für sich genommen eine Freistellung nicht tragen (EG-Kommission, Leitlinien zur Anwendung von Art. 81 Abs. 3 EG, ABl. EG 2004 Nr. C 101/08 Tz. 49; EuGH GRUR Ausl 1966, 580 – Grundig/Consten).

69   Die Kommission unterscheidet bei der Berücksichtigung von Effizienzgewinnen zwischen qualitativen und quantitativen Aspekten, wobei als **quantitative Effizienzgewinne** hauptsächlich Kosteneinsparungen angesehen werden (EG-Kommission, Leitlinien zur Anwendung von Art. 81 Abs. 3 EG, ABl. EG 2004 Nr. C 101/08 Tz. 59). **Qualitative Effizienzgewinne** ergeben sich bspw. durch Verbesserungen der Produkte oder die Entwicklung neuer Produkte (vgl. Emmerich KartellR, 12. Aufl. 2012, § 8 Rn. 19).

70   Um freistellungsfähig zu sein, muss die betr. Verhaltensweise zumindest mitursächlich für die Erzeugung der entspr. Effizienzgewinne sein (s. Immenga/Mestmäcker/Ellger AEUV Art. 101 Abs. 3 Rn. 136).

3. Angemessene Beteiligung der Verbraucher am Gewinn

71   Die Verbraucher müssen angemessen an den entstehenden Effizienzgewinnen beteiligt werden (EG-Kommission, Leitlinien zur Anwendung von Art. 81 Abs. 3 EG, ABl. EG 2004 Nr. C 101/08 Tz. 83). Verbraucher ist dabei nicht lediglich der Endverbraucher, sondern vielmehr bereits jeder Abnehmer (EG-Kommission, Leitlinien zur Anwendung von Art. 81

Abs. 3 EG, ABl. EG 2004 Nr. C 101/08 Tz. 84; Calliess/Ruffert/Weiß AEUV Art. 101 Rn. 162). Es genügt insofern eine generelle Beteiligung der Verbraucher, ohne dass jeder einzelne Effizienzgewinn unmittelbar umgelegt werden muss (EG-Kommission, Leitlinien zur Anwendung von Art. 81 Abs. 3 EG, ABl. EG 2004 Nr. C 101/08 Tz. 86). Ferner muss nicht jeder einzelne Verbraucher an der Effizienzsteigerung teilhaben (vgl. Emmerich KartellR, 12. Aufl. 2012, § 8 Rn. 21; Immenga/Mestmäcker/Ellger AEUV Art. 101 Abs. 3 Rn. 223 ff.). Eine Beteiligung ist zudem nicht lediglich durch eine Preissenkung denkbar, sondern etwa auch durch Qualitätssteigerungen oder sonstige Vorteile für den Abnehmer (s. Calliess/Ruffert/Weiß AEUV Art. 101 Rn. 162).

Die Angemessenheit der Beteiligung ergibt sich aus einem Vergleich der Vorteile, die in den Effizienzgewinnen bestehen, mit den Nachteilen einer wettbewerbsbeschränkenden Verhaltensweise (Immenga/Mestmäcker/Ellger AEUV Art. 101 Abs. 3 Rn. 246). Dabei müssen die Nachteile durch die Vorteile jedenfalls aufgewogen werden (Immenga/Mestmäcker/Ellger AEUV Art. 101 Abs. 3 Rn. 246). 72

4. Unerlässlichkeit

Weiterhin muss die betroffene Wettbewerbsbeschränkung zur Erreichung der Ziele unerlässlich sein. Dabei gilt es zu überprüfen, ob und inwieweit auch den Wettbewerb weniger intensiv als eine Freistellung vom Kartellverbot beeinträchtigende Möglichkeiten bestehen, um die in Rede stehenden Effizienzgewinne zu realisieren (EG-Kommission, Leitlinien zur Anwendung von Art. 81 Abs. 3 EG, ABl. EG 2004 Nr. C 101/08 Tz. 76). Sollte iSd Verhältnismäßigkeitsgrundsatzes eine den Wettbewerb weniger beeinträchtigende Möglichkeit zur Verfügung stehen, scheidet eine Einzelfreistellung gem. Art. 101 Abs. 3 AEUV aus (Calliess/Ruffert/Weiß AEUV Art. 101 Rn. 164; Immenga/Mestmäcker/Ellger AEUV Art. 101 Abs. 3 Rn. 254). Allerdings müssen lediglich hypothetisch bestehende oder theoretische Alternativen nicht berücksichtigt werden (EG-Kommission, Leitlinien zur Anwendung von Art. 81 Abs. 3 EG, ABl. EG 2004 Nr. C 101/08 Tz. 75). 73

Die Kommission überprüft die Unerlässlichkeit gem. ihren Leitlinien sowohl hinsichtlich der Wettbewerbsbeschränkung als solcher als auch hinsichtlich der einzelnen wettbewerbsbeschränkenden Teilabreden. Es wird mithin eine **zweistufige Prüfung** durchgeführt (EG-Kommission, Leitlinien zur Anwendung von Art. 81 Abs. 3 EG, ABl. EG 2004 Nr. C 101/08 Tz. 73). Auf der **ersten Stufe** wird die Vereinbarung insgesamt darauf untersucht, ob sie zur Erzielung der Effizienzgewinne notwendig ist. Sollte die Unerlässlichkeit der Vereinbarung für die Erzielung des angestrebten Effizienzgewinns bejaht worden sein, so wird auf einer **zweiten Stufe** geprüft, ob zudem die einzelnen in der Vereinbarung enthaltenen Wettbewerbsbeschränkungen notwendig sind zur Erreichung der mit der Vereinbarung verfolgten Ziele. 74

5. Kein vollständiger Ausschluss des Wettbewerbs

Schließlich darf nicht der Wettbewerb in wesentlichen Teilen des Marktes vollständig ausgeschlossen sein (Calliess/Ruffert/Weiß AEUV Art. 101 Rn. 165). Als Indiz für einen Ausschluss wesentlicher Teile des Wettbewerbs werden die kumulierten Marktanteile der beteiligten Kartellanten herangezogen (Calliess/Ruffert/Weiß AEUV Art. 101 Rn. 166). Liegt der Marktanteil unter 20%, ist die betr. Verhaltensweise unbedenklich (vgl. EG-Kommission GRUR Int 1989, 575 (580) Rn. 41 – Charles Jourdan). Ab 50% ist eine Einzelfreistellung gem. Art. 101 Abs. 3 AEUV idR nicht mehr möglich (EG-Kommission ABl. 1977 Nr. L 16/8 S. 12 – Gerofabriek). Ab einem Marktanteil von 80% ist eine Einzelfreistellung vom Kartellverbot sogar ausgeschlossen (EuGH Beck EuRS 1981, 89906 – Coöperatieve Stremsel- en Kleursalfabriek/Kommission; Beck EuRS 1980, 82400 Rn. 189 – Van Landewyck/Kommission). Über die Marktanteile hinaus sind die Wettbewerbsstrukturen im Einzelfall näher zu berücksichtigen (Calliess/Ruffert/Weiß AEUV Art. 101 Rn. 166). 75

Das Verbot des Wettbewerbsausschlusses stellt eine absolute Grenze der Berücksichtigung von Effizienzgewinnen dar (Immenga/Mestmäcker/Ellger AEUV Art. 101 Abs. 3 Rn. 10). Sollte in wesentlichen Teilen des Marktes der Wettbewerb durch die betr. Verhaltensweise mithin vollständig zum Erliegen kommen, kann ungeachtet etwaiger Effizienzgewinne eine Einzelfreistellung vom Kartellverbot nicht erfolgen. 76

III. Berücksichtigung außer-ökonomischer Gründe

77 Bislang weitgehend ungeklärt ist, ob über die konzeptionell rein wirtschaftlich orientierten Freistellungsvoraussetzungen des Art. 101 Abs. 3 AEUV auch außer-ökonomische Gründe iRd Einzelfreistellung berücksichtigungsfähig sind (krit. hierzu Immenga/Mestmäcker/ Ellger AEUV Art. 101 Abs. 3 Rn. 314). Für eine Auseinandersetzung mit dieser Frage spricht, dass vom europäischen Primärrecht neben der Wettbewerbsfreiheit auch andere Ziele verfolgt werden, welche normenhierarchisch auf derselben Stufe stehen. Da eine Hierarchisierung der Ziele wegen deren Gleichrangigkeit nicht abstrakt möglich ist, gilt es somit, sämtliche betroffenen Schutzgüter zu einem wechselseitigen schonenden Ausgleich zu bringen, indem die Auslegung der Freistellungsvoraussetzungen entspr. modifiziert wird. Nicht unmittelbar wettbewerbsbezogene Zielsetzungen können va über die Freistellungskriterien der „Verbesserung der Warenerzeugung und -verteilung", der „Förderung des technischen und wirtschaftlichen Fortschritts" sowie die „angemessene Beteiligung der Verbraucher" an dem durch die wettbewerbsbeschränkende Vereinbarung entstehenden Gewinn berücksichtigt werden. IdS hat die Kommission etwa Belange des Umweltschutzes und der Energieversorgung in ihre Erwägungen einbezogen (vgl. Immenga/Mestmäcker/Ellger AEUV Art. 101 Abs. 3 Rn. 312 mwN).

IV. Gruppenfreistellungs-VOen

78 Neben dem **System der Legalausnahme** (→ Rn. 65) bleibt weiterhin die Möglichkeit einer Gruppenfreistellungs-VO bestehen (Calliess/Ruffert/Weiß AEUV Art. 101 Rn. 168; Mestmäcker/Schweitzer Europäisches WettbR, 2. Aufl. 2004, § 13 Rn. 23). Eine Gruppenfreistellungs-VO hat materiell die gleichen Voraussetzungen wie eine Einzelfreistellung (→ Rn. 66) (Immenga/Mestmäcker/Ellger AEUV Art. 101 Abs. 3 Rn. 333; Mestmäcker/ Schweitzer Europäisches WettbR, 2. Aufl. 2004, § 13 Rn. 20). Seit Einführung des Systems der Legalausnahme für Einzelfreistellungen (→ Rn. 65) durch die VO Nr. 1/2003 hat sich die Bedeutung der Gruppenfreistellungs-VOen weg von einer Verwaltungsvereinfachung und hin zu einer Absicherung der Rechtssicherheit verschoben (Immenga/Mestmäcker/ Ellger AEUV Art. 101 Abs. 3 Rn. 336). Allerdings ist die genaue Art der Wirkung der Gruppenfreistellungs-VOen im neuen System der Legalausnahme noch nicht abschl. ausgelotet (vgl. Immenga/Mestmäcker/Ellger AEUV Art. 101 Abs. 3 Rn. 338 f.). So wird teilw. von einer unveränderten konstitutiven Wirkung der Gruppenfreistellungs-VOen ausgegangen (Mestmäcker/Schweitzer Europäisches WettbR, 2. Aufl. 2004, § 13 Rn. 23). Anderenorts wird von einer lediglich deklaratorischen Wirkung der Gruppenfreistellungs-VOen ausgegangen (so Deringer EuZW 2000, 5 (7); Bartosch WuW 2000, 462 (466 f.); Gröning WRP 2001, 83 (85)). IErg steht jedenfalls bei Vorliegen einer Gruppenfreistellungs-VO nach beiden Ansichten die Freistellung vom Kartellverbot fest.

V. Beweislast

79 Die Unternehmen tragen die **Beweislast,** sofern sie sich auf das Vorliegen einer Legalausnahme auf der Grundlage und am Maßstab von Art. 101 Abs. 3 AEUV oder auf eine Gruppenfreistellungs-VO berufen; allerdings hat die Kommission zur Sachverhaltsaufklärung beizutragen (Calliess/Ruffert/Weiß AEUV Art. 101 Rn. 155).

F. Informations- und medienrechtliche Besonderheiten

80 In informations- und medienrechtlicher Hinsicht ist zunächst das **Zusammenspiel von Medienvielfalt und Wettbewerb** zu beleuchten, um den Beitrag des Kartellrechts zur Absicherung der leitbildhaften Vielfalt herauszuarbeiten (→ Rn. 81). Hieran anschließend ist darauf einzugehen, ob und inwieweit die **Vielfaltssicherung** eine Freistellung vom Kartellverbot tragen kann (→ Rn. 85). Bes. Beachtung verdienen zudem die für die Anwendung des Kartellrechts regelmäßig vorgreiflichen **Marktabgrenzungen** (→ Rn. 89). Ausgelöst durch die voranschreitende **Medienkonvergenz** kommt es hierbei zu einer zunehmenden Annäherung vormals getrennter Marktsektoren, während zugleich durch die revolutionären technischen Entwicklungen gänzlich neue Märkte entstehen. Schließlich sind die bes. praxis-

relevanten Fragestellungen im Zusammenhang mit dem Pressevertrieb durch das **Presse-Grosso** (→ Rn. 104) und den **Sportübertragungsrechten** zu beleuchten (→ Rn. 114).

I. Medienvielfalt und Wettbewerb

Maßgeblich für die informations- und medienrechtlichen Besonderheiten ist zunächst die 81 Rolle des Kartellrechts bei der **Vielfaltssicherung im Kontext von Meinungs- und Informationsfreiheit** (umfassend zu diesem Themenkomplex Paal, Medienvielfalt und Wettbewerbsrecht, 2010). In dem Begriffspaar von Vielfalt und Wettbewerb manifestieren sich sowohl zentrale Zielwerte als auch maßgebliche Funktionsparameter der Informations- und Medienordnung. Bei der Medienvielfalt handelt es sich anerkanntermaßen um ein konstitutives Leitbild nationaler und europäischer Medien(ordnungs)politik (vgl. etwa das Grünbuch „Pluralismus und Medienkonzentration im Binnenmarkt – Bewertung der Notwendigkeit einer Gemeinschaftsaktion, KOM (92), 480 endg.; Drei-Stufen-Plan (Redding-Wallström-Plan) zum Medienpluralismus, EG-Kommission, Commission Staff Working Document, „Media Pluralism in the Member States of the European Union", SEC (2007) 32, hierzu etwa Paal, Medienvielfalt und Wettbewerbsrecht, 2010, 174 ff. mwN; Zagouras AfP 2007, 1). Auf nationaler Ebene betont das BVerfG die leitbildhafte Bedeutung von Medienvielfalt in stRspr (vgl. etwa BVerfG 12, 113 (125) – Schmid-Spiegel; 57, 295 (320) – FRAG; 73, 118 (160) – Niedersachsen; 74, 297 (330) – Baden-Württemberg; 83, 238 (296) – WDR). Mit der Frage nach der Verknüpfung von Struktur (Vielzahl) und Ergebnis (Vielfalt) ist das Kartellrecht bei der Sicherung der angestrebten Medienvielfalt adressiert. Das für die Beantwortung dieser Frage vorgreifliche Verhältnis von Medienvielfalt und Wettbewerb ist zunächst geprägt durch den dichotomen Charakter der Betätigung von Medienunternehmen (→ Rn. 82).

1. Charakteristische Dichotomie

Medienunternehmen sind sowohl als Vermittler publizistischer Leistungen **(publizisti-** 82 **scher Wettbewerb)** als auch als Wirtschaftssubjekte **(ökonomischer Wettbewerb)** tätig, woraus eine Dichotomie von Ökonomie und Publizistik erwächst. Diese charakteristische Dichotomie beeinflusst maßgeblich die Funktionsbedingungen der informations- und medienbezogenen Wettbewerbsordnung sowie die hieraus ableitbaren Vorgaben für deren Ausgestaltung. Systemrational kommt es daher zu **Zieldivergenzen,** wenn etwa das Gebot der Staatsunabhängigkeit der Medien in ein Spannungsverhältnis zu den den Medien zugeschriebenen öffentlichen Aufgaben gerät (Mestmäcker ZUM 1986, 63; weiterhin auch Paal, Medienvielfalt und Wettbewerbsrecht, 2010, 32 f.; zur öffentlichen Aufgabe der Medien etwa BVerfGE 20, 162 (174 f.) – Spiegel; 31, 314 (327 ff.) – Mehrwertsteuer; BGHZ 31, 308 (312) – Alte Herren). Da die Herstellung publizistischer Medienvielfalt nicht zu den originären Funktionen ökonomischen Wettbewerbs gerechnet werden kann, droht insoweit nicht zuletzt ein norm- und systeminduziertes Steuerungsversagen durch Nichterreichung vielfaltsbezogener Leitbilder (Paal, Medienvielfalt und Wettbewerbsrecht, 2010, 302 ff.).

2. Hohe Konzentrationsprädisposition

Prägend für den Informations- und Medienbereich ist ferner va die, insbes. durch die 83 Eigenschaften der Medienmärkte und -güter verursachte, hohe Prädisposition für Konzentrationsentwicklungen (s. hierzu etwa Knoche, Einführung in die Pressekonzentrationsforschung, 1978; Klaue/Knoche/Zerdick, Probleme der Pressekonzentrationsforschung, 1980; Kübler, Medienverflechtung, 1982). Aus der dichotomen Betätigung (→ Rn. 82) auf ökonomischen und publizistischen Märkten erwachsen nicht zuletzt auch **erhebliche Konzentrationsanreize** für die (Medien-)Unternehmen (vgl. Paal, Medienvielfalt und Wettbewerbsrecht, 2010, 159 ff. mwN). So ist für die Nachfrager nach Werbekapazitäten regelmäßig das Medienunternehmen mit der größten Rezipientenreichweite am attraktivsten: Das marktführende Unternehmen erhält mehr Zulauf an Werbekunden und kann dadurch seinen Wettbewerbsvorteil sukzessive ausbauen. Hierdurch kommt es etwa zu einer **Anzeigen-Auflagen-Spirale** im Pressesektor (s. hierzu etwa Dewenter/Kaiser, Vierteljahreshefte zur Wirtschaftsforschung 74 (2005), 51 (52 f.); Heinrich, Medienökonomie, Bd. 1, 2. Aufl.,

2001, 130; Kiefer, Medienökonomik, 2. Aufl. 2005, 320 ff.) bzw. einer **Werbespot-Reichweiten-Spirale** für den Rundfunkbereich.

3. These von der Vielfalt durch Vielzahl

84   Es gilt die Annahme, wonach ein funktionierender Wettbewerb das Vorhandensein einer Vielzahl an Medienunternehmen und damit die Entstehung von Medienvielfalt begünstigt (**Medienvielfalt durch Medienvielzahl**): „Die Vielfalt selbständiger und wettbewerbsfähiger Verlage begründet die Chance der Meinungsvielfalt" (vgl. Mestmäcker, Medienkonzentration und Meinungsvielfalt, 1978, 31). Zwar kann aus einer ökonomischen Medienkonzentration nicht zwingend auf einen damit einhergehenden Mangel an publizistischer Medienvielfalt geschlossen werden; so können etwa marktmächtige Medienunternehmen ein originäres Interesse daran haben, ihre jeweilige Rezipientenreichweite durch interne publizistische Diversifizierung zu vergrößern. Eine erhöhte Medienkonzentration kann aber irreversible Strukturveränderungen auslösen, welche die Sicherstellung von Meinungs- und Medienvielfalt dauerhaft gefährden. Wegen dieser Interdependenzen begünstigen Maßnahmen zur Verhinderung der Entstehung oder Verstärkung ökonomischer Marktmacht von Medienunternehmen zugleich den Schutz der Medienvielfalt. Somit besteht ein hinreichend belastbarer Kausalzusammenhang zwischen Vielzahl und Vielfalt, wonach das Kartellrecht für die Gewährleistung einer der Medienvielfalt förderlichen Vielzahl in die Pflicht zu nehmen ist (vgl. Paal, Medienvielfalt und Wettbewerbsrecht, 2010, 82 f.).

II. Vielfaltssicherung als Freistellungskriterium

85   Für die Frage, ob und inwieweit die **Vielfaltssicherung als Freistellungskriterium** in Ansehung von Art. 101 AEUV in Betracht kommt, ist der Blick zunächst auf die Entscheidung der EG-Kommission in der Rs. European Broadcasting Union (EBU) zu richten: In Rede stand die Rechtmäßigkeit des Systems der Eurovision, durch welches der Erwerb und die Nutzung von Fernsehrechten unter den Mitgliedern der EBU koordiniert wurden. Dabei stellte die EG-Kommission die Vereinbarung nach Art. 85 Abs. 3 EGV aF (nunmehr: Art. 101 Abs. 3 AEUV) vom Kartellverbot frei, da durch das Eurovisionssystem eine Verbesserung der Warenerzeugung und -verteilung ermöglicht werde (EG-Kommission ABl. EG 1993, Nr. L 179/23 (34) – European Broadcasting Union). Zur Begründung der Freistellung nahm die Kommission auch Bezug auf vielfaltsrelevante Gesichtspunkte und führte insoweit aus, die Mitglieder der EBU treffe ua die „Verpflichtung (...) abwechslungsreiche kulturelle, bildende, wissenschaftliche und für Minderheiten bestimmte Programme (...) auszustrahlen und die ganze Bevölkerung eines Landes ungeachtet der Kosten zu versorgen" (EG-Kommission ABl. EG 1993, Nr. L 179/23 (24) – European Broadcasting Union). Hieraus resultiere eine angemessene Beteiligung der Verbraucher am entstehenden Gewinn, da mehr und qualitativ bessere, sowohl massenattraktive als auch Minderheiten-Programme übertragen würden (EG-Kommission ABl. EG 1993, Nr. L 179/23 (35) – European Broadcasting Union).

86   Nach Ansicht der EG-Kommission rechtfertigten die im Interesse der Vielfaltssicherung liegenden Voraussetzungen einer EBU-Mitgliedschaft eine bes. Behandlung im Hinblick auf die europäischen Wettbewerbsregeln. Der **vielfaltsrelevante Programmauftrag** als eine spezielle, im öffentlichen Interesse liegende Aufgabe sollte eine Einstufung der erkannten Wettbewerbsbeschränkungen als unerlässlich begründen können (EG-Kommission ABl. EG 1993, Nr. L 179/23 (35 f.) – European Broadcasting Union; s. dazu auch Frey ZUM 1999, 528 (531); Paal, Medienvielfalt und Wettbewerbsrecht, 2010, 204 ff.). Diese Ausführungen der EG-Kommission lassen sich so interpretieren, dass der vielfaltsrelevante Programmauftrag unter bestimmten Voraussetzungen eine tragfähige Grundlage für die Freistellung der wettbewerbsbeschränkenden Vereinbarung darstellen kann; idS könnte der Programmauftrag als außer-ökonomisches Ziel der Vielfaltssicherung eine Freistellungsentscheidung iSv Art. 101 Abs. 3 AEUV (mit-)tragen (s. dazu ebenfalls Trafkowski, Medienkartellrecht, 2002, 126).

87   Dieser Auslegung ist das EuG als Überprüfungsinstanz sodann deutlich entgegengetreten: Eine unmittelbare Berücksichtigung des öffentlichen Interesses iRd auf ökonomischen Kriterien beruhenden Freistellungsmöglichkeit auf der Grundlage und am Maßstab des Art. 85

Abs. 3 EGV aF (nunmehr: Art. 101 Abs. 3 AEUV) lehnte das EuG ausdr. ab, weshalb der im öffentlichen Interesse stehende Programmauftrag für sich betrachtet keine Freistellungsentscheidung rechtfertigen konnte (EuG BeckEuRS 1996, 212060 Rn. 114 ff. – Métropole Télévision ua/Kommission). Erwägungen im Zusammenhang mit der Verfolgung eines bes. öffentlichen Interesses sollen vielmehr allenfalls im Rahmen einer Gesamtwürdigung berücksichtigungsfähig sein (EuG BeckEuRS 1996, 212060 Rn. 114 ff. – Métropole Télévision ua/Kommission).

Demgegenüber soll die Verfolgung der öffentlichen Aufgabe einer Vielfaltssicherung **88** unter umfassender Würdigung des Programmauftrags nach der Rspr. des EuG bei der Anwendung von Art. 90 Abs. 2 EGV aF (nunmehr: Art. 106 Abs. 2 AEUV) eine Rolle spielen können (EuG BeckEuRS 1996, 212060 Rn. 114 ff. – Métropole Télévision ua/Kommission). In diesem Zusammenhang versteht das Gericht die Verpflichtung zur Ausstrahlung von Sendungen iSd Programmauftrags als ein wesentliches Merkmal der Betrauung mit Dienstleistungen von „allgemeinem wirtschaftlichem Interesse".

III. Marktabgrenzungen

Zwar unterscheiden sich die verschiedenen Mediensektoren Presse, Rundfunk und Internet wesentlich aufgrund ihrer technischen, ökonomischen und rechtlichen Rahmenbedingungen. Zugleich bestehen aber im Zeichen der fortschreitenden **Konvergenz** und **Digitalisierung** vielfach gemeinsame, übergreifende Anknüpfungspunkte, weshalb die zutreffende Marktabgrenzung im Medienbereich regelmäßig ebenso schwierig wie umstritten ist. Insbes. die den Medienbereich kennzeichnenden Konvergenzentwicklungen lassen bislang getrennt genutzte Inhalte und Übertragungswege zunehmend miteinander verschmelzen, während das **veränderte Nutzungsverhalten** der Verbraucher und die **veränderten technischen Gegebenheiten** die etablierten Marktabgrenzungen in Frage stellen (vgl. Immenga/Mestmäcker/Mestmäcker/Veelken GWB Vor § 35 Rn. 106). **89**

1. Presse

Kennzeichnend für den Pressesektor ist zunächst die Aufteilung in **Leser- und Anzei- 90 genmärkte** (vgl. hierzu etwa KG WuW/E OLG 1767 (1768) – Kombinationstarif; BGH WuW/E BGH 1685 (1690) – Springer/Elbe-Wochenblatt; WuW/E BGH 2112 (2115) – Gruner+Jahr/Zeit I; BKartA WuW/E BKartA 1700 (1701) – Springer/Elbe-Wochenblatt; WuW/E BKartA 1709 – Bertelsmann/Deutscher Verkehrsverlag; WuW/E BKartA 1733 – Kaufzeitungen; aus dem Schr.: Immenga/Mestmäcker/Möschel GWB § 19 Rn. 30 f.; Immenga/Mestmäcker/Mestmäcker/Veelken GWB § 38 Rn. 51; Langen/Bunte/Ruppelt GWB § 19 Rn. 22; Wiring, Pressefusionskontrolle im Rechtsvergleich, 273 ff.). Dabei stehen die Leser- und Anzeigenmärkte systembedingt in einem **engen wechselseitigen Wirkungszusammenhang** (BGH WuW/E BGH 1854 (1856) – Zeitungsmarkt München; WuW/E BGH 1685 – Springer/Elbe-Wochenblatt; WuW/E BGH 2112 – Gruner+Jahr/Zeit I). Insbes. existiert **eine Anzeigen-Auflagen-Spirale** (s. hierzu etwa Dewenter/Kaiser, Vierteljahreshefte zur Wirtschaftsforschung 74 (2005), 51 (52 f.); Heinrich, Medienökonomie, Bd. 1, 2. Aufl., 2001, 130; Kiefer, Medienökonomik, 2. Aufl. 2005, 320 ff.) mit bes. Konzentrationsanreizen (so bereits die sog Günther-Kommission, BT-Drs. V/3122, 16 (26, 38)). Der Zusammenhang zwischen den pressespezifischen Märkten für Anzeigen und Leser kommt nicht zuletzt auch darin zum Ausdruck, dass die Verstärkung einer marktbeherrschenden Stellung auf dem Anzeigenmarkt zumeist eine Verstärkung der marktbeherrschenden Stellung auf dem Lesermarkt bewirken wird und umgekehrt (vgl. etwa BKartA WuW/E DE-V 1191 (1198) – SZ/Lokalzeitung). Leser- und Anzeigenmärkte sind zwar jedenfalls getrennt zu beurteilen und festzustellen (Immenga/Mestmäcker/Mestmäcker/Veelken GWB § 38 Rn. 51.), die bes. Wirkungszusammenhänge haben aber im Rahmen einer würdigenden Gesamtbetrachtung entspr. Berücksichtigung zu finden (Möschel JZ 1984, 493 (496)). Diese bes. Wirkungszusammenhänge können es zudem erforderlich machen, auf beide Märkte gemeinsam abzustellen (BGH WuW/E BGH 1685 – Springer/Elbe-Wochenblatt), wobei die Marktanteile für den Leser- und den Anzeigenmarkt hierbei anerkanntermaßen nicht zusammenzurechnen sind (BKartA WuW/E DE-V 695 (699) – Holtzbrinck/Berliner

Verlag; zust. Monopolkommission, Sondergutachten 36, Tz. 78.). Für die grds. getrennte Beurteilung von Leser- und Anzeigenmärkten gelten die nachf. dargestellten Grundsätze.

90.1 Zur Bestimmung der Lesermärkte orientiert sich die gängige Abgrenzungspraxis va an den Kriterien von **Erscheinungszeit** (tages- oder wochenweise), **Verbreitungsgebiet** (lokal, regional, überregional) und **Vertriebsweg** (Abonnement oder Straßenverkauf). IdS werden Tageszeitungen wegen ihrer bes. Periodizität nicht mit Büchern, Wochenzeitungen oder Zeitschriften für austauschbar gehalten (vgl. BGH WuW/E BGH 1854 (1856 f.) – Zeitungsmarkt München; BKartA WuW/E KartA 1863 (1864) – Gruner+Jahr/Zeit; WuW/E BGH 2112 (2121 f.) – Gruner+Jahr/Zeit I; KG WuW/E OLG 3807 (3808) – Gruner+Jahr/Zeit II.).

90.2 Zudem werden **Abonnement- und Straßenverkaufszeitungen** als unterschiedlichen Bedürfnissen dienend und deshalb aus der Sicht eines erheblichen Teils der Nachfrager nicht als funktionell austauschbar, sondern vielmehr als komplementär angesehen (BGH WuW/E BGH 1854 (1857) – Zeitungsmarkt München; WuW/E BGH 2425 (2428) – Niederrheinische Anzeigenblätter; KG WuW/E OLG 1767 (1768) – Kombinationstarif; WuW/E OLG 3767 (3770) – Niederrheinische Anzeigenblätter; WuW/E OLG 4547 (4549) – Lübecker Nachrichten/Stormaner Tageblatt; BKartA WuW/E BKartA 1733 (1734) – Kaufzeitungen; WuW/E BKartA 2497 (2500) – Springer/Lezinsky; WuW/E BKartA 2515 (2517) – Stadt-Anzeiger Leipzig; WuW/E BKartA 2641 (2643) – Sarstedter-Kurier/Kreisanzeiger; WuW/E DE-V 695 (696) – Holtzbrinck/Berliner Verlag; WuW/E DE-V 1163 (1171) – Springer/ProSiebenSat.1; KG, WuW/E OLG 4737 (4751) – Pinneberger Tageblatt; weiterhin aus dem Schr: Immenga/Mestmäcker/Mestmäcker/Veelken GWB § 38 Rn. 51; Immenga/Mestmäcker/Möschel GWB § 19 Rn. 30 f.; Langen/Bunte/Ruppelt GWB § 19 Rn. 22).

90.3 Für Zeitungen wird darüber hinaus unterschieden nach **lokalen, regionalen und überregionalen Märkten** (BGH WuW/E BGH 1854 (1857) – Zeitungsmarkt München; WuW/E BGH 2425 (2428) – Niederrheinische Anzeigenblätter; OLG Düsseldorf WuW/E DE-R 647 (655) – OTZ; KG WuW/E OLG 1767 (1768) – Kombinationstarif; WuW/E OLG 2228 (2230) – Zeitungsmarkt München; WuW/E OLG 4075 (4087) – Springer/Kieler Zeitung; WuW/E OLG 4379 (4381) – Schleswig-Holsteinischer Anzeigenverlag; BKartA WuW/E BKartA 1733 (1734) – Kaufzeitungen; WuW/E DE-V 1191 (1192) – SZ/Lokalzeitung; WuW/E BKartA DE-V 1163 (1171) – Springer/ProSiebenSat.1; WuW/E DE-V 695 (696) – Holtzbrinck/Berliner Verlag; WuW/E BKartA 2259 (2262); WuW/E BKartA 2497 (2500) – Springer/Lezinsky; WuW/E BKartA 2515 (2517) – Stadt-Anzeiger Leipzig; vgl. aus dem Schr.: Immenga/Mestmäcker/Möschel GWB § 19 Rn. 30 f.).

90.4 Weiterhin können **Sonntagszeitungen** von den **politischen Wochenmagazinen** (zB Focus, Spiegel, Zeit) abgegrenzt werden (KG WuW/E OLG 3807 (3809) – Gruner+Jahr/Zeit II; BGH, WuW/E BGH 2433 (2436) – Gruner+Jahr/Zeit II; BKartA WuW/E BKartA 1921 (1929) – Burda/Springer; Immenga/Mestmäcker/Möschel GWB § 19 Rn. 30; Immenga/Mestmäcker/Mestmäcker/Veelken GWB § 38 Rn. 51).

90.5 Schließlich ist die Existenz spezifischer Teilmärkte anerkannt, deren Produkte aus Sicht eines unentschlossenen Nachfragenden nicht beliebig austauschbar sind (so etwa für allg. unterhaltende Publikumszeitschriften (BKartA WuW/E BKartA 1921 (1928) – Burda/Springer; Immenga/Mestmäcker/Möschel GWB § 19 Rn. 30) und für Fachzeitschriften (BKartA WuW/E BKartA 1709 – Bertelsmann/Deutscher Verkehrsverlag; weiterhin auch Monopolkommission, Hauptgutachten III, Tz. 491 ff.; Immenga/Mestmäcker/Möschel GWB § 19 Rn. 30)). Zeitschriften insgesamt unterscheiden sich von den Tages- oder Wochenzeitungen hinsichtlich ihrer Periodizität, äußeren Erscheinung, Themenauswahl und Art der Darstellung, so dass anerkanntermaßen keine funktionelle Austauschbarkeit aus Sicht der Nachfrager besteht (BKartA WuW/E BKartA 1921 (1928 f.) – Burda/Springer).

90.6 Auf den **Anzeigenmärkten** kann für die Tageszeitungen ebenfalls zwischen überregionalen, regionalen und lokalen Anzeigen unterschieden werden (vgl. für die Verweigerung von Anzeigenaufnahmen OLG Stuttgart WuW/E OLG 1106 (1107) – AE-Provision; LG Dortmund NJW 1973, 2212; OLG Schleswig NJW 1977, 1886; Immenga/Mestmäcker/Möschel GWB § 19 Rn. 31 mwN).

90.7 **Zeitschriften** sind demgegenüber regelmäßig einem von Tageszeitungen und Anzeigenblättern separaten Anzeigenmarkt zuzuordnen (KG WuW/E OLG 1767 (1769) – Kombinationstarif; BKartA WuW/E BKartA 1921 (1924 f.) – Burda/Springer; WuW/E DE-V – Springer/ProSiebenSat.1). Allerdings ist im Unterschied zu den Lesermärkten grds. keine Differenzierung zwischen Abonnement- und Straßenverkaufszeitungen vorzunehmen (KG WuW/E OLG 3767 (3770) – Niederrheinische Anzeigenblätter; WuW/E OLG 1767 (1769) – Kombinationstarif; BKartA WuW/E BKartA 2515 (2518) – Stadt-Anzeiger Leipzig; Immenga/Mestmäcker/Möschel GWB § 19 Rn. 31; anders aber BKartA, WuW/E BKartA 1733 (1734) – Kaufzeitungen.).

Darüber hinaus werden Abonnement- und Straßenverkaufszeitungen gemeinsam mit **reinen** 90.8
Anzeigenblättern regelmäßig einem einheitlichen Anzeigenmarkt zugerechnet, sofern sich Verbreitungsgebiete und Belegungseinheiten weitgehend decken (BGH WuW/E BGH 2425 (2428) – Niederrheinische Anzeigenblätter; WuW/E BGH 2443 (2449) – Südkurier/Singener Wochenblatt; KG WuW/E OLG 3767 (3770) – Niederrheinische Anzeigenblätter; WuW/E OLG 3875 (3879) – Südkurier/Singener Wochenblatt; BKartA WuW/E DE-V 334 (335) – akzent).

Für das Anzeigengeschäft in Tageszeitungen und in monatlich erscheinenden Anzeigenblättern 90.9 werden demgegenüber zumeist separate Märkte abgegrenzt (BKartA WuW/E DE-V 334 – akzent). Weiterhin sollen Anzeigen in Fachzeitschriften einen selbständigen Markt bilden, sofern ein Werbeeffekt für eine bestimmte Adressatengruppe gezielt hergestellt werden kann (BKartA WuW/E BKartA 1709 (1713) – Bertelsmann/Deutscher Verkehrsverlag).

Schließlich werden eigenständige Märkte für überregionale Anzeigen in Publikumszeitschriften 90.10 und für Beilagen (sog Supplements) in Tageszeitungen angenommen (BKartA WuW/E BKartA 1921 (1924) – Burda/Springer; BGH WuW/E BGH 1854 (1856) – Zeitungsmarkt München lässt es offen, ob es einen umfassenden überregionalen Anzeigenmarkt (insbes. für Markenartikel) gibt; abl. zu der Existenz eines solchen Marktes Möschel JZ 1984, 493 (497)). Die Anzeigen- bzw. Werbemärkte im Rundfunk werden (jedenfalls bislang) zu Recht nicht in die pressespezifische Betrachtung mit einbezogen (KG WuW/E OLG 2228 (2232) – Zeitungsmarkt München; WuW/E OLG 3767 (3773) – Niederrheinische Anzeigenblätter; WuW/E OLG 4095 (4104) – W+i Verlag/Weiss Druck; Immenga/Mestmäcker/Möschel GWB § 19 Rn. 30), da wesentliche Unterschiede insbes. in der Form und der werbepsychologischen Ausrichtung bestehen (vgl. Wiring, Pressefusionskontrolle im Rechtsvergleich, 2008, S. 290).

2. Rundfunk

Für die Marktabgrenzung im Rundfunkbereich werden zunächst grds. die Hauptkatego- 91 rien **Programmausstrahlung, Programmbeschaffung** und **technische bzw. administrative Infrastruktur** unterschieden (vgl. hierzu Paal, Medienvielfalt und Wettbewerbsrecht, 2010, 193 ff.; Schüll, Schutz der Meinungsvielfalt im Rundfunkbereich durch das europäische Recht, 2006, 293 ff.). Für die Ermittlung der Marktanteile der Rundfunkveranstalter ist im Zusammenhang mit der Programmausstrahlung insbes. auf die jeweilige **Zuschauerreichweite** abzustellen (BKartA WuW/E DE-V 53 (55 f.) – Premiere; WuW/E DE-V 1163 (1167) – Springer/ProSiebenSat.1; EG-Kommission WuW/E EV 2371 (2375, 2390) – RTL/Veronica/Endemol). Nach der st. Anwendungspraxis sowohl der EU-Kommission als auch des BKartA ist die räumliche Marktabgrenzung für die Veranstaltung von Rundfunk grds. unter Beschränkung auf das Gebiet des primär betroffenen Mitgliedstaats vorzunehmen (BKartA, WuW/E DE-V 53 (59) – Premiere; WuW/E DE-V 1163 (1167) – Springer/ProSiebenSat.1; WuW/E DE-V 1226 (1228) – RTL/n-tv). Für diese Anwendungspraxis streiten va auch die bestehenden **Sprachbarrieren, unterschiedliche Rechtsgrundlagen** sowie **kulturelle Besonderheiten** (s. Immenga/Mestmäcker/Mestmäcker/Veelken GWB Vor § 35 Rn. 104).

In einem zusammenwachsenden europäischen Wirtschaftsraum mit abnehmenden 92 Sprachbarrieren bedarf die überkommene Praxis zukünftig allerdings der kontinuierlichen Überprüfung. So hat die EG-Kommission für die Schaffung eines Gemeinschaftsunternehmens zur Veranstaltung von Bezahlfernsehen in Norwegen, Dänemark und Schweden bereits einen räumlich grenzüberschreitenden Markt angenommen (EG-Kommission WuW/E EV 2343 (2352 f.) – Nordic Satellite Distribution). Auf der Ebene der Programmausstrahlung können in sachlicher Hinsicht jeweils einzelne Märkte für die Finanzierungsarten Werbung, Gebühren und Entgelt unterschieden werden. Die anzustellende Marktabgrenzung erfolgt iÜ grds. unabhängig davon, ob das betroffene System durch analoge oder digitale Signale gespeist wird (BKartA, WuW/E DE-V 53 (58 f.) – Premiere). Schließlich werden beide Arten der Einspeisung von denselben Kriterien beherrscht, wobei unter diesen va die Erforderlichkeit einer Zugangskontrolle, die gleiche Art der Vermarktung, die Verwaltung der Abonnenten und die Programmauswahl hervorzuheben sind (EG-Kommission ABl. EG 1999, Nr. L 90/6 (9) – TPS).

Durch Teilnehmerentgelt finanziertes **Pay-TV** und frei empfangbares **Free-TV** (sei es durch 92.1 Gebühren oder durch Werbung finanziert) sind unterschiedlichen Produktmärkten zuzuordnen; ein übergreifender gemeinsamer Markt ist abzulehnen. Allenfalls kann – ähnlich wie für das Verhältnis von Presse und Rundfunk – von dem Bestehen einer Substitutionskonkurrenz zwischen den beiden Segmenten ausgegangen werden (vgl. Trafkowski, Medienkartellrecht, 2002, 37).

92.2 Im werbefinanzierten Free-TV nutzen die Zuschauer die Programme unentgeltlich, weshalb eine (unmittelbare) entgeltliche Austauschbeziehung einzig zwischen Programmveranstalter(n) und Werbekunden besteht. Demgegenüber bietet der Fernsehveranstalter beim Pay-TV dem Zuschauer gegen Entgelt die Dienstleistung von einzelnen Kanälen (Pay-per-Channel) oder Sendungen (Pay-per-View), womit für die Marktabgrenzung im konkreten Einzelfall auf die Entgelte und die übermittelten Inhalte abzustellen ist. In diesem Zusammenhang gilt generell, dass mit zunehmender Individualisierung des Angebots durch Spartenkanäle der relevante Markt entspr. enger zu fassen sein wird (s. hierzu Monopolkommission Hauptgutachten XI, Tz. 240, 836, 888).

92.3 Während der Pay-TV-Markt von einer wirtschaftlichen Austauschbeziehung zwischen den Rundfunkanbietern und den Rezipienten geprägt ist, besteht ein solches Austauschverhältnis im Free-TV nur zwischen Fernsehveranstaltern und Werbeindustrie, nicht jedoch zwischen Fernsehveranstaltern und Zuschauern (BKartA WuW/E DE-V 53 (58 f.) – Premiere; EG-Kommission WuW/E EU-V 222 (413 mwN) – Bertelsmann/Kirch/Premiere; WuW/E EV 2231 (2237 f.) – MSG Media Service). Hinsichtlich des Marktes für Programmleistungen stellt sich damit – anders als beim entgeltfinanzierten Pay-TV – für das werbefinanzierte Free-TV die für die Anwendung des Wettbewerbsrechts vorgreifliche Frage, ob überhaupt von einem Zuschauermarkt als eigenständigem Markt im wettbewerbstheoretischen Sinne ausgegangen werden kann.

92.4 Sowohl auf nationaler als auch auf europäischer Ebene besteht Uneinigkeit darüber, ob und inwieweit aufgrund der Rivalität der Rundfunkangebote um die Gunst der Zuschauer ein **eigener Zuschauermarkt** abzugrenzen ist – oder ob vielmehr nur ein Zuschaueranteil bestimmt werden kann. Die EU-Kommission hat sich in der diesbzgl. Diskussion über die Existenz eines Zuschauermarktes bislang (soweit ersichtlich) keiner der beiden Extrempositionen eindeutig angeschlossen. In der Rs. RTL/Veronica/Endemol prüfte die Kommission einen eigenständigen Zuschauermarkt, wobei sie dessen Existenz letztlich offen ließ, denn „(d)er Zuschauermarkt kann uU alle Fernsehsendungen einschließen" (EG-Kommission, WuW/E EV 2371 (2373 ff.) – RTL/Veronica/Endemol). In demselben Zusammenhang hob die Kommission iÜ va auch die Bedeutung hervor, die dem Zuschaueranteil als Bezugsgröße für den Werbemarkt zukommt (EG-Kommission, WuW/E EV 2371 (2374 f.) – RTL/Veronica/Endemol.). In nachf. Entscheidungen zu rundfunkspezifischen Sachverhalten hat die EG-Kommission von einer erneuten Erörterung der Frage nach der Existenz eines eigenständigen Zuschauermarktes im Free-TV unter der Anwendung des ökonomischen Konzentrationskontrollrechts allerdings abgesehen (EG-Kommission ABl. EG 1999, Nr. L 53/1 (4) – Bertelsmann/Kirch/Premiere; ABl. EG 1999, Nr. L 90/6 (8) – TPS; ABl. EG 1999, Nr. L 312/1 (4) – BIB/Open).

92.5 Für Deutschland haben das BKartA (vgl. etwa BKartA WuW/E BKartA 2396 (2402 f.) – Westdeutscher Rundfunk/Radio NRW; WuW/E DE-V 1163 (1165 ff.) – Springer/ProSiebenSat.1) und das überwiegende Schr. (Bartosch, EuZW 1999, 607 (608); Bechtold/Bechtold GWB § 19 Rn. 6, 14; Buchholtz ZUM 1998, 108 (111); Frey ZUM 1998, 985 (989); Kieker WuW 1990, 128 (130); Immenga/Mestmäcker/Mestmäcker/Veelken GWB Vor § 35 Rn. 88; Monopolkommission, Hauptgutachten VII, Tz. 584; Parlasca WuW 1994, 210 (214)) die Existenz eines solchen Zuschauermarktes im Free-TV bislang zu Recht abgelehnt. Insbes. fehlt es an der maßgeblichen entgeltlichen Austauschbeziehung zwischen Rundfunkveranstaltern und Rezipienten. Die vorhandene Interdependenz zwischen dem Zuschaueranteil und dem Werbemarkt rechtfertigt nicht die Annahme des behaupteten selbständigen Rezipientenmarktes. Mit dem Synallagma zwischen Anbieter und Nachfrager mangelt es für die eigentliche Programmtätigkeit im Free-TV vielmehr an einem zentralen Element unternehmerischer Betätigung. Gegen die Existenz eines einheitlichen Zuschauermarktes lässt sich weiterhin anführen, dass auf der Ebene der Fernsehzuschauer die Intensität der individuellen Nutzung keinen Einfluss auf die Verfügbarkeit des Programms für andere hat. Die Anerkennung eines Zuschauermarktes im Free-TV würde deshalb in systemtheoretischer Hinsicht einen Fremdkörper iRd Wettbewerbsrechts darstellen (vgl. Parlasca WuW 1994, 210 (214)). Folgt man dieser Auff., so sind allfällige Konzentrationsentwicklungen im Medienbereich folgerichtig der Kontrolle durch das Wettbewerbsrecht zumindest teilw. entzogen.

92.6 Im Rundfunksektor besteht anerkanntermaßen ein abgrenzbarer Werbemarkt, auf dem die Rundfunkveranstalter als Anbieter den werbenden Unternehmen als Nachfrager entspr. Sendezeiten gegen Entgelt zur Verfügung stellen (Immenga/Mestmäcker/Mestmäcker/Veelken GWB Vor § 35 Rn. 92). Für das werbefinanzierte Free-TV hängt der ökonomische Erfolg der Rundfunkveranstalter entscheidend von der jeweiligen Wettbewerbsposition im Konkurrenzverhältnis um die Nachfrager für Werbeplattformen und -fenster ab; auch für das entgeltfinanzierte Pay-TV sind Werbeeinnahmen nicht nur von völlig nachgeordneter Bedeutung.

Der **Rundfunkwerbemarkt** wiederum unterscheidet sich in vielfacher Hinsicht signifikant vom **92.7** **Pressewerbemarkt** (Immenga/Mestmäcker/Mestmäcker/Veelken GWB Vor § 35 Rn. 92). In Ansehung erheblicher Divergenzen betr. va die Zielgruppen, die angewandten Techniken, die Art der Wahrnehmung und die maßgeblichen Preise, kann daher (auch) nicht von einem einheitlichen, medienübergreifenden Werbemarkt ausgegangen werden (auf nationaler Ebene BKartA WuW/E BKartA 1921 (1924 ff.) – Burda/Springer; WuW/E BKartA 2396 (2402 ff.) – WDR/Radio NRW; Immenga/Mestmäcker/Mestmäcker/Veelken GWB Vor § 35 Rn. 93; Möschel JZ 1984, 493 (497); auf europäischer Ebene EG-Kommission WuW/E EV 2371 (2375) – RTL/Veronica/Endemol). Dieser Befund wird zusätzlich gestützt durch einen Blick auf die unterschiedliche werbetechnische (bspw. Markteinführung von Markenprodukten im Fernsehen, Dauerkampagnen und Produkte mit höherem Erklärungsbedarf in den Printmedien) und werbepsychologische (bspw. zielgruppenspezifische Ansprache in der Presse, hohe Streuverluste im Fernsehen) Ausgestaltung von Presse- und Rundfunkwerbung.

Unter Rückgriff auf das **Bedarfsmarktkonzept** besteht aus der Sicht der Nachfrager für Werbe- **92.8** kapazitäten damit insgesamt keine funktionelle Austauschbarkeit zwischen den einzelnen Mediensektoren. Für die Abgrenzung der Werbemärkte ist auf die Rezipientenpräferenzen zurückzugreifen, wobei den Kriterien der inhaltlich-publizistischen Ausgestaltung und der Zugangsmöglichkeiten bes. Bedeutung zukommt. Aufgrund der sprachlichen und kulturellen Unterschiede sind die Werbemärkte schließlich weiterhin vielfach landesspezifisch und national ausdifferenziert (EG-Kommission WuW/E EV 2371 (2376 f.) – RTL/Veronica/Endemol).

3. Internet

Die Abgrenzung der relevanten Märkte im Internet unter Anwendung des Bedarfsmarkt- **93** konzepts (→ Rn. 45) ist wegen der Multifunktionalität der angebotenen Leistungen und des hohen Innovationstempos mit bes. Schwierigkeiten verbunden (vgl. Wissenschaftlicher Beirat beim BMWT Sammelband, 2143 ff.). Wo klassische Medieninhalte über das Internet vertrieben werden, bilden sich durch die unterschiedlichen Nutzungs- und Übertragungsarten regelmäßig neue Medienmärkte heraus (Mestmäcker/Schweitzer Europäisches WettbR, 2. Aufl. 2004, § 25 Rn. 29). Für die anzustellende **Marktabgrenzung** bietet sich dem Grunde nach eine Unterscheidung anhand von vier typischen Wertschöpfungsstufen an (zu dieser Einteilung der Wertschöpfungsstufen Zerdick ua, Die Internetökonomie, 3. Aufl. 2001, S. 174), nämlich nach der Produktion der Inhalte (erste Stufe), der redaktionellen Aufbereitung und Zusammenstellung der Inhalte (zweite Stufe), der Übertragung der Inhalte (dritte Stufe) sowie nach der Navigation für die Internetnutzer (vierte Stufe). IdS sind etwa das Internet, die seiner Nutzung dienenden Leistungen und die erbrachten Online-Angebote jeweils gesonderten Märkten zuzurechnen; folgerichtig bestehen gesonderte Märkte für den Zugang zum Internet einerseits sowie für Internet-Plattformen andererseits (Mestmäcker/ Schweitzer Europäisches WettbR, 2. Aufl. 2004, § 25 Rn. 29).

Bes. Aufmerksamkeit ist auf die internetspezifischen Erscheinungsformen der sog „**elek- 94 tronischen Presse**" und auf sonstige, ausschl. über das Internet transportierte redaktionelle Darstellungen zu richten. Dabei gilt auch hier, dass für die Zwecke der Marktabgrenzung ein wirtschaftliches Austauschverhältnis grds. eine synallagmatische Gegenleistung voraussetzt. Folgerichtig stellt sich auch für die vielfach alleine werbefinanzierten, für die Rezipienten unentgeltlichen Internetangebote die Frage, ob und inwieweit überhaupt von dem Vorhandensein des erforderlichen Rezipientenmarktes im wettbewerbstheoretischen Sinne ausgegangen werden kann. In mehreren Entscheidungen hat die EG-Kommission als relevante sachliche Märkte im Internet zwar solche für entgeltlich erbrachte Leistungen anerkannt, die Existenz der hier in Rede stehenden Rezipienten- oder Zuschauermärkte aber verneint (EG-Kommission Case No. IV/JV.1 Rn. 15 – Telia/Telenor/Schibsted; Case No. IV/JV.5 Rn. 12 – Cegetel/Canal+/AOL/Bertelsmann; Fall Nr. IV/JV.11 Rn. 14 – Deutsche Telekom/Springer/Holtzbrinck; ABl. EG Nr. L 268/28 (34) – AOL/Time-Warner). Weiterhin hat auch das BKartA für die durch Werbung oder andere Formen der internen Subvention finanzierten, über das Internet verbreiteten Inhalte einen eigenständigen Markt abgelehnt (BKartA WuW/E DE-V 624 (628) – Bild.de/T-Online.de). Zur Begr. der getroffenen Abgrenzungen und Entscheidungen ist va auch darauf abgestellt worden, dass es bei unentgeltlichen Internetangeboten an der erforderlichen Austauschbeziehung zwischen Anbieter und Rezipienten fehlt (EG-Kommission Case No. IV/JV.8 Rn. 13 – Deutsche Telekom/ Springer/Holtzbrinck.).

4. Suchmaschinen

95 Zu unterscheiden sind mit Blick auf die Suchmaschinen jedenfalls jeweils getrennte sachliche Märkte (vgl. Paal, Suchmaschinen, Marktmacht und Meinungsbildung, 2012, S. 41) für die **Nutzung der Suchmaschinen** (→ Rn. 96), die **Indexierung durch die Suchmaschine** (→ Rn. 99) und die **Werbeangebote** (→ Rn. 100).

96 Bei der Nutzung von Suchmaschinen kommen zunächst unterschiedliche Märkte zum einen für die **generellen, übergreifenden Suchmaschinen** und zum anderen für die unterschiedlichen **vertikalen Online-Suchdienste** in Betracht (vgl. Paal AfP 2011, 521 (525)). Für die Nutzung der Suchmaschinen insgesamt stellt sich überdies die – vorgreifliche – Frage, ob und inwieweit überhaupt von einem sachlich relevanten Markt ausgegangen werden kann (erörtert und ausdr. offen gelassen in EU-Kommission Case No COMP/ M.5727 Rn. 85 f. – Microsoft/Yahoo!). Problematisch ist, dass es regelmäßig an einer unmittelbaren **Entgeltlichkeit der Leistung des Suchmaschinenanbieters** ggü. den Nutzern fehlen wird. Hieraus wird teilw. abgeleitet, es bestehe bereits kein eigenständiger Markt im wettbewerbsrechtlichen Sinne, da der Suchmaschinenanbieter unmittelbar keine geldwerten Vorteile erwerbe (vgl. Schulz/Held/Laudien, Suchmaschinen als Gatekeeper in der öffentlichen Kommunikation, 2005, 59 f.).

97 **Zugunsten eines wettbewerbsrechtlich relevanten Marktes** für Suchmaschinendienste trotz der Unentgeltlichkeit der Suchfunktion für die Nutzer wird demgegenüber teilw. argumentiert, die Gegenleistung der Nutzer bestehe in der Bereitstellung von Aufmerksamkeit für die kontextsensitive Werbung. Anders als bei der herkömmlichen Werbung im Free-TV komme es hier zu einer konkreten Vermögensverfügung zugunsten des Suchmaschinenbetreibers durch das Pay-Per-Click-Verfahren. Hieraus resultiere eine hinreichend enge Überschneidung des Suchmaschinenmarktes mit dem komplementären Online-Werbemarkt (Kühling/Gauß ZUM 2007, 751 (752); Ott MMR 2006, 195 (196 f.); ders. K&R 2007, 375 (378)). Diese Argumentation verwischt jedoch die erforderliche sorgfältige Abgrenzung der einzelnen Beziehungen zwischen werbenden Anbietern, Nutzern und Suchmaschinenbetreibern. Weiterhin bleibt insoweit außer Betracht, dass es gerade nicht in jedem Fall zu einem Anklicken der Werbung kommt.

98 Vielmehr gilt, dass bloße Interdependenzen zwischen Nutzeraufkommen und Werbeerlösen für sich genommen in der Tat noch keinen wettbewerbsrechtlich relevanten Markt konstituieren. Allerdings lässt sich ein eigenständiger, wettbewerbsrechtlich relevanter Markt daraus ableiten, dass Suchmaschinennutzer – jedenfalls nach dem geltenden Datenschutzregime – den Suchmaschinenbetreibern einen Zugriff auf Informationen übermitteln und eröffnen, die einen erheblichen eigenen wirtschaftlichen Wert aufweisen. Bei jeder Suchanfrage übermitteln die Nutzer (werbe-)relevante, kommerzialisierbare Daten über Interessen, Neigungen und das Surfverhalten insgesamt. Im Unterschied zum Rundfunk – und anderen vergleichbaren Sektoren – besteht bei Suchmaschinen damit eine unmittelbare Interaktion zwischen Betreibern und Nutzern: Nutzer müssen jeweils der Speicherung und Verwertung ihrer Daten zustimmen, woraus sich eine individuelle Geschäftsbeziehung ableiten lässt. Insofern liegt eine **hinreichende entgeltliche Austauschbeziehung** vor, die die Annahme eines wettbewerbsrechtlich relevanten eigenständigen Marktes trägt (vgl. auch Ott MMR 2006, 195 (197); Paal AfP 2011, 521 (525)).

99 Für die **Berücksichtigung im Suchmaschinenindex** und das anschließende Ranking stellt sich im Verhältnis zu den Inhalteanbietern ebenfalls die Frage nach dem Vorliegen eines wettbewerbsrechtlich relevanten Marktes darüber hinaus unter dem Aspekt der entgeltlichen Austauschbeziehung. Während bei vergüteten Aufnahmen in den Suchmaschinenindex, sog Paid Inclusions, eine entgeltliche Austauschbeziehung unproblematisch vorliegt, erfolgt im Regelfall die Aufnahme in den jeweiligen Index ohne unmittelbare Gegenleistung (Hoeren MMR 1999, 649 (649 f.)). Wenn teilw. trotzdem ohne weitere Vertiefung von dem Vorliegen eines Marktes ausgegangen wird, ist hiergegen einzuwenden, dass es – wie beim Free-TV – an dem erforderlichen **Gegenseitigkeitsverhältnis** fehlen wird (Schulz/Held/Laudien, Suchmaschinen als Gatekeeper in der öffentlichen Kommunikation, 2005, 59 f.). So dürfte

der bloße enge Zusammenhang zwischen der Aufnahme in den Index und der Förderung der Geschäftschancen des Content-Anbieters noch nicht ausreichen, um einen eigenständigen Markt zu konstituieren (aA Ott MMR 2006, 195 (197)). Weiterhin wird mit dem **Setzen von Hyperlinks** – etwa in den Suchmaschinenergebnissen – keine urheberrechtlich relevante Verwertungsbefugnis in Anspruch genommen (BGH MMR 2003, 719 ff.; Ott WRP 2004, 52 ff.). Allerdings ist die vorgelagerte Tätigkeit der Durchsuchung von Webseiten durch Roboter der Suchmaschinen eine urheberrechtlich relevante Vervielfältigung. Da insoweit von einer **konkludenten Einwilligung** der Webseitenbetreiber auszugehen sein wird (hierzu Rath, Das Recht der Suchmaschinen, 2005, S. 134 f.), besteht iErg ein für die Marktkonstituierung hinreichender Leistungsaustausch (Ott MMR 2006, 195 (197); Paal AfP 2011, 521 (526)).

Suchkontextbezogene Werbung, etwa durch sog Ad Words oder Sponsored Links, bildet unproblematisch einen eigenständigen sachlich relevanten Markt. Daneben existieren Märkte für die nicht-suchgebundene Werbung im Suchmaschinensektor (sog Display-Werbung) und für die Werbevermittlung. Zum Zwecke der weiteren Marktabgrenzung im Suchmaschinen-Werbebereich ist überdies von Bedeutung, ob und inwieweit aus Sicht der Nachfrager eine **Austauschbarkeit ggü. anderen Medien** besteht. So hat das BKartA bislang eine Austauschbarkeit von Radio- und Fernsehwerbung zutr. verneint und jeweils eigenständige Märkte angenommen (BKartA WuW/E BKartA 2396 (2402 ff.), bestätigt durch KG Berlin WuW/E OLG 4811 (4825 ff.)). IdS dürfte nach dem Bedarfsmarktkonzept (→ Rn. 42) zwischen der kontextbezogenen Werbung im Rahmen von Suchmaschinen im Internet und sonstigen medial vermittelten Werbeangeboten keine funktionale Austauschbarkeit bestehen (vgl. EU-Kommission, Case No COMP/M.4731 Rn. 6; COMP/M.5676 Rn. 34ff; so auch Ott MMR 2006, 195 (198)); idS grenzt die EU-Kommission zutr. die Offline- von der Online-Werbung ab (vgl. EU-Kommission, Case No COMP/M.4731 Rn. 45). 100

5. Telekommunikation und Netzinfrastrukturen

Telekommunikationsmärkte in Europa werden regelmäßig als nationale Märkte definiert (Beck TKG/Bongard TKG Vor § 9 Rn. 43). Diese **nationale Marktabgrenzung im Telekommunikationsbereich** lässt sich historisch mit den früheren nationalen Monopolen und der entspr. Netzausdehnungen erklären (Beck TKG/Bongard TKG Vor § 9 Rn. 43). Nach der auch tatsächlich vollzogenen Liberalisierung der Telekommunikationsmärkte ergeben sich nationale Marktgrenzen maßgeblich aus der Homogenität der Wettbewerbsbedingungen auf der Ebene der Access Provider. Für die Abgrenzung des sachlich relevanten Marktes ist überdies zunächst die **Unterscheidung zwischen Internetzugang und Terminierung** zu berücksichtigen: Im Bereich des Internetzugangs sind zwar TV-Kabelanschlüsse und DSL-Anschlüsse substituierbar (BNetzA Festlegung, Breitbandzugang für Großkunden v. 16.9.2010, S. 41), jedenfalls derzeit muss aber noch zwischen der mobilen und der leitungsgebundenen Technologie auf der sog **„letzten Meile"** unterschieden werden (BNetzA Festlegung, Breitbandzugang für Großkunden v. 16.9.2010, 62). Insoweit sind jeweils separate Märkte anzunehmen, deren Eigenrationalitäten jeweils bes. Interessen der Marktteilnehmer auf der Ebene der Rechtfertigung von **Netzwerkmanagementmaßnahmen** mit sich bringen. 101

6. Betriebssysteme für Smartphones/Tablets

Inhalteanbieter, die für das erfolgreiche Bestehen im Wettbewerb auf eine weite Verbreitung ihrer Angebote angewiesen sind, werden bestrebt sein, möglichst auf allen maßgeblichen Betriebssystemen – und damit den Benutzeroberflächen – von Smartphone- bzw. Tablet-Herstellern vertreten zu sein. Mit zunehmender Bedeutung der durch integrierte Online-Shops der jeweiligen Betriebssysteme vermittelten Zugänge zu den Nutzern und gleichzeitiger Bindung der Nutzer an diese **Benutzeroberflächen** dürfte die nach dem Bedarfsmarktkonzept zu bestimmende Substituierbarkeit abnehmen. Die Oberflächen der einzelnen Hersteller werden dann auch aus Sicht der Inhalteanbieter wegen der regelmäßigen Pfadabhängigkeit und allfälligen **Gewöhnungs- bzw. Lock-in-Effekten** nicht mehr ohne 102

Weiteres als austauschbar anzusehen sein (vgl. auch Koenig MMR 2013, 137 (137 f.); Paal GRUR 2013, 873 (879); für TV-Portale ebenfalls Schütz/Schreiber MMR 2012, 659 (663)).

7. Soziale Netzwerke

103   Bislang haben weder die EU-Kommission noch das BKartA – soweit ersichtlich – für den Bereich der Sozialen Netzwerke eine konkrete Marktabgrenzung vorgenommen. Unter Heranziehung des Bedarfsmarktkonzepts dürften dabei in Ansehung der Sozialen Netzwerke neben einem übergreifenden Markt auch noch weitere engere Märkte abzugrenzen sein (vgl. Paal GRUR 2013, 873 (880)), etwa für **Anwendungsprogramme** (sog **Apps**) oder **Werbung** (idS für „Social Games" auf „Social Networks" Lober GRUR-Prax 2010, 453).

IV. Pressevertrieb und Presse-Grosso

104   Der Pressevertrieb in Deutschland erfolgt maßgeblich durch das Presse-Grosso-System, womit das **Zusammenspiel von Pressefreiheit, Pressevertrieb und Kartellrecht** betroffen ist. Aktuelle Judikate des BGH zur Kündigung eines Grossisten durch einen Zeitungsverlag (BGH NJW 2012, 773) und des LG Köln zur **Freistellungsfähigkeit des einheitlichen Verhandlungsmandats** des Presse-Grosso-Verbandes (LG Köln GRUR-RR 2012, 171 – nicht rechtskräftig; die Berufung beim OLG Düsseldorf wird dort geführt unter dem Az. VI U 7/12 (Kart)) werfen kartellrechtliche Fragen betr. die grund- und verfassungsrechtlich unterlegte Meinungs- und Medienvielfalt (→ Rn. 81) auf (zur Gewährleistungsverantwortung des Staates Gersdorf AfP 2012, 334 (338 ff.)). Nach der Rspr. des BVerfG ist die Tätigkeit des Presse-Grosso in den Schutzbereich des Grundrechts der Pressefreiheit aus Art. 5 Abs. 1 Satz 2 GG einbezogen (BVerfG NJW 1988, 1833). Mit der intrikaten Frage nach der Notwendigkeit einer **Neutralität des Verteilnetzes** (zum Presse-Grosso Kloepfer AfP 2010, 120) ist nicht zuletzt ein wesentlicher Faktor der Vielfaltssicherung angesprochen (zu möglichen Alternativen zum Presse-Grosso Guggenberger/Ulmer AfP 2013, 183 (187 ff.); Paal AfP 2012, 1 (9)), der auch auf dem Telekommunikationssektor (→ Rn. 101) und für die Online-Suchmaschinen (→ Rn. 95) aktuell intensiv diskutiert wird.

1. Tatsächliche Grundlagen

105   Der deutsche Pressevertrieb wird vornehmlich durch das historisch gewachsene Presse-Grosso abgewickelt. Hierbei handelt es sich um ein Vertriebssystem für Presseerzeugnisse, va für Zeitungen und Zeitschriften. Dabei agieren die Grossisten als Großhändler als zumeist selbstständiges Bindeglied zwischen Verlagen und Einzelhändlern. Die Grossisten kaufen die Presseprodukte von den Verlagen und verkaufen sie im eigenen Namen und auf eigene Rechnung weiter an die Einzelhändler. Bereits seit dem Jahre 1950 vertritt der **Bundesverband Deutscher Buch-, Zeitungs- und Zeitschriften-Grossisten e. V.** (Bundesverband Presse-Grosso) die Interessen der Pressegrossisten. Den Vorzügen einer **vielfaltssichernden Netzneutralität** (hierzu etwa Kloepfer, Vielfaltssicherung durch Ebenentrennung in der Massenkommunikation, 2010) durch das Presse-Grosso-System stehen Wettbewerbsbeschränkungen ggü., die Klärungsbedarf im Lichte des Kartellrechts aufwerfen (einen „Bestandsschutz" für das Presse-Grosso abl. Paschke AfP 2012, 431). Denn die etablierten Strukturen des Presse-Grosso beinhalten das System des Alleingebietsgrosso, die einheitliche Verhandlung von Preisen und Konditionen, ausschl. Vertriebsrechte und Monopolgebiete (vgl. Bach NJW 2012, 728).

2. BGH – Grossistenkündigung (2011)

106   In der BGH-Entscheidung zur Grossistenkündigung verlangte der klagende Pressegrossist, von der beklagten Vertriebsgesellschaft weiterhin mit Presseerzeugnissen des betroffenen Konzerns beliefert zu werden. IdS sollte die Beklagte verurteilt werden, ausschl. die Klägerin in deren Vertriebsgebiet mit sämtlichen Presseerzeugnissen der Beklagten zu den Bedingungen zu beliefern, welche die Beklagte mit dem BVPG vereinbart hatte (BGH NJW 2012, 773 (774)). IErg hat der BGH die Kündigung des zugrunde liegenden Presse-Grosso-Vertriebsvertrags als wirksam angesehen, weshalb der beklagte Verlag ohne Angabe von Gründen

mit einer Frist von sechs Monaten kündigen und die Lieferrechte entziehen durfte (zu den vertragsrechtlichen Aspekten s. Albrecht NJW 2012, 728 (730); Paal AfP 2012, 1 (4 f.)). Etwas anderes sollte sich nach dem BGH weder ableiten lassen können aus der Gemeinsamen Erklärung des Bundesverbands Presse-Grosso mit den Verlegerverbänden, da es für den Verlag an den erforderlichen Rechtswirkungen fehle, noch aus dem Wettbewerbsrecht. Ein **Alleinbelieferungsanspruch** kam nach Auff. des Kartellsenats überdies auch und gerade in Ansehung des § 20 Abs. 1 GWB nicht in Betracht (BGH NJW 2012, 773 (777)).

Der BGH bezog sich für die kartellrechtliche Würdigung ausdr. nur auf die konkrete **107** Situation des Ausscherens des beklagten Verlagshauses aus dem Presse-Grosso-System. Der „Marktzugang auflagenschwacher Presseerzeugnisse und kleiner Zeitschriftenverlage" sei gerade wegen der verbleibenden marktbeherrschenden Stellung des ehemaligen Gebietsmonopolisten und dem daraus erwachsenden Zugangsanspruch nicht erschwert (BGH NJW 2012, 773 (777)); eine Bedrohung der Praktikabilität der Remission entstehe „durch einen Übergang zum Doppel-Grosso" nicht (BGH NJW 2012, 773 (777)). Fraglich ist, ob und inwieweit diese Ausführungen auch bei einer möglichen zukünftigen Häufung der Kündigungen von Presse-Grosso-Vertriebsverträgen oder anderen Marktmachtverteilungen ihre Gültigkeit behalten können (Paal AfP 2012, 1 (7); dem sich anschließend Guggenberger/Ulmer AfP 2013, 183 (184)).

Mangels Entscheidungsrelevanz hat sich der BGH zwar einer spezifischen kartellrecht- **108** lichen Bewertung des Presse-Grosso-Systems unter dem Gesichtspunkt der Alleingebietsmonopole enthalten; ein kritischer Unterton ist aber spürbar (BGH NJW 2012, 773 (775 f.)). Die verfassungsrechtlichen Vorgaben und die daraus erwachsenden Konsequenzen für einen nicht-ausschließlichen Belieferungsanspruch sind insoweit allerdings unterbelichtet geblieben. Insbes. mit Blick auf den geltend gemachten Anspruch auf nicht-ausschließliche Belieferung erlangt die Pressefreiheit aus Art. 5 Abs. 1 Satz 2 GG (sowie Art. 11 Abs. 2 GRCh, Art. 10 EMRK) bes. Bedeutung (vgl. hierzu Gersdorf AfP 2012, 336; Paal AfP 2012, 1 (6 f.)).

3. LG Köln – Zentrales Verhandlungsmandat (2012)

Das LG Köln untersagte unter Rekurs auf Art. 101 AEUV iVm § 33 Abs. 1 GWB dem **109** beklagten Bundesverband Presse-Grosso, für die Presse-Grossisten in Deutschland einheitliche Konditionen (insbes. Handelsspannen und Laufzeiten) mit Verlagen oder Nationalbetrieben zu verhandeln oder zu vereinbaren, ferner Presse-Grossisten aufzufordern, individuelle Verhandlungen mit der Klägerin über Grosso-Konditionen zu verweigern (LG Köln GRUR-RR 2012, 171). Mit dem zentralen Verhandlungsmandat ist ein **wesentlicher Systembestandteil des Presse-Grosso-Systems** betroffen. Zu kurz greifen hierbei die Erwägungen des LG Köln zum Nichtvorliegen der Freistellungsvoraussetzungen auf der Grundlage und am Maßstab von Art. 101 Abs. 3 AEUV bzw. § 2 GWB (vgl. LG Köln GRUR-RR 2012, 171 (175 f.)), da die grund- und verfassungsrechtlichen Vorgaben, die unter dem Gesichtspunkt von außer-ökonomischen Vorteilen eine Freistellungsfähigkeit tragen könnten, unterbelichtet bleiben (vgl. hierzu Gersdorf AfP 2012, 336; Paal AfP 2012, 1 (6 f.); aA Paschke AfP 2012, 431). Als ein solcher außer-ökonomischer Vorteil kommt insbes. die Sicherung von Meinungsvielfalt vermittels der vertriebsbezogenen Neutralität in Betracht (→ Rn. 111). IdS ist im Schr. zutr. darauf verwiesen worden (vgl. Schnelle/Kollmann GRUR-RR 2012, 176 (177)), dass nach der Rspr. des EuGH bei der Anwendung von Art. 101 Abs. 3 AEUV bestimmte Beschränkungen des Wettbewerbs als zulässig erachtet werden können, soweit sie für die Verwirklichung andersartiger Ziele unerlässlich sind und nicht zu einer Ausschaltung des Wettbewerbs für einen wesentlichen Teil des gemeinsamen Marktes führen (EuGH BeckRS 2004, 722490 Rn. 176 – van Landewyk/Kommission; BeckRS 1977, 60380 Rn. 21 – Metro I/Kommission).

Darüber hinaus ist in der Judikatur des EuGH anerkannt, dass iRd kartellrechtlichen **110** Würdigung der Gesamtzusammenhang und die Zielsetzung einer Beschränkung gewürdigt werden müssen. Bei der Anwendung des Kartellverbots im Einzelfall sind der Gesamtzusammenhang und insbes. auch die Zielsetzung der wettbewerbsbeschränkenden Vereinbarung zu würdigen; weiterhin ist zu prüfen, ob die verbundenen wettbewerbsbeschränkenden Wirkungen notwendig mit der Verfolgung der genannten Ziele zusammenhängen und ob sie im

Hinblick auf diese Ziele verhältnismäßig sind. IdS unterfallen Wettbewerbsbeschränkungen und ihre Wirkungen, die einem legitimen Zweck dienen und verhältnismäßig sind, möglicherweise bereits nicht dem Tatbestand des Kartellverbots (EuGH EuZW 2006, 593 (596) Rn. 42 ff. – **Meca-Medina**). Damit könnte das zentrale Verhandlungsmandat des Bundesverbands Presse-Grosso als wesentlicher Bestandteil des vielfaltssichernden Presse-Grosso-Systems bereits nicht vom Kartellverbot erfasst sein (Immanenztheorie), wenn die bestehende Wettbewerbsbeschränkung und die mit ihr verbundenen Wirkungen legitimen Zwecken dienen und sich im Zuge einer Gesamtbetrachtung überdies auch als verhältnismäßig darstellen (aA Paschke AfP 2012, 431).

4. Freistellung vom Kartellverbot (8. GWB-Novelle)

111 Im Zuge der 8. GWB-Novelle ist **§ 30 GWB** („Preisbindung bei Zeitungen und Zeitschriften" – § 30 GWB) in Abs. 2a durch eine bes. Vorschr. für den Pressevertrieb über das Presse-Grosso erweitert worden. Hierdurch soll sichergestellt werden, dass der Pressevertrieb über Groß- und Einzelhandel weiterhin wie bisher über das Presse-Grosso organisiert werden kann. Allerdings wird durch die kartellrechtliche Freistellung nicht die Gefahr gebannt, dass Verlage oder Abnehmer dem Presse-Grosso-System künftig fern bleiben (ebenso Gersdorf AfP 2012, 336 (344)).

112 § 30 Abs. 2a S. 1 GWB statuiert nunmehr eine Freistellung vom Kartellverbot für „Branchenvereinbarungen", an denen Vereinigungen von Presseverlagen und Vereinigungen von Presse-Grossisten beteiligt sein können (hierzu Bechtold NZKart 2013, 263; Soppe AfP 2013, 365). Voraussetzung für die Freistellung ist, dass die Verlage für die Zeitungen oder Zeitschriften, auf die sich die Branchenvereinbarungen beziehen, Preisbindungen vornehmen, um den Endverbrauchern Presseobjekte überall zu denselben Preisen anzubieten. Den Partnern der Branchenvereinbarungen bleibt überlassen, wie sie das Ziel des flächendeckenden und diskriminierungsfreien Vertriebs erreichen. Die Diskriminierungsfreiheit des Vertriebes wird, entspr. der st. Praxis und des zwischen Verlagen und Grossisten angewendeten Regelwerkes, dadurch abgesichert, dass überall dieselben Konditionen und Leistungsanforderungen gelten. Ein Kontrahierungszwang ist nicht statuiert, womit eine Selbstorganisation bzw. -versorgung außerhalb des Grosso-Systems möglich bleibt (vgl. Gersdorf AfP 2012, 336 (344); Guggenberger/Ulmer AfP 2013, 183 (185)).

113 Nach Maßgabe von § 30 Abs. 2a S. 2 GWB sind die in Satz 1 genannten Vereinigungen und die von ihnen jeweils vertretenen Presseverlage und Presse-Grossisten zur Sicherstellung eines flächendeckenden und diskriminierungsfreien Vertriebs von Zeitungen und Zeitschriften im stationären Einzelhandel iSv Art. 106 Abs. 2 AEUV mit Dienstleistungen von allg. wirtschaftlichem Interesse „betraut". Dabei ist sowohl die Vereinbarkeit mit der nationalen Kompetenzordnung (Art. 74 Abs. 1 Nr. 16 GG) als auch mit der europäischen Wettbewerbsordnung (insbes. Art. 106 Abs. 2 AEUV) umstr. (für eine Zulässigkeit Bechtold NZKart 2013, 263 (265); Gersdorf AfP 2012, 336 (339 ff.); Kühling ZUM 2013, 18; Schwarze, NZKart 2013, 270; Soppe AfP 2013, 365 (371); abl. dagegen Guggenberger/Ulmer AfP 2013, 183 (186 f.); Paschke AfP 2012, 501 (502 ff.)).

V. Sportübertragungsrechte und Zentralvermarktung

114 Übertragungen von Sportveranstaltungen sind für Medienunternehmen von hervorgehobener Bedeutung im Wettbewerb um Rezipientenreichweiten. Die Einnahmen aus der Vermarktung von Sportveranstaltungen bilden eine Haupteinnahmequelle für Vereine und Verbände, wobei die Verwertung regelmäßig im Wege der **Zentralvermarktung** erfolgt (→ Rn. 115). Zum Zwecke der Verlängerung der Verwertungskette durch Produktdifferenzierung organisieren die Zentralvermarkter die Verwertung zumeist dergestalt, dass für jedes nationale Territorium eine **exklusive Lizenz** vergeben wird (→ Rn. 125).

1. Tatsächliche Grundlagen

115 Die **Zentralvermarktung** ist gekennzeichnet durch eine Bündelung der Übertragungsverwertung bei einer beauftragten Institution. Die Erlaubnis des Veranstalters zur Übertragung einer Sportveranstaltung bildet dabei dogmatisch keine Übertragung von Rechten,

weshalb der Begriff „Übertragungsrechte" jedenfalls irreführend ist. Vielmehr handelt es sich um eine **Einwilligung in Eingriffe, die der Veranstalter aufgrund eines oder mehrerer Abwehrrechte ansonsten verbieten könnte** (s. etwa BGH AfP 2011, 253). Eine Zentralvermarktung von Veranstaltungen stellt sich als eine dem Kartellverbot unterfallende Praxis dar, die nachteilige Auswirkungen auf den ökonomischen Wettbewerb befürchten lässt.

Während ökonomischer Wettbewerb idealtypisch charakterisiert ist durch ein antagonistisches Streben nach Steigerung des eigenen Zielerreichungsgrades zu Lasten anderer, weichen die Gegebenheiten des Ligasports hiervon in einem wesentlichen Punkt ab: Ligateilnehmer haben ein generelles Interesse an der Konkurrenzfähigkeit ihrer Wettbewerber, weshalb das Verhalten typischerweise (zumindest auch) auf ein kooperatives Miteinander im Sinne eines sportlichen Gleichgewichts angelegt ist (vgl. hierzu Fleischer WuW 1996, 473 (476); Parlasca, Kartelle im Profisport, 1993, S. 45 ff.; Springer WRP 1998, 477 (479)). 116

2. BGH – Europapokal-Heimspiel-Entscheidung (1997)

Bereits im Jahre 1987 bewertete der BGH den gekoppelten Verkauf von Fußball-Eintrittskarten als missbräuchliche Ausnutzung einer marktbeherrschenden Stellung (BGH NJW 1987, 3007). Zehn Jahre später untersagte der BGH die zentrale Vermarktung von Übertragungsrechten an Europapokal-Heimspielen deutscher Fußballvereine durch den Deutschen Fußball Bund (BGH NJW 1998, 756). In unmittelbarem sachlichem und zeitlichem Zusammenhang mit der letztgenannten Entscheidung erfolgte die Schaffung einer Bereichsausnahme vermittels **§ 31 GWB aF,** die ein durch gemeinnützige Verbände vorgenommene Zentralvermarktung von Fernsehrechten im Sport dem Anwendungsbereich des nationalen Kartellverbots entziehen sollte. Diese Bereichsausnahme lief in Ansehung des generell vorrangigen (vgl. Art. 3 Abs. 2 S. 1 VO Nr. 1/2003 bzw. § 22 Abs. 2 S. 1 GWB) europäischen Kartellverbots praktisch allerdings weitgehend leer. Folgerichtig ist die Ausnahmebestimmung des § 31 GWB aF im Zuge der **7. GWB-Novelle 2004** wieder aufgehoben worden. 117

3. Veranstalterbegriff

Es könnte bei der Zentralvermarktung von Sportveranstaltungen an einer kartellrechtlich erheblichen Beschränkung des Wettbewerbs fehlen, wenn nicht fremde, sondern vielmehr originär eigene Rechte durch die zentrale Institution vermarktet werden. Somit ist die Zuordnung der Rechteinhaberschaft für Sportveranstaltungen vermittels des Veranstalterbegriffs (hierzu etwa Kübler ZUM 1989, 326; Ladeur GRUR 1989, 885; Roth AfP 1989, 515 (516 ff.); Stopper SpuRt 1999, 188) näher zu konkretisieren, wofür vornehmlich auf die **Vorgaben des nationalen Rechts** zu rekurrieren ist (vgl. EG-Kommission ABl. EU 2003, Nr. L 291/25). 118

In der Rspr. wurde der Veranstalterbegriff zunächst im Zusammenhang mit Wettbewerbsverstößen des oder gegen den unmittelbar ausrichtenden Veranstalter thematisiert. Der BGH sah für diese Konstellationen stets denjenigen als Veranstalter an, der in organisatorischer und finanzieller Hinsicht für das betr. Ereignis verantwortlich war (BGH NJW 1970, 2060; 1958, 1486). Im Beschluss zu den Europapokal-Heimspielen führte der BGH aus, dass der Deutsche Fußball Bund jedenfalls bei der Organisation der Fußballspiele keine Aufgaben wahrnehme, aus denen sich eine Veranstaltereigenschaft ableiten lasse. In einem obiter dictum desselben Beschlusses schien allerdings auch auf, dass eine originäre Mitinhaberschaft eines Verbandes daraus erwachsen könnte, dass der Verband den Wettbewerb ins Leben gerufen, über Jahre durch Einzelmaßnahmen organisiert und ihm ein hohes Ansehen bei den Zuschauern verschafft hat (BGH NJW 1998, 756 (758 f.)). 119

Selbst wenn man den Veranstalterbegriff durch Rekurs auf sonstige ideelle, strukturelle oder organisatorische Beiträge zu der marktfähigen Leistung erweitern will, werden solche Veranstalter aus kartellrechtlicher Perspektive jedoch allenfalls originär mit-berechtigte, nicht aber allein-berechtigte Veranstalter (s. Paal, FS Blaurock, 2013, 373 f.; so iErg auch Heermann SpuRt 1999, 11 (14 f.); Tumbrägel, Die Zentralvermarktung von Sportübertragungsrechten am Beispiel von Formel 1 und Fußball, 2001, 78 f.). Die Bündelung und Übertragung von Rechten durch die unmittelbar beteiligten Ligavereine zum Zwecke der Zen- 120 tralvermarktung ist bei zutr. Betrachtung als tatbestandsmäßige horizontale Wettbewerbsbeschränkung zu qualifizieren (aA dagegen Tumbrägel, Die Zentralvermarktung von Sportübertragungsrechten am Beispiel von Formel 1 und Fußball, 2001, 88 f.).

4. Entscheidungen der EU-Kommission

121 Im Jahre 2003 stufte die EG-Kommission in Ansehung der kartellrechtlichen Freistellungsfähigkeit die Zentralvermarktung der Übertragungsrechte an der UEFA Champions League als vorteilhaft sowohl für Medienunternehmer und Fußballvereine als auch für die Zuschauer ein (EG-Kommission ABl. EU 2003 Nr. L 291/25). Als bes. vorteilhaft wertete die EG-Kommission die Schaffung einer zentralen Anlaufstelle für den Erwerb von als Ligaprodukt erkenntlichen Spielpaketen und die Sicherstellung einer einheitlichen, hochwertigen Präsentation des Markenprodukts „Champions League". Weiterhin hob die EG-Kommission die bes. Vorzüge einer Highlight-Berichterstattung hervor, durch welche die Fernsehzuschauer als Verbraucher zumindest Ausschnitte aller Spiele verfolgen können. Zudem werde die Ausnutzung eines Monopols für Live-Übertragungsrechte mit überhöhten Abonnement-Preisen für Pay-TV verhindert.

122 Eine weitere Entscheidung betraf die Zentralvermarktung von Übertragungsrechten an der Fußball-Bundesliga. Nach dem untersagenden Europapokal-Heimspiel-Beschluss des BGH (→ Rn. 117) wurde bei der EG-Kommission um ein Negativtestat bzw. eine Einzelfreistellung nach Art. 85 Abs. 3 EGV aF (nunmehr Art. 101 Abs. 3 AEUV) nachgesucht (zweifelnd hinsichtlich einer Freistellungsfähigkeit Heermann SpuRt 1999, 11 (14 f.)). Dieses Verfahren wurde 2005 im Wege einer Verpflichtungszusage nach Maßgabe von Art. 9 VO Nr. 1/2003 beendet. Die EU-Kommission bestätigte dabei ihre Ausführungen aus der UEFA Champions League-Entscheidung (→ Rn. 121) im Wesentlichen (EG-Kommission ABl. EU 2005 Nr. L Nr. 134/46; nachf. überdies bestätigt in EU-Kommission, Entsch. v. 22.3.2006, COMP/C-2/38.173.). Drohenden Wettbewerbsbeeinträchtigungen ist demnach insbes. auch durch eine Ausschreibung einer hinreichenden Zahl von Verwertungspaketen angemessen Rechnung zu tragen.

5. Entscheidungen des BKartA

123 Im Juni 2008 veröffentlichte das BKartA ein **Hintergrundpapier** (abrufbar unter www.bkarta.de) zur „Zentralvermarktung der Verwertungsrechte der Fußball-Bundesliga ab dem 1. Juli 2009" und stellte fest, dass es – entgegen seiner bisherigen Praxis und in Ansehung der Entscheidungspraxis der EU-Kommission – die Zentralvermarktung für grds. nach Art. 81 Abs. 3 EGV (nunmehr Art. 101 Abs. 3 AEUV) freistellungsfähig halte. Im Weiteren verneinte das BKartA für die konkrete Ausschreibung allerdings die Möglichkeit einer Freistellung, wozu es insbes. auf die unzureichende Beteiligung der Verbraucher an den Vorteilen der Zentralvermarktung verwies. Hier maß das BKartA der Berücksichtigung der Interessen der Fernsehzuschauer als Endverbraucher in Bezug auf die Ausstrahlungstermine eine entscheidende Bedeutung zu (krit. hierzu Stopper SpuRt 2008, 177 (179)); eine angemessene Verbraucherbeteiligung an dem wettbewerbsrelevanten Vorteil einer Highlight-Berichterstattung sollte nur dann gewährleistet sein, wenn ein wesentlicher Teil des Spieltages zeitnah und auf einem von weiten Bevölkerungskreisen zugänglichen Sendeplatz erfolge. Auf der Grundlage und am Maßstab dieser und anderer Vorgaben des BKartA ist die ursprüngliche Ausschreibung der Übertragungsrechte vor der endgültigen Rechtevergabe im Dezember 2008 für die Spielzeiten 2013/14–2016/17 erheblich modifiziert worden.

124 Umfassende Wahlmöglichkeiten der Zuschauer sind zwar bes. geeignete Vorkehrungen zu einer Begrenzung des unternehmerischen Preissetzungsspielraums im Hinblick auf die Verwertung von Sportveranstaltungen. Die Festlegung von konkreten Ausstrahlungsterminen iRd Paketvergabe ist aber ein nur eingeschränkt der Kontrolle der Wettbewerbsbehörden unterfallender Ausfluss der Wettbewerbsbeschränkung – und somit allenfalls unter engen Voraussetzungen auf der Grundlage und iRd Art. 101 Abs. 3 AEUV fassbar (idS auch Stopper SpuRt 2008, 177 (179); ders. ZWeR 2008, 412 (419)). Die Beschränkung von Freiheitspositionen unter Berufung auf (unterstellte) Sehgewohnheiten der Zuschauer trägt vielmehr paternalistische Züge und droht rechtsökonomisch die Funktionsfähigkeit des Wettbewerbs als eines freiheitlichen Auswahl- und Entdeckungsverfahrens zu beeinträchtigen (vgl. Paal, FS Blaurock, 2013, 379 mwN). Somit wäre eine gerichtliche Klärung wünschenswert gewesen, ob und inwieweit das Hintergrundpapier mit den dezidierten Vorgaben zum Sendetermin der Highlight-Berichterstattung in materiell-rechtlicher Hinsicht den rechtskonformen Handlungsrahmen überdehnt hat (vgl. auch OLG Düsseldorf SpuRt 2009, 258).

6. Territoriale Exklusivitätsvereinbarung

Während sich die Zentralvermarktung auf horizontaler Ebene auswirkt, führen territoriale Exklusivitätsvereinbarungen zu **vertikalen Wettbewerbsbeschränkungen**. Der EuGH hatte über die konkrete Praxis der englischen Football Association Premier League betr. die Vergabe von Lizenzrechten zur Ausstrahlung von Spielen der Premier League zu entscheiden (EuGH AfP 2011, 462 = NJW 2012, 213 – Football Association Premier League Ltd/QC Leisure und Murphy/Media Protection Service Ltd). Nach dieser – repräsentativen – Praxis erhält für jedes nationale Lizenzgebiet grds. nur ein Sendeunternehmen eine exklusive Lizenz, die durch eine vertragliche Vereinbarung abgesichert wird. Der EuGH stellte fest, dass die Dienstleistungsfreiheit aus Art. 56 AEUV einer nationalen Regelung entgegenstehe, die Einfuhr, Verkauf und Verwendung ausländischer Decoder verbietet, welche den Zugang zu einem kodierten Satellitenrundfunkdienst aus einem anderen Mitgliedstaat ermöglichen (EuGH AfP 2011, 462 (471) – Football Association Premier League Ltd/QC Leisure und Murphy/Media Protection Service Ltd). Eine Rechtfertigung der festgestellten Beeinträchtigung im Sinne eines zwingenden Grundes des Allgemeinwohls, der zur Zielerreichung geeignet sein muss und nicht über das erforderliche Maß hinausgehen darf, lehnte der EuGH in Ansehung des Schutzes des geistigen Eigentums und der Förderung der Anwesenheit der Öffentlichkeit während der Fußballspiele („Sperrzeitregel") ab (EuGH AfP 2011, 462 (471 f.) – Football Association Premier League Ltd/QC Leisure und Murphy/Media Protection Service Ltd). 125

Weiterhin beschäftigte sich der EuGH damit, „ob die Klauseln eines Vertrags über eine ausschl. Lizenz zwischen dem Inhaber von Rechten des geistigen Eigentums und einem Sendeunternehmen eine nach Art. 101 AEUV verbotene Wettbewerbsbeschränkung darstellen, sofern sie dem Sendeunternehmen die Pflicht auferlegen, außerhalb des vom betr. Lizenzvertrag erfassten Gebiets keine Decodiervorrichtungen zur Verfügung zu stellen, die den Zugang zu den Schutzgegenständen des Rechtsinhabers gewähren" (EuGH AfP 2011, 462 (471) – Football Association Premier League Ltd/QC Leisure und Murphy/Media Protection Service Ltd). IErg bejahte der Gerichtshof mit guten Gründen eine Kartellrechtswidrigkeit auf der Grundlage und am Maßstab des Art. 101 AEUV (vgl. auch Frenz/Distelrath EWS 2011, 460 (462 ff.); Paal, FS Blaurock, 2013, 381 ff.). 126

Artikel 102 [Missbrauch einer marktbeherrschenden Stellung]

Mit dem Binnenmarkt unvereinbar und verboten ist die missbräuchliche Ausnutzung einer beherrschenden Stellung auf dem Binnenmarkt oder auf einem wesentlichen Teil desselben durch ein oder mehrere Unternehmen, soweit dies dazu führen kann, den Handel zwischen Mitgliedstaaten zu beeinträchtigen.

Dieser Missbrauch kann insbesondere in Folgendem bestehen:
a) der unmittelbaren oder mittelbaren Erzwingung von unangemessenen Einkaufs- oder Verkaufspreisen oder sonstigen Geschäftsbedingungen;
b) der Einschränkung der Erzeugung, des Absatzes oder der technischen Entwicklung zum Schaden der Verbraucher;
c) der Anwendung unterschiedlicher Bedingungen bei gleichwertigen Leistungen gegenüber Handelspartnern, wodurch diese im Wettbewerb benachteiligt werden;
d) der an den Abschluss von Verträgen geknüpften Bedingung, dass die Vertragspartner zusätzliche Leistungen annehmen, die weder sachlich noch nach Handelsbrauch in Beziehung zum Vertragsgegenstand stehen.

AEUV Artikel 102

Art. 102 AEUV verbietet den Missbrauch (→ Rn. 25) einer marktbeherrschenden Stellung (→ Rn. 6). Hierdurch sind allerdings weder die Marktbeherrschung als solche noch deren Nutzung für sich genommen untersagt. Vielmehr muss für die Verwirklichung des Verbotstatbestands ein missbräuchliches Verhalten (→ Rn. 25) hinzutreten, durch welches sich Gefahren für den freien und unbeschränkten Wettbewerb manifestieren. Art. 102 AEUV tritt insoweit als Beschränkung einseitiger Verhaltensweisen neben das und zu dem Kartellverbot aus Art. 101 AEUV, wodurch wiederum der Schutz vor Wettbewerbsbeeinträchtigungen insgesamt ausgebaut wird. Systematisch enthält Art. 102 AEUV neben der Generalklausel des S. 1 (→ Rn. 25) in S. 2 mehrere, nicht abschl. Regelbeispiele, die sich in ihrem jeweiligen Anwendungsbereich teilw. stark überschneiden.

Übersicht

	Rn		Rn
A. Allgemeines	1	VI. Kampfpreisstrategien	45
I. Überblick	1	E. Zwischenstaatlichkeitsklausel	47
II. Verhältnis zu Art. 101 AEUV	3	F. Rechtsfolgen	49
B. Normadressaten	5	I. Öffentlich-rechtliche Folgen	50
C. Marktbeherrschende Stellung	6	1. Feststellung der Missbräuchlichkeit	51
I. Allgemeines	7	2. Anordnung der Aufgabe des missbräuchlichen Verhaltens	52
II. Relevanter Markt	8	3. Verpflichtungszusagen	53
III. Wesentlicher Teil	9	4. Bußgeld	54
IV. Beherrschende Stellung	13	5. Einstweilige Maßnahmen	55
1. Begriff	15	II. Zivilrechtliche Folgen	56
2. Kriterien	18	1. Nichtigkeit	57
3. Gemeinsame Beherrschung	21	2. Schadensersatz, Unterlassung, Beseitigung	59
D. Missbrauch	24	G. Informations- und medienrechtliche Besonderheiten	61
I. Allgemeines	25	I. Suchmaschinen	62
1. Missbrauchsbegriff	26	1. Aktuelle Kartellverfahren	63
2. Kausalität zwischen Marktbeherrschung und Missbrauch	28	2. Marktbeherrschung	65
II. Ausbeutung	29	3. Missbrauchsverbot	66
1. Erzwingung	30	4. Zugang zu wesentlichen Einrichtungen (essential-facilities-Doktrin)	67
2. Unangemessenheit	31	5. Ausbeutung, Behinderung und Marktmachttransfer	69
III. Einschränkung der Erzeugung, des Absatzes oder der technischen Entwicklung	33	6. Such(maschinen)neutralität	71
1. Produktionsbeschränkung	34	II. Netzinfrastrukturen	72
2. Absatzbeschränkung	35	1. Marktbeherrschung	73
3. Beschränkung des technischen Fortschritts	36	2. Missbrauchsverbot	74
IV. Diskriminierung, insbes. Geschäftsverweigerung	37	3. Netzneutralität	76
1. Diskriminierung	38	III. Betriebssysteme/Apps für Smartphones und Tablets	77
2. Geschäftsverweigerung	41	IV. Soziale Netzwerke	78
V. Kopplungsgeschäfte	43		

A. Allgemeines

I. Überblick

1 Art. 102 AEUV verbietet den **Missbrauch einer marktbeherrschenden Stellung,** da nicht nur Absprachen in der Gestalt von Kartellen, sondern auch einseitige Verhaltensweisen marktmächtiger Unternehmen den Wettbewerb gefährden können (vgl. Calliess/Ruffert/ Weiß AEUV Art. 102 Rn. 2; Immenga/Mestmäcker/Fuchs/Möschel AEUV Art. 102

Rn. 2). Allerdings ist durch den Verbotstatbestand nicht bereits die Marktbeherrschung als solche oder deren Nutzung untersagt. Vielmehr muss ein missbräuchliches Verhalten hinzukommen, durch welches sich Gefahren für das System unverfälschten Wettbewerbs und die Marktteilnehmer manifestieren (vgl. EuGH NJW 1979, 2460 f.; Calliess/Ruffert/Weiß AEUV Art. 102 Rn. 1). Komplementär zu Art. 101 AEUV soll auch Art. 102 AEUV den Wettbewerb vor Verfälschungen durch Unternehmen schützen (vgl. Calliess/Ruffert/Weiß AEUV Art. 102 Rn. 2; Immenga/Mestmäcker/Fuchs/Möschel AEUV Art. 102 Rn. 3). Missbräuchliche Verhaltensweisen, die unmittelbar auf staatlichen Vorschr. und insofern nicht auf Entscheidungen von Privaten beruhen, fallen nicht unter den Anwendungsbereich des Art. 102 AEUV (Immenga/Mestmäcker/Fuchs/Möschel AEUV Art. 102 Rn. 21). Keine Anwendung auf Art. 102 AEUV findet die allein für das allgemeine Kartellverbot konzipierte **Bagatellbekanntmachung** (→ Art. 101 Rn. 54) der Kommission (s. Immenga/Mestmäcker/Fuchs/Möschel AEUV Art. 102 Rn. 167).

Art. 102 AEUV dient zunächst dem **Schutz der Handelspartner** (Marktgegenseite) von marktbeherrschenden Unternehmen vor der Anwendung nachteiliger Geschäftsbedingungen (s. Immenga/Mestmäcker/Fuchs/Möschel AEUV Art. 102 Rn. 4), der **Restwettbewerb** auf dem beherrschten oder einem benachbarten Markt wird vor Behinderungen durch einseitiges Verhalten des marktbeherrschenden Unternehmens geschützt (Immenga/Mestmäcker/Fuchs/Möschel AEUV Art. 102 Rn. 5). Zudem spielt mit dem **more economic approach** der EU-Kommission (hierzu Immenga/Mestmäcker/Fuchs/Möschel AEUV Art. 102 Rn. 8 ff.) zunehmend auch die Verbraucherwohlfahrt eine hervorgehobene Rolle (Immenga/Mestmäcker/Fuchs/Möschel AEUV Art. 102 Rn. 6). Art. 102 AEUV enthält neben der Generalklausel des Missbrauchsverbots (Satz 1) in Satz 2 mehrere, nicht abschl. („insbesondere") Regelbeispiele (vgl. Calliess/Ruffert/Weiß AEUV Art. 102 Rn. 1; Emmerich KartellR, 12. Aufl. 2012, § 10 Rn. 2; Immenga/Mestmäcker/Fuchs/Möschel AEUV Art. 102 Rn. 132). Die in diesen Regelbeispielen genannten Verhaltensweisen sind allerdings nur solchen Unternehmen untersagt, welche zudem die erforderliche Marktmacht iSe beherrschenden Stellung aufweisen. 2

II. Verhältnis zu Art. 101 AEUV

Regelungssystematisch steht Art. 102 AEUV **selbstständig** und **unabhängig** neben Art. 101 AEUV, wie sich bereits aus dem Wortlaut der Vorschr. und ihren divergierenden Schutzrichtungen ergibt (vgl. Calliess/Ruffert/Weiß AEUV Art. 102 Rn. 2; Immenga/Mestmäcker/Fuchs/Möschel AEUV Art. 102 Rn. 26). Zwar zielen beide Vorschr. übereinstimmend auf die Erhaltung eines wirksamen und unverfälschten Wettbewerbs ab; Art. 101 AEUV erfasst aber Verhaltenskoordinierungen und somit zweiseitige Maßnahmen, während Art. 102 AEUV bestimmte einseitige Verhaltensweisen unterbinden soll (vgl. Calliess/Ruffert/Weiß AEUV Art. 102 Rn. 2; Immenga/Mestmäcker/Fuchs/Möschel AEUV Art. 102 Rn. 26 ff.). 3

Die Unabhängigkeit der beiden Vorschr. führt zu einer Anwendbarkeit des Art. 102 AEUV auch auf Kartelle, die wegen einer Einzelfreistellung (→ Art. 101 Rn. 66) nach Art. 101 Abs. 3 AEUV oder einer Gruppenfreistellungs-VO (→ Art. 101 Rn. 78) vom Kartellverbot des Art. 101 Abs. 1 AEUV nicht erfasst sind (s. Calliess/Ruffert/Weiß AEUV Art. 102 Rn. 3; Immenga/Mestmäcker/Fuchs/Möschel AEUV Art. 102 Rn. 3). Zwischen Art. 101 AEUV und Art. 102 AEUV besteht wegen ihrer unterschiedlichen Voraussetzungen und Rechtsfolgen iErg eine **Idealkonkurrenz** (EuGH NJW 1973, 966 ff. – Continental Can; EuG GRUR Int 1991, 903 ff. – Tetra Pak I; Immenga/Mestmäcker/Fuchs/Möschel AEUV Art. 102 Rn. 26). 4

B. Normadressaten

Art. 102 AEUV soll – ebenso wie Art. 101 AEUV – allfälligen **Wettbewerbsbeschränkungen, die durch unternehmerisches Handeln** verursacht werden, entgegenwirken (vgl. Immenga/Mestmäcker/Fuchs/Möschel AEUV Art. 102 Rn. 19; Mestmäcker/Schweitzer Europäisches WettbR, 2. Aufl. 2004, § 15 Rn. 7). Adressiert wird daher durch die Vorschrift(en) jegliches unternehmerisches Handeln; dass sich ein Hoheitsträger einer öffent- 5 lich-rechtlichen Organisationsform bedient, entzieht ihn noch nicht der Anwendbarkeit der Wettbewerbsregeln (s. Immenga/Mestmäcker/Fuchs/Möschel AEUV Art. 102 Rn. 19). Hinsichtlich des **Unternehmensbegriffes** ist auf die Ausführungen zu Art. 101 AEUV zu verweisen (→ Art. 101 Rn. 8).

C. Marktbeherrschende Stellung

6 Die Marktbeherrschung ist in einem **Doppelschritt** zu ermitteln (vgl. Calliess/Ruffert/ Weiß AEUV Art. 102 Rn. 5; Immenga/Mestmäcker/Fuchs/Möschel AEUV Art. 102 Rn. 42): Zunächst wird der **relevante Markt** in sachlicher, räumlicher und zeitlicher Hinsicht herausgearbeitet (→ Rn. 8). Hierbei ist in sachlicher Hinsicht vornehmlich auf das Kriterium der **funktionellen Austauschbarkeit** iSd Bedarfsmarktkonzepts abzuheben. Ist der relevante Markt ermittelt, kann sodann in einem zweiten Schritt der konkrete **Marktbeherrschungsgrad** für das jeweilige Unternehmen oder deren Gesamtheit ermittelt werden (→ Rn. 14).

I. Allgemeines

7 Das Missbrauchsverbot des Art. 102 AEUV setzt eine **(markt-)beherrschende Stellung** des Unternehmens voraus, dem eine missbräuchliche Verhaltensweise vorgeworfen wird. Im Umkehrschluss sind die entspr. missbräuchlichen Verhaltensweisen solchen Unternehmen ohne beherrschende Stellung – jedenfalls kartellrechtlich – regelmäßig erlaubt (s. Mestmäcker/Schweitzer Europäisches WettbR, 2. Aufl. 2004, § 17 Rn. 1). Auf eine Legaldefinition der beherrschenden Stellung ist zugunsten einer dynamischen Interpretation seitens der Rspr. und der Kommission aus guten Gründen verzichtet worden (Immenga/Mestmäcker/Fuchs/ Möschel AEUV Art. 102 Rn. 73). Anders als Art. 2 VO (EG) 139/2004 (→ VO (EG) 139/ 2004 Art. 2 Rn. 1 ff.) erfasst Art. 102 AEUV bereits nach seinem Wortlaut die missbräuchliche Ausnutzung einer marktbeherrschenden Stellung durch **mehrere Unternehmen.**

II. Relevanter Markt

8 Die Bestimmung des relevanten Marktes genießt in Ansehung des Tatbestandsmerkmals „beherrschende Stellung" eine hervorgehobene Bedeutung. So korreliert das Vorliegen einer beherrschenden Stellung unmittelbar mit der Größe des zu betrachtenden Marktes (Immenga/Mestmäcker/Fuchs/Möschel AEUV Art. 102 Rn. 44). Je weiter der relevante Markt definiert wird, desto weniger wahrscheinlich wird die beherrschende Stellung eines oder mehrerer Unternehmen. Die Marktabgrenzung ist wie auch iRd Art. 101 Abs. 1 AEUV anhand einer sachlichen, räumlichen und ggf. zeitlichen Komponente wahrzunehmen (s. Calliess/Ruffert/Weiß AEUV Art. 102 Rn. 6; Immenga/Mestmäcker/Fuchs/Möschel AEUV Art. 102 Rn. 42), wobei zu Einzelheiten auf die entspr. Kommentierung verwiesen werden kann (→ Art. 101 Rn. 42).

III. Wesentlicher Teil

9 Die beherrschende Stellung eines Unternehmens muss auf dem Binnenmarkt selbst oder zumindest auf einem wesentlichen Teil desselben vorliegen (s. Calliess/Ruffert/Weiß AEUV Art. 102 Rn. 22; Immenga/Mestmäcker/Fuchs/Möschel AEUV Art. 102 Rn. 65). Von diesem Erfordernis getrennt und selbstständig zu beurteilen ist sodann das Ausmaß des etwaigen Missbrauchs (vgl. Calliess/Ruffert/Weiß AEUV Art. 102 Rn. 21).

10 Ein wesentlicher Teil des Binnenmarktes ist grds. jeder Markt, der eine **hinreichende wirtschaftliche** Bedeutung hat. Daher spielt die räumliche Größe des relevanten Marktes keine (allein) ausschlaggebende Rolle (s. Calliess/Ruffert/Weiß AEUV Art. 102 Rn. 22; Immenga/Mestmäcker/Fuchs/Möschel AEUV Art. 102 Rn. 23 ff., 67). Neben der wirtschaftlichen Bedeutung eines Marktes wird zusätzlich va die jeweilige Marktstruktur für die Betrachtung herangezogen (vgl. Emmerich KartellR, 12. Aufl. 2012, § 9 Rn. 20; Immenga/ Mestmäcker/Fuchs/Möschel AEUV Art. 102 Rn. 67).

11 Wesentliche Teile des Binnenmarktes sind – jedenfalls – die größeren Mitgliedstaaten bzw. bedeutende Teile derselben; insoweit ist insbes. abzustellen auf die konkrete Wirtschaftskraft des betroffenen Gebiets im Verhältnis zum Binnenmarkt (Immenga/Mestmäcker/Fuchs/

Möschel AEUV Art. 102 Rn. 67, verweisend auf die Kriterien Bevölkerungsdichte, Kaufkraft und bestehende Ressourcen).

Für die Wesentlichkeit ist zudem keine Erstreckung des Marktes über mehr als einen Mitgliedstaat erforderlich (vgl. Calliess/Ruffert/Weiß AEUV Art. 102 Rn. 22; Mestmäcker/Schweitzer Europäisches WettbR, 2. Aufl. 2004, § 17 Rn. 21). Vielmehr ist das **Gebiet eines Mitgliedstaates** als Ganzes stets als wesentlicher Teil des Binnenmarktes anzusehen (KOM ABl. 1977 Nr. L 117/1, S. 9 – ABG; ABl. 1989 Nr. L 33/44 Rn. 79 – Flachglas; Immenga/Mestmäcker/Fuchs/Möschel AEUV Art. 102 Rn. 67; Calliess/Ruffert/Weiß AEUV Art. 102 Rn. 22).IdS kann auch ein lediglich regionaler Markt durch seine erhöhte Relevanz für den Binnenmarkt zu einem wesentlichen Teil desselben werden (EuGH BeckEuRS 1994, 204107 Rn. 41 – Corsica Ferries; Calliess/Ruffert/Weiß AEUV Art. 102 Rn. 23). 12

IV. Beherrschende Stellung

Ein Unternehmen muss eine beherrschende Stellung auf dem relevanten Markt innehaben, damit hieran anknüpfend bestimmte Verhaltensweisen als missbräuchliche Ausnutzung einer solchen Stellung klassifiziert werden können. Für das Erfordernis der marktbeherrschenden Stellung kann va rekurriert werden auf das – vornehmlich statische – Kriterium der **Marktstruktur** und das – vornehmlich dynamische – Element des **Marktverhaltens** (s. Calliess/Ruffert/Weiß AEUV Art. 102 Rn. 10 ff.; Immenga/Mestmäcker/Fuchs/Möschel AEUV Art. 102 Rn. 74) 13

Die **Art und Weise der Entstehung** einer beherrschenden Stellung ist dabei grds. irrelevant für die Anwendbarkeit des Art. 102 AEUV (a. Immenga/Mestmäcker/Fuchs/Möschel AEUV Art. 102 Rn. 81). In Betracht kommen deshalb sowohl ein internes als auch ein externes Unternehmenswachstum; auf die Lauterkeit der Erlangung einer beherrschenden Stellung kommt es dagegen nicht an. 14

1. Begriff

Eine Definition des Begriffs der beherrschenden Stellung sieht das Gemeinschaftsrecht nicht vor (Emmerich KartellR, 12. Aufl. 2012, § 9 Rn. 8; Immenga/Mestmäcker/Fuchs/Möschel AEUV Art. 102 Rn. 73). Vielmehr obliegt es den Rechtsanwendern, insbes. der Kommission und den Gerichten, angemessene Kriterien zu entwickeln, ob und wann von einer beherrschenden Stellung ausgegangen werden kann (s. Emmerich KartellR, 12. Aufl. 2012, § 9 Rn. 8; Immenga/Mestmäcker/Fuchs/Möschel AEUV Art. 102 Rn. 73). 15

Der EuGH sieht als eine beherrschende Stellung die **„wirtschaftliche Machtstellung eines Unternehmens (…), die dieses in die Lage versetzt, die Aufrechterhaltung eines wirksamen Wettbewerbs auf dem relevanten Markt zu verhindern, indem sie ihm die Möglichkeit verschafft, sich seinen Wettbewerbern, seinen Abnehmern und letztlich den Verbrauchern ggü. in einem nennenswerten Umfang unabhängig zu verhalten"** (EuGH BeckEuRS 1988, 142347 Rn. 26 – Bodson/Pompes Funèbres des Régions libérées; BeckEuRS 1978, 67000 Rn. 63/66 – United Brands/Kommission). Dieser Standardformel folgen sowohl die Gerichte als auch die Kommission (s. Immenga/Mestmäcker/Fuchs/Möschel AEUV Art. 102 Rn. 77). Von einer beherrschenden Stellung ist mithin dann auszugehen, wenn eine (Selbst-)Regulierung des Marktverhaltens nicht mehr in ausreichendem Maße durch die Kräfte des Wettbewerbs stattfinden kann, sondern durch staatliche Kontrolle erfolgen muss (vgl. Calliess/Ruffert/Weiß AEUV Art. 102 Rn. 7; Emmerich KartellR, 12. Aufl. 2012, § 9 Rn. 22; Immenga/Mestmäcker/Fuchs/Möschel AEUV Art. 102 Rn. 77). 16

Eine Marktbeherrschung kommt sowohl auf der Angebots- als auch auf der Nachfrageseite in Betracht, wobei die Anwendung des Art. 102 AEUV auf marktmächtige Nachfrager in der Rechtsanwendungspraxis nur selten vorkommt (s. Immenga/Mestmäcker/Fuchs/Möschel AEUV Art. 102 Rn. 82). 17

2. Kriterien

Ein wichtiges Kriterium der Ermittlung der **Unabhängigkeit** eines Unternehmens **vom Wettbewerbsdruck** des relevanten Marktes ist zuvörderst der durch eine Marktstrukturanalyse zu ermittelnde Marktanteil (s. Emmerich KartellR, 12. Aufl. 2012, § 9 Rn. 25; 18

Immenga/Mestmäcker/Fuchs/Möschel AEUV Art. 102 Rn. 87). Je größer der Marktanteil eines Unternehmens ist, desto eher hat das Unternehmen – ungeachtet anderer Faktoren – die Möglichkeit, unabhängig vom Restwettbewerb zu agieren (Calliess/Ruffert/Weiß AEUV Art. 102 Rn. 10). Bes. deutlich wird dies in einer gedachten Monopolstellung, in der schließlich keinerlei Wettbewerbsdruck mehr herrscht (vgl. Calliess/Ruffert/Weiß AEUV Art. 102 Rn. 12; Immenga/Mestmäcker/Fuchs/Möschel AEUV Art. 102 Rn. 90). Teilw. wurde ein Marktanteil von 80 % (EuGH BeckEuRS 1991, 176491 Rn. 60 – Akzo/Kommission; vgl. auch EuG BeckEuRS 1991, 176533 Rn. 92 – Hilti/Kommission) bzw. von 50 % (EuGH BeckEuRS 1991, 176491 Rn. 60 – Akzo/Kommission; EuG BeckEuRS 2010, 518592 Rn. 243 – AstraZeneca) als ausreichend angesehen, um für die Feststellung einer beherrschenden Stellung auf die Prüfung weiterer Kriterien zu verzichten. Eine einheitliche Festlegung ist allerdings insoweit nicht erkennbar (vgl. Calliess/Ruffert/Weiß AEUV Art. 102 Rn. 11; Immenga/Mestmäcker/Fuchs/Möschel AEUV Art. 102 Rn. 89), da auch bei einem Marktanteil von 70 % noch die Prüfung weiterer Kriterien vorgenommen wurde (EG-Kommission, ABl. 1991 Nr. L 152/21, Rn. 44 f. – Solvay). Generell wird jedenfalls von einer Indizwirkung des Marktanteils auszugehen sein, die mit steigendem Marktanteil stärker wird und bei bes. hohen Marktanteilen kaum mehr zu widerlegen sein wird (vgl. Calliess/Ruffert/Weiß AEUV Art. 102 Rn. 11; Immenga/Mestmäcker/Fuchs/Möschel AEUV Art. 102 Rn. 88). Bedeutung kann auch der relative Marktanteil im Verhältnis zu den Mitbewerbern erlangen, so dass deutlich kleinere Mitbewerber für eine größere Unabhängigkeit vom Wettbewerb(sdruck) sprechen (s. Calliess/Ruffert/Weiß AEUV Art. 102 Rn. 13; Immenga/Mestmäcker/Fuchs/Möschel AEUV Art. 102 Rn. 88).

19 Um die durch eine Marktstrukturanalyse gewonnenen Erkenntnisse hinsichtlich der Wettbewerbsunabhängigkeit eines Unternehmens abzusichern, kann zudem eine **Unternehmensstrukturanalyse** vorgenommen werden (Immenga/Mestmäcker/Fuchs/Möschel AEUV Art. 102 Rn. 102). Durch die Unternehmensstrukturanalyse sollen spezifische Merkmale eines Unternehmens identifiziert werden, die verhindern, dass Wettbewerber ihren Rückstand aufholen oder potenzielle Wettbewerber den Markt betreten können (Mestmäcker/Schweitzer Europäisches WettbR, 2. Aufl. 2004, § 16 Rn. 33). Als solche spezifischen Merkmale in Betracht kommen insbes. etwa technologischer Vorsprung, kommerzieller Vorsprung, vertikale Integration sowie die Wirtschafts- und Finanzkraft eines Unternehmens (Immenga/Mestmäcker/Fuchs/Möschel AEUV Art. 102 Rn. 102 ff.).

20 Ein weiteres Kriterium für die Vornahme von Aussagen über eine beherrschende Stellung eines Unternehmens ist das jeweilige **Marktverhalten** (vgl. Calliess/Ruffert/Weiß AEUV Art. 102 Rn. 16; Immenga/Mestmäcker/Fuchs/Möschel AEUV Art. 102 Rn. 108). Das Marktverhalten eines Unternehmens wird hierbei daraufhin analysiert, ob das Unternehmen seine Preis- bzw. Angebotspraxis auch bei funktionierendem Wettbewerb hätte vornehmen bzw. aufrechterhalten können. Allerdings kann diese Überprüfung bei näherer Betrachtung zirkulär werden (vgl. Calliess/Ruffert/Weiß AEUV Art. 102 Rn. 16; Immenga/Mestmäcker/Fuchs/Möschel AEUV Art. 102 Rn. 109). Aus der Untersuchung, ob ein Unternehmen größere Bewegungsspielräume als unter normalen Wettbewerbsbedingungen hat, soll hierbei grds. darauf geschlossen werden, inwieweit das Unternehmen vergleichsweise gering(er)em Wettbewerbsdruck ausgesetzt ist.

3. Gemeinsame Beherrschung

21 Wie sich bereits aus dem Wortlaut der Vorschr. ergibt, ist neben der Marktbeherrschung durch ein einzelnes Unternehmen unter bestimmten zusätzlichen Voraussetzungen auch die Marktbeherrschung mehrerer Unternehmen für die Anwendbarkeit des Art. 102 AEUV ausreichend (vgl. Calliess/Ruffert/Weiß AEUV Art. 102 Rn. 17; Immenga/Mestmäcker/Fuchs/Möschel AEUV Art. 102 Rn. 115). Um eine **oligopolistische Marktbeherrschung** annehmen zu können, wird in diesem Zusammenhang eine **enge Verbindung** zwischen den betroffenen Unternehmen zu fordern sein, so dass die Unternehmen als Einheit angesehen werden können (s. Calliess/Ruffert/Weiß AEUV Art. 102 Rn. 17; Immenga/Mestmäcker/Fuchs/Möschel AEUV Art. 102 Rn. 115). Hiervon wird dann auszugehen sein, wenn die betroffenen Unternehmen weder im Innenverhältnis untereinander noch im Außenverhältnis ggü. dritten Unternehmen einem wirksamen Wettbewerb ausgesetzt sind (vgl.

Calliess/Ruffert/Weiß AEUV Art. 102 Rn. 17; Immenga/Mestmäcker/Fuchs/Möschel AEUV Art. 102 Rn. 115). Bei Konzernen kann nicht von einer oligopolistischen Beherrschung gesprochen werden, da diese Konzerne im europäischen Wettbewerbsrecht als wirtschaftliche Einheit betrachtet werden und damit ein Unternehmen iSd Wettbewerbsrechts sind (s. Calliess/Ruffert/Weiß AEUV Art. 102 Rn. 19; Immenga/Mestmäcker/Fuchs/Möschel AEUV Art. 102 Rn. 116).

Die häufigste Form einer Marktbeherrschung durch ein Oligopol ist das auf einer **Kartellvereinbarung** beruhende koordinierte Verhalten (s. Emmerich KartellR, 12. Aufl. 2012, § 9 Rn. 32). Allerdings ist der bloße Nachweis einer Kartellabsprache nicht hinreichend für die Annahme eines beherrschenden Oligopols, weil zudem ein einheitliches Marktvorgehen nachzuweisen ist (s. Calliess/Ruffert/Weiß AEUV Art. 102 Rn. 18; Immenga/Mestmäcker/Fuchs/Möschel AEUV Art. 102 Rn. 119). 22

Außerhalb von Kartellvereinbarungen kann eine **enge Reaktionsverbundenheit** zwischen den Oligopolisten ausreichend sein, um eine gemeinsame Beherrschung annehmen zu können (vgl. Immenga/Mestmäcker/Fuchs/Möschel AEUV Art. 102 Rn. 120; Mestmäcker/Schweitzer Europäisches WettbR, 2. Aufl. 2004, § 16 Rn. 40). Zwar genügt ein bloßes Parallelverhalten der Mitglieder des Oligopols mangels Einseitigkeit noch nicht für die Annahme einer gemeinsamen Beherrschung (s. Calliess/Ruffert/Weiß AEUV Art. 102 Rn. 20; Immenga/Mestmäcker/Fuchs/Möschel AEUV Art. 102 Rn. 115). Kommen aber zusätzliche Kriterien, etwa eine hohe Markttransparenz und wirksame Abschreckungs- und Vergeltungsmittel, mit dem Fehlen eines effektiven Regulativs über den Markt zusammen, so kann eine gemeinsame Beherrschung gegeben sein (Calliess/Ruffert/Weiß AEUV Art. 102 Rn. 20; Immenga/Mestmäcker/Fuchs/Möschel AEUV Art. 102 Rn. 123) 23

D. Missbrauch

Zweites zentrales Tatbestandsmerkmal des Art. 102 AEUV neben der „beherrschenden Stellung" ist die „missbräuchliche Ausnutzung" der beherrschenden Stellung. Hierin manifestiert sich das eigentliche **normative Verbotselement** der Vorschr. (vgl. Immenga/Mestmäcker/Fuchs/Möschel AEUV Art. 102 Rn. 125). Das europäische Recht sieht im Gegensatz zum US-amerikanischen Recht in diesem Zusammenhang gerade kein eigentliches Monopolisierungsverbot vor, sondern eröffnet vielmehr – lediglich – die Kontrolle der Kumulation einer entspr. Marktstellung und deren missbräuchliche Ausnutzung (s. Immenga/Mestmäcker/Fuchs/Möschel AEUV Art. 102 Rn. 128). 24

I. Allgemeines

Über die **Generalklausel des Verbots** einer missbräuchlichen Ausnutzung (S. 1) hinaus enthält der Tatbestand des Art. 102 AEUV eine Reihe nicht abschl. („insbesondere") **Regelbeispiele** für missbräuchliche Verhaltensweisen (S. 2). Diese Regelbeispiele sind in der Rechtsanwendungspraxis nur schwer voneinander abzugrenzen und überschneiden sich vielfach. Als Fallgruppen für das Missbrauchsverbot werden insoweit zumeist benannt der Ausbeutungsmissbrauch, der Behinderungsmissbrauch und der Marktstrukturmissbrauch (s. Calliess/Ruffert/Weiß AEUV Art. 102 Rn. 33; Immenga/Mestmäcker/Fuchs/Möschel AEUV Art. 102 Rn. 134). Art. 102 S. 2 lit. a AEUV spricht explizit von der Erzwingung unangemessener Preise oder Geschäftsbedingungen; daneben handelt es sich bei Art. 102 lit. b–d AEUV um Mischformen des Ausbeutungs- und Behinderungsmissbrauchs (Immenga/Mestmäcker/Fuchs/Möschel AEUV Art. 102 Rn. 132). 25

1. Missbrauchsbegriff

Missbräuchliche Ausnutzung darf keinesfalls gleichgesetzt werden mit der – bloßen – Ausübung der eigenen Marktstellung (s. Calliess/Ruffert/Weiß AEUV Art. 102 Rn. 25; Mestmäcker/Schweitzer Europäisches WettbR, 2. Aufl. 2004, § 18 Rn. 1). Die Interpretation des Missbrauchsbegriffs muss stattdessen richtigerweise ausgehen von dem Ziel der Verträge, ein **System unverfälschten Wettbewerbs** aufrechtzuerhalten und einen **einheitlichen Binnenmarkt** abzusichern (s. Immenga/Mestmäcker/Fuchs/Möschel AEUV 26

Art. 102 Rn. 126). Missbräuchliches Ausnutzen einer marktbeherrschenden Stellung iSd Generalklausel ist mithin die Nutzung einer entspr. Marktmacht zu Zwecken, die zu den vorbenannten Zielen des Vertrages in Widerspruch stehen (vgl. Emmerich KartellR, 12. Aufl. 2012, § 10 Rn. 2; Immenga/Mestmäcker/Fuchs/Möschel AEUV Art. 102 Rn. 129). Unbeachtlich sind dabei wegen des objektiven Ansatzes der Missbrauchsaufsicht die konkreten Intentionen der marktbeherrschenden Unternehmen (s. Calliess/Ruffert/Weiß AEUV Art. 102 Rn. 29; Immenga/Mestmäcker/Fuchs/Möschel AEUV Art. 102 Rn. 125); Kommission und Rspr. gehen idS vornehmlich von einem objektiven Konzept aus (s. Immenga/Mestmäcker/Fuchs/Möschel AEUV Art. 102 Rn. 149 mwN).

27 Ähnlich wie im Zuge der Freistellung vermittels Art. 101 Abs. 3 AEUV iRd Kartellverbots ist auch in Ansehung des Missbrauchsverbots die Berücksichtigung von Effizienzvorteilen oder sonstigen zwingenden Gründen möglich (Calliess/Ruffert/Weiß AEUV Art. 102 Rn. 37). Allerdings sieht die Systematik des Art. 102 AEUV **keinen eigenständigen Freistellungstatbestand** vor, weshalb die entspr. Abwägungen iRd Beurteilung eines Verhaltens als missbräuchlich stattzufinden haben (s. Immenga/Mestmäcker/Fuchs/Möschel AEUV Art. 102 Rn. 152). Dabei existiert anerkanntermaßen jedoch auch iRd Abwägung hinsichtlich der Missbräuchlichkeit eine absolute Grenze dahingehend, dass ein Minimum an wettbewerblicher Marktstruktur gewahrt bleiben muss (Immenga/Mestmäcker/Fuchs/Möschel AEUV Art. 102 Rn. 163).

2. Kausalität zwischen Marktbeherrschung und Missbrauch

28 Marktbeherrschung sowie eine missbräuchliche Ausnutzung derselben stellen **kumulativ zu erfüllende Tatbestandserfordernisse** iRd Art. 102 AEUV dar (vgl. Immenga/Mestmäcker/Fuchs/Möschel AEUV Art. 102 Rn. 135). Eine darüber hinausgehende kausale Verknüpfung der beiden Tatbestandsmerkmale ist nicht erforderlich (s. Calliess/Ruffert/Weiß AEUV Art. 102 Rn. 42; Immenga/Mestmäcker/Fuchs/Möschel AEUV Art. 102 Rn. 136). So hat der EuGH das Erfordernis eines – wie auch immer gearteten – Kausalzusammenhangs zwischen der Marktbeherrschung und dem Missbrauch in der Entscheidung ausdrücklich abgelehnt: „Bei diesem Sinn und der Tragweite des [Art. 102 AEUV] kommt es auf die von den Klägerinnen aufgeworfene Frage des ursächlichen Zusammenhangs, der nach ihrer Ansicht zwischen der beherrschenden Stellung und der mißbräuchlichen Ausnutzung bestehen muß, nicht an, denn die Verstärkung der Stellung eines Unternehmens kann ohne Rücksicht darauf, mit welchen Mitteln und Verfahren sie erreicht worden ist, mißbräuchlich und nach (Art. 102 AEUV) verboten sein, sofern sie die vorstehend beschriebenen Wirkungen hervorruft" (EuGH NJW 1973, 966 (967 f.) – Continental Can).

II. Ausbeutung

29 Das in Art 102 S. 2 lit. a AEUV aufgeführte Regelbeispiel verbietet das Erzwingen unangemessener Preise oder Geschäftsbedingungen von der Marktgegenseite, was zumeist als Ausbeutungsmissbrauch bezeichnet wird (vgl. Calliess/Ruffert/Weiß AEUV Art. 102 Rn. 44; Immenga/Mestmäcker/Fuchs/Möschel AEUV Art. 102 Rn. 168). Die Kategorie des Ausbeutungsmissbrauchs bezweckt den **Schutz vor- und nachgelagerter Wirtschaftsstufen** sowie der Verbraucher vor Ausplünderung; ermöglicht wird insoweit ua eine Preiskontrolle über marktbeherrschende Unternehmen (s. Immenga/Mestmäcker/Fuchs/Möschel AEUV Art. 102 Rn. 168). Das Erzwingen unangemessener Preise ist dabei anerkanntermaßen in einem zweistufigen Vorgehen zu prüfen, indem zunächst nach dem Erzwingen und sodann nach der Unangemessenheit eines Preises gefragt wird (Emmerich KartellR, 12. Aufl. 2012, § 10 Rn. 16).

1. Erzwingung

30 Das „Erzwingen von Preisen oder Geschäftsbedingungen" ist dabei idS weit zu verstehen, dass eine Zwangshandlung nicht erforderlich ist, sondern es vielmehr ausreicht, wenn die Preise eines Unternehmens akzeptiert werden und sich die Marktgegenseite aufgrund der Marktbeherrschung den Preisen nicht entziehen kann (vgl. Calliess/Ruffert/Weiß AEUV0 Art. 102 Rn. 45; Immenga/Mestmäcker/Fuchs/Möschel AEUV Art. 102 Rn. 174).

2. Unangemessenheit

Weiterhin muss der verlangte Preis oder die verlangte Geschäftsbedingung unangemessen sein; idS muss der Preis zu Ungunsten der Marktgegenseite vom wirtschaftlichen Wert abweichen (vgl. Calliess/Ruffert/Weiß AEUV Art. 102 Rn. 46; Immenga/Mestmäcker/ Fuchs/Möschel AEUV Art. 102 Rn. 175). Die Feststellung einer solchen Unangemessenheit birgt wegen der Unsicherheit betr. die Prognose des tatsächlichen wirtschaftlichen Wertes – wie auch hinsichtlich der Beurteilung des Beruhens einer Preisdifferenz auf fehlendem Wettbewerbsdruck – erhebliche Schwierigkeiten (s. Immenga/Mestmäcker/Fuchs/Möschel AEUV Art. 102 Rn. 177). Durch einen Vergleich mit den Konditionen in anderen Gebieten bzw. Mitgliedstaaten sowie durch – hypothetische – Wettbewerbsprognosen muss versucht werden, ein angemessenes Preisniveau zu ermitteln (s. Calliess/Ruffert/Weiß AEUV Art. 102 Rn. 46). Eine Unangemessenheit ergibt sich dabei keineswegs aus jeder Überschreitung des ermittelten Vergleichspreises, sondern vielmehr erst und nur dann, wenn der betr. Preis stark oder eindeutig überhöht ist (vgl. Immenga/Mestmäcker/Fuchs/Möschel AEUV Art. 102 Rn. 185). 31

Hinsichtlich unangemessener Geschäftsbedingungen sind – ähnlich wie bei der Überprüfung von Preisen – Vergleiche zu anderen bereits existenten oder hypothetischen Märkten anzustellen (vgl. Calliess/Ruffert/Weiß AEUV Art. 102 Rn. 47; Immenga/Mestmäcker/ Fuchs/Möschel AEUV Art. 102 Rn. 186). Allerdings birgt die Überprüfung von Geschäftsbedingungen vergleichbare praktische Probleme wie die von Preisen (Calliess/Ruffert/Weiß AEUV Art. 102 Rn. 46). Eine große Rolle spielt bei der Überprüfung von Geschäftsbedingungen der Grundsatz der Verhältnismäßigkeit, wonach zur legitimen Zielerreichung die Marktgegenseite nur insoweit eingeschränkt werden darf, als dies zur Zweckerreichung und für die Herstellung eines angemessenen Interessenausgleichs erforderlich ist (vgl. Calliess/ Ruffert/Weiß AEUV Art. 102 Rn. 47; Immenga/Mestmäcker/Fuchs/Möschel AEUV Art. 102 Rn. 186). 32

III. Einschränkung der Erzeugung, des Absatzes oder der technischen Entwicklung

Art. 102 S. 2 lit. b AEUV verbietet Einschränkungen des Absatzes, der Erzeugung oder des technischen Fortschritts zu Lasten der Verbraucher. Dabei ist unerheblich, ob die eigene oder eine fremde Tätigkeit beschränkt wird (Calliess/Ruffert/Weiß AEUV Art. 102 Rn. 48). Als Verbraucher ist iRd Art. 102 S. 2 lit. b AEUV jeder Abnehmer anzusehen (Emmerich KartellR, 12. Aufl. 2012, § 10 Rn. 23). Ein solcher Schaden für den Verbraucher liegt sowohl in einer Angebotsbeschränkung als auch in einer Erhöhung der Preise (Calliess/ Ruffert/Weiß AEUV Art. 102 Rn. 50). 33

1. Produktionsbeschränkung

Eine Beschränkung der Produktion iSe künstlichen Verknappung des Angebots liegt vor, wenn bspw. die Erzeugung bestimmter Ersatzteile verhindert wird, indem die eigene Produktion eingestellt und zugleich die Lizenzvergabe verweigert wird (Calliess/Ruffert/Weiß AEUV Art. 102 Rn. 49). 34

2. Absatzbeschränkung

Einschränkungen des Absatzes stellen zudem nicht sachlich begründbare Einflussnahmen auf die eigene oder fremde Absatzpraxis dar (s. Calliess/Ruffert/Weiß AEUV Art. 102 Rn. 50). Solche Einflussnahmen können sich bspw. in Vertriebsbindungen manifestieren; in Betracht kommen ferner etwa Weiterverkaufsverbote oder Nutzungsbeschränkungen (vgl. Immenga/Mestmäcker/Fuchs/Möschel AEUV Art. 102 Rn. 225 ff.). Allerdings steht die Absatzgestaltung grds. im freien Ermessen des jeweiligen Unternehmens, was auch für marktbeherrschende Unternehmen gilt. Die diesbezgl. Ausgestaltungsmöglichkeiten eines Marktbeherrschers sind jedoch insoweit restringiert, als dass der Marktbeherrscher nicht den Restwettbewerb beschränken darf (vgl. Immenga/Mestmäcker/Fuchs/Möschel AEUV Art. 102 Rn. 225). 35

3. Beschränkung des technischen Fortschritts

36 Die Beschränkung der technischen Entwicklung kann bspw. durch eine Verhinderung des Zugangs zum aktuellen Stand der Technik oder durch eine Behinderung von Forschungsarbeiten erfolgen (s. Calliess/Ruffert/Weiß AEUV Art. 102 Rn. 51).

IV. Diskriminierung, insbes. Geschäftsverweigerung

37 Art. 102 S. 2 lit. c AEUV untersagt die Anwendung unterschiedlicher Bedingungen bei gleichwertigen Leistungen betr. Waren oder Dienste, durch welche die Handelspartner im Wettbewerb benachteiligt werden.

1. Diskriminierung

38 Das Diskriminierungsverbot des Art. 102 S. 2 lit. c AEUV soll verhindern, dass wettbewerblich nicht zu rechtfertigende Diskriminierungen durch ein marktbeherrschendes Unternehmen vorgenommen werden. Nicht von Art. 102 S. 2 lit. c AEUV erfasste ungerechtfertigte Behinderungen können ergänzend von der Generalklausel des Art. 102 S. 1 AEUV erfasst werden (vgl. Immenga/Mestmäcker/Fuchs/Möschel AEUV Art. 102 Rn. 375). Diskriminierungen können sowohl in der Schlechter- als auch in der Besserstellung bestimmter Marktteilnehmer liegen, solange eine solche Behandlung nicht sachlich gerechtfertigt werden kann (Calliess/Ruffert/Weiß AEUV Art. 102 Rn. 55, 58). Vor diesen Diskriminierungen sollen auf der Grundlage und am Maßstab von Art. 102 S. 2 lit. c AEUV die Handelspartner des marktbeherrschenden Unternehmens geschützt werden (s. Calliess/Ruffert/Weiß AEUV Art. 102 Rn. 55). Handelspartner sind dabei nicht nur aktuelle Geschäftspartner des Marktbeherrschers, sondern auch und gerade deren Wettbewerber (s. Calliess/Ruffert/Weiß AEUV Art. 102 Rn. 56).

39 Neben der Handelspartnereigenschaft ist die Vergleichbarkeit der angebotenen Leistungen stets eine Voraussetzung für die Anwendbarkeit des Diskriminierungsverbots (vgl. Calliess/Ruffert/Weiß AEUV Art. 102 Rn. 60; Immenga/Mestmäcker/Fuchs/Möschel AEUV Art. 102 Rn. 379). Ungleichbehandlungen, die auf sachlichen (Rechtfertigungs-)Gründen beruhen, bleiben demgegenüber – jedenfalls in kartellrechtlicher Hinsicht – zulässig (Immenga/Mestmäcker/Fuchs/Möschel AEUV Art. 102 Rn. 380).

40 Diskriminierungen treffen häufig mit der Verwirklichung weiterer Regelbeispiele des Art. 102 AEUV zusammen (Immenga/Mestmäcker/Fuchs/Möschel AEUV Art. 102 Rn. 378). Denn wenn ein einzelner Handelspartner bspw. ausgebeutet werden soll, wird dieser regelmäßig ggü. anderen Wettbewerben ungleich behandelt werden, ohne dass es dafür einen sachlichen Rechtfertigungsgrund gibt (vgl. Immenga/Mestmäcker/Fuchs/Möschel AEUV Art. 102 Rn. 378).

2. Geschäftsverweigerung

41 Die Geschäftsverweigerung kann einen bes. gravierenden Fall der Diskriminierung darstellen (s. Calliess/Ruffert/Weiß AEUV Art. 102 Rn. 56). Geschäftsverweigerungskonstellationen sind daher nicht anders zu behandeln als sonstige Diskriminierungen. Zwar steht es auch (markt-)beherrschenden Unternehmen grds. frei, ihre Geschäftspolitik frei selbst zu bestimmen und dabei insbes. ihre Handelspartner auszuwählen; es kann aber in bestimmten Situationen gerechtfertigt sein, marktbeherrschenden Unternehmen konkrete kartellrechtliche Geschäftsaufnahme- bzw. Geschäftsfortführungspflichten aufzuerlegen, die sich in der Sache in einem **Kontrahierungszwang** manifestieren können (vgl. Immenga/Mestmäcker/Fuchs/Möschel AEUV Art. 102 Rn. 305).

42 Ein Sonderfall der Geschäftsverweigerung ist die **essential facilities-Doktrin** (Immenga/Mestmäcker/Fuchs/Möschel AEUV Art. 102 Rn. 331). Diese essential facilities-Doktrin wurde erstmals durch die Seehafen-Entscheidungen der Kommission (hierzu Immenga/Mestmäcker/Fuchs/Möschel AEUV Art. 102 Rn. 331 mwN) in das europäische Wettbewerbsrecht übernommen. Die Fallgruppe der essential facilities-Doktrin unterscheidet sich von sonstigen Geschäftsverweigerungen insbes. dadurch, dass ein für Dritte zugänglicher Markt nicht existiert bzw. vom beherrschenden Unternehmen nicht eröffnet wurde (Im-

menga/Mestmäcker/Fuchs/Möschel AEUV Art. 102 Rn. 331). Voraussetzung für einen Kontrahierungszwang des die Einrichtung beherrschenden Unternehmens ist, dass es den Mitbewerbern nicht zumutbar ist, eine eigene entspr. Einrichtung zu schaffen (s. Calliess/Ruffert/Weiß AEUV Art. 102 Rn. 40). Sollte die Zugangsverweigerung objektiv gerechtfertigt sein, wie etwa durch Kapazitätsgrenzen, sind insofern die Auslastung der Einrichtung wie auch das Vergabeverfahren hinsichtlich der Nutzungsrechte zu überprüfen (vgl. Immenga/Mestmäcker/Fuchs/Möschel AEUV Art. 102 Rn. 338).

V. Kopplungsgeschäfte

Gem. Art. 102 S. 2 lit. d AEUV ist es missbräuchlich, eine Leistung mit einer anderen, **43** sachlich in keiner Weise mit dem Vertragsgegenstand verknüpften, Leistung zu verbinden. Die wettbewerbsrechtliche Bedenklichkeit resultiert dabei vornehmlich aus dem Potenzial eines beherrschenden Unternehmens, vermittels von Kopplungsgeschäften die Marktmacht von einem Markt auf den anderen zu übertragen, wobei von Hebelwirkungen iSe sog **leveraging** gesprochen wird (vgl. Immenga/Mestmäcker/Fuchs/Möschel AEUV Art. 102 Rn. 274). Die bes. Gefahr von Kopplungsgeschäften liegt zum einen in der Übertragung einer beherrschenden Stellung in einen neuen, den gekoppelten Markt; zum anderen besteht die Gefahr einer Verfestigung der marktbeherrschenden Stellung auf dem koppelnden Markt (vgl. Calliess/Ruffert/Weiß AEUV Art. 102 Rn. 64; Immenga/Mestmäcker/Fuchs/Möschel AEUV Art. 102 Rn. 274).

Gegen das Kopplungsverbot wird verstoßen, wenn die Abnahme einer Leistung zwingend **44** oder durch starke Anreizwirkung ohne sachliche Rechtfertigung mit der Abnahme einer weiteren, vom eigentlichen Geschäft unabhängigen Leistung verbunden wird (s. Calliess/Ruffert/Weiß AEUV Art. 102 Rn. 65). Unbeachtlich ist hierbei, ob und inwieweit die Geschäfte in einem einheitlichen Vertrag oder in getrennten Verträgen vereinbart werden (vgl. Immenga/Mestmäcker/Fuchs/Möschel AEUV Art. 102 Rn. 276). Nicht ausreichend ist allerdings das bloße fakultative Angebot einer Kopplung (Immenga/Mestmäcker/Fuchs/Möschel AEUV Art. 102 Rn. 277), da die Marktgegenseite insoweit noch freiwillig auf die Kopplung verzichten kann und diese Kopplung insoweit lediglich eine zusätzliche Option darstellt. Allerdings verstößt bereits der Versuch, solche Verträge nur mit der Kopplung abzuschließen gegen Art. 102 S. 2 lit. d AEUV (vgl. Calliess/Ruffert/Weiß AEUV Art. 102 Rn. 66).

VI. Kampfpreisstrategien

Kampfpreisstrategien, die sowohl zur Verdrängung als auch zur Disziplinierung von Wett- **45** bewerbern zum Einsatz gebracht werden können, sind nicht per se von einem der Regelbeispiele erfasst, so dass es grds. eines Rückgriffs auf die Generalklausel des Art. 102 S. 1 AEUV bedarf (vgl. Emmerich KartellR, 12. Aufl. 2012, § 10 Rn. 58; Immenga/Mestmäcker/Fuchs/Möschel AEUV Art. 102 Rn. 233). Wegen des generellen Bestrebens, den Preiswettbewerb zu befördern, und der Komplexität der Beurteilung von Mischkalkulationen und Preisstrategien der Unternehmen wirft die Beurteilung von Kampfpreisstrategien nicht nur unerhebliche Probleme auf (Calliess/Ruffert/Weiß AEUV Art. 102 Rn. 46; Immenga/Mestmäcker/Fuchs/Möschel AEUV Art. 102 Rn. 232).

Niedrige Preise können jedenfalls für sich genommen – noch – kein hinreichender **46** Hinweis auf eine missbräuchliche Kampfpreisstrategie (sog **predatory pricing**) sein, da sie ebenso durch einen bes. intensiven Preiswettbewerb zustande gekommen sein können (Immenga/Mestmäcker/Fuchs/Möschel AEUV Art. 102 Rn. 232). Allerdings sind Verlustpreise ein bedeutsames Indiz für eine Verdrängungsabsicht des marktbeherrschenden Unternehmens ggü. seinen Mitbewerbern (s. Calliess/Ruffert/Weiß AEUV Art. 102 Rn. 31). Neben Verlustpreisen, auf die eine Kampfpreisunterbietung allerdings keinesfalls beschränkt ist (Immenga/Mestmäcker/Fuchs/Möschel AEUV Art. 102 Rn. 232; Mestmäcker/Schweitzer Europäisches WettbR, 2. Aufl. 2004, § 18 Rn. 11), ist im Zusammenhang mit niedrigen Preisen ein bes. Augenmerk auf etwaige Marktaustritte von Mitbewerbern zu richten, die eine Kampfpreisunterbietung indizieren können (s. Calliess/Ruffert/Weiß AEUV Art. 102 Rn. 31).

E. Zwischenstaatlichkeitsklausel

47 Die Zwischenstaatlichkeitsklausel hat auch iRd Art. 102 AEUV nicht zuletzt die Funktion der **Abgrenzung des Anwendungsbereiches** des europäischen vom mitgliedstaatlichen Missbrauchsverbot (vgl. Immenga/Mestmäcker/Fuchs/Möschel AEUV Art. 102 Rn. 22). Damit das europäische Kartellrecht zur Anwendung berufen ist, muss der Missbrauch einer beherrschenden Stellung zumindest geeignet sein, zu einer Beeinträchtigung des zwischenstaatlichen Handels zu führen. Dazu ist nicht zwingend notwendig, jedoch regelmäßig erforderlich, dass der Missbrauch hinsichtlich eines unmittelbar mehrere Staaten betr. Geschäfts stattfindet (s. Immenga/Mestmäcker/Fuchs/Möschel AEUV Art. 102 Rn. 23).

48 Grds. ist hinsichtlich der Beeinträchtigung des zwischenstaatlichen Handels auf die Ausführungen zu Art. 101 AEUV zu verweisen (→ Art. 101 Rn. 52). Allerdings ist, anders als iRd Art. 101 AEUV, umstr., ob es einer Spürbarkeit der Handelsbeeinträchtigung bedarf (vgl. Calliess/Ruffert/Weiß AEUV Art. 102 Rn. 73). Regelmäßig kommt dieser Streitfrage jedoch wegen der Tatbestandsvoraussetzung einer beherrschenden Stellung des Art. 102 AEUV keine praktische Bedeutung zu (vgl. Calliess/Ruffert/Weiß AEUV Art. 102 Rn. 73).

F. Rechtsfolgen

49 Anders als Art. 101 AEUV, der seine Rechtsfolgen unmittelbar in Art. 101 Abs. 2 AEUV selbst regelt (→ Art. 101 Rn. 56), enthält Art. 102 AEUV keine eigenständige Rechtsfolgenanordnung. Vielmehr müssen hinsichtlich der Rechtsfolgen die Vorschr. der **VO Nr. 1/2003** sowie der nationalen Rechtsordnungen herangezogen werden (s. Emmerich KartellR, 12. Aufl. 2012, § 11 Rn. 1; Immenga/Mestmäcker/Fuchs/Möschel AEUV Art. 102 Rn. 408). Es kommen einerseits öffentlich-rechtliche (→ Rn. 50), andererseits zivilrechtliche Konsequenzen (→ Rn. 56) in Betracht (vgl. Immenga/Mestmäcker/Fuchs/Möschel AEUV Art. 102 Rn. 407).

I. Öffentlich-rechtliche Folgen

50 Die öffentlich-rechtlichen Folgen eines Verstoßes gegen Art. 102 AEUV bestimmen sich auf der Grundlage und am Maßstab der VO Nr. 1/2003.

1. Feststellung der Missbräuchlichkeit

51 Die Kommission kann zunächst die Feststellung der Missbräuchlichkeit eines bestimmten Verhaltens treffen, die jedoch wegen der unmittelbaren Wirkung des Missbrauchsverbots lediglich deklaratorische Wirkung hat (s. Calliess/Ruffert/Weiß AEUV Art. 102 Rn. 75; Immenga/Mestmäcker/Fuchs/Möschel AEUV Art. 102 Rn. 408).

2. Anordnung der Aufgabe des missbräuchlichen Verhaltens

52 Allerdings wird mit der deklaratorischen Feststellung der Missbräuchlichkeit eines Verhaltens häufig die konstitutive Verpflichtung zur Aufgabe des betr. Verhaltens verbunden (Calliess/Ruffert/Weiß AEUV Art. 102 Rn. 75; Immenga/Mestmäcker/Fuchs/Möschel AEUV Art. 102 Rn. 408). Diese Verpflichtung, die selbst notwendigerweise die Feststellung der Missbräuchlichkeit beinhaltet (EuGH BeckEuRS 1983, 105374 Rn. 24 ff. – GVL/Kommission), kann nachf. von der Kommission mit Zwangsgeldern durchgesetzt werden (Calliess/Ruffert/Weiß AEUV Art. 102 Rn. 75; Emmerich KartellR, 12. Aufl. 2012, § 11 Rn. 3; Immenga/Mestmäcker/Fuchs/Möschel AEUV Art. 102 Rn. 409).

3. Verpflichtungszusagen

53 Die Kommission kann statt einer abschl. Feststellung des Missbräuchlichkeit, verbunden mit der Anordnung der Aufgabe des entspr. Verhaltens, auch eine Verpflichtungszusage des betroffenen Unternehmens für verbindlich erklären, die mutmaßlich missbräuchliche Verhaltensweise zukünftig zu unterlassen (vgl. Immenga/Mestmäcker/Fuchs/Möschel AEUV

Art. 102 Rn. 410). Allerdings enthält die Erklärung der Verbindlichkeit keine Aussage darüber, ob ein Verstoß vorlag (Mestmäcker/Schweitzer Europäisches WettbR, 2. Aufl. 2004, § 21 Rn. 44).

4. Bußgeld

Weiterhin ist die Kommission auf der Grundlage und am Maßstab von Art. 23 Abs. 2 lit. a VO Nr. 1/2003 ermächtigt, Bußgelder zu verhängen, die eine Höhe von 10% des Umsatzes des letzten Geschäftsjahres des seine beherrschende Stellung missbräuchlich ausnutzenden Unternehmens betragen können (s. Immenga/Mestmäcker/Fuchs/Möschel AEUV Art. 102 Rn. 411 f.). Voraussetzung für die Verhängung einer solchen Bußgeldsanktion ist dabei gem. Art. 23 Abs. 1 VO Nr. 1/2003 stets ein vorsätzliches oder fahrlässiges Begehen (Mestmäcker/Schweitzer Europäisches WettbR, 2. Aufl. 2004, § 21 Rn. 17). 54

5. Einstweilige Maßnahmen

Unter bestimmten strengen Voraussetzungen ist es der Kommission darüber hinaus gem. Art. 8 VO Nr. 1/2003 möglich, einstweilige Maßnahmen anzuordnen. 55

II. Zivilrechtliche Folgen

Die zivilrechtlichen Folgen aus einem Verstoß gegen Art. 102 AEUV ergeben sich aus den Rechtsordnungen der Mitgliedstaaten (vgl. Immenga/Mestmäcker/Fuchs/Möschel AEUV Art. 102 Rn. 415; Mestmäcker/Schweitzer Europäisches WettbR, 2. Aufl. 2004, § 22 Rn. 23). 56

1. Nichtigkeit

Anders als das Kartellverbot in Art. 101 Abs. 2 AEUV (→ Art. 101 Rn. 56) enthält das Missbrauchsverbot des Art. 102 AEUV keine ausdrückliche Nichtigkeitsanordnung, weshalb ein Rückgriff auf die mitgliedstaatlichen Rechtsordnungen erforderlich ist (s. Immenga/Mestmäcker/Fuchs/Möschel AEUV Art. 102 Rn. 415). Art. 102 AEUV stellt im deutschen Recht ein Verbotsgesetz iSd § 134 BGB dar, so dass entspr. Rechtsgeschäfte nach Maßgabe des deutschen Rechts nichtig sind (vgl. Emmerich KartellR, 12. Aufl. 2012, § 11 Rn. 6; Immenga/Mestmäcker/Fuchs/Möschel AEUV Art. 102 Rn. 416). 57

Hinsichtlich der Anwendbarkeit von § 139 BGB und der daraus erwachsenden allfälligen Teilnichtigkeit gilt das zu Art. 101 Abs. 2 AEUV Ausgeführte (→ Art. 101 Rn. 56). 58

2. Schadensersatz, Unterlassung, Beseitigung

Beseitigungs- und Unterlassungsansprüche sind nicht ausdrücklich im europäischen Recht verankert. Daher ist auf das nationale Recht zurückzugreifen, welches im deutschen Recht mit § 33 Abs. 1 GWB und §§ 823 Abs. 2, 1004, 249 BGB geeignete Anspruchsgrundlagen bereithält (Immenga/Mestmäcker/Fuchs/Möschel AEUV Art. 102 Rn. 424). Die entspr. Ansprüche sind verschuldensunabhängig ausgestaltet (BGHZ 110, 313 (317)). 59

Auch die Anspruchsgrundlagen für Schadensersatzansprüche ergeben sich nicht unmittelbar aus dem Gemeinschaftsrecht, sondern vielmehr aus den nationalen Rechtsordnungen (EuGH EuZW 2006, 529 ff. – Vincenzo Manfredi/Lloyd Adriatico Assicurazioni SpA ua; BeckEuRS 2001, 354089 Rn. 27 ff. – Courage Ltd/Bernard Crehan; weiterhin aus dem Schr. Immenga/Mestmäcker/Fuchs/Möschel AEUV Art. 102 Rn. 415). Das deutsche Recht sieht einen entspr. Anspruch auf Schadensersatz in § 33 Abs. 3 GWB vor. Art. 102 AEUV ist darüber hinaus als Schutzgesetz iSd § 823 Abs. 2 BGB zu qualifizieren, so dass sich auch so ein Schadensersatzanspruch ergeben kann (vgl. Calliess/Ruffert/Weiß AEUV Art. 102 Rn. 75; Immenga/Mestmäcker/Fuchs/Möschel AEUV Art. 102 Rn. 424; Mestmäcker/Schweitzer Europäisches WettbR, 2. Aufl. 2004, § 22 Rn. 25). 60

G. Informations- und medienrechtliche Besonderheiten

61 In informations- und medienrechtlicher Hinsicht ist der Blick vornehmlich zu richten auf den **Suchmaschinensektor** (→ Rn. 62), die **Netzinfrastrukturen** (→ Rn. 72), den Markt für **Smartphone- und Tabletsoftware,** insbes. Betriebssysteme und Apps (→ Rn. 77) sowie den Bereich der **Sozialen Netzwerke** (→ Rn. 78).

I. Suchmaschinen

62 Suchmaschinen vermitteln im Internet den Zugang zu Inhalten, analysieren deren Nutzung und offerieren hierauf aufbauend überdies neben Werbemöglichkeiten auch weitere Leistungen und eigene Inhalte. Was von den Suchmaschinen nicht aufgefunden bzw. angezeigt wird, existiert wegen der mangelnden Auffindbarkeit im Internet praktisch nicht (vgl. Introna/Nissenbaum The Information Society 16 (2000), 169 (171): „To exist is to be indexed by a search engine"). Aus diesen Rahmenbedingungen erwachsen konkrete marktmachtbezogene Herausforderungen betr. den struktur- und verhaltensbezogenen Umgang mit Suchmaschinen. Die Stellung der Suchmaschinen als **Informationsintermediäre** im Zusammenspiel mit erheblichen Marktkonzentrationen und substantiellen Marktzutrittsschranken begründet substanzielle Gefährdungspotenziale sowohl für den ökonomischen als auch für den publizistischen Wettbewerb (vgl. hierzu Paal, Suchmaschinen, Marktmacht und Meinungsbildung, 2012).

1. Aktuelle Kartellverfahren

63 Anfang 2013 ist ein von der **Federal Trade Commission (FTC)** betriebenes Verfahren gegen **Google** in den USA betr. die vermutete kartellrechtswidrige Diskriminierung von Konkurrenten im Wege einer unzutreffenden Sortierung der Suchergebnisse zu Ende gegangen: Zwar habe es Hinweise für Wettbewerbsbehinderungen durch Google gegeben; der Hauptgrund für die Änderungen bei den Suchtreffern, mit denen eigene Produkte hervorgehoben wurden, sei aber eine Verbesserung des individuellen Suchergebnisses für die Nutzer als Verbraucher. Aufgabe der FTC sei es, den Wettbewerb und nicht etwa die Wettbewerber zu schützen (MMR-Aktuell 2013, 341551).

64 Die **EU-Kommission** hat bereits 2010 ein kartellrechtliches Verfahren aufgrund von Beschwerden konkurrierender Suchmaschinenanbieter in Bezug auf den möglichen Missbrauch einer marktbeherrschenden Stellung gegen Google eingeleitet. Dabei vermutet die Kommission den Missbrauch einer marktbeherrschenden Stellung auf dem Suchmaschinenmarkt (insbes. seien bezahlte und unbezahlte Suchergebnisse von konkurrierenden vertikalen Suchdiensten durch Google aktiv herabgestuft worden). Das Verfahren gegen Google vor der EU-Kommission dauert weiterhin an; vorgeworfen werden dem Unternehmen in diesem Zusammenhang va die Bevorzugung eigener Seiten und Leistungen, das Kopieren der Inhalte anderer Anbieter, der vertragliche Ausschluss von Konkurrenten bei Verträgen mit Anzeigenkunden und ein faktisches Verbot des Transfers von Anzeigen zu Konkurrenten. Im April 2013 hat sich Google zum Zwecke der Beilegung des Verfahrens im Wege von **Verpflichtungszusagen** bereit erklärt, die Anzeige seiner Suchergebnisse zu modifizieren, indem etwa ua die Verweise auf konkurrierende Suchmaschinen prominenter dargestellt sowie eigene Angebote bzw. Werbung eindeutiger gekennzeichnet werden. Später hat das Unternehmen weitere Zugeständnisse und Nachbesserungen, insbes. auf dem Gebiet der vertikalen Suche vorgenommen. Die EU-Kommission hat ihrerseits um Stellungnahmen (insbes. von Konkurrenten, Verbänden und Nutzern) zu den von Google vorgelegten Kompromissvorschlägen gebeten.

2. Marktbeherrschung

65 Auf dem Markt für Suchmaschinenanfragen hat **Google** – nicht nur – in Deutschland und Europa gleichsam eine Monopolstellung bei einem Marktanteil von nahezu 90%, der nächste Wettbewerber **Bing** liegt demgegenüber bei einem Marktanteil von unter 5%. Auf den hiermit eng verwandten Märkten für suchbezogene Werbung, Indexierung und Werbe-

vermittlung bestehen ebenfalls marktmächtige Stellungen von Google. Vor diesem Hintergrund führen sich selbst verstärkende Netzwerkeffekte und entspr. Rückwirkungen zu einer Reichweiten-Auflagen-Spirale (zur Anzeigen-Auflagen-Spirale im Pressesektor und zur Werbespot-Reichweiten-Spirale im Rundfunk s. Paal, Suchmaschinen, Marktmacht und Meinungsbildung, 2012, 160 f. mwN).

3. Missbrauchsverbot

Es besteht – insbes. – für vertikal integrierte Suchmaschinenbetreiber ein erheblicher **66** Anreiz, die zugrunde liegenden Suchalgorithmen so zu konfigurieren, dass eigene Inhalte und Dienstleistungen stets auf einem Spitzenplatz gelistet werden (vgl. Dakanalis/van Rooijen C&R 2011, 29 ff.; Kühling/Gauß ZUM 2007, 881 (885)). In Betracht kommt ggü. (potenziellen) Konkurrenten va eine Diskriminierung, wenn eine zurechenbare und nicht gerechtfertigte Ungleichbehandlung gegeben ist. Darüber hinaus kann ein Behinderungsmissbrauch in Gestalt der Geschäftsverweigerung gegeben sein, falls der wirksame Wettbewerb ohne sachliche Rechtfertigung (etwa wegen der Rechtswidrigkeit von Inhalten) ausgeschaltet wird und die vorenthaltenen Leistungen in Bezug auf den Drittmarkt unerlässlich sind.

4. Zugang zu wesentlichen Einrichtungen (*essential-facilities*-Doktrin)

Suchmaschinen als Informationsintermediäre könnten als wesentliche Infrastruktureinrichtungen anzusehen sein, womit nach Maßgabe der **essential-facilities**-Doktrin **67** (→ Rn. 42) ein genereller Ausschluss vom Suchmaschinenindex oder eine Verdrängung von den vorderen Rankingpositionen ohne sachliche Rechtfertigung nicht zulässig wäre. Aus Sicht der Inhalteanbieter und Werbetreibenden spricht dagegen für das Vorliegen einer wesentlichen Einrichtung, dass gerade keine echten Wechselalternativen existieren, welche vergleichbar die Auffindbarkeit durch und den Zugang zu den Nutzern eröffnen (abl. dagegen Schulz/Held/Laudien, Suchmaschinen als Gatekeeper im Internet, 2005, 73). Falls man vor diesem Hintergrund das Vorliegen einer wesentlichen Einrichtung annimmt (eine solche „wesentliche Einrichtung" in Ansehung von Google abl. Babey, Kartellrechtliche Anforderungen an Suchmaschinen, 2010, 102 f.; Körber WRP 2012, 761 (765 f.); Wiebe MR-Int. 2007, 179 (182)), sind die unternehmerischen Verhaltensspielräume durch das kartellrechtliche Missbrauchsverbot restringiert. Zu denken ist in diesem Zusammenhang insbes. auch an eine generelle Gleichbehandlungspflicht bei der Aufnahme in den Suchmaschinenindex und bei der Verarbeitung durch den Suchalgorithmus.

Sowohl für Inhalteanbieter als auch für Werbetreibende gibt es gegenwärtig **keine fak- 68 tisch tragfähige Wechselalternative** zu dem (Quasi-)Monopolist Google. So ist Google den Wettbewerbern auf dem Suchmaschinensektor in den maßgeblichen Wettbewerbsfaktoren weit voraus (bspw. betr. Daten- und Informationsvolumen, Nutzer-Reichweite, Suchinfrastruktur, Werbevolumen). Zudem sind potenzielle Wechselkosten bes. hoch, da Google über die Ausgestaltung der Verträge den Werbetreibenden untersagt, deren Anzeigen zu kopieren und in einer anderen Suchmaschine zu verwenden. Die Suchmaschine von Google verkörpert nach alledem einen **faktischen Marktstandard,** welcher durch Netzwerkeffekte vor potenziellen Marktzutritten weitgehend abgeschirmt ist. Insgesamt sprechen deshalb gewichtige Argumente dafür, dass es sich bei der Suchmaschine von Google um eine wesentliche Einrichtung handelt – und damit die **essential-facilities**-Doktrin zur Anwendung zu bringen ist.

5. Ausbeutung, Behinderung und Marktmachttransfer

Unbeschadet einer möglichen Anwendbarkeit der **essential-facilities**-Doktrin **69** (→ Rn. 42) könnte ein Ausbeutungsmissbrauch gegeben sein, wofür zunächst auf das Regelbeispiel aus Art. 102 S. 2 lit. a AEUV (→ Rn. 29) rekurriert werden kann. Die Geschäftsmodelle von Suchmaschinen beruhen vornehmlich auf Verweisen auf bzw. der Verwendung von fremdproduzierten Inhalten und Leistungen. Diese Inhalte und Leistungen sind von anderen Personen und Unternehmen – und hier nicht zuletzt von Presseverlagen (vgl. das neu geschaffene **Leistungsschutzrecht für Presseverleger** im Internet, §§ 87f– 87h UrhG, hierzu etwa Höppner K&R 2013, 73; Schippan ZUM 2013, 358; Stieper ZUM 2013, 10) – hergestellt und über das Internet zugänglich gemacht worden. Bei der Wiedergabe solcher Inhalte und Leistungen durch Suchmaschinen erfolgt somit vielfach eine Verwertung fremdproduzierter Inhalte und Leistungen, ohne dass eine Vereinbarung über die Art und Weise des Zugriffs oder einer etwaigen Kompensation stattgefunden hätte. In der Folge greifen die Internetnutzer zudem immer seltener unmittelbar auf die Webseiten der Inhalteanbieter zu, weshalb die Werbetreibenden ihre Buchungen zu den Suchmaschinen hin verschieben.

70   Weiterhin kommt in Betracht, dass durch **Ausschließlichkeitsbindungen** konkurrierende Unternehmen auf dem beherrschten oder auf benachbarten Märkten behindert werden (Behinderungsmissbrauch). Hier setzt der Vorwurf der EU-Kommission an, wonach Google einen vertraglichen Ausschluss von Konkurrenten bei Verträgen mit Anzeigenkunden und ein faktisches Verbot des Transfers von Anzeigen zu Konkurrenten implementiert habe. Ferner steht ein kartellrechtlich unzulässiger Marktmachttransfer (sog. **leveraging**) in Rede, falls Suchmaschinenanbieter ihre eigenen Inhalte bei der Ergebnisreihung im Suchranking – etwa durch bessere Platzierung oder optische Hervorhebungen – bevorzugt behandeln, um hieraus auf verwandten Dienste- und Inhaltemärkten entspr. Nutzen zu ziehen (dies wegen der „unkoordinierten Selbstregulierungsmaßnahmen" des Internets für unwahrscheinlich haltend Kühling/Gauß MMR 2007, 751 (756)).

6. Such(maschinen)neutralität

71   Vielfach diskutiert wird das Desiderat einer „Suchmaschinenneutralität" im Sinne einer „objektiven", gleichsam „natürlichen" Reihung von Suchergebnissen (zur Frage der Suchmaschinenneutralität etwa Danckert/Mayer MMR 2010, 219; Kühling/Gauß ZUM 2007, 881; Ott K&R 2007, 375; Paal AfP 2011, 521; Schulz/Held/Laudien, Suchmaschinen als Gatekeeper in der öffentlichen Kommunikation, 2005). Allerdings ist eine absolute Objektivität bei der Reihung von Suchergebnissen gerade nicht möglich, da die Suchalgorithmen stets **dezisionistische Festlegungen** für die Ergebnisreihung erfordern (idS ebenfalls Schuppert/Voßkuhle/Kühling, Governance von und durch Wissen, 2008, 209). Nachdem die Auswahl der für die Suche maßgeblichen Parameter stets eine Wertungsentscheidung darstellt, ist aus kartellrechtlicher Warte vielmehr zu fragen, welche Suchparameter und Einflussnahmen (zur Unterscheidung von internen und externen Einflussnahmen s. etwa Kühling/Gauß ZUM 2007, 881 (883 ff.)) auf die Suchmaschinenergebnisse zulässig sind (vgl. Paal AfP 2011, 521 (523)).

II. Netzinfrastrukturen

72   Das Internet war bislang maßgeblich durch das sog **best-effort-Prinzip** geprägt, welches für eine vollkommene netzseitige Neutralität ggü. Inhalten einerseits und den jeweiligen Kommunikationspartnern andererseits steht (vgl. etwa Paal AfP 2011, 521 (527)). Bereits bisher wurde das Prinzip der Netzneutralität allerdings insbes. im Bereich des mobilen Internetzugangs erheblich eingeschränkt, indem volumenabhängige Drosselungen vertraglich vereinbart und technisch implementiert wurden. Auf dem Gebiet der leitungsgebundenen Internetzugänge sorgte indes unlängst die Ankündigung der **Deutschen Telekom,** künftig volumenabhängige Drosselungsmechanismen zur Anwendung bringen zu wollen, für heftige Kritik („Drosselkom"). Dies gilt insbes. für die hiermit verbundenen Erwägungen, eigene Dienste auf dem Sekundärmarkt von der volumenabhängigen Drosselung auszunehmen. Ob und inwieweit mit Hilfe (auch) des Missbrauchsverbots zuletzt auch die außerökonomische Teilhabedimension des Internets als **Grundrechtsverwirklichungsnetz** (zur Funktion des Internet als Grundrechtsgewährleistungsnetz vgl. Kloepfer AfP 2010, 120 (122)) gewährleistet werden kann, ist hierbei vornehmlich eine Frage der Marktabgrenzung (→ Rn. 73) und einer etwaigen Rechtfertigung allfälliger Netzwerkmanagementmaßnahmen.

1. Marktbeherrschung

73   Die Vorleistungsebene wird zu einem erheblichen Teil durch die **Deutsche Telekom** beherrscht; auf dem Markt der **Access Provider** ist dagegen trotz der starken Stellung der Deutschen Telekom grds. ein wirksamer Wettbewerb feststellbar. Jedenfalls aber führt das

wesentliche Aufgreifkriterium der marktbeherrschenden Stellung stets nur zu einer allenfalls partiellen Erfassung des relevanten Access-Provider-Marktes. Eine umfassende Gewährleistung der Netzneutralität durch die kartellrechtliche Missbrauchsaufsicht erscheint deshalb bereits aus diesem Gesichtspunkt nur schwerlich möglich.

2. Missbrauchsverbot

Das Missbrauchsverbot vermag zudem nur insoweit der Sicherung der Netzneutralität **74** dienen, wie die in Rede stehenden Netzwerkmanagementmaßnahmen nicht durch sachliche Gründe zu rechtfertigen sind. Somit ist die Funktion des Netzes als wesentliche Einrichtung (**essential facility**) angesprochen; als mögliche sachliche Rechtfertigung von allfälligen Netzwerkmanagementmaßnahmen kommen generell Anstrengungen zur Vermeidung von überlastoriginären Störungen in Betracht; weiterhin dürfte auch eine verbrauchsabhängige Bepreisung nur schwerlich als missbräuchlich qualifiziert werden können (Paal AfP 2011, 521 (527)).

Anderes könnte zwar grds. für die Ausnahme bestimmter eigener Dienste (sprich **Privile-** **75** **gierung**) von der generellen Drosselung gelten. Hierin dürfte aber weniger ein Missbrauch ggü. den Verbrauchern als Endnutzer zu sehen sein, als – wenn überhaupt – vielmehr ggü. den Anbietern von konkurrierenden Anwendungen.

3. Netzneutralität

Umstr. sind bereits die generelle **Konzeption** der Netzneutralität (zur Netzneutralität aus **76** dem Schr. etwa Degenhart CR 2011, 231; Gersdorf AfP 2011, 209; Holznagel AfP 2011, 532; Kloepfer AfP 2010, 120; Paal AfP 2011, 521; Schlauri, Network Neutrality, 2010) und der mit diesem Begriff verbundene **normative Gehalt.** Nach einem **strikten Verständnis** bedeutet „Netzneutralität" die uneingeschränkt neutrale Übermittlung von Daten im Internet. Hiervon wird bereits gegenwärtig abgewichen, wenn Netzbetreiber den Datenverkehr inspizieren (sog **deep packet inspection**) und die Datenpakete in der Folge unterschiedlich behandeln. Demgegenüber beinhaltet nach einem **differenzierenden Verständnis** die Netzneutralität (nur) die netzseitige Chancengleichheit des Wettbewerbs. Richtigerweise ist das Prinzip der „Netzneutralität" lediglich als rechtstatsächlicher Ausgangspunkt für die anzustellenden normativen Wertungen zu verstehen. Ausgehend von dem technischen Grunddatum „best effort" sind Einwirkungen auf die Netzneutralität an rechtlichen Maßstäben zu messen. Mit der Netzneutralität verbindet sich der normative Gehalt einer generellen Diskriminierungsfreiheit, nicht aber einer absoluten Differenzierungsfreiheit des Datentransports durch die Netzbetreiber (idS ebenfalls Gersdorf AfP 2011, 209). Maßgeblich sind somit va die Gesichtspunkte der sachlichen Rechtfertigung einer Ungleichbehandlung und des kartellrechtlichen Missbrauchsverbots.

III. Betriebssysteme/Apps für Smartphones und Tablets

Für die Smartphone- bzw. Tablet-Benutzeroberflächen wird vielfach die Annahme von **77** wesentlichen Einrichtungen iSd **essential-facilities**-Doktrin (→ Rn. 42) in Betracht kommen. Fraglich ist sodann allerdings, ob und inwieweit in Ansehung von Smartphones und Tablets der qualifizierte Nachweis einer Verdrängungsstrategie der Betriebssystemhersteller ggü. den Inhalteanbietern unter Rekurs auf die engen Voraussetzungen der **essential-facilities**-Doktrin tragen kann (so zutr. Koenig MMR 2013, 137 (138); Paal GRUR 2013, 873 (879)). Ferner könnte in dem vorbenannten kostenlosen Zur-Verfügung-Stellen („Verschenken"), so etwa des Betriebssystems **Android,** ein Behinderungsmissbrauch im Sinne einer Kampfpreisstrategie auf der Grundlage und am Maßstab des Art. 102 AEUV gesehen werden (vgl. zu den Kampfpreisstrategien Immenga/Mestmäcker/Fuchs/Möschel Art. 102 AEUV Rn. 232 ff. mwN). Darüber hinaus ist an spezifische Pflichten der Softwarehersteller zur Eröffnung eines diskriminierungsfreien Zugangs zu denken (s. die Zugangspflichten nach Maßgabe und auf der Grundlage der Rahmen-RL 2002/21/EG und der Zugangs-RL 2002/19/EG in der jeweils durch die RL 2009/140/EG geänderten Fassung; weiterhin auch Immenga/Mestmäcker/Fuchs/Möschel AEUV Art. 102 Rn. 404 ff. mwN).

IV. Soziale Netzwerke

78 Soziale Netzwerke stellen vielfach infrastrukturähnliche Einrichtungen dar; der Zugang zu diesen Einrichtungen entscheidet maßgeblich über den Erfolg im internetbezogenen Wettbewerb. Für die Frage der Marktbeherrschung gilt, dass **Facebook** in Europa einen Marktanteil von rd. 65 % aufweist. Bislang haben weder die EU-Kommission noch das BKartA – soweit ersichtlich – für den Bereich der Sozialen Netzwerke eine konkrete Marktabgrenzung vorgenommen. Unter Heranziehung des Bedarfsmarktkonzepts dürften dabei in Ansehung der Sozialen Netzwerke neben einem übergreifenden Markt auch noch weitere engere Märkte abzugrenzen sein (vgl. Paal GRUR 2013, 873 (880)), etwa für **Anwendungsprogramme** (sog **Apps**) oder **Werbung** (idS für „Social Games" auf „Social Networks" Lober GRUR-Prax 2010, 453).

79 Auch hier steht deshalb das Vorliegen einer wesentlichen Einrichtung iSd **essential-facilities-Doktrin** (→ Rn. 42) in Rede, wenn und soweit tatsächliche oder potenzielle Wettbewerber durch das marktbeherrschende Unternehmen an einem Marktzutritt gehindert werden. In diesem Zusammenhang wird insbes. auf die (Programmier-)Schnittstellen der Sozialen Netzwerke abzuheben sein. Darüber hinaus kann rekurriert werden auf die Konstellationen des Behinderungsmissbrauchs (→ Rn. 37), welche über den unmittelbar betroffenen Markt hinaus sowohl vor- als auch nachgelagerte Märkte betreffen können, und des Ausbeutungsmissbrauchs (→ Rn. 29). Die Konstellation des Ausbeutungsmissbrauchs gewinnt hierbei auch und gerade in Ansehung von Ausschließlichkeitsbindungen bzw. Nutzungsbeschränkungen nach Maßgabe von allfälligen „Richtlinien" zur Plattformnutzung bes. Bedeutung.

Artikel 103 [Erlass von Verordnungen und Richtlinien]

(1) Die zweckdienlichen Verordnungen oder Richtlinien zur Verwirklichung der in den Artikeln 101 und 102 niedergelegten Grundsätze werden vom Rat auf Vorschlag der Kommission und nach Anhörung des Europäischen Parlaments beschlossen.

(2) Die in Absatz 1 vorgesehenen Vorschriften bezwecken insbesondere,
a) **die Beachtung der in Artikel 101 Absatz 1 und Artikel 102 genannten Verbote durch die Einführung von Geldbußen und Zwangsgeldern zu gewährleisten;**
b) **die Einzelheiten der Anwendung des Artikels 101 Absatz 3 festzulegen; dabei ist dem Erfordernis einer wirksamen Überwachung bei möglichst einfacher Verwaltungskontrolle Rechnung zu tragen;**
c) **gegebenenfalls den Anwendungsbereich der Artikel 101 und 102 für die einzelnen Wirtschaftszweige näher zu bestimmen;**
d) **die Aufgaben der Kommission und des Gerichtshofs der Europäischen Union bei der Anwendung der in diesem Absatz vorgesehenen Vorschriften gegeneinander abzugrenzen;**
e) **das Verhältnis zwischen den innerstaatlichen Rechtsvorschriften einerseits und den in diesem Abschnitt enthaltenen oder aufgrund dieses Artikels getroffenen Bestimmungen andererseits festzulegen.**

Art. 103 AEUV ermächtigt den Rat zum Erlass aller zweckdienlichen sekundärrechtlichen Vorschriften, welche der Durchführung von Art. 101 und 102 AEUV dienen, ohne dass die maßgeblichen Art. 101 und 102 AEUV ihrerseits allerdings geändert oder ergänzt werden dürfen. Weiterhin wird den Gemeinschaftsorganen die Möglichkeit eröffnet, ohne eine Änderung des Primärrechts durch den Erlass von VOen (Art. 288 Abs. 2 AEUV) und RLen (Art. 288 Abs. 3 AEUV) etwaig vorhandene Lücken in den Zuständigkeitsregelungen der Art. 104 und 105 AEUV zu beseitigen.

A. Verhältnis zu Art. 101 und 102 AEUV

1 Die Vorschriften der Art. 101 und 102 AEUV sind – unabhängig von etwaigen Durchführungsvorschriften – **unmittelbar vor den nationalen Gerichten anwendbares Recht** (s. Calliess/Ruffert/Jung AEUV Art. 103 Rn. 4; Immenga/Mestmäcker/Ritter AEUV

Übergangsbestimmung **Artikel 104 AEUV**

Art. 103 Rn. 1 mwN). Dieses Regelungsverhältnis hat der Europäische Gesetzgeber allerdings erst mit Erlass der **VO Nr. 1/2003** für Art. 101 AEUV ausdrücklich anerkannt und normativ festgeschrieben (Calliess/Ruffert/Jung AEUV Art. 103 Rn. 4). Die Befugnisse der Kommission im Verwaltungsverfahren bedürfen ihrerseits einer entspr. Durchführungs-VO (s. insoweit insbes. die VO Nr. 1/2003 zur Durchführung der in den Art. 81 und 82 EGV niedergelegten Wettbewerbsregeln), zu deren Erlass der Rat durch Art. 103 AEUV ermächtigt wird (Immenga/Mestmäcker/Ritter AEUV Art. 103 Rn. 1).

Durch Art. 103 AEUV soll neben der Sicherung der vollständigen unmittelbaren Anwendung der Art. 101 und 102 AEUV va auch die Statuierung eines lückenlosen Verfahrensrechts in Ergänzung zu Art. 104 und 105 AEUV erreicht werden (Calliess/Ruffert/Jung AEUV Art. 103 Rn. 7). **2**

B. Ermächtigung zum Erlass von Durchführungsvorschriften (Abs. 1)

Art. 103 Abs. 1 AEUV ermächtigt den Rat zum Erlass von Durchführungsvorschriften zur Verwirklichung der in Art. 101 und 102 AEUV niedergelegten Rechtsregeln. Ermächtigt ist der Rat somit lediglich zum Erlass solcher VOen (Art. 288 Abs. 2 AEUV) und RLen (Art. 288 Abs. 3 AEUV), die eine **Durchführungsregelung** des Verwaltungsverfahrens zu Art. 101 u. 102 AEUV oder deren **Konkretisierung** darstellen (Calliess/Ruffert/Jung AEUV Art. 103 Rn. 8). Insoweit ist der **Umfang der Ermächtigung** auf der Grundlage und am Maßstab von Art. 101 u. 102 AEUV zu bestimmen (Immenga/Mestmäcker/Ritter AEUV Art. 103 Rn. 2). **3**

Der Rat hat iRd Ermächtigung des Art. 103 AEUV die Möglichkeit, entweder in Form einer **VO gem. Art. 288 Abs. 2 AEUV** oder durch **eine RL gem. Art. 288 Abs. 3 AEUV** zu handeln (Immenga/Mestmäcker/Ritter AEUV Art. 103 Rn. 6). **4**

C. Beispielskatalog (Abs. 2)

Art. 103 Abs. 2 AEUV enthält einen nicht abschließenden („insbesondere") **Katalog von Regelbeispielen,** die durch eine auf die VO-Ermächtigung des Art. 103 AEUV gestützte VO getroffen werden können (Calliess/Ruffert/Jung AEUV Art. 103 Rn. 19; Immenga/Mestmäcker/Ritter AEUV Art. 103 Rn. 12 ff.). **5**

So können bspw. Sanktionen (Art. 103 Abs. 2 lit. a AEUV), Einzelheiten zur Anwendung von Art. 101 Abs. 3 AEUV (Art. 103 Abs. 2 lit. b AEUV), Sonderregelungen für bestimmte Wirtschaftszweige (Art. 103 Abs. 2 lit. c AEUV), eine Abgrenzung der Aufgaben von Kommission und Gerichtshofs (Art. 103 Abs. 2 lit. d AEUV) sowie die Festlegung des Verhältnisses der innerstaatlichen und der gemeinschaftsrechtlichen Wettbewerbsregeln (Art. 103 Abs. 2 lit. e AEUV) statuiert werden. **6**

Artikel 104 [Übergangsbestimmung]

Bis zum Inkrafttreten der gemäß Artikel 103 erlassenen Vorschriften entscheiden die Behörden der Mitgliedstaaten im Einklang mit ihren eigenen Rechtsvorschriften und den Bestimmungen der Artikel 101, insbesondere Absatz 3, und 102 über die Zulässigkeit von Vereinbarungen, Beschlüssen und aufeinander abgestimmten Verhaltensweisen sowie über die missbräuchliche Ausnutzung einer beherrschenden Stellung auf dem Binnenmarkt.

Art. 104 AEUV adressiert die Durchsetzung von Gemeinschaftskartellrecht durch die Behörden der Mitgliedstaaten. So schafft Art. 104 AEUV konkrete Möglichkeiten der Mitgliedstaaten, das Gemeinschaftskartellrecht zu vollziehen; mithin werden die in Art. 105 AEUV geregelten Vollzugsbefugnisse der Kommission ergänzt, um eine effiziente Umsetzung des europäischen Kartellrechts zu ermöglichen. Durch das Inkrafttreten der VO Nr. 1/2003 ist der Anwendungsbereich des von vornherein als Übergangsvorschrift ausgestalteten Art. 104 AEUV jedoch nahezu vollständig entfallen. Den noch verbliebenen Anwendungsbereich (→ Rn. 2) des Art. 104 AEUV bilden die nicht gemeinschaftsrechtlich relevanten konzentrativen Vollfunktions-Gemeinschaftsunternehmen. Art. 104 AEUV eröffnet darüber

AEUV Artikel 105

hinaus die Kompetenzgrundlage, dem Gemeinschaftskartellrecht, vermittelt durch die Behörden der Mitgliedstaaten, zu einer effizienten Durchsetzung zu verhelfen, falls künftig Ausnahmen zur VO Nr. 1/2003 geschaffen werden sollten.

A. Bedeutung als Übergangsnorm

1   Art. 104 AEUV ist von vornherein als **Übergangsvorschrift** konzipiert worden und sollte bis zum Erlass von entspr. Durchführungs-Verordnungen nach Art. 103 AEUV den Vollzug des europäischen Wettbewerbsrechts durch die Mitgliedstaaten sicherstellen (s. Calliess/Ruffert/Jung AEUV Art. 104 Rn. 7; Immenga/Mestmäcker/Ritter AEUV Art. 104 Rn. 1). Infolge des Inkrafttretens der VO Nr. 1/2003 und der Ausweitung von deren Anwendungsbereich hat Art. 104 AEUV sodann nahezu seinen gesamten Anwendungsbereich eingebüßt (vgl. Calliess/Ruffert/Jung AEUV Art. 104 Rn. 7); die Vorschrift ist nunmehr **praktisch überholt** (vgl. Immenga/Mestmäcker/Ritter AEUV Art. 104 Rn. 6).

B. Verbleibender Anwendungsbereich

2   Durch den Erlass der VO Nr. 1/2003 verbleibt für Art. 104 AEUV neben der Statuierung von Befugnissen der mitgliedstaatlichen Behörden im Bereich **nicht gemeinschaftsrechtlich relevanter Vollfunktions-Gemeinschaftsunternehmen** (vgl. Calliess/Ruffert/Jung AEUV Art. 104 Rn. 6) va eine **Auffangfunktion für etwaige künftige Ausnahmebereiche** vermittels der VO Nr. 1/2003 (vgl. Calliess/Ruffert/Jung Art. 104 AEUV Rn. 7).

Artikel 105 [Wettbewerbsaufsicht]

(1) ¹Unbeschadet des Artikels 104 achtet die Kommission auf die Verwirklichung der in den Artikeln 101 und 102 niedergelegten Grundsätze. ²Sie untersucht auf Antrag eines Mitgliedstaats oder von Amts wegen in Verbindung mit den zuständigen Behörden der Mitgliedstaaten, die ihr Amtshilfe zu leisten haben, die Fälle, in denen Zuwiderhandlungen gegen diese Grundsätze vermutet werden. ³Stellt sie eine Zuwiderhandlung fest, so schlägt sie geeignete Mittel vor, um diese abzustellen.

(2) ¹Wird die Zuwiderhandlung nicht abgestellt, so trifft die Kommission in einem mit Gründen versehenen Beschluss die Feststellung, dass eine derartige Zuwiderhandlung vorliegt. ²Sie kann den Beschluss veröffentlichen und die Mitgliedstaaten ermächtigen, die erforderlichen Abhilfemaßnahmen zu treffen, deren Bedingungen und Einzelheiten sie festlegt.

(3) Die Kommission kann Verordnungen zu den Gruppen von Vereinbarungen erlassen, zu denen der Rat nach Artikel 103 Absatz 2 Buchstabe b eine Verordnung oder Richtlinie erlassen hat.

Während Art. 104 AEUV die Durchsetzung von Gemeinschaftskartellrecht durch die Behörden der Mitgliedstaaten regelt, adressiert Art. 105 AEUV gleichsam als Pendant hierzu die Zuständigkeiten und Befugnisse der Kommission bei der Durchsetzung des Gemeinschaftskartellrechts. Die Befugnisse der Kommission sind darüber hinaus va auch durch die VO Nr. 1/2003 näher ausgestaltet worden, wobei wesentliche Elemente dieser Ausgestaltung in Art. 105 AEUV bereits vorgezeichnet sind. Art. 105 AEUV ist, anders als Art. 104 AEUV, nicht von vornherein als Übergangsvorschrift konzipiert worden, wenngleich die entsprechenden Anwendungs-VOen bereits frühzeitig über den Regelungsinhalt des Art. 105 AEUV hinausreichten.

A. Allgemeines

1   Art. 105 AEUV sichert – insoweit komplementär zu Art. 104 AEUV – die Durchsetzung des Gemeinschaftskartellrechts ab, indem der Kommission **konkrete Zuständigkeiten und Befugnisse im Verwaltungsverfahren** eingeräumt werden (vgl. Calliess/Ruffert/Jung AEUV Art. 105 Rn. 1; Immenga/Mestmäcker/Ritter AEUV Art. 105 Rn. 1). Abweichend

von Art. 104 AEUV ist Art. 105 AEUV dabei von vornherein nicht ausdrücklich als Übergangsvorschrift geschaffen worden, wenngleich die entsprechenden Anwendungs-VOen bereits frühzeitig über den Regelungsinhalt des Art. 105 AEUV hinausreichten (vgl. Calliess/Ruffert/Jung AEUV Art. 105 Rn. 1).

Durch die **VO Nr. 1/2003** werden die Befugnisse der Kommission im Verwaltungsverfahren in Kartellsachen detailliert geregelt, wobei die wesentlichen Grundsätze dieser Befugnisse ihrerseits allerdings bereits in Art. 105 AEUV niedergelegt sind (s. Immenga/Mestmäcker/Ritter AEUV Art. 105 Rn. 2). Die **praktische Bedeutung** von Art. 105 AEUV hat mithin durch den Erlass der VO Nr. 1/2003 **stark abgenommen** (Immenga/Mestmäcker/Ritter AEUV Art. 105 Rn. 3). So ist Art. 105 AEUV ist heute lediglich noch – theoretisch – relevant als Ermächtigungsnorm für die Beurteilung konzentrativer Vollfunktions-Gemeinschaftsunternehmen ohne gemeinschaftsweite Bedeutung (vgl. Calliess/Ruffert/Jung AEUV Art. 105 Rn. 2; Immenga/Mestmäcker/Ritter AEUV Art. 105 Rn. 4). 2

B. Befugnisse der Kommission

Art. 105 Abs. 1 AEUV statuiert zunächst ein **Untersuchungsrecht** der Kommission, wenn diese einen Verstoß gegen europäisches Wettbewerbsrecht vermutet (vgl. Calliess/Ruffert/Jung AEUV Art. 105 Rn. 4). Über das bloße Untersuchungsrecht hinaus ist die Kommission nach Art. 105 Abs. 1 S. 3 u. Abs. 2 AEUV zur Vornahme einer Reihe von Handlungen mit unterschiedlicher Eingriffsintensität ermächtigt, um hierdurch allfällige Zuwiderhandlungen abzustellen. So können zunächst **Vorschläge** unterbreitet werden, wie der Verstoß behoben werden soll (hierzu Calliess/Ruffert/Jung AEUV Art. 105 Rn. 7). Sollten hierauf seitens der Unternehmen keine entspr. Abhilfemaßnahmen getroffen werden, kann die Kommission sodann einen **Verstoß formal feststellen** und den entsprechenden Beschluss veröffentlichen bzw. die **Mitgliedstaaten zu den erforderlichen Abhilfemaßnahmen ermächtigen** (vgl. Calliess/Ruffert/Jung AEUV Art. 105 Rn. 8 f.; Immenga/Mestmäcker/Ritter AEUV Art. 105 Rn. 5 ff.). Eine effektive Beseitigung von Kartellverstößen ist damit iErg nur unter Einschaltung der mitgliedstaatlichen Behörden möglich (vgl. Calliess/Ruffert/Jung AEUV Art. 105 Rn. 9); die Mitgliedstaaten sind insofern nach Maßgabe von Art. 4 Abs. 3 S. 1 EUV zur Mitarbeit verpflichtet. 3

Weiterhin kann die Kommission im Anschluss an eine diesbzgl. Ermächtigung durch den Rat gem. Art. 105 Abs. 3 AEUV allfällige **Gruppenfreistellungs-VOen** erlassen, wenn der Rat nach Art. 103 Abs. 2 lit. b AEUV eine VO oder RL erlassen hat (vgl. Calliess/Ruffert/Jung AEUV Art. 105 Rn. 10; Immenga/Mestmäcker/Ritter AEUV Art. 105 Rn. 10; jeweils mwN darauf verweisend, dass es sich hierbei nicht um eine Novität handelt). 4

Artikel 106 [Öffentliche Unternehmen; Dienstleistungen von allgemeinem wirtschaftlichem Interesse]

(1) Die Mitgliedstaaten werden in Bezug auf öffentliche Unternehmen und auf Unternehmen, denen sie besondere oder ausschließliche Rechte gewähren, keine den Verträgen und insbesondere den Artikeln 18 und 101 bis 109 widersprechende Maßnahmen treffen oder beibehalten.

(2) ¹Für Unternehmen, die mit Dienstleistungen von allgemeinem wirtschaftlichem Interesse betraut sind oder den Charakter eines Finanzmonopols haben, gelten die Vorschriften der Verträge, insbesondere die Wettbewerbsregeln, soweit die Anwendung dieser Vorschriften nicht die Erfüllung der ihnen übertragenen besonderen Aufgabe rechtlich oder tatsächlich verhindert. ²Die Entwicklung des Handelsverkehrs darf nicht in einem Ausmaß beeinträchtigt werden, das dem Interesse der Union zuwiderläuft.

(3) Die Kommission achtet auf die Anwendung dieses Artikels und richtet erforderlichenfalls geeignete Richtlinien oder Beschlüsse an die Mitgliedstaaten.

Mit Art. 106 AEUV soll den besonderen Gefährdungslagen Rechnung getragen werden, die aus allfälligen staatlichen Einflüssen auf die (Privat-)Wirtschaft erwachsen. Zu diesem Zwecke verpflichtet Art. 106 AEUV die Mitgliedstaaten zunächst im Grundsatz, private

Unternehmen einerseits sowie öffentliche oder staatlich privilegierte Unternehmen (→ Rn. 5) andererseits gleich zu behandeln. Weiterhin soll durch die Verhinderung staatlichen Verhaltens, welches Unternehmen zu einer verbotenen Beeinflussung des Wettbewerbs determiniert, mittelbar die Einhaltung der Wettbewerbsregeln aus Art. 101 und 102 AEUV sichergestellt werden. Art. 106 AEUV ergänzt mithin die gemeinschaftsrechtlichen Wettbewerbsvorschriften dahingehend, dass (auch) staatliche Einflüsse auf das Handeln Privater erfasst und damit spezifische Gefahren für das System unverfälschten Wettbewerbs gezielt adressiert werden. Zudem enthält Art. 106 Abs. 2 AEUV eine Ausnahme vom grundsätzlichen Geltungsanspruch des europäischen Wettbewerbsrechts, wenn und soweit ein Unternehmen mit der Wahrnehmung einer öffentlichen Aufgabe betraut worden ist (→ Rn. 8).

A. Allgemeines

1   Art. 106 AEUV ergänzt Art. 101 u. 102 AEUV dahingehend, dass (1) die **Gleichbehandlung privater, öffentlicher und öffentlich-privilegierter Unternehmen** gewährleistet wird, (2) **mittelbare Vertragsverletzungen durch die Mitgliedstaaten unterbunden** werden und zugleich (3) **den Mitgliedstaaten bestimmte Freistellungen von den europäischen Kartellrechtsvorschriften ermöglicht** werden sollen (vgl. Calliess/Ruffert/Jung AEUV Art. 106 Rn. 3 mwN). **Normadressaten** von Art. 106 AEUV sind die Mitgliedstaaten (vgl. Calliess/Ruffert/Jung AEUV Art. 106 Rn. 10; Immenga/Mestmäcker/Mestmäcker/Schweitzer AEUV Art. 106 im System des AEUV Rn. 55).

2   Systematisch begr. zunächst **Art. 106 Abs. 1 AEUV** (→ Rn. 6) die grundsätzlichen Handlungs- oder Unterlassungspflichten der Mitgliedstaaten im Hinblick auf öffentliche oder von den Mitgliedstaaten privilegierte private Unternehmen (vgl. Calliess/Ruffert/Jung AEUV Art. 106 Rn. 4).

3   **Art. 106 Abs. 2 AEUV** statuiert sodann die Voraussetzungen, bei deren Vorliegen ein Mitgliedstaat qua Hoheitsakt bestimmte Unternehmen dem Geltungsbereich der Bestimmungen des europäischen Kartellrechts entziehen kann (→ Rn. 8). Erforderlich ist insoweit insbes. die **Betrauung** der Unternehmen mit **Dienstleistungen von allgemeinem wirtschaftlichem Interesse** oder das **Vorliegen von Finanzmonopolen,** durch die dem Staatshaushalt eine besondere Einnahmequelle gesichert wird.

4   Schließlich begründet **Art. 106 Abs. 3 AEUV** die entsprechenden Befugnisse der Kommission, die zur Durchsetzung der vorbenannten Regeln erforderlich sind (→ Rn. 11).

B. Unternehmen

5   Der **Unternehmensbegriff des Art. 106 AEUV** entspricht demjenigen der Art. 101 u. 102 AEUV (vgl. Calliess/Ruffert/Jung AEUV Art. 106 Rn. 11; Immenga/Mestmäcker/Mestmäcker/Schweitzer AEUV Art. 106 Abs. 1 Rn. 1). Dabei kommt der Einordnung einer wirtschaftlichen Einheit als Unternehmen auch und gerade vor dem Hintergrund des Art. 106 Abs. 2 AEUV eine wesentliche Bedeutung zu (vgl. Immenga/Mestmäcker/Mestmäcker/Schweitzer AEUV Art. 106 Abs. 1 Rn. 1). Wie schon zu Art. 101 AEUV ausgeführt (→ Art. 101 Rn. 8 ff.), wird im europäischen Wettbewerbsrecht von einem **streng funktionalen Unternehmensbegriff** ausgegangen (vgl. Calliess/Ruffert/Jung AEUV Art. 106 Rn. 11; Immenga/Mestmäcker/Mestmäcker/Schweitzer AEUV Art. 106 Abs. 1 Rn. 1).

C. Pflichten der Mitgliedstaaten (Abs. 1)

6   Die Mitgliedstaaten werden durch Art. 106 Abs. 1 AEUV verpflichtet, sich jeglicher Einflussnahme auf von ihnen privilegierte, wie auch öffentliche Unternehmen zu enthalten, welche den Vorschriften der Verträge, insbes. dem Diskriminierungs- und dem Kartellverbot sowie den Beihilfevorschriften zuwiderläuft (vgl. Calliess/Ruffert/Jung AEUV Art. 106 Rn. 10). Der **Begriff der „Maßnahme"** ist dabei anerkanntermaßen – dem Normzweck entsprechend – weit auszulegen, sodass jegliche rechtliche oder tatsächliche Beeinflussung von Art. 106 Abs. 1 AEUV umfasst wird (vgl. Calliess/Ruffert/Jung AEUV Art. 106 Rn. 18; Immenga/Mestmäcker/Mestmäcker/Schweitzer AEUV Art. 106 Abs. 1 Rn. 92). Durch das hierdurch statuierte **Beeinflussungsverbot** sollen mittelbare, durch Einflussmöglichkeiten

Öffentliche Unternehmen; Dienstleistungen

der Mitgliedstaaten auf die Unternehmen, mit denen sie besondere Rechtsbeziehungen unterhalten, eröffnete Möglichkeiten zu Vertragsverletzungen unterbunden bzw. vermieden werden (vgl. Calliess/Ruffert/Jung AEUV Art. 106 Rn. 17; Immenga/Mestmäcker/Mestmäcker/Schweitzer AEUV Art. 106 Abs. 1 Rn. 33).

Über das Beeinflussungsverbot hinaus sind die Mitgliedstaaten zudem verpflichtet, einen 7 Rechtsrahmen bereitzuhalten oder herbeizuführen, welcher den entspr. privilegierten Unternehmen ein vertragskonformes Verhalten ermöglicht (vgl. Calliess/Ruffert/Jung AEUV Art. 106 Rn. 31). Mithin kann neben der **Unterlassungspflicht** für die Mitgliedstaaten auch eine **Pflicht zur Beseitigung von vertragswidrigen Bevorzugungen** bestehen (vgl. Immenga/Mestmäcker/Mestmäcker/Schweitzer AEUV Art. 106 Abs. 1 Rn. 91).

D. Bereichsausnahmen (Abs. 2)

Die Ausnahmevorschrift des Art. 106 Abs. 2 AEUV ermöglicht es den Mitgliedstaaten, 8 durch Betrauung eines Unternehmens mit bestimmten Dienstleistungen von allgemeinem wirtschaftlichem Interesse die Tätigkeiten dieser Unternehmen der Anwendung des Kartellrechts zu entziehen (vgl. Immenga/Mestmäcker/Mestmäcker/Schweitzer AEUV Art. 106 Abs. 2 Rn. 17 f.). Die Möglichkeit der Betrauung soll den Mitgliedstaaten einen Weg eröffnen, die **mitgliedstaatlichen wirtschaftspolitischen Ziele neben der Schaffung eines Systems unverfälschten Wettbewerbs** zu verwirklichen (vgl. Calliess/Ruffert/Jung AEUV Art. 106 Rn. 34). Aus diese Weise soll mit der Wettbewerbsfreiheit etwaig kollidierenden Gemeinwohlzielen entsprechend Rechnung getragen werden (vgl. Calliess/Ruffert/Jung AEUV Art. 106 Rn. 34; Immenga/Mestmäcker/Mestmäcker/Schweitzer AEUV Art. 106 Abs. 2 Rn. 1).

Die Betrauung eines Unternehmens stellt dabei notwendigerweise einen **staatlichen** 9 **Hoheitsakt** dar (vgl. Calliess/Ruffert/Jung AEUV Art. 106 Rn. 40). Betraut werden können lediglich Unternehmen, die wirtschaftliche Aktivitäten betreiben, welche im allgemeinen wirtschaftlichen Interesse liegen und deren Erfüllung ohne eine Betrauung unmöglich wäre (EuGH NJW 1982, 505 (506) Tz. 7 – Züchner; übereinstimmend EuGH GRUR Int. 1974, 342 (344) T. 19/22 – BRT II; weiterhin auch Immenga/Mestmäcker/Mestmäcker/Schweitzer AEUV Art. 106 Abs. 2 Rn. 1, 49). Berücksichtigungsfähig können dabei auch **gemeinwohlbezogene, nicht-wirtschaftliche Ziele der Mitgliedstaaten** sein (vgl. Immenga/Mestmäcker/Mestmäcker/Schweitzer AEUV Art. 106 Abs. 2 Rn. 22; aA Calliess/Ruffert/Jung AEUV Art. 106 Rn. 39).

In diesem Sinne hat der deutsche Gesetzgeber mit Blick auf das **Presse-Grosso-System** 10 die Vereinigungen und Unternehmen von Presseverlagen und Presse-Grossisten im Zuge der 8. GWB-Novelle durch § 30 Abs. 2a GWB zur Sicherstellung eines flächendeckenden und diskriminierungsfreien Vertriebs von Zeitungen und Zeitschriften im stationären Einzelhandel mit Dienstleistungen von allgemeinem wirtschaftlichem Interesse nach Art. 106 Abs. 2 AEUV betraut (s. zu dieser Betrauung und ihrer rechtlichen Zulässigkeit → GWB § 30 Rn. 1 ff.; weiterhin aus dem Schrifttum d. Europarechtskonformität bejahend Bechtold NZKart 2013, 263 (265); Kühling ZUM 2013, 18; Schwarze NZKart 2013, 270 (273); Soppe AfP 2013, 365 (371); aA dagegen Guggenberger/Ulmer AfP 2013, 183 (187); Keßler WRP 2013, 1116 (1119); Paschke AfP 2012, 501 (502 ff.)). In Deutschland sind überdies die **öffentlich-rechtlichen Rundfunkanstalten** mit der Aufgabe betraut, durch Bereitstellung von ausgewogenen und vielfältigen Fernseh- und Rundfunkprogrammen eine mediale Grundversorgung zu gewährleisten (vgl. Immenga/Mestmäcker/Mestmäcker/Schweitzer AEUV Art. 106 Abs. 2 Rn. 67). Zu den beihilferechtlichen Fragen im Zusammenhang mit dem öffentlich-rechtlichen Rundfunk s. → Art. 107 Rn. 9).

E. Befugnisse der Kommission (Abs. 3)

Die durch **Art. 17 EUV** umschriebenen Befugnisse und Aufgaben der Kommission 11 erfahren in Art. 106 Abs. 3 AEUV eine Konkretisierung (s. Calliess/Ruffert/Jung AEUV Art. 106 Rn. 59; Immenga/Mestmäcker/Mestmäcker/Schweitzer AEUV Art. 106 Abs. 3 Rn. 1). Die betreffenden Befugnisse der Kommission dienen insoweit dem Vollzug des Art. 106 Abs. 1 u. Abs. 2 AEUV (vgl. Calliess/Ruffert/Jung AEUV Art. 106 Rn. 58; Immenga/Mestmäcker/Mestmäcker/Schweitzer AEUV Art. 106 Abs. 3 Rn. 1). Dazu können von der Kommission allfällige RLen erlassen oder Beschlüsse gefasst werden, welche Art. 106 Abs. 1 AEUV präzisieren oder konkrete Verstöße beseitigen sollen (vgl. Calliess/Ruffert/Jung AEUV Art. 106 Rn. 60; Immenga/Mestmäcker/Mestmäcker/Schweitzer AEUV Art. 106 Abs. 3 Rn. 2 f.). Die von der Kommission zu erlassenden RLen und Beschlüsse müssen die Mitgliedstaaten, nicht hingegen die Unternehmen adressieren (vgl. Calliess/Ruffert/Jung AEUV Art. 106 Rn. 63; Immenga/Mestmäcker/Mestmäcker/Schweitzer AEUV Art. 106 Rn. 59). Beschlüsse gegen Unternehmen können wegen des eindeutigen Wortlauts der Vorschrift nicht auf Art. 106 Abs. 3 AEUV gestützt werden; hier kommen einzig Empfehlungen und Stellungnahmen der Kommission in Betracht (vgl. Calliess/Ruffert/Jung AEUV Art. 106 Rn. 63).

Abschnitt 2. Staatliche Beihilfen

Artikel 107 [Beihilfeverbot; Ausnahmen]

(1) Soweit in den Verträgen nicht etwas anderes bestimmt ist, sind staatliche oder aus staatlichen Mitteln gewährte Beihilfen gleich welcher Art, die durch die Begünstigung bestimmter Unternehmen oder Produktionszweige den Wettbewerb verfälschen oder zu verfälschen drohen, mit dem Binnenmarkt unvereinbar, soweit sie den Handel zwischen Mitgliedstaaten beeinträchtigen.

(2) Mit dem Binnenmarkt vereinbar sind:

a) Beihilfen sozialer Art an einzelne Verbraucher, wenn sie ohne Diskriminierung nach der Herkunft der Waren gewährt werden;

b) Beihilfen zur Beseitigung von Schäden, die durch Naturkatastrophen oder sonstige außergewöhnliche Ereignisse entstanden sind;

c) Beihilfen für die Wirtschaft bestimmter, durch die Teilung Deutschlands betroffener Gebiete der Bundesrepublik Deutschland, soweit sie zum Ausgleich der durch die Teilung verursachten wirtschaftlichen Nachteile erforderlich sind. Der Rat kann fünf Jahre nach dem Inkrafttreten des Vertrags von Lissabon auf Vorschlag der Kommission einen Beschluss erlassen, mit dem dieser Buchstabe aufgehoben wird.

(3) Als mit dem Binnenmarkt vereinbar können angesehen werden:

a) Beihilfen zur Förderung der wirtschaftlichen Entwicklung von Gebieten, in denen die Lebenshaltung außergewöhnlich niedrig ist oder eine erhebliche Unterbeschäftigung herrscht, sowie der in Artikel 349 genannten Gebiete unter Berücksichtigung ihrer strukturellen, wirtschaftlichen und sozialen Lage;

b) Beihilfen zur Förderung wichtiger Vorhaben von gemeinsamem europäischem Interesse oder zur Behebung einer beträchtlichen Störung im Wirtschaftsleben eines Mitgliedstaats;

c) Beihilfen zur Förderung der Entwicklung gewisser Wirtschaftszweige oder Wirtschaftsgebiete, soweit sie die Handelsbedingungen nicht in einer Weise verändern, die dem gemeinsamen Interesse zuwiderläuft;

d) Beihilfen zur Förderung der Kultur und der Erhaltung des kulturellen Erbes, soweit sie die Handels- und Wettbewerbsbedingungen in der Union nicht in einem Maß beeinträchtigen, das dem gemeinsamen Interesse zuwiderläuft;

e) sonstige Arten von Beihilfen, die der Rat durch einen Beschluss auf Vorschlag der Kommission bestimmt.

Art. 107 AEUV ist die zentrale materielle Bestimmung des EU-Beihilfenrechts, das für den Medien- und Kultursektor erhebliche Bedeutung gewonnen hat, weil dieser Bereich neben seiner politischen und kulturellen Bedeutung auch erhebliches wirtschaftliches Gewicht besitzt. Die Bestimmung enthält in ihrem Abs. 1 die tatbestandlichen Definitionselemente des Beihilfenbegriffs (→ Rn. 1 ff.), deren Vorliegen die Verfahrensfolgen des Art. 108 AEUV auslöst. Abs. 2 und 3 der Bestimmung enthalten die Beurteilungsmaßstäbe, nach denen eine Beihilfe entweder als mit den Verträgen vereinbar gilt oder doch von der EU-Kommission im Ermessenswege genehmigt werden kann (→ Rn. 32 ff.). Zusätzlich ist hier als Rechtfertigungsmaßstab Art. 106 Abs. 2 AEUV zu beachten (→ Rn. 62ff), der Ausgleichsleistungen für Dienstleistungen von allgemeinem wirtschaftlichem Interesse legitimieren kann, deren Erbringung bestimmten Unternehmen durch die Mitgliedstaaten auferlegt wird; die Bestimmung ist zum zentralen Maßstab für die beihilfenrechtliche Bewertung nationaler Rundfunkgebührensysteme geworden.

Übersicht

	Rn		Rn
A. Allgemeines	1	2. Strukturierung der Ermessensausübung durch Kommissionsmitteilungen	33
B. Die Voraussetzungen des Beihilfentatbestands gem. Art. 107 Abs. 1 AEUV	3	3. Vereinbarkeit mit anderen Vertragsbestimmungen	35
I. Begünstigung	3	II. Genehmigung nach Art. 107 Abs. 3 lit. d AEUV	38
II. Begünstigung von Unternehmen	5	1. Voraussetzungen der Kulturklausel	38
III. Begünstigung aus staatlichen Mitteln	9	2. Insbes.: Filmförderung	45
IV. Begünstigung und Ausgleichsleistungen	16	III. Genehmigung nach Art. 107 Abs. 3 lit. c AEUV	58
V. Beeinträchtigung des Handels zwischen den Mitgliedstaaten	29	IV. Genehmigung nach Art. 106 Abs. 2 AEUV	62
C. Genehmigungsfähigkeit (Art. 107 Abs. 2–3 AEUV)	32	1. Die Bedeutung für die Rechtfertigung der nationalen Finanzierungssysteme des öffentlich-rechtlichen Rundfunks	62
I. Gemeinsame Voraussetzungen	32	2. Die maßgeblichen Kriterien der Rechtfertigungsprüfung	73
1. Ermessensspielraum der Kommission	32		

A. Allgemeines

Art. 107 Abs. 1 enthält die Tatbestandsvoraussetzungen des Beihilfenbegriffs; den inzwischen durch eine umfangreiche EuGH-Rspr. konturierten Merkmalen dieses Absatzes kommt erhebliche Bedeutung zu, auch wenn die Bestimmung entgegen dem ersten Anschein kein Verbot mitgliedstaatlicher Beihilfen enthält, sondern tatsächlich nur ein Verbot mit weitreichendem Erlaubnisvorbehalt normiert: Das Vorliegen der Tatbestandsvoraussetzungen löst die verfahrensrechtlichen Konsequenzen des Art. 108 AEUV aus, der bei Einführung neuer Beihilfen die Notifikation an die Kommission verlangt und ihre Durchführung vor dem Ergehen ihrer Entscheidung untersagt. Durch diesen Erlaubnisvorbehalt sollen ein volkswirtschaftlich schädlicher Subventionswettlauf unter den Mitgliedstaaten (dazu zB in Bezug auf die Filmförderung → Rn. 55 f.) und die mit ihm verbundenen Wettbewerbsverzerrungen soweit wie möglich verhindert werden. 1

Für die hier näher dargestellte Bedeutung der Bestimmung für den Medien- und Kultursektor ist maßgeblich, dass die Einordnung als Beihilfe nicht durch den mit der Unterstützung verfolgten Zweck, sondern durch ihre ggf. wettbewerbsverzerrenden Wirkungen bestimmt wird. Auch soweit diese Zwecke – wie etwa die Kulturförderung oder die Sicherstellung eines vielfältigen Rundfunkangebots – auch EU-rechtlich positiv bewertet werden und zur Zulässigkeit der Beihilfe führen können, findet diese Prüfung erst auf der Rechtfertigungsebene statt. 2

B. Die Voraussetzungen des Beihilfentatbestands gem. Art. 107 Abs. 1 AEUV

I. Begünstigung

3   Erforderlich ist nach Art. 107 Abs. 1 AEUV zunächst die „Begünstigung bestimmter Unternehmen oder Produktionszweige". Als Begünstigung versteht das EU-Recht eine Befreiung der Begünstigten von finanziellen Belastungen, die ein Unternehmen „normalerweise zu tragen hat" (s. zB EuGH, 23.3.2006 Rs. C-237/04 – Enirisorse, Slg. 2006, I-2843, Tz. 42; EuGH, 3.3.2005 Rs. C-172/03 – Heiser, Slg. 2005, I-1627, Tz. 36). Eine solche Entlastung kann in der Form aktiver staatlicher Zuwendungen erfolgen, sie kann aber auch über den Weg von Steuer- und Abgabenerleichterungen vollzogen werden (Verschonungssubventionen), die sich gerade im Medien- und Kultursektor häufig finden. Mit dieser Frage der Begünstigung verbunden ist das für das EU-Beihilfenrecht zentrale Merkmal der Selektivität, d. h. der Begünstigung „bestimmter" Unternehmen oder Branchen: Allgemeine Maßnahmen oder Regelungen, die der Wirtschaft eines Mitgliedstaats insgesamt zugutekommen, unterfallen von vornherein nicht der Beihilfenkontrolle.

4   Der äußeren Form der jeweiligen Maßnahme kommt dabei keine ausschlaggebende Bedeutung zu: Die Begünstigung kann durch einseitige staatliche Zuwendung erfolgen, was den Regelfall darstellen wird (zur Problematik der Einordnung von Ausgleichsleistungen für hoheitlich auferlegte Sonderlasten → Rn. 16); sie kann sich aber auch in Austauschgeschäften verbergen, die der äußeren Form nach als normale geschäftliche Transaktionen erscheinen, nach ihrem konkreten Inhalt aber nicht marktwirtschaftlichen Bedingungen entsprechen. Das ist zB der Fall beim Ankauf von Produkten eines bestimmten Unternehmens durch die öffentliche Hand, die tatsächlich nicht benötigt werden, so dass die Maßnahme entgegen dem ersten Anschein nicht den „Charakter eines normalen Handelsgeschäfts" trägt (für einen solchen Fall auf diesen Maßstab abstellend EuG, 28.1.1999 Rs. T-14/96 – BAI/Kommission, Slg. 1999, II-139 = EuZW 1999, 665 mAnm Lübbig, Tz. 75), oder bei der Abgabe von Immobilien zu nicht marktkonformen Preisen (s. zB EuGH, 11.12.2008 Rs. C-295/07 P – Département du Loiret und Scott/Kommission, Slg. 2008, I-9363); der Nachweis gestaltet sich in solchen Fällen allerdings schwieriger als bei offen ausgewiesenen Subventionierungen.

II. Begünstigung von Unternehmen

5   Art. 107 Abs. 1 AEUV verlangt weiter eine Begünstigung von Unternehmen: Als solche sind nach dem im EU-Wettbewerbsrecht allgemein geltenden funktionalen Unternehmensbegriff alle Einheiten anzusehen, die am Marktgeschehen durch Angebot und Nachfrage von Gütern und Leistungen teilnehmen (s. MüKoWettbR/Säcker/Herrmann Kartellrecht Einl. J Rn. 1590 ff.); eine Gewinnerzielungsabsicht oder eine „kommerzielle Ausrichtung" der Tätigkeit sind dagegen nicht erforderlich (dazu mwN Germelmann, Kultur und staatliches Handeln, 2013, 416). Für Unternehmen des Medien- und Kultursektors gilt insoweit keine Bereichsausnahme: In der Literatur findet sich zwar gelegentlich die Auffassung, dass Beihilfen aus kulturellen Motiven von vornherein nicht der Beihilfenkontrolle unterfielen (so für die Filmförderung Schaefer/Kreile/Gerlach ZUM 2002, 182 (183 f.)); dem steht aber schon der Text des Beihilfenkapitels entgegen, der seit dem Vertrag von Maastricht im heutigen Art. 107 Abs. 3 lit. d AEUV eine spezielle Genehmigungsmöglichkeit für Kulturbeihilfen enthält (→ Rn. 38 ff.), was die Anwendbarkeit des Beihilfenrechts notwendig voraussetzt.

6   Die Unternehmenseigenschaft – und damit jedenfalls unter diesem Gesichtspunkt auch die Anwendbarkeit des EU-Beihilfenrechts – ist darüber hinaus auch in Bezug auf die öffentlich-rechtlichen Rundfunkanstalten zu bejahen, obwohl diese sich ganz überwiegend nicht durch im Wettbewerb erzielte Einnahmen, sondern durch Gebühren finanzieren (dazu unter dem Gesichtspunkt der Beihilfe aus staatlichen Mitteln → Rn. 11 ff.): Dennoch nehmen sie regelmäßig in zwei Bereichen wettbewerblich am Marktgeschehen teil, nämlich bei der Programmbeschaffung und der Werbezeitenvermarktung. Die Einordnung als Unternehmen dürfte damit für die öffentlich-rechtlichen Rundfunkveranstalter unausweichlich sein, obwohl der Werbemarkt für sie kein notwendiges Betätigungsfeld darstellt – was dadurch belegt wird, dass manche EU-Mitgliedstaaten in jüngerer Zeit Werbung im öffentlich-recht-

lichen Rundfunk abgeschafft haben (für Frankreich Loi No 2009-258 v. 5.3.2009 relative à la communication audiovisuelle et au nouveau service public de la télévision, J. O. R. F. 2009, 4321, und dazu Conseil constitutionnel, 3.3.2009 No 2009-577 DC, RDP 2011, 931 mAnm Camby (921 ff.); s. auch Keller, UFITA 2011/III, 717 (720 ff.) – die endgültige Abschaffung wurde zwischenzeitlich allerdings auf den 1.1.2016 verschoben; für Spanien Ley 8/2009 v. 28.8.2009 zur Finanzierung der Corporación de Radio y Televisión Española, BOE 210 v. 31.8.2009, 74003; s. zur Kompensation der dadurch entfallenden Einnahmen in beiden Fällen u. Rn. 37).

Selbst im Fall eines solchen Ausscheidens aus dem Werbemarkt verbleiben die öffentlich- **7** rechtlichen Veranstalter aber im Anwendungsbereich des EU-Beihilfenrechts, weil ihre Wettbewerbsteilnahme im Bereich der Programmbeschaffung (und -verwertung) unvermeidlich sein dürfte; es erscheint danach nur konsequent, dass die EU-Kommission auch für die Situation nach Einstellung der kommerziellen Aktivitäten der spanischen RTVE die weitere Anwendbarkeit des EU-Beihilfenrechts bejaht hat (Kom. 20.7.2010 – staatliche Beihilfe C 38/09 (ex NN 58/09), deren Gewährung Spanien zugunsten der spanischen Rundfunk- und Fernsehanstalt „Corporación de Radio y Televisión Española" (RTVE) plant, ABl. EU 2011 L 1/9, Tz. 42 ff.; ebenso zu Frankreich Kom. 20.7.2010 – staatliche Beihilfe C 27/09 (ex N 34/B/09), die die Französische Republik dem Unternehmen France Télévision zu gewähren beabsichtigt, ABl. EU 2011 L 59/44, Tz. 80).

Die Begünstigung muss dem Unternehmen dabei nicht notwendig unmittelbar zufließen: **8** Auch zunächst an den Verbraucher gerichtete Unterstützungsmaßnahmen, zB zur Umrüstung oder Neuanschaffung von Empfangsgeräten, können als Förderung bestimmter Unternehmen einzuordnen sein, indem sie den Wettbewerb zwischen verschiedenen Übertragungswegen – und damit zwischen den dort jeweils aktiven Unternehmen – beeinflussen. Das wurde zB für einen staatlichen Zuschuss entschieden, der für die Anschaffung interaktiver Decoder für terrestrischen oder Kabelempfang, aber nicht für Satellitenempfang gewährt wurde (dazu EuG, 15.6.2010 Rs. T-177/07 – Mediaset/Kommission, Slg. 2010, II-2341 = MMR 2010, 627 mAnm Wimmer, bestätigt durch EuGH, 28.76.2011 Rs. C-403/10 P – Mediaset/Kommission; s. auch Jaeger/Haslinger/Gschwandtner, Jahrbuch Beihilferecht 2012, 527 ff.; Soltész/Hellstern EuZW 2013, 489 ff.).

III. Begünstigung aus staatlichen Mitteln

Weiter muss eine staatliche oder aus staatlichen Mitteln stammende Beihilfe vorliegen; **9** damit werden alle Ressourcen erfasst, die durch den Mitgliedstaat oder seine Untergliederungen vergeben werden (zur staatlichen Zurechnung in jüngerer Zeit auch Jaeger/Haslinger/Spasova, Beihilferecht-Jahrbuch 2012, 277 ff.; Germelmann EWS 2013, 161 ff.). Finanzielle Vorteile des begünstigten Unternehmens, die unmittelbar und ohne staatliche Kontrolle des Ressourcentransfers durch die Belastung anderer Privater entstehen, unterfallen dem Begriff dagegen nicht (s. zB EuGH 7.5.1998 Rs. C-52/97 – Viscido, Slg. 1998, I-2629, Tz. 13 ff.; EuGH 30.11.1993 Rs. C-189/91 – Kirsammer-Hack, Slg. 1993, I-6185, Tz. 17).

Die Erfüllung dieser Voraussetzung ist insbes. in Bezug auf die deutsche Rundfunkgebühr **10** lange umstritten gewesen und im Anschluss an die PreussenElektra-Entscheidung des EuGH (EuGH 13.3.2001 Rs. C-379/98, Slg. 2001, I-2099 = EuZW 2001, 242 mAnm Ruge = RdE 2001, 137 mAnm Lecheler) in der Literatur häufig mit dem Argument verneint worden, dass die Gebühr – bzw. nun der Rundfunkbeitrag – zwar staatlich festgesetzt, aber von den Rundfunkanstalten selbst erhoben wird, ohne dass der Staat zu irgendeinem Zeitpunkt Zugriff auf die Mittel hätte (s. zB Koenig/Kühling ZUM 2001, 537 ff.; Eberle AfP 2001, 477 (480); Badura, FS Oppermann, 2001, 571/581 f.; in jüngerer Zeit noch – ohne Berücksichtigung der in Rn. 13 aufgeführten EuG-Rspr. – Mailänder, FS Eberle, 2012, 205 (211 ff.)).

Allerdings gab es in dieser Debatte stets auch gewichtige Argumente für die Gegenauf- **11** fassung, die in Abgrenzung von der PreussenElektra-Entscheidung eine hinreichende staatliche Kontrolle bejahte: Während Gegenstand dieser Entscheidung eine reine staatliche Preisfestsetzung für eine im Übrigen unter Privaten abzuwickelnde Austauschbeziehung war, unterlag die Finanzierung des öffentlich-rechtlichen Rundfunks stets umfassender staatlicher Ausgestaltung – von der Ermittlung des Gesamtfinanzbedarfs der Veranstalter über die konkrete Festsetzung der Gebührenhöhe bis zur Einziehung mit dem Hoheitsinstrument des Verwaltungsakts. Eine staatliche Kontrolle der Finanzierung und damit der Beihilfencharakter wurde daher auch von zahlreichen Stimmen bejaht (dafür zB schon früher Kruse, ZHR 165 (2001), 576 (588 ff.); Storr, K&R 2002, 464 (467 f.); Selmayr/Kamann K&R 2004, 49 (52 f.); Tigchelaar, EStAL 2003, 169 (171 ff.); Degenhart, AfP 2005, 493 (496)).

12 Eine ausdrückliche Entscheidung über diese Frage wurde zunächst durch den sog. Beihilfenkompromiss des Jahres 2007 vermieden, mit dem die Kommission die beihilfenrechtliche Prüfung der Finanzierung des deutschen öffentlich-rechtlichen Rundfunks auf der Grundlage von Umgestaltungszusagen Deutschlands eingestellt hatte (Kom., 24.4.2007 – C (2007) 1761 final → Rn. 72).

13 Für die deutsche Rundfunkgebühr wurde die Beihilfeneigenschaft in der Folgezeit dennoch gerichtlich geklärt: Hier hat zunächst der EuGH für die parallele Fragestellung im EU-Vergaberecht entschieden, dass die Rundfunkanstalten als öffentliche Auftraggeber anzusehen sind (EuGH 13.7.2007 Rs. C-337/06 – Bayerischer Rundfunk ua, Slg. 2007, I-11173, Tz. 41 ff. = EWS 2008, 186 mAnm Kan = EuZW 2008, 80 mAnm Antweiler) – das Vergaberecht stellt für diese Eigenschaft ebenfalls auf die Finanzierung aus staatlichen Mitteln ab (gegen eine Übertragbarkeit allerdings Mailänder, FS Eberle, 2012, 205 (213 ff.)). Unmittelbar zum EU-Beihilfenrecht sind dann mehrere Entscheidungen des Gerichts ergangen, die die aus Rundfunkgebühren stammenden Mittel der Landesmedienanstalten als Beihilfen aus staatlichen Mitteln eingeordnet haben (EuG 6.10.2009 Rs. T-8/06 – FAB/Kommission, Slg. 2009, II-196 (abgek. Veröff.), Tz. 49 f.; EuG 6.10.2009 Rs. T-24/06 – MABB/Kommission, Slg. 2009, II-198 (abgek. Veröff.), Tz. 50 f.; s. auch noch EuG, 6.10.2009 Rs. T-21/06 – Deutschland/Kommission (DVB-T-Förderung), Slg. 2009, II-197 (abgek. Veröff.), Tz. 10).

14 Auch die Filmförderung nach dem deutschen FFG (Gesetz über Maßnahmen zur Förderung des deutschen Films – Filmförderungsgesetz, Neubekanntmachung v. 24.8.2004, BGBl. I 2277) erfolgt aus staatlichen Mitteln, obwohl diese Mittel durch Abgaben der Kino- und Videowirtschaft bzw. nun (nach der Änderung von § 67 FFG durch Gesetz v. 31.7.2010, BGBl. I 1048) auch der Rundfunkveranstalter erzielt und damit letztlich von den (überwiegend privaten) Akteuren des Sektors aufgebracht werden. Diese Herkunft der Mittel spielt für die Einordnung als Beihilfe keine Rolle, solange der Staat den Ressourcentransfer organisiert und kontrolliert (aA Schaefer/Kreile/Gerlach ZUM 2002, 182 (187 f.), Castendyk/Bark, ZUM 2003, 480 (483 ff.); wie hier dagegen stellvertretend Geier, Nationale Filmförderung und europäisches Beihilfenrecht, 2006, 93 ff.; Hentschel, Die Vereinbarkeit der deutschen Kulturförderung mit dem Beihilfenrecht der EG, 2006, 251 ff.; Lewke K&R 2012, 799 (800)); konsequent werden Neufassungen des gesetzlichen Rahmens gegenüber der EU-Kommission als neue Beihilfen notifiziert (zu den Genehmigungsanforderungen in Bezug auf die Filmförderung → Rn. 45 ff., zum Notifikationsverfahren → Art. 108 Rn. 6 ff.).

15 Andere staatliche Maßnahmen wie Entscheidungen über Frequenzzuweisungen oder Kabelbelegungen sind dagegen nicht als staatliche Beihilfe einzustufen, weil hier zwar ein Vorteil gewährt wird, dem aber keine entsprechende Belastung der öffentlichen Mittel gegenübersteht (so zB für die Zuweisung einer Frequenz Conseil d'Etat (fr.), 26.11.2012 – Syndicat interprofessionnel des radios et télévisions indépendantes, AJDA 2013, 555; für die Kabelbelegung OVG Bremen, ZUM 2000, 250 (261 f.)); dieses Ergebnis ist aber nicht ganz zweifelsfrei, weil man argumentieren kann, dass der Staat auf Mittel verzichtet, die er durch eine entgeltliche Überlassung erzielen könnte (so in Bezug auf die unentgeltliche Überlassung von Emissionsrechten durch den Staat EuGH 8.9.2011 Rs. C-279/08 P – Kommission/Niederlande, zur Diskussion s. zB Pfromm, Emissionshandel und Beihilfenrecht, 2010, insbes. 101 ff.). Nicht als staatliche Beihilfen sind aufgrund der fehlenden Belastung öffentlicher Finanzressourcen auch gesetzliche Investitionsverpflichtungen einzuordnen, die allen Rundfunkveranstaltern auferlegt werden, indem diese zB einen bestimmten Anteil ihres Produktionsbudgets für in der Landessprache produzierte Werke aufwenden müssen (s. für eine solche Regelung den Beihilfencharakter verneinend EuGH 5.3.2009 Rs. C-222/07 – UTECA, Slg. 2009, I-1407, Tz. 41 ff. = EuZW 2009, 254; Kom. 22.3.2006 – NN 84/2004 et N 95/2004 – France, Régime d'aide au cinéma et à l'audiovisuel, C (2006) 832 final, Tz. 390 ff.; s. auch Geier, Nationale Filmförderung und europäisches Beihilfenrecht, 2006, 102 ff.).

IV. Begünstigung und Ausgleichsleistungen

Ein weiterer Punkt, der unter dem Gesichtspunkt der Begünstigung zu berücksichtigen ist, ist die Einordnung von Ausgleichsleistungen, die Unternehmen für die staatliche Belastung mit besonderen Verpflichtungen gewährt werden. Dass die Auferlegung solcher Verpflichtungen zur Erbringung von Dienstleistungen von allgemeinem wirtschaftlichen Interesse möglich ist und zur Sicherstellung ihrer Erfüllung auch von anderen Bestimmungen der Verträge abgewichen werden kann, ergibt sich aus Art. 106 Abs. 2 AEUV (zu den Anforderungen → Rn. 62 ff. sowie MüKoWettbR/Gundel EGV Art. 86 Rn. 74 ff.); seit Mitte der 1990er Jahre ist dann intensiv die Frage diskutiert worden, auf welche Weise diese Wertung im Feld des EU-Beihilfenrechts umzusetzen ist. **16**

In der Literatur hatten sich hier zwei große Lager gebildet: Auf der einen Seite standen die Vertreter der sog. „Tatbestandslösung", nach der die Qualifikation als Ausgleichsleistung schon das Vorliegen einer Beihilfe ausschließt, weil kein wettbewerbsrelevanter Vorteil gewährt, sondern nur ein Nachteil ausgeglichen werde. Auf der Gegenposition fanden sich die Vertreter der Rechtfertigungslösung, nach deren Auffassung die Ausgleichsleistung durchaus einen beihilferelevanten Vorteil begründete, weil sie dem Empfänger das Risiko der Refinanzierung über den Markt abnimmt. Art. 106 Abs. 2 AEUV kommt nach dieser Konstruktion als Rechtfertigung der Zuwendung im Rahmen der beihilferechtlichen Prüfung durch die Kommission zur Anwendung: Danach ist die Beihilfe bei Vorliegen der Voraussetzungen des Art. 106 Abs. 2 AEUV zwar zwingend zu genehmigen, die präventive Beihilfenkontrolle durch die EU-Kommission (→ Art. 108 Rn. 6 ff.) bleibt aber – anders als nach der Tatbestandslösung – weiter anwendbar. Beide Seiten konnten Präjudizien aus der insgesamt uneinheitlichen Rspr. für ihre Sicht anführen (dazu zB Gundel, RIW 2002, 222 (224 ff.) mwN). **17**

Eine Lösung in diesem Meinungsstreit hat schließlich die Altmark Trans-Entscheidung des EuGH v. Juli 2003 herbeigeführt (EuGH 24.7.2003 Rs. C-280/00 – Altmark Trans, Slg. 2003, I-7747 = EuR 2003, 1036 mAnm Leibenath = RIW 2003, 710 mAnm van Ysendyck/Zühlke), die dieses Überschneidungsfeld von Art. 106 und Art. 107 AEUV richterrechtlich neu geordnet hat. Nach dieser Entscheidung scheidet das Vorliegen einer Beihilfe bereits tatbestandlich aus, wenn vier Voraussetzungen – die sog. Altmark Trans-Kriterien – erfüllt sind: Danach muss (1) die Betrauung mit einer präzise umschriebenen Aufgabe erfolgt sein, (2) müssen die Parameter, nach denen der Ausgleich berechnet wird, vorab objektiv und transparent festgelegt werden, (3) darf der Ausgleich nicht das zur Deckung der Kosten einschließlich eines ggf. zulässigen angemessenen Gewinns hinausgehen, (4) muss dieser Ausgleich sich an den Kosten eines durchschnittlichen, gut geführten Unternehmens orientieren; dieses Kriterium muss nur dann nicht erfüllt sein, wenn die Aufgabe im Wege der Ausschreibung nach Marktbedingungen vergeben wurde. Wenn diese vier Voraussetzungen kumulativ erfüllt sind, besteht aus der Sicht des Gerichtshofs hinreichende Sicherheit, daß dem Empfänger der Ausgleichsleistung kein wettbewerbsverzerrender Vorteil gewährt wird. **18**

Dieser richterrechtliche Kriterienkatalog überschneidet sich zwar mit den Voraussetzungen des Art. 106 Abs. 2 AEUV, ist mit ihm jedoch nicht deckungsgleich. Dass die Altmark Trans-Rspr. nicht eine schlichte Entscheidung zugunsten der „Tatbestandslösung" mit der Folge eines Ausschlusses der Art. 107 ff. AEUV war, sondern einen Mittelweg gestaffelter Kontrollmaßstäbe eingeschlagen hat, ist allerdings erst mit einer gewissen Verzögerung wahrgenommen worden: Wenn die anspruchsvollen, über die Anforderungen des Art. 106 Abs. 2 AEUV teils hinausgehenden Kriterien der Rspr. erfüllt sind, liegt bereits kein wettbewerbsverzerrender Vorteil für den Empfänger der Ausgleichsleistung und damit schon tatbestandlich keine Beihilfe vor, die durch Art. 106 Abs. 2 AEUV gerechtfertigt werden müsste. Sind diese Voraussetzungen nicht erfüllt, so bleibt im Rahmen der damit eröffneten beihilfenrechtlichen Prüfung trotzdem noch eine Rechtfertigung nach Art. 106 Abs. 2 AEUV möglich. **19**

Dieser gestufte Ansatz ist in der Rspr. zur beihilferechtlichen Behandlungen von Rundfunkgebühren deutlich erkennbar (so zB nachdrücklich EuG 26.6.2008 Rs. T-442/03 – SIC/Kommission, Slg. 2008, II-1161, Tz. 145 ff. = ZUM 2008, 766 mBspr Gundel 758 ff.; EuG 11.3.2009 Rs. T-354/05 – TF 1/Kommission, Slg. 2009, II-471, Tz. 125 ff.; nochmals EuG 1.7.2010 verb. Rs. T-568/08 u. T-573/08 – M6 u. TF 1/Kommission, Slg. 2010, II- **20**

3397, Tz. 128 ff.); in der Literatur werden die Kriterien und Prüfungsebenen dagegen nicht immer hinreichend deutlich getrennt (so zB bei Martini DVBl. 2008, 1477 (1482); Schladebach/Simantiras, EuR 2011, 784 (800 f.); in sich widersprüchlich Grabitz/Hilf/Nettesheim/Wernicke AEUV Art. 106 Rn. 119).

21 In der Prüfungsabfolge vorrangig ist danach die Frage der Erfüllung der Altmark Trans-Kriterien: Sind sie gegeben, so liegt bereits tatbestandlich keine Beihilfe iSv Art. 107 Abs. 1 AEUV vor, womit eine Notifikation nach Art. 108 AEUV von vornherein entfällt; diese weitreichende Rechtsfolge erklärt auch die besondere Strenge der Kriterien. Hierbei haben sich in der bisherigen Praxis der Beihilfenkontrolle das zweite und das vierte Altmark-Kriterium als kaum erfüllbar erwiesen (dazu mwN Gundel ZUM 2008, 758 (761); später zB noch Kom. 28.10.2009, Staatliche Beihilfe E 2/2008 – Finanzierung des ORF, K (2009) 8113 endg., Tz. 116 f.); insbes. die Gebührenfinanzierung der öffentlich-rechtlichen Rundfunkveranstalter in den verschiedenen Mitgliedstaaten konnte diese Voraussetzungen bei der systematischen Prüfung der bestehenden Regelungen durch die Kommission (→ Art. 108 Rn. 2 f.) bisher in keinem Fall erfüllen, so daß eine (ggf. mit Vorbehalten versehene) Billigung erst auf der Stufe der Einzelfallprüfung am Maßstab des Art. 106 Abs. 2 AEUV erfolgen konnte.

22 Als Stolperstein hat sich vor allem das vierte Altmark Trans-Kriterium erwiesen, nach dem nicht die individuellen Kosten des betrauten Unternehmens zugrundegelegt werden dürfen, sondern abstrakt auf die Kosten eines gut geführten Unternehmens abzustellen ist; eine individuelle Bedarfsanmeldung genügt dieser Voraussetzung auch dann nicht, wenn sie wie im deutschen System von einer unabhängigen Stelle (KEF) auf ihre Berechtigung überprüft wird (für einen Versuch, die Kommissionsentscheidung zur deutschen Rundfunkfinanzierung den Altmark Trans-Kriterien zuzuordnen, s. aber Mailänder, FS Eberle, 2012, 205 (208 ff.)). Die nach der Altmark Trans-Rspr. für dieses Kriterium eröffnete Alternative einer Ausschreibung nach Maßgabe des günstigsten oder wirtschaftlichsten Angebots erscheint im Rundfunksektor nicht als realistische Option (dazu D. Dörr, K&R 2001, 233/237; Craufurd Smith, LIEI 28 (2001), 3/11), auch wenn inzwischen eine erste Kommissionsentscheidung zu einem Fall vorliegt, in dem ein Mitgliedstaat den Betreiber eines aus öffentlichen Mitteln finanzierten Radiosender mit öffentlich-rechtlichem Auftrag im Rahmen einer öffentlichen Ausschreibung ermittelt hat (Kom. 23.3.2011 – State aid No SA. 32019 – Danish radio channel FM 4, C(2011) 1376 final; s. auch die Pressenmitteilung IP/11/350 v. 23.3.2011).

23 In der Literatur ist in jüngerer Zeit im Anschluss an die BUPA-Entscheidung des EuG aus dem Jahr 2008 (EuG 12.2.2008 Rs. T-289/03 – BUPA, Slg. 2008, II-81, Tz. 245 ff.) jedoch die Frage aufgeworfen worden, ob insbes. das problematische vierte Kriterium durch diese Entscheidung abgeschwächt oder ganz in Frage gestellt wäre (Jaeger/Kahl/Müller, Jahrbuch Beihilferecht 2009, 351 (360 ff.); Biermeyer 16 MJ (2009), 507 ff.; speziell zur Frage der Übertragbarkeit auf den Rundfunksektor einerseits – befürwortend – Bartosch EuZW 2009, 684 (685 f.); andererseits Ferreau K&R 2011, 298 (302 f.)): Das Urteil hatte auf eine wörtliche Anwendung der Bedingungen verzichtet und sich mit der Prüfung begnügt, ob das betroffene Ausgleichssystem die Entschädigung von Kosten ausschloss, die durch fehlende Effizienz der begünstigten Unternehmen entstanden waren. Allerdings wurde diese Entscheidung durch den EuGH nicht geprüft, da kein Rechtsmittel eingelegt wurde; zudem entstammt der Sachverhalt dem Bereich der Sozialversicherung, auf den das europäische Wettbewerbsrecht einschließlich des Beihilfenrechts nur mit Einschränkungen angewandt wird.

24 Der EuGH hat diese Relativierung jedenfalls bisher soweit ersichtlich nicht aufgenommen; die in der Folgezeit ergangenen Entscheidungen nehmen ohne Modifikation auf die Altmark Trans-Kriterien Bezug (s. zB EuGH 10.6.2010 Rs. C-140/09 – Fallimento Traghetti del Mediterraneo, Slg. 2010, I-5243, Tz. 40; EuGH, 2.9.2010 Rs. C-399/08 P – Kommission/Deutsche Post, Slg. 2010, I-7831, Tz. 42 f.). Eine Entscheidung des EuG im Rundfunksektor scheint allerdings an das BUPA-Urteil anzuknüpfen: Danach soll es genügen, dass das nationale Recht „im Wesentlichen für die Beachtung" des vierten Kriteriums gesorgt habe (so EuG 22.10.2008 verb. Rs. T-309/04 ua – TV 2/TV Danmark, Slg. 2008, II-2935, Tz. 232 = ZUM 2009, 208 mAnm Döpkens); in späteren Entscheidungen geht auch das Gericht aber wieder von der uneingeschränkten Geltung der Altmark Trans-Kriterien auch

Beihilfeverbot; Ausnahmen **Artikel 107 AEUV**

im Rundfunksektor aus (EuG 16.12.2010 verb. Rs. T-231/06 u. T-237/06 – Niederlande und NOS/Kommission, noch nicht in der Slg., Tz. 144).

Auch die EU-Kommission wendet das vierte Kriterium im Rundfunksektor weiter uneingeschränkt an (Kom. 20.7.2010 – staatliche Beihilfe C 38/09 (ex NN 58/09), deren Gewährung Spanien zugunsten der spanischen Rundfunk- und Fernsehanstalt „Corporación de Radio y Televisión Española" (RTVE) plant, ABl. EU 2011 L 1 (9), Tz. 47; Kom., 22.7.2010 – N 95/2010 – France, Aide à la création d'une station de radio local Radio Bleu Maine, C(2010)5236, Tz. 31; Kom. 20.4.2011 – Maßnahmen Dänemarks (Beihilfe C 2/03) zugunsten von TV2/Danmark, ABl. EU 2011 L 340/1, Tz. 126 unter ausdrücklicher Einordnung des BUPA-Sachverhalts als Sonderfall aus dem Gesundheitssektor; Kom. 20.12.2011 – staatliche Beihilfe C 85/01 betreffend Ad-hoc-Maßnahmen, die Portugal zugunsten von RTP durchgeführt hat, ABl. EU 2012 L 183/1, Tz. 144 ff. (218)). Gegen die erwähnte Kommissionsentscheidung zur Rundfunkfinanzierung in Dänemark ist nun eine Nichtigkeitsklage des begünstigten Veranstalters anhängig (Rs. T-674/11 – TV2/Danmark/Kommission), die ua damit begründet wird, daß die Altmark Trans-Kriterien als erfüllt anzusehen seien (in Gegenrichtung wird durch die Klage eines Wettbewerbers die Genehmigungsfähigkeit bestritten, Rs. T-125/12 – Viasat Broadcasting UK/Kommission); eine explizite gerichtliche Klärung wird also voraussichtlich in nächster Zeit erfolgen. 25

Vorbehaltlich dieser gerichtlichen Klärung werden Rundfunkgebühren daher auch künftig regelmäßig nicht auf dem Weg der Altmark Trans-Rspr. aus der beihilfenrechtlichen Prüfung ausscheiden können (zu Kriterien und Voraussetzungen dieser Prüfung, insbes. den Anforderungen des Art. 106 Abs. 2 AEUV → Rn. 62 ff.); konsequent behandelt auch die Neufassung der Kommissionsmitteilung zur Rundfunkfinanzierung, die im Jahr 2009 und damit längere Zeit nach der Altmark Trans-Entscheidung ergangen ist, diese Rspr. nur sehr knapp (Tz. 23 f. der Mitteilung, ABl. EU 2009 C 257/1; kritisch dazu aber Bartosch, EuZW 2009, 684 (688)). Einzelne Stimmen in der deutschen Literatur nehmen allerdings weiter – jedoch ohne vertiefte Auseinandersetzung mit den Kriterien – das gegenteilige Ergebnis an (so zB Mailänder, FS Eberle, 2012, 205 (208 ff.); Michel/Neukamm, FS Eberle, 2012, 221 (228)). 26

Generell unterfallen Ausgleichsleistungen auch im Medien- und Kultursektor weiter dem EU-Beihilfenregime, sofern sich nicht ihr tatbestandlicher Ausschluss durch Erfüllung der Altmark Trans-Voraussetzungen belegen lässt; allerdings bedeutet dies nicht in allen Fällen die Verpflichtung zur Einzelgenehmigung durch die Kommission, weil diese im Anschluss an das Altmark Trans-Urteil die im Tatbestand verbleibenden Ausgleichsleistungen bei Erfüllung bestimmter Voraussetzungen durch eine auf den heutigen Art. 106 Abs. 3 AEUV gestützte Entscheidung freigestellt hat (Entscheidung 2005/842/EG der Kommission v. 28.11.2005 über die Anwendung von Art. 86 Abs. 2 EG auf staatliche Beihilfen, die bestimmten mit der Erbringung von Dienstleistungen von allgemeinem wirtschaftlichem Interesse betrauten Unternehmen als Ausgleich gewährt werden, ABl. EU 2005 L 312/67). 27

Die Entscheidung wurde 2012 durch einen leicht veränderten Beschluss ersetzt (Beschluss 2012/21/EU der Kommission v. 20.12.2011 über die Anwendung von Art. 106 Abs. 2 AEUV auf staatliche Beihilfen in Form von Ausgleichsleistungen zugunsten bestimmter Unternehmen, die mit der Erbringung von Dienstleistungen von allgemeinem wirtschaftlichem Interesse betraut sind, ABl. EU 2012 L 7/3). Zugleich hat die Kommission eine Mitteilung veröffentlicht, die die nun dreistufige Prüfungsabfolge bei Ausgleichsleistungen und ihre jeweiligen Kriterien erläutert: (1) Tatbestandsausschluss durch Erfüllung der Altmark Trans-Kriterien, (2) durch Kommissions-Sekundärrecht von Anmeldung und Genehmigung freigestellte Beihilfen, (3) ggf. nach Art. 106 Abs. 2 AEUV genehmigungsfähige Beihilfen (Mitteilung „über die Anwendung der Beihilfevorschriften der Europäischen Union auf Ausgleichsleistungen für die Erbringung von Dienstleistungen von allgemeinem wirtschaftlichen Interesse", ABl. EU 2012 C 8/4; zur Genehmigungsfreistellung durch Sekundärrecht → Art. 109 Rn. 4 ff.); ein Beispiel für die Nutzung dieser von der Kommission geschaffenen mittleren Ebene bildet die Ausgestaltung der Förderung des bayerischen Lokalrundfunks durch den bayerischen Gesetzgeber (zuletzt Art. 23 BayMG in der Fassung des Gesetzes v. 27.11.2012, BayGVBl. 578; s. auch Gundel, Die Rahmenvorgaben des EU-Beihilfenrechts für die Gestaltung der bayerischen Lokalfunkfinanzierung, 2012). 28

V. Beeinträchtigung des Handels zwischen den Mitgliedstaaten

29   Der Tatbestand des Art. 107 Abs. 1 AEUV verlangt schließlich eine Beeinträchtigung des Handels zwischen den Mitgliedstaaten. Eine solche Wirkung nationaler Beihilfen ist im Mediensektor nicht allein schon deshalb zu verneinen, weil die sprachlichen und kulturellen Unterschiede zwischen den Mitgliedstaaten bereits als „natürliche Hindernisse" den Austausch beschränken. Die Kommission hat diesem Argument stets entgegengehalten, daß auch ein geringes Handelspotential ausreicht (Kom. 30.6.2004 – Maßnahmen, die Italien zugunsten des Verlagswesens angemeldet hat, ABl. EU 2006 L 118/8, Tz. 44 ff.) und teils darüber hinaus geltend gemacht, daß Beihilfen an die jeweilige nationale Industrie die bestehende Abschottung eher noch verstärken können (so Kom., 2.10.1996 – staatliche Beihilfe Frankreichs zugunsten des Unternehmens für audiovisuelle Produktionen Société française de Production, ABl. EG 1996 L 95/19, 9).

30   Mit größerer Berechtigung wird die Frage einer solchen Beeinträchtigung bei lokal begrenzten Medienangeboten aufgeworfen; die EU-Kommission geht davon aus, daß diese zB bei rein lokalen Kulturveranstaltungen tatsächlich zu verneinen ist (dazu und zu weiteren Beispielen die Kommissionsmitteilung „über die Anwendung der Beihilfevorschriften der Europäischen Union auf Ausgleichsleistungen für die Erbringung von Dienstleistungen von allgemeinem wirtschaftlichem Interesse", ABl. EU 2012 C 8/4, Tz. 40). Lokale Rundfunk- oder Presseangebote richten sich dagegen zwar ebenfalls an ein regional begrenztes Publikum, sie können aber zumindest in begrenztem Umfang den Handel zwischen den Mitgliedstaaten auf den Programm-Märkten beeinträchtigen, wenn ihre Aufgabe nicht von vornherein auf eine rein lokale Berichterstattung beschränkt wird; zudem kann auch auf den Werbemärkten eine Beeinträchtigung eintreten, auf denen sie im Wettbewerb mit anderen Werbeträgern stehen (s. dazu EuGH 22.12.2008 Rs. C-333/07 – Régie Networks, Slg. 2008, I-10807 = EWS 2009, 363 mAnm Gundel (350 ff.) = EStAL 2009, 557 mAnm Kekelis/Rusu; dazu auch Jaeger/Rumersdorfer/Schuchter, Jahrbuch Beihilferecht 2010, 315 (324 ff.)).

31   Unter Berufung auf diese Gesichtspunkte hat die EU-Kommission eine Beeinträchtigung des zwischenstaatlichen Handels durch nationale Maßnahmen zur Förderung lokaler Rundfunkanbieter bejaht (so zur Lokalrundfunkförderung in Wallonien Kom. 13.2.2002 – N 548/2001 – Belgique, Aide en faveur des télévisions locales dans la Communauté française, C (2002) 446 final); erst recht ist die Beeinträchtigung zu bejahen, wenn der Betrieb des Lokalfunks einem landesweit tätigen Veranstalter anvertraut wird (s. Kom. 22.3.2006 – N 638/2005 – France, Aide à la création de la chaîne corse Via Stella, C (2006) 806 final, Tz. 27 f.; Kom., 22.7.2010 – N 95/2010 – France, Aide à la création d'une station de radio local Radio Bleu Maine, C(2010)5236, Tz. 33 f.). Allerdings lässt sich in den Fällen einer nur begrenzten Beeinträchtigung häufig eine Genehmigung nach Art. 107 Abs. 3 lit. c AEUV begründen (→ Rn. 58 ff.).

C. Genehmigungsfähigkeit (Art. 107 Abs. 2–3 AEUV)

I. Gemeinsame Voraussetzungen

1. Ermessensspielraum der Kommission

32   Soweit die Voraussetzungen des Art. 107 Abs. 1 erfüllt sind, liegt damit tatbestandlich eine Beihilfe vor, die allerdings von der Kommission im Verfahren nach Art. 108 AEUV aus den in Art. 107 Abs. 3 AEUV aufgeführten Gründen genehmigt werden kann; kennzeichnend hierfür ist das Ermessen der Kommission, das die dort aufgeführten Motive von Art. 107 Abs. 2 (der für den Medienbereich aber praktisch keine Bedeutung hat) und von einer Rechtfertigung nach Art. 106 Abs. 2 AEUV unterscheidet (→ Rn. 62 ff.). Dieses Ermessen wird zwar eingeschränkt durch die Kulturklausel des Art. 167 AEUV (dazu zB Koenig/Kühling EuZW 2000, 197/201) und auch durch das von der EU ratifizierte UNESCO-Abkommen zum Schutz der kulturellen Diversität (Übereinkommen zum Schutz und zur Förderung der Vielfalt kultureller Ausdrucksformen, ABl. EU 2006 L 201/17), das ua in seinem Art. 6 Abs. 2 lit. d davon ausgeht, daß „öffentliche Finanzhilfen" ein legitimes Mittel zur Erreichung der Abkommensziele darstellen (zu diesem Abkommen s. zB die Beiträge in

Schneider/van den Bossche (eds.), Protection of cultural diversity from a european and international perspective, 2008, und in Ruiz Fabri (dir.), La convention UNESCO sur la protection et la promotion de la diversité des expressions culturelles, 2010; s. auch Döpgens, UFITA 2009/II, 403 ff.). Auch die Kommission hat das Abkommen insoweit bereits in Bezug genommen (s. zB Kom. 4.4.2011 – State aid SA. 32119 (2011/N) – Spain, State aid to activities in the theatre and circus sectors, C (2011) 2378 final, Tz. 16). Grundsätzlich verfügt die Kommission dennoch auch in diesem Bereich über einen breiten Entscheidungsspielraum.

2. Strukturierung der Ermessensausübung durch Kommissionsmitteilungen

Als Leitlinien für die in den einzelnen Genehmigungsentscheidungen erfolgende Ermessensausübung dienen die Mitteilungen, die von der Kommission zur beihilfenrechtlichen Behandlung verschiedener Fragenkomplexe veröffentlicht wurden. Für den Medienbereich ist hier vor allem die erstmals im Jahr 2001 veröffentlichte Kommissionsmitteilung „über die Anwendung der Vorschriften über Staatliche Beihilfen auf den öffentlich-rechtlichen Rundfunk" (ABl. EG 2001 C 320/5) anzuführen, die im Jahr 2009 durch eine überarbeitete Fassung ersetzt wurde (ABl. EU 2009 C 257/1; → Rn. 68 f.); sie verdrängt als speziellere Regelung den zuerst 2005 veröffentlichten und 2012 durch eine Neufassung ersetzten EU-Rahmen für die Genehmigung von Ausgleichsleistungs-Beihilfen (Rahmen der Europäischen Union für staatliche Beihilfen in Form von Ausgleichsleistungen für die Erbringung öffentlicher Dienstleistungen (2011), ABl. EU 2011 C 8/15, Tz. 8 mit Verweis auf die Rundfunk-Mitteilung). Parallel dazu dient im Bereich der Filmförderung die sog. Kinomitteilung als Leitschnur (Mitteilung „zu bestimmten Rechtsfragen im Zusammenhang mit Kinofilmen und anderen audiovisuellen Werken", KOM (2001) 534 endg. v. 26.9.2001 = ABl. EG 2002 C 43/6; → Rn. 38, 46). Eine weitere für den Mediensektor relevante Kommissionsmitteilung enthält die „Leitlinien der Gemeinschaft für die Anwendung der Vorschriften über staatliche Beihilfen im Zusammenhang mit dem schnellen Breitbandausbau" (ABl. EU 2009 C 235/7, s. dazu Papadias/Chirico/Gaál, Competition Policy Newsletter 3/2009, 17 ff.; Koenig/Fechtner EStAL 2009, 463 ff.; zuletzt Jaeger/Haslinger/Kraus, Jahrbuch Beihilferecht 2012, 527 ff.); auch diese im Jahr 2009 veröffentlichte Mitteilung wurde jüngst in neuer Fassung publik gemacht (ABl. EU 2013 C 25/1).

Diesen Mitteilungen kommt zwar große tatsächliche Bedeutung zu (s. allgemein Brohm, Die Mitteilungen der Kommission im Europäischen Verwaltungs- und Wirtschaftsraum, 2012). Normativ-verbindlichen Charakter, der auch andere Verwaltungsträger zur Anwendung verpflichten könnte, haben diese Texte dennoch nicht. Konsequent hat der EuGH für den Bereich des EU-Wettbewerbsrechts jüngst bestätigt, daß diese Instrumente für die mitgliedstaatlichen Behörden nicht verbindlich sind (EuGH 13.12.2012 Rs. C-226/11 – Expedia, EWS 2013, 148 mkritAnm Palzer = EuZW 2013, 113 mAnm Grune, Tz. 23 ff. zur fehlenden Bindungswirkung der de-minimis-Bekanntmachung der Kommission für die nationalen Wettbewerbsbehörden; dazu auch v. Graevenitz, EuZW 2013, 169 ff.; A. Fromont, JDE 2013, 13 ff.). Im Bereich des EU-Beihilfenrechts wird die Wirkung der Mitteilungen dadurch allerdings praktisch kaum eingeschränkt, weil die Bewertung der materiellen Vereinbarkeit der Beihilfen mit den Verträgen allein der Kommission obliegt (zur Arbeitsteilung zwischen Kommission und mitgliedstaatlichen Gerichten bei der Durchsetzung des Beihilfenrechts → Art. 108 Rn. 10 f.) und sie damit also nur ihre eigene Genehmigungspraxis vorstrukturiert (zur Selbstbindung der Kommission s. zB Crones, Selbstbindungen der Verwaltung im Europäischen Gemeinschaftsrecht, 1997). Zudem können Kommissionsmitteilungen im Beihilfensektor auch Vorschläge zweckdienlicher Maßnahmen iSv Art. 108 Abs. 1 AEUV enthalten (→ Art. 108 Rn. 3) und auf diesem Wege verbindlich werden.

3. Vereinbarkeit mit anderen Vertragsbestimmungen

Ein Spielraum für die Zulassung nationaler Beihilfen durch die Kommission ist allerdings von vornherein nur eröffnet, wenn die Beihilfe auch im Übrigen mit den Vorgaben der Verträge vereinbar ist, also zB keine gegen die Grundfreiheiten des EU-Rechts verstoßenden Förderbedingungen vorsieht; insbes. bei den nationalen Filmförderregelungen stellt sich dieses Problem immer wieder (→ Rn. 47 ff.). Regelungen, die einen solchen Verstoß enthalten, kann die Kommission auch dann nicht genehmigen, wenn sie die spezifisch beihilfenrechtlichen Voraussetzungen erfüllen; eine dennoch ergangene Genehmigung müsste durch die EU-Gerichte für nichtig erklärt werden.

36 Das gilt auch, wenn der Verstoß nicht in der Regelung zu den Förderbedingungen, sondern im Bereich der Finanzierung des Beihilfenaufkommens zB durch eine diskriminierende Abgabenerhebung erfolgt. Ein markantes Beispiel hierfür bietet die Régie Networks-Entscheidung des EuGH aus dem Jahr 2008 (EuGH 22.12.2008 Rs. C-333/07 – Régie Networks, Slg. 2008, I-10807 = EWS 2009, 363 mAnm Gundel (350 ff.) = EStAL 2009, 557 mAnm Kekelis/Rusu), mit der die Genehmigung einer Regelung zur Lokalrundfunkförderung für unwirksam erklärt wurde, weil die zu ihrer Finanzierung erhobene Abgabe auf Rundfunkwerbeeinnahmen unter Verstoß gegen die Dienstleistungsfreiheit auch ausländische Anbieter einbezogen hatte.

37 Eine Ausnahme von dieser Durchgriffswirkung gilt allerdings, wenn zwischen Abgabe und Beihilfe kein sog. „zwingender Verwendungszusammenhang" besteht, so dass die EU-rechtswidrige Finanzierungsregelung getrennt betrachtet werden kann und ein Fehler insoweit nicht auf die Regelungen zur Mittelverwendung durchschlägt (EuGH 13.1.2005 Rs. C-174/02 – Streekgewest Westelijk Noord-Brabant, Slg. 2005, I-85, Tz. 26 = EWS 2005, 91; EuGH, 13.1.2005 Rs. C-175/02 – Pape, Slg. 2005, I-127, Tz. 15 = EWS 2005, 94; s. auch Gundel, EWS 2009, 350 (355 f.)). Eine solche Abtrennbarkeit hat die Kommission zB in Bezug auf die lange Zeit vor den deutschen Gerichten umstrittene Ausgestaltung der Filmförderabgabe (s. BVerwGE 133, 165) angenommen, die damit der Genehmigung des FFG 2008 nicht entgegenstand (Kom. 10.12.2008 – N 477/2008 – Deutschland, Deutsches Filmförderungsgesetz, K(2008) 7852 endg., Tz. 103 ff.); in ähnlicher Weise wurde die Finanzierung der Kompensationsleistungen, mit der der Wegfall der Werbeeinnahmen des französischen und des spanischen Rundfunks (→ Rn. 6) ausgeglichen werden sollte, durch europarechtlich zweifelhafte Abgaben als von der Beihilfe abtrennbar und damit ohne Einfluss auf deren Rechtmäßigkeit eingestuft (Kom. 20.7.2010 – staatliche Beihilfe C 38/09 (ex NN 58/09), deren Gewährung Spanien zugunsten der spanischen Rundfunk- und Fernsehanstalt „Corporación de Radio y Televisión Española" (RTVE) plant, ABl. EU 2011 L 1/9, Tz. 61 ff.; s. dazu EuG, 9.6.2011 Rs. T-533/10 R – DTS Distribuidora de Televisión Digital/Kommission, Slg. 2011, II-168 (abgek. Veröff.); Kom., 20.7.2010 – staatliche Beihilfe C 27/09 (ex N 34/B/09), die die Französische Republik dem Unternehmen France Télévision zu gewähren beabsichtigt, ABl. EU 2011 L 59/44, Tz. 118 ff., bestätigt durch EuG, 16.10.2013 Rs. T-275/11 – TF1/Kommission; auch die Abgabenregelung hat EuGH, 27.6.2013 Rs. C-485/11 – Kommission/Frankreich zwischenzeitlich als europarechtskonform bewertet).

II. Genehmigung nach Art. 107 Abs. 3 lit. d AEUV
1. Voraussetzungen der Kulturklausel

38 Eine besondere Rolle für Beihilfen im Mediensektor spielt die Genehmigungsmöglichkeit von Beihilfen „zur Förderung der Kultur und der Erhaltung der kulturellen Vielfalt", die mit dem Vertrag von Maastricht im Jahr 1992 in den heutigen Art. 107 AEUV aufgenommen wurde (s. für die erste Phase der Anwendung Kruse, EWS 1996, 113 ff.; in jüngerer Zeit Psychogiopoulou, The Integration of Cultural Considerations in EU Law and Policies, 2008, S. 293 ff.; Germelmann, Kultur und staatliches Handeln, 2013, 420 ff.). Allerdings werden die Voraussetzungen des Art. 107 Abs. 3 lit. d AEUV in der Kommissionspraxis durchaus anspruchsvoll ausgelegt, auch wenn eine eigene EU-rechtliche Definition der Anforderungen an eine kulturelle Leistung fehlt; die Kommission erwartet jedoch eine entsprechende Selektionsleistung von den Mitgliedstaaten, die im Anschluss auf ihre Plausibilität geprüft wird. Exemplarisch hierfür steht die Formulierung in der sog. Kinomitteilung der Kommission zu den Anforderungen an nationale Filmförderregelungen: „Jeder Mitgliedstaat muß sicherstellen, daß Beihilfen nur für Produktionen gewährt werden, die nach überprüfbaren nationalen Kriterien einen kulturellen Inhalt haben." (Mitteilung „zu bestimmten Rechtsfragen im Zusammenhang mit Kinofilmen und anderen audiovisuellen Werken", KOM

(2001) 534 endg. v. 26.9.2001 = ABl. EG 2002 C 43/6, Pkt. 2.3b (1); dazu zB v. Have/ Harris ZUM 2009, 470 (475); zum restriktiven Ansatz der Kommission s. zB Mayer-Robitaille RTDE 2004, 477 (495 f.)).

Konsequent wird eine pauschale, von der kulturellen Bedeutung einzelner Vorhaben **39** unabhängige Förderung von Zweigen der Kultur- und Medienindustrie regelmäßig nicht unter Art. 107 Abs. 3 lit. d AEUV genehmigt (zu dieser allerdings nicht völlig einheitlichen Praxis Craig/de Búrca/Craufurd Smith, The evolution of EU Law, 2011, 869 (873)). So hat die Kommission zB festgehalten, dass eine allgemeine Unterstützung des nationalen Verlagswesens den Voraussetzungen nicht genügt (Kom. 30.6.2004 – Maßnahmen, die Italien zugunsten des Verlagswesens angemeldet hat, ABl. EU 2006 L 118/8, Tz. 51 ff.), auch wenn die Regelung primär das Ziel der Förderung der Verbreitung von Verlagserzeugnissen in der Landessprache verfolgt; die Subsumtion ist dagegen bei Fördermaßnahmen möglich, die den kulturellen Gehalt des konkreten Projekts zur Voraussetzung machen (Kom. 19.7.2006 – N 1/2006 – Slovenia, Promotion of the publishing industry in Slovenia, C (2006) 3172, insbes. Tz. 50: „In the case at hand, the cultural content is a precondition for any award and will be evaluated and confirmed on a case by case basis by an independent expert commission (…)").

Auch eine allgemeine – wiederum qualitätsunabhängige – Regelung zur Förderung der **40** Synchronisation von Filmen in der Regionalsprache eines Mitgliedstaats wurde unter dem Gesichtspunkt von Art. 107 Abs. 3 lit. d AEUV nicht akzeptiert (Kom. 13.11.2007 – N 481/ 2007 – Spain, Promotion of movies and DVDs in Basque, C (2007) 5358 final). Auch die Förderung einer in der Sprache einer nationalen Minderheit veröffentlichten Frauenzeitschrift hat die Kommission nach lit. d verneint, weil Gegenstand der Berichterstattung nicht allein kulturelle Themen waren (Kom 23.11.2005 – N 352/2005 – Slovak Republic, LOAR, s. r. o., Individual aid in favor of periodical, C (2005)4456, insbes. Tz. 13: „(…) the notion of culture must be applied to the content and nature of the publication, not the medium or its distribution per se."), während die Zuordnung konsequent für den im Übrigen parallel gelagerten Fall einer Literaturzeitschrift bejaht wurde (Kom. 23.11.2005 – N 355/2005 – Slovak Republic, Kalligram, s. r. o., Individual aid in favor of periodical, C (2005)4457). Auf den ersten Blick etwas großzügiger erscheint die Genehmigungsentscheidung im Fall CELF (Kom. 10.6.1998 – staatliche Beihilfe zugunsten der Coopérative d'exportation du livre français (CELF), ABl. EG 1999 L 44/37, 52), mit der die Subventionierung der Bearbeitung von Kleinbestellungen von Büchern in der Landessprache aus dem Ausland gebilligt wurde: Hier stellt die Kommission zwar zunächst auf die Verbreitung der Landessprache als Motiv ab, führte aber doch zugleich auch an, daß mit der Ausführung solcher Kleinbestellungen typischerweise kulturell förderungswürdige Literatur erfasst werde (die Genehmigung wurde später aus anderen Gründen aufgehoben durch EuG, 28.2.2002 Rs. T-155/98 – SIDE/ Kommission, Slg. 2002, II-1179; → Art. 108 Rn. 17).

Dieser Entscheidungspraxis liegt erkennbar die Erwägung zugrunde, dass die Förderung **41** der Präsenz und Verwendung der Landessprache zwar durchaus ein legitimes Anliegen ist und bereits als solches zB Eingriffe in die Grundfreiheiten rechtfertigen kann (s. EuGH 5.3.2009 Rs. C-222/07 – UTECA, Slg. 2009, I-1407, insbes. Tz. 33: „ (…) das von einem Mitgliedstaat verfolgte Ziel, eine oder mehrere seiner Amtssprachen zu schützen und zu fördern, (muss) nicht zwangsläufig von weiteren kulturellen Kriterien begleitet werden, damit es eine Einschränkung der vom EG-Vertrag verbürgten Grundfreiheiten rechtfertigen kann"; zuletzt EuGH 16.4.2013 Rs. C-202/11 – Anton Las, Tz. 24 ff.; zu entsprechenden Bedingungen im Rahmen der Filmförderung u. Rn. 48), dieses Ziel jedoch kein im engeren Sinne kulturelles Motiv iSv Art. 107 Abs. 3 lit. d AEUV darstellt. Soweit die Voraussetzungen dieser Bestimmung verneint wurden, wurden die Beihilfen allerdings regelmäßig jeweils nach lit. c genehmigt (s. dazu und zur Auffangfunktion dieser Alternative → Rn. 58 ff.).

Ein weiteres Beispiel betrifft die staatlich finanzierte Verbilligung der Downloads von **42** Musiktiteln über legale Online-Angebote, die Frankreich zur Eindämmung illegaler Downloads eingeführt hatte: Die Kommission konnte hier ebenfalls keinen spezifischen Kulturbezug erkennen (Kom. 12.10.2010 – N 97/2010 – France, Mesure de réduction du coût d'usage de la musique en ligne, C(201) 6951 final, Tz. 14; dazu Nérisson EStAL 2011, 207 ff.); die Billigung erfolgte auch hier dann nach Art. 107 Abs. 3 lit. c AEUV (Tz. 15 ff. der Entscheidung). Auch eine Steuervergünstigung für Musikproduktionen hat die Kommission nur aufgrund der Einschränkung als kulturell gerechtfertigt akzeptiert, daß nur Produktionen bisher nicht etablierter Künstler – und damit weniger „kommerzielle" Projekte – von der Förderung erfasst werden (Kom., 16.5.2006 – N 45/2006 – France, Crédit d'impôt à la production phonographique, C (2006) 1858 final).

43 In negativer Abgrenzung hat die Kommission auch klargestellt, daß die für den öffentlich-rechtlichen Rundfunk üblichen Vielfalts- und Bildungsvorgaben der Mitgliedstaaten regelmäßig nicht global unter Art. 107 Abs. 3 lit. d AEUV subsumiert werden können, weil die damit verfolgten erzieherischen und demokratischen Zwecke von kulturellen Zielen zu trennen seien (Tz. 34 f. der Rundfunkmitteilung). Die beihilfenrechtliche Rechtfertigung nationaler Rundfunkgebührensysteme wird daher konsequent regelmäßig unter dem Gesichtspunkt des Art. 106 Abs. 2 AEUV geprüft (→ Rn. 62 ff.). Nur soweit die Finanzierung tatsächlich auf kulturelle Gesichtspunkte im engeren Sinn abstellt, bejaht die Kommission die Einschlägigkeit von Art. 107 Abs. 3 lit. d AEUV (so Kom. 5.10.2005 – N 207/2005 – Ireland, Broadcasting Funding Scheme, C(2005)3679, insbes. Tz. 24 ff.), doch sind solche Sachverhalte eher der Filmförderung (→ Rn. 45 ff.) zuzuordnen.

44 Zugleich wird der Kulturbegriff von der Kommission aber auch durchaus entwicklungsoffen gehandhabt: Ein aufschlussreiches Beispiel für die durch Art. 107 Abs. 3 lit. d AEUV eröffneten Möglichkeiten und die bestehenden Anforderungen bildet die Billigung einer steuerlichen Begünstigung für die Entwicklung von Videospielen durch die Kommission (Kom. 11.12.2007 – staatliche Beihilfe – Steuergutschrift für die Erstellung von Videospielen, ABl. EU 2008 L 118/16): Förderfähig war nach der nationalen Regelung (a) die „Adaptation eines vorhandenen Werks des europäischen Kulturerbes, ausgehend von einem auf Französisch verfassten Drehbuch", oder (b) „Ausdruck der kulturellen Vielfalt und des europäischen Schaffens auf dem Gebiet der Videospiele" (zusätzlich wurde die europäische Staatsangehörigkeit der Autoren nach einem Punkteschema bewertet); den Vorgaben einer spezifisch kultur- und nicht allein industriebezogenen Förderung war damit entsprochen.

2. Insbes.: Filmförderung

45 Das wichtigste Anwendungsfeld des Art. 107 Abs. 3 lit d AEUV sind die Filmförderungsgesetze der EU-Mitgliedstaaten (s. für Deutschland: Gesetz über Maßnahmen zur Förderung des deutschen Films – Filmförderungsgesetz/FFG, Neubekanntmachung v. 24.8.2004, BGBl. I 2277, zuletzt geändert durch Gesetz v. 31.7.2010, BGBl. I 1048; daneben die Förderprogramme der Bundesländer; zu ihnen zB Geier, Nationale Filmförderung und europäisches Beihilfenrecht, 2006, 52 ff., zugleich mit einem Überblick über die Fördersysteme Frankreichs und Großbritanniens, 58 ff.; rechtsvergleichend auch Amiel, Le financement public du cinéma dans l'Union européenne, 2007, 121 ff.). Diese Maßnahmen sind regelmäßig als Beihilferegelungen (Programme) der Kommission zu notifizieren (→ Art. 108 Rn. 6 ff.) und ggf. nach Art. 107 Abs. 3 lit. d AEUV genehmigungsfähig; eine Rechtfertigung nach Art. 106 Abs. 2 AEUV wie im Fall der Rundfunkgebühren (→ Rn. 62 ff.) scheidet dagegen von vornherein aus, weil der Filmwirtschaft keine kompensationsfähigen Dienstleistungsverpflichtungen auferlegt werden (so zutreffend zB Geier, Nationale Filmförderung und europäisches Beihilfenrecht, 2006, 68).

46 Die Kommission hat die Grundlagen ihrer Bewertung solcher Beihilfen in der Kinomitteilung von 2001 (→ Rn. 38) festgehalten; dem vorausgegangen war eine Entschließung des Rates, der an die Kommission appelliert hatte, Rechtssicherheit und einen für die europäische Filmindustrie verträglichen Förderrahmen zu schaffen (Entschließung des Rates v. 12.2.2001 zu den einzelstaatlichen Beihilfen für die Filmwirtschaft und den audiovisuellen Sektor, ABl. EG 2001 C 73/3). Zwischenzeitlich liegt auf dieser Grundlage eine umfangreiche Entscheidungspraxis der Kommission vor (s. zB Kom., 22.3.2006 – NN 84/2004 et N 95/2004 – France, Régime d'aide au cinéma et à l'audiovisuel, C (2006) 832 final; Kom., 10.12.2008 – N 477/2008 – Deutschland, Deutsches Filmförderungsgesetz; zur Praxis der Kommission s. auch Bellucci, 16 EPL (2010), 211 ff.; Geier, Nationale Filmförderung und europäisches Beihilfenrecht, 2006, 136 ff.).

47 Im Ausgangspunkt muss auch hier konsequent sichergestellt werden, dass geförderte Werke einen kulturellen Wert aufweisen, was die bereits oben (→ Rn. 38) wiedergegebene Formulierung der Kinomitteilung der Kommission festhält; die konkrete Ausfüllung dieser Vorgaben bleibt allerdings unter Verweis auf das Subsidiaritätsprinzip den Mitgliedstaaten

überlassen (zum „kulturellen Test" im neugefassten FFG – §§ 15–16 FFG in der Fassung des Änderungsgesetzes v. 22.12.2008, BGBl. I S. 3000 – s. kritisch v. Have/Harris ZUM 2009, 470 ff.); diese Vorgabe stößt allerdings nicht auf grundsätzlichen Widerspruch. Zum Dauerproblem der beihilfenrechtlichen Bewertung der Filmförderung sind vielmehr die seit Jahren umstrittenen sog. Territorialisierungsanforderungen in den Förderungsbedingungen verschiedener Mitgliedstaaten geworden, nach denen die Förderung nur gewährt wird, wenn das Produktionsbudget im wesentlichen im betroffenen Mitgliedstaat ausgegeben wird. Solche Regelungen geraten leicht in Konflikt mit den Grundfreiheiten des EU-Binnenmarktrechts, weil sie den ua Bezug von Dienstleistungen aus anderen Mitgliedstaaten direkt beschränken. Derartige Eingriffe in die Grundfreiheiten sind bei der beihilferechtlichen Prüfung auch grds. mitzuprüfen, weil die Kommission nicht „sehenden Auges" eine Regelung beihilfenrechtlich genehmigen kann, die in anderer Hinsicht gegen EU-Recht verstößt (→ Rn. 35 ff.).

Auch solche Eingriffe in die Grundfreiheiten können zwar grds. gerechtfertigt sein; die **48** im AEUV ausdrücklich niedergelegten Rechtfertigungsmotive (s. Art. 36, 45 Abs. 3, 52 AEUV) greifen hier aber ersichtlich nicht ein. Kulturelle Motive sind von der Rspr. zwar als ungeschriebene Rechtfertigungsgründe anerkannt worden (s. zB EuGH 4.5.1993 Rs. C-17/92 – Fedecine, Slg. 1993, I-2239; dazu zB Karydis, RTDE 1994, 551 (554) (557f.)), diese zusätzlichen ungeschriebenen Gründe können allerdings nach der traditionellen Grundfreiheiten-Dogmatik des EuGH nur unterschiedslos geltende, d. h. nicht ausdrücklich nach der Staatsangehörigkeit diskriminierende Regelungen rechtfertigen (dazu Gundel ZUM 1998, 1002 (1004 ff.); Jura 2001, 79 ff.). Eindeutige Fälle wie zB die Vorgabe der (einheimischen) Staatsangehörigkeit der Darsteller hat die Kommission schon früh beanstandet (Kom. 21.12.1988 – Beihilfen der griechischen Regierung an die Filmwirtschaft für die Herstellung von griechischen Filmen, ABl. EG 1989 L 208/38; dazu zB Slot, State Aids in the Cultural Sector, 1994, 7 ff.); dagegen können zB Sprachvorgaben als nicht direkt diskriminierende Regelungen auch durch die in der EuGH-Rspr. entwickelten ungeschriebenen Rechtfertigungsgründe („zwingende Gründe des Allgemeininteresses") gerechtfertigt werden (dazu Gundel ZUM 1998, 1002 (1004 ff.)). Unter dem Gesichtspunkt der Grundfreiheiten unproblematisch ist dagegen der Ausschluss von Drittstaaten-Unternehmen von der Förderung, da sie durch diese Gewährleistungen nicht geschützt werden (für ein Beispiel s. Conseil d'Etat (fr.), 6.7.2007 – Sté 2003 Production, RFDA 2007, 1142: Ausschluss von der Förderung wegen Beteiligung eines US-Unternehmens).

Mit den nicht als direkte Diskriminierung einzuordnenden Territorialisierungsvorgaben **49** hat sich die Kommission erstmals in einer Entscheidung zur französischen Filmförderung befasst (Kom. 3.6.1998 Aide d'Etat No N 3/98); die in dieser Entscheidung aufgestellten Grundsätze sind dann in die drei Jahre später veröffentlichte Kinomitteilung der Kommission eingegangen (→ Rn. 38). Dort hat die Kommission eine Territorialisierung von 80 % des Produktionsbudgets mit dem Argument akzeptiert, dass eine solche Regelung „bis zu einem gewissen Grad erforderlich sein kann, um diejenigen Kulturschaffenden im Lande zu halten, die über die nötigen Fähigkeiten und Fachkenntnisse verfügen" (Kinomitteilung, Pkt. 2.3b).

Auch bei Anerkennung dieses Zusammenhangs bedeutet die Zulassung solcher Vorgaben **50** aber eine Gratwanderung zwischen zulässigen „zwingenden Gründen des Allgemeininteresses" und unzulässigen „rein wirtschaftlich" motivierten Einschränkungen der Grundfreiheiten (zur Unzulässigkeit solcher Motive s. zB EuGH 28.4.1998 Rs. C-120/95 – Decker Slg. 1998, I-1831 = EuZW 1998, 343, Tz. 39; EuGH 13.1.2000 Rs. C-254/98 – TK Heimdienst Slg. 2000, I-151, Tz. 33 = EuZW 2000, 309 mAnm Gundel; EuGH 17.3.2005 Rs. C-109/04 – Kranemann Slg. 2005, I-2421 = NJW 2005, 1481, Tz. 34); die Kommission selbst führt in der Kinomitteilung aus, dass bei territorialen Auflagen, die das von ihr akzeptierte Maß übersteigen, davon auszugehen sei, „daß sie nicht mehr der Förderung der Kultur, sondern eigentlich der Förderung des betreffenden Wirtschaftszweigs dienen." (Kinomitteilung, Pkt. 2.5.). In anderen Zusammenhängen – etwa bei der steuerlichen Begünstigung von Forschungsaktivitäten – hat der EuGH eine solche territoriale Verknüpfung bereits verworfen (EuGH 10.3.2005 Rs. C-39/04 – Laboratoires Fournier, Slg. 2005, I-2057 = EWS 2005, 175), wobei dort allerdings der hier angesprochene Gesichtspunkt der Aufrechterhaltung und Auslastung einer nationalen Infrastruktur keine Rolle spielte (zur Frage der Übertragbarkeit s. zB Orssich EStAL 2012, 49 (52)). Einer Übertragung dieses Territorialisierungsvorbehalts auf verwandte Sektoren steht die Kommission jedenfalls skeptisch gegenüber (s. Kom., 16.4.2013 – Staatliche Beihilfe SA. 36139 (2013/C) (ex 2013/N) – Steuerermäßigung des Vereinigten Königreichs für Videospiele, ABl. EU 2013 C 152/24 – Aufforderung zur Stellungnahme).

51 Im Rahmen ihres Genehmigungsermessens hat die Kommission in der Kinomitteilung zugleich eine Begrenzung der Förderung auf 50 % der Produktionskosten verfügt, um einem möglichen Subventionswettlauf der nationalen Fördersysteme Grenzen zu setzen (Kinomitteilung, Pkt. 3.2. b, krit. dazu Schaefer/Kreile/Gerlach ZUM 2002, 182 (191 f.)); für „schwierige oder mit knappen Mitteln" erstellte Produktionen gilt diese Obergrenze nicht, wobei die Kommission die nähere Bestimmung dieser Begriffe unter Verweis auf das Subsidiaritätsprinzip den Mitgliedstaaten überlässt. Weiter dürfen keine gesonderten Beihilfen für einzelne Schritte des Produktionsprozesses – wie etwa die Postproduktion – gewährt werden, um auch insoweit ein gezieltes Anlocken der entsprechenden Industrie durch die Beihilfenpolitik eines Mitgliedstaats zu vermeiden.

52 Das damit aufgespannte Kontrollnetz über die nationale Filmförderung ist in der Literatur damit zwar zu Recht als durchaus engmaschig bezeichnet worden (so mwN Germelmann, Kultur und staatliches Handeln, 2013, 422 (424)); in den angelegten Maßstäben lässt sich aber doch – insbes. in Bezug auf die Grundfreiheiten – eine gewisse Großzügigkeit erkennen, die auf den ersten Blick angesichts der kulturellen Grundierung der Fragen nicht unangemessen erscheint, die aber aufgrund der wirtschaftlichen Bedeutung des Sektors und des wachsenden Wettbewerbs zwischen den Fördersystemen der Mitgliedstaaten mit einem Fragezeichen zu versehen ist (zu der in Reaktion auf diese Entwicklungen geplanten Neufassung der Rahmenbedingungen → Rn. 55 ff.).

53 In Deutschland besteht seit 2007 in Bezug auf die Territorialisierung eine eigentümlich gespaltene Rechtslage: Das FFG selbst sieht heute keine Territorialisierungsvorgaben mehr vor; frühere, unter dem Gesichtspunkt der Grundfreiheiten aus heutiger Sicht inakzeptable Territorialisierungsregelungen wie der frühere § 18 FFG (1999), nach dem eine Förderung nur gewährt wurde, wenn die Filmkopien in einer deutschen Kopieranstalt gefertigt wurden, wurden durch eine Gleichstellung von Anstalten in anderen EU- oder EWR-Mitgliedstaaten EU-rechtskonform umgestaltet (so die Fassung im FFG 2004; dazu Castendyk/Bark ZUM 2003, 480 (481) (487)).

54 Dagegen setzt der 2007 gegründete und zunächst auf drei Jahre befristete, zwischenzeitlich aber bis 2015 verlängerte deutsche Filmförderfonds, dessen aus dem Bundeshaushalt stammende Mittel ebenfalls durch die Filmförderanstalt verwaltet werden, in seinen Förderbedingungen intensiv auf dieses Instrument: Danach werden 20 % der in Deutschland verausgabten Herstellungskosten durch einen Zuschuss erstattet, wenn mindestens 25 % der Gesamtherstellungskosten in Deutschland angefallen sind (dazu im Überblick Geier ZUM 2007, 178 ff.); die Regelung wurde von der Kommission auf der Grundlage der bisher geltenden und in der Kinomitteilung niedergelegten Grundsätze genehmigt (Kom. 20.12.2006 – N 695/06, Deutscher Filmförderfonds, K(2006) 6682 endg.). Auch die Filmförderregelungen der Länder umfassen regelmäßig Bedingungen, nach denen ein Teil des Budgets im jeweiligen Bundesland ausgegeben werden muss (s. im Überblick Geier, Nationale Filmförderung und europäisches Beihilfenrecht, 2006, 52 ff.).

55 Die künftige beihilfenrechtliche Behandlung solcher Klauseln ist allerdings fraglich, weil die Geltung der Kinomitteilung von 2001 zwar trotz der Bedenken gegenüber den Territorialisierungsregeln mehrfach verlängert wurde; die Verlängerung erfolgte zunächst bis 2007 (KOM (2004) 171 endg = ABl. EU 2004 C 123/1), schließlich bis zum 31.12.2012 (ABl. EU 2009 C 31/1). Seit 2006 arbeitet die Kommission jedoch parallel hierzu an einer Neufassung, mit der das Problem der Territorialisierung binnenmarktkonform gestaltet und zudem der als neues Phänomen beobachtete Förderungswettlauf zwischen den Mitgliedstaaten insbes. um internationale Produktionen eingedämmt werden soll (dazu aus Sicht der Kommission Broche/Chatterje/Orssich/Tosics, Competition Policy Newsletter 1/2007, 44 ff.); im Frühjahr 2012 wurde hierzu ein Entwurf zur öffentlichen Konsultation vorgelegt (s. dazu die Pressemitteilung IP/12/245 v. 14.3.2012 mit Verweis auf http://ec.europa.eu/ competition/consultations/2012_state_aid_films/index_en.html; zu diesem Entwurf Lewke, K&R 2012, 799 ff.; v. Raczeck, ZUM 2012, 840 ff.; Cabrera Blázquez, IRIS-plus 2012-3, 7 ff.; Orssich, EStAL 2012, 49 ff.).

Hinsichtlich der Territorialisierung sah der Entwurf einen Wechsel des Bezugspunktes vor: **56** Maßgeblicher Ausgangspunkt sollte danach nun nicht mehr das Produktionsbudget, sondern die erhaltene Förderung sein. Diese Summe sollte zu 100 % territorial an den Mitgliedstaat gebunden werden können, was allerdings im Ergebnis einer deutlichen Reduzierung der bisher zulässigen Bindungsanteile entsprochen hätte; eine über den Betrag der Fördersumme hinausgehende Budgetbindung wäre nur noch in Bezug auf den EWR-Raum insgesamt zulässig gewesen. In Bezug auf den zweiten Punkt war hinsichtlich der zulässigen Beihilfenintensität eine neue Differenzierung vorgesehen: Sie sollte nun für europäische Filme höher ausfallen können als für außereuropäische Projekte, um den angesprochenen Subventionswettlauf der Mitgliedstaaten um internationale Filmvorhaben einzudämmen. Diese Selbstbeschränkung im globalen Medienwettbewerb ist in der Literatur zwar kritisiert worden, weil sie Europas Stellung im Wettbewerb um solche Projekte schwäche (so zB v. Raczeck ZUM 2012, 840 (844)), sie erscheint aber unter dem Gesichtspunkt einer Genehmigung unter kulturellen Gesichtspunkten durchaus konsequent.

Offensichtlich unter dem Eindruck der Stellungnahmen im Konsultationsverfahren hat **57** die Kommission diesen Entwurf im Frühjahr 2013 durch einen stark überarbeiteten Entwurf ersetzt und die Konsultation hierzu neu eröffnet (Pressemitteilung IP/13/388 v. 30.4.2013 unter Verweis auf http://ec.europa.eu/competition/consultations/2013_state_aid_films/index_en.html). Der neue Entwurf betont zwar den Charakter der Territorialisierungsvorgaben als Beschränkung der Grundfreiheiten, läßt sie aber nun wieder in wesentlich größerem Umfang zu (Tz. 27 ff. des Entwurfs); auch die Differenzierung zwischen europäischen und internationalen Produktionen wird aufgegeben, wofür die Kommission u. a. darauf abstellt, daß auch bei letzteren häufig auch europäische Produzenten beteiligt seien (Tz. 41 ff. des Entwurfs); angesichts der bei solchen Vorhaben möglichen erheblichen Beihilfensummen will die Kommission die Entwicklung in diesem Bereich jedoch „aufmerksam verfolgen" (Tz. 43).

III. Genehmigung nach Art. 107 Abs. 3 lit. c AEUV

Eine Genehmigung von Beihilfen auf der Grundlage Art. 107 Abs. 3 lit. c AEUV kommt **58** in Betracht, wenn entsprechend den Vorgaben dieser Bestimmung die Handelsbedingungen nicht erheblich verändert werden. Der Ansatz bei dieser Bestimmung erübrigt die bei lit. d erforderliche Akzentuierung der kulturellen Anforderungen, und auch eine Verpflichtung der Unternehmen zum Angebot bestimmter Leistungen, die im Fall einer Rechtfertigung über Art. 106 Abs. 2 AEUV für die Erfüllung des Merkmals der Betrauung notwendig wird (→ Rn. 73 ff. insbes. zu den Vorgaben für öffentlich-rechtliche Rundfunkveranstalter), ist hier nicht nötig.

Die stattdessen hier zu erfüllende Voraussetzung, nach der der Handelsverkehr nur wenig **59** beeinflusst werden darf, beschränkt den Einsatz im Mediensektor allerdings auf Bereiche, in denen der Austausch im Binnenmarkt und damit auch die Beeinträchtigung des Handelsverkehrs gering ist: Das gilt zB für die Förderung von Filmtheatern als Teil der Filmförderung (Kom. 10.12.2008 – N 477/2008 – Deutschland, Deutsches Filmförderungsgesetz, K(2008) 7852 endg., Tz. 97 ff.), für die Förderung des Verlagswesens in den einzelnen Mitgliedstaaten (Kom., 30.6.2004 – Maßnahmen, die Italien zugunsten des Verlagswesens angemeldet hat, ABl. EU 2006 L 118/8, Tz. 59 ff.), für Fördermaßnahmen zugunsten der Presse (Kom., 14.12.2004 – Aide d'Etat N 74/2004 – Belgique – Aide à la presse écrite flamande, C (2004) 44739 final) oder von lokalen Rundfunkangeboten (Kom. 29.9.2010 – von Frankreich durchgeführte Beihilferegelung C 4/09 (ex N 679/97) zur Förderung des Hörfunks, ABl. EU 2011 L 61/22, Tz. 26 ff. – dort zu einer Regelung, die den Veranstaltern keine Vorgaben im Sinne einer Betrauung auferlegte, so daß eine Rechtfertigung durch Art. 106 Abs. 2 AEUV hier nicht in Betracht kam); vor allem für Beihilfen im Pressesektor kommt damit eher lit. c als lit. d in Betracht (s. auch zur Kommissionspraxis in diesem Sektor Psychogiopoulou EStAL 2012, 57 ff.).

Anstelle eines Rückgriffs auf Art. 107 Abs. 3 lit. d AEUV, der wie erwähnt regelmäßig **60** eine kulturelle „Selektivität" der Förderung verlangt, hat die Kommission hier bei der Würdigung teils auf lit. c unter Berücksichtigung der Kulturklausel des heutigen Art. 167 AEUV abgestellt (Kom. 13.11.2007 – N 481/2007 – Spain, Promotion of movies and DVDs in Basque, C (2007) 5358 final; Kom, 23.11.2005 – N 352/2005 – Slovak Republic, LOAR, s. r. o., Individual aid in favor of periodical, C (2005)4456, Tz. 16; ebenso in Bezug auf Modernisierungsbeihilfen für Filmtheater Kom, 10.12.2008 – N 477/2008 – Deutschland, Deutsches Filmförderungsgesetz, K(2008) 7852 endg., Tz. 98). Diese Heranziehung kultureller Bezüge außerhalb des unmittelbar einschlägigen lit. d mag zunächst widersprüchlich erscheinen; sie führt aber zu einer durchaus konsequenten Abschichtung, weil in Anwendung von lit. c nur geringere Beeinträchtigungen des Handelsverkehrs akzeptabel sind, so daß hier auch „unspezifischere" kulturelle Gesichtspunkte positiv zu Buche schlagen können. Auch die Bewahrung des Informationspluralismus, die ebenfalls nicht den im engeren Sinn kulturellen Motiven des lit. d zuzurechnen ist, wurde im Rahmen von lit. c bereits – unter Bezug auf Art. 11 Abs. 2 Grundrechtecharta – positiv in die Waagschale geworfen (Kom. 30.6.2004 – Maßnahmen, die Italien zugunsten des Verlagswesens angemeldet hat, ABl. EU 2006 L 118/8, Tz. 62; Kom., 21.9.2005 – N 178/2005 – Italia, Aiuto in favore delle imprese editrici consistente in un credito d'imposta per le spese di acquisto della carta utilizzata per prodotti editoriali in lingua italiana, C(2005)3505 def., Tz. 31).

61 Die Grenze zwischen einer geringen Beeinträchtigung des Handelsverkehrs und ihrem vollständigen Fehlen (das zum Ausschluss des Beihilfencharakters führt, → Rn. 29 ff.) ist dabei nicht immer leicht zu ziehen: So hat die Kommission im Fall der Begünstigung des italienischen Verlagswesens gegen die Argumentation Italiens eine – wenn auch geringe – Beeinträchtigung angenommen und den geringen Umfang dann im Rahmen der Genehmigungserwägungen berücksichtigt (Kom. 30.6.2004 – Maßnahmen, die Italien zugunsten des Verlagswesens angemeldet hat, ABl. EU 2006 L 118/8, Tz. 44 ff., Tz. 59 ff.); in einem anderen, begrenzteren Fall von Verlagsbeihilfen hat sie bereits die Beeinträchtigung und damit den Beihilfencharakter verneint, hilfsweise aber auch eine Rechtfertigung auf der Grundlage von lit. d angenommen (Kom. 14.12.2004 – N 458/04 – Spain, Espacio Editorial Andaluza Holding S. L., C(2004) 4763 final).

IV. Genehmigung nach Art. 106 Abs. 2 AEUV

1. Die Bedeutung für die Rechtfertigung der nationalen Finanzierungssysteme des öffentlich-rechtlichen Rundfunks

62 Im Verfahren nach Art. 108 AEUV werden als materielle Maßstäbe die Art. 107 Abs. 2–3 AEUV herangezogen. Zusätzlich ist aber Art. 106 Abs. 2 AEUV zu berücksichtigen, der immer dann als mögliche Rechtfertigung von Beihilfen zum Tragen kommt, wenn der Charakter einer staatlichen Zuwendung als Ausgleichsleistung nicht schon nach den von der Rspr. entwickelten Altmark Trans-Kriterien zum tatbestandlichen Ausschluss einer Beihilfe führt (→ Rn. 16 ff.); gem. Art. 106 Abs. 2 AEUV gelten die Bestimmungen der Verträge – und damit auch die Genehmigungsvoraussetzungen des EU-Beihilfenrechts – in Bezug auf mit Dienstleistungen von allgemeinem wirtschaftlichem Interesse betraute Unternehmen nur insoweit, als „die Anwendung dieser Vorschriften nicht die Erfüllung der ihnen übertragenen besonderen Aufgabe rechtlich oder tatsächlich verhindert".

63 In Bezug auf das EU-Beihilfenrecht bedeutet das, dass eine Beihilfe, die dem Ausgleich der mit der Erbringung einer solchen Dienstleistung verbundenen Belastung dient, von der Kommission genehmigt werden muss; Art. 106 Abs. 2 AEUV ist damit zu einem weiteren Genehmigungstatbestand für Beihilfen geworden, der anders als die Tatbestände des Art. 107 Abs. 3 jedoch kein Genehmigungsermessen der Kommission vorsieht. Die Bestimmung dispensiert dagegen nicht vom beihilfenrechtlichen Genehmigungsverfahren (→ Art. 108 Rn. 6 ff.), das in vollem Umfang angewandt wird, wenn die Tatbestandselemente erfüllt sind; neue Beihilfen sind der Kommission durch den Mitgliedstaat zu notifizieren und dürfen vor Ergehen einer positiven Entscheidung der Kommission auch dann nicht durchgeführt werden, wenn die materiellen Voraussetzungen des Art. 106 Abs. 2 AEUV erfüllt sind.

64 Das Koordinationsproblem zwischen Art. 106 Abs. 2 AEUV und dem EU-Beihilfenrecht ist erst recht spät zutage getreten, weil die Sicherstellung der betroffenen Dienstleistungen der Daseinsvorsorge regelmäßig durch die Errichtung gesetzlicher Monopole erfolgte, die einen rechtfertigungsbedürftigen Eingriff in die Grundfreiheiten darstellen (s. zunächst für die öffentlich-rechtlichen Rundfunkmonopole EuGH, 18.6.1991 Rs. C-260/89 – ERT, Slg.

Beihilfeverbot; Ausnahmen   **Artikel 107 AEUV**

1991, I-2925, Tz. 36 ff.; später – die Rechtfertigung eines Fernsehwerbemonopols ablehnend – EuG, 8.7.1999 Rs. T-266/97 – VTM/Kommission, Slg. 1999, II-2329 = ZUM 2000, 1077 mBespr Gundel (1046 ff.)), die aber beihilfenrechtlich unproblematisch sind, weil die Finanzierung nicht aus staatlichen Mitteln erfolgt (zu dieser Voraussetzung → Rn. 9 ff.). Erst mit der Liberalisierung gesetzlicher Dienstleistungsmonopole in den verschiedensten Sektoren in den 1980er und 1990er Jahren ist dann die beihilfenrechtliche Problematik deutlich geworden, weil nun die Finanzierung der Aufgabenerfüllung nicht mehr aus der Monopolstellung, sondern durch staatliche Zuwendungen erfolgte (allgemein zu dieser Entwicklung MüKoWettbR/Gundel EGV Art. 86 Rn. 141 ff.).

Im Mediensektor ist die Problematik mit der Zulassung privater Rundfunkveranstalter in **65** den Mitgliedstaaten seit den 1980er Jahren entstanden, weil nun die schon zuvor existierende Gebührenfinanzierung der öffentlich-rechtlichen Rundfunkveranstalter als Verzerrung des entstandenen wirtschaftlichen Wettbewerbs in den Bereichen Programmbeschaffung und -verwertung und Werbevermarktung wirken konnte, in denen auch die öffentlich-rechtlichen Veranstalter als Unternehmen im Sinne des EU-Wettbewerbsrechts tätig sind (→ Rn. 6 f.). Konsequent datieren erste Beschwerden privater Veranstalter aus den 1990er Jahren (s. zu ihnen die in → Rn. 68 aufgeführte Rspr.).

Die hier aufgetretenen Konflikte haben sogar zu einer Ergänzung des Primärrechts **66** geführt: In Bezug auf den Rundfunk wird Art. 106 Abs. 2 AEUV ergänzt durch das dem Vertrag von Amsterdam angefügte Rundfunkprotokoll, das formal den Status des Primärrechts genießt (Art. 51 EUV): „Die Bestimmungen des Vertrages zur Gründung der Europäischen Gemeinschaft berühren nicht die Befugnis der Mitgliedstaaten, den öffentlich-rechtlichen Rundfunk zu finanzieren, sofern die Finanzierung der Rundfunkanstalten dem öffentlich-rechtlichen Auftrag, wie er von den Mitgliedstaaten den Anstalten übertragen, festgelegt und ausgestaltet wird, dient und die Handels- und Wettbewerbsbedingungen in der Gemeinschaft nicht in einem Ausmaß beeinträchtigt, das dem gemeinsamen Interesse zuwiderläuft, wobei den Erfordernissen der Erfüllung des öffentlich-rechtlichen Auftrags Rechnung zu tragen ist."

Mit der Bestimmung sollte erkennbar die Finanzierung der öffentlich-rechtlichen Rund- **67** funksysteme der Mitgliedstaaten gegenüber der in den 1990er Jahren aufkommenden wettbewerbsrechtlichen Problematisierung abgesichert werden. Der Mehrwert gegenüber den Formulierungen des Art. 106 Abs. 2 AEUV ist allerdings kaum wahrnehmbar: Die einzige erkennbare Konkretisierung liegt in der (unausgesprochenen) Einordnung des öffentlich-rechtlichen Rundfunks als Dienstleistung von allgemeinem wirtschaftlichem Interesse, die aber in der Rspr. zum heutigen Art. 106 Abs. 2 AEUV bereits zuvor gesichert war.

Den Beschwerden der privaten Wettbewerber war die Kommission zunächst nur zögerlich **68** nachgegangen, was zu mehreren Untätigkeitsverurteilungen durch das EuG geführt hatte (s. auf Untätigkeitsklagen EuG, 15.9.1998 Rs. T-95/96 – Gestevisión Telecinco/Kommission, Slg. 1998, II-3407 = ZUM-RD 1998, 477; EuG, 3.6.1999 Rs. T-17/96 – TF 1/Kommission, Slg. 1999, II-1757; für eine erfolgreiche Nichtigkeitklage gegen die Entscheidung, das Vorprüfungsverfahren einzustellen, s. EuG, 10.5.2000 Rs. T-46/97 – SIC/Kommission, Slg. 2000, II-2125 = ZUM-RD 2001, 312 = MMR 2001, 98 mAnm v. Wallenberg; daran anschließend auf weitere Untätigkeitsklage EuG, 19.2.2004 verb. Rs. T-297/01 und 298/01 – SIC/Kommission, Slg. 2004, II-743). Erst im Jahr 2001 hatte die Kommission schließlich mit der Mitteilung zur Anwendung des Beihilfenrechts auf den öffentlich-rechtlichen Rundfunk (ABl. EG 2001 C 320/5, → Rn. 33) ihre eigene Position konsolidiert. Entscheidungen zu den anhängigen Beschwerden ergingen zunächst dennoch nicht, was darauf zurückzuführen sein mag, daß kurz nach ihrer Veröffentlichung sich die Unsicherheiten über die Anwendbarkeit des Beihilferechts auf Ausgleichsleistungen durch die Ferring-Entscheidung des EuGH (EuGH 22.11.2001 Rs. C-53/00, Slg. 2001, I-9067 = EuZW 2002, 48 mAnm Ruge = EWS 2001, 583 mAnm v. Brevern = RIW 2002, 230 mAnm Gundel (222)) zugespitzt hatten; erst mit der im Juli 2003 ergangenen Altmark Trans-Entscheidung haben sich diese Fragen dann für die Praxis geklärt (→ Rn. 18 ff.).

Eine breitere Kommissionspraxis hat sich erst nach Erlass dieses Urteils mit den in **69** → Rn. 18 geschilderten Weichenstellungen zur Einordnung von Ausgleichsmaßnahmen herausgebildet; die Kommission hat eine Auflistung der nun in beachtlicher Zahl vorliegenden Entscheidungen zum öffentlich-rechtlichen Rundfunk veröffentlicht, die insgesamt 32 nach dem Altmark Trans-Urteil ergangene Entscheidungen verzeichnet, während für die Zeit davor nur vier Entscheidungen aufgeführt sind (s. http://ec.europa.eu/competition/ sectors/media/decisions_psb.pdf; Stand der Liste: 17/9/2012); auch die Rundfunkmitteilung von 2001 wurde im Jahr 2009 durch eine überarbeitete Fassung ersetzt (ABl. EU 2009 C 257/1, → Rn. 73 ff.).

70 Die Entscheidungen lassen sich nach ihrem Verfahrensrahmen in drei Gruppen einteilen: Eine erste Gruppe umfasst Entscheidungen zu nicht als Beihilfen notifizierten einmaligen („ad-hoc")-Finanzierungsmaßnahmen der Mitgliedstaaten, zu denen die Kommission auf Beschwerden privater Wettbewerber Stellung nehmen musste; eine weitere Gruppe von Entscheidungen ist zu neuen öffentlich-rechtlichen Rundfunkangeboten ergangen, die von den betreffenden Mitgliedstaaten notifiziert worden waren. Eine dritte Serie von Entscheidungen, die im wesentlichen seit 2005 ergangen sind, gibt das jeweilige Ergebnis einer systematischen Prüfung der bestehenden nationalen Finanzierungssysteme durch die Kommission wieder (zum unterschiedlichen Verfahrensstatus bestehender und neuer Beihilfen s. auch u. Art. 108 AEUV Rn. 1 ff.; zur Prüfungspraxis der Kommission s. zuletzt Held/ Kliemann EStAL 2012, 37 ff.; zuvor Lewke, Journal of Competition Law and Practice 2 (2011), 217 ff.; Ferreau K&R 2011, 298 ff.; Grespan EStAL 2010, 79 ff.; Mortensen, EStAL 2008, 239 ff.; Berka/Grabenwarter/Holoubek/Segalla, Das Recht der Rundfunkfinanzierung, 2008, 27 ff.).

71 Besondere Bedeutung kommt hierbei den Entscheidungen zur Prüfung der bestehenden Finanzierungssysteme des öffentlich-rechtlichen Rundfunks in den Mitgliedstaaten zu, weil hier eine systematische Prüfung der jeweiligen Gesamtregelung erfolgt. Da die Kommission diese Systeme unabhängig von späteren Modifikationen grds. als bereits bestehende Beihilferegelungen einordnet (→ Art. 108 Rn. 4 f.), ergeben sich aus diesen Entscheidungen nur Vorgaben für eine Anpassung der Mechanismen in der Zukunft. Formal handelt es zudem zumeist nur um Entscheidungen zur Einstellung der Beihilfenprüfung, nachdem der betreffende Mitgliedstaat einen Vorschlag der Kommission für zweckdienliche Maßnahmen zur Umgestaltung der Regelung gem. Art. 108 Abs. 1 AEUV akzeptiert hat (→ Art. 108 Rn. 2 f.; dadurch ist auch erklärlich, daß diese weitreichenden Entscheidungen anders als förmliche Beanstandungen neuer Beihilfen nicht in Teil L des EU-Amtsblatts veröffentlicht werden); mit ihnen werden aber Verpflichtungen dokumentiert, die der Mitgliedstaat verbindlich übernommen hat.

72 In Bezug auf das deutsche System der Finanzierung des öffentlich-rechtlichen Rundfunks hat diese Prüfung zur Neufassung der §§ 11 ff. RStV durch den am 1.6.2009 in Kraft getretenen 12. Rundfunkänderungsstaatsvertrag (ua BayGVBl. 2009, 193) geführt; mit ihm wurde der sog. Beihilfenkompromiss umgesetzt, mit dem die Kommission die beihilfenrechtliche Prüfung der deutschen Rundfunkfinanzierung aufgrund der abgegebenen Umgestaltungszusagen beendet hatte (Kom. 24.4.2007 – C(2007) 1761 final; unmittelbar dazu Krausnick ZUM 2007, 806 ff.; Thum NVwZ 2007, 521 ff.; Dörr, FS Bethge, 2009, 451 ff.). Dabei wurde ua der nun in § 11f RStV verankerte Drei-Stufen-Test zur Prüfung des Bedürfnisses für neue Telemedienangebote installiert (dazu zB Wimmer, ZUM 2009, 601 ff.; D. Dörr, ZUM 2009, 897 ff.; Klickermann, MMR 2009, 740 ff.; s. auch die Beiträge in Berka/ Grabenwarter/Holoubek, Public Value im Rundfunkrecht, 2010). Auch in Österreich ist nach Abschluss der Überprüfung durch die Kommission eine Anpassung nötig geworden (s. Kom. 28.10.2009, Staatliche Beihilfe E 2/2008 – Finanzierung des ORF, K (2009) 8113 endg. und zu den in Reaktion notwendigen Reform des ORF s. Jaeger/Rumersdorfer/ Höllbacher, Jahrbuch Beihilfenrecht 2011, 295 ff.; Kassai/Kogler/Truppe MuR 2010, 295 ff.; Thyri ecolex 2010, 365 ff.).

2. Die maßgeblichen Kriterien der Rechtfertigungsprüfung

73 Die aktuell geltende Kommissionsmitteilung „über die Anwendung der Vorschriften über staatliche Beihilfen auf den öffentlich-rechtlichen Rundfunk" (ABl. EU 2009 C 257/1, → Rn. 68 f.; zu ihr Repa/Tosics/Dias/Bacchiega, Competition Policy Newsletter 3/2009, 10 ff.; Këllezi, Concurrences 1/2010, 71 ff.) führt zur Anwendung des Art. 106 Abs. 2 AEUV drei große Prüfungspunkte auf (Tz. 37 der Mitteilung): Der Auftrag muss durch den Mitgliedstaat definiert werden, das betroffene Unternehmen muss mit ihm ausdrücklich

betraut worden sein, schließlich darf der Wettbewerb nicht in unverhältnismäßiger Weise beeinträchtigt werden. Letzteres ist insbes. dann der Fall, wenn die mit dem Auftrag verbundenen Belastungen durch die staatlichen Ausgleichsleistungen überkompensiert werden. Dieser Gefahrenpunkt begründet Anforderungen an die Präzisierung des Auftrags, weil nur so seine Kosten ermittelbar sind (→ Rn. 76); er erklärt zugleich die strikten Vorgaben für die Trennung zwischen Aufgabendurchführung und kommerziellen Aktivitäten, die eine verdeckte Quersubventionierung verhindern sollen (→ Rn. 77).

Bei der inhaltlichen Definition der Aufgabe gesteht das EU-Recht den Mitgliedstaaten **74** große Freiheit zu: Sie ist schon nach der Struktur des Art. 106 Abs. 2 AEUV Aufgabe der Mitgliedstaaten; diese Kompetenzverteilung wird durch das Prot. Nr. 26 zum Vertrag von Lissabon zu den Diensten von allgemeinem wirtschaftlichem Interesse nicht verändert, sondern nur bestätigt. Die Entscheidung über Umfang und Ausrichtung dieser Leistungen, also im Rundfunksektor der Umfang des durch eine Betrauung bestimmten Programmangebots und seine Organisationsform, bleibt damit Sache der Mitgliedstaaten; das EU-Recht beschränkt seine Prüfung hier auf offensichtliche Fehler. Ein solcher offensichtlicher Fehler ist dann zu bejahen, wenn die Betrauung „Tätigkeiten umfaßt, bei denen realistischerweise nicht davon auszugehen ist, daß sie (…) der Befriedigung der ‚demokratischen, sozialen und kulturellen Bedürfnisse jeder Gesellschaft' dienen" (so Tz. 48 der Rundfunkmitteilung unter Bezugnahme auf den Text des Rundfunkprotokolls zum Vertrag von Amsterdam (→ Rn. 66); danach kann zB auch ein spezielles Sport-Spartenprogramm Gegenstand des öffentlichen Auftrags sein (so Kom. 28.10.2009, Staatliche Beihilfe E 2/2008 – Finanzierung des ORF, K (2009) 8113 endg., Tz. 132 ff.; s. dazu auch Thyri/Jaeger wbl 2006, 197 ff.).

Eine Darlegungslast trifft die Mitgliedstaaten allerdings in Bezug auf die Frage, ob die **75** entsprechende Leistung bereits durch „kommerziell" tätige, d. h. ohne Ausgleichsleistungen im Wettbewerb finanzierte Anbieter erbracht wird, zu deren Lasten der Wettbewerb durch eine Ausweitung der Betrauung verzerrt würde. Hierauf zielt auch die in Tz. 84 ff. der Rundfunkmitteilung vorgesehene „Bedürfnisprüfung" für „wesentliche neue audiovisuelle Dienste" der öffentlich-rechtlichen Veranstalter im Bereich der neuen Medien (für die deutsche Umsetzung dieser Forderung mit dem Drei-Stufen-Test s. § 11f RStV, → Rn. 71).

Das EU-Beihilfenrecht verlangt zudem generell eine möglichst exakte Beschreibung der **76** mit der Betrauung übertragenen Aufgaben, weil nur so die Höhe der Ausgleichsleistung in Bezug zu den auferlegten Verpflichtungen gesetzt und damit eine Überkompensation vermieden werden kann (Tz. 45 der Rundfunkmitteilung). Abstriche bei den Anforderungen an die Präzision der Beschreibung werden aber bei den vor allem qualitäts- und vielfaltsbezogenen (und damit nicht quantifizierbaren) Vorgaben für den Rundfunk gemacht; hier lässt die Kommission abstrakte qualitätsbezogene Aufgabenbeschreibungen zu (Tz. 47 der Rundfunkmitteilung unter Verweis auf EuG, 26.6.2008 Rs. T-442/03 – SIC/Kommission, Slg. 2008, II-1161, Tz. 201 = ZUM 2008, 766 mBespr Gundel (758 ff.)). Im Gegenzug zu den eingeschränkten Anforderungen an die Präzision der Auftragsumschreibung im Rundfunksektor verlangt die Kommission allerdings die Einrichtung von Kontrollmechanismen, die die tatsächliche Erfüllung insbes. der qualitätsbezogenen Auftragselemente sicherstellen (Tz. 53 der Rundfunkmitteilung); zugleich wird auch die Entwicklung geeigneter Finanzaufsichtsmechanismen verlangt, um der Gefahr der Überkompensation zu begegnen (Tz. 77 ff. der Rundfunkmitteilung).

Die Betrauung von Unternehmen mit Dienstleistungen von allgemeinem wirtschaftlichen **77** Interesse wirft besondere Probleme auf, wenn diese neben der Aufgabenerfüllung kraft Betrauung auch kommerzielle Aktivitäten entfalten; aus der Gefahr einer verdeckten Quersubventionierung der kommerziellen Tätigkeit durch den „betrauten" Bereich ergibt sich als weitere Vorgabe, dass beide Bereiche strikt getrennt werden müssen. Dieser Grundsatz ist in Deutschland heute für den öffentlich-rechtlichen Rundfunk umgesetzt, für den in der Diskussion lange Zeit schon die Existenz solcher kommerziellen Tätigkeiten verneint worden war (s. §§ 16 ff. RStV; dazu zB Kleist/Roßnagel/Scheuer/Eberle, Europäisches und nationales Medienrecht im Dialog, 2010, 217 ff.). Die im RStV gewählte Lösung einer grundsätzlichen Auslagerung auf eigenständige juristische Personen ist allerdings durch das EU-Recht nicht vorgegeben; die Kommission empfiehlt den Mitgliedstaaten aber, eine „funktionale oder strukturelle Trennung erheblicher und abtrennbarer kommerzieller Tätigkeiten als vorbildliches Verfahren in Betracht zu ziehen." (Tz. 69 der Rundfunkmitteilung).

78 Schließlich stellt sich noch die Frage, ob bei der Berechnung der Ausgleichsleistung auch ein angemessener Gewinn vorgesehen werden darf. Die Kommissionsmitteilung zu den Beihilfen für den öffentlich-rechtlichen Rundfunk gibt hier eine differenzierte Antwort: Die Zuerkennung eines solchen Gewinns wird für den Regelfall des öffentlich-rechtlichen Rundfunks ausgeschlossen (Tz. 72 der Rundfunkmitteilung; kritisch dazu Këllezi, Concurrences 1/2010, 71 (75)), es wird aber auch die Eventualität einer Erbringung durch mit der Aufgabe betraute private („kommerzielle") Rundfunkunternehmen angesprochen und für diesen Fall auch die Einstellung eines angemessenen Gewinns akzeptiert, weil diese Unternehmen eine Kapitalrendite erzielen müssen (zur Möglichkeit der Ermittlung des Aufgabenträgers im Wege der Ausschreibung → Rn. 22).

Artikel 108 [Beihilfeaufsicht]

(1) ¹Die Kommission überprüft fortlaufend in Zusammenarbeit mit den Mitgliedstaaten die in diesen bestehenden Beihilferegelungen. ²Sie schlägt ihnen die zweckdienlichen Maßnahmen vor, welche die fortschreitende Entwicklung und das Funktionieren des Binnenmarkts erfordern.

(2) Stellt die Kommission fest, nachdem sie den Beteiligten eine Frist zur Äußerung gesetzt hat, dass eine von einem Staat oder aus staatlichen Mitteln gewährte Beihilfe mit dem Binnenmarkt nach Artikel 107 unvereinbar ist oder dass sie missbräuchlich angewandt wird, so beschließt sie, dass der betreffende Staat sie binnen einer von ihr bestimmten Frist aufzuheben oder umzugestalten hat.

Kommt der betreffende Staat diesem Beschluss innerhalb der festgesetzten Frist nicht nach, so kann die Kommission oder jeder betroffene Staat in Abweichung von den Artikeln 258 und 259 den Gerichtshof der Europäischen Union unmittelbar anrufen.

¹Der Rat kann einstimmig auf Antrag eines Mitgliedstaats beschließen, dass eine von diesem Staat gewährte oder geplante Beihilfe in Abweichung von Artikel 107 oder von den nach Artikel 109 erlassenen Verordnungen als mit dem Binnenmarkt vereinbar gilt, wenn außergewöhnliche Umstände einen solchen Beschluss rechtfertigen. ²Hat die Kommission bezüglich dieser Beihilfe das in Unterabsatz 1 dieses Absatzes vorgesehene Verfahren bereits eingeleitet, so bewirkt der Antrag des betreffenden Staates an den Rat die Aussetzung dieses Verfahrens, bis der Rat sich geäußert hat.

Äußert sich der Rat nicht binnen drei Monaten nach Antragstellung, so beschließt die Kommission.

(3) ¹Die Kommission wird von jeder beabsichtigten Einführung oder Umgestaltung von Beihilfen so rechtzeitig unterrichtet, dass sie sich dazu äußern kann. ²Ist sie der Auffassung, dass ein derartiges Vorhaben nach Artikel 107 mit dem Binnenmarkt unvereinbar ist, so leitet sie unverzüglich das in Absatz 2 vorgesehene Verfahren ein. ³Der betreffende Mitgliedstaat darf die beabsichtigte Maßnahme nicht durchführen, bevor die Kommission einen abschließenden Beschluss erlassen hat.

(4) Die Kommission kann Verordnungen zu den Arten von staatlichen Beihilfen erlassen, für die der Rat nach Artikel 109 festgelegt hat, dass sie von dem Verfahren nach Absatz 3 ausgenommen werden können.

Während Art. 107 AEUV die materiellen Maßstäbe und Anforderungen des EU-Beihilfenrechts normiert, ist Art. 108 AEUV die zentrale Verfahrensbestimmung des Primärrechts. Sie unterscheidet zunächst zwischen bestehenden und neuen Beihilfen oder Beihilfeprogrammen (→ Rn. 1 ff.), zudem zwischen Vor- und Hauptprüfungsverfahren durch die Kommission (→ Rn. 7 f., 12 ff.). Prägend ist zudem das für neue Beihilfen in Art. 108 Abs. 3 AEUV vorgesehene Regime aus Notifikationspflicht und Durchführungsverbot, deren

Durchsetzung den nationalen Gerichten überantwortet ist (→ Rn. 6, 9 ff.). Gegen die von der Kommission getroffenen Entscheidungen auf den verschiedenen Verfahrensebenen besteht für begünstigte Beihilfenempfänger wie auch für geschädigte Wettbewerber Rechtsschutz vor den EU-Gerichten (→ Rn. 15 ff.).

Übersicht

	Rn		Rn
A. Allgemeines: Das System der Beihilfenprüfung	1	III. Rechtsfolgen einer unterbliebenen Notifikation bzw. eines Verstoßes gegen das Durchführungsverbot	9
B. Die Behandlung bestehender Beihilfen gem. Art. 108 Abs. 1 und 2 AEUV	2	IV. Hauptprüfungsverfahren und Abschlussentscheidung	12
I. Der Status bestehender Beihilfen	2	D. Rechtsschutz	15
II. Die Abgrenzung zwischen neuen und bestehenden Beihilfen	4	I. Rechtsschutz der betroffenen Unternehmen	15
C. Die Prüfung neuer Beihilfen	6	II. Rechtsschutz von Wettbewerbern gegen Genehmigungsentscheidungen	16
I. Der Grundsatz der präventiven Prüfung	6	III. Rechtsschutz der Beihilfenempfänger gegen Beanstandungen	22
II. Vorprüfungs- und Hauptprüfungsverfahren	7		

A. Allgemeines: Das System der Beihilfenprüfung

Art. 108 AEUV beschreibt das Verfahren der Prüfung nationaler Maßnahmen, die die Voraussetzungen des Art. 107 AEUV erfüllen oder bei denen dies nicht ausgeschlossen ist; die Bestimmung wird ergänzt durch die auf der Grundlage von Art. 109 AEUV ergangene Beihilfenverfahrensverordnung – BVVO (VO 659/1999 über besondere Vorschriften für die Anwendung von Art. 93 EGV (nun: Art. 108 AEUV), ABl. EG 1999 L 83/1; → Art. 109 Rn. 1). Das System unterscheidet zwischen Vor- und Hauptprüfungsverfahren, zudem zwischen bestehenden und neuen Beihilfen. Zentrale Bedeutung kommt dabei aufgrund der unterschiedlichen Verfahrensregimes der Frage zu, ob eine staatliche Maßnahme als neue oder als bestehende Beihilfe zu behandeln ist. 1

B. Die Behandlung bestehender Beihilfen gem. Art. 108 Abs. 1 und 2 AEUV

I. Der Status bestehender Beihilfen

Beihilfen oder Beihilfenregelungen, die bei Gründung der EWG oder beim Beitritt des jeweiligen Mitgliedstaats bereits bestanden, unterliegen weder der Notifikationspflicht noch dem Vollzugsverbot; die Kommission kann aber ihre Anpassung für die Zukunft verlangen. Hierfür besteht ein zweistufiges Verfahren, das in Art. 108 Abs. 1 und 2 AEUV angelegt ist: Die Kommission kann dem Mitgliedstaat „zweckdienliche Maßnahmen" zur Anpassung vorschlagen, die dieser durch seine Zustimmung als verbindlich annehmen kann (Art. 108 Abs. 1 S. 2; dazu Uerpmann EuZW 1998, 331 ff.); wenn diese Zustimmung ausbleibt, kann die Kommission die Verpflichtung zur Vornahme der Anpassung im nächsten Schritt durch einseitigen Beschluss nach Art. 108 Abs. 2 AEUV aussprechen, der als verbindlicher Rechtsakt im Sinne des Art. 288 Abs. 4 AEUV aber auch gerichtlicher Kontrolle unterliegt (zum Rechtsschutz → Rn. 15 ff.). 2

Solche Angebote zweckdienlicher Maßnahmen können sich auch in Kommissionsmitteilungen zur Behandlung bestimmter Beihilfen finden, die in diesem Fall eine doppelte Funktion erfüllen: Sie kündigen die Ermessensausübung der Kommission bei der Prüfung neuer Beihilfen an (→ Art. 107 Rn. 33 f.), zugleich verpflichten sie die Mitgliedstaaten im Fall der Annahme zur Anpassung ihrer bestehenden Maßnahmen binnen der vorgesehenen Frist. Ein Beispiel für diese Kombination bietet der Rahmen der Europäischen Union für staatliche Beihilfen in Form von Ausgleichsleistungen für die Erbringung öffentlicher Dienstleistungen (2011), ABl. EU 2011 C 8/15 (s. dort Tz. 70, sowie die Mitteilung der Kommission, daß alle 3

Mitgliedstaaten die neuen Regeln akzeptiert haben, ABl. EU 2012 C 308/3); auch der Entwurf für eine Neufassung der Kinomitteilung (→ Art. 107 Rn. 55) enthält einen entsprechenden Anpassungsvorschlag, dessen Annahme die Mitgliedstaaten binnen eines Monats nach Veröffentlichung bestätigen sollen (Tz. 46 des Entwurfs).

II. Die Abgrenzung zwischen neuen und bestehenden Beihilfen

4   Eine wichtige, durch das Primärrecht vorgegebene Schaltstelle des Beihilfenverfahrensrechts ist damit die Abgrenzung von neuen und bestehenden Beihilfen; eine nähere Bestimmung unternimmt Art. 1 lit. c der BVVO, der wiederum durch Art. 4 der Durchführungsverordnung der Kommission (→ Art. 109 Rn. 1) ergänzt wird. Bei dieser Abgrenzung hat die Kommission insbes. bei den Finanzierungssystemen des öffentlich-rechtlichen Rundfunks in den Mitgliedstaaten eine pragmatische Haltung eingenommen, indem sie diese Systeme als „bestehende Beihilfen" eingeordnet hat, wenn sie in ihren Grundlagen bereits bestanden, und spätere Modifikationen weder als wesentliche Änderungen noch als abtrennbare, neue Maßnahmen zu bewerten sind (so zB bei der Prüfung der deutschen Rundfunkfinanzierung Kom. 24.4.2007 – C(2007) 1761 fin, Tz. 192 ff.; für Österreich Kom. 28.10.2009 – Staatliche Beihilfe E 2/2008 – Finanzierung des ORF, K (2009) 8113 endg., Tz. 122 ff.; s. zur Praxis der Kommission auch, in: Sanchez/Rydelsky/Antoniadis, The EC State Aid Regime, 2007, 591/603 ff.).

5   Aus diesem Ansatz hat die Kommission die Konsequenz gezogen, dass Gebührenerhöhungen innerhalb eines bestehenden Systems nicht als neue Beihilfen notifikationspflichtig sind (so zB zum deutschen Rundfunkgebührensystem Kom. 24.4.2007 – C(2007) 1761 fin, Tz. 206); auch gebührenfinanzierte Erweiterungen des Auftrags um neue Angebote werden als bloße Modifikationen eingestuft, soweit ein „enger Bezug" zum ursprünglichen Auftrag gewahrt bleibt (Kom. 24.4.2007 – C(2007) 1761 fin, Tz. 208; Kom. 28.10.2009 – Staatliche Beihilfe E 2/2008 – Finanzierung des ORF, K (2009) 8113 endg., Tz. 132 ff. zur Einführung neuer Spartenkanäle für Sport, Information und Kultur mit der Begründung, daß diese Bereiche schon zuvor in den Versorgungsauftrag einbezogen waren); vollständig neue Angebote unterliegen dagegen dem Regime neuer Beihilfen (s. z. B. Kom, 1.10.2003 – N 37/2003 – BBC Digital curriculum, C (2003) 3371 fin, Tz. 27 ff.).

C. Die Prüfung neuer Beihilfen

I. Der Grundsatz der präventiven Prüfung

6   Nach Art. 108 Abs. 3 AEUV sind neue Beihilfen der Kommission anzuzeigen (Notifikationspflicht), sie dürfen vor einer abschließenden Entscheidung nicht vollzogen werden (Durchführungsverbot; zur richterrechtlich etablierten Fristgrenze → Rn. 7, zu den Folgen eines Verstoßes → Rn. 9). Diese Notifikationspflicht greift heute allerdings nicht mehr stets, weil durch Sekundärrecht Ausnahmen etabliert wurden: So hat die Kommission im Gefolge der Altmark Trans-Rspr. eine Anmeldungs- und Genehmigungsfreistellung für Ausgleichsleistungen für Dienstleistungen von allgemeinem wirtschaftlichem Interesse erlassen (→ Art. 107 Rn. 27 f., → Art. 109 Rn. 7); den Vorgaben dieser Regelungen entsprechende Vorhaben unterliegen damit nicht der Einzelfallprüfung durch die Kommission. Dasselbe gilt für Beihilfen, die den Voraussetzungen der auf der Grundlage von Art. 109 AEUV erlassenen Gruppenfreistellungsverordnung oder der De-minimis-Verordnung (zu beiden → Art. 109 Rn. 6 f.) entsprechen. Zu berücksichtigen ist zudem der Unterschied zwischen Einzelbeihilfen und nationalen Beihilfensystemen: Die (ordnungsgemäße) Anwendung einer von der Kommission genehmigten Beihilfenregelung bedarf keiner gesonderten Anmeldung oder Genehmigung.

II. Vorprüfungs- und Hauptprüfungsverfahren

7   Die Notifikation setzt zunächst das Vorprüfungsverfahren in Gang, das die Kommission allerdings auch ohne förmliche Anzeige einleiten kann. Im Rahmen dieses Verfahrens muss die Kommission binnen zwei Monaten über ihr weiteres Vorgehen entscheiden; diese von der Rspr. in Anlehnung an die Klagefrist des heutigen Art. 263 Abs. 6 AEUV entwickelte

sog. „Lorenz-Frist" (EuGH 11.12.1973 Rs. 120/73 – Lorenz, Slg. 1973, 1471, Tz. 4) ist heute in Art. 4 Abs. 5 BVVO kodifiziert. Verstreicht diese Frist ungenutzt, so gilt die Beihilfe als genehmigt, so daß das Durchführungsverbot entfällt; Art. 4 Abs. 6 BVVO verlangt vom Mitgliedstaat allerdings – insoweit ebenfalls im Anschluss an das Lorenz-Urteil – eine nochmalige Anzeige dieser Absicht und räumt der Kommission die Möglichkeit ein, binnen 15 Tagen nach ihrem Erhalt die Entscheidung „nachzuholen".

Für den Abschluss des Vorprüfungsverfahrens nennt Art. 4 BVVO mehrere Alternativen: **8** Die Kommission kann bei der Feststellung ernsterer Schwierigkeiten das Hauptprüfungsverfahren einleiten (Art. 4 Abs. 4 BVVO), dessen Durchführung keinen festen Fristen unterliegt. Sie kann das Verfahren aber auch schon im Stadium der Vorprüfung mit der Entscheidung abschließen, keine Einwände gegen das Vorhaben zu erheben, weil entweder im Ergebnis keine Beihilfe vorliegt oder aber die Genehmigungsfähigkeit bereits auf dieser Ebene bejaht werden kann (Art. 4 Abs. 3 BVVO); so ist z. B. die ganz überwiegende Zahl der auf die Kulturklausel des Art. 107 Abs. 3 lit. d AEUV gestützten Billigungsentscheidungen (→ Art. 107 Rn. 38 ff.) bereits im Vorprüfungsverfahren ergangen. Die so ergangenen Entscheidungen werden im EU-Amtsblatt nur in stark verkürzter Form in Teil C mitgeteilt; dort findet sich dann ein Verweis auf die vollständige Veröffentlichung auf der Kommissions-Homepage.

III. Rechtsfolgen einer unterbliebenen Notifikation bzw. eines Verstoßes gegen das Durchführungsverbot

Die unterbliebene Notifikation macht die Beihilfe zwar rechtswidrig, dieser Befund **9** erübrigt aber nicht die Entscheidung über die materielle Vereinbarkeit mit dem Binnenmarkt: Die Kommission muss auch in solchen Fällen über die materielle Vereinbarkeit der Beihilfe mit den Regeln der Verträge entscheiden; die Rückforderung einer unter Verstoß gegen das Durchführungsverbot bereits geflossenen Beihilfe durch den Mitgliedstaat kann sie nur anordnen, wenn sie zum Urteil der Unvereinbarkeit gelangt.

Auf der anderen Seite bewirkt ein positives Urteil über die Vereinbarkeit aber auch keine **10** rückwirkende Heilung des Verfahrensverstoßes: Die Genehmigung wirkt nicht zurück, die Beihilfe bleibt für die Zeit vor ihrem Erlass rechtswidrig (so insbes. EuGH, 12.2.2008 Rs. C-199/06 – CELF II, Slg. 2008, I-469, Tz. 40 = EWS 2008, 180 mAnm Gundel (161ff.)); ihre Rückabwicklung kann zwar nicht von der Kommission angeordnet, jedoch von Wettbewerbern des begünstigten Unternehmens vor den nationalen Gerichten durchgesetzt werden (s. zur Umsetzung dieser Rspr. in Deutschland BGH, JZ 2011, 580 mAnm Ehlers/Scholz = EuZW 2011, 440 mAnm Fiebelkorn/Petzold – Flughafen Frankfurt/Hahn; BVerwG, EuZW 2011, 269 mAnm v. Donat; dazu auch Martin-Ehlers EuZW 2011, 583 ff.; Bartosch, RIW 2011, 577 ff.). Der EuGH hat allerdings geklärt, dass die Substanz der Beihilfe in solchen Fällen beim begünstigten Unternehmen belassen werden kann, sobald eine positive Entscheidung der Kommission vorliegt; nur der durch die vorzeitige Gewährung eingetretene (Zins-)Vorteil ist dann noch Gegenstand der Rückabwicklung (EuGH, 12.2.2008 Rs. C-199/06 – CELF II, Slg. 2008, I-469, Tz. 49 ff.; EuGH, 18.12.2008 Rs. C-384/07 – Wienstrom, Slg. 2008, I-10393, Tz. 26 ff.).

Aus der Konzeption der EuGH-Rspr. ergibt sich damit eine Arbeitsteilung zwischen **11** Kommission und nationalen Gerichten bei der Durchsetzung des EU-Beihilfenrechts: Während die Kommission über die materielle Vereinbarkeit von Beihilfen mit dem EU-Recht entscheidet und bei einem negativen Ergebnis die Rückforderung anordnet, wird die Durchsetzung des Durchführungsverbots für nicht gemeldete oder noch nicht genehmigte Beihilfen den nationalen Gerichten zugeordnet (dazu zB Gundel WiVerw 2011, 242 (243 ff.)).

IV. Hauptprüfungsverfahren und Abschlussentscheidung

Zum Hauptprüfungsverfahren oder „förmlichen Prüfverfahren" (so die Bezeichnung in **12** Art. 6 BVVO) nach Art. 108 Abs. 2 AEUV kommt es, wenn im Vorprüfungsverfahren Zweifel an der Vereinbarkeit des mitgliedstaatlichen Vorhabens mit dem EU-Beihilfenrecht nicht ausgeräumt werden konnten. Erst im Rahmen dieses Verfahrens wird den „Beteiligten" mit Fristsetzung Gelegenheit zur Äußerung gegeben; das erfolgt durch Veröffentlichung einer Zusammenfassung des Einleitungsbeschlusses im EU-Amtsblatt unter Anfügung des an den Mitgliedstaat gerichteten Schreibens in der sprachlichen Originalfassung. Der Begriff der Beteiligten im Sinne des EU-Beihilfenrechts wird in Art. 1 lit. c BVVO definiert; er umfasst danach „Mitgliedstaaten, Personen, Unternehmen oder Unternehmensvereinigungen, deren Interessen aufgrund der Gewährung einer Beihilfe beeinträchtigt sein können, insbes. der Beihilfenempfänger, Wettbewerber oder Berufsverbände", und geht somit über die Kreis der begünstigten Unternehmen und ihrer unmittelbaren Wettbewerber deutlich hinaus (zu den Folgen für den Rechtsschutz → Rn. 19).

13   Die Beteiligung erschöpft sich allerdings auch in diesem Recht zur Stellungnahme; weitere Verfahrensrechte kommen Dritten im Beihilfenaufsichtsverfahren, das als bilaterales Verfahren zwischen Kommission und Mitgliedstaat konzipiert ist, nicht zu (→ Rn. 15; dieser bilaterale Charakter wird zB herangezogen, um die Einschränkung der Akteneinsicht durch Dritte zu begründen, s. EuGH 29.6.2010 Rs. C-139/07 P – Kommission/Technische Glaswerke Ilmenau, Slg. 2010, I-5885 = EuZW 2010, 624, Tz. 57 ff.):

14   Zu den kennzeichnenden Zügen des Beihilfenverfahrens gehört weiter, daß die materielle Entscheidung über die Zulassung der Beihilfe im Grundsatz der Kommission zugeordnet und damit der Einflussnahme der Mitgliedstaaten auf dem Weg über den Rat entzogen ist; der Rat kann gemäß Art. 108 Abs. 2 Uabs. 3 AEUV nur bei Vorliegen außergewöhnlicher Umstände eine Beihilfe billigen, wenn hierüber Einstimmigkeit erzielt werden kann, und damit die Entscheidung im Hauptprüfungsverfahren faktisch an sich ziehen. Dazu ist es zwar z. B. im Agrarsektor bereits gelegentlich gekommen, was dem EuGH die Gelegenheit zur Klärung von Voraussetzungen und Grenzen dieser Ausnahmezuständigkeit gegeben hat (s. zB EuGH 29.6.2004 Rs. C-110/02 – Kommission/Rat, Slg. 2004, I-6333 = EuZW 2004, 502 mAnm Gross; dazu auch Van de Castelle, Competition Policy Newsletter 3/2004, 21 ff.; allgemeiner Jaeger/Rumersdorfer, Beihilferecht-Jahrbuch 2007, 105 ff.; Lageard, FS Fischer, 2004, 273 ff.); aus dem Mediensektor sind aber keine Präzedenzfälle bekannt.

D. Rechtsschutz

I. Rechtsschutz der betroffenen Unternehmen

15   Maßnahmen der Kommission beim Vollzug des EU-Beihilfenrechts ergehen als adressatengerichtete Beschlüsse iSd Art. 288 Abs. 4 AEUV und sind als Maßnahmen mit Rechtswirkungen tauglicher Gegenstand der Nichtigkeitsklage gem. Art. 263 AEUV. Das gilt selbst dann, wenn der Mitgliedstaat im Rahmen der laufenden Prüfung bestehender Beihilfen einen Vorschlag der Kommission für zweckdienliche Maßnahmen akzeptiert: Die eingegangene Verpflichtung wird dann im Einstellungsbeschluß der Kommission festgehalten, der wiederum als verbindlicher Rechtsakt der Nichtigkeitsklage unterliegt (s. zB EuG 11.3.2009 Rs. T-354/05 – TF 1/Kommission, Slg. 2009, II-471, Tz. 60 ff.). Adressaten sind jedoch nie die durch die Beihilfe begünstigten Unternehmen oder ihre beschwerdeführenden Wettbewerber, sondern stets und ausschließlich die Mitgliedstaaten, denen gegenüber die Durchführung der Beihilfe genehmigt oder ihre Rückabwicklung angeordnet wird (s. dazu insbes. EuGH 2.4.1998 Rs. C-367/95 P – Sytraval, Slg. 1998, I-1719, Tz. 45 f. = EuZW 1998, 336 mAnm Hoenicke). Private Kläger, die entsprechende Entscheidungen der Kommission vor der EU-Gerichtsbarkeit angreifen wollen, müssen also stets die Anforderungen erfüllen, die Art. 263 Abs. 4 AEUV an Klagen Dritter stellt.

II. Rechtschutz von Wettbewerbern gegen Genehmigungsentscheidungen

16   Beihilfengenehmigungen der Kommission können von betroffenen Wettbewerbern mit der Nichtigkeitsklage gemäß Art. 263 Abs. 4 AEUV angegriffen werden; auch Ratsentscheidungen zur Billigung einer Beihilfe (→ Rn. 14) können grds. Gegenstand einer Konkurrentenklage sein (s. EuG, 11.9.2001 Rs. T-270/99 – Polyxeni Tessa ua/Rat, Slg. 2001, II-2401). Jedoch müssen die Kläger die Voraussetzungen der individuellen und unmittelbaren Betroffenheit nach der zweiten Alternative des Art. 263 Abs. 4 AEUV erfüllen. Jedenfalls bei der Genehmigung von Einzelbeihilfen durch die Kommission kommt die durch den Vertrag von Lissabon eingefügte dritte Alternative dieser Bestimmung nicht in Betracht, die in Bezug auf „Rechtsakte mit Verordnungscharakter", die keine Durchführungsmaßnahmen nach sich

Artikel 108 AEUV

ziehen, nur die unmittelbare Betroffenheit des Klägers verlangt (so auch Peytz/Mygind EStAL 2010, 331 (333 f.); zu dieser Alternative und ihrer Reichweite s. insbes. EuG 6.9.2011 Rs. T-18/10 – Inuit Tapiriit Kanatami ua/Rat u. EP, EWS 2012, 90 mAnm Gundel (65 ff.)); in Bezug auf die Genehmigung von Beihilfenprogrammen der Mitgliedstaaten wird die Einschlägigkeit dieser Alternative in der Literatur zwar aufgrund der quasi-normativen Wirkung der Genehmigung zwar erwogen (dafür MüKoWettbR /Niejahr BeihilfeverfahrensR Rn. 96, 104), die Rspr. hat diesen Weg allerdings bisher nicht beschritten, sondern prüft auch in solchen Fällen die Voraussetzungen der zweiten Alternative (s. zB EuG 16.12.2011 Rs. T-203/10 – Stichting Woonpunt ua/Kommission, Tz. 25 ff.; anders jetzt aber im anhängigen Rechtsmittelverfahren Rs. C-132/12 P – Stichting Woonpunt ua/Kommission Tz. 48 ff. der Schlußanträge von GA Wathelet).

Die danach erforderliche individuelle Betroffenheit verlangt, daß die Entscheidung den Kläger „wegen bestimmter persönlicher Eigenschaften oder besonderer, ihn aus dem Kreis aller übrigen Personen heraushebender Umstände berührt und ihn daher in ähnlicher Weise individualisiert wie den Adressaten" – so die nach wie vor maßgebliche sog. „Plaumann-Formel" (nach EuGH 15.7.1963 Rs. 25/62, Slg. 1963, 211/238 – Plaumann/Kommission). Bei Wettbewerbern muß sich dies in einer „spürbaren" Beeinträchtigung ihrer Wettbewerbsposition äußern (erstmals bejaht in EuGH 28.1.1986 Rs. 169/84 – COFAZ, Slg. 1986, 391 = EuR 1986, 256 mAnm Nicolaysen); die bloße Eigenschaft als Wettbewerber genügt nicht (so zB EuG 21.10.2004 Rs. T-36/99 – Lenzing/Kommission, Slg. 2004, II-3597, Tz. 75 ff., bestätigt durch EuGH, 22.11.2007 Rs. C-525/04 P – Spanien/Lenzing, Slg. 2007, I-9947, Tz. 31 ff.), selbst wenn der Kläger sich zudem am Verfahren der Kommission durch Beschwerden oder Stellungnahmen aktiv beteiligt hat (s. zB EuGH, 22.11.2007 Rs. C-260/05 P – Sniace/Kommission, Slg. 2007, I-10005, Tz. 60; weiter zB EuG, 21.1.2011 Rs. T-54/07 – Vtesse Networks/Kommission, Tz. 90 ff.). Ein prägnantes Beispiel aus dem Mediensektor betrifft eine über Jahrzehnte umstrittene Ausfuhrbeihilfe für die Bearbeitung von Kleinbestellungen von Büchern aus dem Ausland, die mit Billigung der Kommission einem in diesem Sektor tätigen Unternehmen gewährt wurde: Die Genehmigung wurde durch einen unmittelbaren Wettbewerber des Begünstigten mehrfach erfolgreich angegriffen (EuG 18.9.1995 Rs. T-49/93 – SIDE/Kommission, Slg. 1995, II-2501; EuG 28.2.2002 Rs. T-155/98 – SIDE/Kommission, Slg. 2002, II-1179; EuG 15.4.2008 Rs. T-348/04 – SIDE/Kommission, Slg. 2008, II-625). Den Kontrapunkt markiert die Klage eines französischen Fernsehveranstalters gegen die Genehmigung der französischen Regelungen zur Filmförderung (→ Art. 107 Rn. 46): Hier hat das Gericht die individuelle Betroffenheit verneint, weil eine spürbare Beeinträchtigung der Wettbewerbsstellung nicht dargelegt war (EuG 13.9.2009 Rs. T-193/06 – TF1/Kommission, Slg. 2010, II-4967, insbes. Tz. 77 ff.).

Schwierig wird der Nachweis dieser Betroffenheit, wenn die Genehmigung nicht die Beihilfe für ein bestimmtes Unternehmen, sondern ein Beihilfeprogramm betrifft; hier hat die Rspr. eine individuelle Betroffenheit durch die Genehmigung eines Beihilfeprogramms zunächst verneint (zB EuGH 2.2.1988 Rs. 67 (85) ua – van der Kooy/Kommission, Slg. 1988, 219, Tz. 15; EuG 5.6.1996 Rs. T-398/94 – Kahn Scheepvaart/Kommission, Slg. 1996, II-477, Tz. 39 ff.). In jüngerer Zeit hat der EuGH allerdings Dritten bei substantieller Betroffenheit die Klagebefugnis auch gegen die Genehmigung von Beihilferegelungen zuerkannt (s. zB EuGH, 22.12.2008 Rs. C-487/06 P – British Aggregates Association/Kommission, Slg. 2008, I-10515, Tz. 31 ff.; zu dieser Lockerung zB Jaeger/Rumersdorfer/Paterno, Jahrbuch Beihilferecht 2010, 449 (466 f.); Peytz/Mygind, EStAL 2010, 617 (620)).

Ein besonderer Rechtsprechungsstrang hat sich ab 1993 zu Klagen Dritter gegen eine Billigung durch die Kommission im Vorprüfungsverfahren herausgebildet (s. im Ausgangspunkt EuGH 19.5.1993 Rs. C-198/91 – Cook, Slg. 1993, I-2487; EuGH 15.6.1993 Rs. C-225/91 – Matra Slg. 1993, I-3203): Insoweit ist eine Klage schon dann zulässig, wenn der Kläger geltendmacht, dass aufgrund der Schwierigkeit des Falles ein Hauptprüfungsverfahren hätte durchgeführt werden müssen, in dem er das Äußerungsrecht als Beteiligter gem. Art. 108 Abs. 2 AEUV hätte wahrnehmen können (zu diesem Recht → Rn. 12; zur damit verbundenen Erweiterung des Klägerkreises s. zB EuGH 24.5.2011 Rs. C-83/09 P – Kommission/Kronoply und Kronotex, EuZW 2011, 592 mAnm v. Donat, Tz. 64 ff.; s. auch m. w. N. Gundel WiVerw 2011, 242 (245 f.)). Kläger, die diese Absenkung der Zulässigkeitsschwelle nutzen wollen, müssen bei der Formulierung aber besondere Sorgfalt aufwenden:

Wenn sie die materielle Richtigkeit der Kommissionsentscheidung direkt angreifen, anstatt nur die besondere Schwierigkeit des Falles herauszuarbeiten, die die Durchführung eines Hauptprüfungsverfahrens notwendig gemacht hätte, gelten wieder die höheren Anforderungen an die materielle Betroffenheit.

20   Als zweiter Weg zur Beanstandung einer Beihilfengenehmigung der Kommission durch einen Wettbewerber kommt das Vorabentscheidungsverfahren gem. Art. 267 AEUV zur Frage der Gültigkeit einer Kommissionsentscheidung in Betracht. Gegenüber dem direkten Weg über die Nichtigkeitsklage spielt sie bei der Genehmigung von Einzelbeihilfen allerdings eine nachrangige Rolle, zumal die Präklusion nach der Textilwerke Deggendorf-Regel (EuGH 9.3.1994 Rs. C-188/92 – Textilwerke Deggendorf, Slg. 1994, I-833 = EuZW 1994, 250 mAnm Pache (615 ff.)) auch für klagende Wettbewerber gelten dürfte: Danach ist der inzidente Angriff gegen die Genehmigung auf dem Weg über das Vorabentscheidungsverfahren unzulässig, wenn eine Nichtigkeitsklage des Wettbewerbers eindeutig zulässig gewesen wäre, aber nicht erhoben wurde; andernfalls würde die Klagefrist des Art. 263 Abs. 5 AEUV umgangen. Diese Voraussetzung einer eindeutigen Zulässigkeit ist allerdings insbes. bei der Genehmigung von nationalen Beihilfeprogrammen durch die Kommission häufig nicht erfüllt, so daß hier Vorabentscheidungsverfahren zur Gültigkeit der Genehmigung auch noch nach Ablauf der Direktklagefrist möglich bleiben (so in Auseinandersetzung mit der Deggendorf-Rspr. Tz. 34 ff. der Schlussanträge von GA Kokott zu EuGH 22.12.2008 Rs. C-333/07 – Régie Networks, Slg. 2008, I-10807 und Tz. 51 ff. der Schlussanträge von GA Jacobs zu EuGH 21.10.2003 verb. Rs. C-261/01 u. C-262/01 – van Calster Slg. 2003, I-12249).

21   Die Eröffnung des Rechtsschutzes vor den EU-Gerichten für Wettbewerber der Beihilfen-Begünstigten hat dann erhebliche Konsequenzen, wenn eine zunächst von der Kommission ausgesprochene Genehmigung durch die EU-Gerichtsbarkeit aufgehoben wird: Da diese Aufhebung gem. Art. 264 Abs. 1 AEUV grds. auf den Zeitpunkt des Erlasses zurückwirkt, ist die Beihilfe nun als nicht genehmigt zu behandeln und unterliegt der Rückabwicklung vor den nationalen Gerichten. Entscheidet die Kommission im Anschluss erneut positiv, so kann die Beihilfe wieder gewährt bzw. in ihrer Substanz beim Begünstigten belassen werden; das nationale Gericht kann die Rückforderung aber nicht in der Erwartung einer solchen positiven Entscheidung schon zuvor suspendieren (EuGH 11.3.2010 Rs. C-1/09 – CELF III, Slg. 2010, I-1137 = NVwZ 2010, 631; s. auch zur Rückabwicklung durch die nationalen Gerichte Rn. 10 f.).

III. Rechtsschutz der Beihilfenempfänger gegen Beanstandungen

22   Gegen die Beanstandung einer Beihilfe oder eines Beihilfenprogramms (etwa einer Steuervergünstigung) durch die Kommission können sich neben dem nach Art. 263 Abs. 2 AEUV stets klageberechtigten Mitgliedstaat auch die begünstigten Unternehmen zur Wehr setzen; das gilt zunächst unproblematisch für die Empfänger von Einzelbeihilfen, da die Voraussetzungen der individuellen und unmittelbaren Betroffenheit gem. Art. 263 Abs. 4 AEUV hier regelmäßig zu bejahen sind. Die Betroffenheit entfällt allerdings, wenn die Kommission zwar das Vorliegen einer nicht genehmigungsfähigen Beihilfe bejaht, zugleich aber – was beim Vorliegen besonderer Umstände möglich ist – auf die Anordnung der Rückforderung verzichtet hat (dazu zuletzt EuG, 8.3.2012 Rs. T-221/10 – Iberdrola/Kommission, EuZW 2012, 555 mAnm Gundel).

23   Schwieriger erscheint auf den ersten Blick die Klagebefugnis unter dem Gesichtspunkt der individuellen Betroffenheit bei den Begünstigten nationaler Beihilfenprogramme zu begründen, denen die Rückforderung einer von der Kommission beanstandeten Beihilfe droht. Auch insoweit ist aber heute geklärt, daß die Empfänger trotz ihrer ggf. großen Zahl als individuell betroffen anzusehen sind: Ihr Kreis ist für die Vergangenheit abgeschlossen und feststehend, so dass die Kriterien der Plaumann-Formel (Rn. 17) erfüllt sind (s. EuGH 22.6.2006 Rs. C-182/03 u. C-217/03 – Belgien und Forum 187 ASBL/Kommission, Slg. 2006, I-5479, Tz. 58 ff.; EuG 28.11.2008 Rs. T-254/00 ua – Hotel Cipriani ua/Kommission, Slg. 2008, II-3269, Tz. 73 ff. –; EuG 20.9.2007 Rs. T-136/05 – EARL Salvat père et fils u. a./Kommission, Slg. 2007, II-4063, Tz. 66 ff.). Eine Besonderheit ergibt sich allerdings daraus, dass die „Deggendorf-Präklusion" (→ Rn. 20) bei Begünstigten einer staatlichen Beihilferegelung faktisch nicht angewandt wird, weil die Zulässigkeitsvoraussetzungen hier

nicht mit der geforderten Sicherheit als erfüllt angesehen werden können; eine Gültigkeitsvorlage durch die nationalen Gerichte bleibt hier also auch nach dem Ablauf der Klagefrist für die Nichtigkeitsklage möglich (s. EuGH 23.2.2006 Rs. C-346/03 und C-529/03 – Atzeni ua, Slg. 2006, I-1875, Tz. 30 ff.).

Wieder anders stellt sich die Lage bei nationalen Beihilfenprogrammen dar, deren künftige 24 Durchführung von der Kommission beanstandet wird, indem entweder die Anpassung eines bestehenden Programms für die Zukunft verlangt oder ein neu notifiziertes Programm nicht genehmigt wird: Hier werden die potentiell begünstigten Unternehmen des jeweiligen Bereichs konsequent nicht als individuell betroffen angesehen, weil sie nicht Adressaten von Rückforderungsverlangen werden können und in Bezug auf den Verlust der Chance auf Teilhabe an der geplanten Beihilfe nur als Angehörige des Sektors betroffen sind, dem sie zugedacht war (so zuletzt EuG 16.12.2011 Rs. T-203/10 – Stichting Woonpunt ua/Kommission, Tz. 29 ff. unter Verweis auf EuG, 11.6.2009 Rs. T-309/02 – Acegas-APS/Kommission, Slg. 2009, II-1809, Tz. 47 ff.; EuGH 2.2.1988 Rs. 67/85 ua – Van der Kooy ua/Kommission, Slg. 1988, 219, Tz. 15).

Artikel 109 [Erlass von Durchführungsverordnungen]

Der Rat kann auf Vorschlag der Kommission und nach Anhörung des Europäischen Parlaments alle zweckdienlichen Durchführungsverordnungen zu den Artikeln 107 und 108 erlassen und insbesondere die Bedingungen für die Anwendung des Artikels 108 Absatz 3 sowie diejenigen Arten von Beihilfen festlegen, die von diesem Verfahren ausgenommen sind.

Art. 109 AEUV räumt dem Rat die Befugnis zum Erlass von Sekundärrecht im Beihilfensektor ein, die lange Zeit ungenutzt geblieben war; erst zum Ende der 1990er Jahre ist dann eine Reihe von Rechtsakten ergangen. Entsprechend dem Wortlaut der Bestimmung umfasst das auf ihrer Grundlage ergangene Sekundärrecht zwei Gruppen: Zum einen Verfahrensregelungen für das Beihilfenaufsichtsverfahren nach Art. 108 AEUV, zum anderen Regelungen zu Beihilfen, die diesem Verfahren dennoch nicht unterzogen werden.

A. Verfahrensregelungen

Als Verfahrensregelung auf der Grundlage des heutigen Art. 109 AEUV ist vor allem die 1 Beihilfenverfahrensverordnung (BVVO) zu nennen (VO 659/1999 über besondere Vorschriften für die Anwendung von Art. 93 EGV (nun: Art. 108 AEUV), ABl. EG 1999 L 83/1), die sich inhaltlich allerdings weitgehend auf die Abbildung der zuvor herausgebildeten Kommissionspraxis und Rspr. beschränkt. In ihr werden nun die Einzelheiten des in Art. 108 AEUV primärrechtlich nur in groben Zügen vorgegebenen Beihilfenaufsichtsverfahrens geregelt, etwa die Kodifikation der von der Rspr. entwickelten „Lorenz-Frist" für die Entscheidung über die Einleitung des Hauptprüfungsverfahrens (→ Art. 108 Rn. 7) in Art. 4 Abs. 6 der VO oder die Möglichkeit der Genehmigung von Beihilfen unter Beifügung von Auflagen oder Bedingungen (Art. 7 der VO; für ein Beispiel aus dem Mediensektor s. Kom. 29.9.2010 – von Frankreich durchgeführte Beihilferegelung C 4/09 (ex N 679/97) zur Förderung des Hörfunks, ABl. EU 2011 L 61/22, Art. 2). Weitere Einzelheiten enthält eine von der Kommission auf der Grundlage der Ermächtigung in Art. 27 BVVO erlassene Durchführungsverordnung (VO (EG) Nr. 794/2004 der Kommission v. 21.4.2004 zur Durchführung der VO (EG) Nr. 659/1999 des Rates (...), ABl. EU 2004 L 140/1).

Eine Reform der Verfahrensverordnung befindet sich seit einigen Jahren in der Dis- 2 kussion, sie ist von der Kommission aber lange Zeit nicht bis zur Vorlage eines förmlichen Änderungsvorschlags vorangetrieben worden. Stattdessen hat die Kommission im Jahr 2009 das sog. „Vereinfachungspaket" erlassen, das mit dem Verhaltenskodex für die Durchführung von Beihilfeverfahren (ABl. EU 2009 C 136/13) und der Mitteilung über ein vereinfachtes Verfahren (ABl. EU 2009 C 136/3) zwei förmlich nicht verbindliche Maßnahmen enthält; in der Literatur ist diese Beschränkung auf nicht-normative Maßnahmen teils kritisch aufgenommen worden (so zB Jaeger/Nehl, Jahrbuch Beihilferecht 2009, 163 ff.; ähnlich Petzold EuZW 2009, 645 ff.; s. auch Filpo EStAL 2010, 323 ff.; Bergeau RevMC 2010, 472 ff.).

3 Erst in jüngster Zeit ist die Arbeit an der Reform des Rechtsrahmens wieder intensiviert worden; die Kommission hat hierzu eine Mitteilung zur „Modernisierung des EU-Beihilfenrechts" (KOM (2012) 209 endg. v. 8.5.2012) und nun auch einen Vorschlag zur Änderung der BVVO vorgelegt (KOM (2012) 725 endg. v. 5.12.2002; zum parallelen Vorschlag für eine Änderung der Ratsverordnung zu Gruppenfreistellungen → Rn. 5). Der Vorschlag wurde nun mit der VO (EU) Nr. 734/2013 des Rates v. 22.7.2013 zur Änderung der VO (EG) Nr. 659/1999, ABl. EU 2013 L 204/15, umgesetzt; eine wichtige Neuerung liegt darin, daß die Kommission nun auch direkt Auskünfte von Unternehmen verlangen und auch erzwingen kann: Der bilaterale Charakter des Beihilfenaufsichtsverfahrens wird damit aufgelockert.

B. Verfahrensfreistellungen

4 Die Rechtssetzungskompetenz des Art. 109 AEUV kann aber nach dem ausdrücklichen Wortlaut der Bestimmung auch dazu genutzt werden, das in Art. 108 AEUV vorausgesetzte Genehmigungsverfahren für bestimmte Arten von Beihilfen entfallen zu lassen: So räumt Art. 1 Abs. 1 der VO (EG) Nr. 994/98 des Rates v. 7.5.1998 über die Anwendung der Art. 92 und 93 EGV auf bestimmte Gruppen horizontaler Beihilfen, ABl. EG 1998 L 142/1, die auf der Grundlage des heutigen Art. 109 AEUV erlassen wurde, der Kommission die Befugnis ein, für Beihilfen zur Förderung von kleinen und mittleren Unternehmen, von Forschung und Entwicklung, von Umweltschutzmaßnahmen oder von Beschäftigung und Ausbildung bei der Erfüllung näher festzulegender Voraussetzungen die Freistellung von der Einzelgenehmigung vorzusehen (Gruppenfreistellungsverordnungen).

5 Eine spezifisch auf den Mediensektor zugeschnittene Ermächtigung enthielt die Ratsverordnung bisher allerdings nicht. Die Kommission hatte die Vorlage eines Vorschlags zur Ergänzung der Verordnung zwar erwogen, um auch für den Filmsektor oder für Beihilfen zur Wahrung des kulturellen Erbes eine solche Freistellung zu ermöglichen (s. den Aktionsplan staatliche Beihilfen, KOM (2005) 107 endg. v. 7.6.2005, Tz. 59, 62); sie hat diese Möglichkeit allerdings zunächst nicht weiterverfolgt, sondern sich auf die Überarbeitung der bereits vorliegenden, nicht förmlich verbindlichen Mitteilungen zu Beihilfen im Medien- und Kultursektor beschränkt (zur Kinomitteilung ausf. → Art. 107 Rn. 46 ff., zur Rundfunkmitteilung → Art. 107 Rn. 68, 72 ff.). Der im Dezember 2012 vorgelegte Vorschlag für eine Änderung der Ermächtigungsverordnung des Rates (KOM (2012) 730 endg. v. 5.12.2012) enthielt allerdings auch eine Freistellungsermächtigung für Beihilfen im Kultursektor, der Rat hat diese Erweiterung mit dem Erlaß der VO (EU) Nr. 733/2013 des Rates v. 22.7.2013 zur Änderung der VO (EG) Nr. 994/98, ABl. EU 2013 L 204/11, akzeptiert, so daß nach Art. 1 lit. a) v) der VO (EG) Nr. 994/98 in der nun geltenden Fassung auch „Maßnahmen im Bereich der Kultur und der Erhaltung des kulturellen Erbes" freistellungsfähig sind. Der Weg für die Erarbeitung einer entsprechenden Verordnung durch die Kommission ist damit frei.

6 Unabhängig davon können schon die bisher ergangenen Gruppenfreistellungsverordnungen der Kommission, die schließlich in der sog. Allgemeinen Gruppenfreistellungsverordnung zusammengefasst wurden (VO (EG) Nr. 800/2008 der Kommission v. 6.8.2008 zur Erklärung der Vereinbarkeit bestimmter Gruppen von Beihilfen mit dem Gemeinsamen Markt in Anwendung der Art. 87 und 88 EGV, ABl. EU 2008 L 214/3; dazu zB Bartosch NJW 2008, 3612 ff.; Deiberova/Nyssens EStAL 2009, 27 ff.; Berghofer EStAL 2009, 323 ff.), auch im Mediensektor eingreifen: Bei Erfüllung der Voraussetzungen sind damit auch Beihilfen in diesem Bereich vom Anmeldungs- und Genehmigungserfordernis freigestellt.

7 Dasselbe gilt für die auf der Grundlage von Art. 2 der VO (EG) Nr. 994/98 ergangene De-minimis-VO der Kommission (VO (EG) Nr. 1998/2006 der Kom., ABl. EU 2006 L 379/5), die bei Unterschreitung bestimmter Summen die Erfüllung der Voraussetzungen des Art. 107 AEUV und damit bereits das Vorliegen einer Beihilfe verneint (s. für Einzelaspekte der deutschen Filmförderung Kom. 10.12.2008 – N 477/2008 – Deutschland, Deutsches Filmförderungsgesetz, K(2008) 7852 endg., Tz. 12); die Verordnung soll mit Wirkung zum 1.1.2014 neu gefaßt werden (s. die Aufforderung der Kommission zur Stellungnahme zum Entwurf, ABl. EU 2013 C 229/1). Sie wurde in jüngerer Zeit ergänzt durch eine spezielle De-minimis-Verordnung für Unternehmen, die gleichzeitig Ausgleichsleistungen für Dienst-

leistungen von allgemeinem wirtschaftlichen Interesse erhalten (VO (EU) Nr. 360/2012 der Kommission v. 25.4.2012 über die Anwendung der Art. 107 und 108 AEUV auf De-minimis-Beihilfen an Unternehmen, die Dienstleistungen von allgemeinem wirtschaftlichen Interesse erbringen, ABl. EU 2012 L 114/8). Weiter kann auch der von der Kommission erlassene, auf Art. 106 Abs. 3 AEUV gestützte Beschluss zur Genehmigungsfreistellung von Ausgleichsleistungen (→ Art. 107 Rn. 27 f.) auch auf Beihilfen im Mediensektor Anwendung finden (dazu am Beispiel der Lokalrundfunkförderung Gundel, Die Rahmenvorgaben des EU-Beihilfenrechts für die Gestaltung der bayerischen Lokalfunkfinanzierung, 2012, 17 ff. (27 ff.)).

2. EG-Fusionskontrollverordnung (FKVO) – Auszüge –

Artikel 1 Anwendungsbereich

(1) Unbeschadet des Artikels 4 Absatz 5 und des Artikels 22 gilt diese Verordnung für alle Zusammenschlüsse von gemeinschaftsweiter Bedeutung im Sinne dieses Artikels.

(2) Ein Zusammenschluss hat gemeinschaftsweite Bedeutung, wenn folgende Umsätze erzielt werden:

a) ein weltweiter Gesamtumsatz aller beteiligten Unternehmen zusammen von mehr als 5 Mrd. EUR und

b) ein gemeinschaftsweiter Gesamtumsatz von mindestens zwei beteiligten Unternehmen von jeweils mehr als 250 Mio. EUR;

dies gilt nicht, wenn die beteiligten Unternehmen jeweils mehr als zwei Drittel ihres gemeinschaftsweiten Gesamtumsatzes in ein und demselben Mitgliedstaat erzielen.

(3) Ein Zusammenschluss, der die in Absatz 2 vorgesehenen Schwellen nicht erreicht, hat gemeinschaftsweite Bedeutung, wenn

a) der weltweite Gesamtumsatz aller beteiligten Unternehmen zusammen mehr als 2,5 Mrd. EUR beträgt,

b) der Gesamtumsatz aller beteiligten Unternehmen in mindestens drei Mitgliedstaaten jeweils 100 Mio. EUR übersteigt,

c) in jedem von mindestens drei von Buchstabe b) erfassten Mitgliedstaaten der Gesamtumsatz von mindestens zwei beteiligten Unternehmen jeweils mehr als 25 Mio. EUR beträgt und

d) der gemeinschaftsweite Gesamtumsatz von mindestens zwei beteiligten Unternehmen jeweils 100 Mio. EUR übersteigt;

dies gilt nicht, wenn die beteiligten Unternehmen jeweils mehr als zwei Drittel ihres gemeinschaftsweiten Gesamtumsatzes in ein und demselben Mitgliedstaat erzielen.

(4) Vor dem 1. Juli 2009 erstattet die Kommission dem Rat auf der Grundlage statistischer Angaben, die die Mitgliedstaaten regelmäßig übermitteln können, über die Anwendung der in den Absätzen 2 und 3 vorgesehenen Schwellen und Kriterien Bericht, wobei sie Vorschläge gemäß Absatz 5 unterbreiten kann.

(5) Der Rat kann im Anschluss an den in Absatz 4 genannten Bericht auf Vorschlag der Kommission mit qualifizierter Mehrheit die in Absatz 3 aufgeführten Schwellen und Kriterien ändern.

Die Fusionskontrollpflicht eines Zusammenschlusses richtet sich iW nach den von den beteiligten Unternehmen erzielten Umsatzerlösen. In Art. 1 sind die Umsatzschwellenwerte festgelegt, die eine Fusionskontrollpflicht auslösen.

A. Allgemeines

I. Ziel der Fusionskontrolle

1   Die EU-Fusionskontrolle ist eine präventive Marktstrukturkontrolle. Das Ziel der FKVO ist es, Zusammenschlüsse von Unternehmen zu verhindern, die die Marktstruktur in einer Weise verändern, dass wirksamer Wettbewerb im Gemeinsamen Markt oder in einem wesentlichen Teil desselben erheblich beeinträchtigen würde. Dazu sieht die FKVO wie die meisten Fusionskontrollregime der EU-Mitgliedstaaten vor, dass fusionskontrollpflichtige Transaktionen bis zur fusionskontrollrechtlichen Freigabe einem Vollzugsverbot (Art. 7) unterliegen. Das heißt, Erwerbsvorgänge vor Freigabe sind unwirksam. Die FKVO findet Anwendung im gesamten Europäischen Wirtschaftsraum, dh in den 28 Mitgliedstaaten der EU und in den drei EFTA-Mitgliedstaaten Island, Liechtenstein und Norwegen.

II. Fusionskontrollpflicht

Eine Transaktion unterliegt der Fusionskontrollpflicht der FKVO, wenn Sie einen Zusammenschluss iSd Art. 3 darstellt und die an dem Zusammenschluss beteiligten Unternehmen die in Art. 1 genannten Umsatzschwellen erfüllen.

Die Prüfung der Fusionsanmeldepflicht erfolgt grds. nach folgendem Schema:
- Prüfung, ob die geplante Transaktion den Zusammenschlusstatbestand gem. Art. 3 erfüllt
- Ermittlung der beteiligten Unternehmen und der zu berücksichtigenden verbundenen Unternehmen gem. Art. 3 und Art. 5 Abs. 4
- Berechnung der Umsatzerlöse gem. Art. 5
- Prüfung, ob die ermittelten Umsatzerlöse die Schwellenwerte in Art. 1 FKVO erfüllen

Damit richtet sich die Fusionskontrollpflicht eines Zusammenschlusses allein nach den Umsatzerlösen der beteiligten Unternehmen. Die wettbewerblichen Auswirkungen einer Transaktion sind für die Frage der Fusionskontrollpflicht ohne Bedeutung. Sie spielen allein – bei Eingreifen der FKVO – im Rahmen der materiellen Prüfung eine Rolle. Dh die Ermittlung von Marktanteilen oder anderen Wettbewerbsparametern ist für die Frage der Anmeldepflicht nicht notwendig. Durch das reine Abstellen auf die Umsatzerlöse soll erreicht werden, dass sich die Fusionskontrollpflicht nach objektiven und relativ eindeutig bestimmbaren Voraussetzungen richtet. Die betroffenen Unternehmen sollen selber mit einem hohen Maß an Rechtssicherheit bestimmen können, ob eine Transaktion fusionskontrollpflichtig ist. Die Kehrseite dieses Systems ist, dass auch wettbewerblich offensichtlich unbedenkliche Zusammenschlüsse bei Erfüllung der Schwellenwerte fusionskontrollpflichtig sind, ein zeit- und kostenintensives Fusionskontrollverfahren durchlaufen müssen und bis zur Freigabeentscheidung durch die Europäische Kommission dem Vollzugsverbot unterliegen.

Anders als in Deutschland (§ 38 Abs. 3 GWB) existieren keine besonderen Umsatzschwellenwerte für Zusammenschlüsse von Presse- bzw. Rundfunkunternehmen.

III. Verhältnis zur Zuständigkeit der Mitgliedstaaten

Art. 1 regelt im Zusammenspiel mit Art. 21 und den Verweisungsmöglichkeiten in den Art. 4 Abs. 4 und 5, Art. 9 und Art. 22 die Kompetenzverteilung zwischen der Europäischen Kommission und den Wettbewerbsbehörden der einzelnen Mitgliedstaaten.

Erfüllen die beteiligten Unternehmen die Umsatzschwellen des Art. 1 fällt der Zusammenschluss in die Zuständigkeit der Europäischen Kommission. Die Europäische Kommission ist dann ausschließlich für die fusionskontrollrechtliche Prüfung zuständig und die fusionskontrollrechtlichen Vorschriften der Mitgliedstaaten finden keine Anwendung (Art. 21 Abs. 3), sog one-stop-shop Prinzip. Diese Konzentration der Fusionskontrolle bei der Europäischen Kommission stellt in vielen Fällen einen Vorteil für die beteiligten Unternehmen dar, weil im Vergleich zu parallelen Fusionskontrollverfahren in mehreren Mitgliedsstatten die Gefahr widerstreitender Entscheidungen vermieden und so die Rechtssicherheit erhöht und zumeist auch die Kosten verringert werden.

Die genannten Verweisungsmöglichkeiten erlauben es den beteiligten Unternehmen und den Mitgliedstaaten, eine von Art. 1 abweichende Zuständigkeit zu beantragen. Der Hintergrund ist, dass die starren Schwellenwerte dazu führen können, dass Zusammenschlüsse nicht der FKVO unterfallen, obwohl sie tatsächlich europaweite wettbewerbliche Auswirkungen haben und eine zentrale Prüfung durch die Europäische Kommission zweckmäßig erscheint. Ebenso kann es vorkommen, dass hohe weltweite Umsatzerlöse der beteiligten Unternehmen eine Fusionskontrollpflicht bei der Europäischen Kommission auslösen, hauptsächlich jedoch der Markt eines einzelnen Mitgliedsstaates betroffen und dessen Wettbewerbsbehörde für die Prüfung geeigneter ist. Diesen Situationen tragen die Verweisungsmöglichkeiten Rechnung.

Ein von der Europäischen Kommission freigegebener Zusammenschluss kann nicht mehr durch einzelne Mitgliedstaaten fusionskontrollrechtlich überprüft oder gar untersagt werden. Nur zum Schutz berechtigter außerwettbewerblicher Interessen können die Mitgliedstaaten durch andere Maßnahmen auf Fusionen, die in die Zuständigkeit der Europäischen Kommission fallen, Einfluss zu nehmen. In Deutschland findet zB zur Sicherung der Medienvielfalt mittels der §§ 25 ff. des Rundfunkstaatsvertrags der Länder eine Konzentrationskontrolle statt, die nicht durch die Europäische Fusionskontrolle verdrängt wird.

IV. Verfahrensdauer

10 Die Dauer des Verfahrens richtet sich nach den in Art. 10 aufgeführten Fristen. Innerhalb einer Frist von 25 Arbeitstagen (Phase 1) ab Eingang der vollständigen Anmeldung muss die Europäische Kommission entscheiden, ob sie den Zusammenschluss freigibt oder ein vertieftes Prüfverfahren (Phase 2) einleitet. Bieten die beteiligten Unternehmen in Phase 1 Auflagen oder Bedingungen an, verlängert sich Phase 1 auf 35 Arbeitstage. Die Frist für ein Phase 2-Verfahren beträgt grds. 90 Arbeitstage ab Einleitung des Verfahrens. Verlängerungen sind auch hier bis auf maximal 120 Arbeitstage möglich. Vor Einreichung der formalen Anmeldung müssen die Unternehmen allerdings ein informelles Vorverfahren durchlaufen, im Rahmen dessen die Anmeldung mit den zuständigen Beamten abgestimmt wird.

11 Im Jahr 2012 wurden mehr als 95 % der bei der Europäischen Kommission angemeldeten Zusammenschlüsse in Phase 1 freigegeben, nur bei 10 von 283 angemeldeten Zusammenschlüssen eröffnete die Europäische Kommission ein Phase 2 Verfahren.

B. Medienrechtliche Besonderheiten

12 Medienrechtliche Besonderheiten existieren nicht. Die Schwellenwerte für die EU-Fusionsanmeldepflicht sind für alle Wirtschaftssektoren gleich.

Artikel 2 Beurteilung von Zusammenschlüssen

(1) Zusammenschlüsse im Sinne dieser Verordnung sind nach Maßgabe der Ziele dieser Verordnung und der folgenden Bestimmungen auf ihre Vereinbarkeit mit dem Gemeinsamen Markt zu prüfen.

Bei dieser Prüfung berücksichtigt die Kommission:

a) die Notwendigkeit, im Gemeinsamen Markt wirksamen Wettbewerb aufrechtzuerhalten und zu entwickeln, insbesondere im Hinblick auf die Struktur aller betroffenen Märkte und den tatsächlichen oder potenziellen Wettbewerb durch innerhalb oder außerhalb der Gemeinschaft ansässige Unternehmen;

b) die Marktstellung sowie die wirtschaftliche Macht und die Finanzkraft der beteiligten Unternehmen, die Wahlmöglichkeiten der Lieferanten und Abnehmer, ihren Zugang zu den Beschaffungs- und Absatzmärkten, rechtliche oder tatsächliche Marktzutrittsschranken, die Entwicklung des Angebots und der Nachfrage bei den jeweiligen Erzeugnissen und Dienstleistungen, die Interessen der Zwischen- und Endverbraucher sowie die Entwicklung des technischen und wirtschaftlichen Fortschritts, sofern diese dem Verbraucher dient und den Wettbewerb nicht behindert.

(2) Zusammenschlüsse, durch die wirksamer Wettbewerb im Gemeinsamen Markt oder in einem wesentlichen Teil desselben nicht erheblich behindert würde, insbesondere durch Begründung oder Verstärkung einer beherrschenden Stellung, sind für mit dem Gemeinsamen Markt vereinbar zu erklären.

(3) Zusammenschlüsse, durch die wirksamer Wettbewerb im Gemeinsamen Markt oder in einem wesentlichen Teil desselben erheblich behindert würde, insbesondere durch Begründung oder Verstärkung einer beherrschenden Stellung, sind für mit dem Gemeinsamen Markt unvereinbar zu erklären.

(4) Soweit die Gründung eines Gemeinschaftsunternehmens, das einen Zusammenschluss gemäß Artikel 3 darstellt, die Koordinierung des Wettbewerbsverhaltens unabhängig bleibender Unternehmen bezweckt oder bewirkt, wird eine solche Koordinierung nach den Kriterien des Artikels 81 Absätze 1 und 3 des Vertrags beurteilt, um festzustellen, ob das Vorhaben mit dem Gemeinsamen Markt vereinbar ist.

(5) Bei dieser Beurteilung berücksichtigt die Kommission insbesondere, ob

– es auf dem Markt des Gemeinschaftsunternehmens oder auf einem diesem vor- oder nachgelagerten Markt oder auf einem benachbarten oder eng mit ihm verknüpften Markt eine nennenswerte und gleichzeitige Präsenz von zwei oder mehr Gründerunternehmen gibt;

- die unmittelbar aus der Gründung des Gemeinschaftsunternehmens erwachsende Koordinierung den beteiligten Unternehmen die Möglichkeit eröffnet, für einen wesentlichen Teil der betreffenden Waren und Dienstleistungen den Wettbewerb auszuschalten.

Art. 2 („EG-Fusionskontrollverordnung", im Folgenden „FKVO") enthält den zentralen Freigabe- und Untersagungstatbestand, also den materiell-rechtlichen Prüfungsmaßstab der Fusionskontrolle. Entsprechend der englischen Fassung der Norm wird der Freigabe- und Untersagungstatbestand als SIEC-Test („significant impediment to effective competition") bezeichnet. Danach ist ein Zusammenschluss zu untersagen, wenn durch Veränderung der Marktstruktur wirksamer Wettbewerb im Gemeinsamen Markt oder in einem wesentlichen Teil desselben erheblich behindert würde → Rn. 2 f. Als Regelbeispiel nennt das Gesetz die Begründung oder Verstärkung einer marktbeherrschenden Stellung → Rn. 9 f. Zur Marktabgrenzung im Mediensektor existiert bereits eine ausgiebige Fallpraxis der Europäischen Kommission, insbes. in den Bereichen Rundfunk → Rn. 21, TV → Rn. 25, Presse → Rn. 32, Bücher → Rn. 41, Musik → Rn. 46, Radio → Rn. 55, Online-Werbung → Rn. 57. Weitere medienrechtliche Besonderheiten finden sich in Bezug auf vertikale Effekte → Rn. 65 und konglomerate Effekte → Rn. 66.

Übersicht

	Rn		Rn
A. Allgemeines	1	1. Rundfunkübertragung	21
I. Untersagungstatbestand	2	2. TV-Märkte	25
II. Marktabgrenzung	6	3. Presse	32
III. Marktbeherrschung	9	4. Bücher	41
IV. Horizontale Zusammenschlüsse	12	5. Musik	46
V. Nichthorizontale Zusammenschlüsse	17	6. Radio	55
VI. Nebenabreden	18	7. Online-Werbung	57
B. Medienrechtliche Besonderheiten	19	II. Vertikale Effekte	65
I. Marktabgrenzung im Mediensektor	20	III. Konglomerate Effekte	66

A. Allgemeines

Art. 2 legt die materiell-rechtlichen Grundlagen für die europäische Fusionskontrolle fest. In Art. 2 Abs. 2 und 3 ist geregelt, wann ein Zusammenschluss durch die Europäische Kommission freizugeben oder zu untersagen ist. Einziges Kriterium ist, ob der Zusammenschluss den wirksamen Wettbewerb im Gemeinsamen Markt oder in einem wesentlichen Teil desselben erheblich behindern würde. Die Europäische Kommission trifft dafür eine Prognoseentscheidung, indem sie die Wettbewerbsbedingungen, die sich aus dem angemeldeten Zusammenschluss ergeben, mit den Bedingungen, wie sie ohne den Zusammenschluss herrschen würden, vergleicht (KOM, Leitlinien zur Bewertung horizontaler Zusammenschlüsse gem. der Ratsverordnung über die Kontrolle von Unternehmenszusammenschlüssen, im Folgenden „Horizontalleitlinien", ABl. EU 2004 C 31, 5 Rn. 9). Der Wortlaut von Art. 2 Abs. 2 und 3 FKVO ermöglicht es, die Entscheidung über die Freigabe oder Untersagung des Zusammenschlusses an eine umfassende ökonomische Bewertung zu knüpfen und ist damit eine Ausprägung des unter dem Schlagwort **„more economic approach"** bekannten Ansatzes der Europäischen Kommission, im Bereich des Kartellrechts die ökonomische Argumentation und Methodik zu stärken. 1

I. Untersagungstatbestand

Der Untersagungstatbestand ist erfüllt, wenn zu erwarten ist, dass durch den angemeldeten Zusammenschluss wirksamer Wettbewerb erheblich behindert würde. Nur wenn diese 2

Voraussetzungen erfüllt sind, kann und muss der Zusammenschluss durch die Europäische Kommission als mit dem Gemeinsamen Markt unvereinbar untersagt werden.

3 Als Regelbeispiel enthält der Untersagungstatbestand das Kriterium der Begründung oder Verstärkung einer marktbeherrschenden Stellung. Ausgangspunkt für die Bestimmung der Marktbeherrschung sind die Marktanteile der Beteiligten, sodass in der Praxis der Höhe der Marktanteile der am Zusammenschluss beteiligten Unternehmen eine zentrale Bedeutung zukommt. Das allgemeinere Kriterium der erheblichen Behinderung wirksamen Wettbewerbs erlangt vor allem bei solchen Zusammenschlüssen eine eigenständige Bedeutung, bei denen sich keine Begründung oder Verstärkung einer marktbeherrschenden Stellung nachweisen lässt.

4 Auch wenn das Regelbeispiel erfüllt ist, kann ein Zusammenschluss jedoch freigegeben werden, wenn er zu Effizienzgewinnen führt, die die Auswirkungen des Zusammenschlusses auf den Wettbewerb, insbes. mögliche Schäden der Verbraucher, ausgleichen (Erwägungsgrund 29 FKVO). Diese sog „Efficiency Defence" spielt in der Praxis jedoch keine große Rolle, da hohe Anforderungen an den Nachweis von Effizienzgewinnen gestellt werden.

5 Als Auslegungshilfe zur wettbewerblichen Beurteilung von Zusammenschlüssen hat die Europäische Kommission Leitlinien für die Beurteilung horizontaler Zusammenschlüsse (Horizontalleitlinien, ABl. EU 2004 C 31, 5) und für die Beurteilung vertikaler Zusammenschlüsse (Leitlinien zur Bewertung nichthorizontaler Zusammenschlüsse gem. der Ratsverordnung über die Kontrolle von Unternehmenszusammenschlüssen, ABl. EU 2008 C 265, 7) erlassen. Außerdem enthält die Bekanntmachung der Europäischen Kommission über die Definition des relevanten Markts (ABl. EG 1997, C 372, 5) allgemeine Hinweise zur sachlichen und räumlichen Marktabgrenzung. Leitlinien und Bekanntmachungen der Europäischen Kommission sind zwar reine Verwaltungsvorschriften und binden nicht die Gerichte. Sie binden aber die Europäische Kommission in ihrer Ermessensausübung.

II. Marktabgrenzung

6 Ausgangspunkt der wettbewerblichen Prüfung eines Zusammenschlusses ist stets die Bestimmung des relevanten Marktes. Im Rahmen der Marktabgrenzung wird ermittelt, auf welchem Gebiet die beteiligten Unternehmen im Wettbewerb stehen. Dabei ist in einem ersten Schritt auf die funktionelle Austauschbarkeit eines Produkts aus Sicht der Marktgegenseite abzustellen. Nach der Definition der Europäischen Kommission umfasst der sachlich relevante Produktmarkt sämtliche Erzeugnisse und/oder Dienstleistungen, die von den Verbrauchern hinsichtlich ihrer Eigenschaften, Preise und ihres vorgesehenen Verwendungszwecks als austauschbar oder substituierbar angesehen werden (Bekanntmachung der Europäischen Kommission über die Definition des relevanten Markts, ABl. EG 1997 C 372, 5 Rn. 7). Eine Abgrenzung erfolgt dabei nicht nur horizontal im Hinblick auf die Frage, welche Produkte miteinander substituierbar sind, sondern auch vertikal in Bezug auf verschiedene Marktstufen und Vertriebslinien (zB Hersteller, Groß- und Einzelhandel, Online- und Offline-Handel). In einem weiteren Schritt kann die Markabgrenzung durch eine Betrachtung des Angebotspotentials auf Seiten der Anbieter ergänzt werden. Dem betroffenen Markt zuzurechnen sind danach alle Unternehmen, die sehr kurzfristig und ohne finanziellen Aufwand Konkurrenzprodukte zu den Produkten der beteiligten Unternehmen anbieten können (sog Angebotsumstellungsflexibilität, siehe Bekanntmachung der Europäischen Kommission über die Definition des relevanten Markts, ABl. EG 1997 C 372, 5 Rn. 20; KOM Entsch. v. 17.12.2008, COMP/M.5046 – Friesland Foods/ Campina, Rn. 1632).

7 In räumlicher Hinsicht umfasst der relevante Markt das Gebiet, in dem die beteiligten Unternehmen die relevanten Produkte oder Dienstleistungen anbieten, in dem die Wettbewerbsbedingungen hinreichend homogen sind und das sich von benachbarten Gebieten durch spürbar unterschiedliche Wettbewerbsbedingungen unterscheidet (Europäische Kommission, Bekanntmachung über die Definition des relevanten Marktes, ABl. EG 1997 C 372, 5 Rn. 7–8).

8 Im Rahmen der Marktabgrenzung werden sowohl Angebots- als auch Nachfragemärkte berücksichtigt.

III. Marktbeherrschung

9 Ein Unternehmen ist marktbeherrschend, wenn es aufgrund seiner wirtschaftlichen Machtstellung in der Lage ist, sich gegenüber Konkurrenten, Kunden und letztlich den Verbrauchern in nennenswertem Umfang unabhängig zu verhalten und so die Aufrechterhaltung eines wirksamen Wettbewerbs auf dem relevanten Markt verhindern kann (stRspr seit EuGH Slg. 1978, 207 Rn. 65 – United Brands/Kommission; Horizontalleitlinien, ABl. EU 2004 C 31, 5 Rn. 2). Mehrere Unternehmen können kollektiv marktbeherrschend sein, wenn die zusammengeschlossenen Unternehmen und ein oder mehrere dritte Unternehmen, insbes. aufgrund der zwischen ihnen bestehenden verbindenden Faktoren zusammen die Macht zu einheitlichem Vorgehen auf dem Markt besitzen und sich in beträchtlichem Umfang unabhängig von anderen Wettbewerbern, Kundschaft und Verbrauchern verhalten können (EuG Slg. 2002, II-2585 Rn. 59 – Airtours/Kommission). Verbindende Faktoren können die Wechselbeziehungen zwischen Mitgliedern eines Oligopols sein, wenn die Oligopolunternehmen aufgrund der Martgegebenheiten (insbes. im Hinblick auf Marktkonzentration, Transparenz und Homogenität des Erzeugnisses) in der Lage sind, ihre jeweiligen Verhaltensweisen vorherzusehen, und daher unter einem starken Druck stehen, ihr Marktverhalten einander anzupassen, um insbes. ihren gemeinsamen Gewinn durch eine auf Preiserhöhung abzielende Produktions- bzw. Wettbewerbsbeschränkung zu maximieren (EuG Slg. 2002, II-2585 Rn. 60 – Airtours/Kommission). Eine solche Situation wird als **stillschweigende Kollusion** oder **tacit collusion** bezeichnet. Als Grundvoraussetzungen für eine stillschweigende Kollusion können folgende Bedingungen angesehen werden (EuG Slg. 2002, II-2585 Rn. 62 – Airtours/Kommission):

- Es muss eine hinreichende Markttransparenz bestehen, damit jedes Unternehmen erkennen kann, ob die anderen sich an die Strategie halten.
- Es müssen wirksame Abschreckungsmechanismen existieren, die ein Abweichen von dem gemeinsamen Vorgehen verhindern.
- Es darf keinen Wettbewerbsdruck von außen geben, der die Strategie in Frage stellt.

10 Die FKVO enthält keine ausdrücklichen Vermutungsregeln, ab welchem Marktanteil Marktbeherrschung anzunehmen ist. In der Entscheidungspraxis der Europäischen Kommission können allein Marktanteile von 50% oder mehr das Vorliegen einer marktbeherrschenden Stellung begründen (Horizontalleitlinien, ABl. EU 2004 C 31, 5 Rn. 17; EuGH Slg. 1991 I-3439 Rn. 60 – Akzo/Kommission; EuG Slg. 2005 II-5575 Rn. 115 – General Electric/Kommission).

11 Bei Marktanteilen unter 50% wird Marktbeherrschung regelmäßig nur angenommen, wenn weitere Umstände hinzutreten, an denen die besondere Machtstellung deutlich wird. Dies kann der Fall sein, wenn zB keine anderen größeren Wettbewerber existieren oder ein besonderes Abhängigkeitsverhältnis der Marktgegenseite besteht (Horizontalleitlinien, ABl. EU 2004 C 31, 5 Rn. 17)

IV. Horizontale Zusammenschlüsse

12 Als horizontale Zusammenschlüsse werden solche Zusammenschlüsse bezeichnet, in denen die beteiligten Unternehmen auf mindestens einem Markt auf der gleichen Marktstufe im Wettbewerb miteinander stehen.

13 Für die wettbewerbliche Beurteilung sind die Höhe der Marktanteile der beteiligten Unternehmen und die Konzentration des betroffenen Marktes wichtige Indikatoren. Sie können als Indiz dafür herangezogen werden, ob der Zusammenschluss geeignet ist, wirksamen Wettbewerb zu behindern.

14 Um den Konzentrationsgrad auf einem Markt zu ermitteln, wendet die Kommission den Herfindahl-Hirschman-Index („HHI") an. Der HHI wird berechnet, indem die quadrierten Marktanteile (in Prozent) sämtlicher Unternehmen auf dem Markt addiert werden. Die durch einen Zusammenschluss entstehende Veränderung des HHI, das sog. Delta, soll zeigen, wie stark sich der Konzentrationsgrad auf dem betroffenen Markt durch den Zusammenschluss erhöhen würde.

15 Die Europäische Kommission geht davon aus, dass horizontale Zusammenschlüsse in der Regel stets mit dem Gemeinsamen Markt vereinbar sind, wenn der Marktanteil der betei-

ligten Unternehmen 25 % nicht übersteigt, oder der HHI in dem betroffenen Markt nach dem Zusammenschluss unterhalb von 1.000 liegt (Horizontalleitlinien, ABl. EU 2004 C 31, 5 Rn. 18 f.). Liegt der HHI nach der Transaktion zwischen 1.000 und 2.000 und der Delta-Wert unterhalb von 250, oder der HHI oberhalb von 2.000 und der Deltawert unter 150, kann dies als Indiz für fehlende Wettbewerbsbedenken dienen, es sei denn, besondere Umstände liegen vor (Horizontalleitlinien, ABl. EU 2004 C 31, 5 Rn. 20 f.). Beispielhaft nennt die Europäische Kommission folgende Umstände (Horizontalleitlinien, ABl. EU 2004 C 31, 5 Rn. 20):

- an dem Zusammenschluss ist ein potenzieller Wettbewerber oder ein Unternehmen mit einem kleinen Marktanteil beteiligt, das vor kurzem in den Markt eingetreten ist;
- an dem Zusammenschluss sind Unternehmen beteiligt, deren Innovationspotenzial sich nicht in den Marktanteilen niederschlägt;
- zwischen den Marktteilnehmern bestehen Überkreuz- Beteiligungen in erheblichem Ausmaß;
- bei einem der fusionierenden Unternehmen handelt es sich um einen Einzelgänger, der ein koordiniertes Verhalten mit hoher Wahrscheinlichkeit stören wird;
- es liegen Anzeichen für Marktkoordinierung oder eine solche erleichternde Praktiken vor;
- der Marktanteil einer der fusionierenden Parteien beträgt wenigstens 50 %.

16 Einen Sonderfall bei der Fusionskontrolle nehmen Zusammenschlüsse ein, bei denen eines der beteiligten Unternehmen insolvenzgefährdet ist. In einer solchen Konstellation, die als „Sanierungsfusion" bezeichnet wird, kann eine Freigabe trotz Marktbeherrschung erteilt werden, wenn das sanierungsbedürftige Unternehmen (1.) ohne die Übernahme durch ein anderes Unternehmen aufgrund seiner finanziellen Schwierigkeiten gezwungen wäre, in naher Zukunft aus dem Markt auszuscheiden, (2.) zu dem angemeldeten Zusammenschluss keine weniger wettbewerbswidrige Verkaufsalternative existiert, und (3.) die Vermögenswerte des gescheiterten Unternehmens ohne den Zusammenschluss zwangsläufig vom Markt genommen würden (Horizontalleitlinien, ABl. EU 2004 C 31, 5 Rn. 90).

V. Nichthorizontale Zusammenschlüsse

17 Zusammenschlüsse zwischen Unternehmen, die nicht als Wettbewerber auf einem Markt tätig sind, werden als nichthorizontale Zusammenschlüsse bezeichnet. Es handelt sich dann entweder um (i) vertikale Zusammenschlüsse, bei denen die beteiligten Unternehmen innerhalb der Wertschöpfungskette auf unterschiedlichen Marktstufen tätig sind, dh auf vor- oder nachgelagerten Märkten agieren oder um (ii) sog konglomerate Zusammenschlüsse, bei denen die beteiligten Unternehmen im Verhältnis untereinander weder Wettbewerber noch Kunden oder Lieferanten sind. Rein konglomerate Zusammenschlüsse bieten nur selten Anlass zu Wettbewerbsbedenken, konglomerate Effekte, → Rn. 66, werden aber durchaus in der Wettbewerbsanalyse berücksichtigt. Vertikale Zusammenschlüsse sind grds. als wettbewerblich weniger problematisch als horizontale Zusammenschlüsse anzusehen, weil kein direkter Wettbewerb ausgeschaltet wird und eine Stärkung vertikaler Beziehungen häufig zu Effizienzgewinnen führt. Vertikale Zusammenschlüsse können indes wirksamen Wettbewerb auch erheblich behindern, vor allem wenn sie durch Begründung oder Verstärkung einer marktbeherrschenden Stellung eine Marktabschottung erwarten lassen. Eine erhebliche Behinderung wirksamen Wettbewerbs ist aber nur dann zu erwarten, wenn die beteiligten Unternehmen in wenigstens einem der betroffenen Märkte über deutliche Marktmacht verfügen. Nach der Praxis der Europäischen Kommission werden nichthorizontale Zusammenschlüsse stets als unbedenklich eingestuft, wenn der Marktanteil der beteiligten Unternehmen nach dem Zusammenschluss in allen betroffenen Märkten unter 30 % und der HH-Index unter dem Wert 2000 liegt. Sind diese Voraussetzungen erfüllt, erfolgt eine tiefergehende Prüfung nur ausnahmsweise bei Vorliegen besonderer Umstände. Derartige besondere Umstände nimmt die Europäische Kommission zB an, wenn

- ein Unternehmen beteiligt ist, das in naher Zukunft wahrscheinlich beträchtlich wachsen wird,
- zwischen den Marktteilnehmern beträchtliche Überkreuz-Beteiligungen oder wechselseitig besetzte Führungsposten bestehen,

- bei einem beteiligten Unternehmen davon auszugehen ist, dass es koordiniertes Marktverhalten stören wird, oder
- es Anzeichen für eine vergangene oder andauernde Koordinierung oder Praktiken gibt, die eine Koordinierung erleichtern (siehe Leitlinien zur Bewertung nichthorizontaler Zusammenschlüsse gem. der Ratsverordnung über die Kontrolle von Unternehmenszusammenschlüssen, ABl. EU 2008 C 265, 26).

VI. Nebenabreden

Im Zusammenhang mit dem Zusammenschluss als solchem werden häufig weitere Vereinbarungen getroffen, die für sich betrachtet wettbewerbsbeschränkend sind, insbes. Wettbewerbsverbote zu Lasten des Verkäufers. Die Freigabeentscheidung im Rahmen der Fusionskontrolle erstreckt sich auch auf derartige Nebenabreden, wenn diese für die Durchführung des Zusammenschlusses notwendig und mit diesem unmittelbar verbunden sind (Art. 6 Abs. 1 lit. b UAbs. 2). Wettbewerbsverbote bei Unternehmensverkäufen sind nur zulässig, wenn sie im Hinblick auf ihre Geltungsdauer, ihren räumlichen und sachlichen Geltungsbereich sowie die betroffenen Personen nicht über das hinausgehen, was zur Durchführung des Zusammenschlusses erforderlich ist. Die Europäische Kommission hält bei der Übertragung grds. Wettbewerbsverbote mit einer Dauer bis zu drei Jahren für gerechtfertigt, wenn zusammen mit dem Geschäftswert auch das Know-how des Unternehmens übertragen wird. Wird nur der Geschäftswert übertragen, sind höchstens zwei Jahre angemessen (Bekanntmachung der Kommission über Einschränkungen des Wettbewerbs, die mit der Durchführung von Unternehmenszusammenschlüssen unmittelbar verbunden und für diese notwendig sind, ABl. EU 2005 C 56, 24 Rn. 20). 18

B. Medienrechtliche Besonderheiten

Medienspezifische Sonderregelungen enthält Art. 2 nicht. Besonderheiten ergeben sich aber bei der wettbewerblichen Prüfung des Einzelfalls, insbes. im Rahmen der Marktabgrenzung und bei der Berücksichtigung vertikaler und konglomerater Effekte. 19

I. Marktabgrenzung im Mediensektor

Im Bereich der Medien existiert mittlerweile eine gefestigte Entscheidungspraxis der Europäischen Kommission zu den relevanten Märkten. 20

1. Rundfunkübertragung

Die Europäische Kommission unterscheidet beim Rundfunk einerseits die Märkte für die Bereitstellung von Inhalten und andererseits die Märkte, die die Infrastruktur (Rundfunkübertragung) betreffen. Die Rundfunkübertragung kann weiter unterteilt werden in den Markt für die Einspeisung der Rundfunksignale, den Markt für die Lieferung der Signale und den Markt für die Belieferung der Endkunden mit den Rundfunksignalen unterteilt (KOM Entsch. v. 25.1.2010 – COMP/M.5734 – Liberty Global/Unitymedia, Rn. 26 f.). 21

a) Markt für die Einspeisung von Rundfunksignalen. Auf dem Einspeisemarkt treten die Anbieter von Inhalten (Programmveranstalter) für TV- oder Radiokanäle den Netzbetreibern gegenüber. Offen gelassen hat die Europäische Kommission bisher die Frage, ob alle Übertragungsarten (Kabel, Satellit, DTT und IPTV) einen einheitlichen Markt darstellen oder als getrennt zu behandeln sind (KOM Entsch. v. 25.1.2010 – COMP/M.5734 – Liberty Global/Unitymedia, Rn. 28; Entsch. v. 15.6.2004 – COMP/M.3355 – Apollo/JP Morgan/PrimaCom, Rn. 10; Entsch. v. 14.2.2005 – COMP/M.3674 – Iesy Repository/Ish, Rn. 18). In räumlicher Hinsicht ist der Markt national abzugrenzen. Wenn von einem gesonderten Markt für den Übertragungsweg Kabel ausgegangen wird, wäre der räumliche Markt entlang des Kabelnetzes des jeweiligen Kabelnetzbetreibers abzugrenzen (KOM Entsch. v. 25.1.2010 – COMP/M.5734 – Liberty Global/Unitymedia, Rn. 29). 22

b) Signallieferungsmarkt. In Bezug auf die deutsche Kabelinfrastruktur geht die Europäische Kommission von einem gesonderten Signallieferungsmarkt aus, der die Überleitung von Breitbandkabelsignalen aus dem NE 3-Netz in das NE 4-Netz, das in der Regel am 23

Hausübergabepunkt beginnt, betrifft (KOM Entsch. v. 25.1.2010 – COMP/M.5734 – Liberty Global/Unitymedia Rn. 31). Der räumliche Markt ist entlang der räumlichen Reichweite des jeweils betroffenen NE 3-Netzes abzugrenzen (KOM Entsch. v. 25.1.2010 – COMP/M.5734 – Liberty Global/Unitymedia, Rn. 33).

24 c) **Endkundenmarkt.** Die Belieferung der Endkunden mit Rundfunksignalen stellt einen eigenen Markt (KOM Entsch. v. 25.1.2010 – COMP/M.5734 – Liberty Global/Unitymedia, Rn. 35). Ob dabei weiter sachlich zwischen den einzelnen Übertragungswegen zu unterscheiden ist oder nicht, wurde bislang offen gelassen. Der Endkundenmarkt ist in räumlicher Hinsicht ein regionaler oder nationaler Markt (KOM Entsch. v. 25.1.2010 – COMP/M.5734 – Liberty Global/Unitymedia, Rn. 37).

2. TV-Märkte

25 Im Hinblick auf den Vertrieb von TV-Inhalten sind im Grundsatz drei Märkte zu unterscheiden. Der Verkauf der Inhalte bzw. der entsprechenden Lizenzen an die TV-Anbieter, der Vertrieb an die Verbraucher (im Falle von Pay-TV) und der Verkauf von Werbezeiten an die Werbekunden. Diese Märkte lassen sich jeweils noch weiter unterteilen und sind zum Teil stark geprägt von nationalen Besonderheiten. Die Verwertungsketten und Gebührenmodelle in verschiedenen Ländern unterscheiden sich zum Teil erheblich.

26 a) **Angebotsmarkt für Rundfunkübertragungsrechte für audiovisuelle Inhalte.** Die Europäische Kommission unterscheidet bei der Lizenzierung von TV-Inhalten zwischen dem Angebot von Übertragungsrechten in Bezug auf einzelne audiovisuelle Inhalte und in Bezug auf ganze Pay-TV-Kanäle (KOM Entsch. v. 18.7.2007 – COMP/M.4504 – SFR/Télé 2 France, Rn. 23 f.; Entsch. v. 25.1.2010 – COMP/M.5734 – Liberty Global/Unitymedia, Rn. 10 f.). Audiovisuelle Inhalte sind alle „Unterhaltungsprodukte" (zB Filme, Sport, TV-Programme bzw. -Kanäle), die über Fernsehen übertragen werden können (KOM Entsch. v. 25.6.2008 – COMP/M.5121 – News Corp/Premiere, Rn. 28; Entsch. v. 21.12.2011 – COMP/M.6369 – HBO/Ziggo/HBO Nederland, Rn. 17). Die Europäische Kommission hat auch in Erwägung gezogen, die Übertragungsrechte weiter nach Genres in Märkte für Filme, Sportereignisse, und andere Inhalte zu unterteilen (KOM Entsch. v. 21.12.2011 – COMP/M.6369 – HBO/Ziggo/HBO Nederland, Rn. 18; Entsch. v. 14.3.2013 – COMP/M.6547 – Antena 3/La Sexta, Rn. 22). Beim Markt für Filme wird eine weitergehende Unterteilung in Filme von Hollywood-Studios und Filme von unabhängigen Studios in Betracht gezogen (KOM Entsch. v. 21.12.2011 – COMP/M.6369 – HBO/Ziggo/HBO Nederland, Rn. 18; Entsch. v. 13.7.2010 – COMP/M.5779 – Comcast/NBC Universal, Rn. 22). Der Markt für Sportereignisse könnte aus Sicht der Europäischen Kommission weiter unterteilt werden in Fußballübertragungsrechte und Übertragungsrechte für sonstige Sportarten (KOM Entsch. v. 18.1.2007 – COMP/M.4519 – Lagardère/Sportfive, Rn. 9). Außerdem können Übertragungsrechte nach verschiedenen Zeitfenstern (jeweils getrennt nach Free-TV und Pay-TV) und Ausstrahlungsarten (zB Video-on-Demand, Pay-per-view) weiter unterteilt werden (KOM Entsch. v. 21.12.2011 – COMP/M.6369 – HBO/Ziggo/HBO Nederland, Rn. 18; Entsch. v. 13.7.2010 – COMP/M.5779 – Comcast/NBC Universal, Rn. 21). Letztlich hat die Europäische Kommission die genaue Marktabgrenzung bislang offen gelassen.

27 Abhängig von den nationalen Gegebenheiten können Zwischenmärkte für die Übertragungsrechte im audiovisuellen Bereich abgegrenzt werden. In Frankreich treten zB die Fernsehprogrammveranstalter auf einem gesonderten Markt den Anbietern von Pay-TV Diensten gegenüber (KOM Entsch. v. 18.7.2007 – COMP/M.4504 – SFR/Télé 2 France, Rn. 16 f., 37). Die Programmveranstalter stellen die thematische Ausrichtung der Programme zusammen, nachdem sie die Übertragungsrechte von den Rechteinhabern auf der 1. Marktstufe erworben haben oder diese selbst produziert haben (KOM Entsch. v. 18.7.2007 – COMP/M.4504 – SFR/Télé 2 France, Rn. 16; s. auch für den belgischen Markt Entsch. v. 26.2.2007 – COMP/M.4521 – LGI/Telenet, Rn. 26).

28 In Bezug auf die räumliche Marktabgrenzung ist grds. von nationalen Märkten auszugehen (KOM Entsch. v. 18.7.2007 – COMP/M.4504 – SFR/Télé 2 France, Rn. 48; Entsch. v. 21.12.2011 – COMP/M.6369 – HBO/Ziggo/HBO Nederland, Rn. 35, 39; Entsch. v. 14.3.2013 – COMP/M.6547 – Antena 3/La Sexta, Rn. 28). Die Europäische Kommission

Beurteilung von Zusammenschlüssen **Artikel 2 FKVO**

hat auch in Erwägung gezogen, den räumlichen Markt entlang der Sprachgrenze zu definieren oder länderübergreifende Märkte für Übertragungsrechte für Fußballgroßereignisse anzunehmen (KOM Entsch. v. 18.1.2007 – COMP/M.4519 – Lagardère/Sportfive, Rn. 11; Entsch. v. 26.2.2007 – COMP/M.4521 – LGI/Telenet, Rn. 35). Dies wurde im Ergebnis aber offen gelassen.

b) Pay-TV-Markt. Aufgrund der gegenüber frei empfangbaren TV-Sendern unterschiedlichen Finanzierung ist Pay-TV einem gesonderten sachlichen Markt zuzurechnen (KOM Entsch. v. 14.3.2013 – COMP/M.6547 – Antena 3/La Sexta, Rn. 16). Der räumliche Markt ist mindestens national, könnte aber auch anhand der Sprachbarrieren abgegrenzt werden (KOM Entsch. v. 27.5.1998 – COMP/M.993 – Kirch/Premiere, Rn. 24; Entsch. v. 21.12.2010 – COMP/M.5932 – News Corp/BSKYB, Rn. 110). 29

c) TV-Werbemarkt. Fernsehwerbung stellt einen eigenen Markt dar, ein medienübergreifender Gesamtmarkt für Werbung existiert nicht (KOM Entsch. v. 14.3.2013 – COMP/M.6547 – Antena 3/La Sexta, Rn. 17 u. Fn. 10). Ob der Fernsehwerbemarkt weiter zu unterteilen ist in Werbung im Free-TV und Werbung im Pay-TV hat die Europäische Kommission bisher offen gelassen (KOM Entsch. v. 29.6.2000 – COMP/M.1958 – Bertelsmann/GBL/Pearson, Rn. 10). Die zunehmende Verbreitung von Werbung im Pay-TV spricht für einen einheitlichen Markt. 30

In räumlicher Hinsicht handelt es sich um nationale Märkte (KOM Entsch. v. 14.3.2013 – COMP/M.6547 – Antena 3/La Sexta, Rn. 25; Entsch. v. 22.2.2007 – COMP/M.4547 – KKR/Permira/ProSiebenSat.1, Rn. 9 f.) 31

3. Presse

In sachlicher Hinsicht ist bei Presseerzeugnissen zwischen Leser- und Anzeigenmärkten zu unterscheiden (KOM Entsch. v. 1.2.1999 – IV/M.1401 – Recoletos/Unidesa, Rn. 16; Entsch. v. 20.4.1999 – IV/M.1455 – Gruner+Jahr/Financial Times/JV, Rn. 15; Entsch. v. 8.4.2005 – COMP/M.3648 – Gruner+Jahr/MPS, Rn. 9). Von den kostenpflichtigen Presseerzeugnissen sind Gratiszeitungen und –zeitschriften sachlich abzugrenzen (KOM Entsch. v. 7.7.2005 – COMP/M.3817 – Wegener/PCM/JV, Rn. 15, 19). 32

a) Lesermärkte für Zeitungen. Es ist nach der Erscheinungshäufigkeit zwischen Tageszeitungen und Zeitungen zu unterscheiden, die wöchentlich oder monatlich erscheinen (KOM Entsch. v. 1.2.1999 – IV/M.1401 – Recoletos/Unidesa, Rn. 18, 20; Entsch. v. 20.4.1999 – IV/M.1455 – Gruner+Jahr/Financial Times/JV, Rn. 16). Tageszeitungen sind entsprechend ihrer Verbreitung in Märkte für regionale und für überregionale Tageszeitungen einzuteilen (KOM Entsch. v. 20.4.1999 – IV/M.1455 – Gruner+Jahr/Financial Times/JV, Rn. 16). Es kann nach Auffassung der Europäischen Kommission allerdings geboten sein, in den Markt für regionale Tageszeitungen auch überregionale Tageszeitungen mit eigenem Lokalteil einzubeziehen (KOM Entsch. v. 7.7.2005 – COMP/M.3817 – Wegener/PCM/JV, Rn. 19). 33

Tageszeitungen sind nach ihrem Inhalt weiter zu unterteilen in Tageszeitungen mit einem Schwerpunkt auf Sportberichterstattung, auf Finanzinformation und solchen für allgemeine Informationen (KOM Entsch. v. 1.2.1999 – IV/M.1401 – Recoletos/Unidesa, Rn. 21; Entsch. v. 20.4.1999 – IV/M.1455 – Gruner+Jahr/Financial Times/JV, Rn. 17). In einigen Mitgliedstaaten kann eine Unterteilung nach der Qualität vorzunehmen sein, so dass ein Markt für täglich erscheinende Boulevardzeitungen von den übrigen Tageszeitungen abzugrenzen ist (KOM Entsch. v. 1.2.1999 – IV/M.1401 – Recoletos/Unidesa, Rn. 18; Entsch. v. 20.4.1999 – IV/M.1455 – Gruner+Jahr/Financial Times/JV, Rn. 17). 34

In räumlicher Hinsicht sind die Märkte für Tageszeitungen regelmäßig national begrenzt (KOM Entsch. v. 1.2.1999 – IV/M.1401 – Recoletos/Unidesa, Rn. 29). Eine engere Abgrenzung kann geboten sein, wenn Sprachbarrieren bestehen oder ein besonderer Bedarf an lokalen Nachrichten besteht (KOM Entsch. v. 1.2.1999 – IV/M.1401 – Recoletos/Unidesa, Rn. 29). Die vom Presseerzeugnis genutzte Sprache kann eine weitere Marktabgrenzung bedingen, bspw. einen räumlichen Markt, der Deutschland, Österreich und die Schweiz umfasst (KOM Entsch. v. 20.4.1999 – IV/M.1455 – Gruner+Jahr/Financial Times/JV, Rn. 21). Der Markt für regionale Tageszeitungen ist regional anhand des Verbreitungsgebietes abzugrenzen (KOM Entsch. v. 7.7.2005 – COMP/M.3817 – Wegener/PCM/JV, Rn. 24). 35

36 **b) Anzeigenmärkte für Zeitungen.** Die Anzeigenmärkte für Zeitungen stellen einen eigenständigen Markt dar. Werbung in anderen Medien wie Fernsehen und Internet ist nicht austauschbar und ist nicht in die Marktabgrenzung einzubeziehen (KOM Entsch. v. 20.4.1999 – IV/M.1455 – Gruner+Jahr/Financial Times/JV, Rn. 11). Die Kommission zog in älteren Entscheidungen eine weite Marktabgrenzung bei Anzeigen in Erwägung in Form eines einheitlichen Markts für Anzeigen in Zeitungen und Zeitschriften („written press") (KOM Entsch. v. 20.4.1999 – IV/M.1455 – Gruner+Jahr/Financial Times/JV, Rn. 21). Hiervon ist sie inzwischen abgerückt, vielmehr sind die Anzeigenmärkte nach der Publikationsform Tageszeitungen, Zeitschriften, Online usw. abzugrenzen (KOM Entsch. v. 7.3.2008 – COMP/M.5051 – APW/GMG/Emap, Rn. 22). Ein einheitlicher Markt für Anzeigen in Tageszeitungen kann darauf gestützt werden, dass die Mehrzahl der Anzeigen von Agenturen nachgefragt wird, die als Intermediär zwischen Tageszeitung und Werbenden stehen (KOM Entsch. v. 1.2.1999 – IV/M.1401 – Recoletos/Unidesa, Rn. 27).

37 Kulturelle und sprachliche Eigenheiten sprechen für eine nationale Abgrenzung der Märkte für Anzeigen in überregionalen Zeitungen (KOM Entsch. v. 7.7.2005 – COMP/M.3817 – Wegener/PCM/JV, Rn. 31). Für Anzeigen in regionalen Zeitungen ist der Markt entsprechend der jeweiligen Region abzugrenzen (KOM Entsch. v. 7.7.2005 – COMP/M.3817 – Wegener/PCM/JV, Rn. 33).

38 **c) Lesermarkt für Zeitschriften.** Von Zeitungen sind Zeitschriften abzugrenzen (KOM Entsch. v. 16.6.2004– COMP/M.3420 – GIMD/Socpresse, Rn. 13). Die Lesermärkte für Zeitschriften können in Märkte für allgemeine Publikumszeitschriften und in solche für Special-Interest-Zeitschriften abgegrenzt werden (KOM Entsch. v. 8.4.2005, COMP/M.3648 – Gruner+Jahr/MPS, Rn. 10). Die Lesermärkte für Special-Interest-Zeitschriften sind entsprechend der behandelten Themen und des Leserkreises in weitere Teilmärkte abzugrenzen, zB Lesermärkte für Automobilzeitschriften, Elternzeitschriften usw. (KOM Entsch. v. 25.9.2000 – COMP/M.2147 – VNU/Hearst/Stratosfera, Rn. 10; Entsch. v. 8.4.2005, COMP/M.3648 – Gruner+Jahr/MPS, Rn. 10). So existieren bspw. separate Märkte für Zeitschriften für Politik und Zeitgeschehen, Fernsehprogramm, Frauen, Wirtschaft, sowie weitere Spezialzeitschriften für Fachpublikum und solchen für die Allgemeinheit (KOM Entsch. v. 16.6.2004 – COMP/M.3420 – GIMD/Socpresse, Rn. 12).

39 **d) Anzeigenmarkt für Zeitschriften.** Von den Anzeigenmärkten für Zeitungen ist der Markt für Anzeigen in Zeitschriften abzugrenzen (KOM Entsch. v. 16.6.2004 – COMP/M.3420 – GIMD/Socpresse, Rn. 17). Es ist möglich, separate Anzeigenmärkte entsprechend der thematischen Ausrichtung der Zeitschriften abzugrenzen (KOM Entsch. v. 16.6.2004 – COMP/M.3420 – GIMD/Socpresse, Rn. 24; Entsch. v. 26.4.2006 – COMP/M.4122 – Burda/Hachette/JV, Rn. 12). Für Anzeigen in Zeitschriften kann aber auch ein themenübergreifender Markt existieren (KOM Entsch. v. 20.4.1999 – IV/M.1455 – Gruner+Jahr/Financial Times/JV, Rn. 9). Eine Abgrenzungshilfe hierfür ist die 25 %-Regel. Nach dieser Regel sind zwei Zeitschriften demselben Anzeigenmarkt zuzuordnen, wenn sich ihre Werbekunden mindestens zu 25 % überschneiden (KOM Entsch. v. 16.6.2004 – COMP/M.3420 – GIMD/Socpresse, Rn. 21 ff.; Entsch. v. 26.4.2006 – COMP/M.4122 – Burda/Hachette/JV, Rn. 12).

40 Die räumliche Marktabgrenzung bei Zeitschriften folgt der für Zeitungen.

4. Bücher

41 Für die gesamte Wertschöpfungskette im Buchhandel unterscheidet die Europäische Kommission zwischen dem Markt für den Erwerb von Publikationsrechten in Originalsprache und ausländischer Sprache, den Verkauf von Büchern an die Buchhändler und den Verkauf von Büchern an die Endkunden (KOM Entsch. v. 15.10.2007 – COMP/M.4611 – Egmont/Bonnier, Rn. 19). Außerdem existiert ein eigener Markt für den Vertrieb von E-Books (KOM Entsch. v. 5.4.2013 – COMP/M.6789 – Bertelsmann/Pearson/Penguin Random House, Rn. 140 f.).

42 Auf den einzelnen Marktebenen kann weiter nach unterschiedlichen Buchkategorien unterteilt werden, zB Allgemeinliteratur (getrennt nach Großformat und Taschenbuchformat), Kinderbücher, Schulbücher, Sachbücher, wissenschaftliche Bücher, Comics (KOM Entsch. v. 15.10.2007 – COMP/M.4611 – Egmont/Bonnier, Rn. 15–19 Fn. 12; Entsch. v. 7.1.2004 – COMP/M.2978 – Lagardere/Natexis/VUP, Rn. 194 f.).

43 Des Weiteren liegen jeweils gesonderte Märkte für Hörbücher und E-Books vor (KOM Entsch. v. 5.4.2013 – COMP/M.6789 – Bertelsmann/Pearson/Penguin Random House, Rn. 140 f.). Gegenüber herkömmlichen Büchern bestehen signifikante Unterschiede im Hinblick auf die Vertriebskanäle, Verkaufsförderungsmaßnahmen sowie Groß- und Einzelhandelspreise.

44 Vermutlich würde die Europäische Kommission auch im Bereich der E-Books und Hörbücher die für gedruckte Bücher genannten weiteren Abgrenzungen vornehmen, also gesonderte Märkte nach Handelsstufe, den behandelten Themen und der angesprochenen Zielgruppe annehmen.

45 In räumlicher Hinsicht ist für die Marktabgrenzung in der Regel auf die Sprachgrenzen abzustellen. Rechtswissenschaftliche Bücher und Schulbücher stellen jedoch rein nationale Märkte dar (KOM Entsch. v. 5.4.2013 – COMP/M.6789 – Bertelsmann/Pearson/Penguin Random House, Rn. 172). Die besondere Bedeutung der englischen Sprache führt dazu, dass für englischsprachige Bücher auch Länder in den räumlichen Markt einzubeziehen sind, in denen die Landessprache zwar nicht Englisch ist, englischsprachige Bücher aber trotzdem nachgefragt werden. Die Europäische Kommission hat sich bisher nicht endgültig auf eine räumliche Marktabgrenzung festgelegt, tendiert aber in Bezug auf englischsprachige Bücher zu einem EWR-weiten Markt (KOM Entsch. v. 5.4.2013 – COMP/M.6789 – Bertelsmann/Pearson/Penguin Random House, Rn. 178).

5. Musik

46 Im Musikbereich lassen sich zwei sachlich unterschiedliche Märkte voneinander trennen: zum einen das Musikverlagsgeschäft (**music publishing**), zum anderen das Tonträgergeschäft (**music recording**) (KOM Entsch. v. 8.9.2009 – COMP/M.5533 – Bertelsmann/KKR/JV, Rn. 31).

47 **a) Musikverlagsgeschäft (music publishing).** Die Haupttätigkeit eines Musikverlages besteht darin, Musiker zu entdecken, zu betreuen sowie bei der Verwertung ihrer Werke zu unterstützen. Das Ziel für den Musikverlag ist es, die geistigen Eigentumsrechte des Künstlers zu erwerben und durch die Veräußerung bzw. Lizenzierung an Rechtenutzer zu verwerten (KOM Entsch. v. 22.5.2007 – COMP/M.4404 – Universal/BMG Music Publishing, Rn. 11). Entsprechend lassen sich im Musikverlagsgeschäft zwei unterschiedliche Marktebenen voneinander unterscheiden: auf einer vorgelagerten Stufe gibt es zwischen Urheber und Musikverlag einen Markt für Musikverlagsdienstleistungen, der zB die Gewährung von Vorschüssen, das Finden von Produzenten oder die kreative Beratung des Künstlers durch die Verlage umfasst sowie im Gegenzug einen Markt für den Erwerb von Rechten, der die Übertragung von Rechten durch die Urheber auf die Musikverlage betrifft (KOM Entsch. v. 22.5.2007 – COMP/M.4404 – Universal/BMG Music Publishing, Rn. 45). Auf einer nachgelagerten Stufe gibt es zwischen Musikverlag und Nutzer einen eigenen sachlichen Markt für die Verwertung von Musikverlagsrechten, auf dem die Musikverlage die von den Urhebern erworbenen Rechte direkt oder über Verwertungsgesellschaften durch Gewährung von Lizenzen an die Rechtenutzer, zB in den Bereichen Film, Werbung, Radio, Fernsehen, Internet und Mobilkommunikation, verwerten (KOM Entsch. v. 22.5.2007 – COMP/M.4404 – Universal/BMG Music Publishing, Rn. 15).

48 Die von den Urhebern an die Musikverlage übertragenen Rechte („Verlagsrechte") werden sachlich abgegrenzt von den „verwandten Schutzrechten" oder „Tonträgerrechten", die den ausübenden Künstlern und Tonträgerherstellern zustehen (KOM Entsch. v. 22.5.2007 – COMP/M.4404 – Universal/BMG Music Publishing, Rn. 16). Da Musiknutzer Lizenzen für beide Arten von Rechten benötigen, sind diese nicht substituierbar.

49 Die Verlagsrechte werden ihrerseits weiter unterteilt, wobei die einzelnen Arten von Rechten jeweils einen eigenen Produktmarkt bilden (KOM Entsch. v. 8.9.2009 – COMP/M.5533 – Bertelsmann/KKR/JV, Rn. 32; Entsch. v. 22.5.2007 – COMP/M.4404 – Universal/BMG Music Publishing, Rn. 25; Entsch. v. 15.9.2008 – COMP/M.5272 – Sony/Sony BMG, Rn. 19). Unterschieden werden die mechanischen Rechte für die Vervielfältigung eines Werks auf einem Tonträger, die Aufführungsrechte für gewerbliche Nutzer (zB Rundfunkgesellschaften, Theater, Konzerthallen), die Synchronisierungsrechte für gewerbliche Nutzer (zB Werbeagenturen), die Druckrechte für Vervielfältigungen auf Notenpapier

und die Online-Rechte (zB Musikdownload-Rechte). Die einzelnen Arten von Rechten sind zum einen aus Sicht der Nachfrager nicht austauschbar. So hilft es zB einem Radiosender, der die Lizenz für das Aufführungsrecht benötigt, nicht, stattdessen das mechanische Recht für die Vervielfältigung zu erwerben. Zum anderen unterscheiden sich die Marktbedingungen für die einzelnen Rechte auf der Angebotsseite signifikant, insbes. im Hinblick auf die Rolle der Verwertungsgesellschaften (KOM Entsch. v. 22.5.2007 – COMP/M.4404 – Universal/BMG Music Publishing, Rn. 22 f.).

50 Eine weitere Unterteilung in verschiedene Musikrichtungen wurde von der Europäischen Kommission nicht ausgeschlossen, erscheint auf Ebene des Musikverlagsgeschäfts aber als nicht sachgerecht, da die Kunden der Musikverlage (zB Radiosender) in der Regel nicht auf einzelne Musikrichtungen spezialisiert sind (KOM Entsch. v. 8.9.2009 – COMP/M.5533 – Bertelsmann/KKR/JV, Rn. 33 u. Fn. 23).

51 Bei der räumlichen Marktabgrenzung tendiert die Europäische Kommission hinsichtlich des Marktes für Musikverlagsdienstleistungen gegenüber Urhebern zu nationalen Märkten. Für den Markt für die Verwertung von Musikverlagsrechten werden grds. ebenfalls nationale Märkte angenommen, es wird aber auch ein EWR-weiter Markt in Erwägung gezogen, vor allem für die Lizenzierung digitaler Musik. Im Ergebnis hat die Europäische Kommission die genaue Marktabgrenzung offen gelassen (KOM Entsch. v. 22.5.2007 – COMP/M.4404 – Universal/BMG Music Publishing, Rn. 55 f., 61 f.; Entsch. v. 15.9.2008 – COMP/M.5272 – Sony/Sony BMG, Rn. 45).

52 **b) Tonträgermarkt** *(music recording)*. Der Tonträgermarkt betrifft die Bewerbung, Vermarktung und den Verkauf von Musikaufzeichnungen. Die Europäische Kommission grenzt innerhalb des Tonträgermarkts den Verkauf von physischen Tonträgern und den Verkauf von Musik in digitaler Form als zwei sachlich unterschiedliche Märkte voneinander ab (KOM Entsch. v. 21.9.2012 – COMP/M.6458 – Universal/EMI, Rn. 128; Entsch. v. 15.9.2008 – COMP/M.5272 – Sony/Sony BMG, Rn. 12, 18; Entsch. v. 8.9.2009 – COMP/M.5533 – Bertelsmann/KKR/JV, Rn. 41). Eine weitere sachliche Unterteilung des Marktes für Musik in digitaler Form, etwa in digitale Download-Dienste und digitale Streaming-Dienste lehnt die Europäische Kommission bislang ab (KOM Entsch. v. 21.9.2012 – COMP/M.6458 – Universal/EMI, Rn. 140). Die Märkte können außerdem nach den verschiedenen Musikrichtungen (zB Jazz, Soul, Heavy Metal und Techno) unterteilt werden, letztlich wurde dies aber von der Europäischen Kommission bisher offen gelassen (KOM Entsch. v. 21.9.1998 – COMP/M. 1219 – Seagram/Polygram, Rn. 15).

53 Der Absatz von Musik über illegale Internettauschbörsen („Musikpiraterie") ist nicht in den sachlich relevanten Markt beim Verkauf von Tonträgern einzubeziehen, kann aber bei der wettbewerblichen Würdigung eine Rolle spielen, weil er Druck auf die Verkaufspreise ausübt (KOM Entsch. v. 21.9.2012 – COMP/M.6458 – Universal/EMI, Rn. 214).

54 In räumlicher Hinsicht sind die Tonträgermärkte für physische Tonträger und von Musik in digitaler Form nationale Märkte (KOM Entsch. v. 21.9.2012 – COMP/M.6458 – Universal/EMI, Rn. 231 f.; Entsch. v. 15.9.2008 – COMP/M.5272 – Sony/Sony BMG, Rn. 37, 41).

6. Radio

55 Frei empfangbare Radiosender finanzieren sich ganz oder teilweise über Werbung. Dementsprechend wird ein eigener sachlich relevanter Markt für Radiowerbung abgegrenzt. (KOM Entsch. v. 8.9.2009 – COMP/M.5533 – Bertelsmann/KKR/JV, Rn. 46; Entsch. v. 7.10.1996 – COMP/M.779 – Bertelsmann/CLT, Rn. 19).

56 Als räumlich relevanter Markt sind jeweils nationale Märkte anzunehmen, die Europäische Kommission hat jedoch auch eine engere regionale Marktabgrenzung als möglich erachtet (KOM Entsch. v. 7.10.1996 – COMP/M.779 – Bertelsmann/CLT, Rn. 22).

7. Online-Werbung

57 Online Werbung betrifft die Veräußerung von Werbeflächen auf Internetseiten durch die Website-Betreiber an Werbetreibende. Sie stellt gegenüber Werbung in Printmedien und TV- und Radiowerbung einen eigenen sachlichen Markt dar. Generell ist es allerdings bei

Märkten im Internet schwierig, über einen längeren vorhersehbaren Zeitraum eine exakte sachlich Markabgrenzung vorzunehmen, da die Online-Märkte bis auf Weiteres einer rasanten technischen Entwicklung unterliegen (HSH/Beckmann/Müller Teil 10 Rn. 66). So erscheint es zB angesichts der Verbreitung internetfähiger Fernseher möglich, dass in Zukunft TV Werbung und Online Video Werbung ineinander übergehen.

Ob der Markt für Online-Werbung weiter zu unterteilen ist, wurde von der Europäischen Kommission bisher offen gelassen. In Betracht gezogen wurden Untergliederungen nach dem Auswahlmechanismus, nach dem Format oder Erscheinungsbild, dem Distributionskanal, Anzeigegeräten und dem Abrechnungsverfahren. 58

a) Untergliederung in suchgebundene und nicht suchgebundene Werbung. Suchgebundene Anzeigen erscheinen neben den Ergebnissen von Suchanfragen in Internet-Suchmaschinen. Sie werden auf Basis des vom Nutzer eingegebenen Suchwortes ausgewählt und aufgerufen. Der Preis für die Werbung ist gewöhnlich an einen bestimmten Preis pro Klick gebunden, d. h. der Werbende zahlt den Suchmaschinenbetreiber oder anderen Internetseitenbetreiber für jeden Klick auf die Werbung. 59

Nicht suchgebundene Anzeigen (herkömmliche Online-Werbung) sind nicht an bestimmte Suchworte gebunden und können beliebig auf einer Internetseite erscheinen. Sie können weiter unterschieden werden in kontextbezogene Anzeigen, die auf den Inhalt der Seite abgestimmt sind, auf der sie angezeigt werden, und in nicht kontextbezogene Anzeigen. (KOM Entsch. v. 18.2.2010 – COMP/M.5727 – Microsoft/YAHOO! Search Business, Rn. 62–74; Entsch. v. 11.3.2008 – COMP/M.4731 – Google/DoubleClick, Rn. 11). 60

b) Untergliederung nach Format/Erscheinungsbild. Online Werbeanzeigen können nach ihrem Erscheinungsbild in die beiden Kategorien der Textwerbung und Display-Werbung, unterteilt werden, wobei zur Display-Werbung sämtliche über Text hinaus gehenden Anzeigen zählen, also Werbeflächen wie Banner, Wallpaper oder multimediale Inhalte (KOM Entsch. v. 18.2.2010 – COMP/M.5727 – Microsoft/YAHOO! Search Business, Rn. 42; Entsch. v. 11.3.2008 – COMP/M.4731 – Google/DoubleClick, Rn. 13). 61

c) Untergliederung nach Anzeigegerät. Vor allem zu Beginn des mobilen Internets war besondere Werbung für mobile Endgeräte (Smartphones) verbreitet, die nur aus kurzen Textanzeigen bestand. In einer Entscheidung der Europäischen Kommission wurde daher erwogen, einzelne Märkte für PC-basierte (stationäre) Online-Werbung und Online-Werbung auf mobilen Endgeräten zu unterscheiden (KOM Entsch. v. 18.2.2010 – COMP/M.5727 – Microsoft/YAHOO! Search Business, Rn. 43 und Rn. 76–81). Angesichts der aktuellen Generation von Smartphones und schnellen mobilen Internetverbindungen, die es den Nutzern erlauben, Internetseiten auf ihren mobilen Endgeräten ohne Einschränkungen aufzurufen, gibt es jedoch keinen Grund (mehr), einen gesonderten Markt für mobile Online-Werbung anzunehmen. 62

d) Untergliederung nach Abrechnungsverfahren. Schließlich kann Online-Werbung nach der verwendeten Methode zur Preisberechnung differenziert werden. Bei der „Preis pro Klick"-Methode ist der Preis für die Werbung an einen bestimmten Preis pro Klick gebunden, dh der Werbende zahlt den Suchmaschinenbetreiber oder anderen Internetseitenbetreiber für jeden Klick auf die Werbung. Diese Methode wird hauptsächlich für such- und kontextgebundene Werbung verwendet. Die „Tausenderkontaktpreis"-Methode wird demgegenüber vorrangig für Display-Werbung verwendet. Der Werbende bezahlt den Betreiber der Internetseite, wenn eine bestimmte Anzahl von Werbeanzeigen gegenüber den Nutzern angezeigt wurde, wobei jede einzelne Anzeige als ein „Kontakt" zählt (KOM Entsch. v. 18.2.2010 – COMP/M.5727 – Microsoft/YAHOO! Search Business, Rn. 61; Entsch. v. 11.3.2008 – COMP/M.4731 – Google/DoubleClick, Rn. 45 f.). 63

Der Markt für die Online-Werbung ist räumlich entlang der Länder- oder Sprachgrenzen innerhalb des EWR abzugrenzen (KOM Entsch. v. 11.3.2008 – COMP/M.4731 – Google/DoubleClick, Rn. 84). 64

II. Vertikale Effekte

Wiederholt kritisch gesehen hat die Europäische Kommission im Medienbereich die Verknüpfung von Marktmacht auf vor- und nachgelagerten Märkten. Als vorgelagerte Märkte kommen sowohl Infrastrukturmärkte als auch Märkte für Medieninhalte in Betracht. 65

In diesen Fällen fordert die Europäische Kommission in der Regel Zusagen, die sicherstellen, dass die Märkte für Wettbewerber offen bleiben, zB durch Offenlegung von Schnittstellen, Erteilung von Lizenzen oder Zugang zu Netzen. Konkrete Beispiele hierfür sind befristete Zusagen, dem konzerneigenen Sender nicht mehr als 50 % der Erstverwertungsrechte der eigenen Premiumfilme zu gewähren (KOM Entsch. v. 13.10.2000 – COMP/M.2050 – Vivendi/Canal+/Seagram, Rn. 74), Wettbewerbern Medieninhalte zu nicht-diskriminierenden Konditionen zur Verfügung zu stellen (KOM Entsch. v. 13.10.2000 – COMP/M.2050 – Vivendi/Canal+/Seagram, Rn. 74), Wettbewerbern Zugang zu den relevanten Empfangsgeräten zu gewähren (KOM Entsch. v. 20.7.2000 – COMP/JV.48 – Vodafone/Vivendi/Canal+, Rn. 90 f.) oder die Zusage, Unternehmensteile zu veräußern (KOM Entsch. v. 11.10.2000 – COMP/M.1845 – AOL/Time Warner, Rn. 95).

III. Konglomerate Effekte

66 Neben vertikalen Effekten sind gerade auch im Medienbereich konglomerate Effekte zu beachten. Wenn Unternehmen auf mehreren Medien- und Telekommunikationsmärkten gleichzeitig aktiv sind, können zB Netzwerkeffekte auftreten. Dies wurde von der Europäischen Kommission in dem Fall Vivendi/Canal+/Seagram geprüft (KOM Entsch. v. 13.10.2000 – COMP/M.2050 – Vivendi/Canal+/Seagram, Rn. 64) und hat zu den bereits erwähnten Verpflichtungszusagen geführt. Außerdem müssen mögliche Vorteile durch crossmediale Werbung berücksichtigt werden (siehe zB KOM Entsch. v. 27.5.1998 – COMP/M.993 – Bertelsmann/Kirch/Premiere, Rn. 55).

Artikel 3 Definition des Zusammenschlusses

(1) Ein Zusammenschluss wird dadurch bewirkt, dass eine dauerhafte Veränderung der Kontrolle in der Weise stattfindet, dass

a) zwei oder mehr bisher voneinander unabhängige Unternehmen oder Unternehmensteile fusionieren oder dass
b) eine oder mehrere Personen, die bereits mindestens ein Unternehmen kontrollieren, oder ein oder mehrere Unternehmen durch den Erwerb von Anteilsrechten oder Vermögenswerten, durch Vertrag oder in sonstiger Weise die unmittelbare oder mittelbare Kontrolle über die Gesamtheit oder über Teile eines oder mehrerer anderer Unternehmen erwerben.

(2) Die Kontrolle wird durch Rechte, Verträge oder andere Mittel begründet, die einzeln oder zusammen unter Berücksichtigung aller tatsächlichen oder rechtlichen Umstände die Möglichkeit gewähren, einen bestimmenden Einfluss auf die Tätigkeit eines Unternehmens auszuüben, insbesondere durch:

a) Eigentums- oder Nutzungsrechte an der Gesamtheit oder an Teilen des Vermögens des Unternehmens;
b) Rechte oder Verträge, die einen bestimmenden Einfluss auf die Zusammensetzung, die Beratungen oder Beschlüsse der Organe des Unternehmens gewähren.

(3) Die Kontrolle wird für die Personen oder Unternehmen begründet,

a) die aus diesen Rechten oder Verträgen selbst berechtigt sind, oder
b) die, obwohl sie aus diesen Rechten oder Verträgen nicht selbst berechtigt sind, die Befugnis haben, die sich daraus ergebenden Rechte auszuüben.

(4) Die Gründung eines Gemeinschaftsunternehmens, das auf Dauer alle Funktionen einer selbstständigen wirtschaftlichen Einheit erfüllt, stellt einen Zusammenschluss im Sinne von Absatz 1 Buchstabe b) dar.

(5) Ein Zusammenschluss wird nicht bewirkt,

a) wenn Kreditinstitute, sonstige Finanzinstitute oder Versicherungsgesellschaften, deren normale Tätigkeit Geschäfte und den Handel mit Wertpapieren für eigene oder fremde Rechnung einschließt, vorübergehend Anteile an einem Unternehmen zum Zweck der Veräußerung erwerben, sofern sie die mit den Anteilen verbundenen Stimmrechte nicht ausüben, um das Wettbewerbsverhalten des

Unternehmens zu bestimmen, oder sofern sie die Stimmrechte nur ausüben, um die Veräußerung der Gesamtheit oder von Teilen des Unternehmens oder seiner Vermögenswerte oder die Veräußerung der Anteile vorzubereiten, und sofern die Veräußerung innerhalb eines Jahres nach dem Zeitpunkt des Erwerbs erfolgt; diese Frist kann von der Kommission auf Antrag verlängert werden, wenn die genannten Institute oder Gesellschaften nachweisen, dass die Veräußerung innerhalb der vorgeschriebenen Frist unzumutbar war;

b) wenn der Träger eines öffentlichen Mandats aufgrund der Gesetzgebung eines Mitgliedstaats über die Auflösung von Unternehmen, die Insolvenz, die Zahlungseinstellung, den Vergleich oder ähnliche Verfahren die Kontrolle erwirbt;

c) wenn die in Absatz 1 Buchstabe b) bezeichneten Handlungen von Beteiligungsgesellschaften im Sinne von Artikel 5 Absatz 3 der Vierten Richtlinie 78/660/EWG des Rates vom 25. Juli 1978 aufgrund von Artikel 54 Absatz 3 Buchstabe g) des Vertrages über den Jahresabschluss von Gesellschaften bestimmter Rechtsformen vorgenommen werden, jedoch mit der Einschränkung, dass die mit den erworbenen Anteilen verbundenen Stimmrechte, insbesondere wenn sie zur Ernennung der Mitglieder der geschäftsführenden oder aufsichtsführenden Organe der Unternehmen ausgeübt werden, an denen die Beteiligungsgesellschaften Anteile halten, nur zur Erhaltung des vollen Wertes der Investitionen und nicht dazu benutzt werden, unmittelbar oder mittelbar das Wettbewerbsverhalten dieser Unternehmen zu bestimmen.

Art. 3 regelt den für die Fusionskontrolle zentralen Zusammenschlusstatbestand, definiert also, welche Arten von Transaktionen überhaupt in den Anwendungsbereich der FKVO fallen. Im Gegensatz zu den rein quantitativ zu bestimmenden Umsatzschwellen in Art. 1 ist der Zusammenschlusstatbestand wegen des Kontrollbegriffs vor allem anhand qualitativer Kriterien zu bestimmen (KOM, Konsolidierte Mitteilung der Kommission zu Zuständigkeitsfragen, ABl. EU 2009 C 43, 10 Rn. 7). Die Prüfung des Zusammenschlusstatbestands folgt dabei einer wirtschaftlichen Betrachtungsweise, entscheidend ist, ob im Ergebnis Kontrolle iSd Art. 3 Abs. 2 erworben wird (KOM, Konsolidierte Mitteilung der Kommission zu Zuständigkeitsfragen, ABl. EU 2009 C 43, 10 Rn. 38). Das bedeutet auch, dass mehrere formal eigenständige Zusammenschlüsse, die eng miteinander verknüpft sind, als einheitlicher Zusammenschlusstatbestand behandelt werden (Erwägungsgrund 20 FKVO).

A. Allgemeines

Durch den Zusammenschlusstatbestand sollen nur solche Vorgänge erfasst werden, die zu einer dauerhaften Veränderung der Marktstruktur führen. Nach Art. 3 Abs. 1 FKVO wird zwischen Zusammenschlüssen durch die Fusion zuvor unabhängiger Unternehmen einerseits und Zusammenschlüssen Kontrollerwerb andererseits unterschieden. Dabei steht der Kontrollerwerb in der Praxis im Vordergrund. Bei den fusionierenden oder Kontrolle erwerbenden Einheiten muss es sich um Unternehmen iSd FKVO handeln. Im Falle des Kontrollerwerbs durch eine natürliche Person liegt ein anmeldepflichtiger Zusammenschluss nur vor, wenn diese Person bereits ein anderes Unternehmen (mit-) kontrolliert. 1

I. Fusionen

Um eine Fusion iSv Art. 3 Abs. 1 lit. a handelt es sich, wenn zwei oder mehr bisher voneinander unabhängige Unternehmen so miteinander verschmelzen, dass sie ihre Rechtspersönlichkeit verlieren oder wenn ein Unternehmen in einem anderen aufgeht, wobei letzteres seine Rechtspersönlichkeit behält, während ersteres als juristische Person untergeht. 2

II. Kontrollerwerb

Ein Zusammenschluss nach Art. 3 Abs. 1 lit. b liegt vor, wenn die Kontrolle über ein anderes Unternehmen erworben wird. Sowohl der Erwerb alleiniger Kontrolle als auch der Erwerb gemeinsamer Kontrolle (mit anderen Unternehmen) werden erfasst. Kontrolle setzt 3 einen bestimmenden Einfluss auf die Geschäftstätigkeit des Zielunternehmens voraus, Art. 3 Abs. 2. Der Erwerber muss über die im Wettbewerb genutzten Ressourcen des Unternehmens verfügen können. Dabei ist es nicht notwendig, dass ein bestimmender Einfluss tatsächlich ausgeübt wird, die bloße Möglichkeit dazu genügt. Erforderlich ist nicht zwingend ein positiver bestimmender Einfluss. Erfasst wird auch eine negative Kontrolle durch Vetorechte, Zustimmungsvorbehalte und ähnliche Instrumente, wenn sie dem Rechtsinhaber bestimmenden Einfluss auf strategisch wichtige Entscheidungen des Unternehmens gewähren.

4   Typischer Anwendungsfall für den Erwerb gemeinsamer Kontrolle ist die Gründung eines Gemeinschaftsunternehmens. Die Gründung eines Gemeinschaftsunternehmens ist gem. Art. 3 Abs. 4 anmeldepflichtig, wenn dieses Unternehmen auf Dauer alle Funktionen einer selbstständigen wirtschaftlichen Einheit erfüllt, sog Vollfunktionsgemeinschaftsunternehmen. Das ist der Fall, wenn das Gemeinschaftsunternehmen auf einem Markt tätig ist und selbst alle Funktionen übernimmt, die auch von den anderen Unternehmen in diesem Markt ausgeübt werden. Es muss also in operativer Hinsicht selbstständig sein bestimmen. Hat ein Gemeinschaftsübernehmen nur eine Hilfsfunktion für die Geschäftstätigkeiten der Muttergesellschaften, indem es zB nur einzelne Bereiche wie Forschung und Entwicklung oder Produktion abdeckt, und hat es keine eigene Marktpräsenz, so liegt kein Vollfunktionsgemeinschaftsunternehmen vor (KOM, Konsolidierte Mitteilung der Kommission zu Zuständigkeitsfragen, ABl. EU 2009 C 43, 10 Rn. 93–95). Ist die Gründung eines Gemeinschaftsunternehmens mangels Vollfunktion nicht anmeldepflichtig, bedarf der Sachverhalt aber trotzdem kartellrechtlicher Prüfung, weil im Verhältnis der Muttergesellschaften zueinander das Kartellverbot aus Art. 101 AEUV bzw. § 1 GWB zu beachten ist.

5   Die Verringerung der Anzahl der kontrollierenden Gesellschafter durch den Austritt eines Gesellschafters kann ebenfalls einen Zusammenschluss darstellen, wenn es dadurch zu einem Wechsel von gemeinsamer zu alleiniger Kontrolle kommt. Bleibt es nach dem Austritt bei gemeinsamer Kontrolle durch die übrigen Gesellschafter liegt hingegen in der Regel kein anmeldungspflichtiger Zusammenschluss vor (KOM, Konsolidierte Mitteilung der Kommission zu Zuständigkeitsfragen, ABl. EU 2009 C 43, 10 Rn. 89–90).

III. Unternehmensbegriff

6   Die Auslegung des Begriffs des Unternehmens im Rahmen der FKVO folgt der Praxis im Rahmen der Art. 101, 102 AEUV (siehe dafür etwa EUGH, WuW/E EU-R 1213 – Fenin). Danach wird ein funktionaler Unternehmensbegriff zugrunde gelegt, der jede eine wirtschaftliche Tätigkeit ausübende Einrichtung unabhängig von ihrer Rechtsform und der Art ihrer Finanzierung erfasst. Als wirtschaftliche Tätigkeit wird jede Form des entgeltlichen Angebots von Waren oder Dienstleistungen auf dem Binnenmarkt angesehen (EuG, WuW/E EU-R 1250 – SELEX). Entsprechend der funktionalen Auslegung des Unternehmensbegriffs werden alle unter einer einheitlichen Leitung stehenden Unternehmen als sog wirtschaftliche Einheit betrachtet und stellen iSd europäischen Kartellrecht ein einheitliches Unternehmen dar (EuGH Slg. 2005, I-5425, Rn. 117 – Dansk Rørindustri/Kommission; EuGH Slg. 1984, I-2999, 3016 – Hydrotherm/Compact). Dementsprechend sind rein konzerninterne Restrukturierungen nie fusionskontrollpflichtig.

7   Für die Erfüllung der Zusammenschlusstatbestände in Art. 3 Abs. 1 genügt auch die Fusion bzw. die Erlangung der Kontrolle von Unternehmensteilen. Es muss sich dabei jedoch um wesentliche Vermögensteile des Unternehmens handeln, denen eindeutig Umsatzerlöse zurechenbar sind und die einen Geschäftsbereich mit eigener Marktpräsenz bilden. Dies können auch immaterielle Vermögensgegenstände sein, zB ein Kundenstamm oder Immaterialgüterrechte wie Marken, Patente oder urheberrechtliche Verwertungsrechte, insbes. wenn es sich um Exklusivrechte handelt (KOM, Konsolidierte Mitteilung der Kommission zu Zuständigkeitsfragen, ABl. EU 2009 C 43, 10 Rn. 24).

B. Medienrechtliche Besonderheiten

8   Medienrechtliche Besonderheiten existieren nicht.

Artikel 4 Vorherige Anmeldung von Zusammenschlüssen und Verweisung vor der Anmeldung auf Antrag der Anmelder

(1) Zusammenschlüsse von gemeinschaftsweiter Bedeutung im Sinne dieser Verordnung sind nach Vertragsabschluss, Veröffentlichung des Übernahmeangebots oder Erwerb einer die Kontrolle begründenden Beteiligung und vor ihrem Vollzug bei der Kommission anzumelden.

Eine Anmeldung ist auch dann möglich, wenn die beteiligten Unternehmen der Kommission gegenüber glaubhaft machen, dass sie gewillt sind, einen Vertrag zu schließen, oder im Fall eines Übernahmeangebots öffentlich ihre Absicht zur Abgabe eines solchen Angebots bekundet haben, sofern der beabsichtigte Vertrag oder das beabsichtigte Angebot zu einem Zusammenschluss von gemeinschaftsweiter Bedeutung führen würde.

[1] Im Sinne dieser Verordnung bezeichnet der Ausdruck „angemeldeter Zusammenschluss" auch beabsichtigte Zusammenschlüsse, die nach Unterabsatz 2 angemeldet werden. [2] Für die Zwecke der Absätze 4 und 5 bezeichnet der Ausdruck „Zusammenschluss" auch beabsichtigte Zusammenschlüsse im Sinne von Unterabsatz 2.

(2) [1] Zusammenschlüsse in Form einer Fusion im Sinne des Artikels 3 Absatz 1 Buchstabe a) oder in Form der Begründung einer gemeinsamen Kontrolle im Sinne des Artikels 3 Absatz 1 Buchstabe b) sind von den an der Fusion oder der Begründung der gemeinsamen Kontrolle Beteiligten gemeinsam anzumelden. [2] In allen anderen Fällen ist die Anmeldung von der Person oder dem Unternehmen vorzunehmen, die oder das die Kontrolle über die Gesamtheit oder über Teile eines oder mehrerer Unternehmen erwirbt.

(3) [1] Stellt die Kommission fest, dass ein Zusammenschluss unter diese Verordnung fällt, so veröffentlicht sie die Tatsache der Anmeldung unter Angabe der Namen der beteiligten Unternehmen, ihres Herkunftslands, der Art des Zusammenschlusses sowie der betroffenen Wirtschaftszweige. [2] Die Kommission trägt den berechtigten Interessen der Unternehmen an der Wahrung ihrer Geschäftsgeheimnisse Rechnung.

(4) Vor der Anmeldung eines Zusammenschlusses gemäß Absatz 1 können die Personen oder Unternehmen im Sinne des Absatzes 2 der Kommission in einem begründeten Antrag mitteilen, dass der Zusammenschluss den Wettbewerb in einem Markt innerhalb eines Mitgliedstaats, der alle Merkmale eines gesonderten Marktes aufweist, erheblich beeinträchtigen könnte und deshalb ganz oder teilweise von diesem Mitgliedstaat geprüft werden sollte.

[1] Die Kommission leitet diesen Antrag unverzüglich an alle Mitgliedstaaten weiter. [2] Der in dem begründeten Antrag genannte Mitgliedstaat teilt innerhalb von 15 Arbeitstagen nach Erhalt dieses Antrags mit, ob er der Verweisung des Falles zustimmt oder nicht. [3] Trifft der betreffende Mitgliedstaat eine Entscheidung nicht innerhalb dieser Frist, so gilt dies als Zustimmung.

Soweit dieser Mitgliedstaat der Verweisung nicht widerspricht, kann die Kommission, wenn sie der Auffassung ist, dass ein gesonderter Markt besteht und der Wettbewerb in diesem Markt durch den Zusammenschluss erheblich beeinträchtigt werden könnte, den gesamten Fall oder einen Teil des Falles an die zuständigen Behörden des betreffenden Mitgliedstaats verweisen, damit das Wettbewerbsrecht dieses Mitgliedstaats angewandt wird.

[1] Die Entscheidung über die Verweisung oder Nichtverweisung des Falls gemäß Unterabsatz 3 ergeht innerhalb von 25 Arbeitstagen nach Eingang des begründeten Antrags bei der Kommission. [2] Die Kommission teilt ihre Entscheidung den übrigen Mitgliedstaaten und den beteiligten Personen oder Unternehmen mit. [3] Trifft die Kommission innerhalb dieser Frist keine Entscheidung, so gilt der Fall entsprechend dem von den beteiligten Personen oder Unternehmen gestellten Antrag als verwiesen.

¹Beschließt die Kommission die Verweisung des gesamten Falles oder gilt der Fall gemäß den Unterabsätzen 3 und 4 als verwiesen, erfolgt keine Anmeldung gemäß Absatz 1, und das Wettbewerbsrecht des betreffenden Mitgliedstaats findet Anwendung. ²Artikel 9 Absätze 6 bis 9 finden entsprechend Anwendung.

(5) Im Fall eines Zusammenschlusses im Sinne des Artikels 3, der keine gemeinschaftsweite Bedeutung im Sinne von Artikel 1 hat und nach dem Wettbewerbsrecht mindestens dreier Mitgliedstaaten geprüft werden könnte, können die in Absatz 2 genannten Personen oder Unternehmen vor einer Anmeldung bei den zuständigen Behörden der Kommission in einem begründeten Antrag mitteilen, dass der Zusammenschluss von der Kommission geprüft werden sollte.

Die Kommission leitet diesen Antrag unverzüglich an alle Mitgliedstaaten weiter.

Jeder Mitgliedstaat, der nach seinem Wettbewerbsrecht für die Prüfung des Zusammenschlusses zuständig ist, kann innerhalb von 15 Arbeitstagen nach Erhalt dieses Antrags die beantragte Verweisung ablehnen.

¹Lehnt mindestens ein Mitgliedstaat gemäß Unterabsatz 3 innerhalb der Frist von 15 Arbeitstagen die beantragte Verweisung ab, so wird der Fall nicht verwiesen. ²Die Kommission unterrichtet unverzüglich alle Mitgliedstaaten und die beteiligten Personen oder Unternehmen von einer solchen Ablehnung.

¹Hat kein Mitgliedstaat gemäß Unterabsatz 3 innerhalb von 15 Arbeitstagen die beantragte Verweisung abgelehnt, so wird die gemeinschaftsweite Bedeutung des Zusammenschlusses vermutet und er ist bei der Kommission gemäß den Absätzen 1 und 2 anzumelden. ²In diesem Fall wendet kein Mitgliedstaat sein innerstaatliches Wettbewerbsrecht auf den Zusammenschluss an.

(6) ¹Die Kommission erstattet dem Rat spätestens bis 1. Juli 2009 Bericht über das Funktionieren der Absätze 4 und 5. ²Der Rat kann im Anschluss an diesen Bericht auf Vorschlag der Kommission die Absätze 4 und 5 mit qualifizierter Mehrheit ändern.

Art. 4 enthält verschiedene Verfahrensregelungen, insbes. für den Zeitpunkt der Anmeldung (→ Rn. 1) und für die Möglichkeiten zur Verweisung von Zusammenschlüssen an die Mitgliedsstaaten (→ Rn. 2).

A. Allgemeines

I. Anmeldung vor Vollzug

1 Art. 4 Abs. 1 normiert die Pflicht zur präventiven Anmeldung, also einer Fusionskontrollanmeldung vor dem Vollzug des geplanten Zusammenschlusses. Abgesehen davon gibt es keine Frist für die Einreichung der Anmeldung. In der Praxis hat sich vor Einreichung der Anmeldung ein informelles Vorverfahren etabliert. Danach muss als erstes ein Antrag auf Zuweisung der für den Fall zuständigen Beamten gestellt werden („Case Team Allocation Request"). Üblich und von der Europäischen Kommission nachdrücklich empfohlen ist es, mit dem Case Team im Rahmen informeller Vorgespräche die Anmeldung abzustimmen (Bekanntmachung der Kommission über ein vereinfachtes Verfahren für bestimmte Zusammenschlüsse, ABl. 2005 C 56, 32, Rn. 15). Informationen zum Ablauf der informellen Kontakte lassen sich den „Best Practice Guidelines" entnehmen (Best Practices on the conduct of EC merger control proceedings, Rn. 5–25). Danach sollten für die Vorgespräche mindestens zwei Wochen eingeplant werden (ebenda, Tz. 10). In komplexen Fällen können die Vorgespräche jedoch auch mehrere Monate andauern. Die in einer Anmeldung vorzulegenden Informationen ergeben sich aus dem Formblatt CO (Anhang I zur DVO 802/2004) oder, wenn die Voraussetzungen für ein vereinfachtes Verfahren vorliegen, aus dem vereinfachten Formblatt (Anh. II zur DVO 802/2004).

Berechnung des Umsatzes **Artikel 5 FKVO**

II. Verweisungsmöglichkeiten

Bereits vor der Anmeldung ist aus Sicht der beteiligten Unternehmen zu prüfen, ob ein Verweisungsantrag nach Art. 4 Abs. 4 oder Abs. 5 gestellt werden soll, denn ein solcher ist nur vor der Anmeldung zulässig. Art. 4 Abs. 4 ermöglicht für einen Zusammenschluss, der nach Art. 1 bei der Europäischen Kommission anmeldepflichtig ist, die Verweisung an einen einzelnen Mitgliedstaat, wenn der Zusammenschluss den Wettbewerb in einem Markt innerhalb dieses Mitgliedsstaats, der alle Merkmale eines gesonderten Marktes aufweist, erheblich beeinträchtigen könnte. Art. 4 Abs. 5 ermöglicht die Verweisung von den an sich zuständigen Mitgliedstaaten an die Europäische Kommission, wenn zwar die Umsatzschwellen nach Art. 1 nicht erfüllt sind, der Zusammenschluss aber in mindestens drei Mitgliedsstaaten anmeldepflichtig wäre. **2**

Für die Verweisungsanträge, die die nach Art. 2 Abs. 2 beteiligten Unternehmen stellen können, existiert das Antragsformblatt RS („reasoned submission", Anh. III zur DVO 802/2004). **3**

B. Medienrechtliche Besonderheiten

Märkte im Mediensektor sind in räumlicher Hinsicht häufig auf nationale oder gar regionale Märkte beschränkt Es gab daher bei Zusammenschlussvorhaben im Medienbereich bereits eine Reihe von erfolgreichen Verweisungsanträgen gem. Art. 4 Abs. 4 an die mitgliedstaatlichen Kartellbehörden. Regelmäßig verwiesen werden Transaktionen im Bereich der Rundfunkübertragung durch Kabelnetze, weil die räumliche Marktabgrenzung auf die jeweilige nationale oder regionale Verbreitung des Kabelnetzes beschränkt ist (KOM Entsch. v. 19.10.2006 – COMP/M.4400 – Cinven/Warburg Pincus /Essent Kabelcom, Rn. 16–19; Entsch. v. 17.10.2005 – COMP/M.3953 – Apollo / BC Partners / Iesy – Ish – Telecolumbus, Rn. 17; Entsch. v. 2.3.2005 – COMP/M.3684 – BC Partners/Ish, Rn. 15). Weitere Verweisungsfälle betreffen z. B. den Buchhandel (KOM Entsch. v. 1.8.2007 – COMP/M.4611 – Bonnier/Egmont) und TV-Märkte (KOM Entsch. v. 14.3.2012 – COMP/M.6547 – Antena 3/La Sexta; Entsch. v. 16.3.2012 – COMP/M.6476 – CANAL+/ITI/TVN/FTA/ITI; Entsch. v. 25.3.2010 – COMP/M.5748 – Prisa/Telefónica/Telecinco/Digital +). **4**

Artikel 5 Berechnung des Umsatzes

(1) ¹Für die Berechnung des Gesamtumsatzes im Sinne dieser Verordnung sind die Umsätze zusammenzuzählen, welche die beteiligten Unternehmen im letzten Geschäftsjahr mit Waren und Dienstleistungen erzielt haben und die dem normalen geschäftlichen Tätigkeitsbereich der Unternehmen zuzuordnen sind, unter Abzug von Erlösschmälerungen, der Mehrwertsteuer und anderer unmittelbar auf den Umsatz bezogener Steuern. ²Bei der Berechnung des Gesamtumsatzes eines beteiligten Unternehmens werden Umsätze zwischen den in Absatz 4 genannten Unternehmen nicht berücksichtigt.

Der in der Gemeinschaft oder in einem Mitgliedstaat erzielte Umsatz umfasst den Umsatz, der mit Waren und Dienstleistungen für Unternehmen oder Verbraucher in der Gemeinschaft oder in diesem Mitgliedstaat erzielt wird.

(2) Wird der Zusammenschluss durch den Erwerb von Teilen eines oder mehrerer Unternehmen bewirkt, so ist unabhängig davon, ob diese Teile eigene Rechtspersönlichkeit besitzen, abweichend von Absatz 1 aufseiten des Veräußerers nur der Umsatz zu berücksichtigen, der auf die veräußerten Teile entfällt.

Zwei oder mehr Erwerbsvorgänge im Sinne von Unterabsatz 1, die innerhalb von zwei Jahren zwischen denselben Personen oder Unternehmen getätigt werden, werden hingegen als ein einziger Zusammenschluss behandelt, der zum Zeitpunkt des letzten Erwerbsvorgangs stattfindet.

(3) An die Stelle des Umsatzes tritt

a) bei Kredit- und sonstigen Finanzinstituten die Summe der folgenden in der Richtlinie 86/635/EWG des Rates definierten Ertragsposten gegebenenfalls nach

Abzug der Mehrwertsteuer und sonstiger direkt auf diese Erträge erhobener Steuern:
 i) Zinserträge und ähnliche Erträge,
 ii) Erträge aus Wertpapieren:
    – Erträge aus Aktien, anderen Anteilsrechten und nicht festverzinslichen Wertpapieren,
    – Erträge aus Beteiligungen,
    – Erträge aus Anteilen an verbundenen Unternehmen,
 iii) Provisionserträge,
 iv) Nettoerträge aus Finanzgeschäften,
 v) sonstige betriebliche Erträge.
Der Umsatz eines Kredit- oder Finanzinstituts in der Gemeinschaft oder in einem Mitgliedstaat besteht aus den vorerwähnten Ertragsposten, die die in der Gemeinschaft oder dem betreffenden Mitgliedstaat errichtete Zweig- oder Geschäftsstelle des Instituts verbucht;

b) bei Versicherungsunternehmen die Summe der Bruttoprämien; diese Summe umfasst alle vereinnahmten sowie alle noch zu vereinnahmenden Prämien aufgrund von Versicherungsverträgen, die von diesen Unternehmen oder für ihre Rechnung abgeschlossen worden sind, einschließlich etwaiger Rückversicherungsprämien und abzüglich der aufgrund des Betrags der Prämie oder des gesamten Prämienvolumens berechneten Steuern und sonstigen Abgaben. Bei der Anwendung von Artikel 1 Absatz 2 Buchstabe b) und Absatz 3 Buchstaben b), c) und d) sowie den letzten Satzteilen der genannten beiden Absätze ist auf die Bruttoprämien abzustellen, die von in der Gemeinschaft bzw. in einem Mitgliedstaat ansässigen Personen gezahlt werden.

(4) Der Umsatz eines beteiligten Unternehmens im Sinne dieser Verordnung setzt sich unbeschadet des Absatzes 2 zusammen aus den Umsätzen

a) des beteiligten Unternehmens;
b) der Unternehmen, in denen das beteiligte Unternehmen unmittelbar oder mittelbar entweder
 i) mehr als die Hälfte des Kapitals oder des Betriebsvermögens besitzt oder
 ii) über mehr als die Hälfte der Stimmrechte verfügt oder
 iii) mehr als die Hälfte der Mitglieder des Aufsichtsrats, des Verwaltungsrats oder der zur gesetzlichen Vertretung berufenen Organe bestellen kann oder
 iv) das Recht hat, die Geschäfte des Unternehmens zu führen;
c) der Unternehmen, die in dem beteiligten Unternehmen die unter Buchstabe b) bezeichneten Rechte oder Einflussmöglichkeiten haben;
d) der Unternehmen, in denen ein unter Buchstabe c) genanntes Unternehmen die unter Buchstabe b) bezeichneten Rechte oder Einflussmöglichkeiten hat;
e) der Unternehmen, in denen mehrere der unter den Buchstaben a) bis d) genannten Unternehmen jeweils gemeinsam die in Buchstabe b) bezeichneten Rechte oder Einflussmöglichkeiten haben.

(5) Haben an dem Zusammenschluss beteiligte Unternehmen gemeinsam die in Absatz 4 Buchstabe b) bezeichneten Rechte oder Einflussmöglichkeiten, so gilt für die Berechnung des Umsatzes der beteiligten Unternehmen im Sinne dieser Verordnung folgende Regelung:

a) Nicht zu berücksichtigen sind die Umsätze mit Waren und Dienstleistungen zwischen dem Gemeinschaftsunternehmen und jedem der beteiligten Unternehmen oder mit einem Unternehmen, das mit diesen im Sinne von Absatz 4 Buchstaben b) bis e) verbunden ist.
b) Zu berücksichtigen sind die Umsätze mit Waren und Dienstleistungen zwischen dem Gemeinschaftsunternehmen und jedem dritten Unternehmen. Diese Umsätze sind den beteiligten Unternehmen zu gleichen Teilen zuzurechnen.

Berechnung des Umsatzes **Artikel 5 FKVO**

Art. 5 regelt die Berechnung der Umsatzerlöse der beteiligten Unternehmen. Die Umsatzerlöse sind in erster Linie für die Bestimmung der Schwellenwerte in Art. 1 und damit für die Prüfung der Anmeldepflicht relevant. Daneben bilden die Umsatzerlöse die Grundlage für Bußgelder (Art. 14) und Zwangsgelder (Art. 15).

A. Allgemeines

Für die Bestimmung der Umsatzerlöse ist auf die netto Umsatzerlöse der beteiligten 1 Unternehmen im letzten abgeschlossenen Geschäftsjahr vor Anmeldung des Zusammenschlusses abzustellen (KOM, Konsolidierte Mitteilung der Kommission zu Zuständigkeitsfragen, ABl. EU 2009 C 43, 10 Rn. 169). Die Kommission legt ihren Betrachtungen die von den Parteien übermittelten Umsatzerlöse zugrunde, sofern diese entsprechend der nationalen für das jeweilige Unternehmen geltenden Vorschriften geprüft wurden. Die geprüften Umsatzerlöse können an strukturelle Veränderungen, die seit der Prüfung erfolgten, angepasst werden. Ziel dieser Anpassungen ist es, die dauerhafte wirtschaftliche Realität der Parteien für das Zusammenschlussverfahren abzubilden. Wurden von den beteiligten Unternehmen seit der Erstellung des letzten Jahresabschlusses weitere Unternehmen oder Unternehmensteile akquiriert müssen deren Umsatzerlöse aus dem letzten abgeschlossenen Geschäftsjahr hinzugerechnet werden. Wurden von den beteiligten Unternehmen nach Abschluss des letzten Geschäftsjahres Unternehmensteile oder Tochterunternehmen veräußert, können deren Umsatzerlöse in Abzug gebracht werden. Nicht strukturelle Veränderungen, die nur vorübergehender Natur sind, wie zB konjunkturelle Schwankungen, berücksichtigt die Kommission nicht.

I. Einzubeziehende Unternehmen

Umsätze verbundener Unternehmen sind in voller Höhe hinzuzurechnen, sofern eine der 2 in Abs. 4 genannten Verbindungen zwischen den Unternehmen besteht. Die Definition für die beteiligten Unternehmen iSv Abs. 4 ist die gleiche wie für Art. 1 (→ Art. 1 Rn. 5). Konzerninterne Umsatzerlöse aus Geschäften zwischen den verbundenen Unternehmen sind nicht zu berücksichtigen.

Im Falle von Gemeinschaftsunternehmen werden die Umsatzerlöse des Gemeinschafts- 3 unternehmens (jedoch nur die Umsatzerlöse des Gemeinschaftsunternehmens mit Dritten) den (mit-)kontrollierenden Muttergesellschaften zu gleichen Teilen zugerechnet.

II. Geographische Zuordnung der Umsätze

Für die Bestimmung der Anmeldungspflicht müssen die Umsatzerlöse nach Ländern 4 aufgeteilt werden. Maßgeblich für die geographische Zuordnung der Umsatzerlöse ist dasjenige Land, in dem die spezifische Leistung erbracht wird. In der Regel ist dies der Sitz des Kunden. In Bezug auf den Verkauf von Waren kann aber auch der Ort der Lieferung ausschlaggebend sein. Entscheidend ist, an welchem Ort in der Regel der Wettbewerb stattfindet. Bei Geschäften über das Internet, die keine Lieferung von Waren oder Dienstleistungen am Ort des Kunden betreffen, lässt sich der Sitz des Kunden unter Umständen schwer bestimmen. Es kann dann auf den Ort abgestellt werden, an dem die für den jeweiligen Vertrag charakteristische Handlung vorgenommen wird.

Bei Dienstleistungen ist der Ort der Erbringung beim Kunden maßgeblich. Für die 5 Zuordnung der Umsatzerlöse in Telekommunikationsmärkten ist eine Besonderheit für das Roaming zu beachten: Der Umsatz, den der Empfängernetzbetreiber mit der Anrufzustellung erzielt, wird am Sitz des Empfängernetzbetreibers erzielt, obwohl dieser der Dienstleister ist (ABl. EU 2009 C 43, 10, 54 Rn. 202).

B. Medienrechtliche Besonderheiten

Medienrechtliche Besonderheiten existieren nicht. Multiplikatoren für die Umsatzberech- 6 nung im Presse- und Rundfunkbereich, wie ihn § 38 Abs. 4 GWB für die deutsche Zusammenschlusskontrolle enthält, gibt es in der FKVO nicht.

Rinne

Artikel 21 Anwendung dieser Verordnung und Zuständigkeit

(1) Diese Verordnung gilt allein für Zusammenschlüsse im Sinne des Artikels 3; die Verordnungen (EG) Nr. 1/2003, (EWG) Nr. 1017/68, (EWG) Nr. 4056/86 und (EWG) Nr. 3975/87 des Rates gelten nicht, außer für Gemeinschaftsunternehmen, die keine gemeinschaftsweite Bedeutung haben und die Koordinierung des Wettbewerbsverhaltens unabhängig bleibender Unternehmen bezwecken oder bewirken.

(2) Vorbehaltlich der Nachprüfung durch den Gerichtshof ist die Kommission ausschließlich dafür zuständig, die in dieser Verordnung vorgesehenen Entscheidungen zu erlassen.

(3) Die Mitgliedstaaten wenden ihr innerstaatliches Wettbewerbsrecht nicht auf Zusammenschlüsse von gemeinschaftsweiter Bedeutung an.

Unterabsatz 1 berührt nicht die Befugnis der Mitgliedstaaten, die zur Anwendung des Artikels 4 Absatz 4 oder des Artikels 9 Absatz 2 erforderlichen Ermittlungen vorzunehmen und nach einer Verweisung gemäß Artikel 9 Absatz 3 Unterabsatz 1 Buchstabe b) oder Artikel 9 Absatz 5 die in Anwendung des Artikels 9 Absatz 8 unbedingt erforderlichen Maßnahmen zu ergreifen.

(4) Unbeschadet der Absätze 2 und 3 können die Mitgliedstaaten geeignete Maßnahmen zum Schutz anderer berechtigter Interessen als derjenigen treffen, welche in dieser Verordnung berücksichtigt werden, sofern diese Interessen mit den allgemeinen Grundsätzen und den übrigen Bestimmungen des Gemeinschaftsrechts vereinbar sind.

Im Sinne des Unterabsatzes 1 gelten als berechtigte Interessen die öffentliche Sicherheit, die Medienvielfalt und die Aufsichtsregeln.

[1]Jedes andere öffentliche Interesse muss der betreffende Mitgliedstaat der Kommission mitteilen; diese muss es nach Prüfung seiner Vereinbarkeit mit den allgemeinen Grundsätzen und den sonstigen Bestimmungen des Gemeinschaftsrechts vor Anwendung der genannten Maßnahmen anerkennen. [2]Die Kommission gibt dem betreffenden Mitgliedstaat ihre Entscheidung binnen 25 Arbeitstagen nach der entsprechenden Mitteilung bekannt.

Art. 21 regelt den Anwendungsbereich der europäischen Fusionskontrolle.

A. Allgemeines

1   Art. 21 Abs. 1 regelt, dass im Anwendungsbereich der Fusionskontrollverordnung keine anderen Durchführungsverordnungen gelten. Das bedeutet, dass im Hinblick auf Zusammenschlussvorhaben keine Verfahren im Hinblick auf Art. 101 oder 102 AEUV eingeleitet werden, sondern diese Aspekte im Rahmen der materiellen Prüfung des Fusionskontrollverfahrens berücksichtigt werden. Ausgenommen davon sind Gemeinschaftsunternehmen, weil bei diesen die Muttergesellschaften nach dem Zusammenschluss weiterhin als unabhängige Unternehmen im Wettbewerb stehen.

2   Gem. Art 21 Abs. 2 ist allein die Europäische Kommission für die europäische Fusionskontrolle zuständig. Gegen die Entscheidungen der Europäischen Kommission steht in erster Instanz der Rechtsweg zum Europäischen Gericht und ggf. in zweiter Instanz der Weg zum Europäischen Gerichtshof offen.

3   Soweit die Europäische Kommission zuständig ist, verdrängt sie gem. Art. 21 Abs. 3 jegliche mitgliedstaatliche Zusammenschlusskontrolle. Betroffene Mitgliedsstaaten können aber über einen Verweisungsantrag gem. Art. 9 die Zuständigkeit zurückerlangen, wenn die Europäische Kommission dem mitgliedstaatlichen Antrag nachkommt.

4   Neben der Verweisungsmöglichkeit ermöglicht Art. 21 Abs. 4 den Mitgliedstaaten die Vornahme von Maßnahmen zum Schutz öffentlicher Interessen, die nicht zum materiellen Prüfungsumfang der europäischen Fusionskontrolle gehören. Zu solchen außerwettbewerblichen Regelungen im öffentlichen Interesse können insbes. auch medienrechtliche Vorschriften zählen.

B. Medienrechtliche Besonderheiten

Ausdrücklich erwähnt Art 21 Abs. 4 die Medienvielfalt als berechtigtes öffentliches Interesse, das die Mitgliedsstaaten zur Vornahme von Maßnahmen berechtigt, die über die europäische Fusionskontrolle hinausgehen. Damit können Zusammenschlussvorhaben im Medienbereich trotz der Zuständigkeit der europäischen Kommission für die Fusionskontrolle parallel weiteren nationalen Kontrollsystemen ausgesetzt sein. Im Fall Newspaper Publishing wurde eine entsprechende Regelung im englischen Fair Trading Act von 1973 durch die Europäische Kommission ausdrücklich akzeptiert (KOM Entsch. v. 14.3.1994 – IV/M.423). In Deutschland können die Vorschriften des Rundfunkstaatsvertrages zur Medienkonzentrationskontrolle durch die Kommission zur Ermittlung der Konzentration im Medienbereich (KEK) von dieser Ausnahmevorschrift profitieren. Sie sind damit parallel zur europäischen Fusionskontrolle anwendbar und können zur Untersagung des Zusammenschlusses oder zu Auflagen führen.

3. Gesetz gegen Wettbewerbsbeschränkungen (GWB) – Auszüge –

Erster Abschnitt. Wettbewerbsbeschränkende Vereinbarungen, Beschlüsse u. abgestimmte Verhaltensweisen

§ 1 Verbot wettbewerbsbeschränkender Vereinbarungen

Vereinbarungen zwischen Unternehmen, Beschlüsse von Unternehmensvereinigungen und aufeinander abgestimmte Verhaltensweisen, die eine Verhinderung, Einschränkung oder Verfälschung des Wettbewerbs bezwecken oder bewirken, sind verboten.

1 Das **Kartellverbot** des § 1 GWB ist im Zuge der 7. GWB-Novelle weitgehend an das Normregime des Art. 81 Abs. 1 EGV (nunmehr Art. 101 Abs. 1 AEUV) angeglichen worden. Somit sind nunmehr nicht mehr allein Vereinbarungen, Beschlüsse und aufeinander abgestimmte Verhaltensweisen unter miteinander im Wettbewerb stehenden Unternehmen (sog horizontale Verhaltenskoordination), sondern darüber hinaus auch andere Konstellationen – insbes. wettbewerbsbeeinträchtigende Abreden zwischen Angehörigen vor- und nachgelagerter Wirtschaftsstufen (sog. vertikale Verhaltenskoordination) – vom Kartellverbot aus § 1 GWB erfasst (s. Immenga/Mestmäcker/Zimmer GWB § 1 Rn. 8). Insgesamt unterscheidet sich die nationale Regelung deshalb iErg nur noch durch das Fehlen des Zwischenstaatlichkeitsbezugs und der Regelbeispiele von der auf europäischer Ebene maßgeblichen Vorschrift des Art. 101 Abs. 1 AEUV. Darüber hinaus bestehen für **Ausnahmebereiche** abweichende Vorschriften in §§ 3, 28 (Landwirtschaft) und 30 GWB. Eine Art. 101 Abs. 2 AEUV entspr. **Nichtigkeitsanordnung** fehlt im GWB, da für Vereinbarungen und Beschlüsse, die in Widerspruch zu § 1 stehen, bereits aus dem Verbotscharakter die Nichtigkeit folgt, vgl. § 134 BGB (Immenga/Mestmäcker/Zimmer GWB § 1 Rn. 9). Im Übrigen kann auf die Ausführungen zu Art. 101 Abs. 1 AEUV verwiesen werden.

§ 2 Freigestellte Vereinbarungen

(1) Vom Verbot des § 1 freigestellt sind Vereinbarungen zwischen Unternehmen, Beschlüsse von Unternehmensvereinigungen oder aufeinander abgestimmte Verhaltensweisen, die unter angemessener Beteiligung der Verbraucher an dem entstehenden Gewinn zur Verbesserung der Warenerzeugung oder -verteilung oder zur Förderung des technischen oder wirtschaftlichen Fortschritts beitragen, ohne dass den beteiligten Unternehmen

1. Beschränkungen auferlegt werden, die für die Verwirklichung dieser Ziele nicht unerlässlich sind, oder
2. Möglichkeiten eröffnet werden, für einen wesentlichen Teil der betreffenden Waren den Wettbewerb auszuschalten.

(2) ¹Bei der Anwendung von Absatz 1 gelten die Verordnungen des Rates oder der Europäischen Kommission über die Anwendung von Artikel 101 Absatz 3 des Vertrages über die Arbeitsweise der Europäischen Union auf bestimmte Gruppen von Vereinbarungen, Beschlüsse von Unternehmensvereinigungen und aufeinander abgestimmte Verhaltensweisen (Gruppenfreistellungsverordnungen) entsprechend. ²Dies gilt auch, soweit die dort genannten Vereinbarungen, Beschlüsse und Verhaltensweisen nicht geeignet sind, den Handel zwischen den Mitgliedstaaten der Europäischen Union zu beeinträchtigen.

1 Die Vorschrift des § 2 Abs. 1 GWB ist weitgehend dem **Freistellungstatbestand** aus **Art. 101 Abs. 3 AEUV** nachgebildet. Der nationale Gesetzgeber bringt damit – in Abweichung vom Wortlaut des Art. 101 Abs. 3 AEUV („können für nicht anwendbar erklärt werden"), jedoch in inhaltlicher Übereinstimmung mit Art. 1 Abs. 2 der VO Nr. 1/2003 –

zum Ausdruck, dass eine Freistellung von dem in § 1 GWB niedergelegten Kartellverbot ipso jure eintritt, sofern die Voraussetzungen des § 2 GWB vorliegen. Einer behördlichen Freistellungsentscheidung bedarf es somit gerade nicht (mehr), weshalb zutreffend von einem System der **Legalausnahme** gesprochen wird (s. Immenga/Mestmäcker/Zimmer GWB § 1 Rn. 10 mwN). Gem. § 2 Abs. 2 GWB gelten die von dem Rat oder der Kommission erlassenen Gruppenfreistellungsverordnungen bei der Anwendung des Freistellungstatbestandes aus § 2 Abs. 1 GWB entsprechend. Diese auch und gerade künftige Gruppenfreistellungsverordnungen umschließende (dynamische) Verweisung des Gesetzgebers betrifft nicht nur solche Konstellationen, in denen – im Hinblick auf das Bestehen einer Eignung zur Beeinträchtigung des zwischenstaatlichen Handels – dem Gemeinschaftsrecht ohnehin Vorrang zukommt. Vielmehr hat der Gesetzgeber nach Maßgabe von § 2 Abs. 2 S. 2 GWB klargestellt, dass die Anwendbarkeit der Gruppenfreistellungsverordnungen auch für den der eigenen Regelungsautonomie unterfallenden, nationalen Bereich gelten soll (vgl. Immenga/Mestmäcker/Zimmer GWB § 1 Rn. 11). Im Übrigen kann auf die Ausführungen zu Art. 101 Abs. 3 AEUV verwiesen werden.

§ 3 Mittelstandskartelle

Vereinbarungen zwischen miteinander im Wettbewerb stehenden Unternehmen und Beschlüsse von Unternehmensvereinigungen, die die Rationalisierung wirtschaftlicher Vorgänge durch zwischenbetriebliche Zusammenarbeit zum Gegenstand haben, erfüllen die Voraussetzungen des § 2 Absatz 1, wenn

1. dadurch der Wettbewerb auf dem Markt nicht wesentlich beeinträchtigt wird und
2. die Vereinbarung oder der Beschluss dazu dient, die Wettbewerbsfähigkeit kleiner oder mittlerer Unternehmen zu verbessern.

§ 3 GWB enthält – in Abweichung von den Vorgaben des europäischen Rechts – eine **spezialgesetzliche Freistellung vom Kartellverbot** des § 1 GWB betreffend die für förderungswürdig erachtete **horizontale Zusammenarbeit von kleinen und mittleren Unternehmen.** Tatbestandsmäßig wird für die Freistellung vom Kartellverbot im Wesentlichen auf die folgenden Elemente abgehoben: Es muss sich um eine (1) horizontale Vereinbarung zwischen miteinander im Wettbewerb stehenden Unternehmen (oder den Beschluss einer Unternehmensvereinigung) handeln, welche die (2) Rationalisierung wirtschaftlicher Vorgänge durch zwischenbetriebliche Zusammenarbeit zum Gegenstand hat, dadurch (3) der Förderung der Wettbewerbsfähigkeit kleiner oder mittlerer Unternehmen dient und (4) keine wesentliche Beeinträchtigung des Wettbewerbs bewirkt (s. Immenga/Mestmäcker/Fuchs GWB § 3 Rn. 1). 1

Zweiter Abschnitt. Marktbeherrschung, sonstiges wettbewerbsbeschränkendes Verhalten

§ 18 Marktbeherrschung

(1) Ein Unternehmen ist marktbeherrschend, soweit es als Anbieter oder Nachfrager einer bestimmten Art von Waren oder gewerblichen Leistungen auf dem sachlich und räumlich relevanten Markt
1. ohne Wettbewerber ist,
2. keinem wesentlichen Wettbewerb ausgesetzt ist oder
3. eine im Verhältnis zu seinen Wettbewerbern überragende Marktstellung hat.
(2) Der räumlich relevante Markt im Sinne dieses Gesetzes kann weiter sein als der Geltungsbereich dieses Gesetzes.
(3) Bei der Bewertung der Marktstellung eines Unternehmens im Verhältnis zu seinen Wettbewerbern ist insbesondere Folgendes zu berücksichtigen:
1. sein Marktanteil,
2. seine Finanzkraft,

3. sein Zugang zu den Beschaffungs- oder Absatzmärkten,
4. Verflechtungen mit anderen Unternehmen,
5. rechtliche oder tatsächliche Schranken für den Marktzutritt anderer Unternehmen,
6. der tatsächliche oder potenzielle Wettbewerb durch Unternehmen, die innerhalb oder außerhalb des Geltungsbereichs dieses Gesetzes ansässig sind,
7. die Fähigkeit, sein Angebot oder seine Nachfrage auf andere Waren oder gewerbliche Leistungen umzustellen, sowie
8. die Möglichkeit der Marktgegenseite, auf andere Unternehmen auszuweichen.

(4) Es wird vermutet, dass ein Unternehmen marktbeherrschend ist, wenn es einen Marktanteil von mindestens 40 Prozent hat.

(5) Zwei oder mehr Unternehmen sind marktbeherrschend, soweit
1. zwischen ihnen für eine bestimmte Art von Waren oder gewerblichen Leistungen ein wesentlicher Wettbewerb nicht besteht und
2. sie in ihrer Gesamtheit die Voraussetzungen des Absatzes 1 erfüllen.

(6) Eine Gesamtheit von Unternehmen gilt als marktbeherrschend, wenn sie
1. aus drei oder weniger Unternehmen besteht, die zusammen einen Marktanteil von 50 Prozent erreichen, oder
2. aus fünf oder weniger Unternehmen besteht, die zusammen einen Marktanteil von zwei Dritteln erreichen.

(7) Die Vermutung des Absatzes 6 kann widerlegt werden, wenn die Unternehmen nachweisen, dass
1. die Wettbewerbsbedingungen zwischen ihnen wesentlichen Wettbewerb erwarten lassen oder
2. die Gesamtheit der Unternehmen im Verhältnis zu den übrigen Wettbewerbern keine überragende Marktstellung hat.

1 Die am 30.6.2013 in Kraft getretene 8. GWB-Novelle (BGBl. I 2013, 1738 und 1750) brachte – ua – eine Neufassung der Vorschriften über marktbeherrschende und marktstarke Unternehmen (zum bisherigen Recht s. Immenga/Mestmäcker/Möschel GWB § 19 Rn. 17 ff.). Insbes. sollten durch die Novelle die Vorschriften einfacher, anwenderfreundlicher und verständlicher gestaltet werden, ohne dabei allerdings deren materiellen Gehalt zu ändern. Der neu geschaffene § 18 GWB definiert nunmehr den **Begriff der „Marktbeherrschung"**; dabei wird eine **Einzelmarktbeherrschung** erst ab einem Marktanteil von 40 % (vormals genügte bereits ein Marktanteil von einem Drittel) vermutet. Im Übrigen kann in Ansehung der Marktbeherrschung grds. auf → AEUV Art. 102 Rn. 1 ff. verwiesen werden. Für das Verhältnis des GWB zu den europäischen Vorschriften greift auf nationaler Ebene § 22 GWB, dem im Wesentlichen allerdings nur klarstellende Wirkung zukommt, da bereits der normhierarchisch vorrangige Art. 3 VO 1/2003 dieses Verhältnis mit Vorrangwirkung adressiert (s. weiterhin Immenga/Mestmäcker/Rehbinder GWB § 22 Rn. 1 ff.).

§ 19 Verbotenes Verhalten von marktbeherrschenden Unternehmen

(1) Die missbräuchliche Ausnutzung einer marktbeherrschenden Stellung durch ein oder mehrere Unternehmen ist verboten.

(2) Ein Missbrauch liegt insbesondere vor, wenn ein marktbeherrschendes Unternehmen als Anbieter oder Nachfrager einer bestimmten Art von Waren oder gewerblichen Leistungen
1. ein anderes Unternehmen unmittelbar oder mittelbar unbillig behindert oder ohne sachlich gerechtfertigten Grund unmittelbar oder mittelbar anders behandelt als gleichartige Unternehmen;
2. Entgelte oder sonstige Geschäftsbedingungen fordert, die von denjenigen abweichen, die sich bei wirksamem Wettbewerb mit hoher Wahrscheinlichkeit ergeben würden; hierbei sind insbesondere die Verhaltensweisen von Unterneh-

men auf vergleichbaren Märkten mit wirksamem Wettbewerb zu berücksichtigen;
3. ungünstigere Entgelte oder sonstige Geschäftsbedingungen fordert, als sie das marktbeherrschende Unternehmen selbst auf vergleichbaren Märkten von gleichartigen Abnehmern fordert, es sei denn, dass der Unterschied sachlich gerechtfertigt ist;
4. sich weigert, einem anderen Unternehmen gegen angemessenes Entgelt Zugang zu den eigenen Netzen oder anderen Infrastruktureinrichtungen zu gewähren, wenn es dem anderen Unternehmen aus rechtlichen oder tatsächlichen Gründen ohne die Mitbenutzung nicht möglich ist, auf dem vor- oder nachgelagerten Markt als Wettbewerber des marktbeherrschenden Unternehmens tätig zu werden; dies gilt nicht, wenn das marktbeherrschende Unternehmen nachweist, dass die Mitbenutzung aus betriebsbedingten oder sonstigen Gründen nicht möglich oder nicht zumutbar ist;
5. seine Marktstellung dazu ausnutzt, andere Unternehmen dazu aufzufordern oder zu veranlassen, ihm ohne sachlich gerechtfertigten Grund Vorteile zu gewähren.

(3) ¹Absatz 1 in Verbindung mit Absatz 2 Nummer 1 und Nummer 5 gilt auch für Vereinigungen von miteinander im Wettbewerb stehenden Unternehmen im Sinne der §§ 2, 3 und 28 Absatz 1, § 30 Absatz 2a und § 31 Absatz 1 Nummer 1, 2 und 4. ²Absatz 1 in Verbindung mit Absatz 2 Nummer 1 gilt auch für Unternehmen, die Preise nach § 28 Absatz 2 oder § 30 Absatz 1 Satz 1 oder § 31 Absatz 1 Nummer 3 binden.

§ 19 GWB regelt die missbräuchliche Ausnutzung einer marktbeherrschenden Stellung (vgl. hierzu § 18 GWB) durch eines oder mehrere Unternehmen, wobei in § 19 Abs. 2 die Regelbeispiele für missbräuchliches Verhalten durch die 8. GWB-Novelle (BGBl. I 2013, 1738 und 1750) neu gefasst worden sind (zum bisherigen Recht Immenga/Mestmäcker/Möschel GWB § 19 Rn. 99 ff.). Im Übrigen kann in Ansehung des Missbrauchsverhaltens auf → AEUV Art. 102 Rn. 1 ff. verwiesen werden. 1

§ 20 Verbotenes Verhalten von Unternehmen mit relativer oder überlegener Marktmacht

(1) ¹§ 19 Absatz 1 in Verbindung mit Absatz 2 Nummer 1 gilt auch für Unternehmen und Vereinigungen von Unternehmen, soweit von ihnen kleine oder mittlere Unternehmen als Anbieter oder Nachfrager einer bestimmten Art von Waren oder gewerblichen Leistungen in der Weise abhängig sind, dass ausreichende und zumutbare Möglichkeiten, auf andere Unternehmen auszuweichen, nicht bestehen (relative Marktmacht). ²Es wird vermutet, dass ein Anbieter einer bestimmten Art von Waren oder gewerblichen Leistungen von einem Nachfrager abhängig im Sinne des Satzes 1 ist, wenn dieser Nachfrager bei ihm zusätzlich zu den verkehrsüblichen Preisnachlässen oder sonstigen Leistungsentgelten regelmäßig besondere Vergünstigungen erlangt, die gleichartigen Nachfragern nicht gewährt werden.

(2) § 19 Absatz 1 in Verbindung mit Absatz 2 Nummer 5 gilt auch für Unternehmen und Vereinigungen von Unternehmen im Verhältnis zu den von ihnen abhängigen Unternehmen.

(3) ¹Unternehmen mit gegenüber kleinen und mittleren Wettbewerbern überlegener Marktmacht dürfen ihre Marktmacht nicht dazu ausnutzen, solche Wettbewerber unmittelbar oder mittelbar unbillig zu behindern. ²Eine unbillige Behinderung im Sinne des Satzes 1 liegt insbesondere vor, wenn ein Unternehmen
1. Lebensmittel im Sinne des § 2 Absatz 2 des Lebensmittel- und Futtermittelgesetzbuches unter Einstandspreis oder
2. andere Waren oder gewerbliche Leistungen nicht nur gelegentlich unter Einstandspreis oder

3. von kleinen oder mittleren Unternehmen, mit denen es auf dem nachgelagerten Markt beim Vertrieb von Waren oder gewerblichen Leistungen im Wettbewerb steht, für deren Lieferung einen höheren Preis fordert, als es selbst auf diesem Markt

anbietet, es sei denn, dies ist jeweils sachlich gerechtfertigt. ³Das Anbieten von Lebensmitteln unter Einstandspreis ist sachlich gerechtfertigt, wenn es geeignet ist, den Verderb oder die drohende Unverkäuflichkeit der Waren beim Händler durch rechtzeitigen Verkauf zu verhindern sowie in vergleichbar schwerwiegenden Fällen. ⁴Werden Lebensmittel an gemeinnützige Einrichtungen zur Verwendung im Rahmen ihrer Aufgaben abgegeben, liegt keine unbillige Behinderung vor.¹

(4) Ergibt sich auf Grund bestimmter Tatsachen nach allgemeiner Erfahrung der Anschein, dass ein Unternehmen seine Marktmacht im Sinne des Absatzes 3 ausgenutzt hat, so obliegt es diesem Unternehmen, den Anschein zu widerlegen und solche anspruchsbegründenden Umstände aus seinem Geschäftsbereich aufzuklären, deren Aufklärung dem betroffenen Wettbewerber oder einem Verband nach § 33 Absatz 2 nicht möglich, dem in Anspruch genommenen Unternehmen aber leicht möglich und zumutbar ist.

(5) Wirtschafts- und Berufsvereinigungen sowie Gütezeichengemeinschaften dürfen die Aufnahme eines Unternehmens nicht ablehnen, wenn die Ablehnung eine sachlich nicht gerechtfertigte ungleiche Behandlung darstellen und zu einer unbilligen Benachteiligung des Unternehmens im Wettbewerb führen würde.

¹ *(Amtl. Anm.:) § 20 Absatz 3 gilt gemäß Artikel 2 in Verbindung mit Artikel 7 Satz 2 des Gesetzes vom 26. Juni 2013 (BGBl. I S. 1738) ab 1. Januar 2018 in folgender Fassung:*

„*(3) Unternehmen mit gegenüber kleinen und mittleren Wettbewerbern überlegener Marktmacht dürfen ihre Marktmacht nicht dazu ausnutzen, solche Wettbewerber unmittelbar oder mittelbar unbillig zu behindern. Eine unbillige Behinderung im Sinne des Satzes 1 liegt insbesondere vor, wenn ein Unternehmen*

1. *Waren oder gewerbliche Leistungen nicht nur gelegentlich unter Einstandspreis anbietet oder*
2. *von kleinen oder mittleren Unternehmen, mit denen es auf dem nachgelagerten Markt beim Vertrieb von Waren oder gewerblichen Leistungen im Wettbewerb steht, für deren Lieferung einen höheren Preis fordert, als es selbst auf diesem Markt anbietet,*

es sei denn, dies ist jeweils sachlich gerechtfertigt."

1 § 20 GWB betrifft nach der 8. GWB-Novelle (BGBl. I 2013, 1738 und 1750) die Konstellation von **relativer und überlegener Marktmacht.** Im Übrigen kann in Ansehung des Missbrauchsverhaltens grds. auf → AEUV Art. 102 Rn. 1 ff. verwiesen werden.

§ 21 Boykottverbot, Verbot sonstigen wettbewerbsbeschränkenden Verhaltens

(1) Unternehmen und Vereinigungen von Unternehmen dürfen nicht ein anderes Unternehmen oder Vereinigungen von Unternehmen in der Absicht, bestimmte Unternehmen unbillig zu beeinträchtigen, zu Liefersperren oder Bezugssperren auffordern.

(2) Unternehmen und Vereinigungen von Unternehmen dürfen anderen Unternehmen keine Nachteile androhen oder zufügen und keine Vorteile versprechen oder gewähren, um sie zu einem Verhalten zu veranlassen, das nach folgenden Vorschriften nicht zum Gegenstand einer vertraglichen Bindung gemacht werden darf:

1. nach diesem Gesetz,
2. nach Artikel 101 oder 102 des Vertrages über die Arbeitsweise der Europäischen Union oder
3. nach einer Verfügung der Europäischen Kommission oder der Kartellbehörde, die auf Grund dieses Gesetzes oder auf Grund der Artikel 101 oder 102 des Vertrages über die Arbeitsweise der Europäischen Union ergangen ist.

(3) Unternehmen und Vereinigungen von Unternehmen dürfen andere Unternehmen nicht zwingen,
1. einer Vereinbarung oder einem Beschluss im Sinne der §§ 2, 3 oder 28 Absatz 1 beizutreten oder
2. sich mit anderen Unternehmen im Sinne des § 37 zusammenzuschließen oder
3. in der Absicht, den Wettbewerb zu beschränken, sich im Markt gleichförmig zu verhalten.

(4) Es ist verboten, einem anderen wirtschaftlichen Nachteil zuzufügen, weil dieser ein Einschreiten der Kartellbehörde beantragt oder angeregt hat.

§ 21 GWB enthält ein **Boykottverbot** (Abs. 1) und das **Verbot sonstigen wettbewerbsbeschränkenden Verhaltens** (Abs. 2–4). Im Übrigen kann in Ansehung des Missbrauchsverhaltens grds. auf → AEUV Art. 102 Rn. 1 ff. verwiesen werden. 1

Fünfter Abschnitt. Sonderregeln für bestimmte Wirtschaftsbereiche

§ 30 Preisbindung bei Zeitungen und Zeitschriften

(1) [1]§ 1 gilt nicht für vertikale Preisbindungen, durch die ein Unternehmen, das Zeitungen oder Zeitschriften herstellt, die Abnehmer dieser Erzeugnisse rechtlich oder wirtschaftlich bindet, bei der Weiterveräußerung bestimmte Preise zu vereinbaren oder ihren Abnehmern die gleiche Bindung bis zur Weiterveräußerung an den letzten Verbraucher aufzuerlegen. [2]Zu Zeitungen und Zeitschriften zählen auch Produkte, die Zeitungen oder Zeitschriften reproduzieren oder substituieren und bei Würdigung der Gesamtumstände als überwiegend verlagstypisch anzusehen sind, sowie kombinierte Produkte, bei denen eine Zeitung oder eine Zeitschrift im Vordergrund steht.

(2) [1]Vereinbarungen der in Absatz 1 bezeichneten Art sind, soweit sie Preise und Preisbestandteile betreffen, schriftlich abzufassen. [2]Es genügt, wenn die Beteiligten Urkunden unterzeichnen, die auf eine Preisliste oder auf Preismitteilungen Bezug nehmen. [3]§ 126 Absatz 2 des Bürgerlichen Gesetzbuchs findet keine Anwendung.

(2a) [1]§ 1 gilt nicht für Branchenvereinbarungen zwischen Vereinigungen von Unternehmen, die nach Absatz 1 Preise für Zeitungen oder Zeitschriften binden (Presseverlage), einerseits und Vereinigungen von deren Abnehmern, die im Preis gebundene Zeitungen und Zeitschriften mit Remissionsrecht beziehen und mit Remissionsrecht an Letztveräußerer verkaufen (Presse-Grossisten), andererseits für die von diesen Vereinigungen jeweils vertretenen Unternehmen, soweit in diesen Branchenvereinbarungen der flächendeckende und diskriminierungsfreie Vertrieb von Zeitungs- und Zeitschriftensortimenten durch die Presse-Grossisten, insbesondere dessen Voraussetzungen und dessen Vergütungen sowie die dadurch abgegoltenen Leistungen geregelt sind. [2]Insoweit sind die in Satz 1 genannten Vereinigungen und die von ihnen jeweils vertretenen Presseverlage und Presse-Grossisten zur Sicherstellung eines flächendeckenden und diskriminierungsfreien Vertriebs von Zeitungen und Zeitschriften im stationären Einzelhandel im Sinne von Artikel 106 Absatz 2 des Vertrages über die Arbeitsweise der Europäischen Union mit Dienstleistungen von allgemeinem wirtschaftlichem Interesse betraut. [3]Die §§ 19 und 20 bleiben unberührt.

(3) [1]Das Bundeskartellamt kann von Amts wegen oder auf Antrag eines gebundenen Abnehmers die Preisbindung für unwirksam erklären und die Anwendung einer neuen gleichartigen Preisbindung verbieten, wenn
1. die Preisbindung missbräuchlich gehandhabt wird oder
2. die Preisbindung oder ihre Verbindung mit anderen Wettbewerbsbeschränkungen geeignet ist, die gebundenen Waren zu verteuern oder ein Sinken ihrer Preise zu verhindern oder ihre Erzeugung oder ihren Absatz zu beschränken.

GWB § 30 V. Medienwirtschaft

²Soweit eine Branchenvereinbarung nach Absatz 2a einen Missbrauch der Freistellung darstellt, kann das Bundeskartellamt diese ganz oder teilweise für unwirksam erklären.

§ 30 Abs. 1 GWB regelt eine Ausnahme v. grds. Verbot wettbewerbsbeschränkender Vereinbarungen gem. § 1 GWB für vertikale Preisbindungsvereinbarungen im Zeitungs- u. Zeitschriftenvertrieb. Zeitungs- u. Zeitschriftenhersteller iSd Vorschr. (→ Rn. 17) dürfen ihren Abnehmern (→ Rn. 19) bestimmte Preise vorschreiben u. ihnen die Pflicht auferlegen, weitere Abnehmer bis zur Weiterveräußerung an den Endverbraucher ebenso zu binden (→ Rn. 20). Im Gegensatz zur gesetzlichen Buchpreisbindung sind die Beteiligten zur Preisbindung nur berechtigt, aber nicht verpflichtet. Abs. 1 S. 2 erweitert die Begriffe d. Zeitung und d. Zeitschrift (→ Rn. 13). Sie umfassen auch verlagstypische Reproduktionen und Substitute sowie kombinierte Produkte mit Zeitungs- o. Zeitschriftencharakter (→ Rn. 14). Abs. 2 sieht für Preisbindungsvereinbarungen ein Schriftformerfordernis vor (→ Rn. 26). Das BKartA kann im Zuge d. Missbrauchsaufsicht Vereinbarungen nach Abs. 3 für unwirksam erklären (→ Rn. 34). Im Zuge d. 8. GWB-Novelle wurde die Vorschr. um Regelungen zum Presse-Grosso in Abs. 2a u. Abs. 3 ergänzt (→ Rn. 28).

Übersicht

	Rn		Rn
A. Allgemeines	1	**D. Vereinbarungen zwischen Vereinigungen von Presseverlagen und Presse-Grossisten (Abs. 2a)**	28
I. Historische Entwicklung der Preisbindung von Verlagserzeugnissen	1	I. Hintergrund	29
II. Neuregelung zum Presse-Grosso	2	II. Branchenvereinbarungen	30
III. Struktur des Vertriebs von Zeitungen und Zeitschriften	3	III. Presseverlage und Presse-Grossisten	31
IV. Normzweck	5	IV. Betrauung iSv Art. 106 Abs. 2 AEUV	32
V. Konformität mit höherrangigem Recht	7	V. §§ 19, 20 GWB	33
1. Verfassungsrecht	7	**E. Missbrauchsaufsicht (Abs. 3)**	34
2. EU-Recht	9	I. Preisbindung von Zeitungen und Zeitschriften	34
B. Vertikale Preisbindungen bei Zeitungen und Zeitschriften (Abs. 1)	12	1. Missbräuchliche Handhabung der Preisbindung (Nr. 1)	36
I. Systematik	12	2. Eignung zur Verteuerung, zur Verhinderung der Preissenkung oder zur Beschränkung der Erzeugung oder des Absatzes (Nr. 2)	37
II. Zeitungen oder Zeitschriften	13	3. Rechtsfolgen	38
1. „Klassische" Zeitungen und Zeitschriften	13	4. Verfahren	39
2. Reproduktionen und Substitute	14	II. Freistellung von Branchenvereinbarungen iSv Abs. 2a	40
3. Kombinierte Produkte	16		
III. Unternehmen, das Zeitungen oder Zeitschriften herstellt	17	**F. Rechtsschutz bei der Preisbindung von Zeitungen und Zeitschriften**	41
IV. Abnehmer	19		
V. Vertikale Preisbindungen	20	**G. Exkurs: Buchpreisbindungsgesetz (BuchPrG)**	42
1. Keine horizontale Bindung	21		
2. Preisbindung	22		
C. Schriftformerfordernis (Abs. 2)	26		

A. Allgemeines
I. Historische Entwicklung der Preisbindung von Verlagserzeugnissen

1 Die Privilegierung d. Preisbindung v. Verlagserzeugnissen (monographisch Kollmann, Die Preisbindung für Zeitungen und Zeitschriften, 2011) befindet sich seit jeher im GWB u. bezweckte (zunächst) die wirtschaftliche Absicherung d. Buchhandels (BT-Drs. 2/1158, 36; MüKoWettbR/Bremer/Martini GWB § 30 Rn. 16 ff. mwN). Wurde die Preisbindung

anfänglich auch für Markenwaren gestattet, entfiel diese Möglichkeit 1973 (Immenga/Mestmäcker/Emmerich GWB § 30 Rn. 4 f.). Die Preisbindung wurde aber für Verlagserzeugnisse in § 16 GWB aF bzw. später in § 15 GWB aF beibehalten. Seit 2002 ist die Preisbindung für Bücher nicht mehr im GWB, sondern im Buchpreisbindungsgesetz (BuchPrG → Rn. 42) u. die Preisbindung für Zeitungen u. Zeitschriften (inzwischen) in § 30 GWB im Abschn. über „Sonderregeln für bestimmte Wirtschaftsbereiche" geregelt (zur Entwicklung Immenga/Mestmäcker/Emmerich GWB § 30 Rn. 1 ff.; Langen/Bunte/Bahr GWB § 30 Rn. 3 ff.; zur praktischen Bedeutung d. Vorschr. s. LMR/Nordemann GWB § 30 GWB § 30 Rn. 7 ff.).

Die Preisbindung für Verlagserzeugnisse wurde in Deutschland bereits Ende d. 19. Jh. flächendeckend eingeführt. 1887 verpflichtete der Börsenverein d. Dt. Buchhändler – motiviert d. eine Verringerung d. Wettbewerbsdrucks – die Buchhändler zur Einhaltung d. Ladenpreises. Die vertikale Preisbindung warf in Zeiten rechtlicher Anerkennung v. Kartellen (RGZ 38, 155 – Sächsisches Holzstoffkartell; RGZ 28, 238 – Börsenverein I; RGZ 56, 271 – Börsenverein II) keinerlei Besonderheiten auf u. musste nicht kulturpolitisch begründet werden (MüKoWettbR/Bremer/Martini GWB § 30 Rn. 16; ausf. zur geschichtlichen Entwicklung d. Preisbindung JPS/Waldenberger GWB § 30 Rn. 1 f.; LMR/Nordemann GWB § 30 Rn. 1; MüKoWettbR/Bremer/Martini GWB § 30 Rn. 13 ff.). **1.1**

II. Neuregelung zum Presse-Grosso

Im Zuge d. 8. GWB-Novelle (hierzu Bechtold NZKart 2013, 263; Bosch/Fritzsche NJW 2013, 2225; Kollmann K & R 2013, 23) ist § 30 GWB um Regelungen zu Vereinbarungen zwischen Vereinigungen v. Presseverlagen u. Presse-Grossisten in einem neuen Abs. 2a erweitert u. in Abs. 3 ergänzt worden (s. hierzu Bechtold GWB § 30 Rn. 34 f.; Guggenberger/Ulmer AfP 2013, 183; Kühling ZUM 2013, 18; Paschke AfP 2012, 501; Schwarze NZKart 2013, 270). Die Monopolkommission hatte v. einer derartigen Änderung explizit abgeraten (s. Hauptgutachten XIX, 2012, BT-Drs. 17/10365, 285). **2**

III. Struktur des Vertriebs von Zeitungen und Zeitschriften

Der Vertrieb v. Zeitungen u. Zeitschriften erfolgt über den stationären Einzelhandel, über Abonnements u. über Lesezirkel; der va maßgebliche Vertrieb über den stationären Einzelhandel erfolgt d. Presse-Grossisten (eine Ausnahme bildet der Bahnhofsbuchhandel), welche als Gebietsmonopolisten („Doppelgrosso" nur in Bln, Hmb u. in einem kleinen Gebiet in SchlH, s. Monopolkommission, Hauptgutachten XIX, 2012, BT-Drs. 17/10365, 284 Fn. 462) sämtliche (Einzel-)Händler in ihrem Gebiet mit dem gesamten Sortiment beliefern (Bechtold GWB § 30 Rn. 8, 32; zusf. Gersdorf AfP 2012, 336 (336 ff.)). Dabei werden die Konditionen d. Vertriebs d. den Bundesverband Presse-Grosso zentral mit den Verlagen verhandelt (hierzu nun Abs. 2a). Der Vertrieb v. Zeitungen u. Zeitschriften ist geprägt d. das Dispositions- u. Remissionsrecht, die Preis- u. Verwendungsbindung sowie die Neutralität auf Grosso-Ebene („essentials", s. Gemeinsame Erkl. d. VDZ, d. BDZV u. d. BVPG v. 19.8.2004). Verleger haben das Recht, aber nicht die Pflicht zur Preisbindung (§ 30 GWB normiert kein gesetzliches Ge- oder Verbot (OLG Düsseldorf NZKart 2013, 170); zu den Unterschieden zwischen Buch- u. Zeitungs-/Zeitschriftenvertrieb s. JPS/Waldenberger GWB § 30 Rn. 16, 23 f.). In der Preisbindungsvereinbarung verpflichtet sich der Erstabnehmer insbes. die weiteren Abnehmer an den (aufgedruckten) Verkaufspreis zu binden (zu weiteren Absprachen s. JPS/Waldenberger GWB § 30 Rn. 10). Zentrale Bedeutung kommt der Vereinbarung eines Remissionsrechts zu (nunmehr explizit benannt in Abs. 2a S. 1): Der Abnehmer eines Presseerzeugnisses ist danach berechtigt, Zeitungen u. Zeitschriften an die vorherige Vertriebsstufe gegen Erstattung d. Kosten zurückzugeben. Das Remissionsrecht bildet das Gegengewicht zur Preisbindung u. belässt das wirtschaftliche Risiko d. Verkaufs v. Zeitungen u. Zeitschriften beim Verleger (JPS/Waldenberger GWB § 30 Rn. 11). **3**

Der Verleger bestimmt über Auflage u. Vertriebsmodalitäten (BGH NJW 1982, 644 – Dispositionsrecht). Ebenso kann der Verleger sein Dispositionsrecht an die nachgelagerte Vertriebsstufe übertragen (derivatives Dispositionsrecht). Der Grossist bzw. der Einzelhändler hat ggü. den vertriebenen Erzeugnissen „neutral" zu sein, also insbes. keine Erzeugnisse zu bevorzugen o. zu benach- **3.1** teiligen (s. jetzt auch Abs. 2a S. 1; Grundlage dieser Pflicht ist die Preisbindungsvereinbarung, nach aA die „Natur" d. Preisbindung v. Presseerzeugnissen, zum Streitstand s. JPS/Waldenberger GWB § 30 Rn. 12; MüKoWettbR/Bremer/Martini GWB § 30 Rn. 5). Hiermit korrespondiert eine Belieferungspflicht d. Monopolgrossisten ggü. dem nachf. (Einzel-)Händler (JPS/Waldenberger GWB § 30 Rn. 12; Immenga/Mestmäcker/Emmerich GWB § 30 Rn. 47).

4 Die Preisbindung v. Grossist o. Einzelhändler wird entweder in Einzelverträgen o. in sog Sammelreversen geregelt (Immenga/Mestmäcker/Emmerich GWB § 30 Rn. 43 f.; LMR/Nordemann GWB § 30 Rn. 21 ff.).

4.1 Mit einem Sammelrevers bündeln mehrere Verleger ihr jeweiliges Preisbindungsverlangen u. ersparen damit dem Abnehmer die Unterzeichnung vieler einzelner Preisbindungsvereinbarungen. Der Sammelrevers ist eine rein organisatorische Bündelung v. separaten, voneinander rechtlich unabhängigen Vereinbarungen (MüKoWettbR/Bremer/Martini GWB § 30 Rn. 33; skeptisch Immenga/Mestmäcker/Emmerich GWB § 30 Rn. 44 f.). Zur Verwaltung d. Sammelreverses wird ein Treuhänder eingesetzt.

IV. Normzweck

5 Seine materielle Berechtigung findet § 30 Abs. 1 GWB bereits in der Ausgestaltung d. Vertriebsbeziehungen im Zeitungs- u. Zeitschriftenvertrieb. Da wirtschaftlich der Verlag das Absatzrisiko trägt, ist das Recht zur Preisbindung bereits aus diesem Grund kartellrechtlich begründbar (LMR/Nordemann GWB § 30 Rn. 3). Das Remissionsrecht gewährleistet zuvörderst die Überallerhältlichkeit (Ubiquität) v. Verlagserzeugnissen (LMR/Nordemann GWB § 30 Rn. 3). Das mit dem Remissionsrecht d. gebundenen Händlers einhergehende Dispositionsrecht d. Presseunternehmens verhindert einen rein an Kosteneffizienz orientierten Vertrieb u. sichert niedrige Marktzutrittsschranken (JPS/Waldenberger GWB § 30 Rn. 5; zu den Einwänden gegen die Preisbindung Rn. 6 ff. sowie MüKoWettbR/Bremer/Martini GWB § 30 Rn. 6 f.; s. auch (zur Buchpreisbindung) Monopolkommission, Hauptgutachten XIII, 2000, 393 ff.). Die d. § 30 GWB geförderte Vielfalt d. erhältlichen Presseerzeugnisse eröffnet die Möglichkeit eines wünschenswerten „publizistischen Wettbewerbs" auf einem „Meinungsmarkt" (s. JPS/Waldenberger GWB § 30 Rn. 3). Die Regelung in § 30 GWB ist daher (inzwischen) auch Ausprägung einer kulturpolitischen Grundhaltung (Immenga/Mestmäcker/Emmerich GWB § 30 Rn. 17). Zeitungen u. Zeitschriften leisten einen wertvollen Beitrag zum gesellschaftspolitisch gewünschten Informationsaustausch. Die Preisbindung ist „verfassungsnah" (Fezer GRUR 1988, 185; s. auch Waldenberger NJW 2002, 2914 (2917 f.)).

5.1 Der jüngere Gesetzgeber weist folgerichtig bei der Begründung d. Vorschr. auf die Pressefreiheit u. Meinungsbildungsfreiheit hin (hierzu JPS/Waldenberger GWB § 30 Rn. 25 ff.; zur Pressefreiheit allgemein → GG Art. 5 Rn. 45 ff.). Die für § 30 GWB übernommene (vgl. BR-Drs. 441/04, 86) Gesetzesbegründung zu § 15 GWB aF führt aus: „Es ist erforderlich, die Preisbindung von Zeitungen und Zeitschriften zu ermöglichen, weil der Staat verpflichtet ist, die Pressefreiheit zu schützen. Zur Pressefreiheit zählt auch der Vertrieb von Presseprodukten (BVerfG NJW 1988, 1833 f.). Das historisch gewachsene, zeitungs- und zeitschriftenspezifische Vertriebssystem gewährleistet, dass die Presseerzeugnisse zu einheitlichen Preisen überall erhältlich sind, damit sich Bürger in allen Teilen des Landes unter gleichen Voraussetzungen eine eigene Meinung bilden können. Die vertragliche Preisbindung für Zeitungen und Zeitschriften dient vorrangig dem Zweck, diese Überallerhältlichkeit sicherzustellen." (BT-Drs. 14/9196, 14; hierzu Waldenberger NJW 2002, 2914 f.; ähnlich BGH GRUR 2006, 161 (163) mAnm Steinbeck – Zeitschrift mit Sonnenbrille).

6 Zur Begr. d. neuen Abs. 2a führt der Ausschuss für Wirtschaft u. Technologie – unter impliziten Verweis auf ein Urt. d. LG Köln (GRUR-RR 2012, 171 mAnm Schnelle/Kollmann – Presse-Grosso) – aus (BT-Drs. 17/11053, 18): „Die Änderung soll das seit Jahrzehnten bewährte Presse-Grosso-Vertriebssystem, das wesentlich zur Überallerhältlichkeit von Pressetiteln und zu einem diskriminierungsfreien Zugang insbes. auch von Titeln kleinerer Verlage und von Titeln mit kleineren Auflagen zum Lesermarkt beiträgt, kartellrechtlich absichern." In Ansehung d. Struktur d. Vertriebs v. Zeitungen u. Zeitschriften ist dem Presse-Grosso eine vielfaltssicherstellenden Funktion, insbes. in Bezug auf die Überallerhältlichkeit u. Neutralität, zuzusprechen (s. auch Bechtold GWB § 30 Rn. 32). Gefahren für die Pressefreiheit wird hierdurch vorbeugt u. der Staat kommt somit zugunsten d. Pressevielfalt seiner Gewährleistungsverantwortung nach (Gersdorf AfP 2012, 336 (338 ff.); zum grundrechtlichen Schutz des Presse-Grossos allgemein → GG Art. 5 Rn. 52).

V. Konformität mit höherrangigem Recht
1. Verfassungsrecht

Die Verfassungskonformität d. Preisbindung v. Zeitungen u. Zeitschriften wird in materieller Hinsicht nicht ernsthaft in Frage gestellt. In Rede steht allein eine etwaige formelle Verfassungswidrigkeit d. § 30 GWB aufgrund mangelnder Kompetenz d. Bundesgesetzgebers. Trotz der Förderung d. Meinungsvielfalt u. d. Überallerhältlichkeit v. Presseerzeugnissen dürfte die kartellrechtliche Kompetenznorm d. Art. 74 Abs. 1 Nr. 16 GG einschlägig sein (so ausdrücklich BVerfG NJW 1987, 1397; aA MüKoWettbR/Bremer/Martini GWB § 30 Rn. 8 ff.). Der grundrechtsbezogene Anlass d. Regelung ist insoweit nicht allein maßstabsbildend (Paschke AfP 2012, 501 (509 f.)). 7

Die Verfassungskonformität d. neuen Abs. 2a wird unter mehreren Gesichtspunkten in Frage gestellt. Angemahnt wird teilw. die Gesetzgebungskompetenz d. Bundes. Trotz der mit der Regelung bezweckten Gewährleistung d. Pressevielfalt u. Überallerhältlichkeit dürfte insoweit allerdings ebenso Art. 74 Abs. 1 Nr. 16 GG (Kartellrecht) einschlägig sein (Kühling ZUM 2013, 18 (28); Schwarze NZKart 2013, 270 (271); ebenso in diese Richtung Gersdorf AfP 2012, 336 (344); aA u. eine Kompetenz d. Länder bejahend Guggenberger/Ulmer AfP 2013, 183 (186); Paschke AfP 2012, 501 (508 ff.), der allerdings zutr. darauf hinweist, dass sich die Erwägungen zu § 30 Abs. 1 GWB nicht unbesehen übertragen lassen). Die Freistellung v. Kartellverbot bleibt eine primär kartellrechtliche Entscheidung; auch der grundrechtsbezogene Anlass von Abs. 2a kann nicht als allein maßstabsbildend eingestuft werden. In materieller Hinsicht ist zutr., dass der grundrechtliche Schutz d. die Pressevielfalt fördernden Hilfstätigkeit d. Presse-Grossisten nicht „in einen Schutz vor der hilfsbedürftigen Grundrechtsausübung um der Hilfstätigkeit willen" verkehrt werden darf (Guggenberger/Ulmer AfP 2013, 183 (186); Paal AfP 2012, 1 (8)). Der gesetzgeberische Ansatz in Abs. 2a dürfte aber dennoch nicht als reine Bestandssicherung (so Paschke AfP 2012, 431 (437)), sondern als zukunftsorientierte, die beteiligten Grundrechtspositionen ausgleichende Ausgestaltung d. Presse-Grossos einzustufen sein (Schwarze NZKart 2013, 270 (272); aA Paschke AfP 2012, 431, der einen unzulässigen Eingriff in die Pressevertriebsfreiheit konzediert). Die Erforderlichkeit einer Gestattung v. Gebietsmonopolen u. Zentralvermarktungsmandat kann in Ansehung d. vielfaltssicherstellenden Funktion d. Presse-Grossos, insbes. d. Überallerhältlichkeit u. d. Neutralität, bejaht werden (s. auch Paal, FS Stürner, 2013, 215; aA Guggenberger/Ulmer AfP 2013, 183 (186 f.); s. ferner zur grundrechtlichen Diskussion Gersdorf AfP 2012, 336 sowie (iErg aA) Paschke AfP 2012, 431 (436 ff.)). 8

2. EU-Recht

Die Preisbindung v. Zeitungen u. Zeitschriften ist als europarechtskonform einzustufen (Alexander GRUR Int 2010, 803 (807 ff.); Bechtold GWB § 30 Rn. 50; Waldenberger NJW 2002, 2914 (2916 f.); aA Immenga/Mestmäcker/Emmerich GWB § 30 Rn. 18, 36; Schulte/Just/O. Weber, Kartellrecht, 2011, Rn. 2, 30 f.; Kollmann, Die Preisbindung für Zeitungen und Zeitschriften, 2011, 144 ff.; s. auch Emmerich, FS H. P. Westermann, 2008, 899 (903 ff.), insbes. zur Vertikal-GFVO und zum Handelsvertreterprivileg). Eine entspr. Feststellung traf 1999 die EU-Kommission (im konkreten Fall zur belgischen Presse, s. EU-Kommission, XXIX. Bericht über Wettbewerbspolitik, 2000, 181 ff.). Hierbei maß die EU-Kommission verständlicherweise dem Remissionsrecht zentrale u. entscheidende Bedeutung bei (die europarechtliche Bewertung d. Preisbindung zusf. JPS/Waldenberger GWB § 30 Rn. 17 ff.; Langen/Bunte/Bahr GWB § 30 Rn. 9 ff.; s. auch → Rn. 12). Die Privilegierung d. Preisbindung entspricht auch dem Schutz d. Pressefreiheit im Unionsprimärrecht u. in der EMRK (hierzu JPS/Waldenberger GWB § 30 Rn. 20). 9

Des Weiteren ist allerdings zu beachten, dass das in § 30 Abs. 2 GWB kodifizierte Schriftformerfordernis sowie die in § 30 Abs. 3 GWB geregelte Missbrauchsaufsicht im EU- 10

GWB § 30

Kartellrecht nicht vorgesehen ist. Bei zwischenstaatlichen Sachverhalten (hierzu u. zu einer möglichen analogen Anwendung v. § 4 BuchPrG LMR/Nordemann GWB § 30 Rn. 86) sind § 30 Abs. 2 u. Abs. 3 GWB somit nach § 22 Abs. 2 GWB nicht anzuwenden (JPS/Waldenberger GWB § 30 Rn. 63; LMR/Nordemann GWB § 30 Rn. 6, 36, 50). Daher ist auch die für § 30 Abs. 3 GWB relevante Lückenlosigkeit (→ Rn. 36.1) aus europarechtlicher Sicht nicht erforderlich (hierzu Langen/Bunte/Bahr GWB § 30 Rn. 74; LMR/Nordemann GWB § 30 Rn. 44 mwN zur Diskussion).

11   Die Europarechtskonformität d. neuen Abs. 2a wird kontrovers diskutiert (s. Guggenberger/Ulmer AfP 2013, 183 (187); Kühling ZUM 2013, 18; Paschke AfP 2012, 501 (502 ff.); Schwarze NZKart 2013, 270 (273 ff.)). Vom Gesetzgeber wird die Freistellung v. Kartellverbot mit Blick auf einen „flächendeckenden und diskriminierungsfreien Vertrieb an den Einzelhandel" als europarechtskonform eingestuft (BT-Drs. 17/11053, 18). Maßgeblich soll insoweit sein, dass der Gesetzgeber gem. § 30 Abs. 2a S. 2 GWB die Verlage u. Presse-Grossisten sowie deren Vereinigungen mit Dienstleistungen v. allg. wirtschaftlichen Interesse iSd Art. 106 Abs. 2 AEUV betraut hat. Allerdings setzt eine solche Betrauung voraus, dass diese erforderlich ist, um den betrauten Unternehmen die Erfüllung ihrer Aufgaben zu ermöglichen (Callies/Ruffert/Jung Art. 106 Rn. 34; zur Anwendbarkeit auf Unternehmensvereinigungen s. Bechtold GWB § 30 Rn. 46). Dieses erscheint in Ansehung d. vielfaltssicherstellenden Funktion d. Presse-Grossos, insbes. d. Überallerhältlichkeit u. d. Neutralität, zwar naheliegend, ist aber nicht zwingend (eine Vereinbarkeit mit Art. 106 Abs. 2 AEUV bejahend Bechtold GWB § 30 Rn. 46 f.; Kühling ZUM 2013, 18; Schwarze NZKart 2013, 270 (273 ff.); in diese Richtung ebenso Gersdorf AfP 2012, 336 (343); Paal, FS Stürner, 2013, 215 (229); verneinend Guggenberger/Ulmer AfP 2013, 183 (187); Paschke AfP 2012, 501 (502 ff.)). IÜ dürfte unbeschadet d. Art. 106 Abs. 2 AEUV aber auch eine Freistellung nach Art. 101 Abs. 3 AEUV in Betracht kommen; u. zwar in Ansehung d. außer-ökonomischen Vorteils d. „Sicherung von Meinungsvielfalt vermittels der vertriebsbezogenen Neutralität" (Paal, FS Stürner, 2013, 215 (223, 225); in diese Richtung ebenso (in Bezug auf § 2 Abs. 1 GWB) Bechtold GWB § 30 Rn. 44; aA Guggenberger/Ulmer AfP 2013, 183 (187); Paschke AfP 2012, 431 (433 ff.); ders. AfP 2012, 501 (502); krit. auch BKartA, Stellungn. d. BKartA zum RegE zur 8. GWB-Novelle, 22.6.2012, 9 f.).

B. Vertikale Preisbindungen bei Zeitungen und Zeitschriften (Abs. 1)

I. Systematik

12   Abs. 1 trifft die zentrale Regelung d. Preisbindung. Umstr. ist, ob § 30 Abs. 1 S. 1 GWB als Tatbestandsreduktion d. § 1 GWB o. als spezielle Freistellung einzustufen ist (hierzu LMR/Nordemann GWB § 30 Rn. 5 f.). Die EU-Kommission (XXIX. Bericht über Wettbewerbspolitik, 2000, 181 ff.) geht v. einer Freistellung nach Art. 101 Abs. 3 AEUV aus. Dennoch dürfte in Ansehung d. Struktur d. Pressevertriebs – insbes. das Verbleiben d. wirtschaftlichen Risikos beim Verleger (→ Rn. 3) – mehr dafür sprechen, der privatautonom vereinbarten Preisbindung bereits jede wettbewerbsbeschränkende Wirkung abzusprechen (vgl. auch Langen/Bunte/Bahr GWB § 30 Rn. 12 aE; aA etwa Schulte/Just/O. Weber, Kartellrecht, 2011, Rn. 6). Dass Abs. 3 S. 2 hinsichtlich Abs. 2a von einer „Freistellung" spricht, legt angesichts der unterschiedlichen Regelungsgegenstände in Abs. 1 und Abs. 2a keine andere Betrachtung nahe.

II. Zeitungen oder Zeitschriften

1. „Klassische" Zeitungen und Zeitschriften

13   Eine Unterscheidung zwischen Zeitungen u. Zeitschriften ist v. Gesetzes wegen nicht erforderlich u. praktisch auch kaum möglich (JPS/Waldenberger GWB § 30 Rn. 36; LMR/Nordemann GWB § 30 Rn. 12). So sollen Zeitungen die st. Berichterstattung über Tagesereignisse u. Zeitschriften Fragen auf bestimmten Sachgebieten wiederkehrend behandeln (Bechtold GWB § 30 Rn. 9). Ob überhaupt eine Zeitung o. Zeitschrift vorliegt ist, ist funktional zu bestimmen (BGH NJW 1997, 1911 (1912 f.) – NJW auf CD-ROM; GRUR 1985, 933 (935) – Schulbuch-Preisbindung; JPS/Waldenberger GWB § 30 Rn. 39). In

Anlehnung an die Rspr. zu „Verlagserzeugnissen" (s. BT-Drs. 14/9196, 14) ist ein Druckerzeugnis mit einem „nicht geringfügigen redaktionellen Teil" u. deutlicher „Trennung zwischen redaktionellem und werbendem Teil" zu verlangen; dabei ist die Finanzierung d. Erzeugnisses – etwa d. Anzeigen – unerheblich (JPS/Waldenberger GWB § 30 Rn. 35). Keine Zeitungen o. Zeitschriften sind demnach sog Offertenblätter o. Anzeigenblätter (hierzu – auch zu sog Kundenblättern – JPS/Waldenberger GWB § 30 Rn. 37). Bes. Schwierigkeiten bereitet die im Hinblick auf das BuchPrG (→ Rn. 42) wichtige Abgrenzung zu Büchern (ausf. Immenga/Mestmäcker/Emmerich GWB § 30 Rn. 19 ff.). Die Abgrenzung ist – wenn überhaupt – nur anhand v. Indizien möglich. Dabei sollte man nicht der Gefahr erliegen, zirkulär v. der Vertriebsform auf die rechtliche Einstufung zu schließen (so BGH NJW 1997, 1911 (1913) – NJW auf CD-ROM); der tatsächlichen Vertriebsform (Bechtold GWB § 30 Rn. 8; Immenga/Mestmäcker/Emmerich GWB § 30 Rn. 22) ist höchstens – schließlich legt sie der Verleger selbst fest – geringer indizieller Charakter zuzubilligen. Zentrales Indiz für ein Buch dürfte vielmehr sein, dass es nicht periodisch erscheint (Immenga/Mestmäcker/Emmerich GWB § 30 Rn. 22; LMR/Nordemann GWB § 30 Rn. 12, vgl. zu sog RCR-Objekten Bechtold GWB § 30 Rn. 10). Ein periodisches Erscheinen ist für eine Zeitung o. eine Zeitschrift als zwingend einzustufen (vgl. Langen/Bunte/Bahr GWB § 30 Rn. 16; aA LMR/Nordemann GWB § 30 Rn. 12). Als weitere Indizien werden genannt (JPS/Waldenberger GWB § 30 Rn. 38 f.; LMR/Nordemann GWB § 30 Rn. 12): Inhalt, Zweck, Herstellungsweise, urheberrechtlich geschützter Inhalt (BGH GRUR 1977, 506 (507) mAnm Nordemann – Briefmarkenalben; Waldenberger NJW 2002, 2914 (2918)) u. die Vergabe einer ISBN- o. ISSN-Nummer.

13.1 Abzulehnen (ebenso etwa LMR/Nordemann GWB § 30 Rn. 12) ist – trotz der Einstufung d. Preisbindung als „verfassungsnah" – eine Beschränkung d. Privilegierung auf Erzeugnisse, die zur „politischen Meinungsbildung" beitragen (so der Vorschlag de lege ferenda v. JPS/Waldenberger GWB § 30 Rn. 99 ff.). Unbeschadet der im Einzelfall nicht durchführbaren „Qualitätskontrolle", ist in Erinnerung zu rufen, dass sich die kartellrechtliche Rechtfertigung bereits unmittelbar aus der Vertriebsstruktur ergibt. IÜ ist die „politische" Meinungsbildung entweder – in einem weiten Sinne – kein wirklich einschränkendes Kriterium o. – in einem engen Sinne – ausgrenzend ggü. einem in einer Zivilgesellschaft mannigfaltigen Informationsaustausch, der nicht nur in Bezug auf „politische" Themen wünschenswert erscheint.

2. Reproduktionen und Substitute

14 Die Erweiterung d. Begriffs v. Zeitungen u. Zeitschriften auf Reproduktion u. Substitute in § 30 Abs. 1 S. 2 GWB vollzieht die „NJW auf CD-ROM"-Ents. d. BGH (NJW 1997, 1911; hierzu Ahrens/Jänich GRUR 1998, 599; Fezer NJW 1997, 2150) nach (ausf. LMR/Nordemann GWB § 30 Rn. 14 ff.; s. auch bereits Fezer WRP 1994, 669). Reproduktion meint die Vervielfältigung einer Zeitung o. Zeitschrift in anderer Form (Datenträger, Webseite, „Newsletter", „Online-Zeitung") bei gleichzeitiger vollständiger o. teilw. inhaltlicher Übereinstimmung (JPS/Waldenberger GWB § 30 Rn. 41; LMR/Nordemann GWB § 30 Rn. 15). Substitution liegt vor, soweit „die angesprochenen Verkehrskreise bereit sind, den Bezug einer nicht (mehr) existenten Zeitung o. Zeitschrift d. den Bezug des neuen Produkts zu ersetzen" (JPS/Waldenberger GWB § 30 Rn. 41; ebenso Immenga/Mestmäcker/Emmerich GWB § 30 Rn. 24), also etwa eine reine „Internetzeitung" (LMR/Nordemann GWB § 30 Rn. 15 f.) o. eine reine Online-Fachzeitschrift (MüKoWettbR/Bremer/Martini GWB § 30 Rn. 25). Maßgeblich ist die „inhaltliche Übereinstimmung" (BGH NJW 1997, 1911 (1913) – NJW auf CD-ROM; LMR/Nordemann GWB § 30 Rn. 15; MüKoWettbR/Bremer/Martini GWB § 30 Rn. 25).

15 Reproduktion u. Substitution müssen bei Würdigung d. Gesamtumstände überw. verlagstypisch sein; wobei allerdings ein Remissionsrecht bei digitalen Erzeugnissen idR ausscheidet (JPS/Waldenberger GWB § 30 Rn. 42; LMR/Nordemann GWB § 30 Rn. 16; s. auch Emmerich, FS H. P. Westermann, 2008, 899 (908)), in Ansehung von dateibezogenen Verschlüsselungsmechanismen aber denkbar ist. § 30 Abs. 1 GWB bleibt allerdings auch insofern anwendbar, wenn u. soweit das wirtschaftliche Risiko beim Verleger verbleibt (vgl. LMR/Nordemann GWB § 30 Rn. 16). Verlagstypisch ist – in Anlehnung an die zur

Abgrenzung v. Zeitungen/Zeitschriften u. Büchern maßgeblichen Kriterien (→ Rn. 9) – insbes. das periodische Erscheinen d. Produkts mit redaktionellen Inhalten, die (teilw.) Werbefinanzierung d. Produkts u. die Trennung v. Werbung u. Inhalten (JPS/Waldenberger GWB § 30 Rn. 42).

15.1 Preisbindungsfähig sollen auch einzelne Artikel v. Zeitungen o. Zeitschriften sein (JPS/Waldenberger GWB § 30 Rn. 43). Soweit ein Artikel substituierenden Charakter hat, erweist sich die Abgrenzung zu elektronischen Büchern (s. § 2 Abs. 1 Nr. 3 BuchPrG; hierzu Hess AfP 2011, 223; Schulz/Ayar MMR 2012, 652 (654 f.)) im Einzelfall (Essays, Kommentare etc.) als überaus schwierig u. kann, wenn überhaupt, im Endeffekt nur noch anhand wenig glücklicher Kriterien wie Länge o. Aufmachung d. Beitrags bestimmt werden.

3. Kombinierte Produkte

16 Nach § 30 Abs. 1 S. 2 GWB sind auch kombinierte Produkte (hierzu Freytag/Gerlinger WRP 2004, 537) preisbindungsfähig (vgl. bereits KG WuW/E OLG 1708 – Briefmarkenalben). Kombinierte Produkte sind „alle Produkte, die aus einer Zeitung/Zeitschrift u. einem weiteren abgrenzbaren, idR selbst marktfähigen Produkt bestehen" (JPS/Waldenberger GWB § 30 Rn. 46; vgl. auch LMR/Nordemann GWB § 30 Rn. 17 f.). Dabei ist der d. § 30 Abs. 1 S. 2 GWB erweiterte Begriff v. Zeitungen u. Zeitschriften zugrunde zu legen (LMR/Nordemann GWB § 30 Rn. 18). Maßgeblich ist, dass die Zeitung o. Zeitschrift im Vordergrund steht; nicht erforderlich ist, dass die Zeitung o. Zeitschrift „redaktionell ergänzt" wird (BGH GRUR 2006, 161 mAnm Steinbeck – Zeitschrift mit Sonnenbrille; hierzu Gaertner AfP 2005, 413; sowie Bechtold GWB § 30 Rn. 12; JPS/Waldenberger GWB § 30 Rn. 45, 47 f.; Langen/Bunte/Bahr GWB § 30 Rn. 22; LMR/Nordemann GWB § 30 Rn. 18; MüKoWettbR/Bremer/Martini GWB § 30 Rn. 28, 30; aA OLG Hamburg NJW 1998, 1085 (1086); vgl. auch Immenga/Mestmäcker/Emmerich GWB § 30 Rn. 30; s. ferner Soppe WRP 2005, 565). Produkt kann dabei auch eine Dienstleistung sein (JPS/Waldenberger GWB § 30 Rn. 49; LMR/Nordemann GWB § 30 Rn. 18; MüKoWettbR/Bremer/Martini GWB § 30 Rn. 29; aA Bechtold GWB § 30 Rn. 12; Emmerich, FS H. P. Westermann, 2008, 899 (909 f.); Immenga/Mestmäcker/Emmerich GWB § 30 Rn. 27; Soppe WRP 2005, 565 (566)). Für die Frage, ob die Zeitung o. Zeitschrift im Vordergrund steht, ist wiederum eine Gesamtwürdigung, etwa anhand d. Aufmachung o. d. Werts d. Beigabe, vorzunehmen (OLG München NJW-RR 1996, 108 f.; iE JPS/Waldenberger GWB § 30 Rn. 50; LMR/Nordemann GWB § 30 Rn. 18). Entscheidend soll sein – was allerdings schwerlich zu bestimmen ist –, dass der Endverbraucher aus seiner Sicht das Produkt dem Bereich d. Presse zuordnet (MüKoWettbR/Bremer/Martini GWB § 30 Rn. 30). Ein starkes Indiz dürfte sein, ob der Endabnehmer typischerweise nicht nach dem weiteren Produkt gezielt sucht, sondern sich erst im Zeitpunkt der unmittelbaren Wahrnehmung d. Zeitungs- bzw. Zeitschriftenangebots zum Kauf entscheidet. Ein kombiniertes Produkt ist abzulehnen, wenn der Endabnehmer ganz überw. d. Beigabe zum Kauf animiert wird.

16.1 Die Kombination muss sich ferner an §§ 3, 4 Nr. 1 UWG messen lassen (JPS/Waldenberger GWB § 30 Rn. 51).

III. Unternehmen, das Zeitungen oder Zeitschriften herstellt

17 Der persönliche Anwendungsbereich d. Norm ist funktional zu bestimmen (BGH NJW 1997, 1911 (1912 f.) – NJW auf CD-ROM; NJW 1967, 343 (346 ff.) mAnm Gutzler – Schallplatten I). Preisbindungsberechtigt sind „Verleger" (bzw. „Verlagsunternehmen"); nicht ausreichend ist etwa die lediglich mechanische Herstellung in einer Druckerei (LMR/Nordemann GWB § 30 Rn. 10; JPS/Waldenberger GWB § 30 Rn. 29). Der Wortlaut d. § 30 Abs. 1 S. 1 GWB ist insoweit einschränkend auszulegen, was d. S. 2 („verlagstypisch") und nun auch d. die Legaldefinition in Abs. 2a S. 1 (→ Rn. 31) unterstrichen wird. Aus § 30 Abs. 1 S. 2 GWB ergibt sich auch, dass auch Verleger reiner Online-Zeitungen o. Online-Zeitschriften preisbindungsberechtigt sind (LMR/Nordemann GWB § 30 Rn. 10; MüKo-

WettbR/Bremer/Martini GWB § 30 Rn. 31). Verleger bzw. Verlagsunternehmer soll nach einer gängigen Definition (LMR/Nordemann GWB § 30 Rn. 10; zust. JPS/Waldenberger GWB § 30 Rn. 29; ähnlich Immenga/Mestmäcker/Emmerich GWB § 30 Rn. 32) sein, „wer erstens die unternehmerische Verantwortung für die redaktionelle und fertigungstechnische Arbeit übernimmt sowie zweitens das wirtschaftliche Risiko der Herstellung und des Vertriebs von Erzeugnissen iSd § 30 GWB trägt."

Diese Definition d. Verlegers setzt demnach – zumindest für die konventionellen Vertriebswege – **17.1** das für den Zeitungs- u. Zeitschriftenvertrieb zentrale Remissionsrecht – als materielle Berechtigung d. Preisbindungsprivilegs – bereits voraus. Zwingend ist dies nicht, das Remissionsrecht könnte auch (und allein) im Zuge d. Missbrauchskontrolle nach § 30 Abs. 3 GWB (→ Rn. 34 ff.) angemessen berücksichtigt werden (eine gegensätzliche Betrachtung legt nunmehr allerdings Abs. 2a S. 1 nahe).

Der Importeur ausländischer Zeitschriften dagegen vertreibt nur ein fertiges Produkt eines **18** anderen Verlegers u. ist damit nicht preisbindungsberechtigt; möglich ist aber eine Bevollmächtigung d. Importeurs d. den ausländischen Verleger zum Abschluss v. Preisbindungsverträgen (JPS/Waldenberger GWB § 30 Rn. 29; LMR/Nordemann GWB § 30 Rn. 10).

IV. Abnehmer

Abnehmer können nur Unternehmen iSd § 1 GWB sein; private Endverbraucher o. **19** Zusammenschlüsse v. privaten Endverbrauchern fallen nicht unter § 30 GWB (OLG Düsseldorf WuW/E OLG 509; JPS/Waldenberger GWB § 30 Rn. 34; LMR/Nordemann GWB § 30 Rn. 11; MüKoWettbR/Bremer/Martini GWB § 30 Rn. 32). Abnehmer v. Verlegern sind Presse-Grossisten (s. nun die Legaldefinition in Abs. 2a S. 1) u. Einzelhändler, wobei letztere entweder d. den Verleger direkt o. d. den Grossisten gebunden werden. Ob der Vertrieb in herkömmlicher Weise o. auf elektronischem Wege erfolgt ist in Anbetracht v. § 30 Abs. 1 S. 2 GWB irrelevant. Preisbindungsberechtigt sind daher auch entspr. Internetplattformen – sog „elektronische Kioske" o. „Content Syndicators" (JPS/Waldenberger GWB § 30 Rn. 32 f.; LMR/Nordemann GWB § 30 Rn. 11; aA Schulte/Just/O. Weber, Kartellrecht, 2011, Rn. 12, der Vertriebsweg sei nicht verlagstypisch). Nicht zutr. ist daher auch das wiederkehrende Argument, im Online-Vertrieb gebe es nur Direktvertrieb u. daher keine „Preisbindung d. zweiten Hand" (zutr. bereits Waldenberger NJW 2002, 2914 (2918)).

V. Vertikale Preisbindungen

§ 30 GWB gestattet nur vertikale Preisbindungen (hierzu Emmerich, FS H. P. Wester- **20** mann, 2008, 899 (910 ff.); Immenga/Mestmäcker/Emmerich GWB § 30 Rn. 39 f.; LMR/ Nordemann GWB § 30 Rn. 19 f.). Eine vertikale Absprache setzt voraus, dass die Vertragsparteien auf unterschiedlichen Vertriebsstufen als Verleger einerseits u. als Abnehmer andererseits auftreten (JPS/Waldenberger GWB § 30 Rn. 53; LMR/Nordemann GWB § 30 Rn. 20). Die Bindung kann in rechtlicher o. wirtschaftlicher Weise (hierzu Immenga/ Mestmäcker/Emmerich GWB § 30 Rn. 53 f.) erfolgen; praktisch relevanter dürfte die rechtliche Preisbindung sein (LMR/Nordemann GWB § 30 Rn. 21). Die Bindung erfolgt entweder in Einzelverträgen o. in einem Sammelrevers (→ Rn. 4.1; zu Fragen d. Vertragsschlusses s. BGH NJW-RR 1986, 1300 – Annahmeerklärung; Immenga/Mestmäcker/Emmerich GWB § 30 Rn. 71 f.; Langen/Bunte/Bahr GWB § 30 Rn. 66; LMR/Nordemann GWB § 30 Rn. 32; MüKoWettbR/Bremer/Martini GWB § 30 Rn. 52; zur Beendigung d. Preisbindungsvertrags Langen/Bunte/Bahr GWB § 30 Rn. 69 ff.).

1. Keine horizontale Bindung

Horizontale Preisbindungen gestattet § 30 GWB dagegen nicht. Insbes. ein Sammelrevers **21** birgt allerdings die Gefahr horizontaler Preisbindungen (JPS/Waldenberger GWB § 30 Rn. 55; Langen/Bunte/Bahr GWB § 30 Rn. 53; Immenga/Mestmäcker/Emmerich GWB § 30 Rn. 44; MüKoWettbR/Bremer/Martini GWB § 30 Rn. 34). Es ist somit sicherzustellen, dass keine Koordination mittels d. Sammelreverses erfolgt (vgl. BGH NJW-RR 1986, 259 – Preisbindertreuhand-Empfehlung; NJW 1990, 1993 – Schulbuch-Koppelungsgeschäft); insbes. darf der Sammelreverstreuhänder weder von sich aus die Konditionen d. Preisbindungen verschiedener Verleger vereinheitlichen noch sonstige Maßnahmen tätigen, die dazu führen, dass der Sammelrevers zur Vereinheitlichung v. Preisen führt (BKartA, TB 1959, 38; TB 1969, 88 f.; JPS/Waldenberger GWB § 30 Rn. 55; LMR/Nordemann GWB § 30 Rn. 24). Da der Sammelrevers nur Bündelungsfunktion hinsichtlich d. Abschlusses v. Preisabsprachen hat, darf ein Verleger die Belieferung an einen Händler nicht einstellen, weil dieser Preisabsprachen mit anderen am Sammelrevers beteiligten Verlegern missachtet hat (OLG Stuttgart WuW/E OLG 1165 (1169); JPS/Waldenberger GWB § 30 Rn. 55; LMR/Nordemann GWB § 30 Rn. 24; skeptisch Immenga/Mestmäcker/Emmerich GWB § 30 Rn. 44 f.).

2. Preisbindung

22 Die Preisbindung enthält die Verpflichtung, Zeitungen o. Zeitschriften nur zu einem bestimmten Preis weiter zu veräußern (zur Frage d. Einklagbarkeit s. die Nachw. → Rn. 41). § 30 Abs. 1 S. 1 GWB gestattet ferner ausdr., dem Abnehmer die Verpflichtung aufzuerlegen, nachf. Handelsstufen in ders. Weise zu binden (BGH GRUR 1963, 86 (88) mAnm Droste – Grote-Revers; Bechtold GWB § 30 Rn. 13; Immenga/Mestmäcker/Emmerich GWB § 30 Rn. 55 f.). In § 30 Abs. 1 S. 1 GWB aE ist insofern das „oder" als „und/oder" zu verstehen (Langen/Bunte/Bahr GWB § 30 Rn. 27; LMR/Nordemann GWB § 30 Rn. 25 Rn. 131; Wiedemann/Kirchhoff § 11 Rn. 15).

23 Preis iSd § 30 GWB (ausf. Immenga/Mestmäcker/Emmerich GWB § 30 Rn. 83 ff.) ist „die im Synallagma stehende Gegenleistung für den Vertrieb des Presseerzeugnisses" (LMR/Nordemann GWB § 30 Rn. 26; s. auch MüKoWettbR/Bremer/Martini GWB § 30 Rn. 42). Gebunden werden kann – auf einem sachlichen o. räumlichen Markt – immer nur **ein** Preis, ansonsten liegt ein unzulässiger zweigleisiger Vertrieb vor (BGH NJW 1967, 343 (346 f.) mAnm Gutzler – Schallplatten I; WuW/E BKartA 1023 (1029 f.) – Ofenpreisbindung; sowie Langen/Bunte/Bahr GWB § 30 Rn. 85 ff.; LMR/Nordemann GWB § 30 Rn. 26; MüKoWettbR/Bremer/Martini GWB § 30 Rn. 71).

23.1 Bei Subskriptionspreis u. späterem (höheren) Ladenpreis handelt es sich um zwei aufeinander folgende (und damit zulässige) Preise (MüKoWettbR/Bremer/Martini GWB § 30 Rn. 47). Umstr. ist in Ansehung d. Erfordernisses eines „bestimmten Preises" die Bindungsfähigkeit v. Mindest- o. Höchstpreisen (abl. etwa WuW/E BKartA 943 (944 f.) – Tapetenpreisbindung II; Bechtold GWB § 30 Rn. 14; Langen/Bunte/Bahr GWB § 30 Rn. 30; MüKoWettbR/Bremer/Martini GWB § 30 Rn. 44). Vor dem Hintergrund, dass der Verleger autonom entscheiden kann, ob er überhaupt Preise bindet, ist zutreffender Weise eine solche Bindung als unbedenklich eingestuft worden, soweit – iSd materiellen Begründung d. Privilegierung – das wirtschaftliche Risiko beim Verleger verbleibt u. die Überallerhältlichkeit sichergestellt ist (LMR/Nordemann GWB § 30 Rn. 26; s. auch BGH GRUR 1971, 230 (232) mAnm Lehmpfuhl – Zigaretten-Automaten).

24 Der gebundene Preis kann neben der Gegenleistung in Geld auch Zugaben (LMR/Nordemann GWB § 30 Rn. 27) u. sonstige Gegenleistungen, etwa im Zuge eines Kundenbindungsprogramms, umfassen; ebenso sind Rabatte wie auch die ausdr. Untersagung v. Rabatten möglich (BGH GRUR 1985, 933 – Schulbuch-Preisbindung; BGH GRUR 1962, 423 mAnm Lieberknecht – Rollfilme; JPS/Waldenberger GWB § 30 Rn. 56 ff.; Langen/Bunte/Bahr GWB § 30 Rn. 36 ff.; Immenga/Mestmäcker/Emmerich GWB § 30 Rn. 89 ff.; verschiedene Bsp. bei LMR/Nordemann GWB § 30 Rn. 26; zur Gratisverteilung v. Tageszeitungen v. Wallenberg MMR 2001, 512).

24.1 Bei Skonti ist je nach Einzelfall zu differenzieren (s. hierzu BGHZ 36, 370; Langen/Bunte/Bahr GWB § 30 Rn. 35; LMR/Nordemann GWB § 30 Rn. 28; MüKoWettbR/Bremer/Martini GWB § 30 Rn. 48). Umsatzrückvergütungen, die grds. verboten werden können, sind möglich, wenn sie gesellschaftsrechtlich bedingt sind (Langen/Bunte/Bahr GWB § 30 Rn. 41; LMR/Nordemann GWB § 30 Rn. 56). Nicht bindungsfähig sind sonstige Geschäftsbedingungen, die sich nicht auf die Gegenleistung beziehen (JPS/Waldenberger GWB § 30 Rn. 59; Immenga/Mestmäcker/Emmerich GWB § 30 Rn. 38; LMR/Nordemann GWB § 30 Rn. 28).

25 Die Preisbindung darf sich nur auf die „Weiterveräußerung" (ausf. Langen/Bunte/Bahr GWB § 30 Rn. 47 ff.) bis zum Endverbraucher beziehen, also nicht etwa auf den „Mietzins" eines Lesezirkels (JPS/Waldenberger GWB § 30 Rn. 60; LMR/Nordemann GWB § 30 Rn. 30). Endverbraucher ist derjenige, der „das Verlagsprodukt zum eigenen Gebrauch käuflich erwirbt" – also nicht zu verwechseln mit dem Verbraucher gem. § 13 BGB (JPS/Waldenberger GWB § 30 Rn. 60).

C. Schriftformerfordernis (Abs. 2)

Um den Kartellbehörden eine Kontrolle d. Preisbindungsvereinbarungen zu ermöglichen (Immenga/Mestmäcker/Emmerich GWB § 30 Rn. 60 f.; MüKoWettbR/Bremer/Martini GWB § 30 Rn. 50) sind Preisbindungsvereinbarungen gem. § 30 Abs. 2 S. 1 GWB schriftlich iSd § 126 Abs. 1 BGB abzufassen (zur Entwicklung d. Norm u. zum Umf. d. Schriftformerfordernisses Immenga/Mestmäcker/Emmerich GWB § 30 Rn. 57 ff., 65; zur Nichtanwendbarkeit in zwischenstaatlichen Sachverhalten → Rn. 10; zu Erwägungen § 30 Abs. 2 GWB deshalb zu streichen s. JPS/Waldenberger GWB § 30 Rn. 63; LMR/Nordemann GWB § 30 Rn. 36; MüKoWettbR/Bremer/Martini GWB § 30 Rn. 56). Die Vereinbarung ist von dem Aussteller eigenhändig d. Namensunterschrift o. mittels notariell beglaubigten Handzeichens zu unterzeichnen; insbes. ein Fax ist hierfür nicht ausreichend (BGH NJW 1993, 1126; Bechtold GWB § 30 Rn. 18; MüKoWettbR/Bremer/Martini GWB § 30 Rn. 51). Das Schriftformerfordernis umfasst auch Vertragsänderungen (Immenga/Mestmäcker/Emmerich GWB § 30 Rn. 66). Nach § 30 Abs. 2 S. 3 GWB findet dabei § 126 Abs. 2 BGB keine Anwendung. Für eine formwirksame Preisbindungsvereinbarung muss demnach die Unterzeichnung d. Parteien nicht auf ders. Urkunde erfolgen; § 30 Abs. 2 S. 2 GWB gestattet ferner die Bezugnahme auf Preislisten u. Preismitteilungen (ausf. Immenga/Mestmäcker/Emmerich GWB § 30 Rn. 68 ff., 73 ff.) u. ist nicht abschl. (Bechtold GWB § 30 Rn. 20). Zur Vermeidung st. Vertragsanpassungen ist auch eine Bezugnahme auf die jeweils gültige Preisliste zulässig (LMR/Nordemann GWB § 30 Rn. 34; MüKoWettbR/Bremer/Martini GWB § 30 Rn. 53). 26

Die schriftliche Form kann nach § 126 Abs. 3 BGB d. die elektronische Form ersetzt werden, da sich insoweit aus dem Gesetz nichts anderes ergibt (MüKoWettbR/Bremer/Martini GWB § 30 Rn. 54). In diesem Fall muss der Aussteller d. Erklärung dieser seinen Namen hinzufügen u. das elektronische Dokument mit einer qualifizierten elektronischen Signatur nach dem Signaturgesetz versehen (§ 126a Abs. 1 BGB). Dabei ist die Anwendung v. § 126a Abs. 2 BGB d. § 30 Abs. 2 S. 3 GWB nicht ausgeschlossen. Eine analoge Anwendung d. § 30 Abs. 2 S. 3 GWB (so LMR/Nordemann GWB § 30 Rn. 32) scheidet mangels vergleichbarer Interessenlage aus (Langen/Bunte/Bahr GWB § 30 Rn. 65). Die d. die Nichtanwendbarkeit d. § 126 Abs. 2 BGB erzielte Vereinfachung d. Vertragsschlusses ist bei einem Abschluss in elektronischer Form v. Anfang an gewährleistet. 26.1

Ein Verstoß gegen § 30 Abs. 2 S. 1 GWB zieht die Nichtigkeit gem. § 125 S. 1 BGB nach sich. Ob danach der gesamte Vertrag o. nur der gem. § 30 Abs. 2 S. 1 GWB formbedürftige Teil nichtig ist, bestimmt sich nach § 139 BGB (LMR/Nordemann GWB § 30 Rn. 35). Da an der Einhaltung d. Form ein öffentl. Interesse besteht, ist das Berufen auf die Formnichtigkeit kein Verstoß gegen Treu u. Glauben (Immenga/Mestmäcker/Emmerich GWB § 30 Rn. 80; LMR/Nordemann GWB § 30 Rn. 35). 27

D. Vereinbarungen zwischen Vereinigungen von Presseverlagen und Presse-Grossisten (Abs. 2a)

§ 30 Abs. 2a GWB stellt Vereinbarungen zwischen Vereinigungen v. Presseverlagen u. Presse-Grossisten v. Verbot d. § 1 GWB frei. Zum Zweck der Norm s. → Rn. 6; zur Vereinbarkeit mit höherrangigem Recht s. → Rn. 8 u. → Rn. 11. 28

I. Hintergrund

Anlass für die Regelung waren Entscheidungen d. LG Köln (GRUR-RR 2012, 171 mAnm Schnelle/Kollmann – Presse-Grosso) u. d. BGH (GRUR 2012, 84 – Grossistenkündigung) (s. hierzu Alexander ZWeR 2012, 215; Bach NJW 2012, 728; Gersdorf AfP 2012, 336; Guggenberger/Ulmer AfP 2013, 183 (184 f.); Kollmann GRUR-Prax 2012, 55; Paal AfP 2012, 1; FS Stürner, 2013, 215 (220 ff.); Paschke AfP 2012, 431; AfP 2012, 501). Die Gesetzesbegründung nimmt ausdrücklich auf das Urt. d. LG Köln Bezug (BT-Drs. 17/11053, 29

18): „Hintergrund ist ein zivilrechtliches Gerichtsverfahren, in dem das Verhandlungsmandat des Pressegrossoverbandes über Handelsspannen mit den Verlagen für seine Mitglieder als kartellrechtlich unzulässig angesehen wurde." Das LG Köln stufte die zentralen Preis- u. Konditionenverhandlungen d. Bundesverbandes Presse-Grosso als abgestimmte Verhaltensweise ein, die geeignet seien, den potenziellen Wettbewerb d. Grossisten zu beschränken (GRUR-RR 2012, 171 (174 f.) mAnm Schnelle/Kollmann – Presse-Grosso); ebenso wurde diesbezüglich eine Freistellung nach Art. 101 Abs. 3 AEUV verneint (GRUR-RR 2012, 171 (175 f.) mAnm Schnelle/Kollmann – Presse-Grosso). Bereits zuvor hatte der BGH einen Anspruch eines Presse-Grossisten gegen einen Verlag auf Alleinbelieferung o. hilfsweise auf nicht ausschließliche Belieferung verneint u. dem Verlag ein ordentliches Kündigungsrecht zugesprochen (GRUR 2012, 84 (85 ff.) – Grossistenkündigung). Die beiden Entsch. stellten das System d. Presse-Grossos nachhaltig in Frage (s. statt vieler Guggenberger/Ulmer AfP 2013, 183; Paal, FS Stürner, 2013, 215; die Monopolkommission hat die Entsch. ausdr. begrüßt, s. Hauptgutachten XIX, 2012, BT-Drs. 17/10365, 285). Die Freistellung in Abs. 2a soll demnach „das seit Jahrzehnten bewährte Presse-Grosso-Vertriebssystem (…) kartellrechtlich absichern." (BT-Drs. 17/11053, 18)

II. Branchenvereinbarungen

30   Abs. 2a S. 1 stellt Branchenvereinbarungen zwischen Vereinigungen v. Presseverlagen einerseits u. Vereinigungen v. Presse-Grossisten andererseits (die maßgeblichen Vereinigungen sind der VDZ, der BDZV u. der BVPG, s. Bechtold GWB § 30 Rn. 38) für die v. diesen Vereinigungen jeweils vertretenen Unternehmen v. Verbot d. § 1 GWB frei (hierzu Bechtold GWB § 30 Rn. 44). Dabei verbleibt einzelnen Verlagen nach wie vor die Möglichkeit, den Vertrieb ihrer Erzeugnisse selbst zu organisieren (Guggenberger/Ulmer AfP 2013, 183 (185), die zu Recht darauf hinweisen, dass ein faktischer Kontrahierungszwang droht). Vereinbarungen v. einzelnen Verlagen und dem Grosso-Verband sind nicht ausdrücklich vom Wortlaut des § 30 Abs. 2a S. 1 GWB umfasst. Entsprechende Vereinbarungen sind aber zulässig. Soweit Vereinigungen von Verlagen entspr. Vereinbarungen abschließen dürfen, gilt dies erst recht für einzelne Verlage (Bechtold GWB § 30 Rn. 39). Soweit die Einzelvereinbarungen auf ein System v. Gebietsmonopolisten zielen, entspricht dies gerade dem Leitbild des neuen Abs. 2a u. ist nicht kartellrechtswidrig (zutr. Bechtold GWB § 30 Rn. 39: „die Grossisten untereinander (sind) weder aktuelle noch potentielle Wettbewerber"). In entspr. Branchenvereinbarungen müssen der flächendeckende u. diskriminierungsfreie Vertrieb v. Zeitungs- u. Zeitschriftensortimenten d. die Presse-Grossisten, insbes. dessen Voraussetzungen u. dessen Vergütungen sowie die dadurch abgegoltenen Leistungen geregelt sein. Dem Gesetzgeber zufolge dient dies „der europarechtlichen Konformität" (BT-Drs. 17/11053, 18). Bezugspunkt ist jeweils die Preisbindung von Abgabepreisen an den Einzelhandel und von Endabgabepreisen an die Abnehmer (Bechtold GWB § 30 Rn. 36). Flächendeckung u. Diskriminierungsfreiheit werden d. eine Vertriebsstruktur mit Alleinvertriebsgebieten sowie mit einheitlichen Konditionen u. Leistungsanforderungen sichergestellt (Bechtold NZKart 2013, 263 (265)). Flächendeckung wird erzielt, soweit das gesamte Gebiet in klar definierte und einzelnen Grossisten zugeordnete Gebiete aufgeteilt wird (Bechtold GWB § 30 Rn. 42). Diskriminierungsfreiheit bedeutet neben einheitlichen Konditionen und Leistungsanforderungen insbes., dass die vertriebenen Zeitungs- u. Zeitschriftensortimente entsprechend zusammengesetzt werden müssen (Bechtold GWB § 30 Rn. 42). Die Freistellung v. Kartellverbot umfasst nur diejenigen Vereinbarungen, die den in Abs. 2a aufgestellten Anforderungen entsprechen (Schwarze NZKart 2013, 270 (273); aA Guggenberger/Ulmer AfP 2013, 183 (185 f.)).

30.1   Die Regelung des Abs. 2a erteilt den entsprechenden Vereinigungen keine öffentlich-rechtliche Vollmacht (Bechtold GWB § 30 Rn. 41; auch zu weiteren Aspekten d. Vollmachterteilung).

III. Presseverlage und Presse-Grossisten

31   Nach den in Abs. 2a S. 1 angeführten Legaldefinitionen sind Presseverlage Unternehmen, die nach Abs. 1 Preise für Zeitungen o. Zeitschriften binden (s. hierzu → Rn. 22), u. Presse-Grossisten Abnehmer, die im Preis gebundene Zeitungen u. Zeitschriften mit Remissionsrecht (s. hierzu → Rn. 3 u. → Rn. 5) beziehen u. mit Remissionsrecht an Letztveräußerer verkaufen (vgl. Bechtold GWB § 30 Rn. 37).

IV. Betrauung iSv Art. 106 Abs. 2 AEUV

Dabei werden die in Abs. 2a S. 1 genannten Vereinigungen u. die von ihnen jeweils vertretenen Presseverlage u. Presse-Grossisten nach Abs. 2a S. 2 zur Sicherstellung eines flächendeckenden u. diskriminierungsfreien Vertriebs v. Zeitungen u. Zeitschriften im stationären Einzelhandel iSv Art. 106 Abs. 2 AEUV mit Dienstleistungen v. allg. wirtschaftlichem Interesse betraut (s. hierzu auch → Rn. 11). Hierdurch soll die Vereinbarkeit mit Art. 101 Abs. 1 AEUV sichergestellt werden (Guggenberger/Ulmer AfP 2013, 183 (185)). 32

V. §§ 19, 20 GWB

Gem. § 30 Abs. 2a S. 3 GWB bleiben die §§ 19, 20 GWB unberührt (s. hierzu Bechtold GWB § 30 Rn. 48). 33

E. Missbrauchsaufsicht (Abs. 3)

I. Preisbindung von Zeitungen und Zeitschriften

§ 30 Abs. 3 S. 1 GWB sieht eine spezielle Missbrauchskontrolle d. BKartA für die Preisbindung v. Zeitungen u. Zeitschriften vor (zur Entstehungsgeschichte Langen/Bunte/Bahr GWB § 30 Rn. 127 ff.; zur Nichtanwendbarkeit in zwischenstaatlichen Sachverhalten → Rn. 10). Sie erfolgt v. Amts wegen o. auf Antrag eines gebundenen Abnehmers. Sind bereits die Voraussetzungen d. § 30 Abs. 1 o. 2 GWB nicht erfüllt, so ist die Preisbindung nach § 1 GWB unwirksam (die §§ 20 Abs. 1, 32 ff. GWB finden hier uneingeschränkt Anwendung, s. JPS/Waldenberger GWB § 30 Rn. 88); eine Vfg. d. BKartA ist dann zwar nur deklaratorischer Natur, aber möglich u. für anschließende Zivilverfahren von Bedeutung (LMR/Nordemann GWB § 30 Rn. 47). Sind dagegen die Voraussetzungen d. § 30 Abs. 1 u. 2 GWB erfüllt, so ist § 30 Abs. 3 S. 1 GWB abschl. u. ein Verbot nur d. das BKartA möglich (BGH GRUR 2006, 773 (774) – Probeabonnement; LMR/Nordemann GWB § 30 Rn. 48). Für § 20 Abs. 1 GWB gilt dies entspr. (ausf. LMR/Nordemann GWB § 30 Rn. 49). 34

Erforderlich aus materieller Sicht ist eine missbräuchliche Handhabung d. Preisbindung (§ 30 Abs. 3 S. 1 Nr. 1 GWB) o. eine Eignung d. Preisbindung o. d. Preisbindung in Verbindung mit anderen Wettbewerbsbeschränkungen zur Verteuerung, zur Verhinderung d. Preissenkung o. zur Beschränkung d. Erzeugung o. d. Absatzes (§ 30 Abs. 3 S. 1 Nr. 2 GWB). Die Tatbestandsvarianten schließen sich nicht gegenseitig aus (LMR/Nordemann GWB § 30 Rn. 51). 35

1. Missbräuchliche Handhabung der Preisbindung (Nr. 1)

§ 30 Abs. 3 S. 1 Nr. 1 GWB setzt (lediglich) einen objektiven Missbrauch d. Preisbindung voraus, welcher auf einer Ein- o. einer Durchführung eines Preisbindungssystems beruht (BGH GRUR 1979, 490 (491) – Sammelrevers 74; WuW/E BKartA 497 – Kindernährmittel; LMR/Nordemann GWB § 30 Rn. 52). Ein Missbrauch ist anzunehmen, wenn gegen den Sinn u. Zweck d. § 30 Abs. 1 u. 2 GWB verstoßen wird (KG WuW/E OLG 3154 (3155) – Schulbuch-Sammelbestellungen; Immenga/Mestmäcker/Emmerich GWB § 30 Rn. 121; JPS/Waldenberger GWB § 30 Rn. 92), insbes. wenn der Freistellungszweck nicht erreicht wird, bei Verstößen gegen kartellrechtliche Vorschr. o. gegen sonstige gesetzliche Verbote, o. wenn die Interessen v. Abnehmern u. Dritten übermäßig beeinträchtigt werden (ausf. LMR/Nordemann GWB § 30 Rn. 53 ff.). Dabei ist ein Missbrauch – obwohl in Nr. 1 nicht ausdrücklich erwähnt – auch bei einer Verbindung mit anderen Wettbewerbsbeschränkungen möglich (Immenga/Mestmäcker/Emmerich GWB § 30 Rn. 130; LMR/Nordemann GWB § 30 Rn. 53). Gewährleistet die Preisbindung nicht die Überallerhältlichkeit o. die Übernahme d. wirtschaftlichen Risikos d. den Verleger, so entfällt die materielle Begründung d. Preisbindungsprivilegs (→ Rn. 5) u. es ist ein Missbrauch anzunehmen (JPS/ 36

Waldenberger GWB § 30 Rn. 92; LMR/Nordemann GWB § 30 Rn. 55). Missbräuchlich sind ferner Preisbindungen, die die Voraussetzungen d. § 30 Abs. 1 o. 2 GWB nicht erfüllen, Preisbindungen, die (mittelbar) diskriminierend wirken o. Preisbindungen, die etwa AGB- o. wettbewerbswidrig sind (JPS/Waldenberger GWB § 30 Rn. 92; Langen/Bunte/Bahr GWB § 30 Rn. 138 f.; LMR/Nordemann GWB § 30 Rn. 53 f.; zum zweigleisigen Vertrieb s. etwa Immenga/Mestmäcker/Emmerich GWB § 30 Rn. 125 f.; Langen/Bunte/Bahr GWB § 30 Rn. 85 ff., 147). Eine übermäßige Beeinträchtigung d. Interessen v. Abnehmern u. Dritten liegt insbes. dann vor, wenn für die Preisbindung nicht erforderliche Verpflichtungen vereinbart werden, wenn die Preisbindung lückenhaft ausgestaltet ist, im Einzelfall d. die Verbindung mit anderen Wettbewerbsbeschränkungen, etwa d. Querlieferungsverbote, o. wenn der Verleger die Preisbindung d. einen Direktvertrieb wesentlich unterläuft (ausf. u. mwN zur Rspr. JPS/Waldenberger GWB § 30 Rn. 92; LMR/Nordemann GWB § 30 Rn. 56; zum Diskriminierungsverbot s. BGH GRUR 1970, 322 (325) mAnm Schwartz – Schallplatten II; Bechtold GWB § 30 Rn. 26; Immenga/Mestmäcker/Emmerich GWB § 30 Rn. 128 f.).

36.1 Bedeutendste Missbrauchsform ist ein lückenhaftes Preisbindungssystem (s. allg. Bechtold NJW 1994, 3211; Bunte GRUR 1987, 90; Wolter/Lubberger GRUR 1999, 17). Lückenhaft ist ein Preisbindungssystem, wenn es nicht gedanklich (theoretisch) o. praktisch lückenlos ist (ausf. Bechtold GWB § 30 Rn. 21 ff.; JPS/Waldenberger GWB § 30 Rn. 84 ff.; Langen/Bunte/Bahr GWB § 30 Rn. 73 ff.; LMR/Nordemann GWB § 30 Rn. 37 ff.; Wiedemann/Kirchhoff § 11 Rn. 17 ff.). Lückenlosigkeit bedeutet, dass zur Vermeidung v. Wettbewerbsverzerrungen alle Abnehmer eines privilegierten Produkts gebunden sind. Dabei ist die praktische Lückenlosigkeit gewährleistet, wenn das Preisbindungssystem d. die Gebundenen (iW) eingehalten wird bzw. der Preisbinder Verstöße unverzüglich ahndet (Immenga/Mestmäcker/Emmerich GWB § 30 Rn. 108; Langen/Bunte/Bahr GWB § 30 Rn. 89 ff.; LMR/Nordemann GWB § 30 Rn. 42; Wiedemann/Kirchhoff § 11 Rn. 22). Gedankliche Lückenlosigkeit setzt voraus, dass das Preisbindungssystem derart betrieben wird, dass die Preisbindung d. privilegierten Produkte nicht d. sonstige Vertriebswege unterlaufen wird – stets bezogen auf denselben sachlichen u. räumlichen Markt (BGH GRUR 1989, 832 – Schweizer Außenseiter; OLG Frankfurt WuW/E OLG 624 (626) – Ölofen; JPS/Waldenberger GWB § 30 Rn. 86; Immenga/Mestmäcker/Emmerich GWB § 30 Rn. 105 ff.; Langen/Bunte/ Bahr GWB § 30 Rn. 75 ff.; LMR/Nordemann GWB § 30 Rn. 38 f.; Wiedemann/Kirchhoff § 11 Rn. 18). Dies ist etwa der Fall, wenn eine wesentliche Nachfrageverschiebung verursacht wird (vgl. BGH GRUR 2006, 773 (775) – Probeabonnement; hierzu Alexander ZWeR 2007, 239; Bechtold WRP 2006, 1162; Gaertner AfP 2005, 413); insbes. der Preisbinder selbst (BGH GRUR 1970, 322 (325) mAnm Schwartz – Schallplatten II; Bechtold GWB § 30 Rn. 22) kann eine solche Verschiebung d. Formen d. Direktvertriebs erzeugen (LMR/Nordemann GWB § 30 Rn. 39). Nicht zu beanstanden sind Sonderpreise für Abonnements (auch für bes. rabattierte o. kostenlose Kurzabonnements, die mittelbar auch dem Einzelhandel zugutekommen können, s. BGH GRUR 2006, 773 (775) – Probeabonnement) u. für bestimmte Gruppen, etwa für (inzwischen freiwillig) Wehrdienstleistende o. Studenten (zu den Einzelheiten ausf. JPS/Waldenberger GWB § 30 Rn. 68 ff.; Langen/Bunte/Bahr GWB § 30 Rn. 31 f.; LMR/Nordemann GWB § 30 Rn. 39; MüKoWettbR/ Bremer/Martini GWB § 30 Rn. 72 ff.; s. ferner BKartA, TB 1987, 94; Bechtold WRP 2006, 1162; Kröner WRP 2003, 1149; Martini ebd. Rn. 45; zu den VDZ-Wettbewerbsregeln v. Jagow/Meinberg AfP 2003, 242). Schlussstein d. Preisbindungsvereinbarungen ist schließlich ein System d. Überwachung d. Lückenlosigkeit (BGH GRUR 1965, 612 (613) mAnm Hefermehl – Warnschild; BGH GRUR 1964, 154 (158) mAnm Gleiss – Trockenrasierer II; JPS/Waldenberger GWB § 30 Rn. 87; LMR/Nordemann GWB § 30 Rn. 41).

2. Eignung zur Verteuerung, zur Verhinderung der Preissenkung oder zur Beschränkung der Erzeugung oder des Absatzes (Nr. 2)

37 Das Merkmal d. Eignung zielt auf eine objektive Prognose d. Tatbestandsmerkmale d. § 30 Abs. 3 S. 1 Nr. 2 GWB (LMR/Nordemann GWB § 30 Rn. 57; zu den damit verbundenen Problemen JPS/Waldenberger GWB § 30 Rn. 95). Eine Verteuerung o. eine Verhinderung d. Preissenkung (hierzu Immenga/Mestmäcker/Emmerich GWB § 30 Rn. 139) orientiert sich am hypothetischen Marktpreis, insbes. d. Handelsspannenvergleiche (BGH GRUR 1969, 308 (310) mAnm Gleiss – Signal; ausf. JPS/Waldenberger GWB § 30 Rn. 95; Immenga/Mestmäcker/Emmerich GWB § 30 Rn. 133 ff.; LMR/Nordemann

GWB § 30 Rn. 58; MüKoWettbR/Bremer/Martini GWB § 30 Rn. 86 f.). Eine etwaige Verteuerung ist stets mit Blick auf die für die Überallerhältlichkeit u. Titelvielfalt notwendige Mischkalkulation zu beurteilen (MüKoWettbR/Bremer/Martini GWB § 30 Rn. 85; s. auch Langen/Bunte/Bahr GWB § 30 Rn. 165; Schulte/Just/O. Weber Rn. 22; krit. zur Preisentwicklung bei Fachzeitschriften JPS/Waldenberger GWB § 30 Rn. 97 f.). Eine Beschränkung d. Erzeugung o. d. Absatzes (eine Streichung dieser Var. befürwortend Immenga/Mestmäcker/Emmerich GWB § 30 Rn. 140) wird zumeist auf „andere Wettbewerbsbeschränkungen" zurückzuführen sein u. gefährdet insbes. die Überallerhältlichkeit v. Presseerzeugnissen (Bechtold GWB § 30 Rn. 27; LMR/Nordemann GWB § 30 Rn. 60).

3. Rechtsfolgen

Das BKartA **kann** die Preisbindung ganz o. teilw. (KG NJW 1977, 392 (393); aus der nunmehr expliziten Erwähnung in § 30 Abs. 3 S. 2 GWB sollte insoweit kein Umkehrschluss für § 30 Abs. 3 S. 1 GWB gezogen werden) mit sofortiger Wirkung o. zu einem zukünftigen Zeitpunkt (Immenga/Mestmäcker/Emmerich GWB § 30 Rn. 146; Langen/Bunte/Bahr GWB § 30 Rn. 178; LMR/Nordemann GWB § 30 Rn. 63) für unwirksam erklären u. zudem ein Verbot d. Anwendung einer neuen gleichartigen Preisbindung (hierzu LMR/Nordemann GWB § 30 Rn. 66; MüKoWettbR/Bremer/Martini GWB § 30 Rn. 92 ff.) aussprechen. Ein anderer Inhalt d. Vfg. scheidet aus (KG WuW/E OLG 1241 (1243); Bechtold GWB § 30 Rn. 29; LMR/Nordemann GWB § 30 Rn. 62). Bei einer teilw. Unwirksamkeit beurteilt sich die Vereinbarung iÜ nach § 139 BGB, deren Vermutung für die Gesamtnichtigkeit d. eine salvatorische Klausel umgekehrt wird (BGH GRUR 2004, 353 – Tennishallenpacht; BGH GRUR 1976, 101 (103) mAnm Kroitzsch – EDV-Zubehör; LMR/Nordemann GWB § 30 Rn. 62). Die Missbrauchsverfügung ist ein privatrechtsgestaltender Verwaltungsakt u. entfaltet Wirkung ggü. allen Vertragspartnern (Bechtold GWB § 30 Rn. 30; Immenga/Mestmäcker/Emmerich GWB § 30 Rn. 144) u. ggü. Gerichten (LMR/Nordemann GWB § 30 Rn. 64). Die Fortsetzung d. Preisbindung ist nicht nur ein Verstoß gegen § 1 GWB, sondern auch eine Ordnungswidrigkeit nach § 81 Abs. 2 Nr. 1 u. Nr. 2 lit. a GWB (LMR/Nordemann GWB § 30 Rn. 65). 38

4. Verfahren

Die Missbrauchskontrolle d. BKartA erfolgt v. Amts wegen o. auf Antrag eines gebundenen Abnehmers. Das BKartA hat insoweit Ermessen (zu den Kriterien s. LMR/Nordemann GWB § 30 Rn. 61). Der Missbrauchsverfügung geht regelmäßig eine Abmahnung voraus (Bechtold GWB § 30 Rn. 28; LMR/Nordemann GWB § 30 Rn. 61); eine solche ist aber nicht erforderlich (Immenga/Mestmäcker/Emmerich GWB § 30 Rn. 141). Die Zustellung der Verfügung erfolgt nach § 61 GWB. Gegen die Missbrauchsverfügung ist die Beschwerde nach § 63 GWB statthaft. Die Beschwerde hat aufschiebende Wirkung gem. § 64 Abs. 1 Nr. 2 GWB, wobei das BKartA nach § 65 GWB die sofortige Vollziehung anordnen kann. 39

II. Freistellung von Branchenvereinbarungen iSv Abs. 2a

Nach § 30 Abs. 3 S. 2 GWB kann das BKartA zudem eine Branchenvereinbarung nach Abs. 2a, wenn diese einen Missbrauch d. Freistellung darstellt, ganz o. teilw. für unwirksam erklären. Ein Missbrauch d. Freistellung kann allerdings in Ansehung d. gesetzgeberischen Intention (→ Rn. 6 u. → Rn. 29) nicht pauschal in der Vereinbarung v. Gebietsmonopolen u. einem zentralen Verhandlungsmandat gesehen werden (Guggenberger/Ulmer AfP 2013, 183 (186)). Bei nicht gerechtfertigten Ungleichbehandlungen bzw. Behinderungen sind uU bereits die Voraussetzungen des Abs. 2a nicht erfüllt (Bechtold GWB § 30 Rn. 49). Sind die Voraussetzungen d. § 30 Abs. 2a GWB schon nicht erfüllt bzw. wird der Freistellungsrahmen des Abs. 2a überschritten (Bechtold GWB § 30 Rn. 49), so ist die Preisbindung nach § 1 GWB unwirksam (die §§ 20 Abs. 1, 32 ff. GWB dürften hier ebenso uneingeschränkt Anwendung finden). Eine Vfg. d. BKartA ist dann zwar nur deklaratorischer Natur, aber möglich u. für anschließende Zivilverfahren von Bedeutung. Sind dagegen die Voraussetzungen d. § 30 Abs. 2a GWB erfüllt, so ist § 30 Abs. 3 GWB abschl. u. ein Verbot nur d. das 40

BKartA möglich. S. iÜ zu den weiteren Rechtsfolgen u. zum Verfahren → Rn. 38 u. → Rn. 39.

F. Rechtsschutz bei der Preisbindung von Zeitungen und Zeitschriften

41 Rechtsschutz d. Preisbinders gegen den gebundenen Abnehmer – und umgekehrt – erfolgt zunächst aus vertraglichen Ansprüchen (s. etwa Langen/Bunte/Bahr GWB § 30 Rn. 95 ff.). Umstr. ist allerdings, ob der gebundene Abnehmer die Einhaltung bzw. Aufrechterhaltung d. Preisbindung v. Preisbinder verlangen kann (zum Streitstand BGH GRUR 2006, 773 – Probeabonnement; OLG Hamburg AfP 2005, 180 (184 f.); JPS/Waldenberger GWB § 30 Rn. 66; Immenga/Mestmäcker/Emmerich GWB § 30 Rn. 48 ff., 100 f.; Langen/Bunte/Bahr GWB § 30 Rn. 58; LMR/Nordemann GWB § 30 Rn. 68; MüKoWettbR/Bremer/Martini GWB § 30 Rn. 63 ff.). Im Falle eines lückenhaften (→ Rn. 36.1) Vertriebs kann die Preisbindung dem Gebundenen nicht mehr entgegen gehalten werden, soweit dieser sich auf den Einwand d. unzulässigen Rechtsausübung beruft (Bechtold GWB § 30 Rn. 24; Langen/Bunte/Bahr GWB § 30 Rn. 74, 100 ff.; LMR/Nordemann GWB § 30 Rn. 45, 73 f.). ZT wird auch eine Störung d. Geschäftsgrundlage angenommen (s. die Nachw bei Bechtold GWB § 30 Rn. 24). In Betracht kommen ferner kartell- u. lauterkeitsrechtliche Ansprüche (iE str., hierzu BGH GRUR 2006, 773 – Probeabonnement; Langen/Bunte/Bahr GWB § 30 Rn. 98 f.; LMR/Nordemann GWB § 30 Rn. 69 f., 72; s. auch OLG Düsseldorf NZKart 2013, 170). Gegen nicht gebundene Abnehmer können dem Preisbinder gesetzliche Ansprüche insbes. nach dem UWG u. BGB zustehen (ausf. Immenga/Mestmäcker/Emmerich GWB § 30 Rn. 113 ff.; Langen/Bunte/Bahr GWB § 30 Rn. 108 ff.; LMR/Nordemann GWB § 30 Rn. 75 f.; MüKoWettbR/Bremer/Martini GWB § 30 Rn. 60 ff.).

G. Exkurs: Buchpreisbindungsgesetz (BuchPrG)

42 Das BuchPrG (s. ausf. Emmerich, FS Immenga, 2004, 111; Langen/Bunte/Bahr GWB § 30 Anh. zu § 30 GWB; LMR/Wallenfels Anh. zu § 30 GWB Rn. 1 ff.; Russ/Wallenfels WRP 2013, 24) dient dem Schutz d. Kulturgutes Buch, sichert den Erhalt eines breiten Buchangebots u. gewährleistet zugleich, dass dieses Angebot für eine breite Öffentlichkeit zugänglich ist, indem es die Existenz einer großen Zahl v. Verkaufsstellen fördert (§ 1 BuchPrG). Es besteht eine Preisbindungspflicht: Derjenige, der gewerbs- o. geschäftsmäßig Bücher (legal definiert in § 2 Abs. 1 BuchPrG; eine Anwendbarkeit auf elektronischen Bücher bejahend Russ/Wallenfels WRP 2013, 24 (26); Schulz/Ayar MMR 2012, 652 (654 f.); verneinend Hess AfP 2011, 223) an Letztabnehmer (§ 2 Abs. 3 BuchPrG) verkauft, muss den nach § 5 BuchPrG festgesetzten Preis einhalten (§ 3 S. 1 BuchPrG). Ausgenommen sind grenzüberschreitende Verkäufe (s. § 4 BuchPrG) und gebrauchte Bücher (§ 3 S. 2 BuchPrG). Weitere Ausnahmen regelt § 7 BuchPrG.

Siebenter Abschnitt. Zusammenschlusskontrolle

§ 35 Geltungsbereich der Zusammenschlusskontrolle

(1) Die Vorschriften über die Zusammenschlusskontrolle finden Anwendung, wenn im letzten Geschäftsjahr vor dem Zusammenschluss
1. die beteiligten Unternehmen insgesamt weltweit Umsatzerlöse von mehr als 500 Millionen Euro und
2. im Inland mindestens ein beteiligtes Unternehmen Umsatzerlöse von mehr als 25 Millionen Euro und ein anderes beteiligtes Unternehmen Umsatzerlöse von mehr als 5 Millionen Euro

erzielt haben.

(2) ¹Absatz 1 gilt nicht, soweit sich ein Unternehmen, das nicht im Sinne des § 36 Absatz 2 abhängig ist und im letzten Geschäftsjahr weltweit Umsatzerlöse von

weniger als 10 Millionen Euro erzielt hat, mit einem anderen Unternehmen zusammenschließt. ²Absatz 1 gilt auch nicht für Zusammenschlüsse durch die Zusammenlegung öffentlicher Einrichtungen und Betriebe, die mit einer kommunalen Gebietsreform einhergehen.

(3) Die Vorschriften dieses Gesetzes finden keine Anwendung, soweit die Europäische Kommission nach der Verordnung (EG) Nr. 139/2004 des Rates vom 20. Januar 2004 über die Kontrolle von Unternehmenszusammenschlüssen in ihrer jeweils geltenden Fassung ausschließlich zuständig ist.

§ 35 GWB bestimmt die Umsatzschwellen, ab denen ein Zusammenschluss iSv § 37 GWB fusionskontrollpflichtig ist.

A. Allgemeines

Eine Transaktion ist in Deutschland fusionskontrollpflichtig, wenn 1
- ein Zusammenschluss iSv § 37 GWB vorliegt;
- die Umsatzschwellen des § 35 Abs. 1 GWB erfüllt sind;
- keine Bagatellausnahme gem. § 35 Abs. 2 GWB eingreift und
- die EU-Fusionskontrolle nicht gem. § 35 Abs. 3 GWB vorrangig anwendbar ist.

Die Fusionskontrollpflicht eines Unternehmenserwerbs beurteilt sich unabhängig von der 2 wettbewerblichen Bedeutung des jeweiligen Erwerbs. Die wettbewerblichen Auswirkungen eines Zusammenschlusses werden erst für die Frage relevant, ob ein fusionskontrollpflichtiger Zusammenschluss genehmigt werden kann oder gem. § 36 Abs. 1 GWB zu untersagen ist. Die Anknüpfung der Fusionskontrollpflicht an rein formale (Umsatzerlös-)Kriterien dient dem Interesse der Unternehmen an Rechtssicherheit. Ob ein Erwerb fusionskontrollpflichtig ist und damit dem Vollzugsverbot gem. § 41 GWB unterliegt, soll sich an (grds.) einfach und eindeutig nachprüfbaren formalen Kriterien bemessen. Komplexe wettbewerbliche Bewertungsfragen werden erst dann relevant, wenn eine Fusionskontrollpflicht besteht und das Bundeskartellamt die Genehmigungsfähigkeit prüfen muss. Dies führt dazu, dass zahlreiche Zusammenschlüsse fusionskontrollpflichtig sind, die keine wettbewerblichen Probleme mit sich bringen. Ebenso ist es möglich, dass Zusammenschlüsse die Wettbewerbslage erheblich verschlechtern und gar zu einer marktbeherrschenden Stellung führen, gleichwohl aber fusionskontrollfrei vollzogen werden können, weil die beteiligten Unternehmen die formalen Aufgreifkriterien, dh insbes. die Umsatzschwellen des § 35 Abs. 1 GWB, nicht erfüllen.

Im internationalen Vergleich sind die in § 35 GWB geregelten Umsatzschwellen ausgesprochen niedrig. Die Zahl der in Deutschland fusionskontrollpflichtigen Zusammenschlüsse ist damit besonders hoch. In den Jahren 2011 bzw. 2012 wurden beim Bundeskartellamt über 1.100 bzw. über 1.200 Zusammenschlüsse angemeldet. Dabei kam es selten zu ernsthaften wettbewerblichen Problemen. In 2011 wurden allein 15 Zusammenschlüsse im vertieften Hauptprüfverfahren geprüft. Hiervon wurden lediglich zwei Zusammenschlüsse untersagt. Die anderen 13 Zusammenschlüsse wurden mit Nebenbestimmungen und zum Teil auch ohne jegliche Nebenbestimmungen freigegeben. In 2012 wurden 21 Zusammenschlussvorhaben im Hauptprüfverfahren geprüft. Hiervon wurden vier Zusammenschlüsse untersagt. 3

In 2011 betrafen zwei der im Hauptprüfverfahren geprüften Zusammenschlüsse den 4 Medienbereich (BKartA Entsch. v. 17.3.2011 – B6–94/10 – P7S1/RTL – Video on Demand; BKartA Entsch. v. 15.12.2011 – B7–66/11 – Liberty/Kabel BW). Im Jahr 2012 betraf eines der im Hauptprüfverfahren untersuchten Vorhaben medienrelevante Industrien, nämlich landwirtschaftliche Zeitschriften (BKartA Fallbericht v. 28.11.2012 – B6–63/12 – Landwirtschaftliche Fachzeitschriften).

B. Medienrechtliche Besonderheiten

Die in § 35 Abs. 1 GWB geregelten Umsatzschwellen enthalten keine Sonderregelungen 5 für Unternehmen der Medien-Industrie. Sonderregelungen zur Berechnung der Umsatzerlöse für Rundfunk- und Presseunternehmen finden sich in § 38 Abs. 3 GWB (→ § 38 Rn. 3 ff.).

Die Bagatellausnahme in § 35 Abs. 2 GWB gilt seit der zum 30.6.2013 in Kraft getretenen 8. Novelle des GWB auch im Medienbereich. Damit sind Erwerbe kleiner Verlage 6 fusionskontrollfrei, obwohl die Umsatzschwellen des § 35 Abs. 1 GWB erfüllt sind. Auch insoweit finden die Sonderregelungen zur Berechnung der Umsatzerlöse für Rundfunk- und Presseunternehmen in § 38 Abs. 3 GWB Anwendung (→ § 38 Rn. 3 ff.).

7 Der in § 35 Abs. 3 GWB geregelte Anwendungsvorrang der EU-Fusionskontrollverordnung (VO (EG) Nr. 139/2004 des Rates v. 20.1.2004 über die Kontrolle von Unternehmenszusammenschlüssen) enthält keine Sonderregelung für die Medienindustrie. Wenn eine Fusionskontrollpflicht nach der EU-Fusionskontrollverordnung besteht, sind die fusionskontrollrechtlichen Regelungen des GWB, dh die §§ 35 ff. GWB, nicht anwendbar.

§ 36 Grundsätze für die Beurteilung von Zusammenschlüssen

(1) ¹Ein Zusammenschluss, durch den wirksamer Wettbewerb erheblich behindert würde, insbesondere von dem zu erwarten ist, dass er eine marktbeherrschende Stellung begründet oder verstärkt, ist vom Bundeskartellamt zu untersagen. ²Dies gilt nicht, wenn

1. die beteiligten Unternehmen nachweisen, dass durch den Zusammenschluss auch Verbesserungen der Wettbewerbsbedingungen eintreten und diese Verbesserungen die Behinderung des Wettbewerbs überwiegen, oder
2. die Untersagungsvoraussetzungen des Satzes 1 auf einem Markt vorliegen, auf dem seit mindestens fünf Jahren Waren oder gewerbliche Leistungen angeboten werden und auf dem im letzten Kalenderjahr weniger als 15 Millionen Euro umgesetzt wurden, oder
3. die marktbeherrschende Stellung eines Zeitungs- oder Zeitschriftenverlags verstärkt wird, der einen kleinen oder mittleren Zeitungs- oder Zeitschriftenverlag übernimmt, falls nachgewiesen wird, dass der übernommene Verlag in den letzten drei Jahren einen erheblichen Jahresfehlbetrag im Sinne des § 275 Absatz 2 Nummer 20 des Handelsgesetzbuchs hatte und er ohne den Zusammenschluss in seiner Existenz gefährdet wäre. Ferner muss nachgewiesen werden, dass vor dem Zusammenschluss kein anderer Erwerber gefunden wurde, der eine wettbewerbskonformere Lösung sichergestellt hätte.

(2) ¹Ist ein beteiligtes Unternehmen ein abhängiges oder herrschendes Unternehmen im Sinne des § 17 des Aktiengesetzes oder ein Konzernunternehmen im Sinne des § 18 des Aktiengesetzes, sind die so verbundenen Unternehmen als einheitliches Unternehmen anzusehen. ²Wirken mehrere Unternehmen derart zusammen, dass sie gemeinsam einen beherrschenden Einfluss auf ein anderes Unternehmen ausüben können, gilt jedes von ihnen als herrschendes.

(3) Steht einer Person oder Personenvereinigung, die nicht Unternehmen ist, die Mehrheitsbeteiligung an einem Unternehmen zu, gilt sie als Unternehmen.

Die Voraussetzungen unter denen ein fusionskontrollpflichtiger Zusammenschluss zu untersagen ist, regelt § 36 GWB. Im Kern geht es um die Frage, ob der Zusammenschluss wirksamen Wettbewerb erheblich behindert. Wesentliche Punkte sind dabei die Marktabgrenzung (→ Rn. 5 ff.) und die Frage der Marktbeherrschung (→ Rn. 29 ff.). Im Mediensektor sind auch crossmediale Effekte zu beachten (→ Rn. 31 ff.). Außerdem existiert eine Ausnahmeregelung für Pressesanierungsfusionen (→ Rn. 32 ff.).

Übersicht

	Rn		Rn
A. Allgemeines	1	III. Crossmediale Effekte	31
B. Medienrechtliche Besonderheiten	4	IV. Presseausnahme des § 36 Abs. 1 Nr. 3	32
I. Medienmärkte	5	V. Verbesserung der Wettbewerbsbedingungen gem. § 36 Abs. 1 Nr. 1	33
1. Rundfunk	6		
2. Presse	16	VI. Sanierungsfusionen	34
3. Bücher	27	VII. § 36 Abs. 2 und Abs. 3	35
II. Marktbeherrschung	29		

A. Allgemeines

§ 36 GWB regelt in Abs. 1 S. 1 den materiellen Prüfungsmaßstab des Fusionskontroll- **1**
verfahrens, dh die Voraussetzungen für eine Untersagung. Danach muss das Bundeskartellamt einen Zusammenschluss untersagen, wenn zu erwarten ist, dass durch den Zusammenschluss wirksamer Wettbewerb erheblich behindert wird. Dies ist gem. dem einzigen genannten Regelbeispiel insbes. der Fall, wenn zu erwarten ist, dass durch den Zusammenschluss eine marktbeherrschende Stellung entsteht oder verstärkt wird. Es handelt sich in rechtlicher Hinsicht um eine gebundene Entscheidung. Bei der Prognoseentscheidung, ob wirksamer Wettbewerb erheblich behindert wird bzw., ob eine marktbeherrschende Stellung entsteht oder verstärkt wird, steht dem Bundeskartellamt hingegen ein Beurteilungsspielraum hinsichtlich des zugrundeliegenden Sachverhalts und dessen wettbewerblich-ökonomischer Bewertung zu. § 36 Abs. 1 S. 2 Nr. 1 bis 3 GWB nennt Ausnahmetatbestände, unter deren Voraussetzungen selbst bei Vorliegen der Untersagungsvoraussetzungen ein Zusammenschluss nicht untersagt wird. Die Ausnahme für Zusammenschlüsse, die Bagatellmärkte betreffen, gilt für Zusammenschlüsse in der Medienindustrie nach Maßgabe der nach § 38 Abs. 3 GWB angepassten Unternehmensumsatzerlöse. Der Anwendungsbereich der Ausnahme ist damit für Zusammenschlüsse von Medienunternehmen auf sehr kleine Märkte beschränkt. Die Nr. 3 der in § 36 Abs. 1 S. 2 GWB geregelten Ausnahmen enthält eine Sonderregelung für die Presseindustrie → Rn. 32.

In § 36 Abs. 2 GWB ist geregelt, unter welchen Voraussetzungen miteinander verbunde- **2**
ne Unternehmen kartellrechtlich als einheitliches Unternehmen anzusehen sind.

§ 36 Abs. 3 GWB legt fest, unter welchen Voraussetzungen natürliche Personen fusions- **3**
kontrollrechtlich als Unternehmen gelten (so genannte Flick-Klausel).

B. Medienrechtliche Besonderheiten

Die Untersagungsvoraussetzungen in § 36 Abs. 1 S. 1 GWB gelten grds. auch für Zusam- **4**
menschlüsse im Medienbereich. Die Ausnahmetatbestände in § 36 Abs. 1 S. 2 Nr. 1–3 GWB enthalten allerdings in Nr. 3 eine Sonderregelung für Zusammenschlüsse, die den Erwerb von Zeitungs- oder Zeitschriftenverlagen betreffen.

I. Medienmärkte

Ausgangspunkt für die Prüfung der Marktbeherrschung ist die Abgrenzung des sachlich **5**
und räumlich relevanten Marktes auf dem die vermeintliche Marktbeherrschung bestehen kann. Auch wenn bei der Marktabgrenzung und der Prüfung der Beherrschungsfrage zahlreiche wechselseitige Abhängigkeiten bestehen, so handelt es sich doch um eigenständige Fragen mit eigenständigen Kriterien. Die Entscheidungspraxis des Bundeskartellamtes und der Kartellgerichte zu den relevanten Märkten in der Medienindustrie ist recht vielfältig und in weiten Teilen durch wiederholte Spruchpraxis etabliert.

1. Rundfunk

a) Markt für die Einspeisung von Rundfunksignalen. Der Markt für die analoge und **6**
digitale Einspeisung von Rundfunksignalen in das Breitbandnetz stellt einen eigenständigen sachlichen Markt dar (BKartA Entsch. V. 15.12.2011 – B7–66/11 – Liberty/KabelBW, Rn. 182 f.; BKartA Entsch. v. 3.4.2008 – B7 – 200/07 – KDG/Orion Cable, Rn. 37 ff.; BKartA Entsch. v. 21.6.2005 – B7–38/05 – TeleColumbus/Ish, Rn. 29; BKartA Entsch. v. 20.6.2005, B7–22/05 – Iesy/Ish, Rn. 38). Der Markt für die Einspeisung von Rundfunksignalen in Breitbandkabel ist ein eigenständiger Markt und von den Übertragungswegen Satellit, Terrestrik und IPTV über DSL (BKartA Entsch. v. 20.6.2005 – B7–22/05 – Iesy/Ish, Rn. 47; BKartA Entsch. v. 21.6.2005 – B7–38/05 – TeleColumbus/Ish, Rn. 38). Die unterschiedlichen Übertragungswege sind aus Sicht der Programmanbieter insbes. aufgrund der unterschiedlichen Reichweiten und adressierbaren Haushalte nicht miteinander austauschbar (BKartA Entsch. v. 3.4.2008 – B7–200/07 – KDG/Orion Cable, Rn. 44). Eine Unterscheidung zwischen Free- und PayTV ist hingegen nicht angebracht, da in beiden

Bereichen vergleichbare Wettbewerbsverhältnisse gelten (BKartA Entsch. v. 3.4.2008 – B7–200/07 – KDG/Orion Cable, Rn. 38 f.; BKartA Entsch. v. 20.6.2005 – B7–22/05 – Iesy/Ish, Rn. 41; BKartA Entsch. v. 21.6.2005 – B7–38/05 – TeleColumbus/Ish, Rn. 32).

7 Räumlich bildet jedes Kabelnetz einer Regionalgesellschaft einen eigenen Markt (BKartA Entsch. v. 15.12.2011 – B7–66/11 – Liberty/KabelBW, Rn. 205; BKartA Entsch. v. 3.4.2008 – B7–200/07 – KDG/Orion Cable, Rn. 88; BKartA Entsch. v. 21.6.2005 – B7–38/05 – TeleColumbus/Ish, Rn. 103).

8 **b) Markt für leitungsgebundene Rundfunkversorgung.** Hinsichtlich der Versorgung von Endverbrauchern mit Rundfunksignalen stellen die Märkte für Mehrnutzerverträge (auch so genannter Gestattungsmarkt) und für Einzelnutzerverträge eigenständige Märkte dar (BKartA Entsch. v. 22.2.2013 – B7 – 70/12 – Kabel Deutschland/Tele Columbus, Rn. 45, 54; BKartA Entsch. v. 15.12.2011 – B7–66/11 – Liberty/KabelBW, Rn. 38). Bezüglich der Übertragungswege ist der sachlich relevante Markt auf die Infrastrukturen Breitbandkabel und IPTV beschränkt. Nicht zum sachlich relevanten Markt zählen dagegen Satellitenlösungen der Wohnungswirtschaft und DVB-T (BKartA Entsch. v. 22.2.2013 – B7–70/12 – Kabel Deutschland/Tele Columbus, Rn. 63; BKartA Entsch. v. 15.12.2011 – B7–66/11 – Liberty/KabelBW, Rn. 46 ff.).

9 In räumlicher Hinsicht handelt es sich um einen bundesweiten Markt (BKartA Entsch. v. 22.2.2013 – B7–70/12 – Kabel Deutschland/Tele Columbus, Rn. 70; BKartA Entsch. v. 15.12.2011, B7–66/11 – Liberty/KabelBW, Rn. 56).

10 **c) Markt für Fernsehwerbung.** Nach ständiger Spruchpraxis ist der Markt für Fernsehwerbung, auf dem die Veranstalter von Fernsehprogrammen Dritten Werbezeiten bereitstellen, ein eigenständiger Markt (BKartA Entsch. v. 17.3.2011 – B6–94/10 – P7S1/RTL-Video on Demand, Rn. 46; BKartA Entsch. v. 19.1.2006 – B6–103/05 – Axel Springer/P7S1, Rn. 25; BKartA Entsch. v. 11.4.2006 – B6–142/05 – RTL/n-tv, Rn. 13). Der sachlich relevante Markt bezieht sich allein auf den Werbemarkt, nicht dagegen auf den Zuschauermarkt, denn diesbezüglich fehlt es an einem Leistungsaustausch zwischen den Rezipienten und den Anbietern von Fernsehsendern. Dies gilt auch für das öffentlich-rechtliche Fernsehen, denn die Gebühren werden dort fällig für das Bereithalten des Endgeräts und nicht etwa konkret für den Empfang bestimmter Programme. Der Fernsehwerbemarkt umfasst sowohl die Anbieter des (primär) werbefinanzierten Fernsehens (so genanntes Free-TV) als auch des Pay-TV. Die Hörfunkwerbung, die Printwerbung sowie Onlinewerbung stellen gegenüber der Fernsehwerbung eigenständige Märkte dar.

11 Einen von der Fernsehwerbung eigenständigen Markt bildet derzeit auch der Markt für In-Stream-Video-Werbung. Der Markt für In-Stream-Video-Werbung stellt durch die Einbettung von Videowerbung im Rahmen von Video-on-Demand aus Nachfragersicht das nächste Substitut zur Fernsehwerbung dar. Perspektivisch ist er sogar dem Fernsehwerbemarkt zuzurechnen und baut daher einen (zunehmenden) Substitutionswettbewerb zur Fernsehwerbung auf (BKartA Entsch. v. 17.3.2011 – B6–94/10 – P7S1/RTL-Video on Demand, Rn. 51). Mit dieser Erwägung hat das BKartA die Gründung einer gemeinsamen Video-on-Damand Plattform durch ProSiebenSat.1 und RTL untersagt, weil sich ProSiebenSat.1 und RTL aus Sicht des BKartA als die beiden führenden Anbieter von Fernsehwerbung diesem Substitutionswettbewerb durch Gründung einer gemeinsamen Plattform für Video-on-Demand in Kombination mit In-Stream-Video-Werbung entziehen würden (vgl. auch Dubberstein NZKart 2013, 143 ff.).

12 Räumlich erstreckt sich der Markt grds. über das Bundesgebiet, es sei denn die Werbebelegungsmöglichkeit ist regional beschränkt (z. B. „Ballungsraumfernsehen") (BKartA Entsch. v. 11.4.2006 – B6–142/05 – RTL/n-tv, Rn. 14).

13 **d) Radio-/Hörfunkwerbemarkt.** Der Markt der Hörfunkwerbezeiten ist ein eigenständiger Markt für Werbemöglichkeiten (BKartA Entsch. v. 16.12.2002 – B6–119/02 – RTL/Holtzbrinck, Rn. 27). Hörfunkwerbezeit ist weder mit TV-Werbezeit noch mit Printwerbung austauschbar. Der räumlich relevante Markt ist das Sendegebiet des Senders (BKartA Entsch. v. 16.12.2002 – B6–119/02 – RTL/Holtzbrinck, Rn. 28; BKartA Entsch. v. 25.4.2002 – B6–159/01 – Gemeinschaftsunternehmen Radio L12, Rn. 39), das sich aus der von der Landesmedienanstalt vergebenen Lizenz ergibt (BKartA Entsch. v. 16.12.2002 – B6–119/02 – RTL/Holtzbrinck, Rn. 28). Die Sendegebiete erstrecken sich meist auf ein Bundesland oder Teile davon.

e) Märkte für mobilen Rundfunk. Der Endkundenmarkt für mobilen Rundfunk 14
umfasst den Empfang von Rundfunk auf mobilen Endgeräten (BKartA Entsch. v. 13.8.2007
– B7–61/07 – O2/T-Mobile/Vodafone, Rn. 45). Der Großhandel mit Programmpaketen
für mobilen Rundfunk stellt einen hiervon eigenständigen Markt dar (BKartA Entsch. v.
13.8.2007 – B7–61/07 – O2/T-Mobile/Vodafone, Rn. 70 ff.) Nicht zu unterscheiden ist
zwischen den einzelnen (technischen) Mobil-TV-Standards (BKartA Entsch. v. 13.8.2007
– B7–61/07 – O2/T-Mobile/Vodafone, Rn. 46).

Räumlich ist der Markt für mobilen Rundfunk auf Deutschland beschränkt. (BKartA, 15
Entsch. v. 13.8.2007 – B7–61/07 – O2/T-Mobile/Vodafone, Rn. 49).

2. Presse

a) Pressegrossomarkt. Auf dem Pressegrossomarkt bieten die Pressegrossisten die Pres- 16
seerzeugnisse der Verlage den Einzelhändlern an. Dabei ist weiter zu unterscheiden zwischen
der Marktstufe, auf der der Pressegrossist die Presseerzeugnisse den Einzelhändlern anbietet
und der Marktstufe, auf der der Pressegrossist den Verlagen Vertriebsleistungen anbietet
(BKartA Entsch. v. 30.3.2010 – B6–98/09 – Roth + Horsch/Presse-Vertrieb Pfalz, Rn. 30;
BKartA Entsch. v. 27.10.2005 – B6–86/05 – MSV Medien, 15).

Räumlich sind die Märkte jeweils entlang den Vertriebsgebieten der Pressegrossisten 17
abzugrenzen (BKartA Entsch. v. 30.3.2010 – B6–98/09 – Roth + Horsch/Presse-Vertrieb
Pfalz, Rn. 31; BKartA Entsch. v. 27.10.2005 – B6–86/05 – MSV Medien, 15).

b) Lesermärkte für Zeitungen. Die Lesermärkte im Zeitungsbereich sind entsprechend 18
der Leserinteressen in gesonderte Märkte für Straßenverkaufszeitungen (BKartA Entsch. v.
19.1.2006 – B6–103/05 – Axel Springer/P7S1, 41; BKartA Entsch. v. 27.10.2005 – B6–86/
05 – MSV Medien, 16), Abonnement-Tageszeitungen mit lokaler und regionaler Berichterstattung (BKartA Entsch. v. 9.7.2009 – B6–38/09 – Medien Holding/Springer, Rn. 70;
BKartA Entsch. v. 21.4.2009 – B6–150/08 – NPG/Detjen, Rn. 35; BKartA Entsch. v.
2.2.2004 – B6–120/03 – Holtzbrinck/Berliner Verlag, 23) und Abonnement-Tageszeitungen
mit überregionaler Berichterstattung abzugrenzen.

Der räumliche Lesermarkt entspricht jeweils dem Kernverbreitungsgebiet der Zeitung 19
(BKartA Entsch. v. 21.4.2009 – B6–150/08 – NPG/Detjen, Rn. 36; BKartA Entsch. v.
2.2.2004 – B6–120/03 – Holtzbrinck/Berliner Verlag, 24; BKartA Entsch. v. 27.10.2005
– B6–86/05 – MSV Medien, 16).

c) Lesermarkt für Zeitschriften. Markt für Zeitschriften ist sachlich abzugrenzen vom 20
Buchmarkt (BKartA Entsch. v. 29.8.2008 – B6–52/08 – Intermedia/Health & Beauty, 25;
BKartA Entsch. v. 2.8.2004 – B6–26/04 – National Geographic, 25; BKartA Entsch. v.
22.8.2001 – B6–56/01 – SV-C, Rn. 9) sowie von elektronischen Medien wie zB Informati-
onsangeboten im Internet (BKartA Entsch. v. 29.8.2008 – B6–52/08 – Intermedia/Health &
Beauty, 34). Innerhalb des Zeitschriftenmarktes ist sachlich zu differenzieren zwischen dem
Markt für Publikumszeitschriften und dem Markt für sog. Fachzeitschriften. Publikumszeitschriften sprechen den Leser im privaten Umfeld an, wohingegen Fachzeitschriften der
beruflichen oder jedenfalls hochspezialisierten Information und Fortbildung dienen (BKartA
Entsch. v. 2.8.2004 – B6–26/04 – National Geographic, 21). Fachzeitschriften sind zumeist
nicht im Straßen- oder Bahnhofsverkauf zu erwerben (BKartA, Entsch. v. 29.8.2008 – B6–
52/08 – Intermedia/Health & Beauty, 25). Die einzelnen Fachgebiete bilden eigenständige
Märkte.

Innerhalb des Marktes für Publikumszeitschriften ist weiter zu differenzieren zwischen 21
dem Bereich der „Special Interest Zeitschriften" mit einem klaren Themenschwerpunkt und
den „General Interest Zeitschriften", die breiter ausgerichtet sind. Erstere richten sich an
Leser mit einem speziellen Interessengebiet, wohingegen letztere ein breites Allgemeininteresse befriedigen. (BKartA Entsch. v. 2.8.2004 – B6–26/04 – National Geographic, 21).

In räumlicher Hinsicht sind die Lesermärkte für Zeitschriften wie bei Zeitungen nach 22
dem Verbreitungsgebiet abzugrenzen (BKartA Entsch. v. 2.8.2004 – B6–26/04 – National
Geographic, 25; BKartA Entsch. v. 22.8.2001 – B6–56/01 – SV-C, Rn. 22).

d) Anzeigenmarkt für Zeitungen. Der Anzeigenmarkt für Zeitungen umfasst sachlich 23
die Abonnement-Tageszeitungen, Straßenverkaufszeitungen und Anzeigenblätter (BKartA
Entsch. v. 9.7.2009 – B6–38/09 – Medien Holding/Springer, Rn. 29; BKartA Entsch. v.

19.1.2006 – B6–103/05 – Axel Springer/P7S1, 59; BKartA Entsch. v. 27.10.2005 – B6–86/05 – MSV Medien, 16). Internet- bzw. Online-Anzeigen gehören nicht zum Anzeigenmarkt für Tageszeitungen (BKartA Entsch. v. 19.1.2006 – B6–103/05 – Axel Springer/P7S1, 24), genauso wie Stadtmagazine (BKartA Entsch. v. 9.7.2009 – B6–38/09 – Medien Holding/Springer, Rn. 29). Der Anzeigenmarkt für Zeitungen umfasst auch nicht den Anzeigenmarkt für Publikumszeitschriften (BKartA Entsch. v. 19.1.2006 – B6–103/05 – Axel Springer/P7S1, 59) sowie den Markt für Beilagenvertriebsunternehmen wie etwa Inseratenblätter oder direkt verteilte Werbung (BKartA Entsch. v. 9.7.2009 – B6–38/09 – Medien Holding/Springer, Rn. 29; BKartA Entsch. v. 26.1.2006 – B6–138/05 – Süddeutscher Verlag, 24).

24 Eine Unterteilung des Anzeigenmarktes nach Rubriken/Anzeigensparten (BKartA Entsch. v. 26.1.2006 – B6–138/05 – Süddeutscher Verlag, 21) oder nach Erscheinungs- bzw. Verteilzeitpunkt – „mittwochs oder samstags" (BKartA Entsch. v. 26.1.2006 – B6–138/05 – Süddeutscher Verlag, 22) ist nicht erforderlich.

25 Der räumliche Markt ist nach dem Verbreitungsgebiet der entsprechenden Zeitung abzugrenzen (BKartA Entsch. v. 9.7.2009 – B6–38/09 – Medien Holding/Springer, Rn. 31; BKartA Entsch. v. 19.1.2006 – B6–103/05 – Axel Springer/P7S1, 59; BKartA Entsch. v. 27.10.2005 – B6–86/05 – MSV Medien, 16).

26 **e) Anzeigenmarkt für Zeitschriften.** Der Anzeigenmarkt für Zeitschriften ist weiter zu fassen als die Lesermärkte für Zeitschriften. Aus Sicht der werbenden Industrie sind verschiedene Zeitschriftentypen miteinander austauschbar, weil sie in vergleichbarer Weise geeignet sind, die Leser, dh die Adressaten der Werbung zu erreichen. (BKartA Entsch. v. 29.8.2008 – B6–52/08 – Intermedia/Health & Beauty, 39; BKartA Entsch. v 2.8.2004 – B6–26/04 – National Geographic, 26).

3. Bücher

27 Aus Sicht des Bundeskartellamtes besteht ein allgemeiner Buchmarkt für deutschsprachige Literatur in Deutschland. Er umfasst Belletristik, Sachbücher, Ratgeber und Nachschlagewerke. Er reflektiert die Nachfrage nach einem allgemeinen Unterhaltungs- und Informationsbedürfnis (BKartA Entsch. v. 24.11.2003 – B6–07/03, – Random House/Ullstein Heyne, 17). Innerhalb des Buchmarkts für allgemeine deutschsprachige Literatur sind nach Auffassung des Bundeskartellamtes allerdings Taschenbücher als eigener sachlich relevanter Markt abzugrenzen (BKartA Entsch. v. 24.11.2003 – B6–07/03, – Random House/Ullstein Heyne, 19, 28).

28 Wissenschaftliche Bücher sowie Fach- und Schulbücher bilden jeweils einen eigenständigen Markt. Gleiches gilt für fremdsprachige Bücher.

II. Marktbeherrschung

29 Ob ein Zusammenschluss die Entstehung oder Verstärkung einer marktbeherrschenden Stellung erwarten lässt, ist aufgrund einer komplexen Prüfung der Marktstrukturen, der Wettbewerbsbedingungen und des Wettbewerbsverhalten der betroffenen Unternehmen sowie ihrer Wettbewerber, Kunden und Lieferanten im Rahmen einer Prognoseentscheidung zu ermitteln. Nähere Regelungen enthält § 36 Abs. 1 GWB hierzu nicht. Insoweit ist auf die Wertungen des § 18 GWB zurück zu greifen. Nach § 18 Abs. 1 GWB liegt eine Marktbeherrschung vor, wenn ein Unternehmen als Anbieter oder Nachfrager einer bestimmten Art von Waren oder gewerblichen Leistungen auf dem sachlich und räumlich relevanten Markt
- ohne Wettbewerber ist,
- keinem wesentlichen Wettbewerb ausgesetzt ist oder
- eine im Verhältnis zu seinen Wettbewerbern überragende Marktstellung hat.

30 Für die Prüfung der Marktbeherrschung ist die Bestimmung des Marktanteils in der Praxis der Ausgangspunkt der Prüfung. Ab einem Marktanteil von 40 Prozent wird eine Marktbeherrschung gesetzlich vermutet, § 18 Abs. 4 GWB. Die Vermutung ist jedoch widerlegbar. Ungeachtet der Vermutungsregel prüft das Bundeskartellamt im Fusionskontrollverfahren entsprechend dem Amtsermittlungsgrundsatz umfassend alle Marktumstände und entscheidet insbes. anhand der in § 18 Abs. 3 GWB aufgezählten Kriterien, ob eine

marktbeherrschende Stellung gegeben ist. § 18 Abs. 5 GWB enthält eine Vermutungsregel für eine gemeinsame, dh oligopolistische Marktbeherrschung mehrerer Unternehmen. Im Fernsehwerbemarkt geht das Bundeskartellamt zum Beispiel von einer gemeinsamen Marktbeherrschung durch ProSiebenSat.1 und RTL aus (BKartA Entsch. v. 17.3.2011 – B6–94/10 – P7S1/RTL-Video on Demand, Rn. 65–130).

III. Crossmediale Effekte

Medienspezifische Besonderheiten bestehen im Rahmen des Marktbeherrschungstests grds. nicht. Bei Zusammenschlüssen von Unternehmen verschiedener Mediengattungen widmet das Bundeskartellamt auch sog crossmedialen Effekten besondere Aufmerksamkeit. Im Kern handelt es sich um konglomerate Effekte, welche erwarten lassen, dass sie die Wettbewerbsstruktur beinträchtigen. Die einzelnen Medien wachsen immer stärker zusammen. Eine isolierte Betrachtung der einzelnen Medienmärkte kann daher im Einzelfall die tatsächlichen Wettbewerbsbedingungen sowie die vielfältigen Auswirkungen eines Zusammenschlussvorhabens nicht mehr sachgerecht erfassen (Paal ZWeR 2012, 380 (401 f.)). Besondere Bedeutung erlangten crossmediale Effekte bei dem – letztlich untersagten – Zusammenschlussvorhaben Axel Springer/ProSiebenSat. 1. Beide Unternehmen waren unstreitig in unterschiedlichen sachlichen Märkten aktiv. Es wäre nicht zu Marktanteilsadditionen gekommen. Das BKartA befürchtete jedoch eine Ausweitung der bereits angenommen marktbeherrschenden Stellung von ProSiebenSat.1 Media auf dem Fernsehwerbemarkt sowie der Bild Zeitung von Axel Springer auf dem Lesermarkt für Straßenverkaufszeitungen. Ausschlaggebend waren im Kern drei Erwägungen, nämlich (i) crossmediale Eigenwerbung, dh die günstige Bereitstellung von Werbemöglichkeiten in einem zum Unternehmen gehörenden Medium für ein anderes Medium des Unternehmens; (ii) crossmediale inhaltliche Bezugnahme, dh die inhaltliche Bezugnahme in einem Medium auf den Inhalt eines anderen Mediums des Unternehmen (etwa: „Mehr dazu lesen Sie in der Zeitung X".) und (iii) erwartete crossmediale Werbekampagnen, dh Schaltung ein und derselben Kampagne zeitgleich in verschiedenen Medien über ein Unternehmen. (zum Ganzen siehe Esser NZKart 2013, Rn. 135 ff.; Paal ZWeR 2012, 380–402; Steger WuW 2010, 282–291; Langen/Bunte/Bunte, Anhang zum Fünften Abschnitt – Sonderbereich Medien, Rn. 21–22.).

31

IV. Presseausnahme des § 36 Abs. 1 Nr. 3

Nach der Ausnahmeregelung in § 36 Abs. 1 S. 2 Nr. 3 GWB wird ein Zusammenschluss trotz Vorliegens der Untersagungsvoraussetzungen nicht untersagt, wenn die marktbeherrschende Stellung eines Zeitungs- oder Zeitschriftenverlags verstärkt wird, der einen kleinen oder mittleren Zeitungs- oder Zeitschriftenverlag übernimmt, falls von den Parteien nachgewiesen wird, dass der übernommene Verlag in den letzten drei Jahren einen erheblichen Jahresfehlbetrag iSd § 275 Abs. 2 Nr. 20 des Handelsgesetzbuchs hatte und er ohne den Zusammenschluss in seiner Existenz gefährdet wäre. Darüber hinaus müssen die Parteien nachweisen, dass vor dem Zusammenschluss kein anderer Erwerber gefunden wurde, der eine wettbewerbskonformere Lösung sichergestellt hätte. Bei der Ausnahmeregelung handelt es sich im Kern um einen gesetzlich geregelten Fall der Sanierungsfusion. Die Kriterien sind etwas großzügiger als die herkömmlichen in der Fallpraxis entwickelten Voraussetzungen der Sanierungsfusion (→ Rn. 34). Das Zielunternehmen muss ein kleiner oder mittlerer Zeitungs- oder Zeitschriftenverlag sein, für die letzten drei Jahre einen erheblichen Jahresfehlbetrag ausweisen und in seiner Existenz gefährdet sein, wobei der erhebliche Jahresfehlbetrag in der Regel die Existenzgefährdung indizieren wird (Klumpp WuW 2013, 344 (351)). Unter welchen Voraussetzungen ein Verlag klein oder mittelgroß ist, bestimmt sich nach seiner Stellung auf dem Markt und einem Vergleich insbes. zu den großen Unternehmen der Branche (siehe Merkblatt des Bundeskartellamts über Kooperationsmöglichkeiten für kleinere und mittlere Unternehmen, Stand März 2007). Die beteiligten Unternehmen müssen ferner nachweisen, dass kein anderer Erwerber, der eine wettbewerbskonformere Lösung verspricht, verfügbar ist. Erfasst werden nach dem Wortlaut der Vorschrift allein Fälle, in denen es zur Verstärkung einer marktbeherrschenden Stellung kommt, nicht aber Fälle, in denen der Zusammenschluss zur Begründung einer marktbeherrschenden Stellung führt.

32

Dies erscheint indes nach dem Sinn und Zweck der Vorschrift nicht überzeugend. Wettbewerblich ist kein Grund ersichtlich, die Verstärkung einer marktbeherrschenden Stellung gegenüber der Begründung einer solchen zu privilegieren. Anderenfalls würden marktbeherrschende Unternehmen besser gestellt als nicht marktbeherrschende (so auch im Ergebnis Klumpp WuW 2013, 344 (349) mit dem Argument, dass die Verstärkung einer marktbeherrschenden Stellung die gravierendste Form der Behinderung wirksamen Wettbewerbs sei und andere Formen erst recht erfasst sein müssten). Dem Wortlaut nach ist unklar, ob die Vorschrift auf alle Zusammenschlusstatbestände Anwendung findet. Der Begriff der Übernahme ist im Gesetz nicht definiert. Der Wortlaut spricht dafür, dass nur der Erwerb der Mehrheit der Stimmrechte erfasst wird. Den Gesetzesmaterialien lässt sich aber keine Einschränkung des Anwendungsbereichs entnehmen. Es besteht auch kein Grund, den Erwerb einer Stimmrechtsmehrheit gegenüber dem Erwerb von anmeldepflichtigen Minderheitsbeteiligungen zu privilegieren. Der Begriff der Übernahme ist daher untechnisch zu verstehen und soll alle Arten von Zusammenschlusstatbeständen erfassen (ähnlich Klumpp WuW 2013, 344 (350) der jedoch davon ausgeht, dass mindestens Mitkontrolle erworben werden muss). Erfüllt ein Zusammenschluss nicht die Voraussetzungen der Ausnahmevorschrift, bedeutet das nicht, dass er zu untersagen ist (Bechtold NZKart 2013, 263 (267)). Es finden dann die allgemeinen Grundsätze Anwendung. Die Ausnahme zur Pressesanierungsfusion soll Zusammenschlüsse im Medienbereich erleichtern und zu keiner Verschärfung der Kontrolle führen.

V. Verbesserung der Wettbewerbsbedingungen gem. § 36 Abs. 1 Nr. 1

33   Zusammenschlussvorhaben, die den Untersagungstatbestand erfüllen, müssen dennoch freigegeben werden, wenn sie zu Verbesserungen der Wettbewerbsbedingungen führen und diese Verbesserungen die Behinderung des Wettbewerbs überwiegen. Als Verbesserung der Wettbewerbsbedingungen können nur Änderungen der Marktstruktur angesehen werden (BGH NJW-RR 1994, 1197 (1198) – Anzeigenblätter II). Das können auch Verbesserungen auf dritten Märkten sein, zum Beispiel die Milderung einer marktbeherrschenden Stellung auf Drittmärkten (BGH WuW/E 1854 (1861) – Zeitungsmarkt München). Weitere Voraussetzung ist, dass die Verbesserungen der Wettbewerbsbedingungen kausal aus dem Zusammenschluss folgen. Die Darlegungs- und Beweislast liegt bei den beteiligten Unternehmen. Im Ergebnis erlaubt diese Abwägungsklausel dem Bundeskartellamt einen weiten Beurteilungsspielraum. In Praxis können Zweifel des Bundeskartellamtes am Überwiegen der Wettbewerbsverbesserungen auch durch das Angebot von Zusagen ausgeräumt werden.

VI. Sanierungsfusionen

34   Neben der neuen Ausnahmeregelung in § 36 Abs. 1 S. 2 Nr. 3 GWB gibt es allgemeine Grundsätze zu Sanierungsfusionen, die neben der Sonderregelung in § 36 Abs. 1 Nr. 1 GWB weiterhin Gültigkeit haben. Ist ein an dem Zusammenschluss beteiligtes Unternehmen insolvenzgefährdet, kann das auf zwei Prüfungsebenen eine Rolle spielen. Zum einen kann in Sanierungsfällen bereits der Kausalzusammenhang zwischen Zusammenschluss und Begründung oder Verstärkung einer marktbeherrschenden Stellung fehlen, wenn sich ohne den Zusammenschluss die gleiche Marktstruktur ergeben würde. Das setzt nach der Praxis des Bundeskartellamtes voraus, dass das Zielunternehmen sanierungsbedürftig ist, dass es keine weniger wettbewerbsschädliche Alternative zu dem Zusammenschluss gibt (insbes. keinen alternativen Erwerber) und dass die Marktanteile des Zielunternehmens im Falle von dessen Ausscheiden aus dem Markt ohnehin im Wesentlichen dem Erwerber zufallen würden (BKartA Fallbericht v. 8.4.2013 – B6–9/13 – FAZ/Frankfurter Rundschau, 2; Beschl. v. 11.4.2006 – B 6–142/05 – RTL/n-tv, 39–40). Zum anderen können Sanierungsfusionen zu einer Verbesserung der Wettbewerbsbedingungen iSv § 36 Abs. 1 Nr. 1 GWB führen.

VII. § 36 Abs. 2 und Abs. 3

35   § 36 Abs. 2 GWB regelt, dass verbundene Unternehmen, dh solche, die über ein Beherrschungsverhältnis unmittelbar oder mittelbar miteinander verbunden sind, eine wettbewerbliche Einheit bilden und daher fusionskontrollrechtlich bei der materiellen Prüfung als

einheitliches Unternehmen zu behandeln sind. Medienspezifische Besonderheiten bestehen nicht.

Abs. 3 bestimmt, dass natürliche Personen, die eine Mehrheit an einem Unternehmen halten ihrerseits als Unternehmen anzusehen sind. Erwirbt daher eine natürliche Person, die bereits eine Mehrheit an einem Unternehmen hält, ein anderes Unternehmen, handelt es sich um einen Zusammenschluss zwischen Unternehmen. Medienspezifische Besonderheiten bestehen auch insoweit nicht. 36

§ 37 Zusammenschluss

(1) Ein Zusammenschluss liegt in folgenden Fällen vor:
1. Erwerb des Vermögens eines anderen Unternehmens ganz oder zu einem wesentlichen Teil;
2. Erwerb der unmittelbaren oder mittelbaren Kontrolle durch ein oder mehrere Unternehmen über die Gesamtheit oder Teile eines oder mehrerer anderer Unternehmen. Die Kontrolle wird durch Rechte, Verträge oder andere Mittel begründet, die einzeln oder zusammen unter Berücksichtigung aller tatsächlichen und rechtlichen Umstände die Möglichkeit gewähren, einen bestimmenden Einfluss auf die Tätigkeit eines Unternehmens auszuüben, insbesondere durch
   a) Eigentums- oder Nutzungsrechte an einer Gesamtheit oder an Teilen des Vermögens des Unternehmens,
   b) Rechte oder Verträge, die einen bestimmenden Einfluss auf die Zusammensetzung, die Beratungen oder Beschlüsse der Organe des Unternehmens gewähren;
3. Erwerb von Anteilen an einem anderen Unternehmen, wenn die Anteile allein oder zusammen mit sonstigen, dem Unternehmen bereits gehörenden Anteilen
   a) 50 vom Hundert oder
   b) 25 vom Hundert
   des Kapitals oder der Stimmrechte des anderen Unternehmens erreichen. Zu den Anteilen, die dem Unternehmen gehören, rechnen auch die Anteile, die einem anderen für Rechnung dieses Unternehmens gehören und, wenn der Inhaber des Unternehmens ein Einzelkaufmann ist, auch die Anteile, die sonstiges Vermögen des Inhabers sind. Erwerben mehrere Unternehmen gleichzeitig oder nacheinander Anteile im vorbezeichneten Umfang an einem anderen Unternehmen, gilt dies hinsichtlich der Märkte, auf denen das andere Unternehmen tätig ist, auch als Zusammenschluss der sich beteiligenden Unternehmen untereinander;
4. jede sonstige Verbindung von Unternehmen, auf Grund deren ein oder mehrere Unternehmen unmittelbar oder mittelbar einen wettbewerblich erheblichen Einfluss auf ein anderes Unternehmen ausüben können.

(2) Ein Zusammenschluss liegt auch dann vor, wenn die beteiligten Unternehmen bereits vorher zusammengeschlossen waren, es sei denn, der Zusammenschluss führt nicht zu einer wesentlichen Verstärkung der bestehenden Unternehmensverbindung.

(3) ¹Erwerben Kreditinstitute, Finanzinstitute oder Versicherungsunternehmen Anteile an einem anderen Unternehmen zum Zwecke der Veräußerung, gilt dies nicht als Zusammenschluss, solange sie das Stimmrecht aus den Anteilen nicht ausüben und sofern die Veräußerung innerhalb eines Jahres erfolgt. ²Diese Frist kann vom Bundeskartellamt auf Antrag verlängert werden, wenn glaubhaft gemacht wird, dass die Veräußerung innerhalb der Frist unzumutbar war.

In § 37 GWB wird definiert, welche Arten von Erwerbsvorgängen von der Fusionskontrolle erfasst werden (→ Rn. 1 ff.). Eine Medienspezifische Fallpraxis besteht in Bezug auf bestimmte Zusammenschlusstatbestände (→ Rn. 4 ff.).

A. Allgemeines

1 § 37 GWB regelt, unter welchen Voraussetzungen ein Zusammenschluss und damit die erste Voraussetzung für einen fusionskontrollpflichtigen Erwerb eines Unternehmens bzw. eines Unternehmensteils vorliegt. Der Katalog von Zusammenschlustatbeständen in § 37 Abs. 1 Nr. 1–4 GWB geht dabei weit über den Anwendungsbereich der europäischen Fusionskontrolle und den Fusionskontrollregelungen der anderen EU-Mitgliedstaaten hinaus. Während nach der europäischen Fusionskontrolle und den meisten Fusionskontrollregimen der anderen EU-Mitgliedstaaten allein der Kontrollerwerb sowie die rechtliche Fusion (insbes. in Form einer Verschmelzung) einen Zusammenschluss begründen (Art. 3 FKVO), erfasst § 37 Abs. 1 GWB nicht nur den Kontrollerwerb (Nr. 2), sondern auch den Vermögenserwerb (Nr. 1), den Anteilserwerb (Nr. 3) sowie den Erwerb eines wettbewerblich erheblichen Einflusses (Nr. 4). In der Praxis spielt vor allem der Anteilserwerb nach § 37 Abs. 1 Nr. 3 GWB eine wichtige Rolle, da dieser bereits bei einem Erwerb von mindestens 25 % des Kapitals oder der Stimmrechte an einem anderen Unternehmen eingreift; und zwar unabhängig davon, ob die Minderheitsbeteiligung mit bestimmten Einfluss- und Kontrollrechten verbunden ist. Ähnlich weitreichende Aufgreifschwellen gibt es auch in Österreich (25 %-Schwelle) und Südkorea (20 %-Schwelle).

2 Ein weiterer wesentlicher Unterschied zur europäischen Fusionskontrolle und den Regelungen der anderen EU-Mitgliedstaaten besteht bei der Behandlung von Gemeinschaftsunternehmen. Im Gegensatz zur europäischen Fusionskontrolle (vgl. Art. 3 Abs. 4 FKVO) ist nach dem deutschem Fusionskontrollrecht kein so genanntes „Vollfunktions"-Gemeinschaftsunternehmen erforderlich. Vielmehr fallen auch Gemeinschaftsunternehmen in den Anwendungsbereich der deutschen Fusionskontrolle, die lediglich eine Hilfsfunktion für die Muttergesellschaft wahrnehmen und nicht selbständig als Anbieter oder Nachfrage am Markt auftreten. Zudem muss ein Gemeinschaftsunternehmen auch nicht „auf Dauer" angelegt sein, um den Zusammenschlusstatbestand zu erfüllen.

3 In der Praxis immer wieder übersehen wird auch der Umstand, dass die Einbringung neuer Geschäftsaktivitäten bzw. die Erweiterung der Geschäftsaktivitäten eines bestehenden Gemeinschaftsunternehmens eine erneute Fusionskontrollpflicht auslösen kann. Dies gilt insbes. dann, wenn dem Gemeinschaftsunternehmen mit der Erweiterung der Geschäftsaktivitäten weitere Vermögenswerte übertragen werden, welche für die Ausdehnung des Geschäfts erheblich sind. Im Medienbereich können dies zum Beispiel Lizenzen oder Abonnentenstämme sein.

B. Medienrechtliche Besonderheiten

4 § 37 GWB enthält keine ausdrückliche Sonderregelung für Unternehmen der Medien-Industrie. In der kartellbehördlichen und kartellgerichtlichen Entscheidungspraxis haben allerdings bestimmte Zusammenschlusstatbestände gerade in Bezug auf Medienunternehmen eine wichtige Rolle gespielt.

5 Nach ständiger Entscheidungspraxis gilt der Erwerb eines Zeitschriftentitels, insbes. in Kombination mit dem Abonnentenstamm als Erwerb eines wesentlichen Teils eines Unternehmens (BKartA Entsch. v. 2.8.2004 – B6–26/04 – National Geographic, 14).

6 Der BGH befasste sich in der Entscheidung National Geographic (BGH NJW 2007, 1820 = GRUR 2007, 517 – National Geographic I) mit der Frage, ob ein langjähriger Lizenzvertrag zur erstmaligen Herausgabe der deutschsprachigen Zeitschrift „National Geographic" der deutschen Zusammenschlusskontrolle unterliegt. Das Bundeskartellamt ging davon aus, dass bereits der langjährige Lizenzvertrag einen anmeldepflichtigen Zusammenschluss iSv § 37 Abs. 1 Nr. 2 lit. a GWB (Kontrollerwerb) darstellt, da die Lizenz ein gewisses Marktpotential für eine deutschsprachige Ausgabe von „National Geographic" verkörpere. Der BGH lehnte dies jedoch mit der Begründung ab, dass die Fusionskontrolle lediglich das externe Wachstum von Unternehmen, nicht aber das interne Wachstum umfasse. Der Erwerb von Nutzungsrechten an einer Marke oder Urheberrechten im Rahmen eines Lizenzvertrages sei nur dann als externes Wachstum einzuordnen, wenn damit eine bereits bestehende Marktposition übernommen werde, dh der Lizenznehmer mit Hilfe der Lizenz in die Position des Lizenzgebers oder des vorherigen Lizenznehmers und dessen Marktstellung

eintrete. Bei den Rechten für die deutschsprachige Zeitschrift „National Geographic" ging es jedoch um die erstmalige Markteinführung des Titels.

§ 38 Berechnung der Umsatzerlöse und der Marktanteile

(1) ¹Für die Ermittlung der Umsatzerlöse gilt § 277 Absatz 1 des Handelsgesetzbuchs. ²Umsatzerlöse aus Lieferungen und Leistungen zwischen verbundenen Unternehmen (Innenumsatzerlöse) sowie Verbrauchsteuern bleiben außer Betracht.

(2) Für den Handel mit Waren sind nur drei Viertel der Umsatzerlöse in Ansatz zu bringen.

(3) Für den Verlag, die Herstellung und den Vertrieb von Zeitungen, Zeitschriften und deren Bestandteilen ist das Achtfache, für die Herstellung, den Vertrieb und die Veranstaltung von Rundfunkprogrammen und den Absatz von Rundfunkwerbezeiten ist das Zwanzigfache der Umsatzerlöse in Ansatz zu bringen.

(4) ¹An die Stelle der Umsatzerlöse tritt bei Kreditinstituten, Finanzinstituten, Bausparkassen sowie bei externen Kapitalverwaltungsgesellschaften im Sinne des § 17 Absatz 2 Nummer 1 des Kapitalanlagegesetzbuchs der Gesamtbetrag der in § 34 Absatz 2 Satz 1 Nummer 1 Buchstabe a bis e der Kreditinstituts-Rechnungslegungsverordnung in der jeweils geltenden Fassung genannten Erträge abzüglich der Umsatzsteuer und sonstiger direkt auf diese Erträge erhobener Steuern. ²Bei Versicherungsunternehmen sind die Prämieneinnahmen des letzten abgeschlossenen Geschäftsjahres maßgebend. ³Prämieneinnahmen sind die Einnahmen aus dem Erst- und Rückversicherungsgeschäft einschließlich der in Rückdeckung gegebenen Anteile.

(5) ¹Wird ein Zusammenschluss durch den Erwerb von Teilen eines oder mehrerer Unternehmen bewirkt, so ist unabhängig davon, ob diese Teile eigene Rechtspersönlichkeit besitzen, auf Seiten des Veräußerers nur der Umsatz oder der Marktanteil zu berücksichtigen, der auf die veräußerten Teile entfällt. ²Dies gilt nicht, sofern beim Veräußerer die Kontrolle im Sinne des § 37 Absatz 1 Nummer 2 oder 25 Prozent oder mehr der Anteile verbleiben. ³Zwei oder mehr Erwerbsvorgänge im Sinne von Satz 1, die innerhalb von zwei Jahren zwischen denselben Personen oder Unternehmen getätigt werden, werden als ein einziger Zusammenschluss behandelt, wenn dadurch erstmals die Umsatzschwellen des § 35 erreicht werden; als Zeitpunkt des Zusammenschlusses gilt der letzte Erwerbsvorgang.

Das GWB nimmt in mehreren Vorschriften Bezug auf die Umsatzerlöse der beteiligten Unternehmen. In § 38 GWB wird geregelt, wie diese zu berechnen sind (→ Rn. 1 ff.). Für Medienunternehmen bestehen insoweit Sonderregeln (→ Rn. 3 ff.).

A. Allgemeines

§ 38 GWB enthält allgemeine Berechnungsgrundlagen zur Bestimmung der Umsatzerlöse, die eine Fusionskontrollpflicht gem. § 35 Abs. 1 GWB auslösen. Nicht ausdrücklich erwähnt, aber in der Praxis allgemein anerkannt, ist der Umstand, dass Umsatzerlöse in fremder Währung nach dem Jahresmittelkurs der Europäischen Zentralbank in Euro umzurechnen sind.

Bei der geographischen Zuordnung der Umsätze kann man in Anlehnung an die Konsolidierte Mitteilung der Europäischen Kommission zu Zuständigkeitsfragen davon ausgehen, dass im Regelfall der Sitz des Kunden entscheidend ist. Auch bei elektronisch über das Internet vertriebenen Content ist dies der entscheidende Ort, an dem der Wettbewerb zwischen den Content-Anbietern stattfindet (Europäische Kommission, Konsolidierte Mitteilung der Kommission zu Zuständigkeitsfragen, ABl. EG 2009 C 43, 9, Rn. 197).

B. Medienrechtliche Besonderheiten

3 § 38 Abs. 3 GWB enthält eine besondere Regelung für die Berechnung von Umsatzerlösen für Unternehmen der Medien-Industrie. Nach der sog „Hebel-Klausel" werden die Umsatzerlöse von Unternehmen, deren Geschäftsbetrieb ganz oder teilweise im Verlag, in der Herstellung und im Vertrieb von Zeitungen oder Zeitschriften oder deren Bestandteilen besteht, mit dem Faktor acht multipliziert. Umsatzerlöse, die durch die Herstellung, den Vertrieb und die Veranstaltung von Rundfunkprogrammen und den Absatz von Rundfunkwerbezeiten generiert wurden, werden mit dem Faktor 20 multipliziert. Dies bedeutet, dass ein Zusammenschluss im Rundfunkbereich bereits dann fusionskontrollpflichtig ist, wenn der gemeinsame weltweite Umsatz der beteiligten Unternehmen über 25 Mio. EUR liegt und mindestens ein beteiligtes Unternehmen in Deutschland Umsatzerlöse von mehr als 1,25 Mio. EUR und ein anderes beteiligtes Unternehmen Umsatzerlöse von mehr als 250.000 EUR erzielt. Im Bereich Presse (Zeitungen und Zeitschriften) liegen die Schwellenwerte entsprechend höher. Durch den niedrigeren Multiplikator greift die Anmeldungspflicht bei Pressefusionen ein, wenn der gemeinsame weltweite Umsatz der beteiligten Unternehmen über 62,5 Mio. EUR liegt und mindestens ein beteiligtes Unternehmen in Deutschland Umsatzerlöse von mehr als 3,125 Mio. EUR und ein anderes beteiligtes Unternehmen Umsatzerlöse von mehr als 625.000 EUR erzielt.

4 Zielsetzung der Klausel ist der Schutz der Meinungsvielfalt und der regionalen Presse- und Rundfunkmärkte. Bis zum 1.7.2013 galt auch für Umsatzerlöse mit Zeitungen und Zeitschriften der Faktor 20. Die Reduzierung auf den Faktor acht im Bereich Presse wurde erst mit der 8. GWB-Novelle eingeführt. Vor dem Hintergrund wachsender Konkurrenz durch Online-Medien sollten Konzentrationsprozesse im Pressesektor erleichtert werden (RegE zur 8. GWB-Novelle, BT-Drs. 17/9852, 29). In den vergangenen Jahren wurden jährlich ca. 50 Pressefusionen beim Bundeskartellamt angemeldet, von denen nach der Neuregelung etwa 20 Prozent nicht mehr anmeldepflichtig wären.

5 Von der Vorschrift in § 38 Abs. 3 GWB werden sowohl Verkaufserlöse als auch Anzeigenerlöse erfasst. § 38 Abs. 3 GWB ist gegenüber der Ausnahmeregel zum Handel mit Waren in Abs. 2 die speziellere Regelung. Presse- und Rundfunkumsatzerlöse werden daher auch auf Ebene des Handels vollumfänglich (mit dem entsprechenden Multiplikator) in Ansatz gebracht und nicht nur zu drei Vierteln (RegE zur 8. GWB-Novelle, BT-Drs. 17/9852, 29 rechte Spalte).

6 Offen war bisher, ob und inwieweit die Klausel auf Tätigkeiten im Vorfeld der eigentlichen Verlags- bzw. Rundfunktätigkeit anzuwenden ist. Das Bundeskartellamt hatte in seiner Entscheidung ddp/AP vom 19. Juli 2010 eine sehr weite Auslegung der Vorschrift vorgenommen und die Presserechenklausel auch auf Presseagenturen angewendet (BKartA, Fallbericht v. 22.7.2010 –B6–48/10 – ddp/AP, 2). Das Bundeskartellamt ist der Auffassung, dass es sich bei den Leistungen von Presseagenturen nicht um bloße Vorprodukte handelt, die auch nach Auffassung des Bundeskartellamtes nicht von § 38 Abs. 3 GWB erfasst sind, sondern um Bestandteile der Zeitungen bzw. die Herstellung von Zeitungen. Mit der erweiterten Auslegung des Bundeskartellamtes auf vorgelagerte Presse- und Rundfunktätigkeiten sind schwierige Fragen der Abgrenzung zwischen den „Bestandteilen" und dem „Vormaterial" eines Presseerzeugnisses eröffnet. Auch Unternehmen, die keine redaktionell bearbeiteten Produkte vertreiben oder nur einzelne Informationen (auch) an Verlage liefern, können von der Presseklausel erfasst werden. Weit im Vorfeld der Verlagstätigkeit liegende Leistungen, zB Beratungsdienstleistungen oder Presserzeugnisse dürften zwar weiterhin nicht von der Klausel erfasst sein. Eine Ausdehnung auch auf solche Vorprodukte durch das Bundeskartellamt lässt sich hier durch die Entscheidung im Verfahren ddp/AP jedoch nicht ausschließen.

7 Die Entscheidung ist nicht nur für Pressetätigkeiten, sondern auch für den Rundfunk – Fernsehen und Hörfunk – von weit reichender Bedeutung. Auch hier stellt sich die Frage, inwieweit Vor- oder Teilleistungen von § 38 Abs. 3 GWB erfasst sind. Für Breitbandkabeldienste hat das Bundeskartellamt bereits entschieden, dass es sich dabei um den Vertrieb von Rundfunkprogrammen im Sinne von § 38 Abs. 3 GWB handelt, wenn der Kabelnetzbetreiber von den Endkunden ein Entgelt für die Aussendung der Rundfunksignale erhält. Erhält der Kabelnetzbetreiber Einspeiseentgelte und beschränkt sich seine Leistung tatsächlich

auf das Bereitstellen einer Infrastruktur, findet § 38 Abs. 3 GWB keine Anwendung (BKartA Entsch. v. 22.2.2002 – B 7–168/01 – Liberty/Viola, Rn. 184–186).

§ 39 Anmelde- und Anzeigepflicht

(1) ¹ Zusammenschlüsse sind vor dem Vollzug beim Bundeskartellamt gemäß den Absätzen 2 und 3 anzumelden. ² Für den Empfang elektronischer Anmeldungen wird ausschließlich die vom Bundeskartellamt eingerichtete zentrale De-Mail-Adresse im Sinne des De-Mail-Gesetzes oder, für E-Mails mit qualifizierter elektronischer Signatur, die vom Bundeskartellamt eingerichtete zentrale E-Mail-Adresse bestimmt. ³ Die beiden Zugänge sind über die Internetseite des Bundeskartellamts erreichbar.

(2) Zur Anmeldung sind verpflichtet:
1. die am Zusammenschluss beteiligten Unternehmen,
2. in den Fällen des § 37 Absatz 1 Nummer 1 und 3 auch der Veräußerer.

(3) ¹ In der Anmeldung ist die Form des Zusammenschlusses anzugeben. ² Die Anmeldung muss ferner über jedes beteiligte Unternehmen folgende Angaben enthalten:
1. die Firma oder sonstige Bezeichnung und den Ort der Niederlassung oder den Sitz;
2. die Art des Geschäftsbetriebes;
3. die Umsatzerlöse im Inland, in der Europäischen Union und weltweit; anstelle der Umsatzerlöse sind bei Kreditinstituten, Finanzinstituten, Bausparkassen sowie bei externen Kapitalverwaltungsgesellschaften im Sinne des § 17 Absatz 2 Nummer 1 des Kapitalanlagegesetzbuchs der Gesamtbetrag der Erträge gemäß § 38 Absatz 4, bei Versicherungsunternehmen die Prämieneinnahmen anzugeben;
4. die Marktanteile einschließlich der Grundlagen für ihre Berechnung oder Schätzung, wenn diese im Geltungsbereich dieses Gesetzes oder in einem wesentlichen Teil desselben für die beteiligten Unternehmen zusammen mindestens 20 vom Hundert erreichen;
5. beim Erwerb von Anteilen an einem anderen Unternehmen die Höhe der erworbenen und der insgesamt gehaltenen Beteiligung;
6. eine zustellungsbevollmächtigte Person im Inland, sofern sich der Sitz des Unternehmens nicht im Geltungsbereich dieses Gesetzes befindet.

³ In den Fällen des § 37 Absatz 1 Nummer 1 oder 3 sind die Angaben nach Satz 2 Nummer 1 und 6 auch für den Veräußerer zu machen. ⁴ Ist ein beteiligtes Unternehmen ein verbundenes Unternehmen, sind die Angaben nach Satz 2 Nummer 1 und 2 auch über die verbundenen Unternehmen und die Angaben nach Satz 2 Nummer 3 und Nummer 4 über jedes am Zusammenschluss beteiligte Unternehmen und die mit ihm verbundenen Unternehmen insgesamt zu machen sowie die Konzernbeziehungen, Abhängigkeits- und Beteiligungsverhältnisse zwischen den verbundenen Unternehmen mitzuteilen. ⁵ In der Anmeldung dürfen keine unrichtigen oder unvollständigen Angaben gemacht oder benutzt werden, um die Kartellbehörde zu veranlassen, eine Untersagung nach § 36 Absatz 1 oder eine Mitteilung nach § 40 Absatz 1 zu unterlassen.

(4) ¹ Eine Anmeldung ist nicht erforderlich, wenn die Europäische Kommission einen Zusammenschluss an das Bundeskartellamt verwiesen hat und dem Bundeskartellamt die nach Absatz 3 erforderlichen Angaben in deutscher Sprache vorliegen. ² Das Bundeskartellamt teilt den beteiligten Unternehmen unverzüglich den Zeitpunkt des Eingangs der Verweisungsentscheidung mit und unterrichtet sie zugleich darüber, inwieweit die nach Absatz 3 erforderlichen Angaben in deutscher Sprache vorliegen.

(5) Das Bundeskartellamt kann von jedem beteiligten Unternehmen Auskunft über Marktanteile einschließlich der Grundlagen für die Berechnung oder Schätzung sowie über den Umsatzerlös bei einer bestimmten Art von Waren oder gewerblichen Leistungen verlangen, den das Unternehmen im letzten Geschäftsjahr vor dem Zusammenschluss erzielt hat.

(6) Die am Zusammenschluss beteiligten Unternehmen haben dem Bundeskartellamt den Vollzug des Zusammenschlusses unverzüglich anzuzeigen.

In § 39 GWB werden insbes. Form und Inhalt der Fusionsanmeldung festgelegt.

A. Allgemeines

1 § 39 GWB regelt die formalen Aspekte des Anmeldeverfahrens beim Bundeskartellamt. Von Bedeutung ist insbes. § 39 Abs. 3 GWB, der eine abschließende Liste von Angaben enthält, die eine Anmeldung beim Bundeskartellamt enthalten muss (Pflichtangaben). Dies hindert das Bundeskartellamt jedoch nicht daran, im Laufe des Fusionskontrollverfahrens weitere Informationen und Dokumente von den Zusammenschlussparteien im Wege von Auskunftsersuchen zu verlangen. Nur im Fall, dass eine Pflichtangabe nicht, nicht richtig oder nicht vollständig vorliegt, beginnen die gesetzlichen Fristen für die Prüfung des Zusammenschlusses gem. § 40 Abs. 1 und 2 GWB nicht zu laufen.

2 Das Bundeskartellamt hat im Internet ein Formular veröffentlicht, auf das Unternehmen bei Ihrer Anmeldung zurückgreifen können. Das Formular geht allerdings weit über die Pflichtangaben hinaus und entspricht auch nicht der üblichen Anmeldepraxis.

B. Medienrechtliche Besonderheiten

3 § 39 GWB enthält keine medienrechtlichen Besonderheiten.

§ 40 Verfahren der Zusammenschlusskontrolle

(1) ¹Das Bundeskartellamt darf einen Zusammenschluss, der ihm angemeldet worden ist, nur untersagen, wenn es den anmeldenden Unternehmen innerhalb einer Frist von einem Monat seit Eingang der vollständigen Anmeldung mitteilt, dass es in die Prüfung des Zusammenschlusses (Hauptprüfverfahren) eingetreten ist. ²Das Hauptprüfverfahren soll eingeleitet werden, wenn eine weitere Prüfung des Zusammenschlusses erforderlich ist.

(2) ¹Im Hauptprüfverfahren entscheidet das Bundeskartellamt durch Verfügung, ob der Zusammenschluss untersagt oder freigegeben wird. ²Wird die Verfügung nicht innerhalb von vier Monaten nach Eingang der vollständigen Anmeldung den anmeldenden Unternehmen zugestellt, gilt der Zusammenschluss als freigegeben. ³Die Verfahrensbeteiligten sind unverzüglich über den Zeitpunkt der Zustellung der Verfügung zu unterrichten. ⁴Dies gilt nicht, wenn

1. die anmeldenden Unternehmen einer Fristverlängerung zugestimmt haben,
2. das Bundeskartellamt wegen unrichtiger Angaben oder wegen einer nicht rechtzeitig erteilten Auskunft nach § 39 Absatz 5 oder § 59 die Mitteilung nach Absatz 1 oder die Untersagung des Zusammenschlusses unterlassen hat,
3. eine zustellungsbevollmächtigte Person im Inland entgegen § 39 Absatz 3 Satz 2 Nummer 6 nicht mehr benannt ist.

⁵Die Frist nach Satz 2 wird gehemmt, wenn das Bundeskartellamt von einem am Zusammenschluss beteiligten Unternehmen eine Auskunft nach § 59 erneut anfordern muss, weil das Unternehmen ein vorheriges Auskunftsverlangen nach § 59 aus Umständen, die von ihm zu vertreten sind, nicht rechtzeitig oder nicht vollständig beantwortet hat. ⁶Die Hemmung endet, wenn das Unternehmen dem Bundeskartellamt die Auskunft vollständig übermittelt hat. ⁷Die Frist nach Satz 2 verlängert sich um einen Monat, wenn ein anmeldendes Unternehmen in einem Verfahren dem Bundeskartellamt erstmals Vorschläge für Bedingungen oder Auflagen nach Absatz 3 unterbreitet.

(3) ¹Die Freigabe kann mit Bedingungen und Auflagen verbunden werden, um sicherzustellen, dass die beteiligten Unternehmen den Verpflichtungen nachkommen, die sie gegenüber dem Bundeskartellamt eingegangen sind, um eine Untersagung abzuwenden. ²Die Bedingungen und Auflagen dürfen sich nicht darauf

richten, die beteiligten Unternehmen einer laufenden Verhaltenskontrolle zu unterstellen.

(3a) ¹Die Freigabe kann widerrufen oder geändert werden, wenn sie auf unrichtigen Angaben beruht, arglistig herbeigeführt worden ist oder die beteiligten Unternehmen einer mit ihr verbundenen Auflage zuwiderhandeln. ²Im Falle der Nichterfüllung einer Auflage gilt § 41 Absatz 4 entsprechend.

(4) ¹Vor einer Untersagung ist den obersten Landesbehörden, in deren Gebiet die beteiligten Unternehmen ihren Sitz haben, Gelegenheit zur Stellungnahme zu geben. ²In Verfahren nach § 172a des Fünften Buches Sozialgesetzbuch ist vor einer Untersagung das Benehmen mit den zuständigen Aufsichtsbehörden nach § 90 des Vierten Buches Sozialgesetzbuch herzustellen.

(5) Die Fristen nach den Absätzen 1 und 2 Satz 2 beginnen in den Fällen des § 39 Absatz 4 Satz 1, wenn die Verweisungsentscheidung beim Bundeskartellamt eingegangen ist und die nach § 39 Absatz 3 erforderlichen Angaben in deutscher Sprache vorliegen.

(6) Wird eine Freigabe des Bundeskartellamts durch gerichtlichen Beschluss rechtskräftig ganz oder teilweise aufgehoben, beginnt die Frist nach Absatz 2 Satz 2 mit Eintritt der Rechtskraft von neuem.

§ 40 GWB regelt den Ablauf des Fusionskontrollverfahrens, insbes. die Fristen.

A. Allgemeines

Im Vergleich zu einigen anderen Fusionskontrollordnungen ist das Verfahren beim Bundeskartellamt einem knappen und voraussehbaren Fristenregime unterworfen. Die ganz überwiegende Zahl der angemeldeten Zusammenschlussvorhaben führt nicht zu gravierenden Wettbewerbsproblemen und wird vom Bundeskartellamt daher innerhalb einer Frist von maximal einem Monat, ab Einreichung der vollständigen Anmeldung im sog Vorprüfverfahren formlos freigegeben (sog erste Phase). Die Freigabe erfolgt mit einer Mitteilung (sog „Monatsbrief"), die keinen Verwaltungsakt darstellt und daher nicht gerichtlich angreifbar ist. 1

Hat das Bundeskartellamt Anhaltspunkte für wettbewerbliche Problem (insbes. bei Bedenken, die von Wettbewerbern und/oder Kunden bzw. Lieferanten vorgetragen werden), die nicht innerhalb der kurzen Frist des Vorprüfverfahrens ausgeräumt werden können, leitet das Bundeskartellamt ein förmliches Hauptprüfverfahren ein (sog zweite Phase), das weitere drei Monate und damit insgesamt grds. vier Monate ab Anmeldung dauern kann. Diese Frist kann mit Zustimmung der betroffenen Unternehmen, auch mehrfach, verlängert werden. Verspätete oder unvollständige Auskünfte der beteiligten Unternehmen hemmen den Ablauf der Frist. Im Hauptprüfverfahren entscheidet das Bundeskartellamt durch förmliche und gerichtlich angreifbare Verfügung, ob der Zusammenschluss untersagt oder freigegeben wird. 2

Ein inoffizielles und informelles Vorverfahren, wie es von der Europäischen Kommission vorausgesetzt wird, verlangt das Bundeskartellamt nicht. Lediglich in problematischen Fällen empfiehlt es sich, die zuständige Beschlussabteilung vorab über das Zusammenschlussvorhaben zu informieren und in Abstimmung mit der Behörde bereits vorab einen Entwurf der Anmeldung einzureichen. 3

Eine Untersagung oder Freigabe unter Auflagen oder Bedingungen (zB Freigabe unter der aufschiebenden Bedingung, dass der Erwerber einen Unternehmensteil an einen Wettbewerber veräußert, bevor das Zusammenschlussvorhaben vollzogen wird) ist nur im Hauptprüfverfahren möglich. Unterbreitet ein Unternehmen im Hauptprüfverfahren Vorschläge für Auflagen oder Bedingungen führt dies zu einer Verlängerung der Prüfungsfrist um einen Monat. 4

B. Medienrechtliche Besonderheiten

Das Fusionskontrollverfahren für Unternehmen aus der Medien-Industrie folgt den allgemeinen Regeln. 5

6 Im Hinblick auf die zeitliche Planung für eine Transaktion im Medienbereich kann in der Praxis eine Koordinierung des Fusionskontrollverfahrens mit einem möglicherweise ebenfalls erforderlichen medienrechtlichen Verfahren bei der Kommission für die Ermittlung der Konzentration im Medienbereich (KEK) erforderlich sein.

§ 41 Vollzugsverbot, Entflechtung

(1) ¹Die Unternehmen dürfen einen Zusammenschluss, der vom Bundeskartellamt nicht freigegeben ist, nicht vor Ablauf der Fristen nach § 40 Absatz 1 Satz 1 und Absatz 2 Satz 2 vollziehen oder am Vollzug dieses Zusammenschlusses mitwirken. ²Rechtsgeschäfte, die gegen dieses Verbot verstoßen, sind unwirksam. ³Dies gilt nicht

1. für Verträge über Grundstücksgeschäfte, sobald sie durch Eintragung in das Grundbuch rechtswirksam geworden sind,
2. für Verträge über die Umwandlung, Eingliederung oder Gründung eines Unternehmens und für Unternehmensverträge im Sinne der §§ 291 und 292 des Aktiengesetzes, sobald sie durch Eintragung in das zuständige Register rechtswirksam geworden sind, sowie
3. für andere Rechtsgeschäfte, wenn der nicht angemeldete Zusammenschluss nach Vollzug angezeigt und das Entflechtungsverfahren nach Absatz 3 eingestellt wurde, weil die Untersagungsvoraussetzungen nicht vorlagen, oder die Wettbewerbsbeschränkung infolge einer Auflösungsanordnung nach Absatz 3 Satz 2 in Verbindung mit Satz 3 beseitigt wurde oder eine Ministererlaubnis nach § 42 erteilt worden ist.

(1a) Absatz 1 steht der Verwirklichung von Erwerbsvorgängen nicht entgegen, bei denen die Kontrolle, Anteile oder wettbewerblich erheblicher Einfluss im Sinne von § 37 Absatz 1 oder 2 von mehreren Veräußerern entweder im Wege eines öffentlichen Übernahmeangebots oder im Wege einer Reihe von Rechtsgeschäften mit Wertpapieren, einschließlich solchen, die in andere zum Handel an einer Börse oder an einem ähnlichen Markt zugelassene Wertpapiere konvertierbar sind, über eine Börse erworben werden, sofern der Zusammenschluss gemäß § 39 unverzüglich beim Bundeskartellamt angemeldet wird und der Erwerber die mit den Anteilen verbundenen Stimmrechte nicht oder nur zur Erhaltung des vollen Wertes seiner Investition auf Grund einer vom Bundeskartellamt nach Absatz 2 erteilten Befreiung ausübt.

(2) ¹Das Bundeskartellamt kann auf Antrag Befreiungen vom Vollzugsverbot erteilen, wenn die beteiligten Unternehmen hierfür wichtige Gründe geltend machen, insbesondere um schweren Schaden von einem beteiligten Unternehmen oder von Dritten abzuwenden. ²Die Befreiung kann jederzeit, auch vor der Anmeldung, erteilt und mit Bedingungen und Auflagen verbunden werden. ³§ 40 Absatz 3a gilt entsprechend.

(3) ¹Ein vollzogener Zusammenschluss, der die Untersagungsvoraussetzungen nach § 36 Absatz 1 erfüllt, ist aufzulösen, wenn nicht der Bundesminister für Wirtschaft und Technologie nach § 42 die Erlaubnis zu dem Zusammenschluss erteilt. ²Das Bundeskartellamt ordnet die zur Auflösung des Zusammenschlusses erforderlichen Maßnahmen an. ³Die Wettbewerbsbeschränkung kann auch auf andere Weise als durch Wiederherstellung des früheren Zustands beseitigt werden.

(4) Zur Durchsetzung seiner Anordnung kann das Bundeskartellamt insbesondere

1. (weggefallen)
2. die Ausübung des Stimmrechts aus Anteilen an einem beteiligten Unternehmen, die einem anderen beteiligten Unternehmen gehören oder ihm zuzurechnen sind, untersagen oder einschränken,
3. einen Treuhänder bestellen, der die Auflösung des Zusammenschlusses herbeiführt.

§ 41 GWB legt fest, dass anmeldepflichtige Zusammenschlüssen nicht vor Freigabe durch das Bundeskartellamt vollzogen werden dürfen. Verstöße sind schwebend unwirksam und stellen eine bußgeldbewehrte Ordnungswidrigkeit dar (→ Rn. 2).

A. Allgemeines

Das in § 41 Abs. 1 GWB geregelte Vollzugsverbot hindert die am Zusammenschluss- 1 beteiligten Unternehmen daran, die fusionskontrollpflichtige Transaktion (beim Anteilskauf insbesondere die Übertragung der Anteile) schon vor Freigabe dinglich zu vollziehen. Ein fusionskontrollpflichtiges Zusammenschlussvorhaben darf erst vollzogen werden, wenn
- die Monatsfrist des § 40 Abs. 1 S. 1 GWB abgelaufen ist, ohne dass das Bundeskartellamt das Hauptprüfverfahren eingeleitet hat, oder
- die Viermonatsfrist des § 40 Abs. 2 S. 2 GWB abgelaufen ist, oder
- das Bundeskartellamt den Zusammenschluss freigegeben hat oder
- das Bundeskartellamt eine Ausnahme vom Vollzugsverbot (§ 41 Abs. 2 GWB)

erteilt hat.

Ein Verstoß gegen das Vollzugsverbot kann weit reichende Folgen haben. Zum einen ist 2 der Verstoß bußgeldbewehrt (§ 81 Abs. 2 Nr. 1 GWB). Darüber hinaus sind gem. § 40 Abs. 1 S. 2 GWB die dem Vollzug zugrunde liegenden Rechtsgeschäfte schwebend unwirksam. Dies kann auch bei Nachfolgetransaktionen relevant werden, wenn dem einstigen Käufer und jetzt Verkäufer eines Unternehmens entgegengehalten wird, dass er aufgrund eines Verstoßes gegen das Vollzugsverbot (noch) nicht Eigentümer der zu verkaufenden Anteile geworden ist.

In der Praxis war ungeklärt, ob der Verstoß gegen das Vollzugsverbot und damit die 3 zivilrechtliche Unwirksamkeit der Vollzugsakte rückwirkend mit einer nachträglichen Anmeldung bzw. Anzeige geheilt werden kann. Mit der 8. GWB-Novelle wurde diese Unsicherheit beseitigt. Gem. § 41 Abs. 1 S. 3 Nr. 3 GWB führt die nachträgliche Anmeldung und eine daraufhin ergehende Einstellung des Entflechtungsverfahrens zur nachträglichen Heilung des zunächst unwirksamen Vollzugs des Rechtsgeschäfts.

Die am Zusammenschluss beteiligten Unternehmen haben zwar die Möglichkeit, beim 4 Bundeskartellamt einen Antrag auf Befreiung vom Vollzugsverbot zu stellen (§ 41 Abs. 2 GWB). Dies kann insbesondere bei einer drohenden Insolvenz des Zielunternehmens relevant werden. In der Praxis spielt diese Möglichkeit jedoch eine stark untergeordnete Rolle. In vielen Fällen ist es einfacher und schneller, eine frühe Freigabe in Phase 1 zu erhalten, anstatt das fristgebundene Verfahren nach § 41 GWB zu durchlaufen.

B. Medienrechtliche Besonderheiten

§ 41 GWB gilt unabhängig davon, ob an dem Zusammenschluss Unternehmen aus der 5 Medien-Branche beteiligt sind und enthält keine Sonderregelungen.

§ 42 Ministererlaubnis

(1) ¹Der Bundesminister für Wirtschaft und Technologie erteilt auf Antrag die Erlaubnis zu einem vom Bundeskartellamt untersagten Zusammenschluss, wenn im Einzelfall die Wettbewerbsbeschränkung von gesamtwirtschaftlichen Vorteilen des Zusammenschlusses aufgewogen wird oder der Zusammenschluss durch ein überragendes Interesse der Allgemeinheit gerechtfertigt ist. ²Hierbei ist auch die Wettbewerbsfähigkeit der beteiligten Unternehmen auf Märkten außerhalb des Geltungsbereichs dieses Gesetzes zu berücksichtigen. ³Die Erlaubnis darf nur erteilt werden, wenn durch das Ausmaß der Wettbewerbsbeschränkung die marktwirtschaftliche Ordnung nicht gefährdet wird.

(2) ¹Die Erlaubnis kann mit Bedingungen und Auflagen verbunden werden. ²§ 40 Absatz 3 Satz 2 und Absatz 3a gilt entsprechend.

(3) ¹Der Antrag ist innerhalb einer Frist von einem Monat seit Zustellung der Untersagung oder einer Auflösungsanordnung nach § 41 Absatz 3 Satz 1 ohne vor-

herige Untersagung beim Bundesministerium für Wirtschaft und Technologie schriftlich zu stellen. ²Wird die Untersagung angefochten, beginnt die Frist in dem Zeitpunkt, in dem die Untersagung unanfechtbar wird. ³Wird die Auflösungsanordnung nach § 41 Absatz 3 Satz 1 angefochten, beginnt die Frist zu dem Zeitpunkt, zu dem die Auflösungsanordnung unanfechtbar wird.

(4) ¹Der Bundesminister für Wirtschaft und Technologie soll über den Antrag innerhalb von vier Monaten entscheiden. ²Vor der Entscheidung ist eine Stellungnahme der Monopolkommission einzuholen und den obersten Landesbehörden, in deren Gebiet die beteiligten Unternehmen ihren Sitz haben, Gelegenheit zur Stellungnahme zu geben.

A. Allgemeines

1   Die Ministererlaubnis spielt in der Praxis eine untergeordnete Rolle und wurde bislang nur in ganz wenigen Ausnahmefällen erteilt. Ihr Zweck besteht darin, eine Abwägung zwischen dem Schutz des Wettbewerbs und anderen Interessen der Allgemeinheit zu ermöglichen.

B. Medienrechtliche Besonderheiten

2   Grds. ist auch der Erhalt der Presse- und Rundfunkvielfalt ein Interesse der Allgemeinheit iSv § 42 Abs. 1 S. 1 GWB. Es sind allerdings kaum Situationen denkbar, in denen dies für einen Zusammenschluss spricht. Der Beurteilungsspielraum des Ministers wird im medienrechtlichen Bereich durch das unmittelbar aus der Verfassung folgende Neutralitätsgebot des Staates eingeschränkt (iErg dazu Zagouras WRP 2007, 1429 ff.).

§ 43 Bekanntmachungen

(1) Die Einleitung des Hauptprüfverfahrens durch das Bundeskartellamt nach § 40 Absatz 1 Satz 1 und der Antrag auf Erteilung einer Ministererlaubnis sind unverzüglich im Bundesanzeiger bekannt zu machen.

(2) Im Bundesanzeiger sind bekannt zu machen
1. die Verfügung des Bundeskartellamts nach § 40 Absatz 2,
2. die Ministererlaubnis, deren Widerruf, Änderung oder Ablehnung,
3. die Rücknahme, der Widerruf oder die Änderung der Freigabe des Bundeskartellamts,
4. die Auflösung eines Zusammenschlusses und die sonstigen Anordnungen des Bundeskartellamts nach § 41 Absatz 3 und 4.

(3) Bekannt zu machen nach Absatz 1 und 2 sind jeweils die Angaben nach § 39 Absatz 3 Satz 1 sowie Satz 2 Nummer 1 und 2.

A. Allgemeines

1   In der Praxis wichtiger als die in § 43 geregelten Bekanntgaben im Bundesanzeiger ist die Veröffentlichung auf den Internetseiten des Bundeskartellamtes. Dort informiert das Bundeskartellamt regelmäßig über den Eingang von Anmeldungen, die Namen der anmeldenden Unternehmen sowie die betroffenen Produkte.

B. Medienrechtliche Besonderheiten

2   Medienrechtliche Besonderheiten existieren nicht.

4. Telekommunikationsgesetz (TKG) – Auszüge –

Teil 2. Marktregulierung

Abschnitt 4. Sonstige Verpflichtungen

§ 41a Netzneutralität

(1) ¹Die Bundesregierung wird ermächtigt, in einer Rechtsverordnung mit Zustimmung des Bundestages und des Bundesrates gegenüber Unternehmen, die Telekommunikationsnetze betreiben, die grundsätzlichen Anforderungen an eine diskriminierungsfreie Datenübermittlung und den diskriminierungsfreien Zugang zu Inhalten und Anwendungen festzulegen, um eine willkürliche Verschlechterung von Diensten und eine ungerechtfertigte Behinderung oder Verlangsamung des Datenverkehrs in den Netzen zu verhindern; sie berücksichtigt hierbei die europäischen Vorgaben sowie die Ziele und Grundsätze des § 2.

(2) ¹Die Bundesnetzagentur kann in einer Technischen Richtlinie Einzelheiten über die Mindestanforderungen an die Dienstqualität durch Verfügung festlegen. Bevor die Mindestanforderungen festgelegt werden, sind die Gründe für ein Tätigwerden, die geplanten Anforderungen und die vorgeschlagene Vorgehensweise zusammenfassend darzustellen; diese Darstellung ist der Kommission und dem GEREK rechtzeitig zu übermitteln. ²Den Kommentaren oder Empfehlungen der Kommission ist bei der Festlegung der Anforderungen weitestgehend Rechnung zu tragen.

§ 41a Abs. 1 TKG dient dem Ziel, die diskriminierungsfreie Datenübermittlung und den diskriminierungsfreien Zugang zu Inhalten und Anwendung zu gewährleisten. Zu diesem Zweck können im Wege einer Rechtsverordnung die grundsätzlichen Anforderungen im Bereich der Netzneutralität geregelt werden (→ Rn. 12 ff.). Flankierend wird die BNetzA nach § 41a Abs. 2 TKG ermächtigt, die Mindestanforderungen an die Dienstqualität im Wege einer Allgemeinverfügung festzulegen. Hierdurch soll der Gefahr begegnet werden, dass die ISP den Best-Effort-Bereich zu einer „Dirt-Road" deklassieren, um auf diese Weise den Wechsel in die speziell gepreisten QoS-Dienstklassen zu befördern (→ Rn. 41 ff.).

Übersicht

	Rn		Rn
A. Allgemeines	1	III. Persönlicher Schutzbereich der Rechtsverordnung	20
I. Normziel	1	IV. Sachlicher Schutzbereich der Rechtsverordnung	21
II. Technologischer und wirtschaftlicher Hintergrund	2	1. Regulierungsadressat: „Unternehmen, die Telekommunikationsnetze betreiben"	22
1. Bisherige Transport- und Finanzierungsmodalitäten	2	2. Maßstab für die Beurteilung der Diskriminierungsfreiheit: Sachliche Rechtfertigung iSd Wettbewerbsrechts	24
2. Evolutionäre Weiterentwicklung des Datentransports: Best-Effort und Priorisierung bzw. Ausdifferenzierung von Transportgruppen	7	3. Erfordernis umfassender Güter- und Interessenabwägung	27
III. Unionsrechtliche Vorgaben	10	V. Zustimmungsvorbehalte	39
IV. Entstehungsgeschichte des § 41a	11	VI. Verhältnis zur Markregulierung nach §§ 9 ff.	40
B. Verordnungsermächtigung der Bundesregierung nach Abs. 1	12	VII. Regulierungsinstrumente zur Überwachung der Diskriminierungsfreiheit	41
I. Vereinbarkeit mit EU-Recht?	12		
II. Prognose- und Gestaltungsspielraum der Bundesregierung	13		

	Rn		Rn
C. Technische Richtlinie zur Festlegung der Mindeststandards nach Abs. 2 ...	42	III. Ermessens- und Beurteilungsspielraum der BNetzA	45
I. Zweck der Technischen Richtlinie	42	IV. Inhalt der Technischen Richtlinie	47
II. Handlungsform: Technische Richtlinie als Allgemeinverfügung	44	1. Dienstqualität .... 2. Mindestanforderungen	47 49

A. Allgemeines
I. Normziel

1 § 41a TKG ist eine Konkretisierung des in § 2 Abs. 2 Abs. 1 S. 2 TKG niedergelegten Regulierungsziels der Netzneutralität (Säcker/Mengering TKG § 41a Rn. 1). Diese Vorschrift steht in einem engen, **funktionalen Zusammenhang mit** den ebenfalls neu in das TKG aufgenommenen **Transparenzvorschriften** der §§ 43a, 45n TKG und den Regelungen über den **Anbieterwechsel** nach §§ 43b, 46, 47 TKG (vgl. Säcker/Mengering TKG § 41a Rn. 1; Müller-Terpitz K&R 2012, 476 (479)). **Ziel** der Verordnungsermächtigung des § 41a Abs. 1 TKG ist die **Verhinderung von ungerechtfertigten netz- oder diensteseitigen Diskriminierungen,** welche die Datenübermittlung oder die Qualität von Diensten willkürlich beeinträchtigen und somit den Zugang zu Inhalten und Anwendungen erschweren (Gesetzesbegründung: BT-Drs. 17/7521, 112). Zu diesem Zweck können im Wege einer Rechtsverordnung die grundsätzlichen Anforderungen im Bereich der Netzneutralität geregelt werden (Gesetzesbegründung: BT-Drs. 17/7521, 112). Flankierend wird die BNetzA durch § 41a Abs. 2 TKG ermächtigt, in einer Technischen Richtlinie Einzelheiten über die Mindestanforderungen an die Dienstqualität durch Verfügung festzulegen. Vom **sachlichen Schutzbereich** des § 41a TKG werden neben **Telekommunikationsdiensten** und **Anwendungen** auch **Inhalte** geschützt (→ Rn. 21 ff.). Dem **personellen Schutzbereich** unterfallen nicht nur **Dienstanbieter** beim Zugang zum Endnutzer, sondern auch umgekehrt **Endnutzer** beim Zugang zu Diensten, Anwendungen und Inhalten (→ Rn. 20).

II. Technologischer und wirtschaftlicher Hintergrund
1. Bisherige Transport- und Finanzierungsmodalitäten

2 Im Rahmen des Internet nehmen die Router eine herausragende Stellung ein. Ihnen obliegt die Organisation der Datenströme im Netz. Bislang erfolgte der Transport der Daten im Netz nach dem sogenannten **Best-Effort-Prinzip**. Danach werden die einzelnen Daten nicht nach Inhalt oder anderen Kriterien sortiert, sondern strikt gleichbehandelt verschickt. Alle Daten werden, sofern sie beim Router eintreffen, nach dem First-in/First-Out-Prinzip behandelt (Vierter Zwischenbericht der Enquete-Kommission „Internet und digitale Gesellschaft" – Netzneutralität, BT-Drs. 17/8536, 11; Haucap/Kühling/Dewenter, Effiziente Regeln für Telekommunikationsmärkte in der Zukunft. Kartellrecht, Netzneutralität und Preis-Kosten-Scheren, 2009, 117 (120); Schlauri, Network Neutrality. Netzneutralität als neues Regulierungsprinzip des Telekommunikationsrechts, 2010, 28; Gersdorf AfP 2011, 209). Das gilt sowohl für den normalen Betrieb als auch für den Fall der Überlastung einzelner Netzwerke. Dementsprechend werden Daten, die in zeitlicher Abfolge als Letztes einen Router erreichen, als Erstes verworfen, wenn die Kapazität des Routers erschöpft ist und der Router keine Daten mehr zwischenspeichern und verarbeiten kann (Gersdorf AfP 2011, 209).

3 In der Architektur des Internet sind die Netze der Internet Service Provider (ISP) durch Internetknoten miteinander verbunden. Sofern zwei oder weitere ISP ihre Datennetze miteinander verbinden und den anfallenden Datenverkehr zwischen den einzelnen Netzen so austauschen, dass Quelle und Ziel der Datenströme jeweils in den einzelnen Netzen liegen, spricht man von **Peering.** Wenn ISP hingegen die Datenströme über Drittnetze weiterer ISP, also insbes. über die Backbones dritter ISP, übernehmen und weitertransportieren,

Netzneutralität § 41a TKG

handelt es sich um sog **Transit** (Schlauri, Network Neutrality. Netzneutralität als neues Regulierungsprinzip des Telekommunikationsrechts, 2010, 31 mit Fn. 27). Transit ist in der Regel kostenpflichtig, während Peering dann regelmäßig kostenlos ist, wenn das Datenvolumen der beteiligten ISP etwa gleich groß ist (Bill-and-Keep-Peering). Bei einem asymmetrischen Verkehrsaufkommen erfolgt hingegen im Wege eines Paid Peering ein finanzieller Ausgleich. ISP mit hohem gegenseitigem Datenaufkommen haben einen Anreiz, Peeringagreements abzuschließen, um Transitkosten zu sparen (Schlauri, Network Neutrality. Netzneutralität als neues Regulierungsprinzip des Telekommunikationsrechts, 2010, 31 Fn. 27 mwN).

Die **Anbindung** eines **Inhalte- bzw. Dienstanbieters** an das Internet erfolgt idR über seinen **Access- und Host-ISP**. Die **Tarifierung** ist prinzipiell **nutzungs- und volumenabhängig**. Transportengpässe entstehen insoweit in der Regel nicht, weil der Inhalte- bzw. Dienstanbieter die gewünschten Anbindungs- und Vermittlungsleistungen beim Access- und Host-Provider bestellen kann. Auf diese Weise kann auf etwaige Leistungserweiterungen relativ rasch reagiert werden. Inhalte- und Dienstanbieter stehen daher zu ihrem Access- und Host-ISP in geschäftlichem Kontakt und werden deshalb nur von diesem, nicht aber von weiteren ISP zur Kasse gebeten. Das gilt auch für den letzten ISP innerhalb der Transportkette, also für den Access-ISP, der dem Endkunden den Zugang zum Internet bereitstellt und hierfür regelmäßig ein Entgelt erhebt. Geschäftliche Beziehungen zwischen Inhalte- bzw. Dienstanbieter und Verbraucheraccess-ISP bestehen regelmäßig nicht. 4

Diese das Internet bislang kennzeichnenden Transport- und Finanzierungsmodalitäten haben einen diskriminierungsfreien Zugang der Content- und Dienstanbieter gewährleistet. Die Trennung von Dienst und Transport im Internet war eine wesentliche Voraussetzung für das Entstehen von Innovationen in den Dienstemärkten „an den Rändern des Internet", da hierdurch auch unabhängige Dienstanbieter, die selbst keine Netze betreiben, innovative Dienste bzw. Anwendungen anbieten können. Umgekehrt ist in dieser das Internet bislang kennzeichnenden Transportfunktionalität für eine Produktedifferenzierung und für einen speziellen „Quality of Service" (QoS) kein Raum. Wenigstens dann, wenn ISP lediglich den Transit aus den Backbones weiterer ISP übernehmen und in ihren Netzen durchleiten, können sie keinen QoS garantieren und dementsprechend damit auch nicht gegenüber Endnutzer vermarkten. Möchte ein Contentprovider seinen Zugang zur Kundschaft eines Verbraucheraccess-ISP mit QoS ausstatten, muss er entweder seinen Host direkt im Netz des Verbraucheraccess-ISP lozieren oder aber seine Inhalte im Wege einer direkten Verbindung zwischen „seinem" Access- und Host-ISP und dem Verbraucheraccess-ISP (Peering) transportieren. Ein Datentransfer über Backbones weiterer ISP kann hingegen regelmäßig den gewünschten QoS-Standard nicht garantieren (Schlauri, Network Neutrality. Netzneutralität als neues Regulierungsprinzip des Telekommunikationsrechts, 2010, 31 Fn. 27 mwN; Gersdorf AfP 2011, 209 (210); vgl. auch Vierter Zwischenbericht der Enquete-Kommission „Internet und digitale Gesellschaft" – Netzneutralität, BT-Drs. 17/8536, 11). 5

Aus diesem Grund werden etwa Dienste, die einen speziellen QoS verlangen – wie etwa das IPTV- bzw. T-Home-Entertainmentangebot der Deutschen Telekom AG (DTAG) oder vergleichbare Dienste anderer Telekommunikationsunternehmen – nicht im Internet, sondern in separierten Bereichen des Glasfasernetzes transportiert. Für solche QoS-Dienste werden Teilbereiche der Netzkapazitäten reserviert, die durch spezifische technologische Leistungsmerkmale und durch eigenständige Systemkomponenten gekennzeichnet sind. Innerhalb des Gesamtnetzes besteht ein Subnetz, das mit speziellen Leistungsparametern ausgestattet ist und kraft dieser Leistungsmerkmale den gewünschten QoS gewährleistet (Gersdorf AfP 2011, 209 (210)). Es lassen sich weitere Beispiele nennen, die zeigen, dass bereits heute der IP- und sonstige Datentransport nicht allein nach dem Best-Effort-Prinzip erfolgt. So werden in IP-Backbone-Netzen bestimmte Verkehre unterschiedlich behandelt, etwa indem Informationen zur Netzsteuerung selbst (Routing) priorisiert werden. Auch im Anschlussbereich wird bei All-IP-Anschlüssen oftmals innerhalb des Netzes des Zugangsanbieters differenziert. Auf diese Weise wird im Festnetzbereich sichergestellt, dass ein **VoIP-basiertes Telefongespräch** stets mit der gewünschten Sprachqualität geführt werden kann und zwar auch dann, wenn parallel datenintensive Downloads erfolgen (vgl. Vierter Zwischenbericht der Enquete-Kommission „Internet und digitale Gesellschaft" – Netzneutralität, BT-Drs. 17/8536, 12). Als weitere Formen des QoS sind die jederzeit erreichbaren 6

Notrufnummern und **sicherheitsrelevante Dienste** zu nennen. Auch buchen Unternehmen und Organisationen teilweise spezielle Telekommunikationsdienste, um eine reibungslose Kommunikation mit Dritten sicherzustellen. Das Best-Effort-Prinzip ist bereits heute kein absolut geltendes Prinzip. Vielmehr gibt es eine Reihe von Fällen für eine bevorzugte Behandlung von Diensten (Gersdorf AfP 2011, 209 (210)).

2. Evolutionäre Weiterentwicklung des Datentransports: Best-Effort und Priorisierung bzw. Ausdifferenzierung von Transportgruppen

7   Die Diskussion um die Netzneutralität kreist um die Frage, ob und in welchen Grenzen die ISP von dem bisherigen Modell des Best-Effort abrücken und neue Bezahlmodelle entwickeln dürfen. Die ISP planen dabei nicht, an die Stelle des Best-Effort-Prinzips neue Qualitäts- und Transportgruppen treten zu lassen. Vielmehr soll der dynamisch auszubauende **Best-Effort-Bereich** durch **Transportsegmente ergänzt** werden (Best-Effort und spezielle Transportgruppen). Durch die Bildung von Transportklassen mit jeweils eigenständigen Qualitäts- und Leistungsmerkmalen, die entsprechend ihrer Funktionalitäten priorisiert im Internet befördert werden, soll eine möglichst störungsfreie technische Abwicklung der einzelnen Dienste in der gewünschten Qualität (QoS) gewährleistet werden. Als spezielle technische Leistungsmerkmale zur Bestimmung des QoS lassen sich nennen (vgl. Vierter Zwischenbericht der Enquete-Kommission „Internet und digitale Gesellschaft" – Netzneutralität, BT-Drs. 17/8536, 5 f.):

- **Latenzzeit** (Delay): die Verzögerung der Ende-zu-Ende-Übertragung;
- **Jitter:** die Abweichung der Latenzzeit von ihrem Mittelwert;
- **Paketverlustrate:** die Wahrscheinlichkeit, dass einzelne IP-Pakete bei der Übertragung verloren gehen (oder – bei Echtzeitdiensten – ihr Ziel zu spät erreichen);
- **Durchsatz:** die pro Zeiteinheit im Mittel übertragene Datenmenge;
- **Bandbreite:** die Datentransportgeschwindigkeit innerhalb des Teilstücks einer Verbindung.

8   Durch QoS sollen bestimmte Grenzwerte dieser spezifischen Qualitäts- und Leistungsmerkmale für die gesamte Transportkette verbindlich zugesichert werden. Die Bandbreite stellt dabei nur ein Leistungsmerkmal unter vielen dar. Die Leistungsmerkmale beziehen sich sowohl auf den Download- als auch auf den Upload-Bereich. Die einzelnen Dienste verlangen hierbei in beiden Bereichen ganz unterschiedliche Leistungsmerkmale. So ist für Multimediaanwendungen (IPTV, VOD etc.) etwa die Bandbreite von zentraler Bedeutung, während für interaktive Dienste andere Leistungsparameter (Latenz und Jitter) entscheidend sind. Für Videokonferenzen und für das auf der P2P-Technologie beruhende Web-TV ist hingegen wichtig, dass sowohl im Download- als auch im Upload-Bereich entsprechende Bandbreiten garantiert sind. IPTV und weitere Multimediaanwendungen erfordern bestimmte Systemkomponenten im Netz (Host- bzw. Proxycacheserver möglichst nahe am Verbraucher), die für andere Dienste (VoIP etc.) irrelevant sind. Mit der Diversität der einzelnen Dienste korrespondiert die Notwendigkeit einer Differenzierung beim Netzwerkmanagement, das sich sowohl auf den Aufbau des Netzes einschließlich seiner Systemkomponenten als auch auf den Netzbetrieb bezieht (Gersdorf AfP 2011, 209 (212)).

9   Als **Vermarktungspartner** für solche – neben den Best-Effort-Bereich – tretende QoS-Transportgruppen kommen sowohl die **Endnutzer** des Endnutzer-ISP als auch **Dienst- bzw. Inhalteanbieter** in Betracht. Ob es zu einer solchen Vermarktung und damit zu einer Bildung von Transportgruppen überhaupt kommt, kann derzeit noch nicht sicher vorausgesagt werden. Zunächst einmal setzt die Vermarktung von QoS(-Transportgruppen) eine entsprechende Zahlungsbereitschaft der Endnutzer bzw. der Dienst- bzw. Inhalteanbieter voraus. Vor allem aber müssen die mit einem über Netzgrenzen hinausgehenden QoS verbundenen technologischen und administrativen Probleme gelöst werden. Zwar lassen sich in den Internet-Protokoll-Versionen IPv4 bzw. IPv6 bestimmte Datenpakete auf der Grundlage der Header-Information priorisieren. In Ermangelung der Vereinbarung entsprechender Standards durch die ISP vermochte eine solche Kennzeichnung im Header der Datenpakete bislang eine nur begrenzte Wirksamkeit zu entfalten, weil die Kennzeichnung in aller Regel bei Übergabe der Datenpakete an den Netzübergangspunkten verworfen wurde (Vierter Zwischenbericht der Enquete-Kommission „Internet und digitale Gesellschaft" – Netzneu-

tralität, BT-Drs. 17/8536, 12 f.). Soll ein QoS über die Netzgrenzen hinaus garantiert werden, sind entsprechende Absprachen der ISP erforderlich. Ob es zu solchen Absprachen kommt und netzübergreifende (QoS-)Standards gesetzt werden, ist derzeit noch offen. Im autonom organisierten Internet sind für alle ISP geltende einheitliche Standards nicht zu erwarten. Vielmehr sind insoweit eher bilaterale Absprachen zwischen den (größeren) ISP wahrscheinlich. Die beteiligten ISP müssten sich nicht nur über einheitliche technische Standards verständigen. Vielmehr sind auch finanzielle Abreden naheliegend, die sicherstellen, dass alle beteiligten ISP angemessen an der Wertschöpfung beteiligt werden, dh an den Erlösen angemessen partizipieren, die bei den Inhalte- bzw. Dienstanbietern und beim Verbraucher generiert werden. In diesem Modell würden die derzeitigen Peeringvereinbarungen Züge des für die klassische Telefonie entwickelten Interconnection-Regimes annehmen mit der Folge, dass für die Weiterleitung bzw. Terminierung von Datenpaketen an den jeweils übernehmenden ISP Zahlungen erfolgen (vgl. Vierter Zwischenbericht der Enquete-Kommission „Internet und digitale Gesellschaft" – Netzneutralität, BT-Drs. 17/8536, 13; Säcker/Mengering TKG § 41a Rn. 8; Ufer K&R 2010 383 (388); Gersdorf AfP 2011, 209 (212)).

III. Unionsrechtliche Vorgaben

Der EU-Rechtsrahmen im Bereich des Telekommunikationsrechts, der bis Mitte 2011 umzusetzen ist, geht die Problematik der Netzneutralität behutsam an (vgl. Gersdorf AfP 2011, 209 (214); Wimmer ZUM 2013, 641 (645)). In Art. 8 Abs. 4 lit. g RRL heißt es, dass es Endnutzern zu ermöglichen ist, „Informationen abzurufen oder zu verbreiten oder beliebige Anwendungen und Dienste zu benutzen". Weiter wird den nationalen Regulierungsbehörden die Aufgabe der Qualitätssicherung zugewiesen. Nach Art. 22 Abs. 3 URL stellen die Mitgliedstaaten sicher, dass die nationalen Regulierungsbehörden in der Lage sind, Mindestanforderungen an die Dienstqualität der Netzbetreiber festzulegen, um „eine Verschlechterung der Dienste und eine Behinderung oder Verlangsamung des Datenverkehrs in den Netzen zu verhindern". In erster Linie setzt der EU-Rechtsrahmen jedoch auf Transparenz, soweit Netzbetreiber bestimmte Dienste priorisieren oder in sonstiger Weise von der Netzneutralität abweichen. Netzbetreiber unterliegen in diesem Fall erhöhten Transparenzanforderungen (Art. 20 Abs. 1 lit. b und Art. 21 Abs. 3 lit. c und d URL). Schließlich ist vorgesehen, dass die Kommission regelmäßig einen Bericht über den Zustand der Netzneutralität vorlegt und ggf. weitere Leitlinien vorschlägt. In ihrer **Mitteilung v. 19.4.2011** hat die Kommission einen detaillierten Bericht zur Netzneutralität vorgelegt (Mitteilung der Kommission an das Europäische Parlament, den Rat und den Europäischen Wirtschafts- und Sozialausschuss und den Ausschuss der Regionen, KOM [2011], 222 endg.). Die Kommission setzt im Wesentlichen auf eine wettbewerbliche Lösung der um die Netzneutralität rankenden Probleme. Sie betont, dass – im Gegensatz zur Situation in den USA, wo die Haushalte regelmäßig nur zwischen Telefon- und Kabelnetzanbieter auswählen können – in Europa durch das Netzzugangsregime eine hohe Wettbewerbsintensität bestehe (Mitteilung, 5). Sie bekennt sich zur Erhaltung eines robusten, allgemein zugänglichen Best-Effort-Internet. Im Übrigen verweist sie darauf, dass die im EU-Rechtsrahmen enthaltenen Vorschriften über die Transparenz, den Anbieterwechsel und die Dienstqualität dazu beitragen, wettbewerbsorientierte Ergebnisse zu erzielen (Mitteilung, 11).

IV. Entstehungsgeschichte des § 41a

Die Vorschrift des § 41a TKG ist das **Ergebnis einer langen (parlamentarischen) Debatte** über die Thematik der Netzneutralität. Die jetzige Regelung wurde erst in der letzten Phase des Gesetzgebungsverfahrens gegen die Stimmen der Opposition (vgl. den Vorschlag der Fraktion BÜNDNIS 90/DIE GRÜNEN, der eine ausdrückliche Verpflichtung zur Wahrung der Netzneutralität vorsah und Ausnahmen hiervon nur zur Aufrechterhaltung der Sicherheit und Integrität eines Telekommunikationsnetzes bzw. zur Erfüllung vertraglicher Vereinbarungen im Rahmen geschlossener Benutzergruppen vorsah, BT-Drs. 17/7526, 2; die Bildung von QoS-Transportgruppen durch ISP sollte damit ausdrücklich untersagt sein, vgl. BT-Drs. 17/7526, 6; siehe hierzu noch → Rn. 33 ff.) in das Regelungspaket zur Änderung telekommunikationsrechtlicher Vorschriften aufgenommen. In Umsetzung der EU-Richtlinien sah der Referenten- und Kabinettsentwurf eine ausdrückliche Regelung der Netzneutralität nicht vor, sondern enthielt allein Transparenzvorgaben für die Transportqualität sowie erleichterte Bedingungen für einen Anbieterwechsel (vgl. hierzu im Einzelnen Holznagel K&R 2010, 761 (765 f.); Gersdorf AfP 2011, 209 (214)). Nach intensiver parlamentarischer Beratung hat sich dann aber – auch vor dem Hintergrund weitergehender Änderungsvorschläge der Oppositionsparteien (vgl. Änderungsantrag Fraktion BÜNDNIS 90/DIE GRÜNEN, BT-Drs. 17/7526; Entschließungsantrag Fraktion BÜNDNIS 90/DIE GRÜNEN, BT-Drs. 17/7528; Entschließungsantrag der Fraktion der SPD, BT-Drs. 17/7527) – ein Regelungsmodell durchgesetzt, das nicht nur auf Transparenzregelungen und auf einer Erleichterung beim Anbieterwechsel beruht, sondern zur Sicherung der Netzneutralität auch **Regulierungsmaßnahmen** durch die Bundesregierung (§ 41a Abs. 1 TKG) und durch die BNetzA (§ 41a Abs. 2 TKG) ermöglicht. Der marktbezogene Regulierungscharakter des § 41a TKG kommt darin zum Ausdruck, dass die Vorschrift nicht im Abschnitt Kundenschutz (Teil 3), sondern in dem die Marktregulierung betreffenden Teil 2 verankert ist (Säcker/Mengering TKG § 41a Rn. 5).

B. Verordnungsermächtigung der Bundesregierung nach Abs. 1

I. Vereinbarkeit mit EU-Recht?

12   Die Verordnungsermächtigung nach § 41a Abs. 1 TKG, die Bestandteil des die Marktregulierung betreffenden Teils 2 des TKG ist, bezieht sich auf die Bundesregierung. Die damit begründete Verordnungsermächtigung der Bundesregierung stellt einen **Systembruch** innerhalb des TKG dar (hierzu noch → Rn. 39). Denn in Umsetzung unionsrechtlicher Vorgaben obliegt die Marktregulierung nach den §§ 9 ff. TKG der BNetzA, die in vollständiger Unabhängigkeit ihre Aufgaben wahrnehmen muss (vgl. Art. 3 Abs. 3a RRL). Die Übertragung der Aufgaben der Marktregulierung darf weder in die Hände des Gesetzgebers (zu § 9a TKG aF vgl. EuGH EuZW 2010, 109 Rn. 85 ff., insbes. Rn. 93 f.) noch von Regierungsstellen gelegt werden. Zur Verhinderung eines Konflikts zwischen fiskalischen und regulatorischen Zielsetzungen ist nach dem EU-Rechtsrahmen die Marktregulierung Aufgabe der unabhängigen nationalen Regulierungsbehörden. Eine entsprechende Zuständigkeitsverteilung findet sich in den die Netzneutralität betreffenden Vorschriften der URL. Sowohl die Transparenzregelungen des Art. 21 Abs. 1 und Abs. 3 lit. c und d URL als auch die die Dienstqualität betreffende Vorschrift des Art. 22 Abs. 1 und 3 URL begründen entsprechende **Zuständigkeiten der nationalen Regulierungsbehörden.** Vor diesem Hintergrund begegnen der **Verordnungsermächtigung der Bundesregierung** (ebenso wie entsprechende Regelungen des parlamentarischen Gesetzgebers) **unionsrechtlichen Bedenken.** Diese lassen sich jedoch ausräumen, wenn der Verordnungsgeber – wie in § 41a Abs. 1 TKG ausdrücklich bestimmt – lediglich die „grundsätzlichen Anforderungen" an eine diskriminierungsfreie Datenübermittlung und den diskriminierungsfreien Zugang zu Inhalten und Anwendungen festlegt und auf eine Detailsteuerung der BNetzA verzichtet, also der **BNetzA** bei der Operationalisierung und Konkretisierung der Vorgaben der Rechtsverordnung einen **hinreichenden Gestaltungsspielraum belässt.** Insoweit werden die Bestimmtheitsanforderungen des Art. 80 Abs. 1 S. 2 GG durch Vorrang beanspruchendes Unionsrecht modifiziert. Im Übrigen ist zu berücksichtigen, dass Adressat des Regulierungsziels der Netzneutralität nach § 2 Abs. 2 Nr. 1 S. 2 TKG die BNetzA ist und dass die BNetzA nach § 41a Abs. 2 TKG weitere Einzelheiten über Mindestanforderungen an die Dienstqualität festlegen kann. Auch im Bereich der Sicherung der Netzneutralität liegt der **Zuständigkeitsschwerpunkt bei der BNetzA,** so dass den unionsrechtlichen Vorgaben entsprochen sein dürfte.

II. Prognose- und Gestaltungsspielraum der Bundesregierung

13   Das Regelungskonzept des § 41a Abs. 1 TKG ist in zweifacher Hinsicht begrenzt (vgl. Müller-Terpitz K&R 2012, 476 (480)). Zum einen ist die Vorschrift als Rahmenbestimmung konzipiert, weil sie nur zur Regelung von „grundsätzlichen Anforderungen" an den Datentransport und den Zugang zu Inhalten und Anwendungen berechtigt. Zum anderen begrün-

det die Vorschrift ausweislich des Wortlautes des § 41a Abs. 1 TKG („wird ermächtigt") und der Gesetzesbegründung („bei Bedarf": BT-Drs. 17/7521, 112) lediglich eine **Ermächtigung,** nicht aber eine Verpflichtung zum Erlass einer entsprechenden Rechtsverordnung (vgl. Müller-Terpitz K&R 2012, 476 (480): „Vorratsregelung"; kritisch hierzu Holznagel/ Schumacher MMR-Aktuell 2011, 324921). Da der Gesetzgeber auf detaillierte Vorgaben verzichtet, verfügt der Verordnungsgeber über einen weitreichenden **Prognose- und Gestaltungsspielraum** (Müller-Terpitz K&R 2012, 476 (480); s. auch Säcker/Mengering TKG § 41a Rn. 25: „Ermessen der Bundesregierung"). Der Bundesregierung steht in Bezug auf den Erlass („Ob") und den Inhalt („Wie") einer entsprechenden Rechtsverordnung ein erheblicher Spielraum zu. Begrenzt wird dieser Spielraum zum einen durch die normativen Vorgaben des § 41a Abs. 1 S. 1 TKG und zum anderen durch die Regelungen des § 41a Abs. 1 S. 2 TKG, wonach die europäischen Vorgaben sowie die Ziele und Grundsätze des § 2 TKG zu berücksichtigen sind. Die nach § 2 Abs. 2 Nr. 1 S. 2 TKG zu fördernde „Möglichkeit der Endnutzer, Informationen abzurufen und zu verbreiten oder Anwendungen und Dienste ihrer Wahl zu nutzen", avanciert damit zum Leitprinzip, das den Gestaltungsspielraum des Verordnungsgebers nach § 41a Abs. 1 TKG zugleich prägt und begrenzt (vgl. Säcker/Mengering TKG § 41a Rn. 25).

„Ob" und „Wie" einer entsprechenden Rechtsverordnung nach § 41a Abs. 1 TKG **14** bestimmen sich nach dem Regulierungs-"Bedarf" (BT-Drs. 17/7521, 112), also danach, ob und mit welcher Intensität das Regulierungsziel des § 2 Abs. 2 Nr. 1 S. 2 TKG bzw. die diskriminierungsfreie Datenübermittlung und der diskriminierungsfreie Zugang zu Inhalten und Anwendungen iSd § 41a Abs. 1 S. 1 TKG beeinträchtigt oder gefährdet sind. Der (sektorspezifische) Regulierungsbedarf ergibt sich aus einer **Reihe von Faktoren;** zu nennen sind insbes. **Quantität und Qualität entsprechender Verstöße gegen die Netzneutralität, Abhilfemöglichkeiten im Zuge des Wettbewerbs** und vor allem **Insuffizienz des allgemeinen Wettbewerbsrechts,** um entsprechenden Fällen von Diskriminierungen wirksam begegnen zu können.

Auf europäischer Ebene hat **GEREK** Anfang 2010 eine Umfrage unter seinen Mitglie- **15** dern durchgeführt, um den Sachstand in den verschiedenen Mitgliedstaaten in Erfahrung zu bringen. Am 29.5.2012 hat GEREK eine umfassende Untersuchung vorgelegt, in der auf **zahlreiche Verstöße der ISP** gegen die neutrale Datenübermittlung nach dem Best-Effort-Prinzip hingewiesen wird (GEREK, A view of traffic management and other practices resulting in restrictions to the open Internet in Europe, abrufbar unter: http://berec.europa. eu/files/document_register/2012/7/BoR12_30_tm-snapshot.pdf; vgl. weitere Beispiele finden sich bei Säcker/Mengering TKG § 41a Rn. 30). Vor diesem Hintergrund wird teilweise von einer „realen Bedrohung" der Netzneutralität gesprochen (Franzius N&R 2012, 126 (133); s. auch Säcker/Mengering TKG § 41a Rn. 30 mit Fn. 119 und Rn. 31). Entscheidend für die Bewertung im Rahmen des § 41a TKG ist indes **allein die Sachlage in der Bundesrepublik Deutschland.** Das zwischenzeitliche (technische bzw. vertragliche) Sperren von VoIP-Diensten durch die Mobilfunkunternehmen T-Mobile bzw. Vodafone wurde – auch unter dem Druck öffentlichen Protests – aufgehoben. Stattdessen wird für die Erbringung von VoIP-Diensten eine zusätzliche Gebühr erhoben.

Für die Bestimmung des (sektorspezifischen) Regulierungsbedarfs sind die **Wettbewerbs-** **16** **intensität** und die damit verbundenen **Ausweichmöglichkeiten für Endnutzer und Dienstanbieter** von **entscheidender Bedeutung.** Im Gegensatz zur Situation (etwa) in den USA (→ Rn. 10) wird der Wettbewerb in Europa durch die Netzzugangsregulierung maßgeblich gefördert (vgl. Mitteilung der Kommission an das Europäische Parlament, den Rat und den Europäischen Wirtschafts- und Sozialausschuss und den Ausschuss der Regionen, KOM [2011], 222 endg., 5). Aus **Sicht der Endnutzer** begründet nicht jeder Diskriminierungsfall die Notwendigkeit einer Regulierung, soweit die Möglichkeit eines Anbieterwechsels besteht. Dies gilt auch deshalb, weil mögliche Diskriminierungen durch marktstarke ISP zum Geschäftsmodell von marktschwächeren ISP werden können, die mit Diskriminierungsfreiheit werben und auf diese Weise neue Kunden zu gewinnen suchen. **Erhöhte Transparenzvorgaben** (vgl. §§ 43a, 45n TKG) und eine **Erleichterung des Anbieterwechsels** (§§ 43b, 46, 47 TKG) dienen dem Ziel der Gewährleistung der Netzneutralität und werden unter den derzeitigen Bedingungen des Wettbewerbs sowohl von der Kommission als auch von der Bundesregierung als hinreichende Regulierungsmaßnahmen eingestuft (vgl. Mitteilung der Kommission an das Europäische Parlament, den Rat und den Europäischen Wirtschafts- und Sozialausschuss und den Ausschuss der Regionen, KOM [2011], 222 endg., 5 und 11). Allerdings darf nicht übersehen werden, dass Diskriminierungen für die Endnutzer nicht immer leicht erkennbar sind und auch weitere Hinderungsgründe für einen Anbieterwechsel bestehen können (vgl. im Einzelnen Säcker/Mengering TKG § 41a Rn. 35 mwN). Aus **Sicht des Anbieters von Diensten und Anwendungen** stellt sich die Situation grundlegend anders dar. Aus Sicht des Dienstanbieters verfügen lokale ISP der Endnutzer über eine **monopolartige Stellung** (→ Rn. 18), weil sie der Gatekeeper beim Zugang zum Endkunden sind. Dies begründet für sich genommen jedoch noch keinen Regulierungsbedarf, weil auch die Marktgegenseite (lokaler Endkunden-ISP) regelmäßig von den Dienstanbietern abhängig ist, dh ein Verhältnis wechselseitiger Abhängigkeit besteht (vgl. § 11 Abs. 1 S. 2 TKG; → Rn. 18). Allerdings gilt dies nur bei vergleichbarer Marktstärke. Insbes. marktschwächere Dienstanbieter sind im Verhältnis zu marktstarken lokalen Endkunden-ISP besonders schutzwürdig.

17 Vor allem bestimmt sich die Notwendigkeit einer entsprechenden Rechtsverordnung nach § 41a Abs. 1 TKG danach, ob und in welchem Umfang die **allgemeinen Wettbewerbsvorschriften** oder das **bereichsspezifische Telekommunikationsrecht** hinreichenden Schutz bieten. Erst dann, wenn die allgemeinen Wettbewerbsregeln und das TKG entsprechende Schutzlücken aufweisen, sich also zur Verwirklichung der Netzneutralität als **insuffizient** erweisen, könnte eine Verpflichtung zum Erlass einer entsprechenden Rechtsverordnung bestehen. Die Vorschriften der Art. 101, 102 AEUV, §§ 19, 20 GWB, §§ 16 ff., 42 ff. TKG (zu der Anwendbarkeit bestehender wettbewerbsrechtlicher Normen Fetzer/Peitz/Schweitzer, Wettbewerbs- und medienrechtliche Aspekte von Netzneutralität, 2012, 40 ff.) bieten jedoch umfassenden Schutz gegen die klassischen Diskriminierungstatbestände des Behinderungsmissbrauchs und der Diskriminierung. Insbes. lässt sich der spezifischen Diskriminierungsgefahr, die sich aus der vertikalen Integration von lokalen Endnutzer-ISP ergibt, im Wege des allgemeinen Wettbewerbsrechts wirksam begegnen. Die Verpflichtung vertikal integrierter ISP zur diskriminierungsfreien Behandlung Dritter („interne Behandlung gleich externe Behandlung") folgt aus Art. 102 AEUV, §§ 19, 20 GWB (vgl. Gersdorf AfP 2011, 209 (215)).

18 Allerdings setzen die allgemeinen Wettbewerbsregeln bzw. das sektorspezifische Regulierungsrecht – mit Ausnahme des § 18 TKG – eine **Marktbeherrschung** oder **erhebliche Marktmarkt** des Endkunden-ISP voraus. Hinsichtlich der Marktstellung des ISP ist zwischen seinem Verhältnis zu den Endkunden und den Inhalte- und Dienstanbietern zu differenzieren (vgl. Säcker/Mengering TKG § 41a Rn. 37). Für die Stellung des ISP gegenüber den Inhalte- und Dienstanbietern wird teilweise der Vergleich mit den Telekommunikationsnetzbetreibern auf dem Festnetz- oder Mobilfunkterminierungsmarkt gezogen, wonach jeder Netzbetreiber in Bezug auf die bei ihm angeschlossenen Kunden eine Monopolstellung hat (Fetzer/Peitz/Schweitzer, Wettbewerbs- und medienrechtliche Aspekte von Netzneutralität, 2012, 17; Kloepfer/Bäcker, Netzneutralität in der Informationsgesellschaft, 2011, 109 (117)). Für die **marktbeherrschende Stellung des lokalen Endnutzer-ISP** im Verhältnis zu Inhalte- und Dienstanbietern spricht auch die **Parallele zu den TV-Einspeisemärkten.** Nach ständiger Spruchpraxis der BNetzA (vgl. BNetzA Entsch. v. 20.9.2006 – BK 1–05/006, 1 (87 ff.); BNetzA Entsch. v. 7.10.2010 – BK 1–09/005, 86 ff.), des BKartA (vgl. BKartA Beschl. v. 22.2.2002 – B7–168/01 – Liberty/KDG, Rn. 89; BKartA Beschl. v. 15.12.2011 – B7–66/11 – Liberty/KBW, Rn. 207 ff.) und nach Ansicht der Literatur (vgl. nur Wichmann, Vielfaltsicherung in digitalen Breitbandkabelnetzen, 2004, 125 ff.; Dörr/Gersdorf/Gersdorf, Der Zugang zum digitalen Kabel, 245 (298 f.) (312 ff.)) haben die Kabelnetzbetreiber bei der Einspeisung von Fernsehprogrammen in die Breitbandkabelnetze eine marktbeherrschende Stellung. Da Kabelhaushalte im Regelfall über keinen weiteren Fernsehzugang verfügen, können Rundfunkveranstalter die an das Kabelnetz angeschlossenen Haushalte nur über diesen Distributionsweg versorgen. Durch die Entlassung der Kabelgesellschaften aus der sektorspezifischen Marktregulierung (BNetzA Entsch. v. 7.10.2010 – BK 1–09/005) und ihrer Überführung unter die Aufsicht des BKartA hat sich an der marktbeherrschenden Stellung der Kabelgesellschaften nichts geändert.

19 Allerdings können sich bei einer ausschließlichen Anwendung des allgemeinen Wettbewerbsrechts **Schutzlücken** ergeben, weil das Wettbewerbsrecht nur gegen **willkürliche**

und **wettbewerbsfremde Entscheidungen** der ISP Schutz bietet (vgl. am Beispiel der Kabelweiterverbreitung von Pay-TV BGH NJW 1996, 2656 (2659); s. auch Fetzer/Peitz/Schweitzer, Wettbewerbs- und medienrechtliche Aspekte von Netzneutralität, 2012, 19 ff.; zur nur begrenzten, lediglich unterstützenden Funktion des Wettbewerbsrechts zugunsten rundfunkspezifischer Zielsetzungen vgl. bereits Gersdorf, Chancengleicher Zugang zum digitalen Fernsehen, 1998, 55 ff.). Diese mögliche Schutzlücke vermag eine auf § 41a Abs. 1 TKG gestützte Rechtsverordnung jedoch nicht zu schließen. Zwar prägt das egalitär-partizipatorische Grundanliegen einer **kommunikativen Chancengleichheit und Chancengerechtigkeit** die Debatte um die Netzneutralität (vgl. nur Kloepfer/Bäcker, Netzneutralität in der Informationsgesellschaft, 2011, 109 (118 ff.); Schlauri, Network Neutrality. Netzneutralität als neues Regulierungsprinzip des Telekommunikationsrechts, 2010, 311 f.; Säcker/Mengering TKG § 41a Rn. 39; Gersdorf AfP 2011, 209 (213 f.)). Das in Art. 5 GG wurzelnde Prinzip kommunikativer Chancengleichheit (vgl. hierzu zuletzt Gersdorf AfP 2011, 209 (213 f.)), das nicht alle Internetdienste, sondern nur die meinungsbildenden Kommunikationsdienste unter den besonderen Schutz der Verfassung stellt, ist **kein Bestandteil des Regelungskonzepts der §§ 2 Abs. 2 Nr. 1 S. 2, 41a Abs. 1 TKG** (so aber Säcker/Mengering TKG § 41a Rn. 1, 39, 48; vgl. hierzu eingehend → Rn. 26). Deshalb ist der Gesichtspunkt kommunikativer Chancengleichheit auch kein den Verordnungsgeber im Rahmen seiner Entscheidung nach § 41a Abs. 1 TKG bindender Maßstab.

III. Persönlicher Schutzbereich der Rechtsverordnung

Die Verordnungsermächtigung des § 41a Abs. 1 TKG erstreckt sich neben TK-Diensten 20 und Anwendungen auch auf die über das Netz transportierten Inhalte. Dementsprechend unterfallen sowohl **Anbieter** von TK-Diensten, Anwendungen und Inhalten als auch die diese Dienste nutzenden bzw. rezipierenden **Endnutzer** dem persönlichen Schutzbereich des § 41a Abs. 1 TKG und einer hierauf gestützten Rechtsverordnung (vgl. Säcker/Mengering TKG § 41a Rn. 1; s. auch Franzius N&R 2012, 126 (135)). Während es bei der (diskriminierungsfreien) Datenübermittlung iSd § 41a Abs. 1 S. 1 TKG um die Anbieter von Diensten, Anwendungen und Inhalten geht, nimmt das weitere Tatbestandsmerkmal des Zugangs zu Inhalten und Anwendung (sowie TK-Diensten) die Endnutzer in den Blick. Auf die Perspektive der Endnutzer stellt auch die – gem. § 41a Abs. 1 S. 2 TKG geltende – Vorschrift des § 2 Abs. 2 Nr. 1 S. 2 TKG ab, wonach die BNetzA die Möglichkeit der Endnutzer fördert, Informationen abzurufen und zu verbreiten oder Anwendungen und Dienste ihrer Wahl zu nutzen.

IV. Sachlicher Schutzbereich der Rechtsverordnung

Ziel der Verordnungsermächtigung des § 41a Abs. 1 TKG ist die **Verhinderung von** 21 **ungerechtfertigten netz- oder diensteseitigen Diskriminierungen,** welche die Datenübermittlung oder die Qualität von Diensten willkürlich beeinträchtigen und somit den Zugang zu Inhalten und Anwendungen erschweren (Gesetzesbegründung: BT-Drs. 17/7521, 112). Vom sachlichen Schutzbereich des § 41a Abs. 1 TKG und einer hierauf beruhenden Rechtsverordnung sind daher **TK-Dienste, Anwendungen** und **Inhalte** sowie der **Zugang** zu diesen Diensten und Anwendungen umfasst.

1. Regulierungsadressat: „Unternehmen, die Telekommunikationsnetze betreiben"

Als Regulierungsadressaten nennt § 41a Abs. 1 TKG „Unternehmen, die Telekommuni- 22 kationsnetze betreiben". Ebenso wie § 18 TKG beruht § 41a Abs. 1 TKG auf einem **symmetrischen Regulierungsansatz.** Nicht nur marktbeherrschende Unternehmen oder Unternehmen mit beträchtlicher Marktmacht, sondern **alle Telekommunikationsnetzbetreiber** unterfallen dem § 41a Abs. 1 TKG und einer hierauf gestützten Rechtsverordnung. Aus Sicht der Anbieter von TK-Diensten, Anwendungen oder Inhalten ist dieses symmetrische Regulierungsmodell von keiner entscheidenden Bedeutung, weil der lokale Endkunden-ISP im Verhältnis zum Dienstanbieter über eine marktbeherrschende Stellung verfügt (→ Rn. 18). Demgegenüber wirkt sich der symmetrische Regulierungsansatz im

Verhältnis zwischen Endkunden und lokalen ISP aus. Auch nicht marktbeherrschende ISP sind Adressaten möglicher Regulierungen nach § 41a Abs. 1 TKG.

23   Auch wenn sämtliche (lokale) ISP ungeachtet ihrer Marktstellung dem § 41a Abs. 1 TKG unterfallen, ist die **Marktmacht für die Bewertung der sachlichen Rechtfertigung** für entsprechende Ungleichbehandlungen durch den ISP **von entscheidender Bedeutung.** Im Rahmen der erforderlichen umfassenden Güter- und Interessenabwägung ist die Marktmacht des ISP von maßgeblichem Gewicht.

2. Maßstab für die Beurteilung der Diskriminierungsfreiheit: Sachliche Rechtfertigung iSd Wettbewerbsrechts

24   In der Diskussion über die Netzneutralität wird zuweilen zwischen dem Begriff der Netzneutralität und der Frage nach einer sachlichen Rechtfertigung von Eingriffen in die Netzneutralität – etwa durch Blocking oder Priorisierung bestimmter Daten – nicht hinreichend unterschieden. Begriffs- und Zulässigkeitsaspekte verschwimmen (vgl. Gersdorf AfP 2011, 209; Müller-Terpitz K&R 2012, 476 (477)). Demgegenüber stellt § 41a Abs. 1 TKG klar, dass nicht jede Abweichung vom Best-Effort-Prinzip unzulässig ist. Zwar wird der Begriff der Netzneutralität im TKG nicht (näher) geregelt. Aus § 41a Abs. 1 TKG ergibt sich jedoch, dass Differenzierungen bei der Datenübermittlung und beim Zugang zu TK-Diensten, Anwendungen und Inhalten zulässig sind, soweit diese **sachlich gerechtfertigt** sind. § 41a Abs. 1 TKG verlangt lediglich eine „diskriminierungsfreie" Datenübermittlung und den „diskriminierungsfreien" Zugang zu Inhalten und Anwendungen und verbietet umgekehrt allein eine „willkürliche" und „ungerechtfertigte" Behandlung einzelner Dienste (vgl. zum Diskriminierungsbegriff im Rahmen der Netzneutralitätsdebatte ausführlich Vierter Zwischenbericht der Enquete-Kommission „Internet und digitale Gesellschaft" – Netzneutralität, BT-Drs. 17/8536, 5ff; s. auch Fetzer/Peitz/Schweitzer, Wettbewerbs- und medienrechtliche Aspekte von Netzneutralität, 2012, 9 ff.; Frevert MMR 2012, 510 (513); Körber MMR 2011, 215 (220); Säcker/Mengering TKG § 41a Rn. 53; Müller-Terpitz K&R 2012, 476 (480)). Der Gesetzgeber knüpft mit dem Diskriminierungsverbot des § 41a Abs. 1 TKG an die das allgemeine Wettbewerbsrecht und das sektorspezifische Telekommunikationsrecht kennzeichnende Kategorie der sachlichen Rechtfertigung an. **Bedeutung und Tragweite des § 41a Abs. 1 TKG** bestimmen sich daher nach **allgemeinen Grundsätzen des Wettbewerbsrechts.** Nur **wettbewerbsrechtlich nicht zu rechtfertigende** Verhaltensweisen unterliegen dem Diskriminierungsverbot des § 41a Abs. 1 TKG.

25   Dieses – das allgemeine Wettbewerbsrecht und das sektorspezifische Regulierungsrecht – sowie die Vorschrift des § 41a Abs. 1 TKG prägende Ordnungs- und Funktionsmodell ist von dem das (Landes-)Medienrecht kennzeichnenden **Regulierungsmaßstab der kommunikativen Chancengleichheit zu unterscheiden** (vgl. bereits Gersdorf AfP 2011, 209 (213 f.)). Im Gegensatz zu den Ordnungs- und Funktionsbedingungen des (allgemeinen) Wettbewerbsrechts, die nur gegen willkürliche oder wettbewerbsfremde Verhaltensweisen der Marktteilnehmer schützen, zielt das in Art. 5 Abs. 1 S. 2 GG wurzelnde Prinzip kommunikativer Chancengleichheit auf die reale Chance der Entfaltung kommunikativer Interessen. Dies kann im Einzelfall die Begünstigung kleinerer, marktschwächerer Anbieter erfordern, um ihnen auch realiter die Chance zur Teilnahme am publizistischen Wettbewerb zu eröffnen (vgl. hierzu zuletzt am Beispiel des § 30 Abs. 2a GWB Gersdorf AfP 2012, 336 (340)). Dieser hohe Grundsatz des Art. 5 Abs. 1 S. 2 GG findet seinen Niederschlag im Landesrundfunkrecht (vgl. ausführlich Gersdorf K&R 2009, Beilage 1, 1 (15 ff.)) und prägt den Pressebereich (Gersdorf AfP 2012, 336 (340)). Auch die Debatte um die Netzneutralität ist durch das egalitär-partizipatorische Grundanliegen einer kommunikativen Chancengleichheit und Chancengerechtigkeit maßgebend bestimmt (vgl. nur Kloepfer/Bäcker, Netzneutralität in der Informationsgesellschaft, 2011, 109 (118 ff.); Schlauri, Network Neutrality. Netzneutralität als neues Regulierungsprinzip des Telekommunikationsrechts, 2010, 311 f.; Säcker/Mengering TKG § 41a Rn. 39; Gersdorf AfP 2011, 209 (213 f.)). Hierbei wird indes zuweilen nicht hinreichend berücksichtigt, dass es sich nicht bei allen im Internet angebotenen Diensten um meinungsbildende Inhaltsdienste handelt, die – wie Rundfunk und Presse – zur individuellen und gesellschaftlichen Meinungs- und Willensbildung beitragen (vgl. bereits Gersdorf AfP 2011, 209 (214)).

Das in Art. 5 Abs. 1 S. 2 GG wurzelnde Prinzip kommunikativer Chancengleichheit ist **26** **kein Bestandteil des Regelungskonzepts der §§ 2 Abs. 2 Nr. 1 S. 2, 41a Abs. 1 TKG** (so aber Säcker/Mengering TKG § 41a Rn. 39, 48). Nach der grundgesetzlichen Kompetenzverteilung ist es in erster Linie Sache der Länder, dem Prinzip kommunikativer Chancengleichheit im publizistischen Wettbewerb Geltung zu verschaffen (vgl. hierzu unter Hinweis auf die landesrechtliche Plattformregulierung Gersdorf AfP 2011, 209 (213)). Das Wirtschaftsrecht lässt sich nur in begrenztem Umfang zur Sicherung von Meinungsfreiheit einsetzen (vgl. nochmals Gersdorf, Chancengleicher Zugang zum digitalen Fernsehen, 1998, 55 ff.). Der Regelungsgegenstand einer bundesgesetzlichen Regelung muss stets den Wettbewerb betreffen. Der publizistische Wettbewerb und das Ziel der Sicherung von Meinungsvielfalt dürfen für sich genommen sub specie der grundgesetzlichen Kompetenzverteilung nicht Gegenstand einer wirtschaftsrechtlichen Regelung sein (vgl. hierzu zuletzt am Beispiel des § 30 Abs. 2a GWB Gersdorf AfP 2012, 336 (344 f.)). Es kann hier dahinstehen, ob und in welchem Umfang der Bundesgesetzgeber kompetenzrechtlich berechtigt wäre, den Gesichtspunkt kommunikativer Chancengleichheit in eine gesetzliche Regelung der Netzneutralitätsproblematik zu implementieren. Denn es gibt keinerlei Hinweis dafür, dass dies bei den Vorschriften der §§ 2 Abs. 2 Nr. 1 S. 2, 41a Abs. 1 TKG der Fall ist. Das Diskriminierungsverbot des § 41a Abs. 1 TKG konkretisiert lediglich allgemeine Maßstäbe des Wettbewerbsrechts. Dass die §§ 2 Abs. 2 Nr. 1 S. 2, 41a Abs. 1 TKG nicht nur Anbieter von Diensten und Anwendungen, sondern auch Anbieter von Inhalten schützt, besagt noch nichts über den Regulierungsmaßstab, wie etwa § 42 Abs. 1 TKG zeigt, der zwar auch Inhalteanbieter schützt (vgl. nur Säcker/Gersdorf TKG § 42 Rn. 20), die rein ökonomische Prägung des Regelungsmusters aber unberührt lässt. Ebenso wie die allgemeinen Wettbewerbsregeln und die übrigen Bestimmungen des TKG wenden sich die Vorschriften über die Netzneutralität lediglich gegen wirtschaftlich nicht zu rechtfertigende Verhaltensweisen. Für eine verfassungskonforme Auslegung der §§ 2 Abs. 2 Nr. 1 S. 2, 41a Abs. 1 TKG ist kein Raum, weil es nach der grundgesetzlichen Kompetenzverteilung Sache der Länder ist, – etwa im Rahmen der Plattformregulierung des RStV (vgl. hierzu ZAK/Gersdorf, Digitalisierungsbericht 2010, 29, 33 ff.; ders. AfP 2011, 209 (213 f.)) – für einen hinreichenden Schutz markt- und kapitalschwacher Rundfunk- und Telemedienanbieter Sorge zu Tragen. Auch die Bindung des Bundesgesetzgebers an Art. 5 GG (vgl. hierzu Kloepfer/Degenhart, Netzneutralität in der Informationsgesellschaft, 2011, 67 ff.; Kloepfer/Holznagel/Schumacher, Netzneutralität in der Informationsgesellschaft, 2011, 47 ff.; Hörauf MMR 2011, 71 ff.; Müller-Terpitz K&R 2012, 476 (480)) ändert hieran nichts, weil die Grundrechtsbindung nur im Rahmen zugewiesener Kompetenzen gilt, aber keine kompetenzerweiternde Wirkung entfaltet.

3. Erfordernis umfassender Güter- und Interessenabwägung

Die Beurteilung der sachlichen Rechtfertigung möglicher Ungleichbehandlungen durch **27** (lokale) ISP setzt eine **umfassende Güter- und Interessenabwägung** voraus. Das Erbringen von Telekommunikationsdienstleistungen ist nach Art. 87f Abs. 2 S. 1 GG keine Aufgabe staatlicher Daseinsvorsorge, sondern eine privatwirtschaftliche, kommerzielle Tätigkeit. Dementsprechend ist es in erster Linie Sache der ISP, die Konditionen für die Datenübermittlung und für den Zugang zu TK-Diensten, Anwendungen und Inhalten festzulegen. Die Festlegung der Konditionen einschließlich der Entgelte obliegt den ISP. Nur gegen diskriminierende, also sachlich nicht zu rechtfertigende Entscheidungen der ISP kann im Wege einer Rechtsverordnung nach § 41a Abs. 1 TKG vorgegangen werden. Rahmen der Gesamtabwägung sind unionsrechtliche Vorgaben (vgl. hierzu Kloepfer/Mayer, Netzneutralität in der Informationsgesellschaft, 2011, 81 ff.), die Regulierungsziele des § 2 Abs. 2 TKG – respektive des § 2 Abs. 2 Nr. 1 S. 2 TKG und des § 2 Abs. 2 Nr. 2 und 5 TKG – sind zu berücksichtigen (Müller-Terpitz K&R 2012, 476 (480)). Auch sind Art. 1 Abs. 3 GG sowie die Kommunikations- und Wirtschaftsgrundrechte (Art. 5 Abs. 1 und 12 GG) zu beachten (vgl. hierzu Kloepfer/Degenhart, Netzneutralität in der Informationsgesellschaft, 2011, 67 ff.; Kloepfer/Holznagel/Schumacher, Netzneutralität in der Informationsgesellschaft, 2011, 47 ff.; Hörauf MMR 2011, 71 ff.; Müller-Terpitz K&R 2012, 476 (480)). Dem Verordnungsgeber obliegt die Aufgabe, die einander konfligierenden Ziele und Interessen zu einem sachgerechten Ausgleich zu bringen (Müller-Terpitz K&R 2012, 476 (480)).

28 a) **Schutz vor Blockade missliebiger Inhalte.** Verfassungsrechtlich geklärt ist, dass ein ISP unter Ausnutzung seiner wirtschaftlichen Machtstellung die Meinungsfreiheit Dritter nicht beeinträchtigen darf (zu entsprechenden Diskriminierungsfällen in den USA, vgl. Schlauri, Network Neutrality. Netzneutralität als neues Regulierungsprinzip des Telekommunikationsrechts, 2010, 225 f.; Holznagel K&R 2010, 95 (97)). Betroffene Nutzer könnten gegen solche Formen politischer Diskriminierung mit den Mitteln des Zivilrechts vorgehen (grundlegend BVerfGE 25, 256 (265 f.); vgl. auch Gersdorf AfP 2011, 209 (212 f.)). Da es sich bei solchen Diskriminierungsfällen eher um Ausnahmen handelt, erscheint ein weitergehender Schutz nicht geboten. Allerdings könnte ein solches Verbot der Blockade missliebiger Inhalte auch Gegenstand einer Rechtsverordnung nach § 41a Abs. 1 TKG sein.

29 b) **Besondere Diskriminierungsgefahr bei vertikal integrierten lokalen Endnutzer-ISP.** Eine besondere Diskriminierungsgefahr besteht bei vertikal integrierten lokalen Endnutzer-ISP, also bei solchen Betreibern von Telekommunikationsnetzen, die nicht nur auf den (vorgelagerten) Netzzugangsmärkten, sondern zugleich auf den (nachgelagerten) Märkten der Dienste bzw. Inhalte tätig sind (vgl. hierzu bereits Gersdorf AfP 2011, 209 (215 f.)). Sofern vertikal integrierte Endnutzer-ISP nicht nur gegenüber dem Anbieter von Diensten bzw. Inhalten marktbeherrschend sind, sondern zusätzlich auf den Netzzugangsmärkten über beträchtliche Marktmacht verfügen (wie vor allem im Fall der DTAG), besteht die Gefahr einer Ausnutzung dieser marktmächtigen Stellung zulasten der Wettbewerber und der Verbraucher. So stellt sich die Frage, ob ein ISP gegen das Diskriminierungsverbot verstößt, wenn er den Zugang zu (konkurrierenden) TK-Diensten technisch unterbindet (wie vorübergehend Skype in Mobilfunknetzen von T-Mobile) oder durch Allgemeine Geschäftsbedingungen untersagt (wie etwa P2P-Dienste in Mobilfunknetzen von Vodafone). Ein solches Blockieren von Telekommunikationsdiensten anderer Anbieter liegt nahe, wenn der ISP nicht nur Netzbetreiber, sondern – wie im Regelfall – als vertikal integriertes Unternehmen auch auf den (nachgelagerten) Märkten der TK-Dienstleistungen tätig ist. Es liegt im wirtschaftlich rationalen Interesse vertikal integrierter ISP, das eigene Telekommunikationsgeschäft nicht durch VoIP-Dienste oder andere Dienste anderer Anbieter zu gefährden. Eine weitere Diskriminierungsgefahr besteht, wenn ein ISP zugleich auf den (nachgelagerten) Märkten von Inhalten tätig wird (Contentprovider). Das Interesse vertikal integrierter ISP geht dahin, das eigene Content-Geschäft zu schützen und Dritten den Zugang zum Netz zu verwehren.

30 Ob insoweit eine Diskriminierung iSd § 41a Abs. 1 TKG vorliegt, bestimmt sich nach allgemeinen Grundsätzen des Wettbewerbsrechts. Insbes. wird die missbräuchliche Ausnutzung einer marktmächtigen bzw. marktbeherrschenden Stellung vermutet, wenn ein Unternehmen mit beträchtlicher Marktmacht sich selbst, seinen Tochter- oder Partnerunternehmen den Zugang zu seinen intern genutzten oder zu seinen am Markt angebotenen Leistungen zu günstigeren Bedingungen oder zu einer besseren Qualität ermöglicht, als es sie anderen Unternehmen bei der Nutzung der Leistung für deren Telekommunikationsdienste oder mit diesen in Zusammenhang stehenden Diensten einräumt, es sei denn, das Unternehmen weist Tatsachen nach, die die Einräumung ungünstigerer Bedingungen sachlich rechtfertigen („**interne Behandlung gleich externe Behandlung**"; vgl. § 42 Abs. 2 TKG, s. auch §§ 19 Abs. 4 Nr. 3, 20 GWB, Art. 102 AEUV). Darüber hinaus sind **marktschwächere Anbieter** von Diensten, Anwendungen und Inhalten nach Maßgabe der für den **wettbewerbsrechtlichen Behinderungsmissbrauchstatbestand geltenden Grundsätze** geschützt. Eine Diskriminierung iSd § 41a Abs. 1 TKG liegt vor, wenn ein marktbeherrschender Endnutzer-ISP (kleinere) Anbieter unmittelbar oder mittelbar unbillig behindert oder deren Wettbewerbsmöglichkeiten ohne sachlich gerechtfertigten Grund erheblich beeinträchtigt.

31 c) **Terminierungsentgelte für Dienst- und Inhalteanbieter.** Einer differenzierenden Bewertung bedürfte die Einführung von **Terminierungsentgelten für Dienst- und Inhalteanbieter;** diese Konditionengestaltung ist von der Bildung und Vermarktung bestimmter QoS-Transportklassen (→ Rn. 33 ff.) zu unterscheiden. Man spricht insoweit auch von einem **Multi-Side-Pricing,** weil neben das Entgelt, das der Anbieter bei der Einspeisung ins Internet an den Access- bzw. Host-ISP zu entrichten hat, eine Bepreisung für die Weiterleitung der Inhalte und Dienste durch den lokalen Endnutzer-ISP tritt (vgl. nur Säcker/Mengering TKG § 41a Rn. 62). So soll etwa France Télécom von Google für die Durchleitung

der Daten des Internetportals Youtube ein Terminierungsentgelt verlangen (vgl. http://www.spiegel.de/netzwelt/netzpolitik/frankreich-google-zahlt-fuer-durchleitung-von-youtube-videos-a-878998.html). Entsprechende Terminierungsentgelte sind nicht als diskriminierend zu bewerten, weil es sachlich gerechtfertigt erscheint, die einzelnen Dienste entsprechend ihrer Belastung der Infrastruktur heranzuziehen. Eine andere Frage ist, ob eine **generelle** Einführung von Terminierungsentgelten für Dienst- und Inhalteanbieter den Diskriminierungsvorwurf begründet. Diese Frage ist hypothetischer Natur, weil nach Lage der Dinge die Erhebung solcher generellen Terminierungsentgelte durch die lokalen Endnutzer-ISP nicht zu erwarten ist. Im Schrifttum wird teilweise darauf hingewiesen, dass solche Entgelte ein erhebliches Diskriminierungspotenzial hätten, weil kleinere oder neue Inhalte- und Dienstanbieter entsprechende Entgelte ggf. nicht aufbringen können oder durch die Transaktionskosten am Markteintritt gehindert werden könnten (vgl. die Weiterleitung der Inhalte und Dienste durch den lokalen Endnutzer-ISP tritt (vgl. nur Säcker/Mengering TKG § 41a Rn. 62 ff.)). Allerdings ist insoweit zu berücksichtigen, dass die Inhalte- und Dienstanbieter ein nutzungs- bzw. volumenbezogenes Entgelt an ihren Access- bzw. Host-ISP entrichten müssen. Schon deshalb will es nicht so recht einleuchten, weshalb die Erhebung eines entsprechenden Entgelts durch den lokalen Endnutzer-ISP diskriminierend sein soll (vgl. auch Brüggemann CR 2013, 565 (572)). Auch drängt sich die Parallele zur Einspeisung von Rundfunkprogrammen in die Kabelnetze auf, für die von den großen Netzbetreibern in der Vergangenheit regelmäßig ein Entgelt verlangt wurde. Ungeachtet der derzeit streitigen Frage, ob der Must-Carry-Verpflichtung der Netzbetreiber eine Must-Pay-Verpflichtung des öffentlich-rechtlichen Rundfunks korrespondiert, ist es im Wesentlichen eine Frage der konkreten Marktsituation, ob Kabelnetzbetreiber gegenüber Rundfunkveranstaltern entsprechende Einspeiseentgelte durchsetzen können. In jedem Fall ist die Erhebung von Einspeiseentgelten durch Kabelnetzbetreiber zulässig, insbes. wettbewerbsrechtlich nicht missbräuchlich (vgl. hierzu ausf. Gersdorf K&R 2009, Beilage 1, 1 (9 ff., insbes. 10) mwN). Gegen diese Parallelbildung zur Rundfunkübertragung lässt sich auch nicht anführen, dass entsprechende Terminierungsentgelte von lokalen Endnutzer-ISP zu einer doppelten Belastung (Multi-Side-Pricing) der Anbieter käme, weil die Terminierungsentgelte neben die Entgelte treten würden, die die Anbieter an ihren Access- bzw. Host-ISP entrichten müssen. Denn eine solche doppelte Belastung liegt auch bei der Rundfunkdistribution in Kabelnetzen vor, weil die entgeltpflichtige Kabelweiterverbreitung regelmäßig auf der Zuführung der über Satellit verbreiteten Programme beruht und für Satelliten- und Kabelverbreitung gesonderte Entgelte anfallen. Ob durch die Erhebung von Terminierungsentgelten der Marktzutritt (kleinerer) Anbieter von Diensten und Inhalten tatsächlich wesentlich erschwert wird und ob der lokale ISP überhaupt über die Marktmacht zur Durchsetzung eines Entgeltanspruches verfügt, hängt von einer Reihe von Faktoren ab. Die Beantwortung dieser Frage lässt sich nicht generell, sondern nur im Einzelfall nach Maßgabe der allgemeinen Grundsätze des Behinderungs- und Diskriminierungsverbots beantworten.

d) Staubezogene Tarifierungsmodelle. Die Bewältigung von Überlastungsproblemen bereitet in der Praxis erhebliche Schwierigkeiten. In der Vergangenheit haben ISP versucht, dem Problem des Verkehrsstaus bei kurzfristiger Überlastung durch Bereithalten von Überkapazitäten (sog **Overprovisioning**) zu begegnen. Dies ist zum einen wirtschaftlich ineffizient und zum anderen können auf diese Weise sämtliche zeitkritischen Dienste nicht mit der erforderlichen Zuverlässigkeit angeboten werden. Aus dem gleichen Grund erweisen sich auch **staubezogene Tarifierungsmodelle** (ESMT, assessment of a sustainable internet model for the near future, 2011, 65 f.) als unzureichend. Nach diesem Modell soll Kapazitätsproblemen durch Preisstaffelungen in den Verkehrsspitzenzeiten begegnet werden. Es ließe sich daran denken, für den Datenverkehr in Spitzenzeiten ein höheres Entgelt als außerhalb der Spitzenzeiten zu verlangen. Ein solches Modell könnte einen wesentlichen Beitrag zu einer effizienten Kapazitätsallokation leisten. Ob sich dadurch Kapazitätsprobleme nachhaltig abbauen ließen, erscheint hingegen zweifelhaft. Vor allem aber könnten keine bestimmten Übertragungsqualitäten sichergestellt werden. Bestimmte Dienst- und Inhalteangebote, die durch besondere technische Leistungs- und Qualitätsmerkmale gekennzeichnet sind, ließen sich nicht in der – vom Verbraucher gewünschten – Qualität garantieren (ESMT, assessment of a sustainable internet model for the near future, 2011, S. 89 ff.).

32

33 **e) Bildung und Vermarktung von QoS-Dienstklassen (Managed Services).** Im Zentrum der Diskussion über die Netzneutralität stehen die **Vermarktung von QoS-Dienstklassen** gegenüber den Dienst- und Inhalteanbietern und die Vermarktung von unterschiedlichen Services und Produkten gegenüber dem Verbraucher (für die grundsätzliche Zulässigkeit der Bildung und Vermarktung von QoS-Dienstklassen vgl. Brüggemann CR 2013, 565 (571); Fetzer/Peitz/Schweitzer, Wettbewerbs- und medienrechtliche Aspekte von Netzneutralität, 2012, 29; Franzius N&R 2012, 126 (133); Martini VerwArchiv 102 (2011) 315 (322); Müller-Terpitz K&R 2012, 476 (480); Ufer K&R 2010, 383 (388); Gersdorf AfP 2011, 209 (216 f.)). Dass ein lokaler ISP gegenüber dem Endnutzer zur Produktdifferenzierung und zur Vermarktung spezieller QoS berechtigt ist, ist gänzlich unbestritten. Ein solcher QoS wird teilweise bereits angeboten, wie das Beispiel von IPTV (im Netz der DTAG) zeigt. Deshalb will es so recht nicht überzeugen, dass um die Bildung von entsprechenden Dienstklassen durch ISP ein so heftiger (politischer) Streit geführt wird (vgl. den Vorschlag der Fraktion BÜNDNIS 90/DIE GRÜNEN, wonach die Bildung von QoS-Dienstklassen durch ISP ausdrücklich untersagt wird, vgl. BT-Drs. 17/7526, 6). Die Bildung von Dienstklassen im netzübergreifenden Internetverkehr ist letztlich lediglich die konsequente Weiterentwicklung der allgemein bekannten und anerkannten Praxis der Endnutzer-ISP, die innerhalb ihrer Netze unterschiedliche Dienstklassen anbieten (Beispiel: IPTV einerseits und Internetverkehr andererseits). Warum innerhalb und außerhalb des Netzes des Endnutzer-ISP nicht die gleichen Maßstäbe gelten, erschließt sich nicht. In beiden Fällen geht es nur um die Gewährleistung eines speziellen QoS. Im eigenen Netz kann der Verbraucheraccess-ISP einen solchen QoS ohne weiteres sicherstellen. Im netzübergreifenden Internetverkehr ist die Bildung entsprechender Transportgruppen durch die ISP die sachlogische Voraussetzung dafür, dass dem Verbraucher ein solcher QoS angeboten werden kann. Wünscht ein Endnutzer einen bestimmten QoS (Beispiel: YouTube in TV-, HD- oder 3D-Qualität), so bedarf es hierfür regelmäßig einer netzübergreifenden Vereinbarung zwischen den einzelnen ISP, da – im Gegensatz zu IPTV – der Host nicht im Netz des lokalen Endnutzer-ISP loziert ist, sondern die Daten aus den Netzen anderer ISP zugeführt werden. Eine Vermarktung von QoS gegenüber dem Verbraucher macht es erforderlich, dass der lokale Endnutzer-ISP mit den in der Transportkette vorgelagerten ISP entsprechende QoS-Vereinbarungen trifft. Die schlichte Übernahme des Transitverkehrs (aus Drittnetzen) ermöglicht einen solchen QoS nicht (Gersdorf AfP 2011, 209 (210, 216)). Als Alternative zur Bildung von Transportklassen käme nur eine Einigung der beteiligten ISP über einen netzübergreifenden Ausbau der Transportkapazitäten in Betracht. Auf diese Weise ließe sich zwar die Anzahl der Fälle, in denen es zu Kapazitätsengpässen kommt, reduzieren. Ein QoS könnte aber auch bei einer Erweiterung der Transportkapazitäten nicht mit hinreichender Gewissheit garantiert werden, weil zumindest temporäre Engpasssituationen nicht auszuschließen wären. Die Bildung von QoS-Transportgruppen im netzübergreifenden Internetverkehr ist die sachlogische Voraussetzung dafür, dass der Endkunde QoS nachfragen und damit sein Grundrecht auf Informationsfreiheit wahrnehmen kann (vgl. Koenig/Fechtner K&R 2011, 73 (75) mit dem Hinweis, dass qualitätsintensive Dienste andernfalls massiv benachteiligt und von anderen Diensten verdrängt würden). Wenn man die Bildung von QoS (gesetzlich) untersagte, ließe sich der QoS nur gewährleisten, wenn die entsprechenden Host-Server entweder im Netz oder zumindest in der Nähe des Netzes des lokalen Endkunden-ISP loziert würden. Das machte eine aufwendige **dezentrale Serverarchitektur** erforderlich, die sich nur kapitalkräftige Unternehmen (wie Google), nicht aber kleinere Anbieter leisten könnten. Die Bildung von QoS dient also nicht nur der Gewährleistung des Grundrechts der Informationsfreiheit, sondern den (publizistischen und wirtschaftlichen) Interessen kleiner Anbieter, die wirtschaftlich nicht dazu imstande wären, ihre Host-Server in der Nähe des Endkunden zu platzieren. Ob sich die ISP auf entsprechende netzübergreifende technische Standards verständigen und sich damit unterschiedliche Transportgruppen herausbilden werden, wird erst die weitere Entwicklung zeigen. In jedem Fall besteht zwischen der Bildung von QoS-Transportgruppen und der Vermarktung von QoS gegenüber dem Verbraucher ein unlösbarer Zusammenhang.

34 Weiter stellt sich die Frage, ob eine differenzierte **Tarifierung der unterschiedlichen QoS sowohl auf Endkundenseite** als auch auf Seite der Inhalte- und Dienstanbieter auf Bedenken stieße. Differenzierungen im Bereich der Verbraucher werden in der (politischen)

Diskussion regelmäßig als unproblematisch angesehen. Entgeltdifferenzierungen entsprechen schon heute gängiger Praxis. In der Vergangenheit wurden für den Internetzugang im Festnetzbereich von den ISP unterschiedliche Tarife (volumenabhängiger Tarif, Flatrate) angeboten, im Mobilfunkbereich wird eine solche Preisdifferenzierung auf der Verbraucherseite noch immer praktiziert. Ebenso allgemein bekannt und anerkannt ist es, wenn ein ISP zwischen einzelnen Bandbreiten (im Fest- bzw. Mobilfunknetz) differenziert und hierfür unterschiedliche Entgelte verlangt. Auch besonderes QoS wie das IPTV wird gesondert vermarktet. Deshalb sind verschiedene Tarifierungen für unterschiedliche QoS unproblematisch. Wenn ein Verbraucher – um das Beispiel nochmals aufzugreifen – YouTube in TV-, HD- oder 3D-Qualität wünscht, ist nichts dagegen einzuwenden, ihn für diesen besonderen Service gesondert zur Kasse zu bitten. Ob sich entsprechende Geschäftsmodelle herausbilden und vom Verbraucher nachgefragt werden, wird letztlich erst die weitere Marktentwicklung zeigen.

Ob auch auf der Seite der **Inhalte- und Dienstanbieter entsprechende QoS-Preisdifferenzierungen** legitim sind, ist hingegen (politisch) umstritten. Bei der Beurteilung dieser Frage ist zu beachten, dass Inhalte- und Dienstanbieter bereits derzeit ein nutzungs- bzw. volumenabhängiges Entgelt an ihren Access- bzw. Host-ISP zu entrichten haben. Deshalb kann eine an weiteren (QoS-)Merkmalen anknüpfende Tarifierung prinzipiell keine Probleme aufwerfen. Im Übrigen ist zu berücksichtigen, dass zwischen der Kostenbelastung auf Diensteb bzw. Anbieterseite und auf Verbraucherseite ein korrelativer Zusammenhang besteht (Zu diesem „waterbed effect" vgl. ESMT, assessment of a sustainable internet model for the near future, 2011, 81 f.). Es gibt keinen Rechtsgrundsatz des Inhalts, dass für einen speziellen QoS allein die Endnutzer zahlen müssen. Eine Kostenverteilung auf „beide Schultern" steht dem Gemeinwohl zweifelsfrei nicht ferner als eine einseitige Kostentragung durch Verbraucher. Schließlich darf nicht übersehen werden, dass die Bildung von Transportgruppen letztlich nur bei einer spezifischen Bepreisung Sinn macht. Gäbe es nur einen Preis, wäre zu erwarten, dass letztlich alle Nachfrager in die priorisierte Premiumgruppe drängen. Damit aber ließe sich der mit der Bildung von Transportklassen bezweckte Effekt nicht erreichen. 35

Die Bildung von QoS-Transportgruppen und ihre Vermarktung gegenüber den Inhalte- bzw. Dienstanbietern und den Verbrauchern ermöglichen zugleich eine **dienstspezifische Zuordnung** der für die einzelnen Dienste erforderlichen **Kostenfaktoren.** Dadurch lassen sich sowohl für Inhalte- und Dienstanbieter als auch für Verbraucher nachfragegerechte, dh entbündelte Angebotspakete bereitstellen (vgl. zum Gesichtspunkt verursachergerechter Kostenverteilung Frevert MMR 2012, 510 (511); Koenig/Visbek MMR 2011, 443 ff.) Das derzeitige Finanzierungskonzept des Internet entspricht diesem wohlfahrtssteigernden „Entbündelungsgebot" nicht hinreichend (Gersdorf AfP 2011, 209 (217)). 36

Allerdings ist die Bildung und Vermarktung von QoS-Dienstklassen davon abhängig, dass der diskriminierungsfreie Zugang zu den einzelnen Dienstgruppen gewährleistet ist und innerhalb dieser Dienstgruppen nicht diskriminiert wird („**Dienstklassenneutralität**", vgl. Vierter Zwischenbericht der Enquete-Kommission „Internet und digitale Gesellschaft" – Netzneutralität, BT-Drs. 17/8536, 44; Franzius N&R 2012, 126 (133); s. auch Säcker/Mengering K&R 2013, 559 (563)). Auch ist sicherzustellen, dass neben den QoS-Dienstklassen ein **robuster, dynamisch auszubauender Best-Effort-Bereich** zur Verfügung steht (vgl. nur Mitteilung der Kommission an das Europäische Parlament, den Rat und den Europäischen Wirtschafts- und Sozialausschuss und den Ausschuss der Regionen, KOM [2011], 222 endg., 11; Holznagel AfP 2011, 532 (539); Müller-Terpitz K&R 2012, 476 (480)). 37

Am 17.6.2013 legte das Bundesministerium für Wirtschaft und Technologie (BMWi) seinen ersten Entwurf einer Verordnung zur Gewährleistung der Netzneutralität (NNVO-Entwurf 1) vor, der im politischen Raum und rechtswissenschaftlichen Schrifttum (vgl. hierzu Wimmer/Löw MMR 2013, 636 ff.; Säcker/Mengering K&R 2013, 559 (563 ff.) auf Kritik stieß und dem nur wenige Wochen später am 31.7.2013 der zweite Entwurf folgte (NNVO-Entwurf 2; vgl. hierzu Koenig/Meyer CR 2013, 643 ff.). Parallel hierzu hat die Kommission am 11.9.2013 einen Verordnungsvorschlag unterbreitet, der die Netzneutralität in der Europäischen Union absichern soll (Vorschlag für eine Verordnung des Europäischen Parlaments und des Rates über Maßnahmen zum europäischen Binnenmarkt der elektronischen Kommunikation und zur Verwirklichung des vernetzten Kontinents und zur Änderung der Richtlinien 2002/20/EG, 2002/21/EG und 2002/22/EG und der Verordnungen (EG) Nr. 1211/2009 und (EU) Nr. 531/2012 v. 11.9.2013, COM(2013) 627 final). In 38

TKG § 41a V. Medienwirtschaft

Übereinstimmung mit der Verordnungsvorschlag der Kommission (vgl. Art. 23 Abs. 2) stellt der NNVO-Entwurf 2 klar, dass Managed Services nicht Teil des offenen Internet sind, so dann den Netzbetreibern das Anbieten von Managed Services nicht untersagt ist (hierzu ausführlich Koenig/Meyer CR 2013, 643 (645 ff.)).

V. Zustimmungsvorbehalte

39 Der Erlass einer Rechtsverordnung ist nach § 41a Abs. 1 S. 1 TKG an die **Zustimmung des Bundestages** und **des Bundesrates** geknüpft. Die Beteiligung der Länder beruht auf ihrer Verantwortung für die publizistische Tätigkeit von Anbietern von Inhalten und sorgt dafür, dass wenigstens gegenwärtig auf eigene Regelungen – etwa im Rundfunkstaatsvertrag – verzichtet werden kann (vgl. Holznagel AfP 2011, 532 (539); Müller-Terpitz K&R 2012, 476 (480)). Die sachliche Legitimation der Beteiligung des Bundestages bleibt hingegen im Dunkeln. Der mit der Verordnungsermächtigung intendierte Gewinn an Dynamik und Flexibilität bei der Bewältigung der mit der Netzneutralität verbundenen Probleme wird auf diese Weise ein Stück zurückgenommen (krit. auch Müller-Terpitz K&R 2012, 476 (480)).

VI. Verhältnis zur Markregulierung nach §§ 9 ff.

40 Ungeklärt ist die Frage, ob die allgemeinen **Vorschriften über die Marktregulierung** (§§ 9 ff. TKG) im Fall der Beeinträchtigung der **Netzneutralität Anwendung finden** (dazu eingehend Müller-Terpitz K&R 2012, 476 (481 f.)). Die Verankerung der Vorschrift des § 41a TKG im Teil 2 des TKG scheint dieses nahezulegen (vgl. in diesem Zusammenhang Koenig/Meyer CR 2013, 643 (647 ff.). Gleichwohl ist zu berücksichtigen, dass sich die Verordnungsermächtigung des § 41a Abs. 1 TKG auf die Bundesregierung und nicht auf die BNetzA bezieht, wie dies die Vorschriften der §§ 9 ff. TKG voraussetzen. Darüber hinaus beruht § 41a TKG auf einem symmetrischen Regulierungsansatz, so dass die Prüfung der §§ 10, 11 TKG schlechthin keinen Sinn macht. Ebenso wenig wie im Rahmen der symmetrischen Regulierung nach § 18 TKG (vgl. § 9 Abs. 3 TKG) finden bei Beeinträchtigungen der Netzneutralität die Vorschriften der §§ 9 ff. TKG Anwendung.

VII. Regulierungsinstrumente zur Überwachung der Diskriminierungsfreiheit

41 In § 41a Abs. 1 TKG ist nicht geregelt, ob neben der Bußgeldvorschrift des § 149 Abs. 1 Nr. 7a TKG noch weitere **Überwachungs- und Sanktionsmaßnahmen** in einer entsprechenden Rechtsverordnung festgelegt werden können (vgl. hierzu Säcker/Mengering TKG § 41a Rn. 26, 82). Dies ist abzulehnen. Zum einen verlangte das Bestimmtheitsgebot des Art. 80 Abs. 1 S. 2 GG eine hinreichend klare Regelung des § 41a Abs. 1 TKG, dass die Bundesregierung durch Rechtsverordnung weitgehende gestaltende ex-ante- oder ex-post-Befugnisse zur Gewährleistung der Netzneutralität zukommen kann. An einer solchen hinreichend bestimmten Ermächtigung fehlt es in § 41a Abs. 1 TKG. Zum anderen wären solche Überwachungsbefugnisse der Bundesregierung mit unionsrechtlichen Vorgaben kaum vereinbar, nach denen der Vollzug der zur Sicherung der Netzneutralität erlassenen Rechtsvorschrift Sache der nationalen Regulierungsbehörden ist (→ Rn. 10).

C. Technische Richtlinie zur Festlegung der Mindeststandards nach Abs. 2

I. Zweck der Technischen Richtlinie

42 § 41a Abs. 2 TKG dient der **Umsetzung des Art. 22 Abs. 3 URL** (Gesetzesbegründung, BT-Drs. 17/7521, 112). Art. 22 Abs. 3 URL sucht der Gefahr entgegenzuwirken, dass die ISP den **Best-Effort-Bereich** zu einer „Dirt-Road" deklassieren, um auf diese Weise den Wechsel in die speziell gepreisten QoS-Dienstklassen zu befördern (GEREK, Guidelines for Quality of Service in the scope of Net Neutrality, 29.5.2012, BoR 12 (32), 24). In Umsetzung dieser Vorgabe wird die BNetzA durch § 41a Abs. 2 TKG ermächtigt, im Wege einer Allgemeinverfügung die Einzelheiten über Mindestanforderungen an die Dienstqualität festzulegen und somit die Grundlagen für eine diskriminierungsfreie Datenübermittlung und einen diskriminierungsfreien Zugang zu Inhalten abzusichern, soweit dies erforderlich ist. Ziel dieser

Festlegungen ist es, eine ungerechtfertigte Verschlechterung von Diensten und eine ungerechtfertigte Behinderung oder Verlangsamung des Datenverkehrs in den Netzen zu verhindern und somit eine diskriminierungsfreie Datenübermittlung und den diskriminierungsfreien Zugang zu Inhalten und Anwendungen sicherzustellen (Gesetzesbegründung: BT-Drs. 17/7521, 112).

Die Vorschrift des § 41a Abs. 2 TKG steht in einem **engen Zusammenhang** mit der Möglichkeit der ISP, spezielle **QoS-Dienstklassen** zu bilden und diese zu vermarkten. Je umfassender die ISP von dieser Möglichkeit Gebrauch machen und je größer die Gefahr einer schleichenden Ausdünnung der Best-Effort-Transportwege ist, desto eher besteht die Notwendigkeit einer Gegensteuerung durch Festlegung der Mindestanforderungen an die Dienstqualität (Säcker/Mengering TKG § 41a Rn. 84; Gersdorf AfP 2011, 209 (215)). § 41a Abs. 2 TKG ist damit als Ausdruck eines Gewährleistungsauftrages für einen **robusten und dynamischen Best-Effort-Bereich** zu verstehen (vgl. Holznagel AfP 2011, 532 (538); Säcker/Mengering TKG § 41a Rn. 84)

43

II. Handlungsform: Technische Richtlinie als Allgemeinverfügung

Ausweislich der Gesetzesbegründung ergeht die Technische Richtlinie als **Allgemeinverfügung** (BT-Drs. 17/7521, 112), obgleich es sich um eine abstrakt-generelle Regelung handelt (vgl. Müller-Terpitz K&R 2012, 476 (480)). Demgegenüber war im Gesetzentwurf noch die Rechtsverordnung als Regelungsform genannt (§ 45o Abs. 3 TKG). Dieser Wechsel der Handlungsform ist nicht dem Umstand geschuldet, dass Art. 22 Abs. 3 URL eine entsprechende Zuständigkeit der nationalen Regulierungsbehörden begründet (so aber die Deutung von Müller-Terpitz K&R 2012, 476 (480)). Denn auch nach dem ursprünglichen Gesetzentwurf war eine Möglichkeit der Subdelegation an die BNetzA vorgesehen (§ 45o Abs. 5 TKG); von dieser Möglichkeit hätte sub specie des Vorrang beanspruchenden Unionsrechtsrechts Gebrauch gemacht werden müssen (vgl. Gersdorf AfP 2011, 209 (215)).

44

III. Ermessens- und Beurteilungsspielraum der BNetzA

Nach § 41a Abs. 2 TKG „kann" die BNetzA Mindestanforderungen an die Dienstqualität festlegen. Die Vorschrift umschreibt die Voraussetzungen hierfür nicht näher. Auch die Gesetzesbegründung begnügt sich mit dem Hinweis auf die Erforderlichkeit einer entsprechenden Verfügung („soweit dies erforderlich ist", BT-Drs. 17/7521, 112). Demgemäß verfügt die BNetzA über ein **weitreichendes Entschließungsermessen,** das eine flexible Reaktion auf Veränderungen im technologischen und wettbewerblichen Umfeld ermöglicht (vgl. Säcker/Mengering TKG § 41a Rn. 85). Das Entschließungsermessen kann sich zu einer Handlungsverpflichtung verdichten, wenn insbes. im Zuge der Bildung und Vermarktung von bepreisten QoS-Dienstklassen der Best-Effort-Transportweg Schritt für Schritt verkürzt wird (zutr. Säcker/Mengering TKG § 41a Rn. 85).

45

Bei den **Begriffen Mindestanforderungen** und **Dienstqualität** handelt es sich in Ermangelung einer normativen Konkretisierung um **unbestimmte Rechtsbegriffe.** Auch 22 Abs. 3 URL trägt zu einer Normkonkretisierung nicht bei, weil auch diese Vorschrift nicht näher (legal-)definiert ist. Es obliegt daher der BNetzA in enger Kooperation mit GEREK, diese unbestimmten Rechtsbegriffe zu konkretisieren. Hierzu gehört die Entscheidung darüber, ob für die Messung der Mindestanforderungen quantitative oder qualitative Kriterien angewendet werden sollen und in welchem Verhältnis der Mindeststandard zu den bepreisten Dienstklassen stehen darf. Der BNetzA kommt daher bei der Festlegung der Minderanforderungen an die Dienstqualität ein **Beurteilungsspielraum** zu (Säcker/Mengering TKG § 41a Rn. 86). Dieser wird durch die prozedural vorgesehene Einbindung von GEREK und der Kommission (vgl. § 41a Abs. 2 TKG) begrenzt.

46

IV. Inhalt der Technischen Richtlinie

1. Dienstqualität

Der Begriff der Dienstqualität und damit der Bezugspunkt für die Bestimmung der Mindestanforderungen wird in § 41a Abs. 2 TKG nicht definiert. Welche Eigenschaften als

47

qualitätsbestimmend gelten werden, kann sich aus Nutzersicht anders beurteilen als aus ingenieurstechnischer Perspektive (Säcker/Mengering TKG § 41a Rn. 88). Daher gibt es zur Qualitätsbestimmung von TK-Diensten unterschiedliche Konzepte (GEREK, A framework for Quality of Services in the scope of Net Neutrality, 8.12.2011, BoR 11 (53), 14). Zur **Messung der Dienstqualität** lässt sich auf die technischen Parameter der **QoS** abstellen, wonach sich die Qualität der Datenübermittlung nach Maßgabe des Ende-zu-Ende-Services bestimmt. Alternativ kann die Dienstqualität aber auch aus der Perspektive des Endnutzers **(Quality of Experience – QoE)** ermittelt werden (zu beiden Konzepten der Messung der Dienstqualität vgl. GEREK, Guidelines for Quality of Service in the scope of Net Neutrality, 29.5.2012, BoR 12 (32), 14). Während QoS auf objektiven Kriterien beruht, bestimmt sich die QoE im Lichte der subjektiven Nutzersicht (vgl. hierzu Elixmann/Gries, WIK-Diskussionsbeitrag Nr. 366, 10 ff.).

48 Die BNetzA hat in der **Messstudie zur Dienstqualität** breitbandiger Internetzugänge ua gemessen, in welchem Umfang die tatsächliche von der vermarkteten „Bis-zu"-Übertragungsrate abweicht. Die Untersuchung hat ergeben, dass es über alle Technologien, Produkte und Anbieter hinweg eine deutliche Diskrepanz zwischen der vertraglich vereinbarten Maximaldatenübertragungsrate und der tatsächlich realisierten Datenübertragungsrate gibt. Gleichzeitig hat die Studie deutlich gemacht, dass Transparenz bei der Leistungserbringung einen wichtigen Einfluss auf die Kundenzufriedenheit nimmt (http://www.bundesnetzagentur.de/DE/Sachgebiete/Telekommunikation/Unternehmen_Institutionen/Breitband/Dienstequalitaet/qualitaetsstudie/qualitaetsstudie-node.html). Parallel zur Messstudie wurden die **Telekommunikationsverträge sowohl im Festnetz- als auch im Mobilfunkbereich im Hinblick auf Regelungen zur gelieferten Datenübertragungsrate analysiert.** Hier hat sich ua gezeigt, dass die Anbieter gar keine oder nur wenig belastbare Aussagen zur realisierbaren Datenübertragungsrate machen. Der Endkunde ist nur vage davon in Kenntnis gesetzt, mit welcher Leistung er konkret rechnen kann. Auch nach Vertragsabschluss und erfolgter Schaltung bestehen keine standardisierten Prozesse, dem Endkunden aktiv einen transparenten Überblick über die Leistungsfähigkeit des konkreten Anschlusses zu bieten (http://www.bundesnetzagentur.de/cln_1911/DE/Sachgebiete/Telekommunikation/Unternehmen_Institutionen/Anbieterpflichten/Kundenschutz/TransparenzVonVertragsinhalten/TransparenzVonVertragsinhalten-node.html).

2. Mindestanforderungen

49 Was unter die „Mindestanforderungen an die Dienstqualität" fällt, lässt § 41a Abs. 2 TKG offen. Gefordert ist allein ein **Mindeststandard** der Dienstqualität. Dieser lässt sich durch technische oder funktionelle Vorgaben bestimmen. Beispiele für funktionelle Kriterien sind etwa das Verbot der Verlangsamung oder des Blockens von Anwendungen oder die Verpflichtung, den Zugang entsprechend der beworbenen Geschwindigkeit bereitzustellen (vgl. GEREK, Guidelines for Quality of Service in the scope of Net Neutrality, 29.5.2012, BoR 12 (32), 23). Ein technisches Kriterium wäre etwa die Festlegung einer bestimmten Bandbreite des Datenstromes (vgl. GEREK, Guidelines for Quality of Service in the scope of Net Neutrality, 29.5.2012, BoR 12 (32), 23). Zum Mindeststandard zählt auch die Bestimmung seines Verhältnisses zu den bepreisten Dienstklassen. Aus dieser Relation lassen sich nähere Anhaltspunkte für die Konkretisierung der Mindestanforderungen für die Dienstqualität gewinnen.

Abschnitt 5. Besondere Missbrauchsaufsicht

§ 42 Missbräuchliches Verhalten eines Unternehmens mit beträchtlicher Marktmacht

(1) ¹Ein Anbieter von Telekommunikationsdiensten, von Leistungen nach § 78 Absatz 2 Nummer 4 und 5 oder von telekommunikationsgestützten Diensten, der über beträchtliche Marktmacht verfügt, oder ein Betreiber eines öffentlichen Tele-

kommunikationsnetzes, der über beträchtliche Marktmacht verfügt, darf seine Stellung nicht missbräuchlich ausnutzen. ²Ein Missbrauch liegt insbesondere vor, wenn andere Unternehmen unmittelbar oder mittelbar unbillig behindert oder deren Wettbewerbsmöglichkeiten ohne sachlich gerechtfertigten Grund erheblich beeinträchtigt werden.

(2) Ein Missbrauch im Sinne des Absatzes 1 wird vermutet, wenn ein Unternehmen mit beträchtlicher Marktmacht sich selbst, seinen Tochter- oder Partnerunternehmen den Zugang zu seinen intern genutzten oder zu seinen am Markt angebotenen Leistungen zu günstigeren Bedingungen oder zu einer besseren Qualität ermöglicht, als es sie anderen Unternehmen bei der Nutzung der Leistung für deren Telekommunikationsdienste oder mit diesen in Zusammenhang stehenden Diensten einräumt, es sei denn, das Unternehmen weist Tatsachen nach, die die Einräumung ungünstigerer Bedingungen sachlich rechtfertigen.

(3) Ein Missbrauch im Sinne des Absatzes 1 wird auch dann vermutet, wenn ein Betreiber eines öffentlichen Telekommunikationsnetzes mit beträchtlicher Marktmacht seiner Verpflichtung aus § 22 Abs. 1 nicht nachkommt, indem die Bearbeitung von Zugangsanträgen ohne sachlichen Grund verzögert wird.

(4) ¹Auf Antrag oder von Amts wegen trifft die Bundesnetzagentur eine Entscheidung, um die missbräuchliche Ausnutzung einer marktmächtigen Stellung zu beenden. ²Dazu kann sie dem Unternehmen, das seine marktmächtige Stellung missbräuchlich ausnutzt, ein Verhalten auferlegen oder untersagen oder Verträge ganz oder teilweise für unwirksam erklären. ³Die Sätze 1 und 2 gelten entsprechend, wenn Tatsachen vorliegen, die die Annahme rechtfertigen, dass ein Unternehmen seine marktmächtige Stellung auf Endkundenmärkten missbräuchlich auszunutzen droht. ⁴Eine solche Entscheidung soll in der Regel innerhalb einer Frist von vier Monaten nach Einleitung des Verfahrens getroffen werden. ⁵Bei einer Antragstellung nach Satz 1 ist der Eingang des Antrags der Fristbeginn. ⁶Den Antrag nach Satz 1 kann jeder Anbieter von Telekommunikationsdiensten stellen, der geltend macht, in eigenen Rechten verletzt zu sein.

Mit § 42 TKG hat der nationale Gesetzgeber, über die Vorgaben des europäischen Gesetzgebers hinausgehend, ein allgemeines Instrument der Aufsicht über Anbieter mit beträchtlicher Marktmacht geschaffen. Diese Generalklausel ermöglicht der BNetzA ein Einschreiten gegen jegliche Form missbräuchlichen Verhaltens von Diensteanbietern oder Netzbetreibern (→ Rn. 11 ff.). Die Vorschrift füllt als Auffangtatbestand die Lücken, die zwischen den (weitgehend unionsrechtlich determinierten) Spezialtatbeständen verbleiben (→ Rn. 3 ff.). Im Einzelnen statuiert § 42 Abs. 1 S. 1 TKG ein allgemeines Missbrauchsverbot (→ Rn. 14), das in § 42 Abs. 1 S. 2 TKG durch die Beispieltatbestände des Behinderungsmissbrauchs nach Alt. 1 und des Beeinträchtigungsmissbrauchs nach Alt. 2 (zusammen dargestellt unter → Rn. 15 ff.) konkretisiert wird. § 42 Abs. 2 und 3 TKG formulieren Vermutungstatbestände für den Fall der Leistungsdiskriminierung (→ Rn. 31 ff.) sowie für den Fall der zögerlichen Bearbeitung von Zugangsanträgen (→ Rn. 38 f.) durch ein Unternehmen mit beträchtlicher Marktmacht. § 42 Abs. 4 TKG enthält eine umfassende Ermächtigungsgrundlage für die BNetzA und regelt Verfahrensfragen (→ Rn 40 ff.).

Übersicht

	Rn		Rn
A. Allgemeines	1	2. Verhältnis zu den Tatbeständen der Entgeltregulierung	6
B. Anwendungsbereich	3	II. Verhältnis zum allgemeinen Kartellrecht	7
I. Verhältnis zu den allgemeinen Regulierungstatbeständen des TKG	3	III. Verhältnis zum unionsrechtlichen Missbrauchsverbot	9
1. Verhältnis zu den Tatbeständen der Zugangsregulierung	5		

	Rn		Rn
C. Missbräuchliche Ausnutzung einer marktbeherrschenden Stellung (Abs. 1–3)	10	3. Unbilligkeit bzw. Fehlen eines sachlichen Grundes	21
I. Allgemeines Missbrauchsverbot (Abs. 1 S. 1)	11	III. Vermutungstatbestände (Abs. 2 und 3)	31
1. Normadressaten und Normbegünstigte	12	1. Diskriminierungsverbot (Abs. 2)	31
2. Missbräuchliches Ausnutzen einer marktbeherrschenden Stellung	14	2. Verbot der verzögernden Bearbeitung von Zugangsanträgen (Abs. 3)	38
II. Behinderungs- und Beeinträchtigungsmissbrauch (Abs. 1 S. 2)	15	D. Verfahren der besonderen Missbrauchsaufsicht (Abs. 4)	40
1. Normadressaten und Normbegünstigte	17	I. Nachträgliche Missbrauchsaufsicht (Abs. 4 S. 1, 2, 4 und 5)	41
2. Unmittelbare oder mittelbare Behinderung bzw. erhebliche Beeinträchtigung	19	II. Vorbeugende Missbrauchsaufsicht (Abs. 4 S. 3)	46

A. Allgemeines

1 Die Überschrift des Abschn. 5 ist insoweit irreführend, als § 42 TKG eine „besondere" Missbrauchsaufsicht nur im Verhältnis zum allgemeinen Kartellrecht begründet. Innerhalb der Systematik des TKG hat die Norm die Funktion einer **Generalklausel** für die allgemeine Missbrauchs- und Diskriminierungskontrolle gegenüber Anbietern mit beträchtlicher Marktmacht. Ihrer Struktur nach ist die Norm mit § 19 Abs. 1 GWB und § 32 PostG vergleichbar (vgl. BT-Drs. 15/2316, 71, wo irrtümlich § 31 PostG zitiert wird). Diese **Parallelvorschriften** können – ebenso wie die §§ 20, 32 GWB sowie § 30 EnWG – bei der Auslegung berücksichtigt werden, weil sie im jeweiligen Regulierungskontext ähnliche Funktionen erfüllen (so VG Köln MMR 2006, 263 bzgl. § 19 Abs. 4, § 20 Abs. 1 GWB (aF)). Bei der Auslegung zu berücksichtigen ist auch die **Vorgängervorschrift** des § 33 TKG 1996, auf der § 42 aufbaut (BT-Drs. 15/2316, 71) und die § 42 TKG weiterentwickelt (zu den Änderungen gegenüber § 33 TKG 1996 vgl. Heun/Heun Teil H Rn. 633).

2 Während das allgemeine Missbrauchsverbot für den TK-Sektor nicht unionsrechtlich geboten ist, soll § 42 Abs. 2 TKG der Umsetzung des Art. 10 ZRL dienen (BT-Drs. 15/2316, 71), auch wenn diese Funktion nunmehr wohl eher dem § 19 TKG zukommen dürfte (Scheuerle/Mayen/Roth TKG § 42 Rn. 3). § 42 orientiert sich eher an der allgemeinen kartellrechtlichen Missbrauchsaufsicht als an den sektorspezifischen Richtlinien. Abweichend vom allgemeinen Wettbewerbsrecht sieht § 42 Abs. 4 S. 3 TKG allerdings eine ex ante-Regulierung vor.

2.1 Seiner Funktion als Generalklausel entsprechend findet § 42 TKG nur subsidiär gegenüber den besonderen Regulierungstatbeständen des TKG Anwendung (Säcker/Gersdorf TKG § 42 Rn. 5 ff.). Gegenüber dem GWB enthält § 42 TKG eine abschließende Sonderregelung iSd § 2 Abs. 4 TKG, soweit regulierungsbedürftige Märkte nach den §§ 10, 11 TKG betroffen sind (BVerwGE 128, 305 Rn. 17 ff. = NVwZ 2007, 1321; Säcker/Gersdorf TKG § 42 Rn. 10 ff.).

B. Anwendungsbereich

I. Verhältnis zu den allgemeinen Regulierungstatbeständen des TKG

3 Einigkeit besteht darüber, dass es sich bei § 42 TKG um eine Generalklausel handelt, die im Gefüge des TKG vor allem **Auffangfunktionen** erfüllt. Dies ergibt sich aus der weiten Formulierung des § 42 TKG selbst, zum einen in personeller Hinsicht – sowohl bzgl. der Adressaten als auch bzgl. der Begünstigten –, zum anderen aber auch sachlich, indem er „jedes missbräuchliche Verhalten" der Kontrolle der BNetzA unterwirft. Die Gesetzesbegründung bezeichnet § 42 TKG als Generalklausel (BT-Drs. 15/2316, 71).

Für das Verhältnis zu anderen Regulierungsinstrumenten des TKG ergibt sich hieraus, dass **4**
§ 42 TKG nur dann, aber auch immer dann anwendbar ist, wenn keine spezielleren Vorschriften eingreifen. Dies ist in jedem Einzelfall gesondert zu prüfen. Erforderlich ist ein systematischer Abgleich der sachlichen Schutzbereiche sowie der jeweiligen Adressaten- und Begünstigtenkreise (Säcker/Gersdorf TKG § 42 Rn. 9).

1. Verhältnis zu den Tatbeständen der Zugangsregulierung

§ 25 Abs. 1 TKG räumt der BNetzA das Recht ein, Anordnungen zur Durchsetzung von **5**
Zugangsansprüchen zu erlassen. In der Gesetzesbegründung hieß es dazu, das Verfahren nach § 42 TKG sei „unabhängig" vom Verfahren nach § 25 TKG durchzuführen (BT-Drs. 15/2316, 71). Aus der Qualifizierung des § 42 TKG als Generalklausel und seiner systematischen **Subsidiarität** ergibt sich allerdings, dass § 42 TKG nur die von § 25 TKG nicht geregelten Fälle erfasst. Grundsätzlich ist § 25 TKG als speziellere Vorschrift vorrangig. Ausnahmen ergeben sich nach dem erforderlichen systematischen Abgleich der Anwendungsbereiche beider Vorschriften (→ Rn. 3 f.). Ein erster **Anwendungsfall für § 42 TKG** ergibt sich unmittelbar aus § 25 Abs. 1 iVm § 18 Abs. 2 S. 2 TKG, der § 42 Abs. 4 TKG in den Fällen des § 18 Abs. 2 S. 1 TKG für anwendbar erklärt. Weiter ist § 42 TKG anwendbar, wenn in den Fällen der §§ 22, 25 TKG Zugangsvereinbarungen nicht zustande kommen, weil deren Bearbeitung durch das Unternehmen, das über beträchtliche Marktmacht verfügt, verzögert wird; dieser Fall ist in § 42 Abs. 3 TKG spezialgesetzlich geregelt. Eine dritte Ausnahme ergibt sich aus den unterschiedlichen Adressatenkreisen beider Vorschriften: Da sich § 25 iVm §§ 21, 22 bzw. § 18 TKG nur an Betreiber öffentlicher Telekommunikationsnetze richtet, bleibt Raum für die Anwendung des § 42 TKG, wenn ein missbräuchliches Verhalten eines Anbieters von Telekommunikationsdienstleistungen, von Leistungen nach § 78 Abs. 2 Nr. 4 und 5 TKG oder von telekommunikationsgeschützten Diensten beendet werden soll. Zudem kann auf § 42 TKG zugunsten Betroffener zurückgegriffen werden, denen § 25 iVm §§ 21, 22 bzw. § 18 TKG keinen Schutz gewährt. Während § 42 TKG Betroffene jeglichen missbräuchlichen Verhaltens schützt, zählen zum Kreis der Normbegünstigten nach § 18 TKG nur Betreiber öffentlicher Telekommunikationsnetze. Die §§ 21, 22 TKG schützen – abgesehen von § 21 Abs. 2 Nr. 7 TKG – nur Anbieter von Telekommunikationsdiensten (dies folgt aus dem Zugangsbegriff des § 3 Nr. 32 TKG; der Zweck des Zugangs muss in der Erbringung von Telekommunikationsdiensten liegen). Dementsprechend ist § 42 TKG für den Netzzugang von Content-Anbietern einschlägig, soweit diese nicht zu Anbietern von Telekommunikationsdienstleistungen und damit zu Berechtigten des Schutzanspruchs nach §§ 21, 22 TKG werden (Säcker/Gersdorf, TKG, § 42 Rn. 20 f.).

2. Verhältnis zu den Tatbeständen der Entgeltregulierung

Die Entgeltregulierung wird von § 42 TKG nicht erfasst. Die §§ 30–37 und § 39 Abs. 1 **6**
TKG gehen § 42 als leges speciales vor (Spindler/Schuster/Neitzel TKG Vorb. § 42 Rn. 12; aA Holznagel/Enaux/Nienhaus, Telekommunikationsrecht, 2. Aufl. 2006, Rn. 338). Für den Bereich der nachträglichen Entgeltregulierung enthalten die §§ 27 ff. TKG (vgl. insbes. § 38 iVm § 28 TKG) Spezialvorschriften (BNetzA Beschl. v. 9.12.2008 – BK 2a-08-003; für parallele Anwendung der §§ 28 und 42 TKG, falls Leistungs- als auch Vergütungselemente beanstandet werden Beck TKG/Schütz TKG § 42 Rn. 8). § 42 TKG kommt hier nur zur Anwendung, wenn Anbieter von telekommunikationsgestützten Diensten Entgelte verlangen, die der Überprüfung bedürfen. Denn die speziellen Entgeltregulierungsvorschriften erfassen diese Anbietergruppe nicht (Säcker/Gersdorf § 42 Rn. 22; aA Spindler/Schuster/Neitzel TKG Vorb. § 42 Rn. 13 und wohl auch Fehling/Ruffert, Regulierungsrecht, 2010, 395).

II. Verhältnis zum allgemeinen Kartellrecht

Für das Verhältnis von § 42 TKG zu den §§ 19, 20 GWB enthält § 2 Abs. 4 TKG keine **7**
belastbare Aussage. Das in § 2 Abs. 4 TKG enthaltene Abgrenzungskriterium, wonach das allgemeine Kartellrecht immer dann unanwendbar ist, wenn das TKG eine ausdrücklich

abschließende Regelung enthält, ist auslegungsbedürftig, da das TKG an keiner Stelle eine explizit abschließende Regelung im formellen Sinne enthält (Beck TKG/Schuster TKG § 2 Rn. 98; Spindler/Schuster/Neitzel TKG Vorb. § 42 Rn. 2 gehen von der Möglichkeit einer ausdrücklichen Regelung aus, verneinen sie aber im Fall des § 42 TKG); Müller/Berger MMR 2005, 553 (555)). Die Gesetzesbegründung macht deutlich, dass die Abgrenzung anhand der Frage erfolgen soll, ob die für den TK-Sektor zuständige Regulierungsbehörde in der betreffenden Sachfrage im Vergleich zum BKartA als sachnähere Behörde anzusehen ist (BT-Drs. 15/2316, 71). Umstritten ist, anhand welcher **Kriterien** die **besondere Sachnähe der BNetzA** zu bestimmen ist.

7.1   Die **Rspr.** (eingehend BVerwGE 128, 305 Rn. 17 ff. = NVwZ 2007, 1321; NVwZ 2008, 84; OLG Frankfurt a. M., MMR 2008, 679 (680); VG Köln CR 2006, 239 (240) unter Abweichung von VG Köln MMR 2006, 465 (466)) und mit ihm die **herrschende Meinung** im Schrifttum (Heun/Heun Teil H Rn. 640 f.; Säcker/Gersdorf TKG § 42 Rn. 10 f.; Scheuerle/Mayen/Roth TKG § 42 Rn. 8 ff.; Spindler/Schuster/Neitzel TKG § 42 Rn. 12 f.; § Robert K&R 2006, 354 (358 f.)) sehen die BNetzA nur dann als sachnähere Behörde an, wenn in einem **vorherigen Marktdefinitions- und Marktanalyseverfahren** nach den §§ 10, 11 TKG ein regulierungsbedürftiger Markt identifiziert wurde. Ist ein solches Verfahren nicht durchgeführt worden, findet § 42 TKG danach keine Anwendung. Die wohl überholte Gegenansicht (Beck TKG/Schütz TKG § 42 Rn. 12, 30; Dahlke CR 2006, 242; Jochum N&R 2007, 174 ff.; Berger MMR 2007, 711 (712); Müller/Berger MMR 2005, 553 (555)) stellte darauf ab, ob materiell-rechtlich betrachtet ein regulierungsbedürftiger Markt vorliegt. Für diese Feststellung wird die Durchführung des Verfahrens nach den §§ 10, 11 TKG nicht für erforderlich gehalten, vielmehr sei die (ggf. inzidente) Durchführung des für § 10 Abs. 2 S. 1 TKG entwickelten Drei-Kriterien-Tests ausreichend. Die hA begründet ihre Sichtweise überzeugend mit einem systematischen Verweis auf § 9 Abs. 1 TKG, wonach der Marktregulierung nach den Vorschriften von Teil 2 des TKG (zu dem § 42 TKG gehört) nur Märkte unterliegen, für die eine Marktanalyse nach § 11 TKG bereits „ergeben hat", dass kein wirksamer Wettbewerb vorliegt. Daneben sehe § 9 Abs. 1 TKG die Durchführung einer informellen, inzidenten Überprüfung nicht vor. Für diese Abgrenzung spricht auch die Gesetzesbegründung, nach der die Missbrauchsaufsicht im TK-Sektor bei der BNetzA verbleiben soll, „soweit regulierungsbedürftige Märkte betroffen sind, die nach den §§ 10 und 11 TKG als relevante Märkte identifiziert worden sind" (BT-Drs. 15/2316, 71). Auf diesen Märkten sei die BNetzA die sachnähere Behörde, weil sie dort für die Regulierung von Zugang und Entgelten zuständig ist. Für diese Lösung spricht vor allem auch die unionsrechtlich grundierte Erwägung, dass nach Art. 8 Abs. 3 ZRL Regulierungspflichten nur auferlegt werden dürfen, wenn die marktbeherrschende Stellung eines Unternehmens förmlich festgestellt wurde; sonst würden die besonderen Verfahrensvorschriften der §§ 10, 11 TKG mit den entsprechenden Beteiligungsrechten unterlaufen.

7.2   Die **Gegenansicht** stützte sich auf § 9 Abs. 2 TKG. Diese Vorschrift verlange nicht die Durchführung des förmlichen Marktdefinitions- und Marktfeststellungsverfahrens, sondern stelle auf das Vorliegen einer beträchtlichen Marktmacht ab und sehe die Auferlegung von Regulierungsmaßnahmen nach Teil 2 zwingend vor. Dieser Pflicht könnten BNetzA und Gerichte nur dann nachkommen, wenn eine (inzidente) Überprüfung der materiellen Rechtslage nach dem für § 10 Abs. 2 S. 1 TKG entwickelten Drei-Kriterien-Test ausreichend sei. § 42 TKG setze die Durchführung eines förmlichen Verfahrens selber nicht voraus. Die Zusammenschau von § 9 und § 13 TKG ergebe, dass die ex ante-Regulierung nach diesen Vorschriften eher planerischer Natur ist, während § 42 TKG der anlass- und einzelfallbezogenen Regulierung diene (zum einzelfallbezogenen Ansatz des § 42 TKG auch VG Köln BeckRS 2007, 22187). Folge man der hM, könne diese Funktion nur dann noch erfüllt werden, wenn ein Marktdefinitions- und Marktanalyseverfahren „auf Vorrat" durchgeführt worden sei, was nicht sachgerecht und in der Praxis auch nicht üblich sei. Die ex-ante-Regulierung nach § 42 Abs. 4 S. 3 TKG werde damit teilweise entwertet. Die hM führe ua dazu, dass § 42 TKG als Anknüpfungspunkt für die Sicherstellung einer generellen diskriminierungsfreien Übertragung von Datenpaketen im Internet („Netzneutralität") ungeeignet sei, weil er nach hM nur marktbeherrschende Unternehmen auf im förmlichen Verfahren bestimmten regulierungsbedürftigen Märkten binde (Martini VerwArch, 2011, 315 (333); Schrey/Frevert MMR 2010, 596 (597 f.)).

8   Ungeachtet dieser Einwände ist der hA zuzustimmen, die mit der Durchführung des förmlichen Verfahrens nach den §§ 10, 11 TKG ein klares und rechtssicheres Kriterium für die Abgrenzung der Zuständigkeitsbereiche gefunden hat. Unabhängig von der schwindenden Bedeutung dieser Frage für die Praxis – während die Märkteempfehlung der Europäischen Kommission v. 11.2.2003 (Abl. EG L 114, 45) noch 18 Märkte als regulierungs-

bedürftig einstufte, waren es in der Empfehlung v. 17.12.2007 (Abl. EU L 344, 65) nur noch sieben – ist dieses Ergebnis schon deswegen nicht zu beanstanden, weil der Schutz des Wettbewerbs durch das BKartA nicht weniger gut erfolgen kann und effektiv bewirkt wird als durch die BNetzA. Die §§ 19, 20 GWB sind hiernach einschlägig, soweit und solange ein formelles Marktdefinitions- und Marktanalyseverfahren nach den §§ 10, 11 TKG nicht durchgeführt wurde. Wo im förmlichen Verfahren der §§ 10, 11 TKG ein regulierungsbedürftiger Markt identifiziert wurde, kommt nur die Anwendung von § 42 TKG in Betracht.

III. Verhältnis zum unionsrechtlichen Missbrauchsverbot

Das unionsrechtliche Missbrauchsverbot nach Art. 102 AEUV – und damit auch die Zuständigkeit des BKartA nach § 50 Abs. 1 GWB – bleibt von § 42 TKG unberührt (Beck TKG/Schütz TKG § 42 Rn. 19). Hier wirkt sich aus, dass § 42 TKG weithin nicht unionsrechtlich fundiert ist und somit bei systematischer Auslegung kein Zurücktreten des Art. 102 AEUV hinter die sektorspezifische TK-Regulierung anzunehmen ist. 9

C. Missbräuchliche Ausnutzung einer marktbeherrschenden Stellung (Abs. 1–3)

Das allgemeine Missbrauchsverbot in § 42 Abs. 1 S. 1 TKG wird durch zwei Beispielstatbestände in § 42 Abs. 1 S. 1 TKG konkretisiert. Die Abs. 2 und 3 enthalten Vermutungstatbestände. 10

I. Allgemeines Missbrauchsverbot (Abs. 1 S. 1)

§ 42 Abs. 1 S. 1 TKG ist innerhalb des § 42 TKG als Auffangtatbestand konzipiert, auf den zurückzugreifen ist, soweit die spezielleren Tatbestände in Abs. 1 S. 2 und Abs. 2 und 3 nicht anwendbar sind. Hinsichtlich der Normadressaten und Normbegünstigten enthält § 42 Abs. 1 S. 1 TKG teilweise Vorgaben, die auch für die spezielleren Missbrauchstatbestände maßgeblich sind. 11

1. Normadressaten und Normbegünstigte

Als **Normadressaten** werden in § 42 Abs. 1 S. 1 TKG – abschließend – die Anbieter von Telekommunikationsdiensten (§ 3 Nr. 24 TKG), von Leistungen nach § 78 Abs. 2 Nr. 4 und 5 TKG und von telekommunikationsgestützten Diensten (§ 3 Nr. 25 TKG) sowie Betreiber öffentlicher Telekommunikationsnetze (§ 3 Nr. 27 TKG) genannt. Voraussetzung ist stets, dass der Betroffene über beträchtliche Marktmacht verfügt, was in einem Marktdefinitions- und Marktanalyseverfahren nach §§ 10, 11 TKG festgestellt worden sein muss (so → Rn. 7 f.). Aktivitäten verbundener Unternehmen werden gem. § 3 Nr. 29 TKG zugerechnet (BVerwGE 128, 305 Rn. 14 = NVwZ 2007, 1321). 12

Der Kreis der **Normbegünstigten** ergibt sich aus dem sachlichen Anwendungsbereich der Norm. Da § 42 TKG jegliches missbräuchliches Verhalten erfasst, wird jeder geschützt, der von einem solchen Verhalten betroffen sein könnte (Spindler/Schuster/Neitzel TKG § 42 Rn. 10). Dies gilt nach der Gesetzesbegründung auch für den Endnutzerbereich (BT-Drs. 15/2316, 71). Dass sich die Beispielstatbestände des § 42 Abs. 1 S. 2 TKG sowie der Vermutungstatbestand des § 42 Abs. 2 TKG bzw. der Vermutungstatbestand nach § 42 Abs. 3 TKG nur auf andere Unternehmen beziehen, lässt nicht den Schluss zu, zum Kreis der Normbegünstigten des § 42 Abs. 1 S. 1 TKG könnten keine natürlichen Personen oder Endnutzer gehören. Denn als Beispiels- bzw. Vermutungstatbestände enthalten diese Vorschriften Aussagen nur für bestimmte Fallgruppen. Rückschlüsse für den allgemeinen Tatbestand des § 42 Abs. 1 S. 1 TKG lassen sich hieraus nicht ziehen. Vielmehr ist die BNetzA als sachnähere Behörde für missbräuchliches Verhalten gegenüber natürlichen Personen auf dem Endnutzermarkt immer dann zuständig, wenn ein nach den §§ 10, 11 TKG als regulierungsbedürftig identifizierter Markt vorliegt. Die Gegenansicht führt zu einer unnötigen Zuständigkeitszersplitterung (Säcker/Gersdorf TKG § 42 Rn. 26; aA Wissmann, Telekommunikationsrecht, 2. Aufl. 2005, Kap. 5 Rn. 180 f.). 13

2. Missbräuchliches Ausnutzen einer marktbeherrschenden Stellung

14 Als Auffangtatbestand ist § 42 Abs. 1 S. 1 TKG bewusst offen formuliert. Das zentrale Tatbestandsmerkmal der missbräuchlichen Ausnutzung einer marktbeherrschenden Stellung verlangt im Kern eine **einzelfallbezogene Interessenabwägung** unter Berücksichtigung der gesetzlichen Zielsetzung der Herstellung **chancengleichen und fairen Wettbewerbs** (§ 2 Abs. 2 TKG). Eine entsprechende Abwägung ist in den nachfolgenden Absätzen anhand der Tatbestandsmerkmale der Unbilligkeit (§ 42 Abs. 1 S. 2 Alt. 1 TKG) bzw. des Fehlens eines sachlich rechtfertigenden Grundes (§ 42 Abs. 1 S. 2 Alt. 2, Abs. 2 und 3 TKG) vorzunehmen (VG Köln MMR 2006, 263; BNetzA MMR 2009, 357 (358); Beschl. v. 11.11.2005 – BK 2a 04/028, 16; zur parallelen Systematik im Kartellrecht Immenga/Mestmäcker/Möschel GWBWettbR II GWB § 19 Rn. 115). Bei dem Versuch, die durchzuführende Abwägung zu konturieren, kann auf die Dogmatik und Fallgruppenbildung zu §§ 19 Abs. 4, 20 Abs. 1 GWB (aF) zurückgegriffen werden (vgl. VG Köln MMR 2006, 263; BeckRS 2006, 21749; → Rn. 1). Normzweck kann es demnach nicht sein, einem Unternehmen allein aufgrund seiner marktbeherrschenden Stellung ein bestimmtes Verhalten vorzuschreiben. Davon ausgehend, dass die Feststellung eines „Missbrauch" ein Unwerturteil enthält (Scheuerle/Mayen/Roth TKG § 42 Rn. 17), kann das Ziel nur die Unterbindung eines Verhaltens sein, das sich ein Unternehmen nur aufgrund seiner markbeherrschenden Stellung leisten kann. Das Tatbestandsmerkmal des „Ausnutzens" fordert eine Kausalität der marktbeherrschenden Stellung für das zu regulierende Verhalten. Dies gilt auch für den Fall, dass sich das Verhalten eines Unternehmens nicht auf dem regulierten, sondern auf einem Drittmarkt auswirkt (vgl. VG Köln CR 2006, 239 (241); Scheuerle/Mayen/Roth TKG § 42 Rn. 15).

14.1 Da die praktisch relevantesten Fälle in § 42 Abs. 1 S. 2, Abs. 2 und 3 TKG eine Sonderregelung erfahren haben, ist ein Rückgriff auf § 42 Abs. 1 S. 1 TKG höchst selten erforderlich. Anwendung findet er in Fällen des **Ausbeutungsmissbrauchs,** also wenn ein Unternehmen mit beträchtlicher Marktmacht Waren oder Dienstleistungen zur wettbewerbswidrigen Konditionen anbietet (vgl. Beck TKG/Schütz TKG § 42 Rn. 42).

II. Behinderungs- und Beeinträchtigungsmissbrauch (Abs. 1 S. 2)

15 § 42 Abs. 1 S. 2 TKG differenziert zwischen Behinderungs- (Alt. 1) und Beeinträchtigungsmissbrauch (Alt. 2). Gerade die Einfügung des Beeinträchtigungstatbestandes wird als Fortschritt gegenüber § 33 TKG 1996 angesehen, der die unbillige Beeinträchtigung nicht ausdrücklich verbot. Bei der Formulierung diente wiederum das allgemeine Kartellrecht als Vorbild: § 42 Abs. 1 S. 2 TKG ist erkennbar an §§ 19 Abs. 4 Nr. 1, 20 Abs. 1 GWB (aF) angelehnt, die dementsprechend bei der Auslegung Berücksichtigung finden können (VG Köln MMR 2006, 263).

16 Ob und inwiefern zwischen beiden Tatbestandsalternativen materiell-rechtliche Unterschiede bestehen, ist für die Praxis aufgrund der identischen Rechtsfolge irrelevant (vgl. BNetzA Beschl. v. 11.11.2005 – BK 2a 04/028, 16 f.). Im Ergebnis spricht vieles für einen **einheitlichen Beeinträchtigungstatbestand,** auch in Bezug auf die Merkmale der Billigkeit und des sachlichen Grundes (so auch Säcker/Gersdorf TKG § 42 Rn. 29). Dies gilt insbes. in Bezug auf die **Beweislastverteilung.** Obwohl die negative Formulierung „ohne sachlich gerechtfertigten Grund" eine Differenzierung nahelegt, wäre eine solche Sichtweise weder sachlich überzeugend, noch hielte sie einem systematischen Vergleich zum Vermutungstatbestand des Abs. 2 stand, dessen Bedeutung gerade in der Beweislastumkehr liegt (VG Köln Beschl. v. 20.11.2003 – 1 L 2474/03, 9).

1. Normadressaten und Normbegünstigte

17 Weil § 42 Abs. 1 S. 2 TKG systematisch mit S. 1 verknüpft ist und diesen konkretisiert, besteht kein Zweifel daran, dass er dieselben Adressaten verpflichtet (→ Rn. 12).

18 Geschützt werden **„andere Unternehmen",** hier also keine Endnutzer (Spindler/Schuster/Neitzel TKG § 42 Rn. 20). Dem Schutzzweck der Norm entsprechend genügt es – wie im allgemeinen Kartellrecht –, wenn nur ein anderes Unternehmen (vgl. § 14 BGB) von

dem in Frage stehenden Verhalten betroffen ist (vgl. zu § 19 GWB Immenga/Mestmäcker/Möschel GWBWettbR II GWB § 19 Rn. 111). Neben Wettbewerbern werden auf den geschützten Märkten auch Lieferanten und Abnehmer geschützt (Beck TKG/Schütz TKG § 42 Rn. 45; entsprechend zu § 19 Abs. 4 Nr. 1 GWB (aF) Langen/Bunte/Schultz GWB § 19 Rn. 134).

2. Unmittelbare oder mittelbare Behinderung bzw. erhebliche Beeinträchtigung

Die im Ausgangspunkt **wertneutral-deskriptiv** zu verstehenden (VG Köln MMR 2006, 842 (843); BNetzA MMR 2009, 357 (358)) Tatbestandsmerkmale der Behinderung (§ 42 Abs. 1 S. 2 Alt. 1 TKG) bzw. Beeinträchtigung (§ 42 Abs. 1 S. 2 Alt. 2 TKG) setzen ein Verhalten voraus, das sich nachteilig auf die wettbewerblichen Handlungsmöglichkeiten anderer Unternehmen auswirkt. Die Rspr. geht davon aus, dass eine **tatsächliche Verschlechterung** der Wettbewerbsposition eines anderen Unternehmens **nicht erforderlich** ist, vielmehr **genügt** die **Eignung** eines Verhaltens zur Herbeiführung einer solchen Verschlechterung (VG Köln MMR 2006, 263; Säcker/Gersdorf TKG § 42 Rn. 31; Spindler/Schuster/Neitzel TKG § 42 Rn. 30; aA Beck TKG/Schütz TKG § 42 Rn. 45; Scheuerle/Mayen/Roth TKG § 42 Rn. 75; Robert K&R 2005, 354 (355)). Bedeutung erlangt das Merkmal der Erheblichkeit vor allem bei der Interessenabwägung (Säcker/Gersdorf TKG § 42 Rn. 32; aA BNetzA Beschl. v. 11.11.2005 – BK 2a 04/028, 17; Scheuerle/Mayen/Roth TKG § 42 Rn. 84).

19

Das Verhalten eines Unternehmens mit beträchtlicher Marktmacht kann auch dann regulierungsbedürftig sein, wenn es lediglich **mittelbar** andere Unternehmen behindert oder beeinträchtigt. Auf die TK-Märkte übertragbar erscheint etwa das Beispiel der Bezugs- oder Verwendungsbindung für Abnehmer (vgl. BGHZ 81, 322 – Original-VW-Ersatzteile II = NJW 1982, 46; Immenga/Mestmäcker/Möschel GWBWettbR II GWB § 19 Rn. 131).

20

3. Unbilligkeit bzw. Fehlen eines sachlichen Grundes

Um die Unbilligkeit einer Behinderung bzw. das Fehlen eines sachlichen Grundes festzustellen, bedarf es – wie bei der Prüfung der missbräuchlichen Ausnutzung einer marktbeherrschenden Stellung nach § 42 Abs. 1 S. 1 TKG (→ Rn. 14) – einer **Abwägung der beiderseitigen Interessen** unter Berücksichtigung der gesetzlichen Zielsetzungen des TKG nach § 2 Abs. 2 TKG (BVerwG MMR 2008, 235 (239); BeckRS 2006, 22188). Die Feststellung der Unbilligkeit bzw. des Fehlens eines sachlichen Rechtfertigungsgrundes bedeutet ein **Unwerturteil**. Weil beide Alternativen dem allgemeinen Kartellrecht entlehnt sind, kann bei der Prüfung auf die **im Kartellrecht entwickelten Prinzipien** zurückgegriffen werden. In Fällen der Diskriminierung ist stets § 42 Abs. 2 TKG, in Fällen der verzögernden Bearbeitung von Zugangsanträgen stets § 42 Abs. 3 TKG einschlägig, da ansonsten die gesetzlich angeordnete Beweislastumkehr umgangen würde.

21

Für § 20 Abs. 1 S. 1 GWB (aF), an den § 42 Abs. 1 S. 1 Alt. 1 TKG angelehnt ist, sowie für § 19 Abs. 4 Nr. 1 GWB (aF), der § 42 Abs. 1 S. 1 Alt. 2 TKG als Vorbild diente, hat die Rspr. dem Merkmal der sachlichen Rechtfertigung durch die Herausarbeitung verschiedener **Fallgruppen** Konturen verliehen. Sofern die dort entschiedenen Konstellationen auf das TK-Recht übertragbar sind, können die entsprechenden gerichtlichen Entscheidungen Berücksichtigung finden (Beck TKG/Schütz TKG § 42 Rn. 52 ff.).

22

Ein sachlicher Grund für eine Behinderung oder Beeinträchtigung kann zunächst in der **Person des Wettbewerbers** begründet sein (Heun/Heun Teil H Rn. 180). Weist dieser nicht das erforderliche Maß an Zuverlässigkeit, Fachkunde oder Bonität auf (zu letzterem Kriterium BVerwGE 114, 160 (187 f.); OVG Münster NVwZ 2000, 697 (701)), muss es auch einem Unternehmen mit beträchtlicher Marktmacht möglich sein, seine wirtschaftlichen Interessen zu wahren. Im Kartellrecht ist beispielsweise anerkannt, dass eine dauerhafte Vertragsbeziehung von der erfolgreichen Durchführung einer Probezeit abhängig gemacht werden kann (Beck TKG/Schütz TKG § 42 Rn. 69). Dieser Fragenkreis hat an Bedeutung gewonnen, nachdem die Lizenzpflicht und damit die amtliche Überprüfung der Lizenzierungsvoraussetzungen 2004 entfallen ist (Scheuerle/Mayen/Roth TKG § 42 Rn. 32).

23

24 Beschränkungen sind auch aufgrund von **infrastrukturbedingten Kapazitätsproblemen** denkbar (OVG Münster NVwZ 2000, 697 (701)). Auf einem von Ressourcenknappheit geprägten Markt können legitimerweise auch Interessen anderer Wettbewerber und diejenigen des SMP-Unternehmens selber berücksichtigt werden. Grundsätzlich sind die vorhandenen Ressourcen nach sachgerechten Maßstäben zu verteilen. Der Deckung des Eigenbedarfs des SMP-Unternehmens darf Vorrang gegeben werden (BVerwGE 114, 160 (187 f.)). Ausgeschlossen ist ein Anspruch auf Schaffung zusätzlicher Kapazitäten (VG Köln, Urt. v. 19.10.2006 – 1 K 2982/05, S. 16 ff.; aA, aber abzulehnen Beck TKG/Schütz TKG § 42 Rn. 74 für den Fall, dass eine Kapazitätserweiterung für das SMP-Unternehmen mit wesentlich niedrigeren Kosten verbunden ist als für potentielle Wettbewerber und diese eine Kostenübernahme zusagen: Auch dann ist das SMP-Unternehmen nicht gehalten, Fremdwettbewerb zu fördern).

25 Weiter kann die **Sicherstellung der Netzintegrität** einen sachlichen Grund darstellen, also die Gewährleistung der Funktionalität des Netzes (Heun/Heun Teil H Rn. 175 ff.). Dies schließt die Vermeidung von Netzüberlastungen, die Sicherstellung der Interoperabilität der Dienste sowie eine angemessene Qualitätssicherung für die Endkunden ein (BNetzA MMR 2006, 266 (268)). Im Bereich der Übertragung von Datenpaketen sind Preis- und Qualitätsunterscheidungen zugunsten des Netzwerkmanagements sachlich gerechtfertigt, wenn sie eine gerechte Verteilung der Bandbreiten nach objektiven Kriterien auf alle Endkunden sicherstellen (Schrey/Frevert MMR 2010, 596 (598); Koenig/Visbeck MMR 2011, 443 (444 f.)). So ist es nicht zu beanstanden, die Entgelthöhe nach der Menge der übertragenen Daten zu staffeln. Nur in diesem Sinne taugt § 42 TKG zur Gewährleistung der **Netzneutralität** (s. dazu aber auch § 41a TKG).

26 Ein SMP-Unternehmen darf Wettbewerbern zudem solche Beschränkungen und Behinderungen auferlegen, die der Unterbindung **unentgeltlicher wirtschaftsfremder Nutzungen** dienen (OLG München MMR 2006, 474 (476); VG Köln, BeckRS 2006, 21749 unter Verweis auf die Wertungen der §§ 30 ff. TKG). Auch der Aspekt der kapazitätsorientierten Planungssicherheit vermag Beeinträchtigungen zu rechtfertigen (OLG München MMR 2006, 474 (476)). Erst recht gibt es keinen Anspruch auf eine unentgeltliche Ausweitung von Nutzungstatbeständen in Kabelnetzen (BNetzA Beschl. v. 9.4.2010 nach § 42 Abs. 4 TKG in Sachen Sky ./. Unitymedia).

27 Nicht zu beanstanden sind ferner **branchenübliche Rabattaktionen** (OVG Münster MMR 2004, 278), sofern sie sich nicht als gegen Dritte gerichtete Kampfpreisaktionen darstellen (Beck TKG/Schütz TKG § 42 Rn. 79). Bei **Koppelungsangeboten** ist zu prüfen, ob durch die Verknüpfung von Leistungen eine Sogwirkung entsteht, die ein Unternehmen nur aufgrund seiner beträchtlichen Marktmacht erzeugen kann (Beck TKG/Schütz TKG § 42 Rn. 85 ff.; zu leistungsbezogenen Informationspflichten des SMP-Unternehmens in diesem Zusammenhang OLG Köln CR 2006, 546). Nicht zu rechtfertigen sind **Liefersperren** oder der **Abbruch von Geschäftsbeziehungen,** wenn dem Wettbewerber ein Belieferungsanspruch zusteht (LG Frankfurt a. M. MMR 2005, 551 (553); VG Köln MMR 2006, 842 (843)).

28 Eine nicht gerechtfertigte Ungleichbehandlung liegt vor, wenn ein SMP-Unternehmen für die Voreinstellung eines Telefonkundenanschlusses auf das Verbindungsnetz eines Mitbewerbers **(Preselection)** eine schriftliche Einwilligung der Kunden verlangt, im umgekehrten Fall der Wiederherstellung der Voreinstellung auf das Verbindungsnetz des SMP-Unternehmens jedoch nicht (BGH MMR 2007, 183; großzügiger VG Köln MMR 2006, 263).

29 Ein SMP-Unternehmen darf **Auftragsdaten,** die es bei Durchführung der Preselection-Umstellung erlangt, nicht dazu nutzen, verloren gegangene Kunden zurückzugewinnen. Denn auf diese Daten kann das SMP-Unternehmen allein aufgrund seiner markbeherrschenden Stellung zugreifen. Es muss sie nicht wie seine Wettbewerber „unter Einsatz nicht unerheblicher Ressourcen durch eigene Marketingmaßnahmen" akquirieren (VG Köln MMR 2006, 263 (264)).

30 Die **Zugangsverweigerung gegenüber Contentanbietern** (zB Rundfunkveranstaltern) ist im Fall der Kapazitätsknappheit gerechtfertigt, wenn ein Kabelnetzbetreiber nur solche Inhalte einspeist, die nach seiner unternehmerischen Einschätzung die Attraktivität seines Angebots erhöhen. Eine an antizipierten Kundenwünschen orientierte Vorauswahl ist nicht wettbewerbswidrig, sondern entspricht vielmehr vernünftigem kaufmännischen und an den Regeln des Marktes orientiertem Kalkül (Säcker/Gersdorf TKG § 42 Rn. 37). Weder willkürlich noch wettbewerbswidrig ist der Ausschluss nicht zahlungsbereiter Nachfrager, eine Staffelung von Entgelten in Orientierung am wirtschaftlichen Nutzen, den ein Nachfrager aus der Verbreitung zieht oder die Bevorzugung von Nachfragern, die höhere Entgelte zu zahlen bereit sind.

III. Vermutungstatbestände (Abs. 2 und 3)
1. Diskriminierungsverbot (Abs. 2)

§ 42 Abs. 2 TKG dient der Umsetzung von Art. 10 ZRL (→ Rn. 2). Der Kreis der **31 Normadressaten** ist dem Wortlaut nach („Unternehmen mit beträchtlicher Marktmacht") weiter gefasst als in Abs. 1; doch ergibt sich aus der Bezugnahme auf § 42 Abs. 1 TKG, dass dieselben Adressaten verpflichtet werden sollen. Als **Normbegünstigte** kommen nach dem Wortlaut „andere Unternehmen" in Betracht, die Telekommunikationsdienste oder mit Telekommunikationsdiensten in Zusammenhang stehende Dienste anbieten. Aus der Entstehungsgeschichte der Norm ergibt sich, dass es sich um Wettbewerber des SMP-Unternehmens handeln muss. Der Schutz sonstiger Unternehmen wie Lieferanten oder Abnehmer wird über § 42 Abs. 1 S. 1 TKG sichergestellt (Scheuerle/Mayen/Roth TKG § 42 Rn. 44 ff.; Beck TKG/Schütz TKG § 42 Rn. 101; aA wohl Säcker/Gersdorf TKG § 42 Rn. 38).

Von zentraler Bedeutung für die Norm ist der Begriff der **intern genutzten** oder **extern 32 am Markt angebotenen Leistung.** § 42 knüpft dabei an den von der Rspr. konturierten Leistungsbegriff des § 33 TKG 1996 an, beseitigt aber einige frühere Unklarheiten zugunsten eines weit verstandenen Leistungsbegriffs (Nachweise zur alten Rechtslage in Beck TKG/ Schütz TKG § 42 Rn. 109). Demnach ist unter einer Leistung ein von einem Unternehmen oder seinem Rechtsvorgänger durch Einsatz eigener Ressourcen geschaffenes oder erworbenes Vorprodukt auf niedrigerer betrieblicher Wertschöpfungsebene zur Erbringung von Telekommunikationsleistungen oder mit diesem in Zusammenhang stehenden Diensten gemeint (vgl. OVG Münster NVwZ 2000, 697 (699)). Der Leistungsbegriff ist nicht auf Telekommunikationsdienste iSd § 3 Nr. 24 TKG beschränkt und erfasst insbes. auch **Vorprodukte,** die ein SMP-Unternehmen nutzt oder anbietet (VG Köln BeckRS 2006, 21749; Spindler/ Schuster/Neitzel TKG § 42 Rn. 38). Ausreichend ist ein funktionaler Zusammenhang zwischen Vor- und Endprodukt, dh es ist nicht erforderlich, dass das Vorprodukt objektiv benötigt wird, damit das Endprodukt angeboten werden kann (so bereits BVerwG, MMR 2004, 847 (849); Scheuerle/Mayen/Roth TKG § 42 Rn. 43). Höchstrichterlich geklärt ist auch, dass Leistungen eines SMP-Unternehmens, die das nachfragende Unternehmen nicht zur Erbringung eigener Dienstleistungen, sondern lediglich zur erfolgreichen Werbung für seine Produkte nutzen möchte, nicht von dem Diskriminierungsverbot des § 42 Abs. 2 TKG erfasst werden (BVerwG NVwZ 2013, 799 (800 f.)). Dies ergibt sich bereits eindeutig aus dem Wortlaut („für deren Telekommunikationsdienste oder mit diesen in Zusammenhang stehenden Diensten") der Vorschrift.

Abweichend von § 33 TKG 1996 fallen unter den Begriff der Leistung **nicht nur 33 „wesentliche" Leistungen** iSd „essential facilities doctrine" (zur früheren Rechtslage J. Wimmer, Diss. Regensburg), also nicht etwa nur solche Leistungen eines SMP-Unternehmens, ohne die Telekommunikationsdienstleistungen für die Öffentlichkeit von Wettbewerbern objektiv nicht sinnvoll erbracht werden können (BVerwG NVwZ 2013, 799 (800); Beck TKG/Schütz TKG § 42 Rn. 111; Säcker/Gersdorf TKG § 42 Rn. 41; Spindler/ Schuster/Neitzel TKG § 42 Rn. 37). Die entsprechende Beschränkung in § 33 TKG 1996 („soweit sie wesentlich sind"), wurde bei der Neufassung des § 42 Abs. 2 TKG gestrichen.

§ 42 Abs. 2 TKG erstreckt sich sowohl auf am Markt angebotene als auch auf nur intern **34** genutzte Leistungen. Die Norm geht in Bezug auf letztere über das allgemeine Kartellrecht hinaus. Eine interne Leistung liegt unabhängig von einer tatsächlichen Nutzung bereits dann vor, wenn sie funktional abgrenzbar ist, unternehmens- oder konzernintern (vgl. § 3 Nr. 29 TKG) zur Verfügung steht und somit ohne weiteres in die Wertschöpfungskette eines Wettbewerbers integriert werden könnte (BVerwGE 114, 160 (184); BGH CR 2007, 159). Die

Definitionshoheit liegt insofern allein beim erkennenden Gericht, nicht beim SMP-Unternehmen, weil ansonsten die Zielsetzung des Missbrauchstatbestandes unterlaufen würde (Beck TKG/Schütz TKG § 42 Rn. 103 ff.).

35 Der Zugang zu der fraglichen Leistung darf (intern) weder zu günstigeren Bedingungen noch zu einer besseren Qualität ermöglicht werden. Während sich **„Qualität"** auf technische Nutzungsmerkmale bezieht, sind mit **„Bedingungen"** die betriebswirtschaftlichen Rahmenfestsetzungen gemeint (Scheuerle/Mayen/Roth TKG § 42 Rn. 58; Heun/Heun Teil H Rn. 666). Nach § 42 Abs. 2 TKG ist ein SMP-Unternehmen zu einer formalen Gleichbehandlung anderer Unternehmen verpflichtet, es sei denn, eine Ungleichbehandlung hat „ihren Grund in den allgemeinen Prämissen des TKG und dem ihm zu Grunde liegenden Regulierungskonzept" (BVerwG MMR 2004, 398 (399)), was bspw. dann der Fall ist, wenn ein SMP-Unternehmen ein Entgelt verlangt, welches ihm nach den Entgeltregulierungsvorschriften zusteht.

36 Uneinigkeit besteht, ob § 42 Abs. 2 TKG auch Fälle der **Zugangsverweigerung** erfasst, bei denen die Weitergabe interner Leistungen gänzlich verweigert wird. Mit dem begrifflichen Argument, der Wortlaut laute „bei Nutzung der Leistung", wird dies verneint (Scheuerle/Mayen/Roth TKG § 42 Rn. 51 ff.) und gesetzessystematisch darauf hingewiesen, der Leistungszugang als solcher sei in § 25 iVm §§ 18, 21 f. TKG geregelt. § 42 TKG kann jedoch auch in Fällen der Zugangsverweigerung zum Schließen von Schutzlücken dienen, wenn ein Fall der Diskriminierung vorliegt.

36.1 Auch dann sind jedoch zur Vermeidung von Wertungswidersprüchen bei der Interessenabwägung die Kriterien des § 21 Abs. 1 S. 2 TKG, die auf einen angemessenen Ausgleich zwischen den Belangen eines funktionierenden Wettbewerbs einerseits und Förderung von Investitionen in die Infrastruktur andererseits abzielen, zu berücksichtigen (Säcker/Gersdorf TKG § 42 Rn. 45).

37 Liegen die Voraussetzungen des § 42 Abs. 2 TKG vor, wird ein Missbrauch iSd § 42 Abs. 1 TKG vermutet. Für das Vorliegen sachlicher Rechtfertigungsgründe ist dann das objektiv ungleich behandelnde SMP-Unternehmen beweislastpflichtig (Spindler/Schuster/Neitzel TKG § 42 Rn. 46 f.). Inhaltlich gelten die gleichen Maßstäbe wie bei den Tatbestandsmerkmalen der Missbräuchlichkeit nach § 42 Abs. 1 S. 1 TKG oder der Unbilligkeit nach § 42 Abs. 1 S. 2 TKG.

2. Verbot der verzögernden Bearbeitung von Zugangsanträgen (Abs. 3)

38 § 42 Abs. 3 TKG enthält eine Missbrauchsvermutung für den Fall verzögernder Bearbeitung von Zugangsanträgen. Eine Verzögerung liegt vor, wenn die Bearbeitung eines Antrages nicht unverzüglich erfolgt, dh ohne schuldhaftes Zögern (vgl. § 121 Abs. 1 S. 1 BGB). Die Vorwerfbarkeit des Zögerns ist nach objektivierten normativen Maßstäben unter Einbeziehung des Gesichtspunkts der Organisationsanforderungen an das SMP-Unternehmen zu prüfen, hängt also nicht etwa von einem individuellen Verschulden des Sachbearbeiters ab. Die Dreimonatsfrist nach § 22 Abs. 1 TKG stellt eine absolute Höchstfrist dar. Welche Frist im Einzelfall einzuhalten ist, ergibt sich namentlich aus einer vergleichenden Betrachtung zu den üblichen Bearbeitungszeiträumen bei Anträgen anderer Nachfrager oder eigener Tochterunternehmen oder eigener Unternehmenssparten (BT-Drs. 15/2316, 71; Spindler/Schuster/Neitzel TKG § 42 Rn. 32).

39 § 42 Abs. 3 TKG knüpft an § 22 Abs. 1 TKG an und setzt eine vollziehbare Zugangsverpflichtung voraus (Beck TKG/Schütz TKG § 42 Rn. 135). Das verzögernde SMP-Unternehmen kann sachliche Gründe für die Verzögerung benennen, ist insofern aber darlegungs- und beweispflichtig.

D. Verfahren der besonderen Missbrauchsaufsicht (Abs. 4)

40 Im Rahmen des § 42 Abs. 4 TKG ist zwischen der nachträglichen und der vorbeugenden Missbrauchsaufsicht zu unterscheiden.

I. Nachträgliche Missbrauchsaufsicht (Abs. 4 S. 1, 2, 4 und 5)

§ 42 Abs. 4 S. 1 TKG eröffnet der BNetzA die Möglichkeit, sowohl auf Antrag (vgl. § 42 Abs. 4 S. 6 TKG) als auch von Amts wegen Regulierungsanordnungen zu erlassen. Dabei kann sie einem SMP-Unternehmen ein Verhalten auferlegen (Spindler/Schuster/Neitzel TKG § 42 Rn. 51) oder untersagen oder Verträge ganz oder teilweise für unwirksam erklären (§ 42 Abs. 4 S. 2 TKG). § 42 Abs. 4 S. 1 TKG ermöglicht aber nicht die Anordnung solcher Maßnahmen, die nach den einschlägigen speziellen Anordnungsbefugnissen der allgemeinen Regulierungstatbestände des TKG nicht angeordnet werden dürften (vgl. zur parallelen Konstellation im AEG OVG Münster DVBl. 2012, 1032 (1033)). Eine Entscheidung soll nach § 42 Abs. 4 S. 4 TKG in der Regel innerhalb einer Frist von vier Monaten nach Einleitung des Verfahrens fallen. Wird das Verfahren durch Antrag nach § 42 Abs. 4 S. 1 TKG eingeleitet, ist für den Verfahrensbeginn der Eingang des Antrags maßgeblich (§ 42 Abs. 4 S. 5 TKG). Erlässt die BNetzA die beantragte Missbrauchsverfügung nicht, steht den vom möglichen Missbrauch betroffenen Unternehmen der Verwaltungsrechtsweg nach § 42 Abs. 2 VwGO aufgrund des **drittschützenden Charakters** des § 42 Abs. 1 TKG offen (so BVerwGE 128, 305 Rn. 10 = NVwZ 2007, 1321 in Bezug „andere Unternehmen" iSd § 42 Abs. 1 S. 2 TKG; Spindler/Schuster/Neitzel TKG § 42 Rn. 3, 60).

41

Antragsberechtigt ist nach § 42 Abs. 4 S. 6 TKG jeder Anbieter von Telekommunikationsdiensten, der geltend macht, in eigenen Rechten verletzt zu sein (vgl. § 42 Abs. 2 VwGO). Die enge Fassung des Kreises der Antragsberechtigten erstaunt angesichts des weiten Kreises derjenigen, die nach § 42 Abs. 1 TKG materiell begünstigt werden (s. o. Rn.). Diese **Inkongruenz** ist nicht nur rechtspolitisch diskutabel (Säcker/Gersdorf TKG § 42 Rn. 65), sondern wirft vor dem Hintergrund von Art. 3 Abs. 1 GG auch verfassungsrechtliche Fragen auf.

42

> Schlicht von einem Redaktionsversehen auszugehen (Heun/Heun Teil H Rn. 684), erscheint zweifelhaft, wollte der Gesetzgeber den Kreis der Antragsberechtigten doch bewusst eng halten (vgl. Scheuerle/Mayen/Roth TKG § 42 Rn. 104). Zwar ist es verfassungsrechtlich nicht zwingend geboten, diejenigen, zu deren Gunsten nach materieller Rechtslage behördliche Eingriffsbefugnisse bestehen, notwendig mittels eigener Verfahrensrechte an dieser Aufsicht zu beteiligen (so Scheuerle/Mayen/Roth TKG § 42 Rn. 104 unter Verweis auf BVerfGE 114, 73 (103)). Das Problem liegt aber darin, dass einer Gruppe von Berechtigten Antragsrechte gewährt werden, während anderen diese Rechte vorenthalten werden. Es handelt sich mithin um ein Problem **verfahrensrechtlicher Ungleichbehandlung**, nicht um eine Frage der Verletzung verfassungsrechtlicher Schutzpflichten (so die Konstellation in BVerfGE 114, 73 (103)). Anders als die nach § 42 Abs. 4 S. 6 TKG Antragsberechtigten werden sonstige Betroffene genötigt, sofort Klage zu erheben, wenn sie eine rechtliche Überprüfung durch eine staatliche Stelle anstreben. Die Beschränkung des Kreises der Antragsberechtigten betrifft aber jedenfalls nur das Verwaltungsverfahren und hat keine Auswirkungen auf die Klageberechtigung nach § 42 Abs. 2 VwGO (BVerwGE 128, 305 Rn. 11 = NVwZ 2007, 1321). Die Auswirkungen der Ungleichbehandlung werden jedoch zumindest dadurch gemildert, dass anstelle eines förmlichen Antrags immer auch eine formlose Beschwerde, verbunden mit der Aufforderung zu einem Einschreiten von Amts wegen, möglich ist und bei Ausbleiben eines behördlichen Einschreitens, das von einer Bewertung der materiellen Lage und nicht vom Vorliegen eines formalen Antrags abhängen wird, eine Untätigkeitsklage beim Verwaltungsgericht möglich ist, wenn die Möglichkeit der Verletzung einer subjektiven Rechtsposition dargetan werden kann.

42.1

Verfassungsrechtlich problematisch ist auch die unterschiedliche Ausgestaltung der Antragsrechte in den Bereichen der besonderen und der allgemeinen Missbrauchskontrolle. Während nach § 42 Abs. 4 S. 1 und 6 TKG den Anbietern von Telekommunikationsdiensten entsprechende Antragsrechte gewährt werden, fehlen entsprechende Antragsrechte im Zugangs- oder Entgeltregulierungsbereich. Diese Ungleichbehandlung stellt das Ergebnis eines Kompromisses zwischen Bundesregierung und Bundesrat dar (BVerwGE 128, 305 Rn. 11 = NVwZ 2007, 1321; Säcker/Gersdorf TKG § 42 Rn. 63); daher scheidet eine Angleichung durch einen Analogieschluss aus. Indes unterscheiden sich die jeweiligen Sachverhalte, insofern im Bereich der Zugangs- und Entgeltregulierung die BNetzA eine Beobachtungspflicht trifft (vgl. Scheuerle/Mayen/Roth TKG § 42 Rn. 107) und Missbrauch recht leicht erkennbar ist, so dass ein förmliches Antragsrecht eher entbehrlich scheint, als im Anwendungsbereich des § 42 TKG, wo die Möglichkeit, die BNetzA förmlich mit einem

43

TKG § 43   V. Medienwirtschaft

Sachverhalt zu befassen dringlicher erscheint, um eine angemessen vertiefte Prüfung verfahrensrechtlich sicherzustellen.

44 Soweit § 18 Abs. 2 S. 2 TKG auf § 42 Abs. 4 TKG verweist, bedeutet dies nicht, dass Anbietern von Telekommunikationsdiensten ein Antragsrecht für Verfügungen nach § 18 Abs. 1 S. 1 TKG zustünde. Zum einen spricht der Zweck des § 18 Abs. 2 S. 1 TKG, der sich nur auf nachfragende Betreiber öffentlicher Telekommunikationsnetze bezieht, gegen eine solche Auslegung. Zum anderen lässt auch die Entstehungsgeschichte des § 18 Abs. 2 S. 2 TKG ein Antragsrecht unplausibel erscheinen: Der Verweis des § 18 Abs. 2 S. 2 TKG auf § 42 Abs. 4 TKG war bereits in dem Gesetzesentwurf enthalten, der ein Antragsrecht nach § 42 Abs. 4 S. 6 TKG noch gar nicht vorsah. Dies sollte durch die spätere Kompromisslösung nicht geändert werden (Säcker/Gersdorf TKG § 42 Rn. 67).

45 Liegen die Voraussetzungen für ein Tätigwerden vor, steht der BNetzA nach dem Wortlaut des § 42 Abs. 4 S. 1 („trifft") und 2 („kann") TKG kein Entschließungs-, sondern **nur ein Auswahlermessen zu** (Heun/Heun Teil H Rn. 689; Beck TKG/Schütz TKG § 42 Rn. 152 f.; aA Scheuerle/Mayen/Roth TKG § 42 Rn. 122 f.).

II. Vorbeugende Missbrauchsaufsicht (Abs. 4 S. 3)

46 § 42 Abs. 4 S. 3 TKG „stellt klar" (so die Gesetzesbegründung, BT-Drs. 16/2581, 24), dass die BNetzA zu **präventivem** Einschreiten befugt sein soll, wenn Tatsachen die Annahme rechtfertigen, dass ein Unternehmen seine beträchtliche Marktmacht auf Endkundenmärkten auszunutzen droht. § 42 Abs. 4 S. 3 TKG wurde zugleich mit Blick auf Art. 17 Abs. 2 URL eingefügt (BT-Drs. 16/2581, 24).

47 Zentrale materiell-rechtliche Voraussetzung für ein Tätigwerden der BNetzA ist das Vorliegen von Tatsachen, die die Annahme der missbräuchlichen Ausnutzung einer marktbeherrschenden Stellung rechtfertigen. Insofern sind strenge Anforderungen zu stellen (Wissmann, Telekommunikationsrecht, 2. Aufl. 2005, Kap. 5 Rn. 204). Jeder Entschluss der BNetzA zu einem präventiven Tätigwerden muss auf konkrete Tatsachen zurückzuführen (BT-Drs. 16/2581, 24) und entsprechend nachvollziehbar sein. Darüber hinaus wird man die Grundregel aufstellen können, dass ein Tätigkeitwerden umso eher angebracht ist, je gewichtiger die betroffenen Schutzgüter sind (BNetzA Beschl. v. 17.4.2007 – BK 3b-06–013 und -015/R, 14). Erforderlich ist auch hier stets eine Abwägung im Einzelfall.

48 Zweifelhaft ist, ob auf Grundlage des § 42 Abs. 4 TKG auch **Transparenzanordnungen** erlassen werden können. Der insoweit offene Wortlaut des § 42 Abs. 4 S. 3 iVm S. 1 und 2 TKG schließt dies nicht aus. Dass der Erlass von Transparenzanordnungen im Bereich der Zugangsregulierung ausdrücklich vorgesehen ist (§ 20 Abs. 1 TKG), steht dem nicht von vornherein entgegen (zweifelnd Säcker/Gersdorf TKG § 42 Rn. 58 f., dessen Kritik der analogen Anwendung des § 20 Abs. 1 iRd Abs. 4 S. 3 TKG, wie sie die BNetzA befürwortet (vgl. BNetzA Beschl. v. 17.4.2007 – BK 3b-06–013 und -015/R; Beschl. v. 17.4.2007 – BK 3b-06–014/R; Beschl. v. 17.4.2007 – BK 3b-06–017/R), beizupflichten ist). Aus der Tatsache, dass der Erlass von Transparenzanordnungen in anderem Kontext explizit zugelassen wird, lässt sich nicht im Umkehrschluss folgern, dies müsse auch iRd § 42 TKG so sein (VG Köln, BeckRS 2009, 33163, stützt die Transparenzanordnung ausschließlich auf § 42 Abs. 4 S. 3 TKG). Dem Gesetzgeber steht es frei, behördliche Befugnisse auch durch offene und entsprechend flexible Ermächtigungsgrundlagen zuzulassen.

§ 43 Vorteilsabschöpfung durch die Bundesnetzagentur

(1) Hat ein Unternehmen gegen eine Verfügung der Bundesnetzagentur nach § 42 Abs. 4 oder vorsätzlich oder fahrlässig gegen eine Vorschrift dieses Gesetzes verstoßen und dadurch einen wirtschaftlichen Vorteil erlangt, soll die Bundesnetzagentur die Abschöpfung des wirtschaftlichen Vorteils anordnen und dem Unternehmen die Zahlung eines entsprechenden Geldbetrags auferlegen.

(2) [1]Absatz 1 gilt nicht, sofern der wirtschaftliche Vorteil durch Schadensersatzleistungen oder durch die Verhängung oder die Anordnung des Verfalls ausgeglichen ist. [2]Soweit das Unternehmen Leistungen nach Satz 1 erst nach der Vorteils-

abschöpfung erbringt, ist der abgeführte Geldbetrag in Höhe der nachgewiesenen Zahlungen an das Unternehmen zurückzuerstatten.

(3) ¹Wäre die Durchführung einer Vorteilsabschöpfung eine unbillige Härte, soll die Anordnung auf einen angemessenen Geldbetrag beschränkt werden oder ganz unterbleiben. ²Sie soll auch unterbleiben, wenn der wirtschaftliche Vorteil gering ist.

(4) ¹Die Höhe des wirtschaftlichen Vorteils kann geschätzt werden. ²Der abzuführende Geldbetrag ist zahlenmäßig zu bestimmen.

(5) Die Vorteilsabschöpfung kann nur innerhalb einer Frist von fünf Jahren seit Beendigung der Zuwiderhandlung und längstens für einen Zeitraum von fünf Jahren angeordnet werden.

§ 43 TKG ermöglicht die Abschöpfung wirtschaftlicher Vorteile, die ein Unternehmen erlangt, indem es gegen eine Anordnung der BNetzA oder gegen eine Vorschrift des TKG verstößt. Die Vorschrift verfolgt sowohl repressive als auch präventive Zwecke (→ Rn. 1). § 43 Abs. 1 regelt die Voraussetzungen der Vorteilsabschöpfung, wobei Alt. 1 (→ Rn. 3 ff.) und Alt.2 (→ Rn. 8 ff.) selbständige Tatbestände mit jeweils unterschiedlichen Tatbestandsvoraussetzungen und Rechtsfolgen darstellen. Die Vorteilsabschöpfung erfolgt durch Anordnung der BNetzA (→ Rn. 11). Die Grundsätze der Vorteilsabschöpfung werden in den nachfolgenden Absätzen geregelt (→ Rn. 12 f.). § 43 Abs. 2 und 3 TKG enthält Regelungen für Konstellationen, in denen die Vorteilsabschöpfung zu begrenzen ist oder gänzlich entfällt (→ Rn. 14 ff.).

A. Allgemeines

§ 43 TKG soll sicherstellen, dass ein Unternehmen den aus einer rechtswidrigen Handlung erlangten Vorteil nicht einfach behalten kann (Heun/Heun Teil H Rn. 699). Dieser Zweck soll durch eine Vorteilsabschöpfung verwirklicht werden, die neben einer fallbezogen **repressiven** auch eine **generalpräventive** Funktion erfüllt, indem der ökonomische Anreiz für den Missbrauch einer marktbeherrschenden Stellung vermindert wird. Die Vorschrift ist § 34 GWB 1998 nachgebildet (BT-Drs. 15/2316, 72). § 43 TKG soll nicht den Charakter einer Straf- oder Bußgeldvorschrift haben, sondern ein spezifisch verwaltungsrechtliches Instrument darstellen (vgl. die Gesetzesbegründung zu § 34 GWB 1998, BR-Drs. 441/04, 95). 1

Gemeinschaftsrechtlich nicht vorgegeben, wurde § 43 TKG im Zuge der TKG-Novelle 2004 eingefügt. Die Gesetzesfassung stellt einen Kompromiss zwischen den Positionen von Bundesregierung und Bundesrat dar: Der Bundesrat befürwortete eine sektorspezifisch strengere Variante des § 43 TKG (vgl. BT-Drs. 15/2316, 115 f.) und konnte immerhin erreichen, dass § 43 Abs. 1 TKG von einer „Kann-" in eine „Soll-" Vorschrift umgewandelt wurde. Im Übrigen setzte sich die Bundesregierung mit ihrem Ziel durch, § 43 TKG weitest möglich an § 34 GWB 1998 anzupassen (ausführlich Säcker/Gersdorf TKG § 43 Rn. 3 ff.). 2

B. Tatbestandsvoraussetzungen (Abs. 1)
I. Verstoß gegen eine Verfügung der BNetzA (Abs. 1 Alt. 1)

Nach § 43 Abs. 1 S. 1 Alt. 1 TKG ist ein wirtschaftlicher Vorteil abzuschöpfen, wenn ein Unternehmen gegen eine Verfügung der BNetzA nach § 42 Abs. 4 TKG verstößt. Im Unterschied zu § 34 GWB wird insoweit **kein Verschulden** gefordert, was angesichts der Sorgfaltsanforderungen nach dem GWB indes praktisch keinen großen Unterschied bedeutet. Anders als bei § 43 Abs. 1 Alt. 2 TKG ergibt sich aus dem Verweis auf § 42 Abs. 4 TKG, dass Normadressat nur ein Unternehmen mit beträchtlicher Marktmacht sein kann. 3

Den wirtschaftlichen Vorteil muss das SMP-Unternehmen „dadurch", also **adäquat-kausal** aus dem Verstoß gegen die Verfügung der BNetzA erlangt haben. Aus diesem Kausalitätserfordernis ergibt sich, dass der wirtschaftliche Vorteil erst ab dem Zeitpunkt der Zustellung der Verfügung der BNetzA abgeschöpft werden kann (Säcker/Gersdorf TKG § 43 Rn. 15). In diesem Sinne wurde die Frage in der ursprünglichen, vom Bundestag 4 verabschiedeten Fassung noch ausdrücklich geregelt (vgl. BR-Drs. 200/04, 18). Wirtschaftliche Vorteile, die vor der Zustellung der Anordnungsverfügung erlangt wurden, können daher nicht nach § 43 Abs. 1 Alt. 1 TKG abgeschöpft werden.

5 Denkbar wäre allerdings, den **wirtschaftlichen Vorteil** aus der Zeit vor der Zustellung **auf Grundlage der zweiten Alternative** von § 43 Abs. 1 Abs. 1 TKG **abzuschöpfen.**
Gegen einen solchen Rückgriff spräche es, wenn die Problematik in § 43 Abs. 1 Alt. 1 TKG abschließend geregelt wäre. Nimmt man dies an, wäre ein Rückgriff auf § 43 Abs. 1 Alt. 2 ausgeschlossen, da § 43 Abs. 1Alt. 1 TKG ansonsten überflüssig wäre und einen Unterfall von § 43 Abs. 1 Alt. 2 TKG regeln würde. Zudem wäre es rechtsstaatlich bedenklich, die in § 43 Abs. 1Alt. 1 TKG enthaltene zeitliche Haftungsbegrenzung durch Rückgriff auf § 43 Abs. 1 Alt. 2 TKG zu umgehen. § 43 Abs. 1 Alt. 1 TKG enthält nach dieser Lesart eine abschließende Sonderregelung für den Bereich der allgemeinen Missbrauchskontrolle nach § 42 TKG (Säcker/Gersdorf TKG § 43 Rn. 16).

6 Gegen die These, § 43 Abs. 1 Alt. 1 TKG sei eine abschließende Spezialregelung, spricht jedoch, dass sich § 43 Abs. 1 Alt. 2 von Alt. 1 TKG durch das Erfordernis des Verschuldens unterscheidet. Es handelt sich damit um zwei selbständige Tatbestandsalternativen mit unterschiedlichen Voraussetzungen und unterschiedlichen Rechtsfolgen. Im ersten Fall wird der „Verwaltungsungehorsam" geahndet, gegen eine (vollziehbare) Anordnung der BNetzA zu verstoßen, im zweiten Fall unabhängig von einer solchen Aktualisierung gesetzlicher Verpflichtungen durch die BNetzA bereits der schuldhafte Gesetzesverstoß. Der Aspekt des Verschuldens rechtfertigt es auch nach dem Maßstab des allgemeinen Gleichheitssatzes, den Zeitpunkt für die Vorteilsabschöpfung vorzuziehen. Auch nach allgemeinem Zivilrecht beginnt die Haftung mit dem Eintritt des schädigenden Ereignisses (vgl. BeckOK BGB/Schubert BGB § 249 Rn. 56). Darüber hinaus ist die Zulässigkeit eines Rückgriffs auf § 43 Abs. 1 Alt. 2 TKG anerkannt, wenn die BNetzA auf den Erlass einer Verfügung nach § 42 Abs. 4 TKG verzichtet (dazu auch noch sogleich → Rn. 9). Mit der These, dass § 43 Abs. 1 Alt. 1 TKG eine abschließende Sonderregelung enthält, ist dieses Ergebnis kaum vereinbar.

7 Hiernach gilt richtigerweise eine (sachgerechte) **Aufspaltung der Vorteilsabschöpfung:** Vom Zeitpunkt des Gesetzesverstoßes an bis zur Zustellung einer Verfügung der BNetzA kann der Vorteil nach § 43 Abs. 1 Alt. 2 TKG nur dann abgeschöpft werden, wenn der Verstoß schuldhaft erfolgt. Ab der Zustellung der Verfügung durch die BNetzA ist eine Abschöpfung verschuldensunabhängig nach § 43 Abs. 1 Alt. 1 TKG möglich.

II. Schuldhafter Verstoß gegen Vorschriften des TKG (Abs. 1 Alt. 2)

8 Der **Anwendungsbereich** der Vorteilsabschöpfung nach § 43 Abs. 1 Alt. 2 TKG ist im Vergleich zur § 43 Abs. 1 Alt. 1 TKG einerseits enger und andererseits weiter: enger, weil er im Gegensatz zu § 43 Abs. 1 Alt. 1 TKG Verschulden voraussetzt (→ Rn. 6); weiter, weil er Verstöße gegen jede TKG-Vorschrift erfasst und anders als § 43 Abs. 1 Alt. 1 TKG (→ Rn. 3) nicht nur Unternehmen mit beträchtlicher Marktmacht trifft.

9 Die Frage, ob ein Rückgriff auf § 43 Abs. 1 Alt. 2 TKG möglich ist, wenn der BNetzA eine Anordnungsbefugnis durch das TKG eingeräumt wird, sie von dieser Befugnis aber (in rechtswidriger Weise) keinen Gebrauch macht, lässt sich hiernach so beantworten, dass § 43 Abs. 1 Alt. 2 TKG die insoweit bestehende Lücke schließt. Als eigenständige Tatbestandsalternative steht § 43 Abs. 1 Alt. 2 neben Alt. 1 TKG, so dass es sich nicht um einen „Rückgriff", sondern um die Prüfung einer eigenständigen Tatbestandsalternative handelt. Probleme mit der Begründung dieses angemessenen Ergebnisses hat die Gegenauffassung, wonach § 43 Abs. 1 Alt. 1 TKG als abschließende Sonderregelung einzuordnen sei (→ Rn. 6). Aber auch dann sprechen die besseren Argumente dafür, den Erlass einer Verfügung durch die BNetzA – ausnahmsweise – nicht für zwingend erforderlich zu halten. Denn zunächst ist eine Verfügung nach dem Wortlaut der Vorschrift nicht erforderlich. Darüber hinaus entspricht es dem Willen des Gesetzgebers, den Anwendungsbereich der Vorteilsabschöpfung über den Fall der Zuwiderhandlung gegen Verfügungen der BNetzA hinaus auf jedweden Verstoß gegen Vorschriften des TKG auszuweiten (vgl. die Begründung der Bundesregierung zur Änderung des § 34 GWB, BR-Drs. 441/04, 95, der dem § 43 TKG als Vorbild diente; Säcker/Gersdorf TKG § 43 Rn. 19). Schließlich würde das benachteiligte Unternehmen doppelt bestraft, wenn es aufgrund der Untätigkeit der BNetzA wirtschaftliche Nachteile zu tragen hätte.

Eine verfassungsrechtlich nicht zu rechtfertigende Ungleichbehandlung würde sich daraus ergeben, dass Unternehmen, die gegen eine Verfügung der BNetzA verstoßen, gegenüber Unternehmen, die gegen Vorschriften des TKG verstoßen, privilegiert werden. Eine solche Ungleichbehandlung ist nach der hier vertretenen Auslegung aber gar nicht gegeben, weil § 43 Abs. 1 Alt. 2 TKG selbständig neben § 43 Abs. 1 Alt. 1 TKG anwendbar ist und die Lücke schließt, die § 43 Abs. 1 Alt. 1 TKG hinterlässt, soweit nur ein schuldhafter Gesetzesverstoß gegeben ist.

C. Rechtsfolgen

I. Anordnung (Abs. 1, 4 und 5)

Das Instrument der Vorteilsabschöpfung dient der Abschöpfung aller wirtschaftlichen Vorteile, die sich aus dem Verstoß gegen eine (rechtmäßige) Verfügung der BNetzA oder gegen Vorschriften des TKG ergeben. Die Anordnung ergeht als Verwaltungsakt (§ 132 Abs. 1 S. 2 TKG). Der abzuführende Geldbetrag ist zahlenmäßig zu bestimmen (§ 43 Abs. 4 S. 2 TKG), nach Abs. 4 S. 1 ist ähnlich wie nach § 287 ZPO eine Schätzung zulässig (Säcker/Gersdorf TKG § 43 Rn. 27). Nach Abs. 5 kann die Vorteilsabschöpfung nur innerhalb von einer Frist von fünf Jahren nach Beendigung der Zuwiderhandlung angeordnet werden. Die BNetzA trifft die Entscheidung über das „Ob" der Anordnung nach pflichtgemäßem Ermessen, wobei sich aus der Ausgestaltung als „Soll"-Vorschrift ergibt, dass eine Vorteilsabschöpfung im Regelfall anzuordnen ist und nur in atypischen Ausnahmefällen eine Absehensentscheidung in Betracht kommt.

II. Abschöpfung des wirtschaftlichen Vorteils (Abs. 1, 2 und 4)

Der abzuschöpfende wirtschaftliche Vorteil muss **kausal** auf einen Verstoß gegen eine Verfügung der BNetzA oder gegen eine Vorschrift des TKG zurückzuführen sein. Anknüpfungspunkt der Abschöpfung ist der jeweilige Verstoß gegen eine Verfügung oder das TKG. Wäre ein wirtschaftlicher Vorteil bei rechtmäßigem Verhalten ebenso eingetreten, ist er auf die Handlung und nicht den Verstoß zurückzuführen und unterliegt mithin nicht der Abschöpfung (BayObLG NJW 1998, 2461 (2462); Scheurle/Mayen/Roth TKG § 43 Rn. 46).

Bei der Bestimmung des wirtschaftlichen Vorteils kann auf die zu § 17 Abs. 4 OWiG entwickelten Grundsätze zurückgegriffen werden (vgl. Scheuerle/Mayen/Roth TKG § 43 Rn. 47). Als wirtschaftlicher Vorteil kommen nicht nur unmittelbar in Geld zu bemessende Vermögensvorteile (Mehreinnahmen, Minderkosten), sondern auch sonstige wirtschaftliche Vorzüge in Betracht, wie etwa eine verbesserte Marktposition oder andere Verbesserungen (BT-Drs. 15/2316, 106; Heun/Heun Teil H Rn. 704). Ob ein wirtschaftlicher Vorteil gegeben ist, wird durch eine **Saldierung** ermittelt: Die bestehende wirtschaftliche Gesamtlage ist mit derjenigen wirtschaftlichen Gesamtlage zu vergleichen, die bestehen würde, wenn der entscheidende Verstoß nicht stattgefunden hätte. Es gilt das **Netto-Prinzip** (Scheuerle/Mayen/Roth TKG § 43 Rn. 49). Hypothetische Vorteile, die das verfügungs- oder gesetzeswidrig handelnde Unternehmen daraus hätte erzielen können, dass es die für den Verstoß eingesetzten Personal- und Sachmittel anderweitig hätte einsetzen können, sind nach hM nicht in Abzug zu bringen (Beck TKG/Holthoff-Frank TKG § 43 Rn. 32).

III. Verzicht und Begrenzung der Vorteilsabschöpfung (Abs. 2 und 3)

§ 43 Abs. 2 und 3 TKG setzen der Vorteilsabschöpfung Grenzen. Die Vorschriften verfolgen jeweils unterschiedliche Zwecke. Gem. § 43 Abs. 2 S. 1 TKG entfällt die Vorteilsabschöpfung, soweit, also in Höhe des Betrags, in welcher der wirtschaftliche Vorteil durch Schadensersatzleistungen oder durch die Verhängung oder die Anordnung des Verfalls (nach § 29a OWiG oder §§ 73 Abs. 3, 73a StGB) ausgeglichen ist. Dadurch soll eine Doppelbelastung verhindert werden. Ist eine Doppelbelastung nach der Vorteilsabschöpfung durch spätere Abführung von Leistungen nach § 43 Abs. 2 S. 1 TKG eingetreten, ist nach § 43 Abs. 2 S. 2 TKG der abgeführte Geldbetrag (iSd § 43 Abs. 2 S. 1 TKG) in Höhe der nachgewiesenen Zahlungen an das Unternehmen zurückzuerstatten.

15 Nach § 43 Abs. 3 S. 1 TKG soll die Anordnung einer Vorteilsabschöpfung auf einen angemessenen Betrag beschränkt werden oder unterbleiben, wenn deren Durchführung eine unbillige Härte darstellen würde. Dies soll etwa dann der Fall sein, wenn die Durchführung die **Insolvenz des betroffenen Unternehmens** zur Folge hätte (Heun/Heun Teil H Rn. 709). Damit soll dem Grundsatz der Verhältnismäßigkeit genüge getan werden, was insofern überrascht, als das Risiko der Insolvenz grds. ja nicht vor Sanktionen bewahrt. Der Regelung des § 43 Abs. 3 S. 2 TKG hingegen, wonach von der Abschöpfung abgesehen werden soll, wenn der Vorteil gering ist, liegen rein verfahrensökonomische Erwägungen zugrunde (de minimis-Regelung; s. Scheuerle/Mayen/Roth TKG § 43 Rn. 62).

16 Obwohl weder in § 43 Abs. 2 noch in Abs. 3 TKG ausdrücklich geregelt, erfasst die Vorschrift auch den Fall, dass ein wirtschaftlicher Vorteil durch die Zahlung eines Bußgeldes ausgeglichen wurde. Ein Bußgeld zeichnet sich nach § 149 Abs. 2 S. 2 TKG dadurch aus, dass es den wirtschaftlichen Vorteil, den der Täter aus der Ordnungswidrigkeit gezogen hat, in der Regel übersteigt. Gleichwohl sollte auch insofern eine Doppelbelastung vermieden werden. Dies wurde im Entwurf der Bundesregierung noch ausdrücklich geregelt (vgl. BT-Drs. 15/2316, 20), bevor die Regelung im Vermittlungsverfahren entfiel. Auch § 34 Abs. 2 GWB, der als Vorbild diente, enthält eine derartige Vorschrift. Vor diesem Hintergrund ist davon auszugehen, dass der Streichung keine weitergehende inhaltliche Aussage beizulegen ist (Wissmann, Telekommunikationsrecht, 2. Aufl. 2005, Kap. 5 Rn. 217; Säcker/Gersdorf TKG § 43 Rn. 30). Methodisch bedarf es keiner analogen Anwendung des § 43 Abs. 2 TKG oder Direktanwendung des § 43 Abs. 3 TKG, da es in diesem Fall bereits an einem wirtschaftlichen Vorteil fehlen dürfte (Säcker/Gersdorf TKG § 43 Rn. 30).

Teil 3. Kundenschutz

§ 43a Verträge

(1) ¹Anbieter von öffentlich zugänglichen Telekommunikationsdiensten müssen dem Verbraucher und auf Verlangen anderen Endnutzern im Vertrag in klarer, umfassender und leicht zugänglicher Form folgende Informationen zur Verfügung stellen:
1. den Namen und die ladungsfähige Anschrift; ist der Anbieter eine juristische Person auch die Rechtsform, den Sitz und das zuständige Registergericht,
2. die Art und die wichtigsten technischen Leistungsdaten der angebotenen Telekommunikationsdienste, insbesondere diejenigen gemäß Absatz 2 und Absatz 3 Satz 1,
3. die voraussichtliche Dauer bis zur Bereitstellung eines Anschlusses,
4. die angebotenen Wartungs- und Kundendienste sowie die Möglichkeiten zur Kontaktaufnahme mit diesen Diensten,
5. Einzelheiten zu den Preisen der angebotenen Telekommunikationsdienste,
6. die Fundstelle eines allgemein zugänglichen, vollständigen und gültigen Preisverzeichnisses des Anbieters von öffentlich zugänglichen Telekommunikationsdiensten,
7. die Vertragslaufzeit, einschließlich des Mindestumfangs und der Mindestdauer der Nutzung, die gegebenenfalls erforderlich sind, um Angebote im Rahmen von Werbemaßnahmen nutzen zu können,
8. die Voraussetzungen für die Verlängerung und Beendigung des Bezuges einzelner Dienste und des gesamten Vertragsverhältnisses, einschließlich der Voraussetzungen für einen Anbieterwechsel nach § 46, die Entgelte für die Übertragung von Nummern und anderen Teilnehmerkennungen sowie die bei Beendigung des Vertragsverhältnisses fälligen Entgelte einschließlich einer Kostenanlastung für Endeinrichtungen,
9. etwaige Entschädigungs- und Erstattungsregelungen für den Fall, dass der Anbieter die wichtigsten technischen Leistungsdaten der zu erbringenden Dienste nicht eingehalten hat,
10. die erforderlichen Schritte zur Einleitung eines außergerichtlichen Streitbeilegungsverfahrens nach § 47a,
11. den Anspruch des Teilnehmers auf Aufnahme seiner Daten in ein öffentliches Teilnehmerverzeichnis nach § 45m,
12. die Arten von Maßnahmen, mit denen das Unternehmen auf Sicherheits- oder Integritätsverletzungen oder auf Bedrohungen und Schwachstellen reagieren kann,
13. den Anspruch auf Sperrung bestimmter Rufnummernbereiche nach § 45d Absatz 2 Satz 1 und
14. den Anspruch auf Sperrung der Inanspruchnahme und Abrechnung von neben der Verbindung erbrachten Leistungen über den Mobilfunkanschluss nach § 45d Absatz 3.

²Anbieter öffentlicher Telekommunikationsnetze sind dazu verpflichtet, Anbietern öffentlich zugänglicher Telekommunikationsdienste die für die Sicherstellung der in Satz 1 genannten Informationspflichten benötigten Informationen zur Verfügung zu stellen, wenn ausschließlich die Anbieter von öffentlichen Telekommunikationsnetzen darüber verfügen.

(2) Zu den Informationen nach Absatz 1 Nummer 2 gehören
1. Informationen darüber, ob der Zugang zu Notdiensten mit Angaben zum Anruferstandort besteht oder nicht, und über alle Beschränkungen von Notdiensten,
2. Informationen über alle Einschränkungen im Hinblick auf den Zugang zu und die Nutzung von Diensten und Anwendungen,

3. das angebotene Mindestniveau der Dienstqualität und gegebenenfalls anderer nach § 41a festgelegter Parameter für die Dienstqualität,
4. Informationen über alle vom Unternehmen zur Messung und Kontrolle des Datenverkehrs eingerichteten Verfahren, um eine Kapazitätsauslastung oder Überlastung einer Netzverbindung zu vermeiden, und Informationen über die möglichen Auswirkungen dieser Verfahren auf die Dienstqualität und
5. alle vom Anbieter auferlegten Beschränkungen für die Nutzung der von ihm zur Verfügung gestellten Endeinrichtungen.

(3) ¹Die Einzelheiten darüber, welche Angaben in der Regel mindestens nach Absatz 2 erforderlich sind, kann die Bundesnetzagentur nach Beteiligung der betroffenen Verbände und der Unternehmen durch Verfügung im Amtsblatt festlegen. ²Hierzu kann die Bundesnetzagentur die Anbieter öffentlich zugänglicher Telekommunikationsdienste oder die Anbieter öffentlicher Telekommunikationsnetze verpflichten, Erhebungen zum tatsächlichen Mindestniveau der Dienstqualität anzustellen, eigene Messungen anstellen oder Hilfsmittel entwickeln, die es dem Teilnehmer ermöglichen, eigenständige Messungen anzustellen. ³Ferner kann die Bundesnetzagentur das Format der Mitteilung über Vertragsänderungen und die anzugebende Information über das Widerrufsrecht festlegen, soweit nicht bereits vergleichbare Regelungen bestehen.

§ 43a TKG führt die Informationen auf, die der Anbieter von öffentlich zugänglichen Telekommunikationsdiensten dem Verbraucher zur Verfügung stellen muss. Dies soll dem Verbraucher ermöglichen, die auf dem Telekommunikationsmarkt verfügbaren Angebote besser vergleichen zu können. So sind in Abs. 1 die diesbezüglichen Mindestanforderungen an die bereitzustellenden Informationen zu entnehmen (→ Rn. 8 ff.). Bezüglich § 43a Abs. 1 Nr. 2 TKG sind zusätzlich die Regelungen der Abs. 2 und 3 zu beachten (→ Rn. 10 ff.). Nach § 43a Abs. 1 S. 2 TKG werden Anbieter öffentlicher Telekommunikationsnetze verpflichtet, die für die Sicherstellung der in S. 1 genannten Informationspflichten benötigten Informationen den Anbietern öffentlich zugänglicher Telekommunikationsdienste zur Verfügung zu stellen (→ Rn. 26). § 43a TKG ist unabdingbar; bei einer Verletzung der Informationspflichten aus § 43a TKG stehen dem Betroffenen ua Ansprüche auf Schadensersatz und bzw. oder Unterlassung zu (→ Rn. 28 ff.).

Übersicht

	Rn		Rn
A. Allgemeines zu den Kundenschutzvorschriften der §§ 43a ff. TKG	1	VII. Vertragslaufzeit (Abs. 1 S. 1 Nr. 7)	18
I. Überblick über die Historie des Kundenschutzes im TKG	1	VIII. Verlängerung und Beendigung einzelner Dienste oder des gesamten Vertragsverhältnisses (Abs. 1 S. 1 Nr. 8)	19
II. Die Vorschrift des § 43a TKG	3		
1. Allgemeines	3	IX. Entschädigung oder Erstattung (Abs. 1 S. 1 Nr. 9)	21
2. Adressaten der Regelung	5		
B. Informationspflichten des Anbieters	9	X. Außergerichtliche Streitbeilegung (Abs. 1 S. 1 Nr. 10)	22
I. Name und Anschrift des Anbieters (Abs. 1 S. 1 Nr. 1)	9	XI. Anspruch auf Datenaufnahme in einem Teilnehmerverzeichnis (Abs. 1 S. 1 Nr. 11)	23
II. Art und Leistungsdaten der angebotenen Dienste (Abs. 1 S. 1 Nr. 2)	11		
III. Voraussichtliche Dauer bis zur Bereitstellung (Abs. 1 S. 1 Nr. 3)	13	XII. Sicherheitsmaßnahmen des Anbieters (Abs. 1 S. 1 Nr. 12)	24
IV. Wartungs- und Kundendienste (Abs. 1 S. 1 Nr. 4)	14	XIII. Anspruch auf Sperrung von Rufnummernbereichen (Abs. 1 S. 1 Nr. 13)	25
V. Einzelheiten zu Preisen (Abs. 1 S. 1 Nr. 5)	16	XIV. Anspruch auf Sperre über den Mobilfunkanschluss (Abs. 1 S. 1 Nr. 14)	26
VI. Fundstelle eines Preisverzeichnisses (Abs. 1 S. 1 Nr. 6)	17		

	Rn		Rn
XV. Verpflichtung der Anbieter öffentlicher Telekommunikationsnetze (S. 2)	27	C. Verletzung der Vorgaben des § 43a TKG	29
		I. Abdingbarkeit des § 43a TKG	29
XVI. Leistungsdaten der angebotenen Dienste (Abs. 2) und Festlegungskompetenz der Bundesnetzagentur (Abs. 3)	28	II. Rechtsfolgen einer Verletzung	30
		1. Regelung einer Rechtsfolge	30
		2. Rechtsschutz	31

A. Allgemeines zu den Kundenschutzvorschriften der §§ 43a ff. TKG
I. Überblick über die Historie des Kundenschutzes im TKG

Nachdem die Nutzung von Fernmeldediensten zunächst über die am 5.5.1971 bekannt **1** gemachte Fernmeldeordnung geregelt wurde, trat am 1.7.1991 die Telekommunikationsverordnung (TKV) 1991 in Kraft, die Regelungen zum Verhältnis der Bundespost und ihren Kunden traf. Die TKV 1991 wurde am 1.1.1996 durch die Telekommunikations-Kundenschutzverordnung (TKV 1995) ersetzt. Im Wege der Liberalisierung des Telekommunikationsmarktes trat am 1.8.1996 das TKG 1996 in Kraft. Aufgrund des § 41 TKG 1996 wurde am 1.1.1998 mit dem Ende des Sprachtelefondienstmonopols die TKV 1995 durch die Telekommunikations-Kundenschutzverordnung vom 11.12.1997 (TKV 1997) ersetzt. Mit der TKV 1997 erfolgte eine Stärkung der Rechtsstellung des Verbrauchers von Telekommunikationsdienstleistungen, zudem wurde eine angemessene Versorgung der Bevölkerung mit Telekommunikationsdienstleistungen nach Art. 87f GG sicher gestellt (vgl. Scheurle/Mayen/Schadow TKG Vor § 43a Rn. 6 mwN).

Am 22.6.2004 wurde das umfassend novellierte TKG 2004 ausgefertigt und legte in Teil 3 **2** Vorschriften zum Kundenschutz fest, die im Wesentlichen den heutigen §§ 44, 46 und 47 TKG entsprechen. Diese Regelungen zum Kundenschutz in Teil 3 wurden mit den Änderungsgesetzen zum TKG in den Jahren 2007 und 2012 erheblich erweitert. So wurden mit der Änderung des TKG im Jahre 2007 (vgl. „Gesetz zur Änderung telekommunikationsrechtlicher Vorschriften v. 18.2.2007") die Regelungen der §§ 43a, 44a, 45a bis 45p, 47a und 47b TKG neu eingefügt. Mit der TKG-Novelle 2012 (vgl. „Gesetz zur Änderung telekommunikationsrechtlicher Regelungen vom 3.5.2012") folgte zudem die Einführung der Regelung des § 43b.

II. Die Vorschrift des § 43a TKG
1. Allgemeines

In § 43a TKG werden verbindliche Anforderungen an die dem Teilnehmer zur Verfügung **3** zu stellenden Informationen durch den Anbieter von öffentlich zugänglichen Telekommunikationsdiensten festgelegt. Die Anbieter von öffentlich zugänglichen Informationsdiensten haben dem Verbraucher die in § 43a TKG festgelegten Informationen in klarer, umfassender und leicht zugänglicher Form zur Verfügung zu stellen. Damit soll sichergestellt werden, dass der Teilnehmer durch den Anbieter umfassend über alle relevanten Vertragsinhalte informiert wird. § 43a TKG dient somit insbes. der Schaffung von **Transparenz,** durch die der Teilnehmer in die Lage versetzt werden soll, Risiken bei Vertragsschluss einschätzen zu können sowie einen Überblick über die erbrachten Leistungen zu erhalten. Dadurch wird zudem gewährleistet, dass der Teilnehmer Angebote unterschiedlicher Anbieter besser vergleichen kann, was einen Qualitätswettbewerb der Anbieter herbeiführen soll (BT-Drs. 15/5213, 21).

§ 43a TKG basiert im Wesentlichen auf den Vorgaben des Art. 20 Abs. 2 Universaldienst- **4** RL und setzt diese in nationales Recht um. Neben Art. 20 Abs. 2 Universaldienst-RL enthalten auch die Art. 21 und 22 Universaldienst-RL Verpflichtungen bezüglich Transparenz und Dienstequalität, die durch § 43a TKG umgesetzt werden. Mit der Änderung der Universaldienst-RL durch die Änderungs-RL 2009/136/EG wurde zudem eine Erweite-

TKG § 43a V. Medienwirtschaft

rung des § 43a TKG durch eine weitergehende Konkretisierung der Informationspflichten notwendig, die mit der TKG-Novelle 2012 umgesetzt wurde (vgl. BT-Drs. 17/5707, 64).

2. Adressaten der Regelung

5   Nach § 43a TKG sind die dort genannten Informationen **Verbrauchern** und **anderen Endnutzern** als Berechtigte der Regelung zur Verfügung zu stellen. Der Begriff des **Verbrauchers** wurde mit der TKG-Novelle 2012 neu eingefügt und ersetzt insoweit den bislang in § 43a TKG verwendeten Begriff des „Teilnehmers". Damit erfolgt eine Anpassung an die europarechtliche Vorgabe des Art. 20 Abs. 2 Universaldienst-RL, in der ebenfalls der Verbraucher als Berechtigter genannt wird. Weiterhin entfällt durch die Anpassung die bislang notwendige Differenzierung zwischen den Begriffen des Teilnehmers und des Verbrauchers. Eine Definition zu dem Verbraucherbegriff findet sich im TKG nicht, zu dessen Auslegung kann jedoch der Verbraucherbegriff gem. § 13 BGB herangezogen werden. Demgemäß sind Verbraucher alle natürlichen Personen, die ein Rechtsgeschäft zu privaten Zwecken abschließen, welches nicht einer gewerblichen oder selbstständigen beruflichen Tätigkeit zugeordnet werden kann (vgl. Palandt/Ellenberger BGB § 13 Rn. 2 f.).

6   Ebenfalls mit der TKG-Novelle 2012 neu eingefügt wurde der Begriff der **„anderen Endnutzer"**, die neben den Verbrauchern durch § 43a TKG berechtigt werden. Bezüglich des Begriffes „Endnutzer" findet sich eine Definition in § 3 Nr. 8 TKG. Danach ist ein „Endnutzer" ein Nutzer, der weder öffentliche Telekommunikationsnetze betreibt noch öffentlich zugängliche Telekommunikationsdienste erbringt. Insbesondere soll § 43a TKG nun auch ausdrücklich für **Kleinstunternehmen und kleine und mittlere Unternehmen** gelten, da diese möglicherweise einen auf die Bedürfnisse von Verbrauchern zugeschnittenen Vertrag bevorzugen (vgl. BT-Drs. 17/5707, 64). Die bisherige Einschränkung des § 43a S. 2 TKG, nach der die Vorschrift nicht für Teilnehmer, die keine Verbraucher sind, gelten soll, ist mit der TKG-Novelle 2012 entfallen.

7   Die Bestimmungen des § 43a TKG gelten ausweislich des Wortlauts allerdings nur „auf Verlangen" der anderen Endnutzer. Diese Einschränkung wurde zur Vermeidung eines erhöhten Verwaltungsaufwands der Anbieter sowie Schwierigkeiten bei der Definition des Begriffes der „kleinen und mittleren Unternehmen" eingefügt, so dass die Bestimmungen über die Verträge für diese Endnutzer nicht automatisch, sondern nur auf deren Antrag gelten (vgl. Änderungs-RL 2009/136/EG Erwägungsgrund 21).

8   Durch § 43a TKG werden **Anbieter von öffentlich zugänglichen Telekommunikationsdiensten** zur Angabe der dort festgelegten Informationen verpflichtet. Mit der TKG-Novelle 2012 wurde die Definition des Begriffs der „öffentlich zugänglichen Telekommunikationsdienste" durch § 3 Nr. 17a TKG neu im TKG eingefügt. Demnach sind unter öffentlich zugänglichen Telekommunikationsdiensten „der Öffentlichkeit zur Verfügung stehende Telekommunikationsdienste" zu verstehen. Telekommunikationsdienste sind nach § 3 Nr. 24 TKG in der Regel gegen Entgelt erbrachte Dienste, die ganz oder überwiegend in der Übertragung von Signalen über Telekommunikationsnetze bestehen, einschließlich Übertragungsdienste in Rundfunknetzen. Eine Differenzierung, ob der Telekommunikationsdienst über Festnetz, Mobilfunk oder auf andere Weise erbracht wird, erfolgt nicht. Der Telekommunikationsdienst steht der Öffentlichkeit zur Verfügung, wenn er sich an einen unbestimmten an den Leistungen interessierten Personenkreis richtet und keine Zugangshindernisse bestehen (→ § 47 Rn. 4 f. mwN).

B. Informationspflichten des Anbieters

I. Name und Anschrift des Anbieters (Abs. 1 S. 1 Nr. 1)

9   Der Anbieter hat dem Verbraucher im Vertrag seinen Namen sowie seine ladungsfähige Anschrift zur Verfügung zu stellen. Unter den Begriff der ladungsfähigen Anschrift des Anbieters fallen die Angabe der Postleitzahl, des Ortes, der Adresse sowie der Hausnummer. So wird gewährleistet, dass der Verbraucher den Anbieter sowohl etwa zu Informationszwecken schriftlich kontaktieren kann, als auch im Falle einer gerichtlichen Streitigkeit eine Ladung des Anbieters möglich ist. Insbesondere soll verhindert werden, dass sich der unseriö-

se Anbieter durch lediglicher Nennung einer Postfachanschrift einer gerichtlichen Streitigkeit entzieht (vgl. BT-Drs. 15/5213, 29).

Ist der Anbieter eine juristische Person, so hat er ebenfalls die Rechtsform, den Sitz sowie das zuständige Registergericht anzugeben. Dies dient der weiteren Schaffung von Transparenz gegenüber dem Verbraucher, der naturgemäß ein Interesse daran hat, mit wem er ein Vertragsverhältnis eingeht. 10

II. Art und Leistungsdaten der angebotenen Dienste (Abs. 1 S. 1 Nr. 2)

Der Anbieter von öffentlich zugänglichen Telekommunikationsdiensten hat nach § 43a Abs. 1 S. 1 Nr. 2 TKG die Art und die wichtigsten technischen Leistungsdaten der angebotenen Telekommunikationsdienste anzugeben. Bei der Art der angebotenen Dienste handelt es sich um die wesentlichen Bestandteile des Vertrages, ohne deren Angabe ein Vertragsschluss ohnehin nicht möglich wäre; die Regelung des § 43a Abs. 1 S. 1 Nr. 2 TKG ist diesbezüglich als Klarstellung zu verstehen (vgl. Scheurle/Mayen/Schadow TKG § 43a Rn. 5). 11

Der Anbieter muss zudem die wichtigsten technischen Leistungsdaten der angebotenen Telekommunikationsdienste angeben. Darunter fallen nach § 43a Abs. 1 S. 1 Nr. 2 TKG insbes. diejenigen technischen Leistungsdaten gem. § 43a Abs. 2 sowie 3 S. 1 TKG. 12

III. Voraussichtliche Dauer bis zur Bereitstellung (Abs. 1 S. 1 Nr. 3)

Der Anbieter hat zudem die voraussichtliche Dauer bis zur Bereitstellung eines Anschlusses anzugeben. § 43a Abs. 1 S. 1 Nr. 3 TKG meint damit den Zeitraum zwischen Vertragsschluss und der erstmaligen Nutzungsmöglichkeit der Telekommunikationsdienstleistung. Die voraussichtliche erstmalige Nutzungsmöglichkeit ist dem Endnutzer so konkret wie möglich – nämlich taggenau – anzugeben. Der Anbieter hat dabei relevante weitere Faktoren – wie etwa Vorleistungen anderer Telekommunikationsunternehmen – zu berücksichtigen. 13

IV. Wartungs- und Kundendienste (Abs. 1 S. 1 Nr. 4)

Der Anbieter hat seinen Kunden Informationen über die von ihm angebotenen Wartungs- oder Kundendienste zur Verfügung zu stellen. Über diese Dienste stellt der Anbieter die dauerhafte störungsfreie Qualität seiner Leistungen sicher und gibt dem Kunden die Möglichkeit, bei Störungen oder sonstigen Angelegenheiten eine entsprechende Anfrage an den Anbieter zu stellen. 14

Die Ergänzung des Wortlautes des § 43a Abs. 1 S. 1 Nr. 4 TKG um die vom Anbieter anzugebende Möglichkeit zur Kontaktaufnahme mit Wartungs- oder Kundendiensten des Anbieters dient der Umsetzung von Art. 20 Abs. 1 lit. b Spiegelstrich 5 Universaldienst-RL. Demnach ist der Verbraucher bereits im Vertrag über die entsprechenden Kontaktmöglichkeiten – wie die in der Praxis relevanten Hotline-Rufnummern oder E-Mail-Adressen – zu informieren. 15

V. Einzelheiten zu Preisen (Abs. 1 S. 1 Nr. 5)

Der Anbieter hat im Vertrag die Einzelheiten zu den Preisen der angebotenen Telekommunikationsdienste anzugeben. Der bisherige weite Wortlaut des § 43a Abs. 1 S. 1 Nr. 5 TKG aF, der allgemein die Angabe von Einzelheiten zu „den Preisen" des Anbieters forderte, wurde mit der TKG-Novelle 2012 insoweit konkretisiert. Die Regelung ermöglicht dem Verbraucher, auf dem von vielfältigen Tarifbedingungen und Kosten geprägten Telekommunikationsmarkt eine realistische Übersicht über die Kosten zu erhalten und gewährleistet zudem, durch Schaffung einer Preistransparenz einen funktionierenden Wettbewerb auf dem Telekommunikationsmarkt herzustellen; über die Formulierung hinausgehende Konkretisierungen sollten – soweit erforderlich – lediglich auf Basis von § 45n TKG und der sich darauf gründenden Rechtsverordnung der Bundesnetzagentur vorgenommen werden (vgl. BR-Drs. 129/1/11, 7). Der Anbieter wird somit verpflichtet, dem Verbraucher eine **transparente Übersicht** über seine Tarife oder sonstigen mit dem Vertrag zusammenhängenden Entgelte für Telekommunikationsdienstleistungen zur Verfügung zu stellen. Die Regelung trifft indes 16 keine Aussage zu dem **Umfang** der Informationspflicht; da die Preise der angebotenen Telekommunikationsdienste als essentialia negotii stets im Vertrag angegeben werden müssen, ist davon auszugehen, dass durch die Regelung gerade die Notwendigkeit einer für den Verbraucher übersichtlichen Gestaltung der Preise zur Vermeidung unbeabsichtigter Kosten zum Ausdruck gebracht werden soll.

VI. Fundstelle eines Preisverzeichnisses (Abs. 1 S. 1 Nr. 6)

17 Der Anbieter muss dem Verbraucher Informationen zu der Fundstelle eines allgemein zugänglichen, vollständigen und gültigen Preisverzeichnisses zur Verfügung stellen. Das Preisverzeichnis kann etwa durch Veröffentlichung im Amtsblatt der Bundesnetzagentur, durch Auslage in den Geschäftsräumen des Anbieters, aber auch auf der Homepage des Anbieters hinterlegt werden. Die Fundstelle kann dann etwa durch Hinweis in den Allgemeinen Geschäftsbedingungen des Anbieters in den Vertrag einbezogen werden und ist dem Verbraucher dann durch einen Verweis – zum Beispiel durch Angabe eines Internet-Links – mitzuteilen.

VII. Vertragslaufzeit (Abs. 1 S. 1 Nr. 7)

18 Weiterhin hat der Anbieter über die Vertragslaufzeit, einschließlich des Mindestumfangs und der Mindestdauer der Nutzung, die gegebenenfalls erforderlich sind, um Angebote im Rahmen von Werbemaßnahmen nutzen zu können, zu informieren. Diesbezüglich finden sich Grenzen in den §§ 305 ff. BGB, nach denen sich insbes. die Zulässigkeit der Vertragslaufzeit nach § 309 Nr. 9 BGB bemisst. Eine erstmalige den Verbraucher bindende Vertragslaufzeit von mehr als zwei Jahren ist gem. § 309 Nr. 9 lit. a BGB unzulässig. Nach § 309 Nr. 9 lit. b BGB darf sich der Vertrag außerdem nicht um mehr als ein Jahr stillschweigend verlängern.

VIII. Verlängerung und Beendigung einzelner Dienste oder des gesamten Vertragsverhältnisses (Abs. 1 S. 1 Nr. 8)

19 Der Verbraucher muss informiert werden, ob und wie sich das Vertragsverhältnis automatisch verlängert oder wie es gegebenenfalls beendet werden kann. Der Verbraucher ist also auf seine Kündigungsmöglichkeit und deren Fristen – unter Berücksichtigung des § 309 Nr. 9 lit. c BGB – hinzuweisen. Zudem muss eine etwaige Klausel zu einer automatischen Vertragsverlängerung wirksam – etwa durch Allgemeine Geschäftsbedingungen – in den Vertrag einbezogen worden sein.

20 Neu eingefügt wurde die Pflicht zur Information des Verbrauchers über die Voraussetzungen eines Anbieterwechsels nach § 46 TKG und über Entgelte, die für die Übertragung von Teilnehmerkennungen oder bei Beendigung des Vertragsverhältnisses fällig werden. Dadurch soll der Verbraucher frühstmöglich alle Informationen zur Vorbereitung eines Anbieterwechsels erhalten. Insbes. soll der Verbraucher informiert werden, dass bei einem Anbieterwechsel nach § 46 Abs. 1 TKG eine maximale Versorgungsunterbrechung von einem Kalendertag entstehen darf. So soll das Vertrauen des Verbrauchers in den Anbieterwechsel gestärkt und der Wettbewerb gefördert werden (vgl. BT-Drs. 17/5707, 64).

IX. Entschädigung oder Erstattung (Abs. 1 S. 1 Nr. 9)

21 Sollte der Anbieter dem Verbraucher Entschädigungs- und Erstattungsregelungen im Falle der Nichteinhaltung der wichtigsten technischen Leistungsdaten seiner Dienste gewähren, so hat er ihn darüber zu informieren. Eine solche Vereinbarung von Entschädigungs- und Erstattungsregelungen steht den Anbietern frei; eine diesbezügliche Verpflichtung besteht ausweislich des Wortlautes der Regelung („etwaige") nicht.

X. Außergerichtliche Streitbeilegung (Abs. 1 S. 1 Nr. 10)

22 Der Anbieter hat den Verbraucher auf die erforderlichen Schritte zur Einleitung eines außergerichtlichen Streitbeilegungsverfahrens nach § 47a TKG hinzuweisen. Dazu ist der

Verträge   § 43a TKG

Verbraucher über die Möglichkeit einer entsprechenden Antragstellung bei der Schlichtungsstelle der Bundesnetzagentur samt Angabe der entsprechenden Anschrift zu informieren.

XI. Anspruch auf Datenaufnahme in einem Teilnehmerverzeichnis (Abs. 1 S. 1 Nr. 11)

Der Verbraucher ist darüber zu informieren, dass er einen Anspruch auf Aufnahme seiner 23
Daten in ein öffentliches Teilnehmerverzeichnis gem. § 45m TKG hat. Demgemäß kann der Verbraucher verlangen, mit seiner Rufnummer, seinem Namen, seinem Vornamen und seiner Anschrift in ein allgemein zugängliches, nicht notwendig anbietereigenes Teilnehmerverzeichnis unentgeltlich eingetragen zu werden.

XII. Sicherheitsmaßnahmen des Anbieters (Abs. 1 S. 1 Nr. 12)

Der Anbieter hat dem Verbraucher zudem mitzuteilen, mit welchen Maßnahmen auf 24
Sicherheits- oder Integritätsverletzungen oder auf Bedrohungen und Schwachstellen reagiert werden kann. Diesbezüglich kann das Unternehmen etwa auf die dazu eingerichteten technischen Warnsysteme und bzw. oder auf die sonstigen getroffenen Präventionsmaßnahmen verweisen.

XIII. Anspruch auf Sperrung von Rufnummernbereichen (Abs. 1 S. 1 Nr. 13)

Durch § 43a Abs. 1 S. 1 Nr. 13 TKG wird sichergestellt, dass der Verbraucher bereits im 25
Vertrag über die erweiterte Möglichkeit der Sperrung von Rufnummernbereichen in § 45d Abs. 1 und Abs. 2 TKG informiert wird.

XIV. Anspruch auf Sperre über den Mobilfunkanschluss (Abs. 1 S. 1 Nr. 14)

Ebenso soll der Verbraucher über seinen Anspruch auf Sperrung der Inanspruchnahme 26
und Abrechnung von neben der Verbindung erbrachten Leistungen über den Mobilfunkanschluss nach § 45d Abs. 3 TKG im Vertrag informiert werden.

XV. Verpflichtung der Anbieter öffentlicher Telekommunikationsnetze (S. 2)

§ 43a Abs. 1 S. 2 TKG verpflichtet Anbieter öffentlicher Telekommunikationsnetze, die 27
für die Sicherstellung der in S. 1 genannten Informationspflichten benötigten Informationen den Anbietern öffentlich zugänglicher Telekommunikationsdienste zur Verfügung zu stellen. Dies gilt für den Fall, dass ausschließlich die Anbieter öffentlicher Telekommunikationsnetze über diese Informationen verfügen. Davon sind insbes. die in § 43a Abs. 1 S. 2 iVm Abs. 2 Nr. 2–4 TKG geregelten Informationspflichten betroffen (vgl. BT-Drs. 17/5707, 65).

XVI. Leistungsdaten der angebotenen Dienste (Abs. 2) und Festlegungskompetenz der Bundesnetzagentur (Abs. 3)

In § 43a Abs. 2 TKG werden die Anforderungen an die anzugebenden Leistungsdaten 28
– entsprechend den europarechtlichen Vorgaben in Art. 20 Abs. 1 Buchst. b Universaldienst-RL – konkretisiert. Bspw. wären also etwa gem. § 43a Abs. 2 Nr. 1 TKG Informationen über Beschränkungen von Notrufdiensten oder gem. § 43a Abs. 2 Nr. 3 TKG Informationen über das Mindestniveau der Dienstequalität zu nennen. Welche Angaben in der Regel mindestens nach Abs. 2 erforderlich sind, kann die Bundesnetzagentur gem. § 43a Abs. 3 TKG durch Verfügung im Amtsblatt festlegen und dadurch eine optimale Information des Verbrauchers bezüglich der Leistung der von ihm gewünschten Telekommunikationsdienstleistung gewährleisten. Diese Festlegungskompetenz kann die Bundesnetzagentur etwa nutzen, das Verhältnis zwischen der bei Vertragsschluss zugesagten und später technisch realisierten Downloadrate bei Datenanschlüssen zu konkretisieren, um letztlich den Abstand zwischen vertraglich vereinbarter und später tatsächlich realisierbarer Downloadrate zu verringern (vgl. BR-Drs. 129/11, 110). Dazu kann die Bundesnetzagentur bspw. nach § 43a Abs. 3 S. 2 TKG auch die Anbieter öffentlich zugänglicher Telekommunikationsdienste oder die Anbieter öffentlicher Telekommunikationsnetze verpflichten, Erhebungen zur tatsäch-

lichen Dienstqualität anzustellen, aber auch eigene Messungen anstellen. Diesbezüglich kann jedoch zur Vermeidung von unverhältnismäßigem Aufwand für die betroffenen Unternehmen die Ermittlung von Durchschnittswerten ausreichend sein (vgl. BR-Drs. 129/11, 110). Mit der Ermächtigung der Bundesnetzagentur zur Festlegung der in § 43a Abs. 3 S. 3 TKG genannten Bedingungen wird Art. 20 Abs. 2 a. E. Universaldienst-RL umgesetzt. Solche Festlegungen der Bundesnetzagentur kommen ausweislich des Wortlautes von § 43a Abs. 3 S. 3 TKG nur in Betracht, soweit nicht bereits vergleichbare Regelungen bestehen.

C. Verletzung der Vorgaben des § 43a TKG
I. Abdingbarkeit des § 43a TKG

29 Von der Regelung des § 43a TKG kann gem. § 47b TKG nicht zum Nachteil des Verbrauchers abgewichen werden. § 43a TKG gewährleistet somit eine vom Anbieter mindestens zur Verfügung zu stellende Informationspflicht. Es steht dem Anbieter jedoch frei, dem Verbraucher noch weitergehende Informationen zur Verfügung zu stellen.

II. Rechtsfolgen einer Verletzung
1. Regelung einer Rechtsfolge

30 § 43a TKG ist keine Regelung bezüglich einer Rechtsfolge bei einer Verletzung der dort genannten Informationspflichten durch den Anbieter zu entnehmen. In Betracht kommen aber Schadensersatzansprüche sowie Unterlassungsansprüche der durch den Verstoß Betroffenen.

2. Rechtsschutz

31 Sofern der Anbieter gegen die ihm obliegenden Informationspflichten aus § 43a TKG verstößt, erwächst dem Verbraucher ein Anspruch auf Schadensersatz gegen den Anbieter etwa gem. § 44 TKG, § 280 Abs. 1 iVm 311 Abs. 2 BGB oder § 823 BGB, soweit ihm ein Schaden aus der Nicht- oder Schlechterfüllung der Informationspflichten entstanden ist und er diesen Schaden auch nachweisen kann.

32 Des Weiteren kommen bei Vorliegen der entsprechenden Voraussetzungen wettbewerbsrechtliche Ansprüche auf Unterlassung und Beseitigung der gem. § 8 Abs. 3 UWG Anspruchsberechtigten aus § 8 Abs. 1, 3, 4 Nr. 11 UWG in Betracht. § 43a TKG dient nach seinem Sinn und Zweck sowohl der umfassenden Information des Verbrauchers, als auch der Förderung des Wettbewerbs und ist insofern als Marktverhaltensregelung iSd § 4 Nr. 11 UWG zu verstehen (vgl. AFS/Kessel TKG § 43a Rn. 27).

33 Zudem stehen im Falle einer Verletzung der Pflichten aus § 43a TKG den durch § 3 UKlaG anspruchsberechtigten Stellen Ansprüche auf Unterlassung gegen den Anbieter zu. Ein solcher Anspruch kann zum einen aus § 1 UKlaG resultieren, sofern der Anbieter die Informationspflichten in einer gem. den §§ 307–309 BGB unwirksamen Weise verwendet; zum anderen kann sich ein solcher Unterlassungsanspruch auch aus § 2 UKlaG ergeben. § 43a TKG ist als Verbraucherschutzgesetz iSd § 2 Abs. 2 UKlaG anzusehen, da die Regelung durch die Statuierung von Informationspflichten dem Schutz des Verbrauchers dient und der Verbraucherschutz somit der eigentliche Zweck des Gesetzes ist (vgl. Säcker/Rugullis TKG § 43a Rn. 39 mwN).

34 Letztlich ist auch die Bundesnetzagentur gem. § 126 TKG berechtigt, bei Nichteinhaltung der Vorgaben des § 43a TKG den Anbieter zur Abhilfe aufzufordern und bei ausbleibender Abhilfe weitere Maßnahmen gegenüber dem Anbieter zu ergreifen.

§ 43b Vertragslaufzeit

¹Die anfängliche Mindestlaufzeit eines Vertrages zwischen einem Verbraucher und einem Anbieter von öffentlich zugänglichen Telekommunikationsdiensten darf 24 Monate nicht überschreiten. ²Anbieter von öffentlich zugänglichen Telekommunikationsdiensten sind verpflichtet, einem Teilnehmer zu ermöglichen, einen Vertrag mit einer Höchstlaufzeit von zwölf Monaten abzuschließen.

Vertragslaufzeit **§ 43b TKG**

Die Regelung des § 43b TKG enthält Vorschriften zur Laufzeit von Verträgen zwischen einem Verbraucher und einem Anbieter von öffentlich zugänglichen Telekommunikationsdiensten. So darf die anfängliche Mindestlaufzeit eines Vertrages 24 Monate nicht überschreiten (→ Rn. 2), des Weiteren ist den Teilnehmern ein Vertrag mit einer Höchstlaufzeit von zwölf Monaten anzubieten (→ Rn. 3).

A. Allgemeines

§ 43b TKG wurde mit der **TKG-Novelle 2012** (vgl. „Gesetz zur Änderung telekommunikationsrechtlicher Regelungen v. 3.5.2012") neu in Teil 3 eingefügt. Die Regelung setzt die Vorgaben des Art. 30 Abs. 5 Universaldienst-RL in nationales Recht um. 1

B. Anfängliche Mindestlaufzeit (S. 1)

§ 43b S. 1 TKG bezieht sich insoweit auf die in Art. 30 Abs. 5 S. 1 Universaldienst-RL enthaltene Vorgabe, dass Verträge zwischen Verbrauchern und Unternehmen, die elektronische Kommunikationsdienste erbringen, keine anfängliche über 24 Monate hinausgehende Mindestvertragslaufzeit beinhalten dürfen. Die bereits in § 309 Nr. 9 lit. a BGB enthaltene Regelung, wonach bei Dauerschuldverhältnissen die Vereinbarung einer den anderen Vertragsteil länger als zwei Jahre bindenden Laufzeit des Vertrages in Allgemeinen Geschäftsbedingungen unwirksam ist, können insofern keinen ausreichenden Schutz des Verbrauchers gewährleisten. Denn § 309 Nr. 9 lit. a BGB erfasst insbes. keine **individuellen vertraglichen Vereinbarungen** zwischen Verbrauchern und Anbietern von öffentlich zugänglichen Telekommunikationsdiensten. Demzufolge bedarf es zur Vermeidung von Umsetzungsdefiziten im Hinblick auf Art. 30 Abs. 5 S. 1 Universaldienst-RL einer gesonderten und damit über § 309 Nr. 9 lit. a BGB hinausgehenden Regelung (BT-Drs. 17/5707, 65). 2

C. Vertrag mit Höchstlaufzeit von 12 Monaten (S. 2)

Mit § 43b S. 2 TKG wird Art. 30 Abs. 5 S. 2 Universaldienst-RL umgesetzt. Danach werden Anbieter von öffentlich zugänglichen Telekommunikationsdiensten verpflichtet, dem Teilnehmer einen Vertrag mit einer Höchstlaufzeit von zwölf Monaten anzubieten. Damit ist nicht verbunden, dass **jede Tarifvariante** auch mit einer Höchstlaufzeit von zwölf Monaten angeboten werden muss. Vielmehr soll sichergestellt sein, dass für jede angebotene Produktkategorie (bspw. regulärer Telefon-, Breitband- oder Mobilfunkanschluss) ein Vertrag mit einer Höchstlaufzeit von zwölf Monaten zur Verfügung steht (vgl. Säcker/Rugullis § 43b Rn. 6). Mit einer solchen kürzeren Vertragsbindung der Teilnehmer an ihren Telekommunikationsanbieter sollen diese eher in der Lage sein, angesichts der Angebots- und Tarifvielfalt im Bereich der Telekommunikation ein für sie geeigneteres Angebot eines Wettbewerbers wahrzunehmen. Mit der Regelung soll somit die **potenzielle Wechselbereitschaft** der Teilnehmer gefördert werden, sie dient insbesondere der **Förderung des Wettbewerbs** auf dem Telekommunikationsmarkt. 3

Klarstellungsbedürftig ist der Begriff der „Höchstlaufzeit". Nach dem reinen Wortlaut ist der Begriff so zu verstehen, dass die betreffenden Verträge nach 12 Monaten automatisch enden, ohne dass eine automatische Verlängerung erfolgt. Es würde allerdings dem Sinn und Zweck der Regelung, die dem Teilnehmer ja gerade eine komfortable Situation bei der Beobachtung des Telekommunikationsmarkts und der Wahl seines Telekommunikationsvertrages zusichern soll, widersprechen, den Teilnehmer nach Ablauf der 12 Monate zwangsläufig in ein anderes Vertragsverhältnis zu drängen. Der Begriff der „Höchstlaufzeit" ist daher so zu verstehen, dass dem Teilnehmer die Möglichkeit eingeräumt wird, seinen Vertrag nach einer anfänglichen Mindestvertragslaufzeit von 12 Monaten zu kündigen, wobei die Vereinbarung einer automatischen Verlängerung grundsätzlich möglich ist (Beck TKG/Ditscheid/Rudloff § 43b Rn. 2). 4

D. Rechtsschutz

5   Der Verbraucher kann bei einem Streit mit seinem Betreiber von öffentlichen Telekommunikationsnetzen oder seinem Anbieter von öffentlich zugänglichen Telekommunikationsdiensten über die Erfüllung der Pflichten aus § 43b TKG ein Schlichtungsverfahren gem. § 47a TKG entsprechend der dortigen Voraussetzungen bei der Bundesnetzagentur durchführen. § 43b TKG ist zudem im Rahmen des § 4 UWG als Vorschrift zu sehen, die auch dazu bestimmt ist, im Interesse der Marktteilnehmer das Marktverhalten zu regeln, so dass den nach § 8 Abs. 3 UWG Anspruchsberechtigten bei einem Verstoß ein Anspruch aus §§ 8 Abs. 1, 4 Nr. 11 UWG zustehen kann.

§ 44 Anspruch auf Schadensersatz und Unterlassung

(1) ¹Ein Unternehmen, das gegen dieses Gesetz, eine auf Grund dieses Gesetzes erlassene Rechtsverordnung, eine auf Grund dieses Gesetzes in einer Zuteilung auferlegte Verpflichtung oder eine Verfügung der Bundesnetzagentur verstößt, ist dem Betroffenen zur Beseitigung und bei Wiederholungsgefahr zur Unterlassung verpflichtet. ²Der Anspruch besteht bereits dann, wenn eine Zuwiderhandlung droht. ³Betroffen ist, wer als Endverbraucher oder Wettbewerber durch den Verstoß beeinträchtigt ist. ⁴Fällt dem Unternehmen Vorsatz oder Fahrlässigkeit zur Last, ist es einem Endverbraucher oder einem Wettbewerber auch zum Ersatz des Schadens verpflichtet, der ihm aus dem Verstoß entstanden ist. ⁵Geldschulden nach Satz 4 hat das Unternehmen ab Eintritt des Schadens zu verzinsen. ⁶Die §§ 288 und 289 Satz 1 des Bürgerlichen Gesetzbuchs finden entsprechende Anwendung.

(2) ¹Wer in anderer Weise als durch Verwendung oder Empfehlung von Allgemeinen Geschäftsbedingungen gegen Vorschriften dieses Gesetzes oder Vorschriften einer auf Grund dieses Gesetzes erlassenen Rechtsverordnung verstößt, die dem Schutz der Verbraucher dienen, kann im Interesse des Verbraucherschutzes von den in § 3 des Unterlassungsklagengesetzes genannten Stellen in Anspruch genommen werden. ²Werden die Zuwiderhandlungen in einem geschäftlichen Betrieb von einem Angestellten oder einem Beauftragten begangen, so ist der Unterlassungsanspruch auch gegen den Inhaber des Betriebes begründet. ³Im Übrigen bleibt das Unterlassungsklagegesetz unberührt.

Die Regelung des § 44 TKG gewährt einem Betroffenen bei Rechtsverstößen des Telekommunikationsunternehmens einen zivilrechtlichen Anspruch auf Schadensersatz und Unterlassung und führt diesbezüglich in Abs. 1 die entsprechenden Anspruchsvoraussetzungen auf (→ Rn. 4 ff.). Abs. 2 eröffnet den Anwendungsbereich der Regelung für Verbraucherschutzorganisationen (→ Rn. 15 ff.).

A. Allgemeines

1   Die durch § 44 TKG gewährten Ansprüche dienen einer Verbesserung der Rechtsstellung der Nutzer von Telekommunikationsdienstleistungen. Unternehmen sollen gerade nicht nur der Aufsicht durch die Regulierungsbehörde unterliegen, sondern sich in den genannten Fällen auch unmittelbar gegenüber dem Nutzer schadensersatzpflichtig machen (BT-Drs. 13/3609, 47). Die Vorschrift bezweckt damit insbes. eine Ausweitung des Kundenschutzes. Dies lässt erkennen, dass § 44 TKG – obwohl eine der Vorschrift ausdrücklich entsprechende europarechtliche Vorgabe nicht ersichtlich ist – auf der den Kundenschutz explizit regelnden Universaldienst-RL basiert.

2   Dem Betroffenen wird neben den ihm ohnehin zur Verfügung stehenden §§ 823 Abs. 2 und 1004 BGB eine zusätzliche Möglichkeit an die Hand gegeben, seine Rechte auf Schadensersatz, Beseitigung und Unterlassung bei einem Verstoß des Unternehmens gegen telekommunikationsrechtliche Vorschriften selbst – dh unabhängig von einem Einschreiten der Bundesnetzagentur als Regulierungsbehörde – durchzusetzen. Die in Abs. 1 gewährten Rechte auf Beseitigung und Unterlassung sind dabei verschuldensunabhängig ausgestaltet, während der Anspruch des Betroffenen auf Schadensersatz ein Verschulden des Unterneh-

mens erfordert. Durch die Regelung des Abs. 2 erhalten auch Verbraucherschutzorganisationen nach § 3 UKlaG die Möglichkeit, eigenständig zur Wahrung des Verbraucherschutzes gegen Verstöße eines Unternehmens vorzugehen.

Im Gegensatz zu der Vorgängervorschrift des § 40 TKG 1996 wurde § 44 TKG 2004 **3** erheblich umgestaltet und erweitert. Neu aufgenommen wurde etwa die Gewährung des verschuldensunabhängigen Unterlassungsanspruches, der Verweis auf § 3 UKlaG sowie der Begriff der Betroffenheit (BT-Drs. 15/2679, 14). Seither wurden keine weiteren Änderungen an der Formulierung des § 44 TKG vorgenommen.

B. Ansprüche des Betroffenen (Abs. 1)

I. Anspruchsinhaber

§ 44 Abs. 1 S. 1 TKG bezeichnet die Anspruchsgläubiger als „Betroffene". Gem. S. 3 ist **4** betroffen, wer als Endverbraucher oder Wettbewerber durch den Verstoß beeinträchtigt ist. Die Begriffe des Endverbrauchers und des Wettbewerbers werden im TKG jedoch nicht definiert. Insbesondere wurden sie nicht in die Begriffsbestimmungen des § 3 TKG aufgenommen.

1. Endverbraucher

Hinsichtlich des Begriffs des „Endverbrauchers" ist auffällig, dass das TKG allein im § 44 **5** Abs. 1 TKG diese Formulierung verwendet, an anderer Stelle aber mehrfach auf den „Endnutzer" (vgl. etwa §§ 44a, 45, 66 TKG) oder den „Verbraucher" (vgl. etwa §§ 43a, 43b, 45n TKG) verweist. Diese Alleinstellung wirft die Frage auf, weshalb der Gesetzgeber an dieser Stelle eine neue Begrifflichkeit einführt, die zudem wie eine sprachliche Vermischung der bekannten Begriffe des „Endnutzers" und des „Verbrauchers" anmutet und zwangsläufig zu kaum lösbaren Abgrenzungsschwierigkeiten führt. Bezieht man in diese Überlegungen ein, dass der Gesetzgeber in seiner Gesetzesbegründung davon ausging, gerade eine Anpassung an die sonst im TKG verwendeten Begriffe vorzunehmen (BT-Drs. 15/2674, 11), muss davon ausgegangen werden, dass es sich bei dem Begriff des „Endverbrauchers" um ein **Redaktionsversehen** des Gesetzgebers handelte (so auch Scheurle/Mayen/Schadow TKG § 44 Rn. 9). Einige Anhaltspunkte sprechen dafür, dass der Gesetzgeber statt dem „Endverbraucher" den Begriff des „Endnutzers" verwenden wollte. Dies ergibt sich insbes. daraus, dass im Gegensatz zum ebenfalls in Frage kommenden Begriff des „Verbrauchers" der des „Endnutzers" bereits im TKG – nämlich in § 3 Nr. 8 TKG – definiert wird; zudem findet sich gerade das Begriffspaar „Endnutzer und Wettbewerber" mehrfach im TKG, die Kombination „Verbraucher und Wettbewerber" jedoch nirgends (vgl. Säcker/Rugullis TKG § 44 Rn. 11).

2. Wettbewerber

Auch zu dem Begriff des „Wettbewerbers" findet sich keine Definition im TKG. Hier **6** kann jedoch zur Auslegung auf das GWB zurückgegriffen werden, da es sich bei Regelungen des TKG um Sonderkartellrecht handelt. Folglich sind als Wettbewerber solche Unternehmen anzusehen, die auf demselben Markt tatsächlich oder potentiell im Wettbewerb stehen.

II. Schuldner

Als Adressat der Ansprüche auf Schadensersatz, Beseitigung oder Unterlassung bezeichnet **7** § 44 TKG das „Unternehmen". Der Begriff des „Unternehmens" ist in § 3 Nr. 29 TKG definiert, wonach unter diesen sowohl das Unternehmen selbst, als auch mit ihm im Sinne des § 36 Abs. 2 und § 37 Abs. 1 und 2 GWB verbundene Unternehmen fallen.

III. Verstoß

Das Unternehmen muss gegen das Gesetz, eine auf Grund des Gesetzes erlassene Rechts- **8** verordnung, eine auf Grund des Gesetzes in einer Zuteilung auferlegte Verpflichtung oder eine Verfügung der Bundesnetzagentur verstoßen haben. Mit dem Begriff des „Gesetzes" ist das TKG in seiner aktuellen Fassung gemeint. Folglich muss auch hinsichtlich des Verstoßes gegen eine auf Grund des Gesetzes erlassene Rechtsverordnung die jeweilige Rechtsverordnung auf Grund des aktuellen TKG erlassen worden sein. Bezüglich eines Verstoßes des Unternehmens gegen eine in einer Zuteilung auferlegten Verpflichtung, ist es ebenfalls notwendig, dass der Erlass der Zuteilung auf dem TKG in seiner aktuellen Fassung basiert. Bei einer solchen Zuteilung handelt es sich um einen Verwaltungsakt der Bundesnetzagentur. Als Beispiel für eine in einer Zuteilung auferlegten Verpflichtung ist etwa die Nummernzuteilung nach § 66 Abs. 1 TKG zu nennen. Schließlich kommt noch ein Verstoß gegen eine Verfügung der Bundesnetzagentur in Betracht; eine solche Verfügung liegt dann vor, wenn die Bundesnetzagentur dem Unternehmen mittels Verwaltungsakt entweder im Wege einer Einzelverfügung oder im Rahmen einer Allgemeinverfügung nach § 35 S. 2 VwVfG ein bestimmtes Verhalten auferlegt oder untersagt.

9 Das Unternehmen kann einen Verstoß im Sinne der Regelung durch ein Handeln oder ein Unterlassen begehen; gem. S. 2 besteht allerdings auch ein Anspruch nach § 44 TKG, wenn eine Zuwiderhandlung lediglich droht. Neben bereits begangenen Verstößen erfasst die Regelung somit auch solche in der Zukunft und gewährt dem Betroffenen einen vorbeugenden Anspruch. Bezüglich der Frage, zu welchem Zeitpunkt eine Drohung der Zuwiderhandlung anzunehmen ist, kann auf die Rspr. zu der ebenfalls zivilrechtlichen Regelung des § 1004 BGB zurückgegriffen werden (vgl. Säcker/Rugullis TKG § 44 Rn. 19); hiernach genügt auch die ernsthafte Gefahr eines erstmaligen Verstoßes (vgl. Palandt/Bassenge BGB § 1004 Rn. 32).

IV. Beeinträchtigung

10 Der Anspruchsinhaber muss des Weiteren auch Betroffener im Sinne des § 44 TKG sein. Betroffen ist er nach § 44 Abs. S. 3 TKG dann, wenn er durch den Verstoß beeinträchtigt ist. Als Beeinträchtigung wird im Rahmen des § 1004 BGB jede Form von Einwirkung verstanden, die der Anspruchsberechtigte nicht zu dulden bereit ist (vgl. AFS/Kessel TKG § 44 Rn. 21 mwN). Ob eine solche Beeinträchtigung vorliegt, wird im Einzelfall zu klären sein.

V. Kausalität

11 Die Beeinträchtigung des Anspruchsinhabers muss auf dem Verstoß des Unternehmens beruhen. Zwischen Verstoß und Beeinträchtigung muss folglich ein – wie im Zivilrecht herrschend anerkannt – adäquater Kausalzusammenhang bestehen.

VI. Anspruch auf Beseitigung oder Unterlassung

12 Die Ansprüche auf Beseitigung oder Unterlassung stehen dem Betroffenen unabhängig von einem Verschulden des Unternehmens zur Verfügung. Für die Beseitigung der andauernden Beeinträchtigung ist diese für die Zukunft abzustellen; eine Herstellung des früheren Zustands durch Beseitigung ihrer Folgen hat hingegen nicht zu erfolgen (vgl. Palandt/Bassenge BGB § 1004 Rn. 28). Aufgrund seiner Eigenschaft als Störer hat das Unternehmen die damit verbundenen Kosten zu tragen (vgl. Palandt/Bassenge BGB § 1004 Rn. 30). Der Unterlassungsanspruch ist gem. § 44 Abs. 1 S. 1 TKG bei Wiederholungsgefahr und gem. § 44 Abs. 1 S. 2 TKG bei drohender Beeinträchtigung gegeben. Das Unternehmen hat dann nicht nur in Zukunft untätig zu sein, sondern schuldet auch ein Verhalten, das den Nichteintritt der drohenden Beeinträchtigung bewirkt (vgl. Palandt/Bassenge BGB § 1004 Rn. 33).

VII. Schadensersatzanspruch

13 Im Gegensatz zu den Beseitigungs- und Unterlassungsansprüchen setzt der Schadensersatzanspruch gem. § 44 Abs. 1 S. 4 TKG Vorsatz oder Fahrlässigkeit, mithin also ein Verschulden des Unternehmens voraus. Da die Regelung nicht zwischen den verschiedenen Formen der Fahrlässigkeit differenziert, sind alle Begehungsweisen von leichter über mittlere bis grobe Fahrlässigkeit vom Anwendungsbereich erfasst (Scheurle/Mayen/Schadow TKG § 44 Rn. 24). Zudem muss ein Kausalzusammenhang zwischen der Beeinträchtigung und

dem eingetretenen Schaden (sog. haftungsausfüllende Kausalität) vorliegen. Inhalt und Umfang des Anspruches richten sich nach §§ 249 ff. BGB. Bei Vermögensschäden ist die Begrenzung der Haftung gem. § 44a TKG auf höchstens 12.500 EUR je Endnutzer zu beachten.

VIII. Zinsen

§ 44 Abs. 1 S. 5 TKG gewährt dem Betroffenen einen Zinsanspruch bereits ab Eintritt 14
des Schadens, sofern sein Anspruch auf Geld gerichtet ist. Da die Regelungen der §§ 288, 289 Abs. 1 BGB nicht bereits ab Schadenseintritt, sondern erst ab Eintritt des Verzuges anwendbar sind, erklärt § 44 Abs. 1 S. 6 TKG diese ausdrücklich für entsprechend anwendbar.

C. Ansprüche der in § 3 UKlaG genannten Stellen (Abs. 2)
I. Allgemeines

Der Wortlaut des § 44 Abs. 2 TKG entspricht nahezu dem des § 2 Abs. 1 UKlaG, stellt 15
jedoch mit dem Bezug auf die Vorschriften des TKG bzw. die auf Grund des TKG erlassenen Rechtsverordnungen einen telekommunikationsspezifischen Zusammenhang her.

II. Anspruchsinhaber und -gegner

Inhaber des Anspruches nach § 44 Abs. 2 TKG sind die in § 3 UKlaG genannten Stellen. 16
Danach sind qualifizierte Einrichtungen, Verbände zur Förderung gewerblicher Interessen sowie Industrie- und Handelskammern ebenso wie Handwerkskammern – wegen derselben Handlung auch nebeneinander – anspruchsberechtigt (Palandt/Bassenge UKlaG § 3 Rn. 3–12). Von dem Begriff der qualifizierten Einrichtung sind die nach § 4 UKlaG in der Liste des Bundesverwaltungsamtes aufgenommenen Verbraucherverbände erfasst.

Der Anspruch richtet sich gegen jeden Störer im Sinne des § 2 UKlaG. In Frage kommt 17
folglich der Betriebsinhaber sowie seine Angestellten oder Beauftragten als unmittelbarer Störer, sofern er oder sie die Zuwiderhandlung selbst begangen haben. Der Betriebsinhaber ist aber auch als mittelbarer Störer Anspruchsgegner, wenn die Zuwiderhandlung zwar nicht von ihm selbst, jedoch von seinen Angestellten oder Beauftragten in seinem Geschäftsbereich begangen wurden. Dies gilt unabhängig von seinem Verschulden und ohne Möglichkeit der Entlastung (Palandt/Bassenge UKlaG § 2 Rn. 8).

III. Anspruchsvoraussetzungen

Voraussetzung für einen Anspruch gem. § 44 Abs. 1 TKG ist ein Verstoß des Anspruchs- 18
gegners – mithin jede Zuwiderhandlung durch Tun oder Unterlassen (→ Rn. 17) – gegen Vorschriften des TKG oder einer aufgrund des TKG erlassenen Rechtsverordnung, die dem Schutz der Verbraucher dienen. Ausgenommen sind somit ausdrücklich die in § 44 Abs. 1 TKG genannten Verwaltungsakte (vgl. Säcker/Rugullis TKG § 44 Rn. 36). Die Regelung dient dem Schutz der Verbraucher, wenn der Verbraucherschutz primärer Zweck der Regelung ist und nicht lediglich untergeordnete Bedeutung hat oder rein zufällige Nebenwirkung ist (vgl. AFS/Kessel TKG § 44 Rn. 36 mwN). Auch muss der Verstoß auf andere Weise als durch Verwendung oder Empfehlung von Allgemeinen Geschäftsbedingungen erfolgen, da insoweit § 1 UKlaG einschlägig ist. Gem. § 44 Abs. 2 S. 1 TKG ist weitere Voraussetzung für den Anspruch, dass die Geltendmachung und Durchsetzung des Anspruches im Interesse des Verbraucherschutzes erfolgt. Das bedeutet, dass der Verstoß **Kollektivinteressen** der Verbraucher und nicht nur das Einzelinteresse eines Verbrauchers berühren muss, was etwa dann gegeben ist, wenn die Zuwiderhandlung in ihrer Bedeutung und ihrem Gewicht über den Einzelfall hinausreicht und eine generelle Klärung geboten erscheinen lässt (vgl. Palandt/Bassenge UKlaG § 2 Rn. 5).

IV. Konkurrenzen

19 Das UKlaG bleibt gem. § 44 Abs. 2 S. 3 TKG ausdrücklich unberührt, weshalb dessen Verfahrensvorschriften zu beachten sind. Ansprüche aus UKlaG, aber auch anderen Gesetzen wie dem UWG, sind neben § 44 Abs. 2 TKG möglich.

§ 44a Haftung

¹Soweit eine Verpflichtung des Anbieters von öffentlich zugänglichen Telekommunikationsdiensten zum Ersatz eines Vermögensschadens gegenüber einem Endnutzer besteht und nicht auf Vorsatz beruht, ist die Haftung auf höchstens 12 500 Euro je Endnutzer begrenzt. ²Entsteht die Schadensersatzpflicht durch eine einheitliche Handlung oder ein einheitliches Schaden verursachendes Ereignis gegenüber mehreren Endnutzern und beruht dies nicht auf Vorsatz, so ist die Schadensersatzpflicht unbeschadet der Begrenzung in Satz 1 in der Summe auf höchstens 10 Millionen Euro begrenzt. ³Übersteigen die Entschädigungen, die mehreren Geschädigten auf Grund desselben Ereignisses zu leisten sind, die Höchstgrenze, so wird der Schadensersatz in dem Verhältnis gekürzt, in dem die Summe aller Schadensersatzansprüche zur Höchstgrenze steht. ⁴Die Haftungsbegrenzung nach den Sätzen 1 bis 3 gilt nicht für Ansprüche auf Ersatz des Schadens, der durch den Verzug der Zahlung von Schadensersatz entsteht. ⁵Abweichend von den Sätzen 1 bis 3 kann die Höhe der Haftung gegenüber Endnutzern, die keine Verbraucher sind, durch einzelvertragliche Vereinbarung geregelt werden.

Die Vorschrift legt Höchstsummen bezüglich der Haftung des Anbieters fest. Zu unterscheiden sind dabei die Begrenzungen der Haftung gegenüber einem einzigen Endnutzer (→ Rn. 3), mehreren Endnutzern (→ Rn. 4) sowie die Möglichkeit zur einzelvertraglichen Vereinbarung der Haftungshöhe bei Endnutzern, die keine Verbraucher sind (→ Rn. 7).

A. Allgemeines

1 Anbieter von öffentlich zugänglichen Telekommunikationsdiensten haften nach der Regelung des § 44a TKG lediglich bis zu einer festgelegten Höchstsumme. Diese Haftungsbegrenzung ist erforderlich, um die ansonsten kaum abschätzbaren wirtschaftlichen Risiken (so die Gesetzesbegründung in BT-Drs. 15/5213, 21) eines Anbieters zu reduzieren, der andernfalls bei Störungen seiner Telekommunikationsdienste – die er etwa für Börsen oder Banken erbringt – in voller Höhe haften würde. Mit dieser Regelung soll dem Anbieter folglich das ihm drohende wirtschaftliche Risiko hinsichtlich der Haftungsbeschränkung für reine Vermögensschäden kalkulierbar gemacht werden. Die Haftungsbeschränkung findet auch auf Fälle grober Fahrlässigkeit des Anbieters Anwendung, da eine solche Vereinbarung, würde sie der Anbieter in seinen Allgemeinen Geschäftsbedingungen verankern, gem. § 309 Nr. 7 lit. b BGB unwirksam wäre; verursacht der Anbieter den Schaden vorsätzlich, greift sie allerdings nicht (BT-Drs. 15/5213, 21).

B. Adressaten der Regelung

2 § 44a TKG gewährt Anbietern von öffentlich zugänglichen Telekommunikationsdiensten ein Schutzinstrument gegen Schadensersatzansprüche von Endnutzern. „Öffentlich zugängliche Telekommunikationsdienste" sind gem. § 3 Nr. 17a TKG der Öffentlichkeit zur Verfügung stehende Telekommunikationsdienste. Telekommunikationsdienste sind gem. § 3 Nr. 24 TKG in der Regel gegen Entgelt erbrachte Dienste, die ganz oder überwiegend in der Übertragung von Signalen über Telekommunikationsnetze bestehen. Die Haftungsbegrenzung wird demnach Anbietern gewährt, die solche Dienste für ihre Nutzer öffentlich zugänglich machen. Ein Endnutzer ist gem. § 3 Nr. 8 TKG ein Nutzer, der weder öffentliche Telekommunikationsnetze betreibt noch öffentlich zugängliche Telekommunikationsdienste erbringt. Das bedeutet in Abgrenzung zu dem in § 3 Nr. 20 TKG definierten Begriff des Teilnehmers, dass auch derjenige, der mit dem Anbieter keinen Vertrag geschlossen hat, den Restriktionen des § 44a TKG unterliegt (vgl. Säcker/Rugullis TKG § 44a Rn. 9).

C. Die Haftungsbegrenzung gegenüber einem oder mehreren Endnutzern (S. 1 und 2)

I. Haftungsbegrenzung gegenüber einem Endnutzer (S. 1)

§ 44a S. 1 TKG regelt den Fall, dass eine Verpflichtung des Anbieters von öffentlich zugänglichen Telekommunikationsdiensten zum Ersatz eines Vermögensschadens gegenüber einem Endnutzer besteht und nicht auf Vorsatz beruht. In einem solchen Fall ist die Haftung auf höchstens 12.500 EUR je Endnutzer begrenzt, der Anbieter hat einen darüber hinausgehenden Vermögensschaden nicht zu zahlen. Die Haftungsbegrenzung gilt nach dem Wortlaut der Regelung nicht bei einer vorsätzlichen Schadensverursachung, so dass im Umkehrschluss jede Form fahrlässigen Verhaltens des Anbieters – von leichter bis hin zu grober Fahrlässigkeit – von § 44a TKG erfasst wird. Der Anwendungsbereich der Regelung wird nicht auf einen bestimmten Rechtsgrund eingeschränkt, auf dem die Schadensersatzansprüche des Endnutzers basieren müssen, so dass hier neben dem im TKG genannten Anspruch aus § 44 TKG auch weitere Ansprüche wie etwa aus §§ 280, 823 ff. BGB erfasst sind. 3

II. Haftungsbegrenzung gegenüber mehreren Endnutzern (S. 2)

Demgegenüber legt S. 2 fest, dass die Schadensersatzpflicht für Vermögensschäden, sofern sie durch eine einheitliche Handlung oder ein einheitliches Schaden verursachendes Ereignis gegenüber mehreren Endnutzern entsteht und dies nicht auf Vorsatz beruht, unbeschadet der Begrenzung in S. 1 in der Summe auf höchstens 10 Millionen EUR begrenzt ist. Sieht sich der Anbieter folglich aufgrund desselben Verhaltens oder Ereignisses den Schadensersatzansprüchen mehrerer Endnutzer ausgesetzt, haftet er insgesamt nicht über die Summe von 10 Millionen EUR hinaus. Damit wird der Anbieter im Sinn und Zweck der Regelung entsprechend (→ Rn. 1) auch bei Großschäden mit einer Vielzahl von Betroffenen hinreichend geschützt. Dadurch, dass S. 2 die Haftungsbegrenzung des S. 1 ausdrücklich unbeschadet lässt, haftet der Anbieter auch im Falle des S. 2 gegenüber jedem einzelnen Endnutzer höchstens bis zu einer Summe von 12.500 EUR. Ebenfalls wurde in S. 2 die Einschränkung aufgenommen, dass die einheitliche Handlung oder das einheitliche Schaden verursachende Ereignis nicht auf Vorsatz beruhen darf (→ Rn. 3). 4

D. Kürzung des Schadensersatzes (S. 3)

Überschreitet die Summe der vom Anbieter aufgrund des Ereignisses zu leistenden Entschädigungen die Höchstgrenze von 10 Millionen EUR, so legt § 44a S. 3 TKG eine anteilige Kürzung des Schadensersatzes fest. Dieser ist in dem Verhältnis zu kürzen, in dem die Summe aller Schadensersatzansprüche zur Höchstgrenze steht. Das bedeutet, dass bei mehreren geschädigten Endnutzern eine entsprechende Entschädigungsquote zu bilden ist. Die Kürzung des Anspruches berechnet sich dann dergestalt, dass zunächst das Verhältnis zwischen der Haftungsgrenze von 10 Millionen EUR und der Summe aller Schadensersatzansprüche ermittelt wird. Beispielhaft ergäbe sich so bei Schadensersatzansprüchen aller Endnutzer von insgesamt 20 Millionen EUR ein Verhältnis von 10:20, mithin ein Faktor von 0,5. Mit diesem Faktor ist dann der Anspruch jedes Endnutzers zu multiplizieren um den Anspruch des Endnutzers abzüglich der anteiligen Kürzung zu ermitteln. Bei der Berechnung ist allerdings zu beachten, dass der Schadensersatzanspruch eines jeden Endnutzers gem. den S. 1 und 2 auf maximal 12.500 EUR begrenzt ist und auch bei darüber hinausgehendem Schaden nur in dieser Höhe in die Berechnung einbezogen wird. 5

E. Ausnahme von der Haftungsbegrenzung (S. 4)

In S. 4 wird für den Fall des Verzugsschadens eine Ausnahme von der Haftungsbegrenzung der S. 1–3 statuiert. Gerät der Anbieter gegenüber einem Endnutzer mit der Zahlung von Schadensersatzleistungen in Verzug, so soll er sich bezüglich des Verzugsschadens aus §§ 280, 286 BGB nicht auf die Haftungsbegrenzung von 12.500 EUR berufen können. Dadurch soll vermieden werden, dass der Verzugsschaden den tatsächlichen, aber nach den S. 1–3 begrenzten Vermögensschaden noch weiter mindert (vgl. Säcker/Rugullis TKG 6

§ 44a Rn. 29). Unter den Verzugsschaden fallen die Verzugszinsen gem. § 288 Abs. 1–3 BGB und sonstige Verzugsschäden gem. § 288 Abs. 4 BGB.

F. Abweichende einzelvertragliche Vereinbarungen (S. 5)

7 § 44a S. 5 TKG lässt zu, dass abweichend von den S. 1–3 die Höhe der Haftung für nicht vorsätzliche Vermögensschäden gegenüber Endnutzern, die keine Verbraucher sind, durch einzelvertragliche Vereinbarung geregelt werden kann. Der Begriff des Endnutzers (vgl. → Rn. 2) wird hier folglich dahin eingeschränkt, dass Abweichungen lediglich gegenüber Endnutzern, die keine Verbraucher sind, zulässig sind. Der Begriff des Verbrauchers wird im TKG selbst nicht definiert, so dass zu dessen Auslegung der Verbraucherbegriff gem. § 13 BGB herangezogen werden kann. Demgemäß sind Verbraucher alle natürlichen Personen, die ein Rechtsgeschäft zu privaten Zwecken abschließen, welches nicht einer gewerblichen oder selbstständigen beruflichen Tätigkeit zugeordnet werden kann (vgl. Palandt/Ellenberger BGB § 13 Rn. 2 f.). S. 5 ermöglicht es Anbietern also, mit ihren gewerblichen Kunden individualvertragliche Abweichungen von der Höhe der Haftungsbegrenzung der S. 1 und 2 zu treffen. Wie die Höhe der Haftung zwischen dem Anbieter und dem Endnutzer im Einzelnen ausgestaltet wird, unterliegt der Privatautonomie.

§ 45 Berücksichtigung der Interessen behinderter Endnutzer

(1) ¹Die Interessen behinderter Endnutzer sind von den Anbietern öffentlich zugänglicher Telekommunikationsdienste bei der Planung und Erbringung der Dienste zu berücksichtigen. ²Es ist ein Zugang zu ermöglichen, der dem Zugang gleichwertig ist, über den die Mehrheit der Endnutzer verfügt. ³Gleiches gilt für die Auswahl an Unternehmen und Diensten.

(2) ¹Nach Anhörung der betroffenen Verbände und der Unternehmen kann die Bundesnetzagentur den allgemeinen Bedarf nach Absatz 1 feststellen, der sich aus den Bedürfnissen der behinderten Endnutzer ergibt. ²Zur Sicherstellung des Dienstes sowie der Dienstemerkmale ist die Bundesnetzagentur befugt, den Unternehmen Verpflichtungen aufzuerlegen. ³Die Bundesnetzagentur kann von solchen Verpflichtungen absehen, wenn eine Anhörung der betroffenen Kreise ergibt, dass diese Dienstemerkmale oder vergleichbare Dienste als weithin verfügbar erachtet werden.

(3) ¹Die Anbieter öffentlich zugänglicher Telefondienste stellen Vermittlungsdienste für gehörlose und hörgeschädigte Endnutzer zu einem erschwinglichen Preis unter Berücksichtigung ihrer besonderen Bedürfnisse bereit. ²Die Bundesnetzagentur ermittelt den Bedarf für diese Vermittlungsdienste unter Beteiligung der betroffenen Verbände und der Unternehmen. ³Soweit Unternehmen keinen bedarfsgerechten Vermittlungsdienst bereitstellen, beauftragt die Bundesnetzagentur einen Leistungserbringer mit der Bereitstellung eines Vermittlungsdienstes zu einem erschwinglichen Preis. ⁴Die mit dieser Bereitstellung nicht durch die vom Nutzer zu zahlenden Entgelte gedeckten Kosten tragen die Unternehmen, die keinen bedarfsgerechten Vermittlungsdienst bereitstellen. ⁵Der jeweils von einem Unternehmen zu tragende Anteil an diesen Kosten bemisst sich nach dem Verhältnis des Anteils der vom jeweiligen Unternehmen erbrachten abgehenden Verbindungen zum Gesamtvolumen der von allen zahlungspflichtigen Unternehmen erbrachten abgehenden Verbindungen und wird von der Bundesnetzagentur festgesetzt. ⁶Die Zahlungspflicht entfällt für Unternehmen, die weniger als 0,5 Prozent des Gesamtvolumens der abgehenden Verbindungen erbracht haben; der auf diese Unternehmen entfallende Teil der Kosten wird von den übrigen Unternehmen nach Maßgabe des Satzes 5 getragen. ⁷Die Bundesnetzagentur legt die Einzelheiten des Verfahrens durch Verfügung fest.

§ 45 TKG regelt die Berücksichtigung der Interessen (→ Rn. 5) behinderter Endnutzer bei der Planung und Erbringung von Telekommunikationsdienstleistungen durch (→ Rn. 4) Telekommunikationsdiensteanbieter. Behinderten Endnutzern sollen einen einem nichtbehinderten Endnutzer (→ Rn. 7) gleichwertigen Zugang zu Telekommunikationsdienstleistungen erhalten. Hierzu kann die BNetzA nach § 45 Abs. 2 TKG den Bedarf der Leistungen ermitteln und den Telekommunikationsdiensteanbietern entsprechende (→ Rn. 8) Verpflichtungen auferlegen. Nach § 45 Abs. 3 TKG müssen Telefondiensteanbieter einen Vermittlungsdienst für gehörlose und hörgeschädigte Endnutzer zur Verfügung stellen. Sofern dies nicht durch die verpflichteten Unternehmen erfolgt, kann die BNetzA einen solchen Vermittlungsdienst bei einem (→ Rn. 13) Leistungserbringer beauftragen und die (→ Rn. 14) Kosten auf die Telefondiensteanbieter umlegen.

A. Allgemeines

Durch § 45 TKG ist auf einfachgesetzlicher Ebene eine Ausformung des **Verbots der Benachteiligung behinderter Menschen** nach Art. 3 Abs. 3 S. 2 GG geschaffen worden (Scheuerle/Mayen/Schadow TKG § 45 Rn. 2). Aufgrund der Bedeutung der Nutzung moderner Telekommunikationsmittel für die alltägliche Lebensführung sollen mit § 45 TKG solche Maßnahmen ergriffen werden, die behinderten Endnutzern eine Nutzbarkeit dieser Mittel ermöglichen (BT-Drs. 15/5213, 21). 1

Durch § 45 Abs. 1 und Abs. 2 TKG werden Art. 7, 23a und 27a Abs. 2 Universaldienstleistungs-RL und Art. 8 Abs. 4 lit. e Rahmen-RL in **nationales Recht umgesetzt** und um die Verpflichtung für die Bereitstellung von Vermittlungsdiensten für gehörlose und hörgeschädigte Endnutzer in § 45 Abs. 3 TKG ergänzt. 2

B. Berücksichtigungsgrundsatz (Abs. 1)

Gem. § 45 Abs. 1 TKG müssen Anbieter öffentlich zugänglicher Telekommunikationsdienste sowohl bei der Planung, als auch bei der Erbringung von Telekommunikationsdiensten die Interessen behinderter Endnutzer berücksichtigen. 3

Eine Legaldefinition der **Anbieter öffentlich zugänglicher Telekommunikationsdienste** findet sich in § 3 Nr. 17a TKG. 4

Behinderte Endnutzer sind hingegen im TKG nicht legaldefiniert, wobei auf die Legaldefinition in § 3 BGG zurückgegriffen werden kann (AFS/Hartl TKG § 45 Rn. 4). Danach sind Menschen behindert, wenn ihre körperliche Funktion, geistige Fähigkeit oder seelische Gesundheit mit hoher Wahrscheinlichkeit länger als sechs Monate von dem für das Lebensalter typischen Zustand abweichen und daher ihre Teilhabe am Leben in der Gesellschaft beeinträchtigt ist (krit. insgesamt: Säcker/Klingner TKG § 45 Rn. 11). Aufgrund des Normzwecks können aber nur Interessen solcher behinderter Endnutzer zu berücksichtigen sein, die aufgrund ihrer Behinderung gerade bei dem Zugang und der Nutzung von Telekommunikationsdiensten eingeschränkt oder ausgeschlossen sind (hierzu Scheuerle/Mayen/Schadow TKG § 45 Rn. 2) und sich diese Einschränkung oder der Ausschluss gerade auf dem technischen Vorgang der Telekommunikation gründet (AFS/Hartl TKG § 45 Rn. 6). 5

Nach § 45 Abs. 1 S. 1 TKG müssen Unternehmen **grds.** die Interessen von behinderten Endnutzern bei der Planung und Erbringung der Dienste berücksichtigen. Konkrete Verpflichtungen für die Unternehmen ergeben sich hieraus ebenso wenig, wie subjektive Rechte von behinderten Endnutzern (AFS/Hartl TKG § 45 Rn. 5; Beck TKG/Ditscheid/Rudloff TKG § 45 Rn. 11). 6

Behinderten Endnutzern ist nach § 45 Abs. 1 S. 2 TKG ein Zugang zu Telekommunikationsdiensten zu ermöglichen, der dem Zugang **gleichwertig** ist, über den die Mehrheit der Endnutzer verfügt. Die Gleichwertigkeit des Zugangs zu öffentlich zugänglichen Telekommunikationsdiensten bestimmt sich nach der Funktionsweise der Dienste. Hierbei müssen behinderte Endnutzer die gleiche Funktionalität der Dienste wahrnehmen können, wie nicht behinderte Endnutzer, wenn auch über Hilfsmittel (BT-Drs. 17/5707, 65). Nach § 45 Abs. 1 S. 3 TKG müssen behinderte Endnutzer dieselbe Auswahl an Unternehmen und Diensten haben, wie nicht behinderte Endnutzer. Dieses gilt aber nur dann, wenn auch unterschiedliche Unternehmen am Markt tätig sind und Dienste anbieten, die miteinander vergleichbar sind. § 45 Abs. 1 S. 3 TKG konstituiert keine Verpflichtung zur Schaffung von Doppelstrukturen, um generell Auswahlentscheidungen zu ermöglichen (BT-Drs. 17/5707, 65). 7

C. Verpflichtungsermächtigung der BNetzA (Abs. 2)

8   Durch § 45 Abs. 2 TKG wir die **BNetzA ermächtigt,** nach Anhörung der betroffenen Verbände und Unternehmen den Bedarf nach § 45 Abs. 1 festzustellen, der sich aus den Bedürfnissen der behinderten Endnutzer ergibt. Zur Sicherstellung des Dienstes sowie der Dienstemerkmale kann die BNetzA den Unternehmen Verpflichtungen auferlegen. Diese Befugnis der BNetzA knüpft an die Befugnisse der BNetzA im Rahmen der Universaldiensteverpflichtung nach § 78 Abs. 4 TKG an (BT-Drs. 17/5707, 65). Jedoch sieht § 45 Abs. 2 TKG anders als § 78 Abs. 4 TKG keinen speziellen (Universal-) Dienstverpflichteten vor, dem Verpflichtungen nach § 45 Abs. 2 TKG von der BNetzA auferlegt werden sollen. Eine von der BNetzA verfügte Verpflichtung adressiert alle Unternehmen, die den jeweiligen Dienst anbieten. Gem. dem Verständnis der spezielleren Regelung für den Vermittlungsdienst in § 45 Abs. 3 TKG können die von der BNetzA verpflichteten Unternehmen ihre Verpflichtung auch durch die gemeinsame Beauftragung eines Leistungserbringers erfüllen.

D. Vermittlungsdienst (Abs. 3)

9   § 45 Abs. 3 stellt eine **Konkretisierung** der Verpflichtung nach § 45 Abs. 1 TKG dar (BT-Drs. 16/12405, 13). Nach § 45 Abs. 3 TKG ist jeder Anbieter öffentlich zugänglicher Telefondienste verpflichtet, einen Vermittlungsdienst für gehörlose und hörgeschädigte Endnutzer zu einem erschwinglichen Preis zur Verfügung zu stellen (BT-Drs. 16/12405, 13). Sinn und Zweck des Vermittlungsdienstes ist es, dass gehörlose und hörgeschädigte Endnutzer jeden Teilnehmer anrufen und von jedem Teilnehmer angerufen werden können (BNetzA Mitt. Nr. 455/2010, siehe auch Ditscheid/Ufer MMR 2009, 367).

10 **Erschwinglich** ist ein Preis dann, wenn er mit dem Preis, den nicht behinderte Endnutzer zahlen, vergleichbar ist, wobei ein Teil der durch den Einsatz des Vermittlungsdienstes entstehenden Zusatzkosten auf die Nutzer umgelegt werden kann (BT-Drs. 16/12405, 13).

11 **Verpflichtete** nach § 45 Abs. 3 TKG sind nur Anbieter öffentlich zugänglicher Telefondienste, da ein Vermittlungsdienst nur zur Ermöglichung der sprachtelefonischen Kommunikation für gehörlose und hörgeschädigte Endnutzer zum Einsatz kommt (BT-Drs. 16/12405, 14). **Öffentlich zugängliche Telefondienste** sind in § 3 Nr. 17 TKG legaldefiniert.

I. Bereitstellung eines Vermittlungsdienstes

12 Nach § 45 Abs. 3 S. 2 TKG **ermittelt** die BNetzA den **Bedarf** für einen Vermittlungsdienst. Dieses hat die Behörde zuletzt mit Vfg Nr. 34/2012 getan und Feststellungen zum Umfang und Versorgungsgrad eines Vermittlungsdienstes getroffen.

13 Weiterhin **beauftragt** die BNetzA, soweit Unternehmen keinen bedarfsgerechten Vermittlungsdienst bereitstellen, einen **Leistungserbringer** mit der Bereitstellung eines Vermittlungsdienstes. Die Verpflichtung zur Bereitstellung eines Vermittlungsdienstes kann hierbei durch die verpflichteten Unternehmen auch durch Beauftragung eines anderen Unternehmens als Leistungserbringer erfolgen (BNetzA Vfg Nr. 34/2012). Daher hat ein Teil der Unternehmen einen zivilrechtlichen Vertrag mit einem Leistungserbringer zur Bereitstellung eines Vermittlungsdienstes geschlossen. Ebenfalls hat die BNetzA denselben Leistungserbringer mit der Durchführung eines Vermittlungsdienstes für solche Unternehmen beauftragt, die selbst keinen Vermittlungsdienst anbieten (BNetzA Vfg Nr. 29/2010).

II. Kostentragung

14 Die Kosten, die der BNetzA durch die Beauftragung eines Leistungserbringers entstehen, tragen gem. § 45 Abs. 3 S. 4 TKG die Unternehmen, die keinen Vermittlungsdienst bereitstellen. Die **unternehmensindividuelle Sonderabgabe** setzt die BNetzA durch Kostenbescheid gem. § 45 Abs. 3 S. 5 TKG fest (BT-Drs. 16/12405, 14). Maßgeblich für die Höhe des zu tragenden Kostenanteils ist der Anteil der abgehenden Verbindungen des Unternehmens im Vergleich zu den Gesamtverbindungsminuten des Marktes. Die BNetzA zieht hierbei für ihre Betrachtung einen 2 Jahre zurückliegenden Zeitraum in Betracht. Für

Unternehmen, deren abgehendes Verbindungsaufkommen im Betrachtungszeitraum unter 0,5 % des Gesamtverbindungsminutenvolumens liegt, entfällt eine Zahlungsverpflichtung.

§ 45a Nutzung von Grundstücken

(1) Ein Anbieter von öffentlich zugänglichen Telekommunikationsdiensten, der einen Zugang zu einem öffentlichen Telekommunikationsnetz anbietet, darf den Vertrag mit dem Teilnehmer ohne Einhaltung einer Frist kündigen, wenn der Teilnehmer auf Verlangen des Anbieters nicht innerhalb eines Monats den Antrag des dinglich Berechtigten auf Abschluss eines Vertrags zu einer Nutzung des Grundstücks nach der Anlage zu diesem Gesetz (Nutzungsvertrag) vorlegt oder der dinglich Berechtigte den Nutzungsvertrag kündigt.

(2) Sind der Antrag fristgerecht vorgelegt und ein früherer Nutzungsvertrag nicht gekündigt worden, darf der Teilnehmer den Vertrag ohne Einhaltung einer Frist kündigen, wenn der Anbieter von öffentlich zugänglichen Telekommunikationsdiensten den Antrag des Eigentümers auf Abschluss eines Nutzungsvertrags diesem gegenüber nicht innerhalb eines Monats durch Übersendung des von ihm unterschriebenen Vertrags annimmt.

(3) ¹Sofern der Eigentümer keinen weiteren Nutzungsvertrag geschlossen hat und eine Mitbenutzung vorhandener Leitungen und Vorrichtungen des Anbieters von öffentlich zugänglichen Telekommunikationsdiensten durch einen weiteren Anbieter nicht die vertragsgemäße Erfüllung der Verpflichtungen des Anbieters gefährdet oder beeinträchtigt, hat der aus dem Nutzungsvertrag berechtigte Anbieter einem anderen Anbieter auf Verlangen die Mitbenutzung der auf dem Grundstück und in den darauf befindlichen Gebäuden verlegten Leitungen und angebrachten Vorrichtungen des Anbieters zu gewähren. ²Der Anbieter darf für die Mitbenutzung ein Entgelt erheben, das sich an den Kosten der effizienten Leistungsbereitstellung orientiert.

(4) Geht das Eigentum des Grundstücks auf einen Dritten über, gilt § 566 des Bürgerlichen Gesetzbuchs entsprechend.

§ 45a TKG trifft eine Regelung für den Fall, dass der Teilnehmer als Vertragspartner des Anbieters öffentlich zugänglicher Telekommunikationsdienste nicht Eigentümer des Grundstücks ist, dass von ihm bewohnt wird. Muss der Anbieter, um seine Telekommunikationsdienste anbieten zu können aber Netzeinrichtungen auf dem Grundstück anbringen, bedarf er der (→ Rn. 3) Gestattung durch den Eigentümer des Grundstücks. Erhält er diese nicht, kann der Anbieter den Vertrag mit dem (→ Rn. 4) Teilnehmer wieder kündigen. Ebenfalls darf der Teilnehmer den Vertrag mit dem (→ Rn. 10) Anbieter kündigen, wenn dieser den angebotenen Nutzungsvertrag nicht annimmt. Verweigert der Eigentümer dem neuen Anbieter die Nutzung und sind bereits die erforderlichen Netzeinrichtungen durch einen anderen Anbieter im Grundstück eingebracht, kann der neue Anbieter vom anderen Anbieter (→ Rn. 11) Mitbenutzung der auf dem Grundstück eingebachten Netzeinrichtungen gegen Entgelt verlangen. Im Falle des (→ Rn. 12) Eigentumsübergangs am Grundstück geht der Nutzungsvertrag auch auf diesen über.

A. Allgemeines

§ 45a TKG geht zurück auf **§ 10 TKV,** die einen vergleichbaren Regelungsgehalt hatte (BT-Drs. 15/5213, 21). 1

Zur Erbringung von bestimmten, insbes. drahtgebundenen Telekommunikationsdiensten ist es für den Anbieter erforderlich, Leitungen und Vorrichtungen im Grundstück oder am Haus des Teilnehmers anzubringen und diese instand zu halten. Hierzu bedarf der Anbieter der **Gestattung durch den Eigentümer** des Grundstücks. Ohne die Gestattung durch einen Nutzungsvertrag kann der Anbieter seine vertraglichen Leistungen an den Teilnehmer mangels Infrastruktur nicht erbringen. § 45a TKG will durch die Gewährung von Kündigungsrechten sowohl für den Anbieter als auch für den Teilnehmer das Problem auflösen, 2 dass ein Vertragsverhältnis zwischen Anbieter und Teilnehmer begründet wurde, eine Gestattung durch den Grundstückseigentümer aber nicht erfolgt oder der Anbieter den Nutzungsvertrag nicht annimmt. § 45a TKG trifft insoweit eine Sonderregelung zur zivilrechtlichen Unmöglichkeit.

B. Nutzungsvertrag

3   Der Nutzungsvertrag findet sich in einer Anlage zu § 45a TKG (BGBl. I 2007 I, 121). Dieser **Mustervertrag** ist verbindlich vorgegeben und kann nicht abbedungen werden (Scheuerle/Mayen/Schadow TKG § 45a Rn. 2; aA Beck TKG/Büning TKG § 45a Rn. 13). Der Nutzungsvertrag gibt dem Anbieter das Recht, sämtliche Einrichtungen auf dem Grundstück anzubringen, die erforderlich sind, um seinen vertraglichen Verpflichtungen zur Bereitstellung von Telekommunikationseinrichtungen gerecht zu werden (BT-Drs. 15/5213, 21). Der Mustervertrag sieht **kein Entgelt** für die Nutzung vor (zum Entgelt: Säcker/Rugullis TKG § 45a Rn. 5). Der Vertrag hat eine **Kündigungsfrist** für beide Vertragsparteien von 6 Wochen und **keine Mindestlaufzeit.** Ob eine Mindestvertragslaufzeit zur Amortisierung der Investitionen des Anbieters vereinbart werden kann, ist unklar (BT-Drs. 17/5707, 100).

C. Gesetzliches Kündigungsrecht des Anbieters (Abs. 1)

4   Nach § 45a Abs. 1 TKG kann ein Anbieter öffentlich zugänglicher Telekommunikationsdienste den Telekommunikationsvertrag mit einem Teilnehmer ohne Einhaltung einer Frist kündigen, wenn der Anbieter auf dem Grundstück des Teilnehmers oder eines benachbarten Grundstücks Leitungen und Vorrichtungen installieren muss, der Teilnehmer nicht Eigentümer des Grundstücks ist und er einen Nutzungsvertrag des dinglich Berechtigten nicht innerhalb eines Monats beibringt oder der dinglich Berechtigte den bestehenden Nutzungsvertragt kündigt.

5   **Teilnehmer** ist gem. § 3 Nr. 20 TKG jede natürliche oder juristische Person, die mit einem Anbieter von öffentlich zugänglichen Telekommunikationsdiensten einen Vertrag über die Erbringung derartiger Dienste geschlossen hat.

6   **Anbieter öffentlich zugänglicher Telekommunikationsdienste** ist nach § 3 Nr. 17a TKG der Öffentlichkeit zur Verfügung stehende Telekommunikationsdienste. **Telekommunikationsdienste** sind nach § 3 Nr. 24 TKG in der Regel gegen Entgelt erbrachte Dienste, die ganz oder überwiegend in der Übertragung von Signalen über Telekommunikationsnetze bestehen, einschließlich Übertragungsdienste in Rundfunknetzen.

7   **Dinglich Berechtigter** im Sinne des § 45a Abs. 1 TKG bezeichnet allein den Eigentümer des Grundstücks. Dieses folgt aus der Auslegung der Abs. 2 und 3, die nur von dem Eigentümer sprechen (AFS/Hartl TKG § 45a Rn. 9, anders: Säcker/Rugullis TKG § 45a Rn. 4).

8   Die **Monatsfrist** beginnt zu laufen, wenn der Anbieter den Teilnehmer ausdrücklich auffordert, das Angebot des dinglich Berechtigten auf Abschluss eines Nutzungsvertrages vorzulegen.

9   Kündigt der dingliche Berechtigte den Nutzungsvertrag, kann der Anbieter gegenüber dem Teilnehmer ohne Einhaltung einer **Frist** kündigen. Da der Nutzungsvertrag eine beidseitige Kündigungsfrist von 6 Wochen vorsieht, wäre es hier unbillig, wenn der Anbieter den Vertrag mit dem Teilnehmer per sofort kündigen kann. Daher kann der Anbieter den Vertrag mit dem Teilnehmer frühestens zu dem Zeitpunkt kündigen, zu dem der Nutzungsvertrag endet (AFS/Hartl TKG § 45a Rn. 15; aA Beck TKG/Büning TKG § 45a Rn. 13).

D. Gesetzliches Kündigungsrecht des Teilnehmers (Abs. 2)

10   Nach § 45a Abs. 2 TKG kann der Teilnehmer den Telekommunikationsvertrag mit dem Anbieter **ohne Einhaltung einer Frist kündigen,** wenn der Anbieter das Angebot des Eigentümers auf Abschluss des Nutzungsvertrages nicht durch Rücksendung des unterzeichneten Nutzungsvertrages an den Eigentümer innerhalb eines Monats nach Zugang des Angebots annimmt. Eine andere Form der Annahme ist nicht möglich (AFS/Hartl TKG

Entstörungsdienst § 45b TKG

§ 45a Rn. 21). Zudem darf ein früherer bereits bestehender Nutzungsvertrag nicht vom Eigentümer gekündigt sein. Hierdurch soll ein kollusives Verhalten von Eigentümer und Teilnehmer zu Lasten des Anbieters verhindert werden (Beck TKG/Büning TKG § 45a Rn. 15).

E. Mitbenutzungsrecht des Anbieters (Abs. 3)

Der Anbieter hat nach § 45a Abs. 3 TKG einen **Anspruch** gegen einen dritten Anbieter, der bereits Infrastruktur auf dem Grundstück des Teilnehmers eingebracht hat, auf Mitbenutzung von dessen Infrastruktur. Voraussetzung des Anspruchs ist, dass der Eigentümer mit dem Anbieter keinen weiteren Nutzungsvertrag schließen will und die Mitbenutzung der Infrastruktur nicht die vertragsgemäße Leistungserfüllung des anderen Anbieters gefährdet oder beeinträchtigt. Der andere Anbieter kann für die Mitbenutzung seiner Infrastruktur vom nachfragenden Anbieter ein an den **Kosten der effizienten Leistungserbringung** (siehe § 32 TKG) orientiertes Entgelt verlangen. Ggf. kann der nachfragende Anbieter aber auch einen Anspruch aus § 42 TKG gegen den anderen Anbieter auf Zugang zu dessen Infrastruktur haben (s. hierzu: AFS/Hartl TKG § 45a Rn. 27). 11

F. Eigentumsübergang (Abs. 4)

Im Falle des Eigentumsübergangs des Grundstücks findet hinsichtlich des Nutzungsvertrages § 566 BGB entsprechende Anwendung, so dass der neue Eigentümer in die Rechte und Pflichten des Nutzungsvertrages eintritt. Hierbei handelt es sich um eine **Rechtsfolgenverweisung,** weswegen § 566 BGB auch bei einem nicht rechtgeschäftlichen Übergang des Eigentums am Grundstück Anwendung findet (Säcker/Rugullis TKG § 45a Rn. 12; Beck TKG/Büning TKG § 45a Rn. 25). 12

G. Rechtsschutz

Gem. § 47a Abs. 1 Nr. 1 TKG kann der Teilnehmer bei einem vermeintlichen Verstoß des Anbieters gegen Verpflichtungen nach § 45a TKG ein **Schlichtungsverfahren** bei der BNetzA einleiten. Die **BNetzA** selbst kann gem. § 126 TKG ein Verfahren einleiten. 13

§ 45b Entstörungsdienst

Der Teilnehmer kann von einem Anbieter eines öffentlich zugänglichen Telefondienstes verlangen, dass dieser einer Störung unverzüglich, auch nachts und an Sonn- und Feiertagen, nachgeht, wenn der Anbieter von öffentlich zugänglichen Telekommunikationsdiensten über beträchtliche Marktmacht verfügt.

Teilnehmer können von ihren Anbietern öffentlich zugänglicher Telefondienste verlangen, dass diese etwaige (→ Rn. 5) Störungen des Telefondienstes unverzüglich, auch an Sonn- und Feiertagen (→ Rn. 6) nachgehen, sofern es sich bei dem Anbieter um ein marktmächtiges Unternehmen handelt.

A. Allgemeines

§ 45b TKG knüpft an die Vorgängernorm **§ 12 TKV** an (BT-Drs. 16/2581, 25). 1
Hiernach hat der Teilnehmer einen Anspruch gegen seinen Anbieter auf unverzügliches Nachgehen von gemeldeten Störungen.
Die angebotenen **Wartungs- und Kundendienste,** die auch Angaben zu den Entstörzeiten umfassen, (§ 43a Abs. 1 Nr. 4) müssen Anbieter öffentlich zugänglicher Telefondienste gem. § 43a Abs. 1 Nr. 4 TKG in ihren Endkundenverträgen angeben. Die Verpflichtungen nach dieser Norm stehen im Zusammenhang und dienen der Sicherung der Universaldienstverpflichtung in § 78 Abs. 2 Nr. 1 TKG (AFS/Hartl TKG § 45b Rn. 4). 2

Kiparski

B. Nachgehen von Störungen

3   Nach § 45b TKG kann ein Teilnehmer von seinem Anbieter öffentlich zugänglicher Telefondienste verlangen, dass dieser einer Störung unverzüglich, und somit auch an Sonn- und Feiertagen nachgeht. Es muss es sich bei dem Anbieter aber um einen solchen handeln, der über beträchtliche Marktmacht verfügt.

4   **Anbieter öffentlich zugänglicher Telefondienste** sind in § 3 Nr. 17 TKG legaldefiniert. Unter die Definition fallen Anbieter von Sprachkommunikation (AFS/Hartl TKG § 45b Rn. 7). Ein solcher Anbieter verfügt gemäß § 3 Nr. 4 TKG über **beträchtliche Marktmacht**, wenn die Voraussetzungen von § 11 Abs. 1 S. 3 und 4 TKG vorliegen (Säcker/Robert TKG § 45b Rn. 7; Scheuerle/Mayen/Schadow TKG § 45b Rn. 2). Hierzu hat die BNetzA festgestellt, dass die Telekom Deutschland GmbH auf den für die Sprachtelefonie relevanten Märkten 1, 2 und 3 des Anh. der Empfehlung 2007/879/EG über beträchtliche Marktmacht verfügt (Markt 1 zuletzt: BNetzA, Konsultationsentwurf BK 1-11/006; Markt 2 und 3: zuletzt BNetzA Beschl. BK 3d-12/009). **Teilnehmer** sind in § 3 Nr. 20 TKG legaldefiniert (→ § 45a Rn. 5).

5   Eine **Störung** liegt vor, wenn aufgrund technischer Gegebenheiten der Telefondienst nicht in der geschuldeten Qualität oder Funktionalität verfügbar ist (AFS/Hartl TKG § 45b Rn. 9). Der Anbieter muss nicht ursächlich für die Störung sein (AFS/Hartl TKG § 45b Rn. 11).

6   Der Anbieter muss im Falle der Störungsmeldung dieser **unverzüglich nachgehen**. Nachgehen einer Störung bedeutet mehr als die bloße Entgegennahme einer Störungsmeldung. Nicht geschuldet ist aber eine Störungsbeseitigung (AFS/Hartl TKG § 45b Rn. 12; Säcker/Robert TKG § 45b Rn. 11). Die **Unverzüglichkeit** richtet sich nach § 121 Abs. 1 S. 1 BGB (AFS/Hartl TKG § 45b Rn. 13; Beck TKG/Ditscheid/Rudloff TKG § 45b Rn. 6, Scheuerle/Mayen/Schadow TKG § 45b Rn. 3).

7   Weiterhin setzt der Zweck des § 45b TKG voraus, dass nach § 45b TKG verpflichtete Anbieter eine Möglichkeit eröffnen, dass Teilnehmer Störungen **jederzeit melden** können (Säcker/Robert TKG § 45b Rn. 13).

C. Rechtsschutz

8   Falls ein nach § 45b TKG verpflichteter Anbieter seiner Verpflichtung nicht nachkommt, kann der Teilnehmer gem. § 47a Abs. 1 Nr. 1 TKG ein **Schlichtungsverfahren** bei der BNetzA einleiten. Auch kann die **BNetzA** gem. § 126 TKG ein Verfahren einleiten.

§ 45c Normgerechte technische Dienstleistung

(1) Der Anbieter von öffentlich zugänglichen Telekommunikationsdiensten ist gegenüber dem Teilnehmer verpflichtet, die nach Artikel 17 Absatz 4 der Richtlinie 2002/21/EG verbindlich geltenden Normen für und die technischen Anforderungen an die Bereitstellung von Telekommunikation für Endnutzer einzuhalten.

(2) Die Bundesnetzagentur soll auf die verbindlichen Normen und technischen Anforderungen in Veröffentlichungen hinweisen.

Nach § 45c TKG ist der Anbieter von öffentlich zugänglichen Telekommunikationdiensten gegenüber Teilnehmern verpflichtet, die aufgrund von Art. 17 Abs. 1 Rahmen-RL von der Kommission als (→ Rn. 5) verbindlich vorgeschriebenen Normen einzuhalten.

A. Allgemeines

1   § 45c TKG dient dem Zweck, die nach Art. 17 Abs. 4 Rahmen-RL verbindlich geltenden Normen auch **national für verbindlich zu erklären**. Dieses ist erforderlich, da eine unmittelbare bindende Wirkung von RL gegenüber natürlichen oder juristischen Personen nicht besteht (EuGH NJW 1986, 2178 (2180); NJW 1994, 2473 (2474)).

2   Durch die Vereinheitlichung der Kommunikationsdienste soll das grenzüberschreitende Angebot von Telekommunikationsdienstleistungen gestärkt werden und der Teilnehmer soll

Netzzugang § 45d TKG

hierdurch eine **größere Auswahl** an Anbietern erhalten (Scheuerle/Mayen/Schadow TKG § 45c Rn. 1).

B. Verpflichtung zur Normeinhaltung (Abs. 1)

Anbieter von öffentlich zugänglichen Telekommunikationsdiensten müssen gegenüber den Teilnehmern die von der Kommission gem. Art. 17 Abs. 4 Rahmen-RL verbindlich erklärten Normen einhalten.

Eine **Legaldefinition** von Anbietern öffentlich zugänglicher Telekommunikationsdienste findet sich in § 3 Nr. 17a TKG und eine von Teilnehmern in § 3 Nr. 20 TKG.

Die Kommission kann nach Art. 17 Abs. 4 Rahmen-RL Normen für verbindlich erklären, die als Grundlage für die Förderung der einheitlichen Bereitstellung elektronischer Kommunikationsnetze und -dienste sowie zugehöriger Einrichtungen und Dienste dienen. Die **Verbindlicherklärung** durch die Kommission erfolgt durch die Kennzeichnung der jeweiligen Normen im Verzeichnis gem. Art. 17 Abs. 1 Rahmen-RL als verbindlich und Veröffentlichung des Verzeichnisses im Amtsblatt.

Die Kommission hat bisher **keine** Normen nach Art. 17 Abs. 4 Rahmen-RL für verbindlich erklärt (Entscheidung der KOM 2007/176/EG). Daher hat § 45c TKG derzeit keinen Anwendungsbereich.

C. Hinweispflicht der BNetzA (Abs. 2)

Werden von der Kommission gem. Art. 17 Abs. 4 Rahmen-RL Normen als verbindlich vorgeschrieben, soll die BNetzA hierauf in **Veröffentlichungen** hinweisen. Ein solcher Hinweis durch die BNetzA erfolgt gem. § 5 TKG in ihrem Amtsblatt und auch auf ihren Internetseiten. Ausnahmsweise kann die BNetzA von der Veröffentlichung eines Hinweises absehen (Scheuerle/Mayen/Schadow TKG § 45c Rn. 4).

D. Rechtsschutz

Hält sich ein Anbieter nicht an gem. Art. 17 Abs. 4 Rahmen-RL für verbindlich erklärte Normen, steht dem betroffenen Teilnehmer gem. § 323 ff. BGB ein **Kündigungsrecht** seines Vertrages mit dem Anbieter (BT-Drs. 16/2581, 41) und ggf. **Unterlassungs- und Schadensersatzansprüche** gem. § 44 Abs. 1 TKG zu (Säcker/Robert TKG § 45c Rn. 12). Der betroffene Teilnehmer kann bei der BNetzA auch gem. § 47a Abs. 1 Nr. 1 TKG ein **Schlichtungsverfahren** einleiten. Die **BNetzA** kann gem. § 126 Abs. 1 TKG den Anbieter zur **Abhilfe** auffordern und im Fall der Nichtabhilfe weitere geeignete Maßnahmen treffen.

§ 45d Netzzugang

(1) **Der Zugang zu öffentlichen Telekommunikationsnetzen an festen Standorten ist an einer mit dem Teilnehmer zu vereinbarenden, geeigneten Stelle zu installieren.**

(2) ¹**Der Teilnehmer kann von dem Anbieter öffentlich zugänglicher Telefondienste und von dem Anbieter des Anschlusses an das öffentliche Telekommunikationsnetz verlangen, dass die Nutzung seines Netzzugangs für bestimmte Rufnummernbereiche im Sinne von § 3 Nummer 18a unentgeltlich netzseitig gesperrt wird, soweit dies technisch möglich ist.** ²**Die Freischaltung der gesperrten Rufnummernbereiche kann kostenpflichtig sein.**

(3) **Der Teilnehmer kann von dem Anbieter öffentlich zugänglicher Mobilfunkdienste und von dem Anbieter des Anschlusses an das öffentliche Mobilfunknetz verlangen, dass die Identifizierung seines Mobilfunkanschlusses zur Inanspruchnahme und Abrechnung einer neben der Verbindung erbrachten Leistung unentgeltlich netzseitig gesperrt wird.**

Die Anbindung des Teilnehmergrundstücks an das öffentlich Telekommunikationsnetz an festen Standorten ist nach § 45d Abs. 1 TKG an einer geeigneten Stelle vorzunehmen, die

TKG § 45d

mit dem jeweiligen (→ Rn. 7) Teilnehmer zu vereinbaren ist. Nach § 45d Abs. 2 TKG kann ein Teilnehmer von seinem Anbieter öffentlich zugänglicher Telefondienste oder von seinem Netzanschlussanbieter verlangen, dass die Nutzung seines Telefonanschlusses für bestimmte (→ Rn. 10) Rufnummernbereiche (→ Rn. 15) unentgeltlich (→ Rn. 13) netzseitig gesperrt wird, soweit dies (→ Rn. 14) technisch möglich ist. Für die Entsperrung kann der Anbieter ein (→ Rn. 15) Entgelt fordern. Der Teilnehmer kann nach § 45d Abs. 3 TKG von seinem Mobilfunkdiensteanbieter oder von seinem Mobilfunkzugangsanbieter verlangen, dass die (→ Rn. 16) Identifizierung seines Mobilfunkanschlusses zur Inanspruchnahme und Abrechnung von anderen Leistungen als Mobilfunkleistungen (→ Rn. 20) unentgeltlich netzseitig gesperrt wird.

Übersicht

	Rn		Rn
A. Allgemeines	1	D. Identifizierungssperre (Abs. 3)	16
B. Installation des Netzzugangs (Abs. 1)	5	I. Beteiligte	17
C. Anrufsperre (Abs. 2)	8	II. Identifizierungssperre	18
I. Beteiligte	9	III. Technische Möglichkeit	19
II. Rufnummernbereiche	10	IV. Entgelt	20
III. Netzseitigkeit	13	E. Rechtsschutz	21
IV. Technische Möglichkeit	14		
V. Entgelt	15		

A. Allgemeines

1 Die Regelung des § 45d TKG knüpft an **§ 13 TKV** an (BT-Drs. 15/5213, 21).

2 § 45d Abs. 2 und Abs. 3 TKG sollen den Teilnehmer vor der Inanspruchnahme von Telekommunikationsdiensten und damit **vor Kosten schützen,** die der Teilnehmer nicht in Anspruch nehmen und auch nicht tragen möchte (BT-Drs. 15/5213, 21). § 45d Abs. 2 TKG dient der Umsetzung von Art. 10 Abs. 2 iVm Anh. 1 Teil A lit. b der Universaldienstleistungs-RL, wobei § 45d Abs. 2 TKG den Verpflichtetenkreis auf alle Anbieter öffentlich zugänglicher Telefondienste und auf alle Anbieter des Anschlusses an das öffentliche Telekommunikationsnetz ausgedehnt. Nach den Vorgaben der RL sollen nur solche Unternehmen verpflichtet werden, die auch Universaldienstverpflichtete sind (ausführlich Säcker/Schmitz TKG § 45d Rn. 7 f.).

3 Nach § 45 Abs. 3 TKG kann der Teilnehmer bei seinem **Mobilfunkanschluss netzseitig** die Übermittlung der Identifizierungsdaten (International Mobile Subscriber Identity „IMSI-Daten") **sperren** lassen, so dass keine Leistungen mehr über den Mobilfunkanschluss erworben und über die Mobilfunkrechnung abgerechnet werden können, mit Ausnahme von Mobilfunkleistungen.

4 Die Regelungen des § 45d Abs. 2 und Abs. 3 TKG sind gem. Art. 5 Abs. 2 S. 2 des Gesetzes zur Änderung telekommunikationsrechtlicher Regelungen v. 9.5.2012 (BGBl 2012 I 958 ff.) (TKGÄnderG) mit dem Inkrafttreten einer Rechtsverordnung nach § 45n Abs. 1 iVm Abs. 6 Nr. 1 TKG nicht mehr anzuwenden.

B. Installation des Netzzugangs (Abs. 1)

5 Gem. § 45d Abs. 1 TKG kann der Teilnehmer frei wählen, an welcher Stelle in seinem Haus der Zugang zum öffentlichen Telekommunikationsnetz an festen Standorten installiert wird.

6 **Verpflichteter** ist der Zugangsanbieter an das öffentliche Telekommunikationsnetz und damit der Vertragspartner des Teilnehmers, der diesem gem. § 3 Nr. 20 TKG öffentlich zugängliche Telekommunikationsdienste erbringt. Der **Teilnehmer** ist in § 3 Nr. 20 TKG definiert. **Telekommunikationsnetze** sind in § 3 Nr. 27 TKG definiert. Telekommunikationsnetze an festen Standorten sind nach dem Sinn und Zweck der Norm nur solche, bei denen eine Installation im Teilnehmer-Haus erforderlich ist. Hierfür kommen nur kabelgebundene Telekommunikationsnetze in Betracht (Säcker/Schmitz TKG § 45d Rn. 11). Bei

Netzzugang § 45d TKG

Funkanschlüssen, die nur stationär genutzt werden können, ist eine Installation für den Netzzugang nicht erforderlich. **Netzzugang** bedeutet nicht Zugang iSd § 3 Nr. 32 TKG (Säcker/Schmitz TKG § 45d Rn. 11). Unter Zugang iSd § 45d Abs. 1 TKG ist der physische Punkt zu verstehen, an dem der Teilnehmer Zugang zum Telekommunikationsnetz eines Anbieters erhält (vgl. Säcker/Schmitz TKG § 45d Rn. 11), mithin der Netzabschlusspunkt iSd § 3 Nr. 12a TKG. Es handelt sich hierbei um den Punkt, an dem das Telekommunikationsnetz eines Anbieters an das Grundstück oder Haus des Teilnehmers herangeführt wird und in einem Endgerät, dem Abschlusspunkt Linientechnik (APL), endet.

Die Lage des APL im Haus oder Grundstück kann der Teilnehmer bei der Installation **frei wählen** (Scheuerle/Mayen/Schadow TKG § 45d Rn. 2; AFS/Hartl TKG § 45d Rn. 6; Säcker/Schmitz TKG § 45d Rn. 12), wobei der Teilnehmer, sofern er nicht Eigentümer des Hauses ist, zwar gegenüber dem Anbieter gem. § 45d Abs. 1 TKG das Wahlrecht hat, nicht aber zivilrechtlich gegenüber dem Hauseigentümer. Der Anbieter muss den APL an der von dem Teilnehmer gewählten Stelle installieren, sofern die gewählte Stelle hierfür geeignet ist (Beck TKG/Büning TKG § 45d Rn. 10). Vom APL bis hin zur Teilnehmer-Anschluss-Einheit (TAE), an die das Endgerät angeschlossen wird, handelt es sich um **Inhouse-Verkabelung**, die nicht von § 45d Abs. 1 TKG umfasst ist. Für die Installation von Inhouse-Verkabelung ist der Teilnehmer selbst verantwortlich (Scheuerle/Mayen/Schadow TKG § 45d Rn. 2, BeckTKG/Büning TKG § 45d Rn. 9; anders AFS/Hartl TKG § 45d Rn. 5). 7

C. Anrufsperre (Abs. 2)

Teilnehmer können sowohl von ihren Anbietern öffentlich zugänglicher Telefondienste als auch von ihrem Anschlussanbieter an das öffentliche Telekommunikationsnetz verlangen, dass ihr Anschluss für die Anwahl bestimmter Rufnummernbereiche netzseitig unentgeltlich gesperrt wird, soweit dies technisch möglich ist. Für die Aufhebung der Sperre kann der Anbieter ein Entgelt verlangen. 8

I. Beteiligte

Der Teilnehmer hat einen Anspruch auf Einrichtung einer netzseitigen Sperre sowohl gegen seinen Anbieter öffentlich zugänglicher Telefondienste, als auch gegen seinen Anbieter des Anschlusses an das öffentliche Telefonnetz. Anbieter öffentlich zugänglicher **Telefondienste** sind in § 3 Nr. 17 TKG und Anbieter des Anschlusses an das **öffentliche Telefonnetz** in § 3 Nr. 27 TKG definiert. Anbieter öffentlich zugänglicher Telefondienste können auch Reseller von Telefondienstleistungen sein, die selbst keine Netzinfrastruktur betreiben (Scheuerle/Mayen/Schadow TKG § 45d Rn. 3). Der Anspruch des Teilnehmers gilt sowohl für Festnetz- als auch für Mobilfunkanschlüsse. 9

II. Rufnummernbereiche

Sperren lassen kann der Teilnehmer **Rufnummernbereiche** iSd § 3 Nr. 18a TKG. Rufnummernbereiche sind hiernach eine für eine Nummernart bereitgestellte Teilmenge des Nummernraums für das öffentliche Telefonnetz. Die BNetzA hat den deutschen Nummernraum gem. § 66 TKG in Rufnummernbereiche strukturiert. Bei den zu sperrenden Rufnummern handelt es sich insbes. um die Rufnummernbereiche für sogenannte Mehrwertdienste wie (0)900, (0)180, (0)137 und 118. Aber auch Ortsnetzrufnummern und Mobilfunkrufnummern stellen Rufnummernbereiche dar, wobei diese nach Sinn und Zweck der Norm nicht von der Sperrverpflichtung umfasst sind. Keinen Rufnummernbereich stellen ausländische Rufnummern dar. 10

Nicht von dem Anspruch des Teilnehmers umfasst ist eine **differenzierte Sperre** nach Nummernteilbereichen, wie bspw. (0)900-5 (BT-Drs. 15/5213, 21, wonach die Regelung in § 45d Abs. 2 TKG eine differenzierte Sperre nicht ausschließe, aber somit auch nicht fordere; auch so Scheuerle/Mayen/Schadow TKG § 45d Rn. 3; Säcker/Schmitz TKG § 45d Rn. 17; Beck TKG/Büning TKG § 45d Rn. 12; anders: AFS/Hartl TKG § 45d Rn. 9). Nicht erfasst von der Sperrverpflichtung sind hingegen **Kurzwahlnummern** im Mobilfunk oder Premium-SMS. Hierbei handelt es sich um keine Rufnummernbereiche i. S. d. § 3 11

Nr. 18a TKG. Der Anh. 1 Teil A lit. b der UniversaldienstleistungsRL sieht aber eine Sperrmöglichkeit für Premium-SMS und -MMS und andere Arten ähnlicher Anwendungen vor.

12 Der Teilnehmer hat ein **einseitiges Bestimmungsrecht,** welche Rufnummernbereiche für seinen Anschluss gesperrt werden sollen (AFS/Hartl TKG § 45d Rn. 9).

III. Netzseitigkeit

13 Die Sperrung durch den Anbieter muss netzseitig erfolgen. Das bedeutet, dass die Sperrung nicht an den Endgeräten des Teilnehmers vorgenommen werden darf, sondern **im Telekommunikationsnetz** des Anbieters erfolgen muss Beck TKG/Büning TKG § 45d Rn. 14). Hierdurch soll sichergestellt werden, dass der Teilnehmer die Sperre nicht durch Verwendung anderer Endgeräte versehentlich umgehen kann und ihm keine Beweislast hinsichtlich der Funktionsfähigkeit der Sperre aufgebürdet wird. Die Vorgabe zur Sperre ist auch dann erfüllt, wenn dem Teilnehmer eine Technik zur Verfügung steht, die es ihm ermöglicht mit seinem Endgerät die Sperre **im Netz auszulösen** (BT-Drs. 15/5213, 21).

IV. Technische Möglichkeit

14 Die Sperrung muss dem Anbieter technisch möglich sein. Hierbei ist aber nicht auf die individuelle technische Möglichkeit des betroffenen Anbieters, sondern auf die **grundsätzliche technische Möglichkeit** in Telekommunikationsnetzen abzustellen (Säcker/Schmitz TKG § 45d Rn. 22; Beck TKG/Büning TKG § 45d Rn. 16). Anderenfalls hätte es der betroffene Anbieter selbst in der Hand, ob er die Voraussetzung treffen will, um von § 45d Abs. 2 TKG zur Sperrung verpflichtet zu werden.

V. Entgelt

15 Die **Sperrung** von Rufnummernbereichen muss vom Anbieter kostenfrei für den Teilnehmer durchgeführt werden. Für die **Entsperrung** eines jeden Rufnummernbereichs kann der Anbieter ein Entgelt vom Teilnehmer fordern (AFS/Hartl TKG § 45d Rn. 14; Beck TKG/Büning TKG § 45d Rn. 15). Das Entgelt soll sich hierbei aber an den Kosten bemessen, die dem Anbieter tatsächlich durch die Entsperrung entstehen (AFS/Hartl TKG § 45d Rn. 15).

D. Identifizierungssperre (Abs. 3)

16 Ein Teilnehmer kann von seinem Mobilfunkdiensteanbieter verlangen, dass die Identifizierung seines Mobilfunkanschlusses zur Inanspruchnahme und Abrechnung einer neben der Verbindung erbrachten Leistung unentgeltlich netzseitig gesperrt wird. Aufgrund der zunehmenden Verbreitung von internetfähigen Mobiltelefonen (Smartphones) nimmt die Inanspruchnahme von über das Internet angebotenen Diensten, die über die Mobilfunkrechnung gegenüber dem Teilnehmer abgerechnet werden zu (BT-Drs. 17/5721, 112). Mittels einer Identifizierungssperre kann ein Teilnehmer die Inanspruchnahme dieser Dienste und die Inrechnungstellung über seine Mobilfunkrechnung unterbinden. Durch den Anbieter wird hierbei die Übermittlung der MSISDN netzseitig gesperrt.

I. Beteiligte

17 Weder der Anbieter öffentlich zugänglicher Mobilfunkdienste, noch der Anbieter des Anschlusses an das Mobilfunknetz sind gesetzlich definiert. Bei **Mobilfunkdiensten** handelt es sich um solche Telekommunikationsdienste, die vom Teilnehmer über ein öffentliches zellulares Mobilfunknetz (so BNetzA Vfg. 11/2011) an jedem Standort in Anspruch genommen werden können (BNetzA BK1–10/001). **Mobilfunknetz** ist hierbei ein solches Netz, bei dem der Zugang des Teilnehmers nicht leitungsbasiert, sondern unter Nutzung von Funkfrequenzen erfolgt.

II. Identifizierungssperre

18 Der Anbieter muss die Übermittlung der MSISDN netzseitig sperren. Die Norm trifft keine Aussage über **Entsperrung** der Identifizierungssperre. Unter analoger Anwendung

von § 45d Abs. 2 S. 2 TKG ist aber davon auszugehen, dass der Teilnehmer von seinem Anbieter auch eine Entsperrung verlangen kann. Den Anbietern ist es freigestellt, eine differenzierte Sperre nach Dienstegruppen anzubieten (BT-Drs. 17/5721, 112).

III. Technische Möglichkeit

19 Eine **Einschränkung** der Identifizierungssperre auf das technisch Mögliche sieht § 45d Abs. 3 TKG nicht vor.

IV. Entgelt

20 Die Sperrung muss **unentgeltlich** erfolgen. Für die Entsperrung kann der Anbieter, ebenfalls analog § 45d Abs. 2 S. 2 TKG ein kostenbasiertes Entgelt vom Teilnehmer fordern.

E. Rechtsschutz

21 Dem Teilnehmer steht gem. § 47a Abs. 1 Nr. 1 TKG das **Schlichtungsverfahren** bei der BNetzA offen. Zudem kann der Teilnehmer oder auch Wettbewerber **Unterlassungs- und Schadensersatzansprüche** nach § 44 TKG geltend machen. Nach § 126 TKG kann die BNetzA selbst gegen den Anbieter, der die Vorgaben von § 45d TKG nicht erfüllt, ein **Verfahren** einleiten.

§ 45e Anspruch auf Einzelverbindungsnachweis

(1) ¹Der Teilnehmer kann von dem Anbieter von öffentlich zugänglichen Telekommunikationsdiensten jederzeit mit Wirkung für die Zukunft eine nach Einzelverbindungen aufgeschlüsselte Rechnung (Einzelverbindungsnachweis) verlangen, die zumindest die Angaben enthält, die für eine Nachprüfung der Teilbeträge der Rechnung erforderlich sind. ²Dies gilt nicht, soweit technische Hindernisse der Erteilung von Einzelverbindungsnachweisen entgegenstehen oder wegen der Art der Leistung eine Rechnung grundsätzlich nicht erteilt wird. ³Die Rechtsvorschriften zum Schutz personenbezogener Daten bleiben unberührt.

(2) ¹Die Einzelheiten darüber, welche Angaben in der Regel mindestens für einen Einzelverbindungsnachweis nach Absatz 1 Satz 1 erforderlich und in welcher Form diese Angaben jeweils mindestens zu erteilen sind, kann die Bundesnetzagentur durch Verfügung im Amtsblatt festlegen. ²Der Teilnehmer kann einen auf diese Festlegungen beschränkten Einzelverbindungsnachweis verlangen, für den kein Entgelt erhoben werden darf.

Nach § 45e Abs. 1 TKG kann der Teilnehmer von seinem Anbieter öffentlich zugänglicher Telekommunikationsdienste (→ Rn. 7) jederzeit verlangen, dass seine zukünftigen Rechnungen nach Einzelverbindungen aufgeschlüsselt werden, sog. (→ Rn. 4) Einzelverbindungsnachweis (EVN). Hierbei muss der EVN (→ Rn. 10) mindestens die Angaben enthalten, die der Teilnehmer für eine Nachprüfung der Rechnung benötigt. Ein (→ Rn. 15) EVN muss nicht erstellt werden, wenn technische Hindernisse entgegenstehen oder wenn dem Teilnehmer grds. eine Rechnung nicht erstellt wird. (→ Rn. 17) Datenschutzvorschriften bleiben hierdurch unberührt. Nach § 45e Abs. 2 TKG kann die BNetzA die (→ Rn. 20) Mindestanforderungen an den Inhalt und die Form des EVN festlegen. Ein diesen Mindestanforderungen entsprechender EVN ist dem Teilnehmer (→ Rn. 9) kostenfrei zu erstellen.

Übersicht

	Rn		Rn
A. Allgemeines	1	IV. Datenschutz	17
B. EVN (Abs. 1)	4	C. Standard-EVN (Abs. 2)	20
I. Anwendungsbereich	5	D. Nachträglicher EVN	23
II. Inhalt des EVN	10	E. Rechtsschutz	24
III. Absehen von EVN	15		

TKG § 45e

A. Allgemeines

1 § 45e TKG knüpft an die frühere Regelung in **§ 14 TKV** an (BT-Drs. 15/5213, 22). Mit dieser Regelung wird zugleich Art. 10 Abs. 2 iVm Anhang I Teil A lit. a Universaldienstleistungs-RL **in nationales Recht umgesetzt.** Geht Art. 10 Abs. 2 iVm Anh. I Teil A lit. a UniversaldienstleistungsRL hingegen nur von einer Verpflichtung für universaldienstverpflichtete Unternehmen gem. Art. 8 Abs. 1 Universaldienstleistungs-RL aus, die Festnetztelefonie anbieten (hierzu: AFS/Kessel TKG § 45e Rn. 3), so verpflichtet der deutsche Gesetzgeber in § 45e TKG sämtliche Anbieter von öffentlich zugänglichen Telekommunikationsdienstleistungen unabhängig von einer Universaldienstverpflichtung der jeweiligen Unternehmen und unabhängig von der Netztechnik und der Art der abgewickelten Kommunikation (Scheuerle/Mayen/Schadow TKG § 45e Rn. 1; AFS/Kessel TKG § 45e Rn. 5; Säcker/Schmitz TKG, § 45e Rn. 3).

2 Durch die detaillierten Angaben im Einzelverbindungsnachweis (EVN) soll der Teilnehmer in die Lage versetzt werden, sein **Telekommunikationsverhalten nachzuvollziehen,** die ihm in Rechnung gestellten Entgelte zu überprüfen und zu kontrollieren und sein Nutzungsverhalten und damit seine Nutzungskosten entsprechend zu steuern (so: Anhang I Teil A lit. a Universaldienstleistungs-RL).

3 Der EVN begründet den **Beweis des ersten Anscheins** dafür, dass die in dem EVN aufgeführten Verbindungen von dem betroffenen Anschluss aus geführt wurden (AG Bamberg MMR 2009, 203, anders bei Datenverbindungen LG Arnsberg MMR 2011, 525).

B. EVN (Abs. 1)

4 Nach § 45e Abs. 1 TKG haben Teilnehmer gegen ihre Anbieter von öffentlich zugänglichen Telekommunikationsdiensten einen **Anspruch auf einen EVN.**

I. Anwendungsbereich

5 **Teilnehmer** sind in § 3 Nr. 20 TKG legaldefiniert. Dieser muss nach der Definition mit dem Anbieter einen Vertrag über die Erbringung von öffentlich zugänglichen Telekommunikationsdienstleistungen geschlossen haben. Verpflichtete sind **Anbieter von öffentlich zugänglichen Telekommunikationsdiensten.** Die Definition findet sich in § 3 Nr. 17a TKG und umfasst aufgrund ihrer technologieneutralen Ausformung alle Anbieter von Zugangsdiensten und Verbindungsdiensten, die Telekommunikationsdienste erbringen, mithin Anbieter von Sprach- und Datendiensten, die über Festnetz- oder Mobilfunknetze erbracht werden (vgl. BT-Drs. 16/2581, 25; auch Beck TKG/Ditscheid/Rudloff TKG § 45e Rn. 2). Umfasst sind auch Reseller dieser Dienste, sofern die jeweiligen Anbieter eine Endkundenbeziehung unterhalten (s. AFS/Kessel TKG § 45e Rn. 3; Heun/Sörup, TK-Recht Teil 4 Rz. 61, Spindler/Schuster/Ditscheid/Rudloff TKG § 45e, Rn. 5a). Verpflichtet ist derjenige Anbieter, der Vertragspartner des Endkunden ist (AFS/Kessel TKG § 45e Rn. 17).

6 Der Teilnehmer kann von seinem Anbieter den Einzelverbindungsnachweis nur mit **Wirkung für die Zukunft** fordern (Säcker/Schmitz TKG § 45e Rn. 11). Dieses wird auch durch § 99 Abs. 1 S. 1 TKG klargestellt, wonach dem Teilnehmer die gespeicherten Daten derjenigen Verbindungen nur dann mitzuteilen sind, wenn er vor dem maßgeblichen Abrechnungszeitraum den EVN verlangt hat. Daher kann der Teilnehmer einen EVN nur für den nächsten auf die Anforderung folgenden Abrechnungszeitraum – die übernächste Rechnung – fordern (so auch AFS/Kessel TKG § 45e Rn. 21; Heun/Sörup TK-Recht Teil 4 Rn. 64; Beck TKG/Ditscheid/Rudloff TKG § 45e, Rn. 13 und 29).

7 Der EVN kann vom Teilnehmer **jederzeit,** also auch während des laufenden Vertrages, gefordert werden. Der Anbieter muss den EVN nur nach Anforderung durch den Teilnehmer erstellen, nicht hingegen ohne dessen Anforderung (AFS/Kessel TKG § 45e Rn. 21).

8 Die Anforderung muss vom Teilnehmer gem. § 99 Abs. 1 S. 1 TKG in **Textform** (§ 126b BGB) erfolgen. Der EVN ist an die Rechnung gekoppelt (Säcker/Schmitz TKG § 45e Rn. 13), so dass er **denselben Zeitraum** umfassen muss wie die Rechnung (Beck TKG/Ditscheid/Rudloff TKG § 45e Rn. 29).

Der Standard-EVN nach den Vorgaben der BNetzA (BNetzA Vfg.Nr. 35/2008) ist dem **9**
Teilnehmer gem. § 45e Abs. 2 TKG **kostenlos** zu erteilen. Es darf weder ein wiederkehrendes, noch ein Einmalentgelt erhoben werden (BNetzA Vfg.Nr. 35/2008).

Verpflichtete nach § 45e Abs. 1 ist grds. der Rechnungsersteller. Call-by-Call Dienste werden **9.1**
zwar von Verbindungsnetzbetreibern erbracht, die Rechnungsstellung erfolgt aber vom Teilnehmernetzbetreiber (Telekom Deutschland GmbH) (AFS/Kessel TKG § 45e Rn. 18). Ebenso verhält es sich bei sog. Mehrwertdiensten (AFS/Kessel TKG § 45e Rn. 19). Daher ist auch hier der jeweilige Teilnehmernetzbetreiber verpflichtet, den EVN zu erstellen (Beck TKG/Ditscheid/Rudloff TKG § 45e Rn. 12). Der Teilnehmernetzbetreiber nimmt aufgrund vertraglicher Regelungen mit den Verbindungsnetzbetreibern die Rechnungsstellung und das Erstinkasso vor. (ausf. Beck TKG/Ditscheid/Rudloff TKG § 45e Rn. 12). Im Fall von Pre-Selection Diensten oder bei geschlossenen Call-by-Call verfügt der Verbindungsnetzbetreiber über die Teilnehmerdaten zur Rechnungsstellung und erstellt auch selbst eine Rechnung. Hier muss er den EVN selbst für den Teilnehmer erstellen (Beck TKG/Ditscheid/Rudloff TKG § 45e Rn. 18).

II. Inhalt des EVN

Der EVN ist nach dem Wortlaut des § 45e Abs. 1 TKG eine nach Einzelverbindungen **10**
aufgeschlüsselte Rechnung. Diese muss zumindest die Angaben enthalten, die für eine Nachprüfung der Teilbeträge der Rechnung erforderlich sind. Nach dem Gesetzeswortlaut müssen die Einzelverbindungen aufgeschlüsselt werden. Eine **Einzelverbindung** stellt hierbei jede Kommunikation zwischen zwei räumlich voneinander getrennten Anschlüssen dar (AFS/Kessel TKG § 45e Rn. 9; Säcker/Schmitz TKG § 45e Rn. 14). Daher muss nach § 45e Abs. 1 TKG im EVN zumindest die **Zielrufnummer** der Kommunikation angegeben werden. Auch müssen die Angaben geeignet sein, die Nachprüfung der Teilbeträge der Rechnung zu ermöglichen. Daher müssen schon nach dem Gesetzeswortlaut zumindest der **Zeitpunkt** und die **Dauer** der Kommunikation zu der Zielrufnummer angegeben werden, sowie das Entgelt, welches der Anbieter für die jeweilige Einzelverbindung fordert.

Bei Datenverbindungen kann grds. keine Zielrufnummer angegeben werden. Daher ist **11**
hier eine Angabe des Datendienstes als Zielrufnummer ausreichend (aA LG Arnsberg MMR 2011 525 (525)).

Im EVN müssen nur **entgeltpflichtige Einzelverbindungen** aufgenommen werden, **12**
da nur diese zur Rechnungsprüfung erforderlich sind. Nicht aufgenommen werden müssen daher Verbindungen, die zu entgeltfreien Rufnummern (0800er Rufnummernbereich) gehen oder solche Verbindungen, die im Rahmen von Flatrates anfallen (Beck TKG/Ditscheid/Rudloff TKG § 45e Rn. 43 und 49; AFS/Kessel TKG § 45e Rn. 10). Auch **eingehende Verbindungen** sind aufzuführen, sofern der Teilnehmer hierfür entgeltpflichtig ist. Dieses ist bspw. bei R-Gesprächen oder bei International Roaming der Fall (s. BNetzA, Vfg.Nr. 35/2008). Nach § 99 Abs. 1 S. 7 TKG müssen aber die letzten drei Ziffern der Rufnummer des anrufenden Anschlusses entfernt werden. Dieses ergibt sich bereits aus § 99 Abs. 1 S. 1 TKG, wonach dem Teilnehmer diejenigen Daten der Verbindungen mitzuteilen sind, für die er entgeltpflichtig ist. Nicht selbst entgeltpflichtig, aber entgelterheblich sind sog. **Freikontingente,** nach deren Verbrauch der Teilnehmer die empfangenen Telekommunikationsleistungen bezahlen muss. Auch Verbindungen, die in Freikontingente fallen sind dann aufzuführen, wenn das Freikontingent ausgeschöpft wird und darüber hinaus entgeltpflichtige Verbindungen anfallen (Beck TKG/Ditscheid/Rudloff TKG § 45e Rn. 20; anders wohl: AFS/Kessel TKG § 45e Rn. 25). Hier muss der Teilnehmer anhand der Aufschlüsselung seiner Verbindungen kontrollieren können, ob er die aufgeführten Leistungen tatsächlich in Anspruch genommen hat. Daher sehen auch die von der BNetzA nach § 45e Abs. 2 TKG vorgegebenen Mindestangaben den Ausweis der Verbindungen bei Freikontingenten vor, wenn das Freikontingent überschritten ist (BNetzA Vfg. 35/2009). Auf Wunsch dürfen dem Teilnehmer gem. § 99 Abs. 1 S. 1 TKG auch diejenigen Daten der pauschal abgegoltenen Verbindungen, sog. **Flatrates,** mitgeteilt werden. Hiernach ist der Anbieter aber nicht verpflichtet, dem Teilnehmer einen EVN, der auch pauschal abgegoltene Verbindungen beinhaltet, zu erstellen (strenger: Säcker/Schmitz TKG § 45e Rn. 16 und 19).

TKG § 45e V. Medienwirtschaft

13   Der Teilnehmer kann nach § 99 Abs. 1 S. 2 TKG entscheiden, ob die gewählten **Zielrufnummern ungekürzt** im EVN abgedruckt werden sollen oder ob die letzten drei Ziffern der Zielrufnummer zur Anonymisierung gekürzt werden sollen.

14   **Nicht abgedruckt** werden dürfen gem. § 99 Abs. 2 S. 1 TKG Verbindungen zu Anschlüssen von Behörden und Organisationen, die telefonische Beratung in seelischen und sozialen Notlagen erbringen und die daher besonderen Verschwiegenheitsverpflichtungen unterliegen und die gem. § 99 Abs. 2 S. 2 TKG von der BNetzA in einer Liste aufgenommen wurden. Die Anbieter müssen diese Liste quartalsweise bei der BNetzA abrufen.

III. Absehen von EVN

15   Gem. § 45e Abs. 1 S. 2 TKG hat der Teilnehmer dann keinen Anspruch auf Erteilung eines EVN, soweit **technische Hindernisse** der Erteilung von EVN entgegenstehen oder wegen der Art der Leistung eine Rechnung grds. nicht erteilt wird. Maßgeblich für das grundsätzliche entgegenstehen technischer Hindernisse der EVN-Erteilung ist der Stand der Technik in der Industrie (AFS/Kessel TKG § 45e Rn. 23; Säcker/Schmitz TKG § 45e Rn. 17). Technische Hindernisse stehen der EVN-Erteilung im Einzelfall entgegen, wenn der Anbieter aufgrund von **Systemausfällen** keinen EVN erstellen kann. Diese Ausfälle können aber nur vorübergehender Natur sein (AFS/Kessel TKG § 45e Rn. 24).

16   Ein Anspruch auf einen EVN besteht auch bei solchen Verträgen nicht, die auf **Vorauszahlungsbasis** erbracht werden (insbes. Pre-Paid-Verträge, so BT-Drs. 16/2581, 25 und Calling-Cards), da hierbei grds. keine Rechnungsstellung erfolgt (Säcker/Schmitz TKG § 45e Rn. 18).

IV. Datenschutz

17   Gem. § 45e Abs. 1 S. 3 TKG bleiben die Rechtsvorschriften zum **Schutz personenbezogener Daten** unberührt. Hiernach müssen die Regelungen des 7. Teils des TKG eingehalten werden; dieses sind insbes. die §§ 97 und 99 TKG.

18   Gem. § 97 Abs. 1 S. 1 TKG dürfen nur entgeltrelevante Verkehrsdaten gespeichert werden. Bei **Flatrate-Verbindungen** ist eine Entgeltrelevanz nicht gegeben, weswegen diese Verbindungsdaten nicht gespeichert werden dürfen (der BGH geht bei IP-Adressen von einer Höchstspeicherdauer von 7 Tagen aus, BGH MMR 2011, 341). Verlangt der Teilnehmer gem. § 99 Abs. 1 S. 1 TKG die Auflistung von pauschal abgegoltenen Verbindungen, muss der Teilnehmerwunsch der Löschverpflichtung des § 97 Abs. 1 S. 1 TKG vorgehen. Anderenfalls wäre die Regelung in § 99 Abs. 1 S. 1 TKG obsolet. Daher dürfen die Verbindungsdaten, die im Rahmen von Flatrates anfallen zur Erstellung eines EVN gespeichert werden.

19   Gem. § 99 Abs. 1 S. 3 TKG muss der Teilnehmer bei **Anschlüssen im Haushalt** in Textform erklären, dass er alle zum Haushalt gehörenden Mitbenutzer des Anschlusses darüber informiert hat und künftige Mitbenutzer darüber informieren wird, dass für den Anschluss ein EVN erstellt wird. Ein Widerspruchsrecht haben die Mitbenutzer nicht. Bei Anschlüssen in Betrieben und Behörden muss der Anschlussinhaber nach § 99 Abs. 1 S. 4 TKG in Textform erklären, dass die Mitarbeiter und der Betriebsrat oder die Personalvertretung informiert wurden oder werden. Nach § 99 Abs. 1 S. 7 TKG sind bei ankommenden entgeltpflichtigen Verbindungen die letzten drei Stellen der Nummer des anrufenden Anschlusses unkenntlich zu machen.

C. Standard-EVN (Abs. 2)

20   Gem. § 45e Abs. 2 TKG kann die BNetzA als Allgemeinverfügung nach § 35 S. 2 VwVfG regeln, welche **Angaben mindestens** für einen EVN nach § 45e Abs. 1 TKG erforderlich sind (Standard-EVN). Mit der Vfg. Nr. 35/2008 hat die BNetzA Festlegungen für die Mindestangaben getroffen.

20.1   Die Mindestangaben, die die BNetzA in der Vfg. Nr. 35/2008 festgelegt hat sind: Allgemeine Angaben: das Kalenderdatum, Anschlussrufnummer, Zielrufnummer (auch bei SMS und MMS) – ggf. mit Kürzungen, Nummer des Auskunftsdienstes – falls dieser genutzt wurde, bei der Weiter-

vermittlung durch einen Auskunftsdienst ist die Dauer der Verbindung anzugeben, wenn hierfür ein abweichendes Entgelt erhoben wird und die Zielrufnummer, zu der weitervermittelt wurde.
- Spezielle Angaben bei zeitbasierter Tarifierung: Beginn, Ende und Dauer sowie das hierauf entfallende Entgelt des Telekommunikationsvorgangs.
- Spezielle Angaben bei ereignisbasierter Tarifierung: Beginn und Entgelt des Telekommunikationsvorgangs.
- Spezielle Angaben bei volumenbasierter Tarifierung: Datenvolumen und Kennung des Dienstes, das Datenvolumen hat mindestens in Form einer Tagesaggregation zu erfolgen. Das auf das Datenvolumen entfallende Entgelt ist auszuweisen.
- Spezielle Angaben bei Call-by-Call: Die angewählte Betreiberkennzahl.
- Spezielle Angaben bei Premium-Diensten: Die einzelnen Preisanteile.
- Spezielle Angaben bei Mindestumsatz und Kontingenten: Bei Mindestumsätzen sind die einzelnen Verbindungen vollständig mit den jeweils einschlägigen Angaben auszuweisen. Bei (Frei-)Kontingenten sind im Falle des Überschreitens des Kontingentes die Verbindungen vollständig mit den einschlägigen Angaben aufzuführen. Wird das Kontingent nicht ausgeschöpft, müssen die Verbindungen nicht ausgewiesen werden.

Für **zusätzliche Leistungen,** die über die Anforderungen an den Standard-EVN hinausgehen, kann der Anbieter ein Entgelt verlangen (BNetzA Vfg.Nr. 35/2008). 21

Die BNetzA ist nach § 45e Abs. 2 TKG auch befugt, die **Form** des EVN festzulegen 22 (BT-Drs. 16/2581, 25). Der Standard-EVN ist auf Verlangen des Teilnehmers grds. in **Papierform** zu erbringen (BNetzA Vfg.Nr. 35/2008). Wird der Telekommunikationsvertrag über das Internet geschlossen oder werden im Rahmen der Vertragsbeziehungen regelmäßig Verbindungen zum Internet abgerechnet, kann der EVN auch in **elektronischer Form** bereitgestellt werden (BNetzA Vfg.Nr. 35/2008). Der Teilnehmer ist aber im Fall der elektronischen Form über die Bereitstellung des EVN zu benachrichtigen (BNetzA Vfg. Nr. 35/2008). Der Anbieter kann, wenn regelmäßig ein elektronischer EVN erbracht wird, für die Bereitstellung eines EVN in Papierform ein an den Kosten der Erstellung orientiertes Entgelt fordern (BNetzA Vfg.Nr. 35/2008).

D. Nachträglicher EVN

Die Möglichkeit eines nachträglichen EVN ergibt sich nicht aus § 45e Abs. 1 TKG, da 23 hiernach der EVN nur mit Wirkung für die Zukunft gefordert werden kann, aber aus § 45i TKG. Gem. § 99 Abs. 1 S. 6 TKG dürfen dem Teilnehmer aber die gespeicherten Daten mitgeteilt werden, wenn er **Einwendungen** gegen die Höhe der Verbindungsentgelte erhoben hat. Die Möglichkeit, im Falle von Beanstandungen eine Aufschlüsselung der Verbindungen zu erhalten, ist insbes. für solche Dienste interessant, bei denen eine Rechnungsstellung grds. nicht erfolgt und daher auch kein EVN erstellt wird (Beck TKG/Ditscheid/Rudloff TKG § 45e Rn. 38).

E. Rechtsschutz

Dem Teilnehmer steht gem. § 47a Abs. 1 Nr. 1 TKG das **Schlichtungsverfahren** bei 24 der BNetzA offen. Zudem kann der Teilnehmer oder auch Wettbewerber **Unterlassungs- und Schadensersatzansprüche** nach § 44 TKG geltend machen. Nach § 126 TKG kann die BNetzA selbst gegen den Anbieter, der die Vorgaben von § 45e Abs. 1 TKG nicht erfüllt, ein **Verfahren** einleiten.

§ 45f Vorausbezahlte Leistung

¹**Der Teilnehmer muss die Möglichkeit haben, auf Vorauszahlungsbasis Zugang zum öffentlichen Telekommunikationsnetz zu erhalten oder öffentlich zugängliche Telefondienste in Anspruch nehmen zu können.** ²**Die Einzelheiten kann die Bundesnetzagentur durch Verfügung im Amtsblatt festlegen.** ³**Für den Fall, dass eine entsprechende Leistung nicht angeboten wird, schreibt die Bundesnetzagentur die Leistung aus.** ⁴**Für das Verfahren gilt § 81 Abs. 2, 4 und 5 entsprechend.**

TKG § 45f

Gem. § 45f TKG hat der Teilnehmer einen Anspruch, Zugang zum öffentlichen Telekommunikationsnetz oder zu öffentlich zugänglichen Telefondiensten auf (→ Rn. 3) Vorauszahlungsbasis zu erhalten. Die BNetzA kann die Einzelheiten hierzu durch (→ Rn. 9) Verfügung festlegen. Wird kein Zugang auf Vorauszahlungsbasis angeboten, schreibt die (→ Rn. 10) BNetzA die Leistung aus. Hierfür gilt § 81 Abs. 2, 4 und 5 TKG entsprechend.

A. Allgemeines

1   Die Regelung knüpft an Art. 10 Abs. 2 iVm Anh. 1 Teil A lit. c der Universaldienstleistungs-RL und setzt dessen Vorgaben in **nationales Recht** um (BT-Drs. 16/2581, 25).

2   Dem Teilnehmer soll durch § 45f TKG die Möglichkeit gegeben werden, das **Risiko einer überhöhten Entgeltrechnung zu minimieren** (BT-Drs. 16/2581, 25). Zudem soll er seine Ausgaben überwachen und steuern können (so Anh. 1 Teil A lit. c zu Art. 10 Abs. 2 der Universaldienstleistungs-RL; s. auch Scheuerle/Mayen/Schadow TKG § 45f Rn. 1). Insoweit entspricht die Regelung von ihrem Zweck her dem früheren **§ 18 TKV** (Heun/Sörup Teil 4 Rn. 71). Auch wenn der Zugang auf Vorauszahlungsbasis nicht in den Universaldienstleistungen des § 78 Abs. 2 TKG aufgeführt ist, stuft der Gesetzgeber diesen Zugang dennoch als Universaldienstleistung ein (BT-Drs. 16/2581, 25, s. auch AFS/Kessel TKG § 45f Rn. 2; Heun/Sörup Teil 4 Rn. 72).

B. Zugang auf Vorauszahlungsbasis (S. 1)

3   Der Teilnehmer muss die Möglichkeit haben, Zugang zum öffentlichen Telekommunikationsnetz oder öffentlich zugängliche Telekommunikationsdienste auf Vorauszahlungsbasis in Anspruch nehmen zu können.

4   Der **Zugang zum öffentlichen Telekommunikationsnetz** ist in § 3 Nr. 27 TKG legaldefiniert und umfasst technologieneutral das gesamte Teilnehmernetz, sowohl an festen Standorten, als auch mobil. Der **öffentlich zugängliche Telefondienst** ist in § 3 Nr. 17 TKG legaldefiniert und umfasst das Führen von Telefongesprächen. Nicht umfasst sind Datendienste, SMS und MMS. Der **Teilnehmer** als Berechtigter ist in § 3 Nr. 20 TKG legaldefiniert.

5   **Anspruchsgegner** des Teilnehmers sind grds. alle Anbieter, das aber nur sofern überhaupt kein Zugang auf Vorauszahlungsbasis am Markt im maßgeblichen Segment angeboten wird (AFS/Kessel TKG § 45f Rn. 6). Sofern ein solcher Zugang von einem Anbieter angeboten wird, hat der Teilnehmer keinen Anspruch mehr gegen andere Anbieter, die keine Zugänge auf Vorauszahlungsbasis anbieten (AFS/Kessel TKG § 45f Rn. 7). Einen Anspruch auf eine Auswahl oder auf einen bestimmten Zugang auf Vorauszahlungsbasis hat der Teilnehmer nicht. Wird hingegen kein Zugang auf Vorauszahlungsbasis am Markt angeboten, hat der Teilnehmer auch aufgrund des Verfahrens nach § 45f S. 3 und 4 TKG keinen Anspruch gegen alle Anbieter, sondern nur gegen den von der BNetzA zum Angebot Verpflichteten (vgl. Säcker/Klingner TKG § 45f Rn. 4).

6   Unter **Zugang** ist die Bereitstellung von Einrichtungen und Diensten für Teilnehmer zu verstehen und nicht der in § 3 Nr. 32 TKG für Vorleistungserbringung definierte Zugangsbegriff.

7   Bei einem Zugang auf **Vorauszahlungsbasis** (Pre-Paid) zahlt der Teilnehmer zuerst ein Guthaben ein und ruft danach die Leistung bis zum Aufbrauchen der Vorauszahlung ab. Dieses ist zu unterscheiden von der Zahlung nach Leistungserbringung und nach Zugang einer Rechnung (Post-Paid) (Säcker/Klingner TKG § 45f Rn. 8). Die Art und Weise der Vorauszahlung wird vom Gesetz nicht näher konkretisiert. Auch hat die BNetzA keine Vorgaben nach § 45f S. 2 TKG getroffen. Daher bleibt die konkrete Ausgestaltung dem Markt überlassen (Beck TKG/Ditscheid/Rudloff TKG § 45f Rn. 8). Keine Produkte auf Vorauszahlungsbasis iSd Norm sind solche Pre-Paid Tarife, bei denen nach Aufbrauchen des Guthabens ein Auflade-Automatismus durch Abbuchung eines bestimmten Betrages vom Giro-Konto des Endkunden einsetzt und hierdurch das Guthabenkonto wieder auffüllt (KG MMR 2012, 734 (735)) oder bei denen Negativsalden möglich sind, die der Endkunde ausgleichen muss (LG München I MMR 2013, 303). Hierbei geht das Merkmal der Kostenkontrolle des Kunden verloren.

Die Anforderung des § 45f TKG wird durch das Angebot von **Calling-Cards** im Festnetzbereich und durch das Angebot von **Pre-Paid-Verträgen** im Mobilfunkbereich erfüllt (BT-Drs. 16/2581, 25). Weiterhin werden die Anforderungen durch die Möglichkeit des Telefonierens aus öffentlichen Telefonzellen erfüllt (AFS/Kessel TKG § 45f Rn. 4). Ausreichend ist es, dass jeweils ein Vorauszahlungsprodukt für Festnetz und für Mobilfunk am Markt angeboten wird (BT-Drs. 16/2581, 25). 8

C. Festlegung durch die BNetzA (S. 2)

Die BNetzA kann gem. § 45f S. 2 TKG Einzelheiten durch Verfügung im Amtsblatt festlegen. Hiernach kann die BNetzA sowohl **Regelungsinhalt und Adressaten der Norm** verbindlich durch Allgemeinverfügung festlegen. Hiervon hat die BNetzA bisher keinen Gebrauch gemacht. 9

D. Ausschreibung durch die BNetzA (S. 3 und S. 4)

Falls kein Zugang auf Vorauszahlungsbasis am Markt angeboten wird, schreibt die BNetzA diese Leistung als **Universaldienst** gem. § 45f S. 2 TKG aus. Nach der Ausschreibung verpflichtet die BNetzA gem. § 45f S. 4 iVm § 81 Abs. 5 TKG das zum Universaldienst verpflichtete Unternehmen gem. § 81 Abs. 2 TKG den Zugang auf Vorauszahlungsbasis bereitzustellen. 10

§ 45g Verbindungspreisberechnung

(1) Bei der Abrechnung ist der Anbieter von öffentlich zugänglichen Telekommunikationsdiensten verpflichtet,
1. die Dauer und den Zeitpunkt zeitabhängig tarifierter Verbindungen von öffentlich zugänglichen Telekommunikationsdiensten unter regelmäßiger Abgleichung mit einem amtlichen Zeitnormal zu ermitteln,
2. die für die Tarifierung relevanten Entfernungszonen zu ermitteln,
3. die übertragene Datenmenge bei volumenabhängig tarifierten Verbindungen von öffentlich zugänglichen Telekommunikationsdiensten nach einem nach Absatz 3 vorgegebenen Verfahren zu ermitteln und
4. die Systeme, Verfahren und technischen Einrichtungen, mit denen auf der Grundlage der ermittelten Verbindungsdaten die Entgeltforderungen berechnet werden, einer regelmäßigen Kontrolle auf Abrechnungsgenauigkeit und Übereinstimmung mit den vertraglich vereinbarten Entgelten zu unterziehen.

(2) ¹Die Voraussetzungen nach Absatz 1 Nr. 1, 2 und 3 sowie Abrechnungsgenauigkeit und Entgeltrichtigkeit der Datenverarbeitungseinrichtungen nach Absatz 1 Nr. 4 sind durch ein Qualitätssicherungssystem sicherzustellen oder einmal jährlich durch öffentlich bestellte und vereidigte Sachverständige oder vergleichbare Stellen überprüfen zu lassen. ²Zum Nachweis der Einhaltung dieser Bestimmung ist der Bundesnetzagentur die Prüfbescheinigung einer akkreditierten Zertifizierungsstelle für Qualitätssicherungssysteme oder das Prüfergebnis eines öffentlich bestellten und vereidigten Sachverständigen vorzulegen.

(3) Die Bundesnetzagentur legt im Benehmen mit dem Bundesamt für Sicherheit in der Informationstechnik Anforderungen an die Systeme und Verfahren zur Ermittlung des Entgelts volumenabhängig tarifierter Verbindungen nach Absatz 1 Nr. 2, 3 und 4 nach Anhörung der betroffenen Unternehmen, Fachkreise und Verbraucherverbände durch Verfügung im Amtsblatt fest.

Gem. § 45g Abs. 1 TKG sind Anbieter öffentlich zugänglicher Telekommunikationsdienste im Rahmen der Abrechnung verpflichtet, bei zeitabhängig tarifierten Verbindungen die (→ Rn. 7) Dauer und den Zeitpunkt der Verbindung unter regelmäßigem Abgleich mit einem amtlichen Zeitnormal zu ermitteln, die für die Tarifierung relevanten (→ Rn. 8) Entfernungszonen festzustellen, die (→ Rn. 9) übertragene Datenmenge bei volumenabhängiger Tarifierung nach einem von der BNetzA vorgegebenen Verfahren zu ermitteln und die

Abrechnungssysteme einer (→ Rn. 11) regelmäßigen Kontrolle auf Abrechnungsgenauigkeit und Übereinstimmung mit den vertraglich vereinbarten Entgelten zu unterziehen. Die Vorgaben von § 45g Abs. 1 TKG sind entweder durch ein (→ Rn. 13) Qualitätssicherungssystem sicherzustellen oder einmal jährlich durch öffentlich bestellte und vereidigte (→ Rn. 14) Sachverständige oder vergleichbare Stellen überprüfen zu lassen. Der BNetzA ist die Prüfbescheinigung einer akkreditierten Zertifizierungsstelle für Qualitätssicherungssysteme oder das Prüfergebnis des Sachverständigen vorzulegen. Die BNetzA legt nach § 45g Abs. 3 TKG im Benehmen mit dem BSI (→ Rn. 16) Anforderungen an die Systeme und Verfahren zur Entgeltermittlung bei volumenabhängiger Tarifierung nach § 45g Abs. 1 Nr. 2, 3 und 4 TKG nach Anhörung der betroffenen Unternehmen, Fachkreise und Verbraucherverbände durch Vfg. im Amtsblatt fest.

A. Allgemeines

1   § 45g TKG legt verbindliche Anforderungen für die Ermittlung von Verbindungsentgelten fest und orientiert sich an dem bisherigen **§ 5 TKV** (BT-Drs. 16/2581, 25).

2   Da der Teilnehmer keine Einblicke in die Abrechnungssysteme seines Anbieters hat, kann er die Richtigkeit der Entgeltermittlung für sein Verbindungsaufkommen nicht genau kontrollieren. Daher hat der Gesetzgeber in § 45g TKG Regeln zur Sicherstellung der Abrechnungsgenauigkeit getroffen. Hierdurch soll einerseits das Vertrauen in die Korrektheit der Entgeltermittlung von Anbietern gestärkt und andererseits sollen die nach § 45g TKG verpflichteten Anbieter geschützt werden (Scheuerle/Mayen/Schadow TKG § 45g Rn. 1). Bei Beachtung der Vorgaben von § 45g TKG greift ein **Vermutungstatbestand** zugunsten des Anbieters, dass die entgeltrelevanten Daten richtig ermittelt und richtig bepreist wurden (Scheuerle/Mayen/Schadow TKG § 45g Rn. 1). Die RegTP (jetzt BNetzA) hat in ihrer Vfg. 168/99 Vorgaben an die Genauigkeit der Datenerfassung, an die Genauigkeit der Datenverarbeitung und an die Sicherheit der Datenübertragung aufgestellt.

B. Abrechnungsanforderungen (Abs. 1)

3   Mit § 45g TKG werden **Anbieter von öffentlich zugänglichen Telekommunikationsdiensten** verpflichtet. Anbieter von öffentlich zugänglichen Telekommunikationsdiensten sind in § 3 Nr. 17a TKG legaldefiniert. Diese Definition umfasst technologieneutral alle Telekommunikationsunternehmen, die ihre Dienste der Öffentlichkeit anbieten und ihre Entgelte auf Basis zeit-, entfernungs- und/oder volumenabhängigen Tarifen berechnen (Scheuerle/Mayen/Schadow TKG § 45g Rn. 2). Auch erfasst sind Anbieter **telekommunikationsgestützter Dienste,** da hierbei Inhalts- und Telekommunikationsleistung gem. § 3 Nr. 25 TKG zusammenfallen und die Vorgaben von § 45g TKG zumindest für die Telekommunikationsleistung Anwendung finden (AFS/Hartl TKG § 45g Rn. 6; weiter Säcker/Robert TKG § 45g Rn. 3). Anbieter sind aber nur insoweit nach § 45g TKG verpflichtet, wie sie entsprechende Netzeinrichtungen selbst betreiben. Haben sie Prozesse auf andere Unternehmen **ausgegliedert,** ist es ausreichend, aber auch erforderlich, den Nachweis dieser Unternehmen mit einzureichen (siehe RegTP Vfg. 6/2001 und ausführlich Heun/Sörup Teil 4 Rn. 97 ff.).

4   § 45g TKG benennt **keinen Anspruchsberechtigten.** Geschützte der Norm sind, ohne selbst Anspruchsberechtigte zu sein (AFS/Hartl TKG § 45g Rn. 3), alle, die Telekommunikationsdienstleistungen in Anspruch nehmen, also neben Teilnehmern auch andere Telekommunikationsdiensteanbieter als Vorleistungseinkäufer (Heun/Sörup Teil 4 Rn. 83). Einen Anspruch auf Durchführung einer umfassenden Überprüfung nach § 45g Abs. 1 Nr. 4 oder Abs. 2 TKG haben Teilnehmer oder andere Anbieter nicht. Teilnehmer können lediglich eine Einzelprüfung § 45i Abs. 1 TKG unter den dortigen Voraussetzungen fordern (Beck TKG/Ditscheid/Rudloff TKG § 45g, Rn. 23).

5   Bei Gesprächsbeginn wird durch die Netzknoten (Vermittlungsstellen) eine **CDR-Datei** (Call-Data-Record) geschrieben. In dieser Datei sind unter anderem die Rufnummer des anrufenden und des angerufenen Anschlusses, ein Zeitstempel des Gesprächsbeginns und -endes enthalten (Beck TKG/Ditscheid/Rudloff TKG § 45g Rn. 4). Diese Dateien bilden die Grundlage der Abrechnung von Telefongesprächen.

Verbindungspreisberechnung **§ 45g TKG**

Die Anforderungen der § 45g Abs. 1 Nr. 1 und Nr. 2 TKG gelten nur, soweit eine 6
zeitabhängige Tarifierung erfolgt (BT-Drs. 16/2581, 25) und daher nicht bei Blocktarifen
und Einmalzahlungen.

I. Dauer und Zeitpunkt (Nr. 1)

Gem. § 45g Abs. 1 Nr. 1 muss der Anbieter die Dauer und den Zeitpunkt zeitabhängig 7
tarifierten Verbindungen unter regelmäßigem Abgleich mit einem amtlichen Zeitnormal
ermitteln. Hierbei muss die **Systemuhr**, also die Uhr in den Knoten eines Telekommunikationsnetzes (Vermittlungsstellen) regelmäßig mit dem **amtlichen Zeitnormal** der Physikalisch Technischen Bundesanstalt abgeglichen werden. Die absolute **Abweichung** der Systemuhr von dem amtlichen Zeitnormal darf maximal 3 Sekunden betragen (RegTP, Vfg. 168/99). Die zur Verbindungsdauerberechnung herangezogene Zeitpunkte dürfen von den tatsächlichen Zeitpunkten der Verbindungen um höchstens 500 Millisekunden abweichen (RegTP Vfg. 168/99). Hierdurch sollen Kunden bei Tarifwechseln während eines Gesprächs geschützt werden. Der Abgleich ist so oft durchzuführen, bis die zulässigen Abweichungen eingehalten werden (RegTP, Vfg. 168/99). Zeit- und entfernungsabhängig tarifierte Verbindungen sind technologieneutral unabhängig vom erbrachten Dienst zu verstehen. Daher sind auch **Online-Dienstleistungen** erfasst (RegTP, Vfg. 17/2001), sofern sie nicht pauschal abgerechnet werden.

II. Entfernungszonen (Nr. 2)

Die Ermittlung der Entfernungszonen zwischen den an einer Verbindung beteiligten 8
Anschlüssen erfolgt anhand der Rufnummern des anrufenden und des angerufenen Anschlusses (RegTP Vfg. 168/99). Hierbei müssen bei Ortsverbindungen mindestens 3 Ziffern
der Rufnummer des angerufenen Anschlusses, bei Fernverbindungen muss die Ortsvorwahl
und 3 Ziffern der Rufnummer des angerufenen und bei internationalen Verbindungen muss
noch zusätzlich die Länderkennzahl erfasst werden (RegTP Vfg. 168/99).

III. Datenmenge (Nr. 3)

Nach § 45g Abs. 1 Nr. 3 TKG muss die übertragene Datenmenge bei volumenabhängig 9
tarifierten Verbindungen ermittelt werden. Die BNetzA hat hierzu gem. § 45g Abs. 3 TKG
Festlegungen getroffen. Für jede Session ist mindestens ein Datensatz anzulegen (BNetzA
Vfg. 32/2010). Dieser Datensatz muss die Nutzerdaten des jeweiligen Teilnehmers enthalten
(BNetzA, Vfg. 32/2010).

Die Erfassung des Volumens muss **bytegenau** und **sessionbezogen** am Messpunkt 10
erfolgen (BNetzA Vfg. 32/2010). Hierbei umfasst eine Session alle Telekommunikationsverbindungen zwischen Einbuchen und Ausbuchen (BNetzA Vfg. 32/2010). Sofern Uhrzeit,
Wochentag oder Datum bei der Ermittlung des Volumenpreises zu berücksichtigen sind, darf
die **Systemzeit** von der Uhrzeit des amtlichen Zeitnormals um nicht mehr als eine Sekunde
abweichen (BNetzA Vfg. 32/2010). Bei der Ermittlung des Datenvolumens ist eine **Fehlertoleranz** von 1 % zulässig (BNetzA Vfg. 32/2010). Anbieter dürfen Datenvolumina am
Sessionende **runden.** Dennoch dürfen Zeitintervalle, bei denen gerundet wird, 24 Stunden
nicht unterschreiten. Angefangene Datenblöcke können als ganze gezählt werden. Die vertraglich vereinbarte Datenblockgröße darf 1/1000 der Größe des Abrechnungsblocks nicht
überschreiten (BNetzA Vfg. 32/2010).

Von der Vfg. nicht erfasst sind die Abrechnungen unter Netzbetreibern (BNetzA Vfg. 32/
2010).

IV. Regelmäßige Kontrolle (Nr. 4)

§ 45g Abs. 1 Nr. 4 TKG legt fest, dass der Anbieter alle für die Berechnung der Entgelt- 11
forderung erforderlichen Systeme einer **regelmäßigen Kontrolle** auf Abrechnungsgenauigkeit und Einhaltung der vereinbarten Abrechnungsmodalitäten zu unterziehen hat (BT-Drs. 16/2581, 25). § 45g Abs. 1 Nr. 1 bis Nr. 3 TKG dienen der Sicherstellung der
korrekten Datenerhebung und -erfassung, wohingegen § 45g Abs. 1 Nr. 4 TKG die korrek-

te Umrechnung von Verbindungsminuten in Geld sicherstellt (s. BR-Drs. 551/97, 26 noch zu § 5 Nr. 2 TKV). Vorgaben zur **Entgeltermittlung** hat die RegTP (jetzt BNetzA) in einer Vfg. getroffen (RegTP, Vfg. 168/99). Hierbei muss der Anbieter sein Abrechnungssystem in gewissen zeitlichen Abständen auf Übereinstimmung mit den Vorgaben der BNetzA und der korrekten Anwendung seiner Tarife überprüfen. Eine jährliche Kontrolle ist hierbei ausreichend (Beck TKG/Ditscheid/Rudloff TKG § 45g, Rn. 15).

C. Sicherstellung und Überprüfung (Abs. 2)

12 Nach § 45g Abs. 2 TKG sind die Abrechnungsgenauigkeit und die Entgeltrichtigkeit durch geeignete Vorkehrungen, wie zB ein Qualitätssicherungssystem, sicherzustellen oder einmal jährlich durch einen Sachverständigen oder vergleichbare Stellen zu überprüfen und der BNetzA entsprechende Nachweise vorzulegen (BT-Drs. 16/2581, 25).

13 Bei der Sicherstellung der Anforderungen durch ein **Qualitätssicherungssystem** sind die Voraussetzungen an das System gesetzlich nicht festgelegt. Auch ist nicht vorgeschrieben, ob und wenn ja in welchem Intervall eine Prüfung zu erfolgen hat. § 45g Abs. 2 S. 2 TKG legt hierzu lediglich fest, dass der BNetzA als Nachweis die Prüfbescheinigung einer akkreditierten Zertifizierungsstelle vorzulegen ist. Die Anforderungen an einen Auditbericht und eine Zertifizierungsstelle für ein Qualitätssicherungssystem hat die RegTP (jetzt BNetzA) durch Vfg. festgelegt (RegTP Vfg. 18/2000).

14 Andererseits kann der Anbieter die Einhaltung der Vorgaben von § 45g Abs. 1 TKG einmal jährlich durch einen vereidigten **Sachverständigen** oder eine vergleichbare Stelle prüfen lassen. Der Sachverständige muss nach § 36 GewO für das Sachgebiet „Verbindungspreisberechnung" öffentlich bestellt und vereidigt sein (siehe auch RegTP, Mitt. 170/1999). Das von dem Sachverständigen ausgestellte Gutachten ist der BNetzA jährlich unaufgefordert zuzusenden. In der Vfg. 18/2000 hat die RegTP (jetzt BNetzA) die Anforderungen an Sachverständigengutachten festgelegt (ergänzt durch Vfg. 63/2000).

15 **Vergleichbare Stellen** sind juristische oder natürliche Personen, die ohne den formalen Status eines vereidigten, öffentlich bestellten Sachverständigen einzunehmen, eine gleichwertige Fachkompetenz besitzen und diese in geeigneter Form nachweisen können (so RegTP Vfg. 6/2001). Zudem muss die vergleichbare Stelle von dem zu prüfenden Anbieter unabhängig sein (RegTP Vfg. 6/2001).

D. Anforderungsfestlegung bei Volumentarifen (Abs. 3)

16 Die BNetzA legt gem. § 45g Abs. 3 TKG im Benehmen mit dem BSI die Anforderungen an Systeme zur Ermittlung des Entgelts volumenabhängig tarifierter Verbindungen fest. Das erforderliche Benehmen mit dem BSI wird durch Gewährung einer Stellungnahmemöglichkeit des BSI und Auseinandersetzen mit den Argumenten des BSI hergestellt (Scheuerle/Mayen/Schadow TKG § 45g Rn. 7). Eine solche Festlegung hat die BNetzA als Allgemeinverfügung gem. § 35 S. 2 VwVfG durch Vfg. 43/2010 getroffen.

E. Rechtsschutz

17 Teilnehmer oder auch Wettbewerber können bei Nichteinhaltung von § 45g TKG **Unterlassungs- und Schadensersatzansprüche** nach § 44 TKG geltend machen. Teilnehmer können bei der BNetzA nach § 47a TKG die Einleitung eines **Schlichtungsverfahrens** beantragen. Nach § 126 TKG kann die BNetzA selbst gegen den Anbieter, der die Vorgaben von § 45e Abs. 1 TKG nicht erfüllt, ein **Verfahren** einleiten.

§ 45h Rechnungsinhalt, Teilzahlungen

(1) ¹Soweit ein Anbieter von öffentlich zugänglichen Telekommunikationsdiensten dem Teilnehmer eine Rechnung stellt, die auch Entgelte für Leistungen Dritter ausweist, muss die Rechnung des Anbieters in einer hervorgehobenen und deutlich gestalteten Form Folgendes enthalten:

1. die konkrete Bezeichnung der in Rechnung gestellten Leistungen,

2. die Namen und ladungsfähigen Anschriften beteiligter Anbieter von Netzdienstleistungen,
3. einen Hinweis auf den Informationsanspruch des Teilnehmers nach § 45p,
4. die kostenfreien Kundendiensttelefonnummern der Anbieter von Netzdienstleistungen und des rechnungsstellenden Anbieters, unter denen der Teilnehmer die Informationen nach § 45p erlangen kann,
5. die Gesamthöhe der auf jeden Anbieter entfallenden Entgelte.

§ 45e bleibt unberührt. ² Zahlt der Teilnehmer den Gesamtbetrag der Rechnung an den rechnungsstellenden Anbieter, so befreit ihn diese Zahlung von der Zahlungsverpflichtung auch gegenüber den anderen auf der Rechnung aufgeführten Anbietern.

(2) Hat der Teilnehmer vor oder bei der Zahlung nichts Anderes bestimmt, so sind Teilzahlungen des Teilnehmers an den rechnungsstellenden Anbieter auf die in der Rechnung ausgewiesenen Forderungen nach ihrem Anteil an der Gesamtforderung der Rechnung zu verrechnen.

(3) Das rechnungsstellende Unternehmen muss den Rechnungsempfänger in der Rechnung darauf hinweisen, dass dieser berechtigt ist, begründete Einwendungen gegen einzelne in der Rechnung gestellte Forderungen zu erheben.

(4) Leistungen anderer beteiligter Anbieter von Netzdienstleistungen oder Diensteanbieter, die über den Anschluss eines Teilnehmernetzbetreibers von einem Endnutzer in Anspruch genommen werden, gelten für Zwecke der Umsatzsteuer als vom Teilnehmernetzbetreiber in eigenem Namen und für Rechnung des beteiligten Anbieters von Netzdienstleistungen oder Diensteanbieters an den Endnutzer erbracht; dies gilt entsprechend für Leistungen anderer beteiligter Anbieter von Netzdienstleistungen oder Diensteanbieter gegenüber einem beteiligten Anbieter von Netzdienstleistungen, der über diese Leistungen in eigenem Namen und für fremde Rechnung gegenüber dem Teilnehmernetzbetreiber oder einem weiteren beteiligten Anbieter von Netzdienstleistungen abrechnet.

(5) Die Einzelheiten darüber, welche Angaben nach Absatz 1 Satz 1 Nummer 3 auf der Rechnung mindestens für einen transparenten und nachvollziehbaren Hinweis auf den Informationsanspruch des Teilnehmers nach § 45p erforderlich sind, kann die Bundesnetzagentur durch Verfügung im Amtsblatt festlegen.

§ 45h Abs. 1 TKG legt den Mindestinhalt von Rechnungen eines Anbieters von öffentlich zugänglichen Telekommunikationsdiensten an einen Teilnehmer fest, der auch Entgelte für Leistungen von Dritten in seiner Rechnung ausweist. Er muss in der Rechnung die konkrete Bezeichnung der (→ Rn. 10) in Rechnung gestellten Leistung anderer Anbieter von Netzdienstleistungen, den Namen und die (→ Rn. 11) Anschrift dieser anderen Anbieter, den Hinweis auf den (→ Rn. 13) Informationsanspruch des Teilnehmers nach § 45p TKG, seine eigenen (→ Rn. 13) kostenfreien Kundendiensttelefonnummern und die der anderen Anbieter sowie die (→ Rn. 16) Gesamthöhe der auf jeden Anbieter entfallenden Entgelte in einer (→ Rn. 7) deutlich gestalten Form angeben (→ Rn. 17). Zahlt der Teilnehmer die ausgewiesene Gesamtforderung an den die Rechnung stellenden Anbieter, so befreit ihn dies auch von der Zahlungsverpflichtung gegenüber den Anbietern, deren Forderungen auf der Rechnung angedruckt sind. Zahlt der Teilnehmer nicht den vollen Gesamtbetrag wird seine (→ Rn. 18) Teilzahlung gem. § 45h Abs. 2 TKG anteilig auf alle in der Rechnung angedruckten Forderungen angerechnet, sofern der Teilnehmer nicht vor oder bei der Zahlung eine Tilgungsbestimmung trifft. Zudem muss der die Rechnung stellende Anbieter den Teilnehmer gem. § 45h Abs. 3 TKG darauf hinweisen, dass dieser berechtigt ist, (→ Rn. 19) begründete Einwendungen gegen einzelne in der Rechnung angedruckte Forderungen geltend zu machen. Gem. § 45h Abs. 4 TKG gelten aus (→ Rn. 20) umsatzsteuerrechtlichen Gründen die über den Telefonanschluss des Teilnehmers in Anspruch genommenen Leistungen als vom die Rechnung stellenden Anbieter erbracht. Die BNetzA wird gem. § 45h Abs. 5 TKG ermächtigt, Einzelheiten darüber, welche Angaben mindestens nach § 45h Abs. 1 N. 3 TKG auf der Rechnung angedrückt werden müssen durch (→ Rn. 21) Allgemeinverfügung festzulegen.

TKG § 45h

V. Medienwirtschaft

Übersicht

	Rn		Rn
A. Allgemeines	1	V. Gesamthöhe der auf jeden Anbieter entfallenden Entgelte (Nr. 5)	16
B. Rechnungsinhalt (Abs. 1)	5	VI. Tilgungswirkung (Abs. 1 S. 3)	17
I. Konkrete Bezeichnung der in Rechnung gestellten Leistung (Nr. 1)	10	C. Teilzahlungen (Abs. 2)	18
II. Namen und Anschriften beteiligter Anbieter von Netzdienstleistungen (Nr. 2)	11	D. Einwendungshinweis (Abs. 3)	19
		E. Umsatzsteuer (Abs. 4)	20
III. Hinweis auf den Informationsanspruch nach § 45p (Nr. 3)	13	F. Festlegungsermächtigung für BNetzA (Abs. 5)	21
IV. Kostenfreie Kundendiensttelefonnummern (Nr. 4)	14	G. Rechtsschutz	22

A. Allgemeines

1 Die Regelung des § 45h TKG knüpft an die Vorgängerregelung des **§ 15 TKV** an und berücksichtigt dabei die Vorgaben der §§ 18 und 21 Abs. 2 Nr. 7 TKG, wonach Teilnehmernetzbetreiber nur unter bestimmten Voraussetzungen verpflichtet werden können, Forderungen Dritter beim Teilnehmer geltend zu machen (BT-Drs. 16/2581, 25).

2 Durch das TKGÄnderG sind die Vorgaben für den Rechnungsinhalt ausgeweitet worden. Diese Änderungen in § 45h TKG erfolgten vor dem Hintergrund, dass über Rechnungen von Telekommunikationsanbietern zunehmend Entgelte für Leistungen Dritter abgerechnet werden (BT-Drs. 17/5707, 66). Im Bereich des Mobilfunks sind durch die zunehmende und weiter wachsende Verbreitung des mobilen Internets neue Geschäftsmodelle entstanden, bei denen Dritte Leistungen über die Rechnung des Telekommunikationsbetreibers abrechnen. Dies gilt namentlich für die Inanspruchnahme von Telemedien über das mobile Internet oder Abrechnungsmodelle wie **„Web-Billing"**, **„Mobile Payment"** und **„Premium-SMS"** (BT-Drs. 17/5707, 66). Daher bezieht § 45h Abs. 1 S. 1 TKG nunmehr sämtliche Leistungen Dritter ein, die über die Rechnung des Telekommunikationsanbieters abgerechnet werden (BT-Drs. 17/5707, 66).

3 Jedoch gehen die Anforderungen von § 45h Abs. 1 TKG auch weiterhin in den Fällen ins Leere, bei denen der Rechnung stellende Anbieter die Forderung vor Rechnungsstellung vom Dritten, der die Leistung erbracht hat, erworben hat. Dann handelt es sich bei Rechnungsstellung nicht mehr um Entgelte für Leistungen von Dritten, sondern um **eigene Entgelte** (dieses Problem reißen Scherer/Heinickel NVwZ 2012, 585 (590) an). Zu den rechtlichen Problemen des Erwerbs von Telekommunikationsforderungen: EuGH EWS 2012, 525; BGH NJW 2012, 2582; CR 2012, 255; CR 2013, 160, Neumann CR 2012, 235; Neumann CR 2013, 21.

4 Eine Vorgabe über die **Form** der Rechnung, insbes. ob diese in Schriftform des § 126 BGB erfolgen muss, trifft § 45h Abs. 1 TKG nicht (BGH MMR 2010, 49 (50); OLG Brandenburg MMR 2009, 343).

B. Rechnungsinhalt (Abs. 1)

5 **Verpflichtet** ist der Anbieter öffentlich zugänglicher Telekommunikationsdienste, der dem Teilnehmer eine Rechnung stellt, die auch Entgelte für Leistungen Dritter ausweist. Die Definition für den **Anbieter öffentlich zugänglicher Telekommunikationsdienste** findet sich in § 3 Nr. 17a TKG und für den **Teilnehmer** in § 3 Nr. 20 TKG. Maßgeblich ist nur noch, dass der Anbieter dem Teilnehmer eine **Rechnung stellt,** die auch Entgelte für Leistungen von Dritten enthält. Nicht mehr erforderlich ist, dass es sich bei dem Rechnung stellenden Anbieter um einen solchen handelt, der dem Teilnehmer den Netzzugang bereitstellt (so noch TKG 2009).

6 § 45h Abs. 1 TKG bezieht nunmehr **sämtliche Leistungen Dritter** ein, die über die Rechnung des Anbieters abgerechnet werden können (BT-Drs. 17/5707, 66). Hierdurch

findet eine erhebliche Erweiterung des Anwendungsbereichs des § 45h TKG gegenüber seiner Vorgängernorm statt. Leistungen Dritter sind insbes. unter Rückgriff auf die Formulierung des § 45h Abs. 1 TKG 2009 Telekommunikationsdienste, wie Call-by-Call und Internet-by-Call, Leistungen nach § 78 Abs. 2 Nr. 4 TKG, mithin Auskunfts- und Mehrwertdienste und telekommunikationsgestützte Dienste, wie Mehrwertdienste und Abo-Dienste. Hinzu kommen nunmehr aufgrund der Erweiterung des Anwendungsbereichs mobile Dienste, wie Premium-SMS etc. Einziges Kriterium ist, dass Forderungsinhaber nicht der die Rechnung stellende Anbieter ist.

Bei dem Erfordernis des **Hervorhebens** und der **deutlich gestalteten Form** des Ausweises der Leistungen Dritter knüpft der Gesetzgeber an Art. 246 § 2 Abs. 3 Satz 2 EGBGB an (BT-Drs. 17/5707, 66). Ein hervorgehobener Hinweis auf die Forderungen von Drittanbietern ist zum Schutz des Teilnehmers notwendig, da dieser nicht ohne weiteres mit Forderungen von Drittanbietern rechnet, sondern vorrangig davon ausgeht, Gegenstand der Rechnung seien Leistungen des die Rechnung stellenden Anbieters (BT-Drs. 17/5707, 66). 7

Damit sich die Angaben nach § 45h Abs. 1 TKG von dem Rechnungstext deutlich hervorheben und eine deutlich gestaltete Form aufweisen, müssen sie bspw. durch die Verwendung von Sperrschrift, Fett- oder Farbdruck, die Benutzung von Großbuchstaben oder einer größeren Drucktype, die Unterstreichung, graue Unterlegung oder Einrahmung gestaltet sein (zu diesen Anforderungen: MüKoBGB/Masuch BGB § 360 Rn. 28, Palandt/Grüneberg BGB § 360 Rn. 4). 8

Die Gestaltung der Rechnung des Anbieters muss es dem Teilnehmer ermöglichen, die von ihm in Anspruch genommenen Leistungen auf eine **transparente und übersichtliche Form** nachzuvollziehen (BT-Drs. 17/5707, 66). 9

I. Konkrete Bezeichnung der in Rechnung gestellten Leistung (Nr. 1)

Dieses kann durch **Gattungsbezeichnungen** geschehen (BT-Drs. 17/5721, 112). Nicht ausreichend ist aber die Ausweisung von Produktnummern (BT-Drs. 17/5721, 112). Daher muss dem Teilnehmer die Art der in Anspruch genommenen Leistung mitgeteilt werden; eine Bezeichnung des konkret in Anspruch genommenen Dienstes muss aber nicht erfolgen. 10

II. Namen und Anschriften beteiligter Anbieter von Netzdienstleistungen (Nr. 2)

Angegeben werden müssen hiernach Namen und ladungsfähige Anschriften von anderen **Telekommunikationsdiensteanbietern** (sog. Verbindungsnetzbetreiber), deren Leistungen der Teilnehmer über seinen Anschluss in Anspruch genommen hat. Zwar verwendet das Gesetz den Begriff der Netzdienstleistungen, der nicht legaldefiniert ist. Hierbei ist aber davon auszugehen, dass mit Netzdienstleistungen Telekommunikationsdienstleistungen gemeint sein sollen (Säcker/Schmitz TKG § 45h Rn. 23). Nicht angegeben werden müssen Namen und ladungsfähige Anschriften von Anbietern einer neben der Verbindung erbrachten Leistung, mithin **Inhalteanbieter**. Dieses Erfordernis wollte der Bundesrat in § 45 Abs. 1 Nr. 1 TKG aufnehmen (BT-Drs. 17/5707, 100). Der Bundestag kam dem Begehren des Bundesrates aber nicht nach. Daher ist aufgrund dieses bewussten Absehens von der Information über einen Anbieter einer neben der Verbindung erbrachten Leistung davon auszugehen, dass diese Anbieter nicht zusätzlich aufgeführt werden müssen. Dieses würde zudem die geforderte Übersichtlichkeit der Rechnung gefährden. Der Teilnehmer kann Angaben über einen Inhalteanbieter unter den Voraussetzungen von § 66i Abs. 3 S. 1 TKG vom jeweiligen Verbindungsnetzbetreiber erfragen. 11

Name des beteiligten Anbieters von Netzdienstleistungen meint dessen vollständige Firmierung mit Rechtsformzusatz. Zur Angabe der **ladungsfähigen Anschrift** muss die Postadresse angegeben werden (ausführlich Beck TKG/Ditscheid/Rudloff TKG § 45h Rn. 29 f.); eine Postfachadresse ist nicht ausreichend. 12

III. Hinweis auf den Informationsanspruch nach § 45p (Nr. 3)

Um dem Teilnehmer über die nach § 45h Abs. 1 TKG erforderlichen Angaben auf der Rechnung hinaus die detaillierte Kontrolle eines jeden Rechnungspostens und den Kontakt zum verantwortlichen Anbieter der Leistung zu ermöglichen, wird gleichzeitig der Informa- 13 tionsanspruch nach § 45p TKG deutlich erweitert und der die Rechnung stellende Anbieter zum Hinweis auf diesen Informationsanspruch in seiner Rechnung verpflichtet (BT-Drs. 17/5707, 112).

IV. Kostenfreie Kundendiensttelefonnummern (Nr. 4)

14   Kostenfreie Kundendiensttelefonnummern sind gem. § 3 Nr. 8a TKG solche, bei deren Inanspruchnahme der Anrufende kein Entgelt zu entrichten hat. Dieses sind zumeist solche aus dem **0800er-Rufnummernbereich.** Nicht ausreichend ist es hier, eine geographische Rufnummer anzudrucken, auch wenn der jeweilige Teilnehmer über eine Telefonflatrate verfügt (Beck TKG/Ditscheid/Rudloff TKG § 45h Rn. 32).

15   Es müssen einerseits kostenfreie Kundendiensttelefonnummern eines jeden **Anbieters von Netzdienstleistungen** auf der Rechnung angedruckt werden, dessen Leistungen der Teilnehmer in Anspruch genommen hat, als auch andererseits eine kostenfreie Kundendiensttelefonnummer des die **Rechnung stellenden Anbieters,** unter der der Teilnehmer die Informationen nach § 45p TKG erlangen kann. Da der die Rechnung stellende Anbieter in der Regel nicht über die Informationen nach § 45p TKG verfügt, wird er anrufende Teilnehmer an den jeweiligen Anbieter von Netzdienstleistungen verweisen, der selbst über diese Informationen verfügen sollte.

V. Gesamthöhe der auf jeden Anbieter entfallenden Entgelte (Nr. 5)

16   **Anbieter** meint hier jeden Anbieter von Netzdienstleistungen, da auch nur die Namen, ladungsfähige Anschriften und Kundendiensttelefonnummern dieser Anbieter angedruckt werden müssen. Ausgewiesen werden muss auf der Rechnung der auf jeden Anbieter entfallende Betrag zzgl. die auf jeden Anbieter entfallende Mehrwertsteuer. Dieses ermöglicht dem Teilnehmer einerseits eine genaue Rechnungsprüfung und zudem, den Rechnungsbetrag entsprechend zu kürzen, falls er Einwendungen gegen Beträge einzelner Anbieter hat (AFS/Hartl TKG § 45h Rn. 15). Auch muss im Umkehrschluss zu § 45h Abs. 1 S. 3 TKG der Gesamtrechnungsbetrag aller Positionen der Rechnung angegeben werden (Beck TKG/Ditscheid/Rudloff TKG § 45h Rn. 39).

VI. Tilgungswirkung (Abs. 1 S. 3)

17   Durch die Fakturierung von Drittforderungen wird der die Rechnung stellende Anbieter nur zur Inkassostelle. Er ist nicht Zessionar der Forderung oder Anspruchsinhaber (Mankowski MMR 2006, 585 (587)). Die Zahlung des Teilnehmers an den die Rechnung stellenden Anbieter hat aber **Tilgungswirkung** gegenüber allen anderen auf der Rechnung aufgeführten Anbietern. § 45h Abs. 1 S. 3 TKG ersetzt damit die nach § 362 Abs. 2 iVm § 185 Abs. 1 BGB erforderliche Einwilligung (AFS/Hartl TKG § 45h Rn. 17; Heun/Sörup TK-Recht Teil 4 Rn. 113; Säcker/Schmitz TKG § 45h Rn. 30).

C. Teilzahlungen (Abs. 2)

18   Zahlt der Teilnehmer nicht den vollen Rechnungsbetrag und trifft auch keine Tilgungsbestimmung gem. § 366 Abs. 1 BGB, ist seine Teilzahlung auf die Einzelforderungen der Anbieter nach dem Anteil der Einzelforderungen an der Gesamtforderung zu verrechnen. Hierbei handelt es sich um eine **Spezialregelung**, die dem Vermutungstatbestand des § 366 Abs. 2 BGB vorgeht (Scheuerle/Mayen/Schadow TKG § 45h Rn. 6; Säcker/Schmitz TKG § 45h Rn. 32). Eine **Tilgungsbestimmung** muss der Teilnehmer vor oder bei der Zahlung treffen, wenn er die Rechtsfolge des § 45h Abs. 2 TKG vermeiden möchte. Eine konkludente Tilgungsbestimmung liegt bspw. dann vor, wenn der Teilnehmer genau die auf einen Anbieter entfallende Forderungshöhe von der Gesamtforderung in Abzug bringt (Palandt/Grüneberg BGB § 366 Rn. 7).

D. Einwendungshinweis (Abs. 3)

In der Rechnung muss der die Rechnung stellende Anbieter den Teilnehmer darauf 19
hinweisen, dass dieser berechtigt ist, begründete Einwendungen gegen einzelne in Rechnung gestellte Forderungen zu erheben. Die Einwendungen müssen an den in der Rechnung mit Namen und ladungsfähiger Anschrift genannten Anbieter gerichtet werden. Das Beanstandungsverfahren ergibt sich aus § 45i TKG.

E. Umsatzsteuer (Abs. 4)

Mit § 45h Abs. 4 TKG werden die Voraussetzungen der Dienstleistungskommission iSd 20
§ 3 Abs. 11 UStG fingiert, mit der Folge, dass aus steuerlicher Sicht, die Leistung des Anbieters anstatt von diesem, vom Rechnung stellenden Anbieter gegenüber dem Teilnehmer als erbracht gilt (Finanzministerium VV S 7100-188-VC4, Bayerisches Landesamt für Steuern Vfg. S 7117.1.15 St34M; OfD Hannover Vfg. S 7100-497-StO172; ausf.: Beck TKG/Ditscheid/Rudloff TKG § 45h Rn. 58 ff.).

F. Festlegungsermächtigung für BNetzA (Abs. 5)

Gem. § 45h Abs. 5 TKG wird die BNetzA ermächtigt, die **Einzelheiten** für einen 21
transparenten und nachvollziehbaren Hinweis auf den Informationsanspruch nach § 45p TKG durch Vfg festzulegen. Eine solche Vfg ergeht als Allgemeinverfügung gem. § 35 S. 2 VwVfG und wird gem. § 5 TKG im Amtsblatt der BNetzA veröffentlicht. Die BNetzA hat bisher von ihrer Ermächtigung keinen Gebrauch gemacht.

G. Rechtsschutz

Der Teilnehmer hat keinen Anspruch auf eine **einheitliche Rechnungsstellung** nach 22
§ 45h Abs. 1 TKG (BT-Drs. 16/2581, 26). Er hat aber dann einen Anspruch auf Einhaltung der Vorgaben des § 45h TKG, wenn sein Anbieter auf seiner Rechnung auch Leistungen anderer Anbieter in Rechnung stellt. Bei Verstößen kann er gem. § 47a TKG ein **Schlichtungsverfahren** einleiten. Auch kann die **BNetzA,** sofern der betroffenen Anbieter nicht aufgrund von §§ 18 und 21 TKG zur Rechnungsstellung verpflichtet wurde oder sich aufgrund von Branchenvereinbarungen zur Fakturierung von Forderungen anderer Anbieter verpflichtet hat, die Einhaltung der Vorgaben von § 45h TKG nicht gem. § 126 TKG fordern (siehe BT-Drs. 16/2581, 25). **Wettbewerbern** stehen bei einem Verstoß Ansprüche aus § 44 TKG zu.

§ 45i Beanstandungen

(1) ¹Der Teilnehmer kann eine ihm von dem Anbieter von Telekommunikationsdiensten erteilte Abrechnung innerhalb einer Frist von mindestens acht Wochen nach Zugang der Rechnung beanstanden. ²Im Falle der Beanstandung hat der Anbieter das in Rechnung gestellte Verbindungsaufkommen unter Wahrung der datenschutzrechtlichen Belange etwaiger weiterer Nutzer des Anschlusses als Entgeltnachweis nach den einzelnen Verbindungsdaten aufzuschlüsseln und eine technische Prüfung durchzuführen, es sei denn, die Beanstandung ist nachweislich nicht auf einen technischen Mangel zurückzuführen. ³Der Teilnehmer kann innerhalb der Beanstandungsfrist verlangen, dass ihm der Entgeltnachweis und die Ergebnisse der technischen Prüfung vorgelegt werden. ⁴Erfolgt eine nach Satz 3 verlangte Vorlage nicht binnen acht Wochen nach einer Beanstandung, erlöschen bis dahin entstandene Ansprüche aus Verzug; die mit der Abrechnung geltend gemachte Forderung wird mit der nach Satz 3 verlangten Vorlage fällig. ⁵Die Bundesnetzagentur veröffentlicht, welche Verfahren zur Durchführung der technischen Prüfung geeignet sind.

(2) ¹Soweit aus technischen Gründen keine Verkehrsdaten gespeichert oder für den Fall, dass keine Beanstandungen erhoben wurden, gespeicherte Daten nach Verstreichen der in Absatz 1 Satz 1 geregelten oder mit dem Anbieter vereinbarten Frist

oder auf Grund rechtlicher Verpflichtungen gelöscht worden sind, trifft den Anbieter weder eine Nachweispflicht für die erbrachten Verbindungsleistungen noch die Auskunftspflicht nach Absatz 1 für die Einzelverbindungen. ²Satz 1 gilt entsprechend, soweit der Teilnehmer nach einem deutlich erkennbaren Hinweis auf die Folgen nach Satz 1 verlangt hat, dass Verkehrsdaten gelöscht oder nicht gespeichert werden.

(3) ¹Dem Anbieter von öffentlich zugänglichen Telekommunikationsdiensten obliegt der Nachweis, dass er den Telekommunikationsdienst oder den Zugang zum Telekommunikationsnetz bis zu dem Übergabepunkt, an dem dem Teilnehmer der Netzzugang bereitgestellt wird, technisch fehlerfrei erbracht hat. ²Ergibt die technische Prüfung nach Absatz 1 Mängel, die sich auf die Berechnung des beanstandeten Entgelts zu Lasten des Teilnehmers ausgewirkt haben können, oder wird die technische Prüfung später als zwei Monate nach der Beanstandung durch den Teilnehmer abgeschlossen, wird widerleglich vermutet, dass das in Rechnung gestellte Verbindungsaufkommen des jeweiligen Anbieters von öffentlich zugänglichen Telekommunikationsdiensten unrichtig ermittelt ist.

(4) ¹Soweit der Teilnehmer nachweist, dass ihm die Inanspruchnahme von Leistungen des Anbieters nicht zugerechnet werden kann, hat der Anbieter keinen Anspruch auf Entgelt gegen den Teilnehmer. ²Der Anspruch entfällt auch, soweit Tatsachen die Annahme rechtfertigen, dass Dritte durch unbefugte Veränderungen an öffentlichen Telekommunikationsnetzen das in Rechnung gestellte Verbindungsentgelt beeinflusst haben.

Gem. § 45i Abs. 1 TKG kann der Teilnehmer gegen eine ihm erteilte Abrechnung innerhalb einer (→ Rn. 7) Mindestfrist von 8 Wochen nach Zugang der (→ Rn. 8) Abrechnung (→ Rn. 5) Einwendungen erheben. Erhebt der Teilnehmer fristgerecht Einwendungen, hat der Anbieter von Telekommunikationsdiensten das in Rechnung gestellte Verbindungsaufkommen als Entgeltnachweis nach den einzelnen (→ Rn. 9) Verbindungsdaten aufzuschlüsseln und eine (→ Rn. 10) technische Prüfung durchzuführen. Der Teilnehmer kann hierbei innerhalb der jeweiligen Beanstandungsfrist verlangen, dass ihm der Anbieter die Verbindungsaufschlüsselung und das Ergebnis der technischen Prüfung (→ Rn. 12) vorlegt. Erfolgt diese Vorlage nicht innerhalb von 8 Wochen nach der Beanstandung, erlöschen bis dahin bestehende Ansprüche des Anbieters aus (→ Rn. 14) Verzug. Die mit der Abrechnung geltend gemachte Forderung wird erst mit Überlassung der Verbindungsaufschlüsselung und des technischen Prüfprotokolls fällig. Werden aus technischen Gründen keine Verkehrsdaten gespeichert oder wurden gespeicherte (→ Rn. 16) Verkehrsdaten gelöscht, weil der Teilnehmer nicht innerhalb der Beanstandungsfrist Einwendungen geltend gemacht hat oder hat der Teilnehmer nach einem deutlichen Hinweis auf die Rechtsfolge verlangt, dass Verkehrsdaten gelöscht werden, trifft den Anbieter weder eine Nachweispflicht für die erbrachten Verbindungen noch eine Pflicht zur Verbindungsaufschlüsselung. Dem Anbieter obliegt der (→ Rn. 20) Nachweis, dass er den Telekommunikationsdienst bis zum Netzzugangspunkt des Teilnehmers technisch fehlerfrei erbracht hat. Stellen sich im Rahmen der technischen Prüfung Mängel heraus, die sich auf die Berechnung des Entgeltes ausgewirkt haben können oder wird die technische Prüfung später als 2 Monate nach der Beanstandung abgeschlossen, wird widerleglich vermutet, dass das in Rechnung gestellte Verbindungsaufkommen unrichtig ermittelt wurde. Weist der Teilnehmer nach, dass ihm die Inanspruchnahme der Leistungen des Anbieters (→ Rn. 21) nicht zuzurechnen ist oder weist der Teilnehmer Tatsachen nach, die die Annahme rechtfertigen, dass Dritte unbefugte Veränderungen an dem Telekommunikationsnetz vorgenommen haben, und hierdurch das in Rechnung gestellte Verbindungsaukommen beeinflusst haben, entfällt der Anspruch des Anbieters.

Übersicht

	Rn		Rn
A. Allgemeines	1	II. Frist	7
B. Rechnungsbeanstandung (Abs. 1)	5	III. Abrechnung	8
I. Form und Inhalt	6	IV. Verbindungsaufschlüsselung	9

Beanstandungen § 45i TKG

	Rn		Rn
V. Technische Prüfung	10	D. Beweislastverteilung (Abs. 3)	20
VI. Vorlegen	12	E. Nutzungszurechnung (Abs. 4)	21
VII. Kosten	13	F. Rechtsschutz	24
VIII. Rechtsfolgen	14		
IX. Festlegung der BNetzA	15		
C. Entfall der Nachweispflicht (Abs. 2)	16		

A. Allgemeines

Die Regelung entspricht in großen Teilen **§ 16 TKV** (BT-Drs. 16/2581, 26). **1**

Durch § 45i TKG soll die **Beweislast** für Verbindungen und die Verantwortlichkeit für **2** den Telefonanschluss und das Telekommunikationsnetz nach den jeweiligen Einflusssphären zwischen Anbieter und Teilnehmer aufgeteilt werden. Nach den Grundgedanken der Norm ist jeder für den in seiner Sphäre liegenden Teil verantwortlich. Nach den zivilrechtlichen Grundsätzen trägt der Anbieter die Darlegungs- und Beweislast dafür, dass der Teilnehmer die Verbindungen tatsächlich in Anspruch genommen hat (BGH MMR 2004, 602 (603)). In den Fällen, in denen eine technische Prüfung vorgenommen wurde und diese keine Mängel ergeben hat, spricht ein Anscheinsbeweis dafür, dass die in Rechnung gestellten Verbindungen vom Anschluss des Teilnehmers geführt wurden (OLG Hamm MMR 2004, 337 (338)).

Der Anwendungsbereich der Norm umfasst auch **Pre-Paid-Produkte** (BT-Drs. 16/ **3** 2581, 26). Es wird klargestellt, dass der Anbieter in seinen AGB mit dem Teilnehmer einen **Einwendungsausschluss** vereinbaren kann (BT-Drs. 16/2581, 26). Erhebt der Teilnehmer nicht innerhalb der vereinbarten Frist und in der vereinbarten Form Einwendungen gegen die in Rechnung gestellten Verbindungsentgelte oder Entgelte, die nicht ausschließlich Gegenleistung einer Verbindungsleistung sind, trifft den Anbieter die Nachweispflicht für die einzelnen Verkehrsdaten nicht mehr (BT-Drs. 16/2581, 26).

Um die Aufschlüsselung der Verkehrsdaten und die technische Prüfung zu beschleunigen, **4** legt die Norm fest, dass dieses innerhalb eines Monats zu erfolgen hat (BT-Drs. 16/2581, 26).

B. Rechnungsbeanstandung (Abs. 1)

Berechtigter iSd § 45i TKG ist der **Teilnehmer.** Dieser ist in § 3 Nr. 20 TKG legalde- **5** finiert. Ebenso ist der Verpflichtete von § 45i TKG, der **Anbieter öffentlich zugänglicher Telekommunikationsdienste** in § 3 Nr. 17a TKG legaldefiniert.

I. Form und Inhalt

Beanstandungen sind nur solche des Teilnehmers, die dieser entsprechend der vertrag- **6** lich vereinbarten Form (zumeist in Schrift- oder in Textform) (s. Beck TKG/Ditscheid/ Rudloff TKG § 45i Rn. 21) beim Anbieter erhebt und in denen bezweifelt wird, dass die Verbindungsentgelte richtig berechnet wurden (BGH MMR 2004, 602 (604); Scheuerle/ Mayen/Schadow TKG § 45i Rn. 2). Nicht von § 45i Abs. 1 TKG umfasst sind Einwendungen gegen den Telekommunikationsvertrag als solchen oder gegen andere, auf der Rechnung aufgeführte Positionen, wie bspw. eine Routermiete. Eine Begründungspflicht für Beanstandungen sieht § 45i Abs. 1 TKG nicht ausdrücklich vor. Dennoch ergibt sich aus § 45h Abs. 3 TKG und aus § 45k Abs. 2 S. 2 TKG, dass Einwendungen gegen Verbindungsentgelte vom Teilnehmer **schlüssig begründet** werden müssen (LG Heidelberg MMR 2012, 669 (670); Scheuerle/Mayen/Schadow TKG § 45i Rn. 2; AFS/Kessel TKG § 45i Rn. 11; Beck TKG/Ditscheid/Rudloff TKG § 45i Rn. 22; Säcker/Klingner TKG § 45i Rn. 11), so dass dem Anbieter Anhaltspunkte für eine Überprüfung der Entgelte gegeben werden. Pauschaleinwendungen sind nicht ausreichend (LG Heidelberg MMR 2012, 669 (670); Beck TKG/Ditscheid/Rudloff TKG § 45i Rn. 20). Das **Nichtzahlen** einer Rechnung stellt keine Einwendung gegen die Rechnung dar, da dem schlichten Nichtzahlen jeder Erklärungsgehalt fehlt (BGH MMR 2004, 602 (604); Scheuerle/Mayen/Schadow TKG § 45i Rn. 2; Beck TKG/Ditscheid/Rudloff TKG § 45i Rn. 20; AFS/Kessel TKG § 45i Rn. 12; aA

OLG Dresden MMR 2001, 623). Dies gilt auch bei Teilzahlungen, wenn ein bestimmter Rechnungsbetrag in Abzug gebracht wurde (Heun/Sörup Teil 4 Rn. 125; aA AG Hamburg-St. Georg MMR 2005, 788).

II. Frist

7 Eine feste **Beanstandungsfrist** ist gesetzlich nicht festgelegt. Diese kann zwischen Anbieter und Teilnehmer vertraglich vereinbart werden, sie darf aber gem. § 45i Abs. 1 S. 1 TKG nicht kürzer als 8 Wochen sein. Erfolgt keine Vereinbarung über eine Einwendungsfrist, gilt die 8-wöchige Mindestfrist (AFS/Kessel TKG § 45i Rn. 17, Heun/Sörup Teil 4 Rn. 122). Dieses ergibt sich schon aus dem Wortlaut des § 45i Abs. 2 S. 1 TKG. Die **Frist beginnt** mit Zugang der Abrechnung beim Teilnehmer zu laufen. Das Versäumen der Frist durch den Teilnehmer führt zur Genehmigungsfiktion, mit der Folge, dass die Darlegungs- und Beweislast umgekehrt wird (Beck TKG/Ditscheid TKG § 45i Rn. 28; Säcker/Klingner TKG § 45i Rn. 12).

III. Abrechnung

8 Der Gesetzeswortlaut mit dem Begriff „Abrechnung" ist bewusst weit gefasst, so dass einerseits solche Produkte erfasst werden, bei denen klassische Rechnungen erstellt werden, aber auch solche ohne Rechnungsstellung, wie bspw. Pre-Paid-Produkte (AFS/Kessel TKG § 45i Rn. 7; Säcker/Klingner TKG § 45i Rn. 10). Die Abrechnung muss aufgrund des Rechtsgedankens des § 45h Abs. 1 TKG nicht zwingend durch den Anbieter erfolgen, der den abgerechneten Dienst erbracht hat (aA AG Walsrode BeckRS 2012, 14721) Verbindungsaufschlüsselung

IV. Verbindungsaufschlüsselung

9 Bei sprachbasierten Telekommunikationsdiensten gilt in der Regel der Einzelverbindungsnachweis nach § 45e TKG als Entgeltnachweis iSd § 45i Abs. 1 TKG (BT-Drs. 16/2581, 26). Dieser muss auch bei Pre-Paid-Produkten bereitgestellt werden, bei denen ein Einzelverbindungsnachweis nach § 45e TKG grds. nicht erstellt werden muss. Eine Erlaubnis zur Datenherausgabe findet sich in § 99 Abs. 1 S. 6 TKG, wobei der Anbieter die datenschutzrechtlichen Belange etwaiger weiterer Nutzer des Anschlusses wahren muss. Dieses erfolgt durch Berücksichtigung der Vorgaben von § 99 TKG.

V. Technische Prüfung

10 § 45 Abs. 1 TKG trifft selbst keine Festlegungen über den Inhalt und den Umfang der durchzuführenden **technischen Prüfung** (Mannes MMR 2006, 657 (657) noch zu § 16 TKV). Gem. § 45i Abs. 3 TKG muss die technische Prüfung belegen, dass der Anbieter den Telekommunikationsdienst bis zum Übergabepunkt, an dem dem Teilnehmer der Netzzugang bereitgestellt wird, technisch fehlerfrei erbracht hat (so auch BGH MMR 2004, 602 (604)). Aus dem technischen Prüfprotokoll muss mindestens hervorgehen, wer wann und mit welchen Mitteln die Richtigkeit der Erfassung und Berechnung überprüft hat (AG Papenburg BeckRS 2008, 24187; AG Dachau MMR 2011, 736 (737)). Die konkrete Ausgestaltung und der Umfang der technischen Prüfung wird hingegen nicht einheitlich beurteilt.

10.1 Einerseits wird gefordert, dass die technische Prüfung eine **Vollprüfung** erfordere, die die technischen Einrichtungen für die Zählung der Tarifeinheiten und die Berechnung der Verbindungsentgelte wie auch die Telefonleitungen und Vermittlungsstellen umfasst. Darüber hinaus seien alle vernünftigerweise in Betracht zu ziehenden Störungs- und Fehlerquellen Teil der Vollprüfung (OLG Bremen MMR 2012, 93; OLG Köln NJW-RR 1998, 1363; LG München I CR 2005, 272 (273); AFS/Kessel TKG § 45i Rn. 30). Andererseits wird dargebracht, dass der Umfang und damit die Kosten der technischen Prüfung in einem **angemessenen Verhältnis** zur Höhe der beanstandeten Forderung stehen müssen (Scheuerle/Mayen/Schadow TKG § 45i Rn. 4; Beck TKG/Ditscheid/Rudloff TKG § 45i Rn. 33; Säcker/Klingner TKG § 45i Rn. 41; Mannes MMR 2006, 657 (658); ATRT, Technische Prüfung gem. § 45i TKG: „Geeignete Verfahren" gem. § 45i Abs. 1 S. 5 TKG; aA AFS/Kessel TKG § 45i Rn. 31). Wird diese Verhältnismäßigkeit nicht gewahrt, kann dies dazu führen, das niedrigere Forderungen praktisch nicht mehr eingefordert werden können, weil die Kosten der Durchführung der technischen Prüfung die Höhe der strittigen Forderung übersteigt (Mannes MMR 2006, 657 (658)). Zudem ist zu berücksichtigen, dass Anbieter gem. § 45g Abs. 2 TKG einmal jährlich die Abrechnungsgenauigkeit und die Entgeltrichtigkeit der Datenverarbeitung prüfen lassen müssen. Müssten sie die bei jeder Einwendung eines Teilnehmers wiederholen, würde dies zu erheblichen Mehraufwendungen führen. Daher sollte bei einer pauschalen Einwendung gegen einzelne Rechnungspositionen das Gutachten nach § 45g Abs. 2 TKG ausreichen (LG Duisburg MMR 2005, 195; LG Frankfurt a. M. MMR 2004, 426; LG München I MMR 2006, 657 (659)). Macht ein Teilnehmer lediglich pauschale Einwendungen gegen Verbindungen auf der Abrechnung geltend, muss die zu einer Herabsetzung der Prüfungsintensität führen, womit es ausreichend ist, die Systeme anhand von Trouble-Tickets und Log-Files auf aufgetretenen Fehler zu kontrollieren (Mannes MMR 2006, 657 (659)).

Die Durchführung einer technischen Prüfung ist dann **entbehrlich**, wenn die Beanstan- 11 dung nachweislich nicht auf einen technischen Mangel zurück zu führen ist. Dies ist dann der Fall, wenn der Anbieter nachweist, dass es offensichtlich ist, dass die Beanstandung nicht auf einen technischen Mangel zurückzuführen ist, sondern auf die Zugrundelegung eines falschen Tarifs (BT-Drs. 16/2581, 26). Eine Verbindungsaufschlüsselung ist gleichwohl zu erstellen.

VI. Vorlegen

Der Teilnehmer kann innerhalb der Beanstandungsfrist verlangen, dass ihm der Entgelt- 12 nachweis und die Ergebnisse der technischen Prüfung vorgelegt werden. „**Vorlegen**" bedeutet hierbei mehr als Akteneinsicht. Die Dokumente müssen dem Teilnehmer überlassen werden (Beck TKG/Ditscheid/Rudloff TKG § 45i Rn. 44; AFS/Kessel TKG § 45i Rn. 34). Das Verlangen kann der Teilnehmer schon mit der Beanstandung geltend machen oder zu jedem späteren Zeitpunkt innerhalb der 8-wöchigen Beanstandungsfrist.

VII. Kosten

Die Verbindungsaufschlüsselung und die technische Prüfung erfolgen für den Teilnehmer 13 **kostenfrei** (Mannes MMR 2006, 657 (658) noch zu § 16 TKV; anders: Säcker/Klingner TKG § 45i Rn. 42).

VIII. Rechtsfolgen

Erfolgt die Vorlage nicht innerhalb von 8 Wochen nach der Beanstandung, erlöschen die 14 bis dahin bestehenden Ansprüche des Anbieters aus **Verzug** – auch rückwirkend.

Die beanstandete Forderung wird mit Vorlage des Entgeltnachweises und der Ergebnisse 14a der technischen Prüfung **fällig**.

IX. Festlegung der BNetzA

Da die Kosten einer umfassenden technischen Prüfung in vielen Fällen außer Verhältnis 15 zum strittigen Verbindungsentgelt stehen, kann die BNetzA gem. § 45i Abs. 1 S. 5 TKG Standards für die Durchführung der technischen Prüfung empfehlen (BT-Drs. 16/2581, 26). Diese ist bisher noch nicht erfolgt. Der Ausschuss für technische Regulierung in der Telekommunikation (ATRT) hat der BNetzA ein geeignetes Verfahren empfohlen.

C. Entfall der Nachweispflicht (Abs. 2)

Hat der Anbieter aus technischen Gründen **keine Verkehrsdaten gespeichert,** un- 16 abhängig davon, ob ihn hieran ein Verschulden trifft (AFS/Kessel TKG § 45i Rn. 42), entfällt die Nachweispflicht gem. § 45i Abs. 1 TKG. Bei einer schuldhaften Nichtspeicherung können aber Schadensersatzansprüche des Teilnehmers gegen den Anbieter bestehen (AFS/Kessel TKG § 45i Rn. 43.).

Ist die 8-Wochen-Frist des § 45i Abs. 1 TKG oder die mit dem Teilnehmer vereinbarte 17 **Einwendungsfrist verstrichen,** ohne dass der Teilnehmer Einwendungen geltend gemacht hat und hat der Anbieter die Verkehrsdaten gelöscht, trifft ihn ebenfalls keine weitere Nachweispflicht nach § 45i Abs. 1 TKG. Das Vereinbaren von Einwendungsausschlussfristen, die mindestens 8 Wochen betragen, wird als zulässig betrachtet (Westerfeld MMR 2004, 604). Der Entfall der Nachweispflicht gilt nur hinsichtlich Rechnungspositionen, die auf Basis von Verkehrsdaten ermittelt wurden (AG Bremen MMR 2013, 546 (547)).

18 Die Pflicht nach § 45i Abs. 1 TKG entfällt auch dann, wenn die Verkehrsdaten nach Ablauf der zulässigen **Höchstspeicherfrist** des § 97 Abs. 3 S. 2 TKG von 6 Monaten gelöscht wurden. Die BNetzA und der BfDI gehen mittlerweile in ihrem Leitfaden für eine datenschutzgerechte Speicherung von Verkehrsdaten von einer Speicherfrist von 3 Monaten aus.

19 Hat der Teilnehmer nach einem deutlichen Hinweis verlangt, dass seine Verbindungsdaten **nicht gespeichert oder gelöscht** werden sollen, entfällt die Nachweispflicht des Anbieters nach § 45i Abs. 1 TKG. Dieser Hinweis muss in drucktechnisch nicht zu übersehender Weise herausgehoben sein (BGH MMR 2004, 62 (604)).

D. Beweislastverteilung (Abs. 3)

20 Der Anbieter trägt die Beweislast dafür, dass er seine **Leistungen bis zum Netzzugangspunkt** des Teilnehmers technisch fehlerfrei erbracht hat. Den Nachweis hierüber kann er in der technischen Prüfung erbringen (BGH MMR 2004, 602 (604); Heun/Sörup Teil 4 Rn. 158). Diese Beweislastverteilung entspricht der tatsächlich bestehenden Risiko- und Einflusssphäre (Beck TKG/Ditscheid/Rudloff TKG § 45i Rn. 63). Nach § 45i Abs. 3 TKG obliegt dem Anbieter auch der Nachweis, dass er die Forderung tarifgerecht richtig berechnet hat (BGH BeckRS 2013, 05337 Rn. 32). Ergeben sich aus der technischen Prüfung Mängel, die sich auf die Berechnung der beanstandeten Entgelte zu Lasten des Teilnehmers ausgewirkt haben können oder wird die technische Prüfung später als 2 Monate nach der Beanstandung durch den Teilnehmer abgeschlossen, greift eine widerlegliche Vermutung, dass die beanstandeten Entgelte unrichtig ermittelt wurden. Die Unrichtigkeitsvermutung in § 45i Abs. 3 S. 2 TKG führt dazu, dass der Teilnehmer nicht nachweisen muss, dass die technischen Mängel ursächlich für die behaupteten Fehler der Abrechnung sind. Vielmehr muss der Anbieter nachweisen, dass die Fehler keinen Einfluss auf das geforderte Verbindungsentgelt haben.

E. Nutzungszurechnung (Abs. 4)

21 Der Anspruch des Anbieters entfällt dann, wenn der Teilnehmer nachweist, dass ihm die Inanspruchnahme der Leistungen des Anbieters nicht zugerechnet werden können. Als **Zurechnungsmaßstab** dienen die §§ 276 und 278 BGB in entsprechender Anwendung (BGH NJW 2012, 2878 (2879); Scheuerle/Mayen/Schadow TKG § 45i Rn. 7; Säcker/Klingner TKG § 45i Rn. 45). Der Netzzugang liegt regelmäßig im Gefahren- und Risikobereich des Teilnehmers. Daher hat er grds. auch das Missbrauchsrisiko zu tragen (BGH NJW 2012, 2878 (2878); OLG Köln BeckRS 2011, 05325; Beck TKG/Ditscheid/Rudloff TKG § 45i Rn. 67; AFS/Kessel TKG § 45i Rn. 67).

21.1 Die Zurechnung umfasst grds. auch Verbindungen zu **Mehrwertdiensten**. § 45i Abs. 4 S. 1 TKG macht keinen Unterschied hinsichtlich des Rufnummernbereichs, dem die gewählte Rufnummer entstammt oder der Bepreisung der gewählten Rufnummer (LG Saarbrücken MMR 2011, 800 (801); AG Freiburg BeckRS 2009, 20581; Vogt/Rayermann MMR 2012, 207 (211); aA AG München BeckRS 2011, 27306; Mankowski MMR 2009, 808 (809)). Der Anscheinsbeweis des § 45i Abs. 4 TKG greift allerdings nach seinem Wortlaut nur, sofern es sich bei den in Rechnung gestellten Leistungen um eine Verbindungsleistung handelt. Nicht umfasst sind daher Abo-Dienste oder andere Vertragsschlüsse über das Telefon (so auch Mankowski MMR 2009, 808 (809); Vogt/Rayermann MMR 2012, 207 (208)).

22 Der Teilnehmer muss alle ihm zumutbaren und geeigneten Vorkehrungen treffen, um eine von ihm nicht gebilligte Nutzung des Anschlusses zu unterbinden (BGH NJW 2012, 2878 (2878); NJW 2006, 1971 (1973)). **Zumutbar** sind solche Maßnahmen, die einem gewissenhaften, durchschnittlichen Telefonkunden bekannt sind und zu deren Durchführung

er mit vertretbarem Aufwand in der Lage ist (BGH NJW 2012, 2878 (2878); NJW 2006, 1971 (1073)). Die erforderlichen Vorkehrungen bestimmen sich nach den Umständen des Einzelfalles unter Angemessenheits- und Zumutbarkeitskriterien.

Ebenfalls entfällt der Anspruch des Anbieters, wenn der Teilnehmer Tatsachen vorträgt, 23 die die Annahme rechtfertigen, dass Dritte durch **unbefugte Veränderungen** an Telekommunikationsnetzen das Verbindungsentgelt beeinfluss haben. Hier obliegt es dem Teilnehmer konkrete Tatsachen vorzutragen; Pauschalbehauptungen sind nicht ausreichend (Beck TKG/ Ditscheid/Rudloff TKG § 45i Rn. 72; AFS/Kessel TKG § 45i Rn. 71; Säcker/Klingner TKG § 45i Rn. 46). Es muss sich bei der unbefugten Veränderung um einen physischen Zugriff auf den Netzzugang oder das Telekommunikationsnetz als solches handeln (BGH NJW 2004, 1590 (1591)). Eine Manipulation der Telefonanlage des Teilnehmers reicht hierfür nicht aus (BGH NJW 2004, 1590 (1591)).

F. Rechtsschutz

Teilnehmer können bei Nichteinhaltung der Vorgaben des § 45i TKG nach § 47a TKG 24 ein **Schlichtungsverfahren** bei der BNetzA beantragen. Nach § 126 TKG kann die BNetzA selbst gegen den Anbieter, der die Vorgaben von § 45i nicht erfüllt, ein **Verfahren** einleiten.

§ 45j Entgeltpflicht bei unrichtiger Ermittlung des Verbindungsaufkommens

(1) ¹Kann im Falle des § 45i Abs. 3 Satz 2 das tatsächliche Verbindungsaufkommen nicht festgestellt werden, hat der Anbieter von öffentlich zugänglichen Telekommunikationsdiensten gegen den Teilnehmer Anspruch auf den Betrag, den der Teilnehmer in den vorangegangenen sechs Abrechnungszeiträumen durchschnittlich als Entgelt für einen entsprechenden Zeitraum zu entrichten hatte. ²Dies gilt nicht, wenn der Teilnehmer nachweist, dass er in dem Abrechnungszeitraum den Netzzugang nicht oder in geringerem Umfang als nach der Durchschnittsberechnung genutzt hat. ³Die Sätze 1 und 2 gelten entsprechend, wenn nach den Umständen erhebliche Zweifel bleiben, ob dem Teilnehmer die Inanspruchnahme von Leistungen des Anbieters zugerechnet werden kann.

(2) ¹Soweit in der Geschäftsbeziehung zwischen Anbieter und Teilnehmer weniger als sechs Abrechnungszeiträume unbeanstandet geblieben sind, wird die Durchschnittsberechnung nach Absatz 1 auf die verbleibenden Abrechnungszeiträume gestützt. ²Bestand in den entsprechenden Abrechnungszeiträumen eines Vorjahres bei vergleichbaren Umständen durchschnittlich eine niedrigere Entgeltforderung, tritt dieser Betrag an die Stelle des nach Satz 1 berechneten Durchschnittsbetrags.

(3) Fordert der Anbieter ein Entgelt auf der Grundlage einer Durchschnittsberechnung, so gilt das von dem Teilnehmer auf die beanstandete Forderung zu viel gezahlte Entgelt spätestens zwei Monate nach der Beanstandung als fällig.

§ 45j TKG knüpft an § 45i Abs. 3 S. 2 TKG an. Kann im Fall des § 45i Abs. 3 S. 2 TKG aufgrund von (→ Rn. 3) im Prüfprotokoll festgestellten Mängeln oder wegen verspäteter Übermittlung des Prüfprotokolls das Verbindungsaufkommen nicht festgestellt werden oder bestehen (→ Rn. 7) erhebliche Zweifel daran, dass der Teilnehmer die Inanspruchnahme der Leistungen des Anbieters zu vertreten hat, hat der Anbieter öffentlich zugänglicher Telekommunikationsdienste gegen den Teilnehmer einen Anspruch auf Zahlung des (→ Rn. 4) Durchschnittsbetrages des Verbindungsaufkommens, das der Teilnehmer in den vorangegangenen sechs (→ Rn. 5) Abrechnungszeiträumen durchschnittlich als Entgelt zu entrichten hatte. Dieses gilt dann nicht, wenn der Teilnehmer nachweist, dass er seinen Anschluss im maßgeblichen Abrechnungszeitraum gar nicht oder nur in (→ Rn. 9) geringerem Umfang als nach der Durchschnittsbetrachtung genutzt hat. Liegt die letzte Beanstandung des Teilnehmers (→ Rn. 10) weniger als sechs Abrechnungszeiträume zurück, wird die Durchschnittsbetrachtung nur über die zurückliegenden Abrechnungszeiträume durchgeführt, die unbeanstandet geblieben sind. Bestand bei vergleichbaren (→ Rn. 12) Abrechnungszeiträumen eines Vorjahres durchschnittlich eine niedrigere Entgeltforderung des Anbieters, tritt dieser niedrigere Betrag an die Stelle des berechneten Durchschnittsbetrages. Hat der Teilnehmer die Forderung des Anbieters bereits beglichen und ergibt die Durchschnittsberechnung ein niedrigeres Entgelt zugunsten des Teilnehmers, wird der Rückzahlungsanspruch des Teilnehmers gegenüber dem Anbieter spätestens zwei Monate nach der Beanstandung (→ Rn. 13) fällig.

A. Allgemeines

1   Die Regelung des § 45j TKG entspricht dem früheren **§ 17 TKV**. Sie wurde jedoch sprachlich angepasst (BT-Drs. 16/2581, 26).

2   § 45j TKG legt entsprechend dem Prinzip der freien richterlichen Beweiswürdigung des § 287 ZPO bei unklarer Forderungshöhe und unverhältnismäßigem Aufklärungsaufwand fest, auf welche Weise das vom Teilnehmer zu entrichtende **Entgelt ermittelt** werden soll (Scheuerle/Mayen/Schadow TKG § 45j Rn. 1; Säcker/Robert TKG § 45j Rn. 5).

§ 45i Abs. 2 TKG gewährleistet die Vergleichbarkeit der Abrechnungszeiträume. Die Norm geht davon aus, dass unstreitig Leistungen des Anbieters erbracht wurden; streitig ist allein das Volumen der erbrachten Leistung und die Höhe des dafür zu zahlenden Entgeltes.

B. Durchschnittsrechnungsbetrag (Abs. 1)

3   **Anwendbar** sind die Regeln des § 45j Abs. 1 TKG zur Ermittlung eines Durchschnittsentgeltes dann, wenn im Fall des § 45i Abs. 3 S. 2 TKG die technische Prüfung Mängel des Anbieters öffentlich zugänglicher Telekommunikationsdienste ergeben hat oder das technische Prüfprotokoll später als zwei Monate nach der Beanstandung durch den Teilnehmer an diesen übermittelt wurde (ausführlich zur Anwendbarkeit auf beide Alternativen des § 45i Abs. 3 S. 2 TKG: AFS/Kessel TKG § 45j Rn. 4 f.). Der Anbieter von **öffentlich zugänglichen Telekommunikationsdiensten** ist in § 3 Nr. 17a TKG legal definiert. Die Legaldefinition des **Teilnehmers** findet sich in § 3 Nr. 20 TKG.

4   Das **Durchschnittsentgelt** wird auf Basis der Verbindungsentgelte der zurückliegenden 6 Abrechnungszeiträume betrachtet. Außer Betracht bleiben hierbei Festentgelte, wie zB die monatliche Grundgebühr oder Flatrateentgelte (Scheuerle/Mayen/Schadow TKG § 45j Rn. 2; Säcker/Robert TKG § 45j Rn. 9). Diese fallen unabhängig von Zweifeln über das Verbindungsaufkommen nach § 45i Abs. 3 TKG an (Heun/Sörup Teil 4 Rn. 171).

5   **Abrechnungszeitraum** bezeichnet hierbei die Zeitperiode, für die der Anbieter regelmäßig eine Abrechnung erstellt. Hierbei handelt es sich zumeist um einen Zeitraum von einem Monat (Säcker/Robert TKG § 45j Rn. 7; Heun/Sörup Teil 4 Rn. 171).

6   Die Abrechnungen der vorangegangenen sechs Abrechnungszeiträume müssen vom Teilnehmer **unbeanstandet** geblieben sein (Säcker/Robert TKG § 45j Rn. 8; AFS/Kessel TKG § 45j Rn. 9), anderenfalls wird das zu zahlende Verbindungsentgelt auf Basis von § 45j Abs. 2 TKG ermittelt.

7   Ebenfalls wird das vom Teilnehmer zu entrichtende Entgelt auf Basis einer Durchschnittsbetrachtung gem. § 45j Abs. 1 S. 3 TKG ermittelt, wenn erhebliche Zweifel bestehen, ob dem Teilnehmer die Inanspruchnahme der Leistungen des Anbieters zugerechnet werden kann. Gelingt dem Teilnehmer der Nachweis der Nichtzurechnung der Leistungsinanspruchnahme gem. § 45i Abs. 4 TKG nicht, kann er gleichwohl nur verpflichtet sein, den Durchschnittsbetrag seines Verbindungsaufkommens zu zahlen, wenn **erhebliche Zweifel** an der **Zurechenbarkeit der Inanspruchnahme** der Leistung bestehen bleiben. Die Umstände müssen ganz überwiegend dafür sprechen, dass dem Teilnehmer die Inanspruchnahme der Leistung nicht zuzurechnen ist (Heun/Sörup Teil 4 Rn. 170). An den Nachweis der die erheblichen Zweifel begründenden Tatsachen und Umstände sind hohe Anforderungen zu stellen (AFS/Kessel TKG § 45j Rn. 19).

8   Gleiches soll in entsprechender Anwendung des § 45j Abs. 1 S. 3 TKG auch gelten, wenn der Teilnehmer **erhebliche Zweifel** nachweist, dass Dritte unbefugt **Veränderungen am Telekommunikationsnetz** des Anbieters vorgenommen haben und hierdurch das in Rechnung gestellte Verbindungsentgelt beeinflusst wurde (AFS/Kessel TKG § 45j Rn. 20).

Eine Berücksichtigung der vergangenen sechs Abrechnungszeiträume kommt dann gem. 9
§ 45j Abs. 1 S. 2 TKG nicht in Betracht, wenn der Teilnehmer nachweist, dass er in dem
fraglichen Abrechnungszeitraum den Anschluss nicht oder nur in **geringerem Umfang** als
nach der Durchschnittsbetrachtung ermittelt, genutzt hat. Aufgrund des Ausnahmecharakters
von § 45j Abs. 1 S. 2 TKG und der für den Anbieter erheblichen Rechtsfolge – Verlust des
gesamten Zahlungsanspruchs – sind an den Nachweis hohe Anforderungen zu stellen (AFS/
Kessel TKG § 45j Rn. 14).

C. Anpassung der Bemessungsgrundlage (Abs. 2)

§ 45j Abs. 2 TKG trifft eine Regelung für den Fall, dass die § 45j Abs. 1 TKG zugrunde 10
liegende Bemessungsgrundlage nicht anwendbar ist. Ziel der Regelung ist es, eine Vergleichbarkeit der Abrechnungszeiträume zu gewährleisten (BT-Drs. 16/2681, 26).

Eine Anpassung der Bemessungsgrundlage ist gem. § 45j Abs. 2 TKG dann erforderlich, 11
wenn der Zeitraum zwischen der aktuellen Beanstandung und der letzten vergangenen
kürzer ist als sechs Abrechnungszeiträume. In diesem Fall dienen als Bemessungsgrundlage die unbeanstandet gebliebenen Abrechnungszeiträume.

In § 45j Abs. 2 S. 2 TKG wird der Durchschnittsbetrag des S. 1 insofern nach oben 12
gedeckelt, als dass das durchschnittliche Verbindungsentgelt der entsprechenden Abrechnungszeiträume der Vorjahre eine **Deckelung für den Durchschnittsbetrag** bildet. Bestanden in den entsprechenden Abrechnungszeiträumen der Vorjahre bei vergleichbaren
Umständen niedrigere Entgeltforderungen, treten diese Beträge an die Stelle der berechneten
Durchschnittbeträge (BT-Drs. 16/2581, 26). Dieses ist nur insoweit möglich, sofern der
Teilnehmer für den Abrechnungszeitraum eines Vorjahres schon einen Telekommunikationsvertrag mit dem Anbieter geschlossen hatte und bei den Abrechnungszeiträumen des Vorjahres vergleichbare Umstände vorlagen. **Vergleichbare Umstände** liegen zB nicht vor,
wenn der Betreffende in den entsprechenden Abrechnungszeiträumen der Vorjahre längere
Auslandsaufenthalte hatte (BT-Drs. 16/2581, 26). An den Nachweis der vergleichbaren
Umstände sind auf Seiten des Teilnehmers hohe Anforderungen zu stellen, da dem Anbieter
Einblicke in die Lebenssituation des Teilnehmers nicht möglich sind und ihm so ein Gegenbeweis abgeschnitten ist (AFS/Kessel TKG § 45j Rn. 25; Heun/Sörup Teil 4 Rn. 175).

D. Fälligkeit des Rückgewähranspruchs (Abs. 3)

Sofern der Teilnehmer den Rechnungsbetrag bereits beglichen hat und der nach § 45j 13
Abs. 1 oder Abs. 2 TKG tatsächlich geschuldete Rechnungsbetrag geringer ausfällt, steht
ihm nach §§ 812 ff. BGB ein Rückgewähranspruch aus **ungerechtfertigter Bereicherung**
gegen den Anbieter zu. Mit § 45j Abs. 3 TKG wird sichergestellt, dass der Teilnehmer
innerhalb einer vorgegebenen **Höchstfrist von 2 Monaten** nach der Beanstandung das zu
viel gezahlte Entgelt erstattet bekommt (BT-Drs. 16/2581, 26).

Der Teilnehmer muss im Gegenzug, wenn er noch nicht an den Anbieter geleistet hat, 14
den Durchschnittsbetrag nach Aufforderung gem. § 45k Abs. 2 S. 5 TKG innerhalb von
zwei Wochen zahlen.

E. Rechtsschutz

Dem Teilnehmer steht gem. § 47a Abs. 1 Nr. 1 TKG das **Schlichtungsverfahren** bei 15
der BNetzA offen. Zudem kann der Teilnehmer oder auch Wettbewerber **Unterlassungs- und Schadensersatzansprüche** nach § 44 TKG geltend machen. Nach § 126 TKG kann
die BNetzA selbst gegen den Anbieter, der die Vorgaben von § 45j TKG nicht erfüllt, ein
Verfahren einleiten.

§ 45k Sperre

**(1) ¹Der Anbieter öffentlich zugänglicher Telefondienste darf zu erbringende
Leistungen an einen Teilnehmer unbeschadet anderer gesetzlicher Vorschriften nur**

nach Maßgabe der Absätze 2 bis 5 und nach § 45o Satz 3 ganz oder teilweise verweigern (Sperre). ²§ 108 Abs. 1 bleibt unberührt.

(2) ¹Wegen Zahlungsverzugs darf der Anbieter eine Sperre durchführen, wenn der Teilnehmer nach Abzug etwaiger Anzahlungen mit Zahlungsverpflichtungen von mindestens 75 Euro in Verzug ist und der Anbieter die Sperre mindestens zwei Wochen zuvor schriftlich angedroht und dabei auf die Möglichkeit des Teilnehmers, Rechtsschutz vor den Gerichten zu suchen, hingewiesen hat. ²Bei der Berechnung der Höhe des Betrags nach Satz 1 bleiben nicht titulierte Forderungen, die der Teilnehmer form- und fristgerecht und schlüssig begründet beanstandet hat, außer Betracht. Ebenso bleiben nicht titulierte bestrittene Forderungen Dritter im Sinne des § 45h Absatz 1 Satz 1 außer Betracht. ³Dies gilt auch dann, wenn diese Forderungen abgetreten worden sind. Die Bestimmungen der Sätze 2 bis 4 gelten nicht, wenn der Anbieter den Teilnehmer zuvor zur vorläufigen Zahlung eines Durchschnittsbetrags nach § 45j aufgefordert und der Teilnehmer diesen nicht binnen zwei Wochen gezahlt hat.

(3) Der Anbieter darf seine Leistung einstellen, sobald die Kündigung des Vertragsverhältnisses wirksam wird.

(4) Der Anbieter darf eine Sperre durchführen, wenn wegen einer im Vergleich zu den vorangegangenen sechs Abrechnungszeiträumen besonderen Steigerung des Verbindungsaufkommens auch die Höhe der Entgeltforderung des Anbieters in besonderem Maße ansteigt und Tatsachen die Annahme rechtfertigen, dass der Teilnehmer diese Entgeltforderung beanstanden wird.

(5) ¹Die Sperre ist, soweit technisch möglich und dem Anlass nach sinnvoll, auf bestimmte Leistungen zu beschränken. ²Sie darf nur aufrechterhalten werden, solange der Grund für die Sperre fortbesteht. ³Eine auch ankommende Telekommunikationsverbindung erfassende Vollsperrung des Netzzugangs darf frühestens eine Woche nach Sperrung abgehender Telekommunikationsverbindungen erfolgen.

Gem. § 45k Abs. 1 TKG darf ein Anbieter öffentlich zugänglicher Telefondienste seine Leistungen gegenüber einem Teilnehmer nur ganz oder teilweise einstellen, sofern dies § 45k Abs. 2–5, § 45o S. 3 TKG oder andere gesetzliche Vorschriften zulassen (Sperre). Die Möglichkeit, gem. § 108 Abs. 1 TKG (→ Rn. 7) Notrufe abzusetzen muss trotz Sperre weiterhin gewährleistet sein. Wegen (→ Rn. 10) Zahlungsverzugs des Teilnehmers darf der Anbieter gem. § 45k Abs. 2 S. 1 TKG eine Sperre nur dann durchführen, wenn der Teilnehmer mit mindestens (→ Rn. 10) 75 EUR in Verzug ist und der Anbieter die Sperre mindestens zwei Wochen vorher (→ Rn. 14) schriftlich angedroht und dabei auf die Möglichkeit des Rechtsschutzes vor Gerichten hingewiesen hat. Bei der Berechnung des Zahlungsverzuges bleiben solche Forderungen des Anbieters außer Betracht, die nicht tituliert sind und die der Teilnehmer (→ Rn. 11) form- und fristgerecht und (→ Rn. 11) schlüssig begründet beanstandet hat. Ebenfalls bleiben nicht titulierte Forderungen (→ Rn. 12) Dritter iSd § 45h Abs. 1 S. 1 TKG außer Betracht, die der Teilnehmer bestritten hat. Dies gilt selbst dann, wenn der Dritte die Forderung an den Anbieter (→ Rn. 13) abgetreten hat. Fordert der Anbieter gem. § 45j TKG den (→ Rn. 14) Durchschnittsbetrag vom Teilnehmer, werden insoweit auch abgetretene und beanstandete Forderungen berücksichtigt. Nach § 45k Abs. 3 TKG darf der Anbieter seine Leistung einstellen, sobald die (→ Rn. 17) Kündigung des Vertragsverhältnisses mit dem Teilnehmer wirksam wird. Weiterhin darf der Anbieter gem. § 45k Abs. 4 TKG eine Sperre dann durchführen, wenn sich im Vergleich zu den vorangegangenen sechs Abrechnungszeiträumen eine (→ Rn. 19) besondere Steigerung des Verbindungsaufkommens und damit ein Anstieg der Entgeltforderung des Anbieters ergibt und Tatsachen die Annahme rechtfertigen, dass der Teilnehmer diese Entgeltforderung beanstanden wird. Die Sperre ist, soweit dies dem Anbieter technisch möglich und dem Anlass nach sinnvoll ist, gem. § 45k Abs. 5 TKG auf bestimmte Leistungen des Anbieters zu (→ Rn. 23) beschränken. Die Sperre darf nur so lange aufrechterhalten werden, wie der Grund für ihre Einrichtung fortbesteht. Eine Komplettsperre für (→ Rn. 24) ab- und eingehende Gespräche darf frühestens eine Woche nach Sperrung für abgehende Gespräche erfolgen.

Übersicht

	Rn		Rn
A. Allgemeines	1	E. Sperre wegen Missbrauchsrisikos (Abs. 4)	19
B. Grundsätzliches zur Sperre (Abs. 1)	4	F. Durchführen und Aufheben der Sperre (Abs. 5)	23
C. Sperre wegen Zahlungsverzugs (Abs. 2)	10	G. Rechtsschutz	26
D. Sperre wegen Kündigung (Abs. 3)	17		

A. Allgemeines

Die Regelung des § 45k TKG entspricht im Wesentlichen dem ehemaligen § 19 TKV (BT-Drs. 16/2581, 26) und dient der Umsetzung von Art. 10 iVm Anhang I Teil A lit. e der Universaldienstleistungs-RL (Heun/Sörup Teil 4 Rn. 180). **1**

Durch das TKGÄnderG ist ihr **Anwendungsbereich** auf alle Anbieter öffentlich zugänglicher Telefondienste ausgeweitet worden, womit die Regelung nunmehr auch **Mobilfunkanbieter** erfasst (BT-Drs. 17/5707, 66). Der BGH hat die Wertung des bisherigen 45k Abs. 2 TKG auch schon auf Mobilfunkverträge ausgedehnt (BGH NJW 2011, 2122 (2125)) Diese Erweiterung dient der Umsetzung von Art. 29 Abs. 1 iVm Anhang I Teil A lit. e der Universaldienstleistungs-RL. Der BGH hat bereits die Ratio des bisherigen § 45k TKG2009 im Rahmen der AGB Kontrolle nach § 307 Abs. 1 S. 1, Abs. 2 Nr. 1 BGB auf Mobilfunkverträge angewendet (BGH NJW 2011, 2122 (2124 f.); MMR 2012, 24 (26)). In § 45k Abs. 2 S. 3 und S. 3 TKG werden die Anforderungen an die Einbeziehung von – auch abgetretenen – **Forderungen Dritter** in die Berechnung der Zahlungsverpflichtung, aufgrund derer die Sperre zulässig ist, erhöht (BT-Drs. 17/5707, 66). Eine Berechtigung zur Sperre wegen einer **Gefährdung der Netzintegrität** ergibt sich für den Anbieter bereits aus § 11 Abs. 6 FTEG, weswegen auf einen Erlaubnistatbestand in § 45k TKG verzichtet werden konnte (BT-Drs. 16/2581, 26). **2**

Bei § 45k TKG handelt es sich um eine **spezialgesetzliche Regelung** gegenüber den zivilrechtlichen **Zurückbehaltungsrechten** (BR-Drs. 551/97, 38; BGH NJW 2009, 1334 (1335); Ditscheid/Ufer MMR 2011, 509 (514); AFS/Kessel TKG § 45k Rn. 11), die ihren Grund in der besonderen Bedeutung des Telefonanschlusses für die moderne Lebensführung hat (s. hierzu BGH NJW 2013, 1072 (1073). **3**

B. Grundsätzliches zur Sperre (Abs. 1)

§ 45k Abs. 1 TKG legt als **spezialgesetzliche Regelung** gegenüber den zivilrechtlichen Leistungsverweigerungsrechten (§ 273 und § 320 BGB) fest, dass ein Anbieter öffentlich zugänglicher Telefondienste ein Zurückbehaltungsrecht an von ihm zu erbringenden Leistungen nur nach den Vorgaben von § 45k Abs. 2–5 TKG und nach § 45o S. 3 TKG oder aufgrund anderer gesetzlicher Vorschriften, die aber nicht die Gründe von § 45k TKG zum Gegenstand haben dürfen, ausüben darf. **4**

Anbieter öffentlich zugänglicher Telefondienste sind gem. § 3 Nr. 17 TKG Anbieter eines Dienstes, der das Führen von ein- und ausgehenden Inlands- und/oder Auslandsgesprächen ermöglicht. Daher sind von der Verpflichtung des § 45k TKG lediglich Anbieter von **Sprachkommunikation**, diese aber unabhängig von der technischen Realisierung der Kommunikation, erfasst. Nicht erfasst sind Anbieter von Datendiensten, wie bspw. Anbieter von Internetzugangsdiensten (AFS/Kessel TKG § 45k Rn. 7) und Anbieter von **Call-by-Call** und **Mehrwertdiensteanbieter** (Beck TKG/Ditscheid/Rudloff TKG § 45k, Rn. 13; Säcker/Klingner TKG § 45k Rn. 9, der nur auf Netzzugangsanbieter abstellt; aA Scheuerle/Mayen/Schadow TKG § 45k Rn. 2), da diese dem Teilnehmer nicht den Netzzugang bereitstellen und eine Sperre nicht zur Folge hat, dass der Teilnehmer nicht mehr telefonieren kann. Auch nicht erfasst sind Anbieter von **Preselection-Diensten.** Diese ermöglichen zwar ausgehende, aber keine eingehenden Gespräche iSd § 3 Nr. 17a TKG. Zudem kann eine Sperre dieses Dienstes durch Wahl einer anderen Betreiberkennzahl leicht umgangen **5**

werden, so dass der Telefonanschluss eben nicht gesperrt ist (hierzu: AG Neumünster BeckRS 2010, 08902).

6 Eine Sperre darf nach § 45k Abs. 1 TKG **ganz oder teilweise,** also für bestimmte Dienste oder nur für abgehende Verbindungen, erfolgen.

7 Der Hinweis auf § 108 Abs. 1 TKG dient dem Zweck, dass das Absetzen von **Notrufen** auch bei einer Sperre möglich bleiben muss. Dieses gilt auch für den Fall der Vollsperre nach § 45k Abs. 5 S. 3 TKG (Beck TKG/Ditscheid/Rudloff TKG § 45k Rn. 16; Säcker/Klingner TKG § 45k Rn. 15).

8 Der Anbieter kann für das Einrichten und das Deaktivieren der Sperre von dem Teilnehmer einen **Aufwendungsersatz** verlangen (Beck TKG/Ditscheid/Rudloff TKG § 45k, Rn. 33; aA AFS/Kessel TKG § 45k Rn. 40). Es handelt sich hierbei nicht um eine Deaktivierungsgebühr für die Leistung am Ende des Vertragsverhältnisses, mit der der Anbieter die Aufwendungen, die in seinem eigenen Interesse entstehen auf den Teilnehmer abwälzt (für diese hat der BGH MMR 2002, 542 (544) eine Gebühr als unzulässig angesehen).

9 Der Teilnehmer ist auch während der Sperre zur **Zahlung des vereinbarten Entgeltes,** insbes. der Grundgebühr verpflichtet (BGH NJW 2009, 1334 (1335); Beck TKG/Ditscheid/Rudloff TKG § 45k Rn. 34).

C. Sperre wegen Zahlungsverzugs (Abs. 2)

10 Wenn der Teilnehmer mit einem Betrag von mindestens 75 EUR beim Anbieter in Verzug ist, darf dieser unter den weiteren Voraussetzungen von § 45 Abs. 2 S. 1 TKG den Anschluss des Teilnehmers sperren. **Verzug** bestimmt sich nach §§ 286 ff. BGB.

11 Gem. § 45k Abs. 2 S. 2 TKG bleiben nicht titulierte Forderungen, die der Teilnehmer **form- und fristgerecht** und schlüssig begründet beanstandet hat bei der Berechnung außer Betracht. Die Form und die Frist der Beanstandung ergibt sich aus § 45i TKG und aus den zwischen dem Teilnehmer und dem Anbieter getroffenen Vereinbarungen. Erforderlich ist zudem eine **schlüssige Begründung** der Einwendung. Hierbei muss der Teilnehmer mindestens solche Umstände vortragen, aus denen heraus sich ernstliche Zweifel an dem Zustandekommen der Forderung ergeben (Beck TKG/Ditscheid/Rudloff TKG § 45k Rn. 31). Nicht ausreichend ist hierbei die schlichte Aussage, die Leistung nicht in Anspruch genommen zu haben (Beck TKG/Ditscheid/Rudloff TKG § 45k Rn. 31).

12 Grundsätzlich sind bei der Bemessung des Schwellwertes auch Forderungen von Drittanbietern zu berücksichtigen, die der Rechnung stellende Anbieter gem. § 45h Abs. 1 S. 1 TKG fakturiert und inkassiert. Die **Forderungen Dritter** müssen, soweit sie bestritten sind, gem. § 45k Abs. 2 S. 3 TKG tituliert sein, um bei der Berechnung des Schwellwertes berücksichtigt zu werden. Dieses ist deswegen sachgerecht, weil dem Teilnehmer ansonsten zur Abwendung einer Sperre zugemutet würde, gegenüber dem Rechnung stellenden Unternehmen Ausführungen zu behaupteten Forderungen zu machen, die ihre Grundlage gar nicht in einem vertraglichen Verhältnis zum Rechnung stellenden Unternehmen, sondern zu dritten Unternehmen haben (BT-Drs. 17/5707, 66). Regelmäßig können Gläubiger gegen Schuldner erst nach Erlangung eines Titels vollstrecken. Es erscheint unverhältnismäßig, dass ihnen abweichend davon das scharfe Instrument einer Sperre iSd § 45k TKG gewährt wird, wenn sie ihre Forderung auf die Telefonrechnung des Schuldner setzen lassen (BT-Drs. 17/5707, 66). Maßgeblich ist daher eine anbieterbezogene Betrachtung des Verzugsbetrages.

13 Auch sollen nach § 45k Abs. 2 S. 4 TKG an den Anbieter **abgetretene Forderungen** unberücksichtigt bleiben. Demnach können nur originär beim jeweiligen Anbieter entstandenen Forderungen auf die 75 EUR Schwelle angerechnet werden, sofern der Teilnehmer die Forderung bestritten hat.

14 Auch kann der Anbieter dann eine Sperre gem. § 45k Abs. 2 S. 5 TKG durchführen, wenn er vom Teilnehmer gem. § 45j TKG die **Zahlung des Durchschnittsbetrages** gefordert und der Teilnehmer diesen nicht binnen zwei Wochen gezahlt hat. Auch hierbei muss der Anbieter die Form- und Verfahrensvorgaben von § 45k Abs. 1 TKG beachten.

15 Eine Sperre muss mindestens 2 Wochen zuvor **schriftlich angedroht** werden und dabei ist auf die Möglichkeit des Teilnehmers Rechtsschutz vor den Gerichten zu suchen hinzuweisen. Schriftform meint nicht qualifizierte Schriftform iSd § 126 BGB. Ausreichend ist

ein Schriftstück; eine eigenhändige Unterschrift ist nicht erforderlich (AFS/Kessel TKG § 45k Rn. 17; Säcker/Klingner TKG § 45k Rn. 21).

Etwas anderes stellt das Vereinbaren eines **Kreditlimits** dar. Auf vereinbarte Kreditlimits findet § 45k Abs. 2 TKG keine Anwendung (BGH MMR 2012, 24 (25)). Überschreitet der Teilnehmer das vereinbarte Limit, kann der Anbieter den Anschluss sperren, wobei er den Teilnehmer vor Erreichen des Kreditlimits informieren muss (BGH MMR 2012, 24 (25)). 16

D. Sperre wegen Kündigung (Abs. 3)

§ 45k Abs. 3 TKG stellt klar, dass der Anbieter **nach Wirksamwerden einer Kündigung** den Anschluss sperren darf. Hierbei muss der Anbieter eine sich ggf. aus § 46 Abs. 1 S. 1 ergebende Weiterversorgungspflicht (→ § 46 Rn. 13) beachten. 17

Auch bei **Verzugs-Forderungen unter 75 EUR** kann der Anbieter außerordentlich kündigen (BGH NJW 2009, 1334 (1335); Säcker/Klingner TKG, § 45k Rn. 28; einschränkend AFS/Kessel TKG § 45k Rn. 28). Die Kündigung stellt gegenüber der Sperre ein aliud da (BGH NJW 2009, 1334 (1335)). Zur Leistungseinstellung ist der Anbieter aber erst dann berechtigt, wenn die Kündigung wirksam wird (Scheuerle/Mayen/Schadow TKG § 45k Rn. 4). Die Form- und Verfahrensvorgaben des § 45k Abs. 2 S. 1 gelten für eine (auch außerordentliche) Kündigung nicht (BGH NJW 2009, 1334 (1335)). 18

E. Sperre wegen Missbrauchsrisikos (Abs. 4)

Ergeben sich in einer laufenden Abrechnungsperiode besondere **Steigerungen des Entgeltaufkommens** im Vergleich zu den vorangegangenen sechs Abrechnungszeiträumen und rechtfertigen Tatsachen die Annahme, dass der Teilnehmer die Entgeltforderung beanstanden wird, kann der Anbieter eine Sperre durchführen. Damit dient § 45k Abs. 4 TKG einerseits dem **Schutz des Anbieters** vor Zahlungsausfall, aber andererseits auch dem **Schutz des Teilnehmers** vor unerwartet hohen Rechnungsbeträgen (AFS/Kessel TKG § 45k Rn. 30). 19

Maßgeblich ist nicht zwingend ein erheblicher Anstieg des Rechnungsbetrages gegenüber den Vormonaten. Ausreichend ist vielmehr schon die erhebliche Inanspruchnahme von **Leistungen,** die in den **Vormonaten** nicht in Anspruch genommen wurden und daraus resultierende besondere Kostenfolgen (AFS/Kessel TKG § 45k Rn. 32). Das Verbindungsentgelt der Abrechnungsperiode muss aber mindestens **über 75 EUR** ausfallen (Beck TKG/Ditscheid/Rudloff TKG § 45k, Rn. 42). 20

Für die Auslegung, ob **Tatsachen vorliegen,** die die Annahme rechtfertigen, dass der Teilnehmer die Entgeltforderung beanstanden wird, darf der Anbieter nicht allein auf das bisherige Telefonieverhalten des Teilnehmers abstellen. Er hat vielmehr zusätzlich Tatsachen nachzuweisen, die für eine mangelnde Zahlungsmoral des Teilnehmers sprechen oder der Anbieter aufgrund des Nutzungsverhaltens von einer späteren Beanstandung ausgehen kann. Hierbei können Anbieter auf generelle Erfahrungswerte zurückgreifen (AFS/Kessel TKG § 45k Rn. 33), wobei insbes. bei verstärkter Nutzung von Mehrwertdiensterufnummern (Scheuerle/Mayen/Schadow TKG § 45k Rn. 5) oder aber bei besonders hohen Forderungen von entsprechenden Erfahrungswerten ausgegangen werden kann. 21

> In der Rspr. wird vermehrt eine vertragliche Nebenpflicht von Anbietern angenommen, Teilnehmer bei unerwartet hohen Verbindungsentgelten zu warnen, um so deren Vermögen zu schützen. Der BGH (BGH MMR 2012, 525 (527), ebenso OLG Schleswig MMR 2011, 836 (838); KG MMR 2012, 734 (735); LG Münster BeckRS 2011, 03022) nimmt gem. § 241 BGB eine **Hinweispflicht** bei der Einführung von neuen Leistungen an, die beim Teilnehmer erhebliche Verbindungsentgelte verursachen. Der Anbieter muss die starke Nutzung durch den Teilnehmer erkennen und diesen dann warnen. Instanzgerichte nehmen ebenso eine Hinweispflicht bei unerwartet hohem Verbindungsaufkommen gegenüber dem Teilnehmer an (LG Kiel MMR 2003, 422 (423); AG Frankfurt a. M. MMR 2008, 496(497)). 21.1

Die Sperre kann **ohne Ankündigung oder Wartefrist** unverzüglich eingerichtet werden. 22

F. Durchführen und Aufheben der Sperre (Abs. 5)

23 Die Sperre ist als Ausdruck des Verhältnismäßigkeitsgebotes gem. § 45k Abs. 5 S. 1 TKG, soweit technisch möglich und dem Anlass nach sinnvoll, auf bestimmte Leistungen zu **beschränken**. Dieses können bestimmte **Rufnummernbereiche**, wie zB Mehrwertdienste oder Auslandsgespräche sein, die die wesentlichen Entgelte der Rechnung des Teilnehmers verursacht haben. Eine Sperre von bestimmten Leistungen muss der Anbieter aber nur vornehmen, sofern und soweit ihm dies **technisch möglich** ist.

24 Eine Sperrung des Anschlusses für **alle ausgehenden Gespräche** kommt dann in Betracht, wenn die Teilsperrung nicht zu einer Begleichung der Verbindlichkeiten führen wird. Begleicht der Teilnehmer seine gesamten Verbindlichkeiten, muss der Anbieter die **Sperre wieder aufheben.** Hierbei ist es nicht ausreichend, dass der Teilnehmer eine Teilzahlung vornimmt, so dass seine Verbindlichkeiten lediglich unter 75 EUR sinken (Scheuerle/Mayen/Schadow TKG § 45k Rn. 6; Säcker/Klingner TKG § 45k Rn. 17).

25 Eine **Vollsperrung** des Anschluss für abgehende und für eingehende Verbindungen darf der Anbieter nach § 45k Abs. 5 S. 3 TKG als schwerwiegendstes und somit letztes Mittel frühestens eine Woche nach Sperrung der abgehenden Verbindungen vornehmen.

G. Rechtsschutz

26 Dem Teilnehmer stehen bei einer nicht rechtmäßig vorgenommenen Sperre **Schadensersatzansprüche** aus § 44 TKG iVm § 45k TKG sowie aus § 280 BGB iVm dem Telefonanschlussvertrag zu. Auch sind Schadensersatzansprüche nach § 823 Abs. 2 BGB iVm § 45k TKG möglich. Der Teilnehmer kann auch ein **Schlichtungsverfahren** bei der BNetzA gem. § 47a TKG einleiten. Die **BNetzA** selbst kann gegen den Anbieter nach § 126 TKG vorgehen und gem. § 149 Abs. 1 Nr. 7c TKG ein Bußgeld verhängen.

§ 45l Dauerschuldverhältnisse bei Kurzwahldiensten

(1) ¹Der Teilnehmer kann von dem Anbieter einer Dienstleistung, die zusätzlich zu einem öffentlich zugänglichen Telekommunikationsdienst erbracht wird, einen kostenlosen Hinweis verlangen, sobald dessen Entgeltansprüche aus Dauerschuldverhältnissen für Kurzwahldienste im jeweiligen Kalendermonat eine Summe von 20 Euro überschreiten. ²Der Anbieter ist nur zur unverzüglichen Absendung des Hinweises verpflichtet. ³Für Kalendermonate, vor deren Beginn der Teilnehmer einen Hinweis nach Satz 1 verlangt hat und in denen der Hinweis unterblieben ist, kann der Anbieter nach Satz 1 den 20 Euro überschreitenden Betrag nicht verlangen.

(2) ¹Der Teilnehmer kann ein Dauerschuldverhältnis für Kurzwahldienste zum Ende eines Abrechnungszeitraumes mit einer Frist von einer Woche gegenüber dem Anbieter kündigen. ²Der Abrechnungszeitraum darf die Dauer eines Monats nicht überschreiten. ³Abweichend von Satz 1 kann der Teilnehmer ein Dauerschuldverhältnis für Kurzwahldienste, das ereignisbasiert ist, jederzeit und ohne Einhaltung einer Frist gegenüber dem Anbieter kündigen.

(3) ¹Vor dem Abschluss von Dauerschuldverhältnissen für Kurzwahldienste, bei denen für die Entgeltansprüche des Anbieters jeweils der Eingang elektronischer Nachrichten beim Teilnehmer maßgeblich ist, hat der Anbieter dem Teilnehmer eine deutliche Information über die wesentlichen Vertragsbestandteile anzubieten. ²Zu den wesentlichen Vertragsbestandteilen gehören insbesondere der zu zahlende Preis einschließlich Steuern und Abgaben je eingehender Kurzwahlsendung, der Abrechnungszeitraum, die Höchstzahl der eingehenden Kurzwahlsendungen im Abrechnungszeitraum, sofern diese Angaben nach Art der Leistung möglich sind, das jederzeitige Kündigungsrecht sowie die notwendigen praktischen Schritte für eine Kündigung. ³Ein Dauerschuldverhältnis für Kurzwahldienste entsteht nicht, wenn der Teilnehmer den Erhalt der Informationen nach Satz 1 nicht bestätigt; dennoch geleistete Zahlungen des Teilnehmers an den Anbieter sind zurückzuzahlen.

Der Teilnehmer kann von einem Anbieter von Dauerschuldverhältnissen über Kurzwahldiensten unverzüglich einen (→ Rn. 11) kostenlosen Hinweis verlangen, wenn dessen Entgeltansprüche (→ Rn. 9) 20 EUR im jeweiligen Kalendermonat überschreiten. Hat der Teilnehmer einen solchen Hinweis vom Anbieter (→ Rn. 12) verlangt und ist dieser in einem Kalendermonat (→ Rn. 19) unterblieben, kann der Anbieter das 20 EUR übersteigende Entgelt nicht verlangen. Gem. § 45l Abs. 2 TKG kann der Teilnehmer ein Dauerschuldverhältnis über Kurzwahldienste zum Ende eines Abrechnungszeitraums mit einer Frist von (→ Rn. 14) einer Woche kündigen. Kurzwahldienste, die (→ Rn. 15) ereignisbasiert sind, können vom Teilnehmer jederzeit ohne Frist gekündigt werden. Vor dem Abschluss von Dauerschuldverhältnissen über Kurzwahldienste, bei denen sich die Entgeltansprüche des Anbieters nach dem Eingang von elektronischen Nachrichten richten, muss der Anbieter dem Teilnehmer eine (→ Rn. 18) deutliche Information über die (→ Rn. 17) wesentlichen Vertragsbestandteile übermitteln. Wesentliche Vertragsbestandteile sind insbes. der zu zahlende Preis je Kurzwahlsendung, der Abrechnungszeitraum, die Höchstzahl der Kurzwahlsendungen im Abrechnungszeitraum, sofern dies möglich ist, das jederzeitige Kündigungsrecht und die notwendigen Schritte für eine Kündigung. Ein Vertrag mit dem Teilnehmer kommt nicht zustande, wenn dieser den Erhalt der Informationen des Anbieters nicht (→ Rn. 19) bestätigt hat. Wurden trotz fehlenden Vertrages dennoch Zahlungen an den Anbieter geleistet, sind diese an den Teilnehmer zu (→ Rn. 21) erstatten.

Übersicht

	Rn		Rn
A. Allgemeines	1	D. Informationspflichten und Vertragsschluss (Abs. 3)	17
B. Warnhinweis (Abs. 1)	5		
C. Kündigungsfristen (Abs. 2)	14	E. Rechtsschutz	22

A. Allgemeines

Bei über Kurzwahlnummern erbrachten Mehrwertdiensten – insbes. bei Premium- 1 SMS-Diensten, aber auch bei MMS-Diensten, besteht die Gefahr, dass – ohne, dass dies dem Teilnehmer bewusst ist – erhebliche Kosten entstehen. Darüber hinaus sind die Inhalte von angebotenen Abonnementverträgen häufig unklar, insbes. wird nicht deutlich, welche Möglichkeiten zur Beendigung des Vertrages bestehen (BT-Drs. 16/2581, 30). Mit den Regelungen in § 45l TKG werden daher verschiedene Maßnahmen zur stärkeren **Transparenz** sowie zum **Schutz des Teilnehmers** getroffen: Der Teilnehmer kann vom jeweiligen Anbieter verlangen, darauf hingewiesen zu werden, wenn die Entgeltforderung aus Kurzwahl-Abonnement-Diensten einen Betrag von 20 EUR monatlich überschreitet. Der Hinweis wird im Regelfall durch eine sog. Warn-SMS erfolgen (BT-Drs. 16/2581, 30).

Die Möglichkeit für Teilnehmer, eine Obergrenze für **Datendienste** zu bestimmen, 2 wurde in § 45l TKG nicht aufgenommen (BT-Drs. 17/5707, 115). Gem. § 45n Abs. 6 Nr. 5 TKG können Anbieter durch Rechtsverordnung zu unentgeltlichen Warnhinweisen bei anormalem oder übermäßigem Verbrauchsverhalten verpflichtet werden. Eine solche Rechtsverordnung wurde bisher noch nicht erlassen.

Bei Überschreiten von 80 % der Entgeltschwelle von 50 EUR durch **Daten-Roaming** 3 muss der Anbieter gem. Art. 15 Abs. 3 Roaming-III-VO den Teilnehmer per SMS oder Pop-Up informieren.

§ 45l TKG bietet zahlreiche grds. zulässige **Umgehungsmöglichkeiten,** einerseits des- 4 halb, weil er nur für Kurzwahldienste Anwendung findet und vergleichbare Dienste auch in anderen Rufnummernbereichen angeboten werden können und weil die Anwendung von § 45l Abs. 3 TKG von dem gewählten Bepreisungsmodell abhängt. Ein § 66m TKG vergleichbares Umgehungsverbot kennen die Kundenschutzvorschriften nicht (Beck TKG/Ditscheid/Rudloff TKG § 45l Rn. 1).

B. Warnhinweis (Abs. 1)

5 Gem. § 45l Abs. 1 TKG kann der Teilnehmer von dem Anbieter einer Dienstleistung, die zusätzlich zu einem öffentlich zugänglichen Telekommunikationsdienst erbracht wird, einen kostenlosen Hinweis verlangen, wenn dessen Entgeltansprüche aus Dauerschuldverhältnissen für Kurzwahldienste in jeweiligen Kalendermonat 20 EUR übersteigen.

6 **Kurzwahldienste** sind in § 3 Nr. 11b TKG definiert und umfassen als Oberbegriff auch Kurzwahl-Datendienste nach § 3 Nr. 11a TKG und Kurzwahl-Sprachdienste nach § 3 Nr. 11c TKG (Scheuerle/Mayen/Schadow TKG § 45l Rn. 3; Beck TKG/Ditscheid/Rudloff TKG § 45l Rn. 2). Kurzwahldienste haben die Merkmale eines Premium-Dienstes iSd § 3 Nr. 17b TKG, nutzen jedoch eine spezielle Nummernart mit kurzen Nummern.

7 In den Anwendungsbereich des § 45l TKG fallen nur Dauerschuldverhältnisse über Kurzwahldienste. Im Rahmen eines **Dauerschuldverhältnisses** wird ein dauerndes Verhalten oder wiederkehrende Leistungen geschuldet, wobei der Gesamtumfang der Leistung von der Dauer der Rechtsbeziehung abhängt (Palandt/Grüneberg BGB § 314 Rn. 2). Pflichten von Anbietern im Rahmen der Inanspruchnahme von **Einzel-Kurzwahldiensten** werden in §§ 66a, 66c und 66e TKG geregelt.

8 Der **Teilnehmer** ist legal definiert in § 3 Nr. 20 TKG. Der **Anbieter einer Dienstleistung, die zusätzlich zu einem öffentlich zugänglichen Telekommunikationsdienst erbracht wird,** wird nicht legal definiert. Erfasst sind Anbieter von Inhalten, die zusätzlich zum Telekommunikationsdienst erbracht werden, also i. d. R. alle Anbieter von telekommunikationsgestützen Diensten iSd § 3 Nr. 25 TKG (Säcker/Klingner TKG § 45l Rn. 6).

9 Die 20 EUR-Schwelle gilt **anbieterbezogen.** Unterhält der Teilnehmer mehrere Dauerschuldverhältnisse über Kurzwahldienste bei unterschiedlichen Anbietern, muss jeder Anbieter erst dann einen Hinweis erteilen, wenn die Forderungshöhe bei ihm 20 EUR erreicht (Scheuerle/Mayen/Schadow TKG § 45l Rn. 5; Spindler/Schuster/Ditscheid/Rudloff TKG § 45l, Rn. 11).

10 Der Anbieter muss den Hinweis unverzüglich nach Erreichen der 20 EUR- Schwelle **absenden.** Für den Zugang trägt der Anbieter gem. § 45l Abs. 1 S. 2 TKG keine Verantwortung (Beck TKG/Ditscheid/Rudloff TKG § 45l Rn. 17; AFS/Hartl/Kessel TKG § 45l Rn. 14).

11 Der Hinweis ist nicht formgebunden und wird zumeist durch Übersenden einer SMS (sog. **„Bill-Warning-Message")** erfolgen (Scheuerle/Mayen/Schadow TKG § 45l Rn. 5). In dem Hinweis muss klar zum Ausdruck gebracht werden, dass und bei welchem Anbieter die 20 EUR-Schwelle überschritten wurde (AFS/Hartl/Kessel TKG § 45l Rn. 11). Zudem muss der Hinweis gegenüber dem Teilnehmer **kostenlos** und **unverzüglich** iSd § 121 Abs. 1 S. 1 BGB erfolgen.

12 Der Teilnehmer muss einen solchen Hinweis nach § 45l Abs. 1 TKG beim Anbieter **beauftragen** (Opt-In), wobei der Anbieter über die Möglichkeit, einen solchen Hinweis zu erhalten, nicht aktiv aufklären muss (BT-Drs. 17/5707, 101; Scheuerle/Mayen/Schadow TKG § 45l Rn. 6). Der Gesetzgeber hat Bill-Warning-Messages ohne Beauftragung durch den Teilnehmer abgelehnt (BT-Drs. 17/5707, 115). Die Beauftragung des Hinweises unterliegt **keiner Formvorgabe** (AFS/Hartl/Kessel TKG § 45l Rn. 10; Säcker/Klingner TKG § 45l Rn. 11).

13 Hat der Teilnehmer einen solchen Hinweis beauftragt und **unterbleibt dieser Hinweis,** kann der Anbieter den 20 EUR überschreitenden Rechnungsbetrag für Entgeltansprüche wegen Dauerschuldverhältnissen für Kurzwahldienste gem. § 45l Abs. 1 S. 3 TKG nicht verlangen.

C. Kündigungsfristen (Abs. 2)

14 Der Teilnehmer kann ein Dauerschuldverhältnis über Kurzwahldienste mit einer **Frist von einer Woche** zum Ende eines jeden Abrechnungszeitraums kündigen, wobei ein Abrechnungszeitraum nicht länger als einen Monat betragen darf.

15 Dauerschuldverhältnisse über Kurzwahldienste, die ereignisbasiert sind, können jederzeit ohne Einhaltung einer Frist gekündigt werden. **Ereignisbasiert** sind solche Kurzwahldiens-

te, bei denen die Anzahl der elektronischen Nachrichten des Anbieters nicht vertraglich festgelegt ist, sondern sich nach dem Eintritt festgelegter Ereignisse (bspw. Fußballergebnisse) richtet (Scheuerle/Mayen/Schadow TKG § 45l Rn. 7; AFS/Hartl/Kessel TKG § 45l Rn. 21).

Die **Kündigung** unterliegt keinen Formvorgaben (AFS/Hartl/Kessel TKG § 45l Rn. 23) und erfolgt regelmäßig durch Sendung einer Kodierung (sog Stop-Code) per SMS (BT-Drs. 16/2581, 30). 16

D. Informationspflichten und Vertragsschluss (Abs. 3)

Der Anbieter muss dem Teilnehmer vor Abschluss eines Dauerschuldverhältnisses über Kurzwahldienste, bei denen für die Entgeltansprüche des Anbieters jeweils der Eingang elektronischer Nachrichten beim Teilnehmer maßgeblich ist, die **wesentlichen Vertragsbestandteile** in deutlicher Form **mitteilen.** Wesentliche Vertragsbestandteile sind unter anderem das Entgelt je Kurzwahlsendung, der Abrechnungszeitraum, die Höchstzahl der eingehenden Kurzwahlsendungen im Abrechnungszeitraum, sofern es sich nicht um ereignisbezogene Kurzwahldienste handelt, das Kündigungsrecht und die notwendigen praktischen Schritte für eine Kündigung. Der Umfang der Informationsverpflichtung gilt bei bestimmten Dienstleistungen nur eingeschränkt (BT-Drs. 16/2581, 30). Weitere Informationspflichten können sich insbes. aus §§ 312c ff. BGB ergeben. 17

Der Hinweis auf die wesentlichen Vertragsbestandteile muss **deutlich** erfolgen. Werden neben den Informationen noch weitere Angaben gemacht, müssen die Informationen graphisch hervorgehoben werden. 18

Der Teilnehmer muss den Erhalt der Informationen **bestätigen.** In der Praxis erfolgen solche Hinweise regelmäßig über sog „**Handshake-SMS",** die vom Teilnehmer durch eine weitere SMS bestätigt wird (BT-Drs. 16/2581, 30). Vor Bestätigung durch den Teilnehmer wird kein Dauerschuldverhältnis geschlossen. 19

Die Verpflichtung aus § 45l Abs. 3 TKG gilt lediglich bei solchen Dauerschuldverhältnissen über Kurzwahldienste, bei denen für die Entgeltansprüche des Anbieters jeweils der **Eingang elektronischer Nachrichten** beim Teilnehmer maßgeblich ist. Nicht erfasst sind also solche Kurzwahldienste, bei denen nicht pro Nachricht, sondern pro Zeitabschnitt berechnet wird. 20

Sollte der Teilnehmer, obwohl ein Dauerschuldverhältnis aufgrund fehlender Handshake-SMS nicht zu Stande gekommen ist, dennoch auf das nichtbestehende Vertragsverhältnis Zahlungen geleistet haben, sind diese vom Anbieter an den Teilnehmer zu **erstatten.** § 45l Abs. 3 S. 3 TKG stellt hierbei eine eigene Anspruchsgrundlage dar (AFS/Hartl/Kessel TKG § 45l Rn. 31). Ein Bereicherungsanspruch des Anbieters gegenüber dem Teilnehmer wegen des Versandes der elektronischen Nachrichten besteht aufgrund der Formulierung von § 45l Abs. 3 S. 3 TKG nicht. 21

E. Rechtsschutz

Bei Verstößen gegen Verpflichtungen nach § 45l TKG kann der Teilnehmer, aber auch Wettbewerber **Unterlassungsansprüche und ggf. Schadensersatzansprüche** nach § 44 TKG geltend machen. Zudem stehen Wettbewerbern Ansprüche aus §§ 3, 4 Nr. 11 TKG und 8 UWG zu. Dem Teilnehmer steht das **Schlichtungsverfahren** gem. § 47a TKG offen. Die **BNetzA** kann nach § 126 TKG ein Verfahren gegen den Anbieter einleiten. 22

§ 45m Aufnahme in öffentliche Teilnehmerverzeichnisse

(1) ¹**Der Teilnehmer kann von seinem Anbieter eines öffentlichen Telefondienstes jederzeit verlangen, mit seiner Rufnummer, seinem Namen, seinem Vornamen und seiner Anschrift in ein allgemein zugängliches, nicht notwendig anbietereigenes Teilnehmerverzeichnis unentgeltlich eingetragen zu werden oder seinen Eintrag wieder löschen zu lassen.** ²**Einen unrichtigen Eintrag hat der Anbieter zu berichtigen.** ³**Der Teilnehmer kann weiterhin jederzeit verlangen, dass Mitbenutzer seines Zugangs mit Namen und Vornamen eingetragen werden, soweit Rechtsvor-**

schriften zum Schutz personenbezogener Daten nicht entgegenstehen; für diesen Eintrag darf ein Entgelt erhoben werden.

(2) Die Ansprüche nach Absatz 1 stehen auch Wiederverkäufern von Sprachkommunikationsdienstleistungen für deren Teilnehmer zu.

(3) Die Absätze 1 und 2 gelten entsprechend für die Aufnahme in Verzeichnisse für Auskunftsdienste.

Der Teilnehmer hat gem. § 45m Abs. 1 TKG einen Anspruch gegen seinen Telefondiensteanbieter (→ Rn. 8) jederzeit (→ Rn. 6) unentgeltlich mit seiner Rufnummer, seinem Vor- und Nachname und seiner Adresse in ein allgemein zugängliches, nicht notwendigerweise anbietereigenes (→ Rn. 5) Teilnehmerverzeichnis aufgenommen zu werden, seinen Eintrag korrigieren oder löschen zu lassen. Zudem kann der Teilnehmer verlangen, dass (→ Rn. 10) Mitbenutzer seines Anschlusses mit Vor- und Nachname eingetragen werden, sofern datenschutzrechtliche Vorgaben nicht entgegenstehen. Für den Eintrag von Mitbenutzern kann der Anbieter ein (→ Rn. 10) Entgelt verlangen. Diese Ansprüche nach § 45m Abs. 1 TKG stehen auch (→ Rn. 11) Wiederverkäufern für ihre Teilnehmer zu. Die Abs. 1 und 2 gelten entsprechend für die Aufnahme in Verzeichnisse für Auskunftsdienste.

A. Allgemeines

1 § 45m TKG geht zurück auf **§ 21 TKV** und hat ihre Grundlage in Art. 25 Abs. 1 S. 1 der Universaldienstleistungs-RL (BVerwG BeckRS 2008, 38432).

2 Die Norm gewährt dem Teilnehmer ein **subjektives Recht** auf Eintragung in ein öffentliches Kundenverzeichnis (BT-Drs. 16/2581, 26) und soll so die telefonische Erreichbarkeit des Teilnehmers gewährleisten (AFS/Hartl TKG § 45m Rn. 2). Eine **Pflicht** für Teilnehmer zum Eintrag in ein Teilnehmerverzeichnis besteht nicht mehr. Auf welche Weise der Anbieter den Anspruch des Teilnehmers realisiert, steht in seinem Ermessen (BT-Drs. 16/2581, 26).

3 Gem. § 78 Abs. 2 Nr. 3 TKG stellt die Verfügbarkeit mindestens eines von der BNetzA gebilligten, gedruckten und öffentlichen Teilnehmerverzeichnisses, das einmal im Jahr aktualisiert wird, eine **Universaldienstleistung** dar.

B. Anspruch auf Aufnahme in Teilnehmerverzeichnis (Abs. 1)

4 Teilnehmer haben gegenüber ihrem Anbieter eines öffentlichen Telefondienstes einen Anspruch, jederzeit unentgeltlich in ein allgemein zugängliches, nicht notwendigerweise anbietereigenes Teilnehmerverzeichnis eingetragen zu werden.

5 Anspruchsberechtigter ist der **Teilnehmer,** der in § 3 Nr. 20 TKG legal definiert wird. Verpflichteter ist der **Anbieter eines öffentlichen Telefondienstes,** dessen Definition sich in § 3 Nr. 17 TKG findet. Verpflichtete sind also solche Anbieter, die dem Teilnehmer den Netzzugang bereitstellen, nicht hingegen Verbindungsnetzbetreiber (Säcker/Robert TKG § 45m Rn. 3 f.). Unter **Teilnehmerverzeichnis** ist jede Zusammenstellung von Teilnehmerdaten mit systematischer Ordnung, sowohl gedruckt, als auch elektronisch zu verstehen (AFS/Hartl TKG § 45m Rn. 4), wobei ein allgemein gültiges gedrucktes Verzeichnis iSd § 78 Abs. 2 Nr. 3 TKG allein das von der Deutschen Telekom herausgegebene Teilnehmerverzeichnis ist (OLG Köln MMR 2013, 540 (541)).

6 Der Eintrag, die Korrektur oder die Löschung von Standard-Angaben erfolgt **unentgeltlich. Standard-Angaben** sind gem. § 45m Abs. 1 S. 1 TKG Nachname, Vorname, Anschrift und Telefonnummer. Name ist als solcher iSd § 12 BGB zu verstehen (OLG Köln MMR 2013, 540). Für **zusätzliche Angaben** – s. § 104 TKG – wie Beruf, Branche oder Art des Anschlusses kann der Anbieter ein Entgelt verlangen (Scheuerle/Mayen/Schadow TKG § 45m Rn. 5). Der Teilnehmer kann **frei wählen,** welche Standard-, oder zusätzliche Angaben im Teilnehmerverzeichnis aufgenommen werden sollen; auch Abkürzungen sind möglich (LG Düsseldorf BeckRS 2011, 24340). Bei **Eintragungen mit geschäftlichem Bezug** sollte regelmäßig die Eintragung im Handelsregister oder in der Handwerksrolle die Grundlage für die Eintragung bilden (BT-Drs. 16/2581, 26), wobei diese Eintragungen keine Voraussetzung darstellen (OLG Köln MMR 2013, 540).

Der Anbieter kann zur **Verifikation des Eintrages** in entsprechender Anwendung von § 95 Abs. 4 TKG die Vorlage eines amtlichen Ausweises verlangen (Beck TKG/Ditscheid/ Rudloff TKG § 45m Rn. 17). 7

Der Teilnehmer kann den Eintrag, die Löschung oder die Korrektur seines Eintrages **jederzeit** fordern. Die Umsetzung des Wunsches des Teilnehmers durch den Anbieter hängt vom Veröffentlichungszyklus des Teilnehmerverzeichnisses ab. 8

Stellt der Teilnehmer **keinen Antrag** auf Eintrag, dürfen seine Daten gem. § 104 S. 1 TKG nicht im Teilnehmerverzeichnis veröffentlicht werden. Der **datenschutzrechtliche Erlaubnistatbestand** zur Veröffentlichung der Angaben des Teilnehmers findet sich in § 104 TKG. 9

Ebenfalls kann der Teilnehmer gem. § 45m Abs. 1 S. 3 TKG verlangen, dass **Mitbenutzer,** die in keinem vertraglichen Verhältnis zum Anbieter stehen ebenfalls in ein Teilnehmerverzeichnis aufgenommen werden. Hierdurch können insbes. Bewohner von Altenheimen, die keinen eigenen Telefonanschlussvertrag unterhalten, als Mitbenutzer eingetragen werden (BT-Drs. 16/2581, 26). Der Eintrag von Mitbenutzern setzt gem. § 104 S. 3 TKG deren **Zustimmung** voraus. Für den Eintrag, die Löschung oder die Korrektur von Daten von Mitbenutzern darf der Anbieter ein **Entgelt** verlangen. 10

C. Ansprüche von Wiederverkäufern (Abs. 2)

Der **Wiederverkäufer** (sog. **Reseller**) ist gegenüber seinen Teilnehmern Anbieter des Netzzugangs (BR-Drs. 551/97, 42). § 45m Abs. 2 TKG stellt eine spezielle Regelung für Teilnehmer von Wiederverkäufern dar. Hiernach hat der Wiederverkäufer gegen den Anbieter einen Anspruch auf Eintragung seiner Teilnehmer, sofern seine Teilnehmer einen Eintrag fordern. 11

Dieser Eintrag der Teilnehmer des Wiederverkäufers muss auch **unentgeltlich** erfolgen, da gem. § 45m Abs. 2 TKG der Anspruch aus § 45m Abs. 1 TKG dem Wiederverkäufer für seinen Teilnehmer zusteht. Da der Anspruch auf einen Standard-Eintrag nach § 45m Abs. 1 TKG unentgeltlich ist, steht dieser unentgeltliche Anspruch auch dem Wiederverkäufer für seine Teilnehmer zu (aA AFS/Hartl TKG § 45m Rn. 17, Säcker/Robert TKG § 45m Rn. 21; Beck TKG/Ditscheid/Rudloff TKG § 45m Rn. 15. Der Verweis auf BR-Drs. 551/97, 42 geht insoweit fehl, als dass § 45m Abs. 2 TKG eine andere Formulierung aufweist als § 21 Abs. 2 TKV und nicht mehr auf Mitbenutzer Bezug nimmt.). 12

D. Anspruch auf Aufnahme in Verzeichnisse für Auskunftsdienste (Abs. 3)

Ebenfalls kann der Teilnehmer oder der Wiederverkäufer für seine Teilnehmer gem. § 45m Abs. 3 TKG die Aufnahme in **Verzeichnisse für Auskunftsdienste** verlangen. **Auskunftsdienste** sind in § 3 Nr. 2a TKG legal definiert. 13

Über die in Teilnehmerverzeichnissen enthaltenen Rufnummern dürfen durch Auskunftsdienste gem. § 105 Abs. 1 TKG Auskünfte erteilt werden, wenn der Teilnehmer nach einem Hinweis seines Zugangsanbieters der Verwendung nicht widersprochen hat. 14

E. Rechtsschutz

Dem Teilnehmer, aber auch Wiederverkäufern stehen bei einem Verstoß des Anbieters **Unterlassungs- und Schadensersatzansprüche** aus § 44 TKG zu. Zudem kann der Teilnehmer bei der BNetzA ein **Schlichtungsverfahren** nach § 47a TKG einleiten. Die BNetzA selbst kann gegen einen Anbieter, der gegen seine Verpflichtung aus § 45m TKG verstößt, gem. § 126 TKG ein **Verfahren** einleiten. 15

§ 45n Transparenz, Veröffentlichung von Informationen und zusätzliche Dienstemerkmale zur Kostenkontrolle

(1) Das Bundesministerium für Wirtschaft und Technologie wird ermächtigt, im Einvernehmen mit dem Bundesministerium des Innern, dem Bundesministerium der Justiz und dem Bundesministerium für Ernährung, Landwirtschaft und Verbraucherschutz durch Rechtsverordnung mit Zustimmung des Bundestages

Rahmenvorschriften zur Förderung der Transparenz, Veröffentlichung von Informationen und zusätzlicher Dienstemerkmale zur Kostenkontrolle auf dem Telekommunikationsmarkt zu erlassen.

(2) In der Rechtsverordnung nach Absatz 1 können Anbieter von öffentlichen Telekommunikationsnetzen und Anbieter öffentlich zugänglicher Telekommunikationsdienste verpflichtet werden, transparente, vergleichbare, ausreichende und aktuelle Informationen zu veröffentlichen:
1. über geltende Preise und Tarife,
2. über die bei Vertragskündigung anfallenden Gebühren,
3. über Standardbedingungen für den Zugang zu den von ihnen für Endnutzer und Verbraucher bereitgestellten Diensten und deren Nutzung und
4. über die Dienstqualität sowie über die zur Gewährleistung der Gleichwertigkeit beim Zugang für behinderte Endnutzer getroffenen Maßnahmen.

(3) Im Rahmen des Absatzes 2 Nummer 3 könne Anbieter von öffentlichen Telekommunikationsnetzen und Anbieter öffentlich zugänglicher Telekommunikationsdienste verpflichtet werden, Folgendes zu veröffentlichen:
1. den Namen und die ladungsfähige Anschrift, bei juristischen Personen auch die Rechtsform, den Sitz und das zuständige Registergericht,
2. den Umfang der angebotenen Dienste,
3. Einzelheiten zu den Preisen der angebotenen Dienste, Dienstemerkmalen und Wartungsdiensten einschließlich etwaiger besonderer Preise für bestimmte Endnutzergruppen sowie Kosten für Endeinrichtungen,
4. Einzelheiten zu ihren Entschädigungs- und Erstattungsregelungen und deren Handhabung,
5. ihre Allgemeinen Geschäftsbedingungen und die von ihnen angebotenen Mindestvertragslaufzeiten, die Voraussetzungen für einen Anbieterwechsel nach § 46, Kündigungsbedingungen sowie Verfahren und direkte Entgelte im Zusammenhang mit der Übertragung von Rufnummern oder anderen Kennungen,
6. allgemeine und anbieterbezogene Informationen über die Verfahren zur Streitbeilegung und
7. Informationen über grundlegende Rechte der Endnutzer von Telekommunikationsdiensten, insbesondere
   a) zu Einzelverbindungsnachweisen,
   b) zu beschränkten und für den Endnutzer kostenlosen Sperren abgehender Verbindungen oder von Kurzwahl-Datendiensten oder, soweit technisch möglich, anderer Arten ähnlicher Anwendungen,
   c) zur Nutzung öffentlicher Telekommunikationsnetze gegen Vorauszahlung,
   d) zur Verteilung der Kosten für einen Netzanschluss auf einen längeren Zeitraum,
   e) zu den Folgen von Zahlungsverzug für mögliche Sperren und
   f) zu den Dienstemerkmalen Tonwahl- und Mehrfrequenzwahlverfahren und Anzeige der Rufnummer des Anrufers.

(4) [1]In der Rechtsverordnung nach Absatz 1 können Anbieter von öffentlichen Telekommunikationsnetzen und Anbieter öffentlich zugänglicher Telekommunikationsdienste unter anderem verpflichtet werden,
1. bei Nummern oder Diensten, für die eine besondere Preisgestaltung gilt, den Teilnehmern die dafür geltenden Tarife anzugeben; für einzelne Kategorien von Diensten kann verlangt werden, diese Informationen unmittelbar vor Herstellung der Verbindung bereitzustellen,
2. die Teilnehmer über jede Änderung des Zugangs zu Notdiensten oder der Angaben zum Anruferstandort bei dem Dienst, bei dem sie angemeldet sind, zu informieren,
3. die Teilnehmer über jede Änderung der Einschränkungen im Hinblick auf den Zugang zu und die Nutzung von Diensten und Anwendungen zu informieren,
4. Informationen bereitzustellen über alle vom Betreiber zur Messung und Kontrolle des Datenverkehrs eingerichteten Verfahren, um eine Kapazitätsauslastung

oder Überlastung einer Netzverbindung zu vermeiden, und über die möglichen Auswirkungen dieser Verfahren auf die Dienstqualität,
5. nach Artikel 12 der Richtlinie 2002/58/EG die Teilnehmer über ihr Recht auf eine Entscheidung über Aufnahme oder Nichtaufnahme ihrer personenbezogenen Daten in ein Teilnehmerverzeichnis und über die Art der betreffenden Daten zu informieren sowie
6. behinderte Teilnehmer regelmäßig über Einzelheiten der für sie bestimmten Produkte und Dienste zu informieren.

[2] Falls dies als zweckdienlich erachtet wird, können in der Verordnung auch Verfahren zur Selbst- oder Koregulierung vorgesehen werden.

(5) [1] Die Informationen sind in klarer, verständlicher und leicht zugänglicher Form zu veröffentlichen. [2] In der Rechtsverordnung nach Absatz 1 können hinsichtlich Ort und Form der Veröffentlichung weitere Anforderungen festlegt werden.

(6) [1] In der Rechtsverordnung nach Absatz 1 können Anbieter öffentlich zugänglicher Telefondienste und Anbieter öffentlicher Telekommunikationsnetze verpflichtet werden,
1. eine Einrichtung anzubieten, mit der der Teilnehmer auf Antrag bei den Anbietern abgehende Verbindungen oder Kurzwahl-Datendienste oder andere Arten ähnlicher Anwendungen oder bestimmte Arten von Nummern kostenlos sperren lassen kann,
2. eine Einrichtung anzubieten, mit der der Teilnehmer bei seinem Anbieter die Identifizierung eines Mobilfunkanschlusses zur Inanspruchnahme und Abrechnung einer neben der Verbindung erbrachten Leistung unentgeltlich netzseitig sperren lassen kann,
3. Verbrauchern einen Anschluss an das öffentliche Telekommunikationsnetz auf der Grundlage zeitlich gestreckter Zahlungen zu gewähren,
4. eine Einrichtung anzubieten, mit der der Teilnehmer vom Anbieter Informationen über etwaige preisgünstigere alternative Tarife des jeweiligen Unternehmens anfordern kann, oder
5. eine geeignete Einrichtung anzubieten, um die Kosten öffentlich zugänglicher Telekommunikationsdienste zu kontrollieren, einschließlich unentgeltlicher Warnhinweise für die Verbraucher bei anormalem oder übermäßigem Verbraucherverhalten, die sich an Artikel 6a Absatz 1 bis 3 der Verordnung (EG) Nr. 717/2007 des Europäischen Parlaments und des Rates vom 27. Juni 2007 über das Roaming in öffentlichen Mobilfunknetzen in der Gemeinschaft und zur Änderung der Richtlinie 2002/21/EG (ABl. L 171 vom 29.6.2007, S. 32), die zuletzt durch die Verordnung (EG) Nr. 544/2009 (ABl. L 167 vom 29.6.2009, S. 12) geändert worden ist, orientiert.

[2] Eine Verpflichtung zum Angebot der zusätzlichen Dienstemerkmale nach Satz 1 kommt nach Berücksichtigung der Ansichten der Betroffenen nicht in Betracht, wenn bereits in ausreichendem Umfang Zugang zu diesen Dienstemerkmalen besteht.

(7) [1] Das Bundesministerium für Wirtschaft und Technologie kann die Ermächtigung nach Absatz 1 durch Rechtsverordnung an die Bundesnetzagentur übertragen. [2] Eine Rechtsverordnung der Bundesnetzagentur bedarf des Einvernehmens mit dem Bundesministerium für Wirtschaft und Technologie, dem Bundesministerium des Innern, dem Bundesministerium der Justiz, dem Bundesministerium für Ernährung, Landwirtschaft und Verbraucherschutz und dem Bundestag.

(8) [1] Die Bundesnetzagentur kann in ihrem Amtsblatt oder auf ihrer Internetseite jegliche Information veröffentlichen, die für Endnutzer Bedeutung haben kann. [2] Sonstige Rechtsvorschriften, namentlich zum Schutz personenbezogener Daten und zum Presserecht, bleiben unberührt. [3] Die Bundesnetzagentur kann zur Bereitstellung von vergleichbaren Informationen nach Absatz 1 interaktive Führer oder ähnliche Techniken selbst oder über Dritte bereitstellen, wenn diese auf dem Markt nicht kostenlos oder zu einem angemessenen Preis zur Verfügung stehen. [4] Zur

TKG § 45n

Bereitstellung nach Satz 3 ist die Nutzung der von Anbietern von Telekommunikationsnetzen und von Anbietern öffentlich zugänglicher Telekommunikationsdienste veröffentlichten Informationen für die Bundesnetzagentur oder für Dritte kostenlos.

Nach § 45n Abs. 1 TKG wird das Bundesministerium für Wirtschaft und Technologie (BMWI) (→ Rn. 3) ermächtigt, im Einvernehmen mit weiteren Ministerien durch Rechtsverordnung Rahmenvorschriften zur Förderung der Transparenz, zur Veröffentlichung von Informationen und zusätzlicher Dienstemerkmale zur Kostenkontrolle zu erlassen. In der Rechtsverordnung können Anbieter von öffentlichen Telekommunikationsnetzen und Anbieter öffentlich zugänglicher Telekommunikationsdienste verpflichtet werden, (→ Rn. 4) teilnehmervertragsbezogene Informationen, (→ Rn. 5) Standardbedingungen für den Zugang zu Diensten und (→ Rn. 6) Dienstemerkmale nach den getroffenen Vorgaben zu veröffentlichen. Weiterhin können Anbieter verpflichtet werden, Maßnahmen zur (→ Rn. 6) Sperrung und Kostenkontrolle anzubieten. Diese Verordnungsermächtigung kann das BMWI gem. § 45n Abs. 7 TKG durch Rechtsverordnung auf die BNetzA (→ Rn. 10) übertragen. Gem. § 45n Abs. 8 TKG wird die BNetzA zur weitreichenden (→ Rn. 11) Informationsveröffentlichung ermächtigt.

A. Allgemeines

1   § 45n TKG hat durch das TKGÄnderG eine erhebliche Ausweitung erfahren. Die Änderungen in § 45n TKG dienen der **Umsetzung** von Art. 21 Universaldienstleistungs-RL, der eine Ausweitung der Informationspflichten vorsieht (BT-Drs. 17/5707, 67). Die systematischen Änderungen in Art. 21 Universaldienstleistungs-RL und die Rspr. des EuGH (EuGH MMR 2010, 119 ff.) machten es notwendig, dass der BNetzA die Möglichkeit eingeräumt wird, Transparenz- und Veröffentlichungsverpflichtungen vorzugeben (BT-Drs. 17/5707, 67).

2   Zweck von § 45n TKG ist es, den **Kundenschutz und den Wettbewerb** auf dem Telekommunikationsmarkt durch ein ausreichendes Maß an Informationen zu fördern, um die Angebote vergleichbar zu machen, so dass Kunden in voller Sachkenntnis eine Kaufentscheidung treffen können (BT-Drs. 16/2581, 26).

B. Ermächtigung zum Verordnungserlass (Abs. 1)

3   Das Bundesministerium für Wirtschaft und Technologie (BMWI) wird durch § 45n Abs. 1 TKG **ermächtigt,** im Einvernehmen mit weiteren Ministerien durch Rechtsverordnung Rahmenvorschriften zur **Förderung der Transparenz,** Veröffentlichung von Informationen und zusätzlicher Dienstemerkmale zur Kostenkontrolle auf dem Telekommunikationsmarkt zu erlassen. In § 45n Abs. 2, 3, 4 und 6 TKG werden beispielhaft festzulegende Inhalte der Rechtsverordnung genannt, ohne dass diese beispielhafte Nennung abschließend sein soll. Gem. § 45n Abs. 7 TKG kann das BMWI die Ermächtigung an die BNetzA übertragen.

C. Vertragsbezogene Veröffentlichung (Abs. 2)

4   Nach § 45n Abs. 2 TKG können Anbieter von öffentlichen Telekommunikationsnetzen und Anbieter von öffentlich zugänglichen Telekommunikationsdiensten durch Rechtsverordnung verpflichtet werden, die in den Nr. 1 bis Nr. 4 genannten vertragswesentlichen Informationen transparent, vergleichbar, ausreichend und aktuell zu veröffentlichen. Aufgrund dieser Informationen sollen die Angebote von Unternehmen für Kunden **vergleichbarer** werden. Damit eine Vergleichbarkeit gewährleistet ist, muss in der Rechtsverordnung klar geregelt werden, welche Informationen wie zu veröffentlichen sind.

D. Veröffentlichung der Standardbedingungen für den Zugang zu Diensten (Abs. 3)

5   Gem. § 45n Abs. 3 TKG können Anbieter durch Rechtsverordnung verpflichtet werden, Informationen, die im Rahmen der Vertragsdurchführung wesentlich sind, zu veröffentlichen. Die strengen Anforderungen an die Veröffentlichung hinsichtlich der Vergleichbarkeit der Informationen aus § 45n Abs. 1 TKG gelten hier nicht.

E. Veröffentlichung von Dienstemerkmalen (Abs. 4)

Gem. § 45n Abs. 4 TKG können Anbieter durch Rechtsverordnung verpflichtet werden, besondere Preise bei bestimmten Nummern oder Diensten anzugeben oder über Dienstemerkmale und Einschränkungen von Diensten zu informieren. 6

F. Anforderungen an Veröffentlichung (Abs. 5)

Sofern nicht bereits eine strengere Veröffentlichungspflicht vorgesehen ist – so in § 45n Abs. 2 TKG – sind die Informationen, die Anbieter aufgrund der zu erlassenden Rechtsverordnung bereitstellen müssen, in klarer, verständlicher und leicht zugänglicher Form zu veröffentlichen. Hierzu können in der Rechtsverordnung Festlegungen getroffen werden. 7

G. Sperrverpflichtungen und Kostenkontrolle (Abs. 6)

Nach § 45n Abs. 6 TKG können Anbieter durch Rechtsverordnung verpflichtet werden, Einrichtungen zur Sperrung von gewissen Diensten und zur Kostenkontrolle, insbes. durch Warnhinweise einzurichten. 8

Die §§ 66a, 66b und 66c TKG sind mit Inkrafttreten einer Rechtsverordnung nach § 45n Abs. 1 iVm Abs. 6 Nr. 1 TKG **nicht mehr anzuwenden** und § 45d Abs. 3 TKG ist mit Inkrafttreten einer Rechtsverordnung nach § 45 Abs. 1 iVm § 45n Abs. 6 Nr. 2 TKG nicht mehr anzuwenden (Art. 5 Abs. 2 des TKGÄnderG). Diese Nichtanwendung gilt auch dann, wenn der Regelungsgehalt der Rechtsverordnung hinter dem der genannten Normen zurückbleibt. 9

H. Delegation (Abs. 7)

Das BMWI kann seine Kompetenz aus § 45n Abs. 1 nach Abs. 6 TKG **auf die BNetzA übertragen** (vgl. Art. 80 Abs. 1 S. 4 GG). Die Ausgestaltung als Rechtsverordnung und etwaige Subdelegation an die BNetzA bietet gegenüber der bisherigen zwingenden Verpflichtung der betroffenen Unternehmen auf Richtlinien- bzw. Gesetzesebene ein größeres Maß an Flexibilität und mehr Anpassungsmöglichkeiten an die Gegebenheiten des Telekommunikationsmarktes (BT-Drs. 17/5707, 67). Gem. § 2 der **TK-EMV-Übertragungsverordnung** v. 16.1.2013 hat das BMWI gem. § 45n Abs. 7 die Ermächtigung nach § 45n Abs. 1 auf die BNetzA übertragen. 10

I. Veröffentlichung durch BNetzA (Abs. 8)

Hierbei handelt es sich um eine sehr weitreichende Ermächtigung für die BNetzA zur Veröffentlichung von Informationen. 11

§ 45o Rufnummernmissbrauch

[1]**Wer Rufnummern in seinem Telekommunikationsnetz einrichtet, hat den Zuteilungsnehmer schriftlich darauf hinzuweisen, dass die Übersendung und Übermittlung von Informationen, Sachen oder sonstige Leistungen unter bestimmten Umständen gesetzlich verboten ist.** [2]**Hat er gesicherte Kenntnis davon, dass eine in seinem Telekommunikationsnetz eingerichtete Rufnummer unter Verstoß gegen Satz 1 genutzt wird, ist er verpflichtet, unverzüglich Maßnahmen zu ergreifen, die geeignet sind, eine Wiederholung zu verhindern.** [3]**Bei wiederholten oder schwerwiegenden Verstößen gegen gesetzliche Verbote ist der Anbieter nach erfolgloser Abmahnung unter kurzer Fristsetzung verpflichtet, die Rufnummer zu sperren.**

Derjenige Anbieter, der Rufnummern in seinem Telekommunikationsnetz schaltet, hat den (→ Rn. 6) Zuteilungsnehmer dieser Rufnummern (→ Rn. 7) schriftlich darauf hinzuweisen, dass die Übersendung und Übermittlung von bestimmten Informationen, Sachen oder sonstigen Leistungen unter bestimmten Umständen gegen gesetzliche Regelungen verstoßen kann. Hat der Anbieter (→ Rn. 9) gesicherte Kenntnis darüber, dass der Zuteilungsnehmer die ihm vom Anbieter zugeteilte Rufnummer rechtswidrig nutzt, ist er verpflichtet, unverzüglich (→ Rn. 10) Maßnahmen zu ergreifen, die geeignet sind, eine Wiederholung zu unterbinden. Bei wiederholter rechtswidriger Nutzung der Rufnummer oder bei schwerwiegenden Verstößen gegen gesetzliche Regelungen ist der Anbieter verpflichtet, die Rufnummer nach erfolgloser Abmahnung mit kurzer Fristsetzung zu (→ Rn. 10) sperren.

A. Allgemeines

1   Die Regelung des § 45o TKG geht auf **§ 13a TKV** zurück, ist jedoch von ihrem Anwendungsbereich nicht mehr nur auf Mehrwertdiensterufnummern beschränkt, sondern umfasst nunmehr **alle Rufnummernbereiche** (Scheuerle/Mayen/Schadow TKG § 45o Rn. 2; Säcker/Schmitz TKG § 45o Rn. 6).

2   Mit § 45o TKG soll die **rechtswidrige Nutzung von Rufnummern** unterbunden und geahndet werden. Insbesondere Teilnehmer sollen hierdurch zusätzlich neben anderen rechtlichen Möglichkeiten (insbes. Unterlassungsansprüche nach BGB und UWG) vor unverlangter Werbung über Telekommunikationsmittel wie SMS, Telefax und Werbeanrufe geschützt werden (Scheuerle/Mayen/Schadow TKG § 45o Rn. 1).

3   Die **BNetzA** kann gem. § 67 Abs. 1 S. 1 TKG geeignete Maßnahmen treffen, um die Einhaltung gesetzlicher Vorschriften bei der Zuteilung von Rufnummern sicherzustellen. Hierzu zählt insbes. bei gesicherter Kenntnis der BNetzA von der rechtswidrigen Rufnummernnutzung gem. § 67 Abs. 1 S. 5 TKG die Abschalteanordnung gegenüber dem Netzbetreiber, in dessen Netz die rechtswidrig genutzte Rufnummer geschaltet ist. Daher bieten § 45o S. 2 und § 67 Abs. 1 S. 5 TKG parallele Eingriffsbefugnisse, einerseits durch den Netzbetreiber und Zuteilungsgeber und andererseits durch die BNetzA (Scheuerle/Mayen/Schadow TKG § 45o Rn. 9; s. hierzu auch Beck TKG/Ditscheid/Rudloff TKG § 45o Rn. 29). Die Praxis hat gezeigt, dass durch Teilnehmerbeschwerden, die vornehmlich bei der BNetzA eingehen, diese vor dem Anbieter positive Kenntnis von der rechtswidrigen Nutzung der Rufnummer erlangt und somit noch bevor der Anbieter aufgrund von § 45o TKG einschreiten kann nach § 67 Abs. 1 TKG tätig wird.

B. Informationspflicht (S. 1)

4   Nach § 45o S. 1 TKG muss derjenige, der Rufnummern abgeleitet zuteilt und somit diese Rufnummern in seinem Telekommunikationsnetzen schaltet, den Zuteilungsnehmer schriftlich darauf hinweisen, dass die Übersendung und Übermittlung von Informationen, Sachen oder sonstigen Leistungen unter bestimmten Umständen gesetzlich verboten ist.

5   **Verpflichteter** ist derjenige, dem Rufnummern originär von der BNetzA zugeteilt wurden und der diese Rufnummern im Wege der abgeleiteten Zuteilung an Diensteanbieter oder Teilnehmer vergibt und diese Rufnummern in seinen Telekommunikationsnetzen einrichtet. Damit normiert die Regelung Pflichten aller Netzbetreiber, die Rufnummern in ihren Netzen einrichten (BT-Drs. 16/2581, 26).

6   **Zuteilungsnehmer** ist derjenige, dem aufgrund abgeleiteter Zuteilung das Recht, eine Rufnummer zu nutzen, zugeteilt wurde (AFS/Hartl TKG § 45o Rn. 4). Hierbei handelt es sich zumeist um einen Diensteanbieter, der inhaltliche Dienste über diese Rufnummer erbringt. Es kann sich aber auch um einen Teilnehmer handeln.

7   Der Anbieter muss den Zuteilungsnehmer **schriftlich** iSd § 126 BGB darauf hinweisen, dass die Übermittlung von Informationen, Sachen oder sonstigen Leistungen unter gewissen Umständen gesetzlich verboten ist. Ausreichend ist auch ein Hinweis in Textform nach § 126b BGB. Hiermit zielt der Gesetzeswortlaut besonders auf **Spam** ab, der, sofern keine wirksame Einwilligung des Empfängers vorliegt, wettbewerbsrechtlich unzulässig ist. Hierbei muss der Hinweis aber so offen formuliert werden, dass sämtlich denkbare rechtswidrige Verhaltensweisen in Bezug auf die Übermittlung von Informationen, Sachen und sonstigen Leistungen erfasst werden, wobei ein Skizzieren der Gesetzeslage wohl ausreichend sein wird (Säcker/Schmitz TKG § 45o Rn. 12).

C. Maßnahmen bei rechtswidriger Nutzung (S. 2 und S. 3)

Im Falle der gesicherten Kenntnis von der rechtswidrigen Rufnummernnutzung, muss **8** der Anbieter unverzüglich Maßnahmen ergreifen, die geeignet sind, eine Wiederholung der rechtwidrigen Nutzung zu verhindern. Bei wiederholten oder schwerwiegenden Verstößen gegen gesetzliche Verbote durch die Nummernnutzung, muss der Anbieter nach erfolgloser Abmahnung unter kurzer Fristsetzung die Rufnummern sperren.

Eine **gesicherte Kenntnis** des Anbieters – gemeint ist hiermit der Netzbetreiber des **9** S. 1 – ist dann anzunehmen, wenn der Anbieter insoweit positive Kenntnis von der rechtswidrigen Nummernnutzung hat, dass Zweifel praktisch ausgeschlossen sind (OLG Köln MMR 2004, 406 (407)). Hierzu ist positive Kenntnis von der Art der Rufnummernnutzung und von der Rechtswidrigkeit dieser Nutzung erforderlich, wobei der Anbieter den Sachverhalt selbst überprüfen können muss (Scheuerle/Mayen/Schadow TKG § 45o Rn. 5; Beck TKG/Ditscheid/Rudloff TKG § 45o Rn. 21). Bei Unklarheiten über die Rechtswidrigkeit der Nutzung liegt keine gesicherte Kenntnis vor (Berger MMR 2003, 642 (645); Beck TKG/Ditscheid/Rudloff TKG § 45o Rn. 21; AFS/Hartl TKG § 45o Rn. 11). Betreffend § 67 Abs. 1 S. 5 TKG wird eine gesicherte Kenntnis dann angenommen, wenn der BNetzA wiederholt Sachverhalte mitgeteilt werden, aus denen sich Verstöße gegen gesetzliche Vorschriften in einer Weise ergeben, dass Zweifel praktisch ausgeschlossen sind (OVG Münster BeckRS 2011, 50742; BeckRS 2008, 39643). Eine wiederholt gleichgelagerte und glaubhafte Sachverhaltsschilderung kann auch auf § 45o S. 2 TKG angewendet werden (s. Spindler/Volkmann NJW 2004, 808 (809); Säcker/Schlotter TKG § 45o Rn. 15). Zudem muss bei Unternehmen die für die Ahndung von Rufnummernmissbrauch **zuständige Stelle** über die nach § 45o TKG erforderliche gesicherte Kenntnis verfügen. Um zu einer gesicherten Kenntnis zu gelangen, obliegt es den Anbietern, bekannt gewordene Verstöße gegen gesetzliche Vorschriften zu dokumentieren (BT-Drs. 16/2581, 27).

Bei gesicherter Kenntnis muss der Anbieter **unverzüglich** iSd § 121 Abs. 1 S. 1 BGB **10** **geeignete Maßnahmen** ergreifen, um eine Wiederholung der rechtswidrigen Nutzung zu verhindern. Da die Sperrung der inkriminierten Rufnummer gem. S. 3 die Ultima Ratio ist, muss der Anbieter zuvor mildere Maßnahmen ergreifen. Diese können eine Abmahnung oder auch eine Vertragsstrafe sein. Nur bei wiederholten oder schwerwiegenden Verstößen muss der Anbieter nach erfolgloser Abmahnung mit kurzer Fristsetzung die **Rufnummer sperren**. Von einem schwerwiegenden Verstoß ist bei tausendfach ausgeführten Ping- und Lockanrufen auszugehen (VG Köln MMR 2005, 490 (492)) oder bei einem Nichtdurchführen einer verpflichtenden Preisansage (OVG Münster BeckRS 2011, 50742).

D. Rechtsschutz

Der Teilnehmer kann gegenüber dem Anbieter ein **Schlichtungsverfahren** gem. § 47a **11** TKG beantragen, wenn er der Meinung ist, der Anbieter hätte Maßnahmen nach § 45o S. 2 und S. 3 TKG ergreifen müssen. Ebenfalls kommen Ansprüche von **Wettbewerbern** und von Teilnehmern nach § 44 TKG in Betracht. Die **BNetzA** kann aufgrund von § 126 tätig werden, wird aber idR selbst nach § 67 Abs. 1 S. 5 TKG eine Abschaltung anordnen.

§ 45p Auskunftsanspruch über zusätzliche Leistungen

(1) ¹Stellt der Anbieter von öffentlich zugänglichen Telekommunikationsdiensten dem Teilnehmer eine Rechnung, die auch Entgelte für Leistungen Dritter ausweist, so muss er dem Teilnehmer auf Verlangen unverzüglich kostenfrei folgende Informationen zur Verfügung stellen:
1. die Namen und ladungsfähigen Anschriften der Dritten,
2. bei Diensteanbietern mit Sitz im Ausland zusätzlich die ladungsfähige Anschrift eines allgemeinen Zustellungsbevollmächtigten im Inland.

²Die gleiche Verpflichtung trifft auch den beteiligten Anbieter von Netzdienstleistungen.

(2) Der verantwortliche Anbieter einer neben der Verbindung erbrachten Leistung muss auf Verlangen des Teilnehmers diesen über den Grund und Gegenstand des Entgeltanspruchs, der nicht ausschließlich Gegenleistung einer Verbindungsleistung ist, insbesondere über die Art der erbrachten Leistung, unterrichten.

Anbieter von öffentlich zugänglichen Telekommunikationsdiensten, die dem Teilnehmer eine Rechnung stellen, die auch Entgelte für (→ Rn. 5) Leistungen Dritter ausweist, müssen dem Teilnehmer auf Verlangen unverzüglich und (→ Rn. 7) kostenfrei den (→ Rn. 9) Namen und die ladungsfähige Anschrift des Dritten und wenn der Dritte seinen (→ Rn. 11) Sitz im Ausland hat, zusätzlich noch die ladungsfähige Anschrift eines Zustellungsbevollmächtigten im Inland benennen. Diese Verpflichtung trifft auch Anbieter von Netzdienstleistungen. Der Anbieter einer neben der Verbindung erbrachten Leistung muss auf Verlangen des Teilnehmers diesen über den (→ Rn. 14) Grund und den Gegenstand, insbes. über die Art der erbrachten Leistung informieren.

A. Allgemeines

1 § 45p TKG hat **keine Vorgängernorm** in der TKV und dient auch nicht der Umsetzung europäischer Richtlinienvorgaben (Scheuerle/Mayen/Schadow TKG § 45p Rn. 2; Säcker/Robert TKG § 45p Rn. 2).

2 Durch die **Änderung von § 45p Abs. 1** TKG iRd TKGÄnderG wird der bisherige Informationsanspruch des Teilnehmers erweitert und damit an die aktuellen Marktgegebenheiten angepasst (BT-Drs. 17/5707, 69). Bisher bestand ein Auskunftsanspruch des Teilnehmers nur gegenüber dem Anbieter einer neben der Verbindung erbrachten Leistung. Nunmehr wird der Informationsanspruch auf den die Rechnung stellenden Anbieter ausgedehnt. Die Neuregelung korrespondiert mit den erweiterten Informationen, die dem Teilnehmer in der Rechnung zur Verfügung gestellt werden (BT-Drs. 17/5707, 69). Mit § 45p Abs. 2 TKG wird die bisherige Informationsverpflichtung des verantwortlichen Anbieters einer neben der Verbindung erbrachten Leistung nach § 45p TKG im Wesentlichen fortgeführt (BT-Drs. 17/5707, 69).

3 **Zweck der Regelung** ist es, dem Teilnehmer durch seinen Informationsanspruch die Wahrnehmung seiner Rechte zu erleichtern, denn oftmals kann der Teilnehmer seine zivilrechtlichen Ansprüche gegenüber Anbietern erst dann geltend machen, wenn er sich über die ihm oftmals unbekannten Umstände umfänglich informiert hat.

4 Die Regelung ist auf **telekommunikationsgestützte Dienste** iSd § 3 Nr. 25 TKG ausgerichtet (Säcker/Schmitz TKG § 45p Rn. 1).

B. Informationspflichten des die Rechnung stellenden Anbieters (Abs. 1)

5 Der Anbieter von öffentlich zugänglichen Telekommunikationsdiensten, der dem Teilnehmer eine Rechnung stellt, die auch Entgelte für Leistungen Dritter ausweist, muss dem Teilnehmer unverzüglich kostenfrei Informationen zur Verfügung stellen. Gem. § 45h Abs. 1 TKG kann ein Anbieter, der seinen Teilnehmer eine Rechnung stellt auch **Entgelte für Leistungen von Dritten** Anbietern fakturieren, die über den Telefonanschluss des Teilnehmers in Anspruch genommen wurden.

6 Nach § 45p Abs. 1 TKG hat der Teilnehmer einen **Informationsanspruch** in Ergänzung zu den Informationen, die der Anbieter dem Teilnehmer auf der Rechnung bereithalten muss. Die Information durch den Anbieter muss **unverzüglich** iSd § 121 Abs. 1 S. 1 BGB nach Anfrage durch den Teilnehmer erfolgen. Keine Festlegung trifft § 45p Abs. 1 TKG darüber, in welcher Form die Anfrage des Teilnehmers erfolgen und wie die Antwort übermittelt werden muss. Gem. § 45h Abs. 1 Nr. 4 TKG muss der Anbieter aber eine kostenfreie **Kundendiensttelefonnummer** bereitstellen, unter der der Teilnehmer die Informationen nach § 45p TKG erlangen kann.

7 Zudem muss die Information durch den Anbieter **kostenfrei** erteilt werden. Dieses bedeutet, dass der Anbieter idR eine kostenfreie Rufnummer (aus dem 0800er Rufnummernbereich) anbieten muss, unter der der Teilnehmer die Informationen erfragen kann.

Die gleiche Verpflichtung trifft nach § 45p Abs. 1 S. 2 TKG auch einen **beteiligten** 8
Anbieter von Netzdienstleistungen (der Verbindungsnetzbetreiber). Dieser muss auch eine kostenfreie Kundendiensttelefonnummer bereitstellen, unter der der Teilnehmer die Informationen nach § 45p Abs. 1 Nr. 1 und Nr. 2 TKG erfragen kann.

I. Namen und ladungsfähige Anschrift des Dritten (Nr. 1)

Hier muss der Name des Anbieters angegeben werden, dessen Leistung auf der Rechnung 9 des Anbieters als Leistungen Dritter ausgewiesen werden. Der Name und die ladungsfähige Anschrift des **Inhalteanbieters als Dritten** müssen dann angegeben werden, wenn Entgelte dieses Inhalteanbieters über die Rechnung des Anschluss-Anbieters fakturiert werden (Scheuerle/Heinickel NVwZ 2012, 585 (590)). In der Praxis tritt aber der Inhalteanbieter seine Entgeltansprüche an seinen **Verbindungsnetzbetreiber** ab, so dass dieser als Leistungserbringer auf der Rechnung des Teilnehmers angedruckt wird und Dritter im Sinne von § 45p Abs. 1 TKG ist. Inhalteanbieter haben idR keine Fakturierungs- und Inkassoverträge mit Teilnehmernetzbetreibern geschlossen, über die ihre Entgelte gegenüber den Teilnehmern abgerechnet werden könnten.

Angeben muss der die Rechnung stellende Anbieter den **Namen** des Dritten. Bei 10 natürlichen Personen besteht der Name aus Vor- und Nachnamen (Palandt/Ellenberger BGB § 12 Rn. 5). Bei juristischen Personen muss die Firmierung mit Rechtsform angegeben werden. Nicht angegeben werden müssen Vertretungsberechtigte, Registernummer oder Sitz der juristischen Person. **Ladungsfähige Anschrift** (→ § 43a Rn. 9) ist die Postadresse, bestehend aus Straße, Hausnummer, Ort und Postleitzahl (Palandt/Grüneberg BGB § 1 Art. 246 EGBGB Rn. 5). Eine Postfachanschrift genügt nicht (OLG Hamburg NJW 2004, 1114 (1115); wohl auch BGH NJW 2012, 1065 (1066)). Nicht angegeben werden müssen weitere Kontaktmöglichkeiten wie Telefonnummern, E-Mail-Adressen etc (Palandt/Grüneberg BGB § 1 Art. 246 EGBGB Rn. 5).

II. Diensteanbieter mit Sitz im Ausland (Nr. 2)

Bei Diensteanbietern mit **Sitz im Ausland** muss neben der ladungsfähigen Anschrift des 11 Diensteanbieters im Ausland auch die ladungsfähige Anschrift eines allgemeinen Zustellungsbevollmächtigten im Inland angegeben werden.

C. Informationspflichten des Anbieters einer neben der Verbindung erbrachten Leistung (Abs. 2)

Da der Netzbetreiber und Rechnungssteller über den Grund und Gegenstand des weitergehenden Entgeltanspruchs keine Aussage treffen kann, obliegt es dem verantwortlichen 12 Anbieter hierüber zu unterrichten (BT-Drs. 16/2581, 27). Hierbei handelt es sich um **telekommunikationsgestützte Dienste** iSd § 3 Nr. 25.

Verantwortlicher Anbieter ist derjenige, der Vertragspartner des Teilnehmers hinsicht- 13 lich der Inhaltsleistung ist und für diese Leistung ein Entgelt fordert (Scheuerle/Mayen/Schadow TKG § 45p Rn. 1; Säcker/Schmitz TKG § 45p Rn. 9).

Der **Informationsanspruch** bezieht sich auf die inhaltliche Leistung. Der Anbieter dieser 14 Leistung muss den Teilnehmer über den Grund und Gegenstand des Entgeltanspruchs unterrichten, insbes. die Art der erbrachten Leistung bezeichnen. Die Nennung des **Grundes** erfordert hier die nähere Bezeichnung der äußeren Umstände des Vertragsschlusses wie zB Datum und Uhrzeit (AFS/Hartl TKG § 45p Rn. 8). **Gegenstand** bezeichnet die Art der Leistungserbringung, also z. B. den Übertragungsweg wie SMS oder Telefonat (AFS/Hartl TKG § 45p Rn. 9). Bei der **Art der erbrachten Leistung** muss der verantwortliche Anbieter den Inhalt der Leistung bezeichnen, wie zB Wettervorhersage (AFS/Hartl TKG § 45p Rn. 9).

D. Rechtsschutz

Bei der Verweigerung der Informationen kann der Teilnehmer ein **Schlichtungsverfah-** 15 **ren** nach § 47a TKG bei der BNetzA beantragen. Zudem stehen dem **Teilnehmer und**

Wettbewerbern Unterlassungs- und Schadensersatzansprüche aus § 44 TKG zu. Die **BNetzA** selbst kann ein Verfahren nach § 126 TKG einleiten.

§ 46 Anbieterwechsel und Umzug

(1) ¹Die Anbieter von öffentlich zugänglichen Telekommunikationsdiensten und die Betreiber öffentlicher Telekommunikationsnetze müssen bei einem Anbieterwechsel sicherstellen, dass die Leistung des abgebenden Unternehmens gegenüber dem Teilnehmer nicht unterbrochen wird, bevor die vertraglichen und technischen Voraussetzungen für einen Anbieterwechsel vorliegen, es sei denn, der Teilnehmer verlangt dieses. ²Bei einem Anbieterwechsel darf der Dienst des Teilnehmers nicht länger als einen Kalendertag unterbrochen werden. ³Schlägt der Wechsel innerhalb dieser Frist fehl, gilt Satz 1 entsprechend.

(2) ¹Das abgebende Unternehmen hat ab Beendigung der vertraglich vereinbarten Leistung bis zum Ende der Leistungspflicht nach Absatz 1 Satz 1 gegenüber dem Teilnehmer einen Anspruch auf Entgeltzahlung. ²Die Höhe des Entgelts richtet sich nach den ursprünglich vereinbarten Vertragsbedingungen mit der Maßgabe, dass sich die vereinbarten Anschlussentgelte um 50 Prozent reduzieren, es sei denn, das abgebende Unternehmen weist nach, dass der Teilnehmer das Scheitern des Anbieterwechsels zu vertreten hat. ³Das abgebende Unternehmen hat im Fall des Absatzes 1 Satz 1 gegenüber dem Teilnehmer eine taggenaue Abrechnung vorzunehmen. ⁴Der Anspruch des aufnehmenden Unternehmens auf Entgeltzahlung gegenüber dem Teilnehmer entsteht nicht vor erfolgreichem Abschluss des Anbieterwechsels.

(3) ¹Um den Anbieterwechsel nach Absatz 1 zu gewährleisten, müssen Betreiber öffentlicher Telekommunikationsnetze in ihren Netzen insbesondere sicherstellen, dass Teilnehmer ihre Rufnummer unabhängig von dem Unternehmen, das den Telefondienst erbringt, wie folgt beibehalten können:
1. im Fall geografisch gebundener Rufnummern an einem bestimmten Standort und
2. im Fall nicht geografisch gebundener Rufnummern an jedem Standort.

²Die Regelung in Satz 1 gilt nur innerhalb der Nummernräume oder Nummernteilräume, die für einen Telefondienst festgelegt wurden. ³Insbesondere ist die Übertragung von Rufnummern für Telefondienste an festen Standorten zu solchen ohne festen Standort und umgekehrt unzulässig.

(4) ¹Um den Anbieterwechsel nach Absatz 1 zu gewährleisten, müssen Anbieter von öffentlich zugänglichen Telekommunikationsdiensten insbesondere sicherstellen, dass ihre Endnutzer ihnen zugeteilte Rufnummern bei einem Wechsel des Anbieters von öffentlich zugänglichen Telekommunikationsdiensten entsprechend Absatz 3 beibehalten können. ²Die technische Aktivierung der Rufnummer hat in jedem Fall innerhalb eines Kalendertages zu erfolgen. ³Für die Anbieter öffentlich zugänglicher Mobilfunkdienste gilt Satz 1 mit der Maßgabe, dass der Endnutzer jederzeit die Übertragung der zugeteilten Rufnummer verlangen kann. ⁴Der bestehende Vertrag zwischen Endnutzer und abgebendem Anbieter öffentlich zugänglicher Mobilfunkdienste bleibt davon unberührt; hierauf hat der aufnehmende Anbieter den Endnutzer vor Vertragsschluss in Textform hinzuweisen. ⁵Der abgebende Anbieter ist in diesem Fall verpflichtet, den Endnutzer zuvor über alle anfallenden Kosten zu informieren. ⁶Auf Verlangen hat der abgebende Anbieter dem Endnutzer eine neue Rufnummer zuzuteilen.

(5) ¹Dem Teilnehmer können nur die Kosten in Rechnung gestellt werden, die einmalig beim Wechsel entstehen. ²Das Gleiche gilt für die Kosten, die ein Netzbetreiber einem Anbieter von öffentlich zugänglichen Telekommunikationsdiensten in Rechnung stellt. ³Etwaige Entgelte unterliegen einer nachträglichen Regulierung nach Maßgabe des § 38 Absatz 2 bis 4.

(6) Betreiber öffentlicher Telekommunikationsnetze haben in ihren Netzen sicherzustellen, dass alle Anrufe in den europäischen Telefonnummernraum ausgeführt werden.

(7) Die Erklärung des Teilnehmers zur Einrichtung oder Änderung der Betreibervorauswahl oder die von ihm erteilte Vollmacht zur Abgabe dieser Erklärung bedarf der Textform.

(8) ¹Der Anbieter von öffentlich zugänglichen Telekommunikationsdiensten, der mit einem Verbraucher einen Vertrag über öffentlich zugängliche Telekommunikationsdienste geschlossen hat, ist verpflichtet, wenn der Verbraucher seinen Wohnsitz wechselt, die vertraglich geschuldete Leistung an dem neuen Wohnsitz des Verbrauchers ohne Änderung der vereinbarten Vertragslaufzeit und der sonstigen Vertragsinhalte zu erbringen, soweit diese dort angeboten wird. ²Der Anbieter kann ein angemessenes Entgelt für den durch den Umzug entstandenen Aufwand verlangen, das jedoch nicht höher sein darf als das für die Schaltung eines Neuanschlusses vorgesehene Entgelt. ³Wird die Leistung am neuen Wohnsitz nicht angeboten, ist der Verbraucher zur Kündigung des Vertrages unter Einhaltung einer Kündigungsfrist von drei Monaten zum Ende eines Kalendermonats berechtigt. ⁴In jedem Fall ist der Anbieter des öffentlich zugänglichen Telekommunikationsdienstes verpflichtet, den Anbieter des öffentlichen Telekommunikationsnetzes über den Auszug des Verbrauchers unverzüglich zu informieren, wenn der Anbieter des öffentlich zugänglichen Telekommunikationsdienstes Kenntnis vom Umzug des Verbrauchers erlangt hat.

(9) ¹Die Bundesnetzagentur kann die Einzelheiten des Verfahrens für den Anbieterwechsel und die Informationsverpflichtung nach Absatz 8 Satz 4 festlegen. ²Dabei ist insbesondere Folgendes zu berücksichtigen:
1. das Vertragsrecht,
2. die technische Entwicklung,
3. die Notwendigkeit, dem Teilnehmer die Kontinuität der Dienstleistung zu gewährleisten, und
4. erforderlichenfalls Maßnahmen, die sicherstellen, dass Teilnehmer während des gesamten Übertragungsverfahrens geschützt sind und nicht gegen ihren Willen auf einen anderen Anbieter umgestellt werden.

³Für Teilnehmer, die keine Verbraucher sind und mit denen der Anbieter von öffentlich zugänglichen Telekommunikationsdiensten eine Individualvereinbarung getroffen hat, kann die Bundesnetzagentur von Absatz 1 und 2 abweichende Regelungen treffen. ⁴Die Befugnisse nach Teil 2 dieses Gesetzes und nach § 77a Absatz 1 und Absatz 2 bleiben unberührt.

Der Anbieterwechsel im Telekommunikationsbereich soll möglichst ohne bzw. nur mit einer kurzen Versorgungsunterbrechung ablaufen. Nach § 46 Abs. 1 TKG müssen sowohl der Anbieter von öffentlich zugänglichen Telekommunikationsnetzen als auch der Betreiber von öffentlichen Telekommunikationsnetzen sicherstellen, dass bei einem Anbieterwechsel durch den Teilnehmer dessen Dienst nicht länger als ein Kalendertag unterbrochen wird (→ Rn. 9). Eine Umsetzung hat dahingehend zu erfolgen, dass das abgebende Unternehmen seine Leistung erst dann einstellt, wenn alle Voraussetzungen für den Anbieterwechsel vorliegen, es sei denn der Teilnehmer verlangt dies (→ Rn. 12). Gem. § 46 Abs. 2 TKG behält das abgebende Unternehmen ab Beendigung der vertraglich vereinbarten Laufzeit bis zum Ende der Leistungspflicht nach Abs. 1 S. 1 einen Anspruch auf Entgeltfortzahlung gegenüber dem Teilnehmer in Höhe der ursprünglich vereinbarten Vertragsbedingungen mit der Maßgabe, dass sich das Anschlussentgelt um 50 Prozent reduziert (→ Rn. 16). Diese Reduzierung gilt nicht, wenn das abgebende Unternehmen nachweist, dass der Teilnehmer das Scheitern des Anbieterwechsels zu vertreten hat. Im Falle der Leistungspflicht nach Abs. 1 S. 1 hat eine taggenaue Abrechnung zu erfolgen. Der Anspruch des aufnehmenden Unternehmens auf Entgeltzahlung entsteht erst mit dem erfolgreichen Anbieterwechsel. Betreiber öffentlicher Telekommunikationsnetze werden durch § 46 Abs. 3 TKG dazu verpflichtet, innerhalb ihrer Netze sicherzustellen, dass Teilnehmer – unabhängig davon, welches Unternehmen Ihnen gegenüber den Telefondienst erbringt – ihre Rufnummer im Fall geografisch gebundener Rufnummern an einem bestimmten Standort beibehalten können und im Fall von nicht geografisch gebundenen Rufnummern an jedem Standort

(→ Rn. 21). Dies gilt jedoch nur innerhalb der für den Telefondienst festgelegten Nummernräume oder Nummernteilräume. Eine Übertragung von standortbezogenen zu nicht standortbezogenen Rufnummern und umgekehrt ist unzulässig. § 46 Abs. 4 TKG legt fest, dass auch die Anbieter von öffentlichen Telekommunikationsdiensten verpflichtet sind, sicherzustellen, dass ihre Endkunden bei einem Anbieterwechsel die ihnen zugeteilten Rufnummern entsprechend Abs. 3 behalten können. Die technische Aktivierung der Rufnummer muss innerhalb eines Kalendertages erfolgt sein. § 46 Abs. 4 S. 3 TKG – welcher für den Anbieter von öffentlich zugänglichen Mobilfunkdiensten gilt – normiert, dass S. 1 mit der Maßgabe gilt, dass der Endkunde jederzeit die Übertragung der Rufnummer verlangen kann (→ Rn. 24). Auf den Umstand, dass diese Rufnummernübertragung sich nicht auf den bestehenden Vertrag zwischen dem Endkunden und dem abgebenden Anbieter auswirkt, muss der aufnehmende Anbieter den Endkunden schon vor Vertragsschluss in Textform hinweisen. Der abgebende Anbieter muss den Endkunden über alle anfallenden Kosten informieren und auf sein Verlangen hin ihm eine neue Rufnummer zuteilen. Eine Kostentragungspflicht des Teilnehmers nach § 46 Abs. 5 TKG erstreckt sich nur auf die Kosten, die einmalig durch den Wechsel entstanden sind (→ Rn. 27). Selbiges gilt auch zwischen dem Netzbetreiber und dem Anbieter von öffentlich zugänglichen Telekommunikationsdiensten. Etwaige Entgelte unterliegen einer nachträglichen Regulierung nach Maßgabe des § 38 Abs. 2–4 TKG. § 46 Abs. 6 TKG verpflichtet die Betreiber von öffentlichen Telekommunikationsnetzen dazu, sicherzustellen, dass innerhalb ihrer Netze alle Anrufe in den europäischen Telefonnummernraum ausgeführt werden. Durch die Vorschrift des § 46 Abs. 7 TKG wird sichergestellt, dass eine Erklärung des Teilnehmers – oder eine von ihm erteilte Vollmacht zur Abgabe dieser Erklärung – zur Einrichtung oder Änderung der Betreibervorauswahl (Preselection) in Textform vorliegen muss (→ Rn. 30). Anbieter von öffentlich zugänglichen Telekommunikationsdiensten werden durch § 46 Abs. 8 TKG verpflichtet, bei einem Umzug des Verbrauchers an einen neuen Wohnsitz, diesem dort die bisher vertraglich geschuldete Leistung – soweit sie dort angeboten wird und ohne Änderung der Vertragsbedingungen – zu erbringen. Der Anbieter darf ein angemessenes Entgelt für den durch den Umzug entstandenen Aufwand verlangen, welches jedoch die Kosten für die Schaltung eines Neuanschlusses nicht übersteigen darf. Sofern die Leistung an dem neuen Wohnsitz nicht angeboten wird, erhält der Verbraucher ein Sonderkündigungsrecht mit einer Frist von 3 Monaten zum Ende eines Kalendermonats (→ Rn. 33). Auch enthält die Vorschrift die Verpflichtung des Anbieters, den Netzbetreiber über den Auszug des Verbrauchers unverzüglich zu informieren, sofern der Anbieter Kenntnis vom Umzug des Verbrauchers hat. § 46 Abs. 9 TKG ermächtigt die Bundesnetzagentur (BNetzA) dazu, die Einzelheiten des Verfahrens bezüglich des Anbieterwechsels und der in Abs. 8 S. 4 enthaltenen Informationsverpflichtung festzulegen. Insbesondere soll dabei das Vertragsrecht, technische Entwicklungen, die Kontinuität der Dienstleistung und der Schutz der Teilnehmer vor ungewollter Umstellung auf einen anderen Anbieter Berücksichtigung finden. Bei Teilnehmern, die keine Verbraucher sind und mit denen der TK-Dienste-Anbieter individuelle Vereinbarungen getroffen hat, kann die BNetzA von den Abs. 1 und 2 abweichende Regelungen treffen. Die Befugnisse der BNetzA nach Teil 2 dieses Gesetzes und nach § 77a Abs. 1 und 2 TKG bleiben unberührt (→ Rn. 39).

Übersicht

	Rn		Rn
A. Allgemeines	1	F. Kosten der Rufnummernmitnahme (Abs. 5)	27
B. Unionsrechtlicher Hintergrund	7	G. Europäischer Telefonnummernraum (Abs. 6)	29
C. Versorgungszeitraum beim Anbieterwechsel (Abs. 1)	8	H. Betreibervorauswahl (Abs. 7)	30
D. Entgeltzahlungspflicht beim Anbieterwechsel (Abs. 2)	14	I. Umzug (Abs. 8)	32
E. Rufnummernportierung (Abs. 3 und 4)	19	J. Befugnisse der BNetzA bei Anbieterwechsel und Umzug (Abs. 9)	39

A. Allgemeines

§ 46 TKG ist die zentrale Vorschrift zur Regelung des Anbieterwechsels und Umzugs. Durch die Neufassung des § 46 TKG aufgrund der TKG-Novelle v. 3.5.2012 (BGBl. I 958, 1717) wurde die ursprüngliche Regelung der Rufnummernübertragbarkeit ausgebaut (Abs. 3–6) und um Regelungen bezüglich des Anbieterwechsels, des Wohnsitzwechsels, sowie – nach Wegfall der speziellen Regelungen zu Preselection und Call-by-Call – der Betreibervorauswahl erweitert.

Hintergrund der Novelle 2012 war zum einen die unionsrechtliche Prämisse, dass die TK-Dienstleistungen bei der Nummernportierung nicht länger als ein Tag unterbrochen werden sollten und zum anderen misslungene Wechselvorgänge sowie unzulängliche Festnetz-vorleistungen. Der Gesetzgeber hat richtig erkannt, dass ein funktionierender Anbieterwechselprozess essentiell zum **Funktionieren des Wettbewerbsmarktes** ist (Begründung zum Regierungsentwurf, BT-Drs. 17/5707, 70). Die mit dem Anbieterwechsel bislang häufig aus Sicht des Endkunden wahrgenommen Schwierigkeiten sind für diesen eine Wechselbarriere, die in erster Linie die Wettbewerber des marktmächtigen Unternehmens betreffen und damit die Wettbewerbsentwicklung im Telekommunikationsmarkt nachhaltig beeinträchtigen kann. Die Anzahl der **Verbraucherbeschwerden** zum Anbieterwechsel veröffentlicht die BNetzA in ihrem Jahresbericht (so BNetzA Jahresbericht 2010/2011, 284, Zeitraum 2008–2011).

Ohne die Regelungen zur Mitnahme der Rufnummern **(Nummernportabilität)** wäre für viele Teilnehmer – insbes. für Geschäftskunden – ein Anbieterwechsel nicht vorstellbar. Gleichwohl hätte es im Rahmen der TKG-Novelle 2012 nicht ausgereicht, den Bereich der Rufnummernportierung strenger und differenzierter auszugestalten. Der Gesamtprozess des Anbieterwechsels umfasst deutlich mehr Verfahrensschritte und Sachverhaltskonstellationen, die von einer Regelung konsequenterweise erfasst werden müssen. Der Anbieterwechsel wird daher auch nicht ausschließlich von § 46 TKG aufgegriffen, sondern im Zusammenspiel mehrerer Vorschriften thematisiert: In § 43a Abs. 1 Nr. 8 TKG werden Anbieter von öffentlich zugänglichen TK-Diensten dazu verpflichtet, dem Verbraucher und auf Verlangen anderen Endnutzern Informationen zu den Voraussetzungen für den Anbieterwechsel im Vertrag in klarer, umfassender und leicht zugänglicher Form zur Verfügung zu stellen. Mit dieser Transparenz soll Vertrauen in den Anbieterwechsel geschaffen werden. In § 149 Abs. 1 Nr. 7h und g TKG finden sich flankierende Bußgeldvorschriften.

Längere Versorgungsunterbrechungen werden sowohl von Endnutzern als auch und insbes. von Unternehmen als nicht mehr hinnehmbar angesehen. Zuletzt hat der BGH dem Kunden eines Telekommunikationsunternehmens Schadensersatz für den mehrwöchigen Ausfall seines DSL-Anschlusses selbst bei einem bloßen Tarifwechsel zuerkannt (BGH, Urteil vom 24.1.2013 – III ZR 98/12). Das Gericht kam zu dem Ergebnis, dass die Nutzungsmöglichkeit des Telefons ein **Wirtschaftsgut** darstellt, dessen ständige Verfügbarkeit für die Lebensgestaltung von zentraler Wichtigkeit ist (Sassenberg/Loeck K&R 2013, 165 (170)).

Durch die Neufassung des § 46 TKG greift der Gesetzgeber stark in die **Vertragsfreiheit** ein, indem er dem Teilnehmer einseitige Änderungsrechte und Kündigungsmöglichkeiten einräumt. Zu kritisieren ist der Umstand, dass die Belastung der TK-Anbieter erfolgt, ohne im Einzelfall nach Verantwortlichkeiten zu differenzieren (GPSS/Büning TKG § 46 Rn. 3).

Zuletzt hat der **BGH** entschieden, dass der TK-Anbieter bei einem misslungenen Anbieterwechsel auch dann die fristlose Kündigung seines Kunden akzeptieren muss, wenn der Fehler in der Sphäre des alten Anbieters begründet ist, der neue Anbieter jedoch vertraglich **vollumfänglich die Gewähr** für die Rufnummernübertragung übernommen hatte (BGH Urt. v. 7.3.2013 – III ZR 231/12).

Trotz des weiten Anwendungsbereichs der Norm gibt es eine Reihe von Sachverhaltskonstellationen, in denen die **Regelung nicht greift** bzw. die Rechtsprechung absehbar dies zu klären haben wird. Kein Fall des Anbieterwechsels ist jedenfalls die Kündigung durch den TK-Anbieter, bspw. bei Zahlungsverzug durch den Endkunden. So auch bei Eigenkündigung des Endkunden und dessen erkennbarem Nichtinteresse an der Fortführung des Vertrags am Leistungsort (GPSS/Büning TKG § 46 Rn. 12 mwBsp). Ebenfalls aus Sicht des Endkunden häufig nicht auf den ersten Blick auszumachen: Wenn von einer Marke zur anderen gewechselt wird, diese aber zu einem Konzern gehören und der tatsächliche Ver-

Ufer

tragspartner des Endkunden gleich bleibt. Auch in diesem Fall liegt **kein Anbieterwechsel** vor.

B. Unionsrechtlicher Hintergrund

7   Eine direkte unionsrechtliche Entsprechung besteht für die Regelung zum Anbieterwechsel nicht. Lediglich das Prinzip der Obergrenze von einem Tag wurde dem Art. 30 Universaldienst-RL (RL 2009/136/EG, L337/21) entnommen. Der deutsche Gesetzgeber verschärfte – aufgrund der Möglichkeit den Wechsel durch Verlängerung der vertraglichen Leistung nach Abs. 1 und 2 sorgfältig vorzubereiten – die unionsrechtliche Frist von einem Arbeitstag auf einen Kalendertag (GPSS/Büning TKG § 46 Rn. 5).

C. Versorgungszeitraum beim Anbieterwechsel (Abs. 1)

8   Abs. 1 stellt sicher, dass die Anbieter von öffentlich zugänglichen TK-Diensten und die Betreiber öffentlicher TK-Netze ihre Leistung gegenüber dem Teilnehmer so lange nicht unterbrechen, bis die vertraglichen und technischen Voraussetzungen für einen Anbieterwechsel vorliegen, außer der Teilnehmer selbst verlangt dies (sog. „Vorbereitungsphase"). Dieser weit formulierte Anspruch auf unterbrechungsfreie Versorgung gilt für alle am Wechselprozess beteiligten Unternehmen (Beine MMR 2012, 718).

9   **Adressaten** der Vorschrift sind sowohl die Betreiber öffentlicher Telekommunikationsnetze (vgl. § 3 Nr. 16a TKG) sowie die Anbieter öffentlich zugänglicher Telekommunikationsdienste. Obwohl häufig die Diensteanbieter den direkten vertraglichen Bezug zum Endkunden verfügen und deswegen alleine beim Anbieterwechsel aus dessen Sicht beteiligt sind, ist in diesem Fall doch die Erstreckung auf den eigentlichen Betreiber erforderlich, um die Vorschrift konsequent greifen zu lassen. So können beim Anbieterwechsel bis zu 5 Parteien beteiligt sein (Netzbetreiber alt/neu, Diensteanbieter alt/neu, Teilnehmer).

10 Das Gesetz differenziert daher auch nicht nach der Art des genutzten Produkts (Vorleistungs- oder Endkundenprodukt) oder nach der verwendeten Technologie (DSL, Kabel, Mobilfunk, Satellit etc.), um alle möglichen Konstellationen zu erfassen. Mit diesem weit gezogenen Adressatenkreis soll sichergestellt werden, dass alle möglichen Beteiligten beim Anbieterwechsel erfasst und diese Vorschrift mit größtmöglicher Effektivität anwendbar ist.

11 In der Vorbereitungsphase zum Anbieterwechsel besteht ein **Verbot** zur Einstellung der Leistung, was sich aber im Verhältnis Teilnehmer zu abgebendem Anbieter bereits aus der vertraglichen Leistungspflicht ergibt. Damit sind auch üblicherweise vertraglich ausbedungene Unterbrechungen – bspw. für die Entstörung – zulässig, die über die zugesicherte Verfügbarkeit des Anschlusses vereinbart sind. Auch diese müssen im Rahmen der Vorbereitungsphase möglich sein.

12 Erst sobald die rechtlichen und technischen Voraussetzungen für einen Anbieterwechsel vorliegen, kann der eigentliche Wechselvorgang eingeleitet werden (sog. „Durchführungsphase"). Dabei muss beachtet werden, dass bei der Durchführung des Wechsels der Dienst des Teilnehmers nicht länger als ein **Kalendertag** unterbrochen werden darf. Sollte der Wechsel innerhalb dieses Zeitraumes nicht gelingen, findet Abs. 1 S. 1 entsprechende Anwendung. Das abgebende Unternehmen ist dann verpflichtet, seine vertraglichen Dienste wieder zu erbringen (GPSS/Büning TKG § 46 Rn. 8). Im Gegensatz zur europarechtlichen Vorgabe von einem **Arbeitstag** (s. Art. 30 Abs. 4 S. 4 URL) entschied sich der deutsche Gesetzgeber dafür, einen **Kalendertag** zu Grunde zulegen. Die Frist endet also immer um 24 Uhr des Folgetages zu demjenigen, in dem die Unterbrechung eingetreten ist. Begründet wurde diese Entscheidung damit, dass die Vorschrift die Möglichkeit gibt, den Wechsel sorgfältig vorzubereiten (Begründung des Referentenentwurfes, BT-Drs. 17/5707, 123).

13 Schlägt dann der Anbieterwechsel innerhalb dieser Frist fehl, gilt gem. Abs. 1 S. 3 wieder die Versorgungspflicht mit dem Verbot der Leistungsunterbrechung aus Abs. 1 S. 1 entsprechend und der Teilnehmer hat einen Anspruch auf Weiterversorgung durch den abgebenden Anbieter. Die Vorbereitungsphase kann dann erneut eingeleitet werden. Beim Inkrafttreten der TKG-Novelle 2012 bestand eine Ausnahme hinsichtlich § 46 Abs. 1 S. 3 TKG. Diese Regelung sollte erst am ersten Tag des siebten auf die Verkündung der TKG-

Novelle folgenden Kalendermonats gelten, vgl. Art. 5 Abs. 2 S. 3 TKG-Änderungsgesetz, BGBl. 2012, Teil 1 Nr. 19, 958). Das war erst der 1.12.2012.

D. Entgeltzahlungspflicht beim Anbieterwechsel (Abs. 2)

Ab Beendigung der **vertraglichen** Leistungspflicht bis zum Ende der bei einem Misslingen des Anbieterwechsels auflebenden Leistungspflicht nach Abs. 1 S. 1 steht dem abgebenden Unternehmen ein Entgeltanspruch gegenüber dem Teilnehmer in Höhe von 50 Prozent des ursprünglich vereinbarten Anschlussentgeltes zu. Für diesen Zeitraum der Weiterversorgung nach Ende des regulären Vertrages bis zur tatsächlichen Umstellung des Anschlusses wird ein **gesetzliches Schuldverhältnis** begründet. Das Ende des regulären Vertrages ist der Zeitpunkt, zu dem die Kündigung des Vertrages wirksam wird oder eine vereinbarte Kündigungsfrist abläuft (GPSS/Büning TKG § 46 Rn. 30–31). Durch die Weiterversorgungspflicht und den reduzierten Entgeltanspruch soll ein verzögerndes Verhalten des abgebenden Unternehmens sanktioniert, bzw. ein Anreiz für einen schnellen Wechselprozess geschaffen werden (Holznagel NJW 2012, 1622 (1624)). 14

Spiegelbildlich dazu ist dem aufnehmenden Anbieter das Entgelt aufgrund eines neuen Vertragsverhältnisses mit dem Endkunden verwehrt. Bereits der Wortlaut der Vorschrift verdeutlicht, dass der Anbieterwechsel auch **erfolgreich zum Abschluss** gebracht werden muss, um den Entgeltanspruch des aufnehmenden Anbieters gegenüber dem Endkunden entstehen zu lassen, vgl. Abs. 2 S. 4. Mit dieser Vorschrift soll das aufnehmende Unternehmen motiviert werden, an der raschen Durchführung des Anbieterwechsels mitzuwirken (Holznagel K&R 2010, 761 (764)). 15

Die Höhe des Entgeltanspruches richtet sich nach den ursprünglich vereinbarten Vertragsbedingungen mit der Maßgabe, dass sich die **Anschlussentgelte** um 50 Prozent reduzieren. Das Anschlussentgelt ist keinesfalls mit dem monatlich vereinbarten Entgelt gleichzusetzen, dass sich heutzutage üblicherweise aus einer vereinbarten Flatrate (Double Play/Triple Play) ergibt. Mit dem Anschlussentgelt sind die **regelmäßigen monatlichen** Kosten für die Überlassung des Festnetz- und Mobilfunknetz**zugangs** gemeint. Die Abrechnung des abgebenden Unternehmens gegenüber dem Teilnehmer hat **taggenau** zu erfolgen. Verhindert werden soll damit, dass ein angefangener Monat abgerechnet wird. Nicht erfasst sind die einzelfallabhängigen Entgelte, bspw. für Verbindungsleistungen oder einmalige Entgelte für Sperrungen, telefonische Mehrwertdienste etc. (GPSS/Büning TKG § 46 Rn. 33–34). 16

Der Weiterversorgungsanspruch entfällt, wenn der Teilnehmer selbst das Scheitern der Umstellung zu vertreten hat, wofür aber der Anbieter den Nachweis zu erbringen hat. Beispielhaft sei der Fall aufgeführt, dass der Teilnehmer dem Mechaniker ohne Grund den Zutritt zur Wohnung verwehrt (Beine MMR 2012, 718 (719)). 17

Die BNetzA kann Verstöße gegen die Einhaltung der Versorgungspflicht in der Vorbereitungsphase oder die Überschreitung der Unterbrechungsfrist von einem Kalendertag mit Geldbuße aufgrund begangener Ordnungswidrigkeit ahnden. Dazu finden sich in § 149 Abs. 1 Nr. 7h und g TKG flankierende Bußgeldvorschriften. 18

E. Rufnummernportierung (Abs. 3 und 4)

In Abs. 3 wird geregelt, dass der Teilnehmer seine Rufnummer beim Anbieterwechsel mitnehmen kann und zwar unabhängig davon, welches Unternehmen den Telefondienst konkret erbringt. Für geografisch gebundene Rufnummern gilt dies für einen **bestimmten** Standort und für nicht geografisch gebundene Rufnummern für **jeden** Standort. IP-Adressen sind keine Rufnummern, sie werden nicht im Telefondienst eingesetzt. Damit sind sie nicht Gegenstand dieser Regelung (Koenig/Neumann, Internet-Protokoll-Adressen als „Nummern" iSd Telekommunikationsrechts?, K&R 1999, 144 ff.). 19

Das Recht zur Mitnahme an einen **bestimmten** Standort bei den geografisch gebundenen Rufnummern bezieht sich auf ein **Ortsnetz,** damit zum einen die Nummer bei einem ortsinternen Umzug mitgenommen werden kann und zum anderen der Teilnehmer erkennen kann, in welchem geografischen Gebiet sich ein Anschluss befindet (GPSS/Büning TKG § 46 Rn. 45). 20

Ufer

21 Bei nicht geografisch gebundenen Rufnummern (Mobilfunknummern, aber auch gebührenfreie oder gebührenerhöhte Rufnummern) ist das Merkmal **an jedem Standort** dahingehend auszulegen, dass die Verpflichtung zur Rufnummernportierung sich auf den innerdeutschen Raum beschränkt. Die Portierungspflicht erstreckt sich auch auf Prepaid-Verträge, sowie auf Voice-over-IP-Dienste. Diese Regelungen gelten jedoch nur innerhalb der Nummernräume oder Nummernteilräume, die für einen Telefondienst festgelegt wurden. Eine Übertragung von Festnetznummern auf einen Mobilfunkanschluss und umgekehrt ist nicht vorgesehen. Auch die Anbieter von öffentlich zugänglichen Telekommunikationsdiensten müssen sicherstellen, dass ihre Endnutzer bei einem Anbieterwechsel die zugeteilten Rufnummern behalten können.

22 Ein **Zurückbehaltungsrecht** hinsichtlich der Rufnummer gem. § 273 BGB kann der nach § 46 TKG Verpflichtete nicht geltend machen. Es wäre mit der Förderung des Wettbewerbs nicht vereinbar, wenn die Portierung der Rufnummern vom Ausgang eines Gerichtsverfahrens abhängig wäre (GPSS/Büning TKG § 46 Rn. 61).

23 Die technische Aktivierung der Rufnummer hat innerhalb eines **Kalendertages** zu erfolgen, insofern ergibt sich eine Parallele zu Abs. 1 S. 2 (Beine MMR 2012, 718 (720)). Die Frist – vom Gesetz offen gelassen – beginnt mit der Abschaltung der Rufnummer, denn die Vorschrift soll den Endnutzer vor Unterbrechungen der Telekommunikationsdienste schützen und endet mit dem nächsten Kalendertag, also 24 Uhr des Folgetages (GPPS/Büning TKG § 46 Rn. 64 (65)).

24 Eine Besonderheit gilt für die Anbieter öffentlich zugänglicher **Mobilfunkdienste.** Diese müssen gem. Abs. 4 S. 3 zusätzlich dem Endnutzer die Möglichkeit einräumen, dass dieser **jederzeit** die Übertragung seiner Rufnummer auf einen neuen Anbieter verlangen kann. Dieser Anspruch ist unabhängig von der zugrundeliegenden vertraglichen Vereinbarung und damit auch vor Ablauf einer Mindestvertragslaufzeit oder Kündigungsfrist möglich. Allerdings lässt die vorzeitige Portierung der Rufnummer den **bestehenden** Vertrag unberührt. Der Vertrag läuft damit bis zu seiner Beendigung durch Kündigung oder Vereinbarung weiter und der Endnutzer ist weiter zur Zahlung der vereinbarten Entgelte verpflichtet (*Schmitz* CR 2011, 291 (295)). Mit einer solchen Regelung soll es in einem überwiegend gesättigten Markt zu weiterem Wettbewerb kommen. Eine europäische Vorgabe für diese Regelung besteht nicht.

25 Im Bereich des Mobilfunks wurde zum Schutz des Endnutzers der Abs. 4 S. 4 um eine **Hinweispflicht** des aufnehmenden Anbieters gegenüber dem Endnutzer erweitert, wonach dieser den Endnutzer in Textform darüber informieren muss, dass der bestehende Vertrag mit dem abgebenden Anbieter bestehen bleibt. Darüber hinaus ist der abgebende Anbieter verpflichtet, den Endnutzer zuvor über alle anfallenden Kosten zu informieren.

26 Abs. 4 S. 6 verpflichtet den abgebenden Anbieter auf **Verlangen** des Endkunden hin, diesem für seinen fortbestehenden Vertrag eine neue Rufnummer zuzuteilen. Der abgebende Anbieter muss also nicht von selbst tätig werden und dieser Anspruch besteht nur, wenn die bisherige Rufnummer zu einem neuen Anbieter portiert wurde. Die neue Rufnummer gilt dann für die Restlaufzeit des alten Vertrags und darf nicht mit einer Vertragsverlängerung gekoppelt werden.

F. Kosten der Rufnummernmitnahme (Abs. 5)

27 Dem Teilnehmer dürfen nur die Kosten in Rechnung gestellt werden, die **einmalig** durch die Portierung entstehen. Anderenfalls würde das Recht der Rufnummernmitnahme keinen Sinn machen, wenn die Anbieter beliebig hohe Entgelte für die Portierung verlangen könnten. Anders als Art. 30 Abs. 2 URL gibt die Vorschrift jedoch nicht ausdrücklich vor, dass die Kosten nicht so hoch sein dürfen, dass sie eine für den Anbieterwechsel **abschreckende Wirkung** aufweisen. Eine Beschränkung auf die einmaligen Kosten führt nicht zwangsläufig zu einer Vermeidung einer solchen abschreckenden Wirkung. Auch einmalige Kosten können so hoch gewählt werden, dass eine solche nachteilige Wirkung entsteht. Der EuGH hat diesbezüglich bereits in verschiedenen Verfahren herausgearbeitet, dass etwaige direkte Gebühren den Verbraucher nicht abschrecken dürfen, den Wechsel vornehmen zu wollen (EuGH MMR 2006, 813; 2010, 626).

28 Etwaige Entgelte unterliegen einer **nachträglichen Regulierung** nach Maßgabe des § 38 Abs. 2–4 TKG. Es ist von einer Rechtsfolgenverweisung auszugehen, denn die Ver-

pflichtung zur Rufnummernübertragung nach den Abs. 3 und 4 trifft alle Anbieter von Telekommunikationsdiensten und nicht nur marktbeherrschende Unternehmen. Insbesondere dienen die vorliegenden Regelungen dem Kundenschutz und nicht der Entgeltregulierung (GPSS/Büning TKG § 46 Rn. 80). Die BNetzA hat bereits von TK-Anbietern erhobene Entgelte für die Rufnummernmitnahme als missbräuchlich untersagt (RegTP, BK 2a-03/007).

G. Europäischer Telefonnummernraum (Abs. 6)

Betreiber öffentlicher Telekommunikationsnetze sind verpflichtet in ihren Netzen sicherzustellen, dass alle Anrufe in den europäischen Telefonnummernraum ausgeführt werden. Diese Vorgabe läuft jedoch leer, da es einen europäischen Rufnummernraum trotz mehrerer Anläufe, einen solchen zu installieren, derzeit nicht gibt (GPSS/Büning TKG § 46 Rn. 88). 29

H. Betreibervorauswahl (Abs. 7)

Die vor der TKG-Novelle 2012 vorgesehene Verpflichtung für marktmächtige Unternehmen, die Betreiberauswahl (sog. „Call-by-Call", vgl. § 3 Nr. 4a TKG) und die Betreibervorauswahl (sog. „Preselection", vgl. § 3 Nr. 4b TKG) sicherzustellen, ist der nunmehr in § 21 Abs. 3 TKG vorgesehenen Möglichkeit gewichen, marktmächtige Unternehmen zu verpflichten, Zugang zu den Netzkomponenten, -einrichtungen und Diensten, zu gewähren, die zur Ermöglichung von Betreiberauswahl und -vorauswahl erforderlich sind. 30

Eine entsprechende Formvorschrift zum Schutz des Verbrauchers hat nun Eingang in § 46 Abs. 7 TKG gefunden. Die Erklärung des Teilnehmers zur Einrichtung oder Änderung der Betreibervorauswahl (Preselection) oder die von ihm erteilte Vollmacht zur Abgabe dieser Erklärung bedarf der **Textform,** vgl. hierzu § 126b BGB. Dadurch soll zum einen sichergestellt werden, dass der Verbraucher seine Entscheidung bezüglich eines Auftrages zur Betreibervorauswahl bewusst trifft (Warnfunktion) und zum anderen soll verhindert werden, dass unseriöse Anbieter unklare Äußerungen als Auftrag interpretieren und so dem Verbraucher ungewollte Verträge unterschieben, sog. „slamming" (BT-Drs. 16/10731, 9 (13)). 31

I. Umzug (Abs. 8)

Durch diesen Abs. werden die Anbieter von öffentlich zugänglichen Telekommunikationsdiensten verpflichtet, bei einem **Umzug** des Verbrauchers die vertraglich geschuldete Leistung – **ohne Änderung** der bisherigen Konditionen – an dem neuen Wohnsitz zu erbringen, soweit diese dort angeboten wird. Für den durch den Umzug entstehenden zusätzlichen Aufwand kann der TK-Anbieter gem. Abs. 8 S. 2 ein angemessenes Entgelt verlangen. 32

Früher wurde im Fall eines Wohnsitzwechsels regelmäßig nur eine Sonderkündigung des bisherigen Vertrags und der Abschluss eines neuen Vertrags mit Neubeginn der Vertragslaufzeit durchgeführt. Ein grundsätzliches **Sonderkündigungsrecht** bestand nicht, da sich der Vertrag auf den Anschluss an einer bestimmten Adresse bezog. Wenn der Verbraucher nun die Änderung der maßgeblichen Geschäftsgrundlage durch einen Umzug selbst herbeiführte, konnte er daraus keine Rechte herleiten. Insbesondere bestand kein Kündigungsrecht aufgrund Wegfalls der Geschäftsgrundlage nach § 313 Abs. 3 BGB. In diesem Zusammenhang hatte der **BGH** erst Ende 2010 entschieden, dass das Risiko der Verwendbarkeit eines DSL-Anschlusses während der vereinbarten Laufzeit beim Endkunden liegt und dieser kein Recht zur Kündigung des mit dem TK-Anbieter geschlossenen Vertrags vor Ablauf der vereinbarten Laufzeit hat, wenn er an einen Ort umzieht, an dem die Weiternutzung des DSL-Anschlusses möglich ist (BGH MMR 2011, 194 (196)). Damit sollte zum Ausdruck kommen, dass ein Umzug nicht im Risikobereich des TK-Diensteanbieters liegt, sondern im Verantwortungsbereich des Endkunden (Ditscheid/Ufer MMR 2011, 509 (515)). 33

Von dieser mit plausiblen Argumenten begründbaren Auffassung ist der Gesetzgeber mit der Neufassung in Abs. 8 **bewusst abgewichen,** ohne dass der Auslöser europäische Vorgaben gewesen wären, die in Deutschland zwingend hätten umgesetzt werden müssen. Diese Regelungen sind vielmehr durch eine nationale Initiative des Gesetzgebers begründet und 34 sollten Verbraucherbeschwerden begegnen sowie eine Beeinträchtigung des Wettbewerbs verhindern. Diese bestand darin, dass TK-Anbieter in der Regel nur dann eine vorzeitige Vertragsauflösung vornahmen, wenn der Verbraucher im Gegenzug einen neuen Vertrag mit einer erneuten Mindestvertragslaufzeit abschloss und dadurch in seiner freien Anbieterwahl beeinträchtigt wurde (BT-Drs. 17/5707, 125).

35 Aus der Formulierung dass der Verbraucher seinen **Wohnsitz wechseln** muss, ergibt sich, dass dieser Wechsel **dauerhaft** sein muss und der Verbraucher seinen Wohnsitz an einen neuen Ort **verschiebt,** d. h. das Aufgeben der Wohnung alleine reicht nicht aus, ein neuer Wohnsitz – an einem bisher nicht genutzten Ort – muss begründet werden (GPSS/Büning TKG § 46 Rn. 97 ff.).

36 Des Weiteren muss der Vertrag zu seinen bisherigen Konditionen weitergeführt werden, sofern diese Leistung am neuen Wohnsitz des Verbrauchers **angeboten wird.** Dies bedeutet, dass eine Verpflichtung des bisherigen Anbieters zur weiteren Leistungserbringung nur dann vorliegt, wenn dieser selbst die konkrete Leistung an dem neuen Ort vorhält und zwar im Sinne einer allgemeinen Vermarktungsaktivität im Rahmen vorhandener technischer Kapazitäten (GPSS/Büning TKG § 46 Rn. 104–106).

37 Der Anbieter kann gem. Abs. 8 S. 2 ein **angemessenes Entgelt** für den durch den Umzug entstandenen Aufwand von dem Verbraucher verlangen, welches jedoch nicht höher sein darf als das für die Schaltung eines Neuanschlusses vorgesehene Entgelt. Abs. 8 S. 3 räumt dem Verbraucher ein **Sonderkündigungsrecht** unter Einhaltung einer Kündigungsfrist von drei Monaten zum Ende eines Kalendermonats ein, wenn der Anbieter die bisherige Leistung am neuen Wohnsitz nicht anbietet. Bei einer **vereinbarten kürzeren Kündigungsfrist** bleibt diese nach Vorstellung des Gesetzgebers weiter anwendbar, da der Anbieter in diesem Fall nicht schutzwürdig ist (BT-Drs. 17/5707, 125).

38 Der TK-Dienste Anbieter ist verpflichtet dem TK-Netzanbieter **unverzüglich** über den Auszug des Verbrauchers zu informieren, sofern dieser **Kenntnis** von dem Umzug des Verbrauchers hat. Mit dieser Vorschrift soll sichergestellt werden, dass der Nachmieter den vorhandenen Anschluss so schnell wie möglich nutzen kann (Beine MMR 2012, 718 (721)).

J. Befugnisse der BNetzA bei Anbieterwechsel und Umzug (Abs. 9)

39 Abs. 9 räumt der BNetzA eine **Festlegungsbefugnis** bezüglich der Einzelheiten des Verfahrens zum **Anbieterwechsel** und zur **Informationsverpflichtung** nach Abs. 8 S. 4 beim Umzug ein. Gemeint ist damit eine umfassende Regelungskompetenz für alle mit dem Gesamtprozess Anbieterwechsel verbundenen Verfahrensschritte. Diese Vorschrift soll subsidiär für den Fall greifen, dass die Unternehmen keine eigenen freiwilligen Vereinbarungen zur Gewährleistung eines kurzfristigen Anbieterwechsels treffen.

40 Grundlage der anzuwendenden **Kriterien** des Abs. 9 S. 2 ist Art. 30 Abs. 4 S. 3 URL. Dort ist festgelegt, dass die nationalen Behörden unter Berücksichtigung des nationalen Vertragsrechts, der technischen Entwicklung sowie der Gewährleistung der Kontinuität der Dienstleistung das Verfahren festlegen können. Auch muss die BNetzA sicherstellen, dass die Teilnehmer während des Übertragungsprozesses geschützt sind und nicht unfreiwillig auf einen anderen Anbieter umgestellt werden können (GPSS/Büning TKG § 46 Rn. 116).

41 Als Vorbild dieser Regelungen dient der **Energiebereich.** Die durch diese Vorschrift eingeräumten Befugnisse der BNetzA gelten unabhängig von einer marktbeherrschenden Stellung des Unternehmens. Eine flexible Handhabung ergibt sich aus Abs. 9 S. 3. Danach kann die Behörde von den Abs. 1 und 2 abweichen, wenn der Teilnehmer kein Verbraucher ist und mit dem Anbieter eine Individualvereinbarung getroffen hat (Beine MMR 2012, 718 (721)). Damit können bspw. Rahmen-/Individualverträge zwischen Unternehmen oder Behörden und einem TK-Anbieter ausgenommen werden, die häufig eigene Regelungen zum Anbieterwechsel beinhalten.

42 Durch den letzten Satz dieses Absatzes wird klargestellt, dass die Befugnisse der BNetzA nach Teil 2 dieses Gesetzes und nach § 77a Abs. 1 und 2 **unberührt** bleiben. Folglich hat die Behörde die Wahl, ob sie die erforderlichen Rahmenbedingungen für die regulierten Vorleistungen nach § 46 Abs. 9 TKG oder auf Basis des zweiten Teils des TKG festsetzt.

43 Die BNetzA hat mit Verfügung v. 18.5.2012 von der in Abs. 9 eingeräumten Möglichkeit Gebrauch gemacht und Einzelheiten hinsichtlich des Verfahrens zum Anbieterwechsel **mit-**

tels Verfügung festgelegt (Sassenberg/Loeck K&R 2013, 165 (169)). Die Unternehmen hatten die Einführung eines automatisierten Wechselprozesses erst zur Jahresmitte 2013 angekündigt, die Umsetzung von § 46 TKG musste jedoch überwiegend bereits unmittelbar nach Inkrafttreten der TKG-Novelle erfolgen. Ziel dieser behördlichen Festlegung ist es, in den konkreten Einzelfällen, in denen es trotz der gesetzlichen Neuregelung insbes. zu einer Versorgungsunterbrechung gekommen ist, zügig einen erfolgreichen Abschluss des Anbieterwechsels zu erreichen. Danach sind Anbieter und Netzbetreiber verpflichtet, eine Kontaktstelle für den Anbieterwechsel einzurichten, welche bestimmte Voraussetzungen erfüllen muss und sowohl für Anfragen der Anbieter und Netzbetreiber als auch der BNetzA zur Verfügung stehen muss. Zudem ist ein vorgegebener Prozess bei Beschwerden der Teilnehmer einzuhalten („**Eskalationsprozess**"). Damit soll sichergestellt werden, dass eine Teilnehmerbeschwerde spätestens nach drei Arbeitstagen erfolgreich bearbeitet und der Anbieterwechsel realisiert wurde. Darüber hinaus wurden die Anbieter verpflichtet, quartalsweise über den Fortschritt bei der Implementierung automatisierter Prozesse zu berichten. Im Wesentlichen ausgenommen von der Festlegung ist der Anbieterwechsel von Teilnehmern, welche keine Verbraucher sind und mit denen der Anbieter eine Individualvereinbarung getroffen hat (die Festlegung ist abrufbar auf der Homepage der BNetzA unter Verbraucherservice Telekommunikation/Telekommunikation). Eine weitere behördliche Festlegung v. 1.6.2012 regelt die Verfahrenseinzelheiten zur Portierung von Mobilfunkrufnummern.

§ 47 Bereitstellen von Teilnehmerdaten

(1) ¹Jedes Unternehmen, das öffentlich zugängliche Telekommunikationsdienste erbringt und Rufnummern an Endnutzer vergibt, ist verpflichtet, unter Beachtung der anzuwendenden datenschutzrechtlichen Regelungen, jedem Unternehmen auf Antrag Teilnehmerdaten nach Absatz 2 Satz 4 zum Zwecke der Bereitstellung von öffentlich zugänglichen Auskunftsdiensten, Diensten zur Unterrichtung über einen individuellen Gesprächswunsch eines anderen Nutzers nach § 95 Absatz 2 Satz 1 und Teilnehmerverzeichnissen zur Verfügung zu stellen. ²Die Überlassung der Daten hat unverzüglich und in nicht diskriminierender Weise zu erfolgen.

(2) ¹Teilnehmerdaten sind die nach Maßgabe des § 104 in Teilnehmerverzeichnissen veröffentlichten Daten. ²Hierzu gehören neben der Nummer sowohl die zu veröffentlichenden Daten selbst wie Name, Anschrift und zusätzliche Angaben wie Beruf, Branche, Art des Anschlusses und Mitbenutzer, soweit sie dem Unternehmen vorliegen. ³Dazu gehören auch alle nach dem jeweiligen Stand der Technik unter Beachtung der anzuwendenden datenschutzrechtlichen Regelungen in kundengerechter Form aufbereiteten Informationen, Verknüpfungen, Zuordnungen und Klassifizierungen, die zur Veröffentlichung dieser Daten in öffentlich zugänglichen Auskunftsdiensten und Teilnehmerverzeichnissen nach Satz 1 notwendig sind. ⁴Die Daten müssen vollständig und inhaltlich sowie technisch so aufbereitet sein, dass sie nach dem jeweiligen Stand der Technik ohne Schwierigkeiten in ein kundenfreundlich gestaltetes Teilnehmerverzeichnis oder eine entsprechende Auskunftsdienstedatenbank aufgenommen werden können.

(3) Ergeben sich Streitigkeiten zwischen Unternehmen über die Rechte und Verpflichtungen aus den Absätzen 1 und 2, gilt § 133 entsprechend.

(4) ¹Für die Überlassung der Teilnehmerdaten kann ein Entgelt erhoben werden; dieses unterliegt in der Regel einer nachträglichen Regulierung nach Maßgabe des § 38 Abs. 2 bis 4. ²Ein solches Entgelt soll nur dann einer Genehmigungspflicht nach § 31 unterworfen werden, wenn das Unternehmen auf dem Markt für Endnutzerleistungen über eine beträchtliche Marktmacht verfügt.

§ 47 TKG gewährt Unternehmen einen Anspruch, auf Antrag Teilnehmerdaten von Unternehmen, die öffentlich zugängliche Telekommunikationsdienste erbringen und Rufnummern an Endnutzer vergeben, zu verlangen. Diese Teilnehmerdaten (→ Rn. 13 ff.) sind dem anspruchstellenden Unternehmen zu überlassen (→ Rn. 7 ff.). Streitigkeiten zwischen den Unternehmen über die Rechte und Pflichten aus der Überlassung können gem. Abs. 3 in einem

Übersicht

	Rn		Rn
A. Allgemeines	1	I. Begriff der Teilnehmerdaten	13
I. Bedeutung der Norm	1	II. Besonderheiten	14
II. Europarechtliche Grundlagen	3	**D. Streitschlichtung (Abs. 3)**	19
B. Bereitstellung von Teilnehmerdaten (Abs. 1)	4	**E. Entgelt für die Überlassung (Abs. 4)**	20
I. Adressaten der Regelung	4	I. Entgeltzahlung	20
1. Verpflichtete	4	1. Allgemeines	20
2. Berechtigte	7	2. Berücksichtigungsfähige Kosten	21
II. Antrag	8	3. Höhe des Entgelts	24
III. Herausgabeanspruch	9	II. Entgeltgenehmigungspflicht	25
IV. Beachtung der datenschutzrechtlichen Regelungen	12	1. Allgemeines	25
C. Teilnehmerdaten (Abs. 2)	13	2. Markt für Endnutzerleistungen	26

A. Allgemeines

I. Bedeutung der Norm

1 Für ein umfassendes Angebot von Auskunftsdiensten und die Herausgabe von Teilnehmerverzeichnissen ist es für das diese Dienste anbietende Unternehmen unerlässlich, auf sämtliche entsprechenden Teilnehmerdaten der Anbieter von Telekommunikationsdiensten zurückgreifen zu können. Diesbezüglich bedarf es einer für die Anbieter von Telekommunikationsdiensten zwingenden Regelung zur Überlassung der Teilnehmerdaten; in Anbetracht der Vielzahl von Unternehmen, die öffentlich zugängliche Telekommunikationsdienste erbringen und Rufnummern an Endnutzer vergeben, wäre es für einen solchen Anbieter nicht möglich, seine Auskunftsdienste umfassend zu erbringen oder Teilnehmerverzeichnisse umfassend abzubilden, sollte sich ein über Teilnehmerdaten verfügendes Unternehmen gegen die Überlassung dieser Teilnehmerdaten sperren. Für die Erstellung etwa eines Telefonbuches oder einer Auskunftsdatenbank im Internet ist die vollständige Überlassung von Teilnehmerdaten unverzichtbar. Mit der Regelung des § 47 TKG soll somit ein netz- und diensteübergreifendes Angebot von Auskunfts- und Teilnehmerverzeichnisdiensten sichergestellt werden (BT-Drs. 15/2316, 72).

2 Ein solches Angebot von Auskunftsdiensten und Teilnehmerverzeichnissen ist deshalb erforderlich, da es in unmittelbarem Zusammenhang mit dem Telefondienst steht. Mit § 47 Abs. 1 und 2 TKG sollen zum einen der Gewährleistungsauftrag des Art. 87f Abs. 1 GG, im Bereich der Telekommunikation flächendeckend angemessene und ausreichende Dienstleistungen sicher zu stellen, umgesetzt werden sowie insbes. die Regulierungsziele des § 2 Abs. 2 TKG gefördert werden (BT-Drs. 15/2316, 72). Gerade das in § 2 Abs. 2 Nr. 1 TKG genannte Ziel der Wahrung von Verbraucherinteressen sowie die Sicherstellung der Förderung nachhaltig wettbewerbsorientierter Verzeichnis- und Auskunftsmärkte nach § 2 Abs. 2 Nr. 2 TKG machen die Regelung des § 47 TKG erforderlich. Die Vorschrift ist außerdem unerlässliche Voraussetzung für die in § 78 Abs. 2 Nr. 3 und 4 TKG festgelegten Universaldienstleistungen, die die Verfügbarkeit mindestens eines sowohl von der Bundesnetzagentur gebilligten gedruckten öffentlichen Teilnehmerverzeichnisses als auch eines umfassenden, öffentlichen Telefonauskunftsdienstes vorschreiben, da die Bundesnetzagentur einem Unternehmen die Umsetzung dieser Universaldienstleistungen zur Sicherstellung der Grundversorgung gem. § 81 TKG auferlegen kann. Letztlich entspricht es dem Interesse des Teilnehmers und Verbrauchers, dass seine Teilnehmerdaten über sämtliche Auskunftsdienste und Teilnehmerverzeichnisse zugänglich sind, was durch eine umfassende Pflicht der Telefondienstanbieter zur Datenüberlassung sichergestellt wird (vgl. BVerwG Urt. v. 25.7.2012

– 6 C 14.11). Entsprechend wurde § 47 TKG auch in Teil 3 des TKG aufgenommen, der die Vorschriften zum Kundenschutz enthält.

II. Europarechtliche Grundlagen

Mit § 47 TKG werden die Vorgaben von Art. 25 Abs. 2 Universaldienst-RL in nationales Recht umgesetzt. Demgemäß haben die Mitgliedsstaaten sicher zu stellen, dass alle Unternehmen, die Teilnehmern Telefonnummern zuweisen, allen zumutbaren Anträgen, die relevanten Informationen zum Zweck der Bereitstellung von öffentlich zugänglichen Auskunftsdiensten und Teilnehmerverzeichnissen in einem vereinbarten Format und zu gerechten, objektiven, kostenorientierten und nichtdiskriminierenden Bedingungen zur Verfügung zu stellen, entsprechen. Nach Art. 25 Abs. 5 Universaldienst-RL gilt diese Regelung vorbehaltlich der gemeinschaftlichen Rechtsvorschriften über den Schutz personenbezogener Daten und der Privatsphäre, insbes. des Art. 11 Datenschutz-RL. Die Änderung der Universaldienst-RL durch die Richtlinie 2009/136/EG hatte keinen Einfluss auf die Fassung des § 47 TKG, da Art. 25 Abs. 2 der Universaldienst-RL selbst nicht geändert wurde. Die im Wege der TKG Novelle 2012 erfolgte Ergänzung des § 47 Abs. 1 S. 1 TKG um Dienste zur Unterrichtung über einen individuellen Gesprächswunsch eines anderen Nutzers erfolgte nicht aufgrund gemeinschaftsrechtlicher Vorgaben, sondern dient der Vervollständigung der Regelung des § 95 Abs. 2 S. 1 TKG (BT-Drs. 17/7521, 114).

B. Bereitstellung von Teilnehmerdaten (Abs. 1)

I. Adressaten der Regelung

1. Verpflichtete

§ 47 Abs. 1 S. 1 TKG verpflichtet jedes Unternehmen, das öffentlich zugängliche Telekommunikationsdienste erbringt und Rufnummern an Endnutzer vergibt, zur Überlassung und Bereitstellung von Teilnehmerdaten gem. Abs. 2. Mit der TKG-Novelle 2012 wurde der noch zuvor verwendete Begriff des Unternehmens, „das Telekommunikationsdienste für die Öffentlichkeit erbringt" an die nun ins TKG eingeführte Formulierung der „öffentlich zugänglichen Telekommunikationsdienste" angepasst. Damit einher ging die Aufnahme der Definition des Begriffs der „öffentlich zugänglichen Telekommunikationsdienste" in den ebenfalls neu eingefügten § 3 Nr. 17a TKG.

Demnach sind unter öffentlich zugänglichen Telekommunikationsdiensten „der Öffentlichkeit zur Verfügung stehende Telekommunikationsdienste" zu verstehen. Telekommunikationsdienste sind nach § 3 Nr. 24 TKG in der Regel gegen Entgelt erbrachte Dienste, die ganz oder überwiegend in der Übertragung von Signalen über Telekommunikationsnetze bestehen, einschließlich Übertragungsdienste in Rundfunknetzen. Dabei wird nicht differenziert, ob der Telekommunikationsdienst über Festnetz, Mobilfunk oder auf andere Weise erbracht wird. Der Telekommunikationsdienst steht der Öffentlichkeit zur Verfügung, wenn er sich an einen unbestimmten Personenkreis richtet, der Telekommunikationsdienste nachfragt (vgl. Scheurle/Mayen/Schadow TKG § 47 Rn. 11) und gerade keinen Zugangshindernissen unterliegt.

Als weitere Voraussetzung für eine Pflicht zur Überlassung und Bereitstellung von Teilnehmerdaten ist von § 47 Abs. 1 TKG vorgegeben, dass die verpflichteten Unternehmen Rufnummern an Endnutzer vergeben. Eine Rufnummer ist nach § 3 Nr. 18 TKG eine Nummer, durch deren Wahl im öffentlich zugänglichen Telefondienst eine Verbindung zu einem bestimmten Ziel aufgebaut werden kann. Bezüglich der Art der Rufnummer nennt § 47 TKG keine Einschränkungen, so dass darunter Rufnummern sämtlicher Rufnummerngassen zu verstehen sind. Auch der Begriff des Endnutzers wird in § 3 Nr. 8 TKG als ein Nutzer, der weder öffentliche Telekommunikationsnetze betreibt noch öffentlich zugängliche Telekommunikationsdienste erbringt, gesetzlich definiert.

2. Berechtigte

Durch § 47 TKG berechtigt ist jedes Unternehmen. Zu beachten ist dabei jedoch die Zweckbindung des § 47 TKG, dass nämlich die Bereitstellung von Teilnehmerdaten nur

„zum Zwecke der Bereitstellung von öffentlich zugänglichen Auskunftsdiensten, Diensten zur Unterrichtung über einen individuellen Gesprächswunsch eines anderen Nutzers nach § 95 Absatz 2 S. 1 TKG und Teilnehmerverzeichnissen" zur Verfügung zu stellen ist. Die berechtigten Unternehmen müssen daher auf die Herausgabe von Teilnehmerdaten für die Ausübung ihrer gewerblichen oder selbständigen beruflichen Tätigkeit angewiesen sein.

II. Antrag

8 Die Herausgabe von Teilnehmerdaten hat auf Antrag des berechtigten an das verpflichtete Unternehmen zu erfolgen. Auf Grund dieses Antrags hat das verpflichtete Unternehmen die Teilnehmerdaten an das berechtigte Unternehmen herauszugeben. Daher muss bereits aus dem Antrag die Berechtigung des Antragstellers hervorgehen, nämlich dass er die Teilnehmerdaten zu den in § 47 Abs. 1 TKG genannten Zwecken nutzen wird. Das verpflichtete Unternehmen hat insoweit ein Prüfungsrecht, ob das antragstellende Unternehmen die Voraussetzungen der Berechtigung aufweist. Da § 47 TKG aber gerade eine Unbedingtheit der Herausgabepflicht vorschreibt, ist dieses Prüfungsrecht stark eingeschränkt. Das verpflichtete Unternehmen ist nicht berechtigt, die Nutzung der Daten im Rahmen des Verwendungszwecks von sich aus einzuschränken bzw. von Voraussetzungen abhängig zu machen oder etwa einen Verstoß gegen die datenschutzrechtlichen Regelungen zu sanktionieren; es darf jedoch auf die Zweckgebundenheit des § 47 TKG und die daraus resultierende Beachtung der anzuwendenden datenschutzrechtlichen Regelungen hinweisen (vgl. BNetzA Beschl. v. 30.6.2010 – BK2a-10/004).

III. Herausgabeanspruch

9 Der Anspruch des berechtigten Unternehmens kann die Herausgabe von Teilnehmerdaten für die Bereitstellung sowohl von öffentlich zugänglichen Auskunftsdiensten, Diensten zur Unterrichtung über einen individuellen Gesprächswunsch eines anderen Nutzers nach § 95 Absatz 2 S. 1 TKG als auch Teilnehmerverzeichnissen umfassen. Bei der Bereitstellung von öffentlich zugänglichen Auskunftsdiensten und Teilnehmerverzeichnissen ist zu beachten, dass diese gerade einem unbestimmten Personenkreis zur Verfügung stehen müssen (→ Rn. 5). Mit der TKG-Novelle 2012 wurden mit den Diensten „zur Unterrichtung über einen individuellen Gesprächswunsch eines anderen Nutzers nach § 95 Abs. 2 S. 1" auch die sogenannten Vermittlungsdienste in § 47 TKG aufgenommen. Über einen solchen Vermittlungsdienst können ua Teilnehmer, die ihren Namen und Rufnummer nicht in einem öffentlich einsehbaren Telefonverzeichnis hinterlegen möchten, kontaktiert werden, ohne dass die Rufnummer dem Anrufenden mitgeteilt wird; für diese Dienste hat die Bundesnetzagentur die Rufnummerngasse 1180xy teilweise geöffnet (BNetzA ABl. 2009 Nr. 15 – Vfg. Nr. 30/2009).

10 Gem. § 47 Abs. 1 S. 2 TKG hat die Überlassung der Teilnehmerdaten unverzüglich und nichtdiskriminierend zu erfolgen. Der Begriff der Unverzüglichkeit ist im Sinne des § 121 BGB zu verstehen und meint, dass das verpflichtete Unternehmen die Herausgabe ohne schuldhaftes Zögern vorzunehmen hat. Des Weiteren darf die Herausgabe das berechtigte Unternehmen nicht diskriminieren. Sämtliche antragstellende Unternehmen sind somit bei der Datenüberlassung gleich zu behandeln; eine Ungleichbehandlung kommt lediglich dann in Betracht, wenn sie auf einem sachlichen Grund beruht.

11 Die Bereitstellung der Teilnehmerdaten erfolgt üblicherweise entweder über eine Offline-Bereitstellung oder über eine Online-Bereitstellung. Im Wege der Offline-Bereitstellung stellt das verpflichtete Unternehmen die Teilnehmerdaten nach Wunsch des berechtigten Unternehmens entweder auf Papier, CD-ROM etc. oder durch Dateidownload mit Speicherungsmöglichkeit durch das berechtigte Unternehmen bereit. Mit der Online-Bereitstellung wird dem berechtigten Unternehmen dagegen ermöglicht, die Teilnehmerdaten durch Zugriff auf einen Datenserver jederzeit einsehen zu können. Bei der Datenüberlassung ist zudem zu beachten, dass die Teilnehmerdaten gem. § 47 Abs. 2 S. 4 TKG sowohl vollständig als auch inhaltlich und technisch aufbereitet zu übergeben sind (→ Rn. 18).

IV. Beachtung der datenschutzrechtlichen Regelungen

§ 47 Abs. 1 TKG gewährt die Pflicht zur Bereitstellung von Teilnehmerdaten vorbehaltlich der Beachtung der anzuwendenden datenschutzrechtlichen Regelungen. Darunter sind die in Teil 7 Abschnitt 2 des TKG aufgenommenen Vorschriften zum Datenschutz zu verstehen, insbes. die §§ 104 und 105 TKG. Gem. § 104 TKG können Teilnehmer die Aufnahme ihrer Daten in öffentliche Verzeichnisse beantragen; die Eintragung der Teilnehmerdaten hängt somit von der Zustimmung der Teilnehmer ab. Zudem hat der Teilnehmer die Möglichkeit, den Umfang der einzutragenden Angaben festzulegen. Bezüglich der Auskunftserteilung über die in Teilnehmerverzeichnissen enthaltenen Daten legt § 105 TKG fest, dass diese nur bei Vorliegen einer Zustimmung gem. § 104 TKG sowie der Voraussetzungen des § 105 Abs. 2 bis 4 TKG erfolgen darf. Der Teilnehmer muss folglich gem. § 105 Abs. 2 S. 2 TKG bei Auskünften über seine Rufnummer in angemessener Weise darüber informiert worden sein, dass er der Weitergabe seiner Rufnummer widersprechen kann und außerdem von seinem Widerspruchsrecht bislang keinen Gebrauch gemacht haben. Soll über die Rufnummer hinaus auch eine Auskunft über nach § 104 TKG veröffentlichte Daten erfolgen, muss der Teilnehmer gem. § 105 Abs. 2 S. 3 TKG in eine weitergehende Auskunftserteilung eingewilligt haben. Eine Auskunft nur auf Basis der Rufnummer des Teilnehmers (sog. Inverssuche) ist nur dann zulässig, wenn der Teilnehmer nach einem Hinweis seines Diensteanbieters auf sein Widerspruchsrecht nicht widersprochen hat (§ 105 Abs. 3 TKG). Einwilligungs- oder Widerspruchserklärungen hat der Anbieter entsprechend § 105 Abs. 4 TKG in seiner Kundendatei zu vermerken. Gibt das verpflichtete Unternehmen die Teilnehmerdaten gem. § 47 Abs. 1 TKG weiter, so hat das berechtigte Unternehmen die Einwilligungen und Widersprüche nach § 105 Abs. 4 S. 1 TKG ebenfalls in einer eigenen Kundendatei zu speichern.

C. Teilnehmerdaten (Abs. 2)

I. Begriff der Teilnehmerdaten

Eine Definition des Begriffs der Teilnehmerdaten erfolgt in § 47 Abs. 2 S. 1 TKG. Demnach sind Teilnehmerdaten die nach Maßgabe des § 104 TKG in Teilnehmerverzeichnissen veröffentlichten Daten. Hierzu gehören nach § 47 Abs. 2 S. 2 TKG neben der Nummer sowohl die zu veröffentlichenden Daten selbst wie Name, Anschrift und zusätzliche Angaben wie Beruf, Branche, Art des Anschlusses und Mitbenutzer, soweit sie dem Unternehmen vorliegen. Der Wortlaut des Satzes 2 lässt erkennen, dass es sich dabei lediglich um eine beispielhafte Aufzählung handelt („wie"), so dass der Begriff der Teilnehmerdaten darauf nicht zu beschränken ist. Zudem zeigt die Formulierung des S. 2 auf, dass § 47 TKG bei dem Begriff der Teilnehmerdaten zwischen verschiedenen Arten von Daten unterscheidet. So führt § 47 Abs. 2 S. 2 TKG zunächst die für die Erstellung eines Teilnehmerverzeichnisses zwingend benötigten Daten auf und nennt insoweit die Rufnummer, den Namen sowie die Anschrift des Teilnehmers. Dies entspricht der Formulierung des § 45m TKG, der den Anspruch des Teilnehmers auf Veröffentlichung seiner Teilnehmerdaten in einem öffentlichen Teilnehmerverzeichnis kodifiziert und insoweit in § 45m Abs. 1 S. 1 TKG die Mindestangaben für öffentliche Teilnehmerverzeichnisse aufführt. Davon abgrenzend führt § 47 Abs. 2 S. 2 TKG die Aufzählung mit der Nennung der „zusätzlichen" Angaben wie Beruf, Branche oder Art des Anschlusses auf. Bereits der Wortlaut des § 47 TKG trennt somit zwischen den (für ein Teilnehmerverzeichnis zwingend benötigten) Basisdaten, sowie den (für diesen Zweck optionalen) Zusatzdaten.

II. Besonderheiten

Die Frage, ob neben den Basisdaten auch zwingend die Zusatzdaten von den verpflichteten Unternehmen herauszugeben sind, hat der EuGH ursprünglich verneint und die lediglicher Herausgabe der Basisdaten – mithin der Daten, die für die Identifizierung des Teilnehmers zwingend notwendig aber auch ausreichend sind – für zulässig erachtet (EuGH MMR 2005, 227 f.). Diesbezüglich hat der EuGH jedoch zwischenzeitlich klargestellt, dass

Art. 25 Abs. 2 Universaldienst-RL eine von den Mitgliedsstaaten einzuhaltende Mindestvorgabe darstellt und es den Mitgliedsstaaten frei steht, weitergehende Regelungen zu erlassen (EuGH Urt. v. 5.5.2011 – C-543/09).

15   Die Pflicht zur Herausgabe umfasst auch Teilnehmerdaten, die von einem anderen Verpflichteten stammen (sog. Carrierdaten); § 47 TKG stellt gerade keine Vorgaben auf, wo die Daten herrühren sollen, sondern spricht lediglich von herauszugebenden Daten, soweit sie dem Unternehmen vorliegen (vgl. Säcker/Robert/Voß TKG § 47 Rn. 29; BNetzA Beschl. v. 17.8.2005 – BK 3c-05/036 S. 16). Daraus ist zu schließen, dass es auf die Herkunft der Informationen nicht ankommen kann und entsprechend einer fehlenden Beschränkung auch Carrierdaten der Herausgabepflicht des § 47 TKG unterliegen.

16   Nicht von der Herausgabepflicht umfasst sind jedoch solche Informationen, die keinen notwendigen Sachzusammenhang mit der Herausgabe eines Teilnehmerverzeichnisses oder Auskunftsdienstes aufweisen. So sind insbes. von dem Unternehmen im Wege einer eigenen Wertschöpfung erlangte Daten, die einen solchen Sachzusammenhang vermissen lassen, von der Herausgabepflicht ausgenommen (vgl. Scheurle/Mayen/Schadow TKG § 47 Rn. 35). Bspw. sind demnach Werbeeinträge in einem Teilnehmerverzeichnis – die etwa Bildinhalte, andere Schriftarten oder optische Hervorhebungen enthalten – nicht herauszugeben, da sie die Ergebnisse einer erfolgreichen Vermarktung des verpflichteten Unternehmens darstellen, die dem berechtigten Unternehmen nicht zustehen sollen; zudem sind diese Daten für die Identifikation des Teilnehmers nicht erforderlich.

17   § 47 Abs. 2 S. 3 TKG stellt klar, dass zu den Teilnehmerdaten auch alle nach dem jeweiligen Stand der Technik unter Beachtung der anzuwendenden datenschutzrechtlichen Regelungen in kundengerechter Form aufbereiteten Informationen, Verknüpfungen, Zuordnungen und Klassifizierungen gehören, die zur Veröffentlichung dieser Daten notwendig sind. Damit werden insbes. auch die Angaben vom Herausgabeanspruch umfasst, die zwar nicht veröffentlicht werden, als sog. Annexinformationen aber für die systematische Übernahme der Teilnehmerdaten in eine Datenbank notwendig sind (vgl. Säcker/Robert/Voß TKG § 47 Rn. 32). Als eine solche Annexinformation wäre beispielsweise die Angabe zu Einwilligungs- oder Widerspruchserklärungen des Teilnehmers im Rahmen des § 105 Abs. 3 TKG zu sehen.

18   Aufgrund der Regelung des § 47 Abs. 2 S. 4 TKG haben die verpflichteten Unternehmen die Teilnehmerdaten so zu übergeben, dass sie vollständig und inhaltlich sowie technisch so aufbereitet sind, dass sie nach dem jeweiligen Stand der Technik ohne Schwierigkeiten in ein kundenfreundlich gestaltetes Teilnehmerverzeichnis oder eine entsprechende Auskunftsdienstedatenbank aufgenommen werden können.

D. Streitschlichtung (Abs. 3)

19   Ergeben sich Streitigkeiten zwischen Unternehmen über die Rechte und Verpflichtungen aus § 47 Abs. 1 und 2 TKG, können die berechtigten und verpflichteten Unternehmen gem. § 47 Abs. 3 TKG zur außergerichtlichen Streitbeilegung entsprechend § 133 TKG eine verbindliche Entscheidung durch die Beschlusskammer der Bundesnetzagentur anstreben. Durch den ausdrücklichen Ausschluss des § 47 Abs. 4 TKG können Streitigkeiten bezüglich der Entgeltregelung nicht Gegenstand der Streitschlichtung sein; erfasst sind ausschließlich Streitigkeiten über Rechte und Pflichten aus § 47 Abs. 1 und 2 TKG, beispielsweise etwa über den Umfang der herauszugebenden Teilnehmerdaten. Die Bundesnetzagentur kann nach Stellung eines Antrages durch einen Beteiligten gem. § 126 Abs. 1 TKG das gegen eine Verpflichtung verstoßende Unternehmen zur Stellungnahme und Abhilfe auffordern. Kommt das Unternehmen innerhalb der gesetzten Frist seinen Verpflichtungen nicht nach, kann die Bundesnetzagentur gem. § 126 Abs. 2 TKG per Verwaltungsakt eine Anordnung zur Einhaltung der Verpflichtung erforderlichen Maßnahmen treffen. Gegen die Entscheidung kann nach §§ 133 Abs. 4, 137 Abs. 2 TKG Rechtsschutz vor den Verwaltungsgerichten gem. § 40 VwGO ersucht werden.

E. Entgelt für die Überlassung (Abs. 4)

I. Entgeltzahlung

1. Allgemeines

Die von dem verpflichteten Unternehmen vorzunehmende Datenherausgabe hat indes 20 nicht kostenfrei zu erfolgen. Nach § 47 Abs. 4 S. 1 TKG kann das verpflichtete Unternehmen im Regelfall für die Überlassung der Teilnehmerdaten ein Entgelt erheben, welches – bei der gerechtfertigten Annahme, dass ein Unternehmen mit beträchtlicher Marktmacht missbräuchlich überhöhte Preise fordert – der nachträglichen Regulierung gem. § 38 Abs. 2 bis 4 iVm den Maßstäben des § 28 TKG unterliegt. Damit wird die Vorgabe des Art. 25 Abs. 2 Universaldienst-RL, dass das verpflichtete Unternehmen die relevanten Informationen zu kostenorientierten Bedingungen herauszugeben hat, in nationales Recht umgesetzt. Der Verweis des § 47 Abs. 4 TKG auf die Regelungen zur Entgeltregulierung ist nach der Gesetzesbegründung als Rechtsfolgenverweis anzusehen (BT-Drs. 15/2316, 99).

2. Berücksichtigungsfähige Kosten

Zunächst ist die Frage zu klären, welche Arten von Kosten bei der Herausgabe von Daten 21 überhaupt in Betracht kommen. Diesbezüglich finden sich in § 47 Abs. 4 TKG keine Angaben. Nach der Rspr. des EuGH ist zwischen der Berücksichtigungsfähigkeit von Kosten im Zusammenhang mit dem Erhalt, der Zuordnung sowie dem Zurverfügungstellen der Daten zu unterscheiden (vgl. EuGH MMR 2005, 227). Dem verpflichteten Unternehmen können nämlich sowohl mit dem Aufbau und dem Betrieb der Datenbank, der ständigen Pflege und Aktualisierung der Teilnehmerdaten, sowie schließlich mit der Überlassung der Daten an berechtigte Unternehmen mögliche Kosten entstehen. Nach Ansicht des EuGH sind die Kosten, die mit dem Erhalt oder der Zuordnung von Basisdaten verbunden sind, Bestandteil des Telefondienstes und somit mangels besonderen Aufwands nicht geltend zu machen. In Rechnung gestellt werden können lediglich die Kosten für die Überlassung der Basisdaten. Für Zusatzdaten, zu deren Bereitstellung der Anbieter nicht verpflichtet werde, gilt diese Einschränkung nach Ansicht des EuGH nicht; es müsse jedoch eine nichtdiskriminierende Behandlung gewährleistet sein.

Dieser Ansicht folgt auch das Bundesverwaltungsgericht, nach dem ebenfalls die Ein- 22 schränkung der Überlassungsentgelte nicht gelten soll, soweit sich diese Entgelte über die Basisdaten Name, Anschrift, Telefonnummer hinaus auf die Weitergabe zusätzlicher Teilnehmerdaten von Endkunden der Klägerin beziehen. Ferner gelte sie nicht für die Entgelte, die das verpflichtete Unternehmen für die Herausgabe der Daten von Fremdkunden fordert. Für solche Daten solle der Missbrauchsmaßstab nach § 28 TKG gelten (BVerwG NVwz-RR 2008, 832).

Die Ansicht des EuGH, der sich auch das BVerwG angeschlossen hat, basiert auf einem 23 engen Verständnis der überlassungspflichtigen Teilnehmerdaten, das auf Art. 6 Abs. 3 der RL 98/10/EG – die Vorgängervorschrift des Art. 25 Abs. 2 Universaldienst-RL – zurückgeht. Daraus schließt der EuGH, dass die Pflicht zur Datenüberlassung an Teilnehmerverzeichnis- und Auskunftsanbieter nur insoweit besteht, als die Daten für die Bereitstellung des Universaldienstes nötig sind. Sofern demnach das verpflichtete Unternehmen für die Basisdaten lediglich die mit der Zurverfügungstellung verbundenen Kosten ersetzt verlangen kann, gilt dies nicht für Zusatzdaten, so dass das verpflichtete Unternehmen diesbezüglich dem berechtigten Unternehmen auch Kosten für den Erhalt oder die Pflege der Zusatzdaten berechnen kann. Die zu Art. 6 Abs. 3 der RL 98/10/EG angestellten Erwägungen des Europäischen Gerichtshofs hat das BVerwG als auf die Auslegung des Art. 25 Abs. 2 URL übertragbar angesehen. Inwiefern diese Rspr. angesichts des mit der Änderung der Universaldienst-RL durch die Änderungs-RL 2009/136/EG geänderten Wortlautes des Art. 25 Abs. 1 Universaldienst-RL, nach dem die Teilnehmer gegenüber ihrem Telefondienstleister gerade einen Anspruch darauf haben, dass ihre Teilnehmerdaten gem. Art. 25 Abs. 2 Universaldienst-RL zur Verfügung zu stellen sind, aufrecht zu erhalten ist, bleibt abzuwarten.

3. Höhe des Entgelts

24 Der Verpflichtung zur Entgeltzahlung folgt zwingend die höchst praxisrelevante Frage, in welcher Höhe ein Entgelt von dem verpflichteten Unternehmen verlangt werden darf. Die Regelung des § 47 TKG enthält diesbezüglich keine Vorgabe. Es obliegt der Bundesnetzagentur, ein Entgeltregulierungsverfahren bezüglich der Festlegung der Höhe der Kostenkomponenten einer Überlassung von Teilnehmerdaten im Einzelfall zu bestimmen. Dies hat die Bundesnetzagentur zuletzt im Rahmen des § 47 Abs. 4 S. 1 TKG im Rahmen des Offlineverfahrens getan und der Deutsche Telekom AG für die Überlassung von Basisdaten eigener Kunden eine jährliche Umsatzhöchstgrenze von 617.127,74 EUR vorgegeben (BNetzA Beschl. v. 20.9.2010 – BK 2a 10/023). Weiterhin darf die Höhe der Kosten für Basisdaten von Eigen- sowie Fremdkunden einen jährlichen Gesamtumsatz von 1.253.340,41 EUR und für sämtliche Daten (somit Basis- und Zusatzdaten sowohl eigener als auch Fremdkunden) einen jährlichen Gesamtumsatz von 1.652.151,28 EUR nicht überschreiten.

II. Entgeltgenehmigungspflicht

1. Allgemeines

25 Gemäß § 47 Abs. 4 S. 2 TKG unterliegt das Entgelt – sofern das herausgabepflichtige Unternehmen auf dem Markt für Endnutzerleistungen über eine beträchtliche Marktmacht verfügt – einer Genehmigungspflicht gem. § 31 TKG. Die Entgeltgenehmigungspflicht wird durch die Bundesnetzagentur im Rahmen ihres Ermessens verhängt. Aus dem Wortlaut des § 47 Abs. 4 S. 2 TKG („soll nur dann") ist zu schließen, dass das verpflichtete Unternehmen nur einer Entgeltgenehmigungspflicht unterworfen werden soll, wenn ein missbräuchliches Verhalten nicht bereits durch die nachträgliche Entgeltregulierung gem. § 47 Abs. 4 S. 1 TKG verhindert werden kann. Das verpflichtete Unternehmen muss nach § 47 Abs. 4 S. 2 TKG auf dem Markt für Endnutzerleistungen über beträchtliche Marktmacht verfügen. Das Tatbestandsmerkmal der „beträchtlichen Marktmacht" wird unter Berücksichtigung der Ergebnisse förmlicher Marktanalyseverfahren nach Teil 2, Abschnitt 1 des TKG festgestellt, wobei es geboten ist, dass sich die Bundesnetzagentur bei ihrer Entscheidung über die Unterwerfung nach § 47 Abs. 4 S. 2 TKG zumindest an aktuellen, im Rahmen eines Marktanalyseverfahrens konsultierten und konsolidierten Marktuntersuchungen orientiert (vgl. Säcker/Robert/Voß TKG § 47 Rn. 48).

2. Markt für Endnutzerleistungen

26 Die Auferlegung einer Genehmigungspflicht für die Überlassungsentgelte eines verpflichteten Unternehmens macht § 47 Abs. 4 S. 2 TKG zudem davon abhängig, ob die beträchtliche Marktmacht des verpflichteten Unternehmens auch auf dem Markt für Endnutzerleistungen vorliegt. Der Begriff des „Marktes für Endnutzerleistungen" ist allerdings unklar, da es keinen abgrenzbaren, einheitlichen Markt für Endnutzerleistungen gibt. Zur Begriffsbestimmung können zunächst die Märkte für den Zugang von Endnutzern zum öffentlichen Telefonnetz an festen Standorten herangezogen werden; dabei handelt es sich um die Märkte 1 und 2 der Empfehlung 2003/311/EG der Kommission über relevante Produkt- und Dienstemärkte. Darunter den Begriff des „Marktes für Endnutzerleistungen" zu fassen wäre auch sachgerecht, da Auskunftsdienste und Teilnehmerverzeichnisse in direktem sachlichen Zusammenhang mit dem öffentlichen Telefondienst stehen und zudem der Zugang von Endnutzern zum öffentlichen Telefonnetz an festen Standorten über die Zuteilung eines Endkundenanschlusses mit Vergabe einer Rufnummer realisiert wird (vgl. Scheurle/Mayen/Schadow TKG § 47 Rdn. 53).

27 Mit dem Begriff des „Marktes für Endnutzerleistungen" könnten aber auch die Märkte für Auskunfts- und Verzeichnisdienste angesprochen sein, da die Überlassung von Teilnehmerdaten Voraussetzung für die Erstellung von Auskunfts- und Verzeichnisdiensten ist. Es können für die Feststellung beträchtlicher Marktmacht folglich mehrere Märkte für die relevanten Endnutzerleistungen in Betracht kommen, die notwendigerweise abgegrenzt werden müssen; dazu bedarf es dann der Durchführung einer Marktanalyse nach Teil 2, Abschnitt 1 für jeden der vorgenannten, für die Feststellung herangezogenen Märkte (vgl. Säcker/Robert/Voß TKG § 47 Rn. 51).

§ 47a Schlichtung

(1) Kommt es zwischen dem Teilnehmer und einem Betreiber von öffentlichen Telekommunikationsnetzen oder einem Anbieter von öffentlich zugänglichen Telekommunikationsdiensten zum Streit darüber, ob der Betreiber oder Anbieter dem Teilnehmer gegenüber eine Verpflichtung erfüllt hat, die sich auf die Bedingungen oder die Ausführung der Verträge über die Bereitstellung dieser Netze oder Dienste bezieht und mit folgenden Regelungen zusammenhängt:
1. §§ 43a, 43b, 45 bis 46 oder den auf Grund dieser Regelungen erlassenen Rechtsverordnungen und § 84 oder
2. der Verordnung (EG) Nr. 717/2007 des Europäischen Parlaments und des Rates vom 27. Juni 2007 über das Roaming in öffentlichen Mobilfunknetzen in der Gemeinschaft und zur Änderung der Richtlinie 2002/21/EG (ABl. L 171 vom 29.6.2007, S. 32), die zuletzt durch die Verordnung (EG) Nr. 544/2009 (ABl. L 167 vom 29.6.2009, S. 12) geändert worden ist,

kann der Teilnehmer bei der Bundesnetzagentur durch einen Antrag ein Schlichtungsverfahren einleiten.

(2) ¹Zur Durchführung der Schlichtung hört die Bundesnetzagentur den Teilnehmer und den Anbieter an. ²Sie soll auf eine gütliche Einigung zwischen dem Teilnehmer und dem Anbieter hinwirken.

(3) Das Schlichtungsverfahren endet, wenn
1. der Schlichtungsantrag zurückgenommen wird,
2. der Teilnehmer und der Anbieter sich geeinigt und dies der Bundesnetzagentur mitgeteilt haben,
3. der Teilnehmer und der Anbieter übereinstimmend erklären, dass sich der Streit erledigt hat,
4. die Bundesnetzagentur dem Teilnehmer und dem Anbieter schriftlich mitteilt, dass eine Einigung im Schlichtungsverfahren nicht erreicht werden konnte, oder
5. die Bundesnetzagentur feststellt, dass Belange nach Absatz 1 nicht mehr berührt sind.

(4) Die Bundesnetzagentur regelt die weiteren Einzelheiten über das Schlichtungsverfahren in einer Schlichtungsordnung, die sie veröffentlicht.

Die Vorschrift basiert auf Art. 34 Universaldienst-RL (→ Rn. 1) und gibt Teilnehmern die Möglichkeit, bei Streitfällen mit Betreibern von öffentlichen Telekommunikationsnetzen oder Anbietern von öffentlich zugänglichen Telekommunikationsdiensten eine schnelle und kostengünstige Entscheidung im Wege einer freiwilligen außergerichtlichen Schlichtung durch die Bundesnetzagentur herbeizuführen (→ Rn. 2 ff.). Das Verfahren kann von der Bundesnetzagentur in einer eigenen Schlichtungsordnung geregelt werden (→ Rn. 9) und Kosten für seine Durchführung auslösen (→ Rn. 10).

A. Allgemeines

Mit § 47a TKG werden die gemeinschaftsrechtlichen Vorgaben des Art. 34 Universaldienst-RL in nationales Recht umgesetzt. Art. 34 Abs. 1 Universaldienst-RL gibt insofern den Mitgliedsstaaten die Verpflichtung auf, sicher zu stellen, dass einem Verbraucher ein transparentes, nichtdiskriminierendes, einfaches und kostengünstiges außergerichtliches Verfahren zur Beilegung von Streitfällen mit Unternehmen, die elektronische Kommunikationsnetze und -dienste bereitstellen, in Bezug auf die Bedingungen und bzw. oder die Ausführung der Verträge über die Bereitstellung solcher Netze und bzw. oder Dienste zur Verfügung steht. Die in Art. 34 Universaldienst-RL eingefügte Formulierung „in Bezug auf die Bedingungen und/oder die Ausführung der Verträge über die Bereitstellung solcher Netze und/oder Dienste" erweiterte den Anwendungsbereiches des Schlichtungsverfahrens dergestalt, dass nun ein vertragsrechtlicher Bezug der Schlichtungsfälle erfasst ist (vgl. BT-Drs. 17–5707, 71). Mit der Neufassung des § 47a TKG im Rahmen der Novellierung des TKG

1

2012 hat der nationale Gesetzgeber die europarechtlichen Vorgaben entsprechend umgesetzt. Die Anwendungserweiterung ist – so ausdrücklich die Gesetzesbegründung – notwendig geworden, da die zwischen Unternehmen und Endkunden in Streit stehenden Sachverhalte heutzutage aufgrund der hohen Verbreitung von Flatrate-Angeboten nunmehr weniger reine Fragen zu Einzelentgelten, sondern vielmehr Fragestellungen zu vertragsrechtlichen Sachverhalten berühren (vgl. BT-Drs. 17–5707, 71).

B. Antrag auf Durchführung eines Schlichtungsverfahrens (Abs. 1)

I. Art des Verfahrens

2   Das Schlichtungsverfahren dient der außergerichtlichen Konfliktlösung. Es ist nicht verpflichtend durchzuführen, sondern soll den Parteien vielmehr eine effiziente Beilegung der Streitigkeit auf freiwilliger Basis ermöglichen. Entsprechend ist das Verfahren bereits dann abzuschließen, wenn eine der beiden Parteien seine Mitwirkung am Verfahren verweigert (BT-Drs. 16/2581, 27). Entschließen sich die Parteien zu einer Durchführung des Schlichtungsverfahrens, handelt es sich lediglich um den Versuch einer Schlichtung, so dass zwischen den Parteien keine Bindungswirkung entsteht. Folglich unterscheidet sich das Schlichtungsverfahren von anderen Streitbeilegungsverfahren wie – ausweislich der Gesetzesbegründung – insbes. dem Schiedsverfahren gem. § 1029 ff. ZPO (BT-Drs. 16/2581, 27), in dessen Rahmen das Schiedsgericht eine verbindliche Entscheidung trifft, dem die Parteien zu folgen haben.

II. Durchführung des Verfahrens

1. Berechtigte und Verpflichtete

3   Das Schlichtungsverfahren kann ausweislich des Abs. 1 nur durch Antrag des Teilnehmers bei der Bundesnetzagentur eingeleitet werden. Der Begriff des Teilnehmers richtet sich nach § 3 Nr. 20 TKG. Nach der dortigen Definition ist Teilnehmer jede natürliche oder juristische Person, die mit einem Anbieter von öffentlich zugänglichen Telekommunikationsdiensten einen Vertrag über die Erbringung derartiger Dienste geschlossen hat. Es ist also erforderlich, dass der Antrag auf Einleitung eines Schlichtungsverfahrens durch einen **Vertragspartner** des Anbieters gestellt wird. Der Antrag hat sich entweder gegen einen Betreiber von öffentlichen Telekommunikationsnetzen oder einem Anbieter von öffentlich zugänglichen Telekommunikationsdiensten zu richten.

4   Es wird lediglich dem Teilnehmer die Möglichkeit eingeräumt ein Schlichtungsverfahren einzuleiten. Betreiber und Anbieter sind nach dem eindeutigen Wortlaut des § 47a Abs. 1 TKG nicht zur Einleitung eines Schlichtungsverfahrens befugt und sind bei Streitfällen mit ihren Endkunden stets auf die Beschreitung des Zivilrechtsweges angewiesen.

2. Weitere Voraussetzungen

5   Der Antrag des Teilnehmers auf Einleitung eines Schlichtungsverfahrens hat in Textform zu erfolgen und die in § 5 Abs. 2 SchliO 2012 genannten Angaben zu enthalten. So muss der Teilnehmer etwa den Antragsteller, den Antragsgegner und das Antragsziel angeben, umfassend darstellen, worauf er sein Begehren stützt, sowie vortragen, woraus sich die Verletzung von Verpflichtungen durch den Antragsgegner ergibt.

6   Des Weiteren muss der Antrag Streitigkeiten über Verpflichtungen entweder aus §§ 43a, 43b, 45–46, 84 TKG oder den auf Grund dieser Regelungen erlassenen Rechtsverordnungen oder aber der „Verordnung (EG) Nr. 717/2007" (sog. Roaming-VO) zum Gegenstand haben.

C. Anhörung (Abs. 2)

7   Die Bundesnetzagentur hört zur Durchführung der Schlichtung die Parteien an und soll auf eine gütliche Einigung hinwirken (§ 47a Abs. 2 TKG). Voraussetzung dafür ist, dass der Antragsgegner der Durchführung des Schlichtungsverfahrens zustimmt. Verweigert er sich oder äußert er sich nicht innerhalb der von der Schlichtungsstelle gesetzten Anhörungsfrist, wird das Schlichtungsverfahren nicht durchgeführt (vgl. § 6 Abs. 2 SchliO 2012). Zur

weiteren Aufklärung des Sachverhalts kann die Schlichtungsstelle die Durchführung einer mündlichen Verhandlung beschließen, ist dazu aber nicht verpflichtet (vgl. § 10 Abs. 1 SchliO 2012). Ist die Anhörung erfolgt, soll die Bundesnetzagentur auf eine gütliche Einigung hinwirken. Dazu kann sie den Parteien einen Schlichtungsvorschlag über eine aufgrund der Rechtslage angemessene Beilegung des Streits unterbreiten.

D. Beendigung des Schlichtungsverfahrens (Abs. 3)

Beendet werden kann das Schlichtungsverfahren gem. § 47a Abs. 3 TKG, wenn einer der fünf dort genannten Beendigungsgründe vorliegt. Dies wäre der Fall, wenn der Schlichtungsantrag zurückgenommen wird, Teilnehmer und Anbieter bzw. Betreiber sich geeinigt und dies der Bundesnetzagentur mitgeteilt haben, die Parteien übereinstimmend die Erledigung des Streits erklären, das Schlichtungsverfahren fehlschlug und die Bundesnetzagentur dies den Parteien schriftlich mitteilt oder die Bundesnetzagentur feststellt, dass Belange nach § 47a Abs. 1 TKG nicht mehr berührt sind. Letzterer Beendigungsgrund wurde mit der Novellierung des TKG 2012 neu hinzugefügt und ermächtigt die Bundesnetzagentur zur Einstellung des Schlichtungsverfahrens von Amts wegen. Er dient insbes. der Verfahrenseffizienz, da die Beendigung des Verfahrens durch Erledigung nun nicht mehr zwingend von der übereinstimmenden Erklärung der Parteien abhängt. 8

E. Schlichtungsordnung der Bundesnetzagentur (Abs. 4)

Gem. § 47a Abs. 4 TKG kann die Bundesnetzagentur die weiteren Einzelheiten über das Schlichtungsverfahren in einer eigenen zu veröffentlichenden Schlichtungsordnung regeln. Eine solche Regelung hat die Bundesnetzagentur mit der SchliO 2012 (veröffentlicht im Amtsblatt Nr. 10/2012 der Bundesnetzagentur v. 30.5.2012 als Mitteilung Nr. 336/2012) vorgenommen. 9

F. Kosten

Für die Durchführung des Schlichtungsverfahrens werden von der Bundesnetzagentur Gebühren und Auslagen gem. § 145 TKG erhoben. Dabei werden die Höhe der Gebühr gem. § 34 Abs. 1 GKG und die Höhe der Auslagen gem. der §§ 3–9 ZPO ermittelt und die Kosten nach billigem Ermessen auf die Beteiligten verteilt. Jede Partei trägt ihre eigenen Kosten der Teilnahme am Verfahren selbst. 10

§ 47b Abweichende Vereinbarungen

Von den Vorschriften dieses Teils oder der auf Grund dieses Teils erlassenen Rechtsverordnungen darf, soweit nicht ein Anderes bestimmt ist, nicht zum Nachteil des Teilnehmers abgewichen werden.

Bei § 47b TKG handelt es sich um die Klarstellung, dass von gesetzlichen Vorgaben des Teils 3 des TKG vertraglich nicht zum Nachteil des Teilnehmers abgewichen werden darf (→ Rn. 2 ff.). Als Ausnahme von der Vorschrift ist § 44a S. 5 TKG zu beachten (→ Rn. 6).

A. Allgemeines

Die Regelung des § 47b TKG folgt dem vergleichbaren § 1 Abs. 2 TKV 1997 nach. Dieser bestimmte, dass Vereinbarungen, die zuungunsten des Kunden von der TKV abweichen, unwirksam sind, und entspricht somit in sachlicher Hinsicht dem heutigen § 47b TKG. Auf einer europarechtlichen Vorgabe basiert § 47b TKG nicht. 1

B. Abweichung zum Nachteil des Teilnehmers

§ 47b TKG legt fest, dass von den Vorschriften des Teils 3 oder der auf Grund dieses Teils erlassenen Rechtsverordnungen, soweit nicht ein Anderes bestimmt ist, nicht zum Nachteil des Teilnehmers abgewichen werden darf. Gem. der Gesetzesbegründung soll durch die 2

Regelung eine ähnliche Klarstellung erfolgen wie durch § 312f BGB aF, den heutigen § 312i BGB (BT-Drs. 16/2581, 27). Durch § 312f BGB aF wurde bestimmt, dass von den Vorschriften der §§ 312 ff. BGB nicht zum Nachteil des Verbrauchers oder Kunden abgewichen werden darf.

3   Der Begriff des „Teilnehmers" iSd § 47b TKG ist in § 3 Nr. 20 TKG definiert und meint jede natürliche oder juristische Person, die mit einem Anbieter von öffentlich zugänglichen Telekommunikationsdiensten einen Vertrag über die Erbringung derartiger Dienste geschlossen hat. Aus der Gesetzesbegründung geht hervor, dass die Wahl dieses Begriffes insbes. auf den Sinn und Zweck der Vorschrift, nämlich der Regelung der vertraglichen Rechte und Pflichten der Anbieter von Telekommunikationsdiensten und ihrer Kunden zurückzuführen ist (BT-Drs. 16/2581, 35). Maßgeblich für eine Änderung des zunächst eingefügten Begriffes des „Endnutzers" war die Tatsache, dass erst der Begriff des „Teilnehmers" das notwendige Vorliegen eines vertraglichen Zusammenhanges zwischen den Normberechtigten und -verpflichteten zum Ausdruck bringt; dies geht aus dem Begriff des Endnutzers, der nach § 3 Nr. 8 TKG als Nutzer, der weder öffentliche Telekommunikationsnetze betreibt noch öffentlich zugängliche Telekommunikationsdienste erbringt, definiert wird, nicht hervor. Endnutzer, die nicht gleichzeitig auch Teilnehmer sind, werden von dem Wortlaut des § 47b TKG folglich nicht erfasst und nicht in den Schutzbereich des § 47b TKG einbezogen.

4   Die Rechtsfolge des § 47b TKG wird ausdrücklich nicht bestimmt. Jedoch kann aufgrund der Tatsache, dass § 47b TKG ausweislich der Gesetzesbegründung auf § 312f aF (entsprechend § 312i BGB nF) basiert, nach dem für den Verbraucher nachteilig von den Vorschriften des Gesetzes abweichende Vereinbarungen unwirksam sind, die Rechtsfolge des § 47b TKG nur in der Unwirksamkeit der für den Teilnehmer nachteiligen Vereinbarung zu sehen sein. Auch die Vorschrift des § 1 Abs. 2 TKV, der § 47b TKG sachlich entspricht (→ Rn. 1), nannte bereits in ihrem Wortlaut ausdrücklich die Rechtsfolge der Unwirksamkeit, sollte eine Vereinbarung zuungunsten des Kunden von der TKV abweichen. § 47b TKG gewährt somit einen **Mindeststandard,** den ein Anbieter gegenüber seinem Teilnehmer nicht unterschreiten darf, und erklärt die Regelungen der §§ 43a ff. TKG für halbzwingend (vgl. Säcker/Rugullis TKG § 47b Rn. 3 f.). Dies bedeutet, dass – den Regelungen der §§ 312f BGB aF und 1 Abs. 2 TKV 1997 entsprechend – für den Teilnehmer nachteilige Vereinbarungen unwirksam sind, jedoch für den Teilnehmer jederzeit vorteilhafte Vereinbarungen getroffen werden können. Im Falle der Vereinbarung von für den Teilnehmer nachteiligen Vereinbarungen ist die jeweilige vertragliche Klausel folglich als gem. § 134 BGB unwirksam anzusehen, wovon der übrige Vertrag unberührt bleibt.

C. Praktische Bedeutung und Ausnahmen der Regelung

5   Aufgrund der Tatsache, dass eine für den Verbraucher nachteilige Abweichung von den §§ 43a ff. TKG im Rahmen von Allgemeinen Geschäftsbedingungen regelmäßig als Abweichung von einem wesentlichen Grundgedanken einer gesetzlichen Regelung unter § 307 Abs. 2 S. 1 BGB fallen und bereits aus diesem Grunde unwirksam sein dürfte, kommt der Regelung des § 47b TKG eine geringe praktische Bedeutung zu. Dies gilt insbes., da im Anwendungsbereich der §§ 43a ff. TKG mit Teilnehmern getroffene Vereinbarungen üblicherweise nicht als Individualvereinbarung, sondern im Rahmen von Allgemeinen Geschäftsbedingungen geschlossen werden.

6   Als Ausnahme von § 47b TKG ist die Regelung des § 44a S. 5 TKG zu sehen, nach der ein Anbieter und ein Endnutzer, der kein Verbraucher ist, die Höhe der Haftung des Anbieters für von ihm nicht vorsätzlich verursachte Vermögensschäden vereinbaren können. § 44a S. 5 TKG richtet sich dabei allerdings an „Endnutzer", wohingegen die Formulierung des § 47b TKG nur den Teilnehmer erfasst. Die Regelung des § 44a S. 5 TKG bildet folglich nur für den Fall eine Ausnahme des § 47b TKG, dass der Endnutzer, der kein Verbraucher ist, auch nicht Teilnehmer ist. Ansonsten würde die gem. § 44a S. 5 TKG getroffene Vereinbarung dem § 47b TKG unterfallen und wäre demnach unwirksam.

5. Telemediengesetz (TMG) – Auszüge –

Abschnitt 1. Allgemeine Bestimmungen

§ 1 Anwendungsbereich

(1) ¹Dieses Gesetz gilt für alle elektronischen Informations- und Kommunikationsdienste, soweit sie nicht Telekommunikationsdienste nach § 3 Nr. 24 des Telekommunikationsgesetzes, die ganz in der Übertragung von Signalen über Telekommunikationsnetze bestehen, telekommunikationsgestützte Dienste nach § 3 Nr. 25 des Telekommunikationsgesetzes oder Rundfunk nach § 2 des Rundfunkstaatsvertrages sind (Telemedien). ²Dieses Gesetz gilt für alle Anbieter einschließlich der öffentlichen Stellen unabhängig davon, ob für die Nutzung ein Entgelt erhoben wird.

(2) Dieses Gesetz gilt nicht für den Bereich der Besteuerung.

(3) Das Telekommunikationsgesetz und die Pressegesetze bleiben unberührt.

(4) Die an die Inhalte von Telemedien zu richtenden besonderen Anforderungen ergeben sich aus dem Staatsvertrag für Rundfunk und Telemedien (Rundfunkstaatsvertrag).

(5) Dieses Gesetz trifft weder Regelungen im Bereich des internationalen Privatrechts noch regelt es die Zuständigkeit der Gerichte.

(6) Die besonderen Bestimmungen dieses Gesetzes für audiovisuelle Mediendienste auf Abruf gelten nicht für Dienste, die

1. ausschließlich zum Empfang in Drittländern bestimmt sind und
2. nicht unmittelbar oder mittelbar von der Allgemeinheit mit handelsüblichen Verbraucherendgeräten in einem Staat innerhalb des Geltungsbereichs der Richtlinie 89/552/EWG des Rates vom 3. Oktober 1989 zur Koordinierung bestimmter Rechts- und Verwaltungsvorschriften der Mitgliedstaaten über die Ausübung der Fernsehtätigkeit (ABl. L 298 vom 17.10.1989, S. 23), die zuletzt durch die Richtlinie 2007/65/EG (ABl. L 332 vom 18.12.2007, S. 27) geändert worden ist, empfangen werden.

§ 1 TMG grenzt den Anwendungsbereich des Telemedienrechts inhaltlich gegen andere Rechtsgebiete, insbes. das Telekommunikations-, Rundfunk- und Presserecht (Abs. 1 S 1, → Rn. 4; Abs. 3, → Rn. 19 und Abs. 4, → Rn. 21) sowie das Steuerrecht (Abs. 2, → Rn. 18), personell (Abs. 1 S. 2, → Rn. 16) und örtlich (Abs. 5, → Rn. 26 und Abs. 6, → Rn. 27) ab. Insbes. enthält die Vorschrift die Legaldefinition des Begriffs „Telemedien".

Übersicht

	Rn		Rn
A. Allgemeines	1	D. Abgrenzung zu anderen Gesetzen	18
B. Begriff der Telemedien (Abs. 1 S. 1)	4	I. Verhältnis zum Steuerrecht (Abs. 2)	18
I. Positives Begriffsmerkmal: Elektronischer Informations- und Kommunikationsdienst	8	II. Verhältnis zum TKG und zu den Pressegesetzen (Abs. 3)	19
II. Negative Begriffsmerkmale	10	III. Verhältnis zum RStV (Abs. 4)	21
1. Kein reiner Telekommunikationsdienst iSd § 3 Nr. 24 TKG	11	IV. Verhältnis zum Internationalen Privatrecht und zum Internationalen Prozessrecht (Abs. 5)	26
2. Kein telekommunikationsgestützter Dienst	14	E. Bereichsausnahme für audiovisuelle Mediendienste auf Abruf (Abs. 6)	27
3. Kein Rundfunk	15	F. Würdigung	29
C. Persönlicher Anwendungsbereich des TMG (Abs. 1 S. 2)	16		

A. Allgemeines

1   Die Bestimmungen des § 1 TMG grenzen im Verbund mit den entsprechenden Regelungen des RStV (§ 2 Abs. 1 RStV) und des TKG (§ 3 Nr. 24 TKG) die verschiedenen Regulierungsbereiche elektronischer Kommunikation, namentlich die **Anwendungsbereiche von rundfunk- und telekommunikationsrechtlichen Vorschriften,** umfassend, wenn auch nicht ganz überschneidungsfrei gegeneinander ab. Dabei tragen sie der vielschichtigen verfassungsrechtlichen Kompetenzverteilung zwischen Bund und Ländern im Bereich der Informations- und Kommunikationsregulierung Rechnung. Mit Blick auf die (lediglich für den technischen Übermittlungsvorgang von Multimediadiensten bestehende) ausschließliche Gesetzgebungszuständigkeit des Bundes nach **Art. 73 Abs. 1 Nr. 7 GG** und seiner auf die wirtschaftliche Regulierung des Informations- und Kommunikationsbereichs beschränkten konkurrierenden Gesetzgebungszuständigkeit nach **Art. 74 Abs. 1 Nr. 11 GG** stellt Abs. 4 klar, dass das TMG keine **inhaltlichen Anforderungen** für Telemedien aufstellt. Vielmehr verweist er auf die inhaltsbezogenen Vorgaben des RStV (→ Rn. 21 ff.)

2   Das Regelungsinstrumentarium des TMG ist niedrigschwelliger angelegt als dasjenige des RStV: Telemedien sind grds. zulassungs- und anmeldefrei (§ 4 TMG). Mit der im Verhältnis zur Rundfunkregulierung abgesenkten Regulierungsintensität des Telemedienrechts zielte der historische Gesetzgeber auf einen Ausgleich zwischen regulatorischer Innovationsoffenheit für den sich dynamisch entwickelnden Markt neuer Informations- und Kommunikationsdienste einerseits und berechtigten Nutzer- und öffentlichen Ordnungsinteressen andererseits (Gesetzesbegründung zum IuKDG, BT-Drs. 13/7385, 16 f.). „Grundlage und Rechtfertigung der Unterscheidung (von Telemedien und Rundfunk)" ist aus der Sicht des Gesetzgebers deren „unterschiedliche Funktion für die Meinungsbildung" (BT-Drs. 16/3078, 11). So war auch bereits bei der Schaffung des eigenen rechtlichen Rahmens für neuartige Medien- bzw. Multimediadienste in Gestalt des TDG und MDStV von 1997 die Hypothese einer abgestuften Meinungsrelevanz von Rundfunk und neuartigen Mediendiensten handlungsleitend. Ein **unterschiedliches Regelungsniveau** für verschiedene, aber jeweils dem verfassungsrechtlichen Rundfunkbegriff unterfallende Dienstekategorien ist mit der Rundfunkfreiheit des Art. 5 Abs. 1 S. 2 GG und dem verfassungsrechtlichen präventiven Kontrollauftrag (vgl. § 20 RStV Rn. 1) vereinbar, soweit die regulatorischen Abstufungen unterschiedlichen Gefährdungslagen für die öffentliche und individuelle Meinungsbildung Rechnung tragen (Hoeren/Sieber, Teil 5 Rn. 76).

3   Die Vorschrift des § 1 ist Bestandteil der Umsetzung der Richtlinie 2000/31/EG über den elektronischen Geschäftsverkehr (sog. **E-Commerce-Richtlinie**). Diese knüpft ihren Anwendungsbereich an **„Dienste der Informationsgesellschaft".** Damit sind (in der Regel) gegen Entgelt elektronisch im Fernabsatz und auf individuellen Abruf eines Empfängers erbrachte Dienstleistungen gemeint. Der Begriff ist damit enger als der für den Anwendungsbereich des TMG maßgebliche Begriff der Telemedien. Eine solche überschießende (auch nicht-kommerzielle Angebote erfassende) Umsetzung von Richtlinienvorgaben steht den Mitgliedsstaaten ohne Weiteres frei (Burmeister/Staabe EuR 2009, 444 (445)).

B. Begriff der Telemedien (Abs. 1 S. 1)

4   Abs. 1 S. 1 grenzt Telemedien als Schlüsselbegriff des TMG gegen andere Medientypen ab. Die Legaldefinition verwendet zur Bestimmung des Begriffs **ein positives sowie drei Negativkriterien:** Telemedien sind Informations- und Kommunikationsdienste (unten I., → Rn. 8 f.; genus proximum). Von anderen Diensten unterscheiden sie sich vor allem dadurch, dass sie nicht-linear ausgestrahlt werden und sich nicht in der Übertragung von Signalen über Telekommunikationsnetze erschöpfen. Keine Telemedien sind daher solche Informations- und Kommunikationsdienste, die sich ausschließlich als Telekommunikationsdienste nach § 3 Nr. 24 TKG, telekommunikationsgestützte Dienste nach § 3 Nr. 25 TKG oder Rundfunk nach § 2 RStV erweisen (unten II., → Rn. 10; differentia specifica). Für die Anwendung des TMG spielt es keine Rolle, ob es sich um einen privaten Anbieter oder eine öffentliche Stelle handelt (→ Rn. 16) und ob ein Diensteanbieter die Nutzung seiner Angebote ganz oder teilweise unentgeltlich oder gegen Entgelt ermöglicht (Abs. 1 S. 2; vgl. auch § 60 Abs. 2 RStV). Dies entspricht der bisher in § 2 Abs. 3 TDG enthaltenen Regelung.

Anwendungsbereich **§ 1 TMG**

Historisch betrachtet ist der Begriff „Telemedien" aus einer Verschmelzung der im TDG 5 verwendeten Begrifflichkeit des „Teledienstes" und der im MDStV verwendeten Begrifflichkeit „Mediendienste" hervorgegangen. Er fand erstmals im JMStV aus dem Jahre 2003 Verwendung. Dieser definierte – als Blaupause der heutigen Regelung – „Telemedien" als „Teledienste im Sinne des Teledienstegesetzes und Mediendienste im Sinne des Mediendienste-Staatsvertrages, soweit sie nicht Rundfunk iSd Rundfunkstaatsvertrages sind" (§ 3 Abs. 2 Nr. 1 JMStV aF).

Der Begriff der Telemedien findet außer im Telemediengesetz insbes. im JMStV (vgl. 6 insbes. § 5 Abs. 5 und 6, § 7 Abs. 1 S. 2, § 7 Abs. 2, §§ 11 ff., § 18 Abs. 3, § 20 Abs. 4 und 5 sowie § 21 Abs. 1) sowie im RStV (va § 11d, §§ 54 ff.), im TKG (§ 2 Abs. 6, § 3 Nr. 11a aE, § 27 Abs. 3 S. 1) und in § 312g BGB Verwendung. Das JuSchG modifiziert für seine Zwecke die Definition des Begriffs „Telemedien" in § 1 Abs. 3. Im Übrigen ist die Legaldefinition des § 1 Abs. 1 S. 1 TMG grds. auch für die dortigen normativen Kontexte maßgeblich. Im **allgemeinen Sprachgebrauch** hat sich die Bezeichnung von Informations- und Kommunikationsdiensten als Telemedien bislang nicht durchgesetzt.

Telemediendienste können in vielfältigen Erscheinungsformen des Wirtschaftslebens und 7 zivilgesellschaftlichen Informationsaustausches auftreten, sei es in Form von Bild-, sei es Text- oder Toninhalten (BT-Drs. 16/3078, 13). Anders als die Vorgängernormen des TDG und MDStV enthält die Legaldefinition des Telemedienbegriffes im TMG keinen Katalog mit Regelbeispielen zur Illustration des Anwendungsbereiches. Beispiele für Informations- und Kommunikationsdienste, die als Telemedien zu qualifizieren sind, finden sich jedoch in der Gesetzesbegründung (BT-Drs. 16/3078, 13). Dort nennt der historische Gesetzgeber folgende Dienste exemplarisch: **Online-Angebote** von Waren/Dienstleistungen **mit unmittelbarer Bestellmöglichkeit** (zB das Angebot von Börsen-, Umwelt-, Verkehrs- und Wetterdaten-, Newsgroups, Chatrooms, elektronische Presse, Fernseh-/Radiotext, Teleshopping), **Video auf Abruf,** es sei denn, es handelt sich nach Form und Inhalt um einen Fernsehdienst im Sinne der Richtlinie 89/552/EWG (Richtlinie Fernsehen ohne Grenzen); dieser unterliegt der Rundfunkregulierung – ferner Online-Dienste, die **Instrumente zur Datensuche, zum Zugang zu Daten oder zur Datenabfrage** bereitstellen (zB Internet-Suchmaschinen) sowie die kommerzielle Verbreitung von Informationen über Waren-/Dienstleistungsangebote mit elektronischer Post (zB Werbe-Mails).

I. Positives Begriffsmerkmal: Elektronischer Informations- und Kommunikationsdienst

Das Positivmerkmal „elektronischer Informations- und Kommunikationsdienst" definiert 8 das TMG nicht. Es bezeichnet allgemein solche Dienste, deren Nutzen in der Information und Kommunikation auf elektronischem Wege, insbes. via Internet, besteht. Die Wendung fungiert damit als **Oberbegriff für multimediale Angebote jeder Art,** namentlich Telekommunikationsdienste, Rundfunk und Telemediendienste (BT-Drs. 16/3078, 13). Ausgeschieden werden damit aus dem Anwendungsbereich des TMG Informations- und Kommunikationsmedien, die auf andere Weise – insbes. in gedruckter Form – zur Verfügung gestellt werden. Ob ein Diensteanbieter die Nutzung von einem Entgelt abhängig macht, spielt keine Rolle (Abs. 1 S. 2).

Ungeschriebenes Merkmal von Telemedien ist ihre **Übermittlung im Wege der Tele-** 9 **kommunikation** (Roßnagel/Altenhain/Bär/Gitter TMG § 1 Rn. 30; MAH MedienR/ Poche § 30 Rn. 1). Elektronische Datenträger, wie CD-ROMs oder DVDs, fallen damit nicht in den Anwendungsbereich des TMG. Dies folgt auch aus dem Sinn der spezifisch medienrechtlichen Regulierung sowie der Normhistorie: Die Anwendungsbereiche des TDG und des MDStV waren jeweils ausdrücklich auf telekommunikativ übermittelte Dienste beschränkt. Das TMG wollte diese Bestimmungen zum Geltungsbereich von Tele- und Mediendienste lediglich zusammenfassen und nicht verändern (BT-Drs. 16/3078, 13).

II. Negative Begriffsmerkmale

Telemedien weisen eine inhaltliche Nähe zu bzw. Schnittmengen mit Telekommunika- 10 tionsdiensten (unten 1. → Rn. 11 ff.), telekommunikationsgestützten Diensten (unten 2.;

Martini

→ Rn. 14) und Rundfunk iSd § 2 RStV (unten 3.; → Rn. 15) auf. Das löst einen inhaltlichen Abgrenzungsbedarf aus, den § 1 Abs. 1 S. 1 TMG befriedigen soll.

1. Kein reiner Telekommunikationsdienst iSd § 3 Nr. 24 TKG

11 Dienste, die **„ganz in der Übertragung von Signalen über Telekommunikationsnetze"** bestehen, sind keine Telemediendienste, sondern Telekommunikationsdienste. Auf sie ist ausschließlich das TKG anwendbar. **Telekommunikationsdienste** zeichnen sich durch die Beschränkung auf die Bereitstellung der technischen Voraussetzungen für die Übertragung elektronischer oder sonstiger Informationen sowie die Erbringung eben dieser Transportdienstleistung aus (§ 3 Nr. 24 TKG; VG Münster Beschl. v. 14.6.2010 – Az. 1 L 155/10). Entscheidend für die Abgrenzung ist also, ob **(auch) Inhalte oder nur („ganz") Signalübertragungen** elektronisch zur Verfügung gestellt werden (Spindler/Schuster/Holznagel/Ricke TMG § 1 Rn. 4). Dass ein Dienst **auch** in der Signalübertragung besteht, sperrt den Anwendungsbereich des TMG noch nicht. Verschlossen ist dieser erst, wenn der Dienst als **„reiner" Telekommunikationsdienst** ausschließlich dem Bereich der Übertragung zuzuordnen ist. Liegt die Dienstleistung zumindest auch (als mixtum compositum von Telemediendienst und Telekommunikationsdienst) in der elektronischen Bereitstellung von Inhalten, ist zusätzlich der Anwendungsbereich des TMG eröffnet. Ein Telekommunikationsdienst nach § 3 Nr. 24 TKG kann also durchaus auch ein Telemedium iSd § 1 Abs. 1 TMG sein. Dieser Regelungszusammenhang ist unionsrechtlich ein Stück weit vorgezeichnet. Denn Telemedien können als Dienste der Informationsgesellschaft sowohl unter die **E-Commerce-Richtlinie** als auch als elektronische Kommunikationsdienste (dh Telekommunikationsdienste) unter die **TK-Rahmenrichtlinie** fallen (Erwägungsgrund 10 Richtlinie 2002/21/EG; BR-Drs. 556/06, 17). Bei der Verkopplung von telemedialem Angebot und technischer Übermittlung in einem doppelfunktionalen Dienst ist der Anwendungsbereich sich überschneidender telemedien- und telekommunikationsrechtlicher Bestimmungen jeweils gesondert für die funktional abgrenzbaren Angebotsbestandteile bzw. Dienste zu bestimmen.

12 Die reine **Internettelefonie** (Voice over Internet Protocol – VoIP) fällt nicht unter die Telemediendienste. Sie erschöpft sich in der Übertragung von Signalen über Kommunikationsnetze und unterliegt daher keiner anderen rechtlichen Bewertung als die Telekommunikationsdienstleistung der herkömmlichen Sprachtelefonie, welche ausschließlich dem TKG zuzuordnen ist (Martini/v. Zimmermann CR 2007, 368 (370 ff.)). Das gilt auch dann, wenn der Anbieter neben dem VoIP-Dienst auch einen Internetzugang anbietet. Es handelt sich dann um zwei getrennte Dienste, die ein unterschiedliches rechtliches Schicksal fristen (Martini/v. Zimmermann CR 2007, 427 (428)).

13 Auch das **Bereitstellen des Internetzugangs** als solches ist ein Dienst, der ganz in der Übertragung von Signalen über Telekommunikationsdienste besteht. Denn der Internet Service Provider (ISP) fungiert lediglich als neutraler Übermittler der Daten zwischen Content Provider und Nutzer. Nur wenn der ISP zusätzlich einen Informationsdienst, insbes. etwa ein Zugangsportal, anbietet, wie zB der ISP Telekom mit dem Portal www.t-online.de, ist er in dieser Funktion auch Anbieter von Inhalten, d. h. Telemedien. Auf die Bereitstellung des Internetzugangs ist dann das TKG, auf das Onlineportal das TMG anwendbar, da es sich um technisch und wirtschaftlich teilbare und damit selbstständige Dienste handelt (Martini/v. Zimmermann CR 2007, 427 (428 ff.)). Soweit ein **einheitlicher, nicht teilbarer** Dienst vorliegt, der sowohl Elemente der Signalübertragung als auch solche eines Inhaltsdienstes aufweist, ist sowohl das TKG als auch das TMG anwendbar (BT-Drs. 16/3078, 13). Denn um bei solchen **Mischdiensten** der daraus folgenden Abgrenzungsproblematik aus dem Weg zu gehen, hat der Gesetzgeber das Ausschlusskriterium bewusst auf **„ganz** in der Übertragung von Signalen" bestehende Dienste beschränkt. Als einen Fall eines Mischdienstes stuft die Gesetzesbegründung das gleichzeitige Anbieten von **E-Mail-Übertragungsdiensten** und E-Mail-Anzeigediensten ein, bei denen der Nutzer – wie zB bei Web.de – zusätzlich im Internet auf einem Webinterface E-Mails schreiben, bearbeiten und archivieren kann (BT-Drs. 16/3078, 13).

Anwendungsbereich § 1 TMG

2. Kein telekommunikationsgestützter Dienst

Ebenso wie Telekommunikationsdienste sind telekommunikationsgestützte Dienste keine Telemediendienste. Anders als Telekommunikationsdienste (§ 3 Nr. 24 TKG) haben telekommunikationsgestützte Dienste hingegen **auch Inhaltsleistungen** zum Gegenstand. Sie weisen die Besonderheit auf, dass die Inhaltsleistung **noch während der Telekommunikationsverbindung** erbracht wird. Es handelt sich bei ihnen daher um „Dienste, die keinen räumlich und zeitlich trennbaren Leistungsfluss auslösen" (§ 3 Nr. 25 TKG). Darunter fallen insbes. 0190er- und 0900er-Rufnummern sowie Auskunftsdienste nach § 3 Nr. 2a TKG, entgeltfreie Telefondienste nach § 3 Nr. 8a TKG, Geteilte-Kosten-Dienste nach § 3 Nr. 10a TKG, Premium-Dienste nach § 3 Nr. 17a TKG sowie Kurzwahl-Datendienste (§ 3 Nr. 11a), Kurzwahldienste (§ 3 Nr. 11b TKG) und Kurzwahl-Sprachdienste (§ 3 Nr. 11b TKG); Beck-TKG/Piepenbrock TKG § 3 Nr. 25 Rn. 50–52; Spindler/Schuster/Holznagel/Ricke TMG § 1 Rn. 8. Ursprünglich hatte der Gesetzgeber die Bezeichnung „telefonnahe Dienste" vorgesehen. Um nicht in einen Widerspruch zu dem Anspruch des TKG auf Technologieneutralität zu treten, fand auf Vorschlag des Bundesrates zunächst die offenere Bezeichnung „telefongestützte Dienste" (BR-Drs. 755/2/03, 4), dann die Wendung „telekommunikationsgestützte Dienste" Eingang in das Gesetz. Bei telekommunikationsgeschützten Diensten handelt es sich weder um Abruf- noch Verteildienste. Sie stellen vielmehr eine Individualkommunikation zwischen dem Telekommunikationsdiensteanbieter und dem Telekommunikationskunden her (die auch eine Inhaltsleistung umfasst; BT-Drs. 16/3078, 13). 14

3. Kein Rundfunk

Handelt es sich bei einem Dienst um Rundfunk iSd § 2 RStV, liegt kein Telemedium vor. **Rundfunk** definiert § 2 Abs. 1 S. 1 RStV als „die für die Allgemeinheit bestimmte Veranstaltung und Verbreitung von Angeboten in Bewegtbild oder Ton entlang eines Sendeplans unter Benutzung elektromagnetischer Schwingungen" (→ § 2 RStV Rn. 3 ff.). Rundfunk unterscheidet sich von Telemedien danach vor allem durch die **Linearität** der Veranstaltung, namentlich die Verbreitung von Angeboten entlang eines Sendeplans zum zeitgleichen Empfang. Telemedien halten **Informationen zum individuellen,** von einer bestimmten Reihenfolge oder einem bestimmten Zeitpunkt der Ausstrahlung losgelösten **Abruf** bereit. Keine Telemediendienste, sondern Rundfunk sind daher digital übertragene Sendungen der öffentlich-rechtlichen oder privaten Fernsehanstalten, Livestreaming (also die simultane Übertragung herkömmlicher Rundfunkprogramme über das Internet) und Web-Casting (dh die ausschließliche Übertragung herkömmlicher Rundfunkprogramme über das Internet; BT-Drs. 16/3078, 13). Einen **Grenzfall** bilden Videoangebote im Internet, die sich aufgrund eines großen Abonnentenkreises oder der Verbreitung über die Infrastruktur reichweitenstarker Internet-Videoportale an mehr als 500 potenzielle Nutzer gleichzeitig richten (und damit nicht bereits aufgrund § 2 Abs. 3 Nr. 1 RStV vom Rundfunkbegriff ausgenommen sind). Werden diese regelmäßig ausgestrahlt, weisen sie überdies eine inhaltliche, insbesondere journalistisch-redaktionelle Gestaltung auf und sind sie als Livestream abrufbar, sind sie regelmäßig Rundfunk (vgl. die Checkliste der Medienanstalten für Veranstalter von Web-TV vom 13.1.2013, http://www.die-medienanstalten.de/fileadmin/Download/Rechtsgrundlagen/Richtlinien/Checkliste_Web-TV.pdf (6.8.2013); vgl. zur Problematik auch Stellungnahme der Google Inc., 13. Zwischenbericht der Enquete-Kommission „Internet und Digitale Gesellschaft", BT-Drs. 17/12542, 156 f.); speziell zum **Google-Hangout der Bundeskanzlerin** sowie zum Parlamentsfernsehen → RStV § 2 Rn. 6b). Nutzergenierte Videobeiträge („User-generated-content") erfüllen diese Voraussetzungen regelmäßig nicht, da sie nicht als lineare Dienste, sondern zum individuellen Abruf vorgehalten werden. 15

C. Persönlicher Anwendungsbereich des TMG (Abs. 1 S. 2)

Das Gesetz findet auf alle **Anbieter** von Telemedien iSv § 2 S. 1 Nr. 1 (dazu iE → § 2 Rn. 4) Anwendung. Es unterscheidet dabei nicht danach, ob der Anbieter eine **private oder eine öffentliche Stelle** ist. Für eine Differenzierung sah der Gesetzgeber keinen Anlass (BT-Drs. 16/3078, 14). Auch für die öffentlichen Stellen gelten daher grds. das Herkunftslandprinzip, die Zulassungsfreiheit, die Namensangabe, die Haftungsprivilegierung und die An- 16 forderungen an den Datenschutz im Bereich der Telemedien. Regelungen zur Aufgabenwahrnehmung der öffentlichen Stellen, insbes. zur **Zuständigkeit,** lässt das TMG ebenso unberührt (BT-Drs. 16/3078, 14).

17   Wiewohl es an der Differenzierung im persönlichen Anwendungsbereich fehlt, bestehen aber gleichwohl für öffentliche Stellen **sachliche Besonderheiten:** Das Maß der haftungsrechtlich einzuhaltenden Pflichten, insbes. die **Zumutbarkeit** einer redaktionellen Kontrolle und die Anforderungen an die Sorgfalt der Abwägung zwischen der Meinungsäußerungsfreiheit und dem Persönlichkeitsschutz, ist bei den öffentlichen Stellen im Hinblick auf ihre besondere Stellung und Verantwortung höher als bei privaten anzulegen (§§ 7 ff. TMG; Martini, Vom heimischen Sofa in die digitale Agora: E-Partizipation als Instrument einer lebendigen Demokratie?, in: Hill/Schliesky, Die Vermessung des virtuellen Raumes, 2013, 161 (201)). Daneben haben die öffentlichen Stellen des Bundes und der Länder die inhaltlichen Anforderungen an Telemedien zu beachten, die sich aus dem jeweiligen Landesrecht ergeben (BT-Drs. 16/3078, 14).

D. Abgrenzung zu anderen Gesetzen

I. Verhältnis zum Steuerrecht (Abs. 2)

18   Das TMG erhebt – wie zuvor schon die im Wesentlichen inhaltsgleichen § 2 Abs. 4 Nr. 4 TDG und § 2 Abs. 1 S. 3 MDStV (BT-Drs. 16/3078, 14) –**keinen Geltungsanspruch** für den Bereich der Besteuerung einschließlich des Steuerstrafrechts und des Steuerverfahrensrechts. Bedeutung hat dies vor allem für die Haftungsprivilegien des TMG: Sie beanspruchen im Rahmen des Steuerrechts somit keine Geltung (Spindler/Schuster/Holznagel/Ricke TMG § 1 Rn. 14).

II. Verhältnis zum TKG und zu den Pressegesetzen (Abs. 3)

19   Telemedien, die zugleich den Anwendungsbereich der Landespressegesetze erfüllen (insbes. elektronische Presse, also redaktionell-journalistisch gestaltete Telemedienangebote – vgl. § 2 Abs. 2 Nr. 20), müssen zugleich den Anforderungen dieser Normen genügen. Das TMG lässt diese Vorschriften unberührt. Das entspricht der Vorgängerregelung des **§ 2 Abs. 5 TDG.** Abs. 3 stellt auch klar, dass **neben dem TMG das TKG anwendbar** bleibt. Soweit ein Telemediendienst zugleich ein Telekommunikationsdienst ist, muss er daher sowohl den Anforderungen des TKG als auch des TMG entsprechen. Dies trifft insbes. auf die Zugangsvermittlungsdienste von Access- und Networkprovidern zu. Für sie sieht das TMG in seinem § 8 – trotz ihres vornehmlich auf die technische Datenübermittlung und damit die Erbringung von Telekommunikationsdiensten ausgerichteten Leistungsspektrums – bewusst eine spezifische Haftungsprivilegierung für fremde Informationen vor, geht also auch von seiner Anwendbarkeit aus. Bei Anwendung der telekommunikations- und telemedienrechtlichen Vorschriften auf **doppelfunktionale Dienste** ist hinsichtlich der jeweils geltenden Anforderungen zwischen den telekommunikativen und telemedialen Leistungsbestandteilen zu differenzieren (jurisPK-Internetrecht/Heckmann 2. Aufl. 2009, Kap. 1, Rn. 64; aA Scheurle/Mayen/Lünenbürger TKG § 3 Rn. 68, der von einer einheitlichen Beurteilung solcher Dienste nach dem Schwerpunkt der Dienstleistung ausgeht).

20   Für den **Bereich des Datenschutzes** schränkt § 11 Abs. 3 den Grundsatz der parallelen Anwendung zugunsten eines Vorrangs des TKG ein: Telemedien, deren Funktion nach ihrem Charakter **überwiegend** in der Übertragung von Signalen über Telekommunikationsnetze besteht und die damit vornehmlich Telekommunikationsdienste sind, müssen nicht alle datenschutzrechtlichen Anforderungen des TMG erfüllen. Für sie gelten insoweit lediglich § 15 Abs. 8 und § 16 Abs. 2 Nr. 4 TMG und die Vorschriften des TKG. Soweit ein Dienst ausschließlich in der Signalübertragung besteht und damit **ausschließlich Telekommunikationsdienst** ist, findet das TMG keine Anwendung. Das stellt § 1 Abs. 1 S. 1 TMG klar.

III. Verhältnis zum RStV (Abs. 4)

21   Das TMG regelt (wie auch schon das TDG) die technischen Voraussetzungen und Anforderungen an den Betrieb von Telemedien, nicht aber die an ihren Inhalt zu stellenden Anforde-

rungen, wie bspw. Bestimmungen zum Jugendschutz und zur Werbung (BT-Drs. 16/3078, 14). Diese fallen grds. in die **Zuständigkeit der Länder** für das Rundfunk- und Medienrecht (→ § 1 RStV Rn. 3 ff.) und ergeben sich damit aus dem RStV. Das stellt § 1 Abs. 4 TMG klar. Die landesmedienrechtlichen Vorgaben erstrecken sich nicht nur auf Angebote Privater und öffentlicher Stellen der Länder, sondern auch auf Telemediendienste **öffentlicher Stellen des Bundes** (BT-Drs. 16/3078, 14). Ebenso erklärt der RStV für die seinem Anwendungsbereich unterfallenden Telemedien – auch (insoweit konstitutiv) für Telemedien öffentlicher Stellen der Länder (§ 60 Abs. 2 RStV) – das TMG für anwendbar (§ 60 Abs. 1).

Die Länder gestalten die **inhaltlichen Anforderungen an Telemedien** in den §§ 54 ff. RStV näher aus. Diese unterscheiden danach, ob Telemedien **journalistisch-redaktionell** gestaltet sind oder nicht. Journalistisch-redaktionell gestaltete Angebote sind besonderen Pflichten unterworfen, insbes. der Bindung an journalistische Grundsätze (§ 54 Abs. 2 RStV), der besonderen Pflicht zur Veröffentlichung eines Verantwortlichen (§ 55 Abs. 2 RStV) und von Gegendarstellungen (§ 56 Abs. 1 RStV), aber auch einer medienrechtlichen Privilegierung im Hinblick auf den Datenschutz (§ 57 RStV) und eine drohende Angebotssperre (§ 59 Abs. 3 S. 6 RStV). 22

Eine Legaldefinition der Dienstekategorie „**Telemedien mit journalistisch-redaktionell gestalteten Angeboten**" oder auch des Begriffs „**journalistisch-redaktionelles Angebot**" findet sich im RStV allerdings nicht. Lediglich beispielhaft („insbesondere") erwähnt § 54 Abs. 2 die vollständige oder teilweise Wiedergabe der Inhalte periodischer Druckerzeugnisse in Text oder Bild. Daneben können aber auch ausschließlich online publizierte, periodisch erscheinende Inhalte ein journalistisch-redaktionelles Telemedium sein. 23

Um die **Anforderungen** zu ermitteln, die Onlineinhalte erfüllen müssen, um dem Kriterium „journalistisch-redaktionelle Gestaltung" zu genügen, lässt sich die Rspr. zu § 2 Abs. 3 Nr. 4 RStV sowie zu den Vorgängernormen § 6 Abs. 2 MDStV 1997 und § 10 Abs. 3 MDStV 2001 heranziehen (für umfassende Rechtsprechungsnachweise s. Hahn/Vesting/Held RStV § 54 Rn. 41 f.). Denn der Begründung zum 9. RÄndStV lässt sich entnehmen, dass der Anwendungsbereich der Regelungen für journalistisch-redaktionell gestaltete Telemedien im RStV nur insoweit von dem Anwendungsbereich der Vorgaben für journalistisch-redaktionelle Mediendienste im MDStV abweicht, als Telemediendienste anders als Mediendienste nicht mehr nach ihrem Verbreitungsweg definiert bzw. von Telediensten abgegrenzt werden (vgl. LT-Drs. Schl.-Holst. 16/1046, 42 f.). 24

Eine **journalistisch-redaktionelle Gestaltung** setzt eine inhaltliche Aufbereitung und Verdichtung von Informationen mit dem Ziel der Unterrichtung oder Unterhaltung der Öffentlichkeit über das Medium der Sprache voraus. Das geht mit einem Mindestmaß an Anforderungen an die recherchierende, formulierende, redigierende und präsentierende publizistische Mühe einher (s. dazu VG Stuttgart AfP 2010, 308). **Reine Datendienste** wie statistische Sammlungen, Geodaten oder Wetterdaten oder auch automatische Auflistungen von redaktionellen Beiträgen erfüllen diese Anforderungen regelmäßig nicht (zu letzteren BGH MMR 2009, 608 (610)). Entscheidend für die Abgrenzung ist der **Gesamteindruck des Dienstes** (OVG Münster K&R 2003, 302 (302 f.)). Es muss zumindest ein Bezug zur öffentlichen Meinungsbildung vorhanden sein (hierzu mit Beispielen Spindler/Schuster/Holznagel/Ricke TMG § 1 Rn. 19). Ferner setzt die Qualifizierung als journalistisch-redaktionell gestaltetes Telemedium als Pendant zur Periodizität von Offline-Presseerzeugnissen eine dynamische, an die Entwicklung des Gegenstandsbereichs angepasste Aktualisierung und damit Aktualität der angebotenen Inhalte voraus (dazu OLG Bremen MMR 2011, 337 (337 f.)). 25

IV. Verhältnis zum Internationalen Privatrecht und zum Internationalen Prozessrecht (Abs. 5)

Das TMG trifft – wie schon die Vorgängerregelungen des § 2 Abs. 6 TDG und § 2 Abs. 3 MDStV – weder Regelungen im Bereich des (materiellen) Internationalen Privatrechts noch im Bereich des Internationalen Zivilverfahrensrechts, insbes. auch nicht zur Zuständigkeit der Gerichte. Es erhebt also nicht den Anspruch festzulegen, welche von mehreren internationalen Privatrechtsordnungen bei zivilrechtlichen Vertrags- oder Haftungsstreitigkeiten zwischen einem Telemedienanbieter und Angehörigen anderer Staaten zur Anwendung gelangt. Immerhin enthält das TMG in § 3 mit der Normierung des 26

TMG § 1 V. Medienwirtschaft

Herkunftslandprinzips aber Regelungen zu seiner internationalen Anwendbarkeit. Sie zeitigen trotz des entgegenstehenden Wortlauts des § 1 Abs. 5 TMG Ausstrahlungen auf das internationale Privatrecht und die Zuständigkeit der Gerichte (Engels/Jürgens/Kleinschmidt K&R 2008, 65 (66 f.); Spindler/Schuster/Holznagel/Ricke TMG § 1 Rn. 21).

E. Bereichsausnahme für audiovisuelle Mediendienste auf Abruf (Abs. 6)

27 In § 2 S. 1 Nr. 1 Hs. 2, § 2a Abs. 2–4 trifft das TMG Sonderregelungen für „audiovisuelle Mediendienste auf Abruf". Sie modifizieren den telemedienrechtlichen Begriff des „Diensteanbieters" und die Bestimmung des Sitzlandes für diese Angebote. „Audiovisuelle Mediendienste auf Abruf" sind nach der – wörtlich mit § 58 Abs. 3 RStV übereinstimmenden – **Legaldefinition des § 2 S. 1 Nr. 6 TMG** durch drei Merkmale gekennzeichnet: die Fernsehähnlichkeit, die Nichtlinearität des Angebots, also die individuelle Abrufbarkeit zu dem vom Nutzer gewählten Zeitpunkt (→ Rn. 15), und die Bereitstellung der Inhalte aus einem definierten Inhaltekatalog (→ Rn. 4). Typische Beispiele für derartige Dienste sind **On-Demand-Angebote,** wie „YouTube".

28 Für sie bzw. für die für sie in § 2 S. 1 Nr. 1 Hs. 2, § 2a Abs. 2 und 4 getroffenen Sonderregelungen hält § 1 Abs. 6 seinerseits eine Bereichsausnahme vor: Die besonderen Regelungen des TMG für audiovisuelle Mediendienste auf Abruf gelten nicht für Dienste, die mangels Empfangbarkeit im Inland den von den Sonderregelungen erfassten Regulierungsbedarf nicht auslösen können. Das ist zum einen bei denjenigen Diensten der Fall, die nicht zum Empfang im Inland, sondern **ausschließlich zum Empfang in Drittländern bestimmt** sind. Zum anderen gilt dies für solche audiovisuelle Mediendienste auf Abruf, welche **die Allgemeinheit weder unmittelbar noch mittelbar** in einem oder mehreren Mitgliedstaaten der Europäischen Union, in denen die AVMD-RL gilt, **empfangen kann.** Diese Dienste unterliegen allgemein den für Telemedien geltenden Bestimmungen des TMG, insbes. dem Herkunftslandprinzip, der Zugangsfreiheit, den Informationspflichten, den Grundsätzen zur Verantwortlichkeit und den Anforderungen des Telemediendatenschutzes (BT-Drs. 17/718, 7 f.). Die Vorschrift des § 1 Abs. 6 hat erst mit dem 1. TMG-Änderungsgesetz Einzug in das TMG gehalten (BGBl. I 2010, 692). Sie setzt die unionsrechtliche Verpflichtung des Art. 2 Abs. 6 der AVMD-RL in deutsches Recht um (BT-Drs. 17/718, 7 f.).

F. Würdigung

29 Die Ablösung des MDStV und des TDG durch das TMG basiert auf der Verständigung von Bund und Ländern über die Fortentwicklung der Medienordnung hin zu einer entwicklungsoffen(er)en, vom Verbreitungsweg unabhängigen und damit vereinfachten Rechtslage (BT-Drs. 16/3078, 11). Der hierfür zentrale Schritt war die Vereinheitlichung der Dienstekategorien „Teledienste" und „Mediendienste" unter dem Begriff **„Telemedien"** in § 1 Abs. 1. Allerdings ist mit diesem Schritt nur ein Teil der vor Inkrafttreten des TMG bestehenden mehrstufigen Abgrenzungsprobleme bereinigt worden. Das bisher an der Schnittstelle zwischen MDStV und TDG verortete **Abgrenzungsproblem** hat sich lediglich verlagert. So wird die Gesetzgebungszuständigkeit für den multimedialen Bereich zwar nicht mehr anhand der Verbreitungstechnik oder -art (Abruf- vs. Verteildienste; Individual- vs. Massenkommunikation) bestimmt, sondern allein entlang der inhaltlichen Regulierungsziele von Bundes- und Landesnormen. Danach sind wirtschaftsregulierende Vorschriften nunmehr weitestgehend im TMG und inhaltsbezogenen Vorgaben im RStV verortet. Allerdings resultiert aus dieser Grenzziehung die Notwendigkeit der Unterscheidung zwischen Telemedien mit und ohne journalistisch-redaktionellen Inhalt, da der RStV aufgrund der begrenzten Landeskompetenz nur für letztere besondere inhaltsbezogene Regelungen vorsieht. Dieser Unterscheidungsbedarf lässt einen Teil der zwischen Mediendiensten und Telediensten bestehenden Abgrenzungsprobleme bei der Abgrenzung von Telemedien ohne und mit journalistisch-redaktioneller Gestaltung in neuem terminologischem Gewand erneut auftreten.

30 Die bei Verabschiedung des TMG geäußerte Befürchtung, das alte **Regelungschaos** um Tele- und Mediendienste werde durch Überschneidungen der Anwendungsbereiche von TMG, TKG und RStV nicht beseitigt, sondern bezogen auf die Abgrenzung von einfachen Telemedien, journalistisch-redaktionellen Telemedien und Telekommunikationsdiensten

noch vertieft (Hoeren NJW 2007, 801 (806); Engels/Jürgens/Fritzsche K&R 2007, 57 (68)), hat sich folglich zumindest in Grundzügen bewahrheitet. Allerdings liegt die **Ursache** hierfür nicht oder jedenfalls nicht ausschließlich in einer reformkonservativen Haltung des Gesetzgebers. Vielmehr ist das **komplexe Regelungsgefüge der Mediengesetze** auch der nicht ganz trennscharfen verfassungsrechtlichen Kompetenzverteilung zwischen Bund und Ländern sowie der zunehmenden technischen Konvergenz der Medien geschuldet.

§ 2 Begriffsbestimmungen

¹Im Sinne dieses Gesetzes

1. ist Diensteanbieter jede natürliche oder juristische Person, die eigene oder fremde Telemedien zur Nutzung bereithält oder den Zugang zur Nutzung vermittelt; bei audiovisuellen Mediendiensten auf Abruf ist Diensteanbieter jede natürliche oder juristische Person, die die Auswahl und Gestaltung der angebotenen Inhalte wirksam kontrolliert,
2. ist niedergelassener Diensteanbieter jeder Anbieter, der mittels einer festen Einrichtung auf unbestimmte Zeit Telemedien geschäftsmäßig anbietet oder erbringt; der Standort der technischen Einrichtung allein begründet keine Niederlassung des Anbieters,
3. ist Nutzer jede natürliche oder juristische Person, die Telemedien nutzt, insbesondere um Informationen zu erlangen oder zugänglich zu machen,
4. sind Verteildienste Telemedien, die im Wege einer Übertragung von Daten ohne individuelle Anforderung gleichzeitig für eine unbegrenzte Anzahl von Nutzern erbracht werden,
5. ist kommerzielle Kommunikation jede Form der Kommunikation, die der unmittelbaren oder mittelbaren Förderung des Absatzes von Waren, Dienstleistungen oder des Erscheinungsbilds eines Unternehmens, einer sonstigen Organisation oder einer natürlichen Person dient, die eine Tätigkeit im Handel, Gewerbe oder Handwerk oder einen freien Beruf ausübt; die Übermittlung der folgenden Angaben stellt als solche keine Form der kommerziellen Kommunikation dar:
    a) Angaben, die unmittelbaren Zugang zur Tätigkeit des Unternehmens oder der Organisation oder Person ermöglichen, wie insbesondere ein Domain-Name oder eine Adresse der elektronischen Post,
    b) Angaben in Bezug auf Waren und Dienstleistungen oder das Erscheinungsbild eines Unternehmens, einer Organisation oder Person, die unabhängig und insbesondere ohne finanzielle Gegenleistung gemacht werden,
6. sind „audiovisuelle Mediendienste auf Abruf" Telemedien mit Inhalten, die nach Form und Inhalt fernsehähnlich sind und die von einem Diensteanbieter zum individuellen Abruf zu einem vom Nutzer gewählten Zeitpunkt und aus einem vom Diensteanbieter festgelegten Inhaltekatalog bereitgestellt werden,

²Einer juristischen Person steht eine Personengesellschaft gleich, die mit der Fähigkeit ausgestattet ist, Rechte zu erwerben und Verbindlichkeiten einzugehen.

§ 2 TMG zieht – einer bewährten Gesetzestechnik folgend – die Definitionen einiger für die Anwendung des TMG zentraler Begriffe vor die Klammer. Anders als man es von einem gebündelten gesetzlichen Begriffskatalog erwarten würde, definiert das TMG den Leitbegriff der „Telemedien" nicht in § 2, sondern bereits in § 1 Abs. 1 (→ § 1 Rn. 4).

Übersicht

	Rn		Rn
A. Allgemeines	1	III. Sonderregelung für audiovisuelle Mediendienste auf Abruf	11
B. Diensteanbieter (S. 1 Nr. 1)	4		
I. Telemedien	6	**C. Niedergelassener Diensteanbieter (S. 1 Nr. 2)**	12
II. Bereithaltung bzw. Vermittlung des Zugangs zur Nutzung	7	**D. Nutzer (S. 1 Nr. 3)**	16

	Rn		Rn
I. Weites Begriffsverständnis des § 2 Nr. 3 TMG	18	II. Genese und unionsrechtlicher Hintergrund	38
II. Sonderregelung in § 11 Abs. 2 TMG	22	III. Rechtsfolgen	40
E. Verteildienste (S. 1 Nr. 4)	23	1. § 2 S. 1 Nr. 1 Hs. 2 TMG – Modifizierung des Begriffs „Diensteanbieter"	41
F. Kommerzielle Kommunikation (S. 1 Nr. 5)	25	2. § 2a Abs. 2–4 TMG – Bestimmung des Sitzlandes des Diensteanbieters	42
G. Audiovisuelle Mediendienste auf Abruf (S. 1 Nr. 6)	30	3. § 1 Abs. 6 TMG	43
I. Begriffsmerkmale	31	H. Einer juristischen Person i. S. d. S. 1 gleichgestellte Personengesellschaften (S. 2)	44
1. Abgrenzung zum Fernsehen; Nicht-Linearität	32		
2. Fernsehähnlichkeit, Audiovisualität	34	I. Würdigung	45
3. Festgelegter Inhaltekatalog	37		

A. Allgemeines

1 Der Definitionskatalog des § 2 TMG baut auf den Begriffen des § 3 TDG sowie des § 3 MDStV auf und schreibt diese fort. Bis auf redaktionelle Änderungen stimmt er mit den dort verwendeten Definitionen weitgehend überein.

2 Mit dem Ersten Gesetz zur Änderung des Telemediengesetzes v. 31.5.2010 ist die Vorschrift des § 2 TMG um einen zweiten Halbsatz in Nr. 1 und um die Definition audiovisueller Mediendienste auf Abruf in Nr. 6 ergänzt worden. Sie setzen die wirtschaftsbezogenen Anforderungen der AVMD-RL um.

3 Auch im Übrigen sind die Begriffe des § 2 TMG unionsrechtlich – insbes. durch die E-Commerce-Richtlinie – vorgeprägt. Die Nrn. 1–3 und 5 der Vorschrift entsprechen den Begriffsbestimmungen in Art. 2 lit. b–d und f der E-Commerce-Richtlinie. Bei ihrer Auslegung ist daher die E-Commerce-Richtlinie als Maßstab richtlinienkonformer Auslegung heranzuziehen.

B. Diensteanbieter (S. 1 Nr. 1)

4 Der Begriff des Diensteanbieters ist einer der wichtigsten Schlüsselbegriffe des TMG: Er grenzt die Adressaten der telemedienrechtlichen Verpflichtungen ein. Den Diensteanbieter treffen Informationspflichten, insbesondere die Impressumspflicht für geschäftsmäßige, in der Regel gegen Entgelt angebotene Telemedien (§ 5 TMG) sowie besondere Informationspflichten bei kommerziellen Kommunikationen (§ 6 TMG); er hat nach Maßgabe der §§ 7 ff. TMG bereitgestellte Inhalte zu verantworten, muss ferner die Datenschutzvorgaben der §§ 11 ff. TMG einhalten und ist vorrangiger Adressat von möglichen Bußgeldsanktionen nach § 16 TMG. An den Begriff des Diensteanbieters knüpft das Gesetz auch Privilegien, die ihn von einigen sonst bestehenden Verpflichtungen befreien. So trifft einen Rechtsträger als Diensteanbieter zB gem. § 8 TMG dann keine Verantwortung für die von ihm übermittelten Informationen, wenn er diese als fremde Informationen lediglich durch seinen Netzbereich durchleitet.

5 Die weit gefasste Definition des S. 1 Nr. 1 beschreibt als „Diensteanbieter" jede natürliche oder juristische Person, die eigene oder fremde Telemedien (unten I.) zur Nutzung bereithält oder den Zugang zur Nutzung vermittelt (unten II.). Die Begriffsbestimmung folgt Art. 2 lit. b der E-Commerce-Richtlinie. Sie stimmt – mit Ausnahme des anstelle von „Telemedien" verwendeten Begriffs „Dienste der Informationsgesellschaft" – mit der unionsrechtlichen Vorgabe wörtlich überein.

I. Telemedien

6 Unter dem Begriff „Telemedien" versteht das Gesetz grds. alle elektronischen Informations- und Kommunikationsdienste. Ausgenommen sind lediglich Telekommunikationsdienste

Begriffsbestimmungen § 2 TMG

(§ 3 Nr. 24 TKG), die ganz in der Übertragung von Signalen über Telekommunikationsnetze bestehen, telekommunikationsgestützte Dienste (§ 3 Nr. 25 TKG) und Rundfunk (§ 2 Abs. 1 RStV); dazu iE → § 1 Rn. 1 ff. Telemedien bilden damit eine **große Bandbreite von Informations- und Kommunikationsdiensten** ab, die sich auf einen weiten Bereich von wirtschaftlichen Tätigkeiten erstrecken, welche – sei es über Abruf- oder Verteildienste – elektronisch in Form von Bild-, Text- oder Toninhalten (**entgeltlich oder unentgeltlich von privaten oder öffentlichen Anbietern; Abs. 1 S. 2**) zur Verfügung gestellt werden.

II. Bereithaltung bzw. Vermittlung des Zugangs zur Nutzung

Dem Begriff des Diensteanbieters unterfällt nur diejenige natürliche oder juristische 7 Person, die Telemedien zur **Nutzung bereithält oder den Zugang zu ihrer Nutzung vermittelt.** Ein Endkundenprovider, wie zB die Deutsche Telekom AG, ist genauso als Diensteanbieter anzusehen wie der Google-Konzern, der mit der YouTube-Webseite die derzeit größte Plattform für das Hochladen und Betrachten von Videos im Internet betreibt. Für die Anbietereigenschaft spielt dabei keine Rolle, ob der Anbieter als Content-Provider **eigene Telemedien** oder als Host-Provider bzw. als Service-Provider durch Zurverfügungstellen von Serverkapazitäten **fremde Telemedien** zur Nutzung bereithält. Es kommt auch nicht darauf an, ob der Anbieter iSd verbraucherschutzrechtlichen Unternehmerbegriffes eine gewerbliche Tätigkeit ausübt. Die Einordnung als (Content-)Diensteanbieter entfällt nicht dadurch, dass der Anbieter die Gestaltung der eigenen Internetpräsenz und damit der zur Nutzung bereitgestellten Inhalte auf einen Webdesign-Dienstleister überträgt (LG Hamburg ZUM-RD 2011, 193 (194)). Diensteanbieter ist auch, wer die zur Verfügung gestellten Informationen Dritter sammelt und in eigenem Namen bereitstellt (zB sog. „News-Aggregatoren"). Selbst das Einstellen von Angeboten auf einer Verkaufsplattform (zB eBay) kann für eine Qualifikation als Diensteanbieter genügen (OLG Frankfurt a. M. GRUR 2009, 315; OLG Düsseldorf MMR 2008, 682 (683); LG München WRP 2005, 1042; aA Hoeren MMR 2002, 110 (113); Jürgens CR 2006, 188 (189)). Dasselbe gilt für den Betrieb von sog. Facebook-Seiten (Rockstroh MMR 2013, 627 (629)). Auch die bloße Werbung für eine Ware auf einer Onlineplattform, ohne dass eine unmittelbare Bestellmöglichkeit angeboten wird, reicht für die Qualifikation als Diensteanbieter aus (OLG Düsseldorf NJW-RR 2013, 1305 (1306); OLG Düsseldorf MMR 2008, 682 (683)). Relevant ist insoweit einzig eine kommunikationsbezogene Eigenständigkeit des Auftritts (Spindler/Schuster/Holznagel/ Ricke TMG § 2 Rn. 3), ob also ein potenzieller Nutzer das Angebot als funktional eigenständig und nicht als Teil eines Gesamtauftritts wahrnimmt (OLG Düsseldorf NJW-RR 2013, 1305 (1306); ähnlich Lorenz VuR 2008, 321 (322); Rockstroh, MMR 2013, 627 (628 f.)). Dass der Anbieter im Verhältnis zum Plattformbetreiber selbst Nutzer ist, schließt die Eigenschaft als Diensteanbieter demgegenüber nicht aus (→ Rn. 17). Keine Rolle spielt es auch, auf welche Weise der Anbieter seinen Dienst bereitstellt, ob er insbesondere Inhalte auf eigenen Rechnern oder unter Zuhilfenahme fremder Serverkapazitäten speichert, solange er den Inhalt und das Bereithalten des Dienstes bestimmen kann (OLG Düsseldorf NJW-RR 2013, 1305 (1306); Spindler/Schuster/Holznagel/Ricke TMG § 2 Rn. 2).

Den **Zugang** zur Nutzung **vermittelt,** wer eine unmittelbare Verbindung zwischen dem 8 Nutzer und dem Diensteanbieter technisch herstellt, wie insbes. der Access-Provider oder der Suchmaschinenbetreiber. Damit treten regelmäßig alle Akteure in der Verwertungskette eines Telemediums gegenüber dem am Ende der Leitung den Inhalt abrufenden Nutzer als Diensteanbieter auf. Kein Diensteanbieter iSv Nr. 1 ist hingegen, wer lediglich eine Domain verpachtet; er hält weder eigene oder fremde Telemedien zur Nutzung bereit noch vermittelt er den Zugang zur Nutzung von Telemedien (OLG Frankfurt a. M. MMR 2013, 94 (95)).

Bei eingeschränkter Zugriffs- und Steuerungsmöglichkeit auf die bereitgestellten Inhalte 9 ist der Pflichtenkanon des Diensteanbieters beschränkt. Diensteanbieter sind nach **§ 8 TMG** für fremde Informationen nicht verantwortlich, die sie in einem Kommunikationsnetz übermitteln oder zu denen sie den Zugang zur Nutzung vermitteln, sofern sie die Übermittlung nicht veranlasst, den Adressaten der übermittelten Informationen nicht ausgewählt und die übermittelten Informationen nicht ausgewählt oder verändert haben. Gleiches gilt für die Zwischenspeicherung zur beschleunigten Übermittlung von Informationen (**§ 9 TMG**) sowie grds. die Speicherung von Informationen für einen Nutzer, sofern sie keine Kenntnis

Martini 1489

von der rechtswidrigen Handlung oder Information haben, ihnen keine Tatsachen oder Umstände bekannt sind, aufgrund derer sich die Rechtswidrigkeit der Handlung oder Information aufdrängt, und sie nach Kenntniserlangung unverzüglich tätig werden (**§ 10 TMG**). **File-Hosting-Dienste** haften aber für Urheberrechtsverletzungen ihrer Nutzer als Störer auf Unterlassung, wenn sie nach einem Hinweis auf eine klare Urheberrechtsverletzung die ihnen obliegenden Prüfungspflichten nicht einhalten und es deswegen zu weiteren gleichartigen Rechtsverletzungen kommt (BGHZ 194, 339). Sie sind auch zu einer umfassenden regelmäßigen Kontrolle der Linksammlungen verpflichtet, die auf ihren Dienst verweisen, wenn sie durch ihr Geschäftsmodell Urheberrechtsverletzungen in erheblichem Umfang Vorschub leisten (BGH, Urt. v. 15.8.2013, I ZR 80/12). Die Einstufung eines Anbieters, zB eines Facebook-Fanpagebetreibers, als Diensteanbieter, der sein Angebot in eine Plattform integriert, begründet nach Auffassung des VG Schleswig demgegenüber (Urt. v. 9.10.2013, 8 A 218/11, S. 15 A. U.) noch keine **datenschutzrechtliche Verantwortlichkeit** für die mit den Inhalten verbundene Erhebung, Verwendung und Verarbeitung personenbezogener Daten durch den Plattformbetreiber. Deren Reichweite bestimme sich ausschließlich nach § 12 Abs. 3 TMG i. V. m. § 3 Abs. 7 BDSG.

10 Besonderes Augenmerk verdient die Frage, inwiefern der **Arbeitgeber** dem Begriff des Diensteanbieters iSd TMG und damit etwaigen Zugriffs- und Überprüfungsbefugnissen bzw. -pflichten unterfällt. Zahlreiche Arbeitgeber eröffnen ihren Mitarbeitern dienstliche E-Mail-Konten und gestatten darüber hinaus neben der dienstlichen auch die private Nutzung der Server-Infrastruktur während der Dienstzeit. Private und dienstliche Nutzung verschmelzen dann miteinander. Versteht man die Mitarbeiter nach den allgemeinen Prinzipien der juristischen Personenlehre als Teil der betrieblichen Organisation, welche die Telemediendienste nutzen, ist der Arbeitgeber grds. nicht Anbieter iSd TMG (so für das TKG bzw. gegen die Einordnung als Telekommunikationsanbieter iSd § 3 Nr. 6 TKG LAG Berlin NZA-RR 2011, 342; Fülbier/Splittergerber NJW 2012, 1995). Das TMG enthält aber in **§ 11 Abs. 1 Nr. 1** eine Regelung zur Bereitstellung von Telemediendiensten im Dienst- und Arbeitsverhältnis und geht damit davon aus von seiner grundsätzlichen Anwendbarkeit auf den Arbeitgeber aus. Unanwendbar sind die §§ 11 ff. TMG zum Datenschutz danach nur, soweit die Bereitstellung solcher Dienste im Dienst- und Arbeitsverhältnis zu **ausschließlich beruflichen oder dienstlichen Zwecken** erfolgt. Im Übrigen, also bei Gestattung einer zumindest auch privaten Nutzung, ist der Arbeitgeber dann zugangsvermittelnder Diensteanbieter nach § 8 TMG.

III. Sonderregelung für audiovisuelle Mediendienste auf Abruf

11 Für audiovisuelle Mediendienste auf Abruf (Nr. 6, → Rn. 30) modifiziert Nr. 1 Hs. 2 den Begriff des „Diensteanbieters" entsprechend den Besonderheiten dieser Dienste. Diensteanbieter ist bei diesen Medien derjenige, der die redaktionelle Verantwortung für die Auswahl und Gestaltung der angebotenen Inhalte wahrnimmt.

C. Niedergelassener Diensteanbieter (S. 1 Nr. 2)

12 Der Begriff „niedergelassener Diensteanbieter" dient dazu, den räumlichen Anwendungsbereich telemedienrechtlicher Pflichten genauer abzustecken: An die Niederlassung eines Diensteanbieters **im Inland** knüpft das Gesetz seine Anwendbarkeit (§§ 2a, 3 Abs. 1 TMG). Für die Niederlassung in einem **anderen Staat im Geltungsbereich der E-Commerce-Richtlinie** begründet das TMG besondere Anforderungen an die Einhaltung der Schutzvorschriften des nationalen Rechts (§ 3 Abs. 5 TMG).

13 Die Begriffsbestimmung baut auf den Vorgängerregelungen § 3 Nr. 6 MDStV sowie § 3 Nr. 6 TDG auf. Sie setzt Art. 2 lit. c der E-Commerce-Richtlinie um. In Übereinstimmung mit ihr versteht das TMG unter einem niedergelassenen Diensteanbieter jeden Anbieter, der **mittels einer festen Einrichtung auf unbestimmte Zeit Telemedien geschäftsmäßig anbietet oder erbringt.**

14 Der Begriff der Niederlassung ist im Lichte des Art. 49 AEUV auszulegen (Erwägungsgrund Nr. 19 S. 1 E-Commerce-Richtlinie). Eine Niederlassung ist nach der Rechtsprechung des EuGH charakterisiert durch eine feste Einrichtung, die der tatsächlichen Aus-

übung einer selbstständigen Tätigkeit auf unbestimmte Zeit zu dienen bestimmt ist (EuGH, Rs. C-221/89, Factortame II, Slg. 1991, I-3905 Rdnr. 20; Rs. C-55/94, Gebhard, Slg. 1995, I-4165 Rdnr. 25). Angesichts der Schnelllebigkeit von Telemedien bereitet das Merkmal **"auf unbestimmte Zeit"** Probleme. Um dem Rechnung zu tragen, sieht der Richtliniengeber dieses Merkmal auch als erfüllt an, wenn das Unternehmen auf eine festgelegte Zeit gegründet ist (Erwägungsgrund Nr. 19 S. 2 der E-Commerce-Richtlinie). Bei Aktivitäten eines Unternehmens in mehreren Staaten liegen in der Regel mehrere Standorte vor. Wo das Unternehmen niedergelassen ist, ist dann nach dem Kriterium des Mittelpunkts der Tätigkeit zu bestimmen (Erwägungsgrund Nr. 19 S. 5 E-Commerce-Richtlinie).

Der Standort der technischen Einrichtung begründet allein keine Niederlassung des Anbieters. Das stellt § 2 Nr. 2 Hs. 2 TMG klar. Maßgeblich ist der Ort der Steuerung des Telemediums, also der **Ausübung der Wirtschaftstätigkeit.** Es kommt also weder darauf an, an welchem Ort sich der Webserver befindet, noch darauf, wo die Website zugänglich ist (Erwägungsgrund Nr. 19 S. 3 E-Commerce-Richtlinie). **15**

D. Nutzer (S. 1 Nr. 3)

Der Begriff „Nutzer" bildet das **Gegenstück zum „Diensteanbieter"** iSd § 2 Nr. 1 TMG (→ Rn. 1). Dieser empfängt die bereitgestellten Telemedien und „nutzt" diese „als natürliche oder juristische Person". **16**

Ebenso wie der Begriff des Nutzers ist derjenige des „Diensteanbieters" einer der **Schlüsselbegriffe** des Gesetzes, der an zahlreichen Stellen in den §§ 8 ff. TMG Verwendung findet. Als Komplementär zum „Diensteanbieter" als Verpflichtungsadressaten bestimmt er den Schutzadressaten der jeweiligen Normen. Er geht auf Art. 2 lit. d der E-Commerce-Richtlinie zurück. **17**

I. Weites Begriffsverständnis des § 2 Nr. 3 TMG

Mit der Definition „Person, die Telemedien nutzt" hat sich der Gesetzgeber für die denkbar weiteste begriffliche Umschreibung entschieden. Das **Ziel der Nutzung** ist nach der Vorschrift unerheblich, auch wenn mit dem Wort „insbesondere" erkennbar wird, dass der Gesetzgeber primär davon ausging, dass Telemedien zu Informationszwecken genutzt werden. Auch der Abruf von Telemedien zu bloßen Unterhaltungszwecken etc. unterfällt gleichermaßen dem Begriff der Nutzung. Selbst das Angebot eigener, kommerzieller Dienste auf einer übergeordneten Onlineplattform, wie z. B. eBay oder Facebook, kann eine Nutzung sein. Der Betreiber einer Facebook-Fanpage oder der Makler, der Immobilien auf einer Plattform einstellt, ist im Verhältnis zu dem Betreiber der Plattform, dessen Dienste er in Anspruch nimmt, selbst **Nutzer, aber auch Diensteanbieter** für eigene, dort vorgehaltene Angebote (vgl. BT-Drs 14/6098, S. 16; Rockstroh MMR 2013, 627 mwN; aA Lorenz, VuR 2008, 321 (322)). Die Nutzer- und die Diensteanbietereigenschaft schließen sich telemedienrechtlich nicht aus. **18**

In der Weite des Begriffs „Nutzer" spiegelt sich auch die Weite des **Schutzkonzepts,** welches das TMG verfolgt: Der Nutzer ist nach dem Konzept des TMG der grds. schutzbedürftige Adressat von Telemedienangeboten. Schutzbedürftig ist er deshalb, weil er den Angeboten des Diensteanbieters idR ohne echte eigene Einwirkungsmöglichkeit gegenübersteht. Will er ein Telemedium nutzen, muss er sich den Spielregeln des Diensteanbieters unterwerfen. **19**

Für den Tatbestand des § 2 Nr. 3 TMG ist unerheblich, ob die Nutzung **zu privaten oder zu beruflichen Zwecken** erfolgt (Erwägungsgrund Nr. 20 der E-Commerce-Richtlinie). Insofern soll § 2 Nr. 3 TMG erklärtermaßen die Diskussion zu dem zuvor geltenden, in seiner Auslegung umstrittenen § 3 Nr. 2 TDG beenden (vgl. Spindler/Schuster/Holznagel/Ricke TMG § 2 Rn. 7). Dort war – u. a. im Hinblick auf die Auslegung von § 2 Nr. 2 TDDSG – die Frage kontrovers diskutiert worden, wann der **Arbeitnehmer** bei Verwendung von Telediensten am Arbeitsplatz Nutzer iSd Gesetzes war. Überwiegend wurde danach abgegrenzt, ob der Arbeitnehmer einen ihm vom Arbeitgeber zur Verfügung gestellten Teledienst ausschließlich zu dienstlichen Zwecken oder auch zu privaten Zwecken nutzt. Nur im letzteren Falle sollte der Arbeitnehmer im Verhältnis zum Arbeitgeber als **20**

Nutzer anzusehen sein (vgl Gola MMR 1999, 322 (328 f.)). Diese Differenzierung hat das TMG lediglich für die Anwendung der datenschutzrechtlichen Bestimmungen in Abschnitt 4 des TMG übernommen: Stellt der Arbeitgeber im Dienst- und Arbeitsverhältnis den Zugriff auf Telemedien ausschließlich zu beruflichen oder dienstlichen Zwecken zur Verfügung, so sind auf die dann erfolgende Erhebung und Verwendung personenbezogener Daten die Vorschriften der §§ 11 ff. TMG nicht anzuwenden (§ 11 Abs. 1 Nr. 1 TMG). Im Übrigen erfasst das TMG aber beide Nutzungsformen gleichermaßen (→ Rn. 10). Das ergibt sich aus einem Umkehrschluss zu § 11 Abs. 1 Nr. 1 TMG (aA Spindler/Schuster/Holznagel/Ricke TMG § 2 Rn. 7, die Arbeitnehmer bei einer Telemediennutzung im Rahmen ihres Dienst- oder Arbeitsverhältnisses unter Verweis auf fehlende Eigenverantwortlichkeit generell nicht als Nutzer einstufen wollen; Verantwortlichkeit und Nutzereigenschaft sind aber trennbar). Das TMG weitet damit den Anwendungsbereich seiner Schutzregelungen gegenüber der vorherigen Rechtslage deutlich aus. Das ist auch sinnvoll. Denn die Gefahren, die das Gesetz abzuwenden trachtete, entstehen grds. unabhängig davon, ob es sich um eine berufliche oder private Nutzung handelt.

21 Der Begriff der Nutzung verlangt allerdings eine **zielgerichtete aktive Tätigkeit.** Der Nutzer muss nach dem Gesetz eine spezifische Nutzungsintention verfolgen, etwa die Informationserlangung oder das Zugänglichmachen von Informationen. Das bloß unspezifische Bereithalten eines Empfangsgerätes als solches, etwa die Inbetriebnahme eines Handys, genügt dafür nicht. Wem also eine unverlangte Spamnachricht zugeht, ist noch nicht Nutzer eines Dienstes iSd TMG (das schließt aber eine Anwendung datenschutzrechtlicher Vorschriften der §§ 11 ff. TMG im Wege eines Erst-recht-Schlusses nicht aus).

II. Sonderregelung in § 11 Abs. 2 TMG

22 In seinem 4. Abschnitt hält das TMG eine engere, bereichsspezifische Definition des Nutzers bereit. Sie findet für die **Datenschutzvorschriften** der §§ 11 ff. TMG Anwendung und begrenzt den Begriff des Nutzers auf **natürliche Personen,** klammert also bewusst juristische Personen aus. Der Sinn dieser Einschränkung erklärt sich aus dem besonderen Schutzzweck des 4. Abschnitts: Der Datenschutz, den die §§ 11 ff. TMG sicherstellen wollen, knüpft an personenbezogene Daten und damit an das informationelle Selbstbestimmungsrecht natürlicher Personen an. Den Begriff „personenbezogene Daten" definiert das TMG nicht selbst. Der Gesetzgeber nimmt vielmehr die Definition des § 3 Abs. 1 BDSG in Bezug. Personenbezogene Daten sind danach Einzelangaben über persönliche oder sachliche Verhältnisse einer bestimmten oder bestimmbaren natürlichen Person (dazu iE Gola/Schomerus BDSG § 3 Rn. 3 ff.).

E. Verteildienste (S. 1 Nr. 4)

23 Unter Verteildiensten versteht das TMG solche Telemedien, die im Wege einer Übertragung von Daten ohne individuelle Anforderung gleichzeitig für eine unbegrenzte Anzahl von Nutzern erbracht werden. Verteildienste zeichnen sich folglich durch eine **dem Rundfunk entsprechende Bereitstellung** aus: Der potenzielle Nutzer des Inhaltes muss nur eine entsprechende technische Einrichtung für den Empfang besitzen, der Inhalt als solcher wird ohne sein Zutun bereitgestellt. Damit folgt das Gesetz den Definitionen in § 3 Nr. 3 TDG und § 3 Nr. 3 MDStV. Die E-Commerce-Richtlinie, deren Umsetzung das TMG insbes. dient, kennt den Begriff des Verteildienstes hingegen nicht. Der Begriff des Verteildienstes findet im TMG nur an einer Stelle Verwendung, namentlich in **§ 3 Abs. 4 Nr. 5 TMG:** Die Vorschrift nimmt die Anforderungen an Verteildienste von der Geltung des Herkunftslandprinzips des § 3 Abs. 1 TMG und der Gewährleistung des freien Dienstleistungsverkehrs für Telemedien nach § 3 Abs. 2 TMG aus.

24 Der – nicht in den Definitionskatalog des TMG übernommene – **Gegenbegriff** zum Verteildienst ist der **Abrufdienst.** Darunter verstanden § 3 Nr. 4 TDG und § 3 Nr. 4 MDStV Dienste, die im Wege einer Übertragung von Daten auf individuelle Anforderung eines einzelnen Nutzers hin erbracht wurden. Kennzeichnend für den Abrufdienst ist, dass der Versand des Inhaltes erst **auf ausdrücklichen Wunsch des Nutzers** geschieht (Hochstein, NJW 1997, 2977 (2979)). Im Umkehrschluss zu § 3 Abs. 4 Nr. 5 TMG sind solche

Dienste vom Herkunftslandprinzip des § 3 TMG erfasst (ebenso Spindler/Schuster/Holznagel/Ricke TMG § 2 Rn. 9). Als Sonderbegriff definiert das TMG den Begriff „audiovisuelle Mediendienste auf Abruf" (§ 2 Nr. 6 TMG; → Rn. 30).

F. Kommerzielle Kommunikation (S. 1 Nr. 5)

Formen kommerzieller Kommunikation rufen nach der Einschätzung des Gesetzgebers ein besonderes Schutzbedürfnis des Nutzers hervor – insbes. die Gefahr, dass der Diensteanbieter den Empfänger in missbräuchlicher Absicht im Unklaren über den kommerziellen Hintergrund der Kommunikation lässt (BT-Drs. 16/3078, 14). Um dem zu begegnen, hat der Gesetzgeber in **§ 6 TMG** Regelungen etabliert, die besondere Anforderungen an die Informationspflichten begründen, welchen der Diensteanbieter zu genügen hat. Er will damit Transparenzanforderungen an die Versender kommerzieller Kommunikation erhöhen und die Entscheidungsfreiheit für den Empfänger sichern (BT-Drs. 16/3078, 14 f.). Die Verschleierung oder Verheimlichung des Absenders oder kommerziellen Charakters einer Nachricht belegt der Gesetzgeber mit einem **Bußgeld** (§ 16 Abs. 1 TMG). 25

Die Definition der kommerziellen Kommunikation dient der Umsetzung des **Art. 2 lit. f der E-Commerce-Richtlinie**. Den Begriff hat das Grünbuch der Europäischen Kommission über die kommerzielle Kommunikation im Binnenmarkt v. 8.6.1996 (KOM (1996) 192) geprägt. Inhaltlich übernimmt § 2 S. 1 Nr. 5 TMG den Wortlaut des § 3 Nr. 5 TDG und des § 3 Nr. 5 MdStV. Die Begriffsbeschreibung ist – angesichts der rasanten und kaum vorhersehbaren technischen Entwicklung sinnvollerweise – bewusst sehr weit gehalten. Unter „kommerzielle Kommunikation" fallen alle Formen der Werbung, des Direktmarketings, des Sponsorings, der Verkaufsförderung und der Öffentlichkeitsarbeit (KOM (1998) 121 endg, 24). 26

Als **„kommerziell"** stuft der Gesetzgeber eine Kommunikation dann ein, wenn sie in irgendeiner Weise der wirtschaftlichen Tätigkeit einer natürlichen oder juristischen Person dient. Das umschließt nicht nur Werbung im klassischen Sinne, sondern auch alle anderen Formen der Selbstdarstellung, wenn sie von einer wirtschaftlich tätigen Person vorgenommen werden. Es genügt, dass die Information „der unmittelbaren oder mittelbaren Förderung des Absatzes von Waren, Dienstleistungen oder des Erscheinungsbilds eines Unternehmens, einer sonstigen Organisationen oder einer natürlichen Person dient, die eine Tätigkeit im Handel, Gewerbe oder Handwerk oder einen freien Beruf ausübt" (§ 2 Nr. 5 Hs. 1 TMG). Nach dem Willen des Gesetzgebers soll der Begriff der wirtschaftlichen Tätigkeit im TMG den gleichen Inhalt haben wie das „Handeln im geschäftlichen Verkehr und zu Zwecken des Wettbewerbs" iSd §§ 1, 3 UWG (BT-Drs. 14/6098, 16). 27

Nicht unter den Begriff der kommerziellen Kommunikation fallen zum einen Tätigkeiten, die sich darin erschöpfen, Angaben zu übermitteln, „die unmittelbaren Zugang zur Tätigkeit des Unternehmens oder der Organisation oder Person ermöglichen, wie insbes. ein Domain-Name oder eine Adresse der elektronischen Post" oder auch Telefon, Telefax etc. **(§ 2 Nr. 5 Hs. 2 lit. a TMG).** 28

Keine kommerzielle Kommunikation sind auch Angaben in Bezug auf Waren und Dienstleistungen oder das Erscheinungsbild eines Unternehmens, einer Organisation oder Person, die unabhängig und insbes. ohne finanzielle Gegenleistung gemacht werden **(§ 2 Nr. 5 Hs. 2 lit. b TMG).** Diese Einschränkung zielt zum einen darauf ab, **Dritte, die Waren testen und bewerten** (zB Stiftung Warentest), von den besonderen Regeln über die kommerzielle Kommunikation zu befreien. Die objektive Produktförderung durch Testberichte unabhängiger Institute wollte das Gesetz bewusst nicht erfassen (BT-Drs. 14/6098, 16). Ferner sollen dadurch aus dem Begriff solche Tätigkeiten unabhängiger Privatpersonen herausgenommen werden, die auf ihrer Homepage **unabhängig und ohne finanzielle Gegenleistung Informationen zu bestimmten Themen oder Warenarten anbieten** (BT-Drs. 14/6098, 16), zB Preisvergleichsportale. Schwierig wird in diesen Fällen indes die Abgrenzung **zwischen echter unabhängiger Informationsbereitstellung Dritter und verdeckter Kommunikation**. Denn bei geschickter Ausgestaltung wird eine Verbindung zwischen Drittem und wirtschaftlich Tätigem regelmäßig nur schwer zu entdecken sein. Für die Abgrenzung ist auf die Unbefangenheit und Unabhängigkeit der Kommunikationsangebote abzustellen. 29

G. Audiovisuelle Mediendienste auf Abruf (S. 1 Nr. 6)

30 Mit der Konvergenz der Medien wachsen die Bedeutung und damit auch das Bedürfnis nach sachgerechter Regulierung neuer Formen des Abrufs von multimedialen Inhalten. In besonderer Weise gilt das für „audiovisuelle Mediendienste auf Abruf". Sie bilden ein **Mixtum compositum zwischen Fernsehangeboten und klassischen Telemedien.** Aufgrund ihrer Flexibilität und zeitlichen Entkopplung von einem Senderplan ersetzen sie in zunehmendem Umfang herkömmliche Fernsehangebote (Erwägungsgrund Nr. 69 S. 1 AVMD-RL).

I. Begriffsmerkmale

31 Unter „audiovisuellen Mediendiensten auf Abruf" sind nach Form und Inhalt fernsehähnliche, aber **non-lineare,** also nicht nach einem Sendeplan ablaufende Telemedien zu verstehen, die der Anbieter nach einem festgelegten Inhaltekatalog bereitstellt. Dazu zählen vor allem „Video-on-Demand-Angebote" von Online-Videotheken sowie Video-Portalen, wie „YouTube" oder „MyVideo" (allerdings nur mit ihrem On-Demand- und nicht mit ihrem Livestreaming-Angebot); zum Grenzfall „Google Hangout" der Bundeskanzlerin → § 2 RStV Rn. 6 ff.

1. Abgrenzung zum Fernsehen; Nicht-Linearität

32 Von Fernsehangeboten unterscheiden sich audiovisuelle Medienangebote auf Abruf in den **Auswahl- und Steuerungsmöglichkeiten der Nutzer** sowie (daraus folgend) in ihren Auswirkungen auf die Gesellschaft (Erwägungsgrund Nr. 42 RL 2007/65/EG; EuGH, Rs. C-89/04, Mediakabel, Slg. 2005, I-4909 Rdnr. 38 ff.): Bei Fernsehangeboten ist der Nutzer grds. an den Sendeplan des Anbieters gebunden. Bei audiovisuellen Mediendiensten auf Abruf behält er demgegenüber stets die **Kontrolle über den Zeitpunkt der Inhaltswiedergabe.** Die erhöhte Flexibilität rechtfertigt eine weniger intensive Regulierung als bei Fernsehdiensten (Erwägungsgrund Nr. 58 S. 2 AVMD-RL). Aufgrund der Fernsehähnlichkeit und ihres Charakters als Kultur- und Wirtschaftsdienst bleibt aber auch bei non-linearen Diensten das **Bedürfnis steuernden Einwirkens auf die Entwicklung solcher Dienste:** Wie Fernsehen sind sie als Massenmedien für den Empfang durch die Allgemeinheit bestimmt und erzielen eine **dem Fernsehen (in seiner informierenden, unterhaltenden oder bildenden Funktion) vergleichbare Breitenwirkung** (BT-Drs. 17/718, 8; Erwägungsgrund Nr. 21 S. 1 und Nr. 22 S. 1 AVMD-RL).

33 An der Schnittlinie zwischen klassischen Fernsehangeboten und Mediendiensten auf Abruf liegen der zeitversetzte Videoabruf von Fernsehsendungen (**„Near-Video on Demand"**), das **Livestreaming** von Fernsehsendungen, also die zusätzliche zeitgleiche Übertragung herkömmlicher Rundfunkprogramme über das Internet sowie das **Web-Casting,** dh die ausschließliche Übertragung förmlicher Rundfunkprogramme über das Internet. Sie sind nach dem Willen des Gesetzgebers keine Mediendienste auf Abruf. Der Richtlinien- und Gesetzgeber wollten sie als neue technische Verbreitungsform klassischen Rundfunks vielmehr an die strengen Anforderungen für die Fernsehausstrahlung binden (Erwägungsgrund Nr. 27 der AVMD-RL; BT-Drs. 16/3078, 13; BT-Drs. 17/718, 8). Keine audiovisuellen Mediendienste auf Abruf sind grds. **IPTV-Angebote,** wie zB „T-Entertain" der Deutschen Telekom. Diese vermitteln die Programminhalte zwar nicht über die herkömmliche Kabel- oder Satellitenverbindung, sondern über den Internetanschluss. Entscheidend ist jedoch nicht die technische Realisierung der Datenübermittlung, sondern dass die Zuschauerinnen und Zuschauer die Abrufinhalte wie beim herkömmlichen Fernsehen grds. nicht vollständig in eigener Regie abrufen können. Soweit allerdings zusätzliche Inhalte zum individuellen Abruf vorgehalten werden (was sich aufgrund der ohnehin schon bestehenden Verbindung mit dem Internet geradezu aufdrängt), verschmelzen „klassisches" Fernsehen und das Angebot audiovisueller Mediendienste auf Abruf. Es handelt sich dann um **zwei verschiedene Dienste,** die unterschiedlicher Regulierung unterworfen sind: der eine Teil dem RStV, der andere dem Sonderregime audiovisueller Mediendienste auf Abruf (vgl. auch Erwägungsgrund Nr. 27 S. 2 AVMD-RL).

2. Fernsehähnlichkeit, Audiovisualität

Zentrales Kennzeichen von Mediendiensten iSd § 2 S. 1 Nr. 6 TMG sind **audiovisuelle** 34
Elemente, die sie zu Massenmedien des Wirtschaftslebens machen. Es handelt sich um bewegte Bilder mit oder ohne Ton, auch Stummfilme, nicht aber Tonübertragungen oder Hörfunkdienste. Begleitende textgestützte Inhalte solcher Sendungen, wie zB Untertitel oder elektronische Programmführer, unterfallen als Annex auch dem Sonderrecht der Mediendienste auf Abruf – anders aber rein textgestützte Dienste, die sich in textlicher Darstellung erschöpfen (Erwägungsgrund Nr. 23 AVMD-RL).

Fernsehähnlich iSd gesetzlichen Definition sind solche Angebote, die auf das gleiche 35
Publikum wie Fernsehsendungen zielen und aufgrund der Art und Weise des Dienstezugangs ein ähnliches Regelungsbedürfnis sowie eine berechtigte Schutzerwartung der Nutzer auslösen (vgl. BT-Drs. 17/718, 8; Erwägungsgrund Nr. 24 S. 1 AVMD-RL). Daran fehlt es bei Angeboten, die audiovisuelle Inhalte lediglich als Nebenerscheinung der Dienste einbinden und deren **Hauptzweck** daher nicht in der **Bereitstellung von Programmen** liegt. Dazu zählen insbes. Internetseiten, bei denen audiovisuelle Elemente, zB animierte grafische Elemente, kurze Werbespots, Produktinformationen, lediglich Ergänzungsfunktion haben. **Keine** fernsehähnlichen Dienste iSd § 2 S. 1 Nr. 6 TMG sind daher nach dem Willen des Richtlinien- und Gesetzgebers auch Glücksspiele mit einem geldwerten Einsatz, einschließlich Lotterien, Wetten und andere Gewinnspiele, sowie Online-Spiele und Suchmaschinen – wohl aber Sendungen mit Gewinn- oder Glücksspielen (BT-Drs. 17/718, 8; Erwägungsgrund Nr. 22 S. 2–4 AVMD-RL).

Eine dem Regulierungsbedürfnis für das Fernsehen vergleichbare Ausgangssituation ver- 36
neinen die AVMD-RL und das Gesetz auch bei ganz oder überwiegend **nichtwirtschaftlichen Tätigkeiten,** wie zB privaten Internetseiten und von privaten Nutzern für Zwecke der gemeinsamen Nutzung und des Austauschs innerhalb von Interessengemeinschaften erstellten Diensten, die nicht mit Fernsehsendungen im Wettbewerb stehen (BT-Drs. 17/718, 8; Erwägungsgrund Nr. 21 S. 2 AVMD-RL).

3. Festgelegter Inhaltekatalog

Mediendienste iSd S. 1 Nr. 6 enthalten eine katalogisierte Auswahl an Sendungen. Über 37
ihre Auswahl übt der Diensteanbieter durch Wahrnehmung redaktioneller Verantwortung die Kontrolle aus. **Keine** Dienste in diesem Sinne sind daher **Hosting-Angebote,** die als nutzergenerierte Videoportale Inhalte zum Abruf bereitstellen (BT-Drs. 17/718, 8; Erwägungsgründe Nr. 25 und 26 AVMD-RL). Gleiches gilt für Dienste, die **Sendungen lediglich weiterleiten.**

II. Genese und unionsrechtlicher Hintergrund

Die Vorschrift des § 2 Nr. 6 ist jünger als die anderen Vorschriften des TMG. Sie hat erst 38
mit dem 1. Telemedienänderungsgesetz v. 31.5.2010 (BGBl. 2010, 692) Eingang in das TMG gefunden. Der Begriff „audiovisuellen Mediendienste auf Abruf" entstammt dem Unionsrecht, namentlich Art. 1 Abs. 1 lit. g der AVMD-RL.

Die Richtlinie will einerseits sicherstellen, dass von audiovisuellen Mediendiensten auf 39
Abruf keine gesteigerten Gefahren für den **Jugendschutz** ausgehen (Art. 12 RL AVM-RL), und andererseits den **Zugang zu europäischen Werken** fördern (Art. 13 RL AVM-RL). Ferner will sie die Praxis der Mediendiensteanbieter rechtlich absichern, ihre Nachrichtensendungen nach der direkten Ausstrahlung im Abrufmodus anzubieten, ohne dass die einzelnen Sendungen angepasst (dh die kurzen Auszüge herausgeschnitten) werden müssen (vgl. Erwägungsgrund Nr. 41 RL 2007/65/EG). Die Anbieter solcher Dienste sollen sich also auch für ihre Video-on-Demand-Dienste auf ihre grundrechtlich geschützte Rundfunk- und Meinungsfreiheit berufen können. Nach dem erklärten Ziel der Richtlinie soll der Begriff der audiovisuellen Mediendienste dabei lediglich die entweder als Fernsehprogramm oder auf Abruf bereitgestellten audiovisuellen Mediendienste erfassen, bei denen es sich um **Massenmedien** handelt, die also für den Empfang durch einen wesentlichen Teil der Allgemeinheit bestimmt sind und bei dieser eine deutliche Wirkung entfalten könnten (vgl.

Erwägungsgrund Nr. 16 RL 2007/65/EG). Dienste, die mit dem Fernsehen nicht im Wettbewerb stehen, sollen nicht erfasst werden.

III. Rechtsfolgen

40 Der Begriff der „audiovisuellen Mediendienste auf Abruf" taucht (außer in § 58 Abs. 3 S. 1 RStV) im TMG in drei Regelungszusammenhängen auf, zum einen in § 2 S. 1 Nr. 1 Hs. 2 TMG (unten 1.), zum anderen in § 2a Abs. 2–4 TMG (unten 2.) sowie in der Bereichsausnahme des § 1 Abs. 6 TMG (unten 3.).

1. § 2 S. 1 Nr. 1 Hs. 2 TMG – Modifizierung des Begriffs „Diensteanbieter"

41 Für audiovisuelle Mediendienste auf Abruf modifiziert das TMG den allgemeinen telemedienrechtlichen Begriff des Diensteanbieters. Entsprechend der strukturellen Besonderheit solcher Dienste versteht das Gesetz dort als Kennzeichen eines Diensteanbieters die **wirksame Kontrolle über die Auswahl und Gestaltung der angebotenen Inhalte** (BT-Drs. 17/718, 8).

2. § 2a Abs. 2–4 TMG – Bestimmung des Sitzlandes des Diensteanbieters

42 § 2a Abs. 2–4 TMG regelt, welches Recht auf die Anbieter solcher audiovisueller Medien auf Abruf in den verschiedenen denkmöglichen Organisations- und Angebotsformen anwendbar ist, wo insbes. das Sitzland eines solchen Diensteanbieters ist. Der Gesetzgeber reagiert damit einerseits auf die **weltweite Abrufbarkeit** solcher Dienste und andererseits auf die immer häufigeren **Urheberrechtsverletzungen** sowie die Unterwanderung nationaler **Jugendschutzvorschriften** in den unterschiedlichen nationalen Normkonzepten. Angesichts dieser Entwicklung nimmt die Bedeutung dieser Frage unaufhaltsam zu. Der Gesetzgeber hält dabei für diese Dienste grds. am Herkunftslandprinzip fest (dazu iE → § 2a Rn. 1).

3. § 1 Abs. 6 TMG

43 § 1 Abs. 6 TMG schränkt die Geltung der Sonderrechtsnormen des § 2 S. 1 Nr. 1 Hs. 2 TMG und des § 2 Abs. 2 bis 4 TMG für eine bestimmte Gruppe von audiovisuellen Mediendiensten auf Abruf wieder ein: nämlich solche, die **nur zum Empfang in Drittländern bestimmt sind,** sowie solche, die, selbst wenn sie in der EU physisch bereitgestellt werden, **nicht** unmittelbar oder mittelbar von der Allgemeinheit **mithilfe handelsüblicher Verbraucherendgeräte in der EU empfangbar** sind. Diese Dienste unterliegen den allgemeinen Bestimmungen des TMG für Telemedien.

H. Einer juristischen Person i. S. d. S. 1 gleichgestellte Personengesellschaften (S. 2)

44 Den in § 2 S. 1 Nr. 1 und 3 TMG adressierten juristischen Personen stellt S. 2 Personengesellschaften gleich, die mit der Fähigkeit ausgestattet sind, Rechte zu erwerben und Verbindlichkeiten einzugehen. Zweifelsfrei erfasst sind damit die OHG und die KG, die gem. § 124 Abs. 1 HGB bzw. §§ 161 Abs. 2, § 124 Abs. 1 HGB Rechte erwerben und Verbindlichkeiten eingehen, vor Gericht klagen und verklagt werden können. Seit der BGH die Rechtsfähigkeit der (Außen-)GbR anerkennt (BGHZ 116, 86 (88)), ist auch die Gesellschaft bürgerlichen Rechts, sofern sie am Rechtsverkehr teilnimmt, als „Diensteanbieter" zu qualifizieren.

I. Würdigung

45 Die in § 2 TMG definierten Begriffe sind von zentraler Bedeutung für das gesamte Multimediarecht. Aufgrund der Auswirkungen, die ihre Auslegung auf den Anwendungsbereich des TMG und der telemedienbezogenen Regelungen im RStV und JMStV hat, kommt ihrer Legaldefinition eine wichtige Rolle für den rechtssicheren Betrieb multimedia-

ler Dienste zu. Dass Rechtsstreitigkeiten zur Auslegung der in § 2 TMG definierten Begriffe bislang nicht sehr häufig sind und sich mit ihrer Hilfe auch neue Dienste und Akteurskonstellationen bewältigen lassen, deutet darauf hin, dass die Begriffsbestimmungen des § 2 TMG diese Aufgabe gegenwärtig sachgerecht erfüllen.

§ 2a Europäisches Sitzland

(1) ¹Innerhalb des Geltungsbereichs der Richtlinie 2000/31/EG des Europäischen Parlaments und des Rates vom 8. Juni 2000 über bestimmte rechtliche Aspekte der Dienste der Informationsgesellschaft, insbesondere des elektronischen Geschäftsverkehrs, im Binnenmarkt (ABl. EG Nr. L 178 vom 17.7.2000, S. 1) bestimmt sich das Sitzland des Diensteanbieters danach, wo dieser seine Geschäftstätigkeit tatsächlich ausübt. ²Dies ist der Ort, an dem sich der Mittelpunkt der Tätigkeiten des Diensteanbieters im Hinblick auf ein bestimmtes Telemedienangebot befindet.

(2) Innerhalb des Geltungsbereichs der Richtlinie 89/552/EWG bestimmt sich bei audiovisuellen Mediendiensten auf Abruf das Sitzland des Diensteanbieters

a) nach dem Ort der Hauptniederlassung, sofern dort die wirksame Kontrolle über den audiovisuellen Mediendienst ausgeübt wird, und
b) nach dem Ort, in dem ein wesentlicher Teil des mit der Bereitstellung des audiovisuellen Mediendienstes betrauten Personals tätig ist, sofern die wirksame Kontrolle über den audiovisuellen Mediendienst nicht in dem Mitgliedstaat der Europäischen Union oder einem Drittland ausgeübt wird, an dem sich der Ort der Hauptniederlassung befindet; lässt sich nicht feststellen, dass ein wesentlicher Teil des mit der Bereitstellung des audiovisuellen Mediendienstes betrauten Personals an einem bestimmten Ort befindet, bestimmt sich das Sitzland nach dem Ort der Hauptniederlassung.

(3) Liegen die Voraussetzungen nach Absatz 2 Buchstabe a oder b nicht vor, bestimmt sich innerhalb des Geltungsbereichs der Richtlinie 89/552/EWG das Sitzland des Diensteanbieters nach dem Ort, an dem er zuerst mit seiner Tätigkeit nach Maßgabe des Rechts dieses Landes begonnen hat, sofern eine dauerhafte und tatsächliche Verbindung mit der Wirtschaft dieses Landes weiter besteht.

(4) Anbieter von audiovisuellen Mediendiensten auf Abruf, bei denen nach den Absätzen 2 und 3 kein Sitzland innerhalb des Geltungsbereichs der Richtlinie 89/552/EWG festgestellt werden kann, unterliegen dem deutschen Recht, sofern sie

a) eine in Deutschland gelegene Satelliten-Bodenstation für die Aufwärtsstrecke oder
b) eine Deutschland gehörende Übertragungskapazität eines Satelliten nutzen.

§ 2a TMG enthält Regelungen, nach denen sich das europäische Sitzland bestimmt. Zunächst wird die Entstehungsgeschichte der Vorschrift erläutert (→ **Rn. 1**). Abs. 1 regelt das Sitzland des Diensteanbieters im e-commerce (→ **Rn. 2**), während der Sitz des Anbieters audiovisueller Mediendienste in den Abs. 2–4 geregelt wird (→ **Rn. 3–15**).

A. Allgemeines

Die Vorschrift, neu eingefügt in das TMG durch das 1. Telemedienänderungsgesetz (erstes **1** Gesetz zur Änderung des Telemediengesetzes v. 31.5.2010, BGBl. I 692), setzt begriffliche Maßgaben der e-commerce-Richtlinie (Richtlinie 2000/31/EG des Europäischen Parlaments und des Rates v. 8.6.2000 über bestimmte rechtliche Aspekte der Dienste der Informationsgesellschaft, insbes. des elektronischen Geschäftsverkehrs, im Binnenmarkt („Richtlinie über den elektronischen Geschäftsverkehr"), ABl. EG 2000 Nr. L 178/1) und der Richtlinie über audiovisuelle Medien (AVMD-RL; Richtlinie 2010/13/EU des Europäischen Parlaments und des Rates v. 10.3.2010 zur Koordinierung bestimmter Rechts- und

Verwaltungsvorschriften der Mitgliedstaaten über die Bereitstellung audiovisueller Mediendienste (Richtlinie über audiovisuelle Mediendienste), ABl. EG 2010 Nr. L 95/1) zur Lokalisierung des jeweiligen Diensteanbieters um. Diese Lokalisierung ist von entscheidender Bedeutung für die Verwirklichung des Herkunftslandprinzips. Denn im Grundsatz soll der Diensteanbieter mit Sitz in einem Mitgliedstaat das Recht seines Sitzstaates („Herkunftslandrecht") für die Erbringung der jeweiligen Dienste in einem anderen Mitgliedstaat gleichsam mitbringen können, also im gesamten Geltungsbereich der Richtlinien lediglich dem Recht am Ort seiner Niederlassung unterliegen (zu Einzelheiten und Einschränkungen sogleich bei § 3 TMG). Das Verhältnis von Richtlinienmaßgaben und jeweiliger Umsetzung ist allerdings komplex, weil sich der deutsche Umsetzungsgesetzgeber zum Teil eigener Begrifflichkeiten bedient (zB „Sitz" statt „Niederlassung" wie in den Richtlinien), ohne dass größere Bedeutungsunterschiede greifbar würden. Hinzu kommt, dass die Definition der Niederlassung in der AVMD-RL für sich bereits umfänglich ist und in Teilen von der Definition der Niederlassung in der e-commerce-Richtlinie abweicht. Dieses Normengefüge macht die Konkretisierung des „Sitzlandes" des Diensteanbieters schwierig.

B. Sitzland des Diensteanbieters im e-commerce (Abs. 1)

2   Abs. 1 definiert das Sitzland des Diensteanbieters im sachlichen Anwendungsbereich der e-commerce-Richtlinie für die Zwecke des § 3 Abs. 1 TMG. Nach dieser Vorschrift unterliegen in Deutschland niedergelassene Diensteanbieter deutschem Recht, und zwar auch und gerade für Dienste, die sie in einem anderen Mitgliedstaat anbieten oder erbringen. § 2 Nr. 2 TMG definiert, wann eine Niederlassung vorliegt. Erforderlich ist hierzu, dass der Anbieter mittels einer festen Einrichtung auf unbestimmte Zeit Telemedien geschäftsmäßig anbietet oder erbringt, wobei, dies ist der Regelungskern, der Standort der technischen Einrichtung allein keine Niederlassung begründet. Im Übrigen ist die Rspr. des EuGH zum primärrechtlichen Niederlassungsbegriff heranzuziehen (erw.-Gr. 19 e-commerce-Richtlinie). § 2a Abs. 1 S. 1 TMG bestimmt sodann, dass das Sitzland dort ist, wo der Diensteanbieter seine Geschäftstätigkeit tatsächlich ausübt. Nach S. 2 ist dies der Ort, an dem sich der Mittelpunkt der Tätigkeit des Diensteanbieters gerade hinsichtlich des streitgegenständlichen Telemedienangebots befindet. Sitzland iSv § 2a Abs. 1 TMG und Niederlassung iSv § 3 Abs. 1 TMG sind damit in systematischer Auslegung als synonym zu verstehen. Im Übrigen ist bei der Konkretisierung des Sitzlandes zu berücksichtigen, dass § 2a Abs. 1 TMG Art. 2 lit. c der e-commerce-Richtlinie umsetzt.

2.1   Nach Art. 2 lit. c der e-commerce-Richtlinie ist die Niederlassung des Diensteanbieters dort zu lokalisieren, wo der Anbieter „mittels einer festen Einrichtung auf unbestimmte Zeit eine Wirtschaftstätigkeit tatsächlich ausübt". Allein der Standort der technischen Mittel zur Anbietung bzw. Erbringung der Dienste genügt nach S. 2 der Vorschrift ausdrücklich nicht zur Begründung einer Niederlassung. Erw.-Gr. 19 der e-commerce-Richtlinie erläutert ergänzend, dass zur Bestimmung des Ortes der Niederlassung auf die in der Rspr. des EuGH entwickelten Kriterien zurückzugreifen ist. Diese Kriterien fasst Erw.-Gr. 19 dahingehend zusammen, dass es auf die „tatsächliche Ausübung einer wirtschaftlichen Tätigkeit mittels einer festen Einrichtung auf unbestimmte Zeit" ankommt. Ergänzend stellt Erw.-Gr. 19 S. 2 klar, dass Niederlassungen auch durch Unternehmensgründungen auf Zeit begründet werden können. Für Websites präzisiert Erw.-Gr. 19 S. 3, dass die Niederlassung weder am Standort der technischen Mittel noch am Ort der Abrufbarkeit der Website belegen ist, sondern vielmehr dort, wo die „wirtschaftliche Tätigkeit" im Zusammenhang mit der Website ausgeübt wird. Für Diensteanbieter mit mehreren Niederlassungen soll es nach Erw.-Gr. 19 S. 4 im Zweifel darauf ankommen, von wo aus die wirtschaftliche Tätigkeit im Zusammenhang mit dem streitgegenständlichen Dienst erfolgt. Da es sich um eine Zweifelsregelung handelt, könnte auch die Zuordnung des Dienstes zu einer anderen Niederlassung zulässig sein, wenn denn diese Zuordnung hinreichend dargetan ist. Wenn dies zuträfe, dann wäre die überschießende Beschreibung des Diensteanbieters durch § 2a Abs. 1 S. 2 TMG im Wege der richtlinienkonformen Rechtsfortbildung teleologisch zu reduzieren bzw. die Grundnorm einer teleologischen Extension zuzuführen. Der Diensteanbieter könnte dann ein bestimmtes Telemedienangebot einer jeden seiner Niederlassung zuweisen, die hinreichend wirtschaftliche Tätigkeit im Zusammenhang mit anderen Telemedien entfaltet.

C. Sitz des Anbieters audiovisueller Mediendienste (Abs. 2–4)

Für Anbieter audiovisueller Mediendienste auf Abruf bestimmt sich der Sitzstaat des **3** Anbieters nach folgenden komplexen Maßgaben, die im Wesentlichen auf Art. 2 der AVMD-RL beruhen:

I. Sachlicher Anwendungsbereich

Die vorgesehene Sitzlandbestimmung gilt nach dem Wortlaut von § 2a Abs. 2 TMG nur **4** innerhalb des Geltungsbereichs der Richtlinie 89/552/EWG (Richtlinie des Europäischen Parlamentes und des Rates v. 3.10.1989 zur Koordinierung bestimmter Rechts- und Verwaltungsvorschriften der Mitgliedstaaten über die Ausübung der Fernsehtätigkeit (Fernsehrichtlinie), ABl. EG Nr. L 298/23 v. 17.10.1989). Diese wurde mehrfach verändert und schließlich durch die AVMD-RL konsolidiert (Erw.-Gr. 1 AVMD-RL). Art. 34 Abs. 1 dieser Richtlinie hebt die Fernsehrichtlinie auf und regelt in Abs. 2, dass Verweisungen auf die aufgehobene Richtlinie als Verweisungen auf den konsolidierenden Rechtsakt gelten. Entscheidend ist damit vor allem der sachliche Anwendungsbereich dieser Richtlinie (die Sitzlandbestimmung beschränkt sich zwar dem Wortlaut der Vorschrift nach auch auf den räumlichen Geltungsbereich der Richtlinie. Jedoch richtet sich diese nach Art. 36 (bzw. Art. 27 Fernsehrichtlinie) an die Mitgliedstaaten, ohne dass einzelne Mitgliedstaaten ausgenommen wären). Die Sitzlandbestimmung in § 2a Abs. 2–4 TMG gilt also nur für Anbieter von Fernsehprogrammen iSv Art. 1 lit. e oder audiovisueller Mediendienste auf Abruf iSv Art. 1 lit. g der Richtlinie. Konkret umgesetzt in § 2a Abs. 2–4 TMG wird nämlich Art. 2 Abs. 2–4 der Richtlinie (BT-Drs. 17/718, 8). Dort wird bestimmt, wo der (vom Anwendungsbereich der Richtlinie erfasste) Anbieter niedergelassen ist. Allerdings beschränkt § 2a Abs. 2 TMG seinerseits seinen Anwendungsbereich auf audiovisuelle Mediendienste auf Abruf, so dass die komplizierte Sitzlandbestimmung nur für diese gilt (Roßnagel/Jandt TMG § 2a Rn. 11 aE). Der Gesetzgeber hielt hier eine besondere Regelung deswegen für erforderlich, „weil für die Bestimmung des Sitzlandes eines Anbieters eines audiovisuellen Mediendienstes auf Abruf spezifischere Kriterien gelten, als dies bei herkömmlichen Telemedien der Fall ist", BT-Drs. 17/718, 9.).

II. Eigene Umsetzungsdogmatik

Obwohl Art. 2 Abs. 2–4 TMG detailliert die Sitzlandbestimmung bzw. die Bestimmung **5** des Niederlassungsortes regeln und damit wohl kaum noch nennenswerten inhaltlichen Umsetzungsspielraum lassen, hat der deutsche Umsetzungsgesetzgeber von einer schlichten Wortlautübernahme abgesehen und die Vorgaben eigenständig strukturiert. Dies ist misslich, weil Begriffsdifferenzen Bedeutungsunterschiede suggerieren, die spätestens im Wege der richtlinienkonformen Auslegung ohnehin zu beseitigen wären. Sofern allerdings die Grenzen der richtlinienkonformen Rechtsfortbildung erreicht wären, käme es zu richtlinienwidrigen Abweichungen im Umsetzungsrecht. Diesem Risiko steht kein erkennbarer Erkenntnisgewinn aus der eigenständigen Strukturierung der Vorschriften gegenüber (ebenso Roßnagel/Jandt TMG § 2a Rn. 20; zu § 2a Abs. 2 lit. a und Abs. 3 auch Heckmann, jurisPK-Internetrecht, Kap. 1 IV Rn. 139; Seidl/Maisch K&R 2011, 11 (15)). Vielmehr obliegt es nun dem Rechtsanwender, beide Normtexte zu berücksichtigen und an die Grenzen der richtlinienkonformen Rechtsfortbildung zu konsolidieren. Erforderlich wird hierzu stets ein zweistufiges Vorgehen. Zunächst muss der Regelungsgehalt sowohl der Richtlinienbestimmungen als auch der mitgliedstaatlichen Vorschrift festgestellt werden. Bei Abweichungen muss sodann so weit wie möglich der Regelungsgehalt der mitgliedstaatlichen Vorschrift an die Maßgaben der Richtlinie angepasst werden:

III. Anknüpfungsmomente

Anknüpfungsmomente sind erstens der Ort der „Hauptverwaltung" (Richtlinie) bzw. der **6** „Hauptniederlassung" (TMG), zweitens der Ort der „redaktionellen Entscheidungen" (Richtlinie) bzw. der „wirksamen Kontrolle über den audiovisuellen Mediendienst" (TMG) und schließlich drittens der Ort, an dem ein wesentlicher Teil des mit der Bereitstellung des audiovisuellen Mediendienstes betrauten Personals tätig ist (Richtlinie und TMG). Die Richtlinie kombiniert diese Anknüpfungsmomente je unterschiedlich in drei alternativen Definitionen für den Niederlassungsort (Art. 2 Abs. 3 lit. a–c AVMD-RL). § 2a Abs. 2 lit. a und b sowie Abs. 3 TMG setzen diese Maßgaben in abweichender Struktur um:

1. Einheitlicher Ort von Hauptverwaltung und redaktioneller Entscheidung (Abs. 2 lit. a)

7   Nach Art. 2 Abs. 3 lit. a der Richtlinie gilt der Anbieter in einem Mitgliedstaat als niedergelassen, wenn er dort seine Hauptverwaltung hat und die redaktionellen Entscheidungen in diesem Mitgliedstaat getroffen werden.

8   Diese Maßgabe setzt § 2 Abs. 2 lit. a TMG unmittelbar um. Nach dieser Vorschrift ist das Sitzland des Anbieters dort, wo der Anbieter seine Hauptniederlassung hat, wenn dort zugleich die wirksame Kontrolle über den audiovisuellen Mediendienst ausgeübt wird. In Abweichung zur Richtlinie kommt durch den Wortlaut des § 2a Abs. 2 lit. a TMG nicht zum Ausdruck, dass die Regelung nur dann eingreift, wenn die Hauptniederlassung in einem Mitgliedstaat der Europäischen Union liegt. Jedoch kann dies zumindest indirekt der amtlichen Überschrift („Europäisches Sitzland") abgeleitet werden (iErg ebenso Heckmann, jurisPK-Internetrecht, Kap. 1 IV Rn. 138; Roßnagel/Jandt TMG § 2a Rn. 15; Seidl/Maisch K&R 2011, 11 (15)).

2. Ort der Tätigkeit des Personals

9   Art. 2 Abs. 3 lit. b S. 1 der Richtlinie regelt den Fall, dass ein Anbieter seine Hauptverwaltung in einem Mitgliedstaat hat, die redaktionellen Entscheidungen über den Mediendienst jedoch in einem anderen Mitgliedstaat getroffen werden. In diesem Fall gilt der Anbieter dort als niedergelassen, wo ein wesentlicher Teil des mit der Bereitstellung betrauten Personals tätig ist. Begrifflich kann dies auch in einem anderen Mitgliedstaat sein als in denjenigen Mitgliedstaaten, in denen jeweils Hauptverwaltung und redaktionelle Verantwortung belegen sind. Praktisch wird ein wesentlicher Teil des Personals aber häufig entweder am Ort der Hauptverwaltung oder am Ort der redaktionellen Verantwortung tätig sein. Dass dies der Richtliniengeber vor Augen hat, ergibt sich vor allem aus einer systematischen und damit bindenden Auslegung im Verhältnis zu Art. 2 Abs. 3 lit. b S. 2 und 3 AVMD-RL, wo jeweils anknüpfend an S. 1 nicht von Mitgliedstaaten allgemein die Rede ist, sondern von „diesen" Mitgliedstaaten. „Diese" Mitgliedstaaten sind aber ersichtlich diejenigen, in denen entweder die Hauptverwaltung oder der Ort der redaktionellen Entscheidung belegen sind. Bei Zweifeln hierüber müsste vorgelegt werden. Sind jeweils wesentliche Teile des Personals in verschiedenen Mitgliedstaaten tätig und zwar am Ort der Hauptverwaltung und am Ort der redaktionellen Kontrolle, dann gilt nach Art. 2 Abs. 3 lit. b S. 2 AVMD-RL der Anbieter dort als niedergelassen, wo er zugleich seine Hauptverwaltung hat. Hat der Anbieter schließlich seine Hauptverwaltung in einem Mitgliedstaat, werden die redaktionellen Entscheidungen jedoch in einem Drittstaat getroffen oder umgekehrt, dann gilt nach Art. 2 Abs. 3 lit. c der Richtlinie der Anbieter im betreffenden Mitgliedstaat als niedergelassen, wenn dort zugleich ein wesentlicher Teil des Personals tätig ist.

10   Diese Maßgaben soll § 2a Abs. 2 lit. b TMG umsetzen. Die Umsetzung folgt allerdings einer abweichenden Regelungsstruktur und zeigt zum Teil abweichende Inhalte. Danach ist Sitzland des Anbieters der Ort der Tätigkeit wesentliche Teile des mit der Bereitstellung des audiovisuellen Mediendienstes betrauten Personals, es sei denn, die wirksame Kontrolle über den Dienst wird nicht in dem Staat ausgeübt wird, in dem die Hauptverwaltung ist. Dass bei einheitlichem Ort der Hauptverwaltung und der wirksamen Kontrolle dieser Ort unabhängig vom Tätigkeitsort des Personals maßgeblich sein soll, ergibt sich freilich bereits aus § 2a Abs. 2 lit. a TMG. Anders als die Richtlinie unterstellt das TMG allerdings, dass bei Auseinanderfallen dieser Orte der Ort der Tätigkeit des Personals unabhängig davon maßgeblich sein soll, ob an dem Ort der Tätigkeit zugleich entweder Hauptverwaltung oder Ort der redaktionellen Kontrolle liegen. § 2a Abs. 2 lit. a TMG ist damit im Lichte der Richtlinienmaßgaben teleologisch dahingehend zu reduzieren, dass der Ort der Tätigkeit nur dann

maßgeblich ist, wenn dort zugleich entweder Hauptverwaltung oder wirksame Kontrolle belegen sind. Erneut stellt (allein) die amtliche Überschrift zu § 2a TMG („Europäisches Sitzland") klar, dass es immer nur um Maßgaben zur Bestimmung von Orten in einem Mitgliedstaat geht, auch wenn dies im Wortlaut der Norm, anders als im Wortlaut der Richtlinie, nicht zum Ausdruck kommt. Lässt sich ein Tätigkeitsort für das Personal in einem Mitgliedstaat nicht feststellen, dann soll nach § 2a Abs. 2 lit. b Hs. 2 TMG der Sitz des Anbieters am Ort der Hauptniederlassung zu lokalisieren sein. Erneut ist diese Regelung im Lichte der Richtlinie dahingehend teleologisch zu reduzieren, dass nur dann der Ort der Hauptverwaltung maßgeblich sein soll, wenn dort zugleich ein wesentlicher Teil des Personals tätig ist.

3. Ort des Beginns der Tätigkeit nach Maßgabe des dortigen Rechts (Abs. 3)

Ist schließlich ein wesentlicher Teil des erforderlichen, mit der Bereitstellung des audiovisuellen Mediendienstes betrauten Personals „in keinem dieser Mitgliedstaaten" tätig, dann gilt der Anbieter nach Art. 2 Abs. 3 lit. b S. 3 AVMD-RL als dort niedergelassen, wo er zuerst mit seiner Tätigkeit nach Maßgabe des Rechts des dortigen Mitgliedstaates begonnen hat, sofern eine dauerhafte und tatsächliche Verbindung mit der Wirtschaft dieses Mitgliedstaates weiter besteht. Gemeint sind mit „diesen" Mitgliedstaaten ersichtlich wieder der Mitgliedstaat der Hauptverwaltung und der Mitgliedstaat der redaktionellen Entscheidung. Sonst hätte es keinen Sinn, auf bestimmte Mitgliedstaaten Bezug zu nehmen. Damit ist systematisch erneut klar, dass Art. 2 Abs. 3 lit. b S. 1 der Richtlinie nur dann den Ort der Tätigkeit des Personals maßgeblich sein lässt, wenn dort zugleich entweder Hauptverwaltung oder redaktionelle Entscheidung belegen sind. 11

Die Umsetzung dieser Maßgaben soll durch § 2a Abs. 3 TMG erfolgen. Dessen Anwendungsbereich wird in negativer Form bestimmt, nämlich dadurch, dass die Voraussetzungen des § 2a lit. a oder b nicht vorliegen dürfen, wobei es sich ersichtlich um ein nichtauschließendes Oder handelt. Sprachlich präziser wäre es gewesen, dahingehend zu formulieren, dass weder die Voraussetzungen des Abs. 2 lit. a noch diejenigen des Abs. 2 lit. b vorliegen dürfen. Legt man diese Maßgaben zugrunde, dann ist Abs. 3 seinem Wortlaut nach einschlägig, wenn erstens Hauptniederlassung und Kontrolle in verschiedenen Staaten liegen und zweitens an keinem dieser Orte ein wesentlicher Teil des mit der Bereitstellung betrauten Personals tätig ist. Da Abs. 3 an Abs. 2 anknüpft, muss es sich allerdings bei den genannten Staaten wie in Abs. 2 um Mitgliedsstaaten der Europäischen Union handeln. Weiterhin darf ein Ort, an dem ein wesentlicher Teil der mit der Bereitstellung des Medieninhaltes betrauten Personen tätig ist, durchaus feststellbar sein. Bei diesem darf es sich lediglich nicht um denjenigen der Hauptniederlassung oder der Kontrolle handeln. Im Ergebnis setzt Abs. 3 damit tatbestandlich voraus, dass die Hauptniederlassung eines Mediendienstes und die Kontrolle über den audiovisuellen Medieninhalt in verschiedenen Mitgliedstaaten der Europäischen Union liegen, jedoch in keinem dieser Mitgliedstaaten ein wesentlicher Teil des mit der Bereitstellung betrauten Personals tätig ist (iErg ebenso Roßnagel/Jandt TMG § 2a Rn. 18; wohl auch Seidel/Maisch K&R 2011, 11 (16); Heckmann, jurisPK-Internetrecht, Kap. 1 IV 1 Rn. 143). 12

Sind die Voraussetzungen des § 2a Abs. 3 TMG erfüllt, ist Sitzland des Diensteanbieters der Ort, „an dem er zuerst mit seiner Tätigkeit nach Maßgabe des Rechts dieses Landes begonnen hat". Dies gilt jedoch nur, „sofern eine dauerhafte und tatsächliche Verbindung mit der Wirtschaft dieses Landes weiter besteht". Durch diese tatbestandliche Einschränkung soll das Bestehen eines sachlichen Zusammenhangs zwischen dem Sitzland und der Erbringung des Mediendienstes sichergestellt werden. 13

4. Residuale Anknüpfung an Ort des Tätigkeitsbeginns (Abs. 4)

Art. 2 Abs. 4 der Richtlinie bestimmt den Niederlassungsort für Anbieter, die nicht unter Abs. 3 fallen. Diese „unterliegen der Rechtshoheit eines Mitgliedstaates", wenn sie eine in diesem Mitgliedstaat gelegene Satelliten-Bodenstation für die Aufwärtsstrecke nutzen (lit. a) oder eine diesem Mitgliedstaat gehörende Übertragungskapazität eines Satelliten (lit. b) nutzen. 14

15 § 2 Abs. 4 TMG setzt diese Maßgabe nahezu vollständig kongruent um: Liegt nach den Maßgaben von Abs. 2 und 3 der Sitz des Anbieters außerhalb der Europäischen Union (genauer: außerhalb des Geltungsbereichs der RL 89/552/EWG), dann findet auf deren Dienste deutsches Recht Anwendung, wenn der Anbieter eine in Deutschland gelegene Satelliten-Bodenstation für die Aufwärtsstrecke (lit. a) oder eine Deutschland gehörende Übertragungskapazität eines Satelliten (lit. b) nutzt.

§ 3 Herkunftslandprinzip

(1) In der Bundesrepublik Deutschland nach § 2a niedergelassene Diensteanbieter und ihre Telemedien unterliegen den Anforderungen des deutschen Rechts auch dann, wenn die Telemedien in einem anderen Staat innerhalb des Geltungsbereichs der Richtlinien 2000/31/EG und 89/552/EWG geschäftsmäßig angeboten oder erbracht werden.

(2) ¹Der freie Dienstleistungsverkehr von Telemedien, die in der Bundesrepublik Deutschland von Diensteanbietern geschäftsmäßig angeboten oder erbracht werden, die in einem anderen Staat innerhalb des Geltungsbereichs der Richtlinien 2000/31/EG und 89/552/EWG niedergelassen sind, wird nicht eingeschränkt. ²Absatz 5 bleibt unberührt.

(3) Von den Absätzen 1 und 2 bleiben unberührt
1. die Freiheit der Rechtswahl,
2. die Vorschriften für vertragliche Schuldverhältnisse in Bezug auf Verbraucherverträge,
3. gesetzliche Vorschriften über die Form des Erwerbs von Grundstücken und grundstücksgleichen Rechten sowie der Begründung, Übertragung, Änderung oder Aufhebung von dinglichen Rechten an Grundstücken und grundstücksgleichen Rechten,
4. das für den Schutz personenbezogener Daten geltende Recht.

(4) Die Absätze 1 und 2 gelten nicht für
1. die Tätigkeit von Notaren sowie von Angehörigen anderer Berufe, soweit diese ebenfalls hoheitlich tätig sind,
2. die Vertretung von Mandanten und die Wahrnehmung ihrer Interessen vor Gericht,
3. die Zulässigkeit nicht angeforderter kommerzieller Kommunikationen durch elektronische Post,
4. Gewinnspiele mit einem einen Geldwert darstellenden Einsatz bei Glücksspielen, einschließlich Lotterien und Wetten,
5. die Anforderungen an Verteildienste,
6. das Urheberrecht, verwandte Schutzrechte, Rechte im Sinne der Richtlinie 87/54/EWG des Rates vom 16. Dezember 1986 über den Rechtsschutz der Topographien von Halbleitererzeugnissen (ABl. EG Nr. L 24 S. 36) und der Richtlinie 96/9/EG des Europäischen Parlaments und des Rates vom 11. März 1996 über den rechtlichen Schutz von Datenbanken (ABl. EG Nr. L 77 S. 20) sowie für gewerbliche Schutzrechte,
7. die Ausgabe elektronischen Geldes durch Institute, die gemäß Artikel 8 Abs. 1 der Richtlinie 2000/46/EG des Europäischen Parlaments und des Rates vom 18. September 2000 über die Aufnahme, Ausübung und Beaufsichtigung der Tätigkeit von E-Geld-Instituten (ABl. EG Nr. L 275 S. 39) von der Anwendung einiger oder aller Vorschriften dieser Richtlinie und von der Anwendung der Richtlinie 2000/12/EG des Europäischen Parlaments und des Rates vom 20. März 2000 über die Aufnahme und Ausübung der Tätigkeit der Kreditinstitute (ABl. EG Nr. L 126 S. 1) freigestellt sind,
8. Vereinbarungen oder Verhaltensweisen, die dem Kartellrecht unterliegen,
9. die von den §§ 12, 13a bis 13c, 55a, 83, 110a bis 110d, 111b und 111c des Versicherungsaufsichtsgesetzes und der Versicherungsberichterstattungs-Ver-

ordnung erfassten Bereiche, die Regelungen über das auf Versicherungsverträge anwendbare Recht sowie für Pflichtversicherungen.

(5) ¹Das Angebot und die Erbringung von Telemedien durch einen Diensteanbieter, der in einem anderen Staat im Geltungsbereich der Richtlinien 2000/31/EG oder 89/552/EWG niedergelassen ist, unterliegen abweichend von Absatz 2 den Einschränkungen des innerstaatlichen Rechts, soweit dieses dem Schutz
1. der öffentlichen Sicherheit und Ordnung, insbesondere im Hinblick auf die Verhütung, Ermittlung, Aufklärung, Verfolgung und Vollstreckung von Straftaten und Ordnungswidrigkeiten, einschließlich des Jugendschutzes und der Bekämpfung der Hetze aus Gründen der Rasse, des Geschlechts, des Glaubens oder der Nationalität sowie von Verletzungen der Menschenwürde einzelner Personen sowie die Wahrung nationaler Sicherheits- und Verteidigungsinteressen,
2. der öffentlichen Gesundheit,
3. der Interessen der Verbraucher, einschließlich des Schutzes von Anlegern,

vor Beeinträchtigungen oder ernsthaften und schwerwiegenden Gefahren dient und die auf der Grundlage des innerstaatlichen Rechts in Betracht kommenden Maßnahmen in einem angemessenen Verhältnis zu diesen Schutzzielen stehen. ²Für das Verfahren zur Einleitung von Maßnahmen nach Satz 1 – mit Ausnahme von gerichtlichen Verfahren einschließlich etwaiger Vorverfahren und der Verfolgung von Straftaten einschließlich der Strafvollstreckung und von Ordnungswidrigkeiten – sehen Artikel 3 Abs. 4 und 5 der Richtlinie 2000/31/EG sowie Artikel 2a Absatz 4 und 5 der Richtlinie 89/552/EWG Konsultations- und Informationspflichten vor.

Der Gesetzgeber hat in § 3 TMG das Herkunftslandprinzip normiert. Es handelt sich dabei um eine Umsetzung von Art. 3 e-commerce-Richtlinie (→ Rn. 1 f.). Für die Anwendung des Herkunftslandprinzips muss zunächst der sachliche Anwendungsbereich eröffnet sein (→ Rn. 3 ff.). Nach Abs. 1 unterliegen in Deutschland niedergelassene Diensteanbieter den Anforderungen des deutschen Rechts (→ Rn. 6). Die Einordnung für Diensteanbieter, deren Niederlassung in einem anderen Mitgliedsstaat ist, richtet sich nach Abs. 2 (→ Rn. 11). Ausnahmen des Herkunftslandprinzips sind in den Abs. 3–5 geregelt. Dabei sind sowohl abstrakt-generelle Ausnahmen (→ Rn. 13 ff.) als auch solche nach Abwägung des konkreten Einzelfalles (→ Rn. 30 ff.) vorgesehen.

Übersicht

	Rn		Rn
A. Allgemeines	1	VI. Prozessvertretung von Mandanten (Abs. 4 Nr. 2)	22
B. Entstehungsgeschichte	2	VII. E-Mail-Werbung (Abs. 4 Nr. 3)	23
C. Sachlicher Anwendungsbereich	3	VIII. Gewinnspiele mit Geldeinsatz (Abs. 4 Nr. 4)	24
D. Diensteanbieter mit Sitz in Deutschland (Abs. 1)	6	IX. Verteildienste (Abs. 4 Nr. 5)	25
E. Diensteanbieter mit Sitz in anderem Mitgliedstaat (Abs. 2)	11	X. Immaterialgüterrechte (Abs. 4 Nr. 6)	26
		XI. Elektronisches Geld (Abs. 4 Nr. 7)	27
F. Abstrakt-generelle Ausnahmen vom Herkunftslandprinzip (Abs. 3, 4)	13	XII. Kartellrecht (Abs. 4 Nr. 8)	28
I. Freiheit der Rechtswahl (Abs. 3 Nr. 1)	15	XIII. Versicherungsaufsichtsrecht (Abs. 4 Nr. 9)	29
II. Verbraucherverträge (Abs. 3 Nr. 2)	18	G. Ausnahmen nach Abwägung im Einzelfall (Abs. 5)	30
III. Formvorschriften bei Grundstücksgeschäften (Abs. 3 Nr. 3)	19	H. Rechtsschutz	35
IV. Datenschutz (Abs. 3 Nr. 4)	20		
V. Tätigkeit von Notaren (Abs. 4 Nr. 1)	21		

A. Allgemeines

1   Die Vorschrift setzt Art. 3 e-commerce-Richtlinie (Richtlinie 2000/31/EG des Europäischen Parlaments und des Rates vom 08. Juni 2000 über bestimmte rechtliche Aspekte der Dienste der Informationsgesellschaft, insbes. des elektronischen Geschäftsverkehrs, im Binnenmarkt (Richtlinie über den elektronischen Geschäftsverkehr), ABl. EG Nr. L 278/1 v. 17.7.2000) um. Unter der amtlichen Überschrift „Binnenmarkt" wird dort in Abs. 1 ein Herkunftslandprinzip normiert, wonach jeder Mitgliedstaat zu gewährleisten hat, dass bei ihm niedergelassene Diensteanbieter den dort geltenden Vorschriften entsprechen. Abs. 2 verpflichtet die Mitgliedstaaten darüber hinaus, den freien Verkehr mit einschlägigen Diensten von Anbietern mit Sitz in anderen Mitgliedstaaten nicht einzuschränken. Ziel ist es, den freien Verkehr von regelmäßig grenzüberschreitenden und damit binnenmarktrelevanten „Diensten der Informationsgesellschaft" zu gewährleisten, indem einerseits jeder Mitgliedstaat die bei ihm niedergelassenen Anbieter nach seinem Recht reguliert, andererseits jeder der solchermaßen regulierten Anbieter einheitlich nach seinem Herkunftslandrecht binnenmarktweit seine Dienste anbieten und erbringen kann. Problematisch ist bei diesem Regelungsansatz, dass die vom Herkunftslandprinzip erfassten Regulierungsbereiche wenig harmonisiert sind (krit. zB Spindler, RabelsZ 66 (2002), 633 (706 ff.); positiv zB Blasi, Das Herkunftslandprinzip der Fernseh- und der E-Commerce-Richtlinie, 2004, 436 ff.). Dies führt zu großen Rechtsunterschieden zwischen grenzüberschreitenden und lokalen Anbietern. Im Übrigen bestehen Unsicherheiten über die Wirkungsweise des Herkunftslandprinzips und Abgrenzungsschwierigkeiten für den sachlichen Anwendungsbereich sowie die zahlreichen Ausnahmen, so dass die grenzüberschreitende Erbringung von Diensten noch keineswegs so einfach und von Rechtssicherheit getragen ist, wie dies dem Regelungsziel des europäischen Gesetzgebers entspräche.

B. Entstehungsgeschichte

2   § 3 TMG, eingeführt durch Art. 1 ELGVG (Gesetz zur Vereinheitlichung von Vorschriften über bestimmte elektronische Informations- und Kommunikationsdienste (Elektronischer-Geschäftsverkehr-Vereinheitlichungsgesetz – ELGVG), BGBl. I 179, in Kraft seit 1.3.2007), konsolidiert ohne inhaltliche Modifikation (BT-Drs. 16/3078, 14) die früher getrennten Vorschriften zum Herkunftslandprinzip in § 4 TDG und § 5 MDStV. Neu hinzu kam allerdings die Bereichsausnahme für den Schutz personenbezogener Daten nach § 3 Abs. 3 Nr. 4 TMG.

C. Sachlicher Anwendungsbereich

3   Zunächst muss für die Anwendung des Herkunftslandprinzips der sachliche Anwendungsbereich des Gesetzes nach § 1 TMG eröffnet sein. Dies ist der Fall für geschäftsmäßig angebotene oder erbrachte „Telemedien" iSd Legaldefinition nach § 1 Abs. 1 S. 1 TMG (iErg → § 1 Rn. 4; zum Merkmal der Geschäftsmäßigkeit auch Spindler/Schuster/Pfeiffer/Weller/Nordmeier TMG § 3 Rn. 5). Zu diesen zählen nach der Definitionsnorm des § 2 Nr. 4 TMG (genauer → § 2 Rn. 23 f. TMG; vgl. auch die Regelbeispiele in Erw.-Gr. 18 e-commerce-Richtlinie zu den „Diensten der Informationsgesellschaft" (Online-Verkauf von Waren, Online-Informationsdienste, Online-Werbung, Email-Kommunikation zu gewerblichen Zwecken, Suchmaschinen, Access-Provider, Video-on-demand-Anbieter, soziale Netzwerke, Online-Multiplayerspiele); ferner treten nach Art. 2 lit. a e-commerce-Richtlinie iVm Art. 1 Nr. 2 und Anhang V RL 98/34/EG („Transparenz-Richtlinie") zB Mobile Commerce, Telefonmehrwertdienste oder Fax-Polling.) auch Verteildienste. § 3 Abs. 3 Nr. 5 TMG nimmt die rechtlichen Anforderungen an Verteildienste allerdings ausdrücklich vom Anwendungsbereich des Herkunftslandprinzips aus. Ferner sind steuerrechtliche und presserechtliche Anforderungen von vornherein vom sachlichen Anwendungsbereich des Gesetzes nach § 1 Abs. 2 und 3 TMG ausgenommen.

4   Im Übrigen gelten die Maßgaben aus dem sekundärrechtlichen Herkunftslandprinzip nach Art. 3 Abs. 1 und 2 e-commerce-Richtlinie für den „koordinierten Bereich" iSv Art. 2 lit. h der Richtlinie, also für Anforderungen an die Aufnahme der Tätigkeit wie etwa

Qualifikationen, Genehmigungen oder Anmeldungen (Art. 2 lit. h (i) Spiegelstrich 1 e-commerce-Richtlinie), ferner die Anforderungen an die Ausübung der Tätigkeit hinsichtlich Qualität und Inhalt oder allgemeine Verhaltens- und Verantwortlichkeitsanforderungen unter Einschluss der Anforderungen an Werbung und Verträge (Art. 2 lit. h (i) Spiegelstrich 2 e-commerce-Richtlinie). Ausdrücklich ausgeschlossen vom koordinierten Bereich sind die Anforderungen an die Ware als solche und ihre physische Lieferung sowie nicht auf elektronischem Wege zu erbringende Dienste (Art. 2 lit. h (ii) Spiegelstriche 1–3 e-commerce-Richtlinie). Innerhalb des koordinierten Bereichs liegt damit im Umkehrschluss der Vertrieb von unkörperlichen Leistungen, die vollständig elektronisch erbracht werden können. Da § 3 Abs. 1 TMG das Herkunftslandprinzip auf den Geltungsbereich der e-commerce-Richtlinie beschränkt und keine überschießende Umsetzung vornimmt, gilt die Beschränkung auf den koordinierten Bereich auch für das deutsche Umsetzungsrecht (Spindler/Schuster/Pfeiffer/Weller/Nordmeier TMG § 3 Rn. 3 aE).

Art. 3 Abs. 3 iVm dem Anhang der Richtlinie (nach dem Anhang sind folgende Bereiche **5** von der Wirkung des Herkunftslandprinzips ausgeschlossen: Urheberrechte und bestimmte verwandte Schutzrechte, bestimmte Formen des elektronischen Geldes, Art. 44 Abs. 2 der Richtlinie 85/611/EWG, Art. 30 und Titel IV der Richtlinie 92/49/EWG, Titel IV der Richtlinie 92/96/EWG sowie Art. 7 und 8 der Richtlinie 88/357/EWG und Art. 4 der Richtlinie 90/619/EWG, ferner die Freiheit der Rechtswahl für die Vertragsparteien, vertragliche Schuldverhältnisse in Bezug auf Verbraucherverträge, die Formgültigkeit von Verträgen über Immobilien, sofern im Belegenheitsstaat zwingende Formerfordernisse für den Vertrag bestehen sowie schließlich die Zulässigkeit nicht angeforderter Werbung per e-mail) sowie § 3 Abs. 4–5 TMG enthalten verschiedene Ausnahmen vom sekundärrechtlichen Herkunftslandprinzip, nämlich zum einen bestimmte Bereichsausnahmen, zum anderen Vorbehalte z. B. zugunsten der öffentlichen Gesundheit (hierzu → Rn. 13 ff.).

Für Internet-Apotheken mit Sitz in anderen Mitgliedstaaten, die ihre Ware nach Deutschland **5.1** vertreiben wollen, gilt danach, dass der physische Absatz nach Deutschland hinein nicht dem sekundärrechtlichen Herkunftslandprinzip unterfällt (vgl. Erw.-Gr. 21 S. 2 e-commerce-Richtlinie: „Der koordinierte Bereich (…) betrifft keine Anforderungen der Mitgliedstaaten bezüglich der Lieferung oder Beförderung von Waren, einschließlich der Lieferung von Humanarzneimitteln"; BGH Urt. v. 30.3.2006 – I ZR 24/03, NJW 2006, 2630, Tz. 28 – Arzneimittelwerbung im Internet). Mitgliedstaatliche Versandhandelsverbote nach dem Vorbild von § 43 Abs. 1 S. 1 HS 1 AMG sind zwar Beschränkungen der Warenverkehrsfreiheit, jedoch nach Art. 36 AEUV zum Schutz der öffentlichen Gesundheit gerechtfertigt (EuGH Urt. v. 11.12.2003 – Rs. C-322/01, Tz. 124 – DocMorris). Die Werbung hingegen unterfällt dem koordinierten Bereich und damit dem Herkunftslandprinzip des § 3 TMG. Indes erlaubt § 3 Abs. 5 S. 1 Nr. 2 TMG Einschränkungen nach mitgliedstaatlichem Recht, soweit dies dem Schutz der öffentlichen Gesundheit vor Beeinträchtigungen oder ernsthaften Gefahren dient und die auf der Grundlage des innerstaatlichen Rechts in Betracht kommenden Maßnahmen in einem angemessenen Verhältnis zu diesen Schutzzielen stehen und schließlich die Verfahrensmaßgaben nach § 3 Abs. 5 S. 2 TMG eingehalten werden (Letzteres übersieht OLG Frankfurt a M. NJW-RR 2001, 1408). Ergänzend sieht die Humanarzneimittelwerberichtlinie (RL 92/28/EWG des Rates v. 31.3.1992 über die Werbung für Humanarzneimittel, ABl. EG Nr. L 113/13 v. 30.4.1992) ein Werbeverbot für nicht zugelassene Arzneimittel vor, das in § 3a HWG umgesetzt ist und als vom Herkunftslandprinzip zum Schutz der Gesundheit ausgenommen gilt (BGH NJW 2006, 2630, Tz. 29 ff. – Arzneimittelwerbung im Internet).

D. Diensteanbieter mit Sitz in Deutschland (Abs. 1)

In Deutschland niedergelassene Diensteanbieter und ihre Telemedien unterliegen nach **6** Abs. 1 den Anforderungen des deutschen Rechts, und zwar insbes. auch dann, wenn sie von Deutschland aus ihre Dienste in andere Mitgliedstaaten hinein anbieten und erbringen. Ob ein Diensteanbieter (überhaupt) niedergelassen ist, richtet sich nach § 2 Nr. 2 TMG. Ob der niedergelassene Diensteanbieter in Deutschland niedergelassen ist, richtet sich nach § 2a Abs. 1 TMG.

Rechtliche Anforderungen sind bei internationalen Sachverhalten grds. nach Maßgabe **7** des deutschen Kollisionsrechts zu bestimmen. Kollisionsrechtlich maßgeblich sind in

Deutschland insbes. die Bestimmungen zu vertraglichen Schuldverhältnissen nach der Rom I-VO (Verordnung (EG) Nr. 593/2008 des Europäischen Parlaments und des Rates über das auf vertragliche Schuldverhältnisse anzuwendende Recht („Rom I") v. 17.6.2008, ABl. EU Nr. L 177/6) sowie zu nichtvertraglichen Schuldverhältnissen nach der Rom II-VO (Verordnung (EG) Nr. 864/2007 des Europäischen Parlaments und des Rates über das auf außervertragliche Schuldverhältnisse anzuwendende Recht („Rom II") v. 11.7.2007, ABl. EU Nr. L 199/40). Die „Anforderungen des deutschen Rechts" iSv Abs. 1 können sich danach auch aus ausländischem Sachrecht ergeben, wenn die Anknüpfungsmomente dieser Kollisionsnormen auf das Recht ausländischer Staaten verweisen (zB Sack WRP 2011, 513 (515); MüKo-BGB/Drexl, 5. Aufl. 2011, IntUnlWettbR Rn. 78). Das nach diesen Maßgaben zur Anwendung berufene Sachrecht ist sodann nach dem Herkunftslandprinzip mit dem Recht des Herkunftsstaates für den Diensteanbieter zu vergleichen. Wenn sich in diesem der kollisionsrechtlichen Anknüpfung nachgelagerten Sachrechtsvergleich aus dem „an sich" berufenen Recht Beschränkungen für den Diensteanbieter ergeben, die nach seinem Herkunftslandrecht nicht bestünden, dann verdrängt das Herkunftslandprinzip diese Beschränkungen. Das Herkunftslandrecht des Diensteanbieters ist dabei seinerseits nach Maßgabe des dort geltenden Kollisionsrechts zu bestimmen.

8   Dem Wortlaut nach ließe sich Abs. 1 auch einfach als kollisionsrechtlicher Verweis auf deutsches Sachrecht verstehen. Art. 3 Abs. 1 e-commerce-Richtlinie gibt unmittelbar keinen Aufschluss darüber, welches Verständnis gemeint ist. Denn dort ist ebenfalls lediglich angeordnet, dass die Dienste den im Niederlassungsmitgliedstaat „geltenden innerstaatlichen Vorschriften" entsprechen sollen. Damit stellt sich die umstrittene Kernfrage zum sekundärrechtlichen Herkunftslandprinzip, nämlich wie dieses zu handhaben ist. Diese dogmatische Grundfrage stellt sich gleichermaßen für Abs. 1 und Abs. 2.

8.1   Das Argumentarium zu dieser Streitfrage ist spätestens seit der Vorlage des BGH hierzu in der Rechtssache e-Date Advertising weitgehend erschlossen (BGH Vorlagebeschl. v. 10.11.2009 – VI ZR 217/08, MMR 2010, 211 Tz. 31 – 42; hierzu zB Nordmeier LMK 2010, 296245; Staudinger NJW 2010, 1754; Sujecki EuZW 2010, 318; Sack EWS 2010, 70).

8.2   Art. 1 Abs. 4 e-commerce-Richtlinie, erläutert durch Erw.-Gr. 23, sowie § 1 Abs. 5 TMG erklären, dass die Richtlinie bzw. das Umsetzungsgesetz keine Kollisionsregeln schaffe („IPR-Neutralität" der Richtlinie; so prägnant Sack, EWS 2011, 65; MüKo-BGB/Drexl, 5. Aufl. 2011, IntUnlWettbR Rn. 78). Allerdings kann eine derartige Deklaration nicht die Sachfrage nach der Natur des Herkunftslandprinzips entscheiden (Spindler/Schuster/Pfeiffer/Weller/Nordmeier Vorbem. Rom II-VO Rn. 9; Mankowski, IPRax 2002, 257 (258)). Ein Indiz zum Verständnis des Gesetzgebers lässt sich den Deklarationen aber doch dahingehend entnehmen, dass der europäische Gesetzgeber eine Sachrechtskontrolle vor Augen hatte, die sich an die Wirkungsweise der Grundfreiheiten anlehnt. (Das primärrechtliche Herkunftslandprinzip, wie es aus der Wirkungsweise der Grundfreiheiten hervorgeht, kann sich natürlich in bestimmten Aspekten von einem sekundärrechtlichen Herkunftslandprinzip unterscheiden, etwa hinsichtlich der Tatbestandsreichweite („Keck-Formel") oder Rechtfertigungsmöglichkeiten, jedoch bleibt die Struktur identisch.) Danach ist das auf den grenzüberschreitenden Sachverhalt anwendbare Recht nach den allgemeinen Kollisionsnormen des Forums zu bestimmen. Das solchermaßen zur Anwendung berufene Sachrecht ist sodann gegebenenfalls am Maßstab des Herkunftslandrechts zu kontrollieren, wobei der Kontrollmaßstab seinerseits nach Maßgabe des Kollisionsrechts des Herkunftsstaates zu bestimmen ist.

8.3   Strukturell ähnelt dieser Vorgang einer Ordre-public-Kontrolle ausländischen Rechts und hat damit primär sachrechtlichen Charakter (Spindler/Schuster/Pfeiffer/Weller/Nordmeier Vorbem. Rom II-VO Rn. 9). Ziel ist es, den freien Dienstleistungsverkehr im Anwendungsbereich der Richtlinie nicht zu behindern. Erwachsen also aus dem nach allgemeinem Kollisionsrecht des Forums zur Anwendung berufenen Sachrecht Beschränkungen, die nach dem Herkunftslandrecht des Diensteanbieters nicht bestünden, dann soll das Herkunftslandprinzip diese – und nur diese – Beschränkungen verdrängen. Nicht etwa soll das Herkunftslandrecht generell zur Anwendung berufen sein. Der Sachrechtsvergleich als nachgelagerte Ergebniskontrolle beinhaltet zugleich den geringstmöglichen Eingriff in das „an sich" zur Anwendung berufene Recht (Spindler/Schuster/Pfeiffer/Weller/Nordmeier Vorbem. Rom II-VO Rn. 10. Nachdem die einschlägigen Kollisionsnormen nunmehr ganz überwiegend europäischer Provenienz sind, lässt sich die Vorzugswürdigkeit der Sachrechtskontrolle nicht mehr mit dem Gedanken der Subsidiarität stützen. Stattdessen ist nunmehr eine harmonische Auslegung zwischen den prinzipiell gleichrangigen Sekundärrechtsakten geboten, die ihrerseits zu einem möglichst schonenden Eingriff in die Regelungsstruktur des einen Akts durch den anderen drängt.).

Freilich ließe sich selbst diese sachrechtsvergleichende Rekonstruktion des Herkunftslandprinzips **8.4** in kollisionsrechtlichen Kategorien als Alternativanknüpfung mit Günstigkeitsvergleich abbilden (dahingehend etwa Basedow RabelsZ 59 (1995), S. 1 ff.; W.-H. Roth RabelsZ 55 (1991), 623 (667 ff.)). Art. 3 Abs. 3 e-commerce-Richtlinie iVm dem Anhang Spiegelstrich 5 bzw. § 3 Abs. 3 Nr. 1 TMG („Rechtswahlfreiheit") sowie Spiegelstrich 6 bzw. § 3 Abs. 3 Nr. 2 TMG („vertragliche Schuldverhältnisse in Bezug auf Verbrauchersachen") schließen allerdings explizit kollisionsrechtliche Materien vom Anwendungsbereich des Herkunftslandprinzips aus. Dies legt wiederum ein kollisionsrechtliches Verständnis des Herkunftslandprinzips insgesamt nahe. Danach wäre das Herkunftslandprinzip als kollisionsrechtliche Verweisung auf das Recht des Herkunftsstaates zu verstehen (hierfür insbes. Mankowski ZVglRWiss 100 (2001), 137 (138 ff.)). Ein Sachrechtsvergleich bzw. eine nachgelagerte Ergebniskontrolle am Maßstab des Herkunftslandrechts entfiele. Dies hätte den Vorzug, dass die Rechtslage für den grenzüberschreitenden Anbieter deutlich leichter und sicherer festzustellen wäre und damit der Teleologie der Richtlinie besser entspräche, den freien Verkehr einschlägiger Dienste im Binnenmarkt zu erleichtern.

Der EuGH hat in der Rechtssache e-Date Advertising (EuGH Urt. v. 25.10.2011 – Rs. **9** C-509/09 – e-Date Advertising; hierzu Sack EWS 2011, 513 ff.; Hess JZ 2012, 189 (192); Spindler CR 2012, 176 (177); Brand NJW 2012, 127 (130)) nunmehr hierzu entschieden, dass die Verpflichtung der Mitgliedstaaten aus Art. 3 Abs. 1 der Richtlinie, dafür zu sorgen, dass die bei ihnen niedergelassenen Diensteanbieter den dort geltenden innerstaatlichen Vorschriften entsprechen, „nicht die Merkmale einer Kollisionsregel" aufweise, „die dazu bestimmt wäre, einen spezifischen Konflikt zwischen mehreren zur Anwendung berufenen Rechtsordnungen zu lösen" (EuGH Urt. v. 25.10.2011 – Rs. C-509/09 – e-Date Advertising Rn. 61 aE) Im Ergebnis müsse vielmehr durch das Herkunftslandprinzip sichergestellt werden, dass der Diensteanbieter im Zielstaat keinen strengeren Anforderungen unterliegt als nach dem Sachrecht des Sitzstaates (EuGH Urt. v. 25.10.2011 – Rs. C-509/09 – e-Date Advertising Rn. 68). Damit ist entschieden, dass das sekundärrechtliche Herkunftslandprinzip über eine nachgelagerte Sachrechtskontrolle zu verwirklichen ist. Der Bundesgerichtshof greift dies in seiner Schlussentscheidung durch die Wendung „sachrechtliches Beschränkungsverbot" auf (BGH NJW 2012, 2197 – Schlussentscheidung eDate Advertising, Rn. 30; so bereits zB Spindler/Schuster/Pfeiffer/Weller/Nordmeier Vorbem. Rom II-VO Rn. 12).

Nicht unmittelbar entschieden ist die Frage, wie das Sachrecht des Sitzstaates zu bestim- **10** men ist. Naheliegend bleibt weiterhin, § 3 Abs. 1 der Richtlinie für den Mitgliedstaat bzw. § 3 Abs. 1 TMG für Deutschland lediglich die Verpflichtung zu entnehmen, dass das nach den allgemeinen Kollisionsregeln des Forums zur Anwendung berufene Sachrecht gegenüber den im Mitgliedstaat bzw. in Deutschland niedergelassenen Diensteanbietern nach Maßgabe von Art. 18–20 der Richtlinie durchzusetzen. Berufen die Kollisionsregeln des Sitzstaates ausländisches Recht, etwa bei Werbung am Marktort nach § 6 Abs. 1 Rom I-VO, dann ist dieses ausländische Recht das maßgebliche Herkunftslandrecht. Naheliegend, aber ebenfalls nicht ausdrücklich entschieden ist dann ferner, die Beschränkungen des ausländischen Rechts nicht über die Beschränkungen des Sachrechts des Forums hinausgehen zu lassen (Spindler/Schuster/Pfeiffer/Weller/Nordmeier Vorbem. Rom II-VO Rn. 12; Sack WRP 2002, 271 (275); WRP 2001, 1408 f.).

E. Diensteanbieter mit Sitz in anderem Mitgliedstaat (Abs. 2)

Zu Art. 3 Abs. 2 der Richtlinie hat der EuGH in der Rechtssache e-Date Advertising **11** (EuGH Urt. v. 25.10.2011 – Rs. C-509/09 – e-Date Advertising) entschieden, dass die Mitgliedstaaten lediglich abstrakt gehalten seien, den freien Verkehr von Diensten der Informationsgesellschaft zu beschränken. Aus Art. 1 Abs. 4 der Richtlinie (§ 1 Abs. 5 TMG) folge, dass es den Mitgliedstaaten grds. freistehe, das anwendbare Sachrecht anhand ihres internationalen Privatrechts zu bestimmen, soweit daraus keine Beschränkung erwachse (EuGH Urt. v. 25.10.2011 – Rs. C-509/09 – e-Date Advertising Tz. 62). „Somit verlangt Art. 3 Abs. 2 der Richtlinie keine Umsetzung in Form einer speziellen Kollisionsregel" (EuGH Urt. v. 25.10.2011 – Rs. C-509/09 – e-Date Advertising Tz. 63). Was die Norm im Übrigen verlangt, bleibt indes erneut offen.

12 Nächstliegend bleibt das Verständnis, dass ein deutsches Gericht auch gegenüber Diensteanbietern mit Sitz in anderen Mitgliedstaaten nach § 3 Abs. 2 TMG zunächst nach allgemeinem Kollisionsrecht das anwendbare Sachrecht zu bestimmen hat. Jedoch wird dieses Recht vom Sachrecht des Herkunftsstaates verdrängt, sofern aus dem „an sich" zur Anwendung berufenen Sachrecht Beschränkungen erwachsen, die das Herkunftslandrecht nicht enthält (Spindler/Schuster/Pfeiffer/Weller/Nordmeier Vorbem. Rom II-VO Rn. 12; Spindler/Schmitz/Geis/Spindler TDG § 4 Rn. 29). Das Herkunftslandrecht verdrängt dabei auch inländische Eingriffsnormen iSv Art. 9 Rom I-VO (Spindler/Schmitz/Geis/Spindler TDG § 4 Rn. 31; Spindler RabelsZ 66 (2002), 633 (661 ff.)).

F. Abstrakt-generelle Ausnahmen vom Herkunftslandprinzip (Abs. 3, 4)

13 Abs. 3 und 4 nehmen bestimmte Rechtsmaterien und Regelungsgegenstände vom Herkunftslandprinzip aus. Im Umkehrschluss bleibt es für sämtliche anderen öffentlich-rechtlichen wie privatrechtlichen „Anforderungen" an Diensteanbieter bei dem in Abs. 1 und 2 normierten Herkunftslandprinzip, dies nach Art. 2 lit. h S. 1 e-commerce-Richtlinie „ungeachtet der Frage, ob sie allgemeiner Art oder speziell für sie bestimmt sind". Das Herkunftslandprinzip greift also nicht nur korrigierend in das Privatrecht, sondern auch und gerade in das öffentliche und insbes. in das Strafrecht ein. Öffentliches Recht wird freilich im Grundsatz nach dem Territorialitätsprinzip angeknüpft. Für die Regulierung von Anbietern in ihrem Sitzstaat ergeben sich deswegen hieraus keine Modifikationen, wohl aber für die Regulierung von Diensten, die aus dem Sitzstaat heraus in andere Mitgliedstaaten hinein angeboten oder erbracht werden, insbes. wenn und soweit auch öffentliches Marktregulierungsrecht in Abweichung vom Territorialitätsprinzip nach dem Marktort angeknüpft wird (Arg. ex. § 3 Abs. 3 Nr. 8 TMG; danach sind kartellrechtlich regulierte Vereinbarungen oder Verhaltensweisen vom Anwendungsbereich des Herkunftslandprinzips ausgenommen), wie dies beispielsweise für das hoheitliche Kartell(verbots)recht der Fall ist. (Das anwendbare Kartellprivatrecht unterliegt nach Art. 6 Abs. 3 Rom II-VO ohnehin der Marktortanknüpfung, → Rn. 28).

14 Nach Abs. 3 bleiben folgende Rechtsmaterien vom Herkunftsland „unberührt": Die kollisionsrechtliche Rechtswahlfreiheit (Nr. 1), das Verbrauchervertragsrecht (Nr. 2), Formvorschriften im Zusammenhang mit Grundstücksgeschäften (Nr. 3) sowie das Datenschutzrecht (Nr. 4).

I. Freiheit der Rechtswahl (Abs. 3 Nr. 1)

15 Dass die Wirkung der kollisionsrechtlichen Rechtswahl vom Herkunftslandprinzip ausgenommen ist, wurde zum Teil zum Anlass genommen, dem Herkunftslandprinzip insgesamt kollisionsrechtliche Struktur zu unterstellen (→ Rn. 8.4).Der EuGH ist dem nicht gefolgt (EuGH Urt. v. 25.10.2011 – Rs. C-509/09 – e-Date Advertising, → Rn. 8 f.).In der Tat zwingt Abs. 3 Nr. 1 systematisch hierzu nicht (Spindler/Schuster/Pfeiffer/Weller/Nordmeier Vorbem. Rom II-VO Rn. 12 aE). Denn die Vorschrift hat auch und gerade auf dem Boden eines sachrechtlich verstandenen Herkunftslandprinzips eigenständigen Regelungsgehalt. Soweit sich nämlich Anforderungen an den Diensteanbieter aus parteiautonom gewähltem Recht ergeben, sollen diese nicht durch eine nachgelagerte Kontrolle am Maßstab des Herkunftslandrechts korrigiert werden.

16 Teilweise wird für eine teleologische Extension der Ausnahme für das objektiv bestimmte Vertragsstatut plädiert (MüKoBGB/Martiny TMG § 3 Rn. 42; Spindler/Schmitz/Geis/Spindler TDG § 4 Rn. 71). Hierfür spricht, dass die wählbaren bzw. objektiv berufbaren staatlichen Vertragsrechtsordnungen im Anwendungsbereich der kollisionsrechtlichen Regelanknüpfungen nach Art. 3 und 4 der Rom I-VO als im Wesentlichen gleichwertig anzusehen sind, so dass aus dem Vertragsrecht als solchem, wie immer es auch im Einzelnen ausgestaltet sein mag, keine spezifischen Beschränkungen des grenzüberschreitenden Verkehrs mit Telemedien erwachsen. Gesichert ist diese Rechtsfortbildung aber keineswegs. Die Frage müsste also vorgelegt werden.

17 Unabhängig davon konkretisieren die Regelanknüpfungen in Art. 4 Rom I-VO über den Verweis auf die jeweils engste Verbindung ein kollisionsrechtliches Herkunftslandprinzip, das häufig die Ergebnisse vorwegnehmen wird, welche die Nachkontrolle am Maßstab des Sachrechts des Herkunftslands erzeugen würde (Spindler/Schuster/Pfeiffer/Weller/Nordmeier Vorbem. Rom II-VO Rn. 10). So verweisen etwa Art. 4 Abs. 1 und 2 der Rom II-VO im Kern auf den Sitz derjenigen Partei, welche die charakteristische Leistung erbringt, und dies ist regelmäßig der Diensteanbieter. Soweit die Ausweichklausel in Art. 4 Abs. 3 Rom I-VO zu einem anderen Recht als dem Herkunftslandrecht führt, wäre zu erwägen, ob eine systematische Auslegung mit der e-commerce-Richtlinie das Ausweichen für Verträge von Diensteanbietern verhindert. Nach anderer Auffassung soll zugunsten der Ausweichklausel das Herkunftslandprinzip der e-commerce-Richtlinie teleologisch reduziert werden (Mankowski IPRax 2002, 257 (264)). Dies dürfte freilich kaum richtlinienkonform sein.

II. Verbraucherverträge (Abs. 3 Nr. 2)

Die nach Art. 6 Rom I-VO zum Schutz des Verbrauchers (Definition in Art. 2 lit. e e-commerce-Richtlinie) zur Anwendung berufenen Vorschriften des Verbrauchervertragsrechts sollen gleichermaßen nicht durch eine nachgelagerte Sachrechtskontrolle am Maßstab des Herkunftslands korrigiert werden. Der Verbraucher soll sich also auf den Schutz des Rechts an seinem gewöhnlichen Aufenthaltsort berufen können (Begr. RegE EGG, BT-Drs. 14/6098, 18, lehnt sich unmittelbar an den Wortlaut von Art. 6 Abs. 2 Rom I-VO an). Es wäre auch widersprüchlich, wenn der europäische Gesetzgeber einerseits viel regulatorische Mühe zum kollisions- und sachrechtlichen Schutz des Verbrauchers im Binnenmarkt bei kollisionsrechtlicher Anknüpfung an den gewöhnlichen Aufenthalt des Verbrauchers auf sich nimmt (vgl. nur die von Art. 46b Abs. 3 EGBGB erfassten Richtlinien), andererseits aber diesen Schutz durch die Anwendung des Herkunftslandprinzips konterkariere. Damit dürfte die sachliche Reichweite der Ausnahme deckungsgleich mit dem Anwendungsbereich von Art. 6 Abs. 2 Rom I-VO zu verstehen sein (Stellungnahme des Bundesrates zum EGG, BT-Drs. 14/6098. 32; MüKoBGB/Martiny 5. Aufl. 2010, § 3 TMG Rn. 44; Spindler/Schmidz/Geis/Spindler TDG § 4 Rn. 38), so dass sämtliche dem Verbraucher günstigen (einfach-) zwingenden Vorschriften (auch) des (Richter-) Rechts am gewöhnlichen Aufenthaltsort des Verbrauchers einschließlich vor- und nachvertraglicher Schuldverhältnisse erfasst sind (Spindler/Schuster/Pfeiffer/Weller/Nordmeier Vorbem. Rom II-VO Rn. 13). Ergänzend kann nach Maßgabe von § 3 Abs. 5 Nr. 3 TMG Verbraucherschutz gem. den Anforderungen im Zielstaat gewährt werden (→ Rn. 30 ff.).

III. Formvorschriften bei Grundstücksgeschäften (Abs. 3 Nr. 3)

Die Ausnahme dürfte wenig praxisrelevant sein, da sich der Verkauf von Grundstücken selten über Telemedien vollziehen wird. Die Richtlinie nimmt nach Art. 3 Abs. 3 i. V. m. ihrem Anhang Spiegelstrich 7, „Verträge, die Rechte an Immobilien begründen oder übertragen", vom Herkunftslandprinzip aus, wenn nach dem Recht des Belegenheitsstaates entsprechende Formanforderungen bestehen. Diese Formulierung soll offensichtlich Kaufverträge erfassen, entsprechendes gilt für Abs. 3 Nr. 3 („Erwerb von Grundstücken"; Begr. RegE EGG, BT-Drs. 14/6098, 18), auch wenn der Kaufvertrag nach deutschem Recht nicht unmittelbar ein Recht am Grundstück begründet. Da nach § 311b Abs. 1 BGB für den Kaufvertrag zwingend notarielle Beurkundung erforderlich ist, wollte der deutsche Umsetzungsgesetzgeber klarstellen, dass die in der Richtlinie vorgesehene Ausnahme in Deutschland einschlägig ist (BT-Drs. 14/6098, 18).

IV. Datenschutz (Abs. 3 Nr. 4)

Unberührt vom Herkunftslandprinzip bleiben nach Abs. 3 Nr. 4 Anforderungen an den Schutz personenbezogener Daten (nach Art. 1 Abs. 5 lit. b der Richtlinie findet diese keine Anwendung auf Fragen, die unter die Datenschutzrichtlinien RL 95/46/EG und RL 97/66/EG fallen). Denn der Datenschutz ist sekundärrechtlich umfassend geregelt. Die Bereichsausnahme gewinnt zunehmend praktische Bedeutung, etwa für Datenschutzfragen im Zusammenhang mit sozialen Netzwerken. (So etwa Facebook mit irischer Niederlassung (Facebook Ireland Ltd.), hierzu zB Dietrich/Ziegelmayer CR 2013, 104 ff., speziell zu datenschutzrechtlichen Aspekten gesponserter Meldungen auf der Basis des Nutzerverhaltens, ebenso zur datenschutzrechtlichen Folgefrage, wann für deutsche Nutzer deutsches Datenschutzrecht nach § 1 Abs. 5 S. 1 oder S. 2 BDSG anwendbar ist. Ferner Karg/Thomsen DuD 2012, 729, zu internationaldatenschutzrechtlichen Aspekten des „Tracking" durch Facebook mit dem Werkzeug „Facebook Insights".)

V. Tätigkeit von Notaren (Abs. 4 Nr. 1)

21 Das Herkunftslandprinzip gilt nach Abs. 4 Nr. 1 nicht für die Tätigkeit von Notaren und für die Tätigkeit in anderen Berufen, soweit letztere ebenfalls hoheitlich tätig sind, etwa öffentlich bestellte Vermessungsingenieure im Rahmen ihres hoheitlichen Auftrags (Begr. RegE EGG, BT-Drs. 14/6098, 19). Außerhalb dessen liegen etwa Gutachten (aaO). Von der Ausnahme für hoheitliche Tätigkeit erfasst sind auch Amtshaftungsansprüche (Spindler/Schmitz/Geis/Spindler TDG § 4 Rn. 49).

VI. Prozessvertretung von Mandanten (Abs. 4 Nr. 2)

22 Das Herkunftslandprinzip gilt nach Abs. 4 Nr. 2 nicht für die Vertretung von Mandanten und die Wahrnehmung ihrer Interessen vor Gericht. Die Regelung erfasst damit nicht die außergerichtliche Vertretung (Begr. RegE EGG, BT-Drs. 14/6098, 19). Internetauftritt, Standesrecht und Wettbewerbsrecht im Übrigen, etwa bei grenzüberschreitender Online-Beratung, unterfallen damit dem Herkunftslandprinzip (Spindler/Schmitz/Geis/Spindler TDG § 4 Rn. 50).

VII. E-Mail-Werbung (Abs. 4 Nr. 3)

23 Ferner gilt das Herkunftslandprinzip nicht für die Frage, ob und inwieweit nicht angeforderte Email-Werbung, insbes. Spam-Mail („kommerzielle Kommunikationen durch elektronische Post") zulässig ist. Empfänger in Deutschland können sich also unverändert auf das insoweit restriktive Wettbewerbsrecht nach § 7 UWG berufen, so dass unverlangte Werbung gegenüber Privaten nicht zulässig ist, gegenüber Gewerbetreibenden nur in stark eingeschränktem Maße (Roßnagel/Gitter TMG § 3 Rn. 32; Müller-Broich TMG § 3Rn. 16).

VIII. Gewinnspiele mit Geldeinsatz (Abs. 4 Nr. 4)

24 Ferner gilt das Herkunftslandprinzip nicht für Gewinnspiele mit Geldeinsatz einschließlich Lotterien und Wetten. Grds. unterliegen damit ausländische Anbieter deutschem Glücksspielrecht (BGH Urt. v. 1.4.2004, I ZR 317/01, MMR 2004, 529 (531) – Schöner Wetten: „Die (e-commerce-) Richtlinie (…) ist auf Glücksspiele nicht anwendbar (…)"). Dies gilt sowohl für strafrechtliche (§ 284 StGB) wie zivilrechtliche Sanktionen (§ 762 f. BGB). Diese Maßgaben nach deutschem Recht sind zwar gegenüber grenzüberschreitenden Anbietern Beschränkungen iSd primärrechtlichen Dienstleistungsfreiheit (EuGH, Urt. v. 6.11.2003 – Rs. 243/01, Tz. 44 – Gambelli). Jedoch sind diese gerechtfertigt (BGH, Urt. v. 1.4.2004, I ZR 317/01, MMR 2004, 529, 531 – Schöner Wetten: „Die Strafvorschrift des § 284 StGB verbietet (…) lediglich das Veranstalten eines Glücksspiels ohne behördliche Erlaubnis und ist insoweit durch zwingende Gründe des Allgemeininteresses gerechtfertigt"; ebenso zuvor bereits BVerwG NJW 2001, 2648 – Oddset). Dem Herkunftslandprinzip unterliegen allerdings Preisausschreiben und Gewinnspiele, mit denen der Verkauf von Waren und Dienstleistungen gefördert werden sollen und bei denen Zahlungen nur dem Erwerb der angebotenen Waren und Dienstleistungen dienen (Erw.-Gr. 16 e-commerce-Richtlinie; Begr. RegE EGG, BT-Drs. 14/6098, 19).

IX. Verteildienste (Abs. 4 Nr. 5)

25 Ferner gilt das Herkunftslandprinzip nicht für die Anforderungen an Verteildienste iSv § 2 Abs. 1 Nr. 4 TMG. Während das TMG elektronische Verteildienste grds. erfasst (Begr. RegE EGG, BT-Drs. 14/6098, 19; Roßnagel/Gitter TMG § 1 Rn. 16 aE), regelt die e-commerce-Richtlinie nur elektronische Abrufdienste (Begr. RegE EGG, BT-Drs. 14/6098, 19). Der deutsche Umsetzungsgesetzgeber ist damit unionsrechtlich auch nicht gehalten, das

Herkunftslandprinzip auf Verteildienste zu erstrecken. In autonomer Rechtsetzung sah der Gesetzgeber davon ab, um die weitere Rechtsentwicklung abzuwarten (BT-Drs. 14/6098, 19).

X. Immaterialgüterrechte (Abs. 4 Nr. 6)

Ferner sind Bestand und Schutz der in der Vorschrift bezeichneten Immaterialgüterrechte 26 vom Anwendungsbereich des Herkunftslandprinzips ausgeschlossen (aaO). Damit verbleibt es für die Anknüpfung der Immaterialgüterrechte beim Schutzlandprinzip (Spindler/Schmitz/ Geis/Spindler TDG § 4 Rn. 41). Zum Teil wird dafür plädiert, die sachliche Reichweite der Ausnahme ebenso zu fassen wie den Rechtfertigungsgrund in Art. 29 AEUV („Rechte des kommerziellen und gewerblichen Eigentums"; Müller-Broich TMG § 3 Rn. 19; tendenziell so auch BGH GRUR 2007, 67 ff. – Pietra di Soln, allerdings letztlich mangels Entscheidungsrelevanz offenlassend). Umstritten ist, ob Anforderungen an Domainnamen ebenfalls von der Ausnahme erfasst sind. Dafür spricht, dass die zum Teil namensrechtlich qualifizierten Anforderungen jedenfalls strukturell dem Kennzeichenrecht ähneln (Spindler/Schmitz/Geis/ Spindler TDG § 4 Rn. 42). Nach anderer Auffassung soll entscheidend sein, dass das Namensrecht, anders als etwa das Kennzeichenrecht und die anderen eindeutig erfassten Immaterialgüterrechte nicht europäisch harmonisiert sind (Müller-Broich TMG § 3 Rn. 19).

XI. Elektronisches Geld (Abs. 4 Nr. 7)

Ferner ist elektronisches Geld von Instituten, die nach Art. 8 Abs. 1 E-Geld-Richtlinie 27 (Richtlinie 2000/46/EG des Europäischen Parlaments und des Rates vom 18. September 2000 über die Aufnahme, Ausübung und Beaufsichtigung der Tätigkeit von E-Geld-Instituten, ABl. EG Nr. L 275/39 v. 27.10.2000) und nach der Richtlinie über die Aufnahme und Ausübung der Tätigkeit der Kreditinstitute (Richtlinie 2000/12/EG des Europäischen Parlaments und des Rates vom 20. März 2000 über die Aufnahme und Ausübung der Tätigkeit der Kreditinstitute, ABl. EG Nr. L 126/1 v. 26.5.2000) von den dort jeweils geregelten aufsichtsrechtlichen Anforderungen befreit sind, vom Anwendungsbereich des Herkunftslandprinzips befreit (Begr. RegE EGG, BT-Drs. 14/6098, 19). Denn in diesen Materien ist die unionale Harmonisierung fortgeschritten und die einschlägigen aufsichtsrechtlichen Richtlinien statuieren ihrerseits ein Herkunftslandprinzip (Spindler/Schmitz/Geis/Spindler TDG § 4 Rn. 53).

XII. Kartellrecht (Abs. 4 Nr. 8)

Kartellverbotsrecht sowie kartellprivatrechtliche Ansprüche („private enforcement") sind 28 ebenfalls vom Anwendungsbereich des Herkunftslandprinzips ausgeschlossen (Spindler/ Schuster/Pfeiffer/Weller/Nordmeier TMG § 3 Rn. 16). Denn das von der Europäischen Union forcierte „private enforcement" dient der Komplettierung der hoheitlichen Kartellrechtsdurchsetzung (vgl. etwa Weller, Kartellprivatrechtliche Klagen im Europäischen Prozessrecht: ‚private enforcement' und die Brüssel I-VO, ZVglRWiss 2013, 89), so dass zivilrechtliche Folgen von Kartellrechtsverstößen im Zweifel gleichsam akzessorisch zum hoheitlichen Kartellverbot zu behandeln sind, zumal die Bereichsausnahme in Art. 1 Abs. 5 lit. b der Richtlinie ganz allgemein von „Fragen betreffend Vereinbarungen oder Verhaltensweisen" spricht, „die dem Kartellrecht unterliegen" und § 3 Abs. 4 Nr. 8 TMG entsprechend umsetzt. Für alle kartellrechtsbezogenen Fragen bleibt es also bei den kartellrechtlichen Regelanknüpfungen (Spindler/Schmitz/Geis/Spindler TDG § 4 Rn. 40, in Bezug auf §§ 130 Abs. 2 und 33 GWB), für kartellprivatrechtliche Ansprüche ist damit nach Art. 6 Abs. 3 Rom II-VO anzuknüpfen. Anderes gilt nur für nichtkartellrechtlich-zivilrechtliche Fragen zu kartellrechtsrelevanten Vereinbarungen, etwa die Sittenwidrigkeit von Wettbewerbsverboten (Spindler/Schmitz/Geis/Spindler TDG § 4 Rn. 39; Naskret, Das Verhältnis zwischen Herkunftslandprinzip und Internationalem Privatrecht in der E-Commerce-Richtlinie, 2003, 29).

XIII. Versicherungsaufsichtsrecht (Abs. 4 Nr. 9)

29 Schließlich nimmt Abs. 4 Nr. 9 bestimmte Bereiche des Versicherungsaufsichtsrechts sowie das auf Versicherungsverträge und Pflichtversicherungen anwendbare Recht vom Herkunftslandprinzip aus. Grund hierfür ist die bereits fortgeschrittene Harmonisierung dieser Materien auf unionaler Ebene (Begr. RegE EGG, BT-Drs. 14/6098, 19).

G. Ausnahmen nach Abwägung im Einzelfall (Abs. 5)

30 Soweit nach den bisher dargestellten Maßgaben das Herkunftslandprinzip grds. Anwendung findet, sieht Abs. 5 in Umsetzung von Art. 3 Abs. 4 und 5 der e-Commerce-Richtlinie Ausnahmen für behördliche Schutzmaßnahmen nach Abwägung im Einzelfall vor. Ziel einer solchen Einzelfallausnahme muss sein, die öffentliche Sicherheit und Ordnung, die öffentliche Gesundheit (zB Verbot der online-Werbung für Humanarzneimittel, BGH NJW 2006, 2630, Tz. 29 ff. – Arzneimittelwerbung im Internet) oder die Interessen der Verbraucher (zB Verbot irreführender Werbung nach §§ 3, 5 UWG, OLG Hamburg MMR 2010, 185 (186)) vor Beeinträchtigungen oder ernsthaften und schwerwiegenden Gefahren zu schützen, wobei diese Ziele zum Teil durch Regelbeispiele weiter konkretisiert werden, etwa durch Verweise auf den Jugendschutz oder die Interessen von Kapitalanlegern.

31 Außerhalb der in Art. 3 Abs. 4 lit. a (i) Spiegelstrich 1–4 der e-Commerce-Richtlinie genannten und in § 3 Abs. 5 weitgehend wortgleich umgesetzten Schutzziele liegende Allgemeininteressen dürfen nicht berücksichtigt werden (Mitteilung der Kommission an den Rat, das Europäische Parlament und die Europäische Zentralbank, Anwendung von Art. 3 Abs. 4–6 der Richtlinie über den elektronischen Geschäftsverkehr auf Finanzdienstleistungen, KOM (2003) 259 endg. v. 14.5.2003, sub. 2.1.1., S. 5; Müller-Broich TMG § 3 Rn. 23; Spindler/Schmitz/Geis/Spindler TDG § 4 Rn. 56), selbst wenn sie in der Rspr. des EuGH zu den primärrechtlichen Grundfreiheiten als ungeschriebene Rechtfertigungsgründe anerkannt sind (Spindler/Schuster/Pfeiffer/Weller/Nordmeier TMG § 3 Rn. 17). Die sekundärrechtlich gewährte Dienstleistungsfreiheit geht damit über die primärrechtliche Grundfreiheit hinaus. Dies zeigt sich auch daran, dass anders als primärrechtlich nach der Keck-Rspr. vertriebsbezogene Beschränkungen von der Freiheitsgewährleistung nicht ausgenommen werden.

32 Die nach innerstaatlichem Recht in Betracht gezogene Maßnahme muss in einem angemessenen Verhältnis zu den genannten Schutzzielen stehen (zur Konkretisierung der Verhältnismäßigkeit nach europäisch-autonomen Maßgaben Mitteilung der Kommission an den Rat, das Europäische Parlament und die Europäische Zentralbank, Anwendung von Art. 3 Abs. 4–6 der Richtlinie über den elektronischen Geschäftsverkehr auf Finanzdienstleistungen, KOM (2003) 259 endg. v. 14.5.2003, sub. 2.2). Hierbei kommt es auf die Maßnahme im konkreten Fall an. Eine abstrakt-generelle Norm des innerstaatlichen Rechts kann damit nicht als solche angemessen sein (KOM (2003) 259 endg. v. 14.5.2003, sub. 2.1.2: „case-by-case"; Spindler/Schmitz/Geis/Spindler TDG § 4 Rn. 55; zu pauschal hinsichtlich der Angemessenheitskontrolle deutscher Straf- und Ordnungswidrigkeitstatbestände Begr. RegE EGG, BT-Drus. 14/6098, 20; ähnlich pauschal bei Arzneimittelwerbeverbot und ohne Prüfung der Durchführung des Schutzklauselverfahrens BGH NJW 2006, 2630, Tz. 29 ff. – Arzneimittelwerbung im Internet, dies allerdings durch den unionsrechtlichen Hintergrund des Werbeverbots rechtfertigend (teleologische Reduktion); pauschal rechtfertigend auch OLG Hamburg MMR 2010, 185 (186), für verbraucherschützendes Wettbewerbsrecht; ferner Roßnagel/Gitter TMG § 3 Rn. 40, für Straf- und Ordnungswidrigkeitenrecht; lediglich die aus ihr im konkreten Fall hervorgehende Maßnahme.

33 Schließlich muss der die Schutzmaßnahme erwägende Mitgliedstaat nach Abs. 5 S. 2 das in Art. 3 Abs. 4 lit. b und 5 der e-Commerce-Richtlinie bzw. Art. 2a Abs. 4 und 5 der Richtlinie 89/552/EWG vorgesehene Verfahren einleiten und dabei die ihm obliegenden Konsultations- und Informationspflichten erfüllen. Der Mitgliedstaat hat danach vor Ergreifen der betreffenden Maßnahme den Herkunftsmitgliedstaat aufzufordern, seinerseits Maßnahmen zu ergreifen. Nur wenn diese Aufforderung fruchtlos bleibt, kann der auffordernde Mitgliedstaat selbst die vorgesehene Maßnahme ergreifen. Zuvor muss der Mitgliedstaat allerdings noch die Kommission von der geplanten Maßnahme unterrichten. In Notfällen

kann der Mitgliedstaat nach Art. 3 Abs. 5 der Richtlinie von diesem Verfahren abweichen. Er muss dann allerdings die Kommission so bald wie möglich und mit Begründung der Dringlichkeit von der Maßnahme unterrichten. Die Kommission prüft nach Art. 3 Abs. 6 der e-Commerce-Richtlinie jeweils, ob die Maßnahme unionsrechtswidrig ist. Ist dies nach Auffassung der Kommission der Fall, dann fordert sie den Mitgliedstaat dazu auf, von der geplanten Maßnahme Abstand zu nehmen. Die Prüfung der Kommission hat dabei keine aufschiebende Wirkung (arg. ex Art. 3 Abs. 6 E-Commerce-Richtlinie: „Unbeschadet der Möglichkeit des Mitgliedstaats, die betreffende Maßnahme durchzuführen (...)").

Dieses Schutzklauselverfahren gilt für behördliche Schutzmaßnahmen „unbeschadet etwaiger Gerichtsverfahren, einschließlich Vorverfahren und Schritten im Rahmen einer strafrechtlichen Ermittlung" (Art. 3 Abs. 4 lit. b e-Commerce-Richtlinie). Hierzu gehören nach dem Verständnis des deutschen Umsetzungsgesetzgebers ausweislich § 3 Abs. 5 S. 2 TMG auch Strafvollstreckung und Ordnungswidrigkeiten. Die Ausnahme von Schutzmaßnahmen durch und in Gerichtsverfahren ist insofern stimmig, als im Gerichtsverfahren die Vorlagemöglichkeit bzw. letztinstanzlich die Vorlagepflicht das Schutzklauselverfahren funktional ersetzt. Im einstweilen Rechtsschutzverfahren besteht diese Pflicht unionsrechtlich freilich nicht (EuGH Urt. v. 21.2.1991 – Rs. C-143/88, C-92/89 – Zuckerfabrik Süderdithmarschen). Dies harmoniert wiederum mit der Ausnahme dringlicher behördlicher Maßnahmen vom Schutzklauselverfahren nach Art. 3 Abs. 5 der e-Commerce-Richtlinie. **34**

H. Rechtsschutz

Die komplexe Wirkungsweise des Herkunftslandprinzips als der kollisionsrechtlichen **35** Anknüpfung nachgelagerte Ergebniskontrolle durch Sachrechtsvergleich stellt das erkennende Gericht vor große Herausforderungen. Soweit die anzuwendenden einschlägigen Kollisionsnormen ausländisches Recht berufen, ist dieses nach § 293 ZPO von Amts wegen zu ermitteln und zu berücksichtigen. Entsprechendes gilt für das ausländische Herkunftslandrecht zur Durchführung der nachgelagerten Ergebniskontrolle im Vergleich mit dem „an sich" anwendbaren Sachrecht (Spindler/Schuster/Pfeiffer/Weller/Nordmeier TMG § 3 Rn. 18). Im Ausgangspunkt gelten diese Maßgaben auch in den etwa im Wettbewerbsrecht häufigen Verfahren des einstweiligen Rechtsschutzes (Musielak/Huber ZPO § 293 Rn. 12). Jedoch kann sich das Gericht nach pflichtgemäßem Ermessen analog §§ 920 Abs. 2, 294 ZPO auf präsente Erkenntnisquellen zum ausländischen Recht beschränken. Darüber hinausgehend obliegt die Glaubhaftmachung des ausländischen Rechts der jeweils dadurch begünstigten Partei. Das Gericht darf ferner auf den nach der Ausschöpfung dieser Erkenntnisquellen für wahrscheinlich gehaltenen Inhalt des ausländischen Rechts abstellen, sofern der erreichte Gewissheitsgrad in Abwägung mit der Dringlichkeit dies zulässt. Hilfsweise ist deutsches Recht als Ersatzrecht heranzuziehen (zur Anwendbarkeit der lex fori oder dem berufenen, aber nichtfeststellbaren ähnlichen ausländischen Rechts grds. BGH NJW 1982, 1215 ff.; zu den im Einzelnen vertretenen Auffassungen für die Bestimmung des Ersatzrechts (lex fori, verwandtes Recht, internationales Einheitsrecht, kollisionsrechtliche Ersatzanknüpfung) zB MüKo-ZPO/Prütting ZPO § 293 Rn. 59 ff.).

Abschnitt 2. Zulassungsfreiheit und Informationspflichten

§ 4 Zulassungsfreiheit
Telemedien sind im Rahmen der Gesetze zulassungs- und anmeldefrei.

Die Vorschrift dient der Niederlassungsfreiheit (Spindler/Schuster/Micklitz/Schirmbacher **1** TMG § 4 Rn 2) mit der Sicherstellung, dass Telemedien im Rahmen der Gesetze zulassungs- und anmeldefrei sind. § 4 TMG setzt dabei Art. 4 der RL 2000/31/EG in deutsches Recht um. Soweit für die Ausübung eines Berufs allgemeine gesetzliche Regelungen bestehen, sind diese auch bei der Erbringung von Telediensten zu beachten. Genehmigungs- und anzeigepflichtig bleiben insbesondere Rundfunkdienste.

§ 5 Allgemeine Informationspflichten

(1) Diensteanbieter haben für geschäftsmäßige, in der Regel gegen Entgelt angebotene Telemedien folgende Informationen leicht erkennbar, unmittelbar erreichbar und ständig verfügbar zu halten:

1. den Namen und die Anschrift, unter der sie niedergelassen sind, bei juristischen Personen zusätzlich die Rechtsform, den Vertretungsberechtigten und, sofern Angaben über das Kapital der Gesellschaft gemacht werden, das Stamm- oder Grundkapital sowie, wenn nicht alle in Geld zu leistenden Einlagen eingezahlt sind, der Gesamtbetrag der ausstehenden Einlagen,
2. Angaben, die eine schnelle elektronische Kontaktaufnahme und unmittelbare Kommunikation mit ihnen ermöglichen, einschließlich der Adresse der elektronischen Post,
3. soweit der Dienst im Rahmen einer Tätigkeit angeboten oder erbracht wird, die der behördlichen Zulassung bedarf, Angaben zur zuständigen Aufsichtsbehörde,
4. das Handelsregister, Vereinsregister, Partnerschaftsregister oder Genossenschaftsregister, in das sie eingetragen sind, und die entsprechende Registernummer,
5. soweit der Dienst in Ausübung eines Berufs im Sinne von Artikel 1 Buchstabe d der Richtlinie 89/48/EWG des Rates vom 21. Dezember 1988 über eine allgemeine Regelung zur Anerkennung der Hochschuldiplome, die eine mindestens dreijährige Berufsausbildung abschließen (ABl. EG Nr. L 19 S. 16), oder im Sinne von Artikel 1 Buchstabe f der Richtlinie 92/51/EWG des Rates vom 18. Juni 1992 über eine zweite allgemeine Regelung zur Anerkennung beruflicher Befähigungsnachweise in Ergänzung zur Richtlinie 89/48/EWG (ABl. EG Nr. L 209 S. 25, 1995 Nr. L 17 S. 20), zuletzt geändert durch die Richtlinie 97/38/EG der Kommission vom 20. Juni 1997 (ABl. EG Nr. L 184 S. 31), angeboten oder erbracht wird, Angaben über
    a) die Kammer, welcher die Diensteanbieter angehören,
    b) die gesetzliche Berufsbezeichnung und den Staat, in dem die Berufsbezeichnung verliehen worden ist,
    c) die Bezeichnung der berufsrechtlichen Regelungen und dazu, wie diese zugänglich sind,
6. in Fällen, in denen sie eine Umsatzsteueridentifikationsnummer nach § 27a des Umsatzsteuergesetzes oder eine Wirtschafts-Identifikationsnummer nach § 139c der Abgabenordnung besitzen, die Angabe dieser Nummer,
7. bei Aktiengesellschaften, Kommanditgesellschaften auf Aktien und Gesellschaften mit beschränkter Haftung, die sich in Abwicklung oder Liquidation befinden, die Angabe hierüber.

(2) Weitergehende Informationspflichten nach anderen Rechtsvorschriften bleiben unberührt.

Die Anbieterkennzeichnungspflicht geht auf die E-Commerce-Richtlinie zurück (→ Rn. 1 ff.) und dient der Transparenz (→ Rn. 3 ff.). Sie besteht gem. § 5 Abs. 1 TMG für Diensteanbieter (→ Rn. 5 ff.), die geschäftsmäßige, in der Regel gegen Entgelt angebotene Telemedien bereit halten (→ Rn. 9 ff.). Sie müssen Informationen über sich preisgeben (→ Rn. 26 ff.), zu denen insbes. der Name und die Anschrift des Anbieters (→ Rn. 28 ff.), Kommunikationsdaten (→ Rn. 35 ff.), Angaben zur Zulassungs-/Aufsichtsbehörde (→ Rn. 39 ff.), Registerinformationen (→ Rn. 43 f.) und die Umsatzsteuer- oder Wirtschaftssteueridentifikationsnummer (→ Rn. 47) gehören. Die Angaben müssen leicht erkennbar (→ Rn. 14 ff.), unmittelbar erreichbar (→ Rn. 21 ff.) und ständig verfügbar (→ Rn. 24 f.) sein. Verletzungen der Informationspflichten können nach § 16 Abs. 2 Nr. 1 TMG mit Bußgeldern bis 50.000 EUR geahndet oder von Mitbewerbern abgemahnt werden (→ Rn. 50 ff.).

Allgemeine Informationspflichten § 5 TMG

Übersicht

	Rn		Rn
A. Allgemeines	1	V. Berufsrechtliche Angaben (Abs. 1 Nr. 5)	45
B. Anwendungsbereich	5	VI. Umsatzsteuer-Identifikationsnummer (Abs. 1 Nr. 6)	47
I. Angebot von Telemedien	5		
II. Geschäftsmäßigkeit/Entgeltlichkeit	9	VII. Abwicklung oder Liquidation von Kapitalgesellschaften (Abs. 1 Nr. 7)	48
C. Gestalterische Anforderungen	13		
I. Leicht erkennbar	14	E. Weitergehende Informationspflichten (Abs. 2)	49
II. Unmittelbar erreichbar	21		
III. Ständig verfügbar	24	F. Sanktionsmöglichkeiten	50
D. Erforderliche Angaben	26	I. Bußgeld	50
I. Name, Anschrift, Vertretungsberechtigter (Abs. 1 Nr. 1)	28	II. Unterlassungsklagen klagebefugter Verbände und Mitbewerber	51
II. Kontaktinformationen (Abs. 1 Nr. 2)	35	III. Schadensersatzansprüche	53
III. Aufsichtsbehörde (Abs. 1 Nr. 3)	39		
IV. Registerangaben (Abs. 1 Nr. 4)	43		

A. Allgemeines

Bereits 1997 mussten Anbieter Informationen über sich auf ihrer Website preisgeben (Gesetz zur Regelung der Rahmenbedingungen für Informations- und Kommunikationsdienste (Informations- und Kommunikationsdienste-Gesetz – IuKDG) v. 22.7.1997, BGBl. 1997 I 1870). Bei geschäftsmäßigen Angeboten war die Angabe von Name und Anschrift sowie bei Personenvereinigungen und -gruppen auch von Name und Anschrift des Vertretungsberechtigten erforderlich. 2001 wurde die Impressumspflicht in Umsetzung der RL 2000/31/EG erheblich erweitert und zugleich bußgeldbewehrt (Art. 1 des G. über rechtliche Rahmenbedingungen für den elektronischen Geschäftsverkehr (EGG) v. 14.12.2001, BGBl. I 3721 bzw. Sechster Rundfunkänderungsstaatsvertrag vom 20.12.2001). Der deutsche Gesetzgeber ist dabei zulässigerweise über den Mindeststandard der Richtlinie hinausgegangen (Begr. RegE BT-Drs. 14/6098, 21), sowohl hinsichtlich des Anwendungsbereichs als auch der erforderlichen Angaben. Aufgrund kompetenzrechtlichen Gerangels zwischen Bund und Ländern enthielten sowohl das TDG für Teledienste als auch der MDStV für Mediendienste Regelungen zur Anbieterkennzeichnung (zur Abgrenzung von Tele- und Mediendiensten Engel-Flechsig/Maennel/Tettenborn NJW 1997, 2981 (2982 ff.); Waldenberger MMR 1998, 124 ff.). § 6 TDG und § 10 MDStV waren dabei bis auf kleinere Abweichungen nahezu wortgleich. § 10 Abs. 3 MDStV enthielt jedoch zusätzliche Anforderungen für journalistisch-redaktionell gestaltete Angebote. 1

Die in Grenzbereichen schwierige Abgrenzung zwischen Tele- und Mediendiensten wurde mit der Neuregelung zum 1.3.2007 abgeschafft (Gesetz zur Vereinheitlichung von Vorschriften über bestimmte elektronische Informations- und Kommunikationsdienste, Elektronischer Geschäftsverkehr-Vereinheitlichungsgesetz – ElGVG v. 26.2.2007, BGBl. I 2007, 179 ff. Dazu BT-Drs. 16/3078, 15). Die alten Kategorien wurden in der neuen der sog. „**Telemedien**" zusammengefaßt. An Stelle der beiden alten Gesetze traten das TMG und der RStV. Das TMG regelt dabei vorwiegend die technischen und wirtschaftlichen Aspekte von Websites, der RStV Fragen, die die Inhalte der Telemedien betreffen. Beide Gesetze gelten nebeneinander. Die Anbieterkennzeichnung betreffen die Bestimmungen in § 5 TMG und § 55 RStV. 2

Die Impressumspflicht dient vor allem, aber nicht ausschließlich dem **Verbraucher** im E-Commerce (so bereits RegE BT-Drs. 13/7385, 21; OLG München ZUM-RD 2002, 158; Woitke NJW 2003, 871). Für ihn sind aufgrund der räumlichen Trennung der möglichen Vertragsparteien Angaben über einen Diensteanbieter unerlässlich. Nur mit ihnen kann er dessen Seriosität überprüfen und vertragliche oder deliktische Ansprüche bzw. seinen datenschutzrechtlichen Auskunftsanspruch (§ 13 Abs. 7 TMG, § 34 BDSG) geltend machen 3

(Spindler/Schuster/Micklitz/Schirmbacher TMG § 5 Rn. 2 ff. mwN). Er muss sich nicht darauf verweisen lassen, dass andere Möglichkeiten zur Identifizierung eines Anbieters bestehen (Spindler/Schmitz/Geis TDG § 6 Rn. 2), zB eine Einsicht in eine WHOIS-Datenbank wie die der DENIC (http://www.denic.de/de/whois/index.jsp).

4   Auch im **Business to Business** Bereich besteht, wie die gesetzlichen Regelungen zu Pflichtangaben auf Geschäftsbriefen (zB §§ 37a, 125a HGB, § 35a GmbHG, § 80 AktG) belegen, ein Informationsbedürfnis über den (möglichen) Geschäftspartner (Woitke NJW 2003, 871). Daneben dient die Anbieterkennzeichnung Allgemeininteressen, zB Zwecken der Strafverfolgung oder der Kammeraufsicht (Stickelbrock GRUR 2004, 111; Woitke NJW 2003, 871).

B. Anwendungsbereich

I. Angebot von Telemedien

5   Zum Begriff des Telemediums siehe § 1 Abs. 1 S. 1 TMG und die dortige Kommentierung.

6   **Diensteanbieter** ist gem. § 2 Nr. 1 TMG jede natürliche oder juristische Person, die eigene oder fremde Telemedien zur Nutzung bereithält oder den Zugang zur Nutzung vermittelt. Erfasst sind damit u. a. Anbieter von Websites und Newslettern (Spindler/Schuster/Micklitz/Schirmbacher TMG § 5 Rn. 7), auch wenn sie lediglich Werbung für Waren ohne unmittelbare Bestellmöglichkeit und sonstige Interaktionsmöglichkeiten betreiben (OLG Düsseldorf BeckRS 2013, 11226; OLG Frankfurt a. M. MMR 2007, 379; Kaestner/Tews WRP 2002, 1011 f.; Stickelbrock GRUR 2004, 111 (112)). Der Domaininhaber als solcher ist hingegen kein Diensteanbieter (Lorenz, Die Anbieterkennzeichnung im Internet, 2007, 111; Beckmann CR 2003, 140 (141); aA LG Berlin MMR 2003, 202 (203); undeutlich OLG Celle Beschl. v. 2.8.2012 – 13 U 72/12). Stellt er nicht zugleich die Inhalte bereit, ist der Content-Provider also eine andere Person, unterliegt er keiner Impressumspflicht.

6a Ob ein Diensteanbieter mit Sitz außerhalb der EU die Anforderungen des § 5 TMG einzuhalten hat, richtet sich nach dem wettbewerbsrechtlichen Marktortprinzip (aA LG Siegen BeckRS 2013, 12944: Vertragsstatut). Bei der deutschsprachigen Werbung für Ausflüge in Ägypten durch einen Anbieter mit Sitz in Ägypten ist dies aufgrund der gezielten Ansprache von Kunden im Inland zu bejahen. Bezüglich jeder Pflichtinformation ist zu ermitteln, ob das Informationsinteresse durch Angaben befriedigt werden kann, die denen entsprechen, die ein Anbieter mit Sitz im Inland machen muss. Dies kann dazu führen, dass Angaben zu einer Registereintragung im Ausland genannt werden müssen (LG Frankfurt a. M. MMR 2003, 597 (598)). Soweit es teilw. in Ägypten keine Straßennamen und Postleitzahlen gibt, müssen landestypische Informationen zur Identifizierung einer Adresse (Benennung von Gebäuden, Wegbeschreibungen) bereitgestellt werden.

7   Die Impressumspflicht trifft den **Content-Provider,** unabhängig davon, ob er über einen eigenen Server verfügt oder fremde Speicherkapazität nutzt (OLG Düsseldorf MMR 2008, 682 (683)). Er muss jedoch über den Inhalt und das Bereithalten des Dienstes bestimmen können (OLG Düsseldorf BeckRS 2013, 11226). Ein **Access-Provider** vermittelt lediglich den Zugang zum Internet und verfügt über keine praxisgerechte Möglichkeit zur Anbringung einer Anbieterkennzeichnung (Lorenz, Die Anbieterkennzeichnung im Internet, 2007, 108). Er wird durch § 5 TMG nicht verpflichtet. Beim **Host-Provider** ist zu differenzieren. Soweit er sich auf das klassische Bild des Zur-Verfügung-Stellens einer technischen Infrastruktur, die Nutzer für die Speicherung ihrer Daten und Angebote, gleichsam einer externen Festplatte benützen können, beschränkt, bedarf es keines Impressums. Soweit er hingegen im **Web 2.0** darüber hinausgeht und durch die Bereitstellung von zB Kommunikations- und Social Networking Plattformen wie YouTube, XING oder Facebook die Verbreitung von sog. User Generated Content ermöglicht, trifft ihn die Impressumspflicht (aA Lorenz, Die Anbieterkennzeichnung im Internet, 2007, 106 f.). Er muss allerdings nur Informationen über sich, nicht aber über seine Nutzer hinterlegen. Er ist zudem im Rahmen seiner wettbewerbsrechtlichen Verkehrspflicht verpflichtet, darauf hinzuwirken, dass Nutzer ihrer Impressumspflicht nachkommen (OLG Düsseldorf MMR 2013, 649 (650 f.); OLG Frankfurt a. M. MMR 2009, 194 für den Betreiber einer Plattform für anonyme Klein-

Allgemeine Informationspflichten § 5 TMG

anzeigen). An entsprechende Maßnahmen sind keine allzu hohen Anforderungen zu stellen. Eine Belehrung kann genügen. In jedem Fall muss der Plattformbetreiber jedoch dafür Sorge tragen, dass Nutzer sich überhaupt rechtskonform verhalten können. Dazu gehört es, ihnen zu ermöglichen, die gesetzlich geforderten Informationen hinterlegen zu können (OLG Düsseldorf MMR 2013, 649 (650).

Soweit ein Angebot auf einer **Plattform** als eigenständiger Telemediendienst zu qualifizieren ist, muss es unabhängig vom Betreiber der Plattform eine eigene Anbieterkennzeichnung enthalten. Dies betrifft Auktionsanzeigen auf Plattformen (OLG Karlsruhe CR 2006, 689; OLG Frankfurt a. M. MMR 2007, 379; OLG Düsseldorf MMR 2008, 682 (683); KG Berlin MMR 2007, 79; OLG Oldenburg GRUR-RR 2007, 54; Engels/Jürgens/Fritzsche, K&R 2007, 56 (59); Spindler/Schmitz/Geis TDG, § 6 Rn. 7.; aA Lorenz VuR 2008, 321 (322 f.)), Angebote auf Immobiliensuch- (LG München I CR 2009, 62) und Gebrauchtwagenportalen (OLG Düsseldorf MMR 2008, 682 (683)), Blogs (LG Köln, Urt. v. 28.12.2010 – 28 O 402/10), Twitter-Accounts oder ein Google + oder Facebookprofil (LG Berlin BeckRS 2013, 07636; LG Frankfurt a. M. BeckRS 2012, 02540; LG Regensburg MMR 2013, 246 (247); LG Aschaffenburg MMR 2012, 38; Rockstroh MMR 2013, 627 (629); Krieg, jurisPR-ITR 13/2011, Nr. 3), nicht jedoch einzelne Forenbeiträge oder Kommentare in Blogs. Diesem Ergebnis steht § 13 Abs. 6 TMG nicht entgegen, wonach ein Diensteanbieter die Nutzung von Telemedien und ihre Bezahlung anonym oder unter Pseudonym zu ermöglichen hat (OLG Düsseldorf BeckRS 2013, 11226; aA Lorenz, Die Anbieterkennzeichnung im Internet, 2007, 110 f.). Ein Diensteanbieter kann sich gleichzeitig sowohl in einer Nutzer- als auch Anbieterrolle befinden. Dies folgt ausdrücklich bereits aus der Begründung des Entwurfs eines Gesetzes über rechtliche Rahmenbedingungen für den elektronischen Geschäftsverkehr (BT-Drs. 14/6098, 16). Wer demnach zB ein Verkaufsangebot bei eBay einstellt, ist einerseits Nutzer der Plattform, kann diese jedoch nicht mehr zwingend anonym verwenden, weil er mit dem Angebot zugleich zum Anbieter wird. Entscheidend ist, dass er sich nicht an einem fremden Angebot beteiligt, sondern eigenständig auftritt (OLG Düsseldorf MMR 2008, 682 (683); OLG Frankfurt a. M. MMR 2007, 379; Spindler/Schuster/Micklitz/Schirmbacher TMG § 5 Rn. 13a; Schröder/Bühlmann CR 2012, 318 (319 f.)). Betreibt eine Firmengruppe eine Website, ist das einzelne Gruppenmitglied nicht Telemedienanbieter, soweit die den einzelnen Mitgliedern zugeordneten Unterseiten sich in den Gesamtauftritt einfügen und von diesen nicht beliebig gestaltet werden können (OLG Frankfurt a. M. MMR 2007, 379 (380) mAnm Mankowski, MMR 2007, 381 f.). Im Fall einer Bannerwerbung ist der auf dem Banner Werbende nicht Betreiber eines Teledienstes.

II. Geschäftsmäßigkeit/Entgeltlichkeit

§ 5 TMG findet anders als andere Bestimmungen des Gesetzes nur Anwendung auf geschäftsmäßige, in der Regel gegen Entgelt angebotene Dienste. Der Begriff der Geschäftsmäßigkeit, der bis 2007 alleine über die Anwendung der Informationspflicht entschied, wurde vom Gesetzgeber nicht legal definiert. Rspr. und Literatur stellen jedoch unter Bezugnahme auf die Gesetzesbegründung (BR-Drs. 136/01, 34) bzw. die Terminologie des damaligen § 3 Nr. 5 TKG nur sehr geringe Anforderungen (OLG Hamburg CR 2008, 606; LG Stendal BeckRS 2010, 19860; Ott WRP 2003, 945 f.; Stickelbrock GRUR 2004, 111 (112); Brunst MMR 2004, 8 (9 f.); Ernst GRUR 2003, 759; aA. aufgrund teleologischer Reduktion Woitke NJW 2003, 871 (872), nur bei Bezug zu der beruflichen Tätigkeit des Betreibers). Alleine das **nachhaltige Angebot** von Telekommunikation mit oder ohne Gewinnerzielungsabsicht genügt. Gemeinnützige Websites ebenso wie Angebote von Bildungseinrichtungen und selbst rein private Homepages sind aufgrund dieser Definition erfasst, da jede auf Dauer angelegte Internetseite das Merkmal der Nachhaltigkeit erfüllt (Brunst MMR 2004, 8 (10); Stickelbrock GRUR 2004, 111 (112); Hoeren NJW 2007, 801 (803); BR-Drs. 136/01, 34). Nicht geschäftsmäßige Webseiten gibt es bei diesem weiten Begriffsverständnis nahezu nicht mehr. Neben den in der Gesetzesbegründung (Begr. RegE BT-Drs. 13/7385, 21) mangels Nachhaltigkeit ausgeschlossenen privaten Gelegenheitsgeschäften (einzelne Versteigerungen auf Auktionsplattformen und Einträge auf virtuellen schwarzen Brettern), bedarf es ferner nur bei gerade freigeschalteten Domains, sog. Baustellenseiten (LG München MMR 2004, 771 (772); Brunst MMR 2004, 8 (10); anders bereits bei einer Wartungsseite mit dem einzigen Inhalt „alles für die Marke" und den Verweis auf einen späteren Besuch, LG Düsseldorf K&R 2011, 281) oder bei fehlender Außenwirkung, zB einem Intranet einer Behörde oder eines Unternehmens, keines Impressums (Lorenz, Die Anbieterkennzeichnung im Internet, 2007, S. 96 mwN). Ein solches wäre im letzten Fall auch wenig sinnvoll, schließlich wissen die Angestellten und Beamten, wer ihr Arbeitgeber ist. Unerheblich ist es, wenn ein Internetauftritt noch nicht vollständig aufgebaut ist, solange mit ihm bereits wirtschaftliche Interessen verfolgt werden, zB durch ein zum Abruf bereitstehendes aktuelles Printmedium (LG Aschaffenburg BeckRS 2012, 09845).

10 Seit der Neuregelung 2007 eröffnet alleine die Geschäftsmäßigkeit den Anwendungsbereich nicht mehr. Es ist einschränkend erforderlich, dass die Dienste **in der Regel gegen Entgelt** angeboten werden. Der Gesetzgeber beabsichtigt damit, dass Telemedien, die ohne den Hintergrund einer Wirtschaftstätigkeit bereitgehalten werden, künftig nicht mehr den Informationspflichten des TMG unterliegen. Als Beispiele führt die Gesetzesbegründung rein privaten Zwecken dienende Homepages und Informationsangebote von Idealvereinen an (BT-Drs. 16/3078, 14). Private Fotoalben oder Blogs unterfallen daher nicht mehr der Impressumspflicht nach § 5 TMG, idR aber weiterhin der eingeschränkten nach § 55 Abs. 1 RStV.

11 Die Einschränkung auf in der Regel gegen Entgelt erbrachte Dienste ist nicht dahingehend zu verstehen, dass Websites alleine deshalb ausgeschlossen sind, weil sie **kostenlos aufrufbar** sind (OLG Hamburg CR 2008, 606; Spindler/Schuster/Micklitz/Schirmbacher TMG § 5 Rn. 10) oder keine unmittelbare Bestellmöglichkeit eröffnet wird. Genügend ist die Anpreisung eigener Waren oder Dienstleistungen, so dass die Website quasi als Einstiegsmedium für die Gewinnung von Kunden dienen soll (Spindler/Schuster/Micklitz/Schirmbacher TMG § 5 Rn. 10). Alleine von der Präsentation eines Unternehmens geht ein Werbeeffekt aus, dem wirtschaftliche Relevanz zukommt.

Die Formulierung „Dienste bereitstellen, die sonst nur gegen Entgelt verfügbar sind" zeigt, dass es nicht darauf ankommt, ob ein Websitebetreiber mit seinem Angebot wirklich wirtschaftliche Zwecke verfolgt, sondern nur darauf, dass typischerweise mit solchen Angeboten ein Entgelt erstrebt wird (Ott MMR 2007, 354 (355)).

12 Die vormalige Diskussion, ob alleine das Setzen eines **Links** zu einem geschäftsmäßigen Angebot bereits ausreichend ist, um den eigenen Webauftritt geschäftsmäßig werden zu lassen (Ott WRP 2003, 945), ist seit der Neufassung 2007 erledigt. Solange für das Setzen des Links kein Entgelt gezahlt wird, greift § 5 TMG nicht ein. Anders ist dies bei Websites, deren Betreiber versuchen, zumindest die Hosting-Kosten über die Teilnahme an Affiliate-Programmen, mit Werbebannern oder Werbeanzeigen, zB im Rahmen von Google AdSense, zu kompensieren (Ott MMR 2007, 354 (355); Kitz ZUM 2007, 368 (371); Müller-Broich TMG § 5 Rn. 2; aA Spindler/Schuster/Micklitz/Schirmbacher TMG § 5 Rn. 10). Die Höhe der Einkünfte spielt dabei keine Rolle.

C. Gestalterische Anforderungen

13 Die Pflichtangaben müssen „leicht erkennbar, unmittelbar erreichbar und ständig verfügbar" gehalten werden. Mit dieser Formulierung weicht der deutsche Gesetzgeber zwar geringfügig vom Wortlaut des Art. 5 Abs. 1 der RL 2000/31/EG ab („leicht, unmittelbar und ständig verfügbar"), in der Sache ergeben sich jedoch keine Unterschiede (Ott WRP 2003, 945 (946)).

I. Leicht erkennbar

14 Die Pflichtangaben müssen **effektiv optisch wahrnehmbar** sein oder wie es die Gesetzesbegründung formuliert, an einer gut wahrnehmbaren Stelle stehen und ohne langes Suchen auffindbar sein (Begr. RegE BT-Drs. 14/6098, 21). Eine tatsächliche Kenntnisnahme ist nicht erforderlich (Hoß CR 2003, 687 (688); Spindler/Schmitz/Geis TDG § 6 Rn. 12). Dem Gesetz ist nicht zu entnehmen, dass sich die Pflichtangaben an einer Stelle befinden müssen (Spindler/Schuster/Micklitz/Schirmbacher TMG § 5 Rn. 17). Es genügt zB, wenn sich der vollständige Name des Anbieters nicht im Impressum, sondern deutlich abgesetzt auf

der überschaubaren Startseite wiederfindet (LG München I NJW-RR 2011, 195 (196)). Sind die Angaben jedoch über die ganze Website verstreut, fehlt es an der leichten Erkennbarkeit. Die Informationen dürfen auch nicht unter den Allgemeinen Geschäftsbedingungen, in einer Datenschutzerklärung oder unter den Frequently Asked Questions versteckt werden (LG Berlin MMR 2003, 202 (203); LG Stuttgart NJW-RR 2004, 911 (912); Woitke NJW 2003, 871 (872); Hoß CR 2003, 687 (688)).

Die Informationen müssen gut lesbar sein. Dies setzt die Verwendung einer entsprechenden **Schriftgröße** und einer sich vom Hintergrund abhebenden Schriftfarbe voraus (Woitke NJW 2003, 871 (872)). Es muss ferner ein Dateiformat verwendet werden, das mit den Standardeinstellungen der gängigen Browser sichtbar ist. Die vorherige Installation eines **Plugins** darf zum Lesen der Angaben selbst dann nicht erforderlich sein, wenn ein Link zum Download der entsprechenden Software zur Verfügung gestellt wird (Woitke NJW 2003, 871 (873); Ernst GRUR 2003, 759 (760); Franosch NJW 2004, 3155 (3156)). Aufgrund der weiten Verbreitung des kostenlosen Acrobat Readers und dessen Vorinstallation auf den meisten Geräten ist die Einbindung des Impressums in eine **PDF-Datei** jedoch möglich (Ott, MMR 2007, 354 (358), anders noch Ernst GRUR 2003, 759 (760); Woitke NJW 2003, 871 (873); Spindler/Schmitz/Geis TDG § 6 Rn. 20). Aufgrund der standardmäßigen Verbreitung von Popup-Blockern in Browsern ist ein Impressum in einem sich neu öffnenden Browserfenster unzulässig (Spindler/Schuster/Micklitz/Schirmbacher TMG § 5 Rn. 24a; Lorenz, Die Anbieterkennzeichnung im Internet, 2007, 224 f.). 15

Nicht genügend ist es, die Informationen in Form einer **Bilddatei** zu hinterlegen, weil die Darstellung von Graphiken im Browser deaktiviert sein könnte (Stickelbrock GRUR 2004, 111 (114); Woitke NJW 2003, 871 (873); aA Spindler/Schmitz/Geis TDG § 6 Rn. 27. Ausf. Ott JurPC Web-Dok. 78/2005). Auch können blinde Internetnutzer diese im Unterschied zu Texten selbst mit spezieller Hard- und Software nicht erfassen. Diese Gruppe könnte sonst zwar einen Dienst in Anspruch nehmen, hätte aber bei einem graphisch gestalteten Impressum keine Möglichkeit, sich über den Anbieter zu informieren. Bei einer grundrechtskonformen Interpretation (Art. 3 Abs. 3 S. 2 GG) des § 5 TMG dürfen die Pflichtangaben daher nicht nur in einer Bilddatei enthalten sei, um Verbraucherschutz und Transparenz für blinde Menschen zu gewährleisten (im Ergebnis auch Franosch NJW 2004, 3155 (3156); Woitke NJW 2003, 871 (873)). 16

Ob eine Anbieterkennzeichnung bereits dann nicht mehr leicht erkennbar ist, wenn ein Besucher der Seite zunächst über den Bildschirm **scrollen** muss, ist umstritten (Notwendigkeit des Scrollens nicht schädlich: Ott MMR 2004, 322 f.; Klute MMR 2003, 107 (108); Schulte, CR 2004, 55 (56); Stickelbrock, GRUR 2004, 111 (114); aA OLG Hamburg MMR 2003, 105; OLG München MMR 2004, 321 (322); Hoenike/Hülsdunk MMR 2002, 415 (417)). Da einem Nutzer aber immer anhand eines Balkens am rechten bzw. unteren Rand erkennbar ist, dass nicht die ganze Webseite in seinem Blickfeld liegt, muss er dort mit dem Vorhandensein wichtiger Informationen rechnen und tut dies auch. Wie eine Webseite letztlich auf dem Bildschirm eines Nutzers erscheint, ist zudem von vielfältigen Umständen abhängig (Ott WRP 2003, 945 (947); Schulte CR 2004, 56; Brunst MMR 2004, 8 (13)), insbes. der vorhandenen Hardwareausstattung und den unterschiedlichen Konfigurationsmöglichkeiten eines Browsers hinsichtlich der Fenster- und der Schriftgröße. Einem mit durchschnittlichen technischen Kenntnissen ausgestatteten User ist damit das Scrollen des Bildschirms ohne weiteres zuzutrauen und auch zuzumuten, wenn er nach Impressumsangaben sucht. Unzulässig ist hingegen eine Gestaltung, bei der über mehrere Bildschirmseiten hinweg gescrollt und intensiv zwischen Texten und Bildern nach den Angaben gesucht werden muss (Brandenburgisches Oberlandesgericht BeckRS 2006, 08270; zustimmend Ott MMR 2007, 354 (358)). 17

In vielen Fällen werden die Pflichtangaben auf einer Unterseite des Angebots verfügbar gemacht und von allen anderen Seiten aus verlinkt. Bei der **Kennzeichnung des Links** ist eine Terminologie zu wählen, die an Nutzer als Hinweis auf die Angaben nach § 5 TMG bzw. § 55 RStV verstehen wird. Das Wort Impressum muss dabei nicht zwingend verwendet werden (Schneider MDR 2002, 1236 (1237)). Das Gesetz selbst spricht nur von „Informationen". Als genügend anzusehen sind die Bezeichnungen **„Anbieterkennzeichnung", „Impressum" oder „Kontakt"** (OLG München MMR 2004, 36 (37); LG Berlin MMR 2003, 202 (203); Kaestner/Tews WRP 2002, 1011 (1015); Brunst, MMR 2004, 8 (13); a. A. 18

Woitke NJW 2003, 871 (872), der „Kontakt", „Über uns", „Das Unternehmen", „Anbieterkennzeichnung" oder selbst „Informationen gem. § 6 Teledienstegesetz" als nicht ausreichend erachtet; er schlägt die Bezeichnung „Impressum/Anbieterkennzeichnung gem. § 6 Teledienstegesetz" vor; „Kontakt" nicht ausreichend auch Ernst GRUR 2003, 759 (760)). Der BGH hat dies bestätigt, da sich diese Bezeichnungen in der Praxis durchgesetzt haben und dem durchschnittlichen Nutzer bekannt sind (BGH MMR 2007, 40; zustimmend Ott MMR 2007, 354 (357 f.)). Begriffe wie „Identität" „Anbieter" oder „Über uns" lassen ebenfalls hinreichend deutlich erkennen, dass an dieser Stelle Angaben zum Diensteanbieter zu finden sind (Lorenz, Die Anbieterkennzeichnung im Internet, 2007, 239 ff. mit weiteren Beispielen). Unzulässig ist hingegen „AKZ" als Abkürzung für Anbieterkennzeichnung (Brunst, MMR 2004, 8 (13)) oder der Begriff „Backstage." Dieses, aus der Musikszene bekannte Wort, deute laut LG und OLG Hamburg nicht auf für eine Kontaktaufnahme notwendige Informationen hin (OLG Hamburg MMR 2003, 105 f.; LG Hamburg, Beschl. v. 26.8.2002 – 416 O 94/02; Ott WRP 2003, 945 (949); Hoß CR 2003, 687 (689); zweifelnd Stickelbrock GRUR 2004, 111 (114)). In einigen anderen EU-Mitgliedstaaten haben sich auch Begriffe wie „rechtliche Information", „rechtlicher Vermerk" oder „rechtlicher Hinweis" etabliert (Für eine Übersicht, welche Begriffe in den Mitgliedstaaten für die Anbieterkennzeichnung verwendet werden vgl. Lorenz, JurPC Web-Dok. 29/2011). In Deutschland sind diese angesichts der den Nutzern vertrauten Praxis jedoch unzulässig.

19 Auf **eBay** genügt es, die Anbieterkennzeichnung unter der Schaltfläche „mich" vorzuhalten (KG Berlin MMR 2007, 791; LG Traunstein MMR 2005, 781; LG Hamburg MMR 2007, 130 f.; Lorenz VuR 2008, 321 (324)). Der durchschnittliche Nutzer erwartet an dieser Stelle schon deshalb die Informationen über den Anbieter, weil eine mit „Impressum" oder „Kontakt" betitelte Rubrik gar nicht eingerichtet werden kann. Aufgrund der Nutzererwartung genügt es bei **Facebook,** die Pflichtinformationen hinter dem Punkt „Info" aufrufbar zu halten (Schüßler jurisPR-ITR 23/2011 Anm. 4; Dramburg/Schwenke K&R 2012, 811 ff.). Diese gängige Praxis übersieht das LG Aschaffenburg bei seiner gegenläufigen Entscheidung. Bei Facebook kann zwar auch ein neuer Reiter „Impressum" angelegt werden, der dann zum Impressumstext führt. Jedoch funktioniert diese Lösung nicht in allen Facebook-Apps für mobile Geräte. Auf diesen werden zusätzliche Reiter ggf. nicht angezeigt und mit dieser Lösung daher den Vorgaben des § 5 TMG nicht genügt (Dramburg/Schwenke K&R 2012, 811 (812)). Das OLG Hamm hatte vergleichbares mit Bezug auf eBay für den Fall, dass die offizielle App kein Impressum darstellt, entschieden (OLG Hamm MMR 2010, 693). EBay hat daraufhin die App um Angabemöglichkeiten für gewerbliche Verkäufer in Europa aktualisiert.

20 Die **Sprache** des Impressums ist im Gesetz nicht vorgegeben. Eine bewusste Erschwerung durch die Verwendung einer fremde Sprache darf nicht erfolgen. Es sollte daher grds. die selbe Sprache für Webauftritt und Impressum verwendet werden (Brunst MMR 2004, 8 (12); Ott, JurPC Web-Dok. 78/2005, Abs. 18; v. Wallenberg MMR 2005, 661 (663); aA Spindler/Schmitz/Geis TDG § 6 Rn. 6: Anwendung des Herkunftslandsprinzips, mit der Folge dass bei Anwendbarkeit des deutschen Rechts die Informationen auch in deutscher Sprache erfolgen müssen). Wer in der Lage ist, auf zB einer italienischsprachigen Website eine Bestellung abzugeben, sollte gleichsam in der Lage sein, die Informationen in einem Impressum in der gleichen Sprache zu erfassen. Bei Mehrsprachigkeit der Website ist auch ein Impressum in mehreren Sprachen erforderlich.

II. Unmittelbar erreichbar

21 Die Pflichtangaben müssen unmittelbar, d. h. **ohne wesentliche Zwischenschritte** (OLG Hamburg MMR 2003, 105; Hoß CR 2003, 687 (689)) erreichbar sein. Alleine, dass der Nutzer nach einem Impressum suchen muss und ihm eine gewisse Aktivität abverlangt wird, schließt eine unmittelbare Erreichbarkeit noch nicht aus. Erst recht muss ein Nutzer nicht zwangsläufig zu den Informationen geführt werden. Ansonsten bestünden für reine Informationspflichten wesentlich strengere Vorgaben als für die Einbeziehung Allgemeiner Geschäftsbedingungen in einen Vertrag nach § 305 Abs. 2 BGB (Mulch MDR 2007, 309 (310)). Der Gesetzesbegründung zum TDG zufolge soll lediglich langes Suchen schaden (BT-Drs. 14/6098, 21). In der Literatur hatte sich darauf berufend die sog. **2-Klick-**

Regelung immer weiter verbreitet, wonach ein Nutzer in der Regel nicht mehr als zwei Schritte benötigen darf, um zu den Pflichtangaben zu gelangen (OLG München MMR 2004, 36; Kaestner/Tews WRP 2002, 1011 (1016); Ott WRP 2003, 945 (948); MMR 2007, 354 (357 f.); Verhaltensregeln für den lauteren elektronischen Handel der Internationalen Liga für Wettbewerbsrecht (LIDC); Arbeitsgemeinschaft der Verbraucherverbände e. V., Konvention zur Anbieterkennzeichnung im Elektronischen Geschäftsverkehr mit Endverbrauchern (dazu Brunst MMR 2004, 8 (11); Spindler/Schmitz/Geis TDG § 6 Rn. 11); aA Hoenike/Hülsdunk MMR 2002, 415 (417); Woitke NJW 2003, 871 (873) (muss mit einem Klick erreichbar sein)). Danach ist zB die weithin verbreitete Praxis, das Impressum nicht auf jeder einzelnen Webseite anzubringen, sondern eine spezielle Webseite mit den Angaben zu erstellen und diese von jeder anderen Seite aus zu verlinken, rechtlich zulässig. Auch besteht die Option, das Impressum nur von der Startseite aus zu verlinken, solange diese von jeder Unterseite aus aufrufbar ist. 2006 hat der BGH diese Handhabung gebilligt und festgestellt, dass das Erreichen einer Internetseite über zwei Links regelmäßig kein langes Suchen erfordert (BGH MMR 2007, 40 (41)). Alternativ ist es zulässig, das Impressum auf jeder einzelnen Webseite anzubringen, zB an deren unterem Ende (Hoß CR 2003, 687 (689); Hoenike/Hülsdunk MMR 2002, 415 (417)). Diese Lösung kann aber zu einer Überfrachtung einer Webseite mit Informationen führen und ist wenig praxisgerecht. Unzulässig ist es, wenn sich ein Nutzer auf einem nicht leicht erkennbaren Weg durch Anklicken von mehreren Links zu den Informationen auf die vierte Webseite vorarbeiten muss (LG Düsseldorf MMR 2003, 340). Ausnahmsweise ist ein über zwei Links erreichbares Impressum nicht genügend, wenn auf den einzelnen Angebotsseiten die erforderlichen Angaben ebenfalls vorhanden sind, dort aber unrichtig oder zumindest unklar (OLG Hamm MMR 2010, 29).

Suchmaschinen führen Nutzer auch direkt zu **PDF-Dokumenten** auf Webseiten. Trotzdem müssen diese nicht zwingend einen Link zur Anbieterkennzeichnung enthalten. Einem Nutzer ist es zumutbar, in der Adresszeile die URL von Hand abzuändern und so die Startseite eines Angebots aufzurufen (Ott MMR 2007, 354 (358); Spindler/Schuster/Micklitz/Schirmbacher TMG § 5 Rn. 28; aA Lorenz, Die Anbieterkennzeichnung im Internet, 2007, 259). Ist von hier aus die Anbieterkennzeichnung zu erreichen, ist den gesetzlichen Vorgaben genügt. 22

Das Impressum muss sich nicht zwingend unter der **gleichen Domain** befinden wie das angebotene Telemedium. Es ist insoweit einer Verlinkung, zB von einem Facebook- oder Twitter-Account auf die eigene Website möglich (LG Aschaffenburg MMR 2012, 38). Dabei muss klar sein, welche Telemedien das Impressum abdecken soll. In der Regel wird ein Nutzer, der über einen Link zu einem Impressum gelangt, auch ohne weitere ausdrückliche Kennzeichnung davon ausgehen dürfen, dass es sich auch auf die Seite mit dem Link bezieht. 23

III. Ständig verfügbar

Ein Nutzer muss jederzeit auf die Pflichtangaben zugreifen können (Hoß CR 2003, 687 (689)). Eine nur für die Dauer der Bearbeitung der Impressumsseite technisch bedingte Unerreichbarkeit begründet jedoch noch keinen Verstoß (OLG Düsseldorf ZUM-RD 2009, 61 (62)). Ständige Verfügbarkeit setzt auch die Möglichkeit einer dauerhafte Archivierung durch den Nutzer voraus. Die Pflichtangaben müssen daher ausdruckbar sein (Brunst MMR 2004, 8 (12); Spindler/Schmitz/Geis TDG § 6 Rn. 21). 24

Ein Diensteanbieter darf keine **Kosten für den Aufruf** des Impressums verlangen (Lorenz, Die Anbieterkennzeichnung im Internet, 2007, S. 263). Handelt es sich um ein kostenpflichtiges Angebot, muss die Anbieterkennzeichnung schon vor dem Login aufrufbar sein (Lorenz, Die Anbieterkennzeichnung im Internet, 2007, 263). Zweck von § 5 TMG ist es ua, dass ein Nutzer die Seriosität eines Anbieters schon vor einem Vertragsschluss überprüfen kann. 25

D. Erforderliche Angaben

Die Vorschrift des § 5 TMG gewährleistet einen **Mindeststandard** an Transparenz. Dieser kann vom Anbieter durch zusätzliche Angaben und Hinweise überschritten werden, solange die Pflichtinformationen nur weiterhin leicht erkennbar bleiben. Unschädlich ist 26 daher zB die gelegentlich anzutreffende Angabe der allgemeinen Steuernummer oder die Aufnahme rechtlich allerdings unbeachtlicher Haftungsausschlussklauseln oder Distanzierungen von Links (Ott, Der Disclaimer – Ein modernes Märchen, http://www.linksandlaw.de/disclaimer.htm). Sogar wünschenswert ist die gesetzlich bislang noch nicht vorgeschriebene Nennung des **Jugendschutzbeauftragten** nach § 7 JMStV. Im Außenverhältnis soll dieser Nutzern als Ansprechpartner zur Verfügung stehen, zB Beschwerden entgegennehmen oder Hinweise auf technische Sicherungsmöglichkeiten geben. Ohne Nennung des Jugendschutzbeauftragten im Impressum ist eine Kontaktaufnahme deutlich erschwert.

27   Die Angaben müssen immer **aktuell** gehalten werden. Nach einem Umzug muss zB die geänderte Geschäftsanschrift im Impressum angegeben werden (LG Leipzig Urt. v. 15.12.2009 – 1HK O 3939/09). Nach dem **Tod eines Diensteanbieters** geht das Nutzungsrecht an einer Domain auf seine Erben über. Das Impressum muss von diesen dann innerhalb von sechs Wochen nach dem Todesfall berichtigt werden (Hoeren NJW 2005, 2113 (2117)). Die Frist ergibt sich aus §§ 1944 I, 1943 BGB, die den Erben eine sechswöchige Frist einräumt, das Erbe auszuschlagen. Während dieser Zeit können sich Nachlassgläubiger noch nicht sicher sein, gegen wen sie ihre Ansprüche zu richten haben.

I. Name, Anschrift, Vertretungsberechtigter (Abs. 1 Nr. 1)

28   Ein Diensteanbieter ist verpflichtet, den **Namen und die Anschrift,** unter der er niedergelassen ist, bei juristischen Personen zusätzlich die Rechtsform und den Vertretungsberechtigten zu nennen. Eine natürliche Person hat sowohl ihren Vor- als auch Nachnamen anzugeben. Der Vorname muss vollständig ausgeschrieben sein (OLG Düsseldorf ZUM-RD 2009, 61 (62); Hoeren WM 2004, 2461 (2462)). Die Angabe lediglich des Nachnamens zwischen dem Firmennamen und der Anschrift der Firma auf der Startseite genügt selbst dann nicht den gesetzlichen Anforderungen, wenn der vollständige Name im oberen Teil der auf der Homepage einsehbaren AGB abgebildet ist (LG Berlin MMR 2003, 202 (203)). Adelsprädikate sind ebenfalls Bestandteil des Namens (vgl. Art. 123 Abs. 1 GG, 109 Abs. 3 S. 2 WRV), akademische Titel, Dienstgrade und Berufsbezeichnungen hingegen nicht. Die Angabe eines Pseudonyms ersetzt nicht die Angabe des echten Namens (OLG Naumburg K&R 2006, 414 für die völlig aussagelose Bezeichnung „fachhandel 1a"; Spindler/Schmitz/Geis TDG § 6 Rn. 22; Müller-Broich TMG § 5 Rn. 4; aA bei zweifelsfreier Identifizierbarkeit Hoeren WM 2004, 2462; Spindler/Schuster/Micklitz/Schirmbacher TMG § 5 Rn. 33). Die Angabe eines Spitznamens (Vangelis statt Evangelos) soll unschädlich sein (LG München I NJW-RR 2011, 195). Eine Verpflichtung zur zusätzlichen Angabe eines eigenen Pseudonyms besteht nicht (aA Ernst GRUR 2003, 759).

29   Die Anschrift muss vollständig, also mit Postleitzahl, Ort, Straße und Hausnummer erscheinen (Ott MMR 2007, 354 (357); Lorenz K&R 2008, 340 (342)). Die Angabe einer bloßen **Postfachadresse** wurde schon unter der Fassung des TDG als nicht genügend angesehen (Schneider MDR 2002, 1236; Brunst MMR 2004, 8 (10); Franosch NJW 2004, 3155 (3156); Kaestner/Tews WRP 2002, 1011 (1013); Spindler/Schmitz/Geis TDG § 6 Rn. 23). Mit dem TMG wurde verdeutlicht, dass es sich bei der angegebenen Adresse um eine ladungsfähige Anschrift iSv § 253 Abs. 2 S. 1 ZPO iVm § 130 Nr. 1 ZPO handeln muss (Begr. RegE BT-Drs. 14/6098, 21). Die Angabe einer Geschäftsanschrift durch eine Privatperson bzw. die Angabe einer Privatadresse eines kommerziellen Anbieters genügt nicht (Lorenz, Die Anbieterkennzeichnung im Internet, 2007, 156 f. mwN). Angesichts des Wortlauts bedarf es nicht zwingend der Angabe des Sitzes, sondern genügt die Anschrift einer, die Voraussetzungen des § 21 ZPO erfüllenden Niederlassung (LG Frankfurt a. M. MMR 2003, 597 (598); Spindler/Schmitz/Geis TDG § 6 Rn. 23). Bestehen mehrere Niederlassungen, ist im Zweifel die Hauptniederlassung anzugeben (Brunst MMR 2004, 8 (10); Hoenike/Hülsdunk MMR 2002, 415 (418)).

30   Bei **juristischen Personen** oder den nach § 2 S. 2 TMG gleichgestellten Personenhandelsgesellschaften, die mit der Fähigkeit ausgestattet sind, Rechte zu erwerben und Verbindlichkeiten einzugehen (zB KG, OHG, GbR) ist eine korrekte und vollständige Firmierung erforderlich (Schneider MDR 2002, 1236; Spindler/Schuster/Micklitz/Schirmbacher TMG § 5 Rn. 33), wobei die Rechtsform abgekürzt wiedergegeben werden kann, zB GmbH oder e. V. (LG Essen BeckRS 2012, 10435; Spindler/Schuster/Micklitz/Schirm-

bacher TMG § 5 Rn. 33a; aA Lorenz K&R 2008, 340 (343)). Der Vertretungsberechtigte ist wiederum mit Vor- und Nachnamen zu benennen (Brunst MMR 2004, 8 (10)).

Unter dem **Vertretungsberechtigten** ist nicht notwendigerweise der gesetzliche Vertreter zu verstehen (OLG München NJW-RR 2002, 348; BeckRS 2010, 29549; Hoß CR 2003, 687 (688); Schneider MDR 2002, 1236; aA Spindler/Schmitz/Geis TDG § 6 Rn. 24; Kaestner/Tews WRP 2002, 1011 (1013); Lorenz, Die Anbieterkennzeichnung im Internet, 2007, 148 f.; VuR 2008, 321 (324)). Eine derartige Beschränkung hätte vergleichbar in anderen Bestimmungen (zB § 35a GmbHG) deutlicher zum Ausdruck kommen müssen. Die Angabe eines Prokuristen, Handelsbevollmächtigten oder eines anderen Bevollmächtigten genügt (OLG München MMR 2002, 173 (174); aA Lorenz, Die Anbieterkennzeichnung im Internet, 2007, 147 ff. mwN), soweit an ihn eine Zustellung nach §§ 166 ff. ZPO erfolgen kann, nicht hingegen die einer Person, die nur „für den Inhalt verantwortlich" ist (Schneider MDR 2002, 1236; Brunst MMR 2004, 8 (10); OLG München MMR 2002, 173 (174)). Der Umfang der Vertretungsmacht muss im Impressum nicht angegeben werden (aA Roßnagel/Brönneke TDG § 6 Rn. 50). Bei mehreren Vertretungsberechtigten brauchen nicht alle Personen genannt zu werden, da nach § 170 Abs. 3 ZPO bei mehreren Vertretungsberechtigten die Zustellung an einen für eine wirksame Klageerhebung genügt (Brunst, MMR 2004, 8 (10); Spindler/Schuster/Micklitz/Schirmbacher TMG § 5 Rn. 37; aA v. Wallenberg MMR 2005, 661 (663); Lorenz, Die Anbieterkennzeichnung im Internet, 2007, 152 f.).

Ein Nutzer soll stets erfahren, welche natürliche Person für einen Diensteanbieter vertretungsberechtigt ist. Soweit bei einer **GmbH & Co KG** die Komplementär-GmbH persönlich haftender Gesellschafter ist, muss der Geschäftsführer der juristischen Person (oder ein sonstiger Bevollmächtigter) angegeben werden (LG Bielefeld BeckRS 2007, 05056; Ernst GRUR 2003, 759). Die fehlende Angabe der Komplementär-GmbH im Impressum ist unschädlich (LG Hamburg BeckRS 2009, 88962).

Ist ein Diensteanbieter **minderjährig,** so ist die Angabe seiner Vertretungsberechtigten (also idR der Eltern) nicht erforderlich. Diesbzgl. besteht eine gesetzliche Lücke, da in vielen Fällen eine Zustellung nach § 170 Abs. 1 S. 1 ZPO an den gesetzlichen Vertreter erfolgen muss; bei Geschäftsunfähigkeit und soweit keine beschränkte Geschäftsfähigkeit, zB aufgrund der Zugehörigkeit einer Website zu einem selbständigen Betrieb iSd § 112 BGB besteht (ausf. Lorenz, Die Anbieterkennzeichnung im Internet, 2007, 142 f. mwN)

Juristische Personen müssen seit der Umsetzung von Art. 4 Abs. 3 der Publizitätsrichtlinie (2003/58/EG) das Stamm- oder Grundkapital sowie, wenn nicht alle in Geld zu leistenden Einlagen eingezahlt sind, den Gesamtbetrag der ausstehenden Einlagen nennen, sofern **Angaben über das Kapital der Gesellschaft** gemacht werden (BT-Drs. 16/960, 71 f.) Dabei genügt es, wenn das Kapital irgendwo auf der Webseite, zB im Zusammenhang mit einem Geschäftsbericht, erwähnt ist (Spindler/Schuster/Micklitz/Schirmbacher TMG § 5 Rn. 39; Lorenz K&R 2008, 340 (344)).

II. Kontaktinformationen (Abs. 1 Nr. 2)

Das Impressum muss Angaben enthalten, die eine schnelle elektronische Kontaktaufnahme und unmittelbare Kommunikation mit dem Diensteanbieter ermöglichen. Aus dem Wortlaut „einschließlich" folgt dabei, dass stets eine **E-Mail Adresse** anzugeben ist (KG MMR 2013, 591 (593)). Diese ist auch bei Anbieten eines Surrogats, zB einer Telefon- oder Telefaxnummer oder eines Online-Kontaktformulars, nicht entbehrlich (KG MMR 2013, 591 (593)). Aus dem Wortlaut folgt des Weiteren, dass die Nennung der E-Mail Adresse alleine nicht genügt (Wüstenberg WRP 2002, 782 (783); Spindler/Schmitz/Geis TDG § 6 Rn. 25). Es ist ausreichend, wenn nach Berühren des Links „E-Mail" der Klartext in einem Fenster erscheint (LG Stendal BeckRS 2010, 19860). Einem Nutzer ist es zumutbar, die E-Mail-Adresse abzutippen (Schulte CR 2004, 56; aA wohl Hoenike/Hülsunk MMR 2002, 415 (418)) oder zu kopieren. Die Angabe muss nicht als Link ausgestaltet sein, so dass sich beim Anklicken automatisch das Mailing-Programm des Nutzers öffnet (Ernst GRUR 2003, 759; Spindler/Schmitz/Geis TDG § 6 Rn. 27). Auch die Angabe einer De-Mail oder E-Postbrief-Adresse genügt den gesetzlichen Vorgaben (Lorenz, Tagungsband Herbstakademie 2012, 1 ff.)

36 Ob eine **Telefonnummer** zwingend anzugeben ist, war zunächst strittig. Der deutsche Gesetzgeber ist hiervon zwar ausgegangen (BT-Drs. 14/6098, 2 zur wortgleichen Regelung im damaligen § 6 Abs. 1 Nr. 2 TDG), die Gerichte waren angesichts einer konkreten Aussage im Gesetzestext jedoch uneins (für eine Pflicht OLG Köln MMR 2004, 412 f.; OLG Oldenburg NJW-RR 2007, 189; dagegen OLG Hamm MMR 2004, 549 ff.). Der BGH legte die Frage schließlich dem EuGH vor (BGH MMR 2007, 505 ff.). Nach dessen Entscheidung ist die Angabe einer Telefonnummer nicht unbedingt erforderlich (EuGH MMR 2009, 25 ff. kritisch Ott MMR 2009, 27 f.). Neben der E-Mail-Adresse muss aber ein zweiter unmittelbarer und effizienter Kommunikationsweg eröffnet werden. Dieser muss nicht einen echten Dialog mit Frage-Antwort-Situation ermöglichen. Der Nutzer muss jedoch angemessene Informationen innerhalb einer Frist erhalten, die mit seinen Bedürfnissen und berechtigten Erwartungen vereinbar ist (EuGH MMR 2009, 25 (26). Ebenso Spindler/Schuster/Micklitz/Schirmbacher TMG § 5 Rn. 43). Der zweite Kommunikationsweg kann, muss aber nicht das Telefon sein. Eine elektronische Anfragemaske genügt ebenso wie die Angabe einer **Faxnummer**. Erforderlich ist jedoch stets, dass der Anbieter Vorkehrungen für eine sehr zeitnahe Beantwortung trifft. Diese hat er im Streitfall darzulegen (OLG Frankfurt a. M. BeckRS 2010, 19637). Das LG Bamberg gesteht einem Anbieter lediglich 60 Minuten Reaktionszeit zu (LG Bamberg Urt. v. 23.11.2012 – 1 HK O 29/12). In der Nichtbeantwortung von Anfragen oder dem schmoren lassen in telefonischen Warteschleifen, kann neben einem Verstoß gegen § 5 TMG eine Irreführung nach § 5 UWG liegen. Durch die Angaben wird der unzutreffende Eindruck erweckt, in einen unmittelbaren Kontakt mit dem Anbieter treten zu können (Mulch MDR 2007, 309 (311)).

37 Der EuGH verlangt ferner für den Fall, dass einem Nutzer in seltenen Fällen eine Kontaktaufnahme auf elektronischem Weg nicht möglich ist, dass der Diensteanbieter dem Nutzer auf Anfrage einen nichtelektronischen Kommunikationsweg zur Verfügung stellt (EuGH MMR 2009, 25 (27); kritisch Ott MMR 2009, 27 f.).

38 Die Angabe einer Mehrwertdiensterufnummer oder einer persönlichen Rufnummer genügt (Spindler/Schmitz/Geis TDG § 6 Rn. 26). Es muss aber ausdrücklich und deutlich wahrnehmbar auf deren Tarif hingewiesen werden. Auch darf von der Höhe des Tarifs keine abschreckende Wirkung ausgehen.

III. Aufsichtsbehörde (Abs. 1 Nr. 3)

39 Nach § 5 Abs. 1 Nr. 3 TMG müssen Angaben zur zuständigen Aufsichtsbehörde erfolgen, soweit der Dienst im Rahmen einer Tätigkeit angeboten oder erbracht wird, die der behördlichen Zulassung bedarf. Darauf, dass der Anbieter die Zulassung auch erhalten hat, kommt es nicht an (Spindler/Schmitz/Geis TDG § 6 Rn. 30). Ausweislich der Gesetzesbegründung soll die Angabe der zuständigen Aufsichtsbehörde einem Verbraucher die Möglichkeit geben, sich bei Bedarf über einen Anbieter zu erkundigen und ggf. Beschwerden über Verstöße gegen Berufspflichten anbringen zu können (Begr. RegE BT-Drs. 14/6098, 21).

40 Im Impressum ist grds. nur die Aufsichts-, nicht aber die **Zulassungsbehörde** zu nennen (Spindler/Schmitz/Geis TDG § 6 Rn. 29). Nur wenn es erstere nicht gibt und letztere auch weiterhin die Zuverlässigkeit des Diensteanbieters zu überprüfen hat, ist sie aufzuführen (OLG Koblenz MMR 2006, 624 (625) für eine Maklertätigkeit; OLG Hamburg BeckRS 2008, 07222; Spindler/Schuster/Micklitz/Schirmbacher TMG § 5 Rn. 50). Sofern Unternehmen mit einer nicht vorhandenen Aufsichtsbehörde werben, kann dies eine unzulässige Irreführung darstellen.

41 Die Mitteilung der **Behördenadresse** ist nach dem Gesetzeswortlaut zwar nicht erforderlich; dem Nutzer soll aber eine einfache Kontaktaufnahme ermöglicht werden, zB durch einen Link zur Website der Aufsichtsbehörde. Dies folgt daraus, dass § 5 TMG Angaben zur Aufsichtsbehörde verlangt, nicht nur die Nennung (Spindler/Schuster/Micklitz/Schirmbacher TMG § 5 Rn. 53a).

42 Betroffen von der Vorschrift sind u. a. Websites von Bauträgern (§ 34c Abs. 1 S. 1 Nr. 2 GewO), Spielhallenbetreibern (§§ 33i Abs. 1 S. 1 bzw. 33c Abs. 1 S. 1 bzw. 33d Abs. 1 S. 1 GewO), Maklern (§ 34c Abs. 1 S. 1 Nr. 1 GewO), Gastronomiebetrieben (§ 2 GastG), Versicherungsunternehmen (§ 5 Abs. 1 VAG) und Rechtsanwälten. Bei Patentanwälten ist

Allgemeine Informationspflichten § 5 TMG

die Patentanwaltskammer anzugeben; bei Steuerberatern die zuständige Steuerberaterkammer (§ 76 Abs. 2 Nr. 4 StBerG). Die Eintragung in die Handwerksrolle ist keine behördliche Zulassung. Die zuständige Handwerkskammer muss nicht genannt werden (Kaestner/Tews WRP 2002, 1011 (1014)).

IV. Registerangaben (Abs. 1 Nr. 4)

Ein Anbieter, der im Handels-, Vereins-, Partnerschafts- oder Genossenschaftsregister 43 eingetragen ist, muss darüber unter Nennung der entsprechenden **Registernummer** informieren. Auch die das Register führende Stelle ist anzugeben. Die Nennung der Handelsregisternummer dient sowohl der Identifizierung eines Anbieters als auch als eine Art Existenznachweis (OLG Hamm MMR 2009, 552).

Die Aufzählung der Register ist abschließend (Stickelbrock GRUR 2004, 111 (113); 44 Kaestner/Tews WRP 2002, 1011 (1014)). Auch europarechtliche Vorgaben erfordern keine Angabe des Gewerberegisters (§ 14 GewO) und der Handwerksrolle (Lorenz, Die Anbieterkennzeichnung im Internet, 2007, S. 187 ff. mwN; aA Spindler/Schuster/Micklitz/Schirmbacher TMG § 5 Rn. 54; Spindler/Schmitz/Geis TDG § 6 Rn. 31). Soweit im Ausland registrierte Telemedienanbieter im Inland ihre Geschäftstätigkeit entfalten, müssen diese aus Gründen der Transparenz anstelle des Handelsregisters und der Registernummer das ausländische Gesellschaftsregister und die Registernummer benennen, bei dem und unter der die ausländische Gesellschaft eingetragen ist (LG Frankfurt a. M. MMR 2003, 597 (598); Hoeren WM 2004, 2461 (2463); Schulte CR 2004, 56). Bei einer Limited Company aus Großbritannien müssen daher ua Ort und Nummer der Eintragung angegeben werden zB „Registered in England 4466." Soweit das Land keine Registrierung verlangt, läuft die Impressumspflicht insoweit ins Leere (Spindler/Schuster/Micklitz/Schirmbacher TMG § 5 Rn. 55; Spindler/Schmitz/Geis TDG § 6 Rn. 32; s. generell zu Anbietern mit Sitz im Ausland → Rn. 6a).

V. Berufsrechtliche Angaben (Abs. 1 Nr. 5)

Für „reglementierte Berufe" iSd EU-Diplomanerkennungsrichtlinien bestehen besondere 45 Informationspflichten, um für den jeweiligen Nutzer die Qualifikation, Befugnisse und ggf. besondere Pflichtenstellung des Diensteanbieters transparent zu machen. Die Vorschrift betrifft alle Tätigkeiten, deren Aufnahme oder Ausübung durch Rechtsvorschriften an den Besitz eines Diploms oder eines anderen Befähigungsnachweises gebunden ist, dh von bestimmten fachlichen Voraussetzungen abhängt. Dazu gehören auch Regelungen, welche die Führung eines beruflichen Titels den Inhabern eines bestimmten Diploms vorbehalten (Begr. RegE BT-Drs. 14/6098, 21). Darunter fallen insbes. die „klassischen" freien Berufe der Ärzte, Zahnärzte, Tierärzte, Apotheker, Rechtsanwälte, Steuerberater, Wirtschaftsprüfer, Psychotherapeuten und Gesundheitshandwerke, wie Augenoptiker, Hörgeräteakustiker, Orthopädietechniker, Orthopädieschuhmacher und Zahntechniker. Ferner werden Berufe erfasst, die grds. nicht reguliert sind, bei denen aber die Führung eines bestimmten Titels von Voraussetzungen abhängig gemacht wird, zB Architekten, (beratende) Ingenieure und nahezu alle Heilhilfsberufe, zB Physiotherapeuten, Ergotherapeuten und Logopäden (Begr. RegE BT-Drs. 14/6098, 21).

Angehörige dieser Berufe haben die **Kammer** anzugeben, der sie angehören. Nach der 46 Gesetzesbegründung soll dies aber nur dann der Fall sein, wenn eine Pflichtmitgliedschaft besteht, die allerdings auch lediglich durch das Führen eines Titels ausgelöst werden kann. Ferner müssen die Betroffenen über die **gesetzliche Berufsbezeichnung** und den Staat, in dem die Berufsbezeichnung verliehen worden ist, informieren. Schließlich sind die **berufsrechtlichen Regelungen,** dh alle rechtlich verbindliche Normen, insbes. Gesetze und Satzungen, die die Voraussetzungen für die Ausübung des Berufs oder die Führung des Titels sowie ggf. die spezifischen Pflichten der Berufsangehörigen regeln, zu bezeichnen und zu sagen wie diese zugänglich sind. Die Bezeichnung bezieht sich dabei auf die Angabe der Gesetzes- oder Satzungsüberschrift. Anbieter können die Fundstelle im Bundesgesetzblatt oder einer anderen öffentlich zugänglichen Sammlung nennen oder die berufsrechtlichen Regelungen auf einer anderen Website verlinken (LG Nürnberg-Fürth DStR 2010, 1808;

Begr. RegE BT-Drs. 14/6098, 21; Brunst MMR 2004, 8 (11)). Die Bundesrechtsanwaltskammer hat die erforderlichen berufsrechtlichen Informationen (ua BRAO, BORA, FAO) in ihrem Angebot zusammengestellt (http://www.brak.de/seiten/06.php). Viele Kammern und Berufsverbände halten die jeweiligen Berufsordnungen ebenfalls auf ihren Websites parat (www.berufsordnung.de).

VI. Umsatzsteuer-Identifikationsnummer (Abs. 1 Nr. 6)

47 Soweit ein Anbieter über die vom Bundesamt für Finanzen in Saarlouis vergebene USt-ID-Nr. nach § 27a UStG oder eine **Wirtschafts-Identifikationsnummer** nach § 139c AO verfügt, muss er diese Nummer, anders als die normale Steuernummer, die nicht ins Impressum gehört, angeben. Dies dient weniger dem Kunden- und Verbraucherschutz, als vielmehr dem Fiskus als Teil des steuerlichen Kontrollmechanismus im europäischen Binnenmarkt (OLG Hamm MMR 2009, 552). § 5 Abs. 1 Nr. 6 TMG begründet keine Pflicht, sich eine Nummer zu verschaffen. Soweit keine vergeben wurde, entfällt die Verpflichtung zur Angabe (LG Nürnberg-Fürth DStR 2010, 1808).

VII. Abwicklung oder Liquidation von Kapitalgesellschaften (Abs. 1 Nr. 7)

48 § 5 Abs. 1 Nr. 7 TMG wurde erst 2006 im Zuge der Umsetzung der EU-Publizitätsrichtlinie (Art. 4 Abs. 3 der RL 2003/58/EG) in das Gesetz aufgenommen (Art. 12 Abs. 15 des Gesetzes über elektronische Handelsregister und Genossenschaftsregister sowie das Unternehmensregister v. 10.11.2006, BGBl. I, 2553). Bei Aktiengesellschaften, Kommanditgesellschaften auf Aktien und Gesellschaften mit beschränkter Haftung, ist seitdem anzugeben, wenn diese sich in Abwicklung oder Liquidation befinden. Über die Eröffnung eines **Insolvenzverfahrens** ist gleichfalls zu informieren (LG Erfurt BeckRS 2011, 04103; Schmittmann/Lorenz ZInsO 2007, 797 (798)). Angaben zum Liquidator oder Insolvenzverwalter sind hingegen nicht erforderlich (Müller-Broich TMG § 5 Rn. 16). Die Vorschrift bezieht sich nur auf Kapitalgesellschaften. Aufgrund der vergleichbaren Interessenlage ist eine entsprechende Anwendung auf Personengesellschaften jedoch angezeigt (Schmittmann/Lorenz ZInsO 2007, 797 (798); Spindler/Schuster/Micklitz/Schirmbacher TMG § 5 Rn. 66).

E. Weitergehende Informationspflichten (Abs. 2)

49 Weitergehende Informationspflichten bleiben nach § 5 Abs. 2 TMG unberührt. Solche können sich zB aus dem Fernabsatzrecht (§§ 312b ff. BGB), den Regelungen über den elektronischen Geschäftsverkehr (§ 312e BGB), dem Fernunterrichtsschutzgesetz, der Preisangabenverordnung und dem Versicherungsaufsichtsgesetz ergeben. Auch die datenschutzrechtlichen Vorschriften nach dem BDSG und dem TMG bleiben anwendbar.

F. Sanktionsmöglichkeiten

I. Bußgeld

50 Ein Verstoß gegen die Regelung des § 5 TMG stellt nach § 16 Abs. 2 TMG eine **Ordnungswidrigkeit** dar, die mit bis zu 50.000 EUR bußgeldbewert ist (zu den Anforderungen an einen Bußgeldbescheid AG Tübingen Beschl. v. 19.8.2011 – 11 OWi 19 Js 6029/11; ferner Lorenz K&R 2008, 340 (344 f.)). Nach § 47 OWiG liegt die Verfolgung von Ordnungswidrigkeiten im pflichtgemäßen Ermessen der Verfolgungsbehörde, deren Zuständigkeit das Landesrecht regelt (zu den jeweiligen landesgesetzlichen Regelungen Lorenz K&R 2008, 340 (344 f.)). Bei geringfügigen Ordnungswidrigkeiten kann die Verwaltungsbehörde gem. § 56 OWiG den Betroffenen verwarnen und ein Verwarnungsgeld von fünf bis fünfunddreißig EUR erheben. Sie kann eine Verwarnung auch ohne Verwarnungsgeld erteilen.

II. Unterlassungsklagen klagebefugter Verbände und Mitbewerber

51 Verstöße gegen § 5 TMG können von den nach § 2 Abs. 2 Nr. 2 UKlaG klagebefugten Verbänden (LG München WRP 2005, 1042 (1043); LG Stuttgart NJW-RR 2004, 911; Kaestner/Tews WRP 2002, 1011; Ott WRP 2003, 945 (949)) oder von Mitbewerbern

aufgegriffen werden. Die Vorschrift dient dem Verbraucherschutz und der Transparenz (BGH GRUR 2007, 159). Es handelt sich grds. um eine **Marktverhaltensregelung** iSd § 4 Nr. 11 UWG (BGH GRUR 2007, 159; OLG Hamm MMR 2009, 552; OLG München BeckRS 2010, 29549; Lorenz WRP 2010, 1224 (1226)). Jedoch dürfen die Regelungen des UWG nicht über die Richtlinie über unlautere Geschäftspraktiken (UGP-RL) hinausgehen, die zu einer vollständigen Harmonisierung des Lauterkeitsrechts geführt hat (BGH MMR 2011, 451 (452); BGH GRUR 2010, 852 (853)). Verstöße gegen europäische Informationspflichten sind daher wettbewerbswidrig, Verstöße gegen strengere nationale Informationspflichten (zB die fehlende Angabe des Vertretungsberechtigten) hingegen nicht (OLG Düsseldorf MMR 2013, 649 (650); KG MMR 2013, 175 f.).

Unwahre Angaben im Impressum sind als Irreführung nach § 5 Abs. 1 S. 1, S. 2 Nr. 3 **52** UWG stets unlauter. Unvollständige Angaben können eine Irreführung durch Unterlassen begründen. Nach § 5a UWG ist es wettbewerbswidrig, einem Verbraucher **wesentliche Informationen** vorzuenthalten. Nach Abs. 2 handelt unlauter, wer die Entscheidungsfähigkeit von Verbrauchern iSd § 3 Abs. 2 UWG dadurch beeinflusst, dass er eine Information vorenthält, die im konkreten Fall unter Berücksichtigung aller Umstände einschließlich der Beschränkungen des Kommunikationsmittels wesentlich ist. Als wesentlich gelten nach Abs. 4 auch Informationen, die dem Verbraucher auf Grund gemeinschaftsrechtlicher Verordnungen oder nach Rechtsvorschriften zur Umsetzung gemeinschaftsrechtlicher Richtlinien für kommerzielle Kommunikation einschließlich Werbung und Marketing nicht vorenthalten werden dürfen (Art. 7 Abs. 5 UGP-Richtlinie). Darunter fallen die nach der RL 2000/31/EG bzw. Art. 4 Abs. 3 der Publizitäts-RL im Rahmen der Impressumspflicht zu machenden Angaben. Da eine Bagatellklausel hier nicht vorgesehen ist, macht dies jede noch so „unbedeutende" vergessene Information im Impressum zu einem Wettbewerbsverstoß (OLG Düsseldorf ZUM-RD 2009, 61 (62); KG MMR 2012, 240 (241); LG Hamburg ZUM-RD 2011, 193 (194); aA LG Berlin ZUM-RD 2011, 368 (369); LG München I NJW-RR 2011, 195). Eine Prüfung dahingehend, ob die fehlenden Angaben Verbraucher an der Geltendmachung von Rechten hindern, ist nicht statthaft (aA LG Berlin ZUM-RD 2011, 368 (369)); dies aber erneut nur soweit, als die europarechtlichen Vorgaben reichen (KG Beschl. v. 21.9.2012 – 5 W 204/12; OLG München BeckRS 2010, 29549). Wenn die deutsche Umsetzung über diese hinausgeht, muss eine spürbare Beeinträchtigung ausnahmsweise weiterhin festgestellt werden (ablehnend bei der fehlenden Angabe des Vertretungsberechtigten einer Kapitalgesellschaft KG Beschl. v. 21.9.2012 – 5 W 204/12).

III. Schadensersatzansprüche

§ 5 TMG ist **Schutzgesetz** iSd § 823 Abs. 2 BGB (AG Mönchengladbach MMR 2003, **53** 606 (608)). Wird jemanden durch die Verletzung der Informationspflicht ein Schaden zugefügt, macht sich der Diensteanbieter schadensersatzpflichtig.

§ 6 Besondere Informationspflichten bei kommerziellen Kommunikationen

(1) Diensteanbieter haben bei kommerziellen Kommunikationen, die Telemedien oder Bestandteile von Telemedien sind, mindestens die folgenden Voraussetzungen zu beachten:
1. Kommerzielle Kommunikationen müssen klar als solche zu erkennen sein.
2. Die natürliche oder juristische Person, in deren Auftrag kommerzielle Kommunikationen erfolgen, muss klar identifizierbar sein.
3. Angebote zur Verkaufsförderung wie Preisnachlässe, Zugaben und Geschenke müssen klar als solche erkennbar sein, und die Bedingungen für ihre Inanspruchnahme müssen leicht zugänglich sein sowie klar und unzweideutig angegeben werden.
4. Preisausschreiben oder Gewinnspiele mit Werbecharakter müssen klar als solche erkennbar und die Teilnahmebedingungen leicht zugänglich sein sowie klar und unzweideutig angegeben werden.

(2) ¹Werden kommerzielle Kommunikationen per elektronischer Post versandt, darf in der Kopf- und Betreffzeile weder der Absender noch der kommerzielle

Charakter der Nachricht verschleiert oder verheimlicht werden. ²Ein Verschleiern oder Verheimlichen liegt dann vor, wenn die Kopf- und Betreffzeile absichtlich so gestaltet sind, dass der Empfänger vor Einsichtnahme in den Inhalt der Kommunikation keine oder irreführende Informationen über die tatsächliche Identität des Absenders oder den kommerziellen Charakter der Nachricht erhält.

(3) Die Vorschriften des Gesetzes gegen den unlauteren Wettbewerb bleiben unberührt.

§ 6 TMG enthält in Ergänzung der allgemeinen Informationspflichten des § 5 TMG besondere Informationspflichten bei kommerzieller Kommunikation, die Bestandteil eines Telemediums ist oder einen solchen Dienst darstellt. Zunächst wird die Entstehungsgeschichte sowie Sinn und Zweck dieser Vorschrift erläutert (→ Rn. 1–2). Abs. 1 regelt die besonderen Voraussetzungen, die Anbieter von Telemedien bei der kommerziellen Kommunikation zu beachten haben (→ Rn. 3–11). Abs. 2 begründet Sonderregeln speziell für den Versand kommerzieller Kommunikation per elektronische Post (→ Rn. 12–22). Nach Abs. 3 bleiben die Vorschriften des UWG und § 6 TMG nebeneinander anwendbar (→ Rn. 23).

Übersicht

	Rn		Rn
A. Allgemeines	1	C. Sonderregeln für den E-Mail-Verkehr (Abs. 2)	12
I. Entstehungsgeschichte des § 6	1	I. Kommerzielle Kommunikation per elektronischer Post	13
II. Sinn und Zweck des § 6	2	II. Kopf- und Betreffzeile, Absender sowie kommerzieller Charakter der elektronischen Post	14
B. Beachtung besonderer Voraussetzungen der Diensteanbieter (Abs. 1)	3		
I. Klare Erkennbarkeit der kommerziellen Kommunikation (Nr. 1)	3	III. Verschleiern oder Verheimlichen mit der Absicht der Irreführung	18
II. Klare Identifizierbarkeit des Werbetreibenden (Nr. 2)	5	D. Verhältnis zum UWG (Abs. 3)	23
III. Weitere Voraussetzungen für Angebote zur Verkaufsförderung (Nr. 3)	7		
IV. Weitere Voraussetzungen für Preisausschreiben oder Gewinnspiele mit Werbecharakter (Nr. 4)	9		

A. Allgemeines

I. Entstehungsgeschichte des § 6

1 Die Entstehungsgeschichte des § 6 TMG hat einen stark gemeinschaftsrechtlichen Hintergrund, da diese Norm fast wortgleich den Art. 6 der RL über den elektronischen Geschäftsverkehr (RL 2000/31/EG) in innerstaatliches Recht umgesetzt hat. Gem. der Begründung des nationalen Gesetzgebers wurde dadurch allerdings keine abschließende vollständige Harmonisierung bezweckt, sondern lediglich die deklaratorische Umsetzung gewisser Mindestinformationspflichten, die sinngemäß bereits durch den damaligen Regelungsgehalt des UWG erfasst gewesen seien (Begr. RegE BT-Drs. 14/6098, 22; krit. Sack WRP 2001, 1408 (1423)). Hintergrund sind die Harmonisierungsbestrebungen der Kommission nach dem Herkunftslandprinzip, welches an die jeweils anwendbare Rechtsordnung des Sitzes des Diensteanbieters anknüpft (s. zum Herkunftslandprinzip → § 3 Rn. 1 ff.).

II. Sinn und Zweck des § 6

2 Der Regelungsgehalt des § 6 TMG begründet erhöhte Informations- und Hinweispflichten des kommerziellen Diensteanbieters, die ihre Ursachen in den spezifischen Besonderheiten des E-Commerce haben und der Schutzbedürftigkeit des Verbrauchers Rechnung tragen sollen (Woitke BB 2003, 2469 (2473 f.); Spindler/Schuster/Micklitz/Schirmbacher TMG § 6

Rn. 6). Dadurch kann unerwünschte kommerzielle Kommunikation zwar nicht verhindert werden – diese Funktion übernehmen Vorschriften nach dem UWG – aber dem Verbraucher soll zumindest die Möglichkeit eröffnet werden, Werbemitteilungen von sonstigen Nachrichten zu unterscheiden, ohne ihren Inhalt lesen zu müssen (Roßnagel/Jandt MMR 2011, 86 (91)). Konkret bedeutet dies, dass die gezielte Irreführung des Verbrauchers mittels Telemedien über die Art und Weise der Kommunikation, ihren Urheber und über das Angebot zur Verkaufsförderung verhindert werden soll. Im besonderen Maße soll dabei der Spam-Anteil an der E-Mail-Kommunikation, der zu Vertrauens- und Produktivitätsverlusten führt, reduziert werden, § 6 Abs. 2 TMG (BGH NJW 2004, 1655 ff.; Schmitz K&R 2007, 135 (137)).

B. Beachtung besonderer Voraussetzungen der Diensteanbieter (Abs. 1)

I. Klare Erkennbarkeit der kommerziellen Kommunikation (Nr. 1)

Die kommerzielle Kommunikation des Diensteanbieters muss gem. § 6 Abs. 1 Nr. 1 **3** TMG klar als solche erkennbar sein. Den Anwendungsbereich bestimmt die Legaldefinition des § 2 Nr. 5 TMG. Demnach ist die kommerzielle Kommunikation nicht nur „Werbung" im herkömmlichen Sinne, sondern jede Form der Kommunikation, die der unmittelbaren oder mittelbaren Förderung des Absatzes von Waren, Dienstleistungen oder des Erscheinungsbilds eines Unternehmens, einer sonstigen Organisation oder einer natürlichen Person dient, die eine Tätigkeit im Handel, Gewerbe oder Handwerk oder einen freien Beruf ausübt. Keine kommerzielle Kommunikation sind z. B. Domain-Namen oder E-Mail Adressen bzw. Angaben, die unabhängig und insbes. ohne finanzielle Gegenleistung erbracht werden, § 2 Nr. 5 lit. a und b TMG (→ § 2 Rn. 28 f.).

Eine klare Erkennbarkeit bedeutet gem. der Begründung des Gesetzgebers, dass Werbung **4** und sonstige kommerzielle Kommunikation in ihrem Charakter als kommerzielle Kommunikation von anderen Inhalten bzw. Informationen abgehoben sein müssen (Begr. RegE BT-Drs. 14/6098, 22). Dies wird durch ein Trennungsgebot, nach dem kommerzielle Kommunikation stets vom restlichen Inhalt getrennt werden muss, und ein Kennzeichnungsgebot, nach dem kommerzielle Kommunikation auch als solche zu kennzeichnen ist, realisiert (Spindler/Schuster/Micklitz/Schirmbacher TMG § 6 Rn. 21 ff. mwN). Dadurch wird die Verschleierung des Werbecharakters eines Inhalts – bspw. eine als objektive Information getarnte Werbung – vermieden und dem durchschnittlich aufgeklärten, verantwortlichen und vernünftigen Verbraucher werden größere Mühen der „Enttarnung" erspart (vgl. zur Bannerwerbung im Internet KG Berlin MMR 2012, 316 mAnm Czernik).

II. Klare Identifizierbarkeit des Werbetreibenden (Nr. 2)

Die natürliche oder juristische Person, in deren Auftrag die kommerzielle Kommunikati- **5** on erfolgt, muss gem. § 6 Abs. 1 Nr. 2 TMG klar identifizierbar sein. Die Identifikation ist nach der Begründung des Gesetzgebers bspw. dann gegeben, wenn der Name der Firma oder ein sonstiges Unternehmenskennzeichen auf einem elektronischen Werbebanner erscheint. Ein solcher direkter Hinweis in der kommerziellen Kommunikation ist allerdings nicht erforderlich, wenn der Zugang zu den Informationen, welche die Identität des Werbetreibenden erkennbar machen, jederzeit und ohne großen technischen Aufwand mittelbar – zB durch einen dauerhaften Link auf eine entsprechende Webseite – gewährleistet ist (Begr. RegE BT-Drs. 14/6098, 22).

Auch hier wird wieder auf den durchschnittlich aufgeklärten, verantwortlichen und ver- **6** nünftigen Verbraucher abgestellt, der mangels hohen Bekanntheitsgrades des Werbetreibenden bzw. des Firmenlogos vor der Gefahr einer Verwechslung oder einer erhöhten Nachforschungspflicht bewahrt werden soll. Hinsichtlich des weiteren Ausmaßes einer klaren Identifizierbarkeit für den Verbraucher kann auf die Mindestanforderungen des § 5 Abs. 1 TMG verwiesen werden (→ § 5 Rn. 3 ff.).

III. Weitere Voraussetzungen für Angebote zur Verkaufsförderung (Nr. 3)

Angebote zur Verkaufsförderung wie Preisnachlässe, Zugaben und Geschenke müssen **7** nach § 6 Abs. 1 Nr. 3 TMG klar als solche erkennbar sein, und die Bedingungen für ihre

Inanspruchnahme müssen leicht zugänglich sein sowie klar und unzweideutig angegeben werden. Angebote zur Verkaufsförderung sind alle zur Förderung des Absatzes von Waren oder Dienstleistungen gewährten geldwerten Vergünstigungen, wozu insbes. die gem. § 6 Abs. 1 Nr. 3 TMG aufgezählten Formen der Preisnachlässe, Zugaben und Geschenke zählen (zu Begriff und lauterkeitsrechtlicher Bedeutung von Preisnachlässen, Zugaben und Geschenken vgl. POS UWG § 4 Rn. 1/67 ff., 1/93, 1/58 ff.).

8   Die besondere Transparenzverpflichtung des Dienstanbieters manifestiert sich hier nicht nur in dem klar erkennbaren Angebot zur Verkaufsförderung (sog. Trennungs- und Kennzeichnungsgebot, → Rn. 4), sondern vor allem in der leichten Zugänglichkeit und Unzweideutigkeit der Bedingungen der Inanspruchnahme dieses Angebots. Dabei besteht gerade in punkto Berechtigung sowie Modalitäten der Inanspruchnahme der Verkaufsförderungsangebote eine gewisse Regelungsbedürftigkeit zugunsten des Verbrauchers. So muss der Diensteanbieter bspw. für Kundenbindungsprogramme, in denen Zugaben systematisch gewährt werden, die Ermittlung der Kriterien des anspruchsberechtigten Personenkreises (zB Wohnort, Alter oder Beruf) offenlegen (POS UWG § 4 Rn. 4/4). Ferner müssen die Modalitäten der Inanspruchnahme wie bspw. Zeitraum, Menge oder zusätzliche Bedingungen (zB Versandkosten) der Verkaufsförderungsangebote für den Verbraucher ohne Umstände ersichtlich sein (Spindler/Schuster/Micklitz/Schirmbacher TMG § 6 Rn. 64). Der Pflicht zur leichten Zugänglichkeit dieser Informationen genügt der Diensteanbieter durch einen einfach erkennbaren, unmittelbar erreichbaren und ständig zur Verfügung stehenden Link.

IV. Weitere Voraussetzungen für Preisausschreiben oder Gewinnspiele mit Werbecharakter (Nr. 4)

9   Preisausschreiben und Gewinnspiele mit Werbecharakter müssen nach § 6 Abs. 1 Nr. 4 TMG klar als solche erkennbar sein und die Teilnahmebedingungen müssen leicht zugänglich sein sowie klar und unzweideutig angegeben werden (zu Begriff und lauterkeitsrechtlicher Bedeutung von Preisausschreiben und Gewinnspielen vgl. POS UWG § 4 Rn. 1/106 ff.).

10 Einen Werbecharakter beinhalten Preisausschreiben und Gewinnspiele, wenn sie mittelbar oder unmittelbar der Förderung des Erscheinungsbildes des werbenden Unternehmens oder dem Absatz seiner Produkte dienen (POS UWG § 4 Rn. 5/3). Allerdings sollten im Sinne einer EU-richtlinienkonformen Auslegung auch Preisausschreiben und Gewinnspiele ohne Werbecharakter den Anforderungen des § 6 Abs. 1 Nr. 4 TMG entsprechen, da nur so dem Wortlaut des Art. 6 lit. d der RL über den elektronischen Geschäftsverkehr (RL 2000/31/EG) uneingeschränkt Geltung verschafft wird (Spindler/Schuster/Micklitz/Schirmbacher TMG § 6 Rn. 59).

11 Im Hinblick auf die klare Erkennbarkeit des Preisausschreibens bzw. Gewinnspiels sowie die leichte Zugänglichkeit und Unzweideutigkeit der Teilnahmebedingungen gelten die für die Bedingungen der Inanspruchnahme der Verkaufsförderungsangebote gemachten Ausführungen entsprechend (→ Rn. 8). In diesem Zusammenhang spielen besonders die Modalitäten wie Einsendeschluss, Adresse des Veranstalters, Folgekosten, Auswahlkriterien für die Gewinner, deren Bekanntgabe und die Übergabe der Preise eine Rolle (Spindler/Schuster/Micklitz/Schirmbacher TMG § 6 Rn. 65). Ferner muss erkennbar sein, ob die Teilnahme zum Kauf einer Ware oder Dienstleistung verpflichtet.

C. Sonderregeln für den E-Mail-Verkehr (Abs. 2)

12 Vorrangiges Ziel der Sonderregeln für den E-Mail-Verkehr gem. § 6 Abs. 2 TMG ist die Gewährleistung eines hohen Maßes an Transparenz und Entscheidungsfreiheit für den Empfänger von E-Mails. Der Versender darf demnach seine elektronischen Werbenachrichten nicht durch gezielte Täuschungshandlungen besonders undurchsichtig gestalten, um so den Empfänger daran zu hindern, sich durch geeignete technische oder organisatorische Maßnahmen (zB Einrichtung eines Spam-Filters) vor unerwünschter Werbung zu schützen (Begr. RegE BT-Drs. 16/3078, 15; Roßnagel NVwZ 2007, 743 (746)).

Besondere Informationspflichten bei kommerziellen Kommunikationen § 6 TMG

I. Kommerzielle Kommunikation per elektronischer Post

Im Gegensatz zum Begriff der kommerziellen Kommunikation (→ Rn. 3) ist der Begriff **13** der elektronischen Post nicht vom Gesetzgeber definiert. Allerdings kann in diesem Zusammenhang auf eine umfangreiche Rspr. von E-Mail-Werbung als unzumutbare Belästigung nach § 7 Abs. 2 Nr. 3 iVm den Ausnahmetatbeständen des § 7 Abs. 3 UWG verwiesen werden (vgl. Fezer/Mankowski UWG § 7 Rn. 185 ff.). Demnach ist der Anwendungsbereich des § 6 Abs. 2 TMG eröffnet, wenn eine E-Mail über ein E-Mail-Programm oder einen E-Mail-Provider im weitesten Sinne einem Werbezweck dient.

II. Kopf- und Betreffzeile, Absender sowie kommerzieller Charakter der elektronischen Post

Der Empfänger einer elektronischen Werbenachricht soll besonders davor geschützt **14** werden, dass bereits in der Kopf- und Betreffzeile einer E-Mail (sog. Header-Informationen) irreführende Angaben enthalten sind, die seine Entscheidungsfreiheit beeinträchtigen können. Denn für den Empfänger einer E-Mail ist die grundsätzliche Erkennbarkeit des Absenders bei der Frage, wie er mit der Nachricht umgehen will, von entscheidender Bedeutung (Begr. RegE BT-Drs. 16/3078, 15).

Nach dem Wortlaut des § 6 Abs. 2 TMG werden Kopf- und Betreffzeile einer E-Mail **15** gleichgesetzt. Während die Kopfzeile einer E-Mail ua Absendedatum und –uhrzeit (date), Angaben zur Identität des Absenders (from/sender), Antwortadresse (reply to), Empfänger (to/cc/bcc) sowie die am Versand beteiligten Mailserver (received) enthält, gilt die Betreffzeile (subject) lediglich als ein Bestandteil der Kopfzeile.

Für die Eröffnung des Anwendungsbereichs des § 6 Abs. 2 TMG ist jedwede Verfälschung **16** der Kopf- bzw. Betreffzeile maßgeblich, dh es dürfen auch keine fingierten Angaben (z. B. das Vortäuschen eines menschlichen Absenders durch ein vermeintliches Standard-E-Mail-Programm) hinzugefügt werden (Schirmbacher VuR 2007, 54 (58), aA Schmittmann/Lorenz K&R 2007, 609 (614)). Wird die vermeintliche Herkunft einer E-Mail vorgetäuscht, so kann der Empfänger die mit ihr verbundenen Risiken möglicherweise nicht richtig einschätzen und sein Verhalten nicht entsprechend ausrichten (zB durch sofortiges Löschen der E-Mail). Auch für den Einsatz von Spamschutz-Programmen, die den Posteingang nach Nachrichten eines durch den Nutzer festgelegten Personenkreises durchsuchen, sind die Angaben zur Identität des Versenders von großer Bedeutung (Begr. RegE BT-Drs. 16/3078, 15).

Unter dem Absender der elektronischen Post versteht man statt des tatsächlichen Absen- **17** ders den Veranlasser der elektronischen Werbenachricht (Spindler/Schuster/Micklitz/ Schirmbacher TMG § 6 Rn. 106). Solange der tatsächliche Initiator der E-Mail verheimlicht wird, ist es auch nicht maßgeblich, ob in der Kopfzeile die Identität des Absenders unmittelbar verschleiert wird oder in der Betreffzeile irreführende Angaben zum Absender gemacht werden (Kitz ZUM 2007, 368 (373); Schirmbacher VuR 2007, 54 (58)). Der kommerzielle Charakter der E-Mail-Nachricht zeigt sich darin, dass sie zu Werbezwecken versandt wird (Spindler/Schuster/Micklitz/Schirmbacher TMG § 6 Rn. 108).

III. Verschleiern oder Verheimlichen mit der Absicht der Irreführung

Gem. § 6 Abs. 2 TMG ist eine Verschleierungs- oder Verheimlichungsabsicht des **18** Diensteanbieters bei der E-Mail-Werbung verboten. Verschleiern und Verheimlichen ist das Unterdrücken oder Unterschlagen von Informationen, um den Adressaten der elektronischen Werbenachricht absichtlich in die Irre zu führen. Dabei ist die Irreführung objektiv nach dem Transparenzgebot zu bestimmen (Spindler/Schuster/Micklitz/Schirmbacher TMG § 6 Rn. 110).

Eine Verschleierung der Absenderinformationen ist bspw. dann gegeben, wenn die **19** Absenderangaben suggerieren, die Nachricht stamme von einer offiziellen Stelle (z. B. „Staatsanwaltschaft München"), von einem Geschäftspartner oder aus dem Freundeskreis des Empfängers. Ferner liegt eine Verschleierung vor, wenn der Absender der elektronischen Werbenachricht zu seiner Tarnung falsche oder nicht existente IP-Adressen in die Absenderinformationen seiner E-Mail einträgt oder in den Absenderinformationen die Adresse des Absenders durch die Adresse des Empfängers oder einer sonstigen Person ersetzt (Begr. RegE

BT-Drs. 16/3078, 15). Von dem Verbot der Absenderverheimlichung sind auch diejenigen E-Mail-Nachrichten erfasst, die überhaupt keine Angaben zur Identität des Versenders der E-Mail enthalten. Ein Fall der Verheimlichung liegt zum Beispiel vor, wenn Versender die Absenderzeile in der Kopfzeile überhaupt nicht ausgefüllt oder die Nachricht durch Versendung über einen sog. Remailer (Onlinedienst zur Entpersonalisierung von E-Mails) anonymisiert hat (Begr. RegE BT-Drs. 16/3078, 15).

20 Schließlich verbietet § 6 Abs. 2 TMG auch die Verschleierung oder Verheimlichung des kommerziellen Charakters einer Nachricht. Wenn in der Betreffzeile bewusst irreführende Aussagen (zB „letzte Mahnung", „Achtung, besonders dringend!", „Ihr Strafverfahren Aktenzeichen XY") gemacht werden, um über den kommerziellen Charakter der Nachricht zu täuschen, ergeben sich die gleichen Probleme wie bei der Verheimlichung oder Verschleierung des Absenders: Die Entscheidungsfreiheit des Empfängers soll beeinflusst werden, um möglichst hohe Öffnungsraten zu erzielen (Begr. RegE BT-Drs. 16/3078, 15).

21 Sanktioniert werden soll va derjenige Diensteanbieter, dem es bewusst auf die Täuschung des Empfängers ankommt. Demnach geht es weniger um Bagatellfälle, in denen bspw. kleine Unternehmen versehentlich irreführende Angaben machen, weil sie sich vorher über die Anforderungen von Informationspflichten bei kommerzieller Kommunikation nicht hinreichend in Kenntnis gesetzt haben (Begr. RegE BT-Drs. 16/3078, 15; krit. Hoeren NJW 2007, 801 (804)).

22 Allerdings begründet das durch den Gesetzgeber eingefügte Absichtserfordernis letztlich eine zu hohe Hürde für den Nachweis der Verschleierung der Absendeinformationen (vgl. Spindler/Schuster/Micklitz/Schirmbacher TMG § 6 Rn. 117 ff.; Möller WRP 2010, 321 (325)), auch wenn der Tatbestand die Sanktionierung durch das strafprozessual geprägte Ordnungswidrigkeitengesetz nach sich zieht, § 16 Abs. 1 TMG.

D. Verhältnis zum UWG (Abs. 3)

23 Gem. § 6 Abs. 3 TMG bleiben die Vorschriften des Gesetzes gegen den unlauteren Wettbewerb unberührt. Uneingeschränkt anwendbar sind damit insbes. die Regelungen, die Anforderungen für die Versendung von E-Mails enthalten, § 7 Abs. 2 Nr. 2, 3 UWG. Gleiches gilt für die Regelungen in § 4 Nr. 3–5 UWG, die weitestgehend den Anforderungen des § 6 Abs. 1 TMG entsprechen.

Abschnitt 3. Verantwortlichkeit

§ 7 Allgemeine Grundsätze

(1) Diensteanbieter sind für eigene Informationen, die sie zur Nutzung bereithalten, nach den allgemeinen Gesetzen verantwortlich.

(2) [1]Diensteanbieter im Sinne der §§ 8 bis 10 sind nicht verpflichtet, die von ihnen übermittelten oder gespeicherten Informationen zu überwachen oder nach Umständen zu forschen, die auf eine rechtswidrige Tätigkeit hinweisen. [2]Verpflichtungen zur Entfernung oder Sperrung der Nutzung von Informationen nach den allgemeinen Gesetzen bleiben auch im Falle der Nichtverantwortlichkeit des Diensteanbieters nach den §§ 8 bis 10 unberührt. [3]Das Fernmeldegeheimnis nach § 88 des Telekommunikationsgesetzes ist zu wahren.

Das in §§ 7–10 TMG umgesetzte abgestufte Haftungs- bzw. Privilegierungsregime regelt übergreifend die Verantwortlichkeit der Anbieter von Telemedien iSd § 2 Nr. 1 TMG im Zivilrecht, Strafrecht und Verwaltungsrecht. Das Normregime der §§ 7–10 TMG geht va zurück auf die europarechtlichen Vorgaben der Art. 12–15 der E-Commerce-RL (→ Rn. 4), deren Wertungen bei der Auslegung der einzelnen Tatbestandsmerkmale deshalb entsprechend zu berücksichtigen sind. Die §§ 7–10 TMG statuieren dabei keine eigenen Anspruchsgrundlagen, sondern begrenzen vielmehr unter bestimmten Voraussetzungen die nach den allgemeinen Gesetzen bestehende Haftung von Diensteanbietern (→ Rn. 5). Hintergrund der Privilegierung der Diensteanbieter sind insbes. die eingeschränkten Kenntnisnah-

Allgemeine Grundsätze **§ 7 TMG**

me- und Kontrollmöglichkeiten der Diensteanbieter, wenn und soweit deren Tätigkeit rein technischer, automatischer und passiver Art ist (→ Rn. 7). § 7 TMG statuiert allgemeine Grundsätze im Rahmen seines Anwendungsbereichs, welcher in personeller (→ Rn. 17) und sachlicher (→ Rn. 23) Hinsicht beschränkt ist. Nach der Gesetzessystematik erfolgt insbes. eine Differenzierung zwischen eigenen zur Nutzung bereitgehaltenen Informationen (Abs. 1 TMG → Rn. 28) und fremden Informationen (Abs. 2 → Rn. 42), deren Nutzung der Diensteanbieter lediglich ermöglicht und für die die Haftung des Diensteanbieters daher beschränkt ist. Die Beweislast für das Vorliegen der einzelnen Privilegierungsvoraussetzungen trägt grds. der Diensteanbieter selbst (→ Rn. 75).

Übersicht

	Rn		Rn
A. Allgemeines zu den §§ 7–10	1	3. Übermittelte oder gespeicherte Informationen	48
I. Entstehungsgeschichte	2	II. Keine allgemeinen Überwachungs- oder Nachforschungspflichten (Abs. 2 S. 1)	49
II. Normzweck	5	1. Allgemeine Überwachungs- oder Nachforschungspflichten	50
III. Verhältnis zu anderen Vorschriften	8	2. Abgrenzung von spezifischen Regelungen	51
1. Nationales einfaches Recht	9	III. Verpflichtung zur Entfernung oder Sperrung (Abs. 2 S. 2)	53
2. Nationales Verfassungsrecht	11	1. Beseitigungs- und Unterlassungsansprüche	54
3. Unionsrecht	13	2. Besonderheiten bei Host-Providern iSd § 10 S. 1 Nr. 1 Var. 2	58
4. Völkerrecht	14	3. Pflicht zur Entfernung und Sperrung	60
B. Allgemeine Tatbestandsmerkmale des § 7	16	4. Reichweite der Pflicht zur Sperrung	62
I. Personeller Anwendungsbereich	17	5. Auswirkungen auf den Unterlassungstenor	66
1. Diensteanbieter	18	6. Technische Möglichkeit und Zumutbarkeit	68
2. Mitarbeiter und Organe	21	IV. Wahrung des Fernmeldegeheimnisses (Abs. 2 S. 3)	71
II. Sachlicher Anwendungsbereich	23	**E. Rechtsschutz**	73
C. Verantwortlichkeit für eigene Informationen (Abs. 1)	26	I. Darlegungs- und Beweislast	74
I. Eigene Informationen	27	II. Beweiserhebungs- und Beweisverwertungsverbot	77
1. Eigene Informationen	28	III. Gerichtszuständigkeit	79
2. Zu-eigen-gemachte Informationen	30		
3. Einzelfälle	35		
II. Zur Nutzung bereithalten	39		
III. Verantwortlichkeit nach den allgemeinen Gesetzen	41		
D. Verantwortlichkeit für fremde Informationen (Abs. 2)	42		
I. Allgemeines	43		
1. Systematik	44		
2. Diensteanbieter iSd §§ 8–10	47		

A. Allgemeines zu den §§ 7–10

Der **dritte Abschnitt des TMG** regelt in den §§ 7–10 TMG die Verantwortlichkeit der Diensteanbieter für eigene und fremde Informationen. Während § 7 TMG allgemeine Grundsätze statuiert, enthalten die §§ 8–10 TMG Sonderregelungen für die Verantwortlichkeit bei der Durchleitung von Informationen (§ 8 TMG), bei der Zwischenspeicherung zur beschleunigten Übermittlung von Informationen (§ 9 TMG) sowie bei der Speicherung von Informationen (§ 10 TMG). 1

I. Entstehungsgeschichte

Die §§ 7–10 TMG entsprechen inhaltlich den bis zum 28.2.2007 geltenden **§§ 8–11 TDG** (vormals § 5 TDG aF) sowie §§ 6–9 MDStV (vgl. BT-Drs. 16/3078, 15; weiterhin 2 etwa Hoeren NJW 2007, 801 ff.). Durch die zunehmende Komplexität der elektronischen Informations- und Kommunikationsdienste sowie die daraus erwachsende Notwendigkeit eines technischen Ausbaus der Infrastruktur ergab sich Mitte der 1990er Jahre zunehmend das Bedürfnis nach klaren Regulierungen im Bereich der Verantwortlichkeit für – rechtswidrige – Informationen. Die strikte Anwendung der insofern unspezifischen allgemeinen Regeln führte teilweise zu einer Haftung der nur mittelbar beteiligten Diensteanbieter, welche mit guten Gründen als unbillig empfunden wurde und überdies die technologischen Entwicklungen zu behindern drohte (s. HSH/Sieber/Höfinger Teil 18.1 Rn. 2 f. mwN).

3   Umgesetzt wurden die aus diesem Befund abgeleiteten Änderungsbedürfnisse durch Parallelregelungen im bundesrechtlichen **TDG** und im landesrechtlichen **MDStV,** aus welchen in der Folge die nunmehr geltenden §§ 7–10 TMG entstanden. Die mangels Übergangsvorschriften bestehende differenzierte Rechtslage in Bezug auf die Anwendbarkeit der Vorschriften ist aufgrund der Wortgleichheit mit den Vorgängernormen dabei iErg weitgehend lediglich theoretischer Natur (s. Spindler/Schuster/Hoffmann TMG Vorb. §§ 7 ff. Rn. 5 ff.).

4   Europarechtlicher Hintergrund der betreffenden Normen ist die Umsetzung der durch **Art. 12–15 E-Commerce-RL** (RL 2000/31/EG) vorgegebenen Haftungsbeschränkungen von Vermittlern elektronischer Kommunikation im Wege einer Vollharmonisierung (s. BT-Drs. 14/6098, 22). Die Auslegung der Vorgaben der §§ 7–10 TMG hat sich daher nicht nur am nationalen Recht zu orientieren, sondern ist vielmehr auch und gerade unter Berücksichtigung der europarechtlichen Wertungen vorzunehmen (s. Spindler/Schuster/Hoffmann TMG § 7 Rn. 4; sowie insbes. die Ausführungen unter → Rn. 30). Vorbild des der E-Commerce-RL zugrunde liegenden Systems einer **abgestuften Haftung** war wiederum eine an den US-amerikanischen DMCA (Digital Millennium Copyright Act, H. R. 2281, sec. 202, §§ 512 ff. v. September 1998) angelehnte Differenzierung zwischen der Haftung für die **reine Durchleitung** (Art. 12 der E- Commerce-RL), dem **Caching** (Art. 13 der E-Commerce-RL) und dem **Hosting** (Art. 14 der E-Commerce-RL) von Informationen (vgl. BT-Drs. 14/6098, 22; Freytag MMR 1999, 207).

II. Normzweck

5   Ausweislich des eindeutig geäußerten Willens des Gesetzgebers können die §§ 7–10 TMG eine **zivil- oder strafrechtliche Verantwortlichkeit** der Diensteanbieter nicht begründen oder erweitern (BT-Drs. 14/6098, 22; weiterhin aus der Rspr. BGH NJW-RR 2009, 1413 – Focus Online; BGH GRUR 2007, 724 (725) – Meinungsforum; BGHZ 172, 119 (126) – Internet-Versteigerung II; BGHZ 158, 236 (246 f.) – Internet-Versteigerung I). Die etwaige zivil- oder strafrechtliche Verantwortlichkeit ergibt sich vielmehr aus den **einschlägigen Spezialgesetzen,** etwa aus § 97 Abs. 1 S. 1 UrhG, §§ 14 Abs. 5, 15 Abs. 4 MarkenG oder § 8 UWG, oder den allgemeinen zivilrechtlichen Anspruchsgrundlagen der §§ 823, 1004 BGB. Die in Abschnitt 3 des TMG verwendete Überschrift („Verantwortlichkeit") ist insofern jedenfalls missverständlich.

6   Die Normen des dritten Abschnitts wirken im Gegenteil gleichsam als ein **Filter,** welcher die Verantwortlichkeit der Diensteanbieter nach den allgemeinen Gesetzen von vorneherein einschränkt, soweit deren Kontroll- oder Einflussmöglichkeiten begrenzt sind (s. BT-Drs. 14/6098, 23; BGH GRUR 2004, 74 (75)). Demnach verfolgte der Gesetzgeber ein **zweistufiges Konzept,** nach dem zunächst die Verantwortlichkeit der Diensteanbieter nach den §§ 7–10 TMG und anschließend die Verantwortlichkeit nach den iÜ unveränderten allgemeinen Regelungen zu prüfen ist (BT-Drs. 13/7385, 20; Spindler/Schuster/Hoffmann TMG Vorb. §§ 7 ff. Rn. 27; zur Kritik an diesem Konzept vgl. Spindler/Schuster/Hoffmann TMG Vorb. §§ 7 ff. Rn. 30 ff. mwN). Ferner lassen sich aus den §§ 7–10 TMG auch keine öffentlich-rechtlichen Ermächtigungsgrundlagen oder subjektiven Rechte der Einzelnen ableiten (s. Spindler/Schuster/Hoffmann TMG Vorb. §§ 7 ff. Rn. 25).

6.1   Die Einstufung der §§ 7–10 TMG als eine Art **„Vorfilter"** (vgl. Spindler/Schuster/Hoffmann TMG Vorb. §§ 7 ff. Rn. 27) wird in der Lit. teilweise kritisiert. Der BGH hat die Verantwortlichkeitsvorschriften als „zusätzliche anspruchsbegründende Merkmale" eingestuft, weshalb dem Anspruchsteller grds. die Darlegungs- und Beweislast obliegen soll (→ Rn. 74). Darüber hinaus hat der BGH die Terminologie des Gesetzgebers übernommen und spricht ebenfalls von einem „Filter",

Allgemeine Grundsätze **§ 7 TMG**

ohne jedoch explizit eine genaue(re) Differenzierung vorzunehmen (BGH GRUR 2004, 74 (75)). Von hervorgehobener Bedeutung ist die dogmatische Einordnung insbes. im Bereich des Strafrechts und des Deliktsrechts. In Abhängigkeit von der Zuweisung zu den verschiedenen Wertungsstufen (ie Tatbestand, Rechtswidrigkeit oder Schuld) können sich im Bereich der allgemeinen Regeln (zB betreffend die Vorschriften über Irrtümer und Teilnahme) unterschiedliche praktische Konsequenzen ergeben (ausf. hierzu HSH/Sieber/Höfinger Teil 18.1 Rn. 20). Unter Beachtung des Wortlauts und des Willens des Gesetzgebers sind die Privilegierungstatbestände richtigerweise dem **Tatbestand** zuzuordnen, da sie den Pflichtenkreis der Diensteanbieter beschränken und damit insgesamt die Verbots- bzw. Gebotsnormen begrenzen (s. HSH/Sieber/Höfinger Teil 18.1 Rn. 21).

Gegen eine Einordnung auf Ebene der **Rechtswidrigkeit** und der **Schuld** spricht dabei insbes. **6.2** der Gedanke der Einheitlichkeit der Rechtsordnung: Das Verhalten der Diensteanbieter soll nicht erst bei Eintritt bestimmter Voraussetzungen rechtmäßig oder entschuldigt sein, sondern vielmehr als grds. sozialadäquates Verhalten festgelegt werden (vgl. HSH/Sieber/Höfinger Teil 18.1 Rn. 21 ff.). Gegen eine Einstufung als persönlicher Strafausschließungsgrund spricht zudem die ansonsten mögliche Strafbarkeit der Teilnahme an dem Verhalten des Diensteanbieters (s. HSH/Sieber/Höfinger Teil 18.1 Rn. 24). Offen bleiben kann dagegen, ob die §§ 7–10 TMG als eine Art „Vorfilter" vor den Tatbestand gezogen werden (vgl. OLG Düsseldorf MMR 2004, 315; HSH/Sieber/Höfinger Teil 18.1 Rn. 26) oder als **Modifikation** in den Tatbestand hineinzulesen sind (vgl. Vassilaki MMR 1998, 630 (634)). Zu der Frage der Beweislastverteilung s. → Rn. 74.

Telos der Haftungsprivilegierungen ist die Schaffung eines Gleichgewichts in Bezug **7** auf die oftmals divergierenden Interessen der am Informationsaustausch beteiligten Personen (Erwägungsgrund 41 der E-Commerce-RL). Dabei soll die Verantwortlichkeit der Diensteanbieter nur für die Fälle beschränkt werden, in denen ihre **Tätigkeiten „rein technischer, automatischer und passiver Art"** sind (vgl. Erwägungsgrund 42 der E-Commerce-RL). Begründet wird diese Haftungsbeschränkung damit, dass in diesen Konstellationen die Möglichkeit der Kenntnisnahme und der Kontrolle über die weitergeleiteten oder (zwischen-)gespeicherten Informationen eingeschränkt sind. Etwas anderes soll demgegenüber gelten, wenn und soweit der Anbieter absichtlich mit dem Nutzer seiner Dienste zusammenarbeitet, um rechtswidrige Handlungen vorzunehmen (vgl. Erwägungsgrund 44 der E-Commerce-RL).

III. Verhältnis zu anderen Vorschriften

Die Regelungen der §§ 7–10 TMG dürfen nicht isoliert betrachtet werden, sondern sind **8** vielmehr im Kontext des nationalen und internationalen Rechts auszulegen. Dies gilt auch und gerade vor dem Hintergrund, dass die Vorschriften eine Querschnittsmaterie betreffen sowie – nur – privilegierende, nicht dagegen haftungsbegründende Wirkung entfalten.

1. Nationales einfaches Recht

Die Verantwortlichkeitsbegrenzungen aus den §§ 7–10 TMG gelten für sämtliche **allgemeinen Gesetze,** dh über die zivilrechtlichen Haftungsnormen hinaus auch für die **strafrechtliche Verantwortlichkeit.** Zwar wird in der **E-Commerce-RL** angeführt, dass die RL einen rechtlichen Rahmen zur Sicherstellung des freien Verkehrs von Diensten der Informationsgesellschaft schafft, nicht jedoch den Bereich des Strafrechts als solchen harmonisieren soll (vgl. Erwägungsgrund 8 der E-Commerce-RL). Dies ist aber lediglich als **klarstellender Hinweis** zu verstehen; mit der E-Commerce-RL sollten gerade keine spezialgesetzlichen Vorschriften für das Strafrecht normiert werden (s. Spindler/Schuster/ Hoffmann TMG Vorb. §§ 7 ff. Rn. 15). IdS ging auch der nationale Gesetzgeber von einer dergestaltigen Anwendbarkeit im Strafrecht aus, wie sich mittelbar aus der Klarstellung ergab, dass die §§ 9–11 TDG nF keine Garantenstellungen iSd § 13 StGB sowie § 8 OWiG begründen sollten (vgl. BT-Drs. 14/6098, 37; Spindler/Schuster/Hoffmann TMG Vorb. §§ 7 ff. Rn. 15).

Entsprechendes gilt für eine Anwendung im Bereich des **JMStV** und des **RStV.** Zwar **10** enthalten beide Staatsverträge Regelungen für Telemedien und gem. § 2 Abs. 3 JMStV sowie gem. § 60 Abs. 1 S. 1 RStV sind die Vorschriften des TMG nur „im Übrigen" anwendbar (vgl. BeckOK JMStV/Liesching JMStV § 2 Rn. 8). Da die beiden Staatsverträge aber keine Regelungen zur Verantwortlichkeit der Diensteanbieter enthalten, bestehen insofern in Ansehung der Anwendbarkeit von §§ 7–10 TMG iErg keine Bedenken (vgl. Roßnagel/Jandt TMG § 7 Rn. 22).

2. Nationales Verfassungsrecht

11 Die im Bereich der Telemedien bestehenden technischen Schwierigkeiten, den unmittelbar Rechtsverletzenden zu ermitteln, führen in der Praxis dazu, dass die Rechteinhaber oftmals nur gegen die Diensteanbieter als mittelbar Beteiligte vorgehen (können). Die Normierung umfassender Haftungsprivilegierungen könnte im Hinblick auf die grundrechtlich geschützten Rechtsgüter der Rechteinhaber sowie deren **Recht auf eine effektive Rechtsdurchsetzung** (vgl. BeckOK GG/Enders GG Art. 19 Rn. 51 ff.) insoweit nicht zuletzt auch verfassungsrechtlichen Bedenken ausgesetzt sein. Allerdings muss in diesem Zusammenhang berücksichtigt werden, dass die §§ 7–10 TMG die Privilegierung an bestimmte Voraussetzungen knüpfen, welche ihrerseits wiederum entsprechende Bewertungsspielräume eröffnen (vgl. Spindler/Schuster/Hoffmann TMG Vorb. §§ 7 ff. Rn. 20). Die **grundrechtlichen Wertungen** sind daher in angemessener Weise bei der Auslegung der Privilegierungstatbestände zu berücksichtigen, woraus im Einzelfall ein Spannungsverhältnis im Zuge der verfassungskonformen Auslegung resultieren kann (vgl. Spindler/Schuster/Hoffmann TMG Vorb. §§ 7 ff. Rn. 21).

12 In diesem Zusammenhang sind va auch die grundrechtlichen Positionen der Diensteanbieter angemessen in die Bewertung einzubeziehen, namentlich die **Gewerbefreiheit** und die **Kommunikationsfreiheit** (BGHZ 158, 343; OLG München K&R 2005, 470; Roßnagel/Jandt TMG § 7 Rn. 14). Ferner sind die Grundrechte der Nutzer, insbes. die **Meinungs- und Informationsfreiheit** (vgl. BeckOK GG/Schemmer GG Art. 5 Rn. 1) sowie der aus dem **allgemeinen Persönlichkeitsrecht** (vgl. BeckOK GG/Lang GG Art. 2 Rn. 31) ableitbare Schutz der Privatsphäre, im Zuge einer Gesamtbetrachtung zu berücksichtigen (vgl. → Rn. 14) sowie im Wege der praktischen Konkordanz zu einem möglichst schonenden Ausgleich zu bringen.

3. Unionsrecht

13 Teilweise bestehen Überschneidungen mit thematisch verwandten RLen im Bereich des Markenrechts, Urheber-, Datenschutz- und Produkthaftungsrechts. Grds. ist hierbei von einer **parallelen Anwendbarkeit** der Normregime auszugehen (→ Rn. 21), wenn und soweit die betroffenen RLen keine Regelung in Bezug auf die Verantwortlichkeit von Diensteanbietern enthalten. Darüber hinaus ist jedoch zu beachten, dass nach Art. 1 Abs. 5 der E-Commerce-RL die Regelungen **keine Anwendung** finden im Bereich der Besteuerung, im Anwendungsbereich der gemeinschaftsrechtlichen Datenschutzvorschriften aus RL 95/46/EG und RL 97/66/EG (s. Roßnagel/Jandt TMG § 7 Rn. 21) sowie im Kartellrecht.

13.1 Jedoch ist entgegen der Ansicht des OLG Köln (vgl. OLG Köln MMR 2002, 110) kein genereller Vorrang der auf die **Markenrechts-RL** (RL 89/104/EWG) zurückgehenden Vorschriften anzunehmen. Das OLG Köln begründete dies für den im konkreten Einzelfall einschlägigen § 14 MarkenG, der die Vorgaben des Art. 5 RL 89/104/EG umsetzt (vgl. Fezer, Markenrecht, MarkenG § 14 Rn. 4), damit, dass die Filterfunktion bei solchen Haftungsgrundlagen versage, die auf höherrangigen Rechtsquellen beruhen. Darunter falle nach dem entscheidenden Senat insbes. nationales Recht, das EG-RL umsetzt. Dem ist schon insofern zu widersprechen, als dass sich nationales Recht, das EG-RL umsetzt, mit dem übrigen nationalen Recht grds. auf einer hierarchischen Stufe befindet. Zudem muss auch der den §§ 7–10 TMG zugrunde liegende europarechtliche Hintergrund angemessen berücksichtigt werden (→ Rn. 4). Da ferner keine inhaltlichen Widersprüche zu der Markenrechts-RL bestehen, weil die Verantwortlichkeit der Diensteanbieter ebenda nicht geregelt wird, ist von einer Anwendbarkeit auszugehen (s. Spindler/Schuster/Hoffmann TMG Vorb. §§ 7 ff. Rn. 10).

13.2 Auch mit Blick auf das **Urheberrecht** wird ein Vorrang der in diesen Bereichen einschlägigen Richtlinien vertreten (OLG München MMR 2001, 375). Teilweise wurde in der Haftungsbeschränkung sogar ein Verstoß gegen Art. 8 Abs. 3 der InfoSoc-RL (RL 2001/29/EG) gesehen. Dem ist jedoch entgegenzuhalten, dass Art. 9 der RL 2001/29/EG ausdrücklich andere Rechtsvorschriften unberührt lässt (vgl. Spindler GRUR 2002, 105 (106); Spindler/Schuster/Hoffmann TMG Vorb. §§ 7 ff. Rn. 11 f.).

Allgemeine Grundsätze **§ 7 TMG**

Dagegen ist im Bereich der verschuldensunabhängigen **Produkthaftung** eine Anwendung der 13.3
E-Commerce-RL nach dem Erwägungsgrund 11 ausgeschlossen. Entsprechendes gilt insofern für
die §§ 7–10 TMG, da der Gesetzgeber die Vorgaben bei der Neufassung des TDG richtlinienkonform umsetzen wollte (vgl. Spindler/Schuster/Hoffmann TMG Vorb. §§ 7 ff. Rn. 13).

4. Völkerrecht

Umstritten ist das Verhältnis der §§ 7–10 TMG zu **Art. 41 und 45 des TRIPS-Abk.** 14
(Übereinkommen über handelsbezogene Aspekte der Rechte des geistigen Eigentums,
BGBl. 1994 I 1730 ff.). In der Lit. wurde teilweise vertreten, dass die Vorgängernormen der
§§ 8–11 TDG sowie die Art. 12–15 der E-Commerce-RL mit ihrer kategorischen **Filterfunktion** einen Verstoß gegen das völkerrechtliche Abkommen darstellten, da die Vertragspartner sich in diesen verpflichteten, bei der Verletzung von Immaterialgüterrechten bestimmte dort geregelte Mindestmaßnahmen und -verfahren zur Durchsetzung der Rechte zu
ergreifen (Schack MMR 2001, 9 (16); Lehmann ZUM 1999, 180 (184); Lehmann CR 1998,
232 (233)).

Dem ist jedoch entgegenzuhalten, dass das TRIPS-Abk. lediglich die **Haftungsvoraus-** 15
setzungen für die unmittelbare, nicht aber für die mittelbare Verletzung von Immaterialgüterrechten betrifft (s. OLG Düsseldorf MMR 2003, 120 (122); Spindler CR 2001, 324
(329); Spindler MMR 1999, 199 (205); Spindler/Schuster/Hoffmann TMG Vorb.
§§ 7 ff. Rn. 17). In inhaltlicher Hinsicht bestehen insofern gerade keine Widersprüche zu
den Regelungen der §§ 7–10 TMG, da diese Normen die Verantwortlichkeit nicht für den
Fall beschränken, dass die Verletzungen vorsätzlich begangen wurden oder der Diensteanbieter einem Hinweis auf eine Rechtsverletzung nicht nachgegangen ist (s. Decker MMR 1999,
7 (8); Spindler/Schuster/Hoffmann TMG Vorb. §§ 7 ff. Rn. 13; → Rn. 20).

B. Allgemeine Tatbestandsmerkmale des § 7

Die dem § 7 TMG zugrunde liegenden allg. Tatbestandsmerkmale lassen sich in einen 16
personellen und einen sachlichen Anwendungsbereich aufteilen. Die Begrifflichkeiten
gelten dabei übergreifend für alle in § 7 TMG normierten allg. Grundsätze und sind deshalb
einheitlich auszulegen.

I. Personeller Anwendungsbereich

In personeller Hinsicht knüpft § 7 TMG – ebenso wie die §§ 8–10 TMG – an die 17
Eigenschaft als Diensteanbieter an. Dem Anbieter stehen die einzelnen Nutzer gegenüber, welche die Dienstleistungen des Diensteanbieters in Anspruch nehmen.

1. Diensteanbieter

Der Begriff des **Diensteanbieters** ist in § 2 S. 1 Nr. 1 TMG **legaldefiniert** als „jede 18
natürliche oder juristische Person, die eigene oder fremde Telemedien zur Nutzung bereithält
oder den Zugang zur Nutzung vermittelt" (→ § 2 Rn. 4). Bei audiovisuellen Mediendiensten auf Abruf ist Anbieter, wer „die Auswahl und Gestaltung der angebotenen Inhalte
wirksam kontrolliert". Weiterhin sind nach § 2 S. 2 TMG einer juristischen Person solche
Personengesellschaft gleichgestellt, die mit der Fähigkeit ausgestattet sind, Rechte zu erwerben und Verbindlichkeiten einzugehen (→ § 2 Rn. 44).

Unerheblich ist dabei, ob die jeweiligen Diensteanbieter dem Privatrecht oder dem 19
öffentlichen Recht zuzuordnen sind, und ob die Angebote entgeltlich oder unentgeltlich
vorgehalten werden (s. Roßnagel/Jandt TMG § 7 Rn. 3). Der **persönliche Anwendungsbereich** ist daher etwas weiter als der von Art. 12–15 der E-Commerce-RL vorgegebene,
nach dem unter Bezugnahme auf Art. 2 Buchst. a E-Commerce-RL iVm Art. 1 Nr. 2 RL
98/34/EG in der Fassung der RL 98/48/EG nur Anbieter eines Dienstes der Informationsgesellschaft, dh einer „in der Regel gegen Entgelt elektronisch im Fernabsatz und auf
individuellen Abruf eines Empfängers erbrachte Dienstleistung", einbezogen sind (vgl.
HSH/Sieber/Höfinger Teil 18.1 Rn. 30). Eine derartige **überschießende Umsetzung** ist

grds. zulässig, da sich die Vorgaben der E-Commerce-RL auf den Geschäftsverkehr beziehen und der nationale Gesetzgeber daher iÜ frei ist, auch im privaten Bereich eine entspr. Regelung zu normieren (vgl. Spindler/Schuster/Hoffmann TMG § 7 Rn. 12 mit Verweis auf BT-Drs. 14/6098, 11).

20   Eine **Legaldefinition** des Begriffs „**Telemedien**" findet sich in § 1 Abs. 1 TMG (→ § 1 Rn. 4). Zur Einbeziehung von Access- und Network-Providern in den persönlichen Anwendungsbereich vgl. → § 2 Rn. 8. Besonderheiten gelten überdies für den personellen Anwendungsbereich des § 8 TMG, s. → § 8 Rn. 11.

2. Mitarbeiter und Organe

21   Problematisch erscheint, dass die Vorschrift nach ihrem klaren Wortlaut lediglich die Verantwortlichkeit der Diensteanbieter für bestimmte Fälle eingrenzt bzw. ausschließt, nicht jedoch für die Mitarbeiter oder Organe von Diensteanbietern. Zwar führt die Einordnung der Haftungsprivilegierungen als Tatbestandsmerkmal dazu, dass insofern auch **keine akzessorische Teilnahme** des Anbieters möglich ist. Umgekehrt wäre aber eine täterschaftliche Haftung der Angestellten ohne weitere Einschränkung möglich.

22   Dieses Zwischenergebnis bedarf aus **Wertungsgesichtspunkten** der Korrektur (s. Spindler MMR 1998, 639 (640); HSH/Sieber/Höfinger Teil 18.1 Rn. 35): Die der E-Commerce-RL zugrunde liegende Einstufung der in §§ 7–10 TMG privilegierten Konstellationen als sozialadäquat würde ausgehöhlt, wollte man den persönlichen Anwendungsbereich nicht entspr. auch auf die Angestellten ausweiten (vgl. HSH/Sieber/Höfinger Teil 18.1 Rn. 35). Dementsprechend ist eine „redaktionelle Berichtigung" in der Form vorzunehmen, dass die Haftungsprivilegierungen auch auf Mitarbeiter und Organe anzuwenden sind (s. HSH/Sieber/Höfinger Teil 18.1 Rn. 35; Roßnagel/Jandt TMG § 7 Rn. 9; Sieber, Verantwortlichkeit im Internet, 1999, Rn. 258).

II. Sachlicher Anwendungsbereich

23   Sachlicher Anknüpfungspunkt für den Anwendungsbereich der Vorschrift ist die **Information.** Der Begriff entstammt – ohne dass diese eine Definition vorgibt – der E-Commerce-RL und hat insofern das in § 5 TDG aF verwendete Merkmal „Inhalte" abgelöst, wobei der nationale Gesetzgeber hierdurch keine inhaltliche Änderung beabsichtigte (vgl. BT-Drs 14/6098, 23). Für den Begriff „Inhalte" wurde teilw. ein **enges Verständnis** angelegt, nach dem nur solche kommunikativen Daten umfasst sein sollen, bei denen bereits bei einer isolierten Betrachtung des Inhalts selbst eine Beurteilung der Rechtmäßigkeit oder Rechtswidrigkeit möglich ist. Demnach soll die Vorschrift nicht auf **Verletzungen von Urheber- oder Leistungsschutzrechten** anwendbar sein, „da für die Beurteilung der Rechtswidrigkeit in solchen Fällen nicht der Inhalt und damit dessen Kenntnis, sondern die Rechtszuordnung des Inhalts und deren Kenntnis maßgeblich ist" (s. OLG München NJW 2001, 3553 (3554); aA Spindler MMR 1999, 199 (201); Stadler, Haftung für Informationen im Internet, Rn. 63).

24   Für den Begriff der Information hat sich demgegenüber zu Recht eine **weite Auslegung** durchgesetzt (s. HSH/Sieber/Höfinger Teil 18.1 Rn. 36; Müller-Broich TMG § 7 Rn. 1). Umfasst sind hiervon „sämtliche digitalisierbaren Inhalte" jeglicher Art, wenn und soweit sie über Telemediendienste gespeichert und übermittelt werden können (vgl. Spindler/Schuster/Hoffmann TMG § 7 Rn. 10; Spindler MMR 1999, 199 (201)). Für diese Lesart sprechen bereits der RL-Vorschlag der Kommission (vgl. KOM (98) 586 endg. Abschn. 4 Art. 12) sowie der Charakter der §§ 7–10 TMG als Querschnittsregelungen, in denen die Verantwortlichkeit der Diensteanbieter in allen Haftungsbereichen geregelt werden soll (vgl. Spindler MMR 1999, 199 (201)). Der nationale Gesetzgeber unterstellt in der Gesetzesbegründung (s. BT-Drs. 14/6098, 23) idS dem Begriff Information „alle Angaben, die im Rahmen des jeweiligen Teledienstes übermittelt oder gespeichert werden." Darüber hinaus wird auch in der E-Commerce-RL ausdrücklich auf das Urheberrecht Bezug genommen (vgl. Erwägungsgrund 50 der E-Commerce-RL).

25   Unerheblich ist dagegen, ob die Informationen unmittelbar wahrgenommen werden können oder ob dazu die Nutzung einer Software (zB Web-Browser) oder sogar eine

vorherige Entschlüsselung notwendig ist (vgl. Spindler NJW 2002, 921 (922)). Entsprechendes gilt für die Frage, in welchem digitalen Format die Information gespeichert ist (→ Rn. 32).

C. Verantwortlichkeit für eigene Informationen (Abs. 1)

§ 7 Abs. 1 TMG normiert die Verantwortlichkeit von Diensteanbietern für eigene Informationen nach den allg. Vorschriften. 26

I. Eigene Informationen

Die Informationen müssen solche des Diensteanbieters sein, dh sie dürfen nicht von einem Nutzer eingegeben worden sein. Zur Auslegung des Begriffs der Information vgl. bereits die allg. Ausführungen unter → Rn. 23. 27

1. Eigene Informationen

Umfasst sind demnach nur **eigene Informationen ieS,** die der Diensteanbieter zur Nutzung bereithält. Soweit der Anbieter etwa für seine eigenen Angebote wirbt, kann sich der Anbieter deshalb nicht auf eine Haftungsprivilegierung der §§ 7–10 TMG berufen (vgl. Müller-Broich TMG § 7 Rn. 1). Unter Berücksichtigung der Vorgaben der E-Commerce-RL ist grds. nicht von einer eigenen Information des Diensteanbieters auszugehen, wenn diese Information **von einem Nutzer eingegeben** wurde (vgl. Art. 12 Abs. 1, Art. 13 Abs. 1 und Art. 14 Abs. 1 der E-Commerce-RL). Die dann fehlende Haftungsprivilegierung wird von der RL zwar nicht positiv geregelt, ergibt sich aber im Umkehrschluss aus dem sachlichen Anwendungsbereich der Art. 12–15 der E-Commerce-RL, welche in § 7 Abs. 2, § 8–10 TMG normiert worden sind. 28

Abzustellen ist jedoch nicht allein auf den Vorgang der tatsächlichen Eingabe der einzelnen Zeichen. Soweit etwa ein Diensteanbieter allfällige Daten, die von einem Dritten eingegeben und an ihn übermittelt wurden, verwendet, um eine eigene Information zu erstellen, sind diese Daten dennoch als eigene Information(en) iSd Abs. 1 anzusehen, denn es sind nicht – mehr – „von einem Nutzer eingegebene Informationen" (s. Spindler/Schuster/Hoffmann TMG § 7 Rn. 22). 29

2. Zu-eigen-gemachte Informationen

Uneinigkeit besteht zudem in der Frage, ob auch solche Informationen als eigene iSd § 7 Abs. 1 TMG anzusehen sind, welche zwar von Dritten erstellt worden, dem Anbieter jedoch unter Berücksichtigung der äußeren Umstände zuzurechnen sind. Von einer derartigen Interpretation ging wohl der Gesetzgeber aus (vgl. BT-Drs. 13/7385, 19 zu § 5 TDG aF, BT-Drs. 14/6098, 23 zu §§ 8–11 TDG, sowie BT-Drs. 16/3078, 15 zu den §§ 7–10 TMG) und knüpfte damit an eine noch zu § 5 TDG aF entwickelte Fallgruppe an, nach der auch solche Informationen als eigene einzustufen sind, die sich der Diensteanbieter nach **Würdigung aller Umstände,** insbes. der äußeren Form der Darstellung, **zu eigen macht.** 30

Auch die Rspr. scheint – weiterhin – eine solche Auslegung der §§ 7–10 TMG zu vertreten (vgl. BGH NJW-RR 2010, 1276 (1278); BGH NJW-RR 2009, 1413 (1415); OLG Hamburg MMR 2009, 479; OLG Köln NJW-RR 2002, 1700 (1701)). Demnach ist ein Zu-eigen-machen anzunehmen, wenn der Anbieter die an sich fremden Informationen derart in sein Angebot integriert, dass für den **objektiven Erklärungsempfänger** der Eindruck entsteht, es handele sich dabei um eine Information des Anbieters. Maßgeblich sei in diesem Zusammenhang das europäische Verbraucherleitbild, mithin ein durchschnittlich informierter, aufmerksamer und verständiger Nutzer (vgl. Müller-Broich TMG § 7 Rn. 2). Wolle der Diensteanbieter in den Genuss der Haftungsprivilegierung(en) kommen, könne es im konkreten Einzelfall erforderlich sein, dass der Diensteanbieter die fremden Informationen entspr. kennzeichnet oder sich ausdrücklich von diesen Informationen distanziert. Dies gelte insbes. für den Fall, dass der Diensteanbieter bestimmte Inhalte von Dritten vor der Freischaltung überprüft – etwa auf Vollständigkeit oder auf Richtigkeit – und sich Nutzungsrechte an diesen Inhalten einräumen lässt (vgl. BGH GRUR 2010, 616 (618 f.) – marions- 31 kochbuch.de; BGH GRUR 2009, 1093 – Focus Online). Denn dann übernehme der Diensteanbieter aus Sicht eines objektiven Nutzers die Verantwortung für die jeweiligen Inhalte (OLG Hamburg ZUM 2009, 642). Weitere das Gesamtbild des Nutzers prägende Umstände sind nach dieser Auff. „die Art der Datenübernahme, ihr Zweck und die konkrete Präsentation der fremden Daten" (vgl. OLG Köln NJW-RR 2002, 1700 (1701)). Maßgeblich sei nach alledem, ob die fremden Informationen noch als solche erkennbar sind.

32   Dieser Auff. ist jedoch entgegenzuhalten, dass die E-Commerce-RL (insbes. Art. 12–15 der E-Commerce-RL) eine derartige Differenzierung zwischen eigenen und fremden Informationen gerade nicht vorsieht. Zwar kann der nationale Gesetzgeber bei einer Richtlinienumsetzung die Terminologie derart anpassen, dass sich die RL in die nationale dogmatische Systematik einfügen lässt. Dies setzt jedoch jedenfalls voraus, dass das Regelungsziel unter Berücksichtigung der dazu vom EuGH entwickelten Anforderungen – nichtsdestotrotz – erreicht wird (vgl. EuGH Urt. v. 20.5.1992 – C-190/90, Slg 1992, I-3265 Rn. 17 – Kommission/Niederlande; EuGH Urt. v. 9.4.1987 – C-363/85, Slg. 1987, 01733 Rn. 7 – Kommission/Italien; EuGH Urt. v. 10.4.1984 – C-14/83, Slg. 1984, 01891 Rn. 15 – von Colson und Kamann). Die Art. 12–15 der E-Commerce-RL stellen ihrerseits allein darauf ab, **ob der Nutzer die Information eingegeben hat.** Im Hinblick auf den Diensteanbieter differenziert die RL lediglich im Rahmen der Privilegierungsvoraussetzungen für fremde Informationen danach, ob der Diensteanbieter die Übermittlung veranlasst (Art. 12 Abs. 1), die Informationen ausgewählt oder verändert hat (Art. 12 Abs. 1 und Art. 13 Abs. 1), tatsächliche Kenntnis von der rechtswidrigen Information hatte (Art. 14 Abs. 1) oder der Nutzer unter seiner Aufsicht stand (Art. 14 Abs. 2).

33   Maßgeblich ist demnach mE allein die Herrschaftsmacht des Diensteanbieters über die Informationen sowie die Auswahlmöglichkeit des Diensteanbieters in Bezug auf die Inhalte oder die Adressaten. Eine Zurechnung bzw. ein Zu-eigen-machen von fremden Informationen – in Abhängigkeit von der Perspektive eines objektiven Erklärungsempfängers – ist dagegen in der **RL nicht vorgesehen** (vgl. Spindler MMR 2004, 440 (441) unter Verweis auf Erwägungsgrund 42 der E-Commerce-RL).

34   Da die Umsetzung der §§ 7–10 TMG im Wege einer Vollharmonisierung (vgl. bereits zu §§ 8–11 TDG BT-Drs. 14/6098, 22) erfolgte, ist dieser **richtlinienkonforme Auslegung** gegenüber der an den nationalen Vorschriften orientierten Auslegung der Vorrang einzuräumen (s. Hoffmann MMR 2002, 284 (288); HSH/Sieber/Höfinger Teil 18.1 Rn. 39 ff.; Spindler/Schuster/Hoffmann TMG § 7 Rn. 21; Spindler MMR 2004, 440 (441)). Eigene Informationen iSd § 7 Abs. 1 TMG sind demnach nur solche Informationen des Anbieters, die nicht von einem Nutzer eingegeben wurden und für die daher keine Privilegierung nach §§ 8–10 TMG in Betracht kommt (vgl. Hoeren MMR 2004, 643 (647); HSH/Sieber/Höfinger Teil 18.1 § 7 Rn. 42; Roßnagel/Jandt TMG § 7 Rn. 33; Spindler MMR 2004, 440 (441)).

3. Einzelfälle

35   Nach der abzulehnenden Anerkennung der Fallgruppe des **Zu-eigen-machens** (vgl. dazu → Rn. 30 ff.) muss stets im Einzelfall ermittelt werden, ob die an diese Fallgruppe gestellten Voraussetzungen erfüllt sind.

35.1   Bezieht der Diensteanbieter im Internet eine **Bannerwerbung** in sein Angebot ein, ist demnach stets auf den verobjektivierten Gesamteindruck abzustellen. IdR wird man jedoch davon ausgehen müssen, dass die Werbung als fremde Information erkannt wird (vgl. Rath-Glawatz/Engels/Dietrich, Das Recht der Anzeige, 1. Teil Rn. 83 mit Verweis auf BGH AfP 1977, 296 (298)). Auch der Betreiber eines **Internetauktionshauses** macht sich die Angebote seiner Nutzer regelmäßig nicht zu eigen (vgl. OLG Düsseldorf WRP 2004, 631 (635); OLG Brandenburg WRP 2004, 627 (628)). Zwar gibt der Betreiber oftmals eine vorformatierte Auktionsseite vor, welche sich aufgrund der grafischen Gestaltung in die restliche Internetseite scheinbar integriert, und ist zudem auch noch finanziell am Versteigerungserlös beteiligt. Für den objektiven Nutzer ist aber dennoch ersichtlich, dass der Betreiber lediglich die Plattform für die Onlineauktion zur Verfügung stellt. IdR wird der Betreiber auch ausdrücklich darauf hinweisen, dass allein der Nutzer die volle Verantwortung für die Durchführung der Auktion trägt (vgl. OLG Zweibrücken MMR 2009, 541; OLG Brandenburg MMR 2004, 330 (331)). Bei dem Betrieb einer **Online-Community** wird darauf abgestellt, ob der

Allgemeine Grundsätze § 7 TMG

Diensteanbieter die Verantwortung für die Beiträge dadurch übernimmt, dass er Themenschwerpunkte oder die äußere Form vorgibt (vgl. OLG Köln MMR 2002, 548 – Steffi Graf).

Weiter geht die Annahme eines Zu-eigen-machens für Einträge in einem **Gästebuch,** welche 35.2 damit begründet wird, dass die Einträge über längere Zeit ungeprüft gelassen wurden bzw. der Anbieter sich von diesen nicht ausdrücklich distanziert habe (vgl. LG Düsseldorf MMR 2003, 61; LG Trier MMR 2002, 694 (695); ähnlich LG Hamburg MMR 2007, 450). Eine derartige Argumentation führt zu einer **aktiven Überwachungspflicht,** welche auch unter Zugrundelegung der Rechtskonstruktion des Zu-eigen-machens weder mit dem Willen des nationalen noch – va auch – des europäischen Gesetz- bzw. Richtliniengebers vereinbar ist (vgl. Spindler/Schuster/Hoffmann TMG § 7 Rn. 16; Meckbach/Weber MMR 2007, 450 (452)).

Nach der hier zugrunde gelegten technischen Betrachtung (→ Rn. 33) ist dagegen in den 36 meisten der str. Einzelfälle von einer fremden Information auszugehen. Dies gilt jedenfalls für **(Banner-)Werbeanzeigen** für Dritte und fremde Annoncen in einem **Internetauktionshaus,** da der Diensteanbieter in diesen Fällen lediglich von einem Dritten eingegebene Informationen präsentiert (so iErg auch BGH NJW 2004, 3102 (3103) – Internet-Versteigerung, wobei der Senat die Fallgruppe des Zu-eigen-machens nicht generell ablehnt). Entsprechendes gilt für **Online-Communities** (zB Meinungsforen) oder sonstige **Internet-Portale,** auf denen Nutzer eigene Beiträge einstellen oder sich etwa in ein **Gästebuch** eintragen können (vgl. HSH/Sieber/Höfinger Teil 18.1 § 7 Rn. 44). Dazu gehören auch solche Informationen, die sich unter dem Schlagworten **User-Generated-Content** oder **Web 2.0** zusammenfassen lassen (ausf. hierzu Roßnagel/Jandt TMG § 7 Rn. 40 mit Verweis auf Wilmer NJW 2008, 1845). Auch soweit der Diensteanbieter eine **Domain** lediglich **verpachtet** und auf eine URL der verpachteten Domain verweist, soll nicht von einer eigenen Information auszugehen sein (vgl. BGH NJW-RR 2009, 1413 (1415) – Focus-Online, wobei der erkennende Senat jedoch darauf abstellt, ob der Anbieter „Herr des Angebots" ist).

Die in der Praxis häufig verwendeten **Disclaimer,** in denen sich die Anbieter ausdrück- 37 lich von den dargestellten Inhalten distanzieren und ihre Haftung ausschließen, verlieren jedenfalls für die Frage, ob eine eigene Information vorliegt, an Bedeutung (vgl. Roßnagel/Jandt TMG § 7 Rn. 32; ausf. zur bisherigen Rechtslage Spindler/Schuster/Hoffmann TMG § 7 Rn. 24 ff. mwN). Denn insofern ist ein rein objektiver Maßstab anzulegen und allein auf den Erstellungsvorgang abzustellen (s. HSH/Sieber/Höfinger Teil 18.1 Rn. 41).

Schwieriger gestaltet sich die Abgrenzung bei Anbietern von **Suchmaschinen,** die eine 38 sog **„Autocomplete"**-Funktion in ihre Suchmaske integriert haben, welche in Abhängigkeit von den bereits eingegebenen Buchstaben automatisch verschiedene Suchvorschläge in Form von Wortkombinationen empfiehlt. Die Suchvorschläge werden dabei idR auf Basis eines Algorithmus ermittelt, dessen Ergebnisanzeigen sich ua nach der Häufigkeit der Suchanfragen von anderen Nutzern richten. Dennoch wird von einer eigenen Information des Anbieters auszugehen sein, da es allein in der Hand des Anbieters liegt, den zugrunde liegenden Algorithmus zu konfigurieren. Für die Abgrenzung nicht maßgeblich ist, dass der Diensteanbieter bei der Generierung der Suchvorschläge auf an ihn bereits vorher übermittelte Daten von Dritten zurückgreift, um dann einen eigenen Vorschlag (automatisch) zu erstellen (vgl. iErg BGH GRUR 2013, 751 – „Autocomplete"-Funktion; s. auch die Ausführungen oben unter → Rn. 28).

II. Zur Nutzung bereithalten

Der Diensteanbieter muss die eigenen **Informationen bereithalten,** dh den Zugriff 39 über die Telemedien für einen erheblichen Zeitraum zu Gunsten von Dritten ermöglichen. Die Zugangsmöglichkeit für Nutzer ist zugleich das maßgebliche Abgrenzungskriterium zu dem Begriff der Zugangsvermittlung iSd § 8 TMG (vgl. → § 8 Rn. 15), bei dem demgegenüber lediglich auf den technischen Speicherungsprozess abgestellt wird (vgl. Roßnagel/Jandt TMG § 7 Rn. 41).

Unerheblich ist, ob das Bereithalten auf eigenen oder fremden Servern erfolgt, der 40 Anbieter private oder gewerbliche Ziele verfolgt sowie, ob der Zugang entgeltlich oder unentgeltlich geschieht (s. dazu bereits die vorstehenden Ausführungen unter Diensteanbieter

TMG § 7

→ Rn. 8). Zur Sicherheitstechnik, welche idR nicht bereitgehalten wird, vgl. Spindler/Schuster/Hoffmann TMG § 7 Rn. 13.

III. Verantwortlichkeit nach den allgemeinen Gesetzen

41   Die Verantwortlichkeit des Diensteanbieters richtet sich gem. § 7 Abs. 1 TMG nach den allg. Gesetzen. Dieser Rechtsfolgenausspruch hat lediglich **klarstellende Bedeutung** und verdeutlicht, dass Abs. 1 seinerseits keinen eigenen Anspruch begründet (vgl. dazu bereits oben → Rn. 5). Es sind daher im konkreten Einzelfall die jeweiligen Anspruchsgrundlagen und Straftatbestände umfassend zu prüfen, dh der gesamte objektive und subjektive Tatbestand sowie darüber hinaus auch die allg. Regeln (zB Fragen der Unmöglichkeit iSd § 275 BGB). In diesem Zusammenhang sind auch die entspr. grundrechtlichen Positionen angemessen einzubeziehen (→ Rn. 11).

D. Verantwortlichkeit für fremde Informationen (Abs. 2)

42   Während § 7 Abs. 1 TMG die Verantwortlichkeit des Diensteanbieters für eigene Informationen klarstellt, bezieht sich Abs. 2 auf fremde Informationen des Diensteanbieters. Abs. 2 nimmt damit Bezug auf die Regelungen der §§ 8–10 TMG.

I. Allgemeines

43   Abs. 2 enthält seinerseits allg. Regelungen für das abgestufte Haftungssystem nach den §§ 8–10 TMG, welche für alle dort aufgeführten Konstellationen gelten. IÜ vgl. → Rn. 16 für die Auslegung der allg. Tatbestandsvoraussetzungen des § 7 TMG.

1. Systematik

44   **Abs. 2 S. 1** legt zunächst fest, dass Diensteanbieter für übermittelte oder gespeicherte Informationen keine allg. Überwachungs- oder Nachforschungspflichten trifft. Die Regelung entspricht weitestgehend Art. 15 Abs. 1 der E-Commerce-RL. Abs. 2 S. 1 führt in der Praxis zu einer Haftungsprivilegierung der Diensteanbieter, da die Vorschrift eine ggf. nach anderen Vorschriften bestehende proaktive Überwachungs- und Nachforschungspflicht begrenzt bzw. ausschließt (vgl. etwa OLG Düsseldorf MMR 2004, 315 (316) sowie Roßnagel/Jandt TMG § 7 Rn. 44).

45   **Abs. 2 S. 2** TMG regelt demgegenüber, dass auch bei einer Nichtverantwortlichkeit des Diensteanbieters nach den §§ 8–10 TMG allfällige „Verpflichtungen zur Entfernung oder Sperrung der Nutzung von Informationen nach den allgemeinen Gesetzen" bestehen bleiben. Im Grundsatz wird damit geregelt, dass der Diensteanbieter erst dann zum Handeln verpflichtet ist, wenn er selbst oder über Dritte Kenntnis von den rechtswidrigen Informationen erlangt hat (BGH GRUR 2007, 890 (894) – Jugendgefährdende Medien bei eBay). Insbes. die Abgrenzung des Ausschlusses einer allg. Überwachungs- und Nachforschungspflicht (→ Rn. 50) von der Verpflichtung zur Sperrung der Nutzung von Informationen nach den allg. Gesetzen (→ Rn. 51) bereitet in der Praxis jedoch erhebliche Schwierigkeiten (s. bereits zu § 5 Abs. 4 TDG aF Sieber, Verantwortlichkeit im Internet, 1999, Rn. 381 ff.), vgl. → Rn. 62.

46   **Abs. 2 S. 3** enthält eine Klarstellung, dass das Fernmeldegeheimnis iSd § 88 TKG zu wahren ist (→ Rn. 71). Diese Rechtsfolge ergibt sich im personellen und sachlichen Anwendungsbereich des TMG überdies bereits unmittelbar aus der Anwendung des § 88 TKG (Fernmeldegeheimnis).

2. Diensteanbieter iSd §§ 8–10

47   Aus der Verweisung auf die §§ 8–10 TMG ergeben sich keine Besonderheiten im Hinblick auf die Auslegung des Begriffs des Diensteanbieters. Den §§ 7–10 TMG ist vielmehr ein **einheitliches Verständnis** zugrunde zu legen. Es gelten insoweit die Ausführungen unter → Rn. 18.

3. Übermittelte oder gespeicherte Informationen

Gemeint sind in Abgrenzung zu Abs. 1 (→ Rn. 28) nur solche Informationen von 48 Dritten, die der Diensteanbieter übermittelt oder speichert und die für ihn daher **fremd** sind. Die Haftungsprivilegierungen sollen nach der E-Commerce-RL nur bei solchen Tätigkeiten des Diensteanbieters eingreifen, die rein technischer, automatischer und passiver Art sind (vgl. Erwägungsgrund 42 RL 2000/32/EG).

II. Keine allgemeinen Überwachungs- oder Nachforschungspflichten (Abs. 2 S. 1)

Nach Abs. 2 S. 1 sind Diensteanbieter iSd §§ 8–10 TMG nicht verpflichtet, die von 49 ihnen übermittelten oder gespeicherten Informationen zu überwachen oder nach Umständen zu forschen, die auf eine rechtswidrige Tätigkeit hinweisen.

1. Allgemeine Überwachungs- oder Nachforschungspflichten

Sowohl nach dem Wortlaut des Abs. 2 S. 1 als auch nach dem Willen des Richtliniengebers 50 ist die Annahme einer allg., dh **anlassunabhängigen, generellen Überwachungspflicht** des Diensteanbieters in Bezug auf die von ihm übermittelten oder gespeicherten Informationen nicht zulässig (BGH GRUR 2013, 1030 (1032) – File-Hosting-Dienst; BGH ZUM 2013, 288 (289) – Alone in the Dark; Spindler/Schuster/Hoffmann TMG § 7 Rn. 30). Dieser Befund ergibt sich nicht zuletzt bereits aus der Bezugnahme des Gesetzgebers auf Art. 15 Abs. 1 der E-Commerce-RL: „Die Mitgliedstaaten erlegen Anbietern von Diensten im Sinne der Artikel 12, 13 und 14 keine allgemeine Verpflichtung auf, die von ihnen übermittelten oder gespeicherten Informationen zu überwachen oder aktiv nach Umständen zu forschen, die auf eine rechtswidrige Tätigkeit hinweisen." Eine derartige Pflicht würde das Geschäftsmodell vieler Diensteanbieter im Internet, die täglich mit einer enormen Menge an ständig wechselnden Informationen agieren, erheblich gefährden bzw. unverhältnismäßig erschweren (BGH NJW 2008, 758 (762) – Jugendgefährdende Medien bei eBay). Die passive Tätigkeit der Diensteanbieter ist nach der gesetzgeberischen Wertung somit grds. als sozialadäquat anzusehen.

2. Abgrenzung von spezifischen Regelungen

Im Hinblick auf die gesetzgeberische Wertung, nach der den Diensteanbieter keine allg. 51 Überwachungs- oder Nachforschungspflicht treffen soll, erscheint der Wortlaut des Erwägungsgrundes 47 der E-Commerce-RL auf den ersten Blick widersprüchlich, wonach die Mitgliedstaaten nur daran gehindert sind, „den Diensteanbietern Überwachungspflichten aufzuerlegen, wenn diese allgemeiner Art sind. Dies betrifft nicht Überwachungspflichten in spezifischen Fällen und berührt insbes. nicht Anordnungen, die von einzelstaatlichen Behörden nach innerstaatlichem Recht getroffen werden."

Damit kein Widerspruch zu Art. 15 Abs. 1 der E-Commerce-RL entstehen kann 52 (→ Rn. 50), sind damit richtigerweise nur solche **bereichsspezifischen Regelungen** von dem Verbot in Abs. 2 S. 1 ausgenommen, welche in bestimmten Bereichen eine Sorgfaltspflicht zur Verhinderung einer rechtswidrigen Tätigkeit statuieren (vgl. Spindler/Schuster/Hoffmann TMG § 7 Rn. 31). Das Verbot in Abs. 2 S. 1 ist insofern strikt zu trennen von dem Pflichtenprogramm eines Host Providers iSd § 10 TMG **nach Kenntniserlangung** über die rechtswidrigen Handlungen oder Informationen eines Nutzers; in Ansehung dieser Konstellation greift gerade Abs. 2 S. 2 (vgl. dazu sogleich → Rn. 53). Ebenfalls nicht von Abs. 2 S. 1 umfasst sind Überwachungspflichten in spezifischen Fällen, in denen etwa Behörden oder Gerichte nach innerstaatlichem Recht **konkrete Anordnungen** treffen (vgl. BT-Drs. 14/6098, 23 zu § 8 Abs. 2 TDG sowie Roßnagel/Jandt TMG § 7 Rn. 44).

III. Verpflichtung zur Entfernung oder Sperrung (Abs. 2 S. 2)

Auf der Grundlage und am Maßstab von Abs. 2 S. 2 bleibt die Verpflichtung zur Ent- 53 fernung oder Sperrung der Nutzung von Informationen nach den allg. Gesetzen auch im Falle der Nichtverantwortlichkeit des Diensteanbieters nach den §§ 8–10 TMG unberührt.

1. Beseitigungs- und Unterlassungsansprüche

54 Nach einer im Schrifttum (Spindler/Schuster/Hoffmann TMG § 7 Rn. 32 f.; Müller-Broich TMG § 7 Rn. 10; Lehment GRUR 2005, 210 f.; Spindler/Dorschel CR 2005, 38 (41); Schultz WRP 2004, 1347 (1350 ff.); Pankoke MMR 2004, 690; Lehment WRP 2003, 1058 (1063 f.); Hoffmann MMR 2002, 284 (286)) und in der Rspr. (BGH MMR 2008, 531 ff. – Internet-Versteigerung III; BGH MMR 2007, 634 – Jugendgefährdende Medien bei eBay; BGH MMR 2007, 507 ff. – Internet-Versteigerung II; BGH ZUM 2007, 533 ff. – Meinungsforum; BGHZ 158, 236 = MMR 2004, 668 ff. – Internet-Versteigerung I) weit verbreiteten Ansicht wird durch Abs. 2 S. 2 klargestellt, dass die Haftungsprivilegierungen der §§ 8–10 TMG von vornherein **nicht auf Beseitigungs- und Unterlassungsansprüche anwendbar** sind. Dies soll sich ergeben aus einer Einbeziehung von Erwägungsgrund 46 der E-Commerce-RL in die Auslegung, wonach der Diensteanbieter, dem rechtswidrige Tätigkeiten bekannt oder bewusst werden, unverzüglich tätig werden muss, um die betreffenden Informationen zu entfernen oder den Zugang zu sperren. Während die RL eine derartige Klarstellung in jeder gesonderten Verantwortlichkeitsregelung vorsah (vgl. Art. 12 Abs. 3, Art. 13 Abs. 2 und Art. 14 Abs. 3 der E-Commerce-RL), habe sich der nationale Gesetzgeber – lediglich – für eine Umsetzung iRd § 7 Abs. 2 TMG entschieden, welcher gleichsam als Klammer vor den speziellen Verantwortlichkeitsregelungen der §§ 8–10 TMG zu lesen sei. Von erheblicher Bedeutung in der Praxis ist der mit dieser Lesart verbundene Ausschluss der Haftungsprivilegierung(en) insbes. für die Figur der **Störerhaftung** (vgl. zu dem Begriff BeckOK UrhG/Reber UrhG § 97 Rn. 42–46; HSH/Hoeren Teil 18.2 Rn. 70–79; Müller-Broich TMG § 7 Rn. 5–8 und Roßnagel/Jandt TMG § 7 Rn. 49, jeweils mwN). Da die verschuldensunabhängige Haftungsfigur der Störerhaftung ihrerseits zivilrechtliche Beseitigungs- und Unterlassungsansprüche zur Folge hat, seien die §§ 8–10 TMG auf das Rechtsinstitut der Störerhaftung nicht anwendbar (s. Spindler/Schuster/Hoffmann TMG § 7 Rn. 34).

54.1 Das **Rechtsinstitut der Störerhaftung** ermöglicht die Unterlassungshaftung eines Störers bei der Verletzung absoluter Rechte durch Dritte. Störer ist nach dem BGH, „wer – ohne Täter oder Teilnehmer zu sein – in irgendeiner Weise willentlich und adäquat kausal zur Verletzung des geschützten Rechts beiträgt (vgl. etwa BGH GRUR 2008, 702 – Internet-Versteigerung III; GRUR 2002, 618 (619) – Meißner Dekor I). Da die Störerhaftung nicht über Gebühr auf Dritte erstreckt werden darf, die nicht selbst die rechtswidrige Beeinträchtigung vorgenommen haben, setzt die Haftung des Störers nach der Rspr. die **Verletzung von Prüfpflichten** voraus. Der Umfang dieser Prüfpflichten bestimmt sich danach, ob und inwieweit dem als Störer in Anspruch Genommenen nach den Umständen eine Prüfung zuzumuten ist (vgl. BGH GRUR 2013, 1030 (1032) – File-Hosting-Dienst; BGH ZUM 2013, 288 (289) – Alone in the dark; MMR 2010, 565 (566) Rn. 19 – Sommer unseres Lebens; GRUR 2006, 875 Rn. 32 – Rechtsanwalts-Ranglisten; BGHZ 158, 343 (350) = MMR 2004, 529 – Schöner Wetten; BGH GRUR 1999, 418 (419 f.) – Möbelklassiker).

54.2 Die **Reichweite der Prüfungspflichten** nach Kenntnisnahme richtet sich nach der Zumutbarkeit für den Störer in Ansehung der Umstände des konkreten Einzelfalls, weitere Rechtsverletzungen in Zukunft zu verhindern (s. BGH GRUR 2013, 1030 (1032) – File-Hosting-Dienst; BGH MMR 2008, 818 ff. – Namensklau im Internet; BGH MMR 2008, 531 ff. – Internet-Versteigerung III; BGH ZUM 2007, 533 f. – Meinungsforum; BGH GRUR 2007, 890 ff. – Jugendgefährdende Medien bei eBay; BGH GRUR 2007, 708 (710) – Internet-Versteigerung II; BGH GRUR 2004, 860 (864) – Internet-Versteigerung I). Die an der Störerhaftung geäußerte Kritik hat die Rspr. schließlich dazu bewogen, das Institut der Störerhaftung für den Bereich des Wettbewerbsrechts aufzugeben (s. BGH GRUR 2011, 152 (156) – Kinderhochstühle im Internet) und nunmehr über die Annahme wettbewerbsrechtlicher Verkehrspflichten ggf. eine täterschaftliche Haftung zu begründen (BGH GRUR 2007, 890 (893 f.) – Jugendgefährdende Medien bei eBay).

55 Der vorbenannten Auff. ist jedoch entgegenzuhalten, dass in Abs. 2 S. 2 lediglich von Verpflichtungen zur **Entfernung oder Sperrung** der Nutzung von Informationen nach den allg. Gesetzen die Rede ist. In der E-Commerce-RL wird diesbzgl. in Erwägungsgrund 45 lediglich festgestellt, dass die Beschränkungen der Verantwortlichkeit der Diensteanbieter die Möglichkeit von Anordnungen unterschiedlicher Art unberührt lassen: „Diese können insbes. in gerichtlichen oder behördlichen Anordnungen bestehen, die die Abstellung oder Verhinderung einer Rechtsverletzung verlangen, einschl. der Entfernung rechtswidriger

Informationen oder der Sperrung des Zugangs zu ihnen." Darüber hinaus enthält die E-Commerce-RL gerade keine Vorgaben in Bezug auf die inhaltliche Ausgestaltung der Beseitigungs- und Unterlassungsansprüche (s. HSH/Sieber/Höfinger Teil 18.1 Rn. 47; krit. dazu Spindler MMR 1999, 199 (204)). Insofern hat der Richtliniengeber dem nationalen Gesetzgeber einen substanziellen Gestaltungs- und Handlungsspielraum überlassen.

Die Reichweite der in §§ 7–10 TMG normierten Haftungsprivilegierung ist daher primär **autonom** unter Beachtung der üblichen Auslegungsregeln zu ermitteln (so ebenfalls HSH/Sieber/Höfinger Teil 18.1 Rn. 47). Um Widersprüche innerhalb des abgestuften Haftungssystems zu vermeiden, ist unter Beachtung der Systematik bei der Auslegung von § 7 Abs. 2 S. 2 TMG insbes. die Regelung des Abs. 2 S. 1 zu beachten, welche die Vorgaben des Art. 15 Abs. 1 der E-Commerce-RL umsetzt. Die These, wonach die Privilegierungen der §§ 7–10 TMG auf die verschuldensunabhängigen Unterlassungsansprüche und insbes. die Störerhaftung als solche nicht anwendbar seien, ist daher – jedenfalls – in dieser pauschalen Form nicht zutreffend (ähnlich auch OLG Düsseldorf MMR 2004, 315 (316); LG Berlin MMR 2004, 195 (197); LG Düsseldorf MMR 2003, 120 (123); Gercke MMR 2006, 493; Leible/Sosnitza WRP 2004, 592 (598); Ehret CR 2003, 754 (759 f.)). Der Ausschluss des § 7 Abs. 2 S. 2 TMG bezieht sich vielmehr richtigerweise nur auf einen **Teil der Störerhaftung,** nämlich auf die Entfernung und Sperrung konkreter Informationen (s. HSH/Sieber/Höfinger Teil 18.1 Rn. 50).

Von praktischer Bedeutung ist diese Differenzierung etwa für die im gewerblichen Rechtsschutz häufig angestrebten **vorbeugenden Unterlassungsklagen,** bei denen es den Gläubigern vornehmlich nicht um die nachträgliche Entfernung einer konkreten Information, sondern um das vorherige Herausfiltern nach abstrakten, in den Klageanträgen festgelegten Kriterien geht. In diesen Fällen ist der Diensteanbieter somit nicht über eine konkrete rechtswidrige Information in Kenntnis gesetzt worden (zu dem Erfordernis vgl. bereits oben → Rn. 52); eine solche Information kann durch den Diensteanbieter daher auch nicht entfernt oder gesperrt werden. Der Rechteinhaber möchte vielmehr erreichen, dass die Information in Zukunft – dh schon vor einer Erstbegehung – gar nicht erst erscheint. Ein derartiger Klageantrag widerspricht einer richtlinienkonformen Auslegung des § 7 Abs. 2 S. 1 TMG und ist daher – entgegen der hM – abzulehnen (s. OLG Düsseldorf MMR 2004, 315 (316); Gercke MMR 2006, 493; HSH/Sieber/Höfinger Teil 18.1 Rn. 48; Leible/Sosnitza WRP 2004, 592 (598)).

2. Besonderheiten bei Host-Providern iSd § 10 S. 1 Nr. 1 Var. 2

Nach der hier vertretenen Ansicht ist demnach grds. von einer Sperrungspflicht in Bezug auf solche rechtswidrigen Informationen auszugehen, von denen ein Diensteanbieter **Kenntnis** hat. Eine derartige Auslegung des Abs. 2 S. 2 könnte jedoch in Widerspruch zu dem Wortlaut des § 10 S. 1 Nr. 1 Var. 2 TMG stehen, nach dem die Privilegierung in Bezug auf Schadensersatzansprüche gegen den **Host-Provider** (→ § 10 Rn. 31) nicht erst dann entfällt, wenn dieser Kenntnis von der konkreten rechtswidrigen Handlungen oder der Information hat, sondern vielmehr bereits wenn dem Host-Provider **Tatsachen oder Umstände bekannt sind,** aus denen die rechtswidrige Handlung oder die Information offensichtlich wird. Denn uU wäre nach dem Vorherigen der Host-Provider bei einer bloßen Kenntnis bzgl. der Tatsachen oder Umstände, aus denen die rechtswidrige Handlung oder Information offensichtlich wird, zwar zum Schadensersatz, nicht aber zur Sperrung verpflichtet. Aus Wertungsgesichtspunkten könnte man annehmen, es sei nicht überzeugend, an den weitergehenden Schadensersatzanspruch geringere Maßstäbe anzulegen als an den bloßen Unterlassungsanspruch (so HSH/Sieber/Höfinger Teil 18.1 Rn. 51 mit Verweis auf BGH MMR 2004, 668 (670) – Internetversteigerung-Rolex).

Der scheinbare Widerspruch kann allerdings (auch) dadurch aufgelöst werden, dass man bei einem Host-Provider für den Unterlassungsanspruch eine Umstandskenntnis ausnahmsweise ausreichen lässt (vgl. Volkmann, Der Störer im Internet, 2005, 104 ff.). Begründet werden kann dies damit, dass der Host-Provider in diesem Fall sowieso faktisch zur Sperrung gezwungen wäre, da der Host-Provider nur so einer Schadensersatzhaftung entgehen könnte (so auch HSH/Sieber/Höfinger Teil 18.1 Rn. 51; Stadler, Haftung für Informationen im Internet, 2005, Rn. 67a). Im Bereich der Störerhaftung kann sich das Erfordernis der Inhalts- oder Umstandskenntnis aus dem Ausschluss allg. Überwachungspflichten ergeben.

3. Pflicht zur Entfernung und Sperrung

60 Bei näherem Hinsehen gestaltet sich ferner die Abgrenzung zwischen der spezifischen Pflicht zur Entfernung oder Sperrung von Informationen nach Abs. 2 S. 2 und dem Verbot der allg. Überwachungs- oder Nachforschungspflicht iSd Abs. 2 S. 1 als schwierig (vgl. bereits die Ausführungen oben unter → Rn. 45). Denn für die inhaltliche Ausgestaltung der Beseitigungs- und Unterlassungsansprüche enthält die E-Commerce-RL gerade keine Vorgaben (vgl. Spindler MMR 1999, 199 (204); Stadler, Haftung für Informationen im Internet, 2005, Rn. 68 f.).

61 Den zutreffenden **Ausgangspunkt** der Abgrenzung markiert, dass jedenfalls die Annahme einer **allg., anlassunabhängigen Überwachungspflicht,** die nicht an einen bestimmten Sachverhalt anknüpft, unzulässig ist (→ Rn. 50). Von einem Diensteanbieter kann gerade nicht pauschal und ohne Weiteres verlangt werden, dass vorbeugend sämtliche übermittelten oder gespeicherten Informationen überprüft werden. Zulässig ist dagegen eine Pflicht zur Entfernung oder Sperrung in Bezug auf eine konkrete Information, über die der Diensteanbieter in Kenntnis gesetzt wurde, etwa indem ihm vom Nutzer eine entspr. URL mitgeteilt wurde (vgl. OLG Hamburg MMR 2010, 51 (54) – Rapidshare II). Maßgebliches Abgrenzungskriterium ist somit die **Kenntnis des Diensteanbieters** in Bezug auf die rechtswidrigen Informationen (so auch BGH MMR 2004, 166 (167); aus dem Schr. etwa Spindler/Schuster/Hoffmann TMG § 7 Rn. 36). Soweit der Diensteanbieter in Kenntnis gesetzt wurde, muss er jedenfalls in Bezug auf die konkrete rechtswidrige Information auch verhindern, dass diese Information erneut im Rahmen seines Angebots verwendet wird. Handelt es sich bei dem Diensteanbieter um einen Host-Provider, gilt dies sogar bereits dann, wenn er Umstandskenntnis besitzt (→ Rn. 58). Weitergehende Prüfungspflichten können bei einer besonderen Gefahrengeneigtheit des angebotenen Dienstes bestehen; dies gilt etwa, „wenn das Geschäftsmodell von vornherein auf Rechtsverletzungen durch die Nutzer angelegt ist oder der Gewerbetreibende durch eigene Maßnahmen die Gefahr einer rechtsverletzenden Nutzung fördert" (BGH GRUR 2013 (1032) – File-Hosting-Dienst; BGH GRUR 2013, 370 (371) – Alone in the Dark).

4. Reichweite der Pflicht zur Sperrung

62 Schwierigkeiten bereitet zudem die Beantwortung der Frage, ob und inwieweit auch **ähnliche verwandte Informationen** von der In-Kenntnis-Setzung umfasst sind und der Diensteanbieter infolgedessen auch diese anderen Inhalte überprüfen und ggf. entfernen muss. Gleiches gilt für solche Informationen, die erst in Zukunft von demselben Nutzer eingestellt werden. Entspr. der bereits ausgeführten Streitigkeiten über die zutr. Auslegung der Tatbestandsmerkmale des § 7 Abs. 2 TMG ergeben sich auch bei der Ermittlung der Reichweite der Pflicht zur Sperrung daher erhebliche Unterschiede (zum Ganzen s. HSH/Sieber/Höfinger Teil 18.1 Rn. 55).

63 Nach der Rspr. bezieht sich die Pflicht zur Sperrung auf Verletzungshandlungen, die sich „aus **kerngleichen,** offensichtlichen und eindeutigen Merkmalen mit zumutbaren Mitteln (Filterverfahren) ermitteln und damit verhindern (lassen)" (vgl. OLG Düsseldorf MMR 2009, 402 (403) – Internetversteigerung-Rolex). Dabei muss der Diensteanbieter nicht nur die konkrete Information beseitigen, sondern auch solche Vorsorgemaßnahmen treffen, die weitere gleichartige Rechtsverletzungen verhindern (BGH GRUR 2004, 860 (864) – Internet-Versteigerung I). Dies setzt dann aber eine spezifische Überwachung der fremden Informationen voraus, welche dem Anbieter unter Berücksichtigung seiner Interessen zumutbar sein muss (BGH GRUR 2004, 860 (864) – Internet-Versteigerung I).

64 Da der Diensteanbieter idR mit einer enormen Zahl an Informationen von Dritten konfrontiert wird, bietet sich dort der Einsatz von automatischen Filterprogrammen an (BGH GRUR 2007, 708 Rn. 47 – Internet-Versteigerung II; OLG Hamburg MMR 2010, 51 (54) – Rapidshare II). Die Einstellung der Filterkriterien ist dabei an den Merkmalen derjenigen Information abzuleiten, über die der Anbieter in Kenntnis gesetzt wurde. Die spezifische Überwachungspflicht bezieht sich nicht nur auf Inhalte des bereits auffällig gewordenen Nutzers, sondern umfasst grds. auch **kerngleiche Informationen von Dritten.** Ansonsten wäre nicht von einer effektiven Durchsetzung der Interessen der Rechteinhaber auszugehen, da der Nutzer jederzeit dieselbe Information unter einem anderen Pseudonym veröffent-

Allgemeine Grundsätze § 7 TMG

lichen könnte (BGH NJW 2008, 758 (762) – Jugendgefährdende Medien bei eBay). Aus ähnlichen Erwägungen heraus soll sich die spezifische Überwachungspflicht nach dieser Auff. auch auf **andere ähnliche Informationen des gleichen Nutzers** beziehen.

Eine derartige Auslegung des Begriffs der Sperrung lässt sich mE nicht mehr mit den § 7 **65** Abs. 2 S. 1 TMG zugrunde liegenden **europarechtlichen Wertungen** vereinbaren. Die einschlägige Rspr. des BGH führt vielmehr dazu, dass die Kenntnis des Diensteanbieters von einer konkreten rechtswidrigen Information eine „allgemeine Vorabkontrolle auf Auffinden gleichartiger rechtswidriger Tätigkeiten" auslöst (HSH/Sieber/Höfinger Teil 18.1 Rn. 57). Der Diensteanbieter wird mittelbar gezwungen, eine „Kontrollinfrastruktur" einzurichten, wobei aus den Vorgaben der Rspr. zudem nicht hinreichend deutlich wird, welche Kontrolldichte und welcher Umfang notwendig sind, um einer Haftung zu entgehen (ähnlich Roßnagel/Jandt TMG § 7 Rn. 50). Ein solcher Zustand widerspricht jedoch sowohl dem abgestuften Haftungssystem, wie es die E-Commerce-RL vorgibt, als auch dem darauf aufbauenden TMG, wonach der Diensteanbieter bei einer grds. sozialadäquaten Tätigkeit „rein technischer, automatischer und passiver Art" privilegiert werden soll (vgl. Erwägungsgrund 42 der E-Commerce-RL). Der Ausschluss der allg. Überwachungs- und Nachforschungspflicht durch § 7 **Abs. 2 S. 1 TMG wird nachgerade ausgehöhlt**, sofern der Pflichtenkatalog nach Kenntniserlangung ohne erhebliche Einschränkungen auch auf kerngleiche Informationen, insbes. von Dritten, ausgeweitet wird. Dieser Befund gilt insbes. vor dem Hintergrund, dass es für den Diensteanbieter idR nicht ohne Weiteres möglich sein wird, eine Rechtsgutsverletzung im Bereich der Telemedien zu identifizieren. Ferner wird der Einsatz einer Filtersoftware die menschliche Überprüfung regelmäßig nicht ersetzen können, zumal die Feststellung der Rechtswidrigkeit einer Information oftmals eine umfassende rechtliche Auseinandersetzung mit dem Einzelfall erfordert.

5. Auswirkungen auf den Unterlassungstenor

Die Reichweite der Pflicht zur Entfernung und Sperrung ist daher unter Berücksichti- **66** gung der **Wertung des Abs. 2 S. 1** sowie der **europarechtlichen Vorgaben des Art. 15 E-Commerce-RL** zu ermitteln (so iErg auch OLG Zweibrücken MMR 2009, 541 (542)). Eine pauschale Ausweitung der Sperrungspflicht auf kerngleiche Informationen ist demgegenüber abzulehnen. Durch ein solche Vorgehen würde auch dem von der RL angestrebten Ziel gedient, für die Diensteanbieter eine hinreichende Rechtssicherheit zu gewährleisten (vgl. BT-Drs. 14/6098, 11 sowie Erwägungsgrund 7 der E-Commerce-RL). Denn bei einer zu starken Ausdehnung werden die Diensteanbieter regelmäßig nicht mehr nachvollziehen können, nach welchen Kriterien sie die fremden (kerngleichen) Informationen zu überwachen haben. Hieraus würde faktisch eine Ausweitung der notwendigen Überwachungs- und Nachforschungspflichten erwachsen, welche durch § 7 Abs. 2 S. 1 TMG gerade verhindert werden soll. Perspektivisch könnte dies in einer nicht nur unerheblichen Zahl von Fällen zu einer Gefährdung der Geschäftsmodelle von Diensteanbietern führen.

Der Unterlassungstenor ist daher auf die **konkret zu bezeichnende rechtswidrige** **67** **Information** (zB unter Nennung des Dateinamens) und die **konkrete Verletzungsform** (zB die Aufrufbarkeit der Informationen auf einer Homepage) **zu beschränken** (vgl. Berger/Janal CR 2004, 917 (922); HSH/Sieber/Höfinger Teil 18.1 Rn. 60; Sieber, Verantwortlichkeit im Internet, 1999, Rn. 356). Unzulässig ist dagegen eine Ausweitung des Unterlassungstenors auf unbestimmt bleibende (kerngleiche) Verstöße, wodurch der Provider faktisch zur vorbeugenden Untersuchung und Nachforschung aller fremden Informationen verpflichtet würde (ähnlich Berger/Janal CR 2004, 917 (922); HSH/Hoeren Teil 18.2 Rn. 40; Rücker CR 2005, 347 (354 f.); Sobola/Kohl CR 2005, 443 (449); Volkmann CR 2003, 440 (446)).

6. Technische Möglichkeit und Zumutbarkeit

Während § 5 Abs. 4 TDG in der bis zum 20.12.2001 geltenden Fassung ausdrücklich **68** darauf abstellte, dass die Sperrung auch **technisch möglich** und zumutbar ist, enthält § 7 Abs. 2 S. 2 TMG (ebenso wie dessen unmittelbarer Vorgänger § 8 Abs. 2 S. 2 TDG) keine dergestaltige Begrenzung mehr. Dennoch ergibt sich iErg nichts anderes; die Einschränkung auf das technisch Mögliche und Zumutbare ergibt sich nun mittelbar aus dem Verweis auf

Paal

die Verpflichtungen nach den allg. Gesetzen. Denn auch diese allg. Gesetze werden regelmäßig entspr. Einschränkungen vorsehen (vgl. etwa zu § 1004 BGB BeckOK BGB/Fritzsche BGB § 1004 Rn. 70–73).

69 Die **Zumutbarkeit** der Sperrung ist dabei stets im konkreten Einzelfall zu ermitteln, wobei insbes. die Wertigkeit des gefährdeten Rechtsgutes (vgl. BT-Drs. 14/6098, 23), aber auch die konkrete Art der Dienstleistung (vgl. OLG Hamburg ZUM-RD 2009, 246 (257) – Spring nicht (Usenet I); OLG Hamburg MMR 2009, 405 (407) – Alphaload) zu berücksichtigen sind. Zu den Auswirkungen des § 7 Abs. 2 S. 1 TMG auf die Ermittlung der Zumutbarkeit vgl. die Ausführungen unter → Rn. 56.

70 Die Einschränkung durch das Kriterium der (technischen) Unmöglichkeit ergibt sich bereits aus den **allgemeinen Rechtsgrundsätzen** (vgl. OLG Stuttgart MMR 2002, 746 (749)). Falls eine Entfernung oder Sperrung aus rechtlichen oder tatsächlichen Gründen unmöglich ist, kann ein solches Tätigwerden bzw. ein Tätigkeitserfolg von dem Diensteanbieter nicht verlangt werden. Zu den rechtlichen Grenzen gehört auch das Fernmeldegeheimnis, vgl. dazu sogleich die Ausführungen unter → Rn. 71.

IV. Wahrung des Fernmeldegeheimnisses (Abs. 2 S. 3)

71 § 7 Abs. 2 S. 3 TMG stellt klar, dass der Diensteanbieter das verfassungsrechtlich in Art. 10 Abs. 1 GG geschützte und in § 88 TKG einfachgesetzlich konkretisierte **Fernmeldegeheimnis** zu wahren hat. Der Diensteanbieter darf daher nicht die nach § 88 TKG geschützte Individualkommunikation selbst überwachen oder ausforschen; eine entspr. Pflicht – zu einem gesetzeswidrigen Verhalten – kann daher auch nicht mittelbar durch die §§ 7–10 TMG konstituiert werden. Vielmehr greift das in § 88 Abs. 3 TKG normierte **Zweckbindungsprinzip** (vgl. dazu Beck TKG/Bock TKG § 88 Rn. 27), wonach der Verpflichtete dem Fernmeldegeheimnis unterfallende Tatsachen nur zu Zwecken verwenden darf, die ihm durch das TKG oder eine andere gesetzliche Vorschrift ausdrücklich gestattet sind.

72 Nicht in Abs. 2 S. 3 geregelt sind die Rechtsfolgen eines Verstoßes gegen § 88 TKG; insofern greifen ebenfalls die allg. Gesetze (vgl. BT-Drs. 14/6098, 23 zu § 8 TDG). Es stellt sich jedoch mit Blick auf die **Kenntnis des Diensteanbieters**, sprich für das in Abs. 2 S. 2 für die Abgrenzung zu Abs. 2 S. 1 als wesentlich herausgearbeitete Differenzierungskriterium (→ Rn. 61), die Frage, welche Auswirkungen es hat, wenn der Diensteanbieter unter Verstoß gegen § 88 TKG Kenntnis von rechtswidrigen Informationen erlangt (hat). Im Hinblick auf die Verantwortlichkeit nach den §§ 7–10 TMG spielt die Rechtmäßigkeit der Kenntniserlangung richtigerweise keine Rolle. Eine Bevorzugung desjenigen Diensteanbieters, der auf rechtswidrige Weise Kenntnis von rechtswidrigen Informationen erlangt hat, im Vergleich zu dem Anbieter, der rechtmäßig Kenntnis erlangt hat, wäre unter Berücksichtigung der gesetzgeberischen Wertungen widersprüchlich (so auch Spindler/Schuster/Hoffmann TMG § 7 Rn. 39). Zu den Folgen bei der **Beweiserhebung** s. → Rn. 77.

E. Rechtsschutz

73 Von erheblicher praktischer Bedeutung für die Ermittlung der Verantwortlichkeit der Diensteanbieter ist die **Verteilung der Darlegungs- und Beweislast** im Prozess (s. dazu auch Roßnagel/Jandt TMG § 7 Rn. 56 f. mwN). Dies gilt insbes. unter dem Gesichtspunkt, dass im Bereich der Telemedien idR eine Vielzahl von Personen an der Kommunikation beteiligt ist, deren einzelne Handlungen und Motive im Einzelfall nur schwer nachvollziehbar sein werden.

I. Darlegungs- und Beweislast

74 Uneinigkeit besteht bzgl. der Verteilung der Darlegungs- und Beweislast in Bezug auf die Haftungsprivilegierungen im Zivilprozess. Nach der Rspr. (BGH MMR 2004, 166) sowie einem Teil der Lit. (s. Bergmann, Die Haftung gem. § 5 TDG am Beispiel des News-Dienstes, 1999, 175 ff.; Freytag, Haftung im Netz, 1999, 202 f.; Gola/Müthlein TDG § 5 Rn. 7.4.2; Pankoke, Von der Presse- zur Providerhaftung, 2000, 181; Pichler, MMR 1998, 79 (87)) sind die §§ 7–10 TMG als **haftungsbegründende Tatbestandsmerkmale** ein-

zustufen, weshalb der Anspruchssteller grds. deren (Nicht-) Vorliegen beweisen müsse. Dafür spreche neben dem Sinn und Zweck der Vorschrift auch der Wille des Gesetzgebers, der die Vorschriften als „Filter" bezeichnet und die Verantwortlichkeit der Diensteanbieter für die Fälle beschränken wolle, in denen ein Diensteanbieter aufgrund der technischen Gegebenheiten keine Kenntnis oder Einflussmöglichkeit auf die fremden Handlungen hat und ihm eine Überprüfung der Rechtmäßigkeit auch nicht zumutbar erscheint (vgl. BGH MMR 2004, 166 (167)).

Von anderer Seite wird eine Einordnung als **Ausnahmebestimmung** zu den allg. Haftungsregelungen vertreten, wonach die Beweislast dem Anspruchsgegner obliegen soll (vgl. Roßnagel/Jandt TMG § 7 Rn. 57; Schneider GRUR 2000, 969 (973); Spindler NJW 2002, 921 (925); Spindler NJW 1997, 3193 (3198)). Für § 9 TDG, den gleichlautenden Vorgänger des § 8 TMG, ergab sich dies unmittelbar aus der Gesetzesbegründung (vgl. BT-Drs. 14/6098, 24). Doch auch für § 7 TMG genügt die Einordnung als (Vor-)Filter nicht allein zur Begründung der Beweislast zulasten des Anspruchsstellers. Denn der **negativ formulierte Wortlaut** der §§ 7–10 TMG sowie die **Gesetzessystematik** sprechen eher für eine einheitliche Auslegung mit einer Beweislastverteilung zulasten des Diensteanbieters. Auch die Zielsetzung der E-Commerce-RL, mehr Rechtssicherheit zu erreichen, spricht für eine derartige Auslegung. Denn den Rechteinhabern als Anspruchsstellern wird es regelmäßig nicht möglich sein, die in der Einflusssphäre der Anbieter liegenden Umstände zu beweisen (so zu § 8 TMG Spindler/Schuster/Hoffmann TMG § 8 Rn. 42). Lediglich im Hinblick auf die Verantwortlichkeit ieS, die sich nach den allg. Gesetzen richtet, ist der Anspruchssteller daher beweispflichtig. 75

Da es sich bei den die Privilegierung begründenden Tatbestandsmerkmalen idR um solche handelt, die negativ formuliert sind („nicht verpflichtet, soweit (…)"), sind diesbzgl. die Grundsätze der Rspr. zum Negativbeweis heranzuziehen (s. hierzu BGHZ 101, 49 (55); BGH NJW 1985, 264; 1983, 1782). Zwar wird dadurch nicht die Beweislastverteilung als solche verändert. Die Anforderungen an die substantiierte Darlegung sind aber zu verringern (ausf. dazu Zöller/Greger/Greger ZPO Vor § 284 Rn. 34 ff.). 76

II. Beweiserhebungs- und Beweisverwertungsverbot

Der Diensteanbieter ist auch im Rahmen des Gerichtsverfahrens zur Wahrung des Fernmeldegeheimnisses iSd **§ 88 TKG** verpflichtet. Nicht zulässig ist daher die Verwendung von Tatsachen, die unter Verstoß gegen das Fernmeldegeheimnis erlangt wurden (vgl. Spindler/Schuster/Hoffmann TMG § 7 Rn. 39). Denn auch jegliche Weitergabe dieser Inhalte stellt einen (weiteren) Eingriff in das Recht auf informationelle Selbstbestimmung dar (BVerfGE 65, 1; OLG Stuttgart MMR 2002, 746 (751)). 77

Entsprechendes gilt für Zeugen, insbes. Mitarbeiter des Diensteanbieters, welche über die rechtswidrig erlangten Informationen verfügen. Insofern ist von einem zivilprozessualen Beweiserhebungs- und Beweisverwertungsverbot auszugehen (vgl. Spindler/Schuster/Hoffmann TMG § 7 Rn. 40). 78

III. Gerichtszuständigkeit

Die Zuständigkeit der Gerichte richtet sich nach den allg. Gesetzen. Soweit im Hinblick auf die Auslegung der Norm im Einzelfall streiterhebliche Zweifel betreffend die Vorgaben der E-Commerce-RL verbleiben, kann eine Vorlage an den EuGH geboten sein, vgl. Art. 267 AEUV (vormals Art. 234 EG). Eine derartige Notwendigkeit könnte sich insbes. für die Rechtskonstruktion des Zu-eigen-machens von fremden Informationen iRd § 7 Abs. 1 TMG (vgl. zum Ganzen → Rn. 30) sowie zu der Reichweite der Sperrungsfrist des Abs. 2 S. 2 (→ Rn. 65) ergeben. 79

§ 8 Durchleitung von Informationen

(1) ¹Diensteanbieter sind für fremde Informationen, die sie in einem Kommunikationsnetz übermitteln oder zu denen sie den Zugang zur Nutzung vermitteln, nicht verantwortlich, sofern sie

TMG § 8

1. die Übermittlung nicht veranlasst,
2. den Adressaten der übermittelten Informationen nicht ausgewählt und
3. die übermittelten Informationen nicht ausgewählt oder verändert haben.

²Satz 1 findet keine Anwendung, wenn der Diensteanbieter absichtlich mit einem Nutzer seines Dienstes zusammenarbeitet, um rechtswidrige Handlungen zu begehen.

(2) Die Übermittlung von Informationen nach Absatz 1 und die Vermittlung des Zugangs zu ihnen umfasst auch die automatische kurzzeitige Zwischenspeicherung dieser Informationen, soweit dies nur zur Durchführung der Übermittlung im Kommunikationsnetz geschieht und die Informationen nicht länger gespeichert werden, als für die Übermittlung üblicherweise erforderlich ist.

§ 8 TMG regelt im Unterschied zu § 7 Abs. 1 TMG die Verantwortlichkeit von Diensteanbietern für fremde Informationen (→ Rn. 12), welche von den Diensteanbietern in einem Kommunikationsnetz übermittelt werden oder zu denen die Diensteanbieter den Zugang zur Nutzung vermitteln. Maßgeblicher Privilegierungsgrund ist die Beschränkung der Tätigkeit des Diensteanbieters auf einen rein technischen Vorgang, bei dem der Diensteanbieter idR gerade keine Kenntnis über die weitergeleiteten oder zwischengespeicherten Informationen hat (→ Rn. 3). Demgegenüber vermag § 8, ebenso wie § 7 TMG, eine Verantwortlichkeit für sich genommen weder zu begründen noch zu erweitern (→ Rn. 5). § 8 TMG führt vielmehr unter bestimmten, in den beiden Absätzen abschl. normierten Voraussetzungen zu einer Privilegierung der Diensteanbieter. Nach Maßgabe von Abs. 1 besteht die Tätigkeit der Diensteanbieter in der Übermittlung von Informationen (→ Rn. 14) und in der Vermittlung des Zugangs zu Informationen (→ Rn. 15). § 8 Abs. 2 TMG stellt dem unter bestimmten Voraussetzungen die automatische kurzzeitige Zwischenspeicherung gleich (→ Rn. 30). Die Beweislast für das Vorliegen der Privilegierungstatbestände trägt – entspr. den allg. Grundsätzen – grds. der Diensteanbieter (→ Rn. 41).

Übersicht

	Rn		Rn
A. Allgemeines zu § 8 TMG	1	II. Adressaten nicht ausgewählt (Abs. 1 S. 1 Nr. 2)	22
I. Entstehungsgeschichte	2	III. Informationen nicht ausgewählt oder verändert (Abs. 1 S. 1 Nr. 3)	23
II. Normzweck	3	IV. Kein absichtliches Zusammenarbeiten (Abs. 1 S. 2)	26
III. Verhältnis zu anderen Vorschriften	6	1. Absicht	27
1. Abgrenzung zur Zwischenspeicherung iSd § 9 TMG	7	2. Rechtswidrige Handlungen	28
2. Kein Wegfall der Privilegierung bei Kenntnis	8	3. Zusammenarbeiten	29
B. Allgemeine Tatbestandsmerkmale	9	D. Kurzzeitige Zwischenspeicherung (Abs. 2)	30
I. Diensteanbieter	10	I. Automatische Zwischenspeicherung	31
II. Fremde Informationen	12	1. Zwischenspeicherung	32
III. Kommunikationsnetze	13	2. Automatisch	33
IV. Informationen in einem Kommunikationsnetz übermitteln	14	II. Zur Durchführung der Übermittlung im Kommunikationsnetz	34
V. Zugang zu einem Kommunikationsnetz vermitteln	15	III. Dauer der Zwischenspeicherung	37
C. Übermittlung von Informationen und Vermittlung des Zugangs zu Informationen (Abs. 1)	19	1. Kurzzeitig	38
		2. Nicht länger als üblicherweise erforderlich	40
I. Übermittlung nicht veranlasst (Abs. 1 S. 1 Nr. 1)	21	E. Rechtsschutz	41

A. Allgemeines zu § 8 TMG

Während § 7 TMG sowohl Vorschriften für eigene (Abs. 1) als auch für fremde (Abs. 2) **1** Informationen enthält, bezieht sich § 8 TMG demgegenüber lediglich auf für den Diensteanbieter **fremde Informationen**, welche der Diensteanbieter übermittelt (Abs. 1) oder automatisch kurzzeitig zwischenspeichert (Abs. 2).

I. Entstehungsgeschichte

§ 8 TMG entspricht inhaltlich weitgehend dem bis zum 28.2.2007 geltenden **§ 9 TDG** **2** (vormals **§ 5 Abs. 3 TDG aF**) und setzt **Art. 12 Abs. 1 und 2 der E-Commerce-RL** teilw. wortgleich in nationales Recht um. Art. 12 der E-Commerce-RL, der allerdings seinerseits von reiner Durchleitung spricht, geht wiederum maßgeblich zurück auf Sec. 512 (b) des US-amerikanischen DMCA (Digital Millennium Copyright Act, vgl. dazu Freytag MMR 1999, 207). Zu der Entstehungsgeschichte der §§ 7–10 TMG allg. → § 7 Rn. 2, zu deren europarechtlichem Hintergrund → § 7 Rn. 4.

II. Normzweck

Nach der Gesetzesbegründung sowie dem Willen des Richtliniengebers soll sichergestellt **3** sein, dass ein Diensteanbieter, welcher von einem Nutzer eingegebene Informationen in einem Kommunikationsnetz übermittelt oder den Zugang zu einem Kommunikationsnetz vermittelt, **nicht für die Informationen verantwortlich** ist, mit denen er (der Diensteanbieter) in keiner Weise in Verbindung steht (vgl. BT-Drs. 14/6098, 23, 24). So ist nach der E-Commerce-RL die Verantwortlichkeit der Diensteanbieter zu beschränken, soweit deren Tätigkeit **„rein technischer, automatischer und passiver Art"** ist (vgl. Erwägungsgrund 42 der E-Commerce-RL). Da die Informationen – jedenfalls nach einer entspr. Konfiguration der betreffenden Hard- und Software – automatisch durch die Kommunikationsinfrastruktur geleitet werden, hat der Diensteanbieter idR gerade keine Kenntnis über den Inhalt und die Natur der Information(en). Insbes. trifft der Diensteanbieter deshalb regelmäßig auch keine aktive Einzelfallentscheidung, ob die konkrete Information übermittelt oder kurzfristig zwischengespeichert werden soll. Die Tätigkeit des Diensteanbieters ist in diesen Sachverhaltskonstellationen vielmehr lediglich auf den rein technischen Vorgang beschränkt, die jeweilige Netzinfrastruktur zu betreiben. Eine Beschränkung der Kontrollmöglichkeit(en) des Diensteanbieters ergibt sich zudem bereits aus § 7 Abs. 2 S. 3 TMG iVm § 88 TKG (→ § 7 Rn. 71).

Etwas anderes vermag freilich dann zu gelten, wenn und soweit der Diensteanbieter **4** absichtsvoll mit dem Nutzer der eingegebenen Informationen zusammenarbeitet. In solchen Konstellationen liegt aber auch gerade keine reine Durchleitung iSd Abs. 1 S. 1 mehr vor, so dass die Tätigkeit des Diensteanbieters nicht privilegiert wird (→ Rn. 26). Entspr. verhält es sich, falls der Diensteanbieter die ihm zur Übermittlung anvertraute Information inhaltlich verändert. Davon müssen jedoch solche **Eingriffe rein technischer Art** im Verlauf der Übermittlung abgegrenzt werden, welche die Integrität der übermittelten Information nicht verändern (vgl. Erwägungsgrund 43 der E-Commerce-RL). Gemeint sind insofern etwa die Aufspaltung der Datei in mehrere Einzelteile, um so die Datenpakete besser übermitteln zu können (Spindler/Schuster/Hoffmann TMG § 8 Rn. 12).

§ 8 TMG vermag für sich genommen eine Verantwortlichkeit des Diensteanbieters nicht **5** zu begründen oder zu erweitern (vgl. → § 7 Rn. 5). Die Frage der Verantwortlichkeit beurteilt sich vielmehr nach den allg. Gesetzen. Zur Einordnung der §§ 7–10 TMG als **Filter** sowie den entspr. Auswirkungen auf den Prüfungsaufbau vgl. → § 7 Rn. 6. Weiterhin gilt, dass eine Verantwortlichkeit des Diensteanbieters nicht zwingend gegeben ist, soweit die Privilegierungsvoraussetzungen des § 8 TMG nicht greifen; es verbleibt insoweit bei den allg. Rechtsvorschriften (Spindler/Schuster/Hoffmann TMG § 8 Rn. 26).

III. Verhältnis zu anderen Vorschriften

Zu dem Verhältnis der §§ 7–10 TMG zu sonstigen nationalen und internationalen Vor- **6** schriften vgl. bereits die grundsätzlichen Ausführungen unter → § 7 Rn. 8.

Paal

1. Abgrenzung zur Zwischenspeicherung iSd § 9 TMG

7   Die automatische **kurzzeitige Zwischenspeicherung** der Informationen wird nach § 8 Abs. 2 TMG ebenso privilegiert wie die reine Durchleitung von Informationen iSd Abs. 1. Dies lässt sich damit begründen, dass eine solche Zwischenspeicherung vielfach erforderlich ist, um eine Übermittlung der Daten und deren Abruf überhaupt erst zu ermöglichen. Die entspr. Zwischenspeicherung ist vor diesem Hintergrund als eine Art technisch notwendige Begleiterscheinung der reinen Informationsübermittlung einzustufen. Hiervon abzugrenzen ist die **Zwischenspeicherung zur beschleunigten Übermittlung** von Informationen iSd § 9 TMG. In diesem Fall dient die Speicherung allein dem Zweck, die Übermittlung fremder Informationen an andere Nutzer auf deren Anfrage hin effizienter zu gestalten, dh insbes. das Datenvolumen und damit die Netzbelastung zu verringern. § 9 TMG dient insoweit der Umsetzung des **Art. 13 der E-Commerce-RL,** welcher diesbezüglich den weiter verbreiteten Begriff des „**Caching**" verwendet. Zur Abgrenzung vgl. → Rn. § 39.

2. Kein Wegfall der Privilegierung bei Kenntnis

8   Im Gegensatz zu den §§ 9 u. 10 TMG entfällt die Privilegierung des § 8 TMG nicht ausdrücklich mit **Kenntniserlangung** von der Information. Grds. kann die Haftungsprivilegierung daher auch für den Fall greifen, dass der Diensteanbieter positive Kenntnis von der rechtswidrigen Information hat (vgl. HSH/Sieber/Höfinger Teil 18.1 Rn. 69; Roßnagel/Jandt TMG § 8 Rn. 2; Nickels CR 2002, 302 (306)). Allerdings gilt es zu beachten, dass bei einer Kenntnis des Diensteanbieters idR die Privilegierungsvoraussetzungen des Abs. 1 S. 1 nicht erfüllt sind oder aber jedenfalls ein Ausschluss nach Maßgabe von Abs. 1 S. 2 greift, da ein absichtliches Zusammenwirken mit dem Dritten vorliegt. Ferner wird die Privilegierung des Abs. 2 bei Kenntniserlangung regelmäßig entfallen, da diese Privilegierung lediglich eine derart kurzfristige Zwischenspeicherung erfasst, um eine Datenübertragung technisch zu ermöglichen (vgl. Spindler/Schuster/Hoffmann TMG § 8 Rn. 29). In praktischer Hinsicht ergeben sich daher bei der Rechtsanwendung iErg kaum maßgebliche Unterschiede.

B. Allgemeine Tatbestandsmerkmale

9   Während § 8 TMG in Abs. 1 zwischen verschiedenen Formen der Durchleitung differenziert und in Abs. 2 auch die kurzzeitige Zwischenspeicherung unter bestimmten Voraussetzung der Durchleitung von Informationen gleichstellt, bestehen daneben allg. Tatbestandsmerkmale, welche für alle Tatbestandsvarianten einheitlich auszulegen sind. Der Katalog des § 8 TMG ist überdies innerhalb seines Anwendungsbereichs aus Gründen der Rechtssicherheit abschl. (vgl. Spindler/Schuster/Hoffmann TMG § 8 Rn. 27).

I. Diensteanbieter

10   Der Begriff des Diensteanbieters ist **legaldefiniert** in § 2 S. 1 Nr. 1 TMG. Demnach ist Diensteanbieter „jede natürliche oder juristische Person, die eigene oder fremde Telemedien zur Nutzung bereithält oder den Zugang zur Nutzung vermittelt". Unerheblich ist hierbei insbes., ob der Diensteanbieter gewerblich oder privat handelt (Roßnagel/Jandt TMG § 8 Rn. 3). Vgl. dazu weiterhin bereits die Ausführungen zu § 2 S. 1 Nr. 1 TMG (→ § 2 Rn. 4) sowie zu § 7 TMG (→ § 7 Rn. 18).

11   Schwierigkeiten bereitet die Frage der personellen Erstreckung auf **Network-Provider.** Denn § 1 Abs. 1 S. 1 TMG stellt klar, dass das TMG nicht für elektronische Informations- und Kommunikationsdienste gilt, die Telekommunikationsdienste nach § 3 Nr. 24 des TKG sind, welche ganz in der Übertragung von Signalen über Telekommunikationsnetze bestehen. Dennoch wird für § 8 Abs. 1 S. 1 TMG im Wege einer richtlinienkonformen Auslegung sowie einer teleologischen Extension vertreten, dass jedenfalls die darauf ausgerichtete Verantwortlichkeitsregelung auch auf die Network-Provider anwendbar sein sollen (s. Freytag CR 2000, 600 (606) mwN; HSH/Sieber/Höfinger Teil 18.1 Rn. 33; Roßnagel/Jandt TMG § 7 Rn. 30). Diese Auslegung überzeugt, da auch die **Art. 12–15 der E-Commerce-RL** von einer Anwendbarkeit auf Dienstleistungen mit dem Inhalt der reinen Durchleitung ausgehen.

II. Fremde Informationen

§ 8 TMG greift nur bei fremden Informationen (BGH GRUR 2010, 616 (618) – marions-kochbuch.de; OLG Düsseldorf MMR 2012, 118 (119)). Es handelt sich unter Berücksichtigung der Vorgaben der Art. 12 Abs. 1, Art. 13 Abs. 1 und Art. 14 Abs. 1 der E-Commerce-RL dann um fremde Informationen, wenn die Information(en) **von einem Nutzer eingegeben** wurde(n). Die fremde Information ist abzugrenzen von eigenen Informationen, die zwar von der E-Commerce-RL nicht ausdrücklich erwähnt werden, für die der nationale Gesetzgeber jedoch in § 7 Abs. 1 TMG klargestellt hat, dass ein Diensteanbieter für diese nach den allg. Gesetzen verantwortlich ist. Vgl. zum Begriff der Information bereits → § 7 Rn. 23, zum Begriff der eigenen Information s. → § 7 Rn. 28. 12

III. Kommunikationsnetze

Kommunikationsnetze sind die Netzinfrastruktur, welche die Übermittlung von Informationen überhaupt erst ermöglicht. Dabei spielt es keine Rolle, ob die Übertragung drahtlos oder drahtgebunden erfolgt (vgl. Gietl MMR 2007, 630 (631); Spindler/Schuster/Hoffmann TMG § 8 Rn. 1). 13

IV. Informationen in einem Kommunikationsnetz übermitteln

Während in der Überschrift des § 8 TMG der Vorgang verallgemeinernd als „Durchleitung" bezeichnet wird, stellt der Regelungsgehalt der Norm nach seinem Wortlaut darauf ab, ob die fremden Informationen in einem Kommunikationsnetz übermittelt werden. Damit erfolgt zugleich eine Abgrenzung zu dem Regelungsgehalt der §§ 9 u. 10 TMG, die sich nach ihrer Überschrift auf die „Zwischenspeicherung" und „Speicherung" von Informationen beziehen. Wenngleich § 8 Abs. 2 TMG die automatische kurzzeitige Zwischenspeicherung, die zur technischen Durchführung der Übermittlung notwendig ist (vgl. zur Abgrenzung → Rn. 39), der reinen Durchleitung iSd Abs. 1 gleichstellt, ist in § 8 TMG wertungsmäßig grds. nur der bloße technische Vorgang der elektronischen Übertragung von fremden Informationen ohne Speicherung adressiert (ähnlich auch Spindler/Schuster/Hoffmann TMG § 8 Rn. 15). Der Diensteanbieter agiert in diesem Fall als **Network-Provider;** es wurden die Übertragungskapazitäten bereitgestellt und das sog. Routing übernommen, dh die Festlegung der Datenwege für die Informationen (Roßnagel/Jandt TMG § 8 Rn. 1). Zur Anwendbarkeit des TMG auf Network-Provider vgl. bereits → Rn. 11. 14

V. Zugang zu einem Kommunikationsnetz vermitteln

Die bloße Übermittlung der Informationen in einem Netz ermöglicht für sich genommen gerade noch keine Kommunikation. Vielmehr muss den an der Übertragung beteiligten Nutzern der Zugang zu den Netzen vermittelt werden, da diese Nutzer regelmäßig nicht selbst über eine eigene Verbindung verfügen. Diese Aufgabe der Netzzugangsvermittlung übernehmen die **Access-Provider,** welche einen Zugang in drahtgebundener oder auch drahtloser Form zur Verfügung stellen (OLG Karlsruhe MMR 2002, 614; Roßnagel/Jandt TMG § 8 Rn. 1). Grundlage der Zugangsvermittlung ist insoweit regelmäßig ein sog. Access-Provider-Vertrag, über dessen vertragstypologische Einordnung allerdings Uneinigkeit besteht (vgl. HSH/Redeker Teil 12 Rn. 15 ff., 150 ff. mwN); der BGH neigt in seiner Rspr. zu einer dienstvertraglichen Einordnung (BGH NJW 2013, 2021 (2022); NJW 2005, 2076). 15

Technischer Hintergrund ist die für die Übermittlung von einzelnen Datenpaketen notwendige Koordinationstätigkeit der Diensteanbieter, wozu bestimmte Wege für die adressierten Signale festzulegen sind (sog. **Routing**). Die Diensteanbieter sorgen dabei insbes. dafür, dass die adressierten Datenpakete aus dem Netz des Senders in das jeweilige Zielnetz geleitet werden. Der Access-Provider weist im Internet jedem Nutzer eine eindeutige IP-Adresse zu, damit die Datenpakete entsprechend an die Nutzer adressiert werden können. Die Datenpakete werden über Einwahlknoten zwischen den verschieden miteinander verbundenen Teilnetzen übermittelt. Dabei werden idR digitale Routingtabellen verwendet, um eine schnellstmögliche Übertragung zu gewährleisten (ausf. zu den technischen Details s. 16

Mantz, Rechtsfragen offener Netze, S. 24–27 mwN). Der Vorgang der Datenübermittlung erfolgt somit automatisiert; auf die Information(en) selbst wird gerade nicht eingewirkt.

17 In Bezug auf das Merkmal der Zugangsvermittlung ist regelmäßig zu überprüfen, ob der in Frage stehende Diensteanbieter ein solcher iSd TMG ist. Diensteanbieter ist nach § 2 S. 1 Nr. 1 TMG zwar ausdrücklich jede natürliche oder juristische Person, „die (…) den Zugang zur Nutzung vermittelt (…)." Der personelle Anwendungsbereich ist nach § 1 Abs. 1 S. 1 TMG aber insbes. nicht für solche elektronischen Informations- und Kommunikationsdienste eröffnet, die **Telekommunikationsdienste nach § 3 Nr. 24 TKG** darstellen und deren Dienste ganz in der Übertragung von Signalen über Telekommunikationsnetze bestehen. Zur Abgrenzung, insbes. zur Einbeziehung der Access-Provider in den Anwendungsbereich s. → § 2 Rn. 8. Zum Begriff der Telekommunikationsdienste iSd TKG s. Beck TKG/Piepenbrock TKG § 3 Rn. 47 ff.

18 Bei der Auslegung des Begriffs der **Zugangsvermittlung** ist die **abweichende Formulierung der E-Commerce-RL** zu beachten. In § 8 Abs. 1 TMG ist als maßgeblicher Bezugspunkt der Zugangsvermittlung die im ersten Hs. aufgeführte fremde Information benannt, in Art. 12 Abs. 1 der E-Commerce-RL wird dagegen das Kommunikationsnetz in Bezug genommen. Der Wortlaut der nationalen Vorschrift ist somit etwas enger gefasst. Eine ausschließlich an nationalen Grundsätzen orientierte Auslegung könnte vor diesem Hintergrund dazu führen, dass eine direkte Zugangsvermittlung zu der konkreten Information, uU sogar ein finales Element, zu fordern ist (vgl. Spindler/Schuster/Hoffmann TMG § 8 Rn. 13). Dem stehen jedoch die europarechtlichen Vorgaben klar entgegen, welche bei der Auslegung zu berücksichtigen sind und denen durch die Auslegung zur Durchsetzung zu verhelfen ist. Der nationale Gesetzgeber hat seinerseits bei der Umsetzung eine Vollharmonisierung angestrebt; Anhaltspunkte für eine gewollte Abweichung von den Vorgaben des Art. 12 Abs. 1 der E-Commerce-RL bestehen nicht (BT-Drs. 14/6098, 22). Die Bezugnahme der Zugangsvermittlung auf die fremde Information statt auf das Kommunikationsnetz ist daher unter Berücksichtigung der europarechtlichen Vorgaben nicht als einschränkendes Merkmal anzusehen. Es ist vielmehr davon auszugehen, dass der nationale Gesetzgeber insofern lediglich keinen Anlass für eine sprachliche Differenzierung sah (s. Spindler/Schuster/Hoffmann TMG § 8 Rn. 13).

C. Übermittlung von Informationen und Vermittlung des Zugangs zu Informationen (Abs. 1)

19 Während § 5 Abs. 3 TDG aF keine spezifischen Voraussetzungen für die reine Durchleitung enthielt, beschreibt § 8 Abs. 1 TMG demgegenüber detailliert, wann von einer **privilegierten Tätigkeit** des Diensteanbieters auszugehen ist. Auf diese Weise werden insbes. die europarechtlichen Vorgaben konkretisiert, wonach die Ausnahmeregelungen einschlägig sein sollen, wenn der Diensteanbieter „in keiner Weise mit der übermittelten Information in Verbindung steht" (vgl. Erwägungsgrund 43 der E-Commerce-RL).

20 Abs. 1 setzt voraus, dass der Diensteanbieter die Übermittlung der fremden Information (→ Rn. 14) oder die Vermittlung des Zugangs zur Nutzung (→ Rn. 15) nicht veranlasst (Abs. 1 S. 1 Nr. 1), den Adressaten der übermittelten Information nicht ausgewählt oder verändert (Abs. 1 S. 1 Nr. 2) und die übermittelten Informationen nicht ausgewählt oder verändert hat (Abs. 1 S. 1 Nr. 3). Die benannten Voraussetzungen entsprechen denen des **Art. 12 Abs. 1 der E-Commerce-RL.** Nach dem Wortlaut der Aufzählung („und") müssen die Voraussetzungen **kumulativ** vorliegen. Beteiligt sich der Diensteanbieter in einer der dort beschriebenen Arten und Weisen, haftet er wie für eigene Informationen nach den allg. Gesetzen, vgl. § 7 Abs. 1 TMG (BT-Drs. 14/6098, 24). Die Privilegierung ist zudem ausgeschlossen, wenn und soweit der Diensteanbieter absichtlich iSd Abs. 1 S. 2 mit dem Nutzer zusammenwirkt, um die rechtswidrige Handlung zu begehen.

I. Übermittlung nicht veranlasst (Abs. 1 S. 1 Nr. 1)

21 Zunächst darf der Diensteanbieter die **Übermittlung nicht veranlasst** haben. Eine solche Veranlassung liegt regelmäßig vor, wenn und soweit der Diensteanbieter willentlich eine konkrete Information an einen Adressaten richtet. Dagegen veranlasst der Nutzer die

Übermittlung selbst, falls er die Datenpakete an einen anderen Nutzer adressiert bzw. der empfangene Nutzer konkrete Informationen anfrägt, indem der Nutzer etwa einen Begriff in die Suchmaske oder eine Adresse in den Webbrowser eingibt (vgl. Spindler/Schuster/Hoffmann TMG § 8 Rn. 21). In diesem Fall stellt der Anbieter lediglich die technische Infrastruktur bereit, um die Kommunikation zwischen den Nutzern zu ermöglichen (s. Roßnagel/Jandt TMG § 8 Rn. 15).

II. Adressaten nicht ausgewählt (Abs. 1 S. 1 Nr. 2)

Die **Auswahl des Adressaten** muss ebenfalls von dem sendenden Nutzer selbst getroffen 22 werden. Dies bedeutet jedoch nicht, dass der Diensteanbieter den Sender bei der technischen Durchführung seines Vorhabens nicht unterstützen darf. Denn regelmäßig wird der Nutzer die Information an einen unbestimmten oder bestimmten Personenkreis senden wollen, ohne dass der Nutzer sich mit den technischen Details auseinandersetzt. Für die besonders bedeutsame Kommunikation im Internet ist die Koordination von eindeutigen IP-Adressen notwendig, welche den einzelnen Nutzern idR dynamisch, dh nur für einen bestimmten Zeitraum, zugewiesen werden. Nur an diese IP-Adressen können die Datenpakete versendet werden; die IP-Adressen treten damit gleichsam an die Stelle der Adresszeile eines Briefes. Dem Sender sind die IP-Adressen der gewünschten Adressaten aber oftmals nicht bekannt; der Sender greift insofern auf **vereinfachte Darstellungsformen** der Provider oder Dritter zurück, etwa auf die URL bei einer Website, auf die Suchmaske einer Suchmaschine (AG Bielefeld MMR 2005, 556) oder auf das Adressbuch eines E-Mail-Accounts. Die Zur-Verfügung-Stellung dieser Hilfemaßnahmen ist jedoch nicht als eine Auswahl des Adressaten iSd Abs. 1 S. 1 Nr. 2 anzusehen (ähnlich Roßnagel/Jandt TMG § 8 Rn. 16). Denn die für die Auswahl maßgebliche Willensentscheidung wird in diesen Fällen stets vom Nutzer selbst getroffen. Die Tätigkeit des Diensteanbieters beschränkt sich auch in diesem Zusammenhang auf eine rein technische, automatische und passive Beteiligung; eine dergestaltige Beteiligung ist nach dem klar geäußerten Willen des Richtliniengebers entspr. zu privilegieren (s. Erwägungsgrund 42 der E-Commerce-RL).

III. Informationen nicht ausgewählt oder verändert (Abs. 1 S. 1 Nr. 3)

Ferner darf der Diensteanbieter die übermittelten **Informationen nicht ausgewählt** 23 **oder verändert** haben. Dabei sind nach der Gesetzesbegründung allfällige Einwirkungen rein technischer Art im Verlauf der Übermittlung, durch die die Integrität der Information nicht verändert wird, nicht von dem Ausschluss nach Abs. 1 S. 1 Nr. 3 erfasst (s. BT-Drs. 14/6098, 24).

Problematisch ist die **erforderliche Abgrenzung** insbes. bei Diensteanbietern, welche 24 den Informationsfluss vom Sender steuern, indem sie den Nutzern nach vorgegebenen Intervallen Informationen zukommen lassen (sog. **Push-Dienste**). Im Hinblick auf die Privilegierung solcher Diensteanbieter muss insofern differenziert werden, ob auch redaktionelle Tätigkeiten übernommen werden und die Informationen selbst ausgewählt werden (ähnlich Roßnagel/Jandt TMG § 8 Rn. 17 mwN). Zwar wird der Nutzer idR selbst bestimmen, welche Themen ihn interessieren. Die Subsumtion des Einzelfalls, dh die Frage, ob die Auswahlkriterien des Nutzers in Bezug auf eine konkrete Information erfüllt sind, obliegt dann aber grds. dem Diensteanbieter, wobei dieser einen gewissen Wertungsspielraum hat. Wenn dagegen der Diensteanbieter selbst entscheidet, welche Informationen er dem Nutzer zukommen lässt, entfällt folgerichtig der Grund für die Privilegierung. Denn dann handelt es sich nicht mehr um eine rein technische, automatische und passive Beteiligung (vgl. Spindler/Schuster/Hoffmann TMG § 8 Rn. 23). Wo demgegenüber der Schwerpunkt der Tätigkeit des Anbieters darin besteht, die Informationen ohne eigene Bewertung auf Anfrage des Nutzers an diesen zu übermitteln, ist der Tatbestand des Abs. 1 S. 1 Nr. 3 einschlägig.

Auch bei der Verwendung von **Suchmaschinen** ist zu differenzieren: Bei einer üblichen 25 Suchanfrage eines Nutzers, welche dazu führt, dass dem Nutzer eine Übersicht der Suchergebnisse, evtl. mit einer kurzen Vorschau, angezeigt wird, ist grds. nicht von einer Auswahl oder Veränderung des Suchmaschinenbetreibers iSd Abs. 1 S. 1 Nr. 3 auszugehen. Dies gilt unabhängig von dem gewählten Dateiformat oder der Art der Präsentation. So werden Bilder etwa oftmals in Form einer verkleinerten Vorschau, sog. **thumbnails,** dargestellt (vgl. dazu etwa BGH GRUR 2012, 602 – Vorschaubilder II; BGH GRUR 2010, 628 – Vorschaubilder I). Wenn und soweit Suchmaschinenbetreiber das Suchergebnis selbst beeinflussen, indem etwa gezielt auf die Suchkriterien eingewirkt wird oder nur solche Ergebnisse – prominent – angezeigt werden, deren Anbieter mit dem Suchmaschinenbetreiber in einem vertraglichen (Werbe-)Verhältnis stehen, ist von einer die Privilegierung ausschließenden Veränderung iSd Abs. 1 S. 1 Nr. 3 auszugehen (Spindler/Schuster/Hoffmann TMG § 8 Rn. 25). Denn in diesen Fällen geht die Anzeige maßgeblich zurück auf eine willentliche Entscheidung des Diensteanbieters und nicht auf die Anfrage des Nutzers, die durch eine bloße technische, automatische und passive Beteiligung des Diensteanbieters realisiert wird. Zu der Frage, ob Suchmaschinenbetreiber als Diensteanbieter iSd § 2 Nr. 1 TMG anzusehen sind → § 2 Rn. 8.

IV. Kein absichtliches Zusammenarbeiten (Abs. 1 S. 2)

26   Die Privilegierung entfällt nach § 8 Abs. 1 S. 2 TMG, wenn ein Diensteanbieter **absichtlich** mit dem Nutzer seiner Dienste zusammenarbeitet, um rechtswidrige Handlungen zu begehen. Regelmäßig werden in diesem Fall jedoch bereits die Privilegierungsvoraussetzungen des Abs. 1 S. 1 nicht erfüllt sein; Abs. 1 S. 2 wird daher zutreffend nur eine vornehmlich klarstellende Wirkung beigemessen (s. Spindler/Schuster/Hoffmann TMG § 8 Rn. 32). So wurde historisch gesehen der Abs. 1 S. 2 erst nachträglich auf Verlangen des BR eingefügt (BT-Drs. 14/6098, 33), um klarzustellen, dass bei einer absichtlichen Zusammenarbeit keine reine Durchleitung mehr anzunehmen sein soll. Tatsächlich ist nur schwerlich eine Konstellation vorstellbar, in der zwar die Privilegierungsvoraussetzungen des Abs. 1 S. 1 erfüllt sind, aber dennoch kein absichtliches Zusammenarbeiten iSd Abs. 1 S. 2 vorliegt (→ Rn. 8).

1. Absicht

27   Die bloße Kenntniserlangung von der Information genügt für ein „absichtliches Zusammenarbeiten" für sich genommen noch nicht (→ Rn. 8). Der Diensteanbieter muss vielmehr absichtlich handeln in Bezug auf die Tatbestandsverwirklichung. Absicht ist in Anlehnung an die strafrechtliche Vorsatzdifferenzierung als ein **zielgerichtetes Wollen** zu verstehen, bei dem der Erfolgseintritt gerade Motivationsgrund des Handelnden ist (BeckOK StGB/Kudlich StGB § 15 Rn. 17). Der Ausschlusstatbestand des Abs. 1 S. 1 greift damit nur, wenn und soweit es dem jeweiligen Diensteanbieter gerade darum geht, mit einem Dritten eine rechtswidrige Handlung vorzunehmen. Abzugrenzen ist insoweit der dolus directus 1. Grades von dem direkten Vorsatz im Falle der sicheren Kenntnis vom Erfolg (s. hierzu BeckOK StGB/Kudlich StGB § 15 Rn. 17) sowie dem Eventualvorsatz; die letztgenannten Vorsatzformen stellen ihrerseits kein ausreichendes subjektives Element iSd Abs. 1 S. 2 dar.

2. Rechtswidrige Handlungen

28   Die Beurteilung der Rechtswidrigkeit der angestrebten Handlung richtet sich nach den allg. Gesetzen, vgl. dazu → § 7 Rn. 41.

3. Zusammenarbeiten

29   Da § 8 Abs. 1 S. 2 TMG keine bestimmte **Teilnahmeform** vorschreibt, ist im Umkehrschluss von keiner Einschränkung auszugehen. Unerheblich ist daher, ob der Diensteanbieter als Anstifter oder Gehilfe handelt (s. Spindler/Schuster/Hoffmann TMG § 8 Rn. 23). In diesem Zusammenhang kann – ebenfalls – auf die strafrechtlichen Grundzüge zurückgegriffen werden, s. hierzu BeckOK StGB/Kudlich StGB § 25 Rn. 3 ff.

D. Kurzzeitige Zwischenspeicherung (Abs. 2)

30   § 8 Abs. 2 TMG stellt klar, dass die Übermittlung von Informationen sowie die Vermittlung des Zugangs zu diesen Informationen nach Abs. 1 auch die **automatische kurzzeitige Zwischenspeicherung** von Informationen umfassen kann. Dies setzt voraus, dass die auto-

matische Zwischenspeicherung nur der Durchführung der Übermittlung im Kommunikationsnetz dient sowie die Informationen nicht länger als für die Übermittlung üblicherweise erforderlich gespeichert werden. Unter diesen Voraussetzungen entspricht die kurzzeitige Zwischenspeicherung wertungsmäßig der reinen Durchleitung von Informationen. Die reine Durchleitung von Informationen ist zudem abzugrenzen von der Zwischenspeicherung iSd § 9 TMG, welche der beschleunigten Übermittlung von Informationen dient. § 8 Abs. 2 TMG geht zurück auf Art. 12 Abs. 2 der E-Commerce-RL, welcher bis auf kleine redaktionelle Änderungen zum größten Teil wortgleich übernommen wurde.

I. Automatische Zwischenspeicherung

Während schon nach dem Wortlaut bei einer Speicherung von Informationen grds. keine reine Durchleitung (mehr) vorliegt, stellt § 8 Abs. 2 TMG zumindest die automatische kurzzeitige Zwischenspeicherung der bloßen Übermittlung gleich. 31

1. Zwischenspeicherung

Zwischenspeicherung meint die **kurzzeitige Ablage** einer Information während des Kommunikationsprozesses unter Nutzung der Infrastruktur des Diensteanbieters. Der Begriff entspricht inhaltlich dem des § 9 TMG und ist damit zugleich abzugrenzen von der Speicherung iSv § 10 TMG, welche auf unbestimmte Dauer angelegt ist (s. Spindler/Schuster/Hoffmann TMG § 8 Rn. 37). Vgl. iÜ die Ausführungen unter → § 9 Rn. 1 ff. 32

2. Automatisch

Die Zwischenspeicherung selbst muss automatisch erfolgen, dh **ohne einzelfallbezogene Willensentscheidung** oder **inhaltliche Auswahl.** Davon abzugrenzen ist die Konfiguration der Soft- und Hardware; bei dieser Soft- und Hardwarekonfiguration kann eine pauschale Entscheidung des Diensteanbieters in der Form erfolgen, dass Informationen pauschal zwischengespeichert werden. Dies erfolgt jedoch ohne inhaltliche Differenzierung in Bezug auf die Informationen, welche der Anbieter zukünftig übermittelt. 33

II. Zur Durchführung der Übermittlung im Kommunikationsnetz

Die Speicherung zur Durchführung der Übermittlung im Kommunikationsnetz setzt einen Finalzusammenhang in dem Sinne voraus, dass die Zwischenspeicherung nur der Übermittlung selbst dient. Erforderlich ist jedoch keine willentliche Entscheidung im Einzelfall, da ansonsten ein Widerspruch zum Merkmal der „automatischen" Zwischenspeicherung bestehen würde (→ Rn. 33). Abzustellen ist vielmehr auf den **Zeitpunkt der Einrichtung** der technischen Infrastruktur. 34

Die Zwischenspeicherung muss für die Durchführung der Übermittlung aus **technischen Gründen** erforderlich sein. Davon erfasst ist etwa eine Übermittlung, bei der die Information aufgrund ihres Datenvolumens in kleine Datenpakete aufgeteilt und erst nach dem Übermittlungsvorgang wieder zusammengeführt wird. Durch die getrennte Übermittlung ist dann uU eine kurzfristige Zwischenspeicherung notwendig (s. Hoffmann MMR 2002, 284 (287); Müller-Broich TMG § 8 Rn. 5; Spindler/Schuster/Hoffmann TMG § 8 Rn. 40). 35

Der Wortlaut „nur" spricht dafür, dass der Diensteanbieter daneben **keine weiteren Ziele** verfolgen darf (Spindler/Schuster/Hoffmann TMG § 8 Rn. 40). Bei etwaigen Überschneidungen mit dem Anwendungsbereich der §§ 9 bzw. 10 TMG ist auf diese Bestimmungen abzustellen (OLG Hamburg MMR 2009, 631 (637) – Usenet I). Dies ergibt sich bereits aus der Systematik und den insofern geltenden strengeren Privilegierungsvoraussetzungen. 36

III. Dauer der Zwischenspeicherung

In **zeitlicher Hinsicht** darf die Zwischenspeicherung auf der Grundlage und am Maßstab von § 8 Abs. 2 TMG nur „kurzzeitig" sein. Daneben stellt der letzte Hs. der Vorschrift klar, dass eine Löschung erfolgen muss, wenn und soweit die Speicherung für die Übermittlung nicht mehr „üblicherweise erforderlich ist". 37

1. Kurzzeitig

38 Die Zwischenspeicherung muss **kurzzeitig** sein. Dies schließt zugleich aus, dass der Speicherort mit dem endgültigen Speicherort identisch ist (Spindler/Schuster/Hoffmann TMG § 8 Rn. 37). Anderenfalls ist nicht mehr von einer Zwischenspeicherung iSd § 8 Abs. 2 TMG, sondern von einer **endgültigen Speicherung iSd § 10 TMG** auszugehen.

39 Problematisch kann im konkreten Einzelfall die Abgrenzung zu der **Zwischenspeicherung nach § 9 TMG** sein. Ausgangspunkt bei der Auslegung sollte die systematische Stellung sowie die Gleichstellung mit der reinen Durchleitung iSd § 8 Abs. 1 TMG sein. Die Zwischenspeicherung iSd Abs. 2 ist daher in zeitlicher Hinsicht kürzer als die iSd § 9 TMG. Dies bedeutet jedoch nicht, dass eine Abgrenzung nach starren Zeiteinheiten vorzunehmen ist (vgl. Spindler/Schuster/Hoffmann TMG § 8 Rn. 39). Abzustellen ist vielmehr auf den **unterschiedlichen Zweck** der Zwischenspeicherung: Während iRd Anwendungsbereichs des § 9 TMG die Zwischenspeicherung die Übermittlung fremder Informationen effizienter gestalten soll (→ § 9 Rn. 1 ff.), ist die Speicherung iSd Abs. 2 erforderlich für die technische Übermittlung im Kommunikationsnetz. Die Übermittlung im Kommunikationsnetz wird daher regelmäßig erheblich kürzer und abhängig von den technischen Umständen im Einzelfall sein.

2. Nicht länger als üblicherweise erforderlich

40 Weiterhin muss die Löschung der Information unmittelbar dann erfolgen, wenn die Speicherung für die Übermittlung üblicherweise nicht mehr erforderlich ist. Die Beschränkung der Erforderlichkeit der Speicherung auf das Übliche wirft hierbei mehr Fragen auf als sie zu lösen vermag. Um Rechtsunsicherheiten zu vermeiden (vgl. krit. zu dem Begriff Spindler/Schuster/Hoffmann TMG § 8 Rn. 41), sollte das Merkmal lediglich für die Abgrenzung zu der Zwischenspeicherung iSd § 9 TMG herangezogen werden.

E. Rechtsschutz

41 Der **Diensteanbieter** hat grds. die einzelnen Privilegierungsvoraussetzungen des § 8 TMG zu beweisen, der Anspruchsteller trägt dagegen die Darlegungs- und Beweislast für die Verantwortlichkeit des Anbieters nach den allg. Gesetzen (→ § 7 Rn. 75). Dabei besteht in Bezug auf das **absichtliche Zusammenwirken** iSd § 8 Abs. 1 S. 2 TMG die Besonderheit, dass es sich insofern um eine **„Ausnahme zur Ausnahmebestimmung"** handelt. **Beweispflichtig** ist daher der Anspruchsteller; die Beweispflicht des Diensteanbieters erstreckt sich insoweit lediglich auf die Voraussetzungen des Abs. 1 S. 1 (OLG Stuttgart MMR 2002, 746 (748); Spindler/Schuster/Hoffmann TMG § 8 Rn. 45). Zu den Beweiserhebungs- und Beweisverwertungsverboten allg. s. die Ausführungen unter → § 7 Rn. 77.

§ 9 Zwischenspeicherung zur beschleunigten Übermittlung von Informationen

¹Diensteanbieter sind für eine automatische, zeitlich begrenzte Zwischenspeicherung, die allein dem Zweck dient, die Übermittlung fremder Informationen an andere Nutzer auf deren Anfrage effizienter zu gestalten, nicht verantwortlich, sofern sie
1. die Informationen nicht verändern,
2. die Bedingungen für den Zugang zu den Informationen beachten,
3. die Regeln für die Aktualisierung der Informationen, die in weithin anerkannten und verwendeten Industriestandards festgelegt sind, beachten,
4. die erlaubte Anwendung von Technologien zur Sammlung von Daten über die Nutzung der Informationen, die in weithin anerkannten und verwendeten Industriestandards festgelegt sind, nicht beeinträchtigen und
5. unverzüglich handeln, um im Sinne dieser Vorschrift gespeicherte Informationen zu entfernen oder den Zugang zu ihnen zu sperren, sobald sie Kenntnis davon erhalten haben, dass die Informationen am ursprünglichen Ausgangsort der Übertragung aus dem Netz entfernt wurden oder der Zugang zu ihnen

gesperrt wurde oder ein Gericht oder eine Verwaltungsbehörde die Entfernung oder Sperrung angeordnet hat.
²§ 8 Abs. 1 Satz 2 gilt entsprechend.

Nach der Proxy-Cache-Provider-Regelung sind Diensteanbieter „für eine automatische, zeitlich begrenzte Zwischenspeicherung, die allein dem Zweck dient, die Übermittlung der fremden Informationen an andere Nutzer auf deren Abfrage effizienter zu gestalten" grds. nicht verantwortlich. Dies gilt indes nur, wenn sie die in Ziffern 1–5 aufgezählten Voraussetzungen erfüllen. **Gesetzgeberische Intention** ist es dabei, einen Anbieter bei einem automatisiert ablaufenden Prozess, bei dem er keine eigene Entscheidung trifft, und bei dem er bezogen auf die Inhalte selbst keine wirtschaftlichen Interessen verfolgt, zu privilegieren (BT-Drs. 14/6098, 24).

Übersicht

	Rn		Rn
A. Allgemeines	1	1. Keine Veränderung der Informationen (S. 1 Nr. 1)	14
B. Technische Aspekte	2	2. Beachtung der Bedingungen für den Informationszugang (S. 1 Nr. 2)	15
C. Voraussetzungen der Haftungsprivilegierung	9	3. Beachtung standardmäßiger Aktualisierungsregeln (S. 1 Nr. 3)	18
I. Anwendungsbereich	9	4. Keine Beeinträchtigung von Technologien zur Sammlung von Daten (S. 1 Nr. 4)	20
1. Zwischenspeicherung zur effizienteren Abfrage	9	5. Unverzügliche Entfernung oder Sperrung nach Kenntnis (S. 1 Nr. 5)	21
2. Zeitliche Begrenzung der Speicherung	10	6. Absichtliche Zusammenarbeit	24
3. Automatisch	11	7. Beweislast	25
4. Fremde Informationen	12	8. Sonderfall: Suchmaschinen	26
II. Bedingungen der Haftungsprivilegierung	13		

A. Allgemeines

§ 9 TMG setzt Art. 13 der RL 200/31/EG in das deutsche Recht um. Inhaltlich ist die 1 Regelung an Sec. 512 (b) des DMCA angelehnt (zum DMCA Holznagel GRUR Int. 2007, 971 ff.; Ott GRUR Int. 2008, 563 (565 ff.)). Die **Vorgängervorschrift** in § 5 Abs. 3 S. 2 TDG aF stellte eine automatische und kurzzeitige Vorhaltung fremder Inhalte auf Grund einer Nutzerabfrage noch der Zugangsvermittlung nach § 5 Abs. 3 S. 1 aF gleich. Nach der geltenden Rechtslage ist nunmehr danach abzugrenzen, ob eine Speicherung kurzfristig zur technischen Ermöglichung einer Nutzerabfrage erfolgt (dann § 8 Abs. 2 TMG), zeitlich begrenzt zur effizienten Datenübermittlung (dann § 9 TMG) oder auf Dauer angelegt ist (dann § 10 TMG).

B. Technische Aspekte

Der **Begriff Cache** ist dem französischen cacher – verbergen – entlehnt und bezeichnet 2 einen Zwischenspeicher, der seine Arbeit meist im Hintergrund ohne Wahrnehmung des Nutzers verrichtet. Er nimmt die angeforderten Daten auf, um sie bei Bedarf wieder zur Verfügung zu stellen. Dabei kommt es zu einer Vervielfältigung iSd § 16 UrhG (Ernst BB 1997, 1057 (1059); Koch GRUR 1997, 417 (423 f.)), die aufgrund der Schrankenbestimmung des § 44a Abs. 1 UrhG legitimiert sein kann (eine Rechtfertigung nach § 44a UrhG ist insbes. im Zusammenhang mit illegalen Streaming-Angeboten umstritten. Dazu Radmann ZUM 2010, 387 (390 ff.)).

Zu unterscheiden ist das Client-Caching, das beim einzelnen Nutzer abläuft, vom Proxy- 3 Caching, das ua von Providern verwandt wird. Beim **Client-Caching** werden z.B. von einem Browser Daten im Arbeitsspeicher oder auf der Festplatte des Nutzers abgelegt und diese bei einem erneuten Zugriff nicht aus dem Netz, sondern aus dem Zwischenspeicher übermittelt (Wandtke/Bullinger/v. Welser UrhG § 44a Rn. 5).

4   Beim **Proxy-Caching** wird eine Seite in einer Übertragungskette zwischen Teilnetzen gespeichert (Wandtke/Bullinger/v. Welser UrhG § 44a Rn. 6). Wird eine Webseite angefordert, so werden beim erstmaligen Abruf die Daten nicht nur dem anfragenden Nutzer übermittelt, sondern auch auf dem Proxy-Cache-Server des Providers gespeichert. Wenn derselbe oder ein anderer Nutzer über den Provider die Seite erneut ansteuern will, werden die Daten direkt aus dessen Zwischenspeicher übermittelt. Bei jeder Anfrage erfolgt eine Überprüfung, ob die Seite im Proxy-Cache vorhanden ist oder nicht. Zugleich werden Datum und Uhrzeit der letzten Speicherung beim Quell-Server ermittelt, um bei einer Aktualisierung die Übermittlung veralteter Inhalte an den Nutzer aus dem Proxy-Cache zu vermeiden.

5   Die **Vorteile** des Proxy-Caching liegen in einer Verringerung der Belastung des Netzes und der Wartezeit für Nutzer durch den Wegfall eines Teils des Datenübertragungsweges, mithin in einer effektiveren Gestaltung des Datenzugriffs (Hoeren/Sieber Teil 1 Rn. 27). Daraus ergibt sich, dass das Vorhalten von Informationen in einem Cache nur sinnvoll ist, wenn auf diese häufig zugegriffen wird. Deshalb und wegen eines begrenzten Volumens des Speichers gibt es für die gespeicherten Inhalte Ersetzungsstrategien, die festlegen, wie der in der EDV-Sprache als „Verdrängung" bezeichnete Vorgang abgewickelt wird. Möglich ist zB eine Überschreibung jeweils des ältesten oder des am seltensten gelesenen Eintrags (http://de.wikipedia.org/wiki/Cache).

6   Auch wenn es sich um ähnliche Computersysteme handelt, ist sprachlich zwischen Proxy-Cache-Servern und **Proxy-Servern** zu unterscheiden. Letztere dienen insbes. der Abschottung von Teilnetzen mittels einer Firewall. Ihr Zweck liegt nicht in einer erleichterten Datenübertragung, sondern in der Verhinderung des Zugriffs auf bestimmte Inhalte (Hoeren/Sieber Teil 1 Rn. 28).

7   **Mirror-Seiten** bzw. Mirror-Server dienen ebenso wie Proxy-Caching-Server der unveränderten und vollständigen Wiedergabe von Inhalten. Soweit sie zum Zweck der Sicherheit verwendet werden, um eine Überlastung von einzelnen Servern zu vermeiden und die gespiegelten Angebote für einen Nutzer nicht selbst direkt ansteuerbar sind, unterfallen sie § 9. Soweit hingegen im Zusammenhang mit der Spiegelung rechtswidriger Inhalte, um deren Verbreitung zu steigern bzw. um „Zensur" zu verhindern, die gespiegelten Seiten jeweils unter ihrer spezifischen Adresse – URL – direkt aufrufbar sind, werden sie nicht mehr von der Regelung des § 9 erfasst (Spindler/Schuster/Hoffmann TMG § 9 Rn. 14).

8   Ein **Usenet-Provider** (zur Funktionsweise des Usenet http://de.wikipedia.org/wiki/Usenet) wird hinsichtlich der bereitgehaltenen Nachrichten, die von Nutzern des Usenet, nicht aber von seinen Kunden stammen, teilweise von der Rechtsprechung als Cache-Provider angesehen; dies auch noch bei einer Vorhaltezeit von bis zu 30 Tagen (OLG Düsseldorf MMR 2008, 254 (255); LG München I MMR 2007, 453, Kitz, CR 2007, 603 (604); aA LG Düsseldorf MMR 2007, 534 (535); MüKoStGB/Altenhain TMG § 9 Rn. 8 (Host-Provider); OLG Hamburg MMR 2009, 405 (407) – Alphaload; Bosbach/Wiege ZUM 2012, 293 (298) (Access-Provider)). Dem ist zu widersprechen, weil nicht die Beschleunigung der Übertragung von einem vorrangigen Quellserver im Vordergrund steht. Vielmehr geht es um eine selbständige Zugriffsmöglichkeit, so dass der News-Provider unter § 10 TMG fällt.

C. Voraussetzungen der Haftungsprivilegierung

I. Anwendungsbereich

1. Zwischenspeicherung zur effizienteren Abfrage

9   § 9 privilegiert nicht die Übermittlung der fraglichen Inhalte, sondern deren automatisch erfolgende, zeitlich begrenzte Zwischenspeicherung. Diese darf alleine dem Zweck dienen, eine **Übermittlung effizienter** zu gestalten.

2. Zeitliche Begrenzung der Speicherung

10   Die **Dauer** der Speicherung grenzt § 9 TMG von § 8 Abs. 2 TMG bzw. § 10 TMG ab (→ Rn. 2). Die Speicherung darf dem Zweck des Caching entsprechend länger andauern als

nur für einen ganz konkreten Übertragungsvorgang (Hoffmann MMR 2002, 284 (287)). Als „Datenspeicherung auf Vorrat" (Spindler/Schuster/Hoffmann TMG § 9 Rn. 12) darf sie aber auch nicht zu einer dauerhaften werden. Weder das Gesetz noch dessen Begründung geben nähere Hinweise auf eine maximale Speicherdauer. Alle in der Literatur vorgeschlagenen Zeiträume, die von mehreren Tagen bis zu mehreren Wochen reichen (Matthies, Providerhaftung für Online-Inhalte, 2004, 160: mehrere Tage; Stadler, Haftung für Informationen im Internet, 2002, Rn. 96: mehrere Wochen), sind letztlich willkürlich gewählt und können lediglich einen groben Anhaltspunkt geben. Die zulässige Speicherdauer wird sich im Einzelfall nicht ohne Ansehen der konkret zwischengespeicherten Information beurteilen lassen. Bei aktuellen Berichten mit einer kurzen Aufmerksamkeitsdauer und entsprechend schnellem Nachlassen des Nutzerinteresses wird eine Zwischenspeicherung früher ohne Löschen zu einem Verlust der Haftungsprivilegierung und damit ggf. zu einer Haftung nach den allgemeinen Gesetzen führen als bei Dauerthemen oder gar bei „zeitlosen Werken". Oft wird bereits durch die Verdrängung der gespeicherten Informationen durch neue Daten entsprechend dem geänderten Nachfrageverhalten der Nutzer eine hinreichende Begrenzung der Zwischenspeicherung erfolgen (→ Rn. 7).

3. Automatisch

Regelmäßig wird ein Proxy-Cache-Server von einem Programm gesteuert, das ohne **11** weitere Willensbetätigung des Diensteanbieters für ein **automatisiertes** Abwickeln der einzelnen Nutzerabfragen sorgt. Die Festlegung von allgemeinen Parametern, z. B. zur Speicherdauer, ist unschädlich. Nur bei einer gezielten Zwischenspeicherung von rechtswidrigen Inhalten kommt keine Haftungsprivilegierung in Betracht.

4. Fremde Informationen

Die Abgrenzung eigener von fremden Informationen vollzieht sich nach den in → § 7 **12** Rn. 27 ff. dargestellten Kriterien.

II. Bedingungen der Haftungsprivilegierung

Die Haftungsprivilegierung ist an fünf **Voraussetzungen** geknüpft, die kumulativ vor- **13** liegen müssen. Damit soll sichergestellt werden, dass die Zwischenspeicherung mit den Interessen aller Beteiligten vereinbar ist und der Aufruf von Inhalten aus dem Zwischenspeicher die gleichen Auswirkungen hat wie der Aufruf bei der Quelle.

1. Keine Veränderung der Informationen (S. 1 Nr. 1)

Die Bedingung zielt auf die Erhaltung der **Integrität** der übermittelten Information ab **14** und wird durch Eingriffe technischer Art, zB Fehler im Verlauf der Übermittlung oder die Aufspaltung in einzelne Datenpakete während der Übertragung nicht tangiert. Lediglich willentliche Veränderungen sind schädlich. Gewährleistet werden muss, dass die dezentrale Kopie in jedem Moment dem Original entspricht (BT-Drs. 14/6098, 25).

2. Beachtung der Bedingungen für den Informationszugang (S. 1 Nr. 2)

Durch das Caching dürfen keine **Zugangssperren** umgangen werden, die am ursprüng- **15** lichen Ort der Daten implementiert wurden (BT-Drs. 14/6098, 25; Hoffmann MMR 2002, 284 (287)). Wird der Zugriff zB auf pornographische Inhalte entsprechend den Vorgaben des § 4 Abs. 2 JMStV derart gesichert, dass nur noch Personen über 18 Jahren Zugriff nehmen können, so darf diese Barriere nicht dadurch zu umgehen sein, dass die Informationen ohne Kontrolle aus dem Proxy-Cache-Server abgerufen werden dürfen (Sieber/Liesching Beilage MMR 8/2007, 19).

Die Begründung der Bundesregierung spricht ferner Zugangskontrollen an, die die **16** Bezahlung eines Entgelts sicherstellen, z. B. eine **Passwortkontrolle**. Erst nach einer entsprechenden Abfrage auf dem Quellserver dürfen zwischengespeicherte Inhalte ggf. weitergeleitet werden.

17 **Digital Rights Management Systeme (DRMS)** iSd §§ 95a ff. UrhG sind Zugangskontrollen iSd § 9 TMG (zu diesen Arlt GRUR 2004, 548 ff.), ebenso Zugangsrestriktionen nach dem Zugangskontrolldienste-Schutz-Gesetz, ZKDSG (dazu Bär/Hoffmann MMR 2002, 654 ff.). Urheberrechtliche Vorgaben des Content-Providers fallen hingegen nicht unter die Vorschrift.

3. Beachtung standardmäßiger Aktualisierungsregeln (S. 1 Nr. 3)

18 Ein Cache-Provider muss die Regeln, die in weithin anerkannten und verwendeten Industriestandards festgelegt sind, beachten. Hierdurch soll vermieden werden, dass eine zeitlich überholte Cache-Kopie den Eindruck vermittelt, sie entspreche der (aktualisierten) Original Webseite (BT-Drs. 14/6098, 25). Dies ist vor allem bei Seiten bedeutsam, die auf eine kontinuierliche Aktualisierung angewiesen sind (zB Börsen-Nachrichten).

19 Mit dem Abstellen auf **Industriestandards** soll zwar eine Harmonisierung gefördert werden, jedoch hat der Gesetzgeber darauf verzichtet, näher zu erklären, was unter den weithin anerkannten und verwendeten Industriestandards zu verstehen ist. Im Hinblick auf den strafrechtlichen Bestimmtheitsgrundsatz ist dies bedenklich (Vassilaki MMR 2002, 659 (661)). In der Literatur wird bezweifelt, ob es sie zur Zeit überhaupt gibt (Spindler/Schuster/Hoffmann TMG § 9 Rn. 23). Als Industriestandard können Verfahren angesehen werden, die in der entsprechenden Branche von Fachleuten anerkannt sind und für eine gewisse Dauer praktiziert werden. Die Einhaltung von Empfehlungen, wie die Requests for Comments, RFC (zum Begriff http://de.wikipedia.org/wiki/Request_for_Comments), mögen hierbei Indizwirkung haben (Heckmann, Internetrecht, 176). Auch wenn eine verbindliche Klärung des Begriffs nur durch den EuGH erfolgen kann, wird jedenfalls vom Diensteanbieter zu verlangen sein, dass der Proxy-Cache-Server bei jeder Nutzeranfrage zunächst bei der Ursprungsquelle nachfragt, ob eine neue Version des Seiteninhalts vorliegt. Dem Ergebnis entsprechend hat dann entweder ein Neuabruf der Seite zu erfolgen oder kann dem Nutzer die zwischengespeicherte Seite aus dem Proxy-Cache-Server übermittelt werden. Unschädlich ist es, wenn die zwischengespeicherte Version nicht mehr mit der inzwischen aktualisierten auf der Quellseite übereinstimmt, aber keine Nutzerabfrage erfolgt (Spindler/Schuster/Hoffmann TMG § 9 Rn. 28). Hierdurch wird der mit der Voraussetzung intendierte Zweck nicht beeinträchtigt, der auf die Nutzerwahrnehmung abstellt.

4. Keine Beeinträchtigung von Technologien zur Sammlung von Daten (S. 1 Nr. 4)

20 Durch diese Voraussetzung soll vermieden werden, dass eine Technologie zur Erfassung von Nutzerzugriffen auf die Informationen durch den Cache-Provider unterlaufen wird und dem Betreiber der Original-Webseite ein Schaden entsteht, z. B. weil sich die Höhe seiner Werbeeinnahmen nach der Häufigkeit der Nutzung richtet (BT-Drs. 14/6098, 25). Auch die vom Content-Betreiber verwendeten **Cookies** dürfen durch die Zwischenspeicherung nicht ihrer Funktion beraubt werden (Sieber/Liesching MMR Beilage 8/2007, 20; Hoffmann MMR 2002, 284 (287)). Dies gilt aber nur dann, wenn die Datensammlung durch den Betreiber der Quellen-Seite erlaubt, also insbes. nach den entsprechenden datenschutzrechtlichen Vorgaben zulässig ist, und gleichzeitig den anerkannten und verwendeten Industriestandards entspricht. § 9 schafft aber keine Verpflichtung des Diensteanbieters, die Datenspeicherung des Content Providers auf seine Rechtmäßigkeit zu untersuchen (Spindler/Schuster/Hoffmann TMG § 9 Rn. 30; MüKoStGB/Altenhain TMG § 9 Rn. 16).

5. Unverzügliche Entfernung oder Sperrung nach Kenntnis (S. 1 Nr. 5)

21 Der Proxy-Cache-Provider hat die bei ihm zwischengespeicherten Informationen zu **löschen** oder zu **sperren,** wenn ihm dies technisch möglich und zumutbar ist und er Kenntnis davon hat, dass entweder
- die Informationen am ursprünglichen Ausgangsort der Übertragung aus dem Netz entfernt wurden,

- der Zugang zu den Informationen gesperrt wurde, oder
- dass ein Gericht oder eine Verwaltungsbehörde die Entfernung oder Sperrung angeordnet hat.

Die Aufzählung ist abschließend. Die Erlangung der Kenntnis von einer möglicherweise 21a rechtsverletzenden Information beraubt einen Anbieter weder seiner Haftungsprivilegierung, noch löst es eine Entfernungs- oder Sperrungspflicht aus (Sieber/Liesching MMR Beilage 8/2007, 20; Kitz CR 2007, 604; aA Spindler/Schuster/Hoffmann TMG § 9 Rn. 34). Der Wortlaut bezieht die Kenntnis ebenso wie die Gesetzesbegründung und Art. 13 Abs. 1 lit. e) der RL 200/31/EG einzig auf die Entfernung oder Sperrung, nicht auf die Rechtswidrigkeit.

Ist die Information beim Content-Provider entfernt oder gesperrt worden, hat der 22 Cache-Betreiber bei einer Nutzeranfrage ohnehin seinen Zwischenspeicher zu aktualisieren, um einen Verlust der Haftungsprivilegierung nach S. 1 Nr. 3 oder Nr. 5 zu vermeiden. Die ursprünglichen Inhalte dürfen einem Nutzer nicht mehr aus dem Zwischenspeicher übermittelt werden. Solange nur die Anordnung zur Entfernung oder Speicherung erfolgt ist, hat jeder Nutzerabruf zunächst weiterhin zur Folge, dass die Information im Proxy-Cache abgelegt wird. Eine Verpflichtung zur Entfernung trifft den Cache-Betreiber erst dann, wenn ihm die Anordnung zur Kenntnis gebracht wird, wobei **positive Kenntnis** erforderlich ist. Bedingter Vorsatz oder gar fahrlässige Nichtkenntnis sind nicht genügend (Spindler/Schuster/Hoffmann TMG § 9 Rn. 37).

Die Anordnung kann auch von einer **ausländischen Behörde** oder einem ausländischen 23 Gericht stammen (Spindler/Schuster/Zimmermann/Stender-Vorwachs TMG § 9 Rn. 57). Nur wenn diese nicht mit den grundlegenden Maßstäben des nationalen Rechts vereinbar ist (vgl. den Gedanken des Art. 6 EGBGB), führt die Nichtbefolgung nicht zur Aufhebung der Haftungsprivilegierung. Die Anordnung muss nicht rechtskräftig, aber zumindest vorläufig vollstreckbar sein (Spindler/Schuster/Zimmermann/Stender-Vorwachs TMG § 9 Rn. 58).

6. Absichtliche Zusammenarbeit

Aufgrund des Verweises in S. 2 auf § 8 Abs. 1 S. 2 TMG besteht die Haftungsprivilegie- 24 rung dann nicht, wenn der Diensteanbieter absichtlich mit einem Nutzer zusammen arbeitet, um rechtswidrige Handlungen zu begehen. Diese auf Betreiben des Bundesrates aufgenommene Regelung (BT-Drs. 14/6098, 33) ist lediglich deklaratorisch. Bei einem gezielten Zusammenwirken wird eine Einflussnahme auf die zwischengespeicherten Inhalte erfolgen und somit kein rein automatischer Vorgang mehr vorliegen. In der Praxis spielt ein nicht unmittelbar ansteuerbarer Cache-Speicher bei der Verbreitung rechtswidriger Informationen ohnehin keine Rolle.

7. Beweislast

Die Verteilung entspricht der bei § 8 TMG (→ § 7 Rn. 75). Wer ein absichtliches 25 Zusammenarbeiten zur Begehung rechtswidriger Handlungen iSd § 9 S. 2 iVm § 8 Abs. 1 S. 2 behauptet, ist dafür darlegungs- und beweispflichtig.

8. Sonderfall: Suchmaschinen

Die einzelnen Funktionen und Angebote von **Suchmaschinen** können trotz Art. 21 der 26 RL 200/31/EG grds. direkt oder analog § 9 haftungsprivilegiert sein (BGH MMR 2010, 475 (480) – Bildersuche; EuGH MMR 2010, 315 (320) – Google France). Dabei ist zwischen einer Haftung für in den Suchergebnissen oder Werbeanzeigen verlinkten und für auf den Seiten der Suchmaschinen abgebildete Inhalte (Thumbnails, Snippets) zu unterscheiden.

Die in den **Suchtrefferlisten** verlinkten Webseiten werden nicht von den Suchmaschi- 27 nenbetreibern zwischengespeichert, um sie dann den Nutzern zu übermitteln. § 9 TMG ist damit nicht direkt anwendbar. Teile der Literatur (Koch K&R 2002, 120 (126); aA Rath, Suchmaschinen, 308 ff.) und Generalanwalt Maduro beim EuGH (Schlussanträge vom 22.9.2009 in den Verfahren Az. C-236/08, C-237/08 und C-238/08) haben sich für eine analoge Anwendung ausgesprochen. Für eine solche ist aber mangels Regelungslücke dann kein Platz, wenn von einer direkten Anwendbarkeit von § 8 TMG oder § 10 TMG ausgegangen wird (So Sieber/Liesching MMR Beilage 8/2007, 11 ff.; krit. Ott WRP 2006, 691 (698); Rath, Das Recht der Internet-Suchmaschinen, 2005, 303 ff.; auch auf Hyperlinks ist § 8 TMG nicht anwendbar, dazu Ott, WRP 2006, 691 (698) mwN).

28   Eine Haftungsprivilegierung für die Inhalte von **Werbeanzeigen** und die darin verlinkten Webseiten nach § 9 TMG scheidet aus. Es fehlt an einem automatischen Prozess. Zudem erfolgt die Speicherung nicht zeitlich begrenzt, sondern richtet sich nach den vertraglichen Abmachungen. Diese Konstellation kann nur ggf. über § 10 TMG erfasst werden (Sieber/Liesching MMR Beilage 8/2007, 24).

29   Hinsichtlich der **Suchindexinhalte (Snippets, Thumbnails)** wird sowohl eine direkte (AG Bielefeld MMR 2005, 556 f.) als auch eine analoge Anwendung mittels eines Erst-Recht-Schlusses vertreten (Sieber/Liesching MMR Beilage 8/2007, 17 ff. Die Frage nach einer Anwendbarkeit stellt sich ohnehin nur, soweit nicht vom Vorliegen eigener Informationen des Suchmaschinenbetreibers auszugehen ist (so MüKoStGB/Altenhain TMG Vor. §§ 7 ff. Rn. 32 mwN)). Wenn bereits die Zwischenspeicherung zur Übermittlung privilegiert ist, müsse dies erst recht für eine Zwischenspeicherung gelten, die der Auffindbarkeit von Informationen dient und bei der die fremden Informationen nicht in vollem Umfang zwischengespeichert werden, sondern nur Teile. Diese Sichtweise ist abzulehnen. Eine Vergleichbarkeit der Interessenlage ist bereits deshalb nicht gegeben, weil die Darstellung der Snippets oder Thumbnails nicht allein dem Zweck der Übermittlung von fremden Informationen dient, sondern für Nutzer einen hohen Eigeninformationswert aufweisen kann. Je nach intendiertem Suchziel kann sich eine gewünschte Information bereits im Textausschnitt finden oder kann ein Thumbnail das Aufrufen der Quell-Seite obsolet machen. Zudem erfolgt anlässlich einer Suchanfrage kein Abgleich der in den Suchtrefferlisten aufgeführten Inhalte mit der aktuellen Version beim Content-Provider. Konsequenterweise hat der BGH in einem obiter dictum seiner Bildersuche-Entscheidung hinsichtlich der Thumbnails von Bildern, die ohne Zustimmung des Urhebers im Netz verbreitet werden, nur eine Haftungsprivilegierung des Host-Providers angesprochen (BGH MMR 2010, 475 (481) – Bildersuche).

30   Die Nutzern von Suchmaschinen über einen **„Im Cache"-Link** angezeigten Inhalte sind nicht von § 9 TMG erfasst (Hoeren/Sieber Teil 18.1 Rn. 130 f.; MüKoStGB/Altenhain TMG § 9 Rn. 9; Spindler/Schuster/Hoffmann TMG § 9 Rn. 11; Scholz/Liesching, Jugendschutz, 4. Aufl. 2003, TDG § 10 Rn. 4; ebenso in Belgien Copiepresse v. Google (Copiepresse SCRL & alii v. Google Inc, Court of First Instance Brussels, 13.2.2007 – No. 06/10.928/C), bestätigt in der Berufungsinstanz: Copiepresse SCRL & alii v. Google Inc, Brussels Court of Appeal, 5.5.2011 – 2011/2999; aA in den USA für den DMCA Field v. Google Inc., 412 F. Supp.2d 1106 (D. Nev. 2006), dazu Ott MIR 2007, Dok. 195). Die Archivierung dient nicht dem Zweck einer effektiven Übermittlung, die der Gesetzgeber im Auge hatte, sondern soll Nutzern ein Instrument zur Hand geben, mittels dessen sie bei einem Fehlschlagen des Aufrufs der Originalseite zeitnah ein „Backup" der Webseite aufrufen können. Der Google-Cache ist damit eher einer Archivierung vergleichbar. Diese erfolgt zudem unabhängig von einer ersten Suchanfrage eines Nutzers.

§ 10 Speicherung von Informationen

¹Diensteanbieter sind für fremde Informationen, die sie für einen Nutzer speichern, nicht verantwortlich, sofern
1. sie keine Kenntnis von der rechtswidrigen Handlung oder der Information haben und ihnen im Falle von Schadensersatzansprüchen auch keine Tatsachen oder Umstände bekannt sind, aus denen die rechtswidrige Handlung oder die Information offensichtlich wird, oder
2. sie unverzüglich tätig geworden sind, um die Information zu entfernen oder den Zugang zu ihr zu sperren, sobald sie diese Kenntnis erlangt haben.

²Satz 1 findet keine Anwendung, wenn der Nutzer dem Diensteanbieter untersteht oder von ihm beaufsichtigt wird.

§ 10 TMG betrifft – ebenso wie die §§ 8 u. 9 TMG – die Verantwortlichkeit von Diensteanbietern für fremde Informationen. Der sachliche Anwendungsbereich von § 10 TMG bezieht sich dabei auf die Tätigkeit der Host-Provider, welche Informationen für Nutzer dauerhaft speichern. Aufgrund der hierbei eingeschränkten Kontrollmöglichkeit(en) der Diensteanbieter wird deren passive Tätigkeit privilegiert (→ Rn. 3), wenn und soweit die Voraussetzungen des S. 1 erfüllt sind und kein Ausschluss nach S. 2 vorliegt. Die Regelung differenziert innerhalb des S. 1 zwischen zwei verschiedenen Anwendungsfällen, welche sich im Hinblick auf ihren Anknüpfungspunkt in Bezug auf die Kenntnis des Diensteanbieters unterscheiden (→ Rn. 5). Da die Vorschrift ebenso wie die §§ 8 u. 9 TMG die Speicherung von fremden Informationen regelt, muss regelmäßig eine Abgrenzung der Anwendungsbereiche vorgenommen werden (→ Rn. 16). Ein zentrales Kriterium bei der Prüfung der Privilegierung ist das Tatbestandsmerkmal der „Kenntnis von der rechtswidrigen Handlung oder der Information" (→ Rn. 23). Dabei bestehen unterschiedliche Auffassungen, sowohl in Bezug auf den notwendigen Umfang der Kenntnis (→ Rn. 24) als auch in Bezug auf den maßgeblichen Anknüpfungspunkt für die Kenntnis (→ Rn. 27). Für Schadensersatzansprüche enthält S. 1 Nr. 1 Hs. 2 überdies eine gesonderte Regelung, deren Bedeutungsgehalt ebenfalls umstritten ist (→ Rn. 32). In zeitlicher Hinsicht an S. 1 Nr. 1 anknüpfend, regelt S. 1 Nr. 2 die Privilegierungsvoraussetzungen nach Kenntniserlangung (→ Rn. 38). Ausgeschlossen ist die Privilegierung gem. S. 2, falls ein Subordinations- (→ Rn. 51) oder Beaufsichtigungsverhältnis (→ Rn. 53) zwischen Nutzer und Diensteanbieter besteht.

Übersicht

	Rn		Rn
A. Allgemeines zu § 10	1	I. Bedeutung der Vorschrift	32
I. Entstehungsgeschichte	2	II. Offensichtlichkeit	36
II. Normzweck	3	**E. Unverzügliches Tätigwerden nach Kenntniserlangung (S. 1 Nr. 2)**	38
III. Systematik	5		
IV. Abgrenzung zu anderen Vorschriften	7	I. Kenntnis erlangt	39
B. Allgemeine Tatbestandsmerkmale	9	II. Unverzüglich tätig geworden	41
I. Diensteanbieter	10	1. Tätigwerden	42
II. Fremde Informationen	12	2. Unverzüglich	45
III. Speicherung für einen Nutzer	16	III. Entfernung der Information oder Sperrung des Zugangs	47
1. Abgrenzung zur Zwischenspeicherung iSd § 8 Abs. 2	17	**F. Ausschluss bei unterstehenden und beaufsichtigten Nutzern (S. 2)**	49
2. Abgrenzung zur Zwischenspeicherung iSd § 9	18	I. Systematik	50
IV. Für einen Nutzer	20	II. Nutzer untersteht Diensteanbieter (Var. 1)	51
C. Keine Kenntnis von der rechtswidrigen Handlung oder der Information (S. 1 Nr. 1 Hs. 1)	22	III. Diensteanbieter beaufsichtigt Nutzer (Var. 2)	53
I. Kenntnis	23	**G. Rechtsschutz**	56
1. Dolus directus 2. Grades	24	I. Allgemeine Darlegungs- und Beweislast	57
2. Menschliche Wissenszurechnung	25		
3. Elektronische Wissenserfassung	26	II. Darlegungs- und Beweislast in Bezug auf die Kenntnis	58
II. Bezugspunkt der Kenntnis	27		
D. Keine Tatsachen- oder Umstandskenntnis (S. 1 Nr. 1 Hs. 2)	31		

A. Allgemeines zu § 10

§ 10 TMG regelt in Abgrenzung zu § 7 Abs. 1 TMG die Verantwortlichkeit von Diensteanbietern für **fremde Informationen,** welche diese Diensteanbieter für einen Nutzer speichern. Die Notwendigkeit einer solchen Speicherung von Informationen ergibt sich für Internetsachverhalte unmittelbar aus dem rechtstatsächlichen Befund, dass die wenigsten

TMG § 10

Internetnutzer selbst über eine dauerhafte Verbindung zum Internet verfügen. Soweit die Internetnutzer ihrerseits Dritten allfällige Informationen zugänglich machen wollen, werden hierzu primär die Server von Host-Providern benötigt und in Anspruch genommen. Dementsprechend groß ist die praktische Bedeutung einer Privilegierung der Diensteanbieter, welche die notwendige Netzinfrastruktur bereitstellen sowie unterhalten.

I. Entstehungsgeschichte

2   Die Vorschrift geht zurück auf den bis zum 28.2.2007 geltenden **§ 11 TDG** (davor **§ 5 Abs. 2 TDG aF**), der unverändert übernommen wurde (s. BT-Drs. 16/3078, 15). Grundlage auf europäischer Ebene ist **Art. 14 der E-Commerce-RL**, welcher die Tätigkeit des Anbieters als „**Hosting**" bezeichnet. Inhaltlich entsprechen die beiden Sätze des § 10 TMG weitgehend den Abs. 1 u. 2 des Art. 14 der E-Commerce-RL. Lediglich die Regelung des Art. 14 Abs. 3 Hs. 1 der E-Commerce-RL, wonach die Möglichkeit unberührt bleiben soll, dass ein Gericht oder eine Verwaltungsbehörde vom Diensteanbieter verlangen kann, dass die Rechtsverletzung abgestellt oder verhindert wird, wurde abweichend in die allg. Grundsätze des § 7 Abs. 2 TMG verschoben (→ § 7 Rn. 51). Von der in Art. 14 Abs. 3 Hs. 2 der E-Commerce-RL vorgesehenen Befugnis, Verfahren für die Entfernung einer Information oder die Sperrung des Zugangs festzulegen, hat der nationale Gesetzgeber gerade keinen Gebrauch gemacht. S. weiterführend zu der Entstehungsgeschichte der §§ 7–10 TMG allg. → § 7 Rn. 2, zu deren europarechtlichem Hintergrund → § 7 Rn. 4.

II. Normzweck

3   **Wesentlicher Privilegierungsgrund** des § 10 TMG ist die Beschränkung der Tätigkeit von Diensteanbietern iRd Hosting auf den technischen Vorgang der Speicherung von fremden Informationen. Die E-Commerce-RL geht in diesem Zusammenhang davon aus, dass der jeweilige Diensteanbieter hierbei mit den Informationen in keiner Verbindung steht, so dass seine Tätigkeit „rein technischer, automatischer und passiver Art" ist (vgl. Erwägungsgrund 42 der E-Commerce-RL). Diese Speicherung ist wie auch die Zwischenspeicherung iSd § 9 TMG wertungsmäßig dem **bloßen Vermittlungsvorgang** zuzurechnen (BT-Drs. 14/6098, 25). Im Rahmen dieser bloßen Vermittlung ergeben sich bereits aus anderen rechtlichen Bestimmungen verschiedentliche Einschränkungen der Kontrollmöglichkeiten: So dürfen Diensteanbieter insbes. gem. § 7 Abs. 2 S. 1 TMG **keine proaktiven Überwachungs- oder Nachforschungspflichten** auferlegt werden (→ § 7 Rn. 49); daneben haben die Diensteanbieter das **Fernmeldegeheimnis** zu wahren, vgl. § 7 Abs. 2 S. 3 TMG iVm § 88 TKG (→ § 7 Rn. 71). Die teilw. und unter bestimmte Voraussetzungen gestellte Freistellung der Diensteanbieter von der Verantwortlichkeit ist somit nicht zuletzt auch als notwendige Kehrseite dieser Einschränkungen der Kontrollmöglichkeiten zu sehen.

4   Die **Privilegierung ist ausgeschlossen,** soweit der Diensteanbieter seinerseits Kenntnis von der rechtswidrigen Handlung oder Information hat. In diesen Fällen kann gerade nicht mehr angenommen werden, dass der Anbieter mit der fremden Information in keiner Verbindung steht. Entsprechendes gilt, soweit der Nutzer dem Diensteanbieter untersteht oder von ihm beaufsichtigt wird; die Nähebeziehung geht idR einher mit einer inhaltlichen Einflussmöglichkeit (vgl. HSH/Sieber/Höfinger Teil 18.1 Rn. 92). § 10 TMG vermag eine Verantwortlichkeit des Diensteanbieters allerdings nicht zu begründen oder zu erweitern (→ § 7 Rn. 5). Die Begründung oder Erweiterung der Verantwortlichkeit richtet sich vielmehr nach den allg. Gesetzen. Zur Einordnung der §§ 7–10 TMG als **Filter** vgl. → § 7 Rn. 6.

III. Systematik

5   § 10 S. 1 Nr. 1 TMG differenziert zwischen **zwei verschiedenen Fällen,** welche sich im Hinblick auf ihren Anknüpfungspunkt in Bezug auf die Kenntnis unterscheiden (vgl. BT-Drs. 14/6098, 25). Europarechtlicher Hintergrund dieser Differenzierung ist **Art. 14 Abs. 1 der E-Commerce-RL,** nach dessen Vorgaben die Kenntnis von der rechtswidrigen Handlung oder Information einerseits und die Tatsachen- oder Umstandskenntnis bei Schadensersatzansprüchen andererseits voneinander abzugrenzen sind. Darauf aufbauend ist iRd § 10

Speicherung von Informationen **§ 10 TMG**

S. 1 Nr. 1 TMG stets zu unterscheiden, ob bereits die Information als solche oder erst die entfaltete Tätigkeit beanstandet wird; weiterhin kommt es darauf an, ob es um einen zivilrechtlichen Schadensersatzanspruch oder lediglich um die Verantwortlichkeit im Rahmen von anderen Anspruchsgrundlagen oder Normen geht. Zur Abgrenzung der beiden Halbsätze innerhalb der Nr. 1 vgl. → Rn. 32, zur Abgrenzung der beiden Nummern innerhalb des S. 1 vgl. → Rn. 38.

Im Gegensatz zu den §§ 8 u. 9 TMG müssen die Voraussetzungen des § 10 TMG **nicht** 6 **kumulativ** vorliegen, damit ein Diensteanbieter privilegiert wird. Es genügt vielmehr, dass eine der beiden Nummern **alternativ** einschlägig ist. Diese Systematik ergibt sich unmittelbar aus der Formulierung „oder" zwischen den beiden Nummern sowie aus dem unterschiedlichen Zeitpunkt, an den die jeweiligen Nummern anknüpfen (vgl. Roßnagel/Jandt TMG § 10 Rn. 8). Etwas anderes gilt jedoch **innerhalb der beiden Anwendungsfälle** des § 10 S. 1 Nr. 1 TMG: Für eine vollständige Freistellung von der Verantwortlichkeit müssen insofern **beide Halbsätze kumulativ** erfüllt sein.

IV. Abgrenzung zu anderen Vorschriften

Die **Verschärfung der Privilegierungsvoraussetzungen** für Schadensersatzansprüche 7 (s. → Rn. 32) durch § 10 S. 1 Nr. 1 Hs. 2 TMG steht in einem **Spannungsverhältnis** zu der Privilegierung der Presseunternehmen durch **§ 9 S. 2 UWG** („Gegen verantwortliche Personen von periodischen Druckschriften kann der Anspruch auf Schadensersatz nur bei einer vorsätzlichen Zuwiderhandlung geltend gemacht werden"). Denn während im TMG die Privilegierung der Diensteanbieter bereits entfällt, soweit diesen allfällige Tatsachen oder Umstände bekannt sind, aus denen die rechtswidrige Handlung oder Information offensichtlich wird, fordert § 9 S. 2 UWG für Presseunternehmen darüber hinaus auch ein vorsätzliches Zuwiderhandeln. Der weiterreichende Privilegierungstatbestand des § 9 S. 2 UWG ist daher im Rahmen seines persönlichen und sachlichen Anwendungsbereichs als speziellere Regelung vorrangig (s. NK-MedienR/von Petersdorff-Campen Abschn. 32 TMG Rn. 23).

Zur Anwendbarkeit der Grundsätze auf Unterlassungsansprüche vgl. die Ausführungen 8 unter → § 7 Rn. 54. Ausf. zur Problematik der Störerhaftung s. überdies etwa Roßnagel/Jandt TMG § 10 Rn. 59 ff. Zur Frage der Abgrenzung des sachlichen Anwendungsbereichs des § 10 TMG zu der Zwischenspeicherung nach §§ 8 u. 9 TMG s.→ Rn. 16.

B. Allgemeine Tatbestandsmerkmale

§ 10 TMG enthält allg. Tatbestandsmerkmale, welche für beide Sätze einheitlich aus- 9 zulegen sind. In diesem Zusammenhang kann teilw. auf die Auslegungen der Begriffe aus § 7 TMG zurückgegriffen werden.

I. Diensteanbieter

Der Begriff des Diensteanbieters ist **legaldefiniert** in § 2 S. 1 Nr. 1 TMG. Demnach ist 10 Diensteanbieter „jede natürliche oder juristische Person, die eigene oder fremde Telemedien zur Nutzung bereithält oder den Zugang zur Nutzung vermittelt". Unerheblich ist dabei, ob das in Rede stehende Hosting **entgeltlich oder unentgeltlich** erfolgt (vgl. Müller-Broich TMG § 10 Rn. 2). Vgl. hierzu auch die Ausführungen zu § 2 S. 1 Nr. 1 TMG (→ § 2 Rn. 4) sowie zu § 7 TMG (→ § 7 Rn. 18). Zur Einbeziehung von Access-Providern und Network-Providern in den persönlichen Anwendungsbereich vgl. → § 2 Rn. 8 sowie Roßnagel/Jandt § 10 Rn. 33 ff.

Ein Diensteanbieter muss in Ansehung einer möglichen Privilegierung **nicht selbst die** 11 **Server betreiben,** auf denen die Nutzer ihre Datenpakete speichern. Ferner sind auch die **Eigentums- und Besitzverhältnisse** an der Serverinfrastruktur für die Privilegierung nach § 10 TMG nicht entscheidend (vgl. Bleisteiner, Rechtliche Verantwortlichkeit im Internet, 1999, 163 f.; HSH/Sieber/Höfinger Teil 18.1 Rn. 80; Roßnagel/Jandt TMG § 10 Rn. 7; Spindler/Schuster/Hoffmann TMG § 10 Rn. 14). Unter Berücksichtigung der von § 10 S. 1 Nr. 2 TMG statuierten Handlungspflichten ist vielmehr entscheidend auf die **Einfluss-**

möglichkeit bzgl. der gespeicherten Daten abzustellen. Maßgeblich ist insofern, dass der Diensteanbieter die „Herrschaft über den Speicherplatz" besitzt und die dort gespeicherten Daten entfernen sowie den Zugang zu ihnen sperren kann (vgl. HSH/Sieber/Höfinger Teil 18.1 Rn. 80; Kreutzer GRUR 2001, 307 (309)). IErg können somit auch solche Diensteanbieter von der Privilegierungswirkung erfasst sein, die mit Eigentümern von Servern – bloß – in einer vertraglichen Beziehung stehen und den virtuellen Speicherplatz dabei lediglich an die Nutzer vermitteln.

II. Fremde Informationen

12 § 10 TMG bezieht sich nur auf solche Informationen, die für den Diensteanbieter fremd sind. Unter Berücksichtigung der Vorgaben der Art. 12 Abs. 1, Art. 13 Abs. 1 und Art. 14 Abs. 1 der E-Commerce-RL handelt es sich dann um eine **fremde Information,** wenn die Information **von einem Nutzer eingegeben** wurde. Abzugrenzen sind die fremden von den eigenen Informationen. Zwar werden die eigenen Informationen von der RL nicht ausdrücklich erwähnt. Der nationale Gesetzgeber hat aber in § 7 Abs. 1 TMG, dass Diensteanbieter für diese eigenen Informationen nach den allg. Gesetzen verantwortlich sind.

13 Von § 10 TMG umfasst – jedenfalls im Hinblick auf das Merkmal der fremden Information – sind zunächst solche Daten, welche iRd klassischen **File-Hosting-Dienstleistungen** auf Servern für Nutzer bereitgestellt werden, damit Dritte auf diese Daten zugreifen können (BGH GRUR 2013, 1030 (1032) – File-Hosting-Dienst; BGH ZUM 2013, 288 (290) – Alone in the Dark). Ebenfalls umfasst sind Angebotsbeschreibungen, welche registrierte Nutzer in ein **Internetauktionshaus** einstellen (BGH GRUR 2004, 860 (862) – Internet Versteigerung I) und Beiträge, die in einem **Meinungsforum** veröffentlicht werden (BGH GRUR 2007, 724 (725) – Meinungsforum). Entsprechendes gilt auch für Kurznachrichten in Form von **RSS-Feeds,** welche auf einem Informationsportal angezeigt werden (BGH GRUR 2012, 751 (752) – RSS-Feeds).

14 Einer anderen Bewertung unterfallen demgegenüber **Suchvorschläge,** welche bei der Eingabe von wenigen Buchstaben in der Suchmaske einer Suchmaschine gemacht werden: Die Programmierung der Autocomplete-Funktion, welche für den Vorschlag entscheidend ist, geht in diesem Zusammenhang gerade auf eine willentliche Eingabe des Diensteanbieters selbst zurück (BGH GRUR 2013, 751 (752 f.) – „Autocomplete"-Funktion sowie → § 7 Rn. 38).

15 Vgl. **allg.** zum Begriff der Information bereits → § 7 Rn. 23, zum Begriff der **eigenen Information** vgl. → § 7 Rn. 28. Zu der abzulehnenden **Rechtsfigur des „Zu-eigen-machens"** einer an sich fremden Informationen s. → § 7 Rn. 30. Ausf. zu der **Verantwortlichkeit für Hyperlinks** s. Roßnagel/Jandt TMG § 10 Rn. 34 ff.; zur **Verantwortlichkeit von Suchmaschinenbetreibern** s. Roßnagel/Jandt TMG § 10 Rn. 48 ff.

III. Speicherung für einen Nutzer

16 Die fremden Informationen müssen solche sein, welche der betreffende Diensteanbieter für einen Nutzer speichert. Zu der Notwendigkeit des Vorliegens einer Einflussmöglichkeit auf die sich auf dem Server befindlichen Daten s. → Rn. 11.

1. Abgrenzung zur Zwischenspeicherung iSd § 8 Abs. 2

17 Abzugrenzen ist die Speicherung iSd § 10 TMG zunächst von der automatischen kurzzeitigen **Zwischenspeicherung iSd § 8 Abs. 2 TMG.** Die automatische kurzzeitige Zwischenspeicherung iSd § 8 Abs. 2 TMG dient lediglich einer Durchführung der Übermittlung im Kommunikationsnetz und darf nicht länger als für die Übermittlung üblicherweise erforderlich ausfallen. Eine solche Zwischenspeicherung ist daher wertungsmäßig der reinen Durchleitung zuzuordnen (→ § 8 Rn. 30).

2. Abgrenzung zur Zwischenspeicherung iSd § 9

18 Komplizierter(er) gestaltet sich die Abgrenzung zu der **Zwischenspeicherung iSd § 9 TMG.** Die Zwischenspeicherung iSd § 9 TMG umfasst die automatische, zeitlich begrenzte Zwischenspeicherung, welche allein dem Zweck dient, die Übermittlung fremder Informa-

tionen an andere Nutzer auf deren Anfrage effizienter zu gestalten. Hintergrund der Speicherung ist daher die Beschleunigung der Übermittlung (→ § 9 Rn. 1 ff.). Demgegenüber betrifft § 10 TMG die längerfristige Speicherung, die Dritten den Zugang zu der Information ermöglichen soll (vgl. bereits → Rn. 1). Die Speicherung iSd § 10 TMG ist daher keine bloße Zwischenspeicherung, sondern grds. auf Dauer angelegt (vgl. Spindler/Schuster/Hoffmann TMG § 10 Rn. 1).

Keine Rolle spielt dagegen der Umstand, ob die **Speicherung automatisch** erfolgt ist oder stattdessen eine **Willensentscheidung des Anbieters** im Einzelfall getroffen wurde (s. Müller-Broich TMG § 10 Rn. 3). Denn im Gegensatz zu der Zwischenspeicherung iSd § 9 TMG muss die dauerhafte Speicherung iSd § 10 TMG nicht automatisch erfolgen. Falls jedoch die Speicherung auf eine konkrete Willensentscheidung zurückgeht, entfaltet dies regelmäßig Auswirkungen auf die Behandlung des Tatbestandsmerkmals der Kenntnis (→ Rn. 23). 19

IV. Für einen Nutzer

Der Begriff des **Nutzers** ist legaldefiniert in § 2 S. 1 Nr. 3 TMG. Erfasst sind demnach natürliche oder juristische Personen, welche die Telemedien als Informationsquelle nutzen sowie darüber hinaus auch diejenigen, welche dort ihre Informationen zur Verfügung stellen (→ § 2 Rn. 8). Im Anwendungsbereich des § 10 TMG bezieht sich der Begriff der Nutzer lediglich auf letztere Sachverhaltskonstellation (vgl. Spindler/Schuster/Hoffmann TMG § 10 Rn. 15). 20

Aus der Formulierung „für einen Nutzer" wird überdies deutlich, dass der Diensteanbieter mit dem Nutzer in einem Leistungsverhältnis iwS stehen muss. Nicht notwendig ist dagegen das Bestehen einer vertraglichen Beziehung; der Wortlaut stellt vielmehr lediglich auf die subjektive Motivationslage des jeweiligen Diensteanbieters ab (ähnlich Spindler/Schuster/Hoffmann TMG § 10 Rn. 15). 21

C. Keine Kenntnis von der rechtswidrigen Handlung oder der Information (S. 1 Nr. 1 Hs. 1)

Die Privilegierung des Diensteanbieters setzt gem. § 10 S. 1 Nr. 1 Hs. 1 TMG voraus, dass der Diensteanbieter keine Kenntnis von der rechtswidrigen Handlung oder der Information hat. In Hs. 2 bezieht sich die Kenntnis dagegen auf Tatsachen oder Umstände, aus denen die rechtswidrige Handlung oder die Information offensichtlich wird. 22

I. Kenntnis

Unerheblich ist, auf welchem Weg der Diensteanbieter die in Rede stehende Kenntnis erlangt hat. Nicht erforderlich ist insoweit etwa, dass der Hinweis von dem Rechteinhaber selbst kommt (s. Spindler/Schuster/Hoffmann TMG § 10 Rn. 26). Ein solcher Umstand kann allerdings für die Frage nach der **Beweisbarkeit** der Kenntnis eine Rolle spielen (vgl. dazu → § 58). 23

1. Dolus directus 2. Grades

Kenntnis meint die „**positive Kenntnis des einzelnen konkreten Inhalts**" iSv dolus directus 2. Grades. **Nicht ausreichend** ist dagegen ein bloßes „**Kennenmüssen**" oder gar eine **fahrlässige Unkenntnis** (vgl. BGH NJW 2003, 3764; weiterhin aus dem Schrifttum etwa Ehret CR 2003, 754 (758); Engel-Flechsig/Maennel/Tettenborn NJW 1997, 2981 (2985); HSH/Sieber/Höfinger Teil 18.1 Rn. 83; Kudlich JA 2002, 798 (801); Roßnagel/Jandt TMG § 10 Rn. 10; Spindler MMR 2001, 737 (738 f.); Spindler NJW 1997, 3193 (3196); Tettenborn MMR 1999, 516 (519); Volkmann K&R 2004, 231 (233); aA dagegen NK-MedienR/von Petersdorff-Campen Abschn. § 32 TMG Rn. 22). Entsprechendes gilt richtigerweise für ein **bewusstes Sich-Verschließen vor der Kenntnis** (aA Köhler/Arndt/Fetzer, Recht des Internets, 2011, 261; Spindler/Schuster/Hoffmann TMG § 10 Rn. 36). Für eine solche Lesart spricht insbes. der Rekurs auf die europarechtliche Vorgabe, die in **Art. 14 Abs. 1 der E-Commerce-RL** von „tatsächlicher Kenntnis" spricht. Auch aus 24 systematischen Gründen ist eine klare Abgrenzung zu der Kenntnis iSd S. 1 Nr. 1 Hs. 2 wünschenswert, bei der eine Tatsachen- oder Umstandskenntnis ausreicht. Ähnliche Erwägungen greifen auch für die Berücksichtigung der durch S. 1 Nr. 2 statuierten Handlungspflicht (→ Rn. 41). Denn ab Kenntniserlangung muss der Diensteanbieter unverzüglich tätig werden und die in Frage stehende Information entfernen oder den Zugang zu dieser Information sperren. Ein derartiges Vorgehen setzt jedoch voraus, dass der Anbieter weiß, auf welche konkrete Information sich diese Pflicht bezieht (vgl. Sieber, Verantwortlichkeit im Internet, 1999, Rn. 338 ff.; Spindler MMR 2001, 737 (741)). Die Einbeziehung sämtlichen vorsätzlichen Handelns und damit auch des bedingten Vorsatzes – wie noch in der Begründung des Regierungsentwurfs zu § 5 Abs. 2 TDG aF gefordert (vgl. BT-Drs. 13/7385, 20) – ist daher abzulehnen (noch zu § 5 Abs. 2 TDG aF s. BGH MMR 2004, 166; Spindler/Schuster/Hoffmann TMG § 10 Rn. 18).

2. Menschliche Wissenszurechnung

25 Der Diensteanbieter muss nicht selbst Kenntnis von der Information haben. Ausreichend ist insofern vielmehr, dass ein **Mitarbeiter oder gesetzlicher Vertreter** eine solche Kenntnis besitzt und dem Anbieter diese Kenntnis zuzurechnen ist (vgl. Spindler/Schuster/Hoffmann TMG § 10 Rn. 27). Diesbzgl. kann auf die allg. zivilrechtlichen Zurechnungsregeln rekurriert werden. Demnach ist unter Heranziehung des Rechtsgedankens des § 166 Abs. 1 BGB von einer Zurechnung auszugehen, falls der Mitarbeiter oder Angestellte mit der Erledigung der betreffenden Angelegenheit in eigener Verantwortung betraut worden und mithin als **Wissensvertreter** einzustufen ist (s. etwa BGH NJW 2000, 1411 (1412)). Maßgeblich ist nach dem Vorherigen, ob der betreffende Mitarbeiter mit der Erfassung und Bearbeitung der Informationen betraut wurde oder zumindest eine Pflicht zur Benachrichtigung des jeweiligen Arbeitgebers besteht (vgl. NK-MedienR/von Petersdorff-Campen Abschn. 32 TMG Rn. 22; Spindler/Schuster/Hoffmann TMG § 10 Rn. 27).

3. Elektronische Wissenserfassung

26 Eine Zurechnung von durch Computersystemen erfassten oder abgegebenen Erklärungen ist zwar nach der Rspr. im Zivilrecht grds. möglich (vgl. BGH MMR 2005, 233). Soweit man aber iRd § 10 TMG auf die Kenntnis der Rechtswidrigkeit der Handlung oder Information abstellt (dazu sogleich → Rn. 27), ist stets das Vorliegen einer **menschlichen Kenntnisnahme** zu verlangen (s. Roßnagel/Jandt TMG § 10 Rn. 10). Denn notwendig ist insofern eine anschließende rechtliche Subsumtion; ein elektronisches Computersystem wird eine derartige Bewertung regelmäßig gerade nicht durchführen können (s. Spindler/Schuster/Hoffmann TMG § 10 Rn. 30).

II. Bezugspunkt der Kenntnis

27 Schwierigkeiten bereitet vielfach die Ermittlung des Bezugspunkts der Kenntnis. Dabei geht es im Kern um die Frage, ob sich die Kenntnis nur auf die Information bzw. Handlung oder aber auf deren Rechtswidrigkeit beziehen muss. Insbes. wenn und soweit die rechtliche Beurteilung im Einzelfall nicht eindeutig ausfällt, können sich erhebliche Unterschiede für die rechtspraktische Anwendung ergeben.

28 **Gegen die Einbeziehung der Rechtswidrigkeit als Gegenstand der Kenntnis** (Gercke MMR 2003, 601 (603); HSH/Sieber/Höfinger Teil 18.1 Rn. 85; NK-MedienR/von Petersdorff-Campen Abschn. 32 TMG Rn. 22; Roßnagel/Jandt TMG § 10 Rn. 17) spricht zunächst der Wortlaut des § 10 S. 1 Nr. 1 Hs. 1 TMG. Der **Wortlaut** legt eine Auslegung nahe, nach der zwischen folgenden Konstellationen differenziert wird: Bei einer Handlung muss sich die Kenntnis auf deren Rechtswidrigkeit beziehen, während bei einer Information bereits die Kenntnis in Bezug auf diese Information ausreicht. Denn die Norm spricht nicht von einer „Kenntnis von der rechtswidrigen Handlung oder Information" oder einer „Kenntnis von der rechtswidrigen Handlung oder der rechtswidrigen Information", sondern vielmehr von einer Kenntnis „von der rechtswidrigen Handlung oder der Information". Zudem erscheint auch aus **Wertungsgesichtspunkten** zweifelhaft, ob tatsächlich erst bei einer Kenntnis der Rechtswidrigkeit die Verantwortlichkeit des Diensteanbieters entfallen

soll. Eine solche Lesart würde nicht zuletzt auch die nationale Irrtumsdogmatik erheblich beeinflussen; dies gilt insbes. in Ansehung der Äußerungsdelikte, welche regelmäßig die Rechtswidrigkeit nicht als Tatbestandsmerkmal enthalten, womit die fehlende Kenntnis in Bezug auf die Rechtswidrigkeit wie ein strafbefreiender Tatumstandsirrtum iSd § 16 Abs. 1 StGB behandeln würde, obwohl wertungsmäßig eher von einem Verbotsirrtum iSd § 17 S. 1 StGB auszugehen sein dürfte (s. HSH/Sieber/Höfinger Teil 18.1 Rn. 85).

Für die Einbeziehung der Rechtswidrigkeit als Gegenstand der Kenntnis (s. 29 Berger MMR 2003, 642 (645); Eck/Ruess MMR 2003, 363 (365); Ehret CR 2003, 754 (758 f.); Freytag CR 2000, 600 (608); Hoffmann MMR 2002, 284 (288 f.); Koch K&R 2002, 120 (122); Müller-Broich TMG § 10 Rn. 3; Spindler/Schuster/Hoffmann TMG § 10 Rn. 22 ff.; Spindler MMR 1999, 199 (202)) wird demgegenüber der **Wortlaut der E-Commerce-RL** angeführt: Art. 14 Abs. 1 lit. a der E-Commerce-RL spricht von der „Kenntnis von der rechtswidrigen Tätigkeit oder Information"; im Gegensatz zu § 10 S. 1 Nr. 1 Hs. 1 TMG ist damit gerade kein dem Begriff der „Information" vorangestellter Artikel („der") enthalten. Ferner streitet das in § 7 Abs. 2 S. 1 TMG normierte **Verbot der Statuierung einer allg. Überwachungs- und Nachforschungspflicht** für eine entspr. Auslegung der Vorschrift. Ansonsten müsste der Host-Provider faktisch eine rechtliche Überprüfung sämtlicher Informationen vornehmen, von denen er Kenntnis hat, soweit der Diensteanbieter sich im Hinblick auf die Privilegierung umfassend absichern möchte (s. Spindler/Schuster/Hoffmann TMG § 10 Rn. 23; aA Roßnagel/Jandt TMG § 10 Rn. 20).

Entgegen der insoweit fehlerhaften nationalen Umsetzung ist **Bezugspunkt der Kennt- 30 nis** richtigerweise die **rechtswidrige Handlung** oder die **rechtswidrige Information** (so auch Spindler/Schuster/Hoffmann TMG § 10 Rn. 25). Während sich bei ersterer Konstellation die Rechtswidrigkeit erst aus der konkreten Handlung im Einzelfall ergibt (zB bei der Herstellung einer unzulässigen Kopie), ist bei letzterer Konstellation bereits die Information als solche rechtswidrig (zB wegen ihres pornographischen oder beleidigenden Inhalts).

D. Keine Tatsachen- oder Umstandskenntnis (S. 1 Nr. 1 Hs. 2)

Nach S. 1 Nr. 1 Hs. 2 entfällt die mögliche Privilegierung, falls dem Diensteanbieter 31 Umstände bekannt sind, aus denen die rechtswidrige Handlung oder Information offensichtlich wird. Hs. 2 bezieht sich nach seinem eindeutigen Wortlaut dabei **nur auf Schadensersatzansprüche;** erfasst ist deshalb auch nur die zivilrechtliche Verantwortlichkeit des Diensteanbieters (s. BT-Drs. 14/6098, 25). Zur Notwendigkeit einer richtlinienkonformen Auslegung des Begriffs der „Kenntnis" → Rn. 24.

I. Bedeutung der Vorschrift

Welcher Bedeutungsgehalt dem Hs. 2 genau beizumessen ist, wird im Schrifttum un- 32 einheitlich beurteilt. Umstr. ist in diesem Zusammenhang insbes. die Frage, ab welchem Zeitpunkt von einer Tatsachen- oder Umstandskenntnis des Diensteanbieters ausgegangen werden kann.

Überw. wird zu Recht angenommen, dass im Hinblick auf die zivilrechtlichen Schadens- 33 ersatzansprüche die Privilegierung im Gegensatz zu Hs. 1 nicht erst bei positiver Kenntnis, sondern vielmehr bereits **bei bewusster, grober Fahrlässigkeit** entfällt (LG Düsseldorf MMR 2003, 120 (126); Eck/Ruess MMR 2003, 363 (364); Härting CR 2001, 271 (276); HSH/Sieber/Höfinger Teil 18.1 Rn. 90; Müller-Broich TMG § 10 Rn. 5; Roßnagel/Jandt TMG § 10 Rn. 21; Spindler/Schuster/Hoffmann TMG § 10 Rn. 38). Die Anforderungen an den Wegfall der Privilegierung sind nach dieser Lesart im Vergleich zu Hs. 1 **geringer.**

Gegen ein solches Normverständnis wird angeführt, dass die **Anforderungen** im Ver- 34 gleich zu Hs. 1 **vielmehr noch höher** sein sollen; die Privilegierung entfalle somit im Anwendungsbereich des Hs. 2 vielmehr erst bei **evidenten Verstößen** (Hoeren MMR 2004, 166 (169)). Begründet wird dies vornehmlich mit dem Wortlaut des § 10 S. 1 Nr. 1 Hs. 2 TMG sowie dem diesem zugrunde liegenden Art. 14 Abs. 1 der E-Commerce-RL. In beiden Normen ist die für Schadensersatzansprüche geltende Privilegierung durch die Konjunktion „und" mit dem vorangehenden Hs. verbunden, weshalb von einer zusätzlichen Voraussetzung auszugehen sei.

35 Der Verweis auf den **Wortlaut** allein vermag jedoch nicht zu überzeugen. Denn der Wortlaut lässt für sich genommen gerade auch eine Auslegung zu, wonach schlicht zwischen den beiden Sachverhalten differenziert werden soll (vgl. Spindler/Schuster/Hoffmann TMG § 10 Rn. 38). Auch unter **Wertungsgesichtspunkten** ist nicht indiziert, dass an den Wegfall der Privilegierung in Bezug auf Schadensersatzansprüche im Vergleich zu der strafrechtlichen Verantwortlichkeit strengere Maßstäbe angelegt werden müssen. Denn in bestimmten Konstellationen könnte sonst eine grds. nur bei Vorsatz bestehende Strafbarkeit des Diensteanbieters anzunehmen sein, eine grds. bereits bei Fahrlässigkeit mögliche Schadensersatzhaftung würde dagegen entfallen (s. Spindler/Schuster/Hoffmann TMG § 10 Rn. 38).

II. Offensichtlichkeit

36 Die Tatsachen oder Umstände lassen die Rechtswidrigkeit der Handlung oder Information dann offensichtlich zu Tage treten, wenn der Diensteanbieter in Bezug auf seine tatsächliche Unkenntnis grob fahrlässig handelt (s. HSH/Sieber/Höfinger Teil 18.1 Rn. 90 mwN). Nach stRspr handelt **grob fahrlässig**, „wer die im Verkehr erforderliche Sorgfalt nach den gesamten Umständen in ungewöhnlich hohem Maße verletzt und unbeachtet lässt" (BGH NJW 2003, 1118 (1119)). IdS muss es sich „um ein auch in subjektiver Hinsicht unentschuldbares Fehlverhalten handeln, das ein gewöhnliches Maß erheblich übersteigt" (BGH NJW 1997, 1012 (1013)). In der Lit. wird unter Zugrundelegung dieser Grundsätze gefordert, dass sich dem Host-Provider die rechtswidrige Handlung oder Information nahezu aufdrängt (s. Sobola/Kohl CR 2005, 443 (447); HSH/Sieber/Höfinger Teil 18.1 Rn. 91) bzw. sie förmlich auf der Hand liegt (s. Spindler MMR 2001, 747 (741)).

37 Nach dem EuGH ist insoweit bereits ausreichend, dass dem Betreiber aufgrund der ihm übermittelten Informationen solche Tatsachen oder Umstände bewusst waren, „auf deren Grundlage ein sorgfältiger Wirtschaftsteilnehmer die Rechtswidrigkeit hätte feststellen müssen" (vgl. EuGH GRUR 2011, 1025 (1032 f.) – L'Oréal/eBay). Wenn und soweit sich dem Diensteanbieter eine konkrete Handlung oder Information geradezu aufdrängt, muss er somit umgehend tätig werden (s. HSH/Sieber/Höfinger Teil 18.1 Rn. 91). Allerdings muss sich die Kenntnis **auf eine konkrete Handlung oder Information** beziehen, um nicht ihrerseits in Widerspruch zu der durch § 7 Abs. 2 S. 1 TMG ausgeschlossenen Statuierung einer allg. Überwachungs- oder Nachforschungspflicht (→ Rn. 49) zu geraten. Keinesfalls ausreichend ist daher das bloße abstrakte Wissen darüber, dass eine Infrastruktur des Diensteanbieters möglicherweise (auch) für rechtswidrige Handlungen genutzt wird.

E. Unverzügliches Tätigwerden nach Kenntniserlangung (S. 1 Nr. 2)

38 Um die durch S. 1 Nr. 2 eröffneten Privilegieren in Anspruch nehmen zu können, muss der Diensteanbieter unverzüglich tätig werden und die Information entfernen oder den Zugang zu ihr sperren, sobald er Kenntnis von dieser Information erlangt hat. In zeitlicher Hinsicht bezieht sich die Regelung damit auf den unmittelbar an S. 1 Nr. 1 anschließenden Zeitraum. Die Privilegierung des S. 1 Nr. 1 würde ansonsten sofort mit Kenntniserlangung des Diensteanbieters (→ Rn. 23) entfallen. Ein solches Ergebnis wäre jedoch erkennbar unbillig; dem Diensteanbieter muss zumindest die Möglichkeit eingeräumt werden, **nach Kenntniserlangung zu reagieren,** um sich die Privilegierung zu erhalten.

I. Kenntnis erlangt

39 Aus der Systematik und dem Wortlaut („diese") ergibt sich, dass sich der Begriff der Kenntnis sowohl auf den Tatbestand des S. 1 Nr. 1 Hs. 1 (→ Rn. 22) als auch des S. 1 Nr. 1 Hs. 2 (→ Rn. 31) bezieht (Roßnagel/Jandt TMG § 10 Rn. 25). Auch im Rahmen des S. 1 Nr. 2 ist daher zwischen den beiden Kenntnisvarianten zu differenzieren; es kann insoweit auf die vorstehenden Ausführungen verwiesen werden (→ Rn. 27 ff.).

40 Unerheblich ist insofern, auf welchem Weg der Diensteanbieter die erforderliche Kenntnis erlangt hat. So ist bspw. von der Kenntnis des Host-Providers auszugehen, soweit er von dem Rechteinhaber oder einem Dritten abgemahnt wurde, wobei substantiiert dargelegt worden

II. Unverzüglich tätig geworden

Die Privilegierung setzt voraus, dass der Diensteanbieter unverzüglich nach Kenntniserlangung tätig geworden ist. Aus dieser Voraussetzung ergibt sich im Umkehrschluss, dass eine kurze Zeitspanne zwischen Kenntniserlangung und Tätigwerden bestehen kann, in der die Privilegierung zunächst noch nicht entfällt. 41

1. Tätigwerden

Ausweislich des Wortlauts ist lediglich ein Tätigwerden, **nicht aber der Erfolg** in Form der Entfernung der Information oder Sperrung des Zugangs erforderlich. Nach Sinn und Zweck der Norm ist allerdings zumindest ein **ernsthaftes, zielgerichtetes Bemühen** um den Erfolg zu fordern (s. Spindler/Schuster/Hoffmann TMG § 10 Rn. 44). Nicht ausreichend ist dagegen ein Handeln des Diensteanbieters, welches ihm selbst nicht geeignet oder ausreichend erscheint, eine Sperrung herbeizuführen. Die bloße Anweisung an einen Systemadministrator ohne anschließende Kontrolle wird deshalb regelmäßig nicht genügen können (vgl. OLG München MMR 2003, 179). 42

Allerdings wird man umgekehrt auch nicht das „bestmöglichste" Handeln fordern können, um eine Privilegierung zu gewähren. Die Entfernung oder Sperrung muss vielmehr **technisch möglich und zumutbar** sein (BGH GRUR 2013, 1030 (1033) – File-Hosting-Dienst; BGH MMR 2013, 185 (187) – Alone in the Dark; vgl. dazu auch bereits die Ausführungen unter → § 7 Rn. 68). Dieser Befund ergibt sich zwar nicht unmittelbar aus dem Wortlaut des § 10 TMG; so wurde die noch in § 5 TDG aF vorhandene ausdrückliche Beschränkung des Pflichtenkatalogs nicht übernommen. Der Gesetzgeber ging aber ganz selbstverständlich von der Anwendbarkeit dieses allg. Grundsatzes aus (s. BT-Drs. 14/6098, 25), so dass eine ausdrückliche Normierung für entbehrlich gehalten wurde (vgl. Spindler/Schuster/Hoffmann TMG § 10 Rn. 44). 43

Für den Host-Provider von besonderer Bedeutung ist die bei der im Einzelfall erforderlichen Güterabwägung zu berücksichtigende **Meinungsäußerungsfreiheit** der Nutzer (vgl. Erwägungsgrund 46 der E-Commerce-RL). Eine pauschale Löschung aller sich auf einem Server befindlichen Informationen ist daher idR nicht zumutbar (Spindler NJW 2002, 921 (924)). Zudem wird der Diensteanbieter idR in einem Vertragsverhältnis mit den Nutzern stehen und durch eine Entfernung oder Sperrung deshalb Gefahr laufen können, gegen seine eigenen vertraglichen Verpflichtungen zu verstoßen (vgl. Stadler, Haftung für Informationen im Internet, 2005, Rn. 109 f.). Jedoch muss insofern berücksichtigt werden, dass die Entfernung oder Sperrung eine rechtswidrige Handlung oder Information voraussetzt; eine vertragliche Verpflichtung des Diensteanbieters, den Nutzer in Bezug auf eine solche rechtswidrige Handlung oder Information zu unterstützen, wird idR unwirksam sein. 44

2. Unverzüglich

Der Diensteanbieter muss „unverzüglich" tätig werden. Dieser Begriff geht unmittelbar auf die entspr. Formulierung in **Art. 14 Abs. 1 lit. b der E-Commerce-RL** zurück. Dennoch kann auch auf die nationale **Legaldefinition des § 121 Abs. 1 S. 1 BGB** zurückgegriffen werden (vgl. dazu BeckOK BGB/Wendtland BGB § 121 Rn. 6–8), da der nationale Gesetzgeber den Begriff einheitlich verwendet und auch nicht von einem grundlegend abweichenden Verständnis des Richtliniengebers auszugehen ist (vgl. OLG Saarbrücken MMR 2008, 343 (344); Roßnagel/Jandt TMG § 10 Rn. 26; Spindler/Schuster/Hoffmann TMG § 10 Rn. 46). 45

Der Diensteanbieter muss demnach **„ohne schuldhaftes Zögern"** handeln. In diesem Zusammenhang sind die berechtigten Belange der Beteiligten sowie alle Umstände des Einzelfalls zu berücksichtigen (OLG Hamm NJW 2012, 1156 (1157)); die Benennung von allgemeingültigen, statischen Zeitgrenzen ist nicht möglich (vgl. Roßnagel/Jandt TMG § 10 Rn. 26). Insbes. wenn und soweit allfällige Rechte Dritter betroffen sind, haben diese Dritten zwar ein Interesse an einer zeitnahen Entfernung der Information. Es muss aber auch 46 dem Diensteanbieter als dem insoweit Inanspruchgenommenen eine angemessene **Prüfungs- und Überlegungszeit** zugesprochen werden (s. BeckOK BGB/Wendtland BGB § 121 Rn. 7). Dieser Befund rechtfertigt sich nicht zuletzt auch aus der Gefahr, dass der Diensteanbieter womöglich vertragliche Verpflichtungen zu verletzen droht, welche im Verhältnis zu dem Nutzer bestehen, für den der Diensteanbieter die relevanten Informationen speichert.

III. Entfernung der Information oder Sperrung des Zugangs

47 Der Diensteanbieter muss die Information entfernen oder den Zugang zu ihr sperren. Zwischen den beiden Handlungsalternativen besteht grds. ein Wahlrecht des Diensteanbieters (vgl. Roßnagel/Jandt TMG § 10 Rn. 27). **Nicht ausreichend** ist dabei allerdings die bloße **Löschung des Hyperlinks,** welcher auf die Information verweist (zB der Link auf einer Hauptseite in eine Unterseite); denn in diesem Fall ist die Information weiterhin über Suchmaschinen sowie für jene Nutzer aufrufbar, welche den Link separat (zB in Bookmarks) gespeichert haben (LG Hamburg MMR 2004, 195).

48 Aufgrund der Beschränkung auf das **technisch Mögliche und Zumutbare** (→ Rn. 43) ist der Host-Provider jedoch nicht verantwortlich, soweit sich die betreffende Seite noch nicht im Speicher eines anderen Servers befindet und dieser Speicher noch nicht aktualisiert worden ist. Soweit etwa Suchmaschinen weiterhin auf die URL verweisen, unter der die Information vor der Entfernung abrufbar war, liegt dies nicht im Verantwortungsbereich des jeweiligen Diensteanbieters (vgl. OLG Hamburg MMR 2003, 279; Spindler/Schuster/Hoffmann TMG § 10 Rn. 45).

F. Ausschluss bei unterstehenden und beaufsichtigten Nutzern (S. 2)

49 Nach § 10 S. 2 TMG findet die Privilegierung des S. 1 keine Anwendung, wenn der Nutzer dem Diensteanbieter untersteht oder von ihm beaufsichtigt wird. Der Ausschluss ist hierbei alternativ formuliert („oder"), dh der Ausschluss greift bereits dann ein, wenn nur eine der beiden benannten Varianten erfüllt ist. Hintergrund des Ausschlusses ist die mit dem Subordinations- oder Aufsichtsverhältnis verbundene Einflussmöglichkeit des Diensteanbieters auf den Nutzer (vgl. Eck MMR 2005, 7 (8)).

I. Systematik

50 Die Vornahme einer Abgrenzung zwischen dem Subordinationsverhältnis aus Var. 1 und dem Beaufsichtigungsverhältnis nach Var. 2 gestaltet sich als schwierig (vgl. Spindler/Schuster/Hoffmann TMG § 10 Rn. 48) und kann jedenfalls iErg offen bleiben. IdS werden sich gewisse Überschneidungen im Anwendungsbereich im Zuge der Rechtsanwendung nicht vermeiden lassen (vgl. Roßnagel/Jandt TMG § 10 Rn. 31).

II. Nutzer untersteht Diensteanbieter (Var. 1)

51 Tatbestandlich erforderlich ist ein **Subordinationsverhältnis,** wobei weder die E-Commerce-RL noch das TMG präzisierende Angaben zu diesem Subordinationsverhältnis enthalten. Unter Berücksichtigung von Sinn und Zweck der Vorschrift ist jedenfalls bei **Arbeitnehmern** oder **arbeitnehmerähnlichen Personen** von einem Ausschluss nach S. 2 auszugehen, falls eine hinreichende Weisungsunterworfenheit besteht (vgl. NK-MedienR/von Petersdorff-Campen Abschn. 32 TMG Rn. 25). Diese Weisungsabhängigkeit wird regelmäßig jedenfalls dann nicht mehr vorliegen, wenn der Arbeitnehmer lediglich die Infrastruktur seines Arbeitgebers nutzt, um außerhalb seiner vom Arbeitgeber zugewiesenen Aufgabe private Informationen zu speichern (vgl. Spindler/Schuster/Hoffmann TMG § 10 Rn. 50).

52 Soweit der Arbeitnehmer dagegen im Rahmen seines ihm durch den Arbeitgeber zugewiesenen Aufgabenbereichs handelt, ist von einer eigenen Information des Diensteanbieters auszugehen (s. Sobola/Kohl CR 2005, 443 (448)). Der sachliche Anwendungsbereich des § 10 TMG ist mangels Fremdheit der Information dann bereits nicht eröffnet; es handelt sich vielmehr um eine eigene Information, für die sich die Verantwortlichkeit gem. § 7 Abs. 1 TMG nach den allg. Gesetzen richtet.

III. Diensteanbieter beaufsichtigt Nutzer (Var. 2)

Das die Privilegierung des § 10 S. 1 TMG ausschließende Beaufsichtigungsverhältnis wird 53
– ebenfalls – weder von der E-Commerce-RL noch von dem TMG selbst näher konkretisiert. Allerdings stellt die Begründung zum Richtlinienvorschlag klar, dass sich die Beaufsichtigung nur auf die Handlungen der Nutzer, nicht aber auf die Informationen beziehen muss (s. KOM (98) 586 endg., 33).

Von dem Ausschluss umfasst sind anerkanntermaßen etwa **Schulen,** welche regelmäßig 54
in den Landesschulgesetzen zu der Aufsicht ihrer Schüler verpflichtet sind (HSH/Sieber/Höfinger Teil 18.1 Rn. 92). Entsprechendes gilt innerhalb eines **Konzerns** für die abhängigen bzw. beherrschten Unternehmen in Ansehung des englischen Wortlauts des Art. 14 Abs. 2 der E-Commerce-RL, der von „authority" und von „control" spricht. Maßgeblich ist insofern die eine Überwachung und Steuerung ermöglichende Abhängigkeit des beherrschten Tochterunternehmens (s. Spindler MMR 1999, 199 (203)). Für die inhaltliche Konkretisierung wird im Schrifttum eine Heranziehung der Kriterien aus dem Konzernrecht (insbes. § 290 HGB und den §§ 15 ff. AktG) vorgeschlagen (vgl. Heckmann, Internetrecht, Kap. 1.10 Rn. 56 ff.; Stadler, Haftung für Informationen im Internet Rn. 112 ff. mwN).

Nicht ausreichend ist demgegenüber mit Blick auf die erforderliche Beaufsichtigung ein 55
rein **vertragliches oder wirtschaftliches Verhältnis** mit dem Nutzer (s. HSH/Sieber/Höfinger Teil 18.1 Rn. 93). Wenn etwa ein Anschlussinhaber Dritten einen Zugang zum Internet zur Verfügung stellt (zB bei einem **Internetcafé**), kann nicht allein aus der vertraglichen Bindung ein Beaufsichtigungsverhältnis iSd S. 2 angenommen werden (s. HSH/Sieber/Höfinger Teil 18.1 Rn. 93; Spindler/Schuster/Hoffmann TMG § 10 Rn. 50; aA wohl Geis CR 1999, 772 (775)). Auch der Betrieb eines **Internetforums,** in welches Nutzer ihre Beiträge einstellen können, genügt für sich genommen noch nicht für einen Ausschluss der Privilegierung. Denn die Kontrollmöglichkeit des Moderators beschränkt sich insoweit auf eine nachträgliche Überprüfung der bereits eingestellten Beträge; bei der formalen Erstellung des Beitrags wird der Nutzer dagegen gerade nicht beaufsichtigt (s. HSH/Sieber/Höfinger Teil 18.1 Rn. 94; Stadler, Haftung für Informationen im Internet, Rn. 113a).

G. Rechtsschutz

Im Hinblick auf den Rechtsschutz kann grds. auf die Ausführungen zu § 7 TMG ver- 56
wiesen werden (→ § 7 Rn. 73). Zu den Beweiserhebungs- und Beweisverwertungsverboten allg. vgl. die Ausführungen unter → § 7 Rn. 77. Zur Notwendigkeit der Einschränkung des Unterlassungstenors → § 7 Rn. 66.

I. Allgemeine Darlegungs- und Beweislast

Die einzelnen Privilegierungsvoraussetzungen der §§ 7–10 TMG sind entgegen der 57
Ansicht der Rspr. grds. **von dem Diensteanbieter selbst zu beweisen.** Dies gilt auch und gerade für die Erfüllung der Pflicht(en) des Diensteanbieters zum Tätigwerden nach § 10 S. 1 Nr. 2 TMG. Der Diensteanbieter muss daher etwa dokumentieren, ob und zu welchem Zeitpunkt die Entfernung oder Sperrung vorgenommen wurde (s. Roßnagel/Jandt TMG § 10 Rn. 85). Der Anspruchsteller trägt dagegen die Beweislast für die Verantwortlichkeit des Anbieters nach den allg. Gesetzen (→ § 7 Rn. 75).

II. Darlegungs- und Beweislast in Bezug auf die Kenntnis

In Bezug auf das Merkmal der **Kenntnis iSd § 10 S. 1 TMG** wird vertreten, dass insofern 58
der Anspruchssteller die Darlegungs- und Beweislast trage (vgl. Heckmann, Internetrecht, Kap. 1.10 Rn. 69 ff.; Spindler/Schuster/Hoffmann TMG § 10 Rn. 54). Ferner ging auch der BGH für die Vorgängernorm des § 5 Abs. 2 TDG aF von einer derartigen Verteilung der Beweislast aus (BGH MMR 2004, 166 (167)). Das Gericht führte diesbzgl. aus, dass es sich bei der Privilegierung um ein anspruchsbegründendes Tatbestandsmerkmal handele, was sich bereits aus dessen Funktion als (Vor-)Filter ergebe. Ferner spreche der Normzweck für eine derartige Auslegung, da sich ansonsten für den Host-Provider eine erhebliche Rechtsunsicherheit einstellen würde. Die fehlende Kenntnis sei für den Diensteanbieter gerade nur schwer

TMG § 16 V. Medienwirtschaft

nachweisbar. Schließlich solle auch der negativ formulierte Wortlaut für eine derartige Auslegung streiten: Nach § 5 Abs. 2 TDG aF waren Diensteanbieter für fremde Inhalte „die sie zur Nutzung bereithalten, nur dann verantwortlich, wenn sie von diesen Inhalten Kenntnis haben und es ihnen technisch möglich und zumutbar ist, deren Nutzung zu verhindern."

59   Eine derartige Verteilung der Darlegungs- und Beweislast überzeugt auch für § 10 S. 1 TMG. Zwar ergibt sich dies nicht bereits aus dessen **Wortlaut**: Denn im Gegensatz zu § 5 Abs. 2 TDG aF sind Diensteanbieter gem. § 10 S. 1 TMG „für fremde Informationen, die sie für einen Nutzer speichern, nicht verantwortlich, sofern sie keine Kenntnis von der rechtswidrigen Handlung oder der Information haben (…)". Der Wortlaut spricht daher vielmehr für eine Beweislastverteilung zu Ungunsten der Diensteanbieter (vgl. Pankoke MMR 2004, 211 (216 f.); Roßnagel/Jandt TMG § 10 Rn. 82). Es muss aber entscheidend auf den **Sinn und Zweck der Norm** abgestellt werden, sprich auf die Privilegierung der Tätigkeiten der Diensteanbieter, welche „rein technischer, automatischer und passiver Art" sind (vgl. Erwägungsgrund 42 der E-Commerce-RL). Zu Beförderung dieses Gesetzestelos gilt es, die Beweissituation der Host-Provider zu verbessern, da es dem Diensteanbieter idR schwer fallen wird, seine Unkenntnis zu beweisen (vgl. Roßnagel/Jandt TMG § 10 Rn. 83; Spindler/Schuster/Hoffmann TMG § 10 Rn. 55). Der Anspruchssteller wird dadurch überdies nicht übermäßig belastet, da der Anspruchsteller idR selbst den Host-Provider in Kenntnis setzt. Der Nachweis dieser Inkenntnissetzung ist dem Anspruchsteller dann auch möglich und zumutbar. Notwendig und ausreichend ist diesbzgl. ein Beweis durch die Heranziehung von Indizien und Anzeichen auf Seiten des Anspruchsstellers.

Abschnitt 4. Datenschutz

§§ 11–15a *(keine Kommentierung)*

Abschnitt 5. Bußgeldvorschriften

§ 16 Bußgeldvorschriften

(1) Ordnungswidrig handelt, wer absichtlich entgegen § 6 Abs. 2 Satz 1 den Absender oder den kommerziellen Charakter der Nachricht verschleiert oder verheimlicht.

(2) Ordnungswidrig handelt, wer vorsätzlich oder fahrlässig
1. entgegen § 5 Abs. 1 eine Information nicht, nicht richtig oder nicht vollständig verfügbar hält,
2. entgegen § 13 Abs. 1 Satz 1 oder 2 den Nutzer nicht, nicht richtig, nicht vollständig oder nicht rechtzeitig unterrichtet,
3. einer Vorschrift des § 13 Abs. 4 Satz 1 Nr. 1 bis 4 oder 5 über eine dort genannte Pflicht zur Sicherstellung zuwiderhandelt,
4. entgegen § 14 Abs. 1 oder § 15 Abs. 1 Satz 1 oder Abs. 8 Satz 1 oder 2 personenbezogene Daten erhebt oder verwendet oder nicht oder nicht rechtzeitig löscht oder
5. entgegen § 15 Abs. 3 Satz 3 ein Nutzungsprofil mit Daten über den Träger des Pseudonyms zusammenführt.

(3) Die Ordnungswidrigkeit kann mit einer Geldbuße bis zu fünfzigtausend Euro geahndet werden.

Der Gesetzgeber hat Verstöße gegen einzelne Verhaltensnormen des TMG in § 16 TMG als Ordnungswidrigkeiten bußgeldbewehrt. Der Ordnungswidrigkeitenkatalog ist abschließend (→ Rn. 2). Die einzelnen Bußgeldtatbestände sind wie Allgemeindelikte („wer") formuliert. Soweit die sanktionierten Verhaltensnormen spezielle Adressaten haben, handelt es sich gleichwohl um Sonderdelikte (→ Rn. 11). Während der Tatbestand des Abs. 1 nur absichtlich verwirklicht werden kann (→ Rn. 6), reicht in den Fällen des Abs. 2 vorsätzliche oder fahrlässige (→ Rn. 7) Tatbestandserfüllung aus. Abs. 3 enthält den spezialgesetzlichen Bußgeldrahmen für die vorsätzliche Verwirklichung der Ordnungswidrigkeiten (→ Rn. 20).

Übersicht

	Rn		Rn
A. Allgemeines	1	4. Unzulässige Datenverarbeitung (Nr. 4)	15
B. Die einzelnen Bußgeldtatbestände	5	5. Zusammenführung persönlicher Daten mit Pseudonym (Nr. 5)	16
I. Getarnte kommerzielle Nachrichten (Abs. 1)	5	C. Rechtsfolgen	17
II. Die Tatbestände des Abs. 2	7	I. Geldbuße	20
1. Allgemeine Informationspflichten (Nr. 1)	12	II. Verbandsgeldbuße	23
2. Datenschutzrechtliche Informationspflichten (Nr. 2)	13	III. Nebenfolgen	25
3. Datenschutzrechtliche Sicherungspflichten (Nr. 3)	14		

A. Allgemeines

§ 16 TMG ist ein Gesetz iSd § 1 Abs. 1 OWiG, der die Ordnungswidrigkeit legal **1** definiert. Die Formulierung „ordnungswidrig handelt" deutet darauf hin, dass § 16 die Ahndung mit einer Geldbuße zulässt (→ Rn. 20). Voraussetzung ist die rechtswidrige und vorwerfbare Verwirklichung des Tatbestandes durch willentliches menschliches Verhalten (Tun oder Unterlassen).

Das Bußgeldverfahren ist im OWiG geregelt; § 46 Abs. 1 OWiG verweist ergänzend auf **2** StPO, GVG und JGG. Auch im Ordnungswidrigkeitenrecht gilt der **Bestimmtheitsgrundsatz** (Art. 103 Abs. 2 GG), der eine Ahndung ohne Gesetz verbietet (§ 3 OWiG). Verstöße gegen Verhaltenspflichten nach den Bestimmungen des TMG können deshalb nur im Rahmen der Tatbestände des § 16 mit Geldbuße geahndet werden. Dem widerspricht nicht, dass Telemedienanbieter wegen der Verwirklichung von Ordnungswidrigkeiten in anderen Gesetzen (§ 1 Abs. 4 TMG iVm § 49 Abs. 1 S. 2 Nr. 13 ff. RStV; § 3 Abs. 2 Nr. 2 iVm § 24 JMStV) ahndbar sein können.

Verwaltungsrechtliche Maßnahmen (vgl. § 59 RStV) und die bußgeldrechtliche Ahndung **3** stehen gleichrangig nebeneinander (Bornemann, 4. Aufl. 2013, 213). Ob eine Ordnungswidrigkeit als solche verfolgt wird, entscheidet die zuständige Verwaltungsbehörde (§ 35 OWiG) nach pflichtgemäßem Ermessen (§ 47 Abs. 1 OWiG – **Opportunitätsprinzip**). Falls Anhaltspunkte dafür vorhanden sind, dass die Tat eine Straftat ist, muss die Verwaltungsbehörde die Sache an die Staatsanwaltschaft abgeben (§ 41 Abs. 1 OWiG).

Im Strafverfahren beurteilt das Gericht die in der Anklage bezeichnete Tat zugleich unter **4** den rechtlichen Gesichtspunkten einer Ordnungswidrigkeit (§ 82 Abs. 1 OWiG). Ein rechtskräftiges Strafurteil hindert die Verfolgung derselben Tat im prozessualen Sinn (Bohnert OWiG § 84 Rn. 5 iVm § 19 Rn. 21 ff.) ebenso wie ein rechtskräftiger Bußgeldbescheid (§ 84 Abs. 1 OWiG). Es spielt keine Rolle, ob in dem Urteil oder dem Bußgeldbescheid alle rechtlichen Gesichtspunkte berücksichtigt wurden.

B. Die einzelnen Bußgeldtatbestände

I. Getarnte kommerzielle Nachrichten (Abs. 1)

Abs. 1 stellt die absichtliche Verheimlichung oder Verschleierung des Absenders kommer- **5** zieller Kommunikationen oder des kommerziellen Charakters der Nachricht „entgegen § 6 Abs. 2 Satz 1" unter Bußgeldandrohung. § 6 Abs. 2 hat – anders als § 6 Abs. 1, der nicht bußgeldbewehrt ist – keinen speziellen Adressaten. Die Ordnungswidrigkeit kann also von jedem begangen werden, der über die technischen Möglichkeiten zu ihrer Verwirklichung verfügt. Die Tathandlung wird in § 6 Abs. 2 Satz 2 näher beschrieben als Gestaltung der

Kopf- und Betreffzeile der Nachricht, die keine zutreffende Auskunft über den Absender oder den kommerziellen Charakter der Nachricht enthält, sodass der Empfänger vor einer Einsichtnahme in den Inhalt der Nachricht keine oder irreführende Informationen über den Absender oder den kommerziellen Charakter hat. Ohne dass der Begriff erwähnt wird, geht es der Sache nach um eine besondere Form der Schleichwerbung durch Telemedien. Der subjektive Tatbestand enthält die überschießende Innentendenz der absichtlichen Tarnung der Kopf- und Betreffzeile als nichtkommerziell (zur Absicht als subjektivem Tatbestandsmerkmal s. BeckOK OWiG/Valerius OWiG § 10 Rn. 10; vgl. auch Bornemann, 4. Aufl. 2013, 124).

5.1 Für Telemedien in der Form audiovisueller Mediendienste auf Abruf mit fernsehähnlichen Inhalten gilt gem. § 58 Abs. 3 RStV das rundfunkrechtliche Schleichwerbeverbot entsprechend. Schleichwerbung definiert § 2 Abs. 2 Nr. 8 RStV als Erwähnung oder Darstellung ua von Waren, (...) in Sendungen, wenn sie vom Veranstalter absichtlich zu Werbezwecken vorgesehen ist. Hier ist die Absicht ein den objektiven Tatbestand überschießendes subjektives Tatbestandsmerkmal. Die entsprechende Ordnungswidrigkeit in § 49 Abs. 1 S. 2 Nr. 20 RStV verlangt zwar Vorsatz, aber keine Absicht des Betroffenen; der korrespondierende Bußgeldtatbestand für Veranstalter bundesweit verbreiteter Rundfunkprogramme (§ 49 Abs. 1 S. 1 Nr. 7 RStV) kann nach dem Gesetzeswortlaut sogar fahrlässig verwirklicht werden (Bornemann, 4. Aufl. 2013, 123; HRKDSC RStV § 49 Rn. 32; Spindler/Schuster/Holznagel/Krone RStV § 49 Rn. 23; zweifelnd Hahn/Vesting/Kremer RStV § 49 Rn. 31).

6 Ferner beschränkt § 16 Abs. 1 die Ahndbarkeit auf die Absicht, dh die strengste Vorsatzform (dazu näher BeckOK OWiG/Valerius OWiG § 10 Rn. 8). Es muss dem Täter auf die Verwirklichung des Tatbestandes ankommen (zielgerichteter Erfolgswille). Die Erreichung des Ziels ist für die Bejahung der Absicht nicht erforderlich.

II. Die Tatbestände des Abs. 2

7 Alle in 5 Nummern aufgelisteten Bußgeldtatbestände können gem. dem Einleitungssatz des Abs. 2 sowohl vorsätzlich (dazu näher BeckOK OWiG/Valerius OWiG § 10 Rn. 6 ff.) als auch fahrlässig (dazu näher BeckOK OWiG/Valerius OWiG § 10 Rn. 24 ff.) begangen werden.

8 **Vorsatz** bedeutet Handeln in Kenntnis aller Umstände, die zum gesetzlichen Tatbestand gehören (arg. § 11 Abs. 1 S. 1 OWiG). Auch wer die Tatbestandserfüllung lediglich für möglich hält und trotzdem handelt, dh die mögliche Tatbestandserfüllung durch sein Verhalten bewusst in Kauf nimmt, begeht die Ordnungswidrigkeit vorsätzlich (sog. bedingter Vorsatz).

9 Wenn man das gesetzliche Verbot Ordnungswidrigkeiten zu begehen als Pflicht des Einzelnen beschreibt, die Verwirklichung von Ordnungswidrigkeiten zu vermeiden, lässt sich **Fahrlässigkeit** in der Abgrenzung zum Vorsatz auf die treffende Kurzformel bringen: Fahrlässig handelt, wer **pflichtwidrig** die – nach seinen subjektiven Möglichkeiten – **vorhersehbare** Verwirklichung des Tatbestandes nicht vermeidet (Bornemann, 4. Aufl. 2013, 15 mwN).

10 Die Begehungsform muss im Bußgeldbescheid oder Urteil festgestellt werden (OLG Bamberg Beschl. v. 10.5.2012 – 2 Ss OWi 549/2012), da sich die Höhe des Bußgeldrahmens danach richtet (§ 17 Abs. 2 OWiG). Die Ahndung als Fahrlässigkeitstat ist möglich, wenn dem Betroffenen der Vorsatz nicht sicher nachgewiesen werden kann (Bornemann, 4. Aufl. 2013, 16).

11 Alle Bußgeldtatbestände des Abs. 2 nehmen Bezug auf Verhaltensnormen, die ausdrücklich für Diensteanbieter gelten, dh sie enthalten **Sonderdelikte** für Diensteanbieter. Gesetzliche oder beauftragte Vertreter des Diensteanbieters können nach Maßgabe des § 9 OWiG, der das persönliche Merkmal „Diensteanbieter" auf den Vertreter überträgt, selbst Täter sein (BeckOK OWiG/Valerius OWiG § 9 Rn. 4). Wenn ein Tatbeteiligter das persönliche Tätermerkmal, ggf. durch Zurechnung gem. § 9 OWiG, aufweist, können weitere Tatbeteiligte als Mittäter iSd § 14 Abs. 1 OWiG (Einheitstäterbegriff) auch dann ahndbar sein, wenn ihnen das persönliche Merkmal fehlt (§ 14 Abs. 1 S. 2 OWiG). Werden bußgeldbewehrte Pflichten des Betriebsinhabers ausschließlich durch nachgeordnete Mitarbeiter verletzt, die selbst nicht zu dem von § 9 OWiG erfassten Personenkreis gehören, scheitert ein Bußgeldverfahren am Fehlen des ahndungsbegründenden persönlichen Merkmals „Diensteanbieter".

Bußgeldvorschriften **§ 16 TMG**

Allerdings kann eine Ahndung des Betriebsinhabers wegen Verletzung seiner Aufsichtspflicht (§ 130 Abs. 1 OWiG) in Betracht kommen (dazu näher BeckOK OWiG/Beck OWiG § 130 Rn. 38 ff.). § 130 OWiG ist ein Auffangtatbestand, der nur eingreift, wenn der Geschäftsherr nicht als Beteiligter an der Bezugstat – sei es durch eigenes Tun oder Unterlassen (§ 8 OWiG) – verfolgt werden kann. **11.1**

1. Allgemeine Informationspflichten (Nr. 1)

Der Bußgeldtatbestand erfasst Verstöße gegen die Informationspflichten aus § 5 Abs. 1, die nur für geschäftsmäßige Telemedien (→ § 5 Rn. 10 f.; s. auch Spindler/Schuster/Micklitz/Schirmbacher TMG § 5 Rn. 8 ff.) gelten. Tatbestandsmäßig sind Fehler beim Verfügbarhalten der Informationen. Unproblematisch wird die Feststellung sein, ob der Anbieter geschäftsmäßiger Telemedien auf die Pflichtangaben völlig verzichtet oder sie unvollständig verfügbar hält. Wesentlich schwieriger dürfte die Frage zu beantworten sein, wann Informationen „nicht richtig" verfügbar gehalten werden. Die Verhaltensnorm schreibt vor, die Pflichtangaben leicht erkennbar, unmittelbar erreichbar und ständig verfügbar zu halten. Das weicht vom Wortlaut des Art. 5 Abs. 1 ECRL („(…) leicht, unmittelbar und ständig verfügbar macht") ab, deckt sich aber mit der allgemeinen Impressumspflicht für Telemedien in § 55 Abs. 1 RStV (s. dazu Hahn/Vesting/Held RStV § 55 Rn. 34 ff.). Zu den einzelnen Voraussetzungen s. iÜ → § 5 Rn. 14 ff. **12**

2. Datenschutzrechtliche Informationspflichten (Nr. 2)

Wenn der Nutzer zu Beginn der Nutzung nicht, nicht richtig, dh nicht in allgemein verständlicher Form (§ 13 Abs. 1 S. 1), nicht vollständig oder nicht rechtzeitig, dh nicht bereits vor der Erhebung seiner Daten (Bornemann, 4. Aufl. 2013, 155), über Art, Umfang und Zweck der Erhebung und Verwendung seiner Daten bzw. die Verarbeitung außerhalb der EU oder über die Verwendung eines automatisierten Verfahrens (s. dazu Spindler/Schuster/Spindler/Nink TMG § 13 Rn. 4), das eine spätere Identifizierung des Nutzers ermöglicht (§ 13 Abs. 1 S. 2), unterrichtet wird, ist der Bußgeldtatbestand der Nr. 2 erfüllt. **13**

3. Datenschutzrechtliche Sicherungspflichten (Nr. 3)

Nr. 3 stellt die Verletzung der Sicherungspflichten aus § 13 Abs. 4 S. 1 Nr. 1–4 oder 5 (Spindler/Schuster/Spindler/Nink TMG § 13 Rn. 8 ff.) unabhängig davon unter Bußgeldandrohung, ob anschließend ein Datenmissbrauch stattfindet (Bornemann, 4. Aufl. 2013, 157). Demgegenüber setzt der bußgeldrechtliche Schutz gegen die Zusammenführung von identifizierenden Daten mit dem Pseudonym eines Nutzers (§ 13 Abs. 4 Nr. 6) erst beim Missbrauch und nicht schon auf der vorgelagerten Stufe ein (→ Rn. 16). **14**

4. Unzulässige Datenverarbeitung (Nr. 4)

In Nr. 4 sind verschiedenartige Pflichtverstöße bei der Datenverarbeitung zusammengefasst. Zum einen sanktioniert Nr. 4 die unzulässige Erhebung und Verwendung von Bestandsdaten entgegen § 14 Abs. 1 und von Nutzungsdaten entgegen § 15 Abs. 1 S. 1. Zum anderen stellt Nr. 4 die verspätete oder unterlassene Löschung zunächst rechtmäßig erhobener Daten entgegen § 15 Abs. 8 S. 1 oder 2 unter Bußgeldandrohung. **15**

5. Zusammenführung persönlicher Daten mit Pseudonym (Nr. 5)

Von Telemedienanbietern iRd § 15 Abs. 3 S. 1 unter Verwendung von Pseudonymen **zulässig** erstellte Nutzungsprofile (Spindler/Schuster/Spindler/Nink TMG § 15 Rn. 7) dürfen nicht mit Daten über den Träger des Pseudonyms zusammengeführt werden (§ 15 Abs. 3 S. 3). Vorsätzliche oder fahrlässige Verstöße gegen dieses Verbot bedroht § 16 Abs. 2 Nr. 5 mit Geldbuße. Die Erstellung eines Nutzungsprofils aus **unzulässig** erhobenen Daten oder gegen den Widerspruch des Nutzers stellt eine unzulässige Datenerhebung bzw. -verwendung iSd § 15 Abs. 1 S. 1 dar und wird von § 16 Abs. 2 Nr. 4 erfasst (vgl. Bornemann, 4. Aufl. 2013, 159 f.). **16**

C. Rechtsfolgen

17 Sieht man von der bei geringfügigen Ordnungswidrigkeiten (s. dazu BeckOK OWiG/ Straßer OWiG § 56 Rn. 15 ff.) möglichen Verwarnung mit oder ohne Verwarnungsgeld ab, bleibt als (Haupt-)Sanktion die Verhängung einer Geldbuße (§ 65 OWiG).

18 Gerade bei Verstößen gegen die Informationspflichten, die für geschäftsmäßige Telemedien bestehen (→ Rn. 12), wird der Diensteanbieter häufig keine Einzelperson sein. Die Möglichkeit der Verfolgung und Ahndung des Vertreters (→ Rn. 11) hinterlässt uU Ahndbarkeitslücken. Eine Besonderheit des Ordnungswidrigkeitenrechts, die im Strafrecht keine Entsprechung hat, ist die Möglichkeit, eine Sanktion gegen juristische Personen und rechtsfähige Personenvereinigungen zu verhängen, die sog. Verbandsgeldbuße (§ 30 OWiG).

19 Ferner kennt das Ordnungswidrigkeitenrecht Nebenfolgen der eigentlichen Sanktion (→ Rn. 23 ff.).

I. Geldbuße

20 Wird eine Norm mit den Worten „ordnungswidrig handelt, wer" eingeleitet, darf man einen Tatbestand erwarten, der die Ahndung mit einer Geldbuße zulässt. Falls die Norm keinen Bußgeldrahmen festsetzt, gilt der Bußgeldrahmen des § 17 Abs. 1 OWiG von 5,00 EUR bis zu 1000,00 EUR. Die Untergrenze gilt für alle Ordnungswidrigkeiten. Die Obergrenze gilt vorbehaltlich anderweitiger gesetzlicher Bestimmungen. Eine solche vorrangige Bestimmung ist § 16 Abs. 3 mit seinem Bußgeldrahmen bis zu 50.000,00 EUR. Für Fahrlässigkeitstaten halbiert § 17 Abs. 2 OWiG diesen Bußgeldrahmen.

21 Die relative Untergrenze der festzusetzenden Geldbuße bildet die Höhe des aus der Ordnungswidrigkeit gezogenen wirtschaftlichen Vorteils (vgl. § 17 Abs. 4 S. 1 OWiG). Die relative Obergrenze ergibt sich aus § 16 Abs. 3, ggf. iVm § 17 Abs. 2 OWiG. Wenn der Bußgeldrahmen nicht ausreicht um den wirtschaftlichen Vorteil abzuschöpfen, der aus einer Ordnungswidrigkeit gezogen wurde, kann er überschritten werden (§ 17 Abs. 4 S. 2 OWiG). Die absolute Obergrenze einer Geldbuße bildet folglich die Summe aus dem gesetzlichen Höchstmaß der Geldbuße und dem aus der Ordnungswidrigkeit gezogenen wirtschaftlichen Vorteil (BeckOK OWiG/Sackreuther OWiG § 17 Rn. 118).

22 Bemessungskriterien für die festzusetzende Geldbuße sind in erster Linie die Bedeutung der Ordnungswidrigkeit und der Vorwurf, der den Täter trifft (BeckOK OWiG/Sackreuther OWiG § 17 Rn. 34 ff.). Die in § 17 Abs. 3 S. 2 OWiG genannten wirtschaftlichen Verhältnisse des Betroffenen (dazu näher BeckOK OWiG/Sackreuther OWiG § 17 Rn. 83 ff.) sind nicht identisch mit dem wirtschaftlichen Vorteil, der aus der Ordnungswidrigkeit gezogen wird (§ 17 Abs. 4 OWiG).

II. Verbandsgeldbuße

23 § 30 OWiG enthält keinen eigenen Bußgeldtatbestand (BGH NJW 2001, 1436 (1438)), sondern nach heute wohl überw. Meinung einen bußgeldrechtlichen Sanktionstatbestand eigener Art (BeckOK OWiG/Meyberg OWiG § 30 Rn. 15). Der Verband wird für Ordnungswidrigkeiten und bei Straftaten seiner Organe und der weiteren in § 30 Abs. 1 OWiG genannten Leitungspersonen, durch die Pflichten des Verbandes verletzt werden, bußgeldrechtlich in Haftung genommen (BeckOK OWiG/Meyberg OWiG § 30 Rn. 17). Voraussetzung für eine Verbandsgeldbuße ist, dass die juristische Person oder die Personenvereinigung als Nebenbeteiligte zum Verfahren hinzugezogen wurde (§ 88 OWiG). Nach § 30 Abs. 4 OWiG kann allerdings auch ein selbständiges Verfahren gegen die juristische Person oder Personenvereinigung durchgeführt werden, wenn aus Opportunität gegen das handelnde Organ kein Verfahren eingeleitet oder ein Verfahren wieder eingestellt wurde (BeckOK OWiG/Meyberg OWiG § 30 Rn. 129 ff.).

24 Stellt die Anknüpfungstat eine Ordnungswidrigkeit dar, richtet sich der Bußgeldrahmen nach dem für die Anknüpfungstat geltenden Rahmen (§ 30 Abs. 2 S. 2 OWiG), dh bei Verstößen gegen § 16 Abs. 2 Nr. 1 kann auch die Verbandsgeldbuße gem. § 16 Abs. 3 bis zu 50.000,00 EUR betragen, und wenn beim Diensteanbieter in Gestalt einer juristischen

Person oder Personenvereinigung ein wirtschaftlicher Vorteil aus der Ordnungswidrigkeit angefallen ist, iRd § 17 Abs. 4 OWiG überschritten werden.

III. Nebenfolgen

Die für die Praxis relevante Nebenfolge ist der Verfall (§ 29a OWiG), zumal das TMG die **25** Einziehung von Gegenständen, die zur Begehung einer Ordnungswidrigkeit genutzt wurden, nicht vorsieht (vgl. § 22 Abs. 1 OWiG). Der Verfall (des Geldersatzes) des aus einer mit Geldbuße bedrohten Handlung (§ 1 Abs. 2 OWiG) Erlangten kann gegenüber einem Täter angeordnet werden, wenn gegen ihn – sei es aus Opportunität (→ Rn. 3), sei es, weil er nicht vorwerfbar gehandelt hat – ein Bußgeldverfahren nicht eingeleitet oder wieder eingestellt wird (vgl. BeckOK OWiG/Meyberg OWiG § 29a Rn. 33). Der Verfall kann iRd § 29a Abs. 2 OWiG gegenüber einem Dritten angeordnet werden, der durch die Tat eines für ihn Handelnden bereichert wurde (BeckOK OWiG/Meyberg OWiG § 29a Rn. 61 ff.). Das Verfallsverfahren wird entweder als unselbständiges im Rahmen der Verfolgung des Täters geführt (beachte: § 87 OWiG) oder als selbständiges Verfahren nach § 29a Abs. 4 OWiG (BeckOK OWiG/Meyberg OWiG § 29a Rn. 98).

Sachverzeichnis

3Sat RStV 11b 31 ff.

Aarhus-Konvention IFG 1 12; **UIG 1** 3
Abgeordnetenrecht IFG 1 202 f.
Abgeschiedenheit KUG 23 35
Abgestuftes Schutzkonzept KUG 23 13
Abhören EMRK 8 45, 47; **GRC 7** 39
Abnehmer GWB 30 19
Abrechnungsgenauigkeit TKG 45g 2
Abrufdienste GG 5 8
Abschließende Regelung der Ausnahmetatbestände IFG 3 15 f.
Abschwächungen BGB 823 7, 37
Absicht TMG 8 27
– als subjektives Tatbestandsmerkmal **TMG 16** 5
– als Vorsatzform **TMG 16** 6
Abstimmung AEUV 101 20 ff.
Abwägungsklausel VIG 3 7, 26, 27
Abwägungslehre GG 5 105
Abwehrrechtliche Funktion EMRK 10 9; **GG 5** 12
Abweichende Vereinbarungen TKG 47b 1 ff.
– Ausnahmen **TKG 47b** 6
– Endnutzer **TKG 47b** 3 f.
– Praktische Bedeutung **TKG 47b** 5
– Rechtsfolge **TKG 47b** 4
– Teilnehmer **TKG 47b** 2 f.
Abweichung von Rechtsvorschriften VIG 2 14
Access-Provider TMG 8 15 ff.
Adoptionsgeheimnis IFG 3 144
Adressdaten RBeitrStV 14 21
AGID s. Arbeitsgemeinschaft der Informationsfreiheitsbeauftragten Deutschlands
Agrarsubventionen IFG 11 22
Ähnliche Vorgänge KUG 23 23
AIG IFG 1 63
AKIF, siehe Arbeitskreis Informationsfreiheit
Akteneinsicht IFG 1 169, 173.1, 178.1
Aktenführung IFG 2 20 ff.
Aktenöffentlichkeit
– begrenzte **UIG 1** 7
– beschränkte **UIG 3** 1
Aktenpläne IFG 11 12 f.
Aktienrecht IFG 1 221
Aktives Informieren VIG 1 2, 3; **6** 6 f., 13
Aktivlegitimation IFG 1 95 ff.
Allgemeine Gesetze GG 5 105; **TMG 7** 6, 9, 41
– Plattformregulierung **RStV 52a** 6; **52b** 32
Allgemeine Grundsätze RStV 3 1 ff. s. auch Programmgrundsätze
– als Rundfunkausgestaltung **RStV 3** 5 ff.; **41** 12, 14
– als Schrankengesetze **RStV 3** 6 ff.; **41** 10 f.

– Einwilligung **RStV 3** 14 ff.
– Entstehungsgeschichte **RStV 3** 4
– Erniedrigung **RStV 3** 12.1 f.
– gesetzliche Konkretisierung **RStV 3** 10 ff.
– Hör- und Sehbeeinträchtigung **RStV 3** 8, 20
– Kommerzialisierung **RStV 3** 13
– körperliche Unversehrtheit **RStV 3** 19
– Kunst **RStV 3** 17.1
– Menschenwürde **RStV 3** 7, 11 ff.
– Objektformel **RStV 3** 12 f.
– öffentlich-rechtliche Programmgestaltung **RStV 3** 10.2
– Polemik **RStV 3** 17 f.
– Rechtsaufsicht **RStV 3** 3
– Rechtsqualität **RStV 3** 6 ff.
– Religionsfreiheit **RStV 3** 6.1
– religiöse Überzeugung **RStV 3** 17 f.
– Sanktionsmöglichkeit **RStV 3** 3, 10; **41** 3
– Satire **RStV 3** 17.1
– sittliche Überzeugung **RStV 3** 18
– und Richtlinien **RStV 3** 10.2
– und Telemedien **RStV 3** 2
– Verhältnis zum JMStV **RStV 3** 10, 16.1 f.
Allgemeine Rechtsgrundsätze GRC 11 1, 18
Allgemeines Persönlichkeitsrecht
– des Kindes **GG 2** 7, 30
– Ehrschutz **GG 2** 48
– Eingriffe in das **GG 2** 38
– Einwilligung **GG 2** 41
– Entwicklungsoffenheit **GG 2** 3
– Grundrechtsfähigkeit juristischer Personen **GG 2** 33, 36 f.
– Grundrechtsfähigkeit natürlicher Personen **GG 2** 30
– Grundrechtskollisionen **GG 2** 47 ff.
– Intimsphäre **GG 2** 44
– Kernbereich privater Lebensgestaltung **GG 2** 43
– postmortaler Persönlichkeitsschutz **GG 2** 31
– pränataler Persönlichkeitsschutz **GG 2** 32
– Privatsphäre **GG 2** 45
– Recht am eigenen Bild **GG 2** 9 f.
– Recht am eigenen Wort **GG 2** 11 ff.
– Recht auf Gewährleistung der Vertraulichkeit und Integrität informationstechnischer Systeme **GG 2** 22 ff.
– Recht auf informationelle Selbstbestimmung **GG 2** 16 ff.
– Schranken **GG 2** 42
– Schutz der Privatsphäre **GG 2** 3, 13
– Schutz staatlicher Einrichtungen **GG 2** 37
– Schutzniveau bei juristischen Personen **GG 2** 34
– Selbstbestimmung **GG 2** 15
– Selbstbewahrung **GG 2** 4 ff.

1583

Sachverzeichnis

- Selbstdarstellung **GG 2** 8 ff.
- Sozialsphäre **GG 2** 45
- Sphärentheorie **GG 2** 4,43 f.
- und Bildberichterstattung **GG 2** 47, 63 ff.
- und marktbezogener Achtungsanspruch **GG 2** 35
- und Massenkommunikation **GG 2** 1
- und Schadensersatz **GG 2**, 10
- und Wortberichterstattung **GG 2** 47 ff.
- verfassungsrechtliche Grundlage **GG 2** 2
- Verhältnismäßigkeitsgrundsatz **GG 2** 42 ff.
- Vorrangregeln bei Grundrechtskollisionen s. Vorrangregeln bei Wortberichten; Vorrangregeln bei Bildberichten

Allgemeinzugänglichkeit der Information, Zumutbarkeit IFG 9 34 ff.
- Allgemeinzugänglichkeit, Grundsatz **IFG 9** 34 f.
- Aufwand **IFG 9** 42
- Behördliche Publikationen **IFG 9** 37
- Ermessen **IFG 9** 43
- Individuelle Umstände **IFG 9** 40
- Internet **IFG 9** 37
- Konkretisierungspflicht der Behörde **IFG 9** 36; 38
- Preis **IFG 9** 41
- Zumutbarkeit **IFG 9** 40 ff.

Alltagssituation KUG 23 35
Altmark Trans AEUV 107 18 ff., 79
Amtliche Information, Begriff IFG 3 165
Amtliche Verlautbarungen RStV 42 1.1,
Amtlichkeit IFG 2 10 ff.
Amtsgeheimnis IFG 1 2; **3** 140, 161 ff.
- besondere Amtsgeheimnisse **IFG 3** 161 ff.

Amtshandlung IFG 10 6 ff.
Amtsträger BGB 823 79; **IFG 2** 31
Amtsverschwiegenheit IFG 3 161 f.
Analogieverbot IFG 3 16
Anbieter TKG 41a 20
Anbieter von öffentlich zugänglichen Telekommunikationsdiensten TKG 47a 8
Anbieterwechsel TKG 41a 16
Anbieterwechsel und Umzug des Teilnehmers TKG 46 1 ff.
- Anschlussentgelt **TKG 46** 16
- Bundesnetzagentur, Befugnisse der **TKG** 39 ff.
- Entgeltzahlungspflicht beim Anbieterwechsel **TKG 46** 14 ff.
- Eskalationsprozess **TKG 46** 43
- Europäischer Telefonnummernraum **TKG 46** 29 ff.
- Gesetzliches Schuldverhältnis **TKG 46** 14
- Hinwcispflicht **TKG 46** 25
- Informationsverpflichtung **TKG 46** 39
- IP-Adresse **TKG 46** 19
- Prepaid-Vertrag **TKG 46** 21
- öffentlich zugängliche Mobilfunkdienste **TKG 46** 24
- Ordnungswidrigkeit **TKG 46** 18
- Ortsnetz **TKG 46** 20

- Rufnummer, Anspruch auf neue **TKG 46** 26
- Rufnummernmitnahme, Kosten der **TKG 46** 27 f.
- Rufnummernportabilität **TKG 46** 3
- Rufnummernportierung **TKG 46** 3, 19 ff.
- unionsrechtlicher Hintergrund **TKG 46** 7
- Verbraucher, Sonderkündigungsrecht des **TKG 46** 33 f.
- Verbraucher, Umzug des **TKG 46** 32f
- Verbraucherbeschwerden **TKG 46** 2
- Verfahren **TKG 46** 39 ff.
- Versorgungsunterbrechung **TKG** 4
- Versorgungszeitraum beim Anbieterwechsel **TKG 46** 8 ff.
- Vertragsfreiheit **TKG 46** 5
- Voice-Over-IP-Dienst **TKG 46** 21
- Wegfall der Geschäftsgrundlage **TKG 46** 33
- Zurückbehaltungsrecht **TKG 46** 22

Angebot
- Allgemeinheit **RStV 2** 16
- des öffentlich-rechtlichen Rundfunks, s. Angebote des öffentlich-rechtlichen Rundfunks
- presseähnliches, s. presseähnliches Angebot

Angebote des öffentlich-rechtlichen Rundfunks RStV 11a 3 f.; **11f** 7 ff.
- Jugendmedienstaatsvertrag **RStV 11a** 4
- Rundfunkprogramm (Begriff) **RStV 11a** 5
- Rundfunkprogramm, zahlenmäßige Bestimmung von **RStV 11a** 12 f.
- Telemedien (Begriff), verfassungsrechtliche Einordnung von **RStV 11a** 6 f.
- Veröffentlichung und Herausgabe von Druckwerken **RStV 11a** 8 ff.

Angebotsvielfalt
- Entgeltregulierung **RStV 52d** 4
- Schutz durch Zugangssysteme **RStV 52c** 8, 33, 53

Angelegenheit des öffentlichen Interesses KUG 23 3
Anhörung VIG 5 4 ff., 15
Anhörungsgebot IFG 8 8 ff.
- Ausnahmen **IFG 8** 15 ff.
- behördliche Mitteilungspflicht **IFG 8** 19 ff.
- Belange **IFG 8** 11
- Berührung **IFG 8** 12
- Funktionen **IFG 8** 9
- mutmaßliche Einwilligung **IFG 8** 18
- rechtzeitige Äußerung unmöglich **IFG 8** 17
- schutzwürdiges Interesse **IFG 8** 14
- Stellungnahme des Dritten **IFG 8** 24 ff.
- Verhältnis der Tatbestandsvoraussetzungen zueinander **IFG 8** 11; 13

Anknüpfungsmomente TMG 2a 6
Anmeldebestätigung RBeitrStV 11 28
Anmelde- und Anzeigepflicht GWB 39 1 f.
Anmeldung vor Vollzug FKVO 4 1
Anonymität, Schutz der BGB 823 146
Anonymitätsinteresse KUG 23 43

1584

Sachverzeichnis

Anspruch auf Informationszugang IFG 1 94 ff., 223 ff.; **RStV 9a** 2; **VIG 2** 4
– Anspruchsberechtigte **UIG 3** 6
– Anspruchsberechtigung **IFG 1** 95 ff.; **VIG 2** 5
– Anspruchsverpflichtete **IFG 1** 118 ff.; **VIG 2** 33, 34, 42
– Bürgerinitiativen **UIG 3** 14
– Gegenstand **IFG 1** 151; **VIG 2** 11
– Geschäftsfähigkeit **UIG 2** 7
– Gewährung **IFG 1** 166 ff.
– Juristische Personen des öffentlichen Rechts **UIG 3** 8 f.
– Presse **IFG 1** 24
– rechtsfähige oder nichtrechtsfähige Vereinigungen **UIG 3** 13
– Religionsgemeinschaft **UIG 3** 11
– Rundfunkveranstalter s. Auskunftsanspruch der Rundfunkveranstalter
– s. auch Auskunftsanspruch
– Voraussetzungslosigkeit **VIG 2** 8
Anspruch auf Schadensersatz und Unterlassung TKG 44 1 ff.
– Anspruchsinhaber und -gegner **TKG 44** 15 ff.
– Ausweitung des Kundenschutzes **TKG 44** 1
– Beseitigungsanspruch **TKG 44** 12
– Betroffene **TKG 44** 4
– Endverbraucher **TKG 44** 5
– Konkurrenzen **TKG 44** 19
– Schuldner **TKG 44** 7
– Unterlassungsanspruch **TKG 44** 12
– Verbraucherschutz **TKG 44** 18
– Verstoß **TKG 44** 8 f., 18
– Wettbewerber **TKG 44** 6
– Zinsanspruch **TKG 44** 14
Antrag, **Informationszugang IFG 7** 1 ff.; **UIG 4** 2 ff.; **VIG 4** 2
– Ablehnung **UIG 5** 2 ff.
– Allgemeines **IFG 7** 1 ff.
– anonyme Antragstellung **UIG 4** 5
– Antragsberechtigung **IFG 7** 7
– Antragserfordernis **IFG 7** 4
– Begründungserfordernis, Grundsatz **IFG 7** 18
– Beratung und Unterstützung **IFG 7** 17
– Bestimmtheit **UIG 4** 6; **8** 57
– Bezahlverfahren **UIG 4** 5
– Entscheidung **IFG 7** 32 ff.
– fehlende Begründung **IFG 7** 19
– Form **UIG 4** 3
– Form der Entscheidung **IFG 7** 32 f.
– Formfreiheit des Antrags, Ausnahmen **IFG 7** 10
– Formfreiheit des Antrags, Grundsatz **IFG 7** 8 f.
– gleiches Interesse **IFG 7** 42
– gleichförmige Anträge **IFG 7** 41 f.
– Identifizierung des Antragstellers **IFG 7** 11 f.
– Inhalt **UIG 4** 6
– Konkretisierung des Antrags **IFG 7** 13 f.
– Konkretisierungsgrad **IFG 7** 15
– Kostenpflichtigkeit **IFG 10** 1 ff.
– Mitwirkungspflicht **UIG 4** 10
– Notwendigkeit **UIG 4** 2 f.
– Regelfristen **UIG 4** 16 f.
– teilweise Stattgabe **IFG 7** 43 ff.
– Unzuständigkeit **IFG 7** 29 f.
– Vorliegen eines Antrags **IFG 7** 5 f.
– Weiterleitung **UIG 4** 11
– Zurückweisung **UIG 4** 8
– Zuständigkeit **IFG 7** 20 ff., 31, 34 ff.
Antragsablehnung, Informationszugang IFG 9 1 ff.; **UIG 5** 2 ff.; **VIG 4** 11 ff.
– Ablehnungsfiktion **UIG 3** 42
– Ablehnungsgründe **IFG 9** 28 ff.; **VIG 4** 11
– Allgemeinzugänglichkeit **IFG 9** 34 ff.; **VIG 4** 18
– Aussonderung **UIG 5** 11
– Begründung **UIG 5** 22
– Begründungspflicht **UIG 5** 5
– Behördliche Aufgabenerfüllung **VIG 4** 15
– Behördliche Maßnahmen **VIG 4** 14
– Behördliche Mitteilungspflichten **IFG 9** 23 ff.
– Definition Ablehnung **IFG 9** 4 f.
– Elektronische Ablehnung **UIG 5** 21
– Entwürfe **VIG 4** 12
– Ermessen **UIG 5** 16
– Form **IFG 9** 17 ff.; **UIG 5** 18 ff.
– formal-rechtlicher Ablehnungsgrund **UIG 5** 9
– Forschungsvorhaben **VIG 4** 16
– Frist **IFG 9** 8 ff.
– Kenntnis des Antragstellers **IFG 9** 29 ff.
– Kostenfreiheit **IFG 10** 8, 25 ff.
– Rechtsmissbrauch **IFG 9** 44 ff.; **VIG 4** 17
– Rechtsnatur **UIG 5** 4
– Rechtsschutz **IFG 9** 48 ff.; **UIG 5** 24
– Selbsteintrittsrecht des Dritten **VIG 4** 19
– Verfahren **IFG 9** 15 f.
– Vertraulichkeit **VIG 4** 13
– Verwaltungsakt **IFG 9** 6
Anwaltliche Schweigepflicht IFG 3 144, 159 ff.
Anwendungsbereich AEUV 101 5 ff., 42 ff., 89 ff.; 103 1 f.; 104 2; **IFG 1** 93; **TMG 7** 8 ff.; **8** 6 ff.; **10** 3 ff.; **VIG 1** 5
– Parallele Anwendbarkeit **TMG 7** 13
– personeller Anwendungsbereich **TMG 7** 17 ff.
– sachlicher Anwendungsbereich **TMG 7** 23 ff.
Anzeigepflicht RBeitrStV 12 3 ff.
– Belegungsentscheidungen **RStV 52b** 48
– Grenzen **RStV 52** 29
– Ordnungswidrigkeit **RStV 49** 39, 54, 55; **52** 46
– Plattformen **RStV 52** 28, 43 ff.
– Übergangsfrist für Plattformen **RStV 53b** 4, 9 ff.
– Zugangssysteme **RStV 52c** 57 f.
Äquivalenzprinzip VIG 7 3
Arbeitsagentur IFG 1 143.1

Sachverzeichnis

Arbeitsgemeinschaft der Informationsfreiheitsbeauftragten Deutschlands IFG 12 60
Arbeitsgemeinschaften AEUV 101 40
Arbeitskreis Informationsfreiheit IFG 12 60 f.
Archiv
– Archivwürdigkeit **IFG 13** 6
– Bundesarchiv **IFG 13** 6
– Landesarchiv **IFG 13** 16
– Parlamentsarchiv **IFG 13** 17
Archivrecht
– Einführung **IFG 1** 50
– IFG Konkurrenz **IFG 1** 194 f.
ARD RStV 11b 1 ff.
– EinsExtra, EinsPlus, EinsFestival **RStV 11b** 15
– Organisation **RStV 11b** 13
– Programminhalt **RStV 11b** 11
– Programmkonzepte der Zusatzprogramme **RStV 11b** 16 ff., 28
– Rundfunkveranstalter **RStV 11b** 12
– Verbot analoger Verbreitung digitaler Programme **RStV 11b** 46
– Vollprogramm **RStV 11b** 10, 23, 31, 36
ARGE IFG 1 128.2
Arkanprinzip IFG 1 2; **3** 206
Art des Informationszuganges IFG 1 172 ff.; **VIG 6** 4
Arte RStV 11b 36 ff.
Ärztliche Schweigepflicht IFG 3 144, 159 ff.
Audiovisuelle Medien GG 5 11
– lineare **GG 5** 11
– nichtlineare **GG 5** 11
Audiovisuelle-Mediendienste-Richtlinie RStV 6 6 f., 9, 10.1 ff., 16 **7a** 4; **45** 3, **58** 16 ff.
– behördliche Aufsicht redaktioneller Inhalte **RStV 58** 43
– EG-Verbraucherschutzdurchsetzungsgesetz **RStV 9b** 7 ff.
– Erstreckung rundfunktypischer Restriktionen auf Abrufmedien **RStV 58** 17 ff.
– inhaltliche Werbebeschränkungen **RStV 58** 36 ff.
– Lizenzfreiheit von Abrufmedien **RStV 58** 44
Audiovisuelle Mediendienste auf Abruf RStV 58 16 ff.; **TMG 2** 30 ff.
– Abgrenzung des maßgeblichen Mediendienstes **RStV 58** 30 ff.
– Abruf **RStV 58** 24
– behördliche Aufsicht über redaktionelle Inhalte **RStV 58** 43
– Definition **RStV 58** 18 ff.
– Diskriminierungsverbote für Werbeinhalte **RStV 58** 36 ff.
– E-Commerce-RiL Art. 4 **RStV 58** 44
– EU-GRCharta Art. 11 **RStV 58** 43
– Fernsehähnlichkeit **RStV 58** 23
– Geltung rundfunkspezifischer Regulierung **RStV 58** 34 ff.
– Hauptzweck Videos **RStV 58** 18, 20, 27
– Lizenzfreiheit **RStV 58** 44
– Mediathek, redaktionelle Videoportale **RStV 58** 28
– Programmkatalog **RStV 58** 27
– Redaktionelle Angebote ohne überwiegendes Videoangebot **RStV 58** 29
– Redaktionelle Zusammenstellung **RStV 58** 26
– Rundfunkspezifisches Trennungsgebot **RStV 58** 35
– Umsetzung der AVMD-RL **RStV 58** 17 ff.
– Verbot politischer, weltanschaulicher oder religiöser Werbung **RStV 58** 39 ff.
– verfassungskonforme Auslegung **RStV 58** 20
Aufeinander abgestimmte Verhaltensweisen AEUV 101 20
Auffangtatbestand IFG 1 243
Auffindbarkeit
– Chancengleichheit **RStV 52c** 46, 49
Aufschlüsselung TKG 45i 9
Aufsicht RStV 42 30
Auftritte, öffentliche BGB 823 216; **KUG 23** 19
Aufsichtsbefugnisse
– Aufsichtsmaßnahmen **RStV 52f** 1 ff.
– Auskunfts- und Ermittlungsbefugnisse **RStV 52e** 4 ff.
– Belegungsfragen **RStV 52b** 49 ff.
– Entgeltregulierung **RStV 52d** 5, 23
– Ermessensentscheidung **RStV 52f** 6
– Plattformregulierung **RStV 52a** 7 f.; **52f** 1 ff.
– technische Zugangssysteme **RStV 52c** 56
– Vorlageverlangen **RStV 52e** 5 ff.
Aufsichtsmaßnahmen
– GVK **RStV 52f** 4
– KJM **RStV 52f** 4
– ZAK **RStV 52f** 3
Aufsichtspflichtverletzung RStV 49 18
Aufsicht über Telemedien RStV 59 5 ff.
– Access-Provider und Auslandsäußerungen **RStV 59** 50 ff.
– Access-Provider und Inlandsäußerungen **RStV 59** 43
– allgemeine Gesetze und Eingriffsbefugnis **RStV 59** 14
– Anwendungsbereich der Polizeifestigkeit digitaler Presse **RStV 59** 26 ff.
– Ausschluss von Sperrungsanordnungen bei digitaler Presse **RStV 59** 23 ff., 32 ff.
– Beschränkung von Maßnahmen auf Teile eines Angebotes **RStV 59** 22
– Datenschutzrecht, s. Datenschutz
– digitale Presse **RStV 59** 45
– digitale Presse und präventive Beschlagnahme nach § 111n StPO **RStV 59** 25, 46
– Drittrechtsschutz vor behördlichem Eingriff **RStV 59** 40
– durch Eingriffsbefugnis geschützter Normenkreis **RStV 59** 11 ff.

Sachverzeichnis

- Eingriffsbefugnis nach RStV und JMStV **RStV 59** 16
- Eingriffsbefugnis und gefahrenabwehrrechtliche Generalklausel **RStV 59** 57
- Eingriffsbefugnis und Medienüberwachung **RStV 59** 18
- Eingriff erst nach Rechtsverletzung **RStV 59** 10
- Entschließungsermessen **RStV 59** 17
- Grundrechtsschutz digitaler Presse **RStV 59** 30 f., 35
- kostenloser Zugang der Aufsicht zu beaufsichtigten Medien **RStV 59** 58
- Maßnahmen gegen Vermittler von Angeboten Dritter **RStV 59** 41
- ordnungsbehördliche Eingriffsbefugnisse **RStV 59** 9 ff.
- örtliche Zuständigkeit **RStV 59** 8
- redaktionelle Videos auf Abruf **RStV 59** 36 f.
- Sperrungsanordnungen bei Telemedien
- Sperrungsverfügungen gegen Vermittler wegen Inlandsäußerungen **RStV 59** 42
- Verhältnismäßigkeit von Maßnahmen gegen Telemedien **RStV 59** 19
- Zuständigkeit **RStV 59** 1 ff., 5 ff.

Auftrag des öffentlich-rechtlichen Rundfunks RStV 25 6
- Amsterdamer Protokoll über den öffentlich-rechtlichen Rundfunk in den Mitgliedstaaten **RStV 11** 8, 14
- Beihilfekompromiss (EU) **RStV 11** 6 f.; **11b** 6; **11d** 1 ff., 5 f., 42, 50 ff.; **11f** 1
- Bestands- und Entwicklungsgarantie **RStV 11** 9
- Bildung, Information, Beratung, Unterhaltung **RStV 11** 20 f.; 24
- Deutschlandradio **RStV 11** 15; **11c** 12 ff.; **11d** 48; **11f** 3
- Drei-Stufen-Test **RStV 11** 11 f.; **11b** 7; **11c** 2, 4; **11d** 9, 16 ff., 23, 43; **11e** 2; **11f** 1 ff., 9 ff.
- Entstehungsgeschichte **RStV 11** 1
- europarechtliche Vorgaben **RStV 11** 6
- Funktion des öffentlich-rechtlichen Rundfunks **RStV 11** 14
- Grundversorgung **RStV 11** 5
- inhaltliche Vorgaben **RStV 11** 4 f.
- Integrationsauftrag/-funktion **RStV 11** 19; **11d** 42
- Justiziabilität **RStV 11** 31
- Kontrolle und Steuerung des öffentlich-rechtlichen Rundfunks **RStV 11** 13
- Kultur **RStV 11** 22 f.; **11b** 34 f.
- praktische Konkordanz **RStV 11** 9 f.; **11b** 7
- Objektivität und Unparteilichkeit der Berichterstattung **RStV 11** 26 ff.
- quantitativer oder qualitativer Mehrwert **RStV 11** 12
- Rundfunkgebühr/beitrag **RStV 11** 13; **11d** 38
- Umfang **RStV 11** 2, 17 f.

- Verband Privater Rundfunk und Telemedien e. V. (VPRT) **RStV** 6
- Verfassungsrechtliche Vorgaben **RStV 11** 3 ff.

Auftragsdatenverarbeitung RBeitrStV 11 3 f.
Auftragsproduktionen RStV 6 1 ff., 3, 13 ff., 16
Aufwendungsersatz TKG 45k 8
Aufzeichnung IFG 2 6 ff.
Ausforschungsantrag VIG 4 15
Ausgangsstoffe VIG 2 31
Ausgestaltungspflichten EMRK 10 41
- Grundrechtsrealisierung **EMRK 10** 41

Auskunft IFG 1 168, 173.1, 178.1; **10** 18 ff.
- Formen **IFG 10** 20
- Maßstab **IFG 10** 21

Auskunftsanspruch BGB 823 319; **GG 5** 50; **GRC 8** 38; **UIG 3** 1 ff.
- Abgabenordnung **UIG 3** 46.1
- Ablehnung **UIG 5** 1 ff.
- Ausnahmen **UIG 8** 1 ff.
- berechtigtes Interesse **UIG 3** 16
- Beschaffungspflicht **UIG 1** 21
- Darlegungslast **UIG 8** 8
- Datensicherheit und Datenschutz **UIG 3** 34
- Drittbeteiligung **UIG 8** 10
- Drittwirkung **UIG 6** 13
- Eigenständigkeit **UIG 3** 20
- Formalien **UIG 4** 21 ff.
- Frist **UIG 3** 36
- Gesetzgebung **UIG 2** 29 ff.
- Grenzen **UIG 8** 1 ff., **9** 1 ff.
- IFG **UIG 3** 48.1
- Jedermannsanspruch **UIG 1** 22
- Kollision **UIG 3** 3, 43 ff.
- Mitwirkung **UIG 1** 23
- Öffentliche Stellen **UIG 3** 8
- rechtliches Interesse **UIG 3** 16
- rechtsfähige oder nichtrechtsfähige Vereinigungen **UIG 3** 13
- Rechtsschutz **UIG 6** 4
- Rundfunkveranstalter s. Auskunftsanspruch der Rundfunkveranstalter
- Systematik **UIG 3** 2
- Verfahren **UIG 3** 20
- Verlust der Information **UIG 3** 34
- Voraussetzungen **UIG 3** 16 f.
- Zweckbindung **UIG 9** 12

Auskunftsanspruch der Rundfunkveranstalter
- Anbieter von journalistisch-redaktionell gestalteten Telemedien als Auskunftsberechtigte **RStV 9a** 5
- Auskunftserteilung s. Auskunftserteilung
- Auskunftsverweigerung s. Auskunftsverweigerung
- Behörden als Auskunftsverpflichtete **RStV 9a** 8
- Form der Geltendmachung **RStV 9a** 12
- Kirchen als Auskunftsverpflichtete **RStV 9a** 10
- Legitimation **RStV 9a** 7

Sachverzeichnis

- nicht anspruchsberechtigte Telemedienanbieter **RStV 9a** 6
- Private als Auskunftsverpflichtete **RStV 9a** 9
- Rundfunkveranstalter als Auskunftsberechtigte **RStV 9a** 4
- Umfang **RStV 9a** 11

Auskunftserteilung IFG 7 60 ff.
- Anwendbarkeit des § 37 Abs. 2 S. 2 VwVfG **IFG 7** 63
- Differenzierungsverbot **RStV 9a** 19
- Ermessen **IFG 7** 62; **RStV 9a** 14
- Form **IFG 7** 61; **RStV 9a** 13
- Gleichbehandlung **RStV 9a** 20
- Unzumutbarkeit **RStV 9a** 17

Auskunftsverweigerung
- Geheimnisschutz **RStV 9a** 15
- Recht zur **RStV 22** 11
- Rechtsschutz s. Rechtsschutz
- schutzwürdige private Interessen **RStV 9a** 16

Auslagen IFG 10 5 ff.; **UIG 12** 8
- Definition **IFG 10** 15
- gebundene Entscheidung **IFG 10** 5
- Rechtsschutz **IFG 10** 63 ff.
- Umfang **IFG 10** 16
- Verordnungsermächtigung **IFG 10** 53 f.

Ausländer IFG 1 98
Ausländerregister GRC 8 34
Auslandsrundfunk GG 70 12 f.
Aussage
- eigene **BGB 823** 6
- verdeckte **BGB 823** 57, 64

Aussagepflicht RStV 22 6
Ausschluss- und Beschränkungsgründe VIG 3 1
Äußerung
- Allgemeines **BGB 823** 1
- Deutung **BGB 823** 51
- gemischte Äußerungen **BGB 823** 45 f.

Außenwirtschaftsverkehr IFG 3 94 ff.
- Beschränkung **IFG 3** 96
- Bundesamt für Wirtschaft und Ausfuhrkontrolle **IFG 3** 94
- Darlegung **IFG 3** 100
- Exportkontrolle **IFG 3** 97
- freier Außenwirtschaftsverkehr, Grundsatz **IFG 3** 95 ff.
- nachteilige Auswirkungen **IFG 3** 99

Außereuropäische Programme
- Plattformregulierung **RStV 52a** 8

Ausübung RStV 42 7
- unmittelbarer Zusammenhang **RStV 42** 7

Auswärtige Belange IFG 3 49
Auswärtiges Amt IFG 3 51.1
Autocomplete-Funktion BGB 823 27
AVMD-RiL, s. Audiovisuelle-Mediendienste-Richtlinie

Backbone TKG 41a 3
Baden-Württemberg IFG 1 60
Bagatellrundfunk RStV 20 26 ff.
- Landesrecht **RStV 20** 28

Bandbreite TKG 41a 7
Bankgeheimnis IFG 3 148
BArchivG IFG 13 5 ff.
Bayern IFG 1 61
BDSG
- Änderung **IFG 13** 1 ff.

Beanstandung IFG 12 46 ff.; **TKG 45i** 6
Beanstandungsfrist TKG 45i 7
Beauftragter der Bundesregierung für Kultur und Medien (BKM) RStV 6 24 f.
Beaufsichtigung TMG 10 53 f.
Bedarfsgegenstände VIG 1 11
Bedarfsmarktkonzept AEUV 101 45
Beeinträchtigung fiskalischer oder wirtschaftlicher Interessen IFG 3 171 ff.
Befreiung von der Rundfunkbeitragspflicht
- Antrag **RBeitrStV 4** 10, 13
- Ärztliche Bescheinigung **RBeitrStV 4** 7 f., 9, 14
- Beginn **RBeitrStV 4** 7
- Befristung **RBeitrStV 4** 8
- behinderte Menschen **RBeitrStV 4** 2, 4, 12.1
- Bescheid der Rundfunkanstalt **RBeitrStV 4** 16
- Bescheid der Sozialbehörde **RBeitrStV 4** 2, 7 ff., 14
- besonderer Härtefall **RBeitrStV 4** 10 ff.
- Einkommensschwäche **RBeitrStV 4** 2, 12.1
- Ende **RBeitrStV 4** 8 f.
- Erstreckung auf Mitbewohner **RBeitrStV 4** 6
- Rechtsschutz **RBeitrStV 4** 16 f.; **2** 12.1
- Verfahren **RBeitrStV 4** 13 f.
- Voraussetzungen **RBeitrStV 4** 2, 10 ff.
- s. auch Ermäßigung des Rundfunkbeitrags
- s. auch Rundfunkbeitrag
- s. auch Wohnung

Befristung des Informationsfreiheitsgesetzes IFG 14 2; **IFG 15** 3
Befugnisse
- der Kommission **AEUV 103** 1; **105** 3; **106** 11

Begehungsgefahr BGB 823 255, 274 ff.
Begleitperson KUG 23 16
Begründung IFG 7 18 f., 38 ff.
- Begründungspflicht bei Drittbetroffenheit **IFG 7** 38
- Datenschutz **IFG 7** 39.1
- Fehlen **IFG 7** 19, 40
- Grundsatz **IFG 7** 18
- Kritik **IFG 7** 39

Behinderte Endnutzer TKG 45 5
Behörde BGB 823 86 f.; **IFG 1** 130 ff.; **7** 21; **UIG 2** 9; **VIG 2** 35
- normsetzende Tätigkeit **UIG 2** 31 f.

Behördenpraxis IFG 1 78
Behördliche Mitteilungspflicht, Antragsablehnung IFG 9 23 ff.
- Amtspflicht **IFG 9** 23
- Ausnahmslosigkeit **IFG 9** 23

Sachverzeichnis

- Form **IFG 9** 27
- Funktionen **IFG 9** 24 f.
- Inhalt **IFG 9** 26

Behördliche Mitteilungspflicht, Drittbeteiligung IFG 8 19 ff.
- Identität des Antragstellers **IFG 8** 23
- Inhalt **IFG 8** 22
- Schriftlichkeit **IFG 8** 20
- Unverzüglichkeit **IFG 8** 21
- verfahrensbezogene Mitteilung **IFG 8** 19

Beihilfe
- Altbeihilfen **AEUV 108** 2, 4
- Anpassung von Altbeihilfen **AEUV 108** 3
- Beeinträchtigung des Handels **AEUV 107** 29–31, 58–61
- Begriff **AEUV 107** 1
- Beteiligung am Verfahren **AEUV 108** 12
- Durchsetzung (auf nationaler Ebene) **AEUV 108** 11
- Entscheidungskompetenz **AEUV 108** 14
- Ermessensspielraum **AEUV 107** 32
- Form **AEUV 107** 4
- Genehmigungsfähigkeit **AEUV 107** 32
- Hauptprüfungsverfahren **AEUV 108** 12–14
- neue Beihilfen **AEUV 108** 6
- Notifikationspflicht **AEUV 108** 6, 9–11
- Rechtsschutz der Beihilfeempfänger **AEUV 108** 15, 22–24
- Rechtsschutz Dritter **AEUV 108** 15–21
- Rückforderung **AEUV 108** 9
- staatliche Mittel **AEUV 107** 9–15
- Unternehmen **AEUV 107** 5, 77
- Unterstützungsmaßnahmen an Verbraucher **AEUV 107** 8
- Vereinbarkeit m. Verträgen **AEUV 107** 35–37
- Verfahren **AEUV 108** 1
- Vorprüfungsverfahren **AEUV 108** 7

Beihilfenrecht GG 5 22

Beihilfeverfahrensverordnung (BVVO) AEUV 108 1
- Lorenz-Frist **AEUV 108** 7; **109** 1
- Reform **AEUV 109** 3
- Vereinfachungspaket **AEUV 109** 2

Beispiele AEUV 101 51; **103** 5 f.
Beitragsschuldner RBeitrStV 5 3
Beiwerk KUG 23 20
Bekanntgabe VIG 5 10, 25; **3** 5
Bekanntgabe der Information IFG 3 38
Bekanntmachungen GWB 43 1
Bekanntwerden der Information IFG 3 37
Belegungsvorgaben für Plattformen
- Adressat **RStV 52b** 12 f.
- analoge Technik **RStV 52b** 1
- Aufsichtsbefugnisse **RStV 52b** 49 ff.
- Bezugspunkt **RStV 52b** 14, 15
- Befreiung von **RStV 52** 22; **52b** 43 ff.
- digitale Technik **RStV 52b** 1 ff.
- europarechtliche Grenzen **RStV 52b** 9 f., 53 5 ff.
- Fernsehen **RStV 52b** 15 ff.
- freie Belegung **RStV 52b** 31 ff.
- Hörfunk **RStV 52b** 3, 38 ff.
- inhaltliche Vorgaben **RStV 52b** 11 ff.
- Konzeption **RStV 52b** 2
- Lokal- und Regionalprogramme **RStV 52b** 22
- Sozialpflichtigkeit **RStV 52b** 4
- Stufenmodell **RStV 52b** 5
- technische Vorgaben **RStV 52b** 24
- Verantwortlichkeit **RStV 52b** 7, 48 f.

Beliehene IFG 1 149
Benachteiligung behinderter Menschen TKG 45 1
Benehmen
- beim Richtlinienerlass **RStV 46** 9
- mit der KEK **RStV 31** 12, 58 ff.
- Plattformregulierung **RStV 52e** 18
- Regionalfensterprogramm **RStV 25** 29

Benutzeroberflächen
- Begünstigte **RStV 52c** 28
- erster Zugriff **RStV 52c** 46
- Genre **RStV 52c** 50
- Programmlisten **RStV 52c** 49 ff.
- Regulierung **RStV 52c** 45 ff.
- Sortierkriterien **RStV 52c** 51 ff.

Beratende Gremien IFG 7 22
Berechnung der Umsatzerlöse und der Marktanteile GWB 38 1 f.
Berechnung des Umsatzes FKVO 5 1
Bereichsausnahme AEUV 106 8 ff.; **IFG 3** 194
- Bundesanstalt für Finanzdienstleistungsaufsicht (BaFin) **IFG 3** 81 ff.
- Kontroll- und Aufsichtsaufgaben der Finanz-, Wettbewerbs- und Regulierungsbehörden **IFG 3** 67 ff.
- Nachrichtendienste und Sicherheitsbehörden **IFG 3** 194 ff.

Bereithalten TMG 7 39 f.
Berichtigungsanspruch
- Beweislast **BGB 823** 297
- Formen **BGB 823** 292
- Inhalt **BGB 823** 301 ff.
- Rufbeeinträchtigung **BGB 823** 298
- Titelseite **BGB 823** 302
- Voraussetzungen **BGB 823** 293 ff.

Berichtigungsrecht GRC 8 38
Berichtspflichten
- der Landesrundfunkanstalten, des ZDF und des Deutschlandradios **RStV 11e** 2 ff.

Berlin IFG 1 62
Berufsfreiheit BGB 823 189
Berufsfreiheit IFG 1 25, 28
Berufsgeheimnis IFG 3 140, 144, 159 ff.
- anwaltliche Schweigepflicht **IFG 3** 144, 159 ff.
- ärztliche Schweigepflicht **IFG 3** 144, 159 ff.
- freie Berufe **IFG 3** 160
- offenkundige Tatsachen **IFG 3** 160

Beschaffen, aktives UIG 2 120
Beschaffenheit VIG 2 23
Beschaffungspflicht, keine VIG 2 13
Beschlüsse
- von Unternehmensvereinigungen **AEUV 101** 16

1589

Sachverzeichnis

Beschränkungen AEUV 101 41
Beschwerderecht GRC 8 42
Beseitigungsanspruch BGB 823 292
Best-Effort-Prinzip TKG 41a 2, 24, 37, 41 f.
Bestimmtheitsgrundsatz TMG 16 1
Beteiligung
– der Verbraucher am Gewinn **AEUV 101** 71
Beteiligungsverhältnisse RStV 29 1 ff., s. a. Veränderung der Beteiligungsverhältnisse
Betreibervorauswahl TKG 46 30 f.
Betretungsrecht RStV 22 9
Betriebsform RStV 2 50 ff.
Betriebsgeheimnis
– s. Betriebs- und Geschäftsgeheimnisse
Betriebsstätte RBeitrStV 5 2, 6 1 ff.
– Beschäftigte **RBeitrStV 6** 9 ff.
– Inhaber **RBeitrStV 6** 5 f.
– innerhalb einer beitragspflichtigen Wohnung **RBeitrStV 5** 25
– Motorschiff **RBeitrStV 6** 8
– ohne eingerichteten Arbeitsplatz **RBeitrStV 5** 24
– vorübergehende Stilllegung **RBeitrStV 5** 23
Betriebs- und Geschäftsgeheimnisse
– s. Schutz Betriebs- und Geschäftsgeheimnisse
– s. auch Schutz privater Belange UIG
Betriebssysteme
– für Smartphones/Tablets **AEUV 101** 102
Betroffenheit BGB 823 74
Betroffenenrechte IFG 1 217 ff., **2** 30
Beurteilung von Zusammenschlüssen GWB 36 1 ff.
Beurteilungsspielraum IFG 3 41 ff., 48, 205
– internationale Beziehungen **IFG 3** 48, 50 ff.
– Kontroll- und Aufsichtsaufgaben der Finanz-, Wettbewerbs- und Regulierungsbehörden **IFG 3** 79
Beweiserhebungsbefugnis RStV 22 3 ff.
Beweisermittlungsbefugnis RStV 22 3 ff.
Beweislast BGB 823 339 ff.; **KUG 23** 42; **AEUV 101** 15, 19, 23, 79; **TKG 42** 16, 37; **45i** 20; **TMG 7** 73 ff.; **10** 57 ff.
Bewertung IFG 1 228 ff.
Bezahlfernsehen AEUV 101 92
BfDI IFG 12 1 ff.
– Antragsablehnung **IFG 9** 22
– Kostenentscheidung **IFG 10** 66
– Kostenfreiheit **IFG 10** 9; 31
– Rechtsschutz **IFG 9** 50
– s. auch Bundesbeauftragter für die Informationsfreiheit
BGebG UIG 12 1 ff.
Bildaussage KUG 23 55
Bildberichterstattung
– und allgemeines Persönlichkeitsrecht **GG 2** 47, 63 ff.
– Kinder s. Vorrangregeln bei Bildberichterstattung
– Personen der Zeitgeschichte s. Vorrangregeln bei Bildberichterstattung

– Rechtfertigungsbedürftigkeit **GG 2** 65
– Resozialisierung von Straftätern **GG 2** 15, 57
– Vorrangregeln bei Grundrechtskollisionen s. Vorrangregeln bei Bildberichterstattung
Bildnisbegriff KUG 22 1
Bildniserschleichung KUG 22 10
Bildung RStV 2 57
Bill-and-Keep-Peering TKG 41a 3
Bill-Warning TKG 45l 11
Bindungswirkung AEUV 101 14, 18
Blocking TKG 41a 24, 28
Blockwerbegebot RStV 7a 1, 14 ff.
Blog RStV 54 5.1
BNetzA TKG 41a 12, 44 f.
Bonitätsbeurteilungen BGB 823 44, 191
Boykottaufruf BGB 823 191
Boykottverbot GWB 21 1
Brandenburg IFG 1 63
Bremen IFG 1 64
Briefgeheimnis
– Eingriff **GG 10** 25
– Einzelgrundrecht **GG 10** 3
– G10-Gesetz **GG 10** 50
– Gesetzesvorbehalt **GG 10** 33 ff.
– Grundrechtsbindung **GG 10** 6, 23 f.
– Kernbereich höchstpersönlicher Lebensgestaltung **GG 10** 43 f.
– Kommunikationsinhalte, geschäftliche **GG 10** 2, 7
– Kommunikationsinhalte, private **GG 10** 7
– Kommunikationsinhalte, verkörperte **GG 10** 5
– Kommunikationsumstände **GG 10** 7
– Normenbestimmtheit und Normenklarheit **GG 10** 36 f.
– Schranken **GG 10** 33
– Schutzbereichsbegrenzung **GG 10** 4
– Staatsschutzklausel **GG 10** 33, 49 f.
– Übermittlungsvorgang **GG 10** 8
– Verhältnismäßigkeitsgrundsatz **GG 10** 38 ff., 48
– Zitiergebot **GG 10** 47
Buchpreisbindung GWB 30 42
Bücher FKVO 2 41 ff.; **GWB 36** 27 f.
Bündeltheorie AEUV 101 33, 50
Bundesamt für Verfassungsschutz IFG 3 63, 195
– Landesämter für Verfassungsschutz **IFG 3** 195
Bundesamt für Wirtschaft und Ausfuhrkontrolle IFG 3 94
Bundesanstalt für Finanzdienstleistungsaufsicht (BaFin) IFG 3 77, 81 ff., 149
Bundesanstalt für Finanzmarktstabilisierung IFG 3 71
Bundesanstalt für Immobilienaufgaben IFG 3 71
Bundesanwaltschaft IFG 1 143.3
Bundesarchivgesetz (BArchG) IFG 3 198
Bundesbank IFG 1 139; **3** 71
Bundesbankgesetz IFG 3 148.4

Sachverzeichnis

Bundesbeauftragter für die Informationsfreiheit IFG 12
- Amtszeit **IFG 12** 6
- Anrufung **IFG 12** 10 ff.
- Aufgaben **IFG 12** 34 ff.
- Aufsicht, Fach-, Dienst-, Rechts- **IFG 12** 7
- Beanstandung **IFG 12** 46 ff.
- Doppelfunktion **IFG 12** 27 ff.
- Öffentlichkeitsarbeit **IFG 12** 56
- Petitionsrecht, siehe Anrufung
- Rechtsstellung **IFG 12** 6 ff.
- Tätigkeitsberichte **IFG 12** 53 ff.
- Unterschiede um Datenschutzbeauftragten **IFG 12** 31 ff.
- Zeugnisverweigerungsrecht **IFG 12** 9

Bundesbeauftragte für die Unterlagen des Staatssicherheitsdienstes der DDR IFG 3 195

Bundeseinrichtungen IFG 1 142 ff.
Bundesfinanzdirektion IFG 3 71
Bundesgerichte IFG 1 143.2
Bundesjustizministerium IFG 1 136
Bundeskanzleramt IFG 1 131.1, 136
Bundeskanzlerin, Terminkalender IFG 3 66.1
Bundeskartellamt IFG 3 73
Bundeskartellrecht GG 70 8, **74** 2 ff.
Bundeskompetenz RStV 6 21
Bundeskriminalamt (BKA) IFG 3 63, 197
Bundesländervergleich IFG 1 76 f.
Bundesministerien IFG 1 131.1
Bundesministerium der Finanzen IFG 3 71
Bundesministerium der Verteidigung IFG 3 55
Bundesministerium für Wirtschaft und Technologie IFG 3 73
Bundesmonopolverwaltung für Branntwein IFG 3 71
Bundesnachrichtendienst (BND) IFG 3 63, 195
Bundesnetzagentur (BNetzA) IFG 3 74, 77
- Entgeltregulierung **RStV 52d** 23
- Plattformregulierung **RStV 52e** 14 ff.
- Zusammenarbeit mit Landesmedienanstalten **RStV 52e** 17

Bundesorgane IFG 1 142 ff.
Bundespolizei IFG 3 63, 197
Bundespräsidialamt IFG 1 143.4
Bundesrat IFG 1 143.5
Bundesrechnungshof IFG 3 85
Bundesrepublik Deutschland Finanzagentur GmbH IFG 3 176
Bundestag IFG 1 143.6
Bundestagsabgeordnete IFG 1 112.2
Bundestagsfraktion IFG 1 143.7
Bundeswahlleiter IFG 1 143.8, 223
Bundeswehr IFG 1 141; **3** 54 ff., 197
- Bundesministerium der Verteidigung **IFG 3** 55
- Bündnisverteidigung **IFG 3** 56
- Darlegung **IFG 3** 58

- militärische Belange **IFG 3** 55 f.
- nachteilige Auswirkungen **IFG 3** 58 f.
- North Atlantic Treaty Organization (NATO) **IFG 3** 56
- sonstige sicherheitsempfindliche Belange **IFG 3** 55, 57

Bundeswertpapierverwaltung IFG 3 176
Bundeszentralamt für Steuern IFG 3 71
Bundeszuordnung IFG 1 120 ff.
Bürgerinitiativen IFG 1 102 f., 223
Bußgeldrahmen
- Grundsatz **TMG 16** 20
- Anknüpfung bei Verbandsgeldbuße **TMG 16** 24

Bußgeldverfahren IFG 1 216

Caching TMG 8 7
- Haftungsprivilegierung **TMG 9** 9 ff.
- standardmäßige Aktualisierungsregeln **TMG 9** 18 f.
- Suchmaschinen **TMG 9** 26
- Technik **TMG 9** 2 ff.
- Veränderung der Information **TMG 9** 14
- Zeitliche Begrenzung **TMG 9** 10
- Zugangssperren **TMG 9** 15

Can-Carry-Bereich
- Belegungsentscheidungen **RStV 52b** 50
- Belegungsvorgaben **RStV 52b** 25 ff.
- Entgeltregulierung **RStV 52d** 16
- Umfang **RStV 52b** 30

Caroline von Hannover GG 2, 68 f.; **EMRK 8** 21 f.
Caroline-Rechtsprechung KUG 23 10
Chancengleichheit RStV 42 2, 8, 12 ff., 17 f., 27.1
- abgestufte **RStV 42** 8, 16
- Auffindbarkeit **RStV 52c** 46, 49
- Benutzeroberflächen **RStV 52c** 47, 49
- Entgeltregulierung **RStV 52d** 4, 7, 13
- Feinabstufung **RStV 42** 15
- Grobabstufung **RStV 42** 14
- Grundsatz der **RStV 52c** 18, 34
- kommunikative **TKG 41a** 19, 25 f.
- Mindestanteil **RStV 42** 13
- Mitgliederzahl der Gemeinschaft **RStV 42** 8
- Pflicht zur Bekanntgabe **RStV 42** 19
- Sortierkriterien **RStV 52c** 53 f.
- unbillige Behinderung **RStV 52c** 34
- und Chancengerechtigkeit **TKG 41a** 19, 25 f.
- Wahlergebnisse **RStV 42** 14
- Wahlprognosen **RStV 42** 15
- Wahlspots **RStV 42** 13 f., 17 f., 24, 25.1, 27.1, 30
- Zugangssysteme **RStV 52c** 17 f., 21, 31, 34

Crossmediale Effekte GWB 36 31

Darlegung IFG 3 11 ff., 33 ff., 36 ff., 41 ff., 45 ff., 58
Darlegung nachteiliger Auswirkungen IFG 3 41 ff.
- Prognosespielraum **IFG 3** 41

Sachverzeichnis

Darlegungslast KUG 23 27
Daten VIG 3 11
– Bestandsdaten s. Telekommunikationsgeheimnis
– personenbezogene s. personenbezogene Daten
– Standortdaten s. Telekommunikationsgeheimnis
– Verbindungsdaten s. Telekommunikationsgeheimnis
– Vorratsdaten s. Vorratsdatenspeicherung
Datenaustausch zwischen Landesrundfunkanstalten RBeitrStV 11 8
Datenpakete TKG 41a 9
Daten-Roaming TKG 45l 3
Datenschutz GG 2 18 f.; **GRC 8** 1 ff.; **IFG 1** 9, 16, 28; **EMRK 8** 29; **RBeitrStV 11** 1 ff.; **RStV 49** 42 ff.; **TMG 3** 20
– Aufsicht bei Telemedien **RStV 59** 1 f.
– Aufsicht über redaktionelle Telemedien der Presse **RStV 59** 4
– Aufsicht über redaktionelle Telemedien öffentlich-rechtlicher Rundfunkanstalten **RStV 59** 3
– Bestandsdaten **RStV 49** 46
– Einwilligung **GRC 8** 20, 27
– Erklärungsabgabepflicht **RStV 49** 50
– Informationspflichten **TMG 16** 13
– Koppelungsverbot **RStV 49** 43
– Mitteilungspflicht **RStV 49** 49
– Nutzerprofile **RStV 49** 47
– Plattformregulierung **RStV 52e** 13
– s. auch personenbezogene Daten
– Sicherstellungsvorschriften **RStV 49** 45
– Sicherungspflichten **TMG 16** 14
– Sperrung **RStV 49** 48
– und Transparenz **GRC 8** 36
– und Pressefreiheit **GRC 8** 35
– Unterrichtungspflicht **RStV 49** 44
– Verkehrsdaten **RStV 49** 46
Datenschutzbeauftragter GRC 8 39 ff., **RBeitrStV 11** 5 ff.
– behördlicher **RBeitrStV 11** 5 ff.
– Unabhängigkeit **GRC 8** 43
Datenschutzrecht und Medien BGB 823 194
Datenschutzrechtliches Verbotsprinzip UIG 9 10
Datenschutzrichtlinie IFG 1 16
Datentransport TKG 41a 2 ff., 13 ff., 24 ff.
Datenübermittlung TKG 41a 2 ff., 13 ff., 24 ff.
Datenverarbeitung GRC 8 18 ff.
– s. auch Auftragsdatenverarbeitung
– s. Erheben von Daten
– s. Speichern von Daten
– s. Verwenden von Daten
Dauerwerbesendung
– Anrechenbarkeit auf Höchstsendezeit **RStV 45** 10
– Kennzeichnung im Fernsehen **RStV 7** 20
– Kennzeichnung im Hörfunk **RStV 7** 21
– Länge **RStV 7** 19

– Ordnungswidrigkeit **RStV 49** 26
– Sponsoring **RStV 8** 9
Delegierte Rechtsakte GRC 11 36
De-minimis-Regel AEUV 101 29
De-minimis-Verordnungen AEUV 109 7
Demokratieprinzip IFG 1 22
Deutscher Filmförderfonds (DFFF) RStV 6 24 f.
Deutsches Patent- und Markenamt IFG 3 73
Deutschlandfunk RStV 11c 16
Deutschlandradio Kultur RStV 11c 17
Dezentrale Serverarchitektur TKG 41a 33
Dienende Funktion der Telekommunikation GG 73 5
Diensteanbieter TMG 7 17 f.; **8** 10 ff.; **10** 10 ff.
– Begriff **TMG 2** 4 ff.
– Mitarbeiter und Organe von Diensteanbietern **TMG 7** 21 f., 78
– Personengesellschaften **TMG 2** 44
– Sitz des Anbieters audiovisueller Mediendienste **TMG 2a** 3 ff.
– Sitz in Deutschland **TMG 3** 6 ff.
– Sitz in einem anderen Mitgliedstaat **TMG 3** 11 ff.
– Sitzland im e-commerce **TMG 2a** 2
Dienstklassenneutralität TKG 41a 37
Dienstleistung VIG 3 9
Dienstleistungen von allgemeinem wirtschaftlichem Interesse
– AltmarkTrans-Kriterien **AEUV 107** 19–28
– Dienstleistungsmonopole **AEUV 107** 63
– Genehmigungsverfahren **AEUV 107** 64
– Rechtfertigung von Beihilfen **AEUV 107** 62
Dienst- und Inhalteanbieter TKG 41a 9
Dienstqualität TKG 41a 46 f.; **43a** 28
Digitalzeitschrift und -zeitung RStV 54 5.1
Dirt-Road TKG 41a 41
Disclaimer TMG 7 37
Diskriminierung TKG 41a 24 ff.
– dienstseitig **TKG 41a** 37
– netzseitig **TKG 41a** 1
Diskriminierungsfreiheit
– Entgeltregulierung **RStV 52d** 4, 12
– Zugangssysteme **RStV 52c** 17, 21, 36
Diskriminierungsverbot
– Leistungsbegriff **TKG 42** 32 ff.
– Missbrauchsvermutung **TKG 42** 10, 37, 38
Dispositionsrecht GWB 30 3
Distanzierung BGB 823 9, 11
Domain
– Admin-C **BGB 12** 90
– Ausländische TDL **BGB 12** 57
– Begriff **BGB 12** 39
– Bekanntheitsgrad **BGB 12** 61
– Catch-all-Funktion **BGB 12** 76
– DENIC **BGB 12** 40, 90, 93
– Dispute-Eintrag **BGB 12** 86
– Domaingrabbing **BGB 12** 66 ff.

Sachverzeichnis

- Domainsquatting **BGB 12** 67
- Domainvariante **BGB 12** 65
- Framing **BGB 12** 77
- ICANN **BGB 12** 40, 78
- Identitätsverwechslung **BGB 12** 57
- Keywords **BGB 12** 75
- Löschungsanspruch **BGB 12** 84
- Metataging **BGB 12** 73
- Namensanmaßung **BGB 12** 55
- Namensleugnung **BGB 12** 54
- Namensschutz **BGB 12** 44
- Pacht **BGB 12** 89
- Pfändung **BGB 12** 43
- Prioritätsprinzip **BGB 12** 41, 60 f.
- Provider **BGB 12** 91
- Rechtsnatur **BGB 12** 42
- Registrierung **BGB 12** 54
- Sachbezug **BGB 12** 63
- SLD **BGB 12** 40
- Sperrwirkung **BGB 12** 41, 62
- System **BGB 12** 39
- TDL **BGB 12** 40, 78 f.
- Tippfehlerdomain **BGB 12** 65, 70
- Treuhand **BGB 12** 59, 61.1, 88
- Typosquatting **BGB 12** 72
- Übertragbarkeit **BGB 12** 43
- Vermögensrecht **BGB 12** 43

Dokumentarfilme
- Definition **RStV 7a** 33
- Unterbrechung von **RStV 7a** 24 ff.

Doppelgänger KUG 22 6
Doppelzuständigkeit Zustimmung KUG 22 17
DRadio Wissen RStV 11c 18 ff.
Drei-Stufen-Test RStV Präambel 22 f.; **11f** 14 ff.
- Einleitung des Verfahrens **RStV 11f** 15 ff.
- Gremiumsentscheidung **RStV 11f** 23 ff.
- Gutachter **RStV 11f** 18 ff.
- Inhalt **RStV 11f** 10 ff.
- Stellungnahme Dritter **RStV 11f** 18 ff.

Dringlichkeit BGB 823 331
Drittbeteiligung, Informationszugang IFG 8 32 ff.
- Anhörungsgebot **IFG 8** 8 ff.
- Anwendungsbereich **IFG 8** 1
- Begriffsdefinition **IFG 8** 4 ff.
- Begründung **IFG 8** 30
- Bekanntgabe **IFG 8** 31
- Bestandskraft **IFG 8** 33
- Entscheidung **IFG 8** 28 ff.
- Grundrechtsschutz durch Verfahren **IFG 8** 2
- Rechtsschutz s. Rechtsschutz
- Rechtsschutzfunktion **IFG 8** 32
- Schriftform **IFG 8** 28 f.
- sofortige Vollziehung, Fristbeginn **IFG 8** 34 f.
- Verfahren **IFG 8** 1 ff.
- Verhältnis zu Anhörungsrechten nach VwVfG **IFG 8** 3
- Verstöße **IFG 8** 41 f.
- Verwaltungsakt **IFG 8** 27

Dritte IFG 2 29 ff.; **8** 4 ff.; **VIG 5** 3, 10, 15, 25
- Behörden **IFG 8** 5
- Grundsatz **IFG 8** 4
- Informanten **IFG 8** 7
- Private **IFG 8** 6

Dritte (Fernseh-)Programme
- Belegungsvorgaben **RStV 52b** 19
- BR-alpha **RStV 11** 25
- Kooperation der Rundfunkanstalten durch gemeinsame Sendepläne **RStV 11b** 22
- Programmaustausch („Programmpool") der Rundfunkanstalten **RStV 11b** 21
- Radio Bremen **RStV 11b** 22
- Regionale Auseinanderschaltungen **RStV 11b** 24
- Saarländischer Rundfunk **RStV 11b** 22

Drittsenderecht RStV 42 1 ff., 6 f., 9, 21 ff., 31
Drittsendezeiten RStV 26 36, 40
- Ausschreibung von Sendezeiten **RStV 31** 10, 26 f.
- Auswahl durch die Landesmedienanstalt **RStV 31** 39 f.
- Benehmensherstellung mit der KEK **RStV 31** 12, 58 ff.
- Beurteilungsspielraum der KEK **RStV 31** 34
- Drittsendezeitrichtlinie **RStV 31** 4
- einvernehmliche Auswahl **RStV 31** 35 ff.
- Entfallen der Voraussetzungen **RStV 26** 48 ff.
- Erörterung mit dem Hauptprogrammveranstalter **RStV 31** 28, 33
- Feststellung und Mitteilung **RStV 26** 44, 47; **31** 9
- Hinzufügung von Vorschlägen **RStV 31** 38
- Konkurrentenklage **RStV 31** 67 f., 70 ff.
- materielle Anforderungen **RStV 26** 42; **31** 3
- Normgenese **RStV 31** 7
- Prüfpflicht der Landesmedienanstalt **RStV 31** 50
- Rechtsschutz **RStV 31** 64 f.
- Rechtswidrigkeit der Ausschreibung **RStV 31** 29
- Referenzzeitraum **RStV 26** 43
- Vereinbarkeit mit höherrangigem Recht **RStV 31** 5 f.
- verfahrensrechtliche Anforderungen **RStV 26** 44; **31** 8
- Verwaltungsakt **RStV 26** 45 f.
- vorherrschende Meinungsmacht **RStV 31** 2
- Widerruf der Zulassung **RStV 26** 52; **31** 48, 53
- Wiederaufgreifen des Verwaltungsverfahrens **RStV 26** 51
- Zulassung des Fensterprogrammveranstalters **RStV 31** 11
- zulassungsfähige Anträge **RStV 31** 30

Drittsendungen RStV 42 2, 9, 24, 26 f., 29 ff.

Sachverzeichnis

Drittwirkung GG 5 18, 36
– mittelbare **BGB 823** 109, 126; **GG 5** 18, 36; **10**, 24
– unmittelbare **GG 5** 37
Drogenkonsum BGB 823 202
Duales Rundfunksystem RStV Präambel 2 ff.; **25** 4
Durchführungsvorschriften AEUV 102 3
Durchsatz TKG 41a 7
Durchschnittsentgelt TKG 45j 4
Durchschnittsleser/-publikum BGB 823 52, 54
Durchsuchung RStV 22 12
– Niederschrift **RStV 22** 14
– Richtervorbehalt **RStV 22** 13
Durchsuchungsanordnung RStV 22 13

E-Book RStV 54 5.1
E-Commerce-RL TMG 7 4, 7, 13 ff., 19, 22 ff., 28 ff., 32, 44, 48 ff.; **8** 2 ff., 7, 11 f., 18 ff., 30; **10** 2 ff., 12, 24, 29, 34, 45.
E-Goverment-Gesetz IFG 1 221
Effektive Rechtsdurchsetzung TMG 7 11, 64
Effizienzgewinne AEUV 101 69 f.
EGMR KUG 23 9
EG-Verbraucherschutzdurchsetzungsgesetz RStV 9b 7 ff.
– AVMD-RiL **RStV 9b** 4
– Rechtsweg **RStV 9b** 11
– zentrale Verbindungsstelle **RStV 9b** 10
Eidesstattliche Versicherung RStV 22 8
Eigene Umsetzungsdogmatik TMG 2a 5
Eigenwerbekanäle RStV 45a 8
Eigenwerbung Medien KUG 23 50
Eilverfahren BGB 823 330 ff.
Eindrücke BGB 823 57 f., 285
Eindrucksgegendarstellung BGB 1004 17 ff.
Einflussmöglichkeit bzgl. der gespeicherten Daten TMG 10 11
Eingeschränkte Zweckbestimmung KUG 23 32
Eingriff EMRK 10 34 ff.; **GG 2** 18, 28, 38 f., 40; **GG 10** 26 ff., 39
– Eingriffsbegriff **EMRK 10** 34
– Eingriffsintensität **GG 2** 77, 93, 96, 101; **10** 30, 39
– Leistungsverpflichtungen **EMRK 10** 37
– Präventive Beschränkung **EMRK 10** 35
– Sanktion **EMRK 10** 35
Einkommen BGB 823 203
Einrichtungsrundfunk RStV 20 23 ff.
Einschüchterungseffekt („chilling effect") EMRK 10 70
Einseitigkeit AEUV 101 13, 22
EinsExtra RStV 11b 15
EinsFestival RStV 11b 15
Einsichtnahme IFG 7 69 ff.
– Begriffsdefinitionen **IFG 7** 71
– Ermessen **IFG 7** 72
– Kontrollfunktion **IFG 7** 72

– Praktische Durchführung **IFG 7** 73
– Subjektives öffentliches Recht **IFG 7** 70
EinsPlus RStV 11b 15
Einstweiliger Rechtsschutz IFG 9 84 ff.
– Drittbetroffenheit **IFG 9** 89
– Rechtsprechungspraxis **IFG 9** 88
– Regelungsanordnung, § 123 VwGO **IFG 9** 85
– Vorwegnahme der Hauptsache **IFG 9** 85 ff.
Einwendungsausschluss TKG 45i 3
Einwilligung VIG 2 5; **3** 27
– des Veranstalters in Eingriffe **AEUV 101** 115
– Beweislast **KUG 22** 18
– konkludente **KUG 22** 14
– Rechtsnatur **KUG 22** 13
– Umfang **KUG 22** 21
– Vermutung **KUG 22** 27
– Widerruf **KUG 22** 19
Einzelfreistellung AEUV 101 66 ff.
Einzelspots RStV 7a 15 ff.
Einzelverbindungsnachweis TKG 45e 10, 20
Elektronische Form GWB 30 26
Elektronische Presse
– Auskunftsanspruch **RStV 55** 8
– Begriff **RStV 54** 5
– Impressumspflicht **RStV 55** 6 f.
– Sorgfaltspflicht **RStV 54** 3
– Verantwortlicher **RStV 55** 7
Elektronisches Geld TMG 3 27
Elterlicher Pflichtenkreis KUG 23 46
Eltern-Kind-Beziehung BGB 823 205 f.
Eltern-Kind-Situation KUG 23 45
Email TMG 6 12 f.
– Betreffzeile **TMG 6** 14 ff.
– Kopfzeile **TMG 6** 14 ff.
– Werbung **TMG 3** 23
Empfangsgeräte
– Speicher **RStV 2** 13
EMRK, Berücksichtigung BGB 823 91
Endnutzer TKG 41a 16, 20
– andere **TKG 47a** 6
Entbündelungsverbot RStV 52a 13 ff.
Entfernung der Information TMG 10 47
Entgeltabschöpfung GG 70 10
Entgelte TKG 45p 5
Entgeltermittlung TKG 45g 11; **45j** 2
Entgeltregulierung TKG 42 6
– Angemessenheit **RStV 52d** 16 ff., 22
– Aufsichtsbefugnisse **RStV 52d** 5, 23
– Bedeutung **RStV 52d** 6, 10
– Chancengleichheit **RStV 52d** 4, 7, 13
– Diskriminierungsfreiheit **RStV 52d** 4, 12
– Entstehung **RStV 52d** 1 ff.
– Hörfunk **RStV 52d** 11, 21
– Lokal- und Regionalprogramme **RStV 52d** 22
– Meinungswettbewerb **RStV 52d** 6, 13
– Regulierungsgegenstand **RStV 52d** 14 f.
Entscheidung VIG 5 4, 12
Entscheidungsprozesse IFG 4 1 ff.
Entscheidungsvorbereitende Maßnahmen IFG 4 8 ff.

Sachverzeichnis

Entstehungsgeschichte TMG 7 2 ff.
Entwicklungsgarantie RStV Präambel 12 ff., 44 ff.
Entwicklungsschritte IFG 1 4 ff.
Entwürfe IFG 2 13 ff., **4** 8 ff.
Ereignisaussage KUG 23 61
Ereignisbezug KUG 23 7
Erfahrungsaustausch RStV 46 10
Erfolgsort BGB 823 329
Erheben von Daten GRC 8 18 ff.; **RBeitrStV 11** 17 ff.
– s. auch personenbezogene Daten
Erkennbarkeit BGB 823 75 f.; **KUG 22** 4
Erkenntnisse VIG 3 37; **4** 9; **6** 8
Ermächtigungsgrundlage AEUV 103 3 f.
Ermäßigung des Rundfunkbeitrags
– Merkzeichen RF **RBeitrStV 4** 4, 12.1
– Voraussetzungen **RBeitrStV 4** 4, 10
– s. auch Befreiung von der Rundfunkbeitragspflicht
Ermessen IFG 1 176 ff.; **VIG 4** 11; **5** 2; **6** 4 f.
Ermittlungsbefugnis
– Inhalt **RStV 22** 4
– Rechtsschutz **RStV 22** 16 ff.
Erstattung RStV 42 9, 19, 21
– Gemeinkosten **RStV 42** 9, 21
– Kostentragungspflicht **RStV 42** 9
– Selbstkosten **RStV 42** 9, 19, 21
– unmittelbare Kosten **RStV 42** 9, 21
Erstattungsanspruch, öffentlich-rechtlicher IFG 10 75
Erzeugnisse i. S. d. LFGB VIG 1 6
E-Serial RStV 54 5.1
Eskalationsprozess TKG 46
Eurimages RStV 6 25 f.
Europäische (Film- und Fernseh-)Produktionen RStV 6 2, 8 f., 9
Europapokal-Heimspiel-Entscheidung AEUV 101 117
Europäische Werke RStV 6 1, 3, 10, 12
Europaratskonvention über das grenzüberschreitende Fernsehen RStV 20 29 ff.
– Informationspflicht **RStV 9** 1 ff.
EU-Verbraucherschutzverordnung RStV 9b 2 ff.
– AVMD-RiL **RStV 9b** 4
– zuständige Stellen **RStV 9b** 5
Evaluation IFG 3 207 ff.; **14** 1, 7 ff.
– BremIFG **IFG 1** 64
– Bund **IFG 1** 79 ff.
– IFG M-V **IFG 1** 67
– IFG NRW **IFG 1** 69
– LIFG RhPf **IFG 1** 70
Evangelische Kirche RStV 42 5, 29
Exklusivitätsvereinbarung AEUV 101 125 f.
Exportkontrolle IFG 3 97
Externe Finanzkontrolle IFG 3 85 ff.
– Angelegenheiten der externen Finanzkontrolle **IFG 3** 89 f.
– Anwendungsbereich **IFG 3** 86

– Bundesrechnungshof **IFG 3** 85
– Darlegung **IFG 3** 91 ff.
– Gefahr reduzierter Kooperationsbereitschaft **IFG 3** 91 f.
– nachteilige Auswirkungen **IFG 3** 91 ff.
– richterliche Unabhängigkeit **IFG 3** 86 ff.
E-Zine RStV 54 5.1

Facebook
– s. Soziales Netzwerk
Fachbegriffe BGB 823 53
Fahndungszwecke KUG 24 1
Familiapress GRC 11 26
Fensterprogramm
– Dauer **RStV 31** 20
– Mindestanforderungen **RStV 31** 21
– Umfang der Anrechnung **RStV 31** 22
– Voraussetzung der Anrechnung **RStV 31** 23–25
– Zulassung **RStV 31** 49, 52, 54 f.
Fensterprogrammveranstalter RStV 31 12
– Akzessorietät der Zulassung **RStV 31** 56 f.
– Finanzierung **RStV 31** 42
– Kündigungsschutz **RStV 31** 44
– Programmautonomie des Hauptveranstalters **RStV 31** 14
– rechtliche Unabhängigkeit **RStV 31** 18 f.
– Rechtsschutz **RStV 31** 66, 68 f.
– redaktionelle Unabhängigkeit **RStV 31** 16 f.
– Scheitern der Vereinbarung mit dem Hauptprogrammveranstalter **RStV 31** 45–47, 51
– Vereinbarung mit dem Hauptprogrammveranstalter **RStV 31** 41, 43
– verminderte redaktionelle Unabhängigkeit **RStV 31** 32
– Vielfaltsbeitrag **RStV 31** 13, 31
– Zulassung **RStV 31** 49, 52, 54 f.
Fernmeldegeheimnis TMG 7 71 f.; **10** 3
– s. auch Telekommunikationsgeheimnis
Fernmeldewesen GG 73 1
Fernsehen
– grenzüberschreitendes **RStV 20** 29 ff.
Fernsehprogramme
– Begrenzung von **RStV 11b** 2; 6 f.
– digitale **RStV 11b** 4, 14 ff.
– Finanzierung der Rundfunkanstalten **RStV 11b** 7
– Spartenprogramme **RStV 11b** 3, 25, 40, 44
– Übertragungswege **RStV 11b** 8
– zahlenmäßige Obergrenze der **RStV 11b** 5
– Zusatzprogramme **RStV 11b** 1, 14 ff., 27
Fernseh-RL RStV 6 1, 6 f., 9, 10.1, 12
Fernsehtext RStV 11b 47
Fernseh-Übereinkommen RStV 6 7, 10.1 ff.
Fernsehveranstalter RStV 6 3, 9 f., 14, 16
Fernsehwerbespot RStV 45 8
Fernsehwerbung s. Werbung

1595

Sachverzeichnis

fernsehzentriertes Zuschaueranteilsmodell RStV 26 2; **26** 3
– KEK **RStV 26** 5
– Zuschaueranteilsberechnung **RStV 27** 4
FFG RStV 6 5, 20 ff.
Filmabgabe RStV 6 21 f.
– Entscheidungen des BVerwG **RStV 6** 22
Filme
– Abgrenzung **RStV 7a** 35
– Definition **RStV 7a** 28
– Unterbrechung von **RStV 7a** 24 ff.
Filmförderung RStV 6 2 f., 5 f., 17 ff., 23.1, 25
– europäische Produktion **AEUV 107** 57
– Filmförderfonds **AEUV 107** 54
– Filmförderungsgesetz **AEUV 107** 14, 53
Filmförderungsanstalt (FFA) RStV 6 20, 22 f.
Filmfreiheit GG 5 20, 100
Filterfunktion TMG 7 6 ff., 13.1, 14, 74
Filterprogramm TMG 7 64 f.
Finanzbehörden IFG 3 71 ff., 76
Finanzierung privater Rundfunkanbieter RStV 43 1 ff.
– Abonnements **RStV 43** 10
– Batering/Cross Promotion **RStV 43** 13
– eigene Mittel **RStV 43** 21
– Einzelentgelte **RStV 43** 9
– Entstehung **RStV 43** 1–4
– Geltungsbereich/Bedeutung **RStV 43** 5
– Gewinnspiele **RStV 8a** 1 ff.; **43** 18
– Licensing **RStV 43** 16
– Merchandising **RStV 43** 15
– Mitgliedsbeiträge/Spenden **RStV 43** 14
– Preisauslobung **RStV 43** 17
– Produktplazierung **RStV 43** 12
– sonstige Einnahmen **RStV 43** 8
– Sponsoring **RStV 43** 11
– Stellen-/Partnervermittlung **RStV 43** 20
– Teleshopping **RStV 43** 7
– Televoting **RStV 43** 19
– Werbung **RStV 7** 1; **43** 6
First-in/first-out-Prinzip TKG 41a 2
Fischereisubventionen IFG 11 22
fiskalische Interessen VIG 3 8
– im Wirtschaftsverkehr **IFG 3** 174 ff.
fiskalische oder wirtschaftliche Interessen IFG 3 171 ff.
– Bankgeschäfte **IFG 3** 176
– Beeinträchtigung **IFG 3** 180 ff.
– Berufsfreiheit **IFG 3** 172
– Darlegung **IFG 3** 180
– Eigentumsfreiheit **IFG 3** 172
– Erheblichkeit **IFG 3** 181
– Evaluation **IFG 3** 171.3
– Gesetzgebungsgeschichte **IFG 3** 171 ff.
– Gewinnerzielungsabsicht **IFG 3** 175
– Korruptionsbekämpfung **IFG 3** 173.1
– mittelbare Beeinträchtigung **IFG 3** 177
– Prognose **IFG 3** 180
– Schutzweck **IFG 3** 172 ff.
– Spürbarkeit **IFG 3** 181
Flachglas Torgau IFG 3 134.3, 139.3

Folgeveröffentlichungen BGB 823 303
Form der Entscheidung, Antragsablehnung IFG 9 17 ff.
– Begründung **IFG 9** 19 f.
– BfDI **IFG 9** 22
– Formfreiheit **IFG 9** 18
– Rechtsbehelfsbelehrung **IFG 9** 21
Form der Entscheidung, Stattgabe IFG 7 32 f.
– Formfreiheit, Ausnahmen **IFG 7** 33; **8** 28
– Formfreiheit, Grundsatz **IFG 7** 33
– rein tatsächliches Verwaltungshandeln **IFG 7** 32
– Verwaltungsakt **IFG 7** 32
Form des Antrags VIG 4 2
Formvorschriften bei Grundstücksgeschäften TMG 3 19
Forschungseinrichtungen IFG 1 143.9
Forum RStV 54 5.1
Fotomontagen KUG 23 57
Frage BGB 823 47 f., 143, 240
– rhetorische **BGB 823** 48
Freedom of information Act (FOIA) IFG 1 53 ff.
Freigestellte Vereinbarungen GWB 2 1; **3** 1
Freiheit der Rechtswahl TMG 3 15
Freistellung AEUV 101 62 ff.
– bei außer-ökonomischen Gründen **AEUV 101** 77
– Fähigkeit zur **AEUV 101** 67
– vom Kartellverbot für Grossisten **AEUV 101** 111 ff.
Freizeitverhalten KUG 23 38
Fremde Informationen TMG 8 12; **10** 12 ff.
Fremdsprachenprogramme
– Belegungsvorgaben **RStV 52b** 28
Frequenzzuweisung AEUV 107 15
Frist IFG 7 76 ff.; **VIG 5** 8
– atypische Fälle **IFG 7** 83 ff.
– Drittbeteiligungsfälle **IFG 7** 86 f.
– Einheitsmodell **IFG 7** 78
– Fristbeginn **IFG 7** 80, 82
– Fristverlängerung **VIG 5** 10
– Gewährung von Informationszugang **IFG 7** 76 ff.
– Maximalfrist **IFG 7** 81
– Regelfrist **VIG 5** 8 f.
– Sanktionierung **IFG 7** 77
– Unverzüglichkeit **IFG 7** 79
Futtermittel VIG 1 9
Fusionen FKVO 3 2
Fusionskontrollpflicht FKVO 1 2 ff.
– Umsatzschwellen **FKVO 1** 2 ff.
– Zusammenschluss **FKVO 1** 2 ff.; **GWB 35** 1 ff.; **37** 3; **38** 1 ff.; **41** 1

Gatekeeper GG 5 8
Gebühren IFG 10 5; **UIG 12** 1 ff.; **VIG 7** 6 ff.
– Äquivalenzprinzip **IFG 10** 36
– Äquivalenzprinzip, Modifikation **IFG 10** 37
– Ausnahmen **IFG 10** 17 ff.

Sachverzeichnis

- Bemessung **IFG 10** 32 ff.
- Definition **IFG 10** 13
- gebührenpflichtige Tatbestände **VIG 7** 10
- Gebührenverordnung **VIG 7** 6
- gebundene Entscheidung **IFG 10** 5
- Hinweispflicht bei hohen Gebühren **IFG 10** 45
- Kostendeckungsprinzip **IFG 10** 33
- Kostendeckungsprinzip, Modifikation **IFG 10** 34 f.
- Mehrwertinformationen **IFG 10** 46 ff.
- Obergrenze **IFG 10** 39 ff.
- Rechtsprechung **IFG 10** 42
- Rechtsschutz **IFG 10** 63 ff.
- Sicherheitsleistung **IFG 10** 43
- Verbot prohibitiv wirkender Gebührenbemessung **IFG 10** 38 ff.
- Verordnungsermächtigung **IFG 10** 53 f.
- Verwaltungsaufwand, Berücksichtigung **IFG 10** 34
- Verwaltungsgebühren **IFG 10** 14
- Vorschuss **IFG 10** 43 f.
- VwKostG **IFG 10** 50

Gefahr VIG 2 21
Gefährdung der öffentlichen Sicherheit IFG 3 118 ff.
Gegendarstellung
- Abdruck s. Veröffentlichung
- Aktivlegitimation **BGB 1004** 29, 74, 98, 115
- Aktualitätsgrenze **BGB 1004** 55, 87
- Anspruchsberechtigter bei Telemedien **RStV 56** 18
- Anspruchsgrundlagen **BGB 1004** 72, 74, 111
- Anspruchsverpflichteter bei Telemedien **RStV 56** 16
- Ausgangsmitteilung **BGB 1004** 17 ff., 40, 84, 93 ff., 104, 121
- Ausschlussfrist **BGB 1004** 54, 86, 107, 123
- berechtigtes Interesse **BGB 1004** 33 ff., 81, 101, 118
- Bereichsausnahmen **BGB 1004** 56, 133 f.
- Besonderheiten bei Telemedien **RStV 56** 1 ff.
- Betroffenheit **BGB 1004** 29 ff., 76, 98
- Bilddarstellungen **BGB 1004** 23, 24
- Eindrucksgegendarstellung **BGB 1004** 17 ff.
- formelle Voraussetzungen bei Telemedien **RStV 56** 29 ff.
- fortlaufend ergänzte digitale Artikelsammlung **RStV 56** 5
- gedruckt und digital verbreitete Publikationen **RStV 56** 6
- Gegendarstellungsfähigkeit von Werbeanzeigen in Telemedien **RStV 56** 24 f.
- gerichtliche Geltendmachung bei Telemedien **RStV 56** 48 ff.
- Glossierungsverbot **BGB 1004** 64
- harmlose Telemedien **RStV 56** 12
- Host-Provider oder Access-Provider als Anspruchsverpflichteter **RStV 56** 17
- Inhalt **BGB 1004** 41 ff., 82 ff., 119 ff.
- Inhaltsverzeichnis **BGB 1004** 89
- Innere Tatsachen **BGB 1004** 16
- Interview **BGB 1004** 37
- Irreführung **BGB 1004** 35
- journalistisch-redaktionelle Videos auf Abruf **RStV 56** 15
- Kostenlosigkeit bei Telemedien **RStV 56** 27
- Leserbrief **BGB 1004** 26
- Neuzuleitung **BGB 1004** 52 f.
- nicht journalistisch-redaktionelle Telemedien **RStV 56** 10
- offensichtliche Unrichtigkeit **BGB 1004** 34
- Parteifähigkeit **BGB 1004** 70
- Passivlegitimation **BGB 1004** 74 ff., 99, 116 f.
- periodische digitale Presse **RStV 56** 4, 7 ff.
- periodische Druckwerke **BGB 1004** 80
- persönlichkeitsrechtsneutrale Abweichung von der Wahrheit **GBB 1004** 36
- Printmedien **BGB 1004** 74 ff.
- Rechtsweg **BGB 1004** 67, 130
- Redaktionsschwanz **BGB 1004** 64
- Rundfunk **BGB 1004** 72 ff., 92 ff.
- Satire **BGB 1004** 25
- Schriftform **BGB 1004** 85
- Tatsachenbehauptung **BGB 1004** 6 ff., 75
- tatsächliche Erwiderungen und Glossierungsverbot bei Telemedien **RStV 56** 41 ff.
- Telemedien **BGB 1004** 135
- Titelseite **BGB 1004** 89.1 f.
- Umfang **BGB 1004** 41 ff.
- Unterschrift **BGB 1004** 46, 48
- unverzügliche Erfüllung des Gegendarstellungsanspruchs bei Telemedien **RStV 56** 35
- unverzügliche Geltendmachung **BGB 1004** 51
- Verdachtsberichterstattung **BGB 1004** 27
- verdeckte Behauptungen **BGB 1004** 19
- Verknüpfung von Gegendarstellung und Erwiderung bei Telemedien **RStV 56** 44 ff.
- Veröffentlichung **BGB 1004** 59 ff., 88 ff., 109 f., 124 ff.
- Vertretung **BGB 1004** 48, 85
- vorgerichtliches Verlangen **BGB 1004** 47, 106
- Vorverfahren **BGB 1004** 129
- Waffengleichheit bei Telemedien **RStV 56** 36 ff.
- Wahrheit **BGB 1004** 28, 34 ff., 105
- Werbeanzeigen **BGB 1004** 58, 91, 128
- Werturteile **BGB 1004** 9
- Widerruf **BGB 1004** 39
- zulässiger Umfang bei Telemedien **RStV 56** 22
- Zuleitung **BGB 1004** 49
- Zuständigkeit **BGB 1004** 69, 131

Gegenleistung RStV 6 18 f.
Geheimhaltungsbedürftige Informationen, keine Preisgabe IFG 7 48 ff.; **VIG 2** 47
- Kenntlichmachung von Veränderungen **IFG 7** 49

Sachverzeichnis

- praktische Durchführung **IFG 7** 48
- Verfälschung **IFG 7** 50

Geheimhaltungspflicht RStV 24 5 ff.
- Anvertrauenstatbestand **RStV 24** 10 f.
- geschäftsbezogene Informationen **RStV 24** 8
- personenbezogene Daten **RStV 24** 7

Geheimnis- und Vertraulichkeitsschutz, besonderer IFG 3 140 ff.
- bereichsspezifischer Schutz **IFG 3** 142 f., 152
- Bundesbankgesetz **IFG 3** 148.4
- Geheimhaltungspflichten **IFG 3** 140, 143 ff.
- gesetzliche Geheimhaltungs- und Vertraulichkeitsregeln **IFG 3** 144 ff.
- materieller Geheimnisbegriff **IFG 3** 142
- personenbezogene Daten **IFG 3** 150
- Schutz privater Interessen **IFG 3** 141, 142.1
- Schutzzweck **IFG 3** 140 ff.
- Sicherheitsüberprüfungsgesetz (SÜG) **IFG 3** 148.3
- Vergaberecht **IFG 3** 142.2
- Verschlusssachenanweisung **IFG 3** 140, 153 ff.
- Vertraulichkeitspflichten **IFG 3** 140, 143 ff.

Geheimsphäre BGB 823 150, 161 f.

Geistiges Eigentum
- s. Schutz geistigen Eigentums
- s. Schutz privater Belange

Geldbuße RBeitrStV 14 16 ff.; **RStV 49** 71 ff.
- Bemessung **RStV 49** 73; **TMG 16** 22
- Bußgeldrahmen **RStV 49** 72; **TMG 16** 21
- Verbandsgeldbuße **RStV 49** 76

Geldentschädigung
- Grundlage **BGB 823** 306
- Hartnäckigkeit **BGB 823** 309
- Hemmungseffekt **BGB 823** 313
- Höhe **BGB 823** 313 f.
- postmortale **BGB 823** 82
- Schwere der Verletzung **BGB 823** 307 f.
- Subsidiarität **BGB 823** 310 f.
- Voraussetzungen **BGB 823** 307 ff.

Gemeinsame Satzungen RStV 46 8
Gemeinsamer Bundesausschuss IFG 1 143.10
Gemeinschaftsproduktionen RStV 6 1 ff., 3, 13 ff.
Gemeinschaftsunternehmen FKVO 3 4; **5** 3; **21** 1; **GWB 37** 2 f.
Gemischte Äußerungen BGB 823 45 f., 141 ff.
Gemischtwirtschaftliche Personen IFG 1 100
Generationen IFG 1 4 ff.
Geodaten IFG 1 13, 222.1
Geodateninfrastruktur UIG 1 14
Geographische Zuordnung der Umsätze FKVO 5 4 f.
GEREK TKG 41a 15, 45, 48
Gerichte IFG 1 143.2, 215
Gerichtsberichte BGB 823 207 f.
Gerichtsstand, fliegender BGB 823 326

Gerichtsverfahren VIG 3 7
Gerichtzuständigkeit TMG 7 79
Geschäftsfähigkeit IFG 1 97
Geschäftsgeheimnis
- s. Schutz Betriebs- und Geschäftsgeheimnisse

Geschäftsräume GRC 7 31; **EMRK 8** 37 ff.
Gesellschaftsrecht IFG 1 221
Gesetzesvorbehalt GG 2 42, 71; **10** 33 ff., 91; **EMRK 8** 52 ff.; **10** 44 ff.; **GRC 8** 28
- autonome Bestimmung **EMRK 10** 45
- außen rechtsverbindliche Rechtssätze **EMRK 10** 45
- Bestimmtheit **EMRK 10** 46
- Bestimmtheitsgebot und Verhältnismäßigkeit **EMRK 10** 50
- Rechtschutzgarantie **EMRK 10** 51
- Rechtsstaatliche Funktionen **EMRK 10** 44
- Richterrecht **EMRK 10** 45
- Steuerung **EMRK 10** 49
- untergesetzlich geschriebene Rechtsvorschriften **EMRK 10** 45
- Vorhersehbarkeit **EMRK 10** 47
- Zugänglichkeit und Steuerungsdichte **EMRK 10** 45

Gesetzesvorbereitung IFG 1 132.1
Gesetzeszweck VIG 1 21
Gesetzgebungskompetenz GG 70 1 ff., 73 1 ff., 74 1 ff.
- für Auslandsrundfunk **GG 70** 12 f.
- für Informationsfreiheit **IFG 1** 29 ff.
- für Jugendschutz **GG 70** 9
- für (Bundes-)Kartellrecht **GG 70** 8, **74** 2 ff.
- für Post- und Fernmeldewesen **GG 70** 3
- für Postwesen und Telekommunikation **GG 73** 1 ff.
- für Rundfunkabgaben **GG 70** 6
- für Rundfunkbeiträge **GG 70** 6; **RBeitrStV 1** 3 f.
- für Rundfunkfinanzierung **GG 70** 4
- für Rundfunkgebühren **GG 70** 6
- für rundfunkrechtliche Entgeltabschöpfungsregelung **GG 70** 10
- für Rundfunkwerbung **GG 70** 5
- Umweltinformationen **IFG 1** 31
- Verbraucherinformationen **IFG 1** 31

Gesicherte Kenntnis TKG 45o 9
Gestaltung
- journalistisch-redaktionelle **RStV 2** 15

Gestaltungsspielraum IFG 3 43
- außenpolitischer **IFG 3** 50 ff.

Gestattung TKG 45a 2
Geständnis BGB 823 259
Gesundheit VIG 2 21; **3** 36
Gewährleistungspflichten EMRK 8 5 ff., 64 f.
Gewaltenteilung IFG 3 22
- Kernbereich exekutiver Eigenverantwortung **IFG 3** 22

Gewerbebetrieb, Recht am BGB 823 84, 190 f.
Gewinnerzielungsabsicht BGB 823 71

Sachverzeichnis

Gewinnspiele RStV 8a 1 ff.; **TMG 6** 9 ff.
- Aufsicht Internet **RStV 8a** 25
- Aufsicht öffentlich-rechtliche Rundfunkanbieter **RStV 8a** 24
- Aufsicht private Rundfunkanbieter **RStV 8a** 23
- Bedeutung **RStV 8a** 4
- Einzelgewinnspiel **RStV 8a** 6 f.
- Entgelt für Teilnahme **RStV 8a** 16; **43** 18
- Entstehungsgeschichte **RStV 8a** 1–3
- Finanzierung privater Rundfunkanbieter **RStV 43** 18
- Geltungsbereich **RStV 8a** 5
- Gewinnspielsendung **RStV 8a** 6,7
- Glücksspiel **RStV 8a** 8 f.
- Höchstgrenze Teilnahmegebühren **RStV 8a** 18
- Informationsgebot **RStV 8a** 10
- Irreführungsverbot **RStV 8a** 11
- Jugendschutz **RStV 8a** 13
- mit Geldeinsatz **TMG 3** 24
- Minderjährige **RStV 8a** 15
- Ordnungswidrigkeiten **RStV 8a** 27
- Teilnahme-Akt **RStV 8a** 17
- Teilnahmegebühren Ausland **RStV 8a** 20
- Teilnahmegebühren Mobilfunknetz **RStV 8a** 19
- Teilnehmerinteressen **RStV 8a** 12
- Telemedien **RStV 58** 47 f.
- Teleshopping **RStV 8a** 26
- Transparenzgebot **RStV 8a** 10
- unentgeltliche Gewinnspiele **RStV 8a** 21

Gewinnspielsatzung RStV 49 53
Gleichheit IFG 1 25
Glücksspiel RStV 8a 8 f.
Google
- Hangout **RStV 1** 6b
- s. Suchmaschine

Gottesdienste RStV 7a 6 f.; **42** 5, 29
GPS-Überwachung EMRK 8 59
Gremien IFG 1 133.2
Grenzüberschreitendes Fernsehen RStV 1 22 ff.; **20** 29 ff.
- Ausrichtung **RStV 20** 31 ff.
- Niederlassung **RStV 20** 34 ff.
- Umgehungszweck **RStV 20** 37
- Verfahren **RStV 20** 38

Großereignisse RStV 4 1 ff.; **RStV 49** 20
- Andienungsflicht **RStV 4** 18 f.
- Anerkennungsprinzip **RStV 4** 24
- AVMD-Richtlinie **RStV 4** 5, 13 ff.
- Berufsfreiheit **RStV 4** 9
- Bezahlfernsehanbieter **RStV 4** 14 ff.
- Europäisches Primärrecht **RStV 4** 13
- Fernsehrichtlinie **RStV 4** 4 ff.
- Fernseh-Übereinkommen **RStV 4** 25
- FIFA-Weltmeisterschaft **RStV 4** 13
- Fußballländerspielberichterstattung **RStV 4** 13
- Grundrechtsbeachtungsanspruch **RStV 4** 8
- Kurzberichterstattung **RStV 4** 11
- Listen **RStV 4** 21 ff.
- Pflicht zur Übertragung **RStV 4** 14

- Rundfunkfreiheit **RStV 4** 8.1
- Sanktionen **RStV 4** 26
- Sportereignisse **RStV 4** 10 ff.
- verfassungsrechtliche Einordnung **RStV 4** 7 ff.

Grundrechte IFG 1 7 ff.
Grundrechtsberechtigung EMRK 10 12; **IFG 1** 109
Grundrechtspflichten EMRK 10 38
- negative **EMRK 10** 38
- positive **EMRK 10** 38

Grundsatz IFG 1 1 ff.
Grundstücksaufnahmen KUG 22 8
Gruppenfreistellung GWB 2 1; **AEUV 101** 78
Gruppenfreistellungsverordnung AEUV 109 4–6
- Freistellung im Kultursektor **AEUV 109** 5
- Verordnungen **AEUV 101** 78

Gutachten IFG 4 13
Gutachtenerstattungspflicht RStV 22 6
Guter Ruf EMRK 8 28
Güter- und Interessenabwägung TKG 41a 27 ff.

GVK
- Aufsichtsmaßnahmen **RStV 52f** 4

GWB-Novelle GG 74 3

Haftung TKG 44a 1 ff.
- abweichende Vereinbarungen **TKG 44a** 7
- Adressaten **TKG 44a** 2
- Ausnahmen **TKG 44a** 6
- Haftungsgrenzen **TKG 44a** 3 f.

Hamburg IFG 1 65
Handelsrecht IFG 1 221
Handlungsfähigkeit IFG 1 97
Hardcore-Beschränkungen AEUV 101 33, 49
Härtefall
- s. Befreiung von der Rundfunkbeitragspflicht

Hassrede EMRK 10 71
Hauptteil RStV 6 11
Hausdurchsuchung EMRK 8 47, 48
Heiratsabsichten BGB 823 200
Herkunft VIG 2 24
Herkunftslandprinzip RStV 1 27; **TMG 6** 1
- Ausnahmen **TMG 3** 13 ff.
- Entstehungsgeschichte **TMG 3** 2
- Rechtsschutz **TMG 3** 35
- sachlicher Anwendungsbereich **TMG 3** 3

Herstellen VIG 2 24, 28
Hessen IFG 1 66
Hindernisse IFG 1 27 f.
Hinweise (auf eigene Programme und Sendungen und Begleitmaterialien)
- Anrechnung auf Höchstsendezeit **RStV 45** 17 ff.

Hinweispflicht TKG 46 25
Hochschulen IFG 1 143.9
Höchstlaufzeit TKG 43b 3 f.
Hochzeit BGB 823 199

1599

Sachverzeichnis

Hörfunk
- Anzahl der (digital) terrestrisch verbreiteten **RStV 11c** 6 ff.
- Anzeigepflicht **RStV 20b** 9 ff.
- Auflistung aller **RStV 11c** 23
- Ausnahmetatbestände **RStV 20b** 4 f.
- Austausch der **RStV 11c** 8
- Belegungsvorgaben **RStV 52b** 38 ff.
- Beschränkung/Begrenzung **RStV 11c** 1
- Deutschlandfunk **RStV 11c** 16
- Deutschlandradio Kultur **RStV 11c** 17
- DRadio Wissen **RStV 11c** 18 ff.
- Entgeltregulierung **RStV 52d** 11, 21
- Internet **RStV 11c** 22; **11f** 4; **20b** 1 ff.
- Kooperationsprogramme **RStV 11c** 9
- Landesrecht **RStV 11c** 3 f.
- Radiotext **RStV 11c** 24
- regionale Auseinanderschaltung **RStV 11c** 10
- Verbot des Austausches von digital zu analog **RStV 11c** 11

Horizontale Zusammenschlüsse FKVO 2 12 ff.
- Herfindahl-Hirschman-Index **FKVO 2** 14
- Marktkonzentration **FKVO 2** 13 f.
- Sanierungsfusion **FKVO 2** 16

Hosting BGB 823 20; **TMG 10** 2 f., 10
Hostserver TKG 41a 8
Host-Provider TMG 7 58 ff.
Hyperlinks BGB 823 22 ff.; **TMG 10** 47

Identifizierbarkeit KUG 22 5
- des Werbetreibenden **TMG 6** 5 f.

Identifizierungssperren TKG 45d 16
IFGGebV IFG 10 54, 57 ff.
- Entkoppelung Auslagen – Gebühren **IFG 10** 60
- Gebührenermäßigung **IFG 10** 62
- Gebührenobergrenze **IFG 10** 59
- Gebührenverzicht **IFG 10** 62
- Höhe **IFG 10** 58
- Kumulativer Gebührenanfall **IFG 10** 59
- Rechtsschutz **IFG 10** 76 f.
- (Teil-)Nichtigkeit **IFG 10** 54, 61

IFK s. Konferenz der Informationsfreiheitsbeauftragten
Immaterialgüterrechte TMG 3 26
Impressumspflicht
- Aufsichtsbehörde **TMG 5** 39 ff.
- berufsrechtliche Angaben **TMG 5** 45 f.
- Bußgeld **TMG 5** 50
- EBay **TMG 5** 19
- E-Mail-Adresse **TMG 5** 35
- Entstehungsgeschichte **TMG 5** 1 f.
- erforderliche Angaben **TMG 5** 26 ff.
- Facebook **TMG 5** 8, 19
- gestalterische Anforderungen **TMG 5** 13 ff.
- juristische Personen **TMG 5** 30 ff.
- Kennzeichnung des Links **TMG 5** 18
- leichte Erkennbarkeit **TMG 5** 14 ff.
- Name und Anschrift **TMG 5** 28 ff.
- Registerangaben **TMG 5** 43 ff.
- Schadensersatzanspruch **TMG 5** 53
- Schutzgedanke **TMG 5** 3
- Sprache **TMG 5** 20
- ständige Verfügbarkeit **TMG 5** 24 ff.
- Telefonnummer **TMG 5** 36
- Umsatzsteuer-Identifikationsnummer **TMG 5** 47
- unmittelbare Erreichbarkeit **TMG 5** 21 ff.
- Unterlassungsklage **TMG 5** 51 f.
- Web 2.0 **TMG 5** 7
- s. auch Kennzeichnungspflicht

In-camera-Verfahren IFG 3 203 **IFG 9** 73 ff.
- Anwendbarkeit **IFG 9** 75 f.
- Einschränkung der Vorlagepflicht **IFG 9** 73, 77
- Ermessen **IFG 9** 77 f., 82
- Problemfelder **IFG 9** 79 ff.

Indiskretion, Schutz vor BGB 823 145 ff.
Informantenhaftung BGB 823 30
Informantenschutz BGB 823 341; **IFG 3** 185

Information RStV 2 56; **UIG 2** 67; **VIG 2** 11
- Begriff **IFG 1** 151; **2** 4 ff.; **TMG 7** 23 ff.
- eigene Informationen **TMG 7** 27
- fremde Informationen **TMG 7** 32, 42; **8** 12
- kerngleiche Informationen **TMG 7** 63 ff.
- zu-eigen-gemachte Information **TMG 7** 28 ff.

Informationelle Selbstbestimmung BGB 823 147; **EMRK 8** 29; **GG 2** 16 ff.; **IFG 1** 25, 28, 217
- Abwägung **GG 2** 78 ff.
- Abwehrrecht **GG 2** 20
- Aufklärungs- und Auskunftspflichten **GG 2** 82
- Beobachtungspflicht **GG 2** 84
- Eingriffe in die **GG 2** 18, 39
- Eingriffsintensität **GG 2** 77
- Einschüchterungseffekt **GG 2** 77
- Gefahrenabwehr **GG 2** 74
- Gesetzesvorbehalt **GG 2** 71
- Kernbereich höchstpersönlicher Lebensgestaltung **GG 2** 86 f.
- Löschungspflichten **GG 2** 83
- Normenbestimmtheit und Normenklarheit **GG 2** 72 ff.
- prozedurale Garantien **GG 2** 20, 81 ff.
- Richtervorbehalt **GG 2** 88
- Schranken **GG 2** 70
- Schutz persönlicher Daten **GG 2** 18 f.
- Schutzpflichten **GG 2** 89
- Standortdaten **GG 10** 15
- Strafverfolgung **GG 2** 74
- und Recht am eigenen Bild **GG 2** 9
- und Selbstbewahrung **GG 2** 17
- und Selbstdarstellung **GG 2** 17
- und Telekommunikationsgeheimnis **GG 2** 21; **10** 19, 45
- und Vertraulichkeit und Integrität informationstechnischer Systeme **GG 2** 21
- Verhältnismäßigkeitsgrundsatz **GG 2** 75 ff.

Sachverzeichnis

- Verwertungsverbot **GG 2** 85
- Vorfeldmaßnahmen **GG 2** 74, 79
- Zweckänderungen **GG 2** 80
- Zweckbindung der Datenerhebung **GG 2** 73

Informationelle Teilhabe RStV 9a 1

Informationsanspruch
- Gesetzesvorschläge **UIG 2** 31 f.
- Kernbereich exekutiver Eigenverantwortung **UIG 2** 16
- Missbrauch **UIG 8** 48
- Umfang **UIG 2** 30 ff.

Informationsbeschaffung, rechtswidrige BGB 823 185, 220

Informationsbeschaffungsanspruch IFG 1 24, 155 ff.

Informationsbeschaffungspflicht VIG 4 10

Informationsfreiheit EMRK 10, 20 ff.; **GG 5** 11, 15, 39; **GRC 11** 32
- Akteneinsicht **IFG 1** 169, 173.1, 178.1
- Aktenführung **IFG 2** 20 ff.
- aktive **EMRK 10** 20
- Allgemeinzugänglichkeit **EMRK 10** 21
- Amtlichkeit **IFG 2** 10 ff.
- Amtsgeheimnis **IFG 1** 2
- Amtsträger **IFG 2** 31
- Anwendungsbereich **IFG 1** 93
- Archivrecht **IFG 1** 50, 194 ff.
- Arkanprinzip **IFG 1** 2
- Art des Informationszugangs **IFG 1** 172 ff.
- Auffangtatbestand **IFG 1** 243
- Ausblick **IFG 1** 228 ff.
- Auskunft **IFG 1** 168, 173.1, 178.1
- Ausländer **IFG 1** 98
- Behördenbegriff **IFG 1** 130 ff.
- Behördenpraxis **IFG 1** 78
- Beliehene **IFG 1** 149
- Betroffenenrechte **IFG 1** 217 ff., **2** 30
- Beweiserhebungen **IFG 4** 12
- Bewertung **IFG 1** 228 ff.
- Bundeseinrichtungen **IFG 1** 142 ff.
- Bundeszuordnung **IFG 1** 120 ff.
- Bürgerinitiativen **IFG 1** 102 f., 223
- Bußgeldverfahren **IFG 1** 216
- Datenschutz **IFG 1** 9, 16, 28
- Datenschutzrichtlinie **IFG 1** 16
- Dritter **IFG 2** 29 ff.
- E-Government-Gesetz **IFG 1** 221
- EMRK **IFG 1** 7 ff.
- Entscheidungsprozesse **IFG 4** 1 ff.
- entscheidungsvorbereitende Maßnahmen **IFG 4** 8 ff.
- Entwicklungsschritte **IFG 1** 4 ff.
- Entwürfe **IFG 2** 13 ff., **4** 8 ff.
- Ermessen **IFG 1** 176 ff.
- EU-Recht **IFG 1** 56 ff.
- Europäisierung **IFG 1** 10 ff.
- Evaluation **IFG 1** 64, 67, 69, 70, 79 ff.
- Exekutive Eigenverantwortung **IFG 4** 41 ff.
- Forschungseinrichtungen **IFG 1** 143.9

- Freedom of Information Act (FOIA) **IFG 1** 53 ff.
- Gemeinsamer Bundesausschuss **IFG 1** 143.10
- gemischtwirtschaftliche Personen **IFG 1** 100
- Generationen **IFG 1** 4 ff.
- Geodaten **IFG 1** 13, 222.1
- Gerichte **IFG 1** 143.2, 215
- Geschäftsfähigkeit **IFG 1** 97
- Gesellschaftsrecht **IFG 1** 221
- gesetzesabhängige Schutzbereichsdefinition **EMRK 10** 21
- Gesetzesvorbereitung **IFG 1** 132.1
- Gesetzgebungszuständigkeit **IFG 1** 29 ff.
- Gleichheit **IFG 1** 25
- Gremien **IFG 1** 133.2
- Grundrechte **IFG 1** 7 ff.
- Grundrechtsberechtigung **IFG 1** 109
- Grundsatz **IFG 1** 1 ff.
- Gutachten **IFG 4** 13
- Handelsrecht **IFG 1** 221
- Handlungsfähigkeit **IFG 1** 97
- Hindernisse **IFG 1** 27 f.
- Hochschulen **IFG 1** 143.9
- Informationsbegriff **IFG 1** 151; **2** 4 ff.
- Informationsbeschaffungsanspruch **IFG 1** 24, 155 ff.
- Informationsinteresse **IFG 1** 152 ff.
- Informationspflicht nach Ablehnung **IFG 4** 27 ff.
- Informationsweiterverwendung **IFG 1** 14, 199 f.
- Insolvenzrecht **IFG 1** 112.1, 220
- Internationales **IFG 1** 18 ff., 55
- juristische Personen **IFG 1** 99 ff.
- Kodifikation **IFG 1** 239 ff.
- Kollisionsregelung **IFG 1** 180 ff., 237 ff.
- Konvention des Europarates über den Zugang zu amtlichen Dokumenten (KEZaD) **IFG 1** 21
- Konvertierung **IFG 1** 171
- Korea **IFG 1** 51
- Krankenhausrecht **IFG 1** 221
- Krankenkasse **IFG 1** 124.1
- Kreditwesen **IFG 1** 221
- lex posterior **IFG 1** 185
- lex specialis **IFG 1** 180 ff.
- Markenrecht **IFG 1** 222.1
- Menschenrechte **IFG 1** 7 ff.
- Mindeststandard **IFG 1** 93
- Mischverwaltung **IFG 1** 127
- Modalitäten **IFG 1** 176 ff.
- Notizen **IFG 2** 13 ff.
- Oberfinanzdirektion **IFG 1** 128.1
- Öffentlichkeitsbeteiligung **IFG 1** 219
- Organleihe **IFG 1** 129
- Österreich **IFG 1** 54 ff.
- Parlamentsrecht **IFG 1** 202 f.
- passive **EMRK 10** 20
- Passivlegitimation **IFG 1** 118 ff.
- Perspektiven **IFG 1** 228 ff.
- Planungsverfahren **IFG 1** 219

Sachverzeichnis

- Presse **IFG 1** 24, 204 ff.
- Private **IFG 1** 144 ff.
- Rechnungshof **IFG 1** 119.1, 138
- Rechtsprechungspraxis **IFG 1** 85 ff.
- Rechtsvergleich **IFG 1** 51 ff.
- Regierungstätigkeit **IFG 1** 136 ff.
- Registerrecht **IFG 1** 206 ff.
- Religionsgemeinschaften **IFG 1** 110
- Satzungen **IFG 1** 61
- Schweden **IFG 1** 52 ff.
- Schweiz **IFG 1** 51
- Sozialrecht **IFG 1** 190
- Sperrwirkung **IFG 1** 180 ff.
- Spezialregelungen **IFG 1** 180 ff.
- Stasi-Unterlagen **IFG 1** 195
- Stellungnahmen **IFG 4** 14
- Steuerrecht **IFG 1** 191 ff.
- Strafverfahren **IFG 1** 216 f.
- Streitkräfte **IFG 1** 141
- Strohmann **IFG 1** 112 ff.
- Subsidiarität **IFG 1** 180 ff., 243
- Tagebuch **IFG 2** 12 f.
- Transparenz **IFG 1** 26
- Transparenzgesetze **IFG 1** 65, 66, 68, 70
- Transparenzverordnung **IFG 1** 13 ff., 57 ff.
- Treu und Glauben **IFG 1** 220
- Überblick **IFG 1** 33 ff.
- USA **IFG 1** 53 ff.
- Verbraucherrecht **IFG 1** 222.1
- Vereitelung von Behördenentscheidungen **IFG 4** 16 ff.
- Verfassungen **IFG 1** 59
- Vergaberecht **IFG 1** 209 ff.
- Vergleich mit Umweltinformationen **IFG 1** 40
- Versorgungsanstalt **IFG 1** 143.11
- Verwaltungsaufwand **IFG 1** 173
- Verwaltungshelfer **IFG 1** 145
- Verwaltungsverfahren **IFG 1** 187 ff.
- Vorhandensein von Informationen **IFG 2** 24 ff.
- Weiterverwendung **IFG 1** 14, 199 f.
- Weltbank **IFG 1** 55
- Wiederbeschaffungsanspruch **IFG 1** 160 ff.
- Ziele **IFG 1** 3, 26, 91 f.
- Zivilprozess **IFG 1** 216.2
- Zugangsgewährung **IFG 1** 166 ff., 236
- Zuständigkeitsbereich **IFG 1** 134

Informationsfreiheitsbeauftragte, behördliche IFG 12 4

Informationsfunktion RStV 42 3

Informationsgehalt KUG 23 51

Informationsinteresse IFG 1 152 ff.
- öffentliches **BGB 823** 95
- schutzwürdiges **KUG 23** 48

Informationspflicht
- des Anbieters **TKG 47a** 9 ff.
- gegenüber zwischenstaatlichen Einrichtungen oder internationalen Organisationen **RStV 9** 13
- nach dem europäischen Übereinkommen über das grenzüberschreitende Fernsehen **RStV 9** 1 ff., 10
- Ordnungswidrigkeit **RStV 49** 36
- Umfang **RStV 9** 9, 14
- Verfahren **RStV 9** 7
- Verpflichtete **RStV 9** 5
- zuständige Behörde **RStV 9** 11

Informationspflicht nach Ablehnung IFG 4 27 ff.

Informationspflichtige Stelle UIG 2 2 ff.; **VIG 4** 10
- Aktiengesellschaften **UIG 2** 56
- Ausnahmen **UIG 2** 25 ff.
- beherrschende Stellung **UIG 2** 59
- Beherrschung **UIG 2** 61
- Beliehene **UIG 2** 13
- Bundesgerichte **UIG 2** 42
- Bundesrechnungshof **UIG 2** 44
- Definition **UIG 2** 9
- Expertengruppen **UIG 2** 23
- Gremien, beratend **UIG 2** 18 ff.
- Judikative **UIG 2** 26 f.
- juristische Personen des Privatrechts **UIG 2** 45 ff.
- Kontrahierungszwang **UIG 2** 55
- Kontrolle **UIG 2** 46, 54 ff.
- Legislative **UIG 2** 26, 40 ff.
- Materiell-funktionale Auslegung **UIG 2** 6
- natürliche Personen **UIG 2** 45 ff.
- normsetzende Tätigkeit **UIG 2** 29 ff.
- Oberste Bundesbehörden **UIG 2** 18
- richterliche Unabhängigkeit **UIG 2** 42 ff.
- Selbstkontrolle **UIG 6** 20
- Strafverfolgungsbehörden **UIG 2** 41
- umweltbezogene Aufgaben **UIG 2** 51
- Wahrnehmung öffentlicher Aufgaben **UIG 2** 50, 53

Informationspolitik, aktiv IFG 11 1

Informationsverwaltungsrecht UIG 1 5

Informationsweiterverwendung IFG 1 14, 199 f.

Informationswert KUG 23 14

Informationszugang EMRK 8 64 f.; **IFG 7** 60 ff. ; **VIG 1** 17; **2** 4; **4** 2; **5** 12
- s. auch Anspruch auf Informationszugang
- s. auch Antrag, Informationszugang
- s. auch Antragsablehnung, Informationszugang
- s. auch Auskunftsanspruch
- s. auch Auskunftserteilung
- s. auch Einsichtnahme

Informationszugang, teilweiser IFG 7 43 ff.
- Anspruch **IFG 7** 44
- keine Preisgabe geheimhaltungsbedürftiger Informationen **IFG 7** 48 ff.
- Unverhältnismäßiger Verwaltungsaufwand **IFG 7** 51 ff.
- Verhältnis der Tatbestandsmerkmale zueinander **IFG 7** 45 ff.

Sachverzeichnis

Inhaber
– einer Betriebsstätte **RBeitrStV 6** 5 f.
– eines Kraftfahrzeugs **RBeitrStV 6** 6
Inhalteanbieter TKG 45h 11; **45p** 9
Inhaltliche Richtigkeit, Prüfung IFG 7 64 ff.
– Grundsatz **IFG 7** 64
– Haftungsfreistellung **IFG 7** 68
– Reichweite **IFG 7** 65, 67
– Zweifel an der Richtigkeit **IFG 7** 66
Inkompatibilitätsregelung RStV 20a 16 ff.
Inkrafttreten IFG 15 2 ff.
Innere und äußere Sicherheit IFG 3 60 ff.
– Bundeskanzlerin, Terminkalender **IFG 3** 66.1
– Darlegung **IFG 3** 66
– Gefahr, Prognose **IFG 3** 65
– Nachrichtendienste **IFG 3** 61
– nachteilige Auswirkungen **IFG 3** 65
– Sicherheitsbehörden **IFG 3** 61
Insolvenzanfechtung IFG 3 176
Insolvenzrecht IFG 1 112.1, 220
Insolvenz BGB 823 204
INSPIRE UIG 1 14
Insuffizienz des allgemeinen Wettbewerbsrechts TKG 41a 14 f., 17
Interesse der Kunst KUG 23 24
Internationale Beziehungen IFG 3 48 ff.; **VIG 3** 4
– auswärtige Belange **IFG 3** 49
– Auswärtiges Amt **IFG 3** 51.1
– außenpolitischer Gestaltungsspielraum **IFG 3** 50 ff.
– Begriff **IFG 3** 49 ff.
– Bekämpfung des internationalen Terrorismus **IFG 3** 51.2, 53.1
– Beurteilungsspielraum **IFG 3** 48, 50 ff.
– diplomatisches Vertrauensverhältnis **IFG 3** 49
– nachteilige Auswirkungen **IFG 3** 52 ff.
Internationales IFG 1 18 ff., 55
Internet GG 5 5
– Internet Service Provider s. dort
– Plattformregulierung **RStV 52** 31 f.
– -telefonie **TMG 1** 12
Internetauktionshaus TMG 7 35.1, 36
Internet-Klausel IFG 11 14 ff.
Internetmarkt AEUV 101 93
Internetnutzung
– anonymes Surfen **GG 2** 6
Internet Service Provider TKG 41a 3
– Access-ISP **TKG 41a** 4 f.
– Endnutzer-ISP **TKG 41a** 8, 16, 29
– Host-ISP **TKG 41a** 4 f.
– marktbeherrschende Stellung **TKG 41a** 18, 23
– monopolartige Stellung **TKG 41a** 16, 18
Interpretationsvorbehalt BGB 823 188
Interview BGB 823 9
Intimsphäre BGB 823 150, 152 ff.; **GG 2** 44; **GRC 7** 21 ff.; **KUG 23** 30
Investigative Recherchen GG 5 49

IP-Adressen TKG 46 19
– dynamische **GG 10** 15
– statische **GG 10** 15
IPTV TKG 41a 6, 8
IPv4 TKG 41a 9
IPv6 TKG 41a 9
Irreführung des Verbrauchers TMG 6 2
ISP s. Internet Service Provider
IuK-Dienste RStV 20 14 ff.

Jahresabschluss RStV 23 6 ff.; **49** 51
Jedermannsrecht VIG 2 5
Jitter TKG 41a 7 f.
Journalistisch-redaktionell RStV 11d 6 ff.; **54** 5
– s. auch Elektronische Presse
Jüdische Gemeinden RStV 42 5 f., 22.1, 31
Jugendschutz GG 5 120; **70** 9; **RStV 8a** 13
Juristische Person des öffentlichen Rechts VIG 2 7
Juristische Personen IFG 1 99 ff.

Kanalbelegung RStV 51b 13
Kapazitätsengpässe
– Belegungsvorgaben **RStV 52b** 34 ff.
– Vorgehen beim Fernsehen **RStV 52b** 36
– Vorgehen beim Hörfunk **RStV 52b** 42
– Vorrang **RStV 52b** 35
Kartellrecht GG 70 8, **74** 2 ff.
Kartellverbot GWB 1 1; **AEUV 101** 11 ff.
Katholische Kirche RStV 42 5, 29
KEK
– Benehmen **RStV 31** 12, 58 ff.
– Beteiligungsverhältnisse **RStV 29** 15
– Beurteilungsspielraum **RStV 26** 13; **31** 34
– fernsehzentriertes Zuschaueranteilsmodell **RStV 26** 5
– Konzentrationsbericht **RStV 26** 54
– Zuschaueranteilsberechnung **RStV 27** 4
Kenntnis
– Einbeziehung der Rechtswidrigkeit **TMG 7** 28
– Kenntniserlangung **TMG 7** 39 f., 52, 65, 72; **8** 8, 27
– rechtswidrige Handlung **TMG 10** 22 ff.
– rechtswidrige Informationen **TMG 7** 58; **10** 22
– Tatsachen und Umstände **TMG 10** 31 ff.
Kenntnis des Antragstellers IFG 9 29 ff.
– Ermessen **IFG 9** 33
– Identität der vorliegenden Information **IFG 9** 31 f.
– Objektives Vorliegen beim Antragsteller **IFG 9** 30
– tatsächliche Sachlage **IFG 9** 29
Kenntnis des Kontextes KUG 22 15
Kennzeichnung VIG 2 25; **4** 13
Kennzeichnungsgebot RStV 7 13
– akustische Mittel **RStV 7** 14
– optische Mittel **RStV 7** 15
– Ordnungswidrigkeit **RStV 49** 23

1603

Sachverzeichnis

– räumliche Mittel **RStV 7** 16
– s. auch Kennzeichnungspflicht
Kennzeichnungspflicht
– Elektronische Presse **RStV 55** 6 f.
– Freistellung **RStV 55** 4
– Ordnungswidrigkeit **RStV 49** 37, 61 f.
– Telemedien **RStV 55** 2 ff.
– s. auch Kennzeichnungsgebot
Kernbereich exekutiver Eigenverantwortung IFG 3 8, 14, 17 ff., 22 ff.; 4 41 ff.
– abgeschlossene Vorgänge **IFG 3** 21, 24
– Abwägung, Einzelfall **IFG 3** 21, 24
– abschließende Regelung der Ausnahmetatbestände **IFG 3** 15 f.
– bewusster Regelungsverzicht **IFG 3** 18.1 f.
– Gesetzgebungsgeschichte **IFG 3** 18
– Gewaltenteilung **IFG 3** 22
– laufende Vorgänge **IFG 3** 20, 24
– Rechtsprechung zum Verfassungsrecht **IFG 3** 19 ff., 23, 24.3
– Schutzzweck **IFG 3** 19 f.
– Umfang des Schutzes **IFG 3** 20 f.
– Verfassungsrecht **IFG 3** 19 ff., 23, 24.3
– Vertraulichkeit der Beratungen von Behörden **IFG 3** 134.2, 139.1 f.
Kerntheorie BGB 823 287 ff.
Ki.Ka RStV 11b 44 f.
Kinder KUG 23 44; **RStV 7a** 9
Kindersendungen
– Abgrenzung **RStV 7a** 12 f.
– Einordnung **RStV 7a** 10 ff.
– Indizien für **RStV 7a** 11
– Sponsoring **RStV 8** 54
– Unterbrechung von **RStV 7a** 8
Kinofilme RStV 7a 29
– Unterbrechung **RStV 7a** 24 ff.
Kiosk-Leser BGB 823 302
Kirche IFG 1 110; **RStV 42** 2, 6, 22.1, 31
KJM
– Aufsichtsmaßnahmen **RStV 52f** 4
Kleine Netze RStV 52 37 f.
– Bedeutung für Empfängerkreis **RStV 53** 11 ff., **53a** 7 f.
Knappheitssituation GG 5 5
Kodifikation IFG 1 239 ff.
Kollektivbetroffenheit BGB 823 74
Kollisionsregelung IFG 1 180 ff., 237 ff.
Kommerzialisierung KUG 23 47
Kommerzielle Kommunikation RStV 7 8; **TMG 2** 25 ff.; **6** 3
Kommissionsmitteilung AEUV 107 33–34
– öffentlich-rechtlicher Rundfunk **AEUV 107** 33, 73
– Rundfunkfinanzierung **AEUV 107** 26, 33
– Selbstbindung d. Kommission **AEUV 107** 34
Kommunikation GRC 7 35 ff.; **EMRK 8** 23 f., 41 f.
– geschäftliche **GG 10** 2
– Inhalte **GG 10** 2, 5
– synchronisierte **GG 10** 18

– Teilhabe an **GG 2** 13
– und Recht am eigenen Wort **GG 2** 11
– Vertraulichkeit der **GG 2** 11 f.; **10** 1 f.
Kommunikationsfreiheit EMRK 10 1 f., 4, 6; **GG 5** 10, 20
– Bedeutung **EMRK 10** 3 ff.
– demokratisch-funktionales Theoriefundament **EMRK 10** 7
– Gewährleistungsfunktion **EMRK 10** 1
– individualrechtliche Bedeutung **EMRK 10** 1
– innerstaatliches Recht **EMRK 10** 4
– liberale Grundrechtstheorie **EMRK 10** 5
Kommunikationsnetze TMG 8 13 ff.
Kompetenzausübung GG 70 7
Kompetenzqualifikation GG 70 7
Kompetenzverteilung FKVO 1 6 ff.
Konferenz der Informationsfreiheitsbeauftragten IFG 12 60
Konglomerate Effekte FKVO 2 19; **2** 66
Kontext Wortbericht KUG 23 62
Kontroll- und Aufsichtsaufgaben der Finanz-, Wettbewerbs- und Regulierungsbehörden IFG 3 67 ff.
– Bereichsausnahme für Finanzaufsicht **IFG 3** 67, 68.1
– Berichtspflichten, behördliche **IFG 3** 70
– Beurteilungsspielraum **IFG 3** 79
– Finanzbehörden **IFG 3** 71 ff., 76
– Gefahr reduzierter Kooperationsbereitschaft **IFG 3** 84
– Gefährdung freiwilliger Zusammenarbeit **IFG 3** 84
– Kontroll- und Aufsichtsaufgaben **IFG 3** 75 ff.
– nachteilige Auswirkungen **IFG 3** 78 ff.
– Regulierungsbehörden **IFG 3** 74
– Regulierungsermessen **IFG 3** 79
– Schutzzweck **IFG 3** 69 ff.
– Sperrerklärung **IFG 3** 84.3
– Wettbewerbsbehörden **IFG 3** 72 f.
– wettbewerbsrelevante Informationen **IFG 3** 80.2
Kontrollerwerb FKVO 3 3 ff.
Konvention des Europarates über den Zugang zu amtlichen Dokumenten (KEZaD) IFG 1 21
Konventionspflichten, negative EMRK 10 43
Konvergenzen GG 5 98
Konvertierung IFG 1 171
Konzentration GG 5 6
Konzentrationskontrolle
– medienrechtliche **RStV 22** 3
Konzentrationsprädisposition AEUV 101 83
Korea IFG 1 51
Korrespondenz EMRK 8 41 ff.
Kosmetische Mittel VIG 1 10
Kosten UIG 12 1 ff.
– Abmahnung **BGB 823** 342 ff.
– Abschlussschreiben **BGB 823** 349
– Angelegenheit **BGB 823** 343 ff.

Sachverzeichnis

- Äquivalenzprinzip **UIG 12** 8
- Bemessungsgrenze **UIG 12** 5
- Erstattungsfähigkeit **UIG 12** 5a
- Gebührensatz **BGB 823** 348
- Klarstellung **BGB 823** 347
- Kostenanspruch **UIG 12** 3
- Kostendeckungsprinzip **UIG 12** 5
- Kostenobergrenze **UIG 12** 7
- prohibitive Wirkung **UIG 12** 6
- Prozessaufspaltung **BGB 823** 350

Kostenentscheidung IFG 10 63 ff.
- Anfechtungsverbund **IFG 10** 64, 70
- BfDI **IFG 10** 66
- isolierte Anfechtung **IFG 10** 65
- Verwaltungsakt **IFG 10** 63

Kostenfreiheit IFG 10 17 ff.; **VIG 7** 4
- Antragsablehnung **IFG 10** 8, 25 ff., 56
- Antragsrücknahme **IFG 10** 8, 25 ff., 56
- Auskunftserteilung „vor Ort" **IFG 10** 24
- BfDI **IFG 10** 9, 31
- einfache Auskünfte **IFG 10** 18 ff.
- sonstige einfache Informationszugangsgewährung **IFG 10** 22 f.
- Veröffentlichungspflichten **IFG 10** 9, 31

Kostenpflichtigkeit IFG 10 1 ff.
- Anwendungsbereich **IFG 10** 10
- Ausnahmen **IFG 10** 17 ff.
- Grundsatz 10 7
- parallele Geltendmachung mehrerer Informationsansprüche **IFG 10** 11
- Rechtsschutz **IFG 10** 63 ff.
- Umfang **IFG 10** 12
- Widerspruch **IFG 10** 7

Krankenhausrecht IFG 1 221
Krankenkasse IFG 1 124.1
Krankheit BGB 823 154, 209 f.
Kreditlimit TKG 45k 16
Kreditwesen IFG 1 221
Kreditwesengesetz (KWG) IFG 3 149 ff.
Kritische Bayer-Aktionäre GG 5 31
Kultur RStV 2 58 f.
Kulturförderung RStVG 7, 21
- Förderung der Landessprache **AEUV 107** 40
- kulturelle Vielfalt **AEUV 107** 43
- Kulturklausel **AEUV 107** 38
- Musikproduktionen **AEUV 107** 42
- Videospiele **AEUV 107** 44

Kulturgut RStV 6 2, 9
Kulturpolitische Förderungen RStV 6 4
Kundendiensttelefonnummer TKG 45h 14
Kundenschutz TKG 43a 1 ff.
- Adressaten **TKG 43a** 5 ff.
- Allgemeines **TKG 43a** 3 f.
- Historie **TKG 43a** 1 f.
- Informationspflichten des Anbieters **TKG 43a** 9 ff.
- Rechtsfolge bei Verstoß **TKG 43a** 30

Kundenzeitschriften KUG 23 53
Kündigung RBeitrStV 15 1 ff.
Kündigungsfrist RBeitrStV 15 1 ff.

Kunstfreiheit
- Inhalt **BGB 823** 106
- Schranken **BGB 823** 113 f.
- Unwahrheiten in Kunstwerken **BGB 823** 144

Kunstspezifische Betrachtung BGB 823 115
Kuratorium Junger Deutscher Film RStV 6 24 f.
Kurzberichterstattung GG 5 5, 49; **RStV 5** 1 ff.
- An- und Rückmeldung **RStV 5** 29
- Befugnisse **RStV 5** 19 ff.
- Berufsfreiheit **RStV 5** 7
- Eigentumsfreiheit **RStV 5** 7.1
- Entgelt **RStV 5** 27 ff.
- Ereignis **RStV 5** 11 f.
- Ereignisträger **RStV 5** 15
- Fernsehveranstalter **RStV 5** 13
- Hausrecht **RStV 5** 13
- Hörfunk **RStV 5** 13
- Hörfunksenderecht **RStV 5** 13
- Informationsinteresse **RStV 5** 17
- Kapazitätsengpässe **RStV 5** 30
- Kirchen **RStV 5** 23
- private Rundfunkveranstalter **RStV 5** 2
- Urheberrecht **RStV 5** 22
- Veranstalter **RStV 5** 14, 26 ff., 31 f.
- Veranstaltung **RStV 5** 11 f.
- verfassungsrechtliche Fragen **RStV 5** 6 ff.
- vernichtung nicht genutzten Materials **RStV 5** 33
- Weitergabe **RStV 5** 31
- Zugänglichkeit **RStV 5** 16

Kurzwahldienste TKG 45l 6

Ladungsfähige Anschrift TKG 45p 10
Lagebericht RStV 23 6 ff.
Laienprivileg BGB 823 67 f.
Länderförderungseinrichtungen RStV 6 23 f.
Landesämter für Verfassungsschutz IFG 3 195
Landesmedienanstalten
- Aufsichtsmaßnahmen **RStV 52f** 1 ff.
- Belegungsentscheidung **RStV 52b** 27, 51
- Entgeltregulierung **RStV 52d** 5, 23
- Satzungsbefugnisse **RStV 53** 1 ff.
- Verfahrensrechte **RStV 52e** 4 ff.
- Zugangssysteme **RStV 52c** 57
- Zusammenarbeit mit BNetzA **RStV 52e** 14, 17

Landesmedienrecht GG 74 2
- Verhältnis **RStV 1** 19 ff.

Latenzzeit TKG 41a 7 f.
Laufende Verfahren und Ermittlungen IFG 3 101 ff.
- Akteneinsicht im Gerichtsverfahren **IFG 3** 103 ff.
- Akteneinsicht im ordnungsbehördlichen Verfahren **IFG 3** 103
- Akteneinsichtsrechte **IFG 3** 102
- Amtshaftungsprozess **IFG 3** 115

1605

Sachverzeichnis

– Anhängigkeit, Begriff **IFG 3** 108
– Anwendungsbereich **IFG 3** 108
– Auskunftsanspruch aus Treu und Glauben **IFG 3** 112.1
– bevorstehende Verfahren **IFG 3** 108
– Darlegung **IFG 3** 114 ff.
– Disziplinarverfahren **IFG 3** 112; **VIG 3** 31
– Ermittlungsverfahren **IFG 3** 110, 116 f.
– künftige Verfahren **IFG 3** 109
– nachteilige Auswirkungen **IFG 3** 113 ff., 117.2 f.
– Ordnungswidrigkeitenverfahren **IFG 3** 111; **VIG 3** 31
– Schiedsverfahren **IFG 3** 108
– Schutz der Rechtspflege **IFG 3** 105
– Schutz der Verfahrensrechte **IFG 3** 106
– Schutzgegenstand **IFG 3** 107 ff.
– Schutzzweck **IFG 3** 105 ff.
– Strafverfahren **VIG 2** 15; **3** 31
– Verfahren, Begriff **IFG 3** 107
– Verwaltungsverfahren **VIG 3** 7
Lebensmittel VIG 1 7
Lebensmittelzusatzstoffe VIG 1 8
Legalausnahme AEUV 101 39
– System der **GWB 2** 1; **AEUV 101** 65
Legitime Beschränkungsziele EMRK 10 52 f.
– Schutz der nationalen Sicherheit **EMRK 10** 53
Leistung
– individuell zurechenbare öffentliche **UIG 12** 5
Leistungspflichten, positive EMRK 10 40
Leitbild-/Kontrastfunktion BGB 823 88
Leitmedium GG 5 5
Leserbrief BGB 823 9
Lex posterior IFG 1 185
Lex specialis IFG 1 180 ff.
Live-Streaming RStV 2 6; **20b** 2 f.
Lizenzgebühr BGB 823 316 f.
Lokal- und Regionalprogramme
– Belegungsvorgaben **RStV 52b** 22
– Entgeltregulierung **RStV 52d** 22
– Übergangsregelungen **RStV 53b** 3, 8
Lückenlosigkeit GWB 30 36
Lüth-Urteil GG 5 12

Margin of appreciation EMRK 8 58; **10**, 58 ff.; **GRC 11** 40 f.
– materielle Grundrechtsbindung **EMRK 10** 58
– Moral **EMRK 10** 60
– und Meinungsbildung **GRC 11** 41
Markenrecht IFG 1 222.1
Markenrechts-RL TMG 7 13.1
Markt
– Beherrschung **GWB 18** 1
– relevanter **AEUV 101** 42
Marktabgrenzung FKVO 2 6 ff.; **2** 20 ff.
– Angebotspotential **FKVO 2** 6
– bei Zeitschriften **FKVO 2** 40
– funktionelle Austauschbarkeit **FKVO 2** 6
– horizontale Abgrenzung **FKVO 2** 6

– im Mediensektor **FKVO 2** 20 ff.
– vertikale Abgrenzung **FKVO 2** 6
Marktbeherrschende Stellung RStV 52 35; **TKG 41a** 18
Marktbeherrschung FKVO 2 9 ff.; **GWB 18** 1; **36** 29 f.
– Abschreckungsmechanismen **FKVO 2** 9
– Marktanteil **FKVO 2** 10 f.
– Markttransparenz **FKVO 2** 9
– Oligopol **FKVO 2** 9
– tacit collusion **FKVO 2** 9
– Wettbewerbsdruck **FKVO 2** 9
Marktmacht TKG 41a 18, 23
– relative und überlegene **GWB 20** 1
Marktstrukturkontrolle FKVO 1 1
Marktzutrittshürden RStV Präambel 18 ff.
Maßnahmen VIG 2 20; **4** 14
Meca-Medina AEUV 101 110
Mecklenburg-Vorpommern IFG 1 67
Media-Programm RStV 6 25 f.
Mediathek RStV 2 6
Medien AEUV 101 80 ff.
– Vielfaltssicherung **AEUV 101** 81
Medienfreiheiten EMRK 10 22, 72 ff.
– audiovisuelle Medien **EMRK 10** 75
– besondere Wirkkraft **EMRK 10** 22
– Demokratie **EMRK 10** 74
– journalistische Sorgfaltspflichten **EMRK 10** 76 f.
– Presse **EMRK 10** 74
– Quellenschutz **EMRK 10** 79
– Rundfunkmonopol **EMRK 10** 72 f.
– Schranken **EMRK 10** 72 ff.
– Werbung **EMRK 10** 80
Medienkonzentrationsrecht RStV 26 7
– Gesetzgebungskompetenz **RStV 26** 8
– Verhältnis zum Wettbewerbsrecht **RStV 26** 6
Medienmärkte GWB 36 5
Medienrelevanter verwandter Markt RStV 26 18 f., 26
– Beurteilungsspielraum **RStV 26** 25
– Gesamtbeurteilung **RStV 26** 23
– Gewichtung **RStV 26** 24
– marktbeherrschende Stellung **RStV 26** 21 f.
– Verminderung der Marktstellung **RStV 26** 36
– vertikale Verflechtungen **RStV 26** 20
Mehrdeutigkeit
– Allgemeines **BGB 823** 59, 63
– Ansprüche mit Sanktionscharakter **BGB 823** 60
– Fragen **BGB 823** 65
– Unterlassungsansprüche **BGB 823** 61
– verdeckte Aussagen **BGB 823** 64
– Werturteile **BGB 823** 62
Mehrwertinformationen IFG 10 46 ff.
Meinungsäußerung GG 5 31; **GRC 11** 32
– Abgrenzung zu Tatsachenbehauptungen **BGB 1004** 6 ff.
Meinungsäußerungsfreiheit EMRK 10 14 ff.; **GG 5** 11, 17; **TMG 10** 44
– Abwägungslösung **EMRK 10** 18

Sachverzeichnis

– Allgemeines **BGB 823** 92 f.
– Äußerungsfreiheit **EMRK 10** 14
– innere Freiheit **EMRK 10** 14
– kommerzielle Äußerungen **BGB 823** 101
– Meinungen **EMRK 10** 16
– Meinungsäußerungen **EMRK 10** 15, 62 ff.
– Reichweite **BGB 823** 90 ff., 97 ff.
– Schranken **BGB 823** 108 ff.
– Schutzzweck **BGB 823** 94
– Tatsachenbehauptungen **EMRK 10** 15, 62 ff.
– Verhältnis zum Persönlichkeitsrecht **BGB 823** 117 ff., 128 ff.
Meinungsbildungsfreiheit
– Zeitungen und Zeitschriften **GWB 30** 5
Meinungsbildung(sprozess) RStV 42 3, 25
Meinungsbildungsrelevanz RStV 2 14
Meinungsumfragen RStV 10 13
Meinungswettbewerb
– Entgeltregulierung **RStV 52d** 6, 13
– Zugangssysteme **RStV 52c** 30, 43
Meldungs- und Unterrichtungspflichten VIG 3 25
Menschenrechte IFG 1 7 ff.
Militärische Belange IFG 3 54 ff.
Militärischer Abschirmdienst (MAD) IFG 3 63, 195
Minderjährige BGB 823 80, 211 f.
Mindestlaufzeit TKG 43b 2
Mindeststandard IFG 1 93
Ministererlaubnis GWB 42 1
Mischverwaltung IFG 1 127
Missbrauchsaufsicht s. Missbrauchskontrolle
Missbrauch GWB 19 1; **20** 1; **VIG 4** 17
Missbrauchsaufsicht
– Branchenvereinbarungen **GWB 30** 40
– Lückenlosigkeit **GWB 30** 36
– Preisbindung bei Zeitungen und Zeitschriften **GWB 30** 34 ff.
– Rechtsfolgen **GWB 30** 38
– Verfahren **GWB 30** 39
Missbrauchskontrolle
– Abbruch von Geschäftsbeziehungen **TKG 42** 27
– Adressatenkreis **TKG 42** 5, 12, 17, 31
– Antragsberechtigung **TKG 42** 42 ff.
– Ausbeutungsmissbrauch **TKG 42** 14.1
– Beeinträchtigungsmissbrauch **TKG 42** 15 ff.
– Behinderungsmissbrauch **TKG 42** 15 ff.
– Bezugsbindung **TKG 42** 20
– Entgeltregulierung **TKG 42** 6
– Ermessen **TKG 42** 45
– Essential Facilities Doctrine **TKG 42** 33
– Feststellung von Marktmacht **TKG 42** 12
– Generalklausel **TKG 42** 1 ff.
– infrastrukturbedingte Kapazitätsknappheit **TKG 42** 24
– Interessenabwägung **TKG 42** 14, 21
– Kausalität der Marktmacht **TKG 42** 14
– Koppelungsangebote **TKG 42** 27
– Kundendaten **TKG 42** 29
– Liefersperre **TKG 42** 27, 36

– nachträgliche Missbrauchsaufsicht **TKG 42** 41 ff.
– Netzintegrität **TKG 42** 25
– Netzneutralität **TKG 42** 25, s. auch dort
– Normadressaten **TKG 42** 12
– Normbegünstige **TKG 42** 13, 18, 31, 42
– Prävention **TKG 42** 46 ff.
– Preselection, schriftliche Kundeneinwilligung **TKG 42** 28
– Rabattaktionen **TKG 42** 27
– sachliche Rechtfertigung **TKG 42** 22 ff., 37
– unionsrechtlicher Kontext **TKG 42** 2, 9, 46
– Verhältnis zu anderen Regulierungsinstrumenten **TKG 42** 3 ff.
– Verhältnis zum allgemeinen Kartellrecht **TKG 42** 7 f., 34
– Verhältnis zur Entgeltregulierung **TKG 42** 6
– Verhältnis zur Zugangsregelung **TKG 42** 5
– Verwendungsbindung **TKG 42** 20
– verzögerter Netzzugang **TKG 42** 21, 38 f.
– vorbeugende Missbrauchsaufsicht **TKG 42** 46 ff.
– Zugangsregulierung **TKG 42** 5
– Zugangsverweigerung **TKG 42** 30
Missbrauchsrisiko TKG 45k 19
Missbrauch wirtschaftlicher Machtstellung GG 74 2 ff.
Mitbenutzer TKG 45m 10
Mitgliedschaften BGB 823 213
Mitgliedstaaten AEUV 101 6 f.
– Pflichten der **AEUV 106** 6 f.
Mittelstandskartelle GWB 3 1
Mitwirkungspflicht RStV 21 2 ff.; **22** 10
– Auslandsbezug **RStV 21** 10
– Rechtsfolgen **RStV 21** 12 f.
Mitteilungsverpflichtung RStV 21 14 ff.
Modalitäten IFG 1 176 ff.
Möglichkeit nachteiliger Auswirkungen IFG 3 39 ff.
– Prognosespielraum **IFG 3** 41
Monopolartige Stellung TKG 41a 16, 18
More economic approach FKVO 2 1
Mosaiktheorie BGB 823 322
Motive des Antragstellers IFG 3 28 ff.
Multimediaanwendung TKG 41a 8
Multiplex RStV 51b 5
Multi-Side-Pricing TKG 41a 31
Musik FKVO 2 46
– Musikverlagsgeschäft **FKVO 2** 47 ff.
– Tonträgermarkt **FKVO 2** 52 ff.
Must-Carry-Bereich
– betroffene Angebote **RStV 52b** 17 ff.
– Definition **RStV 52b** 16
– Entgeltlichkeit der Einspeisung **RStV 52d** 17 ff.
– Entgeltregulierung **RStV 52d** 1, 16
Mustervertrag TKG 45a 3

Nachrichten-Aggregator RStV 54 5.1
Nachrichtendienste IFG 3 61, 194 ff.
– Anwendungsbereich **IFG 3** 195
– Bereichsausnahme **IFG 3** 194

1607

Sachverzeichnis

- erweiterte Sicherheitsüberprüfung **IFG 3** 197
- Sicherheitsbehörden **IFG 3** 194 ff.

Nachrichtensendungen
- Sponsoring **RStV 8** 52 f.
- Unterbrechung von **RStV 7a** 24 ff., 30

Nachrichtensprecher RStV 7 33; **9a** 18

Nachteil IFG 3 40

Nachteilige Auswirkungen IFG 3 39 ff.
- Außenwirtschaftsverkehr **IFG 3** 99
- Bundeswehr **IFG 3** 58 f.
- externe Finanzkontrolle **IFG 3** 91 ff.
- innere und äußere Sicherheit **IFG 3** 65
- internationale Beziehungen **IFG 3** 52 ff.
- Kontroll- und Aufsichtsaufgaben der Finanz-, Wettbewerbs- und Regulierungsbehörden **IFG 3** 78 ff.
- laufende Verfahren und Ermittlungen **IFG 3** 113 ff., 117.2 f.
- militärische Belange **IFG 3** 58 f.
- Prognosespielraum **IFG 3** 41

Nachträglicher Einzelverbindungsnachweis TKG 45e 23

Nacktaufnahmen KUG 23 31

Name
- Funktion **BGB 12** 1, 8

Namensanmaßung BGB 12 24, 55
- Ab- und Verkürzungen **BGB 12** 26
- Domain **BGB 12** 55
- Gattungsbegriff **BGB 12** 30
- Gleichgewichtslage **BGB 12** 34
- Gleichnamigenrecht **BGB 12** 32, 60
- Interessenausgleich **BGB 12** 34
- Interessenverletzung **BGB 12** 35
- Namensnennung **BGB 12** 29
- Prioritätsgrundsatz **BGB 12** 33.2, 60
- Regionale Zusätze **BGB 12** 28
- Rufbeeinträchtigung **BGB 12** 37
- Unbefugtheit **BGB 12** 31, 59
- Verwässerungsgefahr **BGB 12** 37
- Verwechslungsfähigkeit **BGB 12** 26, 56
- Verwechslungsgefahr **BGB 12** 37
- Zuordnungsverwirrung **BGB 12** 27, 56

Namensleugnung BGB 12 23, 53

Namensnennung BGB 823 100, 214 f.

Namensrecht BGB 12 1
- Akzessorietätsprinzip **BGB 12** 3
- Rechtsnatur **BGB 12** 2
- Übertragbarkeit **BGB 12** 3

Namensschutz
- Abkürzungen **BGB 12** 8, 10, 26
- Adelsprädikate **BGB 12** 5
- Akademische Titel **BGB 12** 5
- @-Zeichen **BGB 12** 13; **13** 15
- Berufsbezeichnungen **BGB 12** 5
- Buchstabenkombinationen **BGB 12** 8, 11, 13
- Bürgerlicher Name **BGB 12** 5, 21, 45
- Domain **BGB 12** 44
- Firma **BGB 12** 7, 21, 45
- Gattungsbezeichnungen **BGB 12** 15, 30, 68
- geographische Bezeichnung **BGB 12** 16
- Grundstück **BGB 12** 12
- Inkognito **BGB 12** 6
- Konkurrenzen **BGB 12** 97
- Körperschaften **BGB 12** 7, 63
- Pseudonyme **BGB 12** 6, 19, 45, 50
- Schutzbereich **BGB 12** 18 ff.
- Spitznamen **BGB 12** 6, 19
- Störer **BGB 12** 92
- Unterlassungsanspruch **BGB 12** 52, 83
- Unterscheidungskraft **BGB 12** 14, 17, 30, 80
- Verkehrsgeltung **BGB 12** 17
- Zahlen **BGB 12** 8, 11

Natürliche Personen KUG 22 2

Navigatoren
- Begünstigte **RStV 52c** 28
- Benutzeroberflächen **RStV 52c** 45 ff.
- Einordnung **RStV 52c** 11
- elektronische Programmführer **RStV 52c** 28

Nebenabreden AEUV 101 40; **FKVO 2** 18

Negativer Kontext KUG 22 26

Network-Provider TMG 8 11, 14

Netzneutralität TKG 41a 1 ff., 10 f.
- Entstehungsgeschichte **TKG 41a** 11
- unionsrechtliche Vorgaben **TKG 41a** 10
- Verordnungsermächtigung **TKG 41a** 12

Netzwerke, soziale
- und informationelle Selbstbestimmung **GG 2** 17

Netzzugang TKG 45d 6

Netzzugangsmärkte TKG 41a 29

Nichthorizontale Zusammenschlüsse FKVO 2 17
- konglomerate Zusammenschlüsse **FKVO 2** 17
- vertikale Zusammenschlüsse **FKVO 2** 17

Nichtigkeit AEUV 101 57 f.

Niedergelassener Diensteanbieter
- Begriff **TMG 2** 12 ff.

Niedersachsen IFG 1 68

Nordrhein-Westfalen IFG 1 69

North Atlantic Treaty Organization (NATO) IFG 3 56

Notifikationspflicht AEUV 108 6, 9 ff. s. auch Beihilfe

Nutzer TMG 10 20 f.
- Anzahl **RStV 2** 12
- Begriff **TMG 2** 16 ff.
- unterstehende und beaufsichtigte Nutzer **TMG 10** 49 ff.

Oberfinanzdirektion IFG 1 128.1

Objektivrechtliche Grundrechtsgehalte GG 5 12, 13

Obliegenheit RBeitrStV 14 2, 6 ff.

Offenbarung
- Befugnis **RStV 24** 16 f.
- Begriff **RStV 24** 15

Offenbarungsverbot RStV 24 2, 14 ff.

Offene Kanäle
- Belegungsvorgaben **RStV 52b** 23

Sachverzeichnis

Offene Netze
– Definition **RStV 52** 34
– Plattformregulierung **RStV 52** 31 ff., **53a** 9 f.
Offenlegung
– Entgelte und Tarife **RStV 52d** 8, 21
Offensichtlichkeit TMG 10 36
Öffentlich zugängliche Mobilfunkdienste TKG 46 24
Öffentlich-rechtlicher Rundfunk
– Auftrag s. Auftrag des öffentlich-rechtlichen Rundfunks
– Belegungsvorgaben **RStV 52b** 16 ff., 35, 39
– Entscheidungspraxis der Kommission **AEUV 107** 70
– Finanzierungssysteme **AEUV 107** 71
– kommerzielle Tätigkeit **AEUV 107** 77
– Kommissionsmitteilung **AEUV 107** 68, 73 ff.
Öffentliche Belange VIG 3 4
– s. auch Schutz öffentlicher Belange UIG
Öffentliche Meinungsbildung
– Netze mit geringer Bedeutung **RStV 52** 39
– Zugangssysteme **RStV 52c** 7
Öffentliche Ordnung IFG 3 120
Öffentliche Sicherheit IFG 3 118 ff.; **VIG 3** 6
– Darlegung **IFG 3** 124
– Einrichtungen des Staates **IFG 3** 121
– Gefahr, konkrete **IFG 3** 123
– Gefährdung der öffentlichen Sicherheit **IFG 3** 118 ff.
– gerichtlicher Prüfungsumfang **IFG 3** 122
– Möglichkeit der Gefährdung **IFG 3** 122 ff.
– öffentliche Ordnung **IFG 3** 120
– Schutzgut **IFG 3** 119 ff.
– verwaltungsinterne Abläufe **IFG 3** 121, 125.2
– Wahrscheinlichkeit des Schadenseintritts **IFG 3** 124 f.
Öffentliche Veranstaltungen KUG 23 22
Öffentliches Interesse UIG 9 2
– Amtsermittlung **UIG 8** 9
Öffentlichkeit, begrenzte KUG 22 16
Öffentlichkeitsbeteiligung IFG 1 219
Öffentlichkeitssphäre BGB 823 150
Ombudsmann IFG 12 2
One-stop-shop Prinzip FKVO 1 7
Online-Angebot öffentlich-rechtlicher Rundfunkanstalten RStV Präambel 15 ff.
Online-Archive BGB 823 233 ff., 261
Online-Community TMG 7 35.1, 36
Online-Expansion GG 5 22
Online-Werbung FKVO 2 57 ff.
– Untergliederung in suchgebundene und nicht suchgebundene Werbung **FKVO 2** 59 ff.
– Untergliederung nach Abrechnungsverfahren **FKVO 2** 63 f.
– Untergliederung nach Anzeigegerät **FKVO 2** 62
– Untergliederung nach Format/Erscheinungsbild **FKVO 2** 61

Opportunitätsprinzip TMG 16 3
Ordnungswidrigkeit RStV 49 6; **TKG 46** 18; **UIG 14** 1 ff.
– Adressat **UIG 14** 4
– Beteiligung **RStV 49** 9
– Bußgeldrahmen **UIG 14** 5
– Dauerwerbesendung **RStV 49** 26
– Einziehung **RStV 49** 75
– Entgelte **RStV 49** 59
– Fahrlässigkeit **RStV 49** 68; **TMG 16** 9 f.
– Geldbuße, s. dort
– Gewinnspiele **RStV 8a** 27
– Irrtum **RStV 49** 69
– Merkmale **RStV 49** 6
– Nebenfolge **TMG 16** 9
– objektiver Tatbestand **RStV 49** 11 ff.
– Rechtsfolgen **RStV 49** 70 ff.
– selbstständiges Verfahren **UIG 14** 4
– Sonderdelikt **RStV 49** 13 ff.
– Sponsoring **RStV 8** 56; **49** 34 f.
– subjektiver Tatbestand **RStV 49** 66 ff.
– Täter **RStV 49** 12
– Unterlassen **RStV 49** 8
– Verjährung **RStV 49** 81
– Versuch **RStV 49** 10
– Vorsatz **RStV 49** 67
Ordnungswidrigkeitenrecht RStV 49 2
– Bestimmtheitsgebot **RStV 49** 5
– Blanketttechnik **RStV 49** 4 f.
– Gesetzgebungszuständigkeit **RStV 49** 6
– Verfahren **RStV 49** 79 ff.
– Verweisungstechnik **RStV 49** 4
– Zuständigkeit, örtliche **RStV 49** 80
– Zuständigkeit, sachliche **RStV 49** 79
ORF RStV 11b 32
Organisationspläne IFG 11 8 ff.
Organleihe IFG 1 129
Örtliche Abgeschiedenheit KUG 23 11
Ort
– der Tätigkeit des Personals **TMG 2a** 9
– des Beginns der Tätigkeit **TMG 2a** 11
Ortsnetz TKG 46 19
Österreich IFG 1 54 ff.

P2P-Technologie TKG 41a 8
Paarbeziehung BGB 823 198
Paid Peering TKG 41a 3
Paketverlustrate TKG 41a 7
Parlamentsfernsehen RStV 20a, 21 f.
Parlamentsrecht IFG 1 202 f.
Parteien RStV 42 2 f., 6, 10 ff., 15, 17 f., 20 f., 22.1., 25, 28, 31
Parteienprivileg RStV 42 24
Partielle Zugänglichmachung UIG 5 12
Passivlegitimation BGB 823 73; **IFG 1** 118 ff.
Pay-TV RStV 2 7
Peering TKG 41a 3
– Bill-and-Keep **TKG 41a** 3
– Paid **TKG 41a** 3
– P2P-Technologie **TKG 41a** 8
– Peeringvereinbarung **TKG 41a** 9

Sachverzeichnis

Person der Zeitgeschichte
- absolute **KUG 23** 8
- Begriff **KUG 23** 4
- relative **KUG 23** 6

Person des öffentlichen Interesses KUG 23 15

Personenbezogene Daten GRC 8 13 ff.; **IFG 3** 150; **5** 3 f.;**RBeitrStV 11** 9 f.; **VIG 3** 12
- Abgleich mit Meldebehörden **RBeitrStV 14** 17 ff.
- Ankauf von Adressdaten **RBeitrStV 14** 21
- Anzeigepflicht **RBeitrStV 12** 3 ff.
- automatisiert abrufen **RBeitrStV 11** 13
- Erheben **GRC 8** 18 ff.; **RBeitrStV 11** 17 ff.
- Fluggastdaten **GRC 8** 30
- juristischer Personen **RBeitrStV 11** 10
- löschen **RBeitrStV 11** 25 ff., **12** 25 ff.
- natürlicher Personen **RBeitrStV 11** 9
- Obliegenheit **RBeitrStV 14** 2, 6 ff.
- Schutz personenbezogener Daten s. auch Datenschutz
- speichern **RBeitrStV 11** 11
- übermitteln **RBeitrStV 11** 12
- Übermittlungsbefugnis **RBeitrStV 11** 8
- und Informationszugang IFG s. Schutz personenbezogener Daten IFG
- und Informationszugang UIG s. Schutz personenbezogener Daten UIG
- und Informationszugang VIG s. Schutz personenbezogener Daten VIG
- Weiternutzung vorhandener Daten **RBeitrStV 14** 11 f.
- Zweckbindung **RBeitrStV 11** 23 f.

Personendarstellung KUG 23 21

Persönlichkeitsrecht
- Ausprägungen **BGB 823** 125
- Inhalt **BGB 823** 122
- Regelung **BGB 823** 124
- Reichweite **BGB 823** 123
- Verhältnis zur Meinungsäußerungsfreiheit **BGB 823** 128
- Vermögenswerte Bestandteile **BGB 823** 127

Perspektiven IFG 1 228 ff.

Pflichten
- Dienstanbieter **TMG 7** 49 ff.
- Mitgliedstaaten **AEUV 106** 6 f.

Pflichtangaben TMG 16 12

Phoenix RStV 11b 40 ff.

Planungsverfahren IFG 1 219

Plattform
- Anbieter, s. Plattformanbieter
- Angebote Dritter **RStV 52** 7
- Anzeigepflicht **RStV 52** 44
- Ausnahmen **RStV 52** 10 ff.
- Bedeutung **RStV 52** 9
- Bedeutung für Empfängerkreis **RStV 53** 11 ff.
- Begriff **RStV 2** 51 ff.; **52** 3 ff.
- Belegungsvorgaben, s. dort
- Funktion **RStV 52** 2
- Gesamtangebot **RStV 52** 5, 8
- Gruppen von **RStV 52** 25
- Internet **RStV 52** 31 f.
- in digitaler Technik **RStV 52** 4
- in offenen Netzen **RStV 52** 31, **53** 13
- Ordnungswidrigkeit **RStV 49** 57
- privilegierte Plattformen **RStV 52** 26, 30 ff., **53** 13
- Rundfunk und Telemedien **RStV 52** 5 f., **52c** 26 f.
- Telekommunikationsnetzbetreiber **RStV 52** 16 ff.
- Übergangsfrist für bestehende **RStV 53b** 4, 9 ff.
- Voraussetzungen **RStV 52** 9 ff.

Plattformanbieter RStV 2 51 ff.
- Anforderungen **RStV 52** 40 ff.
- Gewährleistungspflicht **RStV 52c** 20
- Mitwirkungspflichten **RStV 52e** 2, 4
- Verantwortlichkeit **RStV 52a** 9 ff.; **52c** 6

Plattformregulierung
- allgemeine Gesetze **RStV 52a** 6; **52b** 32
- Aufsichtsbefugnisse **RStV 52a** 7 f.; **52f** 1 ff.
- Aufsichtsmaßnahmen **RStV 52f** 1 ff.
- Ausgestaltungsgesetzgebung **RStV 52b** 5
- außereuropäische Programme **RStV 52a** 8
- Benehmen **RStV 52e** 18
- Datenschutz **RStV 52e** 13
- Einführung **RStV 52** 1
- Gegenstand der **RStV 52** 13
- Grundregeln **RStV 52a** 1 ff.
- marktbeherrschende Stellung **RStV 52** 35
- offene Netze **RStV 52** 31 ff., **53a** 9 f.
- Satzungsermächtigung **RStV 53** 1 ff., 9 ff.
- Schutzkonzept **RStV 52** 23 ff.
- Übergangsregelungen **RStV 53b** 1 ff.
- Überprüfungsklausel **RStV 53a** ff.
- Verfahren **RStV 52e** 1
- verfassungsmäßige Ordnung **RStV 52a** 5
- Zumutbarkeit **RStV 52a** 11, **53a** 7 ff.
- Zwei-Ebenen-System **RStV 53** 14

Pluralismussicherung EMRK 10 11; **GG 5** 13, 56; **GRC 11** 1, 25 ff., 42 ff.; **RStV 6** 2; **25** 3 f., 7; **42** 3 s. auch Sicherung der Meinungsvielfalt

Politiker BGB 823 78

Polizeifestigkeit digitaler Presse RStV 59 23 ff., 31, 35

Portraitfotos KUG 23 63

Portal RStV 54 5.1

Positive obligations EMRK 8 5 ff., 64 ff.; **10** 11, 37 ff.; **GRC 11** 28 f.

Postgeheimnis
- Eingriff **GG 10** 26
- Einzelgrundrecht **GG 10** 3
- G10-Gesetz **GG 10** 50
- Gesetzesvorbehalt **GG 10** 33 ff.
- Kernbereich höchstpersönlicher Lebensgestaltung **GG 10** 43 f.
- Normenbestimmtheit und Normenklarheit **GG 10** 36 f.
- Postdienstleistungen, Erbringung von **GG 10** 9

Sachverzeichnis

- Schranken **GG 10** 33
- Schutzbereichsbegrenzung **GG 10** 4
- Staatsschutzklausel **GG 10** 33, 49 f.
- Überbringungsvorgang **GG 10** 10
- Verhältnismäßigkeitsgrundsatz **GG 10** 38 ff., 48
- Zitiergebot **GG 10** 47

Postmortaler Bildnisschutz KUG 22 28
Postmortaler Schutz BGB 823 81
Postulat der Selbstständigkeit AEUV 101 4, 25
Präambel des RStV RStV 6 5 f., 16 f., 24
Prangerwirkung BGB 823 180
Preis GWB 30 23
Preisauslobung RStV 43 17
Preisausschreiben TMG 6 9 ff.
Preisbindung
- Europarechtskonformität **GWB 30** 9 f.
- Verfassungskonformität **GWB 30** 7 f.
- vertikale **GWB 30** 20 ff.
- Zeitungen und Zeitschriften **GWB 30** 1 ff.

Preisbindung bei Zeitungen und Zeitschriften
- Ausgestaltung **GWB 30** 22 ff.
- Europarechtskonformität **GWB 30** 9 f.
- historische Entwicklung **GWB 30** 1
- Missbrauchsaufsicht **GWB 30** 34 ff.
- Normzweck **GWB 30** 5
- Preis **GWB 30** 23
- Rabatte **GWB 30** 24
- Rechtsschutz **GWB 30** 41
- Schriftformerfordernis **GWB 30** 10, 26 f.
- Systematik **GWB 30** 12
- Verfassungskonformität **GWB 30** 7 f.
- vertikale Preisbindung **GWB 30** 20 ff.

Preissetzungsspielraum AEUV 101 124
Prepaid TKG 45f 7
Prepaid-Vertrag TKG 46 21
Presse IFG 1 24, 204 ff.
Presseähnliches Angebot RStV 2 65 ff.; **11d** 25 ff.
- differenzierende Betrachtung und Bewertung der einzelnen digitalen Dienste **RStV 11d** 40
- elektronische Presse **RStV 11d** 31
- Entwicklungsgarantie **RStV 11d** 39 f.
- Grundversorgungsauftrag **RStV 11d** 40
- Lesemedium **RStV 11d** 32
- Onlinezeitung/-zeitschrift **RStV 11d** 29
- Prüfung der Presseähnlichkeit **RStV 11d** 27 ff.
- Programmautonomie **RStV 11d** 39 ff.
- staatliche Neutralitätspflicht **RStV 11d** 37
- subjektives Abwehrrecht der Anbieter presseähnlicher Angebote **RStV 11d** 26
- Tagesschau-App **RStV 11d** 34
- textbasierte Angebote im Internet **RStV 11d** 41
- Videotext **RStV 11d** 40
- Zeitungen und Zeitschriften, Vergleichsbezugsgegenstand der **RStV 11d** 30

Presseausnahme GWB 36 32

Presseerzeugnisse BGB 823 70; **AEUV 101** 90, 104 ff.; **FKVO 2** 32 ff.; **GWB 36** 16; **RStV 2** 8
- Anzeigenmarkt für Zeitschriften **FKVO 2** 39; **GWB 36** 26
- Anzeigenmarkt für Zeitungen **FKVO 2** 36, **GWB 36** 23 ff.
- elektronische **AEUV 101** 94
- Grossistenkündigung **AEUV 101** 106
- Lesermarkt für Zeitschriften **FKVO 2** 38; **GWB 36** 20 ff.
- Lesermärkte für Zeitungen **FKVO 2** 33 ff.; **GWB 36** 18 f.
- Pressegrossomarkt **GWB 36** 16 f.
- Vertrieb und Grosso **AEUV 101** 104 ff.

Pressefreiheit EMRK 10 22 ff.; **GG 5** 14, 20, 45
- Abgrenzung von Meinungsäußerungsfreiheit **BGB 823** 105
- Allgemeines **BGB 823** 102 f.
- Binnenpluralismus **GG 5** 57
- Bücher **EMRK 10** 24
- digitale Presse **RStV 59** 30 f.
- Druckwerke **EMRK 10** 23
- Durchsuchungen **GG 5** 51
- Gegendarstellungsrecht **GG 5** 52
- Gratisvertrieb **GG 5** 52
- Informantenschutz **GG 5** 52
- journalistische Gestaltungsfreiheit **EMRK 10** 26
- objektivrechtliche Schutzgehalte **GG 5** 55
- Pluralismussicherung **GG 5** 56
- politische Parteien **GG 5** 54
- Pressegrosso **GG 5** 52; **74** 3
- Presserechenklausel **GG 5** 57
- Quellenschutz **EMRK 10** 26
- Recherchetätigkeit **EMRK 10** 26
- Redaktionsarbeit **EMRK 10** 26
- Redaktionsgeheimnis **GG 5** 51
- Schriftsteller **EMRK 10** 25
- Staatsferne **GG 5** 54, 64
- Vertriebsorganisation **EMRK 10** 26
- Zeitungen und Zeitschriften **GWB 30** 5

Pressegrossist GWB 30 31
Pressegrosso GG 5 52, **74** 3
- Europarechtskonformität **GWB 30** 11
- gesetzliche Absicherung **GWB 30** 2, 6, 8, 28 ff.
- Verfassungsrechtskonformität **GWB 30** 8

Presseverlage GWB 30 31
PreussenElektra AEUV 107 10 s. auch Beihilfe
Priorisierung TKG 41a 6 f., 9, 24
Private IFG 1 144 ff.
Private Belange VIG 3 11
- s. auch Schutz privater Belange UIG
Privater Erholungsbereich KUG 23 40
Privatsphäre BGB 823 150, 156 ff.; **GG 2** 45; **GRC 7** 21 ff.; **KUG 23** 29
- räumlicher Schutz **BGB 823** 159 f.
- thematischer Schutz **BGB 823** 157 f.

Privat- und Familienleben GRC 7 20 ff.; **EMRK 8** 17 ff.

1611

Sachverzeichnis

Privileg, einfachrechtliches RStV 42 2
Privilegierte Quellen BGB 823 137
Privilegierung RStV 42 6; **TMG 10** 33
Produktplatzierung RStV 2 44 ff.
– Anrechenbarkeit auf Höchstsendezeit **RStV 45** 15
– Entgeltlichkeit **RStV 7** 29
– Entstehungsgeschichte **RStV 44** 1
– Finanzierung privater Rundfunkanbieter **RStV 43** 12
– in Fernsehfensterprogrammen **RStV 44** 2
– in Filmen und Serien **RStV 44** 5
– in Kindersendungen **RStV 44** 4
– in Nachrichten **RStV 44** 9
– in Sportsendungen **RStV 44** 6
– in Telemedien **RStV 44** 3
– in Unterhaltungssendungen **RStV 44** 7
– Kennzeichnung **RStV 7** 30
– Ordnungswidrigkeit **RStV 49** 28
– Sponsoring **RStV 8** 14
– Umfang **RStV 7** 32
– unentgeltliche **RStV 44** 8
– von geringwertigen Gütern **RStV 44** 10
– Werbewirkung **RStV 7** 31
Produktsicherheitsgesetz VIG 1 12
Programm RStV 6 3
– Spartenprogramm **RStV 6** 3
– Vollprogramm **RStV 6** 1, 3
Programmauftrag AEUV 101 86; **RStV 2** 62 ff.; **6** 17 f.
Programmautonomie RStV 42 3
Programmbegleitende Dienste
– Belegungsvorgaben **RStV 52b** 19
Programmbeirat RStV 25 27; **26** 36; **32**
– Anhörungspflicht **RStV 32** 11
– Aufgabe **RStV 32** 4
– Auskunfts- und Beanstandungsrechte **RStV 32** 12
– Befugnisse **RStV 32** 2, 8 f.
– Besetzung **RStV 32** 6
– einzelkaufmännisches Unternehmen **RStV 32** 15
– gesellschaftliche Gruppen **RStV 32** 7
– Programmbeiratsrichtlinie **RStV 32** 2
– Regionalfensterprogramm **RStV 25** 27
– Relevanz **RStV 32** 3
– Unterrichtungspflicht **RStV 32** 10
– Zusammensetzung **RStV 32** 2, 5
– Zustimmungsrecht **RStV 32** 13 f.
Programmbeschaffung AEUV 107 6
Programmbezugsquellen
– Aufstellung **RStV 23** 10 f.
– Ordnungswidrigkeit **RStV 49** 40
Programmbouquet RStV 2 50
Programmform RStV 2 17 ff.
Programmfreiheit RStV 6 2, 6; **42** 3
Programmgrundsätze RStV 41 1 ff.; **3** 1 ff. s. auch Allgemeine Grundsätze
– als Rundfunkausgestaltung **RStV 41** 12, 14
– als Schrankengesetze **RStV 41** 10 f.
– angemessener Anteil an Information, Kultur und Bildung **RStV 41** 13, 15
– Ehe und Familie **RStV 41** 9.1

– Minderheitenschutz **RStV 41** 11
– Sanktionsmöglichkeit **RStV 41** 3
– vereintes Deutschland **RStV 41** 10
– verfassungsmäßige Ordnung **RStV 41** 5
– weltanschauliche Überzeugung **RStV 41** 9
Programmkategorie RStV 2 20 ff.
Programmlisten
– Auffindbarkeit **RStV 52c** 49
Programmrichtlinien
– Bindungswirkung **RStV 46** 6
– für private Rundfunkveranstalter **RStV 46** 2
– Geltungsbereich **RStV 46** 3
– Rechtsnatur **RStV 46** 5
Prominente BGB 823 88 f., 148
Prozessvertretung von Mandanten TMG 3 22
Proxycacheserver TKG 41a 8
Prüfungspflicht
– Hostinganbieter **BGB 823** 20
– Suchmaschinenbetreiber **BGB 823** 28
– Technischer Verbreiter **BGB 823** 19
Pseudonym TMG 16 16
Pseudonymität RStV 55 4
PSI Richtlinie UIG 1 15 f.
Publizitätspflicht
– Anwendungsbereich **RStV 23** 3 f.
– Beteiligte **RStV 23** 9
– Rundfunkveranstalter **RStV 23** 6 ff.
Push-Dienste TMG 8 24

QoE s. Quality of Experience
QoS s. Quality of Service
Qualitätsstandards, vereinbarte RStV 52a 16
Quality of Experience TKG 41a 46
Quality of Service TKG 41a 5, 33 ff., 41 f.
– Dienstklassen **TKG 41a** 33 ff.
Quellen VIG 4 18
Quotenregelung RStV 6 1 f., 6 f., 9 ff., 16
– als Sollvorschriften **RStV 6** 6, 10

Rabatte GWB 30 24
Radio FKVO 2 55 ff.
Rahmenverträge RStV 42 29
Räumlicher Schutz KUG 23 34
Recherche, verdeckte BGB 823 221
Recherchemaßnahmen BGB 823 217
Recherchepflicht
– bei Drittäußerungen **BGB 823** 15
– bei privilegierten Quellen **BGB 823** 137
– bei Verdachtsberichterstattung **BGB 823** 246 ff.
– Umfang **BGB 823** 16, 135
Rechnungshof IFG 1 119.1, 138
Rechnungsinhalt TKG 45h 6 ff.
Recht am eigenen Bild GG 2 9 f.; **GRC 7** 23; **EMRK 8** 26
Recht auf einen Namen GRC 7 23; **EMRK 8** 27
Recht auf informationelle Selbstbestimmung s. informationelle Selbstbestimmung
Recht auf Selbstdarstellung GG 2 8 ff., 17; **GRC 7** 23; **EMRK 8** 21 f.

Sachverzeichnis

Recht der persönlichen Ehre GG 2 48; **5** 125; **EMRK 8** 28
– Schmähkritik **GG 5** 126
Recht der Wirtschaft GG 74 1
Rechtfertigungslasten EMRK 10 39
Rechtsanwalt BGB 823 208
Rechtsbehelfe des Dritten VIG 5 15
Rechtsfolgen AEUV 101 56 ff.
Rechtsförmlichkeit IFG 13 4
Rechtsmissbrauch IFG 3 25 ff.; **9** 44 ff.
– Ausforschungsantrag **IFG 3** 29
– Darlegung **IFG 3** 33 ff.
– Gesetzgebungsgeschichte **IFG 3** 27
– Massenverfahren **IFG 3** 32
– Motive des Antragstellers **IFG 3** 28 ff.
– Schädigungsabsicht **IFG 3** 30, 32
– Schikaneverbot **IFG 3** 30
– Treu und Glauben **IFG 3** 30
– Verfahrensbevollmächtigter, Zurechnung **IFG 3** 32
– Verfahrensverzögerung **IFG 3** 30
– Verwaltungsaufwand **IFG 3** 31
Rechtsprechungspraxis IFG 1 85 ff.
Rechtsschutz IFG 1 83; **3** 199 ff.; **8** 36 ff.; **9** 48 ff.; **TMG 8** 41; **10** 56 ff.; **UIG 6** 2 ff.; **VIG 5** 14
– allgemeine Leistungsklage **UIG 6** 5
– Amtshaftung **UIG 6** 12
– BfDI **IFG 9** 50
– Drittbeteiligung s. unter Drittbeteiligung, Rechtsschutz
– Drittschutz **UIG 6** 10 ff.
– einstweiliger Rechtsschutz **RStV 9a** 23; **UIG 6** 4a
– gerichtlicher Prüfungsumfang **IFG 3** 200
– IFGGebV **IFG 10** 76 f.
– In-camera-Verfahren **IFG 3** 203; **UIG 6** 6
– Klageart **IFG 8** 39; **RStV 9a** 22; **UIG 6** 4
– Kostenentscheidung **IFG 10** 63 ff.
– Preisbindung bei Zeitungen und Zeitschriften **GWB 30** 41
– private informationspflichtige Stellen **UIG 6** 9
– Rechtsbehelfsbefugnis **IFG 8** 40
– Rechtsmittel **IFG 9** 90
– Rechtsschutzmöglichkeiten **IFG 8** 37
– Rechtsweg **IFG 9** 52 ff.; **RStV 9a** 21
– Sachentscheidung **IFG 9** 69 ff.
– Selbstständigkeit des Informationszugangsanspruchs **IFG 9** 51
– Sperrerklärung **IFG 3** 203; **UIG 6** 8
– Überprüfungsverfahren **UIG 6** 19
– Verfahrensart **IFG 9** 63 ff.
– Verwaltungsrechtsweg **IFG 8** 36; **UIG 6** 3
– Vorverfahren **IFG 9** 58 ff.; **10** 67 ff.
– Vorwegnahme der Hauptsache **UIG 6** 4a
– Widerspruchsfrist **IFG 9** 18
– Widerspruchsverfahren **IFG 8** 38; **UIG 6** 16
– Zuständigkeit **IFG 9** 90
Rechtsschutzbedürfnis BGB 823 332

Rechtsstaatsprinzip IFG 1 22
Rechtsstreitigkeiten RStV 42 31
– privatrechtlicher Natur **RStV 42** 31
Rechtsverfolgung BGB 823 218 f.
Rechtsvergleich IFG 1 51 ff.
Rechtsweg IFG 9 52 ff.
– Anwendbarkeit des § 40 Abs. 1 S. 1 VwGO **IFG 9** 53
– eigenständige Rechtswegregelung **IFG 9** 54 f.
– parallele Geltendmachung unterschiedlicher Informationsansprüche **IFG 9** 56
– Stattgabe **IFG 9** 57
– Verwaltungsrechtsweg **IFG 9** 52
Redaktionelles Umfeld KUG 23 60
Regelungszweck KUG 23 1
Regenbogenfamilie EMRK 8 31
Regierungstätigkeit IFG 1 136 ff.
Regionalfenster(programm) RStV 2 27; **25** 14
– Akzessorietät **RStV 25** 30
– Auswahl des Fensterprogrammveranstalters **RStV 25** 28
– Belegungsvorgaben **RStV 52b** 20 f.
– Benehmensherstellung **RStV 25** 29
– Fernsehfensterrichtlinie **RStV 25** 16; **25** 23
– Finanzierung **RStV 25** 33
– konzentrationsrechtliche Berechnung **RStV 25** 15
– Normgenese **RStV 25** 18
– organisatorische Abstimmung **RStV 25** 35
– Plausibilitätskontrolle **RStV 25** 29, 34
– Programmbeirat **RStV 25** 27
– redaktionelle Unabhängigkeit des Fensterprogrammveranstalters **RStV 25** 25
– Übergangsregelungen **RStV 53b** 3, 8
– Umfang der Verpflichtung **RStV 25** 21 ff.
– Unabhängigkeit des Fensterprogrammveranstalters **RStV 25** 26, 31
– verfassungsrechtliche Bedenken **RStV 25** 19 f.
– Zulassung des Fensterprogrammveranstalters **RStV 25** 28
Registerrecht
– Einführung **IFG 1** 49
– IFG Konkurrenz **IFG 1** 206 ff.
Regulierungsadressat TKG 41a 20
Regulierungsbehörden IFG 3 74
Reichenlisten BGB 823 203
Reihen RStV 7a 32
– Abgrenzung **RStV 7a** 34 f.
– Unterbrechung von **RStV 7a** 24 ff.
Religionsgemeinschaften IFG 1 110
Remissionsrecht GWB 30 3, 9, 31
Reproduktionsbedingte Veränderungen KUG 23 58
Resozialisierung BGB 823 229 ff.
Revision RBeitrStV 13 1; **RStV 48** 1
Rheinland-Pfalz IFG 1 70
Richtervorbehalt EMRK 8 61
Richtigstellung s. Berichtigungsanspruch
Richtigkeit der Informationen VIG 6 9

1613

Sachverzeichnis

Richtlinien
- Außenwirkung **RStV 33** 8
- Bindungswirkung **RStV 33** 7
- der Landesrundfunkanstalten, des ZDF und des Deutschlandradios **RStV 11e** 2 ff.
- Drittsendezeitrichtlinie **RStV 33** 3
- Ermächtigung **RStV 33** 1
- Fernsehfensterrichtlinie **RStV 25**; **33** 3
- gemeinsamer Erlass **RStV 33** 2
- Programmbeiratsrichtlinie **RStV 32**; **33** 3
- Rechtsnatur **RStV 33** 5 f.

Richtlinienbefugnis
- Plattformregulierung **RStV 53** 1 ff.
- Rechtsnatur der RL **RStV 53** 6 f.
- Richtlinienermächtigung **RStV 46** 1

Richtlinienermächtigung RStV 33 1, **46** 1, s. auch Richtlinienbefugnis

Richtlinienkonforme Auslegung TMG 7 34

Risiko VIG 2 21; **3** 36 f.

Routing TMG 8 14 f., 17; **TKG 41a** 2, 6

RTBF RStV 11b 38

Rückrufanspruch BGB 823 318

Rückwirkungsverbot RBeitrStV 12 8, **14** 4

Rückzugsbereich KUG 23 41

Rufnummernbereiche TKG 45k 23

Rule of Reason AEUV 101 36 f.

Rundfunk AEUV 101 91 f.; **GG 5** 4; **RStV 2** 1 ff.; **GWB 36** 6
- Anstaltsmodell **GG 5** 59
- Ausgestaltungsdogmatik **GG 5** 61
- Berichterstattung **RStV 10**
- Bestandsgarantie **GG 5** 63
- Binnenpluralismus **GG 5** 24, 62
- bundesweiter **RStV 20a** 1 ff.
- dienende Freiheit **GG 5** 80
- Drei-Stufen-Test **GG 5** 85
- Einschränkung des Programmauftrags **GG 5** 85a
- Entwicklungsgarantie **GG 5** 63
- Fensterprogramme **GG 5** 88
- Finanzierungsgarantie **GG 5** 65, 84
- Free-TV-Listen **GG 5** 90
- Funktionsauftrag **RStV Präambel** 14 ff.
- grenzüberschreitender **RStV 1** 22 ff.
- Grundversorgung **GG 5** 62, 83
- journalistische Wahrheitspflicht **RStV 10** 1 ff.
- Kabelverbreitung **GG 5** 92
- Markt für die Einspeisung von Rundfunksignalen **GWB 36** 6 f.
- Markt für Fernsehwerbung **GWB 36** 10 ff.
- Markt für leitungsgebundene Rundfunkversorgung **GWB 36** 8 f.
- Märkte für mobilen Rundfunk **GWB 36** 14 f.
- Mehrwerttest **GG 5** 85b
- Meinungsumfragen **RStV 10** 13
- Online-Expansion **GG 5** 85
- Positive Rundfunkordnung **GG 5** 61
- Programmauftrag **GG 5** 86
- Programmautonomie **GG 5** 65, 84
- Radio-/Hörfunkwerbemarkt **GWB 36** 13
- rundfunkähnliche Dienste **GG 5** 63
- Rundfunkbegriff **GG 5** 73

Rundfunkabgabe GG 70 6

Rundfunkänderungsstaatsvertrag
- 9. Rundfunkänderungsstaatsvertrag **RStV Präambel** 30
- 10. Rundfunkänderungsstaatsvertrag **RStV Präambel** 31
- 12. Rundfunkänderungsstaatsvertrag **RStV Präambel** 32
- 13. Rundfunkänderungsstaatsvertrag **RStV Präambel** 33
- 14. Rundfunkänderungsstaatsvertrag **RStV Präambel** 34
- 15. Rundfunkänderungsstaatsvertrag **RStV Präambel** 35

Rundfunkbeitrag GG 70 6, **RBeitrStV 1** 1 ff.
- Abmeldung **RBeitrStV 8** 6 ff.; **7** 5
- Adressdaten **RBeitrStV 14** 21
- Anmeldebestätigung **RBeitrStV 11** 28
- Anmeldung **RBeitrStV 8** 2 ff., 10; **7** 2
- Anzahl der Beschäftigten **RBeitrStV 5** 4 ff.
- Anzeige **RBeitrStV 8** 1, 10
- Anzeigepflicht **RBeitrStV 12** 3 ff.
- ARD ZDF Deutschlandradio Beitragsservice **RBeitrStV 10** 9
- Aufrechnung **RBeitrStV 2** 7; **10** 5
- Auftragsdatenverarbeitung **RBeitrStV 11** 3 f.
- Auskunftsinhalt **RBeitrStV 9** 13 ff.
- Auskunftspflicht **RBeitrStV 9** 1 ff.
- Auskunftspflichtige **RBeitrStV 9** 7 ff.
- Beauftragte **RBeitrStV 10** 9
- Beginn der Beitragspflicht **RBeitrStV 7** 2 ff.
- Behinderung **RBeitrStV 14** 7 f.
- Beitragsbescheid **RBeitrStV 2** 12
- Beitragssatzung **RBeitrStV 9** 20
- Blindheit **RBeitrStV 14** 7 f.
- Datenerhebung **RBeitrStV 2** 5.1; **8** 2 ff.; **9** 11.1, 13 ff.
- diplomatische Vertretungen **RBeitrStV 5** 28
- diplomatische Vorrechte **RBeitrStV 2** 11
- Ende der Beitragspflicht **RBeitrStV 7** 5 f.
- Erstattungsanspruch **RBeitrStV 10** 5
- Fälligkeit **RBeitrStV 7** 8
- Ferienwohnung **RBeitrStV 5** 8
- Funkloch **RBeitrStV 4** 12.1
- Gästezimmer **RBeitrStV 5** 8
- gemeinnützige Einrichtungen **RBeitrStV 5** 14 ff.
- gottesdienstliche Zwecke **RBeitrStV 5** 25
- Hotelzimmer **RBeitrStV 5** 8
- im nicht privaten Bereich **RBeitrStV 5** 1
- Kraftfahrzeug **RBeitrStV 5** 9 ff.
- Kündigung **RBeitrStV 15** 1 ff.
- Kündigungsfrist **RBeitrStV 15** 1 ff.
- Landesmedienanstalten **RBeitrStV 5** 28
- Nichtleistung **RBeitrStV 12** 9 ff.
- Nichtnutzung von Rundfunk **RBeitrStV 2** 1; **4** 12.1

Sachverzeichnis

- Obliegenheit **RBeitrStV 14** 2, 6 ff.
- öffentlich-rechtliche Rundfunkanstalten **RBeitrStV 5** 28
- Privathaushalt **RBeitrStV 2** 1
- Radionutzung **RBeitrStV 2** 2.1; **4** 12.1
- Rechtsschutz **RBeitrStV 2** 12 ff.; **4** 16 f.; **8** 10; **9** 21; **10** 10 f.
- Rundfunkveranstalter oder -anbieter **RBeitrStV 5** 28
- Schickschuld **RBeitrStV 10** 3
- Taubheit **RBeitrStV 14** 7 f.
- Typisierung **RBeitrStV 2** 1; **4** 1
- Überleitung gemeinnütziger Einrichtungen **RBeitrStV 14** 15 f.
- Übermittlungsbefugnis **RBeitrStV 11** 8
- Verfahren **RBeitrStV 2** 12 f.; **9** 21; **10** 9
- Verfassungsmäßigkeit **RBeitrStV 1** 2 ff.
- Verjährung **RBeitrStV 7** 9
- Vertragsdauer **RBeitrStV 15** 1 ff.
- Vollstreckung **RBeitrStV 9** 19; **10** 8
- Weitergeltung bestandskräftiger Bescheide **RBeitrStV 14** 14
- Zuständigkeit **RBeitrStV 10** 7, 9

Rundfunkentscheidungen GG 5 58
- Baden-Württemberg **GG 5** 63
- Deutschland-Fernsehen **GG 5** 4, 59
- EG-Fernsehrichtlinie **GG 5** 67
- Extra-Radio **GG 5** 69
- FRAG **GG 5** 61
- Hessen 3 **GG 5** 65
- Hessisches PR **GG 5** 71
- KEF **GG 5** 70
- Kurzberichterstattung **GG 5** 68
- LRG Niedersachsen **GG 5** 62
- Mehrwertsteuer **GG 5** 60
- Rundfunkgebühren I **GG 5** 66
- WDR **GG 5** 64

Rundfunk, öffentlich-rechtlicher GG 5 79; **RStV 6** 3, 5.1, 9.1, 17 ff.
- finanzielle Funktionsfähigkeit **RBeitrStV 12** 1
- funktionsgerechte Finanzausstattung **RBeitrStV 1** 6, **14** 1
- Veranstalter **RStV 6** 2

Rundfunkfinanzierungskompetenz GG 70 4

Rundfunkfreiheit BGB 823 104; **EMRK 10** 27 f.; **RStV 42** 3
- Ausgestaltung, vielfalts- und autonomiesichernde **EMRK 10** 28
- Entgeltregulierung **RStV 52d** 4
- Fernsehfunk **EMRK 10** 27
- Hörfunk **EMRK 10** 27
- Navigatoren **RStV 52c** 11
- technische Dienste **RStV 52c** 12 f.
- Rundfunkfreiheit **GG 5** 20
- Sondersituation **GG 5** 4
- Staatsaufsicht **GG 5** 61
- Staatsferne **GG 5** 87
- Trennung von Kommentar und Bericht **RStV 10** 9 f.
- Unabhängigkeit der Berichterstattung **RStV 10** 5 ff.
- Verbot von Kommentaren nicht genannter Verfasser **RStV 10** 11 f.
- Werbung **GG 5** 79
- Zeugnisverweigerungsrechte **GG 5** 69
- Zugangsberechtigungssysteme **GG 5** 93
- Zuschaueranteilsmodell **GG 5** 89

Rundfunkfrequenzen RStV Präambel 26

Rundfunkgebühr GG 70 6, **RBeitrStV 1** 1
- als Beihilfe **AEUV 107** 10–13
- Beihilfekompromiss **AEUV 107** 12, 72
- Überleitung gemeinnütziger Einrichtungen **RBeitrStV 14** 15 f.
- weitere Anwendbarkeit **RBeitrStV 14** 22
- Weitergeltung bestandskräftiger Bescheide **RBeitrStV 14** 14

Rundfunkkompetenz RStV 1 4 ff.

Rundfunkprogramm RStV 2 18

Rundfunkprotokoll AEUV 107 66

Rundfunkstaatsvertrag
- als Beihilfensystem **AEUV 107** 72
- Geltung für öffentliche Stellen des Bundes **RStV 6** 6
- Verhältnis zum Telemediengesetz **RStV 60** 1 ff.

Rundfunksystem, duales RStV Präambel 2 ff.; **25** 4

Rundfunkübertragung FKVO 2 21 ff.
- Einspeisemarkt **FKVO 2** 22
- Endkundenmarkt **FKVO 2** 24
- Signallieferungsmarkt **FKVO 2** 23

Rundfunkveranstalter RStV 2 54; **42** 1.1, 3, 9, 16 f., 19 f., 21, 26, 28, 30 f.
- Auskunftsanspruch s. Auskunftsanspruch der Rundfunkveranstalter
- öffentlich-rechtlicher **RStV 42** 1.1, 9, 21, 28
- Ordnungswidrigkeit **RStV 49** 16
- privater **RStV 42** 9, 18, 21 f., 31
- Zulassung **RStV 20** 4

Rundfunkwerbung GG 70 5

Rundfunkzulassung
- bundesweiter Rundfunk **RStV 20a** 1 ff.
- Inhalt **RStV 20** 5 f.
- juristische Personen **RStV 20a** 14 f.
- Rechtsschutz **RStV 20** 40 f.
- vereinfachtes Verfahren **RStV 20** 19 ff.
- Verfahren **RStV 20** 4 ff.
- Voraussetzungen **RStV 20** 8 ff.
- Zuständigkeit **RStV 20** 7
- Zuverlässigkeit **RStV 20a** 12 ff.

Rufnummernmitnahme, Kosten der TKG 46

Rufnummernportabilität TKG 46 3

Rufnummernportierung TKG 46 3

Saarland IFG 1 71

Sachenentscheidung, gerichtliche IFG 9 69 ff.
- Darlegungslast **IFG 9** 70
- Darlegungstiefe **IFG 9** 71
- Grundsatz **IFG 9** 69
- In-camera-Verfahren **IFG 9** 73 ff.

Sachfotografien KUG 22 7

Sachverzeichnis

Sachfremder Kontext KUG 23 60
Sachlicher Anwendungsbereich TMG 2a 4
Sachsen IFG 1 72
Sachsen-Anhalt IFG 1 73
Sachverständiger TKG 45g 14
Sammelrevers GWB 30 4
Sanierungsfusionen GWB 36 34
Sanktionstatbestand TMG 16 23
Satelliten-Bodenstationen RStV 1 28 ff.
Satellitenfensterprogramm RStV 2 26
Satire BGB 823 49; **BGB 1004** 25
Satirischer Zweck KUG 23 54
Satzungen IFG 1 61
– der Landesrundfunkanstalten, des ZDF und des Deutschlandradios **RStV 11e**
Satzungsbefugnis
– gemeinsame Satzungen **RStV 46** 8
– Plattformregulierung **RStV 53** 1 ff.
– Satzungsermächtigung **RStV 46** 7
– Überprüfungsklausel **RStV 53a** 2
– Umfang **RStV 53** 9 ff., **52** 39
Satzungsermächtigung RStV 46 7, s. auch Satzungsbefugnis
Schadensersatzanspruch BGB 823 303 ff.
Schadensersatzhaftung
– bei Fahrlässigkeit **TMG 10** 32 ff.
Scheidung BGB 823 201
Schleichwerbung RStV 2 32 ff.
– Irreführungseignung **RStV 7** 27
– Ordnungswidrigkeit **RStV 49** 28
– Rundfunkfreiheit **RStV 7** 25
– Werbeabsicht **RStV 7** 26
Schleswig-Holstein IFG 1 74
Schlichtung TKG 47a 1 ff.
– Anhörung **4 TKG 7a** 7
– Art des Verfahrens **TKG 47a** 2
– Beendigung des Verfahrens **TKG 47a** 8
– Berechtigte und Verpflichtete **TKG 47a** 3 f.
– Durchführung **TKG 47a** 3 ff.
– Kosten **TKG 47a** 10
– Schlichtungsordnung der BNetzA **TKG 47a** 9
Schlussfolgerungen BGB 823 43
Schmähkritik BGB 823 174 ff.
Schnittstellen für Anwendungsprogramme RStV 52c 43 f.
Schriftformerfordernis
– Preisbindung bei Zeitungen und Zeitschriften **GWB 30** 10, 26 f.
Schutz Betriebs- und Geschäftsgeheimnisse IFG 1 9, 15, 28; **3** 80.2, 150, 150.2; **UIG 9** 22
– Abgrenzung zwischen Betriebs- und Geschäftsgeheimnissen **IFG 6** 31 f.
– Abwägung **IFG 6** 29
– Abwägungslage **UIG 8** 3 ff.
– Amtsermittlung **UIG 8** 9
– Art. 12 Abs. 1 GG **IFG 6** 12, 14
– Art. 14 GG **IFG 6** 13 f.
– begrenzter Personenkreis **IFG 6** 21 f.
– berechtigtes Geheimhaltungsinteresse **IFG 6** 25 ff.
– Berufsfreiheit **IFG 6** 12, 14
– Betriebsgeheimnis, Begriff **IFG 6** 31
– Definition **UIG 9** 25
– Eigentumsgarantie **IFG 6** 13 f.
– Einwilligung **IFG 6** 36 ff.
– Emissionen **UIG 9** 23
– Geheimhaltungswille **IFG 6** 23 f.
– Geistiges Eigentum **UIG 9** 17
– Geschäftsgeheimnis, Begriff **IFG 6** 32
– juristische Personen des öffentlichen Rechts **IFG 6** 34 f.
– Maßstab **UIG 9** 26
– öffentliches Interesse **UIG 8** 2, 6
– Statistikgeheimnis **UIG 9** 28
– Steuergeheimnis **UIG 9** 28
– Unternehmensbezug **IFG 6** 20
– Verbraucherinformationsgesetz **VIG 3** 22, 33, 39
– Verfassungsmäßigkeit von § 6 S. 2 **IFG 6** 15
– Veröffentlichungsverbot **UIG 9** 27
Schutz der Vertraulichkeit VIG 3 6; **4** 13
Schutz geistigen Eigentums IFG 7 74 f.; **UIG 9** 16 ff.; **VIG 3** 13
– Abwägung **IFG 6** 1, 10
– Anwaltsschriftsatz **UIG 9** 20
– Art. 14 GG **IFG 6** 2
– Datenbanken **UIG 9** 21.1
– Eigentumsgarantie **IFG 6** 2
– Einwilligung **IFG 6** 9 f.
– Entgegenstehen **IFG 6** 7 ff.
– Geistige Werke **UIG 9** 18
– Immaterialgüterrecht **IFG 6** 4
– juristische Personen des öffentlichen Rechts **IFG 6** 3, 6
– juristische Personen des Privatrechts **IFG 6** 2
– Nutzungsrechte **UIG 9** 21
– persönliche geistige Schöpfung **IFG 6** 5
– Schöpfungshöhe **UIG 9** 19
– Urheberrecht **UIG 9** 17
– Verbraucherinformationsgesetz **VIG 3** 13
– Wissenschaftliche Gutachten **UIG 9** 20
Schutzobjekt KUG 22 3
Schutz öffentlicher Belange
– Arbeitsfähigkeit **UIG 8** 47
– Arbeitsüberlastung **UIG 3** 40
– Artenschutz **UIG 8** 44
– Beratungen **UIG 8** 30, 33
– Bestandsschutz **UIG 8** 44
– Datenqualität **UIG 8** 54
– Drittbeteiligung **UIG 8** 10
– Emissionen **UIG 8** 45
– Ermittlungstätigkeit **UIG 8** 41
– Funktionsfähigkeit der Rechtspflege **UIG 8** 39
– Gefährdungsmaßstab **UIG 8** 28
– Gerichtsverfahren **UIG 8** 36
– internationale Beziehungen **UIG 8** 25 f.
– interne Mitteilungen **UIG 8** 51
– Meinungsbildung **UIG 8** 31
– nachteilige Auswirkung **UIG 8** 1 ff.
– Prognoseentscheidung **UIG 8** 23

Sachverzeichnis

- Rohdaten **UIG 8** 55
- Schutz der Entscheidungsfindung **UIG 8** 31
- System kollektiver Sicherheit **UIG 8** 26
- Verteidigung **UIG 8** 26
- Verwaltungsverfahren **UIG 8** 40
- Verzögerung des Verfahrens **UIG 8** 48

Schutz personenbezogener Daten
- Abgeordnete/Mandatsträger **IFG 5** 17
- absolutes Zugangshindernis **IFG 5** 13 f.
- Abwägung **IFG 5** 9 ff., 28 ff.
- Abwägungslage **UIG 8** 3 ff.
- Amtsermittlung **UIG 8** 9
- Amtsträger **IFG 5** 23 ff.
- Amtsverhältnis **IFG 5** 14 ff.
- Anonymisierung **IFG 5** 4
- Bearbeiter **IFG 5** 25 ff.
- Beeinträchtigung **UIG 9** 10 f.
- Definition **UIG 9** 8
- Dritter **IFG 5** 12
- Einwilligung **IFG 5** 2, 5 ff., 8
- Emissionen **UIG 9** 15
- funktionsbezogene Daten **IFG 5** 20 ff.
- Gutachter **IFG 5** 20 ff.
- juristischer Personen **IFG 5** 3.2 ff.
- Kontaktdaten Behördenmitarbeiter **IFG 5** 3.5, 23 ff.
- öffentliches Interesse **UIG 8** 2, 6 ff.; **9** 9, 14
- Personalakten **IFG 5** 15
- Sachverständige **IFG 5** 20 ff.
- sensible Daten **IFG 5** 7
- Verbraucherinformationsgesetz **VIG 3** 11
- Verhältnis zu anderen Regelungen **IFG 5** 2.1
- Verschwiegenheitspflichten **IFG 5** 17
- Zweckbindung **UIG 9** 12

Schutz privater Belange
- Amtsermittlung **UIG 8** 9
- Betriebs- und Geschäftsgeheimnis **UIG 9** 22 ff.
- geistiges Eigentum **UIG 9** 16 ff.
- personenbezogene Daten **UIG 9** 6 ff.
- Sanktionen **UIG 9** 3
- verfassungsrechtliche Grundlage **UIG 9** 4

Schutz spezifischer Gemeinwohlinteressen des Bundes IFG 3 35 ff.
- Außenwirtschaftsverkehr **IFG 3** 94 ff.
- Bekanntgabe der Information **IFG 3** 38
- Bekanntwerden der Information **IFG 3** 37
- Beurteilungsspielraum **IFG 3** 41 ff., 48
- Beurteilungszeitpunkt **IFG 3** 44
- Bundeswehr **IFG 3** 54 ff.
- Darlegung **IFG 3** 36 ff., 41 ff., 45 ff.
- Darlegung, Grenzen **IFG 3** 45 ff.
- Darlegung nachteiliger Auswirkungen **IFG 3** 41 ff.
- externe Finanzkontrolle **IFG 3** 85 ff.
- Gestaltungsspielraum **IFG 3** 43
- innere und äußere Sicherheit **IFG 3** 60 ff.
- internationale Beziehungen **IFG 3** 48 ff.
- laufende Verfahren und Ermittlungen **IFG 3** 101 ff.
- militärische Belange **IFG 3** 54 ff.
- Möglichkeit nachteiliger Auswirkungen **IFG 3** 39 ff.
- Nachteil **IFG 3** 40
- nachteilige Auswirkungen **IFG 3** 39 ff.
- Prognosespielraum **IFG 3** 41
- Systematik **IFG 3** 35, 44.4

Schutz von besonderen öffentlichen Belangen IFG 3 1 ff.
- absoluter Schutz **IFG 3** 7 f.
- Analogieverbot **IFG 3** 16
- Auslegung **IFG 3** 10
- Beeinträchtigung fiskalischer oder wirtschaftlicher Interessen **IFG 3** 171 ff.
- besonderer Geheimnis- und Vertraulichkeitsschutz **IFG 3** 140 ff.
- Darlegung **IFG 3** 11 ff.
- Darlegung, Grenzen **IFG 3** 13
- Darlegungslast **IFG 3** 9, 11 ff.
- Evaluation **IFG 3** 207 ff.
- Gefährdung der öffentlichen Sicherheit **IFG 3** 118 ff.
- Gesetzgebungsgeschichte **IFG 3** 3 ff.
- Kernbereich exekutiver Eigenverantwortung **IFG 3** 8, 14, 17 ff.
- Nachrichtendienste und andere Sicherheitsbehörden **IFG 3** 194 ff.
- Normzweck **IFG 3** 1 ff.
- Rechtsmissbrauch **IFG 3** 25 ff.
- Regelungstechnik **IFG 3** 2, 15
- Schutz spezifischer Gemeinwohlinteressen des Bundes **IFG 3** 35 ff.
- Systematik der Ausnahmetatbestände **IFG 3** 6 ff.
- ungeschriebene Ausnahmetatbestände **IFG 3** 14 ff.
- verfassungsunmittelbare Ausnahmetatbestände **IFG 3** 17 ff.
- vertraulich erhobene oder übermittelte Informationen **IFG 3** 182 ff.
- Vertraulichkeit von Verhandlungen und Beratungen **IFG 3** 126 ff.
- vorübergehend beigezogene Informationen **IFG 3** 163 ff.

Schutzpflichten GG 5 13, 18
- s. auch Gewährleistungspflichten
- s. auch staatliche Handlungspflichten

Schweden IFG 1 52 ff.
Schweiz IFG 1 51
Schwellenwert FKVO 1 1 ff.
Selbsteintrittsrecht des Dritten VIG 4 19
Selbstentstellung KUG 23 33
Selbstöffnung geschützter Sphären BGB 823 155, 166 ff.
- Grundsatz **BGB 823** 166 ff.
- Reichweite **BGB 823** 169 f.
- Rückgängigmachung **BGB 823** 171

Sendezeiten RStV 42 2 f., 8, 10, 12 ff., 16 f., 19, 28
- Entscheidungsspielraum **RStV 42** 17
- Sendezeitanteil **RStV 45** 12 ff.
- Sendezeit für unabhängige Dritte s. Drittsendezeit
- zweckgerichtet **RStV 42** 28

1617

Sachverzeichnis

Sendung RStV 2 19
– Telemedien **RStV 11d** 10 f.
Sendungen für Kinder s. Kindersendungen
Sendungsgenres RStV 44 11
Serie RStV 7a 31
– Abgrenzung **RStV 7a** 34
– Unterbrechung von **RStV 7a** 24 ff.
Sexualität BGB 823 153
Sicherheit VIG 2 21; **3** 6
Sicherheitsbehörden IFG 3 61, 194 ff.
Sicherheitsempfindliche Belange der Bundeswehr VIG 3 4
Sicherheitsüberprüfungsfeststellungsverordnung IFG 3 197
Sicherheitsüberprüfungsgesetz (SÜG) IFG 3 148.3
Sicherung der Meinungsvielfalt RStV 25 1, 3; **26** 1
– Abweichung durch Landesrecht **RStV 30** 2
– außenplurale Aspekte **RStV 25** 2, 7 f.; **26** 1
– binnenplurale Aspekte **RStV 25** 2
– kulturelle Programmbeiträge **RStV 25** 11 ff.
– privater Rundfunk **RStV 25** 6
– Programmbeirat **RStV 30** 1; **32** 1
– Richtlinien **RStV 30** 3; **32** 2; 33
– Regionalfensterprogramme **RStV 25** 17
– Sendezeit für unabhängige Dritte **RStV 26** 40; **30** 1; **31** 1
– Transparenzverpflichtungen **RStV 26** 53
– ungleichgewichtige Beeinflussung **RStV 25** 9 f.
Signalübertragung TMG 1 11
Skalenvorteile RStV Präambel 8
Sky-Österreich-Urteil RStV 5 9
Snippets BGB 823 26
Sofortige Vollziehbarkeit VIG 5 14, 25
Sonderdelikt TMG 16 11
Sonderrechtslehre GG 5 105
Sonstige politische Vereinigungen RStV 42 11
Sorgfalt, pressemäßige BGB 823 17
– s. a. Recherchepflicht
Sozialadäquates Verhalten TMG 7 6.2, 50, 65
Soziale Appelle RStV 7 35
Soziale Netzwerke AEUV 101 103
Soziales Netzwerk RStV 54 5.1
Sozialgeheimnis IFG 3 144
Sozialrecht IFG 1 190
Sozialsphäre BGB 823 150, 163 ff.; **GG 2** 45; **GRC 7** 21 ff.; **EMRK 8** 21 ff.
Sozialversicherungsträger IFG 3 173, 178 ff.
Spartenprogramm RStV 2 24 f.
Speicherfrist TKG 45i 18
Speichern von Daten GRC 8 18 ff.
– s. auch personenbezogene Daten
Speicherung von Informationen TMG 10 16 ff.
Spendenaufrufe zu Wohlfahrtszwecke
– Anrechenbarkeit auf Höchstsendezeit **RStV 45** 23 f.

Sperren TKG 45d 8; **45k** 1 ff.
Sperrerklärung IFG 3 203; **UIG 6** 8
Sperrung RStV 49 65
Sperrungspflicht RStV 49 64
Sperrungsverfügungen
– gegen Access-Provider **RStV 59** 43 ff., 54 ff.
– gegen Host-Provider **RStV 59** 46
Sperrwirkung IFG 1 180 ff.
Spezialregelungen IFG 1 180 ff.
Sphären des Persönlichkeitsschutzes BGB 823 150
Split-screen RStV 49 25
Spirale
– Anzeigen-Auflagen-Spirale **AEUV 101** 83
– Werbespot-Reichweiten-Spirale **AEUV 101** 83
Sponsorhinweise RStV 8 35 ff.
– Anrechenbarkeit auf Höchstsendezeit **RStV 45** 15
Sponsoring RStV 2 37 ff., **8** 1 ff.
– Anrechenbarkeit auf Höchstsendezeit **RStV 45** 15
– Arten des S. **RStV 8** 15
– Beeinflussungsverbot **RStV 8** 47 f.
– Dauerwerbesendungen **RStV 8** 9
– Definition **RStV 8** 3 ff.
– Entwicklung **RStV 8** 2.1
– Eventsponsoring **RStV 8** 24 ff.
– Fernsehtext **RStV 58** 46
– Finanzierung privater Rundfunkanbieter **RStV 43** 11
– Grafikeinblendungen **RStV 8** 10
– Hinweis **RStV 8** 35 ff.
– Kaufaufforderungen **RStV 8** 49
– Kindersendungen **RStV 8** 54
– mehrere Sponsoren **RStV 8** 7
– Nachrichten **RStV 8** 52 f.
– Öffentlich-rechtliche Sendungen **RStV 8** 34
– Ordnungswidrigkeiten **RStV 8** 56; **49** 34 f.
– Produktionssponsoring **RStV 8** 21
– Produktplatzierung **RStV 8** 14
– Programmhinweise **RStV 8** 5
– Programmsponsoring **RStV 8** 33
– religiöse Sendungen **RStV 8** 54
– Rubrikensponsoring **RStV 8** 29
– Sendungssponsoring **RStV 8** 19
– Sponsoringverbote **RStV 8** 50 ff., 55
– Themenplatzierung **RStV 8** 30
– Titelsponsoring **RStV 8** 20
– Teleshopping **RStV 8** 8
– Verlags-TV **RStV 8** 23
– Werbung **RStV 8** 6
– wettbewerbsrechtliche Ansprüche **RStV 8** 57
Sportübertragungsrechte AEUV 101 114
Sportveranstaltung
– Unterbrechung von **RStV 7a** 16
Spürbarkeit AEUV 101 29 ff., 55
SRG RStV 11b 32
SSNIP-Test AEUV 101 45
Staatliche Handlungspflichten GG 5 13
Staatsanwaltschaft BGB 823 248

Sachverzeichnis

Staatsbedienstete und Meinungsfreiheit EMRK 10 69
Staatsferne RStV 42 3
– durch Satzungsermächtigungen **RStV 53** 4, 8
– von Plattformanbietern **RStV 52** 41 f.
Standardangaben TKG 45m 6
Ständiger Ausschuss RStV 20 38
Stasi-Unterlagen IFG 1 195
Statistiken VIG 2 32
Statistikgeheimnis IFG 3 144
Statistisches Bundesamt IFG 3 74.3
Stellungnahme des Dritten IFG 4 14; **8** 24 ff.
– Bindungswirkung **IFG 8** 26
– Formfreiheit **IFG 8** 25
– Frist **IFG 8** 24
Steuerbehörden IFG 3 71
Steuergeheimnis IFG 3 144
Steuerrecht IFG 1 191 ff.
Stigmatisierung BGB 823 227
Störerhaftung BGB 823 19; **TMG 7** 54 ff.
Störung TKG 45b 5
Strafrechtliches Ermittlungsverfahren VIG 3 31
Straftaten BGB 823 222 ff.
Strafverfahren IFG 1 216 f.
Streitbeilegungsverfahren, außergerichtliches s. auch Schlichtung
Streitkräfte IFG 1 141
Strohmann IFG 1 112 ff.
Subjektive Rechte IFG 11 3
Subordinationsverhältnis TMG 10 51
Substanzarmut BGB 823 41
Suchmaschine BGB 823 25 ff.; **AEUV 101** 95 ff.; **RStV 54** 5.1; **TMG 7** 38; **8** 25
– Index **AEUV 101** 99
– relevanter Markt **AEUV 101** 97
Suchvorschläge TMG 7 14
Symmetriethese EMRK 10 42
Symmetrische Regulierung TKG 41a 20
Systematik KUG 23 26

Tagebuch IFG 2 12 f.
Tarife RStV 49 59
Tarifierung TKG 41a 4
– nutzungsabhängig **TKG 41a** 4
– staubezogene **TKG 41a** 32
– volumenabhängig **TKG 41a** 4
Tat (im prozessualen Sinn) TMG 16 4
Tätigkeitsberichte IFG 12 53 ff.
Tätigkeit von Notaren TMG 3 21
Tätigwerden TMG 10 42
– Unverzügliches **TMG 10** 45 ff.
Tatsachenäußerungen GG 5 30
Tatsachenbehauptung GRC 11 32
– Abgrenzung zu Meinungsäußerungen **BGB 1004** 7 ff.
– Abgrenzung von Werturteilen **BGB 823** 32 f., 41 f.
– Beweiszugänglichkeit **BGB 823** 35
– Definition **BGB 1004** 6
– Gegendarstellung **BGB 1004** 15

– innere Tatsachen **BGB 823** 36; **BGB 1004** 16
– Rechtsbegriffe **BGB 823** 41
– Rundfunk und journalistische Wahrheitspflicht **RStV 10** 1 ff.
– unvollständige Darstellung **BGB 823** 140
– Unwahrheit **BGB 823** 130 ff.
– zweifelhafter Wahrheitsgehalt **BGB 823** 134 ff.
Technische Prüfung TKG 45i 10
Technologieneutralität
– Belegungsvorgaben **RStV 52b** 6
– Entgeltregulierung **RStV 52d** 3, 9
– Plattformregulierung **RStV 52** 24
– Zugangssysteme **RStV 52c** 25
Teilnehmerdaten TKG 47 1 ff.
– Adressaten **TKG 47** 4 ff.
– Bedeutung und Grundlagen **TKG 47** 1 ff.
– Begriff **TKG 47** 13
– Besonderheiten **TKG 47** 14 ff.
– Datenschutz **TKG 47** 12
– Entgelt für die Überlassung **TKG 47** 20 ff.
– Entgeltgenehmigungspflicht **TKG 47** 25 ff.
– Herausgabeanspruch **TKG 47** 9 ff.
– Offline- und Online-Bereitstellung **TKG 47** 11
– Streitschlichtung **TKG 47** 19
Teilnehmerverzeichnis TKG 45m 5
Teilzahlung TKG 45h 18
Telefonüberwachung EMRK 8 45, 48; **GRC 7** 39 s. auch Telekommunikationsgeheimnis, Eingriff
Telekommunikation GG 73 1 ff.
Telekommunikationsdienste TMG 1 11
Telekommunikationsdienstleister
– als Plattformanbieter **RStV 52** 4 ff.
– Plattformverfahren **RStV 52e** 15
– Verantwortlichkeit **RStV 52c** 4
Telekommunikationsgeheimnis
– Abwägung **GG 10** 40 f.
– Auskunftserteilung durch Telekommunikationsanbieter **GG 10** 15
– Auslandsbezug **GG 10** 22
– Bestandsdaten **GG 10** 15
– Drittwirkung, mittelbare **GG 10** 24
– Eingriff **GG 10** 27 ff.
– Eingriffsintensität **GG 10** 39
– Einverständnis **GG 10** 31
– Entwicklungsoffenheit **GG 10** 11
– Einzelgrundrecht **GG 10** 3
– Fernmeldetechnik **GG 10** 11
– G10-Gesetz **GG 10** 50
– Gefahrenabwehr **GG 10** 35 f.
– Geheimnisbruch **GG 10** 29
– Gesetzesvorbehalt **GG 10** 33 ff.
– Grundrechtsbindung **GG 10** 23 f.
– Grundrechtsfähigkeit **GG 10** 20 f.
– Herrschaftsbereiche **GG 10** 17 f.
– Individualkommunikation **GG 10** 11 f.
– Informationsverarbeitungsprozess **GG 10** 16
– Internettelefonie **GG 10** 37
– IP-Adressen, dynamische **GG 10** 15

1619

Sachverzeichnis

- Kernbereich höchstpersönlicher Lebensgestaltung **GG 10** 43 f.
- Kommunikationsinhalte **GG 10** 7, 14
- Kommunikationsumstände **GG 10** 7, 14
- Kommunikationsvorgänge, abgeschlossene **GG 10** 17
- Kommunikationsvorgänge, konkrete **GG 10** 15
- Mithörvorrichtung **GG 10** 13
- Normenbestimmtheit und Normenklarheit **GG 10** 36 f., 45
- Privatisierung **GG 10** 24
- Richtervorbehalt **GG 10** 46
- Schranken **GG 10** 33
- Schutzbereichsbegrenzung **GG 10** 4
- Schutzpflichten **GG 10** 24
- Staatsschutzklausel **GG 10** 33, 49 f.
- Standortdaten **GG 10** 15
- Strafverfolgung **GG 10** 35 f.
- und informationelle Selbstbestimmung **GG 2** 21; **10** 15, 17, 19, 45
- und Meinungsäußerungsfreiheit **GG 10** 19
- und Recht am eigenen Wort **GG 10** 13
- und synchronisierte Kommunikation **GG 10** 18
- und Unverletzlichkeit der Wohnung **GG 10** 19
- und Vertraulichkeit und Integrität informationstechnischer Systeme **GG 10** 19, 32
- Verbindungsdaten **GG 10** 14
- Verhältnismäßigkeitsgrundsatz **GG 10** 38 ff., 48
- Vorsorge-, Vorfeldmaßnahmen **GG 10** 35 f., 40
- Vorratsdatenspeicherung **GG 10** 30, 42
- Zitiergebot **GG 10** 47
- Zweckänderung **GG 10** 45
- Zweckbindung **GG 10** 45

Telekommunikationsverkehrsdaten GG 2 88

Telekommunikation und Netzinfrastrukturen AEUV 101 101

Telemedien RStV 1 17; **2** 10 f.; **TMG 1** 4 ff.; **2** 6
- Angebot **RStV 54** 3
- Anmeldefreiheit **RStV** 54 1
- Annexfunktion/-dienste **RStV 11d** 44 ff.
- Archiv **RStV 11d** 21
- Auftrag der **RStV 11d** 42
- Diensteanbieter **TMG 5** 6
- Elektronische Portale und Programmführer der **RStV 11d** 47 ff.
- Entgeltlichkeit **TMG 5** 10
- Geschäftsmäßigkeit **TMG 5** 9
- Gewinnspiele **RStV 58** 47 f.
- journalistischer Auskunftsanspruch **RStV 55** 8
- journalistische Sorgfaltspflicht **RStV 54** 3
- journalistisch-redaktionell veranlasst und gestaltet **RStV 11d** 6 ff.; **54** 5
- Kennzeichnungspflicht **RStV 55** 4 ff.
- kommerzielle Betätigung des öffentlich-rechtlichen Rundfunks **RStV 11d** 24

- Notifizierung von Normen über Telemedien **RStV 61** 1
- Regulierungsanforderungen **RStV 1** 18
- Sendungen **RStV 11d** 10 f.
- sendungsbezogene **RStV 2** 63 f.; **11d** 12 ff., 44 f.
- testpflichtige Archive mit zeit- und kulturgeschichtlichen Inhalten **RStV 11d** 20 ff.
- testpflichtige Sendungen **RStV 11d** 16 ff.
- umfasstes Angebot **RStV 11d** 9
- unzulässige Angebote, s. unzulässige Angebote **RStV 11d** 50 ff.
- Unzulässigkeit nichtsendungsbezogener presseähnlicher Angebote **RStV 11d** 25 ff., s. auch presseähnliches Angebot
- Wiedergabe von Meinungsumfragen **RStV 54** 6
- Zulassungsfreiheit **RStV 54** 1; **TMG 4**
- s. auch Elektronische Presse

Telemedienangebote RStV 54 3
- Belegungsvorgaben **RStV 52b** 29
- umfasstes Angebot **RStV 11d** 9

Telemediengesetz
- Geltung für öffentliche Stellen der Länder **RStV 60** 5

Telemedienkonzepte RStV 11f 1 ff.
- Drei-Stufen-Test **RStV 11f** 14 ff., s. dort
- Gremium **RStV 11f** 10 ff.
- inhaltliche Mindestanforderungen **RStV 11f** 5
- KEF **RStV 11f** 8
- Konkurrenz zu privaten Anbietern **RStV 11f** 14
- Rechtsaufsicht **RStV 11f** 26 f.
- Rechtsschutz **RStV 11f** 28 f.

Teleshopping RStV 2 41 ff.; **20b** 8; **49** 21, 31
- Begriff **RStV 45a** 1
- Einführung im Rundfunk **RStV 45a** 2
- Finanzierung privater Rundfunkanbieter **RStV 43** 7
- Gewinnspiele **RStV 8a** 26
- Ordnungswidrigkeit **RStV 49** 21, 31
- Sponsoring **RStV 8** 8
- Teleshoppingfenster s. dort
- Teleshoppingfenster, Anrechenbarkeit **RStV 45** 10
- Teleshoppingkanäle **RStV 7** 22
- Teleshoppingsendungen **RStV 7** 11
- Teleshoppingspot **RStV 45** 9

Teleshoppingfenster RStV 49 33
- Anrechenbarkeit auf Höchstsendezeit **RStV 45** 10
- Höchstdauer **RStV 45a** 3
- im öffentlich-rechtlichen Rundfunk **RStV 45a** 4
- im privaten Rundfunk **RStV 45a** 5
- Kennzeichnung **RStV 45a** 7
- Mindestdauer **RStV 45a** 6
- Ordnungswidrigkeit **RStV 49** 33

Teleshoppingkanäle RStV 1 33 f.; **7** 22
- Angebotsvielfalt **RStV 52c** 8, 33
- Belegungsvorgaben **RStV 52b** 29

Sachverzeichnis

Televoting RStV 43 7
Terminierungsentgelt TKG 41a 31
Terminkalender IFG 2 12 f.
– s. auch Bundeskanzlerin, Terminkalender
Terrorismus IFG 3 51.2, 53.1
Themenplatzierung RStV 7 28; **49** 28
Thumbnails TMG 8 25
Thüringen IFG 1 75
Tilgungswirkung TKG 45h 17
Titelseitenwerbung KUG 22 24
TMG
– Abgrenzung **TMG 1** 18 ff.
– audiovisuelle Mediendienste auf Abruf **TMG 1** 27
– persönlicher Anwendungsbereich **TMG 1** 16 f.
– Verhältnis zum IPR **TMG 1** 26
– Verhältnis zum RStV **TMG 1** 21 ff.
– Verhältnis zum Steuerrecht **TMG 1** 18
– Verhältnis zum TKG **TMG 1** 19 f.
Tonaufnahmen
– und Recht am eigenen Wort **GG 2** 13 f.
Transferklausel GRC 11 16
Transit TKG 41a 3
Transparenz IFG 1 26; **TMG 6** 8
Transparenzanordnungen TKG 42 48
Transparenzgebot RStV 49 33
Transparenzgesetze
– Hamburg **IFG 1** 65
– Hessen **IFG 1** 66
– Niedersachsen **IFG 1** 68
– Rheinland-Pfalz **IFG 1** 70
Transparenzverordnung IFG 1 13 ff., 57 ff.
Transparenzverpflichtungen RStV 26 53
– Anmeldepflicht **RStV 29** 1
– Konzentrationsbericht der KEK **RStV 26** 54
– Programmliste **RStV 26** 54
Transportgruppen TKG 41a 7
Trennung BGB 823 201
Trennungsgebot/-grundsatz RStV 7 11; **49** 23; **TMG 6** 4
– Bannerwerbung **RStV 58** 8
– Erkennbarkeitsgebot und Trennungsgebot **RStV 58** 6
– internetspezifische Anforderungen **RStV 58** 8 ff., 12
– Link in redaktionellen Inhalten auf werbliche Inhalte **RStV 58** 8
– Sinn und Zweck **RStV 58** 5
– Suchmaschinen **RStV 58** 11
– Telemedien **RStV 58** 1 ff.
Treu und Glauben IFG 1 220
TRIPS-Abkommen TMG 7 14 f.
TV-Märkte FKVO 2 25 ff.
– Angebotsmarkt für Rundfunkübertragungsrechte für audiovisuelle Inhalte **FKVO 2** 26
– Pay-TV-Markt **FKVO 2** 29
– TV-Werbemarkt **FKVO 2** 30
Twitter RStV 54 5.1

Überblick IFG 1 33 ff.
Überführung der Rundfunkgebühr zum Rundfunkbeitrag RBeitrStV 14 1 ff.

Übergangsregelungen
– für bundesweite Anbieter **RStV 53b** 1, 5 ff.
– für Fensterprogramme **RStV 53b** 3, 8
– für Plattformen **RStV 53b** 4, 9 ff.
Übergangsvorschrift AEUV 104 1
Übermittlung von Informationen TMG 8 19 ff.
Überprüfungsklausel
– Bedeutung **RStV 53a** 3 f.
– Plattformregulierung **RStV 53a** 1 ff.
– Umfang **RStV 53a** 2
Überschießende Umsetzung TMG 7 19
Übertragungskapazitäten
– Anmeldung **RStV 51** 2
– Ausschreibung **RStV 51a** 2
– Auswahlverfahren **RStV 51a** 4
– Bedarfsträger **RStV 51** 4
– Bekanntmachung **RStV 51** 3
– Gesetzgebungszuständigkeit **RStV 50** 2
– Infrastrukturen **RStV 50** 3
– Rundfunkdienste **RStV 50** 4
– Satellitenübertragungskapazitäten **RStV 51** 1
– Telemedien **RStV 50** 1
– Verständigung **RStV 51** 3
– Widerruf **RStV 51** 5
– ZAK **RStV 51** 5
– Zuordnung **RStV 50** 5
– Zuweisung **RStV 50** 1 ff., **51a** 6
– Zuweisungsverfahren **RStV 51a** 1
Überwachung EMRK 8 45, 47, 48; **GRC 7** 33, 39
Überwachungsmaßnahmen VIG 2 32
Überwachungs- und Nachforschungspflicht TMG 7 35.2, 44 ff., 49 ff.
– Verbot der Statuierung **TMG 10** 29
Ubiquität GWB 30 5
Umgehungsverbot RStV 7a 36 f.
Umsatzsteuer TKG 45h 20
Umstandskenntnis TMG 7 59, 61
UMTS
– Plattformregulierung **RStV 52** 33
Umweltaktionsprogramm UIG 1 15
Umweltinformation UIG 2 64 ff.
– aktive Verbreitung **UIG 11** f.; **10** 1
– Aktualität **UIG 7** 5; **10** 15
– Bauprojekte **UIG 2** 98
– Bauwerken **UIG 2** 114
– Beiakten **UIG 2** 121
– Beschaffungspflicht **UIG 1** 21
– Biotope **UIG 2** 85
– Bodenschätze **UIG 2** 83
– Definition **UIG 2** 64 f.
– Emissionen **UIG 2** 87, 90
– Europarecht **UIG 2** 70
– Fauna **UIG 2** 86
– Flora **UIG 2** 86
– Gesetzgebungskompetenz **IFG 1** 31
– hoheitliche Handlungen **UIG 2** 99
– Immissionen **UIG 2** 88
– Inhalt **UIG 3** 19
– Katastrophenfall **UIG 10** 24

Sachverzeichnis

- Klima **UIG 2** 81
- Konkurrenz **IFG 1** 196 ff.
- Kulturstätten **UIG 2** 114
- Lebensmittelkette **UIG 2** 109, 115
- Maschinenlesbarkeit **UIG 7** 7
- menschliche Tätigkeit **UIG 2** 79, 96, 102
- Messergebnisse **UIG 2** 75
- Mikroorganismen **UIG 2** 86
- Naturkatastrophen **UIG 2** 104
- politische Konzepte **UIG 2** 100
- psychischen und physischen menschlichen Befinden **UIG 2** 111
- Rechtmäßigkeit der Erhebung **UIG 2** 122
- Rechtsvorschriften **UIG 2** 100
- Überblick **IFG 1** 39 ff.
- Umwelt **UIG 2** 71
- umweltbedeutsames Vorhaben **UIG 2** 107
- Verfügen **UIG 2** 116
- Vergleich mit IFG **IFG 1** 40 ff.
- verwaltungsrechtliche Willenserklärungen **UIG 2** 99
- Wasserkörper **UIG 2** 82
- Wechselwirkungen **UIG 2** 80
- Weiterverwendung **UIG 1** 16, 26
- Wirtschaftliche Nutzung **UIG 1** 16
- Wirtschaftliche Potentiale **UIG 1** 16
- Zustand der Umwelt **UIG 2** 75

Umweltinformationsgesetz
- Auslegungsmaximen **UIG 2** 6
- Eingriffsbefugnisse **UIG 13** 6
- Entwicklung **UIG 1** 2
- Informationsfreiheit Art 5 GG **UIG 1** 9
- materieller Anwendungsbereich **UIG 2** 64 ff.
- personeller Anwendungsbereich **UIG 1** 29 f.; **2** 2 f., 9
- Regierungshandeln **UIG 2** 16
- Staatszielbestimmung **UIG 1** 10 f.
- Transparenz **UIG 1** 18
- Überwachung **UIG 13** 3
- Umweltrecht **UIG 1** 8
- verfassungsrechtliche Grundlagen **UIG 1** 8 f.
- verfassungsrechtliche Pflicht **UIG 1** 12
- Verwaltungshandeln **UIG 2** 14
- Wirkung **UIG 1** 6 f.
- Zuständigkeit **UIG 2** 116 ff.
- Zweck **UIG 1** 11, 16, 17 f.; **3** 10

Umweltinformationsrichtlinie IFG 3 134.3; **UIG 1** 13 f.
- Umsetzung **UIG 1** 4

Umweltzustandsbericht UIG 11 1 ff.

Umwidmung IFG 13 7

Unbefangenheit KUG 23 7

Unbestimmter Rechtsbegriff KUG 23 28

Unentgeltliche Beiträge im Dienst der Öffentlichkeit
- Anrechnung auf Höchstsendezeit **RStV 45** 21 ff.

Unerlässlichkeit AEUV 101 73

Unionsrechtliche Kommunikationsfreiheit GRC 11 1 ff.
- „Achtungsgebot" **GRC 11** 30 f.
- als unmittelbare Rechtquelle **GRC 11** 7
- Bindungswirkung **GRC 11** 19 ff., 31
- Eingriffe von Mitgliedsstaaten **GRC 11** 21 ff.
- Eingriffe von Unionsorgane **GRC 11** 20
- Ermessen (margin of appreciation) **GRC 11** 40 f.
- freiheitsrechtliches Verständnis **GRC 11** 27
- Legalitätsprinzip **GRC 11** 35 ff.
- präventive Beschränkungen **GRC 11** 40
- Selbststand **GRC 11** 11 ff.
- Sonderstatusverhältnisse **GRC 11** 33
- Verhältnis zu Art. 10 EMRK **GRC 11** 7 ff., 24 ff.
- Verhältnis zum allgemeinen Rechtsgrundsatz **GRC 11** 18
- Verhältnismäßigkeit **GRC 11** 39 ff.

Universaldienstleistung TKG 45m 3

Universaldienst-RL
- Belegungsentscheidungen **RStV 52b** 8
- Plattformregulierung **RStV 52** 37; **52a** 16; **53a** 1, 5 ff.
- Überprüfungsklausel **RStV 53a** 1 ff.
- Überprüfungsmaßstab **RStV 53a** 5
- Zugangssysteme **RStV 52c** 32

Unkenntlichmachung IFG 7 57
- Analogiefähigkeit **IFG 7** 58
- Begriff des Dritten **IFG 7** 58
- weitere Voraussetzungen **IFG 7** 59

Unterbrecherwerbung RStV 7a 21

Unterhaltung BGB 823 148; **RStV 2** 60 f.

Unterlassungsanspruch
- Allgemeines **BGB 823** 273
- Erstbegehungsgefahr **BGB 823** 274
- Formulierung **BGB 823** 280 ff.
- Reichweite **BGB 823** 287 ff.
- Wiederholungsgefahr **BGB 823** 277

Unterlassungserklärung BGB 823 277

Unterlassungsklage TMG 7 57

Unterlassungstenor TMG 7 66 f.

Unternehmen AEUV 101 8 f., 12 ff.; **106** 1 ff.
- Unternehmensvereinigung **AEUV 101** 10, 16 ff.
- Vollfunktions-Gemeinschaftsunternehmen **AEUV 105** 2
- s. auch Beihilfe

Unternehmensbegriff FKVO 3 6 f.

Unternehmenspersönlichkeitsrecht BGB 823 83

Untersagungstatbestand FKVO 2 2 ff.
- Beurteilung horizontaler Zusammenschlüsse **FKVO 2** 5
- Beurteilung vertikaler Zusammenschlüsse **FKVO 2** 5
- Efficiency Defence **FKVO 2** 4
- Marktbeherrschung **FKVO 2** 3

Untersuchungsämter VIG 4 7

Unzulässige Angebote RStV 11d 50 ff.

Sachverzeichnis

- Flächendeckende lokale Berichterstattung **RStV 11d** 53 ff.
- Negativliste **RStV 11d** 57 f.
- presseähnliche Angebote, s. dort
- Spielfilme und Fernsehserien **RStV 11d** 51 f.
- Werbung und Sponsoring **RStV 11d** 50

Uplink **RStV 1** 28
Urheberrecht und Meinungsäußerung **BGB 823** 192
Urheberprinzip **IFG 3** 163 f., 166
Urlaub **BGB 823** 236
Urlaubssituation **KUG 23** 39
USA **IFG 1** 53 ff.
UWG
- Verhältnis zu **TMG 6** 23

Veränderter Kontext **KUG 22** 25
Veränderung der Beteiligungsverhältnisse
- Aktiengesellschaft **RStV 29** 22 ff.
- Anmeldepflicht **RStV 29** 3, 11 ff.
- Anmeldung **RStV 29** 8 f.
- bundesweites Angebot **RStV 29** 2
- Fiktion der Unbedenklichkeit **RStV 29** 16
- geplante **RStV 29** 7
- Gesamtbetrachtung **RStV 29** 7
- KEK **RStV 29** 15
- konzerninterne Umstrukturierungen **RStV 29** 4
- sonstige Einflüsse **RStV 29** 5
- Transparenz **RStV 29** 1
- Unbedenklichkeitsbestätigung **RStV 29** 14
- unterlassene Anmeldung **RStV 29** 17 ff.
- vor Vollzug **RStV 29** 10
- Widerruf der Zulassung **RStV 29** 20 f.

Veränderungsmeldung **RStV 49** 52
Veränderungsverbot **RStV 52a** 13 ff.
- Ausnahmen **RStV 52a** 16
- Ordnungswidrigkeit **RStV 52a** 18
- Umfang **RStV 52a** 14 f.

Veranlassung **TMG 8** 21
Veranstalter **AEUV 101** 118 ff.
Veranstaltungsrundfunk **RStV 20** 20 ff.
Verantwortlichkeit **RStV 42** 24, 25.1 ff.
- Belegungsentscheidungen **RStV 52b** 7, 48 f.
- Eigenverantwortlichkeit **TMG 7** 26 ff.
- Fremdverantwortlichkeit **TMG 7** 42 ff.
- Gesamtzusammenhang **RStV 42** 24
- gestufte **RStV 52a** 10, 12
- Plattformanbieter **RStV 52a** 9 ff.
- strafrechtliche Verantwortlichkeit **TMG 7** 5, 9, 41
- Trennungsgebot **RStV 42** 26
- Verbreiterhaftung **RStV 42** 27
- Verstöße, evidente und schwere **RStV 42** 27
- Volksverhetzung **RStV 42** 24, 25.1
- Zugangssysteme **RStV 52c** 25 ff.
- Zweistufiges Konzept **TMG 7** 5 f.

Verarbeiten von Daten **GRC 8** 18 ff.

Verbandsgeldbuße **RStV 49** 76; **TMG 16** 18
- Verfall **TMG 16** 25
- Verwarnung **TMG 16** 17
- Vorsatz **TMG 16** 8

Verbesserung der Wettbewerbsbedingungen **GWB 36** 33
Verbot der Doppelzuständigkeit **GG 70** 7
Verbotstatbestand **KUG 22** 9
Verbraucher **TKG 47a** 5; **VIG 2** 5
- Beschwerde des **TKG 46** 2
- Umzug des **TKG 46** 32 ff.
- Wohnsitz des **TKG 46** 35

Verbraucherinformationen
- Gesetzgebungskompetenz **IFG 1** 32
- Konkurrenz **IFG 1** 198
- Überblick **IFG 1** 43 ff.
- Vergleich mit IFG **IFG 1** 45 ff.

Verbraucherprodukte i. S. d. ProdSG **VIG 1** 12; **3** 37
Verbraucherrecht **IFG 1** 222.1
Verbraucherschutz
- Anwendungsbereich **RStV 9b** 12 ff.
- Vorgaben EG-Verbraucherschutzdurchsetzungsgesetz **RStV 9b** 7 ff.
- Vorgaben EU-Verbraucherschutzverordnung **RStV 9b** 2 ff.

Verbrechensopfer **BGB 823** 208
Verbreiten **BGB 823** 12; **KUG 22** 11
Verbreiter
- intellektueller **BGB 823** 13 f.
- technischer **BGB 823** 13, 19

Verdacht **BGB 823** 39
Verdachtsberichterstattung **BGB 1004** 27
- Allgemeines **BGB 823** 237 ff.
- Anforderungen **BGB 823** 241
- Anhörung des Betroffenen **BGB 823** 249 ff.
- Ausgewogenheit **BGB 823** 257
- Informationsinteresse **BGB 823** 242 f.
- Mindestbestand an Tatsachen **BGB 823** 244 f.
- Recherchepflicht **BGB 823** 246 ff.

Vereinbarungen **AEUV 101** 12 ff.
Vereinfachtes Verfahren **RStV 20** 19 ff.
- Landesrecht **RStV 20** 28

Vereitelung von Behördenentscheidungen **IFG 4** 16 ff.
Verfahren
- grenzüberschreitendes Fernsehen **RStV 20** 38

Verfahren von Zusammenschlusskontrolle **GWB 40** 1 ff.
Verfahrensart, Statthaftigkeit **IFG 9** 63 ff.
- ablehnende Entscheidung **IFG 9** 64
- Ausschluss der allgemeinen Leistungsklage **IFG 9** 66
- Fortsetzungsfeststellungsklage **IFG 9** 67
- isolierte Anfechtungsklage **IFG 9** 67
- Kostenentscheidung **IFG 9** 67
- objektive Klagehäufung **IFG 9** 68
- Sachentscheidungsvoraussetzungen **IFG 9** 65

Sachverzeichnis

- Untätigkeitsklage **IFG 9** 65
- Verpflichtungsklage **IFG 9** 63; 66

Verfahrensdauer FKVO 1 10 f.
Verfall RStV 49 74
Verfälschter Bildeindruck KUG 23 56
Verfassungen IFG 1 59
Verfassungsbeschwerde BGB 823 335 ff.
Verfassungsunmittelbare Ausnahmetatbestände IFG 3 17 ff.
Verfügen UIG 2 116
- private Stellen **UIG 2** 118

Verfügungsberechtigung IFG 3 165 f.; **7** 23 ff.
- Auseinanderfallen von Verfügungsberechtigung und Informationsbesitz **IFG 7** 36
- eigenständige Verfügungsberechtigung **IFG 7** 24, 26, 28
- Federführung **IFG 7** 23, 25, 28
- Folgen fehlender Verfügungsberechtigung **IFG 7** 27
- Sachnähe **IFG 7** 23, 28
- Urheber **IFG 7** 24 f.
- Verfügungsmöglichkeit, faktisch **IFG 7** 24
- Verlust der Verfügungsberechtigung **IFG 7** 26
- zusätzliche Verfügungsberechtigung **IFG 7** 25

Vergaberecht IFG 1 209 ff.
Verhaltenskoordination
- horizontale und vertikale **GWB 1** 1

Verhältnis zu anderen Informationsfreiheitsgesetzen VIG 1 20; **2** 45
Verhältnismäßigkeit EMRK 10 54 ff.; **GG 2** 42 ff., 75; **10** 38 ff., 48; **GRC 11** 39 ff.
- Abwägung **EMRK 10** 54; **GG 2** 78 ff.; **5** 105; **10** 40 f.
- Angemessenheit **EMRK 10** 56
- Aufsichtsmaßnahmen **RStV 52f** 7
- Belegungsvorgaben **RStV 52b** 26, **53a** 7 ff.
- Erforderlichkeit **EMRK 10** 56
- Ermessen **EMRK 10** 55
- Geeignetheit **EMRK 10** 56
- Kriterien bei der Meinungs- und Informationsfreiheit **EMRK 10** 62 ff.
- matters of public interest **EMRK 10** 57
- Öffentliche Personen **EMRK 10** 66
- Plattformverfahren **RStV 52e** 11
- political figures or public figures **EMRK 10** 66
- pressing social need **EMRK 10** 54
- Prominente **EMRK 10** 57, 66
- Zugangssysteme **RStV 52c** 22, 32, 35

Verheimlichungsabsicht TMG 6 18 ff.
Verhütung des Missbrauchs wirtschaftlicher Machtstellung GG 74 2 ff.
Verkaufsförderung TMG 6 7
Verlagserzeugnisse
- historische Entwicklung der Preisbindung **GWB 30** 1

Verlautbarungsrechte RStV 42 23
Verlagsunternehmen GWB 30 17 f., 31
Verleger GWB 30 17 f., 31

Verletzung berechtigter Interessen KUG 23 25
Verlinkung s. Hyperlinks
Vermarktung
- Vermarktungsverbot **RStV 52a** 13 ff.
- von Rundfunkangeboten **RStV 52** 11 ff.

Vermittlungsdienst TKG 45 9
Vermögen BGB 823 203
Vermögensrechtlicher Bestandteil KUG 22 29
Veröffentlichungspflicht UIG 10 1 ff.
- Aktualisierung **UIG 10** 15
- Amtsermittlung **UIG 8** 9
- Anspruch **UIG 10** 2
- Art der Verbreitung **UIG 10** 16
- Ausgestaltung **UIG 10** 5
- Bedeutung **UIG 10** 8
- Datenbanken **UIG 7** 3
- Grenzen **UIG 10** 12 f., 20 ff.
- innerbehördliche Organisation **UIG 7** 5
- Katastrophenfall **UIG 10** 24
- Naturkatastrophen **UIG 2** 104
- technisch organisatorische Maßnahmen **UIG 7** 2 ff.
- Telemedien **UIG 10** 4
- Umfang **UIG 10** 10
- Zweck **UIG 1** 24

Verordnungsermächtigung IFG 10 51 ff.
- Gegenstand **IFG 10** 53 f.
- Umfang **IFG 10** 55

Verschleierungsabsicht TMG 6 18 ff.
Verschlüsselung
- Regulierung **RStV 52c** 41 f.

Verschlusssachenanweisung (VSA) IFG 3 153 f.
- dynamische Verweisung **IFG 3** 155 f.
- formale Einstufung **IFG 3** 157
- Geheimhaltungsgrade **IFG 3** 154
- materielle Einstufung **IFG 3** 157
- Vorbehalt des Gesetzes **IFG 3** 155

Versicherungsaufsichtsrecht TMG 3 29
Versorgungsanstalt IFG 1 143.11
Verständnis von Äußerungen
- Allgemeines **BGB 823** 50 ff.
- Fachbegriffe **BGB 823** 53
- Kunstwerke **BGB 823** 56
- Zitate **BGB 823** 55

Verstorbene BGB 823 81
Verstoß VIG 2 14
Verteildienste TMG 3 25
Verteildienste
- Begriff **TMG 2** 23 f.

Vertikale Effekte FKVO 2 19; 65
Vertikale Preisbindung
- bei Zeitungen und Zeitschriften **GWB 30** 20 ff.

Vertrag von Lissabon AEUV 101 1
Verträge TKG 43a 1 ff.
- Abdingbarkeit **TKG 43a** 29
- Adressaten **TKG 43a** 5 ff.
- Allgemeines **TKG 43a** 1 ff.
- Dauer zur Bereitstellung **TKG 43a** 13

Sachverzeichnis

- Entschädigung oder Erstattung **TKG 43a** 21
- Festlegungskompetenz der BNetzA **TKG 43a** 28
- Informationspflichten **TKG 43a** 9 ff., 27
- Kleinstunternehmen, kleine u. mittlere Unternehmen **TKG 43a** 6
- Leistungsdaten der Dienste **TKG 43a** 11 ff., 28
- Name und Anschrift des Anbieters **TKG 43a** 9 f.
- Preisübersicht, -verzeichnis **TKG 43a** 16 f.
- Rechtsschutz **TKG 43a** 31 ff.
- Sicherheitsmaßnahmen **TKG 43a** 24
- Sperrung **TKG 43a** 25 f.
- Streitbeilegung **TKG 43a** 22
- Teilnehmerverzeichnisse **TKG 43a** 23
- Verlängerung oder Beendigung v. Diensten **TKG 43a** 19 f.
- Vertragslaufzeit **TKG 43a** 18
- Wartungs- und Kundendienste **TKG 43a** 14 f.

Vertragsdauer RBeitrStV 15 1 ff.
Vertragslaufzeit TKG 43b 1 ff.
- AGB **TKG 43b** 2
- Mindestlaufzeit **TKG 43b** 2
- Höchstlaufzeit **TKG 43b** 3 f.
- Rechtsschutz **TKG 43b** 5

Vertrauen in die Verschwiegenheit der Verwaltung IFG 3 184
Vertraulich erhobene oder übermittelte Informationen IFG 3 182 ff.
- Bestimmung für die Öffentlichkeit **IFG 3** 189
- freiwillige Informationszusammenarbeit **IFG 3** 183 f.
- Schutzbedürfnis **IFG 3** 190
- Schutzzweck **IFG 3** 183 ff., 191.2
- Systematik **IFG 3** 185
- Verfahrensermessen **IFG 3** 193
- vertrauliche Übermittlungen zwischen Behörden **IFG 3** 186
- Vertraulichkeit, Begriff **IFG 3** 188 ff.
- Vertraulichkeit, Wegfall **IFG 3** 192 f.

Vertraulichkeit
- Plattformregulierung **RStV 52e** 12 f.

Vertraulichkeit der Beratungen von Behörden IFG 3 132 ff.
- Anwaltsgutachten **IFG 3** 134
- Beeinträchtigung **IFG 3** 135 ff.
- Beratungen mit Dritten **IFG 3** 133
- Beratungsergebnis **IFG 3** 134, 134.3
- Beratungsgegenstand **IFG 3** 134, 134.3
- Beratungsgrundlage **IFG 3** 134
- Beratungsverfahren **IFG 3** 134, 134.3
- Flachglas Torgau-Entscheidung **IFG 3** 134.3
- Grundlage der Willensbildung **IFG 3** 134
- interne Abstimmungen **IFG 3** 134.1
- Kabinettsbeschluss **IFG 3** 134.1
- Kernbereich exekutiver Eigenverantwortung **IFG 3** 134.1
- Kulturförderung **IFG 3** 134.1
- notwendige Vertraulichkeit **IFG 3** 132
- Ressortforschung **IFG 3** 134.1
- Schutzumfang **IFG 3** 134
- Tarifverhandlungen **IFG 3** 134.1
- Tatsachengrundlagen **IFG 3** 134
- Umweltinformationsrichtlinie **IFG 3** 134.3

Vertraulichkeit internationaler Verhandlungen IFG 3 128 ff.
- Beeinträchtigung **IFG 3** 135 ff.
- Evaluation **IFG 3** 131.3
- internationale Verhandlungen **IFG 3** 128 ff.
- notwendige Vertraulichkeit **IFG 3** 131
- Wettbewerbs- und Kartellrecht **IFG 3** 131.3

Vertraulichkeit und Integrität informationstechnischer Systeme
- Abwägung **GG 2** 100 f.
- als Ausdruck des Rechts auf informationelle Selbstbestimmung **GG 2** 23
- als eigenständiges Grundrecht **GG 2** 22
- Eingriff in die Integrität **GG 2** 28, 40
- Eingriff in die Vertraulichkeit **GG 2** 28, 40
- Eingriffsintensität **GG 2** 93, 96, 101
- eigene Nutzung informationstechnischer Systeme **GG 2** 26
- Erhebungsebene **GG 2** 104
- Gefahr im Verzug **GG 2** 110
- Gefahrenabwehr **GG 2** 97
- Gesetzesvorbehalt **GG 2** 91
- Gewährleistung der **GG 2** 29
- Heimlichkeit **GG 2** 93, 101, 103, 107
- informationstechnische Systeme **GG 2** 25
- Kernbereich höchstpersönlicher Lebensgestaltung **GG 2** 103 ff.
- Nachrichtendienste **GG 2** 99
- Normenbestimmtheit und Normenklarheit **GG 2** 92 ff.
- Richtervorbehalt **GG 2** 106 ff.
- Schranken **GG 2** 90
- Schutzkonzept, zweistufiges **GG 2** 104
- Sicherheitsstandard, technischer **GG 2** 105
- Sichtungsebene **GG 2** 104 ff.
- Strafverfolgung **GG 2** 97
- Unbeteiligte **GG 2** 102
- und Heimlichkeit **GG 2** 27, 40
- und Menschenwürde **GG 2** 104
- und informationelle Selbstbestimmung **GG 2** 24
- und Telekommunikationsgeheimnis **GG 2** 24; 10 19
- Verfassungsschutzbehörden **GG 2** 99
- Verhältnismäßigkeitsgrundsatz **GG 2** 95 ff.
- vernetzte informationstechnische Systeme **GG 2** 27
- Vorfeldmaßnahmen **GG 2** 98
- Zweckbindung der Datenerhebung **GG 2** 94

Vertraulichkeit von Verhandlungen und Beratungen IFG 3 135 ff.
- Beeinträchtigung **IFG 3** 135 ff.
- Beratungen von Behörden **IFG 3** 132 ff.
- Darlegung **IFG 3** 136
- Evaluation **IFG 3** 127.2

1625

Sachverzeichnis

- Flachglas Torgau-Entscheidung **IFG 3** 139.3
- inhaltliche Grenze **IFG 3** 135
- innerbehördliche Vertraulichkeit **IFG 3** 127
- internationale Verhandlungen **IFG 3** 128 ff.
- Kernbereich exekutiver Eigenverantwortung **IFG 3** 139.1 f.
- nachträglicher Schutz **IFG 3** 139 f.
- Prognose **IFG 3** 136 f.
- Schutzzweck **IFG 3** 126
- Vorwirkung **IFG 3** 139.3
- Wahrscheinlichkeit der Beeinträchtigung **IFG 3** 137
- zeitliche Grenze **IFG 3** 135

Vertraulichkeitsvereinbarung IFG 3 190 ff.
Verwaltungsakt VIG 2 17; **4** 10; **5** 1
Verwaltungsaufwand IFG 1 173; **7** 52; **10** 34, 39
Verwaltungsaufwand, unverhältnismäßiger IFG 7 16, 51 ff.
- Abgrenzung zum „deutlich höheren Verwaltungsaufwand" **IFG 7** 53
- Begriff **IFG 7** 52
- Empirische Relevanz **IFG 7** 51
- Maßstab **IFG 7** 56
- Missbrauchsklausel **IFG 7** 54 f.
- Schutzklausel **IFG 7** 54 f.
- Unkenntlichmachung **IFG 7** 59

Verwaltungshelfer IFG 1 145
Verwaltungsverfahren IFG 1 187 ff.; **VIG 3** 7
Verweisungsmöglichkeiten FKVO 1 6 ff.; **FKVO 4** 2
Verwenden von Daten GRC 8 18 ff.
- s. auch personenbezogene Daten

Verzeichnisse IFG 11 4 ff.
Verzug TKG 45k 18
Videokonferenz TKG 41a 8
Vielfaltssicherung AEUV 101 85; **RStV 42** 3
- durch Technik **RStV 52c** 20, 31 f.

Vielfalt der Meinungen RStV 25 3 f., 7
s. auch Sicherung der Meinungsvielfalt
Vielfalt von Programmanbietern RStV 6 17; **25** 2
VoD TKG 41a 6, 8
Voice-Over-IP TKG 41a 6; **46** 21
Vollprogramm RStV 2 21 ff.
Vollzugsverbot, Entflechtung FKVO 1 1 ff.; **GWB 41** 1 ff.
- medienrechtliche Besonderheiten **GWB 41** 5
- Verstoß **GWB 41** 2

Volumentarife TKG 45g 16
Vorauszahlungsbasis TKG 45f 7
Vorfilter TMG 7 6.1
Vorhandensein IFG 2 24 ff.; **VIG 2** 33; **4** 9
Vorherrschende Meinungsmacht RStV 25 4; **26** 9
- Aufgabe zurechenbarer Beteiligungen **RStV 26** 36
- Beurteilungsspielraum der KEK **RStV 26** 13

- Bonifizierungsregelung **RStV 26** 15, 30 f.
- Drittsendezeiten **RStV 26** 36
- Entschädigung **RStV 26** 39
- Generalklausel **RStV 26** 11, 29
- internes Wachstum **RStV 26** 35 f.
- medienrelevanter verwandter Markt **RStV 26** 18 f., 26
- Programmbeirat **RStV 26** 36
- Regelbeispiel **RStV 26** 12, 28
- Unbedenklichkeitsbestätigung **RStV 26** 33 f.
- Verminderung der Marktstellung **RStV 26** 36
- Vermutungsfolge **RStV 26** 27
- Vermutungsregelung **RStV 26** 11, 14
- Widerruf der Zulassung **RStV 26** 38
- Zulassungserteilung **RStV 26** 33 f.
- Zurechnung von Programmen **RStV 28**
- Zuschaueranteil **RStV 26** 17 f.; **27** 1 ff.

Vorlagepflicht RStV 49 60
Vorrangregeln bei Bildberichterstattung
- Caroline-Entscheidungen **GG 2** 68 f.
- Informationswert der Bildberichterstattung **GG 2** 69
- kein genereller Vorrang der Meinungsfreiheit **GG 2** 48
- Kinder **GG 2** 67
- Personen der Zeitgeschichte **GG 2** 66 ff.
- Privatsphäre **GG 2** 67, 69
- Schutzkonzept, abgestuftes **GG 2** 68 f.
- verfassungsrechtliche Direktiven **GG 2** 63 ff.

Vorrangregeln bei Wortberichterstattung
- Abwägung **GG 2** 62
- Formalbeleidigung **GG 2** 61
- kein genereller Vorrang der Meinungsfreiheit **GG 2** 48
- Menschenwürdeverletzung **GG 2** 57, 59 f.
- Schmähung **GG 2** 61
- und unwahre Tatsachenbehauptungen **GG 2** 54
- und wahre Tatsachenbehauptungen **GG 2** 55 ff.
- und Werturteile **GG 2** 59 ff.
- Unterscheidung Meinungsäußerung und Tatsachenbehauptung **GG 2** 49 ff.
- Vermutung für freie Rede **GG 2** 62
- Wahrheitsgehalt und Sorgfaltsanforderungen **GG 2** 58

Vorratsdatenspeicherung
- Eingriffsqualität **GG 10** 30
- Einschüchterungseffekt **GG 10** 30
- Verhältnismäßigkeit **GG 10** 42

Vorteilsabschöpfung TKG 43 1 ff.
- Berechnung des Vorteils **TKG 43** 12 ff.
- drohende Insolvenz **TKG 43** 15
- Frist **TKG 43** 11
- Grenzen der Vorteilsabschöpfung **TKG 43** 14 f.
- Härtefall **TKG 43** 15
- Kausalität des Verstoßes für den Vorteil **TKG 43** 4, 12
- Normzweck **TKG 43** 1

Sachverzeichnis

– Verhältnis zum Bußgeld nach OWiG **TKG 43** 14 ff.
– Verstoß gegen TKG **TKG 43** 8 ff.
– Verstoß gegen Verfügung der BNetzA **TKG 43** 3 ff.
Vorübergehend beigezogene Informationen einer anderen öffentlichen Stelle IFG 3 163 ff.
– amtliche Information, Begriff **IFG 3** 165
– andere öffentliche Stelle **IFG 3** 169
– Ermessen **IFG 3** 170
– Evaluation **IFG 3** 167.1
– Gesetzesbegründung **IFG 3** 169
– Rechtsfolgen **IFG 3** 170
– Schutzzweck **IFG 3** 163
– Systematik **IFG 3** 166
– Tatbestand **IFG 3** 168 f.
– Urheberprinzip **IFG 3** 163 f., 166
– Ursprungsbehörde **IFG 3** 170
– Verfügungsberechtigung **IFG 3** 165 f.
Vorverfahren IFG 9 58 ff.
– Anforderungen **IFG 9** 61
– Anwendungsbereich **IFG 9** 59
– aufschiebende Wirkung bei Kostenentscheidungen **IFG 10** 73 ff.
– Entbehrlichkeit **IFG 9** 61
– Kostenentscheidung **IFG 10** 67 ff.
– Wirkungen **IFG 9** 60
Vorveröffentlichungen BGB 823 76, 262 f.
Vorverurteilung BGB 823 257

Wahlen RStV 42 2, 10 f., 13 ff., 17, 28
– Bundestag **RStV 42** 10
– Europäisches Parlament **RStV 42** 11
Wahlwerbung RStV 42 2, 8, 12, 17 f., 21, 25.1 f., 27.1 f.
– Wahlwerbungsrecht **RStV 42** 2
Wahrheitspflicht, journalistische
– positive Behauptungen **RStV 10** 3
– Rundfunk **RStV 10** 1 ff.
– Rundfunk, Durchsetzbarkeit **RStV 10** 14 ff.
Wahrnehmung berechtigter Interessen BGB 823 132, 134 ff.
Warentests BGB 823 179
WDR RStV 11b 42
Web-TV TKG 41a 8
Wechselwirkungslehre BGB 823 111; **GG 5** 106
Weiterleitung VIG 6 8
– unveränderte **RStV 52** 36
Weiterverbreitung
– Anzeigepflicht **RStV 51b** 2
– Aussetzung der **RStV 51b** 11
– Begriff **RStV 51b** 8
– bundesweit empfangbares Programm **RStV 51b** 7
– bundesweit verbreitetes Programm **RStV 51b** 9
– Entstehungsgeschichte **RStV 51b** 4
– europäische Programme **RStV 51b** 10
– grenzüberschreitend **RStV 51b** 6

– Mindestvoraussetzungen **RStV 51b** 12
– Zulassungsfreiheit **RStV 51b** 1
Weiterverwendung IFG 1 14, 199 f.; **UIG 1** 16, 26
Weltbank IFG 1 55
Werbeanzeigen TMG 7 36
Werbebeschränkungen RStV 7a 1
Werbeerleichterungen
– europarechtliche Grundlagen **RStV 46a** 1
– Geltungsbereich **RStV 46** 2
– grenzüberschreitende Verbreitung **RStV 46** 4
– Regionalfernsehbegriff **RStV 46** 3
Werbeinseln RStV 7a 15
Werbekanäle
– Definition **RStV 45** 26
– Anforderung an die Einfügung von Werbung **RStV 45** 26
Werberichtlinien RStV 46 3
– ARD **RStV 7a** 3
– Fernsehen der Landesmedienanstalten **RStV 7a** 3; **45** 2, 14
– Hörfunk der Landesmedienanstalten **RStV 7a** 3
– ZDF **RStV 7a** 3
Werbeverbot GG 74 1
– Gottesdienste **RStV 7a** 6 f.
– Kindersendungen **RStV 7a** 8 ff.
Werbezeiten
– Begrenzung der **RStV 45** 1, 7 ff.; **49** 32
– im privaten Fernsehen **RStV 45** 1
– Splitscreen **RStV 45** 11
– -vermarktung **AEUV 107** 6
Werbezweck KUG 23 49
Werbliche Nutzung KUG 22 23
Werbung GRC 11 32, 38; **RStV 2** 29 ff.
– Anzeigen **TMG 7** 36
– Beeinflussungsverbot **RStV 7** 9
– Begleitmaterialien **RStV 45** 20
– Begriff **RStV 7** 3
– bei Gottesdienstübertragungen **RStV 7** 18
– Blockwerbegebot **RStV 7a** 1, 14 ff.
– Boykottaufruf **RStV 7** 10
– Bruttoprinzip **RStV 45** 14
– Einfügung von **RStV 7a** 19 ff.
– Erkennbarkeit in Telemedien **RStV 58** 1 ff.
– Fernsehwerbespot **RStV 45** 8
– Finanzierung privater Rundfunkanbieter **RStV 43** 6
– Gottesdienstübertragungen **RStV 49** 30
– ideelle **RStV 7** 34
– in Kindersendungen **RStV 7** 18
– in Telemedien **RStV 7** 7
– Kindersendungen **RStV 49** 30
– mit Altauflage **KUG 23** 53
– Pflichthinweise, gesetzliche **RStV 45** 26
– politische **RStV 49** 29
– positive redaktionelle Beiträge und verschleierte Werbung in Telemedien **RStV 58** 13 ff.
– religiöse **RStV 49** 29
– Split-screen-Werbung **RStV 7** 17
– subliminale **RStV 7** 12; **49** 22

1627

Sachverzeichnis

- Suchkontextbezogene **AEUV 101** 100
- Trennungsgebot/-grundsatz, s. dort
- Unterbrecherwerbung **RStV 7a** 21
- Urheberrechte **RStV 7a** 22 f.
- virtuelle **RStV 7** 24; **49** 27
- weltanschauliche **RStV 49** 29
- Zeitgrenze **RStV 7a** 1

Wertneutrale Unrichtigkeiten BGB 823 133

Wertpapierhandelsgesetz (WpHG) IFG 3 149 ff.

Werturteile
- Abgrenzung von Tatsachenbehauptungen **BGB 823** 32 f., 41 f.
- Begriff **BGB 823** 40
- Beispiele **BGB 823** 42
- Verhältnis zum Persönlichkeitsrecht **BGB 823** 172 ff.

Wesensgehaltsgarantie GG 5 145
Wesentlicher Anteil RStV 6 1 ff., 16
Wettbewerb GG 74 3; **GWB 21** 1; **TKG 41a** 16
- Aufsicht **AEUV 105** 1 ff.
- Beschränkung **AEUV 101** 24 ff.
- horizontaler und vertikaler **AEUV 101** 26
- publizistischer und ökonomischer **AEUV 101** 82
- unlauterer **AEUV 101** 35
- Verhinderung, Einschränkung, Verfälschung **AEUV 101** 27
- vollständiger Ausschluss **AEUV 101** 75

Wettbewerbsbehörden IFG 3 72 f.
Wettbewerbshandlung BGB 823 69, 193
Wettbewerbsschutz IFG 3 172 f.
Whistleblowing EMRK 10 68
Wichtiger Grund KUG 22 20; **VIG 6** 5
Widerruf s. Berichtigungsanspruch
Wiederbeschaffung VIG 4 10
Wiederbeschaffungsanspruch IFG 1 160 ff.
Wiederverkäufer TKG 45m 11
Wikipedia RStV 54 5.1
Wirtschaftlicher Wettbewerb GG 74 3
Wirtschaftsfaktor RStV 6 2
Wirtschaftsförderung RStV 6 21
Wirtschaftswerbung BGB 823 69, 101; **GG 5** 26; **74** 1
Wissenschaftsfreiheit BGB 823 107; **EMRK 10** 29 ff.; **GRC 11** 10
- Eigenwert **EMRK 10** 32
- Forschungsarbeit **EMRK 10** 33
- Vortrags- und Publikationstätigkeit **EMRK 10** 33

Wissenserfassung
- Elektronische **TMG 10** 26

Wissensvertreter TMG 10 25
Wissenszurechnung TMG 10 25
Wohnadresse BGB 823 265
Wohnhausabbildung BGB 823 265 f.
Wohnsitz TKG 46 35
Wohnung BGB 823 264; **GRC 7** 30 ff.; **EMRK 8** 34 ff.
- Ausnahmen **RBeitrStV 3** 4 f.
- Begriff **RBeitrStV 3** 2
- Beweislast für die Inhaberschaft **RBeitrStV 2** 4 f.
- Bewohnen **RBeitrStV 2** 4
- Datsche **RBeitrStV 4** 4.1
- Einliegerwohnung **RBeitrStV 3** 2.1
- Ferienwohnung **RBeitrStV 2** 3; **3** 5.1
- Gemeinschaftsunterkunft **RBeitrStV 3** 5.1
- Gesamtschuldnerische Haftung von Wohnungsinhabern **RBeitrStV 2** 6 ff.
- Haushaltsführung **RBeitrStV 2** 1, 4; **3** 2, 4 f.
- Hotelzimmer **RBeitrStV 3** 5.1
- Gartenlaube **RBeitrStV 3**
- Inhaber **RBeitrStV 2** 4
- Meldung nach Melderecht **RBeitrStV 2** 5
- Mietvertrag **RBeitrStV 2** 5
- Pflegeeinrichtung **RBeitrStV 3** 5.1
- Seniorenresidenz **RBeitrStV 3** 2.1
- Studentenwohnheim **RBeitrStV 3** 5.1
- Unterkünfte in Seminaren und Schulungszentren **RBeitrStV 3** 5.1
- unverbundene Wohnräume **RBeitrStV 3** 2.1
- Vermutung der Inhaberschaft **RBeitrStV 2** 5
- Widerlegung der Inhabervermutung **RBeitrStV 2** 5
- Wohncontainer **RBeitrStV 3** 2.1, 3.1
- Wohngemeinschaft **RBeitrStV 3** 2.1
- Wohnschiff **RBeitrStV 3** 3.1
- Wohnwagen **RBeitrStV 3** 2.1, 3.1
- Wohnzelt **RBeitrStV 3** 2.1
- Zweitwohnung **RBeitrStV 2** 3
- s. auch Befreiung von der Rundfunkbeitragspflicht
- s. auch Ermäßigung des Rundfunkbeitrags
- s. auch Rundfunkbeitrag

Wortberichterstattung
- und allgemeines Persönlichkeitsrecht **GG 2** 47 ff.
- Vorrangregeln bei Grundrechtskollisionen s. Vorrangregeln bei Wortberichterstattung

Wort, Schutz des eigenen BGB 823 182 ff.
- unerlaubte Mitteilung **BGB 823** 183 ff.
- unrichtige Zuschreibung **BGB 823** 187 f.

ZAK
- Aufsichtsmaßnahmen **RStV 52f** 3
- Übergangsregelungen **RStV 53b** 2
- Übertragungskapazitäten **RStV 51** 5

ZDF RStV 11b 26 ff.
- 3Sat **RStV 11b** 31 ff.
- Arte **RStV 11b** 36 ff.
- Fernsehtext **RStV 11b** 47
- Ki.Ka **RStV 11b** 44 f.
- ORF **RStV 11b** 32
- Phoenix **RStV 11b** 40 ff.
- RTBF **RStV 11b** 38
- SRG **RStV 11b** 32
- Verbot analoger Verbreitung digitaler Programme **RStV 11b** 46
- WDR **RStV 11b** 42

Sachverzeichnis

Zeitgeschichte **KUG 23** 2
Zeitgeschichtlicher Anlass **KUG 23** 18
Zeitgeschichtliches Ereignis **KUG 23** 12
Zeitschriften
– Definition **GWB 30** 13
– Kombinierte Produkte **GWB 30** 16
– Preisbindung **GWB 30** 1 ff.
– Reproduktionen und Substitute **GWB 30** 14 f.
– Struktur des Vertriebs **GWB 30** 3 f.; **30** 6
Zeitungen
– Definition **GWB 30** 13
– kombinierte Produkte **GWB 30** 16
– Preisbindung **GWB 30** 1 ff.
– Reproduktionen und Substitute **GWB 30** 14 f.
– Struktur des Vertriebs **GWB 30** 3 f., 6
Zensurverbot EMRK 10 67; **GG 5** 130
– Vorzensur **GG 5** 131
– Zensurbegriff **GG 5** 131
Zentralregister BGB 823 231
Zentralvermarktung AEUV 101 115 f.
– der Fußball-Bundesliga **AEUV 101** 122
– Hintergrundpapier des BKartA **AEUV 101** 123
Zeugen BGB 823 208
Ziele IFG 1 3, 26, 91 f.
Zitat BGB 823 9
Zivilprozess IFG 1 216.2
Zollkriminalamt IFG 3 197
Zollverwaltung IFG 3 63, 71
Zu-eigen-Machen BGB 823 8; **TMG 7** 30 ff.
Zugang VIG 1 2; **2** 1, 4; **6** 3, 6
Zugangsarten UIG 3 23
– Abweichung **UIG 3** 26
– Antragsbindung **UIG 3** 24
– Datensicherheit und Datenschutz **UIG 3** 34
– Datenträger **UIG 3** 24
– Ermessen **UIG 3** 27
– Hilfestellung **UIG 3** 29
– Regelvermutung für Verweisung **UIG 3** 20
– Verweisung **UIG 3** 28
Zugangsfreiheit RStV 49 58
Zugangsgewährung IFG 1 166 ff., 236
Zugangssysteme
– Allgemeines **RStV 52c** 1
– Angemessenheit **RStV 52c** 39
– Aufsichtsbefugnisse **RStV 52c** 56
– Bedeutung **RStV 52c** 7
– Begünstigte **RStV 52c** 28
– Chancengleichheit **RStV 52c** 17 f., 21, 31, 34
– Diskriminierungsfreiheit **RStV 52c** 17, 21, 36
– Gesetzgebungszuständigkeit **RStV 52c** 14
– Gruppen von **RStV 52c** 9
– Meinungswettbewerb **RStV 52c** 30, 43
– öffentliche Meinungsbildung **RStV 52c** 7
– regulierte Systeme **RStV 52c** 40 ff.
– Verhältnismäßigkeit **RStV 52c** 22, 32, 35
– Zumutbarkeit **RStV 52c** 32, 35
Zugangsvermittlung TMG 7 39; **8** 15, 17 f.

Zugriffdienste GG 5 8
Zulassung RStV 49 38
– Übergangsregelungen **RStV 53b** 1, 5 ff.
Zulassungsverfahren RStV 20 4 ff.
– Auskunftspflicht **RStV 21** 2 f.
– Vorlagepflicht **RStV 21** 2 f.
– Vorlagepflichtige Gegenstände **RStV 21** 4 ff.
Zumutbarkeit
– Plattformregulierung **RStV 52a** 11, **53a** 7 ff.
– Zugangssysteme **RStV 52c** 32, 35
Zumutbarkeit, Allgemeinzugänglichkeit der Information s. Allgemeinzugänglichkeit der Information, Zumutbarkeit
Zuordnungen
– Übergangsregelungen **RStV 53b** 1, 5 ff.
Zurechnung TKG 45i 21
Zurechnung von Programmen
– Angehörigenklausel **RStV 28** 22
– Beteiligung **RStV 28** 1
– faktische Einwirkungsmöglichkeiten **RStV 28** 16 f.
– Gesellschaftsanteil **RStV 28** 8
– „Mehrmütterklausel" **RStV 28** 14
– mittelbare Beteiligung **RStV 28** 12
– programmbezogene Kriterien **RStV 28** 2
– Programmgestaltung **RStV 28** 20
– Programmveranstalter **RStV 28** 5
– rechtliche Einwirkungsmöglichkeiten **RStV 28** 16 f.
– Schwellenwerte **RStV 28** 2, 9 ff.
– unmittelbare Beteiligung **RStV 28** 7
– Unternehmensbezogenheit **RStV 28** 3
– Unternehmenssitz **RStV 28** 21
– Veranstalter **RStV 28** 5 f.
– vergleichbarer Einfluss **RStV 28** 15
– Zulieferung von Programmteilen **RStV 28** 19
– Zurechnung **RStV 28** 13
Zur-Schau-stellen KUG 22 12
Zurückbehaltungsrecht TKG 45k 4
Zusammenschluss GWB 37 1 ff.
Zusammenschlusskontrolle GWB 35 1 ff.
– EU-Fusionskontrollverordnung **GWB 35** 7
– Medienrechtliche Besonderheiten **GWB 35** 5 ff.
Zusammenschlusstatbestand FKVO 3 1
– medienrechtliche Besonderheiten **FKVO 3** 8
Zusätzliche Angaben TKG 45m 6
Zuschaueranteile RStV 49 41
Zuschaueranteilsberechnung RStV 27 1
– Anpassungsmaßnahmen **RStV 34** 9 f.
– Ausschreibung **RStV 27** 17
– Beauftragung eines Unternehmens **RStV 27** 18 f.; **34** 1 ff.
– Beurteilungszeitraum **RStV 27** 15 f.
– Datenbasis **RStV 34** 6 f.
– deutschsprachige Programme **RStV 27** 13 f.
– Einbeziehung des öffentlichen Rundfunks **RStV 27** 9 ff.
– Einbeziehung des privaten Rundfunks **RStV 27** 12

Sachverzeichnis

– Gesamtfernsehangebot **RStV 27** 8
– Gesellschaft für Konsumforschung **RStV 34** 4 f.
– Grundsatz der Wirtschaftlichkeit und Sparsamkeit **RStV 27** 20
– KEK **RStV 27** 4
– Methode **RStV 27** 21
– Mitwirkungspflichten **RStV 27** 22 ff.; **34** 8
– Programme **RStV 27** 5 f.
– vorhandene Zuschaueranteilsdaten **RStV 34** 4
– Zuschaueranteilsmodell **RStV 27** 2
Zuschauerreichweite AEUV 101 91
Zuständigkeit IFG 7 20 ff., 34 ff.; **VIG 4** 5
– Abgabe an zuständige Behörde **IFG 7** 30
– Behörde **IFG 7** 21
– Beliehene **IFG 7** 37
– der Mitgliedstaaten **FKVO 1** 6 ff.
– Einschaltung Privater **IFG 7** 34 ff.
– Hinweispflicht bei Unzuständigkeit **IFG 7** 29
– innerbehördliche Zuständigkeit **IFG 7** 31
– internationale **BGB 823** 321
– örtliche **BGB 823** 326
– Verfügungsberechtigung **IFG 7** 23 ff.
Zuständigkeitsbereich IFG 1 134
Zuteilungsnehmer TKG 45o 6
Zuweisungen
– Übergangsregelungen **RStV 53b** 1, 5 ff.
Zwangskommerzialisierung BGB 823 313
Zweck AEUV 101 48 f.; **TMG 7** 5 ff.; **8** 3 f.
Zweckbindungsprinzip TMG 7 71 f.
Zweckübertragungsregel KUG 22 22
Zwischenspeicherung TMG 8 7 f., 14, 30 ff.; **10** 17 ff.
Zwischenstaatlichkeitsklausel AEUV 101 52 ff.